WANDER GARCIA E ANA PAULA GARCIA
COORDENADORES

COMO PASSAR em CONCURSOS JURÍDICOS
10.000 QUESTÕES COMENTADAS

7ª Edição 2019

EDITORA FOCO

2019 © EDITORA FOCO
Coordenador: Wander Garcia e Ana Paula Garcia
Organizadora: Paula Morishita
Autores: Wander Garcia, Alice Satin Calareso, Ana Paula Garcia, André Barbieri, André Braga Nader Justo, André de Carvalho Barros, André Nascimento, Anna Carolina Bontempo, Ariane Wady, Arthur Trigueiros, Bruna Vieira, Camilo Onoda Caldas, Cíntia Martins Rodrigues, Denis Skorkowski, Eduardo Dompieri, Enildo Garcia, Fabiano Melo, Fernanda de Camargo Penteado, Fernando Castellani, Fernando Cavalcante, Flávia Moraes Barros, Gabriela Rodrigues Pinheiro, Georgia Renata Dias, Gustavo Nicolau, Helder Satin, Henrique Subi, Hermes Arrais Alencar, Hermes Cramacon, Ivo Tomita, José Antônio Apparecido Júnior, Leni M. Soares, Licínia Rossi, Luiz Carlos Fabre, Luiz Dellore, Magally Dato, Márcio Alexandre Pereira, Marcos Destefenni, Paula Tseng, Renan Flumian, Renato Montans de Sá, Roberta Densa, Robinson Sakiyama Barreirinhas, Rodrigo Santamaria Saber, Savio Chalita, Teresa Melo, Vanessa Trigueiros, Vivian Calderoni
Editor: Roberta Densa
Revisora Sênior: Georgia Dias
Capa: Leonardo Hermano
Projeto Gráfico e Diagramação: Ladislau Lima
Impressão miolo e acabamento: Gráfica EDELBRA

Dados Internacionais de Catalogação na Publicação (CIP) de acordo com ISBD

C735
Como passar concursos jurídicos / Henrique Subi ... [et al.] ; organizado por Wander Garcia, Ana Paula Garcia. - 7. ed. - Indaiatuba, SP : Editora Foco, 2019.
1.312 p. ; 21cm x 28cm.

ISBN: 978-85-8242-358-5

1. Metodologia de estudo. 2. Concursos jurídicos. I. Subi, Henrique. II. Garcia, Wander. III. Satin, Alice. IV. Garcia, Ana Paula. V. Barros, André de Carvalho. VI. Bontempo, Anna Carolina. VII. Wady, Ariane. VIII. Trigueiros, Arthur. IX. Vieira, Bruna. X. Caldas, Camilo Onoda. XI. Rodrigues, Cíntia Martins. XII. Skorkowski, Denis. XIII. Dompieri, Eduardo. XIV. Melo, Fabiano. XV. Tavares, Fábio. XVI. Maciel, Felipe. XVII. Castellani, Fernando. XVIII. Cavalcante, Fernando. XIX. Barros, Flávia Moraes. XX. Rodrigues, Gabriela. XXI. Dias, Georgia Renata. XXII. Nicolau, Gustavo. XXIII. Alencar, Hermes Arrais. XXIV. Cramacon, Hermes. XXV. Tomita, Ivo. XXVI. Apparecido Júnior, José Antônio. XXVII. Camilotti, José Renato. XXVIII. Soares, Leni M. XXIX. Rossi, Licínia. XXX. Fabre, Luiz Carlos Michele. XXXI. Márcio, Luiz Dellore. XXXII. Pereira, Alexandre. XXXIII. Destefenni, Marcos. XXXIV. Tseng, Paula. XXXV. Flumian, Renan. XXXVI. Sá, Renato Montans de. XXXVII. Densa, Roberta. XXXIX. Barreirinhas, Robinson Sakiyama. XXXX. Saber, Rodrigo Santamaria. XXXXI. Chalita, Savio. XXXXII. Melo, Teresa. XXXXIII. Trigueiros, Vanessa. XXXXIV. Título.

2019-136   CDD 001.4   CDU 001.8

Elaborado por Vagner Rodolfo da Silva - CRB-8/9410
Índices para Catálogo Sistemático:
1. Metodologia de estudo 001.4   2. Metodologia de estudo 001.8

Impresso no Brasil (02.2019)
Data de Fechamento (02.2019)

Direitos Autorais: É proibida a reprodução parcial ou total desta publicação, por qualquer forma ou meio, sem a prévia autorização da Editora Foco, com exceção do teor das questões de concursos públicos que, por serem atos oficiais, não são protegidas como Direitos Autorais, na forma do Artigo 8º, IV, da Lei 9.610/1998. Referida vedação se estende às características gráficas da obra e sua editoração. A punição para a violação dos Direitos Autorais é crime previsto no Artigo 184 do Código Penal e as sanções civis às violações dos Direitos Autorais estão previstas nos Artigos 101 a 110 da Lei 9.610/1998.

Atualizações e erratas: a presente obra é vendida como está, sem garantia de atualização futura. Porém, atualizações voluntárias e erratas são disponibilizadas no site www.editorafoco.com.br, na seção *Atualizações*. Esforçamo-nos ao máximo para entregar ao leitor uma obra com a melhor qualidade possível e sem erros técnicos ou de conteúdo. No entanto, nem sempre isso ocorre, seja por motivo de alteração de *software*, interpretação ou falhas de diagramação e revisão. Sendo assim, disponibilizamos em nosso site a seção mencionada (*Atualizações*), na qual relataremos, com a devida correção, os erros encontrados na obra. Solicitamos, outrossim, que o leitor faça a gentileza de colaborar com a perfeição da obra, comunicando eventual erro encontrado por meio de mensagem para contato@editorafoco.com.br.

2019
Todos os direitos reservados à
Editora Foco Ltda
Al. Júpiter 542 – American Park Distrito Industrial
CEP 13347-653 – Indaiatuba – SP
E-mail: contato@editorafoco.com.br
www.editorafoco.com.br

Acesse JÁ os conteúdos ON-LINE

SHORT VIDEOS
Vídeos de curta duração com dicas de
DISCIPLINAS SELECIONADAS

Acesse o link:
www.editorafoco.com.br/short-videos

ATUALIZAÇÃO em PDF e VÍDEO
para complementar seus estudos*

Acesse o link:
www.editorafoco.com.br/atualizacao

 **CAPÍTULOS ON-LINE**

Acesse o link:
www.editorafoco.com.br/atualizacao

* As atualizações em PDF e Vídeo serão disponibilizadas sempre que houver necessidade, em caso de nova lei ou decisão jurisprudencial relevante, durante o ano da edição do livro.
* Acesso disponível durante a vigência desta edição.

Organizadora e Autores

SOBRE A ORGANIZADORA

Paula Morishita
Pós-graduada em Direito Tributário, Editorial jurídico na Editora Foco. Advogada.

SOBRE OS AUTORES

Wander Garcia – @wander_garcia
É Doutor, Mestre e Graduado em Direito pela PUC/SP. É professor universitário e de cursos preparatórios para Concursos e Exame de Ordem, tendo atuado nos cursos LFG e DAMASIO. Neste foi Diretor Geral de todos os cursos preparatórios e da Faculdade de Direito. Foi diretor da Escola Superior de Direito Público Municipal de São Paulo. É um dos fundadores da Editora Foco, especializada em livros jurídicos e para concursos e exames. É autor best seller com mais de 50 livros publicados na qualidade de autor, coautor ou organizador, nas áreas jurídica e de preparação para concursos e exame de ordem. Já vendeu mais de 1,5 milhão de livros, dentre os quais se destacam "Como Passar na OAB", "Como Passar em Concursos Jurídicos", "Exame de Ordem Mapamentalizado" e "Concursos: O Guia Definitivo". É também advogado desde o ano de 2000 e foi procurador do município de São Paulo por mais de 15 anos. É Coach Certificado, com sólida formação em Coaching pelo IBC e pela International Association of Coaching.

Alice Satin Calareso
Advogada. Mestre em Direitos Difusos pela PUC/SP. Especialista em Direito Processual Civil pela PUC/SP. Palestrante e Professora Assistente na Graduação e Pós-Graduação em Direito da PUC/SP.

Ana Paula Garcia
Procuradora do Estado de São Paulo, Pós-graduada em Direito, Professora do IEDI, Escrevente do Tribunal de Justiça por mais de 10 anos e Assistente Jurídico do Tribunal de Justiça. Autora de diversos livros para OAB e concursos.

André Barbieri
Mestre em Direito. Professor de Direito Público com mais de dez anos de experiência. Professor em diversos cursos pelo País. Advogado.

André Braga Nader Justo
Economista formado pela UNICAMP.

André de Carvalho Barros – @ProfAndreBarros
Mestre em Direito Civil Comparado pela PUC/SP. Professor de Direito Civil e de Direito do Consumidor exclusivo da Rede LFG. Advogado. Membro do IBDFAM.

André Nascimento
Advogado e Especialista em Regulação na Agência Nacional do Petróleo, Gás Natural e Biocombustíveis. Coautor de diversas obras voltadas à preparação para Exames Oficiais e Concursos Públicos. Coautor do livro Estudos de Direito da Concorrência, da Editora Mackenzie, e de artigos científicos. Graduado em Direito pela Universidade Presbiteriana Mackenzie/SP. Graduando em Geografia pela Universidade de São Paulo. Frequentou diversos cursos de extensão nas áreas de Direito, Regulação, Petróleo e Gás Natural e Administração Pública. Instrutor de cursos na ANP, tendo recebido elogio por merecimento pela destacada participação e dedicação.

Anna Carolina Bontempo
Advogada. Professora e Gerente de Ensino a Distância no IEDI. Pós-graduada em Direito Público na Faculdade de Direito Prof. Damásio de Jesus.

Ariane Wady
Especialista em Direito Processual Civil (PUC-SP). Graduada em Direito pela PUC-SP (2000). Professora de pós-graduação e curso preparatório para concursos - PROORDEM - UNITÁ Educacional e Professora/Tutora de Direito Administrativo e Constitucional - Rede LFG e IOB. Advogada.

Arthur Trigueiros – @proftrigueiros
Procurador do Estado de São Paulo. Professor da Rede LFG e do IEDI. Autor de diversas obras de preparação para Concursos Públicos e Exame de Ordem. Pós-graduado em Direito.

Bruna Vieira – @profa_bruna
Advogada. Professora do IEDI, PROORDEM, LEGALE, ROBORTELLA e ÊXITO. Palestrante e professora de Pós-Graduação em Instituições de Ensino Superior. Autora de diversas obras de preparação para Concursos Públicos e Exame de Ordem. Pós-graduado em Direito.

Camilo Onoda Caldas
Bacharel em Filosofia pela Faculdade de Filosofia, Letras e Ciências Humanas da Universidade de São Paulo (FFLCH/USP). Bacharel em Direito pela Faculdade de Direito da Universidade Presbiteriana Mackenzie. Mestre em Direito Político e Econômico pela Faculdade de Direito da Universidade Presbiteriana Mackenzie. Doutor em Filosofia e Teoria Geral do Direito pela Faculdade de Direito da Universidade de São Paulo (USP). Pós-Doutorando em Democracia e Direitos Fundamentais pela Faculdade de Direito de Coimbra - Portugal. Docente de graduação em Direito há 10 anos nas disciplinas de Teoria Geral do Direito, Filosofia do Direito e Teoria Geral do Estado dentre outras. Professor da Universidade São Judas Tadeu, docente em cursos da Escola Paulista de Direito (EPD), da Escola de Governo (conveniada com a USP) e da Fundação Escola de Sociologia e Política de São Paulo (FESPSP). Advogado, Diretor executivo do Instituto Luiz Gama, instituição com atuação na área de Direitos Humanos e defesa de minorias. Autor de obras e artigos na área de Filosofia do Direito, Teoria Geral do Direito, Ciência Política e Metodologia do Direito.

Cíntia Martins Rodrigues
Advogada. Professora Assistente IEDI.

Denis Skorkowski – @denisskor
Professor-corretor do IEDI. Assessor jurídicos de Desembargador (TJ/SP).

Eduardo Dompieri – @eduardodompieri
Professor do IEDI. Autor de diversas obras de preparação para Concursos Públicos e Exame de Ordem. Pós-graduado em Direito.

Enildo Garcia
Especialista em Matemática pura e aplicada (UFSJ). Professor tutor de Pós-graduação em Matemática (UFJS – UAB). Analista de sistemas (PUCRJ).

Fabiano Melo
Professor dos cursos de graduação e pós-graduação em Direito e Administração da Pontifícia Universidade Católica de Minas Gerais (PUC/Minas). Professor da Rede LFG.

Fernanda Camargo Penteado
Professora de Direito Ambiental da Faculdade de Direito do Instituto Machadense de Ensino Superior Machado-MG (FUMESC). Mestre em Desenvolvimento Sustentável e Qualidade de Vida (Unifae)

Fernando Castellani – @ffcastellani
Advogado. Professor de Direito Tributário e Empresarial. Coordenador do LLM do IBMEC. Professor do COGEAE/PUCSP, do IBET e da Rede LFG/Praetorium.

Fernando Cavalcante
Professor assistente do IEDI. Especialista em Processo Civil pela PUC/SP. Monitor de Processo Civil na PUC/SP. Advogado.

Flávia Moraes Barros
Procuradora do Município de São Paulo. Doutora em Direito do Estado pela Universidade de São Paulo. Mestre em Direito Administrativo pela PUC-SP. Especialista em Direito Administrativo pela PUC-SP/COGEAE. Especialista em Direitos Difusos e Coletivos pela ESMPSP. Coach de Alta Performance pela FEBRACIS. Practioneer e Master em Programação Neurolinguística - PNL. Analista de Perfil Comportamental - DISC Assessment. Professora de Direito Administrativo

Gabriela Rodrigues Pinheiro
Advogada. Pós-Graduada em Direito Civil e Processual Civil pela Escola Paulista de Direito. Professora Universitária e do IEDI Cursos *On-line* e preparatórios para concursos públicos exame de ordem. Autora de diversas obras jurídicas para concursos públicos e exame de ordem. .

Georgia Renata Dias
Especialista em Direito Penal pela Faculdade de Direito Professor Damásio de Jesus. Autora e organizadora de diversas obras publicadas pela Editora Foco. Advogada.

Gustavo Nicolau – @gustavo_nicolau
Advogado. Mestre e Doutor pela Faculdade de Direito da USP. Professor de Direito Civil da Rede LFG/Praetorium.

Helder Satin
Graduado em Ciências da Computação, com MBA em Gestão de TI. Professor do IEDI. Professor de Cursos de Pós-graduação. Desenvolvedor de sistemas *Web* e gerente de projetos.

Henrique Subi – @henriquesubi
Agente da Fiscalização Financeira do Tribunal de Contas do Estado de São Paulo. Mestrando em Direito Político e Econômico pela Universidade Presbiteriana Mackenzie. Especialista em Direito Empresarial pela Fundação Getúlio Vargas e em Direito Tributário pela UNISUL. Professor de cursos preparatórios para concursos desde 2006. Coautor de mais de 20 obras voltadas para concursos, todas pela Editora Foco.

Hermes Arrais Alencar
Procurador Federal. Mestre em Direito Previdenciário pela PUC/SP. Professor do CPC Marcato, do EPD e do JUSPODIVM. Autor de diversas obras de Direito Previdenciário.

Hermes Cramacon – @hermescramacon
Possui graduação em Direito pela Universidade Cidade de São Paulo (2000). Mestrando em Direito da Saúde pela Universidade Santa Cecília. Docente da UNIVERSIDADE MUNICIPAL DE SÃO CAETANO DO SUL e professor da FACULDADE TIJUCUSSU. Professor de Direito do Trabalho e Direito Processual do Trabalho do IEDI CURSOS ONLINE e ESCOLHA CERTA CURSOS nos cursos preparatórios para Exame de Ordem. Tem experiência na área de Direito, com ênfase em Direito do Trabalho, Direito Processual do Trabalho, Direito Processual Civil e Prática Jurídica.

Ivo Shigueru Tomita – @ivoshigueru
Especialista em Direito Tributário pela PUC/SP – Cogeae. Autor e organizador de obras publicadas pela Editora Foco. Advogado.

José Antonio Apparecido Junior
Procurador do Município de São Paulo. Consultor em Direito Urbanístico. Especialista em Direito Público pela Escola Superior do Ministério Público do Estado de São Paulo. Mestre em Direito Urbanístico pela PUC/SP. Doutorando em Direito do Estado pela USP.

Leni Mouzinho Soares
Assistente Jurídico do Tribunal de Justiça do Estado de São Paulo.

Licínia Rossi – @liciniarossi
Advogada. Mestre em Direito Constitucional pela PUC/SP. Especialista em Direito Constitucional pela Escola Superior de Direito Constitucional. Professora exclusiva de Direito Administrativo e Constitucional na Rede Luiz Flávio Gomes de Ensino. Professora de Direito na UNICAMP.

Luiz Carlos Fabre
Procurador do Trabalho e Professor de Cursos Preparatórios para Concursos.

Luiz Dellore – @dellore
Doutor e Mestre em Direito Processual pela USP. Mestre em Direito Constitucional pela PUC/SP. Visiting Scholar na Syracuse Univesity e Cornell University. Professor do Mackenzie, da FADISP, da Escola Paulista do Direito (EPD), do CPJur e do Saraiva Aprova. Ex-assessor de Ministro do STJ. Membro do IBDP (Instituto Brasileiro de Direito Processual) e do Ceapro (Centro de Estudos Avançados de Processo). Advogado concursado da Caixa Econômica Federal.

Magally Dato
Professora de Língua Portuguesa. Agente de Fiscalização do Tribunal de Contas do Município de São Paulo.

Márcio Alexandre Pereira
Advogado. Especialista pela Escola Superior do Ministério Público. Mestre pelo Mackenzie. Professor das disciplinas de Direito Civil e Direito Processual Civil em Cursos Preparatórios de Exame de Ordem e Concursos Públicos. Professor de Cursos de Extensão Universitária e de Pós-graduação da Escola Superior da Advocacia e da Escola Paulista de Direito.

Marcos Destefenni
Promotor de Justiça em São Paulo. Mestre e Doutor pela PUC-SP. Mestre pela PUC de Campinas. Mestre em Direito Penal pela UNIP. Professor da Rede LFG.

Paula Tseng – @paula_tseng
Pós-graduada em Direito Penal e Constitucional. Especialização em Gestão Editorial e Produção Gráfica. Pós-graduação em Planejamento e Produção de Mídia Impressa (PPMI).

Facebook e LinkedIn: Paula Tseng

Renan Flumian – @renanflumian
Mestre em Filosofia do Direito pela Universidade de Alicante. Cursou a Session Annuelle D'enseignement do Institut International des Droits de L'Homme, a Escola de Governo da USP e a Escola de Formação da Sociedade Brasileira de Direito Público. Professor e Coordenador Acadêmico do IEDI. Autor e coordenador de diversas obras de preparação para Concursos Públicos e o Exame de Ordem. Advogado.

Renato Montans de Sá
Advogado. Mestre e Especialista em Direito Processual Civil pela PUC-SP. Professor da Rede LFG. Coordenador do curso de Pós-graduação em Direito Processual Civil Moderno da Universidade Anhanguera-Uniderp/Rede LFG.

Roberta Densa
Doutora em Direitos Difusos e Coletivos. Professora universitária e em cursos preparatórios para concursos públicos e OAB. Autora da obra "Direito do Consumidor", 9ª edição publicada pela Editora Atlas.

Robinson S. Barreirinhas – robinson.barreirinhas@gmail.com

Professor e autor de diversos livros de Direito Tributário e Financeiro. Procurador do Município de São Paulo. Ex-Secretário de Negócios Jurídicos do Município de São Paulo. Ex-Procurador Geral do Município de São Paulo. Ex-Assessor de Ministro do Superior Tribunal de Justiça

Rodrigo Santamaria Saber

Defensor Público do Estado de Santa Catarina. Professor de Cursos Preparatórios para Concursos Públicos. Graduado em Direito pela PUC de São Paulo e Especialista em Direito Processual Civil pela UNESP de Franca. Coautor de livros publicados pela Editora Foco.

Savio Chalita

Advogado. Mestre em Direitos Sociais, Difusos e Coletivos. Professor do CPJUR (Centro Preparatório Jurídico), Autor de obras para Exame de Ordem e Concursos Públicos. Professor Universitário. Editor do blog www.comopassarnaoab.com.

Teresa Melo

Procuradora Federal. Mestranda em Direito Público pela UERJ. Assessora de Ministro do Supremo Tribunal Federal. Ex-assessora de Ministro do STJ.

Vanessa Trigueiros

Analista de Promotoria. Assistente Jurídico do Ministério Público do Estado de São Paulo. Graduação em Direto pela PUC-Campinas. Pós-graduada em Direito Processual Civil pela UNISUL. Pós-graduada em Direito Processual Civil e Civil pela UCDB.

Vivian Calderoni

Mestre em Direito Penal e Criminologia pela USP. Autora de artigos e livros. Palestrante e professora de cursos preparatórios para concursos jurídicos. Atualmente, trabalha como advogada na ONG "Conectas Direitos Humanos", onde atua em temas relacionados ao sistema prisional e ao sistema de justiça.

Apresentação

A experiência diz que aquele que quer ser aprovado deve fazer três coisas: a) entender a teoria; b) ler a letra da lei, e c) treinar. A teoria é vista em cursos e livros à disposição no mercado. O problema é que ela, sozinha, não é suficiente. É fundamental "ler a letra da lei" e "treinar". E a presente obra possibilita que você faça esses dois tipos de estudo. Aliás, você sabia que mais de 90% das questões de Concursos Jurídicos são resolvidas apenas com o conhecimento da lei, e que as questões das provas se repetem muito?

Cada questão deste livro vem comentada com o dispositivo legal em que você encontrará a resposta.

E isso é feito não só em relação à alternativa correta. Todas as alternativas são comentadas, sempre que necessário. Com isso você terá acesso aos principais dispositivos legais que aparecem nas provas e também às orientações doutrinárias e jurisprudenciais.

Estudando pelo livro você começará a perceber as técnicas dos examinadores e as "pegadinhas" típicas de prova, e ganhará bastante segurança para o momento decisivo, que é o dia do seu exame.

É por isso que podemos afirmar, com uma exclamação, que esta obra vai lhe demonstrar COMO PASSAR EM CONCURSOS JURÍDICOS!

SUMÁRIO

ORGANIZADORA E AUTORES	IV
APRESENTAÇÃO	VII
COMO USAR O LIVRO	XIX

1. DIREITO CIVIL — 1

1. LINDB 1
2. GERAL 4
3. OBRIGAÇÕES 23
4. CONTRATOS 31
5. RESPONSABILIDADE CIVIL 45
6. COISAS 51
7. FAMÍLIA 64
8. SUCESSÕES 76
9. REGISTROS PÚBLICOS 83
10. QUESTÕES COMBINADAS 84

2. DIREITO PROCESSUAL CIVIL NOVO CPC – LEI 13.105/2015 — 93

1. PRINCÍPIOS DO PROCESSO CIVIL 93
2. PARTES, PROCURADORES, MINISTÉRIO PÚBLICO E JUIZ 94
3. PRAZOS PROCESSUAIS. ATOS PROCESSUAIS 96
4. LITISCONSÓRCIO E INTERVENÇÃO DE TERCEIROS 98
5. JURISDIÇÃO E COMPETÊNCIA 101
6. PRESSUPOSTOS PROCESSUAIS E CONDIÇÕES DA AÇÃO 104
7. CITAÇÃO 105
8. FORMAÇÃO, SUSPENSÃO E EXTINÇÃO DO PROCESSO. NULIDADES 105
9. TUTELA PROVISÓRIA 106
10. PROCESSO DE CONHECIMENTO 108
11. SENTENÇA. COISA JULGADA. AÇÃO RESCISÓRIA 114
12. TEMAS COMBINADOS DE PROCESSO DE CONHECIMENTO 117
13. TEORIA GERAL DOS RECURSOS 121
14. EXECUÇÃO E CUMPRIMENTO DE SENTENÇA 130
15. PROCEDIMENTOS ESPECIAIS 136
16. TEMAS COMBINADOS 140

---

* As disciplinas desta obra constam também *on-line*, exceto Medicina Legal e Criminologia. Para acesso ao conteúdo *on-line*, siga as instruções na página III.

3. LEGISLAÇÃO PROCESSUAL CIVIL EXTRAVAGANTE — 149

1. JUIZADO ESPECIAL CÍVEL, FEDERAL E DA FAZENDA PÚBLICA 149
2. AÇÃO CIVIL PÚBLICA, AÇÃO POPULAR E AÇÃO DE IMPROBIDADE 150
3. MANDADO DE SEGURANÇA E *HABEAS DATA* 153
4. OUTROS PROCEDIMENTOS DE LEGISLAÇÃO EXTRAVAGANTE 157

4. DIREITO EMPRESARIAL — 161

1. TEORIA GERAL 161
2. DIREITO SOCIETÁRIO 166
3. DIREITO CAMBIÁRIO 175
4. DIREITO CONCURSAL – FALÊNCIA E RECUPERAÇÃO 181
5. INTERVENÇÃO E LIQUIDAÇÃO EXTRAJUDICIAL 187
6. CONTRATOS EMPRESARIAIS 187
7. PROPRIEDADE INDUSTRIAL 190
8. DIREITO DO CONSUMIDOR, CONCORRENCIAL, LEI ANTITRUSTE 192
9. INSTITUIÇÕES FINANCEIRAS 192
10. SISTEMA FINANCEIRO DA HABITAÇÃO 192
11. TEMAS COMBINADOS E OUTROS TEMAS 192

5. DIREITO AGRÁRIO — 197

1. CONTRATOS AGRÁRIOS 197
2. USUCAPIÃO ESPECIAL RURAL 197
3. AQUISIÇÃO E USO DA PROPRIEDADE E DA POSSE RURAL 198
4. DESAPROPRIAÇÃO PARA A REFORMA AGRÁRIA 199
5. TERRAS DEVOLUTAS 199
6. TERRAS INDÍGENAS E QUILOMBOLAS 199
7. OUTROS TEMAS E TEMAS COMBINADOS 201

6. DIREITO PENAL — 205

1. CONCEITO, FONTES E PRINCÍPIOS 205
2. APLICAÇÃO DA LEI NO TEMPO 209
3. APLICAÇÃO DA LEI NO ESPAÇO 212
4. CONCEITO E CLASSIFICAÇÃO DOS CRIMES 212
5. FATO TÍPICO E TIPO PENAL 215
6. CRIMES DOLOSOS, CULPOSOS E PRETERDOLOSOS 218
7. ERRO DE TIPO, DE PROIBIÇÃO E DEMAIS ERROS 219
8. TENTATIVA, CONSUMAÇÃO, DESISTÊNCIA, ARREPENDIMENTO E CRIME IMPOSSÍVEL 222
9. ANTIJURIDICIDADE E CAUSAS EXCLUDENTES 228
10. AUTORIA E CONCURSO DE PESSOAS 231
11. CULPABILIDADE E CAUSAS EXCLUDENTES 238
12. PENAS E SEUS EFEITOS 240
13. APLICAÇÃO DA PENA 249
14. SURSIS, LIVRAMENTO CONDICIONAL, REABILITAÇÃO E MEDIDAS DE SEGURANÇA 260
15. AÇÃO PENAL 264
16. EXTINÇÃO DA PUNIBILIDADE EM GERAL 264
17. PRESCRIÇÃO 268
18. CRIMES CONTRA A PESSOA 272

19. CRIMES CONTRA O PATRIMÔNIO	279
20. CRIMES CONTRA A DIGNIDADE SEXUAL	288
21. CRIMES CONTRA A FÉ PÚBLICA	292
22. CRIMES CONTRA A ADMINISTRAÇÃO PÚBLICA	295
23. OUTROS CRIMES E CRIMES COMBINADOS DO CÓDIGO PENAL	304
24. TEMAS COMBINADOS DE DIREITO PENAL	309

7. DIREITO PROCESSUAL PENAL — 321

1. FONTES, PRINCÍPIOS GERAIS, EFICÁCIA DA LEI PROCESSUAL NO TEMPO E NO ESPAÇO	321
2. INQUÉRITO POLICIAL E OUTRAS FORMAS DE INVESTIGAÇÃO CRIMINAL	324
3. AÇÃO PENAL	335
4. SUSPENSÃO CONDICIONAL DO PROCESSO	340
5. AÇÃO CIVIL	341
6. JURISDIÇÃO E COMPETÊNCIA. CONEXÃO E CONTINÊNCIA	342
7. QUESTÕES E PROCESSOS INCIDENTES	350
8. PRERROGATIVAS DO ACUSADO	352
9. PROVAS	352
10. SUJEITOS PROCESSUAIS	362
11. CITAÇÃO, INTIMAÇÃO E PRAZOS	365
12. PRISÃO, MEDIDAS CAUTELARES E LIBERDADE PROVISÓRIA	367
13. PROCESSO E PROCEDIMENTOS	380
14. PROCESSO DE COMPETÊNCIA DO JÚRI	384
15. JUIZADOS ESPECIAIS	389
16. SENTENÇA, PRECLUSÃO E COISA JULGADA	392
17. NULIDADES	394
18. RECURSOS	397
19. *HABEAS CORPUS*, MANDADO DE SEGURANÇA E REVISÃO CRIMINAL	401
20. LEGISLAÇÃO EXTRAVAGANTE	405
21. TEMAS COMBINADOS E OUTROS TEMAS	410

8. LEGISLAÇÃO PENAL EXTRAVAGANTE — 419

1. CRIMES DA LEI ANTIDROGAS	419
2. CRIMES CONTRA O MEIO AMBIENTE	425
3. CRIMES CONTRA A ORDEM TRIBUTÁRIA	427
4. CRIMES CONTRA A ORDEM ECONÔMICA	428
5. CRIMES DE TRÂNSITO	428
6. ESTATUTO DO DESARMAMENTO	428
7. CRIME ORGANIZADO	428
8. CRIMES RELATIVOS À LICITAÇÃO	429
9. CRIME DE TORTURA	429
10. CRIMES DO ESTATUTO DA CRIANÇA E DO ADOLESCENTE	430
11. CRIMES DE ABUSO DE AUTORIDADE	430
12. CRIMES DO CÓDIGO DE DEFESA DO CONSUMIDOR	430
13. VIOLÊNCIA DOMÉSTICA	431
14. ESTATUTO DO IDOSO	432
15. CRIMES HEDIONDOS	432
16. TEMAS COMBINADOS DA LEGISLAÇÃO EXTRAVAGANTE	433

9. EXECUÇÃO PENAL — 449

1. TRABALHO DO PRESO 449
2. DEVERES, DIREITOS E DISCIPLINA DO CONDENADO 450
3. EXECUÇÃO DA PENA PRIVATIVA DE LIBERDADE 451
4. SUSPENSÃO CONDICIONAL DA PENA (*SURSIS*) 459
5. EXECUÇÃO DAS MEDIDAS DE SEGURANÇA 459
6. INCIDENTES DE EXECUÇÃO 460
7. PROCEDIMENTO JUDICIAL 460
8. TEMAS COMBINADOS 460

10. MEDICINA LEGAL — 463

1. TANATOLOGIA 463
2. SEXOLOGIA 464
3. TRAUMATOLOGIA 465
4. PSICOPATOLOGIA FORENSE 466
5. ANTROPOLOGIA 467
6. PERÍCIAS MÉDICO-LEGAIS E PROCEDIMENTO NO INQUÉRITO POLICIAL 467

11. DIREITO CONSTITUCIONAL — 469

1. PODER CONSTITUINTE 469
2. TEORIA DA CONSTITUIÇÃO E PRINCÍPIOS FUNDAMENTAIS 473
3. HERMENÊUTICA CONSTITUCIONAL E EFICÁCIA DAS NORMAS CONSTITUCIONAIS 482
4. DO CONTROLE DE CONSTITUCIONALIDADE 487
5. DOS DIREITOS E GARANTIAS FUNDAMENTAIS 506
6. DIREITOS SOCIAIS 526
7. NACIONALIDADE 528
8. DIREITOS POLÍTICOS 529
9. ORGANIZAÇÃO DO ESTADO 533
10. ORGANIZAÇÃO DO PODER EXECUTIVO 550
11. ORGANIZAÇÃO DO PODER LEGISLATIVO. PROCESSO LEGISLATIVO 554
12. DA ORGANIZAÇÃO DO PODER JUDICIÁRIO 566
13. DAS FUNÇÕES ESSENCIAIS À JUSTIÇA 578
14. DEFESA DO ESTADO 581
15. TRIBUTAÇÃO E ORÇAMENTO 584
16. ORDEM ECONÔMICA E FINANCEIRA 586
17. ORDEM SOCIAL 589
18. TEMAS COMBINADOS 594

12. DIREITO ADMINISTRATIVO — 603

1. REGIME JURÍDICO ADMINISTRATIVO E PRINCÍPIOS DO DIREITO ADMINISTRATIVO 603
2. PODERES DA ADMINISTRAÇÃO PÚBLICA 607
3. ATOS ADMINISTRATIVOS 614
4. ORGANIZAÇÃO ADMINISTRATIVA 626
5. SERVIDORES PÚBLICOS 638
6. BENS PÚBLICOS 673
7. INTERVENÇÃO DO ESTADO NA PROPRIEDADE 678
8. RESPONSABILIDADE DO ESTADO 686

9. LICITAÇÃO 693
10. CONTRATOS ADMINISTRATIVOS 706
11. SERVIÇOS PÚBLICOS 713
12. PROCESSO ADMINISTRATIVO 719
13. CONTROLE DA ADMINISTRAÇÃO PÚBLICA 723
14. LEI DE ACESSO À INFORMAÇÃO – TRANSPARÊNCIA 727
15. LEI ANTICORRUPÇÃO 728
16. OUTROS TEMAS E TEMAS COMBINADOS DE DIREITO ADMINISTRATIVO 730

13. DIREITO TRIBUTÁRIO — 733

1. COMPETÊNCIA TRIBUTÁRIA 733
2. PRINCÍPIOS 735
3. IMUNIDADES 739
4. DEFINIÇÃO DE TRIBUTO E ESPÉCIES TRIBUTÁRIAS 742
5. LEGISLAÇÃO TRIBUTÁRIA – FONTES 744
6. VIGÊNCIA, APLICAÇÃO, INTERPRETAÇÃO E INTEGRAÇÃO 745
7. FATO GERADOR E OBRIGAÇÃO TRIBUTÁRIA 746
8. LANÇAMENTO E CRÉDITO TRIBUTÁRIO 748
9. SUJEIÇÃO PASSIVA, CAPACIDADE E DOMICÍLIO 749
10. SUSPENSÃO, EXTINÇÃO E EXCLUSÃO DO CRÉDITO 754
11. IMPOSTOS E CONTRIBUIÇÕES EM ESPÉCIE 760
12. TEMAS COMBINADOS DE IMPOSTOS E CONTRIBUIÇÕES 772
13. GARANTIAS E PRIVILÉGIOS DO CRÉDITO 773
14. ADMINISTRAÇÃO TRIBUTÁRIA, FISCALIZAÇÃO 774
15. DÍVIDA ATIVA, INSCRIÇÃO, CERTIDÕES 776
16. REPARTIÇÃO DE RECEITAS 776
17. AÇÕES TRIBUTÁRIAS 777
18. PROCESSO ADMINISTRATIVO FISCAL 782
19. MICROEMPRESAS – ME E EMPRESAS DE PEQUENO PORTE – EPP 783
20. CRIMES TRIBUTÁRIOS 783
21. TEMAS COMBINADOS E OUTRAS MATÉRIAS 784

14. DIREITO FINANCEIRO — 791

1. PRINCÍPIOS E NORMAS GERAIS 791
2. LEI DE DIRETRIZES ORÇAMENTÁRIAS – LDO E PLANO PLURIANUAL – PPA 792
3. LEI ORÇAMENTÁRIA ANUAL – LOA 793
4. LEI DE RESPONSABILIDADE FISCAL – LRF 794
5. RECEITAS 795
6. DESPESAS 797
7. DESPESAS COM PESSOAL 799
8. EXECUÇÃO ORÇAMENTÁRIA, CRÉDITOS ADICIONAIS 799
9. OPERAÇÕES DE CRÉDITO, DÍVIDA PÚBLICA 800
10. PRECATÓRIOS 801
11. CONTROLE, FISCALIZAÇÃO, TRIBUNAIS DE CONTAS 801
12. OUTROS TEMAS E COMBINADOS 802

15. DIREITO ECONÔMICO — 805

1. ORDEM ECONÔMICA NA CONSTITUIÇÃO. MODELOS ECONÔMICOS 805
2. INTERVENÇÃO DO ESTADO NO DOMÍNIO ECONÔMICO 806
3. SISTEMA BRASILEIRO DE DEFESA DA CONCORRÊNCIA – SBDC. LEI ANTITRUSTE 807
4. DIREITO ECONÔMICO INTERNACIONAL 808
5. QUESTÕES COMBINADAS E OUTROS TEMAS 809

16. DIREITO PREVIDENCIÁRIO — 811

1. PRINCÍPIOS E NORMAS GERAIS 811
2. CUSTEIO 815
3. SEGURADOS DA PREVIDÊNCIA E DEPENDENTES 816
4. BENEFÍCIOS PREVIDENCIÁRIOS 819
5. PREVIDÊNCIA DOS SERVIDORES PÚBLICOS 825
6. PREVIDÊNCIA PRIVADA COMPLEMENTAR 831
7. ACIDENTES, DOENÇAS DO TRABALHO 832
8. ASSISTÊNCIA SOCIAL E SAÚDE 833
9. AÇÕES PREVIDENCIÁRIAS 834
10. TEMAS COMBINADOS 835

17. DIREITO ELEITORAL — 839

1. PRINCÍPIOS, DIREITOS POLÍTICOS, ELEGIBILIDADE E ALISTAMENTO ELEITORAL 839
2. INELEGIBILIDADE 847
3. PARTIDOS POLÍTICOS, CANDIDATOS 848
4. ELEIÇÕES, VOTOS, APURAÇÃO, QUOCIENTES ELEITORAL E PARTIDÁRIO 851
5. PROPAGANDA ELEITORAL E RESTRIÇÕES NO PERÍODO ELEITORAL 853
6. PRESTAÇÃO DE CONTAS, DESPESAS, ARRECADAÇÃO, FINANCIAMENTO DE CAMPANHA 856
7. COMPETÊNCIA E ORGANIZAÇÃO DA JUSTIÇA ELEITORAL 856
8. AÇÕES, RECURSOS, IMPUGNAÇÕES 860
9. DAS CONDUTAS VEDADAS AOS AGENTES PÚBLICOS 863
10. CRIMES ELEITORAIS 863
11. TEMAS COMBINADOS E OUTRAS MATÉRIAS 865

18. DIREITO URBANÍSTICO — 869

1. NORMAS CONSTITUCIONAIS 869
2. PARCELAMENTO DO SOLO URBANO 869
3. ESTATUTO DAS CIDADES E INSTRUMENTOS DA POLÍTICA URBANA 872
4. TEMAS COMBINADOS 878

19. RECURSOS HÍDRICOS — 881

1. POLÍTICA NACIONAL DE RECURSOS HÍDRICOS 881
2. SISTEMA NACIONAL DE GERENCIAMENTO DE RECURSOS HÍDRICOS 883
3. TEMAS COMBINADOS 883

20. PROCESSO COLETIVO — 885

1. INTERESSES DIFUSOS, COLETIVOS E INDIVIDUAIS HOMOGÊNEOS E PRINCÍPIOS 885
2. COMPETÊNCIA, CONEXÃO, CONTINÊNCIA E LITISPENDÊNCIA 889
3. LEGITIMAÇÃO, LEGITIMADOS, MINISTÉRIO PÚBLICO E LITISCONSÓRCIO 891

4. OBJETO	898
5. COMPROMISSO DE AJUSTAMENTO	899
6. INQUÉRITO CIVIL E RECOMENDAÇÃO	901
7. AÇÃO, PROCEDIMENTO, TUTELA ANTECIPADA, MULTA, SENTENÇA, COISA JULGADA, RECURSOS, CUSTAS E QUESTÕES MISTAS	905
8. EXECUÇÃO	909
9. AÇÃO POPULAR E IMPROBIDADE ADMINISTRATIVA	910
10. MANDADO DE SEGURANÇA COLETIVO	914
11. OUTROS TEMAS E TEMAS COMBINADOS	916

21. DIREITO DO CONSUMIDOR — 923

1. CONCEITO DE CONSUMIDOR E RELAÇÃO DE CONSUMO	923
2. PRINCÍPIOS E DIREITOS BÁSICOS	927
3. RESPONSABILIDADE PELO FATO DO PRODUTO OU DO SERVIÇO E PRESCRIÇÃO	930
4. RESPONSABILIDADE POR VÍCIO DO PRODUTO OU DO SERVIÇO E DECADÊNCIA	935
5. DESCONSIDERAÇÃO DA PERSONALIDADE JURÍDICA. RESPONSABILIDADE EM CASO DE GRUPO DE EMPRESAS	940
6. PRESCRIÇÃO E DECADÊNCIA	942
7. PRÁTICAS COMERCIAIS	943
8. PROTEÇÃO CONTRATUAL	950
9. RESPONSABILIDADE ADMINISTRATIVA	956
10. RESPONSABILIDADE CRIMINAL	957
11. DEFESA DO CONSUMIDOR EM JUÍZO	958
12. SNDC E CONVENÇÃO COLETIVA	963
13. TEMAS COMBINADOS	964
14. OUTROS TEMAS	968

22. DIREITO AMBIENTAL — 969

1. HISTÓRICO E CONCEITOS BÁSICOS	969
2. PATRIMÔNIO CULTURAL BRASILEIRO	970
3. DIREITO AMBIENTAL CONSTITUCIONAL	973
4. PRINCÍPIOS DO DIREITO AMBIENTAL	977
5. COMPETÊNCIA EM MATÉRIA AMBIENTAL	982
6. LEI DE POLÍTICA NACIONAL DO MEIO AMBIENTE	986
7. INSTRUMENTOS DE PROTEÇÃO DO MEIO AMBIENTE	991
8. PROTEÇÃO DA FLORA. CÓDIGO FLORESTAL	1002
9. RESPONSABILIDADE CIVIL AMBIENTAL E PROTEÇÃO JUDICIAL DO MEIO AMBIENTE	1011
10. RESPONSABILIDADE ADMINISTRATIVA AMBIENTAL	1020
11. RESPONSABILIDADE PENAL AMBIENTAL	1021
12. BIOSSEGURANÇA E PROTEÇÃO DA SAÚDE HUMANA	1024
13. RECURSOS MINERAIS	1025
14. RESÍDUOS SÓLIDOS	1026
15. RECURSOS HÍDRICOS	1028
16. DIREITO AMBIENTAL INTERNACIONAL	1029
17. LEI 7.802/1989 – LEI DOS AGROTÓXICOS	1030
18. TEMAS COMBINADOS E OUTROS TEMAS	1031

23. DIREITO DA CRIANÇA E DO ADOLESCENTE — 1041

1. CONCEITOS BÁSICOS E PRINCÍPIOS 1041
2. DIREITOS FUNDAMENTAIS 1042
3. PREVENÇÃO 1056
4. POLÍTICA E ENTIDADES DE ATENDIMENTO 1057
5. MEDIDAS DE PROTEÇÃO 1059
6. MEDIDAS SOCIOEDUCATIVAS E ATO INFRACIONAL – DIREITO MATERIAL 1064
7. ATO INFRACIONAL – DIREITO PROCESSUAL 1072
8. CONSELHO TUTELAR 1077
9. CONSELHO MUNICIPAL DA CRIANÇA E DO ADOLESCENTE 1082
10. MINISTÉRIO PÚBLICO 1082
11. ACESSO À JUSTIÇA 1084
12. INFRAÇÕES ADMINISTRATIVAS 1089
13. CRIMES 1091
14. DECLARAÇÕES E CONVENÇÕES 1091
15. TEMAS COMBINADOS E OUTROS TEMAS 1093

24. DIREITO DO IDOSO — 1107

1. DIREITOS FUNDAMENTAIS 1107
2. MEDIDAS DE PROTEÇÃO 1111
3. POLÍTICA DE ATENDIMENTO AO IDOSO 1112
4. ACESSO À JUSTIÇA 1113
5. CRIMES 1114
6. POLÍTICA NACIONAL DO IDOSO/CONSELHO NACIONAL DOS DIREITOS DO IDOSO 1114
7. TEMAS VARIADOS 1115

25. DIREITO DA PESSOA COM DEFICIÊNCIA — 1119

1. ESTATUTO DA PESSOA COM DEFICIÊNCIA 1119
2. TUTELA DA PESSOA COM DEFICIÊNCIA NO ÂMBITO DO DIREITO INTERNACIONAL 1119
3. ACESSIBILIDADE (LEI 10.098/00 E DEC. 5.296/2004) 1120
4. SAÚDE MENTAL 1120
5. PREVIDÊNCIA E ASSISTÊNCIA SOCIAL 1120
6. ACESSO À JUSTIÇA 1121
7. TEMAS COMBINADOS E OUTROS TEMAS DE PESSOAS COM DEFICIÊNCIA 1121

26. DIREITO SANITÁRIO — 1125

1. DIREITO SANITÁRIO INTERNACIONAL 1125
2. LEI COMPLEMENTAR 141/2012 (GASTO MÍNIMO NA SAÚDE) 1126
3. LEI 8.080/1990 (LEI ORGÂNICA DA SAÚDE/SUS) 1126
4. LEI 8.142/1990 (PARTICIPAÇÃO DA COMUNIDADE) 1127
5. LEI 10.216/2001 (SAÚDE MENTAL) 1127
6. DIREITO A MEDICAMENTOS E TRATAMENTOS 1127
7. OUTROS TEMAS E TEMAS COMBINADOS 1127

27. DIREITO EDUCACIONAL — 1129

1. NORMAS CONSTITUCIONAIS 1129
2. LEI DE DIRETRIZES E BASES DA EDUCAÇÃO 1129
3. FUNDEB 1130

28. FILOSOFIA JURÍDICA, TEORIA GERAL DO DIREITO E HERMENÊUTICA — 1131

LÓGICA 1134

29. SOCIOLOGIA JURÍDICA — 1141

30. DIREITO DO TRABALHO — 1147

1. INTRODUÇÃO, FONTES E PRINCÍPIOS 1147
2. CONTRATO INDIVIDUAL DE TRABALHO E ESPÉCIES DE EMPREGADOS E TRABALHADORES 1147
3. CONTRATO DE TRABALHO COM PRAZO DETERMINADO 1150
4. TRABALHO DA MULHER E DO MENOR 1150
5. ALTERAÇÃO, INTERRUPÇÃO E SUSPENSÃO DO CONTRATO DE TRABALHO 1151
6. REMUNERAÇÃO E SALÁRIO 1153
7. JORNADA DE TRABALHO 1154
8. EXTINÇÃO DO CONTRATO DE TRABALHO 1154
9. ESTABILIDADE 1156
10. FGTS 1156
11. SEGURANÇA E MEDICINA DO TRABALHO 1157
12. DIREITO COLETIVO DO TRABALHO 1157
13. COMISSÃO DE CONCILIAÇÃO PRÉVIA 1160
14. PRESCRIÇÃO 1160
15. TEMAS COMBINADOS 1160

31. DIREITO PROCESSUAL DO TRABALHO — 1165

1. JUSTIÇA DO TRABALHO E MINISTÉRIO PÚBLICO DO TRABALHO 1165
2. TEORIA GERAL E PRINCÍPIOS DO PROCESSO DO TRABALHO 1165
3. COMPETÊNCIA 1166
4. CUSTAS, EMOLUMENTOS E HONORÁRIOS 1167
5. NULIDADES 1167
6. PROVAS 1167
7. PROCEDIMENTO (INCLUSIVE, ATOS PROCESSUAIS) 1168
8. EXECUÇÃO 1169
9. RECURSOS 1170
10. QUESTÕES COMBINADAS 1172

32. DIREITO INTERNACIONAL PÚBLICO E PRIVADO — 1175

1. DIREITO INTERNACIONAL PÚBLICO 1175
2. DIREITO INTERNACIONAL PRIVADO 1188

33. DIREITOS HUMANOS — 1195

1. TEORIA GERAL E DOCUMENTOS HISTÓRICOS 1195
2. CARACTERÍSTICAS DOS DIREITOS HUMANOS 1197
3. SISTEMA GLOBAL DE PROTEÇÃO DOS DIREITOS HUMANOS 1198
4. SISTEMA GLOBAL DE PROTEÇÃO ESPECÍFICA DOS DIREITOS HUMANOS 1203
5. SISTEMA REGIONAL DE PROTEÇÃO DOS DIREITOS HUMANOS 1210
6. SISTEMA AMERICANO DE PROTEÇÃO ESPECÍFICA DOS DIREITOS HUMANOS 1231
7. DIREITOS HUMANOS NO BRASIL 1231
8. DIREITO DOS REFUGIADOS 1248

9. DIREITO HUMANITÁRIO 1249
10. COMBINADAS E OUTROS TEMAS DE DIREITOS HUMANOS 1250

34. LEGISLAÇÃO INSTITUCIONAL DO MINISTÉRIO PÚBLICO — 1261

35. PRINCÍPIOS E ATRIBUIÇÕES INSTITUCIONAIS DA DEFENSORIA PÚBLICA — 1269

1. FUNÇÕES E PRINCÍPIOS INSTITUCIONAIS 1269
2. ESTRUTURA E ORGANIZAÇÃO DA DEFENSORIA PÚBLICA...1271
3. GARANTIAS, PRERROGATIVAS, DEVERES, PROIBIÇÕES E IMPEDIMENTOS 1275
4. INFRAÇÕES DISCIPLINARES 1277
5. DEFINIÇÃO DE NECESSITADO E DIREITOS DOS ASSISTIDOS..1277
6. JUSTIÇA GRATUITA – LEI 1.060/1950 1278
7. COMBINADAS E OUTROS TEMAS 1279

36. CRIMINOLOGIA — 1285

1. CONCEITO, MÉTODO, FUNÇÕES E OBJETOS DA CRIMINOLOGIA..1285
2. TEORIAS DA PENA..1288
3. TEORIAS CRIMINOLÓGICAS 1288
4. VITIMOLOGIA 1291
5. POLÍTICA CRIMINAL..1291

BÔNUS ON-LINE

37. LÍNGUA PORTUGUESA — 711

38. INFORMÁTICA — 741

39. MATEMÁTICA E RACIOCÍNIO LÓGICO — 759

Como Usar o Livro

Para que você consiga um ótimo aproveitamento deste livro, atente para as seguintes orientações:

1º Tenha em mãos um ***vademecum*** ou **um computador** no qual você possa acessar os textos de lei citados.

2º Se você estiver estudando a teoria (fazendo um curso preparatório ou lendo resumos, livros ou apostilas), faça as questões correspondentes deste livro na medida em que for avançando no estudo da parte teórica.

3º Se você já avançou bem no estudo da teoria, leia cada capítulo deste livro até o final, e só passe para o novo capítulo quando acabar o anterior; vai mais uma dica: alterne capítulos de acordo com suas preferências; leia um capítulo de uma disciplina que você gosta e, depois, de uma que você não gosta ou não sabe muito, e assim sucessivamente.

4º Iniciada a resolução das questões, tome o cuidado de ler cada uma delas **sem olhar para o gabarito e para os comentários**; se a curiosidade for muito grande e você não conseguir controlar os olhos, tampe os comentários e os gabaritos com uma régua ou um papel; na primeira tentativa, é fundamental que resolva a questão sozinho; só assim você vai identificar suas deficiências e "pegar o jeito" de resolver as questões; marque com um lápis a resposta que entender correta, e só depois olhe o gabarito e os comentários.

5º **Leia com muita atenção o enunciado das questões**. Ele deve ser lido, no mínimo, duas vezes. Da segunda leitura em diante, começam a aparecer os detalhes, os pontos que não percebemos na primeira leitura.

6º <u>Grife</u> **as palavras-chave, as afirmações e a pergunta formulada.** Ao grifar as palavras importantes e as afirmações você fixará mais os pontos-chave e não se perderá no enunciado como um todo. Tenha atenção especial com as palavras "correto", "incorreto", "certo", "errado", "prescindível" e "imprescindível".

7º Leia os comentários e também **leia também cada dispositivo legal** neles mencionados; não tenha preguiça; abra o *vademecum* e leia os textos de leis citados, tanto os que explicam as alternativas corretas, como os que explicam o porquê de ser incorreta dada alternativa; você tem que conhecer bem a letra da lei, já que mais de 90% das respostas estão nela; mesmo que você já tenha entendido determinada questão, reforce sua memória e leia o texto legal indicado nos comentários.

8º Leia também os **textos legais que estão em volta** do dispositivo; por exemplo, se aparecer, em Direito Penal, uma questão cujo comentário remete ao dispositivo que trata da falsidade ideológica, aproveite para ler também os dispositivos que tratam dos outros crimes de falsidade; outro exemplo: se aparecer uma questão, em Direito Constitucional, que trate da composição do Conselho Nacional de Justiça, leia também as outras regras que regulamentam esse conselho.

9º Depois de resolver sozinho a questão e de ler cada comentário, você deve fazer uma **anotação ao lado da questão**, deixando claro o motivo de eventual erro que você tenha cometido; conheça os motivos mais comuns de erros na resolução das questões:

DL – "desconhecimento da lei"; quando a questão puder ser resolvida apenas com o conhecimento do texto de lei;

DD – "desconhecimento da doutrina"; quando a questão só puder ser resolvida com o conhecimento da doutrina;

DJ – "desconhecimento da jurisprudência"; quando a questão só puder ser resolvida com o conhecimento da jurisprudência;

FA – "falta de atenção"; quando você tiver errado a questão por não ter lido com cuidado o enunciado e as alternativas;

NUT - "não uso das técnicas"; quando você tiver se esquecido de usar as técnicas de resolução de questões objetivas, tais como as da **repetição de elementos** ("quanto mais elementos repetidos existirem, maior a chance de a alternativa ser correta"), das **afirmações generalizantes** ("afirmações generalizantes tendem a ser incorretas" - reconhece-se afirmações generalizantes pelas palavras *sempre, nunca, qualquer, absolutamente, apenas, só, somente exclusivamente* etc.), dos **conceitos compridos** ("os conceitos de maior extensão tendem a ser corretos"), entre outras.

10º Confie no **bom-senso**. Normalmente, a resposta correta é a que tem mais a ver com o bom-senso e com a ética. Não ache que todas as perguntas contêm uma pegadinha. Se aparecer um instituto que você não conhece, repare bem no seu nome e tente imaginar o seu significado.

11º Faça um levantamento do **percentual de acertos de cada disciplina** e dos **principais motivos que levaram aos erros cometidos**; de posse da primeira informação, verifique quais disciplinas merecem um reforço no estudo; e de posse da segunda informação, fique atento aos erros que você mais comete, para que eles não se repitam.

12º Uma semana antes da prova, faça uma **leitura dinâmica** de todas as anotações que você fez e leia de novo os dispositivos legais (e seu entorno) das questões em que você marcar "DL", ou seja, desconhecimento da lei.

13º Para que você consiga ler o livro inteiro, faça um bom **planejamento**. Por exemplo, se você tiver 90 dias para ler a obra, divida o número de páginas do livro pelo número de dias que você tem, e cumpra, diariamente, o número de páginas necessárias para chegar até o fim. Se tiver sono ou preguiça, levante um pouco, beba água, masque chiclete ou leia em voz alta por algum tempo.

14º Desejo a você, também, muita **energia**, **disposição**, **foco**, **organização**, **disciplina**, **perseverança**, **amor** e **ética**!

Wander Garcia
Coordenador

1. DIREITO CIVIL

Ana Paula Garcia, André de Carvalho Barros, Gabriela Rodrigues Pinheiro, Gustavo Nicolau, Márcio Alexandre Pereira, Vanessa Trigueiros e Wander Garcia*

1. LINDB

(Procurador do Estado – PGE/MT – FCC – 2016) De acordo com a Lei de Introdução às Normas do Direito Brasileiro, a lei nova possui efeito:

(A) imediato, por isto atingindo os fatos pendentes, mas devendo respeitar a coisa julgada, o ato jurídico perfeito e o direito adquirido, incluindo o negócio jurídico sujeito a termo ou sob condição suspensiva.

(B) retroativo, por isto atingindo os fatos pendentes, mas devendo respeitar a coisa julgada, o ato jurídico perfeito e o direito adquirido, ao qual não se equiparam, para fins de direito intertemporal, o negócio jurídico sujeito a termo ou sob condição suspensiva.

(C) retroativo, por isto atingindo os fatos pendentes, mas devendo respeitar a coisa julgada, o ato jurídico perfeito e o direito adquirido, ao qual se equipara, para fins de direito intertemporal, o negócio jurídico sujeito a termo, porém não o negócio jurídico sob condição suspensiva.

(D) imediato, por isto atingindo os fatos pendentes, ainda que se caracterizem como coisa julgada, ato jurídico perfeito ou direito adquirido.

(E) imediato, por isto atingindo os fatos pendentes, mas devendo respeitar a coisa julgada, o ato jurídico perfeito e o direito adquirido, ao qual se equiparam as faculdades jurídicas e as expectativas de direito.

A regra estabelecida pelo art. 6º da Lei de Introdução é a da vigência imediata e geral, respeitando o ato jurídico perfeito, o direito adquirido e a coisa julgada (Lei de Introdução, art. 6º). O parágrafo segundo do referido art. 6º amplia o conceito de direito adquirido, assim considerando aqueles cujo "começo do exercício tenha termo pré-fixo, ou condição pré-estabelecida inalterável, a arbítrio de outrem". A alternativa A é a única que contempla todas essas hipóteses descritas. **GN**
Gabarito "A".

(Procurador – SP – VUNESP – 2015) De acordo com o artigo 1º da Lei de Introdução às Normas de Direito Brasileiro (Decreto-lei 4.657 de 1942), "salvo disposição contrária, a lei começa a vigorar em todo o país quarenta e cinco dias depois de oficialmente publicada". Se, antes de entrar a lei em vigor, ocorrer nova publicação de seu texto, destinada à correção, a *vacatio legis* será

(A) igualmente de 45 (quarenta e cinco) dias e começará a correr da publicação do novo texto, qualquer que seja a alteração.

(B) de 90 (noventa) dias, a contar da publicação do texto original, se a alteração for substancial.

(C) igualmente de 45 (quarenta e cinco) dias e começará a correr da publicação do texto original, qualquer que seja a alteração.

(D) de 90 (noventa) dias, a contar da publicação do novo texto, se a alteração for substancial.

(E) de 90 (noventa) dias, a contar da publicação do novo texto, qualquer que seja a alteração.

Quem responde é o § 3º3º do próprio art. 1º da Lei de Introdução. O dispositivo estabelece que *"se, antes de entrar a lei em vigor, ocorrer nova publicação de seu texto, destinada a correção, o prazo deste artigo e dos parágrafos anteriores começará a correr da nova publicação"*. Logo, o prazo de quarenta e cinco dias será reiniciado a partir da publicação do novo texto. **GN**
Gabarito "A".

(Procurador do Estado – PGE/RN – FCC – 2014) O artigo 1.796 do Código Civil estabelece que *"no prazo de trinta dias, a contar da abertura da sucessão, instaurar-se-á inventário do patrimônio hereditário"*, mas o artigo 983 do Código de Processo Civil, com a redação dada pela Lei nº 11.441, de 04/01/2007, dispõe que *"o processo de inventário e partilha deve ser aberto dentro de 60 (sessenta) dias a contar da abertura da sucessão"*.

De acordo com a Lei de Introdução às Normas do Direito Brasileiro, neste caso

(A) prevalece o prazo estabelecido no Código de Processo Civil.

(B) caberá ao juiz decidir qual prazo irá considerar, de acordo com a dificuldade que os herdeiros tiveram para localizar os bens a inventariar.

(C) prevalece o prazo estabelecido no Código Civil.

(D) nenhum dos dois prazos precisa ser obedecido, porque há colidência de leis vigentes.

(E) os herdeiros terão de declarar na petição de abertura de inventário que lei deverá ser observada, a fim de se estabelecer o termo inicial do prazo em que o inventário irá encerrar-se.

Ambas as leis tratam do mesmo assunto e são de igual hierarquia (leis ordinárias). Não há nenhum impedimento nesse caso de a lei posterior revogar a anterior, e foi exatamente isso o que aconteceu. Nesse tipo de situação, aplica-se a lei posterior. Em conclusão, prevalecerá o disposto no Código de Processo Civil. **GN**
Gabarito "A".

(Delegado/GO – 2017 – CESPE) A Lei n. XX/XXXX, composta por quinze artigos, elaborada pelo Congresso Nacional, foi sancionada, promulgada e publicada.

A respeito dessa situação, assinale a opção correta, de acordo com a Lei de Introdução às Normas do Direito Brasileiro.

(A) Se algum dos artigos da lei sofrer alteração antes de ela entrar em vigor, será contado um novo período de vacância para o dispositivo alterado.

(B) Caso essa lei tenha revogado dispositivo da legislação anterior, automaticamente ocorrerá o efeito repristinatório se nela não houver disposição em contrário.

(C) A lei irá revogar a legislação anterior caso estabeleça disposições gerais sobre assunto tratado nessa legislação.

(D) Não havendo referência ao período de vacância, a nova lei entra em vigor imediatamente, sendo eventuais correções em seu texto consideradas nova lei.

(E) Não havendo referência ao período de vacância, a lei entrará em vigor, em todo o território nacional, três meses após sua publicação.

A: correta, pois de pleno acordo com o disposto no art. 1º, § 3º da Lei de Introdução as Normas do Direito Brasileiro; **B:** incorreta, pois a repristinação é admitida, desde que expressa na última lei da cadeia revocatória. Vale lembrar que a revogação é a volta da vigência de uma lei revogada, em virtude da revogação da lei que a revogou (Lei de Introdução, art. 2º, § 3º); **C:** incorreta, pois nesse caso não há revogação da lei anterior (Lei de Introdução, art. 2º, § 2º); **D:** incorreta, pois na omissão da lei, a vacância é de quarenta e cinco dias (Lei de Introdução, art. 1º). Vale a ressalva, todavia, de que é rara a hipótese de omissão da lei quanto à vacância; **E:** incorreta, pois tal prazo de três meses aplica-se apenas aos casos de lei brasileira com aplicação no exterior (ex: lei que regulamenta procedimentos nas embaixadas (Lei de Introdução, art. 1º, § 1º). **GN**
Gabarito "A".

(Promotor de Justiça/MG – 2014) Assinale a alternativa INCORRETA:

Em relação ao Decreto-Lei 4.657/1942 (com a redação da Lei 12.376/2010) pode- se dizer que:

(A) Estabelece regras quanto á vigência das leis.
(B) Dispõe sobre a aplicação da norma jurídica no tempo e no espaço.
(C) Aponta as fontes do direito privado em complemento à própria lei.
(D) Integra implicitamente o Código Civil.

A: assertiva correta, pois a Lei de Introdução às Normas do Direito brasileiro (Lei de Introdução) versam sobre a vigência das normas, em especial os arts. 1º e 2º; **B:** assertiva correta, pois a aplicação da lei no tempo é tratada pelos arts. 1º, 2º e 6º, ao passo que a aplicação da lei no espaço é tratada nos arts. 7º a 16; **C:** correta, pois a Lei de Introdução aponta formas de interpretação e integração da lei nacional, bem como situações nas quais o Poder Judiciário brasileiro aplicará leis estrangeiras; **D:** assertiva incorreta, devendo ser assinalada, pois a Lei de Introdução é uma lei autônoma e específica, não fazendo parte integrante de nenhuma outra lei, explícita ou implicitamente. Trata-se, sim, de uma *lex legum*, ou seja, uma lei cujo objeto é a própria lei. **GN**
Gabarito "D".

---

* Legenda:
  AB: André Borges de Carvalho Barros
  AG: Ana Paula Garcia
  AG/WG: Ana Paula Garcia e Wander Garcia
  GN: Gustavo Nicolau
  GR: Gabriela Rodrigues
  MP: Márcio Pereira
  VT/WG: Vanessa Tonolli Trigueiros e Wander Garcia
  WG: Wander Garcia

1.1. EFICÁCIA DA LEI NO TEMPO

(Defensor Público Federal – DPU – 2017 – CESPE) De acordo com a legislação de regência e o entendimento dos tribunais superiores, julgue os próximos itens.

(1) O condômino B deve taxas condominiais extraordinárias, estabelecidas em instrumento particular, ao condomínio edilício A. Assertiva: Nessa situação, o condomínio A goza do prazo de cinco anos, a contar do dia seguinte ao do vencimento da prestação, para exercer o direito de cobrança das referidas taxas.

(2) Uma lei nova, ao revogar lei anterior que regulamentava determinada relação jurídica, não poderá atingir o ato jurídico perfeito, o direito adquirido nem a coisa julgada, salvo se houver determinação expressa para tanto.

(3) Se o indivíduo A publicar, com fins econômicos ou comerciais, imagens do indivíduo B, sem autorização deste, será devida indenização independentemente de comprovação de prejuízo, entendimento que não será aplicável caso a publicação seja relativa a propaganda político-eleitoral.

(4) Situação hipotética: B é sócio cotista da sociedade empresária A Ltda., que está encerrando suas atividades e, consequentemente, dissolvendo a sociedade. Assertiva: Nessa situação, em eventual demanda judicial envolvendo B e a figura jurídica A Ltda., esta poderá requerer a desconsideração da personalidade jurídica da sociedade empresária, tendo como fundamento único o seu término.

1: Correta, de acordo com a tese fixada em julgamento de Recurso Representativo REsp 1.483.930/DF, publicado no dia 01/02/2017, o STJ entendeu pela aplicação do artigo 206, § 5º, I, do Codigo Civl, "Na vigência do Código Civil de 2002, é quinquenal o prazo prescricional para que o condomínio geral ou edifício (horizontal ou vertical) exercite a pretensão de cobrança da taxa condominial ordinária ou extraordinária constante em instrumento público ou particular, a contar do dia seguinte ao vencimento da prestação". **2:** Errada, pois vai de encontro ao artigo 5º, XXXVI, da Constituição Federal que prevê: "A lei não prejudicará o direito adquirido, o ato jurídico perfeito e a coisa julgada", bem como ao artigo 6º, da LINDB: "A lei em vigor terá efeito imediato e geral, respeitando o ato jurídico perfeito, o direito adquirido e a coisa julgada". **3:** Errada. O Superior Tribunal de Justiça, Súmula 403, em consonância com o artigo 20 do Código Civil, reconheceu que o direito à reparação da divulgação da imagem não autorizada, independe da comprovação do dano, o que se configura o Dano *in re ipsa*, se aplica também à propaganda político-eleitoral. **4:** Errada, pois, de acordo com o artigo 50 do Codigo Civil, adotou-se a teoria maior da desconsideração da personalidade jurídica. Dessa forma, o instituto da desconsideração só poderá ocorrer nos casos de abuso da personalidade jurídica, quando constatando (i) desvio de finalidade; ou (ii) confusão patrimonial. **GN**

Gabarito: 1C, 2E, 3E, 4E

(Defensor Público – DPE/PR – 2017 – FCC) Com base no Decreto-Lei n. 4.657/1942 – Lei de Introdução às normas do Direito Brasileiro – LINDB, é correto afirmar:

(A) As correções de texto, de qualquer natureza, ocorridas após a publicação da lei, não interferem no termo *a quo* de sua vigência, na medida em que não se consideram lei nova por não alterar seu conteúdo.

(B) A despeito de ser executada no Brasil, a lei brasileira não será aplicada quando a obrigação for constituída fora do país, pois, para qualificar e reger as obrigações, aplicar-se-á a lei do país em que se constituírem.

(C) Os direitos de família são determinados pela lei do país em que domiciliada a pessoa. No caso de nubentes com domicílio diverso, a lei do primeiro domicílio conjugal regerá tanto os casos de invalidade do matrimônio quanto o regime de bens.

(D) Quando a lei estrangeira for aplicada a demanda judicial no Brasil, ter-se-á em vista somente os dispositivos invocados pelas partes, inclusive eventuais remissões a outras leis.

(E) Compete exclusivamente à autoridade judiciária estrangeira processar e julgar as ações cujo réu possua domicílio no exterior ou cuja obrigação lá tenha de ser cumprida, ainda que versadas sobre bens imóveis situados no Brasil.

A: Errada, de acordo com o § 3º, do art. 1º, da LINDB: "Se, antes de entrar a lei em vigor, ocorrer nova publicação de seu texto, destinada a correção, o prazo deste artigo e dos parágrafos anteriores começará da nova publicação". Vale dizer, se durante a *vacatio legis*, a norma vier a ser corrigida, o prazo do *caput* começará a correr da NOVA publicação. **B:** Errada, nos termos do § 1º, do artigo 9º, da LINDB: "Destinando-se a obrigação a ser executada no Brasil e dependendo de forma essencial, será esta observada, admitidas as peculiaridades da lei estrangeira quanto aos requisitos extrínsecos do ato", determina a aplicação da lei brasileira quando à forma essencial da obrigação for consagrada pela nossa legislação. **C:** Correta, de acordo com os §§ 3º e 4º, do artigo 7º, da LINDB. **D:** Incorreta, pois viola a parte final do artigo 16 da LINDB: "Quando, nos termos dos artigos precedentes, se houver de aplicar a lei estrangeira, ter-se-á em vista a disposição desta, sem considerar-se qualquer remissão por ela feita a outra lei". **E:** Incorreta, vai de encontro ao § 1º, do artigo 12, da LINDB. **GN**

Gabarito: "C"

(Promotor de Justiça – MPE/MS – FAPEC – 2015) Segundo a Lei de Introdução às Normas do Direito Brasileiro (Decreto-Lei 4.657/1942):

(A) em caso de lacuna normativa, a revogação de uma lei opera efeito repristinatório automático.

(B) o desuso é causa de revogação da lei.

(C) nos Estados estrangeiros, a obrigatoriedade da lei brasileira, quando admitida, se inicia em 4 (quatro) meses depois de publicada.

(D) aplica-se o princípio da vigência sincrônica quando a lei for omissa quanto ao período de *vacatio legis*.

(E) na aplicação da lei, o juiz atenderá aos fins sociais a que ela se dirige e às exigências do bem comum, sendo certo que ao interpretá-la decidirá o caso de acordo com a analogia, os costumes e os princípios gerais de direito.

A: incorreta, pois em nosso sistema (Lei de Introdução, art. 2º § 3º) a repristinação só se opera quando a terceira lei na cadeia revogatória determina a volta da vigência da primeira (aquela que fora revogada pela lei revogadora); **B:** incorreta, pois somente uma lei é apta a revogar outra lei (Lei de Introdução, art. 2º); **C:** incorreta, pois o prazo é de três meses (Lei de Introdução, art. 1º, § 1º); **D:** correta, pois a lei entra em vigor de uma só vez no prazo de quarenta e cinco dias (Lei de Introdução, art. 1º); **E:** incorreta, pois analogia, costumes e princípios gerais são sistemas utilizados no caso de lacuna da lei e não como vetores interpretativos (Lei de Introdução, art. 4º). **GN**

Gabarito: "D".

(Juiz de Direito/AM – 2016 – CESPE) A respeito da eficácia da lei no tempo e no espaço, assinale a opção correta conforme a LINDB.

(A) Para ser aplicada, a norma deverá estar vigente e, por isso, uma vez que ela seja revogada, não será permitida a sua ultratividade.

(B) Tendo o ordenamento brasileiro optado pela adoção, quanto à eficácia espacial da lei, do sistema da territorialidade moderada, é possível a aplicação da lei brasileira dentro do território nacional e, excepcionalmente, fora, e vedada a aplicação de lei estrangeira nos limites do Brasil.

(C) Quando a sucessão incidir sobre bens de estrangeiro residente, em vida, fora do território nacional, aplicar-se-á a lei do país de domicílio do defunto, quando esta for mais favorável ao cônjuge e aos filhos brasileiros, ainda que todos os bens estejam localizados no Brasil.

(D) Não havendo disposição em contrário, o início da vigência de uma lei coincidirá com a data da sua publicação.

(E) Quando a republicação de lei que ainda não entrou em vigor ocorrer tão somente para correção de falhas de grafia constantes de seu texto, o prazo da *vacatio legis* não sofrerá interrupção e deverá ser contado da data da primeira publicação.

A: incorreta, pois a hipótese de ultratividade é admitida em nosso ordenamento. Imagine, por exemplo, um crime cometido sob a égide da Lei "A". Quando do julgamento, já está vigendo a Lei "B", mais severa do que a anterior. A Lei "A", mesmo revogada, será aplicada no referido julgamento penal. O mesmo ocorre com alteração de lei sucessória. O juiz deverá usar a lei do momento da morte (CC, art. 2.041), ainda que nova lei regulamente o assunto de forma diversa; **B:** incorreta, pois a lei estrangeira pode ser aplicada no Brasil em casos específicos. É o que ocorre, por exemplo, com pessoa que deixa bens no Brasil, mas que tinha domicílio no exterior. Para tais casos, o juiz deverá aplicar a lei do domicílio do *de cujus* (LI, art. 10 e CF, art. 5º, XXXI). O próprio CPC (art. 376) prevê a hipótese de aplicação de lei estrangeira; **C:** correta, pois de acordo com a previsão do art. 10 da LI. Como regra, aplica-se a lei de domicílio do *de cujus*. Nesses casos, contudo, será aplicada a lei brasileira se ela – na comparação com a estrangeira – for mais favorável ao cônjuge ou aos filhos de nacionalidade brasileira; **D:** incorreta, pois – no silêncio da lei – a *vacatio legis* será de 45 dias (LI, art. 1º); **E:** incorreta, pois nesse caso o prazo começa a correr da nova publicação (LI, art. 1º, § 3º). **GN**

Gabarito: "C"

(Analista Judiciário – TRT/8ª – 2016 – CESPE) Assinale a opção correta, em relação à classificação e à eficácia das leis no tempo e no espaço.

(A) Quanto à eficácia da lei no espaço, no Brasil se adota o princípio da territorialidade moderada, que permite, em alguns casos, que lei estrangeira seja aplicada dentro de território brasileiro.

(B) De acordo com a Lei de Introdução às Normas do Direito Brasileiro (LINDB), em regra, a lei revogada é restaurada quando a lei revogadora perde a vigência.

(C) Por ser o direito civil ramo do direito privado, impera o princípio da autonomia de vontade, de forma que as partes podem, de comum acordo, afastar a imperatividade das leis denominadas cogentes.

(D) A lei entra em vigor somente depois de transcorrido o prazo da *vacatio legis*, e não com sua publicação em órgão oficial.

(E) Dado o princípio da continuidade, a lei terá vigência enquanto outra não a modificar ou revogar, podendo a revogação ocorrer pela derrogação, que é a supressão integral da lei, ou pela ab-rogação, quando a supressão é apenas parcial.

A: correta, pois a lei estrangeira pode ser aplicada no Brasil em casos específicos. É o que ocorre, por exemplo, com pessoa que deixa bens no Brasil, mas que tinha domicílio no exterior. Para tais casos, o juiz deverá aplicar a lei do domicílio do *DE cujus* (LI, art. 10, e CF, art. 5º, XXXI). O próprio CPC (art. 376) prevê a hipótese de aplicação de lei estrangeira;

B: incorreta, pois a chamada repristinação depende de expressa previsão da lei que revogou a lei revogadora (LI, art. 2°, § 3°); **C:** incorreta, pois as leis cogentes não podem ser afastadas por acordo entre as partes. É o caso, por exemplo, dos deveres conjugais (CC, art. 1.566) ou das obrigações decorrentes do poder familiar (CC, art. 1.630); **D:** incorreta, pois pode haver leis que não tenham *vacatio legis*. Nesse caso, entram em vigor no dia de sua publicação no Diário Oficial (LI, art. 1°); **E:** incorreta, pois a derrogação é a revogação parcial, ao passo que a ab-rogação é a revogação integral da lei.

(Magistratura/RR – 2015 – FCC) Considere o seguinte texto: *Conforme foi visto, em regra, uma lei só se revoga por outra. Dificilmente, entretanto, se poderá traçar de imediato a linha divisória entre o império da lei antiga e o da lei nova que a tenha revogado ou derrogado. Relações jurídicas existirão sempre, de tal natureza, que, entabuladas embora no regime do velho estatuto, continuarão a surtir efeitos quando o diploma revogador já esteja em plena vigência. Outras, de acabamento apenas começado, terão sido surpreendidas por nova orientação inaugurada pelo legislador. Por outro lado, tal pode ser o teor do estatuto novo, que as situações que pretenda abranger mais parecerão corresponder ao império do diploma revogado. Ora, é exatamente a esse entrechoque dos mandamentos da lei nova com os da lei antiga, que se denomina conflito das leis no tempo.*

(FRANÇA, R. Limongi. **Manual de Direito Civil**. v. 1. p. 37. 4. ed. Revista dos Tribunais, 1980).

A legislação brasileira sobre essas questões dispõe que
(A) a lei não prejudicará o direito adquirido, o ato jurídico perfeito e a coisa julgada, salvo nas matérias de ordem pública, em que sempre prevalecerá a lei nova.
(B) a lei em nenhuma hipótese terá efeito retroativo, embora nada disponha sobre sua aplicação às situações pendentes.
(C) cabe ao juiz decidir por equidade, nada prescrevendo sobre elas.
(D) a lei em vigor terá efeito imediato e geral, respeitados o ato jurídico perfeito, o direito adquirido e a coisa julgada.
(E) a lei terá efeito imediato e geral, proibindo, em qualquer circunstância, sua retroatividade.

A: incorreta, pois a lei nova, mesmo de ordem pública, não pode prejudicar direito adquirido, ato jurídico perfeito e coisa julgada, inclusive porque se tem no caso um direito previsto em cláusula pétrea na Constituição (art. 5°, XXXVI, da CF); isso não quer dizer que uma lei nova não possa incidir sobre negócios praticados anteriormente à sua entrada em vigor, mas tal incidência se dará apenas em relação aos efeitos do negócio que ocorrerem após essa entrada em vigor, como por exemplo os juros praticados; **B** e **E:** incorretas, pois a Constituição veda (art. 5°, XXXVI) que a lei nova prejudique esses direitos, mas não há vedação a que ela beneficie, como em matéria de punição tributária e criminal; **C:** incorreta, pois os arts. 2° e 6° da LINDB trata justamente das regras que solucionarão o conflito de leis no tempo; **D:** correta (art. 6°, *caput*, da LINDB).

(Ministério Público/BA – 2015 – CEFET) Assinale a alternativa **INCORRETA** sobre as regras de vigência das leis, segundo a Lei de Introdução às Normas do Direito Brasileiro:
(A) Não se destinando à vigência temporária, a lei terá vigor até que outra a modifique ou revogue.
(B) A lei posterior revoga a anterior quando expressamente o declare ou quando seja com ela incompatível.
(C) A lei posterior revoga a anterior quando regule inteiramente a matéria de que tratava a lei anterior.
(D) A lei nova, que estabeleça disposições gerais ou especiais a par das já existentes, revoga a lei anterior.
(E) Salvo disposição em contrário, a lei revogada não se restaura por ter a lei revogadora perdido a vigência.

A: assertiva correta (art. 2°, *caput*, da LINDB); **B:** assertiva correta (art. 2°, § 1°, da LINDB); **C:** assertiva correta (art. 2°, § 1°, da LINDB); **D:** assertiva incorreta, devendo ser assinalada, pois nesse caso essa lei nova não revoga nem modifica a lei anterior (art. 2°, § 2°, da LINDB); **E:** assertiva correta (art. 2°, § 3°, da LINDB).

(Analista – TRT/16ª – 2014 – FCC) Uma lei foi elaborada, promulgada e publicada. Por não conter disposição em contrário, entrará em vigor 45 dias depois de oficialmente publicada, data que cairá no dia 18 de abril, feriado (sexta-feira da paixão de Cristo); dia 19 de abril é sábado; dia 20 de abril é domingo; dia 21 de abril é feriado (Tiradentes). Essa lei entrará em vigor no dia
(A) 19 de abril.
(B) 21 de abril.
(C) 20 de abril.
(D) 22 de abril.
(E) 18 de abril.

Nos termos da Lei Complementar 95/1998, art. 8, § 1°, diz que: "A contagem do prazo para entrada em vigor das leis que estabeleçam período de vacância far-se-á com a inclusão da data da publicação e do último dia do prazo, entrando em vigor no dia subsequente à sua consumação integral. (Incluído pela L.C.107/2001)

1.2. EFICÁCIA DA LEI NO ESPAÇO

(Cartório/ES – 2013 – CESPE) No que se refere à aplicação da lei estrangeira, assinale a opção correta.
(A) A lei do lugar de domicílio do estrangeiro se aplica aos bens móveis que o proprietário tiver consigo ou que se destinarem ao transporte para outros lugares.
(B) A regra do estatuto pessoal é inaplicável às pessoas jurídicas.
(C) Aplica-se a lei do domicílio do proprietário às relações de posse sobre bens imóveis.
(D) A regra do estatuto pessoal define que a norma legal do lugar de nascimento do estrangeiro será observada quanto ao começo e ao fim da personalidade, ao nome, à capacidade e aos direitos de família.
(E) O direito internacional público regula a matéria atinente à aplicação de lei estrangeira.

A: correta, pois a assertiva reproduz a regra estabelecida pelo art. 8° § 1° da Lei de Introdução; **B:** incorreta, pois há previsões que dizem respeito a pessoas jurídicas (Lei de Introdução, art. 11); **C:** incorreta, pois "*para qualificar os bens e regular as relações a eles concernentes, aplicar-se-á a lei do país em que estiverem situados*" (Lei de Introdução, art. 8°); **D:** incorreta, pois a norma legal que será aplicada nesse caso é a lei "*do país em que domiciliada a pessoa*" (Lei de Introdução, art. 7°); **E:** incorreta, pois é o Direito Internacional Privado que realiza tal regulamentação.

(Promotor de Justiça/ES – 2013 – VUNESP) Assinale a alternativa correta, de acordo com a Lei de Introdução às Normas do Direito Brasileiro.
(A) O começo e o fim da personalidade, o nome e a capacidade são regidos pelas leis do país onde nasceu a pessoa.
(B) Realizando-se o casamento no Brasil, será aplicada a lei brasileira quanto aos impedimentos dirimentes e quanto às formalidades de celebração.
(C) Para ser executada no Brasil, a sentença estrangeira deve ser homologada pelo Supremo Tribunal Federal.
(D) A sucessão de bens estrangeiros situados no Brasil será regulada pela lei brasileira, desconsiderando-se eventual lei pessoal do *de cujus*.
(E) Sendo um dos nubentes brasileiro, o regime de bens obedece à lei brasileira.

A: incorreta, pois a norma legal que será aplicada nesse caso é a lei "*do país em que domiciliada a pessoa*" (Lei de Introdução, art. 7°); **B:** correta, pois a assertiva reproduz a regra estabelecida pelo art. 7°, § 1° da Lei de Introdução; **C:** incorreta, pois tal homologação ocorre perante o Superior Tribunal de Justiça (CF, art. 105, I, i); **D:** incorreta, pois a lei que será aplicada será a lei do país em que for domiciliado o (Lei de Introdução, art. 10); **E:** incorreta, pois a Lei de Introdução usa como critério o domicílio dos nubentes (Lei de Introdução, art. 7°, §§ 3° e 4°).

1.3. INTERPRETAÇÃO DA LEI

(Procurador do Estado/SP - 2018 - VUNESP) A ausência de norma justa, caracterizada pela existência de um preceito normativo, que, se aplicado, resultará solução insatisfatória ou injusta, caracteriza lacuna
(A) ontológica ou *iure condendo*.
(B) axiológica ou *iure condendo*.
(C) axiológica ou *iure condito*.
(D) ideológica ou *iure condito*.
(E) ontológica ou *iure condito*.

A tradicional noção de lacuna do Direito envolve a ausência de norma para solucionar uma situação fática, o que é comum tendo em vista que as relações sociais são mais ágeis do que o processo de criação de leis. Sob as luzes da doutrina de Norberto Bobbio e Maria Helena Diniz, a lacuna axiológica não é rigorosamente uma lacuna nesse sentido. A lacuna axiológica envolve a ideia de que existe uma norma, mas a sua aplicação ao caso concreto levaria a uma solução insatisfatória ou injusta. Ainda sob a mesma doutrina, a lacuna ontológica envolve a ideia da existência de uma norma, mas que já se encontra obsoleta em vista do dinâmico progresso das relações sociais e avanço tecnológico. A lacuna ideológica consiste na falta de uma norma justa, que enseje uma solução satisfatória ao caso concreto. O "iure condito" é o Direito já constituído, já em vigor numa sociedade, significando que a solução do caso se daria com o Direito em vigor. Já a expressão "iure condendo" refere-se ao Direito ainda a ser construído.

(Analista – Judiciário -TRE/PI – 2016 – CESPE) O aplicador do direito, ao estender o preceito legal aos casos não compreendidos em seu dispositivo, vale-se da
(A) interpretação teleológica.
(B) socialidade da lei.
(C) interpretação extensiva.
(D) analogia.

(E) interpretação sistemática.

A: incorreta, pois a interpretação teleológica busca extrair o significado da lei levando em consideração a sua finalidade, o seu objetivo; **B:** incorreta, pois a socialidade visa trazer uma aplicação da lei segundo o melhor interesse da sociedade. Ex.: função social da propriedade e dos contratos; **C:** incorreta, pois a interpretação extensiva é uma compreensão da lei de forma expandida, ampliada; **D:** correta, pois a analogia é utilizada justamente quando não há lei que trate de uma determinada situação. Assim, aplica-se outra lei que regulamenta situação semelhante; **E:** incorreta, pois, pela interpretação sistemática, busca-se a compreensão da lei a partir do ordenamento jurídico de que esta seja parte, relacionando-a com outras. GN
Gabarito "D".

(Juiz de Direito/DF – 2016 – CESPE) A respeito da hermenêutica e da aplicação do direito, assinale a opção correta.
(A) Diante da existência de antinomia entre dois dispositivos de uma mesma lei, a solução do conflito é essencial a diferenciação entre antinomia real e antinomia aparente, porque reclamam do interprete solução distinta.
(B) Os tradicionais critérios hierárquico, cronológico e da especialização são adequados à solução de confronto caracterizado como antinomia real, ainda que ocorra entre princípios jurídicos.
(C) A técnica da subsunção é suficiente e adequada à hipótese que envolve a denominada eficácia horizontal de direitos fundamentais nas relações privadas.
(D) Diante da existência de antinomia entre dois dispositivos de uma mesma lei, o conflito deve ser resolvido pelos critérios da hierarquia e(ou) da sucessividade no tempo.
(E) A aplicação do princípio da especialidade, em conflito aparente de normas, afeta a validade ou a vigência da lei geral.

A: correta, pois na antinomia real não há possibilidade de solução efetiva do conflito, ao passo que na antinomia aparente tal solução é possível mediante a utilização de critérios (cronológico, hierárquico, de especialidade etc.); **B:** incorreta, pois na antinomia real não há possibilidade de aplicação de tais critérios; **C:** incorreta, pois a eficácia horizontal de direitos fundamentais nas relações privadas exige comportamento criativo por parte do juiz, visando aplicar direitos fundamentais às relações privadas, para as quais aqueles direitos não foram originalmente concebidos; **D:** incorreta, pois ambos os critérios não são passíveis de aplicação numa mesma lei; **E:** incorreta, pois a lei geral continua vigente, sendo apenas afastada sua aplicação tendo em vista a existência de lei específica sobre a hipótese. GN
Gabarito "A".

1.4. LACUNAS E INTEGRAÇÃO DA LEI

(Magistratura/SC – 2015 – FCC) *Dêste modo, quando surge no seu logrador um animal alheio, cuja marca conhece, o restitui de pronto. No caso contrário, conserva o intruso, tratando-o como aos demais. Mas não o leva à feira anual, nem o aplica em trabalho algum; deixa-o morrer de velho. Não lhe pertence. Se é uma vaca e dá cria, ferra a esta com o mesmo sinal desconhecido, que reproduz com perfeição admirável; e assim pratica com tôda a descendência daquela. De quatro em quatro bezerros, porém, separa um, para si. É a sua paga. Estabelece com o patrão desconhecido o mesmo convênio que tem com o outro. E cumpre estritamente, sem juízes e sem testemunhas, o estranho contrato, que ninguém escreveu ou sugeriu. Sucede muitas vêzes ser decifrada, afinal, uma marca sòmente depois de muitos anos, e o criador feliz receber, ao invés da peça única que lhe fugira e da qual se deslembrara, uma ponta de gado, todos os produtos dela. Parece fantasia êste fato, vulgar, entretanto, nos sertões.* (Euclides da Cunha – **Os sertões**. 27. ed. Editôra Universidade de Brasília, 1963, p. 101).

O texto acima, sobre o vaqueiro, identifica
(A) espécie de lei local, de cujo teor ou vigência o juiz pode exigir comprovação.
(B) a analogia, como um meio de integração do Direito.
(C) um princípio geral de direito, aplicável aos contratos verbais.
(D) o uso ou costume como fonte ou forma de expressão do Direito.
(E) a equidade que o juiz deve utilizar na solução dos litígios.

A: incorreta, pois o texto não faz referência a uma lei local nesse sentido, até porque a matéria só poderia ser veiculada numa lei federal, por se tratar de Direito Civil; **B:** incorreta, pois a analogia consiste em aplicar uma lei a um caso semelhante não regulado na lei, e no caso não há referência no enunciado a lei formal alguma; **C:** incorreta, pois o enunciado da questão não faz referência a algum princípio geral do direito, lembrando que esses princípios são uma das formas de integração da lei em caso de lacuna, e não algo que se aplica em contratos verbais, pois esses contratos seguem a lei normalmente e não implicam por si só que não haja uma lei que os regule; **D:** correta, valendo salientar que o uso ou costume é uma das formas de integração da lei em caso de lacuna (art. 4º da LINDB); **E:** incorreta, pois o juiz deve aplicar a lei e, caso haja lacuna, deve aplicar, nessa ordem, a analogia, os costumes e o que se vê no enunciado da questão) e os princípios gerais do direito (art. 4º da LNDB), sendo que o juiz só decidirá por equidade nos casos previstos na lei (art. 140, parágrafo único, do Novo CPC). WG
Gabarito "D".

1.5. ANTINOMIAS E CORREÇÃO

Para resolver essa questão e outras que tratam das antinomias, segue resumo.

Correção de antinomias.

Muitas vezes o problema não é de ausência de lei ou de normas, mas de existência de mais de uma norma conflitando entre si. Nesse caso tem-se antinomia, a ensejar uma correção, que também só terá efeito para o caso concreto em que o Direito será aplicado. Pode-se conceituar o instituto da antinomia como a situação de conflito entre duas ou mais normas jurídicas.

Quanto ao critério de solução do conflito, a antinomia pode ser dividida em duas espécies: a) aparente, quando a própria lei tiver critério para a solução do conflito; b) real, quando não houver na lei critério para a solução do conflito.

A ordem jurídica prevê critérios para a solução de antinomias aparentes. São eles: a) o hierárquico (*lex superior derogat legi inferiori*), pelo qual a lei superior prevalece sobre a de hierarquia inferior, b) o cronológico ou temporal (lex *posterior derogat legi priori*), pelo qual a lei posterior prevalece sobre a anterior; c) e o da especialidade (*lex specialis derogat legi generali*), pela qual a lei especial prevalece sobre a geral. Caso não seja possível solucionar o conflito pela utilização dos critérios acima, estaremos diante de um conflito de segundo grau, já que o conflito não será entre simples normas, mas entre os critérios (hierárquico, cronológico e de especialidade). Confira-se os metacritérios para a solução de antinomias de segundo grau. Entre o: a) hierárquico e o cronológico, prevalece o hierárquico (norma superior-anterior), pois a competência é mais forte que o tempo; b) da especialidade e o cronológico, prevalece o da especialidade (norma especial-anterior), em face do princípio da igualdade, admitindo-se exceções no caso concreto; c) hierárquico e o da especialidade, não é possível estabelecer um metacritério de antemão, com alguma vantagem para o critério hierárquico, em virtude da competência.

Se mesmo assim não for possível resolver o conflito pelos metacritérios, deve-se recorrer ao critério dos metacritérios, o princípio da justiça: escolhe-se a norma mais justa.

(Procurador do Estado/AC – FMP – 2012) Assinale a alternativa CORRETA.
(A) Antinomia jurídica ocorre quando há lacuna legislativa.
(B) No Direito brasileiro, a equidade possui apenas função interpretativa.
(C) A analogia, assim como o costume e os princípios gerais de direito, tem função integrativa no sistema jurídico brasileiro.
(D) O critério ou princípio hierárquico – *lex superior derogat legi inferiori* – visa a solucionar o problema da necessidade de integração de lacunas axiológicas.

A: incorreta, pois a antinomia se caracteriza pela existência de mais de uma norma conflitando entre si; **B:** incorreta, pois a equidade também pode ter função integrativa, nos casos expressos em lei (art. 140, parágrafo único, do Novo CPC); **C:** correta (art. 4º, da LINDB). *"A integração pode ser definida como o processo de preenchimento de lacunas, mediante a aplicação da analogia, dos costumes e dos princípios gerais do direito, nessa ordem, criando-se a norma individual para o caso"* (Wander Garcia, **Super-Revisão**, Editora Foco); **D:** incorreta, pois o critério hierárquico visa a solucionar a antinomia jurídica, enquanto que a analogia, o costume e os princípios gerais de direito têm função integrativa no sistema jurídico brasileiro. VT/WG
Gabarito "C".

2. GERAL

2.1. PRINCÍPIOS DO CÓDIGO CIVIL, CLÁUSULAS GERAIS E CONCEITOS JURÍDICOS INDETERMINADOS

(Defensor Público – DPE/PR – 2017 – FCC) Sobre dano moral, é correto afirmar:
(A) A natureza de reparação dos danos morais, e não de ressarcimento, é o que justifica a não incidência de imposto de renda sobre o valor recebido a título de compensação por tal espécie de dano.
(B) Como indenização por dano moral, não é possível, por exemplo, que uma vítima obtenha direito de resposta em caso de atentado contra honra praticado por veículo de comunicação, sendo possível apenas o recebimento de quantia em dinheiro.
(C) O descumprimento de um contrato não gera dano moral, ainda que envolvido valor fundamental protegido pela Constituição Federal de 1988.
(D) O dano moral indenizável pressupõe necessariamente a verificação de sentimentos humanos desagradáveis, como dor ou sofrimento, por isso não se pode falar em dano moral da pessoa jurídica.
(E) A quantificação por danos morais está sujeita a tabelamento e a valores fixos.

A: Correta. Primeiro é preciso diferenciar reparação de ressarcimento. O primeiro compreende o restabelecimento de uma situação econômica àquela comprometida pelo dano. Já o ressarcimento compreende indenizações de caráter material, tais como lucro cessante e danos emergentes. Para alguns, a reparação e ressarcimento são espécies do gênero indenizações. Diante disso, o STJ entendeu que a reparação pelo dano estritamente moral não incide imposto de renda, uma vez que "se limita a recompor o patrimônio imaterial da vítima, atingido pelo ato ilícito praticado" – AgRg no REsp 869.287/RS. **B:** Errada, pois o direito de resposta é garantia fundamental, previsto na Constituição Federal, artigo 5º inciso V. Dessa forma, mesmo após concedido o direito de resposta à vítima, o autor da ofensa não ficará isento da indenização por danos morais e materiais. **C:** Errada, conforme entendimento do STJ, o descumprimento de um contrato envolvendo direitos fundamentais, gera o dever de indenizar, conforme segue: "Agravo interno no recurso especial. Plano de saúde. Negativa de cobertura. Dever de indenizar. Cláusula contratual controvertida. Exame de *pet scan* oncológico. Dúvida razoável. Súmula 83 do STJ. Revisão. Súmula 7 do STJ. 1. O mero descumprimento de cláusula contratual controvertida não enseja a condenação por dano moral. 2. Não cabe, em recurso especial, reexaminar matéria fático-probatória (Súmula 7/STJ). 3. Agravo interno a que se nega provimento. (AgInt no REsp 1630712 / SP, Ministra Maria Isabel Gallotti, Quarta Turma, DJe 18/10/2017); **D:** Errada, conforme Súmula 227 do STJ a pessoa jurídica pode sofrer dano moral. **E:** Errada, nos moldes da Súmula 281 do STJ que diz: A indenização por dano moral não está sujeita à tarifação prevista na Lei de Imprensa.

Gabarito "A".

(Defensor Público – DPE/ES – 2016 – FCC) Darei apenas um exemplo. Quem é que, no Direito Civil brasileiro ou estrangeiro, até hoje, soube fazer uma distinção, nítida e fora de dúvida, entre prescrição e decadência? Há as teorias mais cerebrinas e bizantinas para se distinguir uma coisa de outra. Devido a esse contraste de ideias, assisti, uma vez, perplexo, num mesmo mês, a um Tribunal de São Paulo negar uma apelação interposta por mim e outros advogados, porque entendia que o nosso direito estava extinto por força de decadência; e, poucas semanas depois, ganhávamos, numa outra Câmara, por entender-se que o prazo era de prescrição, que havia sido interrompido! Por isso, o homem comum olha o Tribunal e fica perplexo. Ora, quisemos pôr termo a essa perplexidade, de maneira prática, porque o simples é o sinal da verdade, e não o bizantino e o complicado. Preferimos, por tais motivos, reunir as normas prescricionais, todas elas, enumerando-as na Parte Geral do Código. Não haverá dúvida nenhuma: ou figura no artigo que rege as prescrições, ou então se trata de decadência. Casos de decadência não figuram na Parte Geral, a não ser em cinco ou seis hipóteses em que cabia prevê-la, logo após, ou melhor, como complemento do artigo em que era, especificamente, aplicável.

(REALE, Miguel. O projeto de Código Civil: situação atual e seus problemas fundamentais. São Paulo: Saraiva, 1986. p. 11-12).

Essa solução adotada no Código Civil de 2002 se vincula
(A) à diretriz fundamental da socialidade.
(B) à abolição da distinção entre prescrição e decadência.
(C) à diretriz fundamental da eticidade, evitando soluções juridicamente conflitantes.
(D) ao princípio da boa-fé objetiva, que garante a obtenção do julgamento esperado pelo jurisdicionado.
(E) à diretriz fundamental da operabilidade, evitando dificuldades interpretativas.

A: incorreta, pois a socialidade traz a ideia da utilização de direitos subjetivos de forma a beneficiar – ainda que indiretamente – toda a coletividade. Trata-se da ideia de que "*nenhum direito é absoluto*", nas palavras do próprio Miguel Reale, em sua exposição de motivos; **B:** incorreta, pois o Código não somente manteve, como fez questão de esclarecer tal distinção, enumerando todos os prazos prescricionais nos artigos 205 e 206 do Código Civil; **C:** incorreta, pois a eticidade guarda relação com o dever de agir de forma honesta, leal e íntegra entre as partes, cujo melhor exemplo é o princípio da boa-fé objetiva (CC, art. 422); **D:** incorreta, pois o texto não guarda qualquer relação com o princípio da boa-fé objetiva, a qual, por sua vez, também não garante a obtenção de julgamento pelo jurisdicionado; **E:** correta, pois o objetivo da operabilidade é tornar a lei de fácil acesso e compreensão pelos civis. Um exemplo da operabilidade, dado pelo próprio Miguel Reale, foi justamente a separação dos prazos prescricionais dos decadenciais, facilitando a compreensão da lei pelos operadores do direito e também pelos cidadãos.

Gabarito "E".

2.2. PESSOAS NATURAIS

(Juiz de Direito – TJ/RS – 2018 – VUNESP) Joaquina nasceu com o diagnóstico de síndrome de Down; aos 18 anos, conheceu Raimundo e decidiu casar. Os pais de Joaquina declararam que somente autorizam o casamento se o mesmo for celebrado sob o regime da separação convencional de bens, tendo em vista que a família é possuidora de uma grande fortuna e Raimundo é de origem humilde. Joaquina, que tem plena capacidade de comunicação, não aceitou a sugestão dos pais e deseja casar sob o regime legal (comunhão parcial de bens). Assinale a alternativa correta.

(A) Para que possa casar sob o regime da comunhão parcial de bens, deverá Joaquina ser submetida, mesmo contra sua vontade, ao procedimento de tomada de decisão apoiada.
(B) Joaquina poderá casar sob o regime de bens que melhor entender, tendo em vista que é dotada de plena capacidade civil.
(C) O juiz deverá nomear um curador para que possa analisar as pretensões do noivo em relação a Joaquina e decidir acerca do melhor regime patrimonial para o casal.
(D) Joaquina é relativamente incapaz e deve ser assistida no ato do casamento que somente pode ser celebrado sob o regime da separação legal.
(E) Joaquina somente poderá casar se obtiver autorização dos pais que poderá ser suprida pelo juiz, ouvido o Ministério Público.

A questão trata da capacidade das pessoas com deficiência, assunto que sofreu verdadeira revolução legislativa com o advento da Lei 13.146/2015. Referido diploma revogou o art. 3º, II do Código Civil, que determinava a incapacidade absoluta para os que, "por enfermidade ou deficiência mental", não tivessem o necessário discernimento para a prática dos atos da vida civil. Com isso, as pessoas com algum tipo de deficiência passaram a ser consideradas capazes, inclusive com o direito de casar, constituir união estável e exercer direitos sexuais e reprodutivos, exercendo também o direito à família e à convivência familiar e comunitária. Para manter o sistema coeso, a referida Lei revogou o art. 1.548, I do Código Civil, que tornava nulo o casamento contraído pelo enfermo mental sem o necessário discernimento para os atos da vida civil. Logo, Joaquina poderá casar sob o regime de bens que escolher.

Gabarito "B".

(Delegado/GO – 2017 – CESPE) No que concerne à pessoa natural, à pessoa jurídica e ao domicílio, assinale a opção correta.

(A) Sendo o domicílio o local em que a pessoa permanece com ânimo definitivo ou o decorrente de imposição normativa, como ocorre com os militares, o domicílio contratual é incompatível com a ordem jurídica brasileira.
(B) Conforme a teoria natalista, o nascituro é pessoa humana titular de direitos, de modo que mesmo o natimorto possui proteção no que concerne aos direitos da personalidade.
(C) De acordo com o Código Civil, deve ser considerado absolutamente incapaz aquele que, por enfermidade ou deficiência mental, não possuir discernimento para a prática de seus atos.
(D) A ocorrência de grave e injusta ofensa à dignidade da pessoa humana configura o dano moral, sendo desnecessária a comprovação de dor e sofrimento para o recebimento de indenização por esse tipo de dano.
(E) Na hipótese de desaparecimento do corpo de pessoa em situação de grave risco de morte, como, por exemplo, no caso de desastre marítimo, o reconhecimento do óbito depende de prévia declaração de ausência.

A: incorreta, pois o Código autoriza que "os contratantes especificar domicílio onde se exercitem e cumpram os direitos e obrigações deles resultantes" (CC, art. 78); **B:** incorreta, pois a teoria natalista sustenta que a personalidade tem início com o nascimento e não com a concepção, conforme a teoria concepcionista; **C:** incorreta, pois apenas o menor de dezesseis anos é absolutamente incapaz (CC, art. 3°); **D:** correta, pois o STJ tem entendimento no sentido de que: "Dispensa-se a comprovação de dor e sofrimento, sempre que demonstrada a ocorrência de ofensa injusta à dignidade da pessoa humana" (REsp 1337961/RJ, Rel. Ministra Nancy Andrighi, Terceira Turma, julgado em 03/04/2014, DJe 03/06/2014); **E:** incorreta, pois nos casos de ser "extremamente provável a morte de quem estava em perigo de vida"; o Código Civil dispensa a prévia declaração de ausência (CC, art. 7°).

Gabarito "D".

(Delegado/MS – 2017 – FAPEMS) No que se refere à pessoa natural, é correto afirmar que

(A) o incapaz responde pelos prejuízos que causar, se as pessoas por ele responsáveis não tiverem obrigação de fazê-lo ou não dispuserem de meios suficientes. Não obstante a regra da responsabilidade solidária entre os pais, emanada do inciso I, do artigo 932 do Código Civil, o Superior Tribunal de Justiça já decidiu que a mãe que, à época do acidente provocado por seu filho menor de idade, residia permanentemente em local distinto daquele no qual morava o menor – sobre quem apenas o pai exerce autoridade de fato –, não pode ser responsabilizada pela reparação civil advinda do ato ilícito, mesmo considerando que ela não deixou de deter o poder familiar sobre o filho.
(B) o artigo 2º do Código Civil disciplina a tutela jurídica do nascituro. Por consenso da doutrina jurídica, citado dispositivo legal, é perfeitamente aplicável ao embrião.
(C) são absolutamente incapazes de exercerem pessoalmente os atos da vida civil aqueles que, por causa transitória ou permanente, não puderem exprimir sua vontade. Nessa hipótese legal, a incapacidade opera-se automaticamente, sendo desnecessário o processo de interdição.

(D) o Código Civil estabelece que a pessoa com deficiência não poderá testemunhar, salvo se assegurados todos os recursos de tecnologia assistiva.
(E) o nascituro não tem direito a compensação por danos morais decorrentes da morte de seu genitor vítima de acidente de trabalho. Aliás, esse entendimento adotado pelo Superior Tribunal de Justiça coincide com a teoria natalista, adotada pelo Código Civil e pelo ministro relator da ADI n. 3.510/DF [Lei da Biossegurança].

A: Correta. A terceira turma do STJ decidiu no sentido de que a mãe que vive em cidade diversa do filho menor de idade e que, portanto, não possui uma autoridade de fato cotidiana, não pode ser responsabilizada pelos atos deste. REsp 1.232.011-SC, Rel. Min. João Otávio de Noronha, julgado em 17/12/2015; **B:** incorreta, pois o nascituro é o ser concebido que se encontra no ventre materno. O embrião ostenta disciplina jurídica própria, especialmente no art. 1.597 do Código Civil; **C:** incorreta, pois tais pessoas são relativamente incapazes (CC, art. 4°, III); **D:** incorreta, pois o art. 228, § 2°, do Código Civil dispõe que: "A pessoa com deficiência poderá testemunhar em igualdade de condições com as demais pessoas, sendo-lhe assegurados todos os recursos de tecnologia assistiva"; **E:** incorreta, pois o STJ entendeu que há indenização nesse caso (REsp 931.556/RS, Rel. Ministra Nancy Andrighi, Terceira Turma, julgado em 17/06/2008, DJe 05/08/2008). A teoria natalista apenas sustenta que a personalidade tem início com o nascimento, não se excluindo eventuais direitos ao nascituro. Por fim, a ADI 3.510 – julgada improcedente – visava a declaração de inconstitucionalidade da Lei 11.105, de 24 de março de 2005, a qual dispõe sobre a utilização de células-troncos embrionárias obtidas de embriões humanos decorrentes de fertilização *in vitro* visando pesquisas e terapias. Gabarito "A".

(Delegado/PE – 2016 – CESPE) Com base nas disposições do Código Civil, assinale a opção correta a respeito da capacidade civil.
(A) Os pródigos, outrora considerados relativamente incapazes, não possuem restrições à capacidade civil, de acordo com a atual redação do código em questão.
(B) Indivíduo que, por deficiência mental, tenha o discernimento reduzido é considerado relativamente incapaz.
(C) O indivíduo que não consegue exprimir sua vontade é considerado absolutamente incapaz.
(D) Indivíduos que, por enfermidade ou deficiência mental, não tiverem o necessário discernimento para a prática dos atos da vida civil são considerados absolutamente incapazes.
(E) Somente os menores de dezesseis anos de idade são considerados absolutamente incapazes pela lei civil.

A: incorreta, pois os pródigos são considerados relativamente incapazes (art. 4°, IV, do CC); **B:** incorreta, pois o Estatuto da Pessoa com Deficiência (Lei 13.146/2015) retirou essa hipótese de incapacidade relativa do art. 4° do CC; **C:** incorreta, pois o Estatuto da Pessoa com Deficiência (Lei 13.146/2015) retirou essa hipótese de incapacidade absoluta do art. 3° do CC; **D:** incorreta, pois o Estatuto da Pessoa com Deficiência (Lei 13.146/2015) retirou essa hipótese de incapacidade absoluta do art. 3° do CC; **E:** correta (art. 3° do CC, com a nova redação deste com o advento do Estatuto da Pessoa com Deficiência (Lei 13.146/2015). Gabarito "E".

(Juiz de Direito/AM – 2016 – CESPE) Assinale a opção correta a respeito da pessoa natural e da pessoa jurídica.
(A) Será tido como inexistente o ato praticado por pessoa absolutamente incapaz sem a devida representação legal.
(B) Pelo critério da idade, crianças são consideradas absolutamente incapazes e adolescentes, relativamente incapazes.
(C) As fundações são entidades de direito privado e se caracterizam pela união de pessoas com o escopo de alcançarem fins não econômicos.
(D) Para se adquirir a capacidade civil plena, é necessário alcançar maioridade civil, mas é possível que, ainda que maior de dezoito anos, a pessoa natural seja incapaz de exercer pessoalmente os atos da vida civil.
(E) O reconhecimento da morte presumida, quando for extremamente provável a morte de quem estava com a vida sob risco, independe da declaração da ausência.

A: incorreta, pois a solução legal para os atos dos absolutamente incapazes é a nulidade absoluta (CC, art. 166, I); **B:** incorreta, pois o enunciado confunde critérios. O Código Civil apenas considera absolutamente incapaz o menor de dezesseis anos e relativamente incapaz aquele que já ultrapassou tal idade. O Estatuto da Criança e do Adolescente usa tal distinção (art. 2°), considerando a idade de doze anos como marco; **C:** incorreta, pois a fundação é a reunião de bens e não de pessoas; **D:** incorreta, pois o art. 3° do Código Civil (com a redação dada pela Lei 13.146/2015) determina que apenas os menores de dezesseis anos são considerados absolutamente incapazes; **E:** correta, pois o enunciado trata da hipótese de morte presumida sem decretação prévia de ausência (CC, art. 7°), que ocorre quando a morte da pessoa desaparecida é extremamente provável, como, v.g., em casos de acidente aéreo, naufrágio, operações militares etc. Gabarito "E".

2.2.1. INÍCIO DA PERSONALIDADE E NASCITURO

(Promotor de Justiça/MG – 2014) Assinale a alternativa CORRETA:
No Direito Civil brasileiro, o início da personalidade do ser humano é marcado:
(A) Pela concepção.
(B) Pela ruptura do cordão umbilical.
(C) Pela docimasia hidrostática de Galeno.
(D) Pela nomeação de curador ao nascituro.

O início da personalidade ocorre com o nascimento com vida (CC, art. 2°). Tal nascimento com vida se dá com a respiração, ainda que por uma fração de segundo. Nossa lei não exige ruptura de cordão umbilical, nem nomeação de curador. Nos casos em que há dúvida se o recém-nascido nasceu e depois morreu ou se já nasceu morto, realiza-se o teste denominado "*docimasia hidrostática de Galeno*". De forma sucinta, o pulmão é submerso numa tina de água. Caso ele flutue, significa que ali houve oxigênio e, portanto, vida. Caso ele permaneça submerso, significa que não houve entrada de oxigênio e, portanto, trata-se mesmo de um natimorto. A resposta pode gerar imensa repercussão no campo sucessório. Gabarito "C".

(Procurador da República – 26°) Quanto ao nascituro, é correto dizer que:
I. Pode ser objeto de reconhecimento voluntário de filiação;
II. A proteção legal atinge ao próprio embrião:
III. Os pais podem efetuar doação em seu benefício;
IV. Já detém os requisitos legais da personalidade.
Das proposições acima:
(A) I e III estão corretas;
(B) II e IV estão corretas;
(C) II e III estão corretas;
(D) I e IV estão corretas.

I: correta, pois o reconhecimento de filiação pode ocorrer desde a concepção; **II:** incorreta, pois há diferença técnica entre o nascituro e o embrião, cada qual merecendo tratamento legal próprio e com regras específicas; **III:** correta, pois admite-se a doação em favor do nascituro (CC, art. 542); **IV:** incorreta, pois o Código Civil adotou a teoria natalista, segundo a qual: "A personalidade civil da pessoa começa do nascimento com vida" (CC, art. 2°). Gabarito "A".

2.2.2. CAPACIDADE

(Promotor de Justiça – MPE/RS – 2017) Considerando a parte geral do Código Civil, assinale com **V** (verdadeiro) ou com **F** (falso) as seguintes afirmações.
( ) Todas as pessoas têm a capacidade de direito, o que pressupõe a capacidade de fato, em regra, pois a incapacidade é a exceção.
( ) Se houver alguma restrição, os ébrios habituais e os viciados em tóxicos serão sempre relativamente incapazes.
( ) A ausência significa morte presumida da pessoa natural, após processo judicial, que ocorre em duas fases: curadoria dos bens e sucessão definitiva.
( ) O estatuto da fundação não é imutável; possível a alteração mediante deliberação de dois terços das pessoas responsáveis pela sua gerência, desde que não contrarie ou desvirtue a sua finalidade, sem necessidade que seja aprovada pelo Ministério Público.
A sequência correta de preenchimento dos parênteses, de cima para baixo, é
(A) V – V – F – F.
(B) F – F – F – V.
(C) V – V – F – V.
(D) F – F – V – V.
(E) V – F – V – F.

I: Verdadeira, especialmente após a edição do Estatuto da Pessoa com Deficiência (Lei 13.146/2015). A capacidade de direito é atribuída a toda e qualquer pessoa. No que se refere à capacidade de fato, as pessoas indicadas nos artigos 3° e 4° do Código Civil não a possuem de forma plena; **II:** Verdadeira. Com a vigência da Lei 13.146/2015, apenas os menores de dezesseis anos são considerados absolutamente incapazes (CC, art. 3°). Os ébrios habituais e os viciados em tóxicos permanecem com o tratamento de relativamente incapazes (CC, art. 4°, II); **III:** Falsa, pois ainda existe uma fase intermediária, que é chamada de sucessão provisória. Nesta fase, que dura dez anos, apenas a posse dos bens é transferida aos herdeiros do ausente (CC, art. 26 *et seq*); **IV:** Falsa, pois além do quorum de dois terços, é preciso também a aprovação do Ministério Público. Gabarito "A".

(Promotor de Justiça/GO – 2016 – MPE) Sobre as incapacidades no Direito Civil Brasileiro, podemos afirmar:
(A) são absolutamente incapazes os menores de dezesseis anos e aqueles que, por enfermidade física perene e deficiência mental, não possam expressar livre e conscientemente a sua vontade;
(B) a senilidade, por si só, é motivo de incapacidade, independentemente da idade do agente que pratica o ato da vida civil;
(C) a pessoa com deficiência não terá sua plena capacidade civil afetada,

podendo, inclusive, exercer o direito à família, o direito de decidir o número de filhos e o direito à guarda, à tutela, à curatela e à adoção, como adotante ou adotando;
(D) a incapacidade, relativamente a certos atos ou à maneira de os exercer, decorre da deficiência mental, da ebriedade, da surdo-mudez e da prodigalidade, pois são causas que tornam reduzido o discernimento do agente, sendo irrelevante a possibilidade de manifestação da vontade.

A: incorreta, pois após a entrada em vigor da Lei 13.146/2015, apenas o menor de dezesseis anos é considerado absolutamente incapaz; **B:** incorreta, pois a senilidade não é causa de incapacidade; **C:** correta, pois o art. 6º da Lei 13.146/2015 – dentre outros direitos – permitiu expressamente que a pessoa com deficiência pudesse "*se casar, constituir união estável, exercer o direito à família e à convivência familiar e comunitária, exercer o direito à guarda, à tutela, à curatela e à adoção, como adotante ou adotando*"; **D:** incorreta, pois a surdo-mudez não é causa automática de incapacidade da pessoa. O Código estabelece que serão considerados relativamente incapazes: "*aqueles que, por causa transitória ou permanente, não puderem exprimir sua vontade*" (CC, art. 4º).
Gabarito "C".

(Promotor de Justiça – MPE/MS – FAPEC – 2015) Em relação à capacidade civil, personalidade jurídica e emancipação, analise as alternativas abaixo, assinalando a **correta**:
(A) O nascituro, também denominado concepturo, não possui personalidade jurídica, em razão do art. 2º do Código Civil, motivo pelo qual, segundo a jurisprudência do STJ, não pode gozar de qualquer forma de direito, seja patrimonial ou não.
(B) São absolutamente incapazes os ébrios habituais, os viciados em tóxicos, e os que, por deficiência mental, tenham o discernimento reduzido.
(C) Na hipótese de emancipação legal pelo casamento, em havendo divórcio, o emancipado perde tal condição, retornando ao seu *status quo ante*, isto é, torna-se novamente incapaz.
(D) A emancipação voluntária do menor, observados e preenchidos todos os requisitos legais, afasta, de plano, a responsabilidade civil de seus genitores pelos atos cometidos após o processo emancipatório, razão pela qual, havendo acidente de trânsito causado pelo emancipado, os genitores deste não podem ser compelidos a indenizar civilmente a suposta vítima em razão da ausência de liame jurídico (*haftung*).
(E) Havendo emancipação do menor, ainda que não inexista qualquer vício no ato, o emancipado não poderá retirar a Carteira Nacional de Habilitação – CNH, segundo a legislação vigente.

A: incorreta. A despeito da literalidade do art. 2º do Código Civil indicar que a personalidade só é adquirida após o nascimento com vida, ele mesmo faz a ressalva de que haverá direitos garantidos ao nascituro. A lei traz diversos exemplos de direitos expressamente assegurados ao nascituro (CC, arts. 542, 1.779; 1.798, além da própria Lei 11.804/2008). O STJ já se posicionou no sentido de assegurar direitos ao nascituro. (Vide, por todos, REsp 1415727/SC, Rel. Ministro Luis Felipe Salomão, Quarta Turma, julgado em 04/09/2014, DJe 29/09/2014); **B:** incorreta, pois – após a edição da Lei 13.146/2015, apenas os menores de dezesseis anos são considerados absolutamente incapazes; **C:** incorreta, pois doutrina e jurisprudência são uníssonos ao afirmar que uma vez emancipada pelo casamento, o futuro e eventual divórcio não retroage para fins de tornar a pessoa incapaz, sob pena de grave insegurança jurídica; **D:** incorreta, pois: "*A emancipação voluntária, diversamente da operada por força de lei, não exclui a responsabilidade civil dos pais pelos atos praticados por seus filhos menores*" (AgRg no Ag 1239557/RJ, Rel. Ministra Maria Isabel Gallotti, Quarta Turma, julgado em 09/10/2012, DJe 17/10/2012); **E:** correta. A emancipação traz apenas capacidade de exercício para os atos da vida em geral. Quando a lei exigir idade, essa deverá ser respeitada, como é o caso da idade mínima para obtenção de CNH ou ainda a capacidade eleitoral passiva, ou seja, o direito de ser votado para determinados cargos (CF, art. 14, § 3º, VI, *a, b, c*). Nesses casos, a emancipação é irrelevante.
Gabarito "E".

2.2.3. EMANCIPAÇÃO

(Cartório/DF – 2014 – CESPE) A respeito da emancipação, assinale opção correta.
(A) Caso menor com dezesseis anos completos pretenda estabelecer-se com economia própria, na falta de emancipação voluntária, faz-se necessária a autorização dos pais.
(B) Na hipótese de casamento putativo, a nulidade do negócio jurídico produz efeitos jurídicos relativamente ao cônjuge, estando prejudicada a emancipação para a respectiva anotação no respectivo assento de nascimento.
(C) Do mandado judicial ou do ato notarial deverá constar a indicação do registro civil das pessoas naturais onde tenha sido registrado o nascimento, para o fim de comunicação da emancipação, para a devida anotação no assento de nascimento.
(D) A emancipação pode ser concedida pelo tutor ao tutelado que complete dezesseis anos, mediante instrumento público inscrito no registro civil competente.
(E) A emancipação legal decorre do casamento, logo, na hipótese de declaração de nulidade do casamento, são considerados inválidos os negócios jurídicos praticados pelo menor em razão dos efeitos *ex nunc* da sentença declaratória.

A: incorreta, pois o menor referido pela assertiva ainda não é emancipado, pois ele "pretende se estabelecer" no futuro. Somente podem exercer a atividade de empresário os que estiverem em pleno gozo da capacidade civil e não forem legalmente impedidos (CC, art. 972). O que a lei permite é que o incapaz continue exercendo a atividade empresária dos pais ou do autor da herança (CC, art. 974); **B:** o casamento putativo é uma rara hipótese de ato inválido, mas que produz efeitos, em homenagem ao cônjuge de boa-fé. Um desses efeitos é justamente a emancipação legal. A nulidade do casamento não tem a força de revogar a emancipação legalmente estabelecida; **C:** correta, pois de acordo com o disposto no art. 89 da Lei de Registros Públicos; **D:** incorreta, pois no que se refere ao tutor, a lei exige a sentença judicial para fins de emancipação (CC, art. 5º); **E:** incorreta, pois a nulidade do casamento não revoga a emancipação, nem muito menos os atos praticados pelo cônjuge.
Gabarito "C".

2.2.4. AVERBAÇÕES

(Ministério Público/MG – 2012 – CONSULPLAN) Far-se-á averbação em registro público:
(A) das sentenças declaratórias de ausência e de morte presumida.
(B) das sentenças que decretarem a nulidade ou anulação do casamento, o divórcio, a separação judicial e o restabelecimento da sociedade conjugal.
(C) da emancipação por outorga dos pais ou por sentença do juiz.
(D) da interdição por incapacidade absoluta ou relativa.

A: incorreta, pois a hipótese é de registro e não de averbação, conforme art. 9º, IV do CC; **B:** correta, pois de acordo com o art. 10, I do CC; **C:** incorreta, pois é hipótese de registro e não de averbação, conforme art. 9º, II do CC; **D:** incorreta, pois a hipótese é de registro e não de averbação, conforme art. 9º, III do CC.
Gabarito "B".

(Cartório/MG – 2012 – FUMARC) Considerando o Código Civil Brasileiro, serão registrados em registro público
(A) os nascimentos e a sentença declaratória de ausência.
(B) os casamentos e as sentenças que decretarem o divórcio.
(C) as sentenças que decretarem a anulação do casamento e os nascimentos.
(D) os atos judiciais que reconhecerem a filiação e a sentença declaratória de ausência.

A: correta (art. 9º, I e IV, do CC). As demais alternativas estão incorretas, haja vista que tanto a sentença que decreta o divórcio, como aquela que decreta a anulação de casamento, como os atos judiciais que reconhecem a filiação são passíveis de averbação, nos termos dos art. 10, I, do CC.
Gabarito "A".

2.3. PESSOAS JURÍDICAS

(Procurador Municipal – Sertãozinho/SP – VUNESP – 2016) É correto afirmar que
(A) as pessoas jurídicas de direito público interno não respondem objetivamente pelos danos causados por atos de seus agentes, no exercício de suas funções.
(B) a existência legal das pessoas jurídicas inicia-se, em regra, com o início de suas atividades.
(C) o sistema brasileiro admite a constituição de empresa individual de responsabilidade limitada.
(D) para a desconsideração da personalidade jurídica, o Código Civil de 2002 adotou a denominada teoria menor, pela qual haverá desconsideração sempre que a personalidade jurídica representar empecilho para saldar o crédito de terceiros.
(E) as fundações são pessoas jurídicas de direito privado, constituídas pela união de pessoas que se organizem para fins não econômicos.

A: incorreta, pois contrária aos termos do art. 37, § 6º, da Constituição Federal, segundo o qual: "*As pessoas jurídicas de direito público e as de direito privado prestadoras de serviços públicos responderão pelos danos que seus agentes, nessa qualidade, causarem a terceiros, assegurado o direito de regresso contra o responsável nos casos de dolo ou culpa*"; **B:** incorreta, pois a existência da pessoa jurídica inicia-se, em regra, "com a inscrição do ato constitutivo no respectivo registro" (CC, art. 45); **C:** correta, pois tal possibilidade surgiu no ano de 2011, com a publicação da Lei 12.441/2011; **D:** incorreta, pois o art. 50 do CC limitou a desconsideração da personalidade jurídica aos casos de desvio de finalidade ou confusão patrimonial; **E:** incorreta, pois a fundação é a reunião de bens organizados para uma finalidade.
Gabarito "C".

(Procurador – PGFN – ESAF – 2015) Considerando o que dispõe o Código Civil acerca das pessoas jurídicas, analise os itens a seguir e assinale a opção correta.
(A) A existência legal das pessoas jurídicas de direito privado começa com a inscrição do ato constitutivo no respectivo registro, sendo exigível, nesse caso, autorização estatal para a sua criação e personificação.

(B) Se a pessoa jurídica tiver administração coletiva, as decisões se tomarão pela maioria de votos dos presentes, salvo se o ato constitutivo dispuser de modo diverso, prescrevendo em cinco anos o direito de anular essas decisões, quando violarem a lei ou o estatuto.
(C) As pessoas jurídicas de direito público interno são civilmente responsáveis pelos atos dos seus agentes que nessa qualidade causem danos a terceiros, ressalvado o direito regressivo contra os causadores do dano se demonstrado que agiram com dolo.
(D) As organizações religiosas e as empresas individuais de responsabilidade limitada compõem, ao lado das associações, fundações, sociedades e partidos políticos, as pessoas jurídicas de direito privado.
(E) Em caso de abuso da personalidade jurídica, caracterizado pelo desvio de finalidade, ou pela confusão patrimonial, pode o juiz decidir, de ofício, que os efeitos de certas e determinadas relações de obrigações sejam estendidos aos bens particulares dos administradores ou sócios da pessoa jurídica.

A: incorreta, pois a autorização estatal para criação e personificação não é a regra, sendo exigida de forma excepcional e "quando necessário" (CC, art. 45); **B:** incorreta, pois o prazo para pleitear tal anulação é decadencial de três anos (CC, art. 48); **C:** incorreta, pois o direito de regresso também se verifica quando houver culpa do agente; **D:** correta, pois de acordo com o rol estabelecido pelo art. 44 do CC; **E:** incorreta, pois a decisão de desconsiderar a personalidade jurídica deve ser precedida de requerimento da parte ou do Ministério Público (CC, art. 50). GN
Gabarito "D".

(Procurador do Estado – PGE/RN – FCC – 2014) Examine o seguinte texto de Vicente Ráo: *de há muito vem ocupando a atenção dos juristas a possibilidade da organização e funcionamento de sociedades de um único sócio, pessoa física ou jurídica de direito privado* (Einmanngesellschaften, na Alemanha; *onemancompanies,* na Inglaterra), para o exercício de atividades econômicas com patrimônio separado e, pois, com responsabilidade igualmente distinta (**Riv. Dir. Comm.**, 1954, v. LII, 1a parte, p. 95). *Essa forma de separação patrimonial que, quando reveste certas modalidades, é encarada por alguns juristas italianos como negócio indireto de tipo fiduciário* (**Riv. Dir. Comm.**, 1932, 1a parte, p. 799), *ou negócio permitido pelo novo código civil italiano (arts. 2.326, 2.448 e 2.479;* Brunelli. **Il Libro del Lavoro**, n. 421), *não é, ainda, admitida por nosso direito.* Em seguida, afirma que a admissibilidade de *um patrimônio separado para fins de exploração econômica acabará por prevalecer.* (**O direito e a vida dos direitos**, 2 v., 2a tiragem, Max Limonad, Editor de Livros de Direito, p. 367-368). Waldemar Ferreira, porém, escreve sobre esse tema: *em matéria de ficção jurídica, chegou-se a ponto verdadeiramente imprevisto e incrível. Não podia, nem devia ela, por isso mesmo, vingar no Brasil.* (**Tratado de Direito Comercial**. 2 v., São Paulo: Saraiva, 1960, p. 262).
À vista da legislação em vigor:
(A) cumpriu-se, em parte, o que previa Vicente Ráo, porque, embora o Código Civil não contemple nenhuma hipótese de separação patrimonial para instituição de pessoa jurídica, o patrimônio de afetação é permitido nas incorporações imobiliárias, em que o terreno e acessões objeto da incorporação manter-se-ão apartados do patrimônio do incorporador.
(B) cumpriu-se o vaticínio de Vicente Ráo, pois o Código Civil contempla, no rol de pessoas jurídicas, hipótese de patrimônio separado de seu instituidor para fins econômicos.
(C) ambos os autores tiveram, em parte, seus pensamentos acolhidos pelo Código Civil, porque ele prevê no rol de pessoas jurídicas somente hipótese de patrimônio separado para fins não econômicos.
(D) prevalece o entendimento de Waldemar Ferreira, porque o Código Civil não admite separação patrimonial, em nenhuma hipótese, tendo cada pessoa apenas um patrimônio.
(E) prevalece o entendimento de Waldemar Ferreira, exceto no tocante ao empresário individual, como tal inscrito no registro púbico de empresas mercantis.

Pela leitura dos trechos dos renomados doutrinadores, resta evidente que as ideias de Vicente Ráo acabaram prevalecendo. Após a edição da Lei 12.441/2011, instituiu-se no Brasil a empresa individual de responsabilidade limitada, "*constituída por uma única pessoa titular da totalidade do capital social, devidamente integralizado*" (CC, art. 980-A) e que passou a integrar o rol de pessoas jurídicas de Direito privado (CC, art. 44, VI). GN
Gabarito "B".

2.3.1. DESCONSIDERAÇÃO DA PERSONALIDADE JURÍDICA

(Juiz– TRF 3ª Região – 2016) Relativamente às pessoas jurídicas, marque a alternativa correta:
(A) Se a pessoa jurídica tiver administração coletiva, as decisões se tomarão, em qualquer caso, pela maioria de votos dos presentes.

(B) Compete privativamente às assembleias gerais das associações a destituição e a eleição dos administradores, bem como a alteração dosestatutos.
(C) Quando insuficientes para constituir a fundação, os bens a ela destinados serão incorporados em outra fundação que se proponha a fim igual ou semelhante, independentemente do que dispuser o instituidor.
(D) É obrigatória a inclusão de norma estatutária nas associações que preveja o direito de recorrer dos associados na hipótese de suaexclusão.

A: incorreta, pois em que pese essa ser a regra, a lei (CC, art. 48) admite disposição contrária; **B:** incorreta, pois a assembleia geral não tem competência para eleger administradores (CC, art. 59); **C:** incorreta, pois o instituidor pode dispor de modo contrário (CC, art. 63); **D:** correta, pois de acordo com a previsão do art. 57 do CC. GN
Gabarito "D".

(Ministério Público/BA – 2015 – CEFET) Assinale a alternativa **INCORRETA** sobre as disposições gerais acerca das pessoas jurídicas, constante do Código Civil Brasileiro:
(A) A desconsideração da personalidade jurídica poderá ser decretada em duas hipóteses: abuso da personalidade jurídica, caracterizada pelo desvio de finalidade, ou confusão patrimonial.
(B) O Ministério Público, quando lhe couber intervir no processo, poderá requerer a desconsideração da personalidade jurídica.
(C) A desconsideração da personalidade jurídica pode acarretar que os efeitos de certas e determinadas relações de obrigações sejam estendidos aos bens particulares dos administradores ou sócios da pessoa jurídica.
(D) Começa a existência legal das pessoas jurídicas de direito privado com a inscrição do ato constitutivo no respectivo registro, precedida, quando necessário, de autorização ou aprovação do Poder Executivo, averbando-se no registro todas as alterações por que passar o ato constitutivo.
(E) A proteção dos direitos da personalidade não se aplica às pessoas jurídicas.

A: assertiva correta (art. 50 do CC); **B:** assertiva correta (art. 50 do CC); **C:** assertiva correta (art. 50 do CC); **D:** assertiva correta (art. 45 do CC); **E:** assertiva incorreta, devendo ser assinalada; o art. 52 do CC dispõe que tais direitos aplicam-se, no que couber, às pessoas jurídicas. WG
Gabarito "E".

(Procurador do Estado/PR – 2015 – PUC-PR) Assinale a alternativa **CORRETA** em relação à temática da pessoa jurídica.
(A) A desconsideração da personalidade jurídica é admitida sempre que a pessoa jurídica seja utilizada para fins fraudulentos ou diversos daqueles para os quais foi constituída e equivale à sua desconstituição para todos os efeitos.
(B) Os bens dominicais integrantes do patrimônio das pessoas jurídicas de direito público não podem ser adquiridos por usucapião nem alienados.
(C) Ao admitir que se aplica às pessoas jurídicas a proteção aos direitos da personalidade, o ordenamento jurídico o faz em total simetria com a proteção da personalidade humana.
(D) A desconsideração inversa da pessoa jurídica dá-se quando se atingem bens da pessoa jurídica para solver dívidas de seus sócios. Esse proceder é expressamente vedado pelo ordenamento jurídico brasileiro porque proporciona prejuízo aos demais participantes da sociedade.
(E) As associações públicas são pessoas jurídicas de direito público formadas por entes da Federação que se consorciam para realização de objetivos que consagrem interesses comuns. Uma vez constituídas, as associações públicas passam a integrar a Administração Pública indireta de todos os entes federativos que participaram de sua formação.

A: incorreta, pois desconsideração não é desconstituição, mas apenas declaração de ineficácia da personalidade da pessoa jurídica para certos efeitos (art. 50 do CC); **B:** incorreta, pois não podem ser adquiridos por usucapião (art. 102 do CC), mas podem ser alienados (art. 101 do CC); **C:** incorreta, pois a lei realmente impõe a aplicação desses direitos às pessoas jurídicas, mas deixa claro que essa aplicação se dará "no que couber", aos direitos da personalidade (art. 52 do CC); **D:** incorreta, pois a desconsideração inversa da pessoa jurídica já vinha sendo admitida pela jurisprudência e agora está expressa no Novo CPC (art. 133, § 2º); **E:** correta (art. 41, IV, do CC; art. 6º, § 1º, da Lei 11.107/2005). WG
Gabarito "E".

(Advogado da Sabesp/SP – 2014 – FCC) A desconsideração da personalidade jurídica
(A) acarreta a extinção da pessoa jurídica.
(B) deve ser decretada, inclusive nas relações civis, sempre que a pessoa jurídica se tornar insolvente, não importando a razão que a tenha levado à insolvência.

(C) pode atingir sócio que não tenha sido designado administrador pelo contrato social.
(D) atinge, em qualquer hipótese, apenas os sócios de maior capital.
(E) é decretada, imediatamente, se a administração da pessoa jurídica vier a faltar.

A: incorreta, pois a desconsideração da personalidade jurídica não implica em sua extinção, mas apenas na possibilidade de se atingir o patrimônio dos sócios em casos específicos (CC, art. 50); B: incorreta, pois a desconsideração da personalidade jurídica é medida excepcional e só deve ser aplicada nas hipóteses previstas no art. 50 do CC; C: correta, pois tal possibilidade evita a utilização do "*laranja*" e encontra respaldo no próprio art. 50 do CC; D: incorreta, pois a lei não estipula previamente quem serão os sócios atingidos pela desconsideração; E: incorreta, pois tal hipótese não é contemplada pela lei brasileira. Gabarito "C".

(Procurador Distrital – 2014 – CESPE) Julgue o seguinte item.

(1) No entendimento do STJ, não é cabível a desconsideração da personalidade jurídica denominada inversa para alcançar bens de sócio que se tenha valido da pessoa jurídica para ocultar ou desviar bens pessoais, com prejuízo a terceiros.

1: errada, pois o STJ posiciona-se a favor da desconsideração da personalidade jurídica inversa. A desconsideração da personalidade jurídica está prevista no artigo 50 do Código Civil (CC) de 2002 e é aplicada nos casos de abuso de personalidade, em que ocorre desvio de finalidade ou confusão patrimonial. Nessa hipótese, o magistrado pode decidir que os efeitos de determinadas relações de obrigações sejam estendidos aos bens particulares dos administradores ou sócios da pessoa jurídica. A desconsideração inversa, por sua vez, ocorre quando, em vez de responsabilizar o controlador por dívidas da sociedade, o juiz desconsidera a autonomia patrimonial da pessoa jurídica para responsabilizá-la por obrigação do sócio. Neste sentido, segue ementa do referido Tribunal: "Direito civil. Recurso especial. Ação de dissolução de união estável. Possibilidade. Reexame de fatos e provas. Inadmissibilidade. Legitimidade ativa. Companheiro lesado pela conduta do sócio. Artigo analisado: 50 DO CC/2002. 1. Ação de dissolução de união estável ajuizada em 14.12.2009, da qual foi extraído o presente recurso especial, concluso ao Gabinete em 08.11.2011. 2. Discute-se se a regra contida no art. 50 do CC/2002 autoriza a desconsideração inversa da personalidade jurídica e se o sócio da sociedade empresária pode requerer a desconsideração da personalidade jurídica desta. 3. *A desconsideração inversa da personalidade jurídica caracteriza-se pelo afastamento da autonomia patrimonial da sociedade para, contrariamente do que ocorre na desconsideração da personalidade propriamente dita, atingir o ente coletivo e seu patrimônio social, de modo a responsabilizar a pessoa jurídica por obrigações do sócio controlador.* 4. *É possível a desconsideração inversa da personalidade jurídica sempre que o cônjuge ou companheiro empresário valer-se de pessoa jurídica por ele controlada, ou de interposta pessoa física, a fim de subtrair do outro cônjuge ou companheiro direitos oriundos da sociedade afetiva.* 5. Alterar o decidido no acórdão recorrido, quanto à ocorrência de confusão patrimonial e abuso de direito por parte do sócio majoritário, exige o reexame de fatos e provas, o que é vedado em recurso especial pela Súmula 7/STJ. 6. Se as instâncias ordinárias concluem pela existência de manobras arquitetadas para fraudar a partilha, a legitimidade para requerer a desconsideração só pode ser daquele que foi lesado por essas manobras, ou seja, do outro cônjuge ou companheiro, sendo irrelevante o fato deste ser sócio da empresa. 7. Negado provimento ao recurso especial" (REsp 1236916/RS, Rel. Ministra Nancy Andrighi, Terceira Turma, julgado em 22.10.2013, DJe 28.10.2013). Gabarito 1E.

(Cartório/DF – 2014 – CESPE) Acerca da desconsideração da personalidade jurídica, assinale a opção correta.

(A) Configurado o ilícito praticado por sociedade em detrimento do consumidor, as sociedades consorciadas e as coligadas respondem solidária e objetivamente pelo evento danoso.
(B) No Código Civil brasileiro, é prevista a desconsideração da personalidade jurídica em caso de abuso caracterizado pelo desvio de finalidade ou confusão patrimonial, de modo a assegurar ao credor acesso aos bens particulares dos administradores e sócios da empresa para a satisfação de seu credito.
(C) Por ausência de previsão legal, a atividade que favorece o enriquecimento dos sócios em prejuízo econômico da sociedade não enseja a desconsideração da personalidade jurídica se a obrigação creditícia não decorrer de relação de consumo.
(D) No Código de Defesa do Consumidor, é prevista a desconsideração da autonomia da pessoa jurídica nos casos de práticas abusivas, infração da lei, fato ou ato ilícito, desde que se configure fraude ou abuso de direito.
(E) Não incide a hipótese de desconsideração da personalidade jurídica nos casos de encerramento ou inatividade da empresa jurídica por má administração do fornecedor, em prejuízo do consumidor.

A: incorreta, pois as sociedades coligadas só respondem por culpa (CDC, art. 28 § 4º); B: correta, pois a assertiva reproduz com clareza a aplicação adequada do instituto da desconsideração da personalidade jurídica, em especial os requisitos do art. 50 do CC; C: incorreta, pois a atividade que causa prejuízo à sociedade em favorecimento direto dos sócios pode ser considerada abusiva e ensejar a desconsideração; D: incorreta, pois não se exige que aquelas práticas descritas sejam fraudulentas ou abusivas, bastando sua simples ocorrência (CDC, art. 28); E: incorreta, pois tais hipóteses estão previstas no CDC, art. 28 como aptas a ensejar a desconsideração da personalidade jurídica. Gabarito "B".

2.3.2. CLASSIFICAÇÕES DAS PESSOAS JURÍDICAS

(Magistratura/PE – 2013 – FCC) São pessoas jurídicas de direito privado, segundo o Código Civil,

(A) os partidos políticos e as empresas individuais de responsabilidade limitada.
(B) as fundações e os condomínios em edificação.
(C) as pessoas jurídicas que forem regidas pelo direito internacional público, quando as respectivas sedes se acharem em países estrangeiros.
(D) as associações, inclusive as associações públicas, em razão da atividade que exercerem.
(E) as organizações religiosas e as autarquias.

A: correta, pois de pleno acordo com o disposto no art. 44 do Código Civil; B: incorreta, pois os condomínios edilícios não apresentam natureza de pessoa jurídica, constituindo um exemplo de ente despersonalizado; C: incorreta, pois o art. 42 do CC define tais pessoas como pessoas jurídicas de direito público; D e E: incorretas, pois as associações públicas e as autarquias não são pessoas jurídicas de direito privado, mas sim pessoas jurídicas de direito público interno (art. 41, IV, do CC). Gabarito "A".

(Procurador/DF – 2013 – CESPE) Com relação às pessoas jurídicas, julgue o item que se segue.

(1) Aquele que emprestar dinheiro a uma sociedade limitada com capital integralizado estará garantido pelo patrimônio da pessoa jurídica e dos sócios, que responderão de forma subsidiária. Como forma de resguardar o direito do emprestador, a lei pertinente prevê que essa garantia não comportará excepcionalidades.

1: Errada: há uma clara distinção entre o patrimônio da pessoa jurídica e o patrimônio dos sócios. Quem responde pelas dívidas e obrigações da pessoa jurídica é o patrimônio da empresa e não o patrimônio dos sócios (art. 47, CC), ressalvada a hipótese da desconsideração da personalidade jurídica, aplicável para casos excepcionais, nos quais ocorre abuso da personalidade jurídica, normalmente caracterizado pelo desvio de finalidade, ou pela confusão patrimonial (art. 50, CC). Gabarito 1E.

2.3.3. FUNDAÇÕES

(Promotor de Justiça/SC – 2016 – MPE)

(1) Para criar uma fundação, o seu instituidor, fará, por escritura pública ou testamento, dotação especial de bens livres, especificando o fim a que se destina, e devendo declarar, no ato de instituição, a maneira de administra-la.

1: incorreta, pois o instituidor não precisa, necessariamente, indicar a maneira de administrar a fundação (CC, art. 62). Gabarito 1E.

(Ministério Público/BA – 2015 – CEFET) Conforme o artigo 62 do Código Civil Brasileiro, para criar uma fundação far-lhe-á o seu instituidor, por escritura pública ou testamento, dotação especial de bens livres, especificando o fim a que se destina, e declarando, se quiser, a maneira de administrá-la. Sobre o papel do Ministério Público em relação às fundações, é CORRETO afirmar que:

(A) Como se trata de ato vontade, com base no princípio que assegura a todo cidadão maior e capaz autonomia para a prática de ato jurídico, não cabe qualquer intervenção do Ministério Público.
(B) Quando a criação da fundação decorre de lei, cabe a intervenção do Ministério Público.
(C) Para criação de uma fundação é obrigatória a intervenção do Ministério Público.
(D) Para a criação de uma fundação de direito privado não é imprescindível a intervenção do Ministério Público.
(E) Caberá a intervenção do Ministério se o instituidor criar a fundação através de escritura pública.

A: incorreta, pois a lei prevê que o Ministério Público velará pelas fundações (art. 66 do CC), aprovará reforma nos estatutos da fundação, entre outras intervenções em matéria de fundações; B: incorreta, pois nesse caso tem-se uma fundação governamental, cuja criação e atuação a lei presume conforme a ordem jurídica; C: correta (art. 66 do CC); D: incorreta (art. 66 do CC); E: incorreta, pois nesse primeiro momento o Ministério Público somente intervirá nas fundações criadas por testamento, em que o estatuto não for elaborado no prazo estabelecido pelo instituidor, ou, não havendo prazo, em 180 dias (art. 65, parágrafo único do CC). Gabarito "C".

(Ministério Público/BA – 2015 – CEFET) Assinale a alternativa **CORRETA** acerca das Fundações, constante do Código Civil Brasileiro:

(A) A fundação poderá ser criada para qualquer objetivo estabelecido pelo seu instituidor no ato de sua criação.
(B) Para criar uma fundação, o seu instituidor fará, exclusivamente por escritura pública, dotação especial de bens livres, especificando o fim a que se destina, e declarando, se quiser, a maneira de administrá-la.

(C) Velará pelas fundações o Ministério Público do Estado, onde situadas.
(D) O Ministério Público deve ser ouvido nos casos em que houver alteração do estatuto da fundação, sendo vinculante sua opinião em caso de denegação.
(E) Tornando-se ilícita, impossível ou inútil a finalidade a que visa a fundação, ou vencido o prazo de sua existência, o órgão do Ministério Público, ou qualquer interessado, lhe promoverá a extinção, revertendo seu patrimônio em favor do Estado onde situada.

A: incorreta, pois só pode ser criadas para os seguintes fins: assistência social; cultura, defesa e conservação do patrimônio histórico e artístico; educação; saúde; segurança alimentar e nutricional; defesa, preservação e conservação do meio ambiente e promoção do desenvolvimento sustentável; pesquisa científica, desenvolvimento de tecnologias alternativas, modernização de sistemas de gestão, produção e divulgação de informações e conhecimentos técnicos e científicos; promoção da ética, da cidadania, da democracia e dos direitos humanos; atividades religiosas; B: incorreta, pois a fundação também poderá ser criada por testamento (art. 62, caput, do CC); C: correta (art. 66, caput, do CC); D: incorreta, pois em caso de denegação do Ministério Público é possível, a pedido do interessado, que o juiz supra a vontade daquele (art. 67, III, do CC); E: incorreta, no caso o patrimônio da fundação será incorporado (salvo disposição em contrário no ato constitutivo ou no estatuto) em outra fundação, designada pelo juiz, que se proponha a fim igual ou semelhante (art. 69 do CC). Gabarito "C".

2.3.4. ASSOCIAÇÕES

(Ministério Público/SP – 2015 – MPE/SP) Considere o seguinte enunciado: as associações e as fundações apresentam traços que as aproximam, mas não se confundem, por terem natureza jurídica diversa. Diante disso, aponte a alternativa que demonstra a verdadeira distinção existente entre elas:

(A) As associações têm finalidade lucrativa e as fundações não possuem objetivo de lucro.
(B) As associações são pessoas jurídicas de direito privado e as fundações são pessoas jurídicas de direito público.
(C) As associações não podem exercer atividade econômica e as fundações podem ter atividade rentável.
(D) As associações, pelo objetivo social, integram o chamado Terceiro Setor e as fundações, ausente tal propósito, não desenvolvem ações de interesse social.
(E) As associações têm seu elemento principal nas pessoas e as fundações têm seu elemento essencial no patrimônio.

A: incorreta, pois as associações não tem finalidade lucrativa (art. 53, caput, do CC); B: incorreta, pois as duas são pessoas jurídicas de direito privado (art. 44, I e III, do CC); C: incorreta, pois as fundações também não podem ter fim lucrativo (art. 62, parágrafo único, do CC); D: incorreta, pois as fundações também podem desenvolver ações sociais, como Terceiro Setor; E: correta; a primeira é uma reunião de pessoas (art. 53, caput, do CC), ao passo que a segunda nasce da dotação de um patrimônio (art. 62, caput, do CC). Gabarito "E".

2.3.5. TEMAS COMBINADOS DE PESSOA JURÍDICA

(Promotor de Justiça – MPE/AM – FMP – 2015) Quanto à disciplina legal das pessoas jurídicas, considere as seguintes assertivas:

I. As associações são constituídas pela união de pessoas que se organizem para fins econômicos.
II. Para que se possa alterar o estatuto de uma fundação, é necessário que a reforma seja deliberada por dois terços dos competentes para gerir e representar a fundação.
III. O direito de anular a constituição das pessoas jurídicas de direito privado, por defeito do ato respectivo, decai em cinco anos, contado o prazo da publicação de sua inscrição no registro.

Quais das assertivas acima estão corretas?

(A) Apenas a II.
(B) Apenas a III.
(C) Apenas a I e III.
(D) Apenas a II e III.
(E) I, II e III.

I: incorreta, pois as associações não têm finalidade lucrativa; II: correta, pois de acordo com a previsão do Código Civil, art. 67, I; III: incorreta, pois o prazo é de três anos (CC, art. 45, parágrafo único) Gabarito "A".

2.4. DOMICÍLIO

(Procurador Municipal – Sertãozinho/SP – VUNESP – 2016) Sobre as regras de domicílio, é correto afirmar que

(A) se considera como domicílio da União todas as capitais dos Estados da federação.
(B) as sociedades empresárias possuem domicílio no endereço de qualquer de seus sócios.
(C) o marítimo e o militar, em razão de suas atribuições, possuem domicílio itinerante.
(D) o servidor público possui domicílio necessário.
(E) o domicílio do Município é eleito pelo seu prefeito.

A: incorreta, pois o domicílio da União é o Distrito Federal (CC, art. 75, I); B: incorreta, pois o domicílio das sociedades empresárias é "o lugar onde funcionarem as respectivas diretorias e administrações, ou onde elegerem domicílio especial no seu estatuto ou atos constitutivos" (CC, art. 75, IV); C: incorreta, pois o domicílio do marítimo é o local onde o navio estiver matriculado e o domicílio do militar é o local no qual servir (CC, art. 76, parágrafo único); D: correta, pois de acordo com a previsão do CC, art. 76; E: incorreta, pois o domicílio do Município é o local onde funciona a administração municipal (CC, art. 75, III). Gabarito "D".

(Procurador do Estado – PGE/RS – Fundatec – 2015) Em relação ao domicílio, conforme legislação vigente, analise as seguintes assertivas:

I. Ressalvada hipótese de abandono, o domicílio do chefe de família estende-se ao cônjuge e aos filhos não emancipados.
II. Exercendo profissões em locais diversos, cada um destes pode constituir domicílio para as relações que lhes corresponderem.
III. O servidor público, o militar e o preso têm domicílio necessário, sendo, respectivamente, o lugar onde exercem permanentemente suas funções, onde servem e onde cumprem a sentença.
IV. Muda-se de domicílio pela alteração de localização do lugar, independente da intenção da pessoa.

Quais estão corretas?

(A) Apenas I e III.
(B) Apenas I e IV.
(C) Apenas II e III.
(D) Apenas II e IV.
(E) Apenas I, II e III.

I: correta, pois de acordo com o previsto no art. 70 do CC; II: correta, pois de acordo com a previsão do art. 72, parágrafo único do CC; III: correta, pois de acordo com o estabelecido pelo art. 76 do CC; IV: incorreta, pois para se alterar o domicílio é preciso a transferência da "residência, com a intenção manifesta de mudar o domicílio". Gabarito "E".

(Procurador Distrital – 2014 – CESPE) Julgue o seguinte item.

(1) O domicílio do representante comercial que não possua residência fixa e habitual em nenhum local e costume se hospedar em diversos hotéis nas cidades por onde transita será a capital do estado em que ele tiver nascido.

1: errada, pois é considerado domicílio daquele que não possui residência fixa e habitual o local onde ela pode ser encontrada (art. 73 do CC). E ainda, considerando o domicílio profissional, haja vista que o representante comercial exercita sua atividade em lugares diversos, é possível dizer que cada um deles constituirá domicílio para as relações que lhe corresponderem (art. 72, parágrafo único do CC). Gabarito 1E.

2.5. DIREITOS DA PERSONALIDADE E NOME

(Defensor Público – DPE/PR – 2017 – FCC) A respeito dos direitos fundamentais e dos direitos da personalidade, considere:

I. A vida privada da pessoa natural é inviolável. Logo, a exposição da vida do homem público, ainda que se trate de notícia verdadeira e útil vinculada a seu papel social, representa violação do direito à privacidade, na medida em que os direitos da personalidade são irrenunciáveis.
II. A imutabilidade do nome é princípio de ordem pública que visa garantir segurança nas relações jurídicas nas esferas pública e privada. Por esta razão, o STJ possui jurisprudência dominante no sentido de que não é possível o cônjuge acrescer o nome de família do outro após a celebração do matrimônio.
III. Desde que gratuita e realizada por pessoa capaz, é lícita a doação de tecidos, de órgãos e de partes do corpo vivo para transplante em qualquer pessoa, desde que mediante autorização judicial, ressalvado se o beneficiário for cônjuge ou qualquer parente consanguíneo até o quarto grau, quando, então, basta autorização, preferencialmente por escrito e diante de testemunhas, indicando especificamente o objeto de retirada, prescindindo de intervenção judicial.
IV. O Código Civil dispõe que ninguém poderá ser constrangido a submeter-se, com risco de vida, a tratamento médico ou a intervenção cirúrgica. Logo, é juridicamente inválido o termo de consentimento informado, subscrito por paciente plenamente capaz, quando o procedimento médico tiver risco de gerar seu óbito, ainda que tenha havido efetivo compartilhamento de informações e a corresponsabilidade na tomada de decisão.

Está correto o que se afirma APENAS em

A. II e IV.
B. III.
C. IV.
D. I e IV.
E. I, II e III.

I: Incorreta. Muito embora o direito à vida privada seja inviolável, conforme prevê o artigo 21 do Código Civil, esse direito da personalidade não pode ser visto de forma absoluta. Tratando-se de pessoa pública, a veiculação da sua imagem por parte dos meios de comunicação é consentida de forma tácita. Desse modo, o homem público não pode reclamar o direito à intimidade quando seus atos praticados no exercício profissional são divulgados e comentados. Caso em que o direito de imagem deve ser relativizado, em razão do interesse e repercussão social que a veiculação de sua imagem pode causar. **II:** Incorreta. "O nome é a designação pela qual se identificam e distinguem as pessoas naturais, nas relações concernentes ao aspecto civil de sua vida jurídica" (FRANÇA, Limongi. Do nome civil das pessoas naturais, 3ª ed., São Paulo: RT, 1975, p. 22). O nome é formado basicamente por dois elementos: prenome e sobrenome. A regra é o princípio da imutabilidade do nome, porém há exceções. Dentre as inúmeras, o § 1º do artigo 1.565 do Código Civil dispõe: "Qualquer dos nubentes querendo, poderá acrescer ao seu o sobrenome do outro". A jurisprudência dominante do STJ é no sentido de que é possível acrescer o nome da família no outro após o matrimônio, "o que se dá mediante solicitação durante o processo de habilitação para o casamento, e, após a celebração do casamento, com a lavratura do respectivo registro" (STJ Resp. n. 910.094 - SC (2006/0272656-9). **III:** Correta, pois está em conformidade com os artigos 1º e 9º da Lei dos Transplantes (Lei 9.434/1997). **IV:** Incorreto. O artigo 15 do Código Civil consagra o princípio da autonomia, onde o profissional da saúde deve respeitar a vontade de seu paciente, ou de seu representante, se incapaz. Por tal razão, exige-se o consentimento livre e informado, sendo imprescindível a informação detalhada sobre o seu estado de saúde e o tratamento a ser seguido, para que o paciente tome a decisão correta a ser tomada. Ademais, a VI Jornada de Direito Civil dispõe no enunciado 533 o seguinte: "O paciente plenamente capaz poderá deliberar sobre todos os aspectos concernentes a tratamento médico que possa lhe causar risco de vida, seja imediato ou mediato, salvo as situações de emergência ou no curso de procedimentos médicos cirúrgicos que não possam ser interrompido".
Gabarito "B".

(Procurador Municipal/SP – VUNESP – 2016) Sobre o direito do autor, assinale a alternativa correta.
(A) Os direitos autorais reputam-se, para os efeitos legais, bens imóveis.
(B) Interpretam-se restritivamente os negócios jurídicos sobre os direitos autorais.
(C) Somente os estrangeiros domiciliados no Brasil gozarão da proteção assegurada nos acordos, convenções e tratados em vigor no Brasil.
(D) Não é titular de direitos de autor quem adapta, traduz, arranja ou orquestra obra caída no domínio público.
(E) Compete ao particular a defesa da integridade e autoria da obra caída em domínio público.

A: incorreta, pois os direitos autorais reputam-se, para os efeitos legais, bens móveis (Lei 9.610/1998, art. 3º); **B:** correta, pois de pleno acordo com o art. 4º da Lei 9.610/1998; **C:** incorreta, pois a lei de direitos autorais também protege "os nacionais ou pessoas domiciliadas em país que assegure aos brasileiros ou pessoas domiciliadas no Brasil a reciprocidade na proteção aos direitos autorais ou equivalentes" (Lei 9.610/1998, art. 2º, parágrafo único); **D:** incorreta, pois contrária aos termos do art. 14 da mencionada lei; **E:** incorreta, pois tal atribuição compete ao Estado (art. 24, § 2º, da Lei 9.610/1998).
Gabarito "B".

(Procurador Municipal – Sertãozinho/SP – VUNESP – 2016) Em regra, são objeto de proteção como direitos autorais, de acordo com a Lei 9.610/98,
(A) o aproveitamento industrial ou comercial das ideias contidas nas obras.
(B) os projetos concernentes à topografia.
(C) os esquemas, planos ou regras para realizar jogos ou negócios.
(D) os textos de tratados ou convenções, leis, decretos e regulamentos.
(E) os nomes e títulos isolados.

O art. 8º da Lei 9.610/1998 traz um rol de institutos que não estão protegidos como direitos autorais, aí incluindo-se: "*o aproveitamento industrial ou comercial das ideias contidas nas obras*" (inciso VII); os "*esquemas, planos ou regras para realizar atos mentais, jogos ou negócios*" (inciso II); os "*textos de tratados ou convenções, leis, decretos e regulamentos, decisões judiciais e demais atos oficiais (inciso IV)*" e os "*nomes e títulos isolados*" (inciso VI). Por sua vez, os "*projetos concernentes à topografia*" estão expressamente protegidos como direitos autorais (art. 7º, X).
Gabarito "B".

(Juiz – TRF 2ª Região – 2017) Caio, autor de romance histórico, cede os seus direitos patrimoniais sobre tal obra, em caráter pleno, total e definitivo, em favor da Editora Ufijota. No entanto, Caio falece em 2009, três anos após a citada cessão, sem deixar qualquer herdeiro. Assinale a opção correta:
(A) A cessão de direitos patrimoniais, sem limitação de tempo, é nula de pleno direito e, em virtude do falecimento sem herdeiros, a possibilidade de reprodução da obra está em domínio público.
(B) A cessão de direitos patrimoniais está limitada ao máximo de 5 anos e, após tal prazo, diante da falta de herdeiros, a possibilidade de exploração da obra está em domínio público.
(C) Os direitos patrimoniais cedidos, em princípio, apenas estarão em domínio público a partir do ano 2080.
(D) A cessão é válida, mas, a partir do falecimento, a Editora e qualquer outro interessado podem reproduzir a obra, livremente.
(E) Após o domínio público da obra, em 2019, qualquer interessado pode reproduzi-la, modificá-la e a ela acrescer trechos, simplificar a escrita e a sua visão filosófica, pois cessados os direitos morais, por falta de ente legitimado a tutelá-los.

O art. 41 da Lei 9.610/1998 (Lei de Direitos Autorais) impõe o prazo de setenta anos para que os direitos patrimoniais caiam em domínio público. Tal prazo é contado a partir de 1º de janeiro do ano subsequente ao falecimento. No caso apresentado na questão, a morte ocorreu em 2009 e o prazo de setenta anos deve ser contado a partir de 2010, resultando então em 2080.
Gabarito "C".

(Juiz – TJ-SC – FCC – 2017) *De nossa parte, lembramos ainda a já afirmada função identificadora do pseudônimo, relativamente à esfera de ação em que é usado, o que, sem dúvida, é um traço distintivo do falso nome, que, evidentemente, embora, em certas circunstâncias, possa vir também a exercer papel semelhante, não é usado com essa finalidade, senão com a de frustrar qualquer possibilidade de identificação.*

(R. Limongi França. **Do Nome Civil das Pessoas Naturais**, p. 542. 3. ed. São Paulo. Revista dos Tribunais, 1975).

Essa afirmação é:
(A) compatível com o direito brasileiro, em virtude de omissão da lei a respeito da proteção de pseudônimo, apenas aplicando-se analogicamente a regra pertinente aos apelidos públicos notórios.
(B) parcialmente compatível com o direito brasileiro, que confere proteção ao pseudônimo, em qualquer atividade.
(C) incompatível com o direito brasileiro, que só confere proteção ao pseudônimo em atividades artísticas ou intelectuais.
(D) compatível com o direito brasileiro, porque o pseudônimo adotado para atividades lícitas goza da proteção que se dá ao nome.
(E) parcialmente compatível com o direito brasileiro, que não distingue a proteção do nome da proteção do pseudônimo.

O pseudônimo é um nome alternativo, normalmente utilizado por escritores, autores de obras, artistas e poetas que não querem se identificar. Chico Buarque utilizava, por exemplo, o pseudônimo Julinho da Adelaide. Alexander Hamilton, James Madison e John Jay escreveram o famoso "O Federalista" sob o pseudônimo de Plubius. Desde que adotado para fins lícitos, o pseudônimo recebe da lei a mesma proteção dada ao nome (CC, art. 19).
Gabarito "D".

(Procurador do Estado/AM – 2016 – CESPE) Acerca de direitos da personalidade, responsabilidade civil objetiva e prova de fato jurídico, julgue os itens seguintes.
(1) A teoria da responsabilidade civil objetiva aplica-se a atos ilícitos praticados por agentes de autarquias estaduais.
(2) A confissão como instrumento de prova de fato jurídico pode ser firmada pela parte ou por seu representante ou pode, ainda, ser obtida por intermédio de testemunha.
(3) Uma pessoa poderá firmar contrato que limite seus direitos da personalidade caso o acordo seja-lhe economicamente vantajoso.

1: correta, pois a responsabilidade civil da administração pública pelos atos praticados pelos agentes é objetiva, ou seja, não depende de culpa (CF, art. 37, § 6º); **2:** incorreta, pois "*não tem eficácia a confissão se provém de quem não é capaz de dispor do direito a que se referem os fatos confessados*" (CC, art. 213); **3:** incorreta, pois o exercício dos direitos da personalidade não pode sofrer limitação voluntária (CC, art. 11).
Gabarito 1C, 2E, 3E.

(Ministério Público/BA – 2015 – CEFET) Assinale a alternativa **CORRETA** acerca dos direitos da personalidade:
(A) Os direitos da personalidade são sempre intransmissíveis e irrenunciáveis, não podendo seu exercício sofrer limitação voluntária, sem exceções.
(B) O cônjuge sobrevivente ou qualquer parente do morto, em linha reta, ou colateral até o quarto grau, pode exigir que cesse a ameaça, ou a lesão, a direito da personalidade, e reclamar perdas e danos, sem prejuízo de outras sanções previstas em lei.
(C) É inválida, com objetivo científico, ou altruístico, a disposição gratuita do próprio corpo, no todo ou em parte, para depois da morte.
(D) A pessoa humana pode ser constrangida a submeter-se, com risco de vida, a tratamento médico ou intervenção cirúrgica.
(E) Todas as assertivas estão incorretas.

A: incorreta, pois o art. 11 do CC faz ressalva a essa regra ao dispor que esta se dá "com exceção dos casos previstos em lei"; **B:** correta (art. 12 do CC); **C:** incorreta, pois é válida essa disposição (art. 14, *caput*, do CC); **D:** incorreta, pois, em caso de risco de vida, ninguém pode ser constrangido a tratamento médico ou intervenção cirúrgica (art. 15 do CC); **E:** incorreta, pois há alternativa correta.

(Juiz de Direito/MG – 2014) De acordo com a Lei 9.610/1998, que dispõe sobre os direitos autorais, são obras intelectuais protegidas, EXCETO:

(A) As ilustrações, cartas geográficas e outras obras da mesma natureza.
(B) Os esquemas, planos ou regras para realizar atos mentais, jogos ou negócios.
(C) As adaptações, traduções e outras transformações de obras originais, apresentadas como criação intelectual nova.
(D) As obras coreográficas e pantomímicas, cuja execução cênica se fixe por escrito ou por outra forma qualquer.

A: incorreta, pois tais obras estão previstas e protegidas pelo art. 7º, IX da Lei 9.610/1998; **B:** correta, pois tais esquemas, planos e regras não são objeto de proteção como direitos autorais (Lei 9.610/98); **C:** incorreta, pois tais obras estão previstas e protegidas pelo art. 7º, XI da Lei 9.610/1998; **D:** incorreta, pois tais obras estão previstas e protegidas pelo art. 7º, IV da Lei 9.610/1998.

2.6. AUSÊNCIA

(Ministério Público/GO – 2012) Sobre a ausência, marque a alternativa incorreta.

(A) Nos termos da lei, será legítimo curador do ausente o seu cônjuge, sempre que não esteja separado judicialmente, ou de fato por mais de dois anos antes da declaração da ausência.
(B) Aquele herdeiro que tiver direito à posse provisória, mas não puder prestar a garantia exigida por lei, será, em regra, excluído, mantendo-se os bens que lhe deviam caber sob a administração do curador ou de outro herdeiro designado pelo juiz, que preste a garantia.
(C) A sentença que determinar a abertura da sucessão provisória só produzirá efeito cento e oitenta dias depois de publicada pela imprensa, quando, então, estará autorizada a abertura do testamento, se houver, e o inventário dos bens, como se o ausente fosse falecido.
(D) Poderão os interessados, dez anos após passada em julgado a sentença que concedeu a abertura da sucessão provisória, requerer a definitiva; também poderá ser requerida a sucessão definitiva provando-se que o ausente conta com 85 anos e já decorreram 5 anos de suas últimas notícias.

A: correta, pois de acordo com o art. 25 do CC; **B:** correta, pois o art. 30 do CC de fato exige a prestação da caução pelo herdeiro que pretenda tomar posse dos bens deixados pelo ausente. Tal exigência é afastada, porém, quando o herdeiro é descendente, ascendente ou cônjuge do ausente (art. 30, § 2º); **C:** incorreta (e deve ser assinalada), pois a abertura do testamento pode ocorrer no dia do trânsito em julgado, não se exigindo o transcurso do lapso de 180 dias; **D:** correta, pois de acordo com a previsão dos artigos 37 e 38 do Código Civil.

2.7. BENS

(Procurador Municipal – Sertãozinho/SP – VUNESP – 2016) Sobre os bens dominicais, é correto afirmar que

(A) podem ser adquiridos por particulares, por meio da prescrição aquisitiva extraordinária.
(B) são aqueles destinados a serviço ou estabelecimento da Administração Pública, inclusive autarquias.
(C) não podem ser utilizados por particular, com exclusividade, por meio de institutos típicos de direito privado.
(D) constituem o patrimônio das pessoas jurídicas de direito público e podem ser alienados.
(E) são aqueles pertencentes às pessoas jurídicas de direito privado que prestam serviços de interesse público.

A: incorreta, pois os bens dominicais são públicos e, portanto, não sujeitos a usucapião (CC, art. 102, CF, art. 183, § 3º, art. 191, parágrafo único, CF); **B:** incorreta, pois a definição dada refere-se aos bens de uso especial (CC, art. 99, II); **C:** incorreta, pois os bens públicos dominicais são bens disponíveis, alienáveis, que constituem o patrimônio das pessoas jurídicas de Direito Público e, portanto, são mais flexíveis do que os demais bens públicos; **D:** correta, pois de pleno acordo com a previsão estabelecida pelo CC, art. 99, III; **E:** incorreta, pois traz conceito diverso do estabelecido em lei.

(Procurador do Estado – PGE/RS – Fundatec – 2015) Assinale a alternativa correta.

(A) De acordo com o Código Civil, são bens públicos aqueles pertencentes às pessoas jurídicas integrantes da Administração Pública.
(B) Os bens públicos de uso comum, de uso especial e dominicais são insuscetíveis de alienação.
(C) Os bens pertencentes às empresas estatais prestadoras de serviços públicos em regime de exclusividade são impenhoráveis, se a lei assim determinar.
(D) Os bens públicos podem ser adquiridos por usucapião urbano, desde que não estejam afetados a serviço público.
(E) Os bens públicos imóveis podem ser gravados com hipoteca, desde que em garantia de dívidas da Fazenda Pública com credores públicos.

A: incorreta, pois de acordo com o Código Civil, são bens públicos "*os bens do domínio nacional pertencentes às pessoas jurídicas de direito público interno*" (CC, art. 98); **B:** incorreta, pois os bens dominicais podem ser alienados, respeitadas as regras do Direito Administrativo; **C:** correta, pois de acordo com o entendimento do STJ, especificamente no AgRg no REsp 1308820/DF, Rel. Ministro Mauro Campbell Marques, Segunda Turma, j. 04.06.2013, DJe 10.06.2013; **D:** incorreta, pois "os bens públicos não estão sujeitos a usucapião" (CC, art. 102 e CF, art. 183 § 3°); **E:** incorreta, pois a hipoteca é um início de alienação, a qual é proibida em relação aos bens públicos.

(Procurador do Estado – PGE/RS – Fundatec – 2015) Assinale a alternativa INCORRETA.

(A) Trata-se de universalidade de direito o complexo das relações jurídicas dotadas de valor econômico.
(B) Bens naturalmente divisíveis são aqueles passíveis de fracionamento, muito embora possam se tornar indivisíveis por vontade das partes.
(C) Salvo se o contrário resultar da lei, quando relacionados ao bem principal, os negócios jurídicos não abrangem as pertenças.
(D) Readquirem a qualidade de bens móveis os provenientes da demolição de algum prédio.
(E) São pertenças os bens que, constituindo partes integrantes, se destinam ao aformoseamento de outro.

A: correta, pois a assertiva repete o disposto no art. 91 do CC; **B:** correta, pois os bens divisíveis podem se tornar indivisíveis pela lei ou pela vontade das partes (CC, art. 88); **C:** correta, pois a pertença é o único bem acessório que – em regra – não segue a sorte do bem principal (CC, art. 93); **D:** correta, pois de acordo com a previsão do art. 84 do CC; **E:** incorreta, pois a pertença "não constitui parte integrante" do bem principal (CC, art. 93).

(Analista Judiciário – TRT/8ª – 2016 – CESPE) Com referência aos bens, assinale a opção correta.

(A) As benfeitorias úteis são aquelas indispensáveis à conservação do bem ou para evitar sua deterioração, acarretando ao mero possuidor que as realize o direito à indenização e retenção do bem principal.
(B) Um bem divisível por natureza não pode ser considerado indivisível pela simples vontade das partes, devendo tal indivisibilidade ser determinada por lei.
(C) O direito à sucessão aberta é considerado bem imóvel, ainda que todos os bens deixados pelo falecido sejam móveis.
(D) Bens infungíveis são aqueles cujo uso importa sua destruição.
(E) Os frutos são as utilidades que não se reproduzem periodicamente; por isso, se os frutos são retirados da coisa, a sua quantidade diminui.

A: incorreta, pois as benfeitorias úteis são aquelas que aumentam ou facilitam o uso do bem (CC, art. 96, § 2°); **B:** incorreta, pois a vontade das partes também pode determinar que o bem, naturalmente divisível, seja considerado indivisível (CC, art. 88); **C:** correta, pois o que é considerado bem imóvel é o direito em si, não importando os bens que compõem a herança (CC, art. 80, II); **D:** incorreta, pois a definição dada refere-se aos bens consumíveis (CC, art. 86); **E:** incorreta, pois os frutos se renovam periodicamente e sua retirada não implica diminuição do principal. Exemplos: juros, aluguel, safra etc. (CC, art. 95).

(Juiz de Direito/AM – 2016 – CESPE) A propósito dos bens e do domicílio, assinale a opção correta com fundamento nos dispositivos legais, na doutrina e no entendimento jurisprudencial pátrio.

(A) Possuem domicílio necessário ou legal o militar, o incapaz, o servidor público, a pessoa jurídica de direito privado e o preso.
(B) Pelo princípio da gravitação jurídica, a propriedade dos bens acessórios segue a sorte do bem principal, podendo, entretanto, haver disposição em contrário pela vontade da lei ou das partes.
(C) O atributo da fungibilidade de um bem decorre exclusivamente de sua natureza.
(D) Os rendimentos são considerados produto da coisa, já que sua extração e sua utilização não diminuem a substância do bem principal.
(E) Ao possuidor de boa-fé faculta-se o exercício do direito de retenção para ver-se indenizado das benfeitorias úteis e voluptuárias, quando estas não puderem ser levantadas sem prejuízo ao bem principal.

A: incorreta, pois a pessoa jurídica de direito privado não possui domicílio necessário (CC, art. 76); **B:** correta, pois o princípio da gravitação jurídica implica justamente esta regra. Vale lembrar que tal determinação é dispositiva, ou seja, as partes podem afastá-la; **C:** incorreta, pois a vontade das partes também pode determinar tal característica do bem (CC, art. 88); **D:** incorreta, pois os rendimentos são frutos, tendo em vista que se renovam periodicamente e não diminuem a substância do principal (CC, art. 95); **E:** incorreta, pois

o direito de retenção conferido ao possuidor de boa-fé aplica-se apenas às benfeitorias necessárias e úteis (CC, art. 1.219).
Gabarito "B".

(Magistratura/RR – 2015 – FCC) NÃO podem ser objeto de alienação:
(A) os imóveis considerados por lei como bem de família.
(B) em nenhuma hipótese, os bens públicos de uso especial e os dominicais.
(C) os frutos e produtos não separados do bem principal.
(D) a herança de pessoa viva e os bens impenhoráveis por disposição testamentária.
(E) os bens públicos de uso comum do povo e os de uso especial, enquanto conservarem legalmente essa qualificação.

A: incorreta, pois o bem de família é impenhorável, e não inalienável; **B:** incorreta, pois os bens dominicais são alienáveis (art. 101 do CC) e, quanto aos de uso especial, se forem desafetados, também serão alienáveis (art. 100 do CC); **C:** incorreta, pois a lei admite que eles sejam objeto de negócio jurídico (art. 95 do CC); **D:** incorreta, pois, em relação aos bens impenhoráveis por disposição testamentária, na verdade é o contrário, são os bens inalienáveis por disposição testamentária que são impenhoráveis (art. 1.911 do CC); **E:** correta (art. 100 do CC).
Gabarito "E".

(Procurador da República – 26º) Relativamente aos bens ou coisas, é correto afirmar que:
(A) As *Res Divini Iuris* do Direito Romano eram as coisas consagradas aos deuses superiores.
(B) O termo bem, no nosso direito atual, refere-se a uma espécie de coisa, embora, usualmente, possa designar toda e qualquer coisa.
(C) As pertenças, tanto no Código Civil de 1916 como no atual, foram definidas no capítulo que trata dos bens principais e acessórios.
(D) A denominação coisa fungível e infungível surgiu apenas na Idade Moderna.

A: incorreta, pois a *Res Divini Iuris* é o gênero e o conceito dado pela assertiva refere-se a uma de suas três espécies (*Res sacrae*); **B:** correta, pois esta é a posição dominante a respeito da expressão *bem*. Frise-se, todavia, que boa parte da doutrina civilista entende justamente o contrário, defendendo a tese de que bem é gênero e coisa é espécie; **C:** incorreta, pois as pertenças não foram definidas no Código Civil de 1916, apenas no atual (CC, art. 93); **D:** incorreta, pois a noção de bens fungíveis e infungíveis é muito anterior à Idade Moderna (1453 – 1789).
Gabarito "B".

2.8. FATOS JURÍDICOS

2.8.1. ESPÉCIES, FORMAÇÃO E DISPOSIÇÕES GERAIS

(Procurador – IPSMI/SP – VUNESP – 2016) Nos contratos bilaterais, nenhum dos contratantes, antes de cumprida a sua obrigação, pode exigir o implemento da do outro. Tal disposição trata de
(A) resolução por onerosidade excessiva.
(B) cláusula resolutiva.
(C) extinção do contrato por distrato.
(D) exceção de contrato não cumprido.
(E) princípio que veda o enriquecimento ilícito.

A exceção do contrato não cumprido (CC, art. 476) é uma defesa atribuída a ambos os contratantes que celebram um contrato bilateral. Significa que – na hipótese de uma das partes descumprir suas obrigações contratuais – a outra está liberada de cumprir as suas. Caso a parte culpada acionar judicialmente a parte inocente, esta última terá uma defesa (exceção), cujo argumento central será o descumprimento do contrato pela outra parte. É o típico exemplo de uma defesa indireta, pois o réu não negará o fato alegado pelo autor, mas apenas alegará um fato impeditivo do direito alegado.
Gabarito "D".

(Procurador do Estado – PGE/RN – FCC – 2014) *Não basta, porém, ao julgador fixar os elementos materiais externos do negócio jurídico, para a solução do problema hermenêutico. E, por outro lado, não pode entrar no âmago da consciência do agente para buscar a expressão íntima da vontade. Esta, na verdade, se manifesta por um veículo que é a declaração da vontade traduzida na linguagem reveladora.*

(PEREIRA, Caio Mário da Silva. **Instituições de Direito Civil**. v. I, p. 499. 20. ed. – atualizadora Maria Celina Bodin de Moraes, Editora Forense, 2004).

Segundo esse texto,
(A) nas declarações de vontade se atenderá mais ao sentido literal da linguagem do que à intenção nelas consubstanciadas.
(B) nas declarações de vontade se atenderá mais à intenção nelas consubstanciadas do que ao sentido literal da linguagem.
(C) a manifestação de vontade não deve subsistir se o seu autor fizer a reserva mental de não querer o que manifestou.
(D) a boa-fé não é critério de interpretação dos negócios jurídicos, mas apenas uma conduta esperada das partes.
(E) na interpretação dos negócios jurídicos deverão sempre ser perquiridos os motivos determinantes, ainda que não revelados pelo agente.

A: incorreta, pois contrária aos termos do art. 112 do CC; **B:** correta. A assertiva dispõe de forma idêntica ao art. 112 do CC, o qual traz verdadeiro guia interpretativo dos negócios jurídicos, determinando que se valorize mais a intenção do que a literalidade da redação do negócio jurídico; **C:** incorreta, pois "*A manifestação de vontade subsiste ainda que o seu autor haja feito a reserva mental de não querer o que manifestou, salvo se dela o destinatário tinha conhecimento*" (CC, art. 110); **D:** incorreta, pois a boa-fé objetiva pode ser utilizada como critério interpretativo dos negócios jurídicos. Nesse sentido é o Enunciado 26 do CJF, segundo o qual "*A cláusula geral contida no art. 422 do novo Código Civil impõe ao juiz interpretar e, quando necessário, suprir e corrigir o contrato segundo a boa-fé objetiva, entendida como a exigência de comportamento leal dos contratantes*"; **E:** incorreta, pois os motivos determinantes de um negócio jurídico somente são relevantes quando expressamente indicados pelo contratante (CC, art. 140).
Gabarito "B".

(Procurador – PGFN – ESAF – 2015) Observadas as proposições abaixo, com relação aos negócios jurídicos, assinale a opção incorreta.
(A) Subordinar a eficácia de um negócio jurídico a uma condição suspensiva significa afirmar que, enquanto esta não se realizar, não se terá adquirido o direito a que visa o negócio.
(B) Se alguém dispuser de uma coisa sob condição suspensiva, e, pendente esta condição, fizer quanto àquela novas disposições, estas não terão valor, realizada a condição, se com ela forem incompatíveis. Todavia, se for resolutiva a condição, enquanto esta não se realizar, vigorará o negócio jurídico, podendo exercer-se desde a conclusão do negócio o direito por ele estabelecido.
(C) As nulidades de um negócio jurídico podem ser arguidas por qualquer interessado, bem como pelo Ministério Público nos casos em que couber intervir, podendo, ainda, serem decretadas pelo juiz, de ofício, quando conhecer do negócio ou dos seus efeitos e as encontrar provadas, não lhe sendo permitido supri-las, ainda que a requerimento das partes.
(D) A anulabilidade não tem efeito antes de julgada por sentença, nem se pronuncia de ofício; só os interessados a podem alegar, e aproveita exclusivamente aos que a alegarem, salvo o caso de solidariedade ou indivisibilidade.
(E) Se o negócio jurídico nulo contiver os requisitos de outro, não subsistirá mesmo quando o fim a que visavam as partes permitir supor que o teriam querido, se houvessem previsto a nulidade, porquanto o negócio jurídico nulo não é suscetível de confirmação, nem convalesce pelo decurso do tempo.

A: correta, pois de pleno acordo com o que dispõe o art. 125 do Código Civil; **B:** correta, pois ambas as afirmações encontram respaldo nos arts. 126 e 127 do CC; **C:** correta, pois tais regras sobre o negócio nulo encontram pleno respaldo no art. 168 do CC; **D:** correta, pois de acordo com as regras do art. 177 que versam sobre o negócio anulável; **E:** incorreta, pois preenchidos esses requisitos é possível a conversão do negócio jurídico (CC, art. 170).
Gabarito "E".

(Delegado/GO – 2017 – CESPE) Um oficial do corpo de bombeiros arrombou a porta de determinada residência para ingressar no imóvel vizinho e salvar uma criança que corria grave perigo em razão de um incêndio.

A respeito dessa situação hipotética e conforme a doutrina dominante e o Código Civil, assinale a opção correta.
(A) O oficial tem o dever de indenizar o proprietário do imóvel danificado, devendo o valor da indenização ser mitigado em razão da presença de culpa concorrente.
(B) O ato praticado pelo oficial é ilícito porque causou prejuízo ao dono do imóvel, inexistindo, entretanto, o dever de indenizar, dada a ausência de nexo causal.
(C) Não se aplica ao referido oficial a regra do Código Civil segundo a qual o agente que atua para remover perigo iminente pode ser chamado a indenizar terceiro inocente.
(D) Conforme disposição do Código Civil, o oficial teria o dever de indenizar o dono do imóvel no valor integral dos prejuízos existentes, tendo direito de regresso contra o responsável pelo incêndio.
(E) Não se pode falar em responsabilidade civil nesse caso, pois, na hipótese de estado de necessidade, o agente causador do dano nunca terá o dever de indenizar.

A questão envolve a situação denominada estado de necessidade. Nessa hipótese, alguém causa um dano material a fim de remover um perigo iminente, conforme previsto pelo Código Civil, art. 188, II. Além disso, a situação acaba englobando também o inciso I do mesmo art. 188, que prevê o ato praticado no *exercício regular de um direito reconhecido*. Não haveria o menor sentido de o ordenamento exigir um comportamento público (ex: um bombeiro que tem o dever de salvar criança) e posteriormente cobrá-lo uma indenização. A única possibilidade que se vislumbra é a de se buscar a indenização em virtude da pessoa culpada pelo incêndio, nos termos do art. 930 do Código Civil.
Gabarito "C".

(Defensor/PA – 2015 – FMP) Assinale a alternativa CORRETA.

(A) Considera-se ato-fato jurídico o ato cuja existência a lei submete à vontade do sujeito da relação, sem permitir, no entanto, que ele disponha sobre as consequências de seu proceder.
(B) O negócio jurídico está submetido, no plano da existência, ao completamento do suporte fático, por condições e termos.
(C) A capacidade de direito do agente é elemento complementar do suporte fático de um negócio jurídico.
(D) A tradição é ato real, o qual é considerado ato negocial na classificação doutrinária dos atos e fatos jurídicos.
(E) Os negócios jurídicos e os atos jurídicos *strícto sensu* diferenciam-se pela possibilidade de disposição de vontade no plano da eficácia, presente nos primeiros, ausente nos segundos.

A: incorreta, pois aqui se tem o conceito de "ato jurídico em sentido estrito"; **B:** incorreta, pois os termos e condições dizem respeito ao plano da "eficácia" e não da "existência"; **C:** incorreta, pois a capacidade de direito é elemento de existência do negócio jurídico, pois sem esta não se fala nem em "declaração de vontade" (ou seja, da existência de uma pessoa); **D:** incorreta, pois a tradição é considerada um "ato jurídico em sentido estrito"; **E:** correta, pois no negócio jurídico as partes podem regulamentar as consequências dos atos praticados, trabalhando com questões afetas à eficácia, como termo, condição e encargo. **WG**
Gabarito "E".

(Procurador do Estado/BA – 2014 – CESPE) Julgue o seguinte item.

(1) A compra e venda de merenda escolar por pessoa absolutamente incapaz constitui o que a doutrina denomina ato-fato jurídico real ou material.

1: Correta, na medida em que ato-fato jurídico é o fato jurídico qualificado por uma ação humana, por uma vontade juridicamente irrelevante. A fim de melhor elucidar a explicação, cita-se trecho de Silvio de Salvo Venosa: "Nesse caso é irrelevante para o direito se a pessoa teve ou não a intenção de praticá-lo. O que se leva em conta é o efeito resultante do ato que pode ter repercussão jurídica, inclusive ocasionando prejuízos a terceiros. Como dissemos, toda a seara da teoria dos atos e negócios jurídicos é doutrinária, com muitas opiniões a respeito. Nesse sentido, costuma-se chamar à exemplificação os atos praticados por uma criança, na compra e venda de pequenos efeitos. Não se nega, porém, que há um sentido de negócio jurídico do infante que compra confeitos em um botequim" (VENOSA, Silvo de Salvo. Direito Civil, Parte geral. 3. ed.São Paulo, Atlas, p. 367). **VT/WG**
Gabarito 1C

(Procurador do Estado/BA – 2014 – CESPE) Julgue o seguinte item.

(1) É anulável o negócio jurídico se a lei proibir a sua prática, sem cominar sanção.

1: errada, pois trata-se de negócio jurídico nulo (art. 166, VII do CC). **VT/WG**
Gabarito 1E

(Procurador do Estado/BA – 2014 – CESPE) Julgue o seguinte item.

(1) No negócio jurídico unilateral, está presente apenas uma declaração de vontade, sendo desnecessária a aceitação de outrem para que produza efeitos.

1: Correta, pois o negócio jurídico unilateral é aquele que se aperfeiçoa com uma única declaração de vontade, não necessitando da aceitação da outra parte para a produção de seus efeitos. Ex: testamento. O testador simplesmente declarada sua vontade para depois da morte, sendo que a eficácia desse documento não está sujeita a aceitação dos contemplados. **VT/WG**
Gabarito 1C

(Procurador do Estado/BA – 2014 – CESPE) Julgue o seguinte item.

(1) O silêncio de uma das partes pode, excepcionalmente, representar anuência, se as circunstâncias ou os usos o autorizarem e não for necessária a declaração expressa de vontade.

A assertiva está correta, nos termos do art. 111 do CC. **VT/WG**
Gabarito 1C

2.8.2. CONDIÇÃO, TERMO E ENCARGO

(Procurador – SP – VUNESP – 2015) Assinale a alternativa correta sobre o instituto da condição, considerado como elemento acidental do negócio jurídico.

(A) No negócio jurídico, celebrado com vigência de condição suspensiva, a realização desta implica na ineficácia do negócio.
(B) Aposta condição resolutiva a um negócio jurídico de execução continuada ou periódica, a sua realização, em regra, tem eficácia sobre os atos já praticados.
(C) A incerteza não é elemento essencial da condição, mas o evento deve ser necessariamente futuro.
(D) São ilícitas as condições puramente potestativas, seja a condição de natureza suspensiva ou resolutiva.
(E) A condição incompreensível ou contraditória não implica na invalidade do negócio jurídico.

A: incorreta, pois a ocorrência da condição suspensiva gera a eficácia do negócio jurídico. É o que ocorre, por exemplo, quando o vendedor estabelece que o "negócio só será efetivado caso o comprador manifeste seu agrado em relação ao bem no prazo de 10 dias" (CC, art. 509); **B:** incorreta, pois o negócio perde seus efeitos a partir da ocorrência do evento futuro e incerto; **C:** incorreta, pois a incerteza é essencial para configurar a condição; **D:** correta, pois a condição puramente potestativa é considerada ilícita. Trata-se da condição que se verificará a depender puramente do arbítrio de uma das partes (CC, art. 122); **E:** incorreta, pois o art. 123 do Código Civil estabelece a invalidade do negócio jurídico quando a condição for incompreensível ou contraditória. **GN**
Gabarito "D".

(Cartório/DF – 2014 – CESPE) Com base no direito das obrigações, assinale a opção correta acerca dos elementos acidentais e condicionais.

(A) Em se tratando de obrigação modal, diversamente da condição suspensiva, as partes subordinam os efeitos do ato negociar a um acontecimento futuro e certo.
(B) As obrigações mistas, que decorrem da vontade de um contratante e da atuação especial da outra parte, são admissíveis por não invalidarem o negócio jurídico.
(C) Em contrato de compra e venda, pendente condição suspensiva, não há direito adquirido ao cumprimento da obrigação enquanto não seja implementada a cláusula firmada pelos contraentes.
(D) No caso de a eficácia do negócio jurídico estar vinculada a evento futuro e incerto, verificado o pagamento da prestação antes do implemento da condição, se esta não se realizar, extingue-se a obrigação, não cabendo direito a restituição.
(E) Na hipótese de compra e venda de imóvel rural sob a condição, em termo estabelecido, de o contrato se resolver se não for efetivado saneamento público básico, caso não se efetive a condição, dissolve-se a obrigação, e não há efeito retroativo, remanescendo os direitos reais concedidos na sua pendência até a desconstituição judicial.

A: incorreta. A doação modal é a doação com encargo. É aquela na qual o doador estipula um ônus ao donatário. Ex.: doo o sítio com o encargo de nele se construir uma capela. A despeito do encargo, a doação surte seus efeitos normalmente. Caso o encargo seja descumprido, a doação poderá ser revogada por inexecução do encargo (CC, art. 555); **B:** incorreta, pois a obrigação mista é o nome que parte da doutrina dá para a obrigação *propter rem*. Tal obrigação decorre de um direito real e apresenta como peculiaridade o fato de que ela segue a coisa. A taxa condominial é um bom exemplo. Ela nasce do direito real de propriedade da unidade imobiliária e em caso de alienação o comprador responde por tais dívidas (CC, art. 1.345); **C:** correta. A condição suspensiva é um evento futuro e incerto. Enquanto esse evento não ocorrer, o negócio jurídico não produz seus regulares efeitos e não há direito adquirido das partes, mas apenas expectativa de direito (CC, art. 125). Ex.: contrato de prestação de serviços de contabilidade, o qual somente produzirá seus efeitos quando da fusão das empresas contratantes; **D:** incorreta, pois como não há direito antes da verificação da condição, também é correto afirmar que não há débito. Logo, eventual pagamento realizado estará sujeito à repetição do indébito; **E:** incorreta, pois os direitos reais concedidos na pendência de condição resolutiva também se resolvem com a ocorrência do evento futuro e incerto (CC, art. 1.359). **GN**
Gabarito "C".

2.8.3. DEFEITOS DO NEGÓCIO JURÍDICO

(Delegado – PC/BA – 2018 – VUNESP) De acordo com a disciplina constante do Código Civil acerca dos vícios de vontade dos negócios jurídicos, assinale a alternativa correta.

(A) O erro de indicação da pessoa ou da coisa a que se referir a declaração de vontade viciará o negócio, mesmo se, por seu contexto e pelas circunstâncias, for possível identificar a coisa ou pessoa cogitada.
(B) O silêncio intencional de uma das partes a respeito de fato ou qualidade que a outra parte haja ignorado, nos negócios jurídicos bilaterais, constitui omissão culposa, provando-se que, sem ela, o negócio não teria sido celebrado, ou o seria de outro modo.
(C) A coação, para viciar o negócio jurídico, deve incutir ao paciente temor de dano iminente à sua pessoa, à sua família, aos seus bens ou a terceiros, devendo ser levados em conta o sexo, a idade, a condição, a saúde e, no temor referencial, o grau de parentesco.
(D) Configura-se o estado de perigo quando alguém, premido da necessidade de salvar-se, ou a pessoa pertencente ou não à sua família, de grave dano conhecido ou não pela outra parte, assume obrigação excessivamente onerosa.
(E) Se for oferecido suplemento suficiente, ou se a parte favorecida concordar com a redução do proveito, segundo os valores vigentes ao tempo em que foi celebrado o negócio jurídico, não se decretará a anulação do negócio, nos casos de lesão.

A: incorreta, pois tal erro de indicação da pessoa ou da coisa não viciará o negócio jurídico quando "por seu contexto e pelas circunstâncias, se puder identificar a coisa ou pessoa cogitada" (CC, art. 142); **B:** incorreta, pois o silêncio intencional constitui omissão dolosa, configurando o dolo negativo (CC, art. 147); **C:** incorreta, pois o temor reverencial não vicia o negócio jurídico (CC, art. 153). Considera-se temor reverencial o exagerado respeito que se tem em relação a uma determinada pessoa e que conduz uma pessoa a praticar ato que não praticaria em condições normais. Ex: empregado em relação ao patrão, aluno em relação ao professor; **D:** incorreta, pois a lei exige que a outra parte tenha conhecimento da situação aflitiva pela qual passa a vítima (CC, art. 156); **E:** correta, pois – adotando o princípio da conservação do negócio jurídico – o § 2º do art. 157 estabelece que o negócio poderá ser mantido se "*a parte favorecida concordar com a redução do proveito*". Essa regra – da manutenção do negócio pela redução do proveito – também deve ser aplicada aos casos de Estado de Perigo, conforme o Enunciado 148 do Conselho da Justiça Federal.

Gabarito "E".

(Procurador do Estado/SP - 2018 - VUNESP) O ato de assumir obrigação excessivamente onerosa, premido pela necessidade de salvar-se ou a pessoa de sua família, de grave dano conhecido pela outra parte, caracteriza:
(A) lesão, sujeita ao prazo prescricional de 4 anos para declaração da sua nulidade, contado da cessação do risco.
(B) lesão, sujeita ao prazo decadencial de 4 anos para sua desconstituição, contado da data da celebração do negócio jurídico.
(C) lesão, que torna o negócio jurídico ineficaz enquanto não promovido o reequilíbrio econômico do contrato em sede judicial.
(D) estado de perigo, sujeito ao prazo decadencial de 4 anos para declaração da sua nulidade, contado da cessação do risco.
(E) estado de perigo, sujeito ao prazo decadencial de 4 anos para sua desconstituição, contado da data da celebração do negócio jurídico.

O enunciado da questão repete o disposto no art. 156 do Código Civil, que prevê o vício do consentimento denominado Estado de Perigo. O vício da lesão, por outro lado, ocorre quando "*uma pessoa, sob premente necessidade, ou por inexperiência, se obriga a prestação manifestamente desproporcional ao valor da prestação oposta*" (CC, art. 157). No que se refere ao prazo, sua natureza é decadencial (para todos os vícios do consentimento). O termo inicial do prazo decadencial para se pleitear a anulação do negócio nos casos de vícios do consentimento é a "*data da celebração do negócio jurídico*" (salvo na coação, quando o prazo só se inicia com a cessação da ameaça). CC, art. 178, I e II.

Gabarito "E".

(Juiz de Direito - TJ/RS - 2018 - VUNESP) Egídio descobre que sua esposa Joana está com um câncer. Ao iniciar o tratamento, o plano de saúde de Joana se recusa a cobrir as despesas, em razão da doença ser preexistente à contratação. Em razão disso, o casal coloca à venda um imóvel de propriedade do casal com valor de mercado de R$ 1.000.000,00 (um milhão de reais) por R$ 150.000,00 (cento e cinquenta mil reais), visando obter, de forma rápida, valores necessários para o pagamento do tratamento de saúde de Joana. Raimundo, tomando ciência da oferta da venda do imóvel de Egídio e Joana, não tendo qualquer intenção de auferir um ganho exagerado na compra e nem causar prejuízo aos vendedores, apenas aproveitando o que considera um excelente negócio, compra o imóvel em 01.01.2015. Em 02.01.2018, Egídio e Joana ajuízam uma ação judicial contra Raimundo, na qual questionam a validade do negócio jurídico.
Assinale a alternativa correta.
(A) O negócio jurídico é anulável. Em razão da doença de Joana, o casal estava numa situação que os levou à conclusão de um negócio jurídico eivado pelo vício da lesão que poderia ser decretada para restituir as partes à situação anterior, mas que não poderá ser realizada em razão do decurso do prazo decadencial de 3 (três) anos.
(B) O negócio jurídico é anulável. Em razão da doença de Joana, o casal estava numa situação que os levou à conclusão de um negócio jurídico eivado pelo vício do estado de perigo que, entretanto, não pode ser reconhecido em razão do decurso do prazo decadencial de 2 (dois) anos.
(C) O negócio jurídico é válido e eficaz. Não há qualquer norma que impeça um vendedor, por livre e espontânea vontade, de alienar um bem por valores abaixo dos praticados no mercado, em razão do princípio da autonomia da vontade que prevalece, principalmente no presente caso, onde não se verifica que uma das partes seja hipossuficiente em relação à outra.
(D) O negócio jurídico é nulo de pleno direito por ilicitude do objeto. Não existe uma contraprestação válida, tendo em vista o valor da prestação, comparada ao preço real do bem adquirido, bem como pela ausência de vontade válida, podendo a nulidade ser declarada a qualquer tempo.
(E) O negócio jurídico é anulável. Em razão da doença de Joana, o casal estava numa situação que os levou à conclusão de um negócio jurídico eivado pelo vício da lesão que pode ser desconstituído; caso Raimundo concorde em suplementar o valor anteriormente pago, o negócio pode ser mantido.

A questão envolve claramente situação de lesão, vício do consentimento previsto no art. 157 do Código Civil, segundo o qual: "*Ocorre a lesão quando uma pessoa, sob premente necessidade, ou por inexperiência, se obriga a prestação manifestamente desproporcional ao valor da prestação oposta*". Para sua configuração, a lei não exige que a outra parte (a que se beneficiou com a desproporção) soubesse da situação de necessidade alheia. Ademais, em consonância com o princípio da conservação do contrato, o parágrafo único do art. 157 estabelece que o negócio poderá ser mantido se "*a parte favorecida concordar com a redução do proveito*". Essa regra (da manutenção do negócio pela redução do proveito) também deve ser aplicada aos casos de Estado de Perigo, conforme o Enunciado 148 do Conselho da Justiça Federal.

Gabarito "E".

(Procurador do Estado – PGE/MT – FCC – 2016) Pedro adquiriu de João veículo que, segundo afirmou o vendedor, a fim de induzir o comprador em erro, seria do tipo "flex", podendo ser abastecido com gasolina ou com álcool. Mas Pedro não fazia questão desta qualidade, e teria realizado o negócio ainda que o veículo não fosse bicombustível. No entanto, em razão do que havia afirmado João, Pedro acabou por abastecer o veículo com combustível inapropriado, o que causou avaria no motor. O negócio jurídico
(A) é anulável e obriga às perdas e danos, em razão do vício denominado dolo, não importando tratar-se de dolo acidental.
(B) é nulo, em razão de vício denominado dolo.
(C) é nulo, em razão de vício denominado lesão.
(D) é anulável, em razão do vício denominado dolo, mas não obriga às perdas e danos, por tratar-se de dolo acidental.
(E) não é passível de anulação, pois o dolo acidental só obriga às perdas e danos.

O Código Civil reúne sete espécies de dolo, sendo que apenas três deles têm o efeito de anular um negócio jurídico. São eles: o dolo substancial (que é o engano induzido que diz respeito a uma característica determinante do negócio jurídico), o dolo de terceiro (quando a parte beneficiada sabia do engano) e o dolo negativo (que é o dolo por omissão). Não anulam o negócio jurídico o dolo bilateral (ambas as partes atuam com dolo), o dolo de terceiro (quando a parte beneficiada não sabia do engano) e o dolo acidental, que é justamente objeto da questão. Trata-se do dolo quanto a um aspecto não determinante, não essencial do negócio jurídico. A vítima foi enganada quanto a uma característica que não era decisiva para a conclusão do negócio jurídico. Em outras palavras, ela teria praticado o negócio jurídico mesmo que soubesse daquele engano. Possivelmente ela pagaria menos pelo objeto, mas não deixaria de realizá-lo (CC, art. 146). Vale ressaltar que – em que pese não ser possível anular o negócio jurídico – a lei permite que a vítima peça indenização por perdas e danos.

Gabarito "E".

(Procurador Municipal/SP – VUNESP – 2016) Quanto ao defeito dos atos jurídicos, está correta a afirmativa apresentada na alternativa:
(A) Se ambas as partes procederem com dolo, nenhuma pode alegá-lo para anular o negócio, ou reclamar indenização.
(B) Considera-se coação a ameaça do exercício normal de um direito e o temor reverencial.
(C) Ocorre a lesão quando uma pessoa, sob premente necessidade, ou por inexperiência, obriga-se a prestação que não pretendia.
(D) É anulável negócio jurídico quando não revestir a forma prescrita em lei ou o seu objeto for indeterminável.
(E) São os negócios jurídicos considerados nulos por dolo, quando este for a sua causa.

A: correta, pois a assertiva refere-se ao dolo bilateral, que ocorre quando ambas as partes agirem com dolo. Nessa hipótese, o negócio jurídico não poderá ser anulado, visto que ninguém pode alegar, em seu favor, a própria torpeza (CC, art. 150); **B:** incorreta, pois tanto a ameaça do exercício normal de direito quanto o temor reverencial não são considerados coação (CC, art. 153); **C:** incorreta, pois na lesão a pessoa se obriga – por premente necessidade ou inexperiência – a prestação manifestamente desproporcional (CC, art. 157); **D:** incorreta, pois a hipótese é de nulidade absoluta e não de mera anulabilidade (CC, art. 166, IV); **E:** incorreta, pois o dolo gera a anulabilidade do negócio jurídico (CC, art. 171, II).

Gabarito "A".

(Procurador – SP – VUNESP – 2015) Assinale a alternativa correta sobre os defeitos do negócio jurídico.
(A) Agindo o representante convencional com dolo, responderá o representado, solidariamente, por perdas e danos.
(B) O negócio jurídico celebrado com manifesta desproporção entre o valor da prestação e da contraprestação, por inexperiência de uma das partes, não enseja a possibilidade de anulação do negócio jurídico.
(C) No sistema brasileiro, é ineficaz o negócio jurídico praticado com a finalidade de fraudar credores, dispensando a necessidade de pleitear a anulação do negócio fraudulento.
(D) Nos casos de coação, erro, dolo e estado de perigo, o prazo decadencial para pleitear a anulação inicia-se da data em que foi celebrado o negócio jurídico.
(E) Não se configura a coação quando a ameaça de dano iminente é sobre os bens do coagido, e não sobre sua pessoa ou pessoas de sua família.

A: correta. No que se refere ao dolo praticado pelo representante, o Código Civil ofereceu duas soluções distintas. Se o dolo provier do representante legal, o representado só responde até a importância do proveito que teve. Se, por outro lado, o dolo for do representante convencional, o representado responderá solidariamente com ele por perdas e danos (CC, art. 149); **B:** incorreta, pois essa é justamente a hipótese da lesão, prevista no art. 157 do CC; **C:** incorreta, pois o Código Civil prevê que o negócio fraudulento é anulável (CC, arts. 158 e 171, II); **D:** incorreta, pois no caso de coação o prazo só começa quando cessar a ameaça (CC, art. 178, I); **E:** incorreta, pois o temor de dano pode recair sobre a pessoa da vítima, sua família, ou aos seus bens (CC, art. 151). GN

Gabarito "A".

(Procurador – PGFN – ESAF – 2015) Analise as proposições abaixo e assinale a opção incorreta.

(A) Os negócios de transmissão gratuita de bens ou remissão de dívida, se os praticar o devedor já insolvente, ou por eles reduzido à insolvência, ainda quando o ignore, poderão ser anulados pelos credores quirografários, como lesivos dos seus direitos.

(B) Os contratos onerosos do devedor insolvente serão anuláveis quando a insolvência for notória ou conhecida do outro contratante.

(C) Os negócios fraudulentos serão nulos em relação aos credores cuja garantia se tornar insuficiente.

(D) Anulados os negócios fraudulentos, a vantagem resultante reverterá em proveito do acervo sobre o qual se tenha de efetuar o concurso de credores.

(E) Se os negócios fraudulentos tinham por único objeto atribuir direitos preferenciais, mediante hipoteca, penhor ou anticrese, sua invalidade importará somente na anulação da preferência ajustada.

A: correta, pois de acordo com a previsão do art. 158 do CC, o qual prevê os atos praticados pelo devedor insolvente que podem ser considerados fraudulentos aos credores. Repare que a lei não exige a má-fé do donatário. A ciência da outra parte (consilium fraudis) só é exigida quando o ato de transmissão praticado pelo devedor insolvente é oneroso (ex: venda do imóvel); **B:** correta. Repare que agora a assertiva trata dos contratos onerosos (uma venda, por exemplo). Nesses casos, é preciso que a insolvência seja notória ou conhecida do outro contratante, ou seja, é preciso que se prove a má-fé do outro adquirente (CC, art. 159); **C:** incorreta, pois a solução legal é a anulabilidade (CC, art. 158, § 1°); **D:** correta, pois de pleno acordo com o disposto no art. 165 do CC; **E:** correta, pois de pleno acordo com o disposto no art. 165, parágrafo único do Código Civil. GN

Gabarito "C".

(Juiz – TJ-SC – FCC – 2017) *Coviello, em seu magnífico ManualediDirittoCivile Italiano, é quem explica a matéria com maior clareza.*

Uma cousa, diz êle, é independer, a obrigatoriedade da lei, do conhecimento dos que lhe estão sujeitos e outra cousa é poder-se invocar o êrro de direito como pressuposto de certos fatos, dos quais a lei faz derivar consequências jurídicas. A primeira não comporta dúvidas; a segunda exige um exame, uma indagação.

Quando se admite a possibilidade de se invocar o êrro de direito, tal outro qualquer êrro, como pressuposto de um fato jurídico, isto não significa que se abra exceção à regra da obrigatoriedade das leis mesmo contra quem não as conhece.

A única distinção a fazer-se é a relativa ao fim visado por quem alega ignorância ou êrro de direito."

(Vicente Rao. **O Direito e a Vida dos Direitos.** 1° volume, tomo I.p. 382. São Paulo, Max Limonad. 1960).

Esse texto:

(A) aplica-se ao direito brasileiro, porque, embora ninguém se escuse de cumprir a lei alegando que não a conhece, salvo na transação a respeito das questões que forem objeto de controvérsia entre as partes, é anulável o negócio jurídico quando o erro de direito foro motivo único ou principal do negócio, e não implique recusa à aplicação da lei.

(B) aplica-se ao direito brasileiro porque embora ninguém se escuse de cumprir a lei alegando que não a conhece, é anulável a transação quando o erro de direito foi o motivo, único ou principal, do acordo, sobre as questões que tiverem sido objeto de controvérsia entre as partes.

(C) não se aplica ao direito brasileiro, porque ninguém se escusa de cumprir a lei alegando que não a conhece, sendo defeso alegar a invalidade de negócio jurídico fundada em erro de direito.

(D) aplica-se ao direito brasileiro porque embora ninguém se escuse de cumprir a lei alegando que não a conhece é nulo o negócio jurídico quando o erro de direito for o motivo único ou principal do negócio, salvo, na transação, a respeito das questões que forem objeto de controvérsia entre as partes.

(E) não se aplica ao direito brasileiro, porque quando o erro de direito for o motivo único de negócio jurídico, admite-se a alegação de desconhecimento da lei que o proíbe.

A questão diz respeito ao engano de uma pessoa em relação às leis, cujo nome técnico é "erro de direito". Pode uma pessoa alegar que não conhecia a lei? Há duas respostas para tal pergunta.

A primeira resposta é que tal alegação não será válida se a pessoa pretende usar o desconhecimento da lei visando a não cumpri-la ou visando a fugir das consequências de seu descumprimento. Assim, uma pessoa não pode pleitear isenção de multas ou juros alegando que não sabia que deveria ter recolhido impostos. É o que determina o art. 3° da Lei de Introdução.

A segunda resposta é que tal alegação será admitida se a pessoa pretende anular um contrato que só foi assinado em virtude de um erro de direito. Nesse caso, o erro de direito é o motivo pelo qual a pessoa praticou o negócio. Aqui, a lei admite a anulação do negócio jurídico (CC, art. 139, III). Exs.: Pedro contrata serviços de reforma da sua calçada, pensando que a lei assim exigia (mas essa lei já havia sido revogada); Pedro contrata importação de computadores pensando que o tributo é 2%, mas na verdade era de 20%. Nos dois casos Pedro poderá anular o negócio tendo em vista que só o praticou porque se enganou quanto à lei. GN

Gabarito "A".

(Juiz – TRF 3ª Região – 2016) Sobre os defeitos do negócio jurídico, assinale a alternativa incorreta:

(A) O erro de cálculo não invalida o negócio jurídico; ele apenas autoriza a retificação da declaração devontade.

(B) O erro não invalida o negócio jurídico quando a pessoa, a quem a manifestação de vontade se dirige, se oferecer para executá-la na conformidade da vontade real do manifestante.

(C) A lesão não invalida o negócio jurídico se for oferecido suplemento suficiente, ou se a parte favorecida concordar com a redução doproveito.

(D) O estado de perigo não invalida o negócio jurídico se a parte beneficiada oferecer justa reparação pelo fato de ter se aproveitado da premente necessidade de a outra parte salvar-se.

A: correta, pois a assertiva reproduz a regra prevista no art. 143 do CC; **B:** correta, pois trata-se de uma forma de conservação do negócio jurídico prevista no art. 144 do CC; **C:** correta, pois o art. 157 § 2° do CC prevê a conservação do negócio jurídico em virtude da redução do proveito do beneficiado; **D:** incorreta, pois tal hipótese de conservação do negócio jurídico não tem previsão legal. GN

Gabarito "D".

(Juiz – TRF 4ª Região – 2016) Assinale a alternativa **INCORRETA**.

(A) O erro acidental não acarreta a anulação do negócio jurídico.

(B) A coação por terceiro somente anula o negócio jurídico se dela tiver ou devesse ter conhecimento a parte a quem aproveite.

(C) Não se decreta a anulação do negócio lesivo se as partes concordarem com o reequilíbrio contratual.

(D) O dolo acidental só obriga à satisfação de perdas e danos; o dolo é acidental quando, a seu despeito, o negócio seria realizado, embora por outro modo.

(E) É anulável o negócio jurídico simulado, mas subsistirá o que se dissimulou se ele for material e formalmente válido.

A: correta, pois o Código Civil apenas se preocupa com o erro substancial, que é aquele considerado relevante, determinante (CC, art. 138); **B:** correta, pois a coação proveniente de terceiros somente vicia o negócio jurídico se a parte beneficiada no contrato soubesse ou devesse saber da ocorrência da coação (CC, art. 154); **C:** correta, pois o art. 157 § 2° do CCprevê a hipótese de manutenção do contrato mediante a redução do proveito obtido; **D:** correta, pois o dolo acidental é aquele que diz respeito a características menores, não decisivas num contrato. Caso o dolo recaia sobre uma dessas características, o negócio jurídico não será anulado (CC, art. 146); **E:** incorreta, pois o negócio simulado é nulo (CC, art. 167). GN

Gabarito "E".

(Defensor Público – DPE/BA – 2016 – FCC) Hugo, ao descobrir que sua filha precisava de uma cirurgia de urgência, emite ao hospital, por exigência deste, um cheque no valor de cem mil reais. Após a realização do procedimento, Hugo descobriu que o valor comumente cobrado para a mesma cirurgia é de sete mil reais. Agora, está sendo cobrado pelo cheque emitido e, não tendo a mínima condição de arcar com o pagamento da cártula, procura a Defensoria Pública de sua cidade. Diante desta situação, é possível buscar judicialmente a anulação do negócio com a alegação de vício do consentimento chamado de

(A) erro substancial.
(B) lesão.
(C) estado de perigo.
(D) dolo.
(E) coação.

A: incorreta, pois o erro é a falsa percepção da realidade, a qual não foi induzida (CC, art. 138); **B:** incorreta, pois no caso de lesão não há necessidade de se salvar, como é a hipótese narrada (CC, art. 157); **C:** correta, pois o fato descrito encaixa-se com precisão na tipificação legal, que prevê a ocorrência do estado de perigo quando alguém "*premido da necessidade de salvar-se, ou a pessoa de sua família, de grave dano conhecido pela outra parte, assume obrigação excessivamente onerosa*" (CC, art. 156); **D:** incorreta, pois o dolo é o vício do consentimento no qual mediante um artifício malicioso – conduz a vítima à falsa percepção da realidade (CC, art. 145). O dolo é, por assim dizer, o erro induzido; **E:** incorreta, pois na coação uma pessoa – mediante violência ou grave ameaça – conduz a vítima a praticar negócio que não praticaria se livre estivesse (CC, art. 151). GN

Gabarito "C".

(Delegado/PE – 2016 – CESPE) Assinale a opção correta a respeito dos defeitos dos negócios jurídicos.
(A) Na lesão, os valores vigentes no momento da celebração do negócio jurídico deverão servir como parâmetro para se aferir a proporcionalidade das prestações.
(B) Os negócios jurídicos eivados pelo dolo são nulos.
(C) A coação exercida por terceiro estranho ao negócio jurídico torna-o nulo.
(D) Age em estado de perigo o indivíduo que toma parte de um negócio jurídico sob premente necessidade ou por inexperiência, assumindo obrigação manifestamente desproporcional ao valor da prestação oposta ferindo o caráter sinalagmático do contrato.
(E) Se em um negócio jurídico, ambas as partes agem com dolo, ainda assim podem invocar o dolo da outra parte para pleitear a anulação da avença.

A: correta (art. 157, § 1º, do CC); **B:** incorreta, pois são anuláveis (art. 171, II, do CC); **C:** incorreta, pois a coação torna o negócio anulável (art. 171, II, do CC), sendo que o instituto abarca a coação exercida por terceiro estranho (art. 154 do CC); **D:** incorreta, pois definição é de *lesão* (art. 157 do CC) e não de *estado de perigo* (art. 156 do CC); **E:** incorreta, pois nesse caso, de dolo recíproco, nenhuma das partes pode alegá-lo para fins de anular o negócio ou mesmo para reclamar indenização (art. 150 do CC). AG/WG
Gabarito "A".

(Analista – Judiciário –TRE/PI – 2016 – CESPE) A remissão de dívida que leve o devedor à insolvência configura
(A) abuso de direito.
(B) má-fé.
(C) fraude contra credores.
(D) dolo.
(E) lesão.

A: incorreta, pois o abuso de direito é o exercício de um direito que ultrapassa os limites da boa-fé, bons costumes, fim social e fim econômico (CC, art. 187). Ótimo exemplo foi dado pelo STJ (REsp 811690/RR) ao concluir que houve abuso de direito da concessionária de energia elétrica que cortou o fornecimento do consumidor em virtude de débito inferior a R$ 1,00; **B:** incorreta, pois má-fé é a ciência de um vício que macula o negócio; **C:** correta, pois perdoar uma dívida equivale, na prática, a doar um valor para alguém. Se uma pessoa está devendo, ela não pode perdoar valores dos quais ela é credora, pois isso prejudica os seus próprios credores. Assim, por exemplo, "A" não pode perdoar o valor que "B" lhe deve se, ele próprio ("A"), está devendo para "C" e não tem como pagar (CC, art. 158); **D:** incorreta, pois o dolo é o vício do consentimento que se configura pelo artifício malicioso que conduz uma pessoa a praticar negócio que jamais praticaria se estivesse consciente do engano (CC, art. 145); **E:** incorreta, pois na lesão uma pessoa, sob premente necessidade, ou por inexperiência, se obriga a prestação manifestamente desproporcional ao valor da prestação oposta (CC, art. 157). GN
Gabarito "C".

(Procurador do Estado/AM – 2016 – CESPE) Julgue os itens subsequentes, relativos a atos jurídicos e negócios jurídicos.
(1) Situação hipotética: Para se eximir de obrigações contraídas com o poder público, Aroldo alienou todos os seus bens, tendo ficado insolvente. Assertiva: Nesse caso, o poder público terá o prazo decadencial de quatro anos, contados da data em que Aroldo realizou os negócios jurídicos, para requerer a anulação destes.
(2) Constitui ato lícito a ação de destruir o vidro lateral de veículo alheio, de alto valor comercial, a fim de removê-lo das proximidades de local onde se alastrem chamas de incêndio.

1: correta, pois tal alienação configura fraude contra credores, cuja solução legal é a anulabilidade (CC, arts. 158 e 171); **2:** correta, pois a conduta foi praticada em estado de necessidade, que é "*a deterioração ou destruição da coisa alheia, ou a lesão a pessoa, a fim de remover perigo iminente*". Tal prática é considera lícita pela lei (CC, art. 188). GN
Gabarito 1C, 2C.

(Procurador do Estado/PR – 2015 – PUC-PR) Levando em conta a temática dos defeitos do negócio jurídico, considere as seguintes asserções:
I. Suponha que Tício beneficia Caio pela doação de bem imóvel e isso acaba por desfalcar seu patrimônio de forma tal que suas dívidas passam a superar os ativos. Neste caso, os credores quirografários de Tício podem valer-se da ação pauliana visando à anulação da doação. A ação seria dirigida contra Tício e Caio, ainda que este ignorasse o fato de que a liberalidade de Tício havia reduzido-o ao estado de insolvência, porque neste caso não se exige a comprovação da intenção de fraudar para o uso da ação revocatória.
II. Em um negócio jurídico constata-se manifesta desproporção entre prestação e contraprestação decorrente de manifesta inexperiência de uma das partes. Esta não pode invocar a própria inexperiência como causa para anulação do negócio jurídico por lesão, já que isto configuraria *venire contra factum proprium*.
III. Tício aliena um imóvel a Caio para que este o transmita a seu filho Mévio. Constatando-se que a intenção de Tício sempre fora transferir o bem a Mévio, prescindindo da autorização dos demais descendentes, a venda poderá ser invalidada por configurar negócio simulado mediante a interposição de pessoa.
Assinale a alternativa **CORRETA**.
(A) Somente a afirmativa III é verdadeira.
(B) Somente as afirmativas I e III são verdadeiras.
(C) Somente as afirmativas II e III são verdadeiras.
(D) Somente a afirmativa I é verdadeira.
(E) As afirmativas I, II e III são verdadeiras.

I: correta (art. 158, *caput*, do CC); **II:** incorreta, pois a lei admite a anulação do negócio no caso (art. 157, *caput*, do CC); **III:** correta (art. 167, § 1º, do CC). WG
Gabarito "B".

(Procurador do Município – Cuiabá/MT – 2014 – FCC) Por ocasião de forte seca na região centro-oeste, Manoel passou a vender água potável a preço cinco vezes superior ao que praticava anteriormente. Temendo perder produção de soja, Jair celebrou vultoso contrato, adquirindo grande quantidade de água pelo preço cobrado por Manoel. O negócio celebrado entre Manoel e Jair é
(A) válido, pois a Constituição Federal garante o direito de propriedade e estimula a livre-iniciativa.
(B) anulável, em razão de vício denominado lesão.
(C) nulo, em razão de vício denominado lesão.
(D) anulável, em razão de vício denominado estado de perigo.
(E) nulo, em razão de vício denominado coação.

A hipótese descrita no enunciado enquadra-se claramente na previsão do vício do consentimento denominado Lesão (CC, art. 157), tendo em vista que existe uma situação de necessidade, (mas não a de se salvar, nem salvar pessoa de sua família, o que levaria à hipótese para o estado de perigo). Essa situação de necessidade conduz a vítima a celebrar negócio desproporcional. A consequência é a anulabilidade do negócio jurídico, a ser pleiteada no prazo decadencial de quatro anos a contar de sua prática (CC, art. 178). O direito de propriedade, bem como o princípio da livre iniciativa encontram limites em princípios e valores superiores de nosso sistema jurídico, como a função social da propriedade e dos contratos (CC, art. 2.035, parágrafo único), a boa-fé objetiva e a construção de uma sociedade justa e solidária (CF, art. 3º). GN
Gabarito "B".

(Procurador do Estado/BA – 2014 – CESPE) Julgue o seguinte item.
(1) Ocorre a lesão quando uma pessoa, em premente necessidade ou por inexperiência, se obriga a prestação manifestamente desproporcional ao valor da prestação oposta, exigindo-se, para a sua configuração, ainda, o dolo de aproveitamento, conforme a doutrina majoritária.

1: errada, pois, consoante doutrina majoritária o dolo de aproveitamento não é exigível para a configuração da lesão. Neste espeque cita-se o Enunciado 150 JDC/CJF: "A lesão de que trata o art. 157 do CC não exige dolo de aproveitamento". VT/WG
Gabarito 1E.

2.8.4. INVALIDADE DO NEGÓCIO JURÍDICO

(Defensor Público – DPE/PR – 2017 – FCC) Considere as assertivas abaixo.
I. É possível confirmar um ato *a priori* anulável, tornando-o válido *a posteriori*, como na hipótese em que um menor de idade compra um bem e, ao atingir a sua maioridade civil, confirma esse negócio jurídico, ressalvado direito de terceiro.
II. Um determinado contrato nulo pode ser convertido em contrato válido, como na hipótese de compra e venda de bem imóvel, com valor superior a trinta vezes o maior salário-mínimo vigente no país, sem a lavratura de escritura pública; perfazendo-se apenas em compromisso de compra e venda.
III. A invalidade parcial de um negócio jurídico o prejudicará em sua totalidade, ainda que seja possível separar a parte válida da inválida.
IV. Entre duas interpretações possíveis da declaração de vontade, uma que prive de validade e outra que lhe assegure a validade, há de ser adotada a última.
Segundo o Código Civil, está correto o que se afirma APENAS em
(A) III e IV.
(B) II, III e IV.
(C) I, II e IV.
(D) II e IV.
(E) I e III.

I: Está incorreta, pois viola o artigo 176 do Código Civil, isto é, se a nulidade relativa se der por falta de autorização de terceiro, o ato será convalidado se o terceiro posteriormente der a anuência. **II:** Está correta, visto que está em conformidade com o artigo 170 do Código Civil. Tal dispositivo prevê a conversão do negócio jurídico nulo noutro válido, desde que seus elementos sejam idôneos para caracterizar outro negócio. É possível a conversão quando os contratantes teriam pretendido a realização de outro contrato, desde que cientes da nulidade do que realizaram. Esse dispositivo adotou o princípio da

conservação dos negócios jurídicos. Lembre-se conversão do negócio jurídico nulo não se confunde com convalidação do negócio jurídico anulável; a primeira, é aplicável nas hipóteses de nulidade, onde se transforma um negócio nulo noutro válido; a segunda, incide nos casos de anulabilidade, pelo qual se convalesce um negócio anulável em válido, leia-se, o mesmo negócio. **III.** Viola o artigo 184 do Código Civil. Trata-se da aplicação ao princípio *utile per inutile non vitiatur*, de modo que a invalidade parcial de um ato, não atingirá a parte válida, quando esta puder subsistir de forma autônoma, respeitadas a intenção das partes. **IV.** Está correta, pois de acordo com a hermenêutica há duas grandes teorias, é dizer, a teoria da vontade, que busca a real vontade das partes contratantes e a teoria da declaração, onde prevalece a exteriorização da vontade. Como a vontade das partes é exprimida pela declaração, deve-se perquirir a real intenção das partes, consoante dispõe o artigo 112 do Código Civil e como o princípio adotado é o da conservação dos negócios jurídicos, predominante no sentido de que os contratos devem ser interpretados de modo que suas cláusulas tenham efetiva aplicabilidade, com maior utilidade possível, razão pela qual se busca assegurar a validade da declaração de vontade. Vale lembrar, a boa-fé deve ser presumida. **GN**
Gabarito "D".

(Procurador do Estado – PGE/PA – UEPA – 2015) Assinale a alternativa correta:
I. O negócio jurídico eivado de vício de coação pode ser confirmado pelas partes, salvo direito de terceiro.
II. É anulável o negócio jurídico em que for preterida solenidade que a lei considere essencial para a sua validade.
III. O negócio jurídico simulado convalesce pelo decurso do tempo.
IV. A anulabilidade só produz seus efeitos depois de julgada por sentença.

A alternativa que contém todas as afirmativas corretas é:
(A) I e II.
(B) I e IV.
(C) II e IV.
(D) I e III.
(E) II e III.

I: correta, pois todo negócio anulável pode ser confirmado pelas partes (CC, art. 172); **II:** incorreta, pois nessa hipótese o negócio é nulo (CC, art. 166, V); **III:** incorreta, pois o negócio simulado é nulo e, como tal, não convalesce pelo decurso do tempo (CC, art. 169); **IV:** correta, pois de acordo com a previsão do art. 177 do Código Civil. **GN**
Gabarito "B".

(Promotor de Justiça/SC – 2016 – MPE)
(1) No que se refere à invalidade do negócio Jurídico, a anulabilidade não tem efeito antes de julgada por sentença, nem se pronuncia de ofício; só os interessados a podem alegar, e aproveita exclusivamente aos que a alegarem, salvo o caso de solidariedade ou indivisibilidade.

1: correta, pois a assertiva reproduz com fidelidade o disposto no art. 177, o qual traz o regime jurídico da anulabilidade. **GN**
Gabarito 1C.

(Promotor de Justiça/SC – 2016 – MPE)
(1) Tendo em vista a previsão no Código Civil de prazo decadencial para pleitear a anulação do negócio jurídico, uma vez transcorrido o prazo é possível afirmar que a nulidade relativa se convalesce com o decurso do tempo.

1: correta, não somente por esse argumento, mas também por interpretação *contrario sensu* do CC, art.169. **GN**
Gabarito 1C.

(Delegado/PE – 2016 – CESPE) Assinale a opção correta a respeito dos defeitos dos negócios jurídicos.
(A) Na lesão, os valores vigentes no momento da celebração do negócio jurídico deverão servir como parâmetro para se aferir a proporcionalidade das prestações.
(B) Os negócios jurídicos eivados pelo dolo são nulos.
(C) A coação exercida por terceiro estranho ao negócio jurídico torna-o nulo.
(D) Age em estado de perigo o indivíduo que toma parte de um negócio jurídico sob premente necessidade ou por inexperiência, assumindo obrigação manifestamente desproporcional ao valor da prestação oposta ferindo o caráter sinalagmático do contrato.
(E) Se em um negócio jurídico, ambas as partes agem com dolo, ainda assim podem invocar o dolo da outra parte para pleitear a anulação da avença.

A: correta (art. 157, § 1º, do CC); **B:** incorreta, pois são anuláveis (art. 171, II, do CC); **C:** incorreta, pois a coação torna o negócio anulável (art. 171, II, do CC), sendo que o instituto abarca a coação exercida por terceiro estranho (art. 154 do CC); **D:** incorreta, pois definição é de *lesão* (art. 157 do CC) e não de *estado de perigo* (art. 156 do CC); **E:** incorreta, pois nesse caso, de dolo recíproco, nenhuma das partes pode alegá-lo para fins de anular o negócio ou mesmo para reclamar indenização (art. 150 do CC). **AG/WG**
Gabarito "A".

(Ministério Público/BA – 2015 – CEFET) Analise as assertivas abaixo e assinale a alternativa **CORRETA** sobre o fato e negócio jurídico, segundo o Código Civil Brasileiro:
I. A validade do negócio jurídico requer agente capaz, objeto lícito, possível e determinado ou determinável, além de forma prescrita ou não defesa em lei.
II. No negócio jurídico celebrado com a cláusula de não valer sem instrumento público, este é da substância do ato.
III. É nulo o negócio jurídico quando celebrado por pessoa absolutamente incapaz.
IV. O negócio jurídico nulo é suscetível de confirmação, convalescendo pelo decurso do tempo, pelo princípio da conservação dos negócios jurídicos.
V. O estado de perigo consiste na situação em que alguém, por inexperiência, se obriga a prestação manifestamente desproporcional ao valor da prestação oposta.

Estão corretas as assertivas:
(A) I, II, III, IV e V.
(B) I, II, III e IV.
(C) I, II, III e V.
(D) I, III e V.
(E) I, II e III.

I: correta (art. 104, III, do CC); **II:** correta (art. 109 do CC); **III:** correta (art. 166, I, do CC); **IV:** incorreta, pois o negócio nulo é insuscetível de confirmação e não convalesce pelo decurso do tempo (art. 169 do CC); **V:** incorreta, pois essa definição é de uma das modalidades da lesão (art. 157, *caput*, do CC) e não do estado de perigo (art. 156 do CC). **WG**
Gabarito "E".

(Procurador do Estado/PR – 2015 – PUC-PR) Assinale a alternativa **CORRETA**.
(A) A emancipação do menor com 16 anos completos, concedida por ambos os pais por escritura pública, depende, para a sua validade, de homologação judicial.
(B) A atuação do mandatário que age extrapolando os limites da procuração que lhe foi outorgada é inválida e não produz quaisquer efeitos jurídicos.
(C) Os efeitos da declaração de nulidade do negócio jurídico retroagem ao momento da sua celebração, sendo que ele nunca convalesce, não pode ser confirmado e nem ratificado. Poderá, todavia, subsistir convertido em outro negócio jurídico cujos requisitos de validade estiverem presentes, se atingir o fim visado pelas partes.
(D) A relativa incapacidade do menor entre 16 e 18 anos autoriza-o a invocar a anulabilidade de negócio jurídico realizado sem assistência, mesmo que tenha se declarado maior no momento de sua celebração.
(E) A fixação de condição resolutiva física ou juridicamente impossível invalida todo o negócio jurídico.

A: incorreta, pois pode ser feita por escritura pública (art. 5º, parágrafo único, I, do CC); **B:** incorreta, pois a consequência é apenas que esses atos são ineficazes à pessoa do mandante, podendo ter efeito entre o mandatário e o terceiro, sem prejuízo também que a ineficácia perante o mandante deixe de prevalecer, caso este resolva ratificar o ato praticado pelo mandatário que tiver extrapolado de seus poderes (art. 662, *caput*, do CC); **C:** correta, pois a nulidade opera de pleno direito, de modo que a sentença reconhece algo que já se deu, daí seu caráter declaratório e quanto às demais disposições da alternativa estão nos arts. 169 e 179 do CC; **D:** incorreta, pois nesse caso a lei pressupõe malícia e experiência do menor e não permite que este se exima da obrigação que tiver contraído (art. 180 do CC); **E:** incorreta, pois se a condição impossível for do tipo resolutiva, a sanção não é de invalidade do negócio, mas de se considerar inexistente a condição (art. 124 do CC). **WG**
Gabarito "C".

2.9. ATOS ILÍCITOS

(Analista – TRT/16ª – 2014 – FCC) A respeito dos atos jurídicos lícitos e ilícitos, considere:
I. Constitui ato ilícito a destruição da coisa alheia a fim de remover perigo iminente.
II. Não comete ato ilícito o titular de um direito que, ao exercê-lo, excede manifestamente os limites impostos pelos bons costumes.
III. Aquele que, por ação ou omissão voluntária, violar direito e causar dano a outrem, ainda que exclusivamente moral, comete ato ilícito.

Está correto o que se afirma APENAS em
(A) II e III.
(B) I e II.
(C) I e III.
(D) III.
(E) I.

I: Errada, pois nos termos do art. 188, II, do CC, age em estado de necessidade aquele que, destrói a propriedade alheia, para salvar a si ou a terceiro de perigo grave e iminente, liberando-se da obrigação de indenizar; **II:** Errada, pois de acordo com o art. 187 do CC,

denomina-se abuso de direito, o extravasamento de conduta que extrapole os limites, dentro do âmbito do direito, que cause prejuízo ao próximo, gerando o dever de indenizar; **III**: Correta, pois trata-se da responsabilidade civil, responsabilidade contratual e extracontratual, se o agente, por ação ou omissão, com ou sem intenção de prejudicar, acarreta prejuízo a outrem, comete ato ilícito, passível de indenização. MP
Gabarito "D".

(Juiz de Direito/CE – 2014 – FCC) Praticado um ato jurídico de objeto lícito, mas cujo exercício, levado a efeito sem a devida regularidade, acarreta um resultado que se considera ilícito (FRANÇA, R. Limongi. Instituições de Direito Civil. 4. ed., Saraiva, 1991, p. 891), pode-se afirmar que o agente

(A) cometeu ato ilícito que só pode determinar indenização por dano moral.
(B) incorreu em abuso do direito.
(C) praticou ato ilícito, mas que não pode implicar qualquer sanção jurídica.
(D) realizou negócio nulo.
(E) realizou negócio anulável.

Rubens Limongi França trata neste enunciado do exercício abusivo de um direito, o qual se configura um verdadeiro ato ilícito. A previsão encontra respaldo no art. 187 do CC e a consequência vem estabelecida no art. 927 do CC. Verifica-se, portanto, o exercício de um direito que ultrapassa os limites impostos pela boa-fé, bons costumes, fim social ou fim econômico e que, portanto, torna-se ilícito e enseja a sanção jurídica da obrigação de indenizar. A hipótese não guarda relação com nulidade ou anulabilidade do negócio, mas sim com sua licitude. GN
Gabarito "B".

2.10. PRESCRIÇÃO E DECADÊNCIA

(Delegado - PC/BA - 2018 - VUNESP) A respeito da prescrição e decadência, assinale a alternativa correta.

(A) Violado o direito, nasce para o titular a pretensão, a qual se extingue pela prescrição; a exceção prescreve nos prazos processuais previstos em lei especial, não havendo coincidência com os prazos da pretensão, em razão da sua disciplina própria.
(B) A renúncia à prescrição pode ser expressa ou tácita, e só valerá, sendo feita, sem prejuízo de terceiro, antes de a prescrição se consumar; tácita é a renúncia quando se presume de fatos do interessado, incompatíveis com a prescrição.
(C) Os prazos de prescrição podem ser alterados por acordo das partes; a prescrição pode ser alegada em qualquer grau de jurisdição pela parte a quem aproveita e, iniciada contra uma pessoa, continua a correr contra o seu sucessor.
(D) A interrupção da prescrição pode se dar por qualquer interessado, somente poderá ocorrer uma vez e, após interrompida, recomeça a correr da data do ato que a interrompeu, ou do último ato do processo para a interromper.
(E) Não corre a prescrição entre os cônjuges e/ou companheiros, na constância da sociedade conjugal, entre ascendentes e descendentes, durante o poder familiar, bem como contra os relativamente incapazes.

A: incorreta, pois de acordo com o art. 190, a exceção (o direito de se defender com base num crédito alegando, por exemplo, compensação) prescreve junto com a pretensão. Ou seja, no momento em que prescreve o prazo, o credor não só perde a pretensão (o ataque), como também a exceção (a defesa). Aquele crédito prescrito não vale nem para cobrar, nem para se defender (alegando compensação, por exemplo); **B**: incorreta, pois a renúncia da prescrição (seja expressa ou tácita) só poderá ser feita após a consumação da prescrição (CC, art. 191). Caso fosse permitida a renúncia da prescrição antes de sua consumação, isso se tornaria uma cláusula de estilo, contida em todos os contratos de mútuo, por exemplo, eliminando a segurança jurídica, que é justamente o objetivo maior do instituto da prescrição; **C**: incorreta, pois os prazos de prescrição não podem ser alterados por acordo entre as partes. Nem para aumentar, nem para diminuir. Trata-se de norma de ordem pública visando a segurança jurídica. Permitir a alteração geraria imensa insegurança jurídica nas relações privadas; **D**: correta, pois de pleno acordo com as regras estabelecidas pelo art. 202 e seu parágrafo único; **E**: incorreta, pois a proteção legal que impede ou suspende a prescrição beneficia apenas o absolutamente incapaz (CC, art. 198, I). GN
Gabarito "D".

(Juiz de Direito - TJ/RS - 2018 - VUNESP) Sobre a prescrição e a decadência, é correto afirmar:

(A) contra os ébrios habituais, os viciados em tóxico e aqueles que, por causa transitória ou permanente, não puderem exprimir sua vontade, a prescrição e a decadência correm normalmente.
(B) antes de sua consumação, a interrupção da prescrição pode ocorrer mais de uma vez; aplicam-se à decadência as normas que impedem, suspendem ou interrompem a prescrição, salvo disposição legal em contrário.
(C) a prescrição e a decadência legal e convencional podem ser alegadas em qualquer grau de jurisdição, podendo o juiz conhecê-las de ofício, não havendo necessidade de pedido das partes.
(D) é válida a renúncia à prescrição e à decadência fixada em lei, desde que não versem sobre direitos indisponíveis ou sobre questões de ordem pública ou interesse social.
(E) os relativamente incapazes e as pessoas jurídicas têm ação contra os seus assistentes ou representantes legais que derem causa à prescrição ou não a alegarem oportunamente; no que se refere à decadência, a lei não prevê a referida ação regressiva.

A: correta, pois os ébrios habituais, os viciados em tóxico e aqueles que – por causa transitória ou permanente – não puderem exprimir sua vontade são considerados relativamente incapazes (CC, art. 4º, II). A proteção legal que impede ou suspende a prescrição beneficia apenas o absolutamente incapaz (CC, art. 198, I); **B**: incorreta, pois – ao menos pela letra fria da lei – a interrupção da prescrição, somente poderá ocorrer uma vez (CC, art. 202). Ademais, salvo disposição em contrário, as normas que impedem, suspendem ou interrompem a prescrição não se aplicam à decadência (CC, art. 207); **C**: incorreta, pois o juiz – de ofício – só pode conhecer da decadência legal (CC, art. 210). Ademais, "*Se a decadência for convencional, a parte a quem aproveita pode alegá-la em qualquer grau de jurisdição, mas o juiz não pode suprir a alegação*" (CC, art. 211); **D**: incorreta, pois "*É nula a renúncia à decadência fixada em lei*" (CC, art. 209); **E**: incorreta, pois referido mandamento, previsto no art. 195, tem sua aplicação estendida para os casos de decadência (CC, art. 208). GN
Gabarito "A".

(Defensor Público – DPE/PR – 2017 – FCC) Sobre prescrição, é correto afirmar:

(A) Em se tratando de procedimento irregular de ligação direta de energia elétrica, o famigerado "gato", o prazo prescricional para a cobrança de dívida do período de irregularidade é de cinco anos, e não o prazo geral do Código Civil de dez anos, aplicando-se, em diálogo das fontes, aquele previsto no Código de Defesa do Consumidor, por ser mais favorável ao consumidor.
(B) Segundo o STJ, não há relação de consumo entre o condomínio e seus condôminos. Como consequência, é de dez anos o prazo para o exercício da pretensão de cobrança de dívida de condomínio edilício em face do condômino, ante a inexistência de disposição normativa específica, não se aplicando, deste modo, o prazo de cinco anos previsto no Código de Defesa do Consumidor.
(C) A hipoteca é garantia real sobre bem imóvel sujeita a prazo de até trinta anos, contados da data do contrato. Com efeito, a prescrição da pretensão de cobrança de dívida que lhe deu origem não extingue a hipoteca, pois ela persiste até o advento do termo final previsto no instrumento contratual, tendo em vista o princípio do *pacta sunt servanda*.
(D) Na hipótese de reconhecimento de paternidade *post mortem* em demanda ajuizada após o trânsito em julgado da sentença de partilha de bens deixados pelo de cujus, o termo inicial do prazo prescricional para o ajuizamento da ação de petição de herança é a data do trânsito em julgado da sentença proferida na ação de inventário.
(E) Segundo jurisprudência do STJ, é de dez anos o prazo prescricional para o reembolso de despesas alimentares do filho assumidas pelo genitor em virtude do inadimplemento de obrigação alimentar fixada judicialmente para o outro genitor. Isto porque o pagamento é realizado por terceiro não interessado, que intervém na gestão de negócio alheio.

A: Incorreta, conforme entendimento do STJ o prazo prescricional de procedimento irregular de ligação direta de energia elétrica é decenal, consoante prevê o artigo 205 do Código Civil: "Processual civil e administrativo. Agravo interno no recurso especial. Violação do art. 535 do CPC/1973. Fundamentação deficiente. Súmula 284/STF. Repetição de indébito. Cobrança indevida. Energia elétrica. Prazo prescricional. Decenal. Dever de informação. Verificação. Incidência da súmula 7/STJ. Consumidor. Teoria finalista mitigada. Devolução em dobro. Comprovação de má-fé. Súmula 7/STJ. 1. Quanto à tese de contrariedade ao art. 535 do CPC/1973, a parte recorrente não logrou êxito em demonstrar objetivamente os pontos omitidos pelo acórdão recorrido, individualizando o erro, a obscuridade, a contradição ou a omissão supostamente ocorridos, bem como sua relevância para a solução da controvérsia apresentada nos autos, o que atrai a incidência da Súmula 284/STF. 2. A Primeira Seção desta Corte, no julgamento do REsp 1.113.403/RJ, Rel. Ministro Teori Albino Zavascki, DJe 15/9/2009, submetido à sistemática do art. 543-C do CPC, firmou o entendimento de que se aplica o **prazo prescricional** estabelecido pela regra geral do Código Civil – a dizer, de vinte anos, na forma estabelecida no art. 177 do Código Civil de 1916, ou de dez anos, de acordo com o previsto no art. 205 do Código Civil de 2002 – às ações que tenham por objeto a repetição de indébito de tarifa ou de preço público, na qual se enquadra o serviço de fornecimento de **energia elétrica** e água. 3. Desconstituir a assertiva do Tribunal de origem de que a concessionária de **energia** não cumpriu com o seu dever de informação para com a empresa recorrida demanda o reexame do conjunto fático-probatório dos autos, o que é vedado na via eleita ante o óbice da Súmula 7/STJ. 4. A jurisprudência desta Corte entende que se aplica a teoria finalista de forma mitigada, permitindo-se a incidência do CDC nos casos em que a parte, embora não seja destinatária final do produto ou serviço, esteja em situação de vulnerabilidade técnica, jurídica ou econômica em relação ao fornecedor. 5. Consoante a jurisprudência do STJ, é cabível a devolução em dobro de valores indevidamente cobrados a título de tarifa de água e esgoto, nos termos do art. 42, parágrafo único, do CDC, salvo comprovação de engano justificável. Entretanto, a verificação da presença de tal requisito enseja o revolvimento de matéria fático-probatória, o que é inviável em recurso especial devido ao óbice da Súmula 7/STJ. 6. Agravo interno a que se nega provimento. (AgInt no REsp 1250347 / RS, Ministro Og Fernandes, Segunda Turma, DJe 21/08/2017). **B:** Incorreta, conforme sedimentado pela jurisprudência do STJ o prazo prescricional para cobrança de dívida de condomínio edilício em face do condômino é de cinco anos, nos termos do artigo 206, § 5°, do Código Civil, *in verbis*: "Agravo regimental em recurso especial – Ação condenatória (cobrança) – Cotas condominiais – Prazo prescricional aplicável – Incidência do 206, § 5°, I, do CC/02 – Decisão monocrática conhecendo do reclamo para, de pronto, dar provimento ao recurso especial. Insurgência recursal da autora. 1. Recurso especial fundamentado em ambas as alíneas do permissivo constitucional (art. 105, inc. III, "a" e "c", da CF/88). 2. A pretensão de cobrança de cotas condominiais, por serem líquidas desde sua definição em assembleia geral de condôminos, bem como lastreadas em documentos físicos, adequa-se com perfeição à previsão do art. 206, § 5°, inc. I, do CC/02, razão pela qual aplica-se o prazo prescricional quinquenal. Precedentes de ambas as Turmas de Direito Privado desta Corte Superior. 3. Agravo regimental desprovido (AgRg no REsp 1454743/PR, Rel. Ministro Marco Buzzi, Quarta Turma, DJe 26.11.2014); **C:** Incorreta. Sobre o tema segue trecho de decisão do STJ: "Extinção de hipoteca. Procedência – Pretensão de reforma da sentença que declarou a extinção da hipoteca que recaía sobre o imóvel. Descabimento. Hipótese em que a dívida está prescrita e, portanto, de rigor a extinção da garantia hipotecária acessória. Sentença mantida – Recurso não provido. [...] A hipoteca é um ônus real e acessório da obrigação principal, que foi instituída como garantia do instrumento de confissão de dívida, portanto, se a obrigação principal está prescrita, restou correta a extinção da garantia hipotecária acessória. Desta forma, prescrita a obrigação principal, é consequência a extinção da hipoteca, direito real de garantia, de caráter acessório, devendo ser cancelada a hipoteca em questão, nos termos do disposto no artigo 1.499, inciso I do Código Civil. Entretanto, da leitura do recurso especial, observa-se que tal ponto (a apelante não recorreu da decisão que julgou extinta a reconvenção) não foi objeto de impugnação específica nas razões do recurso especial, de modo a atrair o óbice contido na Súmula 283 do STF. (AREsp 887322, Ministro Marco Buzzi, 16/10/2017). **D:** Incorreta. O termo inicial do prazo prescricional para a propositura da petição de herança, não será a data do trânsito em julgado da sentença que julgou o inventário, mas sim, a data do trânsito em julgado da sentença que reconheceu a paternidade, *in verbis*: processo civil. Recurso especial. Interposição sob a égide do CPC/1973. Direito sucessório. Ação de petição de herança. Anterior ajuizamento de ação de investigação de paternidade. Prescrição. Termo inicial. Falta de prequestionamento. Deficiência de fundamentação. 1. A petição de herança objeto dos arts. 1.824 a 1.828 do Código Civil é ação a ser proposta por herdeiro para o reconhecimento de direito sucessório ou a restituição da universalidade de bens ou de quota ideal da herança da qual não participou. 2. A teor do art. 189 do Código Civil, o termo inicial para o ajuizamento da ação de petição de herança é a data do trânsito em julgado da ação de investigação de paternidade, quando, em síntese, confirma-se a condição de herdeiro. 3. Aplicam-se as Súmulas n. 211/STJ e 282/STF quando a questão suscitada no recurso especial não tenha sido apreciada pela Corte de origem. 4. Incide o óbice previsto na Súmula n. 284/STF na hipótese em que a deficiência da fundamentação do recurso não permite a exata compreensão da controvérsia. 5. Recurso especial parcialmente conhecido e desprovido. (REsp 1475759/DF, Rel. Ministro João Otávio De Noronha, Terceira Turma, julgado em 17/05/2016, DJe 20/05/2016). **E:** Correta, conforme jurisprudência do STJ: Recurso especial. Direito de família. Alimentos. Inadimplemento. Genitora que assume os encargos que eram de responsabilidade do pai. Caracterização da gestão de negócios. Art. 871 do CC. Sub-rogação afastada. Reembolso do crédito. Natureza pessoal. Prescrição. Prazo geral do art. 205 do CC. 1. Segundo o art. 871 do CC, "quando alguém, na ausência do indivíduo obrigado a alimentos, por ele os prestar a quem se devem, poder-lhes-aì reaver do devedor a importância, ainda que este não ratifique o ato". 2. A razão de ser do instituto, notadamente por afastar eventual necessidade de concordância do devedor, eì conferir a máxima proteção ao alimentàrio e, ao mesmo tempo, garantir àqueles que prestam socorro o direito de reembolso pelas despesas despendidas, evitando o enriquecimento sem causa do devedor de alimentos. Nessas situações, não haì falar em sub-rogação, haja vista que o credor não pode ser considerado terceiro interessado, não podendo ser futuramente obrigado na quitação do débito. 3. Na hipoìtese, a recorrente ajuizou ação de cobrança pleiteando o reembolso dos valores despendidos para o custeio de despesas de primeira necessidade de seus filhos – plano de saúde, despesas dentàrias, mensalidades e materiais escolares –, que eram de inteira responsabilidade do pai, conforme sentença revisional de alimentos. Reconhecida a incidência da gestão de negócios, deve-se ter, com relação ao reembolso de valores, o tratamento conferido ao terceiro não interessado, notadamente por não haver sub-rogação, nos termos do art. 305 do CC. 4. Assim, tendo-se em conta que a pretensão do terceiro ao reembolso de seu crédito tem natureza pessoal (não se situando no âmbito do direito de família), de que se trata de terceiro não interessado – gestor de negócios *sui generis* –, bem como afastados eventuais argumentos de exoneração do devedor que poderiam elidir a pretensão material originária, não se tem como reconhecer a prescrição no presente caso. 5. Isso porque a prescrição a incidir na espécie não é a prevista no art. 206, § 2°, do Código Civil – 2 (dois) anos para a pretensão de cobrança de prestações alimentares –, mas a regra geral prevista no *caput* do dispositivo, segundo a qual a prescrição ocorre em 10 (dez) anos quando a lei não lhe haja fixado prazo menor. 6. Recurso especial provido.(Recurso Especial n. 1.453.838 – SP, Ministro Luis Felipe Salomão, Quarta Turma, DJe 07/12/2015).

Gabarito "E".

(Procurador do Estado – PGE/MT – FCC – 2016) Francisco tomou R$ 300.000,00 (trezentos mil reais) emprestados de Eduardo e não pagou no prazo avençado. Eduardo, por sua vez, deixou de ajuizar ação no prazo legal, dando azo à prescrição. Não obstante, Francisco pagou Eduardo depois de escoado o prazo prescricional. Depois de realizado o pagamento, Francisco ajuizou ação contra Eduardo para reaver a quantia paga. A alegação:

(A) procede, porque a prescrição atinge o próprio direito de crédito e sua renúncia somente é admitida, se realizada de maneira expressa, depois que se consumar, desde que sem prejuízo de terceiro.

(B) procede, porque, embora a prescrição atinja não o direito, mas a pretensão, sua renúncia somente é admitida quando realizada de maneira expressa, antes de se consumar, desde que feita sem prejuízo de terceiro.

(C) improcede, porque a prescrição atinge não o direito, mas a pretensão, além de admitir renúncia, de maneira expressa ou tácita, depois que se consumar, desde que feita sem prejuízo de terceiro.

(D) improcede, porque, embora apenas a decadência admita renúncia, a prescrição atinge não o direito, mas a pretensão.

(E) procede, porque a prescrição atinge o próprio direito de crédito e não admite renúncia.

A prescrição elimina apenas a pretensão do titular do direito (CC, art. 189). O direito de crédito, em si, continua vivo. Em direito obrigacional, dir-se-ia que o débito (schuld) está vivo, mas a responsabilidade (haftung) pelo inadimplemento, não.
Quando o devedor paga uma dívida que está prescrita, ele está pagando por um débito existente. É por isso que eventual pedido de "repetição de indébito" não irá prosperar. Ademais, um pagamento de dívida prescrita poderia também ser considerado como uma renúncia tácita à prescrição por parte do devedor, que estaria abrindo mão do benefício que obteve com o decurso do tempo (CC, art. 191). (GN)

Gabarito "C".

(Procurador Municipal – Sertãozinho/SP – VUNESP – 2016) Sobre os institutos da prescrição e da decadência, assinale a alternativa correta.

(A) Admite-se a renúncia à decadência fixada em lei, desde que expressa, não traga prejuízo a terceiros e realizada após a decadência consumar-se.

(B) Em regra, aplica-se à decadência as normas que impedem, suspendem ou interrompem a prescrição.

(C) Não corre o prazo prescricional contra os absolutamente incapazes, mas contra eles corre normalmente o prazo decadencial.

(D) Quando a lei não fixar prazo menor, a prescrição ocorre em 20 (vinte) anos.

(E) É lícito às partes convencionar a decadência do direito objeto da relação jurídica que celebram.

A: incorreta, pois é nula a renúncia à decadência fixada em lei (CC, art. 209); **B:** incorreta, pois "*salvo disposição legal em contrário, não se aplicam à decadência as normas que impedem, suspendem ou interrompem a prescrição*" (CC, art. 207). Vale mencionar que o art. 208 é uma "disposição legal em contrário";**C:** incorreta, pois não corre decadência contra o absolutamente incapaz (CC, art. 208 combinado com 198, I); **D:** incorreta, pois o prazo geral de prescrição é de dez anos (CC, art. 205); **E:** correta, pois a decadência convencional tem previsão no art. 211 do Código Civil.

Gabarito "E".

(Procurador – SP – VUNESP – 2015) O envio de notificação extrajudicial do credor ao devedor, com o objetivo de cobrar dívida constante de instrumento particular de confissão de dívida,

(A) é causa de suspensão da prescrição, estendendo-se até que haja resposta por parte do devedor.

(B) não é causa de suspensão ou interrupção da prescrição.

(C) interrompe o prazo prescricional, independentemente da forma de envio.

(D) é causa de suspensão da prescrição, pelo prazo máximo de 30 (trinta) dias.

(E) interrompe o prazo prescricional, desde que a notificação tenha sido enviada por meio de cartório de títulos e documentos.

A: O art. 202 do Código Civil estabelece seis hipóteses nas quais o prazo de prescrição é interrompido, ou seja, retorna ao zero. São cinco condutas do credor que demonstram seu interesse e atenção em relação ao seu crédito (exs: protesto judicial, protesto cambial, ato judicial que constitua em mora o devedor, etc.) e, por isso, a lei considerou adequado premiá-lo com um novo prazo integral de prescrição. Há ainda uma atitude do próprio devedor que é capaz de interromper a prescrição, que é o reconhecimento do direito pelo devedor. O envio de notificação extrajudicial do credor ao devedor não é conduta suficiente para interromper a prescrição.

Gabarito "B".

(Procurador – PGFN – ESAF – 2015) Relativamente à prescrição e decadência, assinale a opção correta.

(A) A renúncia da prescrição só valerá quando expressa e feita sem prejuízo de terceiro, antes de ela se consumar.

(B) A interrupção da prescrição por um credor não aproveita aos outros; da mesma forma, quando operada contra o codevedor ou seu herdeiro, não prejudica aos demais coobrigados.

(C) A prescrição pode ser alegada em qualquer grau de jurisdição, por qualquer interessado, e seus prazos podem ser alterados por acordo entre as partes.

(D) A interrupção da prescrição só poderá ocorrer uma vez, por despacho do juiz competente, no prazo e na forma da lei processual. Uma vez interrompida, recomeça a correr da data do ato que suspendeu a interrupção.
(E) Aplicam-se à decadência as mesmas normas que impedem, suspendem ou interrompem a prescrição.

A: incorreta, pois a renúncia à prescrição só é válida se feita após a consumação (CC, art. 191). Caso fosse permitida a renúncia antes da consumação, ela se tornaria uma cláusula padrão nos contratos e toda a segurança jurídica criada pela prescrição se perderia; **B**: correta, pois de pleno acordo com a previsão do art. 204 do CC; **C**: incorreta, pois os prazos de prescrição não podem ser alterados por acordo entre as partes (CC, art. 192); **D**: incorreta, pois ela recomeça a correr do *"último ato do processo para a interromper"*; **E**: incorreta, pois – como regra – tais normas não se aplicam. Uma rara exceção é a hipótese do art. 208 do CC, que não permite fluência de prazo decadencial contra o absolutamente incapaz. Gabarito "B".

(Procurador do Estado – PGE/PA – UEPA – 2015) Sobre a decadência, é correto afirmar que:
(A) a renúncia da decadência fixada em lei pode ser expressa ou tácita, e só valerá sendo feita sem prejuízo de terceiro.
(B) a decadência não corre contra os absolutamente incapazes.
(C) a decadência é matéria de ordem pública e deve ser conhecida e pronunciada de ofício pelo juiz, seja ela fixada em lei, seja ela resultado de convenção entre as partes.
(D) é de noventa dias o prazo decadencial para o adquirente obter a redibição ou abatimento no preço da coisa adquirida se móvel; e de um ano, se imóvel.
(E) é de quatro anos o prazo de decadência para pleitear-se a anulação do negócio jurídico eivado de coação, contado da data da realização do negócio.

A: incorreta, pois é nula a renúncia à decadência prevista em lei (CC, art. 209); **B**: correta, pois de acordo com a regra excepcional de impedimento prevista no art. 208 do CC; **C**: incorreta, pois o juiz só deve conhecer de ofício a decadência legal (CC, art. 209); **D**: incorreta, pois o prazo é de trinta dias se a coisa for móvel (CC, art. 445); **E**: incorreta, pois nesse caso o prazo só começa quando cessar a ameaça (CC, art. 178, I). Gabarito "B".

(Procurador do Estado – PGE/RN – FCC – 2014) No tocante à extinção das pretensões, pela prescrição, contra a Fazenda Pública, considere as afirmações abaixo.
I. Nenhuma disposição do Decreto no 20.910/1932, que a regulava, subsiste depois da entrada em vigor do Código Civil de 2002, porque este disciplinou integralmente a matéria referente à prescrição.
II. Não se admite a distinção entre prescrição parcelar e prescrição de fundo de direito ou nuclear.
III. Não corre prescrição durante a demora que, no estudo, no reconhecimento ou no pagamento da dívida, considerada líquida, tiverem as repartições ou funcionários encarregados de estudar e apurá-la.
IV. A prescrição somente poderá ser interrompida uma vez e recomeçará a correr, pela metade do prazo, da data do ato que a interrompeu ou do último ato ou termo do respectivo processo, mas, se a interrupção ocorrer antes da metade do prazo de cinco (05) anos, o lustro será respeitado a favor do credor.
V. O prazo prescricional sujeita-se à interrupção, mas não se sujeita à suspensão.

Está correto o que se afirma APENAS em
(A) II e IV.
(B) I e II.
(C) III e IV.
(D) IV e V.
(E) I e III.

I: incorreta, pois o Decreto continua válido e eficaz, especialmente no que diz respeito ao prazo quinquenal para ações contra a Fazenda Pública. Nesse sentido, o atual e consolidado entendimento do STJ sobre o tema: *"é no sentido da aplicação do prazo prescricional quinquenal – previsto do Decreto 20.910/32 - nas ações indenizatórias ajuizadas contra a Fazenda Pública, em detrimento do prazo trienal contido do Código Civil de 2002"*. (REsp 1251993/PR, Rel. Min. Mauro Campbell Marques, Primeira Seção, j. 12.12.2012, DJe 19.12.2012); **II**: incorreta, pois tal distinção não só é admitida, como necessária. São institutos diferentes. A ideia da prescrição parcelar refere-se a parcelas anteriores aos cinco anos, ao passo que a prescrição de fundo refere-se à pretensão em si, como um todo; **III**: correta, pois de pleno acordo com a regra que suspende a prescrição, prevista no art. 4º do Decreto 20.910/1932, que regula a prescrição de pretensão contra a Fazenda Pública; **IV**: correta, pois de pleno acordo com a regra estabelecida pelo art. 9º do mencionado Decreto; **V**: incorreta, pois não há óbice para que ocorra suspensão da prescrição quinquenal. A depender do momento em que o fato previsto em lei ocorre, ele pode suspender um prazo que estava em andamento. Vale lembrar que os fatos que não permitem fluência do prazo são os mesmos. O que muda é o momento de sua ocorrência. Assim, por exemplo, se o fato ocorre antes do prazo começar, trata-se de impedimento. Se ocorre com o prazo já em andamento, é suspensão. Gabarito "C".

(Juiz – TJ-SC – FCC – 2017) O recebimento, pelo credor, de dívida prescrita:
(A) dá direito à repetição se o devedor for absoluta ou relativamente incapaz.
(B) dá direito à repetição em dobro, salvo se for restituído o valor recebido no prazo da contestação.
(C) dá direito à repetição fundada no enriquecimento sem causa.
(D) só não confere direito à repetição, se o credor houver agido de boa-fé.
(E) não dá direito à repetição por pagamento indevido ou enriquecimento sem causa, ainda que a prescrição seja considerada matéria de ordem pública.

A prescrição extingue apenas a pretensão de um direito (CC, art. 189). Em termos práticos, o credor perde a prerrogativa de cobrar seu crédito judicialmente, mas a dívida continua existindo. Assim, eventual pagamento realizado não dá direito a restituição pelo "pagamento do indébito", pelo simples fato de que – mesmo com a prescrição – ainda há débito. Gabarito "E".

(Juiz – TRF 3ª Região – 2016) Sobre a prescrição e a decadência no Direito Civil, marque a alternativa incorreta:
(A) Se a pretensão aos alimentos se fundar em relação de Direito Público (alimentos devidos pelo Estado), o prazo prescricional será de 2 anos.
(B) A pretensão à reparação civil por danos materiais extracontratuais prescreve em três anos.
(C) É nula a renúncia à decadência fixada em lei.
(D) O prazo máximo da prescrição é de dez anos, quando a lei não lhe haja fixado prazo menor.

A: incorreta, pois o STJ consolidou entendimento de que o prazo de dois anos para cobrar prestações alimentícias (previsto no CC, art. 206, § 2) limita-se aos casos de alimentos devidos em relação de parentesco. Nos casos em que o Estado é o devedor, aplica-se o prazo quinquenal do Decreto 20.910/1932 (AgRg no Ag 1352918/RS, Rel. Min. Castro Meira, 2ª Turma, j.13.09.2011, DJe 27.09.2011); **B**: correta, pois a reparação civil tem prazo geral de três anos (CC, art. 206, § 3º); **C**: correta, pois de pleno acordo com o disposto no art. 209 do CC; **D**: correta, pois de acordo com a previsão do art. 205 do CC. Gabarito "A".

(Defensor Público – DPE/BA – 2016 – FCC) De acordo com as disposições do Código Civil, a prescrição
(A) não admite renúncia tácita, mas somente expressa.
(B) admite renúncia antes de sua consumação, desde que se refira a interesses disponíveis de pessoas capazes.
(C) pode ser renunciada por relativamente incapaz, mediante assistência de seu representante legal, independentemente de autorização judicial.
(D) corre em desfavor de pessoa relativamente incapaz.
(E) não corre entre pai e filho menor emancipado.

A: incorreta, pois o Código Civil (art. 191) admite a renúncia tácita da prescrição, exigindo-se apenas que ela ocorra quando a prescrição já tiver sido consumada; **B**: incorreta, pois o Código Civil não admite renúncia da prescrição antes de sua consumação (art. 191); **C**: incorreta, pois tal renúncia equipara-se a um ato de disposição patrimonial e que onera o relativamente incapaz, não se podendo exercer sem autorização judicial; **D**: correta, pois apenas o absolutamente incapaz está protegido pela regra de impedimento de prazo prescricional (CC, art. 198, I); **E**: incorreta, pois apenas durante o poder familiar é que não corre prescrição entre ascendente e descendente (CC, art. 197, II). A emancipação é causa de extinção do poder familiar (CC, art. 1.635, II). Gabarito "D".

(Defensor Público – DPE/MT – 2016 – UFMT) Sobre a prescrição e a decadência, assinale a afirmativa correta.
(A) Não corre prescrição contra o relativamente incapaz.
(B) O termo inicial da prescrição nas ações de indenização é a data do fato, e não a data em que restar constatada a lesão ou seus efeitos, em observância ao princípio da *actio nata*.
(C) A renúncia à prescrição poderá ser expressa ou tácita e deve ser realizada depois que se consumar.
(D) A interrupção da prescrição, que somente poderá ocorrer uma vez, dar-se-á por qualquer ato, judicial ou extrajudicial, que constitua em mora o devedor.
(E) A renúncia à decadência fixada em lei será válida, mas não se admite, nesse caso, a modalidade tácita.

A: incorreta, pois somente o absolutamente incapaz é beneficiado por tal regra de impedimento prescricional (CC, art. 198, I), a qual, aliás, também se aplica à decadência (CC, art. 208); **B**: incorreta, pois o STJ já decidiu que o termo inicial é a data da ciência da lesão ou seus efeitos (nesse sentido, a Súmula 278 do STJ, que trata sobre o tema específico do seguro obrigatório); **C**: correta, pois a renúncia (que pode ser expressa ou tácita) à prescrição só é admitida quando o devedor já possui tal benefício em mãos, ou seja, quando a prescrição já está consumada; **D**: incorreta, pois as hipóteses de interrupção da prescrição estão listadas *numerus clausus* no art. 202 do CC; **E**: incorreta, pois é nula a renúncia à decadência fixada em lei (CC, art. 209). Gabarito "C".

(Delegado/PE – 2016 – CESPE) Acerca de prescrição e decadência no direito civil, assinale a opção correta.
(A) A prescrição não pode ser arguida em grau recursal.
(B) Desde que haja consenso entre os envolvidos, é possível a renúncia prévia da decadência determinada por lei.
(C) A prescrição não corre na pendência de condição suspensiva.
(D) Ao celebrarem negócio jurídico, as partes, em livre manifestação de vontade, podem alterar a prescrição prevista em lei.
(E) É válida a renúncia da prescrição, desde que determinada expressamente antes da sua consumação.

A: incorreta, pois a prescrição, de acordo com o art. 193 do CC, pode ser alegada em qualquer grau de jurisdição, pela parte a quem aproveita; **B:** incorreta, pois a decadência legal não pode ser objeto de renúncia e se o houver renúncia esta será considerada nula (art. 209 do CC); **C:** correta (art. 199, I, do CC); **D:** incorreta, pois os prazos de prescrição não podem ser alterados por acordo entre as partes (art. 192 do CC); **E:** incorreta, pois a renúncia da prescrição só é possível depois de esta ter se consumado (art. 191 do CC). AG/WG
Gabarito "C".

(Magistratura/GO – 2015 – FCC) Depois de divorciar-se, Jorge foi obrigado, por decisão transitada em julgado, a pagar alimentos mensais a Ricardo, seu filho, então com 8 anos. Os alimentos jamais foram pagos. Ao completar 18 anos, Ricardo ajuizou ação contra Jorge, pugnando pelo pagamento dos alimentos vencidos nos 10 anos anteriores ao ajuizamento da ação. Jorge, por sua vez, contestou alegando apenas prescrição da totalidade da pretensão. Durante a menoridade, Ricardo permaneceu sob a guarda da mãe. Logo após o divórcio, Jorge contraiu novas núpcias. A pretensão de Ricardo deve ser
(A) acolhida em parte, pois o prazo prescricional passou a fluir no dia seguinte em que Ricardo completou 16 anos, tornando-se relativamente incapaz, o qual possui ação regressiva contra o assistente que deu causa à prescrição.
(B) desacolhida, pois, com o divórcio, extingue-se o poder familiar em relação ao cônjuge que não detém a guarda.
(C) integralmente acolhida, pois não corre a prescrição durante o poder familiar.
(D) desacolhida, pois, com a constituição de nova família, extingue-se o poder familiar quanto ao filho do relacionamento anterior.
(E) integralmente acolhida, pois não corre a prescrição contra o absolutamente incapaz.

A: incorreta, porque o prazo prescricional não passou a fluir no dia seguinte em que Ricardo completou 16 anos, tornando-se relativamente incapaz. Neste caso, ainda havia o poder familiar de Jorge, sobre Ricardo, seu filho. Enquanto houver o poder familiar, não correrá o prazo prescricional entre ascendente e descendente (art. 197, II, do CC); **B:** incorreta, os filhos menores estão sujeitos ao poder familiar (art. 1630 do CC), de modo que a separação judicial, divórcio, a dissolução da união estável não são causas de extinção do poder familiar por parte do genitor privado da guarda do filho (art. 1.632 do CC). As hipóteses de extinção do poder familiar se dão por fatos naturais, de pleno direito, ou por decisão judicial e estão previstas no art. 1635 do Código; **C:** correta, visto que está de acordo com o art. 197, II, do CC, que prevê o impedimento do início do curso do prazo prescricional entre ascendentes e descendentes durante o poder familiar; **D:** incorreta, porque a constituição de nova família não é uma das causas de extinção do poder familiar previstas no art. 1.635 do CC. As hipóteses de extinção do poder familiar são: mortes dos pais ou do filho, emancipação, maioridade, adoção e decisão judicial na forma do art. 1638; **E:** Incorreta, pois ainda que a pretensão de Ricardo deva ser acolhida, não é porque não corre a prescrição contra o absolutamente incapaz, visto que deixou de sê-lo quando fez 16 anos, tornando-se relativamente incapaz. No caso apontado, sua pretensão será acolhida por não correr prescrição durante o poder familiar entre ascendentes e descendentes nos termos do citado art. 197, II, do CC. MP
Gabarito "C".

(Magistratura/RR – 2015 – FCC) A respeito da prescrição e da decadência considere as seguintes afirmações:
I. A prescrição e a decadência fixadas em lei são irrenunciáveis.
II. A decadência convencional pode ser alegada pela parte a quem aproveita somente dentro do prazo da contestação, mas a decadência legal pode ser alegada a qualquer tempo no processo e o juiz dela deverá conhecer de ofício.
III. O juiz pode, de ofício, reconhecer a prescrição, ainda que a pretensão se refira a direitos patrimoniais, mas não pode, de ofício, suprir a alegação, pela parte, de decadência convencional.
IV. Salvo disposição legal em contrário, não se aplicam à decadência as normas que impedem, suspendem ou interrompem a prescrição.
V. Não corre prescrição pendente condição suspensiva ou ação de evicção.

Está correto o que se afirma APENAS em
(A) II, III e IV.
(B) I, II e III.
(C) III, IV e V.
(D) I, II e IV.
(E) II, IV e V.

I: incorreta, pois se essa afirmação é verdadeira em relação à decadência (art. 209 do CC), é falsa em relação à prescrição, pois cabe sua renúncia depois de sua consumação (art. 191 do CC); **II:** incorreta, pois mesmo a decadência convencional pode ser alegada em qualquer grau de jurisdição (art. 211 do CC); **III:** correta (art. 211 do CC); **IV:** correta (art. 207 do CC); **V:** correta (art. 199, I e III, do CC). WG
Gabarito "C".

(Promotor de Justiça – MPE/MS – FAPEC – 2015) Assinale a alternativa **correta** acerca de prescrição e decadência:
(A) Na hipótese em que o Tribunal de Justiça suspenda, por força de ato normativo local, os atos processuais durante o recesso forense, o termo final do prazo decadencial que coincidir com a data abrangida pelo referido recesso não se prorroga para o primeiro dia útil posterior ao término deste.
(B) O termo inicial do prazo de prescrição para o ajuizamento da ação de indenização por danos decorrentes de crime – ação civil *ex delicto* – é a data do trânsito em julgado da sentença penal condenatória, não se aplicando na hipótese a noção de independência entre as instâncias civil e penal.
(C) É trienal o prazo prescricional da pretensão de ressarcimento de valores despendidos, pelo segurado, com procedimento cirúrgico não custeado, pela seguradora, por suposta falta de cobertura da apólice.
(D) Segundo o Supremo Tribunal Federal, a ação para anular venda de ascendente a descendente, sem consentimento dos demais, prescreve em quatro anos a contar da abertura da sucessão.
(E) A imprescritibilidade da ação de investigação de paternidade é estendida aos direitos patrimoniais que decorrem da filiação.

A: incorreta, pois a Corte Especial do Superior Tribunal de Justiça "*uniformizou o entendimento de que o prazo decadencial para o ajuizamento da ação rescisória se prorroga para o primeiro dia útil seguinte, caso venha a findar no recesso forense*" (Agravo em Recurso Especial Nº 750.374 – RS (2015/0180915-3), Relator: Ministro Paulo de Tarso Sanseverino; **B:** correta. O art. 200 do Código Civil determina que: "*Quando a ação se originar de fato que deva ser apurado no juízo criminal, não correrá a prescrição antes da respectiva sentença definitiva*"; **C:** incorreta, pois para a referida hipótese, o STJ adotou o prazo de dez anos (REsp 11763220/RS), declarando que: "não havendo previsão específica quanto ao prazo prescricional, incide o prazo geral de 10 (dez) anos, previsto no art. 205 do Código Civil, o qual começa a fluir a partir da data de sua vigência (11.01.2013)";**D:** incorreta, pois tal prazo é de dois anos, a contar do ato praticado (CC, art. 496 combinado com 179); **E:** incorreta, pois a imprescritibilidade da investigação de paternidade não implica necessariamente o mesmo efeito aos direitos patrimoniais (REsp 807.849/RJ, Rel. Ministra Nancy Andrighi, Segunda Seção, julgado em 24/03/2010, DJe 06/08/2010). GN
Gabarito "B".

(Ministério Público/SP – 2015 – MPE/SP) O artigo 1.244 do Código Civil reza que: "Estende-se ao possuidor o disposto quanto ao devedor acerca das causas que obstam, suspendem ou interrompem a prescrição, as quais também se aplicam a usucapião." Assim, entre as alternativas apresentadas abaixo, marque aquela em que a usucapião poderá ser alega**da:**
(A) entre cônjuges na constância do casamento.
(B) entre tutelados e seus tutores, durante a tutela.
(C) contra os que se acharem servindo nas Forças Armadas, em tempo de guerra.
(D) contra os outros condôminos, uma vez cessado o estado de indivisão e comprovada a posse exclusiva da coisa.
(E) contra os ausentes do País em serviço público da União, dos Estados e dos Municípios.

A: incorreta, pois é caso em que não corre a prescrição (art. 197, I, do CC); **B:** incorreta, pois é caso em que não corre a prescrição (art. 197, III, do CC); **C:** incorreta, pois é caso em que não corre a prescrição (art. 198, III, do CC); **D:** correta, pois esse não é um caso que obsta, suspende ou interrompe a prescrição; **E:** incorreta, pois é caso em que não corre a prescrição (art. 198, II, do CC). WG
Gabarito "D".

(Defensor/PA – 2015 – FMP) Assinale a alternativa INCORRETA.
(A) Na solidariedade ativa, se para um dos credores não corre a prescrição, por ser incapaz ou menor, a causa obstativa não aproveita aos demais, em nenhuma hipótese, porque se trata de causa pessoal de interrupção.
(B) A pendência de ação de evicção é causa obstativa da prescrição.
(C) As causas interruptivas da prescrição poderão surtir efeito entre o vencimento da obrigação e a perfectibilização do prazo prescricional previsto em Lei.
(D) A prescrição não é instituto aplicável a ações declaratórias, nem constitutivas, sejam, essas últimas, positivas, negativas ou modificativas.
(E) O Código Civil em vigor instituiu a unicidade da interrupção da prescrição.

A: assertiva incorreta, devendo ser assinalada (art. 204, § 1º do CC); **B:** assertiva correta (art. 199, III, do CC); **C:** assertiva correta, pois antes do vencimento da obrigação não corre prazo prescricional (art. 199, II, do CC) e após o fim do prazo prescricional não há mais que se falar em interrupção dele; **D:** assertiva correta, pois a prescrição envolve extinção de pretensões e pretensões dizem respeito às ações condenatórias; **E:** assertiva correta, pois ela só pode interromper uma única vez (art. 202, caput, do CC).
Gabarito "A".

(Procurador do Estado/PR – 2015 – PUC-PR) Por exigências de segurança do tráfico jurídico, de certeza nas relações jurídicas e de paz social, a ordem jurídica fixa prazos prescricionais dentro dos quais o titular do direito deve exercê-lo, sob pena de ficar impedido de fazê-lo. Quanto à prescrição, é **CORRETO** afirmar:

(A) As pretensões de reparação civil contra o Estado têm prazo prescricional de três anos, conforme disposto no artigo 206, § 3º, V, do Código Civil Brasileiro.
(B) A prescrição não pode ser decretada de ofício pelo juiz, salvo no caso de interesses de incapazes.
(C) Nas relações de trato sucessivo, como o pagamento de salários ou vencimentos, o prazo prescricional conta-se a partir do ato ou omissão que gerou o pagamento a menor. Quando transcorrido tal prazo, a prescrição atinge, simultaneamente, todas as parcelas vencidas.
(D) A prescrição das dívidas passivas dos Estados só pode ser interrompida uma vez e recomeça a correr pela metade do prazo.
(E) Os prazos prescricionais são fixados por lei e só podem ser reduzidos por disposições contratuais quando versarem sobre direitos disponíveis.

A: incorreta, pois aqui se aplica o Decreto 20.910/1932, que estabelece prazo prescricional de 5 anos para acionar o Estado; já se o Estado quer acionar o particular para responsabilização civil deste, o prazo aplicável é o do Código Civil, que é de 3 anos (art. 206, § 3º, V, do CC); **B:** incorreta, pois o juiz pode reconhecer a prescrição de ofício (art. 487, II, do Novo CPC); **C:** incorreta, pois a prescrição é calculada em relação a cada parcela devida (art. 3º do Decreto 20.910/1932); **D:** correta (arts. 8º e 9º do Decreto 20.910/1932); **E:** incorreta, pois prazos prescricionais fixados por lei não podem ser alterados por acordo entre as partes (art. 192 do CC).
Gabarito "D".

(Analista – TRT/3ª – 2015 – FCC) Durante a constância do casamento, Lourenço emprestou para sua mulher, Bianca, a quantia de R$ 10.000,00, que deveria ser devolvida em um ano. Passados mais de dez anos sem que a dívida houvesse sido paga, o casal se divorciou. Passados dois anos e meio da decretação do divórcio, Lourenço ajuizou ação de cobrança contra Bianca, que, em contestação, alegou decadência, requerendo a extinção do processo com resolução de mérito. Tal como formulada, a alegação de Bianca

(A) improcede, pois se aplicam à decadência as normas que impedem a prescrição e não se passaram mais de quatro anos da decretação do divórcio.
(B) procede, pois, salvo disposição em contrário, não se aplicam à decadência as normas que impedem a prescrição.
(C) improcede, pois o prazo para cobrança da dívida tem natureza prescricional, mas o juiz deverá decretar a prescrição de ofício, pois se passaram mais de dez anos da realização do negócio.
(D) procede, pois, embora se apliquem à decadência as normas que impedem a prescrição, passaram-se mais de dois anos da decretação do divórcio.
(E) improcede, pois o prazo para cobrança da dívida tem natureza prescricional e não corre durante a constância da sociedade conjugal, além de não ter se ultimado, depois da decretação do divórcio.

A: Errada, uma vez que contraria o disposto no art. 207 do CC; **B:** Errada, pois no caso em tela, aplica-se o prazo especial de prescrição previsto no art. 206, § 5º, I, do CC, de 5 anos, bem como a regra de impedimento e suspensão da prescrição, prevista no art. 197, I, do CC. Portanto, não se aplicará o disposto no art. 207 do mesmo diploma legal, uma vez que o prazo para a cobrança da dívida tem natureza prescricional; **C:** Errada, pois contraria os arts. 206, § 5º, I e 197, I, ambos do CC; **D:** Errada, pois viola o previsto no art. 207 do CC; **E:** Correta, de acordo com o disposto no art.197, I, do CC, não corre a prescrição entre os cônjuges, na constância da sociedade conjugal, ou seja, é causa suspensiva da prescrição que faz cessar seu curso. Dessa forma, extinta a sociedade conjugal com o divórcio (art. 1571, IV, do CC), fica superada a causa suspensiva da prescrição, retomando o seu curso normal, computando o tempo anteriormente decorrido, se existiu. Nesse caso, o prazo prescricional é quinquenal, isto é, prescreve em 5 anos, nos moldes do art. 206, § 5º, I, do mesmo dispositivo legal.
Gabarito "E".

(Procurador Legislativo – Câmara de Vereadores de São Paulo/SP – 2014 – FCC) Honorato alugou imóvel a Honório, que o desocupa sem pagar seis meses de aluguel. Cinco anos depois, Honorato propõe ação de cobrança de tais aluguéis. Essa pretensão

(A) será julgada parcialmente procedente, admitindo-se a cobrança de três anos de aluguel e considerando-se prescrito o valor correspondente aos dois últimos anos.
(B) será julgada parcialmente procedente, admitindo-se a cobrança de dois anos de aluguel e considerando-se prescrito o valor correspondente aos três últimos anos.
(C) será julgada totalmente improcedente, pela prescrição ocorrida.
(D) será julgada totalmente procedente, pois a prescrição no caso se dá após cinco anos.
(E) será extinta, sem resolução do mérito, pela decadência.

O direito de receber os valores decorrentes de aluguel é tipicamente um "direito a uma prestação". Referido direito é passível de ser violado (bastando, por exemplo, que o devedor não pague o aluguel). Verificado o inadimplemento, nasce o prazo prescricional para a cobrança dos valores devidos. O prazo prescricional para cobrança de aluguéis é de três anos, de acordo com o Código Civil (art. 206, § 3º, I). Logo, transcorrido o prazo de 5 anos, a pretensão já teria sido extinta.
Gabarito "C".

(Advogado do Metrô/SP – 2014 – FCC) Com relação à prescrição, considere:

I. Prescreve em três anos a pretensão de reparação civil, bem como a pretensão de ressarcimento de enriquecimento sem causa.
II. A interrupção da prescrição operada contra o codevedor, ou seu herdeiro, não prejudica aos demais coobrigados.
III. Suspensa a prescrição em favor de um dos credores solidários, não aproveitará os outros se a obrigação for indivisível.
IV. Prescreve em cinco anos a pretensão para haver juros, dividendos ou quaisquer prestações acessórias, pagáveis, em períodos não maiores de um ano, com capitalização ou sem ela.

Está correto o que consta APENAS em

(A) I, III e IV.
(B) I, II e III.
(C) III e IV.
(D) II e IV.
(E) I e II.

I: correta, pois ambas as hipóteses estão previstas no art. 206, § 3º (respectivamente nos incisos V e IV) com prazo prescricional de três anos; **II:** correta, pois apenas prejudicaria aos demais caso houvesse solidariedade passiva. Neste caso, a interrupção da prescrição (que significa fazer o prazo retornar ao zero, pela prática de algum ato previsto na lei) operada contra um devedor prejudicaria todos os demais (CC, art. 204); **III:** incorreta, pois nesse caso aproveitará aos outros. Exemplo: uma devedora deve um carro a dois credores solidários e se casa com um deles. A prescrição irá se suspender para ambos, tendo em vista se tratar de solidariedade ativa e de obrigação indivisível; **IV:** incorreta, pois referida pretensão prescreve em três anos, conforme art. 206, § 3º, III do CC.
Gabarito "E".

(Juiz de Direito/CE – 2014 – FCC) O Código Civil, Lei 10.406, de 10 de janeiro de 2002, estabelece um prazo geral de prescrição de dez anos e alguns prazos especiais, entre eles o de cinco anos para certas pretensões, não incluindo aquelas contra a Fazenda Pública. Nesse caso, a disposição do Decreto 20.910, de 06 de janeiro de 1932, que fixa a prescrição quinquenal das pretensões contra a Fazenda Pública,

(A) foi revogada expressamente pelo Código Civil, na medida em que dispôs integralmente sobre a matéria referente à prescrição.
(B) não foi revogada e só poderá vir a ser revogada por outro decreto.
(C) não mais regula a matéria, porque ela não pode prevalecer contra disposição de lei.
(D) foi revogada tacitamente, prevalecendo o prazo geral de dez anos para as pretensões contra a Fazenda Pública.
(E) continua em vigor, porque não se verifica nenhuma hipótese de revogação que a atinja e esse decreto ocupa a posição hierárquica de lei ordinária.

A questão já foi pacificada pelo Superior Tribunal de Justiça, tendo em vista que o Decreto 20.910/1932 é uma lei especial em relação ao Código Civil. Logo, o prazo prescricional continua sendo de cinco anos. Vide, por todos: REsp 1.251.993-PR, proferido em 12/12/2012.
Gabarito "E".

3. OBRIGAÇÕES

3.1. INTRODUÇÃO, CLASSIFICAÇÃO E MODALIDADES DAS OBRIGAÇÕES

(Juiz de Direito - TJ/RS - 2018 - VUNESP) João emprestou a José, Joaquim e Manuel o valor de R$ 300.000,00 (trezentos mil reais); foi previsto no instrumento contratual a solidariedade passiva. Manuel faleceu, deixando dois herdeiros, Paulo e André. É possível afirmar que João poderá

(A) cobrar de Paulo e André, reunidos, somente até o valor da parte relativa a Manuel, ou seja, R$ 100.000,00 (cem mil reais), tendo em vista que o falecimento de um dos devedores extingue a solidariedade em relação aos herdeiros do falecido.
(B) cobrar a totalidade da dívida somente se acionar conjuntamente todos os devedores, tendo em vista que o falecimento de um dos

devedores solidários ocasiona a extinção da solidariedade em relação a toda a obrigação.

(C) cobrar de Paulo e André a totalidade da dívida, tendo em vista que ambos, reunidos, são considerados como um devedor solidário em relação aos demais devedores; porém, isoladamente, somente podem ser demandados pelo valor correspondente ao seu quinhão hereditário.

(D) cobrar o valor da totalidade da dívida de José, Joaquim, Paulo ou André, isolada ou conjuntamente, tendo em vista que, após o falecimento de Manuel, resultou numa obrigação solidária passiva com 4 (quatro) devedores.

(E) cobrar de Paulo ou André, isoladamente, a importância de R$ 100.000,00 (cem mil reais) tendo em vista que o quinhão hereditário de Manuel é uma prestação indivisível em relação aos herdeiros.

A questão aborda um dos temas mais difíceis dentro da solidariedade passiva e que é solucionado pelo art. 276 do CC. Iniciemos com a regra básica e fundamental da solidariedade passiva, que é a possibilidade de o credor cobrar qualquer um dos vários devedores pela dívida toda, ainda que cada um deles seja devedor de apenas uma fração. Em outras palavras, o devedor pode dever 1/3 da dívida, mas ele é responsável pelo todo perante o credor. No caso apresentado, um dos devedores faleceu deixando herdeiros. Se o credor quiser cobrar os herdeiros isoladamente, ele deverá se limitar não somente à quota devida pelo finado devedor, mas também ao quinhão hereditário daquele específico herdeiro cobrado. Assim, por exemplo, imagine uma dívida cujo valor total da dívida seja de R$ 600, com três devedores solidários e um deles faleça deixando apenas dois filhos. Se o credor pretender cobrar um filho do falecido devedor, ele só poderá cobrar R$ 100 (pois a dívida do pai era R$ 200 e o quinhão do filho é metade disso).Se, contudo, o credor optar por cobrar conjuntamente de todos os herdeiros do falecido devedor, ele pode cobrar o valor integral da dívida, ou seja, R$ 600. Isso porque a lei entende que esses herdeiros cobrados conjuntamente são considerados como um devedor solidário em relação aos demais.

Gabarito "C".

(Defensor Público – DPE/SC – 2017 – FCC) Sobre o direito das obrigações,

(A) se no contrato for estipulado o direito de arrependimento para qualquer das partes, as arras terão função indenizatória, cabendo ao prejudicado pleitear indenização suplementar caso comprove prejuízos superiores ao valor das arras.

(B) em caso de previsão expressa no contrato de solidariedade passiva, o devedor poderá se valer das exceções pessoais de qualquer dos coobrigados.

(C) para que ocorra a transmissão de crédito, não é necessário o consentimento do devedor, mas a sua notificação é exigida para a eficácia do negócio em relação a ele.

(D) para que a consignação tenha força de pagamento e surta eficácia liberatória, é exigida a anuência do consignatário.

(E) no caso de assunção de dívida, o novo devedor poderá opor ao credor as exceções pessoais referentes ao devedor primitivo.

A: Incorreta. Viola o disposto no artigo 420 do Código Civil "Se no contrato for estipulado o direito de arrependimento para qualquer das partes, as arras ou sinal terão função unicamente indenizatória. Neste caso, quem as deu perdê-las-á em benefício da outra parte; e quem as recebeu devolvê-las-á, mais o equivalente. Em ambos os casos não haverá direito a indenização suplementar". B: Incorreta, nos termos do artigo 281 do Código Civil "O devedor demandado pode opor ao credor as exceções que lhe forem pessoais e as comuns a todos; não lhe aproveitando as exceções pessoais a outro codevedor." C: Correta, de acordo com o disposto no artigo 290 do Código Civil: "A cessão do crédito não tem eficácia em relação ao devedor, senão quando a este notificada; mas por notificado se tem o devedor que, em escrito público ou particular, se declarou ciente da cessão feita". D: Incorreta, pois vai de encontro aos artigos 335 e 336 do Código Civil. E: Incorreta. Viola o artigo 302 do Código Civil "O novo devedor não pode opor ao credor as exceções pessoais que competiam ao devedor primitivo".

Gabarito "C".

(Procurador do Estado – PGE/RS – Fundatec - 2015) Em relação às modalidades das obrigações, analise as seguintes assertivas:

I. Aquele que se recusar ao cumprimento de uma obrigação de fazer instituída em caráter personalíssimo, incorre na obrigação de indenizar perdas e danos.

II. O credor pode exigir o desfazimento de obrigação realizada por devedor a cuja abstenção se obrigou.

III. Em hipótese de urgência, o credor pode desfazer, independentemente de autorização judicial, a obrigação realizada por devedor a cuja abstenção se obrigou.

IV. Na solidariedade passiva, a proposta de ação pelo credor contra qualquer um dos devedores importa em renúncia da solidariedade.

Quais estão corretas?

(A) Apenas I e III.
(B) Apenas I e IV.
(C) Apenas II e III.
(D) Apenas II e IV.
(E) Apenas I, II e III.

I: correta, pois em perfeita simetria com o disposto no art. 247 do CC; II: correta, pois – segundo o art. 251 do Código Civil – "Praticado pelo devedor o ato, a cuja abstenção se obrigara, o credor pode exigir dele que o desfaça"; III: correta, pois em perfeita consonância com o art. 251, parágrafo único do CC; IV: incorreta, pois de acordo com o disposto no art. 275, parágrafo único, segundo o qual: "Não importará renúncia da solidariedade a propositura de ação pelo credor contra um ou alguns dos devedores".

Gabarito "E".

(Promotor de Justiça/SC – 2016 – MPE)

(1) Para o Código Civil, a solidariedade não se presume, resulta de lei ou da vontade das partes. Há solidariedade, quando na mesma obrigação concorre mais de um credor, ou mais de um devedor, cada um com seu direito, ou obrigação, à dívida toda.

1: correta, pois nosso Código Civil estabeleceu a presunção de divisibilidade (CC, art. 257). As regras da solidariedade só serão aplicadas quando houver previsão expressa na lei ou no contrato (CC, art. 265) e daí sim permitirão a um ou alguns dos credores a cobrança integral da dívida (solidariedade ativa), bem como poderão responsabilizar um ou alguns dos devedores pela dívida toda (solidariedade passiva).

Gabarito 1C.

(Defensor Público – DPE/RN – 2016 – CESPE) Com relação ao direito das obrigações, assinale a opção correta.

(A) É permitido transformar os bens naturalmente divisíveis em indivisíveis se a alteração se der para preservar a natureza da obrigação, por motivo de força maior ou caso fortuito, mas não por vontade das partes.

(B) As obrigações ambulatórias são as que incidem sobre uma pessoa em decorrência de sua vinculação a um direito pessoal, haja vista que da própria titularidade lhe advém a obrigação.

(C) As obrigações conjuntivas possuem múltiplas prestações ou objetos, de tal modo que seu cumprimento será dado como efetivado quando todas as obrigações forem realizadas.

(D) As obrigações disjuntivas são aquelas em que a prestação ou objeto material são indeterminados, isto é, há apenas referência quanto a gênero e quantidade.

(E) A desconcentração é característica das obrigações de dar coisa incerta. É configurada pela escolha, ato pelo qual o objeto ou prestação se tornam certos e determinados, sendo necessário, para que possa produzir efeitos, que o credor seja disso cientificado.

A: incorreta, pois "os bens naturalmente divisíveis podem tornar-se indivisíveis por determinação da lei ou por vontade das partes (CC, art. 88); B: incorreta, pois as obrigações ambulatórias são aquelas que decorrem de uma relação de direito real e que perseguem o dono do bem. Obrigações de imposto predial e dívidas de condomínio são bons exemplos; C: correta, pois a obrigação conjuntiva, também chamada de cumulativa, só será considerada cumprida quando todas as obrigações forem realizadas; D: incorreta, pois o conceito vale à assertiva apresenta é o de obrigação de dar coisa incerta. A obrigação disjuntiva, também chamada de alternativa, apresenta uma opção de adimplemento, em regra deixada ao devedor (CC, art. 252); E: incorreta, pois a assertiva define o instituto da concentração, que é a escolha da coisa incerta, que faz com que passem a vigorar as regras da obrigação de dar coisa certa (CC, art. 245).

Gabarito "C".

(Analista Judiciário – TRT/8ª – 2016 – CESPE) Com relação ao direito das obrigações, assinale a opção correta.

(A) Tratando-se de obrigação com objeto indivisível e pluralidade de credores, presume-se a solidariedade ativa.

(B) Dada a natureza da obrigação, a exoneração, pelo credor, da solidariedade a um dos devedores, aproveitará aos demais.

(C) Em se tratando de obrigação solidária, ainda que somente um dos devedores seja o culpado pela impossibilidade de seu cumprimento, todos os demais continuam obrigados ao pagamento do valor equivalente.

(D) Se a obrigação *intuitu personae* se tornar impossível, ainda que não haja culpa das partes, haverá conversão em perdas e danos em favor do credor.

(E) Havendo impossibilidade de cumprimento, por culpa do devedor, de apenas uma das obrigações alternativas, ao credor restará ficar com a obrigação que subsistiu, independentemente de caber a ele a escolha.

A: incorreta, pois o enunciado confunde indivisibilidade do objeto com solidariedade entre os credores. É correto afirmar que, com objeto indivisível, qualquer credor pode cobrar toda a dívida, mas isso não equipara a situação à solidariedade ativa, a qual traz outras consequências; B: incorreta, pois o credor pode exonerar um ou alguns dos devedores, mantendo a solidariedade entre os demais (CC, art. 282, parágrafo único); C: correta, mas vale a ressalva de que, pelas perdas e danos decorrentes da culpa, somente o culpado responde (CC, art. 279); D: incorreta, pois nessa hipótese a obrigação é considerada extinta (CC, art. 248); E: incorreta, pois, se a escolha cabia ao credor, ele poderá optar entre a obrigação remanescente e o valor da outra, com perdas e danos (CC, art. 255).

Gabarito "C".

(Juiz de Direito/AM – 2016 – CESPE) Acerca do direito das obrigações, assinale a opção correta.
(A) Na hipótese de pluralidade de devedores obrigados ao pagamento de objeto indivisível, presume-se a existência de solidariedade passiva, a qual, entretanto, é afastada na hipótese de conversão da obrigação em perdas e danos.
(B) Nas obrigações *in solidum*, todos os devedores, embora estejam ligados ao credor por liames distintos, são obrigados pela totalidade da dívida.
(C) Caso um credor solidário faleça e seu crédito seja destinado a três herdeiros, cada um destes poderá exigir, por inteiro, a dívida do devedor comum, já que a morte não extingue a solidariedade anteriormente estabelecida.
(D) Havendo pluralidade de credores e devedores, importa verificar se as obrigações são solidárias ou indivisíveis, já que, nas solidárias, poderá o devedor opor a todos os credores exceção pessoal que tenha contra apenas um deles, enquanto, nas indivisíveis, a exceção pessoal não se estende aos demais credores.
(E) Nas obrigações de dar coisa incerta, se for silente o contrato, terá o devedor a atuação na fase de concentração do débito, cabendo-lhe entregar ao credor a melhor coisa.

A: incorreta, pois o enunciado confunde indivisibilidade do objeto com solidariedade entre os devedores. É correto afirmar que – com objeto indivisível – o credor pode cobrar tudo de apenas um devedor, mas isso não equipara a situação à solidariedade passiva, a qual traz outras consequências; **B:** correta, pois a obrigação *in solidum* reúne diversos devedores por liames diferentes. É o que ocorre, por exemplo, quando "A" empresta carro para o amigo alcoólatra "B", o qual atropela "C". Há liames diferentes, mas todos respondem por todo o dano; **C:** incorreta, pois, caso um credor solidário faleça, os herdeiros só podem cobrar seu respectivo quinhão hereditário (CC, art. 270). Essa regra se justifica, tendo em vista que a solidariedade ativa apresenta como fundamento básico a confiança entre os credores solidários, a qual não necessariamente existirá em relação aos herdeiros do credor solidário; **D:** incorreta, pois, mesmo na solidariedade passiva, o devedor só pode opor exceções comuns e as suas pessoais, não podendo opor exceções pessoais de outro devedor (CC, art. 281); **E:** incorreta, pois a escolha cabe ao devedor (CC, art. 244). **Gabarito "B".**

(Analista – Judiciário –TRE/PI – 2016 – CESPE) Se toda obrigação se tornar inválida pela perda do objeto em razão de a prestação principal padecer de impossibilidade originária, haverá uma obrigação
(A) solidária.
(B) indivisível.
(C) alternativa.
(D) modal.
(E) facultativa.

A: incorreta, pois a característica principal da solidariedade é a responsabilidade integral de todos os devedores (solidariedade passiva) ou a prerrogativa de todos os credores de cobrar tudo (solidariedade ativa); **B:** incorreta, pois a perda do objeto indivisível converte a obrigação em perdas e danos, tornando-a divisível (CC, art. 263); **C:** incorreta pois, nessa espécie de obrigação, a impossibilidade da prestação principal faz concentrar a obrigação na prestação remanescente. É a chamada "concentração involuntária" (CC, art. 253); **D:** incorreta, pois a obrigação modal é aquela que apresenta um encargo, um ônus. Ex.: doo meu sítio com a obrigação de você construir uma capela (CC, art. 136); **E:** correta, pois, a rigor, a obrigação facultativa apresenta um só objeto. Caso ele pereça, extingue-se a obrigação. A sua característica marcante, todavia, é que, no momento de sua execução, o devedor tem a prerrogativa de cumprir a obrigação de forma diversa. Um exemplo desta obrigação ocorre no contrato estimatório (CC, art. 534). **Gabarito "E".**

(Procurador da República –28º Concurso – 2015 – MPF) De acordo com a jurisprudência do Superior Tribunal de Justiça:
I. A dívida condominial constitui uma obrigação *propter rem*, cuja prestação não deriva da vontade do devedor, mas de sua condição de titular do direito real.
II. O dever de pagar pelo serviço de fornecimento de água tem a natureza jurídica de obrigação *propter rem*, uma vez que se vincula à titularidade do bem.
III. A necessidade de reparação integral da lesão causada ao meio ambiente permite a cumulação de obrigações de fazer, não fazer e indenizar, que têm natureza *propter rem*.
IV. As contribuições criadas por Associações de Moradores podem ser equiparadas, para fins de direito, a despesas condominiais, tendo a dívida natureza *propter rem*.
Das proposições acima:
(A) I e II são corretas;
(B) I e III são corretas;
(C) I e IV são corretas;
(D) Todas são corretas.

I: correta. A dívida condominial e o imposto predial são dois ótimos exemplos de obrigações *propter rem*. Tais dívidas nascem da titularidade de um direito real e tem a característica de acompanhar o titular da ocasião. Ou seja, o devedor será sempre o atual titular do direito real. Assim, por exemplo, o dono de um apartamento é o devedor jurídico das dívidas de condomínio, mesmo que elas se refiram a momento anterior à aquisição. Daí porque as obrigações *propter rem* são também chamadas de obrigações ambulatórias; **II:** incorreta, pois a dívida de fornecimento de água não se enquadra na classificação de obrigação *propter rem*. O devedor dessa obrigação é a pessoa que se utilizou do serviço de fornecimento de água; **III:** correta. O STJ firmou orientação no sentido de que – em decorrência dos danos causados ao meio ambiente – emerge: "obrigação *propter rem* de restaurar na sua plenitude e indenizar o meio ambiente degradado e terceiros afetados, sob regime de responsabilidade civil objetiva" (REsp 1454281/MG, Rel. Ministro Herman Benjamin, Segunda Turma, julgado em 16/08/2016, DJe 09/09/2016). Veja também: AgRg no REsp 1.494.988/MS, Rel. Ministro Humberto Martins, Segunda Turma, DJe 9.10.2015; REsp 1.247.140/PR, Rel. Ministro Mauro Campbell Marques, Segunda Turma, 22.11.2011; REsp 1.307.938/GO, Rel. Ministro Benedito Gonçalves, Primeira Turma, DJe 16.9.2014; **IV:** incorreta, pois o STJ firmou entendimento no sentido de que: "*As taxas de manutenção criadas por associações de moradores não obrigam os não associados ou que a elas não anuíram*" (REsp 1439163/SP, Rel. Ministro Ricardo Villas Bôas Cueva, Rel. p/ Acórdão Ministro Marco Buzzi, Segunda Seção, julgado em 11/03/2015, DJe 22/05/2015). **Gabarito "B".**

(Promotor de Justiça – MPE/MS – FAPEC – 2015) Tendo em vista o Livro das Obrigações, assinale a alternativa **correta**:
(A) A Teoria Dualista, referente ao vínculo obrigacional, dispõe que a obrigação é composta por *Schuld* (responsabilidade) e *Haftung* (débito). Contudo, a doutrina entende que é possível haver situações em que há o débito sem responsabilidade, como no caso das obrigações naturais, mas não se admite responsabilidade sem a existência do débito por ferir o elemento subjetivo da relação obrigacional.
(B) O instituto do *duty to mitigate the loss* se refere à necessidade de mitigar o agravamento da situação do devedor quando instado a cumprir determinada obrigação, entretanto sua aplicação foi rechaçada totalmente pelo Superior Tribunal de Justiça em razão de subtrair as chances reais do credor de satisfazer o crédito existente em seu favor.
(C) A teoria do adimplemento substancial relativiza o direito do credor de, havendo inadimplemento, pleitear a resolução do vínculo obrigacional, motivo pelo qual o STJ concluiu pela sua inaplicabilidade no Brasil.
(D) A novação pode ser subjetiva ativa – em que há mudança de credores – ou subjetiva passiva – em que há mudança de devedores –, sendo imprescindível a criação de nova obrigação. Na novação subjetiva passiva, ainda há a possibilidade de se mudar o devedor original, contando com a participação dele, o que configura a novação subjetiva passiva por delegação, ou então ocorrer a mudança de devedor sem a participação do antigo devedor, o que é denominado de novação subjetiva passiva por expromissão.
(E) Nas obrigações solidárias, há uma pluralidade de devedores e credores, cada um obrigado ou com direito ao todo da dívida. A solidariedade resulta apenas da lei, sendo os exemplos mais expressivos daquela as obrigações *in solidum*.

A: incorreta. É possível haver responsabilidade sem o débito. É o que ocorre, por exemplo, com o fiador, que responde por dívida do afiançado ou ainda com o patrão, que responde pelo ato ilícito do seu funcionário (CC, art. 932); **B:** incorreta, pois tal teoria vem sendo aplicada pelo STJ de forma reiterada. É o caso, por exemplo, do credor que – já beneficiado pela fixação de astreintes – não toma mais nenhuma medida para efetivar seu direito, deixando que as astreintes se acumulem para receber valor maior no futuro. O STJ vem aplicando a referida teoria para diminuir tal montante (AgInt no REsp 1478193/RN, Rel. Ministro Luis Felipe Salomão, Quarta Turma, julgado em 21/02/2017, DJe 01/03/2017); **C:** a definição da teoria do adimplemento substancial está correta, ainda que sucinta. A assertiva está incorreta, pois o STJ vem aplicando tal teoria de forma reiterada (REsp 877.965/SP, Rel. Ministro Luis Felipe Salomão, Quarta Turma, julgado em 22/11/2011, DJe 01/02/2012); **D:** correta, pois a assertiva reproduz com fidelidade as diversas espécies de novação subjetiva; **E:** incorreta, pois a solidariedade pode também decorrer de vontade das partes (CC, art. 265). **Gabarito "D".**

(Magistratura/SC – 2015 – FCC) A indústria de cerâmica X celebrou contrato de fornecimento de carvão mineral, durante um ano, com empresa mineradora estabelecendo o instrumento que o produto deveria ser apropriado para a combustão, contudo sem fixar percentual máximo de cinza, sabendo-se que melhor será a combustão, quanto menor a quantidade de cinza. Ao fazer a primeira entrega do produto, o adquirente verificou que a quantidade de cinza era muito alta e que seu concorrente recebia carvão com quantidade de cinza muito baixa. Notificada, a mineradora esclareceu que, no contrato firmado com a concorrente, ficara estabelecido aquele percentual mínimo, o que não figurava no contrato firmado com a Cerâmica X e, por isso, entregava o carvão de pior qualidade. A indústria X ajuizou ação, com pedido de antecipação de tutela, para que a Mineradora Y lhe entregasse o carvão de melhor qualidade. O juiz, após a contestação, e tendo sido comprovada a existência de um produto intermediário, deferiu a liminar, determinando que este fosse o objeto da entrega. Ambas as partes interpuseram agravo de instrumento, pedindo a ré que fosse a liminar revogada e a autora, que fosse a decisão reformada para que a agravada lhe entregasse o carvão de melhor qualidade. Considerando a disposição específica de direito material, nesse caso,

(A) ambos os recursos devem ser providos parcialmente, para que a ré seja compelida a, alternadamente, entregar o produto melhor, o intermediário e o pior.
(B) ambos os agravos devem ser improvidos, porque o devedor não poderá dar a coisa pior, nem será obrigado a prestar a melhor.
(C) deve ser provido o agravo do réu, porque não resultando o contrário do título da obrigação, a escolha pertence ao devedor.
(D) deve ser provido o recurso da autora, porque, não resultando o contrário do título da obrigação, a escolha pertence ao credor.
(E) deve ser provido o recurso da autora, porque a ré violou o dever de boa-fé.

A, C, D e E: incorretas, pois, de acordo com o art. 244 do CC, nas obrigações determinadas pelo gênero e pela quantidade, a escolha de fato pertence ao devedor (salvo disposição em contrário no contrato), mas este "não poderá dar a coisa pior, nem será obrigado a prestar a melhor"; B: correta (art. 244 do CC). WG

Gabarito "B".

(Magistratura/SC – 2015 – FCC) A obrigação natural é judicialmente
(A) inexigível, mas se for paga, não comporta repetição.
(B) exigível, exceto se o devedor for incapaz.
(C) exigível e só comporta repetição se for paga por erro.
(D) exigível e em nenhuma hipótese comporta repetição.
(E) inexigível e se for paga comporta repetição, independentemente de comprovação de erro no pagamento.

A: correta, pois a obrigação natural é aquela que não pode ser exigida por meio de ação judicial, mas, caso cumprida voluntariamente, não pode ser repetida; ou seja, o devedor não é obrigado a cumpri-la, mas, se o fizer, o credor não é obrigado a devolver o que recebeu; B, C e D: incorretas, pois a obrigação natural é aquela que não pode ser exigida por meio de ação judicial (é *inexigível*, portanto), mas, caso cumprida voluntariamente, não pode ser repetida; E: incorreta, pois se a obrigação for cumprida o credor não é obrigado a devolver o que recebeu. WG

Gabarito "A".

(Advogado do Metrô/SP – 2014 – FCC) Prevê o Código Civil brasileiro que, ocorrendo várias cessões do mesmo crédito,
(A) todas as cessões são nulas, uma vez que o referido diploma legal veda mais de uma cessão do mesmo crédito, em razão do princípio protetivo.
(B) prevalecerá a que se completar com a tradição do título do crédito cedido.
(C) apenas a primeira cessão prevalecerá; as demais serão consideradas nulas, por expressa disposição legal.
(D) prevalecerá a última cessão, independentemente do valor, desde que formal e dentro das normas previstas no referido diploma legal.
(E) todas as cessões são anuláveis, uma vez que o referido diploma legal veda mais de uma cessão do mesmo crédito, em razão do princípio protetivo.

Cessão de crédito é uma das formas de se transmitir uma obrigação. Nesse caso, o credor original é chamado de cedente e transmite o crédito a um novo credor, chamado cessionário. Caso ocorram várias cessões do mesmo crédito, o art. 291 do CC determina que "*deve prevalecer aquela que se completar com a tradição do título do crédito cedido*". GN

Gabarito "B".

(Ministério Público/PI – 2014 – CESPE) Assinale a opção correta no que se refere ao pagamento indevido.
(A) De acordo com o Código Civil, no qual é adotada, em relação ao tema, a teoria subjetiva, a demonstração do erro cabe àquele que voluntariamente tenha pago o indevido.
(B) No Código Civil, a disposição normativa referente ao pagamento indevido tem a mesma natureza da disciplinada no CDC, segundo a qual o fornecedor deve restituir em dobro ao consumidor, com correção monetária e juros de mora, aquilo que este tenha pago indevidamente.
(C) A repetição do indébito é devida ainda que o objeto da prestação não cumprida seja ilícito, imoral ou proibido por lei.
(D) Cabe o ajuizamento de ação fundada no enriquecimento sem causa ainda que a lei confira ao lesado outros meios para ressarcir-se do prejuízo sofrido, visto que, sendo esta ação mais ampla, as demais serão por ela absorvidas.
(E) Não há possibilidade de pagamento indevido com relação a obrigações de fazer e não fazer, não cabendo, portanto, a repetição do indébito.

A: correta, pois de acordo com a regra estabelecida pelo art. 877 do CC, segundo o qual: "Àquele que voluntariamente pagou o indevido incumbe a prova de tê-lo feito por erro"; B: incorreta, pois a disposição do CDC e do CC nesse sentido é de que apenas a cobrança de quantia indevida é que gera tal direito de restituição em dobro. O mero pagamento indevido não acarreta tal obrigação; C: incorreta, pois tal repetição é vedada pelos arts. 882 e 883 do CC; D: incorreta, pois "Não caberá a restituição por enriquecimento, se a lei conferir ao lesado outros meios para se ressarcir do prejuízo sofrido" (CC, art. 886); E: incorreta, pois tal vedação não encontra amparo na lei. GN

Gabarito "A".

(Juiz de Direito/CE – 2014 – FCC) Celebrado contrato de mútuo com garantia hipotecária, por instrumento público,
(A) o distrato poderá dar-se por instrumento particular, mas a quitação exigirá instrumento público, porque o instrumento particular não serve para o cancelamento da hipoteca.
(B) a quitação e o distrato poderão dar-se por instrumento particular.
(C) a quitação e o distrato exigem instrumento público.
(D) a quitação poderá dar-se por instrumento particular, mas para cancelamento da hipoteca será necessário instrumento público.
(E) a quitação poderá ser dada por instrumento particular, que servirá para o cancelamento da hipoteca.

A quitação sempre poderá ser dada por instrumento particular (CC, art. 320). O distrato, todavia, deve seguir a forma exigida para o contrato (CC, art. 472). Como a assertiva trata de garantia hipotecária, que é um direito real sobre bem imóvel, o contrato deverá ser feito mediante escritura pública (CC, art. 108). Logo, o distrato também deverá obedecer tal formalidade. GN

Gabarito "E".

(Cartório/DF – 2014 – CESPE) No que diz respeito às obrigações em relação à pluralidade de sujeitos e solidariedade, assinale a opção correta.
(A) O ordenamento jurídico civil brasileiro consagra o princípio da presunção da solidariedade, em garantia ao adimplemento da obrigação e proteção do crédito.
(B) Na solidariedade ativa, a suspensão da prescrição em favor de um dos credores aproveita os demais, e a renúncia da prescrição em face de um dos credores não alcança os demais.
(C) A obrigação solidária passiva impõe ao credor a exigência ou a reclamação integral do débito, ainda que em face de apenas um dos codevedores, sob pena de extinção da solidariedade.
(D) A solidariedade, cuja fonte é o próprio título que vincula as partes obrigadas, tem natureza subjetiva, não se baseando em negócio jurídico ou norma legal.
(E) Na obrigação indivisível, cada codevedor está obrigado pela dívida toda; entretanto, o devedor que pagar a dívida sub-roga-se no direito do credor em relação aos demais coobrigados.

A: incorreta, pois em nosso sistema a "*solidariedade não se presume, resulta da lei ou da vontade das partes*" (CC, art. 265); B: incorreta. Na obrigação solidária ativa, a suspensão da prescrição em favor de um dos credores só aproveita aos demais se a obrigação for indivisível. Exemplo: uma devedora deve um carro a dois credores solidários e se casa com um deles. A prescrição irá se suspender para ambos, tendo em vista se tratar de solidariedade ativa e de obrigação indivisível; C: incorreta, pois na solidariedade passiva, o credor "*tem direito a exigir e receber de um ou de alguns dos devedores, parcial ou totalmente, a dívida comum*" (CC, art. 275); D: incorreta, pois a lei pode estabelecer hipóteses de solidariedade passiva. É o que faz, por exemplo, a lei de locação, quando estabelece solidariedade passiva entre os diversos inquilinos (Lei 8.245/1991, art. 2º); E: correta, de pleno acordo com a regra estabelecida pelo art. 259, parágrafo único, do CC. Ex.: duas pessoas devem um carro a um credor. Se um dos devedores pagar o carro integralmente ao credor, ele terá direito de cobrar o valor equivalente a meio carro do outro codevedor. GN

Gabarito "E".

(Procurador Distrital – 2014 – CESPE) Julgue o seguinte item.
(1) Quando as partes fixarem o momento para o cumprimento das obrigações, mas as condutas praticadas por uma delas revelarem que não será adimplente ao tempo convencionado, entender-se-á viável o exercício do direito resolutório de forma antecipada.

1: correta, nos termos do art. 333 do CC. Neste passo, a Lei traz algumas hipóteses que autorizam o credor a cobrar antecipadamente a dívida, quando verificar indícios de que o devedor provavelmente não irá lhe pagar (vide incisos do art. 333 do CC). Assim, a obrigação restará extinta em decorrência do pagamento, ou ocorrerá o seu inadimplemento, caso em que o contrato ficará resolvido e o devedor poderá ser executado de acordo com o procedimento adequado. VT/WG

Gabarito 1C

(Procurador do Estado/BA – 2014 – CESPE) Julgue o seguinte item.
(1) Em regra, as obrigações pecuniárias somente podem ser quitadas em moeda nacional e pelo seu valor nominal.

1: correta, nos termos do art. 315 do CC. VT/WG

Gabarito 1C

3.2. TRANSMISSÃO, ADIMPLEMENTO E EXTINÇÃO DAS OBRIGAÇÕES

(Juiz de Direito - TJ/RS - 2018 - VUNESP) André devia a quantia de R$ 50.000,00 (cinquenta mil reais) em dinheiro a Mateus. Maria era fiadora de André. Mateus aceitou receber em pagamento pela dívida um imóvel urbano de propriedade de André, avaliado em R$ 60.000,00 (sessenta mil reais) com área de 200 m², e deu regular quitação. Entretanto, o imóvel estava ocupado por Pedro, que o habitava há mais de cinco anos, nele estabelecendo sua moradia. Pedro ajuizou ação de usucapião para obter a declaração de propriedade do imóvel que foi julgada procedente. Na época em que se evenceu, o imóvel foi avaliado em R$ 65.000,00 (sessenta e cinco mil reais). A respeito dos efeitos da evicção sobre a obrigação originária, é possível afirmar que a obrigação originária

(A) foi extinta com a dação em pagamento. André será responsável perante Mateus pelo valor correspondente ao bem imóvel perdido, na época em que se evenceu. Maria está liberada da fiança anteriormente prestada.

(B) foi extinta com a dação em pagamento. André será responsável perante Mateus pelo valor correspondente ao bem imóvel perdido, na época em que houve a dação em pagamento. Maria está liberada da fiança anteriormente prestada.

(C) é restabelecida, mas não contará mais com a garantia pessoal prestada por Maria. Em razão da evicção, a obrigação repristinada terá por objeto o valor equivalente ao bem na época em que se evenceu.

(D) é restabelecida, pelo seu valor original, em razão da evicção da coisa dada em pagamento, mas sem a garantia pessoal prestada por Maria, tendo em vista que o credor aceitou receber objeto diverso do constante na obrigação originária.

(E) é restabelecida, pela evicção da coisa dada em pagamento, inclusive com a garantia pessoal prestada por Maria. Contudo, em razão da evicção, a obrigação repristinada terá por objeto o valor equivalente ao bem na época em que se evenceu.

A questão envolve a extinção de uma obrigação pela dação em pagamento. Visando adimplir uma obrigação, o credor aceita coisa diversa da que foi combinada. No caso apresentado, contudo, a coisa dada em pagamento se perdeu pela evicção. Em termos simples, quem *deu em pagamento não tinha condições jurídicas para tanto*, pois o imóvel dado já pertencia a terceiro (no caso Pedro, que a adquiriu pela usucapião). Com isso, a obrigação original ressurge ficando sem efeito a quitação dada (CC, art. 359). Contudo, nesse caso, o fiador não "ressurge", ou seja, ele continuará desobrigado, por força do art. 838, III, do Código Civil. Gabarito "D".

(Procurador Municipal – Prefeitura/BH – CESPE – 2017) João celebrou contrato de locação de imóvel residencial com determinada imobiliária, que realizou negócio jurídico de administração do bem com Júlio, proprietário do referido imóvel. Conforme convencionado entre João e a imobiliária, o aluguel deveria ser pago a Carlos, um dos sócios da imobiliária, o qual costumeiramente recebia os aluguéis e dava quitação. Em determinado momento, João foi surpreendido com uma ação de despejo, na qual se argumentava que alguns pagamentos efetuados a Carlos não extinguiram a obrigação locatícia, porquanto ele tinha se retirado da sociedade no curso do contrato e o locatário não havia observado a alteração societária.
De acordo com o Código Civil, nessa situação,

(A) João deverá demonstrar que o pagamento foi revertido em favor da sociedade, para se eximir das cobranças.
(B) os pagamentos efetuados por João são válidos, pois Carlos é considerado credor putativo.
(C) a validade dos pagamentos realizados por João depende de ratificação por Júlio, proprietário do imóvel.
(D) João terá de pagar novamente o valor cobrado.

Aplica-se ao caso a teoria da aparência. O Direito valoriza aquilo que "parece ser verdadeiro". O termo latino "putare" significa "que parece ser". Tal teoria aplica-se ao pagamento válido que é feito de boa-fé pelo devedor à pessoa que parecia ser credora, muito embora juridicamente não o fosse (CC, art. 309). A mesma teoria da aparência aplica-se também ao casamento putativo, o qual "embora anulável ou mesmo nulo" poderá produzir efeitos jurídicos (CC, art. 1.561) ao cônjuge de boa-fé. Gabarito "B".

(Procurador Municipal – Sertãozinho/SP – VUNESP – 2016) Assinale a alternativa correta sobre novação, como forma de extinção das obrigações.

(A) Em regra, havendo novação, as garantias da dívida não são conservadas.
(B) A expromissão não representa modalidade de novação.
(C) As obrigações anuláveis não podem ser objeto de novação.
(D) A prorrogação do prazo de vencimento da dívida é hipótese de novação.
(E) Não se admite a novação tácita.

A: correta, pois: "*A novação extingue os acessórios e garantias da dívida, sempre que não houver estipulação em* contrário" (CC, art. 364); B: incorreta, pois a novação por expromissão é uma modalidade de novação subjetiva passiva. Ocorre quando o devedor original não participa da extinção da primeira obrigação, nem da criação da segunda (CC, art. 362); C: incorreta, pois as obrigações anuláveis podem ser objeto de novação (CC, art. 367); D: incorreta, pois a intenção de novar, ainda que tácita, é fundamental para a caracterização da novação (CC, art. 361); E: incorreta, pois a lei admite a novação tácita (CC, art. 361). Gabarito "A".

(Procurador Municipal – Sertãozinho/SP – VUNESP – 2016) Em 2 de janeiro de 2016, por meio de instrumento particular de confissão de dívida, Robson confessou dever a Rafael cinquenta mil reais, referente a um negócio jurídico celebrado entre eles. Ajustou-se que o pagamento seria realizado em 26 de fevereiro do mesmo ano. Robson, passando por grave dificuldade financeira, não possui patrimônio suficiente para saldar a dívida com Rafael, mas possui um crédito de trezentos mil reais com Júlio, que vencerá em 10 de fevereiro do mesmo ano, circunstância que é de conhecimento de Rafael. Na data do pagamento (10 de fevereiro), Robson combina com Júlio que o pagamento será feito direto para um terceiro (que também é credor de Robson, por dívida já vencida), como de fato ocorre. No entanto, Robson e Júlio assinam um documento que indica que Robson remiu a dívida de Júlio, sem qualquer participação do terceiro que efetivamente recebeu o valor. Em 26 de fevereiro, Rafael procura Robson para receber seu crédito e este informa que não tem condições de pagar. Ao questionar Robson sobre o crédito que este tinha com Júlio, Robson apresenta o documento que dispõe sobre a remissão. Nesse cenário, assinale a alternativa correta.

(A) A remissão é negócio jurídico anulável, em razão da fraude contra credores praticada por Robson.
(B) A remissão representa negócio jurídico nulo, pois houve o pagamento do crédito para um terceiro, indicado por Robson.
(C) O terceiro, que recebeu o crédito que pertencia originalmente a Robson, torna-se civilmente responsável pelo pagamento do crédito de Rafael.
(D) A remissão é negócio jurídico anulável, pois presente o dolo no comportamento de Robson e Júlio, viciando o negócio jurídico.
(E) Não há qualquer nulidade, absoluta ou relativa, na remissão praticada por Robson e no pagamento realizado por Júlio ao terceiro indicado por Robson.

O ato que realmente ocorreu na vida prática foi o pagamento praticado entre Júlio e o terceiro (também credor de Robson). O documento diz que houve um perdão de dívida praticado por Robson. Sempre que houver uma divergência entre o ato realmente praticado e o negócio jurídico apresentado, estaremos diante de uma simulação, o que torna o ato nulo (CC, art. 167). Nessa hipótese, ocorreu uma simulação relativa pois – para esconder o pagamento a terceiro – simulou-se um perdão de dívida. A simulação é absoluta quando ela não esconde um ato verdadeiramente praticado. Ela é puramente a declaração de um ato que simplesmente não ocorreu na prática. Ex: para pagar menos na partilha, marido finge dívida com um amigo. Gabarito "B".

(Procurador – PGFN – ESAF – 2015) Sobre o adimplemento e extinção das obrigações, assinalar a opção incorreta.

(A) O devedor que, notificado, nada opõe à cessão que o credor faz a terceiros dos seus direitos, não pode opor ao cessionário a compensação, que antes da cessão teria podido opor ao cedente. Se, porém, a cessão lhe não tiver sido notificada, poderá opor ao cessionário compensação do crédito que antes tinha contra o cedente.
(B) O vendedor de coisa imóvel pode reservar-se o direito de recobrá-la no prazo prescricional de cinco anos, restituindo o preço recebido e reembolsando as despesas do comprador, inclusive as que, durante o período de resgate, se efetuaram com a sua autorização escrita, ou para a realização de benfeitorias necessárias.
(C) Não se admite a compensação em prejuízo de direito de terceiro. O devedor que se torne credor do seu credor, depois de penhorado o crédito deste, não pode opor ao exequente a compensação, de que contra o próprio credor disporia.
(D) A confusão operada na pessoa do credor ou devedor solidário só extingue a obrigação até a concorrência da respectiva parte no crédito, ou na dívida, subsistindo quanto ao mais a solidariedade.
(E) Se a duas ou mais pessoas couber o direito de retrato sobre o mesmo imóvel, e só uma o exercer, poderá o comprador intimar as outras para nele acordarem, prevalecendo o retrato em favor de quem haja efetuado o depósito, contanto que seja integral.

A: correta. Na hipótese, o devedor poderia opor ao credor original alguma compensação de dívidas. Notificado da cessão e não se opondo, ele não pode mais opor ao cessionário tal compensação; B: incorreta, pois o prazo da retrovenda é decadencial e é de cinco anos (CC, art. 505); C: correta, pois de acordo com o disposto no art. 380 do CC; D: correta, pois a extinção da obrigação quanto a um dos devedores solidários não extingue a solidariedade passiva; **E**: correta, pois de acordo com a previsão do art. 508 do CC, o qual estabelece regra sobre concorrência de pessoas com direito de retrovenda. **GN**

Gabarito "B".

(Procurador do Estado – PGE/RS – Fundatec – 2015) Assinale a alternativa INCORRETA.
(A) O devedor pode opor ao cessionário as exceções que tinha contra o cedente no momento em que conhece da cessão.
(B) Fala-se em ausência de eficácia em relação ao devedor quanto à cessão realizada sem a sua notificação.
(C) Quando estipulado, o cedente pode responder pela solvência do devedor.
(D) Havendo concordância do devedor originário, podem as garantias oferecidas por este ao negócio jurídico permanecerem válidas a partir da assunção da dívida.
(E) Não se interpreta como recusa o silêncio do credor quando assinado prazo para consentir na assunção da dívida.

A: correta, pois de pleno acordo com a regra do art. 294 do CC a respeito das defesas do devedor diante da cessão de crédito; **B**: correta, pois em consonância com a regra do art. 290 do Código, a qual estabelece: "A cessão do crédito não tem eficácia em relação ao devedor, senão quando a este notificada"; **C**: correta, pois na cessão civil de crédito, a responsabilidade pela solvência do devedor só existe quando expressamente convencionada entre as partes, criando assim a cessão pro solvendo. Vale a menção de que – se houvesse um título de crédito documentando a relação – a regra seria justamente a responsabilidade do credor (endossante); **D**: correta, pois de acordo com o permissivo legal estabelecido no art. 300 do Código Civil; **E**: incorreta, pois tal silêncio é interpretado como recusa (CC, art. 299, parágrafo único). **GN**

Gabarito "E".

(Procurador do Estado – PGE/BA – CESPE – 2014) Com relação ao direito das obrigações, julgue os itens que se seguem.
(1) A teoria do adimplemento substancial impõe limites ao exercício do direito potestativo de resolução de um contrato.
(2) De acordo com o entendimento do STJ, havendo cláusula de arrependimento em compromisso de compra e venda, a devolução do sinal, por quem o deu, ou a sua restituição em dobro, por quem o recebeu, exclui indenização maior a título de perdas e danos, salvo os juros moratórios e os encargos do processo.
(3) Em regra, as obrigações pecuniárias somente podem ser quitadas em moeda nacional e pelo seu valor nominal.

1: correta, pois é exatamente esse o efeito jurídico do adimplemento substancial. Uma das partes descumpre o contrato, após tê-lo cumprido quase inteiro. Isso daria à outra parte o direito de resolver o contrato, o qual fica obstado pelo adimplemento substancial. A fração que não foi cumprida será cobrada pelas vias ordinárias perante o Judiciário; **2**: A afirmação está correta, havendo inclusive Súmula do Supremo Tribunal Federal (412), a qual estabelece que: "No compromisso de compra e venda com cláusula de arrependimento, a devolução do sinal, por quem o deu, ou a sua restituição em dobro, por quem o recebeu, exclui indenização maior a título de perdas e danos, salvo os juros moratórios e os encargos do processo"; **3**: correta, pois de acordo com a limitação constante do art. 315 do CC. Trata-se de um dispositivo que visa a assegurar a uniformidade das relações cambiárias, bem como a segurança jurídica. **GN**

Gabarito "1C, 2C, 3C".

(Juiz – TJ-SC – FCC – 2017) Na transmissão das obrigações aplicam-se as seguintes regras:
I. Na cessão por título oneroso, o cedente, ainda que não se responsabilize, fica responsável ao cessionário pela existência do crédito ao tempo em que lhe cedeu; a mesma responsabilidade lhe cabe nas cessões por título gratuito, se tiver procedido de má-fé.
II. Na assunção de dívida, o novo devedor não pode opor ao credor as exceções pessoais que competiam ao devedor primitivo.
III. Salvo estipulação em contrário, o cedente responde pela solvência do devedor.
IV. O cessionário de crédito hipotecário só poderá averbar a cessão no registro de imóveis com o consentimento do cedente e do proprietário do imóvel.
V. Na assunção de dívida, se a substituição do devedor vier a ser anulada, restaura-se o débito, com todas as suas garantias, salvo as garantias prestadas por terceiro, exceto se este conhecia o vício que inquinava a obrigação.

Está correto o que se afirma APENAS em:
(A) III, IV e V.
(B) II, III e IV.
(C) I, II e IV.
(D) I, III e V.
(E) I, II e V.

I: correta. A responsabilidade pela existência do crédito ocorre de forma automática na cessão a título oneroso e somente se houver má-fé do cedente, quando a cessão foi a título gratuito (CC, art. 295); **II**: correta, pois em plena conformidade com o art. 302 do Código Civil. Assim, o novo devedor somente poderá opor as defesas que sejam relativas ao crédito (ex.: prescrição; pagamento; extinção); **III**: incorreta, pois – no Direito Civil – a responsabilidade pela solvência do devedor (cessão pro solvendo) só se verifica quando expressamente pactuada entre as partes (CC, art. 296). Vale registrar, todavia, que a regra é inversa se a cessão envolver um crédito documentado por título de crédito. Nesse caso a cessão chama-se endosso e a regra passa a ser a responsabilidade pela solvência do devedor; **IV**: incorreta, pois "o cessionário de crédito hipotecário tem o direito de fazer averbar a cessão no registro do imóvel" (CC, art. 289); **V**: correta, pois em plena conformidade com o disposto no art. 301 do Código Civil. **GN**

Gabarito "E".

(Juiz – TRF 2ª Região – 2017) Assinale a opção correta:
(A) É nula a cessão de crédito celebrada de modo verbal.
(B) A cessão de crédito celebrada por escrito particular, para que seja oponível a terceiros, deve ser levada a registro, em regra no Cartório de Títulos e Documentos.
(C) A validade da cessão de crédito previdenciário, no plano federal, depende de escritura pública.
(D) A assunção de débito, realizada através de escritura pública, é oponível ao credor independentemente de seu assentimento.
(E) As exceções comuns, não pessoais, que o devedor tenha para impugnar o crédito cedido devem ser comunicadas ao cessionário imediatamente após o devedor ser notificado da cessão, sob pena de não mais poderem ser arguidas, sem prejuízo do regresso contra o cedente.

A: incorreta, pois a lei não exige – em regra – forma específica para a prática da cessão de crédito; **B**: correta, pois a lei de registros públicos (art. 129, 9°) exige o registro no Cartório de Títulos e Documentos para que a cessão tenha efeitos perante terceiros; **C**: incorreta, pois a lei não exige tal formalidade; **D**: incorreta, pois o consentimento do credor é requisito essencial para a validade da assunção de dívida (CC, art. 299); **E**: incorreta, pois tal entendimento conduziria à conclusão de que a não arguição imediata da prescrição, por exemplo, teria o condão de sanear a dívida o que, evidentemente, não ocorre (CC, art. 294). **GN**

Gabarito "B".

(Juiz – TRF 3ª Região – 2016) Assinale a alternativa incorreta:
(A) A expromissão é uma forma de novação subjetiva ativa, que implica a extinção da obrigação em favor do devedor secundário.
(B) São susceptíveis de cessão, por meio de escritura pública o direito à sucessão aberta e o quinhão do herdeiro.
(C) São irrevogáveis os atos de aceitação ou de renúncia da herança.
(D) Quando a obrigação for divisível, só incorre na pena o devedor ou o herdeiro do devedor que a infringir, e proporcionalmente à sua parte na obrigação.

A: incorreta, pois a novação por expromissão é limitada ao âmbito da novação subjetiva passiva. Ocorre quando o devedor original não participa da extinção da primeira e da criação da segunda (CC, art. 362); **B**: correta, pois de pleno acordo com a permissão estabelecida pelo art. 1.793 do CC; **C**: correta, pois de pleno acordo com a regra prevista pelo art. 1.812 do CC; **D**: correta, pois de acordo com o art. 415 do CC. **GN**

Gabarito "A".

(Juiz – TRF 3ª Região – 2016) Assinale a alternativa incorreta:
(A) Perde a qualidade de indivisível a obrigação que se resolver em perdas e danos.
(B) Convertendo-se a prestação em perdas e danos, subsiste, para todos os efeitos, a solidariedade.
(C) A remissão da dívida feita por um dos credores em obrigação indivisível extingue esta para com os demais credores.
(D) A remissão da dívida feita por um dos credores solidários extingue a obrigação com relação ao devedor, devendo aquele credor responder aos outros pela parte que lhes caiba.

A: correta, pois o enunciado repete a previsão do art. 263 do CC; **B**: correta, pois a solidariedade não diz respeito ao objeto, mas sim ao vínculo (legal ou contratual) entre os diversos devedores ou credores (CC, art. 271); **C**: incorreta, pois os demais credores permanecem com o direito de cobrar a dívida, descontada a quota do credor que perdoou (CC, art. 262); **D**: correta, pois "o credor que tiver remitido a dívida ou recebido o pagamento responderá aos outros pela parte que lhes caiba" (CC, art. 272). **GN**

Gabarito "C".

(Analista Judiciário – TRT/8ª – 2016 – CESPE) Em cada uma das seguintes opções, é apresentada uma situação hipotética seguida de uma assertiva a ser julgada acerca de institutos relacionados ao adimplemento e à extinção das obrigações. Assinale a opção que apresenta a assertiva correta.
(A) César, que deve a Caio a quantia correspondente a R$ 1.000, passa por situação de dificuldade financeira, razão por que Caio resolveu perdoar-lhe a dívida. Nessa situação, a remissão, que tem o único objetivo de extinguir a dívida, independe da aceitação de César.
(B) Márcio contraiu duas dívidas com Joana, nos valores de R$ 300 e R$ 150, com vencimento, respectivamente, em 20/12/2015 e em 5/1/2016; em 10/1/2016, Márcio entregou a Joana R$ 150, mas não indicou qual dívida desejava saldar. Joana tampouco apontou qual dívida estava sendo quitada. Nessa situação, presume-se que o pagamento refere-se à dívida vencida em 5/1/2016, já que o valor

entregue importa em sua quitação integral.
(C) João contraiu obrigação, tornando-se devedor de Pedro, mas nada foi estabelecido quanto ao local do efetivo cumprimento da obrigação. Nessa situação, considera-se o local de cumprimento a casa do credor, uma vez que, na ausência de estipulação do local de pagamento, se presume que a dívida é portável (*portable*).
(D) Mário, estando obrigado a pagar R$ 50.000 a Paulo, ofereceu-lhe, na data do pagamento, um veículo para solver a dívida, o que foi aceito por Paulo, que, após receber o veículo, teve que entregá-lo a um terceiro em decorrência de uma ação de evicção. Nessa situação, como Paulo foi evicto da coisa recebida em pagamento, será restabelecida a obrigação primitiva.
(E) Ana tem uma dívida já prescrita no valor de R$ 300 com Maria, que, por sua vez, deve a quantia de R$ 500, vencida recentemente, a Ana. Nessa situação, ainda que sem a concordância de Ana, Maria poderá compensar as dívidas e pagar a Ana apenas R$ 200, porquanto, embora prescrita, a dívida de Ana ainda existe e é denominada obrigação moral.

A: incorreta, pois o perdão (remissão) da dívida pelo credor depende de aceitação do devedor (CC, art. 385); **B**: incorreta, pois, se não houve indicação (imputação) de qual dívida estava sendo quitada, nem pelo credor, nem pelo devedor, a lei imputa na mais antiga (CC, art. 355); **C**: incorreta, pois, como regra geral, o lugar do pagamento é o domicílio do devedor (CC, art. 327); **D**: correta. O enunciado traz hipóteses de dação em pagamento e posterior evicção, ou seja, o credor aceita a coisa em pagamento e posteriormente a perde, pois terceiro demonstrou ser o verdadeiro dono da *res*. Nesse caso, a solução dada pela lei é exatamente o restabelecimento da obrigação primitiva (CC, art. 359); **E**: incorreta, pois não se efetua compensação quando uma das dívidas já está prescrita (CC, art. 190). Gabarito "D"

(Analista Jurídico – TCE/PR – 2016 – CESPE) Carlos se obrigou a entregar a Roberto um automóvel fabricado em 1970, mas, diante da dificuldade de adimplemento, ficou acordada a substituição da obrigação pela entrega de um veículo zero km fabricado no corrente ano.
Nessa situação hipotética, de acordo com o Código Civil, ocorreu uma
(A) compensação.
(B) novação.
(C) sub-rogação convencional.
(D) transação.
(E) remissão.

A: incorreta, pois a compensação exige créditos recíprocos, o que não está presente na hipótese (CC, art. 368); **B**: correta, pois se extinguiu a primeira obrigação (*de entregar automóvel fabricado em 1970*) visando criar uma nova obrigação (*entregar veículo zero km fabricado no corrente ano*). Tal novação alterou o objeto obrigacional, assim levando o nome de novação objetiva (CC, art. 360); **C**: incorreta, pois a sub-rogação convencional exige a substituição do sujeito ativo nas hipóteses do art. 347 do Código Civil; **D**: incorreta, pois não houve prevenção de litígios por concessões recíprocas (CC, art. 840); **E**: incorreta, pois a remissão é o perdão da dívida por parte do credor (CC, art. 385). Gabarito "B"

(Juiz de Direito/AM – 2016 – CESPE) Em cada uma das seguintes opções, é apresentada uma situação hipotética, seguida de uma assertiva a ser julgada conforme institutos relacionados ao adimplemento das obrigações. Assinale a opção que apresenta a assertiva correta.
(A) Após ter efetuado o pagamento de determinada dívida, Lauro constatou que, antes desse pagamento, tal dívida se encontrava prescrita. Nessa situação, Lauro poderá requerer a restituição do valor pago, mas o credor só estará obrigado a devolver o principal, sem atualização monetária nem incidência de juros de mora.
(B) Em situação típica de solidariedade passiva, Jorge era credor de Matias, Pedro e Vênus, mas, verificando a crítica situação financeira de Matias, resolveu perdoar-lhe a dívida. Nessa situação, não pode o credor comum conceder remissão da dívida a apenas um dos codevedores, razão por que o perdão concedido a Matias alcançará Pedro e Vênus.
(C) João foi fiador de Pedro em contrato de locação e pagou a dívida inteira referente a seis meses de aluguéis em atraso. Nessa situação, houve sub-rogação legal e João adquiriu todos os direitos, ações, privilégios e garantias do credor primitivo, podendo, inclusive, consoante entendimento pacificado pelo STJ, penhorar o atual imóvel residencial do locatário afiançado.
(D) Verificando que seu amigo Paulo não tinha condições de quitar dívida em dinheiro contraída com Manoel, Carlos dirigiu-se ao credor e disse querer assumir a obrigação. Nessa situação, se Manoel aceitar Carlos como novo devedor, em substituição a Paulo, não será necessária a concordância deste, hipótese em que haverá novação subjetiva passiva por expromissão.
(E) Júlio tem direito a indenização correspondente a R$ 5.000 em razão da meação de bens comuns que ficaram com sua ex-cônjuge Maria. Entretanto, Júlio deve a Maria R$ 2.000 a título de alimentos. Nessa situação, Júlio poderá compensar as dívidas, já que, na hipótese, há reciprocidade de obrigações, sendo as dívidas líquidas, atuais e vencidas.

A: incorreta. A prescrição da dívida elimina a pretensão de cobrar (CC, art. 189), mas o direito pessoal de crédito continua a existir. Logo, se o devedor pagar uma dívida prescrita, ele não pode recobrar o que pagou; **B**: incorreta, pois o credor tem o direito de perdoar qualquer devedor solidário, podendo então cobrar dos demais o valor remanescente (CC, art. 277); **C**: incorreta, pois o fiador – no regresso contra o devedor principal – não pode penhorar o bem de família deste. Somente o locador pode penhorar o bem de família do fiador (Lei 8.009/1990, art. 3º, VII); **D**: correta, pois nessa modalidade de novação o novo devedor negocia diretamente com o credor, afastando o devedor originário. Vale notar, todavia, que, para que se configure uma autêntica novação, é imperativo que seja extinta a obrigação original, fazendo surgir uma nova obrigação. O simples ingresso de um novo devedor na mesma relação jurídica implicaria assunção de dívida (CC, art. 299); **E**: incorreta, pois não se efetua a compensação quando um dos créditos é alimentar (CC, art. 373, II). Gabarito "D"

3.3. INADIMPLEMENTO DAS OBRIGAÇÕES

(Procurador do Estado/SP - 2018 - VUNESP) Quanto à proteção aos direitos do consumidor em contratos bancários, assinale a alternativa correta.
(A) A estipulação de juros remuneratórios superiores a 12% ao ano, por si só, não indica exigência de vantagem econômica excessiva pela instituição financeira.
(B) Os juros moratórios nos contratos bancários não regulados por legislação especial poderão ser pactuados livremente pelas partes, não caracterizando exigência de vantagem econômica excessiva.
(C) Propositura de ação revisional de contrato bancário, a pretexto de conter cláusulas contratuais abusivas, suspende os efeitos da mora do devedor, por revelar exercício regular do direito básico do consumidor à facilitação da defesa dos seus direitos em juízo, inclusive com inversão do ônus da prova.
(D) Pode o magistrado, de ofício, reconhecer a nulidade de cláusulas contratuais abusivas inseridas em contrato de mútuo bancário submetido ao seu exame.
(E) Exigência de pagamento de comissão de permanência, calculada pela taxa média do mercado apurada pelo Banco Central do Brasil, limitada à taxa do contrato, caracteriza exigência de vantagem econômica excessiva.

A: correta, pois de acordo com o entendimento pacífico do Superior Tribunal de Justiça, segundo o qual: "*A estipulação de juros remuneratórios superiores a 12% ao ano por si só, não indica abusividade*" (Súmula 382 do STJ; tese julgada sob o rito do artigo 543-C do CPC — tema 25); **B**: incorreta, pois a Súmula 379 do STJ estabelece um limite para tais juros, ao preceituar que: "*Nos contratos bancários não regidos por legislação específica, os juros moratórios poderão ser convencionados até o limite de 1% ao mês*"; **C**: incorreta, pois o STJ entende que: "*Não descaracteriza a mora o ajuizamento isolado de ação revisional, nem mesmo quando o reconhecimento de abusividade incidir sobre os encargos inerentes ao período de inadimplência contratual*" (REsp 1061530 / RS RECURSO ESPECIAL 2008/0119992-4); **D**: incorreta, pois contrária ao enunciado da Súmula 381 do STJ que dispõe: "*Nos contratos bancários, é vedado ao julgador conhecer, de ofício, da abusividade das cláusulas*"; **E**: incorreta, pois o STJ entende que: "*É possível a cobrança de comissão de permanência durante o período de inadimplemento contratual, à taxa média dos juros de mercado, limitada ao percentual fixado no contrato (Súmula 294/STJ), desde que não cumulada com a correção monetária (Súmula 30/STJ), com os juros remuneratórios (Súmula 296/STJ) e moratórios e multa contratual*" (REsp n. 1.058.114/RS, recurso representativo de controvérsia, Relator p/ Acórdão Ministro João Otávio de Noronha, Segunda Seção, julgado em 12/8/2009, DJe 16/11/2010). Gabarito "A"

(Procurador do Estado – PGE/RS – Fundatec – 2015) Em relação ao pagamento e ao inadimplemento das obrigações, analise as seguintes assertivas:
I. Não havendo pena convencional e sendo provado que os juros de mora não cobrem o prejuízo, descabe a fixação de indenização suplementar.
II. Observado o princípio da boa-fé, o pagamento reiterado feito em outro local permite presumir renúncia do credor em relação ao que tenha sido estabelecido no negócio jurídico.
III. Mesmo em caso de prestação obrigacional divisível, não pode o credor ser obrigado a receber de forma parcelada se assim não restou ajustado entre as partes.
IV. Em caso de inadimplemento de obrigações em contratos benéficos, respondem por simples culpa ambos os contratantes.
Quais estão corretas?
(A) Apenas I e IV.
(B) Apenas II e III.
(C) Apenas I, II e III.
(D) Apenas I, II e IV.
(E) Apenas II, III e IV.

I: incorreta, pois contrária aos termos do art. 404, parágrafo único do CC, segundo o qual: *"Provado que os juros da mora não cobrem o prejuízo, e não havendo pena convencional, pode o juiz conceder ao credor indenização suplementar"*; **II:** correta, pois de pleno acordo com o disposto no art. 330 do CC; **III:** correta, pois de acordo com o estabelecido pelo art. 314 do CC; **IV:** incorreta, pois nos "contratos benéficos, responde por simples culpa o contratante, a quem o contrato aproveite, e por dolo aquele a quem não favoreça. Nos contratos onerosos, responde cada uma das partes por culpa, salvo as exceções previstas em lei" (CC, art. 392). **GN**
Gabarito "B".

(Juiz – TJ-SC – FCC – 2017) A cláusula penal:
(A) pode ter valor excedente ao da obrigação principal, ressalvado ao juiz reduzi-lo equitativamente.
(B) incide de pleno direito, se o devedor, ainda que isento de culpa, deixar de cumprir a obrigação ou se constituir-se em mora.
(C) incide de pleno direito, se o devedor, culposamente, deixar de cumprir a obrigação ou se constituir-se em mora.
(D) exclui, sob pena de invalidade, qualquer estipulação que estabeleça indenização suplementar.
(E) sendo indivisível a obrigação, implica que todos os devedores, caindo em falta um deles, serão responsáveis, podendo o valor integral ser demandado de qualquer deles.

A: incorreta, pois o valor da cominação imposta na cláusula penal não pode exceder o da obrigação principal (CC, art. 412); **B:** incorreta, pois a culpa do devedor inadimplente é requisito essencial para a aplicação da cláusula penal (CC, art. 408); **C:** correta, pois de pleno acordo com o disposto no art. 408 do CC; **D:** incorreta, pois a indenização suplementar é admitida, desde que expressamente convencionada (CC, art. 416, parágrafo único); **E:** incorreta, pois no caso de obrigação indivisível, a cláusula penal só se poderá demandar integralmente do culpado, respondendo cada um dos outros somente pela sua quota (CC, art. 414). **GN**
Gabarito "C".

(Promotor de Justiça/SC – 2016 – MPE)
(1) A parte lesada pelo inadimplemento pode pedir a resolução do Contrato, se não preferir exigir-lhe o cumprimento, cabendo, em qualquer dos casos, indenização por perdas e danos. Verifica-se o inadimplemento quando o devedor não cumpre a obrigação, voluntária ou involuntariamente. Porém, a involuntariedade, se provocada pelas consequências advindas de caso fortuito ou de força maior, via de regra, isenta de responsabilidade o devedor.

1: correta, pois a configuração da mora solvendi (mora do devedor) depende de comprovação da culpa do devedor. Assim, *"não havendo fato ou omissão imputável ao devedor, não incorre este em mora"* (CC, art. 396). É importante ressaltar que tal regra não se aplica a mora do credor, a qual independe de culpa. **GN**
Gabarito 1C

(Magistratura/RR – 2015 – FCC) Ao discorrer sobre as obrigações sem prazo, Agostinho Alvim exemplifica: *...se o devedor confessa dever certa soma que restituirá quando lhe fôr pedida, ou no caso da doação de um terreno, tendo o donatário aceito o encargo de construir, sem que entretanto se haja estipulado prazo. Em tais casos, a obrigação não se vence pelo decurso do tempo, por mais longo que êle seja* (**Da Inexecução das Obrigações e suas consequências**. p. 123. 4. ed. Saraiva, 1972).
Não obstante isso, pôde ele concluir que
(A) o remédio do credor está na interpelação, notificação ou protesto, para dar início à mora do devedor.
(B) nesses casos o negócio jurídico é nulo, por faltar-lhe elemento essencial.
(C) a obrigação é impossível.
(D) apesar de a dívida não achar-se vencida pode ela ser cobrada imediatamente e sem necessidade de interpelação, notificação ou protesto, com base nos contratos celebrados.
(E) o credor somente poderá demandar o devedor com base no princípio que veda o enriquecimento sem causa, porque os contratos celebrados são ineficazes.

A: correta (art. 397, parágrafo único, do CC); **B, C e E:** incorretas, pois a lei admite que não haja termo na obrigação (art. 397, parágrafo único, do CC); **D:** incorreta, pois a lei exige, para a configuração da mora no caso, que haja interpelação (art. 397, parágrafo único, do CC). **WG**
Gabarito "A".

(Ministério Público/SP – 2015 – MPE/SP) Sobre o caso fortuito ou de força maior, assinale a alternativa que contém afirmação incorreta:
(A) O devedor não responde pelos prejuízos resultantes de caso fortuito ou força maior, se expressamente não se houver por eles responsabilizado.
(B) O devedor em mora responde pela impossibilidade da prestação, embora essa impossibilidade resulte de caso fortuito ou de força maior, se estes ocorrerem durante o atraso, exceto se provar isenção de culpa ou que o dano sobreviria ainda que a obrigação tivesse sido cumprida oportunamente.
(C) Se, não obstante proibição do mandante, o mandatário se fizer substituir na execução do mandato, responderá ao seu constituinte pelos prejuízos ocorridos sob a gerência do substituto, ainda que provenientes de caso fortuito ou de força maior.
(D) Os casos fortuitos, ocorrentes no ato de contar, marcar ou assinalar coisas, que comumente se recebem, contando, pesando, medindo ou assinalando, e que já tiverem sido postas à disposição do comprador, correrão por conta deste.
(E) Nas obrigações de dar coisa incerta, não poderá o devedor, antes da escolha, alegar a perda ou deterioração da coisa, ainda que por força maior ou caso fortuito.

A: assertiva correta (art. 393, *caput*, do CC); **B:** assertiva correta (art. 399 do CC); **C:** assertiva incorreta, devendo ser assinalada; isso porque não responderá no caso se provar que o caso teria sobrevindo, ainda que não tivesse havido substabelecimento (art. 667, § 1º, do CC); **D:** assertiva correta (art. 492, § 1º, do CC); **E:** assertiva correta (art. 246 do CC). **WG**
Gabarito "C".

(Defensor/PA – 2015 – FMP) Assinale a alternativa INCORRETA.
(A) A boa-fé objetiva configura norma impositiva de limites ao exercício de direitos subjetivos, configurando, assim, importante critério de mensuração da ocorrência do adequado adimplemento e dos limites do enriquecimento ilícito.
(B) O adimplemento substancial deriva do postulado ou princípio da boa-fé objetiva e obsta o direito à resolução do contrato, como exceção ao princípio da exatidão do dever de prestar, em contratos bilaterais ou comutativos.
(C) O terceiro não interessado que paga a dívida em seu próprio nome se sub-roga no direito do credor.
(D) A falência do devedor é causa legal de vencimento antecipado da obrigação, que não atinge devedores solidários solventes.
(E) A cláusula penal tem natureza de obrigação acessória.

A: assertiva correta (v., por exemplo, arts. 309 e 422 do CC); **B:** assertiva correta, pois se o inadimplemento, ainda que não completo, foi substancial, não está de boa-fé quem aproveita desse detalhe com vistas a buscar a resolução do contrato; **C:** assertiva incorreta, devendo ser assinalada (art. 305 do CC); de fato, é necessário que se trate de terceiro interessado para que haja a sub-rogação de pleno direito do crédito (art. 346, III, do CC); **D:** assertiva correta (art. 333, I e parágrafo único, do CC); **E:** assertiva correta, pois ela depende da existência de uma obrigação principal (art. 412 do CC). **WG**
Gabarito "C".

(Procurador do Estado/PR – 2015 – PUC-PR) Observe as assertivas a seguir:
I. Mesmo que se constate a ocorrência de motivos imprevisíveis e supervenientes que alterem o equilíbrio da relação contratual, o juiz só pode alterar o valor das prestações mediante requerimento do interessado.
II. A cessão de crédito opera-se entre credor cedente e terceiro cessionário, produzindo efeitos entre eles assim que concluído o negócio, independentemente do consentimento do devedor. Mas se o devedor pagar ao cedente antes de ter sido notificado da cessão de crédito, ele ficará desobrigado, já que a cessão de crédito não tinha ainda eficácia perante o devedor.
III. As pessoas jurídicas integrantes da Administração Pública tomadoras de serviços de mão de obra terceirizada são solidariamente responsáveis pelos créditos trabalhistas dos empregados das empresas prestadoras de serviços no que se refere ao período em que estes empregados prestaram serviços em suas sedes.
IV. Adimplemento substancial é o adimplemento parcial em nível suficiente a afastar as consequências da mora e liberar o devedor do pagamento das prestações residuais, tendo em vista que a obrigação, apesar de não ter sido cumprida de modo integral, atendeu à sua função social.
Assinale alternativa que apresenta a sequência **CORRETA**, de cima para baixo (considere V para verdadeira, e F para falsa):
(A) V–V–V–F.
(B) F–V–V–F.
(C) V–F–V–V.
(D) F–V–F–F.
(E) V–V–F–F.

I: correta, pois a lei dá essa faculdade ao "devedor" (art. 478 do CC); **II:** correta (art. 292 do CC); **III:** incorreta, pois a responsabilidade é subsidiária (Súmula 331 do TST); **IV:** incorreta, pois a adimplemento substancial, corretamente definido, afasta as consequências mais graves da mora, mas não libera o devedor de cumprir o que falta da prestação. **WG**
Gabarito "E".

(Procurador do Município – Cuiabá/MT – 2014 – FCC) Rubens celebrou contrato no âmbito do qual se comprometeu a reparar a instalação elétrica da residência de Nilce. Para o caso de não realizar o serviço no prazo, as partes estabeleceram que Rubens pagaria a Nilce 50% do valor do contrato, a título de cláusula penal.

Na data em que a obrigação deveria ter sido integralmente cumprida, Rubens havia finalizado 90% dos serviços contratados. Nilce ajuizou ação postulando o pagamento de 50% do valor contratado, conforme as partes haviam estabelecido em contrato. Este valor deverá ser

(A) pago integralmente, porque o contrato faz lei entre as partes e a cominação não supera o valor do contrato.
(B) pago integralmente, porque o contrato faz lei entre as partes, as quais podem estipular cláusula penal de qualquer valor.
(C) afastado por completo, porque a lei comina nulidade à cláusula penal de valor superior a 30% do contrato.
(D) reduzido equitativamente, pelo juiz, porque a obrigação foi cumprida em grande parte.
(E) afastado por completo, porque a obrigação foi cumprida quase que integralmente.

Em diversas oportunidades o Código Civil demonstra uma busca por obrigações justas e equilibradas. Alguns doutrinadores sustentam que isso é decorrência da função social do contrato. Outros enxergam nisso um verdadeiro princípio autônomo denominado "*equilíbrio contratual*". Em todo caso, essa necessidade de estabelecer contratos justos deve prevalecer sobre o princípio da *pacta sunt servanda* (CC, art. 2.035, parágrafo único). Ou seja, ainda que prevista claramente num contrato, a obrigação não pode prosperar caso ela seja desequilibrada ou injusta. Para a hipótese descrita na questão, existe a regra expressa do art. 413 do CC, segundo a qual: "*A penalidade deve ser reduzida equitativamente pelo juiz se a obrigação principal tiver sido cumprida em parte*". GN

Gabarito "D".

(Procurador do Município – Cuiabá/MT – 2014 – FCC) Carlos adquiriu um cavalo premiado para participar de competição de hipismo. O vendedor, Gil, comprometeu-se a entregar o cavalo em até dois dias do início da competição. Gil, no entanto, deixou de entregar o cavalo na data combinada, impossibilitando Carlos de participar do torneio. Entregou-o, porém, três dias depois. Carlos

(A) deverá necessariamente receber a coisa, não podendo reclamar satisfação das perdas e danos.
(B) deverá necessariamente receber a coisa, sem prejuízo de exigir satisfação das perdas e danos.
(C) deverá necessariamente enjeitar a coisa, exigindo satisfação das perdas e danos.
(D) poderá enjeitar a coisa e exigir satisfação das perdas e danos, caso entenda que a prestação se tornou inútil.
(E) poderá enjeitar a coisa e exigir somente a devolução da quantia paga, sem outros acréscimos.

A diferença entre a simples mora e o inadimplemento absoluto reside no fato de que naquela a prestação ainda é útil ao credor. Assim, por exemplo, um atraso de seis meses no pagamento de um aluguel ainda se configura como mora, ao passo que o atraso de um dia na entrega dos grãos de café ao exportador pode configurar inadimplemento absoluto caso o navio já tenha partido para seu destino. O caso descrito na questão demonstra claramente uma hipótese de inadimplemento absoluto, por não interessar mais ao credor receber a referida prestação. Daí porque ele – de acordo com o art. 395 parágrafo único – poderá rejeitar a coisa e exigir perdas e danos. GN

Gabarito "D".

(Ministério Público/PI – 2014 – CESPE) Considerando os conceitos de adimplemento e inadimplemento de uma obrigação, assinale a opção correta.

(A) O devedor pode responder pelos prejuízos resultantes de caso fortuito ou força maior desde que, expressamente, tenha-se por eles responsabilizado.
(B) O juiz pode conceder ao credor indenização suplementar se os juros da mora e a pena convencional não cobrirem o prejuízo suportado.
(C) A invalidade da cláusula penal implica a invalidade da obrigação principal, visto que nesta está inserida.
(D) Considera-se em mora o devedor que não efetue o pagamento no tempo ajustado, mas não o que cumpra a obrigação de forma imperfeita.
(E) Não se admite que o credor recuse a prestação, ainda que o devedor a cumpra em mora, devendo aquele socorrer-se das perdas e danos para ver mitigado seu prejuízo.

A: correta, pois o Código Civil admite a chamada "*cláusula de assunção*", pela qual o devedor assume os prejuízos decorrentes de fortuito ou força maior (CC, art. 393); **B:** incorreta, pois tal possibilidade somente é disponibilizada ao juiz caso não haja pena convencional (CC, art. 404, parágrafo único); **C:** incorreta, pois tal afirmação contraria o princípio segundo o qual o acessório segue o principal. O que poderia se afirmar é que a invalidade da obrigação principal implica na invalidade da cláusula penal; **D:** incorreta, pois a mora não se refere apenas ao tempo do pagamento, mas também ao seu modo e lugar. Assim, estaria em mora o devedor que paga no tempo correto, mas em local ou forma diversa da combinada (CC, art. 394); **E:** incorreta, pois "*se a prestação, devido à mora, se tornar inútil ao credor, este poderá rejeitá-la, e exigir a satisfação das perdas e danos*" (CC, art. 395, parágrafo único). GN

Gabarito "A".

4. CONTRATOS

4.1. CONCEITO, PRESSUPOSTOS, FORMAÇÃO E PRINCÍPIOS DOS CONTRATOS

(Juiz de Direito - TJ/RS - 2018 - VUNESP) Sobre os vícios redibitórios, assinale a alternativa correta.

(A) O adquirente que já estava na posse do bem decai do direito de obter a redibição ou abatimento no preço no prazo de trinta dias se a coisa for móvel, e de um ano se for imóvel.
(B) No caso de bens móveis, quando o vício, por sua natureza, só puder ser conhecido mais tarde, se ele aparecer em até 180 dias, terá o comprador mais 30 dias para requerer a redibição ou abatimento no preço.
(C) Somente existe o direito de obter a redibição se a coisa foi adquirida em razão de contrato comutativo, não se aplicando aos casos em que a aquisição decorreu de doação, mesmo onerosa.
(D) O prazo para postular a redibição ou abatimento no preço, quando o vício, por sua natureza, só puder ser conhecido mais tarde, somente começa a correr a partir do aparecimento do vício, o que pode ocorrer a qualquer tempo.
(E) No caso de bens imóveis, quando o vício, por sua natureza, só puder ser conhecido mais tarde, o prazo é de um ano para que o vício apareça, tendo o comprador, a partir disso, mais 180 dias para postular a redibição ou abatimento no preço.

A: incorreta, pois – quando o adquirente já está na posse do bem – o prazo mencionado na assertiva é reduzido à metade (CC, art. 445) e conta-se a partir da alienação. Vale adicionar que a hipótese é de *traditio brevi manus*, que se verifica quando a pessoa possuía em nome alheio e passa então a possuir em nome próprio (comodatário comprou o bem, por exemplo); **B:** correta, pois de pleno acordo com o disposto no art. 445, § 1º, do Código Civil; **C:** incorreta, pois as regras dos vícios redibitórios aplicam-se também às doações onerosas (CC, art. 441, parágrafo único); **D** e **E:** incorretas, pois – para os casos de vício que só se pode conhecer mais tarde – "*o prazo contar-se-á do momento em que dele tiver ciência, até o prazo máximo de cento e oitenta dias, em se tratando de bens móveis; e de um ano, para os imóveis*" (CC, art. 445, § 1º). GN

Gabarito "B".

(Procurador Municipal – Sertãozinho/SP – VUNESP – 2016) Assinale a alternativa correta sobre direito contratual, conforme disposições do Código Civil de 2002.

(A) Nos contratos de adesão, são nulas as cláusulas ambíguas ou contraditórias, ainda que possível adotar interpretação mais favorável ao aderente.
(B) É nula a cláusula que dispõe que o evicto não tem direito à indenização dos frutos que tiver sido obrigado a restituir.
(C) Admite-se, nas doações com encargo, a rescisão contratual com fundamento na existência de vício redibitório.
(D) A resolução do contrato por onerosidade excessiva é possível nos contratos de execução imediata ou continuada, retroagindo os efeitos da sentença à data da citação.
(E) A proposta de contrato não obriga o proponente, se o contrário não resultar dos termos dela, da natureza do negócio, ou das circunstâncias do caso.

A: incorreta, pois a ambiguidade ou contradição não são causas de nulidade do contrato (CC, art. 423); **B:** incorreta, pois a lei admite estipulação em contrário no que se refere ao direito de indenização dos frutos (CC, art. 450); **C:** correta, pois as doações com encargo estão protegidas contra os vícios redibitórios (CC, art. 441, parágrafo único); **D:** incorreta, pois não se admite aplicação do instituto nos contratos de execução imediata; **E:** incorreta, pois a proposta de contrato obriga o proponente (CC, art. 427). GN

Gabarito "C".

(Procurador do Estado – PGE/RS – Fundatec – 2015) Em relação aos contratos, analise as seguintes assertivas:

I. Nos contratos civis, podem as partes, de forma expressa, reforçar, diminuir ou excluir a responsabilidade pela evicção.
II. Em contratos de adesão, são consideradas inválidas as cláusulas que estipulem renúncia antecipada do aderente a direito resultante da própria natureza do negócio jurídico.
III. Descabe, por disposição de última vontade, ao que estipula em favor de terceiro reservar-se o direito de substituição do terceiro designado no contrato.
IV. Exceto quanto à forma, o contrato preliminar deve conter todos os requisitos essenciais ao contrato a ser celebrado.

Quais estão corretas?

(A) Apenas I e II.
(B) Apenas I e IV.
(C) Apenas I, II e III.
(D) Apenas I, II e IV.
(E) Todas as assertivas estão corretas.

I: correta, pois o Código Civil admite que as partes aumentem, diminuam ou até mesmo afastem as garantias legais oferecidas em caso de evicção (CC, art. 448); **II:** correta, pois de pleno acordo com o disposto no art. 424 do CC; **III:** incorreta, pois o direito de substituição é permitido pela lei, por ato entre vivos ou de última vontade (CC, art. 438, parágrafo único); **IV:** correta, pois de pleno acordo com o disposto no art. 462 do CC. Gabarito "D".

(Juiz – TRF 4ª Região – 2016) Assinale a alternativa correta.

(A) A proposta de contrato obriga o proponente se o contrário não resultar dos termos dela, da natureza do negócio ou das circunstâncias do caso, salvo, entre outras hipóteses, se, feita sem prazo a pessoa presente, não foi imediatamente aceita.

(B) Aquele que tiver prometido fato de terceiro responderá por perdas e danos quando este não o executar, inclusive na hipótese de o terceiro ser cônjuge do promitente, dependendo da sua anuência o ato a ser praticado, e desde que, pelo regime do casamento, a indenização, de algum modo, venha a recair sobre os seus bens.

(C) A cláusula resolutiva expressa opera de pleno direito; a tácita depende de prévia notificação à outra parte, a qual pode se dar via instrumento particular.

(D) Na venda de coisa móvel, pode o vendedor reservar para si a propriedade até que o preço esteja integralmente pago. É o que se chama de contrato de *leasing*.

(E) Nos contratos bancários, na impossibilidade de comprovar a taxa de juros efetivamente contratada – por ausência de pactuação ou pela falta de juntada do instrumento aos autos –, aplica-se a taxa média de mercado, divulgada pelo Banco Central, praticadas nas operações da mesma espécie, mesmo se a taxa cobrada for mais vantajosa para o devedor.

A: correta, pois de pleno acordo com a previsão do art. 427 do CC; **B:** incorreta, pois tal responsabilidade "*não existirá se o terceiro for o cônjuge do promitente, dependendo da sua anuência o ato a ser praticado, e desde que, pelo regime do casamento, a indenização, de algum modo, venha a recair sobre os seus bens*" (CC, art. 439 parágrafo único); **C:** incorreta, pois o art. 474 do CC exige que – no caso da cláusula resolutiva tácita – a interpelação seja judicial; **D:** incorreta, pois a assertiva está definindo a venda com reserva de domínio (CC, art. 521). O leasing é a locação com opção de compra; **E:** incorreta, pois a Súmula 530 do STJ prevê a aplicação da "*taxa média de mercado*", salvo se a taxa cobrada formais vantajosa para o devedor. Gabarito "A".

(Promotor de Justiça/SC – 2016 – MPE)

(1) Existindo, sendo válido e eficaz, o Contrato ainda deve ser abordado sob o prisma da extensão dos seus efeitos quanto às pessoas, onde vigora o princípio da relatividade destes. De acordo com tal proposição, somente estão submissos ao Negócio Jurídico os que a ele anuíram, vez que o pacto não pode beneficiar nem prejudicar terceiros.

1: incorreta, pois há exceções ao princípio da relatividade dos efeitos do negócio. Assim, por exemplo, num contrato de seguro de vida cuja beneficiária é a esposa, a viúva se tornará credora de um negócio do qual ela não participou e talvez nem soubesse da existência. É um exemplo de estipulação em favor de terceiro (CC, art. 436). A doutrina ainda aponta como exceção ao princípio da relatividade a promessa de fato de terceiro (CC, art. 439) e o contrato com pessoa a declarar (CC, art. 467). Gabarito 1E.

(Promotor de Justiça/SC – 2016 – MPE)

(1) O Código Civil ao tratar da interpretação dos negócios jurídicos, dos efeitos do casamento putativo e os que regulam a posse, dentre outros, estabelece a utilização do princípio da boa-fé objetiva.

1: incorreta, pois no caso da posse de boa-fé (CC, art. 1.201) e no caso de casamento putativo (CC, art. 1.561), a lei está se referindo à boa-fé subjetiva, que significa apenas e tão somente a ignorância de um vício que macula o ato. A boa-fé objetiva (CC, art. 422) é um princípio contratual que impõe um comportamento ético, leal e probo entre as partes. Gabarito 1E.

(Defensor Público – DPE/BA – 2016 – FCC) A boa-fé, como cláusula geral contemplada pelo Código Civil de 2002, apresenta

(A) como sua antítese a má-fé, sendo que esta tem a aptidão de macular o ato no plano de sua validade em razão da ilicitude de seu objeto.

(B) alto teor de densidade normativa, estreitando o campo hermenêutico de sua aplicação à hipótese de sua aplicação à hipótese expressamente contemplada pelo texto normativo, em consonância com as exigências de legalidade estrita.

(C) necessidade de aferição do elemento volitivo do agente, consistente na crença de agir em conformidade com o ordenamento jurídico.

(D) duas vertentes, isto é, a boa-fé subjetiva, que depende da análise da consciência subjetiva do agente, e a boa-fé objetiva, como *standard* de comportamento.

(E) indeterminação em sua *fattispecie* a fim de permitir ao intérprete a incidência da hipótese normativa a diversos comportamentos do mundo do ser que não poderiam ser exauridos taxativamente no texto legal.

A boa-fé objetiva, contida no art. 422 do Código Civil é um princípio contratual que impõe aos contratantes um dever de conduta ético e leal e que deve perdurar desde as tratativas até após a conclusão do contrato. A boa-fé objetiva vem estabelecida em cláusula geral e aberta, permitindo ao intérprete – e principalmente ao juiz – sua ampla aplicação e incidência. O juiz pode utilizá-la para interpretar o contrato e até integrá-lo em hipóteses de lacuna contratual. Ela não se confunde com a boa-fé subjetiva, que simplesmente significa a "ignorância de um vício que macula o ato", como ocorre, por exemplo, nos artigos 1.201 e 1.561 do Código Civil. Gabarito "E".

(Magistratura/SC – 2015 – FCC) *O princípio da boa-fé, no Código Civil Brasileiro, não foi consagrado, em artigo expresso, como regra geral, ao contrário do Código Civil Alemão. Mas o nosso Código Comercial incluiu-o como princípio vigorante no campo obrigacional e relacionou-o também com os usos de tráfico (23). Contudo, a inexistência, no Código Civil, de artigo semelhante ao § 242 do BGB não impede que o princípio tenha vigência em nosso direito das obrigações, pois se trata de proposição jurídica, com significado de regra de conduta. O mandamento engloba todos os que participam do vínculo obrigacional e estabelece, entre eles, um elo de cooperação, em face do fim objetivo a que visam*

(Clóvis V. do Couto e Silva. A obrigação como processo. José Bushatsky, Editor, 1976, p. 29-30).

Esse texto foi escrito na vigência do Código Civil de 1916. O Código Civil de 2002

(A) trouxe, porém, mandamento de conduta, tanto ao credor como ao devedor, estabelecendo entre eles o elo de cooperação referido pelo autor.

(B) trouxe disposição análoga à do Código Civil alemão, mas impondo somente ao devedor o dever de boa-fé.

(C) também não trouxe qualquer disposição semelhante à do Código Civil alemão estabelecendo elo de cooperação entre credor e devedor.

(D) trouxe disposição semelhante à do Código Civil alemão, somente na parte geral e como regra interpretativa dos contratos.

(E) trouxe disposição análoga à do Código civil alemão, mas impondo somente ao credor o dever de boa-fé.

A: correta (art. 422 do CC); **B e E:** incorretas, pois o dever é de todos os contratantes (art. 422 do CC); **C:** incorreta, pois a disposição está no art. 422 do CC; **D:** incorreta, pois a disposição não está parte geral do Código, mas na parte que trata dos Contratos. Gabarito "A".

(Magistratura/RR – 2015 – FCC) Roberto e Marieta possuem os filhos Marcos, com vinte e cinco anos, Antonio, com vinte anos e Mônica, com doze anos de idade. Os pais, pretendendo vender um imóvel para Marcos,

(A) terão de pedir a venda judicial, em que Marcos poderá exercer o direito de preferência.

(B) deverão obter o consentimento de Antonio, sem o qual a venda será nula, mas não precisarão do consentimento de Mônica, que é absolutamente incapaz.

(C) não poderão realizar o negócio enquanto Mônica for absolutamente incapaz, devendo aguardar que ela complete dezesseis anos para ser emancipada e consentir na venda, juntamente com Antonio.

(D) deverão obter o consentimento de Antonio e de Mônica, sendo que, para esta, terá de ser dado curador especial pelo juiz.

(E) poderão fazê-lo livremente, se o valor desse imóvel não exceder o disponível, mas se o exceder dependerão do consentimento de Antonio, que, necessariamente, figurará na escritura como curador especial de Mônica.

A: incorreta, pois não há previsão legal nesse sentido; **B e E:** incorretas, pois o consentimento de todos os ascendentes é necessário (art. 496, *caput*, do CC); **C:** incorreta, pois a nomeação de um curador especial no caso é suficiente para resolver a questão sem que tenha de se esperar a maioridade de Mônica; **D:** correta, pois no caso haveria conflito de interesses se os pais pudessem dar autorização representando sua filha em benefício deles mesmos. Gabarito "D".

(Magistratura/GO – 2015 – FCC) Roberto celebrou com Rogério contrato por meio do qual se comprometeu a lhe transferir os bens de seu pai, Mário Augusto, no dia em que este viesse a falecer. No ato da assinatura do contrato, Rogério pagou a Roberto R$ 100.000,00. Antes do falecimento de Mário Augusto, que não possui outros herdeiros, haverá

(A) direito adquirido, pois, de acordo com a Lei de Introdução às Normas do Direito Brasileiro, a ele se equipara o direito sob condição suspensiva inalterável ao arbítrio de outrem.

(B) expectativa de direito, porque, enquanto vivo, os bens pertencem a Mário Augusto, que deles poderá dispor, impedindo que, depois do falecimento, Roberto os transfira a Rogério.

(C) direito adquirido, porque, com a assinatura do contrato, os bens da futura herança passaram a integrar o patrimônio de Rogério.
(D) expectativa de direito, porque, até o falecimento, o direito sobre os bens da futura herança integra o patrimônio de Roberto, que poderá cumprir o contrato apenas depois da abertura da sucessão.
(E) nem direito adquirido nem expectativa de direito, porque o contrato é nulo.

Não se trata de direito adquirido, nem expectativa de direito, pois o art. 426 do CC proíbe a sucessão pactícia, também chamado de pacta corvina ou pacto sucessório. O contrato não pode ter como objeto herança de pessoa viva, de modo que não se permite cogitar a sucessão futura. É norma de ordem pública. Aliás, trata-se de idoneidade do objeto, de modo que é nulo o contrato (art. 166, II, do CC), uma vez que não preenche o requisito de validade previsto no art. 104, II, do CC. **MP**
Gabarito "E".

(DPE/PE – 2015 – CESPE) A respeito de obrigações e contratos, julgue o item abaixo, de acordo com a jurisprudência do STJ.
(1) Os deveres secundários da prestação obrigacional vinculam-se ao correto cumprimento dos deveres principais, como ocorre com a conservação da coisa até a tradição. Por sua vez, os deveres acessórios ou laterais são diretamente relacionados ao correto processamento da relação obrigacional, tais como os de cooperação, de informação, de sigilo e de cuidado.

1: correta, pois traz a exata definição dos deveres secundários, de um lado, e dos deveres acessórios ou laterais (como o dever de respeitar a boa-fé, de outro. Vide a decisão do STF no REsp 1.237.054-PR, j. 22.04.14 **WG**
Gabarito 1C

4.2. CLASSIFICAÇÃO DOS CONTRATOS

A matéria "classificação dos contratos" é bastante doutrinária, diferente das outras, que, como se percebe da leitura deste livro, são normalmente respondidas a partir da leitura do texto da lei. Assim, seguem explicações doutrinárias sobre as principais classificações dos contratos.

1. Quanto aos efeitos (ou quanto às obrigações):

1.1) Contratos unilaterais: *são aqueles em que há obrigações para apenas uma das partes.* São exemplos a doação pura e simples, o mandato, o depósito, o mútuo (empréstimo de bem fungível – dinheiro, p. ex.) e o comodato (empréstimo de bem infungível). Os três últimos são unilaterais, pois somente se formam no instante em que há entrega da coisa (são contratos reais). Entregue o dinheiro, por exemplo, no caso do mútuo, este contrato estará formado e a única parte que terá obrigação será o mutuário, no caso a de devolver a quantia emprestada (e pagar os juros, se for mútuo feneratício).

1.2) Contratos bilaterais: *são aqueles em que há obrigações para ambos os contratantes.* Também são chamados de sinalagmáticos. A expressão "sinalagma" confere a ideia de reciprocidade às obrigações. São exemplos a prestação de serviços e a compra e venda.

1.3) Contratos bilaterais imperfeitos: *são aqueles originariamente unilaterais, que se tornam bilaterais por uma circunstância acidental.* São exemplos o mandato e o depósito não remunerados. Assim, num primeiro momento, o mandato não remunerado é unilateral (só há obrigações para o mandatário), mas, caso o mandatário incorra em despesas para exercê-lo, o mandante passará também a ter obrigações, no caso a de ressarcir o mandatário.

1.4) Contratos bifrontes: *são aqueles que originariamente podem ser unilaterais ou bilaterais.* São exemplos o mandato e o depósito. Se for estipulada remuneração em favor do mandatário ou do depositário, estar-se-á diante de contrato bilateral, pois haverá obrigações para ambas as partes. Do contrário, unilateral, pois haverá obrigações apenas para o mandatário ou para o depositário.

Importância da classificação: a classificação é utilizada, por exemplo, para distinguir contratos em que cabe a exceção de contrato não cumprido. Apenas nos contratos bilaterais é que uma parte pode alegar a exceção, dizendo que só cumpre a sua obrigação após a outra cumprir a sua. Nos contratos unilaterais, como só uma das partes tem obrigações, o instituto não se aplica. Isso vale tanto para a inexecução total (hipótese em que se alega a *exceptio non adimplecti contractus*), como para a inexecução parcial (hipótese em que se alega a *exceptio non rite adimplecti contractus*). Para aplicação do instituto, é importante verificar qual das duas partes tem de cumprir sua obrigação em primeiro lugar.

2. Quanto às vantagens:

2.1) Contratos gratuitos: *são aqueles em que há vantagens apenas para uma das partes.* Também são chamados de benéficos. São exemplos a doação pura e simples, o depósito não remunerado, o mútuo não remunerado e o comodato.

2.2) Contratos onerosos: *são aqueles em que há vantagens para ambas as partes.* São exemplos a compra e venda, a prestação de serviços, o mútuo remunerado (feneratício) e a doação com encargo.

Não se deve confundir a presente classificação com a trazida acima, para o fim de achar que todo contrato unilateral é gratuito e que todo contrato bilateral é oneroso. Como exemplo de contrato unilateral e oneroso pode-se trazer o mútuo feneratício.

3. Quanto ao momento de formação:

3.1) Contrato consensual: *é aquele que se forma no momento do acordo de vontades.* São exemplos a compra e venda e o mandato. Neste tipo de contrato, a entrega da coisa (tradição) é mera execução do contrato.

3.2) Contrato real: *é aquele que somente se forma com a entrega da coisa.* São exemplos o comodato, o depósito e o mútuo. Neste contrato, a entrega da coisa é requisito para a formação, a existência do contrato.

4. Quanto à forma:

4.1) Contratos não solenes: *são aqueles de forma livre.* São exemplos a compra e venda de bens móveis, a prestação de serviços e a locação. A regra é ter o contrato forma livre (art. 107 do CC), podendo ser verbal, gestual ou escrito, devendo obedecer a uma forma especial apenas quando a lei determinar.

4.2) Contratos solenes: *são aqueles que devem obedecer a uma forma prescrita em lei.* São exemplos a compra e venda de imóveis (deve ser escrita, e, se de valor superior a 30 salários-mínimos, deve ser por escritura pública), o seguro e a fiança.

A forma, quando trazida na lei, costuma ser essencial para a validade do negócio (forma *ad solemnitatem*). Porém, em algumas situações, a forma é mero meio de prova de um dado negócio jurídico (forma *ad probationem tantum*).

5. Quanto à existência de regramento legal:

5.1) Contratos típicos (ou nominados): *são os que têm regramento legal específico.* O CC traz pelo menos vinte contratos típicos, como a compra e venda, a doação e o mandato. Leis especiais trazem diversos outros contratos dessa natureza, como o de locação de imóveis urbanos (Lei 8.245/1991), de incorporação imobiliária (Lei 4.561/1964) e de alienação fiduciária (Lei 4.728/1965 com alterações do Decreto-Lei 911/1969).

5.2) Contratos atípicos (ou inominados): *são os que não têm regramento legal específico, nascendo da determinação das partes.* Surgem da vida cotidiana, da necessidade do comércio. São exemplos o contrato de cessão de clientela, de agenciamento matrimonial, de excursão turística e de feiras e exposições. Apesar de não haver regulamentação legal desses contratos, o princípio da autonomia da vontade possibilita sua celebração, observados alguns limites impostos pela lei.

5.3) Contratos mistos: são os que resultam da fusão de contratos nominados com elementos particulares, não previstos pelo legislador, criando novos negócios contratuais. Exemplo é o contrato de exploração de lavoura de café, em que se misturam elementos atípicos com contratos típicos, como a locação de serviços, a empreitada, o arrendamento rural e a parceria agrícola.

6. Quanto às condições de formação:

6.1) Contratos paritários: são aqueles em que as partes estão em situação de igualdade, podendo discutir efetivamente as condições contratuais.

6.2) Contratos de adesão: são aqueles cujas cláusulas são aprovadas pela autoridade competente ou estabelecidas unilateralmente, sem que o aderente possa modificar ou discutir substancialmente o seu conteúdo. Exemplos: contratos de financiamento bancário, seguro e telefonia. A lei estabelece que a inserção de uma cláusula no formulário não desnatura o contrato, que continua de adesão.

Importância da classificação: os contratos por adesão têm o mesmo regime jurídico dos contratos paritários, mas há algumas diferenças. Se o contrato de adesão for regido pelo Direito Civil, há duas regras aplicáveis: a) as cláusulas ambíguas devem ser interpretadas favoravelmente ao aderente (art. 423, CC); b) a cláusula que estipula a renúncia antecipada do aderente a direito resultante da natureza do contrato é nula (art. 424, CC). Já se o contrato de adesão for regido pelo CDC, há duas regras peculiares a esse contrato (art. 54, CDC): a) os contratos de adesão admitem cláusula resolutória, mas estas são alternativas, cabendo a escolha ao consumidor, ou seja, o consumidor escolhe se deseja purgar a mora e permanecer com o contrato ou se quer a sua resolução; b) as cláusulas limitativas de direito devem ser redigidas com destaque, permitindo sua imediata e fácil identificação, sendo que o desrespeito a essa regra gera a nulidade da cláusula (art. 54, § 4º, c/c o art. 51, XV).

7. Quanto à definitividade:

7.1) Contratos definitivos: são aqueles que criam obrigações finais aos contratantes. Os contratos são, em sua maioria, definitivos.

7.2) Contratos preliminares: são aqueles que têm como objeto a realização futura de um contrato definitivo. Um exemplo é o compromisso de compra e venda. Os contratos preliminares devem conter os requisitos essenciais do contrato a ser celebrado, salvo quanto à forma. Assim, enquanto a compra e venda definitiva deve ser por escritura pública, o compromisso de compra e venda pode ser por escritura particular. Além disso, o contrato preliminar deve ser levado a registro para ter eficácia perante terceiros. Assim, um compromisso de compra e venda não precisa ser levado a registro para ser válido, mas aquele que não levá-lo a registro não tem como impedir que um terceiro o faça antes, pois, não registrando, carregará este ônus. De qualquer forma, o compromissário comprador, uma vez pagas todas as parcelas do compromisso, tem direito à adjudicação compulsória, independentemente do registro do compromisso no Registro de Imóveis. O compromissário deve apenas torcer para que alguém não tenha feito isso antes. As regras sobre o contrato preliminar estão nos artigos 462 e 463, CC.

(A) consequência imediata do contrato preliminar: desde que não conste cláusula de arrependimento, qualquer das partes pode exigir a celebração do contrato definitivo, assinalando prazo à outra. É importante ressaltar que, em matéria de imóveis, há diversas leis impedindo a cláusula de arrependimento.

(B) consequência mediata do contrato preliminar: esgotado o prazo acima sem a assinatura do contrato definitivo, a parte prejudicada pode requerer ao Judiciário que supra a vontade do inadimplente, conferindo caráter definitivo ao contrato preliminar, salvo se a isto se opuser a natureza da obrigação.

8. Quanto ao conhecimento prévio das prestações:

8.1) Contrato comutativo: *é aquele em que as partes, de antemão, conhecem as prestações que deverão cumprir.* Exs.: compra e venda, prestação de serviços, mútuo, locação, empreitada etc. A maior parte dos contratos tem essa natureza.

8.2) Contrato aleatório: *é aquele em que pelo menos a prestação de uma das partes não é conhecida de antemão.* Ex.: contrato de seguro.

9. Quanto ao momento de execução:

9.1) Contratos instantâneos: *são aqueles em que a execução se dá no momento da celebração.* Um exemplo é a compra e venda de pronta entrega e pagamento.

9.2) Contratos de execução diferida: *são aqueles em que a execução se dá em ato único, em momento posterior à celebração.* Constitui exemplo a compra e venda para pagamento em 120 dias.

9.3) Contratos de trato sucessivo ou de execução continuada: *são aqueles em que a execução é distribuída no tempo em atos reiterados.* São exemplos a compra e venda em prestações, a locação e o financiamento pago em parcelas.

(Juiz – TRF 2ª Região – 2017) Pessoa jurídica obteve empréstimo junto a certa instituição financeira, pelo qual recebeu determinada quantia, com a obrigação de devolvê-la com correção e juros de 12% ao ano. Exclusivamente à luz dos dados fornecidos e da visão dominante, classifique o contrato citado:
(A) Bilateral imperfeito, de adesão e fenerático.
(B) Unilateral, real e oneroso.
(C) Bilateral, oneroso, formal e de adesão.
(D) Bilateral, real, de adesão e oneroso.
(E) Unilateral, puramente consensual (não real), benéfico e oneroso.

A questão apresenta um contrato de mútuo feneratício, que nada mais é do que um empréstimo de dinheiro com obrigação de pagar juros remuneratórios. O contrato de mútuo é real, pois ele só nasce juridicamente após a entrega da *res*, que é o dinheiro. Após o nascimento do contrato, surgem obrigações apenas para o mutuário, a saber: devolver o valor emprestado e também pagar os juros. É por isso que ele é um contrato unilateral. Entretanto, há vantagens para ambos, visto que o mutuário disporá do valor que precisava, ao passo que o mutuante ganhará os juros. Por isso, é um contrato oneroso. O referido contrato de mútuo não é consensual (aquele que surge com o consenso entre as partes), não é de adesão (pois a questão não mencionou tal característica) e não é formal, pois não se exige forma prescrita em lei para sua prática. Gabarito "B".

(Procurador Distrital – 2014 – CESPE) Julgue o seguinte item.

(1) É possível a revisão ou a resolução dos contratos aleatórios por sua onerosidade excessiva, desde que o evento gerador da revisão ou resolução, superveniente, extraordinário e imprevisível, não se relacione com a própria álea assumida no contrato.

1: Correta. A assertiva está correta, pois o risco assumido em um contrato aleatório possui limites determinados. Dentro desse âmbito, a parte que assumiu o risco deverá arcar com ele durante a execução do contrato. Por outro lado, poderá alegar onerosidade excessiva quanto àquilo que extrapolar a álea pré-definida, pois neste caso o contexto inicialmente previsto para o cumprimento foi alterado por fatos supervenientes, extraordinários e imprevisíveis, sendo perfeitamente possível a revisão, conforme art. 478 do CC. Gabarito 1C.

(Procurador do Estado/BA – 2014 – CESPE) Julgue o seguinte item.

(1) A teoria do adimplemento substancial impõe limites ao exercício do direito potestativo de resolução de um contrato.

1: correta. A afirmação está correta, pois a depender da quantidade de parcelas que o devedor tenha pagado, o credor não pode simplesmente resolver o contrato no caso de inadimplemento. A jurisprudência tem se posicionado pela manutenção da avença e cobrança do saldo remanescente. Logo, o direito potestativo do credor sofre restrições quanto a resolução. Neste sentido, encarta-se julgado do STJ: "direito civil. Contrato de arrendamento mercantil para aquisição de veículo (*leasing*). Pagamento de trinta e uma das trinta e seis parcelas devidas. Resolução do contrato. Ação de reintegração de posse. Descabimento. Medidas desproporcionais diante do débito remanescente. Aplicação da *teoria do adimplemento substancial*.1. É pela lente das cláusulas gerais previstas no Código Civil de 2002, sobretudo a da boa-fé objetiva e da função social, que deve ser lido o art. 475, segundo o qual "[a] parte lesada pelo inadimplemento pode pedir a resolução do contrato, se não preferir exigir-lhe o cumprimento, cabendo, em qualquer dos casos, indenização por perdas e danos". 2. Nessa linha de entendimento, *a teoria do substancial adimplemento visa a impedir o uso desequilibrado do direito de resolução por parte do credor, preterindo desfazimentos desnecessários em prol da preservação da avença, com vistas à realização dos princípios da boa-fé e da função social do contrato.* 3. No caso em apreço, é de se aplicar a da teoria do adimplemento substancial dos contratos, porquanto o réu pagou: "31 das 36 prestações contratadas, 86% da obrigação total (contraprestação e VRG parcelado) e mais R$ 10.500,44 de valor residual garantido". O mencionado descumprimento contratual é inapto a ensejar a reintegração de posse pretendida e, consequentemente, a resolução do contrato de arrendamento mercantil, medidas desproporcionais diante do substancial adimplemento da avença.4. Não se está a afirmar que a dívida não paga desaparece, o que seria um convite a toda sorte de fraudes. Apenas se afirma que o meio de realização do crédito por que optou a instituição financeira não se mostra consentâneo com a extensão do inadimplemento e, de resto, com os ventos do Código Civil de 2002. Pode, certamente, o credor valer-se de *meios menos gravosos* e proporcionalmente mais adequados à persecução do crédito remanescente, como, por exemplo, a execução do título.5. Recurso especial não conhecido" (REsp 1051270/RS, Rel. Ministro Luis Felipe Salomão, Quarta Turma, julgado em 04.08.2011, *DJe* 05.09.2011). Gabarito 1C.

(Procurador do Estado/BA – 2014 – CESPE) Julgue o seguinte item.

(1) De acordo com o entendimento do STJ, havendo cláusula de arrependimento em compromisso de compra e venda, a devolução do sinal, por quem o deu, ou a sua restituição em dobro, por quem o recebeu, exclui indenização maior a título de perdas e danos, salvo os juros moratórios e os encargos do processo.

1: correta, nos termos do julgado exarado pelo STJ: "Promessa de venda e arguição de coisa julgada. Inexiste coisa julgada se, na demanda precedente, não se examinou o "meritum causae", restrita que ficou a decisão ali proferida à matéria de natureza processual. *Tratando-se de arras penitenciais, a restituição em dobro do sinal, devidamente corrigido, pelo promitente-vendedor, exclui indenização maior a título de perdas e danos.* Sum. 412-STF e precedentes do STJ. Recurso especial não conhecido" (REsp 34.793/SP, Rel. Ministro Barros Monteiro, Quarta Turma, julgado em 09.12.1997, *DJ* 30.03.1998, p. 66). Ademais, referido posicionamento reflete literalmente o teor da súmula 412 do STF, conforme mencionado no acórdão. Gabarito 1C.

4.3. ONEROSIDADE EXCESSIVA

(Defensor/PA – 2015 – FMP) Assinale a alternativa CORRETA.

(A) No sistema do Código Civil, a onerosidade excessiva é exceção que impõe revisão do contrato, em atenção ao princípio da conservação dos atos jurídicos, motivo pelo qual não está autorizada a resolução da avença.
(B) A exceção por onerosidade excessiva é aplicável a qualquer espécie contratual.
(C) A impossibilidade inicial do objeto do negócio jurídico pode ser classificada em absoluta ou relativa. A classificação não tem valor no que concerne aos efeitos, porque, em quaisquer dos casos, a repercussão da eiva se dará no plano da eficácia dos negócios jurídicos.
(D) *Exceptio non rite adimpleti contractus* é a exceção do cumprimento defeituoso do contrato.
(E) A cláusula resolutiva expressa exige interpelação judicial para produzir efeitos.

A: incorreta, pois há resolução da avença se não for possível a manutenção do ajuste sem solução do problema (art. 478 do CC); **B:** incorreta, pois deve-se tratar de contrato de execução continuada ou diferida (art. 478 do CC); **C:** incorreta, pois a impossibilidade inicial do objeto não invalida o negócio se for relativa ou se cessar antes de realizada a condição a que ele estiver subordinado (art. 106 do CC); já se for uma impossibilidade absoluta no negócio, será nulo (art. 104, II, do CC); **D:** correta, pois aqui se tem um cumprimento parcial ("riti"), diferentemente da *exceptio no adimpleti contractus*, em que se faz a exceção pelo não cumprimento total do contrato pela outra parte; **E:** incorreta, pois essa cláusula, quando expressa, opera de pleno direito (art. 474 do CC).

Gabarito "D".

4.4. EVICÇÃO

(Procurador Municipal/SP – VUNESP – 2016) Quanto à evicção, é correto afirmar que

(A) é necessária a comprovação do trânsito em julgado da sentença que reconhece a evicção para que o evicto possa exercer os direitos dela resultantes.

(B) o direito do evicto de recobrar o preço que pagou pela coisa evicta depende do alienante participar na ação em que terceiro reivindique a coisa.

(C) para o exercício do direito de evicção, é suficiente que a parte fique privada do bem em decorrência de ato administrativo.

(D) as restrições decorrentes de tombamento do imóvel alienado ensejam evicção, mesmo que a adquirente tenha conhecimento do ato administrativo.

(E) nos contratos onerosos e gratuitos, o alienante responde pela evicção. Subsiste essa garantia ainda que a aquisição se tenha realizado em hasta pública.

A: A: incorreta. O STJ já pacificou o entendimento de que o evicto não precisa aguardar até o trânsito em julgado da sentença que reconhece a evicção a fim de que possa exercer os direitos daí resultantes (REsp 1332112/GO, Rel. Ministro Luis Felipe Salomão, Quarta Turma, julgado em 21/03/2013, DJe 17/04/2013); **B:** incorreta. Há muito se pacificou o entendimento de que – mesmo sem a denunciação da lide – o evicto mantém o direito de ajuizar ação autônoma contra o alienante do imóvel. Nesse sentido, o STJ decidiu que: "*O exercício do direito oriundo da evicção independe da denunciação da lide ao alienante na ação em que terceiro reivindica a coisa*" (REsp 1332112/GO, Rel. Ministro Luis Felipe Salomão, Quarta Turma, julgado em 21/03/2013, DJe 17/04/2013); **C:** correta, pois a privação administrativa do bem também proporciona ao adquirente uma perda suficiente para lhe conceder os direitos decorrentes da evicção; **D:** incorreta, pois "*Não pode o adquirente demandar pela evicção, se sabia que a coisa era alheia ou litigiosa*" (CC, art. 457); **E:** incorreta, pois as garantias contra a evicção limitam-se aos contratos onerosos.

Gabarito "C".

(Procurador – SP – VUNESP – 2015) Sobre o instituto da evicção, assinale a alternativa correta.

(A) A evicção parcial não garante ao adquirente direito à indenização ou à rescisão do contrato.

(B) O adquirente perde os direitos decorrentes da evicção, se a aquisição se deu em hasta pública.

(C) Admite-se a estipulação de cláusula contratual excluindo a responsabilidade pela evicção.

(D) Se houver dolo por parte do alienante, deverá restituir em dobro o valor recebido pela alienante.

(E) O adquirente pode demandar pela evicção, ainda que soubesse que a coisa era alheia ou litigiosa.

A: incorreta, pois quando a evicção é parcial, o Código prevê duas soluções. Se a evicção parcial foi considerável, o evicto poderá optar entre a rescisão do contrato e a restituição de parte do preço. Já se foi não considerável, caberá somente direito a indenização (CC, art. 455); **B:** incorreta, pois o art. 447 do Código Civil mantém a garantia contra a evicção, mesmo nas aquisições realizadas em hasta pública; **C:** correta, pois as partes podem, "por cláusula expressa, reforçar, diminuir ou excluir a responsabilidade pela evicção" (CC, art. 448); **D:** incorreta, pois não existe tal previsão legal; **E:** incorreta, pois nesse caso não assiste direito ao evicto de demandar pela evicção (CC, art. 457).

Gabarito "C".

(Magistratura/GO – 2015 – FCC) Renato adquiriu imóvel e assinou contrato no âmbito do qual foi excluída, por cláusula expressa, a responsabilidade pela evicção. A cláusula é

(A) válida, mas, se Renato restar evicto, terá direito de receber o preço que pagou pelo imóvel, ainda que soubesse do risco da evicção.

(B) válida, excluindo, em qualquer caso, o direito de Renato receber quaisquer valores em caso de evicção.

(C) nula, porque fere preceito de ordem pública.

(D) válida, mas, se Renato restar evicto, terá direito de receber o preço que pagou pelo imóvel, se não soube do risco da evicção ou se, dele informado, não o assumiu.

(E) válida, mas, se Renato restar evicto, terá direito de receber o preço que pagou pelo imóvel mais indenização pelos prejuízos decorrentes da evicção, tais como despesas de contrato e custas judiciais, se não soube do risco da evicção ou se, dele informado, não o assumiu.

A: incorreta, pois, excluída a responsabilidade por evicção (que é uma cláusula válida) e estando o adquirente ciente do risco e assumindo esse risco, não terá direito de receber o preço que pagou pelo imóvel (art. 449 do CC); **B:** incorreta, pois caso Renato não tenha ciência do risco da evicção ou, dele informado, não tenha assumido o risco, terá direito

sim ao menos ao valor que tiver pagado pela coisa (art. 449 do CC); **C:** incorreta, pois a cláusula de exclusão da garantia contra a evicção é considerada válida pela lei (art. 448 do CC); **D:** correta (art. 449 do CC); **E:** incorreta, pois no caso citado, em que há exclusão contratual expressa da garantia, o adquirente só terá direito de receber de volta o preço que tiver pagado pelo imóvel (art. 449 do CC), não tendo direto às demais despesas e custas, direito este que só teria se não houvesse cláusula excluindo a garantia contra a evicção (art. 450 do CC).

Gabarito "D".

4.5. VÍCIOS REDIBITÓRIOS

(Procurador do Estado – PGE/MT – FCC – 2016) Isac vendeu seu veículo a Juliano, por preço bem inferior ao de mercado, fazendo constar, no contrato de compra e venda, que o bem estava mal conservado e poderia apresentar vícios diversos e graves. Passados quarenta dias da realização do negócio, o veículo parou de funcionar. Juliano ajuizou ação redibitória contra Isac, requerendo a restituição do valor pago, mais perdas e danos. A pretensão de Juliano:

(A) improcede, porque, embora a coisa possa ser enjeitada, em razão de vício redibitório, as perdas e danos apenas seriam devidas se Isac houvesse procedido de má-fé.

(B) procede, porque a coisa recebida em virtude de contrato comutativo pode ser enjeitada por vícios ou defeitos ocultos, que a tornem imprópria ao uso a que é destinada, ou lhe diminuam o valor.

(C) improcede, porque firmou contrato comutativo, assumindo o risco de que o bem viesse a apresentar avarias.

(D) improcede, porque não configurados os elementos definidores do vício redibitório e o comprador assumiu o risco de que o bem viesse a apresentar avarias.

(E) procede, porque a coisa recebida em virtude de contrato comutativo pode ser enjeitada por vícios ou defeitos ocultos, que a tornem imprópria ao uso a que é destinada, ou lhe diminuam o valor, mas está prescrita, porque se passaram mais de 30 dias da realização do negócio.

O vício redibitório – para que assim se caracterize – precisa ser relevante (por tornar a coisa imprópria à normal utilização ou por gerar considerável desvalorização) e oculto. No caso apresentado, o adquirente foi informado da real condição do veículo, o que já elimina o segundo requisito. Ademais, o art. 445 do CC estabelece o prazo decadencial de trinta dias a contar da entrega para que o adquirente exerça seus direitos decorrentes do vício redibitório.

Gabarito "D".

(Procurador do Estado – PGE/MT – FCC – 2016) Donizete adquiriu um veículo zero quilômetro da Concessionária Rode Bem. Ao dirigi-lo pela primeira vez, verificou que o veículo apresentava avarias nos freios, colocando sua segurança em risco. Passados oitenta dias, Donizete formulou reclamação extrajudicial perante o fornecedor, requerendo a reparação do vício, a qual foi respondida, negativamente, vinte dias depois. No dia da resposta negativa, Donizete ajuizou ação judicial. O direito de reclamar pelo vício:

(A) decaiu, porque, embora o consumidor tenha formulado reclamação perante o fornecedor, a decadência não admite interrupção nem suspensão.

(B) prescreveu, porque, da constatação do vício, até o ajuizamento da ação, passaram-se mais de noventa dias.

(C) decaiu, porque, da constatação do vício, até o ajuizamento da ação, passaram-se mais de noventa dias.

(D) não decaiu, porque, até a resposta negativa à reclamação, a fluência do prazo ficou obstada.

(E) não decaiu, porque, de acordo com o Código de Defesa do Consumidor, é de cinco anos o prazo para reclamar pelo vício do produto.

O prazo para reclamar de vícios aparentes ou de fácil constatação em produtos duráveis é de 90 dias (CDC, art. 26, II). Contudo, o mesmo diploma legislativo prevê que tal prazo não fluirá entre a reclamação apresentada e a resposta negativa do fornecedor. Como Donizete formulou a reclamação dentro do prazo e ajuizou a ação no dia da resposta, seu direito está intacto.

Gabarito "D".

4.6. EXTINÇÃO DOS CONTRATOS

(Promotor de Justiça/SC – 2016 – MPE)

(1) Nas relações contratuais tuteladas pelo Código Civil vigora o princípio da *exceção do contrato inadimplido* que consiste na possibilidade da parte lesada requerer a resilição contratual em decorrência do inadimplemento contratual da outra parte.

1: incorreta, pois a definição de exceção do contrato não cumprido está imprecisa. A rigor, é preciso antes observar a definição de cláusula resolutiva tácita (CC, art. 474), a qual possibilita a extinção do contrato quando uma das partes não cumpre com sua obrigação contratual. A exceção do contrato não cumprido é a forma defensiva de se alegar tal cláusula resolutiva tácita. A parte inocente pode se utilizar dessa defesa caso a parte inadimplente efetue cobrança pelo cumprimento de obrigação contratual. **Gabarito 'E'**.

(Defensor Público – DPE/RN – 2016 – CESPE) No tocante à extinção dos contratos, assinale a opção correta.

(A) Nos contratos bilaterais, o credor pode exigir a realização da obrigação pela outra parte, ainda que não cumpra a integralidade da prestação que lhe caiba.

(B) A extinção do contrato decorrente de cláusula resolutiva expressa configura exercício do direito potestativo de uma das partes do contrato de impor à outra sua extinção e depende de interpelação judicial.

(C) Situação hipotética: Joaquim, mediante contrato firmado, prestava serviços de contabilidade à empresa de Joana. Joaquim e Joana decidiram encerrar, consensualmente, o pactuado e dar fim à relação contratual. Assertiva: Nessa situação, configurou-se a resilição do contrato por meio de denúncia de uma das partes.

(D) A cláusula resolutiva tácita é causa de extinção contemporânea à celebração ou formação do contrato, e a presença do vício torna o contrato nulo.

(E) A resolução do contrato por onerosidade excessiva não se aplica aos contratos de execução instantânea, pois ocorre quando, no momento da efetivação da prestação, esta se torna demasiadamente onerosa para uma das partes, em virtude de acontecimentos extraordinários e imprevisíveis.

A: incorreta, pois a assertiva viola a milenar regra da *exceptio non adimpleti contractus*, atualmente estabelecida no art. 476 do Código Civil: "*Nos contratos bilaterais, nenhum dos contratantes, antes de cumprida a sua obrigação, pode exigir o implemento da do outro*"; **B**: incorreta, pois apenas a cláusula resolutiva tácita depende de interpelação judicial. A cláusula resolutiva expressa não depende (CC, art. 474); **C**: incorreta, pois nesse caso configurou-se o distrato, que é a resolução bilateral do contrato. Nessa hipótese, as duas partes estabelecem o fim da relação contratual; **D**: incorreta, pois a cláusula resolutiva tácita só irá atuar caso uma das partes não cumpra sua obrigação contratual, ou seja, é posterior à formação do contrato (CC, art. 474); **E**: correta, pois a resolução do contrato por onerosidade excessiva é típica de contratos de execução continuada. A ideia é que o contrato – com o tempo – tornou-se excessivamente oneroso para uma das partes (CC, art. 478). **Gabarito 'E'**.

(Cartório/DF – 2014 – CESPE) Acerca da extinção dos contratos, assinale a opção correta.

(A) Em se tratando de contrato de execução continuada, as prestações efetivadas na relação de consumo não são restituídas, porquanto a resolução não tem efeito relativamente ao passado.

(B) Em regra, a morte de um dos contratantes acarreta a dissolução do contrato por inexecução involuntária, sob o fundamento de caso fortuito e força maior.

(C) Admite-se a inscrição, nas apólices de seguro, de cláusulas de rescisão unilateral e de exclusão de sua eficácia, por conveniência da seguradora, com fundamento em fato superveniente.

(D) Nos contratos solenes, é possível a previsão de cláusulas de arrependimento, mediante ressarcimento dos prejuízos consistente na guarda das arras recebidas e perdas e danos.

(E) A resolução por inexecução voluntária implica a extinção retroativa do contrato, opera *ex tunc* caso este seja de execução única, desconstitui os efeitos jurídicos produzidos e determina a restituição das prestações cumpridas.

A: incorreta, pois tal vedação à restituição de prestações não encontra amparo na lei (CDC, art. 53); **B**: incorreta, pois alguns contratos permanecem válidos e eficazes perante os sucessores (ex.: arts. 10 e 11 da Lei 8.245/1991); **C**: incorreta, pois o direito de rescindir o contrato unilateralmente só se verifica se houver "incidente que agrave consideravelmente o risco coberto" (CC, art. 769); **D**: incorreta, pois se houver cláusula de arrependimento "as arras terão função unicamente indenizatória. Neste caso, quem as deu perdê-las-á em benefício da outra parte; e quem as recebeu devolvê-las-á, mais o equivalente", sem direito a perdas e danos complementares (CC, art. 420); **E**: correta, pois a assertiva reproduz os efeitos jurídicos decorrentes da inexecução voluntária de um contrato. **Gabarito 'E'**.

4.7. COMPRA E VENDA E TROCA

(Defensor Público – DPE/PR – 2017 – FCC) Sobre posse, é correto afirmar:

(A) O locatário, em que pese possuidor direto, não pode invocar proteção possessória contra terceiro esbulhador do imóvel por ele locado, pois lhe falta o *animus domini*.

(B) O defeito da posse injusta não pode ser invocado contra o herdeiro que desconhecia essa característica da posse exercida pelo falecido.

(C) O fato de o esbulhador ter adquirido sua posse mediante violência física inquina vício em sua posse mesmo que, posteriormente, compre o bem do esbulhado.

(D) O comodatário, devidamente notificado para sair do bem dado em comodato, e que não o faz no prazo assinalado, passa a exercer posse precária.

(E) A posse *ad usucapionem* é aquela que, além dos elementos essenciais à posse, deve sempre se revestir de boa-fé, decurso de tempo suficiente, ser mansa e pacífica, fundar-se em justo título e ter o possuidor a coisa como sua.

A: Incorreta, eis que viola o disposto no artigo 1.210 do Código Civil. É dizer, o contrato de locação confere ao locatário justo título à sua posse direta do imóvel locado. Assim, por ser legítimo possuidor, ele faz jus às ações possessórias para defesa de sua posse. **B**: Incorreta, pois viola o artigo 1.206 do Código Civil. É dizer, a natureza da posse mantém-se inalterada durante o período de permanência com seu titular, transmitindo-se, inclusive, aos herdeiros ou legatários, quando da continuidade da posse. **C**: Incorreta, visto que a posse violenta pode ser convalescida, quando cessado os atos de violência, não obstante continue sendo injusta em relação ao anterior possuidor. Como a questão mencionou em sua parte final que o próprio esbulhador comprou o bem esbulhado, houve uma transmudação da sua natureza, pois ela deixou de ser injusta quanto ao seu modo de aquisição. **D**: Correto, posse precária é aquela posse justa que se tornou injusta, leia-se, é adquirida mediante negócio jurídico onde o comodatário obriga-se a restituir a posse no fim do contrato e não a restitui, logo, há quebra do dever de confiança entre as partes. Com a notificação pela entrega do bem dado em comodato e o desrespeito do prazo para sua restituição, sua posse que era justa, tornou-se injusta, ou seja, precária. **E**: Incorreta, posse *usucapionem* é aquela que além dos elementos essenciais à posse, pode ser adquirida mediante usucapião, independentemente de boa-fé e justo título. Vale dizer, qualquer espécie de usucapião. Lembre-se na usucapião extraordinária basta a posse, em regra por quinze anos, mansa e pacífica, pública e notória, contínua e ininterrupta, além do *animus domini*, conforme dispõe o artigo 1.238 do Código Civil. O erro está no advérbio "sempre" resistir de boa-fé e justo título. Há outras espécies de posse *ad usucapionem* que não possuem boa-fé e justo título. **Gabarito 'D'**.

(Defensor Público – DPE/SC – 2017 – FCC) A modificação da posse, pela denominada "*interversio possessionis*", ocorre:

(A) quando há divisão no exercício da posse entre posse direta e indireta, cada qual exercida por pessoa distinta, excluídas as hipóteses de tença.

(B) quando a posse se converte em propriedade por meio da usucapião, em qualquer de suas modalidades.

(C) quando uma posse exercida licitamente de forma inicial, vem a ter modificada a sua natureza, se o possuidor direto manifestar oposição inequívoca ao possuidor indireto, tendo por efeito a caracterização do *animus dominum*.

(D) quando o possuidor lança mão dos interditos possessórios para assegurar o exercício de sua posse, dentro de ano e dia.

(E) nas hipóteses de autotutela da posse, ou seja: o desforço imediato ou a legítima defesa da posse, desde que exercida imediatamente e por meios moderados.

Denomina-se *interversio possessionis*, ou seja, interversão da posse a situação em que o possuidor a título precário afronta o antigo proprietário como se fosse dono, de acordo com o artigo 1.203 do Código Civil e o Enunciado 237 da III Jornada de Direito Civil: "É cabível a modificação do título da posse – *interversio possessionis* – na hipótese em que o até então possuidor direto demonstrar ato exterior e inequívoco de oposição ao antigo possuidor indireto, tendo por efeito a caracterização do *animus domini*". **Gabarito 'C'**.

(Defensor Público – DPE/PR – 2017 – FCC) Considere as assertivas a seguir sobre os negócios jurídicos.

I. As arras confirmatórias têm natureza de direito real e, logo, pressupõem tradição para o aperfeiçoamento do negócio jurídico.

II. Sem previsão de cláusula de arrependimento expressa no contrato, não há possibilidade de indenização a título de arras penitenciais pela frustração do negócio jurídico.

III. Mesmo em contrato preliminar, o vício de forma é insuscetível de convalidação.

IV. O inadimplemento das arras confirmatórias implica a responsabilidade civil contratual do devedor.

Está correto o que se afirma APENAS em

(A) III.
(B) IV.
(C) III e IV.
(D) I, II e III.
(E) I e II.

I: Correta. As arras confirmatórias têm natureza acessória, pois não existem por si, dependem de um contrato principal. Assim como têm natureza real, eis que se aperfeiçoam pela entrega ou transferência da coisa, podendo ser dinheiro ou bem fungível, de uma parte a outra, nos termos dias artigos 417 a 419 do Código Civil. **II**: Correta, nos termos do artigo 420 do Código Civil: "Se no contrato for estipulado o direito de arrependimento para qualquer das partes, as arras ou sinal terão função unicamente indenizatória. Neste caso, quem as deu perdê-las-á em benefício da outra parte; e quem as recebeu devolvê-las-á, mais o equivalente. Em ambos os casos não haverá direito a indenização suplementar"

Dessa forma, é imprescindível a expressa previsão contratual, acarretando verdadeira penalidade para a parte que se arrepender. **III:** Errada, pois vai de encontro ao artigo 462 do Código Civil: "O contrato preliminar, exceto quanto à forma, deve conter todos os requisitos essenciais ao contrato a ser celebrado". **IV:** Errada, nos termos dos artigos 418 e 419 do Código Civil. O credor terá direito de reter as arras recebidas pelo devedor se este deu causa ao inadimplemento, contudo, sendo o próprio credor que deu causa ao inadimplemento, terá de devolvê-las, mais o valor equivalente, como garantia de indenização por perdas e danos, incidindo juros moratórios e atualização monetária.
Gabarito "E".

(Defensor Público – DPE/SC – 2017 – FCC) Luiz comparece à defensoria pública dizendo e comprovando com documentos que assinou contrato de promessa de compra de imóvel, por meio de instrumento público devidamente registrado no Cartório de Registro de Imóveis e sem previsão de cláusula de arrependimento, com empresa de habitação social. Ele reside no imóvel há três anos; o imóvel tem 150 m² e Luiz não é titular de qualquer outro bem imóvel. Diante desta situação, Luiz

(A) ainda não pode ser considerado proprietário, mas somente conseguirá obter a propriedade se continuar morando no imóvel por mais dois anos, ininterruptamente, quando adimplirá todos os requisitos para a usucapião especial urbana.
(B) tem direito meramente contratual, mas poderá opor perante terceiros, uma vez que o registro do contrato por meio instrumento público em cartório faz com que o direito obrigacional tenha eficácia erga omnes.
(C) é o verdadeiro proprietário do imóvel, uma vez que o contrato foi feito por instrumento público e devidamente registrado em cartório, circunstância suficiente para a transferência da titularidade do imóvel.
(D) ainda não pode ser considerado proprietário, mas terá direito real à aquisição do imóvel, inclusive mediante adjudicação compulsória.
(E) tem direito meramente contratual e inoponível perante terceiros, pois ainda não houve a outorga da escritura definitiva da compra e venda.

A: Incorreta, pois não preenche os requisitos do artigo 183 da Constituição Federal: "Aquele que possuir como sua área urbana de até duzentos e cinquenta metros quadrados, por cinco anos, ininterruptamente e sem oposição, utilizando-a para sua moradia ou de sua família, adquirir-lhe-á o domínio, desde que não seja proprietário de outro imóvel urbano ou rural". **B:** Incorreta, pois quando o contrato não contiver cláusula de arrependimento e for registrado, constitui direito real, vale dizer, a promessa de compra e venda devidamente registrada em cartório constitui eficácia de direito real, cujo objeto é o futuro contrato de compra e venda, nos termos dos artigos 1.417 conjugado com o artigo 1.225, inciso VII, ambos do Código Civil. **C:** Incorreta, pois se trata de um contrato preliminar nos moldes dos artigos 462 a 466 do Código Civil, uma vez que o instrumento assinado foi **promessa** de compra de imóvel e esta não se confunde com contrato de compra e venda de imóvel, que é definitivo. **D:** Correta, nos termos do artigo 1.418 do Código Civil: "O promitente comprador, titular de direito real, pode exigir do promitente vendedor, ou de terceiros, a quem os direitos deste forem cedidos, a outorga da escritura definitiva de compra e venda, conforme o disposto no instrumento preliminar; e, se houver recusa, requerer ao juiz a adjudicação do imóvel." **E:** Incorreta, vai de encontro ao disposto no artigo 1.417 do Código Civil: "Mediante promessa de compra e venda, em que se não pactuou arrependimento, celebrada por instrumento público ou particular, e registrada no Cartório de Registro de Imóveis, adquire o promitente comprador direito real à aquisição do imóvel".
Gabarito "D".

(Procurador Municipal/SP – VUNESP – 2016) Sobre o contrato de compra e venda, assinale a alternativa correta.

(A) É válido contrato de compra e venda quando se deixa ao arbítrio exclusivo de uma das partes a fixação do preço.
(B) Até o momento da tradição, os riscos da coisa correm por conta do comprador, e os do preço, por conta do vendedor.
(C) A tradição da coisa vendida, na falta de estipulação expressa, dar-se-á no lugar do domicílio do comprador ao tempo da venda.
(D) É considerada inexistente a venda de ascendente a descendente, salvo se os outros descendentes e o cônjuge do alienante expressamente houverem consentido.
(E) Salvo cláusula em contrário, ficarão as despesas de escritura e de registro a cargo do comprador, e, a cargo do vendedor, as da tradição.

A: incorreta, pois a lei considera tal avença como nula de pleno direito (CC, art. 489); **B:** incorreta, pois a assertiva inverte os riscos legalmente estabelecidos (CC, art. 492); **C:** incorreta, pois "*a tradição da coisa vendida, na falta de estipulação expressa, dar-se-á no lugar onde ela se encontrava, ao tempo da venda*" (CC, art. 493); **D:** incorreta, pois tal venda é apenas anulável (CC, art. 496); **E:** correta, pois de pleno acordo com a previsão do art. 490 do Código Civil.
Gabarito "E".

(Procurador – SP – VUNESP – 2015) É correto afirmar que a venda a contento

(A) é realizada sob condição resolutiva, atribuindo-se ao comprador a possibilidade de resolver o contrato, no prazo estabelecido, restituindo-se a coisa ao vendedor.
(B) é nula se o instrumento contratual não apresentar prazo para que o comprador declare sua aceitação.
(C) atribui ao comprador a condição de locatário, enquanto não declarar a aceitação da coisa.
(D) exige que o comprador preste caução idônea ao vendedor, caso haja perecimento da coisa durante o prazo em que é avaliada.
(E) atribui ao comprador a condição de comodatário, enquanto não declarar a aceitação da coisa.

A: incorreta, pois a venda a contento "*entende-se realizada sob condição suspensiva*", ainda que a coisa tenha sido entregue ao comprador (CC, art. 509). A ideia é que o contrato de compra e venda só produzirá seus regulares efeitos quando e se o possível comprador manifestar seu agrado quanto ao bem que lhe foi entregue; **B:** incorreta, pois a falta de prazo não anula o contrato. Ao contrário, o Código estabelece que caso não haja prazo estipulado, o vendedor terá direito de intimar o comprador para que se manifeste (CC, art. 512); **C:** incorreta, pois o Código (art. 511) é expresso ao equiparar o comprador ao comodatário enquanto não manifestar sua aceitação; **D:** incorreta, pois a lei não impõe esta exigência ao comprador; **E:** correta, pois de pleno acordo com o disposto no art. 511 do Código Civil. Vale ressaltar que – por conta dessa equiparação – eventual perda da coisa sem culpa resolve a obrigação, não havendo nenhuma responsabilidade para o comprador (CC, art. 238).
Gabarito "E".

(Defensor Público – DPE/BA – 2016 – FCC) Lauro é casado com Vânia. O casal teve um filho, já falecido, que lhes deu dois netos, Roberto e Renato, todos maiores e capazes. Lauro deseja transferir um de seus imóveis ao seu neto Renato, entretanto, Roberto e Vânia não concordam com referida transferência. Diante desses fatos, é correto afirmar que o contrato de venda e compra entre Lauro e seu neto Renato sem o consentimento de Roberto é

(A) anulável, assim como o é em razão da falta do consentimento de Vânia, independentemente do regime de bens adotado; ainda, o consentimento de Roberto não é necessário para que Lauro faça doação em favor de Renato.
(B) nulo, mas a falta do consentimento de Vânia pode afetar a validade do ato ou não, a depender do regime de bens adotado; por fim, ainda, o consentimento de Roberto não é necessário para que Lauro faça doação em favor de Renato.
(C) anulável, mas a falta do consentimento de Vânia pode afetar a validade do ato ou não, a depender do regime de bens adotado; ainda, o consentimento de Roberto não é necessário para que Lauro faça a doação em favor de Renato.
(D) válido, pois a lei apenas exige o consentimento nos contratos de compra e venda entre pai e filhos, não se estendendo às hipóteses de contratos entre avôs e netos; ainda, o consentimento de Roberto não é necessário para que Lauro faça doação em favor de Renato.
(E) anulável, mas a falta do consentimento de Vânia, pode afetar ou não a validade do ato, a depender do regime de bens adotado; ainda, o consentimento de Roberto é necessário para que Lauro faça doação em favor de Renato.

O art. 496 do Código Civil impõe que – nos casos de venda do ascendente ao descendente – haja autorização dos demais descendentes, sob pena de anulabilidade no prazo de dois anos (CC, art. 179). Tal exigência não é feita nos casos de doação, apenas no caso de venda. A ideia da lei é que – nos casos de doação – o descendente preterido estará protegido pelo instituto da colação de bens (CC, art. 2.002 et seq.), o qual não incide nos casos de venda. No que se refere ao cônjuge, o art. 1.647 exige a vênia conjugal para os atos de transmissão de bens imóveis, sob pena de anulabilidade (CC, art. 1.649). O próprio Código Civil, contudo, dispensa a vênia conjugal quando o regime de bens for o da separação convencional de bens (CC, art. 1.687).
Gabarito "C".

(Analista – TRT/16ª – 2014 – FCC) A respeito da compra e venda, é correto afirmar:

(A) É lícita a compra e venda entre cônjuges, com relação a bens excluídos da comunhão.
(B) Nas coisas vendidas conjuntamente, o defeito oculto de uma autoriza a rejeição de todas.
(C) As despesas com a tradição da coisa móvel correrão por conta do comprador.
(D) Nas vendas a crédito, o vendedor não é obrigado a entregar a coisa antes de receber o preço.
(E) A tradição da coisa vendida, na falta de estipulação em contrário, dar-se-á no domicílio do comprador.

A: Correta, pois de acordo com o art. 499 do CC, é permitida a venda de um cônjuge ao outro, apenas com relação aos bens excluídos da comunhão. Os bens excluídos do regime da comunhão de bens são os relacionados no art. 1668 do mesmo dispositivo legal; **B:** Errada, pois cuida-se de vício redibitório, que é o vício oculto que incide sobre a coisa tornando-a imprópria ao uso a que se destina ou diminuindo seu valor, em coisas vendidas em conjunto, conforme a interpretação de Agostinho Alvim, o artigo refere-se "...às coisas singulares, ainda que vendidas na mesma ocasião e por um preço só". Por exemplo, 200 livros da mesma edição (ALVIM, 1961, p. 112); **C:** Errada, pois as despesas com a tradição ocorrem por conta do vendedor, na falta de estipulação em contrário.; **D:**

Errada, pois é uma exceção ao princípio da *exceptio non adimpleti contractus*, segundo o qual poderia o vendedor reter a coisa até que receba o preço, em caso da venda ter sido à vista, entretanto, nos casos de venda a crédito, a entrega da coisa ocorre antes do pagamento do preço, nos moldes do art. 491 do CC; **E:** Errada, pois o art. 493 do CC diz que: "A tradição da coisa vendida, na falta de estipulação expressa, dar-se-á no lugar onde ela se encontrava, ao tempo da venda".

Gabarito "A".

4.8. COMPROMISSO DE COMPRA E VENDA

(Magistratura/RR – 2015 – FCC) Mediante promessa de compra e venda de imóvel, em que se não pactuou arrependimento, celebrado por instrumento particular, o promitente comprador

(A) adquire direito real à sua aquisição, desde que seja imitido na posse.
(B) não poderá adquirir direito real à sua aquisição, pois é necessária a escritura pública.
(C) adquire legalmente direito real à sua aquisição se o instrumento foi registrado no Cartório de Registro de Imóveis.
(D) não adquirirá direito real à aquisição do imóvel antes que ocorra o pagamento integral do preço.
(E) adquire direito real à sua aquisição a partir do registro do instrumento no Cartório de Registro de Títulos e Documentos, porque com essa providência o contrato se presume conhecido por terceiros.

A: incorreta, pois a lei não exige a imissão na posse para gerar esse direito (art. 1.417 do CC); **B:** incorreta, pois a lei admite esse direito sendo o instrumento público ou particular (art. 1.417 do CC); **C:** correta (art. 1.417 do CC); **D:** incorreta, pois a lei não faz essa exigência (art. 1.417 do CC), em que pese, na prática o direito, que já existe em potencial, deve ser exercido no que tange à exigência da atribuição da propriedade ao promitente comprador apenas quando ele tiver efetuado o pagamento integral da sua dívida; **E:** incorreta, pois o cartório adequado é o de Registro de Imóveis.

Gabarito "C".

4.9. DOAÇÃO

(Procurador – IPSMI/SP – VUNESP – 2016) Sobre a doação, assinale a alternativa correta.

(A) A doação em forma de subvenção periódica ao beneficiado permanece como obrigação dos herdeiros, morrendo o doador.
(B) A doação de um cônjuge a outro importa adiantamento do que lhes cabe por herança.
(C) Não é possível a doação feita a nascituro, ainda que aceita por seu representante legal.
(D) A doação é sempre pura, ou seja, não é possível a estipulação de cláusula que onere o donatário.
(E) A doação far-se-á sempre por escritura pública, por ser uma liberalidade que transfere um patrimônio.

A: incorreta, pois tal doação *"extingue-se morrendo o doador"'* (CC, art. 545); **B:** correta, pois de pleno acordo com a regra estabelecida no art. 544 do Código Civil; **C:** incorreta, pois o Código Civil (art. 542) permite a doação ao nascituro, exigindo apenas a aceitação pelo representante legal; **D:** incorreta, pois é possível estabelecer a doação com encargo (CC, art. 553); **E:** incorreta, pois a lei não exige tal forma especial em todas as doações.

Gabarito "B".

(Promotor de Justiça/SC – 2016 – MPE)

(1) De acordo com o Código Civil, o direito de revogar a doação não se transmite aos herdeiros do doador, nem prejudica os do donatário. Mas aqueles podem prosseguir na ação iniciada pelo doador, continuando-a contra os herdeiros do donatário, se este falecer depois de ajuizada a lide.

1: correta, pois a assertiva limita-se a reproduzir o texto do art. 560 do Código Civil. Os herdeiros têm o direito de prosseguir na ação que já foi ajuizada pelo doador. Há, contudo, uma exceção a esta regra, prevista no artigo subseqüente. Trata-se da hipótese na qual o donatário matou o doador e – por razões óbvias – a lei permite que os herdeiros da vítima ajuízem ação de revogação da doação por indignidade do donatário.

Gabarito 1C.

4.10. MÚTUO, COMODATO E DEPÓSITO

(Magistratura/GO – 2015 – FCC) O comodato é o empréstimo de bem

(A) fungível, a exemplo do dinheiro, aperfeiçoando-se com a tradição, tal como ocorre com o mútuo.
(B) fungível, a exemplo de obra de arte autografada por seu autor, aperfeiçoando-se com a tradição, diferentemente do que ocorre com o mútuo.
(C) infungível, a exemplo do dinheiro, aperfeiçoando-se com o acordo de vontades, tal como ocorre com o mútuo.
(D) infungível, a exemplo de obra de arte autografada por seu autor, aperfeiçoando-se com o acordo de vontades, tal como ocorre com o mútuo.
(E) infungível, a exemplo de obra de arte autografada por seu autor, aperfeiçoando-se com a tradição, tal como ocorre com o mútuo.

A e B: incorretas, pois o comodato é empréstimo de coisas infungíveis (art. 579 do CC); **C:** incorreta, pois dinheiro é bem fungível; **D:** incorreta, pois o comodato só se aperfeiçoa com a entrega da coisa (art. 579 do CC); **E:** correta (art. 579 do CC).

Gabarito "E".

(Magistratura/GO – 2015 – FCC) Henrique afiançou ilimitadamente contrato de mútuo feneratício por meio do qual Carlos emprestou R$ 10.000,00 a Cláudio, que se opôs à fiança. A fiança é

(A) existente e válida, porém ineficaz, porque celebrada contra a vontade do devedor.
(B) juridicamente inexistente, porque celebrada contra a vontade do devedor.
(C) existente, válida e eficaz, abrangendo o principal e os juros que houverem de ser pagos a Henrique.
(D) inválida, porque celebrada contra a vontade do devedor.
(E) existente, válida e eficaz, abrangendo o principal mas não os juros que houverem de ser pagos a Henrique, tendo em vista que o mútuo se presume gratuito.

A, B, D e E: incorretas, pois, de acordo com o art. 820 do CC, é possível estipular fiança mesmo sem o consentimento do devedor ou contra a sua vontade; **C:** correta (art. 820 do CC).

Gabarito "C".

4.11. EMPREITADA

(Analista – TRT/16ª – 2014 – FCC) Lucius, através de contrato de empreitada com preço global certo e ajustado no respectivo instrumento, contratou o empreiteiro Petrus para reformar a sua residência. Durante a reforma, o preço de mercado dos materiais sofreu redução de 12% do preço global convencionado. Nesse caso, o preço global convencionado, a pedido do dono da obra,

(A) poderá ser revisto, para que se lhe assegure a diferença apurada.
(B) não poderá ser revisto, porque o contrato faz lei entre as partes.
(C) só poderá ser revisto, se a redução ocorrida no mercado for superior a 20%.
(D) só poderia ser revisto se a redução ocorrida no mercado fosse do preço da mão de obra.
(E) só comporta redução se o preço do material e também da mão de obra for superior a 30%.

De acordo com o art. 620 do CC, "Se ocorrer diminuição no preço do material ou da mão de obra superior a 1/10 (um décimo) do preço global convencionado, poderá este ser revisto, a pedido do dono da obra, para que lhe assegure a diferença apurada". O referido artigo visa estabelecer um reequilíbrio econômico do contrato, obstando o enriquecimento sem causa se a mudança no valor ensejar excessiva vantagem para o empreiteiro.

Gabarito "A".

(Advogado da Sabesp/SP – 2014 – FCC) De acordo com o Código Civil atual, na empreitada:

(A) a obrigação de fornecer os materiais se presume.
(B) os riscos da obra correrão por conta do dono se este estiver em mora de a receber, mesmo que o empreiteiro tenha fornecido os materiais.
(C) o contrato para elaboração de um projeto implica, automaticamente, obrigação de fiscalizar-lhe a execução.
(D) o dono da obra possui o prazo prescricional de 180 dias do aparecimento do vício ou defeito para requerer indenização em razão de fato relacionado com a falta de solidez da obra.
(E) se não tiver fornecido autorização escrita, o dono da obra não é obrigado a pagar ao empreiteiro por aumentos e acréscimos, mesmo que, por continuadas visitas, tenha estado sempre presente na obra, não ignorando nem nunca protestando pelo que se passava.

A: incorreta, pois a obrigação de fornecer materiais não se presume (CC, art. 610 § 1º); **B:** correta, pois em caso de mora, tais riscos correm por conta do dono da obra (CC, art. 611); **C:** incorreta, pois "*o contrato para elaboração de um projeto não implica a obrigação de executá-lo*" (CC, art. 610 § 2º); **D:** incorreta, pois tal prazo é de natureza decadencial (CC, art. 618 parágrafo único); **E:** incorreta, pois o dono da obra é obrigado a pagar tais aumentos (CC, art. 619 parágrafo único).

Gabarito "B".

(Magistratura do Trabalho – 23ª Região – 2012) Ante às disposições do Código Civil acerca do contrato de empreitada, analise as proposições abaixo e assinale a alternativa correta:

I. Uma vez iniciada a construção, pode o dono da obra suspendê-la, pagando ao empreiteiro as despesas e lucros relativos aos serviços já feitos, mais indenização razoável, calculada em função do que ele teria ganho, se concluída a obra.

II. Suspensa pelo empreiteiro, a execução da obra, sem justa causa, faz jus à remuneração do trabalho até então executado em obediência ao princípio do não enriquecimento sem causa do dono da obra, mas responde o empreiteiro por perdas e danos.

III. O empreiteiro não poderá suspender a execução da obra mesmo se as modificações exigidas pelo dono da obra, por seu vulto e natureza, forem desproporcionais ao projeto aprovado, se o dono da obra se dispõe a arcar com o acréscimo de preço.

IV. A morte de qualquer das partes não extingue o contrato de empreitada e ocorrendo, a morte do empreiteiro, o contrato deve ser concluído pelos herdeiros, ainda que o façam por intermédio de terceira pessoa, salvo se o contrato foi feito em consideração às qualidades pessoais do empreiteiro.

V. Tudo o que se mediu presume-se verificado se, em trinta dias, a contar da medição, não forem denunciados os vícios ou defeitos pelo dono da obra ou por quem estiver incumbido da sua fiscalização, mas nem tudo o que se pagou presume-se verificado.

(A) Apenas as proposições I e V estão corretas e as demais estão incorretas.
(B) Apenas a proposição I está correta e as demais estão incorretas.
(C) Apenas as proposições I, II e IV estão corretas e as demais estão incorretas.
(D) Apenas a proposição II está correta e as demais estão incorretas
(E) Todas as proposições estão corretas.

I: correta, pois referida regra de suspensão do contrato de empreitada encontra respaldo no art. 623 do CC; II: correta, pois a interpretação dominante a respeito do art. 624 do CC assim o permite concluir; III: incorreta, pois o empreiteiro tem o direito de suspender a execução da obra "se as modificações exigidas pelo dono da obra, por seu vulto e natureza, forem desproporcionais ao projeto aprovado, se o dono se disponha a arcar com o acréscimo de preço" (CC, art. 625, III). Justamente sobre esse dispositivo, Miguel Reale pronunciou-se em sua Exposição de Motivos: "No capítulo da empreitada, como nos demais, foi dada especial atenção aos casos de excessiva onerosidade, prevendo-se regras capazes de restabelecer o equilíbrio dos interesses em conflito, segundo critérios práticos para a sua solução. Embora se pudesse considerar tal matéria implícita nos preceitos relativos à 'resolução dos contratos por onerosidade excessiva', atendeu-se a algumas particularidades da matéria no âmbito do negócio de empreitada"; IV: correta, pois o art. 626 do CC dispõe que: "Não se extingue o contrato de empreitada pela morte de qualquer das partes, salvo se ajustado em consideração às qualidades pessoais do empreiteiro"; V: incorreta, pois tudo o que se pagou presume-se verificado (CC, art. 614, § 1º). **AG/WG**
Gabarito "C".

(Ministério Público do Trabalho – 14ª) Complete com a opção CORRETA.

Em relação à empreitada, o que se mediu presume-se verificado se, em _____ dias, a contar da medição, não forem denunciados os vícios ou defeitos pelo dono da obra ou por quem estiver incumbido da sua fiscalização.

(A) 10;
(B) 15;
(C) 20;
(D) 30;
(E) não respondida.

O art. 614, § 2º, do CC estabelece regra no sentido de que – após a medição pelo dono da obra – o transcurso do prazo de 30 dias firma presunção de que a obra foi verificada. **AG/WG**
Gabarito "D".

4.12. LOCAÇÃO

(Procurador do Estado/SP - 2018 - VUNESP) O Estado de São Paulo celebrou contrato de locação de bem imóvel de propriedade de Marcos, casado sob o regime da comunhão universal de bens com Luiza, pelo prazo de 5 anos e com o escopo de ali instalar uma unidade policial. O contrato contém cláusula de vigência e foi averbado junto à matrícula do imóvel. A minuta do contrato indica como locador apenas Marcos, com menção ao fato de ser casado com Luiza, que não subscreveu o instrumento e vem a falecer doze meses após sua celebração, deixando dois filhos maiores e capazes. Nesse caso,

(A) por serem adquirentes *causa mortis*, os herdeiros de Luiza poderão denunciar o contrato no prazo de 90 dias, contados da abertura da sucessão.
(B) tratando-se de negócio jurídico que recai sobre patrimônio do casal, o prosseguimento válido da locação dependerá da inserção, via aditamento contratual, dos herdeiros de Luiza como locadores.
(C) o contrato deve ser declarado nulo por falta de legitimação originária, pois tratando-se de ato de alienação do uso e gozo de bem de propriedade do casal, imprescindível era a prévia autorização de Luiza.
(D) o contrato é válido, mas dependerá da ratificação expressa dos herdeiros de Luiza para conservar sua eficácia.
(E) é desnecessário, sob o prisma da validade, o aditamento do contrato para inserção dos herdeiros de Luiza como locadores.

A questão envolve dois conceitos do contrato de locação de imóvel urbano. O primeiro refere-se à necessidade de vênia conjugal. O art. 3º da Lei 8.245/1991 estabelece que: "*O contrato de locação pode ser ajustado por qualquer prazo, dependendo de vênia conjugal, se igual ou superior a dez anos*". Ausente a vênia conjugal, "*o cônjuge não estará obrigado a observar o prazo excedente*". Assim, em sua origem, o contrato de locação é válido. Ademais, não há necessidade de aditamento do contrato para inserir os herdeiros de Luiz como locadores. O referido bem será inventariado normalmente e – após a atribuição da meação para cada cônjuge – os direitos hereditários serão transferidos e assegurados. O art. 10 da Lei 8.245/91 ainda salienta que: "*Morrendo o locador, a locação transmite-se aos herdeiros*". **GN**
Gabarito "E".

(Procurador – IPSMI/SP – VUNESP – 2016) Considerando um contrato de locação urbana, assinale a alternativa correta.

(A) Morrendo o locador, a locação é extinta, estipulando-se prazo de 90 dias para o locatário desocupar o imóvel.
(B) Em caso de dissolução da união estável, a locação residencial prosseguirá automaticamente com o companheiro que permanecer no imóvel.
(C) É livre a convenção do aluguel, podendo ser estipulado em moeda estrangeira quando o locador for pessoa jurídica sediada fora do país.
(D) O locatário poderá exercer o direito de preferência na aquisição do imóvel no caso de venda por decisão judicial.
(E) No contrato de locação, pode o locador exigir do locatário uma ou duas modalidades de garantia.

A: incorreta, pois morrendo o locador, a locação transmite-se aos herdeiros (Lei 8.245/1991, art. 10); **B**: correta, pois de pleno acordo com o teor do art. 12 da Lei 8.245/1991; **C**: incorreta, pois o art. 17 da Lei 8.245/1991 proíbe a estipulação em moeda estrangeira; **D**: incorreta, pois "o direito de preferência não alcança os casos de perda da propriedade ou venda por decisão judicial" (Lei 8.245/1991, art. 32); **E**: incorreta, pois "*é vedada, sob pena de nulidade, mais de uma das modalidades de garantia num mesmo contrato de locação*" (Lei 8.24519/91, art. 37, parágrafo único). **GN**
Gabarito "B".

(Defensor Público – DPE/ES – 2016 – FCC) Pedro Silva Comércio de Roupa – Empresa Individual de Responsabilidade Limitada – EIRELI alugou para moradia de seus empregados um imóvel próximo ao estabelecimento, pelo prazo de vinte e quatro meses, findo o qual o locador notificou a locatária de que não mais lhe interessava a locação, concedendo 30 dias para desocupação do imóvel. Ajuizou, depois de escoado esse prazo, ação de despejo. Nesse caso, a retomada do imóvel

(A) não será possível, mediante ação de despejo, porque a EIRELI não é pessoa jurídica e, por isso, não pode celebrar contrato de locação para moradia de empregados.
(B) é possível, a despeito da utilização do imóvel para fins de residência, não se exigindo prazo mínimo de contrato.
(C) só será possível por motivo justificado, como a necessidade de reforma, porque não decorridos cinco anos do contrato.
(D) não é possível, porque na locação residencial, para retomada por denúncia vazia, o contrato escrito deve ser celebrado pelo prazo mínimo de trinta meses.
(E) apenas será possível, se o locador necessitar do prédio para uso próprio, de seu cônjuge, de descendente ou de ascendente.

A: incorreta, pois a EIRELI é uma forma societária de uma pessoa jurídica de direito privado (CC, art. 44) e como tal pode celebrar contratos de locação para moradia de seus empregados; **B**: correta, pois esse tipo de locação (*locatário pessoa jurídica e imóvel destinado a uso de titulares, diretores, sócios, gerentes, executivos ou empregados*) é considerada não residencial, ficando afastadas a exigência de concessão de prazo mínimo de trinta meses (Lei 8.245/1991, art. 55); **C e D**: incorretas, pois os prazos e as regras de denúncia vazia, mencionados pelas assertivas são aqueles aplicados para as hipóteses de locação residencial *stricto sensu*; **E**: incorreta, pois as regras ali mencionadas referem-se à denúncia cheia, a qual somente se aplica a locações residenciais *stricto sensu*. **GN**
Gabarito "B".

(Defensor Público – DPE/BA – 2016 – FCC) A respeito da locação de imóveis urbanos, é correto afirmar que:

(A) em se tratando de locação por prazo indeterminado, se o imóvel vem a ser alienado durante a locação, o adquirente não tem direito de denunciar o contrato, caso este contenha cláusula de vigência em caso de alienação e esteja averbado junto à matrícula do imóvel.
(B) o fiador pode se exonerar da fiança nas hipóteses de morte, separação ou divórcio do locatário, em locação residencial, bem como de contratos firmados por prazo indeterminado, respondendo pelos efeitos da fiança somente até o momento do recebimento da notificação pelo locador.
(C) no caso de prorrogação da locação por prazo indeterminado, as garantias da locação cessam automaticamente, cabendo ao loca-

dor notificar o locatário para que apresente garantia, sob pena de despejo liminar.
(D) se o locatário já emendou a mora para evitar ordem judicial de despejo nos últimos vinte e quatro meses, não poderá utilizar novamente esta mesma prerrogativa e, mesmo pagando os valores em atraso, poderá ser despejado por falta de pagamento.
(E) o contrato deve ser realizado por instrumento escrito, de modo que o contrato de locação de bem imóvel urbano meramente verbal é nulo e, assim, não autoriza o ajuizamento de ação de despejo por falta de pagamento, restando ao proprietário o ajuizamento de ação petitória.

A: incorreta. A cláusula de vigência com averbação junto à matrícula do imóvel só produz esse efeito quando o contrato de locação tiver prazo determinado (Lei 8.245/91, art. 8º); **B:** incorreta, pois – após a exoneração – o fiador responderá pelos efeitos da fiança durante 120 dias após a notificação ao locador (Lei 8.245/91, art. 12, § 2º); **C:** incorreta, pois as garantias da locação se estendem até a "efetiva devolução do imóvel, ainda que prorrogada a locação por prazo indeterminado" (Lei 8.245/1991, art. 39); **D:** correta, pois de pleno acordo com o art. 62, parágrafo único, da Lei 8.245/1991; **E:** incorreta, pois a lei de locação não exigiu forma escrita para a validade do mesmo, admitindo até mesmo a forma verbal (Lei 8.245/1991, art. 47). Vale mencionar que – quanto ao contrato de fiança – há exigência da forma escrita (CC, art. 819).
Gabarito "D".

(Defensor Público – DPE/MT – 2016 – UFMT) Sobre o contrato de locação, assinale a assertiva INCORRETA.
(A) Havendo mais de um locador ou mais de um locatário, entende-se que são solidários se o contrário não se estipulou.
(B) O contrato de locação pode ser ajustado por qualquer prazo, dependendo de vênia conjugal, se igual ou superior a dez anos.
(C) Seja qual for o fundamento do término da locação, a ação do locador para reaver o imóvel é a de despejo, mas se a locação termina em decorrência de desapropriação, haverá imissão do expropriante na posse do imóvel, não sendo necessária a ação de despejo.
(D) Em casos de separação de fato, separação judicial, divórcio ou dissolução da união estável, a locação residencial prosseguirá automaticamente com o cônjuge ou companheiro que permanecer no imóvel. Nesse caso, o fiador poderá exonerar-se das suas responsabilidades no prazo de 30 (trinta) dias contado do recebimento da comunicação, ficando responsável pelos efeitos da fiança durante 120 (cento e vinte) dias após a notificação ao locador.
(E) Se o imóvel for alienado durante a locação, o adquirente poderá denunciar o contrato, com o prazo de trinta dias para a desocupação, salvo se a locação for por tempo determinado e o contrato contiver cláusula de vigência em caso de alienação e estiver averbado junto à matrícula do imóvel.

A: correta, pois o art. 2º da Lei 8.245/1991 estabeleceu a presunção de solidariedade passiva (entre vários inquilinos) e ativa (entre vários locadores). Tal presunção é específica para os casos de locação. Trata-se de orientação diametralmente oposta à regra geral estabelecida pelo art. 265 do Código Civil; **B:** correta, pois de acordo com a regra estabelecida pelo art. 3º da Lei 8.245/1991; **C:** correta, pois de acordo com as regras processuais estabelecidas pelo art. 5º e seu parágrafo único da Lei 8.245/1991; **D:** correta, pois a assertiva repete a regra prevista no art. 12 da Lei 8.245/1991; **E:** incorreta. Em que pese ser direito do novo comprador denunciar o contrato de locação, o prazo para desocupação é de noventa e não de trinta dias (Lei 8.245/1991, art. 8º).
Gabarito "E".

(Juiz de Direito/DF – 2016 – CESPE) A respeito da locação dos imóveis urbanos da Lei n.º 8.245/1991, assinale a opção correta.
(A) Conforme entendimento consolidado do STJ, o prazo de prorrogação da ação renovatória é igual ao do contrato de locação, sem limitação de interregno máximo.
(B) É assente na jurisprudência do STJ que a cláusula de renúncia à indenização por benfeitorias viola a boa-fé objetiva e rende ensejo à nulidade.
(C) Nas locações comerciais, exige-se a anuência do locador no trespasse empreendido pelo locatário, conforme jurisprudência prevalente do STJ.
(D) Conforme entendimento do STF, a penhora de bem de família do fiador do contrato de locação viola o direito social à moradia.
(E) A responsabilidade dos fiadores, no caso de prorrogação da locação por tempo indeterminado, depende de previsão contratual estabelecendo a manutenção da garantia até a entrega das chaves.

A: incorreta, pois o STJ já firmou entendimento segundo o qual: "*O prazo máximo da renovação contratual será de 5 anos, ainda que a vigência da avença locatícia, considerada em sua totalidade, supere esse período*" (AgRg no AREsp 633.632/SP); **B:** incorreta, pois "*Nos contratos de locação, é válida a cláusula de renúncia à indenização das benfeitorias e ao direito de retenção*" (STJ, Súmula 335); **C:** correta, pois o STJ entende que a locação é um contrato de natureza pessoal, no qual importa a figura do inquilino. Assim sendo, o locador precisa anuir com o trespasse, tendo em vista que terá um novo inquilino (RESP 1202077/MS); **D:** incorreta, pois o plenário do STF entendeu que tal penhora é constitucional (Recurso Extraordinário 407.688-8/SP); **E:** incorreta, pois as garantias da locação se estendem "*até a efetiva devolução do imóvel, ainda que prorrogada a locação por prazo indeterminado*" (Lei 8.245/1991, art. 39). Vide, por todos, REsp 1.326.557.
Gabarito "C".

(Magistratura/SC – 2015 – FCC) Uma pessoa jurídica de direito privado, que atua na área de supermercados, celebrou com outra pessoa jurídica, que se dedica a atividades no ramo imobiliário, contrato pelo qual esta se comprometeu a adquirir um terreno indicado por aquela e a construir um prédio a fim de que lhe fosse locado pelo prazo de vinte anos, sendo que, se a locatária denunciasse o contrato antes do termo final, ficaria sujeita a multa equivalente à soma dos valores dos aluguéis a receber até o fim do prazo da locação.
I. É um contrato atípico, porque não disciplinado especificamente em lei, vigorando apenas as condições livremente pactuadas entre as partes.
II. A multa contratual devida pela denúncia do contrato será sempre proporcional ao período de cumprimento do contrato, sendo nula a cláusula que estipulou multa equivalente à soma dos valores dos aluguéis a receber até o termo final da locação.
III. Nele poderá ser convencionada a renúncia ao direito de revisão do valor dos aluguéis durante o prazo de sua vigência.
IV. É uma operação imobiliária conhecida como *built to suit*, mas disciplinada na lei que dispõe sobre as locações dos imóveis urbanos.
V. É modalidade de locação residencial ou não residencial para a qual a lei estabelece regras especiais entre as quais a de que o prazo será sempre determinado.

Acerca desse contrato, é correto o que se afirma APENAS em:
(A) III e V.
(B) I e II.
(C) III e IV.
(D) I e III.
(E) II e IV.

I: incorreta, pois esse contrato está previsto no art. 54-A da Lei 8.245/1991; **II:** incorreta, pois é válida a cláusula pela qual a multa poderá ser equivalente à somatória dos valores dos aluguéis a receber até o termo final da locação (art. 54-A, § 2º, da Lei 8.245/1991); **III:** correta (art. 54-A, § 1º, da Lei 8.245/1991); **IV:** correta (art. 54-A da Lei 8.245/1991); **V:** incorreta, pois no caso o prazo deve ser determinado (art. 54-A, *caput*, da Lei 8.245/1991).
Gabarito "C".

(DPE/PE – 2015 – CESPE) Julgue o seguinte item.
(1) Se um contrato de locação de imóvel urbano residencial for estipulado com prazo de duração de trinta e seis meses, findo esse prazo, deverá o locador notificar o locatário para que se opere a resolução do contrato.

1: incorreta, pois nas locações ajustadas por escrito e por prazo igual ou superior a 30 meses, findo o prazo estipulado a resolução do contrato se dará de pleno direito (art. 46, *caput*, da Lei 8.245/1991).
Gabarito 1E.

(Procurador Distrital – 2014 – CESPE) Acerca da locação de imóveis urbanos, julgue os próximos itens.
(1) Nos contratos de locação, não é válida a cláusula de renúncia à indenização das benfeitorias e ao direito de retenção, uma vez que tais garantias são fixadas no Código Civil e na Lei de Locações, respectivamente.
(2) Celebrado contrato de locação de imóvel, violará o princípio da boa-fé objetiva o locatário que, após exercer a posse direta do imóvel, alegar que o locador, por não ser o proprietário do imóvel, não tem legitimidade para o ajuizamento de eventual ação de despejo nas hipóteses em que a lei não exija essa condição do demandante.
(3) Em contrato de locação ajustado por prazo determinado antes da vigência da nova Lei de Locação, o fiador somente responderá pelos débitos locatícios contraídos no período da prorrogação por prazo indeterminado caso tenha previamente anuído no contrato, em fazê-lo.

1: Errada, pois a locação de imóveis urbanos é regida pela Lei 8.245/1991, a qual permite a expressamente a renúncia à indenização pelas benfeitorias e ao direito de retenção (art. 35 da Lei 8.245/1991); **2:** correta, pois a partir do momento que a boa-fé objetiva traduz o "agir como a sociedade espera", o locatário que, após obter a posse direta faz esse tipo de alegação estaria indo contra a conduta de lealdade e probidade para com o locador. Teria ele agido de modo ardiloso e oportunista, violando frontalmente referido princípio; **3:** correta, pois antes da Lei 12.112/2009 era necessária prévia anuência expressa do fiador para que ele se responsabilizasse pela garantia locatícia em caso de prorrogação do contrato por prazo indeterminado. O silêncio representava recusa. Atualmente a regra é outra, nos termos do art. 39, *in verbis*: Salvo disposição contratual em contrário, qualquer das garantias da locação se estende até a efetiva devolução do imóvel, ainda que prorrogada a locação por prazo indeterminado, por força desta Lei. Portanto, hoje o silêncio representa aceitação.
Gabarito 1E, 2C, 3C.

(Procurador do Estado/BA – 2014 – CESPE) No que se refere à locação de imóveis urbanos, julgue os itens que se seguem.

(1) O termo inicial do prazo de trinta dias para o cumprimento voluntário de sentença que determine a desocupação de imóvel alugado corresponde à data da intimação pessoal do locatário realizado por meio de mandado de despejo.

(2) Os juros de mora decorrentes do inadimplemento em contrato de locação fluem a partir do vencimento de cada parcela em atraso, inclusive para o fiador.

1: correta, nos termos do art. 63 da Lei 8.245/1991. Referente a intimação pessoal do locatário para o início da contagem do prazo, segue julgado do STJ: "Recurso especial. Ação renovatória. Locação. Direito intertemporal. Lei processual posterior. Aplicação imediata. Prazo para desocupação do imóvel. 30 (trinta) dias contados da intimação pessoal da locatária. (Lei 8.245/1991, art. 74, com a redação da Lei 12.112/2009). 1. A lei que altera o prazo de desocupação do imóvel, isto é, de cumprimento de sentença de processo judicial não rege relações de direito material entre as partes, mas de direito processual.2. Assim, o prazo nela fixado é processual, para a desocupação, devido a sentença, ato processual, pena de expedição de mandado de despejo, peça processual. Impossível entrever relação de direito material, marcada por atos processuais por todos os lados e neles comprimida – exatamente por se tratar, também, 3. No caso, a nova regência legal processual relativa ao prazo de desocupação fulminou o prazo que constou, sob a lei anterior, da parte final da sentença, isto é, a nova lei substituiu, "ope legis", como é lícito à lei realizar, sem necessidade, mesmo, de que o Juízo o declarasse, o momento do início do prazo (trânsito em julgado) e a quantidade do prazo (seis meses), por novo momento (prolação da sentença) e novo prazo (trinta dias).4. *Necessária a intimação pessoal da locatária, por meio de mandado de despejo, com o prazo de 30 (trinta) dias (Lei 8.245/1991, art. 74, com a redação da Lei 12.112/2009) para a desocupação do imóvel na execução provisória.*5. Recurso (REsp 1307530/SP, Rel. Ministro Paulo De Tarso Sanseverino, Rel. p/ Acórdão Ministro Sidnei Beneti, Terceira Turma, julgado em 11.12.2012, DJe 11.03.2013); **2:** correta, pois a mora originada de contrato de locação configura-se na modalidade *ex re*, isto é, ela estará constituída desde a data do inadimplemento, independentemente de notificação, consoante art. 397 do CC (*O inadimplemento da obrigação, positiva e líquida, no seu termo, constitui de pleno direito em mora o devedor*). Em se tratando de contrato de locação, os juros serão devidos desde a data do vencimento de cada parcela, tanto para o locatário como para o fiador. Neste espeque é o entendimento do STJ: "Fiança. Recurso especial. Contrato de locação que especifica o valor do aluguel e a data de vencimento das prestações. Mora *ex re*. Termo inicial dos juros de mora, no que tange ao fiador. *Mesmo do locatário. Obrigação do garante de arcar com o valor da dívida principal.* 1. A mora *ex re* independe de qualquer ato do credor, como interpelação ou citação, porquanto decorre do próprio inadimplemento de obrigação positiva, líquida e com termo implementado, cuja matriz normativa é o art. 960, primeira parte, do Código Civil de 1916, reproduzido no Código Civil atual no *caput* do art. 397. Dessarte, como consignado no acórdão recorrido, se o contrato de locação especifica o valor do aluguel e a data de pagamento, os juros de mora fluem a partir do vencimento das prestações, a teor do artigo 397 do Código Civil. 2. Nos termos da Súmula 214/STJ, o fiador na locação não responde por obrigações resultantes de aditamento ao qual não anuiu e, por razões de equidade, também não pode responder por despesas judiciais antes de sua citação, visto que não lhe foi concedida possibilidade de satisfazer a obrigação que afiançou. Contudo, *a fiança, por ser tão somente garantia pessoal, pela qual o fiador se obriga a satisfazer ao credor uma obrigação assumida pelo devedor (locatário), não constitui obrigação distinta da contraída pelo afiançado, compreendendo, salvo pactuação em contrário, os acessórios da obrigação principal*. 3. Ademais, o artigo 823 do CC prevê expressamente que a fiança pode ser em valor inferior ao da obrigação principal e contraída em condições menos onerosas, limitando-se, todavia, ao valor da obrigação principal, de modo que, por expressa previsão legal, poderia o fiador ter feito pactuação prevendo a incidência dos juros de mora apenas a partir de sua citação. 4. Recurso especial não provido (REsp 1264820/RS, Rel. Ministro Luis Felipe Salomão, Quarta Turma, julgado em 13.11.2012, DJe 30.11.2012).

(Procurador Legislativo – Câmara de Vereadores de São Paulo/SP – 2014 – FCC) Em relação à locação, é correto afirmar:

(A) Nas locações ajustadas por escrito e por prazo igual ou superior a trinta meses, a resolução do contrato só ocorrerá, ao fim do prazo estipulado, se o locador notificar previamente o locatário.

(B) O contrato de locação não residencial, que se encontre vigorando por prazo indeterminado, pode ser denunciado por escrito, pelo locador, concedidos ao locatário trinta dias para a desocupação.

(C) Quando a locação for ajustada verbalmente ou por escrito e com prazo inferior a trinta meses, o locador, findo o prazo estabelecido, poderá retomar livremente o imóvel, concedidos trinta dias ao locatário para sua desocupação.

(D) É defeso ao locador receber de uma só vez e antecipadamente os aluguéis e encargos locatícios.

(E) Na locação para temporada, se o locatário não desocupar o bem locado no prazo ajustado caberá ação reintegratória de posse do imóvel, com pedido liminar de desocupação.

A: incorreta, pois nesse caso a *"resolução do contrato ocorrerá findo o prazo estipulado, independentemente de notificação ou aviso"* (Lei 8.245/1991, art. 46); **B:** correta, pois a assertiva reproduz a regra estabelecida pelo art. 57 da Lei 8.245/1991; **C:** incorreta, pois nesses casos a locação prorroga-se automaticamente, por prazo indeterminado, somente podendo ser retomado o imóvel nas hipóteses previstas pelo art. 47, I a V; **D:** incorreta, pois tal proibição não encontra respaldo na lei; **E:** incorreta, pois *"seja qual for o fundamento do término da locação, a ação do locador para reaver o imóvel é a de despejo"* (Lei 8.245/91, art. 5º).

4.13. PRESTAÇÃO DE SERVIÇO

(Advogado da União/AGU – CESPE – 2012) No que se refere a contrato de prestação de serviço, julgue o item que se segue.

(1) O objeto do contrato de prestação de serviço pode ser tanto uma atividade material quanto intelectual, sendo necessário, para que o contrato seja válido, o estabelecimento de determinação específica da natureza da atividade.

1: incorreta, pois não é necessário no contrato de prestação de serviço o estabelecimento de determinação específica da natureza da atividade (art. 601, do CC).

4.14. MANDATO

(Procurador – IPSMI/SP – VUNESP – 2016) Antonio outorgou mandato a João para a compra de uma casa. No entanto, Antonio foi interditado depois dessa outorga. Diante desse fato, assinale a alternativa correta.

(A) O mandato permanece válido, por ter sido outorgado quando Antonio era capaz.

(B) O curador de Antonio deverá revogar o mandato por instrumento público.

(C) O juiz da interdição deverá revogar o mandato.

(D) A interdição equivale à renúncia do mandato.

(E) Cessa o mandato com a interdição, como ocorreria com a morte do mandatário.

No que se refere ao contrato de mandato, o Código Civil traz uma regra bastante clara e direta. A morte ou interdição de qualquer uma das partes extingue o contrato automaticamente (CC, art. 682, II), sem necessidade de intervenção judicial ou qualquer comportamento de eventual curador.

(Analista – Judiciário –TRE/PI – 2016 – CESPE) Pedro, em razão de ter mudado de cidade, concedeu a seu amigo Carlos, que tem dezesseis anos de idade, poderes para, em seu nome, praticar os atos necessários à venda de um imóvel.Considerando essa situação hipotética, assinale a opção correta.

(A) Caso Carlos desatenda a alguma instrução, Pedro se desobriga a cumprir o contrato.

(B) Para que o contrato se aperfeiçoe, Carlos deverá aceitar expressamente.

(C) Caso Pedro venha a falecer, Carlos poderá agir no interesse dos herdeiros, se houver.

(D) O fato de Carlos ter dezesseis anos não torna anulável o contrato.

(E) Por ser ato *intuitu personae*, é vedado a Carlos substabelecer.

A: incorreta, pois o mandante é obrigado a satisfazer todas as obrigações contraídas pelo mandatário, na conformidade do mandato conferido (CC, art. 675); **B:** incorreta, pois "a aceitação do mandato pode ser tácita, e resulta do começo de execução" (CC, art. 659); **C:** incorreta, pois a morte do mandante extingue o contrato de mandato (CC, art. 682); **D:** correta, pois a lei admite mandatário a partir dos dezesseis anos (CC, art. 666); **E:** incorreta, pois o substabelecimento é permitido pela lei, salvo expressa vedação no contrato de mandato.

(Magistratura/GO – 2015 – FCC) Já muito idosa, porém lúcida, Vera outorgou mandato para que seu filho José passasse a realizar, em seu nome, negócios em geral. Na posse do instrumento de mandato, José alienou bem imóvel de propriedade de Vera, partilhando o produto da venda com seus irmãos. Em relação a Vera, o ato é

(A) ineficaz, salvo ratificação expressa, que retroagirá à data do ato.

(B) eficaz apenas se a partilha entre os filhos tiver se dado por igual.

(C) eficaz, pois estava lúcida no momento da outorga do mandato.

(D) ineficaz e não passível de ratificação.

(E) ineficaz, salvo ratificação expressa, que produzirá efeitos a partir dela.

A: correta, pois o mandato para negócios gerais só confere ao mandatário poderes de administração, ficando este proibido de alienar um bem dessa natureza (art. 661, *caput* e § 1º, do CC), sendo que os alienações nessas condições é considerada ela ineficaz em relação ao mandante (art. 662, *caput*, do CC), mas podem ser ratificada por este, hipótese em que retroagirá à data do ato (art. 662, parágrafo único, do CC); B e **C:** incorretas, pois essa alienação é ineficaz em relação ao mandante (art. 662, *caput*, do CC); D e **E:** incorretas, pois pode ser ratificada e esta produzirá efeitos a partir da data do ato e não da data da ratificação (art. 662, parágrafo único, do CC).

4.15. SEGURO

(Defensor Público –DPE/RN – 2016 – CESPE) Em relação aos contratos, assinale a opção correta.

(A) Caso um indivíduo firme contrato de seguro com determinada instituição financeira, e não haja dia previamente ajustado pelas partes para o pagamento de prestação do prêmio, o contrato não será desfeito automaticamente com o descumprimento da prestação pelo segurado no termo pactuado. Para o desfazimento do contrato, será necessária a prévia constituição em mora do contratante pela seguradora, mediante interpelação.
(B) O Código Civil adotou o critério subjetivo da premeditação para determinar a cobertura relativa ao suicídio do segurado. Desse modo, a seguradora não será obrigada a indenizar se houver prova cabal da premeditação do suicídio, mesmo após o decurso do período de carência de dois anos.
(C) No contrato do seguro de acidentes pessoais, como garantia por morte acidental, a seguradora se obriga, em virtude de expressa disposição legal, a indenizar também o beneficiário no caso de morte do segurado por causa natural.
(D) No contrato de seguro de automóvel, o reconhecimento da responsabilidade, a confissão da ação ou a transação retiram do segurado de boa-fé o direito à indenização e ao reembolso, pois são prejudiciais à seguradora, a menos que haja prévio e expresso consentimento desta.
(E) Se, em caso de risco, o comodatário privilegiar a segurança de seus próprios bens, abandonando os bens do comodante, responderá pelo dano que venha a ser sofrido pelo comodante, exceto nas hipóteses de caso fortuito ou força maior.

A: correta, pois *"não havendo termo, a mora se constitui mediante interpelação judicial ou extrajudicial"* (CC, art. 397 parágrafo único); **B:** incorreta, pois o Código Civil adotou um critério temporal-objetivo. O suicídio do segurado após o prazo de dois anos de vigência do seguro de vida habilita o beneficiário a receber o capital estipulado. Ademais, "é nula a cláusula contratual que exclui o pagamento do capital por suicídio do segurado" (CC, art. 798); **C:** incorreta, pois a morte acidental é aquela decorrente de acidente pessoal, definido este como *"o evento com data caracterizada, exclusiva e diretamente externo, súbito, involuntário e violento, causador de lesão física que, por si só, e independentemente de toda e qualquer outra causa, tenha como consequência direta a morte segurado"* e, portanto, não se confunde com a definição de morte natural (Circular nº 029/SUSEP e REsp 1284847/PR, Rel. Ministro Raul Araújo, Quarta Turma, julgado em 28/03/2017, DJe 03/04/2017); **D:** incorreta, pois tais condutas do segurado não retiram seu direito à indenização. Contudo, tais atos são ineficazes perante a seguradora (CJF, enunciados nºs 373 e 546). Vide, ainda, REsp 1133459/RS, Rel. Ministro Ricardo Villas Bôas Cueva, Terceira Turma, julgado em 21/08/2014, DJe 03/09/2014; **E:** incorreta. Esta é uma das raríssimas hipóteses legais de responsabilidade civil em decorrência de fortuito ou força maior. Ocorre quando o comodatário – diante de um risco iminente – prefere salvar as suas coisas e não a coisa que lhe foi emprestada (CC, art. 583). Neste caso, o comodatário responderá pelo dano ocorrido, ainda que se possa atribuir o caso fortuito, ou força maior. Gabarito "A".

(Juiz de Direito/DF – 2016 – CESPE) Suponha que, entabulado contrato facultativo de seguro de vida e acidentes pessoais, em decorrência do sinistro, o segurado pleiteou da seguradora o respectivo pagamento. Assinale a opção correta no que se refere à prescrição.

(A) O prazo prescricional anual é interrompido com o pedido administrativo do pagamento, bem como com o pagamento parcial, diante da nova pretensão de complementação.
(B) O prazo prescricional anual é interrompido com o pedido administrativo do pagamento, voltando a correr por inteiro a partir de eventual negativa da seguradora.
(C) O prazo prescricional trienal é suspenso com o pedido administrativo de pagamento, voltando a correr a partir de eventual negativa da seguradora.
(D) O prazo prescricional anual é suspenso com o pedido administrativo do pagamento, voltando a correr pelo tempo restante a partir da eventual negativa da seguradora, mas se há pagamento parcial o prazo é interrompido voltando a correr por inteiro.
(E) Na hipótese de resseguro, o prazo prescricional é diverso do previsto para a ação do segurado contra o segurador.

Prescreve em um ano, nos termos do art. 206, § 1º, II, do Código Civil, a ação do segurado contra a seguradora. Ocorre que, de acordo com a Súmula 229 do STJ, o pedido administrativo de pagamento feito à seguradora suspende a fluência do prazo, o qual só volta a correr a partir da ciência da decisão proferida pela seguradora (*vide* também EDcl no REsp 1163239/MG). Por sua vez, o pagamento parcial faz ensejar a aplicação do art. 202, VI, segundo o qual a prescrição é interrompida *"por qualquer ato inequívoco, ainda que extrajudicial, que importe reconhecimento do direito pelo devedor"*. A alternativa "D" é a única que contempla corretamente todos os dados mencionados. Gabarito "D".

(Magistratura/RR – 2015 – FCC) A respeito de contratos de seguro, considere as seguintes assertivas:

I. Nos seguros de dano, a garantia prometida não pode ultrapassar o valor do interesse segurado no momento da contratação e a indenização não pode ultrapassar o valor do interesse segurado no momento do sinistro.
II. Nos seguros de pessoas, o capital segurado é livremente estipulado pelo proponente, que pode contratar mais de um seguro sobre o mesmo interesse, com o mesmo ou diversos seguradores.
III. Salvo disposição em contrário, não se admite a transferência do contrato de seguro de dano a terceiro com a alienação ou cessão do interesse segurado.
IV. No seguro de vida, só podem figurar como beneficiárias pessoas que estejam sob a dependência econômica do segurado, exceto se se tratar de cônjuge ou companheiro.
V. No seguro de vida ou de acidentes pessoais para o caso de morte, o capital estipulado, para o caso de morte, não está sujeito às dívidas do segurado, nem se considera herança.

Está correto o que se afirma APENAS em
(A) III, IV e V.
(B) I, III e IV.
(C) III, III e V.
(D) I, II, e V.
(E) I, III e V.

I: correta (art. 778 do CC); **II:** correta (art. 789 do CC); **III:** incorreta, pois, salvo disposição em contrário, admite-se sim essa transferência (art. 785, *caput*, do CC); **IV:** incorreta, pois não essa limitação na lei (arts. 789 a 802 do CC); **V:** correta (art. 794 do CC). Gabarito "D".

4.16. FIANÇA

(Juiz de Direito/CE – 2014 – FCC) Analise as assertivas a seguir:

I. Prestada a fiança por quem seja casado sob o regime da comunhão universal de bens, sem anuência do outro cônjuge, esse contrato é nulo.
II. São partes no contrato de fiança o fiador e o devedor da obrigação principal.
III. A fiança que exceder o valor da dívida, ou for mais onerosa que ela, não valerá senão até o limite da obrigação afiançada.
IV. Não se pode estipular fiança sem o consentimento do devedor.
V. As obrigações nulas não são suscetíveis de fiança, exceto se a nulidade resultar apenas de incapacidade pessoal do devedor e que não se trate de mútuo feito a menor.

Sobre o contrato de fiança, é correto o que se afirma APENAS em
(A) III e V.
(B) I e V.
(C) III e IV.
(D) I e II.
(E) II e III.

I: incorreta. A fiança é um dos casos nos quais a lei exige vênia conjugal para sua validade (CC, art. 1.647, III). A ausência desta vênia torna o ato anulável, conforme disposto no art. 1.649 do CC; **II:** incorreta, pois o devedor (também chamado de afiançado) não é parte no contrato de fiança. Tanto é verdade que credor e fiador podem estipular tal contrato livremente sem anuência do devedor (CC, art. 820); **III:** correta, pois a assertiva reproduz a consequência legal que decorre da fiança que excede o valor da dívida (CC, art. 823); **IV:** incorreta, pois o devedor (também chamado de afiançado) não é parte no contrato de fiança. Logo, nada impede que credor e fiador estipulem tal contrato livremente sem anuência do devedor (CC, art. 820); **V:** correta, pois a assertiva reproduz a proibição estabelecida pelo art. 824 do CC. Gabarito "A".

4.17. OUTROS CONTRATOS E TEMAS COMBINADOS

(Defensor Público Federal – DPU – 2017 – CESPE) Com relação a obrigações, contratos e responsabilidade civil, julgue os itens a seguir à luz do entendimento dos tribunais superiores.

(1) A Caixa Econômica Federal é agente-gestor do programa de arrendamento residencial, instituído pela Lei n.º10.188/2001, sendo responsável tanto pela aquisição quanto pela construção dos imóveis, os quais permanecerão em sua propriedade até que os particulares que firmaram contratos de arrendamento com opção de compra possam adquirir o bem ao final do contrato.

(2) A aplicação da teoria da perda da chance pressupõe uma possibilidade concreta, real e com alto grau de probabilidade de se garantir um benefício ou sofrer um prejuízo, bem como que a ação ou omissão do agente tenha nexo causal com a perda da oportunidade de exercer a chance.

(3) A correção monetária objetiva a manutenção do poder aquisitivo da moeda, corrigindo o valor nominal da obrigação. Por isso, essa atualização deve observar as oscilações inflacionárias positivas e desconsiderar as negativas.
(4) A recusa injustificada da operadora de plano de saúde em autorizar cobertura financeira de tratamento médico a que esteja contratualmente obrigada enseja indenização a título de danos morais.
(5) Nos contratos celebrados pelo SFH, admite-se a capitalização de juros em periodicidade inferior à anual, desde que pactuada de forma expressa.

1: Correta, nos moldes da Lei 10.188/2001, em seu artigo 1º, § 1º, que diz: "A gestão do Programa cabe ao Ministério das Cidades e sua operacionalização à Caixa Econômica Federal – CEF" o parágrafo único do artigo 4º: "As operações de aquisição, construção, recuperação, arrendamento e venda de imóveis obedecerão aos critérios estabelecidos pela CEF, respeitados os princípios da legalidade, finalidade, razoabilidade, moralidade administrativa, interesse público e eficiência, ficando dispensada da observância das disposições específicas da lei geral de licitação". **2:** Correta, em consonância com a jurisprudência do Superior Tribunal de Justiça: Recurso especial. Responsabilidade civil. Teoria da perda de uma chance. Hospital. Atuação negligente. Óbito. Indenização pela chance perdida. Valor da indenização. Razoabilidade. Súmula n. 7/STJ. 1. Recurso especial interposto contra acórdão publicado na vigência do Código de Processo Civil de 1973 (Enunciados Administrativos ns. 2 e 3/STJ). 2. A teoria da perda de uma chance comporta duplo viés, ora justificando o dever de indenizar em decorrência da frustração da expectativa de se obter uma vantagem ou um ganho futuro, desde que séria e real a possibilidade de êxito (perda da chance clássica), ora amparando a pretensão ressarcitória pela conduta omissiva que, se praticada a contento, poderia evitar o prejuízo suportado pela vítima (perda da chance atípica). 3. Hipótese em que a morte da paciente não resultou do posterior agravamento da enfermidade diagnosticada a destempo, mas de um traumatismo crânio-encefálico resultante da queda de uma escada em sua própria residência um dia depois da última consulta médica realizada, não se podendo afirmar com absoluta certeza que o acidente doméstico ocorreu em razão das tonturas que ela vinha sentindo e que a motivou a procurar auxílio médico. 4. À luz da teoria da perda de uma chance, o liame causal a ser demonstrado é aquele existente entre a conduta ilícita e a chance perdida, sendo desnecessário que esse nexo se estabeleça diretamente com o dano final. 5. Existência de laudo pericial conclusivo quanto à efetiva concorrência da enfermidade extemporaneamente diagnosticada para o resultado morte, tendo em vista que a baixa contagem de plaquetas foi determinante para que não fosse possível estancar a hemorragia intracraniana da paciente. 6. Atuação negligente dos profissionais médicos que retirou da paciente uma chance concreta e real de ter um diagnóstico correto e de alçar as consequências normais que dele se poderia esperar. 7. Na responsabilidade civil pela perda de uma chance, o valor da indenização não equivale ao prejuízo final, devendo ser obtido mediante valoração da chance perdida, como bem jurídico autônomo. 8. Ainda que estabelecidos os danos morais em R$ 50.000,00 (cinquenta mil reais) com base no sofrimento e na angústia do autor pela morte de sua esposa, não se mostra desarrazoada a quantia fixada a esse título, mesmo considerando que a indenização deve reparar apenas a chance perdida. 9. Recurso especial não provido. (REsp 1677083 SP, Terceira Turma, DJe 20/11/2017, Ministro Ricardo Villas Bôas Cueva). **3:** Errada, conforme posição do STJ, ratificada em julgamento de recurso repetitivo: Recurso especial representativo de controvérsia. Civil e processual civil. Planta comunitária de telefonia. Restituição do valor investido. Cumprimento de sentença. Aplicação de índices negativos de correção monetária. Cabimento. Rejeição da impugnação ao cumprimento de sentença. Honorários advocatícios. Descabimento. 1. Para fins do art. 543-C do CPC: Aplicam-se os índices de deflação na correção monetária de crédito oriundo de título executivo judicial, preservado o seu valor nominal. 2. Caso concreto: 2.1 Aplicação da tese à espécie. 2.2 "Não são cabíveis honorários advocatícios pela rejeição da impugnação ao cumprimento de sentença" (REsp 1.134.186/RS, rito do art. 543-C do CPC). 3. Recurso Especial Provido. (REsp 1.361.191/RS, Rel. Ministro Paulo De Tarso Sanseverino, Corte Especial, julgado em 19/3/2014, DJe 27/6/2014). **4.** Correta, "Agravo regimental no agravo (artigo 544 do CPC) – Demanda postulando indenização por dano moral em razão da indevida negativa de custeio de tratamento médico em unidade de terapia intensiva – Decisão monocrática negando provimento ao reclamo, mantida a inadmissão do recurso especial. Insurgência da operadora de plano de saúde. 1. Indenização por danos morais. A jurisprudência do STJ é no sentido de que a recusa indevida/injustificada, pela operadora de plano de saúde, em autorizar a cobertura financeira de tratamento médico, a que esteja legal ou contratualmente obrigada, enseja reparação a título de dano moral, por agravar a situação de aflição psicológica e de angústia no espírito do beneficiário. Caracterização de dano moral *in re ipsa*. Precedentes. Incidência da Súmula 83/STJ. 2. Alegado descabimento da multa por litigância de má-fé cominada na origem. Ausência de impugnação de fundamento autônomo apto à manutenção do acórdão estadual, qual seja: verificada a conduta de oferecer contestação alterando a verdade dos fatos. Aplicação da Súmula 283/STF. 3. Insurgências atinentes à inépcia da inicial da cautelar e aos honorários advocatícios. Muito embora tenha havido a indicação expressa dos dispositivos legais tido por violados (artigos 20, §§ 3º e 4º, e 801 do CPC), o recorrente não procedeu à devida fundamentação, pois não evidenciou como o acórdão recorrido teria desrespeitado às normas legais invocadas, o que não permite verificar se a legislação federal infraconstitucional restou, ou não, malferida. Incidência da Súmula 284/STF. 4. Agravo regimental desprovido. (AgRg no AREsp 424513 / SP, Ministro Marco Buzzi (1149), Quarta Turma, DJe 08/04/2014). **5.** Correta. O Superior Tribunal de Justiça reafirmou, nos julgados dos recursos repetitivos, o entendimento já havia sido firmado em 2015 coma edução da Súmula 539 do STJ: "É permitida a capitalização de juros com periodicidade inferior à anual em contratos celebrados com instituições integrantes do Sistema Financeiro Nacional a partir de 31/3/2000 (MP n. 1.963-17/2000, reeditada como MP n. 2.170-36/2001), desde que expressamente pactuada".

Gabarito: 1C, 2C, 3E, 4C, 5C

(Procurador do Estado – PGE/MT – FCC – 2016) Acerca do comodato, considere:

I. O comodato é contrato real, perfazendo-se com a tradição do objeto.
II. O comodatário constituído em mora, além de por ela responder, pagará, até restituí-la, o aluguel da coisa que for arbitrado pelo comodante.
III. O comodatário responde pelo dano decorrente de caso fortuito ou força maior se, correndo risco o objeto do comodato, juntamente com os seus, antepuser a salvação destes, abandonando o do comodante.
IV. Se o comodato não tiver prazo convencional, o comodante poderá, a qualquer momento, suspender o uso e gozo da coisa emprestada, independentemente de decisão judicial e da finalidade do negócio.

Está correta o que ser afirma em
(A) I, II e III, apenas.
(B) II e III, apenas.
(C) II e IV, apenas.
(D) I, III e IV, apenas.
(E) I, II, III e IV.

I: correta, pois o comodato é contrato real que só nasce quando o objeto é entregue ao comodatário, ou seja, quando ocorre a tradição do bem. Também são exemplos de contratos reais o mútuo e o depósito; **II:** correta, pois de pleno acordo com o art. 582 do CC. É evidente, todavia, que tal aluguel estará sempre sujeito ao crivo judicial, com balizas pela boa-fé objetiva e equidade; **III:** correta, pois trata-se de uma rara hipótese na qual uma pessoa responde pela perda decorrente de fortuito ou força maior. É uma hipótese bastante teórica, mas prevista no art. 583 do CC; **IV:** incorreta, pois "se o comodato não tiver prazo convencional, presumir-se-lhe-á o necessário para o uso concedido" (CC, art. 581).

Gabarito: "A".

(Advogado União – AGU – CESPE – 2015) A respeito dos contratos, julgue os próximos itens à luz do Código Civil.

(1) No mandato outorgado por mandante capaz, são válidos os atos praticados por mandatário com dezesseis anos de idade, ainda que não emancipado, desde que não sejam excedidos os limites do mandato.
(2) Se vendedor e comprador estipularem o cumprimento das obrigações de forma simultânea em venda à vista, ficará afastada a utilização do direito de retenção por parte do vendedor caso o preço não seja pago.

1: correta, pois de acordo com o permissivo legal previsto no art. 666 do CC. Trata-se de uma regra específica de capacidade para um ato determinado; **2:** incorreta, pois o contrato de compra e venda é um típico contrato bilateral e – ainda que as obrigações sejam cumpridas simultaneamente – é possível a aplicação do art. 476 do CC, que determina: *"Nos contratos bilaterais, nenhum dos contratantes, antes de cumprida a sua obrigação, pode exigir o implemento da do outro"*.

Gabarito: 1C, 2E.

(Procurador do Estado – PGE/PA – UEPA – 2015) Assinale a alternativa correta:

I. A resolução por onerosidade excessiva só pode ocorrer nos contratos de execução continuada ou diferida.
II. A sentença que decretar a resolução por onerosidade excessiva retroage à data da citação.
III. A responsabilidade pela evicção pode ser excluída pelas partes desde que por cláusula expressa.
IV. O direito de reclamar da coisa por vícios redibitórios se estende às doações onerosas.

A alternativa que contém todas as afirmativas corretas é:
(A) I, II, III e IV.
(B) I e II.
(C) II e III.
(D) III e IV.
(E) II e IV.

I: correta, pois referida onerosidade configura-se no transcorrer das prestações de um contrato, sendo incabível num contrato de prestação imediata (CC, art. 478); **II:** correta, pois os efeitos da sentença que decretar tal resolução *"retroagem à data da citação"*; **III:** correta, pois o Código Civil admite que as partes aumentem, diminuam ou até mesmo afastem as garantias legais decorrentes em caso de evicção (CC, art. 448); **IV:** correta, pois de acordo com o disposto no art. 441, parágrafo único do Código Civil.

Gabarito: "A".

(Procurador do Estado – PGE/RN – FCC – 2014) Felipe utiliza o estacionamento X próximo a seu local de trabalho, confiando as chaves de seu veículo a um manobrista logo à entrada e recebendo um comprovante de estadia. Certo dia, ao retirar o veículo, percebeu que apresentava avarias externas decorrentes de colisão. Foi-lhe esclarecido que outro cliente, João, burlando as normas do estacionamento, adentrou na área de manobras, e o veículo de Felipe foi abalroado, porque o manobrista não conseguiu frear a tempo de evitar a colisão com o veículo de João. Nesse caso, entre Felipe e o estacionamento X há:

(A) contrato atípico com elementos dos contratos de depósito e de prestação de serviço e o estacionamento X deverá indenizar Felipe

pelos prejuízos que sofreu, tanto em razão do contrato, como em virtude das regras pertinentes à responsabilidade do patrão por atos de seus empregados.
- **(B)** contrato típico e o estacionamento X é obrigado a ressarcir os prejuízos sofridos por Felipe, porque há responsabilidade objetiva do patrão pelos atos de seus empregados.
- **(C)** contrato típico e o estacionamento X deverá indenizar Felipe pelos prejuízos que sofreu, tanto em razão do contrato, como em virtude das regras pertinentes à responsabilidade do patrão por atos de seus empregados.
- **(D)** contrato inominado com elementos dos contratos de depósito e de prestação de serviços, mas o estacionamento X não poderá ser condenado a indenizar Felipe, se provar que escolheu bem o manobrista e o vigiava, sendo o evento considerado caso fortuito.
- **(E)** relação jurídica extracontratual e este é obrigado a ressarcir os prejuízos sofridos por Felipe, uma vez que a culpa do patrão é presumida pelos atos culposos de seus empregados.

O referido contrato apresenta características tanto de contrato remunerado de depósito (CC, art. 627) no que tange à guarda do veículo, como de contrato de serviços (no que se refere ao ato de levar e trazer o veículo). Os danos ao veículo devem ser indenizados em virtude da existência desse contrato. Ademais, a empresa X responde pelos danos causados pelos seus funcionários *"no exercício do trabalho que lhes competir"* (CC, art. 932, III). **GN**

Gabarito "A".

(Promotor de Justiça – MPE/RS – 2017) Assinale a alternativa **INCORRETA** quanto aos Contratos.
- **(A)** A boa-fé objetiva deve estar presente tanto na conclusão como na execução do contrato, ou seja, em todas as fases do negócio jurídico. Na fase negocial, a proposta vincula o proponente, deixando de ser obrigatória, se, feita sem prazo à pessoa presente, não for imediatamente aceita.
- **(B)** O contrato de compra e venda será anulável no caso de a venda recair sobre bem de família instituído de forma convencional ou voluntária.
- **(C)** Os contratos de transação e doação somente admitem interpretação restritiva.
- **(D)** Para a configuração de sua legitimação, os curadores não poderão dar em comodato bens confiados à sua guarda, sem antes obterem autorização judicial, com a prévia oitiva do Ministério Público.
- **(E)** Os fiadores exoneram-se da garantia prestada no contrato de locação, bem como da solidariedade em relação ao locatário, se não houve anuência em relação ao pacto moratório.

A: correta. O princípio da boa-fé objetiva (CC, art. 422) deve estar presente antes, durante e depois do contrato. Nessa esteira, segue o Enunciado 25 do CJF. Quanto à proposta feita a pessoa presente, de fato ela deixa de ser obrigatória se não foi imediatamente aceita (CC, art. 428, I); **B:** incorreta, pois a instituição do bem de família não impede a venda do bem. A grande consequência jurídica da instituição é torná-lo *"isento de execução por dívidas posteriores à sua instituição"* (CC, art. 1.715); **C:** correta, pois *"Os negócios jurídicos benéficos e a renúncia interpretam-se estritamente"* (CC, art. 114), ao passo que a transação *"interpreta-se restritivamente, e por ela não se transmitem, apenas se declaram ou reconhecem direitos"* (CC, art. 843); **D:** correta, pois a assertiva reproduz a proibição constante do art. 580 do Código Civil; **E:** correta, pois *"O fiador, ainda que solidário, ficará desobrigado: se, sem consentimento seu, o credor conceder moratória ao devedor"* (CC, art. 838, I). **GN**

Gabarito "B".

(Juiz – TJ-SC – FCC – 2017) Na incorporação imobiliária, a submissão ao regime de afetação é:
- **(A)** facultativo ao incorporador e, por esse regime, o terreno e as acessões objeto de incorporação imobiliária, bem como os demais bens e direitos a ela vinculados, manter-se-ão apartados do patrimônio do incorporador e constituirão patrimônio de afetação, destinado à consecução da incorporação correspondente e à entrega das unidades imobiliárias aos respectivos adquirentes.
- **(B)** obrigatório para os incorporadores e, por esse regime, o terreno e as acessões objeto de incorporação imobiliária, bem como os demais bens e direitos a ela vinculados, manter-se-ão apartados do patrimônio do incorporador e constituirão patrimônio de afetação, destinado à consecução da incorporação correspondente e à entrega das unidades imobiliárias aos respectivos adquirentes.
- **(C)** obrigatório e considera-se constituído mediante averbação, a qualquer tempo, no registro imobiliário, de termo firmado pelo incorporador e a averbação não será obstada pela existência de ônus reais sobre o imóvel objeto de incorporação para garantia de pagamento do preço de sua aquisição ou do cumprimento de obrigação de constituir o empreendimento.
- **(D)** obrigatório e tem por finalidade exclusivamente excluir os efeitos da falência do incorporador.
- **(E)** facultativo, só ficando atingido o empreendimento por dívidas destinadas à consecução da incorporação correspondente e à entrega das unidades imobiliárias aos respectivos adquirentes, exceto no caso de falência ou insolvência civil do incorporador, quando os adquirentes das unidades serão classificados como credores privilegiados, para recebimento de indenização por perdas e danos, caso o empreendimento não se concretize.

Pelo sistema da afetação, o terreno e acessões referentes ao projeto imobiliário ficam separados dos bens do incorporador e passam a constituir o chamado "patrimônio de afetação", o qual será destinado à consecução da incorporação e à entrega das unidades imobiliárias aos seus respectivos adquirentes. Trata-se de uma garantia adicional que é dada ao adquirente da unidade imobiliária, o que estimula novos compradores e aquece o mercado imobiliário. Tal sistema de afetação, todavia, não é obrigatório e fica ao critério do incorporador (art. 31-A da Lei 4.591/1964, com a redação dada pela Lei 10.931/2004). **GN**

Gabarito "A".

(Juiz – TRF 3ª Região – 2016) Sobre os contratos em espécie, assinale a alternativa correta:
- **(A)** O contrato de seguro por danos pessoais não compreende os danos morais, devendo haver cláusula expressa com tal previsão de cobertura.
- **(B)** A cláusula especial de venda sobre documentos transforma o negócio de compra, de modo que a transferência documentária faz as vezes da tradição real.
- **(C)** São elementos essenciais categoriais da compra e venda o preço, a coisa e a tradição.
- **(D)** A locação por tempo determinado cessa de pleno direito findo o prazo estipulado, mediante notificação ou aviso prévio obrigatório.

A: incorreta, pois contrária ao teor da Súmula 402 do STJ, segundo a qual: *"O contrato de seguro por danos pessoais compreende os danos morais, salvo cláusula expressa de exclusão"*; **B:** correta, pois de acordo com a previsão do art. 529 do CC, que indica que nessa espécie de venda, *"a tradição da coisa é substituída pela entrega do seu título representativo e dos outros documentos exigidos pelo contrato"*; **C:** incorreta, pois a compra e venda é contrato consensual e, portanto, não depende da entrega da coisa para sua existência; **D:** incorreta, pois nesses casos, segundo o art. 573 do CC, na há necessidade de notificação ou aviso. **GN**

Gabarito "B".

(Defensor Público – DPE/MT – 2016 – UFMT) Em relação aos contratos de empréstimo e mandato, assinale a afirmativa INCORRETA.
- **(A)** O comodatário não poderá jamais recobrar do comodante as despesas feitas com o uso e gozo da coisa emprestada.
- **(B)** Sendo omissa a procuração quanto ao substabelecimento, o procurador será responsável se o substabelecido proceder culposamente.
- **(C)** Havendo poderes de substabelecer, só serão imputáveis ao mandatário os danos causados pelo substabelecido, se tiver agido com culpa na escolha deste ou nas instruções dadas a ele.
- **(D)** O comodato é o empréstimo gratuito de coisas não fungíveis; perfaz-se com acordo de vontades.
- **(E)** O maior de dezesseis e menor de dezoito anos não emancipado pode ser mandatário, mas o mandante não tem ação contra ele senão de conformidade com as regras gerais, aplicáveis às obrigações contraídas por menores.

A: correta, pois de pleno acordo com a regra estabelecida pelo Código Civil, em seu artigo 584; **B:** correta, pois a assertiva repete a redação do art. 667, § 4º do Código Civil; **C:** correta, pois em perfeita consonância com a redação do art. 667 § 2º do Código Civil; **D:** incorreta, pois o comodato é contrato de natureza real. Isso significa que ele se perfaz com a entrega da coisa, não sendo suficiente o acordo de vontades (CC, art. 579); **E:** correta, pois de acordo com a regra estabelecida pelo Código Civil, art. 666. **GN**

Gabarito "D".

(Juiz de Direito/DF – 2016 – CESPE) No que se refere ao contrato estimatório do Direito Civil, assinale a opção correta.
- **(A)** Pode ter por objeto bem fungível, e a restituição, se for o caso, será por coisa de igual gênero, qualidade e quantidade.
- **(B)** Os riscos são do consignante, que suporta a perda ou deterioração da coisa.
- **(C)** Após a entrega da coisa, a posse é exercida em nome do consignante, que a mantém de forma mediata ou indireta.
- **(D)** O preço de estima é ato unilateral do consignatário e, se não alcançado em determinado lapso temporal, emerge o dever de restituir a coisa.
- **(E)** Em decorrência da natureza própria do contrato, especialmente a obtenção da posse e o poder de disposição, o Código Civil exige a forma escrita.

O contrato estimatório é popularmente conhecido como "venda em consignação". O consignante é o dono da coisa, que deixa o bem em poder do consignatário para vendê-la pelo preço que se estimou bilateralmente. **A:** correta, pois a lei não delimitou qual o objeto do contrato fosse fungível ou infungível; **B:** incorreta, pois os riscos da coisa deixada em consignação são do consignatário (CC, art. 535); **C:** incorreta, pois a posse é exclusiva do consignatário; **D:** incorreta, pois a fixação do preço é bilateral; **E:** incorreta, pois o Código Civil não exigiu forma escrita para tal contrato. **GN**

Gabarito "A".

(Juiz de Direito/AM – 2016 – CESPE) A respeito dos contratos regidos pelo Código Civil, assinale a opção correta.

(A) No contrato de transporte de pessoas, a responsabilidade do transportador pelo acidente com o passageiro será afastada quando for comprovada culpa exclusiva de terceiro.
(B) Se o suicídio do segurado ocorrer dentro do prazo dos dois primeiros anos de vigência do contrato de seguro de vida, seus beneficiários não terão direito a indenização, ainda que não premeditado o suicídio, mas o segurador será obrigado a devolver o montante da reserva técnica já formada.
(C) No silêncio do contrato, o empreiteiro contratado deve contribuir para execução da obra com seu trabalho e com os materiais necessários à sua conclusão.
(D) Na venda *ad corpus*, o imóvel é alienado com especificação de sua área, de modo que, na falta de correspondência entre a área mencionada e a efetiva área adquirida, poderá o comprador reclamar a resolução do contrato ou o abatimento proporcional do preço.
(E) O pacto de retrovenda é condição resolutiva expressa que permite ao credor reaver, a qualquer tempo, o imóvel alienado, desde que restitua ao adquirente o preço recebido, acrescido de todas as despesas por ele realizadas.

A: incorreta, pois "a responsabilidade contratual do transportador por acidente com o passageiro não é elidida por culpa de terceiro, contra o qual tem ação regressiva" (CC, art. 735); **B:** correta, pois o enunciado reproduz a regra prevista no art. 798 do CC; **C:** incorreta, pois "a obrigação de fornecer os materiais não se presume; resulta da lei ou da vontade das partes" (CC, art. 610 § 1°); **D:** incorreta, pois, na venda *ad corpus*, o tamanho exato do imóvel não é determinante. O que importa são as características genéricas, como localização, topografia do terreno, benfeitorias etc.; **E:** incorreta, pois o Código Civil limita a restituição de despesas às que "se efetuaram com a sua autorização escrita, ou para a realização de benfeitorias necessárias" (CC, art. 505). GN
Gabarito "B".

(Magistratura/RR – 2015 – FCC) Comparando-se as garantias decorrentes da alienação fiduciária de bem imóvel e da hipoteca, pode-se afirmar que, na alienação fiduciária,

(A) o fiduciário transfere a propriedade resolúvel ao fiduciante, enquanto na hipoteca a propriedade não é transferida ao credor, mas apenas sujeita o imóvel por vínculo real ao cumprimento da obrigação, atribuindo ao credor título de preferência e direito de sequela.
(B) o credor pode, uma vez consolidada a propriedade em seu nome, mantê-la em seu patrimônio, para quitação da dívida, sem necessidade de promover-lhe a alienação, enquanto na hipoteca é vedado o pacto comissório.
(C) o fiduciante transfere a propriedade resolúvel ao fiduciário, enquanto na hipoteca a propriedade não é transferida ao credor, mas apenas sujeita o imóvel por vínculo real ao cumprimento da obrigação, atribuindo ao credor título de preferência e direito de sequela.
(D) o credor não pode, depois de consolidada a propriedade em seu nome, mantê-la em seu patrimônio para quitar a dívida, devendo promover-lhe o público leilão, enquanto na hipoteca, salvo disposição em contrário no contrato, o credor pode ficar com o objeto da garantia, se a dívida não for paga no vencimento.
(E) não pode ser credora, titular dessa garantia, pessoa física, porque ela só é atribuível às entidades que operam no SFI, enquanto na hipoteca o credor pode ser qualquer pessoa física capaz ou pessoa jurídica.

A: incorreta, pois o credor é o fiduciário e o devedor é o fiduciante, de modo que a frase deveria ser "o fiduciante transfere a propriedade resolúvel ao fiduciário" (art. 1.368-B do CC); **B:** incorreta, pois, de acordo com o art. 1.364 do CC, "vencida a dívida, e não paga, fica **o credor obrigado a vender**, judicial ou extrajudicialmente, a coisa a terceiros, a aplicar o preço no pagamento de seu crédito e das despesas de cobrança, e a entregar o saldo, se houver, ao devedor" (g.n.); **C:** correta (art. 1.361, *caput*, do CC); **D:** incorreta, pois na hipoteca não há permissão para o credor fica com a coisa se a dívida não for paga no vencimento, sendo nula cláusula nesse sentido (art. 1.428 do CC); **E:** incorreta, pois não há essa limitação na lei, nem ligação necessária do instituto com o Sistema Financeiro da Habitação (arts. 1.361 e ss.). WG
Gabarito "C".

(Procurador do Município – Cuiabá/MT – 2014 – FCC) Renato contratou André para transportá-lo onerosamente, de carro, de Cuiabá a Sorriso. No contrato, as partes estabeleceram que, em caso de acidente causado por terceiro, André não teria o dever de indenizar Renato. No trajeto, um caminhão conduzido negligentemente abalroou o veículo que transportava Renato, causando-lhe danos. Renato

(A) poderá pedir indenização contra André, pois a cláusula excludente de responsabilidade é nula e a culpa de terceiro não afasta a responsabilidade do transportador, que possui ação de regresso contra o causador do dano.
(B) não poderá pedir indenização contra André, pois a responsabilidade do transportador é subjetiva.
(C) não poderá pedir indenização contra André, pois a responsabilidade do transportador é afastada em caso de culpa de terceiro.
(D) não poderá pedir indenização contra André, pois pactuou cláusula excludente de responsabilidade.
(E) poderá pedir indenização contra André, pois a cláusula excludente de responsabilidade é nula e a culpa de terceiro não afasta a responsabilidade do transportador nem lhe confere ação de regresso contra o causador do dano.

A questão envolve o contrato de transporte de pessoas e a cláusula que afasta o dever do transportador de indenizar. A solução para o problema é dada pelo art. 734 do CC, segundo o qual "*o transportador responde pelos danos causados às pessoas transportadas e suas bagagens, salvo motivo de força maior, sendo nula qualquer cláusula excludente da responsabilidade*". Logo, é correto afirmar que Renato poderá pedir sua justa indenização em face de André. GN
Gabarito "A".

4.18. ENRIQUECIMENTO SEM CAUSA

(Procurador do Município/Sorocaba-SP – 2012 – VUNESP) Sobre enriquecimento sem causa, é correto afirmar que o Código Civil de 2.002 prevê, expressamente, que

(A) aquele que, sem justa causa, se enriquecer à custa de outrem, será obrigado a restituir o indevidamente auferido, feita a atualização dos valores monetários e calculados os juros legais.
(B) a restituição é devida só quando não tenha havido causa que justifique o enriquecimento.
(C) não caberá a restituição por enriquecimento, se a lei conferir ao lesado outros meios para se ressarcir do prejuízo sofrido.
(D) se o enriquecimento tiver por objeto coisa determinada, quem a recebeu é obrigado a restituí-la, e, se a coisa não mais subsistir, a restituição se fará pelo valor do bem na época em que foi cedido.
(E) não se pode repetir o que se pagou para solver dívida prescrita, ou cumprir obrigação judicialmente inexigível.

A: incorreta, pois não são calculados os juros legais, sendo o valor atualizado somente com a correção monetária (art. 884, do CC); **B:** incorreta, já que a restituição é devida, não só quando não tenha havido causa que justifique o enriquecimento, mas também se esta deixou de existir (art. 885, do CC); **C:** correta (art. 886, do CC); **D:** incorreta, pois a restituição se fará pelo valor do bem na época em que foi exigido (art. 884, parágrafo único, do CC); **E:** incorreta, pois a alternativa trata do pagamento indevido e não do enriquecimento sem causa (art. 882, do CC). VT/WG
Gabarito "C".

5. RESPONSABILIDADE CIVIL

(Delegado/MS – 2017 - FAPEMS) Sobre a responsabilidade civil, assinale a alternativa correta.

(A) A teoria da perda de uma chance pode ser utilizada como critério para a apuração de responsabilidade civil ocasionada por erro médico, na hipótese em que o erro tenha reduzido possibilidades concretas e reais de cura de paciente que venha a falecer em razão da doença tratada de maneira inadequada.
(B) Mesmo em situações normais, a instituição financeira pode ser responsabilizada por assalto sofrido por sua correntista em via pública, isto é, fora das dependências de sua agência bancária, após retirada, na agência, de valores em espécie. Estaria caracterizada uma falha na prestação de serviços, devido ao risco da atividade desenvolvida [artigo 927, parágrafo único, do Código Civil].
(C) Há entendimento sumulado do Superior Tribunal de Justiça no sentido de vedar a cumulação das indenizações por dano estético e dano moral.
(D) Para o Superior Tribunal de Justiça, a responsabilidade civil do Estado, nos casos de morte de pessoas custodiadas, é subjetiva, ficando caracterizada se provada a omissão estatal.
(E) De acordo com o Supremo Tribunal Federal, considerando que é dever do Estado, imposto pelo sistema normativo, manter em seus presídios os padrões mínimos de humanidade previstos no ordenamento jurídico, é de sua responsabilidade, nos termos do artigo 37, parágrafo 6º, da Constituição vigente, a obrigação de ressarcir os danos, inclusive morais, comprovadamente causados aos detentos em decorrência da falta ou insuficiência das condições legais de encarceramento. Nesse recente julgamento, prevaleceu a tese de que a indenização não deve ser em dinheiro, mas em dias remidos.

A: correta, pois a perda de uma chance envolve a ideia de se subtrair da vítima não um valor exato ou um dano certo, mas uma possibilidade de êxito, uma probabilidade de ganho futuro. Segundo o STJ é exatamente isso o que ocorre quando um erro médico reduz possibilidade futura e concreta de cura (AgInt no AREsp 140.251/MS, Rel. Ministra Maria Isabel Gallotti, Quarta Turma, julgado em 03/08/2017, DJe 08/08/2017); **B:** incorreta, pois o STJ entende que – nesse tipo de situação – a responsabilidade é do Estado

e não da instituição financeira. A ideia é que "*O risco inerente à atividade exercida pela instituição financeira não a torna responsável pelo assalto sofrido pela autora, fora das suas dependências*" (REsp 1284962/MG, Rel. Ministra Nancy Andrighi, Terceira Turma, julgado em 11/12/2012, DJe 04/02/2013); **C**: incorreta, pois a assertiva é oposta ao texto da Súmula n. 387 do STJ, segundo a qual: "*É lícita a cumulação das indenizações de dano estético e dano moral*"; **D**: incorreta, pois o STJ se posiciona no sentido de que: "*A responsabilidade civil do Estado nos casos de morte de pessoas custodiadas é objetiva*" (REsp 1054443/MT, Rel. Ministro Castro Meira, Segunda Turma, julgado em 04/08/2009, DJe 31/08/2009); **E**: incorreta. A assertiva refere-se ao RE 580252, julgado em 16 de fevereiro de 2017, no qual se estabeleceu a tese mencionada, com a ressalva de que a indenização seria em dinheiro (no caso, o Estado deveria pagar R$ 2.000 ao autor da ação). RE 580252, Relator: Min. Teori Zavascki, Relator para o acórdão: Min. Gilmar Mendes, Tribunal Pleno, julgado em 16/02/2017, Acórdão Eletrônico DJe-204 Divulg 08-09-2017 Public 11-09-2017).
Gabarito "A".

(Defensor Público – DPE/RN – 2016 – CESPE) A respeito dos atos ilícitos e da responsabilidade civil, assinale a opção correta segundo a jurisprudência do STJ.

(A) O acordo extrajudicial firmado pelos pais em nome de filho menor, para fins de recebimento de indenização por ato ilícito, dispensa a intervenção do MP.
(B) Para a aplicação da teoria da perda de uma chance, não se exige a comprovação da existência do dano final, mas a prova da certeza da chance perdida, que é o objeto de reparação.
(C) Na hipótese de indenização por dano moral decorrente da prática de ato ilícito, os juros moratórios devem fluir a partir da data do ajuizamento da ação respectiva.
(D) Segundo dispõe o Código Civil, caso repare o dano que seu filho relativamente incapaz causar a terceiro, o pai poderá reaver do filho o que pagar a título de indenização.
(E) De acordo com o entendimento do STJ, se determinado preposto, valendo-se de circunstâncias proporcionadas pelo seu labor, praticar ato culposo fora do exercício do trabalho que lhe for confiado, causando prejuízo a terceiro, não será possível a responsabilização do empregador.

A: incorreta, pois o STJ já pacificou o entendimento segundo o qual: "*São indispensáveis a autorização judicial e a intervenção do Ministério Público em acordo extrajudicial firmado pelos pais dos menores, em nome deles, para fins de receber indenização por ato ilícito*" (AgRg no REsp 1483635/PE, Rel. Ministro Moura Ribeiro, Terceira Turma, julgado em 20/08/2015, DJe 03/09/2015); **B**: correta, pois essa é a própria definição da "perda de uma chance". Não existe ainda um dano concreto e caracterizado, mas apenas a perda de uma oportunidade, uma probabilidade de ganhar algo no futuro. O exemplo clássico é o do advogado que perde um prazo para ajuizar ação de alta probabilidade de ganho em favor de seu cliente; **C**: incorreta, pois a Súmula 54 do STJ afirma que "*Os juros moratórios fluem a partir do evento danoso, e caso de responsabilidade extracontratual*"; **D**: incorreta, pois o pai – ao pagar indenização pelo ato ilícito do filho incapaz – não tem ação regressiva contra este (CC, art. 934); **E**: incorreta, pois o STJ tem posição consolidada no sentido de que "*responde o empregador pelo ato ilícito do preposto se este, embora não estando efetivamente no exercício do labor que lhe foi confiado ou mesmo fora do horário de trabalho, vale-se das circunstâncias propiciadas pelo trabalho para agir*" (REsp 1072577/PR, Rel. Ministro Luis Felipe Salomão, Quarta Turma, julgado em 12/04/2012, DJe 26/04/2012).
Gabarito "B".

(Defensor Público – DPE/MT – 2016 – UFMT) No que se refere à responsabilidade civil, analise as assertivas abaixo.

I. A ausência de registro de transferência no DETRAN implica a responsabilidade do antigo proprietário por dano resultante de acidente que envolva o veículo alienado.
II. A empresa locadora de veículos responde, subsidiariamente ao locatário, pelos danos por este causados a terceiros, no uso do carro locado.
III. Tratando-se de engavetamento de veículos, aplica-se a teoria do corpo neutro para eximir de responsabilidade o proprietário ou o condutor do veículo que foi lançado contra o patrimônio de terceiro por força de colisão prévia a que não deu causa.
IV. Agindo em estado de necessidade, o condutor de veículo desvia de uma criança que invadira a pista de rolamento. Em razão da manobra, aquele danifica patrimônio de terceiro. Nesse caso, em relação ao terceiro não responsável pelo perigo, subsiste a responsabilidade do condutor do veículo.
V. No contrato de transporte prestado por empresa de ônibus, a falha mecânica consistente no desprendimento de uma das rodas do veículo gera danos físicos ao transportado. Nesse caso, a existência de fortuito interno exclui a responsabilidade da empresa.

Estão corretas as assertivas
(A) I, II e III, apenas.
(B) IV e V, apenas.
(C) I, II e V, apenas.
(D) I, II, III e IV, apenas.
(E) III e IV, apenas.

I: incorreta, pois nessa hipótese ocorre apenas a transmissão da responsabilidade pelas infrações de trânsito, não se estendendo a responsabilidade civil, nem tributária pelo pagamento do IPVA (STJ, AgRg no REsp 1418691/RS, Rel. Ministro Benedito Gonçalves, Primeira Turma, julgado em 05/02/2015, DJe 19/02/2015); **II**: incorreta, pois nesse caso a responsabilidade é solidária e não subsidiária (STF, Súmula 492); **III**: correta, pois de acordo com precedentes do STJ, em que pese não haver súmula, nem decisões reiteradas (Recurso Especial Nº 1.370.719 – SP (2013/0026582-4); **IV**: correta, pois nesse caso o causador direto do dano mantém sua responsabilidade, tendo regressiva contra o pai da criança, que foi o causador do risco da situação (CC, arts. 188 e 929); **V**: incorreta, pois o fortuito interno mantém a responsabilidade da empresa. Baseia-se na ideia de que – a despeito de inevitável – o fato ocorrido faz parte do rol de situações inerentes à referida atividade. Por outro lado, seria exemplo de fortuito externo (e que afasta a responsabilidade civil) um furacão ou um raio que atinge o ônibus. São eventos inevitáveis e que não guardam qualquer relação com a atividade desenvolvida.
Gabarito "E".

(Defensor Público – DPE/MT – 2016 – UFMT) No que se refere à responsabilidade civil, assinale a afirmativa INCORRETA.

(A) O incapaz não responde pelos prejuízos que causar, ainda que as pessoas por ele responsáveis não tenham obrigação de fazê-lo ou não disponham de meios suficientes.
(B) A indenização mede-se pela extensão do dano, mas se houver excessiva desproporção entre a gravidade da culpa e o dano, poderá o juiz reduzi-la equitativamente.
(C) Haverá obrigação de reparar o dano, independentemente de culpa, nos casos especificados em lei, ou quando a atividade normalmente desenvolvida pelo autor do dano implicar, por sua natureza, risco para os direitos de outrem.
(D) Aquele que ressarcir o dano causado por outrem pode reaver o que houver pago daquele por quem pagou, salvo se o causador do dano for descendente seu, absoluta ou relativamente incapaz.
(E) O credor que demandar o devedor antes de vencida a dívida, fora dos casos em que a lei o permita, ficará obrigado a esperar o tempo que faltava para o vencimento, a descontar os juros correspondentes, embora estipulados, e a pagar as custas em dobro.

A: incorreta, pois o Código Civil (art. 928) estabelece a possibilidade de responsabilização direta do incapaz, justamente nas duas hipóteses mencionadas na assertiva; **B**: correta, pois o CC (art. 944) considera a gravidade da culpa como um critério de fixação de indenização; **C**: correta, pois a assertiva reproduz o texto do art. 927, parágrafo único do CC, que prevê responsabilidade civil objetiva para os dois casos mencionados na assertiva; **D**: correta. O artigo 933 do Código Civil tem péssima e confusa redação. Basicamente ele diz que uma pessoa que responde por ato ilícito praticado por outra terá ação regressiva contra esta (CC, art. 933). Tal regra, todavia, não se aplica na relação *ascendente x descendente incapaz*. O pai, que paga pelo ilícito do filho incapaz, não terá direito de regresso contra este (CC, art. 934). **E**: correta, pois de acordo com a regra estabelecida pelo CC, art. 939. Vale mencionar, todavia, que a jurisprudência só aplica a referida punição quando comprovada a má-fé e o dolo direto de quem cobra indevidamente.
Gabarito "A".

(Delegado/PE – 2016 – CESPE) João, menor impúbere, de sete anos de idade, jogou voluntariamente um carrinho de brinquedo do alto do 14.º andar do prédio onde mora com a mãe Joana. Ao cair, o carrinho danificou o veículo de Arthur, que estava estacionado em local apropriado. Tendo como referência essa situação hipotética, assinale a opção correta, considerando as disposições vigentes a respeito de responsabilidade civil no Código Civil.

(A) O dever de reparar o dano provocado por João não alcança Joana, já que não há como provar sua culpa em relação à atitude do filho.
(B) Embora a responsabilidade de Joana seja objetiva, seu patrimônio somente será atingido se João não tiver patrimônio próprio ou se este for insuficiente para reparar o prejuízo causado a Arthur.
(C) Caso seja provada a culpa de João, a mãe, Joana, responderá objetivamente pelos danos causados pelo filho.
(D) A responsabilidade civil de João é objetiva.
(E) A mãe de João tem responsabilidade subjetiva em relação ao dano causado no veículo de Arthur.

A: incorreta, pois nesse caso se tem a chamada responsabilidade por fato de terceiro, que é objetiva em relação ao terceiro que se enquadrar nas hipóteses legais, sendo que os pais respondem pelos filhos menores que estiverem em sua companhia (arts. 932, I, e 933, ambos do CC); **B**: incorreta, pois a mãe responde diretamente pelo ato do filho, nos termos dos arts. 932, I, e 933, ambos do CC; **C**: correta (art. 933 do CC); **D**: incorreta, pois a responsabilidade civil objetiva só existe no caso em relação à mãe, seja pelo disposto no art. 933 do CC (c/c o art. 932, I, do CC), seja pelo disposto no art. 938 do CC; **E**: incorreta, pois a responsabilidade da mãe é objetiva tanto pelo disposto no art. 933 do CC (c/c o art. 932, I, do CC), seja pelo disposto no art. 938 do CC.
Gabarito "C".

(Procurador Distrital – 2014 – CESPE) Julgue o seguinte item.

(1) Não ensejará reparação por danos morais o uso não autorizado da imagem de atleta em cartaz de propaganda de evento esportivo,

1. DIREITO CIVIL

sem finalidade lucrativa ou comercial, salvo se houver comprovação, pelo atleta, da ocorrência de prejuízo a ele.

A assertiva está incorreta, pois o direito de imagem é constitucionalmente protegido, garantindo-se o direito a indenização em caso de violação (art. 5°, X da CF). Ainda que não haja finalidade lucrativa, o uso da imagem alheia apenas pode ser feito mediante autorização ou se necessários à administração da justiça ou à manutenção da ordem pública (art. 20 do CC). Fora dessas hipóteses o prejuízo àquele que foi exposto é presumido, ensejando o direito de exigir reparação por dano moral.

Gabarito 1E

(Procurador do Estado/BA – 2014 – CESPE) Acerca da responsabilidade civil, julgue os itens subsequentes, à luz da jurisprudência dominante do STJ.

(1) Na hipótese de indenização por danos morais ou materiais do falecimento de ente querido, o termo inicial da contagem do prazo prescricional é a data do óbito, independentemente da data da ação ou da omissão.

(2) O espólio tem legitimidade para postular indenização pelos danos materiais e morais supostamente experimentados pelos herdeiros.

1: Correta, pois o prazo prescricional começa a correr da data da violação do direito, no caso o evento morte. Neste sentido: "Direito civil. Dano moral. Morte. Prescrição. Contagem do prazo. Data do falecimento, não do acidente que o motivou. 1. Diferentemente do que ocorre em direito penal, que considera o momento do crime a data em que é praticada a ação ou omissão que lhe deu causa, no direito civil *a prescrição é contada da data da "violação do direito"*. 2. Na hipótese em que se discute dano moral decorrente do falecimento de ente querido, *é a data do óbito o prazo inicial da contagem da prescrição*, ainda que o acidente tenha ocorrido dias antes. Não é possível considerar que a pretensão a indenização em decorrência da morte nasça antes do evento que lhe deu causa. 3. Não é possível revisar, em sede de recurso especial, a interpretação dada pelo acórdão recorrida quanto a matéria fática. Enunciado 7 da Súmula/STJ. 4. Recurso especial improvido" (REsp 1318825/SE, Rel. Ministra NANCY ANDRIGHI, Terceira Turma, julgado em 13.11.2012, DJe 21.11.2012); **2:** pois a jurisprudência majoritária do STJ é no sentido de não atribuir legitimidade ativa ao espólio para postular indenização por danos materiais e morais supostamente suportados pelos herdeiros. Isso porque a legitimidade *ad causam* exsurge, em regra, da identidade subjetiva entre a relação de direito material e a de direito processual, e, por isso, sua ausência acarreta a extinção do processo sem resolução do mérito, por carência de ação, de sorte que não se trata de formalidade que pode ceder em função dos escopos do processo, em homenagem à instrumentalidade, mas de regra cujo descumprimento fulmina o próprio processo. Neste sentido: "Administrativo e direito civil. Responsabilidade civil do estado. Buracos na via pública. Falecimento de indenização por danos morais sofridos pelos herdeiros. *Ilegitimidade ativa do espólio*. Precedente da corte especial. Divergência não demonstrada. Decisão mantida. 1. *O espólio não tem legitimidade ativa* ad causam *para pleitear indenização por danos morais sofridos pelos herdeiros em decorrência do óbito de seu genitor*. Precedente: EREsp 1.292.983/AL, Rel. Ministra Nancy Andrighi, Corte Especial, julgado em 01.08.2013, DJe 12.08.2013. 2. É incognoscível o recurso especial pela divergência se o entendimento a quo está em conformidade com a orientação desta Corte. Aplicação da Súmula 83/STJ. Agravo regimental improvido" (AgRg no REsp 1396627/ES, Rel. Ministro Humberto Martins, Segunda Turma, julgado em 19.11.2013, DJe 27.11.2013).

Gabarito 1C, 2E

(Cartório/DF – 2014 – CESPE) Em relação à responsabilidade civil contratual e extracontratual, assinale a opção correta.

(A) A decisão que julga extinta a punibilidade pela prescrição, decadência, perempção e pelo perdão aceito pelo ofendido elide a pretensão indenizatória no juízo cível.

(B) Há presunção de responsabilidade civil pelo fato da coisa inanimada contra o titular do domínio ou possuidor, pelos danos que a coisa causar a terceiros, o que somente poderá eximir-se se demonstrados culpa exclusiva da vítima, caso fortuito ou força maior.

(C) Em se tratando de evento danoso pelo fato da coisa, comprovada a existência de culpa concorrente de ambos, lesado e agente causador do dano, ou de culpa presumida do proprietário ou possuidor, haverá divisão de responsabilidade, mesmo que privado da guarda, por transferência da posse jurídica ou furto da coisa.

(D) Tem responsabilidade subjetiva perante terceiros o tutor em relação ao ato ilícito praticado pelo tutelado que estiver sob sua autoridade e em sua companhia, fazendo-se necessária a comprovação de culpa in vigilando, ou negligência, por encerrar a tutela *munus* público.

(E) O ato praticado em legítima defesa, estado de necessidade e no exercício regular de direito, reconhecido em sentença penal excludente de ilicitude, não exime o agente da responsabilidade civil de reparação do dano.

A: incorreta, pois apenas vinculam o juízo cível as decisões do juízo criminal que disponham sobre a existência do fato, ou sobre quem seja o seu autor; **B:** correta, pois de acordo com o disposto no art. 938 do CC; **C:** incorreta, pois o dono da coisa não responde pela coisa que foi furtada; **D:** incorreta, pois os casos de responsabilidade por ato de terceiro são todos de responsabilidade objetiva (CC, art. 933); **E:** incorreta, pois o próprio Código Civil trata esses atos como lícitos, portanto, não causadores de responsabilidade civil (CC, art. 188), ressalvada a hipótese do ato de legítima defesa ter atingido terceiro e também ressalvada a hipótese de – no estado de necessidade – a vítima do dano for a responsável pelo risco que envolveu a situação.

Gabarito "B"

5.1. OBRIGAÇÃO DE INDENIZAR

(Delegado - PC/BA - 2018 - VUNESP) A respeito da responsabilidade civil, assinale a alternativa correta.

(A) A indenização mede-se pela extensão do dano, não podendo ser reduzida pelo juiz, mesmo na existência de excessiva desproporção entre a gravidade da culpa e o dano; se a vítima tiver concorrido culposamente para o evento danoso, a sua indenização será fixada tendo-se em conta a gravidade de sua culpa em confronto com a do autor do dano.

(B) A indenização por ofensa à liberdade pessoal consistirá no pagamento das perdas e danos que sobrevierem ao ofendido; se o ofendido não puder provar prejuízo material, caberá ao juiz fixar, equitativamente, o valor da indenização, na conformidade das circunstâncias do caso; considera-se ofensiva da liberdade pessoal a denúncia falsa e de má-fé.

(C) No caso de homicídio, a indenização consiste, sem excluir outras reparações, no pagamento das despesas com o tratamento da vítima, seu funeral e o luto da família e na prestação de alimentos às pessoas a quem o morto os devia, levando-se em conta a duração provável da vida do alimentado.

(D) No caso de lesão ou outra ofensa à saúde, o ofensor indenizará o ofendido das despesas do tratamento e dos danos emergentes, além de algum outro prejuízo que o ofendido prove haver sofrido, não sendo devidos lucros cessantes.

(E) Se da ofensa resultar defeito pelo qual o ofendido não possa exercer o seu ofício ou profissão, a indenização, além das despesas do tratamento e lucros cessantes até ao fim da convalescença, incluirá pensão correspondente à importância do trabalho para que se inabilitou, não podendo a indenização ser arbitrada e paga de uma só vez.

A: incorreta, pois o Código Civil admite a redução da indenização em virtude da "desproporção entre a gravidade da culpa e o dano" (art. 944, parágrafo único); **B:** correta, pois de pleno acordo com o disposto nos arts. 953, parágrafo único e 954 do Código Civil; **C:** incorreta, pois a prestação de alimentos às pessoas a quem o morto os devia levará em conta a duração provável da vida da vítima e não do alimentado (CC, art. 948, II); **D:** incorreta, pois a indenização pelos lucros cessantes está expressamente estabelecida no art. 949 do Código Civil; **E:** incorreta. Apesar de o cálculo da indenização ser correto, o parágrafo único do art. 950 permite que o prejudicado, se preferir, exija *"que a indenização seja arbitrada e paga de uma só vez".*

Gabarito "B"

(Procurador do Estado/SP - 2018 - VUNESP) Assinale a alternativa correta.

(A) Decisão criminal absolutória por insuficiência de provas impede rediscussão, em âmbito civil, de pretensão de reparação de danos.

(B) O incapaz responderá pelos danos que causar, se as pessoas por ele responsáveis não tiverem a obrigação de fazê-lo ou não dispuserem de meios suficientes.

(C) O magistrado, em caso de excessiva desproporção entre a gravidade da culpa e o dano, poderá reduzir o valor da indenização em até 2/3 do valor originalmente fixado.

(D) Pai que ressarce o dano causado por filho relativamente capaz pode buscar reembolso no prazo de 3 anos, contados da cessação da menoridade.

(E) Em caso de concurso de agentes causadores de dano, cada qual responde na medida da sua culpabilidade.

A: incorreta, pois a discussão no âmbito civil apenas é obstada quando a decisão criminal versar sobre existência do fato ou autoria (CC, art. 935). Assim, a decisão absolutória por falta de provas não impede a rediscussão no âmbito civil; **B:** correta, pois o enunciado repete a previsão do art. 928 do Código Civil, que estabelece a responsabilidade civil direta do incapaz; **C:** incorreta, pois – apesar de o Código Civil permitir a redução da indenização nesse caso – não existe a limitação de 2/3 na referida diminuição do valor indenizatório; **D:** incorreta, pois – na hipótese de responsabilização dos pais por atos ilícitos praticados pelos filhos incapazes – não haverá direito de regresso (CC, art. 934); **E:** incorreta, pois *"se a ofensa tiver mais de um autor, todos responderão solidariamente pela reparação"* (CC, art. 942).

Gabarito "B"

(Procurador Municipal – Prefeitura/BH – CESPE - 2017) À luz da legislação aplicável e do entendimento doutrinário prevalecente a respeito da responsabilidade civil, assinale a opção correta.

(A) O abuso do direito, ato ilícito, exige a comprovação do dolo ou da culpa para fins de responsabilização civil.

(B) No contrato de transporte de pessoas, a obrigação assumida pelo transportador é de resultado, e a responsabilidade é objetiva.

(C) O dever de indenizar pressupõe, necessariamente, a prática de ato ilícito.

(D) No que se refere ao nexo causal, elemento da responsabilidade civil, o Código Civil adota a teoria da equivalência das condições.

A: incorreta, pois já se pacificou o entendimento segundo o qual: *"A responsabilidade civil decorrente do abuso do direito independe de culpa e fundamenta-se somente no critério objetivo-finalístico"* (Enunciado 37 do Conselho da Justiça Federal); **B:** correta, pois o STJ já pacificou o entendimento segundo o qual: *"o contrato de transporte acarreta para o transportador a assunção de obrigação de resultado, impondo ao concessionário ou permissionário do serviço público o ônus de levar o passageiro incólume ao seu destino"* (EREsp 1318095/MG, Rel. Min. Raul Araújo, Segunda Seção, j. 22.02.2017, DJe 14.03.2017); **C:** incorreta, pois é possível que o dever de indenizar decorra de atos lícitos, como os previstos no art. 188 combinado com 929 do CC (legítima defesa que causa dano a terceiro e estado de necessidade que causa dano a quem não gerou o risco da situação); **D:** incorreta, pois o Código Civil adotou a teoria da causalidade adequada, considerando como causa apenas fatos relevantes para causar o dano.
Gabarito "B".

(Procurador do Estado – PGE/MT – FCC – 2016) Marcelo exerce, com habitualidade, atividade que, por sua natureza, implica risco para os direitos de outrem. Se desta atividade advier dano, Marcelo responderá de maneira:

(A) subjetiva, não sendo necessária a comprovação do elemento culpa, mas se exigindo, em regra, a existência de nexo de causalidade.
(B) subjetiva, a qual exige, em regra, a comprovação de nexo de causalidade e culpa.
(C) objetiva, não sendo necessária, em regra, a comprovação dos elementos culpa ou nexo de causalidade.
(D) objetiva, não sendo necessária a comprovação do elemento culpa, mas se exigindo, em regra, a existência de nexo de causalidade.
(E) objetiva, a qual exige, em regra, a comprovação de nexo de causalidade e culpa.

Além dos casos especificados em lei, a responsabilidade será objetiva quando a atividade normalmente desenvolvida pelo autor do dano *"implicar, por sua natureza, risco para os direitos de outrem"* (CC, art. 927, parágrafo único). Trata-se de hipótese de responsabilidade objetiva em cláusula aberta. Nos casos de responsabilidade objetiva, como é cediço, não é preciso provar a culpa, mas mantém-se a necessidade de provar conduta, nexo causal e dano.
Gabarito "D".

(Procurador do Estado – PGE/PA – UEPA – 2015) Sobre a responsabilidade civil, é correto afirmar que:

(A) na responsabilidade civil decorrente do abuso de direito o ofensor não pratica ato ilícito, mas apenas se excede no exercício de um direito respaldado em lei.
(B) de acordo com a jurisprudência predominante do STF, a responsabilidade civil das pessoas jurídicas de direito privado, prestadoras de serviços públicos, é objetiva apenas relativamente a terceiros usuários do serviço; não abrangendo os não-usuários, que devem provar a culpa das concessionárias e/ou permissionárias.
(C) de acordo com a jurisprudência predominante do STF, a indenização acidentária exclui a de direito comum devida pelo causador do dano resultante de acidente do trabalho, de modo a evitar o bis in idem.
(D) de acordo com a jurisprudência predominante do STJ, a anotação irregular em cadastro de proteção ao crédito dá ensejo a indenização por dano moral, mesmo quando preexistente legítima inscrição.
(E) não é possível ao STJ rever o valor da indenização por danos morais pelas instâncias ordinárias, por aplicação da Súmula nº 7 daquele Tribunal Superior, ressalvadas as hipóteses em que esse valor se mostrar ínfimo ou exagerado.

A: incorreta, pois tal excesso no exercício de direito configura um ato ilícito (CC, art. 187); **B:** incorreta, pois contrária aos termos da orientação do Supremo Tribunal Federal (RE 591874 RG, Rel. Min. Ricardo Lewandowski, j. 23.10.2008, DJe 20.11.2008, publ. 21.11.2008; **C:** incorreta, pois contrária aos termos da Súmula 229 do STF, segundo a qual: *"a indenização acidentária não exclui a do direito comum, em caso de dolo ou culpa grave do empregador"*; **D:** incorreta, pois contrária aos termos da Súmula 385 do STJ, segundo a qual: *"Da anotação irregular em cadastro de proteção ao crédito, não cabe indenização por dano moral, quando preexistente legítima inscrição, ressalvado o direito ao cancelamento"*; **E:** correta, pois a revisão de valores por danos morais pelo STJ é permitida quando tal fixação "tenha sido irrisória ou exorbitante" (AgRg no AREsp 404874 PR 2013/0334390-3.
Gabarito "E".

(Procurador do Estado – PGE/RS – Fundatec – 2015) Em relação à obrigação de indenizar, analise as seguintes assertivas:

I. O incapaz pode responder, equitativamente, por prejuízos por ele causados.
II. O pai pode ressarcir-se perante o filho, relativamente incapaz, pela indenização paga a terceiro por ato cometido pelo seu descendente.
III. A obrigação de prestar reparação transmite-se com a herança.
IV. A responsabilidade civil independe da criminal, podendo se questionar quanto à existência do fato mesmo quando esta questão se achar decidida no juízo criminal.

Quais estão corretas?

(A) Apenas I e III.
(B) Apenas II e III.
(C) Apenas I, II e III.
(D) Apenas I, II e IV.
(E) Apenas I, III e IV.

I: correta, pois de pleno acordo com a previsão do art. 928 do Código Civil; **II:** incorreta, pois não há direito de regresso nessa hipótese (CC, art. 934); **III:** correta, pois de acordo com a previsão do art. 943 do CC; **IV:** incorreta, pois não se pode questionar a existência do fato quando tal questão se achar decidida no juízo criminal (CC, art. 935).
Gabarito "A".

(Procurador – SP – VUNESP – 2015) Suprime-se o seguinte elemento, em casos de responsabilidade civil objetiva:

(A) ação ou omissão voluntária.
(B) nexo de causalidade.
(C) dano.
(D) culpa.
(E) ato ilícito.

A configuração da responsabilidade civil objetiva dispensa o requisito da culpa, que é justamente o elemento subjetivo normalmente exigido. A culpa, vale lembrar, é aqui tratada no sentido amplo, englobando tanto o dolo, quanto a culpa em sentido estrito, verificada por um comportamento negligente ou imprudente. Além dos casos especificados em lei, haverá responsabilidade objetiva quando a atividade normalmente desempenhada pelo autor do dano for de risco (CC, art. 927, parágrafo único).
Gabarito "D".

(Procurador do Estado – PGE/RN – FCC – 2014) João é vizinho de uma indústria poluente, tendo ajuizado ação de natureza cominatória, para fazer cessar a emissão de gases, julgada improcedente, porque a indústria se localiza em local permitido e não haveria como diminuir os incômodos. A sentença transitou em julgado, mas passados alguns anos, surgiram equipamentos capazes de eliminar drasticamente a poluição. Nesse caso, João:

(A) não poderá exigir a redução das emissões poluentes, mas se alienar seu imóvel, o novo proprietário poderá formular essa pretensão, inclusive judicialmente.
(B) não poderá exigir a redução das emissões poluentes, porque prevalece a coisa julgada a favor da proprietária da indústria.
(C) poderá, inclusive judicialmente, exigir a redução ou eliminação das emissões poluentes.
(D) só poderá exigir a redução das emissões poluentes se ressarcir a proprietária da indústria dos gastos com aquisição dos equipamentos.
(E) poderá exigir a redução das emissões poluentes, mediante representação a autoridades ambientais, mas não poderá exigi-la judicialmente.

A questão parece resolver-se pela técnica do Processo Civil. O surgimento de equipamentos capazes de eliminar a poluição cria um fato novo, o que altera a causa de pedir de João. Isso evita que a indústria possa alegar coisa julgada no futuro, permitindo uma sentença cominatória no sentido de a empresa cessar a emissão de gases.
Gabarito "C".

(Procurador do Estado – PGE/BA – CESPE – 2014) Acerca da responsabilidade civil, julgue os itens subsequentes, à luz da jurisprudência dominante do STJ.

(1) Na hipótese de indenização por danos morais ou materiais decorrentes do falecimento de ente querido, o termo inicial da contagem do prazo prescricional é a data do óbito, independentemente da data da ação ou da omissão.
(2) O espólio tem legitimidade para postular indenização pelos danos materiais e morais supostamente experimentados pelos herdeiros.
(3) Os juros de mora decorrentes do inadimplemento em contrato de locação fluem a partir do vencimento de cada parcela em atraso, inclusive para o fiador.

1: correta, pois o STJ já se posicionou de forma consolidada no sentido de que na *"hipótese em que se discute dano moral decorrente do falecimento de ente querido, é a data do óbito o prazo inicial da contagem da prescrição"* (REsp 1318825/SE, Rel. Min. Nancy Andrighi, Terceira Turma, j. 13.11.2012, DJe 21.11.2012); **2:** incorreta, pois nesse caso os herdeiros são os próprios *"legitimados ativos para promover a ação de indenização"* (REsp 1297611/SP, Rel. Min. Luis Felipe Salomão, Quarta Turma, j. 06.06.2017, DJe 01.08.2017); **3:** correta. O STJ já se posicionou no sentido de que *"embora juros contratuais em regra corram a partir da data da citação, no caso, contudo, de obrigação contratada como positiva e líquida, com vencimento certo, os juros moratórios correm a partir da data do vencimento da dívida"* (EREsp 1250382/RS, Rel. Min. Sidnei Beneti, Corte Especial, j. 02.04.2014, DJe 08.04.2014).
Gabarito: 1C, 2E, 3C.

(Juiz – TJ-SC – FCC – 2017) Joaquim, transitando por uma rua, foi atingido por tijolos, que caíram de um prédio em ruína, cuja falta de reparos era manifesta, sofrendo graves lesões e ficando impedido de trabalhar, experimentando prejuízos materiais na ordem de R$ 100.000,00 (cem mil reais), deles fazendo prova. Ajuizada ação, defendeu-se o proprietário alegando que desconhecia a necessidade de reparos porque há muito tempo, já idoso, residia em uma casa de repouso, achando-se referido imóvel abandonado e sujeito a invasões. No curso do processo, Joaquim faleceu, requerendo seus herdeiros habilitação, pretendo receber o que fosse devido a Joaquim. No caso, a responsabilidade do proprietário é:

(A) objetiva e a alegação de abandono em razão de idade não aproveita ao réu, mas os direitos do autor não se transmitem a seus herdeiros, porque personalíssimos, devendo o processo ser extinto sem resolução de mérito.
(B) subjetiva, devendo ser provada a culpa do réu pela ruína do prédio, transmitindo-se o direito do autor a seus herdeiros, incidindo juros.
(C) objetiva e a alegação de abandono em razão da idade não aproveita ao réu, devendo a ação ser julgada procedente, incidindo juros e transmitindo-se os direitos do autor aos seus herdeiros.
(D) objetiva, mas o réu tem a seu favor suas alegações, que devem ser acolhidas como excludente de responsabilidade, julgando-se a ação improcedente, mas se for julgada procedente, por falta de prova das alegações do réu, o direito do autor se transmite a seus herdeiros, incidindo juros.
(E) subjetiva, porém, a manifesta necessidade de reforma implica presunção de culpa, que poderá ser infirmada pelo réu, mas os direitos do autor se transmitem aos seus herdeiros, vencendo juros, caso o pedido seja julgado procedente.

Na hipótese mencionada há responsabilidade objetiva do dono do prédio, aplicando-se o disposto no art. 937 do CC, que determina que: "*O dono de edifício ou construção responde pelos danos que resultarem de sua ruína, se esta provier de falta de reparos, cuja necessidade fosse manifesta*". O falecimento da vítima transmite aos seus herdeiros o direito de prosseguir na demanda e cobrar o valor como se fosse um crédito do falecido.
Gabarito "C".

(Juiz – TRF 3ª Região – 2016) Considerando a jurisprudência dominante no Superior Tribunal de Justiça, assinale a alternativa incorreta:

(A) A correção monetária do valor da indenização do dano material incide desde a data do arbitramento.
(B) São cumuláveis as pretensões ao dano moral, ao dano estético e ao dano material decorrentes do mesmo fato.
(C) A simples devolução indevida de cheque caracteriza dano moral.
(D) São civilmente responsáveis pelo ressarcimento de dano, decorrente de publicação pela imprensa, tanto o autor do escrito quanto o proprietário do veículo de divulgação.

A: incorreta, pois tal regra aplica-se apenas aos danos morais(Súmula 362 do STJ); **B:** correta, pois de acordo com a Súmula 387 do STJ, segundo a qual: "*É lícita a cumulação das indenizações de dano estético e dano moral*"; **C:** correta, pois de pleno acordo com a Súmula 388 do STJ, segundo a qual: "*A simples devolução indevida de cheque caracteriza dano moral*"; **D:** correta, pois a assertiva reproduz o teor da Súmula 221 do STJ.
Gabarito "A".

(Juiz – TRF 4ª Região – 2016) Assinale a alternativa **INCORRETA**.

(A) As instituições financeiras respondem objetivamente pelos danos gerados por fortuito interno relativo a fraudes e delitos praticados por terceiros no âmbito de operações bancárias.
(B) No transporte desinteressado, de simples cortesia, o transportador só será civilmente responsável por danos causados ao transportado quando incorrer em dolo ou culpa grave.
(C) Independe de prova do prejuízo a indenização pela publicação não autorizada de imagem de pessoa com fins econômicos ou comerciais.
(D) A apresentação antecipada de cheque pré-datado não caracteriza dano moral, visto consistir o cheque em ordem de pagamento à vista.
(E) As administradoras de consórcio têm liberdade para estabelecer a respectiva taxa de administração, ainda que fixada em percentual superior a dez por cento.

A: correta, pois em consonância com a Súmula 479 do STJ; **B:** correta, pois de pleno acordo com a Súmula 145 do STJ; **C:** correta, pois a assertiva reproduz o teor da Súmula 403 do STJ; **D:** incorreta, pois tal apresentação antecipada caracteriza dano moral, segundo a Súmula 370 do STJ; **E:** correta, pois de acordo com a Súmula 538 do STJ.
Gabarito "D".

(Analista Judiciário – TRT/8ª – 2016 – CESPE) A respeito da responsabilidade civil, assinale a opção correta.

(A) Conforme o entendimento sumulado do STJ, a indenização em decorrência de publicação não autorizada de imagem de pessoa, com fins econômicos ou comerciais, depende da comprovação do prejuízo.
(B) A pessoa lesada não terá direito à indenização quando os danos que lhe foram causados decorrerem de conduta praticada em estado de necessidade, ainda que ela não seja responsável pelo perigo.
(C) Em decorrência da própria condição de incapacidade, o menor incapaz não pode responder pelos prejuízos que causar a terceiros.
(D) A sentença criminal que absolve o réu, por qualquer dos fundamentos previstos em lei, impede o reexame dos mesmos fatos para fins de responsabilização civil.
(E) De acordo com o entendimento sumulado do STF, presume-se a culpa do empregador pelos atos culposos de seus prepostos e empregados.

A: Incorreta, pois a súmula 403 do STJ determina que: "*independe de prova do prejuízo a indenização pela publicação não autorizada de imagem de pessoa com fins econômicos ou comerciais*"; **B:** incorreta, pois a vítima do dano terá direito a indenização, quando ela não for responsável pelo perigo criado (CC, arts. 188 e 930); **C:** incorreta, pois, com requisitos específicos, existe previsão de responsabilidade direta do patrimônio do incapaz (CC, art. 928); **D:** incorreta, pois apenas duas hipóteses impedem tal reexame, a saber, existência do fato e negativa de autoria (CC, art. 935); **E:** a banca do exame considerou esta alternativa como correta. De fato, a súmula 341 do STF, do ano de 1963, apresenta a seguinte redação: "*é presumida a culpa do patrão ou comitente pelo ato culposo do empregado ou preposto*". Ocorre que tal entendimento foi superado pelo art. 933 do código civil, que mudou a sistemática para a responsabilidade objetiva, não se discutindo mais a culpa do empregador.
Gabarito "E".

(Analista Jurídico – TCE/PR – 2016 – CESPE) Com relação à responsabilidade civil à luz do Código Civil, assinale a opção correta.

(A) Por filiar-se à teoria do risco, o Código Civil estabelece como regra a responsabilidade objetiva, a qual prescinde da demonstração da culpa.
(B) Os pais exonerar-se-ão da obrigação de reparar dano causado pelo filho se provarem não ter havido negligência da parte deles.
(C) A escola terá direito de regresso contra o aluno, caso seja obrigada a indenizar prejuízo por ele causado a terceiros.
(D) Provado o vínculo de subordinação, o empregador responderá pelos danos causados pelo empregado a terceiros, por culpa *in eligendo*.
(E) Para que se possa exigir a restituição de pessoa que recebeu gratuitamente o produto de um crime para o qual não tenha concorrido, deve-se comprovar eventual vantagem econômica auferida.

A: incorreta, pois nosso sistema adotou a responsabilidade subjetiva como regra. A responsabilidade objetiva (aquela que não depende de comprovação de culpa) será aplicada para os casos especificados em lei e para as atividades de risco (CC, art. 927, parágrafo único); **B:** incorreta, pois a responsabilidade dos pais pelos atos ilícitos praticados pelo filho menor é objetiva. Assim, não se discute a culpa dos pais (CC, art. 933); **C:** correta, pois a escola é apenas a responsável pela indenização. O verdadeiro devedor é o aluno (ou seus pais, caso seja incapaz). Nesses casos, assegura-se direito de regresso (CC, art. 934); **D:** incorreta, pois a responsabilidade do empregador é objetiva, ou seja, não depende da demonstração de sua culpa (CC, art. 933); **E:** incorreta, pois o art. 932, V, do Código Civil não exige tal comprovação.
Gabarito "C".

(Analista Jurídico –TCE/PA – 2016 – CESPE) Determinada associação civil ajuizou ação indenizatória em face de uma sociedade empresária jornalística, com o intuito de receber indenização por danos materiais e morais decorrentes de publicação de reportagem com informações falsas, cujo único objetivo era macular a imagem e a credibilidade da associação civil, conforme ficou provado no processo.

Considerando essa situação hipotética, julgue os itens que se seguem.

(1) Na situação em apreço, para fixar o valor da condenação pelos danos materiais, o juiz deve considerar os denominados danos hipotéticos ou eventuais, pois, ainda que não tenha sido comprovado efetivo prejuízo material, presume-se que a conduta ilícita causou lesão à associação.
(2) A proteção dos direitos da personalidade positivada no Código Civil é aplicável, na medida do possível, à associação civil autora, que sofre dano moral em caso de grave violação a sua imagem e honra objetiva.

1: incorreta, pois a indenização mede-se pela extensão do dano (CC, art. 944). A indenização pelo dano material depende da comprovação do prejuízo sofrido; **2:** correta, pois, obedecendo aos limites e à natureza da pessoa jurídica, esta também pode ser vítima de danos morais (STJ, súmula 227).
Gabarito 1E, 2C.

(Promotor de Justiça/SC – 2016 – MPE)

(1) A responsabilidade civil do dono do prédio ou construção por sua ruína é subjetiva.

1: incorreta, pois a responsabilidade civil do dono do prédio ou construção pela sua ruína é de natureza objetiva, conforme doutrina e jurisprudência predominantes.
Gabarito 1E.

(Promotor de Justiça/SC – 2016 – MPE)

(1) A empresa locadora de veículos responde, civil e solidariamente, com o locatário, pelos danos por este causados a terceiro, no uso do carro locado.

1: correta, pois a assertiva reproduz com fidelidade o disposto na Súmula 492 do STF.
Gabarito 1C.

(Promotor de Justiça/SC – 2016 – MPE)

(1) A responsabilidade civil pela perda de chance não se limita à categoria de danos extrapatrimoniais, pois, conforme as circunstâncias do caso concreto, a chance perdida pode apresentar também a natureza jurídica de dano patrimonial.

1: correta, pois a perda de uma chance pode referir-se a danos patrimoniais. Nessa hipótese, não existe ainda um dano concreto e caracterizado, mas apenas a perda de uma oportunidade, uma probabilidade de ganhar algo no futuro. O exemplo clássico é o do advogado que perde um prazo para ajuizar ação de alta probabilidade de ganho em favor de seu cliente. **Gabarito 1C**

(Procurador da República –28º Concurso – 2015 – MPF) Mesmo sabendo que Paulo encontrava-se alcoolizado, Gabriela pediu-lhe que conduzisse sua irmã à farmácia, emprestando-lhe, para tanto, o seu carro. No trajeto, Paulo veio a colidir com outro veículo, causando danos materiais de monta. A conduta de Gabriela configurou:

(A) Culpa *in vigilando*.
(B) Culpa *in eligendo*.
(C) Culpa *in omittendo*.
(D) Não configurou culpa porque havia um justo motivo.

No caso mencionado, Gabriela agiu de forma imprudente ao escolher uma pessoa alcoolizada para dirigir o seu carro. Logo, fica caracterizada a culpa *in eligendo*. Não há que se falar em culpa *in omittendo*, porque a conduta foi comissiva e não omissiva. Por fim, não há obrigação legal de vigiar a conduta de Paulo, não havendo a culpa *in vigilando*. **Gabarito "B".**

(Promotor de Justiça – MPE/AM – FMP – 2015) Com relação ao tema da responsabilidade civil, conforme disciplinado no âmbito do Código Civil, é CORRETO afirmar que

(A) o incapaz não responde pelos prejuízos que causar, mesmo que as pessoas por ele responsáveis não tenham obrigação de fazê-lo ou não dispuserem de meios suficientes.
(B) os pais são sempre responsáveis pela reparação civil dos danos causados por seus filhos menores.
(C) a responsabilidade civil é independente da criminal, não se podendo questionar mais sobre a existência do fato, ou sobre quem seja o seu autor, quando estas questões se acharem decididas no juízo criminal.
(D) como regra geral, o direito de exigir reparação e a obrigação de prestá-la não são transmitidos com a herança.
(E) a obrigação de reparar o dano sempre dependerá da prova da culpa do causador do dano.

A: incorreta, pois nessas duas hipóteses existe a previsão legal de responsabilização direta do incapaz (CC, art. 928); **B:** incorreta, pois – ao menos pela letra fria da lei – os pais respondem apenas pelos atos daqueles filhos menores que "*estiverem sob sua autoridade e em sua companhia*" (CC, art. 932); **C:** correta, pois a assertiva reproduz a previsão do art. 935 do Código Civil, que trata da independência das instâncias; **D:** incorreta, pois contrária a regra estabelecida pelo art. 934 do Código Civil; **E:** incorreta, pois tal prova não será necessária nos casos de responsabilidade objetiva, como, por exemplo, ocorre no art. 927, parágrafo único. **Gabarito "C".**

(Magistratura/RR – 2015 – FCC) Os menores Joaquim, com dezessete anos e João, com dezesseis anos de idade, causaram lesões corporais em um transeunte, quando praticavam esporte violento, tendo o pai deles, Manoel, sido condenado a pagar os danos. Nesse caso, Manoel

(A) só poderá reaver de João, depois que ele atingir a maioridade, metade do que pagou, porque era relativamente incapaz quando praticou o ato ilícito.
(B) não poderá reaver dos filhos o que pagou a título de indenização, mesmo depois de eles atingirem a maioridade.
(C) poderá reaver de ambos o que pagou a título de indenização, mas não incidirá correção monetária, nem vencerão juros, até que cada um deles atinja a maioridade.
(D) não poderá reaver o que pagou a título de indenização, mas esses filhos terão de trazer à colação o que o pai despendeu, se houver outro irmão, a fim de se igualarem as legítimas.
(E) poderá reaver de ambos os filhos o que pagou a título de indenização com correção monetária, mas sem acréscimo de juros, mesmo depois que atingirem a maioridade.

A, C, D e E: incorretas, pois nesse caso a lei entende que o ascendente não poderá reaver o que tiver pagado tanto junto ao descendente relativamente incapaz, como junto ao descendente absolutamente incapaz (art. 934 do CC), não havendo norma relativa à colação que determine que esta seja feito em juízo por um fato desses; **B:** correta (art. 934 do CC). **Gabarito "B".**

(Ministério Público/BA – 2015 – CEFET) Assinale a alternativa **INCORRETA** sobre a responsabilidade civil, segundo o Código Civil Brasileiro:

(A) Aquele que, por ato ilícito, causar dano a outrem fica obrigado a repará-lo.
(B) O incapaz pode ser responsabilizado pelos prejuízos que causar se as pessoas por ele responsáveis não tiverem obrigação de fazê-lo ou não dispuserem de meios suficientes.
(C) A responsabilidade civil é independente da criminal, não se podendo questionar mais sobre a existência do fato, ou sobre quem seja o seu autor, quando estas questões se acharem decididas no juízo criminal.
(D) O direito de exigir a reparação se transmite com a herança, mas não a obrigação de prestá-la.
(E) Aquele que ressarcir o dano causado por outrem pode reaver o que houver pago daquele por quem pagou, salvo se o causador do dano for descendente seu, absoluta ou relativamente incapaz.

A: assertiva correta (art. 927, *caput*, do CC); **B:** assertiva correta (art. 928, *caput*, do CC); **C:** assertiva correta (art. 935 do CC); **D:** assertiva incorreta, devendo ser assinalada; tanto o direito de exigir a reparação como a obrigação de prestá-la transmitem-se com a herança (art. 943 do CC); **E:** assertiva correta (art. 934 do CC). **Gabarito "D".**

(Advogado da Sabesp/SP – 2014 – FCC) Responde objetivamente, em regra,

(A) o partido político, por quaisquer atos de seus agentes ou representantes.
(B) o prestador de serviços, independentemente da natureza do serviço prestado.
(C) aquele que, por ação ou omissão voluntária, negligência ou imprudência, violar direito e causar dano a outrem, ainda que exclusivamente moral.
(D) o Município, pelos danos que seus agentes causarem a terceiros no exercício da respectiva função pública.
(E) o agente público que, em serviço ou fora dele, causar dano a particulares, mesmo que o dano não tenha ocorrido no exercício de sua função.

A: incorreta, pois não existe tal previsão de responsabilidade objetiva em nosso ordenamento; **B:** incorreta, pois a natureza do serviço prestado (em especial o risco que ela gera) é essencial para se avaliar se a responsabilidade é objetiva ou não (CC, art. 927, parágrafo único); **C:** incorreta, pois a assertiva reproduz o conceito de ato ilícito do art. 186, o qual traz, em seu bojo a ideia de culpa ou dolo, ou seja, responsabilidade subjetiva; **D:** correta, pois de acordo com a regra estabelecida pelo art. 37, § 6º da CF; **E:** incorreta, pois – fora de sua função – o agente responde pela regra geral civilista, que é de responsabilidade subjetiva. **Gabarito "D".**

(Procurador do Município – Cuiabá/MT – 2014 – FCC) Aracy hospedou-se no Hotel Bela Vista e levou consigo um poodle aparentemente inofensivo. Este, porém, fugiu do quarto de Aracy, por descuido dela, e atacou os pés de Ana Tereza, causando-lhe rompimento de tendão. Ana Tereza poderá pedir indenização contra

(A) Aracy, que responde objetivamente pelos danos causados pelo animal, e contra o Hotel Bela Vista, que responde subjetivamente por seus hóspedes.
(B) Aracy, que responde objetivamente pelos danos causados pelo animal, e contra o Hotel Bela Vista, que responde objetivamente por seus hóspedes.
(C) Aracy, que responde subjetivamente pelos danos causados pelo animal, mas não contra o Hotel Bela Vista, que não teve culpa pelo incidente.
(D) o Hotel Bela Vista, apenas, por se tratar de relação de consumo.
(E) Aracy, que responde objetivamente pelos danos causados pelo animal, mas não contra o Hotel Bela Vista, que não teve culpa pelo incidente.

O art. 932 do CC estabelece uma lista de pessoas que respondem objetivamente pelos atos de terceiros. O empregador, por exemplo, responde objetivamente pelos atos praticados pelo empregado; o tutor responde objetivamente pelos atos dos tutelados e o hotel responde objetivamente pelo ato do hóspede. Esta responsabilidade, contudo, não afasta a eventual responsabilidade do próprio causador do dano. É por isso que a vítima poderá ajuizar ação contra o causador do dano e contra o próprio Hotel. **Gabarito "B".**

5.2. INDENIZAÇÃO

(Juiz de Direito/DF – 2016 – CESPE) A respeito da responsabilidade civil, assinale a opção correta.

(A) De acordo com o Código Civil, a possibilidade legal de redução equitativa da indenização pelo juiz é aplicável às hipóteses de responsabilidade subjetiva e objetiva.
(B) Se houver concorrência de culpas e danos a ambas as partes, cada qual deve arcar com seus respectivos prejuízos.
(C) Nos termos explicitados no Código Civil, a gradação de culpa possui relevância para a configuração do ato ilícito.
(D) Segundo a atual orientação do STJ, a reparação pela lesão extrapatrimonial deve seguir o método denominado bifásico na aferição do valor da indenização.

(E) Conforme jurisprudência prevalente do STJ, a cobrança indevida já traz em si a ilicitude, bastando a prova de que se deu por meio judicial para se impor a devolução em dobro, prevista no Código Civil.

A: incorreta, pois a possibilidade de redução equitativa da indenização (CC, art. 944, parágrafo único) só é admitida se houver "*excessiva desproporção entre a gravidade da culpa e o dano*". Logo, a culpa é elemento essencial para tal redução; **B:** incorreta, pois nesse caso deverá ser fixada uma indenização específica para cada agente, de acordo com a gravidade de sua conduta (CC, art. 945); **C:** incorreta, pois a gradação da culpa tem relevância para fixação do valor da indenização, mas não para a configuração do ato ilícito (CC, art. 944, parágrafo único); **D:** correta, pois o STJ adota com frequência esse método bifásico. Segundo a própria Corte, "*Na primeira fase, o valor básico ou inicial da indenização é arbitrado tendo-se em conta o interesse jurídico lesado, em conformidade com os precedentes jurisprudenciais acerca da matéria [...] Na segunda fase, ajusta-se o valor às peculiaridades do caso, com base nas suas circunstâncias (gravidade do fato em si, culpabilidade do agente, culpa concorrente da vítima, condição econômica das partes), procedendo-se à fixação definitiva da indenização, por meio de arbitramento equitativo pelo juiz*" (RESP 1332366/MS); **E:** incorreta, pois "a repetição do indébito em dobro pressupõe cobrança indevida por má-fé do credor" (AgInt no REsp 1572392/RS).
Gabarito "D".

(Promotor de Justiça – MPE/MS – FAPEC – 2015) Tratando-se de indenização, é **correto** afirmar que:
(A) A indenização é mensurada pela extensão do dano, inexistindo a possibilidade de sua redução pela via da equidade.
(B) O acidente que cause morte de filho menor, caso este não exerça trabalho remunerado, não é indenizável.
(C) A teoria da causalidade adequada é aplicável na fixação da indenização.
(D) Não se cumulam as indenizações por dano moral e dano material oriundos do mesmo fato.
(E) Não se deduz o valor do seguro obrigatório da indenização judicialmente fixada.

A: incorreta. Como regra, a indenização mede-se pela extensão do dano (CC, art. 944, *caput*). Contudo, o próprio Código Civil prevê hipóteses nas quais a indenização pode ser fixada com valor menor do que o dano, com base na equidade. É o caso da indenização fixada contra o incapaz e no caso de desproporção entre a gravidade da culpa e o dano (CC, art. 928, parágrafo único e 944, parágrafo único); **B:** incorreta, pois caberá danos materiais e morais nessa hipótese; **C:** correta, pois de acordo com o entendimento consolidado pelo STJ. Nesse sentido: *A doutrina endossada pela jurisprudência desta Corte é a de que o nexo de causalidade deve ser aferido com base na teoria da causalidade adequada, adotada explicitamente pela legislação civil brasileira (CC/1916, art. 1.060 e CC/2002, art. 403), segundo a qual somente se considera existente o nexo causal quando a ação ou omissão do agente for determinante e diretamente ligada ao prejuízo* (REsp 1615971/DF, Rel. Ministro Marco Aurélio Bellizze, Terceira Turma, julgado em 27/09/2016, DJe 07/10/2016); **D:** incorreta, pois tal cumulação é perfeitamente possível; **E:** incorreta, pois: "*O valor do seguro obrigatório deve ser deduzido da indenização judicialmente fixada*" (Súmula 246 do STJ).
Gabarito "C".

(Analista – TRE/GO – 2015 – CESPE) A respeito da posse, da propriedade, da hipoteca e da responsabilidade civil, julgue os itens seguintes.
(1) A hipoteca legal, que consiste em um favor concedido pela lei a certas pessoas, difere da hipoteca convencional por não depender de registro para ter eficácia *erga omnes*.
(2) Em uma ação de indenização, o juiz pode, ao fixar o montante a ser pago pelo autor do dano, levar em consideração eventual conduta culposa da vítima.
(3) Se, mediante esbulho, João tirar de Carlos a posse sobre um imóvel rural, João não terá, nessa situação hipotética, posse exclusiva, mas posse nova, haja vista que, nesse caso, a precariedade não se convalida.

1: Errada, pois tanto a hipoteca legal, (art. 1.489 do CC) que é aquela que não se origina de contrato, mas constituída nos casos em que a lei define, como a convencional, ou voluntária, que é fruto de negócio jurídico bilateral de direito real, rege o princípio da autonomia privada, e tem por fim assegurar a execução de uma obrigação, ambas dependem de registro para a constituição regular e, portanto, a eficácia *erga omnes* do vínculo, só se constitui após registro (art. 1.492 do CC); **2:** Correta. A regra é que a fixação do valor da indenização mede-se pela extensão do dano, nos termos do art. 944 do CC. Nesse caso, trata-se de culpa concorrente ou culpa recíproca, prevista no art. 945 do CC, trata-se, portanto, de imputação de culpa à vítima, que também concorreu para o evento danoso; **3:** Errada, pois trata-se de posse violenta, que não se confunde com posse precária, ambas tornam a posse injusta, de acordo com o disposto no art. 1.200 do CC. Posse violenta é aquela obtida por ato de violência no início de seu exercício, por exemplo, no caso de esbulho quando o possuidor é retirado total ou parcialmente de sua posse. A posse violenta se convalida quando cessada a violência. Por outro lado, posse precária, é aquela em que o possuidor se compromete a devolver a coisa, em razão de contrato, ou por qualquer outro negócio jurídico, ou seja, há obrigação de restituição da coisa e o possuidor não a restitui quebrando o dever de confiança. O vício ocorre a partir do momento da recusa em devolver, por exemplo, após o término do contrato de locação o locatário permanece na posse do imóvel contra a vontade do locador, dessa forma, essa precariedade não se convalida.
Gabarito 1E, 2C, 3E.

(Juiz de Direito/CE – 2014 – FCC) Entre os poderes do juiz, ao fixar a indenização por responsabilidade civil extracontratual, acha-se o de
(A) impor a pessoa incapaz, qualquer que seja a sua situação econômica ou financeira, condenação a indenizar, se as pessoas por ele responsáveis não tiverem obrigação de fazê-lo ou não dispuserem de meios suficientes.
(B) desconsiderar, em qualquer hipótese, a sentença absolutória proferida no Juízo criminal.
(C) desconsiderar a circunstância de a vítima ter concorrido culposamente para o evento danoso.
(D) reduzir, equitativamente, a indenização, se houver excessiva desproporção entre a gravidade da culpa e o dano produzido.
(E) reconhecer a responsabilidade objetiva do causador do dano discricionariamente, segundo as circunstâncias do evento danoso.

A: incorreta, pois o art. 928 do CC possibilita ao juiz condenar diretamente o incapaz, desde que isso não prive o incapaz do necessário para sua sobrevivência; **B:** incorreta, pois de acordo com o art. 935 do Código Civil, o juízo cível não pode desconsiderar a decisão do juízo criminal que decidiu sobre a existência do fato ou sobre a autoria do crime; **C:** incorreta, pois o Código Civil determina que – no caso de concorrência de culpas – o juiz deverá fixar a indenização levando-se em conta: "*a gravidade de sua culpa em confronto com a do autor do dano*"; **D:** correta, pois o art. 944, parágrafo único possibilita ao juiz reduzir equitativamente a indenização quando houver excessiva desproporção entre a gravidade da culpa e o dano; **E:** incorreta, pois o reconhecimento de responsabilidade objetiva decorre da lei ou quando "*a atividade normalmente desenvolvida pelo autor do dano implicar, por sua natureza, risco para os direitos de outrem*" (CC, art. 927).
Gabarito "D".

6. COISAS

(Delegado/GO – 2017 – CESPE) Em cada uma das opções seguintes, é apresentada uma situação hipotética, seguida de uma assertiva a ser julgada, a respeito de posse, propriedade e direitos reais sobre coisa alheia. Assinale a opção que apresenta assertiva correta conforme a legislação e a doutrina pertinentes.
(A) Durante o prazo de vigência de contrato de locação de imóvel urbano, o locatário viajou e, ao retornar, percebeu que o imóvel havia sido invadido pelo próprio proprietário. Nesse caso, o locatário não pode defender sua posse, uma vez que o possuidor direto não tem proteção possessória em face do indireto.
(B) Determinado indivíduo realizou, de boa-fé, construção em terreno que pertence a seu vizinho. O valor da construção excede consideravelmente o valor do terreno. Nessa situação, não havendo acordo, o indivíduo que realizou a construção adquirirá a propriedade do solo mediante pagamento da indenização fixada pelo juiz.
(C) Caio realizou a doação de um bem para Fernando. No contrato celebrado entre ambos, consta cláusula que determina que o bem doado volte para o patrimônio do doador se ele sobreviver ao donatário. Nessa situação, a cláusula é nula, pois o direito brasileiro não admite a denominada propriedade resolúvel.
(D) Roberto possui direito real de superfície de bem imóvel e deseja hipotecar esse direito pelo prazo de vigência do direito real. Nesse caso, a estipulação de direito real de garantia é ilegal porque a hipoteca somente pode ser constituída pelo proprietário do bem.
(E) Determinado empregador cedeu bem imóvel de sua propriedade a seu empregado, em razão de relação de confiança decorrente de contrato de trabalho. Nesse caso, ainda que desfeito o vínculo trabalhista, é juridicamente impossível a conversão da detenção do empregado em posse.

A: incorreta, pois o desmembramento da posse em direta e indireta (CC, art. 1.197) permite que o possuidor direto proteja sua posse em relação ao indireto e vice-versa. Ademais, permite também que ambos protejam a posse em relação a terceiros; **B:** correta, pois a assertiva reproduz o disposto no parágrafo único do art. 1.255 do Código Civil; **C:** incorreta, pois a chamada "cláusula de reversão" é expressamente permitida pela lei no art. 547 do Código Civil; **D:** incorreta, pois a propriedade superficiária pode ser dada em hipoteca (CC, art. 1.473, X); **E:** incorreta, pois a detenção pode ser convertida em posse, nos termos do art. 1.208.
Gabarito "B".

(Delegado/PE – 2016 – CESPE) O direito real, que se notabiliza por autorizar que seu titular retire de coisa alheia os frutos e as utilidades que dela advierem, denomina-se
(A) usufruto.
(B) uso.
(C) habitação.
(D) propriedade.
(E) servidão.

A: correta (art. 1.390, parte final, do CC); **B:** incorreta, pois no uso só se admite o uso da coisa e a percepção de frutos limitada às exigências das necessidades do usuário e de sua família (art. 1.412, *caput*, do CC), diferentemente do usufruto que permite fruição sem esse tipo de limite; **C:** incorreta, pois na habitação só se admite o direito de habitar a coisa, não podendo haver fruição desta (art. 1.414 do CC); **D:** incorreta, pois na propriedade o direito não é sobre "coisa alheia", mas sim sobre "coisa própria", admitindo-se não só a fruição da coisa, mas também a sua alienação e a sua reivindicação; **E:** incorreta, pois esta é um direito real (art. 1.378 do CC) que proporciona uma utilidade de um prédio (serviente) em favor de outro (dominante), não havendo que se falar em retirada de frutos típica de usufruto. AG/WG
Gabarito "A".

(Juiz de Direito/DF – 2016 – CESPE) A respeito da posse e do direito das coisas, assinale a opção correta.

(A) A posse *ad interdicta* dá ensejo à prescrição aquisitiva originária pela usucapião.
(B) A propriedade, conforme disposição legal, incide exclusivamente sobre bens corpóreos.
(C) A resolução da propriedade determinada por causa originária, prevista no título, produzirá efeitos *ex nunc* e *inter partes*.
(D) A sentença que reconhece a usucapião terá natureza constitutiva.
(E) A posse pode ser adquirida por terceiro, sem mandato do pretendente, caso em que a aquisição depende de ratificação.

A: incorreta, pois a posse *ad interdicta* apenas possibilita a defesa da posse pelos interditos possessórios; **B:** incorreta, pois a lei não restringe a propriedade aos bens corpóreos. A produção intelectual, por exemplo, é um bem incorpóreo titularizado pelo autor; **C:** incorreta, pois nessa hipótese a produção de efeitos é *ex tunc* e *erga omnes*. Se for decorrente de causa superveniente, será *ex nunc* e *inter partes* (Enunciado 509 do CJF); **D:** incorreta, pois a sentença de usucapião tem natureza declaratória; **E:** correta, pois tal forma de aquisição da posse é prevista pelo Código Civil no art. 1.205, III. GN
Gabarito "E".

(Juiz de Direito/AM – 2016 – CESPE) Acerca da posse, dos direitos reais e dos direitos reais de garantia, assinale a opção correta à luz da legislação e da jurisprudência.

(A) O usufrutuário tem o direito de ceder o exercício do usufruto, a título gratuito ou oneroso, independentemente de autorização do nu-proprietário.
(B) O penhor industrial deve ser constituído mediante a lavratura de instrumento público ou particular e levado a registro no cartório de títulos e documentos.
(C) O ocupante irregular de bem público tem direito de retenção pelas benfeitorias realizadas se provar que foram feitas de boa-fé.
(D) Quando da constituição de penhor, anticrese ou hipoteca, admite-se a imposição de cláusula comissória no contrato.
(E) A decisão judicial que reconhece a aquisição da propriedade de bem imóvel por usucapião, a despeito dos efeitos *ex tunc*, não prevalece sobre a hipoteca judicial que tenha anteriormente gravado o bem.

A: correta, pois a cessão do exercício do usufruto é permitida pelo art. 1.393 do Código Civil. É evidente, neste caso, que a extinção do usufruto (que normalmente ocorre com a morte do usufrutuário) faz consolidar a propriedade nas mãos do nu-proprietário, o que acarreta a extinção do exercício concedido; **B:** incorreta, pois a exigência de registro no Cartório de Títulos e Documentos restringe-se ao penhor comum (CC, art. 1.432), ao penhor de direito (CC, art. 1.452) e ao penhor de veículos (CC, art. 1.462); **C:** incorreta, pois o direito de retenção conferido ao possuidor de boa-fé aplica-se apenas às benfeitorias necessárias e úteis (CC, art. 1.219); **D:** incorreta, pois a cláusula comissória nesses direitos reais de garantia é aquela que "autoriza o credor pignoratício, anticrético ou hipotecário a ficar com o objeto da garantia, se a dívida não for paga no vencimento". Tal cláusula é nula segundo o art. 1.428 do CC; **E:** incorreta, pois é legal a decisão que: "*reconhece ser a usucapião modo originário de aquisição da propriedade e, portanto, prevalente sobre os direitos reais de garantia que anteriormente gravavam a coisa*" (STJ, REsp 620610/DF). GN
Gabarito "A".

6.1. POSSE

6.1.1. POSSE E SUA CLASSIFICAÇÃO

Tendo em vista existência de elementos doutrinários no que concerne ao conceito de posse e à sua classificação, seguem algumas definições, que poderão colaborar na resolução de questões:
1. Conceito de posse: é o exercício, pleno ou não, de algum dos poderes inerentes à propriedade (art. 1.196, CC). É a exteriorização da propriedade, ou seja, a visibilidade da propriedade. Os poderes inerentes à propriedade são usar, gozar e dispor da coisa, bem como reavê-la (art. 1.228). Assim, se alguém estiver, por exemplo, usando uma coisa, como o locatário e o comodatário, pode-se dizer que está exercendo posse sobre o bem.
2. Teoria adotada: há duas teorias sobre a posse. A primeira é a **Teoria Objetiva** (de Ihering), para a qual a posse se configura com a mera conduta de dono, pouco importando a apreensão física da coisa e a vontade de ser dono dela. Já a segunda, a **Teoria Subjetiva** (de Savigny), entende que a posse só se configura se houver a apreensão física da coisa (*corpus*), mais a vontade de tê-la como própria (*animus domini*). Nosso CC adotou a Teoria Objetiva de Ihering, pois não trouxe como requisito para a configuração da posse a apreensão física da coisa ou a vontade de ser dono dela. Exige tão somente a conduta de proprietário.
3. Detenção: é aquela situação em que alguém conserva a posse em nome de outro e em cumprimento às suas ordens e instruções. Ex: caseiro, em relação ao imóvel de que cuida, e funcionário público, em relação aos móveis da repartição. A detenção não é posse, portanto não confere ao detentor direitos decorrentes desta.
4. Classificação da posse.
4.1. Posse direta e indireta: quanto ao campo de seu exercício (art. 1.197, CC).
(A) posse indireta: é aquela exercida por quem cedeu, temporariamente, o uso ou o gozo da coisa a outra pessoa. São exemplos: a posse exercida pelo locador, nu-proprietário, comodante e depositante. O possuidor indireto ou mediato pode se valer da proteção possessória.
(B) posse direta: é aquela exercida por quem recebeu o bem, temporariamente, para usá-lo ou gozá-lo, em virtude de direito pessoal ou real.
4.2. Posse individual e composse: quanto à simultaneidade de seu exercício (art. 1.199, CC).
(A) posse individual: é aquela exercida por apenas uma pessoa.
(B) composse: é a posse exercida por duas ou mais pessoas sobre coisa indivisa. Exemplos: a posse dos cônjuges sobre o patrimônio comum e a posse dos herdeiros antes da partilha. Na composse *pro diviso* há uma divisão de fato da coisa.
4.3. Posse justa e injusta: quanto à existência de vícios objetivos (art. 1.200, CC).
(A) posse justa: é aquela que não obtida de forma violenta, clandestina ou precária. Assim, é justa a posse não adquirida pela força física ou moral (não violenta), não estabelecida às ocultas (não clandestina) e não originada com abuso de confiança por parte de quem recebe a coisa com o dever de restituí-la (não precária). Perceba que os vícios equivalem, no Direito Penal, aos crimes de roubo, furto e apropriação indébita.
(B) posse injusta: é aquela originada do esbulho. Em caso de violência ou clandestinidade, a posse só passa a existir após a cessação da violência ou da clandestinidade (art. 1.208, CC). Já em caso de precariedade (ex.: um comodatário passa a se comportar como dono da coisa), a posse deixa de ser justa e passa a ser injusta diretamente. É importante ressaltar que, cessada a violência ou a clandestinidade, a posse passa a existir, mas o vício que a inquina faz com que o Direito a considere injusta. E, mesmo depois de um ano e dia, a posse continua injusta, só deixando de ter essa característica se houver aquisição da coisa, o que pode acontecer pela usucapião, por exemplo. A qualificação de posse injusta é relativa, valendo apenas em relação ao anterior possuidor da coisa. Em relação a todas as outras pessoas, o possuidor injusto pode defender a sua posse.
4.4. Posse de boa-fé e de má-fé: quanto à existência de vício subjetivo (art. 1.201, CC):
(A) posse de boa-fé: é aquela em que o possuidor ignora o vício ou o obstáculo que impede a aquisição da coisa. É de boa-fé a posse daquele que crê que a adquiriu de quem legitimamente a possuía. Presume-se de boa-fé o possuidor com **justo título**, ou seja, aquele título que seria hábil para transferir o direito à posse, caso proviesse do verdadeiro possuidor ou proprietário da coisa.
(B) posse de má-fé: é aquela em que o possuidor tem ciência do vício ou do obstáculo que impede a aquisição da coisa. A posse de boa-fé pode se transmudar em posse de má-fé em caso de ciência posterior do vício. A citação para demanda que visa à retomada da coisa tem o condão de alterar o caráter da posse.
Obs.: saber se a posse de alguém é de boa-fé ou de má-fé interfere no direito à indenização pelas benfeitorias feitas, no direito de retenção, no direito aos frutos, no prazo de prescrição aquisitiva (usucapião), na responsabilidade por deterioração da coisa etc.
4.5. Posse natural e jurídica: quanto à origem.
(A) posse natural: é a que decorre do exercício do poder de fato sobre a coisa.
(B) posse civil ou jurídica: é a que decorre de um título, não requerendo atos físicos ou materiais.

(Delegado - PC/BA - 2018 - VUNESP) Com relação à posse, assinale a alternativa correta.
(A) A posse direta, de pessoa que tem a coisa em seu poder, temporariamente, em virtude de direito pessoal, ou real, não anula a indireta, de quem aquela foi havida, podendo o possuidor direto defender a sua posse contra o possuidor indireto.
(B) Tendo em vista que a posse somente é defendida por ser um indício de propriedade, obsta à manutenção ou reintegração na posse a alegação de propriedade, ou de outro direito sobre a coisa.
(C) Não autorizam a aquisição da posse justa os atos violentos, senão depois de cessar a violência; entretanto, se a coisa obtida por violência for transferida, o adquirente terá posse justa e de boa-fé, mesmo ciente da violência anteriormente praticada.
(D) É de boa-fé a posse, se o possuidor ignora o vício, ou o obstáculo que impede a aquisição da coisa. O possuidor com justo título tem por si a presunção de boa-fé, mesmo após a ciência inequívoca que possui indevidamente.
(E) O possuidor turbado, ou esbulhado, poderá manter-se ou restituir-se por sua própria força, a qualquer tempo; os atos de defesa, ou de desforço, não podem ir além do indispensável à manutenção, ou restituição da posse.

A: correta, pois a alternativa reproduz o disposto no art. 1.197 do Código Civil. Esse desmembramento é muito comum e útil para o comércio jurídico. Assim, por exemplo, na locação, o locador mantém a posse indireta do bem, enquanto o locatário tem a posse direta, o mesmo ocorrendo respectivamente com o comodante e o comodatário. O desmembramento também ocorre nos direitos reais sobre coisa alheia. Assim, por exemplo, o nu-proprietário mantém a posse indireta do bem, enquanto o usufrutuário tem a posse direta. Vale lembrar que a proteção possessória (incluindo as ações possessórias) é conferida a ambos, tanto em face de terceiros, como um em relação ao outro; **B**: incorreta. A ação possessória foi concebida exatamente para ser uma ação rápida, dinâmica e de simples solução. Se fosse permitida a discussão sobre quem é o dono, as ações possessórias perderiam todo esse dinamismo. É por conta disso que o art. 557, parágrafo único, do Código de Processo Civil diz que: *"Não obsta à manutenção ou à reintegração de posse a alegação de propriedade ou de outro direito sobre a coisa"*. O art. 1.210, § 1º, do CC repete o enunciado; **C**: incorreta, pois se o adquirente souber da violência com a qual a coisa foi obtida, ele é considerado um possuidor de má-fé, pois tem ciência do vício que macula a posse (CC, art. 1.201); **D**: incorreta, pois a presunção de boa-fé que o justo título cria é relativa, admitindo prova em contrário. É por isso que o parágrafo único do art. 1.201 preceitua: *"O possuidor com justo título tem por si a presunção de boa-fé, salvo prova em contrário, ou quando a lei expressamente não admite esta presunção"*; **E**: incorreta, pois a vítima pode se defender desde que *"o faça logo"* (art. 1.210, § 1º). A ideia é que a defesa ocorra no *"calor dos acontecimentos"*. GN

Gabarito "A".

(Procurador do Estado – PGE/RS – Fundatec – 2015) Em relação à posse analise as seguintes assertivas:

I. O possuidor de má-fé responde, em qualquer caso, pela deterioração da coisa, salvo se acidental.
II. A posse é transmitida ao legatário do possuidor com as mesmas características da posse originária.
III. É de boa-fé a posse adquirida pelo possuidor que ignora o obstáculo que impede a aquisição da coisa.
IV. A alegação de propriedade não impede a reintegração na posse.

Quais estão corretas?
(A) Apenas I e IV.
(B) Apenas II e III.
(C) Apenas I, II e III.
(D) Apenas I, II e IV.
(E) Apenas II, III e IV.

I: incorreta, pois tal responsabilidade subsiste, ainda que a deterioração seja acidental (CC, art. 1.218); **II**: correta, pois *"A posse transmite-se aos herdeiros ou legatários do possuidor com os mesmos caracteres"* (CC, art. 1.206); **III**: correta, pois *"É de boa-fé a posse, se o possuidor ignora o vício, ou o obstáculo que impede a aquisição da coisa"* (CC, art. 1.201); **IV**: correta, pois a ação possessória foi criada para ser um instrumento célere, cuja preocupação central do julgador seja apenas e tão somente a posse. A discussão de propriedade é proibida, pois atrapalharia o andamento do processo, tornando a possessória vagarosa. Daí a razão do art. 557, parágrafo único, segundo o qual: *"Não obsta à manutenção ou à reintegração de posse a alegação de propriedade ou de outro direito sobre a coisa"*. GN

Gabarito "E".

(Juiz – TJ-SC – FCC – 2017) A posse de um imóvel:

(A) transmite-se aos herdeiros ou legatários do possuidor com os mesmos caracteres, sendo que o sucessor universal continua de direito a posse do seu antecessor, e, ao sucessor singular, é facultado unir sua posse à do antecessor para os efeitos legais.
(B) não se transmite de pleno direito aos herdeiros ou legatários do possuidor, mas eles podem, assim como a qualquer sucessor a título singular é facultado, unir sua posse à do antecessor, para efeitos legais.
(C) transmite-se de pleno direito aos sucessores a título universal e a título singular, não se permitindo a este recusar a união de sua posse à do antecessor, para efeitos legais.
(D) não se transmite aos herdeiros ou legatários do possuidor com os mesmos caracteres, tendo, cada novo possuidor, de provar seus requisitos para os efeitos legais.
(E) só pode ser adquirida pela própria pessoa que a pretende, mas não por representante ou terceiro sem mandato, sendo vedada a ratificação posterior.

A: correta, pois o sucessor universal (ex.: herdeiro único) continua de direito a posse do seu antecessor. Já o sucessor singular (ex.: herdeiro legatário, a quem se deixou um terreno) tem a opção de unir sua posse à do antecessor (CC, art. 1.207); **B**: incorreta, pois a posse transmite-se aos herdeiros ou legatários do possuidor com os mesmos caracteres (CC, art. 1.206); **C**: incorreta, pois o sucessor a título singular pode se recusar a somar a sua posse com a do seu antecessor para os efeitos legais (CC, art. 1.207); **D**: incorreta, pois a posse transmite-se aos herdeiros ou legatários do possuidor com os mesmos caracteres (CC, art. 1.206); **E**: incorreta, pois a posse pode ser adquirida tanto pela própria pessoa, quanto pelo terceiro sem mandato, com confirmação posterior (CC, art. 1.205). GN

Gabarito "A".

(Delegado/MS – 2017 - FAPEMS) Sobre posse e a propriedade, sua classificação, formas de aquisição, efeitos e perda, assinale a alternativa correta.

(A) De acordo com a jurisprudência do Superior Tribunal de Justiça, a ocupação indevida de bem público não gera posse, mas mera detenção. Essa mesma jurisprudência estabelece que o Estado está obrigado a indenizar eventuais acessões e suportar o direito de retenção pelas benfeitorias eventualmente realizadas.
(B) O fâmulo da posse não pode fazer uso dos interditos possessórios, mas nada impede que ele utilize o desforço imediato para proteger o bem daquele que recebe ordens.
(C) O proprietário pode ser privado da coisa, no caso de requisição por perigo público iminente. Tal privação enseja indenização ulterior, independentemente da existência de dano.
(D) A usucapião especial urbana (pro misero) estará caracterizada somente se a área urbana construída corresponder a do terreno, ou seja, a duzentos e cinquenta metros quadrados.
(E) De acordo com os civilistas, o direito de propriedade deve ser exercido em consonância com as suas finalidades econômicas e sociais e de modo que sejam preservados a flora, a fauna, as belezas naturais, o equilíbrio ecológico e o patrimônio histórico e artístico, bem como evitada a poluição do ar e das águas. A posse, de sua feita, é um poder de fato sobre a coisa cuja configuração não exige o elemento "função social".

A: incorreta, pois o STJ já firmou entendimento no sentido de que "configurada a ocupação indevida de bem público, não há falar em posse, mas em mera detenção, de natureza precária, o que afasta o direito à indenização por benfeitorias" (STJ, REsp 1.310.458/DF, Rel. Ministro Herman Benjamin, Segunda Turma, DJe de 09/05/2013); **B**: correta, pois a ideia do fâmulo (caseiro, por exemplo) é justamente a de proteger a posse do bem em benefício do verdadeiro proprietário, ou mesmo possuidor. Ele não tem legitimidade ativa para propor as ações possessórias, mas pode se valer do desforço imediato; **C**: incorreta, pois tal instituto só gera indenização em caso de ocorrência de dano (CF, art. 5º, XXV); **D**: incorreta, pois o art. 1.240 do Código Civil não exige que a construção tenha o referido tamanho; **E**: incorreta, pois tem posse aquele *"que tem de fato o exercício, pleno ou não, dos poderes inerentes à propriedade"* (CC, art. 1.196). O possuidor é aquele que age como dono. Não haveria qualquer sentido de se exigir do proprietário a adequada utilização social do bem e não fazer o mesmo com o possuidor. GN

Gabarito "B".

(Juiz – TRF 3ª Região – 2016) Sobre a posse, assinale a alternativa incorreta:

(A) A acessão possessória pode-se dar de modo facultativo ou por continuidade do direito recebido do antecessor.
(B) Admite-se o convalescimento da posse violenta e da posse clandestina.
(C) A posse de boa-fé só perde este caráter no caso e desde o momento em que as circunstâncias façam presumir que o possuidor não ignora que possui indevidamente.
(D) O reivindicante, quando obrigado, indenizará as benfeitorias ao possuidor de má-fé pelo valor atual.

A: correta, pois o sucessor universal (ex.: herdeiro único) continua de direito a posse do seu antecessor. Já o sucessor singular (ex.: herdeiro legatário) tem a opção de unir sua posse à do antecessor (CC, art. 1.207); **B**: correta, pois tal convalescimento ocorre quando cessar a violência ou a clandestinidade (CC, art. 1.208); **C**: correta, pois a assertiva reproduz o teor do art. 1.202 do CC; **D**: incorreta, pois *"o reivindicante, obrigado a indenizar as benfeitorias ao possuidor de má-fé, tem o direito de optar entre o seu valor atual e o seu custo; ao possuidor de boa-fé indenizará pelo valor atual"* (CC, art. 1.222). GN

Gabarito "D".

(Defensor Público – DPE/BA – 2016 – FCC) A posse-trabalho

(A) pode gerar ao proprietário a privação da coisa reivindicada, se for exercida em extensa área por prazo ininterrupto de cinco anos, mas o proprietário tem direito à fixação de justa indenização.
(B) é aquela que permite a usucapião especial urbana, em imóveis com área não superior a 250 metros quadrados e, por ser forma originária de aquisição da propriedade, independe de indenização.
(C) está prevista no Estatuto da Cidade como requisito para a usucapião coletiva de áreas urbanas ou rurais onde não for possível identificar os terrenos ocupados por cada possuidor.
(D) se configura como a mera detenção, também chamada de fâmulo da posse, fenômeno pelo qual alguém detém a posse da coisa em nome alheio.
(E) pode gerar a desapropriação de terras públicas em favor de um grupo de pessoas que realizou obras ou serviços considerados de interesse social e econômico relevante.

A: correta. Tal possibilidade está prevista no art. 1.228, §§ 4º e 5º do Código Civil; **B e C**: incorretas, pois a ideia da usucapião especial urbana é garantir casa para quem ainda não a tem. O requisito da posse-trabalho, que consiste na ideia de trabalhar a área, torná-la produtiva, acrescentar benfeitorias, não se adéqua na usucapião urbana; **D**: incorreta. O fâmulo da posse (exemplo: o caseiro de um sítio), é um detentor, e nos termos da lei encontra-se *"em relação de dependência para com outro, conserva a posse em nome deste e em cumprimento de ordens ou instruções suas"* (CC, art. 1.198). A posse trabalho é uma posse qualificada, prestigiada pelo Direito, que não se confunde com detenção; **E**: incorreta, pois não existe tal previsão no ordenamento jurídico pátrio. GN

Gabarito "A".

(Procurador Legislativo – Câmara de Vereadores de São Paulo/SP – 2014 – FCC) Considere as afirmações abaixo referentes à posse.

I. A posse direta, de pessoa que tem a coisa em seu poder, temporariamente, em virtude de direito pessoal, anula a indireta, de quem

aquela foi havida, por isso podendo o possuidor direto defender a sua posse contra o possuidor indireto.
II. Se duas ou mais pessoas possuírem coisa indivisa, poderá cada uma exercer sobre ela atos possessórios, desde que não excluam os dos outros com possuidores.
III. É justa a posse que não for violenta, clandestina ou precária.
IV. É de boa-fé a posse, se o possuidor ignora o vício, ou o obstáculo que impede a aquisição da coisa.
V. Considera-se como possuidor somente aquele que tem de fato o exercício pleno de todos os poderes inerentes à propriedade.

Está correto o que se afirma APENAS em
(A) II, III e IV.
(B) III, IV e V.
(C) I, II, e V.
(D) II, IV e V.
(E) I, II e III.

I: incorreta, pois a posse direta (do locatário, do usufrutuário, do comodatário) não anula, nem mitiga a posse indireta do possuidor indireto (locador, nu-proprietário, comodante). Aliás, a essência desse desdobramento da posse é justamente preservar tanto a posse direta, quanto a indireta, concedendo efeitos possessórios para ambos; **II:** correta, pois a assertiva reproduz o disposto no art. 1.199, o qual regulamente o instituto da composse; **III:** correta, pois através deste critério, analisa-se objetivamente se a posse apresenta ou não os vícios da violência, clandestinidade e precariedade, não importando a ciência ou não do possuidor a seu respeito (CC, art. 1.200); **IV:** correta, pois a assertiva reproduz a regra estabelecida pelo art. 1.201 do CC; V: incorreta, pois de acordo com a teoria de Ihering, adotada pelo sistema civilista brasileiro, é considerado possuidor todo aquele que "*tem de fato o exercício, pleno ou não, de algum dos poderes inerentes à propriedade*", não se exigindo que ele tenha todos os poderes (CC, art. 1.196).

Gabarito "A".

(Ministério Público/PI – 2014 – CESPE) Com base no que dispõe o Código Civil sobre posse, assinale a opção correta.
(A) Caracteriza-se como clandestina a posse adquirida via processo de ocultamento em relação àquele contra quem é praticado o apossamento, embora possa ser ele público para os demais. Por tal razão, a clandestinidade da posse é considerada defeito relativo.
(B) Na posse precária, o vício se inicia no momento em que o possuidor recebe a coisa com a obrigação de restituí-la ao proprietário ou ao possuidor legítimo.
(C) A ocupação de área pública, mesmo quando irregular, pode ser reconhecida como posse, podendo-se admitir desta o surgimento dos direitos de retenção e de indenização pelas acessões realizadas.
(D) É possível reconhecer a posse a quem não possa ser proprietário ou não possa gozar dos poderes inerentes à propriedade.
(E) É injusta a posse violenta, por meio da qual o usurpado seja obrigado a entregar a coisa para não ver concretizado o mal prometido, incluindo-se entre os atos de violência que tornam a posse injusta o temor reverencial e o exercício regular de um direito.

A: correta, pois o vício da clandestinidade mede-se justamente pela ocultação em relação à vítima. Enquanto durar a clandestinidade, o poder de fato do sujeito que detém a coisa será considerado pela lei como mera detenção (CC, art. 1.208); **B:** incorreta, pois a precariedade ocorre quando o possuidor de posse justa não devolve o bem no prazo estipulado. É o que ocorre com o comodatário, por exemplo, que se recusa a devolver o bem no prazo assinalado; **C:** incorreta, pois segundo a jurisprudência do STJ, "*A ocupação de área pública, quando irregular, não pode ser reconhecida como posse, mas como mera detenção*" (RESP 863939/RJ – Relatora: Ministra Eliana Calmon – Órgão Julgador: 2ª Turma: 04.11.2008); **D:** incorreta, pois o nosso sistema seguiu a teoria de Ihering, considerando como possuidor "*todo aquele que tem de fato o exercício, pleno ou não, de algum dos poderes inerentes à propriedade*" (CC, art. 1.196); **E:** incorreta, pois tanto o temor reverencial quanto o exercício regular de um direito não podem ser considerados como ameaça (CC, art. 153).

Gabarito "A".

6.1.2. AQUISIÇÃO E PERDA DA POSSE

O tema em tela trata da aquisição da posse. Por se tratar de tema que envolve, além de questões legais, elementos doutrinários, segue um resumo que colaborará na resolução da presente questão e de outras por vir.

Aquisição e perda da posse.
(1) Aquisição da posse:
1.(1) Conceito: *adquire-se a posse desde o momento em que se torna possível o exercício, em nome próprio, de qualquer dos poderes inerentes à propriedade* (art. 1.204, CC).
1.(2) Aquisição originária: *é aquela que não guarda vínculo com a posse anterior*. Ocorre nos casos de: **a) apreensão**, *que consiste na apropriação unilateral da coisa sem dono (abandonada – res derelicta, ou de ninguém – res nullius) ou na retirada da coisa de outrem sem sua permissão (cessada a violência ou a clandestinidade);* **b) exercício do direito**, *no caso da servidão constituída pela passagem de um aqueduto em terreno alheio;* **c) disposição**, *que consiste em alguém dar uma coisa ou um direito, situação que revela o exercício de um poder de fato (posse) sobre a coisa*.
1.(3) Aquisição derivada: *é aquela que guarda vínculo com a posse anterior*. Nesse caso, a posse vem gravada dos eventuais vícios da posse anterior. Essa regra vale para a sucessão a título universal (art. 1.206, CC), mas é abrandada na sucessão a título singular (art. 1.207, CC). Ocorre nos casos de **tradição**, *que consiste na transferência da posse de uma pessoa para outra, pressupondo acordo de vontades*. A tradição pode ser de três tipos:
(A) tradição real: *é aquela em que há a entrega efetiva, material da coisa*. Ex.: entrega de um eletrodoméstico para o comprador. No caso de aquisição de grandes imóveis, não há a necessidade de se colocar fisicamente a mão sobre toda a propriedade, bastando a referência a ela no título. Trata-se da chamada *traditio longa manu*.
(B) tradição simbólica: *é aquela representada por ato que traduz a entrega da coisa*. Exemplo: entrega das chaves de uma casa.
(C) tradição consensual: *é aquela decorrente de contrato, de acordo de vontades*. Aqui temos duas possibilidades. A primeira é a *traditio brevi manu*, *que é aquela situação em que um possuidor, em nome alheio, passa a possuir a coisa em nome próprio*. É o caso do locatário que adquire a coisa. Já a segunda é o **constituto possessório**, *que é aquela situação em que um possuidor em nome próprio passa a possuí-la em nome de outro, adquirindo este a posse indireta da coisa*. É o caso do dono que vende a coisa e nela permanece como locatário ou comodatário.
(2) Perda da posse:
2.(1) Conceito: *perde-se a posse quando cessa, embora contra a vontade do possuidor, o poder sobre o bem*. É importante ressaltar, quanto ao ausente (no sentido de não ter presenciado o esbulho), que este só perde a posse quando, tendo notícia desta, abstém-se de retomar a coisa ou, tentando recuperá-la, é violentamente repelido (art. 1.224).
2.(2) Hipóteses de perda de posse: a) abandono: *é a situação em que o possuidor renuncia à posse, manifestando voluntariamente a intenção de largar o que lhe pertence*; ex.: quando alguém atira um objeto na rua; **b) tradição com intenção definitiva:** *é a entrega da coisa com o ânimo de transferi-la definitivamente a outrem*; se a entrega é transitória, não haverá perda total da posse, mas apenas perda temporária da posse direta, remanescendo a posse indireta; **c) destruição da coisa e sua colocação fora do comércio; d) pela posse de outrem:** nesse caso a perda da posse se dá por esbulho, podendo a posse perdida ser retomada.

(Procurador do Estado/AC – FMP – 2012) Assinale a alternativa INCORRETA.
(A) Posse e detenção caracterizam-se, no sistema jurídico brasileiro, como poder de fato, que se exerce sobre a coisa, diferenciando-se, dentre outros fatores, porque a posse recebe proteção interdital e pode conduzir à aquisição da propriedade, enquanto a detenção nem recebe proteção interdital, nem conduz à aquisição da propriedade.
(B) Na *traditio brevi manu* o adquirente da posse do bem já o tem em seu poder; apenas, por convenção, muda-se o título da ocupação.
(C) A posse não se transfere com seus caracteres. Assim, se for violenta, na origem, pode convalar-se em posse legítima, se o sucessor estiver de boa-fé.
(D) A posse se transfere por mera tradição, isto é, porque a pessoa passou a exercer poder fático sobre a coisa.

A: correta, pois são efeitos da posse, dentre outros: a) usucapião, em razão da posse prolongada, desde que preenchidos outros requisitos legais, dá ensejo à aquisição originária da coisa; b) proteção possessória. A posse também tem o efeito de gerar o direito de o possuidor defendê-la contra a perturbação e a privação de seu exercício, provocadas por terceiro. Existem dois tipos de proteção possessória previstos em lei, a autoproteção e a heteroproteção (Wander Garcia, **Super-Revisão**, Editora Foco); **B:** correta. "A **tradição consensual** *é aquela decorrente de contrato, de acordo de vontades*. Aqui temos duas possibilidades. A primeira é a **traditio brevi manu**, *que é aquela situação em que um possuidor, em nome alheio, passa a possuir a coisa em nome próprio*. É o caso do locatário que adquire a coisa. Já a segunda é o **constituto possessório**, *que é aquela situação em que um possuidor em nome próprio passa a possuí-la em nome de outro, adquirindo a posse indireta da coisa*. É o caso do dono que vende a coisa e nela permanece como locatário ou comodatário" (Wander Garcia, **Super-Revisão**, Editora Foco); **C:** incorreta, devendo ser assinalada, (art. 1.206, do CC); **D:** correta, pois se *adquire a posse desde o momento em que se torna possível o exercício, em nome próprio, de qualquer dos poderes inerentes à propriedade* (art. 1.204, CC).

Gabarito "C".

6.1.3. EFEITOS DA POSSE

Efeitos da posse.
(1) Percepção dos frutos. Quando o legítimo possuidor retoma a coisa de outro possuidor, há de se resolver a questão dos frutos percebidos ou pendentes ao tempo da retomada. De acordo com o caráter da posse (de boa ou de má-fé), haverá ou não direitos para aquele que teve de entregar a posse da coisa. Antes de verificarmos essas regras, vale trazer algumas definições:
1.1. Conceito de frutos: *são utilidades da coisa que se reproduzem* (frutas, verduras, filhotes de animais, juros etc.). Diferem dos **produtos**, que *são as utilidades da coisa que não se reproduzem* (minerais, por exemplo).
1.2. Espécies de frutos quanto à sua natureza: a) civis (como os aluguéres e os juros); **b)** naturais (como as maçãs de um pomar); e **c)** industriais (como as utilidades fabricadas por uma máquina).
1.3. Espécies de frutos quanto ao seu estado: a) pendentes (são os ainda unidos à coisa que os produziu; **b)** percebidos ou colhidos (são os já separados da coisa que os produziu); **c)** percebidos por antecipação (são os separados antes do momento certo); **d)** percepiendos (são os que deveriam ser colhidos e não foram); **e)** estantes (são os já separados e armazenados para venda); **f)** consumidos (são os que não existem mais porque foram utilizados).
1.4. Direitos do possuidor de boa-fé: tem direito aos frutos que tiver percebido enquanto estiver de boa-fé (art. 1.214, CC).

1.5. Inexistência de direitos ao possuidor de boa-fé: não tem direito às seguintes utilidades: **a)** aos frutos pendentes quando cessar a sua boa-fé; **b)** aos frutos percebidos antecipadamente, estando já de má-fé no momento em que deveriam ser colhidos; **c)** aos produtos, pois a lei não lhe confere esse direito, como faz com os frutos. De qualquer forma, é importante ressaltar que nos casos dos itens "a" e "b", apesar de ter de restituir os frutos colhidos ou o seu equivalente em dinheiro, terá direito de deduzir do que deve as despesas com a produção e o custeio.

1.6. Situação do possuidor de má-fé: este responde por todos os frutos colhidos e percebidos, bem como pelos que, por sua culpa, deixou de perceber, desde o momento em que se constituiu de má-fé. Todavia, tem direito às despesas de produção e custeio (art. 1.216, CC), em virtude do princípio do não enriquecimento sem causa.

(2) Responsabilidade por perda ou deterioração da coisa. Quando o legítimo possuidor retoma a coisa de outro possuidor, também há de se resolver a questão referente à eventual perda ou destruição da coisa.

2.1. Responsabilidade do possuidor de boa-fé: não responde pela perda ou deterioração à qual não der causa.

2.2. Responsabilidade do possuidor de má-fé: como regra, responde pela perda ou deterioração da coisa, só se eximindo de tal responsabilidade se provar que de igual modo esse acontecimento se daria, caso a coisa estivesse com o reivindicante dela. Um exemplo de exoneração da responsabilidade é a deterioração da coisa em virtude de um raio que cai sobre a casa.

(3) Indenização por benfeitorias e direito de retenção. Outra questão importante a ser verificada quando da retomada da coisa pelo legítimo possuidor é a atinente a eventual benfeitoria feita pelo possuidor que o antecedeu. De acordo com o caráter da posse (de boa ou de má-fé), haverá ou não direitos para aquele que teve de entregar a posse da coisa. Antes de verificarmos essas regras, é imperativo trazer algumas definições.

3.1. Conceito de benfeitorias: *são os melhoramentos feitos em coisa já existente.* São bens acessórios. Diferem da **acessão**, que *é a criação de coisa nova.* Uma casa construída no solo é acessão, pois é coisa nova; já uma garagem construída numa casa pronta é benfeitoria, pois é um melhoramento em coisa já existente.

3.2. Espécies de benfeitorias: a) benfeitorias necessárias *são as que se destinam à conservação da coisa* (ex.: troca do forro da casa, em virtude do risco de cair); **b)** benfeitorias úteis *são as que aumentam ou facilitam o uso de uma coisa* (ex.: construção de mais um quarto numa casa pronta); **c)** benfeitorias voluptuárias *são as de mero deleite ou recreio* (ex.: construção de uma fonte luminosa na entrada de uma casa).

3.3. Direitos do possuidor de boa-fé: tem direito à **indenização** pelas benfeitorias necessárias e úteis que tiver feito, podendo, ainda, levantar as voluptuárias, desde que não deteriore a coisa. A indenização se dará pelo valor atual da benfeitoria. Outro direito do possuidor de boa-fé é o de retenção da coisa, enquanto não for indenizado. Significa que o possuidor não é obrigado a entregar a coisa enquanto não for ressarcido. O direito deve ser exercido no momento da contestação da ação que visa à retomada da coisa, devendo o juiz se pronunciar sobre a sua existência. Trata-se de um excelente meio de coerção para recebimento da indenização devida. Constitui verdadeiro direito real, pois não se converte em perdas e danos.

3.4. Direitos do possuidor de má-fé: tem direito apenas ao ressarcimento das benfeitorias necessárias que tiver feito, não podendo retirar as voluptuárias. Trata-se de uma punição a ele imposta, que só é ressarcido pelas benfeitorias necessárias, pois são despesas que até o possuidor legítimo teria de fazer. O retomante escolherá se pretende indenizar pelo valor atual ou pelo custo da benfeitoria. O possuidor de má-fé não tem direito de retenção da coisa enquanto não indenizado pelas benfeitorias necessárias que eventualmente tiver realizado.

(4) Usucapião. A posse prolongada, desde que preenchidos outros requisitos legais, dá ensejo a outro efeito da posse, que é a aquisição da coisa pela usucapião.

(5) Proteção possessória. A posse também tem o efeito de gerar o direito de o possuidor defendê-la contra a perturbação e a privação de seu exercício, provocadas por terceiro. Existem dois tipos de proteção possessória previstos em lei, a autoproteção e a heteroproteção.

5.1. Autoproteção da posse. A lei confere ao possuidor o direito de, por si só, proteger a sua posse, daí porque falar-se em autoproteção. Essa proteção não pode ir além do indispensável à restituição (art. 1.210, CC). Há duas situações em que isso ocorre:

(A) legítima defesa da posse: consiste no direito de autoproteção da posse no caso do possuidor, apesar de presente na coisa, estar sendo perturbado. Repare que não chegou a haver perda da coisa.

(B) desforço imediato: consiste no direito de autoproteção da posse no caso de esbulho, de perda da coisa. Repare que a vítima chega a perder a coisa. A lei só permite o desforço imediato se a vítima do esbulho "agir logo", ou seja, agir imediatamente após a agressão ("no calor dos acontecimentos") ou logo que possa agir. Aquele que está ausente (não presenciou o esbulho) só perderá esse direito se não agir logo após tomar conhecimento da agressão à sua posse (art. 1.224, CC).

5.2. Heteroproteção da posse. Trata-se da proteção feita pelo Estado Juiz, provocado por quem sofre a agressão na sua posse. Essa proteção tem o nome de interdito possessório e pode ser de três espécies: interdito proibitório, manutenção de posse e reintegração de posse. Antes de analisarmos cada um deles, é importante verificar suas características comuns.

5.2.1. Características dos interditos possessórios:

(A) fungibilidade: o juiz, ao conhecer de pedido possessório, pode outorgar proteção legal ainda que o pedido originário não corresponda à situação de fato provada em juízo. Assim, caso se ingresse com ação de manutenção de posse e os fatos comprovam que a ação adequada é a de reintegração de posse, o juiz pode determinar a reintegração, conhecendo um pedido pelo outro (art. 920 do antigo CPC; art. 554, *caput*, do novo CPC).

(B) cumulação de pedidos: nas ações de reintegração e de manutenção de posse, a vítima pode reunir, além do pedido de *correção* da agressão (pedido possessório propriamente dito), os pedidos de condenação em *perdas e danos*, indenização dos frutos e imposição de medidas necessárias para evitar nova turbação ou esbulho, ou para cumprir-se a tutela provisória ou final (art. 921 do antigo CPC; art. 555 do novo CPC).

(C) caráter dúplice: o réu também pode pedir a proteção possessória desde que, na contestação, alegue que foi ofendido na sua posse (art. 922 do antigo CPC; art. 556 do Novo CPC).

(D) impossibilidade de discussão do domínio: não se admite discussão de domínio em demanda possessória (arts. 1.210, § 2º, do CC, e 923 do antigo CPC; art. 557 no novo CPC), ou seja, ganha a ação quem provar que detinha previamente posse legítima da coisa. Essa discussão só cabe se a pretensão for deduzida em face de terceira pessoa.

5.2.2. Interdito proibitório:

(A) conceito: *é a ação de preceito cominatório utilizada para impedir agressões iminentes que ameaçam a posse de alguém* (arts. 932 e 933 do antigo CPC; arts. 567 e 568 do novo CPC). Trata-se de ação de caráter *preventivo*, manejada quando há justo receio de que a coisa esteja na iminência de ser turbada ou esbulhada, apesar de não ter ocorrido ainda ato material nesses dois sentidos, havendo apenas uma *ameaça* implícita ou expressa.

(B) ordem judicial: acolhendo o pedido, o juiz fixará uma pena pecuniária para incidir caso o réu descumpra a proibição de turbar ou esbulhar a área, daí o nome de interdito "proibitório". Segundo a Súmula 228 do STJ, não é admissível o interdito proibitório para a proteção de direito autoral.

5.2.3. Manutenção de posse:

(A) conceito: *é a ação utilizada para corrigir agressões que turbam a posse.* Trata-se de ação de caráter repressivo, manejada quando ocorre **turbação**, que é todo ato ou conduta que *embaraça* o livre exercício da posse. Vizinho que colhe frutos ou que implementa marcos na área de outro está cometendo turbação. Se a turbação é passada, ou seja, não está mais acontecendo, cabe apenas pedido indenizatório.

(B) ordem judicial: acolhendo pedido, o juiz expedirá mandado de manutenção de posse. As demais condenações (em perdas e danos, em pena para o caso de nova turbação e para desfazimento de construção ou plantação) dependem de pedido específico da parte interessada. A utilização do rito especial, que prevê liminar, depende se se trata de ação de força nova (promovida dentro de ano e dia da turbação).

5.2.4. Reintegração de posse:

(A) conceito: *é a ação utilizada para corrigir agressões que fazem cessar a posse de alguém.* Trata-se de ação de caráter repressivo, manejada quando ocorre **esbulho**, que é a privação de alguém da posse da coisa, contra a sua vontade. A ação também é chamada de *ação de força espoliativa.*

(B) requisitos: o autor deve provar a sua posse, o esbulho praticado pelo réu, a data do esbulho e a perda da posse.

(C) legitimidade ativa: é parte legítima para propor a ação o possuidor esbulhado, seja ele possuidor direto ou indireto. O mero detentor não tem legitimidade. Os sucessores a título universal continuam, de direito, a posse de seu antecessor, podendo ingressar com ação, ainda que o esbulho tenha ocorrido antes do falecimento do *de cujus*. Já ao sucessor singular é facultado unir sua posse à do seu antecessor, para efeitos legais (art. 1.207). Como regra, a lei não exige vênia conjugal para a propositura de demanda possessória (art. 10, § 2º). Em caso de condomínio de pessoas não casadas, a lei permite que cada um ingresse com ação isoladamente (art. 1.314, CC).

(D) legitimidade passiva: é parte legítima para sofrer a ação o autor do esbulho. Cabe também reintegração de posse contra terceiro que recebe a coisa sabendo que fora objeto de esbulho. Já contra terceiro que não sabia que a coisa fora objeto de esbulho, a ação adequada é a reivindicatória, em que se discutirá o domínio.

(E) ordem judicial: acolhendo o pedido, o juiz expedirá mandado de reintegração de posse. As demais condenações (em perdas e danos, em pena para o caso de nova turbação e para desfazimento de construção ou plantação) dependem de pedido específico da parte interessada. A utilização do rito especial, que prevê liminar, depende se se trata de ação de força nova (promovida dentro de ano e dia do esbulho). Após ano e dia do esbulho, deve-se promover a ação pelo rito ordinário, no qual poderá ser acolhido pedido de tutela antecipada, preenchidos seus requisitos, conforme entendimento do STJ e Enunciado CJF 238.

(Procurador do Município – Prefeitura Fortaleza/CE – CESPE – 2017) Com base na legislação processual e no Código Civil, julgue os seguintes itens, acerca de ações possessórias e servidão urbanística.

(1) No âmbito das ações possessórias, se houver pedido de reintegração de posse e a propriedade do imóvel for controvertida, o juiz deverá, em primeiro lugar, decidir quanto ao domínio do bem e, depois, conceder ou não a ordem de reintegração.

1: incorreta: a ação possessória foi criada para ser um instrumento célere, cuja preocupação central do julgador seja apenas e tão somente a posse, ou seja, o exercício de fato de algum dos poderes inerentes à propriedade (CC, art. 1.196). A discussão de propriedade é proibida, pois atrapalharia o andamento do processo, tornando a possessória vagarosa. Daí a razão do art. 557 parágrafo único, segundo o qual: *"Não obsta à manutenção ou à reintegração de posse a alegação de propriedade ou de outro direito sobre a coisa".* GN

Gabarito "1E".

(Procurador Municipal – Sertãozinho/SP – VUNESP – 2016) Assinale a alternativa correta sobre o instituto da posse e seus efeitos.

(A) Em regra, o possuidor com justo título tem em seu benefício a presunção *juris tantum* de posse de boa-fé.

(B) A posse é um direito real, considerando-se possuidor todo aquele que tem de fato o exercício de algum dos poderes inerentes à propriedade.

(C) O direito civil brasileiro não admite o desdobramento da posse como forma de atribuir a alguém a posse direta e a outro a posse indireta sobre determinado bem.

(D) Para aquisição de imóvel por meio da usucapião extraordinária é dispensado o exercício da posse *ad usucapionem*.
(E) Ao possuidor de má-fé não serão ressarcidas as benfeitorias por ele realizadas, seja de natureza necessária, útil ou voluptuária.

A: correta. O justo título é o documento que aparenta ter aptidão para transmitir a posse (ou mesmo a propriedade) mas que – por algum vício intrínseco – não carrega tal aptidão. A serventia dele é conceder ao portador uma presunção de boa-fé na posse, o que acarreta variadas consequências jurídicas benéficas, como prazo reduzido de usucapião (CC, art. 1.201, parágrafo único); **B:** incorreta, pois a posse não é direito real; **C:** incorreta, pois o Código Civil (art. 1.197) admite o desdobramento da posse em *direta e indireta*. Assim, por exemplo, tem posse direta o locatário, o usufrutuário, o comodatário, enquanto o locador, o nu-proprietário e o comodante mantêm apenas a posse indireta; **D:** incorreta, porquanto tal requisito é essencial em qualquer espécie de usucapião; **E:** incorreta, pois o possuidor de má-fé tem direito à indenização pelas benfeitorias necessárias, sem retenção (CC, art. 1.220).
Gabarito "A".

(Promotor de Justiça – MPE/AM – FMP – 2015) Considere as seguintes afirmações sobre o tema da posse:
I. A posse direta, de pessoa que tem a coisa em seu poder, temporariamente, em virtude de direito pessoal, ou real, não anula a indireta, de quem aquela foi havida, podendo o possuidor direto defender a sua posse contra o indireto.
II. O possuidor turbado, ou esbulhado, poderá manter-se ou restituir-se por sua própria força, contanto que o faça logo; os atos de defesa, ou de desforço, não podem ir além do indispensável à manutenção, ou restituição da posse.
III. Ao possuidor de má-fé serão ressarcidas somente as benfeitorias necessárias, assistindo-lhe o direito de retenção pela importância destas.

Quais das assertivas acima estão corretas?
(A) Apenas a II.
(B) Apenas a III.
(C) Apenas a I e III.
(D) Apenas a II e III.
(E) Apenas a I e II.

I: correta, pois essa é a principal consequência do desmembramento da posse em direta e indireta. Existe a possibilidade de o possuidor direto defender a posse contra o possuidor indireto e vice-versa, além de ambos poderem defender a posse perante terceiros; **II:** correta, pois de pleno acordo com a previsão estabelecida pelo art. 1.210, § 1º, do Código Civil; **III:** incorreta, pois não há direito de retenção nesse caso (CC, art. 1.220).
Gabarito "E".

6.2. DIREITOS REAIS E PESSOAIS

1. Conceito de Direito Real: é o poder, direto e imediato, do titular sobre a coisa, com exclusividade e contra todos. O direito real difere do direito pessoal, pois este gera uma relação entre pessoas determinadas (princípio da relatividade) e, em caso de violação, converte-se em perdas e danos. No direito real, ao contrário, seu titular pode perseguir a coisa sobre a qual tem poder, não tendo que se contentar com a conversão da situação em perdas e danos. O ponto em comum entre os direitos pessoais e os direitos reais é o fato de que integram a categoria dos direitos patrimoniais, diferente dos direitos da personalidade.

2. Princípios do direito real:
2.1. Princípio da aderência: aquele pelo qual se estabelece um vínculo entre o sujeito e a coisa, independentemente da colaboração do sujeito passivo.
2.2. Princípio do absolutismo: aquele pelo qual os direitos reais são exercidos contra todos (*erga omnes*). Por exemplo: quando alguém é proprietário de um imóvel, todos têm de respeitar esse direito. Daí surge o *direito de sequela* ou o *jus persequendi*, pelo qual, violado o direito real, a vítima pode perseguir a coisa, ao invés de ter de se contentar com uma indenização por perdas e danos.
2.3. Princípio da publicidade (ou visibilidade): aquele pelo qual os direitos reais só se adquirem depois do registro do título na matrícula (no caso de imóvel) ou da tradição (no caso de móvel). Por ser o direito real oponível *erga omnes*, é necessária essa publicidade para que sejam constituídos.
2.4. Princípio da taxatividade: aquele pelo qual o número de direitos reais é limitado pela lei. Assim, por acordo de vontades não é possível criar uma nova modalidade de direito real, que são *numerus clausus*. Assim, está certa a afirmativa de que só são direitos reais aqueles que a lei, taxativamente, denominar como tal, enquanto que os direitos pessoais podem ser livremente criados pelas partes envolvidas (desde que não seja violada a lei, a moral ou os bons costumes), sendo, portanto, o seu número ilimitado.
2.5. Princípio da tipificação: aquele pelo qual os direitos reais devem respeitar os tipos existentes em lei. Assim, o acordo de vontades não tem o condão de modificar o regime jurídico básico dos direitos reais.
2.6. Princípio da perpetuidade: aquele pelo qual os direitos reais não se perdem pelo decurso do tempo, salvo as exceções legais. Esse princípio se aplica ao direito de propriedade. Os direitos pessoais, por sua vez, têm a marca da *transitoriedade*.
2.7. Princípio da exclusividade: aquele pelo qual não pode haver direitos reais, de igual conteúdo, sobre a mesma coisa. Exemplo: o nu-proprietário e o usufrutuário não têm direitos iguais quanto ao bem objeto do usufruto.
2.8. Princípio do desmembramento: aquele que permite o desmembramento do direito matriz (propriedade), constituindo-se direitos reais sobre coisas alheias. Ou seja, pelo princípio é possível desmembrar um direito real (propriedade, por exemplo) em outros direitos reais (uso, por exemplo).

(Defensor Público –DPE/RN – 2016 – CESPE) No que se refere às disposições acerca de condomínio, aos direitos sobre coisa alheia e à propriedade fiduciária, assinale a opção correta.
(A) A alienação da nua propriedade em hasta pública é, segundo o Código Civil, causa de extinção do direito real de usufruto.
(B) Para o STJ, afronta o direito de propriedade e sua função social a decisão da assembleia geral de condôminos que determina a suspensão de serviços essenciais em decorrência da inadimplência de taxa condominial, já que o débito deve ser cobrado pelos meios legais.
(C) O Código Civil não veda ao condômino dar posse, uso ou gozo da propriedade a estranhos sem a prévia aquiescência dos demais condôminos.
(D) De acordo com a legislação civil, o direito de superfície pode ser transferido a terceiro mediante prévio pagamento do valor estipulado pelo concedente para a respectiva transferência.
(E) O contrato celebrado pelas partes que tenha por objeto a constituição da propriedade fiduciária poderá conter cláusula que autorize o proprietário fiduciário a ficar com a coisa alienada em garantia, caso a dívida não seja paga no vencimento.

A: incorreta. O direito de usufruto é real e daí decorre sua mais importante característica. Ele segue o titular da coisa, seja ele quem for. Assim, a venda da nua propriedade não pode afetar o titular do direito real de usufruto, ainda que a venda ocorra em hasta pública; **B:** correta, pois o STJ consolidou entendimento segundo o qual: "*O inadimplemento de taxas condominiais não autoriza a suspensão, por determinação da assembleia geral de condôminos, quanto ao uso de serviços essenciais, em clara afronta ao direito de propriedade e sua função social e à dignidade da pessoa humana, em detrimento da utilização de meios expressamente previstos em lei para a cobrança da dívida condominial*" (REsp 1401815/ES, Rel. Ministra Nancy Andrighi, Terceira Turma, julgado em 03/12/2013, DJe 13/12/2013); **C:** incorreta, pois o Código Civil (art. 1.314) é taxativo ao determinar que: "*Nenhum dos condôminos pode alterar a destinação da coisa comum, nem dar posse, uso ou gozo dela a estranhos, sem o consenso dos outros*"; **D:** incorreta, pois a transferência do direito de superfície é permitida pela lei e não se pode estipular "qualquer pagamento pela transferência" (CC, art. 1.372, parágrafo único); **E:** incorreta, pois: "*É nula a cláusula que autoriza o proprietário fiduciário a ficar com a coisa alienada em garantia, se a dívida não for paga no vencimento*" (CC, art. 1.365).
Gabarito "B".

(Procurador Legislativo – Câmara de Vereadores de São Paulo/SP – 2014 – FCC) Em relação à propriedade, considere as afirmações abaixo.
I. São defesos os atos que não trazem ao proprietário qualquer comodidade ou utilidade, e sejam animados pela intenção de prejudicar outrem.
II. A propriedade presume-se de modo absoluto plena e exclusiva.
III. A propriedade do solo abrange as jazidas, minas e demais recursos minerais.

Está correto o que se afirma em
(A) I e III, apenas.
(B) I e II, apenas.
(C) I, apenas.
(D) II e III, apenas.
(E) I, II e III.

I: correta, pois a assertiva trata da vedação aos atos emulativos, que são justamente aqueles atos permitidos pela lei, mas que não trazem ao proprietário qualquer comodidade, ou utilidade, sendo motivados pela intenção de prejudicar outrem; **II:** incorreta, pois: "*A propriedade presume-se plena e exclusiva, até prova em contrário*" (CC, art. 1.231); **III:** incorreta, pois a propriedade do solo não abrange as jazidas, minas e demais recursos minerais (CC, art. 1.230).
Gabarito "C".

6.3. PROPRIEDADE IMÓVEL

(Procurador do Estado/SP - 2018 - VUNESP) Desde novembro de 2007, Tício exerce posse mansa, pacífica, ininterrupta e com fim de moradia sobre imóvel urbano com área de 260 m², baseado em compromisso de compra e venda quitado, mas não registrado, celebrado com Caio.
Mévio, de boa-fé, adquiriu o mesmo imóvel de Caio em fevereiro de 2018, mediante pagamento à vista, seguido de posterior registro da escritura pública de compra e venda no Cartório de Imóveis.
Em seguida, Mévio move ação de imissão na posse em face de Tício. Nesse caso,
(A) mesmo ausentes os requisitos da usucapião ordinária, Tício poderá alegar a usucapião especial urbana como matéria de defesa, para impedir a procedência do pedido.
(B) se acolhida a usucapião como matéria de defesa, Tício deverá indenizar Mévio, pois este não teria adquirido o imóvel de Caio caso

o compromisso de compra e venda tivesse sido levado a prévio registro.
(C) Tício não poderá invocar a usucapião como matéria de defesa, ante a vedação à *exceptio proprietatis* prescrita no art. 1.210, parágrafo 2º do Código Civil e o fato de Mévio ser adquirente de boa-fé.
(D) Tício poderá alegar a usucapião ordinária como matéria de defesa para impedir a procedência do pedido, mediante prova da existência de compromisso de compra e venda quitado, ainda que não registrado, e da posse prolongada exercida com boa-fé.
(E) a alegação de usucapião ordinária formulada por Tício, como matéria de defesa, não impedirá a procedência do pedido, por falta de prévio registro do compromisso de compra e venda, condição indispensável para torná-lo oponível *erga omnes*, em especial a Mévio, adquirente de boa-fé.

A questão trata da usucapião ordinária, prevista no art. 1.242 do Código Civil. Tício exerceu a posse sobre o imóvel de forma contínua, incontestada e de boa-fé. O prazo para a consumação de tal usucapião é de dez anos e o compromisso de compra e venda caracteriza a existência do justo título. O STJ já firmou entendimento segundo o qual: *"reconhece como justo título, hábil a demonstrar a posse, o instrumento particular de compromisso de comprae venda, ainda que desprovido de registro"* (AgInt no AREsp 202871/MS Agravo Interno no Agravo em Recurso Especial 2012/0144045-5). Desta forma, ele tornou-se legítimo proprietário do bem em novembro de 2017, quando o prazo se consumou e tal direito real de propriedade pode ser utilizado em sede de defesa (STF, súmula 237). No que se refere a Mévio, ele poderá se voltar contra Caio, que vendeu coisa que já não era sua. Para tanto, ele utilizará as regras legais da garantia contra a evicção (CC, arts. 447 e seguintes).
Gabarito "D".

(Juiz de Direito - TJ/RS - 2018 - VUNESP) José era proprietário de uma extensa área urbana não edificada, com mais de 50.000 m². Essa área não era vigiada e nem utilizada para qualquer finalidade. O imóvel foi ocupado, no mês de janeiro de 2010, por um considerável número de pessoas, que construíram suas moradias. Os ocupantes, por sua própria conta, em mutirão, além de construírem suas casas, realizaram a abertura de viários posteriormente reconhecidos pelo poder público municipal, bem como construíram espaços destinados a escolas e creches que estão em pleno funcionamento. Cada moradia tem área superior a 350 m². Em março de 2016, José ajuizou uma ação reivindicatória que deverá ser julgada
(A) improcedente, tendo em vista que o juiz deverá declarar que o proprietário perdeu o imóvel reivindicado, em razão das obras de interesse social realizadas pelos moradores, fixando a justa indenização devida ao proprietário; pago o preço, valerá a sentença como título para o registro do imóvel em nome dos possuidores.
(B) procedente, tendo em vista que ainda não houve o prazo para a aquisição mediante usucapião. Dessa forma, os moradores deverão ser retirados, sem qualquer direito a indenizações por benfeitorias e acessões, tendo em vista a posse de má-fé.
(C) procedente, tendo em vista que ainda não houve o prazo para a aquisição mediante usucapião constitucional. Dessa forma, os moradores deverão ser retirados, mas terão direito à retenção do imóvel até serem indenizados pelas benfeitorias e acessões, tendo em vista a posse de boa-fé.
(D) improcedente, tendo em vista que o imóvel foi adquirido por usucapião especial coletivo; José, assim, foi penalizado pelo não cumprimento da função social da propriedade, bem como em razão da preponderância do direito social à moradia sobre o direito de propriedade.
(E) improcedente, tendo em vista que o juiz deverá declarar que o proprietário perdeu o imóvel reivindicado, em razão das obras de interesse social realizadas pelos moradores, não havendo qualquer direito à indenização, tendo em vista o não cumprimento da função social da propriedade e a preponderância do direito social à moradia sobre o direito de propriedade.

A questão versa sobre o art. 1.228, §§ 4º e 5º, que trouxe para o ordenamento jurídico brasileiro uma modalidade específica de perda da propriedade, totalmente alicerçada na função social da propriedade. A ideia é que a utilização prolongada do bem (durante cinco anos) por um *"considerável número de pessoas"* que ali realizaram *"obras e serviços [...] de interesse social e econômico relevante"* se sobrepõe ao direito individual de propriedade do terreno. Nesse caso, a lei permite que o juiz prive o proprietário do direito de propriedade, fixando o pagamento de *"justa indenização"*.
Gabarito "A".

(Defensor Público - DPE/SC - 2017 - FCC) De acordo com as disposições do Código Civil, modificado pela Medida Provisória n. 759, o direito de laje
(A) permite a coexistência de unidade autônomas de titularidades distintas situadas em uma mesma área, dando ensejo à abertura de matrícula própria para cada uma das unidades.
(B) é aplicável às edificações e conjuntos de edificações construídos sob a forma de unidades isoladas entre si (condomínio edilício).
(C) pode ser alienado ou gravado livremente por seu titular, permitindo-se ao adquirente a inclusão de uma única sobrelevação sucessiva.
(D) se projeta mediante fração ideal sobre o terreno onde se situa ou sobre outras áreas anteriormente edificadas.
(E) é aplicável na hipótese de locação ou comodato de unidade edificada sobre a superfície da construção originalmente edificada sobre o solo.

A Medida Provisória n. 759 foi convertida na Lei 13.465/2017, cuida da regularização fundiária rural e urbana, do direito real de laje, dentre outros assuntos. Referida Lei acrescentou no rol dos direitos reais, art. 1.225 do Código Civil, dois incisos, quais sejam, inciso *XII a concessão de direito real de uso* e inciso *XIII a laje*. Diante disso, introduziu o artigo 1510-A do Código Civil que dispõe: "O proprietário de uma construção-base poderá ceder a superfície superior ou inferior de sua construção a fim de que o titular da laje mantenha unidade distinta daquela originalmente construída sobre o solo. § 1º O direito real de laje contempla o espaço aéreo ou o subsolo de terrenos públicos ou privados, tomados em projeção vertical, como unidade imobiliária autônoma, não contemplando as demais áreas edificadas ou não pertencentes ao proprietário da construção-base. § 2º O titular do direito real de laje responderá pelos encargos e tributos que incidirem sobre a sua unidade. § 3º Os titulares da laje, unidade imobiliária autônoma constituída em matrícula própria, poderão dela usar, gozar e dispor. § 4º A instituição do direito real de laje não implica a atribuição de fração ideal de terreno ao titular da laje ou a participação proporcional em áreas já edificadas. § 5º Os Municípios e o Distrito Federal poderão dispor sobre posturas edilícias e urbanísticas associadas ao direito real de laje. § 6º O titular da laje poderá ceder a superfície de sua construção para a instituição de um sucessivo direito real de laje, desde que haja autorização expressa dos titulares da construção-base e das demais lajes, respeitadas as posturas edilícias e urbanísticas vigentes".
Gabarito "A".

(Procurador do Estado - PGE/MT - FCC - 2016) José, embora sem justo título nem boa-fé, exerceu, por dez anos, sem interrupção, nem oposição, a posse de imóvel registrado em nome de Caio, menor impúbere, nele estabelecendo sua moradia habitual. De acordo com o Código Civil,
(A) ocorreu usucapião ordinária, porque o prazo desta, de quinze anos, é reduzido a dez quando o possuidor estabelece no imóvel sua moradia habitual.
(B) ocorreu usucapião extraordinária, porque o prazo desta, de quinze anos, é reduzido a dez quando o possuidor estabelece no imóvel sua moradia habitual.
(C) não ocorreu usucapião, porque esta ocorre somente se o possuidor tiver justo título.
(D) não ocorreu usucapião, porque se aplicam à usucapião as causas que obstam, suspendem ou interrompem a prescrição.
(E) não ocorreu usucapião, porque esta ocorre somente se o possuidor tiver boa-fé.

As hipóteses de suspensão/impedimento da prescrição (CC, arts. 197 a 201), e as hipóteses de interrupção da prescrição (CC, art. 202) são aplicáveis ao prazo de usucapião (CC, art. 1.244). Assim, por exemplo, não corre prazo de usucapião contra: *"os ausentes do país em serviço público da União"* (CC, art. 198, II). A hipótese mencionada é um exemplo clássico de impedimento de prazo prescricional, pois não corre prazo de prescrição contra o absolutamente incapaz (CC, art. 198, I). Logo, também não corre prazo de usucapião contra o absolutamente incapaz.
Gabarito "D".

(Procurador - IPSMI/SP - VUNESP - 2016) João exerceu posse de uma propriedade imóvel, como se sua fosse, por quinze anos, sem interrupção, nem oposição. Consta no Registro de Imóveis que o imóvel pertence a Antonio e está hipotecado para o Banco X. Diante desse fato, assinale a alternativa correta.
(A) Prevalece a usucapião sobre a hipoteca, como modo de aquisição originária da propriedade.
(B) O Banco X tem o direito de executar a hipoteca, caso não paga, imitindo-se na posse.
(C) O Banco X tem o direito de excutir a propriedade, independentemente de quem seja o titular de sua posse.
(D) A hipoteca está cancelada desde o momento em que João passou a exercer a posse como se a propriedade fosse sua.
(E) Não há causa para a extinção da hipoteca, por falta de disposição legal que abranja a situação fática apresentada.

A usucapião é forma originária de aquisição de propriedade. Isso significa que eventual direito real de garantia estabelecido anteriormente não prevalece. Esse é o entendimento consolidado pelo STJ. Nesse sentido: *"A usucapião é forma de aquisição originária da propriedade, de modo que não permanecem os ônus que gravavam o imóvel antes de sua declaração"* (AgRg no REsp 647.240/DF, Rel. Ministro Ricardo Villas Bôas Cueva, Terceira Turma, julgado em 07/02/2013, DJe 18/02/2013).
Gabarito "A".

(Procurador Municipal - Sertãozinho/SP - VUNESP - 2016) Com relação à propriedade imóvel, é correto afirmar que
(A) não se admite a renúncia à propriedade imóvel quando há débitos de natureza *propter rem* perante a municipalidade.

(B) no caso de abandono do imóvel urbano pelo proprietário, havendo sua arrecadação como bem vago, o domínio passará ao Estado ou ao Distrito Federal, se achar-se nas respectivas circunscrições.
(C) a aquisição pelo registro do título somente tem eficácia a partir do efetivo registro pelo oficial do cartório competente, que não poderá ultrapassar o prazo de 30 (trinta) dias.
(D) na aquisição por usucapião, em regra não se admite que o possuidor acrescente à sua posse a dos seus antecessores, com o objetivo de cumprir o requisito temporal.
(E) a prescrição aquisitiva é forma originária de aquisição da propriedade.

A: incorreta, pois a renúncia à propriedade imóvel é válida, ainda que haja débitos de natureza *propter rem* perante a municipalidade, como é o caso típico do IPTU; **B:** incorreta, pois no caso de abandono, o bem poderá ser arrecadado e passará, após três anos, à propriedade do Município ou Distrito Federal onde localizado (CC, art. 1.276); **C:** incorreta, pois "*O registro é eficaz desde o momento em que se apresentar o título ao oficial do registro, e este o prenotar no protocolo*" (CC, art. 1.246); **D:** incorreta, pois o sucessor universal (ex: herdeiro único) continua de direito a posse do seu antecessor. Já o sucessor singular (ex: herdeiro legatário, a quem se deixou um terreno) tem a opção de unir sua posse à do antecessor (CC, art. 1.207); **E:** correta, pois a usucapião é forma originária de aquisição de propriedade. Isso significa que eventual direito real de garantia estabelecido anteriormente não prevalece. Esse é o entendimento consolidado pelo STJ. Nesse sentido: "*A usucapião é forma de aquisição originária da propriedade, de modo que não permanecem os ônus que gravavam o imóvel antes da sua declaração*" (AgRg no REsp 647.240/DF, Rel. Ministro Ricardo Villas Bôas Cueva, Terceira Turma, julgado em 07/02/2013, DJe 18/02/2013).
Gabarito "E".

(Procurador do Estado – PGE/PA – UEPA – 2015) Assinale a alternativa correta:
I. A alegação de propriedade obsta à manutenção ou a reintegração na posse.
II. Ao possuidor de má-fé não serão ressarcidas nenhuma espécie de benfeitorias.
III. O domínio útil pode ser objeto de hipoteca.
IV. A servidão aparente pode ser usucapida.
A alternativa que contém todas as afirmativas corretas é:
(A) I e IV.
(B) I e II.
(C) II e III.
(D) III e IV.
(E) I e III.

I: incorreta, pois em sede de ação possessória, a discussão de propriedade é proibida (CPC, art. 557 parágrafo único); **II:** incorreta, pois ele tem direito de ressarcimento às benfeitorias necessárias (CC, art. 1.220); **III:** correta, pois de acordo com a previsão do 1.473, III do CC; **IV:** correta, pois a servidão aparente gera posse e um dos efeitos da posse é justamente a usucapião (STF, súmula 415).
Gabarito "D".

(Procurador do Estado – PGE/RS – Fundatec – 2015) Assinale a alternativa INCORRETA.
(A) A imissão provisória na posse do imóvel sujeito à ação de desapropriação não viola a regra da indenização prévia, justa e em dinheiro.
(B) A desapropriação sem pagamento de indenização se limita às glebas em que localizado o cultivo de plantas psicotrópicas ilegais ou verificada a utilização de trabalho escravo.
(C) Na desapropriação amigável, empreendida em sede administrativa, o pagamento da indenização se dá por meio de precatório.
(D) São insuscetíveis de desapropriação para fins de reforma agrária os imóveis rurais produtivos e aqueles, pequenos e médios, que sejam os únicos imóveis do proprietário.
(E) A limitação da discussão, nas ações de desapropriação, a questões processuais e ao valor da indenização, não impede que outras questões sejam deduzidas em ação própria.

A: correta, pois o STJ entendeu que tal imissão provisória é permitida, desde que depositado o "valor já obtido na perícia judicial provisória" (REsp 1185583/SP, Rel. Min. Benedito Gonçalves, Rel. p/ Acórdão Min. Cesar Asfor Rocha, Primeira Seção, j. 27.06.2012, DJe 23.08.2012); **B:** correta, pois de pleno acordo com a regra estabelecida no art. 243 da CF; **C:** incorreta, pois a desapropriação amigável, prevista no art. 10 do Decreto-lei 3.365/1941, não prevê participação do Poder Judiciário (REsp 1595668/PR, Rel. Min. Herman Benjamin, Segunda Turma, j. 25.10.2016, DJe 08.11.2016); **D:** correta, pois de acordo com a limitação estabelecida pelo art. 185 da CF; **E:** correta, pois de acordo com a orientação consolidada seguida pelo STJ (AgRg no REsp 1562230/PR, Rel. Min. Herman Benjamin, Segunda Turma, j. 19.04.2016, DJe 27.05.2016).
Gabarito "C".

(Procurador – SP – VUNESP – 2015) Assinale a alternativa correta sobre a propriedade imóvel, seu uso e transmissão.
(A) O direito à aquisição da propriedade imóvel, pela usucapião extraordinária, não será reconhecido ao mesmo possuidor mais de uma vez.
(B) O proprietário causador de interferências prejudiciais ao sossego da vizinhança, com respaldo no interesse público, fica isento do pagamento de indenização aos vizinhos atingidos.
(C) A propriedade do solo abrange as jazidas, as minas e os demais recursos minerais nele existentes.
(D) De acordo com a sistemática adotada pelo direito brasileiro, em regra, transfere-se a propriedade imóvel no ato da assinatura da escritura pública de venda e compra.
(E) O abandono é uma das formas de perda da propriedade e, preenchidos os requisitos legais, poderá o imóvel ser arrecadado como bem vago.

A: incorreta, pois o requisito de "*não ser reconhecido ao mesmo possuidor mais de uma vez*" não se aplica à hipótese de usucapião extraordinária (CC, art. 1.238); **B:** incorreta, pois mesmo nesse caso o proprietário deverá pagar "indenização cabal" ao vizinho (CC, art. 1.278); **C:** incorreta, pois a propriedade do solo não abrange as jazidas, as minas e os demais recursos minerais nele existentes (CC, art. 1.230); **D:** incorreta, pois em nosso sistema, o que transfere a propriedade é o registro (bens imóveis) e a tradição (bens móveis) como estabelecido pelos artigos 1.245 e 1.267; **E:** correta, pois de acordo com a previsão do art. 1.276 do Código Civil.
Gabarito "E".

(Procurador – SP – VUNESP – 2015) Sobre a prescrição aquisitiva de bens públicos, é correto afirmar que
(A) todos os bens públicos estão sujeitos à prescrição aquisitiva.
(B) apenas os bens de uso especial estão sujeitos à prescrição aquisitiva.
(C) nenhum bem público está sujeito à prescrição aquisitiva.
(D) apenas os bens dominicais estão sujeitos à prescrição aquisitiva.
(E) apenas os bens de uso especial e os dominicais estão sujeitos à prescrição aquisitiva.

O Estado não teria condições de proteger e zelar por todos os bens de que é proprietário. Assim, a consumação de usucapião de bens públicos seria algo extremamente comum e prejudicial à sociedade de um modo geral. Por conta disso, a lei não deixou dúvidas e previu duas vezes na Constituição Federal que os bens públicos não estariam sujeitos à usucapião (CF, art. 183, § 3º e art. 191, parágrafo único). Como se ainda precisasse, o Código Civil repetiu a regra no art. 102. Vale, contudo, uma ressalva. O STJ consolidou entendimento no sentido da possibilidade de usucapião extraordinária do domínio útil de imóvel sob o regime da enfiteuse (com prazo de 15 anos). Nesse sentido foi o julgado no AgInt no AREsp 358.081/PE, Rel. Ministro Benedito Gonçalves, Primeira Turma, julgado em 20/09/2016, DJe 05/10/2016).
Gabarito "C".

(Procurador do Estado – PGE/RN – FCC – 2014) A alienação fiduciária em garantia de bem imóvel
(A) é negócio jurídico que equivale à cláusula de retrovenda, atribuindo ao adquirente a propriedade plena do bem até a extinção integral da obrigação garantida.
(B) não é negócio privativo de instituições financeiras e atribui ao credor fiduciário a propriedade resolúvel do bem, até a extinção integral da obrigação garantida.
(C) é garantia real divisível que se reduz, à medida que a dívida garantida for amortizada.
(D) é negócio privativo de instituições financeiras e atribui ao credor fiduciário a propriedade resolúvel do bem, até a extinção integral da obrigação garantida.
(E) não é negócio privativo de instituições financeiras e atribui ao credor fiduciário a propriedade plena do bem, até a extinção integral da obrigação garantida, que será devolvida ao fiduciante por retrovenda.

A: incorreta, pois na venda com cláusula de retrovenda (CC, art. 505) ocorre a transmissão da propriedade ao adquirente e – aquele que vendeu – poderá pleitear a recompra do imóvel. Na alienação fiduciária, transfere-se o bem em garantia, sob condição resolutiva. Caso ocorra o pagamento integral da dívida, resolve-se a propriedade em favor do devedor que solveu a dívida. Nesses temos, "*Com o pagamento da dívida e seus encargos, resolve-se, nos termos deste artigo, a propriedade fiduciária do imóvel*" (Lei 9.514/1997, art. 25); **B:** correta, pois de acordo com o permissivo legal estabelecido pelo art. 22 § 1º da Lei de Alienação Fiduciária (Lei 9.514/1997), segundo o qual: "*A alienação fiduciária poderá ser contratada por pessoa física ou jurídica, não sendo privativa das entidades que operam no SFI*"; **C:** incorreta, pois os direitos reais de garantia são indivisíveis. Eventual pagamento parcial não reduz a garantia imobiliária; **D:** incorreta, pois admite-se a utilização do instituto pelas pessoas físicas (Lei 9.514/1997, art. 22 § 1°); **E:** incorreta, pois a propriedade que se transfere é resolúvel e não há elementos de retrovenda na hipótese.
Gabarito "B".

(Juiz – TRF 2ª Região – 2017) Em maio de 2015, Gaio intenta ação objetivando ver reconhecida a usucapião sobre imóvel de 150 m², localizado em terreno de marinha, com enfiteuse regularmente constituída em favor de Tício, em 1980. Gaio mostra que, diante do aparente abandono local, desde 1997 passou a exercer posse contínua e não incomodada sobre a área, com ânimo de proprietário, realizando melhorias e pagando as despesas, impostos e foro sobre o bem. Os autos revelam que Tício fora interditado em 2004, e afirmado, segundo a lei vigente, absolutamente incapaz. Desde então não ocorreu a mudança de seu quadro de interdição. Considerados corretos todos os dados acima, assinale a opção certa:
(A) No caso, é viável a usucapião extraordinária do domínio direto.

(B) Em tese, estão presentes e descritos os pressupostos para a usucapião especial urbana do domínio útil.
(C) Não é viável, nem em tese, reconhecer usucapião, seja do domínio direto, seja do domínio útil, já que o imóvel é público.
(D) A jurisprudência é assente ao admitir, em terreno de marinha objeto de aforamento, a possibilidade de usucapião extraordinária do domínio útil, mas no caso os pressupostos não estão presentes.
(E) Estão presentes os pressupostos para a declaração da usucapião extraordinária do domínio útil, mas não estão descritos os pressupostos necessários para a usucapião especial urbana.

O STJ consolidou entendimento no sentido da possibilidade de usucapião extraordinária do domínio útil de imóvel sob o regime da enfiteuse (com prazo de 15 anos). Nesse sentido foi o julgado no AgInt no AREsp 358.081/PE, Rel. Min.Benedito Gonçalves, 1ª Turma, j. 20.09.2016, DJe 05.10.2016).
No caso apresentado pela questão, todavia, é preciso recordar que os prazos de usucapião não correm contra o absolutamente incapaz (CC, art. 1.244 combinado com art. 198, I).
No caso em tela, apenas sete anos se passaram entre o início da posse e a interdição de Tício, o que não é suficiente para lhe garantir a aquisição da propriedade. Gabarito "D".

(Juiz - TJ-SC – FCC – 2017) João X é proprietário de um imóvel de 230 m², onde reside com sua família, e adquiriu, posteriormente, em 12.5.2010, o imóvel contíguo de 250 m² mediante escritura de venda e compra outorgada por José Y, registrada no serviço de registro de imóveis, e onde existe um casebre por ele totalmente reformado, no ano de 2011, inclusive executando benfeitorias necessárias, úteis e voluptuárias. Em 10.3.2016, João X foi citado em ação reivindicatória movida por Antônio Z que comprovou ser proprietário do imóvel adquirido de José Y por João X, conforme o registro imobiliário, porque a escritura anterior recebida por José Y era falsa e outorgada por Joaquim P condenado por estelionato. Não obstante isso, João X, depois da citação, realizou benfeitorias necessárias. Em defesa, o réu alegou que comprou esse imóvel de boa-fé e que, em razão do tempo decorrido, o adquiriu pela usucapião quinquenal. A ação deverá ser julgada:
(A) improcedente, porque a usucapião pode ser alegada como matéria de defesa, devendo o autor ser declarado proprietário desse imóvel.
(B) procedente, mas o autor terá direito à indenização das benfeitorias necessárias e úteis, podendo exercer o direito de retenção pelo valor dessas benfeitorias, realizadas antes da citação, bem como ao ressarcimento das benfeitorias necessárias pela importância delas, realizadas depois da citação, mas sem direito de retenção; quanto às voluptuárias, se não lhe forem pagas, permite-se o levantamento, quando o puder, sem detrimento da coisa.
(C) procedente, e o autor terá direito ao ressarcimento de todas as benfeitorias necessárias e úteis, podendo exercer quanto a elas direito de retenção e, quanto às voluptuárias, se não lhes forem pagas poderá levantá-las, desde que sem detrimento da coisa.
(D) procedente, mas o autor terá direito ao ressarcimento das benfeitorias necessárias e úteis, mas direito de retenção só relativamente às necessárias introduzidas antes da citação e, quanto às voluptuárias, poderá levantá-las se não forem ressarcidas.
(E) improcedente, porque autor é adquirente de boa-fé, ficando prejudicada a alegação de usucapião.

O primeiro aspecto dessa questão é afastar a incidência da usucapião tabular (CC, art. 1.242, parágrafo único), cujo prazo é de 5 anos. Tal usucapião ocorre quando o atual possuidor comprou o bem com base no registro do respectivo cartório, mas que posteriormente foi cancelado. Tal usucapião exige que o possuidor tenha ali estabelecido sua moradia ou realizado investimentos de interesse social e econômico, o que não ocorreu nos fatos mencionados na questão.
O segundo aspecto da questão é entender que a "fronteira" entre a boa-fé (ignorância do vício da posse) e a má-fé (ciência do vício) é a citação. Diante disso, basta aplicar as regras dos arts. 1.219 e 1.220 do CC, que estipulam que o possuidor de boa-fé tem direito à indenização pelas benfeitorias necessárias e úteis (com direito de retenção), podendo apenas levantar as voluptuárias.
Já o possuidor de má-fé tem apenas direito à indenização pelas benfeitorias necessárias, sem retenção (CC, art. 1.220). Gabarito "B".

(Juiz– TRF 4ª Região – 2016) Assinale a alternativa **INCORRETA**. Acerca da usucapião de bens imóveis:
(A) O prazo da usucapião extraordinária é de 10 anos, podendo ser reduzido para 5 anos se o possuidor houver estabelecido no imóvel sua moradia habitual ou nele realizado obras ou serviços de caráter produtivo.
(B) O prazo da usucapião especial por abandono do lar, também conhecida como conjugal, é de 2 anos.
(C) O prazo da usucapião pro labore, também conhecida como especial rural, é de 5 anos.
(D) O prazo da usucapião documental, também conhecida como tabular, é de 5 anos.
(E) O prazo da usucapião especial coletiva de bem imóvel, previsto no Estatuto das Cidades, é de 5 anos.

A: incorreta, pois o prazo da usucapião extraordinária é de 15 anos, podendo ser reduzido para 10 se o possuidor houver estabelecido no imóvel a sua moradia habitual, ou nele realizado obras ou serviços de caráter produtivo (CC, art. 1.238); **B:** correta, pois de acordo com a previsão do art. 1.240-A do CC; **C:** correta, pois de acordo com a previsão do art. 191 da CF; **D:** correta, pois de acordo com o prazo estabelecido pelo art. 1.242, parágrafo único do CC; **E:** correta, pois de acordo com o art. 10 do Estatuto da cidade (Lei 10.257/2001). Gabarito "A".

(Defensor Público – DPE/MT – 2016 – UFMT) Acerca da aquisição de propriedade por meio de usucapião, marque V para as afirmativas verdadeiras e F para as falsas.
( ) Aquele que, não sendo proprietário de imóvel rural ou urbano, possua como sua, por cinco anos ininterruptos, sem oposição, área de terra em zona rural não superior a cinquenta hectares, tornando-a produtiva por seu trabalho ou de sua família, tendo nela sua moradia, adquirir-lhe-á a propriedade, ainda que inexistente o justo título.
( ) Aquele que exercer, por 2 (dois) anos ininterruptamente e sem oposição, posse direta, com exclusividade, sobre imóvel urbano de até 250 m² (duzentos e cinquenta metros quadrados) cuja propriedade divida com ex-cônjuge ou ex-companheiro que abandonou o lar, utilizando-o para sua moradia ou de sua família, adquirir-lhe-á o domínio integral, desde que não seja proprietário de outro imóvel urbano ou rural.
( ) A decisão que reconhece a aquisição da propriedade de bem imóvel não afasta a hipoteca judicial que anteriormente tenha gravado o referido bem.
( ) O imóvel rural cuja área seja inferior ao "módulo rural" estabelecido para a região (art. 4º, III, da Lei nº 4.504/1964) não poderá ser adquirido por meio de usucapião especial rural.
( ) Aquele que possuir coisa móvel como sua, contínua e incontestadamente durante três anos, com justo título e boa-fé, adquirir-lhe-á a propriedade.
Assinale a sequência correta.
(A) V, F, F, V, V
(B) V, V, F, F, V
(C) F, F, V, F, F
(D) F, V, F, V, V
(E) V, F, V, F, F

I: Verdadeira, porque a assertiva apenas reproduz a modalidade de usucapião prevista no art. 191 da Constituição Federal; **II:** Verdadeira, pois a assertiva traz o chamado "Usucapião por abandono de lar conjugal", criado pela Lei 12.424/2011, que criou o art. 1.240-A do Código Civil; **III:** Falsa, pois nesses casos prevalece o usucapião (REsp 620.610/DF, Rel. Ministro Raul Araújo, Quarta Turma, julgado em 03/09/2013, DJe 19/02/2014); **IV:** Falsa. O STJ concluiu que: "*assentando o legislador, no ordenamento jurídico, o instituto da usucapião rural, prescrevendo um limite máximo de área a ser usucapida, sem ressalva de um tamanho mínimo, estando presentes todos os requisitos exigidos pela legislação de regência, parece evidenciado não haver impedimento à aquisição usucapicional de imóvel que guarde medida inferior ao módulo previsto para a região em que se localize*". (REsp 1040296/ES, Rel. Ministro Marco Buzzi, Rel. p/ Acórdão Ministro Luis Felipe Salomão, Quarta Turma, julgado em 02/06/2015, DJe 14/08/2015); **V:** Verdadeira, pois de acordo com a previsão do Código Civil, art. 1.260. Gabarito "B".

(Promotor de Justiça/SC – 2016 – MPE)
(1) A passagem forçada é direito de vizinhança que não exige registro, enquanto que a servidão é um direito real sobre coisa alheia e tem sua constituição com o registro no Cartório de Registro de Imóveis. Enquanto a passagem forçada decorre da lei e é uma limitação ao direito de propriedade, a servidão limita o domínio e constitui-se mediante declaração expressa dos proprietários, ou por testamento, e subsequente registro no Cartório de Registro de Imóveis.

1: correta. A passagem forçada é um direito concedido ao proprietário de prédio sem acesso a via pública. Normalmente pela via judicial, tal proprietário irá pleitear essa passagem, mediante pagamento de indenização (CC, art. 1.285). Já na servidão de passagem, um prédio (dominante) deseja maior facilidade ou rapidez no acesso a uma via e – por isso – adquire o direito de passar por imóvel alheio (serviente). Uma vez registrado no Cartório de Registro de Imóveis, esse direito torna-se direito real. A servidão também pode ser concedida por testamento redigido pelo dono do prédio serviente em favor do prédio dominante. Gabarito 1C.

(Promotor de Justiça/SC – 2016 – MPE)
(1) O direito à adjudicação compulsória quando exercido em face do promitente vendedor, se condiciona ao registro da promessa de compra e venda no cartório de registro imobiliário.

1: incorreta, o registro no cartório de registro imobiliário serve para dar publicidade ao ato e, portanto, possibilitar ao promitente comprador o exercício do direito de real à aquisição

do imóvel perante terceiros (CC, art. 1.417 e 1.418). Não seria justo prejudicar o terceiro de boa-fé, que não sabia ou não poderia saber da anterior promessa de compra e venda. No que se refere ao exercício desse direito perante o promitente vendedor, que celebrou o negócio jurídico, não há necessidade de registro. Nesse sentido, a Súmula 239 do STJ definiu que: "*O direito à adjudicação compulsória não se condiciona ao registro do compromisso de compra e venda no cartório de imóveis*". GN
Gabarito 1E

(Procurador da República –28º Concurso – 2015 – MPF) Assinale a alternativa correta:

(A) O direito de passagem forçada não comporta oposição do vizinho, cabendo ao juiz fixar o rumo da passagem de forma mais cômoda e menos onerosa para as partes.
(B) O proprietário do prédio inferior é obrigado a receber as águas naturais e as impróprias provenientes de nascente existente no prédio superior.
(C) O proprietário de prédio urbano ou rural não pode levantar edificações nem abrir janelas a menos de um metro e meio da propriedade vizinha.
(D) O vizinho sempre deve contribuir para as despesas de construção de muro divisório entre as propriedades, independentemente de sua necessidade.

A: correta, pois o direito de passagem forçada surge quando o titular de um prédio não tem acesso à via pública, ou seja, tem o seu prédio encravado. Nesses casos, o dono do prédio encravado poderá "*constranger o vizinho a lhe dar passagem*", mediante pagamento de indenização (CC, art. 1.285); **B:** incorreta, pois "*o possuidor do imóvel superior não poderá poluir as águas indispensáveis às primeiras necessidades da vida dos possuidores dos imóveis inferiores; as demais, que poluir, deverá recuperar, ressarcindo os danos que estes sofrerem, se não for possível a recuperação ou o desvio do curso artificial das águas*" (CC, art. 1.291); **C:** incorreta, pois – no que se refere à zona rural – "*não será permitido levantar edificações a menos de três metros do terreno vizinho*" (CC, art. 1.303); **D:** incorreta, pois a construção de "*tapumes especiais para impedir a passagem de animais de pequeno porte [...] pode ser exigida de quem provocou a necessidade deles, pelo proprietário, que não está obrigado a concorrer para as despesas*" (CC, art. 1.297, § 3º). GN
Gabarito "A".

(Promotor de Justiça – MPE/AM – FMP – 2015) Sobre a temática dos direitos reais no Código Civil, é CORRETO dizer que

(A) a propriedade do solo abrange a do espaço aéreo e subsolo correspondentes, em altura e profundidade úteis ao seu exercício, não podendo o proprietário opor-se a atividades que sejam realizadas, por terceiros, a uma altura ou profundidade tais, que não tenha ele interesse legítimo em impedi-las.
(B) os direitos reais sobre coisas móveis, quando constituídos, ou transmitidos por a© entre vivos, só se adquirem com o registro no respectivo cartório.
(C) aquele que, mesmo sendo proprietário de outro imóvel rural ou urbano, possua como sua, por cinco anos ininterruptos, sem oposição, área de terra em zona rural não superior a cinquenta hectares, tornando-a produtiva por seu trabalho ou de sua família, tendo nela sua moradia, adquirir-lhe-á a propriedade.
(D) o imóvel urbano que o proprietário abandonar, com a intenção de não mais o conservar em seu patrimônio, e que se não encontrar na posse de outrem poderá ser arrecadado, como bem vago, e passar, dez (10) anos depois, à propriedade do Município ou à do Distrito Federal, se se achar nas respectivas circunscrições.
(E) o registro do título translativo da propriedade somente é eficaz a partir da sua inscrição definitiva no Álbum Imobiliário, não bastando a simples apresentação ao oficial do registro, nem o ato de prenotar no protocolo.

A: correta. A assertiva reproduz fielmente os termos do art. 1.229 do Código Civil; **B:** incorreta, pois tal aquisição se faz pela tradição (CC, art. 1.226); **C:** incorreta, pois nessa espécie de usucapião, o requisito essencial é que o possuidor não seja proprietário de imóvel rural ou urbano (CC, art. 1.239); **D:** incorreta, pois o prazo é de três anos (CC, art. 1.276); **E:** incorreta, pois o registro é "*eficaz desde o momento em que se apresentar o título ao oficial do registro, e este o prenotar no protocolo*" (CC, art. 1.246). GN
Gabarito "A".

(Defensor/PA – 2015 – FMP) Assinale a alternativa INCORRETA.

(A) A acessão induz presunção relativa de ter sido feita pelo proprietário e à sua custa.
(B) Avulsão é o modo de aquisição da propriedade por acessão e se dá pelo deslocamento brusco, por força natural violenta, que destaca uma porção de terra de um prédio e o acrescenta a outro, importando, por força maior, o acréscimo ao patrimônio do proprietário do prédio acrescido, de imediato e independentemente de indenização.
(C) A propriedade das coisas não se transfere pelos negócios jurídicos antes da tradição.
(D) A promessa de compra e venda constitui direito real se for registrada no registro de imóveis e não contiver cláusula de arrependimento.
(E) O usufruto pode extinguir-se pelo não uso da coisa sobre a qual recai.

A: assertiva correta (art. 1.248, V, c/c art. 1.253, ambos do CC); **B:** assertiva incorreta, devendo ser assinalada; isso porque a aquisição não se dá sem indenização, já que o dono do prédio que recebe o acréscimo só adquirirá a propriedade deste se indenizar o dono do primeiro prédio ou, sem indenização, se, em um ano, ninguém houver reclamado; vale acrescentar que na hipótese de recusar o pagamento de indenização, o dono do prédio acrescido deverá aquiescer a que se remova a parte acrescida. (art. 1.251 do CC); **C:** assertiva correta (art. 1.267, *caput*, do CC), lembrando que a expressão "coisas" está no sentido de bem "móvel"; **D:** assertiva correta (art. 1.417 do CC); **E:** assertiva correta (art. 1.410, VIII, do CC). WG
Gabarito "B".

(Procurador do Estado/PR – 2015 – PUC-PR) Quanto à aquisição da propriedade, é **CORRETO** afirmar que:

(A) É possível a usucapião familiar de imóvel urbano de até 250m2 cuja propriedade era dividida com ex-cônjuge ou ex-companheiro que se afastou do lar, mas continua cumprindo suas responsabilidades familiar e parental. Para tanto é necessário que o adquirente, sem ser proprietário de outros imóveis, exerça, por dois anos, ininterruptamente e sem oposição, posse direta, com exclusividade e para fins de moradia própria ou da família.
(B) Se o credor fiduciário se tornar proprietário pleno do bem por efeito de realização da garantia, ele só passa a ser responsável pelo pagamento dos tributos sobre a propriedade consolidada a partir da data em que for imitido na posse direta do bem.
(C) A União e os Estados-membros podem desapropriar, por interesse social, para fins de reforma agrária, imóvel rural que não esteja cumprindo sua função social, mediante prévia e justa indenização em títulos da dívida agrária.
(D) O art. 1.784 do Código Civil tem a *saisine* como modo exclusivo de sucessão hereditária. Na falta de herdeiros testamentários, legatários, familiares ou parentes sucessíveis, desde a morte do *de cujus*, os bens passam ao domínio do Estado-membro.
(E) Na ausência de interesse público na aquisição de bens integrantes de herança vacante, a Fazenda Pública pode renunciar à herança total ou parcialmente.

A: incorreta, pois essa hipótese de usucapião familiar depende, para se configurar, que o ex-cônjuge ou ex-companheiro tenha abandonado o lar, conceito mais forte do que simplesmente se afastar do lar, já que interfere diretamente nas responsabilidades familiares e parentais (art. 1.240-A, *caput*, do CC); **B:** correta (art. 1.368-B, parágrafo único, do CC); **C:** incorreta, pois a desapropriação-sanção de imóvel rural (ou seja, aquela paga com títulos da dívida agrária) é de competência apenas da União (art. 184, *caput*, da CF); **D:** incorreta, pois "os bens arrecadados passarão ao domínio do Município ou do Distrito Federal, se localizados nas respectivas circunscrições, incorporando-se ao domínio da União quando situados em território federal" (art. 1.822 do CC); **E:** incorreta, pois não há tal previsão no Código Civil, previsão que, se existisse, feriria o princípio da indisponibilidade do interesse público. WG
Gabarito "B".

(Procurador do Município – Cuiabá/MT – 2014 – FCC) Analise as proposições abaixo, acerca da propriedade fiduciária:

I. Constituída a propriedade fiduciária, o devedor não pode usar a coisa, que permanece em sua posse a título de depósito, até o vencimento da dívida.
II. Desde que haja previsão expressa, o proprietário fiduciário pode ficar com a coisa alienada em garantia se a dívida não for paga no vencimento.
III. O terceiro que pagar a dívida, mesmo que não interessado, se sub-rogará no crédito e na propriedade fiduciária.

Está correto o que se afirma em

(A) I, II e III.
(B) II e III, apenas.
(C) II, apenas.
(D) I, apenas.
(E) III, apenas.

I: incorreta, pois "*com a constituição da propriedade fiduciária, dá-se o desdobramento da posse, tornando-se o devedor possuidor direto da coisa*" (CC, art. 1.361, § 2º); **II:** incorreta, pois: "*é nula a cláusula que autoriza o proprietário fiduciário a ficar com a coisa alienada em garantia, se a dívida não for paga no vencimento*" (CC, art. 1.365); **III:** correta, pois "*O terceiro, interessado ou não, que pagar a dívida, se sub-rogará de pleno direito no crédito e na propriedade fiduciária*" (CC, art. 1.368). GN
Gabarito "E".

(Juiz de Direito/CE – 2014 – FCC) Na incorporação imobiliária, quando submetida ao regime de afetação,

(A) o terreno e as acessões, objetos de incorporação imobiliária, bem como os demais bens e direitos a ela vinculados, manter-se-ão apartados do patrimônio do incorporador e constituirão patrimônio de afetação, destinado à consecução da incorporação correspondente e à entrega das unidades imobiliárias aos respectivos adquirentes.
(B) somente a instituição financiadora da construção poderá nomear pessoa física ou jurídica para fiscalizar e acompanhar o patrimônio

de afetação, em razão do direito ao sigilo bancário e fiscal que tem o incorporador.
(C) o patrimônio de afetação não se comunica com os demais bens, direitos e obrigações do patrimônio geral do incorporador, exceto com outros patrimônios de afetação por ele constituídos, respondendo apenas por obrigações vinculadas às incorporações de um mesmo incorporador.
(D) há necessidade de prévia averbação, no Registro de Imóveis, de termo firmado pelo incorporador e, quando for o caso, também pelos titulares de direitos reais de aquisição sobre o terreno.
(E) os efeitos da decretação da falência ou da insolvência do incorporador atingem os patrimônios de afetação constituídos, integrando a massa concursal o terreno, mas não as acessões e demais bens e direitos creditórios objeto da incorporação.

A: correta, pois a assertiva traduz o regime da afetação, nos moldes determinados pela Lei 4.591/1964, art. 31-A; B: incorreta, pois a "*Comissão de Representantes e a instituição financiadora da construção poderão nomear, às suas expensas, pessoa física ou jurídica para fiscalizar e acompanhar o patrimônio de afetação*" (Lei 4.591/1964, art. 31-C); C: incorreta, pois "*o patrimônio de afetação não se comunica com os demais bens, direitos e obrigações do patrimônio geral do incorporador ou de outros patrimônios de afetação por ele constituídos e só responde por dívidas e obrigações vinculadas à incorporação respectiva*" (Lei 4.591/1964, art. 31-A, § 1º); D: incorreta, pois tal averbação pode ser feita "*a qualquer tempo*" (Lei 4.591/1964, art. 31-B); E: incorreta, pois tais efeitos não atingem o patrimônio de afetação (Lei 4.591/1964, art. 31-F).
Gabarito "A".

6.4. USUCAPIÃO

(Promotor de Justiça/SC – 2016 – MPE)
(1) É considerada como usucapião familiar a concedida para aquele que exercer, por 2 (dois) anos ininterruptamente e sem oposição, posse direta, com exclusividade, sobre imóvel urbano de até 250m² (duzentos e cinquenta metros quadrados) cuja propriedade divida com ex-cônjuge ou ex-companheiro que abandonou o lar, utilizando-o para sua moradia ou de sua família, desde que não seja proprietário de outro imóvel urbano ou rural.

1: correta, pois a assertiva traz o chamado "Usucapião por abandono de lar conjugal", introduzido no ordenamento pela Lei 12.424/2011, a qual criou o art. 1.240-A do Código Civil.
Gabarito 1C

(Ministério Público/PI – 2014 – CESPE) Assinale a opção correta acerca da usucapião.
(A) Não havendo registro de propriedade de terras, existe, em favor do Estado, a presunção *iuris tantum* de que sejam terras devolutas, sendo, então, desnecessária a prova da titularidade pública do bem, o que torna tais imóveis inalcançáveis pela usucapião.
(B) O imóvel público é insuscetível de usucapião, devendo-se, entretanto, reconhecer como possuidor o particular que ocupa, de boa-fé, aquela área, ao qual é devido o pagamento de indenização por acessões ou benfeitorias ali realizadas.
(C) O direito do usucapiente funda-se sobre o direito do titular precedente e, constituindo este o pressuposto daquele, determina-lhe a existência, as qualidades e sua extensão.
(D) Por ser a usucapião forma de aquisição originária, dispensa-se o recolhimento do imposto de transmissão quando do registro da sentença, não obstante os direitos reais limitados e eventuais defeitos que gravam ou viciam a propriedade serem transmitidos ao usucapiente.
(E) Dois elementos estão normalmente presentes nas modalidades de usucapião: o tempo e a posse, exigindo-se desta a característica *ad usucapionem*, referente à visibilidade do domínio e a requisitos especiais, como a continuidade e a pacificidade.

A: incorreta, pois "Não havendo registro de propriedade do imóvel, inexiste, em favor do Estado, presunção iuris tantum de que sejam terras devolutas, cabendo a este provar a titularidade pública do bem. Caso contrário, o terreno pode ser usucapido" (STJ – REsp 674558 RS); B: incorreta. Existe uma preocupação da lei em proibir a usucapião de bens públicos. Isso fica evidenciado quando se constata que a Constituição Federal estabelece tal vedação em dois dispositivos (arts. 183, § 3º e 191, parágrafo único) e o Código Civil ainda proíbe uma vez mais no art. 102. No que se refere ao direito de indenização por eventuais benfeitorias, o STJ já firmou posição no sentido de sua inadmissibilidade, como demonstra o aresto: "A ocupação de área pública, quando irregular, não pode ser reconhecida como posse, mas como mera detenção. Se o direito de retenção ou de indenização pelas acessões realizadas depende da configuração da posse, não se pode, ante a consideração da inexistência desta, admitir o surgimento daqueles direitos, do que resulta na inexistência do dever de se indenizar as benfeitorias úteis e necessárias". (REsp 863939/RJ – Relatora: Ministra Eliana Calmon); C: incorreta, pois o direito do usucapiente funda-se no exercício da sua posse com o preenchimento dos requisitos legais, bem como na lei; D: incorreta, pois a "usucapião é forma originária de adquirir. O usucapiante não adquire de outrem; simplesmente adquire. Assim, são irrelevantes vícios de vontade ou defeitos inerentes a eventuais atos causais de transferência da posse. No usucapião ordinário, bastam o tempo e a boa-fé, aliados ao justo título, hábil em tese a transferência do domínio" (STJ – REsp 23-PR 1989/0008158-6); E: correta, pois não é qualquer posse que é apta a gerar usucapião. Apenas a posse que ostenta tais qualidades é que possibilita a aquisição da propriedade.
Gabarito "E".

6.5. PROPRIEDADE MÓVEL

(Cartório/SP – 2012 – VUNESP) No regime da descoberta, uma vez encontrado o bem, é correto afirmar que
(A) qualquer que seja o valor, não há nenhuma obrigação de restituição, seguindo-se o brocardo popular de que "achado não é roubado".
(B) se de pequeno valor, desconhecendo-se o dono, a lei legitima a posse e domínio do descobridor.
(C) cumpre ao descobridor devolvê-lo ao seu verdadeiro proprietário ou possuidor, por determinação legal. Se não o encontrar, deverá entregá-lo à autoridade competente, fazendo jus à recompensa no valor mínimo de cinco por cento do bem.
(D) localizado o proprietário, o descobridor fará jus, no mínimo, à metade do valor do bem, qualquer que seja a sua natureza.

A: incorreta, pois encontrada coisa perdida, o descobridor tem a obrigação de tentar localizar o dono e, caso não o encontre deve entregar o bem à autoridade competente (art. 1.233 do CC); B: incorreta, pois ainda que de pequeno valor o descobridor deve levar o bem à autoridade caso não localize o seu dono, sendo que a autoridade terá 60 dias para tentar localizar o proprietário por meio de editais ou divulgação da notícia e outros meios de informação. Caso ninguém apareça, sendo de diminuto valor a coisa em questão, poderá o Município abandoná-la em favor de quem a achou. Daí, note que é necessário todo esse procedimento para que o descobridor permaneça legitimamente com a coisa (art. 1.233, parágrafo único, e art. 1.237, parágrafo único, do CC); C: correta, pois conforme previsão dos arts. 1.233 e 1.234 do CC; D: incorreta, pois o descobridor tem direito a uma recompensa não inferior a cinco por cento do valor do bem, e não à metade do valor, nos termos do art. 1.234 do CC.
Gabarito "C".

6.6. LEI DE REGISTROS PÚBLICOS

(Juiz de Direito - TJ/RS - 2018 - VUNESP) Sobre o registro de imóveis, assinale a alternativa correta.
(A) Apresentado título de segunda hipoteca, com referência expressa à existência de outra anterior, o oficial, depois deprenotá-lo, aguardará durante 15 (quinze) dias que os interessados na primeira promovam a inscrição.
(B) Se forem apresentadas no mesmo dia para registro duas escrituras públicas realizadas no mesmo dia, em que conste a hora da sua lavratura, prevalecerá, para efeito de prioridade, a que foi apresentada ao registro em primeiro lugar.
(C) Se o imóvel não estiver matriculado ou registrado em nome do outorgante, o oficial exigirá a prévia matrícula e o registro do título anterior, qualquer que seja a sua natureza, para manter a continuidade do registro.
(D) São admitidos a registro escritos particulares autorizados em lei, assinados pelas partes e testemunhas, tais como os atos praticados por entidades vinculadas ao Sistema Financeiro da Habitação, desde que com as firmas reconhecidas.
(E) Para o desmembramento, parcelamento ou remembramento de imóveis rurais, bem como para qualquer ato de transferência, o georreferenciamento do imóvel rural é facultativo.

A: incorreta, pois – para essa hipótese - o art. 189 da Lei de Registros Públicos (Lei 6.015/1973) estabelece o prazo de 30 dias; B: incorreta, pois nessa situação, a lei proíbe o registro (art. 190 da Lei 6.015/1973); C: correta, pois o enunciado da alternativa repete o disposto no art. 195 da referida Lei; D: incorreta, pois – no caso das entidades vinculadas ao Sistema Financeiro da Habitação – o reconhecimento de firma é dispensado (art. 221, II, da Lei 6.015/1973); E: incorreta, pois nesses casos, o art. 176, § 3º, da Lei 6.015/1973 apenas garante: "*isenção de custos financeiros aos proprietários de imóveis rurais cuja somatória da área não exceda a quatro módulos fiscais*". Não há dispensa de georreferenciamento.
Gabarito "C".

(Promotor de Justiça – MPE/RS – 2017) Considerando a Lei dos Registros Públicos, assinale com **V** (verdadeiro) e com **F** (falso) as seguintes afirmações.
( ) Mesmo em procedimento de jurisdição voluntária, é necessária a intervenção do Ministério Público, em especial nas ações que visem, respectivamente, a alteração do nome e a retificação de registro civil. Todavia, falta-lhe interesse recursal.
( ) O princípio da verdade real norteia o registro público e tem por finalidade a segurança jurídica. Assim, o registro civil necessita espelhar a verdade existente e atual, e não apenas aquela que passou.

Portanto, é admissível a alteração no registro de nascimento do filho para a averbação do nome de sua mãe que, após a separação judicial, voltou a usar o nome de solteira.

( ) A retificação administrativa deve ser feita diretamente no cartório de registro de imóveis, quando buscar a alteração de denominação de logradouro público, bem como alteração ou inserção que resulte de mero cálculo matemático feito a partir das medidas perimetrais constantes do registro.

( ) Filhos de mãe paraguaia e pai brasileiro, registrados no Paraguai, não no consulado brasileiro, que retornarem ao Brasil podem ter suas certidões de nascimento registradas no livro E. Este registro é provisório e será cancelado se não optarem pela nacionalidade brasileira no prazo de três anos, após atingirem a maioridade.

A sequência correta de preenchimento dos parênteses, de cima para baixo, é

(A) F – V – V – F.
(B) V – F – F – F.
(C) F – F – V – V.
(D) V – V – F – V.
(E) V – F – V – V.

I: Falso, pois o STJ já se pronunciou no sentido de que há interesse recursal do Ministério Público nesses casos (REsp 1323677/MA, Rel. Ministra Nancy Andrighi, Terceira Turma, julgado em 05/02/2013, DJe 15/02/2013); **II:** Verdadeira, pois o STJ já consolidou o entendimento segundo o qual: "*O ordenamento jurídico prevê expressamente a possibilidade de averbação, no termo de nascimento do filho, da alteração do patronímico materno em decorrência do casamento, o que enseja a aplicação da mesma norma à hipótese inversa – princípio da simetria –, ou seja, quando a genitora, em decorrência de divórcio ou separação, deixa de utilizar o nome de casada*" (REsp 1072402/MG, Rel. Ministro Luis Felipe Salomão, Quarta Turma, julgado em 04/12/2012, DJe 01/02/2013) **III:** Verdadeira, pois de acordo com a Lei 6.015/1973, art. 213, c; **IV:** Falsa, pois os filhos de pais brasileiros que sejam nascidos no exterior e que não foram registrados no consulado brasileiro podem vir a residir no Brasil e optar a "*qualquer tempo, depois de atingida a maioridade, pela nacionalidade brasileira*" (CF, art. 12, I c). Gabarito "A".

(Promotor de Justiça/SC – 2016 – MPE)

(1) De acordo com a Lei de Registros Públicos, o prenome será definitivo, admitindo-se, todavia, a sua substituição por apelidos públicos notórios. A substituição do prenome será ainda admitida em razão de fundada coação ou ameaça decorrente da colaboração com a apuração de crime, por determinação, em sentença, de juiz competente, ouvido o Ministério Público.

1: correta, pois a assertiva reproduz com fidelidade o disposto no art. 58, parágrafo único, da Lei 6.015/1973. Gabarito 1C.

(Promotor de Justiça/SC – 2016 – MPE)

(1) Segundo a Lei de Registros Públicos, os erros que não exijam qualquer indagação para a constatação imediata de necessidade de sua correção poderão ser corrigidos de ofício pelo oficial de registro no próprio cartório onde se encontrar o assentamento, mediante petição assinada pelo interessado, representante legal ou procurador, independentemente de pagamento de selos e taxas e de manifestação do Ministério Público.

1: incorreta, pois o art. 110 da Lei de Registros Públicos permite tal correção, desde que haja manifestação conclusiva do Ministério Público". Gabarito 1E.

6.7. CONDOMÍNIO

(Juiz – TRF 2ª Região – 2017) Caio, Tício, Mévio e Sinfrônio são condôminos de um apartamento. Caio vende sua parte a Tício, sem consultar os outros comproprietários. Assinale a opção correta:

(A) Mévio, titular da maior fração ideal sobre o bem, pode obter a resolução da venda e adjudicar para si a parte vendida, depositando o preço pago por Tício dentro do prazo decadencial indicado em lei.
(B) Sinfrônio, titular de benfeitorias mais valiosas incorporadas ao bem, pode obter a resolução do negócio e adjudicar a parte vendida, depositando judicialmente o preço pago dentro do prazo decadencial indicado em lei.
(C) Mévio, titular da maior fração ideal sobre o bem, pode obter a resolução da venda e adjudicar para si a parte alienada, depositando o preço pago por Tício no prazo prescricional indicado em lei.
(D) Sinfrônio, titular de benfeitorias mais valiosas incorporadas ao bem, pode obter a resolução do negócio e adjudicar a parte vendida, depositando judicialmente o preço pago no prazo prescricional indicado em lei.
(E) Nem Mévio e nem Sinfrônio têm direito de preferência sobre a parte alienada.

Quando um dos condôminos de bem indivisível (ex.: apartamento) pretende alienar sua fração ideal a estranhos, ele deve preferir o seu condômino, sob pena de o preterido depositar o valor e haver para si a parte vendida (CC, art. 504). Trata-se de uma acentuada limitação no direito de alienação, entendendo a lei que é melhor um condômino ampliar sua participação do que um terceiro ingressar na propriedade. No caso apresentado, todavia, não se trata de uma alienação de fração ideal a estranhos, mas sim para um dos condôminos, hipótese na qual o direito de preferência simplesmente não existe. Gabarito "E".

(Magistratura/SC – 2015 – FCC) No condomínio edilício, cada condômino concorrerá nas despesas do condomínio na proporção

(A) da respectiva área de suas unidades autônomas, salvo disposição em contrário na convenção, e se não pagar ficará sujeito aos juros moratórios convencionados, ou não sendo previstos, os de dois por cento ao mês e multa de até dez por cento sobre o débito.
(B) das suas frações ideais, salvo disposição em contrário na convenção, e se não pagar ficará sujeito aos juros moratórios convencionados ou, não sendo previstos, os de um por cento ao mês e multa de até dois por cento sobre o débito.
(C) da respectiva área de suas unidades autônomas, salvo disposição em contrário na convenção, e se não pagar ficará sujeito aos juros moratórios convencionados ou, não sendo previstos, os de um por cento ao mês e multa de até dois por cento sobre o débito.
(D) de suas frações ideais, não podendo a convenção estabelecer outro critério de cobrança, e se não pagar ficará sujeito aos juros moratórios convencionados ou, não sendo previstos, os de um por cento ao mês e multa de até dois por cento sobre o débito.
(E) das suas frações ideais, salvo disposição em contrário na convenção e se não pagar ficará sujeito aos juros moratórios convencionados ou, não sendo previstos, os de dois por cento ao mês e multa de até vinte por cento sobre o débito.

A: incorreta, pois é na proporção da respectiva fração ideal (art. 1.336, I, do CC); ademais, os juros, se não convencionados, serão de 1% ao mês e a multa de até 2% sobre o débito (art. 1.336, § 1º, do CC); **B:** correta (art. 1.336, I e §1º, do CC); **C:** incorreta, pois é na proporção da respectiva fração ideal (art. 1.336, I, do CC); **D:** incorreta, pois a convenção pode trazer outro critério de cobrança (art. 1.336, I, do CC); **E:** incorreta, pois os juros, se não convencionados, serão de 1% ao mês e a multa de até 2% sobre o débito (art. 1.336, § 1º, do CC). Gabarito "B".

6.8. DIREITOS REAIS NA COISA ALHEIA – FRUIÇÃO

(Procurador do Estado/SP - 2018 - VUNESP) Sobre o direito real de laje, é correto afirmar:

(A) pressupõe a coexistência de unidades imobiliárias, autônomas ou não, de titularidades distintas e situadas na mesma área, de modo a permitir que o proprietário ceda a superfície de sua construção a outrem para que ali construa unidade distinta daquela originalmente construída sobre o solo.
(B) a ruína da construção-base não implica extinção do direito real de laje se houver sua reconstrução no prazo de 10 anos.
(C) as unidades autônomas constituídas em matrícula própria poderão ser alienadas por seu titular sem necessidade de prévia anuência do proprietário da construção-base.
(D) confere ao seu titular o direito de sobrelevações sucessivas, mediante autorização expressa ou tácita do proprietário da construção-base, desde que observadas as posturas edilícias e urbanísticas vigentes.
(E) contempla espaço aéreo e subsolo, tomados em projeção vertical, atribuindo ao seu titular fração ideal de terreno que comporte construção.

A: incorreta, pois a unidade deve ser autônoma (CC, art. 1.510-A, §1º); **B:** incorreta, pois – nesse caso – a ruína da construção base somente não implicará extinção do direito real de laje se houver sua reconstrução no prazo de 5 anos (CC, art. 1.510-E); **C:** correta, pois o Código Civil não exige anuência, mas apenas confere direito de preferência ao titular da construção base e, na sequência, ao titular de outra laje. A consequência da não concessão de tal preferência é a possibilidade de o preterido depositar o respectivo preço e haver para si a parte alienada, desde que o requeira no prazo decadencial de cento e oitenta dias, contado da data de alienação (CC, art. 1.510-D); **D:** incorreta, pois o Código exige "*autorização expressa dos titulares da construção-base e das demais lajes*" (CC, art. 1.510-A § 6º); **E:** incorreta, pois não se atribui ao titular de direito real de laje fração ideal do terreno (CC, art. 1.510-A, § 4º). Gabarito "C".

(Promotor de Justiça/SC – 2016 – MPE)

(1) O exercício do usufruto é concedido apenas a título gratuito, sendo vedado a título oneroso.

1: incorreta, pois a lei não veda o usufruto remunerado. Assim, o proprietário de um bem pode ceder onerosamente o direito real de usufruto a outrem, por tempo determinado. Nesse caso, haverá também desmembramento da posse. O nu-proprietário ficará com a posse indireta enquanto o usufrutuário terá a posse direta do bem. Isso possibilita que ambos ajuízem ações possessórias um contra o outro ou ainda contra terceiros.

Gabarito 1C

(Magistratura/SC – 2015 – FCC) O usufruto pode recair

(A) apenas sobre imóveis urbanos, tendo o usufrutuário o direito de neles habitar, administrá-los e perceber os frutos, não podendo, porém, ceder o seu exercício.

(B) sobre bens móveis ou imóveis, devendo o usufrutuário deles utilizar, não podendo alugá-los ou emprestá-los.

(C) apenas sobre um ou mais bens, móveis ou imóveis, abrangendo-lhe os frutos e utilidades, mas não pode recair em um patrimônio inteiro.

(D) em um ou mais bens, móveis ou imóveis, em um patrimônio inteiro, ou parte deste, abrangendo-lhe, no todo ou em parte, os frutos e utilidades.

(E) em um ou mais bens, móveis ou imóveis, dependendo no caso de imóveis, de registro e pode ser transferido por alienação, a título gratuito ou oneroso.

A: incorreta, pois pode recair em imóvel rural também; ademais, o exercício do usufruto pode ser cedido (art. 1.393 do CC); **B:** incorreta, pois o usufrutuário pode não só usar, como também fruir (art. 1.394), o que inclui alugar ou emprestar a coisa; **C:** incorreta, pois pode recair num patrimônio inteiro (art. 1.390 do CC); **D:** correta (art. 1.390 do CC); **E:** incorreta, pois não é possível transferir o direito ao usufruto, mas apenas o exercício desse direito (art. 1.393 do CC).

Gabarito "D".

(DPE/PE – 2015 – CESPE) Julgue o seguinte item.

(1) Ainda que o usufruto tenha sido estabelecido com prazo determinado, o falecimento do usufrutuário não gera direito à sucessão hereditária legítima desse usufruto.

1: correta, pois o falecimento do usufrutuário extingue o usufruto (art. 1.410, I, do CC).

Gabarito 1C

(Procurador Distrital – 2014 – CESPE) Julgue o seguinte item.

(1) Se estiver pendente usufruto sobre bem imóvel, a nua propriedade desse bem poderá ser objeto de penhora e alienação em hasta pública, ficando ressalvado o direito real de usufruto, inclusive após a arrematação ou a adjudicação, até que haja a extinção desse direito.

1: Correta. O usufruto é considerado uma das modalidades de direitos reais sobre coisa alheia. Pendente o usufruto sobre determinado imóvel tem-se o desmembramento dos atributos da propriedade (usar, gozar, dispor e reivindicar). Assim, o proprietário deterá apenas a nua-propriedade, restando-lhe os direitos de dispor a reivindicar, ao passo que ao usufrutuário são transferidos os direitos de usar e gozar do bem. Tratam-se, portanto de direitos autônomos. Prova disso é a possibilidade de cessão do exercício do direito de usufruto (art. 1.393 CC), por exemplo, independentemente da disposição da nua-propriedade. Neste passo, a nua-propriedade também poderá ser objeto de alienação e penhora, independentemente da existência do direito de usufruto de terceiro. Desde que regularmente constituído, isto é, desde que registrado no Cartório de Registro de Imóveis, o direito do usufrutuário permanecerá intocável, até que subsista uma das causas de extinção previstas no art. 1.410 do CC.

Gabarito 1C

(Procurador Legislativo – Câmara de Vereadores de São Paulo/SP – 2014 – FCC) Inês é usufrutuária de um imóvel, pelo prazo fixado de cinco anos. Há nele um grande pomar, no qual Inês sempre colheu os respectivos frutos; findo o prazo estipulado do usufruto, Inês colhe os frutos pendentes, sob protesto de Mário, nu-proprietário do bem, que lhe cobra não só o valor dos frutos pendentes, como também o relativo aos frutos colhidos pelo tempo de duração do usufruto. Essa atitude de Mário

(A) está parcialmente correta, pois Mário não tem direito ao percebimento dos frutos durante o tempo do usufruto; terá direito ao valor dos frutos pendentes, pagando porém compensação pecuniária a Inês pelas despesas de produção.

(B) está integralmente certa, pois Mário tem direito tanto aos frutos pendentes quando da cessação do usufruto, como também aos frutos percebidos por Inês durante seu curso, pagando apenas, neste caso, as despesas de produção.

(C) está integralmente equivocada, pois Inês tem direito não só aos frutos percebidos no curso do usufruto como também aos frutos pendentes por ocasião de sua finalização, como consequência natural da fruição do bem.

(D) está parcialmente correta, pois tem direito ao valor dos frutos pendentes, sem compensação de despesas a Inês, mas esta tem o direito ao percebimento dos frutos durante o tempo do usufruto.

(E) está errada, porque se trata de uma situação que se resolve em perdas e danos, arbitrando-se o valor total dos frutos colhidos no período de cinco anos do usufruto.

O Código Civil apresenta uma disciplina específica no que se refere à percepção de frutos em decorrência do direito real de usufruto. Deste modo, o art. 1.396 determina que o "*usufrutuário faz seus os frutos naturais, pendentes ao começar o usufruto, sem encargo de pagar as despesas de produção*". Ao mesmo tempo determina em seu parágrafo único que: "*os frutos naturais, pendentes ao tempo em que cessa o usufruto, pertencem ao dono, também sem compensação das despesas*". Logo, na questão mencionada, Inês teria direito não só aos frutos pendentes no início do usufruto, mas também aos frutos percebidos durante o usufruto. Todavia, Mário teria direito aos frutos pendentes ao tempo da extinção do usufruto.

Gabarito "D".

Para colaborar na resolução de questões mais doutrinárias a respeito da servidão, segue um resumo acerca das principais classificações do instituto.

(1) Classificação quanto ao modo de exercício.

(A) servidões contínuas: *são as que subsistem e se exercem independentemente de ato humano direto*. São exemplos as servidões de passagem de água (aqueduto), de energia elétrica (passagem de fios, cabos ou tubulações), de iluminação (postes) e de ventilação.

(B) servidões descontínuas: *são as que dependem de ação humana atual para seu exercício e subsistência*. São exemplos a servidão de trânsito, de tirar água de prédio alheio e de pastagem em prédio alheio. Essas servidões podem ser positivas ou negativas. Serão **positivas** quando o proprietário dominante tem direito a uma utilidade do serviente (ex.: servidão de passagem ou de retirada de água). Serão **negativas** quando o proprietário dominante tiver simplesmente o direito de ver o proprietário serviente se abster de certos atos (ex.: servidão de não edificar em certo local ou acima de dada altura).

(2) Classificação quanto à exteriorização.

(A) servidões aparentes: *são as que se revelam por obras ou sinais exteriores, visíveis e permanentes*. São exemplos a servidão de trânsito e de aqueduto.

(B) servidões não aparentes: *são as que não se revelam externamente*. São exemplos as de não construir em certo local ou acima de dada altura.

Obs.: a classificação é importante, pois somente as servidões aparentes podem ser adquiridas por usucapião (art. 1.379, CC).

(3) Classificação quanto à origem.

(A) servidões legais: *são as que decorrem de lei*. Ex.: passagem forçada.

(B) servidões materiais: *são as que derivam da situação dos prédios*. Ex.: servidão para escoamento de águas.

(C) servidões convencionais: *são as que resultam da vontade das partes*. Ex.: as constituídas por contrato ou testamento, com posterior registro no Registro de Imóveis.

6.9. DIREITOS REAIS NA COISA ALHEIA – GARANTIA

(Defensor Público – DPE/PR – 2017 – FCC) João firma contrato de alienação fiduciária com Banco X, tendo por objeto a aquisição de um automóvel. João, na época de pagamento da 52ª de um total de sessenta parcelas, vê-se desempregado e não consegue arcar com o débito restante. O Defensor Público deverá alegar, em defesa de João, visando afastar liminarmente a busca e apreensão do bem, a figura parcelar da boa-fé objetiva

(A) *duty to mitigate the own loss*.
(B) adimplemento substancial.
(C) *venire contra factum proprium*.
(D) *supressio*.
(E) *surrectio*.

A: Errada, pois, a *teoria duty to mitigate the own* loss ou Mitigação do prejuízo pelo próprio credor, desenvolvida pelo direito norte-americano, conforme o Enunciado 169 da III Jornada de Direito Civil, assim definiu: "O princípio da boa-fé objetiva deve levar o credor a evitar o agravamento do próprio prejuízo." **B:** Correto. O adimplemento substancial não está previsto no Código Civil de 2002, sua aplicação vem se realizando com base nos princípios da boa-fé objetiva (CC, art. 422), da função social dos contratos (CC, art. 421), da vedação ao abuso de direito (CC, art. 187) e ao enriquecimento sem causa (CC, art. 884). A teoria do adimplemento substancial encontra respaldo nos casos em que o devedor cumpre parte expressiva do contrato, impedindo a rescisão do contrato por parte do credor, entretanto, este poderá mover ação de cobrança com relação ao crédito remanescente. Essa teoria vem sendo adotada pelo STJ. **C:** Errada. De acordo com a teoria *venire contra factum proprium*, o agente não pode contrariar o próprio comportamento, ou seja, se uma das partes vem se comportando de uma determinada maneira, por um certo período de tempo, isso faz gerar para a outra parte uma expectativa de que seu comportamento continuará o mesmo. **D** e **E:** Erradas. *Supressio* na doutrina alemã equivale a "verwirkung", vale dizer, o não exercício no tempo revela a intenção de não mais exercê-lo, o direito se extingue, faz gerar uma renúncia presumida. Assim são necessários dois requisitos: não exercício + circunstâncias fáticas. Diante disso, faz nascer para a outra parte a *surrectio* aquisição do direito em razão de um comportamento continuado.

Gabarito "B".

(Procurador Municipal/SP – VUNESP – 2016) Sobre a possibilidade de instituir-se a hipoteca e a usucapião, assinale a alternativa correta.

(A) A decisão que reconhece a aquisição da propriedade de bem imóvel por usucapião prevalece sobre a hipoteca que anteriormente tenha gravado o referido bem.

(B) É plenamente eficaz gravar o bem com hipoteca pelo proprietário que assim consta no registro de domínio, independentemente do tempo da posse *ad usucapionem* de terceiro.

(C) A prescrição aquisitiva – usucapião –, não poderá ser reconhecida se houver gravame hipotecário, ou outro direito real que importe em garantia, sobre o imóvel em que se exerce a posse *ad usucapionem*.

(D) A hipoteca, por dar o bem em garantia, e a usucapião, pela natureza jurídica da posse e de seu titular, não podem recair sobre imóvel considerado como bem de família.
(E) O direito a adquirir a propriedade por meio da prescrição aquisitiva é interrompido pela execução da hipoteca constituída sobre o imóvel em benefício do agente financeiro, por empréstimo contraído pelo promitente vendedor.

A: correta, pois a usucapião é forma originária de aquisição de propriedade. Isso significa que eventual direito real de garantia estabelecido anteriormente não prevalece. Esse é o entendimento consolidado pelo STJ. Nesse sentido: "*A usucapião é forma de aquisição originária da propriedade, de modo que não permanecem os ônus que gravavam o imóvel antes da sua declaração*" (AgRg no REsp 647.240/DF, Rel. Ministro Ricardo Villas Bôas Cueva, Terceira Turma, julgado em 07/02/2013, DJe 18/02/2013); **B:** incorreta, pois caso o prazo de usucapião já tenha se consumado, a garantia real será inócua; **C:** incorreta, pois a usucapião é forma originária de aquisição de propriedade e prevalecerá sobre eventual hipoteca; **D:** incorreta, pois nada impede hipoteca ou usucapião sobre bem de família; **E:** incorreta, pois a usucapião prevalece sobre a hipoteca. GN

Gabarito "A".

(Procurador do Estado – PGE/MT – FCC – 2016) Endividado, Ademir contraiu empréstimo de R$ 100.00,00 (cem mil reais) com o Banco Riqueza, oferecendo, como garantia, a hipoteca de um de seus imóveis. Paga parcialmente a dívida, Ademir alienou referido imóvel a Josué. A hipoteca

(A) é extinta tanto pelo pagamento parcial da dívida como pela alienação da coisa.
(B) é extinta pelo pagamento parcial da dívida.
(C) não é extinta pelo pagamento parcial da dívida, mas impede a alienação da coisa.
(D) não é extinta pelo pagamento parcial da dívida, nem impede a alienação da coisa, mas o credor hipotecário não poderá fazer valer o direito real de garantia contra o adquirente do bem.
(E) não é extinta pelo pagamento parcial da dívida nem impede a alienação da coisa, mas o credor hipotecário poderá fazer valer o direito real de garantia contra o adquirente do bem.

A e B: incorretas, pois o pagamento de "*uma ou mais prestações da dívida não importa exoneração correspondente da garantia*" (CC, art. 1.421); **C:** incorreta, pois "É nula a cláusula que proíbe ao proprietário alienar imóvel hipotecado" (CC, art. 1.475); **D:** incorreta, pois a característica principal do direito real de garantia é o fato de que – em eventual alienação – o credor pode fazer valer seu crédito contra o adquirente; **E:** correta, pois o pagamento parcial não importa extinção; a alienação do bem é permitida e o credor hipotecário pode fazer valer seu direito contra o adquirente. GN

Gabarito "E".

(Magistratura/SC – 2015 – FCC) O instrumento do penhor deverá

(A) mencionar o valor do crédito, sua estimação ou valor máximo; não poderá, entretanto, fixar taxa de juros.
(B) observar necessariamente a forma de escritura pública, quando se tratar de penhor rural.
(C) em qualquer de suas modalidades ser registrado no Cartório de Títulos e Documentos, por dizer respeito a garantia real com bens móveis.
(D) ser levado a registro, no caso de penhor comum no Cartório de Títulos e Documentos e, no caso de penhor rural, no Cartório de Registro de Imóveis da circunscrição em que estiverem situadas as coisas empenhadas.
(E) identificar o bem dado em garantia com as suas especificações e o valor mínimo do crédito concedido.

A: incorreta, pois é necessário fixar a taxa de juros (art. 1.424, III, do CC); **B:** incorreta, pois pode ser instrumento público ou particular (art. 1.438 do CC); **C:** incorreta, pois o penhor rural será registrado no Cartório de Registro de Imóveis (art. 1.438, *caput*, do CC); **D:** correta (arts. 1.432 e 1.438, *caput*, do CC); **E:** incorreta, pois deve declarar o valor do crédito, sua estimação, ou valor máximo, de modo que incorreto dizer que deverá declarar o valor mínimo do crédito concedido (art. 1.424, I, do CC). WG

Gabarito "D".

(Procurador Distrital – 2014 – CESPE) Julgue o seguinte item.

(1) A hipoteca judicial que tenha gravado o bem imóvel prevalecerá sobre decisão futura que reconheça a aquisição da propriedade do referido bem por usucapião.

1: Errada, pois a sentença da ação de usucapião tem cunho declaratório, conforme expressamente previsto no art. 1.238 do CC. Isso significa que ela reconhece a existência de uma situação pré-existente, isto é, concede cunho e reconhecimento jurídico a uma situação que já estava consolidada pelo preenchimento dos requisitos legais. Assim, eventual hipoteca judicial, ainda que anterior à sentença de usucapião, não tem o poder de prevalecer, haja vista que o imóvel já pertence à outra pessoa (o usucapiente). A hipoteca judicial apenas prevaleceria, se a sentença de usucapião tivesse natureza constitutiva, o que não é o caso. VT/WG

Gabarito 1E.

7. FAMÍLIA

(Juiz de Direito/AM – 2016 – CESPE) A respeito do direito de família, assinale a opção correta.

(A) Dos nubentes que optam pelo regime de comunhão universal de bens não se exige a formulação de pacto antenupcial, ato solene lavrado por escritura pública.
(B) É considerado bem de família, insuscetível de penhora, o único imóvel residencial do devedor no qual resida seu familiar, ainda que ele, proprietário, não habite no imóvel.
(C) O fato de um casal de namorados projetar constituir família no futuro caracteriza a união estável se houver coabitação.
(D) O casamento putativo não será reconhecido de ofício pelo juiz.
(E) Se não houver transação em sentido contrário, as verbas indenizatórias integram a base de cálculo da pensão alimentícia.

A: incorreta, pois o pacto antenupcial é negócio jurídico indispensável para os nubentes que queiram afastar o regime legal da comunhão parcial de bens (CC, art. 1.640); **B:** correta, pois, a despeito da redação do art. 1°, da Lei 8.009/1990, o STJ pacificou a orientação de que a proteção é mantida, mesmo que o grupo familiar não resida no único imóvel de sua propriedade (RESP 1616475/PE); **C:** incorreta, pois, para a configuração da união estável, há diversos requisitos subjetivos, mais amplos e profundos do que a mera "*projeção de constituir família no futuro*" (CC, art. 1.723); **D:** incorreta, pois o casamento putativo pode gerar efeitos, conforme o art. 1.561 do Código Civil; **E:** incorreta, pois o STJ decidiu que: "*Os alimentos incidem sobre verbas pagas em caráter habitual, aquelas incluídas permanentemente no salário do empregado. As parcelas denominadas auxílio-acidente, cesta-alimentação e vale-alimentação, que tem natureza indenizatória, estão excluídas do desconto para fins de pensão alimentícia porquanto verbas transitórias*" (RESP 1159408). GN

Gabarito "B".

(Promotor de Justiça/MG – 2014) Assinale a alternativa INCORRETA:

(A) A fiel observância da sistemática imposta pelo art. 50 do Estatuto da Criança e do Adolescente, somente se deferindo a adoção a pessoas previamente cadastradas e habilitadas, pode ser relativizada excepcionalmente.
(B) A família natural é a comunidade formada pelos pais ou qualquer deles e seus descendentes.
(C) Nos termos do Código Civil de 2002, a união estável se equipara ao casamento para o efeito de cessação da incapacidade para os menores.
(D) A separação de fato cessa o regime de bens entre os cônjuges.

A: correta. No que se refere a questões envolvendo criança e adolescente, poucas regras são absolutas. A grande maioria deve ser aferida no caso concreto, sempre à luz do melhor interesse da criança, que tem prioridade absoluta no sistema (CF, art. 227). Entre seguir a letra fria da lei e atender ao calor da necessidade do menor, o juiz deve se pautar pelo último, sempre. Daí porque, "*a observância da preferência das pessoas cronologicamente cadastradas para adotar criança não é absoluta, pois há de prevalecer o princípio do melhor interesse do menor, norteador do sistema protecionista da criança*" (STJ, HC 279.059/RS, Rel. Ministro Luis Felipe Salomão, 4ª Turma, j. 10.12.2013, DJe 28.02.2014); **B:** correta, pois a assertiva encontra plena identificação com o disposto no art. 25 do ECA; **C:** incorreta, pois o Código Civil não previu expressamente a união estável como causa de emancipação legal (CC, art. 5°, parágrafo único, II); **D:** correta, pois tal separação fática permite até mesmo a constituição de nova união estável, além de possibilitar o divórcio. GN

Gabarito "C".

7.1. CASAMENTO

7.1.1. DISPOSIÇÕES GERAIS, CAPACIDADE, IMPEDIMENTOS, CAUSAS SUSPENSIVAS, HABILITAÇÃO, CELEBRAÇÃO E PROVA DO CASAMENTO

(Defensor Público – DPE/SC – 2017 – FCC) O casamento realizado por pessoa com deficiência mental ou intelectual em idade núbil mas expressando sua vontade diretamente e o casamento do incapaz de consentir ou manifestar de modo inequívoco o consentimento é, respectivamente,

(A) válido e inexistente.
(B) válido e anulável.
(C) anulável e inexistente.
(D) nulo e nulo.
(E) nulo e anulável.

O casamento será válido em razão da Lei 13.146/2015, Instituiu a Lei Brasileira de Inclusão da Pessoa com Deficiência (Estatuto da Pessoa com Deficiência), que acrescentou o § 2°, no artigo 1.550, do Código Civil: "A pessoa com deficiência mental ou intelectual em idade núbia poderá contrair matrimônio, expressando sua vontade diretamente ou por meio do seu responsável ou curador". E será anulável, nos termos do inciso IV, do artigo 1.550 do mesmo diploma legal, que dispõe: "do incapaz de consentir ou manifestar, de modo inequívoco, o consentimento". GN

Gabarito "B".

(Procurador do Estado – PGE/RN – FCC – 2014) Pedro e Maria são casados sob o regime da comunhão parcial de bens. Durante a sociedade conjugal, Pedro recebeu prêmio de aposta em loteria, no valor de R$ 5.000.000,00 (cinco milhões de reais), resolvendo divorciar-se de Maria. Até então, possuíam os seguintes bens: uma casa doada pelos pais de Maria a ambos os nubentes, por ocasião do casamento; um sítio adquirido a título oneroso por Pedro durante a sociedade conjugal, fruto da economia de seus salários, tendo Maria recebido uma outra casa, por herança de sua mãe, depois do casamento. Na partilha de bens, em razão do divórcio observar-se-á o seguinte:

(A) somente Pedro tem direito ao prêmio que auferiu na aposta e ambos têm iguais direitos sobre os demais bens.
(B) cada um tem direito à metade do prêmio que Pedro auferiu na aposta; ambos têm iguais direitos sobre a casa doada pelos pais de Maria e ao sítio adquirido por Pedro e Maria tem a propriedade exclusiva da casa que recebeu por herança de sua mãe.
(C) somente Pedro tem direito ao prêmio que auferiu na aposta; ambos têm iguais direitos sobre a casa doada pelos pais de Maria e ao sítio adquirido por Pedro e Maria tem a propriedade exclusiva da casa que recebeu por herança de sua mãe.
(D) cada um tem direito à metade do prêmio que Pedro auferiu na aposta; somente Maria tem direito sobre a casa doada por seus pais e à propriedade exclusiva da casa que recebeu por herança de sua mãe e ambos têm iguais direitos sobre o sítio adquirido por Pedro.
(E) ambos têm iguais direitos sobre todos esses bens.

Apenas a assertiva 'B' soluciona a questão de forma adequada. A questão envolve a comunicação de bens no regime da comunhão parcial. Primeiramente, o prêmio da loteria comunica-se, pois constitui um bem advindo de "fato eventual" (CC, art. 1.660, II). A casa doada pelos pais de Maria *"a ambos os nubentes, por ocasião do casamento"* também se comunica, pois é um bem adquirido por doação "em favor de ambos os cônjuges" (CC, art. 1.660, III). O sítio adquirido a título oneroso por Pedro durante a sociedade conjugal também se comunica, não importando que foi comprado com o salário de Pedro (CC, art. 1.660, I). Por fim, a casa que Maria recebeu de herança não se comunica, mesmo tendo recebido durante o casamento, constituindo um bem particular dela (CC, art. 1.659, I).
Gabarito "B".

(Defensor Público – DPE/RN – 2016 – CESPE) De acordo com as regras que disciplinam o casamento, assinale a opção correta.

(A) Os impedimentos impedientes para o casamento constituem mera irregularidade e geram apenas efeitos colaterais sancionadores, mas não a nulidade do matrimônio.
(B) Será nulo o casamento do divorciado, enquanto não for homologada ou decidida a partilha dos bens do casal, ainda que seja demonstrada a inexistência de prejuízo para o ex-cônjuge.
(C) O casamento pode ser realizado mediante procuração, por instrumento público ou particular com poderes especiais.
(D) A revogação do mandato precisa chegar ao conhecimento do mandatário, pois, celebrado o casamento sem que o mandatário ou o outro contraente tomem ciência da revogação, o casamento será válido, sem que possa o mandante ser compelido a indenizar por perdas e danos.
(E) Os impedimentos absolutamente dirimentes para o casamento são proibições legais que, se forem desrespeitadas, geram a nulidade do matrimônio, mas podem ser supridas ou sanadas.

A: correta. Os impedimentos impedientes são as chamadas causas suspensivas do casamento (CC, art. 1.523) e não tornam o casamento nulo ou anulável. Seu único efeito é impor o regime de separação obrigatória de bens (CC, art. 1.641, I); **B:** incorreta, pois o Código Civil afirma que: *"O divórcio pode ser concedido sem que haja prévia partilha de bens"* (CC, art. 1.581); **C:** incorreta, pois o casamento mediante procuração é admitido pelo Código Civil, exigindo-se, todavia a forma da escritura pública (CC, art. 1.542); **D:** incorreta, pois a revogação do mandato "não necessita chegar ao conhecimento do mandatário; mas, celebrado o casamento sem que o mandatário ou o outro contraente tivessem ciência da revogação, responderá o mandante por perdas e danos" (CC, art. 1.542, § 1º); **E:** incorreta, pois os impedimentos absolutos (CC, art. 1.521) não podem ser sanados.
Gabarito "A".

(Defensor Público – DPE/ES – 2016 – FCC) Podem casar

(A) a pessoa solteira com pessoa separada judicialmente.
(B) as pessoas com deficiência intelectual ou mental em idade núbil, expressando sua vontade por meio de curador.
(C) o adotado com a filha biológica do adotante, se autorizados pelo juiz.
(D) os afins na linha reta, depois de dissolvido o casamento que determinara o parentesco por afinidade.
(E) o adotante com quem foi cônjuge do adotado.

A: incorreta, pois apenas o divórcio possibilita novo casamento; **B:** correta, pois o art. 6º da Lei 13.146/2015 permitiu expressamente que a pessoa com deficiência pudesse livremente se casar e também constituir união estável. A lei ainda teve o zelo de revogar o art. 1.548, I, que dizia ser nulo o casamento do *"enfermo mental sem o necessário discernimento para os atos da vida civil"*. A clara intenção da lei é facilitar a inclusão da pessoa com deficiência na sociedade civil; **C:** incorreta, pois trata-se de casamento entre irmãos, proibido pelo CC, art. 1.521, IV; **D:** incorreta, pois na linha reta, a afinidade não se extingue com a dissolução do casamento ou da união estável (CC, art. 1.595, § 2º). Logo, continua incidindo a proibição do art. 1.521, II; **E:** incorreta, pois expressamente proibido pelo CC, art. 1.521, III.
Gabarito "B".

(Defensor Público – DPE/BA – 2016 – FCC) João, atualmente com 20 anos de idade, foi diagnosticado com esquizofrenia. Em razão desta grave doença mental, João tem delírios constantes e alucinações, e apresenta dificuldades de discernir o que é real e o que é imaginário, mesmo enquanto medicado. Em razão deste quadro, em 2014, logo após completar 18 anos, sofreu processo de interdição, que culminou no reconhecimento de sua incapacidade para a prática de todos os atos da vida civil, sendo-lhe nomeado curador na pessoa de Janice, sua mãe. Entretanto, ele é apaixonado por Tereza e deseja com ela se casar. Afirmou que em sinal de seu amor, quer escolher o regime da comunhão total de bens. Levando em consideração o direito vigente, João

(A) poderá contrair matrimônio de forma válida independentemente do consentimento de sua curadora, mas depende da sua assistência para celebrar validamente pacto antenupcial para a escolha do regime de bens.
(B) poderá contrair matrimônio de forma válida e celebrar pacto antenupcial para a escolha do regime de bens, independentemente do consentimento de sua curadora.
(C) não poderá contrair matrimônio de forma válida e nem celebrar pacto antenupcial para a escolha do regime de bens, ainda que contasse com o consentimento de sua curadora, pois o casamento será nulo de pleno direito por ausência de capacidade.
(D) poderá contrair matrimônio de forma válida independentemente do consentimento de sua curadora, mas não poderá celebrar validamente pacto antenupcial para a escolha do regime de bens no caso, pois a lei impõe o regime da separação obrigatória à espécie.
(E) não poderá contrair matrimônio de forma válida e nem celebrar pacto antenupcial para a escolha do regime de bens ainda que tenha o consentimento de sua genitora, pois o casamento seria inexistente em razão de vício da vontade.

O art. 6º da Lei 13.146/2015 permitiu expressamente que a pessoa com deficiência pudesse livremente se casar e também constituir união estável. A lei ainda teve o zelo de revogar o art. 1.548, I, que dizia ser nulo o casamento do *"enfermo mental sem o necessário discernimento para os atos da vida civil"*. A clara ideia da lei é facilitar a inclusão da pessoa com deficiência na sociedade civil. Contudo, tal inclusão precisa ser feita com cautela, a fim de proteger tal pessoa. É por isso que o instituto da curatela continua em plena vigência no que se refere aos atos de natureza patrimonial (Lei 13.146, art. 85). Celebrar pacto antenupcial (em regime que não seja o da separação convencional de bens) certamente é um ato patrimonial e que necessitará da assistência de curador.
Gabarito "A".

(Defensor Público – DPE/MT – 2016 – UFMT) Segundo o Código Civil, após as alterações introduzidas pelo Estatuto da Pessoa com Deficiência (Lei 13.146/2015), em relação ao casamento e à união estável, assinale a afirmativa correta.

(A) Os primos estão impedidos de contrair matrimônio entre si.
(B) A pessoa com deficiência mental ou intelectual em idade núbia poderá contrair matrimônio, expressando sua vontade diretamente ou por meio de seu responsável ou curador.
(C) A união estável não se constituirá se ocorrerem as causas suspensivas do casamento.
(D) No regime da comunhão parcial de bens, excluem-se na comunhão as benfeitorias em bens particulares de cada cônjuge.
(E) É nulo o casamento contraído pelo enfermo mental sem o necessário discernimento para os atos da vida civil.

A: incorreta, pois primos são parentes colaterais de 4º grau, não havendo impedimento para o matrimônio; **B:** correta, pois de acordo com o permissivo estabelecido pelo Código Civil, art. 1.550, § 2º; **C:** incorreta, pois apenas os impedimentos matrimoniais (CC, art. 1.521) é que podem transformar a união estável em concubinato; **D:** incorreta, pois as benfeitorias em bens particulares comunicam-se (CC, art. 1.660, IV); **E:** incorreta, pois tal previsão foi revogada pela lei 13.146/2015. Atualmente, apenas a infringência de impedimento matrimonial é que gera a nulidade absoluta do casamento (CC, art. 1.548, II).
Gabarito "B".

(Promotor de Justiça/GO – 2016 – MPE) A respeito do casamento, assinale a alternativa correta:

(A) a eficácia da habilitação será de cento e vinte dias, a contar da data em que foi extraído o certificado.
(B) o nubente que não estiver em iminente risco de vida não poderá fazer-se representar no casamento nuncupativo.
(C) há impedimento para o casamento entre os afins em linha reta, permanecendo-se a afinidade ainda que ocorra a dissolução do

casamento ou da união estável.
(D) é nulo o casamento contraído pelo enfermo mental sem o necessário discernimento para os atos da vida civil.

A: incorreta, pois o prazo é de 90 dias (CC, art. 1.532); **B:** incorreta, pois nada impede a representação nesse caso (CC, art. 1.542); **C:** correta, pois o parentesco por afinidade na linha reta (que liga, por exemplo, a sogra e o genro) não se dissolve com a dissolução do casamento (CC, art. 1.595 § 2º); **D:** incorreta, pois essa hipótese de nulidade de casamento foi revogada pela Lei 13.146/2015. Atualmente, somente a presença de impedimento matrimonial é que pode gerar a nulidade absoluta do casamento (CC, art. 1.548, II).
Gabarito "C".

(Promotor de Justiça – MPE/AM – FMP – 2015) Considere as seguintes afirmações sobre o tema do casamento:

I. O casamento se realiza no momento em que o homem e a mulher manifestam, perante o juiz, a sua vontade de estabelecer vínculo conjugal, e o juiz os declara casados.
II. Excepcionalmente, será permitido o casamento de quem ainda não alcançou a idade núbil, para evitar a imposição ou o cumprimento de pena criminal, ou em caso de gravidez.
III. Não podem casar o adotado com o filho do adotante.
IV. A habilitação para o casamento será feita pessoalmente perante o oficial do Registro Civil, com a audiência do Ministério Público.

Quais das assertivas acima estão corretas?
(A) Apenas a I e II.
(B) Apenas a II e III.
(C) Apenas a I, II e III.
(D) Apenas a II, III e IV.
(E) I, II, III e IV.

I: correta, pois de acordo com a previsão do art. 1.535 do Código Civil; **II:** correta, pois de acordo com a previsão do art. 1.520 do Código Civil; **III:** correta, pois trata-se de impedimento matrimonial previsto no art. 1.521, III e que torna o casamento nulo (CC, art. 1.548, II); **IV:** correta, pois de acordo com a previsão do Código Civil, art. 1.526.
Gabarito "E".

(Promotor de Justiça – MPE/MS – FAPEC – 2015) Considerando que Jorge possui 17 anos e deseja se casar com Fátima, a qual possui 15 anos e está grávida, assinale a assertiva **correta**:

(A) Tendo em vista que ambos não alcançaram a idade núbil atualmente, mostra-se nulo eventual casamento celebrado entre Jorge e Fátima, pouco importando a autorização materna, paterna ou judicial.
(B) É possível o casamento de Jorge e Fátima, desde que ambos obtenham apenas a autorização de seus pais, independente de autorização judicial.
(C) É possível o casamento de Jorge e Fátima, contudo, deverá ser com autorização judicial, tendo em vista que a última está aquém da idade núbil, sendo aplicável, na hipótese, o regime de comunhão parcial de bens se outro regime não for escolhido pelos nubentes.
(D) Como regra, Jorge e Fátima podem casar no regime de participação final dos aquestos se obtiverem a autorização de seus genitores, independentemente de a última estar grávida.
(E) Jorge e Fátima podem se casar, mediante autorização judicial, sendo aplicável o regime de separação de bens.

A idade núbil no Brasil é de 16 anos, sendo necessária autorização dos pais enquanto os nubentes não alcançarem a maioridade civil (CC, art. 1.517). Contudo, na hipótese ventilada existe um fato relevante, que é a gravidez de Fátima, o que permite o casamento mediante autorização judicial (CC, art. 1.520). Sempre que alguém se casar com autorização judicial, incidirá o regime de separação obrigatória de bens no casamento (CC, art. 1.641, III). Não custa acrescentar que isso produzirá uma nova consequência, que é o afastamento do direito de a viúva herdar quando concorrendo com descendentes (CC, art. 1.829, I).
Gabarito "E".

7.1.2. INVALIDADE

(Juiz – TJ-SC – FCC – 2017) É nulo o casamento:
(A) de pessoa que não completou idade mínima para casar.
(B) de pessoa com deficiência mental ou intelectual, em idade núbil, mesmo expressando sua vontade diretamente.
(C) apenas se contraído com infringência de impedimento.
(D) de incapaz de consentir ou manifestar, de modo inequívoco, o consentimento.
(E) por infringência de impedimento ou de causa suspensiva.

O Código Civil (art. 1.548) só contempla uma única hipótese de nulidade absoluta de casamento, que é a infringência de impedimentos matrimoniais (CC, art. 1.521), como o casamento entre ascendentes e descendentes, entre irmãos, pessoas já casadas, etc.
Gabarito "C".

(Promotor de Justiça/PR – 2013) É hipótese de nulidade do casamento:
(A) O casamento do menor de 16 anos;
(B) O casamento com infringência de impedimento;
(C) O casamento contraído com erro sobre a pessoa do outro nubente;
(D) O casamento do menor entre 16 e 18 anos não autorizado por seu representante legal;
(E) O casamento do menor emancipado, sem autorização de seu representante legal.

A: incorreta, pois o casamento de quem não atingiu a idade núbil é anulável, segundo o disposto no art. 1.550, I, do CC; **B:** correta, pois trata-se de uma das duas hipóteses de nulidade absoluta de casamento (art. 1.548, II, do CC); **C:** incorreta, pois o erro essencial sobre a pessoa do cônjuge é hipótese de anulabilidade de casamento (art. 1.550, III, do CC); **D:** incorreta, pois apesar de já se ter atingido a idade núbil (16 anos) prevista no art. 1.517 do Código Civil, o casamento do menor de 18 anos exige autorização dos pais, sob pena de anulabilidade e não nulidade absoluta (art. 1.550, II, do CC); **E:** incorreta, pois nesse caso o casamento não é nulo.
Gabarito "B".

7.1.3. EFEITOS E DISSOLUÇÃO DO CASAMENTO

Observação importante: mesmo com a edição da EC 66/2010, mantivemos as questões sobre separação judicial, pois ainda há controvérsia sobre a existência ou não desse instituto após a entrada em vigor da Emenda. O próprio CNJ, chamado a se manifestar sobre assunto, preferiu apenas alterar sua Resolução 35, para admitir o divórcio extrajudicial mesmo que não cumpridos os prazos de 2 anos de separação de fato (antigo divórcio-direto) e de 1 ano de separação judicial (antigo divórcio-conversão), não entrando no mérito se ainda existe a possibilidade de alguém preferir, antes do divórcio, promover separação judicial. O fato é que a EC 66/2010 vem sendo aplicada normalmente pelos Cartórios Extrajudiciais, para permitir o divórcio direto, sem necessidade de cumprir os prazos mencionados, tudo indicando que o instituto da separação judicial venha, no mínimo, a cair em desuso. De qualquer maneira, como não houve ainda revogação do Código Civil no ponto que trata desse instituto, mantivemos as questões sobre o assunto, que, quem sabe, podem ainda aparecer em alguns concursos públicos. Segue, para conhecimento, a decisão do CNJ sobre o assunto:

"EMENTA: PEDIDO DE PROVIDÊNCIAS. PROPOSTA DE ALTERAÇÃO DA RESOLUÇÃO 35 DO CNJ EM RAZÃO DO ADVENTO DA EMENDA CONSTITUCIONAL 66/2010. SUPRESSÃO DAS EXPRESSÕES "SEPARAÇÃO CONSENSUAL" E "DISSOLUÇÃO DA SOCIEDADE CONJUGAL". IMPOSSIBILIDADE. PARCIAL PROCEDÊNCIA DO PEDIDO.

- A Emenda Constitucional 66, que conferiu nova redação ao § 6º do art. 226 da Constituição Federal, dispõe sobre a dissolubilidade do casamento civil pelo divórcio, para suprimir o requisito de prévia separação judicial por mais de 01 (um) ano ou ou de comprovada separação de fato por mais de 02 (dois) anos.
- Divergem as interpretações doutrinárias quanto à supressão do instituto da separação judicial no Brasil. Há quem se manifeste no sentido de que o divórcio passa a ser o único meio de dissolução do vínculo e da sociedade conjugal, outros tantos, entendem que a nova disposição constitucional não revogou a possibilidade da separação, somente suprimiu o requisito temporal para o divórcio.
- Nesse passo, acatar a proposição feita, em sua integralidade, caracterizaria avanço maior que o recomendado, superando até mesmo possível alteração da legislação ordinária, que até o presente momento não foi definida.
- Pedido julgado parcialmente procedente para propor a modificação da redação da Resolução 35 do Conselho Nacional de Justiça, de 24 de abril de 2007, que disciplina a aplicação da Lei 11.441/2007 pelos serviços notariais e de registro, nos seguintes termos: a) seja retirado o art. 53, que versa acerca do lapso temporal de dois anos para o divórcio direto e; b) seja conferida nova redação ao art. 52, passando o mesmo a prever: "Os cônjuges separados judicialmente, podem, mediante escritura pública, converter a separação judicial ou extrajudicial em divórcio, mantendo as mesmas condições ou alterando-as. Nesse caso, é dispensável a apresentação de certidão atualizada do processo judicial, bastando a certidão da averbação da separação no assento do casamento." (CNJ, Pedido de Providências 0005060-32.2010.2.00.0000, j. 12.08.2010)"

(Promotor de Justiça/SC – 2016 – MPE)
(1) É requisito para a concessão do divórcio a definição quanto à partilha dos bens entre os cônjuges.

1: incorreta, pois o Código Civil afirma que: "*O divórcio pode ser concedido sem que haja prévia partilha de bens*" (CC, art. 1.581).
Gabarito 1E.

(Defensor Público/AM – 2013 – FCC) O divórcio
(A) não pode ser concedido sem prévia partilha dos bens.
(B) demanda prévia separação judicial, há pelo menos um ano, ou de fato, há pelo menos dois.

(C) só pode ser requerido se comprovada culpa de um dos cônjuges.
(D) pode dar ensejo à obrigação de prestar alimentos, a qual não se extingue com novo casamento do alimentante.
(E) não importa restrição aos direitos e deveres decorrentes do poder familiar, salvo na hipótese de casamento de qualquer dos pais.

A: incorreta. O divórcio, amigável ou litigioso, judicial ou extrajudicial, pode ser realizado sem que haja prévia partilha dos bens (art. 1.581 do CC); **B:** incorreta, após a introdução da Emenda Constitucional 66/2010, que alterou o art. 226, § 6º, da CF/1988, a separação deixou de ser um requisito para o divórcio, que pode ser requerido a qualquer momento; **C:** incorreta. No divórcio não é possível a discussão de culpa. A análise da culpa somente era possível no procedimento de separação; **D:** correta. Se um dos cônjuges vier a necessitar de alimentos, o outro poderá ser obrigado a prestá-los mediante pensão a ser fixada pelo juiz (art. 1.704 do CC), sendo certo que o novo casamento do cônjuge devedor não extingue a obrigação constante da sentença de divórcio; **E:** incorreta, pois segundo dispõe o art. 1.636 do CC, o pai ou a mãe que contrair novas núpcias não perderá o poder familiar em relação aos filhos do relacionamento anterior. **AG/WG**

Gabarito "D".

7.1.4. REGIME DE BENS

(Defensor Público –DPE/RN – 2016 – CESPE) No tocante ao regime de bens do casamento, assinale a opção correta.
(A) No casamento sob o regime de participação final nos aquestos, o bem imóvel que for adquirido exclusivamente por um dos cônjuges será de livre administração e alienação, por esse cônjuge.
(B) Sob o regime da comunhão parcial de bens, não entram na comunhão os bens adquiridos na constância da sociedade conjugal, por fato eventual, com ou sem o concurso de trabalho ou despesa anterior.
(C) No regime da comunhão universal de bens, participam da comunhão todos os bens presentes e futuros do casal, inclusive as dívidas anteriores ao casamento.
(D) No regime de comunhão parcial, participam da comunhão as verbas indenizatórias decorrentes do ajuizamento de ação reclamatória trabalhista durante a vigência do vínculo conjugal, ainda que tais verbas venham a ser percebidas por um dos cônjuges após o fim do casamento.
(E) O pacto antenupcial é indispensável na celebração do casamento pelo regime da separação obrigatória de bens.

A: incorreta, pois nesse regime o Código Civil admite a livre alienação dos bens móveis (CC, art. 1.673, parágrafo único). Caso os nubentes queiram definir a livre alienação de bens imóveis, é preciso que isso conste expressamente no pacto antenupcial (CC, art. 1.656); **B:** incorreta, pois há comunicação dos bens adquiridos na constância, bem como aqueles adquiridos por fato eventual, como é o caso de sorteios, loterias, rifas etc. (CC, art. 1.660, I e II); **C:** incorreta, pois tais dívidas não se comunicam (CC, art. 1.668, III); **D:** correta, pois o que importa é o fato gerador para o recebimento de tais verbas e não o momento em que são recebidas; **E:** incorreta, pois esse regime é imposto pela lei em situações especificadas no CC, art. 1.641. **GN**

Gabarito "D".

(Defensor Público –DPE/BA – 2016 – FCC) Margarida de Oliveira conviveu em união estável com Geraldo Teixeira desde o ano de 2006, ambos pessoas capazes e não idosos. Não realizaram pacto de convivência. Durante o relacionamento, Margarida, funcionária pública, recebia salário equivalente a dez salários mínimos, enquanto Geraldo não realizava qualquer atividade remunerada. Em 2010, Margarida adquiriu, por contrato de compra e venda, um bem imóvel onde o casal passou a residir. Em 2015, recebeu o valor de R$ 100.000,00 (cem mil reais), deixado por seu pai por sucessão legítima. Diante desta hipótese, é correto dizer que Geraldo
(A) não tem direito à meação do imóvel adquirido na constância da união estável, uma vez que o bem foi adquirido sem qualquer participação de Geraldo, e também não faz jus à partilha do valor recebido a título de herança por Margarida, uma vez que o regime de bens aplicável à relação não contempla herança.
(B) tem direito à meação do imóvel adquirido na constância da união estável, independente de prova de esforço comum, mas não faz jus à partilha do valor recebido a título de herança por Margarida, uma vez que o regime de bens aplicável à relação não contempla herança.
(C) tem direito à meação do imóvel adquirido na constância da união estável, independente de prova de esforço comum, como também faz jus à partilha do valor recebido a título de herança por Margarida, uma vez que o regime de bens aplicável à relação contempla herança.
(D) tem direito tanto à meação do imóvel adquirido na constância da união estável bem como à partilha do valor recebido a título de herança por Margarida, desde que prove esforço comum em ambas as situações.
(E) não tem direito à meação do imóvel adquirido na constância da união estável, uma vez que o bem foi adquirido sem qualquer participação de Geraldo, mas faz jus à partilha do valor recebido a título de herança por Margarida, uma vez que o regime de bens aplicável à relação.

A questão diz respeito às regras de comunicabilidade de bens durante a união estável. Na ausência de estipulação contrária, o regime de bens aplicável para a união estável é o da comunhão parcial (CC, art. 1.725). Nesse regime, há comunicação (independentemente da prova de esforço comum) de bens adquiridos onerosamente durante a relação (conjugal ou de convivência), conforme o art. 1.660, I do Código Civil. Todavia, bens herdados – antes ou durante a relação – não se comunicam (CC, art. 1.659, I) e passam a fazer parte do acervo particular do cônjuge ou companheiro que herdou. Logo, apenas a assertiva 'b' é a que contempla a resposta correta. **GN**

Gabarito "B".

(Magistratura/RR – 2015 – FCC) Qualquer que seja o regime de bens do casamento, tanto o marido quanto a mulher podem livremente
(A) reivindicar os bens comuns, móveis ou imóveis, doados ou transferidos pelo outro cônjuge ao concubino, desde que provado que os bens não foram adquiridos pelo esforço comum destes, se o casal estiver separado de fato por mais de cinco anos.
(B) alienar os bens imóveis gravados com cláusula de incomunicabilidade.
(C) prestar fiança ou aval, desde que o valor por que se obriga não supere o de seus bens particulares.
(D) comprar a crédito as coisas necessárias à economia doméstica, mas não poderão obter por empréstimo as quantias necessárias para sua aquisição.
(E) propor ação de usucapião de bem imóvel.

A: correta (art. 1.642, V, do CC); **B:** incorreta, pois em relação a bens imóveis essa liberdade só existe se o casal é casado no regime de separação absoluta (art. 1.647, *caput* e inciso I, do CC); **C:** incorreta, pois essa liberdade só existe se o casal é casado no regime de separação absoluta (art. 1.647, *caput* e inciso III, do CC); **D:** incorreta, pois é cabível também, independentemente da autorização do outro, a obtenção de empréstimo de quantias necessárias a comprar as coisas necessárias à economia doméstica; **E:** incorreta, pois é necessário a autorização do outro (art. 1.647, II, do CC). **WG**

Gabarito "A".

(Magistratura/SC – 2015 – FCC) Analise as seguintes assertivas sobre o regime de bens do casamento.
I. No regime da comunhão parcial de bens excluem-se da comunhão os proventos do trabalho pessoal da cada cônjuge.
II. No regime da separação de bens, salvo disposição em contrário no pacto antenupcial, ambos os cônjuges são obrigados a contribuir para as despesas do casal apenas na proporção dos rendimentos de seu trabalho.
III. No regime da comunhão universal de bens, são excluídos da comunhão os bens herdados com a cláusula de inalienabilidade.
IV. Nos regimes da comunhão parcial e da comunhão universal de bens, recusando-se um dos cônjuges à outorga para alienação de bem imóvel, cabe ao juiz supri-la, se não houver motivo justo para a recusa.
V. Salvo no regime da separação de bens, é nula a fiança concedida por um dos cônjuges sem autorização do outro.
É correto o que se afirma APENAS em
(A) II, IV e V.
(B) III, IV e V.
(C) I, II e III.
(D) II, III e IV.
(E) I, III e IV.

I: correta (art. 1.659, VI, do CC); **II:** incorreta, pois a proporção do caso não é só em relação aos rendimentos do trabalho, mas também em relação aos rendimentos com os bens de cada um (art. 1.688 do CC); **III:** correta (art. 1.668, I, do CC); vale lembrar que a cláusula de inalienabilidade implica na incomunicabilidade (art. 1.911, *caput*, do CC); **IV:** correta (art. 1.648 do CC); **V:** incorreta, pois a lei se refere a negócio "anulável" nesse caso (art. 1.649, *caput*, do CC) e jurisprudência fala em falta de eficácia (Súmula n. 332: "a fiança prestada sem autorização de um dos cônjuges implica a ineficácia total da garantia"). **WG**

Gabarito "E".

(Ministério Público/SP – 2015 – MPE/SP) Sobre o regime de bens do casamento, assinale a alternativa correta:
(A) A Código Civil alterou o ordenamento jurídico brasileiro para impor o princípio da imutabilidade absoluta do regime matrimonial de bens.
(B) É vedada qualquer modificação no regime de bens do casamento celebrado antes da vigência do Código Civil de 2002.
(C) A alteração do regime de bens na união estável depende de homologação judicial e prévia oitiva do Ministério Público.
(D) O regime da separação obrigatória de bens do casamento poderá ser alterado pelos nubentes com mais de 70 anos de idade.

(E) Cessada a causa suspensiva da celebração do casamento, será possível aos cônjuges modificar o regime obrigatório de bens do casamento para o eleito pelo casal.

A: incorreta, pois cabe modificação nas condições do art. 1.639, § 2º, do CC; **B**: incorreta, pois, por se tratar de efeito do casamento, cabe alteração do regime para casamentos anteriores ao CC/02; **C**: incorreta, pois não é necessária a homologação judicial, nem prévia oitiva do MP, diferentemente da previsão legal para alteração do regime de bens no casamento (art. 1.639, § 2º, do CC); **D**: incorreta, pois o regime determinado pela lei no caso é o de separação de bens (art. 1.641 do CC) **E**: correta, pois tal conclusão decorre da aplicação finalística do parágrafo único do art. 1.524 do CC. WG
Gabarito "E".

(Procurador Legislativo – Câmara de Vereadores de São Paulo/SP – 2014 – FCC) Em relação ao regime de bens entre cônjuges:

(A) o pacto antenupcial pode ser feito por escritura pública ou por instrumento particular, neste caso desde que registrado em livro próprio, no Registro Imobiliário do domicílio dos cônjuges.
(B) é anulável a convenção ou cláusula de pacto antenupcial que contravenha disposição absoluta de lei.
(C) por serem atos formais e solenes, em nenhuma hipótese será permitida a realização de pactos antenupciais por menores.
(D) no pacto antenupcial, que adotar o regime de participação final nos aquestos, poder-se-á convencionar a livre disposição dos bens imóveis, desde que particulares.
(E) não havendo convenção antenupcial, ou sendo ela nula ou ineficaz, vigorará, quanto aos bens entre os cônjuges, o regime da comunhão universal.

A: incorreta, pois "*é nulo o pacto antenupcial se não for feito por escritura pública*" (CC, art. 1.653); **B**: incorreta, pois tal hipótese gera nulidade absoluta (CC, art. 1.655); **C**: incorreta, pois admite-se pacto antenupcial realizado por menor, condicionada à aprovação de seu representante legal (CC, art. 1.654); **D**: correta, pois tal possibilidade encontra respaldo no art. 1.656 do CC; **E**: incorreta, pois nesse caso vigorará o regime de comunhão parcial (CC, art. 1.640). GN
Gabarito "D".

(Juiz de Direito/CE – 2014 – FCC) Analise as assertivas a seguir:

I. O pacto antenupcial não terá efeito perante terceiros senão depois de registrado em livro especial pelo oficial do Registro de Imóveis do domicílio dos cônjuges.
II. É inalterável o regime de bens do casamento, ainda que mediante autorização judicial.
III. No regime de comunhão universal de bens só não se comunicam aqueles herdados ou recebidos por doação com cláusula de incomunicabilidade.
IV. No regime da comunhão parcial de bens não se comunicam as obrigações provenientes de atos ilícitos, salvo reversão em proveito do casal.
V. No regime de separação de bens, ambos os cônjuges são obrigados a contribuir para as despesas do casal na proporção dos rendimentos de seu trabalho e de seus bens, salvo estipulação em contrário no pacto antenupcial.

Sobre o regime de bens do casamento, é correto o que se afirmar APENAS em

(A) III, IV e V.
(B) I, III e V.
(C) I, IV e V.
(D) I, II e III.
(E) II, III e IV.

I: correta, pois a assertiva apenas reproduz o disposto no art. 1.657 do CC; **II**: incorreta, pois o art. 1.639, § 2º, do CC permite tal alteração bastando para tanto o "*pedido motivado de ambos os cônjuges, apurada a procedência das razões invocadas e ressalvados os direitos de terceiros*"; **III**: incorreta, pois tais bens também se comunicam (CC, art. 1.667); **IV**: correta, pois tais obrigações são excluídas da comunhão (CC, art. 1.659, IV); **V**: correta, pois a assertiva reproduz a regra estabelecida pelo art. 1.688 do CC. GN
Gabarito "C".

7.1.5. TEMAS COMBINADOS DE CASAMENTO

(Defensor Público – DPE/SC – 2017 – FCC) Considere as assertivas abaixo a respeito dos requisitos para a usucapião familiar, inserida no Código Civil pela Lei n. 12.424/2011.

I. boa-fé e justo título.
II. posse ininterrupta e sem oposição pelo prazo de dois anos.
III. posse direta e com exclusividade sobre imóvel urbano de até 250 m² (duzentos e cinquenta metros quadrados).
IV. usucapiente não seja proprietário de outro imóvel urbano ou rural.
V. o usucapiente seja proprietário de parte do imóvel juntamente com ex-cônjuge ou ex-companheiro que abandonou o lar.

Está correto o que se afirma APENAS em:

(A) II, IV e V.
(B) II, III e IV.
(C) II, III, IV e V.
(D) I, II, IV e V.
(E) I, II, III e IV.

A letra C está correta, nos termos do artigo 1240-A do Código Civil, dispõe que: "Aquele que exercer, por 2 (dois) anos ininterruptamente e sem oposição, posse direta, com exclusividade, sobre imóvel urbano de até 250m² (duzentos e cinquenta metros quadrados) cuja propriedade divida com ex-cônjuge ou ex-companheiro que abandonou o lar, utilizando-o para sua moradia ou de sua família, adquirir-lhe-á o domínio integral, desde que não seja proprietário de outro imóvel urbano ou rural. § 1º O direito previsto no *caput* não será reconhecido ao mesmo possuidor mais de uma vez". GN
Gabarito "C".

(Cartório/DF – 2014 – CESPE) Acerca do casamento, assinale a opção correta.

(A) É possível a anulação de casamento, sob o fundamento de erro essencial quanto à pessoa, em caso de impotência *coeundi* do cônjuge, por impossibilitar a realização da finalidade do matrimônio, ainda que tenha havido coabitação anterior à celebração do casamento e por mais de três anos após essa celebração.
(B) O casamento nulo ou anulável produz todos os efeitos até o dia da sentença anulatória se ambos os cônjuges o contraíram de boa-fé.
(C) Sobrevindo prole, não podem ser anulados os efeitos civis do casamento celebrado em infringência a impedimento dirimente decorrente de má-fé de ambos os cônjuges.
(D) É válido o casamento nuncupativo realizado perante o oficial do registro, em caso de interditado portador de moléstia grave, na presença de duas testemunhas e do curador.
(E) O casamento religioso celebrado sem a observância das formalidades legais, das causas suspensivas e da capacidade matrimonial poderá ser inscrito no registro civil, no prazo estabelecido no Código Civil, mediante requerimento do celebrante ou dos interessados.

A: incorreta, pois o prazo de três anos gera a decadência do direito de anular o casamento por erro essencial quanto à pessoa do cônjuge (CC, art. 1.560); **B**: correta, pois a assertiva reproduz a regra sobre o casamento putativo, previsto no art. 1.561 do CC; **C**: incorreta, pois apenas os cônjuges de boa-fé subjetiva é que recebem a proteção legal na hipótese de casamento putativo; **D**: incorreta, pois para tal específico matrimônio a lei exige a presença de seis testemunhas (CC, art. 1.540); **E**: incorreta, pois além do registro, o casamento religioso "deve atender às exigências da lei para a validade do casamento civil" para que se equipare a este (CC, art. 1.515). GN
Gabarito "B".

7.2. UNIÃO ESTÁVEL

(Defensor Público – DPE/SC – 2017 – FCC) Roberto viveu em união estável com Paula durante 10 (dez) anos, quando angariaram um patrimônio comum de 80 mil reais e tiveram quatro filhos. Não realizaram pacto de convivência, porque entendiam desnecessário, na medida que não tinham bens adquiridos antes do início da convivência. Roberto faleceu no dia 25 de junho de 2017 e a companheira supérstite procura a defensoria pública para saber qual o quinhão que lhe cabe. Para que responda corretamente e em consonância com o atual entendimento do Supremo Tribunal Federal a respeito da sucessão do companheiro, o defensor público deverá informá-la que ela tem direito

(A) a 16 mil reais a título de herança em concurso com os filhos comuns, mas não tem direito à meação.
(B) a 20 mil reais a título de herança em concurso com os filhos comuns, mas não tem direito à meação.
(C) a 40 mil reais a título de meação, além de 10 mil de herança em concurso com os filhos comuns.
(D) a 40 mil reais a título de meação, além de 8 mil de herança em concurso com os filhos comuns.
(E) a 40 mil reais a título de meação, mas não tem direito à herança em concurso com os filhos comuns.

O STF reconheceu a equiparação entre cônjuge e companheiro para fins de sucessão. A decisão foi proferida, com repercussão geral reconhecida, no julgamento dos Recursos Extraordinários (REs) 646721 e 878694, *in verbis*: "Ementa: Direito constitucional e civil. Recurso extraordinário. Repercussão geral. Aplicação do artigo 1.790 do Código Civil à sucessão em união estável homoafetiva. Inconstitucionalidade da distinção de regime sucessório entre cônjuges e companheiros.
1. A Constituição brasileira contempla diferentes formas de família legítima, além da que resulta do casamento. Nesse rol incluem-se as famílias formadas mediante união estável, hétero ou homoafetivas. O STF já reconheceu a "inexistência de hierarquia ou diferença de qualidade jurídica entre as duas formas de constituição de um novo e autonomizado núcleo doméstico", aplicando-se a união estável entre pessoas do mesmo sexo as mesmas regras e mesmas consequências da união estável heteroafetiva (adi 4277 e ADPF 132, rel. Min. Ayres Britto, j. 05.05.2011) 2. Não é legítimo desequiparar, para fins sucessórios, os cônjuges e os companheiros, isto é, a família formada pelo casamento e a formada por união estável. Tal hierarquização entre entidades familiares é incompatível com a Constituição de 1988. Assim sendo, o art. 1790 do Código Civil, ao revogar as leis no

8.971/1994 e no 9.278/1996 e discriminar a companheira (ou o companheiro), dando-lhe direitos sucessórios bem inferiores aos conferidos à esposa (ou ao marido), entra em contraste com os princípios da igualdade, da dignidade humana, da proporcionalidade como vedação à proteção deficiente e da vedação do retrocesso. 3. Com a finalidade de preservar a segurança jurídica, o entendimento ora firmado é aplicável apenas aos inventários judiciais em que não tenha havido trânsito em julgado da sentença de partilha e às partilhas extrajudiciais em que ainda não haja escritura pública. 4. Provimento do recurso extraordinário. Afirmação, em repercussão geral, da seguinte tese: "no sistema constitucional vigente, é inconstitucional a distinção de regimes sucessórios entre cônjuges e companheiros, devendo ser aplicado, em ambos os casos, o regime estabelecido no art. 1.829 do CC/2002" (Recurso extraordinário 646.721 Rio Grande do Sul, Min. Marco Aurélio, DJe 11/09/2017).
Gabarito "E".

(Defensor Público –DPE/MT – 2016 – UFMT) Quanto à união estável, marque V para as afirmativas verdadeiras e F para as falsas.

( ) O Código Civil de 2002 não revogou as disposições constantes da Lei 9.278/1996, subsistindo a norma que confere o direito real de habitação ao companheiro sobrevivente diante da omissão do Código Civil em disciplinar tal matéria em relação aos conviventes em união estável, consoante o princípio da especialidade.
( ) Na união estável de pessoa maior de setenta anos (art. 1.641, II, do CC/2002), impõe-se o regime da separação obrigatória, sendo vedada a partilha de bens adquiridos na constância da relação, mesmo que comprovado o esforço comum.
( ) A incomunicabilidade do produto dos bens adquiridos anteriormente ao início da união estável (art. 5º, § 1º, da Lei 9.278/1996) se estende aos seus frutos, conforme previsão do art. 1.660, V, do Código Civil de 2002.
( ) São incomunicáveis os bens particulares adquiridos anteriormente à união estável ou ao casamento sob o regime de comunhão parcial, ainda que a transcrição no registro imobiliário ocorra na constância da relação.
( ) A companheira ou o companheiro não participará da sucessão do outro, quanto aos bens adquiridos onerosamente na vigência da união estável, se concorrer com filhos comuns.

Assinale a sequência correta.
(A) V, V, V, V, F
(B) F, F, F, V, V
(C) V, F, F, V, F
(D) V, F, F, F, V
(E) F, F, V, F, F

I: verdadeira, pois esse foi o entendimento do Enunciado 117 do Conselho da Justiça Federal, segundo o qual a Lei 9.278/1996 não teria sido revogada no que se refere ao direito real de habitação: **II:** falsa, pois o STJ já pacificou o entendimento segundo o qual a união estável após os setenta anos implica no regime de separação obrigatória, com a atenuante da Súmula 377 do STF, segundo a qual há comunicação dos bens adquiridos na constância do matrimônio (REsp 1171820/PR, Rel. Ministro Sidnei Beneti, Rel. p/ Acórdão Ministra Nancy Andrighi, Terceira Turma, julgado em 07/12/2010, DJe 27/04/2011); **III:** falsa, pois no regime da comunhão parcial há comunicação dos frutos dos bens particulares (CC, art. 1.660, V); **IV:** verdadeira, pois o que importa para fins de comunicação é o momento aquisitivo e não o registro imobiliário (CC, art. 1.659, I); **V:** falsa, pois a assertiva repetiu o art. 1.790 do Código Civil, inserindo, contudo, o advérbio "não", alterando por completo a ideia da lei.
Gabarito "C".

(Magistratura/SC – 2015 – FCC) Joaquim, viúvo, é pai de José, que se casara com Amélia. José e Amélia divorciaram-se. Três meses após esse divórcio, Joaquim e Amélia compareceram a um Cartório de Notas, solicitando ao Tabelião que lavrasse uma escritura pública de união estável, escolhendo o regime da comunhão universal de bens. O Tabelião recusou-se a lavrar a escritura, por reputar inválido o ato. A recusa

(A) justifica-se, mas poderá ser estabelecida a união estável entre os pretendentes depois de transcorridos trezentos (300) dias do divórcio de Amélia e desde que os bens deixados pelo cônjuge de Joaquim tenham sido inventariados e partilhados.
(B) não se justifica, porque não há qualquer impedimento entre os pretendentes à união estável.
(C) justifica-se, porque Joaquim e Amélia não podem estabelecer união estável.
(D) só se justifica no tocante à escolha do regime de bens, porque seria obrigatório o regime da separação de bens.
(E) só se justifica no tocante à escolha do regime de bens, porque o único admissível é o da comunhão parcial de bens na união estável.

A, B, D e E: incorretas, pois no caso a lei dispõe que não se pode constituir uma união estável, em virtude do impedimento previsto no art. 1.521, II, do CC (art. 1.723, § 1º, do CC), tratando-se de impedimento absoluto que não há como sanar; **C:** correta, pois no caso a lei dispõe que não se pode constituir uma união estável, em virtude do impedimento previsto no art. 1.521, II, do CC (art. 1.723, § 1º, do CC).
Gabarito "C".

(Procurador Legislativo – Câmara de Vereadores de São Paulo/SP – 2014 – FCC) Maria e José viveram juntos por oito anos. Não tiveram filhos. Separaram-se e Maria, objetivando meação dos bens que José levou para o convívio, propõe ação declaratória de reconhecimento de união estável, cumulada com a partilha de tais bens. José contesta alegando que, como ele era casado, embora separado de fato de seu cônjuge, e não tiveram filhos, não haveria como configurar-se união estável, por impedimento matrimonial; além disso, os bens seriam somente dele, José, por terem sido adquiridos antes da alegada união estável. Ao examinar a questão, o juiz da causa

(A) admitirá a união estável por ser irrelevante a ausência de filhos e suficiente a separação de fato para sua constituição, destinando metade dos bens para Maria, já que, por analogia, o regime de bens na união estável equipara-se à comunhão total de bens.
(B) admitirá a união estável, porque a ausência de filhos é irrelevante e a separação de fato já permite sua constituição; quanto aos bens, determinará que são apenas de José, porque só se comunicariam aqueles adquiridos na constância da união estável, à qual se aplicam, nas relações patrimoniais, no que couber, o regime da comunhão parcial de bens.
(C) não admitirá a união estável, pela existência de impedimento matrimonial, uma vez que é preciso estarem presentes todos os requisitos para conversão da convivência em casamento; no entanto, destinará metade dos bens para Maria, como indenização moral pelos oito anos de convívio.
(D) não admitirá a união estável, pela existência de impedimento matrimonial a impedir a conversão em casamento; também não destinará qualquer bem a Maria, por serem de exclusiva propriedade de José.
(E) não admitirá a união estável, pela inexistência de filhos e pela ocorrência de impedimento matrimonial, mas determinará indenização a Maria pela caracterização de concubinato.

A questão envolve três aspectos importantes sobre a união estável. Em primeiro lugar, é possível existir uma união estável concomitante a um casamento, desde que neste último os cônjuges estejam separados de fato (CC, art. 1.723, § 1º). Em segundo lugar, a existência ou não de filhos é irrelevante para configurar uma união estável, bastando o preenchimento de outros requisitos mais importantes, tais como a união pública e duradoura e principalmente o intuito de formar família. Por último, o regime de bens que deve ser aplicado para a união estável é o da comunhão parcial, o qual não implica comunicação de bens que foram adquiridos antes da união (CC, art. 1.725).
Gabarito "B".

7.3. PARENTESCO E FILIAÇÃO

(Defensor Público Federal – DPU – 2017 – CESPE) No mundo contemporâneo (pós-moderno), a família perdeu o caráter natural, assumindo nova feição, forjada, agora, em fenômenos culturais. A família de hoje representa um "fenômeno humano em que se funda a sociedade, sendo impossível compreendê-la senão à luz da interdisciplinaridade, máxime na sociedade contemporânea, marcada por relações complexas, plurais, abertas, multifacetárias e (por que não?) globalizadas".

Cristiano Chaves de Farias e Nelson Rosenvald. Curso de direito civil: famílias. Vol. 6, 7.ª ed. São Paulo: Atlas, 2015, p. 3 (com adaptações).

A respeito do assunto objeto do texto precedente, julgue os itens que se seguem, tendo como referência o entendimento dos tribunais superiores.

(1) A existência de vínculo com o pai ou a mãe registral não impede que o filho exerça o direito de busca da ancestralidade e da origem genética, dado que o reconhecimento do estado de filiação configura direito personalíssimo, indisponível e imprescritível.
(2) Antes da regulamentação legal da união estável, era necessário, para futura partilha igualitária, comprovar o esforço comum dos companheiros na aquisição do patrimônio coletivo, o que não é mais necessário em razão da atual presunção de mútua assistência.
(3) A anulação de registro espontâneo de paternidade pelo pai socioafetivo é admitida na hipótese de "adoção à brasileira", ainda que esta seja fonte de vínculo socioafetivo entre as partes, haja vista tratar-se de negócio jurídico fundamentado na mera liberalidade e realizado à margem do ordenamento pátrio.

1: Correta de acordo com o entendimento do Superior Tribunal de Justiça, *in verbis*: Recurso especial. Direito de família. Filiação. Igualdade entre filhos. Art. 227, § 6º, da CF/1988. Ação de investigação de paternidade. Paternidade socioafetiva. Vínculo biológico. Coexistência. Descoberta posterior. Exame de DNA. Ancestralidade. Direitos sucessórios. Garantia. Repercussão geral. STF. No que se refere ao Direito de Família, a Carta Constitucional de 1988 inovou ao permitir a igualdade de filiação, afastando a odiosa distinção até então existente entre filhos legítimos, legitimados e ilegítimos (art. 227, § 6º, da Constituição Federal). O Supremo Tribunal Federal, ao julgar o Recurso Extraordinário n. 898.060, com repercussão geral reconhecida, admitiu a coexistência entre as paternidades biológica e a socioafetiva, afastando qualquer interpretação apta a ensejar a hierarquização dos vínculos. A existência de vínculo com o pai registral não é obstáculo ao exercício do direito de busca da origem genética ou de reconhecimento de paternidade biológica. Os direitos à ancestralidade, à origem genética e ao afeto são, portanto, compatíveis. O reconhecimento do estado de filiação configura direito personalíssimo, indisponível e imprescritível, que pode ser exercido, portanto, sem nenhuma restrição, contra os pais ou seus herdeiros (REsp 1618230/RS, Rel. Ministro Ricardo Villas Bôas Cueva, Terceira Turma, julgado em 28/03/2017, DJe 10/05/2017)". **2:** Correto, "Direito civil e processual civil. União estável. Patrimônio em nome do companheiro. Prova do esforço comum. Lei 9.278/96. União dissolvida antes de sua vigência. Inaplicabilidade. Partilha proporcional à contribuição individual. Modificação do percentual estabelecido. Óbice da Súmula 07/STJ. A jurisprudência de ambas as Turmas que integram a Segunda Seção desta Corte é firme no sentido de que, existente a prova do esforço comum na aquisição ou incremento do patrimônio de qualquer dos companheiros, ainda que indireta a contribuição, abre-se ensejo à partilha dos bens (Súmula 380/STF). Não se aplicam às uniões livres dissolvidas antes de 13.05.96 (data da publicação) as disposições contidas na Lei 9.278/96, principalmente no concernente à presunção de se formar o patrimônio com o esforço comum igualitário, pois aquelas situações jurídicas já se achavam consolidadas antes da vigência do diploma normativo. A partilha do patrimônio deve, pois, observar a contribuição de cada um dos concubinos para a aquisição dos bens, não significando, necessariamente, meação (REsp 174.051/RJ, Rel. Ministro Castro Filho, Terceira Turma, julgado em 30/04/2002, DJ 01/07/2002, p. 335)". **3:** Errada, conforme jurisprudência do Superior Tribunal de Justiça, *in verbis*: "Recurso especial. Direito de família. Socioafetividade. Art. 1.593 do Código Civil. Possibilidade. Paternidade. Reconhecimento espontâneo. Registro. Art. 1.604 do Código Civil. Erro ou falsidade. Inexistência. Anulação. Impossibilidade. Princípio do melhor interesse da criança. A socioafetividade é contemplada pelo art. 1.593 do Código Civil, no sentido de que o parentesco é natural ou civil, conforme resulte da consanguinidade ou outra origem. Impossibilidade de retificação do registro de nascimento do menor por ausência dos requisitos para tanto, quais sejam: a configuração de erro ou falsidade (art. 1.604 do Código Civil). A paternidade socioafetiva realiza a própria dignidade da pessoa humana por permitir que um indivíduo tenha reconhecido seu histórico de vida e a condição social ostentada, valorizando, além dos aspectos formais, como a regular adoção, a verdade real dos fatos. A posse de estado de filho, que consiste no desfrute público e contínuo da condição de filho legítimo, restou atestada pelas instâncias ordinárias. A "adoção à brasileira", ainda que fundamentada na "piedade", e muito embora seja expediente à margem do ordenamento pátrio, quando se fizer fonte de vínculo socioafetivo entre o pai de registro e o filho registrado não consubstancia negócio jurídico sujeito a distrato por mera liberalidade, tampouco avença submetida a condição resolutiva, consistente no término do relacionamento com a genitora (Precedente). Aplicação do princípio do melhor interesse da criança, que não pode ter a manifesta filiação modificada pelo pai registral e socioafetivo, afigurando-se irrelevante, nesse caso, a verdade biológica (REsp 1613641/MG, Rel. Ministro Ricardo Villas Bôas Cueva, Terceira Turma, julgado em 23/05/2017, DJe 29/05/2017)".

Gabarito: 1C, 2C, 3E

(Defensor Público – DPE/BA – 2016 – FCC) Francisco, que acabou de completar quinze anos, vai à Defensoria Pública de Ilhéus – BA em busca de orientação jurídica. Informa que recebeu um imóvel como herança de seu avô. Explica que o bem está registrado em seu nome; entretanto, a sua genitora alugou o imóvel para terceiro, recebe os valores dos alugueres e não faz qualquer repasse ou presta contas do valor recebido. Diante dessa situação, a solução tecnicamente mais adequada a ser tomada pelo Defensor é:

(A) ajuizar ação visando à anulação do contrato de locação celebrado por parte ilegítima para referido negócio jurídico, uma vez que não se trata de proprietária do imóvel.

(B) orientar Francisco que enquanto ele estiver sob o poder familiar de sua genitora, ela poderá proceder de tal forma, pois não é obrigada a lhe repassar o valor dos alugueres ou prestar contas do destino do dinheiro recebido.

(C) ajuizar ação de prestação de contas contra a genitora e, caso ela não comprove que o dinheiro é revertido em favor de seu filho, cobrar o recebimento do equivalente ao prejuízo experimentado.

(D) notificar o inquilino para que os pagamentos passem a ser feitos diretamente para o proprietário, sob pena de ajuizamento de ação de despejo por falta de pagamento.

(E) ajuizar ação possessória, postulando a reintegração na posse do imóvel, e ação contra a genitora, visando à reparação dos danos sofridos por seu ato ilícito.

O Poder familiar é um *poder-dever*, que gera um sem número de atribuições, responsabilidades, deveres e direitos aos pais. Um desses é o direito real de usufruto sobre os bens do filho menor (CC, art. 1.689, I). Trata-se de um direito real sobre coisa alheia, que permite ao usufrutuário usar, possuir, administrar e fazer seus os frutos do bem (CC, art. 1.394). Os aluguéis recebidos do bem constituem frutos e, por isso, pertencem de pleno direito à mãe de Francisco. A presunção do legislador foi a de que os pais usarão esse dinheiro em favor e benefício dos filhos. Logo, não há o que Roberto fazer nesse momento, a não ser aguardar a extinção do poder familiar, aos dezoito anos de idade.

Gabarito: "B".

(Promotor de Justiça/SC – 2016 – MPE)

(1) Segundo entendimento majoritário do STJ, os netos só possuem legitimidade para propor o reconhecimento do vínculo de parentesco em face dos avós ou de qualquer ascendente de grau superior, se o pai ou mãe já tenha iniciado a ação de prova da filiação em vida.

1: incorreta, pois o STJ entendeu que trata-se do direito à busca da ancestralidade e, portanto, personalíssimo. Nesse sentido: "*Os netos, assim como os filhos, possuem direito de agir, próprio e personalíssimo, de pleitear declaratória de relação de parentesco em face do avô, ou dos herdeiros se pré-morto aquele, porque o direito ao nome, à identidade e à origem genética estão intimamente ligados ao conceito de dignidade da pessoa humana*" (REsp 807.849/RJ, Rel. Ministra NANCY ANDRIGHI, SEGUNDA SEÇÃO, julgado em 24/03/2010, DJe 06/08/2010).

Gabarito: 1E

(Promotor de Justiça/SC – 2016 – MPE)

(1) Conforme estipula a Lei 8.560/1992, que regula a investigação de paternidade de filhos havidos fora do casamento, sempre que na sentença de primeiro grau se reconhecer a paternidade, nela se fixarão os alimentos provisionais ou definitivos do reconhecido que deles necessite.

1: correta, pois a assertiva reproduz na íntegra o disposto no art. 7º da Lei 8.560/1992, a qual regulamenta a investigação de paternidade.

Gabarito: 1C

(Promotor de Justiça/GO – 2016 – MPE) A respeito da filiação e do reconhecimento de filhos, é incorreto afirmar:

(A) No confronto entre a paternidade biológica, atestada em exame de DNA, e a paternidade socioafetiva, decorrente da chamada "adoção à brasileira", há de prevalecer a solução que melhor tutele a dignidade da pessoa humana.

(B) O reconhecimento de filho é ato personalíssimo e, em se tratando de reconhecimento de filho nascido fora do matrimônio, é imprescindível para a validade do ato, o consentimento do cônjuge do reconhecente.

(C) Como ninguém por vindicar estado contrário ao que resulta do registro de nascimento, salvo provando-se erro ou falsidade do ato, havendo um registro anterior, a lavratura de novo assento é ineficaz, até que seja desconstituído judicialmente o registro primitivo.

(D) O ato de reconhecimento voluntário produz efeitos *erga omnes*, pode se dar antes mesmo do nascimento do filho e, embora seja considerado personalíssimo e unilateral, a eficácia do reconhecimento do filho maior e capaz estará condicionada ao seu consentimento.

A: correta, pois de acordo com o entendimento consolidado pelo STJ, segundo o qual: "*o reconhecimento do estado de filiação é direito personalíssimo, indisponível e imprescritível, assentado no princípio da dignidade da pessoa humana, podendo ser exercitado sem qualquer restrição em face dos pais ou de seus herdeiros, não se havendo falar que a existência de paternidade socioafetiva tenha o condão de obstar a busca pela verdade biológica da pessoa*" (REsp 1312972/RJ, Rel. Ministro Ricardo Villas Bôas Cueva, Terceira Turma, julgado em 18/09/2012, DJe 01/10/2012); **B:** incorreta, pois não há necessidade de consentimento do cônjuge do reconhecente (Lei 8.560/1992); **C:** correta. O registro de nascimento é documento basilar e de suprema importância para a estabilidade das relações familiares e jurídicas. Assim, a assertiva guarda correspondência com os arts. 1.603 e 1.604 do Código Civil e também com precedentes do STJ. Vide, por todos, REsp 1128539/RN, Rel. Ministro Marco Buzzi, Quarta Turma, julgado em 18/08/2015, DJe 26/08/2015; **D:** correta, pois de pleno acordo com as regras e limitações previstas nos arts. 1º e 4º da Lei 8.560/1992.

Gabarito: "B".

(Ministério Público/BA – 2015 – CEFET) Assinale a alternativa **INCORRETA** acerca das relações de parentesco e adoção, segundo o Código Civil Brasileiro:

(A) Os filhos, havidos ou não da relação de casamento ou por adoção, terão os mesmos direitos e qualificações, proibidas quaisquer designações discriminatórias relativas à filiação.

(B) A filiação prova-se pela certidão do termo de nascimento no Registro Civil.

(C) O reconhecimento dos filhos havidos fora do casamento é irrevogável e será feito no registro do nascimento, por escritura pública ou escrito particular, a ser arquivado em cartório, por testamento, ainda que incidentalmente manifestado, dentre outros.

(D) Só a pessoa maior de 18 (dezoito) anos pode adotar.

(E) A adoção dispensa processo judicial.

A: assertiva correta (art. 1.596 do CC); **B:** assertiva correta (art. 1.603 do CC); **C:** assertiva correta (art. 1.609 do CC); **D:** assertiva correta (art. 42, *caput*, do ECA); **E:** assertiva incorreta, devendo ser assinalada; a adoção depende de processo judicial (art. 47, *caput*, do ECA).

Gabarito: "E".

7.4. PODER FAMILIAR, ADOÇÃO, TUTELA E GUARDA

(Defensor Público – DPE/SC – 2017 – FCC) Cláudio, adolescente de quinze anos, é filho de Marilda – que detém a sua guarda unilateral – e Gilberto – que exerce o direito de visitas de forma alternada aos fins de semana. Cláudio foi dormir na residência de seu genitor e aproveitou que este estava dormindo, apossou-se das chaves do veículo de seu genitor e saiu pelas ruas de Florianópolis. Em alta velocidade, perdeu o controle do veículo e acabou atropelando pedestres. A responsabilidade pelos danos causados

(A) é objetiva em relação a ambos os genitores em razão do exercício do poder familiar, não havendo cogitar-se de responsabilidade e submissão do patrimônio do incapaz em qualquer hipótese ou direito de regresso dos genitores contra o filho.

(B) recai exclusivamente sobre o patrimônio do genitor, uma vez que, a despeito de não ser o guardião, permanece com o poder familiar e tinha o incapaz em sua companhia, respondendo objetivamente pela conduta de seu filho incapaz.

(C) pode recair sobre o patrimônio do incapaz, desde que seus responsáveis não disponham de meios suficientes para indenizar os danos por ele causados.

(D) recai sobre o genitor que responde apenas se comprovada sua culpa in vigilando, relacionada ao zelo com a guarda das chaves do veículo e supervisão das atividades do filho, ao passo que a genitora responde de forma objetiva, por ser a guardiã do incapaz.

(E) é objetiva com relação a ambos os genitores, em razão do exercício do poder familiar, de modo que será o patrimônio de ambos os genitores alcançado, independentemente de prova de sua culpa, cabendo a eles o direito de regresso contra o filho.

Nos termos do artigo 928 do Código Civil. O patrimônio do incapaz será utilizado para a reparação do dano, caso os responsáveis não tiverem obrigações ou recurso suficientes. "Direito civil. Responsabilidade civil por fato de outrem – pais pelos atos praticados pelos filhos menores. Ato ilícito cometido por menor. Responsabilidade civil mitigada e subsidiária do incapaz pelos seus atos (CC, art. 928). Litisconsórcio necessário. Inocorrência. 1. A responsabilidade civil do incapaz pela reparação dos danos é subsidiária e mitigada (CC, art. 928). 2. É subsidiária porque apenas ocorrerá quando os seus genitores não tiverem meios para ressarcir a vítima; é condicional e mitigada porque não poderá ultrapassar o limite humanitário do patrimônio mínimo do infante (CC, art. 928, par. único e En. 39/CJF); e deve ser equitativa, tendo em vista que a indenização deverá ser equânime, sem a privação do mínimo necessário para a sobrevivência digna do incapaz (CC, art. 928, par. único e En. 449/CJF). 3. Não há litisconsórcio passivo necessário, pois não há obrigação – nem legal, nem por força da relação jurídica (unitária) – da vítima lesada em litigar contra o responsável e o incapaz. É possível, no entanto, que o autor, por sua opção e liberalidade, tendo em conta que os direitos ou obrigações derivem do mesmo fundamento de fato ou de direito (CPC,73, art. 46, II) intente ação contra ambos – pai e filho –, formando-se um litisconsórcio facultativo e simples. 4. O art. 932, I do CC ao se referir a autoridade e companhia dos pais em relação aos filhos, quis explicitar o poder familiar (a autoridade parental não se esgota na guarda), compreendendo um plexo de deveres como, proteção, cuidado, educação, informação, afeto, dentre outros, independentemente da vigilância investigativa e diária, sendo irrelevante a proximidade física no momento em que os menores venham a causar danos. 5. Recurso especial não provido" (REsp 1436401 / MG, Ministro Luis Felipe Salomão, Quarta Turma, DJe 16/03/2017).

Gabarito "C".

(Defensor Público – DPE/SC – 2017 – FCC) Sobre tutela, curatela e tomada de decisão apoiada, é correto afirmar:

(A) caso algum ascendente do menor se recuse a exercer a sua tutela, o juiz sempre poderá nomeá-lo com ou sem a sua anuência.

(B) o tutor pode, com autorização judicial, dispor de bens do menor a título gratuito.

(C) a curatela é instituto social de proteção dos absolutamente incapazes para a prática de atos da vida civil.

(D) a tomada de decisão apoiada pode ser requerida pela pessoa com deficiência ou por qualquer das pessoas legitimadas para promover a interdição.

(E) para que o apoiador seja desligado a seu pedido do processo de tomada de decisão apoiada, é imprescindível a manifestação judicial sobre o pedido.

A: Incorreta, pois viola o disposto no 1.738 do Código Civil. **B:** Incorreta, vai de encontro ao disposto no inciso II, do artigo 1.749, do Código Civil. **C:** Incorreta. Nos termos do artigo 1.767 estão sujeitos a curatela: I: aqueles que, por causa transitória ou permanente, não puderem exprimir sua vontade; III: os ébrios habituais e os viciados em tóxico; e V: os pródigos. Assim, diante das alterações nos artigos 3º e 4º do Código Civil pelo Estatuto da Pessoa com Deficiência, todos os sujeitos a curatelas estão previstos no rol do relativamente incapazes. **D:** Incorreta, nos termos do artigo 1.783-A do Código Civil, somente pode ser requerida pela pessoa com deficiência. **E:** correta. Após a entrada em vigor da Lei 13.146/2015, Lei Brasileira de Inclusão da Pessoa com Deficiência, também nomeada de Estatuto da Pessoa com Deficiência, os deficientes, no que se incluem os portadores de transtorno mental, não são mais considerados incapazes, em razão das alterações nos artigos 3º e 4º do Código Civil. O Estatuto da Pessoa com Deficiência, inseriu ao lado da Tutela e Curatela um novo instituto, qual seja, a Tomada de Decisão Apoiada, previsto no artigo 1.783-A do Código Civil. Nesse novo sistema são nomeadas pelo menos duas pessoas idôneas por iniciativa da pessoa com deficiência, conforme segue: "A tomada de decisão apoiada é o processo pelo qual a pessoa com deficiência elege pelo menos 2 (duas) pessoas idôneas, com as quais mantenha vínculos e que gozem de sua confiança, para prestar-lhe apoio na tomada de decisão sobre atos da vida civil, fornecendo-lhes os elementos e informações necessárias para que possa exercer sua capacidade. § 1º Para formular pedido de tomada de decisão apoiada, a pessoa com deficiência e os apoiadores devem apresentar termo em que constem os limites do apoio a ser oferecido e os compromissos dos apoiadores, inclusive o prazo de vigência do acordo e o respeito à vontade, aos direitos e aos interesses da pessoa que devem apoiar. § 2º O pedido de tomada de decisão apoiada será requerido pela pessoa a ser apoiada, com indicação expressa das pessoas aptas a prestarem o apoio previsto no caput deste artigo. § 3º Antes de se pronunciar sobre o pedido de tomada de decisão apoiada, o juiz, assistido por equipe multidisciplinar, após oitiva do Ministério Público, ouvirá pessoalmente o requerente e as pessoas que lhe prestarão apoio. § 4º A decisão tomada por pessoa apoiada terá validade e efeitos sobre terceiros, sem restrições, desde que esteja inserida nos limites do apoio acordado. § 5º Terceiro com quem a pessoa apoiada mantenha relação negocial pode solicitar que os apoiadores contra-assinem o contrato ou acordo, especificando, por escrito, sua função em relação ao apoiado. § 6º Em caso de negócio jurídico que possa trazer risco ou prejuízo relevante, havendo divergência de opiniões entre a pessoa apoiada e um dos apoiadores, deverá o juiz, ouvido o Ministério Público, decidir sobre a questão. § 7º Se o apoiador agir com negligência, exercer pressão indevida ou não adimplir as obrigações assumidas, poderá a pessoa apoiada ou qualquer pessoa apresentar denúncia ao Ministério Público ou ao juiz. § 8º Se procedente a denúncia, o juiz destituirá o apoiador e nomeará, ouvida a pessoa apoiada e se for de seu interesse, outra pessoa para prestação de apoio. § 9º A pessoa apoiada pode, a qualquer tempo, solicitar o término de acordo firmado em processo de tomada de decisão apoiada. § 10. O apoiador pode solicitar ao juiz a exclusão de sua participação do processo de tomada de decisão apoiada, sendo seu desligamento condicionado à manifestação do juiz sobre a matéria. § 11. Aplicam-se à tomada de decisão apoiada, no que couber, as disposições referentes à prestação de contas na curatela".

Gabarito "E".

(Promotor de Justiça – MPE/AM – FMP – 2015) Considere as seguintes afirmações sobre o tema do poder familiar:

I. Os filhos permanecem sujeitos ao poder familiar, mesmo após a maioridade.

II. Compete a ambos os pais, qualquer que seja a sua situação conjugal, o pleno exercício do poder familiar, podendo exigir de seus filhos que lhes prestem obediência, respeito e os serviços próprios de sua idade e condição.

III. Extingue-se o poder familiar pela emancipação do filho.

IV. Perderá por ato judicial o poder familiar o pai ou a mãe que castigar imoderadamente o filho.

Quais das assertivas acima estão corretas?

(A) Apenas a I e II.
(B) Apenas a II e III.
(C) Apenas a I, II e III.
(D) Apenas a II, III e IV.
(E) I, II, III e IV.

I: incorreta, pois a maioridade civil extingue o poder familiar (CC, art. 1.635, III); **II:** correta, pois o divórcio e mesmo a guarda unilateral não alteram o pleno exercício do poder familiar; **III:** correta, pois a emancipação extingue o poder familiar (CC, art. 1.635, II); **IV:** correta pois os castigos imoderados podem causar a perda do poder familiar (CC, art. 1.638, I).

Gabarito "D".

(Cartório/DF – 2014 – CESPE) No que se refere ao instituto da adoção, assinale a opção correta.

(A) Verificado o óbito do adotante no curso do procedimento de adoção, ainda que manifestada a vontade do adotante, de forma inequívoca, impõe-se a declaração de perda de objeto do pedido.

(B) Em se tratando de adoção de maiores de dezoito anos, admite-se o procedimento por ato extrajudicial perante o registro civil de pessoas naturais, com assistência de advogado, ou por meio de sentença constitutiva.

(C) A lei veda que tutor com vínculo de parentesco em segundo grau colateral com o tutelado o adote, ainda que prestadas as contas de sua administração.

(D) Configura requisito essencial à adoção o prévio estágio de convivência, excetuando-se a hipótese de a criança adotanda encontrar-se sob a guarda de fato dos adotantes.

(E) O avô detentor da guarda de neta adolescente tem legitimidade para adotá-la, dispensando-se o estágio de convivência.

A: incorreta, pois "a adoção poderá ser deferida ao adotante que, após inequívoca manifestação de vontade, vier a falecer no curso do procedimento, antes de prolatada a sentença" (ECA, art. 4,2 § 6º); **B:** incorreta, pois não se dispensa a manifestação do Poder Judiciário para a adoção do maior de dezoito anos (ECA, art. 40); **C:** correta, pois "Não podem adotar os ascendentes e os irmãos do adotando" (ECA, art. 42 § 1º); **D:** incorreta, pois o estágio de convivência "poderá ser dispensado se o adotando já estiver sob a tutela ou guarda legal do adotante durante tempo suficiente para que seja possível avaliar a conveniência da constituição do vínculo" (ECA, art. 46 § 1º); **E:** incorreta, pois: "não podem adotar os ascendentes e os irmãos do adotando" (ECA, art. 42 § 1º).

Gabarito "C".

(Ministério Público/PI – 2014 – CESPE) Assinale a opção correta a respeito da tutela.

(A) Aquele que, não sendo parente do menor, seja nomeado, por sentença, tutor, é obrigado a aceitar a tutela, sob pena de crime de

desobediência, ainda que haja parentes idôneos, consanguíneos ou afins, em condições de exercê-la.
(B) Os tutores são obrigados a prestar contas de sua administração, podendo ser dispensados desse dever pelos pais do tutelado, em testamento, ou pelo juiz, por decisão judicial.
(C) O tutor poderá delegar a outra pessoa, física ou jurídica, o exercício total da tutela.
(D) Se o patrimônio do menor for de valor considerável, poderá o juiz condicionar o exercício da tutela à prestação de caução bastante ou dispensá-la se for o tutor de reconhecida idoneidade.
(E) A tutela testamentária é válida ainda que o nomeante, no momento de sua morte, não tenha pleno exercício do poder familiar.

A: incorreta, pois "*quem não for parente do menor não poderá ser obrigado a aceitar a tutela, se houver no lugar parente idôneo, consanguíneo ou afim, em condições de exercê-la*" (CC, art. 1.737); **B:** incorreta, pois os tutores apresentam tal obrigação, ainda que os pais os tenham dispensado de tal encargo (CC, art. 1.755); **C:** incorreta, pois o exercício da tutela é indelegável; **D:** correta, pois a assertiva reproduz a regra estabelecida pelo art. 1.745, parágrafo único do CC; **E:** incorreta, pois é nula a nomeação de tutor pelo pai ou pela mãe que, ao tempo de sua morte, não tinha o poder familiar (CC, art. 1.730). Gabarito "D".

(Promotor de Justiça/MG – 2014) Assinale a alternativa CORRETA:
(A) A falta ou a carência de recursos materiais pode ensejar a suspensão do poder familiar e o abrigamento de criança ou adolescente segundo o princípio da proteção integral.
(B) O órgão de execução do Ministério Público oficiante no juízo da infância e da juventude pode rever, de ofício, as decisões do Conselho Tutelar.
(C) A colocação em família substituta estrangeira constitui medida excepcional, somente admissível na modalidade de adoção.
(D) A guarda não se compatibiliza com o instituto jurídico da tutela.

A: incorreta, pois "*a falta ou a carência de recursos materiais não constitui motivo suficiente para a perda ou a suspensão do poder familiar*" (ECA, art. 23); **B:** incorreta, pois "*as decisões do Conselho Tutelar somente poderão ser revistas pela autoridade judiciária a pedido de quem tenha legítimo interesse*" (ECA, art. 137); **C:** correta, pois a assertiva reproduz o disposto no art. 31 do ECA; **D:** incorreta, pois o exercício da tutela implica necessariamente no dever de guarda (ECA, art. 36, parágrafo único). Gabarito "C".

7.5. ALIMENTOS

(Defensor Público – DPE/SC – 2017 – FCC) Cleber procura a defensoria pública porque no dia 13 de junho de 2017 recebeu uma intimação que lhe determinava o pagamento, sob pena de prisão de pensão alimentícia devida a seu filho Caio, fixada em um terço do salário mínimo, referente ao mês de dezembro de 2016 e os que se vencerem no curso da demanda. Cleber informou que deixou de pagar a pensão em dezembro de 2016, porque o seu filho alcançou a maioridade em novembro do mesmo mês e, desde então, cessou os pagamentos. Informou ainda que, atualmente, está desempregado, mas só tem condições de pagar, no máximo, três parcelas vencidas. Diante desta situação hipotética, é correto afirmar que a cobrança é:
(A) devida e apenas a situação de desemprego ou a possibilidade do pagamento só das três últimas parcelas anteriores ao ajuizamento da ação não são suficientes para ilidir a possibilidade de prisão.
(B) devida, mas o fato de estar desempregado é justificativa suficiente para afastar a possibilidade de expedição de mandado de prisão.
(C) devida, mas o pagamento das três últimas parcelas ilide a possibilidade de expedição de mandado de prisão.
(D) indevida, uma vez que o alimentando alcançou a maioridade, cessando o dever de prestar alimentos.
(E) indevida, uma vez que o alimentante cobrou o pagamento de um único mês em atraso com pedido de prisão civil do alimentante.

Sobre esse tema, a Súmula 358 do STJ dispõe que "*o cancelamento de pensão alimentícia de filho que atingiu a maioridade está sujeito à decisão judicial, mediante contraditório, ainda que nos próprios autos*". Gabarito "A".

(Promotor de Justiça – MPE/RS – 2017) Assinale a alternativa **INCORRETA** quanto à obrigação alimentar.
(A) Julgada procedente a investigação de paternidade, os alimentos são devidos a partir da citação, isso se os alimentos não forem fixados provisoriamente, por meio de tutela antecipada ou em cautelar de alimentos provisionais.
(B) Se o alimentando for absolutamente incapaz, contra ele não corre a prescrição. Os alimentos fixados na sentença e vencidos só terão a prescrição iniciada quando o alimentando se tornar relativamente capaz. Todavia, sendo o pai ou a mãe os devedores dos alimentos, a prescrição, de dois anos, só se inicia quando o menor se tornar capaz, salvo se emancipado.
(C) Paulo, com 52 anos de idade e necessitando de alimentos para viver, ingressou em juízo buscando alimentos de seus irmãos Maria e Sérgio. Não demandou contra seu outro irmão Marcos. Todavia, a cota de Marcos deve ser distribuída entre os outros dois irmãos. A cota de Sérgio pode ser superior à de Maria, se este dispuser de melhores condições econômicas para suportá-la.
(D) Considerando as modalidades de alimentos, cabe ser dito que nem todas ensejam a prisão civil, todavia, somente as três últimas prestações inadimplidas antes da execução e as que por ventura venham a vencer ensejam a decretação de prisão do devedor de alimentos.
(E) A cessação da obrigação alimentar no procedimento indigno do credor não se limita unicamente às relações entre cônjuges e companheiros.

A: correta, pois de acordo com a previsão do art. 7º da Lei 8.560/1992; **B:** correta, pois a assertiva reproduz com precisão as regras de prescrição de alimentos e também as regras sobre impedimento/suspensão de prescrição. Primeiramente é importante mencionar que o prazo geral de prescrição de alimentos é de dois anos a contar do vencimento de cada prestação (CC, art. 206, § 2º). Contudo, a prescrição não corre contra o absolutamente incapaz (CC, art. 198, I) nem corre entre ascendente e descendente durante o poder familiar (CC, art. 197, II), o qual se extingue com a emancipação (CC, art. 1.635, II); **C:** incorreta no que se refere à quota de Marcos. Isso porque, os irmãos que foram acionados podem forçar Marcos a integrar a lide (CC, art. 1.698); **D:** correta, pois de acordo com o entendimento firmado pelo STJ na Súmula 309; **E:** correta, pois a Lei não limita a hipótese de indignidade aos alimentos devidos entre cônjuges (CC, art. 1.708, parágrafo único). Gabarito "C".

(Juiz– TJ-SC – FCC – 2017) A favor do idoso, a prestação alimentar, na forma de lei civil, é:
(A) devida pelos descendentes, ascendentes, cônjuge e colaterais até o quarto grau, nesta ordem.
(B) devida pelos filhos, não podendo o idoso demandar um deles excluindo os demais, que tiverem condições financeiras.
(C) devida apenas pelos filhos ou pelo cônjuge, excluindo-se os colaterais de qualquer grau.
(D) devida pelos filhos, exceto se provado abandono afetivo deles na infância.
(E) solidária, podendo ele optar entre os prestadores.

No que se refere à prestação de alimentos ao idoso, o art. 11 do Estatuto do Idoso (Lei 10.741/2003) manda aplicar as regras gerais do Código Civil. Isso significa que tal direito será "*recíproco entre pais e filhos, e extensivo a todos os ascendentes, recaindo a obrigação nos mais próximos em grau, uns em falta de outros*" (CC, art. 1.696). Não havendo ascendentes ou descendentes, a obrigação recai sobre irmãos (CC, art. 1.697). A regra específica para o idoso credor de alimentos é que os devedores são solidários e o idoso poderá optar entre os prestadores (Lei 10.741/2003, art. 12). Gabarito "E".

(Promotor de Justiça/SC – 2016 – MPE)
(1) Segundo entendimento majoritário do STJ, caso exista obrigação alimentar preestabelecida por acordo ou sentença, por ocasião do falecimento do alimentante, transmite-se aos herdeiros o dever jurídico de continuar prestando alimentos até decisão judicial em sentido contrário.

1: incorreta, pois o STJ concluiu que "*O falecimento do pai do alimentante não implica a automática transmissão do dever alimentar aos avós*" (REsp 1249133/SC, Rel. Ministro Antonio Carlos Ferreira, Rel. p/ Acórdão Ministro Raul Araújo, Quarta Turma, julgado em 16/06/2016, DJe 02/08/2016). No mesmo sentido, AgRg no REsp 1311564/MS, Rel. Ministro Raul Araújo, Quarta Turma, julgado em 21/05/2015, DJe 22/06/2015. Gabarito 1F.

(Promotor de Justiça/SC – 2016 – MPE)
(1) O cancelamento de pensão alimentícia de filho que atingiu a maioridade está sujeito à decisão judicial, mediante contraditório, ainda que nos próprios autos.

1: correta, pois o STJ entende que a maioridade, por si só, não é critério de cessação automática dos alimentos (HC 77.839/SP, Rel. Ministro Hélio Quaglia Barbosa, Quarta Turma, julgado em 09/10/2007, DJe 17/03/2008). Assim, será preciso uma decisão judicial nesse sentido, a qual pode ser concedida nos próprios autos da ação original de alimentos. Gabarito 1C.

(Promotor de Justiça/GO – 2016 – MPE) Sobre os alimentos, é incorreto afirmar:
(A) Presentes os requisitos legais ínsitos à espécie, o direito de obter, judicialmente, o estabelecimento de pensão alimentícia não está sujeito a prazo prescricional.
(B) Em se tratando de filho menor, ainda sob o poder familiar do genitor alimentante, fixados judicialmente os alimentos em seu favor, não haverá fluência do prazo prescricional para execução de parcelas vencidas e não pagas.
(C) Como os alimentos destinam-se à manutenção do alimentando no tempo presente e futuro, não são exigíveis quanto ao passado.
(D) Face a vedação constitucional do uso do salário-mínimo como fator de indexação obrigacional, a pensão alimentícia não pode ser fixada

pelo juiz com base no salário-mínimo, seguindo à orientação da Súmula Vinculante 4 do STF.

A: correta, pois o direito abstrato de pedir alimentos não está sujeito a prazo prescricional. Isso significa que se uma pessoa com 95 anos precisar de alimentos ela poderá pedir, a despeito de nunca ter utilizado tal direito. Contudo, é importante lembrar que – uma vez fixada a pensão alimentícia – começa a correr um prazo prescricional de dois anos para cobrar cada prestação (CC, art. 206, § 2º). Este prazo somente não correrá nos casos de impedimento e suspensão da prescrição (CC, arts. 197 a 200); **B:** correta, pois *"não corre prescrição entre ascendente e descendente durante o poder familiar"* (CC, art. 197, II). Trata-se, portanto, de causa de impedimento prescricional; **C:** correta. O pedido de alimentos tem – por natureza – característica *ex nunc*. Isso significa que o alimentado deve pedir alimentos daquele momento em diante. Isso não se confunde com a execução das prestações anteriormente fixadas por sentença, o que é perfeitamente admitido, observando-se os prazos prescricionais; **D:** incorreta, pois a Súmula Vinculante 4 do Supremo Tribunal Federal não se dirige aos casos de pedido de alimentos. A vedação da Súmula dirige-se à utilização do salário mínimo como: *"base de cálculo de vantagem de servidor público ou de empregado"*.
Gabarito "D".

(Defensor Público – DPE/ES – 2016 – FCC) Os alimentos gravídicos serão fixados pelo juiz,

(A) só excepcionalmente, se convencido da existência de indícios da paternidade, após justificação judicial prévia e compreenderão os valores suficientes para cobrir as despesas alimentícias da gestante, excluída a assistência médica, que deverá ser oferecida pelo poder público, perdurando até o nascimento da criança, que, nascendo com vida, deverá propor ação de alimentos, os quais serão estabelecidos na proporção de suas necessidades e das possibilidades do alimentante.

(B) desde que a mulher grávida firme declaração de que o réu é o pai, e compreenderão os valores suficientes para cobrir as despesas adicionais do período da gravidez, perdurando até o nascimento da criança, e após o nascimento com vida ficam convertidos em pensão alimentícia em favor do menor, até que uma das partes solicite sua revisão.

(C) apenas se houver presunção de paternidade e compreenderão os valores suficientes para cobrir as despesas adicionais do período da gravidez, perdurando até o nascimento da criança, e após o nascimento com vida ficam convertidos em pensão alimentícia em favor do menor, até que uma das partes solicite sua revisão.

(D) se convencido da existência de indícios da paternidade, compreendendo os valores suficientes para cobrir as despesas adicionais do período da gravidez, perdurando até o nascimento da criança, e após o nascimento com vida ficam convertidos em pensão alimentícia em favor do menor, até que uma das partes solicite sua revisão.

(E) somente se provado o casamento do réu com a gestante e compreenderão os valores suficientes para cobrir as despesas adicionais do período da gravidez, inclusive a alimentação especial, assistência médica e psicológica à gestante, perdurando até o nascimento da criança, e após o nascimento com vida ficam convertidos em pensão alimentícia, observando-se as necessidades do alimentando e as possibilidades do alimentante.

A: incorreta, pois as despesas médicas estão incluídas nos alimentos gravídicos (Lei 11.804/2008, art. 2º); **B e C:** incorretas, pois tal declaração da mulher não é exigida pela lei. Ao contrário, o art. 6º da referida lei se contenta com os *"indícios de paternidade"*; **D:** correta, pois a assertiva guarda perfeita correspondência com os artigos 2º e 6º da mencionada lei; **E:** incorreta, pois o casamento não é requisito para a fixação dos alimentos gravídicos.
Gabarito "D".

(Defensor Público – DPE/BA – 2016 – FCC) A respeito dos alimentos, é correto afirmar que:

(A) diante do inadimplemento do pai, a obrigação é transmitida imediatamente aos avós.

(B) cessam automaticamente com a maioridade do alimentando, salvo determinação judicial expressa em sentido contrário.

(C) cessam com o casamento ou a união estável do credor, assim como no caso de o credor portar-se de maneira indigna contra o alimentante.

(D) a prova do desemprego do devedor de alimentos é suficiente para afastar possibilidade de prisão civil.

(E) por expressa disposição de lei, somente incidem sobre a gratificação natalina e o terço de férias se constar expressamente no título que estipulou o direito.

A: incorreta, pois não é o mero inadimplemento do pai que transmite a obrigação aos avós e sim, a impossibilidade de suportar o encargo (CC, art. 1.698); **B:** incorreta, pois o STJ entende que a maioridade, por si só, não é critério de cessação automática dos alimentos (HC 77.839/SP, Rel. Ministro Hélio Quaglia Barbosa, Quarta Turma, julgado em 09/10/2007, DJe 17/03/2008); **C:** correta, pois as hipóteses descritas na assertiva estão contempladas no Código Civil, art. 1.708 e parágrafo único como extintivas da obrigação alimentar; **D:** incorreta, pois o que determina o afastamento da prisão civil é a real incapacidade financeira do alimentante, um conceito maior do que o mero desemprego. Nesse sentido, RHC 29.777/MG, Rel. Ministro Paulo De Tarso Sanseverino, Terceira Turma, julgado em 05/05/2011, DJe 11/05/2011; **E:** incorreta, pois não há necessidade de constar no título para que haja tal incidência.
Gabarito "C".

(Defensor Público – DPE/MT – 2016 – UFMT) Considerada a obrigação alimentar no ordenamento jurídico pátrio, analise as assertivas abaixo.

I. É possível a imposição de obrigação alimentar aos parentes por afinidade, em linha reta ou transversal, por expressa previsão legal. Doutrina e jurisprudência avalizam a regra codificada, ratificando a obrigação alimentar em tais casos.

II. Após o nascimento com vida, os alimentos gravídicos ficam convertidos em pensão alimentícia em favor do menor até que uma das partes solicite a sua revisão.

III. Observadas as suas condições pessoais e sociais, os avós somente serão obrigados a prestar alimentos aos netos em caráter sucessivo, complementar e não solidário, quando os pais destes estiverem impossibilitados de fazê-lo.

IV. Os alimentos compensatórios, ou prestação compensatória, não têm por finalidade suprir as necessidades de subsistência do credor, mas corrigir e atenuar grave desequilíbrio econômico financeiro ou abrupta alteração de padrão de vida.

V. A pensão alimentícia fixada em percentual sobre o salário do alimentante incide sobre o décimo terceiro salário e terço constitucional de férias.

Estão corretas as assertivas

(A) II, III, IV e V, apenas.
(B) I, II, III e IV, apenas.
(C) II, III e V, apenas.
(D) I e IV, apenas.
(E) IV e V, apenas.

I: incorreta, pois não há obrigação alimentar entre parentes por afinidade; **II:** correta, pois de pleno acordo com o estabelecido no art. 6º, parágrafo único da Lei 11.804/2008; **III:** correta, pois de pleno acordo com o previsto no art. 1.698 do Código Civil; **IV:** correta, pois essa é a finalidade dos alimentos compensatórios, (Vide, por todos, o Recurso Especial 1.290.313/AL (4ª Turma, relator Ministro Antônio Carlos Ferreira); **V:** correta, pois de acordo com a orientação doutrinária e jurisprudencial. Nesse sentido, decidiu o STJ no REsp 1091095/RJ, Rel. Ministro Luis Felipe Salomão, Quarta Turma, julgado em 16/04/2013, DJe 25/04/2013.
Gabarito "A".

(Juiz de Direito/DF – 2016 – CESPE) Acerca das ações de alimentos, assinale a opção correta.

(A) A ação de alimentos não prossegue se o demandado for citado por edital, devendo ser suspenso o processo, que tem natureza personalíssima, enquanto o devedor não for localizado.

(B) Na ação de alimentos gravídicos, o prazo para a parte ré citada apresentar resposta é de dez dias.

(C) A fixação liminar de alimentos gravídicos, em princípio, perdurará até a sentença final ou até quando uma das partes requeira a revisão desses.

(D) Mesmo com o estabelecimento do regime de guarda compartilhada, é possível a fixação da pensão alimentícia em desfavor de um dos genitores.

(E) Na ação de alimentos, existe a isenção legal de custas processuais, por já existir, na hipótese, a presunção da hipossuficiência da pessoa requerente.

A: incorreta, pois *"não há vício de citação na execução de alimentos pelo simples fato de o ato processual ter sido efetivado mediante edital"* (AgRg no RHC 48668/MG); **B:** incorreta, pois o prazo, nesse caso, é de cinco dias (Lei 11.804/2008, art. 7º); **C:** incorreta, pois *"após o nascimento com vida, os alimentos gravídicos ficam convertidos em pensão alimentícia em favor do menor até que uma das partes solicite a sua revisão"* (Lei 11.804/2008, art. 6º, parágrafo único); **D:** correta, pois a fixação da guarda compartilhada não implica, necessariamente, pensão alimentícia dividida entre os genitores; **E:** incorreta, pois tal isenção de custas não é automática.
Gabarito "D".

(Magistratura/GO – 2015 – FCC) Considere as proposições abaixo, a respeito dos alimentos:

I. Cabe em regra ao credor escolher a forma como a prestação alimentícia será paga, se em dinheiro ou *in natura*.

II. Os cônjuges divorciados contribuirão sempre em partes iguais para a manutenção dos filhos.

III. Com o casamento do credor, cessa o dever do ex-cônjuge de pagar alimentos.

Está correto o que se afirma em

(A) I, II e III.
(B) II, apenas.

(C) III, apenas.
(D) I, apenas.
(E) I e III, apenas.

I: incorreta. Cabe ao devedor escolher a forma como a prestação alimentícia será paga, pois é sua faculdade conforme dispõe o art. 1.701 do CC. O seu direito de escolha não é absoluto, pois o juiz pode determinar outra forma, se as circunstâncias assim o exigirem (art. 1701, parágrafo único); **II:** incorreta. A contribuição não deverá ser sempre em partes iguais para a manutenção dos filhos, mas na proporção de seus recursos (art. 1.703 do CC). A Lei 6.515/1977 (Lei do Divórcio) em seu art. 20 também prevê o preceito. Não obstante, os dispositivos utilizem da expressão separados judicialmente, a interpretação é extensiva, aplicando-se aos cônjuges divorciados. A separação judicial rompe a sociedade conjugal, o divórcio, o vínculo; **III:** Correta: está em conformidade com o art. 1.708 do CC, pelo qual diz expressamente: "Com o casamento, a união estável ou o concubinato do credor, cessa o dever de prestar alimentos". **MP**

Gabarito "C".

(Magistratura/RR – 2015 – FCC) O direito a alimentos que têm os filhos é
(A) renunciável, se tiverem, comprovadamente, recursos financeiros decorrentes de sucessão hereditária.
(B) irrenunciável, embora possam não exercê-lo, sendo o respectivo crédito insuscetível de cessão, compensação ou penhora.
(C) irrenunciável, mas pode ser objeto de cessão, para atender a obrigações assumidas com sua educação ou tratamento de saúde.
(D) renunciável, quando se tornarem relativamente incapazes, porque a partir dos dezesseis anos lhes é permitido o exercício de trabalho ou profissão.
(E) irrenunciável e o respectivo crédito insuscetível de cessão, embora possa ser compensado com suas dívidas ao alimentante.

A e D: incorretas, pois o direito a alimentos é irrenunciável (art. 1.707 do CC); **B:** correta (art. 1.707 do CC); **C:** incorreta, pois o direito a alimentos em si não pode ser objeto de cessão (art. 1.707 do CC); **E:** incorreta, pois a lei veda a compensação na hipótese (art. 1.707 do CC). **WG**

Gabarito "B".

(Ministério Público/BA – 2015 – CEFET) João Paulo, solteiro, com 30 (trinta) anos, vivia em união estável com Maria de Fátima há 08 (oito) anos, e dessa união nasceram 03 (três) filhos. Maria de Fátima não trabalhava porque João Paulo a proibira. João Paulo conheceu Maria Isis e resolveu abandonar Maria de Fátima para assumir seu novo relacionamento. Deixou, então, a companheira e os filhos, no imóvel alugado, e não se preocupou em lhes dar qualquer assistência. Maria de Fátima foi notificada de uma ação de despejo ajuizada contra si. Nestas circunstâncias, é CORRETO afirmar que o promotor de Justiça está legitimado a:
(A) Ajuizar uma ação de alimentos em favor de Maria de Fátima e dos filhos.
(B) Ajuizar uma ação de alimentos em favor de Maria de Fátima e dos filhos com um pedido cumulativo para permanência no imóvel da residência, cujo pagamento continuará a ser feito por João Paulo.
(C) Ajuizar uma ação de alimentos em favor de Maria de Fátima, apenas, por entender desnecessária a presença dos menores no polo ativo do processo e porque o pensionamento beneficiará os filhos menores.
(D) Ajuizar uma ação de alimentos em favor dos menores, apenas.
(E) Não ajuizar qualquer ação, pois os menores têm representação legal.

A, B e C: incorretas, pois, não havendo direito individual indisponível em favor Maria de Fátima, o Ministério Público não tem legitimidade para agir em seu nome (art. 176 do Novo CPC); **D:** correta, pois o direito dos menores são individuais indisponíveis (art. 176 do Novo CPC); **E:** incorreta, pois havendo direito individual indisponível envolvido (no caso, há esses direitos em favor dos menores), o Ministério Público pode ajuizar a ação (art. 176 do Novo CPC). **WG**

Gabarito "D".

(Ministério Público/SP – 2015 – MPE/SP) Sobre as pessoas obrigadas a prestar alimentos, é correto afirmar que:
(A) o alimentando poderá escolher livremente o parente que deverá prover o seu sustento.
(B) somente pessoas que procedem do mesmo tronco ancestral devem alimentos, incluindo-se os afins.
(C) na falta dos ascendentes, a obrigação alimentícia cabe aos descendentes, guardada a ordem de sucessão e, na falta destes, aos irmãos, assim germanos como unilaterais.
(D) os tios poderão ser convocados a suprir alimentos em ação proposta pela sobrinha que deles necessitar.
(E) os pais consanguíneos do adotado são obrigados a prestar-lhe alimentos, se o adotante não tiver recursos suficientes para tanto.

A: incorreta, pois os alimentos são devidos apenas de cônjuges, companheiros e ascendentes, descendentes e irmãos (arts. 1.694, *caput*, e 1.697, ambos do CC); **B:** incorreta, pois os irmãos também podem ter de arcar com alimentos (art. 1.697 do CC); **C:** correta (art. 1.697 do CC); **D:** incorreta, pois o tio não está no rol dos de que devem alimentos familiares (arts. 1.694, *caput*, e 1.697, ambos do CC); **E:** incorreta, pois a adoção faz com que se desliguem todos os vínculos do adotando com seus familiares antecedentes, salvo no que diz respeito aos impedimentos matrimoniais (art. 41, *caput*, do CC). **WG**

Gabarito "C".

(Procurador Legislativo – Câmara de Vereadores de São Paulo/SP – 2014 – FCC) Em relação aos alimentos, é correto afirmar que
(A) o novo casamento do cônjuge devedor extingue a obrigação constante da sentença de divórcio.
(B) a obrigação de prestar alimentos não se transmite aos herdeiros.
(C) a obrigação de prestar alimentos obedece à ordem de vocação hereditária, estendendo-se até os primos do alimentando.
(D) com casamento, união estável ou concubinato do credor, em regra permanece o dever de prestar alimentos, cabendo-lhe provar sua insuficiência posterior de recursos.
(E) a pessoa obrigada a prestar alimentos poderá pensionar o alimentando, ou dar-lhe hospedagem e sustento, sem prejuízo do dever de prestar o necessário a sua educação, quando menor.

A: incorreta, pois apenas o novo casamento do cônjuge credor é que extingue a obrigação alimentar (CC, art. 1.708); **B:** incorreta, pois a obrigação de prestar alimentos transmite-se aos herdeiros (CC, art. 1.700); **C:** incorreta, pois a ordem de vocação hereditária (CC, art. 1.829) é diferente da ordem de prestação alimentar (CC, art. 1.697); **D:** incorreta, pois o novo casamento ou união estável do credor extingue a obrigação (CC, art. 1.708); **E:** correta, pois a assertiva encontra respaldo no art. 1.701 do CC. **GN**

Gabarito "E".

7.6. BEM DE FAMÍLIA

(Magistratura/GO – 2015 – FCC) Já sabendo estar insolvente, Cristiano transferiu sua residência para imóvel mais valioso, decorando-a com obras de arte. Não se desfez do imóvel anterior, que ficou desocupado.
Executado, alegou impenhorabilidade do imóvel e também das obras de arte, invocando proteção legal conferida ao bem de família. De acordo com a Lei nº 8.009/1990, esta proteção
(A) não terá o alcance pretendido por Cristiano, porque, embora abranja ambos os imóveis, as obras de arte são penhoráveis.
(B) não terá o alcance pretendido por Cristiano, porque as obras de arte são penhoráveis e porque a impenhorabilidade do bem de família pode ser transferida para o imóvel anterior, liberando-se o mais valioso para execução.
(C) beneficiará Cristiano, porque o direito à moradia deve ser interpretado da maneira mais ampla possível, abrangendo o imóvel de maior valor e as obras de arte, liberando-se para penhora apenas o imóvel anterior.
(D) não terá o alcance pretendido por Cristiano, porque, embora abranja o imóvel de maior valor, as obras de arte são penhoráveis, assim como o imóvel anterior.
(E) em nada beneficiará Cristiano, porque as obras de arte são penhoráveis e porque, em caso de má-fé, devem ser excutidos todos os bens do devedor.

Bem de família é uma maneira de afetar um imóvel residencial a um fim especial, tornando-o asilo inviolável, isto é, impenhorável por dívidas posteriores à sua constituição, exceto quando decorrente de impostos devidos pelo próprio prédio, enquanto forem vivos os cônjuges e até que os filhos completem sua maioridade. Há duas espécies de bem de família: voluntário (decorre da vontade dos cônjuges, companheiros ou terceiro, previsto no art. 1.711 do CC) e involuntário ou legal (resultante de estipulação legal, Lei n. 8.009/1990). Assim, não se beneficia da lei de impenhorabilidade do bem de família, aquele que sabendo estar insolvente, adquire de má-fé imóvel mais valioso para transferir a residência familiar, desfazendo-se ou não da residência antiga (art. 4º da Lei 8.009/1990). Aliás, para efeitos da impenhorabilidade da citada Lei, considera-se residência um único imóvel utilizado pelo casal ou pela entidade familiar para moradia permanente. Na hipótese de o casal, ou entidade familiar, ser possuidor de vários imóveis utilizados como residência a impenhorabilidade recairá sobre o de menor valor, salvo quando instituído nos termos do art. 1711 do CC (art. 5º, parágrafo único, da Lei 8.009/1990). Ademais, o art. 2º da sobredita Lei 8.009/1990 exclui expressamente da impenhorabilidade, bem como os veículos de transporte. **MP**

Gabarito "B".

7.7. CURATELA

(Juiz – TJ-SC – FCC – 2017) A curatela
(A) do pródigo priva-o, apenas, de, sem curador, transigir, dar quitação ou alienar bens móveis ou imóveis.
(B) de pessoa com deficiência é medida protetiva extraordinária e definitiva.
(C) da pessoa com deficiência não poderá ser compartilhada a mais de uma pessoa, porque não se confunde com a tomada de decisão apoiada.

(D) de pessoa com deficiência afetará tãosomente os atos relacionados aos direitos de natureza patrimonial e negociai, não alcançando o direito ao trabalho, nem ao voto.
(E) do pródigo priva-o do matrimônio ou de novo matrimônio sob o regime de comunhão universal ou parcial de bens, e de, sem curador, alienar bens imóveis, hipotecá-los e demandar ou ser demandado sobre esses bens.

A: incorreta, pois o pródigo interditado também não poderá emprestar, hipotecar, demandar ou ser demandado, e praticar, em geral, os atos que não sejam de mera administração (CC, art. 1.782); **B:** incorreta, pois trata-se de uma medida que deve durar o menor tempo possível (Lei 13.146/2015, art. 84, §3º); **C:** incorreta, pois o juiz pode estabelecer "*curatela compartilhada a mais de uma pessoa*" (CC, art. 1.775-A); **D:** correta, pois a curatela afetará tão somente os atos relacionados aos direitos de natureza patrimonial e negocial, não alcançando o direito ao próprio corpo, à sexualidade, ao matrimônio, à privacidade, à educação, à saúde, ao trabalho e ao voto (Lei 13.146/2015, art. 85); **E:** incorreta, pois a lei não prevê tal restrição na liberdade do pródigo.
Gabarito "D".

(Promotor de Justiça/SC – 2016 – MPE)
(1) O Código Civil ao tratar do exercício da curatela determina que a interdição do pródigo só o privará de, sem curador, emprestar, transigir, dar quitação, alienar, hipotecar, demandar ou ser demandado, e praticar, em geral, os atos que não sejam de mera administração. Também estipula que quando o curador for o cônjuge e o regime de bens do casamento for de comunhão universal, não será obrigado à prestação de contas, salvo determinação judicial.

1: correta. O pródigo é aquela pessoa que dilapida seu patrimônio de forma desordenada. A preocupação da lei é com o patrimônio do pródigo e sua manutenção digna. Por conta disso, as privações legais ao pródigo que foi interditado limitam-se às questões patrimoniais, conforme determinam os artigos 1.782 e 1.783 do Código Civil.
Gabarito 1C.

(Promotor de Justiça/SC – 2016 – MPE)
(1) Nos casos em que a interdição for promovida pelo Ministério Público, o juiz nomeará defensor ao suposto incapaz; nos demais casos o Ministério Público será o defensor, visto que a regra é que a pessoa natural tenha capacidade civil plena para exercer os atos da vida civil. Nada obsta a que o interditando constitua, por livre escolha, advogado para a sua defesa.

1: correta, pois de acordo com a nova sistemática trazida pelo Estatuto da Pessoa com Deficiência (Lei 13.146/2015), que alterou a regulamentação do instituto, em especial os artigos 1.769 e seguintes do Código Civil.
Gabarito 1C.

7.8. TEMAS COMBINADOS DE DIREITO DE FAMÍLIA

(Promotor de Justiça – MPE/RS – 2017) Assinale a alternativa correta quanto ao Direito de Família.
(A) As causas suspensivas do casamento, quando violadas, geram nulidade absoluta ou relativa, conforme o caso, e ainda impõem sanções patrimoniais aos cônjuges.
(B) O prazo decadencial para a ação anulatória por erro essencial do nubente é de dois anos, contados da celebração do casamento. Esta ação somente cabe ao cônjuge que incidiu em erro, sendo uma ação personalíssima.
(C) No regime da comunhão universal de bens, a comunicação dos bens é plena, mas não absoluta, pois existem bens incomunicáveis. Os frutos que forem retirados de bens incomunicáveis, que vençam ou sejam percebidos na constância do casamento, são também incomunicáveis.
(D) Haverá a suspensão do poder familiar da mãe condenada por sentença transitada em julgado a pena de três anos de reclusão por tráfico de entorpecentes. A perda do poder familiar ocorrerá se o pai adotivo deixar o filho adotado em abandono ou reiteradamente abusar de sua autoridade.
(E) A prática de ato de alienação parental, somente praticado pelo pai ou pela mãe, fere direito fundamental da criança ou do adolescente de convivência familiar saudável e prejudica a realização de afeto nas relações.

A: incorreta, pois o casamento que se verifica com violação de causa suspensiva (CC, art. 1.523) não é nulo, nem anulável. A única consequência é a imposição do regime de separação obrigatória de bens (CC, art. 1.641, I); **B:** incorreta, pois o prazo para anulação do casamento nessa hipótese é de três anos (CC, art. 1.560, III); **C:** incorreta, pois há comunicação dos frutos dos bens incomunicáveis, vencidos ou percebidos durante o casamento (CC, art. 1.669); **D:** correta, pois de acordo com a previsão dos artigos 1.637 e 1.638 do Código Civil; **E:** incorreta, pois a prática de alienação parental pode ser praticada "*por um dos genitores, pelos avós ou pelos que tenham a criança ou adolescente sob a sua autoridade, guarda ou vigilância*" (Lei 12.318/2010, art. 2º).
Gabarito "D".

(Defensor Público – DPE/ES – 2016 – FCC) Cícero é proprietário de vários imóveis urbanos de pequeno valor, e veio a casar-se com Josefa pelo regime legal de bens, em 10/01/2006, sendo que ela de nenhum imóvel era proprietária. O casal foi residir em um dos imóveis de 250 m2 pertencente ao varão e, a partir daí, nada mais adquiriram, em virtude de seus gastos excessivos. Passados dez anos, Cícero abandonou o cônjuge e passou a viver maritalmente com Roberta, tendo um filho. Nesse caso, Josefa
(A) não adquirirá o imóvel em que reside, ainda que exerça a posse exclusiva, exceto pela usucapião ordinária, porque a situação dela e de Cícero é semelhante à de condôminos de coisa indivisível em que a posse de um não pode impedir à do outro.
(B) não adquirirá o imóvel onde reside pela usucapião familiar ou conjugal, mesmo se decorridos dois anos ininterruptamente e sem oposição de sua posse direta e com exclusividade sobre o imóvel, por faltar-lhe requisito estabelecido em lei para essa forma especial de aquisição da propriedade.
(C) se exercer por dois anos ininterruptamente e sem oposição a posse direta com exclusividade sobre o imóvel onde reside, desde que não seja proprietária de outro imóvel urbano ou rural, adquirir-lhe-á o domínio pela usucapião.
(D) se exercer por um ano ininterruptamente e sem oposição a posse direta com exclusividade sobre o imóvel onde reside, desde que não seja proprietária de outro imóvel urbano ou rural, adquirir-lhe-á o domínio pela usucapião.
(E) mesmo preenchendo todos os requisitos para a aquisição do imóvel onde reside pela usucapião familiar ou conjugal, não obterá o domínio, porque Cícero veio a ter um descendente, que é herdeiro necessário.

A questão envolve o chamado "Usucapião por abandono de lar conjugal", criado pela lei 12.424/2011, que criou o art. 1.240-A do Código Civil. Um requisito essencial para a aquisição do imóvel através desta modalidade de usucapião, é que o imóvel esteja sob regime condominial entre o casal e que um deles abandone o lar. Assim, o cônjuge que permanecesse no imóvel poderia – após dois anos – adquirir o imóvel pela prescrição aquisitiva. A única assertiva que corretamente resolve a questão é a B.
Gabarito "B".

(Defensor Público – DPE/BA – 2016 – FCC) A respeito da proteção ao bem de família, é correto afirmar que:
(A) sua finalidade precípua não é a proteção à família, mas sim, o direito de moradia como direito fundamental, tanto que pode contemplar bem ocupado por um único indivíduo, o que alguns autores chamam de família unipessoal.
(B) pode ser convencionado por escritura pública, testamento ou doação, o bem imóvel de qualquer valor do patrimônio do instituidor, desde que se destine à residência familiar.
(C) a proteção prevista na lei específica (Lei 8.090/1990) contempla o bem em que a família resida, independentemente da existência de outros bens no patrimônio.
(D) caso o valor do imóvel seja elevado a ponto de ultrapassar as necessidades comuns correspondentes a um médio padrão de vida, a lei exclui a sua impenhorabilidade.
(E) decorre exclusivamente da lei, não havendo mais sentido o sistema anterior que contemplava o bem de família voluntário.

A: correta, pois a função do bem de família é instrumentalizar o direito de moradia. Ademais, o STJ já consolidou o entendimento segundo o qual não há uma definição consolidada e estratificada de família. A lei protege o ser humano, qualquer que seja sua forma de agrupamento ou isolamento social (AgRg no AREsp 301.580/RJ, Rel. Ministro Sidnei Beneti, Terceira Turma, julgado em 28/05/2013, DJe 18/06/2013); **B:** incorreta, pois a doação não é forma prevista em lei para instituição do bem de família (CC, art. 1.711); **C:** incorreta, pois "*Na hipótese de o casal, ou entidade familiar, ser possuidor de vários imóveis utilizados como residência, a impenhorabilidade recairá sobre o de menor valor, salvo se outro tiver sido registrado, para esse fim, no Registro de Imóveis*" (Lei 8.009/1990, art. 5º, parágrafo único); **D:** incorreta, pois não há tal previsão de exclusão de impenhorabilidade; **E:** incorreta, pois o bem de família voluntário tem expressa previsão no Código Civil (art. 1.711 a 1.722).
Gabarito "A".

(Defensoria Pública da União – CESPE – 2015) Tendo em vista que a diversidade e a multiplicidade de relações intersubjetivas têm se refletido na interpretação das normas jurídicas, julgue os itens que se seguem.
(1) Conforme entendimento do STJ, a paternidade socioafetiva deve prevalecer em detrimento da biológica.
(2) Conforme o STF, não se deve considerar a orientação sexual das pessoas no que se refere à interpretação do conceito de família, de modo que o tratamento dado a casais heteroafetivos e a pares homoafetivos deve ser isonômico.

1: Errada. A prevalência da paternidade socioafetiva sobre a biológica é comum nos casos de ação de negatória de paternidade, nos quais o pai – que havia reconhecido o filho previamente – agora alega que nunca foi pai. Contudo, a regra não pode ser aplicada cegamente quando é o filho que busca sua ascendência biológica. Nesse sentido, decidiu o STJ: "*é de prevalecer a paternidade socioafetiva sobre a biológica para garantir direitos aos filhos, na esteira do princípio do melhor interesse da prole, sem que, necessariamente, a assertiva seja verdadeira quando é o filho que busca a paternidade biológica em detrimento da socioafetiva*". (REsp 1167993/RS, Rel. Ministro Luis Felipe Salomão, Quarta Turma, julgado em 18/12/2012, DJe 15/03/2013); **2**: Correta. O STF decidiu, na ADIN 4277 e na ADPF 132, que o conceito de família deveria ser ampliado, reconhecendo e protegendo a família homoafetiva.

Gabarito 1E, 2C

8. SUCESSÕES

8.1. SUCESSÃO EM GERAL

(Procurador do Estado/SP - 2018 - VUNESP) Em razão de morte de policial militar, o Estado de São Paulo, por força de lei estadual, inicia processo administrativo para pagamento de indenização, no valor de R$ 200.000,00, aos "herdeiros na forma da lei". O extinto, solteiro, foi morto por um de seus dois filhos, a mando do crime organizado. O homicida, que teve sua indignidade declarada por sentença transitada em julgado, tem 1 filho menor. Nesse caso, a indenização é devida

(A) ao filho inocente, na proporção da metade do valor da indenização, podendo a Administração reter a outra metade por ausência de credor legítimo.
(B) ao filho inocente do falecido e ao filho do indigno, que recebe por cabeça.
(C) exclusivamente ao filho inocente do falecido, pois a cota-parte do indigno acresce à do outro herdeiro de mesma classe.
(D) ao filho inocente do falecido e ao filho do indigno, que recebe por estirpe.
(E) aos dois filhos do falecido, depositando-se a cota-parte do indigno em conta judicial, para posterior levantamento por seu filho quando completar a maioridade.

A questão trata exclusivamente do direito de herança e do instituto da indignidade, que afasta da herança o herdeiro que praticar um dos atos previstos no art. 1.814 do Código Civil, dentre eles o homicídio do *de cujus*. Assim, o filho que matou o pai estaria afastado da sucessão. Contudo, o filho do homicida (neto do *de cujus*) tem o direito de representação assegurado pelo art. 1.816 do Código Civil. Logo, a quantia oferecida pelo Estado será dividida em dois. Uma parte ao filho inocente e outra parte ao neto (filho do homicida). Ainda que não mencionado na questão, vale a ressalva de que o homicida não tem usufruto sobre os bens do filho menor, nem o direito à sucessão eventual desse valor herdado. Significa, portanto, que se o filho menor falecer antes do pai homicida, o valor não será herdado por este (CC, art. 1.816, parágrafo único).

Gabarito "D".

(Defensor Público – DPE/PR – 2017 – FCC) Sobre o direito de família e o direito das sucessões, é correto afirmar:

(A) Mesmo que utilizados para a aquisição do imóvel do casal durante a relação conjugal, em caso de divórcio de cônjuges que viviam sob o regime parcial de bens, os valores percebidos por um antes do casamento em conta vinculada ao FGTS não integram o direito de meação do outro.
(B) É admitida a filiação decorrente de gestação em útero alheio (gestação de substituição), cuja autorização decorre da Resolução n. 1.957/2010, do Conselho Federal de Medicina – CFM. Contudo, não se admite a reprodução assistida *post mortem*.
(C) Não é considerado como bem de família o único imóvel comercial do devedor que esteja alugado quando o valor do aluguel é destinado unicamente ao pagamento de locação residencial por sua entidade familiar.
(D) Para o exercício da guarda compartilhada, mostra-se imprescindível que os genitores cheguem a um consenso em relação às suas atribuições, aos períodos de convivência e à cidade considerada base de moradia do filho.
(E) Na sucessão *ab intestato*, desde que haja justa causa, o testador pode estabelecer cláusula de inalienabilidade, de impenhorabilidade e de incomunicabilidade sobre os bens da legítima.

A: Correta, conforme entendimento do STJ: *Diante do divórcio de cônjuges que viviam sob o regime da comunhão parcial de bens, não deve ser reconhecido o direito à meação dos valores que foram depositados em conta vinculada ao FGTS em datas anteriores à constância do casamento e que tenham sido utilizados para aquisição de imóvel pelo casal durante a vigência da relação conjugal*. Diverso é o entendimento em relação aos valores depositados em conta vinculada ao FGTS na constância do casamento sob o regime da comunhão parcial, os quais, ainda que não sejam sacados imediatamente à separação do casal, integram o patrimônio comum do casal, devendo a CEF ser comunicada para que providencie a reserva do montante referente à meação, a fim de que, num momento futuro, quando da realização de qualquer das hipóteses legais de saque, seja possível a retirada do numerário pelo ex-cônjuge. Preliminarmente, frise-se que a cada doutrina pesquisada no campo do Direito do Trabalho, um conceito e uma natureza diferentes são atribuídos ao Fundo, não sendo raro alguns estudiosos que o analisam a partir de suas diversas facetas: a do empregador, quando, então sua natureza seria de obrigação; a do empregado, para quem o direito à contribuição seria um salário; e a da sociedade, cujo caráter seria de fundo social. Nesse contexto, entende-se o FGTS como o "conjunto de valores canalizados compulsoriamente para as instituições de Segurança Social, através de contribuições pagas pelas Empresas, pelo Estado, ou por ambos e que tem como destino final o patrimônio do empregado, que o recebe sem dar qualquer participação especial de sua parte, seja em trabalho, seja em dinheiro". No que diz respeito à jurisprudência, o Tribunal Pleno do STF (ARE 709.212-DF, DJe 19/2/2015, com repercussão geral reconhecida), ao debater a natureza jurídica do FGTS, afirmou que, desde que o art. 7º, III, da CF expressamente arrolou o FGTS como um direito dos trabalhadores urbanos e rurais, "tornaram-se desarrazoadas as teses anteriormente sustentadas, segundo as quais o FGTS teria natureza híbrida, tributária, previdenciária, de salário diferido, de indenização etc.", tratando-se, "em verdade, de direito dos trabalhadores brasileiros (não só os empregados, portanto), consubstanciado na criação de um "pecúlio permanente", que pode ser sacado pelos seus titulares em diversas circunstâncias legalmente definidas (cf. art. 20 da Lei 8.036/1990)". Nesse mesmo julgado, ratificando entendimento doutrinário, afirmou-se, quanto à natureza do FGTS, que "não se trata mais, como em sua gênese, de uma alternativa à estabilidade (para essa finalidade, foi criado o seguro-desemprego), mas de um direito autônomo. "A Terceira Turma do STJ, por sua vez, já sustentou que "o FGTS integra o patrimônio jurídico do empregado desde o 1º mês em que é recolhido pelo empregador, ficando apenas o momento do saque condicionado ao que determina a lei" (REsp 758.548-MG, DJ 13/11/2006) e, em outro julgado, estabeleceu que esse mesmo Fundo, que é "direito social dos trabalhadores urbanos e rurais", constitui "fruto civil do trabalho" (REsp 848.660-RS, DJe 13/5/2011). No tocante à doutrina civilista, parte dela considera os valores recebidos a título de FGTS como ganhos do trabalho e pondera que, "no rastro do inciso VI do artigo 1.659 e do inciso V do artigo 1.668 do Código Civil, estão igualmente outras rubricas provenientes de verbas rescisórias trabalhistas, como o FGTS (Fundo de Garantia por Tempo de Serviço), pois como se referem à pessoa do trabalhador devem ser tratadas como valores do provento do trabalho de cada cônjuge". Aduz-se, ainda, o "entendimento de que as verbas decorrentes do FGTS se incluem na rubrica proventos". Nesse contexto, deve-se concluir que o depósito do FGTS representa "reserva personalíssima, derivada da relação de emprego, compreendida na expressão legal 'proventos do trabalho pessoal de cada cônjuge' (CC, art. 1559, VI)". De fato, pela regulamentação realizada pelo aludido art. 1.659, VI, do CC/2002 – segundo o qual "Excluem-se da comunhão: [...] "os proventos do trabalho pessoal de cada cônjuge" –, os proventos de cada um dos cônjuges não se comunicam no regime da comunhão parcial de bens. No entanto, apesar da determinação expressa do CC no sentido da incomunicabilidade, realçou-se, no julgamento do referido REsp 848.660-RS, que "o entendimento atual do Superior Tribunal de Justiça, reconhece que não se deve excluir da comunhão os proventos do trabalho recebidos ou pleiteados na constância do casamento, sob pena de se desvirtuar a própria natureza do regime", visto que a "comunhão parcial de bens, como é cediço, funda-se na noção de construção de patrimônio comum durante a vigência do casamento, com separação, grosso modo, apenas dos bens adquiridos ou originados anteriormente". Ademais, entendimento doutrinário salienta que "Não há como excluir da universalidade dos bens comuns os proventos do trabalho pessoal de cada cônjuge (CC, art. 1.659, VI) [...] sob pena de aniquilar-se o regime patrimonial, tanto no casamento como na união estável, porquanto nesta também vigora o regime da comunhão parcial (CC, art. 1.725)", destacando-se ser "Flagrantemente injusto que o cônjuge que trabalha por contraprestação pecuniária, mas não converte suas economias em patrimônio, seja privilegiado e suas reservas consideradas crédito pessoal e incomunicável". Ante o exposto, tem-se que o dispositivo legal que prevê a incomunicabilidade dos proventos (isto é, o art. 1.659, VI, do CC/2002) aceita apenas uma interpretação, qual seja, o reconhecimento da incomunicabilidade daquela rubrica apenas quando percebidos os valores em momento anterior ou posterior ao casamento. Portanto, os proventos recebidos na constância do casamento (e o que deles advier) reforçam o patrimônio comum, devendo ser divididos em eventual partilha de bens. Nessa linha de ideias, o marco temporal a ser observado deve ser a vigência da relação conjugal. Ou seja, os proventos recebidos, por um ou outro cônjuge, na vigência do casamento compõem o patrimônio comum do casal, a ser partilhado na separação, tendo em vista a formação de sociedade de fato, configurada pelo esforço comum dos cônjuges, independentemente de ser financeira a contribuição de um dos consortes e do outro. Dessa forma, deve-se considerar o momento em que o titular adquiriu o direito à recepção dos proventos: se adquiridos durante o casamento, comunicam-se as verbas recebidas; se adquiridos anteriormente ao matrimônio ou após o desfazimento do vínculo, os valores pertencerão ao patrimônio particular de quem tem o direito a seu recebimento. Aliás, foi esse o raciocínio desenvolvido no julgamento do REsp 421.801-RS (Quarta Turma, DJ 15/12/2003): "Não me parece de maior relevo o fato de o pagamento da indenização e das diferenças salariais ter acontecido depois da separação, uma vez que o período aquisitivo de tais direitos transcorreu durante a vigência do matrimônio, constituindo-se crédito que integrava o patrimônio do casal quando da separação. Portanto, deveria integrar a partilha". Na mesma linha, a Terceira Turma do STJ afirmou que, "No regime de comunhão universal de bens, admite-se a comunicação das verbas trabalhistas nascidas e pleiteadas na constância do matrimônio e percebidos após a ruptura da vida conjugal" (REsp 355.581-PR, DJ 23/6/2003). No mais, as verbas oriundas do trabalho referentes ao FGTS têm como fato gerador a contratação desse trabalho, regido pela legislação trabalhista. O crédito advindo da realização do fato gerador se efetiva mês a mês, juntamente com o pagamento dos salários, devendo os depósitos serem feitos pelo empregador até o dia 7 de cada mês em contas abertas na CEF vinculadas ao contrato de trabalho, conforme dispõe o art. 15 da Lei n. 8.036/1990. Assim, deve ser reconhecido o direito à meação dos valores do FGTS auferidos durante a constância do casamento, ainda que o saque daqueles valores não seja realizado imediatamente à separação do casal. A fim de viabilizar a realização daquele direito reconhecido, nos casos em que ocorrer, a CEF deverá ser comunicada para que providencie a reserva do montante referente ao meação, para que, num momento futuro, quando da realização de qualquer das hipóteses legais de saque, seja possível a retirada do numerário. REsp 1.399.199-RS, Rel. Min. Maria Isabel Gallotti, Rel. para acórdão Min. Luis Felipe Salomão, julgado em 9/3/2016, DJe 22/4/2016. **B:** Incorreta, pois, nos termos da Resolução n 1.957/2010, Conselho Federal de Medicina, tanto a gestação de substituição quanto à reprodução assistida *post mortem* são admitidas, desde que observados os seguintes requisitos: VII – Sobre a gestação de substituição (doação temporária do útero). As clínicas, centros ou serviços de reprodução humana podem usar técnicas de RA para criarem a situação identificada como gestação de substituição, desde que exista um problema médico que impeça ou contraindique a gestação na doadora genética. **1** – As doadoras temporárias do útero devem pertencer à família da doadora genética, num parentesco até o segundo grau, sendo os demais casos sujeitos à autorização do Conselho Regional de Medicina. **2** – A doação temporária do útero não poderá ter caráter lucrativo ou comercial. VIII – Reprodução assistida *post mortem*. Não constitui ilícito ético a reprodução assistida *post mortem* desde que haja autorização prévia específica do(a) falecido(a) para o uso do material biológico criopreservado, de acordo com a legislação vigente. **C:** Incorreta, conforme jurisprudência do STJ "É impenhorável o único imóvel comercial do devedor que esteja alugado quando o valor do aluguel é destinado unicamente ao pagamento de locação residencial por sua entidade familiar" (STJ. 2ª Turma. REsp 1.616.475-PE, Rel. Min. Herman Benjamin, julgado em 15/9/2016 (Info 591)). Tal entendimento amplia a abrangência da Súmula 486 do STJ: É impenhorável o único imóvel residencial do devedor que esteja locado a terceiros, desde que a renda obtida com a locação seja revertida para a subsistência ou a moradia da sua família. **D:** Incorreta. O STJ vem decidindo pela possibilidade da guarda compartilhada ainda que existam graves desavenças entre os ex cônjuges, *in verbis*: "Recurso especial. Direito de família. Guarda compartilhada. Regra do sistema. Art. 1.584, § 2º, do Código Civil. Consenso dos genitores. Desnecessidade. Alternância de residência da criança. Possibilidade. Melhor interesse do menor. 1. A instituição da guarda compartilhada de filho não se sujeita à transigência dos genitores ou à existência de naturais desavenças entre cônjuges separados. 2. A guarda compartilhada é a regra no ordenamento jurídico brasileiro, conforme disposto no art. 1.584 do Código Civil, em face da redação estabelecida pelas Leis ns. 11.698/2008 e 13.058/2014, ressalvadas eventuais peculiaridades do caso concreto aptas a inviabilizar a sua implementação, porquanto às partes é concedida a possibilidade de demonstrar a existência de impedimento insuperável ao seu exercício, o que não ocorreu na hipótese dos autos. 3. Recurso especial provido. (REsp 1591161 / SE, Ministro Ricardo Villas Bôas Cueva, Terceira Turma, DJe 24/02/2017). **E:** Incorreta, pois, entende-se por sucessão *ab intestato*, aquela em que não há disposição de última vontade do *de cujus*, ou seja, falta de testamento ou codicilo. Nesta modalidade, a sucessão segue os artigos 1829 do Código Civil.

Gabarito "A".

(Defensor Público – DPE/SC – 2017 – FCC) Bruno se casou aos 20 anos com Luiza, em regime da comunhão parcial de bens; eles viveram maritalmente por aproximadamente quinze anos, mas vieram a se separar de fato, sem formalizar a separação e nunca se divorciaram. Há dois anos, Bruno estava convivendo com Maria Eduarda. Recentemente, Bruno, que nunca teve filhos e não deixou testamento, veio a falecer, deixando como ascendentes a sua mãe e seus avós paternos ainda vivos. Diante deste cenário hipotético,

Luiza

(A) por não ser mais considerada cônjuge do falecido, não será a sua herdeira; Maria Eduarda tem direito à meação dos bens adquiridos onerosamente na vigência da união estável, e o restante ficará como herança para a genitora de Bruno, excluídos os avós paternos.

(B) embora seja cônjuge do falecido, não será sua herdeira; Maria Eduarda terá direito à meação dos bens adquiridos onerosamente na constância da união estável e concorrerá em partes iguais com a genitora do autor da herança e com os avós paternos, que herdarão por estirpe e em representação ao filho pré-morto.

(C) embora seja cônjuge do falecido, não será sua herdeira; Maria Eduarda terá direito à meação dos bens adquiridos onerosamente na constância da união estável, mas não poderá concorrer com a genitora do autor da herança com relação aos bens que teve meação.

(D) por ser cônjuge do falecido, será sua única herdeira, excluindo a genitora e os avós paternos de Bruno, além de Maria Eduardo, uma vez que não há constituição válida de união estável diante da existência impedimento matrimonial.

(E) embora seja cônjuge do falecido, não será sua herdeira; Maria Eduarda terá direito à meação dos bens adquiridos onerosamente na constância da união estável e concorrerá em partes iguais com a genitora do autor da herança, ficando metade para cada uma delas e excluídos os avós.

O STF reconheceu a equiparação entre cônjuge e companheiro para fins de sucessão, logo aplica-se o artigo 1.837 do Código Civil. A decisão foi proferida, com repercussão geral reconhecida, no julgamento dos Recursos Extraordinários (REs) 646721 e 878694, *in verbis*: "Ementa: direito constitucional e civil. Recurso extraordinário. Repercussão geral. Aplicação do artigo 1.790 do Código Civil à sucessão em união estável homoafetiva. Inconstitucionalidade da distinção de regime sucessório entre cônjuges e companheiros. 1. A Constituição brasileira contempla diferentes formas de família legítima, além da que resulta do casamento. Nesse rol incluem-se as famílias formadas mediante união estável, hétero ou homoafetivas. O STF já reconheceu a "inexistência de hierarquia ou diferença de qualidade jurídica entre as duas formas de constituição de um novo e autonomizado núcleo doméstico", aplicando-se a união estável entre pessoas do mesmo sexo as mesmas regras e mesas consequências da união estável heteroafetiva (ADI 4277 e ADPF 132, Rel. Min. Ayres Britto, j. 05.05.2011) 2. Não é legítimo desequiparar, para fins sucessórios, os cônjuges e os companheiros, isto é, a família formada pelo casamento e a formada por união estável. Tal hierarquização entre entidades familiares é incompatível com a Constituição de 1988. Assim sendo, o art. 1790 do Código Civil, ao revogar as Leis n. 8.971/1994 e n. 9.278/1996 e discriminar a companheira (ou o companheiro), dando-lhe direitos sucessórios bem inferiores aos conferidos à esposa (ou ao marido), entra em contraste com os princípios da igualdade, da dignidade humana, da proporcionalidade como vedação à proteção deficiente e da vedação do retrocesso. 3. Com a finalidade de preservar a segurança jurídica, o entendimento ora firmado é aplicável apenas aos inventários judiciais em que não tenha havido trânsito em julgado da sentença de partilha e às partilhas extrajudiciais em que ainda não haja escritura pública. 4. Provimento do recurso extraordinário. Afirmação, em repercussão geral, da seguinte tese: "No sistema constitucional vigente, é inconstitucional a distinção de regimes sucessórios entre cônjuges e companheiros, devendo ser aplicado, em ambos os casos, o regime estabelecido no art. 1.829 do CC/2002" (Recurso extraordinário 646.721 Rio Grande do Sul, Min. Marco aurélio, DJe 11/09/2017).

Gabarito "E".

(Juiz – TJ-SC – FCC – 2017) A sucessão por morte ou ausência obedece à lei do país:

(A) em que nasceu o defunto ou o desaparecido, qualquer que seja a natureza e a situação dos bens, mas a sucessão de bens de estrangeiros, situados no Brasil, será regulada pela lei brasileira em benefício do cônjuge ou dos filhos brasileiros, ou de quem os represente, sempre que não lhes seja mais favorável a lei pessoal do *de cujus*.

(B) em que era domiciliado o defunto ou o desaparecido, qualquer que seja a natureza e a situação dos bens, mas a sucessão de bens de estrangeiros, situados no Brasil, será regulada pela lei brasileira em benefício do cônjuge ou dos filhos brasileiros, ou de quem os represente, sempre que não lhes seja mais favorável a lei pessoal do *de cujus*.

(C) de cuja nacionalidade tivesse o defunto ou o desaparecido, mas a sucessão de bens de estrangeiros, situados no Brasil, será regulada pela lei brasileira em benefício do cônjuge ou dos filhos brasileiros, ou de quem os represente, sempre que não lhes seja mais favorável a lei pessoal do *de cujus*.

(D) em que era domiciliado o defunto ou o desaparecido, qualquer que seja a natureza e a situação dos bens, mas a sucessão de bens de estrangeiros, situados no Brasil, será sempre regulada pela lei brasileira, se houver cônjuge ou filhos brasileiros.

(E) de cuja nacionalidade tivesse o defunto, ou o desaparecido, qualquer que seja a natureza e a situação dos bens, mas a sucessão de bens de estrangeiros, situados no Brasil, será regulada pela lei brasileira em benefício do cônjuge ou dos filhos brasileiros, ou de quem os represente, em qualquer circunstância.

Há duas regras básicas para compreender qual lei será aplicada para regular uma determinada sucessão. A primeira é que deve se aplicar a lei do domicílio do *de cujus* (Lei de Introdução, art. 10). Assim, por exemplo, se uma pessoa deixou bens no Brasil mas teve seu último domicílio em Buenos Aires, a lei material que regulará a sucessão será o Código Civil argentino.

A segunda regra somente será aplicada caso existam cônjuge ou filhos herdeiros de nacionalidade brasileira. Nesse caso, a lei aplicável será a "mais benéfica" (CF, art. 5°, XXXI). Ou seja, o juiz deverá comparar a lei do domicílio do *de cujus* com o Código Civil brasileiro e aplicar a regra que seja mais benéfica para o cônjuge ou filhos de nacionalidade brasileira.

Gabarito "B".

(Promotor de Justiça – MPE/RS – 2017) Considerando o Direito das Sucessões, assinale com **V** (verdadeiro) ou com **F** (falso) as seguintes afirmações.

( ) O coerdeiro tomou ciência da cessão de direito hereditário efetuado por outro coerdeiro quando foi apresentada nos autos do processo de inventário na data de 27/04/2015. Intentou ação declaratória de nulidade de ato jurídico em 10/11/2015 e efetuou o depósito necessário; no entanto, o ajuizamento da demanda ultrapassou o prazo legal para o reconhecimento do direito de preferência.

( ) O direito à sucessão aberta e o direito à herança constituem bens móveis por determinação legal, isso ocorre mesmo se a herança for composta apenas de bens imóveis.

( ) Os atos de aceitação ou de renúncia da herança são irrevogáveis, todavia, viável alegação de erro, dolo e demais vícios do ato ou negócio jurídico visando sua invalidade.

( ) Pedro falece e tem um único filho, Marco, que renuncia a herança expressamente, por termo judicial. Este possui três filhos: Mário, Maria e Marlon, que poderão vir à sucessão, por direito próprio, não por representação, e receberão um terço da herança.

A sequência correta de preenchimento dos parênteses, de cima para baixo, é

(A) V – F – V – V.
(B) F – F – F – V.
(C) V – V – F – F.
(D) F – V – V – F.
(E) V – F – V – F.

I – Verdadeira, pois o prazo para ajuizamento desta ação é de 180 dias após a transmissão (CC, art. 1.795); II – Falsa, pois o direito à sucessão aberta é considerado bem imóvel (CC, art. 80, II), não importando os bens que compõe a herança; III – Verdadeira, pois a irrevogabilidade (CC, art. 1.812) não afasta a regra geral de anulação de atos jurídicos prevista na parte geral do Código Civil; IV – Verdadeira, pois a hipótese tem previsão e solução no art. 1.811 do Código Civil, o qual determina que os filhos do renunciante poderão vir à sucessão "direito próprio, e por cabeça". Gabarito "A".

(Promotor de Justiça/SC – 2016 – MPE)

(1) Herança vacante consiste em um acervo de bens, administrado por um curador, sob fiscalização da autoridade judiciária, até que se habilitem os herdeiros, incertos ou desconhecidos, ou se declare por sentença que a transmita ao patrimônio do Estado.

1: incorreta, pois a assertiva traz o conceito de herança jacente. Após a publicações dos editais e após ter sido prolatada a sentença, a herança torna-se vacante e a propriedade resolúvel dos bens é entregue ao Município (CC, art. 1.822). A propriedade ainda é resolúvel porque – no prazo de cinco anos a contar da morte – pode aparecer algum herdeiro necessário que reclame para si a herança. Gabarito 1E.

(Promotor de Justiça/SC – 2016 – MPE)

(1) Segundo entendimento majoritário do STJ, o herdeiro que cede seus direitos hereditários não possui legitimidade para pleitear a declaração de nulidade de doação inoficiosa realizada pelo autor da herança em benefício de terceiros.

1: incorreta, pois o STJ posiciona-se em sentido contrário. Segundo a Corte, ainda que um herdeiro ceda seus direitos hereditários, ele mantém a qualidade de herdeiro, a qual é personalíssima e, portanto, mantém a legitimidade para ajuizar ação de nulidade de doação inoficiosa (REsp 1361983/SC, Rel. Ministra Nancy Andrighi, Terceira Turma, julgado em 18/03/2014, DJe 26/03/2014). Gabarito 1E.

(Promotor de Justiça/GO – 2016 – MPE) O ato do herdeiro renunciar a herança prejudicando os seus credores é considerado:
(A) Inexistente e ineficaz em relação aos credores.
(B) Válido, mas será considerado ineficaz em relação aos credores.
(C) Nulo por fraudar os direitos dos credores.
(D) Anulável por fraudar os direitos dos credores.

Quando o herdeiro tem dívidas e – renunciando à sua parte na herança – prejudica os seus credores, o art. 1.813 Código Civil afirma que o credor do herdeiro poderá: "aceitá-la em nome do renunciante". Tal disposição legal não é precisa tecnicamente. A doutrina e a jurisprudência concluíram que tal renúncia será válida, porém ineficaz perante os credores. Isso gera a seguinte consequência: após satisfazer o credor, eventual "saldo de herança" deverá ser destinado aos outros herdeiros, tendo em vista que a renúncia foi considerada válida, mas apenas ineficaz. Gabarito "B".

(Promotor de Justiça/GO – 2016 – MPE) No tocante à indignidade sucessória e deserdação, assinale a alternativa correta:
(A) o direito de demandar a exclusão do herdeiro ou legatário indigno extingue-se em dois anos, contados da abertura da sucessão.
(B) são pessoais os efeitos da exclusão por indignidade, de forma que os descendentes do herdeiro excluído sucedem, como se ele morto fosse antes da abertura da sucessão.
(C) a indignidade sucessória e a deserdação alcançam qualquer classe de herdeiro (necessário ou facultativo).
(D) a deserdação não necessita de um testamento.

A: incorreta, pois o prazo decadencial é de quatro anos (CC, art. 1.815, parágrafo único); **B**: correta, pois a assertiva reproduz o disposto no art. 1.816, permitindo que os filhos do indigno o representem na sucessão. Assim, por exemplo, a herança que iria ao indigno (assim declarado por sentença) deve ser entregue ao seu filho por representação (desde que, obviamente, esse filho já houvesse sido concebido no momento do falecimento do de cujus); **C**: incorreta, pois a deserdação é um instituto que somente se aplica para privar os herdeiros necessários de sua parte legítima na herança (CC, art. 1.961). Caso o testador queira afastar outros herdeiros, basta testar e não contemplá-los; **D**: incorreta, pois o testamento é a única forma possível de estabelecer a deserdação (CC, art. 1.964). Gabarito "B".

(Defensor Público – DPE/BA – 2016 – FCC) No direito das sucessões, o droit de saisine
(A) se aplica ao Município quando ele é sucessor em razão da vacância da herança, conforme entendimento do Superior Tribunal de Justiça.
(B) determina que a herança será transmitida, desde logo, tanto aos herdeiros legítimos como aos testamentários, no exato momento da morte, independentemente de quaisquer outros atos.
(C) permite que o herdeiro ceda qualquer bem da herança considerado singularmente antes da ultimação da partilha.
(D) estabelece que os herdeiros legítimos adquirem a posse da herança no exato momento em que tomam ciência do falecimento do autor da herança.
(E) não foi incorporado ao direito brasileiro, uma vez que é necessário a aceitação da herança para que seja transferida a propriedade e a posse dos bens herdados.

A: incorreta, pois – segundo entendimento do STJ – o direito de saisine não se aplica ao ente público. É apenas com a declaração de vacância que o domínio dos bens jacentes se transfere ao patrimônio público (RESP 100290 SP 1996/0042184-6, Quarta Turma, 14/05/2002); **B**: correta, pois a assertiva traduz com precisão a extensão do princípio de saisine, segundo o qual não há hiato entre o falecimento do de cujus e a aquisição do patrimônio pelos herdeiros (CC, art. 1.784); **C**: incorreta, pois a herança é um bem indivisível (CC, art. 1.791) e é ineficaz "a cessão, pelo coerdeiro, de seu direito hereditário sobre qualquer bem da herança considerado singularmente" (CC, art. 1.793, § 2º); **D**: incorreta, pois é a morte e não seu conhecimento pelo herdeiro que acarreta a transmissão dos bens; **E**: incorreta, pois o princípio de saisine tem previsão expressa no art. 1.784 do Código Civil. A aceitação apenas confirma algo que já havia ocorrido com a morte. Gabarito "B".

(Juiz de Direito/DF – 2016 – CESPE) A propósito do direito das sucessões, com fundamento nos dispositivos legais, na doutrina e no entendimento jurisprudencial pátrio, assinale a opção correta.
(A) A herança é considerada um bem divisível, antes mesmo da partilha.
(B) O filho do autor da herança tem o direito de exigir de seus irmãos a colação dos bens recebidos por doação, a título de adiantamento da legítima, ainda que não tenha sido concebido ao tempo da liberalidade.
(C) O cônjuge supérstite pode opor o direito real de habitação aos irmãos do cônjuge falecido, caso eles já fossem, antes da abertura da sucessão, coproprietários do imóvel em que ela e o marido residiam.
(D) O testador só poderá dispor de um terço da herança no caso de haver herdeiros necessários.
(E) O cumprimento de legado de coisa que se determine pelo gênero é impossibilitado quando a coisa não mais existir entre os bens deixados pelo testador.

A: incorreta, pois a herança defere-se como um todo unitário (CC, art. 1.791); **B**: correta, pois o direito de pedir a colação dos bens (CC, art. 2.002) é deferido a todos os descendentes: "que concorrerem à sucessão do ascendente comum"; **C**: incorreta, pois nessa hipótese prevalece o direito de propriedade dos irmãos, em vez do direito de habitação da viúva (REsp 1184492/SE); **D**: incorreta, pois nesse caso o testador pode dispor de metade do patrimônio (CC, art. 1.846), assegurando-se assim a parte legítima aos herdeiros necessários; **E**: incorreta, pois nesse caso fica mantido o legado (CC, art. 1.915) e ao herdeiro tocará escolhê-la, guardando o meio-termo entre as congêneres da melhor e pior qualidade (CC, art. 1.929). Gabarito "B".

(Magistratura/SC – 2015 – FCC) A sucessão *mortis causa* pode dar-se
(A) a título universal e a título singular, caracterizando-se a primeira pela transmissão do patrimônio ou cota parte do patrimônio do defunto e a segunda, pela transferência de algum ou alguns bens determinados.
(B) se legítima, apenas a título universal e se testamentária, apenas a título singular.
(C) apenas a título universal.
(D) apenas a título singular, porque a lei exige a partilha de bens entre os herdeiros.
(E) a título singular e a título universal, caracterizando-se a primeira pela transmissão de cota parte do patrimônio do defunto e a segunda, pela transmissão de certa generalidade de coisa ou cota parte concreta de bens.

A: correta, pois traz corretas definições sobre as sucessões a título universal e a título singular; **B**: incorreta, pois a sucessão testamentária pode se dar tanto a título singular, como a título universal; **C**: incorreta, pois há também sucessão a título singular (v. art. 1.912 do CC); **D**: incorreta, pois a partilha é o que se faz depois de operada a sucessão, que pode ser a título universal, atribuindo fração ideal de patrimônio a alguns herdeiros, que num momento seguinte vão efetuar uma partilha, quem sabe atribuindo bens certos para cada um; **E**: incorreta, pois na sucessão a título singular não há transmissão de cota parte do patrimônio, mas sim de algum ou alguns bem determinados. Gabarito "A".

(Procurador do Município – Cuiabá/MT – 2014 – FCC) Quando faleceu, Arlindo possuía um irmão, Armando, e dois sobrinhos, João e Josué. À época do falecimento, a lei estipulava que o irmão precedia os sobrinhos na sucessão. No entanto, antes da partilha, sobreveio lei alterando a ordem de vocação hereditária, colocando os sobrinhos à frente do irmão. A lei não previu regras de transição. Os bens de Arlindo passaram a ser de
(A) Armando, que adquiriu tal direito por ocasião do falecimento de Arlindo.
(B) João e Josué, porque a lei de ordem pública possui efeito retroativo.

(C) João e Josué, porque, até a partilha, Armando possuía mera expectativa de direito.
(D) João e Josué, porque a lei nova não previu regras de transição.
(E) Armando, porque a lei equipara os direitos sob condição suspensiva ao direito adquirido.

Existe uma regra básica no Direito das Sucessões e que – no nosso Código Civil vem estipulada no art. 1.787 – segundo a qual a lei material a ser aplicada para distribuir o patrimônio de uma pessoa é aquela que estiver em vigor na data do seu falecimento. Por conta disso, o patrimônio de Arlindo deve ser entregue ao seu irmão, tendo em vista que à época do seu falecimento era essa a ordem legal a se cumprir. A mudança de lei sucessória, em especial de ordem de vocação hereditária (como é o caso da questão) gera uma situação curiosa, mas correta. O juiz – durante o processo de inventário – deverá aplicar uma lei já revogada, posto que ela é apta a distribuir o patrimônio de pessoas que faleceram sob sua vigência. GN

Gabarito "A".

8.2. SUCESSÃO LEGÍTIMA

(Juiz de Direito - TJ/RS - 2018 - VUNESP) Maria vivia em união estável com José, sob o regime da comunhão parcial de bens. Este possuía dois filhos decorrentes de relacionamento anterior e três filhos com Maria. José faleceu. Considerando a disciplina constante do Código Civil, bem como o entendimento do STF proferido em Repercussão Geral sobre o tema, podemos afirmar que caberá a Maria, na sucessão dos bens particulares de José,

(A) um sexto da herança.
(B) um terço da herança.
(C) metade do que couber a cada um dos filhos de José.
(D) um quarto da herança.
(E) metade da herança.

De acordo com a decisão proferida pelo STF no Recurso Extraordinário 878.694/MG, deve-se conceder à companheira de união estável os mesmos direitos previstos para a esposa no art. 1.829 e seguintes do Código Civil. Desta forma, os direitos sucessórios de Maria estão limitados aos bens particulares do seu marido (CC, art. 1.829, I), disputando com os filhos de José (cinco, no total). Aplicando a quota prevista no art. 1.832, Maria terá direito a 1/6 desse patrimônio. Vale mencionar que a hipótese é de filiação híbrida, pois há filhos comuns e filhos só do *de cujus*. Para essa situação, o Enunciado 527 do Conselho da Justiça Federal concluiu que: "Na concorrência entre o cônjuge e os herdeiros do de cujus, não será reservada a quarta parte da herança para o sobrevivente no caso de filiação híbrida".

Ainda que não abordado pela questão, vale mencionar que – devido ao regime de bens – Maria terá também direito de meação sobre os bens adquiridos onerosamente na vigência da união estável (direito denominado de meação).Terá ainda direito real de habitação sobre o "*imóvel destinado à residência da família*" (CC, art. 1.831).(GN)

Gabarito "A".

(Juiz de Direito - TJ/RS - 2018 - VUNESP) José e Maria (grávida de 9 meses) sofreram um acidente automobilístico. José faleceu no acidente. Maria foi levada com vida ao hospital e o filho que estava em seu ventre faleceu alguns minutos após o nascimento, tendo respirado.
Na manhã seguinte, Maria também faleceu em decorrência dos ferimentos causados pelo acidente. José e Maria não tinham outros filhos. O casal tinha uma fortuna de R$ 50.000.000,00 (cinquenta milhões de reais) em aplicações financeiras, numa conta conjunta, valores acumulados exclusivamente durante o período do casamento, sob o regime legal de bens (comunhão parcial). Os pais de José (Josefa e João) e os pais de Maria (Ana e Paulo) ingressaram em juízo postulando seus direitos hereditários. Assinale a alternativa correta.

(A) Os pais de Maria têm direito a 75% do valor da herança e os pais de José ao restante.
(B) Os pais de José têm direito a 75% do valor da herança e os pais de Maria ao restante.
(C) A herança deve ser atribuída totalmente aos pais de José, nada cabendo aos pais de Maria.
(D) A herança deve ser atribuída totalmente aos pais de Maria, nada cabendo aos pais de José.
(E) Os pais de José e os pais de Maria têm direito, cada um deles, à metade da herança.

Para a solução da questão sucessória em análise é imprescindível saber a sequência cronológica dos falecimentos. O primeiro a falecer foi o pai, seguido do filho e por último a mãe. É fundamental também separar patrimônios. O patrimônio do pai (25 milhões de reais) passou para o filho (quando casada em comunhão parcial a esposa não herda nos bens comuns) e – com a morte do filho – passou para sua mãe, Maria. Na manhã seguinte, Maria faleceu, passando o patrimônio para seus ascendentes (Ana e Paulo).O patrimônio de Maria passou para os seus ascendentes, porque – no momento que ela faleceu – ela já não tinha marido, nem filho. Assim, toda a herança será atribuída aos pais de Maria. GN

Gabarito "D".

(Procurador do Estado – PGE/MT – FCC – 2016) O cônjuge sobrevivente sucede,
(A) em concorrência com os descendentes, independentemente do regime em que era casado.
(B) ainda que separado de fato do falecido, há mais de dois anos, desde que haja prova de que a convivência se tornou impossível sem culpa do sobrevivente.
(C) por inteiro, na falta de descendentes, ainda que haja ascendentes.
(D) em concorrência com os descendentes, no regime da comunhão parcial, sejam os bens comuns ou particulares.
(E) em concorrência com os ascendentes em primeiro grau, ainda que haja descendentes.

A: incorreta, pois quando a viúva concorre com descendentes, o regime de bens é critério determinante para a concessão de direito sucessório (CC, art. 1.829, I); **B**: correta, pois a hipótese – ainda que teórica – é prevista no art. 1.830 do Código Civil; **C**: incorreta, pois o cônjuge sobrevivente concorrerá com os ascendentes (CC, art. 1.837); **D**: incorreta, pois no regime da comunhão parcial, o cônjuge sobrevivente herdará apenas nos bens particulares (Enunciado 270 do CJF); **E**: incorreta, pois havendo descendentes do falecido, os ascendentes do falecido não herdarão. GN

Gabarito "B".

(Procurador do Estado – PGE/RN – FCC – 2014) Romeu e Joana, casados sob o regime da comunhão universal de bens, faleceram em decorrência de acidente de veículo, ficando provado que Joana morreu primeiro. Romeu não tinha descendentes, nem ascendentes, mas possuía um irmão germano e um consanguíneo, além de dois sobrinhos, filhos de outro irmão germano, pré-morto. Joana não tinha descendentes, mas possuía pai vivo e avós maternos vivos. Nesse caso, a herança de Joana será atribuída a

(A) seu pai, enquanto a herança de Romeu será atribuída a seus irmãos, que herdarão por cabeça, mas o germano receberá metade do que receber o consanguíneo, bem como a seus sobrinhos que herdarão por estirpe, dividindo igualmente entre si o que receberia o pai deles.
(B) seu pai que herdará por cabeça e a seus avós que herdarão por estirpe, em concurso com Romeu, enquanto a herança de Romeu será atribuída a seus irmãos e a seus sobrinhos, que herdarão por cabeça.
(C) seu pai, em concurso com Romeu, e enquanto a herança de Romeu, incluindo os bens havidos de Joana, será atribuída a seus irmãos em valores iguais, que herdarão por cabeça, e a seus sobrinhos, que herdarão por estirpe, dividindo igualmente entre si o que receberia o pai deles.
(D) seu pai, em concurso com Romeu, incluindo os bens havidos de Joana, será atribuída a seus irmãos, que herdarão por cabeça, mas o consanguíneo receberá metade do que receber o germano, bem como aos seus sobrinhos, que herdarão por estirpe, dividindo igualmente entre si o que receberia o pai deles.
(E) seu pai e a seus avós que herdarão por cabeça, enquanto a herança de Romeu será atribuída a seus irmãos que herdarão por cabeça em igualdade, e a seus sobrinhos, que herdarão por estirpe, dividindo entre si o que receberia o pai deles.

Para facilitar a compreensão desta questão, é aconselhável dividir a resposta em duas partes. A primeira parte refere-se à herança de Joana, que – no instante de sua morte – deixou marido, pai e avós. Nessa hipótese, não importa o regime de bens, já que seu marido irá dividir a herança com o pai da falecida (CC, art. 1.829, II combinado com art. 1.832).

Romeu, por sua vez, deixou um irmão unilateral vivo, um irmão bilateral vivo e um irmão bilateral pré-morto (o qual, por sua vez, deixou dois filhos). Sabendo que o irmão bilateral herda o dobro do que o irmão unilateral, basta atribuir uma quota dupla para cada irmão bilateral e uma quota simples para cada irmão unilateral (CC, art. 1.841). A parte do irmão pré-morto deve ser dividida em partes iguais entre seus filhos, aplicando assim o direito de representação (CC, art. 1.853). GN

Gabarito "D".

(Juiz – TJ-SC – FCC – 2017) Na sucessão legítima, aplicam-se as seguintes regras:

I. Havendo renúncia à herança, a parte do renunciante devolver-se-á sempre aos herdeiros da classe subsequente.
II. Quando o herdeiro prejudicar os seus credores, renunciando à herança, poderão eles, com autorização do juiz, aceitá-la em nome do renunciante, mas, pagas as dívidas do renunciante, prevalece a renúncia quanto ao remanescente, que será devolvido aos demais herdeiros da mesma classe, salvo se for o único, caso em que se devolve aos herdeiros da classe subsequente.
III. Na classe dos colaterais, os mais próximos excluem os mais remotos, salvo o direito de representação concedido aos filhos de irmãos.
IV. Na falta de irmãos herdarão igualmente os tios e sobrinhos, que são colaterais de terceiro grau.

V. Na linha descendente, os filhos sucedem por cabeça, e os outros descendentes por cabeça ou por estirpe, conforme se achem ou não no mesmo grau.

Está correto o que se afirma APENAS em:

(A) I, IV e V.
(B) I, II e III.
(C) III, IV e V.
(D) I, II e IV.
(E) II, III e V.

I: incorreta, pois há outras opções para o destino da parte do renunciante. Assim, por exemplo, numa herança que só tenha filhos, a renúncia de um deles faz acrescer aos demais a sua quota (CC, art. 1.810). A renúncia de um herdeiro que seja devedor pode acabar nas mãos do seu credor (CC, art. 1.813); **II**: correta, pois de acordo com a previsão estabelecida pelo CC, art. 1.813. A ideia da regra é evitar que um herdeiro possa fraudar seu credor mediante a renúncia da herança; **III**: correta, pois apenas o sobrinho tem direito de representação quando se trata de uma herança na qual só haja herdeiros legítimos colaterais (CC, art. 1.840); **IV**: incorreta, pois na falta de irmãos a lei chama os sobrinhos e – não os havendo – convoca os tios (CC, art. 1.843). Em outras palavras, apesar de serem colaterais do mesmo grau, o sobrinho do falecido tem preferência em relação ao tio do falecido; **V**: correta, pois de pleno acordo com o disposto no art. 1.835 do Código Civil. Gabarito "E".

(Defensor Público – DPE/ES – 2016 – FCC) Torquato tem quatro filhos sendo Joaquim, do seu primeiro casamento com Mariana; José, Romeu e Pedro de seu casamento com Benedita. Mariana e Benedita são falecidas e não possuíam ascendentes nem outros descendentes. Vítimas de um acidente de veículo, em que Torquato e todos os seus filhos se encontravam, morreram Torquato, instantaneamente, e José, algumas horas depois. Pedro, Romeu e Joaquim sobreviveram. Torquato tinha um patrimônio avaliado em R$ 3.600.000,00 e era casado com Amélia sob o regime da separação obrigatória de bens e nada havia adquirido durante esse casamento, mas Amélia é beneficiária de um seguro de vida, contratado pelo marido, cuja indenização por morte acidental é de R$ 3.600.000,00. Nesse caso, Amélia

(A) receberá integralmente a indenização do seguro; cada um dos filhos de Torquato receberá R$ 900.000,00, a título de herança e em razão da morte subsequente de José, os irmãos sobreviventes Romeu e Pedro receberão cada um R$ 360.000,00 e Joaquim R$ 180.000,00.
(B) receberá metade da indenização do seguro e a outra metade será rateada entre os filhos vivos de Torquato; cada filho de Torquato receberá R$ 900.000,00 e, em razão da morte subsequente de José, cada um de seus irmãos sobreviventes receberá R$ 300.000,00.
(C) receberá da indenização do seguro R$ 1.800.000,00, porque o segurado, tendo herdeiros necessários não poderia dispor de mais da metade de seu patrimônio, rateando-se entre os filhos vivos de Torquato R$ 1.200.000,00; cada um dos filhos de Torquato receberá R$ 900.000,00, a título de herança e em razão da morte subsequente de José, os irmãos sobreviventes Romeu e Pedro receberão R$ 360.000,00 cada um e Joaquim, R$ 180.000,00.
(D) não poderá receber a indenização do seguro, em virtude do regime de bens do casamento, a qual será rateada igualmente entre os filhos vivos de Torquato; cada um dos filhos de Torquato receberá R$ 900.000,00, a título de herança e em razão da morte subsequente de José cada um de seus irmãos sobreviventes receberá R$ 300.000,00.
(E) receberá integralmente a indenização do seguro, cada um dos filhos sobreviventes de Torquato receberá R$ 900.000,00 e, em razão da morte subsequente de José, cada um de seus irmãos sobreviventes receberá R$ 300.000,00.

A questão precisa ser desmembrada para fins didáticos. Primeiramente, é preciso destacar o valor a ser entregue à viúva, Amélia, a título de seguro de vida, o qual não se confunde com herança, nem com ordem de vocação hereditária. Aliás, já vale destacar que Amélia não receberá nada de herança, em virtude de ela ser casada no regime da separação obrigatória de bens (CC, art. 1.829, I). Na sequência, basta dividir o patrimônio de Torquato em quatro partes iguais, tendo em vista que – no momento de sua morte – ele deixou quatro filhos vivos. O resultado será R$ 900 mil para cada. Horas depois ocorre o falecimento de José, filho de Torquato. O patrimônio que ele herdou (R$ 900 mil) deve ser dividido entre seus dois irmãos bilaterais (José e Romeu) e seu irmão unilateral (Joaquim). Obedecendo à regra do Código Civil (art. 1.841), cada irmão bilateral herda o dobro do que cada irmão unilateral. Com isso, a divisão ficaria R$ 360 mil para Romeu e Pedro e R$ 180 mil para Joaquim. A única assertiva que contempla a correta divisão é a letra A. Gabarito "A".

(Defensor Público – DPE/MT – 2016 – UFMT) Segundo o Código Civil de 2002, em relação à ordem da vocação hereditária na sucessão legítima, assinale a assertiva INCORRETA.

(A) A sucessão legítima defere-se ao cônjuge sobrevivente, casado no regime de comunhão parcial de bens, em concorrência com os descendentes do cônjuge falecido somente quando este tiver deixado bens particulares. A referida concorrência dar-se-á exclusivamente quanto aos bens particulares constantes do acervo hereditário do de cujus.
(B) No regime de separação convencional de bens, o cônjuge sobrevivente concorre na sucessão causa mortis com os descendentes do autor da herança.
(C) No regime de separação legal ou obrigatória de bens, o cônjuge sobrevivente não tem direito à sucessão causa mortis em concorrência com os descendentes do autor da herança.
(D) O Código Civil assegura ao cônjuge sobrevivente, casado sob o regime da comunhão universal de bens, o direito à herança do de cujus em concorrência com os descendentes do falecido.
(E) Na falta de descendentes, são chamados à sucessão os ascendentes, em concorrência com o cônjuge sobrevivente.

A: correta. A posição amplamente dominante na doutrina e jurisprudência é no sentido de que o sobrevivente (que fora casado no regime de comunhão parcial) só terá direito de participar da sucessão sobre os bens particulares do falecido. Nesse sentido, foi muito didático o Enunciado 270 do CJF, segundo o qual: "*O art. 1.829, inc. I, só assegura ao cônjuge sobrevivente o direito de concorrência com os descendentes do autor da herança quando casados no regime da separação convencional de bens ou, se casados nos regimes da comunhão parcial ou participação final nos aquestos, o falecido possuísse bens particulares, hipóteses em que a concorrência se restringe a tais bens, devendo os bens comuns (meação) ser partilhados exclusivamente entre os descendentes*"; **B**: correta, pois o Código não afastou o cônjuge casado nesse regime do direito de herdar (CC, art. 1.829, I); **C**: correta, pois o Código Civil expressamente afastou o cônjuge nessa hipótese (CC, art. 1.829, I); **D**: incorreta, pois nesse regime não há direito de concorrer com descendentes do falecido. A mens legis foi de que – nesse regime – a cônjuge já faria jus a meação satisfatória, não sendo necessária a herança; **E**: correta, pois de acordo com a convocação sucessória prevista no CC, art. 1.829, II. Gabarito "D".

(Juiz de Direito/AM – 2016 – CESPE) Em relação ao direito das sucessões, assinale a opção correta.

(A) Não havendo descendentes ou ascendentes, os herdeiros colaterais do autor da herança concorrem com o cônjuge sobrevivente.
(B) Em se tratando de casamento sob o regime de comunhão parcial de bens, o cônjuge supérstite concorrerá com os descendentes do cônjuge falecido apenas em relação aos bens particulares deste.
(C) Será rompido o testamento válido se o legatário for excluído da sucessão ou falecer antes do legante.
(D) Não goza da igualdade de condições com filho legítimo o filho adotado no ano de 1980, se a morte do autor da herança tiver ocorrido antes da vigência da Lei n.º 10.406/2012.
(E) Tratando-se de sucessão colateral, o direito de representação estende-se ao sobrinho-neto do autor da herança.

A: incorreta, pois, não havendo descendentes nem ascendentes, o cônjuge tem direito à herança por inteiro, sem concorrer com colaterais (CC, art. 1.829, III); **B**: correta, pois claramente é este o sentido do art. 1.829, I, que vem sendo confirmado reiteradamente pelo STJ. Nesse sentido: "*o cônjuge sobrevivente, casado no regime de comunhão parcial de bens, concorrerá com os descendentes do cônjuge falecido somente quando este tiver deixado bens particulares. A referida concorrência dar-se-á exclusivamente quanto aos bens particulares constantes do acervo hereditário do de cujus*" (REsp 1368123/SP). No mesmo sentido, vide Enunciado 270 do CJF; **C**: incorreta, pois a exclusão ou falecimento do legatário não é causa de rompimento do testamento (CC, art. 1.973); **D**: incorreta, pois tal distinção foi abolida pela CF de 1988; **E**: incorreta, pois, na sucessão colateral, somente o sobrinho do falecido é quem titulariza o direito de representação (CC, art. 1.853). Gabarito "B".

(Promotor de Justiça – MPE/MS – FAPEC – 2015) Assinale a alternativa **correta**:

(A) Quando casado no regime de comunhão universal de bens, na hipótese da existência de descendentes, o cônjuge sobrevivente não terá o direito a herança, uma vez que não é herdeiro concorrente com os descendentes.
(B) Ao cônjuge sobrevivente, qualquer que seja o regime de bens, será assegurado o usufruto do imóvel destinado à residência da família, desde que seja o único daquela natureza a inventariar.
(C) Concorrendo com o pai e a mãe do falecido, o cônjuge terá direito a metade da herança.
(D) Somente é reconhecido o direito sucessório ao cônjuge sobrevivente durante a constância do casamento.
(E) Se não houver cônjuge sobrevivente, serão chamados a suceder os colaterais até o terceiro grau.

A: correta. O Código Civil entendeu que a meação atribuída ao cônjuge que fora casado no regime da comunhão universal já seria suficiente para a manutenção de uma vida digna durante a viuvez. Assim, não concedeu direito sucessório na concorrência com descendentes do de cujus (CC, art. 1.829, I); **B**: incorreta, pois o direito real que o Código Civil concedeu à viúva foi o direito real de habitação (CC, art. 1.831); **C**: incorreta, pois nessa hipótese caberá 1/3 para cada (CC, art. 1.837); **D**: incorreta, pois mesmo separados de fato (há menos de dois anos) há possibilidade de a viúva herdar (CC, art. 1.830); **E**:

incorreta, pois os colaterais (até o quarto grau) só serão chamados quando não houver descendentes, ascendentes, nem cônjuge (CC, arts. 1.838 e 1.839).
Gabarito "A".

(Magistratura/GO – 2015 – FCC) Anita morreu deixando dois filhos e um irmão. Era casada no regime da comunhão parcial de bens, mas, ao tempo do falecimento, estava separada de fato há mais de 2 anos, por culpa do cônjuge sobrevivente. A sucessão legítima deverá ser deferida em favor dos filhos

(A) apenas.
(B) em concorrência com o irmão e com o cônjuge sobrevivente, salvo se não tiver deixado bens particulares.
(C) em concorrência com o cônjuge sobrevivente, salvo se não tiver deixado bens particulares.
(D) em concorrência com o cônjuge sobrevivente, ainda que não tenha deixado bens particulares.
(E) em concorrência com o irmão.

A: Correta, de acordo com o art. 1.830 do CC, que dispõe expressamente: "Somente é reconhecido o direito sucessório ao cônjuge sobrevivente se, ao tempo da morte do outro, não estavam separados judicialmente, nem separados de fato há mais de dois anos, salvo prova, neste caso, de que essa convivência se tornar impossível sem culpa do sobrevivente"; **B:** incorreta, pois os filhos não concorrem com o irmão (art. 1.829, I, do CC), mas apenas com o cônjuge sobrevivente, observado o disposto no art. 1.830 do Código. A lei prevê a concorrência dos descendentes, com o cônjuge sobrevivente como regra, salvo três hipóteses: **E:** quando for casado no regime de comunhão universal (o cônjuge será meeiro e não concorrerá com o descendente), quando for casado no regime de separação obrigatória ou legal de bens, ou ainda, quando for casado no regime de comunhão parcial de bens, se o autor da herança não deixou bens particulares (o cônjuge sobrevivente apenas herdará quanto aos bens particulares, se deixou bens particulares, claro), conforme prevê o 1.829, I, CC; **C:** incorreta, porque viola o art. 1.829, I, pela razão exposta acima; **D:** incorreta, não haverá concorrência com o cônjuge sobrevivente por afrontar o citado art. 1.830 do CC, e, no regime de comunhão parcial de bens somente haverá concorrência, quanto aos bens particulares (1.829, I); **E:** incorreta, visto que o Código não prevê a concorrência no direito sucessório dos descendentes com o irmão do autor da herança (colateral de segundo grau). Apenas há concorrência com o cônjuge sobrevivente (observado art. 1830), conforme prevê o art. 1.829, I, do CC.
Gabarito "A".

(Magistratura/RR – 2015 – FCC) Na sucessão de colateral, não existindo outros parentes que prefiram na ordem da vocação hereditária, mas havendo do *de cujus*

(A) sobrinho neto e primo-irmão, a herança será atribuída somente ao primo-irmão.
(B) sobrinho-neto, tio-avô e primo-irmão, a herança será partilhada entre eles, por estirpe.
(C) tio e sobrinho, a herança será dividida entre eles.
(D) tio e sobrinho, a herança será atribuída apenas ao tio.
(E) sobrinho-neto, tio-avô e primo-irmão, a herança será partilhada entre eles, por cabeça.

A: incorreta, pois no caso tem-se parentes com a mesma proximidade com o falecido, não incidindo a regra de que na linha colateral os mais próximos excluem os mais remotos (art. 1.840 do CC); **B:** incorreta, pois a herança por estirpe se dá quando alguém representado alguém que faleceu, ou seja, depende que se esteja falando de descendente de um falecido considerado herdeiro, o que não se aplica ao tio-avô; C e **D:** incorretas, pois os sobrinhos preferem aos tios (art. 1.843, *caput*, do CC); **E:** correta, pois são todos parentes em 4º grau e não há preferência legal entre eles.
Gabarito "E".

(Magistratura/RR – 2015 – FCC) Falecendo alguém sem deixar testamento nem herdeiro legítimo notoriamente conhecido, os bens da herança, depois de arrecadados,

(A) passarão imediatamente ao patrimônio do Município em que se encontrarem, que os manterá sob a condição resolutiva do aparecimento de herdeiros, pelo prazo de dez anos.
(B) ficarão sob a guarda do Município onde se encontrarem, que os administrará, até que seja declarada a vacância e incorporados definitivamente ao seu patrimônio.
(C) serão declarados vacantes, tendo os possíveis herdeiros de se habilitar no prazo de cinco anos, a partir da abertura da sucessão, findo o qual passarão ao patrimônio do Município em que se encontrarem.
(D) consideram-se de herança jacente, da qual são excluídos os herdeiros colaterais e os necessários que não se habilitarem no prazo de um ano, a partir da abertura da sucessão, findo o qual a herança se considerará vacante e incorporado ao patrimônio do Município em que os bens se encontrarem.
(E) ficarão sob a guarda e administração de um curador até sua entrega ao sucessor, devidamente habilitado, ou à declaração de sua vacância.

A a D: incorretas, pois, para completar a frase do enunciado da questão, a alternativa deve dizer que os bens da herança, depois de arrecadados, "ficarão sob a guarda e administração de um curador, até a sua entrega ao sucessor devidamente habilitado ou à declaração de sua vacância" (art. 1.819 do CC); **E:** correta (art. 1.819 do CC).
Gabarito "E".

(Analista – TRE/GO – 2015 – CESPE) A respeito de aspectos diversos do direito civil brasileiro, cada um dos próximos itens apresenta uma situação hipotética, seguida de assertiva a ser julgada.

(1) Márcia, casada com Tito e proprietária de grande fortuna, faleceu por causas naturais. Nessa situação, Tito poderá administrar a herança até que um inventariante seja nomeado pelo juiz.
(2) Carla, com vinte e um anos de idade, sofreu lesões físicas em decorrência de acidente provocado por condutor de veículo oficial. Nessa situação, o prazo prescricional a ser observado por Carla para o ajuizamento de eventual ação de indenização por danos materiais começou a correr a partir da data do acidente.
(3) Antônio e Viviane, casados entre si, possuem juntos dois imóveis de valor aproximadamente similar. Nessa situação, é vedado ao casal instituir um desses imóveis como bem de família voluntário.

1: Correta, pois cuida-se da figura do Administrador provisório, que é toda e qualquer pessoa que esteja na administração e posse da herança, representando o espólio ativa e passivamente até a nomeação de um inventariante pelo juiz, nos termos do art. 1.797, I, do CC. O presente artigo relaciona as pessoas que podem assumir esse encargo; **2:** Correta, pois de acordo com o art. 206, § 3º, V, do CC, o prazo prescricional para se buscar a reparação de danos materiais experimentados por acidente de trânsito é de 3 anos a contar da data do evento lesivo; **3:** Anulada, uma vez que bem de família voluntário é aquele constituído por ato voluntário do proprietário, e instituído por escritura pública devidamente registrada, e para a sua constituição se faz necessário o preenchimento de três requisitos, quais sejam: a) deve se tratar de patrimônio próprio do instituidor, nos termos do art. 1.711 do CC; b) a destinação do bem de família deve ser a moradia da família, arts. 1.712 e 1.717 do CC; e c) solvabilidade do instituidor, a fim de evitar fraude contra credores, uma vez que o bem de família é inalienável e impenhorável.
Gabarito 1C, 2C, 3 anulada.

8.3. SUCESSÃO TESTAMENTÁRIA

(Procurador – IPSMI/SP – VUNESP – 2016) No que diz respeito ao testamento, é correto afirmar que

(A) podem testar os maiores de dezesseis anos.
(B) a incapacidade superveniente do testador invalida o testamento.
(C) os absolutamente incapazes podem testar com anuência de seu representante legal e mediante instrumento público.
(D) o testamento conjuntivo é válido desde que testado por marido e mulher.
(E) o testamento do incapaz se valida com a superveniência da capacidade.

A: correta, pois a lei prevê capacidade plena para testar a partir dos dezesseis anos (CC, art. 1.860 parágrafo único); **B:** incorreta, pois: "*a incapacidade superveniente do testador não invalida o testamento*" (CC, art. 1.861); **C:** incorreta, pois não há tal permissivo legal; **D:** incorreta, pois o testamento conjuntivo não é permitido pela lei (CC, art. 1.863); **E:** incorreta, pois o testamento do incapaz não se valida com a superveniência da capacidade (CC, art. 1.861).
Gabarito "A".

(Promotor de Justiça/SC – 2016 – MPE)

(1) O fideicomisso somente se permite em favor dos não concebidos ao tempo da morte do testador e somente pode ser instituído por testamento.

1: correta. O Código Civil de 2002 limitou bastante o instituto do fideicomisso, determinando que o testador somente poderia instituir o fideicomissário não concebido ao tempo da morte do testador. Assim, por exemplo, seria lícita a deixa se João testasse para seu filho João Júnior (fiduciário) e determinando que, com a morte deste, o bem iria para João Neto (fideicomissário, o qual não foi nem concebido). Caso João Neto já tenha sido concebido no momento da morte do testador, o instituto se converte em usufruto. Assim, a propriedade do bem iria para João Neto, enquanto João Júnior seria usufrutuário (CC, arts. 1.951 e seguintes).
Gabarito 1C

(Procurador da República –28º Concurso – 2015 – MPF) Artemis faleceu deixando testamento público, no qual fez inserir, como única disposição, que todos os bens imóveis deixados aos filhos deveriam ser gravados com cláusula de incomunicabilidade. Com o advento do novo Código Civil, passou a ser exigida declaração de existência de justa causa para a eficácia da aludida restrição, no prazo de 1 (um) ano, a contar da vigência do código. O testador veio a falecer em 2004, não tendo realizado qualquer aditamento as disposições de última vontade. Neste caso, entende o STJ:

(A) O testamento tornou-se inválido e o testamenteiro não fará jus ao pagamento do prêmio.
(B) O testamento e válido, mesmo que Artemis não o tenha aditado no prazo previsto.

(C) O testamento tornou-se inválido, mas o testamenteiro deve receber o prêmio.
(D) O testamento é válido, mas a cláusula de incomunicabilidade tornou-se ineficaz.

A questão envolve um caso que chegou ao Superior Tribunal de Justiça nessa exata situação. Entendeu a Corte que: "*A despeito de a ineficácia da referida cláusula afetar todo o testamento, não há que se falar em afastamento do pagamento do prêmio ao testamenteiro [...] a execução da disposição testamentária foi obstada pela própria inação do disponente ante a exigência da lei, razão pela qual não pode ser atribuída ao testamenteiro nenhuma responsabilidade por seu descumprimento, sendo de se ressaltar que a perda do direito ao prêmio só é admitida, excepcionalmente, em caso de sua remoção, nas situações previstas em lei*" (CC, art. 1.989 e CPC[1973], art. 1.140, I e II). Entendeu a Corte, contudo, ser possível utilizar a situação como causa de gradação do valor devido ao testamenteiro (de 1% a 5%), de acordo com o art. 1.987 do CC. (REsp 1207103/SP, Rel. Ministro Marco Aurélio Bellizze, Terceira Turma, julgado em 02/12/2014, DJe 11/12/2014).
Gabarito "C".

(Procurador da República –28º Concurso – 2015 – MPF) Relativamente às restrições que pode sofrer a legítima:
(A) O testador, segundo o Código Civil de 2002, não pode estabelecer cláusula de impenhorabilidade, incomunicabilidade e inalienabilidade.
(B) Em relação à cláusula de inalienabilidade, não são ineficazes o penhor e a hipoteca, uma vez que não implicam na alienação do bem, mas apenas em garantia ao credor.
(C) A cláusula da inalienabilidade implica necessariamente na incomunicabilidade, não se podendo presumi-la se não vier expressa em testamento.
(D) Havendo justa causa, o testador pode estabelecer cláusula de inalienabilidade se considerar que o herdeiro é um perdulário e que poderá dissipar seus bens.

A: incorreta, pois o Código Civil (art. 1.848) admite tais cláusulas, desde que haja "justa causa" declarada no testamento; **B**: incorreta, pois a penhora e a hipoteca são consideradas um "início de venda", dado que o devedor poderá perder o bem caso não pague a dívida; **C**: correta, pois o art. 1.911 do Código Civil determina que: "*A cláusula de inalienabilidade, imposta aos bens por ato de liberalidade, implica impenhorabilidade e incomunicabilidade*"; **D**: incorreta, pois o Código Civil não especificou (e também não excluiu) tal hipótese, limitando-se a mencionar a cláusula genérica da necessidade de "*justa causa*".
Gabarito "C".

(Ministério Público/SP – 2015 – MPE/SP) Sobre o testamento cerrado, é correto afirmar que:
(A) A pessoa portadora de cegueira total poderá testar sob a forma cerrada.
(B) O analfabeto poderá dispor de seus bens em testamento cerrado.
(C) O testador surdo-mudo poderá fazer o testamento por intermédio de outra pessoa, a seu rogo.
(D) Não obstante a deficiência auditiva do testador, o auto de aprovação do testamento cerrado deverá ser lido na presença dele e das testemunhas.
(E) O testamento cerrado deverá obrigatoriamente ser escrito em língua nacional, pelo próprio testador, ou por outrem, a seu rogo.

A: incorreta (art. 1.872 do CC); **B**: incorreta (art. 1.872 do CC); **C**: incorreta, pois o testador nessa condição pode testar "contanto que o escreva todo, e o assine de sua mão, e que, ao entregá-lo ao oficial público, ante as duas testemunhas, escreva, na face externa do papel ou do envoltório, que aquele é o seu testamento, cuja aprovação lhe pede" (art. 1.873 do CC), ou seja, o testamento não é feito por intermédio de outra pessoa, a seu rogo; **D**: correta (art. 1.868, III, do CC); **E**: incorreta, pois pode ser escrito em língua estrangeira (art. 1.871 do CC).
Gabarito "D".

(Defensor/PA – 2015 – FMP) Assinale a alternativa CORRETA.
(A) A exclusão de herdeiro, por indignidade, alcança seus descendentes.
(B) A renúncia à herança de uma pessoa não impede que o renunciante a represente na sucessão de terceiro.
(C) O testamento particular que não obedecer ao requisito de ser lido perante três testemunhas, que o subscreverão, não poderá ser confirmado, se, ao tempo de sua confirmação, quaisquer delas faltar, impedindo que testemunhem sobre o ato da leitura e assinatura.
(D) É inválido o legado de coisa certa que já não pertença ao testador ao tempo da abertura da sucessão.
(E) Não há prazo decadencial previsto em lei para anulação de disposições testamentárias realizadas sob coação, sendo, pois, perpétuo, o direito de invalidá-las.

A: incorreta, pois de acordo com o art. 1.816 do CC "são pessoais os efeitos da exclusão; os descendentes do herdeiro excluído sucedem, como se ele morto fosse antes da abertura da sucessão"; **B**: correta, pois nesse caso ter-se-ia uma nova herança, que, para ser objeto de renúncia, depende do cumprimento das formalidades legais (art. 1.806 do CC); **C**: incorreta, pois de acordo com o parágrafo único do art. 1.878 do CC "Se faltarem testemunhas, por morte ou ausência, e se pelo menos uma delas o reconhecer, o testamento poderá ser confirmado, se, a critério do juiz, houver prova suficiente de sua veracidade."; **D**: incorreta, pois nesse caso o legado é *ineficaz* e não *inválido* (art. 1.912 do CC); **E**: incorreta, pois extingue-se em 4 anos o direito de anular o testamento nesse caso, contados de quando o interessado tiver conhecimento do vício.
Gabarito "B".

(Cartório/DF – 2014 – CESPE) A respeito da substituição fideicomissária, assinale a opção correta.
(A) A capacidade testamentária passiva do fiduciário e do fideicomissário é apurada na abertura da sucessão, e não no momento da morte do fideicomitente.
(B) Renunciando o fideicomissário a substituição da herança do legado ao tempo da abertura da sucessão, a propriedade consolida-se em favor do fiduciário.
(C) A substituição fideicomissária caracteriza-se pela simultaneidade e dupla liberalidade ao fiduciário, que recebe o usufruto dos bens herdados, e o fideicomissário, desde logo, a propriedade.
(D) A instituição de fideicomisso em dupla vocação, para beneficiar dois herdeiros existentes ao tempo da abertura da sucessão visa ao atendimento da vontade do testador, fideicomitente, de transmitir herança ou legado a duas pessoas na ordem hereditária.
(E) Constitui requisito a configuração da substituição fideicomissária a eventualidade da vocação do fideicomissário, porquanto, até a substituição, o fiduciário será o proprietário sob condição resolutiva, e o fideicomissário o será sob condição suspensiva.

A: incorreta, pois abertura da sucessão é sinônimo de morte; **B**: incorreta, pois o fideicomissário deve ser prole eventual, ou seja, nem sequer concebido quando da morte do testador. Logo, ele não teria como renunciar "ao tempo da abertura da sucessão" (CC, art. 1.952); **C**: incorreta, pois o fiduciário recebe a propriedade resolúvel dos bens, que serão transmitidos posteriormente ao fideicomissário por ocasião de certa condição ou certo termo (CC, art. 1.951); **D**: incorreta, pois o fideicomissário deve ser prole eventual, ou seja, nem sequer concebido quando da morte do testador; **E**: correta, pois a segunda transmissão (do fiduciário para o fideicomissário) depende da ocorrência de um evento futuro.
Gabarito "E".

8.4. INVENTÁRIO E PARTILHA

(Ministério Público/SP – 2015 – MPE/SP) Entre as opções abaixo, assinale a alternativa correta:
(A) O neto, que vier a receber doação de seu avô, estando seu pai vivo por ocasião da morte do doador, se for chamado à sucessão do avô, não precisará colacionar.
(B) A dispensa da colação pode ser outorgada pelo doador também pela forma oral.
(C) O testamenteiro possui legitimidade para, na defesa do interesse dos herdeiros necessários, exigir a colação das liberalidades recebidas, em vida, por um dos filhos do autor da herança em prejuízo dos demais.
(D) O ascendente que for contemplado, em vida, com uma liberalidade do descendente está obrigado à colação, sobrevindo a morte do doador.
(E) As doações que o doador determinar que saiam da parte disponível estão sujeitas à colação, ainda que não a excedam.

A: correta, pois, estando o seu pai vivo, apenas este é herdeiro, e não o neto, sendo certo que somente descendentes herdeiros são obrigados a colacionar (art. 2.002, *caput*, do CC), o que não é o caso do neto; **B**: incorreta, pois a dispensa de colação deve se dar em testamento ou no próprio título de liberalidade, ambos declarações escritas (art. 2.006 do CC); **C**: incorreta, pois somente os herdeiros e os credores da herança têm legitimidade para requerer a aplicação da pena de sonegados (art. 1.994, *caput*, do CC); **D**: incorreta, pois esse é um dever de herdeiros descendentes (art. 2.002, *caput*, do CC); **E**: incorreta, pois tais doações não estarão, no caso, sujeitas à colação (art. 2.005 do CC).
Gabarito "A".

(Cartório/DF – 2014 – CESPE) No que se refere à sobrepartilha, no âmbito do direito das sucessões, assinale a opção correta.
(A) Verificado o estado de indivisão de bens, é necessária a proposição de outro processo de inventário e partilha, observado o prazo prescricional da ação.
(B) Pelo princípio da eventualidade, admite-se a sobrepartilha do espólio somente no caso de bens sonegados que foram descobertos após a partilha da herança.
(C) Não é obrigatório que bens remotos da sede do juízo do inventário, litigiosos ou de liquidação morosa ou difícil fiquem para sobrepartilha, podendo os herdeiros e o cônjuge meeiro, se houver, concordar que sejam partilhados ou permaneçam indivisos.
(D) Na hipótese de o cônjuge herdeiro sobrevivente falecer antes da partilha dos bens do pré-morto, os bens omitidos no inventário não poderão ser descritos e partilhados no inventário do consorte herdeiro supérstite, não se admitindo inventário conjunto ou cumulativo.

(E) Realizado o inventário perante o juízo de direito da vara de órfãos e sucessões, a sobrepartilha, por sua natureza complementar, somente poderá ser realizada via judicial, em petição protocolada nos próprios autos, ainda que os interessados sejam capazes e concordes.

A: incorreta, pois para tais bens admite-se a sobrepartilha; **B:** incorreta, pois "*Ficam sujeitos a sobrepartilha os bens sonegados e quaisquer outros bens da herança de que se tiver ciência após a partilha*" (CC, art. 2.022); **C:** correta, pois a previsão do art. 2.021 do CC é uma faculdade das partes e não uma exigência legal; **D:** incorreta, pois "falecendo o cônjuge meeiro supérstite antes da partilha dos bens do pré-morto, as duas heranças serão cumulativamente inventariadas e partilhadas, se os herdeiros de ambos forem os mesmos" (CPC/1973, art. 1.043, CPC/2015, art. 672); **E:** incorreta, pois não há vedação legal nesse sentido. Gabarito "C".

(Cartório/DF – 2014 – CESPE) Acerca da partilha de bens na sucessão, assinale a opção correta.

(A) As liberalidades e doações recebidas deverão ser colacionadas nos autos de inventario pelos herdeiros descendentes, ascendentes e pelos que renunciaram a herança ou foram dela excluídos por indignidade ou deserção.

(B) A partilha pode ser realizada de forma consensual, ou extrajudicial, quando houver acordo entre os herdeiros, mediante escritura pública, por termo nos autos de inventário, em qualquer caso, de negócio jurídico plurilateral, sendo essencial a assinatura do instrumento por todos os interessados e do curador do interditado, se houver.

(C) A ação de declaração de nulidade relativa da partilha ajuizada dentro do prazo legal da rescisão da partilha consensual e do trânsito em julgado da sentença de partilha judicial, em caso de declaração de procedência do pedido, determina nova partilha, dispensando-se, entretanto, aos herdeiros a reposição de frutos e rendimentos auferidos até a anulação.

(D) Da partilha deverá constar auto de orçamento, incluídos os nomes do autor da herança, do inventariante, do cônjuge sobrevivente, dos herdeiros, dos legatários e dos credores admitidos, bem como o ativo, o passivo e o liquido partível, e o valor de cada quinhão.

(E) Por ser livre a manifestação de vontade na sucessão legitima ou testamentária, os atos jurídicos de aceitação e renúncia de herança podem ser retratados até a apresentação das últimas declarações nos autos da ação de inventario.

A: incorreta, pois o ascendente não tem a obrigação de colacionar (CC, art. 2.002). Vale ressaltar que o descendente que renuncia ou que é excluído por indignidade ou deserdação tem a obrigação de colacionar (CC, art. 2.008); **B:** incorreta, pois o inventário extrajudicial só pode ser realizado caso todos os herdeiros sejam capazes (CPC, art. 982); **C:** incorreta, pois "os herdeiros em posse dos bens da herança, o cônjuge sobrevivente e o inventariante são obrigados a trazer ao acervo os frutos que perceberam, desde a abertura da sucessão" (CC, art. 2.020); **D:** correta, pois de acordo com as diretrizes determinadas pelo CPC, art. 1.025; **E:** incorreta, pois "são irrevogáveis os atos de aceitação ou de renúncia da herança" (CC, art. 1.812). Gabarito "D".

9. REGISTROS PÚBLICOS

(Juiz – TJ-SC – FCC – 2017) Luís adquiriu um terreno, por escritura pública não levada ao Registro de Imóveis e onde, posteriormente, construiu uma casa que teve emplacamento com o respectivo número, bem como a rua, que não o tinha, recebeu o nome de rua das Flores. Executado por uma nota promissória, e pretendendo obter efeito suspensivo nos embargos que opôs, diligenciou para adquirir o domínio do imóvel, incluindo a construção, sendo o bem aceito à penhora. Acolhidos os embargos e lhe sendo restituído o título, providenciou o necessário para que não mais constasse contra ele a penhora no registro imobiliário. As providências tomadas foram:

(A) averbação *ex-officio* do nome da rua, matrícula da escritura, averbações da edificação e do número do emplacamento, registro da penhora e registro da decisão que determinou o cancelamento da penhora.

(B) registro da escritura, averbação *ex-officio* do nome da rua, averbação da edificação e do número do emplacamento, registro da penhora e averbação da decisão que determinou o cancelamento da penhora.

(C) registro da escritura e da edificação, averbação do número do emplacamento, do nome da rua, da penhora, e da decisão que determinou o cancelamento da penhora.

(D) averbações da escritura, da edificação e do número do emplacamento e, *ex-officio*, do nome da rua, registros da penhora e da decisão que a cancelou.

(E) matrícula da escritura e registros da edificação, *ex-officio* do nome da rua, da penhora e seu cancelamento.

Quem determina se a hipótese é de registro, averbação "exofficio" ou averbação é a Lei 6.015/1973, no Título V (Do Registro de Imóveis), Capítulo I (Das Atribuições). A escritura de compra e venda submete-se ao registro (art. 167, I, 18), enquanto o nome dos logradouros determinados pelo poder público devem ser averbados "ex officio" (art. 167, II, 13). Edificação e emplacamento são averbados (art. 167, II, 4). No que tange à penhora, ela é registrada quando instituída (art. 167, I, 5), mas averbada quando cancelada (art. 167, II, 2). Gabarito "B".

(Juiz de Direito/CE – 2014 – FCC) Apresentado título para registro, o oficial do registro de imóveis, entendendo que há exigência a ser satisfeita, indicá-la-á por escrito, mas, não se conformando o apresentante ou não podendo satisfazê-la, será o título

(A) imediatamente submetido ao juiz competente que, ouvidos o apresentante e demais interessados bem como o representante do Ministério Público, proferirá sentença, sujeita a coisa julgada material.

(B) remetido ao juízo competente, a seu requerimento e com a declaração de dúvida, para dirimi-la, cuja decisão tem natureza administrativa e não impede o uso de processo contencioso.

(C) remetido ao juízo competente, a seu requerimento, perante o qual deverá requerer a declaração de não existir exigência a ser cumprida, mas a improcedência do pedido não impedirá o uso de processo contencioso.

(D) devolvido ao apresentante, que terá de suscitar ao juiz competente dúvida inversa.

(E) retido no cartório, até que outro seja apresentado livre de vício, ou incorreção ou imperfeição.

A hipótese mencionada na questão apresenta solução legal na Lei de Registros Públicos, art. 198. Desta forma, não se conformando com a exigência feita pelo oficial, o apresentante poderá suscitar dúvida ao juízo competente para dirimi-la. A própria lei dispõe que tal "*tem natureza administrativa e não impede o uso do processo contencioso competente*" (Lei de Registros Públicos, art. 204). Gabarito "B".

(Cartório/DF – 2014 – CESPE) Assinale a opção correta a respeito do registro de imóveis.

(A) A dúvida registrária configura procedimento administrativo suscitado pelo registrador, na fase de qualificação, na hipótese de títulos contraditórios, para o estabelecimento da ordem de preferência do registro.

(B) Por força dos princípios da unitariedade e do fólio real, o título não pode ser cindido, não sendo possível, portanto, averbar, a requerimento do interessado, mandado de penhora de imóvel em que conste a existência de construção não averbada na matrícula respectiva.

(C) De acordo com o princípio da prioridade, o título apresentado em primeiro lugar no registro assegura a preferência na aquisição do direito real respectivo, desse modo, protocolada escritura de hipoteca em que seja mencionada a constituição de hipoteca anterior, não inscrita, será registrada a hipoteca posterior, que obterá preferência.

(D) Consoante o princípio da especialidade, a descrição do imóvel rural deve ser obtida a partir de memorial descritivo assinado por profissional habilitado, e os eventuais erros ou discrepâncias entre os limites reais do imóvel e os constantes da matrícula somente poderão ser retificados em ação demarcatória.

(E) A retificação do registro por inexatidão causada por falsidade ou nulidade do registro ou do título que o fundamenta deverá ser declarada pelo juiz corregedor, em âmbito administrativo, somente quando for manifesta e não importar dano potencial a terceiros, ou quando houver consentimento de todos os interessados.

A: incorreta, pois "não serão registrados, no mesmo dia, títulos pelos quais se constituam direitos reais contraditórios sobre o mesmo imóvel" (Lei 6.015/1973, art. 190); **B:** incorreta, pois o princípio do fólio real apenas preconiza que cada imóvel terá uma matrícula. Não seria justo impedir a penhora do imóvel do devedor tendo em vista a não averbação da construção perante a matrícula. Nesse sentido, lapidar a decisão do TJRS (Reexame Necessário 70057918013, 21.ª Câmara Cível, Relator: Francisco José Moesch, j. 29.01.2014); **C:** incorreta, pois se for apresentado um título de segunda hipoteca, com referência expressa à existência de outra anterior, "o oficial, depois de prenotá-lo, aguardará durante 30 (trinta) dias que os interessados na primeira promovam a inscrição. Esgotado esse prazo, que correrá da data da prenotação, sem que seja apresentado o título anterior, o segundo será inscrito e obterá preferência sobre aquele" (Lei 6.015/1973); **D:** incorreta, pois segundo a Lei 6.015/1973, a adequação da descrição de imóvel rural independe da retificação com as exigências dos arts. 176, §§ 3º e 4º e 225 da mesma Lei; **E:** correta, pois se o registro ou averbação não exprimir a verdade, a retificação será feita pelo Oficial do Registro de Imóveis competente, a requerimento do interessado, por meio do procedimento administrativo previsto no art. 213, facultado ao interessado requerer a retificação por meio de procedimento judicial (Lei 6.015/1973, art. 212). Gabarito "E".

10. QUESTÕES COMBINADAS

(Defensor Público – DPE/SC – 2017 – FCC) A Lei de Registros Públicos – Lei n. 6.015/1973 permite expressamente a modificação do nome de uma pessoa natural, dentre outras, na hipótese de
(A) modificação do prenome mediante requerimento do interessado no primeiro ano após ter atingido a maioridade civil, mesmo que venha a prejudicar os apelidos de família.
(B) requerimento judicial de averbação do nome de família de seu padrasto ou de sua madrasta, desde que haja expressa concordância destes.
(C) requerimento extrajudicial de alteração de prenome suscetível de expor ao ridículo o seu portador.
(D) pessoa transexual, independentemente da realização de cirurgia de redesignação sexual.
(E) pessoa transexual, somente depois de comprovar a realização de cirurgia de redesignação sexual.

A: Incorreta. Viola o disposto do artigo 56 da Lei: "O interessado, no primeiro ano após ter atingido a maioridade civil, poderá, pessoalmente ou por procurador bastante, alterar o nome, desde que não prejudique os apelidos de família, averbando-se a alteração que será publicada pela imprensa". **B:** Correta, nos termos do § 8º do artigo 57 da Lei de Registro Públicos: "O enteado ou a enteada, havendo motivo ponderável e na forma dos §§ 2º e 7º deste artigo, poderá requerer ao juiz competente que, no registro de nascimento, seja averbado o nome de família de seu padrasto ou de sua madrasta, desde que haja expressa concordância destes, sem prejuízo de seus apelidos de família". **C:** Incorreta. Vai de encontro ao disposto no parágrafo único do artigo 58 da Lei que dispõe: "Art. 58. O prenome será definitivo, admitindo-se, todavia, a sua substituição por apelidos públicos notórios. Parágrafo único. A substituição do prenome será ainda admitida em razão de fundada coação ou ameaça decorrente da colaboração com a apuração de crime, por determinação, em sentença, de juiz competente, ouvido o Ministério Público". **D:** Incorreta, conforme jurisprudência do STJ: "Recurso Especial 876672 – RJ (2006/0175226-0) registro público. Mudança de sexo. Registro civil. Alteração do sexo. Decisão judicial. Averbação. Livro cartorário. 1. Impõe-se o deferimento de pedido relativo à mudança de sexo a indivíduo transexual com o objetivo de assegurar-lhe melhor integração na sociedade. 2. Apenas no livro cartorário, deve ficar averbado, à margem do sexo, que a modificação procedida decorreu de decisão judicial; devendo ser vedada qualquer menção nas certidões do registro público, sob pena de manter a situação constrangedora e discriminatória. 3. Recurso especial conhecido em parte e provido. (REsp 876672, Ministro João Otávio de Noronha, publicação 05/03/2010); **E:** Incorreta. Vide jurisprudência do STJ no comentário da alternativa anterior.
Gabarito "B".

(Procurador do Município – Prefeitura Fortaleza/CE – CESPE – 2017) A respeito da Lei de Introdução às Normas do Direito Brasileiro, das pessoas naturais e jurídicas e dos bens, julgue os itens a seguir.
(1) Por não se admitir a posse dos bens incorpóreos, tais bens são insuscetíveis de aquisição por usucapião.
(2) Utiliza a analogia o juiz que estende a companheiro(a) a legitimidade para ser curador conferida a cônjuge da pessoa ausente.
(3) Conforme o modo como for feita, a divulgação de fato verdadeiro poderá gerar responsabilidade civil por ofensa à honra da pessoa natural.
(4) O registro do ato constitutivo da sociedade de fato produzirá efeitos *ex tunc* se presentes, desde o início, os requisitos legais para a constituição da pessoa jurídica.

1: correta. A posse recai sobre bens corpóreos, tangíveis e suscetíveis de apropriação. Daí, por exemplo, o entendimento do STJ, segundo o qual o direito autoral não pode ser protegido via ação possessória (Súmula 228). Tendo em vista que a posse é elemento essencial a usucapião, não haveria como usucapir bens imateriais. Vale a ressalva, contudo, de que é possível usucapião sobre servidão, desde que essa seja aparente e contínua. É o caso, por exemplo de uma pessoa que exerce passagem em terreno vizinho e – pelo decurso do prazo necessário – ganha a titularidade desse direito real; **2:** incorreta, pois o juiz está – nesse caso – interpretando a lei de maneira extensiva. Não é hipótese de lacuna da lei, mas sim de ampliar o alcance de uma lei que já existe; **3:** correta, pois a exceção da verdade não é aplicada de forma irrestrita no Direito Civil. "Verdades" compõem o que há de mais íntimo e pessoal na vida de uma pessoa e sua divulgação – a depender da forma e modo – pode gerar responsabilidade civil. O STJ já se posicionou no sentido de que: "Tratando-se de mera curiosidade, ou de situação em que esse interesse possa ser satisfeito de formas menos prejudicial ao titular, então, não se deve, desnecessariamente, divulgar dados relacionados à intimidade de alguém". (REsp 1380701/PA, Rel. Min. Marco Aurélio Bellizze, Terceira Turma, j. 07.05.2015, DJe 14.05.2015); **4:** incorreta, pois a existência legal das pessoas jurídicas de direito privado começa "*com a inscrição do ato constitutivo no respectivo registro*" (CC, art. 45).
Gabarito "1C, 3C, 4E".

(Procurador do Município – Prefeitura Fortaleza/CE – CESPE – 2017) Acerca de ato e negócio jurídicos e de obrigações e contratos, julgue os itens que se seguem.
(1) O ato jurídico em sentido estrito tem consectários previstos em lei e afasta, em regra, a autonomia de vontade.
(2) Em se tratando de obrigações negativas, o devedor estará em mora a partir da data em que realizar a prestação que havia se comprometido a não efetivar.
(3) Tratando-se de contrato de mandato, o casamento do mandante não influenciará nos poderes já conferidos ao mandatário.
(4) Não constitui condição a cláusula que subordina os efeitos de um negócio jurídico à aquisição da maioridade da outra parte.

1: correta, pois no ato jurídico em sentido estrito a pessoa apenas anui com uma disposição genérica da lei que prevê o ato e quase todas as suas consequências jurídicas. Nesse caso resta pouca margem de autonomia para a pessoa. O melhor exemplo é o casamento no qual a lei já estabeleceu dezenas de efeitos jurídicos, dos quais as partes anuentes não podem se afastar, como os deveres conjugais, parentesco por afinidade, direitos sucessórios, etc. Aos nubentes resta apenas escolher o regime e utilização de sobrenome do outro. Por sua vez, o negócio jurídico (ex.: contrato) permite às partes escolher, estipular e até criar novos efeitos jurídicos os quais nem precisam estar previstos em lei (desde que a lei na proíba, é claro). É por isso que se admite um contrato de compra e venda, com inúmeras cláusulas diferentes, como preferência, retrovenda, pagamento parcelado, financiamento, etc.; **2:** incorreta. A obrigação de não fazer é descumprida com a prática do ato ao qual se comprometeu abster. A mora do devedor (*mora solvendi*), todavia, é um conceito mais elaborado, tendo em vista que ela exige culpa para se configurar. Daí a redação do art. 396 do Código Civil, segundo o qual: "Não havendo fato ou omissão imputável ao devedor, não incorre este em mora". É por isso que nada impede – em tese – uma pessoa descumprir uma obrigação e não estar em mora. Basta, por exemplo, estar atrasada com a prestação, mas devido ao fato de estar internada no hospital com doença grave. Vale a nota de que a mora do credor (*mora accipiendi*) independe de culpa"; **3:** incorreta, pois cessa o mandato pela "*mudança de estado que inabilite o mandante a conferir os poderes, ou o mandatário para os exercer*" (CC, art. 682, III). Assim, por exemplo, se o homem solteiro dá poderes para o mandatário vender a casa, o casamento do mandante (o qual exige vênia conjugal, em todos os regimes, salvo o da separação convencional de bens) extingue o mandato automaticamente; **4:** correta, pois uma característica essencial da condição é a incerteza da sua ocorrência. Daí porque se diz que a condição é o evento futuro e incerto (CC, art. 121). O exemplo dado na questão (maioridade) é um evento futuro e certo e, portanto, é considerado termo (CC, art. 131).
Gabarito "1C, 2E, 3E, 4C".

(Procurador do Município – Prefeitura Fortaleza/CE – CESPE – 2017) Acerca de atos unilaterais, responsabilidade civil e preferências e privilégios creditórios, julgue os itens subsequentes.
(1) Na hipótese de enriquecimento sem causa, a restituição do valor incluirá atualização monetária, independentemente do ajuizamento de ação judicial.
(2) No que se refere às famílias de baixa renda, há presunção de dano material e moral em favor dos pais em caso de morte de filho menor de idade, ainda que este não estivesse trabalhando na data do óbito.
(3) Quanto aos títulos legais de preferência, declarada a insolvência de devedor capaz, o privilégio especial compreenderá todos os bens não sujeitos a crédito real.

1: correta, pois em conformidade com o disposto no art. 884 do CC, que estabelece: "*Aquele que, sem justa causa, se enriquecer à custa de outrem, será obrigado a restituir o indevidamente auferido, feita a atualização dos valores monetários*"; **2:** correta, pois o STJ entendeu que é possível presumir que – em famílias de baixa renda – a atividade laboral de filhos reverterá parcialmente para a manutenção do lar. Aplicou tal entendimento mesmo no caso de filhos portadores de deficiência. (REsp 1069288/PR, Rel. Min. Massami Uyeda, Terceira Turma, j. 14.12.2010, DJe 04.02.2011); **3:** incorreta. A ordem que deverá ser obedecida é a seguinte: o crédito real prefere ao pessoal de qualquer espécie; o crédito pessoal privilegiado, ao simples; e o privilégio especial, ao geral (CC, art. 961).
Gabarito "1C, 2C, 3E".

(Procurados do Município – Prefeitura Fortaleza/CE – CESPE – 2017) Com relação a direitos reais, parcelamento do solo urbano, locação e registros públicos, julgue os itens seguintes.
(1) Em se tratando de contrato de locação, se o fiador tiver se comprometido até a devolução do imóvel pelo locatário, a prorrogação do prazo contratual sem sua anuência o desobriga de responder por ausência de pagamento.
(2) O registrador não fará o registro de imóvel caso dependa da apresentação de título anterior, ainda que o imóvel já esteja matriculado.
(3) O imóvel objeto de contrato de promessa de compra e venda devidamente registrado pode ser objeto de hipoteca.
(4) Embora o município tenha o dever de fiscalizar para impedir a realização de loteamento irregular, ante a responsabilidade pelo uso e pela ocupação do solo urbano, a regularização está no âmbito da discricionariedade, conforme entendimento pacificado no STJ.

1: incorreta, visto que "*salvo disposição contratual em contrário, qualquer das garantias da locação se estende até a efetiva devolução do imóvel, ainda que prorrogada a locação por prazo indeterminado*" (Lei 8.245/1991, art. 39); **2:** correta, pois de acordo com o disposto no art. 237 da Lei de Registros Públicos (Lei 6.015/1973), que dispõe: "*Ainda que o imóvel esteja matriculado, não se fará registro que dependa da apresentação de título anterior, a fim de que se preserve a continuidade do registro*"; **3:** correta, pois o contrato de promessa de compra e venda devidamente registrado é considerado pela lei como direito real (CC, art. 1.225, VII) e sua hipoteca não geraria prejuízo para terceiros. Nesse sentido, o STJ definiu que: "*O ordenamento jurídico pátrio, há longa data, reconhece como direito real o contrato de **promessa** de **compra** e venda devidamente registrado, de modo que não há óbice para que sobre ele recaia **hipoteca**, a qual, no caso, garante o *crédito decorrente da cédula de crédito industrial*". (REsp 1336059/SP, Rel. Min. Ricardo Villas Bôas Cueva, Terceira Turma, j. 18.08.2016, *DJe* 05.09.2016); **4**: incorreta, pois não se trata de discricionariedade. O STJ já se posicionou diversas vezes no sentido de que "o Município tem o poder-dever de agir para fiscalizar e regularizar loteamento irregular, pois é o responsável pelo parcelamento, uso e ocupação do solo urbano, atividade essa que é vinculada, e não discricionária." (REsp 447.433/SP, Rel. Min. Denise Arruda, Primeira Turma, *DJ* 22.06.2006, p. 178).

Gabarito: "1E, 2C, 3C, 4E".

(Procurador do Estado – PGE/PA – UEPA – 2015) Sobre a regularização fundiária de interesse social em imóveis da União, na forma prevista na Lei 11481/2007, é correto afirmar que:

(A) nas áreas urbanas, em imóveis possuídos por população carente ou de baixa renda para sua moradia, onde for possível individualizar as posses, poderá ser feita a demarcação da área a ser regularizada, cadastrando-se o assentamento, para posterior outorga de título de forma individual ou coletiva.

(B) é permitida a inscrição da ocupação que esteja concorrendo ou tenha concorrido para comprometer a integridade das áreas de uso comum do povo, de preservação ambiental ou necessárias à preservação dos ecossistemas naturais e de implantação de programas ou ações de regularização fundiária de interesse social ou habitacionais das reservas indígenas, das áreas ocupadas por comunidades remanescentes de quilombos, das vias federais de comunicação e das áreas reservadas para construção de hidrelétricas ou congêneres, desde que o ente público se comprometa a realizar a compensação ambiental necessária.

(C) o imóvel doado pela União para sociedades de economia mista voltadas à regularização fundiária de interesse social não poderá ser alienado, exceto para o beneficiário final, em contrato não oneroso.

(D) o imóvel doado pela União para pessoas físicas beneficiárias de programas de regularização fundiária de interesse social desenvolvidos por órgãos ou entidades da administração pública, não poderá ser objeto de cláusula de inalienabilidade, exceto se destinado a pessoa com renda familiar mensal superior a 5 (cinco) salários mínimos.

(E) poderá ser dispensado o procedimento licitatório para a cessão de imóvel da União, sob o regime da concessão de direito real de uso resolúvel, mesmo em terrenos de marinha e acrescidos, para associações e cooperativas em se tratando de interesse social.

A: incorreta, pois esse dispositivo legal permite tal demarcação onde "*não for possível individualizar as posses*" (Lei 9.636/1998, art. 6° § 1°); **B**: incorreta, pois tal inscrição é vedada pelo art. 9°, II da Lei 9.636/1998; **C**: incorreta, pois tal alienação é vedada, "*exceto quando a finalidade for a execução, por parte do donatário, de projeto de assentamento de famílias carentes ou de baixa renda [...] e desde que, no caso de alienação onerosa, o produto da venda seja destinado à instalação de infraestrutura, equipamentos básicos ou de outras melhorias necessárias ao desenvolvimento do projeto*" (Lei 9.636/1998, art. 31 § 3°); **D**: incorreta, pois a cláusula de inalienabilidade por cinco anos é uma exigência legal (Lei 9.636/1998, art. 31, § 4°, I) e o beneficiado não pode ter renda familiar mensal superior a 5 salários mínimos (Lei 9.636/1998, art. 31, § 5°, I); **E**: correta, pois de acordo com o permissivo legal contido no art. 18 § 1° da Lei 9.636/1998.

Gabarito: "E".

(Advogado União – AGU – CESPE – 2015) Julgue os itens seguintes, que dizem respeito à aplicação da lei, às pessoas e aos bens.

(1) Caso a lei a ser aplicada não encontre no mundo fático suporte concreto sobre o qual deva incidir, caberá ao julgador integrar o ordenamento mediante analogia, costumes e princípios gerais do direito.

(2) Entre os direitos ressalvados pela lei ao nascituro estão os direitos da personalidade, os quais estão entre aqueles que têm por objeto os atributos físicos, psíquicos e morais da pessoa.

(3) De acordo com entendimento do STJ, a emancipação, seja ela legal, voluntária ou judicial, não tem o condão de excluir a responsabilidade civil dos pais pelos atos praticados por seus filhos menores.

(4) Situação hipotética: João recebeu de seu avô, por doação pura e simples, com cláusula de impenhorabilidade e incomunicabilidade, o imóvel no qual reside. Anos mais tarde, João faleceu. Assertiva: Nessa situação, a transmissão do referido imóvel aos herdeiros necessários de João se dará com a cláusula restritiva, devendo a sua alienação ocorrer por autorização judicial.

1: correta, pois na lacuna da lei o juiz deve utilizar – nessa ordem – os três sistemas integradores do Direito (Lei de Introdução, art. 4°); **2**: correta, pois de acordo com orientação jurisprudencial (Age n. 1268980/PR, Rel. Ministro Herman Benjamin, *DJ* 02.03.2010), bem como o Enunciado 1 do Conselho da Justiça Federal; **3**: incorreta, pois "*A emancipação voluntária, diversamente da operada por força de lei, não exclui a responsabilidade civil dos pais pelos atos praticados por seus filhos menores*" (AgRg no Ag 1239557/RJ, Rel. Min Maria Isabel Gallotti, Quarta Turma, j. 09.10.2012, *DJe* 17.10.2012); **4**: incorreta, pois tais cláusulas restritivas só tem validade até a morte do donatário. A restrição imposta pela cláusula não se transmite ao novo herdeiro.

Gabarito: "1C, 2C, 3E, 4E".

(Advogado União – AGU – CESPE – 2015) Com relação aos atos, ao negócio jurídico, às obrigações e à prescrição, julgue os itens subsequentes.

(1) Dada a existência de íntima ligação entre o abuso de direito e a boa-fé objetiva, a lei estabelece a decretação da nulidade como sanção ao autor do ato abusivo.

(2) Conforme entendimento consolidado do STJ, o prazo prescricional previsto no Código Civil aplica-se às ações indenizatórias decorrentes de ato ilícito formuladas contra a fazenda pública.

(3) É absolutamente nulo e sem possibilidade de conversão substancial o compromisso de compra e venda fictício celebrado entre locador de imóvel residencial e terceiro, com o objetivo de reaver imóvel do locatário mediante ação de despejo proposta pelo suposto adquirente do bem.

(4) De acordo com o que dispõe o Código Civil, a compensação legal opera-se de pleno direito quando há liquidez e exigibilidade do débito e fungibilidade das prestações, não havendo impedimento para a compensação devido a prazo de favor concedido por uma das partes.

1: incorreta. De fato, há uma ligação entre o abuso do direito e a boa-fé objetiva. Contudo, a consequência legal da prática do ato ilícito pelo abuso do direito é tão somente o dever de reparar o dano, não se falando em nulidade; **2**: incorreta, pois o entendimento consolidado do STJ "*é no sentido da aplicação do prazo prescricional quinquenal previsto do Decreto 20.910/32 – nas ações indenizatórias ajuizadas contra a Fazenda Pública, em detrimento do prazo trienal contido do Código Civil de 2002*" (REsp 1251993/PR, Rel. Min. Mauro Campbell Marques, Primeira Seção, j. 12.12.2012, *DJe* 19.12.2012); **3**: correta, pois tal negócio jurídico é simulado e, portanto, nulo. Ademais, ele prejudica terceiros (o locatário, no caso), o que impede a aplicação da conversão do negócio jurídico (CC, art. 170); **4**: correta, pois de pleno acordo com as regras da compensação, previstas nos arts 368 a 372 do CC.

Gabarito: "1E, 2E, 3C, 4C".

(Procurador do Estado – PGE/BA – CESPE – 2014) A cerca dos negócios jurídicos, julgue os itens a seguir.

(1) A compra e venda de merenda escolar por pessoa absolutamente incapaz constitui o que a doutrina denomina ato-fato jurídico real ou material.

(2) É anulável o negócio jurídico se a lei proibir a sua prática, sem cominar sanção.

(3) No negócio jurídico unilateral, está presente apenas uma declaração de vontade, sendo desnecessária a aceitação de outrem para que produza efeitos.

(4) Ocorre a lesão quando uma pessoa, em premente necessidade ou por inexperiência, se obriga a prestação manifestamente desproporcional ao valor da prestação oposta, exigindo-se, para a sua configuração, ainda, o dolo de aproveitamento, conforme a doutrina majoritária.

(5) O silêncio de uma das partes pode, excepcionalmente, representar anuência, se as circunstâncias ou os usos o autorizarem e não for necessária a declaração expressa de vontade.

1: correta, pois um dos exemplos de ato-fato jurídico é o ato materialmente ínfimo ou de pouco relevo patrimonial, como é justamente o caso da compra de uma merenda; **2**: incorreta, pois tal hipótese é de nulidade absoluta, conforme o art. 166, VII do CC. O próprio Código Civil proíbe a venda da herança de pessoa viva e não estabelece sanção (CC, art. 426). Ou seja, tal venda é nula de pleno direito; **3**: correta, pois o negócio jurídico unilateral produz efeitos com apenas uma declaração de vontade. É o que ocorre, por exemplo, com o testamento. Repare que a doação não se encaixa aqui, pois depende de aceitação do donatário. A doação é, portanto, um negócio jurídico bilateral. Como a doação só gera obrigações para uma das partes, ela é classificada como "contrato" unilateral; **4**: incorreta, pois a lei não exige o dolo de aproveitamento da outra parte (CC, art. 157), bastando que o negócio seja desproporcional e que a pessoa esteja sob premente necessidade ou inexperiência; **5**: correta, pois tal assertiva encontra respaldo no art. 111 do CC. Repare, contudo, que o próprio Código Civil pode estabelecer outras consequências para o silêncio, como, por exemplo, o faz no art. 299, parágrafo único.

Gabarito: "1C, 2E, 3C, 4E, 5C".

(Procurador do Estado – PGE/BA – CESPE – 2014) No que se refere ao parcelamento do solo urbano e aos registros públicos, julgue os itens seguintes.

(1) No âmbito dos registros públicos, o procedimento de dúvida é o expediente por meio do qual o apresentante de um título registral, se inconformado com as exigências formuladas pelo registrador ou com a decisão que desde logo negue o registro, pode requerer ao juiz competente que, após proceder à requalificação do documento, determine seu acesso ao fólio real. Nesse contexto, não há possibilidade de interposição de recurso em face de decisão desfavorável do juiz.

(2) Aprovado o projeto de loteamento pelo município, o loteador deverá submetê-lo ao registro imobiliário, acompanhado dos documentos indicados na lei, dentro de cento e oitenta dias, sob pena de caducidade da aprovação.

1: incorreta, pois da sentença proferida no procedimento de dúvida cabe o recurso de apelação "*com os efeitos devolutivo e suspensivo*", a qual poderá ser interposta pelo interessado, Ministério Público e o terceiro prejudicado (Lei 6.015/73, art. 202); **2:** correta, pois tanto as exigências como o prazo estão de pleno acordo com o disposto no art. 18 da Lei 6.766, de 19 de dezembro de 1979. GN

Gabarito "1E, 2C"

(Juiz – TRF 2ª Região – 2017) Analise as assertivas abaixo e, ao final, assinale a opção correta:

I. Em contrato paritário, em que as partes se apresentam em igualdade de condições, será lícita, como regra geral, a cláusula que aumente o prazo de prescrição relativamente às prestações avençadas;
II. Ao contrário da solidariedade passiva, a solidariedade ativa é raramente prevista de modo direto pela lei;
III. Proposta a ação de cobrança contra apenas um dos devedores solidários, que é citado, de modo a impossibilitar que ele, com êxito, sustente a prescrição, isso não afeta o reconhecimento da prescrição contra os codevedores solidários que não são réus.

(A) Apenas a I é falsa.
(B) Apenas a II é falsa.
(C) Apenas a III é falsa.
(D) Apenas a I e a III são falsas.
(E) Todas são verdadeiras.

I: incorreta, pois o art. 192 do Código Civil é claro: "*Os prazos de prescrição não podem ser alterados por acordo das partes*"; **II:** correta e com uma clara justificativa. A solidariedade ativa demanda extrema confiança entre as diversas partes credoras, visto que o pagamento integral a qualquer uma delas exonera o devedor (CC, art. 269); **III:** incorreta, pois a interrupção da prescrição contra um dos devedores solidários prejudica os demais. Deste modo, a citação contra um dos devedores "zera" o prazo prescricional em relação a todos os demais (CC, art. 204 § 1º). GN

Gabarito "D"

(Juiz – TRF 2ª Região – 2017) Leia as assertivas adiante e, a seguir, marque a opção correta:

I. O ato de renúncia à herança ou de remissão de dívida, praticado por quem tem muitos débitos vincendos, é considerado fraudulento independentemente de prova do dano (*eventus damni*), que é presumido pelo legislador.
II. São anuláveis os contratos onerosos do devedor insolvente, gravosos ao seu patrimônio, quando a insolvência for notória, ainda que não haja prova de ser ela conhecida do outro contratante.
III. A ação pauliana é a via para postular a invalidade do ato em fraude a credores, e está submetida ao prazo prescricional de cinco anos, contados da prática do ato.
IV. O pagamento antecipado, feito pelo devedor insolvente a um de seus credores quirografários, em relação a débito realmente existente, é apto a ser invalidado em benefício do acervo concursal.

(A) Apenas as assertivas I e II estão corretas.
(B) Apenas as assertivas I e III estão corretas.
(C) Apenas as assertivas II e IV estão corretas.
(D) Apenas a assertiva II está correta.
(E) Apenas as assertivas I e IV estão corretas.

I: incorreta, pois nos casos de transmissão gratuita de direitos, perdão de dívidas e renúncia à herança, a lei não exige a prova da má-fé (*consilium fraudis*). Contudo, permanece a necessidade de se provar o *eventus damni*, que é o prejuízo sofrido pelo credor com o ato fraudulento praticado pelo devedor (CC, art. 158); **II:** correta. No caso de transmissão onerosa de propriedade (ex.: devedor insolvente vende a casa na qual morava) o Código Civil exige o *consilium fraudis*, o qual fica caracterizado, por exemplo, pela notoriedade da insolvência (CC, art. 159); **III:** incorreta, pois o prazo é decadencial de quatro anos a contar da prática do negócio jurídico (CC, art. 178); **I** correta, pois de pleno acordo com o art.162, que dispõe: "*O credor quirografário, que receber do devedor insolvente o pagamento da dívida ainda não vencida, ficará obrigado a repor, em proveito do acervo sobre que se tenha de efetuar o concurso de credores, aquilo que recebeu*". GN

Gabarito "C"

(Promotor de Justiça – MPE/RS – 2017) Assinale a alternativa **INCORRETA** quanto ao Direito das Coisas.

(A) As leis extravagantes podem criar novos direitos reais, sem a sua descrição expressa no dispositivo civil que os prevê.
(B) João estaciona seu carro em um estacionamento e entrega a chave ao manobrista. A empresa de estacionamento nesta situação é a possuidora do veículo, o manobrista é mero detentor do mesmo, podendo defender a posse alheia do automotor por meio da autotutela.
(C) Posse injusta para efeito possessório é aquela que tem vícios de origem na violência, clandestinidade e precariedade. Mas para ação reivindicatória, posse injusta é aquela sem causa jurídica que possa justificá-la.
(D) O fideicomisso, a propriedade fiduciária e a doação com cláusula de reversão são casos de propriedade resolúvel, que produz efeitos *ex tunc*.
(E) Luís tem a posse de um terreno de 830 m² (oitocentos e trinta metros quadrados). Certo dia, a área de 310 m² (trezentos e dez metros quadrados) desse terreno foi invadida. A ação cabível no caso é a de manutenção de posse.

A: correta, pois a lei especial possui tal autonomia. Foi o que aconteceu, por exemplo, com a Medida Provisória 759/2016, que criou o direito real da laje (CC, art. 1.510-A); **B:** correta, pois os atos de autotutela podem ser exercidos pelo fâmulo da posse; **C:** correta, pois a jurisprudência entende que: "*A posse injusta a que se refere o art. 524 do Código Civil [1916] é a que se insurge contra o exercício do domínio. Não se resume na posse violenta, clandestina ou precária. Tem acepção mais ampla e abrangente*" (TJRS AC 645112 PR 0064511-2, 5ª Câmara Cível); **D:** correta, pois a propriedade resolúvel é a propriedade que pode se resolver com a ocorrência de um evento futuro e incerto. Os três casos mencionados pela assertiva são exemplos desse fenômeno (CC, art. 1.359). A herança vacante é outro bom exemplo, pois a chegada do herdeiro necessário dentro do prazo de cinco anos resolve a propriedade entregue ao Município (CC, art. 1.822); **E:** incorreta, pois nesse caso já ocorreu perda de uma parte da posse do terreno, o que configura turbação e não mera ameaça. GN

Gabarito "E"

(Promotor de Justiça – MPE/RS – 2017) Assinale a alternativa **INCORRETA** quanto ao Direito das Obrigações.

(A) Se o imóvel for alienado a título gratuito, em qualquer caso, ou a título oneroso, agindo de má-fé o terceiro adquirente, caberá ao que pagou por erro o direito de reivindicação por meio de ação petitória.
(B) A entrega de objeto empenhado dado em penhor, como garantia real, pelo credor ao devedor presume o perdão da dívida.
(C) A cláusula de venda com reserva de domínio, como formalidade, exige que sua estipulação seja por escrito e que o registro ocorra no Cartório de Títulos e Documentos do domicílio do comprador, como condição de validade perante terceiros de boa-fé.
(D) A doação inoficiosa é nula quando existirem herdeiros necessários e a doação ultrapassar o limite disponível, no momento da liberalidade.
(E) O mandatário que exceder os poderes outorgados, ou proceder contra eles, será considerado mero gestor de negócios, enquanto o mandante não ratificar ou confirmar o ato. A ratificação produz efeitos *ex tunc*.

A: correta, pois de acordo com a previsão do art. 879, parágrafo único do Código Civil, o qual regulamenta o pagamento indevido; **B:** incorreta, pois tal conduta prova apenas a renúncia do credor à garantia real, mas não o perdão da dívida (CC, art. 387); **C:** correta, pois de pleno acordo com a previsão do art. 522 do Código Civil; **D:** correta, pois a assertiva define com precisão a doação inoficiosa (CC, art. 549); **E:** correta, pois de pleno acordo com a previsão estabelecida pelo art. 665 do Código Civil. GN

Gabarito "B"

(Juiz – TRF 3ª Região – 2016) Marque a alternativa correta, observando a jurisprudência dominante do Superior Tribunal de Justiça:

(A) A simples propositura da ação de revisão de contrato inibe a caracterização da mora do autor.
(B) Nas indenizações por ato ilícito, os juros compostos não são devidos por aquele que praticou o crime.
(C) A evicção consiste na perda parcial ou integral da posse ou da propriedade do bem, via de regra, em virtude de decisão judicial que atribui o uso, a posse ou a propriedade a outrem, em decorrência de motivo jurídico anterior ao contrato de aquisição.
(D) Os conceitos de onerosidade excessiva e de imprevisão são sinônimos, tendo o legislador civil deles feito uso de modo indistinto.

A: incorreta, pois contrária ao entendimento da Súmula 380 do STJ, segundo a qual: "*A simples propositura da ação de revisão de contrato não inibe a caracterização da mora do autor*"; **B:** incorreta, pois contrária aos termos da Súmula 186 do STJ, segundo a qual: "*Nas indenizações por ato ilícito, os juros compostos somente são devidos por aquele que praticou o crime*"; **C:** correta, pois a assertiva reproduz com fidelidade o melhor conceito de evicção; **D: incorreta**. O Código Civil reuniu os dois conceitos no art. 478 possibilitando a resolução contratual nesses casos. O Código de Defesa do Consumidor, por exemplo, adotou apenas a teoria da onerosidade excessiva (art. 6º, V), desvinculada da teoria da imprevisão. GN

Gabarito "C"

(Juiz – TRF 4ª Região – 2016) Assinale a alternativa **INCORRETA**.

(A) Conferido o mandato com a cláusula "em causa própria", a sua revogação não terá eficácia, e ele não se extinguirá pela morte de qualquer das partes, ficando o mandatário dispensado de prestar contas e podendo transferir para si os bens móveis ou imóveis objeto do mandato, obedecidas as formalidades legais.
(B) O contrato de comissão tem por objeto a aquisição ou a venda de bens pelo comissário, em seu próprio nome, à conta do comitente. Nessa espécie contratual, o comissário fica diretamente obrigado para com as pessoas com quem contratar, sem que estas tenham ação contra o comitente, nem este contra elas, salvo se o comissário ceder seus direitos a qualquer das partes.
(C) Se uma prestação não for divisível e houver dois ou mais devedores, cada um será obrigado pela dívida toda. O devedor, que paga

a dívida, sub-roga-se no direito do credor em relação aos outros coobrigados.
(D) Não cumprida a obrigação, responde o devedor por perdas e danos, mais juros e atualização monetária segundo índices oficiais regularmente estabelecidos e honorários de advogado.
(E) O transportador responde pelos danos causados às pessoas transportadas e às suas bagagens, salvo motivo de força maior e expressa cláusula de não indenizar.

A: correta. Pelo mandato em causa própria, o comprador paga o valor do imóvel e – ao invés de receber a propriedade do bem – recebe um mandato com o poder de vender o bem para terceiros *ou para si próprio*. Há algumas vantagens práticas e de desburocratização negocial nesse ato, pois o comprador, por exemplo, poderá vender esse bem diretamente do comprador para o terceiro adquirente. Para que esse mandato funcione na prática, ele obviamente não pode ser revogado pelo mandante, não há prestação de contas e ele não se extinguirá com a morte do mandante (CC, art. 685); **B:** correta, pois de pleno acordo com o disposto nos arts. 693 e 694 do CC; **C:** correta, pois a lei percebeu que não haveria fisicamente outra maneira de cobrar uma dívida indivisível (CC, art. 259); **D:** correta, pois de pleno acordo com o disposto no art. 389 do CC; **E:** incorreta, pois a cláusula de não indenizar é nula de pleno direito (CC, art. 734). Gabarito "E".

(Juiz – TRF 4ª Região – 2016) Dadas as assertivas abaixo, assinale a alternativa correta.

I. O simples atraso no pagamento de prestação do prêmio do seguro importa desfazimento automático do contrato, dispensada a prévia constituição do contratante em mora, contanto que previsto no instrumento contratual.
II. O que define a responsabilidade pelo pagamento das obrigações condominiais não é o registro do compromisso de compra e venda, mas a relação jurídica material com o imóvel, representada pela imissão na posse pelo promissário comprador e pela ciência inequívoca do condomínio acerca do negócio.
III. A ocorrência do suicídio antes do prazo bienal previsto na lei civil não exime, por si só, a seguradora do dever de indenizar, sendo imprescindível a comprovação da premeditação por parte do segurado, ônus que recai sobre a seguradora.
IV. O contrato de compra e venda, uma vez firmado em observância aos pressupostos de existência e aos requisitos de validade do negócio jurídico, implica transferência imediata da propriedade da coisa que tem por objeto.

(A) Estão incorretas apenas as assertivas I e III.
(B) Estão incorretas apenas as assertivas I e IV.
(C) Estão incorretas apenas as assertivas II e IV.
(D) Estão incorretas apenas as assertivas I, III e IV.
(E) Nenhuma assertiva está correta.

I: incorreta, pois o entendimento consolidado do STJ é no sentido de que é necessária a constituição do contratante em mora (AgRg no AREsp 625.973/CE, Rel. Min. Ricardo Villas Bôas Cueva, 3ª Turma, j.18.06.2015, *DJe* 04.08.2015); **II:** correta, pois em consonância com o entendimento consolidado do STJ (REsp 1345331/RS, Rel. Min. Luis Felipe Salomão, 2ª Seção, j.08.04.2015, *DJe* 20.04.2015); **III:** incorreta, pois a jurisprudência do STJ não impõe tal ônus à seguradora; **I** incorreta, pois o contrato de compra e venda gera apenas a obrigação de transferir a propriedade. Em nosso sistema, o que transfere a propriedade é o registro (bens imóveis) e a tradição (bens móveis) como estabelecido pelos arts. 1.245 e 1.267. Gabarito "D".

(Juiz – TRF 3ª Região – 2016) Sobre o Direito de Família e das Sucessões, marque a alternativa incorreta:
(A) São susceptíveis de cessão, por meio de escritura pública o direito à sucessão aberta e o quinhão do herdeiro.
(B) São irrevogáveis os atos de aceitação ou de renúncia da herança.
(C) A pensão alimentícia incide sobre a gratificação natalina e a gratificação de férias.
(D) O casamento é nulo quando contraído por enfermo mental sem o necessário discernimento para a vida civil.

A: correta, pois de pleno acordo com a permissão estabelecida pelo art. 1.793 do CC; **B:** correta, pois de pleno acordo com a regra prevista pelo art. 1.812 do CC; **C:** correta, pois o STJ consolidou entendimento no sentido da incidência da pensão alimentícia sobre o décimo terceiro salário e o terço constitucional de férias, também conhecidos, respectivamente, por gratificação natalina e gratificação de férias (REsp 1106654/RJ, Rel. Min. Paulo Furtado (desembargador convocado do TJ/BA), 2ª Seção, j.25.11.2009, *DJe* 16.12.2009); **D:** incorreta, pois tal hipótese de nulidade absoluta foi revogada pela Lei 13.146/2015. Atualmente, apenas o casamento celebrado sob impedimento matrimonial é passível de nulidade. Gabarito "D".

(Defensor Público – DPE/RN – 2016 – CESPE) No que se refere aos bens jurídicos e a aspectos inerentes à posse e à propriedade, assinale a opção correta.
(A) A aquisição da posse pode ocorrer pela apreensão, a qual, segundo a doutrina, pode ser concretizada não apenas pela apropriação unilateral da coisa sem dono, como também pela retirada da coisa de outrem sem sua permissão.
(B) A tradição constitui uma das hipóteses de perda da posse que pode ser vislumbrada, por exemplo, na entrega da coisa a um representante para que este a administre.
(C) Os bens naturalmente divisíveis não se podem tornar indivisíveis por vontade das partes.
(D) Segundo o STJ, o usufrutuário pode valer-se de ações possessórias contra o nu-proprietário, mas não de ações de natureza petitória.
(E) O perecimento da coisa é hipótese de perda da propriedade que não pode resultar de ato voluntário do proprietário, já que demanda, para a sua concretização, a ocorrência de fenômenos naturais, como terremotos ou inundações.

A: correta. Em princípio, a retirada da coisa de outrem sem sua permissão gera apenas detenção. Contudo, o próprio Código Civil (art. 1.208) prevê a hipótese de – após tal apreensão – ocorrer a cessação da violência ou clandestinidade. Nesse caso (que, de resto, é bastante raro), a detenção se transforma em posse; **B:** incorreta, pois a tradição significa apenas e tão somente a entrega do bem móvel, que é uma forma de aquisição da propriedade móvel (CC, art. 1.267); **C:** incorreta, pois "*os bens naturalmente divisíveis podem tornar-se indivisíveis por determinação da lei ou por vontade das partes*" (CC, art. 88); **D:** incorreta, pois o STJ consolidou entendimento segundo o qual "*o usufrutuário – na condição de possuidor direto do bem – pode valer-se das ações possessórias contra o possuidor indireto (nu-proprietário) e – na condição de titular de um direito real limitado (usufruto) – também tem legitimidade/interesse para a propositura de ações de caráter petitório, tal como a reivindicatória, contra o nu-proprietário ou contra terceiros*" (REsp 1202843/PR, Rel. Ministro Ricardo Villas Bôas Cueva, Terceira Turma, julgado em 21/10/2014, DJe 28/10/2014); **E:** incorreta. Ainda que – em regra – o perecimento se dê por fenômenos naturais, a coisa também pode perecer por ato voluntário do proprietário. Gabarito "A".

(Defensor Público – DPE/RN – 2016 – CESPE) A respeito da Lei de Introdução às Normas do Direito Brasileiro e de institutos relacionados às pessoas naturais e jurídicas, assinale a opção correta à luz da jurisprudência do STJ.
(A) A internação psiquiátrica involuntária é também chamada de internação compulsória, pois decorre de determinação judicial e independe do consentimento do paciente ou de pedido de terceiro.
(B) São válidos os negócios jurídicos praticados pelo incapaz antes da sentença de interdição, ainda que se comprove que o estado de incapacidade tenha sido contemporâneo ao negócio.
(C) Não configura direito subjetivo da pessoa retificar seu patronímico no registro de nascimento de seus filhos após o divórcio, quando ela deixar de usar o nome de casada.
(D) A filial é uma espécie de estabelecimento empresarial que possui personalidade jurídica própria, distinta da sociedade empresária.
(E) Não se tratando de contrato de trato sucessivo, descabe a aplicação retroativa da lei nova para alcançar efeitos presentes de contratos celebrados anteriormente à sua vigência.

A: incorreta, pois – de acordo com o disposto na Lei 10.216/2001, art. 6º, parágrafo único, II, – a referida internação compulsória depende de pedido de terceiro; **B:** incorreta, pois o STJ é pacífico no sentido de que: "*A interdição judicial declara ou reconhece a incapacidade de uma pessoa para a prática de atos da vida civil, com a geração de efeitos ex nunc perante terceiros (art. 1.773 do Código Civil), partindo de um 'estado de fato' anterior, que, na espécie, é a doença mental de que padece o interditado*" (AgInt nos EDcl no REsp 1171108/RS, Rel. Ministro Antonio Saldanha Palheiro, Sexta Turma, julgado em 27/09/2016, DJe 13/10/2016); **C:** incorreta, pois o STJ já entendeu ser esse um direito da mãe (REsp n. 1.069.864-DF); **D:** incorreta, pois a filial "*não ostenta personalidade jurídica própria, não sendo sujeito de direitos, tampouco uma pessoa distinta da sociedade empresária. Cuida-se de um instrumento de que se utiliza o empresário ou sócio para exercer suas atividades*" (AgRg no REsp 1540107/PR, Rel. Ministro Mauro Campbell Marques, Segunda Turma, julgado em 17/09/2015, DJe 28/09/2015); **E:** correta, pois a incidência da nova lei se faz sobre efeitos jurídicos verificados posteriormente, o que é uma prerrogativa de contratos de trato sucessivo. Gabarito "E".

(Procurador da República –28º Concurso – 2015 – MPF) Em relação a arbitragem, e correto afirmar que:
(A) Há possibilidade de controle judicial, inclusive para rediscutir o decidido;
(B) Os árbitros são equiparados aos servidores públicos para efeitos penais;
(C) A sentença arbitral trata-se de um título executivo extrajudicial;
(D) É possível ser imposta compulsoriamente em qualquer contrato.

A: incorreta, pois a Lei 9.307/1996 não prevê a possibilidade de controle judicial, mas apenas o pedido de nulidade da sentença arbitral, nos casos previstos em lei; **B:** correta, pois de acordo com o estabelecido pelo art. 17 da Lei 9.307/1996; **C:** incorreta, pois a sentença arbitral é considerada um título executivo judicial, conforme o art. 515, VII do NCPC; **D:** incorreta, pois a arbitragem não pode ser imposta compulsoriamente. Gabarito "B".

(Procurador da República –28º Concurso – 2015 – MPF) Assinale a alternativa correta:
(A) O pai, na administração dos bens do filho incapaz, não pode aliená--los sem autorização judicial, podendo, entretanto, gravá-los.

(B) O erro *in substancia* exige que a quantidade pretendida seja o motivo determinante do ato praticado.
(C) Nos direitos de personalidade puros e nas relações de família não se admite a aposição de termo.
(D) É possível a renúncia antecipada à prescrição sempre que o titular puder desistir antecipadamente do direito.

A: incorreta, pois os pais não podem "*alienar, ou gravar de ônus real os imóveis dos filhos*" (CC, art. 1.691); **B:** incorreta. O erro é substancial quando diz respeito a uma qualidade essencial do objeto, natureza do negócio, identidade da pessoa ou quanto à lei (CC, art. 139). O erro quanto à quantidade não se configura como erro substancial; **C:** correta. O termo e a condição são elementos acidentais do negócio jurídico e não se aplicam aos direitos de família, nem tampouco aos direitos da personalidade. A ameaça de sua ocorrência não se coaduna com a estabilidade necessária aos campos do Direito de família ou aos direitos da personalidade; **D:** incorreta, pois a renúncia ao benefício da prescrição só é admitida quando a prescrição já tiver sido consumada (CC, art. 191). Trata-se de uma regra protetora do devedor, o qual só poderá renunciar à prescrição quando tiver à sua disposição o benefício consumado. Não fosse assim, a cláusula de renúncia da prescrição seria imposta pelo credor em todo e qualquer contrato, ameaçando gravemente a paz social. GN
Gabarito "C".

(Procurador da República –28º Concurso – 2015 – MPF) Assinale a alternativa correta:
(A) A ordem legal de nomeação do curador de interdito tem caráter absoluto.
(B) O mútuo feneratício não é mais contemplado no sistema jurídico brasileiro.
(C) Os bens acessórios são objetos corpóreos que podem ou não seguir o bem principal.
(D) A reserva mental ilícita, conhecida do declaratário, equipara-se, quanto aos efeitos, à simulação.

A: incorreta, pois "*para a escolha do curador, o juiz levará em conta a vontade e as preferências do interditando, a ausência de conflito de interesses e de influência indevida, a proporcionalidade e a adequação às circunstâncias da pessoa*" (CC, art. 1.772, parágrafo único); **B:** incorreta, pois o mútuo feneratício (mútuo com pagamento de juros) tem previsão legal (CC, art. 591); **C:** incorreta, pois – como regra geral – aplica-se o princípio da gravitação, segundo o qual o bem acessório segue o principal. Tal regra é dispositiva e pode ser afastada pela vontade das partes; **D:** correta. A reserva mental ocorre quando o declarante "*não quer o que manifestou*". Nesse caso, se o destinatário ignorava tal reserva, subsiste a manifestação de vontade. Se, porém, o destinatário sabia da reserva mental, a situação se aproxima muitíssimo da simulação e, assim, terá os mesmos efeitos (CC, art. 110). GN
Gabarito "D".

(Promotor de Justiça – MPE/MS – FAPEC – 2015) Em relação à Parte Geral do Código Civil, analise os seguintes enunciados:

I. As fundações, conhecidas como *universitas bonorum*, resultam da afetação de um patrimônio para a realização de uma finalidade ideal, sendo que ao Ministério Público Federal, no âmbito do Distrito Federal e Territórios, e, em relação aos demais Estados, ao respectivo Ministério Público do Estado, onde situadas, cabe o papel de fiscalizá-las e, inclusive, poderá a instituição ministerial formular o estatuto em havendo omissão do instituidor.
II. O bem de família pode ser: a) voluntário, decorrente da manifestação da vontade dos interessados e observados os requisitos legais do Código Civil; b) legal, oriundo da própria força da Lei 8.009/1990, sem qualquer ato voluntário do interessado. Contudo, quanto ao bem de família legal, mostra-se impossível a aplicação de tal proteção jurídica, proveniente da Lei 8.009/1990, em relação às penhoras realizadas anteriormente à vigência da lei especial, sob pena de se ofender o ato jurídico perfeito.
III. Sendo a simulação causa de nulidade do negócio jurídico, pode ser alegada por uma das partes contra a outra, razão pela qual, comprovado o vício, é nulo o contrato "vaca-papel".
IV. A condição perplexa pode ser definida como sendo contraditória em seus próprios termos, culminando por privar o negócio jurídico de seus efeitos; enquanto a condição simplesmente potestativa é aquela subordinada ao exclusivo arbítrio de uma das partes, sendo que tanto a condição perplexa quanto a simplesmente potestativa são ilícitas.

Assinale a alternativa correta:
(A) Somente o enunciado III está correto.
(B) Somente o enunciado IV está correto.
(C) Somente os enunciados I e III estão corretos.
(D) Somente o enunciado II está correto.
(E) Somente os enunciados I, II e IV estão corretos.

I: incorreto, pois "*Se funcionarem no Distrito Federal ou em Território, caberá o encargo ao Ministério Público do Distrito Federal e Territórios*" (CC, art. 66, § 1º, de acordo com a Redação da Lei 13.151/2015; **II:** incorreta, pois o STJ pacificou entendimento no sentido de que as penhoras anteriores ao advento da Lei 8.009/1990 não deveriam ser mantidas (REsp 70.350/SP, Rel. Ministro Fontes De Alencar, Quarta Turma, julgado em 27/02/1996, DJ 08/04/1996, p. 10474); **III:** correta. O contrato "vaca-papel" é um exemplo de simulação, pelo qual as partes fingem a prática de uma parceria pecuária, visando esconder um mútuo com juros; **IV:** incorreta, pois a condição que se subordina ao exclusivo arbítrio de uma das partes é chamada de "puramente potestativa", não se confundindo com a simplesmente potestativa. GN
Gabarito "A".

(Promotor de Justiça – MPE/MS – FAPEC – 2015) Analise as proposições abaixo:

I. É possível a alteração do assento registral de nascimento para inclusão do patronímico do companheiro na constância de uma união estável.
II. Aos cônjuges é permitido incluir ao seu nome o sobrenome do outro, ainda que após a data da celebração do casamento, mas somente por intermédio da ação de retificação de registros públicos.
III. O registro espontâneo e consciente da paternidade – mesmo havendo sérias dúvidas sobre a ascendência genética – gera a paternidade socioafetiva, que somente pode ser desconstituída em razão de comprovada inexistência de vínculo genético, em razão do primado da verdade biológica.
IV. Ao transexual submetido à cirurgia de redesignação sexual é possível ser concedida autorização judicial para alteração de seu prenome, substituindo-o por apelido público e notório pelo qual é conhecido no meio em que vive.

Consoante a jurisprudência do Superior Tribunal de Justiça, assinale a alternativa correta:
(A) Apenas as assertivas II e III estão corretas.
(B) Apenas a assertiva IV está correta.
(C) Apenas as assertivas I, II e IV estão corretas.
(D) Apenas as assertivas I, III e IV estão corretas.
(E) Apenas as assertivas I e III estão corretas.

I: correta, pois de acordo com a orientação do Superior Tribunal de Justiça (vide, por todos, REsp 1306196/MG, Rel. Ministra Nancy Andrighi, Terceira Turma, julgado em 22/10/2013, DJe 28/10/2013); **II:** correta, pois o STJ concluiu que: "*a opção conferida pela legislação de inclusão do sobrenome do outro cônjuge não pode ser limitada, de forma peremptória, à data da celebração do casamento. Podem surgir situações em que a mudança se faça conveniente ou necessária em período posterior, enquanto perdura o vínculo conjugal. Nesses casos, já não poderá a alteração de nome ser procedida diretamente pelo oficial de registro de pessoas naturais, que atua sempre limitado aos termos das autorizações legais, devendo ser motivada e requerida perante o Judiciário*" (REsp 910.094/SC, Rel. Ministro Raul Araújo, Quarta Turma, julgado em 04/09/2012, DJe 19/06/2013); **III:** incorreta, pois a paternidade socioafetiva surge com a relação cotidiana afetiva que se estabelece entre duas pessoas que se tratam como pai e filho. Tal relação é – no mais das vezes – mais forte que a verdade biológica; **IV:** correta, pois a "*interpretação conjugada dos arts. 55 e 58 da Lei 6.015/1973 confere amparo legal para que transexual operado obtenha autorização judicial para a alteração de seu prenome, substituindo-o por apelido público e notório pelo qual é conhecido no meio em que vive*" (REsp 737.993/MG, Rel. Ministro João Otávio De Noronha, Quarta Turma, julgado em 10/11/2009, DJe 18/12/2009). GN
Gabarito "C".

(Defensoria Pública da União – CESPE – 2015) Supondo que duas partes tenham estabelecido determinada relação jurídica, julgue os itens de 1 a 5.

(1) Caso o credor da relação jurídica ceda seu crédito a terceiro, a ausência de notificação do devedor implicará a inexigibilidade da dívida.
(2) Considere que as prestações periódicas de tal negócio jurídico tenham sido cumpridas, reiteradamente e com a aceitação de ambas as partes, no domicílio de uma das partes da relação jurídica. Nesse caso, ainda que tenha sido disposto na avença que as prestações fossem cumpridas no domicílio da outra parte, esta não poderia exigir, unilateral e posteriormente, o cumprimento de tal disposição.
(3) Se a referida relação jurídica for do tipo empresarial e tiver sido entabulada por contrato de execução continuada, na hipótese de a prestação se tornar excessivamente onerosa para uma das partes e extremamente vantajosa para a outra, a parte onerada poderá pedir a resolução do contrato, independentemente da natureza do objeto do pacto.
(4) Caso uma das partes venha a transferir veículo gravado com propriedade fiduciária à outra parte, sem o consentimento desta, o terceiro poderá fazer uso da usucapião, desde que ultrapassados cinco anos, independentemente de título ou boa-fé.
(5) Extinta a relação jurídica por culpa de uma das partes, a outra parte poderá pleitear indenização em face do que lucraria em investimento financeiro de risco com a manutenção da relação jurídica desfeita.

1: Errada: a cessão de crédito não exige autorização, nem notificação do devedor para ter validade. Isso decorre do fato de que – para o devedor – a cessão não implica qualquer prejuízo. Ele continuará devendo do mesmo valor, apenas diante de um novo credor, que é chamado de cessionário. O Código apenas diz que a cessão não notificada é ineficaz, mas isso não macula sua validade (CC, art. 290); **2:** Correta, pois o comportamento reiterado das partes é mais forte do que a letra fria do contrato. É por isso que o art. 330 do Código Civil estabelece que: "*O pagamento reiteradamente feito em outro local faz presumir renúncia do credor relativamente ao previsto no contrato*". O dispositivo é um ótimo exemplo da aplicação da *suppressio*; **3:** errada, pois o dispositivo que se pretende aplicar é o 478 do Código Civil, regra voltada para as relações civis e não empresariais; **4:** errada, pois o STJ já pacificou o entendimento segundo o qual: "*A transferência a terceiro de veículo gravado como propriedade fiduciária, à revelia do proprietário (credor), constitui ato de clandestinidade, incapaz de induzir posse (art. 1.208 do Código Civil de 2002), sendo por isso mesmo impossível a aquisição do bem por usucapião*" (REsp 881.270/RS, Rel. Ministro Luis Felipe Salomão, Quarta Turma, julgado em 02/03/2010, DJe 19/03/2010); **5:** errada, pois estar-se-ia indenizando um dano hipotético ou eventual.

Gabarito 1E, 2C, 3E, 4E, 5E

(Defensoria Pública da União – CESPE – 2015) Considerando a existência de relação jurídica referente a determinado objeto envolvendo dois sujeitos, julgue os próximos itens.

(1) Caso um dos sujeitos da relação jurídica seja uma sociedade, admite-se excepcionalmente a desconsideração da regra de separação patrimonial entre a sociedade e seus sócios com o intuito de evitar fraude, situação em que haverá a dissolução da personalidade jurídica.

(2) Caso a referida relação jurídica consista em um negócio jurídico de compra e venda e seu objeto seja um bem imóvel, não havendo declaração expressa em contrário, será considerado integrante desse imóvel seu mobiliário, uma vez que o acessório deve seguir o principal.

(3) Se a norma jurídica regente da referida relação jurídica for revogada por norma superveniente, as novas disposições normativas poderão, excepcionalmente, aplicar-se a essa relação, ainda que não haja referência expressa à retroatividade.

1: errada, pois não há necessidade de dissolução da sociedade. O instituto da desconsideração da personalidade jurídica pode ser aplicado quando houver desvio de finalidade, ou confusão patrimonial, impondo que "*os efeitos de certas e determinadas relações de obrigações sejam estendidos aos bens particulares dos administradores ou sócios da pessoa jurídica*" (CC,art. 50); **2:** errada, pois o mobiliário é exemplo de pertença, que são bens que "*não constituindo partes integrantes, se destinam, de modo duradouro, ao uso, ao serviço ou ao aformoseamento de outro*" (CC, art. 93). Apesar de ser um bem acessório, a pertença – em regra – não segue a sorte do principal (CC, art. 94); **3:** correta, pois tal aplicação pode ocorrer sobre os efeitos da relação jurídica anteriormente estabelecida.

Gabarito 1E, 2E, 3C

(Juiz de Direito/DF – 2016 – CESPE) A respeito dos contratos regidos pelo Código Civil, assinale a opção correta.

(A) Na promessa de fato de terceiro, decorre do tratamento legal do Código Civil que o promitente responda pela ratificação e pela execução da obrigação.
(B) O mandatário não se responsabiliza, ainda que agindo em nome próprio, desde que o negócio seja de conta do mandante.
(C) No contrato de fiança, a sub-rogação opera-se automaticamente, salvo se o adimplemento pelo fiador tenha sido voluntário.
(D) No que se refere ao contrato preliminar, a outra parte desobriga-se diante da inércia do estipulante.
(E) A doação remuneratória, tal como a pura, não sujeita o doador às consequências do vício redibitório.

A: incorreta, pois a execução da obrigação é dever do promissário (CC, art. 440); **B:** incorreta, pois o mandatário ficará pessoalmente obrigado, se agir no seu próprio nome, ainda que o negócio seja de conta do mandante (CC, art. 663); **C:** incorreta, pois o adimplemento voluntário do fiador também gera sub-rogação legal (CC, art. 346, III); **D:** correta, pois: "*Se o estipulante não der execução ao contrato preliminar, poderá a outra parte considerá-lo desfeito, e pedir perdas e danos*" (CC, art. 465); **E:** incorreta, pois a doação remuneratória sujeita o doador às consequências dos vícios redibitórios (CC, art. 441, parágrafo único).

Gabarito "D"

(Juiz de Direito/DF – 2016 – CESPE) No que se refere às pessoas, assinale a opção correta.

(A) A declaração de ausência é a condição eficiente ao recebimento da indenização do seguro de vida da pessoa desaparecida.
(B) Está consolidado o entendimento, na doutrina e na jurisprudência, que a oposição de consciência ou de crença pode ser exercida por representante legal de adolescente para impedir transfusão de sangue, ainda que urgente e necessária.
(C) Dentre as pessoas jurídicas de direito público interno, estão as autarquias, as associações públicas, as entidades de caráter privado que se tenha dado estrutura de direito público.
(D) Conforme entendimento prevalente do STJ, a dissolução da sociedade comercial, ainda que irregular, não é causa que, isolada, baste à desconsideração da personalidade jurídica.

A: incorreta, pois é a abertura da sucessão definitiva que gera tal possibilidade de recebimento. Só então é que se presume a morte do ausente. O STJ já entendeu que: "*Transcorrido o interregno de um decênio, contado do trânsito em julgado da decisão que determinou a abertura da sucessão provisória, atinge sua plena eficácia a declaração de*

ausência, consubstanciada na morte presumida do ausente e na abertura da sua sucessão definitiva" (RESP 1.298.963); **B:** incorreta, pois não existe pacificação de tal entendimento nos Tribunais; **C:** incorreta, pois as entidades de caráter privado não são consideradas pessoas jurídicas de direito público (CC, art. 41); **D:** correta, pois a desconsideração da personalidade jurídica é instituto excepcional e somente pode ser aplicado nas restritas hipóteses legais, como, por exemplo, o art. 50 do Código Civil e o art. 28 do Código de Defesa do Consumidor. O mero encerramento irregular não é causa para a desconsideração (AgRg no AREsp 800800/SP).

Gabarito "D"

(Procurador do Estado/AM – 2016 – CESPE) Acerca de contrato de penhor, direito de herança e registros públicos, julgue os seguintes itens.

(1) O herdeiro excluído da herança poderá, a qualquer tempo, demandar o reconhecimento do seu direito sucessório por intermédio da ação de petição de herança.

(2) Qualquer pessoa pode requerer certidão de registros públicos firmados pelos serviços notariais concernentes a registro de imóveis, casamento, nascimento, óbito e outros que sejam de responsabilidade da serventia, não havendo a necessidade de se informar o motivo ou o interesse do pedido.

(3) É legítimo o contrato de penhor de veículo firmado mediante instrumento público ou particular, cujo prazo máximo de vigência é de dois anos, prorrogável até o limite de igual período.

1: incorreta, pois a ação de petição de herança somente se destina a quem possuía a qualidade de herdeiro, mas não foi contemplado na partilha. Excluídos da sucessão não titularizam tal direito (CC, art. 1.824); **2:** correta, pois tais documentos são públicos e tal direito vem contemplado no art. 17 da Lei de Registros Públicos; **3:** correta, pois de pleno acordo com as disposições legais sobre o penhor de veículos (CC, art. 1.466).

Gabarito 1E,2C,3C

(Juiz de Direito/DF – 2016 – CESPE) Em atenção ao direito das obrigações, assinale a opção correta.

(A) Se há assunção cumulativa, compreende-se como estabelecida a solidariedade obrigacional entre os devedores.
(B) A multa moratória e a multa compensatória podem ser objeto de cumulação com a exigência de cumprimento regular da obrigação principal.
(C) A obrigação portável (*portable*) é aquela em que o pagamento deve ser feito no domicílio do devedor, ficando o credor, portanto, obrigado a buscar a quitação.
(D) Na solidariedade passiva, a renúncia e a remissão são tratados, quanto aos seus efeitos, de igual forma pelo Código Civil.
(E) Na assunção de dívida, a oposição da exceção de contrato não cumprido é permitida ao assuntor em face do devedor primitivo, mas vedada em face do credor.

A: incorreta, pois a solidariedade não se presume, depende de lei ou da vontade das partes (CC, art. 265). Na assunção de dívida cumulativa, o novo devedor, com a autorização do credor, passa a ser devedor em conjunto com o antigo devedor. Contudo, a lei não previu solidariedade para essa hipótese; **B:** incorreta, pois a cláusula penal compensatória não se exige em cumulação com a obrigação principal (CC, art. 410); **C:** incorreta, pois a obrigação portável é realizada no domicílio do credor e não é a regra do sistema (CC, art. 327); **D:** incorreta, pois a renúncia libera um dos devedores do vínculo da solidariedade, mantendo-o devedor de sua quota; a remissão perdoa o quinhão devido por um específico devedor; **E:** correta, pois o novo devedor não pode opor tais exceções ao credor (CC, art. 302).

Gabarito "E"

(Procurador do Estado/AM – 2016 – CESPE) Em cada um dos próximos itens, é apresentada uma situação hipotética a respeito de extinção dos contratos, direito de posse e aquisição da propriedade, seguida de uma assertiva a ser julgada.

(1) Determinada empresa adquiriu de Paulo a posse de um imóvel urbano particular que, havia alguns anos, ele ocupava de forma mansa, pacífica e com justo título. Nessa situação, para efeito de tempo exigido para a aquisição por usucapião, a empresa poderá contar com o tempo da posse exercida por Paulo.

(2) Mauro firmou contrato com determinada empresa, por meio do qual assumiu obrigações futuras a serem cumpridas mediante prestações periódicas. No decurso do contrato, em virtude de acontecimento extraordinário e imprevisível, as prestações se tornaram excessivamente onerosas para Mauro e extremamente vantajosas para a referida empresa. Nessa situação, Mauro poderá pedir a resolução do contrato, a redução da prestação ou a alteração do modo de executá-lo.

(3) Por meio de esbulho, Ronaldo obteve a posse de lote urbano pertencente ao estado do Amazonas. Nesse lote, ele construiu sua residência, na qual edificou uma série de benfeitorias, tais como piscina e churrasqueira. O estado do Amazonas, por intermédio de sua procuradoria, ingressou em juízo para reaver o imóvel. Nessa situação, Ronaldo poderá exigir indenização por todas as benfeitorias realizadas e exercer o direito de retenção enquanto não for pago o valor da indenização.

1: correta, pois o possuidor pode somar as posses anteriores à sua para fins de usucapião (CC, art. 1.243); **2:** correta, pois o enunciado traz claro exemplo de resolução de contrato por onerosidade excessiva (CC, art. 478); **3:** incorreta, pois o direito de retenção é conferido ao possuidor de boa-fé e aplica-se apenas às benfeitorias necessárias e úteis (CC, art. 1.219).
Gabarito 1C,2C,3E

(Procurador do Estado/AM – 2016 – CESPE) A respeito de prescrição e obrigações, julgue os itens subsecutivos.

(1) Situação hipotética: Isabel firmou com Davi contrato em que se comprometia a dar-lhe coisa certa em data aprazada. Em função da mora no recebimento, ocasionada por Davi, a coisa estragou-se, sem que Isabel tenha concorrido para tal. Assertiva: Nesse caso, Davi poderá exigir indenização equivalente à metade do dano suportado.

(2) Será nula de pleno direito cláusula de contrato de seguro firmado entre pessoa física e determinada empresa que preveja prazo prescricional de um ano, contado do infortúnio, para o beneficiário reclamar da seguradora o valor de eventuais danos sofridos.

1: incorreta, pois, quando o credor está em mora, ele passa a responder pela perda da coisa, mesmo que haja culpa da devedora (CC, art. 400); **2:** correta, pois o prazo de um ano, nesse caso, deve começar a correr a partir da ciência do fato gerador da pretensão (CC, art. 206, § 1°, II, b).
Gabarito 1E,2C

(Procurador do Estado/AM – 2016 – CESPE) Com relação a pessoas jurídicas de direito privado e bens públicos, julgue os itens a seguir.

(1) Consideram-se bens públicos dominicais aqueles que constituem o patrimônio das pessoas jurídicas de direito público como objeto de direito pessoal ou real, tais como os edifícios destinados a sediar a administração pública.

(2) As fundações privadas são de livre criação, organização e estruturação, cabendo aos seus instituidores definir os seus fins, que podem consistir na exploração de entidades com fins lucrativos nas áreas de saúde, educação ou pesquisa tecnológica, e outras de cunho social.

1: incorreta, pois os edifícios que sediam a administração pública são bens de uso especial (CC, art. 99, II); **2:** incorreta, pois a fundação não pode ter objetivo de lucro (CC, art. 62).
Gabarito 1E,2E

(Analista Judiciário – TRT/8ª – 2016 – CESPE) A respeito dos contratos, assinale a opção correta.

(A) O doador pode fixar cláusula de reversão, pela qual o bem doado volta ao seu patrimônio se ele sobreviver ao donatário.

(B) A pessoa que se tornar fiadora de devedor declarado insolvente poderá invocar o benefício de ordem quando for cobrada pela dívida antes do devedor principal.

(C) A outorga de mandato por meio de instrumento público desautoriza o substabelecimento mediante instrumento particular.

(D) Tratando-se de contrato consensual, considera-se concluído o comodato no momento do acordo de vontades.

(E) Em caso de descumprimento de acordo que previa o direito de preferência na venda de um imóvel, a parte preterida terá o direito de desfazer o negócio sobre o qual tinha prelação.

A: correta, pois a cláusula de reversão tem exatamente esse objetivo, ou seja, fazer o bem voltar ao doador caso ele sobreviva ao donatário (CC, art. 547). Trata-se, a rigor, de uma cláusula resolutiva expressa inserida no contrato de doação; **B:** incorreta, pois o benefício de ordem não pode ser oposto se o devedor principal for insolvente ou falido (CC, art. 828, III); **C:** incorreta, pois o que determina a forma do mandato e também do substabelecimento é a forma exigida para o negócio principal (CC, art. 657); **D:** incorreta, pois o comodato é um perfeito exemplo de contrato real, a saber, aquele que só se perfaz com a efetiva entrega do bem; **E:** incorreta, pois, nessa hipótese, a parte preterida só terá direito a perdas e danos (CC, art. 518).
Gabarito "A".

(Analista Judiciário – TRT/8ª – 2016 – CESPE) A respeito da pessoa natural e da pessoa jurídica, assinale a opção correta.

(A) São considerados absolutamente incapazes os menores de dezesseis anos de idade, os pródigos e aqueles que, mesmo por causa transitória, não puderem exprimir sua vontade.

(B) A dotação especial de bens livres do instituidor para a criação da fundação só tem validade se feita por escritura pública, sendo vedada a sua instituição mediante testamento.

(C) Os partidos políticos, assim como os municípios e a União, são pessoas jurídicas de direito público interno.

(D) Ao permitir que o nascituro pleiteie alimentos ao suposto pai, por meio de ação judicial, a lei reconheceu-lhe personalidade jurídica.

(E) No caso de um tutor pretender adquirir para si bens do tutelado, é correto afirmar que aquele tem capacidade para a prática desse negócio jurídico, mas carece de legitimação para realizar tal aquisição.

A: incorreta, pois apenas os menores de dezesseis anos são absolutamente incapazes (CC, art. 3°); **B:** incorreta, pois o testamento também é forma adequada para a criação da fundação (CC, art. 62); **C:** incorreta, pois os partidos políticos são pessoas jurídicas de direito privado (CC, art. 44); **D:** incorreta, pois somente aquele que já nasceu com vida é que possui a personalidade jurídica. Isso não impede o nascituro de titularizar direitos subjetivos (CC, art. 2°); **E:** correta. A legitimação é uma capacidade extra, que a lei exige de certas pessoas para a prática de determinados atos. Um ótimo exemplo é justamente o do tutor, que, apesar de capaz, não pode adquirir bens do tutelado, sob pena de nulidade (CC, art. 497).
Gabarito "E".

(Analista Jurídico – TCE/PR – 2016 – CESPE) A respeito da interpretação das leis, de pessoas físicas e jurídicas e de bens, assinale a opção correta.

(A) O menor, ao completar dezesseis anos de idade, adquire capacidade de direito, ainda que não tenha sido emancipado.

(B) A pessoa que viva alternadamente em mais de uma residência terá como domicílio aquela em que passe a maior parte do tempo.

(C) Caso a administração de uma associação seja exercida de modo coletivo, suas decisões terão de ser tomadas pela maioria absoluta.

(D) Um parque estadual poderá ser submetido à ordem especial de fruição mediante a cobrança para ingresso de pessoas.

(E) Pelo método sistemático, interpreta-se a norma a partir do ordenamento jurídico de que esta seja parte, relacionando-a, direta ou indiretamente, com outras de mesmo objeto.

A: incorreta, pois a capacidade de direito é adquirida no nascimento com vida (CC, art. 2°); **B:** incorreta, pois nesse caso qualquer uma delas poderá ser considerada seu domicílio (CC, art. 71); **C:** incorreta, pois o Código Civil (art. 48) exige apenas maioria dos presentes; **D:** incorreta, pois o "uso comum dos bens públicos pode ser gratuito ou retribuído" (CC, art. 103); **E:** correta, pois o enunciado bem conceitua o método sistemático de interpretação. Interpreta-se um dispositivo conforme o sistema jurídico no qual está inserido.
Gabarito "E".

(Analista Jurídico – TCE/PR – 2016 – CESPE) Acerca da disciplina dos contratos no Código Civil, assinale a opção correta.

(A) Se coisa recebida em virtude de contrato comutativo for enjeitada por defeito oculto que lhe diminua o valor, o alienante terá de restituir o que receber, acrescido de perdas e danos, ainda que desconheça o vício.

(B) A ausência de fixação de preço em determinado contrato de compra e venda de material de construção tornaria nulo o referido contrato.

(C) Decretada judicialmente a nulidade de um contrato por ter a prestação do devedor se tornado excessivamente onerosa, a sentença terá efeito a partir de sua publicação.

(D) Sob pena de nulidade, o contrato preliminar deve observar a mesma forma prescrita em lei para a celebração do contrato definitivo.

(E) Aprovado o projeto, é lícito ao proprietário da obra introduzir modificações de pequena monta sem anuência do autor, ainda que a execução tenha sido confiada a terceiro por contrato de empreitada.

A: incorreta, pois, na hipótese de vício redibitório, só haverá direito a pleitear perdas e danos caso o alienante tivesse ciência do vício (CC, art. 443); **B:** incorreta, pois, na "venda sem fixação de preço ou de critérios para a sua determinação, [...] entende-se que as partes se sujeitaram ao preço corrente nas vendas habituais do vendedor" (CC, art. 488); **C:** incorreta, pois nesse caso os efeitos da sentença retroagem à data da citação (CC, art. 478); **D:** incorreta, pois o contrato preliminar deve conter todos os requisitos essenciais ao contrato a ser celebrado, salvo no que se refere à forma; **E:** correta, pois o art. 621, parágrafo único, do Código Civil admite as: "alterações de pouca monta".
Gabarito "E".

(Analista Jurídico – TCE/PR – 2016 – CESPE) A respeito da disciplina do negócio jurídico no Código Civil, assinale a opção correta.

(A) Em ação que vise à discussão de cláusulas contratuais, o juiz deverá, de ofício, declarar a nulidade do negócio caso verifique que o devedor foi coagido a contratar.

(B) Um contrato de compra e venda de imóvel que for realizado sem escritura pública poderá ser convertido em promessa de compra e venda.

(C) Caso o juiz decrete a nulidade de obrigação que uma pessoa pagou a um incapaz, ficará afastada a possibilidade de o devedor reclamar o que pagou ao credor incapaz, independentemente de este ter ou não se beneficiado do negócio.

(D) Se um dos declarantes ocultar sua verdadeira intenção quanto aos efeitos jurídicos do negócio, este será inexistente por ausência de manifestação qualificada.

(E) O silêncio de uma das partes quanto ao negócio jurídico proposto não tem o condão de criar vínculo, sendo necessária declaração de vontade expressa.

A: incorreta, pois a coação é um vício do consentimento e, como tal, gera a anulabilidade do negócio jurídico, a qual não se pronuncia de ofício pelo juiz (CC, arts. 151; 171 e 177); **B:** correta, pois o que se afirma na assertiva se enquadra perfeitamente na hipótese de conversão do negócio jurídico nulo (CC, art. 170), que permite, a partir de um negócio nulo, criar um negócio válido, desde que a forma usada seja adequada e também que seja possível concluir que a intenção das partes seria essa, caso houvessem previsto a nulidade; **C:** incorreta, pois o pagamento feito ao incapaz de quitar é valido em uma hipótese: se provado que o pagamento reverteu em favor do incapaz (CC, art. 310); **D:** incorreta, pois, nessa hipótese, denominada "reserva mental", a manifestação de vontade subsiste, exceto se o destinatário soubesse da verdadeira intenção do declarante (CC, art. 110); **E:** incorreta, pois *"O silêncio importa anuência, quando as circunstâncias ou os usos o autorizarem, e não for necessária a declaração de vontade expressa"* (CC, art. 111). Gabarito "B".

(Analista Jurídico –TCE/PA – 2016 – CESPE) No que diz respeito às normas jurídicas, à prescrição, aos negócios jurídicos e à personalidade jurídica, julgue os itens a seguir.

(1) As partes contratantes podem, de comum acordo, alterar os prazos prescricionais referentes a pretensões de direitos disponíveis e, nessa hipótese, a prescrição terá natureza convencional.

(2) Em observância ao princípio da conservação contratual, caso ocorra o vício do consentimento denominado lesão, a parte lesionada pode optar pela revisão judicial do negócio jurídico, ao invés de pleitear sua anulação.

(3) De acordo com o Código Civil, o encerramento irregular de determinada sociedade empresária é, por si só, causa suficiente para a desconsideração da personalidade jurídica.

(4) É possível que lei de vigência permanente deixe de ser aplicada em razão do desuso, situação em que o ordenamento jurídico pátrio admite aplicação dos costumes de forma contrária àquela prevista na lei revogada pelo desuso.

1: incorreta, pois *"os prazos de prescrição não podem ser alterados por acordo das partes"* (CC, art. 192). Caso fosse possível alteração de prazos prescricionais, a segurança jurídica (objetivo maior do instituto da prescrição) estaria seriamente ameaçada; **2:** correta, pois o Código Civil prevê expressamente a possibilidade de conservação do negócio viciado pela lesão, desde que a parte favorecida aceite a diminuição do proveito obtido (CC, art. 157, § 2º). O Enunciado 148 do CJF determina a aplicação de tal instituto ao estado de perigo; **3:** incorreta, pois a desconsideração da personalidade jurídica é instituto excepcional e que somente pode ser aplicado nas restritas hipóteses legais, como, por exemplo, o art. 50 do Código Civil e o art. 28 do Código de Defesa do Consumidor. O mero encerramento irregular não é causa para a desconsideração; **4:** incorreta, pois o desuso não é causa de revogação da lei. Segundo o art. 2º da LI, a lei só se revoga por outra lei. Gabarito 1e, 2C, 3E, 4E.

(Promotor de Justiça/MG – 2014) Assinale a alternativa CORRETA:

(A) A fundação pode, excepcionalmente, ter fins econômicos desde que instituída por escritura pública ou testamento.

(B) O domicílio da pessoa natural que não tenha residência habitual é o lugar onde for encontrada.

(C) O sobrinho, com fundamento no parentesco consanguíneo, pode exigir alimentos do tio, que serão fixados para o atendimento apenas das necessidades essenciais.

(D) É absoluta a presunção que supre a prova objetivada com a perícia médica recusada.

A: incorreta, pois a fundação não pode ter fins econômicos (CC, art. 62); **B:** correta, pois a assertiva reproduz a regra estabelecida pelo art. 73 do CC; **C:** incorreta, pois *"na falta dos ascendentes cabe a obrigação aos descendentes, guardada a ordem de sucessão e, faltando estes, aos irmãos, assim germanos como unilaterais"* (CC, art. 1.697); **D:** incorreta, pois a presunção estabelecida pelos arts. 231 e 232 é relativa. Gabarito "B".

(Promotor de Justiça/MG – 2014) Assinale a alternativa INCORRETA:

(A) A prescrição pode ser alegada a qualquer tempo pela parte a quem aproveita.

(B) Entre associados, não há direitos e obrigações recíprocos.

(C) A inviolabilidade da vida privada da pessoa natural é garantia absoluta amparável judicialmente.

(D) A morte presumida na ausência não dissolve o casamento.

A: correta, pois de acordo com a regra estipulada pelo art. 190 do CC; **B:** correta, pois não há, entre associados, direitos e obrigações recíprocos (CC, art. 53, parágrafo único); **C:** correta, pois de acordo com a previsão estabelecida pelo art. 21 do CC; **D:** incorreta, pois *"o casamento válido se dissolve pela morte de um dos cônjuges, aplicando-se a presunção estabelecida no Código quanto ao ausente"* (CC, art. 1.571, § 1º). Gabarito "D".

(Promotor de Justiça/MG – 2014) Assinale a alternativa CORRETA:

(A) A curatela é medida de proteção do menor absolutamente incapaz portador de deficiência mental.

(B) A proteção legal do direito da personalidade cessa com a morte da pessoa natural.

(C) Na ordem de vocação hereditária o cônjuge sobrevivente precede os colaterais.

(D) A usucapião trienal de coisa móvel independe de justo título e boa-fé.

A: incorreta, pois a curatela destina-se ao maior de idade que é incapaz; **B:** incorreta, pois mesmo após a morte ainda há direitos da personalidade que são tuteláveis, protegidos e que – se violados – possibilitam pedido dos herdeiros de reparação por danos morais (CC, arts. 12, parágrafo único, e 20, parágrafo único); **C:** correta, pois o cônjuge sobrevivente concorre com descendentes (dependendo do regime de bens), concorre com ascendentes (independentemente do regime de bens) e não havendo descendentes ou ascendentes, ainda prevalece em relação ao colateral; **D:** incorreta, pois a usucapião de bem móvel que se dá no prazo de três anos é da espécie ordinária, a qual exige justo título e boa-fé (CC, art. 1.260). Gabarito "C".

(Promotor de Justiça/MG – 2014) Assinale a alternativa INCORRETA:

(A) A petição de herança é ação real e o termo inicial da prescrição é a abertura da sucessão.

(B) O regime de bens pode ser modificado mediante pedido fundamentado de ambos os cônjuges mediante autorização judicial que acolha a procedência das razões invocadas, ressalvados os direitos de terceiros.

(C) Os atos emulativos praticados pelo proprietário caracterizam os direitos de usar (*ius utendi*), gozar (*ius fruendi*) e dispor (*ius abutendi*), salvo quando ofensivos à função socioambiental da propriedade.

(D) A incapacidade superveniente do testador não invalida o testamento.

A: correta, pois trata-se de uma ação que visa proteger o direito real de propriedade que é conferido pela sucessão do de cujus. A maioria da doutrina defende que ela tem prazo, cujo termo inicial é mesmo a abertura da sucessão (Súmula 149 do STF: *"É imprescritível a ação de investigação de paternidade, mas não o é a de petição de herança"*; **B:** correta, pois o art. 1.639, § 2º, do CC permite tal alteração bastando para tanto o *"pedido motivado de ambos os cônjuges, apurada a procedência das razões invocadas e ressalvados os direitos de terceiros"*; **C:** incorreta, pois os atos emulativos são os que *"não trazem ao proprietário qualquer comodidade, ou utilidade, e sejam animados pela intenção de prejudicar outrem"* (CC, art. 1.228, § 2º). Tais atos são proibidos pela lei; **D:** correta, pois a capacidade do testador afere-se no momento em que ele realiza o testamento. Logo, caso ele se torne incapaz após a realização do testamento, suas disposições permanecem válidas (CC, art. 1.861). Gabarito "C".

(Promotor de Justiça/MG – 2014) É CORRETO afirmar que:

(A) A validade do negócio jurídico é sempre anulável por iniciativa das partes.

(B) A representação legal resultante do poder familiar valida os atos de disposição praticados em nome do representado.

(C) A renúncia da prescrição pode ser suprida pelo juiz, de ofício, quando favorecer o incapaz.

(D) A impotência *coeundi* ou instrumental não é causa elisiva absoluta da presunção de paternidade.

A: incorreta, pois o negócio jurídico pode ser anulado por iniciativa do terceiro interessado. É o que ocorre, por exemplo, na hipótese de o devedor insolvente alienar bens, fraudando os credores. Nesse caso, a venda é anulável (CC, art. 159 e 178) e o terceiro (credor) poderá pleitear sua anulação; **B:** incorreta, pois *"Não podem os pais alienar, ou gravar de ônus real os imóveis dos filhos, nem contrair, em nome deles, obrigações que ultrapassem os limites da simples administração, salvo por necessidade ou evidente interesse da prole, mediante prévia autorização do juiz"* (CC, art. 1.691); **C:** incorreta, pois o Código Civil não contempla esta previsão; **D:** correta, pois apenas a prova da impotência para gerar filhos é que afasta a presunção da paternidade (CC, art. 1.599). Gabarito "D".

(Promotor de Justiça/MG – 2014) Assinale a alternativa CORRETA:

É possível afirmar que a adoção do sistema de cláusulas gerais no Código Civil de 2002 reverencia:

(A) O princípio da boa-fé objetiva.

(B) O princípio da eticidade.

(C) O princípio da sociabilidade.

(D) O princípio da operabilidade.

Quando a lei estabelece cláusulas gerais, ela concede ao julgador uma ampla margem de flexibilidade, a fim de que este consiga – diante do caso concreto – estabelecer uma melhor solução para a lide, levando-se em conta fato, valor e norma. Nesse sentido, prestigia-se o princípio da operabilidade, segundo o qual, o Código Civil é um instrumento efetivo e eficiente para encontrar soluções viáveis e sem grandes dificuldades. Gabarito "D".

2. DIREITO PROCESSUAL CIVIL NOVO CPC – LEI 13.105/2015

Luiz Dellore, Cíntia Martins Rodrigues, Denis Skorkowski, Fernando Cavalcante e Ivo Shigueru Tomita

1. PRINCÍPIOS DO PROCESSO CIVIL

(Delegado - PC/BA - 2018 - VUNESP) O Poder Judiciário é um dos poderes constituídos da República Federativa do Brasil, cujo regime jurídico vem tratado nos artigos 92 e seguintes da Constituição Federal e assevera que

(A) os servidores receberão delegação para a prática de atos de mero expediente sem caráter decisório.
(B) a atividade jurisdicional será ininterrupta, sendo vedadas férias coletivas nos juízos de duplo grau de jurisdição e tribunais superiores, funcionando, nos dias em que não houver expediente forense normal, juízes em plantão permanente.
(C) todos os julgamentos dos órgãos do Poder Judiciário serão públicos, e as decisões judiciais fundamentadas, quando necessário.
(D) a distribuição de processos será imediata, em todos os graus de jurisdição, salvo se o jurisdicionado assim não o requerer.
(E) pelo voto da maioria simples dos membros do respectivo órgão especial poderão os tribunais declarar a inconstitucionalidade de lei ou de ato normativo do Poder Público.

A: correta (CF, art. 93, XIV e NCPC, art. 203, § 4º); **B:** incorreta, porque a vedação às férias coletivas aplica-se aos juízos e tribunais de segundo grau e não aos tribunais superiores (CF, art. 93, XII); **C:** incorreta, considerando que todas as decisões judiciais devem ser fundamentadas, sob pena de nulidade (CF, art. 93, IX). Vale reforçar que o princípio da motivação das decisões judiciais ganhou força com o advento do NCPC, previsto no rol de normas fundamentais do processo civil (NCPC, art. 11) e do próprio conteúdo da sentença (NCPC, art. 489, § 1º); **D:** incorreta, porque o jurisdicionado não possui o referido poder de decidir a distribuição dos processos (CF, art. 93, XV); **E:** incorreta, tendo em vista que a denominada "cláusula de reserva de plenário" exige a declaração da *maioria absoluta* dos membros do respectivo órgão especial (CF, art. 97 e Súmula Vinculante 10).
Gabarito: "A".

(Defensor Público Federal – DPU – 2017 – CESPE) Um sistema processual civil que não proporcione à sociedade o reconhecimento e a realização dos direitos, ameaçados ou violados, que tem cada um dos jurisdicionados, não se harmoniza com as garantias constitucionais de um Estado democrático de direito.
Se é ineficiente o sistema processual, todo o ordenamento jurídico passa a carecer de real efetividade. De fato, as normas de direito material se transformam em pura ilusão, sem a garantia de sua correlata realização, no mundo empírico, por meio do processo. Exposição de motivos do Código de Processo Civil/2015, p. 248-53. Vade Mecum Acadêmico de Direito Rideel. 22.ª ed. São Paulo, 2016 (com adaptações).
Tendo o texto precedente como referência inicial, julgue os itens a seguir à luz do entendimento jurisprudencial e doutrinário acerca das normas fundamentais do processo civil.
(1) A ausência de contestação na ação rescisória faz presumir que são verdadeiras as alegações da petição inicial, haja vista que, nesse caso, a regra da revelia supera o princípio da preservação da coisa julgada.
(2) Para garantir os pressupostos mencionados em sua exposição de motivos, o CPC estabelece, de forma exaustiva, as normas fundamentais do processo civil.
(3) Voltado para a concepção democrática atual do processo justo, o CPC promoveu a evolução do contraditório, que passou a ser considerado efetivo apenas quando vai além da simples possibilidade formal de oitiva das partes.
(4) Apesar de o CPC garantir às partes a obtenção, em prazo razoável, da solução integral do mérito, esse direito já existia no ordenamento jurídico brasileiro até mesmo antes da Emenda Constitucional n. 45/2004.

---
* Legenda:
LD: Luiz Dellore
LD/CR: Luiz Dellore e Cíntia Martins Rodrigues
LD/DS: Luiz Dellore e Denis Skorkowski
LD/FC: Luiz Dellore e Fernando Cavalcante
IT: Ivo Tomita

1: Errado. É firme a jurisprudência do STJ no sentido de que: "Em observância ao princípio da preservação da coisa julgada não incidem sobre a rescisória os efeitos da revelia" (STJ, AR 3341). **2:** Errado. O próprio art. 1º do NCPC aponta que o Código será interpretado conforme as normas fundamentais da CF. **3:** Correto. A doutrina aponta o contraditório efetivo como o trinômio "informação + manifestação + resposta do Judiciário" (antes era apenas "informação + manifestação"), tendo como exemplo a vedação de decisões surpresa (art. 10). **4:** Correto para a banca. Parte da doutrina defendia que a duração razoável do processo decorria do devido processo legal constitucional; parte da doutrina entendia necessário positivar isso – tanto que, com a EC 45/2004, a previsão foi inserida no art. 5º, LXXVIII. Sendo assim, questão polêmica, mas considerada correta pela banca. LD
Gabarito: 1E, 2E, 3C, 4C.

(Procurador Municipal/SP – VUNESP – 2016) Compreende-se pelo princípio da *perpetuatio iurisdictionis*:
(A) o mandamento constitucional que veda a instituição de tribunais para julgamento de fatos e condutas específicas.
(B) a regra geral que veda a modificação da competência, que é fixada no momento da propositura da ação.
(C) a extraordinária possibilidade de estabilização da competência em juízo absolutamente incompetente.
(D) a vedação à extinção de órgão judiciário em que ainda haja processos em trâmite.
(E) a vinculação do processo à pessoa física do magistrado, fixada no momento da distribuição da ação.

A: Incorreta. Isso está inserido no princípio do juiz natural (CF, art. 5º, XXXVII). **B:** Correta, sendo esse o comando decorrente da *perpetuatio jurisdictionis* (NCPC, art. 43). **C:** Incorreta. O juízo incompetente passar a ser o juízo competente é a prorrogação da competência (NCPC, art. 64, §1º). **D:** Incorreta. Haverá neste caso a redistribuição do processo, tratando-se de uma exceção à *perpetuatio* (NCPC, art. 43, parte final). **E:** Incorreta. A vinculação do juiz ao processo decorre da identidade física do juiz – que, inclusive, não foi reproduzida no NCPC. LD
Gabarito: "B".

(Juiz – TRF 2ª Região – 2017) Caio move ação em face de autarquia federal. O feito é contestado e, depois, o juiz federal verifica, de ofício, que o lapso de tempo prescricional previsto em lei foi ultrapassado, embora nada nos autos toque ou refira o assunto. O Juiz:
(A) Deve julgar o processo extinto sem resolução do mérito.
(B) Deve julgar o pedido improcedente, tendo em vista que a prescrição pode ser reconhecida de ofício.
(C) Deve ser dada às partes oportunidade de manifestação.
(D) A hipótese, no novo CPC, é de carência de ação.
(E) Não conhecerá da prescrição, diante da omissão da defesa.

A prescrição pode ser conhecida de ofício pelo juiz; contudo, se não houve nos autos esse debate, o juiz deve, antes de decidir, dar a oportunidade de as partes se manifestarem a respeito dessa questão. Trata-se do princípio da vedação de decisões surpresa, uma inovação do NCPC (art. 10), de modo que a alternativa correta é a C. Vale acrescentar que, uma vez reconhecida a prescrição, a decisão será de mérito (NCPC, art. 487, II). LD
Gabarito: "C".

(Juiz de Direito/AM – 2016 – CESPE) Acerca da jurisdição e dos princípios informativos do processo civil, assinale a opção correta.
(A) No âmbito do processo civil, admite-se a renúncia, expressa ou tácita, do direito atribuído à parte de participar do contraditório.
(B) A jurisdição voluntária se apresenta predominantemente como ato substitutivo da vontade das partes.
(C) A carta precatória constitui exceção ao princípio da indeclinabilidade da jurisdição.
(D) A garantia do devido processo legal se limita à observância das formalidades previstas no CPC.
(E) O princípio da adstrição atribui à parte o poder de iniciativa para instaurar o processo civil.

A: correta. Compete ao juiz zelar pelo efetivo contraditório (NCPC, arts. 7º, 9º e 10), que é o binômio informação + possibilidade de manifestação. Agora, o seu exercício é uma escolha das partes, que, diante de direitos disponíveis, podem optar por se manifestar ou não. É o caso, por exemplo, do réu que, citado, fica revel; **B:** incorreta, pois na jurisdição voluntária o magistrado não decide uma controvérsia (ou seja, inexiste substituição da vontade das partes), mas há mera integração (complementação) da vontade dos interessados (que sequer são chamados de "partes", pois não há lide e posições antagônicas); **C:** incorreto, pois no caso da expedição de carta precatória o juiz pede a cooperação do órgão jurisdicional competente, não havendo delegação de jurisdição; **D:** incorreto. Em se tratando de cláusula geral decorrente da própria CF (art. 5º, LIV), o devido processo legal compreende a obediência a várias garantias mínimas (contraditório, motivação das decisões, duração razoável do processo, dentre outras), que não precisam estar previstas necessariamente no CPC. Exatamente por isso se trata de um princípio, que permeia todo o sistema; **E:** incorreto, pois a alternativa trata do princípio da inércia da jurisdição, consubstanciado no art. 2º, NCPC. O princípio da adstrição (também chamado de princípio da congruência), por sua vez, remonta a ideia de que o juiz deve decidir nos limites daquilo que foi pedido (art. 492, NCPC). **LD/DS**

Gabarito "A".

2. PARTES, PROCURADORES, MINISTÉRIO PÚBLICO E JUIZ

(Juiz de Direito - TJ/RS - 2018 - VUNESP) São devidos honorários advocatícios, nos termos do Código de Processo Civil:

(A) por quem deu causa à extinção, nos casos de perda de objeto.
(B) nos procedimentos de jurisdição voluntária.
(C) na apelação de sentença denegatória de mandado de segurança.
(D) pelo Fundo Público, no caso do vencido ser beneficiário da justiça gratuita.
(E) no cumprimento provisório de sentença.

A: Incorreta, porque nesse caso os honorários serão devidos por quem deu causa ao processo e não por quem deu causa à sua extinção (NCPC, art. 85, § 10); **B:** Incorreta, visto que nos procedimentos não contenciosos (de jurisdição voluntária) as despesas processuais serão rateadas pelos interessados e não haverá condenação em honorários advocatícios, considerando a ausência de lide (NCPC, art. 88); **C:** Incorreta, porque no mandado de segurança não há condenação ao pagamento de honorários advocatícios (Lei Federal n. 12.016/2009, art. 25); **D:** Incorreta. No caso de concessão de gratuidade de justiça, as obrigações decorrentes da sucumbência ficarão sob condição suspensiva de exigibilidade por 5 anos e findo este período serão extintas (NCPC, art. 98, § 3º); **E:** Correta, sendo que o NCPC regulou em sentido contrário ao que era a jurisprudência do STJ quando do Código anterior (NCPC, art. 85, § 1º). **LD**

Gabarito "E".

(Escrevente - TJ/SP - 2018 - VUNESP) Legalmente, incumbe ao escrivão ou ao chefe de secretaria:

(A) efetuar avaliações, quando for o caso.
(B) certificar proposta de autocomposição apresentada por qualquer das partes, na ocasião de realização de ato de comunicação que lhe couber.
(C) manter sob sua guarda e responsabilidade os bens móveis de pequeno valor penhorados.
(D) auxiliar o juiz na manutenção da ordem.
(E) comparecer às audiências ou, não podendo fazê-lo, designar servidor para substituí-lo.

A: Incorreta, porque essa atribuição cabe ao oficial de justiça (NCPC, art. 154, V); **B:** Incorreta, também sendo essa atividade do oficial de justiça (NCPC, art. 154, VI); **C:** Incorreta, porque incumbe ao escrivão ou chefe de cartório a guarda dos autos (NCPC, art. 152, IV). Já a guarda de bens e conservação de bens penhorados incumbe ao depositário ou ao administrador (NCPC, art. 159); **D:** Incorreta, sendo essa atividade do oficial de justiça (NCPC, art. 154, IV); **E:** Correta (NCPC, art. 152, III). **LD**

Gabarito "E".

(Juiz de Direito - TJ/RS - 2018 - VUNESP) O ente sem personalidade jurídica

(A) poderá ingressar em juízo por possuir personalidade judiciária.
(B) não poderá ingressar em juízo sem representação especial.
(C) não poderá ingressar em juízo em nome próprio.
(D) não poderá ingressar em juízo por não responder patrimonialmente.
(E) poderá ingressar em juízo desde que autorizado em seus estatutos.

Existem entes – como o espólio, condomínio, massa falida – que não têm personalidade jurídica. Sendo assim, em regra, esses entes não poderiam ser parte em processo judicial – considerando que a capacidade de ser parte é conceito ligado à personalidade jurídica. Porém, para resolver problemas de ordem prática, o legislador excepciona a regra e permite que alguns desses entes ingressem em juízo, como se vê em alguns incisos do art. 75 (incisos V, VII, XI). Isso é denominado, por alguns, de personalidade judiciária. **A:** Correta, considerando o acima exposto; **B:** Incorreta, pois não há essa figura de "representação especial", mas simplesmente, no art. 75, a pessoa de quem representará em juízo a entidade sem personalidade; **C:** incorreta, pois há o ingresso em juízo pelo próprio ente; **D:** incorreta, pois há a responsabilidade com o patrimônio que existir; **E:** Incorreta, pois isso decorre da lei, não dos estatutos. **LD**

Gabarito "A".

(Procurador Municipal – Prefeitura/BH – CESPE – 2017) Em relação aos sujeitos do processo, à capacidade processual e aos deveres das partes e dos procuradores, assinale a opção correta.

(A) Caso, na sentença, não sejam arbitrados os honorários sucumbenciais, o advogado da parte vencedora poderá, após o trânsito em julgado, ajuizar ação autônoma para obter a fixação e a cobrança do valor.
(B) Aquele que, de acordo com a lei civil, é considerado absolutamente incapaz não possui legitimidade para figurar no polo passivo de uma relação processual.
(C) O indivíduo com idade entre dezesseis e dezoito anos, ainda que seja voluntariamente emancipado, dependerá da assistência dos seus pais para ingressar com ação no juízo civil.
(D) Será julgado deserto o recurso da parte que, no ato de sua interposição, deixar de comprovar o pagamento de multa imposta pela prática de ato atentatório à dignidade da justiça.

A: Correta, sendo essa uma das inovações do NCPC quanto aos honorários, afastando entendimento anterior do STJ em sentido inverso (Art. 85, § 18. Caso a decisão transitada em julgado seja omissa quanto ao direito aos honorários ou ao seu valor, é cabível ação autônoma para sua definição e cobrança); **B:** Incorreta, pois não se deve confundir legitimidade (condição da ação – art. 485, VI) com capacidade processual (pressuposto processual – art. 485, IV); **C:** Incorreta, pois se a parte é emancipada, e, portanto, capaz, detém capacidade processual, não necessitando de assistência (NCPC, arts. 70 e 71); **D:** Incorreta. Apesar de existirem algumas multas que são requisitos para o recurso (como a multa por reiteração por embargos de declaração protelatórios – NCPC, art. 1.026, § 3º), a multa por ato atentatória não tem essa característica, por falta de previsão legal (a previsão é no sentido de ser inscrita na dívida ativa – NCPC, art. 77, § 3º). **LD**

Gabarito "A".

(Procurador Municipal – Prefeitura/BH – CESPE – 2017) No que tange aos poderes, aos deveres e às responsabilidades do juiz, do MP, da advocacia pública e da defensoria pública, assinale a opção correta.

(A) No que se refere ao cumprimento dos prazos, o advogado privado que atuar *pro bono* gozará das mesmas garantias conferidas à defensoria pública e aos escritórios de práticas jurídicas dos cursos superiores de direito que prestem assistência jurídica gratuita.
(B) Dado o princípio da inércia da função jurisdicional, é vedado ao juiz condenar a parte sucumbente ao pagamento das custas processuais e dos honorários advocatícios sem que haja provocação da parte vencedora.
(C) O MP possui legitimidade ativa e passiva para as relações jurídicas processuais que envolvam interesses de pessoas incapazes.
(D) Nas relações processuais em que o município for parte, salvo quando houver prazo próprio previsto em lei, as suas procuradorias gozarão de prazo em dobro para todas as manifestações processuais, cuja contagem terá início a partir da intimação pessoal.

A: Incorreta, pois não há previsão nesse sentido (a prerrogativa é somente dos escritórios de prática das faculdades e de entidades conveniadas à Defensoria – NCPC, art.186, § 3º); **B:** Incorreta, porque nesse caso trata-se de pedido implícito, em que a lei determina a condenação mesmo sem pedido da parte (NCPC, art. 322, § 1º); **C:** Incorreta, pois no caso de demandas que envolvam incapazes, o MP atuará como fiscal da ordem jurídica (NCPC, art. 178, II); **D:** Correta, considerando a existência de previsão legal exatamente nesse sentido (NCPC, art. 183, *caput* e § 2º). **LD**

Gabarito "D".

(Promotor de Justiça – MPE/RS – 2017) Assinale com **V** (verdadeiro) ou com **F** (falso) as seguintes afirmações sobre os temas dos impedimentos e da suspeição, segundo o disposto no Código de Processo Civil.

( ) Há impedimento do juiz, sendo-lhe vedado exercer suas funções no processo em que figure como parte cliente do escritório de advocacia de seu cônjuge, companheiro ou parente, consanguíneo ou afim, em linha reta ou colateral, até o terceiro grau, inclusive, exceto se patrocinado por advogado de outro escritório.
( ) Há suspeição do juiz que receber presentes de pessoas que tiverem interesse na causa antes ou depois de iniciado o processo, que aconselhar alguma das partes acerca do objeto da causa ou que subministrar meios para atender às despesas do litígio.
( ) No prazo de 10 (dez) dias, a contar do conhecimento do fato, a parte alegará o impedimento ou a suspeição, em petição específica dirigida ao juiz do processo, na qual indicará o fundamento da recusa, podendo instruí-la com documentos em que se fundar a alegação e com rol de testemunhas.
( ) Considerar-se-á legítima a alegação de suspeição mesmo quando a parte que a alega houver praticado ato que signifique manifesta aceitação do arguido.

A sequência correta de preenchimento dos parênteses, de cima para baixo, é

(A) F – V – F – F.
(B) F – V – F – V.
(C) V – V – F – F.
(D) F – F – V – V.
(E) V – F – V – F.

1: A afirmativa é falsa, pois não há a total reprodução do art. 144, VIII, do NCPC, o qual prevê que "*mesmo* que patrocinado por advogado de outro escritório". **2:** A afirmativa é verdadeira, vez que reproduz o NCPC, art. 145, II. **3:** A afirmativa é falsa, pois o prazo legal para alegação de impedimento ou suspeição é de 15 dias conforme art. 146 do

NCPC. **4:** A afirmativa é falsa, por prever exatamente o oposto do que consta do art. 145, § 2º, II do NCPC. LD/C

Gabarito "A".

(Procurador de Justiça – MPE/GO – 2016) Sobre o Ministério Público, de acordo com as disposições do Código de Processo Civil de 2015, é correto afirmar:

(A) Nas causas em que atuar, mesmo que na condição de fiscal da ordem jurídica, o Ministério Público somente pode alegar a incompetência absoluta, cabendo-lhe emitir parecer caso a incompetência relativa seja suscitada por uma das partes.
(B) O Ministério Público terá prazo em dobro para manifestar-se nos autos, a partir de sua intimação pessoal, mas não gozará do prazo dilatado quando a lei estabelecer, de forma expressa, prazo próprio para o órgão ministerial.
(C) Como fiscal da ordem jurídica, o Ministério Público será intimado para intervir, além das hipóteses previstas na Constituição Federal ou na lei, nos processos que envolvam interesse público ou social, interesse de incapaz e em todos os processos de interesse das Fazendas Públicas Estadual e Municipal.
(D) No incidente de resolução de demandas repetitivas, o Ministério Público intervirá se o Incidente versar sobre processos que contenham repetidamente controvérsia relativa a questão inserida no rol das hipóteses legais de intervenção do órgão.

A: Incorreta, pois não há vedação ou limitação legal à atuação odo MP como fiscal da ordem jurídica. **B:** Correta (NCPC, art. 180 e § 2º). **C:** Incorreta, conforme art. 178, p.u. do NCPC: *A participação da Fazenda Pública não configura, por si só, hipótese de intervenção do Ministério Público*. **D:** Incorreta. No IRDR sempre haverá manifestação do MP (NCPC, art. 976, § 2º). LD/C

Gabarito "B".

(Promotor de Justiça – MPE/BA – CEFET – 2015) Sobre representação das partes, é CORRETO afirmar que:

(A) Em qualquer caso, o Ministério Público pode atuar como substituto processual.
(B) O Ministério Público pode atuar como substituto processual apenas nas hipóteses que a lei autoriza.
(C) O incapaz sempre deve ser representado ou assistido por quem legalmente deva representá-lo ou lhe prestar assistência, nunca pelo Ministério Público.
(D) O direito de ação é personalíssimo e por isto o Ministério Público nunca atua como substituto processual.
(E) O Ministério Público pode, excepcionalmente, ajuizar ação de investigação de paternidade em favor de menor, porque este não possui legitimidade ativa.

A: Incorreta, o Ministério Público atuará como substituto processual apenas nos casos em que há previsão legal para sua atuação, conforme determina o artigo 18 do NCPC. **B:** Correta, considerando o exposto em "A". **C:** Incorreta, em regra, o incapaz será representado ou assistido por seus representantes legais, nos termos da lei civil. Contudo, sempre defende o MP que, no caso de incapaz que não tenha representante legal, poderá não só atuar como fiscal da ordem jurídica (NCPC, art. 178), mas sim *como parte* – e, no caso, será *substituto processual*. **D:** Incorreta, considerando o exposto nas respostas anteriores. **E:** Incorreta. Em casos excepcionais, de fato é possível se cogitar do ajuizamento (conforme exposto na alternativa "C"). Porém, a hipótese não se refere a legitimidade, mas sim a representação / capacidade processual / capacidade postulatória. LD/C

Gabarito "B".

(Defensor Público – DPE/ES – 2016 – FCC) De acordo com a atual sistemática processual civil, no caso de substituição processual, o

(A) substituto poderá reconvir e, assim, deduzir pedido em face da outra parte com fundamento na alegação de ser o próprio titular de um direito em relação à parte reconvinda.
(B) substituído poderá intervir como assistente litisconsorcial e, neste caso, sua atuação não se subordina à atividade do substituto.
(C) substituto atua como assistente simples do substituído, com atuação subordinada à atividade deste último quando intervém no processo.
(D) substituído não poderá intervir no processo pelas formas de intervenção de terceiros previstas na lei, razão pela qual não se submete à coisa julgada.
(E) substituto é considerado parte da relação jurídica de direito material e, portanto, tem o poder renunciar ao direito sobre o que se funda a ação ainda que o substituído se oponha.

O substituto processual é aquele que pleiteia direito alheio em nome próprio, quando previsto em lei (NCPC, art. 18). **A:** incorreto, pois nesse caso o fundamento da reconvenção deve estar embasado em pretensão do substituído, que é, em verdade, o titular do direito debatido no processo (NCPC, art. 343, § 5º). **B:** correto (NCPC, art. 18, parágrafo único), sendo certo que a qualidade de assistente litisconsorcial implica autonomia do assistente na atuação no processo (NCPC, art. 124). **C:** **incorreto**, pois o substituto é que atua como parte, pleiteando direito alheio em nome próprio (NCPC, art. 18). **D:** incorreto, considerando a resposta de "B". **E:** incorreto, porque o substituto não pode renunciar ao direito sobre o que se funda a ação, notadamente porque se trata de direito alheio (NCPC, art. 18). LD

Gabarito "B".

(Defensor Público – DPE/ES – 2016 – FCC) Sobre conciliação e mediação, diante dos conceitos e regras do novo Código de Processo Civil:

(A) No procedimento comum, o não comparecimento injustificado do réu à audiência de conciliação ou mediação gera a sua revelia e impõe o pagamento de multa.
(B) A audiência prévia de conciliação ou mediação somente não será realizada se o autor ou o réu manifestarem, expressamente, desinteresse na composição consensual.
(C) A conciliação seria o método mais adequado para a solução consensual para uma ação ajuizada como divórcio litigioso.
(D) Na sua atuação, o mediador deverá sugerir soluções para o litígio, sendo vedada a utilização de qualquer tipo de constrangimento ou intimidação para que as partes conciliem.
(E) O conciliador e o mediador, assim como os membros de suas equipes, não poderão depor acerca de fatos ou elementos oriundos da conciliação ou da mediação.

A: incorreto, pois o não comparecimento injustificado do réu não gera revelia, mas é considerado ato atentatório à dignidade da justiça, passível de ser sancionado com multa (NCPC, art. 334, § 8º). **B:** incorreto, apesar de essa ser *uma das* hipóteses em que, pela lei, não haverá a audiência. Segundo o Código, a audiência não será realizada caso se trate de direito indisponível ou se ambas as partes expressamente manifestem que não querem realizar a audiência (NCPC, art. 334, § 4º). **C:** incorreto, pois, no caso de divórcio litigioso, a solução consensual mais adequada seria a mediação – indicada para os casos em que houver vínculo anterior entre as partes (NCPC, art. 165, § 3º). **D:** incorreto, pois o mediador auxiliará aos interessados a compreender as questões e os interesses em conflito, de modo que eles mesmos identifiquem soluções consensuais que gerem benefícios mútuos (NCPC, art. 165, § 3º). A sugestão para a solução do litígio é típica postura de conciliador. **E:** correto (NCPC, art. 166, § 2º). LD

Gabarito "E".

(Magistratura – TRT 1ª – 2016 – FCC) Segundo o Código de Processo Civil, assinale a alternativa INCORRETA:

(A) nas ações possessórias, a participação do cônjuge do autor é dispensável nos casos de composse.
(B) a autorização do marido poderá ser suprida judicialmente quando o mesmo recusar-se sem justo motivo.
(C) o cônjuge somente necessitará do consentimento do outro para propor ações que versem sobre direitos imobiliários.
(D) ambos os cônjuges serão necessariamente citados para as ações fundadas em dívida contraída pelo marido a bem da família, mas cuja execução tenha de recair sobre o produto do trabalho da mulher.
(E) haverá a necessidade de citação de ambos os cônjuges nas ações que tenham por objeto a extinção de ônus sobre imóveis de um dos cônjuges.

A: incorreta, devendo esta ser assinalada. Existindo composse, há necessidade de participação do cônjuge (NCPC, art. 73, § 2º); **B:** correta (NCPC, art. 74); **C:** correta – mas não haverá necessidade se for casado no regime de separação absoluta de bens (NCPC, art. 73); **D:** correta no CPC de 1973, mas no NCPC a redação do artigo é a seguinte: "fundada em dívida contraída por um dos cônjuges a bem da família;" (art. 73, § 1º, III); **E:** correta (art. 73, § 1º, IV). LD/CR

Gabarito "A" no CPC/1973, A e D no NCPC.

(Procurador do Estado/AM – 2016 – CESPE) Pedro, motorista da Secretaria de Saúde do Estado do Amazonas, conduzia um veículo do referido ente público, quando provocou acidente automobilístico que resultou na incapacidade física e mental de Flávio. Após a interdição de Flávio, seu advogado pretende ajuizar ação de reparação de danos materiais e morais. Com referência a essa situação hipotética, julgue os itens que se seguem.

(1) Proposta a ação de reparação de dano, o MP do Estado do Amazonas deverá ser intimado para intervir como *custos legis* na relação processual em apreço.
(2) Proposta ação de reparação de dano, a citação deverá ser realizada na Procuradoria do Estado do Amazonas, que terá o prazo em quádruplo para apresentação da sua defesa.
(3) A ação de reparação de dano exige a formação de litisconsórcio passivo necessário em que deverão figurar como demandados o motorista Pedro e a Secretaria de Saúde do Estado do Amazonas.

1: correta, porque o enunciado dá conta acerca da interdição de Flávio, de modo que, havendo interesse de incapaz, é necessária a intervenção do Ministério Público como fiscal da ordem jurídica (art. 178, II, NCPC); **2:** incorreta. De fato, a representação judicial do Estado compete à Procuradoria Estadual (art. 182, NCPC), a qual, no entanto, terá prazo em dobro para realizar as manifestações processuais (art. 183, NCPC); **3:** incorreta. O litisconsórcio, neste caso, é facultativo (art. 113, NCPC); até porque a natureza da relação jurídica existente entre autor e réus é diferente. LD/DS

Gabarito 1C, 2E, 3E.

(Analista – Judiciário –TRE/PI – 2016 – CESPE) A respeito da atuação do Ministério Público (MP), do advogado e do juiz e da competência do órgão jurisdicionado, assinale a opção correta.

(A) A suspeição e o impedimento do juiz podem ser arguidos em qualquer tempo ou grau de jurisdição, ou até mesmo após o trânsito em julgado da sentença, mediante ação rescisória.
(B) A competência para processar e julgar ação reivindicatória de bens imóveis situados em dois ou mais municípios é fixada pela prevenção entre os municípios em que o bem estiver situado.
(C) A parte que não seja advogado poderá postular em causa própria perante a justiça comum, mas com atuação limitada ao primeiro grau de jurisdição, caso na localidade não haja advogados ou se os ali existentes se recusarem a fazê-lo ou se encontrarem impedidos para tal.
(D) Nas ações referentes ao estado e à capacidade das pessoas propostas pelo MP, a falta de intervenção deste como fiscal da lei provocará a nulidade do processo.
(E) A incompetência em razão da matéria e da pessoa pode ser conhecida e declarada de ofício, mas a incompetência em razão do lugar e da hierarquia só pode ser declarada mediante provocação da parte interessada.

A: incorreta, pois a ação rescisória só poderá ser ajuizada no caso de impedimento (art. 966, II, NCPC); **B:** correta, conforme se depreende do art. 60, NCPC; **C:** incorreta, já que a parte só poderá postular em causa própria quando possuir habilitação legal (art. 103, parágrafo único, NCPC) – essa previsão existia no Código anterior, mas não foi repetida no NCPC; **D:** incorreta, pois o MP não precisa intervir como fiscal da lei nas ações em que é parte; **E:** incorreta. Somente a incompetência absoluta, dentre a qual está incluída aquela em razão da hierarquia, pode ser declarada de ofício pelo juiz (arts. 64, § 1º, e 337, § 5º, NCPC). LD/DS
Gabarito "B".

(FGV – 2014) A respeito da participação do Ministério Público no Processo Civil, assinale a opção correta.

(A) O Ministério Público tem a faculdade de intervir nas causas em que há interesses de incapazes.
(B) O Ministério Público, intervindo como fiscal da lei, terá vista dos autos depois das partes, sendo intimado de todos os atos do processo.
(C) O Ministério Público, quando for parte, não gozará de prazos diferenciados para interposição de recursos.
(D) O Ministério Público, intervindo como fiscal da lei, não pode requerer diligências com intuito de comprovar a verdade de fatos relevantes para a causa.

A: incorreta, não se trata de faculdade, mas de obrigação (NCPC, art. 178, II); **B:** correta, o MP, como fiscal da lei (*fiscal da ordem jurídica*, na nomenclatura do NCPC), deve sempre ser intimado, sob pena de nulidade – e sua manifestação é realizada após a das partes (NCPC, art. 179, I); **C:** incorreta, o MP terá prazo diferenciado quando parte (NCPC, art. 180); **D:** incorreta, pode o MP, como fiscal da ordem jurídica, juntar documentos, produzir provas em audiência ou requerer diligências (NCPC, art. 179, II). LD/FC
Gabarito "B".

(Procurador do Estado/AC – 2014 – FMP) Assinale a alternativa **incorreta**.

(A) A curadoria à lide, nas execuções fiscais promovidas pelos Estados e Municípios é atribuição das Defensorias Públicas dos Estados, desde que a Instituição esteja instalada na comarca, sendo indevida, nestes casos, a nomeação de advogado particular para o exercício do múnus.
(B) A Defensoria Pública, o Ministério Público e a Procuradoria do Estado têm prerrogativa de intimação pessoal relativamente a todos os atos processuais.
(C) A Fazenda Pública e o Ministério Público têm prazos em dobro para recorrer, assim como a Defensoria Pública.
(D) O prazo em quádruplo para contestar, deferido à Fazenda Pública e, também, ao Ministério Público, deve ser compreendido como prazo para responder à demanda, incluindo prazo quadruplicado para responder a exceções, propor ação declaratória incidental e reconvir, dentre outros, mas não se aplica tal prazo diferenciado para que a Fazenda Pública embargue ação de execução contra ela movida.

A: correta, sendo essa uma das atribuições das defensorias; **B:** correta. A previsão de intimação pessoal passa a ser expressa no NCPC: DP (NCPC, art. 186, §1º); MP (NCPC, art. 180) e Procuradoria (NCPC, art. 183, §1º); **C:** correta (NCPC, arts. 180, 183 e 186); **D:** incorreta, devendo esta ser assinalada. O prazo em quádruplo para contestar, previsto no CPC/1973, deixa de existir e a regra passa a ser prazo em dobro para todas as manifestações processuais (NCPC, arts. 180 e 183). LD/DS
Gabarito "D", conforme o NCPC.

3. PRAZOS PROCESSUAIS. ATOS PROCESSUAIS

(Escrevente - TJ/SP - 2018 - VUNESP) Processa(m)-se durante as férias forenses, onde as houver, e não se suspendem pela superveniência delas:

(A) a homologação de desistência de ação.
(B) os procedimentos de jurisdição voluntária e os necessários à conservação de direitos, quando puderem ser prejudicados pelo adiamento.
(C) os processos que versem sobre arbitragem, inclusive sobre cumprimento de carta arbitral.
(D) o registro de ato processual eletrônico e a respectiva intimação eletrônica da parte.
(E) a realização de audiência cujas datas tiverem sido designadas.

A: Incorreta, porque a hipótese não se encontra no rol de atos processuais que são praticados durante as férias forenses (NCPC, art. 215); **B:** Correta (NCPC, art. 215, I); **C:** Incorreta, tendo em vista que os processos que versem sobre arbitragem correrão sob segredo de justiça, mas não se encontram no rol de atos processuais que são praticados durante as férias forenses (NCPC, art. 189, IV e art. 215); **D:** Incorreta, porque a hipótese não se encontra no rol de atos processuais que são praticados durante as férias forenses (NCPC, art. 215); **E:** Incorreta, porque, em regra, não serão designadas audiências durante o período de recesso forense (NCPC, art. 215). LD
Gabarito "B".

(Defensor Público – DPE/PR – 2017 – FCC) Sobre os prazos no Código de Processo Civil, é correto afirmar:

(A) O cumprimento definitivo da sentença, no caso de condenação em quantia certa, far-se-á mediante requerimento do exequente, sendo o executado intimado a pagar o débito em quinze dias úteis.
(B) Os litisconsortes que tiverem diferentes procuradores, desde que de escritórios distintos, terão prazos contados em dobro para todas as suas manifestações, tratando-se de autos físicos.
(C) O prazo para resposta, em caso de citação por edital, inicia-se quando finda a dilação assinalada pelo juiz, ainda que em dia não útil.
(D) Considera-se dia do começo do prazo o dia subsequente à data em que efetivamente o oficial de justiça realizou a citação com hora certa.
(E) O prazo para cada um dos executados embargar, quando houver mais de um, conta-se a partir da juntada do respectivo comprovante de citação, ainda que cônjuges ou companheiros.

A: Incorreta para a banca, possivelmente por força da menção a "dias úteis". Contudo, há debate doutrinária a respeito de o prazo de pagamento ser em dias úteis e corridos e, após a prova, o STJ proferiu um primeiro julgado afirmando que o pagamento é em dias úteis (REsp 1693784) – assim, ainda que a banca tenha apontado como incorreta, a alternativa poderia ser correta; **B:** Correta, sendo essa a expressa previsão legal – prazo em dobro para litisconsortes com advogados distintos, apenas em processo físico (NCPC, art. 229, § 2º); **C:** Incorreta, pois no caso de edital, conta-se o início do prazo do "dia útil seguinte ao fim da dilação assinada pelo juiz" (NCPC, art. 231, IV); **D:** Incorreta, pois no caso de citação por oficial de justiça, conta-se o início do prazo da "data de juntada aos autos do mandado cumprido" (NCPC, art. 231, II); **E:** Incorreta, pois há regra específica para cônjuges (NCPC, art. 915, § 1º Quando houver mais de um executado, o prazo para cada um deles embargar conta-se a partir da juntada do respectivo comprovante da citação, *salvo no caso de cônjuges ou de companheiros, quando será contado a partir da juntada do último*). LD
Gabarito "B".

(Procurador do Município – Prefeitura Fortaleza/CE – CESPE – 2017) Julgue os itens seguintes, com base no que dispõe o CPC sobre atos processuais, deveres das partes e dos procuradores e tutela provisória.

(1) A sucumbência recursal com majoração dos honorários já fixados na sentença pode ocorrer tanto no julgamento por decisão monocrática do relator como por decisão colegiada, mas, segundo entendimento do STJ, não é possível majorar os honorários na interposição de recurso no mesmo grau de jurisdição.
(2) Com a consagração do modelo sincrético de processo, as tutelas provisórias de urgência e da evidência somente podem ser requeridas no curso do procedimento em que se pleiteia a providência principal.
(3) Conforme o STJ, em observância ao princípio da boa-fé objetiva, o reconhecimento, pelo juiz, de sua suspeição por motivo superveniente tem efeitos retroativos e acarreta nulidade dos atos processuais praticados em momento anterior ao fato que tiver dado ensejo à suspeição.
(4) De acordo com o STJ, a sentença declaratória que reconheça a exigibilidade de obrigação de pagar quantia, de fazer, de não fazer ou de entregar coisa constitui título executivo judicial.
(5) É dever do magistrado manifestar-se de ofício quanto ao inadimplemento de qualquer negócio jurídico processual válido celebrado pelas partes, já que, conforme expressa determinação legal, as convenções processuais devem ser objeto de controle pelo juiz.
(6) Situação hipotética: Em ação que tramita pelo procedimento comum, determinado município foi intimado de decisão por meio de publi-

cação no diário de justiça eletrônico. Assertiva: Nessa situação, segundo o CPC, a intimação é válida, uma vez que é tida como pessoal por ter sido realizada por meio eletrônico.

1: Correta. O NCPC prevê a sucumbência recursal (art. 85, § 11), ou seja, a majoração dos honorários a cada grau de jurisdição. Assim, imaginando uma sentença (em que houve fixação de 10% para o advogado do vencedor), se houver apelação e esse recurso não for provido, haverá majoração dos honorários – seja se isso ocorrer no âmbito de decisão monocrática do relator ou por decisão colegiada. Em relação à parte da afirmação, a questão ainda não está pacífica na jurisprudência, existindo divergência entre STF e STJ, mas o STJ de fato vem entendendo que não cabe majoração de honorários no mesmo grau de jurisdição – ou seja, não cabe majoração no agravo interno ou nos embargos de declaração (EDcl no REsp 1.573.573). **2:** Errada, pois o sistema prevê a concessão de tutela de urgência tanto de forma incidental (no curso do processo, como consta do enunciado), como também de forma antecedente (NCPC, art. 294, parágrafo único). **3:** Errada, pois o entendimento do STJ é exatamente no sentido inverso, ficando mantidos os atos processuais anteriores, por força do princípio da conservação (NCPC, art. 281, parte final). **4:** Correta, sendo inclusive a previsão legal (NCPC, art. 515, I: "as decisões proferidas no processo civil que reconheçam a exigibilidade de obrigação de pagar quantia, de fazer, de não fazer ou de entregar coisa"). **5:** Errada, pois as convenções processuais (o NJP – negócio jurídico processual) devem ser revistas pelo juiz apenas no caso de nulidade (art. 190, parágrafo único), sendo que o enunciado aponta que o NJP é *válido*. **6:** Errada, pois o procurador do município (que é advogado público) deve ser intimado pessoalmente – ainda que por meio eletrônico, e não é isso que consta da assertiva (NCPC, art. 183, *caput* e § 1º).

Gabarito 1C, 2E, 3E, 4C, 5E, 6E

(Procurador Municipal – Prefeitura/BH – CESPE – 2017) Acerca de atos processuais e distribuição, assinale a opção correta.

(A) O recurso interposto antes da publicação da sentença ou do acórdão será considerado intempestivo e não produzirá efeito jurídico, salvo se a parte ratificar as razões recursais dentro do prazo para a sua interposição após a publicação do ato.
(B) A citação de município e suas respectivas autarquias pode ser firmada pelo correio, com aviso de recebimento, caso em que a correspondência deverá ser enviada para o órgão da advocacia pública responsável pela representação judicial do referido ente público.
(C) Havendo, na localidade, mais de um juízo competente e estando demonstrada a continência entre uma ação em curso e nova ação a ser proposta, pode o demandante distribuir sua nova ação por dependência ao juízo processante da ação em curso.
(D) A legislação processual vigente não permite que as partes e o juiz estabeleçam calendário para a realização de determinados atos processuais, tais como prazo para manifestações das partes e data de realização de audiências, assim como a dispensa de intimação das partes para a prática de atos processuais estabelecidos.

A: Incorreta, tendo em vista que há previsão no NCPC determinando exatamente a tempestividade de recurso interposto antes do prazo (art. 218, § 4º); **B:** Incorreta, pois a citação de ente público não pode ser feita por correio, mas somente por oficial de justiça (NCPC, art. 247, III); **C:** Correta (NCPC, art. 286, I); **D:** Incorreta, pois o NCPC prevê a possibilidade de criação de calendário (calendarização – NCPC, art. 191), que vincula as partes e dispensa a intimação.

Gabarito "C"

(Procurador Municipal – Prefeitura/BH – CESPE – 2017) Em determinada demanda, não chegou a ser designada a audiência preliminar de conciliação ou mediação. O réu, citado pelo correio e patrocinado pela defensoria pública, apresentou sua defesa em 14/3/2017, no décimo sexto dia a partir da juntada aos autos do aviso de recebimento cumprido. Em sua defesa, ele sustentou prescrição e incompetência relativa do juízo e, ao final, requereu a improcedência do pedido.

Nessa situação hipotética,

(A) o juiz poderia conhecer de ofício tanto a prescrição quanto a incompetência relativa, ainda que não tivessem sido alegadas.
(B) a contestação poderia ter sido protocolada em foro diverso daquele em que foi ajuizada a demanda.
(C) a exceção de incompetência relativa deveria ter sido arguida em petição apartada da contestação.
(D) a contestação foi intempestiva.

A: Incorreta, pois a incompetência relativa não pode ser conhecida de ofício (NCPC, art. 65 e 337, § 5º); **B:** Correta, existindo previsão legal nesse sentido (NCPC, art. 340. Havendo alegação de incompetência relativa ou absoluta, a contestação poderá ser *protocolada no foro de domicílio do réu* (...); **C:** Incorreta, pois não mais existe exceção de incompetência no NCPC, sendo a incompetência relativa alegada em preliminar de contestação (NCPC, art. 64); **D:** Incorreta, porque há prazo em dobro para a Defensoria Pública (NCPC, art. 186).

Gabarito "B"

(Procurador do Estado – PGE/MT – FCC – 2016) Em 20/06/2016 (segunda-feira), foi enviada à Procuradoria do Estado do Mato Grosso, por meio de portal próprio, intimação eletrônica de sentença de mérito contrária à Fazenda Pública. Diante desta situação hipotética, considerando o prazo para o recurso cabível e as prerrogativas da Fazenda Pública, o prazo recursal é de

(A) quinze dias úteis e terá início apenas depois de dez dias, contados a partir do envio da intimação ao portal, caso o Procurador não tenha consultado o teor da intimação antes deste prazo.
(B) quinze dias úteis e somente terá início com a intimação pessoal da Fazenda Pública, por meio de oficial de justiça, uma vez que tal prerrogativa é assegurada pela lei.
(C) quinze dias úteis e somente terá início quando o Procurador do Estado consultar o teor da intimação eletrônica, independentemente de qualquer outro prazo.
(D) trinta dias úteis e terá início apenas depois de dez dias, contados a partir do envio da intimação ao portal, caso o Procurador não tenha consultado o teor da intimação antes deste prazo.
(E) trinta dias úteis e somente terá início depois de vinte dias, contados a partir do envio da intimação ao portal, caso o Procurador não tenha consultado o teor da intimação antes deste prazo.

A questão trata das prerrogativas da advocacia pública em juízo. Inicialmente, é de se destacar a existência de prazo em dobro (NCPC, art. 183) – e, portanto, o prazo é de 30 dias. Do outro lado, se o procurador não acessar o portal, a intimação fluirá em 5 dias, que serão contados em dobro, conforme previsão da Lei 11.419/2006. Assim, a alternativo correta é a "D".

Gabarito "D"

(Juiz – TJ-SC – FCC – 2017) No que se refere à comunicação dos atos processuais, é correto que:

(A) para a eficácia e existência do processo é indispensável a citação do réu ou do executado, com a ressalva única de indeferimento da petição inicial.
(B) o comparecimento espontâneo do réu ou do executado supre a falta ou a nulidade da citação, fluindo a partir desta data o prazo para apresentação de contestação ou de embargos à execução.
(C) a citação válida, salvo se ordenada por juízo incompetente, induz litispendência, torna litigiosa a coisa e constitui em mora o devedor.
(D) a citação será sempre pessoal, por se tratar de ato personalíssimo e, portanto, intransferível.
(E) como regra geral, a citação será feita por meio de mandado a ser cumprido por oficial de justiça; frustrada esta, far-se-á pelo correio.

A: incorreta, pois na improcedência liminar (decisão com mérito) tampouco há citação (NCPC, art. 332); **B:** correta (NCPC, art. 239, § 1º); **C:** incorreta, pois a citação acarreta esses efeitos *ainda* que ordenada por juiz *incompetente* (NCPC, art. 240); **D:** incorreta, pois cabe, por exemplo, citação no representante legal (NCPC, art. 242 A citação será pessoal, podendo, *no entanto*, ser feita na pessoa do representante legal ou do procurador do réu, do executado ou do interessado); **E:** incorreta, pois a regra é a citação por correio (NCPC, arts. 247 e 249).

Gabarito "B"

(Promotor de Justiça – MPE/RS – 2017) Assinale a alternativa **INCORRETA** sobre o tema dos atos processuais, segundo disposto no Código de Processo Civil.

(A) O terceiro que demonstrar interesse jurídico pode requerer ao juiz certidão do dispositivo da sentença, bem como de inventário e de partilha resultantes de divórcio ou separação.
(B) O registro de ato processual eletrônico deverá ser feito em padrões abertos, que atenderão aos requisitos de autenticidade, integridade, temporalidade, não repúdio, conservação e, nos casos que tramitem em segredo de justiça, confidencialidade, observada a infraestrutura de chaves públicas unificada nacionalmente, nos termos da lei.
(C) O juiz proferirá os despachos no prazo de 5 (cinco) dias, as decisões interlocutórias no prazo de 15 (quinze) dias e as sentenças no prazo de 30 (trinta) dias.
(D) Salvo para evitar o perecimento do direito, não se fará a citação de noivos nos 3 (três) primeiros dias seguintes ao casamento.
(E) Feita a citação com hora certa, o escrivão ou chefe de secretaria enviará ao réu, executado ou interessado, no prazo de 10 (dez) dias, contado da data da juntada do mandado aos autos, carta, telegrama ou correspondência eletrônica, dando-lhe de tudo ciência.

A: correta (NCPC, art. 189, § 2º). **B:** correta (NCPC, art. 195). **C:** incorreta, devendo esta ser assinalada. De acordo com o art. 226 do NCPC, o juiz proferirá decisões interlocutórias no prazo de 10 dias. **D:** correta, art. 244, III, do NCPC. **E:** correta (NCPC, art. 254). Questão que, infelizmente, basicamente avalia a capacidade que o examinando tem de decorar o Código.

Gabarito "C"

(Promotor de Justiça – MPE/BA – CEFET – 2015) Analise as seguintes proposições e indique a assertiva CORRETA.

I. Em relação às nulidades absolutas e relativas, os juízes e tribunais devem pronunciá-las em qualquer instância ou grau de jurisdição, ainda que não provocados.

II. A sentença fundada em erro ou prova equivocada, após o prazo de ajuizamento da ação rescisória, está apta a produzir os efeitos jurídicos dela decorrentes.
III. É nulo o processo sentenciado em que o Ministério Público devia intervir e não o fez por falta de intimação.

(A) Apenas a proposição I está correta.
(B) As proposições II e III estão corretas.
(C) Apenas a proposição II está correta.
(D) Todas as proposições estão corretas.
(E) Todas as proposições estão incorretas.

I: Incorreta, as nulidades relativas devem ser arguidas na primeira oportunidade sob pena de preclusão (art. 278 do NCPC). **II:** Correta. Transitada em julgado sentença, qualquer que seja o seu eventual vício, se não houver o ajuizamento de ação rescisória (NCPC, art. 966), a sentença produzirá seus efeitos e não poderá ser rescindida. **III:** Correta. O artigo 279 do NCPC dispõe que será o nulo o processo quando o MP não for intimado em causas que deveria intervir (mas o MP terá de ser ouvido antes da decretação nulidade – § 2º). **LD/C**
Gabarito "B".

(Defensor Público – DPE/MT – 2016 – UFMT) Sobre o curador especial, assinale a afirmativa INCORRETA.

(A) Nas ações em que réu preso for revel, caberá à Defensoria Pública exercer o múnus de curador especial, enquanto não for constituído advogado.
(B) Nos casos em que o réu revel foi citado por edital ou com hora certa, caberá à Defensoria Pública exercer o múnus de curador especial, enquanto não for constituído advogado.
(C) É necessária a intervenção da Defensoria Pública como curadora especial do menor na ação de destituição de poder familiar ajuizada pelo Ministério Público.
(D) O Defensor Público não faz jus ao recebimento de honorários pelo múnus de curador especial, por estar no exercício das suas funções institucionais, para o que já é remunerado mediante o subsídio em parcela única.
(E) O juiz nomeará curador especial ao incapaz, se concorrer na partilha com o seu representante, desde que exista colisão de interesses.

A: correto – sendo essa uma das atribuições da Defensoria muito comuns no cotidiano forense (NCPC, art. 72, II e parágrafo único); **B:** correto, conforme explicado na alternativa anterior; **C:** incorreto, devendo esta ser assinalada. Este é o entendimento do STJ: "A ação de destituição do poder familiar, movida pelo Ministério Público, prescinde da obrigatória e automática intervenção da Defensoria Pública como curadora especial" (Informativo 492, AgRg no Ag 1369745/RJ, DJe 16/04/2012). **D:** correto, conforme entendimento do STJ: "Conforme jurisprudência da Corte Especial deste STJ, é inviável o arbitramento e adiantamento de honorários advocatícios à Defensoria Pública nas demandas em que seus representantes figurem como curadores especiais, pois se trata de atividade intrínseca às suas funções institucionais, cuja remuneração se dá mediante subsídio, em parcela única" (Informativo 499, AgRg no REsp 1382447 / AL, j. de 04.12.14). **E:** correto (NCPC, art. 671, II). **LD**
Gabarito "C".

(Defensor Público – DPE/BA – 2016 – FCC) Sobre a nulidade dos atos processuais, é correto afirmar que

(A) se verifica independentemente da existência de prejuízo.
(B) o juiz não a pronunciará quando puder decidir o mérito a favor da parte a quem aproveite.
(C) pode ser alegada, em regra, em qualquer momento, não estando sujeita a preclusão.
(D) o erro de forma invalida o ato ainda que possa ser aproveitado sem prejuízo à defesa das partes.
(E) sua decretação pode ser requerida pela parte que lhe der causa, quando a lei prescrever determinada forma para o ato.

A: incorreto, pois só há nulidade se houver prejuízo (NCPC, art. 282, § 1º – que é a tradução do brocardo francês "pas de nullité sans grief"); **B:** correto, conforme art. 282, § 2º, do NCPC; **C:** incorreto, pois em regra a nulidade deve ser alegada na primeira oportunidade em que couber à parte falar nos autos, sob pena de preclusão (NCPC, art. 278) – salvo nos casos de nulidade absoluta; **D:** incorreto, tendo em vista o princípio da instrumentalidade. Assim, o erro de forma só acarreta a anulação dos atos que não possam ser reaproveitados (NCPC, art. 283); **E:** incorreto, tendo em vista a impossibilidade de se alegar a própria torpeza (NCPC, art. 276). **LD**
Gabarito "B".

(Magistratura – TRT 1ª – 2016 – FCC) Segundo disposto no CPC, far-se-á a citação por oficial de justiça, EXCETO:

(A) quando frustrada a citação pelo correio.
(B) nas ações de estado.
(C) quando o autor afirmar ser inacessível o lugar em que o réu se encontrar.
(D) quando for ré pessoa incapaz.
(E) quando for ré pessoa de direito público.

A: incorreta, pois nesse caso a citação será por oficial de justiça (NCPC, art. 249); **B:** incorreta, pois nesse caso a citação será por oficial de justiça (NCPC, art. 247, I); **C:** correta no CPC/1973, sendo que o dispositivo correspondente no NCPC é um pouco distinto (NCPC, art. 247, IV: "quando o citando residir em local não atendido pela entrega domiciliar de correspondência"); **D:** incorreta, pois nesse caso a citação será por oficial de justiça (NCPC, art. 247, II); **E:** incorreta, pois nesse caso a citação será por oficial de justiça (NCPC, art. 247, III). **LD/CR**
Gabarito "C".

(Escrevente Técnico – TJSP – 2015 – VUNESP) Incumbe ao escrivão

(A) dar certidão de qualquer ato ou termo do processo, desde que determinado por despacho exarado por juiz competente.
(B) fazer pessoalmente as penhoras e arrestos.
(C) estar presente às audiências e coadjuvar o juiz na manutenção da ordem.
(D) efetuar avaliações e executar as ordens do juiz a que estiver subordinado.
(E) redigir, em forma legal, os ofícios, mandados, cartas precatórias e mais atos que pertencem ao seu ofício.

A: Incorreta. Nos termos do art. 152, V, do NCPC, o escrivão deverá fornecer certidão de qualquer ato ou termo do processo, independentemente de despacho, observadas as disposições referentes ao segredo de justiça; **B:** Incorreta, pois é atribuição do oficial de justiça, nos termos do art. 154, I do NCPC; **C:** Incorreta, pois é atribuição do oficial de justiça, nos termos do art. 154, IV, do NCPC; **D:** Incorreta, pois é atribuição do Oficial de Justiça, nos termos do art. 154, V, do NCPC; **E:** Correta, nos termos do art. 152, I, do NCPC. **IT**
Gabarito "E".

4. LITISCONSÓRCIO E INTERVENÇÃO DE TERCEIROS

(Juiz de Direito - TJ/RS - 2018 - VUNESP) Sobre o incidente de desconsideração da personalidade jurídica, é correto afirmar que

(A) como efeito do acolhimento do pedido de desconsideração, passarão a estar sujeitos à execução os bens do responsável limitado a sua cota social.
(B) é uma forma de intervenção de terceiros, podendo criar-se um litisconsórcio passivo facultativo.
(C) instaurado na petição inicial, ocorrerá a suspensão do processo, independentemente do requerimento do interessado.
(D) resolvido o incidente em sentença, que julgar o mérito da demanda, caberá agravo de instrumento quanto a esta questão.
(E) o Ministério Público poderá requerer o incidente, podendo ser instaurado de ofício pelo juiz, se o caso.

A: Incorreta. O acolhimento do pedido de desconsideração da personalidade jurídica permite que sejam atingidos os bens em geral dos sócios (NCPC, art. 133 e seguintes; CC, art. 50); **B:** Correta, pois se o sócio ingressar ele passa a ser parte (NCPC, art. 133 e seguintes); **C:** Incorreta, porque quando o pedido é feito na própria petição inicial não acarretará a suspensão do processo (NCPC, art. 134, §§ 2º e 3º); **D:** Incorreta, porque a decisão que resolve o incidente tem natureza interlocutória e é recorrível via agravo de instrumento (NCPC, art. 136 e art. 1.015, IV); **E:** Incorreta, uma vez que o incidente não poderá ser instaurado de ofício pelo magistrado (NCPC, art. 133). **LD**
Gabarito "B".

(Procurador Municipal – Prefeitura/BH – CESPE – 2017) No que concerne a substituição das partes, litisconsórcio e intervenção de terceiro, assinale a opção correta.

(A) O juiz só pode conhecer e declarar a falta de formação de litisconsórcio passivo necessário a partir de provocação da parte demandada; ou seja, ele não pode fazê-lo de ofício.
(B) No litisconsórcio multitudinário, havendo requerimento de limitação do número de litisconsortes, o prazo para resposta será suspenso e continuará a fluir a partir da decisão que analisar o pedido.
(C) Proposta ação cognitiva contra apenas um dos devedores solidários, este poderá, no prazo da contestação, promover a citação dos demais devedores para compor a relação processual na condição de litisconsortes passivos.
(D) Se, no curso do processo, ocorrer a morte de qualquer uma das partes, independentemente do objeto da lide, haverá a suspensão do processo e a consequente sucessão do falecido por seu espólio ou sucessor.

A: incorreta, pois a falta de litisconsórcio necessário pode ser reconhecida de ofício (cf. NCPC, art. 115, parágrafo único, que não faz menção a "provocado pela parte": Nos casos de litisconsórcio passivo necessário, *o juiz determinará* ao autor que requeira a citação de todos que devam ser litisconsortes, dentro do prazo que assinar, sob pena de extinção do processo); **B:** correta, sendo essa a previsão legal acerca do litisconsórcio multitudinário, plúrimo ou múltiplo (NCPC, art. 113, § 1º O juiz poderá limitar o litisconsórcio facultativo quanto ao número de litigantes na fase de conhecimento, na liquidação de sentença ou na execução, quando este comprometer a rápida solução do litígio ou dificultar a defesa ou o cumprimento da sentença; § 2º O requerimento de limitação interrompe o prazo para manifestação ou resposta, que recomeçará da intimação da decisão que o solucionar); **C:** incorreta, pois existindo devedores solidários, a forma processual de se buscar o terceiro é o *chamamento* ao processo (NCPC, art. 130, III); **D:** incorreta, considerando que a morte pode acarretar duas consequências ao processo: (i) suspensão, para que

haja a sucessão processual (NCPC, art. 313, I) ou (ii) extinção, quando se tratar de ação intransmissível (NCPC, art. 485, IX – como por exemplo no caso de divórcio, em que a morte acarreta a extinção do processo).
Gabarito "B".

(Procurador do Estado – PGE/MT – FCC – 2016) Sobre as previsões do novo Código de Processo Civil a respeito da intervenção do *amicus curiae*, considere:

I. A intervenção de *amicus curiae* é admitida expressamente tanto no juízo de piso como perante órgãos colegiados.
II. A intervenção de pessoa natural ou jurídica, órgão ou entidade especializada na condição de *amicus curiae* independe de pedido das partes, pois a lei prevê expressamente a possibilidade de ser determinada de ofício pelo magistrado.
III. A intervenção de pessoa jurídica de direito público na condição de *amicus curiae* pode ensejar a modificação da competência e a remessa dos autos ao juízo competente.
IV. Da decisão que admite a intervenção de *amicus curiae*, cabe recurso pela parte interessada.

Está correto o que se afirma APENAS em
(A) I, II e III.
(B) I e IV.
(C) III e IV.
(D) I, II e IV.
(E) I e II.

I: Correta, considerando a redação do art. 138, *caput*, § 2º, do NCPC, que menciona "juiz ou relator"; **II:** Correta, sendo essa a previsão do art. 138, *caput*: há a intervenção espontânea ou provocada; **III:** Incorreta, existindo previsão expressa em sentido inverso (NCPC, art. 138, § 1º); **IV:** Incorreta, pois pelo Código, da decisão que trata do *amicus curiae*, não cabe recurso (art. 138, *caput*).
Gabarito "E".

(Procurador do Estado – PGE/MT – FCC – 2016) Uma empresa recolheu determinado tributo junto ao Município de Sinop – MT. Posteriormente, foi surpreendido com notificação de lançamento tributário pelo Município de Cuiabá – MT, relativamente ao mesmo tributo e mesmo fato gerador do tributo já pago para a outra fazenda municipal. Caso a autora venha a propor ação de anulação do débito fiscal em face do Município de Cuiabá – MT,

(A) poderá formar litisconsórcio passivo eventual com relação ao Município de Sinop, pleiteando a repetição do indébito no caso de improcedência do seu pedido principal.
(B) precisará aguardar o desfecho desta ação para, caso seja improcedente, pleitear a repetição do indébito perante o Município de Sinop.
(C) poderá formar um litisconsórcio passivo sucessivo com relação ao Município de Sinop, pleiteando a repetição do indébito no caso de improcedência do seu pedido principal.
(D) precisará formar litisconsórcio necessário entre os dois municípios para que a relação processual seja completa.
(E) caberá ao requerido denunciar a lide ao Município de Sinop, a fim de buscar indenização regressiva caso a demanda venha a ser julgada procedente.

A: Correta. Apesar da ausência de previsão legal, parte da doutrina admite o litisconsórcio eventual (aquele em que há pedidos cumulados / superveniente em relação a algum dos réus), trazendo o enunciado uma situação em que se admite esse litisconsórcio; **B:** Incorreta, considerando o exposto em "A"; **C:** Incorreta, considerando o exposto em "A"; **D:** Incorreta, não se tratando de situação de litisconsórcio necessário; **E:** Incorreta, pois a situação não é de questão de direito de regresso entre os Municípios.
Gabarito "A".

(Juiz – TJSP – 2017) Haverá litisconsórcio necessário
(A) ativo, entre os cônjuges, na ação que verse sobre direito real imobiliário, salvo se casados sob regime de separação absoluta de bens.
(B) passivo, entre os cônjuges, na ação fundada em obrigação contraída por um deles, em proveito da família.
(C) entre alienante e adquirente quando ocorrer a alienação de coisa ou de direito litigioso.
(D) sempre que ele for unitário.

A: incorreta, porque nesse caso não há obrigatoriedade de litisconsórcio ativo, mas sim de autorização do cônjuge (NCPC, art. 73); **B:** correta, pois obrigação em proveito da família acarreta litisconsórcio necessário (NCPC, art. 73, § 1º); **C:** incorreta, pois no caso de alienação de bem litigioso, o que ocorre é a sucessão das partes, e não necessariamente litisconsórcio (NCPC, art. 109, § 2º); **D:** incorreta, pois nem sempre o litisconsórcio necessário é unitário.
Gabarito "B".

(Juiz – TJ/SP – 2017) Considerando a denunciação da lide, assinale a alternativa correta.
(A) O direito regressivo poderá ser objeto de ação autônoma apenas no caso de não ser permitida pela lei ou no caso de ter sido indeferida pelo juiz.
(B) Pode ser determinada de ofício pelo juiz, nos casos em que a obrigação de indenizar decorra expressamente da lei.
(C) Considerando-se a cadeia dominial, a denunciação da lide sucessiva é admitida ao originariamente denunciado, mas vedada ao sucessivamente denunciado, ressalvada a propositura de ação autônoma.
(D) Pode ser requerida e deferida originariamente em grau de apelação, nos casos em que seja dado ao tribunal examinar o mérito desde logo, por estar o processo em condições de julgamento.

A: incorreta, pois sempre será possível ação autônoma no lugar da denunciação (NCPC, art. 125, § 1º); **B:** incorreta, porque descabe a denunciação de ofício (NCPC, art. 125, *caput* – que menciona as partes); **C:** correta, pois a denunciação sucessiva é admitida, mas apenas uma única vez (NCC, art. 125, § 2º); **D:** incorreta, pois descabe denunciação no âmbito do tribunal.
Gabarito "C".

(Juiz – TJ-SC – FCC – 2017) Mário propõe ação reivindicatória contra João Roberto, a quem acusa de ter invadido ilicitamente área imóvel de sua propriedade. Após a citação de João Roberto e oferecimento de sua contestação, ingressa nos autos José Antônio, alegando que o imóvel não é de Mário nem de João Roberto e sim dele, juntando documentos e pedindo a retomada do imóvel para si. A intervenção processual de José Antônio denomina-se:
(A) litisconsórcio.
(B) chamamento ao processo.
(C) denunciação da lide.
(D) assistência litisconsorcial.
(E) oposição.

No caso, alguém que está fora do processo ingressa nos autos e se afirma o proprietário de determinado bem – trata-se da figura da oposição (NCPC, art. 682). Importante destacar que a oposição não está mais no capítulo de intervenção de terceiros no NCPC (estava nesse capítulo no Código anterior), mas segue sendo mencionada ao lado das demais formas de intervenção de terceiro.
Gabarito "E".

(Juiz – TRF 3ª Região – 2016) Dadas as assertivas abaixo, assinale a alternativa correta.

I. Sendo a execução promovida em regime de litisconsórcio ativo voluntário, a aferição do valor, para fins de submissão ao rito da RPV (art. 100, § 3º da CF/88), deve levar em conta o crédito total exequendo, e não o valor relativo a cada litisconsorte.
II. Embora o art. 70, III, do CPC estabeleça ser obrigatória a denunciação da lide àquele que estiver obrigado, pela lei ou pelo contrato, a indenizar, em ação regressiva, o prejuízo do que perder a demanda, a jurisprudência entende que a denunciação da lide, nesses casos, é facultativa, pois só se tornaria de fato obrigatória em caso de, sendo a parte inerte, perder o direito de regresso.
III. Tratando-se de denunciação da lide facultativa, o litisdenunciante, réu na ação principal, deve ser condenado ao pagamento de ônus de sucumbência, na lide regressiva, em favor do litisdenunciado quando a ação principal tenha sido julgada improcedente.
IV. Ainda que facultativa, a denunciação da lide pelo requerido não pode ser indeferida pelo Juiz, pois se trata de direito subjetivo do litisdenunciante.

(A) I e II.
(B) II.
(C) II e III.
(D) III e IV.

I: incorreta, pois, para fins de pagamento via RPV (mais célere que precatório), deve se levar em conta o valor de cada um dos litisconsortes facultativos (STF, RE n. 729.107, com repercussão geral); **II:** correta, sendo que no NCPC é ainda mais claro que a denunciação é sempre facultativa (art. 125, que é o artigo que corresponde ao 70 mencionado no enunciado, que se refere ao CPC1973); **III:** correta (NCPC, art. 129, parágrafo único); **IV:** incorreta, pois se não for caso de denunciação, pode o juiz indeferir de plano a intervenção.
Gabarito "C".

(Defensor Público – DPE/MT – 2016 – UFMT) Sobre as intervenções de terceiros no Código de Processo Civil (CPC/2015), assinale a afirmativa INCORRETA.
(A) O incidente de desconsideração da personalidade jurídica aplica-se ao processo de competência dos juizados especiais.
(B) O ingresso da Ordem dos Advogados do Brasil, na qualidade de *amicus curiae*, em processo em trâmite perante a Justiça Estadual, desloca a competência para a Justiça Federal.
(C) Formulada denunciação da lide pelo réu e procedente o pedido da ação principal, pode o autor, se for o caso, requerer o cumprimento da sentença também contra o denunciado, nos limites da condenação deste na ação regressiva.
(D) É admissível a denunciação da lide, promovida por qualquer das partes.
(E) O *amicus curiae* pode recorrer da decisão que julgar o incidente de resolução de demandas repetitivas.

A: correto, nos termos do art. 1.062 do NCPC; **B:** incorreto, devendo esta ser assinalada. A intervenção de *amicus curiae* não acarreta alteração de competência (NCPC, art. 138, § 1º); **C:** correta, conforme parágrafo único do art. 128 do NCPC; **D:** correto, pois a denunciação é intervenção que pode ser feita tanto pelo autor como pelo réu (NCPC, art. 125); **E:** correto (NCPC, art. 138, § 3º). LD

Gabarito "B".

(Defensor Público – DPE/RN – 2016 – CESPE) A respeito de litisconsórcio e de assistência e intervenção de terceiros, assinale a opção correta segundo entendimento do STJ.

(A) Não é possível a denunciação da lide fundada no direito de regresso, quando o denunciante introduzir fundamento novo à causa, estranho ao processo principal, apto a exigir ampla dilação probatória.
(B) Procedida a denunciação da lide pelo autor, o denunciado, comparecendo aos autos, assumirá a condição de litisconsorte do denunciante, mas não poderá aditar a petição inicial.
(C) Configura nulidade o ato do juiz que decide, em sentenças distintas, a ação principal antes da oposição.
(D) A solidariedade da obrigação implica, necessariamente, a unitariedade do litisconsórcio.
(E) O recurso interposto pelo assistente simples pode ser conhecido na hipótese em que o assistido não tenha recorrido.

A: correto para a banca. Esse era o entendimento do STJ no CPC/1973, no sentido de que a denunciação da lide fundada no direito de regresso tem que derivar diretamente da lei ou de contrato, sem que seja necessário analisar outros elementos (vide Informativo STJ 535). Contudo, não há previsão a respeito disso no NCPC, sendo que resta verificar se será mantido o entendimento do STJ. **B:** incorreto, pois nesse caso o denunciado pode acrescentar novos argumentos à petição inicial (NCPC, art. 127). **C:** incorreto, pois não haverá nulidade desde que ambas sejam julgadas ao mesmo momento (Informativo STJ 531). **D:** incorreto, pois é possível se cogitar de litisconsórcio simples em obrigação solidária que seja divisível. **E:** incorreto para a banca, que seguiu o entendimento tradicional que o assistente não pode ir além do assistido. Contudo, há decisões do STJ, desde o Código anterior, que apontam a possibilidade de o assistente simples recorrer, desde que o assistido não se oponha (EREsp 1.068.391/PR, Corte Especial, DJe 7/8/2013). Resta verificar como a jurisprudência tratará do tema considerando a redação do art. 120, parágrafo único. LD

Gabarito "A".

(Analista Judiciário – TRT/8ª – 2016 – CESPE) Antônio ajuizou contra Pedro execução civil de título extrajudicial no valor de R$ 300.000. Para garantia do juízo, foi penhorado bem imóvel pertencente a Pedro e sua esposa, Maria. Apesar de não ser parte da execução, Maria foi intimada da penhora, conforme determinado pela legislação processual.
Nessa situação hipotética, caso deseje tomar medida judicial com a única finalidade de proteger sua meação referente ao bem penhorado, Maria deve

(A) aguardar o término da execução e, oportunamente, ingressar com ação de nulidade da sentença.
(B) impetrar mandado de segurança, porque o CPC não prevê qualquer outro mecanismo para sua defesa.
(C) ingressar no processo como assistente simples de Pedro, demonstrando seu interesse no feito.
(D) se valer da modalidade de intervenção de terceiros denominada oposição.
(E) oferecer embargos de terceiro, que serão analisados pelo mesmo juízo que determinou a penhora.

A situação narrada no enunciado envolve a constrição de meação, típica situação para utilização de embargos de terceiro (art. 674, § 2º, I, NCPC). LD/DS

Gabarito "E".

(Analista Jurídico – TCE/PR – 2016 – CESPE) Maria e Fernanda são servidoras de determinado órgão público e, em litisconsórcio ativo, propuseram demanda judicial para a obtenção de vantagem pecuniária supostamente devida em razão do cargo que cada uma delas ocupa.
Nessa situação hipotética, tem-se um litisconsórcio classificado como

(A) facultativo e comum.
(B) facultativo e unitário.
(C) multitudinário.
(D) necessário e comum.
(E) necessário e unitário.

A hipótese é de litisconsórcio facultativo e comum. *Facultativo* porque as servidoras poderiam ajuizar ações distintas e autônomas, sendo certo que a eficácia da sentença não dependeria da formação do litisconsórcio; ou seja, há mera conexão entre as causas, o que permite o ajuizamento de uma única demanda (art. 113, II, NCPC). *Comum* porque, no caso, o juiz não precisa decidir de modo uniforme para as litisconsortes, notadamente porquanto deverá considerar a situação fática e jurídica circundante a cada uma delas. LD/DS

Gabarito "A".

(Juiz de Direito/AM – 2016 – CESPE) Com relação ao litisconsórcio, à assistência e à intervenção de terceiros, assinale a opção correta.

(A) Não cabe a ação de oposição nas ações pessoais mobiliárias.

(B) Contra a decisão que soluciona o pedido de nomeação à autoria cabe recurso de apelação.
(C) Formado o litisconsórcio passivo necessário unitário, a contestação oferecida pelo corréu não obsta a incidência dos efeitos materiais da revelia em relação ao revel.
(D) No incidente de chamamento ao processo, extromissão da parte é o procedimento processual empregado para a substituição da parte ré pelo chamado.
(E) Se dois ou mais dos litisconsortes representados por advogado comum sucumbirem, não se contará o prazo em dobro para recorrer.

A: incorreto, pois inexiste qualquer impedimento para apresentação de oposição nas ações pessoais mobiliárias (apesar de o mais usual ser a oposição envolvendo imóveis). Cabe destacar que, no NCPC, a oposição segue existindo, mas deixou de estar prevista no capítulo das intervenções de terceiro, passando a ser um procedimento especial (art. 682); **B:** incorreta, pois a nomeação deixou de existir no NCPC. O que se tem hoje é alegação, na contestação, de ilegitimidade, com a indicação do réu que deveria figurar no polo passivo, caso se saiba (arts. 338 e 339). E acerca das intervenções de terceiro, o NCPC prevê o agravo de instrumento como recurso cabível (art. 1.015, IX); **C:** incorreto, pois no litisconsórcio unitário a conduta de um dos litisconsortes poderá beneficiar o outro (art. 117); **D:** incorreto. A extromissão (exclusão de um réu e inclusão, no seu lugar, de um novo) não possui relação com o chamamento ao processo, pelo qual há formação de um litisconsórcio passivo, com a inclusão de mais réu(s) na demanda – mas com a alegação de ilegitimidade e substituição do réu (art. 339, § 1º); **E:** correto, porquanto o pressuposto para a contagem do prazo em dobro é a existência de diferentes procuradores, nos termos do art. 229 do NCPC – isso se não forem autos eletrônicos. LD/DS

Gabarito "E".

(FGV – 2014) Os irmãos Rafael e Daniela são proprietários de um imóvel na Av. São Sebastião, n. 20. Eles realizaram um contrato de locação com Joana, estudante, por prazo indeterminado. Após três anos de vigência de contrato, devido aos grandes eventos internacionais na cidade, os irmãos propuseram uma ação revisional de aluguel, tendo em vista a valorização constatada na área em que fica o imóvel. A partir da hipótese sugerida, assinale a opção correta.

(A) Trata-se de litisconsórcio ativo facultativo unitário, uma vez que há solidariedade entre os irmãos, o que faz com que um deles, sozinho, possa ajuizar a ação, tendo a decisão efeito para ambos.
(B) Trata-se de litisconsórcio passivo multitudinário, pois a ação revisional, se procedente, alterará o valor da locação para todo e qualquer candidato à locação.
(C) Trata-se de litisconsórcio ativo facultativo simples, pois no lugar de uma única ação, cada irmão pode entrar com uma ação revisional diferente para atualizar o valor do imóvel, e as duas correrão normalmente, em separado.
(D) Trata-se de litisconsórcio ativo necessário unitário, uma vez que a lei assim o exige e a decisão do juiz será a mesma para os dois irmãos.

A: correta, pois (i) os irmãos estarão no polo ativo (litisconsórcio ativo), (ii) tendo em vista que a Lei 8.245/1991, art. 2º fala em solidariedade, o examinador entendeu que seria opção cada um dos locadores ingressar em juízo – o que não é pacífico (daí o litisconsórcio facultativo – NCPC, art. 113) e (iii) a decisão terá de ser a mesma para todos, caso haja o litisconsórcio (por isso o litisconsórcio unitário – NCPC, art. 116); **B:** incorreta, pois não se trata de litisconsórcio passivo e o litisconsórcio multitudinário (NCPC, art. 113, §§ 1º e 2º) se refere ao polo ativo; **C:** incorreta, pois não é possível que as duas demandas (que têm o mesmo objeto e causa de pedir – e, por isso, conexas) tramitem em separado; **D:** incorreta, considerando o exposto em "A" (e a posição adotada pelo examinador). LD/FC

Gabarito "A".

(Promotor de Justiça – MPE/MS – FAPEC – 2015) Assinale a alternativa **correta**:

(A) Existindo litisconsórcio necessário unitário, é possível ao Juiz limitá-lo, a pedido, quanto ao número de litigantes, quando houver prejuízo à defesa ou à célere solução do litígio.
(B) Todo litisconsórcio necessário é simples.
(C) Em ação de investigação de paternidade movida por menor (representado por sua mãe) em face de seu suposto pai biológico, torna-se desnecessária a citação do pai registral para integrar a lide.
(D) O recurso produz efeito somente ao litisconsorte que recorre, ressalvadas as hipóteses de litisconsórcio unitário, pois nestas os efeitos do recurso interposto por um dos litisconsortes se estenderão aos demais.
(E) O litisconsórcio unitário decorre do fato dos direitos e obrigações derivarem do mesmo fundamento fático.

A: Incorreta. Há amparo legal para desmembramento do litisconsórcio multitudinário (art. 113, § 1º, do NCPC), que é o litisconsorte ativo facultativo. Nunca poderá haver limitação do litisconsórcio necessário. **B:** Incorreta. Em regra, o litisconsórcio é necessário (precisa existir) e unitário (a decisão, para os litisconsortes, deve ser a mesma). Mas há casos em que o litisconsórcio pode ser necessário e simples (a decisão não precisa ser a mesma para os litisconsortes). **C:** Correta para a banca, no sentido de não haver litisconsórcio passivo entre pai registral e suposta pai biológico. Porém, vale destacar que há precedente do STJ no sentido de que o pai registral deverá integrar a lide como litisconsorte passivo necessário (Informativo nº 372 do STJ). **D:** Incorreta para a banca. Porém, o art. 1.005 do NCPC dispõe que o recurso aproveita a *todos* os litisconsortes, salvo se seus interesses forem opostos ou distintos. Assim, no NCPC, a alternativa estaria correta. **E:** Incorreta. O litisconsórcio unitário deriva da natureza da relação jurídica existente entre as partes (art. 116 do NCPC). LD/C

Gabarito "C", no CPC/1973 e "D", no NCPC.

(Procurador do Estado/AC – 2014 – FMP) Acerca das diferentes espécies de intervenção de terceiros, assinale a alternativa **incorreta.**

(A) A nomeação à autoria visa a corrigir o polo passivo da demanda, sendo dever do réu nomear a autoria nos casos em que, na relação jurídica material, figure como mero detentor da coisa litigiosa ou quando o ato lesivo discutido tenha sido praticado por ordem ou instrução de terceiro, nesse último caso excluídas as hipóteses de relação de emprego ou comissão.

(B) A denunciação da lide inaugura relação jurídica processual paralela e dependente em caso de direito de regresso, sendo discutida, em jurisprudência, sua obrigatoriedade nos casos de direitos resultantes da evicção.

(C) A oposição é ação contraposta em que o oponente pretende, no todo ou em parte, o direito sobre o qual controvertem autor e réu, sendo seu exercício obrigatório, sob pena de perda do direito.

(D) O chamamento ao processo amplia o polo passivo da demanda e tem por fundamento obrigações solidárias ou, simplesmente comuns entre os obrigados, mesmo que não haja solidariedade.

A: incorreta. A nomeação deixa de existir no NCPC, cabendo agora ao réu, ao alegar ilegitimidade, apontar quem é o efetivo réu (NCPC, art. 339); **B:** correta (NCPC, art. 125, I), com a ressalva de que o novo regramento fala em "admissível" (não mais "obrigatória" – como no art. 70, *caput*, CPC/1973), de modo que não há que se falar mais em obrigatoriedade; **C:** incorreta, devendo esta ser assinalada. Não se trata de "ação contraposta" e nem é obrigatório o uso da oposição – podendo ser ajuizada de forma autônoma (NCPC, art. 682). Veja-se que, no NCPC, a oposição deixou de ser intervenção de terceiros e passou a ser procedimento especial; **D:** correta (NCPC, art. 130, I e III). LD/DS

Gabarito "A" e "C", apenas à luz do NCPC.

(Cartório/DF – 2014 – CESPE) Acerca de litisconsórcio, assistência e intervenção de terceiros, assinale a opção correta.

(A) Na hipótese de nomeação à autoria, ainda que o autor recuse o nomeado, o nomeante deve ser retirado do polo passivo da demanda e, em seu lugar, entrar aquele que foi nomeado.

(B) Na denunciação da lide, modalidade de intervenção de terceiro, fundada em direito de regresso, ha apenas cumulação de ordem subjetiva.

(C) Nos feitos que tramitem no rito sumario, inadmite-se qualquer modalidade de intervenção de terceiros.

(D) Nos litisconsórcios facultativos, o número de litigantes e ilimitado, sem possibilidade de restrição pelo juiz.

(E) A posição do assistente simples deve ser a mesma do assistido, podendo, portanto, o assistido formular pedido de desistência da ação sem que o assistente se oponha a esse requerimento.

A: incorreta. A nomeação deixa de existir no NCPC, cabendo agora ao réu, ao alegar ilegitimidade, apontar quem é o efetivo réu (NCPC, art. 339); **B:** incorreta. A cumulação subjetiva é a pluralidade de partes (litisconsórcio), ao passo que a cumulação objetiva é a pluralidade de causas de pedir ou pedidos (como no caso de pedidos cumulados). Na denunciação, surge o litisconsórcio, e também há mais um pedido: além do pedido do autor contra o réu, há o pedido do réu-denunciante contra o denunciado; **C:** incorreta, pois o rito sumário foi suprimido no NCPC (no novo Código só há procedimento comum – NCPC, art. 318); **D:** incorreta, considerando ser possível limitar o litisconsórcio ativo facultativo com muitos autores – o chamado litisconsórcio plúrimo ou multitudinário (NCPC, art. 113, § 1º); **E:** correta. O assistido é quem dispõe da lide, não o assistente simples. – que, portanto, não pode ir além do assistido (NCPC, art. 122). LD/DS

Gabarito "E".

5. JURISDIÇÃO E COMPETÊNCIA

(Procurador do Estado/SP – 2018 – VUNESP) Em relação aos diversos meios de solução de conflitos com a Administração Pública, é correto afirmar que

(A) é facultado aos Estados, ao Distrito Federal e aos Municípios suas autarquias e fundações públicas, bem como às empresas públicas e sociedade de economia mista federais, submeter seus litígios com órgãos ou entidades da Administração Pública federal à Advocacia-Geral da União, para fins de composição extrajudicial do conflito.

(B) mesmo as controvérsias que somente possam ser resolvidas por atos ou concessão de direitos sujeitos a autorização do Poder Legislativo estão incluídas na competência das câmaras de prevenção e resolução administrativa de conflitos.

(C) os conflitos que envolvem equilíbrio econômico-financeiro de contratos celebrados pela Administração Pública com particulares não podem ser submetidos às câmaras de prevenção e resolução administrativa de litígios, exceto quando versarem sobre valores inferiores a quinhentos salários-mínimos.

(D) a instauração de procedimento administrativo para resolução consensual de conflito no âmbito da Administração Pública interrompe a prescrição, exceto se se tratar de matéria tributária.

(E) o procedimento de mediação coletiva, para solução negociada de conflitos, no âmbito da Administração Pública estadual, não pode versar sobre conflitos que envolvem prestação de serviços públicos, salvo se esses serviços públicos forem relacionados a transporte urbano.

A: Correta (Lei 13.140/2015, art. 37); **B:** Incorreta, porque a Lei de Mediação dispõe expressamente o contrário (Lei 13.140/15, art. 32, § 4º); **C:** Incorreta, considerando que conflitos dessa natureza poderão ser submetidos às câmaras de prevenção, não havendo restrição quanto ao valor inicial envolvido (Lei 13.140/15, art. 32, § 5º); **D:** Incorreta, porque a instauração do procedimento administrativo tem o condão de suspender a prescrição (ou seja, de cessar a fluência do prazo prescricional) e não de interrompê-la (Lei 13.140/16, art. 34); **E:** Incorreta, porque a Lei de Mediação possibilita que os procedimentos de mediação coletiva envolvam conflitos relacionados à prestação de serviços públicos em geral, inclusive para a Administração Pública Estadual (Lei 13.140/15, art. 33, parágrafo único). LD

Gabarito "A".

(Delegado - PC/BA - 2018 - VUNESP) As causas cíveis serão processadas e decididas pelo juiz nos limites de sua competência, ressalvado às partes o direito de instituir juízo arbitral, na forma da lei. A respeito do instituto da competência, é correto afirmar que

(A) as suas regras são exclusivamente determinadas pelas normas previstas no Código de Processo Civil ou em legislação especial.

(B) tramitando o processo perante outro juízo, os autos serão remetidos ao juízo federal competente se nele intervier a União, excluindo-se dessa regra, dentre outras, as ações de insolvência civil.

(C) a ação possessória imobiliária será proposta no foro de situação da coisa, cujo juízo tem competência relativa para sua análise.

(D) se o autor da herança não possuía domicílio certo, é competente o foro do domicílio do inventariante para análise do inventário.

(E) a ação em que o incapaz for réu será proposta no foro de seu domicílio.

A: Incorreta, porque a competência é regida, além das normas mencionadas, também pela Constituição Federal, pelas normas de organização judiciária e pelas Constituições Estaduais, no que couber (NCPC, art. 44); **B:** Correta, pois a regra é a competência da Justiça Federal para julgar as ações envolvendo a União, sendo que a presença desse ente acarreta a remessa dos autos para a JF (NCPC, art. 45); mas existem algumas exceções na própria CF, em que mesmo presente a União não será da competência da JF – como no caso de falência ou trabalhista (CF, art. 109, I, parte final); **C:** Incorreta, uma vez que a competência para apreciação da ação possessória imobiliária, por força de exceção expressamente prevista em lei, não permite o foro de eleição (NCPC, art. 47, § 2º); **D:** Incorreta, tendo em vista que, na hipótese, o foro competente será o da situação dos bens imóveis ou, não havendo bens imóveis, o foro do local de qualquer dos bens do espólio (NCPC, art. 48, parágrafo único); **E:** Incorreta, porque, no caso de réu incapaz, a ação deve ser proposta no foro do domicílio de seu representante ou assistente (NCPC, art. 50). LD

Gabarito "B".

(Delegado - PC/BA - 2018 - VUNESP) A respeito dos critérios para a modificação da competência do juízo cível, é correto afirmar que

(A) a competência absoluta poderá modificar-se pela conexão ou pela continência.

(B) reputam-se continentes 2 (duas) ou mais ações quando lhes for comum o pedido ou a causa de pedir.

(C) antes da citação, a cláusula de eleição de foro, se abusiva, pode ser reputada ineficaz de ofício pelo juiz, que determinará a remessa dos autos ao juízo do foro de domicílio do réu.

(D) se dá a conexão entre 2 (duas) ou mais ações quando houver identidade quanto às partes e à causa de pedir, mas o pedido de uma, por ser mais amplo, abrange o das demais.

(E) a citação do réu torna prevento o juízo.

A: Incorreta, considerando que apenas a competência *relativa* pode modificar-se pela conexão ou continência (NCPC, art. 54); **B:** Incorreta, porque a definição trazida pela alternativa aplica-se à conexão (NCPC, art. 55); **C:** Correta, sendo uma situação excepcional de incompetência relativa conhecida de ofício (NCPC, art. 63, § 3º); **D:** Incorreta, tendo em vista que a definição trazida pela alternativa aplica-se à continência (NCPC, art. 56); **E:** Incorreta, porque no NCPC a prevenção do juízo é fixada pelo registro ou distribuição da petição inicial (NCPC, art. 59). LD

Gabarito "C".

(Defensor Público Federal – DPU – 2017 – CESPE) A respeito da competência, julgue os itens

subsequentes com base no entendimento doutrinário e jurisprudencial sobre o assunto.

(1) Segundo o entendimento do STJ, ainda que possível o reconhecimento da conexão entre dois processos, será impossível a sua reunião quando isso puder implicar modificação de competência

absoluta, devendo-se, nesse caso, reconhecer questão de prejudicialidade entre as demandas e suspender uma delas.

(2) O julgamento de ação contra o INSS que objetive o reconhecimento exclusivo do direito de receber pensão decorrente de morte de companheiro não será de competência da justiça federal caso seja necessário enfrentar questão prejudicial referente à existência da união estável.

(3) O CPC permite à parte a propositura de ação de execução de título extrajudicial simultaneamente à ação de conhecimento relativa ao mesmo ato jurídico, desde que haja conexão entre as demandas.

1: Correta, sendo a própria previsão da lei, que admite a conexão apenas em relação a competência relativa e não absoluta (NCPC, art. 54, *caput*). **2:** Errada. Nesse caso, a competência é da JF para julgar a questão previdenciária (CF, art. 109, I), sendo que a questão prejudicial da união estável, ao surgir o tema, terá de ser julgada pelo juiz federal (porém, nesse caso, não haverá a formação de coisa julgada na questão prejudicial – NCPC, art. 503, § 1º, III). **3:** Errada. O objetivo de cada um dos processos é distinto; logo, incompatível que, do mesmo ato, ao mesmo tempo, haja execução e conhecimento. O que a lei permite é que, mesmo que haja título executivo, se a parte quiser, poderá optar pelo processo de conhecimento (NCPC, art. 785).

Gabarito 1C, 2E, 3E

(Procurador do Estado – PGE/MT – FCC – 2016) A respeito de competência absoluta e relativa, segundo legislação vigente,

(A) a incompetência relativa não pode ser conhecida de ofício pelo Magistrado, pois deve ser alegada pelo réu em exceção de incompetência, em peça apartada, no mesmo prazo da contestação.

(B) a competência prevista em lei para a execução fiscal, é de natureza funcional e, assim, absoluta, de modo que pode ser declinada de ofício pelo Magistrado.

(C) a incompetência, seja absoluta ou relativa, deve ser alegada pelo réu em preliminar de contestação; todavia, caso não o faça no prazo legal, somente esta última se prorroga.

(D) o Código prevê que é possível a reunião de duas ações conexas no juízo prevento, ainda que se trate de competência em razão da matéria, desde que haja interesse público que justifique a união das demandas para único julgamento.

(E) a incompetência territorial é relativa e, por isso, não pode ser conhecida de ofício pelo Magistrado, razão pela qual se prorroga, caso não seja alegada no momento oportuno.

A: Incorreta. De fato, a incompetência relativa não pode ser conhecida de ofício, porém, deve ser alegada em preliminar de contestação (NCPC, art. 64); **B:** Incorreta, não existindo previsão legal nesse sentido; **C:** Correta, sendo essas as previsões legais (NCPC, arts. 64 e 65); **D:** Incorreta, pois a conexão se aplica a causas com mesma competência relativa, não absoluta (NCPC, art. 54); **E:** Incorreta para a banca. A alternativa é correta, trazendo respostas clássicas a respeito da competência – o único ponto que poderia ser apontado como errado é que, excepcionalmente, a incompetência relativa pode ser reconhecida de ofício pelo juiz (NCPC, art. 63, § 3º). Questão deveria ter sido anulada.

Gabarito "C"

(Juiz – TJSP – VUNESP – 2017) Em matéria de competência, assinale a alternativa correta.

(A) A prevenção é efeito da citação válida.

(B) A competência determinada por critério territorial é sempre relativa.

(C) Compete à autoridade judiciária brasileira julgar as ações em que as partes se submetam à jurisdição nacional, desde que o façam expressamente.

(D) No caso de continência, as demandas devem ser reunidas para julgamento conjunto, salvo se a ação continente preceder a propositura da ação contida, caso em que essa última terá seu processo extinto sem resolução do mérito.

A: incorreta, pois a prevenção decorre da distribuição (NCPC, art. 59); **B:** incorreta, pois a competência territorial no caso de alguns direitos reais imobiliários não pode ser alterada, de modo que não é relativa (NCPC, art. 47, § 1º); **C:** incorreta (NCPC, art. Art. 22. Compete, ainda, à autoridade judiciária brasileira processar e julgar as ações: (...) III – em que as partes, expressa ou *tacitamente*, se submeterem à jurisdição nacional); **D:** correta, sendo a previsão de extinção uma inovação do NCPC (art. 57).

Gabarito "D"

(Juiz – TRF 2ª Região – 2017) Em sede de competência, é correto afirmar que:

(A) A intervenção de ente federal, a título de *amicus curiae*, não desloca a competência para a Justiça Federal.

(B) Argui-se, por meio de exceção, a incompetência relativa.

(C) A intervenção da União, de suas autarquias e empresas públicas em concurso de credores ou de preferência desloca a competência para a Justiça Federal.

(D) Compete ao Tribunal Regional Federal processar e julgar o mandado de segurança contra ato de Juizado Especial Federal.

(E) Compete ao Superior Tribunal de Justiça decidir os conflitos de competência entre Juizado Especial Federal e Juízo Federal.

A: correta, considerando existir expressa previsão legal nesse sentido (NCPC, art. 138, § 1º); **B:** incorreta, pois quaisquer das incompetências é alegada por meio de preliminar de contestação (NCPC, art. 64), não existindo mais exceção de incompetência no NCPC; **C:** incorreta, a partir da interpretação fixada na Súmula 270 do STJ ("O protesto pela preferência de crédito, apresentado por ente federal em execução que tramita na Justiça Estadual, não desloca a competência para a Justiça Federal."); **D:** incorreta, pois compete ao Colégio Recursal julgar o MS de ato do Juizado (Súmula 376 do STJ: "Compete a turma recursal processar e julgar o mandado de segurança contra ato de juizado especial"); **E:** incorreta, porque nesse caso compete ao TRF julgar o CC (STF, RE 590.409, com repercussão geral).

Gabarito "A"

(Juiz – TRF 3ª Região – 2016) Assinale a alternativa incorreta.

(A) O instituto da "*Kompetenz Kompetenz*" (em vernáculo "Competência Competência") estabelece que todo Juiz, ainda que incompetente, tem competência para analisar sua própria incompetência.

(B) Na ação civil pública ajuizada por autarquia federal com o objetivo de proteger bem imóvel público, o juízo competente será o juiz de primeiro grau da justiça estadual, se na localidade do imóvel não houver vara federal.

(C) Atualmente, se o conhecimento da lide depender necessariamente da verificação da existência de fato delituoso, pode o juiz mandar sobrestar no andamento do processo até que se pronuncie a justiça criminal. Se a ação penal não for exercida dentro de 30 (trinta) dias, contados da intimação do despacho de sobrestamento, cessará o efeito deste, decidindo o juiz cível a questão prejudicial.

(D) Segundo o Código de Processo Civil em vigor, em contratos de adesão é possível a declaração de ofício da nulidade da cláusula de eleição de foro.

A: correta. Esse termo era inicialmente utilizado na arbitragem (o árbitro reconhecendo sua competência), mas hoje é utilizado também no âmbito do Judiciário, e significa exatamente o que consta do enunciado; **B:** incorreta, devendo esta ser assinalada. A competência, nesse caso, deverá sempre ser da Justiça Federal – e da vara federal que tiver competência sobre a cidade, caso não exista vara estadual no local (CF, art. 109, I, não se inserindo esse caso em uma das exceções); **C:** correta no CPC/1973, incorreta no NCPC, em que o prazo é de 3 meses (art. 315, § 1º Se a ação penal não for proposta no prazo de 3 (três) meses, contado da intimação do ato de suspensão, cessará o efeito desse, incumbindo ao juiz cível examinar incidentemente a questão prévia); **D:** correta, sendo exceção em que se admite o reconhecimento da incompetência relativa de ofício (NCPC, art. 63, § 3º).

Gabarito "B" no CPC/1973; "B" e "C" no NCPC

(Defensor Público – DPE/MT – 2016 – UFMT) Sobre a competência no Código de Processo Civil (CPC/2015), assinale a afirmativa INCORRETA.

(A) A ação possessória imobiliária será proposta no foro de situação da coisa, cujo juízo tem competência absoluta.

(B) A incompetência, absoluta ou relativa, será alegada como questão preliminar de contestação.

(C) O registro ou a distribuição da petição inicial torna prevento o juízo.

(D) Antes da citação, a cláusula de eleição de foro, se abusiva, pode ser reputada ineficaz de ofício pelo juiz; após a citação, incumbe ao réu alegar a abusividade da cláusula de eleição de foro na contestação, sob pena de preclusão.

(E) É competente o foro de domicílio da mulher, para a ação de divórcio, anulação de casamento e reconhecimento ou dissolução de união estável.

A: correta. A competência territorial, em regra, é relativa. Contudo, tratando-se do art. 47 do NCPC (competência do foro do local do imóvel no caso de direito real imobiliário), prevê o Código não haver possibilidade de escolha em algumas situações (§ 1º), sendo que o § 2º afirma expressamente que, na possessória, a competência é absoluta; **B:** correta, conforme art. 64 do NCPC; **C:** correta, conforme art. 59 do NCPC; **D:** correta, conforme §§ 3º e 4º do art. 63 do NCPC; **E:** incorreta, devendo esta ser assinalada. Essa resposta era correta no CPC/1973, mas no NCPC trouxe outra previsão: na ação de divórcio, anulação de casamento e reconhecimento de união estável, o foro competente será (i) do domicílio do guardião de filho incapaz, (ii) do último domicílio do casal, caso não haja filho incapaz, (iii) do domicílio do réu, se nenhuma das partes residir no antigo domicílio do casal (art. 53, I do NCPC).

Gabarito "E"

(Defensor Público – DPE/BA – 2016 – FCC) Sobre a competência,

(A) a ação possessória imobiliária será proposta no foro da situação da coisa, cujo juízo tem competência absoluta.

(B) são irrelevantes as modificações do estado de fato ou de direito ocorridas posteriormente ao registro ou à distribuição da petição inicial, ainda que alterem competência absoluta.

(C) serão remetidos à Justiça Federal os processos nos quais intervier a União, incluindo as ações de recuperação judicial e falência.

(D) uma vez remetidos os autos à Justiça Federal, em razão de intervenção da União, o juízo federal suscitará conflito de competência se, posteriormente, esta for excluída do processo.

(E) a ação fundada em direito real sobre bem móvel será proposta, em regra, no foro da situação da coisa.

A: correto. A competência territorial, em regra, é relativa. Contudo, tratando-se do art. 47 do NCPC (competência do foro do local do imóvel no caso de direito real imobiliário),

prevê o Código não haver possibilidade de escolha em algumas situações (§ 1º), sendo que o § 2º afirma expressamente que, na possessória, a competência é absoluta; **B:** incorreto. A questão trata da *perpetuatio jurisdictionis*, instituto pelo qual as modificações do estado de fato ou de direito, ocorridas posteriormente ao registro ou distribuição da petição inicial, são *irrelevantes – salvo* se acarretar alteração de *competência absoluta*, caso em que haverá remessa dos autos ao novo juízo competente (NCPC, art. 43); **C:** incorreto. Em regra, a presença na União atrai a competência da Justiça Federal, mas há exceções – dentre as quais as causas de falência (CF, art. 109, I e NCPC, art. 45, I); **D:** incorreto, pois, na hipótese, não é necessário suscitar o conflito de competência, bastando que haja restituição dos autos ao juízo estadual (NCPC, art. 45, § 3º); **E:** incorreto, pois a competência, no caso, é do domicílio do réu (NCPC, art. 46).
Gabarito "A".

(Defensor Público – DPE/ES – 2016 – FCC) A respeito da competência, o novo Código de Processo Civil dispõe que

(A) a ação em que se pleiteia somente o reconhecimento da paternidade, deve ser proposta no foro do domicílio do autor.
(B) a incompetência relativa do juízo deve ser alegada em exceção de competência, no prazo para a resposta.
(C) o inventário deve ser proposto, em regra, ao foro de situação dos bens imóveis do autor da herança.
(D) como regra, nas ações de divórcio, é competente o foro do guardião do filho incapaz e, caso não haja filho incapaz, o foro do último domicílio do casal.
(E) a ação possessória imobiliária deve ser proposta no foro de situação da coisa, mas por se tratar de competência territorial, se prorroga caso não venha a ser alegada no momento oportuno.

A: incorreto, pois, nesse caso, aplica-se a regra geral do art. 46 do NCPC (domicílio do réu). Se houvesse cumulação com o pedido alimentar, aí a competência seria do domicílio do autor (Súmula 1/STJ: "O foro do domicílio ou da residência do alimentando é o competente para a ação de investigação de paternidade, quando cumulada com a de alimentos"). **B:** incorreta, pois no NCPC a exceção de incompetência deixa de existir e a incompetência deve ser alegada em preliminar de contestação (art. 64 e 337, II); **C:** incorreto, pois em regra o foro do último domicílio do autor da herança é o competente para o inventário (NCPC, art. 48); somente se não houver domicílio certo, é que a competência será do foro de situação dos bens imóveis (NCPC, art. 48, parágrafo único, I). **D:** correto, nos termos do art. 53, I, "a" e "b" do NCPC. Assim, não mais há, no NCPC, a previsão de foro do domicílio da mulher nas ações de divórcio. **E:** incorreto, pois nesse caso o próprio Código prevê que a competência é absoluta, portanto improrrogável (NCPC, art. 47, § 2º).
Gabarito "D".

(Procurador do Estado/AM – 2016 – CESPE) A respeito das normas processuais civis pertinentes a jurisdição e ação, julgue os itens seguintes.

(1) O novo CPC reconhece a competência concorrente da jurisdição internacional para processar ação de inventário de bens situados no Brasil, desde que a decisão seja submetida à homologação do STJ.
(2) Segundo as regras contidas no novo CPC, a legitimidade de parte deixou de ser uma condição da ação e passou a ser analisada como questão prejudicial. Sendo assim, tal legitimidade provoca decisão de mérito.
(3) O novo CPC aplica-se aos processos que se encontravam em curso na data de início de sua vigência, assim como aos processos iniciados após sua vigência que se referem a fatos pretéritos.

1: incorreta, porquanto se trata de competência exclusiva da autoridade brasileira (art. 23, II, NCPC); **2:** incorreta, pois a condição da ação que deixou de existir foi a possibilidade jurídica do pedido (art. 337, VI); **3:** correta. Os arts. 14 e 1.046 do NCPC impõe a aplicabilidade imediata da norma processual aos processos em curso, sem se olvidar da aplicabilidade da teoria do isolamento dos atos processuais.
Gabarito 1E, 2E, 3C.

(Procurador de Justiça – MPE/GO – 2016) A respeito das regras de competência, é incorreto afirmar:

(A) Para a ação de divórcio, separação, anulação de casamento e reconhecimento ou dissolução da união estável, é competente o domicílio do guardião do filho incapaz;
(B) Ainda que não haja conexão entre eles, poderão ser reunidos para julgamento conjunto os processos que possam gerar risco de prolação de decisões conflitantes ou contraditórias;
(C) A competência determina-se no momento do registro ou da distribuição da petição inicial, sendo irrelevantes as modificações do estado de fato ou de direito ocorridas posteriormente, salvo quando suprimirem órgão judiciário ou alterarem a competência absoluta.
(D) A competência determinada em razão da matéria, da pessoa ou da função poderá ser derrogada por acordo entre as partes, homologado pelo juiz.

A: Correta (NCPC, art. 53, I, "a"); **B:** Correta (NCPC, art. 55, § 3º); **C:** Correta, sendo esse o princípio da *perpetuatio jurisdictionis* (NCPC, art. 43). **D:** Incorreta, pois essa competência é absoluta, de modo que não pode ser afastada por vontade das partes (NCPC, art. 63).
Gabarito "D".

(Promotor de Justiça – MPE/MS – FAPEC – 2015) Conforme o entendimento jurisprudencial consolidado, é **incorreto** afirmar que:

(A) Compete à justiça estadual julgar as causas em que for parte o Banco do Brasil S.A.
(B) A competência para processar e julgar as ações conexas de interesse de menor é, em princípio, do foro do domicílio do detentor de sua guarda.
(C) Compete à Justiça Federal processar e julgar os pedidos de retificação de dados cadastrais da Justiça Eleitoral.
(D) O foro do domicílio ou da residência do alimentando é competente para a ação de investigação de paternidade, quando cumulada com a de alimentos.
(E) Reconhecida a continência, devem ser reunidas na Justiça Federal as ações civis públicas propostas nesta e na Justiça Estadual.

A: Correta. Conforme art. 109 da CF, a competência da JF é para o julgamento da União, autarquias, empresas públicas e fundações. Há um "silêncio eloquente" em relação às sociedades de economia mista (caso do BB), de modo que somente a competência é da Estadual (nesse sentido, também, a Súmula 508/STF). **B:** Correta. A Súmula 383 do STJ dispõe sobre a competência do foro do domicílio do detentor da guarda do menor. **C:** Incorreta, devendo esta ser assinalada. A competência para processar e julgar os pedidos de retificação de dados cadastrais na Justiça Eleitoral é da Justiça Estadual comum (Súmula 368 do STJ). **D:** Correta. Trata-se da Súmula nº 1 do STJ, que determina que quando cumulada ação de investigação de paternidade com a de alimentos, o foro da residência do alimentando é o competente. **E:** Correta. A questão está na Súmula 489/STJ, que determina a reunião das ações civis públicas na Justiça Federal.
Gabarito "C".

(Procurador do Estado/AC – 2014 – FMP) Considerando as assertivas I, II e III, assinale a alternativa CORRETA.

I. O foro da situação da coisa (*forum rei sitae*) é absolutamente competente para ações fundadas em direito real sobre imóveis e, nesses casos, a competência é, sempre, definida pelo critério funcional, não podendo, o autor, por isso, optar pelo foro de seu domicílio.
II. Sendo o direito de personalidade um direito classificado como absoluto, a competência para ações dessa natureza é absoluta.
III. A conexão é critério de prorrogação de competência, podendo ser própria ou imprópria, ambas podendo dar lugar à reunião de processos e à prorrogação da competência do juiz, desde que nenhum dos processos tenha sido julgado.

(A) Todas as assertivas são falsas.
(B) Todas as assertivas são verdadeiras.
(C) Apenas a assertiva III é verdadeira.
(D) Apenas a assertiva II é verdadeira.

I: incorreta. Na hipótese pode o autor optar pelo foro do domicílio ou de eleição resguardadas as situações previstas em lei (NCPC, art. 47, "caput" e § 1º); **II:** incorreta. A competência territorial é relativa (NCPC, art. 63); **III:** correta. A conexão pode acarretar a prorrogação de competência (ou seja, um juiz relativamente incompetente passa a ser relativamente competente), quando há a reunião perante o juízo prevento (NCPC, arts. 54, 55 e 59). Há quem, na doutrina, diferencie a conexão própria da imprópria (mas isso não existe na legislação). Haveria conexão própria quando houvesse semelhança entre as causas; haveria conexão imprópria, quando houvesse duas causas diferentes, mas que dependeriam, total ou parcialmente, da resolução de questões idênticas (há, no NCPC, previsão de algo próximo a isso, no art. 55, § 3º).
Gabarito "C".

(Advogado do Metrô/SP – 2014 – FCC) A respeito da competência, é competente o foro do domicílio

(A) ou da residência do alimentante, para a ação em que se pedem alimentos.
(B) do autor, em regra, para a ação fundada em direito real sobre bens móveis.
(C) do credor para a ação de anulação de títulos extraviados ou destruídos.
(D) do autor ou do local do fato para as ações que visam à reparação por dano resultante de acidente de veículo.
(E) do autor, em regra, para a ação fundada em direito pessoal.

A: incorreta, pois é competente o foro da residência do alimentando, ou seja, de quem pede alimentos (NCPC, art. 53, II); **B:** incorreta, porque nas ações fundadas em direito real sobre imóveis é competente o foro da situação da coisa (NCPC, art. 47, *caput* e §1º); **C:** incorreta, por ausência de previsão legal, portanto segue-se a regra geral (domicílio do réu – NCPC, art. 46). A hipótese legal prevista no art. 100, III, CPC/1973 foi suprimida no NCPC; **D:** correta (NCPC, art. 53, V); **E:** incorreta, porque a ação fundada em direito pessoal, em regra, deverá ser proposta no foro do domicílio do réu (NCPC, art. 46).
Gabarito "D".

(Magistratura do Trabalho – 2ª Região – 2014) Em relação à competência, aponte a alternativa **correta:**

(A) Ante o reconhecimento de incompetência absoluta deverá o juiz declará-la, bem como fazer a declaração expressa de nulidade dos atos processuais.

(B) Distingue-se a incompetência do impedimento, porque este é um defeito do órgão jurisdicional.

(C) Não há litispendência internacional, salvo se originar de fato ocorrido ou praticado no Brasil, porquanto a competência da autoridade judiciária brasileira é absoluta.

(D) O foro do domicílio do autor da herança é o competente para o inventário, a partilha e a arrecadação e todas as ações em que o espólio for réu, salvo se o óbito ocorreu no estrangeiro.

(E) A decisão proferida em ação coletiva envolvendo empresa que tem relação jurídica com pessoas em todo país, atingirá a empresa como um todo, influindo em todas as relações jurídicas que ela mantém no Brasil.

A: incorreta. Em relação às decisões proferidas por magistrado que posteriormente se dá por incompetente de forma absoluta: (i) em regra, serão conservados os efeitos da decisão já proferida pelo juiz, até nova decisão do juiz competente; (ii) excepcionalmente, poderá ser revogada a decisão, pelo próprio juiz que a prolatou, ao reconhecer sua incompetência (NCPC, art. 64, § 4º); **B:** incorreta. As hipóteses de impedimento tratam de presunção absoluta de parcialidade do juiz (NCPC, art. 144), mas não se trata de um "defeito do órgão", mas sim uma situação que afasta a possibilidade de julgar com imparcialidade; **C:** incorreta. Há situações de competência internacional absoluta, ou seja, que somente o juiz brasileiro pode julgar a causa (NCPC, art. 23); e há situações que tanto o juiz estrangeiro quanto brasileiro podem julgar (NCPC, art. 21); **D:** incorreta. O foro do domicílio do autor da herança é competente, ainda que o óbito tenha ocorrido no estrangeiro (NCPC, art. 48). **ATENÇÃO,** referido dispositivo inova ao incluir também a impugnação ou anulação de partilha extrajudicial, o que não existia no CPC/1973; **E:** correta, considerando a coisa julgada no processo coletivo (CDC, art. 103). LD/DS
Gabarito "E".

(Analista – TRT/16ª – 2014 – FCC) Tulius pretende ajuizar ação fundada em direito real sobre bem móvel. Essa ação, em regra, deverá ser proposta

(A) no foro do domicílio do autor.
(B) no foro do domicílio do réu.
(C) no foro da situação da coisa.
(D) no foro em que foi celebrado o contrato.
(E) em qualquer foro.

A ação fundada em direito pessoal ou em direito real sobre bens móveis será proposta, em regra, no foro de domicílio do réu (art. 46 do NCPC). IT
Gabarito "B".

6. PRESSUPOSTOS PROCESSUAIS E CONDIÇÕES DA AÇÃO

(Procurador Municipal – Prefeitura/BH – CESPE – 2017) No que se refere a pressupostos processuais e condições da ação, assinale a opção correta.

(A) Na fase de cumprimento definitivo da sentença, o juiz poderá conhecer de ofício a falta de pressuposto de constituição ocorrido na fase cognitiva e declarar a nulidade da sentença exequenda.

(B) A falta de condição da ação, ainda que não tenha sido alegada em preliminar de contestação, poderá ser suscitada pelo réu nas razões ou em contrarrazões recursais.

(C) Constatada a carência do direito de ação, o juiz deverá determinar que o autor emende ou complemente a petição inicial e indique, com precisão, o objeto da correção ou da complementação.

(D) A inépcia da petição inicial por falta de pedido e a existência de litispendência são exemplos de defeitos processuais insanáveis que provocam o indeferimento *in limine* da petição inicial.

A: correta para a banca, considerando inexistir preclusão quanto aos pressupostos processuais (NCPC, art. 485, § 3º. O juiz conhecerá de ofício da matéria constante dos incisos IV, V, VI e IX, em qualquer tempo e grau de jurisdição, enquanto não ocorrer o trânsito em julgado) – o problema é que o enunciado não deixa claro se houve ou não trânsito em julgado, de modo que a alternativa suscita dúvidas; **B:** incorreta para a banca, porém novamente há polêmica. O fato é que as condições da ação podem ser alegadas a qualquer tempo (em linha com o art. 485, § 3º acima reproduzido); porém, não há muita lógica em se alegar isso em contrarrazões (já que nesse caso houve vitória da parte), mas isso não é inviável; **C:** incorreta, pois se o vício não for sanável (como na ausência de condições da ação), cabe a extinção de plano (NCPC, art. 330, II e III); **D:** incorreta, pois a litispendência não é um dos casos de indeferimento (não está no art. 330 do NCPC). Considerando o exposto nas alternativas A e B, a questão merecia anulação. LD
Gabarito "A".

(Juiz de Direito/AM – 2016 – CESPE) A respeito da ação e dos pressupostos processuais, assinale a opção correta.

(A) Segundo a teoria da asserção, a análise das condições da ação é feita pelo juiz com base nas alegações apresentadas na petição inicial.

(B) Na ação de alimentos contra o pai, o menor de dezesseis anos de idade tem legitimidade para o processo, mas não goza de legitimidade para a causa.

(C) O direito a determinada prestação jurisdicional se esgota com o simples exercício do direito de ação.

(D) Conforme a teoria concreta da ação, o direito de agir é autônomo e independe do reconhecimento do direito material supostamente violado.

(E) Na hipótese de legitimidade extraordinária, a presença e a higidez dos pressupostos processuais serão examinadas em face da parte substituída.

A: correta. A teoria da asserção (também chamada de teoria da prospectação) aponta que as condições da ação devem ser avaliadas segundo as afirmações do autor contidas na inicial, de modo que se alguma questão necessitar de dilação probatória para sua análise, será mérito – e é isso o exposto na alternativa. Contrapõe-se à teoria da apresentação, segundo a qual, aferida a inexistência das condições da ação ao final da instrução processual, a sentença será de extinção sem resolução de mérito (cf. ASSIS, Carlos Augusto de. *Teoria Geral do Processo Contemporâneo*. São Paulo: Atlas, 2016, p. 227/228); **B:** incorreto, pois o menor de dezesseis anos, neste caso, tem legitimidade "ad causam" (legitimidade para a causa, que é a pertinência entre as partes na relação jurídica processual e material), mas, por ser relativamente incapaz (art. 4º, I, CC), precisa estar assistido, nos termos do art. 71, NCPC. A capacidade de parte também é denominada de legitimidade para o processo (*legitimatio ad processum*); **C:** incorreto, pois a atividade jurisdicional pressupõe, além da instauração do processo, a satisfação da pretensão ofertada, com a prolação de um provimento que elimine o estado de insatisfação da parte; **D:** incorreto. Pela teoria concreta da ação, só há ação se a sentença é favorável. Trata-se de entendimento superado a prevalece hoje a teoria abstrata, em que se diferencia o exercício do direito de ação, de movimentar o Judiciário, da procedência do pedido (cf. ASSIS, Carlos Augusto de. *Teoria Geral do Processo Contemporâneo*, op. cit., p. 206/7); **E:** incorreto. A legitimidade extraordinária (em que há substituição processual) é pleitear, em nome próprio, direito alheio (NCPC, art. 18). Assim, apreciam-se os pressupostos processuais em relação ao substituto, que é quem figura no processo. LD/DS
Gabarito "A".

(Procurador Legislativo – Câmara de Vereadores de São Paulo/SP – 2014 – FCC) A empresa Construções de Risco Ltda. propõe ação de cobrança contra José Peralta, compromissário comprador de um imóvel por ela alienado. Seu advogado deixa de dar andamento ao processo por mais de trinta dias, deixando de retirar o mandado de citação para seguimento do processo. Nessas circunstâncias, o juiz

(A) determinará a intimação pessoal do representante legal da empresa autora para dar andamento ao feito em 48 horas, sob pena de extinção do processo sem resolução do mérito e arquivamento dos autos.

(B) determinará a intimação do advogado da empresa autora, pelo Diário Oficial, para dar andamento ao feito em dez dias, sob pena de imediato indeferimento da inicial e extinção do processo sem resolução do mérito.

(C) indeferirá de pronto a inicial, extinguindo o processo sem resolução do mérito por configuração da contumácia.

(D) arquivará os autos por seis meses, extinguindo o processo sem resolução do mérito se não houver provocação por parte da empresa autora após esse período.

(E) desconsiderará o mandado expedido, que recolherá, determinando a citação do réu por via postal.

No caso de abandono do processo pelo autor, por mais de trinta dias, o juiz determinará a intimação pessoal da parte para suprir a falta no prazo de **cinco** dias (NCPC, art. 485, § 1º). Observe-se, ademais, que a extinção do processo por abandono, após a contestação, depende da concordância do réu (NCPC, art. 485, § 6º). LD/DS
Gabarito sem alternativa correta no NCPC (no sistema anterior, era a "A").

(Procurador Legislativo – Câmara de Vereadores de São Paulo/SP – 2014 – FCC) Anita procura advogado para contestar ação de cobrança proposta por Luan, mas após o prazo de defesa, porque desconhecia qual era esse prazo. Seu advogado procura Luan e obtém do advogado a concordância para a devolução do prazo, a fim de que não se configure a revelia, peticionando conjuntamente nesse sentido ao juízo. Nessas circunstâncias, o juiz da causa

(A) em razão da concordância manifestada por ambos, em petição conjunta, devolverá o prazo para Anita oferecer sua defesa, porque sua ignorância em relação ao prazo processual pode ser considerada como justa causa.

(B) em face da concordância manifestada em petição conjunta, devolverá o prazo para que Anita ofereça a peça de defesa, por se tratar de situação equiparada à transação processual.

(C) apesar da concordância de ambos com a devolução do prazo, terá como extinto o direito de praticar o ato, pela preclusão temporal ocorrida, decretando a revelia de Anita, por se tratar de prazo peremptório, insuscetível de prorrogação ou redução.

(D) devolverá o prazo para Anita oferecer sua defesa, dada a manifestação conjunta concordando com o ato, por se tratar de prazo dilatório, que admite prorrogação ou redução.

(E) não devolverá o prazo para oferecimento de defesa a Anita, pela preclusão temporal ocorrida, mas diante da petição conjunta das partes, deixará de decretar a revelia processual.

De acordo com o NCPC, é possível que as partes realizem acordo com vistas a criar um procedimento próprio (somente em relação a direitos que admitem autocomposição, vale dizer – art. 190, NCPC). É o chamado "negócio jurídico processual". E não há repetição da previsão existente no art. 182 do CPC/1973. Nesse contexto, de se observar o disposto no Enunciado n. 19 do Fórum Permanente de Processualistas Civis: "São admissíveis os seguintes negócios processuais, dentre outros: pacto de impenhorabilidade, *acordo de ampliação de prazos das partes de qualquer natureza*, acordo de rateio de despesas processuais, dispensa consensual de assistente técnico, acordo para retirar o efeito suspensivo da apelação, acordo para não promover execução provisória.". Assim, embora o enunciado diga respeito a prazo fixado pela lei (NCPC, art. 335), é possível que haja acordo das partes no sentido de devolução do prazo, segundo a lógica do novo regramento processual. Assim, a resposta seria outra no NCPC. LD/DS

Gabarito "B" à luz do NCPC.

(Magistratura do Trabalho – 3ª Região – 2014) No que concerne à representação em juízo, ativa ou passivamente, assinale a alternativa INCORRETA:

(A) O espólio é representado pelo inventariante
(B) O condomínio é representado pelo administrador ou pelo síndico.
(C) O Município é representado por seu Prefeito ou procurador.
(D) A Massa Falida é representada pelo síndico ou pelo procurador por ele nomeado.
(E) As sociedades sem personalidade jurídica são representadas pela pessoa a quem couber a administração dos seus bens.

A: correta (NCPC, art. 75, VII); **B:** correta (NCPC, art. 75, XI); **C:** correta (NCPC, art. 75, III); **D:** incorreta, nos termos do art. 75, V, NCPC. **ATENÇÃO,** o novo Código usa a expressão "administrador judicial" – em harmonia com a nomenclatura da Lei 11.101/2005 – ao contrário do CPC/1973, que falava em "síndico"; **E:** correta (NCPC, art. 75, IX). **ATENÇÃO,** o novo Código usa a expressão "sociedade e a associação irregulares e outros entes organizados sem personalidade jurídica", enquanto o CPC/1973 fala apenas em "sociedades sem personalidade jurídica". LD/DS

Gabarito "D".

(Magistratura do Trabalho – 2ª Região – 2014) No que concerne à forma dos atos processuais, aponte a alternativa **correta:**

(A) Os atos processuais que dizem respeito a casamento, filiação, separação de cônjuges e guarda de menores são públicos, podendo terceiro que demonstre interesse, consultar os autos.
(B) Atos meramente ordinatórios, como a juntada e a vista obrigatória, dependem de despacho do juiz, não podendo ser praticados de ofício pelo servidor.
(C) Salvo no Distrito Federal e nas capitais dos Estados, todas as petições e documentos que instruírem o processo, quando constantes de registro público, serão sempre acompanhadas de cópia, datada e assinada por quem as oferecer.
(D) É defeso lançar nos autos cotas marginais ou interlineares, salvo com permissão do juiz da causa.
(E) Eventuais contradições na transcrição de atos processuais e armazenados de modo integralmente digital, em arquivo eletrônico, deverão ser suscitadas oralmente no momento da realização do ato, sob pena de preclusão.

A: incorreta, pois nesses casos há segredo de justiça (NCPC, art. 189, II); **B:** incorreta, pois é possível que esses atos sejam realizados pelo servidor e não são exclusivos do juiz (NCPC, art. 203, § 4º); **C:** incorreta, por ausência de previsão legal (No CPC/1973, o art. 159, que não possui correspondência no NCPC, afirmava que "todas as petições e documentos que instruírem o processo, não constantes de registro público, serão sempre acompanhados de cópia"); **D:** incorreta, pois é sempre proibido, não havendo menção a qualquer autorização do juiz (NCPC, art. 202); **E:** correta (NCPC, art. 209, § 2º). LD/DS

Gabarito "E".

7. CITAÇÃO

(Magistratura/BA – 2012 – CESPE) A respeito de citação, assinale a opção correta.

(A) Nula a citação, o comparecimento espontâneo do réu não supre a necessidade de repetição do ato citatório.
(B) É possível a prolação de sentença de mérito sem antes ter havido citação.
(C) A citação válida opera efeitos desde que não ordenada por juiz incompetente.
(D) Rejeitada a nulidade de citação arguida no prazo para contestação, este deve ser reaberto.
(E) Acolhida pelo juiz a nulidade de citação arguida pelo réu, este deve ser novamente citado.

A: incorreta (art. 239, § 1º, NCPC); **B:** correta, porque é possível que haja indeferimento da petição inicial por prescrição, ou decadência, bem como, é possível que seja aplicado pelo juiz o disposto no art. 332 do NCPC, que prevê a improcedência de plano nas lides repetitivas; **C:** incorreta (art. 240 do NCPC); **D:** incorreta, uma vez que, nessa hipótese, o réu terá perdido o prazo para contestar, e será, por isso, considerado revel, sem direito à devolução do prazo; **E:** incorreta, porque o comparecimento espontâneo supre o vício da citação. LD

Gabarito "B".

(Ministério Público/SP – 2013 – PGMP) A citação válida torna prevento o juízo, induz litispendência e faz litigiosa a coisa. Por isso, é CORRETO afirmar:

(A) a estabilidade subjetiva não permite que o adquirente de coisa litigiosa, por ato de alienação, substitua o alienante, parte no processo.
(B) haverá substituição compulsória com o ingresso na ação do adquirente originário da coisa litigiosa.
(C) a aquisição da coisa litigiosa por alienação atribui ao adquirente interesse meramente econômico e, por isso, não admite a assistência litisconsorcial dele ao alienante.
(D) a recusa da parte em consentir com a substituição do alienante da coisa litigiosa pelo adquirente impede o juiz de deferir a substituição subjetiva.
(E) a venda da coisa litigiosa no curso do processo é inválida e ineficaz em relação ao processo.

Cabe destacar que a sucessão processual é a assunção da posição processual por alguém, no curso no processo. Já a substituição processual é pleitear direito alheio em nome próprio (NCPC, art. 18). Muitas vezes, as bancas avaliam essa distinção; nesta pergunta, o examinador não usou a terminologia mais técnica.

A: incorreta, pois a legislação permite a sucessão processual pelo adquirente, desde que a parte contrária consinta (NCPC, art. 109); **B:** incorreta, nos termos do comentário anterior; **C:** incorreta; se a parte contrária não concordar com a modificação do polo, poderá o adquirente atuar como assistente (NCPC, art. 109, § 2º); **D:** correta (NCPC, art. 109, § 1º); **E:** incorreta, considerando o exposto nas alternativas anteriores. LD

Gabarito "D".

(Procurador do Estado /MG – FUMARC – 2012) Assinale a alternativa INCORRETA em relação aos efeitos da citação válida:

(A) tornar prevento o juízo
(B) induzir litispendência
(C) fazer litigiosa a coisa
(D) suspender a prescrição
(E) constituir em mora o devedor

A: correta (NCPC, art. 240, *caput*); **B:** correta (NCPC, art. 240, *caput*); **C:** correta (NCPC, art. 240, *caput*); **D:** incorreta, devendo ser assinalada. Interrompe a prescrição (NCPC, art. 240, *caput*); **E:** correta (NCPC, art. 240, *caput*). LD

Gabarito "D".

8. FORMAÇÃO, SUSPENSÃO E EXTINÇÃO DO PROCESSO. NULIDADES

(Procurador – IPSMI/SP – VUNESP – 2016) Analise as assertivas a seguir e assinale a correta.

(A) Quando a lei prescrever determinada forma, sob pena de nulidade, a decretação desta pode ser requerida pela parte que lhe deu causa.
(B) Se o processo tiver corrido, sem conhecimento do Ministério Público, quando este tiver obrigatoriedade de intervir, o juiz tornará nulo todo o procedimento.
(C) O erro de forma do processo acarreta sua nulidade total não podendo ser aproveitados quaisquer atos praticados nos autos a fim de se observarem as prescrições legais, mantendo-se intacto o princípio do devido processo legal.
(D) A nulidade dos atos deve ser alegada na primeira oportunidade em que couber à parte falar nos autos, sob pena de preclusão, não se aplicando, porém, às nulidades que o juiz deva decretar de ofício, nem prevalece a preclusão, provando a parte legítimo impedimento.
(E) Mesmo quando puder decidir do mérito a favor da parte a quem aproveite a declaração da nulidade, o juiz deve se pronunciar sobre ela, mandando repetir o ato, ou suprir-lhe a falta, dependendo do caso.

A: incorreta, pois isso seria "alegar a própria torpeza", e é expressamente vedado pela lei (NCPC, art. 276); **B:** incorreta, pois a nulidade vai depender de requerimento do MP e demonstração de prejuízo (NCPC, art. 279, § 2º); **C:** incorreta. Considerando o princípio da instrumentalidade das formas, sendo possível, serão aproveitados atos processuais (NCPC, art. 283. O erro de forma do processo acarreta unicamente a anulação dos atos que não possam ser aproveitados, devendo ser praticados os que forem necessários a fim de se observarem as prescrições legais); **D:** Correta. O enunciado reproduz o caput e parágrafo único do art. 278; **E:** incorreta, pois se o juiz puder decidir o mérito a favor de quem aproveita a nulidade, a nulidade será desconsiderada (NCPC, art. 282, § 2º Quando puder decidir o mérito a favor da parte a quem aproveite a decretação da nulidade, o juiz não a pronunciará nem mandará repetir o ato ou suprir-lhe a falta). LD

Gabarito "D".

(Juiz – TRF 2ª Região – 2017) ATENÇÃO. O acerto da presente questão consiste em IDENTIFICAR A ASSERTIVA FALSA. Em tema de nulidade processual, é ERRADO afirmar:

(A) O CPC adota a concepção de instrumentalidade das formas.
(B) Com a restrição ao cabimento do agravo de instrumento, não há mais pena de preclusão caso a eventual nulidade dos atos não seja alegada na primeira oportunidade que couber à parte falar nos autos.

(C) Quando puder decidir o mérito em favor da parte a quem aproveite a nulidade, o Juiz não a pronunciará.
(D) Anulado o ato, consideram-se de nenhum efeito os subsequentes que dele dependam; todavia, a nulidade de uma parte do ato não prejudicará as outras que dela sejam independentes.
(E) O ato não será repetido nem sua falta será suprida quando não prejudicar a parte.

A: correta (NCPC, art. 277); **B:** incorreta, devendo esta ser assinalada. A nulidade deve ser alegada no primeiro momento (NCPC, art. 278), e isso não se relaciona ao agravo de instrumento, em que o *recurso* deve ser interposto no caso das decisões agraváveis de instrumento, ou então em preliminar de apelação (art. 1.009, § 1º); **C:** correta, sendo mais um reflexo do princípio da primazia do mérito (NCPC, art. 282, § 2º); **D:** correta (NCPC, art. 281); **E:** correta (NCPC, art. 282, § 1º). **LD**
Gabarito "B".

(Juiz – TRF 2ª Região – 2017) Analise as assertivas e, ao final, assinale a opção correta:
I. A extinção do processo, sem resolução do mérito, por 3 (três) vezes, obsta a que o autor intente de novo a ação;
II. O autor pode desistir do mandado de segurança antes de proferida a sentença, independentemente do consentimento do réu;
III. Mesmo já contestado o feito, e independentemente de ouvir o réu, o juiz pode extinguir o processo por abandono da causa, desde que intime o autor, pessoalmente, para suprir a falta e este não o faça.
(A) Apenas as assertivas I e II estão corretas.
(B) Apenas as assertivas II e III estão corretas.
(C) Apenas a assertiva II está correta.
(D) Apenas as assertivas I e III estão corretas.
(E) Todas as assertivas estão corretas.

I: incorreta, pois somente a extinção por abandono, por 3 vezes, acarreta a perempção – e, com isso, a nova propositura fica proibida (NCPC, art. 486, § 3º); **II:** correta para a banca, considerando existirem precedentes dos tribunais permitindo a desistência do MS mesmo após a sentença (sendo assim, se após a sentença é possível, também antes); **III:** incorreta, pois a extinção por abandono depende de requerimento do autor (NCPC, art. 485, § 6º). **LD**
Gabarito "C".

(Procurador de Justiça – MPE/GO – 2016) Proposta a ação, o Juiz, ao analisar a inicial, verifica, desde logo, a ocorrência da decadência do direito do autor. Neste caso e de acordo com o NCPC:
(A) cabe ao juiz indeferir liminarmente a petição inicial através de sentença a qual estará sujeita a recurso de apelação, havendo possibilidade do exercício do juízo de retratação.
(B) cabe ao Juiz indeferir liminarmente a petição inicial através de sentença a qual estará sujeita a recurso de apelação, não havendo possibilidade do exercício do juízo de retratação.
(C) cabe ao juiz julgar liminarmente improcedente o pedido através de sentença a qual estará sujeita a recurso de apelação, havendo possibilidade do exercício do juízo de retratação.
(D) cabe ao juiz julgar liminarmente improcedente o pedido através de sentença a qual estará sujeita a recurso de apelação, não havendo possibilidade do exercício do juízo de retratação.

A: Incorreta. Não se trata de indeferimento liminar da petição inicial e sim de improcedência liminar do pedido ante a decadência do direito do autor (art. 332, § 1º do NCPC). **B:** Incorreta. Além de não se tratar de indeferimento liminar da petição inicial e sim improcedência liminar, há a possibilidade de juízo de retratação nestes casos (art. 332, § 3º do NCPC). **C:** Correta, assim prevê o artigo 332, §§ 1º e 3º do NCPC. **D:** Incorreta. Há a possibilidade juízo de retratação (art. 332, § 3º do CPC). **LD/C**
Gabarito "C".

(Procurador de Justiça – MPE/GO – 2016) Em relação a formação e a suspensão do processo, é incorreto afirmar:
(A) O protocolo da petição inicial é pressuposto de existência do processo, independentemente da citação válida do réu.
(B) A morte ou a perda da capacidade processual de qualquer das partes acarreta a suspensão imediata do processo, mesmo que a causa da suspensão seja comunicada ao juízo posteriormente.
(C) A arguição de impedimento ou de suspeição, interrompe os prazos processuais, e, com o restabelecimento posterior da marcha processual, são restituídos integralmente os prazos para a prática dos atos do processo.
(D) A suspensão do processo por convenção das partes só poderá perdurar por no máximo seis meses e o juiz determinará o prosseguimento do processo assim que esgotar o referido prazo.

A: Correta. Para existir o processo, necessária petição inicial. E para o processo ser válido, necessária citação válida. **B:** Correta (art. 313, § 1º, I do NCPC); **C:** Incorreta, devendo esta ser assinalada. A suspensão de prazo acarreta a retomada do processo de onde parou, não o reinício (art. 313, § 2º do NCPC); **D:** Correta (art. 313, II e § 4º do NCPC). **LD/C**
Gabarito "C".

9. TUTELA PROVISÓRIA

(Delegado - PC/BA - 2018 - VUNESP) As tutelas requeridas ao Poder Judiciário podem ter caráter definitivo ou provisório. No que diz respeito à tutela provisória de urgência, é correto afirmar que
(A) a tutela antecipada e a de evidência são suas espécies.
(B) quando requerida em caráter incidental, exige o pagamento de custas.
(C) a sua efetivação observará as normas referentes ao cumprimento definitivo da sentença.
(D) pode ser concedida liminarmente ou após justificação prévia.
(E) quando antecedente, como regra, será requerida ao juiz do foro do domicílio do autor.

A: Incorreta, tendo em vista que (i) o gênero é a tutela provisória, que (ii) se subdivide em duas espécies: tutela de urgência e evidência (NCPC, art. 294), sendo que (iii) a tutela de urgência de divide nas subespécies tutela antecipada e a tutela cautelar (NCPC, art. 294, parágrafo único); **B:** Incorreta, porque a tutela provisória, requerida em caráter incidental, independe do recolhimento de custas (NCPC, art. 295); **C:** Incorreta, considerando o caráter precário da tutela provisória, sua efetivação observará as normas para cumprimento provisório de sentença (NCPC, art. 297, parágrafo único); **D:** Correta (NCPC, art. 300, § 2º); **E:** Incorreta, porque, quando antecedente, deve ser requerida perante o juízo competente para apreciação do pedido principal (NCPC, art. 299). **LD**
Gabarito "D".

(Escrevente - TJ/SP - 2018 - VUNESP) Se a tutela antecipada for concedida nos casos em que a urgência for contemporânea à propositura da ação e a petição inicial limitar-se ao requerimento da tutela antecipada e à indicação do pedido de tutela final, com a exposição da lide, do direito que se busca realizar e do perigo de dano ou do risco ao resultado útil do processo, e a decisão se tornar estável, o juiz deverá
(A) mandar emendar a inicial.
(B) suspender a ação até seu efetivo cumprimento.
(C) julgar extinto o processo.
(D) determinar a contestação da ação.
(E) sanear o feito.

A: Incorreta, porque a estabilização da tutela pressupõe (i) que não haja a emenda da inicial para o pedido final e (ii) que o réu não tenha recorrido da decisão via agravo de instrumento (NCPC, art. 304); **B:** Incorreta, considerando que a estabilização da tutela acarreta a extinção do feito e não sua suspensão (NCPC, art. 304, § 1º); **C:** Correta, pois com a estabilização há a extinção do processo com acolhimento do pedido de tutela antecipada (NCPC, art. 304, § 1º); **D:** Incorreta, porque, com a estabilização da tutela, não será oportunizado o oferecimento de contestação, pois o processo será extinto (NCPC, art. 304); **E:** Incorreta, vide justificativa para a alternativa "B" (NCPC, art. 304, § 1º). **LD**
Gabarito "C".

(Defensor Público – DPE/PR – 2017 – FCC) Com base no Código de Processo Civil de 2015, a respeito da tutela provisória, é correto afirmar:
(A) É vedada a exigência de recolhimento de custas para apreciar requerimento de tutela provisória incidental, cuja decisão, se assim subordiná-lo, é recorrível por meio de agravo de instrumento.
(B) A tutela provisória de urgência, assim como a tutela provisória de evidência, pode ser concedida em caráter antecedente ou incidente.
(C) É cabível ação rescisória no prazo decadencial de dois anos da decisão que estabiliza os efeitos da tutela antecipada.
(D) A tutela de evidência prescinde de risco ao resultado útil do processo e do perigo de dano, e poderá ser concedida de maneira liminar quando ficar caracterizado o abuso do direito de defesa.
(E) Na denunciação da lide, fica vedada a concessão de tutela provisória quando o denunciante for o réu.

A: Correta. A tutela provisória pleiteada durante processo que já tramita, independe de recolhimento de custas (NCPC, art. 295). E da decisão relativa à tutela provisória (qualquer que seja o tema), cabível agravo de instrumento (NCPC, art. 1.015, I); **B:** Incorreta pela letra da lei, pois o art. 294, parágrafo único do NCPC aponta que a tutela provisória de *urgência* pode ser deferida em caráter antecedente ou incidental (de qualquer forma, há quem sustente que também possível a concessão de tutela de evidência antecedente e incidental – mas, reitere-se, não é o que consta expressamente da legislação); **C:** Incorreta, pois a legislação não denomina de AR a ação que busca debater a tutela provisória estabilizada (NCPC, art. 304, § 6º); **D:** Incorreta, pois a tutela de evidência é, exatamente, a liminar *sem* a necessidade de urgência, mas fundada apenas no direito evidente (NCPC, art. 311); **E:** Incorreta, por ausência de previsão legal nesse sentido. **LD**
Gabarito "A".

(Procurador Municipal – Prefeitura/BH – CESPE – 2017) A respeito da tutela provisória, assinale a opção correta.
(A) Em caso de tutela provisória antecipada requerida em caráter antecedente, as despesas processuais de preparo serão comprovadas quando do aditamento do pedido de tutela definitiva, momento em que a parte deverá indicar o valor atribuído à causa.
(B) Estando o processo no tribunal para julgamento de recurso, a competência para analisar pedido de tutela provisória será do juízo que tiver julgado originariamente a causa.

(C) O juiz poderá exigir, para a concessão de liminar de tutela provisória de urgência, a prestação de caução a ser garantida pelo requerente, salvo no caso de hipossuficiência econômica, situação em que tal garantia poderá ser dispensada.

(D) Concedida a tutela provisória antecipada em caráter antecedente, caso o autor não promova o aditamento da petição inicial com o pedido de confirmação de tutela definitiva dentro do prazo legal, o processo será extinto sem resolução de mérito, e a liminar será revogada.

A: incorreta, pois o valor da causa e custas constarão da petição inicial que trouxer a tutela antecipada antecedente (NCPC, art. 303, § 3º); **B:** incorreta, porque em regra, existindo recurso, a tutela de urgência é pleiteada ao órgão que julgará o recurso (NCPC, art. 299, parágrafo único); **C:** correta, sendo esse a expressa previsão legal (NCPC, art. 300, § 1º Para a concessão da tutela de urgência, o juiz pode, conforme o caso, exigir caução real ou fidejussória idônea para ressarcir os danos que a outra parte possa vir a sofrer, podendo a caução ser dispensada se a parte economicamente hipossuficiente não puder oferecê-la); **D:** incorreta, pois o aditamento não é só para a confirmação da tutela definitiva (NCPC, art. 303, § 1º, I – o autor deverá aditar a petição inicial, com a complementação de sua argumentação, a juntada de novos documentos e a confirmação do pedido de tutela final, em 15 (quinze) dias ou em outro prazo maior que o juiz fixar) – porém, a alternativa não está efetivamente incorreta, mas sim incompleta, de modo que poderia se discutir se efetivamente errada.
Gabarito "C".

(Procurador – SP – VUNESP – 2015) O juiz poderá, a requerimento da parte, antecipar, total ou parcialmente, os efeitos da tutela pretendida no pedido inicial. Nesse caso, assinale a alternativa correta.

(A) Após concedida, a tutela antecipada não poderá ser revogada ou modificada, exceto se a parte interessada recorrer da decisão.

(B) Ainda que a antecipação de tutela seja deferida na sentença de mérito, a apelação será recebida no efeito devolutivo e suspensivo.

(C) O autor da ação não responde pelos danos sofridos pela parte adversa decorrentes da antecipação de tutela que não for confirmada em sentença.

(D) No caso de ação em face da Fazenda Pública, só haverá antecipação de tutela se ficar caracterizado o abuso de direito de defesa.

(E) É possível a antecipação da tutela em sede de recurso, desde que presentes os requisitos legais.

A: Incorreta, pois a TA pode ser revogada ou modificada a qualquer tempo, pelo juiz (NCPC, art. 296); **B:** incorreta, pois nesse caso a apelação será recebida apenas no efeito devolutivo (NCPC, art. 1.012, § 1º, V); **C:** incorreta, existindo responsabilidade caso a TA seja concedida e depois revogada (NCPC, art. 302); **D:** incorreta, pois apesar de existir limitação à concessão de TA contra a Fazenda (Lei 9.494/1997), não há vedação; **E:** Correta, pois não há limitação, na lei, ao momento de concessão de TA (NCPC, art. 300) e a jurisprudência se firmou no sentido dessa possibilidade.
Gabarito "E".

(Juiz – TJSP – 2017) A tutela provisória de urgência:

(A) não pode ser concedida na sentença porque, do contrário, a tutela perderia a natureza de provisória.

(B) só pode ser determinada pelo juiz estatal e não pelo árbitro, uma vez que falta a esse último poder de coerção para efetivar a medida.

(C) exige, além do perigo da demora, prova pré-constituída das alegações de fato em que se funda o autor.

(D) quando requerida na forma de tutela cautelar antecedente, poderá ser apreciada como tutela antecipada, caso o juiz entenda que essa é sua verdadeira natureza.

A: incorreta, pois a tutela de urgência pode ser proferida a qualquer momento, desde que presentes seus requisitos (NCPC, art. 300); **B:** incorreta, pois se entende que árbitro pode conceder tutela de urgência – mas a efetivação é realizada pelo juiz estatal; **C:** incorreta, pois é possível que haja audiência de justificação quanto à probabilidade do direito (NCPC, art. 300, § 2º); **D:** correta, pois o sistema prevê a fungibilidade entre cautelar e tutela antecipada (NCPC, art. 305, parágrafo único).
Gabarito "D".

(Juiz – TRF 2ª Região – 2017) Marque a opção correta:

(A) O requerente de tutela de urgência, desde que esteja de boa-fé, não responde pela reparação de eventual prejuízo que a efetivação da medida, mais tarde revogada pela sentença definitiva, tenha causado à contraparte.

(B) Se ocorrer a cessação da eficácia da medida, a parte requerente responde pelo prejuízo que a efetivação da tutela de urgência cause à parte adversa.

(C) Os valores de benefício previdenciário recebido por força de tutela antecipada posteriormente revogada pela sentença (que transita em julgado) não devem ser devolvidos.

(D) Em hipótese na qual ocorreu, sem caução, o cumprimento provisório de sentença, e depois provimento do recurso – que não tinha efeito suspensivo –, o juiz deve verificar o caso concreto e, com equidade, distribuir os prejuízos entre as partes.

(E) Nas hipóteses nas quais, no cumprimento provisório, o CPC prevê a dispensa de caução, é vedado ao juiz exigi-la.

A: incorreta, pois há previsão legal em sentido inverso, no sentido de que a parte responde (NCPC, art. 302, I); **B:** correta (NCPC, art. 302, I); **C:** incorreta, pois revogada a tutela antecipada, a situação volta ao *status quo ante*; **D:** incorreta, considerando o exposto nas alternativas anteriores, sendo certo que compete ao autor arcar com esse prejuízo; **E:** incorreta, sempre sendo possível ao juiz, à luz do caso concreto, fixar caução.
Gabarito "B".

(Juiz – TJ-SC – FCC – 2017) Em relação às tutelas provisórias, de urgência e da evidência, considere os enunciados seguintes:

I. A tutela provisória de urgência, se cautelar, só pode ser concedida em caráter antecedente, podendo a qualquer tempo ser revogada ou modificada.

II. A tutela de urgência de natureza cautelar pode ser efetivada mediante arresto, sequestro, arrolamento de bens, registro de protesto contra alienação de bem e qualquer outra medida idônea para asseguração do direito.

III. Entre outros motivos, a tutela da evidência será concedida, independentemente da demonstração de perigo de dano ou de risco ao resultado útil do processo, se se tratar de pedido reipersecutório fundado em prova documental adequada do contrato de depósito, caso em que será decretada a ordem de entrega do objeto custodiado, sob cominação de multa.

IV. Para a concessão da tutela de urgência, o juiz deve, conforme o caso, exigir caução real ou fidejussória idônea para ressarcir os danos que a outra parte possa vir a sofrer, só podendo a garantia ser dispensada se os requerentes da medida forem menores ou idosos com mais de sessenta anos.

Está correto o que se afirma APENAS em:
(A) II e III.
(B) I e II.
(C) I, II e IV.
(D) II, III e IV.
(E) I, II e III.

I: incorreta, pois a tutela cautelar (como a tutela antecipada) pode ser concedida de forma antecedente ou incidental (NCPC, art. 294, parágrafo único.); **II:** correta, sendo essas as hipóteses mencionadas na lei (NCPC, art. 301); **III:** correta, sendo essa uma das hipóteses mencionadas na lei (NCPC, 311, III); **IV:** incorreta, porque a caução fica a critério do juiz conforme o caso concreto – não conforme a idade da parte (NCPC, art. 300, § 1º, que também prevê que a caução pode ser "dispensada se a parte economicamente hipossuficiente não puder oferecê-la").
Gabarito "A".

(Juiz – TRF 4ª Região – 2016) Dadas as assertivas abaixo, assinale a alternativa correta. Considerando as regras do Código de Processo Civil de **2015**:

I. A tutela provisória de evidência será concedida pelo juiz quando, presentes a probabilidade do direito e o perigo de dano, ficar caracterizado o abuso no direito de defesa ou o manifesto propósito protelatório do réu.

II. A estabilização da tutela de urgência antecipada ocorre quando não for interposto o recurso da decisão que a concedeu e implica a extinção do processo, sem formação de coisa julgada, podendo, porém, o juízo alterar a medida de urgência a qualquer tempo.

III. As modalidades de tutela provisória de urgência são cautelar, antecipada e antecedente.

IV. Se a tutela de urgência requerida em caráter antecedente for concedida, o autor terá o prazo de 5 dias para emendar sua petição inicial, indicando qual a lide principal que será ajuizada, e de 30 dias para a propositura da ação principal.

(A) Estão corretas apenas as assertivas I e III.
(B) Estão corretas apenas as assertivas II e III.
(C) Estão corretas apenas as assertivas I, II e IV.
(D) Estão corretas todas as assertivas.
(E) Nenhuma assertiva está correta.

I: incorreta, pois a tutela da evidência independe de perigo de dano (NCPC, art. 311); **II:** incorreta, pois o juiz não pode alterar a tutela estabilizada – salvo se a parte ajuizar demanda específica para isso (NCPC, art. 304, § 2º); **III:** incorreta, pois a tutela provisória (gênero) de urgência (espécie) se divide em cautelar e antecipada (subespécies). O ser "antecedente" ou "incidental" se refere ao momento em que se requer a tutela de urgência (NCPC, art. 294); **IV:** incorreta, porque não há, no NCPC, mais a "ação principal", no máximo existindo o aditamento do pedido (isso caso não tenha sido feito o pedido de tutela de urgência junto com o *pedido principal*).
Gabarito "E".

(Defensor Público – DPE/BA – 2016 – FCC) Sobre a tutela de urgência:

(A) No procedimento da tutela antecipada requerida em caráter antecedente, atendidos os requisitos legais, a parte pode se limitar a requerer tutela antecipada, aditando a inicial depois que concedida a medida, no prazo de 15 dias. Não realizado o aditamento nem

interposto o respectivo recurso, o Juiz julgará antecipadamente a lide.
(B) Concedida tutela de urgência, se a sentença for desfavorável, a parte responderá pelo prejuízo decorrente da efetivação da medida, que será apurado, em regra, por meio de ação autônoma.
(C) No procedimento da tutela antecipada requerida em caráter antecedente, a decisão que concede a tutela faz coisa julgada, só podendo ser revista por meio de ação rescisória.
(D) No procedimento da tutela antecipada requerida em caráter antecedente, atendidos os requisitos legais, a parte pode se limitar a requerer tutela antecipada, aditando a inicial depois que concedida a medida, no prazo de 15 dias ou em outro que fixar o juiz. Não realizado o aditamento nem interposto o respectivo recurso, a tutela se tornará estável e o processo será extinto.
(E) A tutela cautelar concedida em caráter antecedente conserva sua eficácia ainda que o juiz extinga o processo sem resolução de mérito em razão de ausência de pressupostos processuais.

A: incorreto. De fato, no procedimento narrado, a parte pode se limitar a requerer a tutela antecipada, aditando a inicial depois que concedida a medida – no prazo de 15 dias ou outro maior que o juiz fixar. Contudo, não realizado o aditamento, o processo será *extinto sem resolução do mérito* (NCPC, art. 303, § 1º, I e § 2º). **B:** incorreto, pois a indenização será liquidada nos próprios autos em que a tutela houver sido concedida (NCPC, art. 302, parágrafo único). **C:** incorreto, pois somente se não houver a interposição de recurso (agravo de instrumento), a decisão que concede a tutela antecedente se tornará estável (NCPC, art. 304, "caput" e § 6º). Além disso, cabe ação em 1º grau para rever, reformar ou invalidar a tutela antecipada estabilizada (NCPC, art. 304, §§ 2º, 3º e 5º) – e não ação rescisória. **D:** correto, considerando o exposto nas demais alternativas e a previsão legal (NCPC, arts. 303 e 304). **E:** incorreto, pois no caso de tutela cautelar a eficácia da decisão concedida sempre cessará no caso de extinção (NCPC, art. 309, III). LD
Gabarito "D".

(Promotor de Justiça – MPE/MS – FAPEC – 2015) Assinale a alternativa **correta**:
(A) Não há possibilidade de antecipação de tutela no processo civil brasileiro, sem alegação e comprovação de urgência.
(B) O Código de Processo Civil não permite a aplicação do princípio da fungibilidade entre a medida satisfativa e a medida cautelar.
(C) As *astreintes* não podem ser fixadas em decisão concessiva de tutela antecipada, uma vez que visam punir a parte que desrespeita a sentença de mérito, podendo ser executadas provisoriamente desde que o recurso eventualmente interposto não seja recebido com efeito suspensivo.
(D) A tutela antecipada não pode ser requerida em procedimento sumário.
(E) Em ação de improbidade administrativa cabe a concessão de tutela antecipada *inaudita altera pars*.

A: Incorreta. No NCPC, a medida liminar sem urgência é a tutela de evidência (art. 311). **B:** Incorreta, pois há previsão de fungibilidade entre tutela cautelar e antecipada (NCPC, art. 305, p.u.). **C:** Incorreta, pois astreintes podem ser fixadas a qualquer momento, seja na decisão liminar, final ou em sede de execução (NCPC, art. 139, IV e 536). **D:** Incorreta. Não existe mais rito sumário (ou ordinário) no NCPC, mas somente o procedimento comum (e os especiais). **E:** Correta, tanto pela aplicação de regra especial (art. 16 da Lei 8.429/1992) quanto da regra geral do NCPC (art. 294, p.u.) – que se aplica a todos os processos e procedimentos. LD/C
Gabarito "E".

(Magistratura do Trabalho – 3ª Região – 2014) No que concerne à antecipação de tutela, assinale a alternativa correta:
(A) A antecipação da tutela não será concedida quando houver perigo de irreversibilidade do provimento antecipado.
(B) A tutela antecipada só poderá ser revogada ou modificada como resultado do julgamento de recurso contra ela interposto.
(C) Na decisão que antecipar a tutela, o juiz indicará, sumariamente, dada a urgência do provimento, as razões do seu convencimento.
(D) O juiz poderá impor multa diária ao réu, se for compatível com a obrigação, sempre condicionada a pedido explícito do autor e a prazo razoável para o cumprimento do preceito.
(E) Para o deferimento da antecipação de tutela deve haver fundado receio de dano irreparável ou de difícil reparação e ficar caracterizado o abuso de direito de defesa ou o manifesto propósito protelatório do réu.

Inicialmente, de se observar que o NCPC reuniu o regramento referente à tutela de urgência (esta dívida em duas subespécies: *tutela de urgência cautelar* e *tutela de urgência antecipada*) e tutela de evidência sob a denominação *tutela provisória*.
A: correta (NCPC, art. 300, § 3º), com a ressalva de que o novo regramento utiliza a expressão "tutela de urgência de natureza antecipada"; **B:** incorreta. No NCPC, a sistemática é alterada. Quando a urgência for contemporânea ao ajuizamento da ação, a petição inicial pode limitar-se ao requerimento da tutela antecipada, sendo certo que, em caso de concessão, o autor deverá aditar a inicial (NCPC, art. 303). Quando deferida em caráter antecedente e não havendo recurso da parte contrária, a tutela antecipada tornar-se-á estável (NCPC, art. 304), caso em que só poderá ser revista, reformada ou invalidada por meio de outra demanda – cujo prazo será de 02 anos (NCPC, art. 304, §2º e 5º). Não sendo o caso de estabilização ou em se tratando de tutela provisória concedida em caráter incidental, a tutela provisória pode, a qualquer tempo, ser revogada ou modificada (NCPC, art. 296); **C:** incorreta (NCPC, art. 298); **D:** incorreta, pois a lei prevê expressamente essa concessão independente de pedido da parte (NCPC, art. 537); **E:** incorreta, pois os requisitos da tutela de urgência são: (i) probabilidade do direito e (ii) perigo de dano ou risco ao resultado útil do processo (NCPC, art. 300). LD/DS
Gabarito "A".

(Magistratura do Trabalho – 2ª Região – 2014) Em relação à decisão da ação que tenha por objeto a obrigação de fazer e não fazer, aponte a alternativa **correta**:
(A) A fixação de multa diária independe de pedido expresso do autor.
(B) Para a efetivação de tutela específica ou obtenção do resultado útil equivalente o juiz determinará a remoção da coisa, desde que requerido expressamente pelo autor na inicial.
(C) Não obstante a relevância do fundamento, o juiz somente concederá a liminar após a audiência de justificação prévia.
(D) A medida cominatória que implica na solução da questão em perdas e danos será, em qualquer hipótese, a solução buscada pelo juiz, ainda que seja possível a aplicação de medidas que garantam o resultado prático equivalente ao direito material buscado.
(E) Tutela específica e tutela antecipada são institutos idênticos, confundindo-se com a medida liminar e necessitando, para sua concretização, da instauração do processo de execução com citação do executado para cumprimento da medida em 15 dias, sob pena de pagamento de multa fixada em 10% (dez por cento) calculada sobre o valor do crédito (art. 475-J, CPC).

A: correta, pois a lei prevê expressamente essa concessão independentemente de pedido da parte (NCPC, art. 537); **B:** incorreta, tampouco existindo necessidade de pedido expresso para essa medida de apoio (NCPC, art. 536, "caput" e § 1º); **C:** incorreta, sendo possível a concessão da liminar sem a oitiva da parte ré (NCPC, arts. 300, § 2º e 9º, parágrafo único, I); **D:** incorreta, pois haverá conversão em perdas e danos somente se o autor requerer ou não for possível a obtenção da tutela específica ou resultado prático equivalente (NCPC, art. 499); **E:** incorreta, a tutela antecipada é modalidade de tutela de urgência (como a tutela cautelar) e é medida de caráter satisfativo; a tutela específica é forma de se obter exatamente obrigação de fazer (ou *especificamente* a obrigação de fazer prevista em título ou determinada pelo juiz); pode ser que a tutela específica de obrigação de fazer seja deferida em antecipação de tutela, notadamente diante do art. 297, parágrafo único do NCPC. Além disso, o art. 475-J (do CPC/1973) se refere a obrigação de pagar (aritgo esse que se refere ao 523 do NCPC). LD/DS
Gabarito "A".

10. PROCESSO DE CONHECIMENTO

(Defensor Público – DPE/ES – 2016 – FCC) O novo Código de Processo Civil
(A) não prevê expressamente o princípio da identidade física do juiz.
(B) impõe ao advogado e ao defensor público o ônus de intimar a testemunha por ele arrolada do dia, da hora e do local da audiência designada, dispensando-se a intimação do juízo.
(C) abandonou completamente o sistema de distribuição do ônus da prova diante do polo ocupado pela parte na demanda.
(D) exige para a produção antecipada de provas prova de fundado receio de que venha a tornar-se impossível ou muito difícil a verificação de certos fatos na pendência da ação.
(E) mantém o sistema de reperguntas para a produção da prova testemunhal.

A: correto, pois o NCPC não reproduziu esse princípio, que constava do art. 132 do CPC/1973. **B:** incorreto, porque, embora seja um ônus do advogado (NCPC, art. 455), isso não se aplica ao defensor público. **C:** incorreto, pois o NCPC mantêve, como regra, o ônus estático da prova: autor provando o fato constitutivo de seu direito; réu o fato impeditivo, modificativo ou extintivo do direito do autor (NCPC, art. 373, *caput*); **D:** incorreto, pois o NCPC não exige "prova" de fundado receio, mas sim fundado receio de que venha a tornar-se impossível ou muito difícil a verificação de certos fatos na pendência da ação (NCPC, art. 381, I). **E:** incorreto, pois, de acordo com o NCPC, as perguntas serão formuladas diretamente pelo advogados das partes (NCPC, art. 459). LD
Gabarito "A".

10.1. PETIÇÃO INICIAL

(Procurador Municipal – Prefeitura/BH – CESPE – 2017) Um procurador municipal ajuizou ação regressiva de indenização contra servidor em razão de acidente de trânsito. Na ação, protestou pela juntada posterior da sentença definitiva que condenou o município a indenizar terceiro, com base em responsabilização objetiva do Estado, e que registrou a culpa do servidor. Ao analisar a peça, o juiz percebeu que havia sido utilizado modelo de petição antigo, de 2014, e despachou, *litteris*: "Emende-se a inicial, para adequação ao novo CPC".
Com referência a essa situação hipotética, assinale a opção correta.

(A) Na emenda, o procurador deverá, necessariamente, informar sua opção pela realização ou não de audiência de conciliação ou de mediação.
(B) É admissível a juntada posterior da sentença mencionada, sob pena de cerceamento de defesa, já que não se trata de documento indispensável à propositura da ação.
(C) O despacho do juiz está de acordo com as regras do novo CPC acerca do despacho que determina a emenda à inicial.
(D) Na emenda, deverão ser necessariamente acrescentados o CPF, o endereço eletrônico e o estado civil do réu, sob pena de indeferimento da inicial.

A: Correta, sendo essa uma previsão do NCPC quanto à petição inicial que não existia no Código anterior (NCPC, art. 319, VII); B: Incorreta, pois a prova documental deve acompanhar a petição inicial (NCPC, art. 320); C: Incorreta, porque o despacho que determina a emenda da inicial deve indicar, expressamente, qual ponto deve ser corrigido (NCPC, art. 321); D: Incorreta. Alternativa confusa, que pode induzir o candidato a erro. Esses três pontos são requisitos da qualificação das partes no NCPC (art. 319, II) – porém, não é novidade a necessidade de indicação de estado civil. LD
Gabarito "A".

(Juiz – TJSP – 2017) Quanto à petição inicial, no procedimento comum,
(A) o autor tem o ônus de alegar eventual desinteresse na designação de audiência de conciliação ou mediação, sob pena de ser presumido seu interesse na tentativa de autocomposição.
(B) ela será inepta e, como tal, deverá ser indeferida se o juiz verificar desde logo a ocorrência de prescrição ou decadência.
(C) o autor, depois da citação, poderá aditar ou alterar o pedido ou causa de pedir, hipótese em que, desde que assegurado o contraditório mediante a possibilidade de manifestação no prazo mínimo de quinze (15) dias, não será exigido consentimento do demandado.
(D) o autor poderá cumular pedidos, desde que haja conexão entre eles.

A: correta, pois existe a presunção de interesse na audiência, considerando que a lei prevê a não realização do ato apenas se "ambas as partes manifestarem expressamente" (NCPC, art. 334, § 4º); B: incorreta, pois o NCPC não mais fala (como constava do CPC/1973) em inépcia no caso de prescrição, mas sim em improcedência liminar (NCPC, art. 332, § 1º); C: incorreta, porque para alterar a causa de pedir, necessário o consentimento do réu (NCPC, art. 329, II); D: incorreta, pois cabe cumulação de pedidos mesmo sem conexão entre eles (NCPC, art. 327). LD
Gabarito "A".

(Defensor Público – DPE/BA – 2016 – FCC) Sobre a petição inicial e seu indeferimento e a improcedência liminar do pedido é correto:
(A) Depois da citação, o autor não poderá aditar ou alterar o pedido, ainda que haja consentimento do réu.
(B) Se o juiz verificar que a petição inicial não preenche os requisitos legais, deverá determinar a intimação do autor para que, no prazo de dez dias, a emende ou a complete, não cabendo ao Magistrado apontar qual o erro.
(C) O pedido deve ser certo, nele estando compreendidos os juros legais, a correção monetária e as verbas de sucumbência, mas a fixação de honorários advocatícios depende de pedido expresso.
(D) Indeferida a petição inicial, o autor poderá interpor agravo de instrumento, facultado ao juiz, no prazo de cinco dias, retratar-se.
(E) Nas causas que dispensem a fase instrutória, o juiz, independentemente da citação do réu, julgará liminarmente improcedente o pedido que contrariar enunciado de súmula do Supremo Tribunal Federal ou do Superior Tribunal de Justiça.

A: incorreto, pois havendo consentimento do réu, o autor poderá aditar ou alterar o pedido após a citação e até o saneamento do processo (NCPC, art. 329, II); B: incorreto, pois deverá o juiz *indicar com precisão* o que deve ser corrigido ou completado; além disso, o prazo para isso é de 15 dias e não de 10 (NCPC, art. 321). C: incorreto, pois também a fixação de honorários advocatícios independe de pedido expresso da parte (NCPC, art. 322, § 1º); D: incorreto, pois da decisão que indefere a petição inicial o recurso cabível é a apelação (NCPC, art. 331); E: correta (NCPC, art. 332, I). LD
Gabarito "E".

(Magistratura do Trabalho – 2ª Região – 2014) Em relação à ação processual e o pedido respectivo, observe as proposições abaixo e responda a alternativa que contenha proposituras corretas:
I. Quando o artigo 500 do Código Civil estabelece que o comprador de um imóvel tem direito a exigir o complemento da área, inferior à vendida, ou reclamar a rescisão do contrato ou, ainda, o abatimento do preço, temos um exemplo de possíveis ações sucessivas.
II. A *"causa petendi"*, numa determinada ação, é complexa, porquanto abrange todos os fatos jurídicos e respectivos fundamentos.
III. O termo final para que o autor possa, com o consentimento do réu, alterar o pedido ou a causa de pedir é o saneamento do processo, após o que, não mais será possível proceder-se à referida modificação, ainda que haja consentimento expresso do réu.
IV. Quando a obrigação consiste em obrigações periódicas, a sentença deve incluí-las na eventual condenação, se houver pedido expresso, neste sentido.
V. É permitida a cumulação num único processo contra o mesmo réu, de vários pedidos, ainda que entre eles não haja conexão.

Está correta a alternativa:
(A) I, II e IV.
(B) II, III e IV.
(C) I, IV e V.
(D) II, III e V.
(E) I, III e V.

I: incorreta, pois o caso é de pedido principal e *subsidiário* (NCPC, art. 326). Quanto ao conceito, pedido sucessivo é aquele em que o segundo pedido somente pode ser deferido se o primeiro for, como no caso de investigação de paternidade cumulada com alimentos; II: correta, pois a causa de pedir sempre é composta de fatos e fundamentos jurídicos (NCPC, art. 319, III); III: correta, pois a alteração do pedido ou da causa de pedir não será permitida após o saneamento do processo (NCPC, art. 329, II); IV: incorreta, pois as prestações futuras serão incluídas mesmo que não haja pedido (NCPC, art. 323); V: correta, sendo esse o caso de pedido cumulado (NCPC, art. 327). LD/DS
Gabarito "D".

10.2. DEFESA E REVELIA

(Defensor Público – DPE/SC – 2017 – FCC) Na hipótese de ser concedida gratuidade da justiça quando do recebimento da petição inicial, o réu poderá impugnar esta decisão
(A) em preliminar de contestação, sem a instauração de incidente apartado.
(B) por agravo de instrumento, sob pena de preclusão.
(C) mediante petição própria que instaura incidente apartado de impugnação à concessão da gratuidade da justiça.
(D) por simples petição, no prazo de quinze dias a partir da data da citação, sob pena de preclusão.
(E) por simples petição e a qualquer tempo do processo, uma vez que o deferimento da gratuidade não gera preclusão.

A: Correta, sendo essa a forma prevista em lei para impugnar a gratuidade deferida (NCPC, art. 100); B: Incorreta, pois antes de agravar, a parte deve discutir perante o próprio juízo que deferiu a gratuidade; C: Incorreta, considerando o exposto em "A"; D: Incorreta, considerando o exposto em "A"; E: Incorreta, pois o prazo para impugnar é de 15 dias (NCPC, art. 100). LD
Gabarito "A".

(Defensor Público – DPE/SC – 2017 – FCC) João Haroldo procura a defensoria pública com a finalidade de deduzir pretensão de danos materiais e morais em face de uma empresa de cartões de crédito e do banco que comercializa o cartão, em razão de cobranças indevidas. O defensor ajuíza, por meio eletrônico, petição inicial que segue o procedimento comum. A empresa de cartões foi citada, sendo a carta com aviso de recebimento juntada aos autos no dia 23 de janeiro de 2017 (segunda-feira). O banco, por seu turno, foi citado e houve juntada do comprovante postal no dia 02 de fevereiro de 2017 (quinta-feira). No dia 1º de março de 2017 (quarta-feira), a empresa de cartões protocolou petição manifestando desinteresse na realização de audiência de tentativa de conciliação. Em 12 de maio de 2017 (sexta-feira), ocorreu a audiência de tentativa de conciliação, que contou com a participação do autor e do banco, ausente a administradora de cartões, sendo ao final infrutífera a tentativa de autocomposição. Os demandados contam com advogados de escritórios distintos. Considerando os prazos previstos no atual CPC, considerando a situação hipotética de inexistência de qualquer feriado (nacional ou local) no decurso do prazo, é correto dizer que o último dia do prazo para a resposta da administradora de cartões foi
(A) 22 de março de 2017.
(B) 23 de junho de 2017.
(C) 13 de fevereiro de 2017.
(D) 2 de junho de 2017.
(E) 23 de fevereiro de 2017.

Tratando-se de processo eletrônico, não há prazo em dobro, ainda que litisconsortes com advogados distintos (NCPC, art. 229). Assim, o prazo para contestar é de 15 dias após a audiência (NCPC, art. 335, I). LD
Gabarito "D".

(Defensor Público – DPE/BA – 2016 – FCC) Sobre as respostas do réu, é correto afirmar:
(A) Para o réu propor reconvenção é necessário que apresente contestação.
(B) Se o réu, na contestação, deixar de alegar incompetência absoluta ou relativa, o juiz conhecerá de tais matérias de ofício.
(C) Havendo alegação de incompetência relativa ou absoluta, a contestação poderá ser protocolada no foro de domicílio do réu.

(D) A desistência da ação ou a ocorrência de causa extintiva que impeça o exame de seu mérito obsta o prosseguimento do processo quanto à reconvenção.
(E) Na contestação, é lícito ao réu propor reconvenção para manifestar pretensão própria, ainda que não conexa com a ação principal nem com o fundamento da defesa.

A: incorreto. Apesar de a reconvenção ser elaborada como um tópico da contestação, a propositura de reconvenção independe da apresentação de contestação (NCPC, art. 343, § 6º); **B:** incorreto, pois em regra o juiz somente conhece de ofício a incompetência absoluta (NCPC, art. 337, § 5º); **C:** correto (NCPC, art. 340); **D:** incorreto, pois nesse caso o processo prossegue em relação à reconvenção (NCPC, art. 343, § 2º); **E:** incorreto, pois cabe a reconvenção desde que o pedido nela formulado seja conexo com a ação principal ou com o fundamento da defesa (NCPC, art. 343). LD
Gabarito "C".

(Procurador de Justiça – MPE/GO – 2016) Em relação a reconvenção no NCPC, pode-se afirmar que:
(A) Na reconvenção, o polo ativo deverá ser o réu, não sendo permitido incluir terceiro como reconvinte.
(B) A ação e a reconvenção necessariamente deverão ser julgadas na mesma sentença para evitar decisões conflitantes.
(C) Na reconvenção, o reconvindo deverá ser o autor da ação, não admitindo a existência de litisconsórcio deste com terceiro.
(D) O réu poderá propor reconvenção independentemente do oferecimento da contestação.

A: Incorreta. O réu poderá reconvir contra autor e terceiro (art. 343, § 3º do NCPC). **B:** Incorreta, vez que poderá ocorrer a desistência da ação ou extinção sem resolução de mérito por causa extintiva, e a reconvenção não estará prejudicada (art. 343, § 2º do NCPC). **C:** Incorreta. Poderá o réu ofertar reconvenção em litisconsórcio com terceiro (art. 343, § 4º do NCPC). **D:** Correta, pela lei (art. 343, § 6º do NCPC) – ainda que dificilmente isso ocorrerá no cotidiano forense. LD/C
Gabarito "D".

(Promotor de Justiça – MPE/MS – FAPEC – 2015) Assinale a alternativa **correta**:
(A) O curador especial do réu revel citado por edital está sujeito, na contestação, à observância da regra de impugnação específica.
(B) A participação do cônjuge do autor ou do réu nas ações possessórias somente é indispensável nas hipóteses de composse ou de ato por ambos praticado.
(C) Quando acolhidas e declaradas pelo juiz, as alegações de litispendência, perempção, coisa julgada, decadência ou prescrição acarretarão a extinção do processo sem resolução de mérito.
(D) A ausência de ajuizamento da ação principal no prazo de trinta dias acarreta, obrigatoriamente, a extinção do processo cautelar.
(E) Ao vencedor da demanda não pode ser imputada condenação por litigância de má-fé.

A: Incorreta. Ao curador especial não se aplica à regra da impugnação específica (art. 341, p.ú. do NCPC) sendo possível a contestação por negativa geral. **B:** Correta. A determinação legal (art. 73, § 2º do NCPC) é, exatamente, a participação indispensável do cônjuge apenas em caso de composse ou por ato praticado por ambos. **C:** Incorreta, O artigo 487, II do NCPC prevê que se for reconhecida a decadência ou prescrição a extinção do processo se dará *com* julgamento do mérito (as demais situações são sem mérito). **D:** Incorreta. No CPC/1973 havia processo cautelar separado do principal. No NCPC, tudo é apresentado nos mesmos (pedido cautelar antecedente e pedido principal), conforme art. 308 do NCPC. **E:** Incorreta. Estabelece o artigo 142 do NCPC que a litigância de má-fé poderá ser aplicada a autor e réu quando se utilizarem do processo para praticar ato simulado ou conseguir fim vedado por lei, e em complemento o artigo 81 do NCPC não diferencia se vencido ou vencedor, apenas dispõe sobre a condenação do litigante de má-fé. LD/C
Gabarito "B".

(Procurador do Município – São Paulo/SP – 2014 – VUNESP) Sobre a reconvenção, é correto afirmar que
(A) pode ser ajuizada pelo réu, em seu próprio nome, mesmo quando o autor demandar em nome de outrem.
(B) não é admissível em ação declaratória, mercê da sua natureza de ação dúplice.
(C) é admissível no processo de execução fiscal, visando repetição de indébito.
(D) é prescindível para a condenação do autor ao pagamento de indenização por demandar sobre dívida já paga.
(E) deve estar fundada nos mesmos fatos narrados na petição inicial.

A: No NCPC, há simplificação em relação à reconvenção, que deixa de existir como uma peça apartada, devendo ser proposta na própria contestação (NCPC, art. 343); quanto à possibilidade de o réu reconvir, em nome próprio, em face de substituto processual, isso passa a ser possível no NCPC (art. 343, §5º), desde que a reconvenção tenha como fundamento relação decorrente da substituição. Assim, considerando as inovações do NCPC, a alternativa é correta; **B** – incorreta, pois não há previsão legal de que a ação declaratória é dúplice – e, no NCPC, todas as demandas admitem a reconvenção na própria contestação; **C** –incorreta, pois a reconvenção é cabível no processo de conhecimento (Livro I do CPC), e não de execução, sendo certo que a hipótese é vedada pela LEF (§3º do art. 16); **D** – correta, considerando entendimento jurisprudencial (informativo 506/STJ: "a condenação ao pagamento em dobro do valor indevidamente cobrado prescinde de reconvenção ou propositura de ação própria, podendo ser formulado em qualquer via processual"); **E** – incorreta, pelo fato de a matéria da reconvenção dever ser "conexa com a ação principal ou com o fundamento da defesa" (NCPC, art. 343). LD/DS
Gabarito: "A" e "D", à luz do NCPC.

(Procurador do Município – Cuiabá/MT – 2014 – FCC) De acordo com o Código de Processo Civil, em contestação
(A) pode o município, em regra, apresentar impugnação por negativa geral.
(B) compete ao réu, antes de discutir o mérito, alegar incompetência relativa e absoluta.
(C) o réu deverá especificar as provas que pretende produzir, juntando, neste momento, os documentos destinados a provar suas alegações.
(D) o réu poderá apresentar reconvenção, na mesma peça processual, mas depois de rebater os fatos descritos na inicial.
(E) o réu deverá rebater especificamente a narrativa contida na petição inicial, sob pena de presumirem-se verdadeiros quaisquer fatos não impugnados, em qualquer hipótese.

A: incorreta, pois o Município não está no rol daqueles que podem contestar por negativa geral (NCPC, art. 341, parágrafo único); **B:** correta, porque no NCPC a incompetência (tanto relativa como absoluta) deve ser alegada em preliminar de contestação (NCPC, art. 64 e 337, II); **C:** correta. Na contestação, o réu especifica as provas que quer produzir (NCPC, art. 336 – tal qual o autor na inicial), mas a prova documental já deve ser juntada (NCPC, art. 434); **D:** correta, pois, no NCPC, há simplificação em relação à reconvenção, que deixa de existir como uma peça apartada, devendo ser proposta na própria contestação (NCPC, art. 343); **E:** incorreta, pois apesar de a regra ser o ônus da impugnação específica (presumem-se verdadeiros os fatos não impugnados – NCPC, art. 341), há exceções (incisos desse artigo). LD/DS
Gabarito "B", "C" e "D", à luz do NCPC

(Cartório/DF – 2014 – CESPE) No que se refere às modalidades de resposta do réu e suas especificidades legais, assinale a opção correta.
(A) A decisão que julga o incidente de exceção deverá ser desafiada por recurso de apelação.
(B) A arguição de questões preliminares de litispendência, coisa julgada e defeito de representação constituem modalidades de defesa de natureza dilatória, apresentadas sempre no bojo da contestação.
(C) Aplica-se o ônus da impugnação especificada, inerente ao instrumento petitório da contestação, ao advogado dativo, ao curador especial e ao órgão do MP.
(D) O meio adequado para que se combata eventual incompetência do juízo, independentemente de sua natureza, é a oposição de exceção de incompetência, que necessariamente deverá ser fundamentada e devidamente instruída, indicando-se o juízo para o qual ela se declina.
(E) Conforme a jurisprudência do STJ, caso a parte apresente incidente de exceção, o processo será suspenso no momento em que a exceção for oposta.

A: incorreta. No NCPC, deixa de existir qualquer exceção. A incompetência relativa (antes impugnada via exceção) passa a ser alegada em preliminar de contestação (art. 64 e 337, II); **B** – incorreta, pois (i) essas matérias não precluem e, portanto, podem ser apresentadas após a contestação (mas, de fato, o momento usual para alegação é na própria contestação, em preliminar – NCPC, art. 337) (ii) conforme a divisão da doutrina, litispendência e coisa julgada são defesas peremptórias, pois acarretam a extinção do processo (NCPC, art. 485, V); **C** – incorreta, pois nesses casos cabe a contestação por negativa geral (NCPC, art. 341, parágrafo único), com a observação de que, no NCPC, a previsão é quase a mesma em relação ao CPC/1973, exceto em relação ao MP, que deixa de ser mencionado no artigo, passando a existir menção à Defensoria; **D** – incorreta, pois a incompetência (tanto relativa como absoluta) deve ser alegada em preliminar de contestação (NCPC, art. 64 e 337, II); **E:** Incorreta à luz do Novo Código. Com o NCPC, a exceção deixa de existir como um incidente autônomo, de modo que a alternativa perdeu o sentido; de acordo com o novo Código, subsiste previsão de suspensão do processo em caso de arguição de impedimento ou suspeição (NCPC, art. 313, III), mas, em caso de alegação de incompetência (seja relativa ou absoluta), o juiz deverá decidir sobre a questão após a manifestação da parte contrária (NCPC, art. 64, §2º), sem que haja suspensão. LD/DS
Questão sem alternativa correta à luz do NCPC.

(Magistratura do Trabalho – 3ª Região – 2014) NÃO cabe afirmar em relação à reconvenção, a partir do está no Código de Processo Civil, que
(A) O réu pode reconvir ao autor no mesmo processo, toda vez que a reconvenção seja conexa com a ação principal ou com o fundamento da defesa.
(B) A renúncia do autor em relação ao recurso por ele interposto, prejudica o julgamento do recurso interposto pelo réu no que concerne à decisão da reconvenção.
(C) A ação e a reconvenção serão julgadas na mesma sentença.
(D) A parte não pode aceitar a confissão no tópico que a beneficiar e rejeitá-la no que lhe for desfavorável, porque ela é, em regra, indivisível, exceto quando o confitentelhe aduzir fatos novos, suscetíveis

de constituir fundamento de reconvenção.

(E) A desistência da ação, ou a existência de qualquer causa que a extinga, não obsta ao prosseguimento da reconvenção.

A: correta (NCPC, art. 343), com a ressalva de que, no NCPC, há simplificação em relação à reconvenção, que deixa de existir como uma peça apartada, devendo ser proposta na própria contestação; **B**: incorreta, devendo esta ser assinalada. Uma vez apresentada, a reconvenção passa a ser autônoma em relação à ação (NCPC, art. 343, § 2º) – e, consequentemente, o mesmo se verifica em relação ao recurso (e a hipótese não é de recurso adesivo); **C**: correta, pois se a reconvenção é apresentada na própria contestação, é certo que o julgamento do pedido do autor e do réu serão realizados ao mesmo tempo; **D**: correta (NCPC, art. 395); **E**: correta (NCPC, art. 343, § 2º). LD/DS

Gabarito "B".

(Magistratura do Trabalho – 3ª Região – 2014) NÃO se pode afirmar, no que concerne à resposta do réu, de acordo com o Código de Processo Civil, que

(A) A regra quanto ao ônus da impugnação específica não se aplica ao advogado dativo, ao curador especial e ao órgão do Ministério Público.
(B) Não se presumem verdadeiros os fatos não impugnados, quando estiverem em contradição com a defesa, considerada em seu conjunto.
(C) Se o autor desistir da ação quanto a algum réu ainda não citado, o prazo para a resposta correrá da intimação do despacho que deferir a desistência.
(D) Antes de discutir o mérito, o réu deve alegar a litispendência, a perempção e a prescrição.
(E) Não se presume verdadeiro o fato não impugnado, quando a petição inicial não estiver acompanhada do instrumento público que a lei considerar da substância do ato.

A: correta, com a ressalva de que, no novo Código (art. 341, parágrafo único do NCPC) a regra é quase a mesma do art. 302, parágrafo único, CPC/1973, salvo pelo fato de que o MP deixou de ser mencionado no dispositivo legal, dando lugar à Defensoria; **B**: correta (NCPC, art. 341, III); **C**: correta (NCPC, art. 335, § 2º); **D**: incorreta, devendo esta ser assinalada. Das três defesas, somente litispendência e perempção são preliminares (NCPC, art. 485, V); a prescrição é mérito (NCPC, art. 487, II), e portanto não é alegada em preliminar; mas no mérito ou em prejudicial de mérito; **E**: correta (NCPC, art. 341, II). LD/DS

Gabarito "D".

10.3. PROVA E INSTRUÇÃO PROBATÓRIA

(Procurador do Estado/SP - 2018 - VUNESP) No caso de recusa injustificada de exibição de documento, na fase de conhecimento de um processo, é correto afirmar que o juiz pode impor multa

(A) às partes, de ofício, mas, se o documento ou coisa estiver em poder de terceiros, o juiz poderá, também de ofício ou a requerimento das partes, ordenar a citação deles, com prazo de quinze dias para resposta, para que exibam o documento, sob pena de multa, dentre outras providências.
(B) de até 2% (dois por cento) do valor da causa apenas aos terceiros, quando verificar que eles não estão colaborando com o Poder Judiciário ao deixar de exibir determinado documento.
(C) às partes, aos terceiros e aos advogados privados, inclusive quando se tratar da Fazenda Pública, desde que assegure a todos ampla defesa e contraditório, mediante prévia intimação pessoal de todos, com prazo de cinco dias para resposta.
(D) às partes, aos terceiros e também aos advogados ou procuradores que estiverem atuando no processo, de ofício, salvo se uma das partes for a Fazenda Pública, porque o valor dessas multas processuais é sempre revertido para ela mesma.
(E) somente aos terceiros, de ofício, mediante intimação por mandado, com prazo de dez dias para a resposta, visto que, em relação às partes, o juiz deverá aplicar a "confissão" quanto aos fatos que o documento poderia provar.

A: Correta, pois todas essas condutas estão no Código (NCPC, art. 401 e 403, parágrafo único); **B**: Incorreta, pois a multa não é apenas aos terceiros, como visto em "A" (NCPC, art. 403, parágrafo único); **C**: Incorreta, considerando que não há previsão de multa ao advogado (NCPC, art. 401); **D**: Incorreta, considerando o exposto em "C"; **E**: Incorreta, pois o NCPC prevê também multa às partes (NCPC, art. 401), diferentemente do que estava sedimentado na jurisprudência anterior (está superada a Súmula 372/STJ). LD

Gabarito "A".

(Defensor Público – DPE/SC – 2017 – FCC) De acordo com o entendimento do Superior Tribunal de Justiça, o consumidor pode exigir judicialmente a exibição de contrato bancário

(A) como forma de produção antecipada de provas, de modo que é imprescindível que demonstre a urgência do pedido, caracterizada pelo fundado receio de que venha a tornar-se impossível ou muito difícil a verificação de certos fatos na pendência da ação.
(B) desde que comprove de forma inequívoca a existência de relação jurídica com o fornecedor, fato que não é objeto de inversão legal do ônus da prova, mas não cabe ao consumidor o ônus de provar que houve recusa injustificada ou pagamento de taxa, em razão dos princípios protetivos consumeristas.
(C) com fundamento nas regras protetivas das relações consumeristas, de modo que não cabe ao consumidor a prova da existência de relação jurídica com o fornecedor, por se tratar de hipótese que impõe a inversão do ônus do prova.
(D) desde que demonstre interesse processual, caracterizado somente se o consumidor provar a existência da relação jurídica, o pedido administrativo válido, o pagamento da taxa correspondente, além da recusa injustificada por parte do fornecedor.
(E) desde que comprove a existência de relação jurídica com o fornecedor e a recusa injustificada por parte deste, mas é abusiva a exigência de pagamento de taxa, cabendo ao Poder Judiciário requisitar a apresentação do documento independentemente do pagamento de taxa.

A questão da exibição de contrato bancário é objeto de recurso repetitivo, cuja tese é a seguinte: "A propositura de ação cautelar de exibição de documentos bancários (cópias e segunda via de documentos) é cabível como medida preparatória a fim de instruir a ação principal, bastando a demonstração da existência de relação jurídica entre as partes, a comprovação de prévio pedido à instituição financeira não atendido em prazo razoável, e o pagamento do custo do serviço conforme previsão contratual e normatização da autoridade monetária" (REsp 1.349.453). Apenas vale destacar que não há mais processo cautelar autônomo no NCPC, mas sim tutela de urgência cautelar, pleiteada no processo de conhecimento ou execução. LD

Gabarito "D".

(Defensor Público – DPE/SC – 2017 – FCC) A respeito do direito probatório à luz das disposições do Novo Código de Processo Civil, considere as assertivas abaixo.

I. É inadmissível a prova de negócios jurídicos de valor superior a 10 salários mínimos por meio de prova exclusivamente testemunhal.
II. Quando a lei exige expressamente forma escrita para a prova de um determinado negócio jurídico, é possível suprir a ausência deste documento por meio de prova testemunhal se houver início de prova escrita.
III. Quando a lei exige instrumento público como da essência do ato, outro meio de prova não poderá ser utilizado.
IV. Quando a perícia for solicitada por parte beneficiária da justiça gratuita, ela deverá ser custeada com recursos alocados no orçamento do ente público ou por meio de recursos do fundo de custeio da Defensoria Pública.
V. A parte que impugnar a autenticidade de um documento tem o ônus de comprovar a falsidade por ele arguida.

Está correto o que se afirma APENAS em

(A) II e V.
(B) II e III.
(C) II, III e V.
(D) I e II.
(E) III e IV.

I: Incorreta. Essa previsão constava do CC, art. 227, mas foi revogada pelo NCPC. **II**: Correta, sendo essa a previsão do art. 444 do NCPC. **III**: Correta, sendo essa a previsão do art. 406 do NCPC. **IV**: Incorreta, porque o fundo de custeio da Defensoria *não* pode ser utilizado para isso (NCPC, art. 95, § 5º). **V**: Incorreta. Tratando-se de impugnação da autenticidade, o ônus da prova é da parte que *produziu* o documento (NCPC, art. 429, II). LD

Gabarito "B".

(Defensor Público – DPE/PR – 2017 – FCC) O Novo Código de Processo Civil

(A) exige do juiz, sempre que inverter o ônus da prova, que dê oportunidade à parte para se desincumbir do ônus que lhe tenha atribuído.
(B) prevê que a distribuição diversa do ônus da prova também pode ocorrer por convenção das partes, desde que celebrada durante o processo.
(C) extingue a ação cautelar de produção antecipada de provas, não sendo mais possível a dilação probatória em caráter antecedente.
(D) adota com exclusividade a distribuição dinâmica do ônus da prova.
(E) admite a utilização de prova produzida em outro processo, devendo o juiz, contudo, atribuir a ela o mesmo valor dado no processo originário.

A: Correto. A carga dinâmica do ônus da prova (fixação do ônus da prova conforme o caso concreto) demanda que o juiz permita à parte produzir a prova (NCPC, art. 373, § 1º); **B**: Incorreta, pois a convenção das partes quanto à prova pode ocorrer *antes ou durante* o processo (NCPC, art. 373, § 4º); **C**: Incorreta, pois há previsão de demanda para produção antecipada de provas (NCPC, art. 381) – ainda que não se trate de processo cautelar, que deixou de existir de NCPC; **D**: Incorreta, pois ainda há previsão de carga estática do ônus da prova (NCPC, art. 373, *caput*), como regra; **E**: Incorreta. Ainda que se admita a prova produzida em outro processo, o juiz irá lhe atribuir "o valor que considerar adequado" (NCPC, art. 372). LD

Gabarito "A".

(Procurador do Estado – PGE/MT – FCC – 2016) Segundo disposições do novo Código de Processo Civil sobre o direito probatório,

(A) as partes podem, independentemente da natureza do direito em disputa, antes ou durante o processo, convencionar a forma de distribuição do ônus da prova de forma diversa da estabelecida pela lei, desde que sejam capazes para a celebração do negócio jurídico processual.

(B) a nova legislação abandonou completamente o modelo de distribuição estática do ônus da prova, contemplada pela legislação revogada, que atribuía o ônus da prova ao autor em relação aos fatos constitutivos de seu direito, e ao réu com relação à existência de fato impeditivo, modificativo ou extintivo do direito do autor, passando a existir uma distribuição judicial do ônus da prova para cada demanda.

(C) a nova legislação prevê expressamente a possibilidade de produção antecipada da prova ainda que não haja situação de urgência que justifique tal antecipação, desde que a prova seja suscetível de viabilizar a autocomposição ou outro meio adequado de solução do litígio ou o prévio conhecimento dos fatos possa justificar ou evitar o ajuizamento de ação.

(D) a lei não assegura expressamente à parte o direito de não produzir prova contra si própria, mas tal aplicação decorre dos princípios constitucionais da legalidade, da ampla defesa e do devido processo legal.

(E) a ata notarial e as declarações prestadas por meio de escritura pública têm eficácia probatória não somente da declaração, como também do fato declarado, que se presume verdadeiro, salvo se existir prova em sentido contrário.

A: Incorreta. As partes podem negociar a respeito do ônus da prova, mas não no caso de direitos indisponíveis (NCPC, art. 373, § 3º, I); **B:** Incorreta, pois a regra ainda é a distribuição estática do ônus da prova, no sentido de "quem alega prova" (NCPC, art. 373, I e II); **C:** Correta, sendo essa uma das inovações do Código a respeito da produção antecipada de prova (NCPC, art. 381, II); **D:** Incorreta (NCPC, art. 379. Preservado o *direito de não produzir prova contra si* própria (...)); **E:** Incorreta, pois não é qualquer fato declarado que se presume verdadeiro, mas aqueles que o tabelião "declarar que ocorreram em sua presença" (NCPC, art. 405). LD

Gabarito "C".

(Juiz de Direito – TJ/SP – 2017) Em matéria de prova, é **incorreto** afirmar:

(A) na audiência de instrução, as perguntas serão formuladas pelas partes (por seus advogados) diretamente à testemunha, mas o juiz poderá inquirir a testemunha tanto antes quanto depois da inquirição feita pelas partes.

(B) a falsidade de documento será resolvida como questão incidental e sobre a decisão não incidirá a autoridade da coisa julgada, salvo se a parte requerer que o juiz decida a falsidade como questão principal.

(C) desde que sejam capazes, e que a controvérsia comporte autocomposição, as partes podem escolher o perito, e a perícia, assim produzida, substituirá, para todos os efeitos, a que seria realizada por perito nomeado pelo juiz, sem prejuízo do convencimento motivado do magistrado.

(D) a parte pode requerer o depoimento pessoal da parte adversária, do litisconsorte e eventualmente dela própria.

A: correta, considerando que a partir do NCPC, são os advogados das partes que fazem as perguntas à testemunha (art. 459, *caput* e § 1º); **B:** correta, pois a falsidade incidental pode vir a ser coberta pela coisa julgada, se houver pedido da parte e for decidida como questão principal (NCPC, art. 19, II e 430, parágrafo único); **C:** correta, trata-se de inovação, denominada no NCPC de perícia consensual (art. 471); **D:** incorreta, devendo esta ser assinalada. Não se pode requerer o depoimento pessoal da própria parte, mas apenas da outra (NCPC, art. 385). LD

Gabarito "D".

(Juiz – TJ-SC – FCC – 2017) Em relação à prova, é correto afirmar que:

(A) como regra, há hierarquia entre as provas previstas normativamente, embora não exista hierarquia entre as provas admitidas consuetudinariamente.

(B) os fatos ocorridos, sobre os quais se tenha estabelecido controvérsia, prescindem de prova.

(C) a existência e o modo de existir de algum fato podem ser atestados ou documentados, a requerimento do interessado, mediante ata lavrada por tabelião; dados representados por imagem ou som gravados em arquivos eletrônicos poderão constar da ata notarial.

(D) para que o juiz determine as provas necessárias ao julgamento do mérito é preciso sempre que a parte as requeira, tendo em vista o princípio da inércia jurisdicional.

(E) o ônus da prova não admite ser convencionado em sentido contrário ao da norma jurídica, salvo unicamente nas relações consumeristas, se em prol do consumidor.

A: incorreta, pois não há hierarquia entre as provas, mas sim convencimento motivado do juiz, que deverá expor suas conclusões quanto à valoração da prova (NCPC, art. 371);

B: incorreta, pois não dependem de provas os fatos incontroversos (NCPC, art. 374, III); **C:** correta, sendo a previsão da ata notarial uma das inovações do Código quanto às provas (NCPC, art. 384, "caput" e parágrafo único); **D:** incorreta, sendo possível ao juiz determinar a produção de provas de ofício (NCPC, art. 370); **E:** incorreta, porque é possível convenção (acordo entre as partes) quanto ao ônus da prova (NCPC, art. 373, § 3º, sendo que esse parágrafo prevê algumas hipóteses em que não cabe o acordo entre as partes quanto ao ônus). LD

Gabarito "C".

(Juiz – TRF 4ª Região – 2016) Dadas as assertivas abaixo, assinale a alternativa correta. Considerando as regras do Código de Processo Civil de **2015**:

I. É possível sentença de mérito que resolva parcialmente a lide, prosseguindo o processo quanto à parcela não resolvida, sendo a decisão impugnável por agravo de instrumento.

II. O rol de testemunhas deve ser apresentado no prazo de 15 dias da decisão de saneamento, se escrita, ou na própria solenidade, se o saneamento for em audiência.

III. O juiz poderá dispensar a produção das provas requeridas pelo Ministério Público caso seu representante, injustificadamente, não compareça à audiência de instrução.

IV. A distribuição do ônus da prova é dinâmica, fixada em princípio no próprio Código, mas podendo ser alterada pelo juiz diante de peculiaridades da causa relacionadas à excessiva dificuldade de cumprir o encargo segundo a regra geral.

(A) Estão corretas apenas as assertivas I e III.
(B) Estão corretas apenas as assertivas II e III.
(C) Estão corretas apenas as assertivas I, II e IV.
(D) Estão corretas todas as assertivas.
(E) Nenhuma assertiva está correta.

I: correta (NCPC, art. 356, "caput" e § 5º); **II:** correta (NCPC, art. 357, §§ 4º e 5º); **III:** correta (NCPC, art. 362, §2º); **IV:** correta, sendo essa uma das principais novidades quanto às provas prevista no NCPC (art. 373, §1º). LD

Gabarito "D".

(Defensor Público – DPE/RN – 2016 – CESPE) Assinale a opção correta relativamente ao direito probatório e à audiência no processo civil.

(A) O documento lavrado por servidor público incompetente, mas subscrito pelas partes, não perde a fé pública.

(B) O menor de dezesseis anos pode depor como testemunha no processo civil.

(C) A confissão espontânea pode ser feita por mandatário com poderes especiais.

(D) Com fundamento no princípio da verdade material, o juiz não poderá dispensar a produção de prova requerida pela parte cujo advogado não compareceu à audiência.

(E) O juiz poderá, de ofício, determinar o comparecimento pessoal das partes com o propósito de interrogá-las sobre os pontos controversos da demanda; todavia, se a parte intimada não comparecer, não lhe poderá aplicar a pena de confissão.

A: incorreto. Nesse caso o documento perde a fé pública, pois passa a ter a mesma eficácia probatória de documento particular (NCPC, art. 407). **B:** incorreto, pois os incapazes não podem depor como testemunhas (NCPC, art. 447, "caput" e § 1º, III) – no máximo será informante. **C:** correto (NCPC, art. 390, § 1º). **D:** incorreto. Em caso de não comparecimento do advogado à audiência, a dispensa da prova requerida é possível (NCPC, art. 362, § 2º). **E:** incorreto. O juiz pode determinar o comparecimento das partes a qualquer momento, mas somente quando do depoimento pessoal (em audiência) é que poderá ocorrer a pena de confissão (NCPC, art. 139, VIII). LD

Gabarito "C".

(Defensor Público – DPE/BA – 2016 – FCC) Sobre a prova testemunhal, é correto afirmar que

(A) esta é inadmissível quando a lei exigir prova escrita da obrigação, ainda que haja começo de prova escrita emanada da parte contra a qual se pretende produzir a prova.

(B) a parte pode se comprometer a levar a testemunha à audiência independentemente de intimação, que, em regra, deve ser realizada por carta com aviso de recebimento.

(C) é defeso à parte, nos contratos simulados, provar com testemunhas a divergência entre a vontade real e a vontade declarada, ou, nos contratos em geral, os vícios de consentimento.

(D) pode o juiz, se necessário, admitir o depoimento de testemunhas menores, impedidas ou suspeitas, devendo tomar-lhes compromisso.

(E) o juiz deve ouvir primeiro as testemunhas do autor e depois as do réu, não podendo inverter a ordem das oitivas ainda que as partes concordem.

A: incorreto, pois há expressa previsão de prova testemunhal ser admissível nessa hipótese (NCPC, art. 444); **B:** correto, sendo isso previsto no Código: (i) o advogado se comprometer a levar a testemunha independentemente de intimação (NCPC, art. 455, § 2º) e (ii) havendo necessidade de intimar a testemunha, isso será feito por meio de carta

com aviso de recebimento (NCPC, art. 455, § 1º). **C:** incorreto, pois nesse caso é lícito à parte fazer essa prova com testemunha (NCPC, art. 446). **D:** incorreto. De fato, havendo necessidade, o juiz pode admitir o depoimento de testemunhas menores, impedidas ou suspeitas. Contudo, nesse caso está-se diante de informante, e essa oitiva ocorrerá independentemente de compromisso (NCPC, art. 447, § 5º). **E:** incorreto. Em regra, a ordem será essa; porém, é possível a alteração da ordem das provas, se houver concordância das partes (NCPC, art. 456, parágrafo único). LD
Gabarito "B".

(Defensor Público – DPE/MT – 2016 – UFMT) Em relação às provas no Código de Processo Civil (CPC/2015), assinale a afirmativa correta.

(A) O Código de Processo Civil consagrou a posição jurisprudencial, adotada pelo Superior Tribunal de Justiça, segundo a qual o ônus da prova é regra de julgamento.
(B) A produção antecipada da prova será admitida nos casos em que o prévio conhecimento dos fatos possa justificar ou evitar o ajuizamento de ação.
(C) A prova exclusivamente testemunhal só se admite nos contratos cujo valor não exceda o décuplo do maior salário mínimo vigente no país, ao tempo em que foram celebrados.
(D) A produção antecipada da prova previne a competência do juízo para a ação que venha a ser proposta.
(E) Ao juiz incumbe-lhe determinar, a qualquer tempo, o comparecimento pessoal das partes, para inquiri-las sobre os fatos da causa; havendo silêncio ou recusa em depor, incidirá a pena de confesso.

A: incorreto. Houve grande debate a respeito desse tema: se a inversão do ônus fosse regra de julgamento, o juiz somente decidiria quanto à inversão do ônus da sentença; se a inversão fosse regra de produção de prova, o juiz decidiria isso durante o processo, antes do momento de produção das provas. O NCPC preceitua que o ônus da prova é regra de produção de prova, de modo que o juiz deverá decidir de quem é o ônus no saneamento do processo (NCPC, arts. 357, III e 373, § 1º); **B:** correto, nos termos do art. 381, III, do NCPC; **C:** incorreto, pois o NCPC não repetiu a limitação antes existente no art. 401 do CPC/1973; **D:** incorreto, conforme art. 381, § 3º, do NCPC; **E:** incorreto. Apesar de o juiz poder determinar a qualquer tempo o comparecimento das partes, se for fora do momento de depoimento pessoal, não haverá pena de confissão (NCPC, art. 139, VIII). LD
Gabarito "B".

(Analista Judiciário – TRT/8ª – 2016 – CESPE) Com base nas normas processuais relativas às provas no processo civil, assinale a opção correta.

(A) **Situação hipotética:** José propôs ação anulatória de infração de trânsito, alegando que ele e seu veículo não estavam no local da autuação na hora indicada na multa. **Assertiva:** Nessa situação, o réu terá o ônus de comprovar o fato contrário ao alegado por José, haja vista que não se pode exigir do autor a prova de fato negativo.
(B) A testemunha submetida ao regime da legislação trabalhista não pode sofrer, por ter comparecido à audiência, perda de salário ou desconto no tempo de serviço, podendo, ainda, qualquer testemunha requerer o pagamento da despesa realizada para ir à audiência.
(C) **Situação hipotética:** Em 2009, Rafael ajuizou ação indenizatória contra Marcos. Durante a instrução processual, a testemunha inquirida faleceu, três meses depois da inquisição. Em 2011, Luana acionou Marcos em ação que versava sobre o mesmo fato. **Assertiva:** Nessa situação, a utilização, no processo proposto por Luana, da prova testemunhal do processo ajuizado por Rafael é manifestamente ilegítima.
(D) Viola norma expressa do CPC — que determina que a instrução probatória será feita de acordo com o princípio dispositivo — o magistrado que determina de ofício a exibição de documento que estava com o réu.
(E) Caso, durante a produção de prova pericial em processo judicial, as partes solicitem prorrogação do prazo legal de cinco dias para indicar assistente técnico e formular quesitos, o juiz deve rejeitar o pedido, dada a natureza peremptória de qualquer prazo legal.

A: incorreta, pois o ônus da prova, neste caso, incumbe ao autor, conforme art. 373, I, NCPC; ademais, em se tratando de ato administrativo (imposição de multa por infração de trânsito), subsiste presunção legal de veracidade em favor da Administração Pública, de modo que cabe ao particular o ônus de afastar referida presunção; **B:** correto (arts. 462 e 463, NCPC); **C:** incorreta, pois o Código prevê a prova emprestada (art. 372, NCPC); **D:** incorreta, pois há expressa previsão legal nesse sentido (art. 421, NCPC); **E:** incorreta, pois isso é permitido, nos termos do art. 191, NCPC, segundo o qual podem o juiz e as partes, de comum acordo, fixarem calendário para a prática de determinados atos processuais. LD/DS
Gabarito "B".

(FGV – 2015) Aloísio ajuizou ação de anulação de casamento em face de Júlia. No curso do processo, o juiz designou audiência de instrução e julgamento para colheita dos depoimentos pessoais de Aloísio e Júlia e oitiva das testemunhas. Considerando as regras sobre depoimento pessoal previstas no Código de Processo Civil, assinale a afirmativa correta.

(A) O Código de Processo Civil admite que Júlia se valha da escusa do dever de depor sobre fatos torpes que lhe forem imputados por Aloísio.
(B) Aloísio e Júlia, apesar de devidamente intimados, poderão se recusar a depor, sem que seja aplicada a pena de confissão, por ser o depoimento pessoal mero meio de prova.
(C) Aloísio e Júlia deverão responder pessoalmente sobre os fatos articulados, podendo consultar notas breves, desde que objetivem completar os esclarecimentos.
(D) O Código de Processo Civil veda expressamente que o juiz, de ofício, determine o comparecimento pessoal de Aloísio e Júlia, a fim de interrogá-los sobre os fatos da causa.

A: incorreta, pois o direito de escusa de depor não se aplica a causas de anulação de casamento (NCPC, art. 388, parágrafo único, dispositivo legal que faz menção às ações de família, dentre as quais se inclui a anulação de casamento); **B:** incorreta, porque se a parte, intimada, não comparecer ao depoimento pessoal, haverá pena de confesso (NCPC, art. 385, § 1º); **C:** correta (NCPC, art. 387); **D:** incorreta, pois cabe a designação pelo juiz, de ofício, para depoimento da parte (NCPC, art. 385). LD/FC
Gabarito "C".

(Procurador do Município – São Paulo/SP – 2014 – VUNESP) Assinale a alternativa correta a respeito da prova documental.

(A) Não fazem a mesma prova que os originais as reproduções digitalizadas de documento público, quando juntadas aos autos por advogados privados.
(B) O documento público faz prova de sua formação, mas não dos fatos que o funcionário declarar que ocorreram em sua presença.
(C) Os livros comerciais provam contra o seu autor mesmo se, como de costume, não estiverem assinados.
(D) Admite-se incidente de falsidade documental para reconhecer falsidade ideológica e, por conseguinte, desconstituir negócio jurídico eivado de vício de consentimento.
(E) Sempre que uma parte requerer a juntada de documento aos autos, o juiz ouvirá a respeito a outra, no prazo de 10 (dez) dias.

A: incorreta (NCPC, art. 405, VI); **B:** incorreta (NCPC, art. 405); **C:** correta (NCPC, arts. 417 e 410, III), com a ressalva de que o novo Código utiliza-se da expressão "livros empresariais", mais moderna (diferentemente do CPC/1973, que fala em "livros comerciais"); **D:** incorreta. O entendimento prevalecente a respeito da arguição de falsidade é que ele se refere apenas à falsidade material (NCPC, arts. 427 e 428); no caso de falsidade ideológica (ex.: simulação quanto a um contrato celebrado), a hipótese seria uma ação específica para buscar a anulação do negócio celebrado. Veja-se que, de acordo com o NCPC, houve simplificação do procedimento para impugnar um documento, de modo que a figura do "incidente" deixou de existir. Assim, juntado um documento, deve a parte contrária impugná-lo na primeira oportunidade seguinte, nos termos do art. 430 do NCPC; **E:** incorreta, pois o prazo para manifestação é de 15 dias (NCPC, art. 437, §1º), caso em que a parte contrária poderá adotar alguma das atitudes previstas no art. 436, NCPC. LD/DS
Gabarito "C".

(Procurador do Estado/AC – 2014 – FMP) Quanto ao procedimento de exibição de documento ou coisa, assinale a alternativa **incorreta**.

(A) Em se tratando de processo em curso, pode-se requerer a exibição de documento ou coisa à parte adversa, por incidente nos autos, ou contra terceiro, por meio da chamada *actio ad exibendum*.
(B) Não é possível a utilização de multa como técnica de coerção.
(C) Ao decidir o pedido, o juiz admitirá, como verdadeiros, os fatos que, por meio do documento ou coisa, a parte requerente pretendia provar, se, dentre outras hipóteses, a recusa na exibição for havida por ilegítima.
(D) O juiz não pode determinar a busca e apreensão, pois as consequências da não exibição, determinada pelo juízo, são tipicamente previstas.

A: correta. Se for em relação à parte contrária, cabe incidente (NCPC, art. 396); se for em relação a terceiro, há necessidade de ação específica e, assim, citação (NCPC, art. 401); **B:** incorreta, pois o NCPC prevê a possibilidade de o juiz adotar "medidas indutivas, coercitivas, mandamentais ou sub-rogatórias para que o documento seja exibido" (NCPC, art. 400, parágrafo único), o que contraria a jurisprudência firmada quanto ao tema à luz do CPC/1973 (Súmula 372/STJ); **C:** correta (NCPC, art. 400, II); **D:** incorreta, devendo esta ser assinalada. Há previsão de busca em apreensão, tratando-se de documento em poder de terceiro (NCPC, art. 403). LD/DS
Gabarito "B" (somente à luz do NCPC) e "D".

(Cartório/DF – 2014 – CESPE) Acerca da prova no sistema processual civil, assinale a opção correta.

(A) A confissão, que, em regra, e indivisível, pode ser judicial ou extrajudicial, sendo inválida como confissão a admissão, em juízo, de fatos relativos a direitos indisponíveis.
(B) Na instância ordinária, as partes têm liberdade para apresentar documentos novos somente ate o saneamento do processo, e, sempre que documentos novos forem aduzidos, o juiz concederá prazo de cinco dias para a parte contraria manifestar-se sobre eles.
(C) O MP somente poderá produzir provas em juízo quando atuar como parte ou como substituto processual, cabendo ao magistrado indeferir eventual requerimento de produção de provas quando o MP atuar na condição de fiscal da lei.

(D) De acordo com a moderna teoria da distribuição dinâmica da prova, cada parte deverá produzir a prova apta a demonstrar suas alegações, independentemente de quem tenha melhores condições de o fazer.
(E) É defeso aos sujeitos da relação jurídica deduzida em juízo estabelecer qualquer convenção que distribua de maneira diversa o ônus da prova. Trata-se de regra legal indisponível para as partes.

A: correta (NCPC, arts. 389, 392 e 395); **B:** incorreta, pois os documentos novos podem ser apresentados a qualquer tempo (NCPC, art. 435). Ademais, o prazo para manifestação é de 15 dias (NCPC, art. 437, §1º), caso em que a parte contrária poderá adotar alguma das posturas previstas no art. 436 do NCPC; **C:** incorreta, pois cabe ao MP produzir provas mesmo como fiscal da "ordem jurídica" (nova expressão adotada pelo NCPC – art. 179, II NCPC); **D:** incorreta. A teoria da "carga dinâmica do ônus da prova" (ou teoria do ônus dinâmico da prova) – prevista no §1º do art. 373 do NCPC – preceitua que produzirá a prova aquele que estiver em melhores condições de produzi-la – o que será decidido pelo juiz no caso concreto; **E:** incorreta, pois há previsão legal no sentido inverso (NCPC, art. 373, §3º). **LD/DS**
Gabarito "A".

(Advogado da Sabesp/SP – 2014 – FCC) A respeito da prova pericial:
(A) para desempenharem suas funções, podem o perito e os assistentes técnicos ouvir testemunhas e solicitar documentos que estejam em poder das partes.
(B) o perito pode ser substituído se, em outra perícia, houver elaborado laudo acerca do mesmo objeto.
(C) o juiz fica vinculado ao laudo se as partes e os assistentes técnicos não contrariarem suas conclusões.
(D) as partes não podem acompanhar os trabalhos periciais.
(E) a manifestação das partes e assistentes técnicos acerca do laudo se dá, exclusivamente, após a audiência de instrução e julgamento, por ocasião do debate oral ou dos memoriais.

A: correta (NCPC, art. 473, §3º); **B:** incorreta, pois essa situação não é prevista no Código como capaz de acarretar a substituição do perito (NCPC, art. 468); além disso, é comum no foro peritos que são designados exatamente com base em experiência pretérita em causas análogas; **C:** incorreta, tendo em vista o princípio do convencimento motivado (NCPC, arts. 371 e, especificamente, 479), ou seja, o juiz pode rejeitar o laudo pericial, desde que fundamente sua decisão; **D:** incorreta (NCPC, 474, que aponta que as partes e o local e data do início da perícia – ou seja, para que seja possível acompanhá-la); **E:** incorreta, pois o perito deverá protocolar o laudo em juízo pelo menos 20 dias antes da audiência de instrução e julgamento, momento em que as partes serão intimadas para manifestação (NCPC, art. 477 e seu §1º). **LD/DS**
Gabarito "A".

(Magistratura do Trabalho – 3ª Região – 2014) No que concerne à prova a teor o Código de Processo Civil, NÃO se pode afirmar que
(A) As perguntas que o juiz indeferir serão obrigatoriamente transcritas no termo, independentemente de requerimento da parte.
(B) Quando, contiver declaração de ciência, relativa a determinado fato, o documento particular prova a declaração, mas não o fato declarado, competindo ao interessado em sua veracidade o ônus de provar o fato.
(C) A confissão, quando emanar de erro, dolo ou coação, pode ser revogada por ação anulatória, se pendente o processo em que foi feita.
(D) A parte será intimada pessoalmente, para prestar depoimento, constando do mandado que se presumirão confessados os fatos contra ela alegados, caso não compareça ou, comparecendo, se recuse a depor.
(E) Não dependem de prova os fatos em cujo favor milita presunção legal de existência ou de veracidade.

A: incorreta, devendo esta ser assinalada. A parte deverá requerer a transcrição das perguntas (NCPC, art. 459, §3º); **B:** correta (NCPC, art. 408, parágrafo único – com alteração de redação quanto ao CPC/1973, mas em alteração na correção da alternativa); **C:** incorreta, pois o NCPC, harmonizando o conteúdo previsto com o CC/2002, passou a prever que a confissão é **irrevogável**, mas pode ser anulada se decorreu de erro de fato ou de coação (NCPC, art. 393), ou seja, além de haver menção expressa à irrevogabilidade da confissão, deixa de existir a hipótese decorrente de "dolo"; **D:** correta, sendo essa a pena de confesso (NCPC, art. 385, §1º); **E:** correta (NCPC, art. 371, IV). **LD/DS**
Gabarito "A" e "C", à luz do NCPC.

(Magistratura do Trabalho – 2ª Região – 2014) Em relação à prova, observe as proposições abaixo e responda a alternativa que contenha proposituras **corretas:**
I. A chamada fase instrutória concentra de modo contundente os atos de instrução, os quais são destinados a recolher todos os elementos para que o juiz possa firmar seu convencimento e, assim, julgar a lide, de forma que divide-se em: (a) atos de prova e (b) alegações.
II. A audiência de justificação prévia caracteriza-se por ser uma sessão em que se instrui pedido de providência urgente e poderá ocorrer para a análise da necessidade de concessão de medida cautelar ou tutela antecipada em qualquer tipo de procedimento e não somente no processo cautelar.
III. O juiz considerará a parte confessa nas seguintes situações: (a) se admitir a verdade de um fato, contrário ao seu interesse e favorável ao adversário; (b) se comparecer e se recusar a depor; (c) se, intimada para prestar depoimento pessoal, deixar, injustificadamente, de comparecer; (d) se, sem motivo justificado, deixar de responder ao que lhe for perguntado, ou empregar evasivas, caso em que o juiz entenderá como recusa a depor.
IV. A inspeção judicial é meio de prova em que o juiz pode inspecionar diretamente pessoas ou coisas desde que requerido expressamente pela parte interessada no momento oportuno.
V. Incumbe às partes, no prazo de 5 (cinco) dias depositar em cartório o rol de testemunhas, precisando-lhes o nome, a profissão, residência e o local de trabalho.

Está correta a alternativa:
(A) I, IV e V.
(B) II, III e IV.
(C) I, II, V.
(D) III, IV e V.
(E) I, II e III.

I: correta, sendo essa a característica da fase instrutória; **II:** correta, pois a finalidade da audiência de justificação (ou justificação prévia) é exatamente a de produzir prova para que o juiz decida a respeito de uma medida liminar. É prevista, por exemplo, na tutela de urgência (NCPC, art. 300, §2º) e também nas possessórias (NCPC, art. 562); **III:** correta (CPC, arts. 343, § 1º e 348); **IV:** incorreta, considerando que cabe a inspeção de ofício, a qualquer tempo (NCPC, art. 481); **V:** incorreta, porque, no caso de determinação de prova testemunhal, o juiz fixará prazo comum não superior a 15 dias para apresentação do rol (NCPC, art. 357, §4º). Além disso, o NCPC traz a necessidade de se indicar, sempre que possível – além de nome, profissão, endereço residencial e de trabalho – também o estado civil, idade, RG, e CPF (NCPC, art. 450). **LD/DS**
Gabarito "E".

10.4. JULGAMENTO CONFORME O ESTADO DO PROCESSO E PROVIDÊNCIAS PRELIMINARES

(Procurador Municipal – Prefeitura/BH – CESPE – 2017) Acerca do julgamento conforme o estado do processo, assinale a opção correta.
(A) O julgamento parcial de mérito só poderá ocorrer se a obrigação a ser reconhecida for líquida.
(B) O julgamento antecipado do mérito feito após providências preliminares de saneamento baseia-se em cognição sumária.
(C) A decisão parcial de mérito que se torna definitiva produz coisa julgada e pode ser objeto de ação rescisória.
(D) Caberá apelação contra a decisão que julgar antecipadamente parte do mérito.

A: Incorreta, pois a lei permite o julgamento parcial de mérito para obrigações líquidas ou ilíquidas (NCPC, art. 356, § 1º); **B:** Incorreta, porque já se trata de decisão em julgamento antecipado de mérito (em relação a um dos pedidos), que é proferida em cognição exauriente – e não sumária; **C:** Correta, pois se há decisão de mérito não recorrida, tem-se coisa julgada – sendo que no NCPC qualquer decisão de mérito (e não só sentença) é passível de ser coberta pela coisa julgada (NCPC, art. 502) e, portanto, passível de rescisória; **D:** Incorreta, pois o recurso cabível é o agravo de instrumento (NCPC, art. 356, § 5º). **LD**
Gabarito "C".

(Procurador de Justiça – MPE/GO – 2016) Sobre o julgamento conforme o estado do processo, assinale a alternativa correta:
(A) no julgamento antecipado parcial do mérito, por envolver julgamento de pedido que se mostra incontroverso, ainda assim a decisão pode reconhecer a existência de obrigação ilíquida.
(B) realizado o saneamento do processo, as partes têm o direito de pedir esclarecimentos ou solicitar ajustes, no prazo sucessivo de 5 (cinco) dias, findo o qual a decisão se torna estável.
(C) a decisão proferida no julgamento antecipado parcial do mérito, por julgar o mérito, desafia o recurso de apelação.
(D) a liquidação e o cumprimento de decisão que julgar parcialmente o mérito deverão ser processados em autos suplementares.

A: Correta. O NCPC traz a previsão legal de julgamento parcial de mérito ainda que exista obrigação ilíquida (art. 356, § 1º, do NCPC). **B:** Incorreta. O prazo concedido às partes é comum e não sucessivo (art. 357, § 1º do NCPC). **C:** Incorreta. A decisão que julga parcialmente o mérito é impugnável por meio de agravo de instrumento (art. 356, § 5º do NCPC). **D:** Incorreta. A liquidação e o cumprimento poderão ser processados em autos suplementares, a pedido da parte ou a critério do juiz (art. 356, § 4º do CPC). **LD/C**
Gabarito "A".

11. SENTENÇA. COISA JULGADA. AÇÃO RESCISÓRIA

(Juiz de Direito - TJ/RS - 2018 - VUNESP) O juiz resolverá o mérito da ação quando:
(A) homologar a desistência da ação.
(B) indeferir a petição inicial.
(C) verificar a ausência de legitimidade de parte.

(D) verificar a impossibilidade jurídica do pedido.
(E) em caso de morte da parte, a ação for considerada intransmissível por lei.

A: Incorreta, porque a hipótese acarreta a extinção do processo sem resolução do mérito (NCPC, art. 485, VIII); **B:** Incorreta, pois esse é caso de extinção sem mérito (NCPC, art. 485, I); **C:** Incorreta, pois esse é caso de extinção sem mérito (NCPC, art. 485, VI); **D:** Correta. Com o advento do NCPC, a possibilidade jurídica do pedido deixou de ser uma das condições da ação (art. 485, VI). Porém, há algum debate na doutrina de como seria tratada uma hipótese de pedido impossível (se seria improcedência ou extinção sem mérito). De qualquer forma, pela letra da lei não se pode mais falar em extinção sem mérito nesse caso – por isso, e também por as demais estarem erradas, esta a melhor alternativa; **E:** Incorreta, pois esse é caso de extinção sem mérito (NCPC, art. 485, IX).
Gabarito "D".

(Procurador do Estado/SP - 2018 - VUNESP) A ampliação objetiva dos limites da coisa julgada à questão prejudicial pode ser feita de ofício pelo juiz, desde que

(A) da resolução dessa questão não dependa o julgamento de mérito, e que o contraditório, nesse caso, seja prévio e efetivo e o juiz seja competente em razão da matéria e do lugar, mas essa ampliação não pode ocorrer em processos que possuam limitação da cognição ou restrições probatórias.
(B) exista contraditório prévio e efetivo, mesmo que o juiz não seja competente em razão da pessoa. Se houver limitação da cognição que impeça o aprofundamento da análise dessa questão prejudicial, o juiz deverá adaptar o procedimento para que essa limitação desapareça, mediante prévia consulta às partes.
(C) da resolução dessa questão dependa o julgamento de mérito, mas o contraditório precisa ser prévio e efetivo e o juiz precisa ser competente em razão da matéria e da pessoa, porém, essa ampliação não pode ocorrer se o réu for revel ou em processos que possuam limitações da cognição que impeçam o aprofundamento da análise da questão prejudicial ou restrição probatória.
(D) exista contraditório prévio e efetivo, mesmo que o juiz não seja competente em razão da matéria ou em razão do lugar, no entanto, se houver limitação da cognição que impeça o aprofundamento da análise dessa questão prejudicial, essa ampliação não pode ocorrer.
(E) exista contraditório prévio e efetivo, mesmo que o juiz não seja competente em razão da matéria ou da pessoa, porém, se houver limitação da cognição que impeça o aprofundamento da análise dessa questão prejudicial, essa ampliação não pode ocorrer.

Uma das grandes inovações do NCPC quanto à coisa julgada foi a ampliação de seus limites objetivos, não mais existindo a ação declaratória incidental, que existia no Código anterior. A inovação está no art. 503, § 1º, e há uma série de requisitos para que a questão prejudicial seja coberta pela coisa julgada. **A:** Incorreta, pois é necessário que "da resolução dessa questão *dependa* o julgamento de mérito" (NCPC, art. 503, § 1º, I); **B:** Incorreta, porque é preciso que o juiz "*seja* competente em razão da pessoa" (NCPC, art. 503, § 1º, III); **C:** Correta, pois estão presentes todos os requisitos existentes nos incisos do art. 503, § 1º e, também, no § 2º; **D:** Incorreta, considerando que o juiz *precisa* ser competente em razão da matéria (NCPC, art. 503, § 1º, III); **E:** Incorreta, pois o juiz precisa ser competente de forma absoluta (matéria e pessoa, como já visto em alternativas anteriores).
Gabarito "C".

(Escrevente - TJ/SP - 2018 - VUNESP) Nas causas que dispensem a fase instrutória, o juiz, independentemente da citação do réu, poderá julgar liminarmente improcedente o pedido

(A) que tiver petição inicial inepta.
(B) cujo autor carecer de interesse processual.
(C) que tenha parte manifestamente ilegítima.
(D) que não indicar o fundamento legal.
(E) que contrariar enunciado de súmula de tribunal de justiça sobre direito local.

A: Incorreta, porque a referida hipótese acarreta o indeferimento da petição inicial, que resultará na extinção do processo sem resolução do mérito (NCPC, art. 330, I e art. 485, I); **B:** Incorreta, vide justificativa para a alternativa "A" (NCPC, art. 330, III e art. 485, I); **C:** Incorreta, vide justificativa para a alternativa "A" (NCPC, art. 330, II e art. 485, I); **D:** Incorreta, porque a não indicação dos fundamentos jurídicos configura inépcia da inicial por ausência de causa de pedir (NCPC, art. 330, I e § 1º, I e art. 485, I); **E:** Correta, valendo destacar que as hipóteses de improcedência liminar no NCPC são distintas das hipóteses existentes no Código anterior (NCPC, art. 332, IV).
Gabarito "E".

(Procurador Municipal – Prefeitura/BH – CESPE – 2017) Considerando que determinado município, capital de estado brasileiro, tenha sido condenado em ação indenizatória ajuizada por sociedade empresária, assinale a opção correta à luz da jurisprudência do STJ e da legislação pertinente.

(A) Somente caberá remessa necessária se a decisão for de mérito.
(B) Não caberá remessa necessária se a condenação for determinada em valor ilíquido.
(C) Caso o valor da condenação seja líquido e certo, caberá remessa necessária se ele for superior a mil salários mínimos.
(D) As regras a respeito da remessa necessária aplicáveis à hipótese em apreço são as mesmas previstas para os casos de ação popular.

A: Correta, considerando que a ideia é confirmar, no Tribunal, a decisão que seja contra a Fazenda; sendo assim, uma decisão terminativa em ação contra a Fazenda Pública não é desfavorável (NCPC, art. 496); **B:** Incorreta, sendo decisão ilíquida, sempre haverá remessa necessária (interpretação que decorre do art. 496, § 2º do NCPC); **C:** Incorreta, pois há um escalonamento: 100 salários para Municípios, 500 salários para os Estados e 1000 salários para a União (NCPC, art. 496, § 3º, incisos); **D:** Incorreta, pois o duplo grau na ação popular ocorre em qualquer improcedência ou extinção, não tendo as restrições de valor existentes para a remessa necessária prevista no NCPC (Lei 47.17/1965, art. 19).
Gabarito "A".

(Procurador do Estado – PGE/MT – FCC – 2016) Em processo que tramita na Comarca de Sorriso – MT, o autor ajuizou ação postulando o fornecimento de medicamento de alto custo em face do Estado. Requereu, incidentalmente, a tutela antecipada, alegando que o seu direito era evidente, diante do risco de vida que sofria caso não recebesse o medicamento, comprovado por farta documentação acostada à inicial. O magistrado concedeu a liminar, nos termos em que pleiteada e determinou a intimação do requerido para dar cumprimento à medida. Depois da intimação desta decisão, o requerido cumpriu a liminar nos termos em que determinada e não apresentou qualquer recurso contra a decisão. Diante desta situação, tal decisão

(A) é apta a gerar a estabilização dos seus efeitos, diante da ausência de recurso no prazo oportuno, mas poderá ser revista em ação própria, desde que ajuizada no prazo de dois anos.
(B) não é apta a gerar a estabilização dos seus efeitos, ainda que não tenha sido impugnada mediante recurso, uma vez que este fenômeno processual somente foi previsto para a tutela de urgência antecedente, e não para a tutela incidental.
(C) não é apta a gerar a estabilização dos seus efeitos, uma vez que a lei ressalva a inaplicabilidade deste fenômeno processual para a Fazenda Pública.
(D) é apta a gerar a estabilização dos seus efeitos, por ausência de recurso no prazo oportuno e, assim, fará coisa julgada material, que poderá ser desconstituída por meio de ação rescisória, no prazo de dois anos.
(E) é apta a gerar a estabilização dos seus efeitos, desde que não tenha sido impugnada mediante recurso, uma vez que a lei prevê que somente a tutela da evidência tem a aptidão à estabilização dos seus efeitos.

A: Incorreta, pois se trata de tutela antecipada incidental; **B:** Correta, exatamente porque somente há estabilização de tutela antecipada antecedente (NCPC, art. 304), sendo que o enunciado trata da tutela de urgência incidental (NCPC, art. 294, parágrafo único); **C:** Incorreta, pois não existe previsão legal nesse sentido; **D:** Incorreta, considerando o exposto em "A" e "B" – além disso, a tutela antecipada estabilizada, pela lei, não se configura como coisa julgada (NCPC, art. 304, § 6º); **E:** Incorreta, pois a previsão de estabilização é para a tutela antecipada – mas antecedente (NCPC, art. 304).
Gabarito "B".

(Procurador Municipal – Sertãozinho/SP – VUNESP – 2016) Assinale a alternativa correta.

(A) Faz coisa julgada a verdade dos fatos, estabelecida como fundamento da sentença.
(B) É possível que a sentença transitada em julgado atinja não só as partes do processo, mas também terceiros.
(C) Condenado o devedor a emitir declaração de vontade, uma vez transitado em julgado, compete ao condenado emitir a declaração de vontade sob pena de pagamento de multa diária.
(D) Publicada a sentença, o juiz só poderá alterá-la por meio de embargos de declaração.
(E) Faz coisa julgada toda apreciação de questão prejudicial, decidida incidentemente no processo.

A: Incorreta, pois a coisa julgada não atinge a verdade (NCPC, art. 504, II). **B:** Correta. O art. 506 do NCPC estabelece que a coisa julgada não *prejudicará* terceiros, não reproduzindo o comando "não beneficiará" que existia no CPC/1973. Além disso, no processo coletivo uma decisão pode beneficiar terceiros. **C:** Incorreta. Condenado o devedor a emitir a declaração de vontade, caso não emita, a sentença transitada em julgado produzirá todos os efeitos da declaração não emitida. (NCPC, art. 501). **D:** Incorreta. O juiz também poderá corrigir a sentença de ofício ou a requerimento da parte, por inexatidões materiais ou erros de cálculo. (NCPC, art. 494). **E:** Incorreta. A palavra *toda* torna incorreta a alternativa. O NCPC estabelece que a resolução de questão prejudicial, de forma expressa e incidentemente no processo, pode ser coberta pela coisa julgada, desde que observados alguns requisitos previstos em lei (NCPC, art. 503, §1º).
Gabarito "B".

(Juiz – TJSP – 2017) Sobre a coisa julgada material, é correto afirmar que

(A) se opera entre as partes entre as quais é dada, não podendo prejudicar ou beneficiar terceiros.
(B) pode abranger a resolução de questão prejudicial, desde que dessa resolução dependa o julgamento do pedido; que tenha sido facultado

o contraditório; e que o órgão seja competente em razão da matéria e da pessoa para resolver a questão como se principal fosse.
(C) na ação de dissolução de sociedade, a coisa julgada se opera em relação à sociedade, ainda que a sociedade não tenha sido citada, desde que todos seus sócios o tenham sido.
(D) apenas decisões de mérito transitadas em julgado comportam ação rescisória.

A: incorreta, pois no NCPC o artigo que trata dos limites subjetivos da coisa julgada só fala que esta *não pode prejudicar* terceiros (art. 506); **B:** incorreta para a banca. Trata-se da novidade prevista no NCPC, de coisa julgada sobre a questão prejudicial (art. 503, § 1º). Porém, a única distinção entre o texto legal e a resposta é que o NCPC aponta que tenha "havido contraditório prévio e efetivo", ao passo que o enunciado fala em "tenha sido facultado o contraditório"; **C:** correta, por expressa previsão legal (NCPC, art. 601, Parágrafo único. A sociedade não será citada se todos os seus sócios o forem, mas ficará sujeita aos efeitos da decisão e à coisa julgada.); **D:** incorreta, pois cabe AR em alguns casos de decisão terminativa (NCPC, art. 966, § 2º Nas hipóteses previstas nos incisos do *caput*, será rescindível a decisão transitada em julgado que, embora não seja de mérito, impeça: I – nova propositura da demanda; ou II – admissibilidade do recurso correspondente). Gabarito "C".

(Juiz – TJ-SC – FCC – 2017) No tocante à sentença e à coisa julgada, é correto afirmar que:
(A) publicada a sentença, o juiz só poderá alterá-la para correção de inexatidões materiais ou erros de cálculo, por meio de embargos de declaração ou para reexaminar matérias de ordem pública.
(B) a sentença faz coisa julgada às partes entre as quais é dada, não prejudicando terceiros, sendo vedado à parte discutir no curso do processo as questões já decididas a cujo respeito se operou a preclusão.
(C) a sentença deve ser certa, a não ser que resolva relação jurídica condicional.
(D) na ação que tenha por objeto a emissão de declaração de vontade, a sentença que julgar procedente o pedido produzirá de imediato todos os efeitos da declaração não emitida.
(E) denomina-se coisa julgada material a autoridade que torna imutável e indiscutível a decisão, de mérito ou não, que não mais se encontre sujeita a recurso.

A: incorreta, pois não há previsão legal de alteração da sentença no caso de reexame de matérias de ordem pública – existindo menção na lei às demais hipóteses (NCPC, art. 494); **B:** correta, considerando que a alternativa reproduz a previsão legal quanto aos limites subjetivos da coisa julgada (NCPC, art. 506) e preclusão (NCPC, art. 507); **C:** incorreta, pois a sentença deve ser certa, *ainda que* resolva relação jurídica condicional (NCPC, art. 492, parágrafo único); **D:** incorreta, porque os efeitos da declaração dependerão do trânsito em julgado (NCPC, art. 501); **E:** incorreta, pois a coisa julgada material atinge apenas decisão de mérito (NCPC, art. 502). Gabarito "B".

(Juiz – TJ-SC – FCC – 2017) Em relação à ação rescisória,
(A) não é cabível, por violação manifesta à norma jurídica, contra decisão baseada em enunciado de súmula ou acórdão proferido em julgamento de casos repetitivos, que não tenha considerado a existência de distinção entre a questão discutida no processo e o padrão decisório que lhe deu fundamento.
(B) só se pode ajuizá-la de decisões que tenham resolvido o mérito e transitadas em julgado.
(C) há erro de fato quando a decisão rescindenda admitir fato inexistente ou quando considerar inexistente fato efetivamente ocorrido, sendo dispensável que o fato não represente ponto controvertido sobre o qual o juiz deveria ter-se pronunciado.
(D) pode ter por objeto apenas um capítulo da decisão.
(E) sua propositura impede como regra o cumprimento da decisão rescindenda, até seu final julgamento.

A: incorreta, pois há expressa previsão legal nesse sentido (NCPC, art. 966, § 5º - na redação da Lei 13.256/2016); **B:** incorreta, pois o Código agora permite ação rescisória de decisões sem mérito, mas que impeçam a repropositura da demanda ou a admissibilidade do recurso (art. 966, § 2º); **C:** incorreta, pois na ação rescisória fundada em erro de fato é, "*indispensável* (...) que o fato não represente ponto controvertido" (art. 966, § 1º); **D:** correta, existindo expressa previsão nesse sentido no NCPC (art. 966, §3º); **E:** incorreta, tendo em vista que a ação rescisória em regra *não impede* o cumprimento da decisão, salvo se houver concessão de tutela provisória – ou seja, de "liminar" (art. 969). Gabarito "D".

(Defensor Público – DPE/ES – 2016 – FCC) De acordo com o novo CPC, a ação rescisória
(A) é cabível contra decisão fundada em interpretação de ato normativo tido pelo Supremo Tribunal Federal como incompatível com a Constituição Federal, em controle de constitucionalidade concentrado ou difuso, contado o prazo decadencial a partir do trânsito em julgado da decisão proferida pelo Supremo Tribunal Federal.
(B) impede o cumprimento da decisão rescindenda enquanto não ultimado o seu julgamento.
(C) é cabível somente contra decisão de mérito transitada em julgado, sendo inadmissível ação rescisória de sentença terminativa.
(D) deve ser proposta no prazo 02 anos, contados sempre do trânsito em julgado da decisão rescindenda.
(E) proposta com base em prova nova, deverá ser proposta em até 05 anos da data da descoberta desta nova prova.

A: correto, sendo essa uma polêmica inovação do NCPC, pois deixa a AR com prazo indeterminado (art. 525, §§ 12 e 15 e art. 535, §§ 5º e 8º). **B:** incorreto, pois a propositura da ação rescisória não impede o cumprimento da decisão rescindenda, salvo no caso de concessão de tutela provisória (NCPC, art. 969). **C:** incorreto, pois, em certos casos, a decisão terminativa também será rescindível (NCPC, art. 966, § 2º). **D:** incorreto. Em regra, o direito à rescisão se extingue em dois anos, contados do trânsito em julgado da última decisão proferida no processo (NCPC, art. 975); contudo, é possível que haja outros prazos, como no caso da alternativa "A" e "E". **E:** incorreto, pois no caso de AR fundada em prova nova, o "termo inicial do prazo será a data de descoberta da prova nova, observado o prazo máximo de 5 (cinco) anos, contado do trânsito em julgado da última decisão proferida no processo" (NCPC, art. 975, § 2º). Ou seja, são 2 anos a partir da descoberta da prova nova, mas limitado a 5 anos do trânsito. Gabarito "A".

(Promotor de Justiça – MPE/MS – FAPEC – 2015) Analise as proposições abaixo:
I. Tratando-se de cumulação própria simples de pedidos, é nula a decisão que deixar de analisar o pedido principal e somente julgar o pedido subsidiário.
II. O STF e o STJ admitem que o magistrado utilize na sentença a fundamentação *per relationem*, que se caracteriza pela remissão a outras manifestações ou peças processuais existentes nos autos, mesmo que produzidas pelas partes ou pelo Ministério Público.
III. A resolução de questão prejudicial não faz coisa julgada, ainda que decidida no âmbito de ação declaratória incidental.
IV. O reexame necessário não é aplicável quando a sentença estiver fundada em jurisprudência do Plenário do Supremo Tribunal Federal ou do Superior Tribunal de Justiça.

Assinale a alternativa correta:
(A) Somente as proposições I e III estão corretas.
(B) Somente as proposições II e IV estão corretas.
(C) Somente as proposições I, II e III estão corretas.
(D) Somente a proposição II está correta.
(E) Somente a proposição IV está correta.

I: Incorreta. Sendo cumulação própria simples, os pedidos são independentes entre si. **II:** Correta para a banca. Ademais, os Tribunais Superiores admitem a fundamentação *per relationem* (Informativo nº517 do STJ e AI 791292 QO-RG - STF), com base no CPC/1973. Porém, considerando a redação art. 489, § 1º do NCPC, seria a rigor vedada essa forma de fundamentação – a confirmar como a jurisprudência se firma. **III:** Incorreta. O artigo 503, §1º do NCPC prevê exatamente que há coisa julgada acerca da prejudicial, se ela for decidida (*Atenção: não há mais previsão legal de ação declaratória incidental no NCPC). **IV:** Correta, o artigo 496, § 4º, do NCPC estabelece que não se aplica o duplo grau de jurisdição quando a sentença tiver como fundamento acórdão proferido em julgamento de recursos repetitivos pelos Tribunais Superiores. Gabarito "B".

(FGV – 2015) Luan, servidor público do Estado de Minas Gerais, ajuizou ação contra a Fazenda Pública estadual, requerendo a devolução de verbas indevidamente descontadas em seu contracheque sob a rubrica de "*contribuição obrigatória ao plano de saúde*". Na oportunidade, demonstrou que o Tribunal de Justiça de Minas Gerais (TJMG) já havia, em anterior ação individual proposta por Thales, outro servidor público estadual, reconhecido a inconstitucionalidade da lei estadual que previa esse desconto, e requereu, assim, a restituição das verbas não prescritas descontadas a tal título. Devidamente ajuizada junto à 1ª Vara de Feitos Tributários da cidade de Belo Horizonte/MG, e após regular tramitação, o magistrado singular acolheu a tese da ré e julgou improcedente o pedido exordial, tendo tal decisão transitado em julgado em 01.04.2012. Sobre os fatos descritos, assinale a afirmativa correta.
(A) Luan poderá se valer de ação anulatória, tendo em vista a manifesta injustiça da sentença.
(B) Se a inconstitucionalidade da lei estadual tivesse sido reconhecida, na ação proposta por Thales, pelo Supremo Tribunal Federal, Luan poderia ignorar a coisa julgada que lhe foi desfavorável.
(C) Luan poderá se valer de uma reclamação constitucional, tendo em vista o desrespeito, pela sentença, de posição jurisprudencial firmada pelo TJMG.
(D) Luan poderia se valer de uma ação rescisória, desde que, para tanto, demonstrasse que houve violação à lei, sendo-lhe vedado, nessa demanda, a rediscussão de matérias fáticas.

A: incorreta, pois o caso é de AR (NCPC, art. 966) e não anulatória (NCPC, art. 966, § 4º – não se está diante de decisão homologatória). **B:** incorreta. No NCPC, há mitigação da coisa julgada com base em lei declarada inconstitucional pelo STF, seja controle difuso ou concentrado; porém, há necessidade de AR e, portanto, não pode Luan simplesmente "ignorar" a coisa julgada (NCPC, art. 525, §§ 12, 14 e 15); **C:** incorreta, pois a reclama-

ção tem cabimento restrito, não podendo apenas se for jurisprudência firme de tribunal intermediário, mas sim jurisprudência qualificada de tribunal superior, como por exemplo súmula vinculante ou julgamento de repetitivo (NCPC, art. 988, *caput* e incisos); **D**: correta para a banca, pois a hipótese é de AR, como exposto na alternativa A. *Contudo, a questão deveria ter sido anulada, mas não o foi. Dúvida não há quanto à impossibilidade de se discutir fato no REsp (Súmula 7/STJ), mas nada impede que isso seja debatido na ação rescisória (NCPC, art. 966, V). Assim, correta a alternativa quanto ao cabimento da AR, mas o final da alternativa está errado (quanto a não se poder discutir fato). LD/FC
Gabarito "D".

(Cartório/DF – 2014 – CESPE) No que diz respeito à sentença e à coisa julgada, assinale a opção correta.

(A) A coisa julgada formada na ação popular terá eficácia oponível contra todos (*erga omnes*) nos limites da competência territorial do órgão prolator.
(B) Depois de publicada a sentença, o juiz prolator não poderá mais alterá-la sob qualquer circunstância.
(C) No procedimento comum ordinário, os únicos requisitos essenciais da sentença são a fundamentação e o dispositivo, sendo este a parte em que estará o comando declaratório, constitutivo ou condenatório.
(D) A jurisprudência do STJ firmou entendimento no sentido de reconhecer a inexistência de coisa julgada entre mandado de segurança e ação ordinária quando tais insurgências objetivam o mesmo resultado prático.
(E) O STF reconheceu, recentemente, por meio de diversos julgados, a inexistência de repercussão geral do tema referente à violação aos princípios do contraditório, da ampla defesa, do devido processo legal e dos limites da coisa julgada quando o julgamento da causa depender de prévia análise da adequada de normas infraconstitucionais.

A: incorreta, pois essa restrição aos limites da competência existe para a ação civil pública (Lei 7.347/1985, art. 16); **B**: incorreta, pois o juiz poderá alterá-la se houver erro material ou embargos de declaração (NCPC, art. 494); **C**: incorreta. A sentença é composta de relatório, fundamentação e dispositivo (NCPC, art. 489); **D**: incorreta. A própria legislação do MS permite o uso da ação ordinária somente se não houver decisão de mérito (Lei 12.016/09, art. 19: "A sentença ou o acórdão que denegar mandado de segurança, sem decidir o mérito, não impedirá que o requerente, por ação própria, pleiteie os seus direitos e os respectivos efeitos patrimoniais"); **E**: correta. É firme a jurisprudência do STF no sentido de apontar que, nesses casos, há "mera ofensa reflexa à CF" (É cabível a atribuição dos efeitos da declaração de ausência de repercussão geral quando não há matéria constitucional a ser apreciada ou quando eventual ofensa à Carta Magna se dê de forma indireta ou reflexa – RE 584.608 RG, DJe de 13/03/2009). LD/DS
Gabarito "E".

(Procurador do Estado/AC – 2014 – FMP) Assinale a alternativa **incorreta**.

(A) A *querela nullitatis insanabilis* é a ação que visa a desconstituir processo por ausência de citação ou por ausência de citação válida de litisconsorte necessário.
(B) É exigida a indicação expressa da hipótese de cabimento da ação rescisória na inicial, mas a simples indicação equivocada da mesma não pode ser considerada fundamento para improcedência do pedido rescisório.
(C) A sentença homologatória (da transação, do reconhecimento da procedência do pedido do autor, ou da renúncia ao direito sobre o qual se funda a ação) está sujeita à ação anulatória fundada nos vícios materiais dos atos jurídicos praticados pelas partes.
(D) A competência para ação rescisória difere da *querela nulitatis* e da ação anulatória, pois, para as duas últimas, a competência é do juízo de primeiro grau.

A: Correta. A ação declaratória de inexistência de coisa julgada se presta a afastar uma decisão judicial não por meio de rescisória. Pode ser utilizada em casos de processos inexistentes (como na ausência de citação), mas não no caso de nulidades (que ensejam a rescisória); **B**: incorreta, devendo esta ser assinalada. A AR deve trazer a indicação de qual é o fundamento jurídico para o pedido rescisório (um dos incisos do art. 966 do NCPC), sendo isso parte da causa de pedir (interpretação que decorre do art. 968 do NCPC, que atrai a aplicação do art. 319, III), sendo possível a emenda da inicial (NCPC, art. 321), sob pena de extinção sem mérito – e não improcedência; **C**: Correta, pois, em se tratando de ato homologatório praticado no curso ação, cabível a anulatória (NCPC, art. 966, §4º). Observe-se que a hipótese do inciso VIII do art. 485 do CPC/1973 (ajuizamento de ação rescisória quando "houver fundamento para invalidar confissão, desistência ou transação, em que se baseou a sentença") foi suprimida no NCPC, o que corrobora ainda mais para com o entendimento de que a hipótese é de ação anulatória, tal como mencionado na alternativa; **D**: Correta. A *querela* e anulatória são ajuizadas em 1º grau (regra geral), ao passo que a AR é sempre ajuizada no tribunal, intermediário ou superior (NCPC, art. 970, menciona relator e não juiz – e a AR está inserida em Título do CPC denominado "do processo nos tribunais"). LD/DS
Gabarito "B".

(Procurador do Município – São Paulo/SP – 2014 – VUNESP) O termo inicial do prazo para propositura de ação rescisória corresponde à data em que

(A) decorrer o prazo para recurso do capítulo da sentença ou do acórdão de mérito que será objeto de impugnação, não importando a existência de recurso parcial referente a outros capítulos.

(B) não for mais cabível recurso do pronunciamento judicial rescindindo, mesmo que se trate de decisão interlocutória.
(C) não for mais cabível recurso do último pronunciamento judicial ocorrido no processo.
(D) ocorrido o último pronunciamento judicial de mérito no processo, desde que não interposto recurso ou que este não tenha sido conhecido.
(E) não for mais cabível, perante as instâncias ordinárias, nenhum recurso do pronunciamento judicial rescindendo.

A: incorreta, pois o prazo para rescisória tem início com o trânsito em julgado da **última decisão proferida no processo** (NCPC, art. 975); **B**: observe-se que o NCPC admite rescisória contra "decisão de mérito" (NCPC, art. 966), não havendo mais referência à expressão "sentença" (como faz o art. 485 do CPC/1973). Assim, as decisões interlocutórias que apreciem o mérito da causa, desde que transitadas em julgado, também podem ser objeto de rescisão (vide Enunciado nº 336 do Fórum Permanente de Processualistas Civis: "Cabe ação rescisória contra decisão interlocutória de mérito"). Em todo caso, a alternativa mostra-se incorreta, porquanto, como visto, o prazo para rescisória tem início com o trânsito em julgado da **última decisão proferida no processo** (NCPC, art. 975); **C**: Correta por expressa previsão legal (NCPC, art. 975), o que se coaduna com o entendimento assentado pelo STJ por meio da Súmula 401/STJ: "O prazo decadencial da ação rescisória só se inicia quando não for cabível qualquer recurso do último pronunciamento judicial." **D** e **E**: incorretas por ausência de previsão legal. LD/DS
Gabarito "C".

12. TEMAS COMBINADOS DE PROCESSO DE CONHECIMENTO

(Procurador do Município – Prefeitura Fortaleza/CE – CESPE – 2017) No que tange à fazenda pública em juízo, julgue os itens subsecutivos.

(1) Mesmo já tendo havido condenação em honorários na fase de conhecimento, o juiz deve fixar nova verba honorária em cumprimento de sentença que tenha sido objeto de impugnação pela fazenda pública.
(2) Se, antes do trânsito em julgado, ocorrer a estabilização da tutela antecipada requerida contra a fazenda pública, decorrente da não interposição de recurso pelo ente público, será possível a imediata expedição de precatório.
(3) O benefício do prazo em dobro aplica-se à defesa do ente público em sede de ação popular porque as regras referentes à contagem de prazo do CPC se aplicam também aos procedimentos previstos na legislação extravagante.

1: Correta, pois há honorários tanto na fase de conhecimento como no cumprimento de sentença – seja contra particular, seja contra a fazenda (NCPC, art. 85, § 1º). **2**: Errada, pois no entender da banca haveria a remessa necessária (NCPC, art. 496). Contudo, o enunciado não deixa claro se os requisitos para a remessa, previstos nos §§ do artigo, estão presentes, de modo que a questão induz o candidato a erro, e deveria ter sido anulada. **3**: Errada, pois se a lei prevê prazo específico para o ente público, não se aplica o prazo em dobro (NCPC, art. 183, § 2º Não se aplica o benefício da contagem em dobro *quando a lei estabelecer, de forma expressa, prazo próprio para o ente público.*). LD
Gabarito 1C, 2E, 3E.

(Procurador Municipal – Prefeitura/BH – CESPE – 2017) Acerca de normas processuais e jurisdição, assinale a opção correta de acordo com as disposições do CPC.

(A) Os processos sujeitos a sentença terminativa sem resolução de mérito ficam excluídos da regra que determina a ordem cronológica de conclusão para a sentença.
(B) O novo CPC aboliu o processo cautelar como espécie de procedimento autônomo e as ações cognitivas meramente declaratórias.
(C) Sentença estrangeira que verse sobre sucessão hereditária e disposição testamentária de bens situados no Brasil poderá ser executada no Poder Judiciário brasileiro após homologação pelo STJ.
(D) As limitações e restrições aplicadas aos processos caracterizados como de segredo de justiça não se estendem aos feitos cujo curso se processe nos órgãos jurisdicionados superiores.

A: Correta, por expressa previsão legal (NCPC, art. 12, § 2º: Estão excluídos da regra do *caput*: (...) IV – as decisões proferidas com base nos arts. 485 e 932 – sendo que o art. 485 trata exatamente das hipóteses de sentença sem resolução de mérito); **B**: Incorreta. O processo cautelar de fato foi extinto como processo autônomo o NCPC (agora é tutela provisória – art. 294); porém, a ação declaratória segue existindo (Art. 20. É admissível a ação meramente declaratória, ainda que tenha ocorrido a violação do direito); **C**: Incorreta, considerando ser essa uma das hipóteses de competência exclusiva, em que somente o juiz brasileiro pode apreciar o assunto (NCPC, art. 23. Compete à autoridade judiciária brasileira, com exclusão de qualquer outra: (...) II – em matéria de sucessão hereditária, proceder à confirmação de testamento particular e ao inventário e à partilha de bens situados no Brasil, ainda que o autor da herança seja de nacionalidade estrangeira ou tenha domicílio fora do território nacional); **D**: Incorreta, pois o segredo de justiça se aplica a todos os graus de jurisdição, pois o art. 189 do NCPC (que prevê o segredo de justiça) não faz qualquer restrição a grau de jurisdição, mas sim ao tema debatido em juízo. LD
Gabarito "A".

(Procurador Municipal – Prefeitura/BH – CESPE – 2017) A respeito de ação e preclusão, assinale a opção correta.

(A) A consequência processual da inobservância dos prazos impróprios aplica-se a todos os atos processuais, incluído o efeito preclusivo.
(B) De acordo com a doutrina, constitui ação cognitiva de natureza constitutiva aquela que, além de apresentar um conteúdo declaratório, também cria, modifica ou extingue um estado ou uma relação jurídica.
(C) Em uma relação processual, a legitimidade ativa e a passiva são, exclusiva e respectivamente, daquele que sofre a ameaça ou lesão a um direito e daquele que ameaça ou pratica o ato ofensivo.
(D) Sempre que a parte deixar de praticar determinado ato processual dentro do prazo estipulado pelas partes, pelo juízo ou por lei, ficará caracterizada a preclusão consumativa.

A: Incorreta, pois a característica de um prazo impróprio (exemplo, os prazos para os juízes) é exatamente não existir preclusão, podendo ser realizado após o prazo; **B:** Correta, sendo esse o conceito da doutrina a respeito da tutela constitutiva (aquela que cria, modifica ou extingue uma relação jurídica – como no caso do divórcio, ação desconstitutiva negativa que extingue o casamento); **C:** Incorreta, pois a legitimidade leva em consideração aquele que *se afirma* titular do direito (aquele que afirma que sofreu lesão) em face de que se *afirma* ter causado a lesão (legitimidade está presente no art. 485, VI do NCPC); **D:** Incorreta, pois essa é a preclusão *temporal*. LD
Gabarito "B".

(Procurador do Município – Prefeitura Fortaleza/CE – CESPE – 2017) Julgue os seguintes itens, relativos a ordem dos processos, incidentes e causas de competência originária dos tribunais.

(1) Situação hipotética: Ao ser intimado em cumprimento de sentença, o executado tomou conhecimento de que, após o trânsito em julgado da decisão condenatória executada, o STF considerou inconstitucional lei que amparava a obrigação reconhecida no título executivo judicial. Assertiva: Nesse caso, será cabível a utilização de ação rescisória, cujo prazo será contado do trânsito em julgado da decisão proferida pelo STF.
(2) Situação hipotética: Após distribuição de incidente de resolução de demandas repetitivas, o desembargador relator, por não identificar questão jurídica comum a diversos processos, rejeitou monocraticamente o incidente. Assertiva: Nessa situação, o relator agiu corretamente, pois estava ausente requisito legal para cabimento do incidente.

1: Correta, sendo essa uma das polêmicas inovações do NCPC quanto à AR – a previsão de um prazo para rescisão que não tenha termo inicial (art. 525, § 15. "Se a decisão referida no § 12 for proferida após o trânsito em julgado da decisão exequenda, caberá ação rescisória, *cujo prazo será contado do trânsito em julgado da decisão proferida pelo Supremo Tribunal Federal*"; sendo que o § 12 tem a seguinte redação: § 12. Para efeito do disposto no inciso III do § 1º deste artigo, considera-se também *inexigível a obrigação reconhecida em título executivo judicial fundado em lei ou ato normativo considerado inconstitucional pelo Supremo Tribunal Federal*, ou fundado em aplicação ou interpretação da lei ou do ato normativo tido pelo Supremo Tribunal Federal como incompatível com a Constituição Federal, em controle de constitucionalidade concentrado ou difuso). **2:** Errada, pois a admissibilidade do IRDR deve ser feita de forma *colegiada*, não apenas pelo relator (NCPC, art. 981. Após a distribuição, o *órgão colegiado* competente para julgar o incidente *procederá ao seu juízo de admissibilidade*, considerando a presença dos pressupostos do art. 976). LD
Gabarito 1C, 2E.

(Procurador do Município – Prefeitura Fortaleza/CE – CESPE – 2017) Julgue os itens que se seguem, referentes ao procedimento comum no processo civil.

(1) Situação hipotética: Ao receber a petição inicial de determinada ação judicial, o magistrado deferiu pedido de tutela provisória e determinou que o município réu fosse comunicado para ciência e apresentação de defesa. Assertiva: Nessa situação, a apresentação de embargos de declaração pelo réu pode interromper o prazo para contestação.
(2) A decisão de saneamento e de organização do processo estabiliza-se caso não seja objeto de impugnação pelas partes no prazo de cinco dias, vinculando a atividade jurisdicional a partir desse momento processual.
(3) No polo ativo ou passivo da reconvenção poderão ser incluídos terceiros legitimados em litisconsórcio ativo ou passivo.
(4) Em julgamento antecipado parcial de mérito, o magistrado pode reconhecer a existência de obrigação líquida ou ilíquida, e, em qualquer dessas hipóteses, a interposição de recurso contra a decisão do juiz não obsta a liquidação ou execução da decisão interlocutória de mérito, independentemente do oferecimento de caução pelo autor.

1: Errada, considerando que os embargos de declaração interrompem o prazo para interposição de outro *recurso*, e não para apresentação de contestação (NCPC, art. 1.026). **2:** Correta, sendo essa a expressa previsão constante do NCPC (art. 357, § 1º Realizado o saneamento, as partes têm o direito de pedir esclarecimentos ou solicitar ajustes, no prazo comum de 5 (cinco) dias, findo o qual *a decisão se torna estável*). **3:** Correta, sendo essa a expressa previsão constante do NCPC (art. 343, § 3º A reconvenção pode ser proposta *contra o autor e terceiro* e § 4º A reconvenção pode ser *proposta pelo réu em litisconsórcio com terceiro*). **4:** Correta, sendo essa a expressa previsão constante do NCPC (art. 356, § 1º A decisão que julgar parcialmente o mérito poderá reconhecer a existência de *obrigação líquida ou ilíquida*. § 2º A parte *poderá liquidar ou executar*, desde logo, a obrigação reconhecida na decisão que julgar parcialmente o mérito, *independentemente de caução*, ainda que haja recurso contra essa interposto). LD
Gabarito 1E, 2C, 3C, 4C.

(Procurador – IPSMI/SP – VUNESP – 2016) João ingressou com ação contra a Fazenda Pública de Itaquaquecetuba, requerendo indenização por danos morais com requerimento de concessão de tutela antecipada. Diante desse quadro, é correto afirmar que

(A) o prazo para a ré contestar deverá ser contado em dobro e caso venha a sucumbir nos autos, terá prazo quadruplicado para recorrer.
(B) o pedido de antecipação de tutela formulado por João é inepto, pois pelo princípio da reserva do possível não se admite concessão de liminares contra a Fazenda Pública.
(C) gozando a Fazenda Pública de gratuidade processual presumida, caso saia vitoriosa na ação movida por João, este não poderá ser condenado ao pagamento de custas e honorários advocatícios.
(D) caso a ação promovida por João seja julgada totalmente procedente, ainda que a Fazenda Pública não recorra, para que a sentença em regra possa produzir efeitos, necessário se fará a confirmação da decisão pelo Tribunal.
(E) a citação da Fazenda Pública no presente caso deverá ser realizada primeiramente pelo correio. Caso se veja frustrada a citação, João poderá requerer que a citação seja feita por Oficial de Justiça.

A: incorreta, pois o prazo para a Fazenda se manifestar é em dobro (NCPC, art.183); **B:** incorreta, pois é pacífico que cabem liminares contra a Fazenda Pública, apesar de existirem algumas limitações legais; **C:** incorreta, pois a Fazenda não paga custas, mas paga honorários (NCPC, art. 85, § 3º); dessa forma, se pessoa física for vencida, será condenada ao pagamento de custas e honorários; **D:** correta, tratando-se da remessa necessária (NCPC, art. 496); **E:** incorreta, pois não há citação pelo correio contra a Fazenda (NCPC, art. 247, III). LD
Gabarito "D".

(Juiz – TRF 2ª Região – 2017) Mévio ingressa com ação em face da Empresa de Correios e Telégrafos -ECT. Postula indenização, já que foi atropelado por veículo da ré. Marque a opção correta:

(A) A citação pode ser feita na pessoa do advogado geral da União.
(B) Considerando que a ré é o Correio, a citação não pode ser feita pelo correio e deve ser feita por Oficial de Justiça.
(C) Julgado procedente o pedido, a citação será, no caso, o termo inicial do fluxo dos juros de mora.
(D) A citação válida, ainda que ordenada por juiz incompetente, torna prevento do juízo.
(E) A citação válida, ainda que ordenada por juiz incompetente, produz litispendência.

A: incorreta, pois a AGU não atua em prol de empresa pública; **B:** incorreta, pois empresa pública pode ser citada pelo correio (não cabe citação por correio quando a ré for pessoa de direito público (NCPC, art. 247, III) – o que não é o caso dos Correios; **C:** incorreta, pois, nesse caso (dano decorrente de responsabilidade extracontratual), o termo inicial é o evento danoso (Súmula 54 do STJ: "Os juros moratórios fluem a partir do evento danoso, em caso de responsabilidade extracontratual."); **D:** incorreta, pois a prevenção se dá pela distribuição – mas perante juízo competente, por certo (NCPC, art. 59); **E:** correta (NCPC, art. 240 – sendo que a questão trocou a palavra "induz", constante da lei, por "produz"). LD
Gabarito "E".

(Juiz – TRF 4ª Região – 2016) Dadas as assertivas abaixo, assinale a alternativa correta. Considerando as regras do Código de Processo Civil de **2015**:

I. A suspeição e o impedimento devem ser suscitados em preliminar da contestação, e não por petição separada.
II. Há suspeição do juiz que for amigo íntimo ou inimigo do advogado de qualquer das partes.
III. O benefício da gratuidade da justiça pode ser concedido apenas parcialmente ou consistir na redução percentual das despesas processuais iniciais ou ainda no parcelamento dessas despesas e não afasta o dever de o beneficiário pagar as multas processuais que lhe sejam impostas.
IV. As espécies de intervenção de terceiros são a assistência, o chamamento ao processo, o incidente de desconsideração de personalidade jurídica e a oposição.

(A) Estão corretas apenas as assertivas I e IV.
(B) Estão corretas apenas as assertivas II e III.
(C) Estão corretas apenas as assertivas I, II e III.
(D) Estão corretas todas as assertivas.
(E) Nenhuma assertiva está correta.

I: incorreta, pois essas são as únicas defesas apresentadas fora da contestação, em petição específica (NCPC, art. 146); **II:** correta (NCPC, art. 145, I); **III:** correta (NCPC, art. 98, § 5º);

IV: incorreta, pois no NCPC oposição deixou de ser intervenção de terceiro para ser procedimento especial (NCPC, art. 682) e faltou mencionar *amicus curiae* (NCPC, art. 138). LD

Gabarito "B".

(Juiz de Direito/DF – 2016 – CESPE) Acerca dos temas resposta do réu, prazos e litisconsórcio, assinale a opção correta, de acordo com a legislação aplicável e a jurisprudência dominante do STJ.

(A) A prerrogativa de prazo em dobro para recorrer, de que trata o artigo 191, do CPC, somente se aplica quando mais de um dos litisconsortes tiver legitimidade e interesse recursal, mesmo que sejam diversos os procuradores.
(B) A exceção de incompetência deve ser arguida em petição fundamentada e instruída, devendo o excipiente indicar o juízo para o qual declina; o excepto será ouvido em dez dias e o juiz dispõe de igual prazo para decidir a exceção, sendo incabível a produção de prova testemunhal, porque a competência é matéria de direito.
(C) Havendo litisconsórcio passivo facultativo, se o autor desistir da ação quanto a algum réu ainda não citado, o prazo para resposta correrá a partir da juntada aos autos do último mandado de citação ou aviso de recebimento.
(D) O réu deverá alegar, na contestação, toda a matéria de defesa que tiver, e deverá, no mesmo prazo da contestação, arguir, por meio de exceção, a incompetência, o impedimento ou a suspeição.
(E) A reconvenção tem natureza jurídica de lide secundária e, uma vez extinta a ação principal, também se extingue a reconvenção.

A: correta. Embora a lei indique que o pressuposto para a contagem do prazo em dobro seja a existência de diferentes procuradores, nos termos do art. 229 do NCPC (corresponde ao dispositivo mencionado na alternativa, que é do CPC/1973), o STJ consignou o entendimento de que a previsão somente se aplica quando mais de um dos litisconsortes possuir legitimidade ou interesse recursal (AgInt no AREsp 883511-MT, Rel. Min. MARCO AURÉLIO BELLIZZE, j. de 18.08.2016); **B:** incorreta, pois a incompetência será alegada como questão preliminar de contestação (art. 64, NCPC); **C:** incorreta, conforme art. 335, § 2°, NCPC; **D:** incorreto, considerando o exposto na assertiva "B"; **E:** incorreta, pois, uma vez admitida, a reconvenção passa a ser autônoma, prosseguindo mesmo que não prossiga a ação (art. 343, §2°, NCPC). LD/DS

Gabarito "A".

(Procurador do Estado/AM – 2016 – CESPE) Em relação a análise de petição inicial e julgamento antecipado parcial de mérito, julgue os seguintes itens.

(1) Cabe recurso de apelação contra julgamento antecipado parcial de mérito proferido sobre matéria incontroversa.
(2) Se, ao analisar a petição inicial, o juiz constatar que o pedido funda-se em questão exclusivamente de direito e contraria entendimento firmado em incidente de resolução de demandas repetitivas, ele deverá, sem ouvir o réu, julgar liminarmente improcedente o pedido do autor.

1: incorreta, porque o recurso cabível é o agravo de instrumento (arts. 356, § 5°, e 1.015, II, do NCPC); **2:** correta (art. 332, III, NCPC). LD/DS

Gabarito 1E, 2C

(Analista – Judiciário –TRE/PI – 2016 – CESPE) Assinale a opção correta acerca dos atos processuais, da suspensão do processo e da resposta do réu.

(A) O ato do juiz que julga procedente a exceção de incompetência formulada pelo requerido é considerado uma sentença.
(B) Havendo autorização judicial expressa, qualquer ato processual poderá ser realizado fora do expediente forense ou em dias não úteis.
(C) Caso o requerido se encontre fora da sede do juízo, em outro estado da Federação, a citação pelo correio deverá ser realizada, necessariamente, via carta precatória.
(D) A arguição de suspeição e de impedimento do juiz provoca a suspensão do curso do processo, mas a arguição de incompetência só a provoca em caso de interposição de recurso contra a decisão que julga tal incidente.
(E) Nas citações realizadas por oficial de justiça, a falta da contrafé junto com o mandado de citação não vicia o ato processual nem provoca a nulidade do processo, se o réu apresentar contestação no prazo legal e não alegar esse defeito processual.

A: incorreta, pois, no NCPC, não existe mais a exceção de incompetência como um incidente autônomo, sendo certo que o tema passa a ser alegado em preliminar de contestação (arts. 64 e 337, II); **B:** incorreta, pois a possibilidade decorre de lei (art. 212, § 2°, NCPC), sendo desnecessária a autorização judicial; **C:** incorreta. A citação, neste caso, deverá ser realizada pelo correio por meio de carta registrada (arts. 247 e 248, § 1°, ambos do NCPC), sem necessidade de utilização da precatória – salvo se for um dos casos em que é vedada a citação por correio; **D:** incorreta. No que tange à suspeição/impedimento, a alternativa está correta (art. 313, III, NCPC), de modo que esta não acontece de forma automática. Quanto à incompetência, não existe incidente, de modo que a matéria deve ser alegada em preliminar de contestação (art. 64, NCPC); **E:** correta. Nesse caso, aplica-se o princípio da instrumentalidade das formas (arts. 277 e 283, NCPC). LD/DS

Gabarito "E".

(Analista – Judiciário –TRE/PI – 2016 – CESPE) Tendo em vista que, em uma relação processual, o pronunciamento de mérito está condicionado ao cumprimento de algumas formalidades, tais como a atuação do órgão jurisdicional competente e o tempo dessa atuação, as condições da ação e os pressupostos processuais, assinale a opção correta.

(A) Transcorrido o prazo legal sem que o jurisdicionado ingresse em juízo para proteger seu direito, opera-se a preclusão do direito de ação.
(B) Quando a ação for considerada intransmissível por disposição legal, a morte de um dos sujeitos da relação processual provocará a extinção do processo sem resolução de mérito.
(C) Para não contrariar o princípio da inércia da jurisdição, segundo o qual a jurisdição deve ser provocada, é vedado ao juiz determinar, de ofício, a produção de provas.
(D) A jurisdição voluntária pode ser exercida extrajudicialmente em casos expressamente autorizados pelo ordenamento jurídico vigente, como nos casos de inventário ou divórcio extrajudiciais.
(E) O defeito ou a ausência de representação na relação processual provoca, por falta de uma das condições da ação, a extinção do processo sem resolução de mérito.

A: incorreta, pois o não ajuizamento da demanda importa, com o passar do tempo, na prescrição (art. 189, CC). Preclusão é a perda do poder ou faculdade processual; **B:** correta (art. 485, IX, NCPC); **C:** incorreta, pois o juiz pode determinar, de ofício, a produção das provas necessárias ao julgamento, considerando seus poderes instrutórios (art. 370, NCPC); **D:** incorreta. Divórcio e inventário são procedimentos que de fato podem ser realizados de forma extrajudicial, se não houver conflito. Contudo, inventário é jurisdição contenciosa e não voluntária (art. 620, NCPC); **E:** incorreta, pois essa falha processual se refere a pressupostos processuais e não a condições da ação – que somente são legitimidade e interesse. LD/DS

Gabarito "B".

(Analista Judiciário – TRT/8ª – 2016 – CESPE) Pedro e Caio, domiciliados em Macapá – AP, foram vítimas de acidente automobilístico em uma rodovia. Supostamente, o acidente foi provocado por Rafael, domiciliado em Belém – PA. As vítimas propuseram, separadamente, ações de indenização contra Rafael na justiça comum de Macapá.
A respeito dessa situação hipotética, assinale a opção correta de acordo com disposições do CPC.

(A) Pedro e Caio poderiam ter optado por ingressar em litisconsórcio ativo, caso em que seriam considerados como litigantes distintos em suas relações com a parte adversa, por força do princípio da autonomia dos litisconsortes.
(B) Como a demanda indenizatória foi proposta na justiça comum, o processo deverá seguir necessariamente o procedimento ordinário, rito que viabiliza o contraditório e a ampla defesa ao réu nessa situação.
(C) A citação do réu deve ser feita necessariamente por oficial de justiça: o CPC veda a citação por via postal nas ações de ressarcimento por danos causados em acidente de veículo de via terrestre.
(D) Caso Rafael interponha oportunamente exceção de incompetência relativa, o juiz deve declinar de sua competência.
(E) Caso as ações sejam distribuídas para órgãos judicias distintos, os processos poderão ser posteriormente reunidos em razão da existência de continência.

Atenção: no NCPC não mais existe um rito ordinário ou sumário, mas somente procedimento comum; **A:** correta, porquanto a hipótese revela situação que permite a formação de litisconsórcio ativo, pois há afinidade de questões por ponto comum de fato (art. 113, III, do NCPC); **B:** incorreta, pois não há mais o rito ordinário, mas apenas o procedimento comum (art. 318). De qualquer forma, no CPC/1973 a hipótese era de utilização do rito sumário (art. 275, II, "d", CPC/73); **C:** incorreto, pois a regra é a citação por via postal (art. 246 do NCPC), sendo certo que a hipótese não se encontra em nenhuma das exceções previstas no art. 247 do NCPC; **D:** incorreto, pois a ação foi ajuizada no foro correto, conforme regra do art. 53, V, do NCPC. Ademais, incompetência relativa, no NCPC, é alegada em preliminar de contestação, não mais existindo exceção (art. 337, II); **E:** incorreta. Embora se possa aventar a possibilidade de reunião dos processos neste caso, o fundamento não seria de continência, mas de conexão. Há continência quando se tem identidade entre partes e causa de pedir, sendo que o pedido de uma das causas, por ser mais amplo, abrange o das demais (art. 56, NCPC); não é esse o caso. LD/DS

Gabarito "A".

(Analista Judiciário – TRT/8ª – 2016 – CESPE) No que se refere à atuação dos sujeitos processuais e ao procedimento ordinário previsto no CPC, assinale a opção correta.

(A) Somente mediante expresso requerimento das partes é permitido ao juiz realizar o julgamento antecipado da lide, sob pena de violação ao princípio constitucional do devido processo legal.
(B) O réu revel, ainda que compareça extemporaneamente ao processo, não receberá intimações e ficará impedido de praticar atos processuais, inclusive, interpor recurso.

(C) De acordo com o CPC, a petição inicial será considerada inepta se a parte for manifestamente ilegítima ou se faltar ao autor o interesse em agir.
(D) O Ministério Público, atuando como parte ou como fiscal da lei, deve ser intimado de todos os atos do processo, além de poder produzir provas e ter legitimidade para interpor recurso.
(E) A decisão do juiz pelo indeferimento total da petição inicial possui natureza interlocutória e deve ser impugnada por intermédio do recurso de agravo de instrumento.

Atenção: no NCPC não mais existe um rito ordinário ou sumário, mas somente procedimento comum. **A:** incorreta, pois o julgamento antecipado independe de requerimento das partes, sendo possível quando o juiz verificar uma das hipóteses do art. 355 do NCPC; **B:** incorreta. A consequência da revelia é a presunção de veracidade em relação aos fatos alegados pelo autor (art. 344 do NCPC), mas o revel poderá intervir no processo em qualquer fase, recebendo-o no estado em que se encontrar (parágrafo único do art. 346 do NCPC); **C:** incorreta. Nos termos do § 1º do art. 330 do NCPC, a inépcia da inicial ocorre quando: (i) há ausência de pedido ou causa de pedir; (ii) o pedido é indeterminado, com ressalva quanto às hipóteses legais em que se permite a realização de pedido genérico; (iii) os fatos narrados não permitem conclusão lógica; e (iv) houver pedidos incompatíveis entre si; **D:** correta (art. 179 do NCPC); **E:** incorreta, pois a decisão de indeferimento da petição inicial possui natureza de sentença (art. 203, § 1º, c.c. art. 485, I, do NCPC) e deve ser impugnada por meio de apelação (art. 331 do NCPC). LD/DS
Gabarito "D".

(Analista Judiciário – TRT/8ª – 2016 – CESPE) De acordo com as normas previstas no Código de Processo Civil (CPC), assinale a opção correta acerca do processo e do procedimento.
(A) A pessoa casada necessita do consentimento de seu cônjuge para propor ação de consignação em pagamento referente a contrato de alienação fiduciária de automóvel.
(B) A procuração geral para o foro pode ser outorgada por instrumento particular, independentemente de reconhecimento de firma pela parte, e habilita o advogado a interpor recurso de apelação.
(C) O magistrado somente pode condenar o réu por litigância de má-fé se houver expresso requerimento da parte autora nesse sentido, sob pena de violação ao princípio da demanda.
(D) A questão preliminar é aquela cuja decisão influencia o teor da decisão do mérito como, por exemplo, a questão jurídica incidental referente à existência de relação de paternidade em uma ação de alimentos.
(E) Em decorrência do princípio da razoável duração do processo, o juiz possui a faculdade de prolatar sentença ilíquida, mesmo que o autor tenha formulado pedido certo e determinado.

A: incorreta, pois o consentimento só é necessário em ações que versem sobre direito real imobiliário (art. 73 do NCPC), o que não é o caso; **B:** correta, nos termos do art. 104 do NCPC; **C:** incorreta, pois a condenação em litigância de má-fé pode ser imposta de ofício pelo magistrado (art. 142 do NCPC); **D:** incorreto, pois a questão *preliminar*, de ordem processual, não influencia o mérito, mas eventualmente acarreta a própria extinção do processo, sem resolução do mérito (arts. 337 e 485 do NCPC). O exemplo narrado na alternativa se refere a questão *prejudicial* (§ 1ª do art. 503 do NCPC); **E:** no CPC/1973 havia vedação expressa a essa possibilidade (art. 459, parágrafo único). No NCPC, não houve a repetição expressa desse artigo. Mas a alternativa é incorreta considerando (i) a necessidade de congruência entre pedido e sentença (art. 492 do NCPC) e (ii) a Súmula 318/STJ ("Formulado pedido certo e determinado, somente o autor tem interesse recursal em arguir o vício da sentença ilíquida"), até o momento não revogada. A observar se haverá alguma mudança jurisprudencial. LD/DS
Gabarito "B".

(Analista Jurídico – TCE/PR – 2016 – CESPE) Com referência ao processo, ao procedimento comum e à intervenção de terceiros, assinale a opção correta de acordo com o Código de Processo Civil (CPC).
(A) De acordo com o CPC, sentença é o pronunciamento do magistrado que, com ou sem resolução do mérito, extingue o processo em primeiro grau. Os demais atos decisórios do juiz singular possuem natureza interlocutória.
(B) A impugnação da parte principal ao requerimento de ingresso do assistente dá ensejo à suspensão do processo principal até que sobrevenha decisão do juiz quanto ao incidente processual relativo ao ingresso do assistente.
(C) No procedimento comum, a ausência injustificada do réu à audiência de conciliação acarreta a decretação de sua revelia e a consequente presunção de veracidade dos fatos alegados pelo autor na petição inicial.
(D) No procedimento comum, contestação e reconvenção devem ser apresentadas em uma única peça processual, ressalvada ao réu a possibilidade de apresentar reconvenção isoladamente caso não deseje contestar.
(E) O pedido de desconsideração da personalidade jurídica deve ser formulado no momento da propositura da ação, sendo vedado o ingresso superveniente do sócio no processo após a estabilização da demanda.

A: incorreta, pois, pelo NCPC, a sentença é o pronunciamento por meio do qual o juiz, com fundamento nos arts. 485 e 487, NCPC, põe fim à fase cognitiva do procedimento comum, bem como extingue a execução (art. 203, §1º); **B:** incorreto, pois a petição de ingresso de assistente não dá ensejo à suspensão do processo (art. 120, parágrafo único, NCPC); **C:** incorreto. De acordo com o §8º do art. 334 do NCPC, o não comparecimento injustificado do autor ou do réu à audiência de conciliação é considerado ato atentatório à dignidade da justiça e será sancionado com multa de até dois por cento da vantagem econômica pretendida ou do valor da causa, revertida em favor da União ou do Estado; **D:** correto, conforme se afere do art. 343, *caput* e § 6º, NCPC; **E:** incorreto, pois o pedido pode ser realizado em todas as fases do processo (art. 134, NCPC). LD/DS
Gabarito "D".

(Analista Jurídico –TCE/PA – 2016 – CESPE) No que diz respeito às normas processuais, aos atos e negócios processuais e aos honorários de sucumbência, julgue os itens que se seguem, com base no disposto no novo Código de Processo Civil.
(1) As partes capazes podem, antes ou durante o processo, convencionar sobre os seus ônus, poderes, faculdades e deveres processuais, sendo sempre indispensável a homologação judicial para a validade do acordo processual.
(2) Em observância ao princípio da primazia da decisão de mérito, o magistrado deve conceder à parte oportunidade para, se possível, corrigir vício processual antes de proferir sentença terminativa.
(3) No que se refere à comunicação dos atos processuais, aplica-se às entidades da administração pública direta e indireta a obrigatoriedade de manter cadastro nos sistemas de processo em autos eletrônicos, para o recebimento de citações e intimações, que serão preferencialmente realizadas por meio eletrônico.
(4) A nulidade decorrente da falta de intervenção do Ministério Público como fiscal da ordem jurídica nos processos em que deveria atuar como tal somente pode ser decretada após a manifestação do membro do Ministério Público sobre a existência ou inexistência de prejuízo.

1: incorreta, pois não há necessidade de homologação judicial para o negócio jurídico processual, apenas havendo posterior controle de validade pelo juiz (art. 190, *caput* e parágrafo único, NCPC); **2:** correta, conforme art. 317 do NCPC; **3:** correta, nos termos do §1º do art. 246 do NCPC; **4:** correta, tratando-se de inovação prevista no NCPC, art. 279, §2º. LD/DS
Gabarito 1E, 2C, 3C, 4C.

(FGV – 2015) O processo eletrônico disciplinado pela Lei 11.419/2006 vem sendo implementado em larga escala no território nacional, com o propósito de conferir maior celeridade e proporcionar economia processual. Os Tribunais vêm normatizando internamente algumas questões peculiares no que tange a essa sistemática virtual da prestação jurisdicional, conforme vão surgindo controvérsias procedimentais. Entretanto, alguns pontos são claros e precisos no texto legal.
A esse respeito, é correto afirmar que
(A) os atos processuais por meio eletrônico são considerados realizados no dia e na hora de seu envio ao sistema do Poder Judiciário, motivo pelo qual, para atender o prazo processual, as petições eletrônicas serão consideradas tempestivas se enviadas nos dias úteis, até as 20 (vinte) horas, nos termos estabelecidos no Código de Processo Civil.
(B) os documentos produzidos eletronicamente, atendidas as formalidades impostas por lei, serão considerados originais para todos os efeitos legais, e qualquer arguição de falsidade do documento original deve ser obrigatoriamente processada na forma de processo físico, sem suspensão do processo eletrônico.
(C) os autos de processos eletrônicos somente poderão ser remetidos a outro juízo se houver sistema compatível, sendo expressamente vedada a conversão do sistema eletrônico em material impresso em papel e a nova autuação, salvo se de natureza criminal ou trabalhista.
(D) os atos judiciais publicados eletronicamente substituem qualquer outro meio de publicação oficial para efeito legal, salvo os casos em que, por imposição legal, tenham que ser realizadas a intimação ou a vista pessoal, ou em casos excepcionais e urgentes que justifiquem a realização do ato processual por outro meio determinado pelo juiz, considerando-se como data da publicação eletrônica o primeiro dia útil seguinte ao da sua disponibilização, dando-se início ao prazo processual no primeiro dia útil seguinte à data da publicação.

A: incorreta, considerando que as petições podem ser enviadas até as 24h do último dia, e não até 20h (NCPC, art. 213 e Lei 11.419/2006, art. 10, § 1º); **B:** incorreta, porque a "arguição de falsidade do documento original será processada eletronicamente na forma da lei processual em vigor" (Lei 11.419/2006, art. 10, § 2º); **C:** incorreta, pois os processos eletrônicos que tiverem de ser remetidos a outro juízo que não for eletrônico deverão ser impressos em papel e autuados conforme o CPC (Lei 11.419/2006, art. 12, § 2º); **D:** correta (NCPC, art. 224, §§ 2º e 3º e Lei 11.419/2006, art. 4º, §§ 3º e 4º). LD/FC
Gabarito "D".

(FGV – 2014) Adamastor ingressou com ação indenizatória em face de determinada operadora de telefonia fixa, argumentando ausência de relação contratual e inscrição indevida de seu nome no cadastro de proteção ao crédito. Em contestação, a ré apresentou o contrato firmado entre as partes dezoito meses antes e comprovou a falta de pagamento das faturas dos últimos três meses. Em réplica, Adamastor alegou que fez o pedido da linha, mas que seu irmão teria feito uso do serviço, restando indevida a inscrição do seu nome no cadastro de devedores. Nesse caso, concluída a fase probatória, considerando apenas o aspecto processual, o processo deve ser extinto

(A) sem resolução do mérito, em razão da ausência de pressupostos processuais de existência do processo, já que a parte autora não tem legitimidade para a causa.
(B) com resolução do mérito, julgando-se improcedente o pedido, haja vista a evidente demonstração de fato extintivo e modificativo do direito do autor, que decorre da ausência de responsabilidade civil nesses casos.
(C) sem resolução do mérito, por restarem ausentes as condições da ação no que tange ao interesse processual, caracterizado pelo binômio-necessidade, além da ilegitimidade da parte autora.
(D) com resolução do mérito, julgando-se improcedente o pedido, já que a parte ré apontou fato impeditivo do direito do autor por ter prestado os serviços adequadamente, comprovando a relação contratual válida existente e a inadimplência.

A: incorreta, pois a condição da ação legitimidade de partes está presente, considerando o consumidor de um lado e a empresa de telefonia do outro; B: incorreta, pois a alegação da defesa não é fato extintivo ou modificativo – mas sim impeditivo (NCPC, art. 350); C: incorreta, pois tanto há legitimidade (alternativa "A"), como necessidade da movimentação da máquina jurisdicional (já que há alegação de inscrição indevida); D: correta, pois a situação narrada é de fato impeditivo do direito do autor (NCPC, art. 350).
Gabarito "D".

13. TEORIA GERAL DOS RECURSOS

(Escrevente - TJ/SP - 2018 - VUNESP) Com relação ao direito de recorrer, assinale a alternativa correta.
(A) A renúncia ao direito de recorrer depende da aceitação da outra parte.
(B) A parte que aceitar tacitamente a decisão poderá recorrer, se ainda no prazo recursal.
(C) Dos despachos cabem os recursos de agravo de instrumento ou embargos de declaração.
(D) A desistência do recurso não impede a análise de questão cuja repercussão geral já tenha sido reconhecida.
(E) O recorrente, para desistir do recurso, necessitará da anuência de seus litisconsortes.

A questão trata do requisito de admissibilidade recursal negativo "fato impeditivo ao recurso", que engloba a desistência, renúncia e concordância. A: Incorreta, porque a renúncia é ato de disposição da parte que independe de aceitação da parte contrária (NCPC, art. 999); B: Incorreta, visto que a aceitação, expressa ou tácita, impossibilita a interposição de recurso, em decorrência da preclusão lógica – sendo esse caso de concordância (NCPC, art. 1.000); C: Incorreta, porque os despachos não possuem conteúdo decisório, razão pela qual contra eles não é possível a interposição de qualquer recurso (NCPC, art. 1.001); D: Correta, sendo essa uma das inovações do NCPC (NCPC, art. 998, parágrafo único); E: Incorreta, pois a desistência independe de concordância dos demais (NCPC, art. 998, "caput").
Gabarito "D".

(Defensor Público – DPE/SC – 2017 – FCC) O autor de uma ação deixou de comparecer à audiência de tentativa de conciliação, razão pela qual o juiz impôs-lhe multa. Diante desta decisão,
(A) há previsão expressa de cabimento de apelação contra tal decisão, de modo que cabe ao interessado o ônus de recorrer no prazo de quinze dias a partir da intimação da decisão que impôs a multa, sob pena de preclusão.
(B) não há previsão expressa de recurso imediato, mas não haverá preclusão imediatamente, de modo que a questão poderá ser suscitada em preliminar de apelação contra a decisão final, ou nas contrarrazões.
(C) é irrecorrível e, assim, também não se submete a preclusão e pode ser revista em qualquer momento do processo, inclusive em recursos ordinários, por meio de simples petição.
(D) há previsão expressa de cabimento de agravo de instrumento, de modo que cabe ao interessado o ônus de recorrer no prazo de quinze dias a partir da intimação desta decisão, sob pena de preclusão.
(E) não há previsão expressa de recurso imediato, mas não haverá preclusão, de modo que a decisão poderá ser suscitada em preliminar de apelação contra a decisão final e desde que esta seja desfavorável ao autor.

Aplicada a multa em virtude da ausência à audiência (NCPC, art. 334, § 8°), trata-se de decisão interlocutória. Essa decisão não está no rol do art. 1.015, de modo que não cabe agravo de instrumento. Assim, será possível impugnar essa decisão em conjunto com a sentença, em preliminar de apelação (NCPC, art. 1.009, § 1°).
Gabarito "B".

(Defensor Público – DPE/PR – 2017 – FCC) A respeito da disciplina do agravo de instrumento, segundo o Código de Processo Civil,
(A) não caberá agravo de instrumento contra decisão terminativa que diminui objetivamente a demanda.
(B) caberá agravo de instrumento da decisão sobre a competência absoluta ou relativa.
(C) as decisões interlocutórias não impugnáveis por agravo de instrumento tornam-se irrecorríveis, não podendo ser impugnadas em nenhum outro momento processual.
(D) caberá agravo de instrumento da decisão que indefere a produção de prova pericial.
(E) caberá agravo de instrumento da decisão que redistribui o ônus da prova.

A: Incorreta. A alternativa trata da situação em que um dos pedidos é afastado (o enunciado não deixa claro se com ou sem resolução de mérito). De qualquer forma, nesse caso, como o processo não é extinto, o recurso cabível é o agravo (NCPC, art. 354 e 356); B: Incorreta pela lei, pois a hipótese não está no rol do art. 1.015 do NCPC (apesar disso, já há decisões que admitem agravo de instrumento nesse caso, mesmo do STJ – REsp 1679909, nov/17); C: Incorreta. Se a decisão interlocutória não está no rol do art. 1.015, a forma de impugná-la é em preliminar de apelação (NCPC, art. 1.009, § 1°); D: Incorreta, pois a hipótese não está no rol do art. 1.015 do NCPC; E: Correta, pois essa decisão está no rol do art. 1.015 – inciso XI.
Gabarito "E".

(Defensor Público – DPE/PR – 2017 – FCC) A Defensoria Pública patrocina demanda em que o assistido vem a sucumbir em primeira instância, motivando a interposição de recurso. No Tribunal, este recurso vem a ser improvido, cujo acórdão viola diretamente a Constituição Federal. Por esta razão, é interposto recurso extraordinário dentro do prazo processual e com a observância de todos os pressupostos recursais. Ocorre que, passado mais de um ano da sua interposição, o aludido recurso sequer teve seu juízo de admissibilidade apreciado pelo Presidente do Tribunal local. Em face desta situação hipotética, a medida cabível e mais adequada para o seguimento do recurso interposto é a
(A) interposição de agravo regimental.
(B) interposição de agravo.
(C) interposição de agravo interno.
(D) propositura de reclamação.
(E) correição parcial.

Tem-se, no caso, uma situação em que o RE ainda não foi admitido. Assim, como não há efetivamente decisão (mas sim ausência dela), não cabe qualquer recurso, o que afasta a possibilidade das alternativas iniciais. Tem-se, com a omissão, uma usurpação da competência do STF (que impede o tribunal de apreciar o recurso). Assim, a solução mais adequada, do ponto de vista processual, seria a utilização da reclamação (NCPC, art. 988, I).
Gabarito "D".

(Defensor Público – DPE/PR – 2017 – FCC) Acerca do incidente de resolução de demandas repetitivas e dos recursos, considere:
I. É admitida a revisão de tese jurídica firmada em incidente de resolução de demandas repetitivas – IRDR, cuja legitimidade de deflagrá-la é outorgada somente ao mesmo Tribunal, de ofício, ou ao Ministério Público e à Defensoria Pública.
II. Segundo a doutrina, o terceiro prejudicado pode interpor apelação em face da sentença deduzindo fatos novos e apresentando provas tendentes a comprová-los, inclusive com a possibilidade de pleitear outras provas em grau recursal.
III. Assim como a parte que sucumbiu parcialmente, o terceiro prejudicado e o Ministério Público podem interpor recurso adesivo quando intimados para apresentar contrarrazões de apelação.
IV. O legislador permite o exercício do juízo de retratação no recurso de apelação somente nos casos de sentença de indeferimento da inicial, de improcedência liminar do pedido e da que reconhecer a existência de perempção, de litispendência ou de coisa julgada.
V. Representa violação ao princípio do juízo natural a alteração da qualificação jurídica sobre os contornos fáticos informados na sentença, cuja apelação, se assim interposta, não deverá ser conhecida.

Está correto o que se afirma APENAS em
(A) III e IV.
(B) II e V.
(C) I e II.
(D) I, II, III e IV.
(E) I.

I: Correta, sendo essa a previsão legal (NCPC, art. 986); II: Correta. A legislação admite o recurso de terceiro prejudicado (NCPC, art. 996) e parte da doutrina admite a produção de prova por parte de terceiro (mas não se trata de entendimento unânime); III: Incorreta, não existindo previsão legal nesse sentido (NCPC, art. 997, caput e seus parágrafos); IV: Incorreta, pois cabe reconsideração em qualquer decisão de extinção sem mérito (NCPC, art. 485, § 7º); V: Incorreta. A mudança da qualificação jurídica não é sequer alteração da causa de pedir, de modo que está inserida no efeito devolutivo.
Gabarito "C".

(Juiz – TRF 2ª Região – 2017) Caio ajuíza demanda em face de empresa pública. Formula dois pedidos e lastreia o pedido "a" na tese "x", firmada em Incidente de Resolução de Demandas Repetitivas, julgada recentemente pelo TRF-2ª Região. Ao apreciar a petição inicial, o juiz profere decisão parcial de mérito, sem mencionar a tese "x", julgando improcedente o pedido "a", por considerar a matéria unicamente de direito e por já ter proferido anteriormente sentença sobre a mesma matéria. No mesmo ato, determina que o feito prossiga, em relação ao outro pedido, com a citação da ré. O caso é típico de cabimento do seguinte recurso:

(A) Apelação.
(B) Agravo interno.
(C) Reclamação perante o TRF.
(D) Embargos de declaração.
(E) Correição parcial.

O enunciado traz hipótese de julgamento antecipado parcial de mérito (decisão interlocutória), que é impugnável por agravo de instrumento (NCPC, art. 356, § 5º),sendo que esse recurso *não é* mencionado na resposta. Sendo assim, a opção que resta é a utilização dos embargos de declaração, para apontar a omissão na não apreciação de uma das teses, fixada em IRDR (NCPC, art. 1.022, parágrafo único, I), de modo que correta a alternativa "D". Vale destacar que nem reclamação nem correição são recursos, à luz do art. 994 do NCPC (princípio da taxatividade).
Gabarito "D".

(Juiz – TJ-SC – FCC – 2017) Em uma ação de despejo por falta de pagamento julgada procedente, o locatário interpõe apelação, à qual se nega provimento por maioria de votos. Nesse caso:

(A) o julgamento terá prosseguimento em sessão a ser designada com a presença de outros julgadores, que serão convocados nos termos previamente definidos no regimento interno, em número suficiente para garantir a possibilidade de inversão do resultado inicial, assegurado às partes e a eventuais terceiros o direito de sustentar oralmente suas razões perante os novos julgadores, entretanto, sendo possível prosseguimento do julgamento dar-se-á na mesma sessão.
(B) não haverá prosseguimento do julgado, uma vez que a maioria negava provimento ao apelo; somente se fosse dado provimento ao apelo, por maioria, é que necessária e automaticamente ocorreria o prolongamento do julgamento.
(C) não haverá prosseguimento do julgado, uma vez que a maioria negava provimento ao apelo; somente se fosse provido o apelo, por maioria, e a requerimento expresso da parte, é que ocorreria o julgamento estendido do processo.
(D) haverá o prosseguimento do julgamento, pois atualmente não mais se exige o provimento majoritário do apelo; no entanto, será preciso requerimento expresso da parte a quem beneficiaria a reversão do julgado.
(E) não haverá o prosseguimento do julgamento, pois foram extintos os embargos infringentes, cabendo apenas a oposição de embargos de declaração e, julgados estes, a interposição de recursos especial e extraordinário.

No caso de decisão por maioria de votos, não há mais, no NCPC, o recurso de embargos infringentes. Mas no lugar ingressou a técnica do julgamento estendido (art. 942), que independe da vontade das partes e acarreta a vinda de novos julgadores para proceder à sequência do julgamento do recurso. A alternativa "A" reproduz exatamente o art. 942, sendo que as demais alternativas não encontram base na lei. A "B" está errada pois não há essa previsão na lei (apesar de ser defendida por parte da doutrina); a "C" e "D" estão erradas pois fala em *requerimento da parte* e a "E" não trata do julgamento estendido.
Gabarito "A".

(Defensor Público – DPE/MT – 2016 – UFMT) Sobre os recursos no Código de Processo Civil (CPC/2015), assinale a afirmativa correta.

(A) Cabem embargos infringentes quando o acórdão não unânime houver reformado, em grau de apelação, a sentença de mérito.
(B) Cabe recurso de agravo de instrumento contra a decisão que negar o pleito de produção de prova pericial, formulado na petição inicial.
(C) Não cabe recurso de agravo de instrumento contra a decisão que inverte o ônus da prova, podendo, todavia, ser impugnada por meio de recurso de apelação, após a prolação de sentença.
(D) As questões resolvidas na fase de conhecimento, se a decisão a seu respeito não comportar agravo de instrumento, poderão ser suscitadas pelo apelado em contrarrazões.
(E) Das decisões interlocutórias proferidas em audiência admitir-se-á interposição oral do agravo retido, a constar do respectivo termo, expostas sucintamente as razões que justifiquem o pedido de nova decisão.

A: incorreto. No NCPC, os embargos infringentes deixam de existir. O que existe, no caso de votação por maioria, é a técnica do julgamento estendido (NCPC, art. 942). **B:** incorreto, pois não há previsão de agravo de instrumento para essa hipótese (NCPC, art. 1.015). Sendo assim, essa decisão poderá impugnada em preliminar de apelação ou contrarrazões (NCPC, art. § 1º do art. 1.009). **C:** incorreto, pois há previsão expressa de agravo de instrumento para essa decisão (NCPC, art. 1.015, XI). **D:** correto, sendo essa a previsão do NCPC para os casos que, no CPC/1973, era possível o agravo retido (NCPC, art. 1.009, § 1º); **E:** incorreto, pois, como já exposto, o agravo retido deixa de existir no NCPC (vide alternativa "D").
Gabarito "D".

(Defensor Público – DPE/MT – 2016 – UFMT) Acerca dos precedentes no Código de Processo Civil (CPC/2015), marque V para as afirmativas verdadeiras e F para as falsas.

( ) Autorizam o julgamento de improcedência liminar do pedido: os enunciados de súmula do Supremo Tribunal Federal e do Superior Tribunal de Justiça, acórdãos proferidos pelo Superior Tribunal de Justiça e Supremo Tribunal Federal em julgamento de recursos repetitivos, entendimento firmado em incidente de resolução de demandas repetitivas ou de assunção de competência e enunciado de súmula de Tribunal de Justiça sobre direito local.

( ) Caberá reclamação da parte interessada ou do Ministério Público para garantir a observância de enunciado de súmula vinculante, de decisão do Supremo Tribunal Federal em controle concentrado de constitucionalidade, de acórdão proferido em julgamento de incidente de resolução de demandas repetitivas ou de incidente de assunção de competência.

( ) Nos Tribunais, poderá o relator negar provimento a recurso que for contrário à súmula do Supremo Tribunal Federal, do Superior Tribunal de Justiça ou do próprio tribunal, acórdão proferido pelo Supremo Tribunal Federal ou pelo Superior Tribunal de Justiça em julgamento de recursos repetitivos e entendimento firmado em incidente de resolução de demandas repetitivas ou de assunção de competência.

( ) Os órgãos fracionários dos tribunais não submeterão ao plenário ou ao órgão especial a arguição de inconstitucionalidade quando já houver pronunciamento do Supremo Tribunal Federal, do Superior Tribunal de Justiça, do próprio tribunal ou acórdão proferido em incidente de resolução de demandas repetitivas ou de assunção de competência.

( ) A reclamação poderá ter como objeto sentença, quando for destinada a garantir a observância de acórdão proferido em julgamento de recursos extraordinário ou especial repetitivos.

Assinale a sequência correta.

(A) F, V, F, V, F
(B) F, F, V, F, F
(C) V, F, V, V, V
(D) V, F, F, V, V
(E) V, V, V, F, F

Assertiva 1: Verdadeira (NCPC, art. 332); **Assertiva 2:** Verdadeira (NCPC, art. 988, III e IV – com redação da Lei 13.256/2016); **Assertiva 3:** Verdadeira (NCPC, art. 932, IV, "a", "b" e "c"); **Assertiva 4:** Falsa, pois os órgãos fracionários só *não submeterão* ao plenário ou ao órgão especial a arguição de inconstitucionalidade quando já houver pronunciamento *destes ou do plenário do STF* sobre a questão (NCPC, art. 949, parágrafo único), de modo que a assertiva incorre em erro ao incluir o STJ e acórdão proferido em IRDR ou de assunção de competência; **Assertiva 5:** Falsa, pois, neste caso, seria necessário esgotar as instâncias recursais ordinárias, conforme art. 988, § 5º, II, do NCPC. Ou seja, antes da reclamação deverá ser interposta a apelação e esgotar os recursos eventualmente cabíveis no tribunal intermediário.
Gabarito "E".

(Defensor Público – DPE/BA – 2016 – FCC) Analise as proposições abaixo, a respeito dos recursos:

I. Os recursos impedem, em regra, a eficácia da decisão, salvo disposição legal ou decisão judicial em sentido contrário.
II. O recorrente pode desistir do recurso sem a anuência do recorrido ou dos litisconsortes, mas a desistência não impede a análise de questão cuja repercussão geral já tenha sido reconhecida e daquela objeto de julgamento de recursos extraordinários ou especiais repetitivos.
III. Excetuados os embargos de declaração, o prazo para interpor os recursos e para responder-lhes é de quinze dias.
IV. Os embargos de declaração possuem efeito suspensivo da eficácia da decisão e do prazo para a interposição de outros recursos.

Está correto o que se afirma APENAS em

(A) I, III e IV.
(B) I, II e IV.
(C) III.

(D) II e IV.
(E) II e III.

I: incorreto, pois a previsão legislativa é no sentido inverso, de que a interposição de recursos *não impede*, em regra, a eficácia da decisão, salvo disposição legal ou decisão judicial em sentido contrário (NCPC, art. 995); **II:** correto, sendo a parte final da proposição novidade do NCPC (art. 998, "caput" e parágrafo único); **III:** correto (NCPC, art. 1.003, § 5º); **IV:** incorreto, pois os embargos de declaração não possuem efeito suspensivo e *interrompem* o prazo para a interposição de recurso (NCPC, art. 1.026).
Gabarito "E".

(Defensor Público – DPE/ES – 2016 – FCC) Em uma ação proposta com pedido de condenação a indenização por danos materiais e danos morais, após a apresentação de contestação, o magistrado entende que o primeiro pedido restou incontroverso, e, por isso, condenou o réu ao pagamento dos danos materiais comprovados e, no mesmo ato, determinou o prosseguimento da ação somente em relação aos danos morais. Esta decisão tem natureza jurídica de

(A) sentença final de mérito e, portanto, desafia recurso de apelação.
(B) julgamento antecipado parcial de mérito e, portanto, desafia recurso de agravo de instrumento.
(C) julgamento antecipado parcial de mérito e, portanto, desafia recurso de apelação.
(D) tutela provisória incidental de urgência e, portanto, desafia recurso de agravo de instrumento.
(E) tutela provisória incidental da evidência, mas não apresenta recorribilidade imediata, pois não comporta recurso de agravo de instrumento, mas apenas apelação após a sentença final.

Trata-se de julgamento antecipado parcial do mérito, com previsão no art. 356, I do NCPC. E, nesse caso, como o processo como um todo não é concluído, não se trata de sentença (pois prossegue a fase cognitiva do procedimento comum). Dessa decisão, por expressa previsão legal, o recurso cabível é o agravo de instrumento (NCPC, art. 356, § 5º).
Gabarito "B".

(Defensor Público – DPE/ES – 2016 – FCC) Sobre o sistema recursal no novo Código de Processo Civil

(A) o Superior Tribunal de Justiça deverá negar seguimento ao recurso especial que suscite o conhecimento de questão constitucional.
(B) são cabíveis embargos infringentes contra acórdão não unânime que tenha reformado, em grau de apelação, a sentença de mérito, ou houver julgado procedente ação rescisória.
(C) os recursos não impedem a eficácia da decisão, salvo disposição legal ou decisão judicial em sentido diverso, mas a apelação, como regra, tem efeito suspensivo.
(D) as decisões interlocutórias que não se enquadram nas hipóteses de cabimento do agravo de instrumento são irrecorríveis, razão pela qual podem ser atacadas por mandado de segurança contra ato judicial.
(E) o recurso especial tem seu juízo de admissibilidade realizado exclusivamente pelo próprio Superior Tribunal de Justiça.

A: incorreto, pois se o relator, no STJ, entender que o recurso especial envolve questão constitucional, deverá conceder prazo de quinze dias para que o recorrente adeque o recurso para ser apreciado como RE pelo STF – ou seja, a hipótese é de fungibilidade e não de não conhecimento (NCPC, art. 1.032). **B:** incorreto. No NCPC, os embargos infringentes deixam de existir, de modo que no caso de voto vencido, passa a ser prevista a técnica do julgamento estendido (NCPC, art. 942). **C:** correto (NCPC, arts. 995 e 1.012). **D:** incorreto, pois as questões resolvidas na fase de conhecimento, se a decisão a seu respeito não comportar agravo de instrumento, poderão ser suscitadas em preliminar de apelação ou contrarrazões (art. art. 1.009, § 1º, do NCPC). **E:** incorreto, pois há duplo juízo de admissibilidade, conforme art. 1.030 do NCPC (a assertiva era correta na redação original do NCPC – mas houve alteração com a Lei 13.256/2016, que restaurou a sistemática que era prevista no CPC/1973).
Gabarito "C".

(Defensor Público – DPE/ES – 2016 – FCC) Com o advento no novo Código de Processo Civil, alguns entendimentos jurisprudenciais pacíficos e mesmo súmulas editadas à luz da legislação revogada, perderam a sua fundamentação jurídica e, portanto, não mais poderão persistir no ordenamento jurídico. O *overrulling*, como técnica adequada de aplicação dos precedentes

(A) depende da modificação legislativa e somente é aplicável após a revogação da Súmula pelo próprio Tribunal que a editou.
(B) consiste na revisão de precedentes que foram elaborados a partir de vícios formais e, portanto, devem ser extirpados do ordenamento jurídico.
(C) não implicaria a revogação do precedente, mas tão somente o afastamento de seu efeito vinculante em relação aos órgãos jurisdicionais de hierarquia inferior.
(D) impõe à parte o ônus de demonstrar a distinção entre o caso concreto e os fatos que serviram para a formação da tese jurídica do precedente, distinguindo-as e justificando, assim, a sua inaplicabilidade ao caso concreto.
(E) está relacionado com a demonstração de que a superveniência de fatores que podem operar a revogação ou a superação do precedente firmado à luz do ordenamento revogado.

O *overruling* é a superação da tese jurídica firmada em um precedente. Basicamente, é uma técnica que permite aos julgadores modificar teses firmadas no passado – seja por força de alteração legislativa, seja por força de evolução da sociedade ou do entendimento relativo a algum precedente. Diante disso, a alternativa correta é a "E".
Gabarito "E".

(Defensor Público – DPE/RN – 2016 – CESPE) Assinale a opção correta no que diz respeito a recursos.

(A) Admite-se o cabimento dos embargos infringentes para impugnar acórdão não unânime que anule sentença em razão de vício na citação.
(B) Conforme entendimento do STJ, a pena de deserção deve ser aplicada a recurso interposto contra julgado que indeferir o pedido de justiça gratuita.
(C) De acordo com o entendimento do STF, são intempestivos os embargos declaratórios interpostos antes da publicação do acórdão embargado.
(D) Segundo o entendimento do STJ, na apelação, admite-se a juntada de documentos indispensáveis ou não à propositura da ação, desde que garantidos o contraditório e a ampla defesa.
(E) Concedida a antecipação dos efeitos da tutela em recurso adesivo, não se admite a desistência do recurso principal de apelação, ainda que a petição de desistência seja apresentada antes do julgamento dos recursos.

A: incorreto. No NCPC, os embargos infringentes deixam de existir, de modo que no caso de votação não unânime há a técnica de julgamento estendido (NCPC, art. 942). **B:** Incorreto. De acordo com o STJ, não se aplica a pena de deserção a recurso interposto contra o indeferimento do pedido de justiça gratuita (Informativo STJ 574). Esse entendimento foi incorporado ao NCPC, no art. 101, § 1º. **C:** incorreto. Esse era o entendimento do STF, mas posteriormente alterado (AI 703269 AgR-ED-ED-EDv-ED/MG, j. 5/3/2015). Esse entendimento foi incorporado ao NCPC, art. 218, § 4º. **D:** incorreto, pois o que se admite é a juntada de documentos que não sejam indispensáveis à propositura da ação (Informativo STJ 533). **E:** correto, de acordo com a jurisprudência do STJ anterior ao NCPC (Informativo STJ 554).
Gabarito "E".

(Analista Judiciário – TRT/8ª – 2016 – CESPE) Determinado indivíduo propôs ação judicial contra empresa pública federal, pelo procedimento ordinário, requerendo o pagamento no valor de R$ 200.000. O juiz proferiu sentença acolhendo o pedido relativo a R$ 100.000 e, quanto aos outros valores objeto da cobrança, reconheceu de ofício a existência de prescrição.
Considerando essa situação hipotética, assinale a opção correta.

(A) No julgamento de apelação interposta contra a sentença, caso o tribunal verifique a ocorrência de nulidade sanável no processo, deverá obrigatoriamente determinar o retorno dos autos ao juízo que prolatou a sentença.
(B) Eventual recurso de apelação interposto pelo autor da ação pode ser provido monocraticamente, pelo relator, caso a sentença esteja em manifesto confronto com súmula de tribunal superior.
(C) A sentença é nula de pleno direito porque, conforme o CPC, é vedado ao magistrado reconhecer de ofício a prescrição.
(D) A sentença que condenou a empresa pública está sujeita ao reexame necessário e somente produzirá efeitos depois de confirmada pelo tribunal.
(E) Se somente a empresa pública apelar da sentença, o tribunal poderá aumentar o valor da indenização caso entenda, pela prova dos autos, não ter havido prescrição.

A: incorreta, pois, verificada a ocorrência de nulidade sanável, o relator determinará a realização ou renovação do ato processual, o que poderá ser feito no próprio Tribunal, sem necessidade de remessa dos autos à origem (art. 938, §1º, NCPC); **B:** correta, conforme previsão do art. 932, V, "a", NCPC; **C:** incorreta, pois a prescrição pode ser reconhecida de ofício (art. 487, II, NCPC); **D:** incorreta, pois o reexame necessário restringe-se à União, Estados, DF, Municípios e suas autarquias e fundações de direito público, sendo certo que o art. 496, I, NCPC não faz menção às empresas públicas; **E:** incorreto, considerando a vedação da "reformatio in pejus" (art. 1013).
Gabarito "B".

(Juiz de Direito/DF – 2016 – CESPE) No que tange a recursos processuais e ação rescisória, assinale a opção correta.

(A) O vício de julgamento decorre da aplicação incorreta da regra processual e acarreta a anulação da sentença, ao passo que o vício de procedimento surge da incorreta apreciação da questão de direito e gera a reforma da decisão.
(B) O julgador deve proceder, diretamente, ao exame do mérito nos embargos de declaração, por ser desnecessário fazer juízo de admissibilidade desse recurso.

(C) A suspeição fundada do magistrado enseja a propositura de ação rescisória contra a sentença que ele tenha prolatado.
(D) A aptidão do órgão jurisdicional de conhecer, de ofício, as questões de ordem pública, nos recursos processuais, decorre do efeito translativo.
(E) O terceiro juridicamente interessado não figura como parte legítima para a propositura de ação rescisória.

A: incorreta, pois é o contrário (a 1ª frase se refere ao "error in procedendo" e a segunda, ao "error in judicando"); **B:** incorreta, porque, sendo os embargos de declaração recurso (art. 994, VI, NCPC), estão submetidos aos requisitos de admissibilidade recursal; **C:** incorreta, pois a ação rescisória só poderá ser ajuizada no caso de impedimento (art. 966, II, NCPC); **D:** correta, sendo o efeito translativo, para a doutrina que o admite, a possibilidade de apreciar temas não expressamente mencionados no recurso – desde que permitidos pela lei, como é o caso envolvendo matérias de ordem pública; **E:** incorreta, pois há previsão legal expressa permitindo isso (art. 967, II, NCPC). LD/DS
Gabarito "D".

(Analista Jurídico – TCE/PR – 2016 – CESPE) Rafael ajuizou ação, pelo procedimento comum, contra determinado ente federativo, pedindo anulação de decisão de tribunal de contas. Durante a instrução processual, o juiz indeferiu pedido de juntada superveniente de documento feito por Rafael.
Nessa situação hipotética, a decisão que indeferiu o requerimento de juntada de documento feito pelo autor
(A) será irrecorrível, mas poderá ser impugnada por mandado de segurança.
(B) poderá ser objeto de agravo de instrumento que terá de ser interposto diretamente no tribunal.
(C) poderá ser objeto de agravo retido, sob pena de preclusão da decisão interlocutória.
(D) poderá ser objeto de recurso em apelação ou contrarrazões de apelação.
(E) não poderá ser impugnada por recurso nem por ação autônoma de impugnação.

A questão envolve a recorribilidade no NCPC. No caso, apesar de se tratar de decisão interlocutória, não há previsão no rol do art. 1.015 do NCPC de recurso de agravo de instrumento contra essa decisão. Assim, como não mais existe agravo retido, pelo Código, essa decisão deverá ser impugnada em *preliminar de apelação* ou de contrarrazões de apelação (§ 1º do art. 1.009). Assim, pela letra da lei é essa a resposta. De qualquer forma, há na doutrina quem sustente que essa decisão, por envolver prova, deveria ser objeto de imediata impugnação – o que poderia se dar via agravo (interpretação extensiva do art. 1.015) ou por MS (já que irrecorrível). A Cespe, ao menos por ora, está seguindo a letra da lei. LD/DS
Gabarito "D".

(Procurador de Justiça – MPE/GO – 2016) A técnica de julgamento substitutiva dos embargos infringentes tem aplicação no julgamento não unânime de:
(A) incidente de assunção de competência.
(B) remessa necessária.
(C) ação rescisória, quando o resultado for a manutenção da sentença.
(D) agravo de Instrumento, quando houver reforma da decisão que julgar parcialmente o mérito.

A: Incorreta. O NCPC não prevê o julgamento estendido no IAC (art. 942, § 4º, I do NCPC). **B:** Incorreta. O Código não prevê o julgamento estendido na remessa necessária (art. 942, § 4º, II do NCPC). **C:** Incorreta, aplica-se o julgamento estendido à rescisória quando da procedência (art. 942, § 3º, I do NCPC). **D:** Correta. Quando houver reforma da decisão que julgou parcialmente o mérito com votação não unânime serão convocados outros julgadores a comporem a sessão (art. 942, § 3º, II do NCPC). LD/C
Gabarito "D".

(Promotor de Justiça – MPE/MS – FAPEC – 2015) É **correto** afirmar em matéria de recursos que:
(A) O recurso interposto pode ser aditado, desde que não tenha findado o prazo recursal.
(B) É subsidiária a legitimidade recursal do Ministério Público quando atua como *custos legis*.
(C) Os embargos de declaração e a apelação são recursos de fundamentação livre.
(D) O agravo de instrumento e o agravo retido são interpostos perante o juiz da causa.
(E) O princípio da *non reformatio in pejus* é aplicável ao julgamento do reexame necessário, mesmo que não se trate de uma espécie recursal.

A: Incorreta por força da preclusão consumativa – sendo esta a visão clássica processual. *Atenção:* há um debate doutrinário se, à luz do NCPC, segue existindo ou não a preclusão consumativa, considerando a redação do art. 223, a menção a "emendar o ato": *"Decorrido o prazo,* extingue-se o direito de praticar *ou de emendar* o ato processual, independentemente de declaração judicial, ficando assegurado, porém, à parte provar que não o realizou por justa causa". Resta verificar como a jurisprudência se fixará. **B:** Incorreta. O artigo 996 do NCPC não restringe a legitimidade do MP à omissão das partes. **C:** Incorreta. Os embargos de declaração necessitam de fundamentação vinculada – ou seja, omissão, contradição, obscuridade ou erro material. **D:** Incorreta. O agravo de instrumento é interposto diretamente no Tribunal (NCPC, art. 1016 – único recurso interposto diretamente no órgão *ad quem*). E, no NCPC, não há mais a modalidade de agravo retido. **E:** Correta. Remessa necessária (na terminologia do art. 496 do NCPC) não é recurso, mas entende a jurisprudência que em sua análise não pode haver a piora da situação da Fazenda Pública (Súmula 45/STJ). LD/C
Gabarito "E".

(Promotor de Justiça – MPE/AM – FMP – 2015) Considere as seguintes assertivas sobre a disciplina dos recursos no Código de Processo Civil:
I. O recurso pode ser interposto pelo terceiro prejudicado, cumprindo ao terceiro demonstrar o nexo de interdependência entre o seu interesse de intervir e a relação jurídica submetida à apreciação judicial.
II. A parte que aceitar expressa ou tacitamente a sentença ou a decisão não poderá recorrer, considerando-se aceitação tácita a prática, sem reserva alguma, de um ato incompatível com a vontade de recorrer.
III. Quando o pedido ou a defesa tiver mais de um fundamento e o juiz acolher apenas um deles, a apelação devolverá ao tribunal o conhecimento dos demais.
IV. A apelação será recebida em seu efeito devolutivo e suspensivo em todos os processos, sem exceções.
Quais das assertivas acima estão corretas?
(A) Apenas a I e II.
(B) Apenas a I, II e III.
(C) Apenas a I, II e IV.
(D) Apenas a II, III e IV.
(E) Apenas a I, III e IV.

I: Correta. O terceiro prejudicado poderá interpor recurso (art. 996 do NCPC). **II:** Correta. Quando a parte concordar com a decisão judicial, não poderá recorrer, pois aceitou tacitamente a decisão (art. 1.000 do NCPC). **III:** Correta. Diante do efeito devolutivo, o Tribunal conhecerá de todos os pedidos que a parte requerer (art. 1.013, § 2º do NCPC). **IV:** Incorreta. Existem exceções previstas na lei que não concedem o efeito suspensivo, sendo necessário a parte requerê-lo (art. 1.012 do NCPC). LD/C
Gabarito "B".

(FGV – 2015) O Banco Financeiro S.A. ajuizou contra Marco Antônio ação de busca e apreensão de veículo, em razão do inadimplemento de contrato de financiamento garantido por cláusula de alienação fiduciária. A primeira tentativa de citação foi infrutífera, uma vez que o réu não mais residia no endereço constante da inicial. O Juízo, então, determinou a indicação de novo endereço para a realização da diligência, por decisão devidamente publicada na imprensa oficial. Considerando que o advogado do autor se manteve inerte por prazo superior a 30 dias, o processo foi julgado extinto, sem resolução do mérito, por abandono. Sabendo da impossibilidade de extinção do processo por abandono sem a prévia intimação pessoal da parte para dar regular andamento ao feito, o advogado do autor interpôs recurso de apelação. Assinale a opção que contém a correta natureza do vício apontado e o pedido adequado à pretensão recursal.
(A) Por se tratar de *error in procedendo* e a causa não estar madura para julgamento, o pedido recursal deve ser de anulação da sentença.
(B) Trata-se de erro material, que justifica o pedido de integração da sentença pelo Tribunal.
(C) Em se tratando de *error in judicando*, o pedido adequado, no caso sob exame, é de reforma da sentença.
(D) Trata-se de erro de procedimento, que justifica o pedido de julgamento do mérito da lide no estado em que se encontra.

O problema narra um erro de forma ou de processamento (*error in procedendo*). Isso porque a extinção por abandono somente pode ocorrer após a intimação do próprio autor – e não de seu advogado (NCPC, art. 485, § 1º). **A:** correta. O erro de processamento (*error in procedendo*) acarreta a anulação da causa e devolução para julgamento em 1º grau. A teoria da causa madura não se aplica se não houve citação e o processo está em condições de julgamento (NCPC, art. 1.013, § 3º); **B:** incorreta, pois não se trata de erro material (como um nome errado de parte); **C:** incorreta. O *error in judicando* (erro de julgamento) de fato acarreta o pedido de reforma – mas o problema narrado não envolve uma situação de erro de conteúdo, mas de forma; **D:** incorreta, porque o erro de forma acarreta a nulidade. LD/FC
Gabarito "A".

(Procurador do Município – Cuiabá/MT – 2014 – FCC) Maria ajuizou ação de cobrança contra Gerson e Renato, devedores solidários, os quais apresentaram defesas distintas mas com fundamentos comuns. O pedido foi julgado procedente mas apenas Renato recorreu. De acordo com o Código de Processo Civil, o recurso
(A) aproveita a Gerson, será recebido nos efeitos devolutivo e suspensivo, deverá ser interposto no prazo de 15 dias e respondido no prazo de 5.
(B) aproveita a Gerson, será recebido apenas no efeito devolutivo e deverá ser interposto e respondido no prazo de 15 dias.

(C) não aproveita a Gerson, será recebido apenas no efeito devolutivo e deverá ser interposto e respondido no prazo de 15 dias.
(D) não aproveita a Gerson, será recebido nos efeitos devolutivo e suspensivo, deverá ser interposto no prazo de 15 dias e respondido no prazo de 5.
(E) aproveita a Gerson, será recebido nos efeitos devolutivo e suspensivo e deverá ser interposto e respondido no prazo de 15 dias.

A situação trata da hipótese de recurso de apenas um dos litisconsortes. O assunto é expressamente regulado pelo NCPC (Art. 1.005. "O recurso interposto por um dos litisconsortes a todos aproveita, salvo se distintos ou opostos os seus interesses. Parágrafo único. Havendo solidariedade passiva, o recurso interposto por um devedor aproveitará aos outros, quando as defesas opostas ao credor lhes forem comuns"). Assim, esse recurso apenas aproveitará a Gerson, que não recorreu, por força do parágrafo único do art. 1.005. No mais, o recurso será recebido no duplo efeito, visto que não se está em nenhuma das exceções dos incisos do §1º do art. 1.012 do NCPC, aplicando-se a regra geral. Por fim, o recurso deverá ser interposto e respondido em 15 dias (NCPC, art. §5º do art. 1.003). Assim, a alternativa correta é a "E". LD/DS

Gabarito "E".

(Cartório/DF – 2014 – CESPE) Acerca de recursos, assinale a opção correta.
(A) A renúncia ao direito de recorrer depende da aceitação da outra parte.
(B) Segundo a jurisprudência do STJ, quando a interposição do recurso ocorrer em horário posterior ao do encerramento do expediente bancário, admite-se a juntada da guia de recolhimento do preparo no primeiro dia útil seguinte.
(C) O recurso na modalidade adesiva será interposto no prazo de que a parte dispõe para responder e, segundo entendimento do STJ, estará condicionado a apresentação das contrarrazões ao recurso principal.
(D) De acordo com a jurisprudência do STJ, aplica-se o princípio da fungibilidade recursal, para que se supere a tempestividade com vistas a receber o recurso principal como recurso adesivo.
(E) Na hipótese de interposição de recurso de agravo de instrumento, o relator poderá, entre outras providências, converter o recurso em agravo retido. Nessa situação, o agravante poderá, caso deseje reformar de imediato essa decisão, interpor recurso de agravo, no prazo de cinco dias, ao órgão competente para o julgamento do recurso.

A: incorreta (NCPC, art. 999); B: correta. (Súmula 484/STJ: "Admite-se que o preparo seja efetuado no primeiro dia útil subsequente, quando a interposição do recurso ocorrer após o encerramento do expediente bancário"). Observe-se que o novo Código, dentre outras possibilidades, permite que o relator releve a deserção, quando o recorrente provar justo impedimento, caso em que o preparo deve ser efetuado em 05 dias da intimação (NCPC, art. 1.007, §6º); C: incorreta. Segundo o STJ, o recurso adesivo não está condicionado à apresentação de contrarrazões, porque ambos são independentes (EDcl no REsp 171543/RS, DJ 14.08.2000 e NCPC, art. 997, § 1º); D: incorreta. O princípio da fungibilidade não autoriza que se afaste a tempestividade para receber o recurso, mas sim que um recurso seja recebido pelo outro; E: incorreta, pois a hipótese de conversão do agravo de instrumento em agravo retido deixa de existir no NCPC – exatamente porque deixa de existir o agravo retido (NCPC, art. 994). LD/DS

Gabarito "B".

(Advogado do Metrô/SP – 2014 – FCC) A respeito dos recursos, considere:
I. Contra a decisão que não recebe a apelação, cabe agravo retido.
II. A apelação interposta contra sentença que decidir o processo cautelar será recebida somente no efeito devolutivo.
III. Recebida a apelação nos efeitos devolutivo e suspensivo, o juiz não poderá inovar no processo.

Está correto o que consta APENAS em
(A) II e III.
(B) I e II.
(C) I e III.
(D) I.
(E) III.

I: incorreta. No NCPC, não há mais juízo de admissibilidade na origem, mas remessa ao Tribunal, para que o juízo ad quem (relator) proceda à admissibilidade (NCPC, art. 1.010, §3º). II: O "processo cautelar" deixa de existir no NCPC, tendo sido absorvido pela "tutela provisória". Em verdade, a matéria passa a ser tratada sob a forma de "tutela de urgência cautelar" (que pode ser requerida em caráter antecedente ou incidental – NCPC, art. 294), sendo espécie da "tutela provisória". Feita a explicação, de se observar que a sentença que confirma, concede ou revoga tutela provisória produz efeitos imediatamente – ou seja, é recebida apenas no efeito devolutivo (NCPC, art. 1.012, §1º, V). Logo, adaptando a questão ao NCPC, tem-se como correto o enunciado II; III: incorreta, pois, como já dito, não há mais admissibilidade na origem, de modo que o juiz de 1º grau não dirá quais são os efeitos do recurso. LD/DS

Questão não possui alternativa correta no NCPC (somente a II é correta).

13.1. AGRAVOS

(Procurador Municipal – Prefeitura/BH – CESPE – 2017) Um município brasileiro interpôs apelação contra sentença que havia confirmado tutela provisória que determinava a matrícula de criança em determinada creche. No mesmo processo, estava pendente o julgamento de agravo de instrumento interposto pelo autor, referente à gratuidade de justiça.

Nessa situação hipotética,

(A) diante do advento da sentença, o agravo de instrumento será julgado prejudicado.
(B) o juízo de admissibilidade da apelação caberá exclusivamente ao tribunal, e não ao juízo a quo.
(C) para que o agravo referente à gratuidade seja processado, o agravante terá de recolher as custas ou pedir dispensa ao relator do agravo de instrumento.
(D) a apelação terá efeito apenas devolutivo e deverá ser interposta no prazo de quinze dias, contados só os dias úteis.

A: Incorreta. De modo geral, a prolação da sentença de fato faz com que o agravo seja considerado prejudicado – mas isso quando a sentença substitui a decisão interlocutória antes proferida. Porém, no caso em que a sentença não tem relação com a decisão interlocutória anterior (como no caso narrado no enunciado), então o agravo deverá ser julgado, para garantir o duplo grau de jurisdição; B: Correta, sendo essa uma das inovações do NCPC a respeito da apelação (art. 1.010, § 3º); C: Incorreta, sendo essa uma das novidades do Código a respeito da impugnação à justiça gratuita – não se recolhe custas até decisão do recurso que debata a gratuidade (NCPC, art. 101, § 1º); D: Incorreta, pois a regra é a apelação ser recebida no duplo efeito (NCPC, art. 1.012). LD

Gabarito "B".

(Procurador do Município – São Paulo/SP – 2014 – VUNESP) Assinale a alternativa com o termo final do prazo para interposição de agravo regimental contra decisão do Presidente do STF, que indefere pedido de suspensão de segurança, considerando que a referida decisão foi disponibilizada no DJE em 28.03.2014 (sexta-feira).
(A) 04.04.2014 (sexta-feira).
(B) 07.04.2014 (segunda-feira).
(C) 09.04.2014 (quarta-feira).
(D) 10.04.2014 (quinta-feira).
(E) 21.04.2014 (segunda-feira).

O prazo do agravo interno (nomenclatura no NCPC para o regimental – art. 1.021) é de 15 dias (art.1.003, § 5º) – ainda que, nos regimentos internos, seja existindo a previsão de 5 dias. Se a decisão foi disponibilizada no dia 28, é considerada publicada em 31/03 (2ª feira, dia útil seguinte à disponibilização – Lei 11.419/2006, art. 4º, § 3º / art. 224, §2º, NCPC) e o prazo se inicial no dia 1/04 (3ª feira, dia útil seguinte à publicação – Lei 11.419/2006, art. 4º, § 4º / art. 224, §3º, NCPC). Portanto, o 15º dia útil (NCPC, art. 219) será 2ª, dia 15/04. No CPC/1973, o prazo era de 5 dias; portanto, o 5º dia será 5/4 (sábado, fórum fechado). Sendo assim, prorrogaria-se o prazo para a 2ª, dia 07/04 (alternativa B) LD/DS

Gabarito sem resposta à luz do NCPC.

13.2. APELAÇÃO

(Procurador do Município – Cuiabá/MT – 2014 – FCC) Márcio ajuizou ação de obrigação de fazer contra Telefonia do Centro Oeste pugnando pela retirada de seu nome dos cadastros de proteção ao crédito. Postulou pela concessão de tutela antecipada, a qual foi deferida de plano, sem oitiva da parte contrária. Ao final, porém, o pedido foi julgado improcedente, com revogação expressa da tutela antecipada. Apelação interposta por Márcio

(A) deverá ser recebida apenas no efeito devolutivo, mas com o restabelecimento dos efeitos da tutela revogada de forma expressa pela sentença, por se estar diante de direito da personalidade.
(B) deverá ser recebida nos efeitos devolutivo e suspensivo, que não restabelecerá os efeitos da tutela revogada de forma expressa pela sentença.
(C) deverá ser recebida apenas no efeito devolutivo, que não restabelecerá os efeitos da tutela revogada de forma expressa pela sentença.
(D) deverá ser recebida nos efeitos devolutivo e suspensivo, que restabelecerá os efeitos da tutela revogada de forma expressa pela sentença.
(E) restabelece os efeitos da tutela revogada de forma expressa pela sentença, independentemente do efeito em que tenha sido recebida.

Inicialmente, de se observar que o NCPC reuniu o regramento referente à **tutela de urgência** (esta dívida em duas subespécies: *tutela de urgência cautelar* e *tutela de urgência antecipada*) e **tutela de evidência** sob a denominação **tutela provisória**. Na situação narrada, tem-se o deferimento de uma tutela provisória, a qual, na sentença, restou revogada. Assim, eventual efeito suspensivo da sentença (NCPC, art. 1.012, §1º) não terá o efeito de reativar a antecipação de tutela deferida (exatamente porque foi revogada). Assim, correta a alternativa "B". LD/DS

Gabarito "B".

13.3. EMBARGOS DE DECLARAÇÃO

(Procurador Municipal/SP – VUNESP – 2016) João e Maria litigam em ação indenizatória movida pelo primeiro em face da segunda. Em sentença proferida em primeiro grau de jurisdição, a ação foi julgada parcialmente procedente, motivando à interposição de recurso de apelação por ambas as partes. O Tribunal de Justiça do Estado de São Paulo (TJ/SP), por meio de acórdão, confirmou a parcial procedência, mas omitiu-se com relação a um dos pedidos do recurso interposto por Maria, consistente na reavaliação e na redistribuição dos ônus da sucumbência. Assim, Maria opõe tempestivos embargos de declaração, na mesma data em que João interpôs recurso especial. Em novo acórdão, o TJ/SP manteve integralmente sua decisão. Nesse cenário, de acordo com o contemporâneo entendimento do Superior Tribunal de Justiça, é correto afirmar que o recurso especial interposto

(A) será normalmente processado, independentemente de qualquer nova providência por João.
(B) deverá ser ratificado por João no prazo de 15 (quinze) dias, a contar da publicação do acórdão que julgou os embargos de declaração.
(C) será considerado como não interposto, devendo ser novamente apresentado por João, no prazo legal, sem alterações em seu teor.
(D) é prematuro e não será admitido seu processamento, ressalvada a possibilidade de João interpor novo recurso especial na forma adesiva.
(E) deverá ser ratificado por João no prazo de 5 (cinco) dias, a contar da publicação do acórdão que julgou os embargos de declaração.

A questão trata da (des)necessidade de se ratificar um recurso para outro grau de jurisdição caso haja embargos de declaração pela parte contrária. A questão está hoje devidamente regulada pelo NCPC, no sentido de não ser necessária qualquer retificação do recurso, caso os embargos de declaração não sejam providos (art. 1.024, § 5º Se os embargos de declaração forem rejeitados ou não alterarem a conclusão do julgamento anterior, o recurso interposto pela outra parte antes da publicação do julgamento dos embargos de declaração será processado e julgado independentemente de ratificação). Sendo assim, desnecessária qualquer ratificação. Desse modo, a alternativa correta é a "A".

Gabarito "A".

(Procurador – SP – VUNESP – 2015) Publicada a sentença, o juiz poderá alterá-la, provocado por meio de embargos de declaração. Nesse caso, assinale a alternativa correta.

(A) Os embargos de declaração consistentes em mero pedido de reconsideração não interrompem o prazo recursal.
(B) O juiz não pode alterar a sentença a requerimento da parte, se encerrada sua função jurisdicional para correção de inexatidões materiais.
(C) Em qualquer hipótese, os embargos de declaração provocam o contraditório, ouvindo-se a parte adversa.
(D) O terceiro prejudicado não tem legitimidade para opor embargos de declaração, já que este se destina apenas à parte.
(E) Os embargos de declaração não são cabíveis para corrigir decisão interlocutória, que deverá ser atacada por meio de agravo.

A: Correta para a banca. Não há previsão legal a respeito de pedido de reconsideração; sendo assim, caso utilizados, não alteram em nada o prazo recursal. Porém, o enunciado fala em "embargos de declaração", recurso que tem o condão de interromper o prazo dos outros recursos (NCPC, art. 1.026). A previsão legal para uso indevido de declaratórios é a multa (NCPC, art. 1.026, § 2º), e não seu não conhecimento. Porém, alguns julgados do STJ concluem que se os embargos de declaração tiverem como "única finalidade" a reconsideração, então devem ser recebidos como pedido de reconsideração, sem interromper o prazo. Trata-se de entendimento contra a lei, mas que foi acolhido pela banca, a qual apontou como correta a alternativa; **B:** Incorreta, pois pode o juiz corrigir erros materiais de ofício, após a prolação da sentença (NCPC, art. 494, I); **C:** incorreta, porque somente há contraditório nos declaratórios se houver a possibilidade de se atribuir efeitos modificativos aos embargos (NCPC, art. 1.024, § 4º Caso o acolhimento dos embargos de declaração implique modificação da decisão embargada, o embargado que já tiver interposto outro recurso contra a decisão originária tem o direito de complementar ou alterar suas razões, nos exatos limites da modificação, no prazo de 15 (quinze) dias, contado da intimação da decisão dos embargos de declaração.); **D:** Incorreta, já que o terceiro prejudicado tem legitimidade recursal (NCPC, art. 996); **E:** incorreta, pois todo pronunciamento judicial com carga decisória (excluído, portanto, apenas o despacho) pode ser objeto de embargos de declaração (NCPC, art. 1.022, *caput*).

Gabarito "A".

(Promotor de Justiça – MPE/RS – 2017) Assinale com **V** (verdadeiro) ou com **F** (falso) as seguintes afirmações sobre o tema dos embargos de declaração, segundo o disposto no Código de Processo Civil.

( ) Os embargos serão opostos, no prazo de 5 (cinco) dias, em petição dirigida ao juiz, com indicação do erro, obscuridade, contradição ou omissão, e não se sujeitam a preparo.
( ) Caso o acolhimento dos embargos de declaração implique modificação da decisão embargada, o embargado que já tiver interposto outro recurso contra a decisão originária tem o direito de complementar ou alterar suas razões, nos exatos limites da modificação, no prazo de 30 (trinta) dias, contado da intimação da decisão dos embargos de declaração.
( ) Quando manifestamente protelatórios os embargos de declaração, o juiz ou o tribunal, em decisão fundamentada, condenará o embargante a pagar ao embargado multa não excedente a dez por cento sobre o valor atualizado da causa.
( ) Consideram-se incluídos no acórdão os elementos que o embargante suscitou, para fins de pré-questionamento, apenas quando os embargos de declaração sejam expressamente admitidos, e o tribunal superior considere existentes erro, omissão, contradição ou obscuridade.

A sequência correta de preenchimento dos parênteses, de cima para baixo, é
(A) F – V – F – F.
(B) V – F – F – F.
(C) V – V – F – F.
(D) F – F – V – V.
(E) V – F – V – V.

1: A alternativa é verdadeira, pois o prazo para oposição de embargos de declaração é de 5 dias (único recurso com esse prazo – NCPC, arts. 1.003, § 5º e 1.023). **2:** A alternativa é falsa, pois o prazo da parte para complementação ou alteração das razões do recurso é de *15 dias*, e não 30 conforme descrito (art. 1.024, § 4º do NCPC). **3:** A alternativa é falsa, tendo em vista que o limite legal para a multa pelos *primeiros* embargos de declaração protelatórios é de 2% por cento do valor da causa (art. 1.026, § 2º do NCPC). **4:** A quarta alternativa é falsa, pois os elementos suscitados pelo embargante são considerados para fins de pré-questionamento, *mesmo quando inadmitidos ou rejeitados* (art. 1.025 do NCPC).

Gabarito "B".

13.4. RECURSOS EM TRIBUNAIS SUPERIORES

(Juiz de Direito - TJ/RS - 2018 - VUNESP) Recebida a petição do recurso extraordinário, o recorrido será intimado para apresentar contrarrazões no prazo de 15 (quinze) dias, findo o qual os autos serão conclusos ao presidente ou ao vice-presidente do tribunal recorrido, que deverá

(A) aplicar a súmula impeditiva de recurso, do tribunal local, se for o caso.
(B) remeter os autos ao STF, independentemente de juízo de admissibilidade.
(C) verificar se o recurso contraria súmula ou jurisprudência dominante do STF.
(D) reconhecer se há repercussão geral das questões constitucionais discutidas no caso, sob pena de não admiti-lo. (E) sobrestá-lo se versar sobre controvérsia de caráter repetitivo ainda não decidida pelo STF.

A: Incorreta, pois não existe, no direito processual brasileiro, uma "súmula impeditiva de recursos"; **B:** Incorreta, considerando que a versão do NCPC que entrou em vigor prevê a admissibilidade do recurso pelo tribunal de origem (NCPC, art. 1.030, V, com a redação da Lei 13.256/2016); **C:** Incorreta, considerando que esse não é requisito de admissibilidade do REsp/RE – sendo que a alternativa mais fala em repercussão geral ou recurso repetitivo; **D:** Incorreta, pois a apreciação da repercussão geral é de competência exclusiva do STF, e não do tribunal de origem (NCPC, art. 1.035, "caput"); **E:** Correta (NCPC, art. 1.030, III), sendo relevante destacar que repercussão geral e repetitivo são categorias distintas de jurisprudência dominante (alternativa "C").

Gabarito "E".

(Juiz de Direito - TJ/RS - 2018 - VUNESP) O pedido de suspensão ao recurso especial poderá ser formulado por requerimento dirigido

(A) ao presidente do tribunal local, no caso de prejuízo processual comprovado à parte recorrida.
(B) ao presidente ou ao vice-presidente do tribunal recorrido, no período compreendido entre a interposição do recurso e a publicação da decisão de admissão do recurso.
(C) ao relator original do acórdão recorrido, se já distribuído o recurso.
(D) ao tribunal superior respectivo, no período compreendido entre a interposição do recurso e sua distribuição, ficando o relator designado para seu exame prevento para julgá-lo.
(E) ao vice-presidente do tribunal local, após a admissão do recurso e antes de sua distribuição no STJ.

A: Incorreta, já que a situação narrada não encontra previsão no Código (NCPC, art. 1.029, § 5º); **B:** Correta (NCPC, art. 1.029, § 5º, III); **C:** Incorreta, pois se já distribuído o recurso, o pedido será direcionado ao relator do RE ou do REsp (NCPC, art. 1.029, § 5º, II); **D:** Incorreta, já que, no caso, o pedido deve ser direcionado ao Presidente ou Vice-Presidente do Tribunal recorrido (NCPC, art. 1.029, § 5º, III); **E:** Incorreta, porque, no caso, o pedido deve ser direcionado ao Tribunal Superior (NCPC, art. 1.029, § 5º, I).

Gabarito "B".

(Procurador do Estado/SP - 2018 - VUNESP) Da decisão do Tribunal de Justiça de São Paulo, que nega seguimento a recurso especial sob o fundamento de que a decisão recorrida estaria de acordo com o posicionamento adotado pelo Superior Tribunal de Justiça, em julgamento de tema afetado ao sistema de recursos repetitivos, quando, na verdade, esse paradigma trata de assunto diverso daquele discutido no recurso especial mencionado, cabe, segundo a lei processual:

(A) embargos de declaração, com o exclusivo objetivo de prequestionar o tema veiculado no recurso especial.
(B) novo recurso especial, interposto diretamente no Superior Tribunal de Justiça.
(C) agravo interno, perante a Turma que proferiu o acórdão combatido.
(D) ação rescisória, após o trânsito em julgado.
(E) agravo em recurso especial.

A: Incorreta, pois na hipótese não se busca prequestionar, mas sim apontar o erro na decisão recorrida; **B:** Incorreta, considerando ser incabível a interposição de novo Recurso Especial por se tratar de decisão monocrática (NCPC, art. 1.029 e seguintes); **C:** Incorreta para a banca. Da decisão monocrática cabe agravo – no caso, seria cabível o agravo interno, tendo em vista se tratar de aplicação de entendimento de repetitivo, sendo então hipótese de cabimento desse recurso, conforme previsto no Código (NCPC, art. 1.030, § 1º). Porém, nesse caso, a competência para julgar esse agravo não é da turma, mas do órgão especial – por isso a banca apontou como incorreta a alternativa (detalhe bastante específico que possivelmente induziu muitos candidatos em erro); **D:** Correta, mais por exclusão (já que as demais estão erradas). Vale lembrar que a AR não é recurso, mas ação, a ser ajuizada após o trânsito em julgado (NCPC, art. 966, § 5º); **E:** Incorreta, tendo em vista que a situação narrada configura hipótese de interposição de agravo interno e não agravo em recurso especial, como exposto em "C" (NCPC, art. 1.030, § 1º). Gabarito "D".

(Procurador do Estado – PGE/MT – FCC – 2016) Diante de um Acórdão do Tribunal de Justiça do Mato Grosso que condenou o Estado ao pagamento de gratificação a servidor público, o Procurador do Estado opôs embargos de declaração para o fim de prequestionar dispositivos da lei federal que, embora tenham sido alegados nas razões de apelação, não foram enfrentados no Acórdão. Entretanto, os embargos foram rejeitados, sob o fundamento de inexistência de omissão a ser sanada. Após ser intimado desta decisão, o Procurador deve

(A) interpor recurso especial alegando que o Tribunal *a quo* negou vigência aos dispositivos apontados nas razões de apelação, pois o requisito do prequestionamento foi atendido, uma vez que é suficiente a menção dos dispositivos nas razões recursais; o primeiro juízo de admissibilidade deste recurso será feito no Tribunal *ad quem*.
(B) opor novos embargos de declaração, pois ainda permanece a omissão quanto aos dispositivos da lei federal, sob pena de não ser conhecido eventual recurso especial.
(C) interpor recurso especial alegando que o Tribunal *a quo* negou vigência aos dispositivos apontados nos embargos declaratórios, pois o requisito do prequestionamento foi atendido, uma vez que a lei admite expressamente o prequestionamento virtual; o primeiro juízo de admissibilidade deste recurso será feito no Tribunal *a quo*.
(D) interpor recurso especial alegando que o Tribunal *a quo* negou vigência aos dispositivos do Código que tratam dos embargos de declaração, pois o Acórdão não enfrentou a aplicação dos dispositivos apontados nos embargos declaratórios; o primeiro juízo de admissibilidade deste recurso será feito no Tribunal *a quo*.
(E) interpor recurso especial alegando que o Tribunal *a quo* negou vigência aos dispositivos apontados nos embargos declaratórios, pois o requisito do prequestionamento foi atendido, uma vez que a lei admite expressamente o prequestionamento virtual; o primeiro juízo de admissibilidade deste recurso será feito pelo relator sorteado no Tribunal *ad quem*.

O enunciado trata de uma situação expressamente prevista no NCPC (Art. 1.025. Consideram-se incluídos no acórdão os elementos que o embargante suscitou, para fins de pré-questionamento, ainda que os embargos de declaração sejam inadmitidos ou rejeitados, caso o tribunal superior considere existentes erro, omissão, contradição ou obscuridade). A partir desse artigo, tem-se então o prequestionamento ficto ou virtual, de modo que possível desde logo a interposição do REsp - cuja admissibilidade é bipartida, inicialmente sendo realizada na origem (art. 1.030). Sendo assim, a alternativa correta é a "C". Gabarito "C".

13.5. OUTROS RECURSOS E TEMAS COMBINADOS

(Procurador do Estado/SP - 2018 - VUNESP) A respeito do julgamento do mandado de segurança de competência originária de tribunais, assinale a alternativa correta.

(A) Quando a competência originária for do Superior Tribunal de Justiça e a decisão colegiada for denegatória da segurança pretendida, cabe recurso extraordinário para o Supremo Tribunal Federal.
(B) Não compete ao Superior Tribunal de Justiça julgar, em recurso ordinário, os mandados de segurança decididos em única instância pelos tribunais regionais federais e pelos tribunais de justiça estaduais e do Distrito Federal e Territórios, salvo quando concedida a segurança pretendida.
(C) Indeferido, liminarmente, mandado de segurança de competência originária do Tribunal de Justiça de São Paulo, deve o impetrante interpor recurso especial, para o Superior Tribunal de Justiça ou o extraordinário, para o Supremo Tribunal Federal, conforme o caso.
(D) Indeferido, liminarmente, mandado de segurança de competência originária do Tribunal de Justiça de São Paulo, deve o impetrante interpor recurso especial para o Superior Tribunal de Justiça. Se o mandado se segurança for admitido e houver julgamento de mérito por órgão colegiado desse Tribunal de Justiça denegando a segurança pretendida, o recurso cabível também é o especial.
(E) Indeferido, liminarmente, mandado de segurança de competência originária do Tribunal de Justiça de São Paulo, deve o impetrante interpor agravo para órgão competente desse mesmo tribunal. Contudo, se houver julgamento colegiado de mérito, denegando a segurança, o recurso cabível, pelo impetrante, é o ordinário, exclusivamente para o Superior Tribunal de Justiça.

A: Incorreta, pois nesse caso seria cabível recurso ordinário para o STF (NCPC, art. 1.027, I); **B:** Incorreta, pois cabe recurso ordinário exatamente quando a decisão for *denegatória* do MS de competência originária de tribunal, e não *concessiva* (NCPC, art. 1.027, I e II); **C:** Incorreta, pois de decisão monocrática cabe agravo interno, não especial (NCPC, art. 1.021); **D:** Incorreta, considerando o exposto em "C" e tendo em vista que, quanto à 2ª parte da alternativa o recurso cabível seria o ordinário (NCPC, art. 1.027, II); **E:** Correta. Sendo ação originária de tribunal, o indeferimento liminar será uma decisão monocrática, a qual será impugnada por meio de agravo interno, a ser julgado pelo órgão fracionário competente para julgar o MS de forma colegiada. Sendo decisão denegatória do MS originário, o recurso cabível será o ordinário. É o que está no NCPC (art. 1.021 e art. 1.027, II, "a") e na lei do MS (Lei 12.016/2009, art. 10, § 1º; art. 16, parágrafo único e art. 18). Vale destacar que o cabimento do recurso ordinário é bem restrito e que na 2ª parte da alternativa encontram-se presentes todos esses requisitos. Gabarito "E".

(Procurador do Estado/SP - 2018 - VUNESP) Em relação ao recurso de embargos de divergência, é correto afirmar:

(A) cabem embargos de divergência quando o acórdão paradigma for da mesma turma que proferiu a decisão embargada, desde que sua composição tenha sofrido alteração em, no mínimo, um terço dos seus membros.
(B) é cabível nos processos de competência originária do Supremo Tribunal Federal.
(C) é embargável o acórdão de órgão fracionário que, em recurso especial ou extraordinário, divergir do julgamento de qualquer outro órgão do mesmo tribunal, sendo um acórdão de mérito e outro que não tenha conhecido do recurso, embora tenha apreciado a controvérsia.
(D) não poderão ser confrontadas teses jurídicas contidas em julgamento de recursos e de ações de competência originária.
(E) se os embargos de divergência forem desprovidos, o recurso extraordinário interposto pela outra parte antes da publicação do julgamento dos embargos de divergência sempre deverá ser ratificado.

A: Incorreta, porque a alteração na composição exigida pelo Código para permitir os embargos de divergência em relação à mesma turma é de mais da metade dos membros do órgão fracionário (NCPC, art. 1.043, § 3º); **B:** Incorreta, considerando que o dispositivo que autorizava o cabimento dos embargos de divergência, nos processos de competência originária, foi revogado pela Lei 13.256/16 (NCPC, art. 1.043); **C:** Correta, por expressa previsão legal (NCPC, art. 1.043, III); **D:** Incorreta (NCPC, art. 1.043, § 1º); **E:** Incorreta, porque nesse caso não haverá necessidade de ratificação (NCPC, art. 1.044, §2º). Gabarito "C".

(Procurador do Estado/SP - 2018 - VUNESP) A sentença proferida em sede de ação civil pública, que acolhe integralmente o pedido do autor e autoriza a liberação de remédios de uso proibido por órgãos administrativos fiscalizadores, todos potencialmente lesivos à saúde da população, enseja

(A) apenas pedido de suspensão de segurança que, por evidente prejudicialidade, suspende o prazo do recurso de agravo, mas não o do recurso de apelação.
(B) apelação, cujo efeito suspensivo deve ser pleiteado diretamente no Tribunal, por meio de medida cautelar autônoma e inominada.
(C) apelação, cujo efeito suspensivo é automático e impede a execução definitiva da decisão.
(D) apelação, com pedido de efeito suspensivo. Depois disso, a Fazenda de São Paulo deverá protocolar, no Tribunal de Justiça, um pedido de análise imediata desse efeito suspensivo pleiteado. Ao mesmo tempo, a Fazenda poderá pedir suspensão dos efeitos da sentença ao Presidente do Tribunal competente.

(E) agravo de instrumento contra o capítulo da decisão que concedeu a ordem de liberação imediata das mercadorias, com pedido de efeito ativo, e apelação do capítulo que julgou o mérito.

A: Incorreta, porque, embora seja possível o pedido de suspensão de segurança pela Fazenda Pública, também será possível interpor o recurso cabível no caso – a apelação (Lei 8.437/1992, art. 4º, § 6º); **B:** Incorreta, pois o pedido de concessão de efeito suspensivo será dirigido ao Tribunal mediante simples requerimento/petição (Lei 7.347/1985, art. 19 e NCPC, art. 1.012, § 3º), não existindo mais, no âmbito do NCPC, a figura de uma cautelar inominada; **C:** Incorreta, porque o recurso de apelação interposto em face de sentença proferida em sede de ação civil pública será recebido, como regra, apenas no efeito devolutivo. Poderá ser concedido, no entanto, o efeito suspensivo ao recurso, a fim de evitar dano irreparável à parte (Lei 7.347/1985, art. 14); **D:** Correta, sendo essa a conduta correta à luz da legislação específica e das previsões do NCPC (Lei 7.347, arts. 14 e 19; NCPC, art. 1.009; Lei 8.437/1992, art. 4º, § 6º); **E:** Incorreta, tendo em vista que a sentença será impugnada via apelação (Lei 7.347, art. 19; NCPC, art. 1.009), sendo que não cabe agravo e apelação ao mesmo tempo, por força do princípio da unirrecorribilidade. Gabarito "D".

(Procurador do Município – Prefeitura Fortaleza/CE – CESPE – 2017) No que concerne aos meios de impugnação das decisões judiciais, julgue os itens a seguir, de acordo com o CPC e com a jurisprudência dos tribunais superiores.

(1) Situação hipotética: Ao interpor recurso de agravo contra decisão monocrática no tribunal, o recorrente deixou de impugnar especificamente os fundamentos da decisão recorrida. Assertiva: Nesse caso, em observância ao princípio da primazia do julgamento do mérito, o relator deverá intimar o agravante para complementar seu recurso no prazo de cinco dias.

(2) Ainda que, em exame de embargos declaratórios, seja mantido o resultado do julgamento anterior, o recorrente deverá ratificar recurso especial que tenha sido interposto antes do julgamento dos embargos.

(3) A certidão de concessão de vistas dos autos ao ente público é elemento suficiente para a demonstração da tempestividade do agravo de instrumento e se equipara à certidão de intimação da decisão agravada para essa finalidade.

(4) Situação hipotética: Em outubro de 2016, determinada pessoa interpôs para o STJ agravo em recurso especial contra decisão que, na origem, inadmitiu recurso especial com base em entendimento firmado em recursos repetitivos. Assertiva: Nessa situação, o STJ entende que deve ser aplicado o princípio da fungibilidade e deve ser determinada a remessa do agravo ao tribunal a quo, convertendo-se o recurso de agravo em recurso especial no recurso de agravo interno.

1: Errada, tendo em vista que não existe previsão de emenda para essa situação na qual há violação ao princípio da dialeticidade – ou seja, quando o recurso não impugna a decisão (NCPC, art. 932, III). **2:** Errada, porque esse era o entendimento jurisprudencial firmado no CPC/1973. Porém, no NCPC, isso é expressamente afastado, e mantida a decisão anterior (art. 1.024, § 5º). **3:** Correta, independentemente de ser ente público, pois a certidão de intimação do agravo pode ser substituída por qualquer documento que comprove a data da ciência da decisão – e a vista às partes é uma das hipóteses em que há ciência inequívoca (NCPC, art. 1.017, I). **4:** Errada. Da decisão que não admite o recurso especial, cabe agravo em recurso especial (AREsp – NCPC, art. 1.042). Porém, o próprio art. 1.042 aponta que não cabe o AREsp se a decisão for "fundada na aplicação de entendimento firmado em regime de repercussão geral ou em julgamento de recursos repetitivos". Nesse caso, o recurso cabível é o agravo interno (art. 1.030, § 2º). Não há previsão de fungibilidade para essa situação de interposição do AREsp no lugar de agravo interno, de modo que o recurso não será conhecido, por falta de cabimento. Gabarito 1E, 2E, 3C, 4E.

(Procurador Municipal – Prefeitura/BH – CESPE – 2017) Considerando a atual sistemática processual, assinale a opção correta, em relação a recursos nos processos de conhecimento e de execução.

(A) O recurso interposto sem a comprovação do devido preparo, quando for devido, não será de pronto considerado deserto, mas ensejará o pagamento de multa.
(B) O papel do revisor no julgamento de apelação foi ampliado com o advento do novo CPC.
(C) Tratando-se de processo de execução, o agravo de instrumento só é cabível contra as decisões interlocutórias listadas taxativamente no CPC.
(D) Cabem embargos infringentes contra acórdão não unânime, no prazo de quinze dias, para fazer prevalecer o voto vencido.

A: Correta, sendo essa uma das inovações do NCPC quanto à admissibilidade dos recursos: a falta de preparo permite a correção, com o pagamento em dobro (NCPC, art. 1.007, § 4º) – porém, vale destacar que a lei não faz menção a "multa", mas pagamento em dobro; **B:** Incorreta, pois o revisor deixou de existir no NCPC (há o relator, 2º e 3º magistrados); **C:** Incorreta, porque cabe agravo de quaisquer decisões interlocutórias proferidas na execução e cumprimento de sentença (NCPC, art. 1.015, parágrafo único); **D:** Incorreta, pois os embargos infringentes deixaram de existir no NCPC (em seu lugar, há agora o julgamento estendido previsto no art. 942). Gabarito "A".

(Procurador do Estado – PGE/MT – FCC – 2016) Segundo o novo Código de Processo Civil, a reclamação

(A) é cabível diante da inobservância de Súmula de qualquer Tribunal.
(B) somente pode ser proposta perante os Tribunais Superiores.
(C) fica prejudicada diante da inadmissibilidade ou do julgamento do recurso interposto contra a decisão proferida pelo órgão reclamado.
(D) pode ser utilizada mesmo após o trânsito em julgado da decisão, por não se tratar de recurso.
(E) é cabível para garantir a observância de precedente proferido em julgamentos de casos repetitivos, a fim de dar correta aplicação da tese jurídica.

A: Incorreta (NCPC, art. 988, III faz menção a súmula vinculante); **B:** Incorreta, pois é utilizada perante qualquer tribunal que teve sua competência usurpada; **C:** Incorreta, persistindo o interesse na reclamação até a reforma da decisão atacada; **D:** Incorreta, pois há expressa vedação ao uso da reclamação de decisão transitada em julgado (NCPC, art. 988, § 5º, I); **E:** Correta (NCPC, art. 988, IV). Gabarito "E".

(Procurador do Estado – PGE/MT – FCC – 2016) De acordo com a atual legislação, a decisão que determinou a exclusão de um litisconsorte

(A) desafia recurso de agravo de instrumento, no prazo de quinze dias, contados a partir da intimação desta decisão.
(B) é irrecorrível, mas pode ser questionada por outros meios de impugnação.
(C) desafia recurso de apelação, no prazo de quinze dias, contados a partir da intimação desta decisão.
(D) não apresenta recorribilidade imediata, e, por isso, não se submete à preclusão temporal antes da prolação da sentença, pois pode ser alegada quando da apelação, no prazo de quinze dias, contados a partir da intimação da sentença.
(E) pode desafiar recurso de agravo de instrumento ou de apelação, conforme o momento do processo em que a decisão for proferida; em ambos os casos, o prazo será de quinze dias, contados a partir intimação da decisão.

A: Correta, pois a decisão que exclui um litisconsorte não acaba com o processo; além disso, há previsão legal expressa do cabimento de agravo (NCPC, art. 1.015, VII); **B:** Incorreta, considerando o exposto em "A"; **C:** Incorreta, considerando o exposto em "A"; **D:** Incorreta, considerando o exposto em "A" – essa hipótese seria a correta se não fosse cabível o AI; **E:** Incorreta, considerando o exposto em "A". Gabarito "A".

(Procurador Municipal – Sertãozinho/SP – VUNESP – 2016) José da Silva ingressa com ação de indenização em face do Município de Sertãozinho, argumentando que seu veículo caiu num buraco, ocasionando dano nas rodas e pneus dianteiros do veículo em razão de má conservação das vias públicas. Pleiteou o valor de R$ 3.000,00 referentes aos pneus e rodas novas adquiridos em substituição aos danificados. A ação foi julgada improcedente, tendo o juiz afirmado que o autor não comprovou que os danos teriam sido decorrentes dos buracos nas vias públicas. Interposto recurso de apelação, o mesmo foi provido por maioria de votos, tendo os votos majoritários entendido que o autor tem direito à indenização no valor pleiteado, enquanto o voto minoritário negou provimento ao recurso entendendo que o autor não comprovou com documentos hábeis os valores pretendidos a título de ressarcimento. Diante disso, o Município de Sertãozinho poderá

(A) opor embargos infringentes.
(B) interpor recurso ordinário.
(C) interpor embargos de divergência.
(D) interpor recursos especial e extraordinário.
(E) apresentar reclamação.

Não há mais os embargos infringentes no NCPC, o que há é a técnica de prosseguimento da sessão quando possível, ou uma nova sessão a ser designada (Art. 942). Sendo assim, caberia ao Município já partir para tribunal superior, o que seria possível via REsp e RE. Gabarito "A" no CPC/1973, "D" no NCPC.

(Juiz – TJSP – 2017) Em matéria recursal, é correto afirmar que

(A) do pronunciamento que julgar parcial e antecipadamente o mérito, caberá apelação desprovida de efeito suspensivo.
(B) a resolução da questão relativa à desconsideração da personalidade jurídica será sempre impugnável por agravo de instrumento.
(C) a apelação devolverá ao tribunal todas as questões suscitadas e debatidas, ainda que não decididas, mas a devolução em profundidade ficará limitada ao capítulo impugnado.
(D) se os embargos de declaração forem acolhidos com modificação da decisão embargada, ficará automaticamente prejudicado o outro recurso que o embargado já tiver interposto contra a decisão originária, ressalvada a interposição de novo recurso.

A: incorreta, porque da decisão antecipada parcial de mérito cabe agravo (NCPC, art. 356, § 5º); **B:** incorreta, pois o IDPJ pode ser decidido não apenas em 1º grau; logo, não

é *sempre* agravo (NCC, art. 136, *caput* e parágrafo único); **C:** correta, sendo essa uma das previsões legais quanto à devolutividade da apelação (NCPC, art. *1013, § 1º Serão, porém, objeto de apreciação e julgamento pelo tribunal todas as questões suscitadas e discutidas no processo, ainda que não tenham sido solucionadas, desde que relativas ao capítulo impugnado*); **D:** incorreta, pois após declaratórios providos, pode a outra parte complementar seu recurso; assim, não é *sempre* recurso prejudicado. LD
Gabarito "C".

(Juiz – TJSP – 2017) Quanto ao incidente de resolução de demandas repetitivas,
(A) poderá ser instaurado quando houver risco de multiplicação de processos como decorrência de controvérsia sobre questão unicamente de direito, de que possa resultar prejuízo à isonomia e à segurança jurídica.
(B) tanto que seja admitido, a suspensão dos processos pendentes em que se discuta a questão controvertida poderá ser determinada pelo relator ou eventualmente pelo tribunal superior competente para conhecer do recurso extraordinário ou especial.
(C) o órgão colegiado incumbido de julgá-lo fixará a tese e, para preservar o juiz natural, devolverá o julgamento do recurso, da remessa necessária ou do processo de competência originária para que se complete o julgamento perante o órgão de onde se originou o incidente.
(D) pode tramitar, paralela e concorrentemente, com a afetação, perante tribunal superior, de recurso para definição de tese sobre questão material ou processual repetitiva.

A: incorreta, pois esses são requisitos *cumulativos* para o IRDR, de modo que um *não é* decorrente do outro (NCPC, art. 976, I e II); **B:** correta. Admitido o IRDR, cabe a suspensão de todos os processos que debatam o mesmo tema – deferida no tribunal intermediário ou mesmo pelo tribunal superior (NCPC, art. 982, I e § 3º); **C:** incorreta, porque não só a tese, mas a própria lide já é julgado – tanto que a parte tem direito à sustentação oral (NCPC, art. 984, II, *a*); **D:** incorreta, pois não pode haver IRDR e repetitivo ao mesmo tempo, pelo risco de conflito entre as decisões (NCPC, art. *976, § 4º É incabível o incidente de resolução de demandas repetitivas quando um dos tribunais superiores, no âmbito de sua respectiva competência, já tiver afetado recurso para definição de tese sobre questão de direito material ou processual repetitiva*). LD
Gabarito "B".

(FGV – 2014) A atividade recursal do Supremo Tribunal Federal e do Superior Tribunal de Justiça encontra-se tradicionalmente associada aos recursos extraordinário e especial, respectivamente. Contudo, tal múnus também é desempenhado por meio do julgamento do denominado *recurso ordinário constitucional*.
Acerca dessa espécie recursal, assinale a afirmativa correta.
(A) Exigir-se-á a comprovação do requisito do prequestionamento para a admissão do recurso ordinário constitucional perante os Tribunais Superiores.
(B) Apenas será acolhido o recurso ordinário que versar sobre questões exclusivamente de direito, não se admitindo a rediscussão de matéria fática por meio desta via recursal.
(C) Compete ao Supremo Tribunal Federal julgar o recurso ordinário interposto contra mandado de segurança decidido em única instância pelos Tribunais Regionais Federais ou pelos Tribunais dos estados, do Distrito Federal e dos territórios, quando denegatória a decisão.
(D) Serão julgadas em recurso ordinário pelo Superior Tribunal de Justiça as causas em que forem partes, de um lado, Estado estrangeiro ou organismo internacional e, do outro, município ou pessoa residente ou domiciliada no país.

A: incorreta, pois somente se exige prequestionamento para os recursos excepcionais (Súmulas 282 do STF e 211 do STJ e NCPC, art. 1.025); **B:** incorreta, porque a restrição à análise de matéria fática é exclusiva para os recursos excepcionais (Súmulas 279 do STF e 5 e 7 do STJ); **C:** incorreta, nesse caso a competência é do STJ; será do STF quando de julgado originário de Tribunal Superior (CF, arts. 102, II, *a* / 105, II, *b*); **D:** correta, tratando-se de ente estrangeiro, não há apelação para Tribunal intermediário, mas ROC para o STJ (CF, art. 105, II, *c*). LD/FC
Gabarito "D".

(Procurador do Estado/AC – 2014 – FMP) Considere as assertivas I, II e III.
I. Em caso de ser declarada a incompetência absoluta, os atos decisórios são nulos, mas os atos instrutórios podem ser aproveitados.
II. A declaração de nulidade de um ato processual não importa a automática nulificação dos atos subsequentes, devendo haver efetiva subordinação e incompatibilidade para que a nulidade gere efeito expansivo, de modo a que a nulidade de um ato gere a nulidade do subsequente.
III. A máxima *pas de nullitèsansgrief* significa que a decretação de nulidade dos atos processuais exige a efetiva existência de prejuízo, o que pode ser traduzido por violação real ao direito ao processo justo. Assinale a alternativa correta.
(A) Apenas as assertivas I e III estão corretas.
(B) Apenas as assertivas II e III estão corretas.
(C) Apenas as assertivas I e II estão corretas.

(D) Todas as assertivas são corretas.

I: incorreta à luz do Novo Código (NCPC, art. 64, §4º). Mas, diferentemente do CPC/1973 (art. 113, §2º), as decisões proferidas por juízo absolutamente incompetente não se consideram, desde logo, nulas, de modo que seus efeitos são preservados até que nova decisão seja proferida pelo juízo competente a respeito de sua conservação.; **II:** correta (NCPC, art. 281); **III:** correta. (NCPC, art. 282, § 1º). LD/DS
Gabarito "B". À luz do NCPC (no CPC/73, a resposta era "D").

(Procurador Legislativo – Câmara de Vereadores de São Paulo/SP – 2014 – FCC) Após acidente automobilístico sofrido por Jorge Nelson, seu advogado propõe ação indenizatória, material e moral, contra Jeferson José, com pedido de antecipação liminar total da tutela jurisdicional. A tutela é antecipada parcialmente, no tocante ao deferimento desde logo do dano material, indeferindo-se porém o dano moral antecipado.
Nessas condições, os advogados do autor Jorge Nelson, bem como do réu Jeferson José,
(A) tendo em vista que a decisão interlocutória proferida significa gravame somente para o réu Jeferson José, mas não para o autor Jorge Nelson, admitirá o recurso de agravo apenas para o réu, não o admitindo para o autor, já que revogável a antecipação tutelar.
(B) tendo em vista a natureza da decisão judicial proferida, interlocutória, cujo conteúdo representa gravame parcial para ambos, poderão eles interpor agravo em dez dias de tal decisão, Jorge Nelson para obter o deferimento total da antecipação tutelar pretendida, Jeferson José visando ao indeferimento total dessa antecipação jurisdicional.
(C) tendo em vista que a decisão interlocutória proferida significa gravame somente para o autor Jorge Nelson, diante do indeferimento da antecipação tutelar da indenização moral, mas não para Jeferson José, admitirá apenas o recurso de agravo por parte do autor, mas não por parte do réu, mesmo porque se trata de decisão revogável.
(D) por se tratar de decisão liminar antecipatória, é irrecorrível para ambas as partes, que só poderão alterá-la eventualmente requerendo sua reconsideração ao próprio juiz que a proferiu.
(E) tendo em vista que o deferimento da antecipação ao autor equivale à sentença futura, deverá Jeferson José apelar de tal deferimento, devendo Jorge Nelson agravar do indeferimento parcial.

Inicialmente, de se observar que o NCPC reuniu o regramento referente à **tutela de urgência** (esta dívida em duas subespécies: *tutela de urgência cautelar* e *tutela de urgência antecipada*) e **tutela de evidência** (liminar sem urgência) sob a denominação **tutela provisória**. O enunciado narra uma decisão interlocutória, envolvendo tutela provisória. Como houve concessão parcial, está-se diante de sucumbência recíproca (ou seja, há interesse recursal de ambos, de forma autônoma). Logo, ambos podem ingressar com agravo de instrumento, com fundamento no art. 1.015, I, NCPC. Portanto, a alternativa correta é a "B". LD/DS
Gabarito "B".

(Procurador do Município – São Paulo/SP – 2014 – VUNESP) Para impugnar o acórdão não unânime de Tribunal de Justiça, que tenha julgado improcedente ação rescisória, é cabível
(A) recurso ordinário.
(B) recurso de embargos infringentes.
(C) recurso especial e/ou recurso extraordinário.
(D) recurso de apelação.
(E) agravo regimental.

No NCPC, os embargos infringentes deixam de existir como recurso, existindo um novo julgamento no caso de voto vencido, mas sem manifestação da parte. Assim, trata-se de uma técnica de julgamento (NCPC, art. 942). Portanto, no caso, o correto é falar em recurso para tribunal superior – especial ou extraordinário (NCPC, art. 1.029). Não cabe apelação, pois esse recurso somente cabe de sentença (NCPC, art. 1.009); não cabe o regimental pois ele cabe de monocrática (NCPC, art. 1.021); não cabe o ordinário pois ele cabe de acórdão de ação constitucional originária de tribunal (NCPC, art. 1.027). LD/DS
Gabarito "C".

(Procurador do Município – São Paulo/SP – 2014 – VUNESP) A decisão liminar de antecipação de tutela, concedida em primeira instância, sem contraditório, no sentido de promover milhares de servidores e determinar o consequente aumento imediato de seus subsídios, considerando inconstitucionais as normas que restringem a concessão de tutela antecipada contra o poder público, pode ser impugnada por meio de
(A) reclamação constitucional ao STF, desde que não seja cabível a interposição de agravo de instrumento.
(B) agravo de instrumento e pedido de suspensão dirigido ao Presidente do respectivo Tribunal, vedada reclamação constitucional para o STF.
(C) agravo de instrumento, ou pedido de suspensão dirigido ao Presidente do respectivo Tribunal, ou reclamação constitucional ao STF, vedada a adoção simultânea dessas medidas.
(D) agravo de instrumento, pedido de suspensão dirigido ao Presidente do respectivo Tribunal e reclamação constitucional ao STF, podendo ser essas medidas adotadas de forma concorrente.

(E) reclamação constitucional ao STF, desde que não tenha havido pedido de suspensão dirigido ao Presidente do respectivo Tribunal, mas sem prejuízo da interposição de agravo de instrumento.

A situação narrada apresenta uma decisão interlocutória que viola o entendimento do STF, proferido em controle concentrado, quanto à vedação de antecipação de tutela contra o Estado, se envolver pagamento de subsídios. A decisão interlocutória pode ser impugnada por agravo de instrumento (NCPC, art. 1.015, I). Além disso, cabe também pedido de suspensão dirigido ao Presidente do respectivo Tribunal, nos termos do art. 4º da Lei nº 8.437/92. Veja-se, por fim, o cabimento de reclamação na hipótese, com fundamento do art. 988, III, NCPC; de se observar que o instituto veio a ser regulamentado inteiramente pelo NCPC, com a revogação dos arts. 13 a 18 da Lei 8.038/1990 (NCPC, art. 1.072). E, como estamos diante de apenas 1 recurso (agravo), não há prejuízo a se utilizar as 3 medidas ao mesmo tempo. **LD/DS**
Gabarito "D".

(Analista – TRE/GO – 2015 – CESPE) Fábio propôs ação judicial contra uma empresa fornecedora de serviços de bufê em razão de vício na prestação do serviço contratado. A ação foi proposta na vara cível competente para julgamento da demanda, por meio da qual se requereu indenização por danos materiais e morais supostamente sofridos pelo autor. Ao final, o juiz proferiu sentença na qual reconheceu parcialmente os danos materiais sofridos e condenou a empresa ré a indenizar o autor. O juiz não se manifestou, contudo, sobre os danos morais pleiteados na petição inicial.

Acerca dessa situação hipotética, julgue os itens a seguir.

(1) Na hipótese descrita, há possibilidade de interposição de recurso na modalidade adesiva, uma vez que está presente a chamada sucumbência recíproca, requisito indispensável para a interposição desse recurso.

(2) Para sanar a omissão do juiz quanto ao pedido de indenização por danos morais formulado, Fábio deverá interpor recurso de embargos de declaração no prazo de cinco dias, contados da ciência da sentença.

1: Correta, pois a sucumbência recíproca é requisito para interposição do recurso adesivo (NCPC, art. 997, caput e § 1º); **2:** Correta, nos termos dos arts. 1.022 e 1.023 do NCPC. **T**
Gabarito 1C, 2C.

14. EXECUÇÃO E CUMPRIMENTO DE SENTENÇA

14.1. EXECUÇÃO

(Juiz de Direito - TJ/RS - 2018 - VUNESP) O executado por título executivo extrajudicial, independentemente de penhora, depósito ou caução, poderá se opor à execução por meio de embargos, cujo prazo será contado, no caso de execuções por carta, da juntada

(A) na carta, da certificação da citação, quando versarem unicamente sobre vícios ou defeitos da penhora, da avaliação ou da alienação dos bens.

(B) do último comprovante de citação, quando houver mais de um executado.

(C) do último comprovante de citação, que será contado em dobro no caso de litisconsortes com advogados diversos.

(D) das respectivas citações, no caso de companheiros, sem contrato de união estável.

(E) nos autos de origem, quando versarem sobre a nulidade da citação na ação de obrigação de pagar.

A: Correta (NCPC, art. 915, § 2º, I); **B:** Incorreta, já que, quando houver mais de um executado, o prazo para oposição de embargos é contado a partir da juntada do respectivo comprovante de citação em relação a cada um dos executados, e não do último – exceto no caso de cônjuges (NCPC, art. 915, § 1º); **C:** Incorreta, tendo em vista que para a contagem do prazo para oposição de embargos à execução não se aplica a disposição do prazo em dobro para litisconsortes com advogados diversos (NCPC, art. 915, § 3º); **D:** Incorreta, porque, no caso de cônjuges ou companheiros, o prazo será contado a partir da juntada do último comprovante de citação (NCPC, art. 915, § 1º) – em relação aos não cônjuges, vide "B"; **E:** Incorreta. O que o NCPC prevê é a contagem a partir da "juntada, na carta, da certificação da citação, quando versarem unicamente sobre vícios ou defeitos da penhora, da avaliação ou da alienação dos bens" (NCPC, art. 915, § 2º, I). **LD**
Gabarito "A".

(Procurador do Estado/SP - 2018 - VUNESP) Em relação à fraude de execução, assinale a alternativa correta.

(A) O simples fato de alguém ter alienado seus bens após a citação, no processo de conhecimento, já caracteriza plenamente a fraude de execução, sejam os bens passíveis de registro ou não.

(B) Quanto aos bens imóveis, o ônus de provar sua existência pode ser satisfeito mediante averbação na matrícula do imóvel, prévia à alienação, da existência de uma ação, ainda que de natureza penal, dentre outras, que pode reduzir o devedor à insolvência.

(C) É sempre do exequente o ônus da prova da fraude de execução quando ocorrer a venda de bens não sujeitos a registro após a citação, na execução civil, ou após a intimação, no caso do cumprimento de sentença.

(D) Os atos praticados em fraude de execução são juridicamente inexistentes, independentemente de o executado ter ficado insolvente ou não.

(E) Caracteriza-se exclusivamente quando, após o início do cumprimento de sentença ou da execução civil, ocorre a alienação de bens por parte do executado, dispensados outros requisitos.

A: Incorreta, porque seria necessário que a ação ajuizada fosse capaz de reduzir o devedor à insolvência (NCPC, art. 792, IV). No tocante ao registro, a caracterização da fraude à execução depende, ainda, do registro da penhora do bem alienado ou da prova da má-fé do terceiro adquirente (STJ, Súmula 375); **B:** Correta (NCPC, art. 792, I, II e IV); **C:** Incorreta, considerando que, no caso de bens não sujeitos a registro, o ônus caberá ao terceiro adquirente e não ao exequente (NCPC, art. 792, § 2º); **D:** Incorreta, porque os atos praticados em fraude à execução são *ineficazes* em relação ao exequente (NCPC, art. 792, §1º); **E:** Incorreta, uma vez que a alienação de bem não caracteriza por si só fraude à execução (NCPC, art. 792). **LD**
Gabarito "B".

(Promotor de Justiça – MPE/RS – 2017) Assinale a alternativa **INCORRETA** sobre o tema da execução, segundo disposto no Código de Processo Civil.

(A) Considera-se atentatória à dignidade da justiça a conduta comissiva ou omissiva do executado que, intimado, não indica ao juiz quais são e onde estão os bens sujeitos à penhora e os respectivos valores, nem exibe prova de sua propriedade e, se for o caso, certidão negativa de ônus.

(B) A execução pode ser promovida contra o responsável titular do bem vinculado por garantia real ao pagamento do débito.

(C) Se a execução tiver por objeto obrigação de que seja sujeito passivo o proprietário de terreno submetido ao regime do direito de superfície, ou o superficiário, responderá pela dívida, exclusivamente, o direito real do qual é titular o executado, recaindo a penhora ou outros atos de constrição exclusivamente sobre o terreno, no primeiro caso, ou sobre a construção ou a plantação, no segundo caso.

(D) Na execução de obrigação de fazer ou de não fazer fundada em título extrajudicial, ao despachar a inicial, o juiz fixará multa por período de atraso no cumprimento da obrigação e a data a partir da qual será devida.

(E) A cobrança de multas ou de indenizações decorrentes de litigância de má-fé ou de prática de ato atentatório à dignidade da justiça será promovida em autos apartados.

A: Correta (NCPC, art. 774, V – o artigo prevê os atos que praticados pelo executado são considerados atentatórios à dignidade da justiça). **B:** Correta, o titular do bem dado em garantia responde legalmente pelo débito (NCPC, art. 779, V). **C:** Correta, o devedor responderá a execução com os bens que possui, quando estamos diante de um devedor que possui direitos sobre imóvel, tais direitos serão objeto de penhora (NCPC, art. 791). **D:** Correta, o artigo 814 do NCPC prevê a possibilidade de fixação de multa na execução de obrigação de fazer e não fazer. **E:** Incorreta, devendo esta ser assinalada. A cobrança decorrente de litigância de má-fé deverá ser promovida nos autos do processo que houver a condenação (art. 777 do NCPC). **LD/C**
Gabarito "E".

(Juiz - TRF 3ª Região – 2016) Determinado Juízo aplicou o entendimento, em sede de execução fiscal em que se realizavam diligências para localização de patrimônio do executado, de que os documentos sigilosos do executado, que foram requisitados pelo próprio ofício judicante, a pedido da Fazenda Pública, a terceiros, deveriam, quando aportassem na Secretaria, ser acondicionados em pasta própria à disposição das partes e de seus procuradores, motivando tal decisão sob o prisma da publicidade processual. Nesse sentido, ao arquivar os documentos sigilosos em pasta própria, não haveria necessidade de se limitar a publicidade do processo em andamento mediante a decretação de segredo de justiça, ao mesmo tempo em que não se verificariam prejuízos às partes ou à devida instrução processual, porquanto os documentos permaneceriam acessíveis aos interessados. Essa decisão:

(A) Encontra abrigo na jurisprudência das Cortes Superiores, pois, embora inexista expressa previsão legal a respeito, constitui medida que salvaguarda a publicidade processual sem lesionar outros princípios processuais. Não depende, portanto, de regulamentação interna.

(B) Embora não encontre abrigo na jurisprudência consolidada, não é atacável em sede de agravo, retido ou de instrumento, porquanto não se trata de decisão interlocutória, já que não possui conteúdo decisório ou lesivo às partes.

(C) Encontra abrigo na jurisprudência das Cortes Superiores, mas exige o respeito a certas formalidades, como a regulamentação interna no âmbito da respectiva Corte, por meio de Resolução ou Portaria.

(D) Não encontra abrigo na jurisprudência das Cortes Superiores, diante da inexistência, no código de processo civil vigente, de previsão para que se crie pasta própria fora dos autos para tal finalidade.

A questão envolve exatamente um julgado decidido pelo STJ, que tem a seguinte ementa, na parte relevante para o tema: "Não há no Código de Processo Civil nenhuma previsão para que se crie "pasta própria" fora dos autos da execução fiscal para o arquivamento de documentos submetidos a sigilo. Antes, nos casos em que o interesse público justificar, cabe ao magistrado limitar às partes o acesso aos autos passando o feito a tramitar em segredo de justiça" (REsp: 1349363, DJe 31.05.2013). Assim, a alternativa correta é a "D". LD
Gabarito "D".

(Defensor Público – DPE/BA – 2016 – FCC) Para possibilitar a penhora de dinheiro em depósito ou em aplicação financeira, o juiz,

(A) a requerimento do exequente, ouvindo previamente o executado, no prazo de três dias, determinará às instituições financeiras, por meio de sistema eletrônico gerido pela autoridade supervisora do sistema financeiro nacional, que torne indisponíveis ativos financeiros existentes em nome do executado.
(B) de ofício, ouvindo previamente o executado, no prazo de três dias, determinará às instituições financeiras, por meio de sistema eletrônico gerido pela autoridade supervisora do sistema financeiro nacional, que torne indisponíveis ativos financeiros existentes em nome do executado.
(C) a requerimento do exequente, sem dar ciência prévia do ato ao executado, determinará às instituições financeiras, por meio de sistema eletrônico gerido pela autoridade supervisora do sistema financeiro nacional, que torne indisponíveis ativos financeiros existentes em nome do executado.
(D) a requerimento do exequente, ouvindo previamente o executado, no prazo de três dias, determinará, por meio de ofício dirigido à instituição financeira em que alocados os recursos, que esta torne indisponíveis ativos financeiros existentes em nome do executado.
(E) de ofício, sem dar ciência prévia do ato ao executado, determinará, por meio de ofício dirigido à instituição financeira em que alocados os recursos, que esta torne indisponíveis ativos financeiros existentes em nome do executado.

A resposta encontra-se no art. 854 do NCPC, cujos termos estão presentes na alternativa "C". A alternativa "A" e "B" são incorretas, pois não é necessário dar ciência prévia ao executado. A "B" é incorreta, pois a determinação depende de requerimento do exequente (NCPC, art. 854). A "D", por sua vez, além de incorrer em erro ao prever a oitiva prévia do executado, equivoca-se ao prever que a penhora ocorrerá por meio de ofício (mesmo equívoco da alternativa "E"), sendo certo que a constrição será efetivada por meio eletrônico. LD
Gabarito "C".

(Juiz de Direito/AM – 2016 – CESPE) Acerca da execução, assinale a opção correta.
(A) Iniciada a execução de título extrajudicial, a fraude contra credores poderá ser reconhecida em embargos de terceiro, com a consequente anulação do ato jurídico.
(B) Tratando-se de execução de título extrajudicial, a fixação de multa para cumprimento de obrigação específica pelo devedor e a sua conversão em perdas e danos dependem de requerimento do credor.
(C) A citação por hora certa, por ser incompatível com o rito, é vedada no processo de execução, consoante entendimento sumulado pelo STJ.
(D) A averbação da constrição de bem imóvel no cartório de registro de imóveis, embora prevista na legislação processual civil, não é condição de validade da penhora.
(E) As sentenças condenatórias cíveis e penais, ainda que não transitadas em julgado, constituem títulos executivos judiciais.

A: incorreto, nos termos da Súmula 195/STJ: "EM EMBARGOS DE TERCEIRO NÃO SE ANULA ATO JURIDICO, POR FRAUDE CONTRA CREDORES"; B: incorreto, pois o juiz poderá fixar multa independentemente de requerimento do credor (art. 139, IV, NCPC). Além disso, a obrigação será convertida em perdas e danos se impossível a tutela específica ou a obtenção de tutela pelo resultado prático equivalente (art. 499, NCPC); C: incorreto, porque há a possibilidade de citação por hora certa e por edital no processo de execução (NCPC, art. 830, §1º); D: correta. A averbação tem o condão de fazer incidir a presunção absoluta de conhecimento por terceiros (NCPC, art. 844), mas não se trata de condição de validade da penhora (cujos requisitos estão no art. 838); E: incorreto, pois, no caso da sentença penal, esta só passa a ser título executivo judicial a partir do seu trânsito em julgado (NCPC, art. 515, VI). LD/DS
Gabarito "D".

(FGV – 2015) Daniel possui uma pequena mercearia e costuma aceitar cheques de seus clientes, como forma de pagamento. Ocorre que, no último mês, três dos cheques apresentados no prazo foram devolvidos por insuficiência de fundos. Daniel não obteve êxito na cobrança amigável, não lhe restando, portanto, outra alternativa senão recorrer ao Poder Judiciário. Com base nessa situação hipotética, assinale a afirmativa correta.
(A) Daniel pode cumular várias execuções, sendo o mesmo devedor, ainda que fundadas em títulos diferentes e diversa a forma do processo, desde que o juízo seja competente para todas.
(B) É vedado ao juiz examinar de ofício os requisitos que autorizam a cumulação de execuções.
(C) Daniel pode cumular várias execuções, fundadas em títulos diferentes, ainda que diversos os devedores, desde que para todas elas seja competente o juízo e idêntica a forma do processo.
(D) Daniel pode cumular várias execuções, sendo o mesmo devedor, ainda que fundadas em títulos diversos, desde que seja competente o juízo e haja identidade na forma do processo.

A: incorreta, pois a lei permite cumular várias execuções, sendo o mesmo devedor, ainda que fundadas em títulos diversos, desde que seja competente o juízo e haja identidade na forma do processo (ou seja, procedimento – inclusive, essa é a nomenclatura que consta do NCPC, art. 780, ao invés de "forma do processo"); B: incorreta, pois se um dos requisitos não estiver presente, o juiz não poderá determinar a citação (NCPC, arts. 780 e 783); C: incorreta, porque o art. 780 do NCPC prevê a cumulação de execução quando se está diante do mesmo executado; D: correta (NCPC, art. 780). LD/FC
Gabarito "D".

(FGV – 2014) Ricardo ajuizou ação de execução por título extrajudicial em face de Fábio, objetivando o pagamento de cheque que fora devolvido por insuficiência de fundos, no valor de R$ 1.000,00. Após Fábio ser regularmente citado, Ricardo requereu ao juiz a desistência do processo. Dessa forma, assinale a afirmativa correta.
(A) O juiz deverá homologar a desistência, independentemente da concordância do executado, caso não tenham sido apresentados embargos versando sobre questões de direito material.
(B) O juiz somente poderá homologar a desistência após a anuência do executado.
(C) O juiz não homologará a desistência, já que o credor tem a faculdade de desistir apenas de algumas medidas executivas.
(D) O juiz não homologará a desistência caso o devedor, citado, ofereça embargos que versem apenas sobre questões processuais.

A: correta, pois a execução é realizada no interesse do exequente, de modo que a permissão da desistência é ampla no processo executivo (NCPC, art. 775, parágrafo único, I e II); B: incorreta, considerando o exposto na alternativa anterior; C: incorreta, considerando o exposto na alternativa "A"; D: incorreta, pois (i) sempre será possível a desistência da execução e (ii) somente se os embargos tratarem de questões de mérito (não de direito processual) é que haverá necessidade de concordância do executado/embargante para extinção dos *embargos* (NCPC, art. 775, parágrafo único). LD/FC
Gabarito "A".

(FGV – 2014) João vendeu para seu vizinho Pedro, por R$ 10.000,00 (dez mil reais), um automóvel usado, tendo as partes, para tanto, celebrado contrato de compra e venda assinado pelo devedor e por duas testemunhas. Na ocasião, ficou acordado que João entregaria o veículo a Pedro mediante o pagamento, no ato, de R$ 4.000,00 (quatro mil reais), sendo o restante da dívida pago em 3 (três) parcelas mensais de R$ 2.000,00 (dois mil reais) cada. Sucede, entretanto, que, depois de pagar R$ 4.000,00 (quatro mil reais) e receber o automóvel de João, Pedro não cumpriu sua obrigação quanto ao valor remanescente.
Tendo em vista essa situação hipotética e considerando os princípios e regras atinentes ao processo de execução, assinale a afirmativa correta.
(A) Não satisfeita a obrigação certa, líquida e exigível, consubstanciada em título executivo, a execução poderá ser instaurada por João, desde que notifique previamente Pedro.
(B) João não poderá prosseguir com a execução caso Pedro cumpra a obrigação no curso da demanda, hipótese em que caberá àquele arcar com as custas processuais e honorários.
(C) O adimplemento parcial da prestação não impede que João ajuíze a execução quanto à parcela da obrigação que não foi realizada.
(D) O inadimplemento relativo, assim como o inadimplemento absoluto, autoriza o ajuizamento da ação executiva para a entrega de coisa, desde que preenchidos os demais requisitos necessários.

A: incorreta, pois não há previsão legal de necessidade de prévia notificação extrajudicial como requisito para se executar; B: incorreta para a banca. Porém, essa alternativa não está de todo errada, pois a expressão "cumpra a obrigação" (na alternativa) não está clara se se refere a *todo* o pagamento da dívida (hipótese em que não seria possível a execução, por falta de interesse) ou a *alguma parcela* (caso em que seria possível prosseguir com a execução); por isso, melhor se buscar outra resposta; C: correta para a banca e a melhor escolha (considerando o exposto na alternativa B). O pagamento parcial não impede que se ingresse com a execução de quantia, pois há débito (NCPC, art. 829); D: incorreta, pois a obrigação narrada na questão é de pagar (NCPC, art. 829), não de entrega de coisa (NCPC, art. 806). LD/FC
Gabarito "C".

(Procurador do Estado/AC – 2014 – FMP) Assinale a alternativa **incorreta**.
(A) A exceção de pré-executividade é admissível na execução fiscal, desde que se trate de matéria conhecível *ex officio*, mesmo que demande dilação probatória.

(B) A Fazenda Pública pode, na execução fiscal, substituir a Certidão de Dívida Ativa – CDA – para corrigir erros materiais do instrumento até a prolação da sentença de embargos, não podendo fazê-lo para corrigir erros relativos ao próprio lançamento tributário.
(C) Não é possível, à Fazenda Pública, substituir, na execução fiscal, a Certidão de Dívida Ativa (CDA) para modificar o sujeito passivo da execução.
(D) São cabíveis execução por título extrajudicial e ação monitória contra a Fazenda Pública.

A: alternativa incorreta, devendo esta ser assinalada. A exceção de pré-executividade não pode admitir dilação probatória – isso sendo restrito aos embargos. De se observar que o NCPC consagra a objeção de pré-executividade, embora sem nominá-la (NCPC, art. 803, parágrafo único); **B:** correta (Lei 6.830/1980, art. 2º, § 8º, assim interpretado: "A Turma negou provimento ao recurso por entender que a emenda ou substituição da CDA é admitida diante da existência de erro material ou formal, não sendo possível, entretanto, quando os vícios decorrerem do próprio lançamento e/ou da inscrição", informativo 447/STJ); **C:** correta (idem anterior); **D:** correta. Os arts. 730, 731 e 741 do CPC/1973 davam a entender que a execução contra a Fazenda Pública pressuporia título executivo judicial; a jurisprudência, contudo, assentou entendimento no sentido contrário, o que foi feito por meio da Súmula 279/STJ ("É cabível execução por título extrajudicial contra a Fazenda Pública"). O NCPC veio para encerrar o debate, passando a admitir e regular expressamente a execução contra a Fazenda Pública fundada em título extrajudicial (NCPC, art. 910). Além disso, o entendimento assentado na Súmula 339/STJ: ("É cabível ação monitória contra a Fazenda Pública") também foi incorporado no texto do NCPC, que expressamente passa a admitir a monitória contra a Fazenda Pública (NCPC, art. 700, §6º).
Gabarito "A".

(Magistratura do Trabalho – 2ª Região – 2014) Quanto ao processo executivo, observe as proposições abaixo e responda a alternativa que contenha proposituras **corretas:**
I. O título executivo extrajudicial oriundo de país estrangeiro não depende de homologação pelo Supremo Tribunal Federal, devendo satisfazer os requisitos de formação exigidos pela lei do lugar da sua celebração e indicar o Brasil como lugar do cumprimento da obrigação.
II. Considerando-se que o objeto da ação executiva é sempre um título, fica vedado ao juiz determinar o comparecimento das partes em juízo, ante a inocuidade da medida.
III. Os frutos e rendimentos dos bens inalienáveis poderão ser penhorados, ainda que destinados a satisfação de prestação alimentícia.
IV. A penhora de bens imóveis realizar-se-á mediante auto ou termo de penhora, cabendo ao exequente, sem prejuízo da imediata intimação do executado, providenciar, para presunção absoluta de conhecimento por terceiros, a respectiva averbação no ofício imobiliário, mediante a apresentação de certidão de inteiro teor do ato, independentemente de mandado judicial.
V. A execução para cobrança de crédito fundar-se-á sempre em título de obrigação certa, líquida e exigível.

Está **correta** a alternativa:
(A) I, IV e V.
(B) I, III e IV.
(C) II, III e IV.
(D) II, III e V.
(E) I, II e V.

I: correta (NCPC, art. 515, §§ 2º e 3º); **II:** incorreta, pois é sempre possível ao juiz determinar o comparecimento das partes em juízo (NCPC, art. 772, I); **III:** correta, pois o NCPC (art. 834) não faz a ressalva que antes era feita pelo CPC/1973 (art. 650 – "salvo se destinados à satisfação de prestação alimentícia"), ; **IV:** correta (NCPC, art. 844); **V:** correta (NCPC, art. 783).
Gabarito sem resposta à luz do NCPC

14.2. EMBARGOS DO DEVEDOR

(Analista – TRT/2ª – 2014 – FCC) Considere as afirmativas referentes aos embargos do devedor:
I. O executado, independentemente de penhora, depósito ou caução, poderá opor-se à execução por meio de embargos.
II. Se opostos os embargos em reconhecida litigância de má-fé, as sanções correspondentes serão promovidas no próprio processo de execução, em autos apensos, operando-se por meio de compensação ou por execução.
III. Recebidos os embargos, será o exequente ouvido no prazo de 15 dias; a seguir, o juiz julgará imediatamente o pedido ou designará audiência de conciliação, instrução e julgamento, proferindo sentença no prazo de dez dias.

Está correto o que consta em
(A) I e III, apenas.
(B) II e III, apenas.
(C) II, apenas.
(D) I, apenas.
(E) I, II e III.

I: Correta, nos termos do art. 914 do NCPC; **II:** incorreta, nos termos do art. 777 do NCPC. Entretanto, vigorava à época da aplicação do exame o art. 739-B do CPC/1973, que previa o processamento em autos apensos. Atualmente, o Novo Código prevê o processamento nos mesmos autos. Com o intuito de complementar o estudo sobre a temática do mencionado artigo, recomenda-se a leitura da obra *A Instrumentalidade do Processo*, de Cândido Rangel Dinamarco; **III:** A assertiva seria incorreta no Novo Código de Processo Civil, uma vez que não há indicação de prazo para o juiz proferir sentença. Estaria, entretanto, correta no Código de Processo Civil de 1973 pois, no art. 740 previa o prazo de 10 dias para o juiz proferir sentença.
Gabarito "E".

(FGV – 2015) Mário foi citado em processo de execução, em virtude do descumprimento de obrigação consubstanciada em nota promissória por ele emitida. Alegando excesso de execução, por ter efetuado o pagamento parcial da dívida, Mário opõe embargos à execução. Sobre esses embargos, assinale a afirmativa correta.
(A) Constituem-se em ação autônoma, razão pela qual serão autuados e distribuídos livremente, em homenagem ao princípio do juiz natural.
(B) São cabíveis tanto nas execuções autônomas quanto no cumprimento de sentença.
(C) Em regra, suspendem a execução.
(D) Seu oferecimento independe de efetivação da penhora, depósito ou caução.

A: incorreta. Os embargos são ação autônoma, mas distribuídos por dependência à execução, pois ligados a ela (NCPC, art. 914, § 1º); **B:** incorreta, pois no cumprimento de sentença a defesa é pela impugnação (NCPC, art. 525); **C:** incorreta, pois somente excepcionalmente há concessão de efeito suspensivo aos embargos (NCPC, art. 919, *caput* e § 1º); **D:** correta (NCPC, art. 914).
Gabarito "D".

(Cartório/DF – 2014 – CESPE) A respeito dos embargos de devedor, assinale a opção correta.
(A) Os embargos de devedor serão oferecidos pelo executado no prazo de quinze dias, contados da data da intimação da penhora.
(B) Após o recebimento dos embargos, a parte exequente será ouvida no prazo de quinze dias e, posteriormente, o juiz necessariamente designará audiência de conciliação, instrução e julgamento, proferindo sentença no prazo de dez dias.
(C) No prazo dos embargos de devedor, o devedor poderá reconhecer o crédito do exequente, depositar 30% do valor da execução, incluindo custas e honorários advocatícios, e, assim, requerer que seja admitido a pagar o restante em até seis parcelas mensais, acrescidas de correção monetária e juros de 1% ao mês.
(D) Os embargos de devedor, na atual sistemática do CPC, têm sua propositura vinculada à penhora, depósito ou caução do valor executado.
(E) Constitui regra geral a atribuição de efeito suspensivo aos embargos do devedor, obstando a continuidade do processo de execução até seu julgamento. Sendo assim, a requerimento da parte, a decisão relativa aos efeitos dos embargos poderá ser revista a qualquer tempo.

A: incorreta, pois o prazo não é da intimação da penhora, devendo seguir o disposto no art. 231 do NCPC, com a ressalva de que a contagem só se dá em dias úteis (NCPC, art. 219); **B:** incorreta, porque a audiência só será realizada se houver necessidade de instrução – ou seja, cabe o julgamento antecipado da lide (NCPC, 920); **C:** correta (NCPC, art. 916); **D:** incorreta, pois os embargos independem de penhora (NCPC, art. 914); **E:** incorreta, pois o efeito suspensivo aos embargos é exceção (NCPC, art. 919, *caput* e § 1º).
Gabarito "C".

14.3. CUMPRIMENTO DE SENTENÇA E IMPUGNAÇÃO

(Procurador do Estado/SP – 2018 - VUNESP) A decisão do Supremo Tribunal Federal que considera inconstitucional lei na qual se baseou, como único fundamento, uma sentença condenatória da Fazenda Pública proferida em outro processo, torna
(A) inexistente o título judicial que se formou, desde que a decisão tenha sido tomada em controle concentrado. Esse argumento pode ser arguido nos embargos da Fazenda, durante a execução civil, se a decisão que se pretende rescindir ainda não transitou em julgado.
(B) inexigível a obrigação contida no título judicial que se formou, desde que a decisão do Supremo tenha sido proferida em sede de controle difuso. Esse argumento pode ser arguido na impugnação da Fazenda, durante o cumprimento de sentença, se a decisão que se pretende rever ainda não transitou em julgado, e em ação anulatória, se já ocorreu o trânsito.
(C) inválido o título judicial que se formou, mesmo que a decisão tenha sido tomada em controle difuso ou concentrado. Esse argumento

pode ser arguido na impugnação, durante a fase de cumprimento de sentença ou no processo de execução, mas não em ação rescisória.
(D) inexigível a obrigação contida no título judicial que se formou, desde que a decisão tenha sido tomada em controle concentrado. Esse argumento pode ser utilizado na impugnação da Fazenda, durante a fase de cumprimento de sentença, mas, se a decisão que condenou a Fazenda transitou em julgado, não é cabível ação rescisória com esse fundamento.
(E) inexigível a obrigação contida no título judicial que se formou, mesmo que essa decisão tenha sido tomada em controle concentrado ou difuso de constitucionalidade. Esse argumento pode ser utilizado na impugnação da Fazenda, durante a fase de cumprimento de sentença, se ainda não ocorreu o trânsito em julgado, ou em ação rescisória, se isso já ocorreu.

A: Incorreta, considerando que, no caso, (i) a obrigação reconhecida no título executivo será inexigível, (ii) a decisão do Supremo pode ter sido tomada em controle de constitucionalidade concentrado ou difuso, (iii) esse argumento deve ser levantado na impugnação ao cumprimento de sentença, e (iv) é cabível na via da impugnação apenas se a decisão do Supremo for anterior ao trânsito em julgado da decisão que se pretende rescindir (NCPC, art. 525, § 1º, III e §§ 12 e 14); **B:** Incorreta, porque é possível que a decisão do Supremo tenha sido proferida em controle de constitucionalidade concentrado ou difuso (NCPC, art. 525, § 1º, III e § 12); **C:** Incorreta, porque (i) a obrigação reconhecida no título executivo será inexigível, e (ii) o argumento pode ser arguido em ação rescisória, caso já tenha ocorrido o trânsito em julgado da decisão exequenda (NCPC, art. 525, § 1º, III e § 15); **D:** Incorreta, pois (i) é possível que a decisão do Supremo tenha sido proferida em controle de constitucionalidade concentrado ou difuso, e (ii) o argumento pode ser arguido em ação rescisória, caso já tenha ocorrido o trânsito em julgado da decisão exequenda (NCPC, art. 525, § 1º, III e § 15); **E:** Correta, pois essa alternativa traz todos os requisitos previstos na nova legislação processual em relação ao tema (NCPC, art. 525, § 1º, III e §§ 12 a 15). Gabarito "E".

(Procurador do Município – Prefeitura Fortaleza/CE – CESPE – 2017) No que se refere ao cumprimento de sentença e ao processo de execução, julgue os itens subsequentes.

(1) De acordo com o entendimento atual nos tribunais superiores, o MP tem legitimidade extraordinária para promover ação de execução de título formado por decisão do tribunal de contas do estado ou do Tribunal de Contas da União que tenha finalidade de ressarcir o erário.

(2) Situação hipotética: Procurador de determinado município foi intimado em cumprimento de sentença e verificou que, no curso do processo de conhecimento, havia sido pago ao exequente determinado valor que deveria ser compensado. Assertiva: Nessa situação, o procurador deve, nos embargos à execução, alegar o direito à compensação como causa modificativa da obrigação.

(3) De acordo com o STJ, embora seja possível a penhora de precatório judicial, essa forma de pagamento não se iguala ao dinheiro, sendo, portanto, legítima a recusa da fazenda pública à garantia por meio de precatório em execução fiscal se, na nomeação de bens a penhora, o executado tiver preterido a ordem legal.

1: errada, pois essa legitimidade é do próprio ente que sofreu o prejuízo, não do MP (STF, RE 687756). **2:** Errada, pois a matéria é anterior à sentença, de modo que está coberta pela coisa julgada, não podendo ser alegado em sede de defesa na execução. No NCPC, prevê-se o cumprimento de sentença contra a Fazenda e, também, *impugnação* (NCPC, art. 535: "A Fazenda Pública será intimada na pessoa de seu representante judicial, por carga, remessa ou meio eletrônico, para, querendo, no prazo de 30 (trinta) dias e nos próprios autos, *impugnar* a execução, podendo arguir:", sendo que o inciso VI aponta: "qualquer causa modificativa ou extintiva da obrigação, como pagamento, novação, compensação, transação ou prescrição, desde que supervenientes ao trânsito em julgado da sentença"). **3:** Correta, conforme a jurisprudência (STJ, REsp 1.598.207). Gabarito 1E, 2E, 3C.

(Procurador do Estado – PGE/MT – FCC – 2016) No processo de execução e cumprimento de sentença,

(A) a exceção de pré-executividade, embora não prevista expressamente no novo Código de Processo Civil, é aceita pela doutrina e pela jurisprudência para que o executado se defenda mediante a alegação de matérias de ordem pública, cognoscíveis de ofício, de modo que é possível que, em uma execução fiscal, o executado alegue prescrição por meio de exceção de pré-executividade.

(B) caso o executado já tenha apresentado embargos ou impugnação à execução, a desistência do exequente de toda a execução ou apenas alguma medida executiva dependerá do consentimento do embargante ou do impugnante.

(C) a sentença que determina a inclusão de vantagem pecuniária em folha de pagamento de servidores públicos admite execução provisória, depois de confirmado em duplo grau necessário.

(D) diante de uma sentença condenatória contra o Estado transitada em julgado e da superveniência de decisão do Supremo Tribunal Federal que julgou inconstitucional a lei que fundamentou a procedência do pedido nessa demanda, durante o cumprimento desta decisão, cabe ao ente, em sua defesa, ajuizar reclamação constitucional.

(E) o cumprimento de sentença proferida contra a Fazenda Pública Estadual tem como única forma de satisfação a expedição de precatório.

A: Correta. O enunciado expõe o que doutrina e jurisprudência apontam a respeito da chamada exceção de pré-executividade (defesa sem embargos), inclusive se referindo à hipótese em que ela é largamente admitida (prescrição). Porém, é possível encontrar uma base legal para a exceção no art. 803, parágrafo único; **B:** Incorreta, pois a desistência da execução independe da concordância do executado (NCPC, art. 775); **C:** Incorreta, porque para a jurisprudência a mudança de pagamento a servidor somente ocorrerá após o trânsito em julgado da decisão; **D:** Incorreta, pois nesse caso caberá impugnação ao cumprimento de sentença ou, se já houver trânsito em julgado da decisão condenatória, ação rescisória (NCPC, art. 525, §§ 12 e 15); **E:** Incorreta, pois há também o pagamento por meio de OPV ou RPV (obrigação ou requisição de pequeno valor – NCPC, art. 910, § 1º). Gabarito "A".

(Procurador Municipal – Sertãozinho/SP – VUNESP – 2016) Quanto à liquidação de sentença, assinale a alternativa correta.

(A) Do requerimento de liquidação de sentença será a parte pessoalmente intimada.
(B) A liquidação somente poderá ser requerida após o trânsito em julgado da sentença exequenda.
(C) Da decisão proferida na liquidação caberá recurso de apelação.
(D) É possível, na liquidação, discutir de novo a lide ou modificar a sentença que a julgou.
(E) Far-se-á a liquidação por artigos quando, para determinar o valor da condenação, houver necessidade de alegar e provar fato novo.

A: Incorreta. A intimação será feita na pessoa de seu advogado (NCPC, art. 511). **B:** Incorreta. O NCPC permite liquidar a decisão ilíquida antes mesmo do trânsito em julgado (NCPC, art. 509, § 1º). **C:** Incorreta, pois cabe agravo de instrumento, já que não se trata de decisão final (NCPC, art. 1.015, parágrafo único); **D:** Incorreta. Não há possibilidade de se rediscutir a lide ou modificar a sentença em fase de liquidação, sob pena de violação à coisa julgada (NCPC, art. 509, § 4º). **E:** Correta. (NCPC, art. 509, II); Gabarito "E".

(Promotor de Justiça – MPE/RS – 2017) Assinale com **V** (verdadeiro) ou com **F** (falso) as seguintes afirmações sobre o tema da liquidação de sentença, segundo o disposto no Código de Processo Civil.

( ) Quando a sentença condenar ao pagamento de quantia ilíquida, proceder-se-á à sua liquidação, a requerimento do credor ou do devedor: por arbitramento, quando determinado pela sentença, convencionado pelas partes ou exigido pela natureza do objeto da liquidação; ou pelo procedimento comum, quando houver necessidade de alegar e provar fato novo.

( ) Na liquidação por arbitramento, o juiz intimará as partes para a apresentação de pareceres ou documentos elucidativos, no prazo máximo de 15 (quinze) dias, e, caso não possa decidir de plano, nomeará perito, observando-se, no que couber, o procedimento da prova pericial.

( ) A liquidação poderá ser realizada na pendência de recurso, processando-se em autos apartados no juízo de origem, cumprindo ao liquidante instruir o pedido com cópias das peças processuais pertinentes.

( ) Quando na sentença houver uma parte líquida e outra ilíquida, não é lícito ao credor promover simultaneamente a execução daquela e a liquidação desta.

A sequência correta de preenchimento dos parênteses, de cima para baixo, é

(A) F – V – F – F.
(B) F – V – F – V.
(C) V – V – F – F.
(D) F – F – V – V.
(E) V – F – V – F.

1: A afirmativa é verdadeira, pois reproduz o previsto no NCPC a respeito de liquidação (art. 509, I e II). **2:** A segunda alternativa é falsa, vez que a previsão legal (art. 510 do NCPC) determina que o *juiz fixará o prazo* para as providências previstas. **3:** A alternativa é verdadeira, pois existe previsão legal nesse sentido (art. 512 do NCPC). **4:** A última alternativa é falsa, em virtude da inserção da palavra "não": o Código *permite* ao credor a execução e liquidação simultâneas (NCPC, art. 509, §1º). Gabarito "E".

(Juiz – TJ/SP – VUNESP – 2017) Na impugnação ao cumprimento de sentença,

(A) quando se alegar excesso de execução, é ônus da parte, sob pena de não ser conhecida a alegação, indicar desde logo o valor que entenda correto, mediante demonstrativo, ainda que entenda que a apuração dependa de prova pericial.

(B) a respectiva apresentação impedirá a penhora, sua substituição, reforço ou redução, se concedido efeito suspensivo pelo juiz.

(C) poderá, ainda que já tenha se operado o trânsito em julgado da sentença, ser alegada inexigibilidade da obrigação reconhecida no título, se ele estiver fundado em lei ou ato normativo considerado inconstitucional pelo Supremo Tribunal Federal, ou fundado em aplicação ou interpretação da lei ou do ato normativo, tido pelo Supremo Tribunal Federal como incompatível com a Constituição Federal, em controle de constitucionalidade concentrado ou difuso.

(D) o prazo para a apresentação não será contado em dobro, mesmo que, sendo físicos os autos, haja litisconsortes com procuradores diferentes, de escritórios de advocacia distintos.

A: correta, considerando que, no caso de excesso, necessário apontar o valor devido, sob pena de indeferimento da impugnação (NCPC, art. 525, §§ 4º e 5º); **B:** incorreta, pois mesmo que haja efeito suspensivo, não fica impedida a penhora (NCPC, art. 525, § 7º); **C:** incorreta, pois apesar de a coisa julgada inconstitucional poder ser alegada na impugnação (NCPC, art. 525, § 12), se já tiver havido o trânsito em julgado, necessário o ajuizamento de AR (§ 15); **D:** incorreta, porque sendo processo físico, há prazo em dobro para advogado distintos, exatamente como a regra geral (art. 229). LD

Gabarito "A".

(Defensor Público – DPE/MT – 2016 – UFMT) Considerando a execução no Código de Processo Civil (CPC/2015), analise as assertivas abaixo.

I. Na execução fundada em título executivo extrajudicial que contenha obrigação alimentar, se o executado não pagar o débito em 3 dias ou se a justificativa apresentada não for aceita, o juiz decretar-lhe-á a prisão pelo prazo de 1 (um) a 3 (três) meses.

II. No caso de condenação em quantia certa, o cumprimento definitivo da sentença far-se-á a requerimento do exequente, sendo o executado intimado para pagar o débito, no prazo de 15 (quinze) dias, acrescido de custas, se houver. Transcorrido o prazo mencionado, sem o pagamento voluntário, será novamente o executado intimado para, no prazo de 15 (quinze) dias, apresentar, nos próprios autos, sua impugnação, contado do termo de penhora.

III. A decisão judicial transitada em julgado poderá ser levada a protesto, nos termos da lei, depois de transcorrido o prazo para pagamento voluntário. A requerimento do executado, o protesto será cancelado por determinação do juiz, mediante ofício a ser expedido ao cartório, no prazo de 3 (três) dias, contado da data de protocolo do requerimento, desde que comprovada a satisfação integral da obrigação.

IV. Na execução de título extrajudicial, o executado, independentemente de penhora, depósito ou caução, poderá se opor à execução por meio de embargos, cujo prazo para oferecimento é 15 dias úteis.

V. No cumprimento de sentença e na execução de título extrajudicial, no prazo para impugnação ou embargos, reconhecendo o crédito do exequente e comprovando o depósito de trinta por cento do valor em execução, acrescido de custas e de honorários de advogado, o executado poderá requerer que lhe seja permitido pagar o restante em até 6 (seis) parcelas mensais, acrescidas de correção monetária e de juros de um por cento ao mês.

Estão corretas as assertivas

(A) I, II e III.
(B) II, IV e V.
(C) I, III e IV.
(D) I, II e V.
(E) III, IV e V.

I: correto (NCPC, art. 911, *caput* e parágrafo único e art. 528, *caput* e § 3º); **II:** errado. A primeira parte da assertiva está correta. Contudo, em caso de não pagamento voluntário (segunda parte do enunciado), inicia-se o prazo de 15 dias para apresentação de impugnação, *não* havendo necessidade de nova intimação (NCPC, art. 525). **III:** correto (NCPC, art. 517, *caput* e § 4º). **IV:** correto (NCPC, arts. 914 e 915); **V:** incorreto, pois o parcelamento só é permitido no caso da execução de título extrajudicial (NCPC, art. 916, § 7º). LD

Gabarito "C".

(Defensor Público – DPE/ES – 2016 – FCC) Eduardo, maior e capaz, com 19 anos de idade, comparece à Defensoria Pública informando que seu genitor, que está desempregado mas tem recursos financeiros, não realizou o pagamento das duas últimas parcelas da pensão alimentícia fixada em sentença. Diante desta situação, o defensor público deverá

(A) orientar Eduardo sobre a impossibilidade de cobrar os alimentos após o atingimento da maioridade civil, pois a exoneração do devedor decorre de previsão legal expressa.

(B) pedir o cumprimento da sentença, sob pena de prisão, uma vez que este débito autoriza a prisão civil do devedor de alimentos, sem prejuízo de outros meios coercitivos para o pagamento, tais como o protesto da sentença.

(C) pedir o cumprimento da sentença, sob pena de penhora, uma vez que este débito não autoriza a prisão civil do devedor de alimentos.

(D) orientar Eduardo para aguardar o próximo mês, uma vez que o pedido de prisão civil depende do inadimplemento das três prestações anteriores ao ajuizamento da execução.

(E) pedir o cumprimento, sob pena de penhora, uma vez que, embora este débito autorize a prisão civil do devedor de alimentos, o desemprego do devedor justifica o inadimplemento.

A: incorreta, pois a exoneração depende de sentença que, ao verificar o binômio necessidade e possibilidade, eventualmente afastará o dever alimentar. Assim, não é algo automático após a maioridade. Súmula 358/STJ: "O cancelamento de pensão alimentícia de filho que atingiu a maioridade está sujeito à decisão judicial, mediante contraditório, ainda que nos próprios autos". **B:** correto. A hipótese diz respeito ao cumprimento de sentença que reconhece a exigibilidade de prestar alimentos, o qual deve ser requerido pelo defensor público, nos termos do art. 528 do NCPC. O débito alimentar que autoriza a prisão civil do alimentante é o que compreende as três prestações anteriores ao ajuizamento da execução (NCPC, art. 528, § 7º). **C:** incorreto, pois há possibilidade de prisão civil, como exposto na alternativa anterior. **D:** incorreto, pois possível dar início ao cumprimento de sentença ainda que haja o atraso de 1 prestação mensal. **E:** incorreto, pois apenas o desemprego é insuficiente para afastar o dever de alimentar ou a prisão civil – especialmente se há recursos financeiros, como consta do enunciado. LD

Gabarito "B".

(Juiz de Direito/AM – 2016 – CESPE) Considerando a legislação processual, a doutrina e a jurisprudência dominante nos tribunais superiores, assinale a opção correta quanto à defesa do devedor no processo de execução e na fase de cumprimento de sentença.

(A) Consoante o entendimento pacificado pelo STJ, é cabível o oferecimento de reconvenção em embargos à execução.

(B) Em se tratando de execução de título extrajudicial, a competência para o julgamento dos embargos do devedor é funcional absoluta do juízo da execução, mas, se a constrição for feita por carta precatória, o juízo deprecado poderá julgar os embargos que versem unicamente sobre vícios ou defeitos da penhora.

(C) A garantia do juízo é dispensada para a impugnação ao cumprimento de sentença e somente interessa para fins de concessão de efeito suspensivo.

(D) Na execução de alimentos pelo rito do art. 733 do CPC, o acolhimento da justificativa do devedor acerca da impossibilidade de efetuar o pagamento das prestações alimentícias desautoriza a decretação de sua prisão e acarreta a extinção da execução, que deverá ser renovada em observância ao rito da penhora.

(E) Para fins de cobrança da multa pelo descumprimento da obrigação de fazer ou não fazer, é necessária a prévia intimação do devedor, que poderá ser feita por meio de publicação oficial se houver advogado previamente constituído.

A: incorreto, pois o STJ firmou entendimento no sentido contrário (Informativo nº 567; REsp 1.528.049-RS, Rel. Min. Mauro Campbell Marques, julgado em 18.08.2015, *DJe* 28.08.2015); **B:** correto (NCPC, art. 914, §2º); **C:** incorreta no CPC/1973, mas correta no NCPC (arts. 525, *caput* e § 6º); **D:** incorreto, pois não há extinção da execução, mas seu prosseguimento para recebimento da quantia (NCPC, art. 530 – a menção no enunciado é ao CPC/1973); **E:** incorreto, considerando a Súmula 410/STJ: "A prévia intimação pessoal do devedor constitui condição necessária para a cobrança de multa pelo descumprimento de obrigação de fazer ou não fazer" (a súmula talvez seja cancelada à luz do NCPC, mas isso ainda não ocorreu). LD/DS

Gabarito "B" no CPC/1973, "B" e "C", no NCPC.

(Analista – Judiciário –TRE/PI – 2016 – CESPE) Assinale a opção correta relativamente ao cumprimento de sentença e ao processo de execução de título executivo extrajudicial.

(A) Situação hipotética: Contra a sentença que julgou procedente o pedido formulado pelo requerente e confirmou os efeitos da antecipação da tutela, o requerido interpôs recurso de apelação. Assertiva: Nessa situação, o requerente poderá requerer a execução provisória do julgado, e os autos do processo não poderão subir ao tribunal para análise do apelo, enquanto não for liquidada a sentença.

(B) Situação hipotética: Transitada em julgado a sentença condenatória de pagar quantia certa, o executado foi intimado para cumprir a obrigação no prazo de dez dias, embora já tivesse cumprido a obrigação imposta pela sentença. Assertiva: Nessa situação, o executado deverá oferecer embargos do devedor com o objetivo de desconstituir a pretensão executiva.

(C) Em ação de execução por quantia certa, caso o devedor não cumpra a obrigação, o juiz poderá mandar intimar o executado para, caso existam bens disponíveis, indicar quais são e onde se encontram, sob pena de se caracterizar ato atentatório à dignidade da justiça e sujeitar o executado ao pagamento de multa que será revertida em favor do exequente.

(D) Em ação de execução de título executivo extrajudicial na qual o devedor ofereça embargos à execução no prazo legal, objetivando desconstituir a pretensão executiva, caso haja indícios do cumprimento da obrigação, o juiz poderá, de ofício, conceder efeito suspensivo aos embargos.

2. DIREITO PROCESSUAL CIVIL NOVO CPC – LEI 13.105/2015

(E) Situação hipotética: Proposta ação de execução de título executivo extrajudicial, o executado opôs embargos com o objetivo de desconstituir totalmente a pretensão executiva em função de uma dação em pagamento. Assertiva: Nessa situação, se acolher o pedido formulado nos embargos, o juiz deverá proferir sentença nos autos da ação executiva, na qual deve julgar improcedente a pretensão executiva e extinguir o feito com resolução de mérito.

A: incorreta. A sentença que confirma *tutela antecipada* não terá efeito suspensivo (art. 1.012, § 1º, V, NCPC), sendo possível o cumprimento provisório da sentença (art. 520, NCPC). Contudo, os autos principais serão remetidos ao Tribunal para análise do recurso (art. 1.010, § 3º, NCPC), sendo que o cumprimento provisório da sentença será requerido por petição dirigida ao juízo competente (art. 522, NCPC); **B:** incorreta. O prazo de pagamento é de 15 dias (art. 523, NCPC); além disso, em se tratando de cumprimento de sentença, o instrumento a ser utilizado pelo devedor é a impugnação, e não embargos (art. 525, NCPC); **C:** correto (art. 774, V, NCPC); **D:** incorreta, porquanto a concessão de efeito suspensivo aos embargos depende de requerimento e só será deferida se a execução já estiver garantida por penhora, depósito ou caução suficientes (art. 919, § 1º, NCPC); **E:** incorreta, pois a sentença deverá ser proferida nos próprios embargos (art. 920, III, NCPC), que, vale dizer, possuem natureza de ação e devem ser oferecidos em autos apartados (art. 914, § 1º, NCPC). LD/DS

Gabarito "C".

(Analista Judiciário – TRT/8ª – 2016 – CESPE) Assinale a opção correta acerca da liquidação de sentença e da execução no processo civil.

(A) O ajuizamento de ação rescisória pelo executado suspende automaticamente o cumprimento da sentença ou do acórdão que seja objeto do pedido da referida ação autônoma de impugnação.

(B) Os atos executórios tratados pelo CPC não possuem natureza jurisdicional, motivo pelo qual não há necessidade de observância ao princípio do contraditório no processo de execução.

(C) Se o autor ou outro qualquer cidadão não promover os atos executórios no prazo legal na execução de sentença de procedência em ação popular, o juiz determinará a extinção anômala do processo.

(D) A parte pode dar início à liquidação antes do trânsito em julgado da sentença condenatória genérica, haja vista que a denominada liquidação provisória de sentença é permitida pela legislação processual.

(E) O compromisso de ajustamento de conduta firmado entre o Ministério Público e o responsável por violação a direito coletivo não possui eficácia executória, mas é documento hábil à propositura de ação monitória.

A: incorreta, pois a suspensão não é automática e depende da concessão de tutela provisória (art. 969, NCPC); **B:** incorreta. Os atos executórios possuem natureza jurisdicional, de modo que a observância ao princípio do contraditório é essencial – inclusive porque na execução é possível a perda de bens (CF, art. 5º, LIV e LV); **C:** incorreta, pois, neste caso, o Ministério Público ficará encarregado de promover a execução (art. 16 da Lei 4.717/1965), sem que haja extinção do processo; **D:** correta, conforme previsão do art. 512 do NCPC; **E:** incorreta, pois o TAC possui eficácia executiva, tratando-se de título executivo extrajudicial (§ 6º do art. 5º da Lei 7.347/1985). LD/DS

Gabarito "D".

(Juiz de Direito/DF – 2016 – CESPE) Acerca de liquidação de sentença e execução, assinale a opção correta.

(A) A jurisprudência do STJ vem sedimentando o entendimento de que é viável a formulação de reconvenção em sede de embargos à execução.

(B) O termo inicial para a oposição de embargos à execução fiscal é a data da juntada aos autos do mandado cumprido.

(C) O cumprimento de sentença será feito junto aos tribunais no caso de sua competência originária, sendo essa funcional e absoluta.

(D) A sentença arbitral não é legalmente considerada como um título executivo judicial, para fins de cumprimento de sentença.

(E) Com as alterações legislativas realizadas, o cumprimento de sentença passou a ser considerado um processo autônomo, no escopo do denominado sincretismo processual.

A: incorreta, pois o STJ firmou entendimento no sentido contrário (Informativo nº 567; REsp 1.528.049-RS, Rel. Min. Mauro Campbell Marques, julgado em 18.08.2015, DJe 28.08.2015); **B:** incorreta, pois o termo inicial para a oposição dos embargos à execução fiscal é a data da efetiva intimação da penhora, e não a da juntada aos autos do mandado cumprido, conforme art. 16 da Lei 6.830/1980. Nesse sentido: REsp repetitivo 1112416-MG, Rel. Min. HERMAN BENJAMIN, j. de 27.05.2009; **C:** correta, conforme art. 516, I, NCPC; tratando-se de competência em razão da hierarquia, é absoluta; **D:** incorreta, pois a sentença arbitral é título executivo judicial (art.515, VII); **E:** incorreto, porque não se trata de um processo autônomo, mas, sim, de fase final do processo de conhecimento – exatamente aí se inserindo o sincretismo. LD/DS

Gabarito "C".

(FGV – 2014) Raul ajuizou ação de indenização por danos materiais, pelo rito ordinário, em face de Sérgio, pretendendo ressarcir-se dos prejuízos suportados com o conserto de seu táxi, decorrentes de uma colisão no trânsito causada por imprudência do réu. O pedido foi julgado procedente, mas a determinação do valor exato da condenação dependia de apuração do *quantum debeatur*, relativo às consequências do ato ilícito. Diante da atual sistemática do Código de Processo Civil, é correto afirmar que a liquidação de sentença, na hipótese,

(A) é considerada simples incidente processual, devendo o juiz, de ofício, iniciá-la, determinando a citação do réu.

(B) constitui-se em processo autônomo, iniciado mediante requerimento da parte interessada, do qual será citado o réu.

(C) constitui-se em fase do processo de conhecimento, iniciada mediante requerimento da parte interessada, do qual será intimada a parte contrária na pessoa de seu advogado.

(D) constitui-se em procedimento autônomo, devendo o juiz, de ofício, iniciá-lo, mediante intimação das partes.

A: incorreta, pois não cabe ao juiz dar início de ofício à liquidação (NCPC, art. 509, *caput* e § 2º); **B:** incorreta, porque a liquidação, apesar de ser requerida pelo exequente, não é um processo autônomo, mas um incidente, em que o executado será intimado (NCPC, arts. 509, § 2º e 513, § 2º); **C:** correta, sendo processo de conhecimento (transição entre conhecimento e cumprimento de sentença) e, como exposto antes, é incidente e acarreta a intimação (NCPC, arts. 509, § 2º e 513, § 2º); **D:** incorreta, considerando ser incidente e não ser possível seu início de ofício (NCPC, art. 509, *caput* e § 2º). LD/FC

Gabarito "C".

(Cartório/DF – 2014 – CESPE) O chamado sincretismo processual introduzido pelas recentes alterações promovidas no CPC buscou dotar o sistema processual civil brasileiro de meios de efetivação que proporcionem um trâmite mais célere no que diz respeito a satisfação de determinado direito já reconhecido por sentença judicial. A respeito dessa sistemática, assinale a opção correta.

(A) Segundo a jurisprudência dominante do STJ, em nenhuma hipótese, a multa de 10% prevista no art. 475-J do CPC poderá ser aplicada nos casos em que a sentença tenha transitado em julgado anteriormente a entrada em vigor da Lei n. 11.232/2005.

(B) Impugnação que seja apresentada pelo devedor em cumprimento de sentença terá, em regra, efeito suspensivo.

(C) Por meio da propositura de execução provisória, o credor poderá satisfazer seu crédito e, em alguns casos, ser dispensado de prestar caução suficiente e idônea, tendo, contudo, o exequente responsabilidade objetiva por eventuais danos sofridos pelo executado, caso a decisão exequenda seja reformada.

(D) A decisão que aprecia a impugnação apresentada pelo devedor em cumprimento de sentença e recorrível mediante agravo de instrumento, inadmitida a interposição de apelação em qualquer hipótese.

(E) Segundo a jurisprudência da Corte Especial do STJ, após o trânsito em julgado e retorno dos autos a origem, e desnecessária a intimação do devedor na pessoa de seu advogado, para efetuar o pagamento de quantia líquida e certa, sendo do devedor a obrigação de efetuar o pagamento espontâneo, no prazo de quinze dias.

A: incorreta, pois entende o STJ que se o cumprimento de sentença teve início no novo sistema (com a intimação do devedor), cabível a multa de 10% do art. 475-J do CPC/1973 (REsp 1032436/SP, DJe 15.08.2011); **B:** incorreta, pois a regra é que não haja o efeito suspensivo (NCPC, art. 525, §5º); **C:** correta, pois o exequente responde por eventuais danos (NCPC, art. 520, I) e, desde que presentes alguns requisitos, a caução pode ser dispensada (NCPC, art. 521); **D:** incorreta. Embora o NCPC não tenha reproduzido o texto legal do art. 475-M, §3º ("A decisão que resolver a impugnação é recorrível mediante agravo de instrumento, salvo quando importar extinção da execução, caso em que caberá apelação."), se a impugnação extinguir o cumprimento de sentença, será cabível apelação, conforme interpretação sistemática obtida pela análise dos arts. 203, §1º e 1.009, ambos do NCPC. Observe-se que, em relação aos demais casos, há que se falar em agravo de instrumento (NCPC, art. 1.015, parágrafo único); **E:** incorreta, porque, sob a égide do CPC/1973, o STJ pacificou exatamente a necessidade de intimação, na origem, para que haja a fluência do prazo de 15 dias para a imposição da multa (REsp 940.274/MS, DJe 31.05.2010). Veja-se que o NCPC incorpora tal entendimento (NCPC, arts. 513, §2º e 523). LD/DS

Gabarito "C".

(Procurador Legislativo – Câmara de Vereadores de São Paulo/SP – 2014 – FCC) Em relação ao cumprimento de sentença, considere as afirmações abaixo.

I. É definitiva a execução da sentença transitada em julgado e provisória quando se tratar de sentença impugnada mediante recurso ao qual não foi atribuído efeito suspensivo.

II. Quando na sentença houver uma parte líquida e outra ilíquida, ao credor é lícito promover simultaneamente a execução daquela e, em autos apartados, a liquidação desta.

III. Caso o devedor, condenado ao pagamento de quantia certa ou já fixada em liquidação, não o efetue no prazo de quinze dias, o montante da condenação será acrescido de multa no percentual de 10% e, a requerimento do credor e observados os requisitos de lei, expedir-se-á mandado de penhora e avaliação.

IV. No cumprimento da sentença, o devedor será citado para oferecer defesa por meio de embargos no prazo de dez dias, com ou sem garantia de penhora ou caução, a serem recebidos em regra somente no efeito devolutivo e podendo versar sobre qualquer matéria de direito, impeditiva, modificativa ou extintiva da obrigação.

Está correto o que se afirma em

(A) II, III e IV, apenas.
(B) I, II, III e IV.
(C) I, II e IV, apenas.
(D) I, III e IV, apenas.
(E) I, II e III, apenas.

I: correta. O art. 475-I, § 1º do CPC/1973 não possui correspondência legal no NCPC. Mas, a lógica prevalece diante dos arts. 520 e 523 do NCPC; **II:** correta (NCPC, art. 509, §1º); **III:** correta (NCPC, art. 523, "caput" e §1º); **IV:** incorreta, pois a defesa no cumprimento de sentença é por meio de impugnação, que independe de garantia de juízo (NCPC, art. 525). LD/DS

Gabarito "E".

(Magistratura do Trabalho – 3ª Região – 2014) NÃO constitui título executivo judicial segundo o Código de Processo Civil:

(A) a sentença homologatória de conciliação que inclua matéria não posta em juízo.
(B) o acordo extrajudicial, de qualquer natureza, homologado judicialmente.
(C) a certidão de partilha, mas exclusivamente em relação ao inventariante, aos herdeiros e aos sucessores a título singular ou universal.
(D) a sentença arbitral.
(E) o crédito de serventuário de justiça, de perito, de intérprete, ou de tradutor, quando as custas, emolumentos ou honorários forem aprovados por decisão judicial.

A: correta, pois se trata de título executivo judicial (NCPC, art. 515, II), ressaltando-se que o novo Código utiliza a expressão "decisão homologatória de autocomposição judicial"; **B:** correta, pois se trata de título executivo judicial (NCPC, art. 515, III), ressaltando-se que o novo Código utiliza a expressão "decisão homologatória de autocomposição extrajudicial de qualquer natureza"; **C:** correta, pois se trata de título executivo judicial (NCPC, art. 515, IV); **D:** correta, pois se trata de título executivo judicial (NCPC, art. 515, VII); **E:** correta à luz do NCPC, que passa a tratar o "o crédito de serventuário de justiça, de perito, de intérprete, tradutor e leiloeiro, quando as custas, os emolumentos ou os honorários tiverem sido aprovados por decisão judicial" como título executivo *judicial* (NCPC, art. 515, V) e não mais extrajudicial (como fazia o CPC/1973, em seu art. 585, VI). LD/DS

Gabarito sem alternativa correta à luz do NCPC.

14.4. EXECUÇÃO CONTRA A FAZENDA PÚBLICA

(Procurador do Município/Sorocaba-SP – 2012 – VUNESP) Em execução contra a Fazenda Pública, movida por particular, houve regular citação, sendo o mandado juntado aos autos no dia 31, uma segunda-feira. O prazo final para embargar a execução, nesse caso, ocorre no dia:

(A) 10 do mês subsequente à juntada do mandado.
(B) 21 do mês subsequente à juntada do mandado.
(C) 30 do segundo mês subsequente à juntada do mandado.
(D) 30 do mês subsequente à juntada do mandado.
(E) 30 do quarto mês subsequente à juntada do mandado.

O prazo para embargar é de 30 dias (Lei 9.494/97, art. 1º-B e art. 910 do NCPC). Assim, como se conta o prazo a partir do dia seguinte à juntada do mandado (NCPC, art. 231, II), o prazo final será dia 30. LD

Gabarito "D".

(Procurador do Município/São José dos Campos-SP – 2012 – VUNESP) No período compreendido entre a confecção dos cálculos de liquidação e a expedição do precatório ou do ofício requisitório,

(A) é necessária nova citação da Fazenda Pública para pagamento.
(B) não incidem juros de mora.
(C) é possível a garantia por sequestro de rendas públicas.
(D) descabe a incidência de honorários advocatícios sobre o valor apurado.
(E) não pode haver compensação de crédito.

A: Incorreta, por ausência de previsão legal; **B:** correta. ADCT, art. 78, só prevê correção monetária e não juros.; **C:** incorreta. Somente em casos excepcionais (como inobservância da ordem de preferência) é que se admite o sequestro (CF, art. 100, § 6º); **D:** incorreta. Decorre da sucumbência (NCPC, art. 85); **E:** incorreta. CF. art. 100, § 9º. LD/DS

Gabarito "B".

14.5. EXECUÇÃO DE ALIMENTOS

(Defensor Público/AM – 2013 – FCC) A dívida de alimentos

(A) autoriza a prisão civil, mesmo depois de pago o valor em atraso.
(B) é imprescritível.
(C) torna-se inexigível depois da prisão.
(D) em regra, transmite-se aos herdeiros do devedor, assim como a obrigação de prestar os alimentos.
(E) autoriza a prisão civil, indefinidamente, até o pagamento do valor em atraso.

A: incorreto (art. 528, § 6º, do NCPC); **B:** incorreto (art. 23 da Lei 5.478/68); **C:** incorreto (art. 528, § 5º, do NCPC); **D:** correto (art. 1.700 do CC); **E:** incorreto (art. 528, § 3º, do NCPC). LD/DS

Gabarito "D".

14.6. EXECUÇÃO FISCAL

(Procurador do Estado/AC – FMP – 2012) Em matéria de execução fiscal, marque a correta, considerando as assertivas abaixo.

I. É obrigatória a intervenção do Ministério Público em execução fiscal.
II. Embargada a execução fiscal, a desistência da execução não exime o exequente do pagamento de honorários de advogado.
III. Não localizados bens penhoráveis, suspender-se-á o processo por um ano, após o qual terá início o prazo prescricional de cinco anos.

(A) Apenas I e II estão corretas.
(B) Apenas a III está correta.
(C) Apenas II e III estão corretas.
(D) Apenas I e III estão corretas.

I: NCPC, art. 178 e Súmula 186/STJ: É desnecessária a intervenção do Ministério Público nas execuções fiscais. **II:** correta. Súmula 153/STJ: A desistência da execução fiscal, após o oferecimento dos embargos, não exime o exequente dos encargos da sucumbência; **III:** correta. NCPC, art. 791, III c/c Lei 6.830/80, art. 40, §§ 2º e 4º e Súmula 314/STJ: Em execução fiscal, não localizados bens penhoráveis, suspende-se o processo por um ano, findo o qual se inicia o prazo da prescrição quinquenal intercorrente. LD/DS

Gabarito "C".

(Magistratura/PA – 2012 – CESPE) Embora beneficiado por duas medidas deferidas em ação cautelar preparatória, João não obteve sucesso na ação principal que propôs contra José, tendo o juiz julgado improcedentes todos os seus pedidos. Em razão dessa decisão, José pretende que João repare os danos supostamente ocorridos em razão das medidas cautelares.

Com base nessa situação hipotética, assinale a opção correta.

(A) A reparação devida a José independe da execução das medidas cautelares, decorrendo tão somente de seu deferimento.
(B) A indenização pretendida por José só será viável se o juiz tiver sido expresso quanto à responsabilidade de João na sentença que julgou improcedente o pedido principal.
(C) A responsabilidade processual de João pelos danos decorrentes da execução das medidas cautelares é apurada independentemente de culpa.
(D) Por ser objetiva a responsabilidade imputada a João, a reparação devida a José não carece da prova do dano.
(E) Cabe a José o ônus de comprovar que João atuou de modo imprudente quando ajuizou cautelar sem a certeza de seu direito.

A: incorreta, porque o requerente de uma medida cautelar só responderá pelo prejuízo causado pela execução da medida (art. 302 do NCPC); **B:** incorreta, porque tal responsabilização não depende de requerimento ou de decisão expressa. O dever de indenizar decorre diretamente da lei; **C:** correta, porque se trata de responsabilidade objetiva; **D:** incorreta, porque nos casos de responsabilidade objetiva, afasta-se a exigência de prova da culpa, mas não se afasta a exigência de prova do dano; **E:** incorreta, porque se trata, repita-se, de responsabilidade civil objetiva. LD/DS

Gabarito "C".

15. PROCEDIMENTOS ESPECIAIS

(Juiz de Direito - TJ/RS - 2018 - VUNESP) Quanto à arbitragem em geral, assinale a alternativa correta.

(A) Terá efeito suspensivo a apelação contra sentença que julga procedente o pedido de instituição de arbitragem.
(B) O juiz poderá conhecer de ofício sua existência para extinguir a ação.
(C) Cabe agravo de instrumento contra decisão interlocutória que rejeita a alegação de convenção de arbitragem.
(D) Tramitam em segredo de justiça todos os processos que versem sobre arbitragem.
(E) Haverá julgamento de mérito quando o juiz colher a alegação de existência de convenção de arbitragem.

A: Incorreta, porque a sentença proferida nessa hipótese produz efeitos imediatamente após sua publicação, configurando exceção ao recebimento do recurso de apelação no duplo efeito (NCPC, art. 1.012, § 1º, IV); **B:** Incorreta, pois o juiz não pode conhecer de ofício da existência de convenção de arbitragem. A ausência da alegação do réu, quando do oferecimento da contestação, acarreta a renúncia à arbitragem e aceitação da jurisdição estatal (NCPC, art. 337, §§ 5º e 6º); **C:** Correta (NCPC, art. 1.015, III); **D:** Incorreta, tendo em vista que os processos que versam sobre arbitragem apenas tramitarão em segredo de justiça caso seja comprovada perante o juízo a confidencialidade estipulada na arbitragem (NCPC, art. 189, IV); **E:** Incorreta, pois, na hipótese, não haverá resolução do mérito da demanda (NCPC, art. 485, VII).

Gabarito "C".

(Juiz de Direito - TJ/RS - 2018 - VUNESP) Quanto à ação revisional de aluguel, assinale a alternativa correta.

(A) Na ação o juiz poderá homologar acordo de desocupação, que será executado mediante expedição de mandado de despejo.
(B) O aluguel fixado na sentença retroage à data do reajuste anteriormente pactuado.
(C) A sentença não poderá estabelecer periodicidade de reajustamento do aluguel diversa daquela prevista no contrato revisando.
(D) No curso da ação, o aluguel provisório não será reajustado.
(E) Em ação proposta pelo locatário, o aluguel provisório não poderá ser inferior ao aluguel vigente.

A: Correta (Lei 8.245/1991, art. 70); **B:** Incorreta, porque o valor do aluguel fixado na sentença retroage à data da citação (Lei 8.245/1991, art. 69); **C:** Incorreta, pois é possível que a sentença reconheça periodicidade de reajustamento do aluguel diversa, contanto que tenha sido requerido pelo locador ou pelo sublocador (Lei 8.245/1991, art. 69, § 1º); **D:** Incorreta, tendo em vista que, no curso da demanda, o aluguel provisório será reajustado na periodicidade pactuada ou na fixada na lei (Lei 8.245/1991, art. 68, § 2º). **E:** Incorreta, pois, no caso das ações revisionais propostas pelo locatário, o aluguel provisório não poderá ser inferior a 80% do aluguel vigente (Lei 8.245/1991, art. 68, II, "b").

Gabarito "A".

(Procurador do Estado/SP - 2018 - VUNESP) A Fazenda Pública, citada em sede de ação monitória, deixa, propositadamente, de se manifestar, porque o valor e o tema expostos na inicial encontram pleno amparo em orientação firmada em parecer administrativo vinculante. O valor exigido nessa ação é superior a seiscentos salários-mínimos e a prova documental apresentada pelo autor é constituída por depoimentos testemunhais escritos, colhidos antes do processo, e por simples início de provas documentais que apenas sugerem, indiretamente, a existência da dívida narrada na inicial. Nesse caso, ante a certidão do cartório de que decorreu o prazo para manifestação da Fazenda, o juiz deve

(A) intimar o autor para que este indique as provas que deseja produzir, tendo em vista que os direitos tutelados pela Fazenda não estão sujeitos à revelia.
(B) intimar o autor, para que ele, mediante apresentação de planilha da dívida atualizada, dê início ao cumprimento de sentença.
(C) acolher, por sentença, o pedido do autor, ante a revelia da Fazenda.
(D) rejeitar o pedido do autor e intimar as partes dessa decisão, tendo em vista que não se admite, na monitória, prova testemunhal colhida antes do início do processo, mas apenas prova documental.
(E) intimar o autor para que ele tome ciência do início do reexame necessário.

A: Incorreta. De modo geral, a ausência de oposição de embargos monitórios pelo réu (com exceção da Fazenda Pública) acarreta, de plano, a constituição de título executivo judicial. No caso da Fazenda Pública, a ausência de manifestação induz o reexame necessário pelo Tribunal (a não ser que a situação enquadre-se em uma das hipóteses de não aplicação do instituto). Em ambas as situações não haverá produção de outras provas (NCPC, art. 701, §§ 2º e 4º); **B:** Correta, porque no caso em apreço não haverá reexame necessário, tendo em vista que a causa de pedir da petição inicial encontra amparo em orientação firmada em parecer administrativo vinculante (NCPC, art. 496, § 4º, IV); **C:** Incorreta, porque a formação do título executivo judicial ocorre de plano, independentemente de manifestação judicial (NCPC, art. 701, § 2º); **D:** Incorreta, uma vez que a produção de prova testemunhal é expressamente permitida pelo diploma processual (NCPC, art. 700, § 1º); **E:** Incorreta, porque, no caso analisado, não haverá reexame necessário (NCPC, art. 701, § 4º e art. 496, § 4º, IV).

Gabarito "B".

(Juiz - TJ-SC - FCC - 2017) No tocante aos procedimentos especiais de jurisdição contenciosa,

(A) quando o cônjuge ou companheiro defendam a posse de bens, próprios ou de sua meação, não serão considerados terceiros para a finalidade de ajuizamento dos embargos correspondentes.
(B) a consignação em pagamento será requerida no domicílio do credor da obrigação, cessando para o devedor, por ocasião da aceitação do depósito, os juros e os riscos, salvo se a demanda for julgada improcedente.
(C) na ação de exigir contas, a sentença deverá apurar o saldo, se houver, mas só poderá constituir título executivo judicial em prol do autor da demanda.
(D) na pendência de ação possessória é permitido, tanto ao autor quanto ao réu, propor ação de reconhecimento do domínio, salvo se a pretensão for deduzida em face de terceira pessoa.
(E) entre outros fins, a ação de dissolução parcial de sociedade pode ter por objeto somente a resolução ou a apuração de haveres.

A: incorreta, pois cabem embargos de terceiro pelo cônjuge para defesa de seus bens ou da meação (NCPC, art. 674, § 2º, I); **B:** incorreta, pois a consignação será proposta no local do pagamento – estando correta a parte final do enunciado (NCPC, art. 540. Requerer-se-á a consignação *no lugar do pagamento*, cessando para o devedor, à data do depósito, os juros e os riscos, salvo se a demanda for julgada improcedente); **C:** incorreta, considerando que a ação de exigir contas é dúplice, de modo que pode também beneficiar o réu (NCPC, art. 552. A sentença apurará o saldo e constituirá título executivo judicial); **D:** incorreta, pois pendente possessória não se pode debater a propriedade (NCPC, art. 557); **E:** correta, sendo essa a previsão legal (NCPC, art. 599, III).

Gabarito "E".

(Juiz - TJ-SC - FCC - 2017) No tocante aos procedimentos especiais de jurisdição voluntária:

(A) declarada a ausência nos casos previstos em lei, o juiz mandará arrecadar os bens do ausente, nomeando-lhe curador e determinando a publicação de editais na rede mundial de computadores; findo o prazo de um ano, poderão os interessados requerer a abertura da sucessão definitiva, observando-se as normas pertinentes.
(B) a interdição pode ser proposta privativamente pelo cônjuge ou companheiro do interditando ou, se estes não existirem ou não promoverem a interdição, pelo Ministério Público.
(C) na herança jacente, ultimada a arrecadação dos bens, o juiz mandará expedir edital, com os requisitos previstos em lei; passado um ano da primeira publicação do edital e não havendo herdeiro habilitado nem habilitação pendente, será a herança declarada vacante.
(D) processar-se-á como procedimento de jurisdição voluntária a homologação de autocomposição extrajudicial, desde que limitada a valor equivalente a quarenta salários mínimos.
(E) o divórcio consensual, a separação consensual e a extinção consensual de união estável, não havendo nascituro ou filhos incapazes e observados os requisitos legais, poderão ser realizados por escritura pública que deverá ser homologada judicialmente para constituir título hábil para atos de registro, bem como para levantamento de importância depositada em instituições financeiras.

A: incorreta, pois inicialmente há a abertura da sucessão *provisória* (NCPC, art. 745, § 1º); **B:** incorreta, pois existem mais legitimados a pleitear a interdição (NCPC, art. 747. A interdição pode ser promovida: I - pelo cônjuge ou companheiro; II - pelos parentes ou tutores; III - pelo representante da entidade em que se encontra abrigado o interditando; IV - pelo Ministério Público); **C:** correta, pois essa é a previsão legal (NCPC, arts. 743 e 741); **D:** incorreta, porque pode haver a homologação de acordo extrajudicial de qualquer valor (NCPC, art. 725, VIII); **E:** incorreta, pois não há necessidade de homologação judicial dessas medidas realizadas em cartório extrajudicial (NCPC, art. 733, § 1º).

Gabarito "C".

(Defensor Público – DPE/SC – 2017 - FCC) De acordo com as disposições do novo Código de Processo Civil, quanto ao inventário,

(A) o juiz deve remeter às vias ordinárias a análise de questões que demandam qualquer outro meio de prova que não seja a documental.
(B) é vedada a nomeação de herdeiro menor como inventariante.
(C) o foro da situação dos bens imóveis é estabelecido como regra geral de competência para promover o inventário.
(D) o juiz determinará, de ofício, que se inicie o inventário, se nenhum dos legitimados o requerer no prazo legal.
(E) na sucessão testamentária pode ser realizada extrajudicialmente o inventário, mesmo havendo herdeiros incapazes.

A: Correta, sendo essa a previsão legal, desde o Código anterior (NCPC, art. 612); **B:** Incorreta, pois é possível que o herdeiro menor seja inventariante, representado por seu representante legal (NCPC, art. 617, IV); **C:** Incorreta, considerando que a regra geral de competência é o último domicílio do falecido (NCPC, art. 48); **D:** Incorreta, não mais existindo essa previsão no NCPC; **E:** Incorreta, pois somente se admite o inventário extrajudicial se não houver incapazes (NCPC, art. 610, § 1º).

Gabarito "A".

(Procurador Municipal – Sertãozinho/SP - VUNESP - 2016) Angelo Augusto possui usufruto vitalício de uma casa e no retorno de uma viagem de férias, que durou sete meses, soube por meio de vizinhos que Argos Silva, sobrinho do proprietário, havia informado que passaria a morar na residência, pois assim teria lhe prometido o proprietário do imóvel. Em razão disso, Angelo Augusto propôs ação possessória pertinente. Porém, antes do juiz apreciar a petição, enquanto estava novamente viajando por uma semana a trabalho, Argos Silva entrou na residência, retirou os pertences do morador e nela passou a residir. Diante disso, Angelo Augusto deverá

(A) desistir da ação de interdito proibitório anteriormente proposta, ingressando com ação de manutenção de posse.
(B) propor nova ação, visando ser reintegrado na posse do imóvel, que deve ser distribuído por dependência à ação de manutenção de posse já proposta.
(C) peticionar na ação de manutenção de posse já proposta, informando o esbulho possessório e nos mesmos autos pleitear liminar de manutenção na posse, podendo cumular pedido de condenação de Argos Silva em perdas e danos.

(D) desistir da ação de manutenção de posse anteriormente proposta, ingressando com ação de reintegração de posse.
(E) noticiar os novos fatos ao juiz na ação de interdito proibitório anteriormente proposta e nos mesmos autos formular o pedido de reintegração de posse.

A questão trata da fungibilidade das possessórias. No caso específico das ações possessórias, o sistema que uma ação possa ser convertida em outra, considerando que os fatos relativos à posse são dinâmicos (NCPC, art. 554). Sendo assim, inicialmente apenas havia ameaça (daí o uso do interdito proibitório), que se transformou em perda da posse (daí a conversão para reintegração de posse. Nesse contexto, a alternativa correta é a "E". LD/CR
Gabarito "E".

(Procurador do Estado – PGE/MT – FCC – 2016) A respeito dos procedimentos especiais, em conformidade com as disposições do novo Código de Processo Civil e a jurisprudência dominante dos Tribunais Superiores,

(A) a imissão provisória na posse do imóvel objeto de desapropriação, caracterizada pela urgência, não prescinde de avaliação prévia ou de pagamento integral.
(B) no litígio coletivo pela posse de imóvel, quando o esbulho afirmado na petição inicial tiver ocorrido há mais de ano e dia, o juiz somente poderá apreciar o pedido de liminar depois de designar audiência de mediação.
(C) caso a Fazenda Pública seja ré em ação monitória e não apresente embargos após o mandado monitório, deverá imediatamente seguir o procedimento de execução contra a Fazenda Pública.
(D) em ação de usucapião, o possuidor e os confinantes devem ser citados, pessoalmente ou por edital.
(E) a ação monitória pode ser proposta com base em prova escrita sem eficácia de título executivo, desde que o documento tenha sido emitido pelo devedor ou nele conste sua assinatura.

A: Incorreta, pois necessário que haja o pagamento prévio; B: Correta, sendo essa uma das inovações do NCPC quanto às possessórias (art. 565); C: Incorreta, pois no caso haverá a aplicação do procedimento do cumprimento de sentença (NCPC, art. 701, § 4º); D: Incorreta, pois nesse caso a citação deve ser apenas pessoal (NCPC, art. 246, § 3º); E: Incorreta, a previsão legal é de prova escrita sem força de título, inexistindo menção à assinatura do devedor (NCPC, art. 700). LD
Gabarito "B".

(Procurador Municipal – Sertãozinho/SP – VUNESP – 2016) Sobre a ação monitória, assinale a alternativa correta.

(A) Proposta a ação monitória contra o Município de Sertãozinho, o juiz mandará citar o réu, sendo que a citação pode ser pessoal, por correio e edital.
(B) Ao receber o mandado de citação, cabe ao réu oferecer contestação no prazo de 15 (quinze) dias.
(C) Se o réu cumprir o mandado citatório da ação monitória ficará isento de custas e honorários advocatícios.
(D) A defesa do réu em ação monitória é realizada por meio de embargos que somente serão recebidos no efeito suspensivo após prévia segurança do juízo.
(E) Se após a citação em ação monitória o réu se mantiver silente, declarar-se-á a revelia e o feito será processado pelo rito ordinário.

A: Incorreta. Os Municípios deverão ser citados na pessoa do órgão de Advocacia Pública responsável por sua representação judicial, de modo que descabe citação por correio ou edital (NCPC. Art. 700, § 7º e art. 242, § 3º). B: Incorreta. A defesa na ação monitória é denominada embargos, e não contestação (NCPC, art. 702). C: Incorreta. O art. 701, § 1º, do NCPC estabelece que a parte ficará isenta apenas do pagamento de *custas* processuais. Ressalte-se que a presente questão foi elaborada na vigência do CPC/1973, perante o qual esta era a assertiva correta (CPC/1973, art. 1,102-C, § 1º). D: Incorreta. Os embargos não dependem de segurança do juízo (NCPC, art. 702). E: Incorreta. Caso não sejam opostos os embargos nem realizado o pagamento, o título executivo judicial se constituirá (NCPC, art. 701, § 2º). LD/CR
Gabarito "C". no CPC/1973, sem resposta no NCPC

(Promotor de Justiça – MPE/RS – 2017) Assinale a alternativa **INCORRETA** sobre o tema da partilha, segundo disposto no Código de Processo Civil.

(A) Os bens insuscetíveis de divisão cômoda que não couberem na parte do cônjuge ou companheiro supérstite ou no quinhão de um só herdeiro serão licitados entre os interessados ou vendidos judicialmente, partilhando-se o valor apurado, sendo vedado acordo para adjudicação a todos.
(B) O juiz poderá, em decisão fundamentada, deferir antecipadamente a qualquer dos herdeiros o exercício dos direitos de usar e de fruir de determinado bem, com a condição de que, ao término do inventário, tal bem integre a cota deste herdeiro, cabendo a este, do deferimento, todos os ônus e bônus decorrentes do exercício daqueles direitos.
(C) A partilha, mesmo depois de transitada em julgado a sentença, pode ser emendada nos mesmos autos do inventário, convindo todas as partes, quando tenha havido erro de fato na descrição dos bens,

podendo o juiz, de ofício ou a requerimento da parte, a qualquer tempo, corrigir-lhe as inexatidões materiais.
(D) É rescindível a partilha julgada por sentença se preteriu herdeiro ou incluiu quem não o seja.
(E) O formal de partilha poderá ser substituído por certidão de pagamento do quinhão hereditário quando esse não exceder a 5 (cinco) vezes o salário-mínimo, caso em que se transcreverá nela a sentença de partilha transitada em julgado.

A: incorreta, devendo esta ser assinalada. O art. 649 do NCPC permite acordo para adjudicação dos bens. B: correta, pois há previsão legal nesse sentido (NCPC, art. 647, p.u.) para antecipação de direitos sobre determinado bem que compõe a herança. C: correta, pois o at. 656 do NCPC prevê a possibilidade de emenda da partilha nos autos do inventário por erro de fato na descrição dos bens. D: correta, pois há previsão legal nesse sentido (NCPC, art. 658, III); E: correta, vez que é possível a substituição do formal de partilha pela certidão de pagamento do quinhão, desde que dentro do limite estabelecido no parágrafo único do art. 655 do NCPC. LD/C
Gabarito "A".

(Promotor de Justiça – MPE/RS – 2017) Assinale com **V** (verdadeiro) ou com **F** (falso) as seguintes afirmações sobre o tema das ações de família, segundo o disposto no Código de Processo Civil.

( ) Nas ações de família, todos os esforços serão empreendidos para a solução consensual da controvérsia, devendo o juiz dispor do auxílio de profissionais de outras áreas de conhecimento para a mediação e conciliação.
( ) A citação ocorrerá com antecedência mínima de 30 (trinta) dias da data designada para a audiência.
( ) A citação será feita na pessoa do réu ou de seu advogado.
( ) Nas ações de família, o Ministério Público somente intervirá quando houver interesse de incapaz e deverá ser ouvido previamente à homologação de acordo.

A sequência correta de preenchimento dos parênteses, de cima para baixo, é

(A) F – V – F – F.
(B) V – F – F – V.
(C) V – V – F – F.
(D) F – F – V – V.
(E) V – F – V – F.

1: A afirmativa é verdadeira, pois o juiz dispõe do auxílio de outros profissionais para a tentativa de autocomposição nas ações de família (NCPC, art. 694). **2:** A segunda afirmativa é falsa, vez que o prazo mínimo para citação é de 15 dias antes da audiência (art. 695, § 2º do NCPC). **3:** A terceira afirmativa é falsa, pois a citação não é feita na pessoa do advogado do réu (NCPC, art. 695, § 3º); **4:** A última afirmativa é verdadeira, pois o MP não mais atua como fiscal da lei em qualquer causa de família – mas sim quando houver incapaz (NCPC, art. 178, II). LD/C
Gabarito "B".

(Promotor de Justiça – MPE/RS – 2017) Assinale a alternativa **INCORRETA** sobre o tema das ações possessórias, segundo disposto no Código de Processo Civil.

(A) Na pendência de ação possessória é vedado, tanto ao autor quanto ao réu, propor ação de reconhecimento do domínio, exceto se a pretensão for deduzida em face de terceira pessoa.
(B) A propositura de uma ação possessória em vez de outra não obstará a que o juiz conheça do pedido e outorgue a proteção legal correspondente àquela cujos pressupostos estejam provados.
(C) O possuidor direto ou indireto que tenha justo receio de ser molestado na posse poderá requerer ao juiz que o segure da turbação ou esbulho iminente, mediante mandado proibitório em que se comine ao réu determinada pena pecuniária caso transgrida o preceito.
(D) Se o réu provar, em qualquer tempo, que o autor provisoriamente mantido ou reintegrado na posse carece de idoneidade financeira para, no caso de sucumbência, responder por perdas e danos, o juiz designar-lhe-á o prazo de 15 (quinze) dias para requerer caução, real ou fidejussória, sob pena de ser depositada a coisa litigiosa, ressalvada a impossibilidade da parte economicamente hipossuficiente.
(E) Concedido ou não o mandado liminar de manutenção ou de reintegração, o autor promoverá, nos 5 (cinco) dias subsequentes, a citação do réu para, querendo, contestar a ação no prazo de 15 (quinze) dias.

A: Correta (NCPC, art. 557, que repete o Código anterior). B: Correta, sendo essa a fungibilidade das possessórias (NCPC, art. 554, que repete o Código anterior). C: Correta, sendo essa a previsão do interdito proibitório (NCPC, art. 567). D: Incorreta, devendo ser assinalada, pois o prazo para requerer a caução é de *5 dias*, e não 15 dias (NCPC, art. 559). E: Correta. Tratando-se de manutenção e reintegração de posse, o autor terá que promover a citação do réu em 5 dias, que terá 15 para contestar (NCPC, art. 564). LD/C
Gabarito "D".

(Defensor Público – DPE/MT – 2016 – UFMT) Acerca da ação de usucapião no Código de Processo Civil (CPC/2015), analise as afirmativas.

I. Sem prejuízo da via jurisdicional, é admitido o pedido de reconhecimento extrajudicial de usucapião, que será processado diretamente perante o cartório do registro de imóveis da comarca em que estiver situado o imóvel usucapiendo, a requerimento do interessado, representado por advogado.
II. Na ação de usucapião de imóvel, os confinantes serão citados pessoalmente, exceto quando tiver por objeto unidade autônoma de prédio em condomínio, caso em que tal citação é dispensada.
III. O cônjuge necessitará do consentimento do outro para propor ação que verse sobre direito real imobiliário, mesmo quando casados sob o regime de separação absoluta de bens.
IV. A aquisição de propriedade por meio de usucapião poderá ser arguida em contestação, mesmo nas ações de reintegração de posse.
V. Nas ações de usucapião em que a ré a proprietária do imóvel seja falida, a competência deve ser atribuída ao juízo universal, em detrimento do foro de situação da coisa.

Estão corretas as afirmativas
(A) I, II, IV e V, apenas.
(B) II, III, IV e V, apenas.
(C) I, III e V, apenas.
(D) II e IV, apenas.
(E) I, II, III, IV e V.

I: correto, nos termos do art. 1.071, do NCPC, que alterou a Lei de Registros Públicos (Lei 6.015/1973), passando a admitir o reconhecimento extrajudicial de usucapião, o qual, se rejeitado, não impede o ajuizamento de ação judicial para a mesma finalidade (NCPC, art. 1.071, § 9º); **II:** correto, nos termos do § 3º do art. 246 do NCPC; **III:** incorreto, pois o consentimento não será necessário quando o regime de bens for o da separação absoluta de bens (NCPC, art. 73); **IV:** correto, nos termos da Súmula 237 do STF; V: correto para a banca. Em regra existe, de fato, o juízo universal da falência também para a usucapião (é a posição mais recentes do STJ, conforme CC 114842, j. 22.02.2015). Contudo, existem precedentes do STJ em sentido inverso (por exemplo, no caso de usucapião especial rural – CC 2136 / SP, j. 25.03.1992).
Gabarito "A".

(Defensor Público – DPE/MT – 2016 – UFMT) Em relação aos procedimentos de jurisdição voluntária no Código de Processo Civil (CPC/2015), assinale a afirmativa correta.

(A) Contra sentença prolatada em procedimentos de jurisdição voluntária não cabe recurso.
(B) No procedimento da notificação e da interpelação, o juiz em qualquer caso irá ouvir o requerido antes do deferimento da notificação, podendo apresentar contestação escrita em 15 (quinze) dias.
(C) Na ação de divórcio direto consensual, é obrigatória a realização de audiência de conciliação ou ratificação.
(D) O tabelião somente lavrará a escritura pública de divórcio consensual se os interessados estiverem assistidos por advogado ou por Defensor Público, cuja qualificação e assinatura constarão do ato notarial.
(E) O CPC/2015 não prevê o cabimento de separação consensual.

A: incorreto, pois não só inexiste restrição à recorribilidade na jurisdição voluntária, como também o Código prevê expressamente recurso (como exemplo, art. 724 do NCPC); **B:** incorreto, pois em regra nesse procedimento inexiste contraditório. Como exceção, o art. 728 do NCPC, que prevê que o requerido só será ouvido antes do deferimento da notificação (i) se houver suspeita de que o requerente pretende alcançar fim ilícito ou (ii) se tiver sido requerida a averbação da notificação em registro público. **C:** incorreto, pois o NCPC não manteve a exigência antes existente no art. 1.122, § 2º, do CPC/73 – que, mesmo no Código anterior, já não mais era obrigatória (REsp 1.483.841, j. 17/03/2015). **D:** correto, nos termos do art. 733, § 2º, do NCPC; **E:** incorreto, pois há expressa previsão legal nesse sentido, e não somente do divórcio consensual (Seção IV do Capítulo XV do Título III da Parte Especial – arts. 731 e ss. do NCPC).
Gabarito "D".

(Juiz de Direito/AM – 2016 – CESPE) Acerca dos procedimentos especiais, assinale a opção correta.

(A) Nos procedimentos de jurisdição voluntária, havendo interesse de incapaz, a intervenção do MP será obrigatória, competindo-lhe assegurar que o julgador observe os critérios de legalidade estrita na condução do processo, bem como no julgamento final.
(B) Dada a natureza dúplice da ação de prestação de contas, o julgador pode reconhecer, na sentença, saldo em favor do réu, ainda que ele não o tenha postulado.
(C) A curatela de interditos está prevista no CPC como procedimento especial de jurisdição contenciosa, no qual a intervenção do MP, como autor do pedido ou como fiscal da lei, é obrigatória.
(D) Ajuizada ação possessória, o réu não poderá fundar sua defesa invocando a condição de proprietário do bem, mas poderá manejar ação própria de reconhecimento de domínio, independentemente do julgamento da possessória.
(E) Promovida ação monitória fundada em contrato de abertura de crédito em conta-corrente e acompanhada de extrato demonstrativo do débito, caso adote o entendimento pacificado no STJ sobre a matéria, o julgador irá extingui-la por falta de interesse em agir, já que, na hipótese, o contrato mencionado constitui título executivo extrajudicial, passível de imediata execução.

A: incorreta, pois, nos procedimentos de jurisdição voluntária, o julgador não é obrigado a observar o critério da legalidade estrita (NCPC, art. 723, parágrafo único); **B:** correta, pois a ação de exigir contas (atenção: não se fala mais em prestação de contas no NCPC, mas apenas ação de exigir contas) é uma ação dúplice, o que é confirmado pelo art. 552: "A sentença apurará o saldo e constituirá título executivo judicial"; **C:** incorreta, pois se trata de procedimento especial de jurisdição voluntária. Além disso, no NCPC, houve ajuste quanto à nomenclatura, tendo sido substituída a tradicional "curatela de interditos" por "interdição" (art. 747); **D:** incorreta, pois o art. 557 do NCPC veda a propositura de reconhecimento de domínio enquanto pendente possessória; **E:** incorreta, pois o STJ prevê justamente o ajuizamento de ação monitória nesse caso (Súmula 247/STJ: "O contrato de abertura de crédito em conta-corrente, acompanhado do demonstrativo do débito, constitui documento hábil para o ajuizamento da ação monitória"). Ademais, ainda que fosse título executivo extrajudicial, não poderia o julgador extinguir o processo, especialmente considerando a possibilidade de, mesmo com título executivo extrajudicial, o autor optar por processo de conhecimento (785 do NCPC).
Gabarito "B".

(Magistratura/PA – 2012 – CESPE) Caso duas pessoas litiguem sobre a propriedade de determinado bem e um terceiro, que se considera verdadeiro dono, ofereça oposição, então, nessa situação,

(A) recebida a oposição, o juiz determinará a citação dos opostos na pessoa dos seus advogados, não havendo revelia no processo original.
(B) oferecida a oposição após ter sido realizada audiência de instrução e julgamento, o processo original será suspenso.
(C) o prazo para contestar será duplicado, de acordo com o STJ, porque os oponentes têm procuradores diferentes e são litisconsortes na oposição.
(D) se o autor no processo original reconhecer a procedência do pedido do oponente, o processo será extinto.
(E) se já houver sido proferida sentença no processo original e interposta apelação, o juiz remeterá os autos ao tribunal.

A: correta (art. 683 do NCPC); **B:** incorreta, porque, nesse caso, o juiz poderá sobrestar o andamento do processo (art. 685, parágrafo único, do NCPC); **C:** incorreta, porque o prazo comum é de 15 dias, por expressa previsão legal (art. 683 do NCPC); **D:** incorreta, porque, nesse caso, o processo segue entre o oponente e o réu (art. 684 do NCPC); **E:** incorreta, porque se o feito já estiver sentenciado, não será cabível a oposição.
Gabarito "A".

(Advogado da União/AGU – CESPE – 2012) Em relação aos embargos de terceiro, julgue o item a seguir.

(1) O fato de determinada pessoa ter participado do processo na condição de assistente simples não implica a sua ilegitimidade para interpor embargos de terceiro se houver constrição do bem disputado.

1: correta. Assistente simples não é considerado parte, mas auxiliar da parte principal (art. 121 do NCPC). Sendo assim, poderá ingressar com embargos de terceiro, se o caso, nos termos do art. 674 do NCPC..
Gabarito 1C

(Procurador do Município/Cubatão-SP – 2012 – VUNESP) Conforme o entendimento da jurisprudência, no que diz respeito à ação monitória e à Fazenda Pública, assinale a alternativa correta.

(A) Em face da Fazenda Pública não é cabível o procedimento monitório.
(B) Será deferida a expedição do mandado de pagamento no prazo de quinze dias.
(C) A não apresentação de embargos pela Fazenda Pública opera a revelia.
(D) Para os embargos será necessária a garantia do juízo.
(E) Conta-se em quádruplo o prazo para a Fazenda Pública oferecer embargos.

A: incorreta. Súmula 339/STJ: "É cabível ação monitória contra a Fazenda Pública"; **B:** incorreta. O mandado monitório terá prazo de 15 dias para cumprimento – seja pagamento ou entrega de coisa (NCPC, art. 701); **C:** incorreta. A ausência de embargos acarreta a constituição do documento em título executivo judicial (NCPC, art. 701, § 2º). Contudo, considerando que a revelia, nos termos da lei, é a ausência de contestação e que os embargos monitórios podem ser entendidos como a defesa na monitória, a afirmação poderia ser considerada correta (mas não foi o entendimento da banca); **D:** incorreta. NCPC, art. 702; **E:** correta no CPC/1973. Incorreta no NCPC, considerando que o prazo será em dobro (art. 183, NCPC).
Gabarito "E", no CPC/1973, sem resposta no NCPC

(Advogado da União/AGU – CESPE – 2012) Julgue os próximos itens, relativos à ação monitória.

(1) De acordo com o STJ, não é causa de indeferimento da inicial o ajuizamento de ação monitória aparelhada em título executivo extrajudicial.
(2) Na inicial da ação monitória, é obrigação do autor demonstrar a causa da emissão do título de crédito que tiver perdido a força executiva.

1: correta. A jurisprudência do STJ admite a monitória para o caso em que, em tese, admissível a execução. Se o exequente tiver dúvida quanto à possibilidade de execução, entende a Corte que cabível o uso da monitória, para evitar o risco da extinção da execução. A reforçar esse entendimento, o art. 785 do NCPC, que permite o uso do processo de conhecimento para quem título executivo extrajudicial, **2: errada.** Os artigos que regulam a monitória assim não preveem (NCPC, art. 700 e ss.), o que foi comfirmado pela jurisprudência. LD/DS
Gabarito 1C, 2E

(Ministério Público/MS – 2013 – FADEMS) Sobre a matéria de inventário e partilha, assinale a alternativa **correta**:

(A) O inventário e a partilha deverão ser requeridos dentro de um prazo máximo de trinta dias a contar da abertura da sucessão, sob pena de imposição de multa sobre o imposto a recolher.
(B) No arrolamento de bens do espólio, a existência de credores impede a homologação da partilha.
(C) O legatário é parte ilegítima para manifestar-se sobre as dívidas do espólio quando o reconhecimento das dívidas importar em mera redução dos legados.
(D) O incidente de remoção de inventariante correrá apenso aos autos do inventário.
(E) Não incumbe ao inventariante trazer à colação os bens recebidos pelo herdeiro ausente, renunciante ou excluído.

A: incorreta, porque o prazo para a abertura do processo de inventário é de 2 meses (art. 611 do NCPC); **B:** incorreta, porque "a existência de credores do espólio não impedirá a homologação da partilha ou da adjudicação, se forem reservados bens suficientes para o pagamento da dívida" (art. 663, do NCPC); **C:** incorreta, porque "o legatário é parte legítima para manifestar-se sobre as dívidas do espólio: (...) II – quando o reconhecimento das dívidas importar redução do legado" (art. 645, II, do NCPC); **D:** correta (art. 623, parágrafo único, do NCPC); **E:** incorreta, porque "o herdeiro que renunciou à herança ou o que dela foi excluído não se exime, pelo fato da renúncia ou da exclusão, de conferir, para o efeito de repor a parte inoficiosa, as liberalidades que houve do doador" (art. 640, "*caput*", do NCPC). Logo, cabe ao inventariante apontar, nas primeiras declarações, as liberalidades recebidas por tais herdeiros. LD/DS
Gabarito "D".

(Defensor Público/AM – 2013 – FCC) No inventário

(A) admite-se instrução probatória para apuração de débitos do espólio.
(B) incumbe ao inventariante a administração dos bens do espólio.
(C) julga-se a partilha independentemente do pagamento do ITCMD.
(D) não cabe nomeação de perito para avaliação dos bens.
(E) será nomeado inventariante, preferencialmente, o filho mais velho do falecido.

A: incorreto. Em tal situação, o credor será remetido às vias ordinárias (art. 643, *caput*, do NCPC); **B:** correto (art. 618, II, do NCPC); **C:** incorreto (art. 654 do NCPC); **D:** incorreto (art. 620, *caput*, do NCPC); **E:** incorreto. Conforme a ordem elencada no art. 617 do NCPC, o cônjuge ou companheiro sobrevivente, desde que estivesse convivendo com o outro ao tempo da morte deste, prefere aos demais herdeiros (art. 617, I, do NCPC). LD/DS
Gabarito "B".

(Magistratura/MG – 2012 – VUNESP) Assinale a alternativa correta sobre o pagamento das dívidas do espólio.

(A) É lícito ao credor do espólio requerer ao juízo do inventário, até mesmo após a partilha, o pagamento das dívidas vencidas e exigíveis.
(B) O credor de dívida líquida e certa, ainda não vencida, pode requerer habilitação no inventário.
(C) A petição, com a prova literal da dívida, será juntada aos autos do processo de inventário.
(D) Não havendo concordância de todas as partes sobre o pedido de pagamento feito pelo credor, o juiz deferirá a adjudicação de bens do espólio ao credor.

A: incorreta, porque o requerimento, pelos credores do espólio, para o pagamento de dívidas, deve ser feito antes da partilha (art. 1.017 do NCPC); **B:** correta (art. 644 do NCPC); **C:** incorreta, porque "a petição, acompanhada da prova literal da dívida, será distribuída por dependência e autuada em apenso aos autos do processo de inventário (art. 642, § 1°,do NCPC); **D:** incorreta, porque se não houver concordância de todas as partes sobre o pedido de pagamento feito pelo credor, será ele remetido para os meios ordinários (art. 643 do NCPC). LD/DS
Gabarito "B".

(Procurador Municipal – Sertãozinho/SP – VUNESP – 2016) No que tange à jurisdição contenciosa e voluntária, assinale a alternativa correta.

(A) Tanto na jurisdição voluntária como na jurisdição contenciosa a sentença faz coisa julgada material.
(B) Em geral, nos feitos de jurisdição voluntária aplica-se o princípio da adstrição, da congruência, da correlação, ente outros; e, nos feitos de jurisdição contenciosa, aplica-se o princípio inquisitivo ao proferir a sentença.
(C) Em procedimento de jurisdição voluntária não é possível existir controvérsia entre os interessados.
(D) Enquanto na jurisdição contenciosa a regra é a aplicação do juízo da legalidade estrita, na jurisdição voluntária é possível o julgamento por meio de equidade.
(E) Tanto a jurisdição contenciosa como a voluntária são marcadas pela presença de litígio a ser dirimido pelo juiz, por meio da sentença.

A: Incorreta à luz do Código anterior. O CPC/1973 tinha artigo que afirmava não haver coisa julgada na jurisdição voluntária, mas esse artigo não foi reproduzido no NCPC – de modo que é possível se afirmar que há coisa julgada também na jurisdição voluntária. Assim, esta alternativa também é correta à luz do NCPC. **B:** Incorreta, a resposta correta seria o contrário – há maior liberdade do juiz na jurisdição voluntária. **C:** Incorreta. Ainda que muitas vezes exista consenso entre as partes (como no divórcio consensual), pode sim haver conflito entre as partes na jurisdição voluntária – como no caso de interdição. **D:** Correta. (NCPC, art. 723, parágrafo único) **E:** Incorreta. Sempre há conflito (lide) na jurisdição contenciosa, mas nem sempre há lide na jurisdição voluntária (vide alternativa "C"). LD
Gabarito "D" no CPC/1973 e "A" e "D" no NCPC

(Procurador – SP – VUNESP – 2015) Os embargos de terceiro devem ser opostos no processo de execução, desde que o embargante tenha conhecimento da ação

(A) a qualquer tempo, enquanto não transitada em julgado a sentença.
(B) até cinco dias depois da arrematação, adjudicação ou remição, mas sempre antes da assinatura da respectiva carta.
(C) até dez dias depois da arrematação, pois este é o ato que implica na perda da posse do bem.
(D) até dez dias da ciência de que o bem foi penhorado na execução.
(E) a qualquer tempo, caso não tenha havido nenhum ato que implique na perda da posse.

NCPC, Art. 675. Os embargos podem ser opostos a qualquer tempo no processo de conhecimento enquanto não transitada em julgado a sentença e, no cumprimento de sentença ou no processo de execução, até 5 (cinco) dias depois da adjudicação, da alienação por iniciativa particular ou da arrematação, mas sempre antes da assinatura da respectiva carta. LD
Gabarito "B".

16. TEMAS COMBINADOS

(Juiz de Direito - TJ/RS - 2018 - VUNESP) A respeito da ação individual ser convertida em coletiva, é correto que

(A) não será possível quando verificar-se sua ineficácia.
(B) será possível em razão da tutela de bem jurídico difuso ou coletivo.
(C) será possível a pedido do Ministério Público ou da Defensoria Pública.
(D) não será possível porque o tema exige disciplina própria.
(E) será possível quando atendidos os pressupostos da relevância social.

A questão trata do incidente de conversão de ação individual em ação coletiva, com previsão, originalmente, no art. 333 do NCPC. O dispositivo foi vetado pela Presidência da República, de modo que não existe no país o instituto. Sendo assim, não há hoje a conversão da ação individual em coletiva, de modo que ela não é hoje cabível, e isso até que eventualmente venha a ser editada lei que traga "disciplina própria". Portanto, a assertiva **D** está correta. LD
Gabarito "D".

(Delegado - PC/BA - 2018 - VUNESP) A Lei no 7.347, de 24 de julho de 1985, trata da ação civil pública de responsabilidade por danos causados ao meio-ambiente, ao consumidor, a bens e direitos de valor artístico, estético, histórico, turístico e paisagístico, dentre outros direitos difusos, disciplinando que

(A) poderá ter por objeto a condenação em dinheiro; o cumprimento de obrigação de fazer, não fazer ou dar; ou ainda a constituição ou desconstituição de ato ou negócio jurídico.
(B) na hipótese de desistência do autor, o Ministério Público assumirá a titularidade ativa, apenas se determinado pelo juiz da causa.
(C) qualquer pessoa poderá e o servidor público deverá provocar a iniciativa do Ministério Público para o seu ajuizamento, ministrando-lhe informações sobre fatos que constituam seu objeto, indicando-lhe os elementos de convicção.
(D) será cabível para veicular pretensões que envolvam tributos ou contribuições previdenciárias.
(E) o Ministério Público e a Defensoria Pública poderão instaurar, sob sua presidência, inquérito civil para apurar fatos que possam dar ensejo a sua propositura.

Para essa questão a banca foi absolutamente na linha do texto legal, como se verá. **A:** Incorreta, uma vez que o objeto da ACP, pelo texto legal, é a condenação em dinheiro ou ao cumprimento de obrigação de fazer/não fazer (Lei Federal n. 7.347/1985, art. 3º) – mas nada impede que outros pedidos sejam formulados; **B:** Incorreta, porque a assunção do polo ativo pelo MP independerá de determinação judicial, por não configurar mera faculdade do *parquet*, em observância aos princípios da indisponibilidade e da obrigatoriedade das demandas coletivas (Lei Federal n. 7.347/1985, art. 5º, § 3º); **C:** Correta, sendo a reprodução do texto legal (Lei Federal n. 7.347/1985, art. 6º); **D:** Incorreta, considerando vedação legal expressa em sentido contrário (Lei Federal n. 7.347/1985, art. 1º, parágrafo único) – ainda que, por vezes, sejam ajuizadas e processadas ACPs para discussão de questões tributárias; **E:** Incorreta. Segundo expressa previsão legal, apenas o MP tem competência para instaurar inquérito civil, embora a questão seja objeto de algum debate na doutrina (Lei Federal n. 7.347/1985, art. 8º, § 1º).
Gabarito "C".

(Delegado - PC/BA - 2018 - VUNESP) A ação popular, regulada pela Lei no 4.717, de 29 de junho de 1965, tem como objetivo a defesa do patrimônio público, assim entendidos os bens e direitos de valor econômico, artístico, estético, histórico ou turístico. Acerca da ação popular, é correto afirmar que

(A) a prova da cidadania, para ingresso em juízo, será feita com a exibição de RG (Registro Geral de Identificação), ou com documento que a ele corresponda.

(B) é facultado a qualquer cidadão habilitar-se como litisconsorte ou assistente do autor, desde que o faça, até a citação do réu.

(C) o Ministério Público acompanhará a ação, podendo assumir a defesa do ato impugnado ou dos seus autores, se assim se convencer.

(D) as partes pagarão custas e preparo, quando da interposição de eventual recurso contra a sentença.

(E) a sentença incluirá sempre, na condenação dos réus, o pagamento, ao autor, das custas e demais despesas, judiciais e extrajudiciais, diretamente relacionadas com a ação e comprovadas, bem como o dos honorários de advogado.

A: Incorreta, porque a prova da cidadania deve ser feita por meio do título de eleitor ou de documento correspondente (Lei Federal n. 4.717/65, art. 1º, § 3º); **B:** Incorreta, tendo em vista que a lei não prevê a mencionada restrição temporal ao ingresso do litisconsorte ou do assistente (Lei Federal n. 4.717/65, art. 6º, § 5º); **C:** Incorreta, porque é expressamente vedado ao MP assumir a defesa do ato impugnado ou de seus autores (Lei Federal n. 4.717/65, art. 6º, § 4º); **D:** Incorreta, uma vez que as partes só deverão recolher as custas processuais e o preparo recursal ao final do processo (Lei Federal n. 4.717/65, art. 10); **E:** Correta, sendo essa a previsão legal (Lei Federal n. 4.717/65, art. 12).
Gabarito "E".

(Defensor Público – DPE/SC – 2017 – FCC) De acordo com o entendimento jurisprudencial consolidado em Súmula não revogada pelo Superior Tribunal de Justiça:

(A) é impenhorável o único imóvel residencial do devedor que esteja locado a terceiros, desde que a renda obtida com a locação seja revertida para a subsistência ou a moradia da sua família.

(B) para fins do art. 105, III, a, da Constituição Federal, é cabível recurso especial fundado em alegada violação de enunciado de súmula.

(C) em ação monitória fundada em cheque prescrito ajuizada contra o emitente, é indispensável a menção ao negócio jurídico subjacente à emissão da cártula.

(D) é inadmissível o recurso especial interposto antes da publicação do acórdão dos embargos de declaração, sem posterior ratificação.

(E) é nula a penhora de bem de família pertencente a fiador de contrato de locação.

A: Correto, Súmula 486/STJ: É impenhorável o único imóvel residencial do devedor que esteja locado a terceiros, desde que a renda obtida com a locação seja revertida para a subsistência ou a moradia da sua família; **B:** Incorreta, pois há súmula em sentido inverso (Súmula 518/STJ: Para fins do art. 105, III, *a*, da Constituição Federal, não é cabível recurso especial fundado em alegada violação de enunciado de súmula.); **C:** Incorreta, pois há súmula em sentido inverso (Súmula 531/STJ: Em ação monitória fundada em cheque prescrito ajuizada contra o emitente, é dispensável a menção ao negócio jurídico subjacente à emissão da cártula; **D:** Incorreta. Esse entendimento constava da Súmula 418/STJ, mas foi superado pelo NCPC (art. 1.024, § 5º), de modo que o STJ revogou a súmula 418 e editou a 579: "Não é necessário ratificar o recurso especial interposto na pendência do julgamento dos embargos de declaração quando inalterado o julgamento anterior"; **E:** Incorreta, existindo súmula em sentido inverso (Súmula 549/STJ: É válida a penhora de bem de família pertencente a fiador de contrato de locação).
Gabarito "A".

(Defensor Público – DPE/PR – 2017 – FCC) A respeito dos procedimentos especiais, do sistema de precedentes e do cumprimento de sentença, é correto:

(A) A ação monitória, inspirada no direito italiano, tem lugar para o exercício de direito subjetivo, vislumbrado a partir de prova escrita sem eficácia de título executivo, em desfavor de devedor capaz, cuja cognição judicial se limita ao pagamento de quantia em dinheiro e à entrega de coisa fungível ou infungível ou de bem móvel ou imóvel.

(B) Embora o STJ possua orientação de que constitui mera detenção a ocupação por particular de área pública sem autorização expressa e legítima do titular do domínio, entende cabível o manejo dos interditos possessórios em face de outros particulares para a defesa da posse.

(C) Quando versar sobre levantamento de dinheiro, o cumprimento provisório de sentença impugnada por recurso desprovido de efeito suspensivo se sujeita a caução suficiente e idônea. Contudo, até o limite de sessenta salários mínimos, a caução será dispensada quando o credor demonstrar sua necessidade e o crédito for de natureza alimentar.

(D) O incidente de resolução de demandas repetitivas – IRDR tem natureza jurídica de incidente processual e foi inspirado no sistema de common law norte-americano. Cuida-se de inovação no mecanismo de uniformização da jurisprudência brasileira e visa firmar entendimento sobre matéria de direito material ou processual.

(E) O débito alimentar que autoriza a prisão civil do devedor de alimentos é aquele que compreende até as três prestações anteriores ao ajuizamento da execução e as que se vencerem no curso do processo, sendo a única sanção admitida em decorrência do inadimplemento, enquanto forma de se evitar o bis in idem.

A: Incorreta, pois também cabe monitória para obrigação de fazer (NCPC, art. 700, III); **B:** Correta. A alternativa reproduz o que foi decidido no REsp 1296964; **C:** Incorreta. No NCPC, para que não seja prestada caução, os requisitos, *não cumulativos*, estão previstos no art. 521: crédito for de natureza alimentar, independentemente de sua origem (e valor) ou, dentre outras, o credor demonstrar situação de necessidade; **D:** Incorreta, pois a origem é no direito alemão; **E:** Incorreta, pois é possível tanto a prisão como outras medidas executivas e coercitivas, dentre as quais a penhora (NCPC, art. 528).
Gabarito "B".

(Defensor Público – DPE/SC – 2017 – FCC) A respeito da sentença, da fundamentação das decisões judiciais e da coisa julgada na sistemática do atual Código de Processo Civil,

(A) o atual conceito de sentença é finalístico, pois leva em consideração exclusivamente o efeito do ato, ou seja, somente pode ser sentença o ato do juiz que coloca fim ao processo ou à fase cognitiva do procedimento comum.

(B) denomina-se coisa julgada material a eficácia, que torna imutável e indiscutível a sentença, não mais sujeita a recurso ordinário ou extraordinário.

(C) a autoridade da coisa julgada somente se estende às questões decididas no dispositivo de uma decisão de mérito, não alcançando os motivos que determinaram o julgamento.

(D) a decisão que concede tutela de urgência concedida em caráter antecedente, caso não seja impugnada tempestivamente, produz coisa julgada e só pode ser afastada por meio de ação rescisória, no prazo de dois anos.

(E) a fundamentação referenciada (*per relationem*) é autorizada expressamente pelo novo Código de Processo Civil, desde que emanada da mesma autoridade julgadora.

A: Incorreta, pois não é isso que decorre do dispositivo legal que conceitua sentença (NCPC, art. 203, § 1º); **B:** Incorreta, pois não é essa a redação do art. 502 do NCPC (não há menção a eficácia nem a recurso ordinário ou extraordinário); **C:** Correta, pois a coisa julgada não atinge os motivos (NCPC, art. 504), ainda que possa atingir a questão prejudicial (NCPC, art. 503, § 1º); **D:** Incorreta, pois o Código afirma que a estabilização da antecipação de tutela não é coisa julgada (NCPC, art. 304, § 6º); **E:** Incorreta, porque não está prevista, na fundamentação da decisão (NCPC, art. 489, § 1º), essa hipótese de fundamentação *per relationem*.
Gabarito "C".

(Defensor Público – DPE/PR – 2017 – FCC) Sobre a competência, o procedimento comum e a intervenção de terceiros, considere:

I. A reconvenção admite ampliação subjetiva, ou seja, o ingresso de terceiro. Porém, o Código de Processo Civil veda a formação de litisconsórcio ativo, admitindo-o somente em relação ao polo passivo da demanda reconvencional.

II. Em demanda de saúde, por se tratar de obrigação solidária, segundo jurisprudência do STF, é admitido o chamamento ao processo de ente federativo para formar litisconsórcio passivo visando ao exercício do direito de regresso.

III. A intervenção de *amicus curiae* é admitida em qualquer processo, desde que se trate de causa relevante, de tema específico ou que tenha repercussão social, e exige representação adequada, a qual não pressupõe concordância unânime daqueles a quem representa.

IV. As testemunhas arroladas pela Defensoria Pública serão intimadas pela via judicial, não podendo exceder ao número de dez, e, dentro deste número, somente é admitido, no máximo, três para a prova de cada fato, podendo o juiz limitar este quantitativo em virtude da complexidade da causa e dos fatos individualmente considerados.

V. Segundo o STJ, mesmo que extinta a medida protetiva de urgência em virtude de homologação de acordo entre as partes, é de competência da Vara Especializada de Violência Doméstica ou Familiar contra a Mulher julgar ação de divórcio fundada na mesma situação de agressividade vivenciada pela vítima e que fora distribuída por dependência à medida extinta.

De acordo com a orientação jurisprudencial e doutrinária, está correto o que se afirma APENAS em

(A) III e IV.
(B) I e V.
(C) II, III e IV.
(D) III, IV e V.
(E) I e II.

I: Incorreta, pois o NCPC permite que haja litisconsórcio, ativo ou passivo, na reconvenção (art. 343, §§ 3º e 4º). II: Incorreta. De fato, o STF entende que há solidariedade entre os entes federativos (RE 855178); contudo, a solidariedade não leva ao ressarcimento por direito de regresso, sendo isso típico de obrigação subsidiária. III: Correta, sendo essa a previsão do NCPC a respeito do tema (art. 138). IV: Correta, considerando dispositivos legais relativos à prova testemunhal (NCPC, arts. 357, §§ 6º e 7º – quanto ao número de testemunhas e 455, § 4º, IV – quanto à intimação da testemunha da defensoria). V: Correta, conforme decisão constante do informativo 572/STJ ("A extinção de medida protetiva de urgência diante da homologação de acordo entre as partes não afasta a competência da Vara Especializada de Violência Doméstica ou Familiar contra a Mulher para julgar ação de divórcio fundada na mesma situação de agressividade vivenciada pela vítima e que fora distribuída por dependência à medida extinta", REsp 1.496.030-MT, DJe 19/10/2015).
Gabarito "D".

(Defensor Público Federal – DPU – 2017 – CESPE) Tendo em vista que uma das funções primordiais do STJ é a sistematização e uniformização da jurisprudência relativa à legislação processual, julgue os próximos itens à luz do entendimento desse tribunal.

(1) Nos processos coletivos contra a União, o beneficiário de sentença coletiva procedente que for promover, individualmente, a execução da parte a que tiver direito deverá observar prazo prescricional de cinco anos, contado a partir do início da execução coletiva.

(2) Nas ações civis públicas promovidas pela DPU, a legislação pertinente prevê a dispensa do adiantamento de custas, emolumentos, honorários periciais e outras despesas para a parte autora; entretanto, nessas ações, aquele que integrar o polo passivo da relação processual não desfrutará do mesmo benefício.

(3) A requerimento do credor, pode ser determinado prazo judicial para que o executado ou terceiro apresente documentos que estejam em seu poder, com o objetivo de acerto nos cálculos dos valores decorrentes da obrigação contida na sentença, para a fase de execução. Havendo descumprimento injustificado do prazo arbitrado, não fluirá o prazo prescricional para a execução ou o cumprimento de sentença.

(4) Julgado procedente o pedido de benefício previdenciário, em primeira e em segunda instância, caso ocorra reforma em instância especial, não poderá ser determinada a devolução de valores recebidos, tendo em vista a legítima expectativa de titularidade do direito, a possibilidade de execução da sentença após a confirmação da tese por acórdão e o fato de se tratar de recebimento de boa-fé.

(5) Sob pena de ser julgado extemporâneo, o recurso especial interposto antes do julgamento de embargos de declaração deve ser ratificado, ainda que o resultado do julgamento anterior não seja alterado.

1: Errado, pois o prazo prescricional é de 5 anos, mas contado do trânsito em julgado da sentença coletiva de conhecimento (STJ, REsp 1.273.643, 2ª Seção, 2013). 2: Correto, pois a pessoa física que é litisconsorte não se confunde com a defensoria (ou o MP). 3: Errado, considerando que há decisão em REsp repetitivo no sentido inverso (Tema 880: A partir da vigência da Lei n. 10.444/2002, que incluiu o parágrafo 1º ao artigo 604, dispositivo que foi sucedido, conforme Lei 11.232/2005, pelo artigo 475-B, parágrafos 1º e 2º, todos do CPC/1973, não é mais imprescindível, para acertamento de cálculos, a juntada de documentos pela parte executada ou por terceiros, reputando-se correta a conta apresentada pelo exequente, quando a requisição judicial de tais documentos deixar de ser atendida, injustificadamente, depois de transcorrido o prazo legal). 4: Correto, conforme decisão da Corte Especial do STJ ("Não está sujeito à repetição o valor correspondente a benefício previdenciário recebido por determinação de sentença que, confirmada em segunda instância, vem a ser reformada apenas no julgamento de recurso especial", Informativo 536/STJ, EREsp 1.086.154-RS, julgado em 20/11/2013). 5: Errado. Esse entendimento constava da Súmula 418/STJ, mas foi superado pelo NCPC (art. 1.024, § 5º), de modo que o STJ revogou a súmula 418 e editou a 579: "Não é necessário ratificar o recurso especial interposto na pendência do julgamento dos embargos de declaração quando inalterado o julgamento anterior".
Gabarito: 1E, 2C, 3E, 4C, 5E.

(Defensor Público – DPE/PR – 2017 – FCC) A Lei n. 11.419 de 2006, sobre a informatização do processo judicial, a Lei do Processo Eletrônico, dispõe que

(A) os advogados e defensores públicos devem providenciar a distribuição de petições em geral, em formato digital, quando se tratar de autos eletrônicos, não havendo que se exigir do Poder Judiciário o fornecimento de equipamentos de digitalização e de acesso à rede mundial de computadores.

(B) os autos de processos eletrônicos que tiverem de ser remetidos a outro juízo ou a instância superior que não disponham de sistema compatível deverão ser suspensos até que o juízo/instância providencie a informatização de seu sistema.

(C) se considera realizada a intimação no dia em que o intimado efetivar a consulta eletrônica ao teor da intimação, mas se a consulta se der em um domingo, por exemplo, a intimação será considerada como realizada na segunda-feira subsequente, se dia útil for, sendo também esse o primeiro dia do prazo.

(D) o prazo fica automaticamente prorrogado para o primeiro dia útil seguinte à resolução do problema, quando o ato processual tiver que ser praticado em determinado prazo, por meio de petição eletrônica, e o Sistema do Poder Judiciário se tornar indisponível por motivo técnico.

(E) os originais dos documentos digitalizados, e juntados aos autos pelas partes, deverão ser preservados pelo seu detentor até o trânsito em julgado da sentença, após o que poderão ser seguramente descartados, pois não terão mais qualquer finalidade.

A: Incorreta, pois o PJ deve providenciar os meios para tanto, de modo a garantir o acesso à justiça (Lei 11.419/2006, art. 10, § 3º); B: Incorreta, porque nesse caso deverá haver a impressão em papel (Lei 11.419/2006, art. 12, § 2º); C: Incorreta. A 1ª parte está correta, pois a intimação será considerada na 2ª; mas a 2ª parte está incorreta, pois o 1º dia do prazo será o dia seguinte (L. ei11.419/2006, art. 5º, §§ 2º e 3º); D: Correta, sendo essa a previsão legal (Lei 11.419/2006, art. 10, § 2º); E: Incorreta, pois os documentos devem ser mantidos até o término do prazo de eventual ação rescisória (Lei 11.419/2006, art. 11, § 3º).
Gabarito "D".

(Defensor Público – DPE/PR – 2017 – FCC) Vulnerabilidade processual é a suscetibilidade do litigante que o impede de praticar atos processuais em razão de uma limitação pessoal involuntária. Deste modo,

(A) para dirimir a suscetibilidade daquele que foi vulnerável na relação de direito material, o magistrado poderá em qualquer momento processual afastar de ofício via cláusula de eleição de foro.

(B) reconhecendo a vulnerabilidade da mulher em face do homem na relação conjugal, sendo ainda uma realidade brasileira a sua submissão a práticas familiares patriarcais, o novo CPC manteve a prerrogativa do foro da esposa para ações de divórcio.

(C) apesar de o novo CPC não conceituar o termo vulnerabilidade, tal vocábulo aparece no diploma em dispositivo que versa sobre a possibilidade de o juiz controlar a convenção das partes acerca de alteração em procedimento.

(D) verificada a suscetibilidade de umas das partes em face da outra, não poderá o magistrado dilatar os prazos processuais em benefício dela, pois deve assegurar às partes igualdade de tratamento.

(E) há regra específica para a superação da vulnerabilidade geográfica a qual prevê que na comarca, seção ou subseção judiciária, onde for difícil o transporte, o juiz poderá prorrogar os prazos por até um mês.

A: Incorreta, pois é possível esse reconhecimento de ofício somente antes da citação (NCPC, art. 63, § 3º); B: Incorreta, já que essa previsão não mais consta do NCPC, que agora prestigia o domicílio do guardião do menor / filho incapaz (NCPC, art. 53, I); C: Correta, pois poderá ser afastado o negócio jurídico processual se a parte for vulnerável (NCPC, art. 190, parágrafo único); D: Incorreta, pois o NCPC permite a dilatação de prazo à luz das especificidades do caso concreto (NCPC, art. 139, VI); E: Incorreta, pois nessas comarcas o juiz poderá dilatar os prazos por até 2 meses (NCPC, art. 222).
Gabarito "C".

(Procurador do Estado – PGE/MT – FCC – 2016) De acordo com as regras transitórias de direito intertemporal estabelecidas no novo Código de Processo Civil,

(A) uma ação de nunciação de obra nova que ainda não tenha sido sentenciada pelo juízo de primeiro grau quando do início da vigência do Novo Código de Processo Civil, seguirá em conformidade com as disposições do Código de Processo Civil de 1973.

(B) as ações que foram propostas segundo o rito sumário antes do início da vigência do Novo Código de Processo Civil, devem ser adaptadas às exigências da nova lei instrumental, à luz do princípio da imediata aplicação da lei processual nova.

(C) as disposições de direito probatório do novo Código de Processo Civil aplicam-se a todas as provas que forem produzidas a partir da data da vigência do novo diploma processual, independentemente da data em que a prova foi requerida ou determinada a sua produção de ofício.

(D) caso uma ação tenha sido proposta durante a vigência do Código de Processo Civil de 1973 e sentenciada já sob a égide do novo Código de Processo Civil, resolvendo na sentença questão prejudicial cuja resolução dependa o julgamento do mérito expressa e incidentalmente, tal decisão terá força de lei e formará coisa julgada.

(E) o novo Código de Processo Civil autoriza, sem ressalvas, a concessão de tutela provisória contra a Fazenda Pública, derrogando tacitamente as normas que dispõem em sentido contrário.

A: Correta, considerando a teoria do isolamento dos atos processuais e o ato jurídico processual perfeito (NCPC, art. 1.046); **B:** Incorreta, pelo motivo exposto em "A" e considerando a previsão legal em sentido inverso (NCPC, art. 1.046, § 1º); **C:** Incorreta, considerando previsão legal em sentido inverso (NCPC, art. 1.047. As disposições de direito probatório adotadas neste Código aplicam-se *apenas às provas requeridas ou determinadas de ofício a partir da data de início de sua vigência*; **D:** Incorreta, considerando previsão legal em sentido inverso (NCPC, art. 1.054. O disposto no art. 503, § 1º, somente se aplica aos processos iniciados após a vigência deste Código); **E:** Incorreta, pois a lei afirma que se aplica limitações à concessão de tutela provisória contra a Fazenda (NCPC, art. 1.059. À tutela provisória requerida contra a Fazenda Pública aplica-se o disposto nos arts. 1º a 4º da Lei 8.437, de 30 de junho de 1992, e no art. 7º, § 2º, da Lei 12.016, de 7 de agosto de 2009). Gabarito "A".

(Procurador – IPSMI/SP – VUNESP – 2016) Minerva está há mais de 30 anos na posse de um terreno que fica na zona sul de Itaquaquecetuba. Decide então, preenchidos os requisitos para usucapir o bem, aforar a demanda competente. Nesse caso, é correto afirmar que

(A) o Ministério Público só deve atuar neste feito caso tenha interesse na área ocupada por Minerva.

(B) a ação deverá ser obrigatoriamente instruída com a certidão atualizada do imóvel a ser usucapido, sendo que quem figurar como proprietário do bem deverá obrigatoriamente ser citado por edital.

(C) a petição inicial da usucapião deverá obrigatoriamente vir instruída com a planta do imóvel e memorial descritivo, a fim de que se individualize o bem.

(D) a sentença que julgar improcedente a ação será transcrita, mediante mandado, no registro de imóveis, independentemente da satisfação das obrigações fiscais por parte de Minerva.

(E) não se faz necessária a citação das Fazendas Publicas Municipal, Estadual e da União quando estas, extrajudicialmente, manifestarem seu desinteresse no imóvel requerido por Minerva.

A: Incorreta, pois o MP deverá atuar nos casos em que a lei prevê sua participação como fiscal da ordem jurídica (NCPC, art. 178); **B:** Incorreta, pois a citação por edital é excepcional, mesmo na usucapião (NCPC, art. 246, § 3º e 259, I); **C:** Correta. Apesar de não existir mais o procedimento especial da ação de usucapião, essa previsão está presente no pedido extrajudicial de usucapião, de modo que também se aplica ao judicial (NCPC, art. 1.071, que inseriu o art. 216-A, § 2º à Lei 6.015/1973); **D:** incorreta, pois se o pedido foi julgado improcedente, nada há a ser levado à matrícula do imóvel; **E:** Incorreta. O art. 216-A, § 3º, da Lei 6.015/1973 prevê expressamente a oitiva da Fazenda no procedimento extrajudicial, de modo que mesmo se aplica ao judicial. Gabarito "C".

(Juiz – TRF 2ª Região – 2017) Analise as assertivas e, após, marque a opção correta:

I. Em regra, as questões resolvidas na fase de conhecimento, se a decisão a seu respeito não comportava agravo de instrumento, serão cobertas pela preclusão caso não sejam suscitadas em preliminar da apelação, eventualmente interposta contra a decisão final, ou nas contrarrazões.

II. É preclusivo o prazo para arguição de incompetência absoluta.

III. Das três hipóteses clássicas de preclusão, a temporal, a lógica e a consumativa, o Código de 2015 prestigiou as duas primeiras e aboliu a última.

(A) Estão corretas apenas as assertivas I e II.
(B) Estão corretas apenas as assertivas I e III.
(C) São falsas apenas as assertivas II e III.
(D) São falsas todas as assertivas.
(E) São falsas apenas as assertivas I e II.

I: correta, sendo essa a previsão do Código para a impugnação das interlocutórias não agraváveis de instrumento, já que não mais existe o agravo retido (NCPC, art. 1.009, § 1º); **II:** incorreta, pois não preclui a possibilidade de alegar a incompetência absoluta (NCPC, art. 64, § 1º); **III:** questão polêmica na doutrina considerando as inovações do NCPC. A banca considerou que a *preclusão consumativa segue existindo*. A divergência existe considerando a redação do art. 223, que faz menção ao direito de "emendar o ato processual", o que faz com que alguns autores entendam que não mais haveria a preclusão consumativa. De seu turno, o art. 200, ao destacar que o ato produz imediatamente a extinção dos direitos processuais, permite concluir pela existência da preclusão consumativa. Como exposto, a banca concluiu que a preclusão consumativa segue existindo. Gabarito "C".

(Juiz – TRF 2ª Região – 2017) Sobre o direito intertemporal, considere as normas do Código de Processo Civil e o entendimento do Superior Tribunal de Justiça e assinale a opção correta:

(A) As disposições do CPC-2015 devem ser aplicadas imediatamente após a sua entrada em vigor a todos os processos em tramitação.

(B) São cabíveis honorários sucumbenciais recursais somente contra decisões publicadas a partir da entrada em vigor do novo código.

(C) As disposições de direito probatório adotadas no novo código somente serão aplicadas aos processos instaurados a partir da sua entrada em vigor.

(D) No tema intertemporal, o CPC adotou o sistema puro do isolamento dos atos processuais.

(E) No tema, o novo CPC adotou o sistema das fases processuais.

A: incorreta, pois ainda que as regras processuais sejam imediatamente aplicadas, há de se observar os atos jurídico processual perfeito e isolamento das fases processuais; **B:** correta para a banca, na linha do enunciado administrativo 7 do STJ ("Somente nos recursos interpostos contra decisão publicada a partir de 18 de março de 2016 será possível o arbitramento de honorários sucumbenciais recursais, na forma do art. 85, § 11, do novo CPC"). Mas, na doutrina, o tema é polêmico; **C:** incorreta (NCPC, art. 1.047. As disposições de direito probatório adotadas neste Código aplicam-se apenas às provas requeridas ou determinadas de ofício a partir da data de início de sua vigência); **D** e **E:** incorretas, pois o NCPC adotou o sistema do isolamento dos atos (mas não o sistema "puro", pois, em alguns casos essa teoria é afastada – conforme exposto na alternativa B). Gabarito "B".

(Juiz – TRF 2ª Região – 2017) Segundo orientação do Superior Tribunal de Justiça, em regra, benefício previdenciário indevidamente recebido e não devolvido ao INSS deve ser objeto de:

(A) Ação de cobrança.
(B) Inscrição em dívida ativa tributária, com posterior execução.
(C) Inscrição em dívida ativa não tributária, com posterior execução.
(D) Compensação com benefícios previdenciários vincendos.
(E) Dedução de benefícios previdenciários vincendos, até o limite legal e mensal de 10 % do benefício.

Se o INSS paga a alguém algo que não deveria ser pago, pode buscar a devolução dessa quantia – essa é a premissa da questão. Porém, como não há título executivo, há necessidade de se socorrer do Judiciário para isso. Inicialmente, o INSS fazia a inscrição em dívida ativa – até que o STJ vedou essa solução. Assim, resta ao INSS o ajuizamento de ação de cobrança, como já fixado em repetitivo (REsp 1.350.804, j. 12/06/2013). Portanto, a correta é a alternativa "A". Gabarito "A".

(Juiz – TRF 3ª Região – 2016) Dadas as assertivas abaixo, assinale a alternativa correta.

Com base no disposto na Lei nº 9.307/96 e suas alterações posteriores, é possível afirmar que:

I. Do compromisso arbitral deverá constar, obrigatoriamente, o nome, profissão, estado civil e domicílio das partes; o nome, profissão e domicílio do árbitro, ou dos árbitros, ou, se for o caso, a identificação da entidade à qual as partes delegaram a indicação de árbitros; a matéria que será objeto da arbitragem; o local, ou locais, onde se desenvolverá a arbitragem e onde será proferida a sentença arbitral.

II. Extingue-se o compromisso arbitral escusando-se qualquer dos árbitros, antes de aceitar a nomeação, a menos que as partes tenham declarado, expressamente, aceitar substituto.

III. São requisitos obrigatórios da sentença arbitral: o relatório, que conterá os nomes das partes e um resumo do litígio; os fundamentos da decisão, onde serão analisadas as questões de fato e de direito, mencionando-se, expressamente, se os árbitros julgaram por equidade; o dispositivo, em que os árbitros resolverão as questões que lhes forem submetidas e estabelecerão o prazo para o cumprimento da decisão, se for o caso; a data e o lugar em que foi proferida.

IV. Para que haja a homologação da sentença arbitral estrangeira, deverá haver requerimento da parte interessada, devendo a petição inicial conter as indicações da lei processual, conforme o art. 282 do Código de Processo Civil, sendo dispensável a apresentação do original da sentença arbitral, desde que substituído por cópia devidamente certificada, autenticada pelo consulado brasileiro e acompanhada de tradução oficial e sendo dispensável a apresentação do original da convenção de arbitragem, desde que substituído por cópia devidamente certificada, acompanhada de tradução oficial.

Estão corretas:

(A) I, III e IV.
(B) I e II.
(C) II e III.
(D) III e IV.

I: incorreta, pois não há menção, na lei, ao *local onde se desenvolverá* a arbitragem (art. 10. Constará, obrigatoriamente, do compromisso arbitral: I - o nome, profissão, estado civil e domicílio das partes; II - o nome, profissão e domicílio do árbitro, ou dos árbitros, ou, se for o caso, a identificação da entidade à qual as partes delegaram a indicação de árbitros; III - a matéria que será objeto da arbitragem; e IV - o lugar em que será proferida a sentença arbitral); **II:** incorreta, pois a lei prevê a extinção caso as partes *não* aceitem substituto (art. 12. Extingue-se o compromisso arbitral: I - escusando-se qualquer dos árbitros, antes de aceitar a nomeação, desde que as partes tenham declarado, expressamente, não aceitar substituto); **III**: correta, pois o item reproduz o art. 26 da Lei de Arbitragem; **IV:** correta, pois o item reproduz o art. 37 da Lei de Arbitragem (*atenção, no NCPC, o artigo é o 319).

(Juiz – TRF 3ª Região – 2016) Assinale a alternativa incorreta.

(A) Segundo entendimento consolidado pelo STJ admite-se a possibilidade de ajuizamento de ação de prestação de contas relativa a contrato de conta corrente bancária, contrato de financiamento e contrato de mútuo.

(B) A penhora pode ser substituída por fiança bancária ou seguro garantia judicial, em valor não inferior ao débito constante da inicial mais 30% (trinta por cento).

(C) Nos termos do CPC, os embargos de terceiro podem ser opostos a qualquer tempo no processo de conhecimento enquanto não transitada em julgado a sentença, e, no processo de execução, até 5 (cinco) dias depois da arrematação, adjudicação ou remição, mas sempre antes da assinatura da respectiva carta. Contudo, caso o terceiro não tenha conhecimento da execução, o prazo somente tem início a partir da efetiva turbação da posse que se dá com a imissão do arrematante na posse do bem.

(D) Em ação monitória fundada em cheque prescrito, ajuizada em face do emitente, é dispensável menção ao negócio jurídico subjacente à emissão da cártula. Nesse caso, o prazo para ajuizamento da ação é quinquenal, tendo por termo "a quo" o dia seguinte à data de emissão estampada na cártula, sendo cabível, nesse caso, a reconvenção.

A: incorreta, devendo esta ser assinalada (informativo 558 do STJ: "Nos contratos de mútuo e financiamento, o devedor não possui interesse de agir para a ação de prestação de contas". REsp repetitivo 1.293.558); **B:** correta (NCPC, art. 835, § 2º); **C:** correta (NCPC, art. 675); **D:** correta. Quanto à desnecessidade de indicar a *causa debendi*, decorre da interpretação da Súmula 299 do STJ ("É admissível a ação monitória fundada em cheque prescrito). Quanto ao prazo prescricional, a questão está na Súmula 504/STJ (O prazo para ajuizamento de ação monitória em face do emitente de nota promissória sem força executiva é quinquenal, a contar do dia seguinte ao vencimento do título").

Gabarito "A".

(Juiz – TRF 4ª Região – 2016) Dadas as assertivas abaixo, assinale a alternativa correta. Acerca do novo Código de Processo Civil de **2015**:

I. Entre os procedimentos especiais de jurisdição contenciosa extintos pelo novo Código de Processo Civil, estão a ação de depósito; a ação de usucapião de terras particulares; a ação de nunciação de obra nova; o interdito proibitório; e a ação de anulação e substituição de título ao portador.

II. A sentença condenatória para pagamento de quantia certa contra a Fazenda Pública será executada no mesmo processo, em fase de cumprimento de sentença, a exemplo do que ocorre contra os devedores privados, sendo o meio de defesa a impugnação; já a execução de título extrajudicial dar-se-á por meio de processo específico de execução, cuja defesa deverá ser promovida via embargos do devedor.

III. Ficou mantida a possibilidade de, no prazo para embargos, o devedor parcelar o débito, com os acréscimos legais previstos na legislação processual, mediante o depósito de 30% do valor, pagando o restante em seis parcelas, inclusive no cumprimento de sentença.

(A) Está correta apenas a assertiva I.
(B) Está correta apenas a assertiva II.
(C) Está correta apenas a assertiva III.
(D) Estão corretas apenas as assertivas I e III.
(E) Estão corretas todas as assertivas.

I: incorreta, pois o interdito proibitório segue existindo no Código, sendo uma das possessórias (NCPC, art. 567); **II:** correta, existindo cumprimento de sentença contra a Fazenda (NCPC, art. 534 e ss.) e execução contra a Fazenda, no caso de título extrajudicial (NCPC, art. 910); **III:** incorreta, pois só cabe isso na execução, e não no cumprimento de sentença (NCPC, art. 916, § 7º).

Gabarito "B".

(Juiz – TRF 4ª Região – 2016) Dadas as assertivas abaixo, assinale a alternativa correta. Considerando o Código de Processo Civil de **2015**:

I. O Código é marcado pelos princípios do contraditório permanente e obrigatório, da cooperação, do máximo aproveitamento dos atos processuais, da primazia do julgamento de mérito e da excepcionalidade dos recursos intermediários, entre outros.

II. O Código busca a segurança jurídica e a isonomia, reforçando o sistema de precedentes (*stare decisis*) e estabelecendo como regra, no plano vertical, a observância dos precedentes e da jurisprudência e, no plano horizontal, a estabilidade, a integridade e a coerência da jurisprudência.

III. A distinção (*distinguishing*), a superação (*overruling*) e a superação para a frente, mediante modulação dos efeitos (*prospective overruling*), são técnicas de adequação do sistema de precedentes às alterações interpretativas da norma e às circunstâncias factuais postas sob exame dos juízes e dos tribunais.

IV. Paralelamente à proteção da segurança jurídica, a necessidade de evolução da hermenêutica exige que apenas súmulas, vinculantes ou não, sejam consideradas parâmetros para aplicação do sistema de precedentes, sob pena de se imobilizar a exegese das normas.

(A) Estão corretas apenas as assertivas I e II.
(B) Estão corretas apenas as assertivas I, II e III.
(C) Estão corretas apenas as assertivas II, III e IV.
(D) Estão corretas todas as assertivas.
(E) Nenhuma assertiva está correta.

I: correta, considerando as inovações quanto aos princípios (NCPC, arts. 6º, 9º e 10, além de diversos dispositivos que prestigiam o mérito) e, quanto aos recursos, o rol taxativo do agravo de instrumento (NCPC, art. 1.015); **II:** correta, considerando os arts. 926 e 927; **III:** correta, sendo técnicas do *common law* agora previstas no Código (NCPC, arts. 489, § 1º, VI e 927, §§); **IV:** incorreta, pois os julgados em IRDR e repetitivos também são vinculantes, no NCPC (art. 927, III e V).

Gabarito "B".

(Juiz – TRF 4ª Região – 2016) Dadas as assertivas abaixo, assinale a alternativa correta. Considerando as regras do Código de Processo Civil de **2015**:

I. A incompetência, seja relativa, seja absoluta, deve ser alegada em preliminar da contestação.

II. A reconvenção deve ser proposta na contestação e pode ser ofertada pelo réu contra o autor e terceiro, bem como pode ser proposta pelo réu em litisconsórcio com terceiro.

III. Não se aplica o benefício da contagem em dobro quando a lei estabelecer, de forma expressa, prazo próprio para o Ministério Público.

IV. Os prazos processuais, que se contam apenas em dias úteis, são dobrados em caso de litisconsortes com procuradores diferentes, nos processos em autos físicos ou eletrônicos, exceto no caso de os advogados atuarem no mesmo escritório, quando o prazo será simples.

(A) Estão corretas apenas as assertivas I e IV.
(B) Estão corretas apenas as assertivas II e III.
(C) Estão corretas apenas as assertivas I, II e III.
(D) Estão corretas todas as assertivas.
(E) Nenhuma assertiva está correta.

I: correta, sendo essa uma das inovações do NCPC quanto à competência (art. 64); **II:** correta (NCPC, art. 343, "caput" e §§ 3º e 4º); **III:** correta (NCPC, art. 180, § 2º); **IV:** incorreta, pois não há prazo em dobro para litisconsortes com advogados distintos no caso de autos físicos (NCPC, art. 229, § 2º).

Gabarito "C".

(Juiz – TRF 4ª Região – 2016) Dadas as assertivas abaixo, assinale a alternativa correta. Considerando as regras do Código de Processo Civil de **2015**:

I. As condições da ação não estão previstas no Código, o que impede o indeferimento da petição inicial por ilegitimidade para a causa ou falta de interesse processual.

II. Quando, além do autor, todos os réus manifestarem desinteresse na realização da audiência de conciliação, o prazo de contestação tem início, para todos os litisconsortes passivos, com o despacho judicial que acolhe as manifestações de desinteresse na realização da audiência de conciliação.

III. O juiz pode, independentemente de citação, julgar improcedente o pedido que contrariar súmula, desde que seja vinculante. Se o pedido contrariar enunciado de súmula não vinculante ou julgado em recurso repetitivo, deve ordenar a citação, estando em condições a petição inicial, para só depois decidir a questão, em atenção ao princípio do contraditório.

IV. Caso a decisão transitada em julgado seja omissa em relação aos honorários de sucumbência, eles não poderão ser cobrados nem em execução, nem em ação própria.

(A) Estão corretas apenas as assertivas I e III.
(B) Estão corretas apenas as assertivas II e III.
(C) Estão corretas apenas as assertivas I, II e IV.
(D) Estão corretas todas as assertivas.
(E) Nenhuma assertiva está correta.

I: incorreta, pois o NCPC segue prevendo que a falta de legitimidade e interesse são casos de extinção sem mérito (NCPC, art. 485, VI), sendo que apenas houve a exclusão da impossibilidade jurídica como condição da ação (mas vale destacar que parte da doutrina afirma que não há mais condições da ação no NCPC, pois o Código não mais fala em condições da ação – corrente essa que *não foi* adotada pela banca, como se percebe); **II:** incorreta, pois o prazo para contestar, nesse caso, tem início com o protocolo do desinteresse pelo réu (NCPC, art. 335, II); **III:** incorreta, porque seja súmula vinculante, IRDR ou recurso

repetitivo, pode o juiz julgar improcedente sem a citação do réu, em improcedência liminar do pedido (NCPC, art. 332); **IV:** incorreta, considerando que agora o NCPC permite isso (art. 85, § 18), afastando, assim, o entendimento da Súmula 454 do STJ.
Gabarito "E".

(Promotor de Justiça – MPE/BA – CEFET – 2015) Sobre a pretensão deduzida na ação mandamental, é POSSÍVEL afirmar que:

(A) A perda do objeto enseja a extinção do processo sem resolução do mérito.
(B) Em qualquer hipótese, deve haver um pronunciamento de mérito por se tratar de ação constitucional.
(C) Não é obrigatória a intervenção do Ministério Público se a pretensão deduzida versar sobre direito patrimonial.
(D) A intervenção do Ministério Público não é obrigatória se as partes forem legítimas e estiverem corretamente representadas.
(E) A perda do objeto não interfere no julgamento do processo por se tratar de ação constitucional.

A "ação mandamental" é uma demanda em que o pedido formulado (ou a tutela pretendida) é uma ordem para que alguém faça alguma coisa. O exemplo típico é o mandado de segurança – mas não só via MS pode se chegar a uma tutela mandamental. Já a ação constitucional é aquela que tem base constitucional (como o MS, HC, ADI etc.). **A:** Correta. A "perda de objeto" é a falta superveniente de interesse de agir (NCPC, art. 485, VI). **B:** Incorreta, pois a tutela mandamental não se limita ao mandado de segurança, mas pode ser formulada em demandas pelo procedimento comum. **C:** Incorreta. O artigo 178 do NCPC determina que o MP deverá como fiscal da lei nas hipóteses ali indicadas – podendo ser ou não questões patrimoniais (como quando envolver interesse público ou social). **D:** Incorreta, nos termos da resposta ao item "C" – sendo hipótese do art. 178, não importa a tutela pretendida (declaratória ou mandamental, por exemplo) ou se as partes são legítimas ou não. **E:** Incorreta, se não há mais interesse de agir, extingue-se o processo em mérito, de modo que não se analise o pedido, qualquer que seja ele.
Gabarito "A".

(Procurador do Município – Prefeitura Fortaleza/CE – CESPE – 2017) Julgue os próximos itens, a respeito de litisconsórcio, intervenção de terceiros e procedimentos especiais previstos no CPC e na legislação extravagante.

(1) Caso seja convocado de forma superveniente a participar de processo judicial, o litisconsorte unitário ativo poderá optar por manter-se inerte ou por ingressar na relação processual como litisconsorte do autor ou assistente do réu.
(2) A presença de interesse econômico, ainda que indireto ou reflexo, da fazenda pública em determinado processo judicial é suficiente para justificar sua intervenção.
(3) Os embargos de terceiro somente podem ser utilizados no cumprimento de sentença ou no processo de execução. Por esse motivo, no processo de conhecimento, o terceiro deve defender seus interesses por intermédio de assistência ou oposição.
(4) Conforme o STJ, a pessoa jurídica de direito público ré de ação civil pública possui ampla liberdade para mudar de polo processual, ainda que haja pretensão direcionada contra ela.
(5) Situação hipotética: Determinado servidor público impetrou mandado de segurança com a finalidade de majorar seu vencimento. Após o devido trâmite, foi prolatada sentença concedendo a segurança pleiteada. Assertiva: Nesse caso, as parcelas devidas em razão de diferenças salariais entre a data de impetração e a de implementação da concessão da segurança deverão ser pagas por meio de precatórios.
(6) O despejo decorrente de decisão judicial conforme previsto na lei de locações de imóveis urbanos é irreversível, pois, reformada a decisão, o inquilino não terá o direito de recuperar a posse do imóvel, mas apenas de ser indenizado por perdas e danos, com base na caução existente.
(7) Situação hipotética: Em ação indenizatória, o réu denunciou à lide terceiro que estava obrigado, por contrato, a ressarci-lo de forma regressiva. Assertiva: Nessa situação, em caso de procedência das demandas originária e regressiva, o autor da ação originária pode requerer o cumprimento da sentença também contra o denunciado, observadas possíveis limitações da condenação deste último.

1: Correta. A legislação não prevê expressamente a figura do litisconsórcio ativo necessário, o que é admitido pela jurisprudência do STJ, no que é denominado de litisconsórcio *iussu iudicis* (REsp 1222822). Sendo convocado a figurar posteriormente no feito, a hipótese é de litisconsórcio necessário – unitário. E nesse caso, poderá a parte optar em qual polo figura (já que sem essa parte o processo será extinto sem mérito). Dessa forma, a afirmação é correta. **2:** Correta, sendo esse o caso da chamada "intervenção anômala" em que a União pode ingressar como assistente apenas com base em interesse econômico (Lei 9.469/1997, art. 5º), diferentemente da assistência usual, prevista no NCPC, em que necessário interesse jurídico (art. 119). **3:** Errada, pois é possível usar embargos de terceiro diante de qualquer constrição judicial, seja proferida em execução ou cumprimento de sentença (como no caso de penhora), seja em processo de conhecimento (uma constrição por força de uma antecipação de tutela). É o que se percebe do art. 674 do NCPC. **4:** Errada. Existe essa possibilidade de mudança de polo no processo coletivo, prevista especificamente na ação popular (Lei 4.717/1965, art. 6º, § 3º) e ação civil pública (Lei 7.347/1985, art. 5º, § 2º). Contudo, se houver pedido contra a própria pessoa jurídica, então não é possível essa mudança (STJ, REsp 1581124). **5:** Correta. O MS é ação mandamental, de modo que a princípio não demanda cumprimento de sentença ou execução – mas sim tão somente no cumprimento da ordem. Contudo, o problema deixa claro que isso ocorre em relação ao futuro, ou seja, a partir do momento em que "implementada a concessão da segurança". Sendo assim, quanto ao período anterior, tem-se em verdade um valor devido – que, portanto, deverá seguir a forma usual de execução de quantia contra a Fazenda, portanto, via precatório (NCPC, art. 534 e 535, § 3º, I). **6:** Correta, sendo essa a previsão legal (Lei 8.245/1991, art. 64, *caput* e § 2º – sendo que a redação do parágrafo é a seguinte: "Ocorrendo a reforma da sentença ou da decisão que concedeu liminarmente o despejo, o valor da caução reverterá em favor do réu, como indenização mínima das perdas e danos, podendo este reclamar, em ação própria, a diferença pelo que a exceder"). **7:** Correta, sendo essa uma das inovações do NCPC em relação à denunciação da lide, existindo expressa previsão legal nesse sentido (art. 128, parágrafo único). Procedente o pedido da ação principal, pode o autor, se for o caso, requerer o cumprimento da sentença também contra o denunciado, nos limites da condenação deste na ação regressiva).
Gabarito 1C, 2C, 3E, 4E, 5C, 6C, 7C

(Defensor Público – DPE/BA – 2016 – FCC) Sobre o direito processual intertemporal, o novo Código de Processo Civil

(A) torna aplicáveis a todas as provas as disposições de direito probatório adotadas, ainda que requeridas antes do início de sua vigência.
(B) vige desde o dia de sua publicação, porque a lei processual é de natureza cogente e possui efeito imediato.
(C) extinguiu o procedimento sumário, impondo a extinção de todas as ações ajuizadas sob este procedimento, incluindo as anteriores à sua entrada em vigor.
(D) não possui efeito retroativo e se aplica, em regra, aos processos em curso, respeitados os atos processuais praticados e as situações jurídicas consolidadas sob a vigência da norma revogada.
(E) retroage porque a norma processual é de natureza cogente.

A: incorreta, considerando art. 1.047 do NCPC; **B:** incorreta, tendo em vista *vacatio legis* de 1 ano (NCPC, art. 1.045); **C:** incorreta. De fato houve a extinção do rito sumário no NCPC. Porém, as causas ajuizadas sob este procedimento seguirão reguladas pelo NCPC até a prolação da sentença (NCPC, art. 1.046, § 1º); **D:** correta. De acordo com os arts. 14 e 1.046 do NCPC, adotou-se a *teoria do isolamento dos atos processuais*. Ou seja, o ato praticado segundo a lei anteriormente vigente configura direito processualmente adquirido; e, em relação aos atos que vierem a ser praticados na vigência da lei nova, haverá obediência aos preceitos do NCPC; **E:** incorreta, considerando o exposto em D.
Gabarito "D".

(Defensor Público – DPE/ES – 2016 – FCC) Considere as seguintes situações abaixo:
I. Cumulação de pedidos, um deles restando incontroverso.
II. Abuso do direito de defesa.
III. Concessão de antecipação de tutela antecedente de urgência.
IV. Ação de consignação em pagamento proposta contra dois supostos credores, por não saber a quem se deve pagar.
É correto afirmar que

(A) a primeira trata de hipótese que permite a prolação de sentença parcial de mérito, em julgamento que pode produzir coisa julgada; a segunda, de tutela da evidência, que não faz coisa julgada; a terceira pode se tornar estável caso a outra parte não apresente recurso; a quarta, se trata de litisconsórcio passivo sucessivo.
(B) as três primeiras tratam de hipóteses que permitem a tutela provisória da urgência, que não faz coisa julgada, mas pode estabilizar os seus efeitos; a quarta, se trata de litisconsórcio passivo alternativo.
(C) as duas primeiras tratam de hipóteses que permitem a prolação de sentença parcial de mérito, em julgamento que pode produzir coisa julgada; a terceira pode se tornar estável caso a outra parte não apresente recurso; a quarta, se trata de litisconsórcio passivo alternativo.
(D) a primeira trata de hipótese que permite a prolação de sentença parcial de mérito, em julgamento que pode produzir coisa julgada; a segunda, de hipótese que permite a concessão de tutela da evidência, que não faz coisa julgada e nem se estabiliza; a terceira pode se tornar estável caso a outra parte não apresente recurso; a quarta, se trata de litisconsórcio passivo alternativo.
(E) as duas primeiras tratam de hipóteses que permitem a tutela provisória da urgência, que não faz coisa julgada; a terceira pode estabilizar os seus efeitos caso a parte não apresente recurso; a quarta, se trata de litisconsórcio eventual.

A: incorreto. A primeira assertiva é correta (NCPC, art. 356, I), sendo que, com o trânsito em julgado, haverá coisa julgada por ser decisão de mérito (NCPC, art. 502). A segunda assertiva também é correta, porque o abuso do direito de defesa pode culminar na concessão de tutela de evidência (NCPC, art. 311, I) e, além disso, o eventual deferimento não faz coisa julgada, porque, se tratando de espécie de tutela provisória, poderá ser revogada ou modificada a qualquer tempo (NCPC, art. 296). A terceira assertiva é correta, pois a "tutela antecipada antecedente" pode ser estabilizada na falta de recurso do réu (NCPC, art. 304). A quarta assertiva está equivocada, porque, no caso, a lei prevê a citação de todos os possíveis titulares (NCPC, art. 547) e o conceito se enquadra ao instituto do litisconsórcio passivo alternativo, pelo qual o autor, estando em dúvida sobre a identificação do sujeito legitimado passivamente, tem a faculdade de incluir dois ou mais réus na demanda, de modo que a sentença seja endereçada a um deles, a depender da convicção do juiz. **B**: incorreto, conforme justificativas apresentadas na alternativa "A". **C**: incorreto, conforme justificativas apresentadas na alternativa "A". **D**: correto, conforme justificativas apresentadas na alternativa "A". **E**: incorreto, conforme justificativas apresentadas na alternativa "A". LD

Gabarito "D".

(Defensor Público – DPE/RN – 2016 – CESPE) No tocante a competência, atos processuais, petição inicial, revelia e resposta do réu, assinale a opção correta conforme o entendimento do STJ.

(A) A contagem dos prazos para a interposição de recursos pela DP começa a fluir da data da ciência do defensor no processo.
(B) O prazo destinado para o autor emendar ou completar a petição inicial é peremptório, não podendo ser reduzido ou ampliado por convenção das partes ou por determinação do juiz.
(C) O prazo remanescente para contestar, suspenso com o recebimento da exceção de incompetência, volta a fluir a partir da decisão que acolhe a exceção.
(D) No rito sumário, a não apresentação de contestação na audiência de conciliação, quando presidida por conciliador auxiliar, implica revelia do réu.
(E) O foro competente para processar e julgar ação declaratória de nulidade de escritura pública de cessão e transferência de direitos possessórios é o do domicílio do réu.

A: incorreto, pois a contagem do prazo se iniciará com a intimação pessoal através da entrega dos autos na sede da Instituição (NCPC, art. 186, § 1º). **B**: incorreto, pois esse prazo é dilatório, ou seja, pode ser reduzido ou ampliado por convenção das partes ou por determinação do juiz (Informativo/STJ 494). Assim, cabe NJP para alterar esse prazo (art. 190, NCPC). **C**: incorreto (vide Informativo/STJ 443). * **Atenção**: não há, no NCPC, exceção de incompetência, pois a incompetência relativa passa a ser alegada em preliminar de contestação (art. 64 e 337, II). **D**: incorreto (vide Informativo/STJ 492). * **Atenção**: no NCPC o rito sumário deixa de existir. **E**: correto, art. 46 (vide Informativo/STJ 543). LD

Gabarito "E".

(Procurador do Estado/AM – 2016 – CESPE) Com relação aos procedimentos especiais e ao processo de execução no âmbito do processo civil, julgue os próximos itens.

(1) Situação hipotética: O INSS e a fazenda pública do estado do Amazonas ingressaram em juízo com ações executivas contra determinada empresa. Na fase de expropriação de bens, os exequentes indicaram à penhora o único bem imóvel penhorável pertencente à executada. Assertiva: Nesse caso, segundo interpretação do STJ, a fazenda estadual tem preferência quanto aos valores arrecadados com a venda do imóvel penhorado.
(2) É cabível, segundo o STJ, o ajuizamento de ação monitória contra a fazenda pública, com o objetivo de receber nota promissória prescrita, emitida por ente público e vencida há quatro anos.

1: incorreto, pois a preferência é do ente federal (REsp repetitivo 957.836/SP); **2**: correta. O NCPC traz a admissibilidade de ação monitória em face da Fazenda pública (art. 700, § 6º, que positiva a Súmula 339/STJ); ademais, a ação monitória é o instrumento cabível para cobrança de nota promissória prescrita, conforme se depreende do art. 700, NCPC. LD/DS

Gabarito 1E, 2C.

(Analista Jurídico – TCE/PR – 2016 – CESPE) Em razão do não pagamento de tributos e da consequente inscrição do contribuinte em dívida ativa, determinado município pretende acionar judicialmente esse contribuinte inadimplente. Nessa situação,

(A) caso venha a ser ajuizada a ação, haverá obrigatoriedade de participação do Ministério Público no processo como fiscal da ordem jurídica.
(B) proposta a ação, o réu inadimplente, quando for eventualmente citado, poderá requerer gratuidade de justiça, mas a concessão dessa gratuidade não afastará definitivamente a responsabilidade do requerente quanto a despesas processuais e honorários advocatícios no processo.
(C) o Ministério Público poderá exercer a representação judicial do município, caso esse ente federativo não possua órgão oficial próprio de representação.
(D) para receber seu crédito, o município deverá propor ação de conhecimento, com pedido condenatório, no domicílio do réu.
(E) se, proposta a ação, surgir a necessidade de nomeação de curador especial para o réu, essa função deverá ser exercida pelo Ministério Público.

A: incorreta, pois a hipótese não se encontra dentre aquelas que contam com a participação do MP, sendo que o simples fato de haver participação da Fazenda Pública não impõe, por si só, a intervenção do MP (parágrafo único do art. 178, NCPC); **B**: correta, porque a concessão de gratuidade não afasta a responsabilidade do beneficiário pelas despesas processuais e pelos honorários advocatícios decorrentes de sua sucumbência (art. 98, §§2º e 3º, NCPC); **C**: incorreta, pois a representação judicial do município incumbe à Advocacia Pública, nos termos do art. 182, NCPC; **D**: incorreta, pois o município deverá propor execução fiscal, de acordo com a Lei 6.830/1980; **E**: incorreta, pois a curadoria é encargo da Defensoria Pública (art. 72, parágrafo único, NCPC). LD/DS

Gabarito "B".

(Analista Jurídico –TCE/PA – 2016 – CESPE) Julgue os itens a seguir, referentes à tutela provisória e aos meios de impugnação das decisões judiciais conforme o novo Código de Processo Civil.

(1) Caso determinado ente da Federação interponha reclamação constitucional no STF para garantir a observância de súmula vinculante supostamente violada em decisão judicial, ao despachar a petição inicial, o relator da reclamação poderá determinar a suspensão do processo ou do ato impugnado, devendo requisitar informações da autoridade que tiver praticado o ato, além de determinar a citação do beneficiário da decisão impugnada para contestar.
(2) A denominada tutela provisória não pode ter natureza satisfativa, uma vez que essa modalidade de tutela jurisdicional se presta unicamente a assegurar a futura eficácia de tutela definitiva, resguardando direito a ser satisfeito.
(3) Se o recurso principal for conhecido, mas não for provido pelo tribunal, o recurso adesivo deverá ser considerado manifestamente prejudicado porque, conforme determinado pela legislação, se subordina ao recurso interposto de forma independente.

1: correta, nos termos do art. 989, incisos II e III, NCPC; **2**: incorreta. No NCPC, a tutela provisória é gênero, no qual existem duas espécies (tutela e urgência e tutela de evidência). A tutela provisória de urgência se subdivide em cautelar (para resguardar) e antecipada (para satisfazer – art. 300, § 3º); **3**: incorreta, pois a subordinação do recurso adesivo ao principal restringe-se à hipótese de inadmissibilidade ou desistência deste último (art. 997, §2º, III, NCPC). LD/DS

Gabarito 1C, 2E, 3E

(Procurador de Justiça – MPE/GO – 2016) Segundo o Código de Processo Civil, assinale a alternativa incorreta:

(A) a primeira lista de processos para julgamento em ordem cronológica observará a antiguidade da distribuição entre os já conclusos na data da entrada em vigor do Código de Processo Civil.
(B) as disposições de direito probatório adotadas pelo Código de Processo Civil aplicam-se apenas às provas requeridas ou determinadas de ofício a partir da data de Início de sua vigência.
(C) o incidente de desconsideração da personalidade jurídica não se aplica ao processo de competência dos juizados especiais, tendo em vista o princípio da celeridade processual.
(D) havendo mais de um intimado, o prazo para cada um é contado individualmente, ou seja, para cada parte a fluência do prazo ocorre com a juntada de seu aviso de recebimento ou de seu mandado aos autos, ainda que haja mais de um réu.

A: Correta. Conforme disposto no art. 1.046 do NCPC. **B**: Correta. As normas do NCPC com relação às provas serão aplicadas apenas às que foram requeridas ou determinadas a partir da vigência do novo Código (art. 1.047 do NCPC) **C**: Incorreta, devendo esta ser assinalada. O IRDR também se aplica aos juizados especiais (art. 1.062 do NCPC). **D**: Correta. O prazo de cada parte é contado a partir do momento da juntada de aviso de recebimento da sua citação (art. 231, §2º do NCPC). LD/C

Gabarito "C".

(Procurador de Justiça – MPE/GO – 2016) Assinale a alternativa incorreta:

(A) O Ministério Público, quando autor da ação, deverá, na petição inicial, expor todos os fatos e fundamentos jurídicos de seu pedido, demonstrando como os fatos narrados autorizam a produção do efeito jurídico pretendido, bem como formulando pedido ou pedidos, certos, determinados, claros, coerentes e com suas especificações completas.
(B) A cumulação de pedidos será lícita, desde que os pedidos sejam compatíveis entre si; seja competente para deles conhecer o mesmo juízo; seja adequado para todos os pedidos o tipo de procedimento.
(C) Encerrada a fase de saneamento do processo, não será permitido ao autor, ainda que haja concordância do réu, alterar o pedido e a causa de pedir constantes da petição inicial.
(D) Oferecida a contestação, o autor somente pode desistir do processo, com o consentimento do réu. Na desistência do recurso, a concordância da parte adversa é, de Igual forma, exigida, se já ofertadas as contrarrazões.

A: Correta, pois se trata de uma atuação esperada de qualquer autor, inclusive por força da boa-fé. **B**: Correta (NCPC, art. 327). **C**: Correta, pois há a estabilização objetiva da demanda (NCPC, art. 329, II). **D**: Incorreta, devendo esta ser assinalada. Ainda que correta quanto ao processo em 1º grau, incorreta quanto ao recurso – cabe a desistência sem anuência da parte contrária (art. 999). LD/C

Gabarito "D".

(Promotor de Justiça – MPE/MS – FAPEC – 2015) Considerando a atual jurisprudência do Superior Tribunal de Justiça, assinale a alternativa **incorreta**:

(A) Não é admissível, mesmo sendo assegurado o contraditório, prova emprestada de processo do qual não participaram as partes do processo para o qual a prova será trasladada.
(B) Quando a matéria controvertida for unicamente de direito e no juízo já houver sido proferida sentença de total improcedência em outros casos idênticos, poderá ser dispensada a citação e proferida sentença, reproduzindo-se o teor da anteriormente prolatada, desde que condicionada à dupla conformidade.
(C) A parte não pode deixar para arguir a suspeição de perito apenas após a apresentação de laudo pericial que lhe foi desfavorável.
(D) O revel, em processo cível, pode produzir provas, desde que compareça em tempo oportuno.
(E) A citação postal, quando autorizada por lei, exige o aviso de recebimento.

A: Incorreta, devendo esta ser assinalada. O artigo 372 do NCPC permite a prova emprestada, desde que haja o contraditório. **B:** Correta no CPC/1973, mas incorreta no NCPC. No NCPC, para a improcedência liminar não basta decisão do próprio juízo, mas sim decisão vinculante de tribunal (art. 332 do NCPC). **C:** Correta, por força da preclusão. Nesse sentido, ainda, já decidiu o STJ (Informativo 532), não podendo a parte manifestar-se à cerca da suspeição do perito após o laudo pericial desfavorável. **D:** Correta conforme a jurisprudência anterior e, agora, devidamente constante do Código (NCPC, art. 349). **E:** Correta (súmula 429/STJ).

Gabarito "A" no CPC/1973 e "A" e "B" no NCPC.

(Analista STF – 2013 – CESPE) No que concerne a litisconsórcio e competência, julgue os itens que se seguem.

(1) O juiz poderá limitar o litisconsórcio necessário quando o número de litigantes acarretar o comprometimento da rápida solução do litígio ou dificultar a defesa.

1: Errado. Apenas o litisconsórcio facultativo (art. 113, §§ 1º e 2º, NCPC).
Gabarito 1E

(Cartório/DF – 2014 – CESPE) No que tange as respostas do réu, a revelia e as regras de competência, assinale a alternativa correta.

(A) Caso ocorra a revelia, o autor poderá alterar o pedido formulado na petição inicial, sem necessidade de promover nova citação.
(B) Segundo entendimento do STJ, quando há duas ações conexas em juízos de competência territorial distinta, considera-se prevento aquele que despachou em primeiro lugar, entendido como despacho o pronunciamento judicial positivo que determina a citação.
(C) A competência, em razão da matéria, do valor e do território, poderá modificar-se pela conexão ou continência.
(D) O juiz poderá reconhecer de ofício qualquer das matérias denominadas de questões preliminares, elencadas no art. 301 do CPC.
(E) Na hipótese de existirem ação e reconvenção, caso o autor desista da ação, essa desistência não obsta o prosseguimento da reconvenção.

A: incorreta, porque há necessidade de nova citação para isso. Observe-se que o NCPC não traz previsão legal correspondente àquela encontrada no art. 321 do CPC/1973 (que fazia expressa menção a nova citação). Contudo, esse entendimento prevalece, considerando-se o modelo cooperativo de processo (NCPC, art. 6º), o princípio do contraditório (NCPC, art. 9º) e a vedação da chamada "decisão surpresa" (NCPC, art. 10); **B**: incorreta, pois o NCPC encerrou a suposta antinomia existente entre os arts. 106 e 219 do CPC/1973. De acordo com o novo Código, a prevenção verifica-se, em qualquer caso, com o registro ou distribuição da petição inicial (NCPC, art. 59); **C**: incorreta. A competência relativa (valor e território) é que se altera pela conexão ou continência (NCPC, art. 54); **D**: incorreta, pois não cabe conhecer de ofício a existência de cláusula arbitral (NCPC, art. 337, § 5º); **E**: correta, por expressa disposição legal (NCPC, art. 343, § 2º).
Gabarito "E".

(Analista – TRE/GO – 2015 – CESPE) Com base no que dispõe o Código de Processo Civil, julgue os itens seguintes.

(1) A procuração geral para o foro pode ser conferida por instrumento público ou particular e habilita o advogado a interpor recurso ainda que não haja em seu conteúdo referência a poderes especiais para a prática desse ato.
(2) No direito processual civil, expressa disposição legal admite que o juiz aja de ofício e determine a produção de prova, o que constitui exceção ao princípio conhecido como dispositivo.

1: Correta, nos termos do art. 105 do NCPC; **2:** Correta, nos termos do art. 370 do NCPC.
Gabarito 1C, 2C

(Analista – TRE/GO – 2015 – CESPE) Julgue os seguintes itens, relativos à resposta do réu e à teoria das provas no sistema processual civil.

(1) O juiz pode, de ofício, determinar o comparecimento pessoal das partes em qualquer fase em que se encontrar o processo, com o intuito de interrogá-las sobre questões que envolvam a causa, para seu correto deslinde e julgamento.
(2) Reconvenção é o instituto típico e exclusivo do procedimento comum ordinário e, uma vez apresentada, gera cumulação objetiva de ações. Não se admitirá a reconvenção nas chamadas ações dúplices, nas quais é lícito ao réu formular pedido contra o autor na própria contestação.

1: Correta, nos termos do art. 385 do NCPC, que prevê: "cabe à parte requerer o depoimento pessoal da outra parte, a fim de que esta seja interrogada na audiência de instrução e julgamento, **sem prejuízo do poder do juiz de ordená-lo de ofício**"; **2:** Errado. Pois é possível propor reconvenção em ação monitória (Súmula 292 do STJ) e expressão previsão no NCPC, art. 702, § 6º).
Gabarito 1C, 2E

3. LEGISLAÇÃO PROCESSUAL CIVIL EXTRAVAGANTE

Luiz Dellore e Renato Montans de Sá

1. JUIZADO ESPECIAL CÍVEL, FEDERAL E DA FAZENDA PÚBLICA

(Escrevente - TJ/SP - 2018 - VUNESP) Serão admitidos(as) a propor ação perante o Juizado Especial Cível regido pela Lei no 9.099/95:
(A) as sociedades de economia mista, por serem pessoas de direito privado.
(B) os insolventes civis, ante sua hipossuficiência devidamente comprovada.
(C) as pessoas jurídicas qualificadas como Organização da Sociedade Civil de Interesse Público.
(D) os incapazes, devidamente representados por procuração, por instrumento público.
(E) as pessoas enquadradas como microempreendedores individuais, cujo empreendedor individual tenha renunciado ao direito próprio.

A: Incorreta, porque as sociedades de economia mista não se encontram no restrito rol de pessoas jurídicas de direito privado admitidas como partes perante os Juizados Especiais Cíveis (Lei Federal n. 9.099/1995, art. 8°, § 1°); **B:** Incorreta, porque há vedação legal expressa à admissão do insolvente civil como parte perante o Juizado Especial (Lei Federal n. 9.099/1995, art. 8°); **C:** Correta, sendo esse um dos exemplos de PJ admitidas a ajuizar ação no JEC (Lei Federal n. 9.099/1995, art. 8°, § 1°, III); **D:** Incorreta, pois há vedação legal para incapaz ser parte (Lei Federal n. 9.099/1995, art. 8°); **E:** Incorreta, considerando que a lei não prevê essa condição de renúncia para ajuizamento no JEC (Lei Federal n. 9.099/1995, art. 8°, § 1°, II).
Gabarito "C".

(Escrevente - TJ/SP - 2018 - VUNESP) Diante do que prevê a Lei que regulamenta o Juizado Especial da Fazenda Pública, é correto afirmar:
(A) Os representantes judiciais dos réus presentes à audiência não poderão conciliar ou transigir.
(B) O pagamento de obrigação de pequeno valor deverá ser feito no prazo máximo de 90 dias a contar da entrega da requisição do juiz.
(C) Sendo o caso, haverá reexame necessário.
(D) Da sentença caberá apelação, não se admitindo agravo de instrumento por vedação legal.
(E) O juiz poderá, de ofício, deferir providências cautelares e antecipatórias, para evitar dano de difícil ou de incerta reparação.

A: Incorreta, porque a alternativa é exatamente o oposto à previsão da lei (Lei Federal n. 12.153/2009, art. 8°); **B:** Incorreta, considerando que o prazo máximo para pagamento nessa situação será de 60 dias (Lei Federal n. 12.153/2009, art. 13, I); **C:** Incorreta, porque as sentenças proferidas no âmbito dos Juizados Especiais da Fazenda Pública não se submetem ao reexame necessário (Lei Federal n. 12.153/2009, art. 11); **D:** Incorreta, uma vez que, no âmbito dos Juizados Especiais da Fazenda Pública, caberá recurso inominado e não apelação. No mais, seria possível a interposição de agravo de instrumento em face da decisão que conceder a tutela provisória (Lei Federal n. 12.153/2009, arts. 3° e 4°); **E:** Correta (Lei Federal n. 12.153/2009, art. 3°).
Gabarito "E".

(Magistratura/SP – 2013 – VUNESP) Acerca do Juizado Especial Cível, é correto dizer que
(A) no processo perante o Juizado Especial não se admitirá nem o litisconsórcio nem tampouco qualquer modalidade de intervenção de terceiro ou a assistência.
(B) no recurso interposto da sentença, as partes serão obrigatoriamente representadas por advogados.
(C) os bancos podem ajuizar execução contra seus devedores no Juizado Especial, desde que a cobrança não exceda o limite de 40 (quarenta salários mínimos).
(D) as pessoas físicas incapazes, desde que regularmente representadas, podem propor ação perante o Juizado Especial.

A: incorreta, pois apesar de não se admitir intervenção de terceiros, admite-se o litisconsórcio (Lei 9.099/1995, art. 10); **B:** correta (Lei 9.099/1995, art. 41, § 2°); **C:** incorreta, pois em regra pessoa jurídica não é admitida no JEC (salvo as exceções dos incisos do § 1° do art. 8° da Lei 9.099/1995); **D:** incorreta (Lei 9.099/1995, art. 8°, I).
Gabarito "B".

(Magistratura/RJ – 2013 – VUNESP) Com o objetivo de expandir a prestação jurisdicional e aperfeiçoar a legislação outrora em vigor, promulgou-se a Lei 9.099/1995, criando os "Juizados Especiais Cíveis e Criminais". A sentença proferida em processo seguindo este rito está sujeita a recurso ao próprio Juizado, sendo julgado por turma composta por 3 (três) juízes togados, em exercício no primeiro grau de jurisdição. No âmbito civil, o acórdão prolatado pela turma recursal está sujeito
(A) à reclamação ao Superior Tribunal de Justiça, desde que o acórdão contrarie jurisprudência firmada na Corte Superior, versando sobre direito material.
(B) à interposição de recurso extraordinário, dispensando-se o prequestionamento em razão da informalidade e simplicidade que regem a lei.
(C) à interposição de recurso especial, nas hipóteses constitucionalmente previstas.
(D) à oposição de embargos infringentes, para casos em que a decisão tenha sido não unânime.

A: correta. Conforme orientação firmada pelo STJ (Resolução STJ12/2009) decorrente dos EDcl em RE 571.572/BA; **B:** incorreta. O prequestionamento é necessário em qualquer situação em que for cabível o recurso extraordinário; **C:** incorreta. Não cabe recurso especial contra decisão de juizados especiais (Súmula203 do STJ), pois a Constituição Federal (art. 105, III) exige que a decisão seja oriunda de Tribunal;**D:** incorreta, pois não cabem embargos infringentes no juizado especial por ausência de tipicidade (art. 530 do CPC/1973).
Gabarito "A".

(Procurador do Município – São Paulo/SP – 2014 – VUNESP) Assinale a alternativa correta acerca do Juizado Especial da Fazenda Pública.
(A) Não podem ser ajuizadas perante o Juizado Especial da Fazenda Pública causas cujo valor supere 40 salários mínimos.
(B) Admite-se a interposição de mandado de segurança perante o Juizado Especial da Fazenda Pública, desde que respeitado o valor limite de sua competência.
(C) Todas as sentenças estão sujeitas a reexame necessário pela Turma Recursal.
(D) No foro onde estiver instalado, sua competência é absoluta.
(E) O prazo para recorrer da sentença será contado em dobro quando o recorrente for pessoa jurídica de direito público.

A: incorreta, pois o teto do JEFP é de 60 salários mínimos (Lei 12.153/2009, art. 2°); **B:** incorreta. A lei expressamente veda o MS (Lei 12.153/2009, art. 2°, § 1°, I); **C:** incorreta, porque não há reexame necessário no JEFP (L. 12.153/2009, art. 11); **D:** correta (Lei 12.153/2009, art. 2°, § 4°); **E:** incorreta, não há prazo diferenciado no JEFP (Lei 12.153/2009, art. 7°).
Gabarito "D".

(MagistraturaFederal – 1ªRegião – 2013 – CESPE) Relativamente aos juizados especiais cíveis e considerando as disposições constantes da Lei dos Juizados Especiais Cíveis e Criminais e da Lei dos Juizados Especiais Cíveis e Criminais no âmbito da Justiça Federal, assinale a opção correta.
(A) Quando o autor, na fase de conhecimento, formular pedido em valor superior ao fixado para a competência dos juizados federais, o julgador, em face de disposição expressa contida na Lei dos Juizados Especiais Cíveis e Criminais no âmbito da Justiça Federal, deverá considerar que a opção pelo juizado importa em renúncia tácita ao crédito excedente ao limite estabelecido na lei, excetuada a hipótese de conciliação.
(B) Se, ao analisar a inicial de ação distribuída para a vara do juizado especial federal, o julgador verifica que a pretensão do autor versa acerca de obrigações vincendas, ele deverá considerar, para fins de análise da competência do juizado federal, o valor de cada parcela, que não poderá exceder o montante de sessenta salários mínimos.
(C) Nas comarcas onde não houver vara do juizado especial federal, a causa poderá ser proposta no juizado especial estadual, aplicando-se a lei dos juizados especiais Cíveis e Criminais no âmbito da Justiça Federal no juízo estadual, com observância de que eventual recurso contra a sentença definitiva será apreciado pela Turma Recursal Federal.

(D) O incidente de uniformização, quando fundado em divergência entre decisões de turmas recursais de diferentes regiões, terá cabimento quando visar interpretação de lei federal relativamente a questões de direito material. Nessa hipótese, a competência para o processamento e o julgamento será da Turma Nacional de Uniformização da Jurisprudência dos Juizados Especiais Federais.

(E) Assim como ocorre na legislação referente aos juizados especiais cíveis estaduais, a Lei dos Juizados Especiais Cíveis e Criminais no âmbito da Justiça Federal veda expressamente a atuação do incapaz como parte autora nos feitos de sua competência.

A: Incorreta, pois a renúncia tácita existe expressamente no JEC (Lei 9.099/1995, art. 3º, § 3º). No âmbito do JEF, não há essa previsão legal – e a lei prevê, inclusive, o pagamento por precatório da execução que exceder os 60 salários e não for objeto de renúncia pela parte (Lei 10.259/2001, art. 17, § 4º). **B:** Incorreta, pois nesse caso, considera-se o montante de 12 vezes as prestações vincendas (Lei 10.259/2001, art. 3º, § 2º). **C:** não há previsão legal de utilização do JEC quando não houver JEF – e isso importaria em infração à competência absoluta. **D:** correta (Lei 10.259/2001, art. 14, § 2º). **E:** Incorreta, pois a Lei 10.259/2001 é omissa quanto ao incapaz e, considerando que sua competência é absoluta nas causas inferiores a 60 salários (art. 3º, § 3º), a assertiva não é correta.
"D".

(Juiz - TRF 2ª Região – 2017) Marque a opção correta:
(A) Ação objetivando rescindir sentença proferida por Juizado Especial Federal terá seu mérito apreciado por Juiz Federal de outro Juizado.
(B) Ação objetivando rescindir sentença proferida por Juizado Especial Federal terá seu mérito julgado por Turma Recursal dos Juizados.
(C) Ação objetivando rescindir sentença proferida por Juizado Especial Federal terá seu mérito apreciado pelo Tribunal Regional Federal.
(D) Ação objetivando rescindir sentença proferida por Juizado Especial Federal terá o rito da querela de nulidade e, dependendo do valor da causa, terá seu mérito apreciado ou por Juiz Federal ou por Turma Recursal.
(E) Ação objetivando rescindir sentença proferida por Juizado Especial Federal não terá seu mérito apreciado.

A questão trata de ação que busca rescindir sentença proferida nos Juizados – ou seja, ação rescisória. Mas não se admite a ação rescisória nos Juizados (Lei 9.099/95, art. 59). Assim, se por acaso alguma demanda nesse sentido for ajuizada, deverá ser extinta sem mérito, de modo que a alternativa correta é a "E".
"E".

(Juiz – TRF 3ª Região – 2016) Assinale a alternativa correta, acerca dos Juizados Especiais Federais.
(A) Podem ser partes no Juizado Especial Federal Cível, como autores, as pessoas físicas, as microempresas e as empresas de pequeno e médio porte e, como rés, a União, autarquias e fundações públicas, exclusivamente.
(B) Não haverá prazo diferenciado para a prática de qualquer ato processual pelas pessoas jurídicas de direito público.
(C) Tendo em vista a indisponibilidade do interesse público, inviável que representantes judiciais da União, autarquias e fundações públicas desistam nos processos da competência dos Juizados Especiais Federais.
(D) Há previsão legal expressa prevendo o reexame necessário em certas hipóteses, em causas submetidas ao Juizado Especial Federal.

A: incorreta, pois empresas públicas federais podem ser rés nos Juizados (Lei 10.259/2001, art. 6º, II); **B:** correta (Lei 10.259/2001, art. 9º); **C:** incorreta, pois a própria lei concede poderes para que os representantes judiciais desistam (Lei 10.259/2001, art. 10, parágrafo único); **D:** incorreta, pois a lei prevê exatamente o contrário, que *não haverá* reexame necessário no JEF (Lei 10.259/2001, art. 13).
"B".

(Juiz – TRF 4ª Região – 2016) Dadas as assertivas abaixo, assinale a alternativa correta. Acerca dos Juizados Especiais Federais:
I. Compete ao Tribunal Regional Federal decidir os conflitos de competência entre juizado especial federal e juízo federal da mesma seção judiciária.
II. Compete à turma recursal processar e julgar o mandado de segurança contra ato de juizado especial, substitutivo de recurso.
III. O princípio da reserva de plenário não se aplica no âmbito dos juizados de pequenas causas e dos juizados especiais em geral.
(A) Estão corretas apenas as assertivas I e II.
(B) Estão corretas apenas as assertivas II e III.
(C) Estão corretas todas as assertivas.
(D) Está incorreta apenas a assertiva II.
(E) Estão incorretas apenas as assertivas II e III.

I: correta, pois compete ao TRF – e não ao STJ – julgar o CC nesse caso (STF, RE 590.409, com repercussão geral); **II:** correta (Súmula 376 do STJ: "Compete a turma recursal processar e julgar o mandado de segurança contra ato de juizado especial"); **III:** correta, conforme jurisprudência do STF ("A referência, portanto, não atinge (...) juizados especiais (art. 98, I), os quais, pela configuração atribuída pelo legislador, não funcionam, na esfera recursal, sob regime de plenário ou de órgão especial. ARE 792.562 AgR, DJE de 2-4-2014).
"C".

(Defensor Público – DPE/MT – 2016 – UFMT) Considerando o Sistema dos Juizados Especiais, tendo como norte a legislação vigente, marque V para as assertivas verdadeiras e F para as falsas.
( ) No sistema do Juizado Especial da Lei 9.099/1995, os embargos de declaração interrompem o prazo para a interposição de recurso, nos termos dos artigos 50 e 83 do referido diploma legal.
( ) O Juizado Especial Cível (Lei 9.099/1995) apresenta-se como uma opção ao autor. Como regra, sua competência abarca as causas cujo valor não exceda a quarenta vezes o salário mínimo e as ações possessórias sobre bens imóveis de valor não excedente a também quarenta vezes o salário mínimo.
( ) O Juizado Especial da Fazenda Pública (Lei 12.153/2009) ostenta competência absoluta, não opcional e de curso obrigatório. Como regra é competente para processar, conciliar e julgar causas cíveis de interesse dos Estados, do Distrito Federal, dos Territórios e dos Municípios, até o valor de 60 (sessenta) salários mínimos.
( ) Não é cabível ação rescisória no sistema do Juizado Especial Cível (Lei 9.099/1995).
( ) No âmbito do Juizado Especial Cível, é possível atacar decisão proferida pela Turma Recursal por meio de reclamação dirigida ao Superior Tribunal de Justiça, o que não ocorre no âmbito do Juizado da Fazenda Pública.
Assinale a sequência correta.
(A) V, V, V, V, F
(B) F, V, V, F, V
(C) V, F, V, F, F
(D) V, V, F, V, V
(E) F, F, F, V, V

Assertiva 1: Verdadeira, pois o NCPC alterou a Lei nº 9.099/1995, que, antes, previa a mera suspensão do prazo quando da interposição de embargos declaratórios. Agora, há a *interrupção*, conforme artigos citados no enunciado; **Assertiva 2:** Verdadeira, conforme art. 3º, I e IV, da Lei 9.099/1995; **Assertiva 3:** Verdadeira, nos termos do art. 2º, "caput" e § 4º, da Lei nº 12.153/2009; **Assertiva 4:** Verdadeira, conforme art. 59 da Lei 9.099/1995; **Assertiva 5:** Falsa. Antes, com base em julgado do STF que acarretou a edição da Resolução STJ 12/2009, era possível atacar decisão proferida pela Turma Recursal por meio de reclamação dirigida ao Superior Tribunal de Justiça. Contudo, com a vigência do NCPC, o STJ editou a Resolução STJ 3/2016, pela qual a competência para processar e julgar tais reclamações passa a ser dos *tribunais de justiça*. Por sua vez, no âmbito do Juizado da Fazenda Pública, a Lei 12.153/2009 prevê o *incidente de uniformização* (arts. 18 e 19), de modo que descabe a reclamação. O mesmo se diga em relação ao JEF. Assim, só se fala em reclamação, e para o TJ, no âmbito do JEC.
"A".

2. AÇÃO CIVIL PÚBLICA, AÇÃO POPULAR E AÇÃO DE IMPROBIDADE

(Magistratura/PA – 2012 – CESPE) Acerca da ação civil pública, assinale a opção correta.
(A) O MP não pode propor esse tipo de ação para a defesa de direitos individuais homogêneos porque estes são de exclusivo interesse de seus titulares.
(B) Entidades da administração pública podem ajuizar esse tipo de ação, desde que possuam personalidade jurídica.
(C) É requisito indispensável para a legitimação de associações à propositura de ação a constituição da entidade há pelo menos um ano.
(D) O fato de determinada situação legitimar o MP e a Defensoria Pública para a propositura de ação justifica o entendimento favorável à possibilidade de haver entre os dois entes apenas um litisconsórcio facultativo.
(E) A Defensoria Pública detém legitimidade para propor a ação em qualquer situação que, em tese, justifique o seu ajuizamento, mesmo que não repercuta em interesse dos necessitados.

A: incorreta, porque a jurisprudência tem reconhecido que o MP tem legitimidade para propor ação civil pública em defesa de interesse individual homogêneo (STJ-RDA 207/282); **B:** incorreta, porque não se exige que tenham as entidades em questão personalidade jurídica (art. 82, III, CDC); **C:** incorreta, porque já se decidiu que "a associação não constituída regularmente é parte legítima para mover ação civil pública (RT 753/245); **D:** correta, porque não se pode falar em litisconsórcio necessário no polo ativo da ação civil pública; **E:** incorreta, porque, "a Defensoria Pública possui legitimidade ativa para ajuizar ação civil pública na defesa de interesses transindividuais de hipossuficientes" (REsp. 1275620/RS, Rel. Ministra ELIANA CALMON, 2ª T., j. 16/10/2012, DJe 22/10/2012).
"D".

(Procurador do Município/São José dos Campos-SP – 2012 – VUNESP) Cidadão ingressou com ação popular no domicílio em que é residente e eleitor. Ocorre que os fatos a serem apurados na ação aconteceram em outro município. Diante desse fato, assinale a alternativa correta.

(A) O autor não é parte legítima para a causa, uma vez que somente poderia indagar sobre fatos onde possui o domicílio eleitoral.
(B) O autor não é parte legítima para a causa, pois somente poderá contestar os fatos ocorridos no local em que é domiciliado.
(C) O autor não é parte legítima para a causa, porque deveria ser domiciliado e eleitor na municipalidade onde ocorreram os fatos.
(D) O autor é parte legítima para propor a demanda, porque qualquer pessoa tem legitimidade para propor essa ação.
(E) O autor é parte legítima para propor a demanda, porque basta ser eleitor para ter legitimidade para propor essa ação.

A legislação não restringe a legitimidade ao domicílio, por isso não pode o intérprete fazê-lo, nos termos da Lei 4.717/1965, art. 1º.
Gabarito "E".

(Procurador do Estado/MG – FUMARC – 2012) Assinale a alternativa que NÃO completa corretamente a frase:
"Em ação civil pública, o pedido de suspensão de liminar formulado pela pessoa jurídica de direito público diretamente ao presidente do tribunal competente objetiva evitar grave lesão _____."

(A) à ordem pública
(B) à saúde pública
(C) à segurança pública
(D) à economia pública
(E) ao devido processo legal

A a D: Todas estas estão corretas, pois contam do art. 12, § 1º da L. 7.347/1985, que trata da suspensão de liminar ou suspensão de segurança (medida que tem por objetivo suspender – perante o próprio presidente do Tribunal, seja intermediário ou Superior, medida liminar deferida que cause problemas para entidade pública). **E:** incorreta.
Gabarito "E".

(Advogado – Petrobrás – 2012 – CESGRANRIO) A empresa WW & W Ltda. é surpreendida por notificação do Ministério Público informando a instauração de procedimento prévio a inquérito civil para apurar eventuais infrações a leis ambientais. Como a empresa não havia cometido qualquer infração, o seu assessor jurídico sugeriu que a mesma se mantivesse silente. Após dois anos de trâmite, o referido procedimento veio a ser arquivado. Posteriormente, atendendo à representação popular, o Ministério Público inclui a empresa WW & W Ltda. em ação civil pública para composição de danos ambientais, que fora objeto do procedimento arquivado, sendo a mesma citada.
Nesse caso, a Lei de Ação Civil Pública permite a(o):

(A) preexistência de inquérito civil, que é condição específica da ação civil pública.
(B) ausência de inquérito civil precedendo ação civil pública, que não acarreta vícios à mesma.
(C) presidência do inquérito civil por qualquer uma das pessoas legitimadas para a ação civil pública.
(D) inquérito civil, que é peça essencial e obrigatória para a propositura de ação civil pública.
(E) arquivamento de procedimento prévio ao inquérito civil, que acarreta coisa julgada administrativa.

A e D: incorretos. A ação civil pública pode ser ajuizada independentemente de ter havido ou não prévio inquérito civil. Nesse sentido: Processual Civil. Ação Civil Pública. Ministério Público. Desnecessidade de Prévio Inquérito Civil. Honorários Advocatícios Indevidos. Lei nº 7.347/1985 (arts. 8º, 9º e 17). Súmula 7/STJ. 1. Compete ao Ministério Público facultativamente promover, ou não, o inquérito civil (§ 1º, art. 8º, Lei 7.347/1985), procedimento administrativo de caráter pré-processual, com atos e procedimentos extrajudiciais. Não é, pois, cogente ou impositivo, dependendo a sua necessidade, ou não, das provas ou quaisquer elementos informativos precedentemente coligidos. Existindo prévia demonstração hábil para o exercício responsável da Ação Civil Pública, o alvitre do seu ajuizamento, ou não, é do Ministério Público, uma vez que o inquérito não é imprescindível, nem condição de procedibilidade. A decisão sobre a dispensa, ou não, está reservada ao Ministério Público, por óbvio, interditada a possibilidade de lide temerária ou com o sinete da má-fé. [...] (REsp 152447/MG, Rel. Ministro MILTON LUIZ PEREIRA, PRIMEIRA TURMA, julgado em 28/08/2001, DJ 25/02/2002, p. 203); **B:** correto. O Ministério Público poderá ajuizar ação civil pública, ainda quando não tenha havido a prévia instauração de inquérito civil; **C:** incorreto. Cabe apenas ao *Parquet* a instauração de inquérito civil (art. 8º, §1º, da Lei 7.347/1985); **E:** incorreto. Nada obstante o arquivamento do procedimento informativo, o MP poderá ajuizar ação civil pública, desde que escudado em novas provas, não havendo cogitar-se, nesse particular, de preclusão ou de coisa julgada. O arquivamento do inquérito civil, consoante o magistério de Hugo Nigro Mazzilli: ""[...] não é ato judicial nem muito menos jurisdicional e sim meramente administrativo; obviamente não gera preclusão e muito menos faz coisa julgada. Pode a administração rever espontaneamente seus atos, quando eivados de vícios e ilegalidades; pode ainda revê-los ou até revogá-los, por motivos de conveniência e oportunidade: é o que se assentou na Súmula 473 do Supremo Tribunal Federal. A lei não institui direito, em favor de pessoa alguma, no sentido de ser mantido o arquivamento de um inquérito civil; ao contrário do inquérito policial, a lei federal que disciplina o inquérito civil não exige que sua reabertura só se dê quando surjam novas provas, e, o que é principal, a própria reabertura do inquérito civil não é condição para apreciação judicial da pretensão de que venha a ser exercitada em juízo por nenhum dos colegitimados ativos da ação civil pública" (MAZZILLI, Hugo Nigro. **O Inquérito Civil**. 2. Edição. São Paulo: Saraiva, 2000, p. 328-329).
Gabarito "B".

(Procurador Distrital – 2014 – CESPE) Julgue o seguinte item.

(1) O DF possui legitimidade ativa para realizar compromisso de ajustamento de conduta com aquele que causar lesão a interesse coletivo. Uma vez celebrado, tal compromisso terá eficácia de título executivo extrajudicial.

1: Correta. Pela Lei 7.347/1985, art. 5º, § 6º, "Os órgãos públicos legitimados poderão tomar dos interessados compromisso de ajustamento de sua conduta às exigências legais, mediante cominações, que terá eficácia de título executivo extrajudicial". Sendo assim, como também há legitimidade ativa para a ACP da "União, os Estados, o Distrito Federal e os Municípios", cabe ao DF a celebração de TAC (Termo de Ajustamento de Conduta).
Gabarito 1C.

(Procurador do Estado/BA – 2014 – CESPE) Julgue o seguinte item.

(1) A ausência de citação do município supostamente lesado para integrar ação de improbidade administrativa ajuizada pelo Ministério Público (MP) não gera nulidade, visto que a integração do referido ente federado na relação processual é opcional.

1. Correta. Tratando-se de ação popular ou ação de improbidade, há uma regra curiosa envolvendo o entepúblico: possibilidade de não contestar ou figurar no processo ao lado do autor (Lei 4.717/1965, art. 6º, § 3º: "A pessoa jurídica de direito público ou de direito privado, cujo ato seja objeto de impugnação, poderá abster-se de contestar o pedido, ou poderá atuar ao lado do autor, desde que isso se afigure útil ao interesse público, a juízo do respectivo representante legal ou dirigente." Essa regra é aplicável à ação de improbidade considerando o previsto no art. 17, § 3º da Lei 8.429/1992. Sendo assim, o ente público não é litisconsorte passivo necessário (terminologia que seria mais adequada do que a utilizada no enunciado: "ausência de citação" – expressão que poderia levar à conclusão de nulidade do processo).
Gabarito 1C.

(Cartório/DF – 2014 – CESPE) No que se refere as ações constitucionais, assinale a opção correta.

(A) De acordo com a jurisprudência do STF, a entidade de classe tem legitimidade ativa para impetrar mandado de segurança, mesmo que apenas parte da categoria tenha interesse no objeto da demanda.
(B) No rito da ACP, se o MP não intervier como parte, atuará facultativamente como fiscal da lei.
(C) Segundo entendimento sumulado do STJ, em mandado de segurança, são incabíveis os embargos infringentes, mas os honorários advocatícios serão devidos pela parte sucumbente.
(D) As coisas julgadas formadas na ACP e na ação popular tem as mesmas abrangências, com eficácias oponíveis contra todos *erga-omnes*, nos limites da competência territorial dos respectivos órgãos prolatores, exceto nos casos de julgamento de improcedência por insuficiência de provas.

A: correta (Súmula 630/STF: "A entidade de classe tem legitimação para o mandado de segurança ainda quando a pretensão veiculada interesse apenas a uma parte da respectiva categoria."); **B:** incorreta, pois se MP não for autor, será obrigatoriamente fiscal da lei (Lei 7.347/1985, art. 5º, § 1º) – fiscal da ordem jurídica, na nomenclatura do NCPC (art. 178); **C:** incorreta. Descabem ambos (Súmula 169/STJ: "São inadmissíveis embargos infringentes no processo de mandado de segurança."e Súmula 105/STJ: "Na ação de mandado de segurança não se admite condenação em honorários advocatícios." – vale destacar que esses dois temas foram positivados na Lei 12.016/2009, art. 25; Além disso, no NCPC deixa de existir o recurso de embargos infringentes (NCPC, art. 942 trata da técnica de julgamento no caso de voto vencido)**D:** incorreta. Somente a coisa julgada na ação civil pública tem a limitação territorial (Lei 7.347/1985, art. 16);
Gabarito "A".

(Cartório/ES – 2013 – CESPE) A respeito de aspectos processuais da ação civil pública, assinale a opção correta.

(A) O STF tem competência originária para processar e julgar ações civis públicas em cujo polo passivo figurem autoridades com idêntica prerrogativa de foro em casos de crimes comuns.
(B) A ação civil pública poderá ter por objeto a condenação com pagamento de dinheiro ou o cumprimento de obrigação de fazer ou não fazer, sendo inviável cumular os pedidos condenatório e cominatório na mesma ação.
(C) A abertura de inquérito civil pelo MP é condição preliminar ao ajuizamento da ação civil pública.
(D) O pedido de suspensão da execução da liminar em ação civil pública independe da prévia interposição de agravo e só pode ser formulado pelo MP ou pela pessoa jurídica de direito público interessada.
(E) A competência da justiça federal é absoluta, razão pela qual não se admite a prorrogação de processo de ação civil pública, por

continência, para abranger ação civil pública em que ente federal não seja parte.

A: incorreta. A ACP não se presta ao julgamento de crime; **B:** incorreta, não há qualquer objeção legal à cumulação de pedidos na ACP, aplicando-se o CPC de forma subsidiária, nesse ponto (NCPC, art. 327); **C:** incorreta, pois o inquérito civil não é obrigatório para o ajuizamento de ACP (Lei 7.347/1985, art. 8º, § 1º, que fala em "poderá instaurar"); **D:** correta, a "suspensão de liminar", requerida diretamente no tribunal, não depende de agravo ou outro recurso (Lei 8.437/1992, art. 4º, § 6º); **E:** incorreta para a banca. Contudo, há julgado do STJ em sentido inverso a essa afirmação ("A competência da Justiça Federal, fixada no artigo 109 da Constituição, é absoluta, razão pela qual não se admite sua prorrogação, por conexão, para abranger causa em que ente federal não seja parte na condição de autor, réu, assistente ou oponente.", CC 53.435/RJ, *DJ* 29.06.2007), de modo que a questão deveria ter sido anulada – porém, a banca a manteve.

Gabarito "D".

(Cartório/PI – 2013 – CESPE) Assinale a opção correta no que se refere ao mandado de segurança, à ação popular e à ação civil pública.

(A) Em ação popular, caberá ao MP assumir a defesa dos autores dos atos impugnados.
(B) A inércia da associação autora em promover a execução do julgado em ação civil pública obrigará o cidadão a requerê-la, se decorrido o prazo de sessenta dias do trânsito em julgado da sentença condenatória.
(C) Reconhecida a continência, as ações civis públicas propostas na justiça estadual e na justiça federal deverão ser reunidas nesta.
(D) É admissível a ação de mandado de segurança coletivo para proteger direito líquido e certo, caso haja outra ação específica para impugnar a decisão jurisdicional.
(E) O STJ tem competência originária para julgar ação de mandado de segurança contra ato ou decisão do plenário do TCU.

A: incorreta, pois isso é expressamente vedado pela lei (Lei 4.717/1965, art. 6º, § 4º); **B:** incorreta, porque não há qualquer obrigação de o beneficiário requerer a execução (a previsão é para ajuizamento pelo MP – Lei 7.347/1985, art. 15); **C:** correta, pois a competência da JF atrai as causas, especialmente considerando que ente federal não pode ser julgado na Estadual; mas não há a vedação em sentido inverso, no caso de reunião de causas (CF, art. 109, I); **D:** incorreta, pois descabe MS se há meio específico para impugnar determinada decisão judicial (Lei 12.016/2009, art. 5º, II); **E:** incorreta. A competência do STF para processar e julgar, originariamente, o mandado de segurança contra ato do Tribunal de Contas da União decorre de expressa previsão no art. 102, I, 'd', da CF.

Gabarito "C".

(Analista – TRT/1ª – 2012 – FCC) A respeito da ação civil pública, considere:

I. As associações legitimadas não podem ajuizar a ação civil pública se o fato foi objeto de inquérito civil arquivado pelo Ministério Público.
II. A multa diária cominada liminarmente pelo juiz na ação que tenha por objeto o cumprimento de obrigação de fazer ou não fazer será exigível do réu após o trânsito em julgado da decisão favorável ao autor, mas será devida desde o dia em que se houver configurado o descumprimento.
III. O Ministério Público, se não intervier no processo como parte, atuará obrigatoriamente como litisconsorte da parte autora.

Está correto o que se afirma APENAS em
(A) I e II.
(B) I e III.
(C) II.
(D) II e III.
(E) III.

I: incorreto, pois as associações tem legitimidade mesmo com o pedido de arquivamento do Ministério Público (art. 5º Lei 7.347/1985). Contudo, apesar de ter assinalado como incorreta, não é o que diz a lei e a doutrina. O artigo 9º da Lei de ACP estabelece que o Ministério Público poderá promover o arquivamento em caso da inexistência de fundamento para a propositura da ação. Contudo, os autos deverão ser enviados após ao Conselho Superior do Ministério Público. E até que ocorra a seção com o arquivamento do feito pelo Conselho, poderão as associações legitimadas apresentar razões escritas ou documentos para se manifestar sobre o arquivamento. A lei não confere essa legitimidade às associações. **II:** correto, conforme artigo 12, § 2º da Lei 7.347/1985. **III:** incorreto, pois se não intervier como parte atuará como fiscal da lei (afinal, litisconsorte, também é parte) (art. 5º, § 1º, Lei 7.347/85).

Gabarito "C".

(Analista – TRE/CE – 2012 – FCC) No tocante a Ação Civil Pública considere:

I. O Ministério Público poderá instaurar, sob sua presidência, inquérito civil, ou requisitar, de qualquer organismo público ou particular, certidões, informações, exames ou perícias, no prazo que assinalar, o qual não poderá ser inferior a 10 dias úteis.
II. Os autos do inquérito civil ou das peças de informação arquivadas serão remetidos, sob pena de se incorrer em falta grave, no prazo de 15 dias, ao Conselho Superior do Ministério Público.

III. A promoção de arquivamento dos autos do inquérito civil será submetida a exame e deliberação do Colégio dos Procuradores de Justiça, conforme dispuser o seu Regimento.
IV. Em regra, constitui crime, punido com pena de reclusão de 1 a 3 anos, mais multa, a recusa, o retardamento ou a omissão de dados técnicos indispensáveis à propositura da ação civil, quando requisitados pelo Ministério Público.

Está correto o que se afirma APENAS em
(A) I, II e IV.
(B) I e IV.
(C) I, II e III.
(D) III e IV.
(E) I e II.

I: correto (art. 8.º, § 1.º, da Lei 7.347/1985); **II:** incorreto. O prazo é de três dias (art. 9.º, § 1.º, da Lei 7.347/1985); **III:** incorreto. O órgão incumbido de examinar e deliberar sobre a promoção de arquivamento é o Conselho Superior do Ministério Público (art. 9.º, § 3.º, da Lei 7.347/1985); **IV:** correto (art. 10 da Lei 7.347/1985).

Gabarito "B".

(Defensor Público – DPE/RN – 2016 – CESPE) No que se refere ao termo de ajustamento de conduta, à medida liminar e à sentença em ações coletivas, assinale a opção correta à luz da jurisprudência do STJ.

(A) Mesmo com a previsão de multa diária no termo de ajustamento de conduta para o caso de descumprimento de ajuste, o juiz estará autorizado a aumentar o valor pactuado, quando, no caso concreto, esse valor mostrar-se insuficiente para surtir o efeito esperado.
(B) O termo de ajustamento de conduta é título executivo extrajudicial, mas somente poderá embasar a execução quando for assinado por duas testemunhas.
(C) A superveniência de acórdão que julgue improcedente pedido veiculado em ACP implica a revogação da medida antecipatória conferida pelo juiz de primeiro grau, desde que haja manifestação judicial expressa a esse respeito.
(D) A realização de termo de ajustamento de conduta na esfera extrajudicial impede a propositura de demanda coletiva a respeito do objeto transigido.
(E) Em ACP, a ausência de publicação do edital destinado a possibilitar a intervenção de interessados como litisconsortes não impede, por si só, a produção de efeitos *erga omnes* de sentença de procedência relativa a direitos individuais homogêneos.

A: incorreto. Caso o valor da multa esteja previsto no título, o juiz pode reduzi-lo se entender que é excessivo, mas não está autorizado a aumentá-lo. É a posição do STJ: "quando o título contém valor predeterminado da multa cominatória, o CPC estabelece que ao juiz somente cabe a redução do valor, caso a considere excessiva, não lhe sendo permitido aumentar a multa estipulada expressamente no título extrajudicial" (REsp 859.857/PR, DJe 19.5.2010). Esse entendimento pode ser extraído do art. 814, parágrafo único, do NCPC. **B:** incorreto, o TAC é título executivo extrajudicial, mas não há exigência legal quanto à assinatura de duas testemunhas (NCPC, art. 784, IV). **C:** incorreto. Nesse caso, a revogação é implícita, não sendo necessário que haja manifestação expressa. Nesse sentido: AgRg no AREsp 650161 / ES, j. 12.05.2015. **D:** incorreto. O que se poderia cogitar é de falta de interesse de agir nessa hipótese. Porém, o enunciado nada diz a respeito de qual seria o caso. Assim, por exemplo, poderia se cogitar de interesse de agir se o objeto da ACP for mais amplo do que o pactuado no ajustamento de conduta, ou com consequências distintas. **E:** correto, conforme a jurisprudência do STJ (Informativo STJ 536).

Gabarito "E".

(Promotor de Justiça – MPE/AM – FMP – 2015) Considere as seguintes assertivas sobre a disciplina da ação civil pública, nos termos da Lei 7.347/1985, com as modificações posteriores:

I. Em caso de desistência fundamentada da ação civil pública por associação legitimada, o Ministério Público ou outro legitimado assumirá a titularidade ativa.
II. Admite-se o litisconsórcio facultativo entre os Ministérios Públicos da União, do Distrito Federal e dos Estados na defesa dos interesses e direitos tutelados pela via da ação civil pública.
III. Decorridos sessenta dias do trânsito em julgado da sentença condenatória proferida nos autos de ação civil pública, sem que a associação autora lhe promova a execução, deverá fazê-lo o Ministério Público, sendo facultada igual iniciativa aos demais legitimados.
IV. Os recursos interpostos em ação civil pública devem ser recebidos apenas no efeito devolutivo, não sendo possível ao juiz conferir efeito suspensivo.

Quais das assertivas acima estão corretas?
(A) Apenas a I e II.
(B) Apenas a II e IV.
(C) Apenas a II e III.
(D) Apenas a III e IV.
(E) Apenas a I, III e IV.

I: Incorreta. O MP ou outro legitimado somente assumirá a titularidade ativa da ação civil pública em caso de desistência infundada (art.5, § 3º da Lei 7.347/1985). II: Correta. Há permissão legal para litisconsórcio entre os MPs (art. 5º, § 5º da Lei 7.347/1985). III: Correta. Tanto o MP quando os demais legitimados poderão promover a execução da sentença proferida nos autos da ação civil pública após 60 dias de seu trânsito em julgado, caso a associação não o faça (art. 15 da Lei 7.347/1985). IV: Incorreta. Ainda que a regra seja a apelação apenas no efeito devolutivo, a legislação permite a concessão de efeito suspensivo aos recursos para evitar dano irreparável à parte (art. 14 da Lei 7.347/1985). LD/C

Gabarito "C".

(Promotor de Justiça – MPE/AM – FMP – 2015) Considere as seguintes assertivas sobre o tema da defesa do consumidor em juízo, nos termos da Lei 8.078/1990, com as modificações posteriores:

I. Por interesses ou direitos difusos entendem-se os transindividuais, de natureza indivisível, de que sejam titulares pessoas indeterminadas e ligadas por circunstâncias de fato.
II. Na ação que tenha por objeto o cumprimento da obrigação de fazer ou não fazer, o juiz concederá a tutela específica da obrigação ou determinará providências que assegurem o resultado prático equivalente ao do adimplemento.
III. Nas ações coletivas para a defesa de interesses individuais homogêneos, ressalvada a competência da Justiça Federal, é competente para a causa a justiça local, no foro do lugar onde ocorreu ou deva ocorrer o dano, quando de âmbito regional.
IV. Proposta a ação coletiva para a defesa de interesses individuais homogêneos, será publicado edital no órgão oficial, a fim de que os interessados possam intervir no processo como litisconsortes, sem prejuízo de ampla divulgação pelos meios de comunicação social por parte dos órgãos de defesa do consumidor.

Quais das assertivas acima estão corretas?
(A) Apenas a I e II.
(B) Apenas a I, II e III.
(C) Apenas a II, III e IV.
(D) Apenas a I, II e IV.
(E) Apenas a I, III e IV.

I: Correta. O artigo 81, p.u., I do CDC define os interesses ou direitos difusos como aqueles transindividuais de natureza indivisível. II: Correta. Tal qual no Código de Processo, há previsão de tutela específica no CDC (art. 84 do CDC). III: Incorreta. A justiça local é competente para julgamento quando o dano ocorrido seja local (art. 93, I do CDC). IV: Correta. Será publicado edital permitindo que os interessados possam intervir no processo (art. 94 do CDC). LD/C

Gabarito "D".

(Promotor de Justiça – MPE/AM – FMP – 2015) Considere as seguintes assertivas sobre a atuação extrajudicial do Ministério Público, nos termos da Lei 7.347/1985, com as modificações posteriores:

I. O Ministério Público poderá requisitar, de qualquer organismo público ou particular, certidões, informações, exames ou perícias, no prazo que assinalar, o qual não poderá ser inferior a 10 (dez) dias úteis.
II. Os autos do inquérito civil arquivado serão remetidos, sob pena de se incorrer em falta grave, no prazo de 10 (dez) dias, ao Conselho Superior do Ministério Público.
III. Antes da sessão do Conselho Superior do Ministério Público que homologue ou rejeite a promoção de arquivamento, é vedado às associações legitimadas apresentar razões escritas ou documentos para inclusão nos autos do inquérito civil.
IV. Se o Conselho Superior do Ministério Público deixar de homologar a promoção de arquivamento, o Conselho Superior designará, desde logo, outro órgão do Ministério Público para o ajuizamento da ação civil pública.

Quais das assertivas acima estão corretas?
(A) Apenas a I e II.
(B) Apenas a II e III.
(C) Apenas a I e III.
(D) Apenas a II e IV.
(E) Apenas a I e IV.

I: Correta. Para instruir a inicial o MP poderá instaurar inquérito civil ou requisitar os documentos que necessita (Art. 8º, § 1º, da Lei 7.347/1985). II: Incorreta. O prazo para remessa dos autos do inquérito civil é de 3 dias (art. 9º, § 1º, da Lei 7.347/1985). III: Incorreta. As associações terão até a sessão do Conselho Superior do Ministério Público para apresentar razões escritas ou documentos para juntada nos autos do inquérito civil (art. 9º da Lei 7.347/1985). IV: Correta. O artigo 9º, § 4º da Lei 7.347/1985 estabelece a designação de outro órgão do MP para o ajuizamento da ação civil pública caso não haja homologação do arquivamento. LD/C

Gabarito "E".

(Procurador do Estado/AM – 2016 – CESPE) Julgue os itens subsequentes, relativos a ação civil pública, mandado de segurança e ação de improbidade administrativa.

(1) Conforme o entendimento do STJ, é cabível mandado de segurança para convalidar a compensação tributária realizada, por conta própria, por um contribuinte.
(2) Caso receba provas contundentes da prática de ato de improbidade por agente público, o MP poderá requerer tutela provisória de natureza cautelar determinando o sequestro dos bens do referido agente.
(3) Situação hipotética: O estado do Amazonas, por intermédio de sua procuradoria, ajuizou ação civil pública na justiça estadual do Amazonas, com o objetivo de prevenir danos ao meio ambiente. Paralelamente, o MPF ingressou com ação idêntica na justiça federal, seção judiciária do Amazonas. Assertiva: Nesse caso, as respectivas ações deverão ser reunidas na justiça federal da seção judiciária do Amazonas.

1: incorreta, pois o expediente é incabível, conforme Súmula 460, STJ: "*É incabível o mandado de segurança para convalidar a compensação tributária realizada pelo contribuinte.*"; **2:** correta, conforme previsão no art. 301, NCPC. Ademais, a medida encontra respaldo legal no art. 16 da Lei 8.429/1992; **3:** correta (art. 45 do NCPC e Súmula 150/STJ: "*Compete à Justiça Federal decidir sobre a existência de interesse jurídico que justifique a presença, no processo, da União, suas autarquias ou empresas públicas*").

Gabarito 1E, 2C, 3C.

3. MANDADO DE SEGURANÇA E *HABEAS DATA*

(Delegado - PC/BA - 2018 - VUNESP) A Lei no 9.507, de 12 de novembro de 1997, disciplina o rito processual do habeas data, nos seguintes termos:
(A) o seu pedido não poderá ser renovado, em caso de decisão denegatória.
(B) o seu processo terá prioridade sobre todos os atos judiciais, exceto mandado de segurança e injunção.
(C) o impetrante fará jus à gratuidade de Justiça, tendo ou não recursos financeiros para arcar com as custas e as despesas processuais.
(D) ao despachar a inicial, se o juiz verificar que não é caso de habeas data, intimará o impetrante para que adite o seu pedido, convertendo-o em mandado de segurança.
(E) quando for hipótese de sentença concessiva, o recurso de apelação interposto terá efeito devolutivo e suspensivo.

A: Incorreta, tendo em vista que o pedido poderá ser renovado, na hipótese da decisão denegatória não ter apreciado o mérito da demanda (Lei Federal n. 9.507/1997, art. 18); **B:** Incorreta, porque as exceções à prioridade do habeas data são: *habeas corpus* e mandado de segurança (Lei Federal n. 9.507/1997, art. 19); **C:** Correta, pois a lei prevê que o procedimento do *habeas data* será gratuito (Lei Federal n. 9.507/1997, art. 21); **D:** Incorreta, uma vez que, na situação narrada, a petição inicial seria desde logo indeferida (Lei Federal n. 9.507/1997, art. 10); **E:** Incorreta, porque o recurso de apelação interposto em face de sentença concessiva será recebido apenas no efeito devolutivo (Lei Federal n. 9.507/1997, art. 15, parágrafo único).

Gabarito "C".

(Delegado - PC/BA - 2018 - VUNESP) Conceder-se-á mandado de segurança para proteger direito líquido e certo, não amparado por habeas corpus ou habeas data, sempre que, ilegalmente ou com abuso de poder, qualquer pessoa física ou jurídica sofrer violação ou houver justo receio de sofrê-la por parte de autoridade, seja de que categoria for e sejam quais forem as funções que exerça. No que concerne ao procedimento do mandado de segurança individual, assinale a afirmativa correta.
(A) Concedida a segurança, a sentença estará sujeita obrigatoriamente ao duplo grau de jurisdição.
(B) É cabível a condenação do contestante ao pagamento de honorários advocatícios.
(C) O vencido pode interpor recurso de embargos infringentes, quando a decisão da apelação for tomada por maioria de votos.
(D) O ingresso de litisconsorte ativo não será admitido após a prolação da sentença.
(E) Da decisão do juiz de primeiro grau que denegar a liminar caberá agravo de instrumento, mas a que conceder será recorrível quando da apelação.

A: Correta, pois existe na lei do MS a previsão de remessa necessária (Lei Federal n. 12.016/09, art. 14, § 1º); **B:** Incorreta, porque não há condenação ao pagamento de honorários advocatícios em sede de MS (Lei Federal n. 12.016/09, art. 25); **C:** Incorreta, considerando que não é cabível a oposição de embargos infringentes em sede de MS (Lei Federal n. 12.016/09, art. 25). Vale recordar, além disso, que os embargos infringentes foram extintos com o advento do NCPC, sendo substituídos pela técnica de ampliação do colegiado (NCPC, art. 942); **D:** Incorreta, porque o ingresso de litisconsorte ativo não é admitido após o despacho da petição inicial (Lei Federal n. 12.016/09, art. 10, § 2º); **E:** Incorreta. O agravo de instrumento é o recurso adequado para combater a decisão que concede ou que nega a liminar (Lei Federal n. 12.016/09, art. 7º, § 1º).

Gabarito "A".

(Delegado - PC/BA - 2018 - VUNESP) Conceder-se-á mandado de segurança para proteger direito líquido e certo, não amparado por habeas corpus ou habeas data, sempre que, ilegalmente ou com abuso de poder, qualquer pessoa física ou jurídica sofrer violação ou houver justo receio de sofrê-la por parte de autoridade, seja de que categoria for e sejam quais forem as funções que exerça. No que concerne ao procedimento do mandado de segurança individual, assinale a afirmativa correta.

(A) Concedida a segurança, a sentença estará sujeita obrigatoriamente ao duplo grau de jurisdição.
(B) É cabível a condenação do contestante ao pagamento de honorários advocatícios.
(C) O vencido pode interpor recurso de embargos infringentes, quando a decisão da apelação for tomada por maioria de votos.
(D) O ingresso de litisconsorte ativo não será admitido após a prolação da sentença.
(E) Da decisão do juiz de primeiro grau que denegar a liminar caberá agravo de instrumento, mas a que conceder será recorrível quando da apelação.

A: Correta, pois existe na lei do MS a previsão de remessa necessária (Lei Federal n. 12.016/09, art. 14, § 1º); **B:** Incorreta, porque não há condenação ao pagamento de honorários advocatícios em sede de MS (Lei Federal n. 12.016/09, art. 25); **C:** Incorreta, considerando que não é cabível a oposição de embargos infringentes em sede de MS (Lei Federal n. 12.016/09, art. 25). Vale recordar, além disso, que os embargos infringentes foram extintos com o advento do NCPC, sendo substituídos pela técnica de ampliação do colegiado (NCPC, art. 942); **D:** Incorreta, porque o ingresso de litisconsorte ativo não é admitido após o despacho da petição inicial (Lei Federal n. 12.016/09, art. 10, § 2º); **E:** Incorreta. O agravo de instrumento é o recurso adequado para combater a decisão que concede ou que nega a liminar (Lei Federal n. 12.016/09, art. 7º, § 1º).
Gabarito "A".

(Magistratura/RJ - 2013 - VUNESP) Em mandado de segurança, concedida a segurança ao impetrante, seja por liminar ou sentença, pode-se afirmar que

(A) não é possível a suspensão da execução da liminar ou da sentença pelo tribunal, na medida em que a decisão de primeira instância é plenamente válida e eficaz, não havendo previsão legal que permita a suspensão de sua eficácia.
(B) é possível a suspensão da execução da liminar ou da sentença pelo tribunal, mediante provocação, para evitar grave lesão à ordem econômica, à saúde, à segurança ou à economia.
(C) não é possível a suspensão da execução da liminar ou da sentença pelo tribunal, devendo-se aguardar o definitivo julgamento do recurso eventualmente interposto pela impetrada.
(D) é possível a suspensão da execução da liminar ou da sentença pelo tribunal, de ofício, desde que identifique a existência de grave lesão à ordem econômica, à saúde, à segurança ou à economia.

A: incorreta, pois a lei permite a suspensão de segurança conforme determina o art. 15 da Lei 12.016/2009; **B:** correta, conforme o art. 15 da Lei 12.016/2009; **C:** incorreta, pois a lei permite a suspensão de segurança conforme estabelece o art. 15 da Lei 12.016/2009; **D:** incorreta, pois a suspensão da segurança é medida preventiva e não repressiva, de modo que não é possível identificar a existência da grave lesão e sim a sua potencial ocorrência.
Gabarito "B".

(Ministério Público/RO - 2013 - CESPE) Com relação ao mandado de segurança, assinale a opção correta.

(A) No caso de um mandado de segurança ter sido impetrado originariamente no tribunal de justiça, se o relator indeferir de plano a petição inicial do *mandamus*, caberá apelação.
(B) É possível a interposição de embargos infringentes de acórdão que, em mandado de segurança, tenha decidido por maioria de votos a apelação.
(C) O impetrante não pode desistir do mandado de segurança sem o consentimento do impetrado.
(D) Em relação ao procedimento do mandado de segurança, a lei exige apenas intimação do MP, sendo dispensável que o *parquet* se manifeste no feito, com efetivo pronunciamento.
(E) A natureza da sentença que concede a segurança é condenatória.

A: incorreta. Caberá Recurso Ordinário (art. 539, II, "a", do CPC/1973; art. 1.027, II, "a", do NCPC); **B:** incorreta, conforme o art. 25 da Lei 12.016/2009; **C:** incorreta. O STF entende que a desistência independe do impetrado, de modo que não se aplica o art. 267, §4º, do CPC/1973 (art. 485, § 4º, do NCPC) (STF, AgRg no MS 26.890/DF, Pleno, j. 16.09.2009, rel. Min. Celso de Mello, *DJe* 23.10.2009); **D:** correta, conforme interpretação dos arts. 12, parágrafo único, da Lei 12.016/2009 e 246 do CPC/1973 (art. 279 do NCPC); **E:** incorreta, a depender da corrente que se adote: se defender a classificação quinária, a sentença do mandado de segurança terá natureza mandamental. Para os que defendem a teoria clássica (ternária) a sentença é condenatória e a efetivação se dá por mandamento.
Gabarito "D".

(Ministério Público/MS - 2013 - FADEMS) Considere as seguintes proposições:

I. A denegação de mandado de segurança pela sentença não implica cessação da eficácia da liminar concedida.
II. Na hipótese de o juiz proferir decisão denegatória de mandado de segurança, entendendo inexistente o direito pleiteado pelo impetrante, este poderá, ulteriormente, intentar o reconhecimento do direito pela via ordinária por meio de ação própria.
III. No mandado de segurança é garantida a tutela jurisdicional a direito líquido e certo, entendido este como aquele que, mesmo para o seu reconhecimento, exija deslinde de tese jurídica complexa e controvertida.
IV. No mandado de segurança a pretensão mandamental deve ser dirigida contra a autoridade delegante quando o ato impugnado tiver sido praticado por autoridade no exercício de competência delegada.

São corretas:
(A) Somente as proposições I, II e III.
(B) Somente as proposições II e III.
(C) Somente as proposições I e IV.
(D) Somente as proposições II, III e IV.
(E) Somente as proposições III e IV.

I: incorreta, porque "os efeitos da medida liminar, salvo se revogada ou cassada, persistirão até a prolação da sentença" (art. 7º, § 3º, da Lei 12.016/2009). Assim, proferida a sentença que denega a segurança, a medida liminar perde imediatamente sua eficácia; **II:** correta, de acordo com o gabarito oficial, possivelmente porque o examinador tenha se baseado no teor da Súmula 304 do STF, segundo a qual, "decisão denegatória de mandado de segurança, não fazendo coisa julgada contra o impetrante, não impede o uso da ação própria". Ocorre, no entanto, que o art. 19 da Lei 12.016/2009 restringe o cabimento da ação própria se, e desde que, a denegação do mandado de segurança tenha se dado sem resolução do mérito. Logo, a decisão que denega a segurança, "se aprecia o mérito do pedido e entende que o impetrante não tem direito algum (e não que lhe falta direito líquido e certo), é coberta pela coisa julgada material, impedindo a reapreciação da controvérsia em ação ordinária" (*RTJ* 38/184, 46/2555, dentre tantos outros julgados no mesmo sentido); **III:** correta, porque, de acordo com a Súmula n. 625 do STF, "controvérsia sobre matéria de direito não impede concessão de mandado de segurança"; **IV:** incorreta, porque "praticado o ato por autoridade, no exercício de competência delegada, contra ela cabe o mandado de segurança ou a medida judicial" (Súmula n. 510 do STF).
Gabarito "B".

(Ministério Público/SP - 2013 - PGMP) Sobre o mandado de segurança, é CORRETO afirmar:

(A) pode ser impetrado, para a defesa de direito líquido e certo próprio violado por ato de autoridade, por quem não tem capacidade postulatória.
(B) o ingresso do litisconsorte ativo necessário não é admitido após o despacho da petição inicial.
(C) o rol dos legitimados para impetrar o mandado de segurança coletivo é taxativo e, portanto, o Ministério Público não poderá impetrá-lo para a defesa dos direitos difusos e coletivos.
(D) a apelação interposta contra a sentença que denega a ordem e revoga a liminar é processada no efeito devolutivo e excepcionalmente no suspensivo também.
(E) denegada a ordem de segurança sem apreciação do mérito, o pedido de mandado de segurança poderá ser renovado no prazo de 120 (cento e vinte) dias, contados do trânsito em julgado da decisão denegatória.

A: incorreta, pois a própria parte não é dotada de capacidade postulatória no MS (não há qualquer dispositivo legal nesse sentido); **B:** incorreta. Apesar de o art. 2º apontar como vedado o ingresso de litisconsorte ativo após o despacho inicial, se a hipótese é de litisconsórcio necessário, isso é de ser admitido, sob pena de extinção do processo; **C:** incorreta. Além dos partidos políticos (mencionados no art. 21 da Lei 12.016/2009), cabe o ajuizamento por outros legitimados para o processo coletivo, como o MP; **D:** correta, especialmente por exclusão das demais alternativas. Além disso, no caso de concessão de liminar e da ordem, cabe execução provisória (art. 14, § 3º da Lei 12.016/2009); por isonomia, pode-se afirmar que correta a alternativa. **E:** incorreta, tendo em vista que o prazo de 120 é contado da ciência do ato impugnado (art. 23 da Lei 12.016/2009).
Gabarito "D".

(Ministério Público/SC - 2012) Analise as assertivas a seguir.

I. As entidades autárquicas jamais poderão ser sujeitos passivos em Mandado de Segurança, porque excluídos, pela Lei n. 12.016/2009.
II. Não cabe mandado de segurança contra os atos de gestão comercial praticados pelos administradores de empresas públicas, de sociedade de economia mista e de concessionárias de serviço público.
III. Em caso de urgência, é permitido, observados os requisitos legais, impetrar mandado de segurança por telegrama.
IV. O pedido de mandado de segurança poderá ser renovado dentro do prazo decadencial, se a decisão denegatória não lhe houver apreciado o mérito.

V. Segundo a Lei n. 12.016/2009, poderá ser concedida medida liminar que tenha por objeto a reclassificação ou equiparação de servidores públicos e a concessão de aumento ou a extensão de vantagens ou pagamento de qualquer natureza.

(A) Apenas as assertivas I, II e III estão corretas.
(B) Apenas as assertivas II, III e IV estão corretas.
(C) Apenas as assertivas III, IV e V estão corretas.
(D) Apenas as assertivas II, III e V estão corretas.
(E) Todas as assertivas estão corretas.

I: incorreta (art. 1º, § 1º, da Lei 12.016/2009) II: correta, porque nos termos do § 2º do art. 1º da Lei 12.016/2009; III: correta (art. 4º da Lei 12.016/2009); IV: correta (art. 6º, § 6º, da Lei 12.016/2009); V: incorreta (art. 7º, § 2º).
Gabarito "B".

(Ministério Público/SC - 2012) Analise as seguintes assertivas:

I. Na Lei 12.016/2009, há previsão de impetração de mandado de segurança através de telegrama, radiograma, fax ou outro meio eletrônico de autenticidade comprovada, desde que o texto original da petição seja apresentado nas 48 (quarenta e oito) horas seguintes.
II. Consoante a Lei 12.016/2009, em mandado de segurança é vedada a concessão de medida liminar que tenha por objeto a compensação de créditos tributários, a reclassificação ou equiparação de servidores públicos e a concessão de aumento ou a extensão de vantagens ou pagamento de qualquer natureza.
III. Prevê a Lei 12.016/2009, que no mandado de segurança, terá o Ministério Público 10 (dez) dias para opinar, sendo que após tal prazo, os autos deverão ir conclusos ao juiz, que terá 15 (quinze) dias para decidir.
IV. Ainda de acordo com a Lei 12.016/2009, o mandado de segurança coletivo poderá ser impetrado para proteger direitos individuais homogêneos, assim entendidos, para efeitos da Lei, os decorrentes de origem comum e da atividade ou situação específica da totalidade ou de parte dos associados ou membros do impetrante.
V. Extrai-se da Lei 8.009/1990, que a impenhorabilidade do bem de família é oponível em qualquer processo de execução civil, fiscal, previdenciária, trabalhista ou de outra natureza, salvo se movido pelo credor de pensão alimentícia, ou em razão dos créditos de trabalhadores da própria residência e das respectivas contribuições previdenciárias, além de outras hipóteses previstas na referida Lei.

(A) Apenas as assertivas II, III e IV estão corretas.
(B) Apenas as assertivas I, II, III e V estão corretas.
(C) Apenas as assertivas II, III, IV e V estão corretas.
(D) Apenas as assertivas I, II, IV e V estão corretas.
(E) Todas as assertivas estão corretas.

I: incorreta, porque o prazo a apresentação do original da petição é de 5 dias (art. 4º, § 2º, da Lei 12.016/2009); II: correta (§ 2º do art. 7º da Lei 12.016/2009); III: correta, de acordo com o gabarito oficial, porém, a alternativa contém um equívoco: o prazo para o juiz proferir decisão é de 30 dias, e não de 15 como constou (art. 12, parágrafo único da Lei 12.016/2009); IV: correta (art. 21, parágrafo único, II); V: correta (art. 3º da Lei 8.009/1990).
Gabarito "C".

(Ministério Público/SC - 2012) Analise as seguintes assertivas:

I. Não cabe mandado de segurança contra os atos de gestão comercial praticados pelos administradores de empresas públicas, de sociedade de economia mista e de concessionárias de serviço público.
II. Quando o direito ameaçado ou violado couber a várias pessoas, qualquer delas poderá requerer o mandado de segurança.
III. Da sentença denegatória ou concessiva de mandado de segurança cabe apelação.
IV. A sentença que, julgando procedente a ação popular, decretar a invalidade do ato impugnado, condenará ao pagamento de perdas e danos os responsáveis por sua prática e os beneficiários dele, ressalvada a ação regressiva contra os funcionários causadores do dano, quando incorrerem em culpa.
V. Conceder-se-á mandado de segurança sempre que inviável o exercício de liberdades constitucionais por ausência de norma regulamentadora da Constituição Federal.

(A) Apenas as assertivas I, II, III e IV estão corretas.
(B) Apenas as assertivas II, III, IV e V estão corretas.
(C) Apenas as assertivas II, III, III e IV estão corretas.
(D) Apenas as assertivas I e V estão corretas.
(E) Todas as assertivas estão corretas.

I: correta (art. 1º, § 2º da Lei 12.016/2009); II: correta (§ 3º do art. 1º da Lei 12.016/2009); III: correta (art. 14 da Lei 12.016/2009); IV: correta (art. 11 da Lei 4.717/1965); V: incorreta, porque essa é a hipótese de cabimento de mandado de injunção (art. 5º, inciso LXXI, CF).
Gabarito "A".

(Ministério Público/SP - 2012 - VUNESP) Quanto ao mandado de segurança, é correto afirmar:

(A) Quando a matéria de direito for controvertida não cabe mandado de segurança, pois não há direito líquido e certo.
(B) Quando o direito ameaçado ou violado couber a várias pessoas, será caso de mandado de segurança coletivo.
(C) No mandado de segurança coletivo, a sentença fará coisa julgada erga omnes.
(D) Não se aplica ao mandado de segurança coletivo o prazo decadencial de 120 dias.
(E) É cabível mandado de segurança coletivo para proteção de direitos individuais homogêneos.

A: incorreta (Súmula n. 625 do STF); B: incorreta, porque, nesse caso, poderá haver litisconsórcio entre os vários titulares, mas ainda assim o mandado de segurança será individual, porque os direitos tutelados terão natureza individual, e não coletiva; C: incorreta, porque "no mandado de segurança coletivo, a sentença fará coisa julgada limitadamente aos membros do grupo ou categoria substituída pelo impetrante" (art. 22 da Lei 12.016/2009); D: incorreta, porque o prazo também é aplicável ao mandado de segurança coletivo (art. 23 da Lei 12.016/2009); E: correta (art. 21, parágrafo único, II, Lei 12.016/2009).
Gabarito "E".

(Defensoria/DF - 2013 - CESPE) Julgue os seguintes itens conforme a jurisprudência dominante nos tribunais superiores acerca do mandado de segurança.

(1) Os efeitos patrimoniais resultantes da concessão de mandado de segurança somente abrangem os valores devidos a partir da data da impetração mandamental, excluídas, em consequência, as parcelas anteriores ao ajuizamento da ação de mandado de segurança, que poderão, no entanto, ser vindicadas em sede administrativa ou demandadas em via judicial própria.
(2) De acordo com a jurisprudência do STJ, em caso de conduta omissiva ilegal da administração, envolvendo obrigação de trato sucessivo, o prazo decadencial estabelecido pela Lei do Mandado de Segurança se renovará de forma continuada.

1: correto (Súmula 271/STF: "Concessão de mandado de segurança não produz efeitos patrimoniais, em relação a período pretérito, os quais devem ser reclamados administrativamente ou pela via judicial própria."); 2: correto (informativo 517/STJ: "De acordo com a jurisprudência do STJ, cuidando-se de conduta omissiva ilegal da Administração, que envolve obrigação de trato sucessivo, o prazo decadencial estabelecido pela Lei do Mandado de Segurança se renova de forma continuada. AgRg no AREsp 243.070-CE, j. 07.02.2013).
Gabarito 1C, 2C.

(Defensor Público/PR - 2012 - FCC) Com relação à Lei no 12.016/09, que disciplina o Mandado de Segurança individual e coletivo, é correto afirmar:

(A) O candidato aprovado em concurso público fora do número de vagas previsto no edital tem mera expectativa de direito. Porém, o Superior Tribunal de Justiça entende que, havendo contratações a título precário no período de validade do concurso, muito embora existam cargos de provimento efetivo vagos, o referido candidato aprovado além das vagas veiculadas passa a ter direito líquido e certo à nomeação.
(B) A autoridade coatora, por figurar como mero representante do órgão ou pessoa jurídica a que pertence, não detém legitimidade para recorrer em nome próprio, apenas podendo fazê-lo na condição de terceiro.
(C) Em razão da aplicação subsidiária do Código de Processo Civil à nova Lei do Mandado de Segurança, a execução provisória da sentença concessiva da ordem deverá observar as limitações impostas naquele diploma processual.
(D) Concedida a segurança, a sentença não estará sujeita obrigatoriamente ao duplo grau de jurisdição quando estiver fundada em jurisprudência do plenário do Supremo Tribunal Federal.
(E) A referida Lei adotou expressa e literalmente a corrente ampliativa, admitindo a impetração de mandado de segurança coletivo para a proteção de direitos difusos, coletivos e individuais homogêneos.

A: correto. Nessa direção: "Administrativo. Recurso ordinário em mandado de segurança. Concurso público. Candidato aprovado fora do número de vagas previstas no edital. Mera expectativa de nomeação. Contratação de servidores a título precário. Quebra da ordem classificatória. Comprovação. Recurso provido. 1. O candidato aprovado em concurso público fora do número de vagas previsto no edital tem mera expectativa de direito à nomeação. Com isso, compete à Administração, dentro do seu poder discricionário e atendendo aos seus interesses, nomear candidatos aprovados de acordo com a sua conveniência, respeitando-se, contudo, a ordem de classificação, a fim de evitar arbítrios e preterições. 2. Não é a simples contratação temporária de terceiros no prazo de validade do certame que gera direito subjetivo do candidato aprovado à nomeação. Impõe-se que se comprove que essas contratações ocorreram, não obstante existissem cargos de provimento efetivo desocupados. 3. O acervo documental explicita que a contratação do impetrante para o exercício da docência se deu de forma reiterada, não obstante a Administração, em suas

informações, tenha asseverado a inexistência de vaga durante o período de prorrogação do certame. Com efeito, a prática de contratação temporária por três anos seguidos, havendo candidato aguardando em lista de cadastro de reserva, evidencia o surgimento de necessidade permanente de preenchimento de vaga. Sem olvidar que a publicação de novo edital após expirado o prazo de validade do concurso, reforça o entendimento de assiste razão ao impetrante. 4. Recurso ordinário provido para conceder a segurança a fim de determinar a imediata nomeação e posse do impetrante no quadro da Secretaria de Educação do Estado do Mato Grosso, no cargo de professor de Educação Física do polo regional de Juara." (STJ, RMS 33.875/MT, rel. Min. Arnaldo Esteves Lima, 1ª T., j. 19.06.2012, DJe 22.06.2012); **B:** incorreto (art. 14, § 2º, da Lei 12.016/2009); **C:** incorreto, porquanto os óbices legais à execução provisória da decisão concessiva da segurança encontram-se estabelecidos no âmago da própria Lei 12.016/2009, ex vi de seus arts. 7º, §§ 2º e 5º, e 14, § 3º; **D:** incorreto (art. 14, § 1º, da Lei 12.016/2009). Ao abono de tal raciocínio: "*Agravo regimental. Processo civil. Mandado de segurança. Remessa necessária. Obrigatoriedade. Legislação específica.* 1. Conforme a jurisprudência predominante no Superior Tribunal de Justiça, o reexame necessário das sentenças concessivas de segurança decorre da norma específica contida no artigo 12 da Lei 1.533/51, restando afastadas as exceções previstas nos §§ 2º e 3º do artigo 475 do Código de Processo Civil, cujas regras aplicam-se subsidiariamente. 2. Agravo desprovido. (STJ, AgRg no REsp 654.968/SP, rel. Min. Paulo Gallotti, 6ªT., j. 19.04.2007, *DJ* 21.05.2007, p. 622); **E:** incorreto. Os direitos difusos não são passíveis de tutela pela via do mandado de segurança, conforme dimana de exegese literal do art. 21 da Lei 12.016/2009.
Gabarito "A".

(Procurador do Estado/AC – 2014 – FMP) Assinale a alternativa **incorreta**.

(A) A competência para julgamento de mandado de segurança contra ato de juizado especial é da turma recursal.

(B) O mandado de segurança é instrumento cabível para declaração de direito à compensação tributária, mas não para convalidação de compensação da mesma natureza realizada unilateralmente pelo contribuinte.

(C) A existência de recurso administrativo com efeito suspensivo gera a suspensão do prazo para impetração do mandado de segurança.

(D) A concessão de mandado de segurança não produz efeitos patrimoniais em relação a período pretérito.

A: assertiva correta (Súmula 376/STJ: "Compete a turma recursal processar e julgar o mandado de segurança contra ato de juizado especial."); **B:** assertiva correta (Súmula 213/STJ: "O mandado de segurança constitui ação adequada para a declaração do direito à compensação tributária"; Súmula 460/STJ: "É incabível o mandado de segurança para convalidar a compensação tributária realizada pelo contribuinte."); **C:** assertiva incorreta, devendo esta ser assinalada. Quando há recurso com efeito suspensivo, não cabe mandado de segurança (Lei 12.016/2009, art. 5º, I); sendo assim, nesse momento, ainda não corre o prazo decadencial para impetrar o MS; **D:** assertiva correta (Súmula 271/STF: "Concessão de mandado de segurança não produz efeitos patrimoniais, em relação a período pretérito, os quais devem ser reclamados administrativamente ou pela via judicial própria.").
Gabarito "C".

(Procurador do Estado/AC – FMP – 2012) Em se tratando de mandado de segurança, é INCORRETO afirmar:

(A) Denegada a ordem em mandado de segurança da competência original dos tribunais, caberá recurso ordinário.

(B) É cabível o recurso de embargos infringentes.

(C) É cabível contra decisão impugnada por recurso desprovido de efeito suspensivo.

(D) Em mandado de segurança coletivo, a concessão de liminar contra o poder público está condicionada à audiência de seu representante judicial.

A: correta. O específico cabimento do recurso ordinário é a denegação, por acórdão, de ação constitucional originária de Tribunal (CPC/1973, art. 539 [NCPC, art. 1.027]); **B:** incorreta, devendo ser assinalada. Por entendimento jurisprudencial, não cabem infringentes de decisão que julga MS por maioria (Súmula 169/STJ: São inadmissíveis embargos infringentes no processo de mandado de segurança); **C:** correta. Uma das formas de se buscar atribuir efeito suspensivo a recurso que, ordinariamente, não tem tal efeito, é o MS (outra opção, conforme o caso, é o uso de cautelar inominada); **D:** correta. Tratando-se de tutela de urgência contra o Estado, há necessidade de prévia oitiva do ente estatal (Lei 8.437/1992, art. 1º, § 4º).
Gabarito "B".

(Advogado – CEF – 2012 – CESGRANRIO) O correntista Y pretende obter dados sobre a conta-corrente de sua genitora na instituição financeira W. Para isso, realiza o devido requerimento que vem a ser indeferido pelo gerente da agência onde a conta deveria ser cadastrada. Diante disso, Y impetra *Habeas Data* contra a instituição financeira. Sobre o *Habeas Data*, tem-se que:

(A) é instituto restrito à prestação de informações pessoais, não podendo ser utilizado por terceiros.

(B) é instituto substitutivo de ação com preceito condenatório para obtenção de perdas e danos.

(C) pode ser utilizado por pessoa física para acesso de informações de pessoa jurídica.

(D) deve ser acessado por ente de núcleo familiar desde que autorizado por procuração.

(E) guarda informações públicas, devendo o Banco de Dados, vinculado a qualquer instituição, fornecer as informações a quem as requeira.

A: correto. Conceder-se-á *habeas data* para assegurar o conhecimento de informações relativas à *pessoa do impetrante*, constantes de registros ou bancos de dados de entidades governamentais ou de caráter público (arts. 5º, LXXII, "a", da CF, e 7º, I, da Lei 9.507/1997). Uma vez que o correntista Y pretende obter informações a respeito de outra pessoa – ainda que seja sua genitora – agiu bem o gerente bancário ao indeferir o acesso às informações solicitadas. O *habeas data* afigura-se cabível, ainda, para a retificação de dados constantes em registros ou bancos de dados de entidades governamentais ou de caráter público, nos termos do art. 5º, LXXII, "b", da Constituição Federal; **B:** incorreto. O objeto do *habeas data* é restrito e encontra-se delimitado no texto dos arts. 5º, LXXII, da CF, e 7º da Lei 9.507/1997. De uma simples leitura de tais repositórios, depreende-se que a postulação de perdas e danos não se coaduna com o escopo de tal *writ*; daí por que não é sucedâneo de ação condenatória; **C** e **D:** incorretos. Como já alinhavado na primeira alternativa, o *habeas data* deve ser deferido para assegurar o conhecimento de informações relativas à *pessoa do impetrante*, constantes de registro ou banco de dados de entidades governamentais ou de caráter público. Cuida-se de *ação personalíssima* que, portanto, não pode ser exercitada com vistas a obter acesso a informações referentes a terceiros, ainda quando o impetrante esteja autorizado pelo mandante (arts. 5º, LXXII, "a", da CF, e 7º, I, da Lei 9.507/1997); **E:** incorreto, eis que o banco de dados pode se destinar ao uso privativo do órgão ou entidade produtora ou depositária das informações. Nessa circunstância, não se revestirão de caráter público as informações armazenadas pela instituição (art. 1º, parágrafo único, da Lei 9.507/1997).
Gabarito "A".

(Advogado – CEF – 2012 – CESGRANRIO) Da decisão emanada do presidente de tribunal que suspender os efeitos de medida liminar proferida em mandado de segurança, caberá o seguinte recurso:

(A) apelação
(B) agravo
(C) embargos
(D) reconsideração
(E) inominado

Art. 4º, § 3º, da Lei 8.437/1992.
Gabarito "B".

(MagistraturaFederal/3ª Região – 2013 – X) Assinale a alternativa **incorreta**:

(A) Dentre outras hipóteses previstas em lei, denega-se o mandado de segurança se for reconhecida a ilegitimidade *ad causam* do impetrante.

(B) No processo de mandado de segurança, não cabem embargos infringentes.

(C) Ao despachar a petição inicial de ação de mandado de segurança impetrada por servidor do Tribunal Regional Federal da 3ª Região contra ato de seu presidente, visando ao restabelecimento de determinada vantagem salarial, o relator deverá determinar a notificação do impetrado para que preste informações e, além disso, ordenará que se dê ciência do feito ao órgão de representação judicial da União.

(D) Concedido o mandado de segurança, a sentença estará sujeita obrigatoriamente ao duplo grau de jurisdição, sem prejuízo da recorribilidade permitida à pessoa jurídica interessada e, ainda, à autoridade coatora.

(E) Constitui crime de desobediência, nos termos do artigo 330 do Código Penal, o não cumprimento das decisões proferidas em mandado de segurança, salvo se houver previsão de sanção administrativa.

A: correta, considerando que o art. 6º, § 5º da Lei 12.016/2009 destaca que o MS será denegado nos casos do art. 267 do CPC/1973. E a ilegitimidade de parte é uma das situações de extinção do processo (CPC/1973, art. 267, VI). **B:** é a posição firme na jurisprudência, apesar de inexistir previsão legal nesse sentido (Súmula 169/STJ: São inadmissíveis embargos infringentes no processo de mandado de segurança e Súmula 597/STF: Não cabem embargos infringentes de acórdão que, em mandado de segurança decidiu, por maioria de votos, a apelação). **C:** é a previsão da lei quanto ao procedimento ao se receber a inicial (Lei 12.016/2009, art. 7º, I e II). **D:** no caso da concessão da ordem no MS, há o reexame necessário (Lei 12.016/2009, art. 14, § 1º). **E:** incorreta, devendo esta ser assinalada. Há crime de desobediência independentemente da existência de sanções administrativas (Lei 12.016/2009, art. 26).
Gabarito "E".

(Procurador da República – 26º) Leia atentamente as seguintes proposições:

I. Não cabe agravo regimental contra decisão do Relator que concede ou indefere liminar em mandado de segurança;

II. O Supremo Tribunal Federal é competente para conhecer originariamente de mandado de segurança contra atos de outros tribunais;

III. A entidade de classe não está legitimada para impetração de segurança quando a pretensão interesse apenas a uma parte da respectiva categoria;

IV. Não cabem embargos infringentes de acórdão que, em mandado de segurança, decidiu, por maioria de votos, a apelação.

Das proposições acima:

(A) I e II estão corretas;

(B) I e III estão corretas;
(C) I e IV estão corretas:
(D) Todas as proposições estão corretas.

I: correta, porque nos exatos termos da Súmula 622 do STF: "Não cabe agravo regimental contra decisão do relator que concede ou indefere liminar em mandado de segurança" (não há base legal para isso no NCPC – que prevê, no art. 1.021, amplamente o uso do agravo interno; **II:** incorreta, porque não há previsão constitucional nessa linha e orientação firmada é no sentido de que "O Supremo Tribunal Federal não é competente para conhecer de mandado de segurança contra atos dos Tribunais de Justiça dos Estados" (Súmula 330 do STF); **III:** incorreta (art. 21, "*caput*", da Lei 12.016/2009); **IV:** correta (art. 25 da Lei 12.016/2009).
Gabarito "C".

(Analista – TRE/MG – 2012 – CONSULPLAN) O legislador constituinte estabeleceu, dentre as garantias fundamentais, que se concederá mandado de segurança para proteger direito líquido e certo quando o responsável pela ilegalidade ou abuso de poder for autoridade pública ou agente de pessoa jurídica no exercício do Poder Público, bem como previu a possibilidade de impetração de mandado de segurança coletivo por partido político, organização sindical, entidade de classe ou associação, nos termos no texto constitucional. No ano de 2009, a Lei nº 12.016 revogou expressamente diversos textos legislativos infraconstitucionais, passando a disciplinar os mandados de segurança individual e coletivo. Com base na Lei nº 12.016, de 7 de agosto de 2009, e no entendimento do Superior Tribunal de Justiça, marque a alternativa correta.

(A) A sentença prolatada em mandado de segurança coletivo fará coisa julgada limitada aos membros do grupo ou categoria substituídos pelo impetrante.
(B) Da sentença que conceder o mandado de segurança caberá recurso de apelação e, caso o julgador denegue o mandado de segurança, o recurso cabível será o agravo de instrumento.
(C) A sentença que conceder a segurança estará sujeita ao duplo grau de jurisdição obrigatório e é cabível a condenação em honorários advocatícios nas ações de mandado de segurança.
(D) Não se concederá o mandado de segurança quando se tratar de decisão judicial transitada em julgado, mas se concederá contra a decisão judicial contra a qual caiba recurso com efeito suspensivo.
(E) A caducidade da medida liminar concedida, que ocorrerá quando o impetrante deixar de promover por mais de 10 dias úteis os atos que lhe cumprirem, será decretada a requerimento do Ministério Público, vedada a decretação *exofficio*.

A: correto de acordo com o art. 22 da Lei 12.016/2009; **B:** incorreto. A sentença que denegar ou conceder o mandado caberá apelação (art. 14, da Lei 12.016/2009); **C:** A sentença está de fato sujeita ao duplo grau obrigatório (art. 14, § 1º, da Lei 12.016/2009), mas não terá condenação em honorários (art. 25 da Lei 12.016/2009); **D:** incorreto. O art. 5º, da Lei 12.016/2009 não permite mandado de segurança contra decisão transitada em julgado (inciso III), nem contra decisão que caiba recurso judicial com efeito suspensivo (inciso II).
Gabarito "A".

O *mandado de segurança* será concedido para proteger direito líquido e certo quando, ilegalmente ou com abuso de poder, alguém sofrer violação ou justo receio de que venha a sofrê-lo, por parte de autoridade.
Essa ferramenta jurídica foi objeto de recente reforma por meio da Lei n. 12.016/2009.

(Analista – MP/MS – 2013 – FGV) A respeito dessa temática, assinale a afirmativa correta.

(A) Incabível mandado de segurança contra decisão judicial da qual caiba recurso com efeito suspensivo, sendo cabível, entretanto, de decisão judicial transitada em julgado.
(B) A sentença ou acórdão que denegar mandado de segurança, ainda que sem decidir o mérito, impedirá que o requerente pleiteie seus direitos em ação própria por força da coisa julgada.
(C) Indeferida a petição inicial pelo juiz de primeiro grau caberá apelação; sendo a competência originária dos tribunais, do ato do relator que indefere a inicial caberá agravo.
(D) O mandado de segurança somente poderá ser impetrado por pessoa física em caráter individual ou coletivo, não sendo cabível em favor de pessoa jurídica.
(E) A petição inicial deverá indicar a autoridade coatora, ou seja, aquela que tenha praticado o ato impugnado e não aquela da qual emana a ordem, bem como a pessoa jurídica que essa integre.

A: incorreta. Não cabe MS contra decisão judicial transita em julgado (art. 5º, III, Lei 12.016/2009); **B:** incorreta, pois permite a busca pelas vias ordinárias (art. 19, da Lei 12.016/2009); **C:** correta conforme artigo 10, § 1º da Lei 12.016/2009; **D:** incorreta conforme art. 1º da Lei 12.016/2009; **E:** incorreta. Conforme art. 6º da Lei 12.016/2009.
Gabarito "C".

(Promotor de Justiça – MPE/MS – FAPEC – 2015) Quanto ao mandado de segurança, é **correto** afirmar que:

(A) É cabível contra ato praticado em licitação promovida por sociedade de economia mista ou empresa pública.
(B) Os efeitos da medida liminar, salvo se revogada ou cassada, persistirão até o trânsito em julgado da sentença ou do acórdão que o decidirem.
(C) Pode ser impetrado coletivamente, induzindo litispendência para as ações individuais.
(D) Em determinadas situações, pode substituir a ação popular.
(E) O pedido de reconsideração do ato ilegal protocolado na via administrativa interrompe o prazo decadencial para impetração do mandado de segurança.

A: Correta. A Súmula 333 do STJ reconhece o cabimento do Mandado de Segurança contra ato praticado em licitação promovida por sociedade de economia mista ou empresa pública. **B:** Incorreta. Os efeitos da medida liminar persistirão até a prolação da sentença, salvo se revogada ou cassada (art. 7º, § 3º da Lei 12.016/2009). **C:** Incorreta. O MS coletivo não induz litispendência às ações individuais, mas caso não se requeira a desistência do MS individual após 30 dias da impetração do MS coletivo, os efeitos da coisa julgada deste não beneficiarão o impetrante individual (art. 22, § 1º da Lei 12.016/2009). **D:** Incorreta. O MS não substitui a ação popular (Súmula 101 do STF). **E:** Incorreta. O pedido de reconsideração na via administrativa não interrompe o prazo para o mandado de segurança (Súmula 430 do STF).
Gabarito "A".

4. OUTROS PROCEDIMENTOS DE LEGISLAÇÃO EXTRAVAGANTE

(Procurador – IPSMI/SP – VUNESP – 2016) Sobre o procedimento e regras que regulamentam a ação direta de inconstitucionalidade, é correto afirmar que

(A) pode ser proposta por entidade sindical ou órgão de classe no âmbito estadual.
(B) após sua propositura, é possível que o polo ativo requeira desistência, que poderá ou não ser acolhida pelo relator.
(C) não se admitirá, pelo texto normativo, intervenção de terceiros, salvo se houver autorização por decisão irrecorrível do relator para que se manifestem órgãos ou entidades.
(D) as informações, perícias e audiências a serem realizadas eventualmente nos autos da ação em referência, devem ser feitas no prazo máximo de sessenta dias contados da solicitação do relator.
(E) nessas ações, indeferida a petição inicial, é possível o manejo do recurso de apelação.

A: incorreta, deve ser órgão de âmbito nacional (CF, art. 103, IX); **B:** incorreta, descabe a desistência (Lei 9.868/1999, art. 5º); **C:** correta, sendo essa a previsão legal (Lei 9.868/1999, art. 7º) – e fica o debate, então, quanto ao *amicus curiae* no âmbito do controle concentrado ser considerado como modalidade de intervenção de terceiro (já que o NCPC assim prevê – art. 138); **D:** incorreta (Lei 9.868/1999, art. 9º, § 3º); **E:** incorreta, pois o recurso cabível de decisão monocrática de indeferimento é o agravo interno (NCPC, art. 1.021).
Gabarito "C".

(Juiz – TJ-SC – FCC – 2017) Em relação às seguintes normas processuais civis, constantes do Estatuto da Criança e do Adolescente, é correto afirmar:

(A) a sentença que deferir a adoção produz efeitos imediatos, mesmo que sujeita apelação, que será recebida como regra geral nos efeitos devolutivo e suspensivo.
(B) na perda ou suspensão do poder familiar, se o pedido importar modificação da guarda do menor, este será necessariamente ouvido, em qualquer hipótese, sob pena de nulidade do procedimento.
(C) da decisão judicial que examine e discipline a participação de crianças e adolescentes em espetáculos públicos e seus ensaios, bem como em certames de beleza, cabe a interposição de agravo de instrumento.
(D) a sentença que destituir ambos ou qualquer dos genitores do poder familiar fica sujeita a apelação, que deverá ser recebida apenas no efeito devolutivo.
(E) nos procedimentos afetos à Justiça da Infância e da Juventude, proferida a decisão judicial a remessa dos autos à superior instância independerá de retratação pela autoridade judiciária que a proferiu.

A: incorreta, pois a apelação, na Lei 8.069/90, em regra terá somente efeito devolutivo, sendo que o juiz "poderá conferir efeito suspensivo aos recursos, para evitar dano irreparável à parte (art. 215); **B:** incorreta, porque "será obrigatória, *desde que possível e razoável*, a oitiva da criança ou adolescente" (art. 161, § 3º); **C:** incorreta, há previsão para participação em espetáculos em geral está no art. 149 do ECA, e das decisões embasadas neste artigo caberá apelação (art. 199. Contra as decisões proferidas com base no art. 149 caberá recurso de apelação); **D:** correta (art. 199-B. A sentença que destituir ambos ou qualquer dos genitores do poder familiar fica sujeita a apelação, que deverá ser recebida apenas no efeito devolutivo); **E:** incorreta, pois inicialmente sempre haverá a possibilidade

de retratação por parte do juiz prolator da decisão (art. 198, VII - antes de determinar a remessa dos autos à superior instância, no caso de apelação, ou do instrumento, no caso de agravo, a autoridade judiciária proferirá despacho fundamentado, *mantendo ou reformando a decisão*, no prazo de cinco dias. * Atenção: desde metade da década de 1990, o agravo é interposto no Tribunal – mas o ECA não foi alterado, nesse ponto).
Gabarito "D".

(Magistratura/SP – 2013 – VUNESP) Acerca da arbitragem, é correto dizer que

(A) é nula a sentença arbitral quando o julgamento de mérito nela contido contrariar lei federal ou alterar a verdade dos fatos.
(B) a nulidade do contrato no qual se estipulou a cláusula arbitral implica, necessariamente, a nulidade da cláusula compromissária.
(C) a sentença arbitral brasileira não fica sujeita a recurso ou a homologação pelo Poder Judiciário.
(D) somente o Poder Judiciário pode decidir acerca da validade e eficácia da convenção de arbitragem e do contrato que contenha a cláusula compromissária, de sorte que, em caso de tal alegação, o Tribunal Arbitral deve submeter a questão ao juiz togado competente.

A: incorreta, pois não se trata de situação presente no rol de situações de nulidade da sentença arbitral (Lei 9.307/1996, art. 32); **B:** incorreta. A cláusula é autônoma em relação ao contrato (Lei 9.307/1996, art. 8º); **C:** correta (Lei 9.307/1996, art. 31 e CPC/1973, art. 267, VII [NCPC, 485, VII]); **D:** incorreta, conforme resposta à questão anterior e com base no princípio "competência-competência", do qual decorre que compete ao próprio tribunal arbitral avaliar eventual vício da cláusula (Lei 9.307/1996, art. 20, § 1º).
Gabarito "C".

(Defensor Público/SP – 2013 – FCC) Sobre os procedimentos especiais é correto afirmar:

(A) Segundo entendimento do Superior Tribunal de Justiça, em ação de desapropriação é suficiente a citação e participação processual do titular da matrícula, sendo o possuidor parte ilegítima, visto que deverá pleitear sua indenização pela posse em face daquele que ocupar o polo passivo da ação desapropriatória.
(B) Em ação de despejo por denúncia vazia, com base na prorrogação de contrato escrito celebrado por prazo igual ou superior a trinta meses, manifestando o réu no prazo da contestação concordância com a desocupação do imóvel, o juiz acolherá o pedido fixando período de seis meses para a desocupação.
(C) Não possui legitimidade para opor embargos de terceiro aquele que deveria ter sido incluído na relação processual principal como litisconsorte do réu, mas não o foi.
(D) Segundo entendimento dominante no Superior Tribunal de Justiça, em ação consignatória pode ser discutido o valor do débito, desde que não implique revisão de cláusulas contratuais.
(E) Em ação de alimentos, a fixação da obrigação alimentar em valor superior ao inicialmente pedido implica nulidade, visto que a sentença seria *ultra petita* e violaria o princípio da congruência.

A: incorreta, porque o STJ entende que há legitimidade do possuidor para pedir indenização em face do ente expropriante ("Legitimidade do possuidor que, sem título de domínio, postula indenização por perda da posse por ato ilícito do poder público", REsp 871.379/PR, DJe 21.10.2008); **B:** correta (Lei 8.245/1991, art. 61); **C:** incorreta, pois nesse caso o terceiro poderia optar por pleitear seu ingresso como assistente litisconsorcial ou opor embargos de terceiro (informativo 511/STJ: "Condômino, que não for parte na ação possessória, tem legitimidade ativa para ingressar com embargos de terceiro", REsp 834.487-MT, j. 13.11.2012.); D: incorreta, pois o STJ entende possível rever cláusula na consignatória ("Possível a revisão de cláusulas contratuais no bojo da ação consignatória, consoante a orientação processual do STJ", REsp 645.756/RJ, DJe 14.12.2010); E: incorreta, pois o STJ entende que, considerando a situação peculiar da ação de alimentos, não há total aplicação do princípio da congruência ("Ao fixar o valor dos alimentos, não fica o Juiz adstrito ao pedido deduzido pelo autor, com vistas ao primado do conceito da verba alimentar, qual seja, a possibilidade de fazer frente às necessidades, ainda que básicas, daquele que a postula; somente nessas hipóteses é que poderá haver, segundo prudente arbítrio do cada Juiz e consideradas as peculiaridades de cada processo, o abrandamento da interpretação proibitiva do julgamento *ultra petita*", REsp 1079190/DF, DJe 23.10.2008).
Gabarito "B".

(Procurador do Município – São Paulo/SP – 2014 – VUNESP) Segundo a jurisprudência do Tribunal de Justiça de São Paulo, nas desapropriações:

(A) é cabível sempre avaliação judicial prévia para imissão na posse do imóvel expropriado.
(B) a imissão na posse não pode ser condicionada a laudo prévio de avaliação, sendo considerado, em caso de alegada urgência, suficiente o depósito realizado pelo expropriante com base no valor cadastral fiscal do imóvel.
(C) a avaliação prévia somente é exigida como condição para a imissão provisória na posse quando se tratar de imóvel residencial.
(D) a avaliação prévia somente é exigida como condição para a imissão provisória na posse quando se tratar de imóvel rural.
(E) em caso de alegada urgência, a imissão provisória na posse do imóvel independe de avaliação judicial prévia, devendo ser depositado valor razoável judicialmente arbitrado para tal finalidade, segundo as regras de experiência comum.

A: correta (informativo 192/STJ: "Não é correta a decisão que não condicionou, nos autos de desapropriação de imóvel urbano, a imissão provisória na posse ao depósito integral do valor que deveria ter sido apurado em avaliação judicial prévia.", REsp 330.179-PR, j. 18.11.2003.); **B:** incorreta, considerando o exposto na alternativa anterior (as alternativas são excludentes); **C:** incorreta ("O disposto no Decreto-Lei 1.075/1970 –necessidade de avaliação provisória do imóvel antes da imissão na posse – só é aplicável à desapropriação de prédio residencial urbano, habitado pelo proprietário ou compromissário comprador, conforme prevê o art. 6º da citada norma: "O disposto neste Decreto-lei só se aplica à desapropriação de prédio residencial urbano, habitado pelo proprietário ou compromissário comprador, cuja promessa de compra esteja devidamente inscrita no Registro de Imóveis", AgRg no Ag 1349231/MG, DJe 25.04.2011); **D:** incorreta, considerando o exposto em "A" e "C"; **E:** incorreta, considerando o exposto nas alternativas anteriores.
Gabarito "A".

(Cartório/SP – 2012 – VUNESP) Na ação de despejo por falta de pagamento, admite-se a concessão de medida liminar para desocupação do imóvel desde que

(A) o atraso no pagamento dos aluguéis seja superior a três meses e preste o autor caução idônea.
(B) o atraso no pagamento dos aluguéis seja superior a seis meses, preste o autor caução no valor equivalente a três meses de aluguel e esteja o contrato garantido por fiança.
(C) preste o autor caução no valor equivalente a seis meses de aluguel e esteja o contrato garantido por seguro de fiança locatícia.
(D) preste o autor caução no valor equivalente a três meses de aluguel e esteja o contrato desprovido de garantia locatícia.

Art. 59, § 1º, IX, da Lei 8.245/1991.
Gabarito "D".

(Cartório/RR – 2013 – CESPE) A respeito do mandado de segurança, da ACP, da ação popular e da ação de improbidade administrativa, assinale a opção correta consoante a jurisprudência do STJ.

(A) De acordo com a atual posição do STJ, é possível a formação do litisconsórcio ativo no mandado de segurança, após obtida liminar, em razão da economia processual e harmonização dos julgados.
(B) Para a caracterização da conduta de negar publicidade aos atos oficiais como ato de improbidade, deve ser comprovada a ocorrência de dano à administração pública.
(C) Embora a lesão ao patrimônio público possa decorrer de ato omissivo, este não enseja o manejo de ação popular, haja vista a natureza da sentença a ser proferida.
(D) O prejuízo pela falta de intimação do MP em ACP é presumido, de forma que a declaração de nulidade independe da comprovação do prejuízo.
(E) A multa imposta à contratada, por autoridade administrativa, em decorrência de atraso na execução do contrato, não enseja impetração de mandado de segurança.

A: incorreta, pois a situação importaria em violação ao princípio do juiz natural e a alteração do polo passivo, no NCPC, só é permitida se o réu, na contestação, alegar ilegitimidade e indicar quem é o sujeito passivo da relação jurídica discutida (art. 339, § 2º); **B:** incorreta. A Lei de Improbidade (Lei 8.429/1992) é expressa ao apontar que (i) é ato de improbidade negar publicidade a atos oficiais (art. 11, IV) e (ii) não depende de dano a configuração da improbidade (art. 21, I); **C:** incorreta, pois não há essa limitação na lei, mas apenas a previsão de "anulação ou a declaração de nulidade de atos lesivos ao patrimônio" (Lei 4.717/1965, art. 1º); **D:** incorreta, pois a nulidade, em regra, depende de comprovação de prejuízo (NCPC, art. 282, § 1º); **E:** correta. Se houver atraso injustificado na execução do contrato, cabe multa, que somente será aplicada após procedimento administrativo (Lei 8.666/1993, art. 86, *caput* e § 2º). Assim, para impugnar essa situação, em regra, há necessidade de dilação probatória, sendo que não se admite isso no âmbito do MS, onde só se discute direito líquido e certo (Lei 12.016/2009, art. 1º).
Gabarito "E".

(Cartório/SP – 2012 – VUNESP) A impenhorabilidade do imóvel residencial próprio do casal ou da entidade familiar, considerado bem de família, é oponível em qualquer processo de execução, salvo se movido para

(A) cobrança de débito decorrente do não pagamento de contrato de abertura de crédito em conta-corrente.
(B) cobrança de débito decorrente de fiança concedida em contrato de locação.
(C) cobrança de débito decorrente de contrato de alienação fiduciária.
(D) cobrança de débito decorrente de relação de consumo.

Art. 3º, VII, da Lei 8.009/1990.
Gabarito "B".

(Cartório/SP – 2012 – VUNESP) É possível a concessão de liminar para desocupação do imóvel locado em ação de despejo que tiver por fundamento o término do prazo de locação

(A) não residencial, tendo sido proposta a ação em até 60 (sessenta) dias do termo ou do cumprimento de notificação comunicando o intento de retomada.
(B) residencial, tendo sido proposta a ação em até 60 (sessenta) dias do termo ou do cumprimento de notificação comunicando o intento de retomada.
(C) não residencial, tendo sido proposta a ação em até 30 (trinta) dias do termo ou do cumprimento de notificação comunicando o intento de retomada.
(D) residencial, tendo sido proposta a ação em até 30 (trinta) dias do termo ou do cumprimento de notificação comunicando o intento de retomada.

Art. 59, § 1º, VIII, da Lei 8.245/1991.
Gabarito "C".

(Cartório/SP – 2012 – VUNESP) Nas ações coletivas previstas no Código de Defesa do Consumidor, de acordo com o art. 103 do mencionado estatuto, a sentença faz coisa julgada

(A) *erga omnes*, na hipótese de interesses ou direitos coletivos, exceto se o pedido for julgado improcedente por insuficiência de provas.
(B) *ultrapartes*, na hipótese de interesses ou direitos individuais homogêneos, apenas no caso de procedência da ação.
(C) *ultrapartes*, na hipótese de interesses ou direitos difusos, salvo improcedência por insuficiência de provas.
(D) *ergaomnes*, na hipótese de interesses ou direitos individuais homogêneos, apenas no caso de procedência da ação, para beneficiar as vítimas e seus sucessores.

A: incorreto (arts. 81, parágrafo único, I, e 103, I, do CDC); **B e C:** incorretos (art. 81, parágrafo único, II, e art. 103, II, do CDC); **D:** correto (arts. 81, parágrafo único, III, e 103, III, do CDC).
Gabarito "D".

(Cartório/RJ – 2012) É correto afirmar que, nos contratos de locação não residencial, o direito de inerência ao ponto comercial

(A) decorre exclusivamente do objeto mercantil do contrato.
(B) permite ao locatário ingressar com a ação renovatória após terminado o prazo e cumpridas as obrigações contratuais.
(C) exclui a possibilidade de o locador utilizar qualquer uma das exceções de retomada.
(D) garante aos cessionários (se possível a cessão) da locação a possibilidade de utilização da ação renovatória.
(E) exclui a possibilidade do locador alegar, na contestação da ação renovatória, possuir proposta de terceiro em melhores condições.

A: incorreto. Há outros requisitos de ordem *formal* (celebração por escrito da avença) e *temporal* (prazo de exploração da mesma empresa, lapso de duração do contrato) que também devem ser observados (art. 51, I, II, e III, da Lei 8.245/1991); **B:** incorreto, em virtude da decadência de pleitear a renovação da locação (art. 51, § 5º, da Lei 8.245/1991); **C:** incorreto (art. 72 da Lei 8.245/1991); **D:** correto (art. 51, §1º, da Lei 8.245/1991); **E:** incorreto (art. 72, III, da Lei 8.245/1991).
Gabarito "D".

(Cartório/RJ – 2012) Na arbitragem, é correto afirmar que

(A) se, durante o procedimento arbitral, um árbitro vier a ser substituído, a produção de provas não poderá ser repetida.
(B) a revelia da parte impedirá que a sentença arbitral seja proferida.
(C) a produção de provas no procedimento arbitral sempre dependerá do requerimento das partes.
(D) é nula a sentença arbitral se não decidir todo o litígio submetido à arbitragem.
(E) a demanda para a decretação de nulidade de sentença arbitral deverá ser proposta no prazo de até 2 (dois) anos após o recebimento da notificação da sentença arbitral ou de seu aditamento.

A: incorreto (art. 22, § 5º, da Lei 9.307/1996); **B:** incorreto (art. 22, § 3º, da Lei 9.307/1996); **C:** incorreto (art. 22, *caput*, da Lei 9.307/1996); **D:** correto (art. 32, V, da Lei 9.307/1996); **E:** incorreto (art. 33, § 1º, da Lei 9.307/1996).
Gabarito "D".

(Procurador da República – 26º) Quanto às ações coletivas:

I. No mandado de segurança coletivo, haverá interesse dos membros ou associados sempre que houver correspondência entre os interesses que se pretende tutelar e os fins institucionais da associação, sindicato ou entidade de classe;
II. Em ação civil pública, proposta pelo Ministério Público é possível que a inconstitucionalidade determinada norma seja declarada incidentalmente, tendo em vista o caso concreto;
III. Os direitos individuais homogêneos diferem dos direitos difusos e coletivos porque estes últimos não têm titular individualizado, mas um grupo identificado, e sua natureza é indivisível;
IV. Segundo o STF, o Ministério Público tem legitimidade para propor ação civil pública em defesa dos direitos individuais homogêneos sempre que estes, tomados em seu conjunto, ostentem grande relevo social.

Quanto às proposições acima:

(A) Apenas uma está correta:
(B) Duas estão corretas:
(C) Três estão corretas:
(D) Todas estão corretas.

I: correta, porque nesse caso, exige-se a chamada pertinência temática (art. 21, *caput*, da Lei 12.016/2009); **II:** correta ("(...) admite-se a ação civil pública com a finalidade de exercício do controle incidental de constitucionalidade, pela via difusa (...)" (STF, Rcl 600/SP, Rel. Ministro Néri da Silveira, Pleno, julgado em 03/09/1997, *DJ* 05/12/2003 e RTJ 186/690); **III:** incorreta, porque o item não indica o motivo pelo qual os interesses individuais homogêneos diferem dos difusos, e também limita os coletivos como sendo aqueles pertencentes a um grupo, sem se referir à categoria ou à classe de pessoas ligadas entre si ou com a parte contrária por uma relação jurídica base (art. 81 do CDC); **IV:** correta, porque "em ações civis públicas em que se discutem interesses individuais homogêneos dotados de grande relevância social, reconhece-se a legitimidade ativa do Ministério Público para seu ajuizamento. Pacífica jurisprudência do Supremo Tribunal Federal nesse sentido" (STF, AgRg no AgIn 813.045/RJ, Rel. MinisitroDias Toffoli, 1ªT., julgado em 26/02/2013, processo eletrônico DJe-080 divulg 29/04/2013, public 30/04/2013).
Gabarito "C".

(Magistratura do Trabalho – 2ª Região – 2012) Observe as assertivas seguintes.

I. Segundo a jurisprudência sumulada do C. STF, decisão denegatória de mandado de segurança, não fazendo coisa julgada contra o impetrante, não impede o uso de ação própria.
II. A sentença que julga improcedente a ação popular por deficiência de provas não faz coisa julgada.
III. A sentença que julga improcedente ação civil pública por deficiência de provas faz coisa julgada.
IV. Nas ações coletivas tratadas pelo Código de Defesa do Consumidor, a sentença fará coisa julgada "erga omnes", em se tratando de ação que envolva interesses ou direitos coletivos.
V. A sentença arbitral produz, entre as partes, os mesmos efeitos da sentença proferida pelos órgãos do Poder Judiciário e, sendo condenatória, constitui título executivo.

Responda:

(A) estão corretas as assertivas I, II e V;
(B) estão corretas somente as assertivas II e V;
(C) estão corretas as assertivas II, III e IV;
(D) estão corretas somente as assertivas III e IV;
(E) estão corretas as assertivas I, III e IV.

I: correto. Súmula 304 do STF: "Decisão denegatória de mandado de segurança, não fazendo coisa julgada contra o impetrante, não impede o uso da ação própria". A essência do referido verbete sumular foi reproduzido pelo art. 19 da Lei 12.016/2009; **II:** correto (art. 18 da Lei 4.717/1965); **III:** incorreto. A sentença civil fará coisa julgada erga omnes, nos limites da competência territorial do órgão prolator, *exceto se o pedido for julgado improcedente por insuficiência de provas*, hipótese em que qualquer legitimado poderá intentar outra ação com idêntico fundamento, valendo-se de nova prova (art. 16 da Lei 7.347/1985); **IV:** incorreto. Na hipótese de direitos coletivos, a coisa julgada operar-se-á *ultra partes* (art. 103, II, do CDC). Em se tratando de direitos difusos, a sentença fará coisa julgada *erga omnes* (art. 103, I, do CDC), ressalvados, em ambos os casos, as exceções colacionadas pelas normas em destaque; **V:** correto (art. 31 da Lei 9.307/1996).
Gabarito "A".

(Magistratura do Trabalho – 3ª Região – 2013) Sobre direito processual civil, leia as afirmações abaixo e, em seguida, assinale a alternativa correta:

I. Nas ações coletivas a sentença fará coisa julgada *ultra partes*, mas limitada ao grupo, categoria ou classe, exceto se o pedido for julgado improcedente por insuficiência de provas, hipótese em qualquer legitimado poderá intentar outra ação, com idêntico fundamento, valendo-se de nova prova, na hipótese interesses ou direitos difusos.
II. Nas ações coletivas a sentença fará coisa julgada *erga omnes*, salvo improcedência por insuficiência de provas, hipótese em qualquer legitimado poderá intentar outra ação, com idêntico fundamento, valendo-se de nova prova, na hipótese de interesses ou direitos coletivos.
III. Nas ações coletivas a sentença fará coisa julgada *erga omnes*, apenas no caso de procedência do pedido, para beneficiar todas as vítimas e seus sucessores, na hipótese de interesses ou direitos individuais homogêneos.

IV. A execução coletiva de decisão proferida em ação civil coletiva far-se-á com base em certidão das sentenças de liquidação, da qual deverá constar a ocorrência ou não do trânsito em julgado.
(A) Somente as afirmativas I, II e III estão corretas.
(B) Somente as afirmativas II e III estão corretas.
(C) Somente as afirmativas III e IV estão corretas
(D) Somente a afirmativa IV está correta.
(E) Todas as afirmativas estão incorretas.

I e II: incorretos. Na hipótese de direitos coletivos, a coisa julgada operar-se-á *ultra partes* (art. 103, II, do CDC). Em se tratando de direitos difusos, a sentença fará coisa julgada *erga omnes* (art. 103, I, do CDC), ressalvados, em ambos os casos, as exceções colacionadas pelas normas em destaque; **III:** correto (art. 103, III, do CDC); **IV:** correto (art. 98, § 1º, do CDC).
Gabarito "C".

(Delegado Federal – 2013 – CESPE) No que se refere ao *habeas data* e ao *habeas corpus*, julgue os itens seguintes.
(1) De acordo com o STJ, o *habeas data* é instrumento idôneo para a obtenção de acesso aos critérios utilizados em correção de prova discursiva aplicada em concursos públicos.
(2) O *habeas corpus* constitui a via adequada para o devedor de pensão alimentícia pedir o afastamento de sua prisão, alegando incapacidade de arcar com o pagamento dos valores executados.

1: incorreta, pois o STJ decidiu exatamente o contrário, pelo não cabimento de *habeas data* em relação a critérios de concurso (AgRg no HD 127/DF, Rel. Ministro João Otávio De Noronha, Primeira Seção, julgado em 14.06.2006, *DJ* 14.08.2006, p. 250); **2:** incorreta, porque nesse caso de incapacidade de pagamento, há necessidade de instrução probatória, o que é inviável de se apurar no âmbito do HC (HC 239.691/MG, Rel. Ministro João Otávio de Noronha, Terceira Turma, julgado em 20.02.2014, *DJe* 05.03.2014).
Gabarito 1E, 2E.

4. DIREITO EMPRESARIAL

Fernando Castellani, Henrique Subi e Robinson Barreirinhas*

1. TEORIA GERAL

1.1. EMPRESA, EMPRESÁRIO, CARACTERIZAÇÃO E CAPACIDADE

(Juiz de Direito – TJ/RS – 2018 – VUNESP) O artigo 966 do Código Civil define como empresário aquele que exerce
(A) atividade profissional organizada com a finalidade de produção ou circulação de bens ou de serviços.
(B) atividade profissional econômica organizada com a finalidade de produção ou circulação de bens ou de serviços.
(C) atividade eventual econômica, organizada com a finalidade de circulação de bens ou serviços.
(D) atividade eventual econômica não organizada com a finalidade de produção e circulação de bens ou de serviços.
(E) atividade profissional econômica organizada com a finalidade de produção e circulação de bens ou de serviços.

Segundo o art. 966 do CC, considera-se empresário aquele que exerce profissionalmente atividade econômica organizada para produção ou circulação de bens ou serviços. **HS**
Gabarito "B".

(Juiz de Direito – TJ/RS – 2018 – VUNESP) Para os efeitos da Lei Complementar no 123/2006, consideram-se microempresas ou empresas de pequeno porte, a sociedade empresária, a sociedade simples, a empresa individual de responsabilidade limitada e o empresário a que se refere o artigo 966 do Código Civil em vigor, devidamente registrados no Registro de Empresas Mercantis ou no Registro Civil de Pessoas Jurídicas, conforme o caso, desde que:
(A) no caso da microempresa, aufira em cada ano-calendário, receita bruta igual ou inferior a R$ 400.000,00 (quatrocentos mil reais); no caso de empresa de pequeno porte, aufira receita bruta superior a R$ 400.000,00 (quatrocentos mil reais) e igual ou inferior a R$ 4.800.000,00 (quatro milhões e oitocentos mil reais).
(B) no caso da microempresa, aufira em cada ano-calendário, receita bruta igual ou inferior a R$ 360.000,00 (trezentos e sessenta mil reais); no caso de empresa de pequeno porte aufira receita bruta superior a R$ 360.000,00 (trezentos e sessenta mil reais) e igual ou inferior a R$ 4.800.000,00 (quatro milhões e oitocentos mil reais).
(C) no caso da microempresa, aufira em cada ano-calendário, receita bruta igual ou inferior a R$ 380.000,00 (trezentos e oitenta mil reais); no caso de empresa de pequeno porte, aufira receita bruta superior a R$ 380.000,00 (trezentos e oitenta mil reais) e igual ou inferior a R$ 4.800.000,00 (quatro milhões e oitocentos mil reais).
(D) no caso da microempresa, aufira em cada ano-calendário, receita bruta igual ou inferior a R$ 360.000,00 (trezentos e sessenta mil reais); no caso de empresa de pequeno porte, aufira receita bruta superior a R$ 360.000,00 (trezentos e sessenta mil reais) e igual ou inferior a R$ 5.000.000,00 (cinco milhões de reais).
(E) no caso da microempresa, aufira em cada ano-calendário, receita bruta igual ou inferior a R$ 400.000,00 (quatrocentos mil reais); no caso de empresa de pequeno porte aufira receita bruta superior a R$ 400.000,00 (quatrocentos mil reais) e igual ou inferior a R$ 5.000.000,00 (cinco milhões de reais).

Considera-se microempresa a atividade que fatura até R$360.000,00 no ano e empresa de pequeno porte aquela cujo faturamento anual não ultrapassa R$4.800.000,00 no ano (art. 3º, I e II, da Lei Complementar nº 123/2006). **HS**
Gabarito "B".

(Juiz de Direito – TJ/RS – 2018 – VUNESP) A respeito do tema teoria da desconsideração da personalidade jurídica, o Superior Tribunal de Justiça em muitos de seus julgados faz menção à teoria maior e à teoria menor da desconsideração. Com base nessa informação, assinale a alternativa correta.

(A) Para aplicação da teoria maior da desconsideração, regra aplicada excepcionalmente em nosso sistema jurídico, basta a comprovação da prova da insolvência da pessoa jurídica, enquanto para incidência da teoria menor da desconsideração é preciso apenas a demonstração de confusão patrimonial.
(B) Considera-se correta a aplicação da teoria maior da desconsideração, regra excepcional em nosso sistema jurídico brasileiro, com a comprovação da prova da insolvência da pessoa jurídica juntamente com o desvio de finalidade ou confusão patrimonial. A teoria menor, por consequência, regra geral em nosso sistema jurídico, considera-se correta sua aplicação apenas diante da comprovação da insolvência da pessoa jurídica.
(C) Para incidência da teoria maior da desconsideração, regra geral do sistema jurídico brasileiro, exige-se para além da prova da insolvência, ou a demonstração de desvio de finalidade ou a demonstração de confusão patrimonial. Para caracterização da teoria menor, por sua vez, regra excepcional, basta a prova de insolvência da pessoa jurídica.
(D) Caracteriza-se a teoria maior da desconsideração, regra geral do sistema jurídico brasileiro, com a identificação apenas do desvio de finalidade da pessoa jurídica, ao passo que a teoria menor da desconsideração concretiza-se com a comprovação somente da insolvência da pessoa jurídica.
(E) Para devida incidência da aplicação da teoria maior da desconsideração, regra geral do sistema jurídico brasileiro, torna-se necessária a comprovação da insolvência da pessoa jurídica, a demonstração do desvio de finalidade e da demonstração de confusão patrimonial. Para a correta aplicação da teoria menor, por sua vez, regra excepcional em nosso sistema jurídico, basta a comprovação da insolvência da pessoa jurídica.

A dica para memorizar as teorias da desconsideração da personalidade jurídica é a seguinte: teoria **maior** é aquela que exige **mais** requisitos. Logo, a teoria maior é a regra no direito brasileiro, prevista no art. 50 do CC: é necessária prova da insolvência da pessoa jurídica e **também** de seu uso abusivo, consistente no desvio de finalidade ou confusão patrimonial. A teoria menor tem aplicação excepcional (art. 28 do CDC, por exemplo), bastando para sua caracterização a insolvência da pessoa jurídica. **HS**
Gabarito "C".

(Advogado União – AGU – CESPE – 2015) Acerca dos impedimentos, direitos e deveres do empresário, julgue os itens que se seguem de acordo com a legislação vigente.
(1) O incapaz não pode ser autorizado a iniciar o exercício de uma atividade empresarial individual, mas, excepcionalmente, poderá ele ser autorizado a dar continuidade a atividade preexistente.
(2) Os livros mercantis são equiparados a documento público para fins penais, sendo tipificada como crime a falsificação, no todo ou em parte, de escrituração comercial.
(3) Condenados por crime falimentar ou contra a economia popular não podem figurar como sócios em sociedade limitada, ainda que sem função de gerência ou administração.

1: Certa, nos termos do art. 974 do CC. **2:** Certa, nos termos do art. 297, § 2º, do Código Penal. **3:** Errada. A vedação abrange somente a função de administrador, não a presença da pessoa no quadro societário (art. 1.011, § 1º, do CC). **HS**
Gabarito 1C, 2C, 3E.

(Procurador do Estado/AM – 2016 – CESPE) No que concerne ao direito empresarial em sentido amplo, julgue os itens a seguir.
(1) Pessoa física pode exercer a atividade como empresário individual, que é a figura jurídica normatizada como sociedade individual de responsabilidade limitada.
(2) Dado o princípio constitucional de livre-iniciativa, é permitido ao empresário iniciar suas atividades comerciais concomitantemente com o pedido de sua inscrição no registro público de empresas mercantis.

1: incorreta, pois o empresário individual, a que se refere o art. 966 do CC, não se confunde com a empresa individual de responsabilidade limitada atualmente descrita no art. 980-A do mesmo CC. No caso da empresa individual, a personalidade dessa pessoa jurídica não se confunde com a personalidade da pessoa natural (pessoa física); 2: incorreta, pois

---
* **Legenda:**
FC: Fernando Castellani
RB: Robinson Barreirinhas
HS: Henrique Subi

é obrigatória a inscrição do empresário no Registro Público de Empresas Mercantis da respectiva sede, antes do início de sua atividade, conforme determinação expressa do art. 967 do CC.

Gabarito 1E, 2E

(Promotor de Justiça – MPE/MS – FAPEC – 2015) Em relação ao Direito de Empresa e a teoria da desconsideração da personalidade jurídica, analise as seguintes assertivas:

I. O encerramento irregular das atividades empresariais, por si só, é causa para a desconsideração da personalidade jurídica.
II. A desconsideração da personalidade jurídica, como incidente processual, pode ser decretada sem a prévia citação dos sócios atingidos, aos quais se garante o exercício postergado ou diferido do contraditório e da ampla defesa.
III. Nos casos em que se discutem relações jurídicas de natureza civil, excetuadas as relações de consumo e demais ramos específicos, como Direito Ambiental, o legislador pátrio adotou a teoria maior da desconsideração, que exige a demonstração apenas do prejuízo do particular.
IV. Segundo o Código Civil, a empresa individual de responsabilidade limitada será constituída de uma única pessoa titular da totalidade do capital social, devidamente integralizado, que não será inferior a 50 (cinquenta) vezes o maior salário-mínimo vigente no País, podendo ainda a pessoa natural figurar em duas empresas dessa modalidade.

Assinale a alternativa correta:
(A) Somente as assertivas I e II estão corretas.
(B) Somente a assertiva II está correta.
(C) Somente a assertiva IV está correta.
(D) Somente as assertivas III e IV estão corretas.
(E) Somente as assertivas II e III estão corretas.

I: incorreta, pois, para a desconsideração da personalidade jurídica é preciso ter ocorrido, em regra, o abuso da personalidade jurídica, caracterizado pelo desvio de finalidade ou pela confusão patrimonial – art. 50 do CC. Interessante ressaltar que a desconsideração foi positivada também no art. 28 do CDC e no art. 18 da revogada Lei 8.884/1994, além de disposições específicas quanto a atos culposos ou dolosos praticados pelos administradores com efeitos em relação à sua responsabilidade pessoal (por exemplo, art. 1.016 do CC e arts. 134, II e VII, e 135, III, ambos do CTN); **II:** correta, sendo esse o entendimento do STJ – ver AgInt no AREsp 918.295/SP e art. 133 do CPC; **III:** incorreta, pois não basta a prova da inadimplência da obrigação e dos prejuízos causados para a desconsideração, sendo necessário, em regra, o abuso da personalidade jurídica, caracterizado pelo desvio de finalidade, ou pela confusão patrimonial, conforme comentários à alternativa "A"; **IV:** incorreta, pois o capital social da EIRELI não pode ser inferior a 100 vezes o maior salário-mínimo do país e, ademais, a pessoa natural não poderá figurar em mais de uma empresa dessa modalidade – art. 980-A, caput e § 2º, do CC.

Gabarito "B".

(Delegado/PE – 2016 – CESPE) A respeito de estabelecimento empresarial, aviamento e clientela, assinale a opção correta.
(A) Estabelecimento empresarial corresponde a um complexo de bens corpóreos organizados ao exercício de determinada empresa.
(B) O estabelecimento empresarial não é suscetível de avaliação econômica e, por consequência, não pode ser alienado.
(C) Aviamento refere-se à aptidão que determinado estabelecimento empresarial possui para gerar lucros.
(D) De acordo com a doutrina, aviamento e clientela são sinônimos.
(E) Na legislação vigente, não há mecanismos de proteção legal à clientela.

A: incorreta. O estabelecimento é composto tanto de bens corpóreos quanto de bens incorpóreos (ponto comercial, título do estabelecimento, clientela etc.); **B:** incorreta. O estabelecimento possui valor econômico próprio e pode ser objeto de negócio jurídico específico (art. 1.143 do Código Civil); **C:** correta. Este é o conceito de aviamento tradicionalmente adotado pela doutrina; **D:** incorreta. O conceito de aviamento foi corretamente exposto na letra "C". Clientela, por sua vez, é outro ativo intangível do estabelecimento, o conjunto de clientes que potencialmente adquirem os produtos e serviços do empresário; **E:** incorreta. A proteção à clientela é a razão jurídica da criminalização dos atos de concorrência desleal (art. 195 da Lei 9.279/1996).

Gabarito "C".

(Juiz de Direito/DF – 2016 – CESPE) A respeito da empresa individual de responsabilidade limitada, assinale a opção correta.
(A) A empresa individual de responsabilidade limitada não pode resultar da concentração das quotas de outra modalidade societária em um único sócio.
(B) A pessoa natural que constituir empresa individual de responsabilidade limitada pode figurar em outras pessoas dessa espécie.
(C) A expressão "EIRELI" deve compor o nome empresarial, devendo constar após a firma ou denominação social da empresa.
(D) O capital social desse tipo de empresa não pode ser superior a cem vezes o maior salário mínimo vigente no país.
(E) Aplicam-se à empresa individual de responsabilidade limitada, no que couber, as regras previstas para as sociedades simples.

A: incorreta. Tal ato é expressamente autorizado pelo art. 980-A, §3º, do CC; **B:** incorreta. A pessoa natural está autorizada a constituir apenas uma EIRELI (art. 980-A, §2º, do CC); **C:** correta, nos termos do art. 980-A, §1º, do CC; **D:** incorreta. Cem salários mínimos é o valor mínimo do capital social (art. 980-A, caput, do CC); **E:** incorreta. A EIRELI é regida subsidiariamente pelas normas da sociedade limitada (art. 980-A, §6º, do CC).

Gabarito "C".

(Promotor de Justiça/PI – 2014 – CESPE) Considerando a evolução histórica do direito empresarial, assinale a opção correta.
(A) A teoria dos atos de comércio foi adotada, inicialmente, nas feiras medievais da Europa pelas corporações de comerciantes que então se formaram.
(B) A edição do Código Francês de 1807 é considerada o marco inicial do direito comercial no mundo.
(C) Considera-se o marco inicial do direito comercial brasileiro a lei de abertura dos portos, em 1808, por determinação do rei Dom João VI.
(D) É de origem francesa a teoria da empresa, adotada pelo atual Código Civil brasileiro.
(E) O direito romano apresentou um corpo sistematizado de normas sobre atividade comercial.

A: incorreta. A Teoria dos Atos de Comércio nasceu junto com o liberalismo econômico e foi um dos motes da Revolução Francesa; **B:** incorreta. O Direito Comercial ganha corpo, ainda que dotado de grande subjetividade, na Idade Média, com as corporações de ofício; **C:** correta. A ela se seguiu a elaboração de nosso Código Comercial em 1850; **D:** incorreta. A Teoria da Empresa é italiana, de forte conotação fascista; **E:** incorreta. O Direito Romano nunca se preocupou tanto com o Direito Comercial. Naquela época, as normas aplicáveis ao comércio eram fundadas nos costumes.

Gabarito "C".

1.2. NOME EMPRESARIAL

(Defensor Público Federal – DPU – 2017 – CESPE) Considerando que tenha sido decretada a falência de Roma & Cia. Ltda., sociedade de André Roma e Bruno Silva, administrada apenas por André, julgue os itens seguintes.

(1) O nome empresarial Roma & Cia. Ltda. é classificado como denominação social.

1: incorreta, pois o nome empresarial composto pelo nome de um ou mais sócios pessoas físicas, de modo indicativo da relação social, é classificado como firma (não como denominação) – art. 1.158, § 1º, do CC;

Gabarito 1E

(Juiz – TRF 2ª Região – 2017) Sociedade empresária impetra mandado de segurança em face de ato do Presidente da Junta Comercial do Estado do Rio de Janeiro, que nega o arquivamento de alteração contratual. O ato aponta a inviabilidade do nome empresarial, diante de similitude para com outro já existente, de diversa sociedade. Em relação ao tema, analise as assertivas abaixo e, depois, marque a opção correta:

I. Em relação ao mandado de segurança impetrado, a competência é da Justiça Estadual, já que o ato foi praticado por autoridade estadual;
II. Independentemente de tema processual, o controle de similitude de nome empresarial cabe ao Instituto Nacional de Propriedade Industrial, e não à Junta Comercial;
III. A colidência de nome empresarial é matéria do interesse exclusivo de seus titulares, e a análise do tema, sem provocação do interessado, não cabe nem à Junta Comercial e nem ao Instituto Nacional de Propriedade Industrial;
IV. Às Juntas Comerciais cabe a análise da escolha de títulos de estabelecimento e formas societárias, enquanto ao Instituto Nacional de Propriedade Industrial, entre outras tarefas, cabe a análise de pedido de registro e eventual colidência de marcas.

(A) Estão erradas todas a assertivas.
(B) Apenas as assertivas I e II estão corretas.
(C) Apenas as assertivas I e III estão corretas.
(D) Apenas a assertiva IV está correta.
(E) Está correta apenas a assertiva II.

I: incorreta. A competência é da Justiça Federal, porque, no que toca a questões técnicas sobre o registro de empresas, as Juntas Comerciais atuam sob vinculação ao Departamento de Registro de Empresas e Integração (DREI), órgão federal ligado à Secretaria da Micro e Pequena Empresa; **II:** incorreta. O nome empresarial não se confunde com marca: o primeiro é controlado pelas Juntas Comerciais, a segunda pelo INPI; **III:** incorreta. Trata-se de questão de interesse público, porquanto a similitude dos nomes empresariais pode causar confusão entre os demais agentes econômicos e a clientela. Por tal razão, é realizada de ofício pela Junta Comercial; **IV:** incorreta. A escolha do título do estabelecimento e da forma societária não é controlada pela Junta Comercial, a qual, em relação ao segundo caso, verificará unicamente se foram cumpridos os requisitos legais incidentes sobre o tipo societário escolhido.

Gabarito "A".

(Procurador do Estado/AM – 2016 – CESPE) Ainda com relação ao direito empresarial em sentido amplo, julgue o item que se segue.

(1) Sociedade empresária poderá ser registrada tanto nos órgãos de registro de comércio quanto nos cartórios de títulos, devendo a sociedade simples ser obrigatoriamente registrada em cartório de registro de pessoas jurídicas.

1: incorreta, pois o empresário e a sociedade empresária vinculam-se ao Registro Público de Empresas Mercantis a cargo das Juntas Comerciais, e a sociedade simples ao Registro Civil das Pessoas Jurídicas, o qual deverá obedecer às normas fixadas para aquele registro, se a sociedade simples adotar um dos tipos de sociedade empresária – art. 1.150 do CC.
Gabarito 1E

(Promotor de Justiça – MPE/AM – FMP – 2015) A respeito da alienação do estabelecimento é correto afirmar:

I. O contrato que tenha por objeto a alienação, o usufruto ou arrendamento do estabelecimento só produzirá efeitos quanto a terceiros depois de averbado à margem da inscrição do empresário, ou da sociedade empresária, no Registro Público de Empresas Mercantis, e de publicado na imprensa oficial.
II. Se ao alienante não restarem bens suficientes para solver o seu passivo, a eficácia da alienação do estabelecimento depende do pagamento de todos os credores, ou do consentimento destes, de modo expresso ou tácito, em trinta dias a partir de sua notificação.
III. O adquirente do estabelecimento responde pelo pagamento dos débitos anteriores à transferência, desde que regularmente contabilizados, continuando o devedor primitivo solidariamente obrigado pelo prazo de dois anos, a partir, quanto aos créditos vencidos, da publicação, e, quanto aos outros, da data do vencimento.
IV. Não havendo autorização expressa, o alienante do estabelecimento não pode fazer concorrência ao adquirente nos dez anos subsequentes à transferência.

Quais das assertivas acima estão corretas?
(A) Apenas a I e II.
(B) Apenas a II e III.
(C) Apenas a II e IV.
(D) Apenas a I, II e III.
(E) I, II, III e IV.

I: correta, pois é o que dispõe o art. 1.144 do CC; **II:** correta, nos termos do art. 1.145 do CC; **III:** incorreta, pois o prazo de duração da responsabilidade solidária do devedor primitivo é de um ano, nos termos do art. 1.146 do CC; **IV:** incorreta, pois o prazo de impedimento de concorrência é de cinco anos, conforme o art. 1.147 do CC.
Gabarito "A"

1.3. INSCRIÇÃO, REGISTROS, ESCRITURAÇÃO E LIVROS

(Procurador do Estado – PGE/RN – FCC – 2014) Os livros e fichas dos empresários e sociedades provam

(A) contra ou a favor das pessoas a que pertencem, desde que escriturados sem vícios intrínsecos ou extrínsecos, podendo, entretanto, os interessados impugná-los provando a inexatidão ou falsidade dos lançamentos e, para isso, poderão requerer em juízo a exibição parcial dos livros, competindo somente à Fazenda Pública pleitear a exibição integral para a fiscalização do pagamento de impostos, nos estritos termos das respectivas leis especiais, ou, a qualquer credor, no caso de falência.
(B) a favor das pessoas a que pertencem, quando escriturados sem vício extrínseco ou intrínseco e forem confirmados por outros subsídios, nesse caso suprindo a falta de escritura pública exigida por lei, salvo se provadas a falsidade ou inexatidão dos lançamentos.
(C) somente contra as pessoas a que pertencem e nunca a seu favor, por isso não podendo o Juiz determinar a exibição integral dos livros e papéis de escrituração, porque ninguém tem obrigação de fazer prova contra si próprio.
(D) contra as pessoas a que pertencem, todavia, o Juiz só pode autorizar a exibição integral dos livros e papéis da escrituração nos casos taxativamente previstos em lei, entre os quais, para resolver questões relativas à sucessão, sendo que as restrições legais não se aplicam às autoridades fazendárias, no exercício da fiscalização do pagamento de impostos, nos estritos termos das respectivas leis especiais.
(E) contra ou a favor das pessoas a que pertencem, desde que escriturados sem vício extrínseco ou intrínseco, ressalvada ao interessado a prova da falsidade ou inexatidão dos lançamentos, qualquer interessado podendo requerer ao Juiz a exibição integral, para demonstrar os seus direitos.

Nos termos do art. 226 do CC, a escrituração do empresário faz prova contra as pessoas a que pertencem. Ao mesmo tempo, o art. 1.191 do CC determina que só é autorizado ao juiz determinar a exibição integral dos livros quando necessária para resolver questões relativas a sucessão, comunhão ou sociedade, administração ou gestão à conta de outrem, ou em caso de falência. Obviamente, as restrições de acesso não se aplicam às autoridades fazendárias no exercício de suas funções de fiscalização (art. 1.193 do CC).
Gabarito "D"

(Juiz – TRF 3ª Região – 2016) Relativamente ao registro do empresário, assinale a alternativa incorreta:

(A) O requerimento deve conter a firma, com a respectiva assinatura autógrafa que poderá ser substituída pela assinatura autenticada com certificação digital ou meio equivalente que comprove a sua autenticidade.
(B) No caso de abertura de microempresa e empresa de pequeno porte, poderá ser dispensado o uso da firma, com a respectiva assinatura autógrafa.
(C) O empresário que instituir sucursal, filial ou agência, em lugar sujeito à jurisdição de outro Registro Público de Empresas Mercantis, neste poderá, se o desejar, também inscrevê-la, com a prova da inscrição originária.
(D) O empresário, cuja atividade rural constitua sua principal profissão, pode requerer inscrição no Registro Público de Empresas Mercantis da respectiva sede, caso em que, depois de inscrito, ficará equiparado, para todos os efeitos, ao empresário sujeito a registro.

A: correta, nos termos do art. 968, II, do CC; **B:** correta, nos termos do art. 968, II, parte final, do CC; **C:** incorreta, devendo ser assinalada. Não se trata de faculdade do empresário, mas de obrigação (art. 969 do CC); **D:** correta, nos termos do art. 971 do CC.
Gabarito "C"

(Juiz – TJ/SP – VUNESP – 2015) A respeito da escrituração mercantil, é incorreto afirmar que

(A) os livros obrigatórios do empresário e da sociedade empresária devem ser autenticados na Junta Comercial.
(B) quando preencherem os requisitos legais, os livros contábeis fazem prova a favor de seu titular, nos litígios entre empresários.
(C) as sociedades anônimas deverão manter registros permanentes, observando a legislação e os princípios de contabilidade geralmente aceitos e registrar suas mutações patrimoniais segundo o regime de caixa.
(D) o exame de livros comerciais, em ação judicial envolvendo contratos mercantis, fica limitado aos lançamentos correspondentes às transações entre os litigantes.

A: correta, nos termos do art. 1.181 do CC; **B:** correta, nos termos do art. 418 do CPC; **C:** incorreta, devendo ser assinalada. Deve ser observado o regime de competência, nos termos do art. 177 da LSA; **D:** correta, nos termos do art. 421 do CPC.
Gabarito "C"

(Magistratura/GO – 2015 – FCC) Acerca dos livros e fichas dos empresários e sociedades, é correto afirmar:

(A) não fazem prova senão depois de homologados pela Junta Comercial.
(B) fazem prova contra as pessoas a que pertencem, mas não em seu favor.
(C) a prova deles resultantes é bastante mesmo nos casos em que a lei exige escritura pública, já que se equiparam a documentos públicos.
(D) quando escriturados sem vício extrínseco ou intrínseco, fazem prova a favor das pessoas a que pertencem, mas desde que confirmados por outros subsídios.
(E) a prova deles resultantes pode ser ilidida pela comprovação da falsidade dos lançamentos, mas não da sua inexatidão.

A: incorreta. Mesmo que não autenticados pela Junta Comercial, provam contra o empresário (art. 226 do CC); **B:** incorreta. Quando livres de qualquer vício intrínseco ou extrínseco e acompanhados de outros subsídios, a escrituração do empresário faz prova em seu favor (art. 226 do CC); **C:** incorreta. Exigindo a lei escritura pública, a escrituração contábil do empresário não é suficiente para supri-la (art. 226, parágrafo único, do CC); **D:** correta, nos termos do art. 226 do CC; **E:** incorreta. Também a comprovação da inexatidão dos lançamentos contábeis afasta sua força probante (art. 226, parágrafo único, do CC).
Gabarito "D"

1.4. LOCAÇÃO

(Juiz de Direito/RJ – 2014 – VUNESP) Conforme expressa previsão da lei que disciplina a ação renovatória de locação não residencial, é correto afirmar que

(A) o prazo do contrato a renovar pode ser determinado ou indeterminado.
(B) nas locações de espaço em *shopping centers*, o locador não poderá recusar a renovação do contrato sob alegação de uso próprio.
(C) não poderá ser exercida pelos cessionários ou sucessores da locação.
(D) a defesa do locador é adstrita às hipóteses previstas na lei de locações, visto constituírem *numerus clausus*.

A: incorreta. Para haver direito à renovação compulsória, o contrato deve ser celebrado por prazo determinado (art. 51, I, da Lei 8.245/1991), **B:** correta, nos termos do art. 52, § 2º, da Lei 8.245/1991; **C:** incorreta. O direito dos cessionários e sucessores está garantido pelo art. 51, § 1º, da Lei 8.245/1991; **D:** incorreta. O locador pode invocar qualquer matéria de defesa hábil a afastar os requisitos alegadamente cumpridos pelo locatário.
Gabarito "B".

1.5. ESTABELECIMENTO

(Delegado – PC/BA – 2018 – VUNESP) Com relação ao estabelecimento empresarial, assinale a alternativa correta.

(A) O contrato que tenha por objeto a alienação, o usufruto ou arrendamento do estabelecimento, só produzirá efeitos quanto às partes e a terceiros depois de averbado à margem da inscrição do empresário, ou da sociedade empresária, no Registro Público de Pessoas Jurídicas, e de publicado na imprensa local.
(B) O adquirente do estabelecimento responde pelo pagamento dos débitos anteriores à transferência, mesmo não contabilizados, continuando o devedor primitivo subsidiariamente obrigado, pelo prazo de três anos, a partir, quanto aos créditos vencidos, da publicação, e, quanto aos outros, da data do vencimento.
(C) A transferência do estabelecimento importa a sub-rogação do adquirente nos contratos estipulados para exploração do estabelecimento, se não tiverem caráter pessoal, podendo os terceiros rescindir o contrato em noventa dias a contar da publicação da transferência, se ocorrer justa causa, ressalvada, neste caso, a responsabilidade do alienante.
(D) Não havendo autorização expressa, o alienante do estabelecimento não pode fazer concorrência ao adquirente, nos dez anos subsequentes à transferência; no caso de arrendamento ou usufruto do estabelecimento, a proibição persistirá durante o prazo contratual, não podendo ser superior a cinco anos.
(E) A cessão dos créditos referentes ao estabelecimento transferido produzirá efeito em relação aos respectivos devedores, desde o momento da assinatura do contrato, e, a partir da publicação da transferência, o devedor que pagar ao cedente, mesmo de boa-fé, terá que pagar novamente ao adquirente.

A: incorreta. Os requisitos listados são indispensáveis somente para que os efeitos do contrato sejam oponíveis perante terceiros. Para as partes, o contrato é válido e eficaz desde sua assinatura (art. 1.144 do CC); **B:** incorreta. O adquirente do estabelecimento responde apenas pelos débitos regularmente contabilizados (art. 1.146 do CC); **C:** correta, nos termos do art. 1.148 do CC; **D:** incorreta. No silêncio do contrato, a cláusula de não restabelecimento vale por 5 (cinco) anos (art. 1.147 do CC); **E:** incorreta. O marco inicial dos efeitos da cessão de crédito é a publicação da transferência (art. 1.149 do CC).
Gabarito "C".

(Procurador – PGFN – ESAF – 2015) Assinale a opção correta.

(A) Por configurar uma universalidade de fato, o estabelecimento empresarial pode ser objeto unitário de direitos e de negócios jurídicos, translativos ou constitutivos, que sejam compatíveis com a sua natureza.
(B) O adquirente do estabelecimento empresarial responde pelo pagamento dos débitos anteriores à transferência, desde que regularmente contabilizados, ficando o devedor primitivo subsidiariamente responsável pelo pagamento das dívidas pelo prazo de 1 (um) ano, contado da data da publicação da alienação, quanto aos créditos vencidos; ou da data do vencimento, quanto aos créditos vincendos.
(C) Com exceção das dívidas de natureza trabalhista e fiscal, a aquisição de estabelecimento empresarial em alienação judicial promovida em processo de falência ou de recuperação judicial exime a responsabilidade do adquirente pelas obrigações anteriores.
(D) A transferência do estabelecimento empresarial importa a sub-rogação do adquirente nos contratos negociados anteriormente pelo alienante, podendo os terceiros rescindir apenas aqueles contratos que têm caráter pessoal.
(E) De acordo com a atual jurisprudência do Superior Tribunal de Justiça (STJ), considerado o princípio da preservação da empresa, não é legítima a penhora da sede do estabelecimento empresarial.

A: correta, nos termos dos arts. 90 e 1.143 do CC; **B:** incorreta. A responsabilidade do alienante é solidária, não subsidiária (art. 1.146 do CC); **C:** incorreta. Também as dívidas trabalhistas e fiscais são excluídas da sucessão em caso de alienação em processo de falência ou recuperação judicial, nos termos do art. 141 da Lei 11.101/2005, salvo nos previstos no § 1º do mesmo artigo; **D:** incorreta. Os contratos de caráter pessoal são automaticamente rescindidos. Os demais também podem ser denunciados pela outra parte, desde que comprovada justa causa (art. 1.148 do CC); **E:** incorreta. A Súmula 451 do STJ consolidou o entendimento da Corte de que é possível a penhora da sede do estabelecimento empresarial.
Gabarito "A".

(Juiz – TJ/RJ – VUNESP – 2016) Assinale a alternativa correta no que respeita ao estabelecimento empresarial.

(A) O alienante, em razão de expressa previsão legal, não poderá fazer concorrência ao adquirente, nos 5 anos subsequentes à assinatura do contrato de trespasse, não sendo admitida autorização expressa em sentido contrário.
(B) O contrato que tenha por objeto o trespasse do estabelecimento produzirá efeitos quanto a terceiros a partir da data de sua assinatura.
(C) A eficácia da alienação do estabelecimento, se ao alienante não restarem bens suficientes para solver o passivo, dependerá do pagamento de todos os credores, ou do consentimento destes, que se admite de modo expresso ou tácito, no prazo de 30 dias contados de sua notificação.
(D) Por consistir no complexo de bens organizado para o exercício da empresa, o estabelecimento não pode ser objeto unitário de negócios jurídicos constitutivos, ainda que compatíveis com a sua natureza.
(E) O adquirente do estabelecimento responde pessoalmente pelo pagamento dos débitos anteriores à transferência, independentemente de estarem contabilizados, exonerando-se o devedor primitivo quanto aos créditos vencidos.

A: incorreta. A cláusula de não restabelecimento é implícita no contrato de trespasse, mas pode ser afastada por vontade das partes (art. 1.147 do CC); **B:** incorreta. Os efeitos perante terceiros somente ocorrem após sua averbação na Junta Comercial e publicação na Imprensa Oficial (art. 1.144 do CC); **C:** correta, nos termos do art. 1.145 do CC; **D:** incorreta. O art. 1.143 do CC autoriza a celebração de negócios jurídicos específicos sobre o estabelecimento; **E:** incorreta. O adquirente responde somente pelos débitos contabilizados (art. 1.146 do CC).
Gabarito "C".

(Juiz – TJ/SP – VUNESP – 2015) Sobre alienação dos estabelecimentos empresariais, é correto afirmar:

(A) exige que o alienante ceda, separada e individualmente, ao adquirente cada um dos contratos estipulados para a exploração do estabelecimento.
(B) permite que o alienante se restabeleça de imediato se assim desejar, continuando a exploração da mesma atividade, caso não haja expressa vedação contratual no contrato de trespasse.
(C) o contrato de alienação de estabelecimento produzirá efeitos imediatos entre as partes e perante terceiros, salvo se alienante e adquirente exercerem o mesmo ramo de atividades, quando a operação ficará na dependência da aprovação da autoridade de defesa da concorrência.
(D) a alienação implica a responsabilidade do adquirente pelos débitos anteriores à transferência, desde que regularmente contabilizados, sem prejuízo da obrigação solidária do devedor primitivo na forma da lei.

A: incorreta. Não há qualquer obrigação nesse sentido; **B:** incorreta. No silêncio do contrato, a cláusula de não restabelecimento do alienante é implícita pelo prazo de 5 anos (art. 1.147 do CC); **C:** incorreta. Só haverá efeitos perante terceiros após averbação do contrato na Junta Comercial e na Imprensa Oficial (art. 1.144 do CC); **D:** correta, nos termos do art. 1.146 do CC.
Gabarito "D".

(Juiz – TJ/MS – VUNESP – 2015) Assinale a alternativa correta acerca do estabelecimento, conforme disciplinado pelo Código Civil.

(A) O adquirente do estabelecimento responde pelo pagamento dos débitos anteriores à transferência, desde que regularmente contabilizados, continuando o devedor primitivo solidariamente responsável, quanto aos créditos vencidos, pelo prazo de dois anos a partir da publicação do trespasse.
(B) Não restando ao alienante bens suficientes para solver seu passivo, a eficácia da alienação do estabelecimento dependerá do pagamento de todos os credores, ou do consentimento expresso destes, no prazo de sessenta dias a partir da notificação.
(C) O contrato que tenha por objeto a alienação, usufruto ou arrendamento do estabelecimento, produzirá efeitos quanto a terceiros a partir da data em que se realize o trespasse.
(D) No caso de arrendamento do estabelecimento, não havendo autorização expressa, o arrendante não poderá fazer concorrência ao arrendatário, nos cinco anos subsequentes ao arrendamento, independentemente do prazo do contrato.
(E) A cessão dos créditos referentes ao estabelecimento transferido produzirá efeito em relação aos respectivos devedores, desde o momento da publicação da transferência, mas o devedor ficará exonerado se de boa-fé pagar ao cedente.

A: incorreta. A responsabilidade do alienante permanece pelo prazo de um ano (art. 1.146 do CC); **B:** incorreta. O prazo para manifestação dos credores é de 30 dias (art. 1.145 do CC); **C:** incorreta. A eficácia perante terceiros depende da averbação do contrato na

Junta Comercial e de sua publicação na Imprensa Oficial (art. 1.144 do CC); **D:** incorreta. No caso de arrendamento, a cláusula de não restabelecimento é implícita para todo o período do contrato (art. 1.147, parágrafo único, do CC); **E:** correta, nos termos do art. 1.149 do CC.

(Juiz de Direito/AM – 2016 – CESPE) Acerca da teoria do estabelecimento comercial, assinale a opção correta.

(A) Se não houver vedação expressa no contrato de trespasse, o alienante poderá constituir nova sociedade para explorar o mesmo ramo de atividade imediatamente após a alienação do estabelecimento.
(B) A ação renovatória de locação é uma proteção especial ao estabelecimento comercial e será julgada procedente mesmo que o locador não queira a renovação, desde que o locatário tenha no máximo um mês de inadimplência no contrato cuja renovação deseja.
(C) O estabelecimento empresarial, por ser o local onde o empresário exerce sua atividade empresarial, é impenhorável.
(D) É condição de eficácia perante terceiros o registro do contrato de trespasse na junta comercial e sua posterior publicação.
(E) O adquirente do estabelecimento comercial é responsável pelos débitos anteriores à transferência que não estejam contabilizados, pois estes seguem a coisa (*in propter rem*).

A: incorreta. No silêncio do contrato, a cláusula de não restabelecimento é presumida por cinco anos (art. 1.147 do CC); **B:** incorreta. Para a procedência da ação renovatória (que, tecnicamente, protege o ponto, não o estabelecimento como um todo), não se perquire sobre a inadimplência do locatário. As únicas hipóteses de exceção de retomada são aquelas previstas no art. 52 da Lei 8.245/1991; **C:** incorreta. A penhora de estabelecimento empresarial está expressamente autorizada pelo art. 862 do CPC; **D:** correta, nos termos do art. 1.144 do CC; **E:** incorreta. O adquirente somente responde pelos débitos anteriores que estejam contabilizados (art. 1.146 do CC).

Gabarito "D".

(Magistratura/SC – 2015 – FCC) Ricardo, empresário do ramo de móveis, alienou o seu estabelecimento para Alexandre, que ali deu continuidade à exploração da mesma atividade. No contrato de trespasse, foram regularmente contabilizadas todas as dívidas relativas ao estabelecimento, algumas delas já vencidas e outras por vencer. Nesse caso, Ricardo

(A) não responde pelas dívidas do estabelecimento, ainda que anteriores à sua transferência.
(B) responde com exclusividade por todas as dívidas do estabelecimento anteriores à sua transferência.
(C) responde com exclusividade apenas pelas dívidas já vencidas por ocasião da transferência do estabelecimento.
(D) responde solidariamente com Alexandre, durante determinado prazo, por todas as dívidas anteriores à transferência do estabelecimento.
(E) responde solidariamente com Alexandre apenas pelas dívidas já vencidas por ocasião da transferência do estabelecimento.

Pelo contrato de trespasse, o alienante do estabelecimento responde solidariamente com o adquirente pelas dívidas vencidas pelo período de um ano contado da publicação do contrato (art. 1.146 do CC).

Gabarito "D".

(Defensor/PA – 2015 – FMP) Em relação à empresa individual de responsabilidade limitada, examine as assertivas seguintes:

I. A empresa individual de responsabilidade limitada será constituída por uma única pessoa titular da totalidade do capital social, devidamente integralizado, que deverá ser superior a 100 cem vezes o maior salário mínimo vigente no País.
II. A pessoa natural que constituir empresa individual de responsabilidade limitada somente poderá figurar em uma única empresa dessa modalidade.
III. A empresa individual de responsabilidade limitada também poderá resultar da concentração das quotas de outra modalidade societária num único sócio, independentemente das razões que motivaram tal concentração.

(A) Os itens II e III são verdadeiros.
(B) O item I é verdadeiro.
(C) O item III é verdadeiro.
(D) Os itens I e II são verdadeiros.
(E) Os itens I e III são verdadeiros.

I: incorreta. O capital pode ser **exatamente igual** a 100 salários mínimos – o que não pode é ser inferior a esse montante (art. 980-A, *caput*, do CC); **II:** correta, nos termos do art. 980-A, § 2º, do CC); **III:** correta, nos termos do art. 980-A, § 3º, do CC.

Gabarito "A".

(Defensor/PA – 2015 – FMP) Referente à alienação do estabelecimento examine as assertivas seguintes:

I. Na falência, não estará livre de qualquer ônus e haverá sucessão do arrematante nas obrigações do devedor, inclusive as de natureza tributária, as derivadas da legislação do trabalho e as decorrentes de acidentes de trabalho.
II. O adquirente do estabelecimento responde pelo pagamento dos débitos anteriores à transferência, desde que regularmente contabilizados, continuando o devedor primitivo solidariamente obrigado pelo prazo de um ano, a partir, quanto aos créditos vencidos, da publicação, e, quanto aos outros, da data do vencimento.
III. O contrato que tenha por objeto a alienação, o usufruto ou o arrendamento do estabelecimento só produzirá efeitos quanto a terceiros depois de averbado à margem da inscrição do empresário, ou da sociedade empresária, no Registro Público de Empresas Mercantis, e de publicado na imprensa oficial.

(A) Os itens II e III são verdadeiros.
(B) O item I é verdadeiro.
(C) O item III é verdadeiro.
(D) Os itens I e II são verdadeiros.
(E) Os itens I e III são verdadeiros.

I: incorreta. O adquirente do estabelecimento em ação de alienação de ativos dentro de processo falimentar recebe-o livre de quaisquer ônus (art. 60, parágrafo único, da LF); **II:** correta, nos termos do art. 1.146 do CC; **III:** correta, nos termos do art. 1.144 do CC.

Gabarito "A".

(Procurador do Estado/PR – 2015 – PUC-PR) Acerca da disciplina jurídica do estabelecimento empresarial, assinale a alternativa CORRETA.

(A) Uma cláusula contratual que permita o restabelecimento do alienante do estabelecimento empresarial no prazo de três anos é lícita e mais benéfica ao alienante do que a inexistência de cláusula contratual a este respeito.
(B) O estabelecimento empresarial corresponde a uma universalidade de direito.
(C) O registro da operação de trespasse no Registro Público de Empresas Mercantis é essencial para a validade deste negócio jurídico.
(D) É necessário o consentimento expresso dos credores se ao alienante do estabelecimento empresarial não restarem bens suficientes para solver o seu passivo.
(E) O alienante do estabelecimento empresarial fica obrigado solidariamente com o adquirente pelos débitos anteriores à transferência, desde que regularmente contabilizados pelo prazo de dois anos.

A: correta, porque o silêncio do contrato importa a cláusula de não restabelecimento implícita, que vigorará por 5 anos (art. 1.147 do CC); **B:** incorreta. O estabelecimento empresarial é considerado uma universalidade de fato; **C:** incorreta. Inicialmente, não se trata de registro, mas de averbação do contrato de trespasse na Junta Comercial. Além disso, a medida é condição para a **eficácia do contrato perante terceiros**, não de sua validade (art. 1.144 do CC); **D:** incorreta. O consentimento dos credores com o contrato de trespasse pode ser tácito, se transcorridos mais de 30 dias da notificação sem resposta do credor (art. 1.145 do CC); **E:** incorreta. A responsabilidade do alienante perdurará por um ano (art. 1.146 do CC).

Gabarito "A".

(Juiz de Direito/RJ – 2014 – VUNESP) Considera-se complexo de bens organizado para o exercício da empresa, por empresário ou sociedade empresária:

(A) atividade econômica desenvolvida profissionalmente.
(B) estabelecimento.
(C) patente.
(D) ponto.

A: incorreta. Esse é o conceito de empresa (art. 966 do CC); **B:** correta, nos termos do art. 1.142 do CC; **C:** incorreta. Patente é o direito de exploração econômica exclusiva de uma invenção ou modelo de utilidade (art. 6º da Lei 9.279/1996); **D:** incorreta. Ponto empresarial é o local físico no qual o empresário exerce habitualmente sua atividade. Ele integra o estabelecimento.

Gabarito "B".

(Magistratura do Trabalho – 3ª Região – 2014) A MMM Ltda. pretende alienar um de seus estabelecimentos, o de maior porte, localizado na cidade de Brumadinho/MG, mas não tem bens suficientes para solver o seu passivo. A eficácia da alienação do estabelecimento, segundo o Código Civil, depende do seguinte:

(A) A MMM Ltda. está obrigada ao pagamento integral apenas dos débitos trabalhistas e tributários, pela proteção especial que sobre ambos recai.
(B) A MMM Ltda. pode suprir o não pagamento dos débitos obtendo o consentimento expresso ou tácito de todos os credores no prazo de sessenta dias, a partir de sua notificação.
(C) A MMM Ltda. pode suprir o não pagamento dos débitos, obtendo o consentimento expresso dos credores trabalhistas e tributários, no prazo de sessenta dias, a partir de sua notificação.
(D) A MMM Ltda. está obrigada ao pagamento de todos os credores, mas pode obter deles o consentimento, expresso ou tácito, em trinta dias a partir de sua notificação.
(E) A MMM Ltda. está obrigada ao pagamento de todos os credores, mas pode, em relação apenas aos credores pignoratícios, obter o consentimento, expresso ou tácito, em trinta dias a partir de sua notificação.

O contrato de trespasse, de alienação do estabelecimento, caso não sobrem bens suficientes para solver o passivo do empresário, somente será eficaz perante terceiros se houver o pagamento de todos os credores ou da concordância deles, expressa ou tácita, assim considerado se não houver resposta após trinta dias da notificação (art. 1.145 do CC). HS

Gabarito "D".

2. DIREITO SOCIETÁRIO

2.1. SOCIEDADE SIMPLES

(Defensor Público Federal – DPU – 2017 – CESPE) Uma senhora procurou a DP para ajuizar ação de alimentos contra o pai de seu filho menor de idade. Ela informou que o genitor não possuía bens em seu nome, mas exercia atividade empresarial em sociedade com um amigo: a venda de quentinhas. Apresentou cópia do contrato social, que, contudo, não era inscrito no órgão de registro próprio. Considerando essa situação hipotética e a necessidade de se obter o pagamento da pensão, julgue os itens a seguir.

(1) O maquinário utilizado para a produção das quentinhas é classificado como patrimônio especial, do qual os dois sócios são titulares em comum.

(2) Se o pai não pagar os alimentos espontaneamente e não forem encontrados bens de sua titularidade, caberá à DP invocar a teoria da desconsideração da personalidade jurídica contra a sociedade empresária.

(3) O contrato social apresentado, mesmo sem registro no órgão competente, servirá como prova da existência da sociedade, seja para a finalidade pretendida na ação de alimentos, seja para eventual discussão entre os sócios acerca da titularidade dos bens sociais.

1: correta, pois, enquanto não inscritos os atos constitutivos, trata-se de sociedade em comum, de modo que os bens e as dívidas sociais constituem patrimônio especial, do qual os sócios são titulares em comum – arts. 986 e 987 do CC; **2:** incorreta, pois a sociedade em comum é não personificada, ou seja, não tem personalidade jurídica própria a ser judicialmente desconsiderada – art. 986 do CC; **3:** correta, pois o contrato social, embora não possa ser oposto pelos sócios contra terceiros, obriga-os entre si. Ademais, os terceiros podem provar a existência da sociedade por qualquer modo – art. 987 do CC. RB

Gabarito: 1C, 2E, 3C.

(Delegado/GO – 2017 – CESPE) Assinale a opção correta no que se refere ao direito societário.

(A) Compete ao poder público municipal do local da sede autorizar o funcionamento de sociedades cujo funcionamento dependa de autorização do Poder Executivo.

(B) É nulo todo o contrato social de sociedade limitada que contenha cláusula que exclua qualquer sócio da participação nos lucros e nas perdas.

(C) A sociedade em comum e a sociedade de fato ou irregular são não personificadas, conforme classificação do Código Civil.

(D) O sócio remisso pode ser excluído da sociedade pelos demais, caso em que deve ser-lhe devolvido, com os abatimentos cabíveis, o montante do qual tenha contribuído para o capital social.

(E) Os tipos societários previstos no Código Civil são exemplificativos, podendo as sociedades organizar-se de formas distintas das expressamente listadas.

A: incorreta. A competência é do Poder Executivo federal (art. 1.123, parágrafo único, do CC); **B:** incorreta. Apenas a cláusula que assim determinar será nula, mantendo-se íntegro do restante do documento (art. 1.008 do CC); **C:** incorreta. Sociedade em comum, sociedade de fato e sociedade irregular são termos sinônimos. A alternativa está incorreta porque apenas o primeiro termo é adotado pelo Código Civil (art. 986 e seguintes do CC), que também elenca a sociedade em conta de participação como sociedade não personificada; **D:** correta, nos termos do art. 1.058 do CC; **E:** incorreta. Trata-se de rol taxativo (art. 983 do CC). HS

Gabarito "D".

(Defensor Público – DPE/RN – 2016 – CESPE) Em relação ao direito de empresa, assinale a opção correta à luz do Código Civil de 2002.

(A) Na sociedade em comum, os sócios, nas relações entre si, podem comprovar a existência da sociedade por qualquer meio.

(B) Na sociedade simples, o cedente responde solidariamente com o cessionário, perante terceiros, pelas obrigações que tinha como sócio, até dois anos depois de averbada a modificação do contrato social.

(C) Na sociedade limitada, permite-se a contribuição em serviços para o contrato social.

(D) Os cônjuges podem contratar sociedade entre si, seja qual for o regime de bens do casamento.

(E) A cooperativa poderá ser sociedade simples ou empresária, a depender do seu objeto.

A: incorreta, pois os sócios da sociedade em comum, nas relações entre si ou com terceiros, somente por escrito podem provar a existência da sociedade, embora os terceiros possam prová-la de qualquer modo – art. 987 do CC; **B:** correta, conforme o art. 1.003, parágrafo único, do CC; **C:** incorreta, pois é vedada contribuição que consista em prestação de serviços – art. 1.055, § 2º, do CC; **D:** incorreta, pois não podem contratar sociedade entre si os cônjuges casados em comunhão universal de bens ou em separação obrigatória – art. 977 do CC; **E:** incorreta, pois a cooperativa será sempre considerada sociedade simples, independentemente do seu objeto – art. 982, parágrafo único, do CC. RB

Gabarito "B".

(Defensoria Pública da União – CESPE – 2015) Acerca da responsabilidade dos sócios, da sociedade em comum e da desconsideração da pessoa jurídica, julgue os próximos itens.

(1) Os sócios de sociedade em nome coletivo devem ser pessoas físicas e podem, sem prejuízo da responsabilidade perante terceiros, limitar entre si a responsabilidade de cada um.

(2) Na sociedade em comum, o sócio responderá solidária e ilimitadamente pelas obrigações sociais, mas fará jus a benefício de ordem, se não tiver sido aquele que contratou pela sociedade.

(3) Conforme a jurisprudência do STJ, admite-se a desconsideração inversa da pessoa jurídica.

1: correta, conforme dispõe o art. 1.039 e parágrafo único do CC, lembrando que a limitação da responsabilidade dos sócios entre si (que não se aplica a terceiros) se dá no ato constitutivo da sociedade ou por convenção posterior que, neste caso, deve ser unânime; **2:** correta, conforme o art. 990 do CC; **3:** correta, pois, de fato, o STJ reconhece a possibilidade excepcional de responsabilizar patrimonialmente a pessoa jurídica por dívida de seus sócios ou administradores, quando demonstrada a abusividade de sua utilização – ver REsp 1.493.071/SP. RB

Gabarito 1C, 2C, 3C.

2.2. SOCIEDADE EMPRESÁRIA

(Advogado União – AGU – CESPE – 2015) À luz da legislação e da doutrina pertinentes às sociedades empresárias, julgue os próximos itens.

(1) O sócio que transferir crédito para fins de integralização de quota social responderá pela solvência do devedor e o que transmitir domínio de imóvel responderá pela evicção.

(2) A adoção do regime legal das companhias permite maior liberdade quanto à disciplina das relações sociais, o que constitui uma vantagem desse regime em relação ao das sociedades contratualistas.

(3) Para que seja efetiva a exclusão do sócio remisso no âmbito das sociedades limitadas, é imprescindível que tal hipótese conste do contrato social.

(4) No regime da sociedade de pessoas, todos os sócios respondem solidariamente pela exata estimação de bens conferidos ao capital social, até o prazo de cinco anos da data do registro da sociedade.

1: Correta, nos termos do art. 1.005 do CC. **2:** Incorreta. A questão é eminentemente doutrinária. "Regime legal das companhias" é o que as caracteriza como sociedades institucionais, ou seja, a Lei 6.404/1976, que afasta a aplicação dos princípios contratuais próprios das sociedades denominadas justamente "sociedades contratuais", como a sociedade limitada. Dentre os princípios em questão, destaca-se a autonomia da vontade, no sentido de que os sócios são livres para dispor o que bem entenderem no contrato social, respeitadas apenas as normas cogentes. Isso não ocorre nas sociedades anônimas, face à extensa regulação da Lei 6.404/1976. Logo, é naquelas, e não nessas, que se encontra maior liberdade na disciplina das relações sociais. **3:** Errada. A exclusão do sócio remisso decorre da aplicação do art. 1.058 do CC, não dependendo de previsão contratual. **4:** Errada. A regra enunciada, que corresponde ao art. 1.055, § 1º, do CC, aplica-se somente às sociedades limitadas, não a todas as "sociedades de pessoas". HS

Gabarito 1C, 2E, 3E, 4E.

(Advogado União – AGU – CESPE – 2015) Julgue os itens a seguir, relativos à regularidade, ou não, de sociedades empresárias e às possíveis consequências devidas a situações de irregularidade.

(1) Uma das sanções imponíveis à sociedade empresária que funcione sem registro na junta comercial é a responsabilização ilimitada dos seus sócios pelas obrigações da sociedade.

(2) A sociedade empresária irregular não tem legitimidade ativa para pleitear a falência de outro comerciante, mas pode requerer recuperação judicial, devido ao princípio da preservação da empresa.

(3) Sociedade rural que não seja registrada na junta comercial com jurisdição sobre o território de sua sede é considerada irregular, razão por que não pode contratar com o poder público.

1: Certa, nos termos do art. 990 do CC. **2:** Errada. Um dos requisitos para pleitear a recuperação judicial é justamente a regularidade do empresário, nos termos do art. 48 da Lei 11.101/2005. **3:** Errada. O registro da sociedade que explora atividade rural, e consequentemente sua submissão ao regime jurídico empresarial, é facultativo, nos termos do art. 971 do CC. HS

Gabarito 1C, 2E, 3E.

(Delegado/GO – 2017 – CESPE) Depende do consentimento de todos os sócios ou acionistas – salvo em caso de previsão no ato constitutivo, hipótese em que o dissidente poderá retirar-se da sociedade – a operação societária denominada
(A) incorporação.
(B) fusão.
(C) cisão.
(D) liquidação.
(E) transformação.

Dentre as operações societárias, a única que obrigatoriamente se dá pela unanimidade dos sócios, salvo se prevista no contrato social ou estatuto, é a transformação (art. 1.114 do CC). HS
Gabarito "E".

(Delegado/PE – 2016 – CESPE) Assinale a opção que apresenta, respectivamente, as espécies societárias que somente podem ser consideradas, a primeira, como sociedade empresária e, a segunda, como sociedade simples, em razão de expressa imposição legal.
(A) sociedade comandita por ações / sociedade comandita simples
(B) sociedade anônima / sociedade cooperativa
(C) sociedades estatais / associações
(D) sociedade anônima / sociedade limitada
(E) sociedade em nome coletivo / sociedade limitada

Nos termos do art. 982, parágrafo único, do Código Civil, independentemente de seu objeto social, considera-se empresária a sociedade anônima e simples a cooperativa. HS
Gabarito "B".

(Ministério Público/SP – 2015 – MPE/SP) Em razão da personalização das sociedades empresárias, os sócios têm, pelas obrigações sociais:
(A) responsabilidade solidária.
(B) responsabilidade direta.
(C) responsabilidade subsidiária.
(D) responsabilidade negocial.
(E) responsabilidade supracontratual.

Como regra, a atribuição de personalidade jurídica à sociedade confere a ela existência legal independente da pessoa dos sócios, dando-lhe autonomia negocial, patrimonial e processual. Isso implica que a responsabilidade dos sócios é, em regra, repita-se, **subsidiária** – primeiro executam-se os bens da sociedade, porque ela contrata em nome próprio, e só depois, se aqueles forem insuficientes, atinge-se o patrimônio dos sócios. HS
Gabarito "C".

2.3. SOCIEDADES EM COMUM, EM CONTA DE PARTICIPAÇÃO, EM NOME COLETIVO, EM COMANDITA

(Promotor de Justiça – MPE/AM – FMP – 2015) A respeito da sociedade em conta de participação, considere as seguintes assertivas:
I. Os sócios, nas relações entre si ou com terceiros, somente por escrito podem provar a existência da sociedade, mas os terceiros podem prová-la de qualquer modo.
II. Sem prejuízo do direito de fiscalizar a gestão dos negócios sociais, o sócio participante não pode tomar parte nas relações do sócio ostensivo com terceiros, sob pena de responder solidariamente com este pelas obrigações em que intervier.
III. A falência do sócio ostensivo acarreta a dissolução da sociedade e a liquidação da respectiva conta, cujo saldo constituirá crédito com privilégio geral.
IV. Falindo o sócio participante, o contrato social fica sujeito às normas que regulam os efeitos da falência nos contratos bilaterais do falido.
Quais das assertivas acima estão corretas?
(A) Apenas a I e II.
(B) Apenas a II e III.
(C) Apenas a II e IV.
(D) Apenas a I, III e IV.
(E) Apenas a II, III e IV

I: incorreta, pois a assertiva se refere à sociedade em comum, nos termos do art. 987 do CC. No caso da sociedade em conta de participação, a constituição da sociedade pode ser provada por todos os meios de direito – art. 992 do CC; II: correta, nos termos do art. 993, parágrafo único, do CC; III: incorreta, pois, no caso de falência do sócio ostensivo, o saldo da conta liquidada constituirá crédito quirografário – art. 994, § 2º, do CC; IV: correta, conforme o art. 994, § 3º, do CC. RB
Gabarito "C".

(Promotor de Justiça – MPE/AM – FMP – 2015) Sobre a deliberação dos sócios na Sociedade Limitada, é CORRETO afirmar que
I. para a designação dos administradores, quando feita em ato separado, são necessários, no mínimo, votos correspondentes a três quartos do capital social.
II. para a modificação do contrato social são necessários, no mínimo, votos correspondentes a três quartos do capital social.
III. para a incorporação, a fusão, a transformação e a dissolução da sociedade, ou a cessação do estado de liquidação são necessários, no mínimo, votos correspondentes a três quartos do capital social.
Quais das assertivas acima estão corretas?
(A) Apenas a II.
(B) Apenas a III.
(C) Apenas a I e III.
(D) Apenas a II e III.
(E) I, II e III.

I: incorreta, pois se exige votos correspondentes a mais da metade do capital social, conforme o art. 1.076, II, c/c art. 1.071, II, do CC. Importante destacar que quando o administrador não for sócio, exige-se aprovação pela unanimidade, enquanto o capital não estiver integralizado, e de 2/3 dos sócios, no mínimo, após a integralização – art. 1.061 do CC.; II: correta, conforme o art. 1.076, I, c/c art. 1.071, V, do CC; III: incorreta, pois a transformação da sociedade não exige deliberação por ¾ do capital social, bastando a maioria dos votos presentes – art. 1.076, I e III c/c art. 1.071, VI, do CC. RB
Gabarito "A".

(Juiz de Direito/DF – 2016 – CESPE) Com relação às sociedades em conta de participação, assinale a opção correta à luz do Código Civil.
(A) Em caso de falência do sócio participante, ocorrerá a dissolução da sociedade e a liquidação da respectiva conta, cujo saldo constituirá crédito quirografário.
(B) O sócio ostensivo tem a faculdade de admitir novo sócio, independentemente de consentimento expresso dos demais.
(C) O contrato social produz efeito somente entre os sócios apenas até eventual inscrição de seu instrumento em qualquer registro, momento em que a sociedade passará a possuir personalidade jurídica.
(D) A liquidação da sociedade em conta de participação, se rege pelas normas relativas à prestação de contas, na forma da lei processual.
(E) Os bens sociais respondem por ato de gestão apenas do sócio ostensivo.

A: incorreta. Esta medida é prevista para a falência do sócio ostensivo. Falindo o sócio participante, a sociedade se resolve nos termos dos contratos bilaterais do falido (art. 994, §§2º e 3º, do CC); B: incorreta. O sócio ostensivo somente pode admitir novo sócio com a anuência dos sócios participantes (art. 995 do CC); C: incorreta. A sociedade em conta de participação não é sujeita a registro, a despeito de ser totalmente regular, e mesmo que seus atos constitutivos sejam levados ao Cartório ou à Junta Comercial o ato não lhe conferirá personalidade jurídica (art. 993 do CC); D: correta, nos termos do art. 996 do CC; E: incorreta. Os sócios participantes podem fiscalizar a gestão da sociedade (art. 993, parágrafo único, do CC). HS
Gabarito "D".

(Juiz de Direito/DF – 2016 – CESPE) Assinale a opção correta acerca das sociedades personificadas, de acordo com o Código Civil.
(A) Na sociedade em nome coletivo, o uso da firma é privativo, nos limites do contrato, dos que tenham os necessários poderes para usá-la; na sociedade em comandita simples, não pode o nome do sócio comanditário constar na firma social, sob pena de ficar sujeito às mesmas responsabilidades de sócio comanditado.
(B) Assim como o sócio comanditário na sociedade em comandita simples, o sócio pessoa física da sociedade em nome coletivo, como regra geral, responde solidária e ilimitadamente pelas obrigações sociais.
(C) Na sociedade simples, não constitui causa de dissolução de pleno direito da sociedade a não reconstituição, no prazo de cento e oitenta dias, da pluralidade de sócios, ao contrário do que acontece no regime da sociedade limitada.
(D) A sociedade simples constitui-se mediante contrato escrito, na forma pública ou particular. A sociedade limitada, porém, constitui-se apenas com observância de forma pública.
(E) É obrigatório constar a firma social nos contratos da sociedade simples.

A: correta, nos termos dos arts. 1.042 e 1.047 do CC; B: incorreta. O sócio comanditário tem responsabilidade limitada ao valor de sua quota (art. 1.045 do CC); C: incorreta. A regra da pluralidade de sócios é a mesma para todas as sociedades contratuais – não sendo ela restabelecida no prazo de 180 dias, acarreta a dissolução de pleno direito da pessoa jurídica (art. 1.033, IV, do CC); D: incorreta. Todas as sociedades contratuais podem ser constituídas por instrumento particular, inclusive a limitada (art. 997 do CC); E: incorreta. A sociedade simples pode girar sob denominação (art. 997, II, do CC). HS
Gabarito "A".

(Magistratura/RR – 2015 – FCC) Analise as seguintes proposições acerca da sociedade em conta de participação:
I. Com a inscrição do seu contrato social no registro competente, adquire personalidade jurídica.
II. A atividade constitutiva do seu objeto social é exercida unicamente pelo sócio participante, em nome individual e sob responsabilidade própria e exclusiva dele.

III. Sua constituição independe de qualquer formalidade e se prova por todos os meios de direito.
IV. É dissolvida de pleno direito em caso de falência do sócio participante.
V. É regida subsidiariamente pelas normas que disciplinam a sociedade simples, e a sua liquidação rege-se pelas normas relativas à prestação de contas, na forma da lei processual.

Está correto o que se afirma APENAS em
(A) I e II.
(B) I e III.
(C) II e IV.
(D) III e V.
(E) IV e V.

I: incorreta. A sociedade em conta de participação tem natureza secreta, de forma que, ainda que eventualmente seus atos constitutivos sejam registrados, não adquirirá personalidade jurídica (art. 993 do CC); **II:** incorreta. O objeto social é explorado pelo sócio ostensivo, não pelo participante (art. 991 do CC); **III:** correta, nos termos do art. 992 do CC; **IV:** incorreta. A falência do sócio **ostensivo** opera de pleno direito a dissolução da sociedade em conta de participação. Falindo o sócio participante, aplicam-se as regras da Lei de Falências sobre os contratos bilaterais do falido, ou seja, caberá ao administrador judicial decidir se cumpre as obrigações previstas na sociedade em conta de participação (art. 994, § 2º, do CC); **V:** correta, nos termos do art. 996 do CC. Gabarito "D".

(Juiz de Direito/CE – 2014 – FCC) João e Paulo, empresários, constituíram uma sociedade em conta de participação para atuação no mercado imobiliário. Ajustaram que João seria o sócio ostensivo e Paulo o sócio participante, cada qual contribuindo com R$ 50.000,00 (cinquenta mil reais) para a consecução do objeto social. Nesse caso,

(A) sem prejuízo do direito de fiscalizar a gestão dos negócios sociais, Paulo não poderá tomar parte nas relações de João com terceiros, sob pena de responder subsidiariamente pelas obrigações em que intervier.
(B) na omissão do contrato social, João poderá admitir novo sócio sem o consentimento expresso de Paulo.
(C) a inscrição do contrato social no Registro do Comércio confere personalidade jurídica à sociedade em conta de participação.
(D) a falência de João acarreta a dissolução da sociedade e a liquidação da respectiva conta, cujo saldo constituirá crédito quirografário, porém, falindo Paulo, o contrato social fica sujeito às normas que regulam os efeitos da falência nos contratos bilaterais do falido.
(E) a contribuição de Paulo constitui, com a de João, patrimônio especial, objeto da conta de participação relativa aos negócios sociais e a especialização patrimonial produz efeitos tanto em relação aos sócios, quanto em relação a terceiros.

A: incorreta. Se João intervier nos negócios sociais, sua responsabilidade será solidária (art. 993, parágrafo único, do CC); **B:** incorreta. Silente o contrato, o sócio ostensivo depende da aprovação dos demais para a admissão de novo sócio (art. 995 do CC); **C:** incorreta. A sociedade em conta de participação é uma espécie de sociedade não personificada, de forma que não há obrigatoriedade do registro de seus atos constitutivos. Ainda que tal medida seja tomada, não acarretará a personalidade jurídica da sociedade, porque sua despersonalização decorre de lei (art. 993, *in fine*, do CC); **D:** correta, nos termos do art. 994, §§ 2º e 3º, do CC; **E:** incorreta. A especialização patrimonial não produz efeitos perante terceiros, porque esses se obrigam exclusivamente perante o sócio ostensivo (art. 994, § 1º, do CC). Gabarito "D".

(Juiz de Direito/RJ – 2014 – VUNESP) Tratando-se de sociedade em comum, enquanto não inscritos os atos constitutivos, exceto por ações em organização, a sociedade será regida pelas disposições constantes do Código Civil, observadas, subsidiariamente e no que com ele forem compatíveis, as normas da sociedade
(A) anônima.
(B) em comandita simples.
(C) em nome coletivo.
(D) simples.

A sociedade em comum, irregular pela ausência de registro de seus atos constitutivos, é regida subsidiariamente pelas normas aplicáveis às sociedades simples (art. 986 do CC). Gabarito "D".

(Advogado do Metrô/SP – 2014 – FCC) A constituição da sociedade em conta de participação
(A) independe de qualquer formalidade e pode provar-se por todos os meios de direito.
(B) deverá obedecer as formalidades previstas para a constituição de sociedade em nome coletivo.
(C) deverá obedecer as formalidades previstas para a constituição de sociedade limitada.
(D) deverá obedecer as formalidades previstas para a constituição de sociedade em comandita simples.
(E) independe de formalidade desde que haja no mínimo prova escrita inequívoca de sua constituição.

A sociedade em conta de participação é uma espécie de sociedade não personificada, cuja existência não se pretende divulgar. Por isso, o art. 992 do CC estabelece que sua constituição independe de qualquer formalidade e admite qualquer meio de prova. Gabarito "A".

2.4. DISSOLUÇÃO DAS SOCIEDADES EM GERAL

(Juiz de Direito/RJ – 2013 – VUNESP) Uma das causas pela qual se dissolve a sociedade é a falta de pluralidade de sócios. A lei civil, contudo, admite a unipessoalidade temporária, caso em que poderá a sociedade ser reconstituída, pelo prazo de
(A) 60 dias.
(B) 30 dias.
(C) 180 dias.
(D) 90 dias.

Por expressa previsão legal, é causa de dissolução da sociedade, a manutenção de unipessoalidade pelo prazo de 180 dias (art. 1.033, IV, do CC). Gabarito "C".

2.5. SOCIEDADE LIMITADA

(Procurador – IPSMI/SP – VUNESP – 2016) Na sociedade limitada, a designação de administradores não sócios dependerá de aprovação da unanimidade dos sócios, enquanto o capital não estiver integralizado, e de
(A) 1/3 (um terço), no mínimo, após a integralização.
(B) 2/3 (dois terços), no mínimo, após a integralização.
(C) 1/4 (um quarto), no mínimo, após a integralização.
(D) 3/4 (três quartos), no mínimo, após a integralização.
(E) 3/5 (três quintos), no mínimo, após a integralização.

O quórum qualificado para nomeação de administrador não sócio com o capital totalmente integralizado é de 2/3 (art. 1.061 do CC). Gabarito "B".

(Juiz – TRF 2ª Região – 2017) Quanto à sociedade limitada, considere as proposições abaixo:
I. Caso o contrato social seja omisso sobre o *quorum* necessário a alterá-lo, sua eventual modificação poderá ocorrer, em regra, por deliberação que represente a maioria absoluta do capital social;
II. O contrato social pode prever a impossibilidade de alienação de quotas a estranhos ao quadro social e, se o fizer, as quotas serão impenhoráveis por dívida particular de sócio;
III. Caso o contrato social estipule prazo determinado para a duração da sociedade, ela será dissolvida com a chegada do termo previsto, salvo se, vencido o prazo e sem oposição de sócio, não entrar a sociedade em liquidação, caso em que ela se prorrogará por tempo indeterminado.

(A) Todas as assertivas estão corretas.
(B) Apenas I e II estão corretas.
(C) Apenas I e III estão corretas.
(D) Apenas II e III estão corretas.
(E) Apenas a III está correta.

I: incorreta. O *quorum* para alteração do contrato social é de três quartos do capital (art. 1.076, I, *d* CC); **II:** incorreta. Segundo a doutrina e jurisprudência majoritárias, aplica-se o art. 1.026 do CC – ou seja, a penhora não implicará na admissão do arrematante na "sociedade de pessoas", mas determinará sua resolução em relação ao sócio que teve as quotas penhoradas. Anote-se, contudo, a existência de posicionamento jurisprudencial em sentido contrário, que defende a impenhorabilidade das quotas de "sociedades de pessoas " (STJ, REsp 148.497/MG, j. 15.12.2000); **III:** correta, nos termos do art. 1.033, I, do CC. Gabarito "E".

(Juiz – TJ/RJ – VUNESP – 2016) A sociedade limitada rege-se pelas disposições do Código Civil, e nas omissões deste, não havendo previsão no contrato social acerca da regência supletiva, pelas normas aplicáveis à sociedade
(A) em comandita por ações.
(B) simples.
(C) em comandita simples.
(D) anônima.
(E) em conta de participação.

Na omissão do contrato, a sociedade limitada será regida supletivamente pelas normas da sociedade simples (art. 1.053 do CC). Gabarito "B".

(Juiz – TJ/SP – VUNESP – 2015) Assinale a alternativa incorreta.
(A) Exceto se houver expressa autorização no contrato social, na sociedade limitada, um sócio não pode ceder quotas a outro quotista sem o consentimento dos demais.

(B) Na sociedade limitada, a responsabilidade dos sócios é restrita ao valor das suas quotas, salvo quanto à obrigação de integralização do capital, que é solidária.
(C) Na sociedade simples, a contribuição do sócio pode consistir apenas em serviços.
(D) Na sociedade limitada, em que o capital social ainda não estiver integralizado, a designação de administrador não sócio depende da aprovação pela unanimidade dos sócios.

A: incorreta, devendo ser assinalada. Para que tal conduta seja proibida é que deve estar expresso. No silêncio do contrato, nenhum sócio pode se opor à transferência de quotas entre outros sócios (art. 1.057 do CC); **B**: correta, nos termos do art. 1.052 do CC; **C**: correta, nos termos do art. 997, V, do CC; **D**: correta, nos termos do art. 1.061 do CC. HS
Gabarito "A".

(Magistratura/GO – 2015 – FCC) Numa sociedade limitada com mais de dez sócios, as deliberações sociais

(A) podem ser tomadas independentemente da realização de reunião ou assembleia se os sócios representantes de mais da metade do capital social decidirem, por escrito, sobre a matéria que seria objeto delas.
(B) devem ser tomadas em assembleia apenas se tiverem por objeto a modificação do contrato social.
(C) podem ser tomadas tanto em reunião quanto em assembleia.
(D) devem ser tomadas obrigatoriamente em assembleia, dispensada no caso de todos os sócios decidirem por escrito sobre a matéria que seria objeto dela.
(E) podem ser tomadas em reunião apenas se tiverem por objeto matéria não sujeita a quórum especial de aprovação.

Como regra, na limitada os sócios podem escolher se as deliberações serão realizadas em assembleia ou reunião de sócios, exceto se a sociedade tiver **mais de dez sócios** (ou seja, a partir de 11). Nesse caso, é obrigatória a deliberação em assembleia, dispensada esta somente se todos os sócios decidirem por escrito sobre os temas que seriam nela debatidos (art. 1.072, §§ 1º e 3º, do CC). HS
Gabarito "D".

(Magistratura/RR – 2015 – FCC) Marcos, sócio integrante de determinada sociedade limitada, faltou com os seus deveres sociais, mediante reiteração de condutas desleais e graves que colocaram em risco a própria continuidade da empresa. Por conta disso, todos os demais sócios desejam excluí-lo da sociedade. Considerando-se que contrato social é omisso quanto à possibilidade de exclusão por justa causa, Marcos

(A) somente poderá ser excluído da sociedade judicialmente, mediante iniciativa da maioria dos demais sócios.
(B) poderá ser excluído da sociedade extrajudicialmente, mediante alteração do contrato social, desde que a exclusão seja aprovada por sócios titulares de pelo menos 2/3 (dois terços) do capital social.
(C) não poderá ser excluído da sociedade, nem mesmo judicialmente, pois a exclusão por justa causa depende de previsão expressa do contrato social.
(D) somente poderá ser excluído da sociedade judicialmente, mediante iniciativa de sócios titulares de pelo menos 3/4 (três quartos) do capital social.
(E) poderá ser excluído da sociedade extrajudicialmente, mediante alteração do contrato social, desde que a exclusão seja aprovada por sócios titulares de mais da metade do capital social.

A exclusão extrajudicial de sócio só é possível se estiver prevista no contrato social (art. 1.085 do CC). Portanto, no caso apresentado, os demais sócios somente poderão promover a exclusão **judicial** de Marcos mediante iniciativa da maioria deles (art. 1.030 do CC). HS
Gabarito "A".

(Magistratura/SC – 2015 – FCC) Adriana e Débora eram sócias numa sociedade limitada. Sem prévia audiência dos demais sócios, Adriana alienou à Débora a totalidade das quotas de que era titular. Nesse caso, considerando que o contrato social era omisso quanto à cessão de quotas, a alienação realizada é

(A) válida, mas só será eficaz depois de ratificada pela maioria dos demais sócios.
(B) nula, porque não autorizada expressamente pelo contrato social.
(C) nula, porque não respeitado o direito de preferência dos demais sócios.
(D) válida, não podendo ser impedida pelos demais sócios.
(E) válida, mas pode ser vetada por sócios titulares de mais de um quarto do capital social.

Nos termos do art. 1.057 do CC, nada dispondo o contrato social sobre o assunto, o sócio pode ceder suas quotas a outro independentemente da anuência dos demais ou a estranhos, desde que não haja oposição de mais de um quarto do capital social. HS
Gabarito "D".

(Defensor/PA – 2015 – FMP) Antônio, Benedito, Carlos e Darci decidem constituir uma Sociedade Empresária Ltda. O capital social ficou assim dividido: Antônio é titular de 25% das quotas da sociedade, Benedito é titular de 25%, Carlos é titular de 24%, e Darci é titular de 26%. O contrato foi registrado no órgão competente. Nesse contexto societário, na omissão do contrato social:

I. O sócio Antônio pode ceder sua participação na sociedade para terceiro, ainda que haja oposição do sócio Benedito.
II. O sócio Carlos pode ceder sua participação na sociedade para Antônio, ainda que haja oposição do sócio Darci.
III. Os sócios Antônio, Benedito e Darci podem aprovar a operação de transformação da sociedade, ainda que haja oposição do sócio Carlos.

(A) Os itens II e III são verdadeiros.
(B) O item I é verdadeiro.
(C) O item III é verdadeiro.
(D) Os itens I e II são verdadeiros.
(E) Os itens I e III são verdadeiros.

I: correta. Silente o contrato, apenas sócios que representem **mais de um quarto** do capital social podem se opor à transferência das quotas a terceiro estranho ao quadro social, o que não é o caso de Benedito (art. 1.057, parte final, do CC); **II**: correta. Na omissão do contrato, um sócio pode ceder a outro suas quotas independentemente da anuência dos demais (art. 1.057, primeira parte, do CC); **III**: incorreta. A transformação da sociedade depende da concordância de todos os sócios se não estiver prevista no contrato social (art. 1.114 do CC). HS
Gabarito "D".

(Juiz de Direito/CE – 2014 – FCC) Os sócios quotistas de uma sociedade limitada, reunidos em assembleia e com base em autorização constante do contrato social, aprovaram, por maioria simples, a distribuição de lucros com prejuízo do capital social. Nesse caso, a distribuição de lucros é

(A) inválida, ficando os sócios obrigados à reposição dos lucros que receberam em prejuízo do capital social, inclusive aqueles que votaram contra a sua distribuição ou se abstiveram de votar.
(B) inválida, mas, porquanto aprovada por maioria, os sócios não serão obrigados à reposição dos lucros recebidos, os quais deverão ser compensados com lucros futuros, se houver.
(C) válida porque autorizada pelo contrato social, de sorte que os sócios não serão obrigados a devolver os lucros recebidos.
(D) válida porque, na sociedade limitada, diferentemente de outros tipos societários, é permitida distribuição de lucros em prejuízo do capital social, e por isso, os sócios não serão obrigados a devolver os lucros recebidos.
(E) inválida, ficando os sócios obrigados à reposição dos lucros que receberam em prejuízo do capital social, exceto aqueles que os receberam de boa-fé.

Tal deliberação contraria diretamente o art. 1.059 do CC, norma de ordem pública que não pode ser afastada pelo contrato ou deliberação dos sócios. Com isso, devem todos os sócios que receberam dividendos em prejuízo do capital social repor as respectivas quantias. HS
Gabarito "A".

(Juiz de Direito/MG – 2014) Com relação ao regime jurídico da sociedade limitada, assinale a alternativa **INCORRETA**.

(A) Não estando as quotas totalmente integralizadas, a responsabilidade dos sócios em relação à sociedade é subsidiária, ou seja, em primeiro lugar são os bens da própria sociedade que devem suportar as obrigações por ela assumidas. No entanto, sendo estes insuficientes, os sócios serão solidariamente responsabilizados pela integralização do capital social.
(B) Ao exercer o direito de recesso, fundado na modificação do contrato social, o sócio dissidente, cujas quotas serão liquidadas com base na situação patrimonial da sociedade, à data da resolução, fica eximido da responsabilidade pelas obrigações sociais anteriores.
(C) O contrato social da sociedade limitada constitui título executivo extrajudicial contra o sócio remisso para o pagamento do valor devido pela integralização de suas quotas.
(D) A sociedade limitada não se dissolverá, pela falta de pluralidade de sócios, quando o sócio remanescente requerer, no Registro Público de Empresas Mercantis, a transformação do registro da sociedade para empresário individual ou para Empresa Individual de Responsabilidade Limitada – EIRELI.

A: assertiva correta, nos termos do art. 1.052 do CC; **B**: assertiva incorreta, devendo ser assinalada. Sua responsabilidade permanece por dois anos contados da averbação de sua retirada na Junta Comercial (art. 1.032 do CC); **C**: assertiva correta, desde que haja a notificação prévia prevista no art. 1.004 do CC; **D**: correta, nos termos do art. 1.033, parágrafo único, do CC. HS
Gabarito "B".

(Juiz de Direito/PA – 2014 – VUNESP) Nas sociedades limitadas, é correto afirmar que

(A) a cessão total ou parcial da quota somente terá eficácia com a aprovação da modificação do contrato social com o consentimento dos demais sócios, respondendo, o cedente, solidariamente com o cessionário, perante a sociedade e terceiros, pelas obrigações que tinha como sócio, até dois anos depois de sua saída.
(B) os sócios serão obrigados à reposição dos lucros e das quantias retiradas, a qualquer título, ainda que autorizados pelo contrato, quando tais lucros ou quantia se distribuírem com prejuízo do capital.
(C) na omissão do contrato, o sócio pode ceder sua quota, total ou parcialmente, a quem seja sócio, independentemente de audiência dos outros, ou a estranho, se não houver oposição de titulares de mais da metade do capital social.
(D) o capital social divide-se em quotas indivisíveis e iguais, cabendo uma ou diversas a cada sócio, que será responsável pela integralização que lhe couber.
(E) os sócios respondem solidariamente pela exata estimação de bens conferidos ao capital social, até o prazo de cinco anos da data da subscrição das quotas.

A: incorreta. Em regra, não é necessária a concordância de todos os demais sócios. Se o contrato não dispuser diferentemente, a cessão de quotas para terceiro é autorizada se não houver oposição de sócios que representem mais de um quarto do capital social (art. 1.057 do CC); **B:** correta, nos termos do art. 1.059 do CC; **C:** incorreta, conforme o comentário à alternativa "A"; **D:** incorreta. As quotas podem ter valores diferentes, se assim dispuser o contrato (art. 1.055 do CC); **E:** incorreta. A responsabilidade solidária dos sócios é contada a partir da data do registro da sociedade (art. 1.055, § 1°, do CC). **HS**
Gabarito "B".

(Juiz de Direito/RJ – 2014 – VUNESP) Na sociedade limitada,

(A) as deliberações serão tomadas por maioria de votos, contados segundo o número de sócios, independentemente de seu comparecimento em assembleia.
(B) o sócio, admitido em sociedade já constituída, não se exime das dívidas anteriores à admissão.
(C) no silêncio do contrato, os administradores podem praticar todos os atos pertinentes à gestão, inclusive quanto à oneração ou à venda de bens imóveis.
(D) são revogáveis os poderes do sócio investido na administração por cláusula expressa do contrato social, inclusive por justa causa, independentemente de reconhecimento judicial, desde que assim decida a maioria absoluta dos sócios.

A: incorreta. O valor do voto de cada sócio é proporcional à sua participação no capital social (art. 1.010 do CC); **B:** correta, nos termos do art. 1.025 do CC; **C:** incorreta. Atos de oneração ou alienação de bens imóveis somente podem ser praticados com autorização expressa se não constituírem o próprio objeto social (art. 1.015 do CC); **D:** incorreta. Os atos do administrador, nesse caso, são irrevogáveis, salvo por justa causa reconhecida judicialmente a pedido de qualquer dos sócios (art. 1.019 do CC). **HS**
Gabarito "B".

2.6. SOCIEDADE ANÔNIMA

2.6.1. CONSTITUIÇÃO, CAPITAL SOCIAL, AÇÕES, DEBÊNTURES E OUTROS VALORES MOBILIÁRIOS

(Magistratura/BA – 2012 – CESPE) Assinale a opção correta a respeito das sociedades anônimas.

(A) O valor de emissão da ação não pode coincidir com o valor do capital dividido pelo número de ações, e não há impedimento, em se tratando de ações com ou sem valor nominal, a que lhes seja aplicado deságio ou acrescido ágio.
(B) Conversão é a operação pela qual as ações de determinada classe ou espécie são transformadas em ações de outra classe ou espécie mediante previsão estatutária, podendo as ações preferenciais ser transformadas em ações ordinárias, assim como as ordinárias em preferenciais, desde que se obedeça à limitação legal de três quartos das ações emitidas.
(C) O capital social da companhia é intangível, ou seja, os acionistas não podem receber, a título de restituição ou dividendos, os recursos aportados à sociedade sob a rubrica de capitalização, não prevendo a Lei das Sociedades por Ações capital social mínimo para a constituição da sociedade anônima, fato que a torna compatível com os pequenos negócios.
(D) As debêntures subordinadas gozam de garantia e contêm cláusula de subordinação aos credores da companhia, o que implica, no caso de liquidação da companhia, preferência dos debenturistas em relação aos demais credores para o ressarcimento do valor aplicado.
(E) Pode ser objeto da sociedade anônima qualquer empresa de fim lucrativo não contrário à lei, à ordem pública e aos bons costumes; contudo, caso venha a explorar atividade tipicamente de natureza civil, como é o caso da comercialização de bens imóveis, não será a sociedade anônima considerada sociedade empresarial.

A: incorreta, pois o valor nominal e o valor de emissão podem ser equivalentes e, no caso de não serem, há a possibilidade de cobrança de ágio, definido exatamente como a diferença entre o valor nominal e o preço de emissão (Lei 6.404/1976 – LSA, art. 13 e 14); **B:** incorreta, pois se exige o limite máximo de 50% de ações preferenciais sem direito a voto (Lei 6.404/1976 – LSA, art. 15); **C:** correta, pois o capital social não se confunde com o patrimônio da sociedade, assim como resultado do exercício (Lei 6.404/1976 – LSA, art. 5° e 166); **D:** incorreta, pois o debenturista subordinado ocupa posição extremamente desprestigiada no quadro de credores da sociedade anônima, não gozando de garantia (Lei 6.404/1976 – LSA, art. 58); **E:** incorreta, pois a sociedade anônima sempre será empresária, independente de seu objeto (CC, art. 982, parágrafo único e Lei 6.404/1976 – LSA, art. 2°). **FC**
Gabarito "C".

(Defensor Público/SE – 2012 – CESPE) Assinale a opção correta no que diz respeito às sociedades anônimas.

(A) Em se tratando de companhia fechada, a assembleia geral não poderá deliberar pela distribuição de dividendo inferior ao obrigatório, ou ainda pela retenção completa do lucro.
(B) O certificado de ação constitui simples meio de prova, não sendo documento constitutivo da condição de sócio nem importando sua transmissão em qualquer alteração da titularidade da ação.
(C) As ações em tesouraria, assim como ocorre com as quotas adquiridas pela sociedade limitada, não suspendem os direitos a elas inerentes, tais como o direito de voto e dividendos.
(D) Para serem custodiadas como ações fungíveis, as ações nominativas devem ser transferidas à instituição financeira, que se tornará titular delas, não podendo, a partir desse momento, os titulares das ações em custódia participar da assembleia geral da companhia, ou nela se fazer representar.
(E) O conselho de administração, hierarquicamente situado entre a assembleia geral e a diretoria da companhia, é órgão obrigatório de deliberação nas sociedades anônimas, tendo ampla competência para deliberar sobre todas as questões de interesse da sociedade.

A: incorreta, pois as fechadas podem distribuir dividendo inferior ao obrigatório, exceto quando controladas por companhias abertas na hipótese prevista no art. 202, § 3°, II, c/c o inciso I, da Lei das Sociedades por Ações – LSA (Lei 6.404/1976); **B:** correta, lembrando que, atualmente, é proibida a emissão de títulos ao portador, transmissíveis por endosso em branco – art. 19 da Lei 8.088/1990; **C:** incorreta, pois as ações em tesouraria não terão direito a dividendo ou a voto – art. 30, § 4°, da LSA; **D:** incorreta, devendo os titulares das ações em custódia exibir ou depositar comprovante expedido pela instituição depositária na assembleia – art. 126, II, da LSA. A instituição financeira detém apenas a propriedade fiduciária das ações (o que não altera a titularidade para fins de participação na assembleia) – art. 41 da LSA; **E:** incorreta, pois as competências do conselho de administração são delimitadas no art. 142 da LSA. A assembleia geral é quem detém competência ampla para deliberar sobre todos os negócios relativos ao objeto da companhia – art. 121 da LSA. **RB**
Gabarito "B".

(Delegado/PA – 2012 – MSCONCURSOS) A Lei n° 6.404/76 que dispõe sobre as Sociedades por Ações, estabelece que os certificados das ações serão escritos em vernáculo e conterão as seguintes declarações, com exceção a da apresentada na alternativa:

(A) O valor do capital social, a data do ato que o tiver fixado, o número de ações em que se divide e o valor nominal das ações, ou a declaração de que não têm valor nominal.
(B) O número de ações ordinárias e preferenciais das diversas classes, se houver as vantagens ou preferências conferidas a cada classe e as limitações ou restrições a que as ações estiverem sujeitas.
(C) O número de ordem do certificado e da ação, e a espécie e classe a que pertence.
(D) denominação da companhia, sua sede e prazo de duração.
(E) Os deveres conferidos às partes beneficiárias, se houver.

O art. 24 da Lei das Sociedades por Ações – LSA (Lei 6.404/1976) dispõe que os certificados das ações serão escritos em vernáculo e conterão as seguintes declarações: (i) denominação da companhia, sua sede e prazo de duração; (ii) o valor do capital social, a data do ato que o tiver fixado, o número de ações em que se divide e o valor nominal das ações, ou a declaração de que não têm valor nominal; (iii) nas companhias com capital autorizado, o limite da autorização, em número de ações ou valor do capital social; (iv) o número de ações ordinárias e preferenciais das diversas classes, se houver, as vantagens ou preferências conferidas a cada classe e as limitações ou restrições a que as ações estiverem sujeitas; (v) o número de ordem do certificado e da ação, e a espécie e classe a que pertence; (vi) os direitos conferidos às partes beneficiárias, se houver; (vii) a época e o lugar da reunião da assembleia-geral ordinária; (viii) a data da constituição da companhia e do arquivamento e publicação de seus atos constitutivos; (ix) o nome do acionista; (x) o débito do acionista e a época e o lugar de seu pagamento, se a ação não estiver integralizada; (xi) a data da emissão do certificado e as assinaturas de dois diretores, ou do agente emissor de certificados. Perceba, portanto, a que a alternativa "E" é a única que não indica declaração que necessariamente deve constar dos certificados de ações. RB

Gabarito "E".

(Procurador do Estado/MG – FUMARC – 2012) Assinale a alternativa que NÃO diz respeito aos direitos essenciais dos acionistas da Sociedade Anônima:

(A) Participar nos lucros sociais;
(B) participar no acervo da sociedade, em caso de liquidação;
(C) ter direito de voto nas assembleias;
(D) fiscalizar a gestão nos negócios sociais, na forma da lei;
(E) ter a preferência na subscrição de novas ações.

Dentre as alternativas listadas, a única que não traz um direito essencial ao acionista é a letra "C" (art. 109 da Lei nº 6.404/1976 – LSA). Direito essencial é aquele que não pode ser suprimido, garantido a todos os acionistas. O direito de voto, portanto, não é um deles, na medida em que pode não estar presente para os titulares de ações preferenciais que o afastem expressamente (art. 111 da LSA). HS

Gabarito "C".

2.6.2. ACIONISTAS, ACORDOS E CONTROLE

(Juiz de Direito/AM – 2016 – CESPE) Com a finalidade de reduzir o montante de impostos devidos, o administrador de determinada sociedade anônima simulou a ocorrência de prejuízos à companhia. Após alguns anos de êxito, sua conduta foi descoberta e, devido ao recolhimento a menor, foi necessário complementar os impostos pagos, tendo incidido multa e havido outras despesas decorrentes de honorários de advogados, contadores e outros profissionais requeridos para a correção do equívoco. Ao final, os valores pagos para corrigir a falha superaram em muito o valor que deveria ter sido pago inicialmente, conforme a lei.

Com base nessa situação hipotética, assinale a opção correta.

(A) O administrador não poderá ser responsabilizado pessoalmente por eventuais prejuízos causados a terceiros, pois agiu em nome da sociedade.
(B) Os acionistas individualmente prejudicados não poderão propor ação contra o administrador, devendo-se subordinar à deliberação da assembleia geral.
(C) É necessária a aplicação da teoria da desconsideração da personalidade jurídica da empresa para que se obtenha a responsabilização pessoal do administrador.
(D) Se a referida simulação decorrer de exercício abusivo do poder de controle, o controlador poderá ser responsabilizado pelos prejuízos, desde que comprovado dolo na atuação.
(E) Caberá à assembleia geral da companhia deliberar pelo ajuizamento, ou não, da ação de responsabilidade civil contra o administrador pelos prejuízos causados.

A: incorreta. Se atuar de forma contrária à lei, o administrador será pessoalmente responsável pelos prejuízos que causar à companhia ou a terceiros (art. 158, II, da LSA); **B:** incorreta. É possível a ação individual de acionista contra o administrador, desde que ele tenha sido diretamente prejudicado (art. 159, §7º, da LSA). Caso contrário, se pretender agir para defender a companhia, será necessário que se reúnam acionistas detentores de, no mínimo, 5% do capital social (art. 159, §4º, da LSA); **C:** incorreta. O próprio art. 158 da LSA determina a responsabilidade pessoal do administrador, não sendo necessária a declaração judicial de desconsideração da personalidade jurídica para atingi-lo. Além disso, o administrador não está necessariamente abrangido pela proteção conferida pela personalidade jurídica – afinal, ele pode ou não ser sócio da pessoa jurídica; **D:** incorreta. Ato abusivo pressupõe dolo, portanto será sempre punido por esta modalidade. Não há ato abusivo culposo (art. 117 da LSA); **E:** correta, nos termos do art. 159, caput, da LSA. HS

Gabarito "E".

(Magistratura/GO – 2015 – FCC) João, Carlos e Antônio, titulares de 60% das ações ordinárias de uma sociedade anônima, resolveram firmar um acordo de acionistas para disciplinar o exercício do direito de voto entre eles. Numa determinada assembleia, João não compareceu, ao passo que Carlos proferiu voto em contrariedade aos termos estipulados no acordo de acionistas, previamente arquivado na sede da companhia. Nesse caso,

(A) o acordo de acionistas é inválido e não produz nenhum efeito, pois esse tipo de avença só pode versar sobre a compra e venda de ações, a preferência para adquiri-las e o exercício do poder de controle.
(B) os participantes do acordo prejudicados pela ausência de João não poderão votar com as ações dele, já que o direito de voto é pessoal e intransmissível.
(C) o acordo de acionistas é inoponível à companhia, por ser parte estranha à sua celebração.
(D) o acordo de acionista poderá ser invocado para eximir os participantes do acordo de eventual responsabilidade pelo exercício do direito de voto.
(E) o presidente da assembleia não deverá computar o voto de Carlos.

A: incorreta. O exercício do direito de voto também pode ser objeto de acordo de acionistas (art. 118 da LSA); **B:** incorreta. Na ausência de João, os demais signatários do acordo de acionistas podem votar por suas ações (art. 118, § 9º, da LSA); **C:** incorreta. Uma vez arquivado na sede da companhia, o acordo de acionistas pode ser oposto à própria sociedade anônima (art. 118, caput, da LSA); **D:** incorreta. Há expressa vedação legal em sentido contrário (art. 118, § 2º, da LSA); **E:** correta. Como o acordo de acionistas estava arquivado na sede da companhia, ela é obrigada a respeitá-lo. Portanto, o presidente da assembleia não poderá computar o voto dado em conflito com o acordo (art. 118, § 8º, da LSA). HS

Gabarito "E".

(Cartório/DF – 2014 – CESPE) Tendo como referência a disciplina legal aplicável às sociedades por ações, assinale a opção correta.

(A) Caso venha a adquirir uma quantidade de ações que, segundo as normas expedidas pela Comissão de Valores Mobiliários, impeça a liquidez de mercado das ações remanescentes, o acionista controlador de uma companhia aberta pode ser obrigado a realizar oferta pública para a aquisição da totalidade das ações da companhia.
(B) Como a regra da não diluição é direito essencial do acionista, o acionista minoritário terá direito de preferência para a subscrição do aumento de capital decorrente da conversão de debêntures conversíveis em ações, ainda que lhe tenha sido dada a preferência para aquisição das debêntures no ato de sua emissão.
(C) Os acionistas de uma companhia que tenha emitido debêntures ainda em vigor podem levar adiante o processo de cisão da sociedade, independentemente da vontade dos debenturistas, a menos que as debêntures tenham cláusula de conversão em ações.
(D) A definição de sociedade coligada presente na Lei de Sociedade por Ações está vinculada pela sociedade investidora à titularidade de 10% (dez por cento) ou mais do capital da investida, sem que essa participação resulte em controle.
(E) Por poderem contribuir para a pulverização do capital necessário ao empreendedorismo no país, as sociedades por ações são admitidas como formas jurídicas de empresas de pequeno porte.

A: correta, nos termos do art. 4º, § 6º, da Lei 6.404/1976; **B:** incorreta. O acionista tem preferência na subscrição das debêntures conversíveis em ações, mas não na conversão desses títulos em ações (art. 171, § 3º, da Lei 6.404/1976); **C:** incorreta. A cisão da sociedade, nesse caso, depende de aprovação dos debenturistas reunidos em assembleia especialmente convocada para esse fim (art. 231 da Lei 6.404/1976); **D:** incorreta. Sociedade coligada é aquela na qual a investidora tenha "influência significativa", entendida como o poder de participar nas decisões políticas sem controlar a outra sociedade e presumida esta quando houver participação em 20% ou mais do capital da investida (art. 243, §§ 1º, 4º e 5º, da Lei 6.404/1976); **E:** incorreta. As sociedades por ações não poderão se inscrever como empresas de pequeno porte independentemente de seu faturamento (art. 3º, § 4º, X, da LC 123/2006). HS

Gabarito "A".

2.6.3. ASSEMBLEIA GERAL, CONSELHO DE ADMINISTRAÇÃO, DIRETORIA, ADMINISTRADORES E CONSELHO FISCAL

(Juiz – TJ/SP – VUNESP – 2015) Em relação às sociedades anônimas, é correto afirmar que

(A) a critério de seus fundadores, a sociedade anônima que tenha por objeto social atividade rural poderá ser inscrita no registro civil de pessoas jurídicas.
(B) desde que não haja oposição de qualquer dos acionistas presentes, a assembleia geral da S/A fechada pode deliberar a distribuição de dividendos inferiores aos fixos ou mínimos estipulados para os acionistas preferencialistas.
(C) o acordo de acionistas registrado na Companhia pode vincular o voto dos membros do conselho de administração eleitos pelos sócios que o tenham firmado.
(D) a assembleia geral não pode suspender o exercício dos direitos de acionista em mora com obrigações impostas pelo estatuto, salvo se tal obrigação decorrer de expressa disposição legal.

A: incorreta. A sociedade anônima é sempre empresária por força de lei, independentemente de seu objeto (art. 982, parágrafo único, do CC). Portanto, está sempre obrigada a registro, não se lhe aplicando a opção prevista para o empresário rural; **B:** incorreta. Os acionistas preferencialistas não podem ser atingidos por tal deliberação da assembleia-geral (art. 202, § 3º, e 203 da Lei 6.404/1976); **C:** correta, nos termos do art. 118, § 9º, da LSA; **D:** incorreta. O poder da assembleia-geral alcança o acionista em mora com obrigações previstas em lei ou no estatuto (art. 120 da LSA). HS

Gabarito "C".

(Magistratura/GO – 2015 – FCC) O conselho fiscal da sociedade anônima é órgão

(A) obrigatório e de funcionamento necessariamente permanente, qualquer que seja a companhia.
(B) obrigatório e de funcionamento permanente ou somente nos exercícios em que houver sido requerida sua instalação pelos acionistas,

exceto nas companhias de economia mista, nas quais seu funcionamento é necessariamente permanente.
(C) facultativo, exceto nas companhias abertas e de economia mista, nas quais é obrigatório.
(D) obrigatório e de funcionamento permanente, exceto nas companhias com capital social inferior a R$ 1.000.000,00, nas quais poderá funcionar somente nos exercícios em que houver sido requerida sua instalação pelos acionistas.
(E) facultativo, exceto nas companhias com capital social igual ou superior a R$ 1.000.000,00, nas quais é obrigatório.

Nos termos do art. 161 da Lei 6.404/1976, o Conselho Fiscal é um órgão obrigatório, porém não necessariamente permanente, pois pode funcionar somente nos exercícios em que houver sido requerida sua instalação pelos acionistas, exceto nas sociedades de economia mista. Nelas, a atuação do Conselho Fiscal será sempre permanente (art. 240 da LSA). HS
Gabarito "B".

(Defensor/PA – 2015 – FMP) Na falência, a assembleia geral de credores terá por atribuições deliberar sobre:
I. a constituição do Comitê de Credores, a escolha de seus membros e sua substituição;
II. o nome do gestor judicial, quando do afastamento do devedor;
III. a adoção de outras modalidades de realização do ativo, na forma do art. 145 desta Lei.
(A) Os itens II e III são verdadeiros.
(B) O item I é verdadeiro.
(C) O item III é verdadeiro.
(D) Os itens I e II são verdadeiros.
(E) Os itens I e III são verdadeiros.

I: correta, nos termos do art. 35, II, "b", da LF; II: incorreta. A figura do gestor judicial não existe na falência. Ela é própria da recuperação judicial (art. 35, I, "e", da LF); III: correta, nos termos do art. 35, II, "c", da LF. HS
Gabarito "E".

(Juiz de Direito/CE – 2014 – FCC) Acerca do Conselho de Administração da Sociedade Anônima, é correto afirmar:
(A) Compete ao Conselho de Administração, entre outras atribuições, a eleição dos membros da Diretoria e do Conselho Fiscal.
(B) Compete ao Conselho de Administração, entre outras atribuições, fiscalizar a gestão dos diretores e deliberar, quando autorizado pelo estatuto, sobre a emissão de ações ou de bônus de subscrição. Esse órgão será composto por, no mínimo, 3 (três) membros, eleitos pela Assembleia Geral e destituíveis por ela a qualquer tempo. Os membros do Conselho de Administração, até o máximo de 1/3 (um terço), também poderão ser eleitos para cargos de diretores, hipótese em que exercerão cumulativamente as funções dos dois cargos.
(C) É órgão obrigatório nas companhias abertas e nas companhias de economia mista, mas de existência facultativa nas companhias de capital autorizado.
(D) Na eleição dos membros do Conselho de Administração, é cabível a adoção do processo de voto múltiplo a pedido de acionistas representantes de 0,1 (um décimo) do capital social com direito a voto, desde que exista previsão no estatuto social e que o requerimento seja formulado até a data da instalação da assembleia, salvo se houver oposição de acionistas representantes de mais da metade do capital social com direito a voto.
(E) Os membros do Conselho de Administração deverão ser pessoas naturais residentes no País e acionistas da companhia. Além disso, são inelegíveis para o Conselho de Administração as pessoas impedidas por lei especial, ou condenadas por crime falimentar, de prevaricação, peita ou suborno, concussão, peculato, contra a economia popular, a fé pública ou a propriedade, ou a pena criminal que vede, ainda que temporariamente, o acesso a cargos públicos, bem como as pessoas declaradas inabilitadas por ato da Comissão de Valores Mobiliários.

A: incorreta. Tal atribuição cabe à Assembleia Geral (art. 122, II, da Lei das Sociedades Anônimas – LSA – Lei 6.404/1976); B: correta, nos termos dos arts. 140 e 142, III e VII, da LSA; C: incorreta. As companhias de capital autorizado devem contar obrigatoriamente com o conselho de administração (art. 138, § 2º, da LSA); D: incorreta. Não é necessária a previsão no estatuto para a realização do voto múltiplo (art. 141, caput, da LSA), o pedido deve ser feito até 48h antes da realização da assembleia (art. 141, § 1º, da LSA) e não há previsão de necessária aprovação pela maioria do capital votante; E: incorreta. Não é necessário ser acionista e apenas os diretores devem residir no país (art. 146, caput, da LSA). HS
Gabarito "B".

(Magistratura do Trabalho – 2ª Região – 2014) No que concerne às Sociedades Anônimas, aponte a alternativa **correta**:
(A) Os órgãos de administração e controle social são estruturalmente congregados em três, quais sejam: (a) a assembleia, que é órgão de deliberação e expressa a vontade da sociedade; (b) a diretoria e/ou conselho de administração, que é órgão de execução e realiza a vontade social; e (c) o conselho fiscal, que é órgão fiscalizador, de controle e fiscalização sobre a execução da vontade social.
(B) Os diretores devem respeitar os limites e termos do mandato e serão, necessariamente, acionistas da companhia.
(C) Os administradores são responsáveis pelo cumprimento das metas e objetivos da sociedade e responderão perante a sociedade e terceiros somente se agirem com abuso de poder.
(D) Os administradores apenas responderão individualmente, não havendo previsão legal para eventual aplicação de responsabilidade solidária; a responsabilidade de cada um deve ser apurada na esfera individual e por ação própria.
(E) O Conselho Fiscal somente existirá nas companhias de capital aberto, não possuindo função relevante.

A: correta. A assembleia geral é o órgão político máximo da sociedade por ações, onde se tomam as decisões relativas aos rumos da empresa (art. 122 da Lei 6.404/1976); a diretoria e o conselho de administração têm por função aplicar as decisões da assembleia (art. 138 da Lei 6.404/1976); o conselho fiscal, por fim, tem por atribuição precípua controlar a atuação dos administradores (diretores e membros do conselho de administração), nos termos do art. 163 da Lei 6.404/1976; **B:** incorreta. Não há obrigatoriedade de que os diretores sejam acionistas (art. 143 da Lei 6.404/1976); **C:** incorreta. A responsabilidade dos administradores será pessoal pelos prejuízos que causar quando agir, dentro de suas atribuições, com culpa ou dolo ou se atuar com violação da lei ou do estatuto (art. 158 da Lei 6.404/1976); **D:** incorreta. A responsabilidade será solidária em caso de conivência com atos ilícitos de outros administradores ou em caso de descumprimento dos deveres impostos por lei para assegurar o funcionamento normal da companhia (art. 158, §§ 2º e 3º, da Lei 6.404/1976); **E:** incorreta. Todas as companhias devem ter conselho fiscal (art. 161 da Lei 6.404/1976) e sua função é de extrema importância para o controle interno das atividades da companhia (art. 163 da Lei 6.404/1976). HS
Gabarito "A".

Veja a tabela a seguir, para estudo e memorização das competências do Conselho de Administração:

Compete ao Conselho de Administração – art. 142 da LSA
Fixar a orientação geral dos negócios da companhia;
Eleger e destituir os diretores da companhia e fixar-lhes as atribuições, observado o que a respeito dispuser o estatuto;
Fiscalizar a gestão dos diretores, examinar, a qualquer tempo, os livros e papéis da companhia, solicitar informações sobre contratos celebrados ou em via de celebração, e quaisquer outros atos;
Convocar a assembleia geral quando julgar conveniente, ou no caso do art. 132 da LSA
Manifestar-se sobre o relatório da administração e as contas da diretoria;
Manifestar-se previamente sobre atos ou contratos, quando o estatuto assim o exigir;
Deliberar, quando autorizado pelo estatuto, sobre a emissão de ações ou de bônus de subscrição;
Autorizar, se o estatuto não dispuser em contrário, a alienação de bens do ativo não circulante, a constituição de ônus reais e a prestação de garantias a obrigações de terceiros;
Escolher e destituir os auditores independentes, se houver.

2.6.4. TRANSFORMAÇÃO, INCORPORAÇÃO, FUSÃO E CISÃO

(Promotor de Justiça/ES – 2013 – VUNESP) A operação pela qual a sociedade passa, independentemente de dissolução e liquidação, de um tipo para outro, é a
(A) cisão total.
(B) incorporação.
(C) cisão parcial.
(D) fusão.
(E) transformação.

A operação societária descrita no *caput* é a transformação. Cisão é a divisão da empresa criando uma ou mais empresas novas, deixando a empresa original de existir (cisão total) ou não (cisão parcial). Incorporação é a operação societária na qual uma sociedade absorve integralmente o patrimônio (bens, direitos e dívidas) de outra, que deixa de existir. Fusão, por fim, é a operação societária resultante da união de duas ou mais empresas, após a qual todas deixam de existir e criam uma nova. HS
Gabarito "E".

2.6.5. LIGAÇÕES SOCIETÁRIAS. CONTROLE, COLIGAÇÃO, GRUPOS, CONSÓRCIOS, SUBSIDIÁRIAS

(Cartório/ES – 2013 – CESPE) Assinale a opção correta a respeito das condições de validade para a constituição do grupo societário.
(A) A sociedade controladora, independentemente de sua nacionalidade, deve ter filial no país.

(B) A partir da constituição do grupo societário, a representação das sociedades participantes do grupo passa a ser exercida pela sociedade de comando, vedada cláusula em contrário.
(C) A convenção de constituição do grupo societário pode conter cláusula em que seja vedado o exercício do direito de recesso.
(D) Não é necessária a alteração contratual das sociedades participantes para o fim de obtenção do arquivamento de constituição do grupo societário.
(E) O arquivamento da convenção de constituição do grupo societário deve ser feito nas juntas do local de sede da sociedade controladora e de todas as suas filiadas.

A: incorreta. A sociedade controladora deve ser brasileira (art. 265, § 1º, da Lei 6.404/1976; **B:** incorreta. A representação das sociedades é cabe exclusivamente aos administradores de cada sociedade, salvo disposição em contrário na convenção do grupo (art. 272, parágrafo único, da Lei 6.404/1976); **C:** incorreta. Nos termos do art. 269, V, da Lei 6.404/1976, a convenção deve trazer "as condições para admissão de outras sociedades e para **retirada das que o componham**" (grifo nosso), o que equivale ao direito de recesso; **D:** incorreta. O art. 270 da Lei 6.404/1976 exige que a convenção do grupo seja aprovada pelas sociedades participantes com observância das normas de alteração do contrato social; **E:** correta, nos termos do art. 271, § 1º, da Lei 6.404/1976.
Gabarito "E".

(Cartório/PI – 2013 – CESPE) Assinale a opção correta a respeito das relações entre sociedades anônimas.
(A) Caso controladora e controladas se unam em grupo de sociedades, haverá o surgimento de uma nova pessoa jurídica de propósito específico.
(B) A coligação de sociedades anônimas se dá quando uma delas titulariza direitos que lhe assegurem, permanentemente, preponderância nas deliberações sociais e poder de eleição da maioria dos administradores.
(C) Presume-se que uma sociedade é controladora de outra quando titulariza ao menos 20% do capital votante da controlada.
(D) É lícita a Constituição de subsidiária integral por qualquer sociedade estrangeira.
(E) Entre sociedades que se unam em consórcio não há presunção de solidariedade pelas obrigações assumidas por cada uma em razão do empreendimento comum.

A: incorreta. Nos termos do art. 266 da Lei 6.404/1976, o grupo de sociedades terá estrutura administrativa e coordenação próprias, porém cada sociedade componente conservará personalidade e patrimônio distintos, ou seja, o grupo não possui personalidade jurídica própria; **B:** incorreta. Esse é o conceito de sociedade controladora (art. 243, § 2º, da Lei 6.404/1976); **C:** incorreta. A titularidade de 20% do capital votante faz presumir a influência significativa de uma sociedade em outra, o que a caracteriza como sociedade **coligada** (art. 243, §§ 1º e 5º, da Lei 6.404/1976); **D:** incorreta. A subsidiária integral somente pode ser constituída por sociedade brasileira (art. 251 da Lei 6.404/1976); **E:** correta, nos termos do art. 278, § 1º, da Lei 6.404/1976.
Gabarito "E".

(Magistratura/SP – 2013 – VUNESP) Em relação ao consórcio de sociedades, assinale a alternativa correta.
(A) Adquire personalidade jurídica mediante o arquivamento do contrato no Registro do Comércio do lugar da sua sede.
(B) Nas obrigações assumidas pelas consorciadas, presume-se responsabilidade solidária.
(C) O consórcio será constituído mediante contrato aprovado pelo órgão da sociedade competente para autorizar a alienação de bens do ativo não circulante.
(D) O consórcio não tem capacidade processual.

A: incorreta, pois o consórcio não tem personalidade jurídica – art. 278, § 1.º, da LSA; **B:** incorreta, pois não há presunção de solidariedade, sendo que as consorciadas se obrigam nas condições previstas no respectivo contrato, respondendo cada uma por suas obrigações – art. 278, § 1.º, da LSA; **C:** correta, conforme o art. 279 da LSA; **D:** incorreta, pois, embora o consórcio não tenha personalidade jurídica, tem a chamada personalidade judiciária, ou seja, capacidade processual – ver REsp 147.997/RJ, aplicando o art. 12, VII, do CPC aos consórcios.
Gabarito "C".

2.6.6. QUESTÕES COMBINADAS SOBRE SOCIEDADE ANÔNIMA

(Juiz – TJ-SC – FCC – 2017) As *holdings* se definem como sociedades:
(A) não operacionais, cujo patrimônio é constituído de participações em outras sociedades, podendo ter por objeto o exercício nestas do poder de controle ou participação relevante.
(B) coligadas de fato, sendo modalidade de concentração empresarial.
(C) nas quais a investidora tem influência significativa, qualquer que seja seu objeto ou finalidade.
(D) coligadas de cujo capital outras sociedades participam com 10% (dez porcento) ou mais.
(E) financeiras de investimento, sem objetivo de controle ou participação por coligação.

Denominam-se *holdings* as sociedades cujo objeto é exclusivamente a participação no capital de outras pessoas jurídicas, controlando-as ou não. Estão previstas no art. 2º, §3º, da Lei 6.404/76 (LSA). Dado seu objeto social específico, são espécie de sociedade **não operacional**, porque não exercem propriamente uma atividade econômica.
Gabarito "A".

(Juiz – TJ-SC – FCC – 2017) A securitização de direitos creditórios do agronegócio é operação realizada por:
(A) companhia de seguros pela qual os direitos do segurado são garantidos por indenização caso haja inadimplemento dos adquirentes de produtos agrícolas, vendidos mediante emissão de títulos de crédito.
(B) companhia securitizadora, com qualificação de instituição financeira, pela qual tais direitos são expressamente vinculados à emissão de uma série de títulos de crédito, podendo sobre eles ser instituído regime fiduciário.
(C) companhia securitizadora, sem qualificação de instituição financeira, pela qual tais direitos são expressamente vinculados à emissão de uma série de títulos de crédito, não podendo sobre eles ser instituído regime fiduciário.
(D) companhia de seguros pela qual obrigações do segurado são garantidas por indenização, caso ocorra sinistro com a perda de safra ou oscilação negativa dos preços dos produtos agrícolas, vendidos mediante emissão de títulos de crédito.
(E) companhia securitizadora, sem qualificação de instituição financeira, pela qual tais direitos são expressamente vinculados à emissão de uma série de títulos de crédito, podendo sobre eles ser instituído regime fiduciário.

A securitização de direitos creditórios do agronegócio está regulamentada pela Lei 11.076/2004, que dispõe que tal atividade é realizada por uma companhia securitizadora, uma instituição não financeira constituída necessariamente sob a forma de sociedade anônima (art. 38), consistente na vinculação de tais direitos a uma série de títulos de crédito (art. 40), inclusive sob regime fiduciário (art. 39).
Gabarito "E".

(Juiz – TJ/MS – VUNESP – 2015) Nos termos do Código Civil, a sociedade de cujo capital outra sociedade possua menos de dez por cento do capital social com direito a voto, denomina-se sociedade
(A) de simples participação.
(B) comum.
(C) filiada.
(D) controlada.
(E) em nome coletivo.

A: correta, nos termos do art. 1.100 do CC; **B:** incorreta. Sociedade em comum é a sociedade irregular, que não foi levada a registro seus atos constitutivos (art. 986 do CC); **C:** incorreta. Sociedade filiada ou coligada é aquela de cujo capital outra sociedade participe com 10% ou mais, sem exercer o controle (art. 1.099 do CC); **D:** incorreta. Sociedade controlada é aquela na qual outra sociedade tem a maioria dos votos nas deliberações e o poder de eleger a maioria dos administradores (art. 1.098 do CC); **E:** incorreta. Sociedade em nome coletivo é tipo societário no qual todos os sócios respondem ilimitadamente pelas dívidas sociais (art. 1.039 do CC).
Gabarito "A".

(Juiz – TJ/MS – VUNESP – 2015) Considerando-se o Balanço Patrimonial e a classificação das contas do ativo nas Sociedades por Ações, é correto afirmar que as disponibilidades, os direitos realizáveis no curso do exercício social subsequente e as aplicações de recursos em despesas do exercício seguinte, serão classificadas
(A) em investimentos.
(B) no intangível.
(C) no ativo circulante.
(D) no ativo imobilizado.
(E) no ativo realizável.

Tais contas pertencem ao ativo circulante, nos termos do art. 179. I, da LSA.
Gabarito "C".

(Procurador do Estado/PR – 2015 – PUC-PR) Acerca das Sociedades Anônimas, assinale a alternativa **CORRETA**.
(A) A participação em grupo societário depende de maioria do capital social votante da companhia, ressalvada previsão de quórum inferior no estatuto.
(B) As companhias e demais sociedades podem constituir, mediante contrato, consórcio para executar empreendimento determinado, sendo que, após a constituição, se houver a falência de uma consorciada, ela se estende a todas as demais.
(C) A constituição de subsidiária integral através da incorporação de todas as ações do capital social ao patrimônio de outra companhia brasileira, se devidamente autorizada pelos órgãos societários competentes, exigirá o aumento de capital social da sociedade incor-

poradora, mas os seus acionistas terão, nesta hipótese, afastado o direito de preferência sobre as ações emitidas.
(D) O direito de preferência dos acionistas de sociedades anônimas abertas com ações divididas em classes e espécies não pode ser exercido sobre classe e espécie diversa das ações detidas.
(E) No caso de cisão de sociedade anônima aberta, a companhia que absorver parcela do patrimônio da companhia cindida não sucede a esta nos direitos e obrigações relacionados no ato da cisão.

A: incorreta. Nos casos previstos no art. 136 da LSA, como a hipótese da alternativa (inciso V), o estatuto pode estabelecer quórum **superior**, nunca inferior à metade do capital com direito a voto para as deliberações; **B:** incorreta. A falência de uma consorciada não se estende às demais (art. 278, § 2º, da LSA); **C:** correta, nos termos do art. 252 da LSA; **D:** incorreta. O art. 171 da LSA traz as regras aplicáveis ao exercício do direito de preferência na aquisição de ações de classes diferentes; **E:** incorreta. Há sucessão nos direitos e obrigações regularmente relacionados no ato da cisão (art. 229, § 1º, da LSA). HS
Gabarito "C".

(Juiz de Direito/MG – 2014) Considerando o regime jurídico das sociedades anônimas, analise as seguintes afirmativas.
I. Os acordos de acionistas deverão ser observados pela companhia, quando arquivados na sua sede, e serão oponíveis a terceiros depois de averbado no livro de registro e nos certificados de ações, se emitidos, independentemente de seu arquivamento na Junta Comercial.
II. Os negociantes de ações não integralizadas ficarão solidariamente responsáveis com os adquirentes pelo pagamento das prestações que faltarem para integralizar as ações transferidas, cabendo à companhia a faculdade de exigir de qualquer deles o pagamento total.
III. As deliberações da assembleia geral, seja nas companhias abertas ou nas companhias fechadas, serão sempre tomadas pela maioria absoluta de votos e, no caso de empate, poderão ser dirimidas pela arbitragem, por nova assembleia a ser convocada ou pelo Poder Judiciário.
IV. O direito de preferência do acionista para a subscrição de novas ações é personalíssimo e indisponível, não podendo ser limitado ou excluído pelo estatuto ou pela assembleia geral.

A partir da análise, conclui-se que estão **CORRETAS**.
(A) III e IV apenas.
(B) II e III apenas.
(C) I e IV apenas.
(D) I e II apenas.

I: correta, nos termos do art. 118, *caput* e § 1º, da LSA; **II:** correta, nos termos do art. 108 da LSA; **III:** incorreta. Nas companhias fechadas, pode o estatuto estabelecer quóruns mais qualificados para matérias que especifique (art. 129, § 1º, da LSA); **IV:** incorreta. O direito de preferência pode ser suprimido em caso de venda em bolsa de valores ou subscrição pública e na permuta de ações para aquisição de controle nas companhias de capital autorizado; ou em caso de incentivos fiscais para qualquer tipo de sociedade anônima (art. 172 da LSA). HS
Gabarito "D".

(Cartório/DF – 2014 – CESPE) Com relação as sociedades por ações, assinale a opção correta.
(A) A emissão de debêntures por sociedades por ações é documentada em escritura de emissão, que contém os direitos conferidos aos investidores, suas garantias e demais clausulas ou condições. Nos termos da Lei das Sociedades por Ações, essa escritura deve ser levada a registro apenas perante a Comissão de Valores Mobiliários, que conferirá a publicidade necessária ao documento.
(B) Os titulares de debêntures conversíveis em ações, enquanto puderem exercer seu direito a conversão, tem a prerrogativa de vetar eventual alteração do estatuto da companhia para mudar o objeto da sociedade, para criar ações preferenciais ou para modificar as vantagens das existentes, em prejuízo das ações em que são conversíveis as debêntures. Esse direito de veto pode ser exercido pelo agente fiduciário ou em assembleia especial dos debenturistas.
(C) O acordo de acionistas sobre o exercício do direito de voto e do poder de controle em uma companhia torna-se obrigatório para a sociedade quando arquivado em sua sede, podendo ser invocado pelo acionista para eximi-lo de responsabilidade por eventuais danos causados pelos votos proferidos ou pelo controle exercido em conformidade com o acordado.
(D) A responsabilidade de cada acionista e limitada ao preço de emissão das ações por ele subscritas ou adquiridas, mas todos os acionistas respondem solidariamente pela integralização do capital social.
(E) Os subscritores ou acionistas que contribuem com bens para a formação do capital social respondem perante a companhia de forma idêntica a do vendedor; caso contribuam com créditos, responderão pela existência do credito, mas não pela solvência do devedor.

A: incorreta. O registro da escritura de emissão é feito na Junta Comercial (art. 62, I, da Lei 6.404/1976); **B:** correta, nos termos do art. 57, § 2º, da Lei 6.404/1976; **C:** incorreta. Nos termos do art. 118, § 2º, da Lei 6.404/1976, o acordo de acionistas não pode ser invocado para eximir o acionista de suas responsabilidades no exercício do direito de voto ou do poder de controle; **D:** incorreta. Não há a responsabilização solidária dos demais acionistas pela integralização do capital (art. 1º da Lei 6.404/1976). É justamente esse aspecto que diferencia mais diretamente a sociedade por ações da sociedade limitada; **E:** incorreta. O subscritor ou acionista responde pela solvência do devedor quando sua contribuição para o capital social consistir em créditos (art. 10, parágrafo único, da Lei 6.404/1976). HS
Gabarito "B".

2.7. EMPRESA INDIVIDUAL DE RESPONSABILIDADE LIMITADA – EIRELI

(Juiz – TJ-SC – FCC – 2017) A empresa individual de responsabilidade limitada:
(A) não é pessoa jurídica, porque instituída por uma única pessoa titular da totalidade do capital social, não se admitindo que o sujeito possua mais de um patrimônio.
(B) é pessoa jurídica constituída por uma única pessoa titular da totalidade do capital social, devidamente integralizado, inferior a cem vezes o maior salário mínimo vigente no país.
(C) é pessoa jurídica constituída por uma única pessoa, titular da totalidade do capital social, devidamente integralizado, não inferior a cem vezes o maior salário mínimo vigente no país.
(D) é pessoa jurídica resultante exclusivamente da resolução parcial de uma sociedade, quando remanescer apenas um sócio.
(E) é pessoa jurídica constituída por uma única pessoa, titular da totalidade do capital social devidamente integralizado de qualquer valor, aplicando-lhe subsidiariamente as regras previstas para as sociedades simples.

A: incorreta. A EIRELI é espécie de pessoa jurídica expressamente prevista no art. 44, VI, do CC; **B:** incorreta. O capital social da EIRELI deve ser equivalente a 100 salários mínimos ou mais (art. 980-A do CC); **C:** correta, nos termos do art. 980-A, "caput", do CC; **D:** incorreta. A EIRELI pode ser criada originariamente como tal ou resultar de qualquer outra operação societária; **E:** incorreta, porquanto existe o capital social mínimo já referido e também porque ela se sujeita supletivamente às regras da sociedade limitada (art. 980-A, §6º, do CC). HS
Gabarito "C".

(Juiz – TRF 3ª Região – 2016) Relativamente à EIRELI (empresa individual de responsabilidade limitada), assinale a alternativa incorreta:
(A) A pessoa natural que constituir empresa individual de responsabilidade limitada somente poderá figurar em uma única empresa dessa modalidade.
(B) Somente o patrimônio social da empresa responderá pelas dívidas da empresa individual de responsabilidade limitada, não se confundindo em qualquer situação com o patrimônio da pessoa natural que a constitui, conforme descrito em sua declaração anual de bens entregue ao órgão competente.
(C) A empresa individual de responsabilidade limitada também poderá resultar da concentração das quotas de outra modalidade societária num único sócio, independentemente das razões que motivaram tal concentração.
(D) Poderá ser atribuída à empresa individual de responsabilidade limitada constituída para a prestação de serviços de qualquer natureza a remuneração decorrente da cessão de direitos patrimoniais de autor ou de imagem, nome, marca ou voz de que seja detentor o titular da pessoa jurídica, vinculados à atividade profissional.

A: correta, nos termos do art. 980-A, §2º, do CC; **B:** incorreta, devendo ser assinalada. É possível a desconsideração da personalidade jurídica, hipótese em que o patrimônio do titular será alcançado para pagamento de dívidas da EIRELI. Destarte, a expressão "em qualquer situação" torna errada a alternativa; **C:** correta, nos termos do art. 980-A, §3º, do CC; **D:** correta, nos termos do art. 980-A, §5º, do CC. HS
Gabarito "B".

2.8. QUESTÕES COMBINADAS SOBRE SOCIEDADES E OUTROS TEMAS

(Procurador do Estado – PGE/BA – CESPE – 2014) No que se refere ao direito societário, julgue os itens que se seguem.
(1) Os administradores da sociedade limitada respondem com seu patrimônio por créditos decorrentes de obrigações tributárias, por fatos que praticarem com excesso de poder, infração à lei, contrato ou estatutos.
(2) A desconsideração inversa da personalidade jurídica implica o afastamento do princípio de autonomia patrimonial da sociedade, o que a torna responsável por dívida do sócio.

(3) A sociedade por ações é sempre mercantil; por isso, está sujeita a falência, fazendo jus à recuperação judicial, ainda que o seu objeto seja civil.

(4) A administração de sociedade limitada atribuída no contrato a todos os sócios estende-se, de pleno direito, aos que posteriormente adquiram essa qualidade.

1: Certa, nos termos do art. 135, III, do Código Tributário Nacional. **2:** Certa. A assertiva traz o conceito correto da teoria da desconsideração inversa da personalidade jurídica, a qual é admitida pela jurisprudência (STJ, REsp 948.117/MS). **3:** Certa, nos termos do art. 982, parágrafo único, do CC. Destaque-se apenas que a questão, estranhamente, traz expressões já defasadas (mercantil, objeto civil) misturadas com conceitos contemporâneos (como recuperação judicial), a despeito de ter sido elaborada em 2014. **4:** Errada. Nos termos do art. 1.060, parágrafo único, do CC, os poderes conferidos genericamente a todos os sócios no contrato não se estendem aos que ingressarem posteriormente na sociedade. HS
Gabarito 1C, 2C, 3C, 4E

(Delegado/PE – 2016 – CESPE) Considerando a legislação em vigor a respeito da responsabilidade dos sócios nos diversos tipos societários, assinale a opção correta.

(A) Nas sociedades cooperativas, o contrato social deverá prever, necessariamente, a responsabilidade ilimitada aos sócios.
(B) O acionista responde ilimitadamente com o próprio patrimônio no que se refere às obrigações assumidas pela sociedade anônima.
(C) Nas sociedades anônimas, os acionistas respondem solidariamente pela integralização do capital social.
(D) Nas sociedades limitadas, os sócios respondem solidariamente pela integralização do capital social.
(E) Na sociedade comandita por ações, todos os sócios respondem ilimitadamente pelos débitos societários.

A: incorreta. O contrato da sociedade cooperativa é livre para dispor sobre a responsabilidade dos sócios 1.095 do Código Civil); **B:** incorreta. A responsabilidade do acionista é limitada ao valor de suas ações (art. 1º da Lei 6.404/1976); **C:** incorreta. Na sociedade anônima, o acionista responde unicamente pela integralização de suas ações, não podendo ser alcançado pelo inadimplemento de outros sócios (art. 1º da LSA); **D:** correta, nos termos do art. 1.052 do Código Civil); **E:** incorreta. Na comandita por ações, apenas os diretores e gerentes têm responsabilidade ilimitada pelas obrigações sociais (art. 282 da LSA). HS
Gabarito "D".

(Procurador do Estado/PR – 2015 – PUC-PR) Acerca do direito societário, assinale a alternativa **CORRETA**.

(A) Salvo estipulação que determine época própria, na sociedade simples, o sócio pode, a qualquer tempo, examinar os livros e documentos, e o estado da caixa e da carteira da sociedade.
(B) Salvo disposição contratual diversa, a sociedade limitada rege-se supletivamente pelas normas da sociedade anônima.
(C) A designação de administradores não sócios em sociedade limitada dependerá de aprovação pelo quórum de 2/3 (dois terços) enquanto o capital social não estiver integralizado.
(D) A entrada de terceiro não sócio na sociedade limitada depende da aprovação de um quarto do capital social, salvo cláusula contratual em contrário.
(E) A desconsideração da personalidade jurídica no Código Civil depende da comprovação cumulativa do desvio de finalidade e da confusão patrimonial.

A: correta, nos termos do art. 1.021 do CC; **B:** incorreta. No silêncio do contrato, a sociedade limitada é regida supletivamente pelas normas da sociedade simples. Serão aplicadas as regras das sociedades anônimas somente se isso estiver expresso no contrato (art. 1.053 do CC); **C:** incorreta. Se o capital social não estiver integralizado, o quórum exigido é a unanimidade de sócios (art. 1.061 do CC); **D:** incorreta. No silêncio do contrato, a cessão das quotas a terceiros estranhos ao quadro social é válida desde que não haja oposição de sócios titulares de mais de um quarto do capital social (art. 1.057 do CC); **E:** incorreta. Basta uma ou outra hipótese, nos termos do art. 50 do CC. HS
Gabarito "A".

(Cartório/DF – 2014 – CESPE) A respeito do empresário e das sociedades empresárias, assinale a opção correta.

(A) Enquanto não registrado seu estatuto social, a sociedade por ações rege-se pelas regras do Código Civil aplicáveis a sociedade em comum e, subsidiariamente, no que com elas forem compatíveis, pelas normas da sociedade simples.
(B) A existência da sociedade irregular pode ser comprovada por qualquer modo lícito de prova, seja por terceiros que negociarem com a sociedade, seja pelos sócios, no âmbito de suas relações recíprocas ou com terceiros.
(C) Nos termos do Código Civil, sociedade empresaria difere de empresa: a primeira é o sujeito de direito; a segunda, o objeto de direito.
(D) Não há óbice a que uma pessoa natural constitua mais de uma empresa individual de responsabilidade limitada, pois essa modalidade de pessoa jurídica foi criada para incentivar a formalização da atividade econômica no Brasil.
(E) O empresário casado tem liberdade para realizar ampla gama de atos e negócios jurídicos no exercício da empresa, excetuando-se os que envolvam a alienação dos bens imóveis que integram o patrimônio da empresa, sendo, para tanto, necessária a outorga do cônjuge.

A: incorreta. O art. 986 do CC/2002 afasta expressamente a aplicação das normas da sociedade em comum para as sociedades por ações em organização. Serão aplicadas, portanto, as regras previstas na própria Lei 6.404/1976; **B:** incorreta. Os sócios da sociedade em comum somente poderão provar sua existência por escrito (art. 987 do CC/2002); **C:** correta. Empresa é sinônimo de atividade econômica organizada que cumpra os requisitos do art. 966 do CC/2002. Sociedade empresária é a pessoa jurídica que exerce a empresa; **D:** incorreta. A pessoa natural somente poderá ser titular de uma EIRELI, nos termos do art. 980-A, § 2º, do CC/2002; **E:** incorreta. Não é necessária a outorga conjugal para alienar ou gravar bens da empresa (art. 978 do CC/2002). HS
Gabarito "C".

(Cartório/DF – 2014 – CESPE) Assinale a opção correta acerca das sociedades empresárias.

(A) Historicamente, as sociedades por ações no direito brasileiro, que surgiram para possibilitar, mediante captação da poupança popular, a execução dos grandes empreendimentos necessários ao desenvolvimento do país, foram precedidas pelas sociedades limitadas.
(B) A responsabilidade do sócio quotista da sociedade limitada restringe-se ao preço da quota social por ele subscrita, cabendo apenas aos sócios inadimplentes a responsabilidade pelo capital social não integralizado.
(C) A doutrina do direito societário aprova o tratamento dado pelo Código de Defesa do Consumidor à desconsideração da personalidade jurídica dos fornecedores de produtos e serviços, visto que, nesse tratamento, são alcançadas a objetividade e a precisão almejadas pela teoria da desconsideração.
(D) O exercício de atividade empresarial é vedado às sociedades em conta de participação, dado que os demais agentes do mercado precisam ter segurança quanto à identidade das pessoas que participam da empresa, o que não é possível nessa espécie de sociedade.
(E) A decretação da falência do sócio oculto de uma sociedade em conta de participação não impacta na resolução, de pleno direito, do contrato de participação, podendo o administrador judicial do falido, mediante autorização do comitê de credores, caso este exista, exigir que o contrato seja cumprido, como forma de os ativos destinados ao pagamento dos credores.

A: incorreta. As sociedades por ações já estavam previstas no Código Comercial de 1850, enquanto que as limitadas somente surgiram no ordenamento jurídico brasileiro com o Dec. 3.708/1919; **B:** incorreta. A responsabilidade dos sócios é solidária pela integralização do capital (art. 1.052 do CC); **C:** incorreta. O Código de Defesa do Consumidor adotou a teoria menor da desconsideração da personalidade jurídica, que, em síntese, permite a desconsideração sempre que a personalidade jurídica for obstáculo ao ressarcimento do consumidor. Tal modalidade, para alguns, desnatura o instituto e torna letra morta a própria separação patrimonial; **D:** incorreta. As sociedades em conta de participação estão autorizadas a exercer atividade empresária. Não há qualquer vedação no sentido proposto pela alternativa no ordenamento jurídico; **E:** correta, nos termos dos arts. 994, § 3º, do CC e 117 da Lei 11.101/2005. HS
Gabarito "E".

3. DIREITO CAMBIÁRIO

3.1. TEORIA GERAL

(Juiz de Direito – TJ/RS – 2018 – VUNESP) Assinale a alternativa que corresponde ao conceito de título de crédito disposto no artigo 887 do Código Civil.

(A) O título de crédito é o documento necessário ao exercício do direito autônomo nele contido, que somente produz efeito se preenchidos os requisitos legais.
(B) O título de crédito, documento dispensável ao exercício do direito literal e autônomo nele contido, somente produz efeito quando preencha os requisitos da lei.
(C) O título de crédito, documento necessário ao exercício do direito nele contido, produz efeito independentemente de preenchidos os requisitos legais.
(D) O título de crédito, documento necessário ao exercício do direito literal e autônomo nele contido, somente produz efeito quando preencha os requisitos da lei.
(E) O título de crédito é o documento necessário ao exercício do direito literal e autônomo nele contido, que produz seus efeitos independentemente de preenchidos os requisitos legais.

Segundo o art. 887 do CC, título de crédito é todo documento necessário ao exercício do direito literal e autônomo nele contido, que só produz seus efeitos quando preencher todos os requisitos legais. HS
Gabarito "D".

(Procurador do Estado – PGE/PA – UEPA – 2015) Acerca dos Títulos de Crédito, assinale a alternativa correta.

(A) para a lavratura do protesto cambial, em razão do princípio da cartularidade, é indispensável a exibição física do título de crédito, sendo ilícito o protesto por indicação de duplicata virtual.
(B) o saque da duplicata mercantil pressupõe a existência de uma relação jurídica subjacente, de modo que a ausência de *causa debendi* representa a irregularidade do título emitido.
(C) ainda que desprovida de aceite, a duplicata constitui título executivo extrajudicial, desde acompanhada do comprovante de entrega das mercadorias, sendo desnecessária a prévia realização de protesto cambial.
(D) o endossatário que recebe, por endosso translativo, título de crédito contendo vício formal, sendo inexistente a causa para conferir lastro à emissão de duplicata, não responde pelos danos causados diante de protesto indevido, tendo em vista que não participou originariamente da relação jurídica.
(E) o avalista, face à autonomia do dever contraído, responde irrestritamente pela obrigação assumida pelo devedor principal, ainda que prescrita a ação cambiária.

A: incorreta. O protesto por indicação de duplicata virtual é expressamente autorizado pelo art. 8º, parágrafo único, da Lei 9.492/1997; **B:** correta. A duplicata é título de crédito causal, ou seja, só pode ser emitido em negócios jurídicos específicos: a compra e venda mercantil com pagamento a prazo maior que 30 dias ou prestação de serviços (arts. 1º e 20 da Lei 5.474/1968); **C:** incorreta. Mesmo nesse caso o protesto é obrigatório (art. 15, II, "a", da Lei 5.474/1968); **D:** incorreta. A responsabilidade do endossatário nesse caso foi fixada na tese de julgamento sob o rito dos recursos repetitivos pelo STJ no REsp 1.213.256; **E:** incorreta. A autonomia das relações cambiais impede a oposição de exceções pessoais em relação ao avalista. Questões que atinjam a própria obrigação cambiária, como a prescrição, naturalmente são circunstâncias que afastam a responsabilidade do garantidor.
Gabarito "B".

(Procurador – PGFN – ESAF – 2015) Assinale a opção correta.

I. Os títulos de crédito são documentos representativos de obrigações pecuniárias – de origem cambial ou extracambial – e, como regra, têm natureza "*pro soluto*".
II. A "Cédula de Crédito Rural" configura um título de crédito impróprio, destinado ao financiamento do agronegócio, cujo pagamento é garantido por hipoteca ou penhor.
III. De acordo com a atual jurisprudência do Superior Tribunal de Justiça (STJ), é admissível a ação monitória fundada em cheque prescrito, devendo ser ela ajuizada dentro de 5 (cinco) anos, contados a partir do dia seguinte ao vencimento da pretensão executiva.

(A) Somente o item I está correto.
(B) Somente o item II está correto.
(C) Somente o item III está correto.
(D) Somente os itens I e II estão corretos.
(E) Somente os itens I e III estão corretos.

I: incorreta. Pro soluto significa que a obrigação considera-se adimplida com a tradição da cártula ao tomador, independentemente de seu pagamento, o que é exceção no Direito Cambiário. Em regra, os títulos têm caráter *pro solvendo*, ou seja, apenas **representam** uma obrigação que será considerada quitada somente com o pagamento da cártula; **II:** correta, nos termos do art. 9º do Decreto-lei 167/1967; **III:** incorreta. A Súmula 299 do STJ reconhece a possibilidade de se ajuizar ação monitória fundada em cheque prescrito, porém o prazo de 5 anos é contado do dia seguinte à data de emissão (REsp 1.101.412, julgado sob o rito dos recursos repetitivos).
Gabarito "B".

(Procurador do Estado – PGE/BA – CESPE – 2014) Em relação aos títulos de crédito, julgue os itens subsequentes.

(1) As normas do Código Civil sobre títulos de crédito aplicam-se supletivamente em relação às letras de câmbio, notas promissórias, cheques e duplicatas.
(2) A duplicata é um título causal, emitido exclusivamente com vínculo a um processo de compra e venda mercantil ou a um contrato de prestação de serviços e, por isso, é considerada um título cambiforme, ao qual não se aplica o princípio da abstração.
(3) O endosso posterior ao protesto por falta de pagamento produz apenas os efeitos de cessão ordinária de créditos.

1: Certa. Os títulos de crédito típicos seguem as respectivas regulamentações legais e se valem das normas do CC como legislação supletiva (art. 903 do CC). **2:** Errada. A duplicata é um título de crédito típico (título cambiariforme é aquele tratado como título de crédito, mas sem que estejam presentes todas as características necessárias para ser classificado como tal – são também conhecidos como títulos impróprios). Ainda que causal, é-lhe plenamente aplicável o princípio da abstração. **3:** Certa, nos termos do art. 920 do CC.
Gabarito 1C, 2E, 3C.

(Juiz – TRF 2ª Região – 2017) Considere as proposições e, ao final, marque a opção correta:

I. É viável o aval parcial aposto em cheque;
II. O Código Civil veda expressamente o aval parcial;
III. É viável o aval parcial aposto em nota promissória;
IV. A cláusula proibitiva do endosso, aposta em nota promissória, não impede a transferência do crédito.

(A) Apenas a I é falsa.
(B) Apenas a II é falsa.
(C) Apenas a III é falsa.
(D) Apenas a IV é falsa.
(E) Todas são verdadeiras.

I: correta, nos termos do art. 29 da Lei 7.357/85; **II:** correta, nos termos do art. 897, parágrafo único, do CC; **III:** correta, nos termos dos art. 30 e 77 da Lei Uniforme de Genebra (anexo ao Decreto 57.663/66); **IV:** correta, hipótese em que a transferência do crédito será considerada uma cessão civil, nos termos dos arts. 11 e 77 da Lei Uniforme de Genebra.
Gabarito "E".

(Juiz – TRF 2ª Região – 2017) Ícaro, casado, avaliza empréstimo que seu amigo, Petrus, contraiu perante a Caixa Econômica (CEF). O contrato o afirma avalista em várias cláusulas, e não fiador, embora não tenham sido emitidos títulos de crédito. Não houve outorga uxória, já que Ícaro se afirmou solteiro. Única opção se amolda à linha dominante. Assinale-a:

(A) Tanto o aval quanto a fiança dependem de outorga uxória, de modo que a garantia é nula, aspecto cognoscível de ofício.
(B) A esposa de Ícaro pode anular o contrato por falta de outorga, e o caso é de negócio anulável, e não nulo.
(C) Ícaro deve ser entendido como garantidor do contrato, independentemente de ser nominado avalista, e não é o caso de anulação do ajuste.
(D) Como o aval é próprio dos títulos de crédito, o empréstimo deve ser entendido como desprovido de garantia.
(E) Cabe a Ícaro, e não a sua esposa, pedir a anulação do aval.

A: incorreta. A jurisprudência do STJ consolidou-se no sentido de que a nulidade do aval ou da fiança somente pode ser requerida pelo cônjuge que não deu a outorga, não sendo cognoscível de ofício (REsp 772.419 e 749.999); **B:** incorreta. Não se anula o contrato todo, somente a garantia, porque é cláusula acessória que não macula o objeto principal da avença; **C:** alternativa dada como correta no gabarito oficial, porém cumpre assinalar que não é possível afirmar que tal seja a posição dominante da jurisprudência. Na verdade, o próprio STJ tem julgados conflitantes. No REsp 1.165.837, julgado pela 5ª Turma, entendeu que a garantia é válida (hipótese acatada pela alternativa). Contudo, no REsp 1.095.441, julgado pela 6ª Turma, referendou a tese de nulidade da garantia; **D:** incorreta. A garantia existe, mas seguirá as regras da fiança, segundo uníssona jurisprudência do STJ; **E:** incorreta, conforme comentário à alternativa "A".
Gabarito "C".

(Juiz – TJ/RJ – VUNESP – 2016) A cláusula "não à ordem"

(A) não é admitida na Letra de Câmbio.
(B) inviabiliza o aval parcial.
(C) inviabiliza o aceite.
(D) impede a circulação mediante endosso.
(E) implica em aceite do cumprimento da obrigação assumida em Nota Promissória.

Chama-se "cláusula não à ordem" a proibição de que o título circule por meio de endosso. Ela pode ser aposta originariamente, pelo próprio sacador, ou ulteriormente, por qualquer endossante. Caso exista, a transferência da propriedade do crédito se fará unicamente por cessão civil.
Gabarito "D".

(Juiz – TJ/SP – VUNESP – 2015) Sobre títulos de crédito, é correto afirmar que

(A) não é possível o preenchimento do título de crédito incompleto pelo credor após a sua emissão.
(B) na cédula de crédito bancário pode ser constituída garantia real em documento separado, desde que se faça mera referência a isso no corpo da cédula.
(C) o devedor deve conferir a autenticidade das assinaturas de toda a cadeia de endossos lançados no título, antes de realizar o pagamento ao último endossatário e portador.
(D) o endossatário de endosso em branco pode mudá-lo para endosso em preto, desde que o complete com o seu nome ou de terceiro, bem como pode endossar novamente o título, mas não pode transferi-lo sem novo endosso.

A: incorreta. O preenchimento posterior é aceito pelo art. 891 do CC, desde que respeite os termos pactuados; **B:** correta, nos termos do art. 32 da Lei nº 10.931/2004; **C:** incorreta. Não há obrigação de conferir a autenticidade das assinaturas, mas somente a regularidade da série de endossos (art. 911, parágrafo único, do CC); **D:** incorreta. É totalmente possível a transferência sem novo endosso pelo endossatário de endosso em branco, porque este transforma o título em cártula ao portador (art. 913, parte final, do CC).
Gabarito "B".

(Defensor Público – DPE/BA – 2016 – FCC) Sobre os títulos de crédito, analise as afirmações abaixo:

I. De acordo com o entendimento do Superior Tribunal de Justiça, a nota promissória vinculada a contrato de abertura de crédito não goza de autonomia em razão da iliquidez do título que a originou.
II. O cheque nominal, com ou sem a cláusula expressa "à ordem", é transmissível por via de endosso, enquanto o cheque nominal com cláusula "não à ordem" somente pode ser transmitido pela forma de cessão.
III. O título de crédito emitido sem o preenchimento de requisito de forma que lhe retire a validade, acarreta a invalidade do negócio jurídico que lhe deu origem.
IV. Ao contrário da nota promissória, a duplicata é um título causal e, em regra, não goza de abstração.

Está correto o que se afirma APENAS em
(A) I, II e III.
(B) I e II.
(C) II e IV.
(D) I e IV.
(E) I, II e IV.

I: correta, pois é o que dispõe a Súmula 258/STJ; II: correta, conforme o art. 17 da Lei do Cheque – LC (Lei 7.357/1985); III: incorreta, pois a omissão de qualquer requisito legal, que tire ao escrito a sua validade como título de crédito, não implica a invalidade do negócio jurídico que lhe deu origem, conforme dispõe o art. 888 do CC; IV: correta, pois a duplicata é extraída a partir da fatura relativa ao contrato de compra e venda ou prestação de serviço – arts. 2º e 20 da Lei das Duplicatas – LD (Lei 5.474/1968). RB
Gabarito "E".

(Defensor Público – DPE/ES – 2016 – FCC) Sobre o endosso e o aval de letras de câmbio e de notas promissórias,

I. pelo endosso transmitem-se todos os direitos emergentes da letra de câmbio e da nota promissória e o endossante, salvo cláusula em contrário, garante o pagamento desses títulos.
II. o endosso pode ser condicional, mas não parcial.
III. o pagamento de uma letra de câmbio ou de uma nota promissória pode ser no todo ou em parte garantido por aval.
IV. o avalista é responsável da mesma maneira que a pessoa afiançada, mas sua obrigação se mantém se a obrigação que ele garantiu for nula apenas por vício de forma.
V. o endossante acionado não pode opor ao portador de uma nota promissória as exceções fundadas sobre as relações pessoais dele com os portadores anteriores, salvo se o portador ao adquirir a nota promissória tiver procedido conscientemente em detrimento do devedor.

Está correto o que se afirma APENAS em
(A) II, III e IV.
(B) III, IV e V.
(C) II, IV e V.
(D) I, III e V.
(E) I, II e IV.

I: correta, reiterando que o endossante da letra de câmbio e da nota promissória, salvo cláusula em contrário, garante o pagamento – arts. 14, 15 e 77 da Lei Uniforme – LU (Decreto 57.663/1966), não se aplicando a disposição do art. 914, caput, do CC, por existir norma especial (conforme o art. 903 do CC); II: incorreta, pois considera-se não escrita qualquer condição a que se subordine o endossante, além de ser nulo o endosso parcial – art. 912 do CC; III: correta, pois é o que dispõe o art. 30 da LU. Importante lembrar que o Código Civil veda o aval parcial – art. 897, parágrafo único, do CC, mas essa regra não subsiste se houver norma específica (art. 903 do CC), como é o caso da letra de câmbio e da nota promissória, cuja legislação admite aval parcial (arts. 30 e 77 da LU; IV: incorreta, pois a responsabilidade do avalista não subsiste no caso de nulidade por vício de forma da obrigação daquele a quem se equipara– art. 899, § 2º, in fine, do CC; V: correta, conforme o art. 17 da LU. RB
Gabarito "D".

(Defensor Público – DPE/RN – 2016 – CESPE) A respeito de títulos de crédito e de contratos bancários, assinale a opção correta.

(A) Atualmente, ainda é válida a pactuação das tarifas de abertura de crédito e de emissão de carnê na cobrança por serviços bancários, segundo o entendimento do STJ.
(B) Conforme entendimento do STJ, o ajuizamento isolado de ação revisional de contrato bancário é capaz de descaracterizar a mora do devedor.
(C) A omissão de qualquer requisito legal que retire a validade do título de crédito implica também a invalidade do negócio jurídico que lhe deu origem.
(D) O pagamento do título de crédito pode ser garantido por aval dado de forma parcial.
(E) De acordo com o STJ, a estipulação de juros remuneratórios superiores a 12% ao ano, por si só, não indica abusividade.

A: incorreta, pois, nos termos da Súmula 565/STJ, a pactuação das tarifas de abertura de crédito (TAC) e de emissão de carnê (TEC), ou outra denominação para o mesmo fato gerador, é válida apenas nos contratos bancários anteriores ao início da vigência da Resolução-CMN n. 3.518/2007, em 30/4/2008; B: incorreta, pois, conforme a Súmula 380/STJ, a simples propositura da ação de revisão de contrato não inibe a caracterização da mora do autor; C: incorreta, pois a omissão de qualquer requisito legal, que tire ao escrito a sua validade como título de crédito, não implica a invalidade do negócio jurídico que lhe deu origem, conforme dispõe o art. 888 do CC; D: afirmação dúbia. O Código Civil veda o aval parcial – art. 897, parágrafo único, do CC (com base nisso, a assertiva seria incorreta), mas essa regra não subsiste se houver norma específica (art. 903 do CC), como é o caso da letra de câmbio e da nota promissória, cuja legislação admite expressamente o aval parcial (arts. 30 e 77 da LU – nesse sentido, a assertiva é correta, pelo menos em relação a determinados títulos de crédito). De qualquer forma, a alternativa "E" é a melhor, pois evidentemente correta, baseada em entendimento sumulado do STJ; E: correta, conforme a Súmula 382/STJ. RB
Gabarito "E".

(Delegado/PE – 2016 – CESPE) Com referência às disposições do Código Civil acerca de endosso e aval, assinale a opção correta.

(A) É válido o aval parcial de títulos de crédito.
(B) O Código Civil veda o aval parcial e, por se tratar de norma posterior, revogou o dispositivo da Lei Uniforme de Genebra que permite o aval parcial em notas promissórias.
(C) O Código Civil veda tanto o aval parcial quanto o endosso parcial.
(D) Dado o princípio da autonomia, caso o avalista pague o título, não haverá possibilidade de ação de regresso contra os demais coobrigados.
(E) É válido o endosso parcial de títulos de crédito.

A: incorreta. Para os títulos de crédito atípicos, regidos pelo Código Civil, é vedado o aval parcial (art. 897, parágrafo único, do Código Civil); B: incorreta. O Código Civil é norma subsidiária para os títulos de crédito típicos, aqueles previstos em leis especiais. Logo, não tem o condão de derrogar a Lei Uniforme de Genebra – é a lei especial que revoga a lei geral, não o contrário; C: correta, nos termos dos arts. 897, parágrafo único (aval), e 912, parágrafo único (endosso), do Código Civil; D: incorreta. O avalista sub-roga-se nos direitos daquele por quem pagou, portanto está autorizado a exigir a quantia em ação de regresso contra aqueles que lhe sejam anteriores na cadeia de endossos (art. 899, § 1º, do Código Civil); E: incorreta. O endosso parcial é nulo (art. 912, parágrafo único, do Código Civil). HS
Gabarito "C".

(Juiz de Direito/DF – 2016 – CESPE) Assinale a opção correta, no que diz respeito a aval.

(A) Se o título de crédito avalizado for vinculado a contrato de mútuo, o avalista deverá responder pelas obrigações nele contidas, ainda que ali não figure como devedor solidário.
(B) No caso do cheque, se houver dois avais superpostos e em branco, considera-se que houve aval de aval.
(C) Os avais simultâneos estabelecem entre os coavalistas uma relação fundada na solidariedade de direito comum, e não cambiária. Assim, se um deles pagar a dívida, terá o direito de exigir do outro apenas a quota parte que caberia a este.
(D) O avalista de cheque prescrito deverá responder pelo pagamento deste em ação monitória, independentemente da prova de ter-se beneficiado da dívida.
(E) O avalista citado para pagar o valor constante do título poderá invocar em seu favor benefício de ordem, de forma que, primeiro, sejam excutidos bens do avalizado.

A: incorreta. O avalista, no caso de contrato de mútuo, somente responde pelas obrigações do contrato se nele constar como devedor solidário, nos termos da Súmula 26 do STJ; B: incorreta. Avais superpostos consideram-se simultâneos (dois avalistas do mesmo avalizado) e não sucessivos (aval de aval), nos termos da Súmula 189 do STF; C: correta. Os avalistas não constituem uma relação cambial entre si, portanto podem ser atingidos em ação de regresso somente pela sua cota. Exemplo: se são três avalistas simultâneos, e um paga toda a dívida, poderá exigir dos outros dois somente um terço de cada um; D: incorreta. A jurisprudência do STJ se firmou em sentido contrário, ou seja, pode ser executado o avalista de cheque prescrito se provado que ele auferiu benefícios com a dívida (STJ, REsp 1.022.068/SP); E: incorreta. O avalista não detém benefício de ordem (art. 899, primeira parte, do CC). HS
Gabarito "C".

(Procurador do Estado/AM – 2016 – CESPE) No que concerne ao direito empresarial em sentido amplo, julgue os itens a seguir.

(1) A promoção prévia de protesto válido do título é condição para que o credor de título de crédito válido mova uma ação de execução contra o devedor principal.
(2) A doutrina relativa ao direito cambiário trata do princípio da abstração, um subprincípio derivado do princípio da autonomia, que destaca a ligação entre o título de crédito e o fato jurídico que deu origem à obrigação que ele representa.
(3) Se um título com prazo de vencimento definido não for tempestivamente pago, o credor poderá mover ação de execução; todavia,

verificada alguma nulidade, o juiz pronunciará nula, de ofício ou a requerimento da parte, a execução.

1: incorreta, pois a falta de protesto não afasta do direito de credor contra o devedor principal e seus avalistas; **2:** correto, pois, segundo o subprincípio da abstração, com a circulação há desvinculação do título em relação ao ato ou ao negócio jurídico que deu ensejo à sua criação; **3:** correta, conforme o art. 803, parágrafo único, do CPC. RB

Gabarito 1E, 2C, 3C

(Procurador da República –28º Concurso – 2015 – MPF) Pelos princípios que regem os títulos de crédito é correto afirmar que:

(A) Caso comprovada a má-fé do emitente do título, ou de um dos portadores precedentes, pode o devedor opor ao atual portador as exceções fundadas em relação pessoal com qualquer daqueles.

(B) O devedor nada pode opor ao portador do título de crédito relativamente às relações pessoais com os portadores precedentes ou mesmo com o emitente do título, salvo se o portador estiver de má-fé.

(C) O devedor não pode ser forçado a "pagar de novo" o crédito quitado perante o credor, ainda que tenha sido cientificado por terceiro acerca da penhora do crédito ou de sua impugnação.

(D) Se existir vício no negócio jurídico que ensejou a obrigação, é possível sempre investigar-se sua causa subjacente, porque a autonomia e a abstração dos títulos de credito não são absolutas.

A: incorreta, pois as exceções, fundadas em relação do devedor com os portadores precedentes, somente poderão ser por ele opostas ao portador atual, se este, ao adquirir o título, tiver agido de má-fé – art. 916 do CC; **B:** correta, conforme comentário anterior; **C:** incorreta, pois se o devedor foi cientificado da penhora, não se exonera da obrigação em relação ao crédito – art. 298 do CC; **D:** incorreta, pois, pelo princípio da abstração, com a circulação há desvinculação do título em relação ao ato ou ao negócio jurídico que deu ensejo à sua criação. RB

Gabarito "B".

(DPE/PE – 2015 – CESPE) Com referência ao protesto de títulos e à obtenção de empréstimo mediante a emissão de debêntures, julgue o item que se segue.

(1) Considere a seguinte situação hipotética. Em decorrência de dívida oriunda de título de crédito sacado contra uma sociedade empresária, o credor protestou o citado título; em razão da ausência, no momento da intimação, dos sócios e do administrador não sócio, um empregado dessa sociedade recebeu a intimação do protesto. Nessa situação, para a validade da intimação do citado protesto, conforme preconiza a legislação que regulamenta os serviços concernentes ao protesto de títulos, seu recebimento deveria ter sido feito por sócio ou por representante legal da sociedade empresária.

1: incorreta. O art. 14 da Lei 9.492/1997 determina a validade da intimação do protesto, qualquer que seja o recebedor, se comprovada sua entrega no endereço fornecido pelo apresentante do título ou documento. HS

Gabarito 1E

(Juiz de Direito/RJ – 2014 – VUNESP) Nos títulos de crédito, segundo a disciplina que lhe confere o Código Civil, o aval posterior ao vencimento

(A) produz os mesmos efeitos do anteriormente dado.
(B) produz efeito de cessão civil de crédito.
(C) é ineficaz.
(D) é nulo de pleno direito.

Na disciplina do Código Civil, aplicável somente aos títulos de crédito atípicos, o aval dados após o vencimento da cártula continua tendo valor cambiário e produz os mesmos efeitos daquele que foi realizado antes da expiração do prazo (art. 900 do CC). HS

Gabarito "A".

(Promotor de Justiça/PI – 2014 – CESPE) Acerca do título de crédito, assinale a opção correta.

(A) Não se considera válido e eficaz o título de crédito em que não conste data de vencimento expressa nele próprio.

(B) Uma das características dos títulos de crédito é a literalidade, ou seja, só são extraídos efeitos do título daquilo que estiver nele escrito.

(C) Em regra, considera-se o lugar da emissão do título, quando não indicado expressamente, o domicílio do emitente, e o lugar do pagamento, quando não estipulado, o domicílio do sacado ou do credor beneficiário.

(D) Ao se criar título de crédito, formaliza-se uma promessa unilateral formulada pelo emitente ou sacador, seu criador, que pode ser dirigida, inicialmente, a um número indeterminado de pessoas.

(E) A omissão de requisito legal exigido ao título de crédito implica a invalidação do negócio jurídico que lhe tenha dado origem.

A: incorreta. A ausência de indicação da data de vencimento apenas implica que esse se dará à vista (art. 889, § 1º, do CC/2002); **B:** correta. Por força do princípio da literalidade, somente produzirá efeitos cambiais aquilo que estiver escrito no corpo do título de crédito; **C:** incorreta. Tanto o local de emissão e de pagamento, quando não indicados no título, são considerados como o do domicílio do emitente (art. 889, § 2º, do CC/2002); **D:** incorreta. A uma, porque o título de crédito não consubstancia necessariamente uma promessa: pode estar estruturado na forma de ordem de pagamento, na qual o sacador determina que um terceiro pague certa quantia ao beneficiário. A duas, porque, em regra, os títulos de crédito devem ser nominais, ou seja, deve ser indicado o credor do direito nele previsto. Apenas excepcionalmente se reconhece o título ao portador (cheque com valor inferior a cem reais ou título circulando mediante endosso em branco); **E:** incorreta. O negócio jurídico original permanece íntegro por força do princípio da abstração dos títulos de crédito e do disposto no art. 888 do CC/2002. HS

Gabarito "B".

(Advogado do Metrô/SP – 2014 – FCC) A respeito dos títulos de crédito considere:

I. A omissão de qualquer requisito legal, que tire ao escrito a sua validade como título de crédito, não implica a invalidade do negócio jurídico que lhe deu origem.

II. Aquele que, sem ter poderes, ou excedendo os que tem, lança a sua assinatura em título de crédito, como mandatário ou representante de outrem, fica pessoalmente obrigado, e, pagando o título, tem ele os mesmos direitos que teria o suposto mandante ou representado.

III. A transferência do título de crédito não implica a de todos os direitos que lhe são inerentes.

IV. O pagamento de título de crédito, que contenha obrigação de pagar soma determinada, pode ser garantido por aval, sendo permitido o aval parcial.

De acordo com o Código Civil brasileiro, está correto o que consta APENAS em

(A) I, III e IV.
(B) I, II e III.
(C) I e II.
(D) II, III e IV.
(E) II e IV.

I: correta, nos termos do art. 888 do CC; **II:** correta, nos termos do art. 892 do CC; **III:** incorreta. O endosso transfere, em regra, todos os direitos inerentes ao título, nos termos do art. 893 do CC; **IV:** incorreta. O aval parcial é proibido pelo art. 897, parágrafo único, do CC. Vale lembrar que essa limitação se aplica somente aos títulos de crédito **atípicos**, que são aqueles regulados pelo CC. Para os demais, que possuem legislação própria (letra de câmbio, nota promissória, cheque e duplicata) o aval parcial é válido. HS

Gabarito "C".

3.2. TÍTULOS EM ESPÉCIE

3.2.1. LETRA DE CÂMBIO

(Promotor de Justiça – MPE/AM – FMP – 2015) Para o exercício do direito de cobrança dos valores constantes da letra de câmbio por meio da ação de execução, a Lei Uniforme fixou os seguintes prazos prescricionais:

I. todas as ações contra o aceitante relativas a letras prescrevem em três anos a contar do seu vencimento.

II. prescrevem em três anos, a contar da data do protesto feito em tempo útil, ou da data do vencimento, se se trata de letra que contenha cláusula "sem despesas", as ações contra o avalista do devedor principal.

III. As ações dos endossantes uns contra os outros e contra o sacador prescrevem em seis meses a contar do dia em que o endossante pagou a letra ou em que ele próprio foi acionado.

IV. A ação do portador contra o sacador prescreve num ano, a contar da data do protesto feito em tempo útil, ou da data do vencimento, se se trata de letra que contenha cláusula "sem despesas".

Quais das assertivas acima estão corretas?

(A) Apenas a I e II.
(B) Apenas a II e III.
(C) Apenas a II e IV.
(D) Apenas a I, III e IV.
(E) I, II, III e IV.

I: correta, conforme o art. 70 da Lei Uniforme – LU (promulgada pelo Decreto 57.663/1966); **II:** incorreta, pois o prazo prescricional para a ação contra o avalista é o mesmo do avalizado, no caso, o do devedor principal, que é de três anos contados do vencimento – art. 70 da LU; **III:** correta, conforme o art. 70 da LU; **IV:** correta, conforme o art. 70 da LU. RB

Gabarito "D".

3.2.2. NOTA PROMISSÓRIA

(Magistratura/RR – 2015 – FCC) João subscreveu uma nota promissória em favor de Paulo.

Além da denominação "nota promissória", a cártula, devidamente assinada por João, contém a promessa pura e simples de pagar a Paulo a quantia de R$ 2.000,00 (dois mil reais), a indicação da data em que foi emitida e do lugar onde foi passada, mas não prevê nem a época do pagamento, nem o lugar onde este deve ser realizado. Nesse caso, a cártula

(A) não vale como nota promissória, pois a indicação da época do pagamento é requisito essencial do título.
(B) não vale como nota promissória, pois a indicação do lugar onde o pagamento deve ser realizado é requisito essencial do título.
(C) vale como nota promissória, sendo que, à falta de indicação da época do pagamento, considera-se o título à vista.
(D) vale como nota promissória, sendo que, à falta de indicação do lugar do pagamento, considera-se como tal o domicílio de Paulo, independentemente de onde o título foi passado.
(E) vale como nota promissória, sendo que, à falta de indicação da época do pagamento, este só poderá ser exigido trinta dias após a sua apresentação ao subscritor do título.

Época do pagamento e lugar do pagamento não são requisitos essenciais da nota promissória, sendo ela válida mesmo na ausência daqueles. Dispõe o art. 76 da Lei Uniforme de Genebra que, nesses casos, considera-se o título pagável à vista e no local onde a nota foi sacada. Gabarito "C".

(DPE/PE – 2015 – CESPE) A sociedade empresária X firmou contrato com a sociedade empresária Y, para que Y lhe prestasse determinado serviço, tendo Y recebido como título de crédito uma nota promissória, sem indicação expressa da sua vinculação ao citado contrato.
Com referência a essa situação hipotética, julgue os itens seguintes.
(1) Caso o contrato não seja cumprido e a sociedade Y ponha a nota promissória em circulação, o devedor não poderá opor-se ao pagamento a terceiro que apresente o referido título de crédito, em face da autonomia da cártula e da inoponibilidade das exceções ao terceiro de boa-fé.
(2) No título de crédito, a indicação de vencimento e do lugar em que se deve efetuar o pagamento não são requisitos indispensáveis. Na falta dessas informações, a nota promissória será considerada nota à vista e pagável no local de sua emissão.

1: incorreta. A vinculação da nota promissória a um contrato, ainda que não escrita tal condição na letra, tira sua autonomia para fins de circulação. Em outras palavras, ela estará sempre vinculada a esse contrato e vícios do negócio também a ela afetarão. É a posição do STJ (REsp 243.762); 2: correta, nos termos do art. 76 da Lei Uniforme de Genebra. Gabarito 1E, 2C

(Juiz de Direito/MG – 2014) Com relação à nota promissória, analise as afirmativas, assinalando com **V** as **verdadeiras** e com **F** as **falsas**.
( ) O prazo para ajuizamento de ação monitória em face do emitente de nota promissória sem força executiva é quinquenal, a contar do dia seguinte ao vencimento do título.
( ) O devedor somente poderá opor ao portador da nota promissória exceção fundada em direito pessoal, na nulidade de sua obrigação e na falta de requisito necessário ao exercício da ação cambial.
( ) Sendo a nota promissória rural, emitida por uma cooperativa em favor de seus cooperados, um título de crédito de natureza causal, a respectiva execução se encontra vinculada à eficácia do negócio jurídico subjacente.
Assinale a alternativa que apresenta sequência **CORRETA**.
(A) F V V.
(B) V F V.
(C) V V F.
(D) F F F.

I: verdadeira, nos termos da Súmula 504 do STJ; II: falsa. No direito cambial, não se pode opor ao terceiro de boa-fé exceções de natureza pessoal. Do mesmo modo, a nota promissória pura é um título não causal, portanto não se vincula a nenhuma obrigação subjacente e a nulidade do negócio jurídico não lhe tira a força executiva (característica da abstração dos títulos de crédito); III: verdadeira. Quando estamos diante de um título causal, aí sim devemos observar a validade da obrigação originária; nula essa, nulo será o título. Gabarito "B".

3.2.3. CHEQUE

(Procurador Municipal – Prefeitura/BH – CESPE – 2017) Paulo emitiu à sociedade empresária CT Ltda. cheque, com cláusula sem protesto, que não foi compensado por insuficiência de fundos disponíveis. A sociedade, então, ingressou com ação cambial contra Paulo e Fernanda, titulares de conta conjunta.
Nessa situação hipotética,
(A) a CT Ltda. deverá expor, na petição inicial, o negócio jurídico que deu origem ao cheque.
(B) a CT Ltda. poderá cobrar, na ação, as despesas efetuadas com o protesto do título.
(C) os juros legais devem incidir desde o dia da apresentação do cheque.
(D) houve solidariedade passiva entre Paulo e Fernanda em razão da inadimplência do título.

A: incorreta. O cheque é título não causal, ou seja, pode ser sacado qualquer que seja o negócio jurídico que lhe deu origem e a ele não se prende, razão pela qual não há obrigação de consignar tal informação na cártula; B: incorreta. Como foi aposta no título a cláusula "sem protesto", as custas do ato correm por conta do tomador (art. 50, § 3º, da Lei 7.357/1985); C: correta, nos termos do art. 52, II, da Lei 7.357/1985; D: incorreta. A cobrança deve ser realizada unicamente em face de Paulo, emitente do cheque (art. 47, I, da Lei 7.357/1985). Gabarito "C".

(Magistratura/SC – 2015 – FCC) Antônio contratou a compra da safra de milho produzida por Bruno, pelo preço de R$ 20,00 por saca de 60 Kg. Em pagamento do preço, Antônio emitiu e entregou a Bruno um cheque, mas deixou de preencher o valor, que seria aposto pelo próprio vendedor, depois de feita a pesagem do milho colhido. No entanto, Bruno preencheu o cheque com valor superior ao combinado e, em seguida, endossou a cártula a Carlos, que conhecia os termos do ajuste feito com Antônio. Em seguida, Carlos endossou o cheque a Dagoberto, terceiro de boa-fé, que por sua vez endossou o título a outro terceiro de boa-fé, Eduardo, com a cláusula de que não garantia o pagamento da cártula. Apresentado o cheque para pagamento ao banco, este o devolveu por insuficiência de fundos. Nesse caso, Eduardo poderá cobrar o pagamento do cheque
(A) de Antônio, Bruno, Carlos e Dagoberto.
(B) apenas de Antônio.
(C) apenas de Carlos.
(D) apenas de Bruno e Carlos.
(E) apenas de Antônio, Bruno e Carlos.

Bruno e Carlos são coobrigados ao pagamento porque são endossantes e sabiam que a cártula fora preenchida em desacordo com o pactuado. Dagoberto é terceiro de boa-fé que inseriu no cheque a cláusula "sem garantia", com isso fica desobrigado do pagamento. Antonio, por sua vez, é o devedor principal, mas o título foi preenchido de forma destoante do negócio jurídico que o originou. Em tese, portanto, poderia negar o pagamento. Mas não nos esqueçamos do **princípio da autonomia das relações cambiais**, que impede a oposição de exceções pessoais a terceiros de boa-fé – que é o caso de Eduardo. Gabarito "E".

(Defensor/PA – 2015 – FMP) Antônio emitiu um cheque para pagamento de uma dívida no lugar onde deve ser pago. A ação de execução desse cheque, assegurada ao portador Carlos, prescreve em:
(A) trinta dias, contados da data de emissão do cheque.
(B) sessenta dias, contados da data de emissão do cheque.
(C) seis meses, contados de termo do prazo de trinta dias, para a apresentação do cheque.
(D) seis meses, contados do termo do prazo de sessenta dias, para a apresentação do cheque.
(E) seis meses, contados da data de emissão do cheque.

O prazo de prescrição da ação cambial fundada em cheque é sempre de 6 meses, contados, no caso do devedor principal, do final do prazo para apresentação. Como o cheque foi emitido no mesmo lugar do pagamento, tal prazo é de 30 dias, nos termos do art. 33 da Lei 7.357/1985. Gabarito "C".

(Promotor de Justiça/PI – 2014 – CESPE) A respeito do cheque, assinale a opção correta.
(A) Em caso de cheque não pago pelo sacado, é desnecessário o protesto para cobrar de avalista do emitente do cheque.
(B) A revogação da ordem de pagamento consubstanciada no cheque pode ser feita pelo emitente e pelo portador legitimado.
(C) É nulo o cheque em que se insira cláusula de juros compensatórios.
(D) Para se valer de ação monitória contra o emitente, usando como prova da obrigação um cheque prescrito, deve o requerente declinar, na petição inicial, do negócio jurídico subjacente.
(E) Antes de pagar o cheque a endossatário, a instituição bancária deve averiguar a regularidade e autenticidade das assinaturas constantes da cadeia de endossos.

A: correta. Como o emitente do cheque é o seu devedor principal, o protesto contra seu avalista, que ocupa posição equivalente, é facultativo para a cobrança do valor representado pela cártula (art. 47, I, da Lei 7.357/1985); B: incorreta. Apenas o emitente pode emitir a contraordem de pagamento (art. 35 da Lei 7.357/1985); C: incorreta. O cheque não é nulo, só a cláusula que se considera não escrita (art. 10 da Lei 7.357/1985); D: incorreta. O cheque é título de crédito não causal, de forma que, por força do princípio da abstração dos títulos de crédito, desvincula-se totalmente do negócio jurídico que lhe deu origem; E: incorreta. Não cabe ao sacado verificar a autenticidade das assinaturas, somente a regularidade da cadeia de endossos (art. 39 da Lei 7.357/1985). Gabarito "A".

3.2.4. DUPLICATA

(Juiz – TJ/RJ – VUNESP – 2016) Dispõe a lei que rege o título de crédito, denominado duplicata, que em todo contrato de compra e venda mercantil, celebrado entre partes domiciliadas no território brasileiro, com prazo não inferior a 30 dias, contados da data da entrega ou despacho das mercadorias, o vendedor extrairá a respectiva fatura para apresentação ao comprador. A esse respeito, é correto afirmar que

(A) em toda venda realizada em tais condições, o vendedor é obrigado a extrair da fatura a respectiva duplicata.
(B) no ato da emissão da fatura, o vendedor extrairá a duplicata para circulação com efeito comercial, sendo admitida, nesse caso, qualquer outra espécie de título de crédito, a exemplo da letra de câmbio ou da nota promissória, para documentar o saque do vendedor pela importância faturada ao comprador.
(C) uma só duplicata poderá corresponder a mais de uma fatura, nos casos de venda para pagamento em parcelas, situação em que se discriminarão todas as prestações e vencimentos, distinguindo-se a numeração pelo acréscimo, em sequência, de letra do alfabeto.
(D) no valor total da duplicata serão incluídos os abatimentos de preços das mercadorias feitos pelo vendedor até o ato do faturamento, desde que constem da fatura.
(E) quando a remessa da duplicata for feita por intermédio de representantes, instituições financeiras, procuradores ou correspondentes, estes deverão apresentar o título ao comprador, dentro de 10 dias contados da data de seu recebimento na praça de pagamento.

A: incorreta. A extração da duplicata é opcional. Cabe ao comerciante decidir se colocará o título de crédito em circulação (art. 2º da Lei 5.474/1968); **B:** incorreta. Não é admitido nenhum outro título de crédito para representar o negócio jurídico em questão (art. 2º da Lei 5.474/1968); **C:** incorreta. Uma só duplicata não pode corresponder a mais de uma fatura (art. 2º, § 2º, da Lei 5.474/1968); **D:** incorreta. Tais valores, se constarem da fatura, não serão incluídos na duplicata (art. 3º, § 1º, da Lei 5.474/1968); **E:** correta, nos termos do art. 6º, § 2º, da Lei 5.474/1968.
Gabarito "E".

(Magistratura/GO – 2015 – FCC) Analise as seguintes proposições acerca da duplicata:
I. Uma mesma duplicata pode corresponder a mais de uma fatura.
II. É permitido ao comprador resgatar a duplicata antes de aceitá-la ou antes da data do vencimento.
III. O pagamento da duplicata não poderá ser assegurado por aval, reputando-se não escrita declaração com esse sentido aposta no título.
IV. No ato da emissão da fatura, dela poderá ser extraída uma duplicata para circulação como efeito comercial, não sendo admitida nenhuma outra espécie de título de crédito para documentar o saque do vendedor pela importância faturada ao comprador.
V. Nos casos de venda para pagamento em parcelas, é obrigatória a emissão de tantas duplicatas quantas forem as parcelas, vedada a emissão de duplicata única.

Está correto APENAS o que se afirma em
(A) IV e V.
(B) I e II.
(C) I e III.
(D) II e IV.
(E) III e V.

I: incorreta. A uma fatura corresponderá uma única duplicata (art. 2º, § 2º, da Lei 5.474/1968); **II:** correta, nos termos do art. 9º da Lei das Duplicatas; **III:** incorreta. O aval está expressamente previsto no art. 12 da Lei das Duplicatas; **IV:** correta, nos termos do art. 2º da Lei das Duplicatas; **V:** incorreta. É possível a emissão de duplicata única ou série de duplicatas (art. 2º, § 3º, da Lei das Duplicatas).
Gabarito "D".

(Magistratura/SC – 2015 – FCC) Considere as seguintes proposições acerca da duplicata:
I. É vedado ao comprador resgatar a duplicata antes de aceitá-la.
II. O prazo de vencimento da duplicata é improrrogável.
III. A duplicata é protestável por falta de aceite, devolução ou pagamento.
IV. É ineficaz o aval dado em garantia do pagamento da duplicata após o vencimento do título.
V. Uma só duplicata não pode corresponder a mais de uma fatura.
Está correto o que se afirma APENAS em
(A) IV e V.
(B) I e II.
(C) I e III.
(D) II e IV.
(E) III e V.

I: incorreta. O art. 9º da Lei 5.474/1968 autoriza o pagamento da duplicata antes do aceite ou da data do vencimento; **II:** incorreta. O art. 11 da Lei 5.474/1968 autoriza a prorrogação por escrito do prazo de pagamento da duplicata; **III:** correta, nos termos do art. 13 da Lei das Duplicatas; **IV:** incorreta. O aval póstumo ou tardio produz os mesmos efeitos daquele prestado anteriormente ao vencimento (art. 12, parágrafo único, da Lei 5.474/1968); **V:** correta, nos termos do art. 2º, § 2º, da Lei das Duplicatas.
Gabarito "E".

3.2.5. OUTROS TÍTULOS E QUESTÕES COMBINADAS

(Ministério Público/SP – 2015 – MPE/SP) No tocante aos títulos de crédito, assinale a alternativa correta.
(A) A nota promissória vinculada a contrato de abertura de crédito goza de autonomia em razão da liquidez do título que originou.
(B) Como instituto típico do direito cambiário, o aval é dotado de autonomia substancial, de sorte que a sua existência, validade e eficácia não estão jungidas à da obrigação avalizada.
(C) A duplicata mercantil é exemplo típico de título não causal.
(D) A omissão de qualquer requisito legal que tire ao escrito a sua validade como título de crédito, implicará, por consequência, a invalidade do negócio jurídico que lhe deu origem.
(E) O título de crédito poderá ser reivindicado do portador que o adquiriu de boa-fé, desde que a transmissão tenha origem ilícita.

A: incorreta. A alternativa altera a redação da Súmula 258 do STJ, que, na verdade, dispõe: "A nota promissória vinculada a contrato de abertura de crédito **não** goza de autonomia em razão da **iliquidez** do título que a originou"; **B:** correta. O aval é relação cambial típica, de forma que a ele se aplicam os princípios e institutos de direito cambiário – entre eles, o princípio da autonomia das relações cambiais descrito na alternativa; **C:** incorreta. A duplicata mercantil é título **causal**, porque somente pode ser emitida para representar a fatura de uma compra e venda para pagamento a prazo superior a 30 dias ou pela prestação de serviço (arts. 1º e 20 da Lei 5.474/1968); **D:** incorreta. O título de crédito é documento **autônomo** em relação ao negócio jurídico que lhe deu origem. Isso significa que a nulidade daquele não importa a nulidade deste (art. 888 do CC); **E:** incorreta. O título não pode ser reivindicado do possuidor de boa-fé, ainda que posto ilicitamente em circulação (art. 896 do CC).
Gabarito "B".

(Cartório/DF – 2014 – CESPE) Assinale a opção correta acerca dos títulos de crédito, de acordo com a jurisprudência do STF e do STJ.
(A) É permitido ao credor de contrato de mutuo garantido por nota promissória avalizada buscar a responsabilização do avalista pelos encargos contratuais, ainda que esses encargos não constem na nota promissória e o avalista não haja firmado o contrato de mutuo como devedor solidário.
(B) Em razão da natureza do contrato de mandato, em nenhuma hipótese, o endossatário que receber o título de credito com endosso-mandato será responsabilizado pelos danos decorrentes do protesto indevido da cártula.
(C) O endossatário que receber por endosso translativo título de credito formalmente viciado responderá pelos danos decorrentes do protesto indevido da cártula, podendo exercer seu direito de regresso contra os demais coobrigados no título.
(D) Não se admite que o credor, ainda que de boa-fé, complete uma nota promissória emitida com omissões ou em branco antes do protesto, sob pena de desnaturação do título de credito, uma vez que incumbe exclusivamente ao emitente da nota promissória o seu preenchimento.
(E) O credor de cheque sem forca executiva tem prazo de dez anos, contatos do dia seguinte ao do vencimento do título, para ajuizamento da ação monitoria contra o emitente do documento.

A: incorreta. O princípio da literalidade garante que o avalista somente se responsabiliza pela dívida nos termos constantes do título; **B:** incorreta, conforme comentário seguinte; **C:** correta. O endossatário responderá pelo protesto indevido se o título contiver vícios formais intrínsecos ou extrínsecos, nos termos da Súmula 475 do STJ; **D:** incorreta. A Súmula 387 do STF atesta que a cambial emitida ou aceita com omissões pode ser completada de boa-fé pelo credor antes da cobrança ou protesto; **E:** incorreta. O prazo é de cinco anos, nos termos da Súmula 503 do STJ.
Gabarito "C".

(Magistratura do Trabalho – 2ª Região – 2014) Em relação aos títulos de crédito, observe as proposições abaixo e responda a alternativa que contenha proposituras **corretas**:
I. Um dos requisitos da letra de câmbio é a determinação de uma ordem de pagamento, que pode estar sujeita a uma condição suspensiva ou resolutiva.
II. A letra de câmbio, ou qualquer outro título de crédito, pode ser emitida e circular validamente, em branco ou incompleta.
III. No cheque, entre a indicação por extenso e em algarismos, a primeira prevalece em caso de divergência.
IV. O aceite da duplicata é obrigatório, mas não é irrecusável.
V. Quando dois ou mais cheques são apresentados simultaneamente, não havendo fundos suficientes para o pagamento, o sacado deve dar preferência aos de data de emissão mais antiga. Se coincidentes as datas de emissão, prevalece o de número superior.

Está **correta** a alternativa:
(A) I, IV e V.
(B) II, III e V.
(C) I, II e IV.

(D) II, III e IV.
(E) I, III e V.

I: incorreta. A ordem de pagamento na letra de câmbio não pode se submeter a qualquer condição (art. 1º, 2, da Lei Uniforme); **II:** correta, nos termos da Súmula 387 do STJ; **III:** correta, nos termos do art. 12 da Lei 7.357/1985; **IV:** correta. O aceite pode ser recusado em caso de avaria ou não recebimento das mercadorias; vícios, defeitos e diferenças de qualidade ou na quantidade das mercadorias; ou divergência nos prazos ou nos preços ajustados (art. 8º da Lei 5.474/1968); **V:** incorreta. O critério de preferência para pagamento nesse caso é o cheque de **menor** valor (art. 40 da Lei 7.357/1985).

Gabarito "D".

4. DIREITO CONCURSAL – FALÊNCIA E RECUPERAÇÃO

4.1. ASPECTOS GERAIS

(Procurador Municipal – Prefeitura/BH – CESPE – 2017) Marcos, advogado, prestava serviços advocatícios, sem vínculo empregatício, a determinada sociedade empresária que lhe pagava R$ 10 mil mensais. Tendo ficado sem receber a quantia relativa a um dos meses de prestação de serviços, o advogado tomou conhecimento de que a empresa havia decretado falência. Ainda assim, o administrador judicial decidiu, com a anuência do comitê de credores, pela continuidade do contrato em relação à massa falida, para evitar o aumento do passivo.

Acerca dessa situação hipotética, assinale a opção correta à luz da legislação aplicável.

(A) Após a decretação da falência, o crédito de Marcos é considerado extraconcursal.
(B) A decisão do administrador pela continuidade do contrato deve ser considerada inválida, pois depende de autorização judicial.
(C) O crédito de Marcos anterior à decretação da falência é quirografário.
(D) Como os honorários advocatícios não decorreram de vínculo empregatício, Marcos não poderá habilitar seu crédito.

A: correta. Créditos extraconcursais são aqueles constituídos em face da massa falida, ou seja, surgem após a decretação da quebra (art. 84, V, da Lei 11.101/2005); **B:** incorreta. Cabe ao próprio administrador, ouvido o comitê, decidir pelo cumprimento dos contratos (art. 117 da Lei 11.101/2005); **C:** incorreta. O crédito decorrente de honorários advocatícios possui privilégio geral (art. 24 da Lei 8.906/1994); **D:** incorreta. Todo e qualquer credor deve habilitar seu crédito na falência, o qual será classificado conforme sua origem e incluído no quadro-geral de credores (art. 7º e seguintes da Lei 11.101/2005).

Gabarito "A".

(Procurador do Estado – PGE/PR – PUC (Procurador do Estado – PGE/PA – UEPA – 2015) Sobre a falência e recuperação judicial, julgue as afirmativas abaixo e assinale a alternativa correta.

I. Os honorários de advogado resultantes de trabalhos prestados à massa falida, após o decreto de falência, são considerados créditos extraconcursais.
II. De acordo com a Segunda Seção do Superior Tribunal de Justiça, o juízo da recuperação judicial é universal e competente para decidir sobre a constrição de bens não abrangidos pelo plano de recuperação da empresa.
III. A recuperação judicial do devedor principal não impede o prosseguimento das execuções nem induz suspensão ou extinção de ações ajuizadas contra terceiros devedores solidários ou coobrigados em geral, por garantia cambial, real ou fidejussória.
IV. Em respeito à teoria da aparência, a notificação de protesto para fins falimentares não exige a identificação da pessoa que a recebeu.

A alternativa que contém todas as afirmativas corretas é:

(A) III e IV
(B) II e IV
(C) II e III
(D) I e III
(E) I e IV

I: correta, nos termos do art. 84, V, da Lei 11.101/2005; **II:** incorreta. A Súmula 480 do STJ consolidou o entendimento inverso, ou seja, de que o juízo da recuperação não é competente para decidir sobre constrição de bem não abrangido pelo plano de recuperação; **III:** correta, nos termos da tese fixada no julgamento sob o rito dos recursos repetitivos pelo STJ no REsp 1.333.349; **IV:** incorreta. A Súmula 361 do STJ exige a identificação da pessoa que recebeu a notificação do protesto para fins falimentares.

Gabarito "D".

(Procurador – PGFN – ESAF – 2015) Quanto à classificação dos créditos na falência, todas as opções estão corretas, exceto:

(A) a multa tributária prefere apenas aos créditos subordinados.
(B) os honorários advocatícios têm natureza alimentar e equiparam-se aos créditos trabalhistas para efeito de classificação na falência.
(C) as obrigações resultantes de atos jurídicos válidos praticados durante a recuperação judicial e os tributos decorrentes de fatos geradores ocorridos após a decretação da falência são créditos extraconcursais.
(D) os créditos das microempresas e empresas de pequeno porte são créditos com privilégio geral.
(E) a dívida ativa da Fazenda Pública de natureza não tributária equipara-se à tributária para efeito de classificação na falência.

A: correta, nos termos do art. 83, VII, da Lei 11.101/2005; **B:** correta, conforme entendimento do STJ adotado no REsp 1.152.218, julgado sob o rito dos recursos repetitivos; **C:** correta, nos termos do art. 84, V, da Lei 11.101/2005; **D:** incorreta, devendo ser assinalada. Créditos de microempreendedores individuais, microempresas e empresas de pequeno porte gozam de privilégio especial (art. 83, IV, "d", da Lei nº 11.101/2005); **E:** correta. Há consenso na doutrina de que deve ser dada interpretação extensiva ao art. 83, III, da Lei 11.101/2005, para abranger também a dívida ativa não tributária.

Gabarito "D".

(Procurador do Estado – PGE/BA – CESPE – 2014) No que se refere ao direito falimentar, julgue os itens a seguir.

(1) O contrato de concessão para a exploração de serviço público não se rescinde pela falência do concessionário, mas pela reversão que a sucede, pois só então se observa o princípio da continuidade do serviço público.
(2) A lei exclui total e absolutamente do direito falimentar as sociedades de economia mista, as empresas públicas e as câmaras de compensação.
(3) As execuções tributárias não são atraídas pelo juízo universal da falência, ao contrário dos créditos não tributários inscritos na dívida ativa.

1: Errada. Nos termos do art. 35, VI, da Lei 8.987/1995, a falência do concessionário é causa de extinção da concessão. **2:** Certa, por força do disposto no art. 2º, II, da Lei 11.101/2005 e no art. 7º da Lei 10.214/2001. **3:** Errada. Há consenso na doutrina de que deve ser dada interpretação extensiva à expressão "execução fiscal", para abranger também a dívida ativa não tributária, tendo em vista que a Lei de Falências não diferenciou os institutos.

Gabarito: E, C, E.

(Defensor Público – DPE/BA – 2016 – FCC) De acordo com a Lei 11.101/2005 (Lei de Falências):

(A) Os credores da massa falida são extraconcursais e devem ser pagos com precedência aos débitos trabalhistas e tributários dos créditos da falência.
(B) Pode ser decretada com fundamento na falta de pagamento, no vencimento, de obrigação líquida materializada em títulos executivos protestados, independentemente de seu valor.
(C) O administrador judicial deve ser pessoa física, preferencialmente advogado, economista, administrador de empresas ou contador.
(D) O plano de recuperação judicial não implica novação dos créditos anteriores ao pedido.
(E) As obrigações do falido somente serão extintas depois do pagamento de todos os créditos.

A: correta, nos termos do art. 84 da Lei de Falência e Recuperação de Empresas – LF (Lei 11.101/2005); **B:** incorreta. A decretação de falência decorre da insolvência jurídica, caracterizada pela (i) impontualidade injustificada, (ii) execução frustrada ou (iii) prática de atos de falência – art. 94, I, II e III, da LF. A impontualidade injustificada se caracteriza se o valor da obrigação ultrapassar 40 salários-mínimos – art. 94, I, da LF; **C:** incorreta, pois o administrador pode ser pessoa jurídica especializada – art. 21 da LF; **D:** incorreta, pois o plano de recuperação judicial implica novação dos créditos anteriores ao pedido, e obriga o devedor e todos os credores a ele sujeitos, conforme o art. 59 da LF; **E:** incorreta, pois há outras hipóteses de extinção das obrigações do falido – art. 158 da LF.

Gabarito "A".

(Ministério Público/BA – 2015 – CEFET) Assinale a alternativa **INCORRETA** sobre a recuperação judicial e falência, conforme a Lei 11.101/2005:

(A) A lei não se aplica a empresas públicas e sociedades de economia mista, dentre outras hipóteses legais
(B) O Ministério Público pode apresentar ao juiz impugnação contra a relação de credores, apontando a ausência de qualquer crédito ou manifestando-se contra a legitimidade, importância ou classificação de crédito relacionado.
(C) O Ministério Público tem legitimidade para recorrer contra a decisão judicial que conceder a recuperação judicial.
(D) O Ministério Público pode propor ação revocatória no prazo de 3 (três) anos contados da decretação da falência para salvaguardar o interesse de credores e a massa falida.
(E) Na realização do ativo, durante o processo falimentar, é dispensada a oitiva do Ministério Público.

A: assertiva correta, nos termos do art. 2º da LF; **B:** assertiva correta, nos termos do art. 8º da LF; **C:** assertiva correta, nos termos do art. 59, § 2º, da LF (lembre-se que o recurso cabível da decisão que concede a recuperação judicial é o **agravo**; **D:** assertiva correta, nos termos do art. 132 da LF; **E:** assertiva incorreta, devendo ser assinalada. O Ministério Público deve ser intimado pessoalmente de todos os atos de alienação de ativos, sob pena de nulidade (art. 142, § 7º, da LF).

Gabarito "E".

(Procurador do Estado/PR – 2015 – PUC-PR) Sobre a atuação da Fazenda Pública nos processos de falência e recuperação judicial, bem como nas execuções fiscais de empresas falidas, assinale a alternativa **CORRETA**.

(A) As execuções fiscais são suspensas pelo deferimento da recuperação judicial, independentemente da concessão de parcelamento.
(B) De acordo com a jurisprudência do Superior Tribunal de Justiça, a prova de quitação de todos os tributos é requisito obrigatório para a concessão da recuperação judicial, ainda que o Ente Federativo credor não disponha de regime especial de parcelamento para empresas em recuperação judicial.
(C) Na falência, o crédito tributário não prefere aos créditos extraconcursais, aos créditos derivados da legislação do trabalho, limitados a 150 (cento e cinquenta) salários mínimos por credor, e aos créditos com privilégio especial.
(D) De acordo com a jurisprudência do Superior Tribunal de Justiça, em se tratando de empresa falida, a Fazenda Pública pode optar entre exigir a dívida ativa por meio do processo executivo fiscal ou da habilitação do crédito no corpo do processo falimentar.
(E) Na falência, as multas tributárias preferem aos créditos quirografários.

A: incorreta. As execuções fiscais não são atingidas pela *vis attractiva* do juízo da recuperação, ressalvada a concessão de parcelamentos (art. 6º, § 7º, da LF); **B:** incorreta. A jurisprudência do STJ assentou-se no sentido de que não é devida a apresentação de CND para a homologação do plano de recuperação judicial, sendo o parcelamento das dívidas tributárias um direito do contribuinte (REsp 1.187.404); **C:** incorreta. Na falência, o crédito tributário está atrás, na ordem de preferência de pagamento, dos créditos extraconcursais, dos créditos decorrentes da legislação do trabalho (limitados a 150 salários mínimos por trabalhador), aos decorrentes de acidente de trabalho e aos créditos com garantia real até o limite do valor do bem gravado. Créditos com privilégio especial estão abaixo dos tributários, seguidos dos créditos com privilégio geral, dos quirografários, das multas e dos créditos subordinados (arts. 83 e 84 da LF); **D:** correta. Essa posição foi assentada no REsp 1.103.405; **E:** incorreta, nos termos do comentário à alternativa "C". **Gabarito "D".**

(Procurador do Estado/PR – 2015 – PUC-PR) Acerca do direito falimentar, assinale a alternativa **CORRETA**.

(A) O Plano de Recuperação Judicial para Microempresas e Empresas de Pequeno Porte abrange os créditos fiscais.
(B) A ineficácia com relação à massa falida do pagamento de dívidas não vencidas realizadas pelo devedor dentro do termo legal da falência pode ser declarada de ofício pelo juiz.
(C) O processo falimentar pressupõe o funcionamento obrigatório da Assembleia Geral de Credores, do Comitê de Credores e a nomeação do Administrador Judicial.
(D) O termo legal da falência tem prazo máximo de 180 (cento e oitenta) dias, contados da propositura do pedido de falência.
(E) A sucessão fiscal e trabalhista fica afastada em qualquer situação na alienação do ativo realizada durante o processo falimentar.

A: incorreta. Os créditos fiscais estão excluídos da recuperação judicial, seja da convencional ou daquela especialmente prevista para as microempresas e empresas de pequeno porte (art. 57 da LF); **B:** correta. Trata-se de ato objetivamente ineficaz perante a massa falida, cognoscível *ex officio* pelo juiz (art. 129, I e parágrafo único, da LF); **C:** incorreta. O Comitê de Credores é órgão facultativo (art. 28 da LF); **D:** incorreta. O termo legal pode ser fixado pelo juiz até 90 dias antes do pedido de falência, do pedido de recuperação judicial que eventualmente o antecedeu ou do primeiro protesto noticiado nos autos (art. 99, II, da LF); **E:** incorreta. Haverá sucessão das dívidas tributárias e trabalhistas se o adquirente for sócio da sociedade falida, sociedade controlada pelo falido, parente, em linha reta ou colateral até o 4º grau, consanguíneo ou afim, do falido ou de sócio da sociedade falida ou for identificado como agente do falido (art. 141, § 1º, da LF). **Gabarito "B".**

(Promotor de Justiça/PI – 2014 – CESPE) No que se refere à atuação do MP no processo de falência e recuperação judicial, assinale a opção correta.

(A) O MP assume a legitimidade para a propositura da ação revocatória de atos do falido apenas se, no prazo de três anos, não a propuserem a própria massa falida ou os credores.
(B) A lei falimentar não prevê a participação obrigatória do MP na fase pré-falimentar do processo.
(C) É desnecessária a intimação pessoal do MP caso a alienação dos bens do ativo do falido se faça na forma de propostas fechadas, bastando intimação posterior à abertura das propostas.
(D) O MP não pode, a fim de apontar crédito não incluído, apresentar impugnação à primeira relação de credores preparada pelo administrador, visto que, de acordo com previsão legal, a legitimidade é exclusiva do credor.
(E) O MP não tem legitimidade para recorrer da decisão que defira o processamento do pedido de recuperação judicial.

A: incorreta. Três anos é justamente o prazo prescricional para a propositura da ação revocatória. Cabe ao Ministério Público propô-la antes desse interregno (art. 132 da Lei 11.101/2005); **B:** correta. Com efeito, o Ministério Público passa a atuar somente após a decretação da quebra pelo juiz. Antes disso, entende-se que se trata de uma lide individual entre credor e devedor; **C:** incorreta. É obrigatória a intimação pessoal do membro do Ministério Público (art. 142, § 7º, da Lei 11.101/2005); **D:** incorreta. A legitimidade do MP está prevista no art. 8º da Lei 11.101/2005; **E:** incorreta. A legitimidade recursal do MP está prevista no art. 59, § 2º, da Lei 11.101/2005. **Gabarito "B".**

(Cartório/DF – 2014 – CESPE) A respeito do direito falimentar, assinale a opção correta.

(A) Os registros de direitos reais por título oneroso ou gratuito realizados após a decretação da falência são ineficazes em relação a massa falida, independentemente do momento da prenotação.
(B) Por constituir matéria de interesse privado, a ineficácia dos atos do falido em relação a massa não pode ser declarada de ofício pelo juiz.
(C) O credito da instituição financeira decorrente do adiantamento a contrato de câmbio para exportação e extraconcursal, devendo, portanto, ser pago com precedência sobre os demais créditos contra a massa falida da empresa exportadora.
(D) Por nortear o regime falimentar em vigor, o princípio da preservação da empresa torna obrigatório a todos os credores do devedor o plano de recuperação extrajudicial assinado por credores que representem mais de três quintos de todos os créditos por ele abrangidos.
(E) Não estão sujeitas a recuperação judicial nem a recuperação extrajudicial as sociedades empresarias constituídas sob a forma de sociedade de economia mista ou de empresas públicas.

A: incorreta. A prenotação anterior garante a eficácia do registro de direitos reais em caso de decretação da falência (art. 129, VII, da Lei 11.101/2005); **B:** incorreta. A declaração de ofício pelo juiz está prevista no art. 129, parágrafo único, da Lei 11.101/2005; **C:** incorreta. O crédito decorrente do adiantamento a contrato de câmbio possui um tratamento específico pela Lei de Falências, na medida em que não se submete à recuperação judicial ou extrajudicial e é passível de restituição em dinheiro desde que o prazo total da operação, inclusive eventuais prorrogações, não exceda o previsto nas normas aplicáveis a esse negócio jurídico (art. 86, II, da Lei 11.101/2005). Isso, porém, não faz dele um crédito extraconcursal. Na verdade, trata-se de um reconhecimento de que o valor arrecadado pelo administrador judicial não pertence ao falido e deve, então, ser devolvido antes de começar a pagar os créditos; **D:** incorreta. O plano de recuperação extrajudicial apenas obriga todos os credores se for assinado por representantes de 3/5 de todos os créditos **de cada espécie** por ele abrangidos e se for **homologado** pelo juiz (art. 163 da Lei 11.101/2005); **E:** correta, nos termos do art. 2º, I, da Lei 11.101/2005. **Gabarito "E".**

(Cartório/DF – 2014 – CESPE) Assinale a opção correta relativamente aos títulos de crédito.

(A) Com o objetivo de proteger a confiança dos credores que adquirirem o título de crédito, a legislação brasileira veda a concessão de aval em data posterior à do vencimento da cártula.
(B) De acordo com a jurisprudência do STJ, o empresário que apresente cheque pós-datado antes da data acordada com o emitente não estará sujeito ao pagamento de indenização por danos morais, devido ao fato de o cheque constituir ordem de pagamento à vista.
(C) O STJ admite que o credor de nota promissória sem força executiva ajuíze, em até dez anos após a data de vencimento do título, ação monitória em face do emitente.
(D) A jurisprudência do STJ admite que, nas cédulas de crédito rural, comercial e industrial, seja pactuada a capitalização de juros.
(E) A abstração é um princípio característico dos títulos de crédito, segundo o qual as diferentes obrigações assumidas no título não são vinculadas, ou seja, são independentes entre si.

A: incorreta. O aval dado posteriormente ao vencimento tem o mesmo valor do anteriormente dado (art. 900 do CC); **B:** incorreta. A Súmula 370 do STJ assevera que a apresentação antecipada de cheque pré-datado caracteriza dano moral; **C:** incorreta. O prazo, segundo a Súmula 504 do STJ, é de cinco anos, contados do dia seguinte ao do vencimento do título; **D:** correta, nos termos da Súmula 93 do STJ; **E:** incorreta. A alternativa enuncia o princípio da autonomia das relações cambiais. A característica da abstração dos títulos de crédito permite que eles circulem de forma desvinculada da obrigação que lhes deu origem. **Gabarito "D".**

4.2. FALÊNCIA

(Defensor Público Federal – DPU – 2017 – CESPE) Considerando que tenha sido decretada a falência de Roma & Cia. Ltda., sociedade de André Roma e Bruno Silva, administrada apenas por André, julgue os itens seguintes.

(1) Na situação apresentada, os sócios deverão ser citados individualmente para apresentar contestação acerca dos termos da ação falimentar.
(2) Eventual responsabilidade pessoal de Bruno deverá ser apurada mediante ação própria, a ser proposta no próprio juízo da falência, no prazo prescricional de dois anos, contados do trânsito em julgado da sentença que encerrar a falência.

1: incorreta, pois a sociedade devedora é que será citada, na pessoa do seu representante – art. 98 da Lei 11.101/2005 e art. 75, VIII, do CPC; **2:** correta, nos termos do art. 82 da Lei 11.101/2005. RB

Gabarito 1E, 2C

(Procurador – PGFN – ESAF – 2015) Sobre a falência, marque a opção incorreta.

(A) Segundo a jurisprudência dominante do Superior Tribunal de Justiça, a Fazenda Pública não pode requerer a falência do devedor.
(B) O proprietário ou possuidor de bem arrecadado na falência poderá ajuizar pedido de restituição.
(C) A ação revocatória deverá ser proposta pelo administrador judicial, por qualquer credor ou pelo Ministério Público.
(D) É ineficaz perante a massa falida a prática de atos a título gratuito, desde 02 (dois) anos antes da decretação da falência.
(E) As contas-correntes com o devedor consideram-se encerradas no momento da decretação da falência, verificando-se o respectivo saldo.

A: correta, conforme entendimento adotado no julgamento do REsp 363.206; **B:** incorreta, devendo ser assinalada. Nos termos do art. 85 da Lei 11.101/2005, apenas o proprietário possui legitimidade ativa para o pedido de restituição; **C:** correta, nos termos do art. 132 da Lei 11.101/2005; **D:** correta, nos termos do art. 129, IV, da Lei 11.101/2005; **E:** correta, nos termos do art. 121 da Lei 11.101/2005. HS

Gabarito "B".

(Procurador do Estado/AM – 2016 – CESPE) Ainda com relação ao direito empresarial em sentido amplo, julgue os itens que se seguem.

(1) Se a falência for decretada por sentença em processo de falência, todos os bens do falido tornar-se-ão indisponíveis, mesmo aqueles que façam parte das atividades normais do devedor, se autorizada a continuação provisória destas.
(2) Aberto um processo de falência, as ações em que se demande quantia ilíquida contra o falido permanecerão sendo processadas no juízo original da ação.
(3) Caso, em decisão com trânsito em julgado, o réu tenha sido condenado ao pagamento de determinado valor ao autor, a sentença poderá ser objeto de protesto, se, no prazo legal, o réu não realizar o pagamento.
(4) Sociedade empresária poderá ser registrada tanto nos órgãos de registro de comércio quanto nos cartórios de títulos, devendo a sociedade simples ser obrigatoriamente registrada em cartório de registro de pessoas jurídicas.

1: incorreta, pois a indisponibilidade não impede a alienação dos bens cuja venda faça parte das atividades normais do devedor, se autorizada a continuação provisória – art. 99, VI, da LF; **2:** correta, conforme o art. 6º, § 1º, da LF; **3:** correta, nos termos dos arts. 517 e 528, § 1º, do CPC; **4:** incorreta, pois o empresário e a sociedade empresária vinculam-se ao Registro Público de Empresas Mercantis a cargo das Juntas Comerciais, e a sociedade simples ao Registro Civil das Pessoas Jurídicas – art. 1.150 do CC. RB

Gabarito 1E, 2C, 3C, 4E

(Juiz – TRF 2ª Região – 2017) Considere a falência de sociedade empresária e assinale a opção correta:

(A) Uma vez decretada a quebra, as ações de cobrança que a falida move, na Justiça Federal, em face de empresa pública federal, devem ser remetidas ao juízo universal da falência.
(B) Perante o juízo falimentar, empresa pública federal (credora fiduciária) faz jus a pedir a restituição de bem objeto da alienação fiduciária, sendo o falido o devedor fiduciante.
(C) A União Federal pode exigir, na falência, o pagamento de multas e penalidades por infração à lei tributária, que terão os privilégios destinados aos créditos tributários.
(D) No sistema da atual Lei de Falências (Lei nº 11.101/05), o pagamento de multas e penalidades administrativas não mais pode ser exigido do falido.
(E) Credor com garantia real, titular de crédito ainda não vencido, não tem interesse em requerer a falência.

A: incorreta. Ações que tramitem conforme regra absoluta de competência (como a da Justiça Federal ou da Justiça do Trabalho) não são atraídas pelo juízo universal (art. 76 da Lei de Falências); **B:** correta, nos termos do art. 85 da Lei de Falências. Para tal pedido, é irrelevante a natureza jurídica do proprietário, bem como sua condição de empresa pública federal não transfere a competência para a Justiça Federal; **C:** incorreta. As multas tributárias podem ser exigidas, mas serão pagas somente após os créditos quirografários (art. 83, VII, da Lei de Falências); **D:** incorreta, conforme comentário à alternativa anterior, que abrange também as multas e penalidades contratuais e administrativas; **E:** incorreta. Mesmo que o crédito não esteja vencido, é possível para qualquer credor requerer a falência com base em ato de falência praticado pelo empresário, definidos no art. 94, III, da Lei de Falências. HS

Gabarito "B".

(Juiz – TJ-SC – FCC – 2017) Na falência, são ineficazes:

I. os atos praticados com a intenção de prejudicar credores, provando-se o conluio fraudulento entre o devedor e o terceiro que com ele contratar e o prejuízo sofrido pela massa falida.
II. os pagamentos de dívidas não vencidas realizados pelo devedor dentro do termo legal, por qualquer meio extintivo do direito de crédito, ainda que pelo desconto do próprio título.
III. os registros de direitos reais e de transferência de propriedade entre vivos por título oneroso ou gratuito, ou a averbação relativa a imóveis realizados após a decretação da falência, mesmo se tiver havido prenotação anterior.
IV. os pagamentos de dívidas vencidas e exigíveis realizado dentro do termo legal, por outra forma que não seja a prevista pelo contrato.
V. a prática de atos a título gratuito ou a renúncia à herança ou legado, até 2 (dois) anos antes da decretação da falência.

Está correto o que se afirma APENAS em:
(A) II, IV e V.
(B) I, III e V.
(C) II, III e IV.
(D) I, IV e V.
(E) III, IV e V.

I: incorreta. A assertiva descreve os atos **revogáveis** previstos no art. 130 da Lei 11.101/2005, que não se confundem com os atos **ineficazes** do art. 129: os primeiros demandam ação revocatória para sua desconstituição e a prova do conluio fraudulento e o prejuízo à massa, ao passo que os segundos são declarados ineficazes perante a massa falida por simples petição; **II:** correta, nos termos do art. 129, I, da Lei de Falências; **III:** incorreta. A prenotação anterior afasta a presunção de ineficácia (art. 129, VII, parte final, da Lei de Falências); **IV:** correta, nos termos do art. 129, II, da Lei de Falências; **V:** correta, nos termos do art. 129, IV e V, da Lei de Falências. HS

Gabarito "A".

(Juiz – TJ/RJ – VUNESP – 2016) Assinale a assertiva correta acerca da ineficácia e da revogação dos atos praticados antes da falência.

(A) Os atos praticados com a intenção de prejudicar credores, desde que provado o conluio fraudulento entre o devedor e o terceiro que com ele contratar, são revogáveis de per si, sem necessidade da produção de qualquer outra prova.
(B) A sentença que julgar procedente a ação revocatória determinará o retorno dos bens à massa falida em espécie, com todos os acessórios, ou o valor de mercado, mas não dará direito a acréscimo a título de perdas e danos.
(C) Os registros de direitos reais e de transferência de propriedade entre vivos, por título oneroso ou gratuito, ou averbação relativa a imóveis realizados após a decretação da falência, não geram efeitos em relação à massa falida, independentemente de prenotação anterior.
(D) Tratando-se de ato revogável, a ação revocatória deverá ser proposta no prazo de 3 anos contado da decretação da falência pelo administrador judicial, pelo Ministério Público ou por qualquer credor.
(E) Da sentença que julgar procedente a ação revocatória cabe agravo na modalidade de instrumento, da que julgá-la improcedente cabe apelação.

A: incorreta. Esses são os requisitos da ação revocatória, prevista no art. 130 da Lei de Falências, que demanda declaração judicial para invalidação do negócio jurídico; **B:** incorreta. O valor deve ser acrescido das perdas e danos (art. 135 da LF); **C:** incorreta. A prenotação anterior afasta a ineficácia do ato (art. 129, VII, da LF); **D:** correta, nos termos do art. 132 da LF; **E:** incorreta. Da sentença da ação revocatória cabe apelação em qualquer caso (art. 135, parágrafo único, da LF). HS

Gabarito "D".

(Juiz – TJ/SP – VUNESP – 2015) Na falência, é correto afirmar que

(A) na realização do ativo, o juiz deverá dar preferência à alienação separada e individualizada de cada um dos ativos que integram a massa, em lugar da venda em bloco dos estabelecimentos da empresa.
(B) são exigíveis contra a massa falida juros vencidos após a decretação da falência, independentemente da suficiência do ativo apurado para pagamento dos credores subordinados, desde que estejam previstos em lei ou contrato.
(C) um sócio da sociedade falida pode exercer seu direito de retirada, mesmo após a decretação da falência.
(D) os créditos trabalhistas cedidos a terceiros passam a ser considerados quirografários.

A: incorreta. A preferência deve ser pela venda em bloco, porquanto se presume que, ao se considerar o aviamento no valor de mercado dos bens, é mais interessante para a massa que sejam alienados em conjunto (art. 140, I, da Lei de Falências); **B:** incorreta. Não correm juros no caso descrito na alternativa (art. 124 da Lei de Falências); **C:** incorreta. A decretação da quebra suspende o direito de retirada dos sócios (art. 116, II, da Lei de Falências); **D:** correta, nos termos do art. 83, § 4º, da Lei de Falências. HS

Gabarito "D".

(Juiz de Direito/DF – 2016 – CESPE) Acerca de falência, assinale a opção correta.

(A) Segundo a jurisprudência do STJ, os honorários advocatícios, na falência, são créditos quirografários qualquer que seja o seu valor.
(B) O encerramento da falência tem por efeito a extinção de todas as obrigações do falido não satisfeitas no processo.

(C) De acordo com a legislação brasileira, a situação falimentar do empresário se revela quando as dívidas excedem a importância de seu patrimônio.
(D) Um empresário deverá comprovar a regularidade do exercício da atividade empresarial, mediante a apresentação de certidão da junta comercial, para requerer a falência de outro empresário.
(E) O MP terá legitimidade para propor ação para anular atos praticados pelo falido em fraude a credores caso, no prazo de três anos da decretação da falência, os credores ou o administrador não a proponham.

A: incorreta. Para o STJ, como os honorários advocatícios têm natureza alimentar, eles se equiparam aos créditos trabalhistas, inclusive no que toca ao limite de 150 salários mínimos (REsp 1.152.218/RS, julgado pelo rito dos recursos repetitivos); **B:** incorreta. O encerramento da falência se dá com a aprovação do relatório final do administrador judicial e não tem por efeito automático a extinção das obrigações do falido. Esta somente ocorrerá se forem totalmente quitadas, houver sido pago mais de 50% dos créditos quirografários ou pelo decurso do prazo de 5 ou 10 anos, a depender se houve ou não crime falimentar (art. 158 da LF); **C:** incorreta. A alternativa traz o conceito de insolvência contábil. A Lei de Falências se contenta com a insolvência jurídica, caracterizada quando a conduta antijurídica do empresário é suficiente para indicar seu estado de crise econômico-financeira. Tais hipóteses estão previstas no art. 94 da LF; **D:** correta, nos termos do art. 97, §1º, da LF; **E:** incorreta. A legitimidade do MP para propor ação revocatória é concorrente (art. 132 da LF).

Gabarito "D".

(Magistratura/RR – 2015 – FCC) O juízo da falência é uno, indivisível e universal. Nos termos da Lei 11.101/2005, ele é competente para conhecer todas as ações sobre bens, interesses e negócios do falido,
(A) nas quais o falido figurar como autor ou réu, ressalvadas apenas as causas trabalhistas e fiscais.
(B) ressalvadas as causas trabalhistas, fiscais e aquelas não reguladas nessa lei em que o falido figurar como autor ou litisconsorte ativo.
(C) ressalvadas apenas as causas trabalhistas, fiscais e aquelas em que o falido figurar como réu.
(D) nas quais o falido figurar como réu, inclusive as causas trabalhistas e fiscais.
(E) nas quais o falido figurar como autor ou réu, inclusive as causas fiscais, ressalvadas as trabalhistas.

A competência do juízo falimentar abrange todas as ações sobre bens, interesses e negócios do falido, exceto as trabalhistas, fiscais e outras não reguladas pela Lei de Falências nas quais o falido seja autor ou litisconsorte ativo (art. 76 da Lei de Falências).

Gabarito "B".

(Magistratura/SC – 2015 – FCC) "FRANGO SAUDÁVEL S.A.", empresa produtora e exportadora de frangos, com sede em Florianópolis, concentra sua atividade econômica em Blumenau, onde se situa o seu principal estabelecimento. No entanto, todos os seus fornecedores e credores têm domicílio em Itajaí. Nesse caso, a competência para decretar a falência da empresa será do juízo de:
(A) Florianópolis ou Itajaí, definindo-se por prevenção.
(B) Blumenau.
(C) Florianópolis.
(D) Itajaí.
(E) Florianópolis ou Blumenau, definindo-se por prevenção.

A competência para o processo falimentar é do foro onde se situa o principal estabelecimento do devedor – no caso, Blumenau (art. 3º da LF).

Gabarito "B".

(Ministério Público/SP – 2015 – MPE/SP) Assinale a alternativa em que se descreve um ato subjetivamente ineficaz perante a massa falida.
(A) A prática de atos a título gratuito, desde 2 anos antes da decretação da falência.
(B) A renúncia à herança ou a legado, até 2 anos antes da decretação da quebra.
(C) A simulação da separação judicial do empresário individual, feita com o objetivo de transferir à propriedade do ex-cônjuge os bens valiosos do casal.
(D) O pagamento de dívidas vencidas e exigíveis realizado dentro do termo legal, por qualquer forma que não seja a prevista pelo contrato.
(E) A constituição de direito real de garantia, inclusive a retenção, dentro do termo legal, tratando-se de dívida contraída anteriormente.

A pergunta é clássica "pegadinha", porque demanda extrema atenção do candidato ao enunciado. Questiona-se qual o ato **subjetivamente** ineficaz, ou seja, aquele que, para ser reconhecido como ineficaz perante a massa falida, depende da comprovação do **elemento subjetivo** do devedor – a intenção de fraudar credores. Todas as alternativas estão previstas no art. 129 da LF, que traz os atos **objetivamente** ineficazes, porque independem do *concilium fraudis*. A única que escapa a essa classificação é a letra "C", que deve ser assinalada. Como bem destaca seu texto, o ato é praticado "com o objetivo de transferir a propriedade de bens valiosos do casal" – eis a intenção de fraudar.

Gabarito "C".

(DPE/PE – 2015 – CESPE) Em ação revocatória proposta pelo administrador judicial de determinada massa falida, o juiz de falência ordenou, como medida preventiva, o sequestro dos bens retirados do patrimônio do devedor e que se encontravam em poder de terceiros.
Com relação a essa situação hipotética, julgue o item abaixo.
(1) Julgada procedente a ação revocatória, a sentença determinará o retorno dos bens à massa falida em espécie, com todos os acessórios, ou o valor de mercado, acrescido das perdas e danos, podendo-se recorrer dessa sentença mediante apelação.

1: correta, nos termos do art. 135, *caput* e parágrafo único, da LF.

Gabarito 1C.

(Promotor de Justiça/ES – 2013 – VUNESP) Julgadas as contas do administrador judicial, ele apresentará o relatório final da falência, indicando o valor do ativo e o produto de sua realização, o valor do passivo e o dos pagamentos feitos aos credores e especificará justificadamente as responsabilidades com que continuará o falido. O prazo fixado em lei para que o administrador judicial apresente o referido relatório é de
(A) 45 dias.
(B) 15 dias.
(C) 10 dias.
(D) 5 dias.
(E) 60 dias.

O prazo para o administrador judicial entregar seu relatório final é de 10 dias (art. 155 da Lei 11.101/2005).

Gabarito "C".

(Magistratura do Trabalho – 3ª Região – 2014) NÃO é pertinente, no que concerne à falência, a seguinte afirmativa:
(A) Os contratos bilaterais não se resolvem pela falência e podem ser cumpridos pelo administrador judicial se o cumprimento reduzir ou evitar o aumento do passivo da massa falida ou for necessário à manutenção e preservação de seus ativos, independentemente de autorização do Comitê.
(B) Contra a massa falida não são exigíveis juros vencidos após a decretação da falência, previstos em lei ou em contrato, se o ativo apurado não bastar para o pagamento dos credores subordinados.
(C) O vendedor não pode obstar a entrega das coisas expedidas ao devedor e ainda em trânsito, se o comprador, antes do requerimento da falência, as tiver revendido, sem fraude, à vista das faturas e conhecimentos de transporte, entregues ou remetidos pelo vendedor.
(D) O administrador judicial, mediante autorização do Comitê, poderá dar cumprimento a contrato unilateral se esse fato reduzir ou evitar o aumento do passivo da massa falida ou for necessário à manutenção e preservação de seus ativos, realizando o pagamento da prestação pela qual está obrigada.
(E) O credor de coobrigados solidários cujas falências sejam decretadas tem o direito de concorrer, em cada uma delas, pela totalidade do seu crédito, até recebê-lo por inteiro, quando então comunicará ao juízo.

A: assertiva incorreta, devendo ser assinalada. Para o cumprimento de contratos bilaterais, deve o administrador judicial obter autorização do Comitê de Credores (art. 117 da Lei 11.101/2005); **B:** assertiva correta, nos termos do art. 124 da Lei 11.101/2005; **C:** assertiva correta, nos termos do art. 119, I, da Lei 11.101/2005; **D:** assertiva correta, nos termos do art. 118 da Lei 11.101/2005; **E:** assertiva correta, nos termos do art. 127 da Lei 11.101/2005.

Gabarito "A".

4.3. RECUPERAÇÃO JUDICIAL E EXTRAJUDICIAL

(Juiz de Direito – TJ/RS – 2018 – VUNESP) Caio é sócio proprietário de uma empresa que fabrica móveis. Nos últimos cinco anos houve uma importante queda em seu faturamento, resultado do cenário econômico vivenciado em nosso país. Infelizmente, hoje sua empresa se encontra devedora de débitos trabalhistas, tributários e bancários. Para avaliação acerca da viabilidade de uma recuperação extrajudicial, é preciso saber que tipos de credores poderão ser atingidos pelo seu plano de recuperação. Assim, de acordo com o texto legal, são credores que possuem seus direitos preservados do plano de recuperação extrajudicial:
(A) credor titular da posição de fiduciário de bens móveis e imóveis, proprietários em contrato de venda sem reserva de domínio, credores de débitos trabalhistas, credores de débitos tributários e instituição financeira.
(B) credor titular da posição de proprietário fiduciário de bens móveis ou imóveis, de arrendador mercantil, proprietário em contrato de venda com reserva de domínio, credores trabalhistas e credores tributários.
(C) credor titular da posição de proprietário fiduciário de bens móveis ou imóveis, de arrendador mercantil, proprietário em contrato de venda

com reserva de domínio, credores de débitos tributários e instituição financeira credora por adiantamento ao exportador.
(D) credor titular da posição de proprietário fiduciário de bens móveis ou imóveis, de arrendador mercantil, proprietário em contrato de venda com reserva de domínio; credores de débitos trabalhistas; e instituição financeira credora por adiantamento ao exportador.
(E) credor titular da posição de proprietário fiduciário de bens móveis ou imóveis, de arrendador mercantil, proprietário em contrato de venda com reserva de domínio; credores de débitos trabalhistas; credores de débitos tributários e instituição financeira credora por adiantamento ao exportador.

Nos termos do art. 161, § 1º, da Lei 11.101/2005, ficam excluídos da recuperação extrajudicial os créditos trabalhistas e decorrentes de acidente de trabalho, os tributários, o credor titular da posição de proprietário fiduciário de bens móveis ou imóveis, de arrendador mercantil e o proprietário em contrato de venda com reserva de domínio e instituição financeira credora por adiantamento de contrato de câmbio ao exportador. **HS**
Gabarito "E".

(Delegado – PC/BA – 2018 – VUNESP) Poderá requerer a recuperação judicial o devedor
(A) que, no momento do pedido, exerça regularmente suas atividades empresariais pelo período mínimo de seis meses.
(B) que obteve recuperação judicial anterior, desde que decorridos ao menos 2 anos da publicação da sentença concessiva desta.
(C) condenado por crimes falimentares, desde que decorridos ao menos 3 anos, bem como pelo cumprimento da penalidade imposta.
(D) falido, desde que estejam declaradas extintas, por sentença transitada em julgado, as responsabilidades decorrentes da falência.
(E) empresa pública ou sociedade de economia mista exercente de atividade econômica não sujeita ao regime de monopólio.

A: incorreta. O prazo mínimo de atividade é de 2 (dois) anos (art. 48, *caput*, da Lei 11.101/2005); **B:** incorreta. O lapso entre o pedido anterior de recuperação e o atual deve ser de no mínimo 5 anos (art. 48, II, da Lei 11.101/2005); **C:** incorreta. O condenado por crime falimentar, ainda que reabilitado, não faz jus à recuperação judicial (art. 48, IV, da Lei 11.101/2005); **D:** correta, nos termos do art. 48, I, da Lei 11.101/2005; **E:** incorreta. Empresas públicas e sociedades de economia mista são excluídas do regime jurídico falimentar (art. 2º, I, da Lei nº 11.101/2005). **HS**
Gabarito "D".

(Procurador do Estado – PGE/RS – Fundatec – 2015) Quanto à recuperação de empresas, analise as assertivas a seguir:
I. Tem as mesmas características da concordata.
II. Ao ser concedida, toma-se em consideração o papel desempenhado pela empresa em relação aos seus clientes e trabalhadores.
III. É incompatível com a cláusula constitucional da livre concorrência.
Após a análise, pode-se dizer que:
(A) Está correta apenas a assertiva I.
(B) Está correta apenas a assertiva II.
(C) Estão corretas apenas as assertivas I e II.
(D) Estão corretas apenas as assertivas II e III.
(E) Todas as assertivas estão incorretas.

I: incorreta. A recuperação judicial substituiu a concordata no ordenamento jurídico pátrio, mas é muito mais ampla que sua antecessora. Nela são possíveis quaisquer meios lícitos para a recuperação do empresário (art. 50 da Lei 11.101/2005), enquanto a concordata limitava-se a uma prorrogação nos prazos de pagamento; **II:** correta. A recuperação judicial é exemplo de aplicação prática do princípio da preservação da empresa; **III:** incorreta. Ao contrário, ao evitar que a empresa em crise seja retirada do mercado, busca assegurar a liberdade de iniciativa e de concorrência, mantendo o maior número possível de agentes econômicos no mercado. **HS**
Gabarito "B".

(Juiz – TRF 4ª Região – 2016) Assinale a alternativa correta.
Acerca da recuperação judicial no direito brasileiro:
(A) A recuperação judicial do devedor principal não impede o prosseguimento das execuções nem induz suspensão ou extinção de ações ajuizadas contra terceiros devedores solidários ou coobrigados em geral, por garantia cambial, real ou fidejussória.
(B) A regra da soberania da assembleia geral de credores pode ser excepcionada por decisão judicial proferida liminarmente, para sua suspensão ou adiamento, em razão de pendência de discussão acerca da existência, da quantificação ou da classificação de créditos.
(C) Microempresas e empresas de pequeno porte não podem apresentar plano de recuperação judicial, pois são sujeitas a regime jurídico especial e protetivo.
(D) Microempresas e empresas de pequeno porte podem apresentar plano especial de recuperação judicial, o qual, entre outras condições, preverá pagamento em até 48 (quarenta e oito) parcelas mensais, iguais e sucessivas, as quais não poderão ser acrescidas de juros, tampouco conter proposta de abatimento do valor das dívidas.
(E) Pode requerer recuperação judicial o devedor que, no momento do pedido, exerça regularmente suas atividades há mais de um ano e atenda aos demais requisitos legais.

A: correta, nos termos da Súmula 581 do STJ; **B:** incorreta. O art. 39, §2º, da LF é expresso no sentido de que não se anula decisão de assembleia-geral em face de decisão judicial sobre a existência, quantificação ou classificação de créditos. A *mens legis* é dar segurança jurídica às decisões assembleares, evitando sucessivos entraves ao processo de recuperação; **C:** incorreta. Não só têm direito à recuperação judicial como podem optar por um plano específico, previsto no art. 71 da LF; **D:** incorreta. No plano especial de recuperação das ME's e EPP's, a quantidade máxima de parcelas é 36 (trinta e seis), com juros equivalentes à taxa SELIC, sendo autorizada a proposta de abatimento (art. 71, II, da LF); **E:** incorreta. O requisito temporal para requerer recuperação judicial é de 2 (dois) anos de atividade regular (art. 48 da LF). **HS**
Gabarito "A".

(Juiz – TJ/SP – VUNESP – 2015) No período de seis meses, a contar do deferimento da recuperação judicial,
(A) não são suspensas as execuções fiscais em face da recuperanda.
(B) é permitido retirar do estabelecimento do devedor bens móveis sobre os quais o credor tenha propriedade fiduciária, mesmo que sejam eles essenciais à atividade empresarial do recuperando.
(C) não tramitam as ações propostas contra a recuperanda que demandem quantias ilíquidas.
(D) o juízo da recuperação judicial é competente para decidir sobre a constrição de todos os bens da recuperanda, mesmo que não abrangidos pelo plano de recuperação da empresa.

A: correta, nos termos do art. 6º, § 7º, da Lei de Falências; **B:** incorreta. Caso os bens sejam essenciais à atividade, é vedada sua retirada (art. 49, § 3º, parte final, da Lei de Falências); **C:** incorreta. Tais ações também configuram exceção à regra da suspensão (art. 6º, § 1º, da Lei de Falências); **D:** incorreta. A Súmula 480 do STJ afasta a competência do juízo da recuperação para julgar questões relativas a bens e créditos não abrangidos pelo plano de recuperação. **HS**
Gabarito "A".

(Juiz de Direito/AM – 2016 – CESPE) Considerando que determinado juiz tenha concedido a recuperação judicial a um devedor, após a aprovação do plano de recuperação em assembleia geral de credores, assinale a opção correta.
(A) O juiz é competente para decidir sobre a constrição de bens do devedor, mesmo que não tenham sido abrangidos pelo plano de recuperação da empresa.
(B) As execuções individuais ajuizadas contra o próprio devedor devem ser extintas, diante da novação resultante da concessão da recuperação judicial.
(C) Um dos efeitos da referida decisão judicial é interromper a prescrição de todas as ações e execuções em face do devedor.
(D) Se, decorridos mais de dois anos da referida decisão judicial, o devedor inadimplir obrigação prevista no plano, o juiz deverá convolar a recuperação em falência.
(E) É correto afirmar que o devedor beneficiado pela decisão nunca faliu antes.

A: incorreta, porque contraria a Súmula 480 do STJ: "O juízo da recuperação judicial não é competente para decidir sobre a constrição de bens não abrangidos pelo plano de recuperação da empresa"; **B:** correta. A novação implica perda do objeto das execuções individuais (art. 59 da LF); **C:** incorreta. A prescrição é suspensa, não interrompida, pelo deferimento do processamento da recuperação judicial (art. 6º da LF); **D:** incorreta. A convolação em falência está autorizada somente para o inadimplemento de obrigações previstas no plano até dois anos após o deferimento do benefício (art. 61, §1º, da LF); **E:** incorreta. O falido pode ser beneficiado com recuperação judicial, desde que já esteja reabilitado (art. 48, I, da LF). **HS**
Gabarito "B".

(Juiz de Direito/DF – 2016 – CESPE) Acerca da recuperação judicial, assinale a opção correta.
(A) O juiz, mesmo tendo ultrapassado o prazo de dois anos da homologação do plano de recuperação judicial, deve, de ofício, decretar a falência do devedor, caso ele não o cumpra.
(B) A ação de despejo proposta contra empresário que tem deferido o processamento da recuperação judicial deve ser suspensa pelo prazo de cento e oitenta dias.
(C) A execução fiscal, deferido o processamento da recuperação judicial, não se suspende, mas serão da competência do juízo da recuperação os atos de alienação do patrimônio da sociedade.
(D) O MP assumirá a legitimidade para impugnar o plano de recuperação judicial, caso nenhum credor o faça.
(E) Se a assembleia geral de credores rejeitar o plano de recuperação judicial, o juiz deverá determinar o arquivamento do processo, ficando vedado ao devedor fazer novo requerimento pelo prazo de dois anos.

A: incorreta. A convolação em falência está autorizada somente para o inadimplemento de obrigações previstas no plano até dois anos após o deferimento do benefício (art. 61,

§1º, da LF); **B:** incorreta. A ação de despejo não se submete à força atrativa do juízo da recuperação e segue seu curso normalmente (STJ, CC 123.116); **C:** correta, nos termos da jurisprudência pacífica do STJ (AgRg no CC 139.250); **D:** incorreta. A legitimidade é exclusiva dos credores (art. 56 da LF); **E:** incorreta. Em caso de rejeição ao plano, deve ser decretada a falência do devedor (art. 56, §4º, da LF).
Gabarito "C".

(Magistratura/RR – 2015 – FCC) A empresa "Lojas Vende Barato", por dificuldades de fluxo de caixa, formulou pedido de recuperação judicial apresentando plano que prevê a remissão de 50% de todas as suas dívidas. Estão sujeitos à recuperação judicial os créditos contra a recuperanda existentes na data

(A) do pedido, desde que já vencidos, excluindo-se os por vencer.
(B) da assembleia geral de credores que deliberar sobre o plano de recuperação, desde que constituídos posteriormente ao pedido.
(C) do pedido, tanto os vencidos quanto os por vencer.
(D) em que deferido o processamento da recuperação judicial, ainda que constituídos posteriormente ao pedido.
(E) da assembleia geral de credores que deliberar sobre o plano de recuperação, ainda que constituídos posteriormente ao pedido.

Estão sujeitos à recuperação judicial todos os créditos existentes na data do pedido, sejam vencidos ou vincendos (art. 49 da Lei de Falências).
Gabarito "C".

(Magistratura/SC – 2015 – FCC) A empresa "PESCADO PURO LTDA." formulou pedido de recuperação judicial, apresentando plano que previa o pagamento de todas as suas dívidas em 60 (sessenta) parcelas mensais e sucessivas, vencendo-se a primeira no dia da concessão da recuperação e as demais no mesmo dia dos meses subsequentes. Regularmente aprovado o plano pela assembleia geral de credores, a recuperação foi concedida pelo juiz. Porém, depois de pontualmente adimplidas as trinta primeiras parcelas, a devedora não conseguiu honrar com as demais, por dificuldades de fluxo de caixa. Nesse caso, o descumprimento das obrigações assumidas no plano

(A) não autoriza a convolação da recuperação judicial em falência, mas pode justificar novo pedido de falência.
(B) autoriza a convolação da recuperação judicial em falência, que pode ser decretada de ofício.
(C) autoriza a convolação da recuperação judicial em falência, desde que requerida por qualquer credor.
(D) autoriza a convolação da recuperação judicial em falência, desde que requerida pelo administrador judicial.
(E) não autoriza a convolação da recuperação judicial em falência, mas apenas a execução individual pelos credores.

Nos termos do art. 61 da LF, o devedor permanece em recuperação judicial somente até que cumpra as obrigações que vencerem até 2 anos depois da concessão do benefício. Passado esse prazo (que é o caso do enunciado – 30 meses), o descumprimento de qualquer obrigação prevista no plano não importa a convolação da recuperação judicial em falência, mas autoriza pedido de quebra (art. 62 da LF).
Gabarito "A".

(Promotor de Justiça – MPE/AM – FMP – 2015) A respeito da recuperação judicial é correto afirmar que o devedor, no momento do pedido, deverá atender aos seguintes requisitos legais:

I. exercer regularmente suas atividades há mais de 2 (dois) anos.
II. não ter, há menos de 8 (oito) anos, obtido concessão de recuperação judicial com base no plano de Recuperação Judicial para Microempresas e Empresas de Pequeno Porte.
III. não ter sido condenado ou não ter, como administrador ou sócio controlador, pessoa condenada por qualquer dos crimes previstos nesta Lei.
IV. não ser falido e, se o foi, estejam declaradas extintas, por sentença transitada em julgado, as responsabilidades daí decorrentes.

Quais das assertivas acima estão corretas?
(A) Apenas a I e II.
(B) Apenas a II e III.
(C) Apenas a II e IV.
(D) Apenas a I, III e IV.
(E) I, II, III e IV.

I: correta, nos termos do art. 48 da LF; **II:** incorreta, pois o prazo foi reduzido para cinco anos pela LC 147/2014 – art. 48, III, da LF; **III:** correta, conforme art. 48, IV, da LF; **IV:** correta, conforme art. 48, I, da LF.
Gabarito "D".

(Ministério Público/SP – 2015 – MPE/SP) Sobre os efeitos da concessão da recuperação judicial, assinale a alternativa que contém afirmação incorreta.

(A) Os credores anteriores ao pedido de recuperação judicial que se opuseram e votaram pela rejeição, na Assembleia Geral, também ficam sujeitos aos efeitos do plano de recuperação aprovado em juízo.
(B) Opera-se a novação com relação aos créditos anteriores ao pedido de recuperação judicial, mas os credores conservam intactos seus direitos contra coobrigados, fiadores e obrigados de regresso.
(C) Estão sujeitos à recuperação judicial o proprietário fiduciário e o arrendador mercantil.
(D) O crédito advindo de adiantamento de contrato de câmbio não está sujeito aos efeitos da recuperação judicial.
(E) O juiz determinará ao Registro Público de Empresas a anotação da recuperação judicial no registro competente.

A: assertiva correta, nos termos do art. 49 da LF; **B:** assertiva correta, nos termos do art. 49, § 1º, da LF; **C:** assertiva incorreta, devendo ser assinalada. Tais obrigações são excluídas da recuperação judicial por expressa determinação legal (art. 49, § 3º, da LF); **D:** assertiva correta, nos termos do art. 49, § 4º, da LF; **E:** assertiva correta, nos termos do art. 69 da LF.
Gabarito "C".

4.4. TEMAS COMBINADOS DE DIREITO CONCURSAL

(Magistratura/GO – 2015 – FCC) Acerca dos processos de falência e de recuperação judicial de empresas, considere:

I. A decretação da falência ou o deferimento do processamento da recuperação judicial não suspendem o prazo prescricional das ações e execuções em face do devedor, mas obstam ao prosseguimento das ações já ajuizadas contra ele.
II. Não são exigíveis do devedor, na recuperação judicial ou na falência, as despesas que os credores fizerem para tomar parte na recuperação judicial ou na falência, salvo as custas judiciais decorrentes de litígio com o devedor.
III. O ato judicial que decreta a falência de sociedade acarreta a falência dos seus sócios, mesmo os de responsabilidade limitada.
IV. É competente para homologar o plano de recuperação extrajudicial, deferir a recuperação judicial ou decretar a falência o juízo do domicílio do maior credor do devedor.
V. O plano de recuperação deve ser apresentado pelo devedor em juízo no prazo improrrogável de 60 dias da publicação da decisão que deferir o processamento da recuperação judicial, sob pena de convolação em falência.

Está correto APENAS o que se afirma em
(A) II e V.
(B) III e IV.
(C) I e IV.
(D) I e V.
(E) II e III.

I: incorreta. A decretação da quebra e o deferimento da recuperação judicial suspendem a prescrição juntamente com o andamento das ações em trâmite contra o falido ou recuperando (art. 6º da Lei 11.101/2005); **II:** correta, nos termos do art. 5º, II, da Lei de Falências; **III:** incorreta. Apenas os sócios de responsabilidade ilimitada são também considerados falidos junto com a sociedade (art. 81 da Lei de Falências); **IV:** incorreta. A competência para o processo falimentar e de recuperação é do juízo da sede do principal estabelecimento do devedor (art. 3º da Lei de Falências); **V:** correta, nos termos do art. 53 da Lei de Falências.
Gabarito "A".

(Procurador do Estado/PR – 2015 – PUC-PR) Acerca do direito falimentar, assinale a alternativa **CORRETA**.

(A) No processo falimentar, os créditos fiscais devem ser pagos antes dos créditos com garantia real e logo após os créditos trabalhistas.
(B) Além do descumprimento, rejeição e não apresentação do Plano de Recuperação, o juiz deve proceder à convolação da recuperação judicial em falência quando solicitado pelo gestor judicial.
(C) O Plano de Recuperação Judicial deve ser apresentado em conjunto com a petição inicial requerendo a recuperação judicial.
(D) Os créditos em favor dos microempreendedores individuais e das microempresas e empresas de pequeno porte são considerados créditos com privilégio especial para fins da legislação falimentar.
(E) O pedido de restituição no processo falimentar, se deferido, será concretizado, salvo as hipóteses previstas de forma exaustiva na legislação falimentar, em regra, e, sempre que possível, em dinheiro.

A: incorreta. Na falência, o crédito tributário está atrás, na ordem de preferência de pagamento, dos créditos extraconcursais, dos créditos decorrentes da legislação do trabalho (limitados a 150 salários mínimos por trabalhador), aos decorrentes de acidente de trabalho e aos créditos com garantia real até o limite do valor do bem gravado (art. 83 da LF); **B:** incorreta. Tal hipótese não está contemplada no art. 73 da LF; **C:** incorreta. Deferido o processamento do pedido de recuperação judicial, o devedor terá o prazo de 60 dias para apresentar o plano (art. 53 da LF); **D:** correta, nos termos do art. 83, IV, "d", da LF; **E:** incorreta. A restituição em dinheiro somente se fará se a coisa não mais existir ao tempo da restituição, em casos de adiantamento de contrato de câmbio para exportação ou dos valores entregues ao devedor pelo contratante de boa-fé na hipótese de revogação ou ineficácia do contrato (art. 86 da LF).
Gabarito "D".

(Juiz de Direito/RJ – 2014 – VUNESP) Assinale a alternativa que está em consonância com a lei que rege a recuperação judicial, extrajudicial e a falência do empresário ou sociedade empresária.

(A) Estão sujeitos à recuperação extrajudicial todos os créditos existentes na data do pedido, salvo os de natureza tributária, com preferência no pagamento dos créditos derivados da legislação do trabalho ou decorrentes de acidente do trabalho.
(B) É vedado ao devedor, regularmente citado no processo de falência, pleitear sua recuperação judicial dentro do prazo da contestação.
(C) Os coobrigados solventes e os garantes do devedor ou dos sócios ilimitadamente responsáveis podem habilitar o crédito correspondente às quantias pagas ou devidas, se o credor não se habilitar no prazo legal.
(D) A ação revocatória, objetivando a revogação de atos praticados com a intenção de prejudicar credores, deverá ser proposta pelo administrador judicial, por qualquer credor ou pelo Ministério Público, no prazo de 3 anos, contados do pedido de falência.

A: incorreta. Além dos créditos tributários, também não podem ser inseridos na recuperação extrajudicial os derivados da legislação do trabalho; os decorrentes de propriedade fiduciária; de arrendamento mercantil; de promessa de compra e venda de imóvel dotada de cláusula de irrevogabilidade ou irretratabilidade, inclusive em incorporações imobiliárias; de compra e venda com reserva de domínio; e de adiantamento de contrato de câmbio para exportação (art. 161, § 1º, da Lei 11.101/2005); **B:** incorreta. Tal possibilidade é garantida pelo art. 95 da Lei 11.101/2005; **C:** correta, nos termos do art. 128 da Lei 11.101/2005; **D:** incorreta. O prazo da ação revocatória é contado da data da **decretação** da falência (art. 132 da Lei 11.101/2005). Gabarito "C".

5. INTERVENÇÃO E LIQUIDAÇÃO EXTRAJUDICIAL

(Cartório/ES – 2013 – CESPE) Decretada a intervenção ou a liquidação extrajudicial, o interventor ou o liquidante comunicará ao registro público competente a indisponibilidade de bens, competindo a este, relativamente a esses bens,

(A) autorizar o registro de transferência de propriedade de veículos automotores.
(B) indeferir o registro de qualquer forma de reorganização societária, inclusive mediante incorporação, fusão ou cisão.
(C) negar o arquivamento de atos ou contratos que importem em transferência de cotas sociais, ações ou partes beneficiárias.
(D) fazer transcrições, inscrições ou averbações de documentos públicos ou particulares de todos os submetidos a restrição imposta pelo Banco Central do Brasil.
(E) processar o registro de transferência de bens de propriedade de pessoa física.

Nos termos do art. 97, parágrafo único, "b", do Decreto 81.402/1978, é vedado ao registrador, uma vez recebida a comunicação de indisponibilidade dos bens emitida pelo liquidante: a) fazer transcrições, inscrições ou averbações de documentos públicos ou particulares (a redação regulamentar termina aqui, portanto está incorreta a letra "D"); b) arquivar atos ou contratos que importem em transferência de cotas sociais, ações ou partes beneficiárias (correta a alternativa "C"); c) realizar os registrar operações e títulos de qualquer natureza; d) processar a transferência da propriedade de veículos automotores (incorreta, portanto, a alternativa "A"). As demais condutas (letras "B" e "E") não constam das vedações expressas. Gabarito "C".

(Cartório/ES – 2013 – CESPE) No que se refere aos efeitos da intervenção ou liquidação extrajudicial, assinale a opção correta.

(A) Se forem objeto de contrato de alienação, de promessa de compra e venda e de cessão de direito, os bens cujos instrumentos tenham sido levados ao competente registro público anteriormente à data da decretação da intervenção ou da liquidação extrajudicial serão atingidos pela indisponibilidade de bens.
(B) Decretada a intervenção ou a liquidação extrajudicial, o interventor ou o liquidante deverá comunicar ao registro público competente a indisponibilidade de bens, ficando a autoridade competente autorizada, apenas, a fazer transcrições, inscrições ou averbações de documentos públicos ou particulares.
(C) É vedado aos oficiais dos registros de imóveis e demais competentes proceder ao registro de cessão de ativo a terceiros, ou qualquer forma de organização ou reorganização da sociedade para continuação geral ou parcial do negócio ou atividade da liquidanda.
(D) A indisponibilidade de bens na liquidação extrajudicial não impede a alienação de controle, cisão, fusão ou incorporação da instituição submetida aos regimes de intervenção, liquidação extrajudicial ou administração especial temporária.
(E) A decretação da liquidação extrajudicial produzirá, de imediato, a suspensão das ações e execuções iniciadas sobre direitos e interesses relativos ao acervo da entidade liquidanda, não impedindo, no entanto, que quaisquer outras sejam intentadas, enquanto durar a liquidação.

A: incorreta. Tais bens não são alcançados pela indisponibilidade (art. 36, § 4º, da Lei 6.024/1974); **B:** incorreta. A autoridade competente, uma vez recebida a comunicação, ficará impedida de praticar tais atos (art. 38, parágrafo único, "a", da Lei 6.024/1974); **C:** incorreta. Tais atos são autorizados quando destinados a resguardar a economia pública, a poupança privada e a segurança nacional (art. 31 da Lei 6.024/1974); **D:** correta, nos termos do art. 2º, § 3º, da Lei 9.447/1997; **E:** incorreta. Não se poderá intentar quaisquer outas ações enquanto durar a liquidação (art. 18, "a", da Lei 6.024/1974). Gabarito "D".

6. CONTRATOS EMPRESARIAIS

6.1. ALIENAÇÃO FIDUCIÁRIA

(Juiz de Direito/MG – 2014) No que tange aos contratos garantidos por alienação fiduciária em garantia, assinale a alternativa **CORRETA**.

(A) O devedor será constituído em mora quando notificado por intermédio do Cartório de Títulos e Documentos ou pelo protesto do título, a critério do credor.
(B) No prazo de cinco dias após a execução da liminar de busca e apreensão, poderá o devedor fiduciante apresentar sua resposta, caso entenda ter havido pagamento a maior e desejar a restituição.
(C) A alienação fiduciária de bem imóvel poderá ser contratada por pessoa física ou jurídica, não sendo privativa das instituições financeiras que operam no Sistema de Financiamento Imobiliário.
(D) Por ser direta, a posse obtida pelo devedor fiduciante se revela legítima para conduzir à aquisição, por usucapião, do bem gravado com alienação fiduciária em garantia.

A: incorreta. A mora decorre do simples vencimento do prazo para pagamento. A notificação ou protesto é mero meio de prova (art. 2º, § 2º, do Dec.-lei 911/1969); **B:** incorreta. O prazo de cinco dias é para o devedor realizar o pagamento integral, sob pena de se consolidar a propriedade no patrimônio do credor fiduciário (art. 3º, § 2º, do Dec.-lei 911/1969; **C:** correta, nos termos do art. 22, § 1º, da Lei 9.514/1997; **D:** incorreta. A jurisprudência do STJ denota que a posse indireta permanece com o credor, de sorte que a posse direta do devedor é resolúvel durante todo o tempo do contrato e, por tal razão, não pode ensejar a usucapião. Se houver inadimplemento, ainda assim não se falará em prescrição aquisitiva, porquanto a posse direta do devedor, além de tudo, se tornará injusta (STJ, REsp 844098/MG, DJ 06.04.2009). Gabarito "C".

6.2. ARRENDAMENTO MERCANTIL / *LEASING*

(Magistratura/MG – 2012 – VUNESP) Assinale a alternativa correta com relação ao contrato de arrendamento mercantil (*leasing*).

(A) Deve o comprador suportar os prejuízos do furto do veículo, se não providenciou a contratação de seguro para garantir o bem arrendado.
(B) No contrato de arrendamento mercantil (*leasing*), é dispensável a notificação prévia do arrendatário, para constituí-lo em mora, quando houver cláusula resolutiva expressa.
(C) A cobrança antecipada do valor residual garantido (VRG) não descaracteriza o contrato de arrendamento mercantil, ressalvada a hipótese em que o arrendatário se compromete, por expresso, a pagar o seguro DPVAT quando obteve financiamento para aquisição de veículo.
(D) Por força da Lei n. 8.880/1994, não é permitida a utilização da variação da cotação de moeda estrangeira (como o dólar) a título de correção monetária de contrato.

A: correta, pois, como regra, todas as instituições exigem a contratação de seguro pelo arrendatário e, caso isso não ocorra, todos os riscos serão a ele imputados; **B:** incorreta, pois há entendimento jurisprudencial consolidado em sentido contrário, exigindo a notificação (STJ, Súmula 369); **C:** incorreta, pois o entendimento atual do STJ é no sentido da não descaracterização do contrato pela cobrança antecipada (STJ, Súmula 293); **D:** incorreta, pois há previsão expressa autorizando tal prática (Lei 8.880/1994, art. 6º). Gabarito "A".

(Magistratura/SP – 2013 – VUNESP) A jurisprudência do Superior Tribunal de Justiça, em relação ao contrato de arrendamento mercantil, tem, atualmente, como entendimento sumulado:

(A) no contrato de arrendamento mercantil com cláusula resolutiva expressa, é desnecessária a notificação prévia do arrendatário para constituí-lo em mora.
(B) a cobrança antecipada do valor residual garantido (VRG) não descaracteriza o contrato de arrendamento mercantil.
(C) a cobrança antecipada do valor residual (VRG) descaracteriza o contrato de arrendamento mercantil, transformando-o em compra e venda à prestação.
(D) a simples propositura de ação revisional do contrato de arrendamento mercantil inibe a caracterização da mora do autor.

A: incorreta, pois, ainda que haja cláusula resolutiva expressa no contrato de arrendamento mercantil, é necessária a notificação prévia do arrendatário para constituí-lo em mora – Súmula 369/STJ; **B:** correta, considerando que a Súmula 263/STJ foi cancelada; **C:** incorreta, pois não há súmula nesse sentido, apesar do cancelamento da Súmula 263/STJ; **D:** incorreta, pois não há inibição da caracterização da mora do autor nesse caso – Súmula 380/STJ. RB

Gabarito "B".

6.3. CONTRATOS BANCÁRIOS E CARTÃO DE CRÉDITO

(Juiz – TJ/SP – VUNESP – 2015) Nos contratos bancários,

(A) o julgador pode conhecer de ofício a abusividade de cláusulas.
(B) os juros moratórios sujeitam-se ao limite de 1% ao mês, caso não se trate de contratos bancários regidos por legislação específica.
(C) os juros remuneratórios superiores a 12% ao ano presumem-se abusivos, cabendo à instituição financeira demonstrar sua adequação e razoabilidade.
(D) a comissão de permanência pode ser cumulada com os juros remuneratórios contratados.

A: incorreta. Não se permite o conhecimento de ofício da matéria (Súmula 381 do STJ); **B:** correta, nos termos da Súmula 379 do STJ; **C:** incorreta. Não há qualquer determinação legal neste sentido. Ao contrário, a jurisprudência do STF se consolidou no sentido de que os contratos bancários são regidos, em sua maioria, por legislação específica e a dinâmica do mercado financeiro não permite a regulação dos juros nos mesmos moldes dos contratos em geral; **D:** incorreta. A cobrança de comissão de permanência não pode ser cumulada com nenhum outro acréscimo (Súmula 472 do STJ). HS

Gabarito "B".

(Magistratura/CE – 2012 – CESPE) A respeito das transações realizadas com cartão de crédito, assinale a opção correta.

(A) O banco não tem legitimidade para figurar no polo passivo em ação de prestação de contas em que o titular de cartão de crédito pleiteie rever cláusulas de contrato firmado com a administradora do cartão em face da cobrança de encargos excessivos, ainda que evidenciada a existência de conglomerado de empresas.
(B) As empresas administradoras de cartão de crédito são consideradas instituições financeiras e, por essa razão, os juros remuneratórios que cobram são limitados pela Lei de Usura.
(C) Aplica-se a Lei de Usura às operações efetuadas pelos componentes do sistema financeiro nacional.
(D) Caso o titular de cartão de crédito receba mensalmente as respectivas faturas, a lei considera improcedente o ajuizamento de ação com a finalidade de cobrar da administradora do cartão a prestação de contas dos encargos cobrados.
(E) Será infrutífera a ação de cobrança que vise ao recebimento de despesas efetuadas com cartão de crédito, caso o devedor comprove ter o débito se originado de fato fraudulento que, perpetrado por terceiro, caracterize a existência de fato impeditivo ao direito do credor.

A: incorreta, pois nesse caso o Banco e a operadora do cartão ocupam posição de solidariedade em relação ao consumidor (STJ, Súmula 297); **B:** incorreta, pois por serem consideradas instituições financeiras, não se submetem as limitações da lei da usura (STJ, Súmula 283); **C:** incorreta, pois excluída tal aplicação pela jurisprudência (STJ, Súmula 283); **D:** incorreta, pois a fatura apenas indica o valor total dos encargos, sem pormenorizar e explicitar seus cálculos; **E:** correta, pois o ato nulo, praticado pelo terceiro não pode ser imputado ao titular do cartão (Resp 348.343-Sp, j. 14.02.2006). FC

Gabarito "E".

6.4. OUTROS CONTRATOS E QUESTÕES COMBINADAS

(Procurador do Estado – PGE/RS – Fundatec – 2015) Sobre os contratos mercantis é correto afirmar que:

(A) No contrato de franquia, o franquiado age como mandatário do franquiador.
(B) Não existem contratos de adesão que se enquadrem no conceito de contratos mercantis.
(C) O *factoring* é uma modalidade especial de cessão de crédito.
(D) O *leasing* se caracteriza como simples locação de bens móveis qualificada pelos fins mercantis.
(E) Nenhuma das alternativas anteriores está correta.

A: incorreta. O vínculo entre franqueado e franqueador é próprio e exclusivo deste tipo de contrato, cuja natureza complexa não permite classificá-lo como nenhum outro. Na franquia, um empresário, detentor de um determinado modelo de negócio, marcas registradas ou patentes de invenções, cede a outro o direito de exploração de sua propriedade intelectual, remunerando-o por isso na forma estabelecida no contrato, correndo os riscos do negócio por conta do franqueado; **B:** incorreta. Qualquer contrato no qual uma das partes imponha à outra as cláusulas contratuais, não abrindo margem para negociação, é um contrato de adesão, seja ele mercantil ou não; **C:** correta. Na faturização (ou *factoring*), um empresário cede a outro seu crédito ainda não vencido, recebendo à vista o valor com deságio, ficando o faturizador com o direito de cobrar a dívida com todos os seus acréscimos no vencimento; **D:** incorreta. O *leasing* também é um contrato complexo, mas é comumente resumido como uma locação de imóveis qualificada pela opção de compra ao final do prazo contratual. HS

Gabarito "C".

(Procurador do Estado – PGE/RS – Fundatec – 2015) Sobre o regime jurídico brasileiro do dinheiro, é correto afirmar que:

(A) No Brasil vigora o regime do curso forçado, não se admitindo, em princípio, o uso de moeda estrangeira nas contratações.
(B) É possível que a variação do salário mínimo seja considerada para o efeito de atualização de dívidas de qualquer natureza, sejam contratuais ou extracontratuais.
(C) Não cabe falar em correção monetária quando não haja previsão legal expressa autorizando sua utilização.
(D) Os salários são assegurados contra a respectiva perda do poder aquisitivo pela cláusula constitucional referente à irredutibilidade salarial.
(E) Nenhuma das alternativas anteriores está correta.

A: correta, nos termos do art. 1º do Decreto-lei 857/1969; **B:** incorreta. É vedada a vinculação de qualquer grandeza ao salário mínimo, para qualquer fim (art. 7º, IV, da CF); **C:** incorreta. A correção monetária é mera reposição do poder aquisitivo da moeda, sendo consectário natural de qualquer negócio jurídico; **D:** incorreta. A garantia de irredutibilidade salarial prevista no art. 7º, VI, da CF refere-se ao valor nominal do salário. A proteção contra a inflação está disposta no inciso IV como a garantia de reajustamento de seu valor. HS

Gabarito "A".

(Juiz – TRF 4ª Região – 2016) Dadas as assertivas abaixo, assinale a alternativa correta.

De acordo com a jurisprudência do Superior Tribunal de Justiça, firmada em sede de Recursos Repetitivos:

I. Nos contratos de financiamento celebrados no âmbito do Sistema Financeiro da Habitação, sem cláusula de garantia de cobertura do Fundo de Compensação de Variações Salariais, o saldo devedor residual deverá ser suportado pelo mutuário.
II. No caso de cessão de direitos sobre imóvel financiado no âmbito do Sistema Financeiro da Habitação, é indispensável a anuência da instituição financeira, sob pena de o cessionário não adquirir legitimidade ativa para futura ação revisional das condições pactuadas.
III. Nos contratos vinculados ao Sistema Financeiro da Habitação, a atualização do saldo devedor antecede a sua amortização pelo pagamento da prestação.
IV. No âmbito do Sistema Financeiro da Habitação, é necessária a contratação do seguro habitacional com o próprio agente financeiro ou com seguradora por ele indicada.
(A) Estão corretas apenas as assertivas I e III.
(B) Estão corretas apenas as assertivas II e IV.
(C) Estão corretas apenas as assertivas I, II e III.
(D) Estão corretas apenas as assertivas I, II e IV.
(E) Estão corretas todas as assertivas.

I: correta, nos termos constantes do acórdão do REsp 1.447.108; **II:** incorreta. Segundo o STJ, tal regra somente se aplica às cessões de direitos realizadas após 25/10/96 (REsp 1.150.429); **III:** correta, nos termos da Súmula 450 do STJ; **IV:** incorreta. A Súmula 473 do STJ garante ao mutuário o direito de não ser compelido a contratar o seguro habitacional com a instituição financeira mutuante ou seguradora indicada por ela. HS

Gabarito "A".

(Juiz – TRF 4ª Região – 2016) Dadas as assertivas abaixo, assinale a alternativa correta. A propósito dos contratos empresariais:

I. Nos contratos de alienação fiduciária em garantia firmados na vigência da Lei nº 10.931/2004, compete ao devedor, no prazo de 5 (cinco) dias após a execução da liminar na ação de busca e apreensão, pagar a integralidade da dívida – entendida esta como os valores apresentados e comprovados pelo credor na inicial –, sob pena de consolidação da propriedade do bem móvel objeto de alienação fiduciária.
II. Nas ações de reintegração de posse motivadas por inadimplemento de arrendamento mercantil financeiro, quando o produto da soma do "valor residual garantido" quitado com o valor da venda do bem for maior que o total pactuado como "valor residual garantido" na contratação, será direito do arrendatário receber a diferença, cabendo, porém, se estipulado no contrato, o prévio desconto de outras despesas ou encargos contratuais.
III. A cobrança antecipada do "valor residual garantido" descaracteriza o contrato de arrendamento mercantil.
IV. Constitui prática comercial abusiva o envio de cartão de crédito sem prévia e expressa solicitação do consumidor, configurando-se ato ilícito indenizável e sujeito à aplicação de multa administrativa.
(A) Estão corretas apenas as assertivas I, II e III.

(B) Estão corretas apenas as assertivas I, II e IV.
(C) Estão corretas apenas as assertivas I, III e IV.
(D) Estão corretas apenas as assertivas II, III e IV.
(E) Estão corretas todas as assertivas.

I: correta, nos termos do art. 3º, §§1º e 2º, do Decreto-lei 911/69; **II:** correta, nos termos da Súmula 564 do STJ; **III:** incorreta. Tal entendimento estava transcrito na Súmula 263 do STJ, a qual foi superada, cancelada e o entendimento oposto (de que a cobrança antecipada do VRG não desnatura o contrato de *leasing*) acabou consolidada na Súmula 293 do STJ; **IV:** correta, nos termos da Súmula 532 do STJ. Gabarito "B".

(Juiz – TJ/RJ – VUNESP – 2016) Sobre o contrato de agência, é correto afirmar que
(A) se dispensado por justa causa, o agente não terá direito a ser remunerado, ainda que por serviços úteis que eventualmente tenha prestado ao proponente.
(B) salvo ajuste, o proponente pode constituir, ao mesmo tempo, mais de um agente, na mesma zona, com idêntica incumbência.
(C) salvo ajuste, o agente terá direito à remuneração correspondente aos negócios concluídos dentro de sua zona, ainda que sem a sua interferência.
(D) salvo estipulação diversa, todas as despesas com a agência correm a cargo do proponente.
(E) se aplicam ao contrato de agência, no que couberem, as regras concernentes à empreitada e à corretagem.

A: incorreta. Mesmo incorrendo em justa causa, o agente tem direito a ser remunerado pelos serviços úteis prestados (art. 717 do CC); **B:** incorreta. A cláusula de exclusividade do agente é implícita. Para que seja designado mais de um agente para a mesma zona deve haver disposição expressa (art. 711 do CC); **C:** correta, nos termos do art. 714 do CC; **D:** incorreta. No silêncio do contrato, todas as despesas correm a cargo do agente (art. 713 do CC); **E:** incorreta. As normas supletivas são as dos contratos de mandato e comissão (art. 721 do CC). Gabarito "C".

(Juiz – TJ/SP – VUNESP – 2015) Assinale a alternativa correta sobre os contratos empresariais.
(A) Existindo cláusula resolutiva expressa no contrato de arrendamento mercantil, a constituição em mora do arrendatário não exige notificação prévia.
(B) É permitida na representação comercial a estipulação de cláusulas del credere.
(C) A circular oferta de franquia pode ser entregue pelo franqueador ao franqueado após a assinatura do contrato e do pagamento das taxas pertinentes.
(D) No contrato de locação comercial de imóvel urbano que tenha sido construído pelo locador para atender a especificações fixadas pelo locatário, as partes podem estipular a renúncia à revisão do locativo durante a vigência do contrato.

A: incorreta. A constituição do devedor em mora é imprescindível no contrato de *leasing* mesmo se houver cláusula resolutiva expressa, nos termos da Súmula 369 do STJ; **B:** incorreta. Na representação comercial é proibida a cláusula *del credere* (art. 43 da Lei 4.886/1965). Ela está autorizada somente para os contratos de comissão empresarial; **C:** incorreta. A circular de oferta de franquia deve ser entregue no máximo até 10 dias antes da assinatura de qualquer contrato, nos termos do art. 4º da Lei 8.955/1994; **D:** correta, nos termos do art. 54-A, § 1º, da Lei 8.245/1991. Gabarito "D".

(Defensor Público – DPE/BA – 2016 – FCC) Sobre a cessão de crédito e a assunção de dívida, é correto afirmar:
(A) o fiador do devedor originário segue responsável pela dívida em caso de assunção por terceiro.
(B) na cessão de crédito há novação subjetiva passiva em relação à relação obrigacional originária.
(C) com a cessão de crédito, cessam as garantias reais e pessoais da dívida.
(D) terceiro pode assumir a obrigação do devedor com o consentimento expresso do credor, exonerando o devedor primitivo, ainda que o credor ignorasse que o assuntor fosse insolvente ao tempo da assunção de dívida.
(E) a cessão de crédito não depende da anuência do devedor para que seja válida.

A: incorreta, pois a fiança é garantia pessoal, dada em relação ao afiançado, não se transmitindo a quem assume a dívida – art. 818 do CC; **B:** incorreta, pois com a cessão de crédito não há extinção da obrigação original, apenas substituição do devedor; já na novação há sempre extinção da obrigação original, com criação de novo liame obrigacional (no caso da novação subjetiva passiva, com outra pessoa no polo devedor da nova obrigação) – arts. 360, II, do CC e 299 do CC; **C:** incorreta, pois não há essa disposição, até porque essas garantias referem-se à inadimplência do devedor, que continua o mesmo na cessão de crédito – art. 286 do CC; **D:** incorreta, pois o devedor primitivo não fica exonerado se o credor ignorava o sujeito que assumiu a dívida era insolvente ao tempo da assunção – art. 299, *in fine*, do CC; **E:** correta, pois não se exige anuência do devedor, exceto no caso de convenção específica nesse sentido, lembrando que a cessão só tem eficácia em relação ao devedor após sua notificação – arts. 286 e 290 do CC. Gabarito "E".

(Defensor Público – DPE/ES – 2016 – FCC) Sobre o contrato de fiança:
I. A fiança dar-se-á por escrito e não admite interpretação extensiva, mas, não sendo limitada, compreenderá todos os acessórios da dívida principal, inclusive as despesas judiciais, desde a citação do fiador.
II. É nula a fiança concedida pelo homem casado, sem a anuência do cônjuge, salvo se o casamento se tiver realizado pelo regime da separação total de bens.
III. A fiança conjuntamente celebrada a um só débito por mais de uma pessoa não importa compromisso de solidariedade entre elas, salvo disposição contratual em sentido contrário.
IV. O fiador pode opor ao credor as exceções que lhe forem pessoais e as extintivas da obrigação que competem ao devedor principal, se não provierem simplesmente de incapacidade pessoal, salvo o caso de mútuo feito a pessoa menor.
V. O fiador poderá exonerar-se da fiança que tiver assinado sem limitação de tempo, sempre que lhe convier, ficando obrigado por todos os efeitos da fiança, durante sessenta dias após a notificação do credor, mas esse prazo é de cento e vinte dias se a fiança for de obrigações decorrentes de locação predial urbana.

Está correto o que se afirma APENAS em
(A) III, IV e V.
(B) I, II e III.
(C) I, IV e V.
(D) I, III, e IV.
(E) II, IV e V.

I: correta, nos termos dos arts. 819 e 822 do CC; **II:** incorreta, à luz do Código Civil. O art. 1.647, III, do CC exige a outorga conjugal, exceto no regime de separação absoluta de bens, e o art. 1.649 dispõe que a falta de autorização, quando não suprida pelo juiz, torna anulável o ato (não nulo), daí porque seria incorreta a assertiva. Entretanto, é interessante anotar que o STJ tem se manifestado no sentido de que há nulidade total, muitas vezes referindo-se indistintamente à anulabilidade e à nulidade, e não apenas em relação à meação – ver AgRg no AREsp 383.913/RS; **III:** incorreta, pois a solidariedade é a regra, nesse caso, exceto se houver reserva do benefício de divisão – art. 829 do CC; **IV:** correta, pois é o que dispõe o art. 837 do CC; **V:** correta, conforme o art. 835 do CC e o art. 12, § 2º, da Lei 8.245/1991. Gabarito "C".

(Magistratura/GO – 2015 – FCC) Acerca do contrato de franquia empresarial, é correto afirmar:
(A) O franqueado poderá requerer a sua anulação se não lhe tiver sido fornecida a circular de oferta de franquia com a antecedência prevista em lei, ainda que não a tenha requerido previamente por escrito ao franqueador.
(B) Deve ser escrito e assinado na presença de 2 testemunhas e só terá validade depois de registrado em cartório ou órgão público.
(C) Estabelece vínculo empregatício entre franqueador e franqueado.
(D) A falsidade das informações contidas na circular de oferta de franquia entregue ao franqueado o torna nulo de pleno direito, e não meramente anulável.
(E) Atualmente não é disciplinado por lei especial ou extravagante, sendo regido exclusivamente pelo Código Civil.

A: correta, nos termos do art. 4º da Lei 8.955/1994; **B:** incorreta. O contrato de franquia independe de qualquer registro em cartório ou órgão público (art. 6º da Lei 8.955/1994); **C:** incorreta. O art. 2º da Lei 8.955/1994 é expresso ao determinar que o contrato de franquia não estabelece vínculo empregatício entre franqueador e franqueado; **D:** incorreta. Vícios na circular de oferta de franquia implicam a anulabilidade do contrato (art. 4º, parágrafo único, da Lei 8.955/1994); **E:** incorreta. Como já fartamente mencionado, o contrato de franquia é contrato típico previsto em lei específica, a Lei 8.955/1994. Gabarito "A".

(Juiz de Direito/PA – 2014 – VUNESP) Sobre contratos empresariais, é correto afirmar:
(A) as operações de arrendamento mercantil subordinam-se ao controle e fiscalização da Comissão de Valores Mobiliários, segundo normas estabelecidas pelo Conselho Monetário Nacional.
(B) se do contrato de comissão constar a cláusula *del credere*, responderá o comitente solidariamente com as pessoas com que houver tratado em nome do comissário.
(C) a circular oferta de franquia é um documento facultativo, que poderá ser solicitado pelo franqueado ao franqueador ou à empresa ou pessoa ligada a este.
(D) os contratos de arrendamento mercantil conterão disposições sobre o prazo do contrato; o valor de cada contraprestação por períodos determinados, superiores a um semestre; opção de compra ou

renovação de contrato, como faculdade do arrendador; preço para opção de compra ou critério para sua fixação.
(E) no contrato de agência, o agente terá direito a ser remunerado pelos serviços úteis prestados ao proponente, ainda que dispensado por justa causa, sem embargo do direito do proponente de pleitear perdas e danos pelos prejuízos sofridos.

A: incorreta. As operações de arrendamento mercantil sujeitam-se ao controle do Banco Central do Brasil (art. 7º da Lei 6.099/1974); **B:** incorreta. As partes estão invertidas: é o comissário que responde solidariamente com as pessoas que contratar em nome do comitente (art. 698 do CC); **C:** incorreta. A circular de oferta de franquia é documento obrigatório, sob pena de anulabilidade do contrato (art. 4º da Lei 8.955/1994); **D:** incorreta. O contrato deve prever o valor de cada contraprestação por períodos determinados **não** superiores a um semestre (art. 5º, "b", da Lei 6.099/1974); **E:** correta, nos termos do art. 717 do CC. HS
Gabarito "E".

(Magistratura do Trabalho – 3ª Região – 2014) NÃO é correto afirmar no que concerne à representação comercial (Lei 4.886/1965):
(A) A não eventualidade é pressuposto da representação comercial autônoma.
(B) A exclusividade pode ser prevista no contrato de representação autônoma.
(C) A onerosidade é pressuposto a ser considerado no contrato de representação autônoma, ainda que condicionada à efetivação da venda e do pagamento.
(D) O representante comercial poderá conceder abatimentos, descontos ou dilações, segundo critérios por ele próprio estabelecidos, como decorrência de sua autonomia.
(E) O representante comercial fica obrigado a fornecer ao representado, conforme disposições do contrato ou, sendo ele omisso, quando lhe for solicitado, informações detalhadas sobre o andamento dos negócios a seu cargo.

A: assertiva correta, nos termos do art. 1º da Lei 4.886/1965; **B:** assertiva correta, nos termos do art. 27, "i", da Lei 4.886/1965; **C:** assertiva correta, nos termos do art. 27, "f", da Lei 4.886/1965; **D:** assertiva incorreta, devendo ser assinalada. Tais benefícios somente poderão ser concedidos se houver previsão expressa no contrato (art. 29 da Lei 4.886/1965); **E:** assertiva correta, nos termos do art. 28 da Lei 4.886/1965. HS
Gabarito "D".

(Magistratura do Trabalho – 3ª Região – 2014) O contrato de franquia deve conter indicação do que é efetivamente oferecido ao franqueado pelo franqueador, no que se refere a itens abaixo arrolados, EXCETO:
(A) treinamento dos funcionários do franqueado.
(B) auxílio na análise e escolha do ponto onde será instalada a franquia.
(C) layout e padrões arquitetônicos nas instalações do franqueado.
(D) requisitos quanto ao envolvimento direto do franqueador na operação e na administração do negócio.
(E) treinamento do franqueado, especificando duração, conteúdo e custos.

A, B, C e E: assertivas corretas, nos termos do art. 3º, XII, "d", "f", "g" e "c", respectivamente, da Lei 8.955/1994; **D:** assertiva incorreta, devendo ser assinalada. O contrato deve conter os requisitos quanto ao envolvimento direto do **franqueado** na operação e administração do negócio (art. 3º, VI, da Lei 8.955/1994). HS
Gabarito "D".

7. PROPRIEDADE INDUSTRIAL

Veja a seguinte tabela, com os requisitos de patenteabilidade e de registrabilidade, para estudo e memorização:

Requisitos de patenteabilidade de invenção e modelo de utilidade	
Novidade	não pode estar compreendida no estado da técnica, ou seja, não pode ter sido tornada acessível ao público antes do depósito do pedido de patente – art. 11 da LPI
Atividade inventiva	não pode simplesmente decorrer, para um técnico no assunto, de maneira evidente ou óbvia, do estado da técnica – art. 13 da LPI
Aplicação industrial	deve ser suscetível de aplicação industrial – art. 15 da LPI
Desimpedimento	não é patenteável aquilo que está listado no art. 18 da LPI

Requisitos para registro de desenho industrial	
Novidade	não pode estar compreendido no estado da técnica, ou seja, não pode ter sido tornado acessível ao público antes do depósito do pedido de registro – art. 96 da LPI
Originalidade	dele deve resultar uma configuração visual distintiva, em relação a outros objetos anteriores – art. 97 da LPI
Desimpedimento	não é registrável aquilo que está listado nos arts. 98 e 100 da LPI

Requisitos para registro de marca	
Novidade relativa	não pode ter sido previamente registrada (princípio da novidade) para a classe do produto ou do serviço (princípio da especificidade)
Não violação de marca notoriamente conhecida	não pode violar marca de alto renome ou notoriamente conhecida – arts. 125 e 126 da LPI
Desimpedimento	Não é registrável aquilo que está listado no art. 124 da LPI

(Juiz de Direito – TJ/RS – 2018 – VUNESP) De acordo com o artigo 11 da Lei nº 9.279/96 (Lei de Propriedade Industrial), a invenção e o modelo de utilidade são considerados novos quando não compreendidos no estado da técnica.
Assinale a alternativa que corresponde ao conceito legal de estado da técnica.
(A) O estado da técnica é constituído por tudo aquilo tornado acessível ao público antes da data de depósito do pedido de patente, por descrição escrita ou oral, por uso ou qualquer outro meio, no Brasil ou no exterior, ressalvado o disposto nos arts. 12, 16 e 17.
(B) O estado da técnica é constituído por tudo aquilo tornado acessível ao público antes da data de depósito do pedido de patente, por descrição escrita ou oral, por uso ou qualquer outro meio, no Brasil, ressalvado o disposto nos arts. 12, 16 e 17.
(C) O estado da técnica é constituído por tudo aquilo tornado acessível ao público antes da data de depósito do pedido de patente, por descrição escrita ou oral, por uso ou qualquer outro meio, no exterior, ressalvado o disposto nos arts. 12, 16 e 17.
(D) O estado da técnica é constituído por tudo aquilo tornado acessível ao público após a data de depósito do pedido de patente, por descrição escrita ou oral, por uso ou qualquer outro meio, no Brasil ou no exterior, ressalvado o disposto nos arts. 12, 16 e 17.
(E) O estado da técnica é constituído por tudo aquilo tornado acessível ao público antes da data de depósito do pedido de patente, por descrição escrita ou oral, no Brasil ou no exterior, ressalvado o disposto nos arts. 12, 16 e 17.

O conceito legal do estado da técnica está previsto no art. 11, § 1º, da Lei 9.279/1996: é constituído por tudo aquilo tornado acessível ao público antes da data de depósito do pedido de patente, por descrição escrita ou oral, por uso ou qualquer outro meio, no Brasil ou no exterior, ressalvado o disposto nos arts. 12, 16 e 17 HS
Gabarito "A".

(Juiz – TJ-SC – FCC – 2017) São patenteáveis:
(A) as descobertas, teorias científicas e métodos matemáticos.
(B) os microrganismos transgênicos que atendam aos requisitos de novidade, atividade inventiva e aplicação industrial, e que não sejam mera descoberta.
(C) as obras literárias, arquitetônicas, artísticas e científicas e qualquer criação estética.
(D) as técnicas cirúrgicas e métodos terapêuticos e de diagnóstico para aplicação no corpo animal, mas não no corpo humano.
(E) apenas as invenções que atendam os requisitos de novidade, atividade inventiva e aplicação industrial.

A, C e D: incorretas. Tais coisas não se consideram invenções, portanto não são patenteáveis (art. 10, I, IV e VIII, da Lei 9.279/96, respectivamente); **B:** correta, nos termos do art. 18, III, parte final, da Lei 9.279/96; **E:** incorreta. Os modelos de utilidade também são patenteáveis (art. 9º da Lei 9.279/96). HS
Gabarito "B".

(Juiz – TRF 2ª Região – 2017) Sociedade empresária obteve, em 2010, o registro da marca "*Lord Ello*", para assinalar produtos que, mais tarde, tencionava fabricar. Devido a critérios internos, a fabricação foi adiada e a marca não foi usada. Em 2017, outra pessoa jurídica estuda adotar idêntico designativo, para assinalar produtos da mesma classe e do mesmo segmento consumidor. Indique a opção correta:
(A) Como o registro foi deferido à anterior requerente, o uso legítimo da marca, por outrem, exige licença, certo que, dentro dos dez anos de proteção inicial, é indiferente a falta de uso.
(B) Em regra, a falta de uso implica, após o prazo previsto em lei, nulidade absoluta do registro.
(C) A falta de uso pode gerar a anulação do registro, se decorrente de capricho ou de intuito de especulação, mas a invalidade não ocorre quando a abstenção é oriunda de critérios lógicos, como, no caso, prioridades mercadológicas da fabricante.
(D) A falta de uso pode implicar caducidade do registro, decorrido o prazo previsto em lei, desde que as anuidades não sejam pagas.

(E) Em princípio, afigura-se presente, no caso, hipótese de caducidade da marca, apta a ser requerida pela sociedade que apresenta interesse em adotá-la e pronunciada pelo Instituto Nacional de Propriedade Industrial.

Correta a alternativa E, que deve ser assinalada. Trata-se de hipótese de caducidade do registro da marca, situação que determina a extinção do direito de propriedade intelectual caso a marca não seja explorada economicamente após 5 (cinco) anos de sua concessão (arts. 142, III, e 143 da Lei 9.279/1996). Anota-se que a caducidade é pronunciada ainda que as retribuições anuais estejam sendo pagas corretamente. Gabarito "E".

(Juiz – TRF 4ª Região – 2016) Assinale a alternativa **INCORRETA**.

Com base nas teses firmadas pelo Superior Tribunal de Justiça a respeito da propriedade intelectual:

(A) A marca de alto renome (assim definida em lei) é exceção ao princípio da especificidade e tem proteção especial em todos os ramos de atividade, desde que previamente registrada no Brasil e assim declarada pelo INPI – Instituto Nacional de Propriedade Industrial.
(B) Marcas fracas ou evocativas, constituídas por expressões comuns ou genéricas, não possuem o atributo da exclusividade, podendo conviver com outras semelhantes.
(C) Para se conceder a proteção especial da marca de alto renome em todos os ramos de atividade, é dispensável procedimento administrativo junto ao Instituto Nacional de Propriedade Industrial.
(D) Para a caracterização da colidência entre marcas, devem ser utilizados os seguintes parâmetros: (i) as marcas devem ser apreciadas sucessivamente, de modo a se verificar se a lembrança deixada por uma influencia na lembrança deixada pela outra; (ii) as marcas devem ser avaliadas com base nas suas semelhanças, e não nas suas diferenças; e (iii) as marcas devem ser comparadas pela sua impressão de conjunto, e não por detalhes.
(E) Vige no Brasil o sistema declarativo de proteção de marcas e patentes, que prioriza aquele que primeiro fez uso da marca, constituindo o registro no órgão competente mera presunção, que se aperfeiçoa pelo uso.

A: correta, nos termos do julgado no REsp 951.853; **B:** correta, nos termos do julgado no REsp 1.315.621; **C:** incorreta, devendo ser assinalada. O mesmo julgado citado no comentário à alternativa "A" fixou o entendimento sobre a necessidade de procedimento administrativo junto ao INPI para reconhecimento da marca de alto renome; **D:** correta, nos termos do REsp 1.342.955; **E:** correta, nos termos do julgado no REsp 1.353.531. Gabarito "C".

(Juiz – TJ/RJ – VUNESP – 2016) No tocante às marcas, conforme disciplina em lei específica, é correto afirmar que

(A) ao seu titular ou depositante é assegurado, dentre outros, o direito de impedir que comerciantes ou distribuidores utilizem sinais distintivos que lhe são próprios, juntamente com a marca do produto, na sua promoção e comercialização.
(B) se considera marca de produto ou serviço aquela usada para atestar a conformidade de um produto ou serviço com determinadas normas ou especificações técnicas, notadamente quanto à qualidade, natureza, material utilizado e metodologia empregada.
(C) o registro da marca vigorará pelo prazo de 15 anos, contados da data da concessão, prorrogável por dois períodos iguais e sucessivos.
(D) caducará o registro da marca, salvo justificado o desuso por seu titular, a requerimento de qualquer pessoa com legítimo interesse se, decorridos 10 anos de sua concessão, o uso da marca tiver sido interrompido por mais de 5 anos consecutivos.
(E) ao seu titular ou depositante é assegurado, dentre outros, o direito de ceder seu registro ou pedido de registro.

A: incorreta. O titular da marca não pode proibir a veiculação dos sinais próprios do comerciante junto com seu produto nas ações de venda (art. 132, I, da Lei 9.279/1996); **B:** incorreta. O conceito trazido na alternativa é de marca de certificação. Marca de produto ou serviço é aquela usada para distinguir produto ou serviço de outro idêntico, semelhante ou afim, de origem diversa (art. 123, I, da Lei 9.279/1996); **C:** incorreta. O registro da marca vale por 10 anos, prazo que pode ser prorrogado indefinidas vezes (art. 133 da Lei 9.279/1996); **D:** incorreta. A caducidade pode ser pleiteada após 5 anos de sua concessão (art. 143 da Lei 9.279/1996); **E:** correta, nos termos do art. 130, I, da Lei 9.279/1996. Gabarito "E".

(Juiz de Direito/PA – 2014 – VUNESP) No que se refere a patentes, assinale a alternativa correta.

(A) A patente será concedida depois de deferido o pedido e comprovado o pagamento da retribuição correspondente no prazo de 120 (cento e vinte) dias contados do deferimento, expedindo-se a respectiva carta-patente.
(B) O prazo de vigência não será inferior a 5 (cinco) anos para a patente de invenção e a 10 (dez) anos para a patente de modelo de utilidade, a contar da data de concessão.
(C) O pedido de patente será mantido em sigilo durante 18 (dezoito) meses contados da data de depósito ou da prioridade mais antiga, quando houver, após o que será publicado, à exceção daquele originário do Brasil, cujo objeto interesse à defesa nacional, sendo processado em caráter sigiloso.
(D) A patente de invenção vigorará pelo prazo de 15 (quinze) anos e a de modelo de utilidade pelo prazo 20 (vinte) anos contados da data de depósito.
(E) Reputa-se concedida a patente na data de deferimento do pedido, devendo conter da carta-patente o número, o título e a natureza respectivos, o nome do inventor, a qualificação e o domicílio do titular, o prazo de vigência, o relatório descritivo, as reivindicações e os desenhos, bem como os dados relativos à prioridade.

A: incorreta. O prazo para pagamento é de **60 dias** contados do deferimento (art. 38, § 1º, da Lei 9.279/1996); **B:** incorreta. O prazo mínimo de vigência das patentes é de 10 anos para as invenções e 7 anos para os modelos de utilidade (art. 40, parágrafo único, da Lei 9.279/1996); **C:** correta, nos termos do art. 30 da Lei 9.279/1996; **D:** incorreta. A patente de invenções vigorará pelo prazo de 20 anos e a de modelos de utilidade por 15 anos contados do depósito do pedido (art. 40, caput, da Lei 9.279/1996); **E:** incorreta. Reputa-se concedida a patente na data da publicação do ato (art. 38, § 3º, da Lei 9.279/1996). Gabarito "C".

(Juiz de Direito/RJ – 2014 – VUNESP) A marca usada para atestar a conformidade de um produto ou serviço com determinadas normas e especificações técnicas, notadamente quanto à qualidade, natureza, material utilizado e metodologia empregada, nos termos da lei, é considerada marca

(A) de certificação.
(B) de conformidade.
(C) coletiva.
(D) de produto ou serviço.

A: correta, nos termos do art. 123, II, da Lei 9.279/1996; **B:** incorreta. Marca de conformidade é a marca registrada, aposta ou emitida de acordo com as regras de um sistema de certificação (como a ABNT ou o INMETRO, por exemplo). Não diz respeito ao sistema de proteção da propriedade intelectual; **C:** incorreta. Marca coletiva é aquela usada para identificar produtos ou serviços provindos de membros de uma determinada entidade (art. 123, III, da Lei 9.279/1996); **D:** incorreta. Marca de produto ou serviço é aquela usada para distinguir produto ou serviço de outro idêntico, semelhante ou afim, de origem diversa (art. 123, I, da Lei 9.279/1996). Gabarito "A".

(Cartório/DF – 2014 – CESPE) Considerando a proteção conferida na legislação brasileira a propriedade industrial e aos direitos autorais, assinale a opção correta.

(A) Os princípios da especialidade e da territorialidade, aplicáveis a proteção das marcas, são relativizados, respectivamente, nos casos de marcas de alto renome, que obtém proteção em todos os ramos de atividade, e de marcas notoriamente conhecidas, que gozam de proteção independentemente de estarem previamente depositadas ou registradas no Brasil.
(B) E patenteável, como modelo de utilidade, a concepção puramente abstrata da qual possa ser desenvolvido um objeto de uso pratico, suscetível de aplicação industrial, e cuja nova forma acarrete melhoria funcional.
(C) Das decisões adotadas nos vários procedimentos realizados perante o INPI cabe recurso, em última instância administrativa, ao ministro de Estado do Desenvolvimento, Indústria e Comercio Exterior.
(D) Enquanto o registro de um programa de computador e constitutivo do direito de proteção estatal da propriedade intelectual sobre a obra, o registro de um desenho industrial tem caráter meramente declaratório e de publicidade, não causando sua ausência prejuízo ao exercício dos direitos de propriedade sobre o desenho.
(E) Os prazos legais de proteção a propriedade intelectual sobre um programa de computador e a uma patente de invenção são idênticos.

A: correta. O princípio da especialidade determina que a marca somente será protegida em seu ramo de atividade, sendo exceção a marca de alto renome (art. 125 da Lei 9.279/1996). Já o princípio da territorialidade afirma que a proteção conferida pelo registro de marca vigora somente no território do país que o concedeu, sendo exceção a marca notoriamente conhecida (art. 126 da Lei 9.279/1996); **B:** incorreta. Concepções puramente abstratas não são registráveis como modelo de utilidade (art. 10, II, da Lei 9.279/1996); **C:** incorreta. Os recursos serão decididos pelo Presidente do INPI, onde se encerra a instância administrativa (art. 212, § 3º, da Lei 9.279/1996); **D:** incorreta. A afirmação está invertida. Direitos de autor não dependem de registro para serem reconhecidos (art. 18 da Lei 9.610/1998), enquanto o desenho industrial somente será protegido após a concessão do respectivo registro junto ao INPI (art. 94 da Lei 9.279/1996); **E:** incorreta. O programa de computador é protegido pelo direito de autor, que se extingue após 50 anos contados de 1º de janeiro do ano seguinte ao da publicação ou criação do *software* (art. 2º, § 2º, da Lei 9.609/1998). Já a patente de invenção perdura por 20 anos contados do depósito do pedido (art. 40 da Lei 9.279/1996). Gabarito "A".

8. DIREITO DO CONSUMIDOR, CONCORRENCIAL, LEI ANTITRUSTE

(Juiz de Direito/AM – 2016 – CESPE) Acerca da concorrência empresarial, assinale a opção correta.

(A) A concorrência com abuso de poder ocorre mediante violação do segredo de empresa ou mediante publicidade enganosa, ensejando responsabilização administrativa objetiva.
(B) A expressão mercado relevante refere-se à importância econômica da atividade analisada.
(C) Se houver condenação por crime de concorrência desleal genérica, haverá necessariamente condenação à reparação por danos na esfera cível, pelos mesmos fatos.
(D) A concorrência desleal é reprimida nas esferas civil, penal e administrativa.
(E) Constitui crime de concorrência desleal imitar expressão de propaganda alheia, de modo a criar confusão entre os produtos, estando o agente sujeito a pena de detenção.

A: incorreta. A concorrência com abuso de poder é aquela definida no art. 36 da Lei 12.529/2011, constituindo infração à ordem econômica por responsabilidade objetiva, ainda que não se alcance o resultado pretendido. Não se lê entre as hipóteses a violação de segredo ou publicidade enganosa; **B:** incorreta. Define-se mercado relevante como sendo "*um produto ou grupo de produtos e uma área geográfica em que tal(is) produto(s) é(são) produzido(s) ou vendido(s), de forma que uma firma monopolista poderia impor um pequeno, mas significativo e não transitório aumento de preços, sem que com isso os consumidores migrassem para o consumo de outro produto ou comprassem em outra região. Esse é chamado teste do monopolista hipotético e o mercado relevante é definido como sendo o menor mercado possível em que tal critério é satisfeito.*" ("Cartilha do CADE", disponível em: www.cade.gov.br); **C:** incorreta. A reparação civil depende de processo autônomo movido pelo interessado (art. 207 da Lei 9.279/1996); **D:** incorreta. Concorrência desleal é crime previsto no art. 195 da Lei 9.279/1996 e somente como tal é reprimida. Pode, eventualmente, ser objeto de responsabilidade civil, se comprovados os danos e o nexo de causalidade; **E:** correta, nos termos do art. 195, IV, da Lei 9.279/1996. Gabarito "E".

(Juiz de Direito/DF – 2016 – CESPE) De acordo com a legislação, acerca das execuções judiciais das decisões do Conselho Administrativo de Defesa Econômica (CADE), assinale a opção correta com base na Lei n.º 12.529/2011, que trata do Sistema Brasileiro de Defesa da Concorrência.

(A) A atribuição de efeito suspensivo aos embargos à execução depende da garantia do juízo.
(B) A decisão do plenário do Tribunal Administrativo de Defesa Econômica, cominando multa ou impondo obrigação de fazer ou não fazer, não constitui título executivo.
(C) É vedada como medida executiva, a intervenção judicial na administração da empresa.
(D) Os processos de execução em juízo das decisões do CADE tramitarão com preferência sobre as demais espécies de ação do juízo, inclusive sobre os *habeas corpus* e mandados de segurança.
(E) A execução que tenha por objeto exclusivamente a cobrança de multa pecuniária deverá seguir rito próprio previsto na lei, não podendo tramitar com base no rito previsto na Lei de Execuções Fiscais.

A: correta, nos termos do art. 98 da Lei 12.529/2011; **B:** incorreta. A natureza de título executivo é conferida pelo art. 93 da Lei 12.529/2011; **C:** incorreta. A intervenção judicial está prevista no art. 96 da Lei 12.529/2011; **D:** incorreta. A preferência não se estende sobre os remédios constitucionais citados (art. 101 da Lei 12.529/2011); **E:** incorreta. O art. 94 da Lei 12.529/2011 determina a utilização do rito da Lei de Execuções Fiscais para esses casos. Gabarito "A".

9. INSTITUIÇÕES FINANCEIRAS

(Procurador – PGFN – ESAF – 2015) Assinale a opção incorreta.

(A) De acordo com a Lei n. 6.024/74, as instituições financeiras privadas e as públicas não federais estão sujeitas à intervenção, à liquidação extrajudicial ou à falência.
(B) Desde que autorizado pelo Banco Central do Brasil, as instituições financeiras poderão apresentar pedido de recuperação judicial ou extrajudicial, aplicando-se, subsidiariamente, os dispositivos constantes da Lei n. 11.101/05, enquanto não for aprovada lei específica.
(C) A intervenção de uma instituição financeira tanto poderá ser decretada de ofício, pelo Banco Central do Brasil, como a pedido de seus administradores, não podendo exceder a 6 (seis) meses, prorrogáveis até o máximo de outros 6 (seis) meses.
(D) Decretada a intervenção ou a liquidação extrajudicial de uma instituição financeira, os administradores ficarão com todos os seus bens indisponíveis, não podendo, por qualquer forma, aliená-los ou onerá-los, até apuração e liquidação final de suas responsabilidades.
(E) Os administradores de instituições financeiras respondem solidariamente pelas obrigações por elas assumidas durante a sua gestão, até o montante do prejuízo causado.

A: correta, nos termos do art. 1º da Lei 6.024/1974; **B:** incorreta, devendo ser assinalada. As instituições financeiras estão relativamente excluídas do regime jurídico criado pela Lei 11.101/2005, nos termos do seu art. 2º, II. As únicas hipóteses de aplicação da Lei de Falências são para a quebra em si, não para a recuperação judicial: (i) houver fundados indícios de crime falimentar; ou (ii) o ativo da entidade não for suficiente para cobrir pelo menos metade dos créditos quirografários (art. 21, "b", da Lei 6.024/1974); **C:** correta, nos termos dos arts. 3º e 4º da Lei 6.024/1974; **D:** correta, nos termos do art. 36 da Lei 6.024/1974; **E:** correta, nos termos do art. 40, parágrafo único, da Lei 6.024/1974. Gabarito "B".

10. SISTEMA FINANCEIRO DA HABITAÇÃO

(Advogado – CEF – 2012 – CESGRANRIO) Paulo adquire imóvel financiado submetido ao regime de arrendamento residencial, com opção de compra. Em virtude da crise econômica, deixou de pagar as prestações devidas, ficando inadimplente.
Nos termos da legislação especial sobre o Programa de Arrendamento Residencial, a ação cabível a ser proposta pela Instituição Financeira credora será a de

(A) reivindicação
(B) reintegração
(C) consignação
(D) prestação
(E) compensação

Dispõe o art. 9º da Lei 10.188/2001 que o inadimplemento do arrendatário configura esbulho possessório, passível de correção por intermédio da ação de reintegração e posse. Gabarito "B".

(Advogado – CEF – 2012 – CESGRANRIO) Carla, divorciada, mãe de cinco filhos, pleiteia ingresso no programa habitacional Minha Casa, Minha Vida – PMCMV. Nos termos da legislação específica, nesse programa, preenchido o requisito de renda, devem ter prioridade

(A) idosos com mais de sessenta e cinco anos
(B) mulheres casadas com dois filhos
(C) famílias residentes em área de risco
(D) pessoas domiciliadas em áreas rurais
(E) indivíduos solteiros com dependentes

A Lei 12.424/2011, que alterou o art. 3º da Lei 11.977/2004, instituiu a prioridade ao atendimento do Programa Minha Casa Minha Vida a famílias residentes em áreas de risco ou insalubres ou que tenham sido desabrigadas, famílias com mulheres responsáveis pela unidade familiar e famílias com pessoas portadoras de deficiência. Gabarito "C".

(Advogado – CEF – 2012 – CESGRANRIO) No complexo sistema de crédito adotado no Brasil, existem vários títulos que podem circular no mercado. Um deles é a Letra de Crédito Imobiliário. Nos termos da legislação especial, NÃO é item obrigatório para constar no referido título o(a)

(A) nome da instituição emitente
(B) nome do titular
(C) valor nominal
(D) número de ordem
(E) cláusula não à ordem, se endossável

A, B, C e D: corretas. Correspondem aos requisitos expostos no art. 12, § 1º, I, VII, IV e II (respectivamente), da Lei 10.931/2004; **E:** incorreta, devendo ser assinalada. Dispõe o inciso IX do § 1º do art. 12 da Lei 10.931/2004 que da letra deve constar a cláusula "à ordem", se for endossável. É interessante notar que, mesmo que o candidato desconhecesse a legislação sobre o tema, era possível resolver a questão com base nos conhecimentos gerais sobre títulos de crédito. Perceba que não faz sentido a inclusão da cláusula "não à ordem" (que proíbe a transferência do crédito por relações cambiárias) se a letra é endossável. Gabarito "E".

11. TEMAS COMBINADOS E OUTROS TEMAS

(Procurador do Estado – PGE/RS – Fundatec – 2015) Analise as assertivas a seguir:
I. A correção monetária não remunera o capital, mas apenas procura manter a substância da dívida.
II. Todos os grupos societários se constituem a partir de convenção específica, devidamente registrada no órgão competente.
III. Cabe a capitalização de juros em contratos de financiamento rural.
Após a análise, pode-se dizer que:

(A) Está correta apenas a assertiva I
(B) Estão corretas apenas as assertivas I e III
(C) Estão corretas apenas as assertivas II e III
(D) Todas as assertivas estão corretas
(E) Todas as assertivas estão incorretas.

I: correta. A correção monetária consubstancia a manutenção do valor de compra da moeda, ou seja, mantém o valor principal da obrigação no mesmo patamar financeiro, sem acrescer valor; **II:** incorreta. A sociedade em conta de participação não demanda registro de seu contrato social para se constituir (arts. 992 e 993 do CC); **III:** correta, nos termos da Súmula 93 do STJ.

(Procurador do Estado – PGE/RS – Fundatec – 2015) Sobre o regime das empresas na Constituição Federal de 1988, analise as assertivas a seguir:

I. As empresas de mineração têm de ser constituídas de acordo com as leis do País, com sede e administração neste.
II. Não se admite o controle de empresas jornalísticas por estrangeiros, embora possam estes participar do respectivo capital.
III. Não se admite o capital estrangeiro na exploração de hospitais.

Após a análise, pode-se dizer que:
(A) Está correta apenas a assertiva II.
(B) Estão corretas apenas as assertivas I e II.
(C) Estão corretas apenas as assertivas II e III.
(D) Todas as assertivas estão corretas.
(E) Todas as assertivas estão incorretas.

I: correta, nos termos do art. 176, § 1º, da CF; **II:** correta, nos termos do art. 222, § 1º, da CF; **III:** correta, nos termos do art. 199, § 3º, da CF.

(Advogado União – AGU – CESPE – 2015) Julgue os itens a seguir com base no entendimento atual do STJ acerca de direito empresarial.

(1) O imóvel no qual se localize o estabelecimento da empresa é impenhorável, inclusive por dívidas fiscais.
(2) A novação decorrente da concessão da recuperação judicial após aprovado o plano em assembleia enseja a suspensão das execuções individuais ajuizadas contra a própria devedora.

1: Errada. Segundo definiu o STJ em sede de recurso repetitivo, *a penhora de imóvel no qual se localiza o estabelecimento da empresa é, excepcionalmente, permitida, quando inexistentes outros bens passíveis de penhora e desde que não seja servil à residência da família*. (REsp 1114767/RS, Rel. Ministro Luiz Fux, Corte Especial, julgado em 02/12/2009, DJe 04/02/2010). **2:** Errada. A novação, além de depender também da homologação judicial do plano de recuperação já aprovado em assembleia, gera a extinção, e não a mera suspensão, das execuções individuais (STJ, REsp 1.272.697/DF).

(Promotor de Justiça – MPE/RS – 2017) Assinale a alternativa correta quanto ao Direito de Empresa.

(A) Pedro cedeu as quotas que titularizava na sociedade simples que integrava, com a anuência dos demais sócios, em instrumento de alteração contratual datado de 10/05/2015 e averbado na junta comercial em 12/09/2015. No instrumento constou que o cedente responderia pelas obrigações sociais no prazo legal. Em 14/08/2016, a sociedade ajuizou ação de cobrança contra Pedro, buscando o ressarcimento da quantia de R$10.501,00 (dez mil quinhentos e um reais), relativa a uma dívida trabalhista. Pedro alegou haver decadência, tendo sido acolhida essa preliminar.
(B) O empresário individual casado precisa da outorga conjugal para alienar bens imóveis que integram o patrimônio da empresa.
(C) Podemos dizer que pelo menos duas características fundamentais das sociedades cooperativas são: o capital social variável ou ausente e a ilimitação de um mínimo e limitação do máximo de membros da administração da pessoa jurídica.
(D) No título à ordem, o endossatário de endosso em branco não pode mudá-lo para endosso em preto. Mantida a omissão da nomeação do novo credor, o documento ganha as características de um título ao portador, transmissível por mera tradição.
(E) A empresa GAH Ltda. foi constituída em 25/05/2002 tendo como sócios G. Galvão, P. Andrade e E. Hamilton. A decretação da falência ocorreu em 23/02/2007. Pela prática dos crimes previstos na Lei de Falências, insculpidos nos artigos 168 e 173, os sócios foram denunciados, sem a instauração de inquérito judicial, tendo a inicial sido recebida em 10/03/2011. A defesa alegou haver prescrição da ação pelo decurso de mais de dois anos, fato que restou afastado.

A: incorreta, em relação especificamente à decadência, pois o alienante das cotas responde solidariamente com o cessionário, perante a sociedade e terceiros, pelas obrigações que tinha como sócio, pelo prazo de dois anos contados da averbação da modificação do contrato (no caso, até setembro de 2017) – art. 1.003, parágrafo único, do CC; **B:** incorreta, pois a outorga é inexigível, qualquer que seja o regime de bens, conforme o art. 978 do CC; **C:** incorreta, pois há um mínimo de sócios, que é o número necessário para compor a administração da cooperativa, mas não há número máximo – art. 1.094, I e II, do CC; **D:** incorreta, pois o endossatário de endosso em branco (i) pode mudá-lo para endosso em preto, completando-o com o seu nome ou de terceiro, (ii) pode endossar novamente o título, em branco ou em preto, ou (iii) pode transferi-lo sem novo endosso – art. 913 do CC; **E:** correta, pois, nos termos do art. 182 da LF, o prazo prescricional corre a partir do dia da decretação da falência (23/02/2007), sendo ele de 12 anos, no caso do crime previsto no art. 168 da LF (c/c art. 109, III, do CP) e de 8 anos, no caso do crime do art. 173 da LF(c/c art. 109, IV, do CP).

(Juiz – TRF 3ª Região – 2016) Marque a alternativa incorreta, observando-se a legislação e a jurisprudência dominante do Superior Tribunal de Justiça:

(A) Nos contratos bancários, é vedado ao julgador conhecer, de ofício, da abusividade das cláusulas.
(B) A nota promissória vinculada a contrato de abertura de crédito não goza de autonomia em razão da iliquidez do título que a originou.
(C) O avalista do título de credito vinculado a contrato de mútuo também responde pelas obrigações pactuadas, quando no contrato figurar como devedor solidário.
(D) A companhia dissolvida perde automaticamente sua personalidade jurídica.

A: correta, nos termos da Súmula 381 do STJ; **B:** correta, nos termos da Súmula 258 do STJ; **C:** correta, nos termos da Súmula 26 do STJ; **D:** incorreta, devendo ser assinalada. A jurisprudência do STJ adota o entendimento que a extinção da personalidade jurídica se dá somente com o fim do processo de liquidação do patrimônio, não com a dissolução da sociedade (REsp 317.255).

(Juiz – TRF 3ª Região – 2016) Assinale a alternativa incorreta:

(A) A fusão determina a manutenção das sociedades que se unem, para formar sociedade nova, que a elas sucederá nos direitos e obrigações.
(B) A cláusula constitutiva de mandato, lançada no endosso, confere ao endossatário o exercício dos direitos inerentes ao título, salvo restrição expressamente estatuída.
(C) Na sociedade em comandita simples, a morte de sócio comanditário, salvo disposição do contrato, não impede sua continuidade com seus sucessores, que designarão quem os represente.
(D) A invenção e o modelo de utilidade são considerados suscetíveis de aplicação industrial quando possam ser utilizados ou produzidos em qualquer tipo de indústria.

A: incorreta, devendo ser assinalada. A fusão extingue as sociedades fusionadas, criando uma única sociedade nova (art. 228 da Lei 6.404/76); **B:** correta, nos termos do art. 917 do CC; **C:** correta, nos termos do art. 1.050 do CC; **D:** correta, nos termos do art. 15 da Lei 9.279/96.

(Juiz – TRF 4ª Região – 2016) Assinale a alternativa **INCORRETA**.

(A) Podem exercer a atividade de empresário os que estiverem em pleno gozo da capacidade civil e não forem legalmente impedidos.
(B) Celebram contrato de sociedade limitada as pessoas que reciprocamente se obrigam a contribuir, com bens ou serviços, para o exercício de atividade econômica e a partilha, entre si, dos resultados.
(C) Poderá ser atribuída à empresa individual de responsabilidade limitada constituída para a prestação de serviços de qualquer natureza a remuneração decorrente da cessão de direitos patrimoniais de autor ou de imagem, nome, marca ou voz de que seja detentor o titular da pessoa jurídica, vinculados à atividade profissional.
(D) A sociedade cooperativa funciona sob denominação integrada pelo vocábulo "cooperativa".
(E) Poderá o incapaz, por meio de representante ou devidamente assistido, continuar a empresa antes exercida por ele enquanto capaz, por seus pais ou pelo autor de herança.

A: correta, nos termos do art. 972 do CC; **B:** incorreta, devendo ser assinalada. Este é o conceito de sociedade em geral (art. 981 do CC). A sociedade limitada não aceita a participação de sócio que contribua exclusivamente com serviços para a formação do capital social (art. 1.055, §2º, do CC); **C:** correta, nos termos do art. 980-A, §5º, do CC; **D:** correta, nos termos do art. 1.159 do CC; **E:** correta, nos termos do art. 974 do CC.

(Juiz – TJ/SP – VUNESP – 2015) Nos termos da Lei 12.529/2011, não constitui por si só infração da ordem econômica os atos dos competidores que tenham por objeto ou possam produzir o seguinte efeito:

(A) dominar mercado relevante de bens ou serviços.
(B) falsear ou de qualquer forma prejudicar a livre concorrência.
(C) limitar a livre-iniciativa.
(D) exercício de forma abusiva de posição dominante.

Todas as condutas descritas são consideradas infrações à ordem econômica pelo art. 36 da Lei Antitruste (incisos I e IV), com exceção da letra "A", que deve ser assinalada. Note que, não obstante a redação esteja prevista como infração no inciso II do citado artigo, o enunciado pergunta qual das condutas não ofende, **por si só**, a ordem econômica. Como destaca o § 1º do dispositivo aqui analisado, se o domínio de mercado for consequência da maior eficiência do agente econômico em relação a seus competidores, não haverá ato ilícito. Logo, nesse caso, é possível ilidir a presunção de infração à ordem econômica.

(Delegado/GO – 2017 – CESPE) Durante a instrução de determinado processo judicial, foi comprovada falsificação da escrituração em um dos livros comerciais de uma sociedade limitada, em decorrência da criação do chamado "caixa dois". A sentença proferida condenou pelo crime apenas o sócio com poderes de gerência.

A respeito dessa situação hipotética, assinale a opção correta.

(A) A conduta praticada pelo sócio constitui crime falimentar.
(B) Na situação, configura-se crime de falsificação de documento público.
(C) Sendo o diário e o livro de registro de atas de assembleia livros obrigatórios da sociedade citada, a referida falsificação pode ter ocorrido em qualquer um deles.
(D) Em decorrência da condenação criminal, o sócio-gerente deverá ser excluído definitivamente da sociedade.
(E) O nome do condenado não pode ser excluído da firma social, que deve conter o nome de todos os sócios, seguido da palavra "limitada".

A: incorreta. A conduta não se encontra entre as figuras típicas da Lei 11.101/2005; **B:** correta, nos termos do art. 297, § 2º, do Código Penal; **C:** incorreta. Não se faz "caixa dois" pelo livro de registro de atas de assembleia, porque, como o nome sugere, ele se presta unicamente a consolidar as atas das deliberações dos sócios; **D:** incorreta. Não há qualquer obrigação legal nesse sentido. Somente não pode ser administrador de sociedade (art. 1.011, § 1º, do CC), mas poderá ser sócio; **E:** incorreta. Não há qualquer óbice à exclusão do nome da firma social, a qual, é bom lembrar, pode ser composta somente pelo nome de um ou alguns dos sócios, seguido da partícula "& Cia.". HS

Gabarito "B".

(Defensor Público – DPE/ES – 2016 – FCC) Entre os meios de prova admissíveis acham-se os livros dos empresários

(A) por isso, mesmo os microempresários são obrigados a seguir um sistema de contabilidade, mecanizado ou não, com base na escrituração uniforme de seus livros e em correspondência com a documentação respectiva, devendo anualmente levantar o balanço de resultado econômico, mas não o balanço patrimonial.
(B) por isso o juiz sempre poderá ordenar diligência para verificar se o empresário ou a sociedade empresária observam, ou não, em seus livros e fichas, as formalidades prescritas em lei.
(C) mas os livros e fichas dos empresários só fazem prova contra eles, e não a seu favor, por serem escriturados unilateralmente.
(D) e a prova resultante dos livros empresários é suficiente e bastante, mesmo nos casos em que a lei exige escritura pública, só podendo ser ilidida pela comprovação de falsidade ou inexatidão dos lançamentos.
(E) mas o juiz só poderá autorizar a exibição integral dos livros e papéis de escrituração quando necessária para resolver questões relativas a sucessão, comunhão ou sociedade, administração ou gestão à conta de outrem, ou em caso de falência.

A: incorreta, pois é obrigatório também o balanço patrimonial anual, dispensado o pequeno empresário descrito no art. 970 do CC – art. 1.179 do CC; **B:** incorreta, pois o juiz só poderá autorizar a exibição integral dos livros e papéis de escrituração quando necessária para resolver questões relativas a sucessão, comunhão ou sociedade, administração ou gestão à conta de outrem, ou em caso de falência – art. 1.191 do CC; **C:** incorreta, pois os livros e fichas dos empresários e sociedades provam contra as pessoas a que pertencem e, em seu favor, quando, escriturados sem vício extrínseco ou intrínseco, forem confirmados por outros subsídios – art. 226 do CC; **D:** incorreta, pois a prova resultante dos livros e fichas não é bastante nos casos em que a lei exige escritura pública, ou escrito particular revestido de requisitos especiais, e pode ser ilidida pela comprovação da falsidade ou inexatidão dos lançamentos – art. 226, parágrafo único, do CC; **E:** correta, conforme comentário à alternativa "B". RB

Gabarito "E".

(Procurador do Estado/AM – 2016 – CESPE) No que concerne ao direito empresarial em sentido amplo, julgue os itens a seguir.

(1) A promoção prévia de protesto válido do título é condição para que o credor de título de crédito válido mova uma ação de execução contra o devedor principal.
(2) Pessoa física pode exercer a atividade como empresário individual, que é a figura jurídica normatizada como sociedade individual de responsabilidade limitada.
(3) Dado o princípio constitucional de livre iniciativa, é permitido ao empresário iniciar suas atividades comerciais concomitantemente com o pedido de sua inscrição no registro público de empresas mercantis.
(4) A doutrina relativa ao direito cambiário trata do princípio da abstração, um subprincípio derivado do princípio da autonomia, que destaca a ligação entre o título de crédito e o fato jurídico que deu origem à obrigação que ele representa.
(5) Se um título com prazo de vencimento definido não for tempestivamente pago, o credor poderá mover ação de execução; todavia, verificada alguma nulidade, o juiz pronunciará nula, de ofício ou a requerimento da parte, a execução.

1: incorreta. O protesto apenas é obrigatório para se promover ação cambial contra os coobrigados. Para executar o devedor principal, o protesto é facultativo (arts. 44 e 53 da Lei Uniforme de Genebra); **2:** incorreta. Empresário individual é diferente de empresa individual de responsabilidade limitada (e não "sociedade individual"): o primeiro não detém personalidade jurídica, ele atua em seu próprio nome (pessoa física), ao passo que a segunda é espécie de pessoa jurídica constituída por um único titular (arts. 44, VI, e 980-A do CC); **3:** incorreta. O registro da atividade no Registro Público de Empresas Mercantis (a cargo das Juntas Comerciais dos Estados) deve ser prévio ao início da atividade (art. 967 do CC); **4:** dada como correta no gabarito oficial, com o que não concordamos. A abstração do título de crédito é justamente o atributo que o desvincula do negócio jurídico que o originou. Nas palavras de Waldo Fazzio Jr. (Manual de Direito Empresarial, 10ª ed., Ed. Atlas, p. 321), "abstração é desconexão ensejadora de circulação sob regras próprias. Como tal, instrumentaliza a negociabilidade"; **5:** correta. Nulo o título, será extinta a execução (art. 803 do CPC). HS

Gabarito 1E, 2E, 3E, 4C, 5C.

(Procurador do Estado/AM – 2016 – CESPE) Ainda com relação ao direito empresarial em sentido amplo, julgue os itens que se seguem.

(1) Se a falência for decretada por sentença em processo de falência, todos os bens do falido tornar-se-ão indisponíveis, mesmo aqueles que façam parte das atividades normais do devedor, se autorizada a continuação provisória destas.
(2) Aberto um processo de falência, as ações em que se demande quantia ilíquida contra o falido permanecerão sendo processadas no juízo original da ação.
(3) Caso, em decisão com trânsito em julgado, o réu tenha sido condenado ao pagamento de determinado valor ao autor, a sentença poderá ser objeto de protesto, se, no prazo legal, o réu não realizar o pagamento.
(4) Sociedade empresária poderá ser registrada tanto nos órgãos de registro de comércio quanto nos cartórios de títulos, devendo a sociedade simples ser obrigatoriamente registrada em cartório de registro de pessoas jurídicas.

1: incorreta. Se a venda dos bens fizer parte das atividades normais do falido e for autorizada a continuação provisória, não incidirá sobre eles a indisponibilidade (art. 99, VI, da LF); **2:** correta, nos termos do art. 6º, §1º, da LF; **3:** correta, nos termos do art. 517 do CPC; **4:** incorreta. O registro da sociedade empresária é feito obrigatoriamente no Registro Público de Empresas Mercantis, a cargo das Juntas Comerciais dos Estados (art. 967 do CC). HS

Gabarito 1E, 2C, 3C, 4E.

(Magistratura/SC – 2015 – FCC) Em matéria de direito do autor, contrafação significa

(A) o ato de registro que garante ao autor exclusividade sobre a sua obra.
(B) a elaboração de biografia sem autorização do biografado.
(C) a reprodução não autorizada.
(D) a reprodução de obra de domínio público.
(E) a decadência do direito do autor sobre a sua obra.

Contrafação significa "falsificação", "imitação", "adulteração". Se estivéssemos falando de marcas registradas, contrafação seria a imitação ou falsificação dela para enganar o consumidor. Quando falamos de direito autoral, contrafação está ligada à reprodução não autorizada da obra (art. 5º, VII, da Lei 9.610/1998). HS

Gabarito "C".

(DPE/PE – 2015 – CESPE) Julgue os itens a seguir, a respeito de empresa de pequeno porte e de propriedade industrial.

(1) Ao requerente de licença compulsória que invoque abuso de direitos patentários ou abuso de poder econômico será concedida, pelo Instituto Nacional da Propriedade Industrial, licença com iguais privilégios concedidos ao inventor, como, por exemplo, a exclusividade para a exploração da licença.
(2) A baixa ou a extinção de empresa de pequeno porte poderá ocorrer independentemente da regularidade de suas obrigações tributárias, previdenciárias ou trabalhistas.

1: incorreta. A licença compulsória nunca será concedida de forma exclusiva (art. 71 da Lei 9.279/1996); **2:** correta, nos termos do art. 9º da LC 123/2006. HS

Gabarito 1E, 2C.

(Procurador do Estado/PR – 2015 – PUC-PR) Assinale a alternativa **CORRETA**.

(A) A celebração de condições gerais, restrita às condições de entrega, entre fornecedor de matéria-prima e indústria corresponde a uma compra e venda mercantil perfeita e acabada.
(B) O contador encarregado da escrituração de uma sociedade limitada é pessoalmente responsável perante os proponentes pelos atos dolosos, e perante terceiros, solidariamente com o proponente, pelos atos culposos.
(C) O prazo de vigência do registro de marca no Instituto Nacional da Propriedade Industrial – INPI é de 10 (dez) anos, podendo ser prorrogado até 3 (três) vezes pelo mesmo período.

(D) O acordo de acionistas devidamente arquivado na sede da companhia não afasta a responsabilidade do acionista por abusividade de voto, mesmo se proferido nos exatos termos do acordo.
(E) A Marca de Alto Renome é objeto de proteção especial, independentemente de depósito ou registro no Brasil, em função da Convenção da União de Paris para Proteção de Propriedade Industrial.

A: incorreta. A compra e venda mercantil, tal qual a compra e venda civil, considera-se perfeita e acabada quando as partes estiverem de acordo em relação ao objeto do contrato e ao preço (art. 482 do CC); **B:** incorreta. A relação está invertida: responderá por culpa perante os preponentes e por dolo perante terceiros (art. 1.177, parágrafo único, do CC); **C:** incorreta. O registro de marca pode ser prorrogado sucessivamente sem qualquer limite de vezes (art. 133 da Lei 9.279/1996); **D:** correta, nos termos do art. 118, § 2º, da LSA; **E:** incorreta. Tal proteção excepcional é conferida à **marca notoriamente conhecida** (art. 126 da Lei 9.279/1996). À marca de alto renome é conferida proteção ampliada a todos os ramos de atividade (art. 125 da LPI). HS
Gabarito "D".

(Juiz de Direito/CE – 2014 – FCC) Analise as seguintes proposições acerca do protesto de títulos:

I. O protesto será registrado dentro de três dias úteis contados da protocolização do título ou documento de dívida. Na contagem desse prazo, inclui-se o dia da protocolização e exclui-se o do vencimento.
II. A intimação do devedor será feita por edital se a pessoa indicada para aceitar ou pagar for desconhecida, sua localização incerta ou ignorada, for residente ou domiciliada fora da competência territorial do Tabelionato, ou, ainda, ninguém se dispuser a receber a intimação no endereço fornecido pelo apresentante.
III. Antes da lavratura do protesto, poderá o apresentante retirar o título ou documento de dívida, independentemente do pagamento dos emolumentos e de quaisquer despesas.
IV. O protesto por falta de aceite somente poderá ser efetuado antes do vencimento da obrigação e após o decurso do prazo legal para o aceite ou a devolução.
V. É admitido o protesto por falta de pagamento de letra de câmbio contra o sacado não aceitante.

Está correto APENAS o que se afirma em
(A) II e V.
(B) IV e V.
(C) I e III.
(D) I e IV.
(E) II e IV.

I: incorreta. Na contagem do prazo, **exclui-se** o dia da protocolização e **inclui-se** o do vencimento (art. 12, § 1º, da Lei 9.492/1997); **II:** correta, nos termos do art. 15 da Lei 9.492/1995; **III:** incorreta. A retirada do título só será deferida mediante o pagamento dos emolumentos e demais despesas (art. 16, in fine, da Lei 9.492/1997); **IV:** correta, nos termos do art. 21, § 1º, da Lei 9.492/1997; **V:** incorreta. É proibido o protesto por falta de pagamento da letra contra o sacado não aceitante, porque ele não se vincula à obrigação cambial (art. 21, § 5º, da Lei 9.492/1997). HS
Gabarito "E".

(Juiz de Direito/MG – 2014) Assinale a alternativa **INCORRETA**.
(A) A pessoa natural que constituir Empresa Individual de Responsabilidade Limitada – EIRELI, titular exclusiva do capital integralizado não inferior a cem vezes o salário mínimo, somente poderá figurar em uma única empresa dessa modalidade.
(B) Com o trespasse do estabelecimento empresarial, o adquirente continua solidariamente obrigado, pelo prazo de um ano, pelo pagamento dos créditos vencidos e vincendos, desde que regularmente contabilizados.
(C) Por exercer profissionalmente atividade econômica organizada para a produção ou circulação de bens ou de serviços, o empresário ou a sociedade empresária não se enquadram como os destinatários finais dos bens e serviços por eles adquiridos. Logo, as disposições do Código de Defesa do Consumidor (Lei 8.078/1990) somente lhes são aplicáveis na qualidade de consumidores por equiparação.
(D) Nos contratos bancários, a cobrança da comissão de permanência, cujo valor não pode ultrapassar a soma dos encargos remuneratórios e moratórios neles previstos, exclui a exigibilidade dos juros remuneratórios, moratórios e da multa contratual.

A: assertiva correta, nos termos do art. 980-A, § 2º, do CC; **B:** assertiva correta, nos termos do art. 1.146 do CC; **C:** assertiva incorreta, devendo ser assinalada. A caracterização do consumidor como destinatário final da mercadoria não afasta o empresário de forma absoluta. Não será consumidor na aquisição de insumos para sua atividade, mas o será se adquirir algo acessório, que o auxilie no exercício de sua atividade (um veículo, por exemplo); **D:** assertiva correta, nos termos da Súmula 472 do STJ. HS
Gabarito "C".

(Juiz de Direito/MG – 2014) Assinale a alternativa **INCORRETA**.
(A) A faculdade que tem o arrendatário de adquirir ou não o bem arrendado ao final do arrendamento é da própria essência do contrato de leasing. Desta forma, caso ele não opte pela aquisição do bem deverá devolvê-lo, encerrando o contrato, sendo-lhe vedado prorrogar o arrendamento por outro período.
(B) Conforme jurisprudência dominante, o crédito garantido por cessão fiduciária não se submete ao processo de recuperação judicial, uma vez que possui a mesma natureza da propriedade fiduciária, podendo o credor valer-se da chamada "trava bancária".
(C) O prazo prescricional para o exercício da pretensão de dissolução parcial de sociedade limitada, quando não regida pelas normas da sociedade anônima, é o geral, ou seja, de dez anos, nos termos do artigo 205 do Código Civil.
(D) O aval posterior ao vencimento do título produz os mesmos efeitos daquele anteriormente dado.

A: incorreta, devendo ser assinalada. O art. 5º, "c", da Lei 6.099/1974 prevê expressamente a possibilidade do contrato de leasing prever sua prorrogação; **B:** correta, conforme se vê, por exemplo, no julgado pelo STJ no REsp 1263500/ES; **C:** correta, nos termos do decidido no julgamento pelo STJ do REsp 1139593/SC; **D:** correta, nos termos do art. 900 do CC. HS
Gabarito "A".

(Cartório/DF – 2014 – CESPE) Com base nos aspectos gerais do direito de empresa, assinale a opção correta.
(A) O arquivamento dos atos constitutivos da firma individual ou da sociedade na junta comercial tem efeito constitutivo da qualidade de empresário.
(B) A sociedade empresária que não leve seus atos constitutivos ao registro competente ficará impedida de pedir recuperação judicial ou extrajudicial, bem como de ser submetida à falência.
(C) O Código Civil, embora seja considerado uma tentativa de unificação do direito privado no Brasil, obteve sucesso apenas parcial, o que se verifica pela manutenção, em seu texto, da distinção entre empresários comerciantes e empresários civis.
(D) Caso um empresário seja interditado em razão de seu vício em tóxicos e seja considerado relativamente incapaz para a prática dos atos da vida civil, ele poderá, com a assistência de seus representantes legais, continuar a empresa antes exercida, entretanto a Junta Comercial poderá exigir que o capital da sociedade empresária seja totalmente integralizado antes do registro de qualquer alteração contratual da sociedade.
(E) Os conceitos de empresário individual e de microempresário são equivalentes.

A: incorreta. O registro dos atos constitutivos garante a regularidade da atividade comercial. O empresário assim se caracteriza pelo exercício de atividade econômica organizada nos termos do art. 966 do CC, independentemente do registro; se ele não ocorrer, teremos um empresário irregular, mas ainda assim um empresário; **B:** incorreta. A sociedade irregular pode falir; o que não se lhe permite é pedir a falência de seu devedor (art. 97, § 1º, da Lei 11.101/2005); **C:** incorreta. O Código Civil adota a teoria da empresa em substituição à teoria dos atos de comércio adotada pelo Código Comercial de 1850. Portanto, não há mais que se falar em "comerciantes" e "civis". O CC adota a classificação, conforme a atividade exercida, em "empresária" e "simples"; **D:** correta, nos termos do art. 974, § 3º, do CC; **E:** incorreta. Empresário individual é a pessoa que exerce atividade econômica organizada para produção e circulação de bens e serviços por conta própria, sem sócios e sem constituir pessoa jurídica (art. 966 do CC). Microempresário é o empresário individual ou pessoa jurídica que aufere receita bruta inferior a R$ 360.000,00 no ano-calendário (art. 3º, I, da LC 123/2006). HS
Gabarito "D".

5. DIREITO AGRÁRIO

Henrique Subi e Wander Garcia*

1. CONTRATOS AGRÁRIOS

(Procurador do Estado – PGE/MT – FCC – 2016) Os contratos agrários, segundo a Lei Federal nº 4.947, de 06 de abril de 1966,

(A) regulam-se pelos princípios gerais que regem os contratos administrativos.
(B) estabelecem proteção social e econômica aos arrendantes.
(C) regulam-se pelos princípios gerais que regem os contratos de direito comum no que concerne ao acordo de vontade e ao objeto.
(D) admitem a renúncia do arrendatário ou do parceiro não proprietário de direitos ou vantagens estabelecidos em leis ou regulamentos.
(E) são considerados, por si só, títulos executivos extrajudiciais dotados de preferência executória.

A: incorreta. Os princípios aplicáveis aos contratos agrários são os mesmos do direito privado (art. 13 da Lei 4.947/1966); **B:** incorreta. As normas visam a proteger os arrendatários (art. 13, V, da Lei 4.947/1966); **C:** correta, nos termos do art. 13, "caput", da Lei 4.947/1966; **D:** incorreta. A proibição à renúncia de direitos pelos arrendatários e parceiros está expressa no art. 13. IV, da Lei 4.947/1966; **E:** incorreta. Não há qualquer preferência prevista na legislação.
Gabarito "C".

(Procurador do Estado – PGE/MT – FCC – 2016) O direito de propriedade de bem imóvel rural:

(A) é absoluto, não se submetendo a qualquer tipo de controle estatal.
(B) deve ser exercido de acordo com sua função social, que se traduz na obrigação de repartição do ganho auferido com a produção do imóvel rural.
(C) não se relaciona com a função social da propriedade rural.
(D) encontra seu contorno jurídico estabelecido pela função social da propriedade.
(E) deve priorizar a propriedade coletiva.

A: incorreta. Toda propriedade deve atender a sua função social (art. 5º, XXIII, da CF). No caso dos imóveis rurais, isso implica o atendimento de padrões mínimos, dentre outros, de produtividade e respeito ao meio ambiente (art. 186 da CF); **B:** incorreta. Tal preceito não se inclui dentre aqueles listados como parte da função social da propriedade rural no art. 186 da CF; **C:** incorreta, nos termos do comentário à alternativa "A"; **D:** correta, nos termos dos arts. 5º, XXIII, e 186 da CF; **E:** incorreta. Não há qualquer determinação legal ou constitucional nesse sentido.
Gabarito "D".

(Procurador do Estado – PGE/BA – CESPE – 2014) No que se refere aos princípios do direito agrário e da formação histórica do domínio público e privado no Brasil, julgue os itens a seguir.

(1) A Lei nº 601/1850, conhecida como Lei de Terras, foi editada para que se combatesse a situação fundiária caótica existente à época e se permitisse o ordenamento do espaço territorial brasileiro.
(2) Consoante o princípio de acesso e distribuição da terra ao cultivador direto e pessoal, deve-se oferecer a possibilidade de acesso à terra a quem não tenha condições de tê-la a título oneroso.

1: correta. Até a edição da Lei de Terras, vigorava no país, no campo da propriedade imobiliária, o período conhecido como **Império da Posse**: diante da ausência de legislação regulamentadora, *era a posse direta que determinava o domínio sobre a terra*, o que, naturalmente, ensejava inúmeras contestações sobre o exercício da condição de proprietário; **2:** correta. É o princípio de Direito Agrário que fundamenta a política pública de reforma agrária.
Gabarito 1C, 2C.

(Juiz de Direito/CE – 2014 – FCC) Segundo o Estatuto da Terra,

(A) em nenhuma hipótese são aplicáveis normas pertinentes à parceria, quando as partes celebrarem contrato de arrendamento, devendo, quanto a este, aplicarem-se subsidiariamente apenas as regras do contrato de sociedade.
(B) o proprietário pode exigir do arrendatário ou do parceiro exclusividade da venda da colheita, mas é vedado exigir a aceitação de pagamentos em "ordens", "vales", "borós" ou outras formas regionais de pagamento.
(C) o prazo dos contratos de parceria agrícola, desde que não convencionado pelas partes, será no mínimo de cinco anos, assegurado ao parceiro o direito à conclusão da colheita pendente.
(D) presume-se feito, pelo prazo mínimo de três anos, o arrendamento por tempo indeterminado, mas, no caso de retardamento da colheita por motivo de força maior, considerar-se-á esse prazo prorrogado nas mesmas condições, até sua ultimação.
(E) na parceria agrícola é livre a estipulação da cota pertencente ao proprietário

A: incorreta. O art. 96, VII, da Lei 4.504/1964 (Estatuto da Terra), prevê a aplicação subsidiária das normas entre os contratos; **B:** incorreta. Tal exigência contraria a vedação prevista no art. 93, V, do Estatuto da Terra; **C:** incorreta. O prazo mínimo, no silêncio do contrato, é de três anos (art. 96, I, do Estatuto da Terra); **D:** correta, nos termos do art. 95, I e II, do Estatuto da Terra; **E:** incorreta. A fim de proteger o trabalhador, o art. 96, VI, do Estatuto da Terra coloca uma tabela de percentuais máximos que podem ser pactuados como a cota pertencente ao proprietário.
Gabarito "D".

(Ministério Público/RR – 2012 – CESPE) Com relação a posse de imóvel rural, títulos de crédito rural e contratos agrários, assinale a opção correta.

(A) De acordo com entendimento do STJ, é permitida a capitalização de juros nos contratos de crédito rural, mesmo que não haja pacto expresso neste sentido.
(B) Havendo omissão do Conselho Monetário Nacional na fixação da taxa máxima admitida nos contratos de crédito rural, a título de juros remuneratórios, incide a limitação de 12% ao ano, prevista na Lei de Usura.
(C) Em caso de inadimplemento da cédula de crédito rural, é permitida a cobrança de sobretaxa de inadimplemento, de modo a elevar os juros em percentual superior a 1%.
(D) O estrangeiro não pode defender a posse de imóvel rural em caso de turbação ou esbulho.
(E) Pode ser licitamente cobrada a comissão de permanência em sede de crédito rural.

A: incorreta. O STJ reconhece como válida a capitalização mensal de juros em contratos de crédito rural, desde que expressamente convencionada. Veja a respeito o EREsp 1.134.955, DJ 24.10.2012; **B:** correta, nos termos da decisão exarada no AgRg no REsp 836.886, DJ 12.04.2011; **C:** incorreta. A jurisprudência do STJ está consolidada em sentido inverso. Veja, por exemplo, REsp 67.649, DJ 15.02.2000; **D:** incorreta. Tal direito é conferido ao estrangeiro, mesmo em caso de grandes áreas, apesar de não induzir a usucapião (STJ, REsp 171.347, DJ 14.03.2000); **E:** incorreta. Nos contratos de crédito rural é inexigível a comissão de permanência (STJ, AgRg no REsp 804.118, DJ 18.11.2008).
Gabarito "B".

2. USUCAPIÃO ESPECIAL RURAL

(Procurador do Estado – PGE/BA – CESPE – 2014) Julgue os itens a seguir, relativos à usucapião agrária.

(1) A usucapião especial rural poderá ocorrer nas áreas de interesse ecológico, desde que preenchidos os requisitos legais previstos.
(2) Segundo a jurisprudência do STJ, em ação de usucapião movida por particular em face de estado-membro, cabe a este a prova de que o imóvel usucapiendo é bem dominical insuscetível de ser usucapido.

1: Incorreta. A usucapião, nesse caso, é proibida pelo art. 3º da Lei 6.969/1981; **2:** correta, conforme a decisão adotada no REsp 964.223. A inexistência de registro imobiliário do bem objeto de ação de usucapião não induz presunção de que o imóvel seja público (terras devolutas), cabendo ao Estado provar a titularidade do terreno como óbice ao reconhecimento da prescrição aquisitiva.
Gabarito 1E, 2C.

(Magistratura/GO – 2015 – FCC) Antonio é proprietário de um imóvel urbano, mas ganha a vida como agricultor familiar em um imóvel rural de 30 hectares. Todos os dias, dirige-se, com sua família, a este imóvel rural para cultivá-lo e com isto garantir o sustento de todos. Antonio ajuizou

---

* As questões dos concursos do Ministério Público Estadual, Magistratura Estadual Defensor/PA/15, e Juiz de Direito/RJ/14, Juiz de Direito/CE/14, Procurador do Estado/AC/14, Procurador do Município/Cuiabá/MT/14, Cartório/PI/13 – FMP foram comentadas por **Henrique Subi**. As questões dos concursos de Procuradorias, por **Henrique Subi** e **Wander Garcia**. E as demais, por **Wander Garcia**.

ação pretendendo adquirir a propriedade do imóvel rural comprovando que exerce posse, sem oposição, com *animus domini*, por cinco anos ininterruptos. A ação deverá ser
(A) extinta, sem resolução de mérito, diante da ilegitimidade de parte no polo ativo.
(B) julgada procedente.
(C) julgada improcedente.
(D) julgada parcialmente procedente.
(E) extinta, sem resolução de mérito, diante da impossibilidade jurídica do pedido.

A ação intentada por Antonio é **improcedente**, porque a usucapião especial rural somente será deferida a quem não for proprietário de nenhum outro imóvel, seja urbano ou rural (art. 191 da CF). Perceba que, no caso proposto, haverá análise de mérito – a satisfação ou não dos requisitos da usucapião. Não se trata, pois, de extinção sem resolução do mérito por impossibilidade jurídica do pedido, porque este é possível de ser apresentado ao Judiciário (a usucapião especial urbana existe no ordenamento jurídico). Gabarito "C".

3. AQUISIÇÃO E USO DA PROPRIEDADE E DA POSSE RURAL

(Procurador do Estado – PGE/PA – UEPA – 2015) A respeito das regras constitucionais sobre aquisição e arrendamento de imóvel rural, julgue as afirmativas abaixo.

I. A alienação ou a concessão, a qualquer título, de terras públicas com área superior a dois mil e quinhentos hectares a pessoa física ou jurídica, ainda que por interposta pessoa, dependerá de prévia aprovação do Congresso Nacional, exceto quando destinada a reforma agrária.
II. O título de domínio ou de concessão de uso referente a imóvel rural decorrente de reforma agrária será inegociável pelo prazo de dez anos.
III. O título de domínio e a concessão de uso será conferido ao homem ou à mulher, ou a ambos, independentemente do estado civil, nos termos e condições previstos em lei, demonstrada a convivência por prazo superior a doze meses.
IV. A aquisição ou o arrendamento de propriedade rural por pessoa física ou jurídica estrangeira será estabelecida em lei complementar e, em qualquer hipótese, dependerá de autorização do Congresso Nacional.

A alternativa que contém todas as afirmativas corretas é:
(A) I e III.
(B) II e III.
(C) III e IV.
(D) I e IV.
(E) I e II.

I: correta, nos termos do art. 188, § 1º, da CF; II: correta, nos termos do art. 189 da CF; III: incorreta. Não há exigência de prazo na convivência (art. 189, parágrafo único, da CF); IV: incorreta. Somente dependem de autorização do Congresso Nacional os casos estabelecidos na lei, que não precisa ser lei complementar (art. 190 da CF). Gabarito "E".

(Procurador do Estado – PGE/BA – CESPE – 2014) A respeito da matrícula e do registro de imóveis rurais, julgue os próximos itens.

(1) Em se tratando de ações judiciais que envolvam a transferência de terras públicas rurais, o prazo para o ajuizamento de ação rescisória é de oito anos, contado do trânsito em julgado da decisão.
(2) Segundo a jurisprudência do STF, o registro paroquial confere direito de propriedade ao possuidor.
(3) Suponha que uma matrícula relativa a imóvel rural tenha sido aberta por oficial de registro com base em título nulo de pleno direito. Nesse caso, somente é possível cancelar a referida matrícula mediante ação judicial.
(4) Os títulos de posse ou quaisquer documentos de ocupação legitimamente outorgados por órgãos de terras de estado – membro são válidos e continuarão a produzir os efeitos atribuídos pela legislação vigente à época de suas expedições, configurando-se situação jurídica consolidada.

1: correta, nos termos do art. 8º-C da Lei 6.739/1979; 2: incorreta. O STF não reconhece a propriedade com base no registro paroquial, apenas o aceita como prova da posse (STF, RE 79.828); 3: incorreta. O cancelamento da matrícula pode ser solicitado e deferido diretamente pelo Corregedor-Geral da Justiça – ou seja, no âmbito administrativo (art. 1º da Lei 6.739/1979); 4: correta, nos termos do art. 7º da Lei 6.739/1979. Gabarito 1C, 2E, 3E, 4C.

(Procurador do Estado – PGE/BA – CESPE – 2014) Com relação à aquisição de imóveis rurais por pessoas físicas ou jurídicas estrangeiras, julgue os itens seguintes.

(1) A aquisição de imóvel rural por pessoas físicas ou jurídicas estrangeiras sem a observância dos requisitos legais enseja nulidade relativa do ato praticado.
(2) Com o propósito de defender o território nacional, o legislador constituinte fez constar expressamente na CF vedação à aquisição de imóveis rurais por pessoas físicas ou jurídicas estrangeiras em áreas situadas em faixa de fronteira.
(3) A soma das áreas dos imóveis rurais pertencentes a pessoas físicas ou jurídicas estrangeiras não poderá ultrapassar um quarto da superfície dos municípios em que se situem.

1: incorreta. A aquisição de imóvel rural em desrespeito às normas vigentes é nula de pleno direito (art. 15 da Lei 5.709/1971); 2: incorreta. A Constituição não estabeleceu regras específicas sobre a aquisição de terras por estrangeiros, mas apenas determinou, em seu art. 190, que fosse editada lei que regulasse a matéria. O mencionado artigo constitucional recepcionou, portanto, a Lei 5.709/1971; 3: correta, nos termos do art. 12 da Lei 5.709/1971. Gabarito 1E, 2E, 3E.

(Defensor/PA – 2015 – FMP) Assinale a alternativa CORRETA.
(A) Nenhum imóvel rural, com área superior a 25 hectares, pode ser adquirido por usucapião, sem prova de que a sua posse foi produtiva e de boa-fé durante o tempo previsto para esse tipo de aquisição da propriedade.
(B) Para fins de reforma agrária, a possibilidade de vistoria de imóvel rural, seja ele de domínio público ou privado, para ser efetivada, tem de considerar se o mesmo foi, ou não, objeto de esbulho possessório anterior de caráter coletivo.
(C) De acordo com o ordenamento jurídico brasileiro sobre imóveis rurais, só é reconhecido como propriedade familiar, aquele cuja exploração econômica alcance renda suficiente apenas para a sobrevivência da família.
(D) Só é considerada média a propriedade rural aquela cuja área não seja inferior a 20 nem superior a 35 hectares.
(E) A Constituição do Estado do Pará, entre o Ministério Público do Estado e a Defensoria Pública, dá preferência a esta, para a defesa dos direitos dos índios.

A: incorreta. Imóveis rurais acima de 25ha estão sujeitos à usucapião ordinária e extraordinária, as quais não dependem da comprovação de produtividade (arts. 1.238 e 1.242 do CC); **B**: correta, nos termos do art. 2º, § 6º, da Lei 8.629/1993; **C**: incorreta. O conceito de propriedade familiar exige que a exploração do imóvel alcance a subsistência da família e seu progresso social e econômico (art. 4º, II, do Estatuto da Terra – Lei 4.504/1964); **D**: incorreta. A média propriedade rural é aquela compreendida entre 4 e 15 módulos fiscais (art. 4º, III, *a*, da Lei 8.629/1993); **E**: incorreta. A defesa dos direitos e interesses dos índios cabe ao Ministério Público (art. 300, § 5º, da Constituição do Estado do Pará). Gabarito "B".

(Ministério Público/RR – 2012 – CESPE) No que diz respeito à desapropriação para fins de reforma agrária, à delimitação de área de reserva legal e ao ITR, assinale a opção correta.
(A) O julgamento de ação possessória anterior, com trânsito em julgado, impede o ajuizamento de ação demarcatória.
(B) De acordo com a doutrina majoritária e a jurisprudência do STJ, não cabe desapropriação por interesse social, promovida pelo INCRA, de imóvel rural localizado em área urbana.
(C) A responsabilidade pela delimitação da área de reserva legal é do proprietário rural, incumbindo ao órgão ambiental somente a aprovação da sua localização.
(D) A invasão de propriedade rural por integrantes de movimento de sem-terra não afasta a legitimidade passiva do proprietário no que se refere ao pagamento do ITR, ainda que haja privação total da posse.
(E) A invasão de propriedade rural por integrantes de movimento de sem-terra não obsta a vistoria, avaliação ou desapropriação, pelo INCRA, do imóvel para fins de reforma agrária.

A: incorreta, por contrariar o decidido no EDcl no REsp 1.221.675, DJ 05.06.2012, pelo STJ; **B**: incorreta. Para fins de desapropriação por interesse social, aplica-se o critério da destinação do imóvel (que caracteriza como rural a área destinada à extração agrícola, pecuária ou agroindustrial), pouco importando sua localização. Isso foi levado em conta pelo STJ ao conferir legitimidade ao INCRA para promover desapropriação por interesse social de imóvel que não estava cumprindo sua função social localizado em área urbana do município (AgRg na AR 3.971, DJ 11.06.2008); **C**: correta, conforme posição do STJ estampada no REsp 1.087.370, DJ 10.11.2009; **D**: incorreta. Havendo perda total da posse e dos demais direitos relativos à propriedade, para o STJ há um total esvaziamento do domínio, de forma que não se autoriza a cobrança do ITR (REsp 963.499, DJ 19.03.2009); **E**: incorreta. O STJ afasta essa possibilidade com fundamento no art. 2º, § 6º, da Lei 8.629/1993 (AgRg no AREsp 153.957, DJ 05.06.2012). Gabarito "C".

4. DESAPROPRIAÇÃO PARA A REFORMA AGRÁRIA

(Procurador do Estado – PGE/PA – UEPA – 2015) Sobre reforma agrária, é correto afirmar que:

(A) a legislação estadual pode estabelecer modelos próprios de assentamento rural, a serem criados com base na desapropriação por interesse social, para fins de reforma agrária, prevista no artigo 184 da Constituição Federal.

(B) a falta de identidade entre a área declarada de interesse social para fins de desapropriação para reforma agrária e a área onde residem as famílias a serem beneficiadas pelo assentamento impede a desapropriação.

(C) a vistoria prévia prevista no artigo 2º, § 2º, da Lei 8629/1993, decorrência do devido processo legal, incide em qualquer desapropriação que venha a ser intentada pela autarquia agrária, mesmo nos casos de desapropriação por necessidade ou utilidade pública.

(D) a invasão de imóvel rural de domínio particular, após regularmente realizada a vistoria prévia pela autarquia agrária, não impede a desapropriação para fins de reforma agrária.

(E) para fins do disposto no artigo 2º, § 2º, da Lei 8629/1993, entende-se regular e eficaz a notificação recebida diretamente pelo proprietário do imóvel, sendo mera irregularidade a ausência da indicação da data do recebimento.

A: incorreta. O STF, no julgamento do RE 496.861 AgR, afastou a competência dos Estados nesta hipótese; **B:** incorreta. No julgamento do MS 26.192, o STF assentou o entendimento que a falta de identidade entre a área declarada de interesse social e a área onde residem as famílias não impede a iniciativa estatal; **C:** incorreta. No mesmo julgamento mencionado no comentário à alternativa anterior, o STF atestou que a vistoria prévia é dispensada nas desapropriações por interesse, necessidade ou utilidade públicos; **D:** correta, nos termos do entendimento do STF consagrado no MS 24.136; **E:** incorreta. Não há disposição legal ou precedente judicial nesse sentido. Gabarito "D".

(Promotor de Justiça/SC – 2016 – MPE)

(1) Prevê a Constituição da República que os beneficiários da distribuição de imóveis rurais pela reforma agrária receberão títulos de domínio ou de concessão de uso, inegociáveis pelo prazo de 15 (quinze) anos. A lei deverá regular e limitar a aquisição ou o arrendamento de propriedade rural por pessoa física ou jurídica estrangeira, devendo estabelecer os casos que dependerão de autorização do Congresso Nacional.

1: errada. Os títulos de domínio ou concessão de uso serão inegociáveis pelo prazo de 10 (dez) anos, nos termos do art. 189 da Constituição Federal. Gabarito 1E.

(Magistratura/GO – 2015 – FCC) Joaquim é proprietário de um imóvel rural cortado por diversos cursos d'água com 150 hectares integralmente utilizados para o plantio de soja. Joaquim ganhou prêmio de produtor rural do ano, diante da alta produtividade de seu imóvel rural. Segundo a Constituição da República, seu imóvel rural

(A) cumpre com sua função social, visto que contribui de forma expressiva para o desenvolvimento econômico da região.

(B) cumpre sua função social, diante de sua alta produtividade.

(C) cumpre sua função social, uma vez que se trata de uma propriedade com uso econômico.

(D) não cumpre com sua função social, diante da ausência de preservação do meio ambiente.

(E) não cumpre com sua função social, visto que seu aproveitamento, sob o ponto de vista econômico, não é racional e adequado.

A existência de cursos d'água na propriedade indica que devem ser respeitadas as áreas de preservação permanente compostas pelas matas ciliares (art. 4º, I, da Lei 12.651/2012). Ao dedicar a integralidade do imóvel ao cultivo de soja, portanto, a propriedade de Joaquim **não cumpre** sua função social por lhe faltar a proteção do meio ambiente como componente (art. 186, II, da CF). Gabarito "D".

(DPE/PE – 2015 – CESPE) No que se refere ao direito agrário, julgue os itens que se seguem.

(1) Conforme a jurisprudência do STF, o conceito de propriedade rural equivale ao conceito de imóvel rural.

(2) De acordo com a jurisprudência do STJ, a presença da União na ação de usucapião especial, não afasta a competência do foro da situação do imóvel, de modo que, se não existir vara federal no referido foro, o processamento do feito caberá à justiça estadual.

1: incorreta. Com efeito, o Supremo Tribunal Federal já sedimentou entendimento de que o imóvel rural está associado à noção de unidade de exploração econômica voltada ao desenvolvimento de atividades agrárias, podendo ser formado por uma ou mais propriedades rurais. A propriedade rural é que está relacionada à matrícula única definida. O imóvel pode ser formado por mais de uma matrícula, inclusive de proprietários diferentes, desde que digam respeito a áreas contínuas e contíguas que estejam exploradas de forma singular (STF, MS 24.488, DJ 03.06.2005); **2:** correta, nos termos da Súmula 11 do STJ. Gabarito 1E, 2C.

(Magistratura/MG – 2012 – VUNESP) Analise as afirmativas a seguir.

Não podem os Estados e Municípios decretar a desapropriação de imóvel rural
PORQUE
é competência exclusiva da União a desapropriação que se destine à reforma agrária.

Assinale a alternativa correta.

(A) A primeira afirmativa é falsa e a segunda é verdadeira.
(B) A segunda afirmativa é falsa e a primeira é verdadeira.
(C) As duas afirmativas são verdadeiras e a segunda justifica a primeira.
(D) As duas afirmativas são verdadeiras, mas a segunda não justifica a primeira.

A primeira afirmativa é falsa, pois nada impede que Estados e Municípios desapropriem imóvel rural, mediante prévia e justa indenização em dinheiro. O que não é possível é tais entes promoverem a desapropriação-sanção, que é aquela em que a indenização se dá pelo pagamento de títulos da dívida agrária, por conta do descumprimento da função social da propriedade. A desapropriação sanção é da competência da União (art. 184, *caput*, da CF). Já a segunda afirmativa é verdadeira, nos termos do dispositivo constitucional citado. Assim, a alternativa "a" é a correta. Gabarito "A".

(Defensor Público/TO – 2013 – CESPE) Em relação à desapropriação de imóvel rural para fins de reforma agrária, assinale a opção correta.

(A) Tratando-se de desapropriação parcial, o proprietário poderá requerer, na contestação, que a desapropriação atinja todo o imóvel quando a área remanescente ficar reduzida a superfície inferior à da média propriedade ou prejudicada substancialmente em suas condições de exploração econômica, caso seja o seu valor inferior ao da parte desapropriada.

(B) Não é necessário que se instrua a petição inicial, no processo de desapropriação para fins de reforma agrária, com o texto do decreto declaratório de interesse social para fins de reforma agrária publicado no Diário Oficial da União.

(C) No processo de desapropriação para fins de reforma agrária, a contestação deve ser oferecida no prazo de trinta dias.

(D) O decreto que declarar o imóvel como de interesse social para fins de reforma agrária autoriza a União a propor a ação de desapropriação.

(E) A ação de desapropriação deverá ser proposta no prazo de cinco anos, contado da publicação do decreto declaratório.

A: incorreta, pois, no primeiro caso, cabe requerimento de desapropriação de todo o imóvel, quando a área remanescente ficar reduzida à superfície inferior à da pequena propriedade rural (art. 4º, I, da LC 76/1993); **B:** incorreta, pois tal instrução é necessária sim (art. 5, I, da LC 76/1993); **C:** incorreta, pois a contestação deve ser oferecida em 15 dias (art. 9º, caput, da LC 76/1993); **D:** correta (art. 2º da LC 76/1993); **E:** incorreta, pois o prazo é de 2 anos, contado da publicação do decreto expropriatório (art. 3º da LC 76/1993). Gabarito "D".

5. TERRAS DEVOLUTAS

(Magistratura/GO – 2015 – FCC) A destinação de terras devolutas

(A) com mais de 2.500 hectares será feita a qualquer pessoa, independentemente de prévia aprovação do Congresso Nacional.

(B) será compatibilizada com a política agrícola e com o plano nacional de reforma agrária.

(C) poderá ser compatibilizada com o plano municipal de reforma agrária.

(D) não necessita ser compatibilizada com a política agrícola, pois está vinculada ao plano nacional de reforma agrária.

(E) seguirá a ordem cronológica de inscrição dos Municípios.

A: incorreta. Terras públicas, onde se incluem as terras devolutas, com mais de 2.500ha dependem de aprovação prévia do Congresso Nacional para serem alienadas ou concedido seu uso, salvo se destinadas para a reforma agrária, nos termos dos arts. 49, XVII, e 188, §§ 1º e 2º, da CF; **B:** correta, nos termos do art. 188 da CF; **C:** incorreta. As terras devolutas pertencem à União (art. 20, II, da CF) ou aos Estados (art. 26, IV, da CF); **D:** incorreta. As terras devolutas devem ser compatibilizadas com a política agrícola e não estão automaticamente vinculadas ao plano nacional de reforma agrária (art. 188 da CF); **E:** incorreta, nos termos do comentário à alternativa "C". As terras devolutas não estão compreendidas no patrimônio dos Municípios. Gabarito "B".

6. TERRAS INDÍGENAS E QUILOMBOLAS

(Procurador do Estado – PGE/MT – FCC – 2016) São terras tradicionalmente ocupadas pelos índios:

(A) as por eles habitadas em caráter permanente, as utilizadas para suas atividades produtivas, as imprescindíveis à preservação dos

recursos ambientais necessários a seu bem-estar e as necessárias à sua reprodução física e cultural, segundo seus usos, costumes e tradições.
(B) as por eles habitadas em caráter permanente ou provisório, as utilizadas para suas atividades produtivas, as imprescindíveis à preservação dos recursos ambientais necessários a seu bem-estar e as necessárias à sua reprodução física e cultural, segundo seus usos, costumes e tradições.
(C) apenas aquelas por eles utilizadas para suas atividades produtivas e para moradia.
(D) as por eles habitadas em caráter provisório e as utilizadas para suas atividades produtivas.
(E) as terras declaradas por portaria da Fundação Nacional do Índio.

Nos termos do art. 231, § 1º, da CF, são terras tradicionalmente ocupadas pelos índios "as por eles habitadas em caráter permanente, as utilizadas para suas atividades produtivas, as imprescindíveis à preservação dos recursos ambientais necessários a seu bem-estar e as necessárias a sua reprodução física e cultural, segundo seus usos, costumes e tradições."
Gabarito "A".

(Procurador do Estado – PGE/MT – FCC – 2016) Aos remanescentes das comunidades dos quilombos que estejam ocupando suas terras é:
(A) reconhecida a posse definitiva, devendo o Estado emitir-lhes os títulos respectivos.
(B) reconhecida a propriedade definitiva, devendo o Estado emitir-lhes os títulos respectivos.
(C) reconhecida a propriedade individual de cada família, devendo o Estado criar programas de incentivo para a aquisição onerosa do título de propriedade.
(D) reconhecida a propriedade, impondo-se às famílias a criação de uma associação para promover a aquisição, a título oneroso, do território.
(E) assegurado o direito de preferência na aquisição do território.

O art. 68 do ADCT garante aos remanescentes dos antigos quilombos que estejam ocupando suas terras a propriedade definitiva, cabendo ao Estado emitir-lhes os respectivos títulos.
Gabarito "B".

(Procurador do Estado – PGE/PA – UEPA – 2015) A respeito de demarcação de terras indígenas, julgue as afirmativas abaixo.
I. O STF, quanto ao alcance da decisão proferida no julgamento do caso Raposa Serra do Sol e a aplicação das condicionantes ali fixadas, firmou o entendimento de que a decisão é dotada de força vinculante, em sentido técnico e, assim, os fundamentos adotados pela Corte se estendem, de forma automática, a outros processos em que se discuta matéria similar.
II. O STF entende que o marco temporal previsto no art. 67 do ADCT, ao estabelecer o prazo de cinco anos para demarcação das terras indígenas, é decadencial, por se tratar de um prazo programático para conclusão de demarcações de terras indígenas dentro de um período razoável.
III. No entendimento do STF, a demarcação administrativa, homologada pelo Presidente da República, é ato estatal que se reveste da presunção relativa de legitimidade e de veracidade, revestida de natureza declaratória e força autoexecutiva.
IV. Entende o STF que a atuação complementar de Estados e Municípios em terras já demarcadas como indígenas será feita em cooperação com a União, mas sob a liderança desta, coadjuvado pelos próprios índios, suas comunidades e organizações.
A alternativa que contém todas as afirmativas corretas é:
(A) I e III.
(B) II e III.
(C) III e IV.
(D) I e IV.
(E) I e II.

I: incorreta. O STF rechaçou a força vinculante da decisão adotada na Petição 3388 no julgamento de um dos embargos de declaração contra ela opostos; II: incorreta. Trata-se, segundo o STF, de "prazo programático para conclusão de demarcações de terras indígenas dentro de um período razoável" (RMS 26.212); III: correta, nos termos do item 3.3 do acórdão da Petição 3388 (Raposa Serra do Sol), replicando o antes já publicado aresto do RE 183.188); IV: correta, nos termos do item 6 do acórdão da Petição 3388.
Gabarito "C".

(Procurador do Estado – PGE/PA – UEPA – 2015) A respeito de demarcação de terras indígenas, julgue as afirmativas a seguir, segundo a jurisprudência do Supremo Tribunal Federal.
I. A data da promulgação da Constituição Federal é referencial do marco temporal para verificação da existência da comunidade indígena, bem como da efetiva e formal ocupação fundiária pelos índios e que não se perde onde, em 5 de outubro de 1988, a reocupação apenas não ocorreu por efeito de renitente esbulho por parte de não índios.
II. Há compatibilidade entre o usufruto de terras indígenas e faixa de fronteira, o que permite a instalação de equipamentos públicos, tais como postos de vigilância, batalhões, companhias e agentes da Polícia Federal ou das Forças Armadas, sem precisar de licença de quem quer que seja para fazê-lo.
III. A configuração de terras tradicionalmente ocupadas pelos índios, nos termos do art. 231, § 1º, da Constituição Federal, já foi pacificada pelo Supremo Tribunal Federal, com a edição da Súmula 650, que dispõe: os incisos I e XI do art. 20 da Constituição Federal não alcançam terras de aldeamentos extintos, ainda que ocupadas por indígenas em passado remoto.
IV. Pode a União, para ampliação de terra indígena, efetuar a desapropriação de imóveis particulares, com o pagamento de justa e prévia indenização ao seu legítimo proprietário.
V. A ampliação de área indígena já demarcada será possível, sem necessidade de desapropriação, desde que comprovado que o espaço geográfico objeto da ampliação constituía terra tradicionalmente ocupada pelos índios quando da promulgação da Constituição Federal de 1988.
A alternativa que contém todas as afirmativas corretas é:
(A) I, II, III, IV e V.
(B) II, III e IV.
(C) III, IV e V.
(D) I, II e IV.
(E) I, II e V.

I: correta, nos termos do item 11.2 do acórdão da Petição 3388 (Raposa Serra do Sol); II: correta, nos termos do item 17 do mesmo julgado; III: correta, nos termos da Súmula 650 do STF; IV: correta, nos termos do acórdão do RMS 29.087; V: correta, nos termos do item 12 do acórdão da ACO 312.
Gabarito "A".

(Procurador do Estado – PGE/BA – CESPE – 2014) No que concerne às terras indígenas, julgue os itens a seguir.
(1) São nulos e extintos, não produzindo efeitos jurídicos, os atos que objetivem a ocupação, o domínio e a posse de terras indígenas, ou a exploração das riquezas naturais do solo, dos rios e dos lagos nelas existentes, ressalvado relevante interesse público da União, segundo o que dispuser lei complementar, não gerando a nulidade e a extinção direito a indenização ou a ações contra a União, salvo, na forma da lei, quanto às benfeitorias derivadas da ocupação de boa-fé.
(2) A CF assegura expressamente aos estados-membros a propriedade das terras indígenas não situadas em área de domínio da União.
(3) Pelo instituto jurídico do indigenato, título congênito conferido ao índio, o ordenamento jurídico brasileiro reconhece o direito dos índios de terem a sua organização social, costumes, línguas, crenças e tradições, bem como os direitos originários sobre as terras que tradicionalmente ocupam, competindo à União demarcá-las bem como proteger e fazer respeitar todos os seus bens.

1: correta, nos termos do art. 231, § 6º, da CF; 2: incorreta. As terras ocupadas pelos índios são todas de propriedade da União, cabendo aos índios a proteção de sua posse permanente e da exploração dos recursos naturais disponíveis com vistas à sua sobrevivência e manutenção de sua cultura (art. 22 da Lei 6.001/1973). Para o STF, *"a Carta Política, com a outorga dominial atribuída à União, criou, para esta, uma **propriedade vinculada ou reservada**, que se destina a garantir aos índios o exercício dos direitos que lhes foram reconhecidos constitucionalmente"* (RE 183.188, DJ 14.02.1997, grifo nosso).; 3: correta, nos termos do art. 231, "caput", da CF.
Gabarito 1C, 2E, 3C.

(Procurador do Estado/AC – 2014 – FMP) A Terra Indígena do Rio Gregório é uma área habitada pelos índios Katukina, em Tarauacá – AC. As terras tradicionalmente ocupadas por comunidades indígenas, genericamente, indicam a seguinte alternativa como opção CORRETA:
(A) são bens públicos afetados ao domínio privado e imprescritíveis.
(B) são bens tombados e compõem o patrimônio histórico dos Estados onde estiverem localizadas.
(C) são bens públicos sobre os quais recai usufruto legal em favor das comunidades.
(D) são bens dominicais sujeitos a uso especial e inalienabilidade.

A Constituição Federal, no art. 231, garante aos índios "os direitos originários sobre as terras que tradicionalmente ocupam", porém, tais imóveis continuam sendo de propriedade da União. São, portanto, bens públicos, ainda que peculiares, pois sobre eles recai o direito de posse permanente, ou usufruto, das comunidades indígenas. Segundo o STF, "a Carta Política, com a outorga dominial atribuída à União, criou, para esta, uma **propriedade vinculada ou reservada**, que se destina a garantir aos índios o exercício dos direitos que lhes foram reconhecidos constitucionalmente" (RE 183.188, DJ 14.02.1997, grifo nosso).
Gabarito "C".

(Procurador do Município – Cuiabá/MT – 2014 – FCC) Relativamente às terras indígenas, considerada a disciplina constitucional e jurisprudência do Supremo Tribunal Federal na matéria, é correto afirmar que

(A) é vedada a remoção dos grupos indígenas de suas terras, salvo, ad referendum do Congresso Nacional, em caso de catástrofe ou epidemia que ponha em risco sua população ou no interesse da soberania do País.
(B) compete à União, por ato do Presidente da República, mediante autorização do Congresso Nacional, a demarcação das terras tradicionalmente ocupadas pelos índios.
(C) o usufruto dos índios não lhes confere o direito exclusivo de explorar recursos minerais nas terras que tradicionalmente ocupem, dependendo de autorização da União, nos termos de lei específica, a exploração da mineração como atividade econômica.
(D) são nulos e extintos, não produzindo efeitos jurídicos, os atos que tenham por objeto a ocupação, o domínio e a posse das terras tradicionalmente ocupadas pelos índios, não gerando a nulidade e a extinção direito qualquer a indenização ou a ações contra a União.
(E) as comunidades de índios não possuem legitimidade para ingressar em juízo em defesa dos direitos e interesses relacionados às terras que tradicionalmente ocupem, cabendo ao Ministério Público atuar, nesses casos, como substituto processual.

A: a alternativa foi considerada incorreta, porém, tal interpretação é objeto de críticas. A alternativa transcreve parte do art. 231, § 5º, da CF, deixando apenas de destacar a obrigação de seu retorno às terras tão logo cesse o risco. Isso, porém, não afasta a possibilidade de remoção; **B:** incorreta. A demarcação das terras indígenas não depende de autorização do Congresso Nacional (art. 67 do ADCT); **C:** correta, nos termos do art. 231, § 3º, da CF e do julgado pelo STF na Petição 338 – Caso Raposa Serra do Sol (Pleno, j. 19.03.2009, rel. Min. Ayres Britto, DJe 25.09.2009): "o usufruto dos índios não abrange a pesquisa e lavra das riquezas minerais, que dependerá sempre de autorização do Congresso Nacional, assegurando-se-lhes a participação nos resultados da lavra, na forma da lei"; **D:** incorreta. Mais uma vez, pretende a banca examinadora considerar incorreta a questão unicamente pela ausência da parte final do dispositivo (nesse caso, o art. 231, § 6º, da CF). Há direito a indenização em caso de benfeitorias realizadas em ocupações de boa-fé, ou seja, não é em "qualquer" caso que não caberá indenização; **E:** incorreta. A legitimidade das comunidades indígenas é garantia pelo art. 232 da CF. O Ministério Público deve atuar em todos os feitos, se não como parte, como custos legis.

Gabarito "C".

7. OUTROS TEMAS E TEMAS COMBINADOS

(Procurador do Estado – PGE/MT – FCC – 2016) A posse agrária originária:

(A) está presente nos contratos agrários de arrendamento.
(B) está presente nos contratos agrários de parceria.
(C) não se diferencia da posse civil.
(D) acarretará a perda da propriedade pela desapropriação para fins de reforma agrária, se exercida com um dos vícios da posse.
(E) gera a aquisição da propriedade por meio da usucapião especial rural.

A e B: incorretas. Posse agrária originária é aquela que não decorre de outra anterior, como na usucapião. Posses adquiridas por meio de contratos são classificadas como derivadas; **C:** incorreta. A posse civil tem caráter individual, bastando o exercício de qualquer dos poderes inerentes ao domínio (art. 1.196 do CC). Já a posse agrária tem caráter social e econômico, porque demanda o exercício de atividades agrárias na propriedade, assim entendidas como aquelas destinadas a aumentar seu aproveitamento econômico; **D:** incorreta. Como já dito, a posse agrária originária é aquela que não decorre de outra, pela qual o possuidor exerce atividade agrária na propriedade. Se há aproveitamento racional e adequado do imóvel rural, não há que se falar em desapropriação para fins de reforma agrária; **E:** correta, consoante todos os comentários anteriores.

Gabarito "E".

(Procurador do Estado – PGE/BA – CESPE – 2014) Acerca da regulação da política fundiária e agrícola segundo a Constituição do Estado da Bahia, julgue os itens que se seguem.

(1) As terras públicas destinadas à irrigação não podem ser objeto de concessão de direito real de uso.
(2) A dignidade da pessoa humana é um dos princípios fundamentais da política agrícola e fundiária.
(3) Lei ordinária estadual é o instrumento normativo utilizado para fixar, para as diversas regiões do estado da Bahia, até o limite de quinhentos hectares, a área máxima de terras devolutas que os particulares podem ocupar, visando a torná-las produtivas, sem permissão ou autorização do poder público.

1: incorreta. O art. 179 da Constituição do Estado da Bahia determina que tais terras sejam sempre destinadas à concessão de direito real de uso; **2:** correta, nos termos do art. 171, I, da Constituição do Estado da Bahia; **3:** incorreta. O instrumento previsto para tal fim é o decreto (art. 174 da Constituição do Estado da Bahia).

Gabarito 1E, 2C, 3E.

(Procurador da República –28º Concurso – 2015 – MPF) Identificada e reconhecida a área tradicionalmente ocupada por uma comunidade quilombola, verifica-se que parte da área compreende imóveis registrados em nome de particulares.
Qual das afirmativas e correta:

(A) São nulos e extintos, não produzindo efeitos jurídicos, os atos que tenham por objeto o domínio das terras ocupadas por povos e comunidades tradicionais.
(B) A identificação, reconhecimento, delimitação, demarcação e titulação da terra ocupada pelos remanescentes da comunidade quilombola cabem, em âmbito federal, a Fundação Cultural Palmares, vinculada ao Ministério da Cultura.
(C) A inscrição cadastral e a expedição de certidão dos remanescentes dessa comunidade como quilombolas cabem ao Instituto Nacional de Colonização e Reforma Agrária – INCRA, vinculado ao Ministério do Desenvolvimento Agrário.
(D) O procedimento para identificação, reconhecimento, delimitação, demarcação e titulação da propriedade definitiva da área prevê que inclusive para a medição das terras sejam levados em consideração critérios de territorialidade indicados pelos próprios remanescentes da comunidade.

A: incorreta. Não são nulos os atos, porque a o reconhecimento da propriedade para os quilombolas, garantida pelo art. 68 do ADCT, depende de prévio processo de desapropriação caso esteja sob domínio de particulares (art. 13 do Decreto 4.887/2003); **B:** incorreta. A atribuição é do INCRA, vinculado ao Ministério do Desenvolvimento Agrário (art. 3º do Decreto 4.887/2003); **C:** incorreta. A atribuição é da Fundação Cultural Palmares (art. 3º, § 4º, do Decreto 4.887/2003); **D:** correta, nos termos do art. 2º, § 3º, do Decreto 4.887/2003.

Gabarito "D".

(Defensor/PA – 2015 – FMP) Assinale a alternativa CORRETA.

(A) Pelo princípio constitucional de autonomia dos Estados da Federação brasileira, o Estado do Pará tem competência para desapropriar imóveis rurais para fins de reforma agrária.
(B) A transferência de domínio ao possuidor de terras devolutas federais só pode ser feita mediante concessão do direito real de uso.
(C) É suficiente para a desapropriação de latifúndio rural, visando à implementação da política de reforma agrária, perícia comprobatória de GEE (grau de eficiência na exploração da terra) inferior ao que ele pode e deveria produzir.
(D) Para a implementação da política pública de reforma agrária, a lei determina seja ela executada, preferencialmente, sobre terras de domínio público.
(E) Antes da transferência de domínio registrada no Ofício de Imóveis, nenhum cadastrado beneficiário da política de reforma agrária, poderá se imitir na posse do imóvel rural à qual foi administrativamente reconhecido como habilitado.

A: incorreta. A competência para desapropriação de imóveis para fins de reforma agrária é exclusiva da União (art. 184 da CF); **B:** incorreta. Como o próprio nome sugere, a concessão de direito real de uso **não transfere** o domínio (propriedade) do imóvel, apenas o direito ao seu uso; **C:** incorreta. Não perderá a classificação de propriedade produtiva o imóvel que, por razões de força maior, caso fortuito ou de renovação de pastagens tecnicamente conduzida, devidamente comprovados pelo órgão competente, deixar de apresentar, no ano respectivo, os graus de eficiência na exploração exigidos (art. 6º, § 7º, da Lei 8.629/1993); **D:** correta, nos termos do art. 13 da Lei 8.629/1993; **E:** incorreta. A imissão na posse se dará com o despacho do juiz que receber a petição inicial da ação de desapropriação (art. 6º da LC 76/1993).

Gabarito "D".

(Defensor/PA – 2015 – FMP) Assinale a alternativa CORRETA.

(A) A Constituição do Estado do Pará inclui as atividades pesqueiras no planejamento agrícola do Estado.
(B) A comprovada união estável entre homem e mulher não os legitima, mesmo que exerçam composse sobre imóvel rural por tempo e condições previstos em lei, a requerer, em conjunto, aquisição de imóvel rural por meio de usucapião.
(C) Pelo fato de o imóvel rural arrendado ter sido alienado, isso não confere direito ao adquirente de ficar sub-rogado nos direitos e obrigações do alienante.
(D) Florestas naturais e matas nativas não integram o valor da indenização devida ao proprietário do imóvel rural desapropriado para fins de reforma agrária.
(E) Os privilégios da Fazenda Pública, em matéria de cobrança de créditos, via execução judicial, não se estendem ao INCRA.

A: correta, nos termos do art. 239, § 2º, da Constituição do Estado do Pará; **B:** incorreta. O art. 1.240, § 1º, do CC garante a concessão da usucapião ao homem, à mulher ou a ambos, independentemente do estado civil; **C:** incorreta. A alienação do imóvel não interrompe os efeitos do arrendamento rural, de forma que o adquirente se sub-roga nos direitos do alienante (art. 15 do Decreto 59.566/1966); **D:** incorreta. Tais áreas estão expressamente incluídas no preço da terra pelo art. 12, § 2º, da Lei 8.629/1993; **E:** incorreta. O STJ já pacificou a concessão ao INCRA dos privilégios processuais da Fazenda Pública (REsp 295.437/RR).

(Defensor/PA – 2015 – FMP) Assinale a alternativa CORRETA.
(A) Sem legitimação de posse de imóvel rural do domínio público paraense, documentada previamente, não é possível ao Estado conceder o uso desse imóvel a qualquer interessado.
(B) Para se identificar o imóvel rural como pequena propriedade, basta a prova de que a sua área esteja compreendida entre um e quatro módulos fiscais.
(C) Em se tratando de aquisição de imóvel rural por meio de usucapião, a suspensão da posse tem o efeito de o prazo legalmente previsto para esse tipo de aquisição de propriedade ter de recomeçar a ser contado a partir da data em que cessou a suspensão.
(D) O ordenamento jurídico brasileiro não reconhece posse agrária situada no meio urbano.
(E) A política pública de reforma agrária pode ser implementada independentemente da política agrícola.

A: incorreta. O art. 241 da Constituição do Estado do Pará não traz qualquer exigência nesse sentido; **B:** correta, nos termos do art. 4º, II, *a*, da Lei 8.629/1993; **C:** incorreta. Se a posse não for contínua, o prazo deverá ser contado do zero a partir do restabelecimento daquela; **D:** incorreta. Há posse agrária no meio urbano quando o imóvel agrário, assim definido pelo critério da utilização (art. 4º, I, da Lei 8.629/1993), encontra-se na zona urbana do Município, definida pelo critério da localização; **E:** incorreta, porque afronta o disposto no art. 187, § 2º, da CF.

(Juiz de Direito/RJ – 2014 – VUNESP) Assinale a alternativa correta a respeito do instituto da desapropriação.
(A) O decreto expropriatório permite ao poder expropriante penetrar no imóvel atingido pelo decreto para fazer avaliações e verificações por meio da imissão provisória na posse.
(B) O poder expropriante terá o prazo de cinco anos, contados da publicação da declaração expropriatória para efetivar a desapropriação por interesse social.
(C) A desapropriação de imóveis urbanos não utilizados ou mal utilizados pode ser efetivada pelos Estados ou pelos Municípios.
(D) A desapropriação por interesse social do imóvel rural que não cumpra sua função social importa prévia e justa indenização em títulos da dívida agrária, e as benfeitorias úteis e necessárias serão indenizadas em dinheiro.

A: incorreta. Não basta o decreto para a imissão provisória na posse. É necessária autorização judicial baseada em alegação de urgência e acompanhada do depósito do valor do bem, conforme as regras previstas no art. 15 do Dec.-lei 3.365/1941; **B:** incorreta. O prazo é de dois anos, nos termos do art. 3º da Lei 4.132/1962; **C:** incorreta. A competência expropriatória é exclusiva do Município (art. 182, § 4º, da Constituição Federal), estendida ao Distrito Federal, no exercício de suas funções municipais, pelo art. 51 da Lei 10.257/2001 (Estatuto da Cidade); **D:** correta, nos termos do art. 184, caput e § 1º, da CF.

(Cartório/PI – 2013 – CESPE) Assinale a opção correta com relação à política urbana, agrícola e fundiária e à reforma agrária.
(A) Cabe à lei ordinária estabelecer procedimento contraditório especial, de rito sumário, para o processo judicial de desapropriação.
(B) Compete aos municípios desapropriar por interesse social, para fins de reforma agrária, o imóvel rural que não esteja cumprindo sua função social, mediante prévia e justa indenização em títulos da dívida agrária.
(C) O plano diretor, aprovado pela câmara municipal, obrigatório para cidades com mais de dez mil habitantes, é o instrumento básico da política de desenvolvimento e de expansão urbana.
(D) São isentas de impostos municipais as operações de transferência de imóveis desapropriados para fins de reforma agrária.
(E) Aquele que possuir como sua área urbana de até quinhentos metros quadrados, por cinco anos, ininterruptamente e sem oposição, utilizando-a para sua moradia ou de sua família, adquirir-lhe-á o domínio, desde que não seja proprietário de outro imóvel urbano ou rural.

A: incorreta. O art. 184, § 3º, da CF exige lei complementar nesse ponto; **B:** incorreta. A desapropriação por interesse social, para fins de reforma agrária, é de competência exclusiva da União (art. 184, caput, da CF). Os municípios recebem competência para desapropriar imóveis urbanos não utilizados ou subutilizados (art. 182, § 4º, da CF); **C:** incorreta. O plano diretor é obrigatório apenas para cidades com mais de vinte mil habitantes (art. 182, § 1º, da CF); **D:** correta, nos termos do art. 184, § 5º, da CF. Vale salientar que a imunidade abrange também impostos federais e estaduais; **E:** incorreta. A usucapião especial urbana é permitida somente para imóveis de até 250 metros quadrados (art. 183 da CF).

(Ministério Público/PI – 2012 – CESPE) Com base no que dispõe o Estatuto da Terra, assinale a opção correta.
(A) O poder público pode explorar imóvel rural de sua propriedade para qualquer finalidade lícita.
(B) A lei assegura às populações indígenas a posse e a propriedade das terras por elas ocupadas.
(C) O imóvel rural é definido como o prédio rústico, de área contínua ou não, cuja finalidade seja a exploração extrativa agrícola, pecuária ou agro-industrial.
(D) É vedado à União delegar aos estados, ao DF e aos municípios atribuições relativas à execução do Programa Nacional de Reforma Agrária, matéria inserida no âmbito de sua atuação exclusiva.
(E) Os bens desapropriados por sentença definitiva, incorporados ao patrimônio público, não podem ser objeto de reivindicação fundada em nulidade do processo de desapropriação.

A: incorreta. O art. 10 do Estatuto da Terra autoriza a exploração direta pelo Poder Público de suas propriedades rurais apenas para fins de pesquisa, experimentação, demonstração e fomento visando ao desenvolvimento agrícola; **B:** incorreta. O art. 2º, § 4º, do Estatuto da Terra, repetindo o disposto no art. 231, § 2º, da CF, estabelece que fica garantido aos índios apenas a posse permanente das terras que tradicionalmente ocupam; **C:** incorreta. O conceito de imóvel rural exige que sua área seja contínua (art. 4º, I, do Estatuto da Terra); **D:** incorreta. A delegação está autorizada pelo art. 6º, § 2º, do Estatuto da Terra; **E:** correta, nos termos do art. 23 do Estatuto da Terra. Isso significa que mesmo que o procedimento ofenda a legislação, o imóvel não mais sairá do patrimônio público, devendo qualquer prejuízo causado ser resolvido em perdas e danos.

(Ministério Público/RR – 2012 – CESPE) No que se refere a terras devolutas, usucapião, parcelamento e ITR, assinale a opção correta.
(A) Para o reconhecimento do direito à isenção do ITR, é necessária, conforme o entendimento do STJ, a apresentação do ato declaratório ambiental.
(B) A presença da União ou de qualquer de seus entes na ação de usucapião especial afasta a competência do foro da situação do imóvel.
(C) São equivalentes os conceitos de módulo rural e módulo fiscal estabelecidos pelo Estatuto da Terra para fins da impenhorabilidade da pequena propriedade rural, segundo o entendimento do STJ.
(D) As concessões de terras devolutas situadas na faixa de fronteira, feitas pelos estados, autorizam, apenas, o uso, permanecendo o domínio com a União, ainda que se mantenha inerte ou tolerante em relação aos possuidores.
(E) A ação discriminatória pode ser utilizada para a individualização e demarcação de quaisquer bens públicos territoriais.

A: incorreta. O STJ entende que não se requer o reconhecimento prévio da área como de preservação ou reserva legal para fins de isenção do ITR (REsp 88.953-7); **B:** incorreta. A afirmação contrasta frontalmente com o texto da Súmula 11 do STJ; **C:** incorreta. O STJ, no julgamento do REsp 1.161.624, DJ 15.06.2010, sacramentou o entendimento de que o conceito de módulo fiscal não se confunde com o módulo rural. Aquele é definido apenas para fins tributários (incidência do ITR), devendo, por força do silêncio da Lei 8.629/1993, ser complementado pelo conceito de módulo rural contido no Estatuto da Terra; **D:** correta, nos termos da Súmula 477 do STF; **E:** incorreta. A ação discriminatória presta-se somente para a individualização e demarcação das terras devolutas.

(Ministério Público/RR – 2012 – CESPE) A respeito de terras indígenas, desapropriação de terras para fins de reforma agrária, títulos da dívida agrária, trabalho rural e aquisição arrendamento de imóvel rural, assinale a opção correta.
(A) Não padece de vício cláusula que fixe o preço e o pagamento do arrendamento rural em sacas de soja.
(B) A existência de propriedade devidamente registrada inibe a FUNAI de investigar e demarcar terras indígenas.
(C) Segundo o entendimento sumular do STJ, no âmbito das desapropriações diretas os juros compensatórios são devidos a partir da imissão na posse.
(D) Para fins de recebimento de benefício previdenciário, a carteira de filiação a sindicato rural da qual conste a condição de trabalhador rural e a prova testemunhal do tempo de serviço trabalhado não demonstram a condição profissional, nos termos do entendimento consolidado no STJ.
(E) Não incide correção monetária nos títulos da dívida agrária.

A: incorreta. O art. 18 do Decreto 59.566/1966 veda a fixação do **preço** do arrendamento em frutou os produtos rurais, a qual deve ser feita em dinheiro. Nada obsta, porém, que o **pagamento** seja realizado in natura, ou seja, pelo equivalente em frutos ou produtos da quantia fixada, desde que assim convencionado. Veja, a respeito, a posição do STJ no REsp 231.177, DJ 26.06.2008; **B:** incorreta. Conforme já decidiu o STJ, se assim fosse, restaria impossível a demarcação de novas terras indígenas, ao menos de maneira contínua, porquanto quase todo o território nacional já está nas mãos de particulares (MS 15.822, DJ 12.12.2012); **C:** correta, nos termos da Súmula 113 do STJ; **D:** incorreta. A assertiva estampa informação totalmente contrária ao entendimento consolidado do STJ. Veja, por exemplo, AgRg no REsp 652.192, DJ 03.02.2005; **E:** incorreta. A correção monetária é devida, sob pena de se desvirtuar completamente o conceito de justa indenização aplicável à desapropriação (STJ, REsp 931.933, DJ 20.11.2007).

Gabarito "C"

(Defensor Público/SE – 2012 – CESPE) Com fundamento nas disposições constantes no Estatuto da Terra, assinale a opção correta.

(A) Dada a competência da União para desapropriar imóveis para fins de reforma agrária, é indelegável a sua atribuição de proceder ao cadastramento, às vistorias e às avaliações de propriedades rurais, tanto para os estados quanto para os municípios.

(B) A União pode desapropriar, por interesse social, bens de domínio dos estados, independentemente de autorização legislativa.

(C) De acordo com a legislação pertinente, se, após sentença definitiva, determinado bem objeto de desapropriação for incorporado ao patrimônio público e o particular expropriado não se conformar com o ato, a questão se resolverá em perdas e danos, já que o particular não pode ajuizar ação de reivindicação, ainda que com fundamento em nulidade do processo de desapropriação.

(D) No desempenho de sua missão de incentivar o desenvolvimento rural, o poder público não pode utilizar-se da tributação progressiva da terra.

(E) De acordo com a legislação de regência, o imóvel rural pode destinar-se, ou não, à exploração agrícola, pecuária ou agroindustrial, bastando, para ser enquadrado no conceito legal, que sirva para garantir a subsistência de seu proprietário e de sua família.

A: incorreta, pois a União, mediante convênio, pode fazer tal delegação aos Estados, DF e Municípios (art. 6º, § 2º, da Lei 4.504/1964); **B:** incorreta, pois, neste caso, é necessário autorização legislativa (art. 22, parágrafo único da Lei 4.504/1964); **C:** correta (art. 23 da Lei 4.504/1964); **D:** incorreta, pois, para incentivar a política de desenvolvimento rural, o Poder Público pode se valer da tributação progressiva da terra (art. 47 da Lei 4.504/1964); **E:** incorreta, pois o conceito de imóvel rural impõe que sua destinação seja a exploração extrativa agrícola, pecuária ou agroindustrial (art. 4º, I, da Lei 4.504/1964).

Gabarito "C"

6. DIREITO PENAL

Arthur Trigueiros e Eduardo Dompieri*

1. CONCEITO, FONTES E PRINCÍPIOS

(Investigador – PC/BA – 2018 – VUNESP) Acerca dos princípios da legalidade e da anterioridade insculpidos no art. 1º do Código Penal e no art. 5º, XXXIX, da Constituição Federal, analise as alternativas a seguir e assinale a correta.

(A) Uma das funções do princípio da legalidade é permitir a criação de crimes e penas pelos usos e costumes.
(B) No Brasil, em um primeiro momento, a União Federal pode legislar sobre matéria penal. No entanto, de forma indireta e urgente, leis estaduais podem impor regras e sanções de natureza criminal.
(C) A lei penal incriminadora somente pode ser aplicada a um fato concreto desde que tenha tido origem antes da prática da conduta. Em situações temporárias e excepcionais, no entanto, admite-se a mitigação do princípio da anterioridade.
(D) Desdobramento do princípio da legalidade é o da taxatividade, que impede a edição de tipos penais genéricos e indeterminados.

A: incorreta. É que, segundo é consenso na doutrina e na jurisprudência, os usos e costumes não podem servir de fonte para a criação de crimes (e também contravenções) e suas respectivas penas. Pode, no entanto, atuar como instrumento interpretativo. Isso porque, segundo enuncia o princípio da *legalidade*, *estrita legalidade* ou *reserva legal* (arts. 1º do CP e 5º, XXXIX, da CF), os tipos penais só podem ser concebidos por lei em sentido estrito, ficando afastada, assim, a possibilidade de a lei penal ser criada por outras formas que não a lei em sentido formal. É também por essa razão que é excluída a possibilidade de a lei penal ser criada por meio de *medida provisória* (art. 62, § 1º, I, *b*, da CF); **B:** incorreta, já que a União é a fonte de produção do Direito Penal no Brasil. Entretanto, segundo estabelece o art. 22, parágrafo único, da CF, lei complementar Federal poderá autorizar os Estados-Membros a legislar em matéria penal sobre questões específicas, de interesse local, o que não inclui a incriminação de condutas; **C:** incorreta. A lei penal, como bem sabemos, deve ser anterior ao fato que se pretende punir. Ou seja, tal como estabelece o art. 2º, *caput*, do CP, *ninguém pode ser punido por fato que lei posterior deixa de considerar crime*. Nessa esteira, a CF, em seu art. 5º, XL, estabelece que a lei penal somente retroagirá para beneficiar o acusado. Dessa forma, a lei penal incriminadora somente terá incidência aos fatos ocorridos a partir de sua entrada em vigor. Mas há uma exceção: para beneficiar o réu. É o caso da *abolitio criminis* (art. 2º, *caput*, do CP), em que a lei posterior deixa de considerar crime determinado fato até então considerado como tal. Neste caso, o fato, embora anterior à edição da lei, será por ela regido. No que toca às leis de vigência temporária (tanto as temporárias quanto as excepcionais), estas são consideradas *ultra-ativas* e *autorrevogáveis*. Quer-se com isso dizer que tudo o que ocorrer na vigência de uma lei temporária ou excepcional será por ela regido, mesmo que não mais esteja em vigor, pois, se assim não fosse, nenhuma eficácia teria. Não se aplica às leis de vigência temporária, assim, o princípio da retroatividade benéfica; **D:** correta. De fato, tal como afirmado na proposição, o *princípio da taxatividade*, que constitui um desdobramento do postulado da legalidade, impõe ao legislador o dever de descrever as condutas típicas de maneira pormenorizada e clara, de forma a não deixar dúvidas por parte do aplicador da norma. **ED**

Gabarito "D".

(Defensor Público – DPE/PR – 2017 – FCC) O princípio da intervenção mínima no Direito Penal encontra reflexo

(A) no princípio da fragmentariedade e na teoria da imputação objetiva.
(B) no princípio da subsidiariedade e na teoria da imputação objetiva.
(C) nos princípios da subsidiariedade e da fragmentariedade.
(D) no princípio da fragmentariedade e na proposta funcionalista sistêmica.
(E) na teoria da imputação objetiva e na proposta funcionalista sistêmica.

O *princípio da intervenção mínima* abrange os princípios da subsidiariedade e da fragmentariedade. É do princípio da intervenção mínima, ao qual se submete o Direito Penal, que este deve interferir o mínimo possível na vida do indivíduo. Com isso, deve-se, tão somente em último caso, recorrer a este ramo do direito com o fito de solucionar conflitos surgidos em sociedade. Desta feita, se determinadas condutas podem ser contidas por meio de outros mecanismos de controle, deve-se evitar o Direito Penal, reservando-o àqueles comportamentos efetivamente nocivos. Pelo princípio da fragmentariedade, a lei penal constitui, por força do postulado da intervenção mínima, uma pequena parcela (fragmento) do ordenamento jurídico. Isso porque somente se deve lançar mão desse ramo do direito diante da ineficácia ou inexistência de outros instrumentos de controle social menos traumáticos (subsidiariedade). A teoria da imputação objetiva corresponde ao conjunto de pressupostos jurídicos que condicionam a relação de imputação de um resultado jurídico a um determinado comportamento penalmente relevante. Sua implicação, portanto, se dá no campo do nexo de causalidade, cujo alcance visa limitar. **ED**

Gabarito "C".

(Juiz de Direito – TJM/SP – VUNESP – 2016) A respeito dos princípios penais e constitucionais penais, assinale a alternativa correta.

(A) O princípio da humanidade, previsto expressamente na Constituição Federal, proíbe a pena de morte (salvo caso de guerra declarada), mas não impede que dos presos se exijam serviços forçados.
(B) A pessoalidade da pena e a individualização da sanção penal são princípios constitucionais implícitos, já que não são enumerados expressamente na Constituição Federal, mas deduzidos das normas constitucionais nela contidas.
(C) O postulado da irretroatividade da lei penal, por expressa determinação constitucional, é excepcionado quando em causa lei penal benéfica ao réu. Isto importa que a lei penal retroage em favor do réu, desde que inexista sentença com trânsito em julgado.
(D) O princípio da intervenção mínima do direito penal desdobra-se no caráter subsidiário e fragmentário do direito penal. O primeiro impõe que apenas lesões graves a bens jurídicos dignos de tutela penal sejam objeto do direito penal. Já o segundo impõe que só se recorra ao direito penal quando outros ramos do direito mostrarem-se insuficientes à proteção de determinado bem jurídico.
(E) O princípio da legalidade desdobra-se nos postulados da reserva legal, da taxatividade e da irretroatividade. O primeiro impossibilita o uso de analogia como fonte do direito penal; o segundo exige que as leis sejam claras, certas e precisas, a fim de restringir a discricionariedade do aplicador da lei; o último exige a atualidade da lei, impondo que seja aplicada apenas a fatos ocorridos depois de sua vigência.

A: incorreta. É verdade que a pena de morte, que, em regra, é vedada, é admitida no caso de guerra declarada, tal como estabelece o art. 5º, XLVII, *a*, da CF, mas é incorreto afirmar-se – e aqui está o erro da assertiva – que é permitido que os presos sejam submetidos a trabalhos forçados. Tal previsão está contida, de forma textual, no art. 5º, XLVII, *c*, da CF; **B:** incorreta. Trata-se de princípios previstos expressamente no texto da Constituição Federal (art. 5º, XLV e XLVI); **C:** incorreta. A retroatividade da lei penal mais benéfica não está condicionada à ausência de trânsito em julgado da sentença. Quer-se com isso dizer que a superveniência de lei penal mais favorável, ainda que tal se dê depois de a sentença condenatória passar em julgado, alcançará o reeducando, beneficiando-o. Importante que se diga que, neste caso, caberá tal análise ao juízo da execução; **D:** incorreta. É que os conceitos atribuídos, na assertiva, aos princípios da subsidiariedade e fragmentariedade estão invertidos. Preconiza o postulado da fragmentariedade que o Direito Penal deve sempre ser visto como a *ultima ratio*, isto é, somente deve ocupar-se das condutas mais graves, mais deletérias. Representa, por isso, um *fragmento*, uma pequena parcela do ordenamento jurídico. De outro lado, afirmar que o Direito Penal tem *caráter subsidiário* significa dizer que ele somente terá lugar na hipótese de outros ramos do direito se revelarem ineficazes no controle de conflitos gerados no meio social; **E:** correta. O princípio da *reserva legal*, estampado no art. 5º, XXXIX, da CF, bem como no art. 1º do CP, preconiza que os tipos penais só podem ser criados por lei em sentido formal. É vedado, pois, ao legislador fazer uso de outras formas legislativas para conceber tipos penais bem como lançar mão da analogia como fonte do direito penal; o princípio

---

* **Arthur Trigueiros** comentou as questões dos seguintes concursos: MAG/BA/12, MAG/CE/12, MAG/DF/11, MAG/ES/11, MAG/MG/12, MAG/PA/12, MAG/PE/13, MAG/PI/11, MAG/RJ/11, MAG/SP/13, MP/CE/11, MP/GO/10, MP/GO/12, MP/MG/11, MP/MG/12, MP/MS/13, MP/MT/12, MP/PB/10, MP/PI/12, MP/RJ/11, MP/RR/12, MP/SC/12, MP/SP/12, MP/SP/13, MAG/GO/15, MAG/RR15, MAG/SC/15, MP/SP15, MP/BA/15, DPE/PA/15, DPE/PE/15, Analista/TRE/GO/15 – CESPE, Escrevente Técnico/TJSP/15, Juiz de Direito/CE – 2014 – FCC, Juiz de Direito/MG – 2014, Promotor de Justiça/PR – 2013 – X, Promotor de Justiça/RO – 2013 – CESPE, Promotor de Justiça/PI – 2014 – CESPE, Promotor de Justiça/DF – 2013, Promotor de Justiça/GO – 2013, Promotor de Justiça/MG – 2013, Promotor de Justiça/ES – 2013 – VUNESP e MP/TO/12. **Eduardo Dompieri** comentou as questões dos concursos de Procuradorias, Defensoria, Trabalhistas, Analista, Delegado/BA – 2016, Delegado/PE – 2016, Juiz de Direito – 2016, Analista TCE/PR – 2016, Analista TCE/PA – 2016, Analista TRE/PI – 2016, Analista TRT/8ª – 2016, DPE/MT/16, DPE/RN/16, DPE/ES/16, DPE/BA/16, DPU/15 e **Eduardo Dompieri** e **Arthur Trigueiros** comentaram em coautoria as questões dos concursos de Magistratura Federal, Ministério Público Federal, Delegado e Cartório.

da taxatividade, tal como se afirma, impõe ao legislador o dever de descrever as condutas típicas de maneira pormenorizada e clara, de forma a não deixar dúvidas por parte do aplicador da norma; por fim, temos que o princípio da irretroatividade enuncia que a lei penal será aplicada, em regra, aos fatos ocorridos sob a sua égide. **ED**

Gabarito "E".

(Juiz – TJ/MS – VUNESP – 2015) Assinale a alternativa correta.

(A) Norma penal em branco é aquela cujo preceito secundário do tipo penal é estabelecido por outra norma legal, regulamentar ou administrativa.
(B) A teoria da imputação objetiva consiste em destacar o resultado naturalístico como objeto do bem jurídico penalmente tutelado.
(C) Da Constituição Federal de 1988 pode-se extrair a garantia à sociedade pela aplicação do princípio da não fragmentariedade, consistente na proteção de todos os bens jurídicos e proteção dos interesses jurídicos.
(D) O Código Penal Brasileiro adotou a teoria do resultado para aferição do tempo do crime, conforme se depreende do art. 4º do mencionado Código.
(E) A tipicidade conglobante é um corretivo da tipicidade legal, posto que pode excluir do âmbito do típico aquelas condutas que apenas aparentemente estão proibidas.

A: incorreta. *Norma penal em branco* é aquela cujo preceito primário (e não o secundário!), porque incompleto, necessita ser integralizado por outra norma, do mesmo nível ou de nível diferente. Classifica-se em *norma penal em branco heterogênea* (em sentido estrito), assim considerada aquela em que o complemento deve ser extraído de uma norma infralegal. É o caso do delito de tráfico de drogas. Neste caso, o conceito de droga deve ser buscado em uma portaria da Anvisa. De outro lado, *norma penal em branco em sentido lato* ou *amplo* (ou homogênea) é aquela em que a norma complementar consiste numa *lei* (mesma fonte legislativa da norma que há de ser complementada). Vale o registro de que, na chamada lei penal em branco inversa ou ao avesso, o preceito primário é completo, mas o secundário, não, exigindo que a sua integralização seja feita por meio de uma lei. Neste caso, não há possibilidade de complementação por meio de norma infralegal, sob pena de violação ao princípio da reserva legal; **B:** incorreta. Em apertada síntese, para a chamada *teoria da imputação objetiva*, criada por Claus Roxin na década de 1970, o resultado somente poderá ser objetivamente imputado ao agente se este tiver criado um risco proibido e que este tenha se materializado no resultado típico; **C:** incorreta. Ao contrário do que se afirma, pode-se extrair da CF/1988 a garantia conferida à sociedade da aplicação do princípio da fragmentariedade, segundo o qual a proteção proporcionada aos bens jurídicos pelo direito penal deve ter caráter residual, fragmentário, ou seja, nem todas as condutas tidas por nocivas devem ser objeto do direito penal, mas somente uma parcela delas (um fragmento). É que o direito penal é a última etapa de proteção conferida ao bem jurídico, dada a sua severidade; se há outros mecanismos de controle menos traumáticos, deve-se deles lançar mão; agora, se se revelarem ineficazes e incapazes de promover a pacificação almejada, aí sim, pode-se cogitar do derradeiro recurso, que é direito penal; **D:** incorreta. Quanto ao *tempo do crime*, o art. 4º do CP acolheu a *teoria da ação* ou *da atividade*, segundo a qual considera-se praticado o crime no momento da ação ou omissão, ainda que outro seja o do resultado; **E:** correta. Pela *teoria da tipicidade conglobante*, concebida por Eugenio Raúl Zaffaroni, a tipicidade penal deve ser avaliada de forma conglobada, ou seja, deve ser cotejada com o ordenamento jurídico como um todo. Para esta teoria, é insuficiente a violação da lei penal. É ainda necessária a ofensa a todo o ordenamento jurídico (antinormatividade). **ED**

Gabarito "E".

(Delegado/MS – 2017 – FAPEMS) Com relação aos princípios aplicáveis ao Direito Penal, em especial no que se refere ao princípio da adequação social, assinale a alternativa correta.

(A) O Direito Penal deve tutelar bens jurídicos mais relevantes para a vida em sociedade, sem levar em consideração valores exclusivamente morais ou ideológicos.
(B) Só se deve recorrer ao Direito Penal se outros ramos do direito não forem suficientes.
(C) Deve-se analisar se houve uma mínima ofensividade ao bem jurídico tutelado, se houve periculosidade social da ação e se há reprovabilidade relevante no comportamento do agente.
(D) Não há crime se não há lesão ou perigo real de lesão a bem jurídico tutelado pelo Direito Penal.
(E) Apesar de uma conduta subsumir ao modelo legal, não será considerada típica se for historicamente aceita pela sociedade.

A: incorreta. A assertiva se refere ao princípio da intervenção mínima; **B:** incorreta, pois a alternativa diz respeito ao princípio da subsidiariedade; **C:** incorreta, pois a assertiva se refere ao princípio da insignificância, destacando os vetores para seu reconhecimento (mínima ofensividade da conduta, ausência de periculosidade social da ação, reduzido grau de reprovabilidade do comportamento e inexpressividade de lesão jurídica provocada pelo comportamento do agente); **D:** incorreta, pois a alternativa diz respeito ao princípio da lesividade; **E:** correta. De fato, de acordo com o princípio da adequação social, a despeito de determinado comportamento se amoldar ao preceito primário de determinado tipo penal, tal será insuficiente à responsabilização criminal do agente quando a conduta por ele praticada for aceita ordinariamente pela sociedade. Frise-se que no sistema penal brasileiro, um costume não poderá revogar uma lei, sob pena de ofensa ao princípio da legalidade. **AT**

Gabarito "E".

(Delegado/MS – 2017 – FAPEMS) No que diz respeito aos princípios aplicáveis ao Direito Penal, analise os textos a seguir.

A proteção de bens jurídicos não se realiza só mediante o Direito Penal, senão que nessa missão cooperam todo o instrumental do ordenamento jurídico.

ROXIN, Claus. Derecho penal- parte geral. Madrid: Civitas, 1997.1.1, p. 65.

A criminalização de uma conduta só se legitima se constituir meio necessário para a proteção de ataques contra bens jurídicos importantes.

BITENCOURT, Cezar Roberto. Tratada de direito penal: parte geral. 20. ed. São Paulo: Saraiva, 2014, p. 54.

Nesse sentido, é correto afirmar que os textos se referem ao

(A) princípio da intervenção mínima, imputando ao Direito Penal somente fatos que escapem aos meios extrapenais de controle social, em virtude da gravidade da agressão e da importância do bem jurídico para a convivência social.
(B) princípio da insignificância, que reserva ao Direito Penal a aplicação de pena somente aos crimes que produzirem ataques graves a bem jurídicos protegidos por esse Direito, sendo que agir de forma diferente causa afronta à tipicidade material.
(C) princípio da adequação social em que as condutas previstas como ilícitas não necessariamente revelam-se como relevantes para sofrerem a intervenção do Estado, em particular quando se tornarem socialmente permitidas ou toleradas.
(D) princípio da ofensividade, pois somente se justifica a intervenção do Estado para reprimir a infração com aplicação de pena, quando houver dano ou perigo concreto de dano a determinado interesse socialmente relevante e protegido pelo ordenamento jurídico.
(E) princípio da proporcionalidade, em que somente se reserva a intervenção do Estado, quando for estritamente necessária a aplicação de pena em quantidade e qualidade proporcionais à gravidade do dano produzido e a necessária prevenção futura.

A: correta. De fato, de acordo com o princípio da intervenção mínima, o Direito penal somente deve tutelar e punir aqueles fatos que trouxerem maior gravidade aos bens jurídicos e somente quando os demais meios extrapenais de controle social forem insuficientes (subsidiariedade); **B:** incorreta, pois o princípio da insignificância pressupõe inexpressividade de lesão jurídica provocada, além da mínima ofensividade da conduta, ausência de periculosidade social da ação e reduzidíssimo grau de reprovabilidade do comportamento; **C, D e E:** incorretas, pois os trechos descritos na questão em nada dizem respeito aos princípios da adequação social, ofensividade e proporcionalidade, mas, sim, à intervenção mínima. **AT**

Gabarito "A".

(Delegado/MT – 2017 – CESPE) De acordo com o entendimento do STF, a aplicação do princípio da insignificância pressupõe a constatação de certos vetores para se caracterizar a atipicidade material do delito. Tais vetores incluem o(a)

(A) reduzidíssimo grau de reprovabilidade do comportamento.
(B) desvalor relevante da conduta e do resultado.
(C) mínima periculosidade social da ação.
(D) relevante ofensividade da conduta do agente.
(E) expressiva lesão jurídica provocada.

De acordo com a jurisprudência já consolidada do STF, os quatro vetores para o reconhecimento e aplicação do princípio da insignificância são: (i) mínima ofensividade da conduta; (ii) ausência de periculosidade social da ação; (iii) reduzidíssimo grau de reprovabilidade do comportamento; e (iv) inexpressividade da lesão jurídica provocada. Assim, vamos às alternativas! **A:** correta. De fato, um dos vetores para a aplicação da insignificância penal é o reduzidíssimo grau de reprovabilidade do comportamento praticado pelo agente; **B:** incorreta, pois o desvalor relevante da conduta e do resultado não se encontram entre aqueles identificados pelo STF para a aplicação do princípio da insignificância; **C:** incorreta, pois um dos vetores para a aplicação da insignificância é a ausência (e não mínima!) periculosidade social da ação; **D:** incorreta, pois, obviamente, a insignificância penal pressupõe mínima ofensividade da conduta, e não uma relevante ofensividade, tal como consta na assertiva; **E:** incorreta, pois a insignificância exige uma inexpressiva lesão jurídica provocada. **AT**

Gabarito "A".

(Defensor Público – DPE/MT – 2016 – UFMT) O princípio da insignificância ou da bagatela exclui a

(A) punibilidade.
(B) executividade.
(C) tipicidade material.
(D) ilicitude formal.
(E) culpabilidade.

A incidência do princípio da insignificância (delito de bagatela) constitui causa supralegal de exclusão da *tipicidade* material. Não há, portanto, repercussão no campo da *antijuridicidade* (ilicitude), *da punibilidade e da culpabilidade*. Segundo entendimento consolidado no STF, o reconhecimento do princípio da insignificância está condicionado à conjugação dos seguintes vetores: i) mínima ofensividade da conduta do agente; ii) nenhuma periculosidade social da ação; iii) reduzido grau de reprovabilidade do comportamento; iv) inexpressividade da lesão jurídica provocada.

Gabarito "C".

(Promotor de Justiça/PI – 2014 – CESPE) Considerando o entendimento da doutrina majoritária e do STJ, assinale a opção correta quanto ao princípio da insignificância.

(A) Conforme o entendimento da doutrina majoritária, o princípio da insignificância afeta a tipicidade formal.
(B) Em se tratando do crime de contrabando, é possível a aplicação do princípio da insignificância.
(C) Independentemente do valor do tributo sonegado em decorrência de crime de descaminho, é possível a aplicação do princípio da insignificância.
(D) A reiteração delitiva impede a aplicação do princípio da insignificância em razão do alto grau de reprovabilidade do comportamento do agente.
(E) Para a aplicação do princípio da insignificância, exige-se a satisfação de um único requisito: ausência de periculosidade social da ação.

A: incorreta, pois o princípio da insignificância afeta a tipicidade material e não formal, devendo ser analisado pelo aplicador do direito se a conduta do agente lesou ou causou perigo de lesão de forma relevante ao bem jurídico tutelado; B: incorreta. Muito embora haja entendimento em sentido contrário, o STJ já decidiu no sentido de que é incabível a aplicação do princípio da insignificância ao delito de contrabando, em razão do alto grau de reprovabilidade da conduta delituosa, ainda que a mercadoria proibida não possa ser aferida economicamente, já que não se trata de um crime puramente fiscal. *Ao contrário do que ocorre com o delito de descaminho, o bem juridicamente tutelado no crime de contrabando não se limita ao mero valor pecuniário do imposto elidido, pois também visa à proteção do interesse estatal de impedir a entrada e a comercialização de produtos proibidos em território nacional* (STJ, HC 45099/AC, 5ª Turma, *DJ* 04.09.2006 e STJ - RHC: 30026 RJ 2011/0073758-1, Relator: Ministra Laurita Vaz, Data de Julgamento: 20.08.2013, T5 – Quinta Turma); C: incorreta, pois, à época em que realizado o concurso cuja questão ora se comenta, o STJ entendia que era possível a aplicação do princípio da insignificância quando o tributo iludido pelo delito de descaminho fosse de valor inferior a R$ 10.000,00, ante o disposto no art. 20 da Lei 10.522/2002, que dispensa a União de executar os créditos fiscais em valor inferior a esse patamar (STJ, HC 180.993, 5ª Turma, *DJ* 19.12.2011). Contudo, em dezembro de 2017, a Terceira Seção do STJ, após afetar os Recursos Especiais 1.709.029 e 1.688.878, que discutiam exatamente a aplicação do princípio da insignificância em crimes de descaminho, com o fim de adequar a jurisprudência do tribunal ao entendimento do Supremo Tribunal Federal, decidiu por aplicar o princípio da insignificância aplicável nos casos em que o valor do tributo iludido não ultrapassa R$ 20.000,00. Por sua vez, o STF entende que é possível a aplicação do princípio da insignificância quando o valor for inferior a R$ 20.000,00, levando-se em consideração a atualização pelas Portarias 75 e 130/2012 do Ministério da Fazenda (STF, HC 123479/RS, *DJ* 07.10.2014); D: correta, pois, de fato, segundo o entendimento majoritário do STJ, deve-se analisar a reincidência e os maus antecedentes para a aplicação do princípio da insignificância. *"Com efeito, a reiteração delitiva impede o reconhecimento da insignificância penal, uma vez ser imprescindível não só a análise do dano causado pela ação, mas também o desvalor da culpabilidade do agente, sob pena de se aceitar, ou mesmo incentivar, a prática repetida de pequenos delitos.*" (HC 173.01, 5ª Turma, DJ 28.11.2011). Registre-se que, mais recentemente, o plenário do STF, em julgamento conjunto de três HCs, adotou o entendimento no sentido de que a incidência ou não do postulado da insignificância em favor de agentes reincidentes ou com maus antecedentes autores de crimes patrimoniais desprovidos de violência ou grave ameaça deve ser aferida caso a caso. *Vide* HCs 123.108, 123.533 e 123.734; E: incorreta, pois para a aplicação do princípio da insignificância, além de ser irrelevante o valor do bem subtraído, necessário o preenchimento dos seguintes requisitos: 1) a mínima ofensividade da conduta do agente; 2) a ausência de periculosidade social da ação; 3) o reduzido grau de reprovabilidade do comportamento; e 4) a inexpressividade da lesão jurídica causada (STF, 102550, 1ª Turma, DJ 08.11.2011 e STJ, HC 145.397, *DJ* 19.12.2011). Conforme já explicitado acima, para o STJ, deve-se analisar também a reincidência e os maus antecedentes para a aplicação do princípio da insignificância (HC 173.01, 5ª Turma, *DJ* 28.11.2011).

Gabarito "D".

(Promotor de Justiça/DF – 2013) Examine os itens seguintes, indicando o **CORRETO**:

(A) O princípio da culpabilidade limita-se à impossibilidade de declaração de culpa sem o trânsito em julgado de sentença penal condenatória.
(B) O princípio da legalidade impede a aplicação de lei penal ao fato ocorrido antes do início de sua vigência.
(C) Integram o núcleo do princípio da estrita legalidade os seguintes postulados: reserva legal, proibição de aplicação de pena em hipótese de lesões irrelevantes, proibição de analogia *in malam partem*.
(D) A aplicação de pena aos inimputáveis, dada a sua incapacidade de sensibilização pela norma penal, viola o princípio da culpabilidade.
(E) Os princípios da insignificância penal e da adequação social se identificam, ambos caracterizados pela ausência de preenchimento formal do tipo penal.

A: incorreta. De acordo com o princípio da culpabilidade, ao Estado somente será lícito impor uma sanção penal "(...) *ao agente imputável, com potencial consciência da ilicitude (possibilidade de conhecer o caráter ilícito do seu comportamento), quando dele exigível conduta diversa (podendo agir de outra forma)*" (Rogério Sanches Cunha – *Manual de Direito Penal – Parte Geral*, Juspodivm, 2013, p. 91-92). Diz-se, ainda, que o princípio em comento age sob três aspectos: i) elemento constitutivo do conceito analítico de crime (para os adeptos da concepção tripartida ou tripartite); ii) valoração da pena (a culpabilidade é uma das circunstâncias judiciais previstas no art. 59 do CP); e iii) impossibilidade de punição de agente que tenha agido sem dolo ou culpa (responsabilidade penal subjetiva); **B**: incorreta. O princípio da legalidade, como sabido e ressabido, enuncia não haver crime sem lei que o defina, nem pena sem cominação legal (art. 5º, XXXIX, CF e art. 1º, CP), expressão máxima da denominada "reserva legal" (somente a lei pode definir crimes e cominar penas). Não se confunde com o princípio da anterioridade, que, para alguns, é subprincípio do princípio da legalidade, donde se extrai não ser possível o reconhecimento da criminalidade de determinado fato se este não tiver sido praticado sob a égide de uma lei penal. Em outras palavras, não haverá crime sem *lei anterior* que assim o defina, nem pena sem a *prévia* cominação legal; **C**: incorreta. Para Rogério Sanches Cunha, o princípio da legalidade desdobra-se em seis postulados, a saber: 1º – não há crime (ou contravenção penal), nem pena (ou medida de segurança) sem lei (princípio da reserva legal); 2º – não há crime (ou contravenção penal), nem pena (ou medida de segurança) sem lei anterior (princípio da anterioridade); 3º – não há crime (ou contravenção penal), nem pena (ou medida de segurança) sem lei escrita (só a lei escrita pode criar infrações penais e cominar as respectivas sanções, não se admitindo, por exemplo, que costumes o façam); 4º – não há crime (ou contravenção penal), nem pena (ou medida de segurança) sem lei estrita (inviável que a analogia crie um tipo penal incriminador); 5º – não há crime (ou contravenção penal), nem pena (ou medida de segurança) sem lei certa (princípio da taxatividade – os tipos penais devem ser claros, certos, precisos); 6º – não há crime (ou contravenção penal), nem pena (ou medida de segurança) sem lei necessária (não se pode criar uma infração penal sem necessidade – desdobramento do princípio da intervenção mínima) (*Manual de Direito Penal – Parte Geral*, Juspodivm, 2013, p. 79-83); **D**: correta. Tal como analisado no comentário à assertiva "A", é decorrência do princípio da culpabilidade a possibilidade de aplicação de pena somente aos imputáveis, vale dizer, àqueles que, ao tempo da ação ou da omissão, sejam plenamente capazes de entenderem o caráter ilícito do fato ou de se determinarem de acordo com esse entendimento. Assim, a se admitir a imposição de pena aos inimputáveis, estar-se-ia violando o referido princípio da culpabilidade; **E**: incorreta. Primeiramente, a insignificância penal não afasta a tipicidade formal (mera relação de adequação do fato praticado pelo agente à norma penal incriminadora), mas, sim, a tipicidade material (o comportamento formalmente típico não é capaz de causar lesão significativa ao bem jurídico penalmente tutelado). Ainda, no tocante ao princípio da adequação social, este se expressa quando o comportamento humano, embora tipificado em lei (tipicidade formal), não seja capaz de afrontar o sentimento social de Justiça.

Gabarito "D".

(Promotor de Justiça/DF – 2013) Indique a alternativa **CORRETA**:

(A) São fontes formais diretas ou imediatas do Direito Penal: costumes, princípios gerais de direito e analogia *in bonam partem*.
(B) A revogação do complemento da lei penal em branco, em sentido estrito, importa a revogação do tipo penal incriminador.
(C) O Código Penal e o Código Penal Militar brasileiros acolheram, em relação ao tempo do crime, a teoria da ubiquidade.
(D) A lei penal brasileira não se aplica a fatos ocorridos no exterior, pois o Código Penal pátrio acolheu os princípios da territorialidade e da soberania.
(E) O princípio da territorialidade regula a aplicação da lei penal brasileira ao crime praticado no interior de navio de guerra de bandeira pátria, quando em porto estrangeiro.

A: incorreta. São fontes formais diretas ou imediatas do Direito Penal, também denominadas de fontes de revelação ou de cognição, apenas as leis, assim consideradas os únicos instrumentos normativos capazes de criar as infrações penais e as respectivas sanções. Os costumes e os princípios gerais de direito, assim como os atos administrativos, são considerados, de acordo com a doutrina tradicional, fontes formais indiretas, mediatas ou secundárias do Direito Penal. A analogia, como se sabe, não é fonte do direito, sequer mediata, mas, sim, forma de integração (complementação) quando se verifica uma lacuna na lei. Em matéria penal, não se admite, como amplamente difundido no cenário jurídico, a analogia *in malam partem*, lembrando-se que a fonte formal direta do Direito Penal é a lei. Caso se admitisse o emprego da analogia para a criação de tipos incriminadores, estar-se-ia vulnerando frontalmente o princípio da legalidade (subprincípio da reserva legal). Todavia, admite-se a analogia *in bonam partem* em caso de lacuna normativa, ampliando-se a uma situação sem definição legal a previsão normativa benéfica ao réu de outra situação expressamente definida; **B**: incorreta. A lei penal em branco em sentido estrito (ou heterogênea) é aquela cujo preceito primário, por ser incompleto, será complementado por fonte normativa diversa (ou seja, não emanará do legislador). Pelo fato de o complemento não integrar propriamente o tipo penal, sua revogação não irá acarretar, propriamente, a revogação do tipo penal, que, por óbvio, dependeria da edição de uma lei federal. Todavia, é certo, a revogação do complemento poderá inviabilizar a aplicação da lei penal incriminadora, podendo, inclusive, retroagir, se se inserir em um contexto de normalidade (ex.: determinada substância deixa de integrar o ato administrativo definidor do rol das "substâncias entorpecentes", caso que irá repercutir beneficamente para o agente que tenha praticado tráfico de drogas); **C**: incorreta. Como sabido e ressabido, o Código Penal Brasileiro adotou, em matéria de tempo do crime, a teoria da atividade (art. 4º, CP), segundo a qual se considera praticado o crime no momento da ação ou da omissão, ainda que outro seja o do resultado. Não se confunde com o lugar do crime (art. 6º, CP), assim considerado o lugar em que ocorreu a ação ou omissão, bem como o lugar em que se produziu ou deveria produzir-se o resultado. Aqui, sim, adotou-se a teoria da ubiquidade. O mesmo se pode dizer no tocante ao Código Penal Militar, que, em seu art. 6º, igualmente adotou a referida teoria; **D:** incorreta. O art. 7º do CP prevê, expressamente, a possibilidade de aplicação da lei penal brasileira aos crimes cometidos no estrangeiro (extraterritorialidade), nada obstante, de fato, a regra seja a territorialidade (art. 5º, CP – aplicação da lei brasileira aos crimes cometidos em território nacional); **E:** correta. De fato, consideram-se extensão do território nacional, para fins de aplicação da lei penal brasileira, as embarcações e aeronaves brasileiras, de natureza pública ou a serviço do governo brasileiro, onde quer que se encontrem (art. 5º, § 1º, CP).

Gabarito "E".

(Magistratura/SP – 2013 – VUNESP) O crime de dano (CP, art. 163), norma menos grave, funciona como elemento do crime de furto qualificado pelo rompimento de obstáculo à subtração da coisa (CP, art. 155, § 4.º, inciso I). Nesta hipótese, o crime de dano é excluído pela norma mais grave, em função do princípio da

(A) especialidade.
(B) consunção.
(C) subsidiariedade tácita ou implícita.
(D) subsidiariedade expressa ou explícita.

Para a perfeita compreensão da questão, faz-se necessário trazermos alguns esclarecimentos sobre o conflito aparente de normas. Pois bem. É possível que, apenas no *plano da aparência*, duas ou mais leis penais incidam sobre um mesmo fato. Na realidade, apenas uma delas deverá reger o ato praticado pelo agente. É o que se denomina *conflito aparente de leis ou conflito aparente de normas*. Para a resolução desse conflito, quatro princípios serão utilizados: **a) princípio da especialidade**: a lei especial prevalece sobre a geral. Será especial a lei que contiver todos os elementos da geral e mais alguns denominados especializantes. Ex.: homicídio (lei geral) e infanticídio (lei especial); **b) princípio da subsidiariedade**: a lei primária prevalece sobre a subsidiária. Lei subsidiária é aquela que descreve um grau menor de violação de um mesmo bem jurídico integrante da descrição típica de outro delito mais grave. Ex.: lesão corporal (lei primária) e periclitação da vida ou saúde de outrem (lei subsidiária). A subsidiariedade poderá ser *expressa*, quando da leitura do próprio tipo penal conseguir-se extrair que se trata de infração penal subsidiária (ex.: disparo de arma de fogo – art. 15 do Estatuto do Desarmamento – somente restará caracterizado se não for cometido para a prática de crime mais grave), ou tácita, quando "*o fato implicado na lei primária constituir-se como elemento constitutivo, qualificadora, causa de aumento da pena, agravante genérica ou meio de execução*" (Cleber Masson, **Direito Penal Esquematizado** – Parte Geral, 2ª edição, p. 119, Ed. Método, 2009); **c) princípio da consunção ou absorção**: o crime mais grave absorve outro menos grave quando este integrar a descrição típica daquele (quando for meio de execução de outro mais grave). É verificado em 3 hipóteses: c.1) **crime progressivo**: dá-se quando o agente pretende, desde o início, produzir resultado mais grave, praticando sucessivas violações ao mesmo bem jurídico. Ex.: querendo matar, o agente dá golpes de taco de beisebol em todo o corpo da vítima até matá-la. Pratica, portanto, lesões corporais até chegar ao resultado morte; c.2) **crime complexo**: é aquele composto de vários tipos penais autônomos. Prevalece o fato complexo sobre os autônomos. Ex.: para roubar, o agente furta o bem e emprega violência ou grave ameaça. Não responderá por furto, lesões corporais e/ou ameaça, mas só pelo roubo; c.3) **progressão criminosa**: o agente, de início, pretende produzir resultado menos grave. Contudo, no decorrer da conduta, decide por produzir resultado mais grave. Ex.: primeiro o agente pretendia lesionar e conseguiu seu intento. Contudo, após a prática das lesões corporais, decide matar a vítima, o que efetivamente faz. Nesse caso, o resultado final (mais grave) absorve o resultado inicial (menos grave). Atenta a doutrina, ainda, para o *princípio da alternatividade*, que, em verdade, não soluciona conflito aparente de normas, mas um *conflito interno* de normas. É o que ocorre nos *crimes de ação múltipla, de tipo alternativo misto ou de conteúdo variado*, que são aqueles formados por várias condutas típicas possíveis (vários verbos), tais como o art. 33 da Nova Lei de Drogas (tráfico de drogas), ou o art. 180, do CP (receptação). Se o agente praticar dois ou mais verbos do mesmo tipo penal, responderá por um único crime (ex.: Se "A" importar dez quilos de cocaína e vendê-los a "B", não responderá por dois tráficos de drogas, mas por um só crime de tráfico). Por todos os esclarecimentos ora trazidos, vê-se que, para a questão proposta, a solução será a aplicação do princípio da *subsidiariedade tácita*, visto que o dano, crime menos grave (art. 163 do CP – norma subsidiária), funciona como qualificadora do furto, que é crime mais grave (art. 155, § 4º, I, do CP – norma primária).

Gabarito "C".

(Ministério Público/MS – 2013 – FADEMS) Relativamente ao princípio da insignificância, assinale a alternativa *correta*:

(A) O princípio da insignificância pode ser aplicado no plano abstrato.
(B) Possuindo o réu antecedente criminal não é possível a aplicação do princípio da insignificância.
(C) O princípio da insignificância atua como instrumento de interpretação restritiva do tipo penal.
(D) Pode se dizer que o fundamento teórico do princípio da insignificância reside no caráter retributivo.
(E) Segundo o Superior Tribunal de Justiça, em caso de apreensão de quantidade ínfima de cocaína é possível o trancamento da ação penal, com base no princípio da insignificância.

A: incorreta. De acordo com Cleber Masson, "o cabimento do princípio deve ser analisado no caso concreto, de acordo com as suas especificidades, e não no plano abstrato" (*Direito Penal Esquematizado – parte geral*, 7. ed. São Paulo: Método, 2013. p. 31). Nessa esteira, o STF, no julgamento do HC 109.183/RS, 1ª Turma, j. 12.06.2012, rel. Min. Luiz Fux, *DJe* 10.09.2012, assim decidiu: "(...) o princípio da insignificância não há de ter como parâmetro tão só o valor da *res furtiva*, devendo ser analisadas as circunstâncias do fato e o reflexo da conduta do agente no âmbito da sociedade, para decidir sobre seu efetivo enquadramento na hipótese de crime de bagatela." Essa é, também, a posição do STJ (REsp 1.224.795/RS, 5ª Turma, j. 13.03.2012, rel. Min. Gilson Dipp, *DJe* 20.03.2012): "(...) a verificação da lesividade mínima da conduta, apta a torná-la atípica, deve levar em consideração a importância do objeto material subtraído, a condição econômica do sujeito passivo, assim como as circunstâncias e o resultado do crime, a fim de se determinar, subjetivamente, se houve ou não relevante lesão ao bem jurídico tutelado"; **B:** incorreta. Embora exista divergência jurisprudencial acerca do tema, há inúmeros precedentes do STJ pela admissibilidade da aplicação do princípio da insignificância a réu reincidente ou portador de maus antecedentes, tendo em vista que referido postulado diz respeito à tipicidade (material) do fato e não à dosimetria da pena. No HC 104.468/MS (exatamente o Estado em que se aplicou a prova ora comentada!), o STF posicionou-se no sentido de que as condições pessoas desfavoráveis do agente não constituem óbice à incidência do princípio da insignificância. No mesmo sentido, o STJ (HC 163.004/MG, 6.ª Turma, j. 05.08.2010, rel. Min. Og Fernandes, *DJe* 29.11.2010): "(...) condições pessoas desfavoráveis, maus antecedentes, reincidência e ações penais em curso não impedem a aplicação desse princípio". Porém, é importante destacar, há precedentes, das mesmas Cortes, desfavoráveis à aplicação do princípio da insignificância aos réus portadores de antecedentes criminais e reincidência (STF: HC 100.367/RS, 1ª Turma, j. 09.08.2011, rel. Min. Luiz Fux, *DJe* 08.09.2011; STJ: HC 195.178/MS, 6ª Turma, j. 07.06.2011, rel. Min. Haroldo Rodrigues – desembargador convocado, *DJe* 01.07.2011) Registre-se que, mais recentemente (03/08/2015), o plenário do STF, em julgamento conjunto de três HCs, adotou o entendimento no sentido de que a incidência ou não do postulado da insignificância em favor de agentes reincidentes ou com maus antecedentes autores de crimes patrimoniais desprovidos de violência ou grave ameaça deve ser aferida caso a caso. *Vide* HCs 123.108, 123.533 e 123.734; **C:** correta. De fato, o princípio da insignificância constitui instrumento de interpretação restritiva do tipo penal, visto que somente haverá tipicidade penal se a conduta perpetrada pelo agente for revestida de periculosidade social, com grau de reprovabilidade efetivo e expressiva lesão ao bem jurídico tutelado pela norma incriminadora. Assim, à luz do princípio em comento, não bastará que o agente pratique a conduta descrita no tipo penal para que se reconheça a tipicidade penal, sendo de rigor que seu comportamento se revista de tipicidade material (lesividade ao bem jurídico); **D:** incorreta. O princípio da insignificância funda-se em valores de política criminal, atuando como causa excludente da tipicidade (material) do fato, constituindo-se em instrumento de interpretação restritiva do tipo penal. Não diz respeito ao caráter retributivo do Direito Penal, atinente às penas; **E:** incorreta. O STJ não admite, para os crimes previstos na Lei 11.343/2006, a aplicação do princípio da insignificância. Confira-se: "Segundo precedentes do STF e do STJ, o delito de tráfico de drogas não comporta incidência do princípio da insignificância, visto que se cuida de delito de perigo abstrato praticado contra a saúde pública. Dessa forma, para esse específico fim, é irrelevante a pequena quantidade da substância apreendida (no caso, 0,2 decigramas de crack)" (HC 155.391/ES, 6.ª Turma, j. 02.09.2010, rel. Min. Maria Thereza de Assis Moura, *DJe* 27.09.2010). O mesmo se pode dizer a respeito do crime do art. 28 da aludida lei (porte de drogas para consumo pessoal), tendo em vista que tal medida "seria equivalente a liberar o porte de pequenas quantidades de droga *contra legem*" (HC 130.677/MG, 6ª Turma, j. 04.02.2010, rel. Min. Celso Limongi – desembargador convocado, *DJe* 22.02.2010).

Gabarito "C".

(Ministério Público/SP – 2013 – PGMP) É exemplo típico do chamado Direito Penal do Inimigo:

(A) a caça, o sequestro e a condução do oficial nazista (Executor Chefe do III Reich) Adolf Eichmann para Israel em 1960, onde ele foi preso, julgado, condenado e executado por haver contribuído para a "solução final", que vitimou mais de cinco milhões de judeus, durante a II Guerra Mundial.
(B) a prisão e o julgamento (ainda não encerrado) por Tribunal instalado no Camboja, do dirigente do Khmer Vermelho Khieu Samphan (ex-presidente do conselho de estado do Kampuchea Democrático) – que é filho de um juiz e que estudou economia e ciências políticas em Paris, pela prática de crimes de guerra e contra a humanidade, assassinato, tortura e perseguição por razões religiosas e de raça contra a minoria muçulmana chama população vietnamita e o monacato, cujo resultado foi a morte de cerca de um quarto da população daquele país (mais de um milhão e meio de pessoas), entre os anos de 1975 e 1979.
(C) a perseguição, prisão e submissão a julgamento (está em curso) do psiquiatra e poeta Radovan Karadzic, de origem sérvia e cristã, que presidiu a Bósnia-Herzegovina durante a Guerra dos Bálcãs, em 1992, acusado perante o Tribunal Internacional da ONU para a ex-Iugoslávia, instalado em Haia, de ter contribuído para o genocídio, a "limpeza étnica" e a prática de crimes contra a humanidade que resultaram na morte de dezenas de milhares mulçumanos bósnios e croatas.
(D) a prisão, o julgamento e a condenação à prisão perpétua (pena máxima permitida), por genocídio e crimes contra a humanidade, em dezembro de 2008, pelo Tribunal Penal Internacional para Ruanda, instalado na Tanzânia, dos três principais dirigentes – Theoneste Bagosora, Aloys Ntabakuze e Anatole Nsengiyumva – do governo daquele país à época, pertencentes à etnia Hutu, que instigaram, colaboraram, permitiram e foram responsabilizados pelo massacre de cerca de oitocentas mil pessoas da etnia Tutsi, ocorrido em 1994.

(E) a procura, localização e a posterior execução (por tropa militar norte-americana – SEALs) do árabe saudita e muçulmano Osama Bin Laden, líder da Al-Qaeda (A Base), ocorrida no Paquistão, em maio de 2011, por ter sido a ele atribuída a prática de crimes contra a humanidade, assassinatos em massa e terrorismo (inclusive o planejamento do ataque aéreo às chamadas "Torres Gêmeas" em Nova Iorque, EUA, em que mais de três mil pessoas morreram).

A teoria do Direito Penal do Inimigo foi professada por Günther Jakobs, professor de Direito Penal e Filosofia do Direito na Alemanha, cujas primeiras linhas foram lançadas nos anos 80, concluída apenas no fim de 1990. Por tais razões, desde logo, as alternativas "A" e "B", de plano, podem ser excluídas, visto que os fatos nelas descritos ocorreram em períodos anteriores à criação da teoria em comento. Quanto às alternativas "C" e "D", igualmente podemos excluí-las, tendo em vista que a submissão de criminosos a julgamento perante Tribunais internacionais legitimamente constituídos não parece coadunar com a noção de "inimigo" que doravante traçaremos. Correta, pois, a alternativa "E". Vejamos. Nas palavras de Cleber Masson, Promotor de Justiça no Estado de São Paulo, "o termo inimigo representa aquele que, em situação de confronto, deve ser enfrentado e a qualquer custo vencido". Explicando didaticamente a Teoria encabeçada por Jakobs, acerca do conceito de inimigo, prossegue afirmando que se trata "de um indivíduo que, não apenas de maneira incidental, em seu comportamento ou em sua ocupação profissional, ou principalmente, por meio de vinculação com organização criminosa, vale dizer, em qualquer caso de forma presumivelmente permanente, abandonou o direito e, por conseguinte, não garante o mínimo de segurança cognitiva do comportamento pessoal e o manifesta por meio de sua conduta". E prossegue, mencionando a obra de Jakobs: "Como exemplos de pessoas identificadas como inimigas, após citar o ataque às torres gêmeas de Nova York, em 11 de setembro de 2001, como conduta inequívoca de indivíduos de tal estirpe, aponta os integrantes de organizações criminosas, delinquentes econômicos, terroristas, autores de crimes contra a liberdade sexual e, residualmente, os responsáveis pela prática de infrações penais graves e perigosas". Nessa esteira, conclui que é "possível, assim, a eliminação de direitos e garantias individuais, uma vez que não paira necessidade de obediência ao devido processo legal, mas um procedimento de guerra, de intolerância e repúdio ao inimigo" (**Direito Penal Esquematizado**, Parte Geral – 2ª edição, 2009, Ed. Método, p. 85). Pelas explicações ora trazidas, vê-se que à pessoa enquadrada como "inimiga", será possível a supressão de direitos e garantias individuais básicas, dentre elas, o devido processo legal. Foi o que ocorreu com o terrorista Osama Bin Laden, "sentenciado" à morte pelos Estados Unidos sem direito a contraditório e ampla defesa. Criticável ou não o evento, o fato é que, a ele – Osama -, não se permitiu chance alguma de defesa. Gabarito "E".

(Procurador da República – 26.º) No tema do princípio da proteção deficiente, assinale a alternativa incorreta:

(A) autoriza o afastamento do princípio da legalidade;
(B) autoriza o controle de constitucionalidade da norma penal incriminadora;
(C) está associado à teoria da função do direito penal de proteção dos bens jurídicos fundamentais;
(D) atende a uma exigência de justiça material e não somente de prevenção.

A: incorreta. Inicialmente, cumpre ressaltar que o princípio da proteção deficiente foi invocado pelo Procurador-Geral da República como causa de pedir no ajuizamento de ADI (4.301) contra o art. 225 do CP, que trata da ação penal nos crimes contra a dignidade sexual, em trâmite no STF. Por aludido princípio, nem a lei, nem o Estado, podem tutelar bens jurídicos fundamentais de forma deficiente (insuficiente). No entanto, eventual proteção deficiente de determinado direito fundamental não poderá conduzir ao afastamento do princípio da legalidade, primado basilar do Direito Penal (art. 5.º, XXXIX, da CF e art. 1.º do CP). Lembre-se de que, em matéria penal, o que não está na lei, não pode ser aplicado, ainda mais contra o réu; **B**: correta. Como visto, na ADI 4.301, invocou-se exatamente o princípio da proteção deficiente, intimamente ligado ao princípio da proporcionalidade, como fundamento para ser declarada a inconstitucionalidade do art. 225 do CP, que, alterado pela Lei 12.015/2009, passou a prever que a ação penal para os crimes sexuais será, em regra, pública condicionada à representação, sendo pública incondicionada apenas se a vítima for vulnerável ou menor de 18 (dezoito) anos (art. 225, parágrafo único, do CP). Assim, para os casos em que houver lesão corporal grave ou morte, pondera o MPF, a ação penal não pode ser pública condicionada à representação do ofendido, sob pena de grave violação à proteção de bens jurídicos tão relevantes (integridade sexual, física e vida) Vale o registro de que, bem recentemente, entrou em vigor a Lei 13.718/2018, que, dentre várias inovações implementadas nos crimes contra a dignidade sexual, mudou, uma vez mais, a natureza da ação penal nesses delitos. Com isso, a ação penal, nos crimes sexuais, passa a ser pública incondicionada. Vale lembrar que, antes do advento desta Lei, a ação era, em regra, pública condicionada, salvo nas situações em que a vítima era vulnerável ou menor de 18 anos. Fazendo um breve histórico, temos o seguinte quadro: a ação penal, nos crimes sexuais, era, em regra, privativa do ofendido, a este cabendo a propositura da ação penal; posteriormente, a partir do advento da Lei 12.015/2009, a ação penal, nesses crimes, deixou de ser privativa do ofendido para ser pública condicionada a representação, em regra; agora, com a entrada em vigor da Lei 13.718/2018, a ação penal, nos crimes contra a dignidade sexual, que antes era pública condicionada, passa a ser pública incondicionada. Com isso, o titular da ação penal, que é o MP, prescinde de manifestação de vontade da vítima para promover a ação penal. Dessa forma, fica sepultado o debate que antes havia acerca da aplicação da Súmula 608, do STF; **C**: correta. O princípio da proteção deficiente prega que bens jurídicos fundamentais, que devem ser tutelados pelo Direito Penal (função deste ramo do Direito), não podem ter rebaixamento em sua salvaguarda, sob pena de inconstitucionalidade. Afinal, é dever do Estado – e das leis – proteger direitos fundamentais de forma eficiente; **D**: correta. De acordo com Lênio Streck: "Trata-se de entender, assim, que a proporcionalidade possui uma dupla face: de proteção positiva e de proteção de omissões estatais. Ou seja, a inconstitucionalidade pode ser decorrente de excesso do Estado, caso em que determinado ato é desarrazoado, resultando desproporcional o resultado do sopesamento (*Abwägung*) entre fins e meios; de outro, a inconstitucionalidade pode advir de proteção insuficiente de um direito fundamental-social, como ocorre quando o Estado abre mão do uso de determinadas sanções penais ou administrativas para proteger determinados bens jurídicos. Este duplo viés do princípio da proporcionalidade decorre da necessária vinculação de todos os atos estatais à materialidade da Constituição, e que tem como consequência a sensível diminuição da discricionariedade (liberdade de conformação) do legislador." (A dupla face do princípio da proporcionalidade: da proibição de excesso (*Übermassverbot*) à proibição de proteção deficiente (*Untermassverbot*) ou de como não há blindagem contra normas penais inconstitucionais. **Revista da Ajuris**, Ano XXXII, n. 97, março/2005, p.180).
Gabarito "A".

2. APLICAÇÃO DA LEI NO TEMPO

(Investigador – PC/BA – 2018 – VUNESP) Assinale a alternativa que indica a teoria adotada pela legislação quanto ao tempo do crime.

(A) Retroatividade.
(B) Atividade.
(C) Territorialidade.
(D) Ubiquidade.
(E) Extraterritorialidade.

No que se refere ao *tempo do crime*, o Código Penal, em seu art. 4º, adotou a *teoria da ação* ou *da atividade*, segundo a qual se reputa praticado o delito no momento da ação ou omissão, ainda que outro seja o momento do resultado.
Gabarito "B".

(Procurador Municipal – Sertãozinho/SP – VUNESP – 2016) Rosa Margarida, apaixonada por Carlos Flores, imaginando que se os dois convivessem por alguns dias, ele poderia se apaixonar, resolveu sequestrá-lo. Sendo assim, o privou da sua liberdade e o levou para sua casa. Enquanto Carlos era mantido em cativeiro por Rosa, nova lei entrou em vigor, agravando a pena do crime de sequestro. Sobre a possibilidade de aplicação da nova lei, mais severa, ao caso exposto, assinale a alternativa correta.

(A) Não se aplica, tendo em vista a irretroatividade da lei penal mais severa.
(B) É aplicável, pois entrou em vigor antes de cessar a permanência.
(C) Não se aplica, tendo em vista o princípio da prevalência do interesse do réu.
(D) É aplicável, pois se trata de crime material e nesses casos deve ser aplicada a teoria da ubiquidade.
(E) Não se aplica, pois de acordo com a teoria da atividade, a lei a ser aplicada deve ser aquela em vigor no momento do crime.

Sendo o *sequestro e cárcere privado* – art. 148, CP crime permanente, em que a consumação se prolonga no tempo por vontade do agente, a sucessão de leis penais no tempo enseja a aplicação da lei vigente enquanto não cessado o comportamento ilícito, ainda que se trate de lei mais gravosa. É esse o entendimento firmado na Súmula 711 do STF: "A lei penal mais grave aplica-se ao crime continuado ou ao crime permanente, se a sua vigência é anterior à cessação da continuidade ou permanência".
Gabarito "B".

(Procurador – SP – VUNESP – 2015) De acordo com a teoria da aplicação da lei penal, pode-se afirmar:

(A) A lei penal, em razão das suas consequências, não retroage.
(B) A analogia, uma das fontes do direito, é vetada, no direito penal, em razão do princípio da legalidade.
(C) Considera-se o crime praticado no momento do resultado, e não da ação ou omissão (artigo 4º, CP).
(D) Considera-se o crime praticado no lugar em que ocorreu a ação ou omissão, bem como onde se produziu ou deveria produzir-se o resultado.
(E) No Brasil, os efeitos da lei penal não podem ultrapassar seus limites territoriais para regular fatos ocorridos além da sua soberania.

A: incorreta. A lei penal, é verdade, não retroage. Isso porque os fatos ocorridos sob a égide de determinada lei devem por ela ser regidos. Sucede que essa regra comporta exceção. Refiro-me à hipótese em que a lei nova é mais favorável ao agente do que aquela em vigor ao tempo em que a conduta foi praticada, seja porque deixou de considerar determinada conduta como infração penal (*abolitio criminis*), seja porque, de qualquer outra forma, revelou-se mais benéfica do que a lei anterior. Neste caso, embora o fato tenha se dado sob o império de determinada lei, certo é que o advento de lei nova mais favorável fará com que esta retroaja e atinja fatos ocorridos antes dela (lei nova mais benéfica) entrar em vigor. Tal fenômeno, que constitui garantia de índole constitucional, se denomina retroatividade da lei penal mais benéfica e está contido no art. 2º, *caput* e parágrafo único, do CP e art. 5º, XL, da CF; **B**: incorreta. A analogia não é vedada de forma absoluta em matéria penal. Isso porque ela terá lugar se benéfica for ao réu. É a chamada analogia *in bonam partem*; **C**: incorreta, já que, no que se refere ao *tempo do*

crime, o Código Penal, em seu art. 4º, adotou a *teoria da ação* ou *da atividade*, segundo a qual se reputa praticado o crime no momento da ação ou omissão, ainda que outro seja o momento do resultado; **D:** correta, dado que, quanto ao *lugar do crime*, o Código Penal, em seu art. 6º, acolheu, de fato, a teoria mista ou da ubiquidade, pois é considerado lugar do crime tanto o local em que foi praticada a conduta quanto aquele no qual o resultado foi ou deveria ser produzido; **E:** incorreta. Como bem sabemos, a lei penal brasileira será aplicada aos fatos praticados em território nacional (art. 5º, CP). Destarte, o Brasil adotou, como regra, o princípio da territorialidade, que, no entanto, comporta exceções, essas elencadas no art. 7º do CP, que estabelecem situações em que a lei brasileira é aplicada a crimes ocorridos no estrangeiro.
Gabarito "D".

(Procurador do Estado – PGE/BA – CESPE – 2014) No que diz respeito aos diversos institutos previstos na parte geral do Código Penal, julgue o item seguinte (adaptada).

Em se tratando de *abolitio criminis*, serão atingidas pela lei penal as ações típicas anteriores à sua vigência, mas não os efeitos civis decorrentes dessas ações.

Correta. Ocorre a *abolitio criminis* (art. 2º, "*caput*", do CP) sempre que uma lei nova deixa de considerar crime determinado fato até então criminoso. É, por força do que dispõe o art. 107, III, do CP, causa de extinção da punibilidade, que pode ser arguida e reconhecida a qualquer tempo, mesmo no curso da execução da pena. Além disso, tem o condão de fazer cessar a execução e os efeitos penais da sentença condenatória. Os efeitos extrapenais, no entanto, subsistem (art. 2º, "*caput*", do CP).
Gabarito "C".

(Delegado/AP – 2017 – FCC) João decide agredir fisicamente Pedro, seu desafeto, provocando-lhe vários ferimentos. Porém, durante a luta corporal, João resolve matar Pedro, realizando um disparo de arma de fogo contra a vítima, sem contudo, conseguir atingi-lo. A polícia é acionada, separando os contendores. Diante do caso hipotético, João responderá

(A) apenas por lesões corporais.
(B) apenas por tentativa de homicídio.
(C) por rixa e disparo de arma de fogo.
(D) por lesões corporais consumadas e disparo de arma de fogo.
(E) por lesões corporais consumadas e homicídio tentado.

O enunciado retrata típico caso de progressão criminosa, vertente do princípio da consunção estudado no conflito aparente de normas. Verifica-se quando o agente, de início, pretende produzir resultado menos grave. Contudo, no decorrer da conduta, decide produzir resultado mais grave, alterando, portanto, o dolo. É exatamente o caso daquele que, primeiramente, pretendia lesionar a vítima, mas que, após a prática das lesões corporais, decide matá-la. Nesse caso, o resultado final (mais grave) absorve o resultado inicial (menos grave). Assim, vamos à análise das alternativas! **A:** incorreta, pois se a intenção do agente (João) era a de matar a vítima (Pedro), a despeito de ter-lhe causado, antes, lesões corporais, responderá pelo fato mais grave (homicídio tentado), ficando absorvidos os fatos menos graves (lesões corporais), aplicando-se, aqui, o princípio da consunção em sua vertente "progressão criminosa"; **B:** correta. Como já afirmamos, ao caso narrado no enunciado aplica-se o princípio da consunção na modalidade "progressão criminosa", respondendo o agente apenas pelo fato mais grave (tentativa de homicídio), ficando absorvidas as lesões corporais; **C:** incorreta. De início, o crime de rixa (art. 137 do CP) é plurisubjetivo ou de concurso necessário, exigindo um mínimo de três agentes (contendores), o que não se verifica no enunciado. Quanto ao disparo de arma, trata-se de crime nitidamente subsidiário, conforme se extrai da redação do art. 15 do Estatuto do Desarmamento (Lei 10.826/2003), somente se aperfeiçoando se não cometido para a prática de crime mais grave (ex.: meio para matar a vítima); **D:** incorreta. Como mencionamos no comentário à alternativa "A", as lesões corporais ficarão absorvidas pela tentativa de homicídio, aplicando-se o princípio da consunção na modalidade "progressão criminosa". Quanto ao disparo de arma de fogo (art. 15 do Estatuto do Desarmamento), trata-se de crime subsidiário, que somente se caracteriza quando não praticado como meio para delito mais grave; **E:** incorreta. Por força do princípio da consunção, o crime mais grave (homicídio tentado) irá absorver o menos grave (lesões corporais consumadas).
Gabarito "B".

(Juiz de Direito/DF – 2016 – CESPE) Com relação à aplicação da lei penal, assinale a opção correta.

(A) As frações de dia são computadas como um dia integral de pena nas penas privativas de liberdade e nas restritivas de direitos.
(B) O direito penal, quanto ao tempo do crime, considera praticado o crime no momento do seu resultado.
(C) A sentença estrangeira, quando da aplicação da lei brasileira produz as mesmas consequências, poderá ser homologada no Brasil para todos os efeitos, exceto para obrigar o condenado à reparação do dano.
(D) Ficam sujeitos à lei brasileira os crimes contra o patrimônio ou a fé pública do DF, de estado, de município, de empresa pública, sociedade de economia mista, autarquia ou fundação instituída pelo poder público, embora cometidos no estrangeiro, sendo o agente punido segundo a lei brasileira, ainda que absolvido no estrangeiro.
(E) Não é aplicável a lei brasileira aos crimes praticados a bordo de aeronaves ou embarcações estrangeiras de propriedade privada, ainda que achando-se aquelas em pouso no território nacional ou em voo no espaço aéreo correspondente, e estas em porto ou mar territorial do Brasil.

A: incorreta, uma vez que não corresponde à regra presente no art. 11 do CP; **B:** incorreta. No que se refere ao *tempo do crime*, o Código Penal acolheu, em seu art. 4º, a *teoria da ação* ou da *atividade*, que considera praticado o crime no momento da ação ou da omissão, mesmo que outro seja o do resultado; **C:** incorreta, pois contraria o que estabelece o art. 9º, I, do CP; **D:** correta (art. 7º, I, *b*, e § 1º, do CP); **E:** incorreta, pois não corresponde ao que estabelece o art. 5º, § 2º, do CP.
Gabarito "D".

(Ministério Público/BA – 2015 – CEFET) Analise as seguintes assertivas acerca da norma penal:

I. Após a realização das operações previstas em lei para o cálculo final da pena, o número não inteiro de dias deve ser desprezado no cálculo da pena privativa de liberdade, e as frações de real devem ser consideradas no cálculo da pena de multa.
II. A lei intermediária pode ter, simultaneamente, dupla extra-atividade, possuindo características de retroatividade e ultra-atividade.
III. Verificamos a incidência do princípio da continuidade normativa típica quando uma norma penal é revogada, mas sua conduta continua prevista como crime em outro dispositivo legal.
IV. A norma penal em branco própria homovitelina é aquela em que a norma incompleta e seu necessário complemento estão contidos na mesma estrutura legislativa.
V. Na hipótese de crime permanente, diante de duas leis penais vigentes, uma em cada determinado período de permanência delitiva, sempre deve ser aplicada a lei penal mais benéfica ao réu.

Estão CORRETAS as assertivas:
(A) I e III.
(B) I e IV.
(C) II e III.
(D) II e V.
(E) IV e V.

I: incorreta. Nos termos do art. 11 do CP, tanto as frações de dia serão desprezadas no cálculo das penas privativas de liberdade (portanto, as horas não serão consideradas), quanto as frações da moeda vigente também serão desprezadas no cálculo da pena de multa (portanto, os centavos); **II:** correta. A lei intermediária (*lex intermedia*), de acordo com Cleber Masson, é possível em caso de sucessão de leis penais, ainda que não estivesse vigente à época do fato ou à época do julgamento, sendo dotada, simultaneamente, de retroatividade e ultra-atividade (Direito Penal Esquematizado, vol. 1, p. 136/137, 9ª edição, Ed. Método, 2015). Trata-se de posicionamento endossado pelo Supremo Tribunal Federal (RE 418876/MT, rel. Min. Sepúlveda Pertence, 1ª Turma, j. 30.03.2004). Assim, por exemplo, imagine que uma lei "A" esteja em vigor quando da prática do fato, sucedida por uma lei "B", que, por sua vez, tenha sido revogada pela lei "C", em vigor na data do julgamento. Nesse caso, desde que seja, entre todas, a lei mais favorável, deverá a lei "B" ser aplicada. Perceba que ela produzirá efeitos retroativos, porque alcançará fato anterior ao início de sua vigência, mas, também, ultra-ativos, visto que será aplicada mesmo após sua revogação; **III:** correta. A continuidade normativo-típica, ou princípio da continuidade normativa, se verifica quando uma norma penal é revogada, sendo que seu conteúdo "migra" para outro dispositivo legal. Tal ocorreu, por exemplo, com o crime de atentado violento ao pudor, formalmente revogado do CP (art. 214) pela Lei 12.015/2009, mas cuja conduta passou a ser considerada estupro (art. 213). Nessa fusão de tipos penais, operou-se, no tocante ao atentado violento ao pudor, a continuidade normativa típica; **IV:** incorreta. Denomina-se de norma penal em branco (ou primariamente remetidas) aquelas que dependem de um complemento para a sua adequada compreensão e aplicação. Subdividem-se em normas penais em branco homogêneas (também chamadas de normas penais em branco em sentido amplo ou homólogas, ou, ainda, normas penais em branco impróprias), assim consideradas quando o complemento é oriundo da mesma fonte que legislativa que editou a norma complementada (ex.: art. 236 do CP – induzimento a erro essencial e ocultação de impedimento – aqui, os conceitos de "erro essencial" e "impedimento", relativos ao casamento, são extraídos do Código Civil, que é uma lei ordinária, assim como o é o Código Penal), e normas penais em branco heterogêneas (ou em sentido estrito, ou heterólogas, ou, ainda, normas penais em branco próprias), assim denominadas quando o seu complemento deriva de fonte diversa daquela que será complementada (ex.: art. 33 da Lei 11.343/2006 – o conceito de "droga", para fins de caracterização do crime de tráfico de drogas, é obtido da análise de um ato administrativo, qual seja, portaria da Anvisa; portanto, a norma complementar deriva de fonte diversa da norma penal a ser complementada). Por sua vez, as normas penais em branco impróprias (e não própria, como consta na assertiva!) podem ser subdividas em homovitelinas (quando o complemento se encontra na mesma estrutura legislativa da norma a ser complementada) ou heterovitelinas (quando o complemento se encontra em diploma legal diverso àquele que complementará); **V:** incorreta. Em caso de crime permanente, a superveniência de lei penal mais gravosa não enseja a aplicação do princípio da irretroatividade prejudicial. É o que se extrai da Súmula 711 do STF, segundo a qual a lei penal mais severa aplica-se ao crime continuado ou ao crime permanente, se sua vigência é anterior à cessação da continuidade ou permanência.
Gabarito "C".

(Ministério Público/SP – 2015 – MPE/SP) Os princípios que resolvem o conflito aparente de normas são:

(A) especialidade, legalidade, intranscendência e alternatividade.
(B) especialidade, legalidade, consunção e alternatividade.
(C) especialidade, subsidiariedade, consunção e alternatividade.
(D) legalidade, intranscendência, consunção e alternatividade.

(E) legalidade, consunção, subsidiariedade e alternatividade.

A única alternativa que contempla princípios que resolvem o conflito aparente de normas é a C. O princípio da especialidade enuncia que a lei especial, que é aquela que contém todos os elementos previstos na lei geral, além de outros denominados especializantes, prevalece sobre a lei geral (*lex specialis derogat generali*). Pelo princípio da subsidiariedade, a lei primária prevalece sobre a lei subsidiária (*lex primaria derogat legi subsidiarie*). A lei primária é aquela que contempla um grau de violação maior ao bem jurídico, ao passo que subsidiária é a lei que, se comparada à primária, contém menor grau de violação ao mesmo bem jurídico. Já o princípio da consunção (ou absorção) enuncia que o fato mais amplo e grave absorve (consome) os demais menos amplos e graves (*lex consumens derogat legi consumptae*). Em outras palavras, a lei que contempla os fatos mais graves e amplos consome a que contempla fatos mais restritos e com menor gravidade. Finalmente, o princípio da alternatividade tem aplicabilidade para os chamados tipos mistos alternativos, de ação múltipla ou de conteúdo variado, que são aqueles que contemplam diversos fatos que, alternativamente considerados, caracterizam formas de cometimento de uma mesma infração penal. Destarte, qualquer das condutas descritas no tipo penal, se perpetradas pelo agente, redundarão no reconhecimento do crime. Assim, se o agente praticar um ou mais núcleos do tipo, terá, em verdade, praticado um só crime. Para boa parcela da doutrina, a alternatividade não é princípio que resolva um conflito aparente de normas, mas, sim, um conflito interno, ou seja, na própria norma penal. Porém, a banca examinadora adotou a doutrina mais tradicional, que arrola a alternatividade como um dos princípios que resolvem o conflito aparente de normas (ou de leis penais).
Gabarito "C".

(Ministério Público/SP – 2015 – MPE/SP) Após leitura dos enunciados abaixo, assinale a alternativa falsa:

(A) O princípio da legalidade tem como fundamento o princípio *nullum crimen, nulla poena sine praevia lege*.
(B) No tocante ao tempo do crime, o Código Penal Brasileiro adotou a teoria da atividade, que o considera como o momento da conduta comissiva ou omissiva.
(C) No tocante ao lugar do crime, o Código Penal Brasileiro adotou a teoria da atividade, que o considera como o local onde ocorreu a conduta criminosa.
(D) Lei excepcional, por ter ultra-atividade, pode ser aplicada a fatos praticados durante sua vigência mesmo após sua revogação.
(E) A lei penal, ao entrar em conflito com lei penal anterior, pode apresentar as seguintes situações: *novatio legis* incriminadora, *abolitio criminis*, *novatio legis in pejus* e *novatio legis in mellius*.

A: assertiva correta. De fato, o princípio da legalidade se materializa no conhecido brocardo *nullum crimen nulla poena sine praevia lege* (não há crime, nem pena, sem prévia previsão legal); **B:** assertiva correta. Nos termos do art. 4º do CP, considera-se praticado o crime no momento da ação ou omissão, ainda que outro seja o do resultado. Adotou-se a teoria da atividade; **C:** assertiva incorreta, devendo ser assinalada. No tocante ao lugar do crime, o CP, em seu art. 6º, adotou a teoria da ubiquidade. Assim, considera-se lugar do crime tanto aquele onde ocorreu a ação ou omissão (no todo ou em parte), quanto onde o resultado se verificou (ou deveria se verificar); **D:** assertiva correta, nos termos do art. 3º do CP. As leis excepcionais, assim como as temporárias, espécies do gênero "leis de vigência temporária", são dotadas de ultra-atividade, produzindo efeitos com relação aos fatos praticados durante sua vigência, ainda que posteriormente à revogação; **E:** assertiva correta. A assertiva trata do conflito de leis penais no tempo (ou conflito intertemporal de leis penais), que pode ser representado por quatro situações: a) *novatio legis in mellius* (edição de lei posterior benéfica); b) *novatio legis in pejus* (edição de lei posterior prejudicial); c) *novatio legis* incriminadora (edição de lei que passa a incriminar fato até então indiferente para o Direito penal); e d) *abolitio criminis* (lei supressiva de incriminação). A solução para o conflito de leis penais no tempo é a adoção do princípio da retroatividade benéfica (ou irretroatividade prejudicial), plasmado no art. 5º. XL, da CF, e art. 2º do CP.
Gabarito "C".

(Defensor/PA – 2015 – FMP) Assinale a alternativa INCORRETA.

(A) Segundo entendimento sumulado pelo Supremo Tribunal Federal, a lei penal mais grave aplica-se ao crime continuado, se a sua vigência é anterior à cessação da continuidade.
(B) O princípio *tempus regit actum* determina que a lei penal aplicável ao fato delitivo será aquela vigente à época em que este for julgado.
(C) No caso de crime permanente, aplica-se ao crime integral a nova lei, ainda que mais gravosa, se esta entrar em vigência durante a execução da conduta criminosa.
(D) Em matéria de direito penal transitório intertemporal, vige a regra da retroatividade da lei penal mais benéfica.
(E) Em relação às leis temporárias, vige a regra da ultra-atividade, de modo que se aplicam aos fatos praticados durante a sua vigência, embora decorrido o período de sua duração.

A: assertiva correta, nos termos da Súmula 711 do STF, que dispõe que "a lei penal mais grave aplica-se ao crime continuado ou ao crime permanente, se a sua vigência é anterior à cessação da continuidade ou permanência"; **B:** assertiva incorreta, devendo ser assinalada. O princípio *tempus regit actum* dispõe que será aplicada a lei vigente à época do fato. Contudo, como é sabido, em matéria penal, referido princípio não pode ser aplicado "cegamente", eis que, nos termos do art. 5º, XL, da CF, e, também, o art. 2º do CP, a lei penal não retroagirá, salvo para beneficiar o réu. Portanto, poderá haver, em caso de sucessão de leis no tempo, a extra-atividade (retroatividade ou ultra-atividade) da lei penal mais favorável; **C:** assertiva correta, nos termos da precitada Súmula 711 do STF; **D:** assertiva correta. Como visto no comentário à alternativa B, no direito intertemporal (também chamado de direito transitório), aplicar-se-á, em matéria penal, a regra da retroatividade da lei mais benéfica. Assim, havendo conflito de leis penais no tempo, aplicar-se-ão os arts. 5º, XL, da CF e 2º do CP; **E:** assertiva correta, nos termos do art. 3º do CP. As leis excepcionais e temporárias (espécies de leis de vigência temporária) são dotadas de ultra-atividade, ou seja, serão aplicadas aos fatos praticados durante sua vigência mesmo após sua autorrevogação.
Gabarito "B".

(Promotor de Justiça/PR – 2013 – X) Quanto ao tempo do crime, é correto afirmar:

(A) Para nosso Código Penal, considera-se praticado o crime quando o agente atinge o resultado, ainda que seja outro o momento da ação ou omissão, vez que adotamos a teoria da atividade;
(B) Para nosso Código Penal, vez que adotada a teoria da ubiquidade ou mista, considera-se praticado o crime quando o agente atinge o resultado nos crimes materiais, ou no caso dos delitos de mera conduta, no momento da ação ou omissão;
(C) O adolescente Semprônio, um dia antes de completar 18 anos, querendo ainda aproveitar-se de sua inimputabilidade, desfere tiros contra a vítima Heráclito, que somente vem a falecer uma semana após. Neste caso, graças à adoção da teoria do resultado pelo nosso Código Penal, Semprônio não se verá livre de responder pelo crime de homicídio;
(D) No caso dos crimes permanentes – exceções que são à teoria do resultado adotada pelo Código Penal – considera-se praticado o delito no momento do início da execução;
(E) Para nosso Código Penal, considera-se praticado o crime no momento da ação ou omissão, mesmo que ainda seja outro o momento do resultado, vez que adotada a teoria da atividade.

A: incorreta. De acordo com o art. 4º do CP, considera-se praticado o crime no momento da ação ou da omissão, ainda que outro seja o do resultado. Adotou-se, de fato, a teoria da atividade, que, como o próprio nome sugere, afirma que o tempo do crime é o da atividade (ação ou omissão), e não quando o agente atinge o resultado, como afirmado na assertiva; **B:** incorreta. Como visto na alternativa anterior, em matéria de "tempo do crime", que é o objeto da questão, nosso CP adotou a teoria da atividade (art. 4º), importando aferir o momento da ação ou da omissão, seja nos crimes materiais, formais ou de mera conduta; **C:** incorreta. Dado que o tempo do crime é o da ação ou omissão, Semprônio responderá de acordo com a legislação especial (ECA), visto que, a ação foi perpetrada antes de completar a maioridade penal, nada obstante o resultado (falecimento da vítima) tenha ocorrido quando já havia alcançado os 18 (dezoito) anos de idade. Lembre-se que o art. 4º do CP adotou a teoria da atividade e não a do resultado; **D:** incorreta. Nos crimes permanentes, que são aqueles cuja consumação se protrai no tempo, considera-se a sua prática enquanto não cessar a permanência. Prova disso é o teor da Súmula 711 do STF, que dispõe que a superveniência de lei mais gravosa, cuja vigência seja anterior à cessação da permanência, incidirá aos agentes; **E:** correta. Nos exatos termos do art. 4º do CP, "considera-se praticado o crime no momento da ação ou omissão, ainda que outro seja o momento do resultado". Adotou-se, claramente, a teoria da atividade.
Gabarito "E".

(Ministério Público/MS – 2013 – FADEMS) Considere as assertivas abaixo,

I. O princípio da legalidade, que se desdobra nos princípios da reserva legal e da anterioridade, não é aplicável às medidas de segurança, pois elas não possuem natureza de pena, uma vez que o Código Penal apenas se refere aos crimes e contravenção penal.
II. A *abolitiio criminis*, que possui natureza jurídica de causa de extinção da punibilidade, acarreta a extinção dos efeitos penais e extrapenais da sentença condenatória.
III. Aplicável é a lei penal do tempo da libertação da vítima de sequestro, mesmo que mais gravosa do que aquela vigente ao tempo da ação que levou a vítima para o cativeiro.
IV. Em caso de relevância e urgência, é possível a edição de Medida Provisória em matéria penal, unicamente para beneficiar o réu.

São incorretas:

(A) Somente as assertivas I e II.
(B) Somente as assertivas II, III e IV.
(C) Somente as assertivas II e IV.
(D) Somente as assertivas I, III e IV.
(E) Somente as assertivas I e IV.

I: incorreta. A despeito de as medidas de segurança não serem penas, mas, sim, espécie de sanção penal, não há dúvidas de que, a elas, aplica-se o princípio da legalidade (art. 5º, XXXIX, da CF/1988). Há entendimento minoritário que sustenta que referida sanção penal tem caráter estritamente curativo, razão pela qual não estaria submetida aos subprincípios da reserva legal e anterioridade (TOLEDO, Francisco de Assis. **Princípios básicos de direito penal**. 5. ed. São Paulo: Saraiva, 2007. p. 40/42). Assim, pode-se concluir que, muito embora as medidas de segurança não se confundam com as penas, têm elas um conteúdo penoso, nas palavras da Min. Laurita Vaz, no julgamento do HC 226.014/SP, de 19.04.2012. Logo, os postulados fundamentais do Direito Penal, dentre eles, o da legalidade, é perfeitamente aplicável às medidas de segurança; **II:** correta, de acordo com a banca examinadora. De fato, a *abolitio criminis*, que é causa extintiva da punibilidade (art. 107, III, do CP), opera o afastamento dos efeitos penais principal (pena ou medida de segurança) e secundários de natureza penal. Tal é o que se extrai do art. 2º, *caput*, do CP: "ninguém pode ser punido por fato que lei posterior deixa de considerar crime, cessando em virtude dela a execução e os efeitos penais da sentença condenatória". Assim, a lei supressiva de incriminação afasta apenas os efeitos principal e secundários de *natureza penal*, subsistindo, porém, os de *natureza civil* (considerados, sem prejuízo de outros previstos nos arts. 91 e 92 do CP, de natureza extrapenal). Consideramos, portanto, incorreta a assertiva; **III:** incorreta, de acordo com a banca examinadora. Porém, discordarmos. Nos termos da Súmula 711 do STF, "A lei penal mais grave aplica-se ao crime continuado ou ao crime permanente, se a sua vigência é anterior à cessação da continuidade ou da permanência". Tratando-se o sequestro (art. 148 do CP) de crime permanente, assim considerado aquele cuja consumação se protrai no tempo, sobrevindo à conduta inicial (sequestro da vítima) lei mais gravosa, esta será aplicada ao agente; **IV:** incorreta, pois, de acordo com o art. 62, § 1º, "b", da CF/1988, é vedada a edição de medida provisória em matéria penal.

Gabarito "D".

3. APLICAÇÃO DA LEI NO ESPAÇO

(Promotor de Justiça/PR – 2013 – X) Assinale a alternativa correta:

(A) No crime comissivo por omissão ou omissivo impróprio inexiste o dever jurídico de agir, não respondendo o omitente pelo resultado, mas pela própria prática da conduta omissiva, podendo ser citado, como exemplo, o crime de omissão de socorro. Já no crime omissivo próprio o omitente devia e podia agir para evitar o resultado;

(B) No crime omissivo próprio o agente responde pelo resultado que deu causa. Já no caso do crime omissivo impróprio este se aperfeiçoa com a simples omissão;

(C) Os denominados delitos omissivos próprios, como os omissivos impróprios ou comissivos por omissão, são considerados crimes de mera conduta, posto que a omissão não pode dar causa a qualquer resultado;

(D) Os denominados crimes omissivos próprios admitem tentativa;

(E) No crime omissivo próprio o omitente não responde pelo resultado, perfazendo-se o crime com a simples omissão do agente, podendo ser citado, como exemplo, o crime de omissão de socorro. Já no crime comissivo por omissão ou omissivo impróprio o omitente devia e podia agir para evitar o resultado.

A: incorreta. O crime comissivo por omissão ou omissivo impróprio (ou omissivo espúrio) caracteriza-se pelo fato de o agente, tendo o dever jurídico de agir e podendo fazê-lo para impedir o resultado, nada faz. Neste caso, nos termos do art. 13, § 2º, do CP, o omitente responderá pelo resultado que deixou de evitar. Ademais, o exemplo dado pela assertiva (crime de omissão de socorro – art. 135 do CP) corresponde a uma *omissão própria*, que se caracteriza pela pura e simples inatividade definida em lei. Diferentemente da omissão imprópria, que, como dito, exige a inobservância de um dever jurídico de agir do agente para impedir o resultado, a omissão própria é descrita no próprio tipo penal, consumando-se com a simples inércia do agente. Há um dever genérico de agir a todos imposto; **B:** incorreta. A assertiva embaralha os conceitos de omissão própria e imprópria. Naquela, o crime se aperfeiçoará com a simples omissão descrita no tipo penal, ao passo que nessa última o agente responderá pelo resultado não evitado pela sua omissão (lembrando que deverá existir o dever jurídico de agir e a possibilidade de agir para que a omissão seja penalmente relevante); **C:** incorreta. Os crimes omissivos próprios ou puros são de mera conduta, ou seja, não se exigirá um resultado naturalístico, bastando a inércia do agente e, portanto, sua desobediência ao "dever genérico" de agir previsto no próprio tipo penal incriminador. Já os crimes omissivos impróprios ou impuros são materiais, exigindo-se, para sua caracterização, que o agente deixe de observar o dever jurídico de agir para evitar o resultado. Ora, se se fala em "resultado" é porque se está diante de um crime material; **D:** incorreta. Os crimes omissivos próprios, por pressuporem apenas uma inércia do agente, que descumpre um dever genérico de agir, não admitem tentativa. Lembre-se que referidos crimes são de mera conduta, os quais, como sabido, não são compatíveis com o *conatus*; **E:** correta. De fato, no crime omissivo próprio, o omitente responde pura e simplesmente por sua inércia, mas não pelo resultado naturalístico eventualmente produzido. É o caso da omissão de socorro (art. 135 do CP), bastando que o agente deixe de prestar socorro nas hipóteses previstas no tipo penal. Aqui, o crime já estará aperfeiçoado, independentemente da pessoa cujo socorro não se prestou sofra alguma consequência mais grave. Nos crimes comissivos por omissão (ou omissivos impróprios), diferentemente, o agente responderá pelo resultado que deveria e poderia ter evitado. É o caso da mãe, que tendo o dever jurídico de agir para impedir a morte do filho recém-nascido, decorrente do próprio poder familiar, deixa de alimentá-lo, causando sua morte. Responderá por referido resultado, tratando-se, pois, de crime material.

Gabarito "E".

(Promotor de Justiça/PR – 2013 – X) Assinale a alternativa incorreta:

(A) Crime unissubsistente é aquele que se consuma com a prática de um único ato, como, por exemplo, a injúria verbal;

(B) Crime unissubjetivo é aquele que possui um único verbo núcleo na descrição típica da conduta, como, por exemplo, o homicídio;

(C) Crime plurissubsistente é aquele que se consuma com a prática de mais de um ato, como, por exemplo, o estelionato;

(D) Crime pluriofensivo é aquele que atinge mais de um bem jurídico, como, por exemplo, o latrocínio;

(E) Crime não transeunte é aquele que deixa vestígios, como, por exemplo, o homicídio.

A: correta. De fato, os crimes unissubsistentes, como o próprio nome sugere, são aqueles que se aperfeiçoam com a prática de um só ato. Portanto, o *iter criminis* não é fracionável, não se admitindo, pois, a tentativa. Clássico exemplo é a injúria verbal; **B:** incorreta. Os crimes unissubjetivos (ou monossubjetivos, ou unilaterais) são aqueles que podem ser cometidos por uma só pessoa. São também conhecidos como crimes de concurso eventual, admitindo-se, pois, a coautoria e/ou a participação. Não se confundem com os crimes de ação simples ou ação única, que são aqueles cujos tipos penais possuem um único verbo núcleo (ex.: homicídio – art. 121 do CP – verbo *matar*), que se contrapõem aos crimes de ação múltipla, cujos tipos penais contemplam duas ou mais ações nucleares (ex.: receptação – art. 180 do CP – *adquirir, receber, ocultar, transportar ou conduzir*); **C:** correta. Crime plurissubsistente é aquele cuja conduta do agente se exterioriza pela prática de dois ou mais atos, contrapondo-se aos crimes unissubsistentes, cuja explicação já foi dada no comentário à alternativa A; **D:** correta, pois o crime pluriofensivo, como sugere o nome, é aquele que atinge a mais de um bem jurídico, tal como se vê no latrocínio (atinge-se o patrimônio e a vida). Já os crimes uniofensivos (ou mono-ofensivos) são aqueles que atingem um único bem jurídico. É o caso do furto, que ofende apenas o patrimônio da vítima; **E:** correta. Diz-se crime não transeunte (ou de fato permanente) aquele que deixa vestígios materiais (tal como o homicídio), em contraposição aos crimes transeuntes (ou de fato transitório), que não deixam vestígios materiais (ex.: injúria verbal).

Gabarito "B".

4. CONCEITO E CLASSIFICAÇÃO DOS CRIMES

(Defensor Público – DPE/PR – 2017 – FCC) NÃO é contravenção penal:

(A) Importunação ofensiva ao pudor.
(B) Mendicância.
(C) Exercício ilegal da profissão.
(D) Jogo do bicho.
(E) Vadiagem.

A: incorreta. Ao tempo em que foi elaborada esta questão, já que se tratava da contravenção penal descrita no art. 61 do Decreto-lei 3.688/1941. Explico. A recente Lei 13.718/2018 promoveu, no contexto dos crimes sexuais, relevantes mudanças. Uma das mais significativas, a nosso ver, é a introdução, no Código Penal, do crime de *importunação sexual*, disposto no art. 215-A, nos seguintes termos: *Praticar contra alguém e sem a sua anuência ato libidinoso com o objetivo de satisfazer a própria lascívia ou a de terceiro: Pena – reclusão, de 1 (um) a 5 (cinco) anos, se o ato não constitui crime mais grave*. A conduta de homens que, em ônibus e trens lotados, molestam mulheres e, em alguns casos, chegam a ejacular, se enquadra, doravante, neste novo tipo penal. Episódio amplamente divulgado pelos meios de comunicação é o de um homem que, dentro do transporte público, em São Paulo, ejaculou no pescoço de uma mulher. Antes, a responsabilização se dava pela contravenção penal de *importunação ofensiva ao pudor*, definida no art. 61 da LCP, cujo preceito secundário estabelecia exclusivamente pena de multa, dispositivo este que foi revogado, de forma expressa, pela Lei 13.718/2018, tendo a conduta ali descrita migrado para o novo art. 215-A do CP, em face da regra da continuidade típico-normativa. Evidente que a pena, agora mais grave, não poderá retroagir e atingir fatos anteriores à entrada em vigor da Lei 13.718/2018; **B:** correta. De fato, o art. 60 da Lei das Contravenções Penais, que previa a contravenção de *mendicância*, foi revogado pela Lei 11.983/2009. Cuida-se, portanto, de fato atípico; **C:** incorreta. Trata-se da contravenção penal descrita no art. 47 do Decreto-lei 3.688/1941; **D:** incorreta. Trata-se da contravenção penal descrita no art. 58 do Decreto-lei 3.688/1941; **E:** incorreta. Trata-se da contravenção penal descrita no art. 59 do Decreto-lei 3.688/1941.

Gabarito "B".

(Promotor de Justiça – MPE/RS – 2017) Assinale com **V** (verdadeiro) ou com **F** (falso) os enunciados abaixo.

( ) Pelo exame dos tipos incriminadores do Código Penal, verifica-se hipótese em que a corrupção é crime bilateral, ativa e passiva, quando a existência de uma modalidade depende da existência da outra.

( ) Nos crimes materiais, há distinção típica lógica e cronológica entre a conduta e o resultado, mas o mesmo não ocorre nos crimes formais, em que essa mesma distinção é somente lógica.

( ) No crime progressivo, o tipo penal, abstratamente considerado, contém explicitamente outro, o qual deve ser necessariamente realizado para alcançar o resultado.

( ) No crime putativo, a atipicidade é objetiva e subjetiva. No crime impossível, há atipicidade objetiva e tipicidade subjetiva. Já no erro de tipo, há tipicidade objetiva e atipicidade subjetiva.

A sequência correta de preenchimento dos parênteses, de cima para baixo, é

(A) V – F – F – F.
(B) V – F – V – V.
(C) V – V – F – V.
(D) F – V – F – V.
(E) F – F – V – F.

1ª assertiva: verdadeira. A bilateralidade, no contexto da corrupção, não é obrigatória (é, isto sim, ocasional). Isso porque o crime de corrupção (ativa ou passiva) não pressupõe, necessariamente, a existência de um crime bilateral (corrupção passiva de um lado e corrupção ativa de outro). Imaginemos a situação em que o funcionário solicita vantagem indevida de um particular. Neste caso, o crime funcional (corrupção passiva), porque formal, já restará consumado, pouco importando que o particular atenda ou não ao pleito formulado pelo *intraneus*. Temos, neste caso, tão somente o crime de corrupção passiva. De outro lado, se o particular oferece ao funcionário vantagem indevida e este a recusa, há somente o cometimento do crime de corrupção ativa por parte do particular. Agora, se o funcionário aceitar a promessa formulada pelo particular, haverá dois crimes: corrupção ativa pelo particular e passiva pelo funcionário (hipóteses de bilateralidade); **2ª assertiva:** verdadeira. No crime material, a produção do resultado previsto no tipo penal é pressuposto para consumação do delito; sem isso, o crime fica na esfera da tentativa. Diz-se, assim, que o resultado, neste tipo de crime, se destaca de forma lógica e cronológica da conduta; já no caso do crime formal, o resultado, embora previsto no tipo penal, não constitui imperativo à consumação do delito, que ocorre de forma contemporânea à produção do resultado jurídico. Não há, portanto, neste caso, separação cronológica, mas somente lógica; **3ª assertiva:** falsa. No crime progressivo, que constitui uma das hipóteses de incidência da regra (ou princípio) da consunção, o crime que o agente, desde o início, deseja praticar contém, de forma *implícita*, outro crime, que representa uma violação menor ao bem jurídico; 4ª assertiva: verdadeira.

Gabarito "C".

(Promotor de Justiça – MPE/RS – 2017) A respeito dos crimes omissivos impróprios, ou comissivos por omissão, assinale a alternativa **INCORRETA**.

(A) São de estrutura típica aberta e de adequação típica de subordinação mediata. Só podem ser praticados por determinadas pessoas, embora qualquer pessoa possa, eventualmente, estar no papel de garante. Neles, descumpre-se tão somente a norma preceptiva e não a norma proibitiva do tipo legal de crime ao qual corresponda o resultado não evitado.
(B) Se o médico se obriga a realizar determinado procedimento em um paciente, mas resolve viajar e deixa seu compromisso nas mãos de um colega, que assume esse tratamento, ele responde penalmente pelas lesões que resultem de erro de diagnóstico deste outro médico.
(C) Quem, sabendo nadar, por brincadeira de mau gosto, empurra o amigo para dentro da piscina, por sua ingerência, estará obrigado a salvá-lo, se necessário, para que o fato não se transforme em crime de homicídio, no caso de eventual morte por afogamento.
(D) Na forma dolosa, os crimes omissivos impróprios não exigem que o garante deseje o resultado típico.
(E) Se o garante, apesar de não haver conseguido impedir o resultado, seriamente esforçou-se para evitá-lo, não haverá fato típico, doloso e culposo. Nos omissivos impróprios, a relação de causalidade é normativa.

A: correta. Crime omissivo impróprio (*comissivo por omissão* ou *impuro*), *grosso modo*, é aquele em que o sujeito ativo, por uma omissão inicial, gera um resultado posterior, que ele tinha o dever de evitar (art. 13, § 2º, do CP). Os chamados crimes comissivos, que pressupõem uma conduta positiva, encerram normas proibitivas dirigidas, na maioria das vezes, à população em geral. Já nos crimes comissivos por omissão, a situação é bem outra. A existência do crime comissivo por omissão pressupõe a conjugação de duas normas: uma norma proibitiva, que encerra um tipo penal comissivo e é dirigido, e uma norma mandamental, que é endereçada a determinadas pessoas sobre as quais recai o dever de agir. Assim, a título de exemplo, a violação à regra contida no art. 121 do CP (não matar) pressupõe, via de regra, uma conduta positiva (um agir, um fazer); agora, a depender da qualidade do sujeito ativo (art. 13, § 2º), essa mesma norma pode ser violada por meio de uma omissão, o que se dá quando o agente, por força do que dispõe o art. 13, § 2º, do CP, tem o dever de agir para evitar o resultado. Exemplo sempre lembrado pela doutrina é o da mãe que propositadamente deixa de amamentar seu filho, que, em razão disso, vem a morrer. Será ela responsabilizada por homicídio doloso, na medida em que seu dever de agir está contemplado na regra inserta no art. 13, § 2º, do CP. No mais, esta modalidade de crime omissivo não deve ser confundida com o *crime omissivo próprio* ou *puro*. Neste, o tipo penal cuidou de descrever a conduta. É o caso do crime de omissão de socorro (art. 135, CP). Esta modalidade de crime se perfaz pela mera abstenção do agente, independente de qualquer resultado posterior. Não é admitida, ademais, a tentativa; o crime omissivo impróprio, ao contrário, comporta o *conatus*; **B:** incorreta. Não há qualquer relevância penal na conduta do médico que, depois de comprometer-se a realizar determinado procedimento em um paciente, vê-se obrigado a viajar e deixa no seu lugar outro profissional para realizar o procedimento em seu lugar. Não houve, por parte do médico, nenhuma conduta delituosa; **C:** correta. A responsabilidade neste caso incide porque o agente, com o seu comportamento, criou o risco da ocorrência do resultado (afogamento), nos termos do art. 13, § 2º, *c*, do CP; **D:** correta. É o caso do agente que joga a vítima na piscina por brincadeira; **E:** correta. Diz-se normativa porque prevista em lei (art. 13, § 2º, CP). Ademais, não se deve exigir uma atuação heroica por parte do agente.

Gabarito "B".

(Juiz – TJ/MS – VUNESP – 2015) Assinale a alternativa correta a respeito do entendimento do crime.

(A) O crime consunto é o delito que absorve o de menor gravidade.
(B) O crime comissivo por omissão é aquele em que o sujeito, por omissão, permite a produção de um resultado posterior que lhe é condicionante.
(C) É admissível a forma tentada no crime unissubsistente.
(D) Crime de ação múltipla é aquele em que o sujeito necessita percorrer várias ações do preceito fundamental para que consiga chegar ao resultado, sem a qual não há como se subsumir a conduta ao delito.
(E) Crime vago é aquele em que a ação do agente causa dúvida sobre a tipificação do fato ao delito realizado.

A: incorreta. No contexto da regra da consunção, que constitui um dos mecanismos de solução do conflito aparente de normas, *consunto* é o delito absorvido (e não o que absorve) por outro de maior gravidade (consuntivo); **B:** correta. A responsabilidade do agente, no chamado *crime comissivo por omissão* ou *omissivo impróprio (impuro)*, surge porque este deixou de evitar o resultado que podia ou devia ter evitado. Sua obrigação está consubstanciada no art. 13, § 2º, do CP. É crime material, cuja produção do resultado é necessária (condicionante) à consumação desta modalidade de crime omissivo. É o caso da mãe que propositadamente deixa de amamentar seu filho, que, em razão disso, vem a morrer. A configuração do crime de homicídio doloso, pela mãe, está condicionada ao resultado *morte*; **C:** incorreta. O crime *unissubsistente*, assim entendido aquele cuja conduta se desenvolve em ato único, não comporta a modalidade tentada, já que o comportamento do agente não é passível de fracionamento; **D:** incorreta. Crime de ação múltipla ou de conteúdo variado é aquele em que o tipo penal contempla várias condutas (vários verbos), sendo que a realização de uma delas já é o que o basta para a consumação do crime. Exemplo sempre lembrado pela doutrina é o tráfico de drogas, em que o legislador previu diversos verbos. Para a prática do crime, basta que o agente incorra em um deles. Outro exemplo é o delito de participação em suicídio (art. 122, CP), cujo preceito primário da norma contempla três verbos nucleares: induzir, instigar e auxiliar; **E:** incorreta. Vago é o crime cujo sujeito passivo é desprovido de personalidade jurídica. É o que se dá nos crimes de violação de sepultura (art. 210, CP) e aborto consentido (art. 124, CP), nos quais a vítima é ente destituído de personalidade jurídica.

Gabarito "B".

(Delegado/MS – 2017 – FAPEMS) A partir da narrativa a seguir e considerando as classes de crimes omissivos, assinale a alternativa correta.

Artur, após subtrair aparelho celular no interior de um mercado, foi detido por populares que o amarraram em um poste de iluminação. Acabou agredido violentamente por Valdemar, vítima da subtração, que se valeu de uma barra de ferro encontrada na rua. Alice tentou intervir, porém foi ameaçada por Valdemar. Ato contínuo, Alice, verificando a grave situação, correu até um posto da Polícia Militar e relatou o fato ao soldado Pereira, que se recusou a ir até o local no qual estava o periclitante, alegando que a situação deveria ser resolvida unicamente pelos envolvidos. Francisco, segurança particular do mercado, gravou a agressão e postou as imagens em rede social com a seguinte legenda: "Aí mano, em primeira mão: outro pra vala". Artur morreu em decorrência de trauma craniano.

(A) Pereira poderá ser indiciado pela prática de crime omissivo impróprio.
(B) Pereira poderá ser indiciado pela prática de crime omissivo próprio.
(C) Alice poderá ser indiciada pela prática de crime omissivo próprio.
(D) Alice poderá ser indiciada pela prática de crime omissivo impróprio.
(E) Francisco poderá ser indiciado pela prática de crime comissivo por omissão.

A: correta. De fato, a omissão de Pereira, policial militar, é penalmente relevante, eis que, por se tratar de agente cujas atividades são circunscritas à segurança pública, tinha o dever jurídico de agir para impedir o resultado lesivo que vitimou Artur, morto em razão das agressões perpetradas por Valdemar. Assim, na forma do art. 13, § 2º, "a", do CP, que impõe o dever de agir àquele que tiver por lei obrigação de cuidado, proteção ou vigilância, o soldado Pereira deverá responder pelo homicídio de Artur por omissão. No caso, estamos diante de um crime comissivo por omissão, ou omissivo impróprio; **B:** incorreta. Dada a condição de policial militar de Pereira, sua omissão, na forma do art. 13, § 2º, do CP, é do tipo imprópria; **C:** incorreta. Alice não pode ser responsabilizada, por exemplo, por omissão de socorro (art. 135 do CP), eis que, embora tenha tentado intervir para a cessação das agressões perpetradas por Valdemar contra Artur, foi ameaçada pelo agente, situação que caracteriza o "risco pessoal" de que trata o precitado art. 135; **D** e **E:** incorretas, pois Alice, ainda que tivesse se mantido absolutamente inerte frente às agressões sofridas por Artur, não teria o dever jurídico de agir para impedir o resultado (art. 13, § 2º, do CP), razão por que não praticou crime omissivo impróprio. O mesmo se pode dizer com relação a Francisco, segurança particular do mercado, que, por não ter o dever jurídico de agir para impedir o resultado, não responderá por crime comissivo por omissão (ou omissivo impróprio).

Gabarito "A".

(Defensor Público – DPE/MT – 2016 – UFMT) Em relação aos crimes, é INCORRETO afirmar:

(A) Crimes de mera conduta são de consumação antecipada.
(B) Nos denominados crimes materiais, o tipo penal descreve a conduta e o resultado naturalístico exigido.
(C) No crime preterdoloso, a totalidade do resultado representa um excesso de fim (isto é, o agente quis um *minus* e ocorreu um *majus*), de modo que há uma conjugação de dolo (no antecedente) e culpa (no subsequente).
(D) Crimes de forma livre são aqueles que admitem qualquer meio de execução.
(E) Crimes transeuntes são aqueles que não deixam vestígios materiais.

A: incorreta (a ser assinalada). Não se confundem os crimes de mera conduta com os de consumação antecipada. Esses últimos correspondem aos delitos formais (ou de resultado cortado), assim entendidos aqueles em que, embora o resultado esteja previsto no tipo, desnecessária a sua ocorrência para a configuração da infração penal. Típico exemplo é o crime de extorsão mediante sequestro (art. 159, CP), cuja consumação se dá com a perda, por parte da vítima, de sua liberdade de locomoção; o recebimento do resgate, se houver, constitui mero exaurimento, sendo desnecessário, pois, à consumação do delito. Já nos crimes de mera conduta, a consumação se opera no exato instante em que a conduta é praticada. A lei, neste caso, não faz qualquer menção a resultado naturalístico. *Materiais*, por sua vez, são os delitos em que o tipo penal, como condição à sua consumação, impõe a realização do resultado naturalístico nele previsto. É o caso do homicídio, em que o tipo penal exige, para a sua consumação, a produção do resultado naturalístico consistente na morte da vítima; **B:** correta. Conforme já ponderado, o tipo penal, nos crimes materiais, contemplam conduta e resultado, exigindo a ocorrência deste para que o crime alcance a sua consumação; **C:** correta. Considera-se *preterdoloso* o crime em que o agente, agindo com dolo na conduta antecedente, vai além e acaba por produzir um resultado agravador não desejado (culpa no consequente). É espécie do gênero crime qualificado pelo resultado; **D:** correta. De fato, os crimes de forma livre são os que podem ser praticados por qualquer meio de execução. É o caso do homicídio, cujo resultado pode ser alcançado por qualquer meio: disparo de arma de fogo, arma branca, emprego de explosivo etc.; a estes crimes se opõem os de ação vinculada, em que o legislador especifica o meio a ser empregado na sua prática; **E:** correta. *Transeunte* é o crime que não deixa vestígios. É exemplo a injúria verbal; *não transeunte*, ao contrário, é o delito que deixa vestígios, como o homicídio.

Gabarito "A".

(Defensor Público –DPE/MT – 2016 – UFMT) É crime plurissubjetivo:

(A) Homicídio.
(B) Infanticídio.
(C) Rixa.
(D) Aborto.
(E) Furto.

Os crimes podem ser classificados em *monossubjetivos* (de concurso eventual) e *plurissubjetivos* (de concurso necessário). Os primeiros (monossubjetivos) são aqueles que podem ser praticados por uma só pessoa. É este o caso da grande maioria das infrações penais. São exemplos: homicídio (alternativa "A"); infanticídio (alternativa "B"); aborto (alternativa "D"); e furto (alternativa "E"). Nesses crimes, o agente pode agir sozinho ou em concurso com outras pessoas (concurso eventual). De uma forma ou de outra, o delito estará configurado. Já os chamados *crimes plurissubjetivos* somente restarão configurados quando praticados por mais de uma pessoa. O próprio tipo penal exige a concorrência de duas ou mais pessoas. São exemplos: rixa (art. 137, *caput*, CP), associação criminosa (art. 288, *caput*, CP) e associação para o tráfico de drogas (art. 35 da Lei 11.343/2006). São crimes de concurso necessário. Se não houver o número mínimo de agentes exigido por lei, não há crime.

Gabarito "C".

(Magistratura/GO – 2015 – FCC) Segundo entendimento sumulado do Superior Tribunal de Justiça, os crimes de extorsão e de corrupção de menores são de natureza

(A) material e de mera conduta, respectivamente.
(B) formal.
(C) formal e material, respectivamente.
(D) material e formal, respectivamente.
(E) material.

De acordo com a Súmula 96 do STJ, o crime de extorsão consuma-se independentemente da obtenção da vantagem econômica indevida. Portanto, trata-se de crime formal (ou de consumação antecipada ou resultado cortado). Ainda, de acordo com a Súmula 500 do STJ, a configuração do crime previsto no art. 244-B do ECA (corrupção de menores) independe de prova da efetiva corrupção do menor, por se tratar de delito formal. Assim, ambos os crimes referidos no enunciado são formais.

Gabarito "B".

(Juiz de Direito/CE – 2014 – FCC) Os crimes omissivos impróprios ou comissivos por omissão são aqueles

(A) cuja consumação se protrai no tempo, enquanto perdurar a conduta.
(B) em que a relação de causalidade é normativa.
(C) praticados mediante o "não fazer" o que a lei manda, sem dependência de qualquer resultado naturalístico.
(D) que se consumam antecipadamente, sem dependência de ocorrer ou não o resultado desejado pelo agente.
(E) que o agente deixa de fazer o que estava obrigado, ainda que sem a produção de qualquer resultado.

A: incorreta. A assertiva em comento trata do crime permanente, assim reconhecido quando sua consumação de protrair (prolongar) no tempo, enquanto perdurar a conduta ilícita praticada pelo agente; **B:** correta. De fato, nos crimes omissivos impróprios (ou impuros, ou espúrios, ou comissivos por omissão), a omissão do agente não decorre de expressa previsão no tipo penal, tal como se vê nos crimes omissivos próprios. O resultado – nos crimes comissivos por omissão – somente será imputado ao agente em virtude da inobservância de um dever jurídico de agir quando o agente pudesse agir para impedir o resultado. Nas situações previstas no art. 13, § 2º, CP, o resultado ocorrerá não pelo fato de o agente ter agido, mas, sim, por ter deixado de agir quando podia e devia fazê-lo. Aqui, a relação de causalidade não é física, ou seja, decorrente diretamente do comportamento omissivo, mas, sim, normativa, vale dizer, decorrente da própria lei, que impõe determinada atitude do agente quando tiver o dever jurídico de agir para impedir o resultado; **C:** incorreta. Nos crimes omissivos impróprios ou comissivos por omissão, o agente responderá pelo resultado naturalístico em virtude de ter deixado de agir quando devia e podia fazê-lo (art. 13, § 2º, CP). Perceba que, diversamente do que ocorre nos crimes omissivos próprios (ou puros), nos quais a própria lei, de maneira explícita ou implícita, impõe determinado comportamento (imperativos de comando), sendo absolutamente desnecessário qualquer resultado naturalístico, nos crimes omissivos impróprios o resultado será imputado ao agente por ter deixado de agir quando devia (dever jurídico de agir) e podia fazê-lo, não se encontrando o "fazer" ou o "não fazer" na lei (tipo penal), mas, sim, em norma de extensão (art. 13, § 2º, CP). Destaque-se que nos crimes comissivos por omissão, o resultado naturalístico existirá e será necessário à sua caracterização; **D:** incorreta. A assertiva está a tratar dos crimes formais, que são aqueles cujo resultado naturalístico, embora de possível verificação, não será exigido para a consumação. Daí serem chamados, também, de crimes de consumação antecipada, bastando, para tanto, que o agente pratique a conduta prevista no tipo penal, ainda que o resultado por ele almejado não se realize concretamente; **E:** incorreta. Como visto anteriormente, nos crimes omissivos próprios o agente não observa o dever jurídico de agir para impedir determinado resultado, nada obstante pudesse fazê-lo. Trata-se de crimes materiais, que exigem, assim, um resultado naturalístico.

Gabarito "B".

(Promotor de Justiça/GO – 2013) No que concerne à teoria geral do crime, assinale a alternativa correta:

(A) no crime instantâneo, a consumação se protrai no tempo, como no caso do sequestro.
(B) o crime habitual impróprio seria aquele em que o tipo penal descreve um fato que manifesta um estilo de vida do agente, mas para a consumação basta a prática de apenas um ato, sendo os demais apenas reiteração do mesmo crime.
(C) o crime de ímpeto é aquele no qual o agente pratica o delito com premeditação, em momento de extrema frieza e ausência de emoção.
(D) no crime omissivo impróprio, o tipo penal descreve uma conduta omissiva e sua consumação dispensa qualquer resultado naturalístico.

A: incorreta. No crime instantâneo, como o próprio nome sugere, a consumação se verifica em um só dado momento, diversamente do que ocorre no crime permanente, cuja consumação se protrai (prolonga) no tempo, tal como se vê no crime de sequestro (art. 148, CP); **B:** correta. Nas palavras de Guilherme Nucci, "*deve-se distinguir, ainda, o crime habitual próprio do habitual impróprio. Próprio é o delito habitual autêntico (cuida-se da denominada habitualidade constitutiva), que somente se tipifica apurando-se a reiteração de condutas do agente, de modo a configurar um estilo próprio de vida, enquanto o impróprio (a chamada habitualidade delitiva) é a reiteração na prática de crimes instantâneos ou permanentes (ex.: pessoa que vive do cometimento de furtos repetidamente realizados)*" (*Manual de Direito Penal*, 10ª edição, Forense, p. 135). Assim, o crime habitual impróprio não é, verdadeiramente, um crime habitual, revelando, apenas, uma habitualidade delitiva do agente, que faz do crime um meio de vida; **C:** incorreta. Considera-se crime de ímpeto aquele cometido sem premeditação, em decorrência de forte reação emocional, tal como se vê nos denominados delitos passionais. Clássico exemplo de crime de ímpeto é o homicídio privilegiado cometido sob o domínio de violenta emoção, logo em seguida a injusta provocação da vítima (art. 121, § 1º, CP); **D:** incorreta. Os crimes omissivos impróprios (ou impuros, ou comissivos por omissão) decorrem da inobservância, pelo agente, do dever jurídico de agir para impedir determinado resultado, na forma estabelecida pelo art. 13, § 2º, CP. Assim, o tipo penal descreve uma conduta comissiva, que, em verdade, é cometida por omissão penalmente relevante. Daí denominar-se de crime comissivo por omissão. Demais disso, referida espécie de crime exige resultado naturalístico (modificação do mundo exterior provocada pela conduta).

Gabarito "B".

(Magistratura/SP – 2013 – VUNESP) Há crime em que a tentativa é punida com a mesma pena do crime consumado, sem a diminuição legal. Exemplo: art. 309 do Código Eleitoral ("votar ou tentar votar, mais de uma vez, ou em lugar de outrem").
Recebe, em doutrina, a denominação de

(A) crime consunto.
(B) crime de conduta mista.
(C) crime de atentado ou de empreendimento.
(D) crime multitudinário.

De fato, a doutrina denomina de "crime de atentado" ou "crime de empreendimento" aquele em que a punição abstratamente cominada é a mesma para as formas tentada ou consumada. É o que se verifica, por exemplo, no crime do art. 309 do Código Eleitoral, que pune aquele que vota, mais de uma vez, ou que o faça em lugar de outrem (forma consumada) ou, ainda, o agente que tenta votar mais de uma vez ou tenta votar em lugar de outrem (forma tentada). Repare, porém, que consumação e tentativa estão previstas no próprio tipo penal, daí incidindo punição abstrata igual. Por esse motivo, a doutrina afirma que os crimes de atentado não admitem tentativa (já que esta, repita-se, já será punida da mesma forma do crime consumado).

Gabarito "C".

(Delegado de Polícia/GO – 2013 – UEG) O crime de corrupção de menores, previsto no Estatuto da Criança e do Adolescente – art. 244-B. "Corromper ou facilitar a corrupção de menor de 18 (dezoito) anos, com ele praticando infração penal ou induzindo-o a praticá-la" – segundo orientação do Superior Tribunal de Justiça é, quanto ao resultado, crime

(A) de mera conduta
(B) material

(C) formal
(D) permanente

De fato, de acordo com a jurisprudência já pacificada no STJ, o crime do at. 244-B do ECA é formal. Confira-se a ementa a seguir: "Penal. Agravo regimental no recurso especial. Compensação da circunstância atenuante de confissão espontânea com a agravante de reincidência. Falta de interesse. Pena já fixada no mínimo legal, na segunda fase da dosimetria, em vista da atenuante de menoridade. Súmula 231/STJ. Corrupção de menores. Crime formal. Inexigibilidade de prova da efetiva corrupção do menor. Alegação de que o menor já seria corrompido. Descabimento. Precedentes. Agravo regimental improvido. I. O Tribunal de origem, ao reconhecer que a atenuante de menoridade relativa do réu prepondera sobre a agravante de reincidência, reduziu a pena ao mínimo previsto em lei, faltando interesse ao recorrente, assim, no que tange ao pedido, efetuado no Recurso Especial, de compensação da agravante de reincidência com a atenuante de confissão espontânea, porquanto, nos termos da Súmula 231/STJ, 'a incidência da circunstância atenuante não pode conduzir à redução da pena abaixo do mínimo legal'. II. A Terceira Seção do Superior Tribunal de Justiça, ao apreciar o Recurso Especial 1.127.954/DF, representativo de controvérsia, pacificou seu entendimento no sentido de que o crime de corrupção de menores – antes previsto no art. 1º da Lei 2.252/1954, e hoje inscrito no art. 244-B do Estatuto da Criança e do Adolescente – é delito formal, não exigindo, para sua configuração, prova de que o inimputável tenha sido corrompido, bastando que tenha participado da prática delituosa. III. É descabido o argumento de que o menor já seria corrompido, porquanto o comportamento do réu, consistente em oportunizar, ao inimputável, nova participação em fato delituoso, deve ser igualmente punido, tendo em vista que implica em afastar o menor, cada vez mais, da possibilidade de recuperação. Precedentes. IV. Agravo Regimental desprovido." (AgRg no REsp 1371397/DF (2013/0081451-3), 6ª Turma, j. 04.06.2013, rel. Min. Assusete Magalhães, *DJe* 17.06.2013). Consolidando tal entendimento, o STJ editou a Súmula 500, a seguir transcrita: "A configuração do crime previsto no art. 244-B do Estatuto da Criança e do Adolescente independe da prova da efetiva corrupção do menor, por se tratar de delito formal".
Gabarito "C".

5. FATO TÍPICO E TIPO PENAL

(Delegado – PC/BA – 2018 – VUNESP) Tendo em conta a teoria geral do crime, assinale a alternativa correta.

(A) Os partidários da teoria tripartida do delito consideram a culpabilidade como pressuposto da pena e não elemento do crime.
(B) Os partidários da teoria tripartida do delito consideram elementos do crime a tipicidade, a antijuricidade e a punibilidade.
(C) A tipicidade, elemento do crime, na concepção material, esgota-se na subsunção da conduta ao tipo penal.
(D) O dolo, na escola clássica, deixou de ser elemento integrante da culpabilidade, deslocando-se para a conduta, já que ação e intenção são indissociáveis.
(E) Os partidários da teoria funcionalista da culpabilidade entendem que a culpabilidade é limitada pela finalidade preventiva da pena; constatada a desnecessidade da pena, o agente não será punido.

A: incorreta. Ao contrário do que se afirma na alternativa, para os adeptos da teoria *tripartida*, a culpabilidade constitui um dos elementos do crime, ao lado do fato típico e da ilicitude; já para a teoria *bipartida*, a culpabilidade deve ser entendida como pressuposto para a aplicação da pena, ao passo que o fato típico e a ilicitude constituem os elementos do crime, na sua acepção analógica. Para esta última teoria, a culpabilidade deve ser excluída da composição do crime; **B:** incorreta, pois, como acima dito, os partidários da teoria tripartida do delito consideram elementos do crime o fato típico, a antijuricidade (ilicitude) e a culpabilidade; **C:** incorreta, já que o critério material ou substancial diz respeito à intensidade do mal produzido aos interesses considerados dignos de tutela penal. A tipicidade, assim entendida como o enquadramento da conduta à norma penal descrita em abstrato (subsunção da conduta ao tipo penal), constitui um dos elementos do fato típico, a ser analisado no contexto do critério analítico de crime, que se funda nos elementos que compõem a estrutura do delito; **D:** incorreta. O fenômeno descrito na assertiva (deslocamento do dolo – e também da culpa – da culpabilidade para a conduta) deu-se a partir da adoção da teoria finalista, que é a teoria atualmente adotada em substituição à teoria clássica, para a qual o dolo e a culpa residiam na culpabilidade; **E:** correta. Para a teoria funcional ou funcionalista da culpabilidade, que tem como expoente Gunther Jakobs, a culpabilidade calcada em um juízo de reprovabilidade deve dar lugar à análise das reais necessidades de prevenção. Com isso, deve-se questionar, ao analisar a culpabilidade, se, em atenção às finalidades da pena, deve ou não o agente ser responsabilizado por seus atos.
Gabarito "E".

(Advogado União – AGU – CESPE – 2015) Acerca da aplicação da imputabilidade penal, julgue o item que se segue (adaptada).

(1) Como a relação de causalidade constitui elemento do tipo penal no direito brasileiro, foi adotada como regra, no CP, a teoria da causalidade adequada, também conhecida como teoria da equivalência dos antecedentes causais.

1: incorreta. Adotamos, como regra, no que toca à relação de causalidade, a teoria da *equivalência dos antecedentes*, também chamada de *conditio sine qua non*, tal como estabelece o art. 13, "caput", do CP, segundo a qual causa é toda ação ou omissão sem a qual o resultado não teria sido produzido. De se ver que, no que concerne às causas supervenientes relativamente independentes que, por si sós, produzem o resultado, a teoria adotada foi a da *causalidade adequada* (art. 13, § 1º, do CP), que, como se vê, constitui exceção. Disso se infere que é incorreto afirmar-se que as duas teorias acima referem-se ao mesmo instituto.
Gabarito "1E"

(Juiz de Direito – TJM/SP – VUNESP – 2016) A respeito da omissão própria e da omissão imprópria (também denominada crime comissivo por omissão), é correto afirmar que

(A) um dos critérios apontados pela doutrina para diferenciar a omissão própria da omissão imprópria é o tipológico, segundo o qual, havendo norma expressa criminalizando a omissão, estar-se-ia diante de uma omissão imprópria.
(B) nos termos do Código Penal, possui posição de garantidor e, portanto, o dever de impedir o resultado, apenas quem, por lei, tem a obrigação de cuidado, proteção ou vigilância.
(C) a ingerência, denominação dada à posição de garantidor decorrente de um comportamento anterior que gera risco de resultado, não está positivada no ordenamento brasileiro, tratando-se de uma construção dogmática.
(D) o crime praticado por omissão, segundo o Código Penal, é apenado de forma atenuada ao crime praticado por ação.
(E) segundo o Código Penal, a omissão imprópria somente terá relevância penal se, além do dever de impedir o resultado, o omitente tiver possibilidade de evitá-lo.

A: incorreta. É fato que um dos critérios adotados pela doutrina para diferenciar a chamada omissão própria da imprópria é o *tipológico*. Mas, ao contrário do que se afirma, somente a omissão própria está albergada em tipos penais específicos, já que o legislador, neste caso, cuidou de descrever no que consiste a omissão. É o caso do crime de omissão de socorro (art. 135, CP). Esta modalidade de crime se perfaz pela mera abstenção do agente, independente de qualquer resultado posterior. Já o *crime omissivo impróprio* (*comissivo por omissão* ou *impuro*), grosso modo, é aquele em que o sujeito ativo, por uma omissão inicial, gera um resultado posterior, que ele tinha o dever de evitar (art. 13, § 2º, do CP). Os chamados crimes comissivos, que pressupõem uma conduta positiva, encerram normas proibitivas dirigidas, na maioria das vezes, à população em geral. A existência do crime comissivo por omissão pressupõe a conjugação de duas normas: uma norma proibitiva, que encerra um tipo penal comissivo e a todos é dirigido, e uma norma mandamental, que é endereçada a determinadas pessoas sobre as quais recai o dever de agir. Assim, a título de exemplo, a violação à regra contida no art. 121 do CP (não matar) pressupõe, via de regra, uma conduta positiva (um agir, um fazer); agora, a depender da qualidade do sujeito ativo (art. 13, § 2º), essa mesma norma pode ser violada por meio de uma omissão, o que se dá quando o agente, por força do que dispõe o art. 13, § 2º, do CP, tem o dever de agir para evitar o resultado. Perceba, dessa forma, que a conduta omissiva imprópria, diferentemente da própria, não está descrita em tipos penais específicos. A tipicidade decorre da conjugação do art. 13, § 2º do CP com um tipo penal comissivo. Exemplo sempre lembrado pela doutrina é o da mãe que propositadamente deixa de amamentar seu filho, que, em razão disso, vem a morrer. Será ela responsabilizada por homicídio doloso, na medida em que seu dever de agir está contemplado na regra inserta no art. 13, § 2º, do CP. No mais, esta modalidade de crime omissivo não deve ser confundida com o crime *omissivo próprio* ou *puro*. Neste, o tipo penal cuidou de descrever a omissão. É o caso do crime de omissão de socorro (art. 135, CP). Esta modalidade de crime se perfaz pela mera abstenção do agente, independente de qualquer resultado posterior; **B:** incorreta, na medida em que, nos termos do Código Penal (art. 13, § 2º, *b*), a posição de garantidor também é conferida àquele que, embora não tenha a sua obrigação estabelecida em lei, de outra forma assumiu a responsabilidade de impedir o resultado. É o caso do salva-vidas que zela pela segurança dos banhistas. A sua obrigação, perceba, não decorre de lei, tal como os pais em relação aos filhos bem assim os tutores em relação aos tutelados, mas de uma situação fática. Outro exemplo é o do vigilante que é contratado por moradores de determinada região para prestar serviços de segurança. Ele não poderá, por força de contrato, omitir-se diante de uma situação de crime contra o patrimônio dos que o contrataram; **C:** incorreta, uma vez que a ingerência está prevista no art. 13, § 2º, c, do CP; **D:** incorreta: previsão não contemplada no Código Penal; **E:** correta. De fato, tal como acima se afirma, não basta que sobre o omitente recaia o dever de impedir o resultado, sendo ainda necessário que, no caso concreto, ele tenha a possibilidade de evitá-lo.
Gabarito "E".

(Delegado/PE – 2016 – CESPE) A relação de causalidade, estudada no conceito estratificado de crime, consiste no elo entre a conduta e o resultado típico. Acerca dessa relação, assinale a opção correta.

(A) Para os crimes omissivos impróprios, o estudo do nexo causal é relevante, porquanto o CP adotou a teoria naturalística da omissão, ao equiparar a inação do agente garantidor a uma ação.
(B) A existência de concausa superveniente relativamente independente, quando necessária à produção do resultado naturalístico, não tem o condão de retirar a responsabilização penal da conduta do agente, uma vez que não exclui a imputação pela produção do resultado posterior.
(C) O CP adota, como regra, a teoria da causalidade adequada, dada a afirmação nele constante de que "o resultado, de que depende a existência do crime, somente é imputável a quem lhe deu causa; causa é a ação ou omissão sem a qual o resultado não teria o corrido".

(D) Segundo a teoria da imputação objetiva, cuja finalidade é limitar a responsabilidade penal, o resultado não pode ser atribuído à conduta do agente quando o seu agir decorre da prática de um risco permitido ou de uma conduta que diminua o risco proibido.
(E) O estudo do nexo causal nos crimes de mera conduta é relevante, uma vez que se observa o elo entre a conduta humana propulsora do crime e o resultado naturalístico.

A: incorreta. É fato que o estudo do nexo causal, no contexto da omissão imprópria, é de suma relevância, já que se está a falar de crimes cuja consumação somente é alcançada com a produção de resultado naturalístico (delitos materiais). No entanto, é incorreto afirmar-se que o CP adotou, neste caso, a teoria *naturalística*. É que, nos chamamos crimes omissivos impróprios, a relação de causalidade é *normativa* (e não física), na medida em que o resultado decorrente da omissão somente será imputado ao agente diante da ocorrência de uma das hipóteses previstas no art. 13, § 2º, do CP; **B:** incorreta, já que não reflete o que estabelece o art. 13, § 1º, do CP (superveniência de causa independente); **C:** incorreta, uma vez que a teoria adotada, como regra, pelo CP, em matéria de relação de causalidade, é a chamada *equivalência dos antecedentes causais* (*conditio sine qua non*). É o que se extrai do art. 13, *caput, in fine*, do CP: *Considera-se causa a ação ou omissão sem a qual o resultado não teria ocorrido*. Para se evitar o chamado "regresso ao infinito", é imprescindível a existência de dolo ou culpa por parte do agente em relação ao resultado; se assim não fosse, o vendedor da arma de fogo responderia pelo crime de homicídio com ela praticado, mesmo desconhecendo a intenção homicida do comprador; **D:** correta, desenvolvida e difundida por Claus Roxin, a partir de 1970, no ensaio *Reflexões sobre a problemática da imputação no direito penal*, a teoria da imputação objetiva, cujo propósito é, de fato, impor restrições à responsabilidade penal, enuncia, em síntese, que a atribuição do resultado ao agente não está a depender tão somente da relação de causalidade. É necessário ir além. Para esta teoria, deve haver a conjugação dos seguintes requisitos: criação ou aumento de um risco proibido; realização do risco no resultado; e resultado dentro do alcance do tipo; **E:** incorreta. Não há relevância alguma no estudo do nexo causal no contexto dos crimes de mera conduta, na medida em que, neste caso, inexiste resultado naturalístico.
Gabarito "D".

(Analista Jurídico – TCE/PR – 2016 – CESPE) Considerando a relação de causalidade prevista no Código Penal, assinale a opção correta.
(A) As causas supervenientes relativamente independentes possuem relação de causalidade com a conduta do sujeito e não excluem a imputação do resultado.
(B) As causas preexistentes relativamente independentes não possuem relação de causalidade com a conduta do sujeito e excluem a imputação do resultado.
(C) As causas preexistentes absolutamente independentes possuem relação de causalidade com a conduta do sujeito e não excluem o nexo causal.
(D) As causas concomitantes relativamente independentes não possuem relação de causalidade com a conduta do sujeito e não excluem a imputação do resultado.
(E) As causas concomitantes absolutamente independentes não possuem relação de causalidade com a conduta do sujeito e excluem o nexo causal.

A: incorreta. As causas supervenientes relativamente independentes excluem, sim, a imputação, desde que sejam aptas, por si sós, a produzir o resultado; os fatos anteriores, no entanto, serão imputados a quem os praticou (art. 13, § 1º, do CP). Exemplo clássico e sempre lembrado pela doutrina é aquele em que a vítima de tentativa de homicídio é socorrida e levada ao hospital e, ali estando, vem a falecer, não em razão dos ferimentos que experimentou, mas por conta de incêndio ocorrido na enfermaria do hospital. Este evento (incêndio) do qual decorreu a morte da vítima constitui causa superveniente relativamente independente que, por si só, gerou o resultado. O nexo causal, nos termos do art. 13, § 1º, do CP, é interrompido (há imprevisibilidade). O agente, por isso, responderá por homicídio na forma tentada (e não na modalidade consumada). Perceba que, neste caso, estamos a falar de causa *relativamente* independente porque, não fosse a tentativa de homicídio, o ofendido não seria, por óbvio, hospitalizado e não seria, por consequência, vítima do incêndio que produziu, de fato, a sua morte; **B:** incorreta. A chamada causa preexistente relativamente independente, como o nome sugere, existe previamente à conduta do agente. Exemplo clássico: "A", agindo com *animus necandi* em relação a "B", contra este desfere golpe de facão em região não letal; no entanto, por ser portador de hemofilia, "B" tem seu quadro agravado e, por conta disso, vem a falecer. Neste caso, o resultado naturalístico (morte), porque querido por "A", a este será imputado, respondendo por homicídio consumado. Veja que, se excluirmos a conduta de "A" (golpe de facão), o resultado morte não teria ocorrido. Daí falar-se em causa *relativamente independente*; **C:** incorreta. No comentário anterior, a causa, que preexistia à conduta do agente, era, como já dissemos, *relativamente* independente, ou seja, originou-se da conduta do sujeito ativo; agora, na assertiva "C", a causa, também preexistente, é *absolutamente* independente. Isso quer dizer que a causa preexistente é absolutamente desvinculada da conduta do agente, não se originando nesta. O resultado teria ocorrido de qualquer forma, ainda que excluíssemos a conduta do agente. Exemplo: "B" é vítima de disparos de arma de fogo efetuados por "A", que desejava a sua morte, o que de fato vem a ocorrer. Depois disso, constata-se, no exame necroscópico, que o resultado naturalístico adveio não dos disparos que vitimaram "B", mas de veneno que neste aplicado antes da conduta de "A" (causa preexistente). Perceba que a morte teria ocorrido de qualquer forma. Neste caso, imputam-se ao agente tão somente os atos que praticou,

e não o resultado naturalístico (morte). Há quebra, portanto, do nexo de causalidade. "A", assim, responderá por tentativa de homicídio; **D:** incorreta. Concomitante é a causa que ocorre de forma simultânea à conduta do agente. A solução, neste caso, é idêntica àquela dada à causa preexistente relativamente independente: o resultado naturalístico deve ser imputado ao agente; **E:** correta. Tal como se dá nas causas preexistentes absolutamente independentes (alternativa "C"), o resultado, no contexto das causas absolutamente independentes *concomitantes* à conduta do agente, não poderá ser imputado ao sujeito ativo, que responderá tão somente pelos atos que praticou.
Gabarito "E".

(Magistratura/RR – 2015 – FCC) No que toca à relação de causalidade, é correto afirmar que
(A) é normativa nos crimes omissivos impróprios.
(B) a superveniência de causa relativamente independente exclui a imputação quando, por si só, produziu o resultado, não se podendo imputar os fatos anteriores a quem os praticou.
(C) a previsão legal de que a omissão é penalmente relevante quando o omitente devia e podia agir para evitar o resultado, se tinha por lei obrigação de cuidado, proteção ou vigilância, é aplicável aos crimes omissivos próprios.
(D) se adota em nosso sistema a teoria da *conditio sine qua non*, distinguindo-se, porém, causa de condição ou concausa.
(E) a teoria da imputação objetiva estabelece que somente pode ser objetivamente imputável um resultado causado por uma ação humana quando a mesma criou, para o seu objeto protegido, uma situação de perigo juridicamente relevante, ainda que permitido, e o perigo se materializou no resultado típico.

A: correta. De fato, nos crimes omissivos impróprios, ou comissivos por omissão, a relação de causalidade é normativa, ou seja, somente é possível imputar ao agente o resultado decorrente de uma omissão considerada penalmente relevante, assim considerada nas hipóteses previstas no art. 13, § 2º, do CP. Em suma, pela teoria normativa, a omissão somente interessa ao Direito Penal quando, impondo o ordenamento jurídico determinado comportamento ao agente, este optou por permanecer inerte; **B:** incorreta. De acordo com o art. 13, § 1º, do CP, a superveniência de causa relativamente independente que por si só tiver produzido o resultado, exclui a imputação, havendo, aqui, um rompimento do nexo causal. Todavia, os fatos anteriores serão imputados a quem os praticou; **C:** incorreta. A previsão sobre a omissão penalmente relevante, que se verifica quando o omitente devia e podia agir para evitar o resultado, nas situações descritas no art. 13, § 2º, do CP, tem aplicação apenas aos crimes omissivos impróprios (ou comissivos por omissão); **D:** incorreta. Pela teoria da *conditio sine qua non*, não se distinguem causa e condição ou concausa. Para a teoria em comento, causa é todo fato humano sem o qual o resultado não teria ocorrido da forma e como ocorreu. Logo, repita-se, não se faz distinção entre causa, concausa ou condição; **E:** incorreta. Para a teoria da imputação objetiva, criada por Claus Roxin na década de 1970, o resultado somente poderá ser objetivamente imputável ao agente se este tiver criado um risco proibido e que este tenha se materializado no resultado típico.
Gabarito "A".

(Ministério Público/SP – 2015 – MPE/SP) São elementos do fato típico:
(A) conduta, resultado, relação de causalidade e tipicidade.
(B) conduta, resultado, relação de causalidade e culpabilidade.
(C) conduta, resultado, antijuridicidade e culpabilidade.
(D) conduta, resultado, nexo de causalidade e antijuridicidade.
(E) conduta, relação de causalidade, antijuridicidade e tipicidade.

A questão, importante destacar, é de extrema singeleza. Cobra do candidato conhecimento básico no estudo da Teoria do Crime, qual seja, os elementos componentes do fato típico. E, como sabido e ressabido, o fato típico é composto por conduta, resultado, relação de causalidade e tipicidade. Assim, correta a alternativa A. Frise-se, porém, que dos quatro elementos citados, dois deles – conduta e tipicidade – invariavelmente existem em todo e qualquer fato típico. Porém, o resultado e a relação de causalidade, conforme enuncia a doutrina, são elementos existentes apenas nos fatos típicos dos crimes materiais, que são crimes de ação e resultado (naturalístico). Já nos crimes formais (que são aqueles que não exigem a produção de um resultado naturalístico para sua configuração, embora referido resultado seja possível e previsto no tipo penal) e nos de mera conduta (que, como o nome sugere, são aqueles em que o resultado naturalístico jamais ocorrerá, sequer havendo previsão no tipo penal), os fatos típicos não abrangerão resultado e relação de causalidade.
Gabarito "A".

(Ministério Público/SP – 2015 – MPE/SP) Após a leitura dos enunciados abaixo, assinale a alternativa correta:
I. A teoria finalista, no conceito analítico de crime, o define como um fato típico e antijurídico, sendo a culpabilidade pressuposto da pena.
II. A teoria clássica, no conceito analítico de crime, o define como um fato típico, antijurídico e culpável.
III. A teoria clássica entende que a culpabilidade consiste em um vínculo subjetivo que liga a ação ao resultado, ou seja, no dolo ou na culpa em sentido estrito.
IV. A teoria finalista entende que, por ser o delito uma conduta humana e voluntária que tem sempre uma finalidade, o dolo e a culpa são abrangidos pela conduta.
V. A teoria finalista entende que pode existir crime sem que haja culpabilidade, isto é, censurabilidade ou reprovabilidade da conduta, inexistindo, portanto, a condição indispensável à imposição e pena.

(A) Somente o II e o III são verdadeiros.
(B) Somente o I e o IV são verdadeiros.
(C) Somente o I, IV e V são verdadeiros.
(D) Somente o I e II são verdadeiros.
(E) Todos são verdadeiros.

I: correta. Para a teoria finalista, o conceito analítico (ou jurídico) de crime se obtém pela análise dos seus elementos, quais sejam, o fato típico e a antijuridicidade (para os adeptos da concepção bipartida), sendo a culpabilidade um pressuposto da pena. Importante destacar que para a concepção tripartida, a culpabilidade, embora também seja pressuposto da pena, é elemento integrante da estrutura do crime; **II:** correta. Para a teoria clássica (também chamada de naturalística, mecanicista ou causal), o crime era composto por três elementos (fato típico, ilicitude e culpabilidade). O dolo e a culpa estavam sediados na culpabilidade, razão por que esta, necessariamente, tinha que integrar a estrutura do crime; **III:** correta. De fato, para a teoria clássica, idealizada no século XIX por Liszt, Beling e Radbruch, a vontade é a causa da conduta, e esta é a causa do resultado. O dolo e a culpa são analisados no interior da culpabilidade, e não na conduta. O grande defeito dessa teoria é o de separar a conduta da relação psíquica do agente, cuja vontade somente é apreciada por ocasião da análise da culpabilidade; **IV:** correta. Para a teoria finalista, criada por Hans Welzel, toda conduta é comportamento humano, consciente e voluntário, dirigido a uma finalidade. Portanto, o dolo e a culpa, sediados na culpabilidade (para a teoria clássica), migraram para a conduta (fato típico, portanto). Assim, a ausência de dolo ou culpa, para a teoria em comento, acarreta a exclusão da conduta, afetando, assim, o fato típico; **V:** correta. Para a teoria finalista, a culpabilidade é vazia, ou seja, sem dolo ou culpa, motivo por que é possível cogitar-se na prática de um crime (fato típico e antijurídico), mas sem que haja culpabilidade, que é um juízo de censurabilidade que recai sobre o comportamento praticado pelo agente. Assim, do ponto de vista analítico, pode-se admitir a prática de um crime, mas sem que recaia sobre o agente uma sanção penal. Tal conclusão se amolda perfeitamente aos adeptos da concepção bipartida (crime é fato típico e antijurídico, sendo a culpabilidade um pressuposto de aplicação da pena).

Gabarito "E".

(Defensor/PA – 2015 – FMP) Assinale a alternativa CORRETA.

(A) Leis penais em branco em sentido estrito são aquelas, cuja norma de complementação é oriunda da mesma fonte legislativa que editou a norma que necessita desse complemento.
(B) A lei penal em branco é revogada em consequência da revogação de sua norma de complementação.
(C) Leis penais em branco em sentido amplo são aquelas leis penais, cuja norma de complementação é oriunda de fonte diversa daquela que a editou.
(D) No crime de uso de documento falso, o Código Penal brasileiro emprega a técnica de leis penais em branco ao revés, isto é, daquelas leis penais que remetem a outras normas incriminadoras para especificação da pena.
(E) As leis penais em branco consistem em modalidade de lei temporária.

A: incorreta. Denomina-se de lei penal em branco (ou primariamente remetidas) aquelas que dependem de um complemento para a sua adequada compreensão e aplicação. Subdividem-se em leis penais em branco homogêneas (também chamadas de normas penais em branco em sentido amplo ou homólogas, ou, ainda, normas penais em branco impróprias), assim consideradas quando o complemento é oriundo da mesma fonte que legislativa que editou a norma complementada (ex.: art. 236 do CP – induzimento a erro essencial e ocultação de impedimento – aqui, os conceitos de "erro essencial" e "impedimento", relativos ao casamento, são extraídos do Código Civil, que é uma lei ordinária, assim como o é o Código Penal), e leis penais em branco heterogêneas (ou em sentido estrito, ou heterólogas, ou, ainda, leis penais em branco próprias), assim denominadas quando o seu complemento deriva de fonte diversa daquela que será complementada (ex.: art. 33 da Lei 11.343/2006 – o conceito de "droga", para fins de caracterização do crime de tráfico de drogas, é obtido da análise de um ato administrativo, qual seja, portaria da Anvisa; portanto, a norma complementar deriva de fonte diversa da norma penal a ser complementada). Assim, o conteúdo da assertiva em comento retrata o conceito das leis penais em branco em sentido amplo; **B:** incorreta. A revogação da norma complementar não tem o condão de revogar o próprio tipo penal, não se podendo falar em *abolitio criminis*. Contudo, há entendimento em sentido contrário, posicionando-se pela revogação da própria figura criminosa, já que a lei penal em branco, sem a norma complementar, não teria aplicabilidade; **C:** incorreta. Como visto, as leis penais em branco em sentido amplo são aquelas cujos complementos derivam da mesma fonte legislativa (em suma, temos uma "lei" complementando outra "lei"), diversamente das leis penais em branco em sentido estrito, cujos complementos derivam de fonte diversa ("lei" sendo complementada por atos diversos/infralegais); **D:** correta. Denomina-se de lei penal em branco ao revés (ou invertida) aquela cujo preceito primário é completo, mas o preceito secundário exige complementação. Tal ocorre, por exemplo, nos crimes de genocídio, previstos nos arts. 1º a 3º da Lei 2.889/1956, cujas penas (preceitos secundários) remetem a outros tipos penais; **E:** incorreta. Não se confundem as leis penais em branco com as leis temporárias, que são aquelas cujos períodos de vigência estão nelas predeterminados.

Gabarito "D".

(Defensor/PA – 2015 – FMP) A é esfaqueada por B, sofrendo lesões corporais leves. Socorrida e medicada, A é orientada quanto aos cuidados a tomar, mas não obedece à prescrição médica e em virtude dessa falta de cuidado, o ferimento infecciona, gangrena, e ela morre. Assinale a alternativa CORRETA.

(A) B responde pelo resultado morte, visto se tratar de causa superveniente absolutamente independente.
(B) B responde pelo ato de lesão praticado, visto se tratar de causa concomitante relativamente independente.
(C) B responde pelo resultado morte, visto se tratar de causa concomitante absolutamente independente.
(D) B responde pelo resultado morte, visto se tratar de causa preexistente relativamente independente.
(E) B responde pelo ato de lesão anteriormente praticado, visto se tratar de causa superveniente relativamente independente, que por si só produziu o resultado.

No caso relatado no enunciado, verifica-se que a causa da morte de "A" foi a infecção nos ferimentos provocados por "B", o que poderia induzir uma resposta equivocada. Nada obstante o CP adote a teoria da *conditio sine qua non*, sabemos que no tocante às causas supervenientes relativamente independentes que por si sós tenham produzido o resultado (art. 13, § 1º), adotou-se a teoria da causalidade adequada. Assim, se não se encontrar na linha de desdobramento normal de determinado comportamento perpetrado pelo agente o resultado experimentado pela vítima, haverá rompimento do nexo causal, respondendo aquele apenas pelos atos anteriormente praticados. É o que se verifica no caso em tela. "A" foi esfaqueada por "B", daí advindo lesões corporais leves. O resultado morte, posterior ao comportamento do agente, decorreu não como um desdobramento normal da conduta criminosa, mas, sim, por incúria da própria vítima, que não tomou os cuidados necessários no tocante aos ferimentos, que gangrenaram, daí advindo o resultado morte. A morte, assim, decorreu de causa superveniente relativamente independente que, por si só, produziu o resultado, excluindo-se, então, a imputação, nos termos do precitado art. 13, § 1º, do CP. "B" deverá responder apenas pelas lesões anteriormente praticadas. Correta, pois, a alternativa "E".

Gabarito "E".

(Promotor de Justiça/DF – 2013) Assinale a alternativa **CORRETA**:

(A) Como exceção à teoria da equivalência dos antecedentes causais, para o Código Penal a imputação do resultado ao agente somente pode ser afastada por causa preexistente.
(B) Para o Código Penal, causas preexistentes e concomitantes relativamente independentes, adentrando a esfera de consciência do agente, não excluem a imputação do resultado.
(C) É exemplo de causa superveniente absolutamente independente a situação do passageiro de ônibus colidido com poste de eletricidade, o qual, ileso e no exterior do veículo, morre atingido por fio energizado.
(D) Na omissão própria, o nexo de causalidade normativo é estabelecido pelo legislador penal a partir da posição de garante.
(E) Não caracteriza homicídio, ainda que sobrevenha o resultado morte, a conduta de quem dolosamente interrompe eficaz ação de salvamento da vítima por outrem.

Antes de ingressarmos na análise de cada uma das assertivas, cumpre-nos tratar, ainda que brevemente, do tema "relação de causalidade". Pois bem. Em matéria de nexo causal, o CP adotou a teoria da equivalência dos antecedentes (ou *conditio sine qua non*), para a qual será considerada causa toda ação ou omissão sem a qual o resultado não teria ocorrido (da forma e como ocorreu). Assim, será considerado *causa* todo comportamento humano, positivo (ação) ou negativo (omissão), que tenha efetivamente concorrido para a produção de determinado resultado. Chamam-se de *concausas* aquelas que, externas à vontade do agente delitivo, tenham, de algum modo, influenciado no resultado. São consideradas *causas dependentes* aquelas que se originam, diretamente, da conduta do agente, motivo pelo qual o resultado a ele será atribuído. Já as causas independentes são aquelas que refogem à normalidade do desdobramento da conduta, ou seja, não se incluem na chamada "linha de desdobramento causal". Podem ser *absolutamente independentes*, vale dizer, sem qualquer relação com a conduta perpetrada pelo agente, não se podendo, nesse caso, a ele ser imputado o resultado, ou *relativamente independentes*, tendo, assim, origem, na conduta delituosa. Neste caso, em regra, o resultado será imputado ao agente. Tanto as causas absolutamente independentes quanto as relativamente independentes, de acordo com a doutrina, podem ser preexistentes (anteriores à prática da conduta praticada pelo agente), concomitantes (simultâneas ao comportamento criminoso) ou supervenientes (posteriores ao comportamento delituoso). Em se tratando de causas absolutamente independentes, sejam elas preexistentes, concomitantes ou supervenientes, o resultado não poderá ser imputado ao agente, visto que ocorreria independentemente da conduta delitiva. Já no tocante às causas relativamente independentes, visto guardarem relação direta com o comportamento delituoso, o resultado será imputado ao agente, desde que tenha ciência das causas preexistentes ou concomitantes. Com relação às causas relativamente independentes supervenientes, o CP, em seu art. 13, § 1º, adotou a teoria da causalidade adequada. Assim, somente haverá imputação do resultado se a causa superveniente não tiver produzido, por si só, o resultado. No entanto, se a causa superveniente relativamente independente houver produzido, por si só, o resultado, haverá exclusão da imputação do resultado ao agente. Aqui, como dito, não será adotada a teoria da equivalência dos antecedentes, mas a teoria da causalidade adequada. Apenas a conduta que seja idônea à provocação do resultado é que ensejará sua imputação ao agente. Porém, se a concausa for a única e exclusiva causadora do resultado, não se encontrando no mesmo curso causal do comportamento delitivo, não se poderá imputá-lo ao agente. Agora sim podemos analisar as alternativas! **A:** incorreta, pois, como visto, as causas preexistentes, quando absolutamente independentes da conduta do agente, não permitirão a imputação do resultado. Todavia, em se tratando de causas relativamente independentes, estas gerarão a imputação do resultado ao agente, sejam elas preexistentes ou concomitantes, desde que delas ele tenha ciência; **B:** correta. De fato, as causas relati-

vamente independentes, sejam preexistentes ou concomitantes, desde que ingressem na esfera de conhecimento do agente, não excluirá a imputação do resultado; **C**: incorreta. No exemplo dado na assertiva, temos uma causa relativamente independente, visto que a colisão do ônibus com o poste de eletricidade foi decisiva para a morte do passageiro. Todavia, o resultado "morte" não poderia, por exemplo, ser imputado ao motorista do transporte coletivo, visto que a descarga elétrica, já no meio externo ao veículo, causada por fio energizado, não se encontra na linha normal de desdobramento do comportamento, tratando-se de causa superveniente relativamente independente que, por si só, produziu o resultado, aplicando-se, pois, o art. 13, § 1º, do CP; **D**: incorreta. O nexo de causalidade nos crimes omissivos próprios (ou puros) decorre simplesmente da inatividade do agente, que, frente a um imperativo de comando ("faça algo!"), permanece inerte. A lei tipifica a conduta omissiva e o agente se abstém de qualquer comportamento positivo, incidindo, portanto, na figura delituosa. Já nos crimes omissivos impróprios (ou impuros, ou crimes comissivos por omissão), o nexo de causalidade, que é normativo, é estabelecido pelo legislador, que pune o comportamento negativo do agente quando este tinha o dever de agir e podia agir para evitar o resultado (art. 13, § 2º, CP). As situações de "omissão penalmente relevante" decorrem da inobservância de um dever jurídico de agir (dever legal, obrigacional e por ingerência na norma – alíneas "a", "b", e "c", do referido art. 13, § 2º, CP); **E**: incorreta. Responderá pelo resultado morte o agente que, dolosamente, inviabilizar a concretização do salvamento, por terceiro, de determinada pessoa. Exemplo disso se verifica quando o pai, ao ver o filho menor se afogando em piscina, corre para o local e inicia o salvamento, mas, dolosamente, é contido pela mãe, que, querendo a morte do infante, interrompe o comportamento do genitor da vítima, que, de fato, morre.
Gabarito "B".

(Promotor de Justiça/ES – 2013 – VUNESP) A conduta para a teoria

(A) social constitui um comportamento humano voluntário no mundo exterior, consistente num fazer ou não fazer, sendo estranha a qualquer valoração.

(B) naturalista constitui um comportamento humano voluntário no mundo exterior, consistente num fazer ou não fazer, sendo estranha a qualquer valoração.

(C) naturalista é o comportamento humano, voluntário e consciente (doloso ou culposo) dirigido a uma finalidade.

(D) social é tratada como simples exteriorização de movimento ou abstenção de comportamento, desprovida de qualquer finalidade.

(E) finalista é concebida com um simples comportamento, sem apreciação sobre a sua ilicitude ou reprovabilidade.

A: incorreta, pois a alternativa traz o conceito de conduta para a teoria clássica, naturalista ou causal. Por sua vez, conduta para a teoria social é todo comportamento humano, que tenha por finalidade produzir um resultado socialmente relevante; **B**: correta, pois a conduta para a teoria clássica, naturalista ou causal, idealizada no século XIX por *Liszt, Beling e Radbruch*, é todo comportamento humano voluntário, que produz uma modificação no mundo exterior, independentemente de dolo ou culpa, sendo a intenção do agente analisada como um dos elementos da culpabilidade; **C**: incorreta, pois a alternativa traz o conceito de conduta para a teoria finalista e não naturalista; **D**: incorreta, pois a alternativa traz o conceito de conduta para a teoria clássica, naturalista ou causal e não social; **E**: incorreta, pois para a teoria final ou finalista, criada por *Hans Welzel* no início da década de 30, a conduta é todo comportamento humano, consciente e voluntário, dirigido a um fim. Assim, deve haver uma valoração da conduta, já que o dolo e a culpa foram deslocados da culpabilidade para o seu interior.
Gabarito "B".

(Promotor de Justiça/GO – 2013) Sobre o consentimento do ofendido, é incorreto dizer que:

(A) na doutrina nacional, prospera o entendimento de que o consentimento do ofendido pode excluir a tipicidade do fato ou a ilicitude.

(B) de acordo com a teoria da imputação objetiva, mesmo quando na redação do tipo penal não contiver o dissenso da vítima, como elementar, o consentimento desta é encarado como forma de exclusão da tipicidade.

(C) para que o consentimento do ofendido possa funcionar como causa supralegal de exclusão de ilicitude bastam que o bem jurídico seja disponível e que o consentimento esteja livre de vícios.

(D) o consentimento do ofendido pode ensejar atipicidade relativa (desclassificação) da conduta.

A: assertiva correta. De fato, o consentimento do ofendido atuará como causa de exclusão da tipicidade do fato quando o elemento "vontade" do sujeito passivo se revele como requisito expresso ou tácito da conduta penalmente típica. É o que se verifica, por exemplo, no estupro (art. 213 do CP), que tem, como pressuposto, o dissenso da vítima no tocante à conjunção carnal ou à prática de atos libidinosos diversos. De outra borda, o consentimento do ofendido poderá atuar como causa de exclusão da ilicitude (causa supralegal), desde que satisfeitos alguns requisitos, que serão melhor analisados logo a seguir; **B**: assertiva correta. Para a teoria da imputação objetiva, ainda que o dissenso da vítima não seja elementar típica, poderá funcionar como causa de exclusão da tipicidade quando a própria vítima se colocar (aceitar) a situação de perigo, colocando-se, pois, em tal situação (ex.: relação sexual desprotegida com parceiro portador de HIV, ciente da existência de tal doença); **C**: assertiva incorreta, devendo ser assinalada. O consentimento do ofendido somente funcionará como causa supralegal de exclusão da ilicitude se preenchidos alguns requisitos cumulativos, quais sejam: i) que tenha sido expresso; ii) que tenha sido concedido de forma livre (sem vícios); iii) que seja moral e respeito aos bons costumes; iv) que seja manifestado previamente à consumação da infração penal; v) que o ofendido seja plenamente capaz; **D**: assertiva correta. Se a vontade for elemento típico (implícito ou explícito), o consentimento do ofendido poderá gerar atipicidade parcial (relativa), daí advindo a desclassificação do crime. É o que se verifica, por exemplo, com o consentimento emanado da vítima para realizar determinado ato sexual com o agente. Embora não se possa cogitar de estupro, poderá configurar-se o crime de perigo de contágio venéreo (art. 130, CP) caso o agente esteja contaminado por alguma moléstia venérea.
Gabarito "C".

6. CRIMES DOLOSOS, CULPOSOS E PRETERDOLOSOS

(Delegado/MS – 2017 – FAPEMS) Analise o caso a seguir.

Com a desclassificação no torneio nacional, o presidente do clube AZ demite o jogador que perdeu o pênalti decisivo. Irresignado com a decisão, o futebolista decide matar o mandatário. Para tanto, aproveitando o dia da assinatura de sua rescisão, acopla bomba no carro do presidente que estava estacionado na sede social do clube. O jogador sabe que o motorista particular do dirigente será fatalmente atingido e tem a consciência que não pode evitar que torcedores ou funcionários da agremiação, próximos ao veículo, venham a falecer com a explosão. Como para ele nada mais importa, a bomba explode e, lamentavelmente, além das mortes dos dois ocupantes do veículo automotor, três torcedores e um funcionário morrem.

A partir da leitura desse caso, é correto afirmar que o indiciamento do jogador pelos crimes de homicídio sucederá

(A) por dolo direto de primeiro grau em relação ao presidente e ao motorista.

(B) por dolo eventual em relação ao motorista; aos torcedores e ao funcionário.

(C) por dolo direto de segundo grau em relação ao presidente e ao motorista.

(D) por dolo eventual apenas em relação aos torcedores.

(E) por dolo direto de segundo grau apenas em relação ao motorista.

Antes de analisarmos cada uma das alternativas, de rigor esclarecermos o seguinte: (i) com relação ao Presidente do clube AZ, o jogador, ao acoplar a bomba em seu veículo, que, efetivamente, explodiu, responderá por homicídio com dolo direto de primeiro grau, eis que havia a direta intenção de matar referida vítima; (ii) com relação ao motorista, também morto em razão da explosão, o jogador responderá por homicídio com dolo direto de segundo grau, também chamado de dolo de consequências necessárias, eis que, a partir do meio escolhido para a morte do Presidente do clube (colocação de uma bomba em seu veículo), os efeitos colaterais daí advindos inevitavelmente gerariam consequências a terceiros, no caso, ao motorista; (iii) com relação aos torcedores e um funcionário do clube, também mortos em razão da explosão, o jogador responderá por homicídio com dolo eventual, eis que, como proposto no enunciado, era sabedor de que terceiros (torcedores e funcionários que estivessem próximos ao carro) poderiam ser atingidos pela explosão, assumindo, portanto, o risco de resultados lesivos a outrem. Estabelecidas essas premissas, analisemos cada uma das alternativas: **A**: incorreta, pois, como relatado, somente haverá dolo direto de primeiro grau com relação ao Presidente do clube, mas não com relação ao motorista; **B**: incorreta. Com relação ao motorista, a explosão da bomba traria como consequência necessária a sua morte, razão por que o agente agiu com dolo direto de segundo grau. Somente com relação a terceiros é que se vislumbra dolo eventual; **C**: incorreta, pois o dolo direto de segundo grau somente se caracterizou com relação ao motorista, já que, com relação ao Presidente do clube, o jogador agiu com dolo direto de primeiro grau; **D**: incorreta. O jogador agiu com dolo eventual em relação aos torcedores e funcionário do clube, atingidos pela explosão; **E**: correta. Somente se caracterizou o dolo direto de segundo grau com relação ao motorista.
Gabarito "E".

(Defensor Público – DPE/MT – 2016 – UFMT) NÃO é elemento constitutivo do crime culposo:

(A) a inobservância de um dever objetivo de cuidado.

(B) o resultado naturalístico involuntário.

(C) a conduta humana voluntária.

(D) a tipicidade.

(E) a imprevisibilidade.

São elementos do fato típico culposo: conduta humana voluntária (ação/omissão), inobservância do cuidado objetivo (imprudência/negligência/imperícia), previsibilidade objetiva (assim entendida a possibilidade de o homem médio prever o resultado), ausência de previsão (significa que o agente, em regra, não prevê o resultado objetivamente previsível. É a chamada culpa inconsciente; agora, se o agente tiver a previsão do resultado, fala-se, então, em culpa consciente, resultado involuntário, nexo de causalidade e tipicidade. À falta de um desses requisitos, o fato será atípico.
Gabarito "E".

(Defensor Público –DPE/MT – 2016 – UFMT) Existe algum ponto de semelhança entre as condutas praticadas com culpa consciente e com dolo eventual?

(A) Sim, pois, tanto na culpa consciente quanto no dolo eventual, há aceitação do resultado.

(B) Não, pois não há ponto de semelhança nas condutas em questão.

(C) Sim, pois em ambas o elemento subjetivo da conduta é o dolo.
(D) Não, pois a aceitação do resultado na culpa consciente é elemento normativo da conduta.
(E) Sim, pois, tanto na culpa consciente quanto no dolo eventual, o agente prevê o resultado.

Na *culpa consciente* o agente prevê o resultado, mas espera sinceramente que ele não ocorra. O sujeito ativo, neste caso, não aceita a ocorrência do resultado. Tal postura (de aceitar o resultado) é compatível com o *dolo eventual*, em que o sujeito, prevendo o resultado, assume o risco de produzi-lo, conforma-se com ele, mostra-se, enfim, indiferente em relação a ele, resultado.
Gabarito "E".

(Magistratura/SC – 2015 – FCC) O elemento subjetivo derivado por extensão ou assimilação decorrente do erro de tipo evitável nas descriminantes putativas ou do excesso nas causas de justificação amolda-se ao conceito de

(A) culpa imprópria.
(B) dolo eventual.
(C) culpa inconsciente.
(D) culpa consciente.
(E) dolo direto.

A: correta. A culpa imprópria, também denominada de culpa por extensão, por equiparação ou por assimilação, é aquela que decorre do fato de o agente incidir em erro de tipo evitável (vencível ou inescusável), que, nos termos do art. 20, § 1º, 2ª parte, do CP, irá impor-lhe a imputação do resultado a título de culpa. Assim, o agente agirá em legítima defesa putativa, estado de necessidade putativo, estrito cumprimento de dever legal putativo ou exercício regular de direito putativo, que somente excluirá o dolo e a culpa quando o erro for inevitável. Se evitável, como dito, o agente responderá por culpa (denominada de imprópria, pois, embora tenha agido com dolo, por razões de política criminal, imputar-se-á ao agente o resultado culposo, desde que previsto em lei); **B:** incorreta. No dolo eventual o agente apenas assume o risco de produzir o resultado (art. 18, I, segunda figura, do CP), não se falando em erro de tipo; **C:** incorreta. Na culpa inconsciente, que também não se relaciona ao erro de tipo, o agente pratica determinado comportamento, do qual advém um resultado previsível, embora por ele não previsto; **D:** incorreta. Na culpa consciente, também denominada de culpa com previsão, o agente, após realizar determinado comportamento, produz resultado previsível e por ele previsto, embora acreditasse sinceramente em sua incorrência. Nada tem a culpa consciente que ver com erro de tipo; **E:** incorreta. O dolo direto é aquele em que o agente quer produzir determinado resultado. Também não diz respeito ao erro de tipo, que é o enfoque do enunciado.
Gabarito "A".

(Promotor de Justiça/DF – 2013) Em face das seguintes assertivas, indique a que se apresenta **CORRETA**:

(A) O ordenamento jurídico brasileiro adotou a teoria psicológica do dolo, segundo a qual dolo é a consciência e a vontade de concretizar os elementos do tipo penal.
(B) No conceito finalista de delito, dolo e culpabilidade têm como característica comum a sua natureza normativa.
(C) Para punição do agente, a título de culpa, segundo a teoria finalista da ação, é suficiente a demonstração de conduta realizada com imprudência, negligência ou imperícia.
(D) O "dolo geral" é gênero do qual são espécies o "dolo direto" e o "dolo eventual", responsabilizando-se o agente tanto diante da vontade de produção do resultado quanto da simples aceitação de sua ocorrência.
(E) A teoria normativa do dolo, ínsita à doutrina finalista da ação e acolhida no Código Penal Brasileiro, exige do agente a consciência da ilicitude de sua conduta.

A: correta. Com a criação do finalismo penal, o dolo, que até então estava alojado na culpabilidade – que continha três elementos, quais sejam, a imputabilidade, o dolo ou a culpa e a exigibilidade de conduta diversa (teoria clássica, causal ou mecanicista) – passou a integrar o fato típico, sendo dotado de dois elementos: a consciência e a vontade. Aqui, diz-se que o dolo é natural, em contraposição àquele da teoria clássica, que, integrando a culpabilidade, continha a consciência da ilicitude; **B:** incorreta. Para a teoria finalista, como dito, o dolo é natural, contendo apenas elementos cognitivos (consciência) e volitivo (vontade). Já para a teoria clássica, como o dolo integrava a culpabilidade, continha, também, um terceiro elemento, qual seja, a consciência da ilicitude (o dolo era dito normativo); **C:** incorreta. À luz da teoria finalista da ação, que pressupõe, como o nome sugere, que todo comportamento humano, para ser considerado penalmente relevante, seja dirigido a uma finalidade, não basta, para a punição por um crime culposo, tenha o agente agido com imprudência, negligência ou imperícia (modalidades de culpa). Será indispensável que sua *conduta* tenha sido *voluntária* (não voltada à produção do resultado ou sua aceitação, mas, sim, à prática de uma conduta perigosa, por ele aceita e desejada), que tenha *violado dever objetivo de cuidado* (por imprudência, negligência ou imperícia), daí advindo um *resultado naturalístico involuntário* (se voluntário fosse, estaríamos diante de dolo). Também, será indispensável ao reconhecimento do crime culposo, o nexo de causalidade (entre a conduta voluntária e o resultado involuntário) e a tipicidade (expressa previsão legal da forma culposa do crime), bem como a previsibilidade objetiva (possibilidade de pessoa de mediana prudência e discernimento conseguir prever o resultado); **D:** incorreta. Dolo geral, também chamado de erro sucessivo ou *aberratio causae*, verifica-se quando o agente, por erro nos meios de execução, acredita ter alcançado determinado resultado com um comportamento inicial, quando, em verdade, somente com um comportamento subsequente, dissociado da finalidade inicial, é que consegue alcançá-lo. Trata-se de um erro irrelevante para o Direito penal, devendo o agente ser responsabilizado pelo resultado pretendido de início; **E:** incorreta. Como visto anteriormente, à luz da teoria finalista da ação, o dolo deixou de ser normativo (vale dizer, de integrar a culpabilidade e de conter a consciência da ilicitude), tornando-se natural, tendo como elementos apenas a consciência e a vontade.
Gabarito "A".

(Promotor de Justiça/GO – 2013) Com relação ao tipo culposo, assinale a alternativa correta:

(A) a culpa gravíssima é chamada na doutrina de culpa temerária.
(B) para fins de tipicidade, discute-se unicamente se a previsibilidade deve ser aferida de acordo com a capacidade individual do agente (previsibilidade subjetiva).
(C) na hipótese em que Mélvio, ao limpar sua arma de fogo, de forma imprudente, vem a efetuar um disparo acidental e atinge mortalmente Tício, que acabara de entrar no recinto, estaria configurada a espécie de culpa denominada "culpa consciente", pois que previsível o disparo da arma.
(D) no crime culposo a conduta é dirigida para um fim ilícito. Ela é sempre bem dirigida para uma finalidade relevante sob o aspecto penal.

A: correta. De fato, de acordo com a doutrina, a culpa pode ser classificada, quanto aos graus, em leve, grave ou gravíssima, esta última denominada de "culpa temerária"; **B:** incorreta. O reconhecimento de um crime culposo exigirá, dentre outros requisitos, a *previsibilidade objetiva*, vale dizer, a possibilidade que uma "pessoa comum" (que se convencionou chamar de "homem médio"), com prudência e inteligência ordinárias, tem de prever o resultado. A capacidade individual do agente em prever o resultado, denominada de previsibilidade subjetiva, será levada em consideração não no momento da tipificação do delito culposo, mas, sim, quando da verificação da culpabilidade. Assim, a depender do caso concreto, a eventual falta de potencial consciência da ilicitude por parte do agente poderá redundar em exclusão da culpabilidade (isenção da pena); **C:** incorreta. Diz-se consciente a culpa quando o agente, embora prevendo um resultado objetivamente previsível, acredita sinceramente em sua inocorrência. O fato de alguém limpar uma arma de fogo, ainda mais se estiver carregada, embora possa trazer uma previsibilidade objetiva do resultado (eventual disparo), não induz pensar tenha este sido previsto pelo agente. No caso relatado na assertiva, a vítima havia acabado de adentrar o recinto, motivo por que não se pode cogitar de culpa consciente (ou culpa com previsão). Estivesse a vítima, desde o início, no recinto em que o agente efetuava a limpeza da arma, aí sim seria possível cogitar da previsão do resultado pelo autor do disparo; **D:** incorreta. À luz da teoria finalista da ação, desenvolvida por Hans Welzel, todo comportamento humano somente será penalmente relevante se dirigido a determinada finalidade. No caso dos crimes culposos, geralmente a finalidade do comportamento é lícita, e não dirigida à causação do resultado. É o que se verifica, por exemplo, em um homicídio culposo de trânsito, no qual o condutor do veículo, querendo chegar rapidamente para um jantar de noivado (finalidade lícita), acaba, por imprudência (excesso de velocidade), atropelando e matando um pedestre. Perceba que a finalidade do comportamento é irrelevante para o Direito Penal (chegar rapidamente a um compromisso), mas o resultado advindo da conduta imprudente, negligente ou imperita é ilícito.
Gabarito "A".

(Promotor de Justiça/MG – 2013) Aquele que, culposamente, deteriora uma pinacoteca particular sabidamente tombada poderá ser responsabilizado:

(A) Por crime de dano, previsto no Código Penal, por atentar contra o patrimônio alheio.
(B) Por crime contra o meio ambiente artificial e cultural.
(C) Por se tratar de fato atípico, não poderá ser responsabilizado criminalmente.
(D) Por crime específico, de dano em coisa de valor artístico, arqueológico ou histórico, tal como previsto no Código Penal.

Nos termos do art. 62, II, da Lei dos Crimes Ambientais (Lei 9.605/1998), incorrerá nas penas de reclusão, de um a três anos, e multa, aquele que destruir, deteriorar ou inutilizar arquivo, registro, museu, biblioteca, *pinacoteca*, instalação científica ou similar protegido por lei, ato administrativo ou decisão judicial. Se o crime for culposo, a pena será de seis meses a um ano de detenção, sem prejuízo da multa (art. 62, parágrafo único). Assim, pelo princípio da especialidade, o agente responderá por crime ambiental, e não por crimes "comuns" definidos no Código Penal.
Gabarito "B".

7. ERRO DE TIPO, DE PROIBIÇÃO E DEMAIS ERROS

(Juiz – TJ-SC – FCC – 2017) Um cidadão americano residente no Estado da Califórnia, onde o uso medicinal de *Cannabis* é permitido, vem ao Brasil para um período de férias em Santa Catarina e traz em sua bagagem uma certa quantidade da substância, conforme sua receita médica. Ao ser revistado no aeroporto é preso pelo delito de tráfico internacional de drogas. Neste caso, considerando-se que seja possível a não imputação do crime, seria possível alegar erro de:

(A) proibição indireto.
(B) tipo permissivo.
(C) proibição direto.
(D) tipo.

(E) subsunção.

Por erro de proibição indireto deve-se entender a situação em que o agente, a despeito de ter ciência do caráter ilícito do fato, acredita, equivocadamente, que age amparado por uma causa excludente de antijuridicidade, ou, ainda, age com erro quanto aos limites de uma causa justificante efetivamente existente. ED

Gabarito "A".

(Juiz – TJ/RJ – VUNESP – 2016) Assinale a alternativa que contém a assertiva correta no que diz respeito aos dispositivos relativos ao erro previstos no Código Penal.

(A) Augustus, agride e provoca lesão corporal em Cassius, pois este segurava o pescoço de Maximus. Imaginava Augustus estar protegendo Maximus mas, por erro decorrente de sua imprudência, não percebeu que tudo se tratava de uma brincadeira. Neste caso, na responsabilização penal pelo crime de lesão corporal, Augustus deverá ter sua pena diminuída de um sexto a um terço.
(B) Magnus, policial, adultera, sem autorização legal, sinal identificador de um veículo automotor a fim de que seja utilizado em investigação criminal, pois imagina, por erro evitável, que nesta hipótese sua conduta seria lícita. Na responsabilização penal pelo crime de "adulteração de sinal identificador de veículo automotor", Magnus deverá ter sua pena diminuída de um sexto a um terço.
(C) Magnus, policial, adultera, sem autorização legal, sinal identificador de um veículo automotor a fim de que seja utilizado em investigação criminal, pois imagina, por erro evitável, que nesta hipótese sua conduta seria lícita. Na responsabilização penal pelo crime de "adulteração de sinal identificador de veículo automotor", Magnus deverá ser punido na modalidade culposa do delito.
(D) Ticius imputa um fato definido como crime a Manassés que imaginava ser verdadeiro quando, na verdade, era falso, tendo o erro de Ticius decorrido de sua negligência. Neste caso, Ticius deverá ser responsabilizado pelo crime de calúnia na modalidade culposa.
(E) Ticius imputa um fato definido como crime a Manassés que imaginava ser verdadeiro quando, na verdade, era falso, tendo o erro de Ticius decorrido de sua negligência. Neste caso, ao ser responsabilizado pelo crime de calúnia, Ticius deverá ter sua pena diminuída de um sexto a um terço.

A: incorreta. Augustus, tendo uma falsa percepção da realidade, imaginou que agia em legítima defesa de terceiro, no caso Maximus, que estaria, segundo pensou, sendo agredido por Cassius, quando, na verdade, se tratava de uma brincadeira (não havia, portanto, agressão a justificar a legítima defesa). É a hipótese descrita no art. 20, § 1º, do CP (descriminante putativa). Como Augustus agiu de forma imprudente, não se cercando da devida cautela, deverá responder pelo crime na sua modalidade culposa (art. 129, § 6º, do CP – lesão corporal culposa). Se tivesse agido com a necessária cautela, estaria isento de pena; **B:** correta. A alternativa descreve hipótese de erro sobre a ilicitude do fato (art. 21, *caput*, do CP), que a doutrina convencionou chamar *erro de proibição*, que, sendo escusável (inevitável ou invencível), exclui a culpabilidade. No caso em tela, o erro foi inescusável (evitável ou vencível), tal como afirmado na alternativa, razão pela qual Augustus fará jus a uma diminuição de pena de um sexto a um terço, tal como estabelece o dispositivo ao qual fizemos referência; **C:** incorreta. É a mesma situação descrita na assertiva "B" (é causa de diminuição de pena). Responderia por crime culposo se acaso houvesse previsão nesse sentido e desde que se tratasse de erro de tipo (art. 20, *caput*, do CP); **D:** incorreta, já que o erro de tipo somente leva à responsabilização do agente por crime culposo se houver previsão nesse sentido. Tendo em conta que o crime de calúnia (art. 138, CP) não comporta a modalidade culposa, sobre Ticius não recairá responsabilidade no âmbito criminal (art. 20, *caput*, CP); **E:** incorreta. *Vide* comentário à alternativa anterior. ED

Gabarito "B".

(Ministério Público/SP – 2015 – MPE/SP) O erro de tipo:

(A) exclui a culpabilidade do agente pela ausência e impossibilidade de conhecimento da antijuridicidade do fato que pratica.
(B) exclui a culpabilidade porque o agente, ao tempo do crime, era inteiramente incapaz de entender o caráter ilícito do fato ou de determinar-se de acordo com esse entendimento.
(C) exclui o dolo, pois se trata de conduta típica justificada pela norma permissiva.
(D) exclui o dolo, tendo em vista que o autor da conduta desconhece ou se engana em relação a um dos componentes da descrição legal do crime, seja ele descritivo ou normativo.
(E) exclui a punibilidade por se tratar de causa de isenção de pena prevista para determinados crimes.

O erro de tipo, nos termos do art. 20, *caput*, do CP, exclui, sempre, o dolo, podendo, também, excluir a culpa, se invencível (ou inevitável, ou escusável). Caracteriza-se pelo fato de o agente desconhecer ou se enganar em relação a um dos elementos do tipo legal do crime, sejam eles descritivos ou normativos. Enfim, o erro que recair sobre qualquer elementar típica terá o condão de excluir o dolo, tratando-se do que se denomina de erro de tipo essencial. Frise-se, uma vez mais, que se o erro for vencível (ou evitável, ou inescusável), o agente será punido a título de culpa, desde que exista previsão legal da forma culposa do crime. Não se confunde o erro de tipo com o erro de proibição (art. 21 do CP), que é aquele que recai sobre a ilicitude do fato (ou seja, o agente desconhece ou interpreta equivocadamente o conteúdo da norma penal, deixando de compreender adequadamente seu caráter ilícito). Aqui, haverá a exclusão da culpabilidade ante a falta de potencial consciência da ilicitude, e, portanto, a isenção de pena (art. 21, *caput*, do CP). Porém, importante registrar que apenas o erro de proibição escusável, invencível ou inevitável é que exclui a culpabilidade, o que não acontece em caso de erro inescusável, vencível ou evitável, caso em que a pena será diminuída de um sexto a um terço. Correta, portanto, a alternativa D. As alternativas A, B e E, de plano, podem ser eliminadas, visto que afirmam que o erro de tipo exclui a culpabilidade ou a punibilidade. A alternativa C, embora afirme que o erro de tipo exclui o dolo (o que está correto, como visto), é incorreta ao afirmar que haverá conduta típica. Se o erro de tipo exclui o dolo, não se fala sequer em tipicidade.

Gabarito "D".

(Promotor de Justiça/PR – 2013 – X) Segundo a sistemática do Código Penal, assinale a alternativa incorreta:

(A) É isento de pena quem, por erro plenamente justificado pelas circunstâncias, supõe situação de fato que, se existisse, tornaria a ação legítima;
(B) O erro sobre a ilicitude do fato, se inevitável, isenta de pena;
(C) O erro sobre a ilicitude do fato se evitável, diminui a pena em um sexto;
(D) Se o fato é cometido sob coação irresistível ou em estrita obediência a ordem, não manifestamente ilegal, de superior hierárquico, só é punível o autor da coação ou da ordem;
(E) O erro sobre elemento constitutivo do tipo legal de crime exclui o dolo, mas permite a punição por crime culposo, se previsto em lei.

A: correta. A assertiva trata das descriminantes putativas (art. 20, § 1º, do CP); **B:** correta, visto que, de fato, o erro sobre a ilicitude do fato, quando inevitável, isenta o réu de pena (art. 21, *caput*, do CP). Estamos a tratar do erro de proibição escusável, que é causa excludente da culpabilidade; **C:** incorreta, devendo ser assinalada. Se o erro sobre a ilicitude do fato (erro de proibição) for evitável (ou inescusável), a pena do agente será reduzida de *um sexto a um terço* (art. 21, *caput*, parte final, do CP). Assim, a diminuição prevista em lei é variável, e não fixa, como apontado na assertiva; **D:** correta, nos termos do art. 22 do CP, que trata da coação moral irresistível e da obediência hierárquica, ambas as causas excludentes da culpabilidade (por afastar a exigibilidade de conduta diversa); **E:** correta, nos termos do art. 20, *caput*, do CP, que trata do erro de tipo. Lembre-se que haverá, aqui, a exclusão do dolo e da culpa quando o erro for invencível (ou inevitável, ou escusável), remanescendo, porém, a culpa, se o erro for vencível (ou evitável, ou inescusável), desde que prevista a modalidade culposa em lei.

Gabarito "C".

(Promotor de Justiça/PR – 2013 – X) Assinale a alternativa incorreta:

(A) Semprônio pretendendo matar seu pai Tício, desfere disparos de arma de fogo contra este, enquanto Tício conversava com seu vizinho Esmenio. Entretanto por erro na execução, Semprônio acaba apenas por atingir e matar Esmenio. Neste caso Semprônio responderá pelo crime de homicídio doloso, com a incidência da agravante genérica prevista no art. 61, II, letra "a" do CP (ter praticado o crime contra ascendente);
(B) Semprônio pretendendo matar seu vizinho Esmenio, desfere disparos de arma de fogo contra Esmenio enquanto ele conversava com Tício pai de Semprônio. Entretanto por erro na execução, Semprônio acaba apenas por atingir e matar Tício. Neste caso Semprônio responderá pelo crime de homicídio doloso, sem a incidência da agravante genérica prevista no art. 61, II, letra "a" do CP (ter praticado o crime contra ascendente);
(C) Semprônio pretendendo matar seu vizinho Esmenio, desfere contra ele disparos de arma de fogo, enquanto Esmenio conversava com Tício, pai de Semprônio. Entretanto por erro na execução, além de atingir e matar Esmenio, também atinge e mata seu pai Tício. Neste caso Semprônio responderá por crime de homicídio doloso, com a aplicação da regra prevista para o concurso formal de crimes;
(D) Semprônio pretendendo lesionar seu vizinho Esmenio, e visualizando que este se encontrava na sala distraído, arremessa uma pedra através da vidraça da residência de Esmenio. Entretanto por erro na execução do crime, a pedra acaba por atingir o aparelho de televisão da sala, danificando-o. Neste caso Semprônio responderá por crime de dano;
(E) Semprônio pretendendo lesionar seu vizinho Esmenio, e visualizando que este se encontrava na sala distraído, arremessa uma pedra através da vidraça da residência de Esmenio. Entretanto por erro na execução do crime, além da pedra atingir e lesionar superficialmente Esmenio, acaba também por acertar e danificar o aparelho de televisão da sala. Neste caso Semprônio responderá apenas por crime de lesões corporais leves.

A: correta. A assertiva trata de homicídio doloso praticado com erro na execução (*aberratio ictus*), tendo Semprônio, que tencionava matar o pai, atingido Tício. Neste caso, o agente responderá como se houvesse atingido a pessoa pretendida, levando-se, inclusive, em conta as características dela e não da vítima efetiva (art. 73 do CP); **B:**

correta. Considerando que Semprônio pretendia matar seu vizinho Esmenio, mas, por erro na execução (*aberratio ictus*), atingiu o próprio pai (Tício), responderá por homicídio doloso, mas sem incidir a agravante genérica prevista no art. 61, II, "a", do CP (crime praticado contra ascendente). É que, nos termos do art. 73 do CP, verificado o erro na execução, o agente responderá como se houvesse atingido a vítima pretendida (vítima virtual), levando-se em consideração as características desta e não da vítima efetiva. Por isso, nada obstante tenha matado o próprio pai, a Semprônio não incidirá a agravante; **C:** correta. A assertiva contempla o que se denomina de *aberratio ictus* com duplo resultado (ou unidade complexa). Assim, por erro na execução, Semprônio, além de atingir a vítima visada (o vizinho Esmenio), atingiu pessoa diversa da pretendida (o próprio pai). Portanto, mediante uma única ação, praticou dois crimes, incidindo, na espécie, a regra do concurso formal, nos termos preconizados no art. 73, parte final, do CP; **D:** incorreta, devendo ser assinalada. A assertiva trata, em princípio, da *aberratio criminis* (ou *aberratio delicti*), que se caracteriza pelo fato de o agente, por erro ou acidente na execução, dar causa a resultado diverso do inicialmente pretendido, caso em que, nos termos do art. 74 do CP, deveria responder na forma culposa, se prevista em lei, deste último resultado. Ocorre que, de acordo com a doutrina, inaplicável a regra prevista em referido dispositivo legal na seguinte situação: "se o resultado previsto como crime culposo for menos grave ou se o crime não tiver modalidade culposa, deve-se desprezar a regra delineada pelo art. 74 do Código Penal" (Cleber Masson. *Direito Penal Esquematizado – Parte Geral*. 2. ed. São Paulo: Método. p. 293). É que, se assim não fosse, a tentativa de lesões corporais perpetrada por Semprônio, que arremessou a pedra na vidraça da residência de Esmenio, querendo atingi-lo, seria absorvida pelo dano culposo, que, como é sabido, não é admitido (previsto) no art. 163 do CP. Logo, o agente ficaria sem punição qualquer. Destarte, no caso relatado no enunciado, o agente deverá responder por tentativa de lesões corporais dolosas; **E:** correta. Em complementação ao comentário à alternativa anterior, vê-se que na assertiva em comento ocorreu *aberratio criminis* com duplo resultado, o que ensejaria, em tese, a aplicação da regra do concurso formal de crimes (art. 74, parte final, do CP). Ocorre que Semprônio, além de produzir o resultado almejado (lesões corporais em Esmenio), também, por erro na execução, causou danos no aparelho de televisão de seu vizinho. Dado que este foi um resultado diverso do pretendido, a punição, nos termos do precitado art. 74 do CP, seria a título de culpa. No entanto, inexistente dano culposo, o agente responderá apenas pela lesão corporal leve (art. 129, *caput*, do CP).
Gabarito "D".

(Promotor de Justiça/MG – 2014) A queria matar B. Quando este passou próximo ao local em que se postara, disparou um tiro de revólver, errando o alvo e atingindo C, ferindo-o levemente no braço. Deverá responder por:

(A) Lesões corporais culposas contra C.
(B) Homicídio tentado contra C.
(C) Lesões corporais leves contra C.
(D) Homicídio tentado contra B.

O enunciado retrata típico exemplo de *aberratio ictus* (erro na execução), que, nos termos do art. 73 do CP, impõe ao agente que responda como se tivesse praticado o crime contra aquela vítima inicialmente visada ("vítima B"). Por se tratar de erro meramente acidental, nada obstante tenha produzido apenas lesões corporais leves na vítima efetiva ("vítima C"), deverá ser responsabilizado por tentativa de homicídio contra "B", visto ser esta sua intenção ao efetuar o disparo de arma.
Gabarito "D".

(Promotor de Justiça/DF – 2013) Examine os itens que se seguem e assinale a alternativa **CORRETA**:

(A) Nos termos da legislação penal brasileira, a *aberratio ictus* com resultado duplo conduz à aplicação da regra da continuidade delitiva.
(B) O erro de proibição invencível por parte de um dos coautores do delito impede a aplicação de pena aos demais concorrentes.
(C) Na omissão, o erro de mandamento se caracteriza quando o omitente se abstém da ação ordenada pelo direito, na justificável crença de inexistir o dever de agir.
(D) Segundo o Código Penal, atua em erro de proibição o agente que, diante da aproximação de pessoa que acredita tratar-se de um ladrão, desfere-lhe golpes com pedaço de madeira.
(E) Para o finalismo, é erro de tipo o que incide sobre a consciência da ilicitude, que pode ser meramente potencial.

A: incorreta. Havendo *aberratio ictus* (que é espécie de erro de tipo acidental, na qual o agente, por erro na execução, atinge pessoa diversa da pretendida) com duplo resultado (ou unidade complexa), vale dizer, atingindo a própria vítima inicialmente visada e, também, a própria vítima inicialmente visada, responderá em concurso formal de crimes (art. 73, segunda parte, do CP). Afinal, mediante uma única ação ou omissão, terá praticado dois ou mais crimes, incidindo, portanto, a regra do concurso formal (art. 70 do CP); **B:** incorreta. O erro de proibição (erro sobre a ilicitude do fato), quando invencível (ou inevitável, ou escusável), é causa de exclusão da culpabilidade. Assim, se o crime for praticado em concurso de agentes, caso um deles incida em erro de proibição invencível, tal causa não se estenderá aos demais concorrentes, sendo incomunicável (art. 30, CP). Ainda que não se tratasse de coautoria, mas, apenas, de participação, se adotada a teoria da acessoriedade limitada (que é a mais aceita pela doutrina nacional), os demais concorrentes responderiam criminalmente se o agente houvesse praticado um *fato típico* e *ilícito*. Ainda que tenha ele incidido em erro de proibição invencível, por se tratar de causa excludente da culpabilidade, os demais concorrentes não seriam atingidos por referida dirimente; **C:** correta. Verifica-se o erro mandamental (ou erro de mandamento) nos crimes omissivos próprios ou impróprios, desde que o agente tenha uma falsa percepção da realidade quanto ao mandamento implícito contido na norma penal incriminadora (ex.: na omissão de socorro, prevista no art. 135, CP, existe um mandamento implícito, qual seja, "preste socorro"), o que configura verdadeiro erro de tipo, ou, no caso da omissão imprópria, no caso de o agente acreditar não ter o dever jurídico de impedir o resultado, fato caracterizador de verdadeiro erro de proibição.
Gabarito "C".

(Ministério Público/SP – 2012 – VUNESP) Motorista que, em estacionamento, se apodera de veículo pertencente a terceiro supondo-o seu, em decorrência de absoluta semelhança entre os automóveis, incide em

(A) erro de proibição.
(B) erro de tipo.
(C) crime impossível.
(D) erro determinado por terceiro.
(E) erro na execução.

Nitidamente, o enunciado proposto demonstra que o motorista incidiu em erro de tipo. A absoluta semelhança entre os automóveis fez com que o agente tivesse uma falsa percepção da realidade, vale dizer, da elementar "coisa alheia móvel". Ainda que, no caso, o erro fosse vencível (ou inescusável), haveria a exclusão do dolo, tornando o fato atípico (art. 20, *caput*, do CP).
Gabarito "B".

(Defensor Público/SP – 2012 – FCC) Em Direito Penal, o erro

(A) de tipo, se for invencível, exclui a tipicidade dolosa e a culposa.
(B) que recai sobre a existência de situação de fato que justificaria a ação, tornando-a legítima, é tratado pelo Código Penal como erro de proibição, excluindo-se, pois, a tipicidade da conduta.
(C) de tipo exclui o dolo e a culpa grave, mas não a culpa leve.
(D) de proibição é irrelevante para o Direito Penal, pois, nos termos do caput do art. 21 do Código Penal, "o desconhecimento da lei é inescusável".

A: correta. O *erro de tipo*, previsto no *caput* do art. 20 do CP, quando invencível (inevitável), afasta o *dolo* e a *culpa*. Vale lembrar que a punição a título de culpa, no erro vencível, somente ocorrerá se houver previsão nesse sentido, isto é, se o tipo penal contemplar a modalidade culposa; **B:** incorreta. A assertiva se refere à chamada *descriminante putativa*, presente no art. 20, § 1º, do CP. O *erro de proibição* (erro sobre a ilicitude do fato) está previsto no art. 21 do CP; **C:** incorreta. Pouco importa, para o reconhecimento do erro de tipo, o grau da culpa, que somente tem relevância no momento de o juiz estabelecer a pena-base (art. 59, CP); **D:** incorreta, pois contraria o disposto no art. 21 do CP.
Gabarito "A".

(Delegado/MG – 2012) Com relação ao erro de tipo e ao erro de proibição, assinale a alternativa **incorreta**:

(A) O erro de tipo permissível inescusável é aquele que recai sobre situação de fato, excluindo a culpabilidade dolosa, mas permitindo a punição do agente a título de culpa.
(B) De acordo com a teoria extremada da culpabilidade, todo e qualquer erro que recaia sobre uma causa de justificação é erro sobre a ilicitude do fato.
(C) O erro, sobre a causa do resultado, afasta o dolo ou a culpa, tendo em vista que recai sobre elemento essencial do fato.
(D) O erro de proibição mandamental é aquele que recai sobre uma norma impositiva e, se inevitável, isenta o agente de pena.

A: correta. O erro de tipo permissível (ou permissivo) é aquele que recai sobre causas excludentes da ilicitude (tipos permissivos). Quando o erro recair sobre as circunstâncias fáticas de uma causa de justificação (ou causa excludente da ilicitude), estaremos diante de modalidade de erro de tipo, que afastará o dolo, mas permitirá a punição do agente pelo crime culposo quando for inescusável (ou vencível, ou evitável), conforme preconiza o art. 20, § 1º, do CP; **B:** correta. Acerca da natureza jurídica das descriminantes putativas, a resposta dependerá da teoria da culpabilidade adotada. Assim, para a teoria normativa pura da culpabilidade (ou extrema, ou estrita), todo erro que recair sobre uma causa de justificação (seja quanto à sua existência, os seus limites ou os seus pressupostos fáticos) será hipótese de erro de proibição (erro sobre a ilicitude do fato). Já para a teoria limitada da culpabilidade, se o erro recair sobre os pressupostos fáticos de uma causa de justificação, restará caracterizado o erro de tipo, ao passo que se o erro recair sobre a existência ou os limites da causa justificante, falaremos em erro de proibição; **C:** incorreta, devendo ser assinalada. O erro sobre o nexo causal (*aberratio causae*) é espécie de erro de tipo acidental, que é aquele que recai sobre fatores irrelevantes à configuração típica, não afastando, portanto, o dolo ou a culpa. Apenas o erro de tipo essencial, que é aquele que recai sobre elementos constitutivos do tipo penal, terá o condão de sempre afastar o dolo, remanescendo, porém, a culpa, se se tratar de erro vencível (ou evitável, ou inescusável), conforme art. 20, *caput*, do CP; **D:** correta. Denomina-se de erro de proibição mandamental aquele em que o agente, supondo encontrar-se em situação de perigo a algum bem jurídico, crê estar autorizado a não agir para impedir determinado resultado, ainda que tenha o dever jurídico de agir (art. 13, § 2º, do CP). Nesse caso, o erro recairá sobre um crime omissivo impróprio (ou comissivo por omissão). Se se tratar de erro invencível, o agente ficará isento de pena (art. 21, *caput*, do CP).
Gabarito "C".

(Delegado/PA – 2012 – MSCONCURSOS) Quanto ao erro do tipo, analise as alternativas e assinale a incorreta:

(A) O erro incriminador essencial escusável está previsto no Código Penal em seu art. 20, *caput*, 1ª parte e § 1º, 1ª parte. Ocorre quando, sobre o elemento constitutivo do tipo legal de crime, exclui o dolo. Há uma discriminante putativa isentando de pena quem, por erro plenamente justificado pelas circunstâncias, supõe situação de fato que, se existisse, tornaria a ação legítima.

(B) O erro incriminador essencial inescusável está previsto no Código Penal, em seu art. 20, *caput*, 2ª parte e § 1º, 2ª parte. Ocorre quando o agente age de forma descuidada. Exclui o dolo, mas, não afasta a culpa. Não há isenção de pena quando o erro deriva de culpa e o fato é punível como crime culposo. Assim, o agente responderá por crime culposo, quando previsto em lei.

(C) Responderá pelo delito aquele que furtar bijuteria, acreditando ser um diamante, uma vez que não haverá o reconhecimento do princípio da insignificância. Tal erro não exclui o crime porque a simples troca de objetos não impede a tipificação do delito e configuração do dolo. No erro de tipo acidental sobre o objeto, o réu não poderá ser beneficiado, pois, de qualquer forma o agente praticou ato ilícito. No exemplo mencionado, responderá perante a justiça, pelo crime descrito no art. 155, *caput*, CP. O sujeito imagina que sua conduta recairá sobre uma determinada coisa, enquanto, na verdade, recai sobre outra, mas sua vontade de furtar prevalece.

(D) O erro de tipo incriminador essencial inescusável não exclui o dolo e, portanto, o agente responderá pelo crime. É aquele que vicia a vontade, mas não a exclui. O *error in persona*, contra o qual o crime é praticado, não isenta de pena. Não se consideram, neste caso, as condições ou qualidades da vítima, senão as da pessoa contra quem o agente queria praticar o crime. Está previsto no artigo 20, § 3º, do Código Penal.

(E) O erro do tipo incriminador acidental está subdividido em *error in objeto*, *error in persona*, *aberratio ictus*, *aberratio criminis* e *aberratio causae*.

A: correta. De fato, o art. 20, *caput*, primeira parte, do CP, trata do erro de tipo essencial, que somente excluirá o dolo e a culpa quando for inevitável (ou invencível, ou escusável). Também trata de erro de tipo permissivo escusável o art. 20, § 1º, primeira parte, do CP (descriminantes putativas); **B:** correta. De fato, o art. 20, *caput*, segunda parte, do CP, trata do erro de tipo essencial inescusável (ou vencível, ou evitável), que somente afastará o dolo, remanescendo, porém, a punição culposa, se prevista em lei. Da mesma forma, o art. 20, § 1º, segunda parte, do CP, trata do erro de tipo permissivo inescusável (ou vencível, ou evitável), que caracteriza a denominada "culpa imprópria". O agente, por culpa, pratica um fato típico não amparado, verdadeiramente, por uma causa excludente da ilicitude, razão pela qual responderá na forma culposa do crime, se prevista em lei; **C:** correta. Pelas razões bem expostas na assertiva, o erro de tipo acidental (no caso, erro sobre o objeto) não afasta a punição pelo fato, não se podendo conceder o benefício do privilégio de que trata o art. 155, § 2º, do CP, nem mesmo ser reconhecida a insignificância penal, em razão da subtração de bijuteria, quando cria o agente tratar-se de diamante; **D:** incorreta, devendo ser assinalada. Todo erro de tipo incriminador essencial excluirá o dolo, seja vencível (ou inescusável), seja invencível (ou escusável). Remanescerá, porém, a culpa, se o erro pudesse ter sido evitado por maior diligência do agente (art. 20, *caput*, segunda parte, do CP). No tocante ao *error in persona*, a assertiva está correta; **E:** correta. De fato, o erro de tipo acidental, de acordo com a doutrina, se apresenta sob as seguintes formas: i) *error in objeto* (erro sobre o objeto); ii) *error in persona* (erro sobre a pessoa); iii) *aberratio ictus* (erro na execução); iv) *aberratio criminis* (resultado diverso do pretendido); e v) *aberratio causae* (erro sobre o nexo causal). Registre-se, e frise-se, que são todas modalidades de erro acidental, que recaem sobre circunstâncias ou dados irrelevantes à caracterização típica, permanecendo a incriminação pelo fato.
Gabarito "D".

(Cartório/MG – 2012 – FUMARC) É consequência jurídico-penal do erro de proibição inescusável
(A) isenção de pena.
(B) redução de pena.
(C) absolvição por atipicidade.
(D) absolvição por ausência de culpabilidade.

No tocante ao erro de proibição, que é o erro do agente que recai sobre a ilicitude do fato (art. 21 do CP), somente haverá isenção de pena, tratando-se, pois, de causa excludente da culpabilidade, afastando-se o requisito da potencial consciência da ilicitude, se for considerado escusável (ou invencível, ou inevitável), nos termos do art. 21, *caput*, primeira parte, do CP. Já se o erro pudesse ter sido evitado pelo agente, caso tivesse empregado maior diligência (erro vencível, evitável ou inescusável), a pena deverá ser reduzida de um sexto a um terço (art. 21, *caput*, segunda parte, do CP). Importante registrar que o erro de proibição, quando escusável (ou inevitável, ou invencível), gerará, caso tenha havido a instauração de ação penal em face do agente, sua absolvição, em razão da exclusão da culpabilidade. Já em caso de erro de proibição inescusável (ou vencível, ou evitável), o agente deverá ser condenado, mas com a pena reduzida nos patamares referidos.
Gabarito "B".

(Cartório/RJ – 2012) Em relação à exclusão da culpabilidade, analise as assertivas abaixo.
I. O erro de tipo invencível exclui o dolo e a culpa.
II. O erro de tipo vencível exclui o dolo, mas não a culpa; se o crime admitir a modalidade culposa, o sujeito responderá pela conduta.
III. No crime putativo por erro de tipo, o sujeito quer praticar o crime, mas erroneamente realiza um ato criminalmente irrelevante.

É correto o que se afirma em
(A) I, apenas.
(B) II, apenas.
(C) III, apenas.
(D) I, II e III.
(E) I e III, apenas.

I: correta. De fato, o erro de tipo invencível (ou inevitável, ou escusável) é espécie de erro sobre elemento constitutivo do tipo (art. 20, *caput*, do CP), cujo efeito será a exclusão do dolo e da culpa, tornando o fato absolutamente atípico; **II:** correta. Realmente, se o erro sobre o elemento constitutivo do tipo pudesse ter sido evitado por maior cautela empregada pelo agente, estaremos diante de erro de tipo vencível (ou evitável, ou inescusável), cujo efeito será a exclusão do dolo, mas a punição do agente pela forma culposa, desde que prevista em lei (art. 20, *caput*, segunda parte, do CP); **III:** correta. No crime putativo por erro de tipo, também chamado de crime erroneamente suposto ou imaginário, o agente pretende cometer um crime, mas, por erro, comete fato penalmente irrelevante (ex.: venda de pó de mármore, quando acreditava o agente que se tratava de cocaína).
Gabarito "D".

(Cartório/SC – 2012) Acerca do erro sobre elementos do tipo é **correto** afirmar:
(A) Não exclui o dolo, mas reduz a pena de um a dois terços.
(B) Configura circunstância atenuante.
(C) Exclui a imputabilidade.
(D) Configura crime impossível por ineficácia absoluta do meio ou por absoluta impropriedade do objeto.
(E) Exclui o dolo, mas permite a punição por crime culposo, se previsto em lei.

A: incorreta. O erro sobre elementos constitutivos do tipo, seja ele vencível (evitável ou inescusável), seja invencível (inevitável ou escusável), a consequência será, sempre, a exclusão do dolo, podendo, no primeiro caso (erro inescusável), o agente ser punido por culpa, desde que prevista expressamente (art. 20, *caput*, do CP); **B:** incorreta. O erro sobre elemento constitutivo do tipo legal de crime exclui dolo, e, portanto, a conduta, que é elemento do fato típico, não se trata de circunstância atenuante, que, por óbvio, pressupõe que o fato tenha sido típico, para, somente então, cogitando-se de aplicação de pena (que pressupõe a culpabilidade), possa esta ser atenuada; **C:** incorreta. O erro de tipo (ou erro sobre elemento constitutivo do tipo), como visto, exclui, sempre, o dolo, atingindo, portanto, o primeiro elemento do crime, qual seja, o fato típico, e não a culpabilidade, que, dentre outras causas excludentes, será afastada pela inimputabilidade; **D:** incorreta, em nada se confundindo o erro de tipo (art. 20 do CP) com o crime impossível (art. 17 do CP), na qual não será punível a tentativa por ineficácia absoluta do meio empregado pelo agente ou, então, em razão da absoluta impropriedade do objeto material da infração penal perpetrada; **E:** correta. De fato, o erro de tipo sempre excluirá o dolo, mas permitirá a punição por crime culposo, quando previsto em lei (lembre-se: vigora a excepcionalidade do crime culposo, nos termos do art. 18, parágrafo único, do CP). Referida punição (a título de culpa) somente ocorrerá se o erro de tipo for considerado evitável (ou vencível, ou inescusável).
Gabarito "E".

8. TENTATIVA, CONSUMAÇÃO, DESISTÊNCIA, ARREPENDIMENTO E CRIME IMPOSSÍVEL

(Investigador – PC/BA – 2018 – VUNESP) Adalberto decidiu matar seu cunhado em face das constantes desavenças, especialmente financeiras, pois eram sócios em uma empresa e estavam passando por dificuldades. Preparou seu revólver e se dirigiu até a sala que dividiam na empresa. Parou de frente ao inimigo e apontou a arma em sua direção, mas antes de acionar o gatilho foi impedido pela secretária que, ao ver a sombra pela porta, decidiu intervir e impedir o disparo. Em face do ocorrido, pode-se afirmar que Adalberto poderá responder por
(A) constrangimento ilegal.
(B) tentativa de homicídio.
(C) tentativa de lesão corporal.
(D) fato atípico.
(E) arrependimento eficaz.

A questão que se coloca é saber se a conduta de Adalberto, consistente em apontar a arma para o seu algoz, pode ser traduzida como início de execução do crime que ele pretendia praticar. Não há dúvidas de que a preparação, por Adalberto, de seu revólver não constitui ato de execução do delito (é ato de preparação!). Não há que se falar, de outro lado, em arrependimento eficaz, já que seria imprescindível, neste caso, que Adalberto, imbuído do propósito de matar seu cunhado, tivesse feito uso dos meios de que dispunha para atingir seu objetivo, ou seja, teria ele que efetuar os disparos que considerou necessários à produção do resultado morte e, ato contínuo, lograr, por sua iniciativa (voluntariedade), evitar a consumação do homicídio. Também é o caso de descartar a possibilidade de o crime em que incorreu Adalberto ser o de lesão corporal tentada, na medida em que seu propósito, desde o começo, era o de matar seu desafeto. Agiu, portanto, com *animus necandi*. Pois bem. É tema por demais complexo e, portanto, objeto de acalorados debates a definição do critério a ser empregado para delimitar em que momento tem fim a preparação e inicia a execução do crime. Prevalece, na doutrina e na jurisprudência, a tese segundo a qual tem fim a preparação e começa a execução com a prática do primeiro ato idôneo e inequívoco que tem o condão de levar à consumação do delito. Ou seja, para esta teoria (objetivo-formal ou lógico-formal), considera-se ato executório aquele em que o agente dá início à realização do verbo, neste caso, matar. É dizer, ao menos uma pequena parcela da conduta prevista no tipo deve estar concretizada. O examinador, aqui, considerou a conduta de Adalberto, consistente em apontar a arma de fogo, como apta a produzir o resultado almejado pelo agente: a morte de seu cunhado. A nosso ver, Adalberto, com a mera conduta de apontar a arma em direção à pessoa que queria ver morta, não ingressou na fase de execução do crime, não havendo que se falar, portanto, em tentativa. Ao que parece, a examinadora adotou a teoria objetivo-individual, segundo a qual os atos executórios pressupõem que haja início da conduta típica, mas também alcança aqueles atos que são imediatamente anteriores, desde que estejam em conformidade com o plano criminoso do autor, como é o caso da conduta de apontar a arma em direção à pessoa que se pretende matar. ED

Gabarito "B".

(Defensor Público – DPE/SC – 2017 – FCC) Sobre o *iter criminis*, é correto afirmar:

(A) A aferição do início do ato de execução do crime independe do elemento subjetivo do tipo.
(B) O Código Penal brasileiro adota a teoria subjetiva pura na aferição do início do ato de execução.
(C) A Lei Antiterrorismo (Lei n. 13.260/2016) prevê a punição de atos preparatórios de terrorismo quando realizado com o propósito inequívoco de consumar o delito.
(D) A punição da tentativa de crime culposo depende de expressa previsão legal.
(E) Em verdadeira regressão garantista, o Superior Tribunal de Justiça firmou entendimento de que a posse mansa e pacífica é necessária à consumação do roubo.

A: incorreta, já que a transição dos atos preparatórios para os atos executórios depende, sim, do elemento subjetivo do tipo; **B:** incorreta, uma vez que a teoria adotada é a objetivo-formal ou lógico-formal, segundo a qual somente haverá ato executório quando o agente iniciar a realização do verbo-núcleo do tipo (ação nuclear); **C:** correta (art. 5º da Lei 13.260/2016); **D:** incorreta. Com ou sem previsão legal, o crime culposo não comporta a modalidade tentada, já que não é concebível que alguém tente atingir determinado resultado que não deseje. Há, pois, incompatibilidade entre o delito culposo e o *conatus*; **E:** incorreta. Pelo contrário, em regressão garantista, os tribunais superiores consolidaram o entendimento segundo o qual o crime de roubo se consuma com a mera inversão da posse do bem mediante emprego de violência ou grave ameaça, independente da posse pacífica e desvigiada da coisa pelo agente. *Vide*, nesse sentido: STF, HC 96.696, Rel. Min. Ricardo Lewandowski. Confirmando esse entendimento, o STJ editou a Súmula 582: "Consuma-se o crime de roubo com a inversão da posse do bem mediante emprego de violência ou grave ameaça, ainda que por breve tempo e em seguida à perseguição imediata ao agente e recuperação da coisa roubada, sendo prescindível a posse mansa e pacífica ou desvigiada". ED

Gabarito "C".

(Advogado União – AGU – CESPE – 2015) Acerca da aplicação da lei penal, julgue o item que se segue (adaptada).

(1) O direito penal brasileiro não admite a punição de atos meramente preparatórios anteriores à fase executória de um crime, uma vez que a criminalização de atos anteriores à execução de delito é uma violação ao princípio da lesividade.

1: incorreta. É fato que os chamados atos preparatórios, que são aqueles que antecedem a execução do crime, são, em regra, impuníveis; há, entretanto, casos excepcionais em que o mero preparatório por si só já constitui infração penal, como no caso do crime de associação criminosa (art. 288, CP). O erro da assertiva está em afirmar, assim, que o Direito Penal não admite a punição de atos preparatórios; admite, sim, em caráter, como já dito, excepcional. ED

Gabarito "1E".

(Advogado União – AGU – CESPE – 2015) João, empregado de uma empresa terceirizada que presta serviço de vigilância a órgão da administração pública direta, subtraiu aparelho celular de propriedade de José, servidor público que trabalha nesse órgão.

A respeito dessa situação hipotética, julgue o item que se segue (adaptada).

(1) Se devolver voluntariamente o celular antes do recebimento de eventual denúncia pelo crime, João poderá ser beneficiado com redução de pena justificada por arrependimento posterior.

1: correta. De fato, terá lugar o arrependimento posterior (causa de diminuição de pena prevista no art. 16 do CP) desde que a reparação integral do dano ou a restituição da coisa, por ato voluntário do agente, apenas para os crimes cometidos sem violência ou grave ameaça a pessoa, ocorra até o recebimento da denúncia ou queixa. ED

Gabarito "1C".

(Juiz – TJ-SC – FCC – 2017) Conforme a redação do Código Penal,

(A) configurada a tentativa, pela falta de completude do injusto, a pena sempre deverá ser reduzida de um a dois terços.
(B) o crime impossível é tentativa impunível.
(C) a desistência voluntária permite a interrupção do nexo causal sem a consideração da vontade.
(D) o arrependimento eficaz, quando pleno, exclui a pena, e quando parcial permite a redução de um a dois terços.
(E) pelo resultado que agrava especialmente a pena, só responde o agente que o houver causado dolosamente.

A: incorreta. É fato que o Código Penal, no que concerne à tentativa, acolheu, como regra, a teoria objetiva (ou realística ou dualista), segundo a qual o autor do crime tentado receberá pena inferior à do autor de crime consumado, nos termos do art. 14, parágrafo único, do CP, que estabelece que, neste caso, a pena será reduzida de um a dois terços. Sucede que o Código Penal permite a aplicação (art. 14, parágrafo único, CP: (*salvo disposição em contrário*), em caráter excepcional, da teoria subjetiva, em que a pena do crime tentado será a mesma do crime consumado. Leva-se em conta, neste caso, a intenção do sujeito. Exemplo sempre lembrado pela doutrina é o crime do art. 352 do CP (evasão mediante violência contra a pessoa), em que a pena prevista para a modalidade tentada é idêntica àquela prevista para a modalidade consumada. São os chamados crimes de atentado. É incorreto afirmar-se, dessa forma, que a pena, uma vez configurada a tentativa, *sempre* será reduzida de um a dois terços; **B:** correta. De fato, o crime impossível, cuja definição está contemplada no art. 17 do CP, traduz hipótese de tentativa impunível, quer porque o agente se vale de meio absolutamente ineficaz, quer porque ele se volta contra objeto absolutamente impróprio; **C:** incorreta. Embora não se exija do agente, no contexto da desistência voluntária (art. 15, CP), espontaneidade, é de rigor que ele aja de forma *voluntária*, isto é, livre de qualquer coação. Assim, a interrupção do *iter criminis*, neste caso, deve decorrer da vontade do sujeito ativo. Em outras palavras, tanto na desistência voluntária quanto no arrependimento eficaz, a consumação do crime não é alcançada por vontade do agente; **D:** incorreta. No arrependimento eficaz (art. 15, CP), temos que o agente, depois de realizados todos os atos de execução do crime, age, de forma voluntária, com o propósito de impedir a sua consumação. Se obtiver sucesso, restará excluída a tipicidade em relação ao crime que ele, inicialmente, pretendia praticar, ou seja, não poderá ser responsabilizado pela tentativa, que pressupõe, como bem sabemos, que o resultado não seja produzido por circunstâncias *alheias* à vontade do sujeito; responderá, todavia, conforme estabelece o texto legal, pelos atos que praticou no curso do *iter criminis*. Dessa forma, não há que se falar em redução ou exclusão da pena que lhe seria imposta, mas, sim, em exclusão da tipicidade do delito que o agente, num primeiro momento, queria praticar; **E:** incorreta, na medida em que não corresponde ao que estabelece o art. 19 do CP: (...) *só responde o agente que o houver causado ao menos culposamente*. ED

Gabarito "B".

(Juiz – TJ/RJ – VUNESP – 2016) Bonaparte, com o objetivo de matar Wellington, aciona o gatilho com o objetivo de efetuar um disparo de arma de fogo na direção deste último. Todavia, a arma não dispara na primeira tentativa. Momentos antes de efetuar uma segunda tentativa, Bonaparte ouve "ao longe" um barulho semelhante a "sirenes" de viatura, e diante de tal fato, guarda a arma de fogo que carregava, deixando o local calmamente, não sem antes proferir a seguinte frase a Wellington: "na próxima, eu te pego". Momentos após, Bonaparte é abordado na rua por policiais e tem apreendida a arma de fogo por ele utilizada. A arma de fogo era de uso permitido, estava registrada em nome de Bonaparte, mas este não possuía autorização para portá-la. No momento da abordagem e apreensão, também foi constatado pelos policiais que a arma de fogo apreendida em poder de Bonaparte estava sem munições, pois ele havia esquecido de municiá-la.

Diante dos fatos narrados e da atual jurisprudência do Supremo Tribunal Federal, é correto afirmar que Bonaparte poderá ser responsabilizado

(A) pelos crimes de ameaça e porte ilegal de arma de fogo de uso permitido.
(B) pelos crimes de ameaça e posse ilegal de arma de fogo de uso permitido.
(C) pelo crime de ameaça, mas não poderá ser responsabilizado pelo crime de porte ilegal de arma de fogo em virtude da arma estar desmuniciada no momento da apreensão.
(D) pelo crime de homicídio tentado, mas não poderá ser responsabilizado pelo crime de posse ilegal de arma de fogo em virtude da arma estar desmuniciada no momento da apreensão.
(E) pelos crimes de homicídio tentado, ameaça e porte ilegal de arma de fogo de uso permitido.

De plano, devem ser excluídas as alternativas "D" e "E", em que se afirma que Bonaparte deve ser responsabilizado pela prática do crime de homicídio tentado. Isso porque, sendo certo que a arma que portava encontrava-se desmuniciada, o resultado que visava atingir (morte de Wellington) nunca seria implementado, já que o meio de que se valeu para tanto (arma desmuniciada) era absolutamente ineficaz, inidôneo ao fim por ele pretendido. Está-se diante de hipótese de *crime impossível* (art. 17, CP), cuja natureza jurídica é *causa de exclusão da tipicidade*, não havendo que se falar, portanto, em tentativa. Ao proferir a frase "na próxima, eu te pego", Bonaparte incorreu nas penas do crime de ameaça (art. 147, CP), na medida em que anunciou que causaria a Wellington mal injusto e grave (sua morte). No mais, pelo fato de Bonaparte não possuir documento que lhe permitisse portar a arma que carregava consigo, deverá responder pelo crime do art. 14 da Lei 10.826/2003 (Estatuto do Desarmamento), ainda que desmuniciada. No STF: *A conduta de posse de arma de fogo com numeração raspada não está abrangida pela vacatio legis prevista nos art. 30 a 32 da Lei 10.826/03. Precedentes. 2. Porte ilegal de arma de fogo de uso permitido é crime de mera conduta e de perigo abstrato. O objeto jurídico tutelado não é a incolumidade física, mas a segurança pública e a paz social, sendo irrelevante estar a arma de fogo desmuniciada. 3. Ordem denegada* (HC 117206, Relator(a): Min. Cármen Lúcia, Segunda Turma, julgado em 05.11.2013). ED

Gabarito "A".

(Juiz – TJ/SP – VUNESP – 2015) No arrependimento posterior, o agente busca atenuar os efeitos da sua conduta, sendo, portanto, causa geral de diminuição de pena. Sobre esse instituto, assinale a alternativa correta.

(A) A grave ameaça não o tipifica.
(B) Pode ocorrer em crime cometido com violência, desde que o agente se retrate até a sentença.
(C) O dano não precisa ser reparado quando o crime foi sem violência.
(D) Deve operar-se até o recebimento da denúncia ou queixa.

O *arrependimento posterior*, causa de diminuição de pena prevista no art. 16 do CP, tem como pressuposto à sua incidência que o crime em que incorreu o agente não tenha sido praticado por meio de violência ou grave ameaça contra a pessoa. O emprego tanto da violência quanto da grave ameaça, portanto, impede o reconhecimento desta causa de diminuição de pena, pouco importando que o agente se retrate. Outro requisito contemplado no art. 16 do CP impõe que o dano causado seja reparado ou que a coisa seja restituída, sempre por ato voluntário do agente, o que deverá ocorrer necessariamente até o recebimento da denúncia. **ED**

Gabarito "D".

(Promotor de Justiça/GO – 2016 – MPE) Sobre a etapas de realização da infração penal, marque a alternativa correta:

(A) Em determinadas infrações penais o exaurimento constitui etapa do *iter criminis*.
(B) Os atos executórios precisam ser idôneos e inequívocos, não se exigindo, porém, sua simultaneidade.
(C) A resolução do agente, no que diz respeito ao dolo, não são coincidentes na tentativa e na consumação.
(D) O arrependimento eficaz é incompatível com crimes formais ou de mera conduta.

A: incorreta, já que o *exaurimento*, que constitui um desdobramento posterior à prática criminosa, não integra o *iter criminis*, que é composto por *cogitação* (fase interna), *preparação*, *execução* e *consumação*. Típico exemplo de exaurimento é o pagamento do resgate no delito de extorsão mediante sequestro, que já atingira a consumação em momento anterior: com a privação da liberdade da vítima; **B**: incorreta, já que as características do ato de execução (idôneo e inequívoco) devem existir de forma simultânea, ao mesmo tempo; **C**: incorreta. A resolução da agente, que diz respeito à sua decisão de praticar o crime, não difere na tentativa e na consumação; **D**: correta. Isso porque o arrependimento eficaz (art. 15, segunda parte, do CP) constitui um fenômeno voltado exclusivamente para os crimes materiais, uma vez que, nos formais e nos de mera conduta, a prática dos atos de execução implica, automaticamente, a consumação do delito. **ED**

Gabarito "D".

(Delegado/MS – 2017 – FAPEMS) Toda ação criminosa, advinda de conduta dolosa, é antecedida por uma ideação e resolução criminosa. O sujeito percorre um caminho que vai da concepção da ideia até a consumação. A esse caminho dá-se o nome de *iter criminis*, o qual é composto por fase interna (cogitação) e fases externas ao agente (atos preparatórios, executórios e consumação). Diversas situações podem ocorrer durante o desenvolvimento das ações dirigidas ao fim do crime. Assinale a alternativa que expressa de forma correta uma dessas situações, seja na fase interna ou externa.

(A) Na tentativa o sujeito dá início aos atos executórios da conduta, os quais deixa voluntariamente de praticar em virtude de circunstâncias alheias a sua vontade, recebendo, como consequência, diminuição na pena final aplicada.
(B) O arrependimento posterior ocorre após o término dos atos executórios, porém antes da consumação. Nesse caso, o sujeito responderá pelo crime, mas sua pena será reduzida se reparados os danos causados.
(C) A desistência voluntária caracteriza verdadeira ponte de ouro ao infrator que impede a consumação do crime após o término dos atos executórios, isentando-o de qualquer responsabilidade pelos danos causados.
(D) O crime impossível demanda o início dos atos executórios do crime pelo agente, eximindo-o de responsabilidade penal pelo crime almejado, respondendo, todavia, pelos atos anteriores que forem considerados ilícitos.
(E) Os atos preparatórios do crime não são punidos, mesmo que caracterize em si conduta tipificada, em virtude da teoria finalista da ação que direciona a punição para a finalidade do crime e não para os meios de sua prática.

A: incorreta. Na tentativa, o agente somente não prossegue com seu intento criminoso por circunstâncias alheias à sua vontade (art. 14, II, do CP). Caso houvesse voluntariedade na interrupção dos atos executórios, estaríamos diante de desistência voluntária (art. 15 do CP), situação retratada na assertiva em comento, mas cuja consequência não é a redução da pena, mas, sim, a atipicidade da tentativa do crime inicialmente visado pelo agente, respondendo apenas pelos atos já praticados; **B**: incorreta. O arrependimento posterior (art. 16 do CP), como o próprio nome sugere, é posterior à consumação, razão por que o agente responderá pelo crime, mas com sua pena reduzida (de um a dois terços) caso repare integralmente o dano, ou restitua a coisa, até o recebimento da denúncia ou queixa. O que a assertiva em tela retrata, ao menos em seu início, é o instituto do arrependimento eficaz (art. 15 do CP). Neste sim o agente, após esgotados os atos executórios, arrepende-se e pratica comportamento impeditivo da consumação (portanto, após a execução, mas antes da consumação do delito), respondendo apenas pelos atos já praticados; **C**: incorreta. A desistência voluntária (art. 15, primeira figura, do CP) verifica-se antes do esgotamento dos atos executórios, diferentemente do arrependimento eficaz (art. 15, segunda figura, do CP), no qual, após esgotados os atos executórios, o agente pratica comportamento impeditivo da consumação. Em ambos os casos, a consequência será a atipicidade da tentativa do crime inicialmente visado pelo agente, que responderá apenas pelos atos já praticados, não se cogitando de isenção de responsabilidade penal, tal como constou na assertiva; **D**: correta. De fato, no crime impossível, o agente inicia a prática de atos executórios tendentes à consumação de um determinado crime. Contudo, pela ineficácia absoluta do meio, ou pela impropriedade absoluta do objeto, torna-se impossível a consumação do crime (art. 17 do CP), razão por que sequer a tentativa do crime visado pelo agente será punível; **E**: incorreta. Sabe-se que os atos preparatórios são impuníveis, salvo quando, por si sós, configurarem delitos autônomos. É o caso do agente que, pretendendo falsificar cédulas de real, adquire máquina destinada à falsificação de moeda, conduta que, por si só, constitui o crime do art. 291 do CP. **AT**

Gabarito "D".

(Defensor Público – DPE/RN – 2016 – CESPE) A respeito de arrependimento posterior, crime impossível, circunstâncias judiciais, agravantes e atenuantes, assinale a opção correta à luz da legislação e da jurisprudência do STJ.

(A) Existindo duas qualificadoras ou causas de aumento de pena, uma delas implica o tipo qualificado ou a majorante na terceira fase da dosimetria, enquanto a outra pode ensejar, validamente, a valoração negativa de circunstância judicial e a exasperação da pena-base.
(B) O arrependimento posterior, por ser uma circunstância subjetiva, não se estende aos demais corréus, uma vez reparado o dano integralmente por um dos autores do delito até o recebimento da denúncia.
(C) A existência de sistema de segurança ou de vigilância eletrônica torna impossível, por si só, o crime de furto cometido no interior de estabelecimento comercial.
(D) Condenações anteriores transitadas em julgado alcançadas pelo prazo depurador de cinco anos previsto no art. 64, I, do CP, além de afastarem os efeitos da reincidência, também impedem a configuração de maus antecedentes.
(E) Na hipótese de o autor confessar a autoria do crime, mas alegar causa excludente de ilicitude ou culpabilidade, não se admite a incidência da atenuante da confissão espontânea, descrita no art. 65, III, *d*, CP.

A: correta. No que toca à pluralidade de qualificadoras, conferir: "Consoante orientação sedimentada nessa Corte Superior, havendo pluralidade de qualificadoras, é possível a utilização de uma delas para qualificar o delito e das outras como circunstâncias negativas – agravantes, quando previstas legalmente, ou como circunstância judicial, residualmente" (HC 170.135/PE, Rel. Ministro Jorge Mussi, Quinta Turma, julgado em 14.06.2011, *DJe* 28.06.2011). Quanto às causas de aumento: "(...) Esta Corte Superior possui entendimento segundo o qual existindo duas causas de aumento, previstas no § 2º, do art. 157, do Código Penal, é possível que uma delas seja considerada circunstância judicial desfavorável, servindo para aumentar a pena-base, e a outra leve à majoração da pena na terceira fase" (HC 282.677/PA, Rel. Ministra Laurita Vaz, Rel. p/ Acórdão Ministra Regina Helena Costa, Quinta Turma, julgado em 24.04.2014, *DJe* 26.08.2014); **B**: incorreta. Embora não se trate de tema pacífico na doutrina, é certo que o arrependimento posterior (art. 16, CP), dado o seu caráter objetivo, é extensível, à luz da regra contida no art. 30 do CP, aos demais corréus que não tenham procedido à reparação do dano ou restituição da *res*. No STJ: "A reparação do dano não se restringe à esfera pessoal de quem a realiza, desde que a faça voluntariamente, sendo, portanto, nestas condições, circunstância objetiva, estendendo-se, assim, aos coautores e partícipes" (REsp 122.760-SP, 5ª Turma, rel. Min. José Arnaldo da Fonseca, *DJ* 21.02.2000); **C**: incorreta, pois não retrata o entendimento firmado na Súmula 567, do STJ: "Sistema de vigilância realizado por monitoramento eletrônico ou por existência de segurança no interior de estabelecimento comercial, por si só, não torna impossível a configuração do crime de furto". O fato é que o chamado *furto sob vigilância* pode, em determinadas situações, a depender do caso concreto, caracterizar *crime impossível* pela *ineficácia absoluta do meio* (art. 17 do CP). É o caso, por exemplo, do agente que, desde o momento em que ingressa no supermercado, passa a ser permanentemente vigiado por sistema de câmeras e também por seguranças, que ficam o tempo todo no seu encalço. Não há, neste caso, a menor possibilidade de o crime consumar-se. Isso não quer dizer que a existência, por si só, de sistema de segurança por câmeras elimine a possibilidade de o crime chegar à sua consumação. É perfeitamente plausível que o agente se aproveite de determinado ângulo de monitoramento em que a subtração não é visualizada pelo sistema de câmeras. Dessa forma, a ineficácia do meio deve ser avaliada caso a caso; **D**: incorreta. Segundo o STJ: "Nos termos da jurisprudência desta Corte Superior, as condenações criminais alcançadas pelo período depurador de 5 anos, previsto no art. 64, inciso I, do Código Penal, afastam os efeitos da reincidência, contudo, não impedem a configuração de maus antecedentes, autorizando o aumento da pena-base acima do mínimo legal" (HC 359.085/SP, Rel. Ministro Reynaldo Soares Da Fonseca, Quinta Turma, julgado em 15.09.2016, *DJe* 23.09.2016). Cuidado: esse entendimento não é compartilhado pelo STF: "Decorridos mais de 5 anos desde a extinção da pena da condenação anterior (CP, art. 64, I), não é possível alargar a interpretação de modo a permitir o reconhecimento dos maus antecedentes. Aplicação do princípio da razoabilidade, proporcionalidade e dignidade da pessoa humana. 5. Direito ao esquecimento. 6. Fixação do regime prisional

inicial fechado com base na vedação da Lei 8.072/1990. Inconstitucionalidade. 7. Ordem concedida" (HC 126315, Relator(a): Min. Gilmar mendes, Segunda Turma, julgado em 15.09.2015, Processo Eletrônico DJe-246 DIVULG 04.12.2015 Public 07.12.2015); **E:** incorreta. Conferir: "A omissão em contrapor-se aos fundamentos adotados pela decisão objurgada atrai a incidência do óbice previsto na Súmula 182/STJ, em homenagem ao princípio da dialeticidade recursal. 3. "A jurisprudência desta Corte firmou-se no sentido de que a confissão, ainda que parcial, ou mesmo qualificada – em que o agente admite a autoria dos fatos, alegando, porém, ter agido sob o pálio de excludentes de ilicitude ou de culpabilidade –, deve ser reconhecida e considerada para fins de atenuar a pena." (HC 334.010/SP, 6ª Turma, Rel. Ministro Nefi Cordeiro, *DJe* 16.05.2016) 4. "É possível, na segunda fase do cálculo da pena, a compensação da agravante da reincidência com a atenuante da confissão espontânea, por serem igualmente preponderantes, de acordo com o art. 67 do Código Penal." (EREsp 1.154.752/RS, 3ª Seção, *DJe* 4.9.2012 e RESP. n. 1.341.370/MT, julgado pelo rito dos recursos repetitivos, 3ª Seção, DJe 17.4.2013) 5. Agravo regimental não conhecido. *Habeas corpus* concedido de ofício para reconhecer a incidência da circunstância atenuante de confissão espontânea, compensando-a com a circunstância agravante de reincidência, mantendo-se a pena fixada pelo tribunal de origem e todos os demais termos do acórdão recorrido" (AgRg no AREsp 830.627/SP, Rel. Ministro Antonio Saldanha Palheiro, Sexta Turma, julgado em 21.06.2016, *DJe* 29.06.2016).
Gabarito "A".

(Defensoria Pública da União – CESPE – 2015) Com referência ao crime tentado, à desistência voluntária e ao crime culposo, julgue os próximos itens.

(1) Configura-se a desistência voluntária ainda que não tenha partido espontaneamente do agente a ideia de abandonar o propósito criminoso, com o resultado de deixar de prosseguir na execução do crime.

(2) No direito penal brasileiro, admite-se a compensação de culpas no caso de duas ou mais pessoas concorrerem culposamente para a produção de um resultado naturalístico, respondendo cada um, nesse caso, na medida de suas culpabilidades.

(3) Em relação à tentativa, adota-se, no Código Penal, a teoria subjetiva, salvo na hipótese de crime de evasão mediante violência contra a pessoa.

1: correta. De fato, segundo doutrina e jurisprudência pacíficas, é suficiente, à caracterização da desistência voluntária (e também do arrependimento eficaz), institutos previstos no art. 15 do CP, que o agente aja *voluntariamente* (livremente); é desnecessária, portanto, a *espontaneidade* (vontade sincera) na ação do sujeito; **2:** incorreta, uma vez que inexiste, no direito penal, compensação de culpas, isto é, uma conduta culposa não anula a outra; **3:** incorreta. No que toca à tentativa, adotou-se a *teoria objetiva* (e não a subjetiva, tal como constou da assertiva), segundo a qual o autor de crime tentado receberá pena inferior à do autor de crime consumado, nos termos do art. 14, parágrafo único, do CP. A *teoria subjetiva*, ao contrário, que foi acolhida tão somente de forma excepcional, determina que a pena do crime tentado seja a mesma do crime consumado. Leva-se em conta, neste caso, a intenção do sujeito. Exemplo sempre lembrado pela doutrina é o crime do art. 352 do CP (evasão mediante violência contra a pessoa), em que a pena prevista para a modalidade tentada é idêntica àquela prevista para a modalidade consumada. São os chamados crimes de atentado.
Gabarito 1C, 2E, 3E

(Delegado/PE – 2016 – CESPE) Na análise das classificações e dos momentos de consumação, busca-se, por meio da doutrina e da jurisprudência pátria, enquadrar consumação e tentativa nos diversos tipos penais. A esse respeito, assinale a opção correta.

(A) Conforme orientação atual do STJ, é imprescindível para a consumação do crime de furto com a posse de fato da *res furtiva*, ainda que por breve espaço de tempo, a posse mansa, pacífica e desvigiada da coisa, caso em que se deve aplicar a teoria da *ablatio*.

(B) A extorsão é considerada pelo STJ como crime material, pois se consuma no momento da obtenção da vantagem indevida.

(C) O crime de exercício ilegal da medicina, previsto no CP, por ser crime plurissubsistente, admite tentativa, desde que, iniciados os atos executórios, o agente não consiga consumá-lo por circunstâncias alheias a sua vontade.

(D) Por ser crime material, o crime de corrupção de menores consuma-se no momento em que há a efetiva prova da prática do delito e a efetiva participação do inimputável na empreitada criminosa. Assim, se o adolescente possuir condenações transitadas em julgado na vara da infância e da juventude, em decorrência da prática de atos infracionais, o crime de corrupção de menores será impossível, dada a condição de inimputável do corrompido.

(E) Segundo o STJ, configura crime consumado de tráfico de drogas a conduta consistente em negociar, por telefone, a aquisição de entorpecente e disponibilizar veículo para o seu transporte, ainda que o agente não receba a mercadoria, em decorrência de apreensão do material pela polícia, com o auxílio de interceptação telefônica.

A: incorreta. Para o STJ (e também para o STF), o crime de furto (e também o de roubo) se consuma com a posse de fato da *res furtiva*, ainda que por breve espaço de tempo e seguida de perseguição ao agente, sendo dispensável, dessa forma, a posse mansa e pacífica ou desvigiada". Em assim sendo, adotou-se a teoria da *amotio* ou *apprehensio*, e não a teoria da *ablatio*, como constou no enunciado. Nesse sentido: STF, HC 92450-DF, 1ª T., Rel. Min. Ricardo Lewandowski, 16.09.2008; STJ, REsp 1059171-RS, 5ª T., Rel. Min. Felix Fischer, j. 02.12.2008; STJ, REsp 1524450-RJ, 3ª Seção, Rel. Min. Nefi Cordeiro, j. 14.10.2015; **B:** incorreta. O crime de extorsão (art. 158 do CP) é formal (e não material); isso porque a sua consumação não está condicionada à produção do resultado naturalístico descrito no tipo penal (obtenção de vantagem indevida). A esse respeito, o STJ editou a Súmula 96: "O crime de extorsão consuma-se independentemente da obtenção da vantagem indevida"; **C:** incorreta. Tendo em conta que o crime de exercício ilegal da medicina (art. 282, CP) é considerado habitual, não se admite a forma tentada. Nessa modalidade de crime (habitual), os atos isolados são penalmente irrelevantes. Se, no entanto, vierem a ser praticados de forma reiterada, consumado estará o crime habitual. Não há, pois, meio-termo; **D:** incorreta. Há, tanto na doutrina quanto na jurisprudência, duas correntes quanto ao momento consumativo do crime de corrupção de menores, atualmente previsto no art. 244-B do ECA. Para parte da doutrina e também para o STJ, o crime em questão é *formal*, consumando-se independentemente da efetiva corrupção da vítima. Nesse sentido: "(...) A Terceira Seção do Superior Tribunal de Justiça, ao apreciar o Recurso Especial 1.127.954/DF, representativo de controvérsia, pacificou seu entendimento no sentido de que o crime de corrupção de menores – antes previsto no art. 1º da Lei 2.252/1954, e hoje inscrito no art. 244-B do Estatuto da Criança e do Adolescente – é delito formal, não exigindo, para sua configuração, prova de que o inimputável tenha sido corrompido, bastando que tenha participado da prática delituosa" (AgRg no REsp 1371397/DF, 6ª T., j. 04.06.2013, rel. Min. Assusete Magalhães, *DJe* 17.06.2013). Consolidando tal entendimento, o STJ editou a Súmula 500, a seguir transcrita: "A configuração do crime previsto no art. 244-B do Estatuto da Criança e do Adolescente independe da prova da efetiva corrupção do menor, por se tratar de delito formal". Uma segunda corrente sustenta que o crime do art. 244-B do ECA é *material*, sendo imprescindível, à sua consumação, a ocorrência do resultado naturalístico, isto é, a efetiva corrupção do menor; **E:** correta. Nesse sentido, conferir: "Penal. Processual penal. *Habeas corpus* substitutivo de recurso especial, ordinário ou de revisão criminal. Não cabimento. Arts. 12 e 14 da Lei 6.368/1976. Materialidade constatada. Tráfico sem aquisição de drogas. Modalidade adquirir e transportar. Desclassificação para crime tentado. Revolvimento de prova. Inépcia da denúncia. Arguição após sentença. Impossibilidade. 1. Ressalvada pessoal compreensão diversa, uniformizou o Superior Tribunal de Justiça ser inadequado o *writ* em substituição a recursos especial e ordinário, ou de revisão criminal, admitindo-se, de ofício, a concessão da ordem ante a constatação de ilegalidade flagrante, abuso de poder ou teratologia. 2. A imputação de negociação com aquisição de droga e contribuição material para seu transporte, configura conduta típica, de crime de tráfico consumado, com materialidade constatada pela apreensão do material entorpecente. 3. A revaloração da prova de vinculação do agente com a droga apreendida, notadamente por interceptações telefônicas, alinhadas com provas testemunhais, é descabida na via do *habeas corpus*. 4. A alegação de inépcia da denúncia resta preclusa após a sentença condenatória. Precedentes desta Corte. 5. *Habeas corpus* não conhecido" (STJ, HC 212.528/SC, Rel. Ministro Nefi Cordeiro, Sexta Turma, julgado em 01.09.2015, *DJe* 23.09.2015).
Gabarito "E".

(Magistratura/RR – 2015 – FCC) Em relação às fases de execução do crime, pode-se assegurar que

(A) não se tipifica crime formal contra a ordem tributária, previsto no art. 1º, incisos I e IV, da Lei 8.137/1990, antes do lançamento definitivo do tributo, segundo entendimento sumulado.

(B) a desistência voluntária também é conhecida como quase crime ou tentativa impossível.

(C) não se admite tentativa de crime culposo.

(D) há arrependimento eficaz quando o agente, por ato voluntário, nos crimes cometidos sem violência ou grave ameaça à pessoa, repara o dano ou restitui a coisa até o recebimento da denúncia ou da queixa.

(E) há tentativa imperfeita quando, apesar de ter o agente realizado toda a fase de execução, o resultado não ocorre por circunstâncias alheias à sua vontade.

A: incorreta. Os crimes materiais (e não formais, como consta no enunciado!) contra a ordem tributária, definidos no art. 1º, I a IV, da Lei 8.137/1990, não se tipificam antes do lançamento definitivo do tributo, nos termos da Súmula vinculante 24; **B:** incorreta. A desistência voluntária (art. 15 do CP) é espécie de tentativa abandonada ou qualificada, que não se confunde com o crime impossível (art. 17 do CP), também denominado de tentativa impossível, tentativa inidônea, tentativa inadequada ou quase crime; **C:** correta. A tentativa é incompatível com os crimes culposos, pois pressupõe que o agente, querendo avançar na execução, não consiga fazê-lo por circunstâncias alheias à sua vontade. Em outras palavras, a tentativa somente é compatível com os crimes dolosos; **D:** incorreta. A assertiva descreve, em verdade, o arrependimento posterior, previsto no art. 16 do CP, e não o arrependimento eficaz, que se caracteriza pelo fato de o agente, após esgotar a potencialidade ofensiva de que dispunha, praticar novo comportamento impeditivo da consumação do crime; **E:** incorreta. Haverá tentativa imperfeita (ou inacabada) quando o agente não conseguir praticar todos os atos executórios por circunstâncias alheias à sua vontade, diferentemente da tentativa perfeita (ou acabada, ou crime falho), na qual, embora realizada toda a fase de execução, não se alcançar a consumação por circunstâncias alheias à vontade do agente.
Gabarito "C".

(Promotor de Justiça/PR – 2013 – X) Assinale a alternativa incorreta:

(A) Diz-se "tentativa imperfeita" ou "propriamente dita", quando o processo executório do crime é interrompido por circunstâncias alheias à vontade do agente;

(B) No dito "crime falho" ou "tentativa perfeita", apesar do agente realizar toda a fase de execução do crime, o resultado não ocorre por circunstâncias independentes de sua vontade;

(C) Os crimes *culposos*, os *omissivos próprios, omissivos impróprios*, e os *preterdolosos* não admitem tentativa;
(D) O dolo no crime tentado é o mesmo do crime consumado;
(E) A denominada "tentativa inidônea", ocorre quando, por ineficácia absoluta do meio ou por absoluta impropriedade do objeto, é impossível consumar-se o crime.

A: correta, de acordo com a banca examinadora. A tentativa imperfeita ou inacabada é aquela em que o agente dá início à execução do crime, mas não consegue esgotar todos os atos executórios ao seu alcance por circunstâncias alheias à sua vontade. Assim, entendemos que faltou mais especificidade na assertiva, pois, como visto, a característica marcante da tentativa imperfeita é a de o agente não conseguir esgotar todos os meios de que dispunha para alcançar o resultado almejado; **B:** correta. De fato, na tentativa perfeita, também conhecida como tentativa acabada ou crime falho, o agente, mesmo esgotando todos os meios executórios ao seu alcance, não consegue produzir o resultado almejado por circunstâncias alheias à sua vontade; **C:** incorreta, devendo ser assinalada. Realmente, a rigor, os crimes culposos – exceto a culpa imprópria (art. 20, 1º, do CP) –, os preterdolosos (por serem um "misto" de dolo e culpa) e os omissivos próprios (por serem unissubsistentes, bastando a inatividade do agente para a consumação) não admitem tentativa. Já os crimes omissivos impróprios (ou impuros, ou espúrios, ou comissivos por omissão) admitem a tentativa. Exemplo clássico é o da mãe que, dolosamente, deixa de alimentar o filho recém-nascido, tencionando sua morte, mas o pai, percebendo a situação, passa a alimentar a criança, impedindo sua morte. Aqui, a mãe responderia por tentativa de homicídio doloso por omissão imprópria; **D:** correta. De fato, não há diferença no dolo do crime tentado para o do consumado. O que ocorre é que, na tentativa, nada obstante tencione o agente alcançar determinado resultado, não logra êxito por fatores externos à sua vontade; **E:** correta. O crime impossível é também conhecido por "tentativa impossível", "tentativa inidônea", "tentativa inadequada" ou "quase-crime", verificando-se em duas situações: i) se o agente utiliza meio executório absolutamente ineficaz para a obtenção do resultado ou; ii) se o objeto material do crime é absolutamente impróprio ou inidôneo. Perceba o candidato que o examinador testou o conhecimento sobre as expressões sinônimas para definir o crime impossível.

Gabarito "C".

(Promotor de Justiça/PR – 2013 – X) Assinale a alternativa incorreta:
(A) Segundo a sistemática do Código Penal, a desistência voluntária é compatível com a tentativa perfeita ou crime falho;
(B) O chamado arrependimento posterior, nos moldes previstos no Código Penal, é causa de redução de pena;
(C) Para que o agente somente responda pelos atos já praticados, o chamado arrependimento eficaz deve ser suficiente para impedir a ocorrência resultado, pouco importando, a voluntariedade do arrependimento do agente ou a reparação posterior do dano, caso o resultado venha a ocorrer;
(D) Segundo a doutrina, para a que ocorra a desistência voluntária ou o arrependimento eficaz, basta voluntariedade por parte do agente, não sendo exigida espontaneidade em sua decisão de abandonar a trajetória criminosa ou de impedir a ocorrência do resultado;
(E) Pode-se afirmar que a desistência voluntária é incabível nos chamados crimes unissubsistentes.

A: incorreta, devendo ser assinalada. Considerando que na tentativa perfeita (ou acabada, ou crime falho) o agente esgota todos os meios de que dispunha para alcançar o resultado, mas este não ocorre por circunstâncias alheias à sua vontade, tal instituto é *incompatível* com a desistência voluntária, visto que nesta o agente, ainda dispondo de mais meios para continuar a execução do crime (ou seja, sem que tenha esgotado toda a sua potencialidade ofensiva), desiste de prosseguir. Assim, vê-se que a tentativa perfeita é compatível com o arrependimento eficaz (que pressupõe o esgotamento dos atos executórios pelo agente), mas não com a desistência voluntária; **B:** correta. De fato, nos termos do art. 16 do CP, a pena será reduzida de um a dois terços se o agente, voluntariamente, nos crimes cometidos sem violência ou grave ameaça à pessoa, reparar o dano ou restituir a coisa até o recebimento da denúncia ou queixa; **C:** correta, de acordo com a banca examinadora. Todavia, discordamos. É que o arrependimento eficaz, assim como a desistência voluntária, ambas as espécies de tentativa abandonada ou qualificada, exigirá voluntariedade do agente, vale dizer, que não tenha sido coagido física ou moralmente a praticar conduta impeditiva da consumação. O que não se exige é a espontaneidade, mas, como dito, a voluntariedade, sim. Portanto, entendemos incorreta a assertiva quando consta "pouco importando a voluntariedade do arrependimento do agente"; **D:** correta. De fato, tanto na desistência voluntária, quanto no arrependimento eficaz, exigir-se-á do agente a voluntariedade, sendo desnecessária, contudo, a espontaneidade, vale dizer, que a ideia de não prosseguir na execução do crime ou impedir sua consumação tenha sido originada na mente do sujeito ativo. Tal assertiva comprova o equívoco terminológico empregado na alternativa anterior; **E:** correta. Nos crimes unissubsistentes, que são aqueles cuja conduta não pode ser fracionada, aperfeiçoando-se por um único ato perpetrado pelo agente. Assim, não haverá como ele desistir de prosseguir na execução, visto que com a prática de um só ato o crime já estará consumado.

Gabarito "A".

(Promotor de Justiça/RO – 2013 – CESPE) No que se refere ao crime consumado e ao tentado, ao crime impossível, ao arrependimento posterior, à desistência voluntária e ao arrependimento eficaz, assinale a opção correta.
(A) Para a configuração do arrependimento posterior, o agente deve agir espontaneamente, e a reparação do dano ou a restituição do bem devem ser integrais.

(B) No quase crime, segundo a teoria objetiva temperada, absoluta ou relativa, inexiste objeto jurídico em perigo de lesão, não havendo conduta punível.
(C) A pena imposta ao *conatus*, de acordo com a teoria subjetiva, é motivada pelo perigo a que é exposto o bem jurídico.
(D) Ocorre tentativa qualificada na desistência voluntária, no arrependimento eficaz e no arrependimento posterior.
(E) Segundo a teoria sintomática, examina-se, no que se refere à punibilidade da tentativa inidônea, se a realização da conduta do agente é a revelação de sua periculosidade.

A: incorreta. O arrependimento posterior (art. 16 do CP) precisa ser voluntário, ou seja, o agente deve restituir a coisa ou reparar integralmente o dano sem que seja forçado a tanto. No entanto, inexigível a espontaneidade, bastando a voluntariedade, como dito; **B:** incorreta. O quase crime (ou crime impossível, ou tentativa impossível, inidônea ou inadequada), previsto no art. 17 do CP, adotou a teoria objetiva temperada (ou intermediária), segundo a qual apenas a inidoneidade absoluta do meio empregado ou a impropriedade absoluta do objeto material afastam a tentativa. Em se tratando de inidoneidade relativa do meio ou do objeto, caracterizada estará a tentativa. Já para a teoria objetiva pura, independentemente do grau de inidoneidade da ação, se nenhum bem jurídico houver sido lesado, não subsistirá a tentativa. Aqui reside o equívoco da assertiva, que apresenta como sinônimo da teoria objetiva temperada (adotada pelo art. 17 do CP) a teoria objetiva absoluta (ou pura); **C:** incorreta. Como regra, o CP (art. 14, II) adotou a teoria objetiva (também chamada de realística ou dualista), segundo a qual a tentativa será punida em face do perigo gerado ao bem jurídico pela conduta praticada pelo agente, diversamente do que preconiza a teoria subjetiva (ou voluntarística, ou monista), para a qual a tentativa é punida de acordo com a vontade criminosa do agente (punição pela intenção, e não pela exposição do bem jurídico a lesão ou perigo de lesão); **D:** incorreta. São espécies de tentativa abandonada (ou qualificada) a desistência voluntária e o arrependimento eficaz (art. 15 do CP), assim denominada pelo fato de o agente não responder propriamente pela tentativa, mas, sim, pelos atos praticados. Já o arrependimento posterior (art. 16 do CP) é causa de diminuição de pena; **E:** correta. Para a teoria sintomática, que se preocupa com a periculosidade do autor, tanto a tentativa quanto o crime impossível (tentativa inidônea), por materializarem uma personalidade perigosa do agente, são passíveis de punição. No entanto, é bom frisar que não foi a teoria adotada pelo art. 17 do CP. Como visto, adotou-se a teoria objetiva temperada.

Gabarito "E".

(Magistratura/PE – 2013 – FCC) O arrependimento posterior
(A) deve ocorrer até o oferecimento da denúncia ou da queixa.
(B) constitui circunstância atenuante, a ser considerada na segunda etapa do cálculo da pena.
(C) pode reduzir a pena abaixo do mínimo previsto para o crime.
(D) não influi no cálculo da prescrição penal.
(E) prescinde de voluntariedade do agente.

A: incorreta, pois o arrependimento posterior pode ocorrer até o recebimento (e não oferecimento!) da denúncia ou queixa, nos termos do art. 16 do CP; **B:** incorreta, pois o arrependimento posterior é causa obrigatória de diminuição de pena (variável de um a dois terços), incidente na terceira etapa do sistema trifásico de dosimetria da pena, não se confundindo com a reparação do dano, cabível até antes do julgamento, considerado, aí sim, circunstância atenuante genérica (art. 65, III, "b", do CP), a ser considerada na segunda fase da fixação da reprimenda; **C:** correta. Diferentemente das circunstâncias atenuantes, que não podem conduzir a fixação da pena aquém do mínimo legalmente cominado (Súmula 231 do STJ), as causas de diminuição de pena não encontram a mesma restrição, sendo perfeitamente possível que tal aconteça. Portanto, exemplificando, se o agente praticar o crime de furto simples, e restituir a coisa, íntegra, à vítima, voluntariamente, antes do recebimento da denúncia, poderá ver sua pena fixada abaixo de um ano, que é o mínimo cominado para o crime (art. 155, caput, do CP); **D:** incorreta. As causas de diminuição de pena (arrependimento posterior, por exemplo), influirão no cálculo da prescrição penal. No caso da prescrição da pretensão punitiva abstrata, baseada no máximo de pena privativa de liberdade cominada, as causas de diminuição deverão ser levadas em consideração (no caso, dever-se-á reduzir a pena máxima cominada pelo fato mínimo de diminuição); **E:** incorreta. A despeito de o arrependimento posterior, previsto no art. 16 do CP, não exigir espontaneidade do agente, deverá ocorrer por ato voluntário. Confira-se a redação de referido dispositivo legal: "Nos crimes cometidos sem violência ou grave ameaça à pessoa, reparado o dano ou restituída a coisa, até o recebimento da denúncia ou da queixa, por ato voluntário do agente, a pena será reduzida de um a dois terços".

Gabarito "C".

(Magistratura/SP – 2013 – VUNESP) Conforme o disposto no artigo 14, parágrafo único, do Código Penal, "Salvo disposição em contrário, pune-se a tentativa com a pena correspondente ao crime consumado, diminuída de um a dois terços".
O critério de diminuição da pena levará em consideração
(A) a motivação do crime.
(B) a intensidade do dolo.
(C) o *iter criminis* percorrido pelo agente.
(D) a periculosidade do agente.

De acordo com a doutrina e jurisprudência, o critério a ser utilizado para a incidência do *quantum* de diminuição da pena decorrente do reconhecimento da tentativa (art. 14, II e parágrafo único, do CP) é o *iter criminis* percorrido pelo agente. Assim, quanto mais próximo o comportamento delituoso tiver chegado da consumação, menor será a diminuição; por conseguinte, quanto mais distante do momento consumativo, maior será a redução da pena do agente.

Gabarito "C".

(Ministério Público/MS – 2013 – FADEMS) Assinale a alternativa *correta*:
(A) Relativamente à tentativa, o Código Penal Brasileiro adotou, como regra, a teoria objetiva.
(B) Não admitem a forma tentada, entre outros: crimes culposos, contravenções penais, crimes instantâneos, crimes omissivos próprios e crimes formais.
(C) O critério para a fixação do percentual previsto no art. 14, II, do CP (que trata da tentativa), inclusive quanto ao homicídio, não se baseia somente no *quantum* percorrido do *iter criminis*, de forma que a diminuição da pena não será necessariamente menor pelo simples fato do agente ter ficado próximo da consumação do delito.
(D) O crime de cárcere privado é um exemplo de crime que não admite a tentativa.
(E) Segundo entendimento do STF há crime de latrocínio tentado quando o homicídio se consuma, ainda que não realize o agente a subtração de bens da vítima.

A: correta. De fato, o Código Penal, no tocante à tentativa (art. 14, II e parágrafo único), adotou, como regra, a teoria objetiva (ou realística ou dualista), segundo a qual a sua punibilidade decorre do risco que a conduta do agente proporcionou ao bem jurídico tutelado pela norma penal incriminadora, impondo-se pena mais branda em razão do menor desvalor do resultado. Tanto é que, para o crime tentado, aplicar-se-á a mesma pena do consumado, porém, reduzida de um a dois terços. Contrapõe-se à teoria subjetiva (ou voluntarística, ou monista), que preconiza que a tentativa será punida única e exclusivamente em razão da vontade criminosa do agente, analisando-se apenas o desvalor da ação, em nada importando o desvalor do resultado. Frise-se, porém, que nos chamados crimes de atentado ou empreendimento, assim considerados aqueles cuja punição às formas consumada e tentada é a mesma (tal como ocorre, por exemplo, nos crimes do art. 3º da Lei 4.898/1965 – Lei de Abuso de Autoridade, ou no crime do art. 352 do CP – evasão mediante violência contra a pessoa), inexistindo, pois, punição mais branda da tentativa; **B:** incorreta. De fato, a rigor, os crimes culposos não admitem tentativa. Porém, na chamada "culpa imprópria" (art. 20, § 1º, do CP), decorrente da incidência de descriminantes putativas, o agente poderá, se o erro for vencível (ou evitável, ou inescusável), ser punido pela forma culposa do crime, se houver, inclusive na forma tentada. É o caso clássico exemplo doutrinário do pai que, acreditando tratar-se de um bandido, que está forçando a porta da sala de sua casa, efetua disparo, atingindo o próprio filho, que se esquecera das chaves. Se a vítima não morrer, o pai responderá por tentativa de homicídio culposo (por culpa imprópria). Ainda, com relação aos crimes instantâneos, que são aqueles cuja consumação se verifica em um só dado momento, se praticados mediante conduta plurissubsistente (comportamento fracionável em diversos atos), será perfeitamente admissível a tentativa. Quanto às contravenções penais, de fato, o art. 4º do Decreto-lei 3.688/1941 prevê a impunibilidade da tentativa. Também não se admite a tentativa nos crimes omissivos próprios ou puros, pois bastará, para sua consumação, que o agente deixe de realizar a conduta prescrita no tipo incriminador, não coadunando com o *conatus*. Por fim, inverídica a afirmação de que os crimes formais não admitem a tentativa. Basta verificar a extorsão mediante sequestro (art. 159 do CP), que será punido na forma tentada se o agente não conseguir arrebatar a vítima do seu meio normal de circulação, apesar de já iniciados os atos executórios (ex.: mediante grave ameaça, consistente na exibição de arma de fogo, o agente anuncia o sequestro, dizendo que a libertação da vítima só ocorrerá mediante pagamento de resgate, mas o sequestro não se efetiva em razão de fuga do sujeito passivo); **C:** incorreta. De início, a redação da alternativa está um pouco truncada. De toda forma, é sabido e ressabido que o critério adotado pela doutrina e jurisprudência para a diminuição pela tentativa (variável de um terço a dois terços, nos termos do art. 14, parágrafo único, do CP) é a distância percorrida pelo agente no *iter criminis*. No HC 95.960/PR, por exemplo, o então Min. Carlos Britto, da 1ª Turma do STF, assim entendeu: "(...) a definição do percentual da redução da pena levará em conta apenas e tão somente o *iter criminis* percorrido, ou seja, tanto maior será a diminuição quanto mais distante ficar o agente da consumação, bem como tanto menor será a diminuição quanto mais se aproximar o agente da consumação do delito"; **D:** incorreta. O crime de cárcere privado ou sequestro (art. 148 do CP), a despeito de ser considerado formal (ou de consumação antecipada), admite *conatus*, especialmente quando praticado de forma comissiva. Assim, se o agente não conseguir privar a vítima de sua liberdade de locomoção, apesar de ter envidado esforços para tanto, estar-se-á diante de tentativa; **E:** incorreta. Nos exatos termos da Súmula 610 do STF, "Há crime de latrocínio, quando o homicídio se consuma, ainda que não se realize o agente a subtração de bens da vítima".

Gabarito "A".

(Ministério Público/MT – 2012 – UFMT) Fábio, homem ciumento, depois de três anos juntos, vê rompido seu namoro com Aline. Aline, mulher bela e atraente, após o ocorrido começa a namorar Juliano. Certo dia, Fábio, ao avistar Aline e Juliano andando em uma praça, investe contra este desferindo-lhe uma facada com a intenção de matar a vítima, mas atinge-a apenas no braço, causando-lhe uma lesão corporal. Fábio, tendo a possibilidade de prosseguir golpeando a vítima, desiste de fazê--lo ante a súplica de Aline. Considerando os fatos descritos, assinale a afirmativa correta.

(A) Fábio incorreu no crime de homicídio em sua forma tentada.
(B) Fábio responde por lesão corporal, incorrendo no que, em doutrina, denomina-se "tentativa qualificada".
(C) Fábio está acobertado pelo arrependimento posterior.
(D) Fábio responde por homicídio atenuado em razão da injusta provocação da vítima.
(E) Fábio responde por lesões em concurso formal com tentativa de homicídio.

Considerando o enunciado proposto, vê-se, claramente, que Fábio, podendo prosseguir em seu intento criminoso (eliminação da vida de Juliano), desistiu voluntariamente de nele prosseguir. Frise-se que a desistência de que trata o art. 15 do CP não precisa ser espontânea, bastando que seja voluntária, tal como ocorreu no histórico da questão. Por tais razões, o agente deverá responder apenas pelos atos praticados, quais sejam, lesões corporais por haver esfaqueado o braço da vítima. Doutrinariamente, a desistência voluntária é denominada de "tentativa abandonada" ou "tentativa qualificada", assim como o é o arrependimento eficaz. Não se cogita, aqui, de homicídio tentado, haja vista que o reconhecimento da desistência voluntária afasta o *conatus*. Afinal, podendo prosseguir na execução do crime inicialmente visado (homicídio), Fábio abandonou a prática de atos executórios por sua vontade, caracterizando, repita-se, a desistência voluntária, que constitui aquilo que a doutrina chama de "direito premial" (em razão do abandono da execução do crime, o agente é "premiado" com punição mais leve, qual seja, a correspondente apenas aos atos praticados e não pela tentativa).

Gabarito "B".

(Ministério Público/GO – 2012) Em relação ao arrependimento posterior é correto afirmar:
(A) Considerando que a voluntariedade prevista no artigo 16 do CP não pressupõe espontaneidade, poderá ser beneficiado o autor do delito de furto mesmo que já tenha sido descoberto pela autoridade policial ser beneficiado com a causa geral de aumento de pena caso restitua a coisa ou repare o dano por ele causado à vítima no prazo previsto em lei;
(B) Mesmo depois de encerrado o inquérito policial, com a consequente remessa à justiça, pode o agente, ainda, valer-se do arrependimento posterior, desde que restitua a coisa ou repare o dano por ele causado à vítima até o oferecimento da denúncia;
(C) O agente do crime previsto no artigo 155, § 4º, inciso I (furto qualificado mediante rompimento de obstáculo) não pode ser beneficiado pela causa geral de diminuição de pena, posto que a reparação do dano ou a restituição da coisa só pode se feita nas hipóteses da não ocorrência de violência ou grave ameaça;
(D) O pagamento do cheque antes do recebimento da denúncia, nos termos da súmula 554 do STF, tem força para obstruir a ação penal.

A: incorreta. Primeiramente, cumpre-nos registrar que a redação da alternativa é péssima, de difícil compreensão, parecendo ter havido erro ou falha na digitação pela banca examinadora. De toda forma, se a autoridade policial descobrir quem foi o autor do crime e, por exemplo, ocorrer a apreensão dos bens subtraídos, por óbvio estará afastada a voluntariedade; **B:** incorreta, pois a reparação do dano ou a restituição da coisa, para fins de reconhecimento do arrependimento posterior, poderão ocorrer até o recebimento (e não oferecimento!) da denúncia ou queixa (art. 16 do CP); **C:** incorreta, pois o arrependimento posterior é perfeitamente compatível com o furto qualificado mediante rompimento de obstáculo. Frise-se que a natureza do crime é, sim, decisiva para o reconhecimento da minorante em comento. No tocante à violência, meio de execução impeditivo da concessão do arrependimento posterior, esta deverá ser dirigida à pessoa (a violência contra a coisa não exclui a benesse em tela!); **D:** correta. De fato, o pagamento do cheque emitido sem suficiente provisão de fundos antes do recebimento da denúncia obstará o início da ação penal (Súmula 554 do STF).

Gabarito "D".

(Defensor Público/PR – 2012 – FCC) Quatro ladrões chegaram de carro em frente a uma residência para a prática de crime de furto. Porém, antes de descerem do veículo, foram obstados pela polícia, que os observava, e levados para a Delegacia onde lavrou-se o auto de prisão em flagrante. Nesse caso, os agentes

(A) podem se beneficiar da desistência voluntária na prática do delito, respondendo pelos atos já praticados.
(B) praticaram tentativa de furto qualificado pelo concurso de pessoas.
(C) tinham finalidade de praticar o crime de furto qualificado por concurso de agentes, mas não passaram da fase de meros atos preparatórios, impunível.
(D) iniciaram a prática de crime de roubo que não se consumou por circunstâncias alheias à sua vontade, face à chegada da polícia.
(E) devem ser devidamente punidos pela tentativa, dada a vontade deliberada de praticarem o delito.

A: incorreta. Constitui pressuposto ao reconhecimento da *desistência voluntária*, entre outros, que a execução do crime já tenha se iniciado. Na hipótese narrada no enunciado, os agentes não deram início à execução do crime, não havendo que se falar, portanto, em desistência voluntária (art. 15, primeira parte, do CP); **B:** incorreta. Não praticaram crime, dado que a execução do delito que pretendiam cometer não teve início; **C:** correta. Os agentes, embora intencionassem cometer o crime de furto, não chegaram a dar início à sua execução, visto que não realizaram ato idôneo (apto, capaz) e inequívoco para

atingir o resultado perseguido (lesão patrimonial); **D:** incorreta. Não há que se falar em tentativa, pois, quando da chegada da polícia, os agentes ainda não tinham dado início à execução do crime; **E:** incorreta. A configuração do *conatus* tem como pressuposto, além da ausência de consumação por circunstâncias alheias à vontade do agente, também o início de execução do crime.
Gabarito "C".

(Delegado de Polícia/GO – 2013 – UEG) Magrillo, contumaz praticante de crimes contra o patrimônio, decide subtrair uma quantia em dinheiro que supostamente X traria para casa. Para tanto, convida Cabelo de Anjo, seu velho conhecido de empreitadas criminosas. Ao chegar em casa do trabalho, X é ameaçado e, posteriormente, amarrado pelos agentes, que exigem a entrega do dinheiro, mas ao perceberem que não havia nenhum dinheiro com a vítima, a abandonam amarrada aos pés da mesa da cozinha. Nessa hipótese, Magrillo e Cabelo de Anjo praticaram

(A) roubo na forma tentada
(B) crime impossível por absoluta ineficácia do meio
(C) furto na forma tentada
(D) crime impossível por absoluta impropriedade do objeto

A: correta. Inegavelmente, Magrillo e Cabelo de Anjo deram início à execução do crime de roubo. Tanto é que empregaram grave ameaça e até violência física (a vítima X foi amarrada pelos agentes), exigindo, ato contínuo, dinheiro. Contudo, ao perceberem que o ofendido não dispunha de numerário, abandonaram o local e a vítima permaneceu amarrada aos pés da mesa da cozinha. Aqui, vislumbra-se o crime de roubo (art. 157 do CP), em sua forma tentada. Afinal, os agentes somente não subtraíram o dinheiro da vítima por circunstâncias alheias às suas vontades. Se tanto, já que tencionavam subtrair valores de X, houve impropriedade relativa do objeto, o que afasta a configuração do crime impossível (art. 17 do CP); **B:** incorreta. O meio empregado pelos agentes, segundo se extrai do enunciado, não foi absolutamente ineficaz. Afinal, a grave ameaça e a violência foram exercidas contra a vítima, que somente não foi efetivamente roubada por não dispor de dinheiro consigo no momento da empreitada criminosa. Não se enxerga, portanto, crime impossível (art. 17 do CP); **C:** incorreta, pois, no furto (art. 155 do CP), não se emprega grave ameaça ou violência, tal como se viu no enunciado; **D:** incorreta. O fato de os agentes não haverem encontrado dinheiro com a vítima no momento da empreitada criminosa não induz pensar em crime impossível por impropriedade absoluta do objeto. Como dito no comentário à alternativa "A", se tanto, houve relativa impropriedade do objeto, caracterizando, assim, a tentativa. O fato de a vítima não estar portando o dinheiro constitui circunstância alheia à vontade dos agentes, dando azo à configuração da tentativa (art. 14, II, do CP).
Gabarito "A".

(Procurador do Município/Sorocaba-SP – 2012 – VUNESP) Conceito legal (CP, art. 14, I) de crime consumado: quando

(a) deixa vestígios.
(B) o agente atinge sua vontade.
(C) causa dano ou perigo de dano.
(D) altera a situação naturalística de repouso.
(E) nele se reúnem todos os elementos de sua definição legal.

O *crime consumado* está condicionado à realização de todos os elementos que compõem o tipo penal. Já o *crime tentado*, nos termos do art. 14, II, do CP, pressupõe, além de início de execução, ausência de consumação por circunstâncias alheias à vontade do agente.
Gabarito "E".

(Cartório/RJ – 2012) Em relação à desistência voluntária, analise as assertivas abaixo.

I. A desistência voluntária se caracteriza quando o agente que pratica a conduta pensa: "posso prosseguir, mas não quero".
II. Na desistência voluntária, depois de já praticados todos os atos executórios suficientes para a execução do crime, o agente resolve tomar providências aptas a impedir a produção do resultado.
III. A desistência voluntária é admitida nos crimes unissubsistentes.

É correto o que se afirma em

(A) I, apenas.
(B) II, apenas.
(C) III, apenas.
(D) II e III, apenas.
(E) I, II e III.

I: correta. De acordo com a conhecida "Fórmula de Frank", na desistência voluntária, o agente "pode prosseguir, mas não quer", ao passo que na tentativa, o agente "quer prosseguir, mas não pode"; **II:** incorreta, pois, na desistência voluntária (art. 15, *caput*, primeira parte, do CP), o agente não pratica todos os atos executórios suficientes para a execução do crime. Ao contrário, antes de esgotar toda a potencialidade ofensiva de que dispunha, o agente desiste de seu intento criminoso, parando de praticar os atos de execução. Situação diversa ocorre com o arrependimento eficaz (art. 15, *caput*, segunda parte, do CP), no qual o agente, após esgotar todos os atos executórios, pratica nova conduta, mas, desta feita, tencionando impedir a consumação do crime; **III:** incorreta. Somente se pode cogitar de desistência voluntária nos crimes plurissubsistentes, que são aqueles cuja conduta será praticada mediante a realização de diversos atos. Somente neste caso é que o agente, antes de esgotar todos os atos de execução, pode desistir de prosseguir no crime. Nos crimes unissubsistentes, bastará a prática de um só ato para que o delito atinja a consumação, sendo, pois, inviável, o reconhecimento da desistência voluntária.
Gabarito "A".

9. ANTIJURIDICIDADE E CAUSAS EXCLUDENTES

(Investigador – PC/BA – 2018 – VUNESP) O Código Penal, no art. 23, elenca as causas gerais ou genéricas de exclusão da ilicitude. Sobre tais excludentes, assinale a alternativa correta.

(A) Morador não aceita que funcionário público, cumprindo ordem de juiz competente, adentre em sua residência para realizar busca e apreensão. Se o funcionário autorizar o arrombamento da porta e a entrada forçada, responderá pelo crime de violação de domicílio.
(B) O estrito cumprimento do dever legal é perfeitamente compatível com os crimes dolosos e culposos.
(C) Para a configuração do estado de necessidade, o bem jurídico deve ser exposto a perigo atual ou iminente, não provocado voluntariamente pelo agente.
(D) O reconhecimento da legítima defesa pressupõe que seja demonstrado que o agente agiu contra agressão injusta atual ou iminente nos limites necessários para fazer cessar tal agressão.
(E) Deve responder pelo crime de constrangimento ilegal aquele que não sendo autoridade policial prender agente em flagrante delito.

A: incorreta. O funcionário que, durante o dia e em cumprimento de ordem judicial, ingressa à força em domicílio alheio não comete o crime de violação de domicílio tampouco abuso de autoridade, na medida em que estará agindo em escrito cumprimento do dever legal, que constitui causa de exclusão da ilicitude prevista no art. 23, III, do CP. Não há que se falar, portanto, no cometimento de crime por parte do funcionário; **B:** incorreta, já que o estrito cumprimento de dever legal não guarda compatibilidade com os crimes culposos. Isso porque não se pode obrigar o funcionário a adotar uma conduta negligente, imperita ou imprudente; **C:** incorreta, já que o art. 24 do CP exige que o perigo, no estado de necessidade, seja *atual*, ou seja, ele (perigo) deve estar ocorrendo no momento em que o fato é praticado. Agora, é digno de registro que a doutrina e a jurisprudência, de forma majoritária, admitem que o perigo *iminente*, que é aquele que está prestes a ocorrer, também configura o estado de necessidade, a despeito de o dispositivo legal não contemplar tal possibilidade. Afinal, não parece razoável que o agente cruze os braços e aguarde que o perigo, então iminente, se transforme em atual; **D:** correta, já que contempla os requisitos da legítima defesa (art. 25, CP); **E:** incorreta. Por expressa disposição contida no art. 301 do CPP, é dado a qualquer pessoa do povo prender quem quer que se encontre em situação de flagrante, sem que isso implique o cometimento do crime de constrangimento ilegal. Este é o chamado flagrante facultativo, que constitui hipótese de exercício regular de direito (art. 23, III, do CP). **ED**
Gabarito "D".

(Advogado União – AGU – CESPE – 2015) Acerca da exclusão de ilicitude, julgue o item que se segue (adaptada).

(1) A legítima defesa é causa de exclusão da ilicitude da conduta, mas não é aplicável caso o agente tenha tido a possibilidade de fugir da agressão injusta e tenha optado livremente pelo seu enfrentamento.

1: incorreta. Diferentemente do que se dá com o estado de necessidade, também causa de exclusão da ilicitude, não se impõe, na legítima defesa, o chamado *commodus dicessus*, é dizer, o agredido, ainda que possa, não é obrigado a fugir do agressor e, com isso, evitar o conflito. **ED**
Gabarito 1E.

(Promotor de Justiça/SC – 2016 – MPE)

(1) Segundo a doutrina majoritária, em apenas uma das causas de exclusão de ilicitude previstas no artigo 23 do Código Penal Brasileiro, a legítima defesa, pode ocorrer excesso doloso.

1: assertiva falsa, na medida em que, por expressa disposição do art. 23, parágrafo único, do CP, o excesso doloso (e também o culposo) poderá ocorrer em qualquer das causas de exclusão da ilicitude previstas no art. 23 do CP: além da legítima defesa, também o estado de necessidade, o escrito cumprimento de dever legal e o exercício regular de direito. **ED**
Gabarito 1E.

(Juiz – TJ/MS – VUNESP – 2015) Considerando as causas excludentes da ilicitude, é correto afirmar que:

(A) o estado de necessidade putativo ocorre quando o agente, por erro plenamente justificado pelas circunstâncias, supõe encontrar-se em estado de necessidade ou quando, conhecendo a situação de fato, supõe por erro quanto à ilicitude, agir acobertado pela excludente.
(B) há estado de necessidade agressivo quando a conduta do sujeito atinge um interesse de quem causou ou contribuiu para a produção da situação de perigo.
(C) de acordo com o art. 25, do Código Penal, os requisitos da legítima defesa são: a agressão atual ou iminente e a utilização dos meios necessários para repelir esta agressão.
(D) o rol completo das hipóteses de excludentes de ilicitudes elencadas no art. 23 do Código Penal são: a legítima defesa, o estado de necessidade e o estrito cumprimento do dever legal.
(E) legítima defesa subjetiva é a repulsa contra o excesso.

A: correta (art. 20, § 1º, do CP); **B:** incorreta. *Agressivo* é o estado de necessidade em que é sacrificado direito de um inocente; agora, quando é sacrificado direito de quem causou ou contribuiu para a causação da situação de perigo, está-se, então, diante do estado de necessidade *defensivo*; **C:** incorreta, já que a assertiva não contempla todos os requisitos contidos no art. 25 do CP, que são: existência de uma agressão; que ela, agressão, seja injusta; que, além disso, seja atual ou iminente; que a vítima da agressão, ao repudiá-la, o faça valendo-se dos meios necessários; que o emprego desses meios se dê de forma moderada; **D:** incorreta. Além desses (mencionados na alternativa), há também o *exercício regular de direito* (art. 23, III, do CP); **E:** incorreta. *Legítima defesa subjetiva* é o excesso de legítima defesa decorrente de erro escusável. ED

Gabarito "A"

(Juiz de Direito/DF – 2016 – CESPE) De acordo com o CP, constituem hipóteses de exclusão da antijuridicidade

(A) o estrito cumprimento do dever legal e o estado de necessidade.
(B) a insignificância da lesão e a inexigibilidade de conduta diversa.
(C) a legítima defesa putativa e o estrito cumprimento do dever legal.
(D) o estado de necessidade e a coação moral irresistível.
(E) o exercício regular de direito e a inexigibilidade de conduta diversa.

A: correta. Constituem, de fato, hipóteses de exclusão da antijuridicidade (ilicitude) tanto o *estrito cumprimento do dever legal* (art. 23, III, do CP) quanto o *estado de necessidade* (art. 23, I, do CP); **B:** incorreta. A *insignificância da lesão*, desde que conjugada com outros requisitos, pode caracterizar crime de bagatela (incidência do princípio da insignificância), que constitui *causa supralegal de exclusão da tipicidade* (material), atuando como instrumento de interpretação restritiva do tipo penal; já a *inexigibilidade de conduta diversa* constitui causa de exclusão da culpabilidade; **C:** incorreta. É que as *descriminantes putativas* (art. 20, § 1º, do CP), entre elas a legítima defesa (putativa), podem configurar, conforme o caso, erro de proibição (causa de exclusão da culpabilidade) ou erro de tipo permissivo (causa de exclusão da tipicidade); o estrito cumprimento do dever legal, como já dissemos, constitui causa de exclusão da antijuridicidade; **D:** incorreta. Embora o *estado de necessidade* constitua hipótese de *exclusão da ilicitude*, tal não se dá com a *coação moral irresistível*, que, uma vez reconhecida, dá azo à exclusão da culpabilidade por inexigibilidade de conduta diversa (art. 22, CP); **E:** incorreta. *Exercício regular de direito* (art. 23, III, do CP): causa de exclusão da ilicitude; *inexigibilidade de conduta diversa*: hipótese de exclusão da culpabilidade.

Gabarito "A"

(Ministério Público/BA – 2015 – CEFET) Analise as seguintes assertivas acerca da tipicidade e ilicitude:

I. No tocante à relação entre a tipicidade e a ilicitude, a teoria da indiciariedade defende que a tipicidade não guarda qualquer relação com a ilicitude, devendo, inicialmente, ser comprovado o fato típico, para, posteriormente, ser demonstrada a ilicitude, enquanto a teoria da absoluta dependência defende o conceito de tipo total do injusto, colocando a ilicitude no campo da tipicidade, pontuando, portanto, que a ilicitude é essência da tipicidade.
II. No estado de necessidade e na legítima defesa, em caso de excesso culposo, o agente responderá por tal conduta, ainda que ausente a previsão culposa do delito praticado em decorrência do excesso praticado.
III. A legítima defesa real é incabível contra quem age sob a excludente do estado de necessidade ou da própria legítima defesa real.
IV. A força maior, o caso fortuito, a coação física irresistível e os movimentos reflexos são causas de exclusão de conduta.
V. O consentimento do ofendido só é admitido em caso de bem jurídico disponível e capacidade do ofendido para consentir.

Estão CORRETAS as assertivas:

(A) I, II e IV.
(B) I, III e V.
(C) I, IV e V.
(D) II, III e IV.
(E) III, IV e V.

I: incorreta. De acordo o a teoria da indiciariedade (ou da *ratio cognoscendi*), o fato típico é o indício da ilicitude, havendo, portanto, relativa interdependência entre tipicidade e ilicitude. Em outras palavras, praticado um fato típico, há presunção (relativa) de que será ilícito, cabendo, é verdade, prova em contrário. Já para a teoria da absoluta dependência (ou da *ratio essendi*), de fato há um tipo total de injusto, estando a ilicitude no campo da tipicidade. Assim, inexistindo a ilicitude, não se cogita de tipicidade. Aqui, há absoluta dependência entre esses dois elementos do crime; **II:** incorreta. Em caso de excesso culposo na legítima defesa ou no estado de necessidade, o agente somente responderá pelo resultado se a forma culposa do crime for prevista. Tal é decorrência da excepcionalidade do crime culposo (art. 18, parágrafo único, do CP); **III:** correta. De fato, é incabível falar-se em legítima defesa real contra quem age em estado de necessidade, visto que neste há um conflito legítimo de interesses, que não encontra ressonância no pressuposto da legítima defesa, qual seja, a existência de uma agressão injusta. O mesmo se pode dizer com relação à legítima defesa real contra quem também age em legítima defesa real. Se alguém age em legítima defesa real é porque alguém pratica uma agressão injusta. Inviável, assim, legítima defesa real simultânea; **IV:** correta. De fato, no estudo da conduta, primeiro elemento do fato típico, estudam-se algumas das causas que o excluem, dentre elas, o caso fortuito, a força maior, a coação física irresistível e os movimentos reflexos, haja vista que referidas situações afetam o binômio caracterizador da conduta penalmente relevante, qual seja, a consciência e a vontade; **V:** correta. De fato, a doutrina adverte que o consentimento do ofendido, como causa supralegal de exclusão da ilicitude, exige a conjugação de alguns requisitos, quais sejam, que seja expresso, não importando sua forma (escrita, oral, solene ou informal), que seja livre (sem coações), que respeite à moral e bons costumes, que seja manifestado previamente à consumação da infração penal e que o ofendido seja capaz para consentir.

Gabarito "E"

(Promotor de Justiça/PR – 2013 – X) Assinale a alternativa incorreta:

(A) Cabe legítima defesa real contra legítima defesa putativa;
(B) Cabe legítima defesa real contra quem age sob coação moral irresistível;
(C) Cabe legítima defesa real contra estado de necessidade real;
(D) Cabe legítima defesa real contra agente inimputável;
(E) Cabe legítima defesa real contra quem age com excesso derivado de legítima defesa real.

A: correta. Na legítima defesa putativa, o agente supõe erroneamente encontrar-se diante de situação que ensejaria reação legítima. Contudo, referida reação, dirigida a terceiro, poderá gerar, de sua parte, a invocação da legítima defesa real (art. 25 do CP), visto que, neste caso, existirá uma injusta agressão, circunstância fática essencial ao reconhecimento da causa de justificação em comento; **B:** correta. Quem age sob coação moral irresistível, embora fique isento de pena (art. 22 do CP), age injustamente. Tanto que referida espécie de coação não afasta a ilicitude do fato, mas, sim, a culpabilidade. Logo, poderá invocar legítima defesa real quem for injustamente agredido por alguém que atue sob coação moral irresistível; **C:** incorreta, devendo ser assinalado. Dado que a legítima defesa tem por pressuposto uma *injusta agressão* (art. 25 do CP), não estará amparado pela causa de justificação em tela quem estiver sendo ou na iminência de ser agredido por quem atue em estado de necessidade real (art. 24 do CP). Afinal, aquele que assim se encontrar estará agindo *justamente*, vale dizer, de acordo com o direito; **D:** correta. O agente inimputável apenas terá excluída a sua culpabilidade, nada obstante cometa um fato típico e ilícito. Portanto, caberá legítima defesa real nesse caso, já que agressão oriunda de inimputável poderá afigurar-se injusta; **E:** correta. Caberá legítima defesa real contra quem age com excesso derivado de legítima defesa real. É o que se denomina de legítima defesa sucessiva: o agressor original, em razão do excesso na reação do ofendido, torna-se vítima de injusta agressão, podendo, pois, invocar legítima defesa.

Gabarito "C"

(Promotor de Justiça/RO – 2013 – CESPE) No que tange a ilicitude, causas de exclusão e excesso punível, assinale a opção correta.

(A) Segundo a teoria diferenciadora, o estado de necessidade é causa de exclusão de ilicitude em face da razoabilidade da situação fática.
(B) É cabível a legítima defesa real contra a legítima defesa real decorrente de excesso por erro de tipo escusável.
(C) Age no estrito cumprimento de dever legal o motorista de ambulância que, para salvar a vida de paciente conduzido ao hospital, ultrapassa a velocidade permitida na via e colide o veículo, causando lesão a bem jurídico de terceiro.
(D) De acordo com a visão finalista do tipo, a concepção material de ilicitude permite a construção de causas supralegais de justificação.
(E) Age em estado de necessidade agressivo o indivíduo que, ao caminhar em via pública, mata um cachorro que o ataca ao se soltar da coleira de seu dono.

A: incorreta. De acordo com a teoria diferenciadora, se o bem jurídico sacrificado for de menor ou igual valor àquele salvaguardado, caracterizado estará o estado de necessidade (art. 24 do CP). Ainda para a referida teoria, se o bem sacrificado for de maior valor que aquele protegido, haverá estado de necessidade exculpante, que não é causa excludente da ilicitude, mas, sim, da culpabilidade. Já para a teoria unitária, não se cogita de estado de necessidade exculpante, mas, apenas, o justificante (que é causa excludente da ilicitude). Assim, se o agente, para a proteção de determinado bem jurídico, sacrificar outro de igual ou menor valor, poderá beneficiar-se da excludente em comento. Já se não houver razoabilidade no sacrifício do direito ameaçado (vale dizer, o bem protegido é de menor valor do que aquele sacrificado), ficará afastada a causa justificadora, incidindo, apenas, redução da reprimenda; **B:** incorreta. Como é sabido, não se admite legítima defesa real contra legítima defesa real, visto que a causa excludente da ilicitude em questão, prevista no art. 25 do CP, pressupõe a ocorrência de uma agressão injusta, atual ou iminente, a direito próprio ou alheio. Logo, se, de um lado, houver uma injusta agressão, do outro lado haverá aquele que se defende. Tal situação não se confunde com a legítima defesa sucessiva (e não recíproca, que, como visto, é inadmissível), autorizada quando, inicialmente, alguém agir em legítima defesa, mas, em razão do excesso (doloso ou culposo), começar a praticar injusta agressão em face do agressor original. Neste caso, este, inicialmente agressor, torna-se agredido, podendo invocar a legítima defesa contra a vítima inicial; **C:** incorreta. O caso relatado na assertiva retrata situação caracterizadora de estado de necessidade de terceiro, e não estrito cumprimento de dever legal. Afinal, o motorista de uma ambulância não tem o dever imposto por lei de dirigir acima da velocidade para salvar pacientes. No entanto, caso o faça, e venha a lesionar bem jurídico alheio, poderá invocar, como dito, o estado de necessidade de terceiro (art. 24 do CP). Afinal, estando a vida do paciente em perigo, poderá sacrificar direito alheio para proteger o direito de terceiro ameaçado; **D:** correta. Nas palavras de Cleber Masson, "(...) em sede doutrinária, prevalece o entendimento de que a ilicitude é formal, pois consiste no exame da presença ou ausência das suas causas de exclusão. Nesses termos, o aspecto material se reserva ao terreno da tipicidade. Cumpre ressaltar, porém, que somente a concepção material autoriza a criação de causas supralegais de exclusão da ilicitude. De fato, em tais casos há relação de contrariedade entre o fato típico e o ordenamento jurídico, sem, contudo, revelar o caráter antissocial da conduta" (*Direito Penal Esquematizado*, p. 346, 2ª edição, São Paulo: 2009, Editora Método); **E:** incorreta. Age em estado de necessidade agressivo o agente que, tencionando proteger bem jurídico próprio ou alheio, agride bem jurídico de terceiro inocente, vale dizer, que não tenha provocado a situação de perigo. Neste caso, terá o dever de indenizar o dano suportado pelo terceiro, cabendo-lhe, porém, caso queira, demandar regressivamente o causador do perigo (arts. 929 e 930, ambos do CC). Não se confunde com o estado de necessidade defensivo, assim caracterizado pelo fato de o agente, pretendendo proteger bem jurídico próprio ou alheio, invista contra bem jurídico pertencente ao causador da situação de perigo. Na assertiva em análise, vislumbra-se estado de necessidade defensivo, e não o agressivo, como quer a alternativa.

Gabarito "D".

(Promotor de Justiça/DF – 2013) Indique a alternativa **CORRETA**:

(A) A antijuridicidade formal da conduta típica demanda avaliação concreta do grau de lesão ao bem jurídico.
(B) O aborto praticado pelo médico para salvar a vida da gestante caracteriza hipótese de legítima defesa de terceiro.
(C) Entre outros aspectos, diferenciam-se o exercício regular de direito e o estrito cumprimento do dever legal pelo fato de que, enquanto no primeiro é facultativo o exercício do direito assegurado, neste o agente deve cumprir o comando legal.
(D) A possibilidade de fuga não impede o agente de praticar conduta amparada pelo estado de necessidade justificante.
(E) Atua em legítima defesa a pessoa que, para escapar de ataque de animal feroz ordenado por seu desafeto, invade propriedade de terceiro sem autorização do morador.

A: incorreta. Denomina-se de antijuridicidade (ou ilicitude) formal a pura e simples contradição entre o comportamento praticado pelo agente delitivo e aquilo que nosso ordenamento jurídico prescreve ou permite, diversamente da antijuridicidade material, que é aquela em que se avalia se o comportamento antissocial do agente foi capaz de ofender aos valores tutelados pelo Direito Penal; **B:** incorreta. O aborto praticado pelo médico para salvar a vida da gestante, nos termos do art. 128, I, do CP, é causa excludente da ilicitude que se amolda ao estado de necessidade de terceiro. Afinal, se levar a gestação a cabo poderá causar a morte da gestante, permite o ordenamento jurídico, diante desse impasse (vida da gestante x vida do feto ou produto da concepção), o sacrifício de direito alheio para a preservação de direito de terceiro (in casu, da gestante); **C:** correta. Tal como bem explicado na assertiva, o exercício regular de direito, que é causa excludente da ilicitude (art. 23, III, do CP), tornará lícito o comportamento, ainda que típico, daquele que agir de acordo com um direito que lhe seja assegurado, ainda que tal exercício seja facultativo. Já no estrito cumprimento de um dever legal, que também exclui a ilicitude do comportamento (art. 23, III, do CP), caberá àquele cujo dever seja imposto pelo ordenamento jurídico, cumpri-lo, não se tratando, pois, de um exercício "facultativo" de um direito, mas, sim, de uma determinação legal; **D:** incorreta. Embora não se tenha compreendido perfeitamente o conteúdo da assertiva em comento, é certo que se o examinador referiu-se ao detento, a fuga não constitui uma causa, ainda que supralegal, de exclusão da ilicitude; **E:** incorreta. Ao praticar violação de domicílio, o agente não repeliu, diretamente, a agressão injusta perpetrada por seu desafeto (incitação de animal ao ataque), acabando por lesionar direito alheio (a inviolabilidade do domicílio). Nada obstante, não será razoável que a vítima da agressão injusta sofra reprimenda por seu comportamento. Pode-se, aqui, sustentar a existência de causa excludente da culpabilidade (inexigibilidade de conduta diversa), apta a afastar a imposição de pena.

Gabarito "C".

(Promotor de Justiça/GO – 2013) A relação de causalidade sempre foi um tema assaz debatido na doutrina. Em sua obra imortal, o mestre Nélson Hungria destacou mais de uma dezena de teorias sobre o ponto. Nesse mote, analise os itens abaixo e marque a alternativa incorreta:

(A) "Dizia Binding, ironicamente, que a teoria da equivalência, a coberto de limites, levaria a punir-se como partícipe de adultério o carpinteiro que fabricou o leito em que se deita o par amoroso" (HUNGRIA, Nélson.*Comentários ao Código Penal*. Vol. I, Tomo 11, 53 ed., Rio de Janeiro: Forense, 1978, p. 66). Com o escopo de obstar esse *regressusad infinitum*, deve-se interromper a cadeia causal no instante em que não houver dolo ou culpa por parte daquelas pessoas que tiveram alguma importância na produção do resultado.
(B) durante um assalto, a vítima, apavorada com a arma de fogo que lhe é apontada, morre de ataque cardíaco. Por sua vez, o autor apodera-se do bem e foge. Estando-se diante de uma causa relativamente independente concomitante, que mantém Integra a relação de causalidade, deve o agente responder pelo latrocínio.
(C) o Código Penal acolheu, como regra, a teoria da *conditio sine qua non*, que se vale do critério da eliminação hipotética. No entanto, existem situações que não são adequadamente solucionadas pelo emprego da mencionada teoria, sendo o que ocorre, por exemplo, com a dupla causalidade.
(D) as causas absolutamente independentes – preexistentes, concomitantes e supervenientes – não se originam da conduta do agente e, por isso, são aptas ao rompimento do nexo causal.

A: assertiva correta. De fato, de acordo com a teoria da equivalência dos antecedentes (ou *conditio sine qua non*), causa é toda ação ou omissão sem a qual o resultado não teria ocorrido. A tomar como "verdade absoluta" esse conceito, diz-se na doutrina que o crime cometido por um homem atingiria, logicamente, seus pais. Afinal, não fosse a concepção, o agente delitivo não teria cometido aquele determinado crime. Assim, para evitar-se o regresso ao infinito (*regressus ad infinitum*), a cadeia causal seria rompida pela ausência de dolo ou culpa da(s) pessoa(s) que tenha(m) alguma relevância, ainda que física, para a produção do resultado; **B:** assertiva incorreta, devendo ser assinalada. Não sendo previsível ao agente delitivo o resultado morte advindo de seu comportamento (anúncio do assalto e exibição de arma de fogo), haverá rompimento do nexo causal, respondendo, no caso relatado na assertiva, por roubo com emprego de arma, mas não por latrocínio. Ainda que a causa (do resultado) seja relativamente independente (da conduta do agente), o fator externo à vontade do autor do crime (no caso, o ataque cardíaco, quiçá motivado por doença preexistente) deverá ingressar na sua esfera de conhecimento, sob pena de admitir-se a responsabilidade penal objetiva; **C:** assertiva correta. A aplicação pura e simples da teoria da *conditio sine qua non* (ou teoria da equivalência dos antecedentes) não é capaz de solucionar, por exemplo, a questão da dupla causalidade, que se verifica quando duas ou mais causas concorrem para um mesmo resultado, sendo que cada uma delas, por si sós, é capaz de produzi-lo (ex.: "A" e "B", sem que um saiba da existência do outro, ministram veneno no suco de "C", em doses que, isoladamente, seriam suficientes à morte). Assim, no exemplo que acabamos de indicar, utilizado o critério hipotético de eliminação para a verificação de qual comportamento é considerado "causa do resultado", se afastarmos o comportamento de "A", ainda assim o resultado teria ocorrido, em razão da dose de veneno ministrada por "B". Perceba que, nesse caso, a teoria em comento é insuficiente, nada obstante a imputação do resultado, no caso em análise, seja feita àquele cuja dose tenha efetivamente causado a morte da vítima. Se não for possível tal constatação, a solução será a condenação de "A" e "B" por tentativa de homicídio; **D:** assertiva correta. As causas absolutamente independentes são aquelas que, como o próprio nome sugere, não guardam qualquer relação com a conduta praticada pelo agente, sendo capazes de, por si sós, produzirem o resultado. Nesse caso, haverá, evidentemente, rompimento do nexo causal, não se podendo imputar o resultado ao agente.

Gabarito "B".

(Magistratura/SP – 2013 – VUNESP) Quando a descrição legal do tipo penal contém o dissenso, expresso ou implícito, como elemento específico, o consentimento do ofendido funciona como causa de exclusão da

(A) antijuridicidade formal.
(B) tipicidade.
(C) antijuridicidade material.
(D) punibilidade do fato.

A, C e D: incorretas. Conforme se verá no comentário a seguir, se o consentimento do ofendido figurar como elemento específico na própria descrição legal do tipo penal, não se falará em exclusão da antijuridicidade (forma ou material), ou mesmo da punibilidade do fato, mas, sim, da tipicidade; **B:** correta. Quanto ao consentimento do ofendido, este funcionará como causa de exclusão da tipicidade nas hipóteses em que a própria descrição típica exigir o dissenso (de forma expressa ou implícita) como elemento constitutivo do tipo legal. É o que se verifica, por exemplo, com o crime do art. 213 do CP (estupro). Somente se cogita da ocorrência de referido crime contra a dignidade sexual quando, para a conjunção carnal ou para a prática de atos libidinosos diversos, a vítima com eles não consentir. Em outras palavras, havendo consentimento, o fato será atípico.

Gabarito "B".

(Ministério Público/MG – 2012 – CONSULPLAN) Analise as seguintes afirmativas sobre o **estado de necessidade** e, de acordo com a parte geral do Código Penal, assinale com **V** as **verdadeiras** e com **F** as **falsas**:

( ) embora o código fale apenas em perigo atual, admite-se, doutrinariamente (princípio da *razoabilidade da exigência de sacrifício*), estado de necessidade justificante em face de perigo iminente, não provocado pela vontade do agente, ainda que possível, de outro modo, evitá-lo.
( ) nos casos em que seja razoável exigir-se o sacrifício do direito ameaçado, embora a ação não se justifique pelo estado de necessidade, o agente condenado terá sua pena reduzida na terceira fase de sua aplicação.
( ) o agente responderá pelo excesso doloso ou culposo, aplicando-se a mesma regra prevista para o excesso na legítima defesa.
( ) no estado de necessidade putativo, tratando-se de erro inescusável, a consequência jurídica será a mesma do estado de necessidade exculpante, desde que este resulte de ponderação metafísica de bens jurídicos transcendentais.

Assinale a alternativa que apresenta a sequência de letras **CORRETA**:

(A) (V) (F) (F) (V)
(B) (F) (V) (V) (F)
(C) (F) (V) (F) (V)
(D) (V) (F) (V) (F)

A primeira assertiva é falsa, pois, de acordo com o Código Penal (art. 24), o estado de necessidade somente é admissível diante da existência de um perigo atual, que não tenha sido provocado pela vontade do agente, nem podia de outro modo evitar, sendo possível que destrua direito alheio para salvaguardar direito próprio ou alheio, cujo sacrifício, nas circunstâncias, não era razoável exigir-se. A arguição do estado de necessidade diante de um perigo iminente decorre de construção doutrinária. Todavia, não poderá ser alegada a excludente de ilicitude em comento se o caso concreto permitir que se afaste a situação de perigo de outro modo. Em outras palavras, é requisito para o reconhecimento do estado de necessidade a inevitabilidade do perigo por outro modo; A segunda assertiva é verdadeira. De fato, se afastada a inevitabilidade do perigo por outro modo, afastado estará o estado de necessidade. No entanto, a pena do agente será reduzida de um a dois terços (art. 24, § 2º, do CP); A terceira assertiva é verdadeira. (art. 23, parágrafo único, do CP); A quarta assertiva é falsa. No estado de necessidade putativo (art. 20, § 1º do CP), estaremos diante de um erro de tipo permissivo, que poderá constituir erro de tipo (se o erro disser respeito aos pressupostos fáticos da causa de justificação) ou erro de proibição (se o erro disser respeito aos limites ou à existência da causa justificante), ao passo que no estado de necessidade exculpante, que se caracteriza pelo fato de o bem sacrificado ser de valor superior àquele que foi preservado, restará afastada a culpabilidade. Vê-se que são institutos distintos (o estado de necessidade putativo e exculpante). Outrossim, no primeiro caso, somente restará afastada a punição do agente caso se trate de erro escusável ou inevitável. Em se tratando de erro inescusável ou evitável, a consequência será a punição do agente pela modalidade culposa da infração, se houver.

Gabarito "B".

(Procurador do Estado/MG – FUMARC – 2012) Sobre as causas de exclusão da ilicitude e da culpabilidade, assinale a alternativa incorreta:

(A) O estado de necessidade exige a configuração de perigo atual ou iminente e impõe a ponderação de bens jurídicos.
(B) O estado de necessidade pode ser excludente de ilicitude ou excludente de culpabilidade, neste último caso recebendo o nome de estado de necessidade exculpante, excluindo a exigibilidade de conduta conforme o Direito.
(C) O policial que atira em um bandido na estrita observância das regras de exercício profissional atua em estrito cumprimento do dever legal.
(D) A legítima defesa putativa pode isentar o agente de pena, se é erro escusável.
(E) O excesso na legítima defesa pode ser punido a título de dolo ou de culpa, impondo-se a análise do caso concreto.

A: assertiva, a nosso ver, incorreta. Isso porque o art. 24, *caput*, do CP não contemplou o *perigo iminente*. É dizer: não faz jus ao reconhecimento desta excludente (estado de necessidade) o agente que pratica o fato para salvar direito próprio ou alheiro de *perigo iminente*. É necessário, portanto, que o perigo, neste caso, seja *atual*, *presente*. Note que, na legítima defesa, diferentemente, a agressão injusta pode ser *atual* ou *iminente*, em conformidade com o que dispõe o art. 25 do CP. De todo modo, há quem sustente que o *risco iminente* também pode justificar o estado de necessidade. Está correta a proposição na parte em que afirma que o reconhecimento do estado de necessidade pressupõe a ponderação de bens jurídicos. O Código Penal acolheu, em oposição à *teoria diferenciadora*, a *teoria unitária*, segundo a qual esta excludente de ilicitude estará caracterizada na hipótese de o bem sacrificado ser de valor igual ou inferior ao do bem preservado. Se o bem sacrificado for de valor superior ao do bem preservado, aplica-se a diminuição do art. 24, § 2º, do CP. Para a teoria diferenciadora, o estado de necessidade pode ser *justificante* (o bem sacrificado é de valor inferior ou equivalente ao do bem preservado) ou *exculpante* (o bem sacrificado é de valor superior ao do bem preservado). Neste último caso, o estado de necessidade constitui uma causa supralegal de exclusão da culpabilidade, pela inexigibilidade de conduta diversa; **B**: correta – para a *teoria diferenciadora*, o estado de necessidade de fato pode ser excludente de ilicitude ou excludente de culpabilidade; **C**: incorreta. Não há que se falar, neste caso, de estrito cumprimento do dever legal, pois a lei não impõe ao policial o dever de atirar contra o bandido. O policial que assim agir estará amparado pela legítima defesa, desde que preenchidos os requisitos do art. 25 do CP; **D**: assertiva correta, nos termos do art. 20, § 1º, do CP. Se se tratar, no entanto, de erro inescusável, o agente responderá por crime culposo, se previsto em lei; **E**: proposição correta, pois em conformidade com o que estabelece o art. 23, parágrafo único, do CP.

Gabarito Oficial "C" – Nosso Gabarito "A" e "C".

(Procurador do Município/Cubatão-SP – 2012 – VUNESP) Não há crime quando o agente pratica o fato em exercício regular do direito, pois de acordo com a teoria do delito adotada pelo Código Penal essa é uma causa de

(A) isenção de pena.
(B) não punibilidade.
(C) exclusão de tipicidade.
(D) exclusão da ilicitude.
(E) exclusão de culpabilidade.

O exercício regular de direito, nos termos do disposto no art. 23, III, 2ª parte, CP, constitui de fato causa de exclusão da ilicitude (não há crime).

Gabarito "D".

10. AUTORIA E CONCURSO DE PESSOAS

(Investigador – PC/BA – 2018 – VUNESP) Sobre o concurso de pessoas e as previsões expressas da legislação penal, assinale a alternativa correta.

(A) Quem, de qualquer modo, concorre para o crime incide nas penas a este cominadas, na medida de sua culpabilidade.
(B) Se a participação for de menor importância, será aplicada atenuante genérica.
(C) Ao concorrente que quis participar de crime menos grave, será aplicada a mesma pena do concorrente, diminuída, no entanto, de 1/6 (um sexto) a 1/3 (um terço).
(D) As circunstâncias e as condições de caráter pessoal, mesmo quando elementares do crime, são incomunicáveis aos coautores.
(E) O ajuste, a determinação ou instigação e o auxílio são puníveis ainda que o crime não chegue a ser tentado.

A: correta, já que corresponde à redação do art. 29, *caput*, do CP; **B**: incorreta. Sendo a participação de menor importância, fará jus o agente a uma diminuição de pena da ordem de um sexto a um terço (art. 29, § 1º, CP). Não se trata, portanto, de uma atenuante genérica; **C**: incorreta. Embora adotada a teoria monista, segundo a qual todos os agentes respondem pelo mesmo crime, nada obsta que o sujeito que quis participar de crime menos grave por ele seja responsabilizado, e não pelo delito que, mais grave, foi de fato praticado. É a chamada *cooperação dolosamente distinta*, cuja previsão está no art. 29, § 2º, do CP; agora, se o resultado mais grave era previsível, a pena do crime em que quis incorrer o agente será aumentada de metade; **D**: incorreta. De acordo com o art. 30 do CP, não se comunicam as circunstâncias e as condições de caráter pessoal, *salvo quando elementares do crime*; **E**: incorreta, pois não reflete o disposto no art. 31 do CP.

Gabarito "A".

(Procurador Municipal/SP – VUNESP – 2016) Assinale a alternativa correta sobre o concurso de pessoas.

(A) Admite-se a participação por omissão em crime comissivo, quando o omitente devia e podia agir para evitar o resultado, mas não se admite em crimes omissivos, por induzimento ou instigação.
(B) Para que se admita a concorrência de culpas no crime culposo, é necessário que cada agente atue com consciência de que está colaborando com a conduta culposa de outrem.
(C) A pena será agravada em relação ao agente que instiga ou determina a cometer o crime alguém sujeito à sua autoridade ou não punível em virtude de condição ou qualidade pessoal.
(D) Se a participação for de menor importância, a pena pode ser diminuída de um sexto a dois terços.
(E) As condições e circunstâncias pessoais do agente não se comunicam ao coautor ou partícipe ainda que circunstâncias elementares ao crime.

A: incorreta. É admissível a participação por omissão em crimes comissivos, na hipótese de a omissão ser imprópria (crime comissivo por omissão), e também em crimes omissivos; **B**: incorreta. Pelo contrário. A *concorrência de culpas*, que não constitui hipótese de concurso de pessoas, pressupõe a inexistência do chamado *liame subjetivo*, que nada mais é do que o conhecimento que cada agente tem da conduta do outro, necessário à subscrição do concurso de pessoas. Bom exemplo de concorrência de culpas aquele em que dois motoristas, cada qual dirigindo seu veículo de forma imprudente, provocam colisão, daí resultando a morte de terceiro. Não há, aqui, concurso entre eles, já que um desconhece a conduta do outro; há, sim, concorrência de culpas, como já dito; **C**: correta, pois em consonância com o disposto no art. 62, III, do CP; **D**: incorreta. Na hipótese da participação ser de menor importância, a diminuição de pena a incidir, segundo estabelece o art. 29, § 1º, do CP, é da ordem de *um* sexto a *um* terço (e não *dois* terços); **E**: incorreta. As condições e circunstâncias pessoais do agente de fato não se comunicam, salvo quando elementares do crime. A doutrina quase sempre se vale do exemplo do particular que comete crime contra a Administração Pública em coautoria ou participação com o funcionário público. Uma vez que a condição de ser funcionário público é elementar do crime, por exemplo, de peculato (art. 312, CP), tal circunstância se comunica ao particular, que responderá pelo crime funcional juntamente com o *intraneus*.

Gabarito "C".

(Juiz – TJ-SC – FCC – 2017) A moderna teoria do domínio do fato de Claus Roxin procura solucionar alguns problemas de autoria e, expressamente, já foi adotada em nossos tribunais. Além das previsões legais sobre autoria mediata, existe a possibilidade de autoria no âmbito de uma organização. Para que esta seja configurada devem estar presentes alguns requisitos, EXCETO:

(A) poder efetivo de mando.
(B) fungibilidade do autor imediato.
(C) desvinculação do aparato organizado do ordenamento jurídico.
(D) o prévio acerto entre o comandante e os demais comandados.
(E) disponibilidade consideravelmente elevada por parte do executor.

Para a chamada *teoria do domínio do fato*, concebida, na década de 1930, por Hans Welzel e, depois disso, desenvolvida e aperfeiçoada por Claus Roxin, autor é quem realiza o verbo contido no tipo penal. Mas não é só. É também autor quem tem o domínio organizacional da ação típica (quem, embora não tenha realizado o núcleo do tipo, planeja, organiza etc.). Além disso, é considerado autor aquele que domina a vontade de outras pessoas ou ainda participa funcionalmente da execução do crime. Em outras palavras, o autor, para esta teoria, detém o controle final sobre o fato criminoso, exercendo, sobre ele, um poder de decisão. É importante que se diga que é insuficiente a mera posição de hierarquia superior entre comandante e comandado, sendo de rigor que reste comprovado que aquele que comanda a vontade dos demais determine a prática da ação, não sendo necessário, aqui, prévio acerto entre eles. Para esta teoria, a responsabilidade criminal incidirá sobre o executor do fato, assim considerado o autor imediato, e também sobre o autor mediato, assim considerado o homem que age *por trás*. Embora o Código Penal não tenha adotado tal teoria, é fato que tanto o STF quanto o STJ têm recorrido a ela em vários casos, sendo o mais emblemático no caso do julgamento do "Mensalão" (AP 470/STF).

Gabarito "D".

(Juiz de Direito – TJM/SP – VUNESP – 2016) A respeito do concurso de agentes, afirma-se corretamente que

(A) além das modalidades instigação e induzimento, a participação também se dá pelo auxílio. Nesta modalidade, a fim de se diferenciar o coautor do partícipe, deve-se recorrer à regra da essencialidade da cooperação.

(B) o concurso de pessoas, pelo Código Penal, assume duas formas, coautoria e participação. Partícipe é aquele que instiga ou induz o autor na perpetração do crime, sendo os atos de instigação e induzimento puníveis, independentemente de o crime vir a ser tentado ou consumado.

(C) o Código Penal taxativamente estabelece que as penas dos autores e partícipes devem ser diferenciadas, punindo sempre de forma diminuída quem apenas instiga, induz ou auxilia na prática delitiva.

(D) segundo o Código Penal, o coautor ou partícipe, independentemente do crime para o qual quis concorrer, será punido segundo a pena do crime efetivamente praticado, pois assumiu o risco do resultado.

(E) segundo o Código Penal, as condições de caráter pessoal do autor estendem-se a todos os concorrentes da prática delitiva.

A: correta. A *participação* pode ser *moral* ou *material*. *Moral* é aquela em que o sujeito induz ou instiga terceira pessoa a cometer um crime. O partícipe, neste caso, age, portanto, na vontade do coautor. Já na participação material, temos que a colaboração do partícipe consiste em viabilizar materialmente a execução do crime, prestando auxílio ao autor sem realizar o verbo contido no tipo penal; **B:** incorreta, pois contraria a regra prevista o art. 31 do CP, segundo a qual *o ajuste, a determinação ou instigação e o auxílio, salvo disposição expressa em contrário, não são puníveis, se o crime não chega, pelos menos, a ser tentado*; **C:** incorreta. Não há, no Código Penal, norma que estabelece que as penas aplicadas a autores e partícipes devam ser diferenciadas. O que temos é que, à luz do que estabelece o art. 29 do CP, as penas devem ser aplicadas em conformidade com a culpabilidade de cada agente (... *na medida de sua culpabilidade*). Em outras palavras, devem ser levadas em conta diversas circunstâncias individuais a permitir que o magistrado, no momento da aplicação da pena, o faça em razão da gravidade e importância da colaboração de cada agente. Isso não quer dizer que ao coautor deva ser aplicada, necessariamente, pena maior do que a do partícipe. Tudo vai depender do juízo de reprovabilidade a recair sobre cada componente da empreitada criminosa, a ser analisada caso a caso; **D:** incorreta. Embora adotada a teoria monista, segundo a qual todos os agentes respondem pelo mesmo crime, nada obsta que o sujeito que quis participar de crime menos grave por ele seja responsabilizado, e não pelo delito que, mais grave, foi de fato praticado. É a chamada *cooperação dolosamente distinta*, cuja previsão está no art. 29, § 2º, do CP; agora, se o resultado mais grave era previsível, a pena do crime em que quis incorrer o agente será aumentada de metade; **E:** incorreta. Segundo o disposto no art. 30 do CP, as condições de caráter pessoal somente se estendem a todos os concorrentes da empreitada criminosa quando elementares do crime. ED

Gabarito "A"

(Defensor Público – DPE/RN – 2016 – CESPE) Acerca do concurso de agentes, assinale a opção correta conforme a legislação de regência e a jurisprudência do STJ.

(A) A ciência da prática do fato delituoso caracteriza conivência e, consequentemente, participação, mesmo que inexistente o dever jurídico de impedir o resultado.

(B) Em um crime de roubo praticado com o emprego de arma de fogo, mesmo que todos os agentes tenham conhecimento da utilização do artefato bélico, somente o autor do disparo deve responder pelo resultado morte, visto que não se encontrava dentro do desdobramento causal normal da ação delitiva. Nesse caso, não há que se falar em coautoria no crime mais gravoso (latrocínio).

(C) Não se admite o concurso de agentes no crime de porte ilegal de arma de fogo, haja vista que somente o agente que efetivamente porta a arma de fogo incorre nas penas do delito.

(D) É admissível, segundo o entendimento doutrinário e jurisprudencial, a possibilidade de concurso de agentes em crime culposo, que ocorre quando há um vínculo psicológico na cooperação consciente de alguém na conduta culposa de outrem. O que não se admite nos tipos culposos é a participação.

(E) O falso testemunho, por ser crime de mão própria, não admite a coautoria ou a participação do advogado que induz o depoente a proclamar falsa afirmação.

A: incorreta. A mera ciência do fato criminoso não confere ao indivíduo, necessariamente, a condição de partícipe, salvo se sobre ele recair o dever jurídico de agir para evitar o resultado, na forma estatuída no art. 13, § 2º, do CP. É a chamada *participação negativa*. Bem por isso e a título ilustrativo, o policial que assiste a um assalto e nada faz por ele responde, na medida em que tem o dever, imposto por lei, de intervir a fim de evitá-lo. De igual forma, a mãe que assiste ou toma ciência do estupro, cometido por seu marido, contra a filha do casal responderá pelo crime, tal como aquele que, diretamente, o cometeu (seu marido). É que, uma vez detentora do poder familiar, tem o dever, imposto por lei, de bem cuidar e proteger sua prole. Agora, se um particular, ao qual não incumbe o dever de agir, assiste, sem nada fazer, a um roubo, por ele não poderá ser responsabilizado; **B:** incorreta. É tranquilo o entendimento segundo o qual, na hipótese de coautoria ou participação no crime de latrocínio, todos por ele serão responsabilizados, e não somente o agente que efetuou os disparos que causaram a morte da vítima. Nessa esteira: "É irrelevante saber-se quem disparou o tiro que matou a vítima, pois todos os agentes assumiram o risco de produzir o resultado morte" (RT, 747/707); **C:** incorreta. Conferir: "1. O crime previsto no artigo 14 da Lei 10.826/2003 é comum, podendo ser cometido por qualquer pessoa. 2. Não se exigindo qualquer qualidade especial do sujeito ativo, não há dúvidas de que se admite o concurso de agentes no crime de porte ilegal de arma de fogo, não se revelando plausível o entendimento pelo qual apenas aquele que efetivamente porta a arma de fogo incorre nas penas do delito em comento. 3. Ainda que apenas um dos agentes esteja portando a arma de fogo, é possível que os demais tenham concorrido de qualquer forma para a prática delituosa, motivo pelo qual devem responder na medida de sua participação, nos termos do artigo 29 do Código Penal. Precedentes" (HC 198.186/RJ, Rel. Ministro Jorge Mussi, Quinta Turma, julgado em 17.12.2013, *DJe* 05.02.2014); **D:** correta. De fato, tal como afirmado, é admitida a coautoria em crime culposo, mas não a participação. Isso porque o crime culposo tem o seu tipo aberto, razão pela qual não se afigura razoável afirmar-se que alguém auxiliou, instigou ou induziu uma pessoa a ser imprudente, sem também sê-lo. Conferir o magistério de Cleber Masson, ao tratar da coautoria no crime culposo: "A doutrina nacional é tranquila ao admitir a coautoria em crimes culposos, quando duas ou mais pessoas, conjuntamente, agindo por imprudência, negligência ou imperícia, violam o dever objetivo de cuidado a todos imposto, produzindo um resultado naturalístico". No que toca à participação no contexto dos crimes culposos, ensina que "firmou-se a doutrina pátria no sentido de rejeitar a possibilidade de participação em crimes culposos" (Direito Penal esquematizado – parte geral. 8. ed. São Paulo: Método, 2014. v. 1, p. 559). Na jurisprudência: "É perfeitamente admissível, segundo o entendimento doutrinário e jurisprudencial, a possibilidade de concurso de pessoas em crime culposo, que ocorre quando há um vínculo psicológico na cooperação consciente de alguém na conduta culposa de outrem. O que não se admite nos tipos culposos, ressalve-se, é a participação" (HC 40.474/PR, Rel. Ministra Laurita Vaz, Quinta Turma, julgado em 06.12.2005, *DJ* 13.02.2006); **E:** incorreta. A assertiva não procede, tendo em conta que, embora se trate de crime de mão própria, é perfeitamente possível o concurso de pessoas na modalidade *participação*, uma vez que nada obsta que o advogado induza ou instigue a testemunha a mentir em juízo ou na polícia. A esse respeito: STF, RHC 81.327-SP, 1ª T., rel. Min. Ellen Gracie, *DJ* 5.4.2002.

Gabarito "D"

(Juiz de Direito/AM – 2016 – CESPE) Assinale a opção correta de acordo com a jurisprudência do STJ.

(A) Diz-se tentado o latrocínio quando não se realiza plenamente a subtração da coisa, mas ocorre a morte da vítima.

(B) Tendo o CP adotado a teoria monista, não há como punir diferentemente todos quantos participem direta ou indiretamente para a produção do resultado danoso.

(C) É impossível o concurso de pessoas nos crimes culposos, ante a ausência de vínculo subjetivo entre os agentes na produção do resultado danoso.

(D) O crime de latrocínio não admite forma preterdolosa, considerando a exigência do *animus necandi* na conduta do agente.

(E) No crime de roubo praticado com pluralidade de agentes, se apenas um deles usar arma de fogo e os demais tiverem ciência desse fato, todos responderão, em regra, pelo resultado morte, caso este ocorra, pois este se acha dentro do desdobramento normal da conduta.

A: incorreta. Em consonância com a jurisprudência do STJ (e também do STF), o crime de latrocínio (art. 157, § 3º, II, do CP) se consuma com a morte da vítima, ainda que o agente não consiga dela subtrair coisa alheia móvel. É o teor da Súmula 610, do STF. No STJ: "(...) 3. O latrocínio (CP, art. 157, § 3º, *in fine*) é crime complexo, formado pela união dos crimes de roubo e homicídio, realizados em conexão consequencial ou teleológica e com *animus necandi*. Estes crimes perdem a autonomia quando compõem o crime complexo de latrocínio, cuja consumação exige a execução da totalidade do tipo. Nesse diapasão, em tese, para haver a consumação do crime complexo, necessitar-se-ia da consumação da subtração e da morte, contudo os bens jurídicos patrimônio e vida não possuem igual valoração, havendo prevalência deste último, conquanto o latrocínio seja classificado como crime patrimonial. Por conseguinte, nos termos da Súmula 610 do STF, o fator determinante para a consumação do latrocínio é a ocorrência do resultado morte, sendo despicienda a efetiva inversão da posse do bem (...)" (HC 226.359/DF, Rel. Ministro RIBEIRO DANTAS, QUINTA TURMA, julgado em 02.08.2016, *DJe* 12.08.2016); **B:** incorreta. É fato que o art. 29, *caput*, do Código Penal adotou a chamada *teoria monista* ou *unitária*, segundo a qual todos aqueles que concorrem para uma mesma infração penal por ela respondem. Mas é incorreto afirmar-se que "não há como punir diferentemente todos quantos participem direta ou indiretamente para a produção do resultado danoso". Pelo contrário, cada agente, no concurso de pessoas, deverá responder na medida de sua culpabilidade, é dizer, a punição deve ser individualizada em razão da participação de cada agente. Tanto é assim que o art. 29, § 1º, do CP estabelece que, sendo a participação de menor importância, a pena será diminuída de um sexto a um terço (punição diferenciada); **C:** incorreta. Embora não se admita a participação no âmbito do crime culposo, é perfeitamente possível, nesses crimes, o concurso de pessoas na modalidade coautoria; **D:** incorreta. O resultado agravador "morte", no contexto do crime de latrocínio, pode resultar tanto de *dolo* (*animus necandi*) quanto de *culpa*. Nesta última hipótese, em que há dolo na subtração e culpa na morte, fala-se em delito *preterdoloso*; **E:** correta. De fato, no caso de concurso de pessoas no crime de latrocínio, todos os envolvidos responderão pela morte da vítima, e não somente aquele que a provocou, na medida em que todos assumiram o risco de produzir tal resultado.

Gabarito "E"

(Analista – Judiciário –TRE/PI – 2016 – CESPE) A respeito do concurso de pessoas, assinale a opção correta.

(A) As circunstâncias objetivas se comunicam, mesmo que o partícipe delas não tenha conhecimento.

(B) Em se tratando de peculato, crime próprio de funcionário público, não é possível a coautoria de um particular, dada a absoluta incomunicabilidade da circunstância elementar do crime.

(C) A determinação, o ajuste ou instigação e o auxílio não são puníveis.
(D) Tratando-se de crimes contra a vida, se a participação for de menor importância, a pena aplicada poderá ser diminuída de um sexto a um terço.
(E) No caso de um dos concorrentes optar por participar de crime menos grave, a ele será aplicada a pena referente a este crime, que deverá ser aumentada mesmo na hipótese de não ter sido previsível o resultado mais grave.

A: incorreta. É fato que as circunstâncias objetivas se comunicam, mas somente se forem de conhecimento dos demais agentes, sob pena de configurar responsabilidade penal objetiva, vedada no campo do direito penal. É o que se extrai do art. 30 do CP; **B:** incorreta. Embora se trate de crime próprio do funcionário público, o peculato, assim como os demais delitos dessa categoria, admite, sim, a coautoria e participação do particular (art. 30, CP); **C:** incorreta (art. 31 do CP); **D:** correta (art. 29, § 1º, do CP); **E:** incorreta (29, § 2º, do CP).
Gabarito "D".

(Promotor de Justiça/SC – 2016 – MPE)
(1) Quem, de qualquer modo, concorre para o crime incide nas penas a este cominadas, na medida de sua culpabilidade. Entretanto, se algum dos concorrentes quis participar de crime menos grave, ser-lhe-á aplicada a pena deste, não cabendo qualquer espécie de aumento.

1: a primeira parte da assertiva está correta, pois retrata o disposto no art. 29, *caput*, do CP. Está incorreto, entretanto, o que se afirma na sua segunda parte. É que, segundo estabelece o art. 29, § 2º, do CP, se algum dos agentes quis participar de crime menos grave, a ele será aplicada a pena deste; essa pena, no entanto, será aumentada até metade, no caso de o resultado mais grave ser previsível. É a chamada *cooperação dolosamente distinta*. ED
Gabarito 1E.

(Promotor de Justiça – MPE/MS – FAPEC – 2015) Em relação ao concurso de pessoas, é **correto** afirmar que:
(A) O Direito Penal brasileiro adotou a teoria unitária ou monista, com exceções pluralistas que provocam a punição dos agentes que concorreram para o mesmo fato de acordo com dispositivos legais diversos.
(B) Aquele que colabora para a conduta típica do autor, praticando uma ação que, em si mesma, é irrelevante para o âmbito penal, não pode ser considerado partícipe.
(C) A reforma penal de 1984 da parte geral do Código Penal tornou incompatível a aplicação da teoria do domínio do fato.
(D) É descaracterizado o concurso de pessoas, para fins penais, mesmo havendo pluralidade de pessoas e condutas, se um dos agentes for inimputável.
(E) É possível a participação nos tipos culposos, quando presente o liame subjetivo na cooperação consciente de alguém na conduta culposa de outrem.

A: correta. Para a teoria monista (unitária ou monística), acolhida, como regra, pelo Código Penal, há, no concurso de pessoas, um só crime; já para a teoria dualística, há um crime para os autores e outro para os partícipes. Temos ainda a teoria pluralista, em que cada um dos agentes envolvidos na empreitada deverá responder por delito autônomo. De fato, há, no Código Penal, tanto na parte geral quanto na especial, várias exceções à teoria monista ou unitária. Exemplo disso, além dos previstos nos parágrafos do art. 29 do CP, é o crime de aborto, em que há um crime para a gestante que permite que nela seja praticado o aborto (art. 124 do CP) e outro para aquele que pratica os atos materiais necessários ao abortamento (art. 126 do CP). Outro exemplo é o crime de corrupção: aquele que oferece a vantagem responde pelo crime do art. 333 do CP (corrupção ativa), ao passo que o agente que recebe a vantagem daquele que a oferece responde pelo crime do art. 317 do CP (corrupção passiva); **B:** incorreta. Para a chamada *teoria formal-objetiva* (ou restritiva), por nós adotada, *autor* é o que executa o comportamento contido no tipo (realiza a ação/omissão representada pelo verbo-núcleo); todos aqueles que, de alguma forma, contribuem para o crime sem realizar a conduta típica devem ser considerados *partícipe*. Assim, é perfeitamente possível que a colaboração do partícipe não constitua, em si mesma, uma infração penal. Imaginemos a hipótese do partícipe ao qual foi incumbida a missão de vigiar, do lado de fora da residência onde se realiza um assalto, a aproximação da polícia. Perceba que a ação de vigiar não configura crime; **C:** incorreta. Concebida por Hans Welzel, a chamada teoria da *normativa-objetiva*, mais conhecida como *teoria do domínio do fato*, prescreve que *autor*, *grosso modo*, é o que tem pleno domínio da empreitada criminosa. Para esta teoria, é autor tanto o que realiza a conduta prevista no tipo quanto aquele que, sem concretizar o comportamento típico, atua como mandante. Esta teoria, como se pode ver, amplia o alcance do conceito de autor. Não há incompatibilidade entre ela e a Reforma Penal ocorrida em 1984 na Parte Geral do CP; **D:** incorreta. A presença de agente inimputável não tem o condão de descaracterizar o concurso de pessoas; **E:** incorreta. Nos crimes culposos não é admitida a participação, somente a coautoria. Isso porque o crime culposo tem o seu tipo aberto, razão pela qual não se afigura razoável afirmar-se que alguém auxiliou, instigou ou induziu uma pessoa a ser imprudente, sem também sê-lo. Conferir o magistério de Cleber Masson, ao tratar da coautoria no crime culposo: "A doutrina nacional é tranquila ao admitir a coautoria em crimes culposos, quando duas ou mais pessoas, conjuntamente, agindo por imprudência, negligência ou imperícia, violam o dever objetivo de cuidado a todos imposto, produzindo um resultado naturalístico". No que toca à participação no contexto dos crimes culposos, ensina que "firmou-se a doutrina pátria no sentido de rejeitar a possibilidade de participação em crimes culposos" (Direito Penal esquematizado – parte geral. 8. ed. São Paulo: Método, 2014. v. 1, p. 559). Na jurisprudência: "É perfeitamente admissível, segundo o entendimento doutrinário e jurisprudencial, a possibilidade de concurso de pessoas em crime culposo, que ocorre quando há um vínculo psicológico na cooperação consciente de alguém na conduta culposa de outrem. O que não se admite nos tipos culposos, ressalve-se, é a participação" (HC 40.474/PR, Rel. Ministra LAURITA VAZ, QUINTA TURMA, julgado em 06.12.2005, *DJ* 13.02.2006). ED
Gabarito "A".

(Magistratura/GO – 2015 – FCC) "A" recebeu de "B" a determinação de espancar terceiro. No entanto, ultrapassando os limites da provocação, mata a vítima. No caso, o partícipe responderá
(A) por lesão corporal, sem aumento da pena, se podia prever o resultado, ou pelo homicídio, por dolo eventual, se assumiu o risco de produzir o resultado.
(B) pelo homicídio, por dolo eventual, se assumiu o risco de produzir o resultado, ou por homicídio culposo.
(C) por lesão corporal, sem aumento da pena, se não podia prever o resultado, ou pelo homicídio, por dolo eventual, se assumiu o risco de produzir o resultado.
(D) por lesão corporal, sem aumento de pena, se não podia prever o resultado morte, ou por homicídio culposo.
(E) por lesão corporal, com a pena aumentada, se a consequência letal lhe era imprevisível, ou pelo homicídio, por dolo eventual, se assumiu o risco de produzir o resultado.

Nos termos do art. 29, § 2º, do CP, que trata da cooperação dolosamente distinta, ou, ainda, dos desvios subjetivos entre os agentes ou da participação em crime menos grave, se algum dos concorrentes quis participar de crime menos grave, ser-lhe-á aplicada a pena deste. Porém, esta será aumentada até a metade na hipótese de o resultado mais grave ter sido previsível. Logo, se "A" recebeu de "B" a determinação para espancar a vítima, mas "exorbita" aquilo que fora inicialmente acertado, optando por matá-la, responderá, na condição de executor material do crime, por homicídio. Já o partícipe (no caso, "B") responderá por lesão corporal (crime que pretendia fosse praticado pelo autor), cuja pena somente poderia ser aumentada até a metade se o resultado mais grave (morte da vítima) fosse previsível. Contudo, poderia vir a responder por homicídio doloso, por dolo eventual, caso houvesse assumido o risco de produzir tal resultado. Assim, vamos à análise de cada uma das assertivas. **A:** incorreta, pois a pena da lesão corporal seria aumentada até a metade caso o resultado mais grave fosse previsível; **B:** incorreta. Nada obstante pudesse vir a responder por homicídio, a título de dolo eventual, caso houvesse assumido o risco de produzir o resultado, não poderia responder por homicídio culposo, pois, como sabido, os crimes culposos não admitem participação, bem como é inadmissível a participação culposa em crime doloso; **C:** correta. Como dito anteriormente, o partícipe, em caso de cooperação dolosamente distinta, responderá pelo crime menos grave, cuja pena poderá ser aumentada até a metade apenas se o resultado mais grave fosse previsível. Também poderia, no caso relatado no enunciado, responder por homicídio, por dolo eventual, caso assumido o risco de produzir o resultado morte; **D:** incorreta. Nada obstante o partícipe somente possa responder, em caso de cooperação dolosamente distinta, pelo crime menos grave com pena aumentada até a metade caso o resultado mais grave fosse previsível, na situação exposta no enunciado "B" – que é partícipe – não poderia responder por homicídio culposo, seja por não se admitir participação em crime culposo, seja porque é inadmissível a participação culposa em crime doloso; **E:** incorreta. O partícipe – no caso, "B" – não poderá responder por lesão corporal com pena aumentada se o resultado mais grave lhe era imprevisível.
Gabarito "C".

(Magistratura/SC – 2015 – FCC) Nos crimes dolosos contra a vida praticado em concurso de pessoas, é correto afirmar, em relação ao Código Penal Brasileiro
(A) apenas nos crimes culposos contra a vida pode ser invocada a aplicação da Teoria Monista ou Unitária.
(B) é possível cindir o tipo no tocante à homogeneidade do elemento subjetivo, uma vez que a Teoria Monista ou Unitária não é plenamente reconhecida pelo sistema legal brasileiro.
(C) a teoria Monista ou Unitária aplica-se exclusivamente aos crimes dolosos contra a vida, tendo sua aplicação, portanto, vedada nas hipóteses contempladas pelos crimes de trânsito.
(D) inspirado na legislação italiana, adotou, como regra, a Teoria Monista ou Unitária, ou seja, havendo pluralidade de agentes, com diversidade de conduta, mas provocando um só resultado, existe um só delito.
(E) denunciados em coautoria delitiva, e não sendo as hipóteses de participação de menor importância ou cooperação dolosamente distinta, os réus poderiam ser condenados por delitos diversos: homicídio doloso e homicídio culposo.

A: incorreta. A Teoria Monista ou Unitária, positivada nos arts. 29 e 30 do CP, é aplicável aos crimes dolosos ou culposos, não havendo distinção na lei. Em outras palavras, quem, de qualquer modo, concorrer para a prática de um crime, por este responderá, na medida de sua culpabilidade, pouco importando se o crime é doloso ou culposo. Contudo, indispensável, para a caracterização do concurso de agentes, que todos revelem uma vontade homogênea, ou seja, que atuem visando à produção de um mesmo resultado; **B:** incorreta.

Como visto, no concurso de pessoas será indispensável que todos os concorrentes atuem com vontade homogênea (princípio da convergência), ou seja, deverão contribuir para a produção de um mesmo resultado. Daí ser inviável a contribuição dolosa para um crime culposo, nem a concorrência culposa em crime doloso; **C:** incorreta. Nos termos do art. 291 do CTB (Lei 9.503/1997), aos crimes cometidos na direção de veículo automotor aplicam-se as normas gerais do CP. Portanto, a Teoria Unitária ou Monista, consagrada pelo art. 29 do CP, é perfeitamente aplicável aos crimes de trânsito; **D:** correta. De fato, de acordo com a Teoria Monista ou Unitária, os diversos agentes, praticando condutas penalmente relevantes, das quais advenha um mesmo resultado, terão concorrido para a prática de um mesmo crime (unidade de infração penal); **E:** incorreta. Se dois agentes são denunciados como coautores, o art. 29, *caput*, do CP, determina que ambos responderão pelo mesmo crime (unidade de infração penal – requisito para o reconhecimento do concurso de agentes). A Teoria Unitária ou Monista, como o próprio nome sugere, preconiza que todos os que concorrerem para um crime por este serão responderão. Só haverá imputação diversa nos casos de cooperação dolosamente distinta (art. 29, § 2º, do CP) ou quando o próprio Código Penal estabelecer crimes distintos para cada um dos agentes), tal como ocorre no aborto provocado por terceiro com o consentimento da gestante (o executor do aborto responde pelo crime do art. 126, ao passo que a gestante, pelo art. 124, parte final), ou nos casos de corrupção passiva (imputada ao funcionário público) e corrupção ativa (imputada ao particular, corruptor).

Gabarito "D".

(Promotor de Justiça/PR – 2013 – X) Assinale a alternativa incorreta:

(A) Esmenio conduz seu irmão Tício até uma loja de cristais a pretexto de comprar um presente para a mãe de ambos. No interior da loja, que pertence a um desafeto de Esmenio, percebendo que seu irmão Tício encontrava-se bem em frente a uma prateleira repleta de vasos de cristal valiosos, Esmenio repentinamente empurra Tício que, pego de surpresa, desequilibra-se e acaba por cair sobre a prateleira, derrubando os vasos de cristal que se arrebentam no piso. Neste caso, é correto afirmar que Esmenio agiu como autor direto do delito;

(B) O médico Esmenio pretendendo matar seu pai Tício, que se encontra internado no hospital em que trabalha, antes de sair do hospital, deixa no posto da enfermaria um frasco de remédio antitérmico e a prescrição para as enfermeiras aplicarem via intravenosa o seu conteúdo no paciente do quarto 15, local onde Tício se encontra internado. A enfermeira Venília, sem desconfiar que o médico Esmenio havia anteriormente substituído o líquido do frasco de antitérmico por poderosa substância venenosa, dirige-se até o quarto do paciente para ministrar-lhe o que pensa ser o medicamento prescrito. Entretanto, a enfermeira Venília, não compreendendo a caligrafia do médico Esmenio, confunde o número 15 com 19, e se dirige ao quarto 19 do paciente Josefo, ministrando-lhe a substância venenosa contida no frasco, o que vem a ser a causa de sua morte. Neste caso, podemos afirmar que Esmenio atuou como autor mediato, respondendo pela morte de Josefo, com a incidência da agravante genérica do cometimento do delito contra ascendente;

(C) Esmenio criminoso de alta periculosidade dirige-se até a residência de Tício, gerente do "Banco Mais", onde rende, sob a mira de arma de fogo, Tício, sua esposa e o bebezinho recém-nascido do casal. Esmenio então determina a Tício que se dirija até o banco e traga a ele em uma mala a quantia de cem mil reais, ao tempo em que Esmenio ficará na residência vigiando, sob a mira de arma de fogo, a esposa e o filho de Tício. Caso não traga o dinheiro, ou se Tício noticiar o fato às autoridades policiais, Esmenio promete-lhe que matará sua esposa e o bebê. Tal qual ordenado, Tício se dirige ao banco e retorna com a vultosa quantia que entrega a Esmenio, o qual foge imediatamente do local. Neste caso é correto afirmar que Esmenio agiu como autor direto em relação ao crime cometido contra Tício e como autor mediato em relação ao crime cometido contra o banco;

(D) Esmenio filho do poderoso empresário Tício, pretendendo o mais brevemente possível receber vultosa herança, contrata o atirador profissional Caronte e encomenda a morte de Tício. Esmenio esclarece a Caronte que Tício, como de costume, se dirigirá no final de semana para sua casa no bosque, local propício para o cometimento do homicídio. No fim de semana Caronte se dirige até o local determinado por Esmenio e de tocaia, ao chegar um homem ao local, atira contra ele. Entretanto, ao se aproximar do corpo, percebe que em razão da pouca claridade vespertina, acabou por atingir Fídio, amigo de Tício, que com ele lá iria se encontrar. Caronte, rapidamente esconde o corpo de Fídio, e se posiciona mais uma vez de tocaia, até a chegada de Tício, o qual Caronte acaba por alvejar mortalmente. Neste caso é correto afirmar que Esmenio responderá pelos crimes praticados contra Tício e Fídio, com a incidência da agravante genérica do cometimento do delito contra ascendente;

(E) Esmenio procurando obter para si o cargo de gerência de Tício, na empresa em que trabalham, ministra-lhe veneno no café. Tício, sentindo-se mal, se dirige até o estacionamento onde havia parado seu veículo, e ao liga-lo, em razão de carga explosiva anteriormente colocada por Licínio (que também almejava o cargo de Tício), o veículo explode e mata Tício, bem como assusta a todos do escritório, inclusive Esmenio, que de nada desconfiava. Neste caso podemos afirmar que este é um exemplo de autoria colateral, respondendo Esmenio na forma tentada, e Licínio na forma consumada, quanto ao crime cometido contra Tício.

A: correta. A assertiva contempla conduta caracterizadora de autoria direta de Esmenio. Este, simplesmente, se valeu do corpo de seu irmão Tício para projetá-lo sobre prateleira repleta de valiosos vasos de cristal. Assim, não restam dúvidas de que Esmenio foi autor direto ou imediato do crime de dano. Se substituirmos o "corpo" de seu irmão Tício por uma arma de fogo ou um taco de beisebol, teríamos a mesma resposta: o agente teria sido autor direto do crime. Perceba o candidato que a alternativa quis tentar levá-lo a acreditar que ocorreu autoria mediata (ou indireta). Porém, como visto, Esmenio não se valeu de seu irmão para o cometimento do crime. Na autoria mediata, o agente se vale de terceiro inculpável ou que atua sem dolo ou culpa, tratando-se de mero instrumento do delito. Não se enxerga autoria mediata na situação exposta na assertiva, mas, sim, autoria direta ou imediata; **B:** correta. A situação narrada no enunciado constitui clássico exemplo de autoria indireta ou mediata, pela qual o agente se vale de terceira pessoa inculpável ou que atue sem dolo ou culpa como "instrumento de ataque". No caso, Esmenio quis se valer da enfermeira Venília para matar o próprio pai, o que caracterizaria a provocação de erro em terceiro (art. 20, § 2º, do CP). É que a enfermeira, acreditando que ministrava antitérmico, em verdade ministrava veneno. No entanto, por erro, Venília acabou matando (em erro de tipo determinado por terceiro) pessoa diversa daquela visada pelo autor mediato (Esmenio), razão pela qual responderá o agente como se o fato tivesse sido cometido contra a vítima pretendida (no caso, o próprio pai), incidindo, pois, a circunstância agravante do art. 61, II, "e", do CP; **C:** correta. A narrativa contida na assertiva contempla situação caracterizadora de coação moral irresistível, visto que Esmenio se valeu de Tício, gerente do "Banco Mais", para a subtração de cem mil reais de referida instituição financeira. Assim, com relação ao banco, vislumbra-se autoria mediata (Esmenio se valeu de Tício para a prática do furto). Ainda, inegavelmente, o agente também praticou crime de extorsão em detrimento da vítima, que se viu compelida, em razão da grave ameaça, a praticar um crime de furto. Quanto a este segundo delito (extorsão), Esmenio foi autor direto ou imediato; **D:** incorreta, devendo ser assinalada. Considerando que Caronte foi o executor material do crime de homicídio "encomendado" por Esmenio, responderá pelas mortes que produziu, mas sem a incidência da agravante genérica (crime cometido em detrimento de ascendente). É que referida circunstância é de caráter pessoal (subjetiva), não se comunicando a terceiros. Apenas Esmenio deverá responder com a incidência de referida agravante; **E:** correta. A assertiva contempla, de fato, exemplo de autoria colateral (ou coautoria lateral), visto que Esmenio e Licínio, um desconhecendo a conduta do outro, tencionavam produzir o mesmo resultado (a morte de Tício). Neste caso, como o veneno ministrado por Esmenio não foi capaz de causar a morte da vítima, responderá por tentativa de homicídio, sendo que Licinio responderá pela forma consumada, visto que a sua conduta foi a efetiva causadora do resultado lesivo.

Gabarito "D".

(Promotor de Justiça/RO – 2013 – CESPE) A respeito do concurso de pessoas e do erro sobre a ilicitude do fato e sobre os elementos do tipo, assinale a opção correta.

(A) Considera-se partícipe de crime comissivo, com ação omissiva, o gerente de estabelecimento comercial, detentor das chaves do local, que, ao sair do estabelecimento, deixa a porta aberta a fim de facilitar a prática de furto.

(B) Considera-se partícipe o passageiro que em ônibus coletivo, instigue o motorista a empregar velocidade excessiva, o que ocasione atropelamento culposo de vítima que faleça em razão do acidente.

(C) Configura erro de tipo essencial a conduta de um indivíduo que, após estrangular outro, crendo que ele esteja morto, enforque-o para simular suicídio, com comprovação posterior de que a vítima tenha morrido em decorrência do enforcamento.

(D) Considere que um servidor público receba, por escrito, séria ameaça a fim de não realizar ato de ofício e se omita, e verifique, posteriormente, que a carta tenha sido endereçada a outro servidor público em idêntica situação funcional. Nesse caso, a conduta do servidor que recebe a carta configura erro de tipo essencial invencível.

(E) Considere que um médico, de forma negligente, entregue a um enfermeiro substância venenosa imaginando tratar-se de substância medicinal, para ser ministrada a paciente, e que o enfermeiro, mesmo percebendo o equívoco, ministre ao paciente a substância fatal, com a intenção de matá-lo. Nesse caso, ocorre participação culposa em crime doloso.

A: correta. A assertiva trata da participação por omissão, admitida apenas se o omitente tinha o dever jurídico de agir – e podia agir – para impedir o resultado (omissão imprópria – art. 13, § 2º, do CP). No caso em tela, o gerente do estabelecimento comercial, detentor das chaves do local, decerto tem o dever obrigacional de zelar pela segurança do local, à medida em que detém as chaves para trancar as entradas do estabelecimento. Se não o faz, querendo, com isso, facilitar a prática de furto, responderá como partícipe de referido crime; **B:** incorreta. É sabido e ressabido que os crimes culposos não admitem participação, mas, apenas, coautoria. É que todo e qualquer comportamento que contribua para um resultado involuntário previsível caracteriza quebra ou inobservância de um dever objetivo de cuidado, gerando, com isso, a responsabilização do agente como coautor; **C:** incorreta. A assertiva traz hipótese de erro de tipo acidental, mais precisamente, *aberratio* *causae* (erro sobre o nexo causal), que se caracteriza pelo fato de o agente acreditar que seu comportamento inicial foi capaz de atingir o resultado almejado, e, ato seguinte, ao praticar nova conduta, provoca, efetivamente, o resultado. Responderá, no caso, por homicídio com emprego de asfixia; **D:** incorreta. Ao que tudo indica, o servidor poderia ter sido mais diligente em constatar que a carta fora dirigida a outro colega com idêntica função. Assim, cremos que a assertiva faz alusão a uma situação não de erro de tipo essencial (falsa percepção do agente sobre elemento constitutivo do tipo legal), mas, sim, de coação moral resistível. E resistível pelo fato de o agente poder resistir à ameaça visto que esta não lhe foi direcionada, mas, sim, a terceiro; **E:** incorreta. Não se admite participação culposa em crime doloso, nem participação dolosa em crime culposo. O concurso de agentes exige que cada um dos concorrentes esteja vinculado ao outro com uma vontade homogênea (princípio da convergência). Assim, no caso apresentado, não há vínculo subjetivo entre os agentes, afastando o concurso de pessoas. Responderá pelo crime o enfermeiro.

Gabarito "A".

(Promotor de Justiça/GO – 2013) Sobre as nuances que circundam o tema "concurso de pessoas", analise as proposições abaixo e indique a alternativa correta:

(A) o funcionalismo penal moderado não se compraz com a teoria do domínio do fato.

(B) o conceito extensivo de autor encontra o seu complemento na teoria subjetiva da participação.

(C) o domínio do fato que se operacionaliza por meio dos chamados "aparatos organizados de poder" é identificado por Roxin como uma espécie de autoria imediata. Em tal hipótese, tanto o agente (hierarquicamente superior dentro do aparato) que ordena o cometimento de determinada conduta delituosa como quem a executa diretamente hão de ser responsabilizados.

(D) a participação de menor importância e a cooperação dolosamente distinta são institutos adstritos aos casos de participação, não tendo incidência em se tratando de coautoria.

A: incorreta. O funcionalismo penal moderado, liderado por Claus Roxin, preconiza, em apertada síntese, que o Direito Penal se ocupe de priorizar valores e princípios garantistas, figurando a política criminal como um critério capaz de solucionar conflitos dogmáticos. Assim, o funcionalismo moderado preocupa-se com os fins do Direito Penal, e não somente com os fins da pena, tal como no funcionalismo radical ou sistêmico capitaneado por Gunther Jakobs. No tocante à teoria do domínio do fato, criada originalmente por Hans Welzel, esta é perfeitamente compatível com o funcionalismo moderado de Roxin, que sustenta ser aludida teoria aplicável aos crimes comuns, comissivos e dolosos; **B:** correta. Para a teoria extensiva, não há distinção entre autor e partícipe, nada obstante seja possível distinguir diversos "graus" de autoria, admitindo, inclusive, a incidência de causas de diminuição de pena. Calcada na teoria da equivalência dos antecedentes, todo aquele que contribui para determinado resultado será considerado autor. O partícipe, à luz da teoria subjetiva, é aquele que, embora contribuindo para o mesmo fato, age com "vontade de partícipe", com comportamento acessório ao autor, que age com "vontade de autor"; **C:** incorreta. Na teoria do domínio do fato, originalmente criada por Hans Welzel, na década de 1930, na Alemanha, e posteriormente desenvolvida por Claus Roxin em sua obra *Täterschaft und Tatherrschaft*, publicada em 1963, também na Alemanha, embora o autor seja aquele que detenha um controle final sobre o fato delituoso, tendo um poder de decisão sobre ele, não bastando a mera "posição de hierarquia superior", sendo indispensável que se comprove que determinou a prática da ação, sob pena de ser restaurada a responsabilidade penal objetiva. Para a teoria em comento, responderão criminalmente tanto o executor do fato (autor imediato), quando o "homem de trás" (autor mediato), desde que, valendo-se de sua posição de superioridade hierárquica, tenha o controle final sobre a ação perpetrada pelo autor mediato; **D:** incorreta. A participação de menor importância, como o nome sugere, somente se aplica aos partícipes (art. 29, § 1º, CP). Já a cooperação dolosamente distinta (art. 29, § 2º, CP), por não fazer distinção, é aplicável a qualquer "concorrente" do crime, vale dizer, autor, coautor ou partícipe.

Gabarito "B".

(Ministério Público/TO – 2012 – CESPE) À luz do entendimento dos tribunais superiores acerca do concurso de pessoas, assinale a opção correta.

(A) Admite-se a participação nos tipos culposos ante a existência de vínculo psicológico na cooperação consciente de alguém na conduta culposa de outrem.

(B) De acordo com a teoria monista, havendo pluralidade de agentes e convergência de vontades para a prática da mesma infração penal, é possível o reconhecimento de que um agente teria praticado o delito na forma tentada e o outro, na forma consumada.

(C) O agente que, previamente, na divisão de trabalho de intento criminoso, tenha o domínio funcional do fato e fuja do local do crime é considerado partícipe.

(D) A participação de somenos corresponde à mera participação menos importante, uma vez que, embora dentro da relação de causalidade, é praticamente dispensável.

(E) Não há obrigatoriedade de redução de pena para o partícipe, em relação à pena do autor, considerada a participação em si mesma, como forma de concorrência diferente da autoria.

A: incorreta. É de conhecimento básico que os crimes culposos não admitem a participação, mas, apenas, a coautoria. Qualquer contribuição de alguém para a produção de um resultado ilícito involuntário, causado em razão da inobservância de um dever objetivo de cuidado, constituirá conduta principal, não se podendo falar em participação (conduta acessória); **B:** incorreta. No concurso de pessoas, a despeito de ser exigida pluralidade de condutas relevantes no plano causal, haverá uma identidade de fato (unidade de infração penal para todos os concorrentes). Logo, todos devem responder pelo mesmo fato; **C:** incorreta. Se o agente tiver o domínio final do fato, responderá como autor, ainda que não execute diretamente a conduta típica; **D:** incorreta. Confira-se a distinção de participação de somenos e participação menos importante no excerto extraído de julgamento no STJ: "*A participação de somenos (§ 1º do art. 29 do CP) não se confunde com a mera participação menos importante (caput do art. 29 do CP). Não se trata, no § 1º, de "menos importante", decorrente de simples comparação, mas, isto sim, de "menor importância" ou, como dizem, "apoucada relevância". (Precedente do STJ). IV – O motorista que, combinando a prática do roubo com arma de fogo contra caminhoneiro, leva os coautores ao local do delito e, ali, os aguarda para fazer as vezes de batedor ou, então, para auxiliar na eventual fuga, realiza com a sua conduta o quadro que, na dicção da doutrina hodierna, se denomina de coautoria funcional. (5ª Turma, Habeas Corpus 20.819/MS, rel. Min. Felix Fischer, decisão unânime, julgado em 02.05.2002, DJ 03.06.2002, p. 230)*"; **E:** correta. O fato de um dos concorrentes do crime ser autor e o outro, partícipe, não induz pensar que este último deva ser punido com pena reduzida, se comparada com aquela imposta ao autor. Afinal, o art. 29 do CP, consagrando a teoria monista ou unitária, enuncia que todos os que concorrem para a prática do crime, por ele responderão, na medida de sua culpabilidade. A pena do partícipe somente deverá ser reduzida se considerada de menor importância (art. 29, § 1º, do CP). Caso contrário, autor e partícipe poderão sofrer a mesma pena.

Gabarito "E".

(Ministério Público/MS – 2013 – FADEMS) Mélvio e Tício ajustam entre si a prática de um furto na residência de Joana, pois acreditavam que ela estava viajando, estando o imóvel deserto. Dividem as atividades criminosas da seguinte maneira: Mélvio deveria permanecer nas imediações para observar e vigiar a aproximação de alguém, enquanto Tício ingressaria no imóvel, mediante arrombamento de uma das janelas. Após adentrar, Tício é surpreendido com a presença de Joana, pois ela não havia viajado. Desse modo, Tício domina Joana, utilizando-se de ameaças de morte, ante sua evidente superioridade física e de uma faca que trazia consigo. Com Joana subjugada, Tício a submete à prática de conjunção carnal. Depois de consumar o ato, ainda com Joana rendida, Tício subtrai vários objetos de valor do local. Após se retirar, Tício partilha com Mélvio o produto do crime, contando-lhe dos fatos ocorridos no interior da residência.

Assinale a alternativa correta quanto aos crimes cometidos:

(A) Tício responde por roubo qualificado e estupro, enquanto Mélvio responde por furto qualificado, aumentando-se a pena até a metade em razão do resultado ocorrido.

(B) Tício e Mélvio respondem por roubo qualificado e estupro.

(C) Tício e Mélvio respondem por roubo qualificado, enquanto Tício também responde pelo estupro.

(D) Tício responde por roubo qualificado e estupro, enquanto Mélvio responde pelo furto qualificado.

(E) Tício responde por roubo qualificado e estupro, enquanto Mélvio responde pelo furto qualificado e estupro.

D: correta. A situação retratada no enunciado configura o clássico exemplo de cooperação dolosamente distinta, nos termos do art. 29, § 2º, do CP. Como é sabido, quem, de qualquer modo, concorrer para o crime, por este responderá, na medida de sua culpabilidade (art. 29, *caput*, do CP). Para o reconhecimento do concurso de agentes, indispensável que haja a conjugação dos seguintes requisitos: i) pluralidade de agentes (pelo menos dois); ii) unidade de fato (prática de um mesmo crime); iii) liame subjetivo ou vínculo psicológico (adesão de vontades); e iv) relevância causal (o comportamento de cada agente deve ser decisivo para o resultado pretendido). Pois bem. Na questão, Mélvio e Tício ajustaram a prática de furto em uma residência, o que daria margem ao reconhecimento, caso assim tivesse ocorrido, do furto qualificado pelo concurso de pessoas (art. 155, § 4º, IV, do CP). Dado que os agentes não combinaram a prática de estupro, até pelo fato de acreditarem que a vítima estaria viajando, impossível que tal crime fosse imputado a Mélvio, cuja conduta foi de permanecer nas imediações do imóvel e observação a aproximação de alguém. Logo, de plano, podemos excluir as alternativas "B" e "E". O só fato de Mélvio, após a empreitada criminosa, ter tomado conhecimento dos fatos ocorridos no interior da residência de Joana, não induz pensar ser possível a imputação de referido crime contra a dignidade sexual. No tocante ao roubo, apenas Tício deverá por ele responder, tendo em vista ser aplicável ao caso o já citado art. 29, § 2º, do CP, segundo o qual: "*Se algum dos concorrentes quis participar de crime menos grave, ser-lhe-á aplicada a pena deste*; essa pena será aumentada até metade, na hipótese de ter sido previsível o resultado mais grave". Logo, Mélvio, tendo ajustado a prática de crime menos grave (furto qualificado), deverá por este responder. Assim, também se pode excluir a alternativa "C". Resta-nos as alternativas "A" e "D". Na cooperação dolosamente distinta (art. 29, § 2º, do CP), aquele que quis participar de crime menos grave somente terá sua pena majorada até a metade se o resultado mais grave (no caso do enunciado, o roubo) fosse previsível. Na hipótese narrada, não há qualquer possibilidade de Mélvio ter previsto o resultado mais grave, tendo em vista que desconhecia que a vítima se encontrava no interior da residência. Logo, não será possível majorar-lhe a pena. Correta, pois, a alternativa "D", sendo certo que Tício, por haver praticado dois crimes (roubo e estupro), por eles responderá, imputando-se a Mélvio apenas o furto qualificado.

Gabarito "D".

(Ministério Público/MT – 2012 – UFMT) Em matéria de participação no concurso de pessoas, segundo o entendimento amplamente reiterado da doutrina penal brasileira, adota-se a teoria da

(A) Acessoriedade mínima.
(B) Acessoriedade máxima.
(C) Acessoriedade limitada.
(D) Hiperacessoriedade.
(E) Ultracessoriedade.

De fato, em matéria de participação no concurso de pessoas, o CP adotou a denominada "*teoria da acessoriedade limitada*". Segundo referida teoria, para a punição do partícipe, que pratica conduta acessória, visto não realizar o núcleo do tipo penal, bastará que o autor tenha praticado um *fato típico e ilícito*, não sendo exigida a demonstração da culpabilidade (teoria da acessoriedade máxima ou extrema). Assim, existem as seguintes teorias acerca da participação no concurso de agentes: a) teoria da acessoriedade mínima (preconiza que o partícipe será punido desde que o autor cometa um fato típico); b) teoria da acessoriedade limitada (como visto, preconiza que o partícipe será punido desde que o autor tenha cometido um fato típico e ilícito); c) teoria da acessoriedade máxima ou extrema (a punição do partícipe reclama que o autor tenha praticado um fato típico e ilícito, e desde que o agente seja culpável); d) teoria da hiperacessoriedade (para a punição do partícipe, o autor culpável deverá ter cometido um fato típico e ilícito pelo qual seja efetivamente punido). Como visto, a teoria mais aceita é a da acessoriedade limitada. Gabarito "C".

(Ministério Público/GO – 2012) Com relação ao concurso de pessoas, analise os seguintes itens:

I. Coautoria sucessiva é aquela que se daria quando, consumada a infração, ingressaria o coautor, por adesão à conduta criminosa, antes do exaurimento;
II. Nos crimes de mão própria (falso testemunho, v.g.) em regra não se pode falar em coautoria porque o verbo núcleo do tipo exige atuação pessoal do agente;
III. A coautoria exige que todos os coautores tenham o mesmo comportamento;
IV. Não se comunicam as circunstâncias e as condições de caráter pessoal, inclusive quando elementares do crime;
V. Por força do art. 30 do CP, o particular pode ser coautor nos crimes próprios (que exigem uma qualidade especial do agente – peculato, v.g.), desde que tenha ciência dessa elementar.

Está correto apenas o que se afirma em:
(A) I, II e V
(B) I, II e III
(C) II, III e IV
(D) II, III e V

I: correta. De acordo com Cleber Masson, a coautoria sucessiva "*é espécie de coautoria que ocorre quando a conduta, iniciada em autoria única, se consuma com a colaboração de outra pessoa, com forças concentradas, mas sem prévio e determinado ajuste*" (**Direito Penal Esquematizado** – Parte Geral. 2. ed. Editora Método, p. 486); **II**: correta. De fato, os crimes de mão própria, que são aqueles que exigem uma atuação pessoal (e personalíssima) do agente, que deve ostentar determinada qualidade especial, não admitem a coautoria, mas, apenas, a participação. É o caso do crime de falso testemunho (art. 342 do CP), que, como dito, não admite coautoria; **III**: incorreta. Os coautores não precisam, necessariamente, praticar a mesma conduta. Importante é que o coautor, juntamente com o autor, realize a conduta típica, total ou parcialmente. É o caso de um roubo perpetrado por duas pessoas. Se uma delas anunciar o roubo e empregar uma arma de fogo para ameaçar as vítimas e o comparsa subtrair o patrimônio delas, ambos terão cometido o mesmo crime (roubo majorado pelo emprego de arma), em coautoria. Daí poder-se dizer que a coautoria poderá ser total (quando todos os coautores realizarem a mesma conduta – ex.: "A" e "B" esfaqueiam, simultaneamente, "C", sendo condenados por homicídio) ou parcial (quando cada um dos coautores executar determinada conduta, mas que, agregada à do outro, resultar na totalidade da figura típica – ex.: "A" anuncia o roubo enquanto "B" subtrai das vítimas os seus pertences. Neste caso, ambos responderão por roubo, em coautoria); **IV**: incorreta, pois se elementares do crime, as circunstâncias e condições de caráter pessoal se comunicam (art. 30 do CP); **V**: correta. Poderá um particular ser coautor de um crime próprio (ex.: crimes funcionais – arts. 312 a 326 do CP), desde que tenha ciência da qualidade especial do seu comparsa. Tal decorre do art. 30 do CP (circunstâncias ou condições de caráter pessoal não se comunicam a coautores ou partícipes, salvo se elementares do crime). Gabarito "A".

(Ministério Público/SP – 2013 – PGMP) Consta de voto do eminente Ministro Ayres Britto proferido em uma das fases do julgamento da Ação Penal 470/MG:
"O núcleo político tachado pelo Ministério Público como intelectual ou mentor da empreitada criminosa, claro que, dentro dele, com gradações de protagonizações, a legitimar a aplicação da teoria do domínio do fato para responsabilizar, de modo pessoal, porém graduado, os respectivos agentes.

E dois núcleos operacionais a serviço do núcleo político: um núcleo operacional financeiro em torno dos bancos já nominados e um núcleo publicitário operacional serviente do núcleo político..."

Sobre a acima referida Teoria do Domínio do Fato, é CORRETO afirmar:

(A) que ela trata de autoria e coautoria do crime e, aplicada ao Direito pátrio, define que o autor mediato deve ser tido como partícipe porque sua conduta realística não executa o verbo núcleo do tipo.
(B) que é aplicável ao Direito pátrio, em que foi adotada a chamada teoria restritiva, e define o autor como aquele que detém o controle total da empreitada criminosa, com poderes sobre as ações de todos os partícipes e com o próprio controle funcional do fato.
(C) como o Código Penal adotou a teoria restritiva ("na medida de sua culpabilidade"), a adoção da teoria do domínio do fato importa em responsabilização objetiva.
(D) que ela foi adotada de forma explícita na reforma da parte geral do Código Penal (1984) e desde então tem sido aplicada, até de forma exagerada, pela Suprema Corte.
(E) que o mencionado julgamento da Suprema Corte ficou famoso por ter, pela primeira vez, aplicado no Direito pátrio (em que predominava o finalismo) a teoria do domínio do fato.

A: incorreta. Para a teoria do domínio do fato, criada por Hans Welzel no fim da década de 1930, autor é aquele que tem o controle final do fato (empreitada criminosa), decidindo e controlando, desde o início, a forma de execução e demais atos. Distingue autor, que, como dito, é aquele que controla finalisticamente a atividade delituosa, do partícipe, que, acessoriamente, colabora para a empreitada criminosa, mas sem ter o domínio final do fato. O autor mediato, que é aquele que se vale de agente não culpável ou de pessoa que atue sem dolo ou culpa para a execução de tipo incriminador, à luz da teoria em comento, é tido como autor, e não como partícipe. Afinal, o autor mediato domina finalisticamente a ação executada pelo terceiro; **B**: correta. De fato, o CP adotou a teoria restritiva de autor, segundo a qual assim será considerado aquele que praticar a ação nuclear do tipo penal incriminador, restando ao partícipe a prática de atos acessórios, mas colaboradores da empreitada criminosa (induzimento, instigação ou auxílio); **C**: incorreta. A despeito de ter sido adotada pelo CP a teoria restritiva, a expressão prevista no at. 29, *caput*, do CP ("na medida de sua culpabilidade") não diz respeito ao conceito de autor, mas, sim, ao fato de, em matéria de concurso de agentes, muito embora todos os que concorrem para um mesmo fato criminoso ou contravencional por ele respondam (teoria monista ou unitária), cada qual responderá na medida de sua culpabilidade, ou seja, no tocante às penas, deverá haver a adequada individualização para cada um dos agentes (por exemplo, se um deles for primário e o outro reincidente, ainda que ambos respondam pelo mesmo crime, suas condições pessoais serão levadas em consideração quando da dosimetria da pena); **D**: incorreta. Como visto, o CP não adotou a teoria do domínio do fato, mas, sim, a teoria restritiva; **E**: incorreta. Existe tendência das Cortes Superiores de aplicarem a teoria do domínio do fato, utilizada não apenas no julgamento do "Mensalão" (AP 470/STF), mas também em outros casos, especialmente naqueles decorrentes da atuação de criminosos encarcerados no sistema penitenciário, mas que, mesmo nessa condição, continuam a controlar, "do lado de fora", a prática de crimes. É o que se verifica, por exemplo, com narcotraficantes que, mesmo presos, continuam a "chefiar" o tráfico, dando ordens e determinando a forma de organização e execução dos crimes. Gabarito "B".

(Defensor Público/RO – 2012 – CESPE) A respeito do concurso de pessoas, assinale a opção correta.

(A) De acordo com a teoria objetivo-material, autor é aquele que pratica a conduta descrita no núcleo do tipo; todos os demais que concorrerem para a consumação dessa infração penal, mas que não pratiquem a conduta expressa pelo verbo que caracteriza o tipo, são partícipes.
(B) Aplica-se aos crimes dolosos e culposos a teoria do domínio do fato, considerada objetivo-subjetiva e segundo a qual, senhor do fato é aquele que o realiza de forma final em razão de uma decisão volitiva, ou seja, autor é o que detém o poder de direção dos objetivos finais da empreitada criminosa.
(C) Segundo a teoria monista, há tantas infrações penais quantos forem o número de autores e partícipes: com efeito, a cada participante corresponde uma conduta própria, um elemento psicológico próprio e um resultado igualmente particular.
(D) De acordo com a teoria dualista, deve-se distinguir o crime praticado pelo autor daquele que tenha sido cometido pelos partícipes, havendo, portanto, uma infração penal para os autores, e outra para os partícipes. Por outro lado, segundo a teoria pluralista, todo aquele que concorre para o crime incide nas penas ao autor cominadas, na medida de sua culpabilidade, ou seja, existe um crime único, atribuído a todos aqueles que para ele tenham concorrido.
(E) Verifica-se, nos parágrafos do art. 29 do CP, que determinam punibilidade diferenciada para a participação no crime, aproximação entre a teoria monista e a teoria dualista, o que sugere que, no CP, é adotada a teoria monista temperada.

A: incorreta. A assertiva contempla a chamada *teoria formal-objetiva* (ou restritiva), segundo a qual *autor* é o que executa o comportamento contido no tipo (realiza a ação/omissão representada pelo verbo-núcleo); todos aqueles que, de alguma forma, contribuem para o crime sem realizar a conduta típica devem ser considerados, para esta teoria, *partícipe*. É esta a teoria adotada pelo CP. Para a teoria *objetivo-material*, mencionada no enunciado, *autor* não é só o que realiza o comportamento típico, mas também aquele que concorre, de qualquer outra forma, para a concretização do crime. Inexiste, aqui, como se pode ver, diferença entre coautor e partícipe. Há ainda uma terceira teoria, que é a chamada *normativa-objetiva*, mais conhecida como *teoria do domínio do fato*, para a qual *autor*, grosso modo, é o que tem pleno domínio da empreitada criminosa. Para esta teoria, é autor tanto o que realiza a conduta prevista no tipo quanto aquele que, sem concretizar o comportamento típico, atua como mandante; **B:** incorreta. Embora não seja consenso na doutrina, temos que o crime culposo não admite a *participação*, mas tão somente a *coautoria*. Adotamos, bem por isso, quanto ao concurso de pessoas nos crimes culposos, a *teoria extensiva*, segundo a qual não há diferença entre coautoria e participação. Todos que, de alguma forma, contribuírem devem ser considerados coautores. Dessa forma, inaplicável, aqui, a *teoria do domínio do fato*, para a qual há distinção entre coautor e partícipe; **C:** incorreta, já que, para a *teoria monista* (unitária ou monística), acolhida, como regra, pelo Código Penal, há, no concurso de pessoas, um só crime; já para a *teoria dualística*, há um crime para os autores e outro para os partícipes. Temos ainda a *teoria pluralista*, em que cada um dos agentes envolvidos na empreitada deverá responder por delito autônomo; **D:** a primeira parte da assertiva está correta, pois o conceito ali presente corresponde de fato ao que se deve entender pela teoria *dualística*; incorreta, entretanto, está a parte final da assertiva, cujo conceito ali inserido não corresponde a *teoria pluralística*; **E:** correta. De fato, há no Código Penal, tanto na parte geral quanto na especial, várias exceções à teoria monista ou unitária. Exemplo disso, além dos previstos nos parágrafos do art. 29 do CP, é o crime de aborto, em que há um crime para a gestante que permite que nela seja praticado o aborto (art. 124 do CP) e outro para aquele que pratica os atos materiais necessários ao abortamento (art. 126 do CP).

Gabarito "E".

(Delegado de Polícia/GO – 2013 – UEG) Sobre o concurso de pessoas, tem-se o seguinte:

(A) pela teoria do favorecimento da participação, a punibilidade do partícipe depende da culpabilidade do autor.
(B) pelo conceito extensivo, autor é quem executa a ação típica, não havendo diferença entre autoria e participação.
(C) pela cooperação dolosamente distinta, ocorre uma divergência entre o elemento subjetivo do partícipe e a conduta realizada pelo autor.
(D) pela teoria objetivo-formal, autor é causa do delito, enquanto partícipe é condição.

A: incorreta. A punibilidade do partícipe reside no fato de favorecer (contribuir) para que o autor pratique uma conduta socialmente danosa e intolerável do ponto de vista jurídico-penal. Trata-se da Teoria do favorecimento ou da causação, amplamente reconhecida na Alemanha e na Espanha, mas compatível com a teoria da acessoriedade limitada, que predomina no Brasil. Não se confunde com a Teoria da participação na culpabilidade, que fundamenta a punibilidade do partícipe no fato de atuar sobre o autor, contribuindo para que se torne um delinquente culpável. Como se sabe, pela teoria da acessoriedade limitada, que, como foi dito, predomina no Brasil, a punibilidade do partícipe exige, apenas, que contribua (induza, instigue ou auxilie) para que o autor cometa um fato típico e ilícito, pouco importando a culpabilidade, que é característica eminentemente pessoal; **B:** incorreta. Pela teoria extensiva ou conceito extensivo de autor, este será todo aquele que contribuir, de alguma forma, para o resultado, seja executando a ação típica, seja induzindo, instigando ou auxiliando alguém a fazê-lo. Funda-se na teoria da equivalência dos antecedentes, não diferenciando autor de partícipe; **C:** correta. De fato, na cooperação dolosamente distinta (art. 29, § 2º, do CP), há um desvio subjetivo entre os concorrentes da empreitada criminosa. Inicialmente estabelecido o "plano criminoso", um deles o altera, praticando crime mais grave. Nesse caso, aquele que quis participar de crime menos grave, por este responderá; **D:** incorreta. Pela Teoria objetivo-formal, autor é aquele cuja ação esteja em conformidade com a descrição típica do fato, sendo partícipe aquele que, de forma acessória ou secundária (ou seja, sem realizar a descrição típica do fato), contribui com menor relevância (se comparada à conduta do autor) para a empreitada criminosa.

Gabarito "C".

(Procurador do Estado/MG – FUMARC – 2012) João e José, cada um por si e sem unidade de desígnios, decidem desferir tiros contra Mário, José com dolo de lesar a integridade física de Mário e João com dolo de matar Mário. Cada qual se posiciona em lados opostos do caminho, um sem saber do outro, e quando a vítima se aproxima efetuam concomitantemente os disparos de arma de fogo, sendo que apenas um disparo acerta a vítima, que vem a morrer. A perícia não identificou a arma da qual partiu o projétil que acertou a vítima. Assinale a alternativa correta:

(A) ambos os agentes devem responder por homicídio consumado.
(B) ambos os agentes devem responder por lesão corporal seguida de morte.
(C) João responde por homicídio doloso consumado e José por lesão corporal dolosa consumada.
(D) João responde por tentativa de homicídio e José por tentativa de lesão corporal seguida de morte.
(E) João responde por tentativa de homicídio e José por tentativa de lesão corporal.

Na *autoria colateral*, os agentes, sem que um conheça a intenção do outro, dirigem sua conduta, de forma simultânea, para a prática do mesmo crime. Por inexistir liame subjetivo entre eles, não há que se falar em *coautoria* ou *participação*. Apurando-se qual dos agentes deu causa ao resultado, este será responsabilizado pelo crime consumado; o outro, pelo crime na forma tentada. Não sendo possível, na autoria colateral, identificar qual dos agentes deu causa ao resultado, estaremos diante, então, da chamada *autoria incerta* (hipótese do enunciado). Neste caso, a melhor solução recomenda que ambos respondam pelo crime na forma tentada, já que não foi possível apurar-se quem foi o responsável pelo resultado. Pode, portanto, haver autoria colateral sem que haja autoria incerta.

Gabarito "E".

(Procurador do Município/Cubatão-SP – 2012 – VUNESP) Quem, de qualquer modo, concorre para o crime incide nas penas a este cominadas, na medida de. Se a participação for de menor importância, a pena pode ser diminuída de. Se algum dos concorrentes quis participar de crime menos grave, ser-lhe-á aplicada a pena; essa pena será aumentada até metade, na hipótese.

Completam, correta e respectivamente, as lacunas do texto as expressões contidas em

(A) seu dolo ... metade ... pela metade ... de reincidência
(B) sua culpa ou dolo ... metade ... equivalente ... de ser o agente reincidente
(C) sua culpa ... um sexto a dois terços ... diminuída de um sexto ... de dolo
(D) sua culpabilidade ... um sexto a dois sextos ... diminuída de um terço ... de concurso de agentes
(E) sua culpabilidade ... um sexto a um terço ... deste ... de ter sido previsível o resultado mais grave

O primeiro trecho do enunciado corresponde ao que preceitua o art. 29, *caput*, do CP. O segundo, ao contido no art. 29, § 1º, do CP. É a chamada *participação de menor importância*, que constitui causa obrigatória de diminuição de pena. O terceiro trecho corresponde ao que prescreve o art. 29, § 2º, do CP: se algum dos concorrentes quis participar de crime menos grave, a ele será aplicada a pena correspondente (cooperação dolosamente distinta – 1ª parte do dispositivo); a 2ª parte determina que essa pena será aumentada até a metade na hipótese de ter sido previsível o resultado mais grave.

Gabarito "E".

(Cartório/MG – 2012 – FUMARC) Para que o partícipe venha a ser punido por uma infração penal, é preciso que, além da presença dos requisitos do concurso de pessoas, o autor tenha iniciado a execução do delito, nos termos do artigo 31 do Código Penal. Em que momento poderá ter ocorrido a contribuição do partícipe para que este seja punido pela mesma infração do autor?

(A) Após a consumação delitiva.
(B) Desde a ideação até a consumação.
(C) Em qualquer momento, até o exaurimento do delito.
(D) Nos crimes permanentes, em qualquer momento da execução, ainda que irrelevante tenha sido a conduta.

A: incorreta. A conduta do partícipe somente será punível se o induzimento, instigação ou auxílio à prática do crime, pelo autor, ocorrer antes ou durante a execução da empreitada criminosa, até o atingimento do momento consumativo. Uma vez consumado o delito, não se aventa de participação ou coautoria; **B:** correta, de acordo com a banca examinadora. De fato, a participação poderá ocorrer desde a ideação até a consumação do crime, mas a punibilidade somente ocorrerá se o crime for, ao menos, tentado. Para tanto, será de rigor que tenha havido o início da execução do crime. A mera cogitação, fase externa do delito, não é punível pelo Direito penal; **C:** incorreta, pois o exaurimento é fase posterior à própria consumação do crime. Como visto, a participação somente será punível da execução para frente, até o momento consumativo; **D:** incorreta, pois, nos crimes permanentes, cuja consumação se protrai (prolonga) no tempo, o partícipe poderá ser punido desde a prática dos atos executórios até a continuidade da permanência. Porém, para o reconhecimento do concurso de pessoas, imprescindível que a conduta do coautor ou partícipe seja relevante (relevância causal).

Gabarito "B".

(Cartório/RJ – 2012) Sobre concurso de pessoas, é correto afirmar que

(A) é inadmissível coautoria em crime culposo.
(B) na autoria colateral, duas ou mais pessoas intervém na execução de um crime, buscando o mesmo resultado, sem ignorar a conduta alheia.
(C) autoria incerta é igual a autoria desconhecida.
(D) na participação, o partícipe também pratica o núcleo do tipo penal.
(E) o autor mediato é aquele que realiza indiretamente o núcleo do tipo, valendo-se de pessoa sem culpabilidade ou que age sem dolo ou culpa.

A: incorreta. A doutrina admite, perfeitamente, a coautoria nos crimes culposos, bastando que um dos agentes, de qualquer modo, concorra para que o outro prossiga com sua conduta imprudente, negligente ou imperita. Todo comportamento nesse sentido será tomado como "quebra do dever objetivo de cuidado", elemento imprescindível à caracterização da culpa; **B:** incorreta. Na autoria colateral, ou coautoria lateral, duas ou mais pessoas, embora concorram para um mesmo resultado, desconhecem uma a conduta da outra. Portanto, inexistirá, nesse caso, concurso de agentes, especialmente pela falta de um de seus elementos constitutivos, qual seja, o liame subjetivo ou vínculo psicológico entre os concorrentes da empreitada criminosa; **C:** incorreta. A autoria incerta ou com resultado incerto ocorre em caso de autoria colateral (já analisada no comentário à alternativa anterior), quando não se sabe quem foi o efetivo causador do resultado lesivo. Logo, não se conseguirá imputá-lo a qualquer um dos autores colaterais. Já na autoria desconhecida, como o próprio nome sugere, não se sabe quem foi o autor ou os concorrentes da empreitada criminosa. **D:** incorreta. Na participação, o partícipe comete conduta acessória, vale dizer, secundária, sem que execute qualquer conduta prevista no tipo penal. Caso contrário, será considerado coautor; **E:** correta. De fato, denomina-se de autor mediato (ou indireto) aquele que, sem praticar exatamente o contido no núcleo

do tipo, se vale de terceira pessoa inculpável (ex.: inimputável) ou que aja sem dolo ou culpa (ex.: provocação de erro de tipo essencial) para alcançar o resultado almejado.
Gabarito "E".

(Cartório/SP – V – VUNESP) Em relação à comunicabilidade das circunstâncias e condições pessoais na hipótese de concurso de agentes, assinale a alternativa incorreta.
(A) Não se comunicam em hipótese alguma.
(B) Quando elementares do crime, as circunstâncias de caráter pessoal podem se comunicar.
(C) Quando elementares do crime, as condições pessoais podem se comunicar.
(D) Via de regra não se comunicam, ficando a exceção para aquelas que integram o tipo penal como elementares.

Por força do que dispõe o art. 30 do CP, as circunstâncias e condições de caráter pessoal não se comunicam, salvo quando elementares do crime.
Gabarito "A".

(Procurador da República – 26.º) Quanto ao concurso de agentes, é correta a afirmação:
(A) consoante a teoria objetivo-formal autor é aquele que realiza, totalmente, os atos descritos na norma incriminadora;
(B) consoante a teoria objetivo-material autor é aquele que realiza a contribuição objetivamente mais importante para o resultado;
(C) consoante a teoria concebida por Claus Roxin autor é aquele que detém o domínio do fato pelo critério exclusivo do domínio da vontade;
(D) o Código Penal Brasileiro não é compatível com a teoria do domínio do fato.

A: incorreta. Segundo a teoria objetivo-formal, autor é aquele que realiza o núcleo (verbo) do tipo penal, mas não, necessariamente, a totalidade dos atos descritos na norma incriminadora; **B:** correta. De fato, para a teoria objetivo-material, autor é aquele que presta a contribuição objetiva mais importante para a produção do resultado, e não, exclusivamente, o núcleo do tipo. Logo, partícipe seria aquele que, de forma menos relevante, contribui para a prática do crime, ainda que realizando a ação nuclear (verbo do tipo); **C:** incorreta, pois a teoria do domínio do fato foi concebida por Hans Welzel, e não por Claus Roxin; **D:** incorreta. A despeito de a doutrina preferir a teoria objetivo-formal, a autoria mediata, prevista no CP, por exemplo, no caso de coação moral irresistível (art. 22 do CP), se ajusta à teoria do domínio do fato.
Gabarito "B".

(Analista – TRE/CE – 2012 – FCC) José, João e Mario praticam um determinado delito. Contudo, José, um dos concorrentes, queria participar de delito menos grave daquele cometido pelos agentes. Neste caso, para José, será aplicada a pena do crime
(A) menos grave, aumentada de 1/6 a 2/3, independentemente da previsibilidade do resultado mais grave.
(B) mais grave diminuída de 1/6 a 1/3.
(C) mais grave em qualquer hipótese.
(D) menos grave, que será aumentada até metade, na hipótese de ter sido previsível o resultado mais grave.
(E) menos grave, em qualquer hipótese, sem nenhuma majoração ou redução.

Estabelece o art. 29, § 2º, do CP que, se algum dos agentes quis participar de crime menos grave, a ele será aplicada a pena deste; essa pena, no entanto, será aumentada até metade, no caso de o resultado mais grave ser previsível. É a chamada *cooperação dolosamente distinta*.
Gabarito "D".

11. CULPABILIDADE E CAUSAS EXCLUDENTES

(Juiz de Direito – TJ/RS – 2018 – VUNESP) De acordo com o Código Penal, aquele que pratica o fato em estrita obediência a ordem não manifestamente ilegal de superior hierárquico
(A) responde criminalmente como partícipe de menor importância.
(B) não comete crime, pois tem a ilicitude de sua conduta afastada.
(C) não é punido criminalmente.
(D) responde criminalmente como partícipe.
(E) responde criminalmente como coautor.

Estabelece o art. 22 do CP que, sendo a ordem *não* manifestamente ilegal, a responsabilidade recairá sobre o *superior hierárquico*; o *subordinado*, neste caso, ficará isento de pena (sua culpabilidade ficará excluída). Agora, se a ordem for *manifestamente ilegal*, a responsabilidade recairá sobre ambos, superior hierárquico e subordinado. Importante que se diga que o reconhecimento desta causa de exclusão da culpabilidade está condicionado à coexistência dos seguintes requisitos: presença de uma ordem não manifestamente ilegal, conforme acima mencionamos; a ordem deve ser emanada de autoridade que detém atribuição para tanto; existência, em princípio, de três envolvidos: superior hierárquico, subordinado e vítima; vínculo hierárquico de direito público entre o superior de quem emanou a ordem e o subordinado que a executou. Ou seja, não há que se falar nesta causa de exclusão da culpabilidade no contexto das relações de natureza privada, sendo exemplo a relação existente entre o patrão e sua empregada doméstica. ED
Gabarito "C".

(Procurador – IPSMI/SP – VUNESP – 2016) Tício, maior de 18 anos, é portador de doença mental, necessitando de medicação diária. A doença, por si só, não prejudica a capacidade de compreensão. Todavia, a medicação, ingerida em conjunto com bebida alcoólica em quantidade, provoca surtos psicóticos, com exclusão da capacidade de entendimento. Tício sabe dos efeitos do álcool, em excesso, em seu organismo, mas costuma beber, moderadamente, justamente para desfrutar dos efeitos que, segundo ele, "dá barato". Em uma festa, Tício, sem saber que se tratava de uma garrafa de absinto (bebida de alto teor alcoólico), pensando ser gim, preparou um coquetel de frutas e ingeriu. Ao recobrar a consciência, soube que esfaqueou dois de seus melhores amigos, causando a morte de um e lesão de natureza grave em outro. A respeito da situação, é correto afirmar que
(A) Tício, devido à doença mental, é inimputável, sendo isento de pena.
(B) Tício é inimputável, sendo isento de pena, pois praticou o crime em estado de completa embriaguez, decorrente de caso fortuito.
(C) Tício é imputável, pois a embriaguez completa decorreu de culpa. Entretanto, faz jus à redução da pena.
(D) Tício é imputável, sendo punido de forma agravada, em vista da embriaguez pré-ordenada.
(E) Tício, por ser maior de 18 anos, é imputável, sendo irrelevante a circunstância de ter praticado o crime em estado de completa embriaguez.

Se se considerar que a embriaguez, que levou Tício ao estado de total incapacidade de entender o caráter ilícito do fato ou de determinar-se em conformidade com tal entendimento, decorreu de caso fortuito, ele estará, nos termos do que dispõe o art. 28, § 1º, do CP, isento de pena (há exclusão de sua imputabilidade). Agora, se a ingestão do absinto, que tem, como é de todos sabido, teor alcoólico elevadíssimo, se deu por falta de cautela de Tício, que não se certificou do conteúdo que havia na garrafa, aí estamos a falar de embriaguez culposa (e não acidental), que não tem o condão de excluir a sua imputabilidade. Perceba que o enunciado não deixa isso claro, ou seja, não é possível saber, com exatidão, se a ingestão do absinto se deu de forma acidental (caso fortuito) ou culposa. ED
Gabarito "B".

(Advogado União – AGU – CESPE – 2015) Acerca da imputabilidade penal, julgue o item que se segue (adaptada).
(1) O CP adota o sistema vicariante, que impede a aplicação cumulada de pena e medida de segurança a agente semi-imputável e exige do juiz a decisão, no momento de prolatar sua sentença, entre a aplicação de uma pena com redução de um a dois terços ou a aplicação de medida de segurança, de acordo com o que for mais adequado ao caso concreto.

1: De fato, prevalece entre nós o *sistema vicariante*, que aboliu a possibilidade de o condenado ser submetido a pena e a medida de segurança ao mesmo tempo (*sistema do duplo binário*). Dessa forma, se o réu é considerado imputável à época dos fatos, a ele será aplicada tão somente **pena**; se inimputável, receberá **medida de segurança**; se, por fim, tratar-se de réu semi-imputável, será submetido a uma ou outra. ED
Gabarito 1C.

(Defensor Público – DPE/ES – 2016 – FCC) A culpabilidade, entendida como o grau de reprovabilidade do agente pelo fato criminoso praticado, NÃO constitui parâmetro legal para
(A) o aumento da pena no crime continuado específico.
(B) a fixação da pena de cada concorrente no caso de concurso de pessoas.
(C) a determinação do regime inicial de cumprimento da pena privativa de liberdade.
(D) a escolha da fração de aumento da pena no concurso formal impróprio.
(E) a substituição das condições do *sursis* simples pelas do especial.

A: incorreta, já que o art. 71, parágrafo único, do CP, que define o chamado *crime continuado específico*, contempla, como parâmetro para determinar o aumento de pena, entre outros fatores, a *culpabilidade*; **B:** incorreta. O art. 29, caput, do CP contempla, como parâmetro para estabelecer a pena que caberá a cada concorrente no concurso de pessoas, a *culpabilidade*; **C:** incorreta, na medida em que as circunstâncias judiciais do art. 59 do CP, entre as quais a culpabilidade, servem como parâmetro para determinar o regime inicial de cumprimento da pena privativa de liberdade (inciso III); **D:** correta. Queremos crer que o examinador quis se referir ao concurso formal *próprio* (e não ao *impróprio*, tal como constou da assertiva). Isso porque só há que se falar em *escolha da fração de aumento* de pena no contexto do concurso formal *próprio*. No *concurso formal impróprio* ou *imperfeito*, a que faz referência a assertiva, as penas serão somadas, aplicando-se o critério ou sistema do *cúmulo material*. No concurso formal perfeito, diferentemente, se as penas previstas forem idênticas, aplica-se somente uma; se diferentes, aplica-se a maior, acrescida, em qualquer caso, de um sexto até metade (sistema da exasperação). Dito isso e considerando que a assertiva se referiu ao concurso formal próprio, é correto afirmar que a culpabilidade não serve como parâmetro para a escolha da fração de aumento de pena. É que o critério que deverá servir de norte para o juiz estabelecer o aumento da pena entre os patamares previstos é o número de crimes cometidos pelo sujeito ativo; **E:** incorreta, já que o art. 78, § 2º, do CP, que diz respeito ao *sursis* especial, faz referência às circunstâncias do art. 59 do CP.
Gabarito "D".

(Defensor Público – DPE/BA – 2016 – FCC) Sobre saúde mental e direito penal, é correto:

(A) segundo a normativa do Código Penal, é vedada a internação de pacientes portadores de transtornos mentais em instituições com características asilares.
(B) em virtude de sua periculosidade, a pessoa com transtorno mental não pode ter livre acesso aos meios de comunicação disponíveis.
(C) o tratamento da pessoa com transtorno mental tem por objetivo a contenção de sua periculosidade, ao invés da reinserção social, que é própria da pena.
(D) segundo a jurisprudência dominante do STJ, a medida de segurança tem prazo indeterminado.
(E) o tratamento da pessoa com transtorno mental deve ser realizado no interesse exclusivo de beneficiar sua saúde.

A: incorreta, já que a regra contida na assertiva encontra previsão no art. 4º, § 3º, da Lei 10.216/2001, e não no Código Penal, tal como afirmado; **B:** incorreta, pois contraria o que estabelece o art. 2º, parágrafo único, VI, da Lei 10.216/2001, que assegura à pessoa portadora de transtorno mental livre acesso aos meios de comunicação disponíveis; **C:** incorreta, pois não reflete a regra presente no art. 4º, § 1º, da Lei 10.216/2001, segundo a qual o objetivo do tratamento é a reinserção do paciente no seu meio; **D:** incorreta, já que, segundo a jurisprudência consolidada no STJ, a medida de segurança tem prazo determinado. Se levássemos em conta tão somente a redação do art. 97, § 1º, do CP, chegaríamos à conclusão de que a medida de segurança poderia ser eterna. Em vista da regra que veda as penas de caráter perpétuo, esta não é a melhor interpretação do dispositivo. Tanto que o STF firmou posicionamento no sentido de que o prazo máximo de duração da medida de segurança não pode ser superior a 30 anos (analogia ao art. 75 do CP). O STJ entende que a medida de segurança deve ter por limite o máximo da pena em abstrato cominada para o crime (STJ, HC 125.342-RS, 6ª T., rel. Min. Maria Thereza de Assis Moura, j. 19.11.2009). Consolidando tal entendimento, o STJ editou a Súmula 527, segundo a qual "o tempo de duração da medida de segurança não deve ultrapassar o limite máximo da pena abstratamente cominada ao delito praticado"; **E:** correta, pois em conformidade com o que estabelece o art. 2º, parágrafo único, II, da Lei 10.216/2001.
Gabarito "E"

(Magistratura/RR – 2015 – FCC) Se o agente, em virtude de perturbação de saúde mental ou por desenvolvimento mental incompleto ou retardado, não era inteiramente incapaz de entender o caráter criminoso do fato ou de determinar-se de acordo com esse entendimento, a

(A) circunstância atuará como atenuante, a ser considerada na segunda etapa do cálculo da pena.
(B) pena poderá ser substituída por tratamento ambulatorial, mas não por internação.
(C) pena será reduzida de um a dois terços, podendo-se considerar, na escolha do redutor, o grau de perturbação da saúde mental.
(D) hipótese será de absolvição imprópria, com imposição necessária de medida de segurança.
(E) pena será reduzida de um a dois terços, não se admitindo, porém, a substituição por medida de segurança.

Nos exatos termos do art. 26, parágrafo único, do CP, a pena pode ser reduzida de um a dois terços, se o agente, em virtude de perturbação de saúde mental ou por desenvolvimento mental incompleto ou retardado não era inteiramente capaz de entender o caráter ilícito do fato ou de determinar-se de acordo com esse entendimento. Trata-se, aqui, de causa de diminuição de pena aplicável aos semi-imputáveis. A variação para a aplicação da minorante (um a dois terços), de acordo com a doutrina, levará em consideração o grau de perturbação da saúde mental do agente. Vamos, agora, às alternativas. **A:** incorreta, pois, como visto, a semi-imputabilidade (ou imputabilidade reduzida ou restrita), se reconhecida, atuará como causa de diminuição de pena, incidente na terceira etapa do sistema trifásico, e não como circunstância atenuante; **B:** incorreta. Uma vez constatada a semi-imputabilidade, caberá ao juiz aplicar o art. 98 do CP, que dispõe que na hipótese do parágrafo único do art. 26, e necessitando o condenado de especial tratamento curativo, a pena privativa de liberdade pode ser substituída pela internação, ou tratamento ambulatorial, pelo prazo mínimo de 1 (um) a 3 (três) anos; **C:** correta, art. 26, parágrafo único, do CP; **D:** incorreta. A absolvição imprópria verifica-se quando o juiz, embora absolva o réu, lhe aplique medida de segurança, o que acontecerá, invariavelmente, quando reconhecida a inimputabilidade por doença mental (art. 26, caput, do CP). Contudo, em caso de semi-imputabilidade, tal como determinado pelo art. 98 do CP, a pena somente será substituída por medida de segurança se houver recomendação de especial tratamento curativo ao agente; **E:** incorreta. Em caso de semi-imputabilidade, o art. 98 do CP autoriza a substituição da pena por medida de segurança, desde que haja recomendação de especial tratamento curativo ao agente.
Gabarito "C"

(Ministério Público/SP – 2015 – MPE/SP) A *actio libera in causa* se caracteriza:

(A) quando o agente, nos limites do livre arbítrio que rege a conduta humana, pratica o crime de forma livre e consciente.
(B) quando o agente, por impossibilidade de conhecer a ilicitude de sua conduta, pratica fato tipificado como crime.
(C) quando o agente, em estado de embriaguez, proveniente de caso fortuito ou força maior, que enseja a diminuição de pena, pratica fato definido como crime.
(D) quando o agente, em estado de embriaguez completa, proveniente de caso fortuito ou força maior, que enseja isenção de pena, pratica fato definido como crime.
(E) quando o agente comete o crime em estado de embriaguez não proveniente de caso fortuito ou força maior.

Acerca da embriaguez, o CP adotou a teoria da *actio libera in causa*. Se o agente, deliberadamente (voluntariamente), ingerir álcool ou substância com efeitos análogos, mesmo que no momento da prática da infração não tenha capacidade de entendimento e autodeterminação, ainda assim será responsabilizado (art. 28, II, CP). Apenas se a embriaguez for involuntária, e desde que completa, ficará o agente isento de pena (art. 28, § 1º, do CP). A regra, portanto, é a de que a embriaguez não exclui a imputabilidade penal (art. 28, II, do CP). Assim, vamos à análise das alternativas. **A:** incorreta. A teoria da *actio libera in causa* não diz respeito à conduta, que é o comportamento humano praticado de forma livre e consciente, mas, sim, à capacidade penal; **B:** incorreta, pois a assertiva trata da potencial consciência da ilicitude, que é elemento da culpabilidade que poderá ser afastado pelo erro de proibição invencível (art. 21 do CP); **C:** incorreta. Como visto, a teoria da *actio libera in causa* anuncia que o agente que se embriagar voluntariamente será penalmente responsável pelo seu comportamento. Se a embriaguez decorrente de caso fortuito ou força maior não tiver afetado completamente a capacidade de entendimento ou de autodeterminação do agente, sua pena será reduzida de um a dois terços, nos termos do art. 28, § 2º, do CP; **D:** incorreta. O conteúdo da assertiva descreve a única situação em que a embriaguez afastará a culpabilidade, não se tratando, portanto, da *actio libera in causa*, que explica exatamente a situação em que a embriaguez não afastará a capacidade penal do agente; **E:** correta. De fato, a teoria da *actio libera in causa* se aplica somente àquelas situações em que a embriaguez não tiver sido proveniente de caso fortuito ou força maior. Assim, a embriaguez voluntária ou culposa, decorrente da ingestão de álcool ou substâncias de efeitos análogos, não afasta a culpabilidade (art. 28, II, do CP).
Gabarito "E"

(Promotor de Justiça/PR – 2013 – X) Pode excluir a imputabilidade penal:

(A) A embriaguez voluntária;
(B) A embriaguez acidental completa proveniente de caso fortuito;
(C) A paixão;
(D) A emoção;
(E) A embriaguez culposa.

A: incorreta. A embriaguez voluntária não é causa excludente da imputabilidade penal, nos termos do art. 28, II, do CP. Lembre-se que, em matéria de embriaguez, o CP adotou a teoria da *actio libera in causa*, segundo a qual quem livremente (por dolo ou culpa) ingeriu álcool ou substâncias de efeitos análogos, responderá pelo resultado lesivo que venha, nessa condição, a causar; **B:** correta. Somente a embriaguez involuntária (e completa), decorrente de caso fortuito ou força maior, exclui a imputabilidade penal (art. 28, § 1º, do CP); **C** e **D:** incorretas. Tanto a emoção, quanto a paixão, não excluem a imputabilidade penal (art. 28, I, do CP), podendo, porém, atenuar a pena (art. 65, III, "c", do CP); **E:** incorreta, pois, como visto anteriormente, apenas a embriaguez involuntária, desde que completa, isentará o agente de pena (art. 28, § 1º, do CP). A embriaguez, seja voluntária, seja culposa, não excluirá a imputabilidade penal (art. 28, II, do CP).
Gabarito "B"

(Promotor de Justiça/PR – 2013 – X) Assinale a alternativa incorreta:

(A) Para a teoria extrema da culpabilidade, a falta de consciência da antijuridicidade não tem influência sobre a existência do dolo;
(B) Para a teoria extrema da culpabilidade todo erro sobre a antijuridicidade é considerado como erro de proibição;
(C) Para a teoria limitada da culpabilidade há diferença entre o erro que recai sobre os pressupostos fáticos de uma causa de justificação e o erro que recai sobre a existência de uma causa de justificação;
(D) Esmenio acreditando sinceramente como ainda vigente o delito de adultério, pratica relações sexuais com Nícinia, mulher que sabe ser casada. Neste caso podemos afirmar que se trata de um exemplo de delito putativo ou do também chamado erro de proibição às avessas;
(E) Para a teoria limitada da culpabilidade adotada pelo Código Penal, o erro que recai sobre pressupostos fáticos de uma causa de justificação, sendo inevitável, isenta o agente de pena. Mas se o erro for derivado de culpa poderá diminuir a pena de um sexto a um terço.

A: correta. Para a teoria extrema da culpabilidade (ou teoria normativa pura), inspirada no finalismo de Hans Welzel, a falta de consciência da ilicitude não influencia a existência do dolo, visto que este é natural, integrante da conduta (e, portanto, do fato típico). Difere da teoria psicológico-normativa, proposta por Reinhart Frank, na qual o dolo era normativo, vale dizer, alojava a consciência do caráter ilícito do fato. Daí o dolo integrar a culpabilidade e não o fato típico; **B:** correta. De fato, para a teoria extrema da culpabilidade, no estudo das teorias do erro, as descriminantes putativas recebem o mesmo tratamento do erro de proibição, diversamente do que ocorre para a teoria limitada, que diferencia o erro de fato, que é aquele que recai sobre os pressupostos fáticos de uma causa de justificação (tratado como erro de tipo) e o erro de direito, que recai sobre a existência ou sobre os limites de uma causa de exclusão da antijuridicidade (tratado como erro de proibição); **C:** correta. De acordo com a teoria limitada da culpabilidade, trata-se como erro de tipo aquele que recai sobre os pressupostos fáticos de uma causa de justificação (descriminante putativa por erro de tipo), ao passo que será tratado como erro de proibição aquele que recair sobre a existência ou os limites de causas justificantes (descriminante putativa por erro de proibição); **D:** correta. Quando o agente pratica determinada conduta que crê ser penalmente relevante, mas que, em verdade, é um indiferente penal, comete o que se denomina de

crime putativo, que, segundo alguns juristas, configura um erro de proibição às avessas, visto que o agente acredita sinceramente estar cometendo um crime quando, em verdade, não está; **E**: incorreta, devendo ser assinalada. Quando o erro recair sobre os pressupostos fáticos de uma causa de justificação, o agente ficará isento de pena (art. 20, § 1º, primeira parte, do CP), tratando-se, aqui, de descriminante putativa por erro de tipo (à luz da teoria limitada da culpabilidade, adotada pelo CP). Contudo, se o erro derivar de culpa, o agente será punido pela forma culposa do crime, se prevista em lei (art. 20, § 1º, segunda parte, do CP), e não com a pena reduzida, tal como consta na assertiva.
"Gabarito "E".

(Juiz de Direito/CE – 2014 – FCC) Na coação moral irresistível, há exclusão da
(A) antijuridicidade.
(B) culpabilidade, por inimputabilidade.
(C) culpabilidade, por não exigibilidade de conduta diversa.
(D) tipicidade.
(E) culpabilidade, por impossibilidade de conhecimento da ilicitude.

A coação moral irresistível (art. 22, CP) é causa de exclusão da culpabilidade, por inexigibilidade de conduta diversa do agente. Assim, nada obstante o agente pratique um fato típico e antijurídico, não será culpável em virtude de não se poder exigir dele, diante de situação de coação moral a que não poderia resistir, conduta diversa da praticada.
Gabarito "C".

(Promotor de Justiça/DF – 2013) Assinale a alternativa **CORRETA**:
(A) Integram o conceito de culpabilidade no sistema finalista ou normativo puro: imputabilidade, dolo ou culpa, consciência da ilicitude, exigibilidade de conduta diversa.
(B) O critério psicológico adotado pelo Código Penal brasileiro para definição da imputabilidade considera unicamente a capacidade do agente para conhecer o caráter ilícito do fato e comportar-se conforme esse entendimento.
(C) É suficiente à exculpação pela embriaguez completa a demonstração da total incapacidade do agente de compreender o caráter ilícito do fato e/ou determinar-se conforme esse entendimento.
(D) Em razão do sistema vicariante acolhido pelo Código Penal brasileiro para o semi-imputável, a este poderá ser imposta medida de segurança quando necessitar de tratamento curativo.
(E) Coação física irresistível e obediência hierárquica são causas de exclusão da culpabilidade relacionadas à inexigibilidade de conduta diversa.

A: incorreta. No sistema finalista, a culpabilidade é composta de imputabilidade, potencial consciência da ilicitude e exigibilidade de conduta diversa, tendo o dolo ou a culpa migrado para o fato típico; **B**: incorreta. O CP adotou, no tocante à inimputabilidade, o critério biopsicológico, não bastando, para seu reconhecimento, que o agente, ao tempo da ação ou da omissão, estivesse acometido por doente mental ou tivesse desenvolvimento mental incompleto ou retardado (fator biológico), sendo indispensável que, em virtude disso, fosse inteiramente incapaz de entender o caráter ilícito do fato ou de determinar-se de acordo com esse entendimento (fator psicológico); **C**: incorreta. A embriaguez, que, em regra, não exclui a imputabilidade (art. 28, II, do CP – teoria da *actio libera in causa*), somente irá isentar o réu de pena se *completa* e *decorrente de caso fortuito ou força maior*; **D**: correta. Com a reforma da Parte Geral do Código Penal pela Lei 7.209/1984, passou-se a adotar o sistema vicariante, segundo o qual, no tocante ao semi-imputável, somente se poderá impor medida de segurança quando recomendado especial tratamento curativo (art. 98, CP). Assim, em regra, 26, parágrafo único, CP. Somente, como dito, se, em perícia, for recomendado especial tratamento curativo, o juiz substituirá a pena pela medida de segurança; **E**: incorreta. A coação *moral* irresistível (e não a *física*, que afasta a própria conduta e, portanto, o *fato típico*), bem como a obediência hierárquica, são causas excludentes da culpabilidade previstas no art. 22 do CP, relacionadas à inexigibilidade de conduta diversa.
Gabarito "D".

(Magistratura/PE – 2013 – FCC) A coação moral irresistível e a obediência hierárquica excluem a
(A) culpabilidade.
(B) culpabilidade e a tipicidade, respectivamente.
(C) punibilidade e a ilicitude, respectivamente.
(D) tipicidade e a culpabilidade, respectivamente.
(E) tipicidade.

A: correta. De fato, tanto a coação moral irresistível, quanto a obediência hierárquica, institutos definidos no art. 22 do CP, são causas que excluem a culpabilidade do agente, tornando-o isento de pena. Em ambos os casos, inexistirá um dos requisitos de referido pressuposto de aplicação da pena, qual seja, a exigibilidade de conduta diversa. Saliente-se que, no tocante à coação moral irresistível, causa dirimente (excludente da culpabilidade), como visto, não se pode confundi-la com a coação *física* irresistível, esta considerada causa de exclusão da conduta, e, portanto, do próprio fato típico.
Gabarito "A".

(Defensor Público/PR – 2012 – FCC) Tomando por base duas normas penais não incriminadoras, verifica-se que na primeira o legislador afastou a punição do autor do fato delituoso que agira em determinada circunstância, utilizando a seguinte redação: *É isento de pena quem (...)*; já na segunda afastou a punição do fato tipificado praticado em determinadas circunstâncias, valendo-se da seguinte redação: *Não se pune o fato quando (...)*. Nestes casos, trata-se respectivamente das seguintes excludentes:

(A) tipicidade e culpabilidade.
(B) punibilidade e culpabilidade.
(C) punibilidade e punibilidade.
(D) culpabilidade e punibilidade.
(E) culpabilidade e ilicitude.

São exemplos de causas excludentes de culpabilidade: *inimputabilidade* (art. 26 do CP); *menoridade* (art. 27 do CP); *embriaguez completa decorrente de caso fortuito ou força maior* (art. 28, § 1º, do CP); *erro de proibição* (art. 21 do CP); e *coação moral irresistível* (art. 22 do CP). De outro lado, são causas que excluem a ilicitude (antijuridicidade), dentre outras: hipóteses de *aborto legal* (necessário e sentimental) – art. 128, I e II, do CP; *estado de necessidade* (art. 24 do CP); e *legítima defesa* (art. 25 do CP).
Gabarito "E".

(Delegado de Polícia/GO – 2013 – UEG) Em qual sistema penal a culpabilidade é concebida como o vínculo psicológico que une o autor ao fato?
(A) finalista.
(B) neoclássico.
(C) clássico.
(D) funcionalista.

A: incorreta. Para o sistema finalista, aplica-se a teoria normativa pura da culpabilidade, visto que os elementos psicológicos (dolo e culpa) dela migraram para o fato típico (conduta). Assim, a culpabilidade passa a ser um juízo valorativo de reprovabilidade do comportamento típico e ilícito do autor; **B**: incorreta. O sistema neoclássico do Direito Penal adota a teoria psicológico-normativa da culpabilidade, sendo que o dolo compreende a consciência da ilicitude. Destaque-se que, também para o sistema neoclássico, a culpabilidade continua a ser o vínculo psicológico que une o autor ao fato por ele praticado, mas com a inserção de um novo elemento a ela, qual seja, a exigibilidade de conduta diversa; **C**: correta. No sistema penal clássico, de fato, a culpabilidade é definida como o vínculo psicológico entre o sujeito e o fato típico e antijurídico por ele praticado. Referido vínculo, é bom destacar, é representado pelo dolo ou pela culpa, que, portanto, integram a culpabilidade. O conceito ora dado decorre da ação da teoria psicológica da culpabilidade, compatível, frise-se, com o sistema clássico; **D**: incorreta. Para a teoria funcional, encabeçada por Günther Jakobs, "a culpabilidade representa uma falta de fidelidade do sujeito no tocante ao ordenamento jurídico, que deve ser a qualquer custo respeitado. Sua autoridade somente se atinge com a reiterada aplicação da norma penal, necessária para alcançar a finalidade de prevenção geral do Direito Penal" (MASSON, Cleber. **Direito Penal esquematizado** – parte geral. 7. ed. São Paulo: Método, 2013. v. 1, p. 461).
Gabarito "C".

(Procurador do Estado/MG – FUMARC – 2012) Assinale a alternativa incorreta:
(A) O portador de doença mental que gera inimputabilidade age com dolo, embora sua conduta não desafie o juízo de reprovação social que conforma a culpabilidade.
(B) A não exclusão da responsabilidade criminal em alguns estados de embriaguez decorre da adoção da teoria da *actio libera in causa*.
(C) São hipóteses de ausência de conduta o ato reflexo e os estados de hipnose e sonambulismo.
(D) É possível punir o crime doloso com a pena do crime culposo quando o agente incorre em erro de tipo inescusável.
(E) O menor de 18 anos não age com dolo.

A: correta – com o finalismo, a *consciência da ilicitude* deixou de integrar o dolo, que passou a ser chamado, a partir de então, de *natural*. Antes disso, era *normativo* (abrangia a *consciência da ilicitude*). Atualmente, portanto, atua com dolo (vontade de praticar o fato descrito na norma) o inimputável que comete crime (atua sem a consciência da ilicitude); a despeito disso, a pena não poderá ser-lhe imposta, visto que a inimputabilidade constitui causa de exclusão da culpabilidade (juízo de reprovação da conduta), pressuposto de aplicação da pena; **B**: correta – segundo a teoria da *actio libera in causa* (ação livre na causa), a imputabilidade do agente deve ser analisada no momento em que este, antes da prática da infração penal, faz uso de álcool ou de substância de efeitos análogos. A teoria da *actio libera in causa* não se aplica às hipóteses de embriaguez acidental (art. 28, § 1º, do CP); **C**: correta – em tais hipóteses, inexiste conduta porque o ato que deu causa ao resultado não foi voluntário, isto é, o sujeito não exteriorizou a sua vontade. Se não há conduta, também não há crime, já que aquela constitui um dos elementos deste; **D**: correta – o erro de tipo escusável exclui o dolo e a culpa; se se tratar, no entanto, de erro inescusável, o agente será responsabilizado por crime culposo, desde que previsto em lei – art. 20, *caput*, do CP; **E**: incorreta, devendo ser assinalada – o menor de dezoito anos, ao cometer um fato descrito como crime ou contravenção penal (ato infracional), age, sim, com dolo (vontade de praticar o comportamento descrito no tipo penal). No entanto, ainda que pratique um fato típico e antijurídico, por se inimputável, não estará sujeito à responsabilidade penal (pena e medida de segurança). Será submetido, se adolescente, a medidas socioeducativas (ECA).
Gabarito "E".

12. PENAS E SEUS EFEITOS

(Juiz de Direito – TJ/RS – 2018 – VUNESP) Estritamente nos termos do quanto prescreve o art. 39 do CP, o trabalho do preso
(A) não é obrigatoriamente remunerado, mas se lhe garantem, facultativamente, os benefícios da Previdência Social.
(B) será sempre remunerado, sendo-lhe garantidos os benefícios da Previdência Social.

(C) não é obrigatoriamente remunerado, mas se lhe garantem os benefícios da Previdência Social.
(D) não é remunerado e não se lhe garantem os benefícios da Previdência Social.
(E) será sempre remunerado, contudo, não se lhe garantem os benefícios da Previdência Social.

Por força do que dispõe o art. 39 do CP, *o trabalho do preso será sempre remunerado, sendo-lhe garantidos os benefícios da Previdência Social.* ED
Dica: esta questão denota a importância de o candidato conhecer o texto de lei, já que a alternativa apontada como correta corresponde à transcrição literal do dispositivo legal.
Gabarito "B".

(Juiz de Direito – TJ/RS – 2018 – VUNESP) A pena restritiva de direitos (CP, arts. 43 a 48)
(A) na modalidade perda de bens e valores pertencentes ao condenado, dar-se-á em favor da vítima.
(B) na modalidade prestação de serviços, pode ser substitutiva de qualquer pena privativa de liberdade igual ou inferior a quatro anos.
(C) admite exclusivamente as modalidades de prestação pecuniária, perda de bens e valores, limitação de fim de semana e prestação de serviço à comunidade ou entidade pública.
(D) converte-se em privativa de liberdade quando ocorrer o descumprimento injustificado da restrição imposta.
(E) só pode ser aplicada a condenados primários.

A: incorreta. Tal como estabelece o art. 45, § 3º, do CP, *a perda de bens e valores*, modalidade que é de *pena restritiva de direitos* (art. 43, II, do CP), se dará em favor do Fundo Penitenciário Nacional, e não em benefício da vítima. Trata-se de uma sanção penal, de cunho confiscatório, que implica a perda em favor do Estado de bens e valores que integram o patrimônio do agente e a ele (patrimônio) foram incorporados de forma lícita; **B:** incorreta. A prestação de serviços à comunidade ou a entidades públicas, modalidade de pena restritiva de direitos que consiste na atribuição de tarefas gratuitas ao condenado, somente terá lugar nas condenações superiores a 6 meses de pena privativa de liberdade (art. 46, *caput*, do CP); **C:** incorreta, já que a assertiva não contemplou a *interdição temporária de direitos*, que constitui modalidade de pena restritiva de direitos (art. 43, V, do CP); **D:** correta, pois corresponde ao que estabelece o art. 44, § 4º, do CP; **E:** incorreta, na medida em que o art. 44, § 3º, do CP estabelece que, ainda que se trate de réu *reincidente*, pode o magistrado proceder à substituição, desde que a medida revele-se socialmente recomendável e a reincidência não se tenha operado em virtude da prática do mesmo crime. ED
Gabarito "D".

(Delegado – PC/BA – 2018 – VUNESP) A respeito da Teoria das Penas, assinale a alternativa correta.
(A) A finalidade da pena, na teoria relativa, é prevenir o crime. Na vertente preventiva-geral, o criminoso é punido a fim de impedir que ele volte a praticar novos crimes.
(B) A finalidade da pena, na teoria relativa, é prevenir o crime. Na vertente preventiva especial, de acentuado caráter intimatório, o criminoso é punido para servir de exemplo aos demais cidadãos.
(C) A finalidade da pena, na teoria absoluta, é castigar o criminoso, pelo mal praticado. O mérito dessa teoria foi introduzir, no Direito Penal, o princípio da proporcionalidade de pena ao delito praticado.
(D) A finalidade da pena, para a teoria eclética, é ressocializar o criminoso. O mérito dessa teoria foi humanizar as penas impostas, impedindo as cruéis e humilhantes.
(E) O ordenamento jurídico brasileiro adota a teoria absoluta, tendo a pena apenas o fim de ressocializar o criminoso.

A: incorreta. É fato que a finalidade da pena, para as teorias relativas, tem caráter preventivo, servindo ao objetivo de evitar a prática de novas infrações penais. A pena, para esta teoria, não se vista como um instrumento destinado a prevenir o crime. Não se trata, pois, de uma retribuição, uma compensação, tal como preconizado pelas **teorias absolutas.** No contexto das teorias relativas, temos a prevenção geral e a especial. A geral está associada à ideia de intimidação de toda a coletividade, que sabe que o cometimento de uma infração penal ensejará, como consequência, a imposição de sanção penal. É dirigida, pois, ao controle da violência. A segunda parte da assertiva está incorreta na medida em que se refere à prevenção especial, que, diferentemente da geral, se destina ao corpo social, é dirigida ao indivíduo condenado; **B:** incorreta. A prevenção especial, como já dito, é dirigida exclusivamente à pessoa do condenado; **C:** correta. As chamadas teorias absolutas, que se contrapõem às relativas, consideram que a pena se esgota na ideia de pura retribuição. Sua finalidade consiste numa reação punitiva, isto é, uma resposta ao mal causado pela prática criminosa; **D:** incorreta. Para as teorias ecléticas, unificadoras ou mistas, a pena deve unir justiça e utilidade. É dizer, a pena deve, a um só tempo, servir de castigo ao condenado que infringiu a lei penal e evitar a prática de novas infrações penais. Há, pois, a conjugação das teorias absolutas e relativas; **E:** incorreta. Adotamos, de acordo com o art. 59, *caput*, do CP, a teoria mista, que assim dispõe: "(...) conforme seja necessário e suficiente para reprovação e prevenção do crime". ED
Gabarito "C".

(Defensor Público – DPE/PR – 2017 – FCC) A pena de prestação de serviços à comunidade
(A) deve ser cumprida à razão de duas horas de tarefa por dia de condenação, fixadas de modo a não prejudicar a jornada de trabalho.
(B) não é aplicável, em nenhuma hipótese, caso o condenado for reincidente.
(C) não pode ser cumprida em menor tempo pelo condenado, se a condenação for superior a um ano.
(D) aplica-se às condenações superiores a seis meses de privação de liberdade.
(E) não substitui a pena privativa de liberdade.

A: incorreta, já que a pena de prestação de serviços à comunidade, em conformidade com o que estabelece o art. 46, § 3º, do CP, será cumprida à razão de uma (e não duas) hora de tarefa por dia de condenação; **B:** incorreta. Muito embora, em regra, a reincidência em crime doloso afaste a substituição da pena privativa de liberdade por restritiva de direitos (art. 44, II, do CP), é certo que, se referida medida for socialmente recomendável e o réu não for reincidente específico, poderá o juiz aplicar a conversão (art. 44, § 3º, do CP); **C:** incorreta, pois não reflete a regra presente no art. 46, § 4º, do CP; **D:** correta (art. 46, *caput*, do CP); **E:** incorreta. Por expressa disposição contida no art. 44, *caput*, do CP, as penas restritivas de direitos, entre as quais a prestação de serviços à comunidade, são autônomas e substituem as privativas de liberdade. ED
Gabarito "D".

(Juiz – TJ-SC – FCC – 2017) Sobre o trabalho externo do preso, é correto afirmar que:
(A) é possível na realização de serviços e obras públicas prestados por entidades privadas.
(B) só é possível em entidades públicas.
(C) a autorização será revogada com a prática de qualquer infração penal.
(D) somente poderá ser concedida após o cumprimento de 1/3 da pena.
(E) o limite máximo de presos será de 20% do total de empregados.

A (correta) e **B** (incorreta): segundo o art. 36 da LEP, o trabalho externo será admissível em serviço ou obras públicas realizadas por órgãos da Administração direta ou indireta, bem como em *entidades privadas*, desde que tomadas as cautelas contra a fuga e em favor da disciplina; **C:** incorreta. Em conformidade com o disposto no art. 37, parágrafo único, da LEP, não é o cometimento de qualquer infração penal que enseja a revogação do trabalho externo, mas tão somente a prática de fato definido como *crime*; além disso, também implicará a sua revogação: a punição por falta grave; e o fato de o apenado apresentar comportamento inadequado no trabalho para o qual foi designado; **D:** incorreta, na medida em que o art. 37, "caput", da LEP impõe ao condenado o cumprimento mínimo de 1/6 da pena, e não 1/3, tal como consta da assertiva; **E:** incorreta. Com o escopo de preservar a segurança, evitando-se, com isso, fugas, o legislador estabeleceu que o total de presos não poderá superar 10% do número de trabalhadores da obra (art. 36, §1º, da LEP). A assertiva, que está incorreta, fala em 20%. ED
Gabarito "A".

(Juiz – TJ/SC – FCC – 2017) Sobre a suspensão condicional da pena, é correto afirmar:
(A) Nos crimes previstos na Lei ambiental nº 9.605/98, a suspensão poderá ser aplicada em condenação a pena privativa de liberdade não superior a quatro anos.
(B) No primeiro ano do prazo, deverá o condenado cumprir uma das penas alternativas previstas no artigo 44 do Código Penal.
(C) A execução da pena privativa de liberdade, não superior a quatro anos, poderá ser suspensa, por quatro a seis anos, desde que o condenado seja maior de sessenta anos de idade.
(D) É causa de revogação obrigatória a condenação por crime doloso e culposo.
(E) É causa de revogação obrigatória a frustração da execução de pena de multa, embora solvente.

A: incorreta, uma vez que não corresponde ao teor do art. 16 da Lei 9.605/1998, que estabelece que, *nos crimes previstos neste lei, a suspensão condicional da pena pode ser aplicada nos casos de condenação a pena privativa de liberdade não superior a 3 (três) anos*, e não a 4 (quatro), tal como consta da assertiva; **B:** incorreta, na medida em que, dentre as penas restritivas de direitos elencadas no art. 43 do CP, o condenado sujeitar-se-á, no primeiro ano da suspensão condicional da pena, tão somente à prestação de serviços à comunidade (art. 46, CP) e à limitação de fim de semana (art. 48). Não poderá submeter-se, portanto, às demais modalidades de penas restritivas de direitos. É o que estabelece o art. 78, §1º, do CP; **C:** incorreta, uma vez que o chamado sursis etário, que vem definido no art. 77, §2º, do CP, somente será concedido ao condenado que for maior de 70 anos (e não 60); **D:** incorreta. Embora seja correto afirmar-se que a condenação definitiva pela prática de crime doloso constitui hipótese de revogação obrigatória do sursis (art. 81, I, CP), tal não se dá com o beneficiário que é condenado, em definitivo, pelo cometimento de crime culposo. Neste último caso, a revogação do benefício será facultativa, tal como estabelece o art. 81, §1º, CP; **E:** correta, pois corresponde à regra prevista no art. 81, II, do CP. ED
Gabarito "E".

(Juiz – TJ/MS – VUNESP – 2015) Assinale a alternativa correta.
(A) Os efeitos genéricos e específicos da condenação criminal são automáticos, sendo, pois, despicienda suas declarações na sentença.
(B) O juiz não poderá declarar extinta a pena, enquanto não passar em julgado a sentença, em processo a que o liberado responde, por crime cometido na vigência do livramento.
(C) As espécies de pena são as privativas de liberdade e restritivas de direito.
(D) A suspensão condicional da pena será obrigatoriamente revogada se, no curso do prazo, o beneficiário pratica novo crime doloso.

(E) Para efeito de reincidência, não prevalece a condenação anterior, se entre a data do cumprimento ou extinção da pena e a infração posterior tiver decorrido período de tempo superior a 2 (dois) anos, computado o período de prova da suspensão ou do livramento condicional, se não ocorrer revogação.

A: incorreta. O que se afirma na alternativa somente se aplica aos chamados efeitos *genéricos* da condenação. Neste caso, de fato é desnecessário o pronunciamento do juiz, a esse respeito, na sentença. São as hipóteses contempladas no art. 91 do CP; já o art. 92 do CP trata dos efeitos da condenação *não automáticos* (específicos), que, por essa razão, somente podem incidir se o juiz, na sentença condenatória, declará-los de forma motivada; **B:** correta, pois corresponde à regra presente no art. 89 do CP; **C:** incorreta. As espécies de pena, segundo o rol contido no art. 32 do CP, são *privativas de liberdade, restritivas de direitos* e *multa*; **D:** incorreta. Não basta, para que o juiz decrete a revogação do *sursis*, que o beneficiado pratique novo crime doloso, sendo de rigor que seja por ele condenado em definitivo (sentença com trânsito em julgado), na forma estatuída no art. 81, I, do CP; **E:** incorreta. O erro da assertiva incide tão somente sobre o prazo de 2 anos, que, na verdade, por força do disposto no art. 64, I, do CP, é de 5 anos. ED

Gabarito "B".

(Promotor de Justiça/GO – 2016 – MPE) "Tício" foi condenado pela prática de crime de estupro de vulnerável (art. 217-A, do CP), cuja vítima foi a sua filha de 12 (doze) anos, a uma pena definitiva de 09 (nove) anos de reclusão. "Tício" também reside com outras duas filhas menores, ainda crianças, respectivamente de 08 (oito) e 10 (dez) anos de idade. O Juiz fixou o regime inicial fechado. Na Sentença penal condenatória, o Magistrado também deverá:

(A) De forma fundamentada, por se tratar de crime cometido com abuso do poder familiar, decretar a incapacidade para o exercício do pátrio poder em relação às três filhas, com o intuito de preservá-las de futuras ações do autor delituoso. Trata-se de efeito secundário da sentença penal condenatória.

(B) De forma fundamentada, por se tratar de crime cometido com abuso do poder familiar, decretar a incapacidade para o exercício do pátrio poder em relação à filha de 12 (doze) anos, vítima do delito em questão, não podendo fazê-lo em relação às demais, que não foram vítimas do crime. Trata-se de efeito secundário da sentença penal condenatória.

(C) Determinar que se oficie ao Juizado da Infância e Juventude, cientificando-o da Sentença Penal Condenatória em relação à vítima do crime, adolescente de 12 (doze) anos, a fim de que fique registrada a incapacidade para o exercício do pátrio poder, devido ao fato de se tratar de efeito automático da sentença penal condenatória, não sendo necessário constar tal incapacidade para o exercício do pátrio poder no *decisium condenatório*.

(D) Determinar que se oficie ao Juizado da Infância e Juventude, cientificando-o da Sentença em relação às três irmãs, a fim de que fique registrada a incapacidade para o exercício do pátrio poder em relação a todas elas, vez que não é necessário que conste da sentença penal condenatória, devido ao fato de se tratar de efeito automático.

A assertiva correta é a "B", uma vez que corresponde ao que estabelece o art. 92, II e parágrafo único, do CP. Registre-se, por oportuno, que a Lei 13.715/2018, alterando a redação do precitado art. 92, II, do CP, impõe como efeito da condenação a incapacidade para o exercício do poder familiar, da tutela ou da curatela nos crimes dolosos sujeitos à pena de reclusão cometidos não somente contra filho ou filha, mas também contra outrem igualmente titular do mesmo poder familiar, ou contra tutelado ou curatelado; ED

Gabarito "B".

(Promotor de Justiça/SC – 2016 – MPE)

(1) Os efeitos específicos da condenação, segundo regula o Código Penal Brasileiro, são automáticos, não havendo necessidade de serem explicitados na sentença.

1: assertiva falsa. Os chamados efeitos específicos da condenação, contemplados no rol do art. 92 do CP, não são, ao contrário do que se afirma acima, *automáticos*; somente podem incidir, por essa razão, se o juiz, na sentença condenatória, declará-los de forma motivada, justificando-os. São considerados *automáticos* (ou genéricos), de outro lado, os efeitos da condenação elencados no art. 91 do CP. Neste caso, é desnecessário o pronunciamento do juiz, a esse respeito, na sentença. ED

Gabarito 1E.

(Delegado/MS – 2017 – FAPEMS) Leia o conceito a seguir.

A pena é a consequência natural imposta pelo Estado, quando alguém pratica uma infração penal.

GRECO, Rogério. Curso de direito penal: parte geral (arts. 1º a 120 do Código Penal). 14. ed. Niterói: Impetus, 2012, p. 469.

O artigo 32 do Código Penal (CP) estabelece três espécies de penas, a saber: penas privativas de liberdade, restritivas de direito e multa. Conforme o artigo 59 do CP, as penas devem respeitar a necessidade e a suficiência à reprovação e à prevenção do crime. Esse mesmo artigo 59 também estabelece os critérios de fixação dessas penas. A partir dessa concepção, assinale a alternativa correta.

(A) As penas restritivas de direito são consideradas penas autônomas de caráter substitutivo, podendo ser aplicadas para crimes culposos independente da quantidade de pena privativa de liberdade fixada, se presentes os demais requisitos legais.

(B) A pena de multa, aplicada e dosada ao livre arbítrio do julgador, não pode ser substitutiva da pena privativa de liberdade ou substituída por esta no caso de não cumprimento, por ser considerada dívida de valor, constituindo título da dívida pública.

(C) A detração penal é instituto jurídico relacionado com a aplicação da pena, de observação obrigatória na sentença, consistindo na redução de um dia de prisão para cada dia trabalhado durante a prisão cautelar, seja ela preventiva ou temporária.

(D) A pena privativa de liberdade aplicada a crime hediondo praticado com violência ou grave ameaça é suscetível de substituição por restritiva de direito, se fixada em menos de 04 anos de reclusão.

(E) A pena privativa de liberdade – detenção – poderá ser iniciada em regime prisional mais severo, mesmo que inferior a 08 anos, se o julgador entender sua necessidade à reprovação e à prevenção do crime.

A: correta. De fato, as penas restritivas de direitos (PRD's) têm como características a autonomia e a substitutividade. À luz do art. 44, I, do CP, as PRD's sempre substituirão as penas privativas de liberdade, pouco importando o *quantum* fixado, em se tratando de crimes culposos; **B:** incorreta, pois de acordo com os arts. 49 e seguintes do CP, a pena de multa, que segue o sistema bifásico, diga-se de passagem, exige, por parte do julgador, a análise de critérios legalmente estipulados (por exemplo, os dias-multa são fixados entre 10 e 360; cada dia-multa é fixado em um trigésimo do salário mínimo, podendo chegar a cinco vezes o valor do salário mínimo). Assim, não se pode falar em livre arbítrio do julgador na fixação da multa; **C:** incorreta. A assertiva confunde os institutos da detração (art. 42 do CP) e da remição da pena (arts. 126 a 130 da LEP). Quanto à detração, computam-se, na pena privativa de liberdade e na medida de segurança, o tempo de prisão provisória, no Brasil ou no estrangeiro, o de prisão administrativa e o de internação em qualquer dos estabelecimentos referidos no artigo anterior. Pela remição, haverá o resgate, pelo condenado, de um dia de pena a cada três dias de trabalho e/ou estudo; **D:** incorreta, pois é inadmissível a substituição de pena privativa de liberdade por restritiva de direitos quando o crime for praticado com violência ou grave ameaça; **E:** incorreta. Impossível, pela dicção do art. 33, *caput*, do CP, a fixação de regime inicial fechado para os crimes punidos com detenção, pouco importando a quantidade de pena imposta. Importante anotar que referida espécie de pena privativa de liberdade ensejará a fixação dos regimes iniciais semiaberto ou aberto, sendo cabível o fechado somente a título de regressão. AT

Gabarito "A".

(Delegado/MS – 2017 – FAPEMS) No que diz respeito ao sistema de aplicação da pena, assinale a alternativa correta.

(A) No caso de condenado reincidente em crime doloso, porém com as circunstâncias do artigo 59 do Código Penal inteiramente favoráveis, a pena-base pode ser aplicada no mínimo legal.

(B) A qualificadora da torpeza no crime de homicídio (CP, artigo 121, § 2º, inciso I) determina a majoração do *quantum* de pena privativa de liberdade na terceira fase da dosimetria.

(C) O início do cumprimento de pena privativa por condenação pelo crime de homicídio culposo na direção de veículo automotor (artigo 302 da Lei n. 9.503/1997) sempre será no regime fechado em razão da gravidade da conduta em relação ao bem jurídico protegido penalmente.

(D) Sendo as circunstâncias judiciais favoráveis, admite-se a fixação do regime inicial aberto para o condenado reincidente, quando a pena fixada na sentença é igual ou inferior a quatro anos.

(E) Na sentença condenatória por crime de estelionato (CP, artigo 171, *caput*), a pena aplicada em um ano de prisão pode ser substituída por duas penas restritivas de direitos, desde que presentes os requisitos previstos no artigo 44 do Código Penal.

A: correta. Se as circunstâncias judiciais do art. 59 do CP forem inteiramente favoráveis ao agente, a despeito de ser reincidente (circunstância agravante que influenciará na segunda fase da dosimetria da pena), a pena-base (primeira fase da dosimetria da pena) poderá ser fixada no mínimo legal. Lembre-se, uma vez mais, de que a pena-base levará em conta, exclusivamente, os vetores previstos no art. 59 do CP (culpabilidade, antecedentes, conduta social, personalidade do agente, motivos, circunstâncias e consequências do crime e comportamento da vítima), que, se forem integralmente favoráveis, conduzirão, por óbvio, à fixação da reprimenda no mínimo legal; **B:** incorreta. As qualificadoras, por elevarem as penas a novos patamares, diversos daqueles abstratamente cominados nas figuras simples ou fundamentais dos tipos penais, já incidirão logo na fixação da pena-base (primeira fase da dosimetria da pena), não se confundindo com causas de aumento, incidentes na terceira etapa do sistema trifásico adotado pelo art. 68 do CP; **C:** incorreta. O crime de homicídio culposo previsto no art. 302 do CTB (Lei 9.503/1997) é punido com detenção de dois a quatro anos. Ora, por se tratar de detenção, os regimes iniciais de cumprimento de pena, a teor do que dispõe o art. 33 do CP, poderão ser somente o semiaberto ou o aberto, jamais o fechado; **D:** incorreta. A assertiva retrata, quase que integralmente, o teor da Súmula 269 do STJ, segundo a qual é admissível a adoção do regime prisional semiaberto (e não o aberto, como consta na assertiva!) aos reincidentes condenados a pena igual ou inferior a quatro anos se favoráveis as circunstâncias judiciais; **E:** incorreta. Nos termos do art. 44, § 2º, do CP, na condenação igual ou inferior a um ano, a substituição pode ser feita por multa ou por uma pena restritiva de direitos. Apenas se

a condenação for superior a um ano é que a pena privativa de liberdade será substituída, desde que preenchidos os demais requisitos do art. 44 do CP, por uma pena restritiva de direitos e multa ou por duas penas restritivas de direitos.
Gabarito "A".

(Delegado/MT – 2017 – CESPE) A respeito de crimes de mesma espécie, nas mesmas condições de tempo, lugar e forma de execução, com vínculo subjetivo entre os eventos, assinale a opção correta considerando a jurisprudência dos tribunais superiores.

(A) A lei penal mais grave aplicar-se-á ao crime continuado ou ao crime permanente, se a sua vigência for posterior à cessação da continuidade delitiva ou da permanência.
(B) Admite-se a continuidade delitiva entre os crimes de roubo e de latrocínio.
(C) A continuidade delitiva pode ser reconhecida quando se tratar de delitos de mesma espécie ocorridos em comarcas limítrofes ou próximas.
(D) Nos crimes dolosos contra vítimas diferentes cometidos com violência ou grave ameaça à pessoa, o aumento da pena pelo crime continuado encontra fundamento na gravidade do delito.
(E) O prazo prescricional será regulado pela pena imposta na sentença, com o acréscimo decorrente da continuidade delitiva.

A: incorreta, pois a assertiva colide com o teor da Súmula 711 do STF, que dispõe que a lei penal mais grave aplicar-se-á ao crime continuado ou ao crime permanente, se a sua vigência for anterior à cessação da continuidade ou da permanência; **B:** incorreta, pois os crimes de roubo e latrocínio, embora sejam do mesmo gênero (crimes contra o patrimônio), não são da mesma espécie, a despeito de estarem inseridos no mesmo tipo penal (art. 157 do CP). Basta ver que o crime de roubo ofende ao patrimônio da vítima, ao passo que o latrocínio, além de ofender o patrimônio, atinge a vida do ofendido; **C:** correta. O entendimento jurisprudencial é no sentido de que a continuidade delitiva, para ser reconhecida, exige tríplice semelhança: (i) de tempo (não mais do que trinta dias entre um crime e outro); (ii) lugar (crimes praticados na mesma comarca ou em comarcas contíguas) e (iii) modo de execução (*modus operandi*); **D:** incorreta. Nos crimes dolosos contra vítimas diferentes, cometidos com violência ou grave ameaça à pessoa, o aumento da pena, que poderá ser fixada até o triplo, decorre de preceito expressamente previsto no art. 71, parágrafo único, do CP, que consagra o crime continuado qualificado (ou específico); **E:** incorreto. Na continuidade delitiva, para fins de reconhecimento do prazo prescricional, será desprezado o aumento de pena decorrente da aplicação do concurso de crimes. Confira-se a Súmula 497 do STF: Quando se tratar de crime continuado, a prescrição regula-se pela pena imposta na sentença, não se computando o acréscimo decorrente da continuação.
Gabarito "C".

(Delegado/BA – 2016.1 – Inaz do Pará) O art. 59 do Código Penal descreve o seguinte: art. 59 – O juiz, atendendo à culpabilidade, aos antecedentes, à conduta social, à personalidade do agente, aos motivos, às circunstâncias e consequências do crime, bem como ao comportamento da vítima, estabelecerá, conforme seja necessário e suficiente para reprovação e prevenção do crime: I – as penas aplicáveis dentre as cominadas; II – a quantidade de pena aplicável, dentro dos limites previstos; III – o regime inicial de cumprimento da pena privativa de liberdade; IV – a substituição da pena privativa da liberdade aplicada, por outra espécie de pena, se cabível.
Com base nas teorias dos fins da pena, assinale a alternativa correta.

(A) O Código Penal se baseou somente na Teoria Retributiva dos fins da pena.
(B) O Código Penal se baseou somente na Teoria Relativa dos fins da pena.
(C) Entende-se que há um sistema duplo quanto aos fins da pena, podendo deduzir tanto a aplicação da Teoria Absoluta quanto a da Prevenção.
(D) O ordenamento penal pátrio não se afilia às teorias da prevenção.
(E) Nenhuma das alternativas anteriores.

No que toca à finalidade das penas, a doutrina se encarregou de formular três teorias, a saber: teoria *absoluta*; teoria *relativa*; e teoria *mista* (eclética ou unificadora). Para a primeira (absoluta), a finalidade primordial da pena consiste em retribuir (compensar) o mal injusto causado pela prática criminosa. Aqui, não há preocupação com a readaptação do agente delitivo ao convívio social. A pena, como se pode perceber, tem conotação de castigo, de vingança. Seus expoentes são Georg Wilhelm Friedrich Hegel e Emmanuel Kant. Já para a teoria relativa, em posição diametralmente oposta à teoria absoluta, a pena deve ser vista como um instrumento destinado a prevenir crimes. Seu objetivo, pois, é futuro. Neste caso, a prevenção opera-se em duas frentes: *prevenção geral*: tem como propósito atingir a generalidade das pessoas; *prevenção especial*: é dirigida ao próprio condenado. Há, por fim, a teoria mista (eclética ou unificadora), cuja finalidade é reunir, a um só tempo, as teorias absoluta e relativa, conjugando justiça e utilidade. Assim, a pena assume tanto o caráter de retribuição pelo mal causado pelo crime quanto o de prevenir a ocorrência de nova infrações penais. Esta última é a teoria adotada pelo art. 59 do CP. Correta, portanto, a assertiva "C", segundo a qual há um sistema duplo quanto aos fins da pena, podendo deduzir tanto a aplicação da teoria absoluta quanto a da prevenção.
Gabarito "C".

(Delegado/PE – 2016 – CESPE) O ordenamento penal brasileiro adotou a sistemática bipartida de infração penal – crimes e contravenções penais –, cominando suas respectivas penas, por força do princípio da legalidade. Acerca das infrações penais e suas respectivas reprimendas, assinale a opção correta.

(A) O crime de homicídio doloso praticado contra mulher é hediondo e, por conseguinte, o cumprimento da pena privativa de liberdade iniciar-se-á em regime fechado, em decorrência de expressa determinação legal.
(B) No crime de tráfico de entorpecente, é cabível a substituição da pena privativa de liberdade por restritiva de direitos, bem como a fixação de regime aberto, quando preenchidos os requisitos legais.
(C) Constitui crime de dano, previsto no CP, pichar edificação urbana. Nesse caso, a pena privativa de liberdade consiste em detenção de um a seis meses, que pode ser convertida em prestação de serviços à comunidade.
(D) O STJ autoriza a imposição de penas substitutivas como condição especial do regime aberto.
(E) O condenado por contravenção penal, com pena de prisão simples não superior a quinze dias, poderá cumpri-la, a depender de reincidência ou não, em regime fechado, semiaberto ou aberto, estando, em quaisquer dessas modalidades, obrigado a trabalhar.

A: incorreta. Somente será considerado qualificado (e, por conseguinte, hediondo) o homicídio doloso contra mulher quando praticado *por razões da condição de sexo feminino* (art. 121, § 2º, VI, do CP). Esclarece o § 2º-A do mesmo dispositivo que *se considera que há razões de condição de sexo feminino quando o crime envolve: I – violência doméstica e familiar; II – menosprezo ou discriminação à condição de mulher*. Dito de outro modo, o simples fato de o crime de homicídio ser praticado contra mulher não autoriza a considerá-lo qualificado e, por conseguinte, como hediondo; **B:** correta. A substituição da pena privativa de liberdade por restritiva de direitos era vedada, a teor do art. 33, § 4º, da Lei de Drogas, para o crime de tráfico. Sucede que o STF, no julgamento do HC 97.256/RS, declarou, incidentalmente, a inconstitucionalidade dessa vedação. Posteriormente, o Senado Federal, por meio da Resolução 5/2012, suspendeu a execução da expressão "vedada a conversão em penas restritivas de direito", presente no art. 33, § 4º, da Lei 11.343/2006. Portanto, nada impede, atualmente, que o juiz autorize a substituição da pena privativa de liberdade por restritiva de direitos no crime de tráfico bem assim a fixação de regime aberto, desde que preenchidos os requisitos legais; **C:** incorreta, já que se trata da conduta prevista no art. 65 da Lei 9.605/1998 (crimes contra o meio ambiente); **D:** incorreta, pois contraria o entendimento firmado na Súmula 493 do STJ, "É inadmissível a fixação de pena substitutiva (art. 44 do CP) como condição especial ao regime aberto"; **E:** incorreta. Primeiro porque a prisão simples somente poderá ser cumprida em regime semiaberto ou aberto (nunca no regime fechado), conforme estabelece o art. 6º, *caput*, da LCP; segundo porque o trabalho somente será obrigatório se a pena for superior a quinze dias (art. 6º, § 2º, da LCP).
Gabarito "B".

(Magistratura/GO – 2015 – FCC) Quanto às penas privativas de liberdade, correto afirmar que, segundo entendimento dos Tribunais Superiores,

(A) a falta grave não interrompe o prazo para a progressão de regime.
(B) não impede a progressão de regime de execução de pena, fixada em sentença não transitada em julgado, o fato de o réu se encontrar em prisão especial.
(C) é admissível a fixação de pena substitutiva como condição especial ao regime aberto.
(D) a pena unificada para atender ao limite de 30 anos de cumprimento, determinado pelo art. 75 do Código Penal, não é considerada unicamente para a concessão de livramento condicional.
(E) é inadmissível a progressão de regime de cumprimento da pena ou aplicação imediata de regime menos severo nela determinada, antes do trânsito em julgado da sentença condenatória.

A: incorreta. A falta grave, segundo entendimento doutrinário e jurisprudencial, é causa de interrupção do prazo para a progressão de regime, haja vista que o mérito exigido pela lei ("bom comportamento carcerário" – art. 112 da LEP) estará prejudicado caso o agente pratique conduta caracterizadora de falta grave. Esse é o entendimento do STF (HC 102.652/RS, 6ª Turma, Informativo 391) e do STJ (REsp 1.364.192/RS, 3ª Seção, Informativo 546). Importante registrar, porém, que a contagem do novo período aquisitivo do requisito objetivo, qual seja, a quantidade de pena a ser cumprida, deverá iniciar-se da data do cometimento da última falta grave e incidir sobre o saldo remanescente da pena (ou seja, sobre a quantidade de pena restante), e não sobre a integralidade dela (STJ, HC 122.860/RS, 5ª Turma, Informativo 394); **B:** correta. Nos termos da Súmula 717 do STF, "não impede a progressão de regime de execução de pena, fixada em sentença não transitada em julgado, o fato de o réu se encontrar em prisão especial"; **C:** incorreta. Nos termos da Súmula 493 do STJ, "É inadmissível a fixação de pena substitutiva (artigo 44 do CP) como *condição especial ao regime aberto*"; *D*: incorreta. Nos termos da Súmula 715 do STF, a pena unificada para atender ao limite máximo de 30 anos, estabelecido no art. 75 do CP, não é considerada para a concessão de outros benefícios penais, tais como o livramento condicional e a progressão de regime prisional; **E:** incorreta. A assertiva trata da execução provisória, que é perfeitamente admissível, nos termos da Súmula 716 do STF, segundo a qual "admite-se a progressão de regime de cumprimento de pena ou a aplicação imediata de regime menos severo nela determinada, antes do trânsito em

julgado da sentença condenatória". Inclusive, o CNJ, por meio da Resolução 19/2006, alterada pela Resolução 57/2008, regulamentou a execução provisória, determinando que a guia de recolhimento provisório será expedida quando da prolação da sentença ou acórdão condenatório, ressalvada a possibilidade de interposição de recurso com efeito suspensivo por parte do Ministério Público, devendo ser prontamente remetida ao Juízo da Execução Criminal.
Gabarito "B".

(Magistratura/RR – 2015 – FCC) A pena de multa
(A) prescreve em três anos, quando for a única cominada ou aplicada.
(B) pode substituir, ainda que isoladamente, a pena privativa de liberdade nos casos de violência doméstica e familiar contra a mulher.
(C) é fixada em salários mínimos, considerada a situação econômica do réu.
(D) pode substituir pena privativa de liberdade e ser aplicada em conjunto com restritiva de direitos, na condenação superior a 1 (um) ano, se presentes os requisitos legais.
(E) obsta a concessão do *sursis*, se a única aplicada em condenação anterior.

A: incorreta. Nos termos do art. 114, I, do CP, a prescrição da pena de multa ocorrerá em dois anos, quando for a única cominada ou aplicada; **B:** incorreta. Nos termos do art. 17 da Lei Maria da Penha (Lei 11.340/2006), é vedada a aplicação, nos casos de violência doméstica e familiar contra a mulher, de penas de cesta básica ou outras de prestação pecuniária, bem como a substituição de pena que implique o pagamento isolado de multa; **C:** incorreta. A pena de multa é calculada em dias-multa (art. 49 do CP), sendo que o valor unitário de cada dia-multa será fixado em um trigésimo do salário mínimo, não podendo ser superior a cinco vezes o valor do salário mínimo (art. 49, §1º, do CP). Aqui sim – no tocante ao valor do dia-multa – o juiz levará em conta, preponderantemente, a situação econômica do réu (art. 60 do CP); **D:** correta. De fato, nos termos do art. 44, § 2º, do CP, na condenação superior a 1 (um) ano, desde que preenchidos os demais requisitos legais, a pena de multa poderá substituir a pena privativa de liberdade, aplicada em conjunto com uma pena restritiva de direitos; **E:** incorreta. Nos termos do art. 77, § 1º, do CP, a condenação anterior a pena de multa não impede a concessão da suspensão condicional da pena (sursis).
Gabarito "D".

(Magistratura/RR – 2015 – FCC) Em matéria de penas privativas de liberdade, correto afirmar que
(A) possível a fixação do regime inicial fechado para o condenado a pena de detenção, se reincidente.
(B) o condenado por crime contra a Administração pública terá a progressão de regime de cumprimento de pena condicionada à reparação do dano que causou, ou à devolução do produto do ilícito praticado, com os acréscimos legais.
(C) a determinação do regime inicial de cumprimento da pena far-se-á com observância dos mesmos critérios previstos para a fixação da pena-base, mas nada impede a opção por regime mais gravoso do que o cabível em razão da pena imposta, se a gravidade abstrata do delito assim o justificar.
(D) inadmissível a adoção do regime inicial semiaberto para o condenado reincidente.
(E) os condenados por crimes hediondos ou assemelhados, independentemente da data em que praticado o delito, só poderão progredir de regime após o cumprimento de 2/5 (dois quintos) da pena, se primários, e de 3/5 (três quintos), se reincidentes.

A: incorreta. Da leitura do art. 33, *caput*, do CP, extrai-se ser impossível a fixação de regime inicial fechado para o cumprimento de pena de detenção. Apenas para os crimes punidos com reclusão será admissível a fixação de regime inicial fechado; **B:** correta, nos termos do art. 33, § 4º, do CP, que, de fato, condiciona a progressão de regime aos condenados por crimes contra a Administração Pública à reparação do dano causado, ou à devolução do produto do ilícito praticado, com os acréscimos legais; **C:** incorreta. Nada obstante a fixação do regime inicial de cumprimento de pena deva levar em consideração os critérios previstos no art. 59 do CP, que trata das circunstâncias judiciais, cuja observância é obrigatória para a estipulação da pena-base, a gravidade abstrata de um delito jamais poderá justificar a imposição de regime prisional mais gravoso do que a quantidade de pena permitir. Tal se extrai das Súmulas 718 e 719 do STF e Súmula 440 do STJ; **D:** incorreta. Nada obstante a reincidência seja fator a ser observado na escolha do regime inicial de cumprimento de pena (art. 33, § 2º, alíneas *b* e *c*, do CP), impondo, em tese, o regime mais gravoso possível para a espécie de pena privativa de liberdade, é certo que o STJ relativizou tal critério na Súmula 269, segundo a qual será possível a adoção de regime semiaberto ao condenado reincidente, desde que a pena privativa de liberdade não seja superior a quatro anos, e desde que favoráveis as circunstâncias judiciais do art. 59 do CP; **E:** incorreta. Nos termos da Súmula 471 do STJ, os condenados por crimes hediondos ou assemelhados cometidos antes da vigência da Lei 11.464/2007 sujeitam-se ao disposto no art. 112 da Lei 7.210/1984 (Lei de Execução Penal) para a progressão de regime prisional. Assim, para quem houver praticado crimes hediondos ou equiparados antes do advento da Lei 11.464/2007, que alterou a Lei 8.072/1990 para exigir o cumprimento de dois quintos ou três quintos da pena, a depender da primariedade ou reincidência do réu, para a progressão de regime prisional, aplicar-se-á o disposto no art. 112 da LEP, ou seja, o cumprimento de um sexto da pena. Em suma: a) condenação por crime hediondo ou assemelhado cometido antes da Lei 11.464/2007 exigirá o cumprimento de um sexto da pena para a progressão de regime; b) condenação por crime hediondo ou assemelhado cometido após a Lei 11.464/2007 exigirá o cumprimento de dois quintos ou três quintos da pena para a progressão de regime.
Gabarito "B".

(Magistratura/SC – 2015 – FCC) O critério judicial legalmente estabelecido para a fixação da pena pecuniária, na Parte Geral do Código Penal, vincula o juiz à observância, preponderantemente quanto
(A) aos danos sociais provocados pelo crime.
(B) à situação econômica do réu.
(C) à culpabilidade, aos antecedentes, à conduta social, à personalidade do agente e aos motivos, às circunstâncias e consequências do crime.
(D) à culpabilidade, aos antecedentes, à conduta social, à personalidade do agente e ao prejuízo sofrido pela vítima.
(E) às consequências do crime para a vítima.

De fato, nos termos do art. 60, *caput*, do CP, o juiz deverá atender, na fixação da pena de multa, principalmente, à situação econômica do réu, razão por que a alternativa B é a única correta, estando em descompasso as demais assertivas com aquilo que preconiza o referido dispositivo legal.
Gabarito "B".

(Ministério Público/SP – 2015 – MPE/SP) O efeito civil da condenação referente à "incapacidade para o exercício do pátrio poder":
(A) é sempre permanente com relação à vítima.
(B) pode ser recuperado em relação a todos os filhos, inclusive a vítima, por meio de deferimento da reabilitação.
(C) tratando-se de crime sexual praticado contra filha, só pode ser recuperado por meio de deferimento da reabilitação em relação aos filhos homens, nunca em relação à vítima e demais filhas mulheres.
(D) tratando-se de crime apenado com detenção, tal efeito civil da condenação tem caráter de mera suspensão do pátrio poder, devendo ser imposto pelo Juiz com prazo determinado e somente em relação à vítima.
(E) tratando-se de crime apenado com detenção, tal efeito civil tem o caráter de mera suspensão do pátrio poder, por isso que é imposto pelo Juiz por prazo determinado e em relação a todos os filhos do agente.

A incapacidade para o exercício do pátrio poder (em verdade, poder familiar), nos termos do art. 92, II, do CP, é efeito não automático da condenação, devendo ser expressamente – e motivadamente – declarado na sentença (art. 92, parágrafo único, do CP). Com o advento da Lei 13.715/2018, importante registrar que o efeito da condenação em destaque (incapacidade para o exercício do poder familiar) ocorrerá quando praticado crimes dolosos sujeitos à pena de reclusão cometidos contra outrem igualmente titular do mesmo poder familiar, contra filho, filha ou outro descendente ou contra tutelado ou curatelado. A reabilitação, conforme enuncia o art. 93, parágrafo único, do CP, atinge os efeitos da condenação previstos no precitado art. 92, à exceção daqueles previstos nos incisos I (perda do cargo, função pública ou mandato eletivo) e II (incapacidade para o exercício do "pátrio poder", tutela ou curatela, nos crimes dolosos, sujeitos à pena de reclusão, cometidos contra filho, tutelado ou curatelado). Ora, se a reabilitação não "apaga" referidos efeitos da condenação, pode-se afirmar que, com relação à incapacidade do poder familiar do agente no tocante ao filho, vítima do crime por ele perpetrado, é considerada permanente. Assim, vamos às alternativas! **A:** correta, nos termos do art. 93, parágrafo único, do CP; **B:** incorreta, pois, como visto, a incapacidade para o exercício do poder familiar, com relação ao filho que tenha sido vítima do crime, é permanente. Contudo, é verdade que com relação aos demais filhos, a incapacidade para o exercício de referido direito é provisória, deixando de gerar efeitos após o deferimento da reabilitação; **C:** incorreta, haja vista que a reabilitação, no tocante ao efeito da condenação em comento, somente será possível com relação aos demais filhos; **D** e **E:** incorretas. Como visto, apenas para os crimes dolosos apenados com reclusão é que será possível a aplicação do efeito da condenação de que trata o art. 92, II, do CP, inexistindo previsão no CP no tocante à suspensão do poder familiar decorrente da prática de crime apenado com detenção.
Gabarito "A".

(Defensor/PA – 2015 – FMP) Assinale a alternativa INCORRETA.
(A) A prestação pecuniária somente se aplica em substituição à pena privativa de liberdade.
(B) A prestação pecuniária consiste em quantia fixada pelo juiz que é paga à vítima, a seus dependentes ou a entidade pública ou privada com destinação social.
(C) A quantia estipulada a título de prestação pecuniária deve variar entre um e trezentos e sessenta salários mínimos.
(D) A prestação pecuniária pode ser aplicada em substituição à pena privativa de liberdade ou cumulativamente com ela.
(E) É vedada a aplicação, nos casos de violência doméstica e familiar contra a mulher, de penas de cesta básica ou outras de prestação pecuniária.

A: assertiva correta. Nos termos do art. 43, I, do CP, considera-se espécie de pena restritiva de direitos a prestação pecuniária (art. 45, § 1º, do CP), que, tal como as demais previstas em referido dispositivo legal, irá substituir pena privativa de liberdade, desde que preenchidos os requisitos legais (art. 44 do CP); **B:** assertiva correta. Nos termos do

art. 45, § 1º, do CP, a prestação pecuniária consiste no pagamento em dinheiro à vítima, a seus dependentes ou a entidade pública ou privada com destinação social, de importância fixada pelo juiz, não inferior a 1 (um) salário mínimo nem superior a 360 (trezentos e sessenta) salários mínimos, sendo que o valor pago será deduzido do montante de eventual condenação em ação de reparação civil, se coincidentes os beneficiários; **C:** assertiva correta, conforme o já citado art. 45, §1º, do CP; **D:** assertiva incorreta, devendo ser assinalada. A prestação pecuniária é espécie de pena restritiva de direitos que irá substituir a pena privativa de liberdade, e não ser aplicada cumulativamente com ela. Não é demais destacar que as penas restritivas de direitos previstas no CP têm caráter substitutivo à prisão; **E:** assertiva correta. Nos termos do art. 17 da Lei Maria da Penha (Lei 11.340/2006), é vedada a aplicação, nos casos de violência doméstica e familiar contra a mulher, de penas de cesta básica ou outras de prestação pecuniária, bem como a substituição de pena que implique o pagamento isolado de multa.
Gabarito "D".

(Juiz de Direito/CE – 2014 – FCC) No tocante às penas restritivas de direitos,
- **(A)** há conversão em privativa de liberdade quando ocorrer o descumprimento injustificado da restrição imposta, sem dedução do tempo cumprido da sanção substitutiva.
- **(B)** é possível a imposição de interdição temporária de direitos consistente em proibição de inscrever-se em concurso, avaliação ou exame públicos.
- **(C)** é admissível a fixação de pena substitutiva como condição especial ao regime aberto, conforme entendimento sumulado do Superior Tribunal de Justiça.
- **(D)** é obrigatória a conversão, se sobrevier condenação à pena privativa de liberdade.
- **(E)** a perda de bens e valores pertencentes ao condenado dar-se-á, preferencialmente, em favor da vítima ou de seus sucessores.

A: incorreta. Nada obstante o descumprimento injustificado da restrição imposta seja causa de conversão (ou reconversão) da pena restritiva de direitos em privativa de liberdade, é certo que o tempo cumprido de referida espécie de pena alternativa será deduzido no *quantum* de pena de prisão restante (art. 44, § 4º, CP); **B:** correta. Trata-se de pena restritiva de direitos incluída no CP (art. 47, V) pela Lei 12.550/2011. Será cabível quando o agente cometer o crime descrito no art. 311-A do CP (fraudes em certames de interesse público); **C:** incorreta. Nos termos da Súmula 493 do STJ, "é inadmissível a fixação de pena substitutiva (artigo 44 do CP) como condição especial ao regime aberto". Trata-se da consolidação da jurisprudência daquela Corte no sentido de que não é dado ao magistrado, com base no art. 115 da LEP ("o juiz poderá estabelecer condições especiais para a concessão de regime aberto"), fixar, no curso da execução de uma pena privativa de liberdade, uma "condição especial" que se caracterize, autonomamente, como pena restritiva de direitos, sob pena de se caracterizar *bis in idem*. Com base nesse entendimento é que o STJ editou a sobredita súmula; **D:** incorreta. Nos termos do art. 44, § 5º, do CP, sobrevindo condenação a pena privativa de liberdade, por outro crime, o juiz da execução penal decidirá sobre a conversão, podendo deixar de aplicá-la se for possível ao condenado cumprir a pena substitutiva anterior; **E:** incorreta. Nos moldes gizados pelo art. 45, § 3º, do CP, a perda de bens e valores pertencentes aos condenados dar-se-á, ressalvada a legislação especial, em favor do Fundo Penitenciário Nacional, e seu valor terá como teto – o que for maior – o montante do prejuízo causado ou do provento obtido pelo agente ou por terceiro, em consequência da prática do crime. Não se confunde com a prestação pecuniária, espécie de pena restritiva de direitos consistente no pagamento em dinheiro à vítima, a seus dependentes ou a entidade pública ou privada com destinação social, de importância fixada pelo juiz, não inferior a 1 (um) salário mínimo nem superior a 360 (trezentos e sessenta) salários mínimos (art. 45, § 1º, CP).
Gabarito "B".

(Promotor de Justiça/MG – 2014) Dispõe o artigo 44 do Código Penal que "as penas restritivas de direitos são autônomas e *substituem as privativas de liberdade*". São situações previstas em lei que excepcionam o caráter substitutivo das penas restritivas de direito, seja por constituírem penas autônomas, seja por poderem ser aplicadas cumulativamente à pena privativa de liberdade, EXCETO:
- **(A)** No caso do "Código de Trânsito Brasileiro", a suspensão ou a proibição de se obter a permissão ou a habilitação para dirigir veículo automotor.
- **(B)** No caso do "Código do Consumidor", a prestação de serviços à comunidade.
- **(C)** No caso do "Estatuto do Torcedor", a proibição de frequentar locais em que se realize evento esportivo.
- **(D)** No caso da "Lei de Drogas", em caso de compra desautorizada de substância entorpecente para uso pessoal.

A: incorreta. Nos termos do art. 292 do CTB (Lei 9.503/1997), "*a suspensão ou a proibição de se obter a permissão ou a habilitação para dirigir veículo automotor pode ser imposta isolada ou cumulativamente com outras penalidades*"; **B:** incorreta, pois, nos termos do art. 78 do CDC, "*além das penas privativas de liberdade e de multa, podem ser impostas, cumulativa ou alternadamente, observado o disposto nos arts. 44 a 47, do CP: I – a interdição temporária de direitos; II – a publicação em órgãos de comunicação de grande circulação ou audiência, às expensas do condenado, de notícia sobre os fatos e a condenação; III – a prestação de serviços à comunidade*". Portanto, as penas restritivas de direitos, em matéria de crimes previstos no CDC, podem ter caráter cumulativo ou alternativo, fugindo à regra da substitutividade prevista no art. 44 do CP; **C:** correta.

Nos termos do art. 41-B, § 2º, do Estatuto do Torcedor (Lei 10.671/2003), "*na sentença penal condenatória, o juiz deverá converter a pena de reclusão em pena impeditiva de comparecimento às proximidades do estádio, bem como a qualquer local em que se realize evento esportivo, pelo prazo de 3 (três) meses a 3 (três) anos, de acordo com a gravidade da conduta, na hipótese de o agente ser primário, ter bons antecedentes e não ter sido punido anteriormente pela prática de condutas previstas neste artigo*". Assim, a pena privativa de liberdade, no caso do crime definido no *caput* de referido dispositivo legal, será convertida em pena restritiva de direitos (proibição de frequentar locais em que se realize evento esportivo ou de comparecimento às proximidades do estádio) se o agente for primário, de bons antecedentes e não ostentar punição pelo mesmo crime (reincidência específica). Aqui, tem-se a manutenção da natureza "clássica" das penas restritivas de direitos, qual seja, a de ser substitutiva à pena de prisão; **D:** incorreta, pois o art. 28 da Lei de Drogas (Lei 11.343/2006) prevê, autonomamente, penas restritivas de direitos pela prática do crime de porte de drogas para consumo pessoal, inexistindo punição com pena de prisão (privativa de liberdade).
Gabarito "C".

(Promotor de Justiça/GO – 2013) Para Haroldo Caetano da Silva, pela remição *"(...) é oferecido um estímulo ao preso para que, desenvolvendo atividade laboral, não apenas veja abreviada a expiação da pena (o que seria de interesse exclusivo do condenado), mas também para que o trabalho sirva de instrumento para a efetiva e harmoniosa reinclusão à sociedade (o que é de interesse geral). O trabalho e, por consequência, a remição, constituem instrumento que buscam alcançar a finalidade preventiva da pena criminal.*" (SILVA, Haroldo Caetano da. *Manual de Execução Penal*, 2. edição, Campinas: Ed. Bookseller, 2002). A respeito da remição, hoje garantida pelo trabalho e pelo estudo (Lei de Execução Penal alterada pela Lei 12.433/2011), analise as proposições abaixo e assinale a alternativa correta:

I. o condenado que cumpre pena em regime aberto ou semiaberto e o que usufrui liberdade condicional poderão remir, pela frequência a curso de ensino regular ou de educação profissional, ou pelo trabalho, parte do tempo de execução da pena ou do período de prova.

II. o tempo a remir em função das horas de estudo será acrescido de metade no caso de conclusão do ensino fundamental, médio ou superior durante o cumprimento da pena, desde que certificada pelo órgão competente do sistema de educação.

III. o preso impossibilitado, por acidente, de prosseguir no trabalho ou nos estudos, continuará a beneficiar-se com a remição.

IV. em caso de falta grave, o juiz poderá revogar até metade do tempo remido, observado o disposto no art. 57 da Lei Execução Penal, recomeçando a contagem a partir da data da infração disciplinar.

- **(A)** somente a alternativa III está certa.
- **(B)** somente a alternativa II está errada.
- **(C)** somente as alternativas I e IV estão erradas.
- **(D)** somente as alternativas III e IV estão certas.

I: incorreta. Nos termos do art. 126, § 6º, da LEP (Lei 7.210/1984), a remição pelo *estudo* será admissível também aos condenados que estejam cumprindo pena em regime semiaberto ou aberto, ou em gozo de livramento condicional, não se falando em remição pelo trabalho aos condenados que cumpram sua reprimenda em regime aberto. Confira-se: "*o condenado que cumpre pena em regime aberto ou semiaberto e o que usufruir liberdade condicional poderão remir, pela frequência a curso de ensino regular ou de educação profissional, parte do tempo de execução da pena ou do período de prova, observado o disposto no inciso I do § 1º deste artigo*"; **II:** incorreta. Nos exatos termos do art. 126, § 5º, da LEP, "*o tempo a remir em função das horas de estudo será acrescido de 1/3 (um terço) no caso de conclusão do ensino fundamental, médio ou superior durante o cumprimento da pena, desde que certificada pelo órgão competente do sistema de educação*"; **III:** correta, nos termos previstos no art. 126, § 4º, da LEP, que autoriza o benefício da remição pelo preso impossibilitado, por acidente, de prosseguir trabalhando ou estudando; **IV:** incorreta, pois, nos termos do art. 127 da LEP, em caso de falta grave, o juiz poderá revogar *até 1/3 (um terço) do tempo remido*.
Gabarito "A".

(Magistratura/CE – 2012 – CESPE) Assinale a opção correta acerca das penas e das medidas de segurança.
- **(A)** Exige-se motivação idônea do julgador no caso de ele impor ao condenado à pena de detenção o cumprimento de pena, inicialmente, em regime fechado.
- **(B)** No cômputo da pena privativa de liberdade, ou seja, na detração penal, inclui-se o tempo da prisão provisória ou administrativa, mas não o correspondente à internação decorrente de medida de segurança, em face de seu caráter extrapenal.
- **(C)** A pena de prestação pecuniária é fixada, a critério do juiz, em dias-multa, de um a trezentos e sessenta, devendo o seu valor ser deduzido do montante de eventual condenação em ação de reparação civil.
- **(D)** Fixada a pena-base no mínimo legal, é permitido, considerando-se a gravidade abstrata do delito cometido, o estabelecimento de regime prisional mais gravoso do que o cabível em razão da sanção imposta.
- **(E)** Tratando-se de crime culposo, é cabível a substituição da pena privativa de liberdade por pena restritiva de direito, qualquer que seja a pena aplicada ao condenado.

A: incorreta, pois, aos crimes punidos com detenção, não será admissível a fixação em regime inicial fechado, consoante se depreende do art. 33, *caput*, parte final, do CP; **B:** incorreta, pois será abatido do tempo de pena privativa de liberdade o período em que o agente houver ficado preso provisoriamente (leia-se: qualquer prisão cautelar), bem como o de internação em hospital de custódia e tratamento psiquiátrico ou outro estabelecimento adequado (art. 42, CP); **C:** incorreta, pois a prestação pecuniária, espécie de pena restritiva de direitos, será fixada em patamar não inferior a 1 (um) salário-mínimo, nem superior a 360 (trezentos e sessenta) salários-mínimos, destinados à vítima, seus dependentes ou entidades públicas ou privadas com destinação social, sendo certo que o valor pago será deduzido de eventual montante de condenação em ação de reparação civil, desde que coincidentes os seus beneficiários (art. 45, §1º, do CP); **D:** incorreta (Súmulas 718 e 719 do STF; Súmula 440 do STJ); **E:** correta (art. 44, I, do CP).
Gabarito "E".

(Magistratura/PE – 2013 – FCC) No tocante às penas restritivas de direitos, é correto afirmar que
(A) podem ser impostas no caso de condenação por crime culposo, se não reincidente o condenado.
(B) a prestação de serviços à comunidade ou a entidades públicas somente é aplicável às condenações superiores a um ano de privação de liberdade.
(C) a privativa de liberdade superior a um ano deve ser necessariamente substituída por duas restritivas de direitos.
(D) o teto da perda de bens ou valores é restrito ao montante do prejuízo causado.
(E) obstam a concessão do *sursis*, se indicada ou cabível a substituição.

A: incorreta, pois as penas restritivas de direitos, em caso de crime culposo, poderão ser aplicadas independentemente da quantidade de pena imposta, desde que o condenado não seja reincidente em *crime doloso* (art. 44, I e II, do CP). Perceba que a assertiva tratou, apenas, do condenado reincidente, genericamente, o que não pode ser aceito à luz do referido dispositivo legal. Ressalte-se que até mesmo ao condenado reincidente em crime doloso, desde que a substituição seja socialmente recomendável e que a reincidência não se tenha operado em virtude da prática do mesmo crime (reincidência específica), nos termos do art. 44, § 3º, do CP; **B:** incorreta, pois a prestação de serviços à comunidade ou a entidades públicas é aplicável às condenações superiores a *seis meses* de privação de liberdade (art. 46, caput, do CP); **C:** incorreta, pois as penas privativas de liberdade, quando superiores a um ano, poderão ser substituídas por uma pena restritiva de direitos e multa ou por duas penas restritivas de direitos (art. 44, § 2º, segunda parte, do CP); **D:** incorreta, pois a perda de bens e valores, espécie de pena restritiva de direitos, terá como teto – o que for maior – o *montante do prejuízo causado* ou do *provento obtido pelo agente ou por terceiro, em consequência da prática do crime*, conforme preconiza o art. 45, § 3º, do CP; **E:** correta. De fato, se indicada ou cabível a substituição da pena privativa de liberdade por restritiva de direitos, inviável será a concessão do *sursis* (suspensão condicional da pena), nos termos do art. 77, III, do CP.
Gabarito "E".

(Ministério Público/MS – 2013 – FADEMS) Considere as assertivas abaixo,
I. As denominadas teorias absolutas da pena consideram que a pena se esgota na ideia de pura retribuição, tem como fim a reação punitiva, ou seja, responde ao mal constitutivo do delito com outro mal que se impõe ao autor do delito. Kant, um dos seus principais defensores, considerava que a exigência da pena derivava da ideia de justiça.
II. As teorias ecléticas veiculam a dúplice finalidade da pena: presta-se tanto a reprimir o criminoso como a prevenir a prática do crime.
III. Para as teorias relativas a pena tem um fim prático e imediato de prevenção geral ou especial do crime, não se justificando por si mesma, mas apenas na medida em que se cumprem os fins legitimadores do controle de delinquência.
IV. A teoria da prevenção especial negativa da pena busca a segregação do criminoso, com o fim de neutralizar a possível novação delitiva, tendo em Von Liszt um dos seus adeptos.
São corretas:
(A) Somente as assertivas I e II.
(B) Somente as assertivas I, II e III.
(C) Somente as assertivas I, III e IV.
(D) Somente as assertivas III e IV.
(E) Todas as assertivas estão corretas.

I: correta. De fato, para as denominadas teorias absolutas da pena, a finalidade maior desta é a retribuição estatal pelo mal injusto provocado pelo agente delitivo, não se importando com sua (re)adaptação social. Os expoentes de referida teoria foram Georg Wilhelm Friedrich Hegel e Emmanuel Kant. Para este último, "o que se deve acrescer é que se a sociedade civil chega a dissolver-se por consentimento de todos os seus membros, como se, por exemplo, um povo que habitasse uma ilha se decidisse a abandoná-la e se dispersar, o último assassino preso deveria ser morto antes dessa dissolução a fim de que cada um sofresse a pena de seu crime e para que o crime de homicídio não recaísse sobre o povo que descuidasse da imposição dessa punição; porque então poderia ser considerada como cúmplice de tal violação pública da Justiça" (**Doutrina do direito**. trad. Edson Bini. São Paulo: Ícone, 1993. p. 178/179); **II:** correta. Para as teorias ecléticas, mistas ou unificadoras, ambas são as finalidades da pena, quais sejam, a prevenção (geral e especial) e a retribuição; **III:** correta. De acordo com as teorias relativas, a finalidade maior da pena é a prevenção geral (destinada ao controle da violência) e especial (destinada à pessoa do condenado). O aspecto retributivo não tem relevância, pois o que importa é, efetivamente, o controle da delinquência; **IV:** correta. A prevenção especial negativa, vertente do aspecto preventivo propalado pelas teorias relativas, consiste na intimidação do condenado com a aplicação da pena, desestimulando-o a praticar novas infrações penais.
Gabarito "E".

(Ministério Público/MS – 2013 – FADEMS) Analise as assertivas abaixo, considerando o entendimento do Superior Tribunal de Justiça:
I. Não é adequada a utilização de inquéritos policiais e ações penais em curso para agravar a pena-base.
II. Diante do disposto no Código Penal acerca do regime de cumprimento da pena, é inadmissível a adoção do regime semiaberto aos reincidentes condenados a pena igual ou inferior a quatro anos.
III. Havendo previsão em lei especial da cominação cumulativa de pena privativa de liberdade e pecuniária, é vedada a substituição da prisão por multa.
IV. O aumento na terceira fase de aplicação da pena no crime de roubo circunstanciado é justificável pelo número de majorantes.
São corretas:
(A) Somente as assertivas I, III e IV.
(B) Somente as assertivas I e III.
(C) Somente as assertivas II, III e IV.
(D) Somente as assertivas I, II e IV.
(E) Todas as assertivas.

I: correta, nos termos da Súmula 444 do STJ, *in verbis*: "É vedada a utilização de inquéritos policiais e ações penais em curso para agravar a pena-base"; **II:** incorreta, pois, nos termos da Súmula 269 do STJ, "É admissível a adoção do regime prisional semiaberto aos reincidentes condenados a pena igual ou inferior a quatro anos se favoráveis as circunstâncias judiciais"; **III:** correta. Nos termos da Súmula 171 do STJ, "cominadas cumulativamente, em lei especial, penas privativas de liberdade e pecuniária, é defeso a substituição da prisão por multa"; **IV:** incorreta, pois, nos termos da Súmula 443 do STJ, "O aumento na terceira fase de aplicação da pena no crime de roubo circunstanciado exige fundamentação concreta, não sendo suficiente para a sua exasperação a mera indicação do número de majorantes".
Gabarito "B".

(Ministério Público/MT – 2012 – UFMT) Consoante entendimento do Supremo Tribunal Federal, analise as assertivas.
I. Não se admite a suspensão condicional do processo por crime continuado, se a soma da pena mínima da infração mais grave com o aumento mínimo de um sexto for superior a um ano.
II. A imposição do regime de cumprimento mais severo do que a pena aplicada dá-se de forma automática, sem qualquer outra exigência, se o juiz assim entender.
III. A pena unificada para atender ao limite de trinta anos de cumprimento, determinado pelo art. 75 do Código Penal, é considerada para a concessão de outros benefícios, como o livramento condicional ou regime mais favorável de execução.
IV. É vedada a progressão de regime de cumprimento da pena ou a aplicação imediata de regime menos severo nela determinada, antes do trânsito em julgado da sentença condenatória.
V. O fato de o réu se encontrar em prisão especial impede a progressão de regime de execução da pena, fixada em sentença não transitada em julgado.
Está correto o que se afirma em:
(A) II, apenas.
(B) I e III, apenas.
(C) II e IV, apenas.
(D) I, apenas.
(E) II e V, apenas.

I: correta (Súmula 723 do STF); **II:** incorreta (Súmulas 718 e 719, ambas do STF); **III:** incorreta (Súmula 715 do STF); **IV:** incorreta (Súmula 716 do STF); **V:** incorreta (Súmula 717 do STF).
Gabarito "D".

(Ministério Público/GO – 2012) Na lição de Frederico Marques: "ao lado dos efeitos que a condenação produz como ato jurídico, consequências dela derivam como fato ou acontecimento jurídico. A sentença condenatória, de par com seus efeitos principais, tem o que alguns denominam efeitos 'reflexos e acessórios', ou efeitos indiretos, que são consequência dos efeitos principais, ou efeito da sentença como fato jurídico" (Nucci, Guilherme de Souza. **Manual de direito penal:** parte geral. 6 ed. São Paulo: Editora Revista dos Tribunais, 2009. p. 548). Nesse sentido, analise as proposições abaixo, assinalando a alternativa correta:
(A) O efeito específico da incapacidade para o poder familiar, tutela ou curatela trata-se de efeito automático, que não necessita ser declarado em sentença condenatória;
(B) A condenação criminal por fato praticado na atividade, pode resultar na perda de cargo, função, sendo atribuição do juiz criminal declarar em sentença;

(C) O efeito de perda do Estado de bens e valores de origem ilícita abrange bens diversos, móveis ou imóveis obtidos em proveito do delito;

(D) A inabilitação para dirigir não se confunde com a suspensão de autorização ou de habilitação para dirigir veículo. A primeira, considerado pelo estatuto repressivo efeito da condenação, dependente de declaração judicial motivada, aplicável quando é utilizado algum veículo como meio para a prática de crime doloso. A inabilitação tem efeito permanente, vigorando até que o condenado se reabilite. A segunda, enquanto interdição temporária de direitos, é aplicada em casos de crimes culposos de trânsito.

A: incorreta. A incapacidade para o exercício do poder familiar, tutela ou curatela, nos crimes dolosos, sujeitos à pena de reclusão, cometidos contra filho, tutelado ou curatelado, é considerado um efeito específico (ou não automático) da condenação (art. 92, II, e parágrafo único, do CP), vale dizer, deverá ser declarado motivadamente em sentença; **B:** incorreta, por falta de previsão legal. Porém, para que não se confunda, se um crime for praticado com abuso inerente ao exercício de cargo, função ou atividade pública, a pena privativa de liberdade poderá ser substituída pela proibição do exercício de referido cargo, função ou atividade (art. 47, I, do CP), não se tratando, aqui, de efeito da condenação, mas, sim, de espécie de pena alternativa à prisão; **C:** correta (art. 91, § 1º, do CP), tratando-se de efeito automático da condenação; **D:** incorreta. A inabilitação para dirigir é efeito específico da condenação quando o veículo for utilizado como instrumento para a prática de crime doloso (art. 92, III, do CP), não sendo verdade que se trata de efeito permanente. Uma vez reabilitado, o condenado poderá obter nova carteira de habilitação, não resgatando, por óbvio, a anterior.
Gabarito "C".

(Ministério Público/GO – 2012) Alternativa à pena de prisão, a interdição temporária de direitos, prevista no Código Penal Brasileiro, consiste a proibição dada ao condenado, de em tempo igual ao da pena restritiva de liberdade decretada em sentença, ser privado de exercer determinadas atividades. Nesse sentido, identifique o tipo de interdição incorreta:

(A) proibição do exercício de cargo, função ou atividade pública, bem como de mandato eletivo;
(B) proibição de frequentar determinados lugares;
(C) limitação de fim de semana consistente na obrigação de permanecer, aos sábados e domingos, por 5 (cinco) horas diárias, em casa de albergado ou outro estabelecimento adequado;
(D) proibição de inscrever-se em concurso, avaliação ou exames públicos.

A: correta (art. 47, I, do CP); **B:** correta (art. 47, IV, do CP); **C:** incorreta. A limitação de fim de semana não constitui subespécie de interdição temporária de direitos (espécie de pena restritiva de direitos), mas, sim, espécie autônoma de pena restritiva de direitos (art. 48 do CP). Em síntese, a interdição temporária de direitos é espécie de pena restritiva de direitos (art. 47 do CP) que, por sua vez, tem subespécies (I – proibição do exercício de cargo, função ou atividade pública, bem como de mandato eletivo; II – proibição do exercício de profissão, atividade ou ofício que dependam de habilitação especial, de licença ou autorização do poder público; III – suspensão de autorização ou de habilitação para dirigir veículo; IV – proibição de frequentar determinados lugares; V – proibição de inscrever-se em concurso, avaliação ou exame públicos). Vê-se que a limitação de fim de semana não é subespécie de interdição temporária de direitos, mas, como dito, espécie autônoma de pena restritiva de direitos (art. 48 do CP); **D:** correta (art. 47, V, do CP).
Gabarito "C".

(Ministério Público/GO – 2012) Mévio de Tal, cumprindo pena na Penitenciária Odenir Guimarães (POG), para cumprimento do restante de uma pena de 24 anos e dois meses de reclusão, formulou pedido de unificação de penas com base no artigo 71 do Código Penal, alegando, em suma, o seguinte: Os delitos praticados foram separados em vários inquéritos, resultando em vários processos e condenações, mas são crimes continuados. O primeiro deles foi praticado em 01.09.2002, sobrevindo-lhe uma condenação de 05 anos e 04 meses; o segundo em 10.09.2002, que foi condenado a 05 anos e 10 meses; o terceiro em 24.09.2004, com condenação de 06 anos, e o quarto também em 24.09.2004, que foi condenado a 07 anos, todos pelo tipo do artigo 157 do Código Penal. Depois de afirmar que são delitos da mesma espécie, praticados mediante mais de uma ação e que, pelas circunstâncias de tempo, lugar e modo de agir, são crimes continuados, Mévio pediu a unificação das penas na forma do artigo 71 do Código Penal. Atento às diretrizes do instituto da continuidade delitiva e do artigo 59 do Estatuto Penal Repressivo, o magistrado aplicou, pelos dois delitos cometidos em 2002 pena de 09 anos; e pelos outros dois delitos 11 anos. Unificadas as penas no total de 20 anos de reclusão, sobreveio nova condenação em desfavor de Mévio a 8 anos de reclusão por crime cometido em 25.09.2002.
A propósito da situação hipotética escolha a alternativa correta:

(A) em face da nova condenação (25.09.2002) seria necessária nova unificação das penas, desprezando-se para esse fim o período de pena cumprido;
(B) considerando hipoteticamente que a última condenação não existisse, e que o réu fosse condenado por fato posterior ao início do cumprimento da pena, poderia, o réu, em tese, cumprir pena superior a 30 anos;
(C) no caso hipotético ou em qualquer outro caso, não haveria possibilidade legal do réu cumprir pena superior a 30 anos;
(D) a concessão de benefícios como o livramento condicional ou regime mais favorável de execução, atenderá, em qualquer caso, ao limite pelo art. 75 do Código Penal.

A: incorreta, pois a nova unificação, desprezando-se o período de pena já cumprido por Mévio, ocorreria apenas se se tratasse de nova condenação por fato posterior à execução já em andamento (art. 75, § 2º, do CP); **B:** correta. De fato, em caso de condenação por fato posterior ao início do cumprimento da pena, nova unificação é feita, desprezado o período anteriormente cumprido (art. 75, § 2º, do CP). Assim, é possível que o réu cumpra, na prática, mais de 30 (trinta) anos de pena caso, durante a execução penal, seja condenado, repita-se, por fato posterior. Neste caso, frise-se uma vez mais, todo o período de pena já cumprido será desprezado, somando-se a nova pena até o limite de 30 (trinta) anos (nova unificação); **C:** incorreta, pelas razões já expostas nos comentários às alternativas antecedentes; **D:** incorreta (Súmula 715 do STF). Leva-se em conta a pena aplicada (ainda que superior a 30 anos), e não a unificada.
Gabarito "B".

(Ministério Público/GO – 2012) São considerados efeitos da reincidência:

(A) impedimento ao livramento condicional, nos casos de crimes hediondos, tortura, tráfico de entorpecentes e terrorismo, tratando-se de reincidência específica;
(B) aumento do prazo da prescrição da pretensão punitiva em um terço;
(C) causa de suspensão do curso da prescrição;
(D) impedimento à obtenção do *sursis* nos casos de reincidência em crime culposo.

A: correta (art. 83, V, do CP); **B:** incorreta. A reincidência tem o condão de aumentar em um terço a prescrição da pretensão executória (art. 110, *caput*, do CP e Súmula 220 do STJ); **C:** incorreta, pois a reincidência é causa interruptiva da prescrição (art. 117, VI, do CP); **D:** incorreta, pois a reincidência impede a obtenção do *sursis* nos casos de crimes *dolosos* (art. 77, I, do CP).
Gabarito "A".

(Ministério Público/GO – 2012) No que diz respeito às penas restritivas de direito previstas no Código Penal é incorreto afirmar:

(A) é vedada a aplicação, nos casos de violência doméstica e familiar contra a mulher, de prestação pecuniária, bem como a substituição de pena que implique o pagamento isolado de multa;
(B) em qualquer fase da execução, poderá o Juiz, motivadamente, alterar a forma de cumprimento das penas de prestação de serviços à comunidade e de limitação de fim de semana, ajustando-as às condições pessoais do condenado e às características do estabelecimento, da entidade ou do programa comunitário ou estatal;
(C) em relação à prestação de serviços à comunidade, o trabalho terá a duração de 6 (seis) horas semanais e será realizado aos sábados, domingos e feriados, ou em dias úteis, de modo a não prejudicar a jornada normal de trabalho, nos horários estabelecidos pelo Juiz;
(D) as penas restritivas de direitos são autônomas e substituem as privativas de liberdade, quando aplicada pena privativa de liberdade não superior a quatro anos e o crime não for cometido com violência ou grave ameaça à pessoa ou, qualquer que seja a pena aplicada, se o crime for culposo.

A: correta (art. 17 da Lei 11.340/2006 – Lei Maria da Penha); **B:** correta (art. 148 da Lei 7.210/1984 – LEP); **C:** incorreta, devendo ser assinalada. A prestação de serviços à comunidade dar-se-á de forma que as tarefas serão atribuídas conforme as aptidões do condenado, devendo ser cumpridas à razão de uma hora de tarefa por dia de condenação, fixadas de modo a não prejudicar a jornada normal de trabalho (art. 46, § 3º, do CP); **D:** correta (art. 44, I, do CP).
Gabarito "C".

(Delegado de Polícia/GO – 2013 – UEG) O sistema penitenciário que prega o trabalho dos presos nas celas e, posteriormente, a realização de tarefas em pequenos grupos, durante o dia e em silêncio, é característica do sistema

(A) inglês.
(B) auburniano.
(C) filadélfico.
(D) reformatório.

A: incorreta. Pelo sistema inglês (ou progressivo), o cumprimento da pena se dividia em três fases, a saber: 1ª) Isolamento celular diurno e noturno; 2ª) Trabalho em comum sob regra de silêncio e; 3ª) Liberdade condicional; **B:** correta. O sistema auburniano, cuja origem remonta à construção de uma penitenciária na cidade de Auburn, no Estado de New York, nos EUA, preconizava o trabalho coletivo dos presos nas celas, durante o dia, sob absoluto silêncio, com recolhimento solitário no período noturno. No sistema inglês, o isolamento celular ocorria em ambos os períodos (diurno e noturno), diferentemente do auburniano, que, como visto, admitia trabalho coletivo dos presos durante o dia (portanto, sem isolamento celular diurno); **C:** incorreta. O sistema filadélfico, também chamado de pensilvânico (também conhecido como sistema belga ou celular), baseava-se na absoluta

"solidão" do sentenciado, que permanecia incomunicável, inclusive com relação aos outros presos. Preconizava-se a disseminação de convicções religiosas, incentivando-se, inclusive, a leitura da bíblia sagrada. A recuperação do condenado, evidentemente, não figurava como prioridade desse sistema; **D**: incorreta. O sistema reformatório, baseado no sistema progressivo, destinava-se aos jovens adultos e aos adolescentes infratores, encontrando grande destaque nos EUA. Assentava-se na ideia de vigilância após o cumprimento da pena, com vistas à reeducação e reinserção social do egresso.
Gabarito "B".

(Cartório/SC – 2012) Sobre as penas privativas de liberdade é **correto** afirmar:
(A) O trabalho do preso será sempre remunerado, sendo-lhe garantidos os benefícios da Previdência Social.
(B) As penas de reclusão e detenção devem ser cumpridas em regime fechado, semiaberto ou aberto.
(C) O condenado a pena privativa de liberdade em regime fechado poderá frequentar cursos supletivos, profissionalizantes, de instrução de 2º grau ou superior.
(D) Não se computa, a título de detração, a pena privativa de liberdade cumprida no estrangeiro.
(E) O preso conserva todos os direitos, inclusive aqueles atingidos pela perda da liberdade.

A: correta, nos exatos termos do art. 39 do CP; **B**: incorreta, pois a pena de detenção deverá ser cumprida, inicialmente, nos regimes semiaberto ou aberto (art. 33, *caput*, do CP), salvo necessidade de transferência ao fechado. Assim, enquanto que o regime inicial para o cumprimento da pena de reclusão poderá ser o fechado, semiaberto ou aberto, para a detenção, não se imporá, inicialmente, o regime fechado; **C**: incorreta, sendo possível ao condenado que esteja cumprindo pena no regime semiaberto (e não no fechado, como afirmado na alternativa) o trabalho externo, bem como a frequência a cursos supletivos, profissionalizantes, de instrução de segundo grau ou superior (art. 35, § 2º, do CP); **D**: incorreta. O art. 42 do CP preconiza que *"computam-se na pena privativa de liberdade e na medida de segurança, o tempo de prisão provisória, no Brasil ou no estrangeiro"*; **E**: incorreta. Por óbvio, o preso conservará todos os direitos não atingidos pela perda da liberdade (art. 38 do CP).
Gabarito "A".

(Cartório/SP – V – VUNESP) O condenado por crime contra a Administração Pública, para obter o benefício da progressão de regime de cumprimento de pena, deverá
(A) satisfazer aos requisitos comuns previstos para todos os crimes e reparar o dano ou devolver o produto do crime.
(B) satisfazer aos requisitos previstos para todos os crimes, sem qualquer exigência extra.
(C) satisfazer aos requisitos previstos para todos os crimes e deixar de contratar com o poder público nos 2 anos subsequentes.
(D) apenas reparar o dano causado ou devolver o produto do crime, não se aplicando aos servidores públicos as disposições comuns.

Na hipótese de cometimento de crime contra a Administração Pública, o agente, a teor do art. 33, § 4º, do CP, terá a sua progressão de regime condicionada à reparação do dano causado ou à devolução do produto do ilícito praticado, com os acréscimos legais.
Gabarito "A".

(Cartório/SP – 2012 – VUNESP) É correto afirmar que
(A) funcionário público que pratica crime no exercício da função pública, com violação de deveres a ela inerentes, com aplicação de pena igual ou superior a um ano e declaração expressa e motivada na sentença, está sujeito ao efeito extrapenal específico de perda do cargo, função pública ou mandato eletivo.
(B) funcionário público que pratica crime no exercício da função pública, com violação de deveres a ela inerentes, com aplicação de pena igual ou superior a quatro anos, automaticamente, tem aplicado o efeito extrapenal específico de perda do cargo, função pública ou mandato eletivo, desde que haja sentença condenatória transitada em julgado.
(C) é sempre aplicado, automaticamente, o efeito extrapenal específico de perda do cargo, função pública ou mandato eletivo, ao agente de crime praticado no exercício da função pública, além de tornar certa a obrigação de reparação do dano.
(D) por ser efeito extrapenal genérico, a perda do cargo, função pública ou mandato eletivo decorre de qualquer condenação criminal e não precisa ser expressamente declarada na sentença, desde que praticado o crime por funcionário público.

A: correta. De fato, constitui efeito secundário de natureza extrapenal a perda do cargo, função pública ou mandato eletivo do agente que, tendo agido com abuso de poder ou violação de deveres para com a Administração Pública, houver sido punido a pena privativa de liberdade igual ou superior a um ano (art. 92, I, "a", do CP), tratando-se de efeito não automático da condenação, exigindo, pois, declaração motivada na sentença (art. 92, parágrafo único, do CP); **B**: incorreta. O funcionário público punido com pena privativa de liberdade superior a quatro anos, pouco importando se sua conduta tiver sido perpetrada com violação de deveres inerentes à função pública, perderá o cargo ou a função, exigindo-se, porém, declaração motivada na sentença (art. 92, I, "b" e parágrafo único, do CP); **C**: incorreta. A perda do cargo, função pública ou mandato eletivo, ao agente que houver praticado crime com abuso de poder ou violação de deveres para com a Administração Pública, constitui efeito não automático (ou específico) da condenação, exigindo declaração motivada na sentença (art. 92, I, "a" e parágrafo único, do CP). No tocante à obrigação de reparar o dano, de fato, se trata de efeito automático da condenação (art. 91, I, do CP), não precisando constar da sentença; **D**: incorreta. A perda do cargo, função pública ou mandato eletivo não é efeito genérico (ou automático) da condenação, mas, sim, específico (ou não automático), conforme dispõe o art. 92, I, "a" e "b", e parágrafo único, do CP.
Gabarito "A".

(Cartório/MG – 2012 – FUMARC) Constitui efeito específico e não automático da sentença condenatória transitada em julgado
(A) tornar certa a obrigação de indenizar o dano causado pelo crime.
(B) a perda de cargo ou função pública, quando aplicada pena privativa de liberdade por tempo igual ou superior a um ano, nos crimes praticados com abuso de poder ou violação de dever para com a administração pública.
(C) perda em favor da União, ressalvado o direito do lesado ou de terceiro de boa-fé, do produto do crime ou de qualquer bem ou valor que constitua proveito auferido pelo agente com a prática do fato criminoso.
(D) perda em favor da União, ressalvado o direito do lesado ou de terceiro de boa-fé, dos instrumentos do crime, desde que consistam em coisas cujo fabrico, alienação, uso, porte ou detenção constitua fato ilícito.

A: incorreta, pois a obrigação de indenizar o dano causado pelo crime constitui efeito genérico (ou automático) da condenação, nos termos do art. 91, I, do CP; **B**: correta. De fato, a perda de cargo, função pública ou mandato eletivo, nos moldes preconizados no art. 92, I, "a" e "b", constitui efeito específico (ou não automático) da sentença condenatória, exigindo-se declaração motivada no ato decisório (art. 92, parágrafo único, do CP); **C** e **D**: incorretas, pois a perda, em favor da União, do produto do crime ou do proveito auferido com o ilícito penal, bem como dos instrumentos do crime, desde que consistam em coisas cujo fabrico, alienação, uso, porte ou detenção constituam fato ilícito, nos termos do art. 91, II, "a" e "b", do CP, são efeitos genéricos (ou automáticos) da condenação.
Gabarito "B".

(Cartório/SP – V – VUNESP) Assinale a alternativa correta a respeito do servidor público que, definitivamente condenado em processo criminal, poderia ter declarada a perda do cargo como efeito da condenação na própria sentença penal condenatória.
(A) Condenado a cumprir a pena de 01 ano por crime praticado com abuso de poder.
(B) Condenado a cumprir pena privativa de liberdade de 10 meses por crime praticado com violação de dever para com a Administração Pública.
(C) Condenado a cumprir, em regime inicial aberto, a pena de 04 anos por crime de furto simples que teve como vítima um particular.
(D) Em nenhuma hipótese, já que, por força da independência das instâncias, para a perda do cargo público, não basta a condenação criminal, devendo ser instaurado processo administrativo, no qual será assegurada a ampla defesa.

A: correta, nos termos do art. 92, I, *a*, do CP. A perda de cargo, função pública ou mandato eletivo constitui efeito *específico* da condenação. Isso quer dizer que, em vista do que dispõe o art. 92, parágrafo único, do CP, este efeito da condenação, por não ser automático, pressupõe que o juiz o pronuncie na sentença. Para facilitar a compreensão deste tema, cabe um esclarecimento. Os efeitos da condenação contemplados no art. 91 do CP são *automáticos* (genéricos). Significa dizer que é desnecessário o pronunciamento do juiz, a esse respeito, na sentença. Já o art. 92 do CP trata dos efeitos da condenação *não automáticos* (específicos), que, por essa razão, somente podem incidir se o juiz, na sentença condenatória, declará-los de forma motivada; **B**: incorreta, pois, a teor do art. 92, I, *a*, do CP, o agente somente perderá o cargo, função pública ou mandato eletivo se a pena privativa de liberdade aplicada for igual ou superior a um ano; **C**: incorreta. O servidor, neste caso, somente perderá o cargo, função pública ou mandato eletivo se a pena privativa de liberdade aplicada for superior a quatro anos – art. 92, I, *b*, do CP; **D**: incorreta, já que a perda do cargo, função pública ou mandato eletivo constitui, sim, conforme estabelece o art. 92, I, do CP, efeito da condenação em processo criminal, sem prejuízo de o servidor ser processado no âmbito administrativo.
Gabarito "A".

(Analista – TRE/SP – 2012 – FCC) Considere as seguintes situações hipotéticas de cidadãos processados pela Justiça Pública:
I. José, não reincidente, é condenado a cumprir pena de 04 anos de reclusão por crime de denunciação caluniosa e poderá iniciar o cumprimento da pena em regime aberto.
II. Paulo é condenado a cumprir pena de 02 anos de reclusão por crime de coação no curso do processo, e tem sua pena privativa de liberdade substituída por uma pena restritiva de direitos e por multa.
III. Murilo registra condenação anterior por crime de falso testemunho e está sendo processado por crime de peculato. Nesse caso, não poderá ter a sua pena privativa de liberdade substituída pela restritiva de direitos, por expressa vedação legal.

De acordo com o Código Penal, está correto o que consta APENAS em

(A) I.
(B) II.
(C) III.
(D) I e II.
(E) II e III.

I: correto, pois o réu primário, condenado a pena igual ou inferior a quatro anos, poderá iniciar o cumprimento da repreenda no regime aberto (art. 33, § 2º, *c*, do CP); II: incorreto, pois não cabe, aqui, a substituição da pena privativa de liberdade por restritiva de direitos porque a prática do crime em que incorreu Paulo (art. 344, do CP) pressupõe o emprego de violência ou grave ameaça (art. 44, I, do CP); III: incorreto, pois a substituição, neste caso, é, em regra, vedada (art. 44, II, do CP). Entretanto, poderá ela operar-se se estiverem presentes os requisitos a que alude o art. 44, § 3º, do CP, a saber: a substituição há de ser *socialmente recomendável* e o réu não pode ser reincidente na prática do mesmo crime (reincidência específica).
Gabarito "A".

13. APLICAÇÃO DA PENA

(Investigador – PC/BA – 2018 – VUNESP) Quando o agente, mediante mais de 1 (uma) ação ou omissão, pratica 2 (dois) ou mais crimes, verifica-se o instituto do concurso de crimes, que pode ser formal ou material, a depender da unidade ou da pluralidade de condutas. Sobre o tema, o Código Penal estabelece que

(A) na hipótese de concurso material, quando ao agente tiver sido aplicada pena privativa de liberdade, não suspensa, por um dos crimes, para os demais crimes será cabível a substituição de pena privativa de liberdade por pena restritiva de direitos.
(B) na hipótese de concurso formal imperfeito ou impróprio, aplica-se o sistema de exasperação da pena, independentemente da quantidade de condenação.
(C) quando forem aplicadas penas restritivas de direitos, será possível ao condenado cumpri-las de forma simultânea, desde que compatíveis entre si.
(D) se entende por concurso formal próprio ou perfeito aquele em que o agente pratica mais de uma conduta, mas na presença de desígnios autônomos, ou seja, a vontade de atingir mais de um resultado.
(E) no caso de concurso material, sendo o agente condenado cumulativamente a pena de reclusão e detenção, executa-se primeiro a de detenção.

A: incorreta, já que contraria a regra presente no art. 69, § 1º, do CP, que veda, neste caso, a substituição de pena privativa de liberdade por pena restritiva de direitos; B: incorreta, já que o sistema da exasperação se aplica ao concurso formal *próprio* ou *perfeito*. Vejamos. Nos termos do art. 70 do CP, o concurso formal poderá ser *próprio* (perfeito) ou *impróprio* (imperfeito). No primeiro caso (primeira parte do *caput*), temos que o agente, por meio de uma única ação ou omissão (um só comportamento), pratica dois ou mais crimes, idênticos ou não, com *unidade de desígnio*; já no *concurso formal impróprio* ou *imperfeito* (segunda parte do *caput*), a situação é diferente. Aqui, a conduta única decorre de desígnios autônomos, vale dizer, o agente, no seu atuar, deseja os resultados produzidos. Como consequência, as penas serão somadas, aplicando-se o critério ou sistema do *cúmulo material*. No concurso formal perfeito, diferentemente, se as penas previstas forem idênticas, aplica-se somente uma; se diferentes, aplica-se a maior, acrescida, em qualquer caso, de um sexto até metade (sistema da exasperação); C: correta, uma vez que reflete o disposto no art. 69, § 2º, do CP; D: incorreta. O concurso formal próprio ou perfeito pressupõe, por parte do agente, o cometimento de dois ou mais crimes por meio de uma única ação ou omissão (um só comportamento), com *unidade de desígnio*; E: incorreta, já que será cumprida, em primeiro lugar, a pena de reclusão; após, a de detenção (art. 69, *caput*, parte final, CP). ED
Gabarito "C".

(Procurador Municipal – Prefeitura/BH – CESPE – 2017) Acerca da aplicação e da execução da pena, assinale a opção correta, conforme o entendimento do STJ.

(A) De acordo com o entendimento jurisprudencial, o tempo da internação para o cumprimento de medida de segurança é indeterminado, perdurando enquanto não for averiguada a cessação da periculosidade.
(B) No momento da aplicação da pena, o juiz pode compensar a atenuante da confissão espontânea com a agravante da promessa de recompensa.
(C) É vedada a concessão de trabalho externo a apenado em empresa familiar em que um dos sócios seja seu irmão.
(D) Confissão ocorrida na delegacia de polícia e não confirmada em juízo não pode ser utilizada como atenuante, mesmo que o juiz a utilize para fundamentar o seu convencimento.

A: incorreta, já que, segundo jurisprudência consolidada do STJ, a medida de segurança tem prazo determinado. Se levássemos em conta tão somente a redação do art. 97, § 1º, do CP, chegaríamos à conclusão de que a medida de segurança poderia ser eterna. Em vista da regra que veda as penas de caráter perpétuo, esta não é a melhor interpretação do dispositivo. Tanto que o STF firmou posicionamento no sentido de que o prazo máximo de duração da medida de segurança não pode ser superior a 30 anos (analogia ao art. 75 do CP). O STJ entende que a medida de segurança deve ter por limite o máximo da pena em abstrato cominada para o crime (STJ, HC 125.342-RS, 6ª T., Rel. Min. Maria Thereza de Assis Moura, j. 19.11.09). Consolidando tal entendimento, o STJ editou a Súmula 527, segundo a qual "o tempo de duração da medida de segurança não deve ultrapassar o limite máximo da pena abstratamente cominada ao delito praticado"; B: correta. Tal como ocorre com a reincidência e a confissão espontânea, em relação às quais pode haver, segundo o STJ, compensação, é perfeitamente possível que isso também ocorra em relação à confissão espontânea e à agravante da promessa de recompensa ou mesmo a paga, uma vez que se trata de circunstâncias igualmente preponderantes. Na jurisprudência do STJ: "(...) III – A col. Terceira Seção deste eg. Superior Tribunal de Justiça, por ocasião do julgamento do Recurso Especial Repetitivo nº 1.341.370/MT (Rel. Min. Sebastião Reis Júnior, DJe de 17/4/2013), firmou entendimento segundo o qual 'é possível, na segunda fase da dosimetria da pena, a compensação da atenuante da confissão espontânea com a agravante da reincidência', entendimento este que deve ser estendido à presente hipótese, pois cuida-se de compensação entre circunstâncias igualmente preponderantes, nos termos do art. 67, do Código Penal, quais sejam, motivos determinantes do crime (mediante paga) e personalidade do agente (confissão espontânea)" (HC 318.594/SP, 5ª T., Rel. Min. Felix Fischer, j. 16.02.2016, DJe 24.02.2016); C: incorreta. Isso porque o STJ admite, o apenado seja, a execução do trabalho externo, empregado em empresa da qual seu irmão seja um dos sócios. Nesse sentido, conferir: "(...) *In casu*, o fato do irmão do apenado ser um dos sócios da empresa empregadora não constitui óbice à concessão do trabalho externo, sob o argumento de fragilidade na fiscalização, até porque inexiste vedação na Lei de Execução Penal (Precedente do STF)." (HC 310.515/RS, 5ª T., Rel. Min. Felix Fischer, j. 17.09.2015, DJe 25.09.2015); D: incorreta. Conferir: "O Superior Tribunal de Justiça tem entendimento de que a confissão é causa de atenuação da pena, ainda que tomada na fase inquisitorial, sendo irrelevante a sua retratação em juízo" (HC 144.165/SP, 5ª T., Rel. Min. Arnaldo Esteves Lima, j. 29.10.2009, DJe 30.11.2009). ED
Gabarito "B".

(Advogado União – AGU – CESPE – 2015) Um servidor público, concursado e estável, praticou crime de corrupção passiva e foi condenado definitivamente ao cumprimento de pena privativa de liberdade de seis anos de reclusão, em regime semiaberto, bem como ao pagamento de multa.

A respeito dessa situação hipotética, julgue o item seguinte (adaptada).

(1) O servidor deve perder, automaticamente, o cargo público que ocupa, mas poderá reingressar no serviço público após o cumprimento da pena e a reabilitação penal.

1: incorreta. No que toca à perda do cargo, função pública ou mandato eletivo como efeito secundário de natureza extrapenal da condenação, há duas situações a considerar: se a pena privativa de liberdade aplicada for superior a quatro anos, é de rigor a perda do cargo, função ou mandato eletivo, pouco importando, neste caso, se a conduta do funcionário foi praticada com abuso de poder ou com violação de dever inerente à função pública (art. 92, I, *b*, do CP). É o caso desta assertiva; agora, se a pena privativa de liberdade aplicada for inferior a quatro, a perda do cargo, função pública ou mandato eletivo do agente somente se dará se este houver agido, na prática criminosa, com abuso de poder ou violação de deveres para com a Administração Pública (art. 92, I, *a*, do CP). Nas duas hipóteses, cuida-se de efeito não automático da condenação, exigindo, portanto, declaração motivada na sentença (art. 92, parágrafo único, do CP). Ademais, a reabilitação não alcança os efeitos da condenação previstos no art. 92, I e II, do CP, entre as quais está a perda de cargo público (art. 93, parágrafo único, do CP). ED
Gabarito "1E".

(Juiz – TRF 2ª Região – 2017) Assinale a opção correta:

(A) Fixada a pena em seu mínimo legal, é possível estipular regime prisional mais gravoso do que o previsto em razão da sanção imposta, desde que presente a gravidade abstrata do delito e a perturbação causada à ordem pública.
(B) Fixada a pena-base em seu mínimo legal, é possível compensar a atenuante da confissão espontânea e o aumento referente à continuidade delitiva.
(C) Reconhecida a incidência de duas ou mais causas de qualificação, ambas serão utilizadas para qualificar o delito, influenciando a fixação da pena-base que, nesse caso, será necessariamente definida acima do mínimo previsto no preceito secundário do tipo qualificado.
(D) É possível, na segunda fase da dosimetria da pena, a compensação da atenuante da confissão espontânea com a agravante da reincidência, não havendo preponderância.
(E) O tempo de prisão provisória, no Brasil ou no estrangeiro, não deverá ser computado para fins de determinação do regime inicial de pena privativa de liberdade.

A: incorreta, pois não retrata o entendimento firmado nas Súmulas 440 do STJ: *Fixada a pena-base no mínimo legal, é vedado o estabelecimento de regime prisional mais gravoso do que o cabível em razão da sanção imposta, com base apenas na gravidade abstrata do delito*; e 718 do STF: *A opinião do julgador sobre a gravidade em abstrato do crime não constitui motivação idônea para a imposição de regime mais severo do que o permitido segundo a pena aplicada*; B: incorreta, na medida em que não reflete o atual entendimento jurisprudencial e doutrinário acerca do tema. Conferir: "Nos termos da jurisprudência desta Corte, não se cogita a compensação entre a atenuante da confissão espontânea e o aumento referente à continuidade delitiva, por implicar subversão do critério trifásico de dosimetria, estabelecido no art. 68 do Código Penal" (HC 355.086/AC, Rel. Min. Ribeiro Dantas, 5ª Turma, j. 07.02.2017, *DJe* 15.02.2017); **C**: incorreta. No que toca à pluralidade de qualificadoras, conferir: "Consoante orientação sedimentada nessa Corte Superior, havendo pluralidade de qualificadoras, é possível a utilização de uma delas para qualificar o delito e das outras como circunstâncias negativas – agravantes, quando previstas legalmente, ou como circunstância judicial, residualmente" (HC 170.135/PE, Rel. Min. Jorge Mussi, 5ª Turma, j. 14.06.2011, DJe 28.06.2011). No mesmo sentido: "Esta Corte Superior de Justiça tem reiteradamente decidido no sentido de ser possível, existindo pluralidade de qualificadoras, a consideração de uma para justificar o tipo penal qualificado e das demais como circunstâncias judiciais ou agravantes da segunda fase da dosimetria da pena" (HC 173.608/RJ, Rel. Min. Sebastião Reis Júnior, 6ª Turma, j. 04.09.2012, *DJe* 17.09.2012); **D**: correta. Nessa esteira: "RECURSO ESPECIAL REPRESENTATIVO DA CONTROVÉRSIA (ART. 543-C DO CPC). PENAL. DOSIMETRIA. CONFISSÃO ESPONTÂNEA E REINCIDÊNCIA. COMPENSAÇÃO. POSSIBILIDADE. 1. É possível, na segunda fase da dosimetria da pena, a compensação da atenuante da confissão espontânea com a agravante da reincidência. 2. Recurso especial provido" (REsp 1341370/MT, Rel. Min. Sebastião Reis Júnior, 3ª Seção, j. 10.04.2013, *DJe* 17.04.2013); **E**: incorreta, uma vez que não reflete o que estabelece o art. 387, §2º, do CPP. Gabarito "D".

(Juiz – TJ/RJ – VUNESP – 2016) José adentra a um bar e pratica roubo contra dez pessoas que ali estavam presentes em dois grupos distintos de amigos, subtraindo para si objetos de valor a elas pertencentes. Nesta hipótese, segundo a jurisprudência dominante mais recente do Superior Tribunal de Justiça, José praticou

(A) dois crimes de roubo em concurso material.
(B) os crimes (dez crimes de roubo) em concurso formal.
(C) os crimes (dez crimes de roubo) em continuidade delitiva.
(D) um único crime de roubo.
(E) os crimes (dez crimes de roubo) em concurso material.

No crime de roubo, se as subtrações que vulneraram o patrimônio de duas ou mais pessoas se deram no mesmo contexto, fala-se em concurso formal de crimes (art. 70 do CP). Nesse sentido é a lição de Guilherme de Souza Nucci: "(...) Ilustrando, o autor ingressa num ônibus, anuncia o assalto e pede que todos passem os bens. Concretiza-se o concurso formal perfeito, pois o agente não possui desígnios autônomos, vale dizer, dolo direto em relação a cada uma das vítimas, que nem mesmo conhece (...)" (Código Penal Comentado. 13. ed., São Paulo: Ed. RT, 2013. p. 807). Na jurisprudência do STJ: "Penal e processo penal. Agravo regimental em agravo em recurso especial. 1. Julgamento monocrático. Ofensa ao princípio da colegialidade. Não ocorrência. Art. 557 do CPC e art. 34, XVIII, do RISTJ. 2. Divergência jurisprudencial quanto à aplicação do art. 70 do CP. Dissídio não demonstrado. Roubo com diversidade de vítimas e patrimônios. Crime único. Impossibilidade. Concurso formal. Precedentes desta corte. Súmula 83/STJ. 3. Agravo regimental improvido. 1. Nos termos do art. 557, *caput*, do Código de Processo Civil, c/c o art. 3º do Código de Processo Penal, e do art. 34, XVIII, do RISTJ, é possível, em matéria criminal, que o relator negue seguimento a recurso a o pedido manifestamente inadmissível, improcedente, prejudicado ou em confronto com súmula ou jurisprudência dominante, sem que, em tese, se configure ofensa ao princípio da colegialidade, o qual sempre estará preservado, diante da possibilidade de interposição de agravo regimental. 2. É entendimento desta Corte Superior que o roubo perpetrado contra diversas vítimas, ainda que ocorra num único evento, configura o concurso formal e não o crime único, ante a pluralidade de bens jurídicos tutelados ofendidos. Dessa forma, estando o acórdão recorrido de acordo com a jurisprudência do Superior Tribunal de Justiça, incide no caso o enunciado n. 83 da Súmula desta Corte. 3. Agravo regimental a que se nega provimento" (AgRg no AREsp 389.861/MG, Rel. Ministro MARCO Aurélio Bellizze, Quinta Turma, julgado em 18.06.2014, *DJe* 27.06.2014). Gabarito "B".

(Promotor de Justiça – MPE/RS – 2017) Darlan, apaixonado por outra, decidiu matar sua mulher, Amélia. Mesmo sabendo que ela estava grávida de seis meses, não se deixou dissuadir do intuito homicida, até porque também não queria o nascimento do filho desta união. Com o uso de uma faca de churrasco, golpeou-a por várias vezes em seu abdômen. Pensando que a tivesse matado, imediatamente fugiu do local, o que permitiu aos vizinhos, alertados pelos gritos de Amélia, socorrê-la e levá-la a um hospital, pois, em que pese a violência do ataque, a mulher sobreviveu. Mas, infelizmente, ela não resistiu aos ferimentos e morreu pouco depois de ter entrado na sala de atendimento hospitalar. O médico que a atendeu, Dr. José, percebeu que o feto ainda vivia, apesar da morte da mãe, e imediatamente realizou cesariana. A criança foi retirada do claustro materno com vida, mas também não sobreviveu mais de cinco minutos.

Com base no caso descrito acima, assinale com V (verdadeiro) ou com F (falso) as seguintes afirmações.

( ) Ocorreram dois crimes dolosos contra a vida, homicídio e aborto consumados, aplicando-se as respectivas penas conforme a regra estabelecida pelo Código Penal para o concurso material de crimes.
( ) Ocorreram dois crimes dolosos contra a vida, homicídio consumado e aborto tentado, uma vez que o feto não foi expulso do ventre materno, aplicando-se as respectivas penas cumulativamente.
( ) Caso constatada a inobservância culposa de regra técnica da profissão pelo Dr. José, na realização da cesariana, que tivesse contribuído para a eliminação da vida do nascente, Darlan responderia por homicídio consumado, contra Amélia, e por aborto tentado, em relação ao feto, com a aplicação da mais grave das penas cabíveis, aumentada de um sexto até metade. O Dr. José seria responsabilizado por homicídio culposo, com aumento de um terço da pena.
( ) Se a gestante não tivesse morrido e o parto se desse a termo, vindo, porém, a criança a falecer dez dias depois, em consequência de também ter sido atingida pelas facadas, quando já titular de vida extrauterina, Darlan responderia por tentativa de homicídio, contra Amélia, e por homicídio consumado, contra a criança, aplicando-se a mais grave das penas cabíveis, aumentada de um sexto até metade.

A sequência correta de preenchimento dos parênteses, de cima para baixo, é

(A) V – F – F – F.
(B) V – F – V – V.
(C) F – V – F – V.
(D) F – V – V – F.
(E) V – F – V – F.

1ª assertiva: verdadeira. O enunciado retrata hipótese de concurso formal *impróprio* ou *imperfeito* (art. 70, *caput*, segunda parte, do CP), na medida em que Darlan, sabendo da gravidez de sua esposa e desejando tanto a sua morte quanto a do produto da concepção (desígnios autônomos), pratica, para tanto, mediante conduta única (facadas), dois crimes: homicídio contra a sua esposa e aborto contra o feto. Neste caso, aplicar-se-á o critério do cúmulo material, somando-se as penas dos crimes de homicídio e aborto, tal como estabelece o dispositivo acima referido; **2ª assertiva:** falsa. Pouco importa, para a configuração do crime de aborto, se o feto foi ou não expulso do ventre materno. A consumação se dá com a morte do produto da concepção, interrompendo a gravidez; **3ª assertiva:** falsa. Ainda que se considere que a inobservância culposa de regra técnica da profissão pelo Dr. José tenha dado causa à morte do produto da concepção e tal tenha o condão de romper o nexo causal (art. 13, § 1º, do CP), as penas, de qualquer forma, devem ser somadas; **4ª assertiva:** falsa. Ainda que o resultado morte do produto da concepção tenha se dado dias depois da conduta do agente, mesmo assim o crime por ele praticado é de aborto consumado, e não homicídio. Gabarito "A".

(Promotor de Justiça/GO – 2016 – MPE) O Juiz ao condenar o agente delituoso pela prática de um crime de roubo simples (art. 157, "caput", do CP), fixou a pena no mínimo legal de 04 (quatro) anos de reclusão, após análise das circunstâncias judiciais que foram todas favoráveis ao acusado, se tratando de réu primário, possuindo endereço certo e trabalho lícito. Ao fixar o regime prisional, o Magistrado determinou o cumprimento da pena em regime inicial fechado, fundamentando sua decisão na gravidade do crime de roubo, cometido com violência ou grave ameaça a pessoa, o que demonstra a periculosidade do agente. A defesa recorreu da sentença, somente se opondo quanto ao regime prisional estabelecido na sentença penal condenatória, requerendo a fixação do regime aberto. Os autos foram enviados com vista ao Ministério Público para ofertar suas Contrarrazões. O órgão de primeiro grau deverá se manifestar, posicionando-se, no sentido de que:

(A) Veda-se o estabelecimento de regime prisional mais gravoso do que o cabível em razão da sanção imposta, com base apenas na gravidade abstrata do delito, nos termos do entendimento sumulado tanto pelo STJ quanto pelo STF.
(B) É permitido o estabelecimento de regime prisional mais gravoso, com base na gravidade do delito, notoriamente quando atinge bens individuais indisponíveis e que são cometidos mediante violência ou grave ameaça à pessoa, nos termos do entendimento sumulado tanto pelo STJ quanto pelo STF.
(C) Veda-se o estabelecimento de regime prisional mais gravoso do que o cabível em razão da sanção imposta, com base apenas na gravidade abstrata do delito, nos termos do entendimento sumulado pelo STF e majoritário no STJ, embora, neste último caso, não sumulado.
(D) É permitido o estabelecimento de regime prisional mais gravoso, com base na gravidade do delito, notoriamente quando atinge bens individuais indisponíveis e que são cometidos mediante violência ou grave ameaça à pessoa, nos termos do entendimento sumulado pelo STJ e majoritário no STF, embora, neste último caso, não sumulado.

A: correta, pois retrata o entendimento firmado nas Súmulas 440, do STJ: *Fixada a pena-base no mínimo legal, é vedado o estabelecimento de regime prisional mais gravoso do que o cabível em razão da sanção imposta, com base apenas na gravidade abstrata do delito*; 718, do STF: *A opinião do julgador sobre a gravidade em abstrato do crime não constitui motivação idônea para a imposição de regime mais severo do que o permitido segundo a pena aplicada*; e 719, também do STF: *A imposição do regime de cumprimento mais severo do que a pena aplicada permitir exige motivação idônea*; **B:** incorreta, pois contraria as Súmulas acima transcritas; **C:** incorreta. Cuida-se de matéria sumulada tanto no STF quanto no STJ; **D:** incorreta, pois contraria o entendimento firmado nas Súmulas acima transcritas. Gabarito "A".

(Promotor de Justiça/SC – 2016 – MPE)

(1) Para a doutrina dominante, o Código Penal Brasileiro, ao disciplinar o cálculo da pena, adotou o sistema trifásico, sendo observado na primeira fase da individualização as agravantes e atenuantes legais, circunstâncias estas inseridas nos artigos 61 a 66 daquele diploma legal.

1: assertiva falsa. Tal como se afirma no enunciado, o Código Penal, no que toca ao processo de fixação da pena, adotou o sistema *trifásico*, em que o magistrado, num primeiro momento, valendo-se dos critérios estabelecidos no art. 59 do CP, fixará a pena-base (e não as agravantes e atenuantes legais, como acima é afirmado); em seguida, já na segunda etapa, aí sim considerará as circunstâncias atenuantes e agravantes e, ao final, na última fase, passará à análise das causas de diminuição e de aumento. **ED**

Gabarito 1E

(Promotor de Justiça/SC – 2016 – MPE)

(1) Trata-se de concurso material quando o agente, mediante uma só ação ou omissão, pratica dois ou mais crimes, idênticos ou não, incidindo, assim, a exasperação da pena.

1: assertiva falsa, uma vez que o enunciado descreve o fenômeno do *concurso formal*, que pressupõe, ao contrário do concurso material, a prática, pelo agente, de uma só ação ou omissão (um só comportamento), nos termos do que dispõe o art. 70 do CP. Já o *concurso material*, que está previsto no art. 69 do CP, se dá nas hipóteses em que "o agente, mediante mais de uma ação ou omissão, pratica dois ou mais crimes, idênticos ou não". Nesse caso, as penas correspondentes a cada crime são somadas (sistema do *cúmulo material*). Voltando ao concurso formal, este poderá ser *próprio* (perfeito) ou *impróprio* (imperfeito). No primeiro caso (primeira parte do *caput*), temos que o agente, por meio de uma única ação ou omissão (um só comportamento), pratica dois ou mais crimes, idênticos ou não, com *unidade de desígnio*; já no *concurso formal impróprio* ou *imperfeito* (segunda parte do *caput*), a situação é diferente. Aqui, a conduta única decorre de desígnios autônomos, vale dizer, o agente, no seu atuar, deseja os resultados produzidos. Como consequência, as penas serão somadas, aplicando-se o critério ou sistema do *cúmulo material*. No concurso formal perfeito, diferentemente, se as penas previstas forem idênticas, aplica-se somente uma; se diferentes, aplica-se a maior, acrescida, em qualquer caso, de um sexto até metade (sistema da exasperação). **ED**

Gabarito 1E

(Defensor Público – DPE/RN – 2016 – CESPE) Em cada uma das seguintes opções, é apresentada uma situação hipotética relativa ao concurso de crimes, seguida de uma assertiva a ser julgada. Assinale a opção que apresenta assertiva correta de acordo com a legislação penal e a jurisprudência do STJ.

(A) No interior de um ônibus coletivo, Sérgio subtraiu, com o emprego de grave ameaça, os aparelhos celulares de cinco passageiros, além do dinheiro que o cobrador portava. Nessa situação, como houve a violação de patrimônios distintos, Sérgio praticou o crime de roubo simples em concurso material.

(B) Plínio praticou um crime de latrocínio (previsto no art. 157, § 3.º, parte final, do CP) no qual houve uma única subtração patrimonial, com desígnios autônomos e com dois resultados mortes (vítimas). Nessa situação, Plínio praticou o crime de latrocínio em concurso formal impróprio, disposto no art. 70, *caput*, parte final, do CP, no qual se aplica a regra do concurso material, de forma que as penas devem ser aplicadas cumulativamente.

(C) Túlio, em um mesmo contexto fático, praticou, com uma menor impúbere de treze anos de idade, sexo oral (felação), além de cópula anal e conjunção carnal. Nessa situação, Túlio perpetrou o crime de estupro de vulnerável em concurso material.

(D) Zélio foi condenado pela prática de crimes de roubo e corrupção de menores em concurso formal, cometidos em continuidade delitiva. Nessa situação, na dosimetria da pena aplicar-se-ão cumulativamente as regras do concurso formal (art. 70 do CP) e da continuidade delitiva (art. 71 do CP).

(E) Múcio, mediante grave ameaça exercida com o emprego de arma de fogo, subtraiu bens pertencentes a Bruna e, ainda, exigiu dela a entrega de cartão bancário e senha para a realização de saques. Nessa situação, Múcio praticou, em concurso formal, os crimes de roubo circunstanciado e extorsão majorada.

A: incorreta. Com efeito, no crime de roubo, se as subtrações que vulneraram o patrimônio de duas ou mais pessoas se derem no mesmo contexto, fala-se em concurso *formal* de crimes (art. 70 do CP), e não em concurso *material*. Nesse sentido é a lição de Guilherme de Souza Nucci: "(...) Ilustrando, o autor ingressa num ônibus, anuncia o assalto e pede que todos passem os bens. Concretiza-se o concurso formal perfeito, pois o agente não possui desígnios autônomos, vale dizer, dolo direto em relação a cada uma das vítimas, que nem mesmo conhece (...)" (Código Penal Comentado. 13. ed., São Paulo: Ed. RT, 2013. p. 807). Na jurisprudência: "É assente neste Tribunal Superior que, praticado o crime de roubo mediante uma só ação, contra vítimas diferentes, não há se falar em crime único, mas sim em concurso formal, visto que violados patrimônios distintos. Precedentes" (HC 315.059/SP, Rel. Ministra Maria Thereza de Assis Moura, Sexta Turma, julgado em 06.10.2015, *DJe* 27.10.2015); **B:** correta. Conferir: "Prevalece, no Superior Tribunal de Justiça, o entendimento no sentido de que, nos delitos de latrocínio – crime complexo, cujos bens jurídicos protegidos são o patrimônio e a vida –, havendo uma subtração, porém mais de uma morte, resta configurada hipótese de concurso formal impróprio de crimes e não crime único. Precedentes" (HC 185.101/SP, Rel. Ministro Nefi Cordeiro, Sexta Turma, julgado em 07.04.2015, *DJe* 16.04.2015); **C:** incorreta. Os tribunais, até a edição da Lei 12.015/2009, tinham como consolidado o entendimento segundo o qual, quando o **atentado violento ao pudor** não constituísse meio natural para a prática do **estupro**, caracterizado estaria o concurso material de crimes: STJ, HC 102.362-SP, 5ª T., Rel. Min. Felix Fischer, j. 18.11.2008. Com a Lei 12.015/2009, que promoveu uma série de mudanças na disciplina dos crimes sexuais, o estupro – art. 213 do CP –, que incriminava tão somente a conjunção carnal realizada com mulher, mediante violência ou grave ameaça, passou a incorporar, também, a conduta antes contida no art. 214 do CP – dispositivo hoje revogado (art. 7.º da Lei 12.015/2009). Dito de outro modo, constitui estupro, na sua nova forma, toda modalidade de violência sexual levada a efeito para qualquer fim libidinoso, incluída, por óbvio, a conjunção carnal. Dessa forma, o crime do art. 213 do CP, com a mudança implementada pela Lei 12.015/2009, passa a comportar, além da conduta consubstanciada na conjunção carnal violenta, contra homem ou mulher, também o comportamento consistente em obrigar alguém a praticar ou permitir que com o sujeito ativo se pratique outro ato libidinoso que não a conjunção carnal. Criou-se, assim, um tipo misto alternativo, razão pela qual a prática, por exemplo, de felação (*sexo oral*), *conjunção carnal e sexo anal* (*é o caso narrado no enunciado da alternativa*) no mesmo contexto fático implica o cometimento de crime único. Incide, no caso, o *princípio da alternatividade*. Nesse sentido, o seguinte julgado do STJ: "Com a superveniência da Lei 12.015/2009, a conduta do crime de atentado violento ao pudor, anteriormente prevista no art. 214 do Código Penal, foi inserida naquela do art. 213, constituindo, assim, quando praticadas contra a mesma vítima e num mesmo contexto fático, crime único de estupro" (AgRg no REsp 1127455-AC, 6ª T., rel. Min. Sebastião Reis Júnior, 28.08.2012). Tal raciocínio também se aplica no contexto do crime de estupro de vulnerável (art. 217-A, CP), sendo esta a hipótese da alternativa; **D:** incorreta. No STJ: "1. Segundo orientação deste Superior Tribunal de Justiça, quando configurada a concorrência de concurso formal e crime continuado, aplica-se somente um aumento de pena, o relativo à continuidade delitiva. Precedentes. 2. Ocorre *bis in idem* quando há majoração da reprimenda primeiramente em razão do concurso formal, haja vista o cometimento de um delito roubo contra vítimas diferentes num mesmo contexto fático, e, em seguida, em função do reconhecimento do crime continuado em relação aos outros crimes praticados em situação semelhante de tempo e modo de execução. 3. *Habeas corpus* não conhecido. Ordem concedida de ofício apenas para afastar a exasperação imposta pelo reconhecimento do concurso formal, reduzindo-se a reprimenda para 6 (seis) anos e 8 (oito) meses de reclusão" (HC 162.987/DF, Rel. Ministro Jorge Mussi, Quinta Turma, julgado em 01.10.2013, *DJe* 08.10.2013); **E:** incorreta. A assertiva narra hipótese de concurso *material*, e não *formal*. Conferir: "A jurisprudência desta Corte Superior e do Supremo Tribunal Federal é firme em assinalar que se configuram os crimes de roubo e extorsão, em concurso material, se o agente, após subtrair, mediante emprego de violência ou grave ameaça, bens da vítima, a constrange a entregar o cartão bancário e a respectiva senha, para sacar dinheiro de sua conta corrente" (AgRg no AREsp 323.029/DF, Rel. Ministro Rogerio Schietti Cruz, Sexta Turma, julgado em 01.09.2016, *DJe* 12.09.2016).

Gabarito "B".

(Defensor Público – DPE/ES – 2016 – FCC) Quanto às causas de aumento da pena, é correto afirmar que

(A) pode o juiz limitar-se a um só aumento, se houver concurso de causas previstas na parte geral do Código Penal.

(B) o respectivo acréscimo sempre pode ser integralmente compensado por igual redutor de eventual causa de diminuição, pois ausente prejuízo para o réu.

(C) deve prevalecer o acréscimo pela continuidade, ainda que se verifique concurso formal entre dois dos crimes integrantes da série continuada, segundo entendimento doutrinário e jurisprudencial.

(D) devem ser calculadas pelas circunstâncias da própria causa de aumento ou pelas circunstâncias do crime, se previstas em limites ou quantidades variáveis.

(E) a lei penal mais grave aplica-se ao crime continuado ou ao crime permanente, se a sua vigência é posterior à cessação da continuidade ou da permanência.

A: incorreta. É que, em se tratando de causas de aumento previstas na parte geral do CP, deverá o juiz aplicar todas, ou seja, não se admite compensação entre elas; a regra prevista no art. 68, parágrafo único, do CP, segundo a qual o juiz aplicará só um aumento, refere-se às causas contidas na parte especial do CP; **B:** incorreta, já que a compensação não tem lugar quando se trata de causas previstas na parte geral do CP; **C:** correta. No STJ: "1. Segundo orientação deste Superior Tribunal de Justiça, quando configurada a concorrência de concurso formal e crime continuado, aplica-se somente um aumento de pena, o relativo à continuidade delitiva. Precedentes. 2. Ocorre *bis in idem* quando há majoração da reprimenda primeiramente em razão do concurso formal, haja vista o cometimento de um delito roubo contra vítimas diferentes num mesmo contexto fático, e, em seguida, em função do reconhecimento do crime continuado em relação aos outros crimes praticados em situação semelhante de tempo e modo de execução. 3. *Habeas corpus* não conhecido. Ordem concedida de ofício apenas para afastar a exasperação imposta pelo reconhecimento do concurso formal, reduzindo-se a reprimenda para 6 (seis) anos e 8 (oito) meses de reclusão" (HC 162.987/DF, Rel. Ministro Jorge Mussi, Quinta Turma, julgado em 01.10.2013, *DJe* 08.10.2013); **D:** incorreta. É tranquilo o entendimento segundo o qual, se previstas em limites ou quantidades variáveis, as causas de aumento da pena devem ser calculadas pelas circunstâncias da própria causa, e não pelas circunstâncias do crime; **E:** incorreta, uma vez que contraria o entendimento firmado na Súmula 711 do

STF: "A lei penal mais grave aplica-se ao crime continuado ou ao crime permanente, se a sua vigência é anterior à cessação da continuidade ou da permanência".
Gabarito "C".

(Defensor Público – DPE/BA – 2016 – FCC) Sobre os efeitos da condenação,
(A) quando for aplicada pena privativa de liberdade por tempo superior a 4 anos é automática a perda de cargo, função pública ou mandato eletivo.
(B) a obrigação de indenizar o dano causado pelo crime é efeito automático da sentença penal condenatória.
(C) o perdão tácito do ofendido não é admissível no direito penal brasileiro.
(D) o perdão judicial exclui os efeitos da condenação, salvo a reincidência.
(E) a estigmatização do condenado é um efeito declarado da sentença penal condenatória.

A: incorreta. No que toca à perda do cargo, função pública ou mandato eletivo como efeito secundário de natureza extrapenal da condenação, há duas situações a considerar: se a pena privativa de liberdade aplicada for superior a quatro anos, é de rigor a perda do cargo, função ou mandato eletivo, pouco importando, neste caso, se a conduta do funcionário foi praticada com abuso de poder ou com violação de dever inerente à função pública (art. 92, I, "b", do CP). É o caso desta assertiva; agora, se a pena privativa de liberdade aplicada for inferior a quatro, a perda do cargo, função pública ou mandato eletivo do agente somente se dará se este houver agido, na prática criminosa, com abuso de poder ou violação de deveres para com a Administração Pública (art. 92, I, "a", do CP). Nas duas hipóteses, cuida-se de efeito não automático da condenação, exigindo, portanto, declaração motivada na sentença (art. 92, parágrafo único, do CP); **B:** correta. Cuida-se, de fato, de efeito automático da sentença penal condenatória (art. 91, I, do CP); **C:** incorreta. O perdão do ofendido, instituto exclusivo da ação penal de iniciativa privada, pode ser expresso ou *tácito* (art. 106, CP); **D:** incorreta, pois contraria o que estabelece o art. 120 do CP. No mesmo sentido a Súmula 18, do STJ; **E:** incorreta. Não há, na sentença penal condenatória, declaração do efeito consistente na estigmatização do condenado.
Gabarito "B".

(Defensor Público – DPE/BA – 2016 – FCC) Sobre a reincidência, é correto afirmar que
(A) não prevalece a condenação anterior, se entre a data do cumprimento ou extinção da pena e a infração posterior tiver decorrido período de tempo superior a 5 anos, computado o período de prova do livramento condicional ou do regime aberto.
(B) por violar o direito penal do autor e o princípio do *ne bis in idem*, os Tribunais Superiores reconheceram a não recepção da reincidência pela Constituição de 1988.
(C) a reincidência em contravenção dolosa impede a substituição da pena de prisão simples por restritiva de direitos.
(D) por não ser permitida a aplicação da pena de prisão ao crime de posse de drogas para uso pessoal, a reincidência não exerce influência na aplicação da pena por este crime.
(E) a reincidência em crime culposo não impede a suspensão condicional da pena.

A: incorreta, uma vez que não corresponde ao teor do art. 64, I, parte final, do CP; **B:** incorreta. O Plenário do STF reconheceu, por unanimidade, a constitucionalidade da aplicação da reincidência como circunstância agravante, não havendo que se falar em violação ao direito penal do autor e ao princípio do *ne bis in idem*. Conferir: "Surge harmônico com a Constituição Federal o inciso I do artigo 61 do Código Penal, no que prevê, como agravante, a reincidência" (RE 453000, Relator(a): Min. Marco Aurélio, Tribunal Pleno, julgado em 04.04.2013); **C:** incorreta. Não há esta vedação; **D:** incorreta, já que o art. 28, § 4º, da Lei 11.343/2006 estabelece que, sendo o réu reincidente, as penas previstas nos incisos II e III poderão ser aplicadas por tempo superior (por até 10 meses); **E:** correta, nos termos do art. 77, I, do CP.
Gabarito "E".

(Defensor Público – DPE/BA – 2016 – FCC) Sobre a determinação do regime inicial de cumprimento de pena, é correto afirmar que
(A) a pena de detenção deve ser cumprida em regime aberto ou semiaberto, salvo caso de reincidência.
(B) segundo a jurisprudência dominante do STJ, a reincidência impede o cumprimento de pena em regime semiaberto, independentemente da quantidade de pena e das circunstâncias judiciais.
(C) em caso de condenação por crime de extorsão mediante sequestro consumado, é possível a aplicação do regime semiaberto.
(D) por ser cometido com violência ou grave ameaça contra a pessoa, a condenação por roubo consumado impede a aplicação do regime aberto.
(E) em virtude do princípio da individualização da pena, a primeira fase de aplicação da pena não pode influenciar na determinação do regime.

A: incorreta, uma vez que não corresponde ao teor do art. 33, *caput*, do CP, segundo o qual a pena de detenção será cumprida em regime aberto ou semiaberto, salvo necessidade de transferência ao regime fechado (e não em caso de reincidência); **B:** incorreta, pois contraria o entendimento firmado na Súmula 269 do STJ: "É admissível a adoção do regime prisional semiaberto aos reincidentes condenados a pena igual ou inferior a quatro anos se favoráveis as circunstâncias judiciais"; **C:** correta. De fato, se a pena aplicada for de 8 anos (mínima prevista para o crime), é possível, sim, que o agente inicie o cumprimento de sua pena no regime semiaberto. Mesmo porque, como bem sabemos, o art. 2º, § 1º, da Lei 8.072/1990 (Crimes Hediondos), que estabelece o regime inicial fechado aos condenados por crimes hediondos e equiparados, foi declarado pelo STF, no julgamento do HC 111.840, inconstitucional, não havendo mais, portanto, a obrigatoriedade de fixar-se o regime inicial fechado nos crimes hediondos, como é o caso da extorsão mediante sequestro (art. 1º, IV, da Lei 8.072/1990); **D:** incorreta. O emprego de violência ou grave ameaça contra a pessoa não constitui critério para determinar o regime inicial de cumprimento da pena. No caso do roubo, se a pena aplicada for a mínima prevista (4 anos), é possível que o condenado dê início ao cumprimento da pena no regime aberto, nos termos do que estabelece o art. 33, § 2º, *c*, do CP; **E:** incorreta, pois não corresponde ao que estabelece o art. 59, III, do CP.
Gabarito "C".

(Defensoria Pública da União – CESPE – 2015) No que tange ao entendimento sumulado do STJ a respeito das espécies, da cominação e da aplicação de penas e do regime de execução de penas em espécie, julgue os itens subsecutivos.
(1) A gravidade abstrata do delito justifica o estabelecimento de regime prisional mais gravoso do que o cabível em razão da sanção imposta, independentemente de a pena-base ter sido fixada no mínimo legal.
(2) O agente considerado primário que furta coisa de pequeno valor faz jus a causa especial de diminuição de pena ou furto privilegiado, ainda que esteja presente qualificadora consistente no abuso de confiança.
(3) Se as circunstâncias judiciais forem favoráveis, o reincidente condenado à pena de quatro anos poderá ser submetido ao regime prisional semiaberto.

1: incorreta, uma vez que não reflete o entendimento consolidado na Súmula 440, do STJ: "Fixada a pena-base no mínimo legal, é vedado o estabelecimento de regime prisional mais gravoso do que o cabível em razão da sanção imposta, com base apenas na gravidade abstrata do delito"; **2:** incorreta, já que não corresponde ao entendimento firmado na Súmula 511 do STJ: "É possível o reconhecimento do privilégio previsto no § 2º do art. 155 do CP nos casos de crime de furto qualificado, se estiverem presentes a primariedade do agente, o pequeno valor da coisa e a qualificadora for de ordem objetiva"; **3:** correta, na medida em que reflete o entendimento firmado na Súmula 269 do STJ: "É admissível a adoção do regime prisional semiaberto aos reincidentes condenados a pena igual ou inferior a quatro anos se favoráveis as circunstâncias judiciais".
Gabarito 1E, 2E, 3C.

(Procurador da República –28º Concurso – 2015 – MPF) Em tema de sanções penais assinale a alternativa incorreta, consoante jurisprudência sumulada do STF:
(A) Admite-se a progressão de regime de cumprimento de pena ou a aplicação imediata de regime menos severo nela determinada, antes do trânsito em julgado da sentença condenatória;
(B) Impede a progressão de regime de execução da pena, fixada em sentença não transitada em julgado, o fato de o réu se encontrar em prisão especial;
(C) A opinião do julgador sobre a gravidade em abstrato do crime não constitui motivação idônea para a imposição de regime mais severo do que o permitido segundo a pena aplicada;
(D) A imposição de regime de cumprimento mais severo do que a pena aplicada permitir exige motivação idônea.

A: correta, uma vez que corresponde ao teor da Súmula 716, do STF: *Admite-se a progressão de regime de cumprimento da pena ou a aplicação imediata de regime menos severo nela determinada, antes do trânsito em julgado da sentença condenatória*; **B:** incorreta, uma vez que não reflete o entendimento consolidado na Súmula 717, do STF: *Não impede a progressão de regime de execução da pena, fixada em sentença não transitada em julgado, o fato de o réu se encontrar em prisão especial*; **C:** correta, uma vez que corresponde ao teor doa Súmula 718, do STF: *A opinião do julgador sobre a gravidade em abstrato do crime não constitui motivação idônea para a imposição de regime mais severo do que o permitido segundo a pena aplicada*; **D:** correta, já que reflete o entendimento firmado na Súmula 719, do STF: *A imposição de regime de cumprimento mais severo do que a pena aplicada permitir exige motivação idônea*. ED
Gabarito "B".

(Procurador da República –28º Concurso – 2015 – MPF) Em tema de sanções penais assinale a alternativa incorreta, consoante jurisprudência sumulada do STJ:
(A) É admissível a adoção do regime prisional semiaberto aos reincidentes condenados a pena igual ou inferior a quatro anos se favoráveis as circunstâncias judiciais.
(B) Fixada a pena-base no mínimo legal, é vedado o estabelecimento de regime prisional mais gravoso do que o cabível em razão da sanção imposta, com base apenas na gravidade abstrata do delito.
(C) É inadmissível a fixação de pena substitutiva (art. 44 do CP) como condição especial ao regime aberto.
(D) A falta grave interrompe o prazo para a obtenção de livramento condicional.

A: correta, uma vez que corresponde à redação da Súmula 269, do STJ: *É admissível a adoção do regime prisional semiaberto aos reincidentes condenados a pena igual ou*

inferior a quatro anos se favoráveis as circunstâncias judiciais; **B:** correta, na medida em que reflete o entendimento contido na Súmula 440, do STJ: *Fixada a pena-base no mínimo legal, é vedado o estabelecimento de regime prisional mais gravoso do que o cabível em razão da sanção imposta, com base apenas na gravidade abstrata do delito*; **C:** correta. Conferir o teor da Súmula 493, do STJ: *É inadmissível a fixação de pena substitutiva (art. 44 do CP) como condição especial ao regime aberto*; **D:** incorreta, pois em desconformidade com o entendimento sufragado na Súmula 441, do STJ, que assim dispõe: *A falta grave não interrompe o prazo para a obtenção de livramento condicional.*
Gabarito "D".

(Delegado/PE – 2016 – CESPE) Da sentença penal se extraem diversas consequências jurídicas e, quando for condenatória, emergem-se os efeitos penais e extrapenais. Acerca dos efeitos da condenação penal, assinale a opção correta.

(A) A licença de localização e de funcionamento de estabelecimento onde se verifique prática de exploração sexual de pessoa vulnerável, em caso de o proprietário ter sido condenado por esse crime, não será cassada, dada a ausência de previsão legal desse efeito da condenação penal.

(B) A condenação por crime de racismo cometido por proprietário de estabelecimento comercial sujeita o condenado à suspensão do funcionamento de seu estabelecimento, pelo prazo de até três meses, devendo esse efeitos ser motivadamente declarado na sentença penal condenatória.

(C) Segundo o CP, constitui efeito automático da condenação a perda de cargo público, quando aplicada pena privativa de liberdade por tempo igual ou superior a um ano, nos crimes praticados com abuso de poder ou violação de dever para com a administração pública.

(D) A condenação por crime de tortura acarretará a perda do cargo público e a interdição temporária para o seu exercício pelo dobro do prazo da pena aplicada, desde que fundamentada na sentença condenatória, não sendo efeito automático da condenação.

(E) A condenação penal pelo crime de maus-tratos, com pena de detenção de dois meses a um ano ou multa, ocasiona a incapacidade para o exercício do poder familiar, quando cometido pelo pai contra filho, devendo ser motivado na sentença condenatória, por não ser efeito automático.

A: incorreta, tendo em conta o teor do art. 218-B, § 3º, do CP, que estabelece que, na hipótese de punição do gerente, proprietário ou responsável pelo local em que se deu a exploração sexual, é de rigor, como efeito da condenação, a cassação da licença de localização e funcionamento do estabelecimento; **B:** correta, nos termos dos arts. 16 e 18 da Lei 7.716/1989; **C:** incorreta, na medida em que a perda do cargo público, nas circunstâncias indicadas na assertiva (art. 92, I, *a*, do CP), constitui efeito *não automático* da condenação (específico), que, por essa razão, somente pode incidir se o juiz, na sentença condenatória, declará-lo de forma motivada, justificando-o. Quanto a esse tema, cabem alguns esclarecimentos. Os efeitos da condenação contemplados no art. 91 do CP são *automáticos* (genéricos). Significa dizer que é desnecessário o pronunciamento do juiz, a esse respeito, na sentença. Já o art. 92 do CP trata dos efeitos da condenação *não automáticos* (específicos), cujo reconhecimento pressupõe decisão motivada. É este o caso, como já dissemos, da perda de cargo público; **D:** incorreta, uma vez que se trata, sim, de efeito automático da condenação por crime de tortura, sendo prescindível, portanto, que o magistrado, na sentença, expressamente assim declare. Na jurisprudência: "(...) A perda do cargo, função ou emprego público – que configura efeito extrapenal secundário – constitui consequência necessária que resulta, automaticamente, de pleno direito, da condenação penal imposta ao agente público pela prática do crime de tortura (...)" (STF, AI 769637 AgR-ED – MG, 2ª T., rel. Min. Celso de Melo, 25.06.2013); **E:** incorreta, já que a incapacidade para o exercício do poder familiar, nas circunstâncias descritas na alternativa, pressupõe que o crime praticado seja apenado com *reclusão* (art. 92, II, CP). Não é o caso do crime de maus-tratos, cuja pena cominada, na sua forma simples, é de detenção de dois meses a um ano ou multa. Com o advento da Lei 13.715/2018, importante registrar que o efeito da condenação em destaque (incapacidade para o exercício do poder familiar) ocorrerá quando praticado crimes dolosos sujeitos à pena de reclusão cometidos contra outrem igualmente titular do mesmo poder familiar, contra filho, filha ou outro descendente ou contra tutelado ou curatelado.
Gabarito "B".

(Juiz de Direito/AM – 2016 – CESPE) Determinada sentença justificou a dosimetria da pena em um crime de roubo da forma seguinte.

A culpabilidade do réu ficou comprovada, sendo a sua conduta altamente reprovável; não constam informações detalhadas sobre seus antecedentes, mas consta que ele foi anteriormente preso em flagrante acusado de roubo — embora não haja prova do trânsito em julgado da condenação — e que responde também a dois inquéritos policiais nos quais é acusado de furtar. A conduta social do réu não é boa e denota personalidade voltada para o crime; os motivos e as circunstâncias do crime não favorecem o réu; e as consequências do fato são muito graves, pois as vítimas, que em nada contribuíram para a deflagração do ato criminoso, tiveram prejuízo expressivo, já que houve desbordamento do caminho usualmente utilizado para a consumação do crime. É relevante observar que, sendo o réu pobre, semianalfabeto, sem profissão e sem emprego, muito provavelmente voltará ao crime, fato que, por si, justifica o aumento da pena-base como forma de prevenção.

Tendo em vista os elementos apresentados na justificação hipotética descrita, assinale a opção correta de acordo com a jurisprudência do STJ.

(A) Por ser inerente ao crime de roubo, compondo a fase de criminalização primária, a perda material não poderia justificar o aumento da pena-base como consequência negativa do crime.

(B) O juiz decidiu corretamente, pois apresentou justificação convincente, baseada no princípio do livre convencimento.

(C) Considerando que o réu já tinha sido preso em flagrante por roubo e, mesmo sem o trânsito em julgado da respectiva sentença, ele ainda responde a dois inquéritos policiais por furtos, justifica-se a exacerbação da pena-base.

(D) O juiz deveria ter levado em conta o fato de as vítimas em nada terem contribuído para a ocorrência do crime também como motivo para exasperação da pena-base do réu, a fim de atender as funções repressivas e preventivas da sanção penal.

(E) A exasperação da pena-base por causa da pobreza, ignorância ou desemprego caracteriza a prática do que a doutrina denomina direito penal do inimigo.

A: incorreta. A perda material (desfalque patrimonial), por si só, porque inerente ao delito de roubo, não pode levar ao aumento da pena-base; no entanto, a dimensão do desfalque patrimonial pode, sim, ser levada em conta para o fim de justificar o incremento da pena-base. Em outras palavras, se o prejuízo experimentado pela vítima do crime patrimonial for excessivo, exagerado (o enunciado fala em *prejuízo expressivo*), é de rigor a exasperação da reprimenda. Nesse sentido, conferir: "AGRAVO REGIMENTAL. HABEAS CORPUS. CONDENAÇÃO POR ROUBOS MAJORADOS. QUADRILHA. PENA-BASE. CONSEQUÊNCIAS E CIRCUNSTÂNCIAS DO DELITO. GRANDE PREJUÍZO ÀS VÍTIMAS. AUDÁCIA DA AÇÃO CRIMINOSA. ELEMENTOS QUE JUSTIFICAM A EXASPERAÇÃO. 1. Admite-se a exasperação da pena-base pela valoração negativa das consequências do delito com base no valor do prejuízo sofrido pela vítima. 2. *In casu*, considerando os altos valores subtraídos pelo grupo criminoso, mostra-se adequada a elevação da sanção inicial. 3. A forma audaciosa e o grau de coordenação com que praticados os delitos patrimoniais demonstram a maior reprovabilidade social das condutas e justificam o julgamento desfavorável das circunstâncias do crime (...)" (STJ, AgRg no HC 184.814/SP, Rel. Ministro JORGE MUSSI, QUINTA TURMA, julgado em 07.11.2013, *DJe* 21.11.2013). Nessa mesma linha: "(...) Ainda que a violência e o prejuízo material não tenham o condão de justificar, por si sós, o aumento da pena como consequências do delito, por constituírem, em regra, fatores comuns à espécie (roubo), enquanto delito patrimonial cuja prática de violência ou grave ameaça é elementar do tipo, constituem justificativa válida para o desvalor quando a violência e/ou o prejuízo se mostrarem expressivos, anormais, desbordando do caminho razoavelmente utilizado para o crime (...)" (STJ, HC 176.983/RJ, Rel. Ministro NEFI CORDEIRO, SEXTA TURMA, julgado em 03.09.2015, *DJe* 23.09.2015); **B:** incorreta, tendo em conta os comentários das assertivas, que ponderam por que a decisão não foi acertada; **C:** incorreta, uma vez que contraria o entendimento sufragado na Súmula 444, do STJ: "É vedada a utilização de inquéritos policiais e ações penais em curso para agravar a pena-base"; **D:** incorreta. O comportamento neutro da vítima não tem o condão de influenciar no estabelecimento da pena-base; E: correta. Conferir: "(...) Não enseja nenhum tipo de mácula ao ordenamento penal o fato de o Paciente não ter boas condições econômicas, ou ser assistido pela Defensoria Pública, sendo evidente que tais circunstâncias não podem ser consideradas como desfavoráveis. Admitir-se o contrário seria referendar verdadeira prática do que a doutrina denomina Direito Penal do Inimigo" (STJ, HC 152.144/ES, Rel. Ministra LAURITA VAZ, QUINTA TURMA, julgado em 28.06.2011, *DJe* 01.08.2011).
Gabarito "E".

(Juiz de Direito/AM – 2016 – CESPE) Um policial militar, em dia de folga e vestido com traje civil, se embriagou voluntariamente e saiu à rua armado, decidido a roubar um carro. Empunhando seu revólver particular, ele abordou um motorista e o ameaçou, obrigando-o a descer do automóvel. A vítima obedeceu, mas, ao perceber a embriaguez do assaltante, saiu correndo com as chaves do carro. Deparando-se adiante com uma viatura da polícia militar, relatou o ocorrido aos componentes da guarnição, que foram ao local e prenderam o policial em flagrante. Em decorrência de tais fatos, o policial foi submetido a processo penal que resultou na sua condenação em três anos, dez meses e vinte dias de reclusão pela tentativa de roubo.

Com referência a essa situação hipotética, assinale a opção correta de acordo com a jurisprudência do STJ.

(A) Estando ausente qualquer relação da ação com o exercício do cargo público, a exoneração do serviço público como efeito da condenação extrapolaria as funções repressivas e preventivas da sanção penal.

(B) Na hipótese descrita, em casos semelhantes, sendo a pena privativa de liberdade inferior a quatro anos, a condenação por si só nunca implica a perda do cargo público.

(C) O policial militar não praticou crime funcional típico porquanto o delito previsto no art. 157 do CP — Subtrair coisa móvel alheia, para si ou para outrem, mediante grave ameaça ou violência à pessoa — é comum e, por isso, o réu em questão não poderia ser afastado do cargo.

(D) O agente não responderia por crime doloso porque estava em estado de embriaguez, sendo incapaz de entender o caráter criminoso de suas ações.

(E) O policial militar, mesmo fora do exercício da função, violou dever inerente a ela, porque está vinculado à administração pública no exercício das atividades cotidianas, sendo cabível a perda do cargo como efeito da condenação.

No que toca à perda do cargo, função pública ou mandato eletivo como efeito secundário de natureza extrapenal da condenação, há duas situações a considerar: se a pena privativa de liberdade aplicada for superior a quatro anos, é de rigor a perda do cargo, função ou mandato eletivo, pouco importando, neste caso, se a conduta do funcionário foi praticada com abuso de poder ou com violação de dever inerente à função pública (art. 92, I, "b", do CP); agora, se a pena privativa de liberdade aplicada for igual ou superior a um ano (mas inferior a quatro), a perda do cargo, função pública ou mandato eletivo do agente somente se dará se este houver agido, na prática criminosa, com abuso de poder ou violação de deveres para com a Administração Pública (art. 92, I, "a", do CP). Nas duas hipóteses, cuida-se de efeito não automático da condenação, exigindo, portanto, declaração motivada na sentença (art. 92, parágrafo único, do CP). O caso narrado no enunciado contempla hipótese de violação de dever para com a Administração Pública (art. 92, I, "b", do CP), razão por que, mesmo sendo a pena impingida ao policial inferior a quatro anos, é de rigor a perda do cargo público. Na jurisprudência do STJ: "(...) Segundo o art. 92, inciso I, alínea "a", do CP, sendo a pena privativa de liberdade inferior a quatro anos, a decretação de perda do cargo público só pode ocorrer na hipótese em que o crime tenha sido cometido com abuso de poder ou com a violação de dever para com a Administração Pública. Da análise dos elementos apresentados pela Corte de origem, verifica-se que o crime, embora não tenha sido praticado com abuso de poder, uma vez que o policial militar não estava de serviço, nem se valeu do cargo, foi executado com evidente violação de dever para com a Administração Pública. O réu, ora recorrido, é policial militar e, embora não estivesse no exercício de sua função, violou dever inerente a suas funções como policial, bem como para com a administração pública, uma vez que encontra-se vinculado a esta no exercício de suas atividades diárias. O roubo por policial militar deve ser caracterizado como uma infração gravíssima para com a Administração, a uma, em razão da relação de subordinação do policial àquela, a duas, porque é inerente às funções do policial militar coibir o roubo e reprimir a prática de crimes. Assim, correta a decisão de afastar dos quadros da polícia pessoa envolvida no crime de roubo, por ferir dever inerente à função de policial militar, pago pelo Estado justamente para combater o crime e resguardar a população (...)" (REsp 1561248/GO, Rel. Ministro REYNALDO SOARES DA FONSECA, QUINTA TURMA, julgado em 24.11.2015, DJe 01.12.2015). No que se refere à assertiva "D", pelo fato do CP haver adotado, em matéria de embriaguez, a teoria da *actio libera in causa*, não há que se falar em exclusão da imputabilidade penal na hipótese de o agente se embriagar com o fim de encorajar-se para a prática criminosa.

Gabarito "E".

Texto para as duas próximas questões
Júlio foi denunciado em razão de haver disparado tiros de revólver, dentro da própria casa, contra Laura, sua companheira, porque ela escondera a arma, adquirida dois meses atrás. Ele não tinha licença expedida por autoridade competente para possuir tal arma, e a mulher tratou de escondê-la porque viu Júlio discutindo asperamente com um vizinho e temia que ele pudesse usá-la contra esse desafeto. Raivoso, Júlio adentrou a casa, procurou em vão o revólver e, não o achando, ameaçou Laura, constrangendo-a a devolver-lhe a arma. Uma vez na sua posse, ele disparou vários tiros contra Laura, ferindo-a gravemente e também atingindo o filho comum, com nove anos de idade, por erro de pontaria, matando-o instantaneamente. Laura só sobreviveu em razão de pronto e eficaz atendimento médico de urgência.

(Juiz de Direito/AM – 2016 – CESPE) Com referência à situação hipotética descrita no texto anterior, assinale a opção correta de acordo com a jurisprudência do STJ.

(A) Júlio cometeu homicídio doloso contra Laura e culposo contra o filho, porque não teve intenção de matá-lo.
(B) Júlio deverá responder por dois homicídios dolosos, sendo um consumado e o outro tentado, e as penas serão aplicadas cumulativamente, por concurso material de crimes, já que houve desígnios distintos nos dois resultados danosos.
(C) A hipótese configura *aberractio ictus*, devendo Júlio responder por duplo homicídio doloso, um consumado e outro tentado, com as penas aplicadas em concurso formal de crimes, sem se levar em conta as condições pessoais da vítima atingida acidentalmente.
(D) O fato configura duplo homicídio doloso, consumado contra o filho, e tentado contra Laura, e, em razão de aquele ter menos de quatorze anos, a pena deverá ser aumentada em um terço.
(E) Houve, na situação considerada, homicídio privilegiado consumado, considerando que Júlio agiu impelido sob o domínio de violenta emoção depois de ter sido provocado por Laura.

Segundo consta, com o propósito de matar sua esposa, contra ela Júlio desfere vários disparos de arma de fogo, ferindo-a gravemente. A morte somente não se concretizou porque a vítima foi prontamente socorrida e atendida (circunstância alheia à vontade de Júlio). Até aqui, Júlio cometeu tentativa de homicídio contra Laura. Sucede que, ao efetuar os disparos, Júlio também atingiu, por erro de pontaria e, portanto, de forma não intencional, o filho do casal, que, em razão disso, veio a falecer. Temos, portanto, dois crimes: tentativa de homicídio contra Laura e homicídio consumado contra o filho do casal. É o caso de aplicar, bem por isso, a regra presente no art. 73, segunda parte, do CP, que trata da chamada *aberratio ictus* com resultado duplo. Em vez de atingir somente a pessoa visada (esposa), também foi atingida pessoa diversa (filho). Em conformidade com o dispositivo a que fizemos menção, deve ser aplicado o *concurso formal* do art. 70 do CP. Seria então o caso de aplicar a pena correspondente ao crime mais grave acrescida de 1/6 até 1/2. Levam-se em conta, neste caso, as características da pessoa que o agente queria atingir (Laura).

Gabarito "C".

(Juiz de Direito/AM – 2016 – CESPE) Ainda com referência à situação hipotética descrita no texto anterior e a aspectos legais a ela pertinentes, assinale a opção correta com respaldo na jurisprudência do STJ.

(A) Além dos crimes de homicídio, Júlio responderá em concurso material pelo crime de posse irregular de arma de fogo, uma vez que, ao mantê-la guardada em sua residência durante mais de dois meses, já havia consumado esse crime.
(B) Opera-se o fenômeno da consunção entre o ato de possuir arma de fogo sem autorização legal e o ato de dispará-la com ânimo de matar, uma vez que o crime mais grave sempre absorve o menos grave.
(C) O fato de Júlio possuir guardado na sua casa, fora do alcance de crianças, um revólver municiado constitui *ante factum* não punível em relação ao homicídio posteriormente praticado.
(D) Laura também deverá responder pelo fato de haver escondido o revólver dentro da residência, sabendo ou devendo saber ser proibido deter sua posse sem licença da autoridade competente.
(E) O fato de possuir um revólver guardado em casa e posteriormente utilizá-lo para praticar homicídio pode caracterizar continuidade delitiva.

Somente terá incidência o princípio da consunção quando os fatos definidos como crime se derem no mesmo contexto fático. Pelo enunciado, resta claro que o delito de posse irregular de arma de fogo se consumara em momento bem anterior à prática da tentativa de homicídio contra Laura. A propósito, a intenção de matar Laura somente surgiu porque esta escondera a arma adquirida por Júlio. São contextos fáticos, portanto, distintos. Impõe-se, por essa razão, o reconhecimento do concurso de crimes. Na jurisprudência: "(...) 1. Para a aplicação do princípio da consunção, pressupõe-se a existência de ilícitos penais chamados de consuntos, que funcionam apenas como estágio de preparação ou de execução, ou como condutas, anteriores ou posteriores de outro delito mais grave, nos termos do brocardo *lex consumens derogat legi consumptae*. 2. A conduta de portar arma ilegalmente não pode ser absorvida pelo crime de homicídio, quando restar evidenciada a existência de crimes autônomos, sem nexo de dependência ou subordinação. 3. *Habeas corpus* denegado" (STJ, HC 217.321/SP, Rel. Ministra LAURITA VAZ, QUINTA TURMA, julgado em 27.08.2013, DJe 04.09.2013).

Gabarito "A".

(Analista – Judiciário –TRE/PI – 2016 – CESPE) Assinale a opção correta, no que se refere ao concurso de crimes.

(A) Não se admite a suspensão condicional do processo se a soma da pena mínima com o aumento mínimo de um sexto for superior a um ano.
(B) Não se aplica a continuidade delitiva quando os delitos atingirem bens jurídicos personalíssimos de pessoas diversas, segundo o entendimento do Supremo Tribunal Federal.
(C) O Supremo Tribunal Federal admite a continuidade delitiva entre os crimes de furto e roubo.
(D) Configura-se concurso material a ação única lesiva ao patrimônio de diversas pessoas.
(E) Conforme o entendimento do Superior Tribunal de Justiça, não se aplica o princípio da consunção entre os crimes de falsidade e estelionato, por se tratar de caso de aplicação do concurso formal.

A: correta, já que retrata o entendimento sufragado nas Súmulas 723, do STF, e 243, do STJ; **B:** incorreta. Conferir, nesse sentido, o seguinte julgado do STF: "Nos termos da atual jurisprudência do STF, formada após a Reforma Penal de 1984 (art. 71, parágrafo único, do CP), a circunstância de os delitos praticados atingirem bens jurídicos personalíssimos de pessoas diversas não impede a continuação delitiva (...)" (HC 81579, Relator(a): Min. ILMAR GALVÃO, Primeira Turma, julgado em 19.02.2002, DJ 05.04.2002); **C:** incorreta. Nesse sentido: "A pretensão defensiva esbarra em vários pronunciamentos do Supremo Tribunal Federal. Pronunciamentos no sentido da impossibilidade do reconhecimento do fenômeno da continuidade delitiva (art. 71 do Código Penal) entre os delitos de roubo e de furto" (HC 96984, Relator(a): Min. AYRES BRITTO, Segunda Turma, julgado em 05.10.2010); **D:** incorreta, na medida em que o concurso material pressupõe que o agente, mediante mais de uma ação ou omissão, pratique dois ou mais crimes (art. 69 do CP); **E:** incorreta, uma vez que contraria o entendimento consolidado na Súmula 17, do STJ: *Quando o falso se exaure no estelionato, sem mais potencialidade lesiva, é por este absorvido*".

Gabarito "A".

(Juiz de Direito/DF – 2016 – CESPE) Considerando as orientações legais relativas a aplicação de penas, assinale a opção correta.

(A) Havendo concurso formal de delitos, em que o agente, mediante uma só ação ou omissão, pratica dois ou mais crimes, idênticos ou não, aplicar-se-á a pena privativa de liberdade mais grave, ou, se as penas forem iguais, aplicar-se-á apenas uma delas, majorada, em qualquer caso, de um sexto até metade, sem prejuízo de eventual cumulação de penas, nas situações em que a ação ou a omissão for dolosa, e os crimes resultarem de desígnios autônomos.

(B) As agravantes e as atenuantes previstas no CP são *numerus clausus*, ou seja, não é possível invocar circunstância atenuante ou agravante que não tenha sido expressamente prevista no texto legal.

(C) No caso de concurso material de delitos, quando os crimes forem praticados, mediante mais de uma ação ou omissão, e resultarem na aplicação cumulativa de penas de reclusão e detenção, o agente deverá cumprir, primeiramente, a pena de detenção.

(D) O agente, condenado por sentença transitada em julgado pela prática de crime de motim, será considerado reincidente, em caso de sentença condenatória por crime de furto.

(E) Se, no curso do prazo, o agente cometer novo crime doloso ou culposo, a suspensão condicional da pena deverá ser revogada; no entanto, se o beneficiado for condenado, irrecorrivelmente, por contravenção penal à pena privativa de liberdade, a revogação será facultativa.

A: correta, pois corresponde à descrição contida no art. 70 do CP, que trata do concurso formal de crimes; **B:** incorreta. É verdade que o rol de agravantes (art. 61 do CP) é taxativo, sendo defeso ao juiz, pois, utilizar-se, no processo de fixação da pena, de qualquer expediente para ampliar as hipóteses de incidência; no que concerne às atenuantes, listadas no art. 65 do CP, o art. 66 do CP prevê, de forma expressa, a possibilidade de o magistrado atenuar a pena em razão de circunstância relevante, anterior ou posterior ao crime, embora não prevista expressamente em lei; **C:** incorreta. Por expressa disposição do art. 69, *caput*, parte final, do CP, o agente, em casos assim, deverá cumprir, em primeiro lugar, a pena de reclusão; **D:** incorreta, já que contraria o disposto no art. 64, II, do CP; **E:** incorreta (art. 81, I, do CP).
Gabarito "A".

(Juiz de Direito/DF – 2016 – CESPE) À luz da jurisprudência sumulada do STJ, assinale a opção correta referente à aplicação da pena.

(A) Em decorrência do princípio da individualização da pena, é possível aplicar a majorante do roubo ao delito de furto qualificado pelo concurso de agentes, desde que essa ação seja fundamentada nas circunstâncias do caso concreto.

(B) Ainda que a pena-base tenha sido fixada no mínimo legal, é admissível a fixação de regime prisional mais gravoso que o cabível, em razão da sanção imposta, com fundamento na gravidade concreta ou abstrata do delito.

(C) Embora seja vedada a utilização de inquéritos policiais em andamento para aumentar a pena-base, é possível a utilização de ações penais em curso para requerer o aumento da referida pena.

(D) É inadmissível a fixação de pena restritiva de direitos substitutiva da pena privativa de liberdade como condição judicial especial ao regime aberto.

(E) O número de majorantes referentes ao delito de roubo circunstanciado pode ser utilizado como critério para a exasperação da fração incidente pela causa de aumento da pena.

A: incorreta, uma vez que não reflete o entendimento consolidado na Súmula 442, do STJ: *É inadmissível aplicar, no furto qualificado, pelo concurso de agentes, a majorante do roubo*; **B:** incorreta, uma vez que não reflete o entendimento consolidado na Súmula 440, do STJ: *Fixada a pena-base no mínimo legal, é vedado o estabelecimento de regime prisional mais gravoso do que o cabível em razão da sanção imposta, com base apenas na gravidade abstrata do delito*; **C:** incorreta, uma vez que não reflete o entendimento consolidado na Súmula 444, do STJ: *É vedada a utilização de inquéritos policiais e ações penais em curso para agravar a pena-base*; **D:** correta, uma vez que reflete o entendimento consolidado na Súmula 493, do STJ: *É inadmissível a fixação de pena substitutiva (art. 44 do CP) como condição especial ao regime aberto*; **E:** incorreta, uma vez que não reflete o entendimento consolidado na Súmula 443, do STJ: *O aumento na terceira fase de aplicação da pena no crime de roubo circunstanciado exige fundamentação concreta, não sendo suficiente para a sua exasperação a mera indicação do número de majorantes*.
Gabarito "D".

(Magistratura/GO – 2015 – FCC) Por disposição legal, a culpabilidade, os antecedentes, a conduta social e a personalidade do agente, bem como os motivos e as circunstâncias do crime, devem servir de parâmetro para o cálculo de

(A) diminuição da pena pelo arrependimento posterior.
(B) aumento da pena pelo crime continuado comum.
(C) aumento da pena pelo concurso formal próprio.
(D) diminuição da pena por semi-imputabilidade.
(E) aumento da pena pelo crime continuado específico.

A: incorreta. Para o cálculo da diminuição da pena pelo arrependimento posterior (art. 16, CP), que varia de um a dois terços, a doutrina se posiciona no sentido de que "quanto mais rápida e mais verdadeira, maior será a reparação" (Cleber Masson, Código Penal Comentado, edição 2014, p. 121, Ed. Método). Assim, diz-se que os parâmetros para a diminuição de pena pelo arrependimento posterior são a celeridade e voluntariedade da reparação do dano ou restituição da coisa; **B:** incorreta. O aumento da pena pelo crime continuado comum (art. 71, *caput*, do CP), variável de um sexto a dois terços, decorre exclusivamente da quantidade de crimes praticados pelo agente. Assim, se praticados dois crimes, a pena será aumentada em um sexto; três crimes, em um quinto; quatro crimes, em um quarto; cinco crimes, em um terço; seis crimes, em metade; sete ou mais crimes, o máximo de dois terços. Esse é o entendimento da jurisprudência (STF, HC 99.245/RJ, conforme noticiado no Informativo 639; STJ, AgRg nos EDcl no AResp 267.637, 6ª Turma, j. 13.08.2013); **C:** incorreta. No concurso formal próprio (ou perfeito), que se caracteriza pelo fato de o agente praticar dois ou mais crimes, idênticos ou não, com unidade de desígnios, o aumento da pena, variável de um sexto até a metade, leva em consideração o número de crimes cometidos pelo agente (STJ, HC 284.951/MG, 5ª Turma, j. 08.04.2014); **D:** incorreta. Reconhecida a semi-imputabilidade do agente (também chamada de imputabilidade reduzida ou restrita), nos termos do art. 26, parágrafo único, do CP, sua pena será reduzida de um a dois terços. De acordo com o STJ, "a diminuição da pena, nessa situação, deve ser avaliada de acordo com o grau de deficiência intelectiva do réu, vale dizer, de sua capacidade de autodeterminação" (HC 167.376/SP, 5ª Turma, j. 23.09.2014, Informativo 547); **E:** correta. De fato, nos termos do art. 71, parágrafo único, do CP, que trata do denominado "crime continuado específico", nos crimes dolosos, contra vítimas diferentes, cometidos com violência ou grave ameaça à pessoa, aplica-se a pena de qualquer dos crimes, se idênticas, ou a mais grave, se diversas, aumentada até o triplo. Para tanto, o juiz observará a culpabilidade, os antecedentes, a conduta social e a personalidade do agente, bem como os motivos e as circunstâncias dos crimes.
Gabarito "E".

(Magistratura/RR – 2015 – FCC) No concurso formal,

(A) aplica-se a mais grave das penas cabíveis ou, se iguais, somente uma delas, mas aumentada, em qualquer caso, de um sexto até a metade, ainda que os crimes concorrentes resultem de desígnios autônomos.
(B) a pena poderá exceder a que seria cabível pela regra do concurso material.
(C) o agente, mediante uma só ação ou omissão, desde que necessariamente dolosa, pratica dois ou mais crimes.
(D) a pena de multa deverá receber o mesmo acréscimo imposto à pena privativa de liberdade.
(E) aplicável a suspensão condicional do processo, segundo entendimento sumulado, quando a pena mínima cominada, seja pelo somatório, seja pela incidência da majorante, não ultrapassar o limite de 1 (um) ano.

A: incorreta. No concurso formal denominado de perfeito ou próprio (art. 70, *caput*, 1ª parte, do CP), a pena será aumentada de um sexto até a metade quando os diversos crimes praticados pelo agente decorrerem de um só desígnio delituoso. Aqui, o CP adotou o sistema da exasperação. Já se o agente atuar com desígnios autônomos (ou pluralidade de desígnios), estaremos diante do concurso formal imperfeito ou impróprio, que, nos termos do art. 70, *caput*, 2ª parte, do CP, adota o sistema do cúmulo material, ou seja, as penas serão somadas; **B:** incorreta. Nos termos do art. 70, parágrafo único, do CP, a pena não poderá exceder a que seria cabível pela regra do concurso material. Assim, quando o sistema da exasperação afigurar-se prejudicial ao agente, deverá ser adotado o do cúmulo material, razão por que tal situação é denominada de cúmulo material benéfico; **C:** incorreta. O concurso formal poderá ocorrer mediante a prática de crimes dolosos ou culposos, não havendo qualquer distinção na lei acerca do elemento subjetivo do crime (art. 70 do CP); **D:** incorreta. Em caso de concurso de crimes, a pena de multa será aplicada distinta e integralmente (art. 72 do CP), aplicando-se, portanto, o sistema do cúmulo material; **E:** correta. Nos termos da Súmula 243 do STJ, "o benefício da suspensão condicional do processo não é aplicável em relação às infrações penais cometidas em concurso material, concurso formal ou continuidade delitiva, quando a pena mínima cominada, seja pelo somatório, seja pela incidência da majorante, ultrapassar o limite de 01 ano". No mesmo sentido o STF, que, na Súmula 723 dispõe que "não se admite a suspensão condicional do processo por crime continuado, se a soma da pena mínima da infração mais grave com o aumento mínimo de 1/6 for superior a um ano".
Gabarito "E".

(Magistratura/RR – 2015 – FCC) No concurso de causas de aumento ou de diminuição,

(A) o juiz pode limitar-se a um só aumento ou a uma só diminuição, prevalecendo, todavia, a causa que menos aumente ou diminua.
(B) todas devem ser aplicadas, se previstas na parte geral do Código Penal.
(C) o juiz pode limitar-se a um só aumento ou a uma só diminuição, independentemente de a causa ser prevista na parte especial ou geral do Código Penal.
(D) a pena deve aproximar-se do limite indicado pelas circunstâncias preponderantes, entendendo-se como tais as que resultam dos motivos determinantes do crime, da personalidade e da reincidência.
(E) o juiz pode limitar-se a um só aumento ou a uma só diminuição, prevalecendo, todavia, a causa que mais aumenta e mais diminua.

A: incorreta. Nos termos do art. 68, parágrafo único, do CP, no concurso de causas de aumento ou de diminuição previstas na parte especial, o juiz pode limitar-se a um só aumento ou a uma só diminuição, prevalecendo, todavia, a causa que mais aumente ou diminua; **B:** correta. Da leitura do art. 68, parágrafo único, do CP, haverá a aplicação de apenas uma das causas de aumento ou de diminuição de pena quando previstas na parte especial. Conclui-se,

daí, que, se previstas na parte geral, todas devem ser aplicadas, desde que obrigatórias; **C:** incorreta. Como visto, o juiz pode limitar-se a um só aumento ou diminuição se as causas majorantes ou minorantes estiverem previstas na parte especial do CP; **D:** incorreta. O conteúdo da assertiva diz respeito ao concurso de circunstâncias atenuantes e agravantes (art. 67 do CP), e não de causas de diminuição e aumento de pena; **E:** incorreta. O art. 68, parágrafo único, do CP, deixa claro que havendo o concurso de causas de aumento ou de diminuição de pena, desde que previstas na parte especial, o juiz poderá limitar-se a um só aumento ou diminuição, aplicando a causa que mais aumento ou a que mais diminua.
Gabarito "B".

(Magistratura/SC – 2015 – FCC) Na hipótese de concurso de pessoas instantâneo, entre um adulto e um adolescente, para a prática de roubo, sem que o adulto esteja animado por desígnio autônomo para corromper especificamente o adolescente para a prática do roubo, estabelece-se entre os delitos de roubo e corrupção de menores a seguinte modalidade de concurso de crimes:

(A) Não há concurso de crimes entre os delitos de roubo e corrupção de menores.
(B) Concurso formal impróprio.
(C) Concurso formal.
(D) Concurso material.
(E) Crime continuado.

De acordo com o enunciado, que sugere a inexistência de prévio ajuste entre o adulto e o adolescente (muito embora o prévio ajuste seja desnecessário para a caracterização do concurso de pessoas), se aquele e este praticarem um roubo, haverá, para o imputável, a atribuição daquele crime patrimonial, em concurso formal com corrupção de menores (art. 244-B do ECA). É que o adulto, mediante uma só ação, no mesmo contexto fático, praticou dois crimes (roubo e corrupção de menores). A proposição trazida na questão foi clara: o adulto não tinha o desígnio autônomo de corromper o adolescente para a prática do roubo. Portanto, não se pode cogitar de concurso formal impróprio (que exige pluralidade de desígnios – art. 70, *caput*, segunda parte, do CP), nem de concurso material (que pressupõe pluralidade de ações ou omissões – art. 69 do CP) ou crime continuado (que também pressupõe que o agente, mediante uma só ação ou omissão, pratique dois ou mais crimes, e desde que da mesma espécie, o que não é o caso dos delitos de roubo e corrupção de menores). Assim, correta apenas a alternativa C.
Gabarito "C".

(Magistratura/SC – 2015 – FCC) Sobre a utilização de inquéritos policiais ou as ações penais em curso como fundamento para aumentar a pena, é correto afirmar:

(A) É cabível na segunda fase e terceira fase de individualização da pena, mas não pode intervir sobre a fixação da pena-base.
(B) Embora não esteja expressamente prevista como circunstância agravante, pode ser considerada agravante genérica com especial permissão de emprego no processo individualizador da pena.
(C) Integra espectro compreendido no chamado princípio do livre convencimento do juiz que pode utilizá-la como causa geral de aumento de pena.
(D) É considerada circunstância agravante expressamente prevista no art. 61 do Código Penal.
(E) Não é reconhecida pela jurisprudência do Superior Tribunal de Justiça que editou, inclusive, súmula sobre o tema.

Nos termos da Súmula 444 do STJ, é vedada a utilização de inquéritos policiais e ações penais em curso para agravar a pena-base. Assim, referido verbete foi editado em homenagem ao princípio constitucional da não culpabilidade ou do estado de inocência, razão por que inquéritos ou ações penais em trâmite não poderão ser utilizados como circunstância judicial desfavorável na primeira fase da dosimetria da pena, nem como circunstância agravante (inclusive pela falta de previsão nos arts. 61 e 62 do CP). Correta, portanto, a alternativa E.
Gabarito "E".

(DPE/PE – 2015 – CESPE) Com relação ao concurso de crimes, julgue os seguintes itens.

(1) O concurso formal próprio distingue-se do concurso formal impróprio pelo elemento subjetivo do agente, ou seja, pela existência ou não de desígnios autônomos.
(2) O cálculo da prescrição da pretensão punitiva no concurso de crimes é feito isoladamente para cada um dos crimes praticados, desconsiderando-se o acréscimo decorrente do concurso formal ou material ou da continuidade delitiva.

1: correta. Divide-se o concurso formal em próprio (ou perfeito) e impróprio (ou imperfeito). Fala-se em concurso formal próprio quando o agente, agindo com um só desígnio, mediante uma ação ou omissão, pratica dois ou mais crimes, idênticos ou não. Diverso é o concurso formal impróprio, que se dá quando o agente, mediante uma só ação ou omissão, pratica dois ou mais crimes, idênticos ou não, com pluralidade de desígnios. Assim, a distinção entre as duas subespécies de concurso formal reside no elemento subjetivo do agente, ou seja, agir com unidade ou pluralidade de desígnios; **2:** correta. Nos termos do art. 119 do CP, em caso de concurso de crimes, a prescrição atingirá cada um deles, isoladamente. Assim, as penas devem ser consideradas sem os acréscimos decorrentes da aplicação das regras contidas nos arts. 69 a 71 do CP.
Gabarito 1C, 2C.

(Promotor de Justiça/PR – 2013 – X) Segundo entendimentos sumulados do Superior Tribunal de Justiça, assinale a alternativa incorreta:

(A) A reincidência não influi no prazo da prescrição da pretensão punitiva;
(B) Em caso de desclassificação do crime de homicídio para o de lesões corporais pelo Tribunal do Júri, a decisão de pronúncia deixa de ser considerada causa interruptiva da prescrição;
(C) É vedada a utilização de inquéritos policiais e ações penais em curso para agravar a pena-base;
(D) A sentença concessiva do perdão judicial é declaratória da extinção da punibilidade, não subsistindo qualquer efeito condenatório;
(E) É inadmissível a fixação de pena substitutiva (art. 44 do CP) como condição especial ao regime aberto.

A: correta (Súmula 220 do STJ); **B:** incorreta, devendo ser assinalada. É que, mesmo se houver a desclassificação do homicídio para o crime de lesões corporais na segunda fase do rito escalonado do Júri, a decisão de pronúncia continua a ser considerada causa interruptiva da prescrição (Súmula 191 do STJ); **C:** correta (Súmula 444 do STJ); **D:** correta (Súmula 18 do STJ); **E:** correta (Súmula 493 do STJ).
Gabarito "B".

(Juiz de Direito/CE – 2014 – FCC) Na aplicação das penas,

(A) é aceito pela jurisprudência que, incidindo duas qualificadoras, uma sirva de circunstância agravante, se assim prevista.
(B) a diminuição pela atenuante da confissão espontânea deve incidir depois do acréscimo pelo concurso formal.
(C) pode o juiz limitar-se a um só aumento ou a uma só diminuição no caso de concurso de causas de aumento ou de diminuição previstas na parte geral do Código Penal, sempre prevalecendo a que mais diminua.
(D) o acréscimo pelo concurso formal não pode conduzir a pena superior à que seria cabível pela regra do concurso material, diversamente do que se verifica em relação ao crime continuado.
(E) é possível o estabelecimento de regime prisional mais gravoso do que o cabível em razão da sanção imposta, ainda que fixada a pena-base no mínimo legal, ante a gravidade abstrata do delito, segundo entendimento sumulado do Superior Tribunal de Justiça.

A: correta. De fato, a jurisprudência vem admitindo que, havendo pluralidade de qualificadoras, apenas uma servirá como fundamento para deslocar a pena a novos patamares, sendo que as demais incidirão como circunstâncias agravantes, desde que haja correspondência na lei, ou, em caso negativo, com circunstância judicial do art. 59 do CP. Nesse sentido: STJ, HC 173727/RJ, Rel. Min. Laurita Vaz, 5ª Turma, DJe 04.04.2011; **B:** incorreta. Nos termos do art. 68, *caput*, do CP, há uma sequência a ser observada para a incidência das causas modificadoras da pena. Na primeira fase, é sabido que incidem as circunstâncias judiciais (art. 59, CP). Na segunda etapa do sistema trifásico, serão observadas, nesta ordem, as circunstâncias atenuantes e agravantes e, finalmente (terceira fase), as causas de diminuição e aumento de pena. Perceba que, primeiramente, a pena será atenuada para, somente então, sofrer a incidência da(s) agravante(s). O mesmo se pode dizer no tocante às causas de diminuição e aumento de pena. Portanto, havendo a atenuante da confissão espontânea (art. 65, III, "d", CP) e, também, o acréscimo pelo concurso formal (art. 70, CP), primeiramente incidirá aquela – que será considerada na segunda fase da dosimetria da pena -, para, somente então, incidir este último – considerado causa de aumento de pena (terceira fase da fixação da reprimenda); **C:** incorreta. Nos termos do art. 68, parágrafo único, do CP, no concurso de causas de aumento ou de diminuição previstas na parte especial, pode o juiz limitar-se a um só aumento ou uma só diminuição, prevalecendo, todavia, a causa que mais aumente ou diminua (e não somente a que mais diminua, tal como consta na assertiva); **D:** incorreta. Tanto em caso de concurso formal (art. 70, parágrafo único, CP) quanto de continuidade delitiva (art. 71, parágrafo único, parte final, CP), se a exasperação da pena superar a soma das penas de cada um dos delitos, levar-se-á em consideração a regra do cúmulo material (art. 69, CP). É o que se chama de *cúmulo material benéfico*; **E:** incorreta. Nos termos da Súmula 440 do STJ, fixada a pena-base no mínimo legal, é vedado o estabelecimento de regime prisional mais gravoso do que o cabível em razão da sanção imposta, com base apenas na gravidade abstrata do delito.
Gabarito "A".

(Promotor de Justiça/DF – 2013) Indique a assertiva **CORRETA** entre os itens seguintes:

(A) A teoria da prevenção especial negativa tem por finalidade essencial evitar a reincidência do agente.
(B) Para efeito de reincidência, não prevalece a condenação anterior se, entre a data do trânsito em julgado e a infração posterior, tiver decorrido período de tempo superior a 05 (cinco) anos.
(C) A teor do artigo 68 do Código Penal, que estabelece o sistema trifásico de aplicação da pena, é possível a compensação de circunstâncias judiciais com circunstâncias legais.
(D) A detração de que trata o Código Penal não se aplica à medida de segurança, sendo inviável o cômputo de internação provisória para antecipação da liberação ou da realização do exame de averiguação de periculosidade.
(E) O critério para dosar-se o aumento de pena no crime continuado é o do maior ou menor grau de reprovação da conduta ao agente.

A: correta. De fato, a teoria da prevenção especial negativa, dirigida à pessoa do agente delitivo, almeja, com a imposição da pena, evitar a reincidência, desestimulando-se o condenado a incorrer em novas infrações penais; B: incorreta. Não prevalecerá a condenação anterior, para fins de reincidência, se entre a data do *cumprimento ou extinção da pena* (e não a *data do trânsito em julgado*) e a infração posterior, tiver decorrido período de tempo superior a 05 (cinco) anos, nos termos do art. 64, I, CP; C: incorreta. O art. 68 do CP não autoriza, em momento algum, a compensação de circunstâncias judiciais (art. 59, CP) com circunstâncias legais (ex.: atenuantes e agravantes); D: incorreta. Nos termos do art. 42 do CP, será computado na pena privativa de liberdade e na medida de segurança o tempo de prisão provisória e o de internação (inclusive a provisória, que, à luz do art. 319, VII, do CPP, é medida cautelar diversa da prisão). É assente na doutrina e jurisprudência que o tempo de prisão cautelar e, também, o de internação provisória, serão levados em conta, por exemplo, para a antecipação do exame de cessação de periculosidade, que, em regra, será feito ao término do prazo mínimo de duração da medida de segurança, que é de um a três anos (art. 97, § 1º, CP); E: incorreta. Adota-se como critério para a dosagem do aumento de pena decorrente do reconhecimento do crime continuado (art. 71 do CP) a quantidade de crimes ou delitos parcelares. Assim, dado que a exasperação por referida espécie de concurso de crimes é de 1/6 a 2/3, a dosagem da pena será feita da seguinte forma: i) dois crimes = aumento de 1/6; ii) três crimes = aumento de 1/5; iii) quatro crimes = aumento de 1/4; iv) cinco crimes = aumento de 1/3; vi) seis crimes = aumento de 1/2; vii) sete ou mais crimes = aumento de 2/3.

Gabarito "A".

(Promotor de Justiça/DF – 2013) Indique o item **CORRETO**, nos termos da legislação aplicável e da jurisprudência dos Tribunais Superiores:

(A) Para fins de livramento condicional, não poderá o sentenciado valer-se da soma de penas que, isoladamente, não alcancem o patamar de 02 (dois) anos.
(B) O condenado por crimes comuns a penas cujo somatório for superior a 30 (trinta) anos preenche requisito objetivo para progressão ao regime semiaberto ao cumprir 05 (cinco) anos de sua reprimenda em regime fechado.
(C) A aplicação de lei penal superveniente mais benigna ao agente, após o trânsito em julgado da sentença que o condenou, demanda ajuizamento de revisão criminal.
(D) O condenado por crime hediondo praticado no ano de 2006 preenche o requisito objetivo para a progressão, após cumprir, no regime anterior, 1/6 (um sexto) da pena imposta.
(E) Após progredir do regime fechado, deverá o sentenciado não reincidente cumprir ao menos 1/6 (um sexto) de pena no regime semiaberto para obter o direito à saída temporária.

A: incorreta. Para fins de livramento condicional, nos termos do art. 84 do CP, as penas decorrentes de infrações diversas deverão ser somadas. Confira-se, nesse sentido, o posicionamento já pacificado no STJ (AgRg no RHC 43743 / SP – Agravo Regimental no Recurso Ordinário *em Habeas Corpus* 2013/0413084-0, rel. Min. Jorge Mussi, 5ª Turma, 06.11.2014): "Agravo Regimental no Recurso Ordinário em *Habeas Corpus*. Execução criminal. Livramento condicional. Cálculo do tempo necessário ao benefício. Somatório das penas. Art. 84 do CP. Decisão monocrática confirmada. Recurso improvido. 1. É assente neste Tribunal o entendimento de que havendo pluralidade de condenações deve se proceder a soma das penas, realizando-se o cálculo do requisito objetivo exigido à concessão do livramento condicional sobre o montante obtido (art. 84 do CP). 2. Agravo Regimental improvido"; B: incorreta. Em caso de concurso de crimes, se o somatório das penas superar 30 (trinta) anos, que é o limite estabelecido no art. 75 do CP, a progressão de regime, nos termos da Súmula 715 do STF, levará em conta a quantidade de *pequena aplicada*, e não a unificada. Portanto, para crimes "comuns" (leia-se: não hediondos ou equiparados), o decurso de 1/6 (um sexto) da pena terá como base de cálculo a quantidade aplicada na decisão (ex.: réu condenado à pena de 60 anos de reclusão, em razão de diversos homicídios), e não a pena unificada para atender ao limite de 30 (trinta) anos; C: incorreta. A superveniência ao trânsito em julgado de lei penal benéfica não exige o ajuizamento de revisão criminal pelo condenado, bastando que o juízo das execuções penais aplique a *lex mitior*, nos termos do art. 66, I, da LEP (Lei 7.210/1984); D: correta. Nos termos da Súmula vinculante 26, "para efeito de progressão de regime no cumprimento de pena por crime hediondo, ou equiparado, o juízo da execução observará a inconstitucionalidade do art. 2º da Lei 8.072, de 25 de julho de 1990, sem prejuízo de avaliar se o condenado preenche, ou não, os requisitos objetivos e subjetivos do benefício, podendo determinar, para tal fim, de modo fundamentado, a realização de exame criminológico". Assim, considerando que o STF, no julgamento do HC 82.959-SP, em 2006, declarou a inconstitucionalidade incidental do regime integralmente fechado imposto pela Lei dos Crimes Hediondos, passou-se a considerar o art. 112 da LEP como o dispositivo aplicável aos condenados por crimes hediondos ou equiparados que tenham praticado o fato até a entrada em vigor da Lei 11.464/2007, que impõe o cumprimento de 2/5 ou 3/5 da pena, em se tratando, respectivamente, de condenado primário ou reincidente. O STJ, ao editar a Súmula 471, assim assentou: "Os condenados por crimes hediondos ou assemelhados cometidos antes da vigência da Lei n. 11.464/2007 sujeitam-se ao disposto no art. 112 da Lei n. 7.210/1984 (Lei de Execução Penal) para a progressão de regime prisional."; E: incorreta. Nos termos da Súmula 40 do STJ, "para obtenção dos benefícios da saída temporária e trabalho externo, considera-se o tempo de cumprimento da pena no regime fechado". Assim, se iniciada a pena no regime fechado, o cumprimento de 1/6 dela, exigido para a progressão ao regime intermediário, já será levado em consideração para a obtenção do direito à saída temporária.

Gabarito "D".

(Magistratura/BA – 2012 – CESPE) Assinale a opção correta com base no entendimento dos tribunais superiores acerca de cominações legais.

(A) Aplica-se ao crime continuado a lei penal mais grave caso a sua vigência seja anterior à cessação da continuidade.
(B) Aplica-se ao furto qualificado, em razão do concurso de agentes, a majorante do roubo.
(C) Fixada a pena-base no mínimo legal em face do reconhecimento das circunstâncias judiciais favoráveis ao réu, é possível infligir-lhe regime prisional mais gravoso considerando-se isoladamente a gravidade genérica do delito.
(D) A pena do crime de roubo circunstanciado, na terceira fase de aplicação, será exasperada em razão do número de causas de aumento.
(E) Aplica-se a continuidade delitiva aos crimes de estelionato, de receptação e de adulteração de sinal identificador de veículo automotor, infrações penais da mesma espécie.

A: correta, pois, de fato, de acordo com a Súmula 711 do STF, a lei penal mais grave aplica-se ao crime continuado (e, também, ao crime permanente), se sua vigência é anterior à cessação da continuidade (ou, no caso dos crimes permanentes, à cessação da permanência); B: incorreta, pois é inadmissível aplicar, no furto qualificado, pelo concurso de agentes, a majorante do roubo (Súmula 442 do STJ); C: incorreta (Súmula 440 do STJ; Súmulas 718 e 719 do STF); D: incorreta, pois o aumento na terceira fase de aplicação da pena no crime de roubo circunstanciado exige fundamentação concreta, não sendo suficiente para a sua exasperação a mera indicação do número de majorantes (Súmula 443 do STJ); E: incorreta, pois não há dúvidas de que a continuidade delitiva somente poderá ser reconhecida se forem praticados crimes da mesma espécie. À evidência, estelionato (art. 171, CP) e receptação (art. 180, CP), crimes patrimoniais, não são da mesma espécie do crime de adulteração de sinal identificador de veículo automotor (art. 311, CP), que atenta contra a fé pública.

Gabarito "A".

(Magistratura/PE – 2013 – FCC) Na aplicação da pena,

(A) a incidência de circunstância atenuante pode conduzir à redução da pena abaixo do mínimo legal, segundo entendimento do Superior Tribunal de Justiça.
(B) não se impõe o acréscimo decorrente do concurso formal perfeito à pena de multa.
(C) o tempo de cumprimento das penas privativas de liberdade não pode ser superior a trinta anos, limite que deve ser considerado para efeito de concessão de livramento condicional, conforme entendimento sumulado do Supremo Tribunal Federal.
(D) considera-se circunstância agravante o fato de o crime ser praticado contra pessoa maior de setenta anos.
(E) não prevalece a condenação anterior, para efeito de reconhecimento de reincidência, se entre a data do cumprimento ou extinção da pena e a infração posterior tiver decorrido período de tempo superior a cinco anos, descontado o período de prova da suspensão.

A: incorreta, pois, nos termos da Súmula 231 do STJ, *a incidência da circunstância atenuante não pode conduzir à redução da pena abaixo do mínimo legal*; B: correta, pois a multa será aplicada distinta e integralmente em caso de concurso de crimes, nos moldes preconizados pelo art. 72 do CP. Em outras palavras, as penas de multa, para cada um dos crimes, serão somadas; C: incorreta, pois, a despeito do quanto disposto no art. 75, *caput*, do CP (o tempo de cumprimento das penas privativas de liberdade não pode ser superior a trinta anos), o fato é que referido lapso temporal diz respeito ao efetivo cumprimento delas, e não à sua aplicação. Quer-se com isso dizer ser perfeitamente possível a condenação de um agente a penas de 50 (cinquenta), 60 (sessenta) ou 100 (cem) anos, por exemplo, em decorrência do concurso de crimes. Todavia, nesses casos (quando a quantidade de pena superar trinta anos), será necessária a unificação das penas, nos termos do art. 75, § 1º, do CP, o que, porém, não se aplicará para benefícios como o livramento condicional, a remição ou progressão de regime. É o que se extrai da Súmula 715 do STF: "A pena unificada para atender ao limite de trinta anos de cumprimento, determinado pelo art. 75 do Código Penal, não é considerada para a concessão de outros benefícios, como o livramento condicional ou o regime mais favorável de execução"; D: incorreta, pois é circunstância agravante o fato de o crime ser praticado contra pessoa maior de 60 (sessenta) anos, nos termos do art. 61, II, "h", do CP; E: incorreta, pois, nos termos do art. 64, I, do CP, não prevalece a condenação anterior, se entre a data do cumprimento ou extinção da pena e a infração posterior tiver decorrido período de tempo superior a 5 (cinco) anos, *computado* (e não *descontado*, como quer a alternativa!) o período de prova da suspensão ou do livramento condicional, se não ocorrer revogação.

Gabarito "B".

(Ministério Público/MG – 2012 – CONSULPLAN) Em relação ao seguinte enunciado, assinale a alternativa INCORRETA. No concurso de agravantes e atenuantes, a pena deve aproximar-se do limite indicado pelas circunstâncias preponderantes, entendendo-se como tais as que resultam:

(A) dos motivos determinantes do crime.
(B) da reincidência.
(C) da conduta social do agente.
(D) da personalidade do agente.

De acordo com o art. 67 do CP, no concurso de agravantes e atenuantes, a pena deve aproximar-se do limite indicado pelas circunstâncias preponderantes, assim entendidas aquelas que decorrem dos motivos determinantes do crime, da personalidade do agente e da reincidência. Logo, a alternativa "C" está incorreta, pois a conduta social do agente não é considerada circunstância preponderante.

Gabarito "C".

(Ministério Público/MG – 2012 – CONSULPLAN) No que se refere à *fase de aplicação da pena* em que incidem, assinale a alternativa que apresenta circunstâncias de natureza jurídica distinta:

(A) Desconhecimento da lei e coação moral resistível.
(B) Erro de tipo evitável e erro de proibição inescusável.
(C) Tentativa e arrependimento posterior.
(D) Reincidência e violência contra a mulher.

A: incorreta. O desconhecimento da lei e a coação moral resistível têm a mesma natureza, qual seja, de circunstâncias atenuantes (art. 65, II e III, "c", do CP), incidentes na segunda fase da dosimetria da pena; **B:** correta. O erro de tipo evitável (ou inescusável), embora afaste o dolo, redundará na condenação do agente pela forma culposa do crime, se previsto em lei. Não se confunde com o erro de proibição inescusável (ou evitável), que, de acordo com o art. 21, *caput*, parte final, propiciará a redução da pena do agente de um sexto a um terço; **C:** incorreta. A tentativa (art. 14, II, do CP) e o arrependimento posterior (art. 16 do CP) são causas de diminuição de pena, incidentes na terceira fase da dosimetria da pena; **D:** incorreta. A reincidência é circunstância agravante genérica (art. 61, I, do CP). A violência contra a mulher é, também, circunstância agravante genérica (art. 61, II, "f", do CP), ambas incidentes na segunda fase da dosimetria da pena.

Gabarito "B".

(Ministério Público/GO – 2012) Com relação à individualização da pena é incorreto afirmar que:

(A) o princípio da individualização da pena consiste na exigência entre uma estreita correspondência entre a responsabilização da conduta do agente e a sanção a ser aplicada, de maneira que a pena atinja as suas finalidades de repressão e prevenção. Assim, a imposição da pena dependeria do juízo individualizado da culpabilidade do agente (censurabilidade de sua conduta);
(B) a culpabilidade prevista no artigo 59 do Código Penal não se confunde com aquela necessária para a caracterização do crime; na verdade, ela diz respeito maior reprovação que o fato ou o autor ensejam no fato concreto;
(C) conduta social diz respeito ao histórico criminal do autor. Pelo princípio constitucional da presunção de inocência, somente condenações anteriores com trânsito em julgado, que não sirva para forjar reincidência é que poderão ser consideradas em seu desfavor;
(D) na fixação da pena de multa o juiz deve atender, principalmente, à situação econômica do réu.

A: correta. De fato, deve existir uma correlação entre a censurabilidade da conduta perpetrada pelo agente e a sanção que lhe será aplicada. Inexistente referida correlação, restará afrontado o princípio da individualização da pena; **B:** correta. A culpabilidade prevista como uma das circunstâncias judiciais (art. 59 do CP) diz respeito à "intensidade de dolo" do agente, ou seja, a uma maior reprovação de sua conduta. Já a culpabilidade necessária à caracterização do crime (para os adeptos da concepção tripartida) diz respeito à somatória da imputabilidade, da potencial consciência da ilicitude e da exigibilidade de conduta diversa, que são os seus requisitos caracterizadores; **C:** incorreta devendo ser assinalada. A conduta social do autor de um crime não se confunde com os maus antecedentes, assim reconhecidas as condenações criminais transitadas em julgado que não configurem reincidência; **D:** correta (art. 60, *caput*, do CP).

Gabarito "C".

(Defensor Público/AC – 2012 – CESPE) De acordo com os preceitos do CP relativos à aplicação de pena, a circunstância judicial referente ao conjunto de ações que compõe o comportamento do agente em diversos âmbitos, tais como na família, na sociedade e no trabalho, corresponde

(A) aos antecedentes penais do agente.
(B) à culpabilidade do agente.
(C) à personalidade do agente.
(D) às circunstâncias do crime.
(E) à conduta social do agente.

A *conduta social*, circunstância judicial prevista no art. 59 do CP, diz respeito ao papel desempenhado pelo réu no meio social em que está inserido, abrangendo o seu comportamento no trabalho, no núcleo familiar, na escola etc.

Gabarito "E".

(Defensor Público/RO – 2012 – CESPE) Marcos adquiriu, por mil reais, em cidade do interior de Goiás, de Felipe, seu amigo conhecido pela prática de furtos, um veículo ano 2012, subtraído, na semana anterior, de Luiz por Felipe e seus comparsas Davi e Ernesto, no estacionamento em frente a um hospital, em cidade de outro estado da Federação. O delito fora presenciado por Fernando e Guilherme, que reconheceram Felipe, Davi e Ernesto como autores do fato. Luiz foi indenizado civilmente pela companhia seguradora. Marcos, abordado por policiais militares na condução do veículo, alegou, no processo criminal, não ter ciência da origem ilícita do bem, pois o teria adquirido para uso próprio, e que pagara mil reais a título de sinal e que o vendedor, conhecido apenas por Cabeludo, procederia à transferência e a entrega da documentação do veículo assim como as parcelas do financiamento. Ernesto confessou que praticara o crime na companhia de Felipe e Davi e que, na mesma data, conduziram o veículo até a cidade do interior de Goiás, onde o venderam a Marcos por mil reais. Felipe, que negou qualquer participação criminosa, não ostentava, à época, circunstância judicial desfavorável, mas era reincidente em crimes de furto e de porte ilegal de arma de fogo; também não havia, em relação a ele, circunstância atenuante da pena. Davi foi submetido a exame de sanidade mental, que concluiu que ele, à época do ocorrido, não era inteiramente capaz de entender o caráter ilícito do fato, em virtude de desenvolvimento mental incompleto.

Com base na situação hipotética acima apresentada, assinale a opção correta à luz do CP e da jurisprudência do STJ.

(A) É incabível a condenação de Davi por crime de furto, mas o juiz poderá decidir pela aplicação de medida de segurança de internação em hospital de custódia e tratamento psiquiátrico.
(B) Se Davi necessitar de especial tratamento curativo, o juiz poderá decidir pela aplicação de medida de segurança de tratamento ambulatorial, com prazo mínimo de três meses a um ano.
(C) Sendo imposta a Felipe condenação por crime de furto e sendo a pena aplicada igual ou inferior a quatro anos de reclusão, o juiz poderá substituir a pena privativa de liberdade por pena restritiva de direitos.
(D) Sendo imposta a Felipe condenação por crime de furto e sendo aplicada pena privativa de liberdade de três anos e seis meses de reclusão, o regime inicial de cumprimento da pena será obrigatoriamente o fechado, dada reincidência nos crimes de furto e de porte ilegal de arma de fogo.
(E) Sendo imposta a Felipe condenação por crime de furto, o juiz não poderá aplicar pena privativa de liberdade inferior a três anos de reclusão.

A: incorreta. Davi poderá, sim, ser condenado pela prática do crime de furto. É que estava, ao tempo da conduta, *parcialmente* privado de sua capacidade de compreender o caráter ilícito do seu ato. Deve, assim, ser considerado, nos termos do art. 26, parágrafo único, do CP, semi-imputável, fazendo jus, por isso, se condenado, a uma diminuição de pena da ordem de um a dois terços; **B:** incorreta, visto que o art. 98 do CP estabelece o prazo mínimo de 1 (um) a 3 (três) anos, e não de 3 (três) meses a 1 (um) ano; **C:** incorreta. Descabe, em relação a Felipe, a substituição da pena privativa de liberdade por restritivas de direitos, visto ser reincidente em crime doloso (furto e porte ilegal de arma de fogo), nos termos do art. 44, II, do CP; **D:** incorreta, pois não reflete o entendimento firmado na Súmula n. 269 do STJ: "É admissível a adoção do regime prisional semiaberto aos reincidentes condenados a pena igual ou inferior a quatro anos se favoráveis as circunstâncias judiciais"; **E:** correta, pois em conformidade com o que dispõe o art. 155, § 5°, do CP, que estabelece, para o crime de furto de veículo automotor que venha a ser transportado para outro estado da Federação, a pena de reclusão de 3 (três) a 8 (oito) anos.

Gabarito "E".

(Defensor Público/SP – 2012 – FCC) Considere as assertivas abaixo.

I. O sistema pátrio de dosimetria das penas adotou o sistema bifásico.
II. O enquadramento da conduta em circunstância qualificadora precede a primeira fase, ao passo que as causas especiais de aumento de pena são computadas na última fase da dosimetria.
III. Segundo recente jurisprudência do Supremo Tribunal Federal, admite-se a fixação da pena abaixo do mínimo legal por força de circunstâncias atenuantes genéricas.
IV. Não apontadas circunstâncias judiciais desfavoráveis ao ensejo da aplicação do artigo 59 do Código Penal, não é admitida a alegação de gravidade do crime para se fixar regime prisional mais rigoroso do que o estabelecido para o tempo de pena imposta.
V. Recente alteração legislativa inovou ao permitir o agravamento da pena por maus antecedentes em razão de ação penal em curso, desde que haja decisão condenatória proferida por órgão colegiado.

Está correto APENAS o que se afirma em

(A) IV.
(B) V.
(C) II e IV.
(D) I, III e IV.
(E) II, IV e V.

I: incorreta, posto que o sistema adotado pelo Código Penal, no *caput* do art. 68, é o *trifásico* (e não o bifásico), em que o magistrado, num primeiro momento, valendo-se dos critérios estabelecidos no art. 59 do CP, fixará a pena-base; em seguida, já na segunda etapa, considerará as circunstâncias atenuantes e agravantes e, ao final, na última fase, passará à análise das causas de diminuição e de aumento; **II:** correta. O juiz percorrerá os três estágios de fixação da pena com base naquela estabelecida no preceito secundário do tipo penal incriminador. Assim, sendo o crime qualificado (o preceito secundário estabelece faixa diferenciada para a fixação da pena), o magistrado buscará a pena-base a partir da pena estabelecida no tipo qualificado. Também é verdade que as causas de aumento, sendo genéricas ou específicas, deverão ser mensuradas na terceira e última etapa de fixação da pena; **III**: incorreta, dado que, segundo orientação jurisprudencial atualmente em vigor, consubstanciada na Súmula n. 231 do STJ, não se admite que a consideração das circunstâncias atenuantes leve a pena abaixo do mínimo legal. Bem por isso, se o magistrado, no primeiro estágio do sistema trifásico, estabelecer a pena-base no mínimo legal, não poderá, na segunda fase, ao levar em conta circunstância atenuante, reduzir a pena aquém do mínimo cominado. Tal somente poderá ocorrer na terceira etapa de fixação da pena, quando então o juiz levará em conta as causas de diminuição de pena; **IV**: correta, visto que reflete o entendimento sufragado na Súmula n. 718 do STF; **V**: incorreta, pois contraria o entendimento firmado na Súmula n. 444 do STJ, atualmente em vigor.

Gabarito "C".

(Defensor Público/SP – 2012 – FCC) Em relação ao concurso de crimes ou infrações, é INCORRETO afirmar:

(A) O agente que investe com seu veículo automotor dolosamente em direção a um desafeto atingindo-o, mas acaba por lesionar culposamente também um terceiro, incorre em hipótese de concurso formal imperfeito ou impróprio.

(B) As eventuais penas de multa serão aplicadas distinta e integralmente, não observando o mesmo critério aplicado para a pena privativa de liberdade.

(C) Com o advento da Lei n. 12.015/2009, que alterou o título relativo aos crimes contra a dignidade sexual, se acentuou a possibilidade de revisão das condenações pela prática de estupro e atentado violento ao pudor praticados em condições semelhantes de tempo, lugar ou maneira de execução, em que houve aplicação do cúmulo material.

(D) Se a aplicação do critério do concurso formal redundar em pena superior àquela que seria aplicável na hipótese de reconhecimento do concurso material, as penas relativas aos crimes devem ser somadas.

(E) Diz-se que a unicidade de condutas no caso de crime continuado é ficção jurídica inspirada em motivos de política criminal, uma vez que se reveste de culpabilidade menos acentuada, em razão da repetição da conduta que arrefeceria a consciência do ilícito.

A: incorreta, devendo ser assinalada. Nos termos do art. 70 do CP, o concurso formal poderá ser *próprio* (perfeito) ou *impróprio* (imperfeito). No primeiro caso (primeira parte do *caput*), temos que o agente, por meio de uma única ação ou omissão (um só comportamento), pratica dois ou mais crimes, idênticos ou não, com *unidade de desígnio*. É o caso aqui tratado (o agente não perseguiu os dois resultados, mas tão somente atingir seu desafeto); já no *concurso formal impróprio* ou *imperfeito* (segunda parte do *caput*), a situação é diferente. Aqui, a conduta única decorre de desígnios autônomos, vale dizer, o agente, no seu atuar, deseja os resultados produzidos. Como consequência, as penas serão somadas, aplicando-se o critério ou sistema do *cúmulo material*. No concurso formal perfeito, diferentemente, se as penas previstas forem idênticas, aplica-se somente uma; se diferentes, aplica-se a maior, acrescida, em qualquer caso, de um sexto até metade (sistema da exasperação). Assertiva, portanto, incorreta; **B**: correta, pois em conformidade com o que estabelece o art. 72 do CP; **C**: correta. Os tribunais, até a edição da Lei 12.015/2009, tinham como consolidado o entendimento segundo o qual, quando o **atentado violento ao pudor** não constituísse meio natural para a prática do **estupro**, caracterizado estaria o concurso material de crimes: STJ, HC 102.362-SP, 5ª T., Rel. Min. Felix Fischer, j. 18.11.2008. Com a Lei 12.015/2009, que promoveu uma série de mudanças na disciplina dos crimes sexuais, o estupro – art. 213 do CP –, que incriminava tão somente a conjunção carnal realizada com mulher, mediante violência ou grave ameaça, passou a incorporar, também, a conduta antes contida no art. 214 do CP – dispositivo hoje revogado (art. 7º da Lei 12.015/2009). Dito de outro modo, constitui estupro, na sua nova forma, toda modalidade de violência sexual levada a efeito para qualquer fim libidinoso, incluída, por óbvio, a conjunção carnal. Dessa forma, o crime do art. 213 do CP, com a mudança implementada pela Lei 12.015/2009, passa a comportar, além da conduta consubstanciada na conjunção carnal violenta, contra homem ou mulher, também o comportamento consistente em obrigar alguém a praticar ou permitir que com o sujeito ativo se pratique outro ato libidinoso que não a conjunção carnal. Criou-se, assim, um tipo misto alternativo, razão pela qual a prática de *sexo oral* e *conjunção carnal* no mesmo contexto fático implica o cometimento de crime único. Incide, no caso, o *princípio da alternatividade*. Nesse sentido, o seguinte julgado do STJ: "Com a superveniência da Lei 12.015/2009, a conduta do crime de atentado violento ao pudor, anteriormente prevista no art. 214 do Código Penal, foi inserida naquela do art. 213, constituindo, assim, quando praticadas contra a mesma vítima e num mesmo contexto fático, crime único de estupro" (AgRg no REsp 1127455-AC, 6ª T., rel. Min. Sebastião Reis Júnior, 28.08.2012); **D**: assertiva correta. É o chamado *concurso material benéfico* – art. 70, parágrafo único, do CP; **E**: correta. Embora existam duas teorias acerca da natureza jurídica do crime continuado, prevalece, hoje, o entendimento de que a unicidade de condutas, nesta modalidade de crime, constitui mera ficção.

Gabarito "A".

(Delegado de Polícia/GO – 2013 – UEG) Em tema de aplicação e execução da pena, verifica-se que

(A) o aumento na segunda fase de aplicação da pena, no crime de roubo circunstanciado, exige fundamentação concreta, não sendo suficiente para a sua exasperação a mera indicação do número de majorantes.

(B) a falta grave não interrompe o prazo para obtenção do livramento condicional.

(C) é inadmissível a fixação de pena substitutiva como condição especial ao regime aberto.

(D) é admissível aplicar, no furto qualificado, pelo concurso de agentes, a majorante do roubo.

A: incorreta. O examinador quis confundir o candidato, tendo em vista a redação da Súmula 443 do STJ, que dispõe que "O aumento na terceira fase de aplicação da pena no crime de roubo circunstanciado exige fundamentação concreta, não sendo suficiente para a sua exasperação a mera indicação do número de majorantes". Perceba que o roubo circunstanciado (ou majorado) é aquele que se enquadra em qualquer das hipóteses do art. 157, § 2º e § 2º-A, do CP, que retrata causas de aumento de pena, incidentes na *terceira fase* (e não na segunda!) da dosimetria da pena. Lembre-se de que na segunda etapa do sistema trifásico, incidem as circunstâncias atenuantes e agravantes, e não as causas de diminuição e aumento de pena; **B**: correta, nos exatos termos da Súmula 441 do STJ: "A falta grave não interrompe o prazo para obtenção de livramento condicional"; **C**: incorreta, de acordo com a banca examinadora. Porém, nos termos da recente Súmula 493 do STJ, "É inadmissível a fixação de pena substitutiva (art. 44 do CP) como condição especial ao regime aberto"; **D**: incorreta. Nos termos da Súmula 442 do STJ, "É inadmissível aplicar, no furto qualificado, pelo concurso de agentes, a majorante do roubo".

Gabarito "B".

(Delegado de Polícia/GO – 2013 – UEG) Segundo entendimento consolidado do Superior Tribunal de Justiça, em tema de aplicação e execução da pena

(A) admite-se a comutação da pena aos condenados por crimes hediondos, tendo em vista operar-se no caso a substituição da reprimenda por outra mais branda, o que não encontra vedação legal.

(B) em caso de condenação do apenado no curso de execução por fato anterior ao início do cumprimento da reprimenda, a contagem do prazo para concessão de benefícios é interrompida para a realização de novo cálculo com base no somatório das penas restantes a serem cumpridas, cujo marco inicial da contagem do novo prazo é o trânsito em julgado da primeira sentença condenatória.

(C) admite-se a aplicação do benefício da detração penal em processos distintos, desde que o delito pelo qual o sentenciado cumpre pena tenha sido cometido antes da segregação cautelar.

(D) admite-se a concessão de livramento condicional ao estrangeiro que possui decreto de expulsão em seu desfavor, desde que preenchidos os requisitos do art. 83 do Código Penal.

A: incorreta. Admitir-se a comutação da pena aos condenados por crimes hediondos seria ignorar o art. 2º, I, da Lei 8.072/1990, que veda a concessão de indulto para o caso. Lembre-se de que a comutação da pena é verdadeiro indulto parcial. Nesse sentido, o STJ: "*HABEAS CORPUS*. PENAL E PROCESSUAL PENAL. EXECUÇÃO PENAL. COMUTAÇÃO DE PENAS. INTERPOSIÇÃO DE AGRAVO EM EXECUÇÃO. IMPETRAÇÃO DESTE *MANDAMUS*. VIA INDEVIDAMENTE UTILIZADA EM SUBSTITUIÇÃO A RECURSO ESPECIAL. AUSÊNCIA DE ILEGALIDADE MANIFESTA. NÃO CONHECIMENTO. 1. Mostra-se inadequado e descabido o manejo de *habeas corpus* em substituição ao recurso especial cabível. 2. É imperiosa a necessidade de racionalização do *writ*, a bem de se prestigiar a lógica do sistema recursal, devendo ser observada sua função constitucional, de sanar ilegalidade ou abuso de poder que resulte em coação ou ameaça à liberdade de locomoção. 3. 'O *habeas corpus* é garantia fundamental que não pode ser vulgarizada, sob pena de sua descaracterização como remédio heroico, e seu emprego não pode servir a escamotear o instituto recursal previsto no texto da Constituição' (STF, HC 104.045/RJ). 4. Hipótese em que não há flagrante ilegalidade a ser reconhecida. Não é possível a concessão de indulto e comutação de pena a condenados pela prática de estupro e de atentado violento ao pudor, crime equiparado a hediondo. Inteligência do art. 2º, I, da Lei 8.072/1990 e do Decreto nº 7.420/2010. Enquanto perdurarem as penas relativas aos delitos hediondos ou a eles equiparados, não tem o apenado direito ao benefício de indulto ou comutação de pena. 5. *Habeas corpus* não conhecido." (HC 210065/RS (2011/0138575-8), 6ª Turma, j. 04.12.2012, rel. Min. Maria Thereza de Assis Moura, *DJe* 11.12.2012); **B**: incorreta. O excerto a seguir, extraído de julgamento no STJ, diz respeito à interrupção da data-base para a concessão de benefícios na fase de execução penal, em razão de superveniência de condenação, no curso do cumprimento de pena por outro processo, por fatos praticados antes ou depois do início da execução penal, e não somente por fatos anteriores, como referido na alternativa. Confira-se: "EXECUÇÃO PENAL. *HABEAS CORPUS*. SUPERVENIÊNCIA DE NOVA CONDENAÇÃO. BENEFÍCIOS PRISIONAIS. INTERRUPÇÃO DA DATA-BASE. REGIME PRISIONAL. REGRESSÃO. TERMO *A QUO*. TRÂNSITO EM JULGADO DO DECRETO CONDENATÓRIO. *WRIT* PARCIALMENTE CONCEDIDO. I. Na hipótese, a irresignação volta-se contra a possibilidade de alteração da data-base e regressão de regime prisional, em razão de sentença condenatória superveniente, circunstância regulada expressamente nos arts. 111, parágrafo único, e 118, da Lei de Execução Penal. II. A jurisprudência desta Corte pacificou seu entendimento no sentido de ser possível a alteração do termo a quo para fins de regressão de regime, na hipótese de superveniência de condenação criminal, *seja por fato anterior ou posterior ao início da execução penal*, devendo ser feito novo cálculo, com base no somatório das penas, mas o novo lapso para a contagem do período aquisitivo é o trânsito em julgado do novo decreto condenatório. III. *Writ* parcialmente concedido, nos termos do voto do Relator." (HC 223993/DF (2011/0264136-9), 5. Turma, j. 17.04.2012, rel. Min. Gilson Dipp, *DJe* 24.04.2012); **C**: correta. De fato, o STJ, com esteio na doutrina, sustenta ser admissível a detração penal (art. 42 do CP) em processos distintos, desde que a data do cometimento do crime de que trata a execução em que se pretende a incidência de referido instituto seja anterior ao período pleiteado. Vejamos: "A Turma denegou a ordem de *habeas corpus*, reafirmando a jurisprudência deste Superior Tribunal de ser inviável a aplicação da detração penal em relação aos crimes cometidos posteriormente à custódia cautelar. No *writ*, a Defensoria sustentava constrangimento ilegal na decisão de não concessão da detração ao paciente que permaneceu preso cautelarmente em outro feito criminal no período de 27.09.2006 a 07.09.2007 e buscava a detração da pena pela prática de crime perpetrado em 27.11.2007". Precedentes citados do STF: HC 93.979-RS, DJe 19.06.2008; do STJ: REsp 650.405-RS, DJ 29.08.2005; HC 157.913-RS, DJe 18.10.2010, e REsp 1.180.018-RS, DJe 04.10.2010, HC 197.112-RS, rel. Min. Og Fernandes, julgado em 19.05.2011." (Informativo 473 do STJ); **D**: incorreta. Tanto STJ, quanto STF, entendem que se mostra inviável a concessão do benefício de livramento condicional ao sentenciado estrangeiro que possui decreto de expulsão deferido (STJ, HC 252627/RJ (2012/0180619-5), 5ª Turma, j. 04.12.2012, rel. Min. Laurita Vaz, DJe 11.12.2012).

Gabarito "C".

(Delegado de Polícia/GO – 2013 – UEG) Sobre a fixação da pena, tem-se o seguinte:

(A) a existência de circunstância atenuante pode conduzir à redução da pena abaixo do mínimo legal.
(B) pelo critério trifásico, adotado pelo Código Penal, o juiz, na segunda fase, deverá apreciar as causas de aumento e de diminuição da parte geral e especial.
(C) o estabelecimento do valor de dias-multa independe da condição econômica do condenado.
(D) em caso de reincidência, fixada a pena em patamar inferior a 4 (quatro) anos, o condenado poderá iniciar o cumprimento da pena em regime semiaberto, desde que as circunstâncias judiciais o recomendem.

A: incorreta. Nos termos da Súmula 231 do STJ, a existência de circunstância atenuante (incidente na segunda etapa do sistema trifásico de dosimetria da pena) não pode conduzir à fixação da pena abaixo do mínimo legal; **B**: incorreta. Na segunda fase da dosimetria da pena, o juiz considerará as circunstâncias atenuantes e agravantes, sendo que apenas na terceira etapa é que serão analisadas as causas de diminuição e aumento de pena (art. 68 do CP); **C**: incorreta. A condição econômica do condenado é utilizada como critério para o estabelecimento do valor da multa, consoante se extrai do art. 60 do CP; **D**: correta. Esse é o teor da Súmula 269 do STJ. Confira-se: "É admissível a adoção do regime prisional semiaberto aos reincidentes condenados a pena igual ou inferior a quatro anos se favoráveis as circunstâncias judiciais."

Gabarito "D".

(Cartório/SP – V – VUNESP) Na hipótese do concurso de agravantes e atenuantes na mesma infração penal, a pena deve aproximar-se do limite indicado pelas circunstâncias preponderantes, conforme expressa disposição legal. Para tanto, o Código Penal enumera as circunstâncias preponderantes. Assinale a alternativa que não descreve uma circunstância preponderante.

(A) Personalidade do agente.
(B) Motivos determinantes do crime.
(C) Reincidência.
(D) Comportamento da vítima.

O comportamento da vítima não está contemplado no art. 67 do CP como circunstância preponderante.

Gabarito "D".

(Cartório/SP – V – VUNESP) Para fins de contagem do lapso temporal para a progressão de regime prisional na hipótese de já deferida a unificação das penas em respeito ao limite de 30 anos, segundo o entendimento contido em súmula do Supremo Tribunal Federal, considera-se

(A) a pena já unificada em 30 anos, em respeito ao limite legal.
(B) o total real da somatória de todas as penas, desprezando-se a unificação.
(C) a pena já unificada em 30 anos, acrescida de 1/6 em qualquer caso.
(D) o total real da somatória de todas as penas, diminuído de 1/3 se primário e 1/2 se reincidente.

Súmula nº 715, STF: "A pena unificada para atender ao limite de trinta anos de cumprimento, determinado pelo art. 75 do Código Penal, não e considerada para a concessão de outros benefícios, como o livramento condicional ou regime mais favorável de execução".

Gabarito "B".

(Magistratura do Trabalho – 4ª Região – 2012) Será reincidente o agente que cometer

(A) novo crime depois de condenado definitivamente por crime militar próprio.
(B) novo crime após haver recebido perdão judicial em processo anterior.
(C) novo crime, ainda que decorridos mais de cinco anos desde a extinção da pena relativa à infração anterior.
(D) contravenção penal depois de condenado definitivamente por crime comum.
(E) novo crime depois de condenado definitivamente por crime político.

A: não gera reincidência (art. 64, II, do CP); **B**: não gera reincidência (art. 120, CP); **C**: não gera reincidência (art. 64, I, CP); **D**: correta. Da aplicação conjugada dos arts. 63 do CP e 7º da Lei das Contravenções Penais, temos que a reincidência ocorrerá nos seguintes casos: a) crime (antes) + crime (depois); b) contravenção (antes) + contravenção (depois); e c) crime (antes) + contravenção (depois). Não se admite, por falta de amparo legal, contravenção (antes) + crime (depois); **E**: não gera reincidência (art. 64, II, CP).

Gabarito "D".

(Magistratura do Trabalho – 3ª Região – 2013) Com base no Código Penal, assinale a alternativa que não retrata fielmente "circunstâncias que sempre agravam a pena, quando não constituem ou qualificam o crime":

(A) Ter o agente cometido o crime por motivo fútil ou torpe
(B) Ter o agente cometido o crime contra criança, velho ou enfermo
(C) Ter o agente cometido o crime quando o ofendido estava sob a imediata proteção da autoridade
(D) Ter o agente cometido o crime contra ascendente, descendente, irmão, cônjuge ou companheiro
(E) Ter o agente cometido o crime depois de embriagar-se propositadamente para cometê-lo

A: correta – art. 61, II, *a*, do CP; **B**: correta – art. 61, II, *h*, do CP; **C**: correta – art. 61, II, *i*, do CP; **D**: incorreta, devendo ser assinalada, pois o companheiro não foi contemplado no art. 61, II, *e*, do CP, que somente faz alusão ao ascendente, descendente, irmão e cônjuge; **E**: correta – art. 61, II, *l*, do CP.

Gabarito "D".

(Analista – TRE/PR – 2012 – FCC) Tício amarrou dois inimigos juntos num poste e os matou com um único disparo. Nesse caso, houve

(A) crime continuado, aplicando-se a pena de um dos crimes aumentada de dois terços até o dobro.
(B) crime continuado, aplicando-se as penas de um dos crimes aumentada de um sexto a dois terços.
(C) concurso formal próprio, aplicando-se as penas de um dos crimes, aumentada de um sexto até a metade.
(D) concurso formal impróprio e as penas aplicam-se cumulativamente.
(E) concurso formal próprio, aplicando-se as penas de um dos crimes aumentada até o triplo.

Pelo que é afirmado no enunciado, Tício agiu com o propósito de matar seus dois inimigos (pluralidade de desígnios). Como os resultados adviram de uma única conduta por ele levada a efeito (um único disparo de arma de fogo), tem-se que está configurada hipótese de *concurso formal impróprio* (ou imperfeito), razão pela qual as penas serão aplicadas cumulativamente. É o que estabelece o art. 70, *caput*, 2.ª parte, do CP.

Gabarito "D".

14. SURSIS, LIVRAMENTO CONDICIONAL, REABILITAÇÃO E MEDIDAS DE SEGURANÇA

(Juiz – TJ-SC – FCC – 2017) Acerca da concessão da reabilitação, considere:

I. Ter domicílio no país pelo prazo de quatro anos.
II. No computo do prazo de *sursis* não ter havido revogação.
III. Ter demonstrado efetiva e constantemente bom comportamento público e privado.
IV. Condenação a pena superior a dois anos, no caso de pena privativa de liberdade.
V. Ter ressarcido o dano causado ou demonstrada a impossibilidade absoluta de fazê-lo.

Está correto o que se afirma APENAS em:

(A) III e IV.
(B) I, II, III e V.
(C) II, III, IV e V.
(D) II, III e V.
(E) I, II e IV.

Os requisitos da reabilitação, instituto de política criminal cujo escopo é estimular a regeneração do sentenciado, afastando alguns efeitos da condenação, estão contemplados no art. 94 do CP, a saber: requerimento formulado dois anos depois de extinta a pena; reparação do dano, salvo impossibilidade de fazê-lo; e domicílio no país e bom comportamento público e privado nos últimos dois anos (e não quatro, tal como constou da assertiva I, que está incorreta, portanto). Não há a restrição a que faz referência a proposição IV, já que o art. 93 do CP estabelece que *a reabilitação alcança quaisquer penas aplicadas em sentença definitiva*. Também é necessário, à concessão deste instituto, que não tenha havido revogação no cômputo do prazo de *sursis*. ED

Gabarito "D".

(Delegado/PE – 2016 – CESPE) A respeito do livramento condicional, assinale a opção correta.

(A) O benefício do livramento condicional é um direito subjetivo do condenado, a ser concedido pelo juiz na sentença condenatória, desde que o réu preencha os requisitos legais subjetivos e objetivos, no momento da sentença penal condenatória, de modo a substituir a pena privativa de liberdade e restritiva de direitos por liberdade vigiada e condicionada.
(B) Caso o liberado condicionalmente seja condenado irrecorrivelmente por crime praticado durante o gozo do livramento condicional, sendo a nova pena imposta a privativa de liberdade, haverá a revogação obrigatória do livramento condicional e o tempo do período de prova será considerado para fins de desconto na pena.
(C) Em caso de prática de crime durante o período de prova do livramento condicional, o juiz não poderá prorrogar o benefício, devendo

declarar extinta a punibilidade quando, ao chegar o fim daquele período fixado, o beneficiário não for julgado em processo a que responde por crime cometido na vigência do livramento.
- (D) Entre outros requisitos legais, segundo o CP, em caso de crime doloso cometido com violência ou grave ameaça à pessoa, a concessão do livramento condicional ao condenado ficará também subordinada à constatação de condições pessoais que façam presumir que o liberado não voltará a delinquir.
- (E) A prática de falta grave, devidamente apurada em procedimento disciplinar, interrompe o requisito temporal para a concessão do livramento condicional.

A: incorreta, tendo em conta que o livramento condicional somente será concedido no curso da execução da pena privativa de liberdade, haja vista que um de seus requisitos é justamente o fato de o condenado haver cumprido parte da pena que lhe foi imposta na sentença, o que somente será apreciado, sem prejuízo da observância dos demais requisitos legais, pelo juízo da execução; **B:** incorreta. Considerando que o crime pelo qual foi condenado em definitivo e liberado foi praticado durante o gozo do benefício, hipótese contemplada no art. 86, I, do CP, impõe-se, por força dos arts. 88 do CP e 142 da LEP, que o tempo em que esteve solto o liberado não será computado para fins de desconto na pena; **C:** incorreta. Isso porque, no caso narrado nesta alternativa, em que o condenado responde a processo por delito praticado no curso do período de prova do benefício, impõe-se a prorrogação automática desse interregno com o propósito de se verificar se é ou não o caso de revogação obrigatória do benefício (art. 89, CP); **D:** correta, pois retrata o que estabelece o art. 83, parágrafo único, do CP; **E:** incorreta, pois contraria o entendimento sufragado na Súmula 441, do STJ.
Gabarito "D".

(Promotor de Justiça – MPE/MS – FAPEC – 2015) Em relação ao instituto da medida de segurança, é **correto** afirmar que:
- (A) Para sua aplicação, é considerada a totalidade dos pressupostos jurídico-penais utilizados para a aplicação de uma pena.
- (B) Não pode ser executada por prazo superior a trinta anos.
- (C) Por não se configurar espécie de sanção penal, a medida de segurança não se submete às causas extintivas da punibilidade.
- (D) A desinternação do agente submetido à medida de segurança será sempre definitiva, extinguindo-se a medida de segurança, sendo precedida de laudo que ateste a cessação da periculosidade.
- (E) É aplicada por tempo indeterminado, especificando-se na sentença o prazo mínimo de sua duração, proibindo-se a realização do exame de cessação da periculosidade antes do decurso do prazo mínimo de internação.

A: incorreta. Um dos pressupostos para a aplicação da medida de segurança, que é espécie do gênero *sanção penal*, é a *periculosidade* do agente, que não tem relevância no contexto da *pena*, em que é analisada a *culpabilidade*; **B:** correta. Se levássemos em conta tão somente a redação do art. 97, § 1º, do CP, chegaríamos à conclusão de que a medida de segurança poderia ser eterna. Em vista da regra que veda as penas de caráter perpétuo, esta não é a melhor interpretação do dispositivo. Tanto que o STF firmou posicionamento no sentido de que o prazo máximo de duração da medida de segurança não pode ser superior a 30 anos (analogia ao art. 75 do CP). O STJ, por seu turno, entende que a medida de segurança deve ter por limite o máximo da pena em abstrato cominada para o crime (STJ, HC 125.342-RS, 6ª T., rel. Min. Maria Thereza de Assis Moura, j. 19.11.09). Consolidando tal entendimento, o STJ editou a Súmula 527, segundo a qual "o tempo de duração da medida de segurança não deve ultrapassar o limite máximo da pena abstratamente cominada ao delito praticado"; **C:** incorreta, na medida em que a medida de segurança, porque constitui, sim, espécie do gênero sanção penal, submete-se às causas extintivas da punibilidade (art. 96, parágrafo único, do CP); **D:** incorreta, pois não corresponde ao que estabelece o art. 97, § 3º, do CP. Com efeito, se a perícia médica, ao término do prazo mínimo estabelecido na sentença de absolvição imprópria, concluir pela cessação da periculosidade do inimputável, caberá ao juiz da execução determinar a sua *desinternação*, sempre em caráter condicional. Significa que, se o agente, no período de um ano, praticar fato indicativo de persistência de sua periculosidade, deverá retornar à situação anterior, ou seja, será, mais uma vez, internado; de outro lado, caso o agente, dentro do período de prova, nenhum fato pratique que seja indicativo de persistência de sua periculosidade, a medida de segurança será extinta em definitivo; **E:** incorreta, pois não reflete a regra presente nos arts. 97, § 2º, do CP e 176 da LEP.
Gabarito "B".

(Magistratura/SC – 2015 – FCC) NÃO é requisito para obtenção do livramento condicional:
- (A) Cumprimento de mais de dois terços da pena, nos casos de condenação por crime hediondo ou assemelhado.
- (B) Pagamento da pena de multa.
- (C) Reparação do dano, salvo impossibilidade de o fazer.
- (D) Cumprimento de mais de um terço da pena se não for reincidente em crime doloso e tiver bons antecedentes.
- (E) Cumprimento de mais da metade se for reincidente em crime doloso.

A: incorreta, pois o art. 83, V, do CP, condiciona a obtenção de livramento condicional, nos casos de condenação por crimes hediondos ou equiparados, bem como tráfico de pessoas, ao cumprimento de dois terços da pena, e desde que o agente seja reincidente específico em crimes dessa natureza; **B:** correta. De fato, o pagamento da pena de multa não constitui requisito para a obtenção do livramento condicional, não figurando entre as exigências contidas no art. 83 do CP; **C:** incorreta, pois a reparação do dano, salvo demonstrada a impossibilidade de fazê-lo, é condição para a obtenção do livramento condicional (art. 83, IV, do CP); **D:** incorreta. É condição para obter livramento condicional o condenado ter cumprido mais de um terço da pena, desde que não seja reincidente em crime doloso e tenha bons antecedentes (art. 83, I, do CP); **E:** incorreta, pois o livramento condicional para os condenados reincidentes em crime doloso somente será concedido após o cumprimento de mais de metade da pena (art. 83, II, do CP).
Gabarito "B".

(Juiz de Direito/CE – 2014 – FCC) A suspensão condicional da pena
- (A) é incabível nos crimes cometidos com violência ou grave ameaça à pessoa.
- (B) obriga, necessariamente, à prestação de serviços à comunidade ou à limitação de fim de semana no primeiro ano do prazo.
- (C) é incabível para o condenado reincidente, independentemente da natureza do crime que originou a agravante.
- (D) é estendida às penas restritivas de direitos e à multa.
- (E) é subsidiária em relação à substituição por pena restritiva de direitos.

A: incorreta. Não se encontram entre os requisitos exigidos para a concessão de suspensão condicional da pena (ou *sursis*), ter o crime sido cometido sem violência ou grave ameaça à pessoa (vide art. 77 do CP), diversamente do que se verifica, por exemplo, para a substituição de pena privativa de liberdade por restritiva de direitos (art. 44, I, CP); **B:** incorreta. A prestação de serviços à comunidade ou a limitação de fim de semana no primeiro ano do período de prova será condição obrigatória apenas para o chamado "*sursis* simples" (art. 78, § 1º, CP), sendo inaplicável àquele que se convencionou chamar de "*sursis* especial" (art. 78, § 2º, CP); **C:** incorreta. A reincidência impedirá a concessão do *sursis* apenas se se operar pela prática de crime doloso. Assim, se o réu for reincidente em crime culposo, não haverá óbice à suspensão condicional da pena; **D:** incorreta. Somente será admissível a suspensão condicional da pena (*sursis*) se não for cabível a substituição da pena privativa de liberdade por restritiva de direitos (art. 77, III, CP); **E:** correta. Como visto no comentário à assertiva anterior, o *sursis*, de fato, é subsidiário em relação à substituição por pena restritiva de direitos. Assim, somente poderá ser concedido se incabível a conversão de pena privativa de liberdade por restritiva de direitos.
Gabarito "E".

(Promotor de Justiça/PI – 2014 – CESPE) A respeito da execução das penas e das medidas de segurança, assinale a opção correta.
- (A) O cometimento de falta disciplinar de natureza grave pelo executando interrompe o prazo para a obtenção da progressão de regime, quanto para fins de concessão de livramento condicional.
- (B) O agente inimputável desinternado poderá ser novamente internado antes do decurso de um ano, desde que pratique conduta típica e antijurídica.
- (C) Atualmente, a remissão de parte do tempo de execução da pena sob regime fechado ou semiaberto, em razão de frequência a curso de ensino formal, só é possível em virtude de construção jurisprudencial, dada a falta de expressa previsão legal acerca da matéria.
- (D) A Lei de Execuções Penais autoriza o trabalho externo ao preso provisório somente em serviço ou obras públicas realizadas por órgãos da administração direta ou indireta.
- (E) Segundo o STJ, é inadmissível a fixação de pena restritiva de direitos substitutiva da privativa de liberdade como condição especial ao regime aberto.

A: incorreta, pois a prática de falta disciplinar não acarreta a interrupção do prazo do livramento condicional, nem mesmo a sua revogação, a qual se dará nas hipóteses previstas nos arts. 86 e 87 do CP (art. 140, da LEP). Por sua vez, o cometimento da falta grave, além de implicar a regressão do regime prisional, interrompe o prazo para a obtenção da progressão, iniciando-se um novo período aquisitivo (art. 118, I, da LEP); B: incorreta, pois nos termos do art. 97, § 3º, do CP, a desinternação ou a liberação será sempre condicional, devendo ser restabelecida a situação anterior se o agente, antes do decurso de 1 (um) ano, pratica *fato indicativo de persistência de sua periculosidade*, não sendo necessário que ele pratique novo fato típico e antijurídico; **C:** incorreta, pois com o advento da Lei n. 12.433/2011, a LEP passou a prever expressamente em seus arts. 126 e ss. a possibilidade de o condenado remir por estudo, além do trabalho, parte do tempo de execução da pena; **D:** incorreta, pois segundo o art. 36, da LEP, o trabalho externo será admissível em serviço ou obras públicas realizadas por órgãos da Administração Direta ou Indireta, bem como em *entidades privadas*, desde que tomadas as cautelas contra a fuga e em favor da disciplina; **E:** correta, pois a alternativa está de acordo com a Súmula n. 493, do STJ, a qual dirimiu a controvérsia existente acerca da impossibilidade de o juiz fixar como condição especial ao regime aberto o cumprimento de pena restritiva de direitos, o que implicaria em permitir que o sentenciado cumprisse duas modalidades de pena pela prática de uma mesma infração penal.
Gabarito "E".

(Promotor de Justiça/ES – 2013 – VUNESP) Com relação à medida de segurança, é correto afirmar que
- (A) a decisão que decretar a internação deverá fixar o tempo determinado.
- (B) no caso de réu inimputável, sendo o crime apenado com detenção, o juiz deverá aplicar o tratamento ambulatorial.
- (C) tem como pressuposto o reconhecimento da prática de fato previsto como infração penal.

(D) há possibilidade de aplicar, mesmo estando extinta a punibilidade.
(E) a espécie detentiva consiste na sujeição a tratamento ambulatorial.

A: incorreta, pois a medida de segurança não possui um prazo certo de duração, persistindo até que haja necessidade do tratamento destinado à cura ou à saúde mental do inimputável. A medida de segurança apenas possui um prazo mínimo de 1 a 3 anos de internação ou tratamento ambulatorial, o qual se destina à realização do exame de cessação de periculosidade (art. 97, § 1º, do CP). Oportuno registrar que, muito embora não haja previsão legal de prazo máximo, a medida de segurança não pode ser uma sanção de caráter perpétuo, ainda que tenha por finalidade a recuperação do agente e o seu tratamento curativo. Daí haver divergência na doutrina e jurisprudência a respeito. O próprio STF, em decisões recentes, entendeu que o limite máximo é o de 30 anos (STF, HC 97621/RS, 2ª Turma, Rel. Ministro Cézar Peluso, j. 02.06.2009). Por sua vez, o STJ decidiu que a duração da medida de segurança não pode ultrapassar o limite máximo da pena privativa de liberdade cominada abstratamente ao delito praticado pelo agente (STJ, HC 147.343/MG, Rel. Ministra Laurita Vaz, 5ª Turma, j. 05.04.2011, Inf. 468); **B:** incorreta, pois se o fato é punido com reclusão, o juiz deverá aplicar a medida de segurança detentiva, que consiste na internação do agente em hospital de custódia e tratamento psiquiátrico (art. 96, I, do CP). Todavia, se o fato é punido com detenção, o juiz poderá optar entre a medida de segurança detentiva (internação) ou a restritiva (tratamento ambulatorial), dependendo a escolha do grau de periculosidade do agente (art. 96, II, do CP); **C:** correta, pois a medida de segurança, por ser uma espécie de sanção penal, pressupõe a prática pelo agente de um fato típico e ilícito; **D:** incorreta, pois extinta a punibilidade, não se impõe medida de segurança, nem subsiste a que tenha sido imposta (art. 96, parágrafo único, do CP); **E:** incorreta, pois a medida de segurança detentiva consiste na internação do agente em hospital de custódia e tratamento psiquiátrico (art. 96, I, do CP).

Gabarito "C".

(Magistratura/PA – 2012 – CESPE) Acerca das medidas de segurança, assinale a opção correta.
(A) A semi-imputabilidade não implica a imposição obrigatória de medida de segurança, visto que vigora no ordenamento jurídico brasileiro o sistema vicariante, cabendo ao juiz a aplicação da pena ou da medida de segurança.
(B) A cessação da periculosidade do agente atestada por laudo médico não enseja necessariamente a sua imediata desinternação do estabelecimento psiquiátrico, sendo necessária a demonstração, em juízo, de que a recuperação médica também tenha ensejado a recuperação social.
(C) Não configura constrangimento ilegal o recolhimento em presídio comum, pelo prazo superior a um ano, de sentenciado submetido a medida de segurança que consista em internação em hospital de custódia e tratamento psiquiátrico, caso seja comprovada a falta de vagas nesse tipo de estabelecimento.
(D) Segundo a jurisprudência do STJ, a medida de segurança não configura espécie de sanção penal embora se sujeite aos prazos prescricionais aplicáveis aos delitos cometidos pelos inimputáveis.
(E) Constitui *reformatio in pejus* o fato de o tribunal substituir a pena privativa de liberdade fixada no mínimo legal por medida de segurança, com base em laudo psiquiátrico que considere o acusado inimputável, visto que essa medida poderá ter duração igual ao máximo da pena cominada ao delito praticado.

A: correta. De fato, com a reforma da Parte Geral do CP, promovida pela Lei 7.209/1984, em matéria de medidas de segurança, adotou-se o denominado "sistema vicariante", segundo o qual, com relação ao semi-imputável, será aplicada pena (com redução de um a dois terços, consoante parágrafo único, do art. 26, do CP) ou medida de segurança (neste caso, desde que o condenado necessite de especial tratamento curativo, conforme preconiza o art. 98 do CP); **B:** incorreta, pois, uma vez constatada a cessação da periculosidade, evidentemente por laudo pericial, haverá a desinternação ou a liberação condicional do agente (art. 97, §§ 1º e 3º, do CP); **C:** incorreta, pois é direito do internado permanecer em estabelecimento dotado de características hospitalares, sendo submetido a tratamento (art. 99 do CP); **D:** incorreta, pois, como é sabido e ressabido, a medida de segurança é espécie de sanção penal, cabível, por evidente, apenas aos inimputáveis ou semi-imputáveis com periculosidade reconhecida, podendo, de plano, a assertiva ser excluída pelo candidato; **E:** incorreta. Confira-se a ementa a seguir, referente ao HC 187051/SP, da relatoria do Min. Gilson Dipp, com julgamento realizado em 06.10.2011: *Processual penal. Habeas corpus. Roubo duplamente majorado. Substituição da pena por medida de segurança em sede de apelação. Alegação de reformatio in pejus e extra petita. Inocorrência. Art.149 do código de processo penal. Violação súmula 525-STF. Inocorrência. Ordem denegada. O art. 149 do Código de Processo Penal não estabelece o momento processual para a realização do exame médico legal, devendo ele ser realizado com o surgimento de dúvida razoável sobre a integridade mental do acusado. Não constitui reformatio in pejus o fato de o Tribunal substituir a pena privativa de liberdade por medida de segurança, com base em laudo psiquiátrico que considerou o acusado inimputável, vez que a medida de segurança é mais benéfica do que a pena, vez que objetiva a proteção da saúde do acusado (...)*.

Gabarito "A".

(Ministério Público/MT – 2012 – UFMT) Relativamente à imputabilidade penal e à aplicação de medida de segurança, de acordo com o Código Penal brasileiro, assinale a assertiva correta.
(A) A inimputabilidade constitui pressuposto do comportamento delituoso.
(B) A medida de segurança é consequência inafastável ao agente que tenha praticado fato típico penal sob o manto da inimputabilidade.
(C) O prazo máximo da medida de segurança será estipulado em consonância com o máximo da pena cominada para o crime.
(D) O agente que tenha praticado fato típico penal, mesmo sendo semi-imputável, poderá, em certos casos, ser submetido à medida de segurança.
(E) A inimputabilidade deve ser demonstrada pelo órgão acusador.

A: incorreta. A imputabilidade é requisito para o reconhecimento da culpabilidade. Ao reverso, a inimputabilidade é causa excludente da culpabilidade. Ainda, para os adeptos da concepção tripartida, a inimputabilidade afastará a própria caracterização do crime, visto que a culpabilidade é elemento que o integra; **B:** incorreta. A medida de segurança somente será aplicada para os réus declarados inimputáveis por doença mental ou desenvolvimento mental incompleto ou retardado, na forma do art. 26, *caput*, do CP, ou, ainda, para os semi-imputáveis (art. 26, parágrafo único, do CP), desde que, após perícia, seja recomendado especial tratamento curativo. Com isso, afirma-se que nem toda causa de inimputabilidade conduz à imposição de medida de segurança (ex.: inimputabilidade por menoridade – art. 27 do CP; inimputabilidade por embriaguez acidental e completa – art. 28, § 1º, do CP); **C:** incorreta. De acordo com o art. 97, § 1º, 1ª parte, do CP, o prazo da medida de segurança é indeterminado, perdurando enquanto não for averiguada, por perícia, a cessação da periculosidade. Perceba o candidato que a assertiva está em consonância com o Código Penal, que é o que a questão exige. Porém, importa registrar que a posição do STF é no sentido de que o prazo máximo de duração é de 30 (trinta) anos, fazendo-se uma interpretação sistemática entre o precitado art. 97 e o art. 75, ambos do CP. Para o STJ, que editou a Súmula 527, o tempo de duração da medida de segurança não deve ultrapassar o limite máximo da pena abstratamente cominada ao delito praticado; **D:** correta. Como regra, a semi-imputabilidade conduzirá à redução da pena do agente de um a dois terços (art. 26, parágrafo único, do CP). Porém, se após a perícia, constatar-se que o condenado necessita de especial tratamento curativo, a pena privativa de liberdade poderá ser substituída pela internação ou tratamento ambulatorial, conforme dispõe o art. 98 do CP; **E:** incorreta. A inimputabilidade, por ser matéria que poderá conduzir à absolvição do acusado em razão da exclusão da culpabilidade, deverá ser comprovada pela defesa, caso alegada. Ao órgão acusatório caberá a demonstração da tipicidade e ilicitude do fato cometido pelo agente.

Gabarito "D".

(Ministério Público/MG – 2012 – CONSULPLAN) Sobre a disciplina das **medidas de segurança**, na parte geral do Código Penal, analise as seguintes afirmativas e assinale com **V** as **verdadeiras** e com **F** as **falsas**:
( ) Tratando-se de crime apenado com reclusão, cometido com violência, uma vez comprovada, pericialmente, a periculosidade do agente, impõe-se medida de segurança ainda que constatado o decurso do prazo prescricional.
( ) A desinternação, ou a liberação, possui caráter definitivo, análogo ao cumprimento da pena, devendo ser fundamentada em laudo pericial que ateste a cessação da periculosidade.
( ) Tanto para os inimputáveis quanto para os semi-imputáveis, a internação, ou tratamento ambulatorial, será por tempo indeterminado, com prazo mínimo de 1 (um) a 3 (três) anos, perdurando enquanto não for averiguada, mediante perícia médica, a cessação de periculosidade.
( ) Nos crimes apenados com reclusão, praticados por inimputável, a fixação de prazo mínimo para internação, embora não determinada pela lei, está consagrada na prática forense com base nas circunstâncias judiciais, como forma de compatibilizar a disciplina das medidas de segurança com o princípio da individualização da pena.

Assinale a alternativa que apresenta a sequência de letras CORRETA:
(A) (V) (V) (F) (V)
(B) (F) (F) (V) (F)
(C) (F) (F) (F) (F)
(D) (V) (F) (V) (V)

A primeira assertiva é falsa, uma vez que a imposição de medida de segurança, que é espécie de sanção penal, pressupõe que o crime cometido não tenha sido alcançado pela prescrição; a segunda assertiva é igualmente falsa, uma vez que a desinternação ou a liberação, em matéria de medida de segurança, será sempre condicional, vale dizer, deverá ser restabelecida se o agente, antes do decurso de 1 (um) ano, praticar fato indicativo da persistência de sua periculosidade (art. 97, § 3º, do CP); a terceira assertiva é verdadeira, pois, de fato, a medida de segurança é por prazo indeterminado, tendo, porém, duração mínima de 1 (um) a 3 (três) anos, mas perdurando até a cessação da periculosidade (art. 97, § 1º, do CP). Porém, é bom deixar registrado, essa não é a orientação do STF, que sustenta que a medida de segurança fica jungida ao período máximo de 30 (trinta) anos, adotando-se a mesma sistemática do art. 75 do CP (HC 84.219/SP, rel. Min. Marco Aurélio, 1ª Turma, j. 16.08.2005). Já para o STJ, de acordo com a Súmula 527, o tempo de duração da medida de segurança não deve ultrapassar o limite máximo da pena abstratamente cominada ao delito praticado. Observe o candidato, porém, que o enunciado da questão foi claro, remetendo as alternativas ao regime previsto no Código Penal; a quarta assertiva é falsa, pois, como visto anteriormente, a medida de segurança terá duração mínima de 1 (um) a 3 (três) anos, devendo ser fixada pelo juiz (art. 97, § 1º, parte final, do CP).

Gabarito "B".

(Ministério Público/GO – 2012) A propósito da suspensão condicional da pena é incorreto afirmar:

(A) É incabível afirmar que o *sursis* seja pena, pois estas são claramente enumeradas no Código Penal e a suspensão é medida destinada justamente a evitar a aplicação das pena privativa de liberdade;
(B) Doutrinariamente *sursis* humanitário, também conhecido como simples, é aquele consistente na aplicação das condições de prestação de serviços à comunidade ou limitação de fim de semana, além da proibição de ausentar-se da comarca onde reside;
(C) O *habeas corpus* não é meio idôneo, em regra, para discutir a concessão de *sursis*, nem para a análise das condições estipuladas pelo juiz. Excepcionalmente poderá ser manejado o remédio constitucional, visando corrigir a imperfeição de uma decisão de forma eficaz e célere;
(D) A condenação, em sentença irrecorrível, por crime doloso é causa de revogação obrigatória da suspensão condicional da pena.

A: correta. De fato, o *sursis* não é pena, mas, ao contrário, benefício que será concedido, desde que satisfeitos os requisitos legais (arts. 77 e seguintes do CP), evitando, assim, o início da execução da pena privativa de liberdade; **B:** incorreta, devendo ser assinalada. O *sursis* humanitário (ou profilático) será aquele concedido a condenados portadores de problemas de saúde (art. 77, § 2º, do CP). Não se trata, aqui, de sinônimo de *sursis simples*, ao qual se imporá, como condições, a prestação de serviços à comunidade ou limitação de fim de semana, durante o primeiro ano do período de suspensão (art. 78, § 1º, do CP). Apenas ao *sursis especial*, cabível quando o condenado houver reparado o dano, salvo impossibilidade de fazê-lo, e se as circunstâncias judiciais lhe forem favoráveis, é que o juiz poderá substituir as condições adrede referidas por proibição de frequentar determinados lugares, *proibição de ausentar-se da comarca onde reside* e comparecimento pessoal e obrigatório a juízo, mensalmente, para informar e justificar suas atividades (art. 78, § 2º, do CP); **C:** correta. Entende-se que o *habeas corpus* é remédio constitucional que não pode se prestar para impugnar decisão judicial que não tenha concedido o *sursis*, ou, ainda, para discutir as condições legais ou judiciais impostas, pois tal demandaria análise de requisitos subjetivos que não podem ser discutidos na via estreita do *writ*. A correção de "imperfeição" de uma decisão que tenha como objeto o *sursis* deverá dar-se pela via recursal; **D:** correta (art. 81, I, do CP).

Gabarito "B".

(Ministério Público/GO – 2012) Sobre o livramento condicional é incorreto afirmar:

(A) A pena unificada para atender ao limite de trinta anos de cumprimento, determinado pelo art. 75 do Código Penal, não é considerada para a concessão do livramento condicional;
(B) É facultativa a revogação se o liberado vem a ser condenado a pena privativa de liberdade, em sentença irrecorrível por crime cometido durante a vigência do benefício;
(C) O Juiz não poderá declarar extinta a pena, enquanto não passar em julgado a sentença em processo a que responde o liberado, por crime cometido na vigência do livramento;
(D) Insubsistente é o livramento condicional em que o condenado foge do presídio após a concessão do benefício mas antes da cerimônia obrigatória determinada pelo artigo 137 da Lei de Execução Penal.

A: correta (Súmula 715 do STF). O que importa para a concessão do livramento condicional é a quantidade de pena aplicada, mesmo que superior a 30 (trinta) anos, não sendo observada, pois, a regra do art. 75 do CP; **B:** incorreta, devendo ser assinalada. Em caso de condenação a pena privativa de liberdade, em sentença irrecorrível, por crime cometido durante a vigência do benefício, o livramento condicional será obrigatoriamente revogado (art. 86, I, do CP); **C:** correta (art. 89 do CP); **D:** correta. De fato, denomina-se de insubsistente o livramento condicional concedido a condenado que foge do estabelecimento prisional depois da concessão da benesse, mas antes da aceitação das condições da cerimônia solene de que trata o art. 137 da LEP (Lei 7.210/1984).

Gabarito "B".

(Defensor Público/AC – 2012 – CESPE) Ocorrerá a revogação obrigatória do *sursis* penal se, no curso do prazo, o beneficiário for

(A) preso pela prática de crime doloso.
(B) condenado, em sentença irrecorrível, por crime culposo, à pena privativa de liberdade.
(C) condenado, em sentença irrecorrível, por crime doloso, à pena restritiva de direitos.
(D) condenado, em sentença irrecorrível, por contravenção penal, à pena de prisão simples.
(E) condenado, em sentença irrecorrível, por crime culposo, à pena restritiva de direitos.

As causas de revogação do *sursis* (suspensão condicional da pena) podem ser *obrigatórias* ou *facultativas*. O art. 81, § 1º, do CP enumera as hipóteses de revogação facultativa; o art. 81, *caput*, do CP, por sua vez, elenca as causas de revogação obrigatória, entre as quais está aquela em que o beneficiário é condenado, em sentença com trânsito em julgado, por crime doloso (art. 81, I, do CP).

Gabarito "C".

(Defensor Público/RO – 2012 – CESPE) Após acidente de trânsito, Joaquim saiu apressadamente de seu veículo para cobrar do motorista do veículo que colidira com o seu os prejuízos causados à lanterna de seu veículo. Fabiano, o outro motorista, irritado com o tom de voz de Joaquim, agrediu-o fisicamente com golpes de socos e pontapés, causando-lhe ferimentos que provocaram a sua incapacidade para as ocupações habituais por mais de trinta dias. Fabiano, de sessenta e um anos de idade e já condenado, anteriormente, por crime de ameaça, à pena de multa, foi processado e condenado, definitivamente, pelo crime de lesão corporal de natureza grave, à pena privativa de liberdade de um ano e dois meses de reclusão sob o regime aberto. O juiz, embora entendesse que Fabiano não ostentava circunstâncias judiciais desfavoráveis, fez incidir a circunstância agravante da reincidência e, por fim, considerou incabível a substituição da pena por restritiva de direitos.

Com base nessa situação hipotética e no que dispõe o CP, assinale a opção correta.

(A) O juiz deve conceder a Fabiano o *sursis* etário pelo período de prova de quatro a seis anos, por se tratar de idoso.
(B) O juiz pode suspender a execução da pena pelo período de prova de dois a quatro anos, ainda que Fabiano seja reincidente em crime doloso.
(C) Durante os primeiros dois anos do período de prova, Fabiano deverá cumprir prestação de serviços à comunidade e submeter-se à limitação de fim de semana.
(D) O juiz deverá revogar a suspensão condicional da execução da pena se Fabiano, no período de prova, for condenado, em primeira instância por crime doloso, ou por sentença irrecorrível em crime culposo.
(E) A suspensão condicional da execução da pena poderá ser revogada se Fabiano for condenado irrecorrivelmente por crime culposo ao qual seja aplicada pena de multa.

A: incorreta. Dado que Fabiano tem sessenta e um anos de idade, é-lhe vedada a concessão do *sursis* etário, ao qual faz jus aquele que, à data da sentença, conta com mais de setenta anos (art. 77, § 2º, do CP); **B:** correta, pois, segundo estabelece o art. 77, § 1º, do CP, a condenação anterior a pena de multa não obsta a concessão do *sursis*; **C:** incorreta. As condições estabelecidas no art. 78, § 1º, do CP são alternativas e a elas somente se sujeitará o beneficiário durante o primeiro ano do prazo de suspensão (período de prova); **D:** incorreta, pois, nos termos do art. 81, I, do CP, somente terá lugar a revogação do *sursis*, na modalidade obrigatória, na hipótese de a sentença, que condenou o beneficiário por crime doloso, passar em julgado (sentença irrecorrível). A assertiva também está incorreta ao afirmar que o juiz *deverá* revogar o *sursis* quando o beneficiário é condenado, definitivamente, por crime culposo, dado que se trata de revogação facultativa, nos moldes do que estabelece o art. 81, § 1º, do CP; **E:** incorreta, pois, neste caso, é necessário que a pena imposta ao beneficiário seja privativa de liberdade ou restritiva de direitos (art. 81, § 1º, do CP).

Gabarito "B".

(Advogado da União/AGU – CESPE – 2012) Julgue os itens subsecutivos, a respeito dos efeitos da condenação criminal e de crimes contra a administração pública.

(1) Em regra, não se concede o direito de recorrer em liberdade ao réu que tiver permanecido preso durante toda a instrução do processo, pois a manutenção do réu na prisão constitui um dos efeitos da respectiva condenação.
(2) O tipo penal denominado peculato desvio constitui delito plurissubsistente, podendo a conduta a ele associada ser fracionada em vários atos, coincidindo o momento consumativo desse delito com a efetiva destinação diversa do dinheiro ou valor sob a posse do agente, desde que haja obtenção material do proveito próprio ou alheio.
(3) Considera-se efeito genérico e automático da condenação a restrição ao exercício de cargo público.

1: incorreta a assertiva. A decretação ou manutenção da prisão cautelar (provisória ou processual), assim entendida aquela que antecede a condenação definitiva, deve sempre estar condicionada à demonstração concreta de sua imperiosa necessidade, ainda que se trate da prática de crimes graves, como é o caso do tráfico de drogas, delito equiparado a hediondo. Bem por isso, deve o magistrado apontar as razões, no seu entender, que a tornam indispensável (art. 312 do CPP). Colocado de outra forma, a prisão provisória ou cautelar somente se justifica dentro do ordenamento jurídico quando necessária ao processo. Deve ser vista, portanto, como um *instrumento* do processo a ser utilizado em situações *excepcionais*. É por essa razão que a prisão decorrente de sentença penal condenatória recorrível deixou de constituir modalidade de prisão cautelar. Era uma prisão automática, já que, com a prolação da sentença condenatória, o réu era recolhido ao cárcere (independentemente de a prisão ser necessária). Nesse contexto, o acusado era considerado presumidamente culpado. Com as modificações introduzidas pela Lei 11.719/2008 e também em razão da atuação dos tribunais, esta modalidade de prisão cautelar deixou de existir, consagrando, assim, o *postulado da presunção de inocência*. Em vista dessa nova realidade, se o acusado permanecer preso durante toda a instrução, a manutenção dessa prisão somente terá lugar se indispensável for ao processo, pouco importando se, uma vez condenado em definitivo, permanecerá ou não preso (art. 387, § 1º, CPP). A prisão desnecessária decretada ou mantida antes de a sentença passar em julgado constitui antecipação da pena que porventura seria aplicada em caso de condenação, o que representa patente violação ao princípio da presunção de inocência,

postulado esse de índole constitucional – art. 5º, LVII. De se ver ainda que, tendo em conta as mudanças implementadas pela Lei 12.403/2011, que instituiu as *medidas cautelares alternativas à prisão provisória*, esta somente terá lugar diante da impossibilidade de se recorrer às medidas cautelares. Dessa forma, a prisão, como medida excepcional que é, deve também ser vista como instrumento subsidiário, supletivo. Pois bem. É importante registrar que essa tônica (de somente dar-se início ao cumprimento da pena depois do trânsito em julgado da sentença condenatória) sofreu, recentemente, um revés. Explico. O STF, em julgamento histórico realizado em 17 de fevereiro de 2016, mudou, à revelia de grande parte da comunidade jurídica, seu entendimento acerca da possibilidade de prisão antes do trânsito em julgado da sentença penal condenatória. A Corte, ao julgar o HC 126.292, passou a admitir a execução da pena após decisão condenatória proferida em segunda instância. Com isso, passou a ser desnecessário, para dar início ao cumprimento da pena, aguardar o trânsito em julgado da decisão condenatória. Flexibilizou-se, pois, o postulado da presunção de inocência. Naquela ocasião, votaram pela mudança de paradigma sete ministros, enquanto quatro mantiveram o entendimento até então prevalente. Cuidava-se, é bem verdade, de uma decisão tomada em processo subjetivo, sem eficácia vinculante, portanto. Tal decisão, conquanto tomada em processo subjetivo, passou a ser vista como uma mudança de entendimento acerca de tema que há vários anos havia se sedimentado. Mais recentemente, nossa Suprema Corte foi chamada a se manifestar, em ações declaratórias de constitucionalidade impetradas pelo Conselho Federal da OAB e pelo Partido Ecológico Nacional, sobre a constitucionalidade do art. 283 do CPP. Existia a expectativa de que algum ou alguns dos ministros mudassem o posicionamento adotado no julgamento realizado em fevereiro de 2016. Afinal, a decisão, agora, teria uma repercussão muito maior, na medida em que tomada em ADC. Pois bem. Depois de muita especulação e grande expectativa, o STF, em julgamento realizado em 5 de outubro do mesmo ano, desta vez por maioria mais apertada (6 a 5), já que houve mudança de posicionamento do ministro Dias Toffoli, indeferiu as medidas cautelares pleiteadas nessas ADCs (43 e 44), mantendo, assim, o posicionamento que autoriza a prisão depois de decisão condenatória confirmada em segunda instância. Ao que tudo indica, esta questão será reapreciada em breve pelo STF.; **2**: é verdadeira a afirmação segundo a qual o *peculato-desvio* (art. 312, "*caput*", segunda parte, do CP) constitui crime *plurissubsistente*, já que a conduta prevista no tipo penal comporta fracionamento. De outro lado, pode-se dizer que a assertiva é incorreta na medida em que este crime atinge a consumação com o efetivo desvio, independe de o agente alcançar o fim perseguido; **3**: a teor do art. 92, I, do CP, a perda de cargo, função pública ou mandato eletivo constitui *efeito específico e não automático* (é necessário que o juiz quanto a isso se manifeste). Assertiva, portanto, incorreta.
Gabarito 1E, 2E, 3E

15. AÇÃO PENAL

(Investigador – PC/BA – 2018 – VUNESP) Acácio, no dia 19 de fevereiro de 2018 (segunda-feira), foi vítima do crime de difamação. O ofensor foi seu vizinho Firmino. Trata-se de crime de ação privada, cujo prazo decadencial (penal) para o oferecimento da petição inicial é de 6 meses a contar do conhecimento da autoria do crime. Sobre a contagem do prazo, qual seria o último dia para o oferecimento da queixa-crime?

(A) 17 de agosto de 2018 (sexta-feira).
(B) 18 de agosto de 2018 (sábado).
(C) 19 de agosto de 2018 (domingo).
(D) 20 de agosto de 2018 (segunda-feira).
(E) 21 de agosto de 2018 (terça-feira).

O prazo decadencial – que tem natureza penal – tem como termo inicial a data em que o ofendido tem conhecimento de quem é o autor do delito, na forma estabelecida no art. 38 do CPP. Na hipótese narrada no enunciado, corresponde ao dia em que se deram os fatos. Tendo natureza penal, a contagem do prazo decadencial se faz segundo as regras do art. 10 do CP, incluindo-se o primeiro dia e excluindo-se o derradeiro. Dessa forma, a queixa deve ser ajuizada até o dia 17 de agosto de 2018, uma sexta-feira. **ED**
Gabarito "A".

(Juiz - TJ/SP – VUNESP – 2015) Em matéria de ação penal, a decadência apresenta diferentes efeitos. Sobre isso, é correto afirmar que

(A) condiciona o agir do Ministério Público à condição de procedibilidade do ofendido em face do ofensor.
(B) na ação penal pública condicionada à representação, impede que a vítima apresente queixa-crime.
(C) sendo ação penal privada, ataca imediatamente o direito de agir do ofendido, e o Estado perde a pretensão punitiva.
(D) na ação privada, atinge o direito de o ofendido representar, e este não pode mais agir.

A: incorreta, já que não é propriamente a *decadência* que condiciona o agir do MP, mas, sim, a *representação*, que é o instrumento por meio do qual o ofendido manifesta seu interesse em ver processado o ofensor. Se a representação não for ofertada dentro do prazo estabelecido em lei, que é de 6 meses, sempre contado do dia em que o ofendido passa a conhecer a identidade do ofensor, operar-se-á a decadência (perda do direito de representação), o que leva à extinção da punibilidade; **B**: incorreta. A queixa-crime é a petição inicial, formulada pelo ofendido ou por seu representante legal, na ação penal privada; a ação penal pública condicionada a representação, cujo titular é o MP, deverá iniciar-se por meio de denúncia; **C**: correta. A decadência, no contexto da ação penal privada, ataca, de fato, o direito do ofendido de agir, oferecendo a queixa; **D**: incorreta. O direito de representar somente é exercido na ação penal pública condicionada a representação; na ação penal privada, como já dito no comentário anterior, é atingido o direito do ofendido em ajuizar a queixa-crime. **ED**
Gabarito "C".

(Magistratura/GO – 2015 – FCC) No tocante à ação penal, é correto afirmar que

(A) admissível o perdão do ofendido mesmo depois que passa em julgado a sentença condenatória.
(B) implica renúncia tácita do direito de queixa o fato de receber o ofendido a indenização do dano causado pelo crime.
(C) admissível a renúncia tácita, mas o perdão do ofendido deve ser expresso.
(D) a renúncia constitui causa de extinção da punibilidade relativa às ações penais privadas e públicas condicionadas.
(E) concedido o perdão por um dos ofendidos, não prejudica o direito dos outros.

A: incorreta. Nos termos do art. 106, § 2º, do CP, não é admissível o perdão do ofendido depois que passa em julgado a sentença condenatória. Assim, o perdão pode ocorrer a qualquer momento, depois de iniciada a ação penal de iniciativa privada, mas desde que até o trânsito em julgado; **B**: incorreta, pois, nos termos do art. 104, parágrafo único, do CP, não importa renúncia tácita o fato de receber o ofendido a indenização do dano causado pelo crime. Todavia, no âmbito dos crimes de menor potencial ofensivo (de ação penal privada e pública condicionada à representação), o art. 74, parágrafo único, da Lei 9.099/1995, o acordo entre ofensor e ofendido, judicialmente homologado, acarreta renúncia ao direito de queixa ou de representação; **C**: incorreta. O perdão do ofendido pode ser tácito, assim considerado aquele que resulta da prática de ato incompatível com a vontade de prosseguir na ação (art. 106, § 1º, do CP); **D**: incorreta. A renúncia é causa extintiva da punibilidade relativa aos crimes de ação penal privada. Frise-se, porém, que a composição civil, no âmbito dos Juizados Especiais Criminais, acarreta renúncia ao direito de queixa ou representação (art. 74, parágrafo único, da Lei 9.099/1995); **E**: correta. Embora se concedido o perdão a qualquer dos querelados, a todos aproveitará (art. 106, I, do CP), se concedido por um dos ofendidos, não prejudicará o direito dos outros (art. 106, II, do CP). Assim, se o perdão for concedido por uma das vítimas, não afetará o direito de os demais ofendidos prosseguirem com a ação penal.
Gabarito "E".

16. EXTINÇÃO DA PUNIBILIDADE EM GERAL

(Procurador Municipal/SP – VUNESP – 2016) Sobre as causas extintivas de punibilidade, é correto afirmar que a

(A) lei posterior que deixa de considerar como infração um fato que era anteriormente punido (*abolitio criminis*) exclui os efeitos jurídicos penais e civis decorrentes da aplicação da lei anterior.
(B) prescrição, antes de transitar em julgado a sentença final, começa a correr, no caso de tentativa, do dia em que cessou a atividade criminosa e nos casos dos crimes permanentes, do dia em que cessou a permanência.
(C) perempção pode ser reconhecida na ação privada exclusiva e na ação privada subsidiária da pública e havendo dois ou mais querelantes, sua ocorrência alcança somente aquele que lhe deu causa, prosseguindo quanto aos demais.
(D) decadência, perda do direito de ação ou de representação do ofendido em face do decurso de tempo, tem prazo sujeito a interrupção ou a suspensão.

A: incorreta. A ocorrência da *abolitio criminis* faz desaparecer todos os efeitos penais, principais e secundários; subsistem, no entanto, os civis (extrapenais), por força do que dispõe o art. 2º, *caput*, parte final, do CP; **B**: correta, pois reflete o que estabelece o art. 111, II e III, do CP; **C**: incorreta, pois não há se falar em perempção na ação penal privada subsidiária da pública. Isso porque, nos termos do art. 29 do CPP, se o querelante revelar-se desidioso, pode o Ministério Público retomar a titularidade da ação. Somente terá lugar a perempção na ação penal privada exclusiva e também na personalíssima. Ademais, é correto afirmar que a perempção só se dá em relação ao querelante desidioso, não atingindo, pois, aquele que não lhe deu causa; **D**: incorreta. O prazo decadencial, cuja contagem se dá nos moldes do art. 10 do CP (prazo penal), já que leva à extinção da punibilidade, não se interrompe tampouco se suspende. **ED**
Gabarito "B".

(Procurador do Estado – PGE/BA – CESPE – 2014) No que diz respeito aos diversos institutos previstos na parte geral do Código Penal, julgue o item seguinte (adaptada).

(1) Considere que determinado indivíduo condenado definitivamente pela prática de determinado delito tenha obtido a extinção da punibilidade por meio de anistia e que, um ano depois do trânsito em julgado da sentença condenatória, tenha cometido novo delito. Nessa situação, esse indivíduo é considerado reincidente, estando, pois, sujeito aos efeitos da reincidência.

1: incorreta. A anistia, causa extintiva da punibilidade, tem o condão de apagar todos os efeitos penais. Isto é, a condenação é rescindida, razão pela qual se, praticar, no futuro, novo crime, não poderá o anistiado ser considerado reincidente. Cuidado: a despeito disso, os efeitos civis da sentença condenatória permanecem íntegros. **ED**
Gabarito 1E

(Promotor de Justiça/SC – 2016 – MPE)
(1) As causas extintivas da punibilidade relacionadas no artigo 107 do Código Penal Brasileiro são exemplificativas, podendo serem encontradas diversas outras, tanto no mesmo ordenamento jurídico, como na legislação especial esparsa.

1: assertiva verdadeira. Com efeito, é unânime na doutrina o entendimento segundo o qual o rol contido no art. 107 do CP é exemplificativo, podendo ser encontradas, além dessas (art. 107), outras causas extintivas da punibilidade tanto no Código Penal quanto na legislação penal especial. Alguns exemplos: reparação do dano no peculato culposo (art. 312, § 3º, do CP); decurso do prazo do *sursis*, sem revogação (art. 82, CP); pagamento do tributo antes do oferecimento da denúncia (art. 34 da Lei 9.249/1995); falta de representação da vítima na Lei 9.099/1995, entre outras hipóteses. ED
Gabarito "C"

(Juiz – TJ/MS – VUNESP – 2015) Quanto à extinção da punibilidade, é correto afirmar que
(A) a punibilidade só se extingue pela morte do agente; pela anistia, graça ou indulto; pela prescrição, decadência ou perempção; pela renúncia do direito de queixa ou pelo perdão aceito, nos crimes de ação privada e pela retratação do agente, nos casos em que a lei a admite.
(B) o curso da prescrição interrompe-se com o oferecimento da denúncia pelo Ministério Público.
(C) o perdão expresso ou tácito concedido pelo ofendido a um dos querelados não pode ser aproveitado pelos demais na hipótese de ofensa conjunta por mais de um agente.
(D) considerando que o delito previsto no art. 137, *caput*, do Código Penal prevê pena de detenção de quinze dias a dois meses ou multa, a prescrição da pena em abstrato ocorrerá em dois anos.
(E) a sentença que conceder perdão judicial não será considerada para efeitos de reincidência.

A: incorreta. Em primeiro lugar, porque a alternativa não contemplou todas as causas extintivas de punibilidade elencadas no rol do art. 107 do CP. Segundo porque é unânime na doutrina o entendimento segundo o qual o rol contido no art. 107 do CP é exemplificativo, podendo ser encontradas, além dessas (art. 107), outras causas extintivas da punibilidade tanto no Código Penal quanto na legislação penal especial. Alguns exemplos: reparação do dano no peculato culposo (art. 312, § 3º, do CP); decurso do prazo do *sursis*, sem revogação (art. 82, CP); pagamento do tributo antes do oferecimento da denúncia (art. 34 da Lei 9.249/1995); falta de representação da vítima na Lei 9.099/1995, entre outras hipóteses; **B:** incorreta, na medida em que o curso da prescrição é interrompido, entre outras causas, pelo recebimento da denúncia ou queixa (e não pelo seu oferecimento), tal como estabelece o art. 117, I, do CP; **C:** incorreta. O perdão, quer seja expresso, quer seja tácito, a todos os agentes se estende (art. 106, I, do CP), mas somente produzirá efeitos em relação àqueles que o aceitarem; **D:** incorreta. Isso porque, sendo a pena máxima cominada ao crime do art. 137 do CP de dois meses ou multa, a prescrição dar-se-á no prazo de 3 anos (e não 2), tal como previsto no art. 109, VI, do CP; **E:** correta, pois reflete o disposto no art. 120 do CP e na Súmula 18, do STJ. ED
Gabarito "E"

(Delegado/GO – 2017 – CESPE) Assinale a opção correta, acerca de extinção da punibilidade.
(A) Uma lei de anistia pode ser revogada por lei posterior, diante de mudança de opinião do Congresso Nacional a respeito da extinção de punibilidade concedida.
(B) Graça e indulto somente podem ser concedidos pelo presidente da República, uma vez que tais prerrogativas são insuscetíveis de delegação.
(C) A punibilidade de qualquer crime pode ser extinta por meio de graça e indulto.
(D) O instituto da prescrição atinge a pretensão de punir ou de executar a pena.
(E) A anistia ou *abolitio criminis* é causa extintiva de punibilidade discutida no âmbito do Poder Legislativo.

A: incorreta, pois a revogação de uma lei concessiva de anistia, que é causa de extinção da punibilidade (art. 107, II, do CP), equivaleria a restaurar a possibilidade de punição por fatos praticados pelos agentes que dela se beneficiassem, o que acarretaria em violação ao princípio da irretroatividade da lei penal prejudicial (art. 5º, XL, da CF e art. 2º, CP); **B:** incorreta. Embora a graça e o indulto sejam de competência privativa do Presidente da República (art. 84, XII, da CF), será possível que delegue sua concessão a Ministros de Estado, Procurador-Geral da República ou ao Advogado-Geral da União (art. 84, parágrafo único, da CF); **C:** incorreta. Determinados crimes são insuscetíveis de graça e indulto, tais como os hediondos (art. 5º, XLIII, da CF e art. 2º, I, da Lei 8.072/1990); **D:** correta. De fato, a prescrição, que é causa extintiva da punibilidade (art. 107, IV, do CP), é capaz de afetar – e afastar – a pretensão punitiva ou a pretensão executória do Estado. Respectivamente, estaremos diante da prescrição da pretensão punitiva e da prescrição da pretensão executória; **E:** incorreta, pois anistia e *abolitio criminis* não se confundem, tal como quer fazer parecer a assertiva, como se fossem expressões sinônimas. A anistia, de fato, é concedida pelo Poder Legislativo (Congresso Nacional), mediante a edição de uma lei federal (arts. 21, XVII e 48, VIII, da CF), conceder a anistia, após a necessária sanção presidencial. Não se confunde com a *abolitio criminis*, que é causa extintiva da punibilidade decorrente da revogação formal e material de um tipo penal incriminador, também por meio de lei. AT
Gabarito "D"

(Defensor Público – DPE/RN – 2016 – CESPE) No que se refere à extinção da punibilidade, assinale a opção correta.
(A) Nos crimes contra a ordem tributária, o pagamento integral do débito tributário após o trânsito em julgado da condenação é causa de extinção da punibilidade.
(B) Na compreensão do STF, a decisão que, com base em certidão de óbito falsa, julga extinta a punibilidade do réu não pode ser revogada, dado que gera coisa julgada material.
(C) O indulto, ato privativo do presidente da República, tem por escopo extinguir os efeitos primários da condenação, isto é, a pena, de forma plena ou parcial. Todavia, persistem os efeitos secundários, tais como a reincidência.
(D) O recebimento de queixa-crime pelo juiz não é condição para o reconhecimento da perempção.
(E) O ajuizamento da queixa-crime perante juízo incompetente *ratione loci*, no prazo fixado para o seu exercício, não obsta o decurso do prazo decadencial.

A: incorreta. Conferir: "O art. 9º da Lei 10.684/2003 trata da extinção da punibilidade pelo pagamento do débito tributário, antes do trânsito em julgado da condenação, uma vez que faz menção expressa à pretensão punitiva do Estado. Não há que se falar em extinção da punibilidade pelo pagamento, quando se trata de pretensão executória, que é o caso dos autos" (RHC 56.665/PE, Rel. Ministra Maria Thereza de Assis Moura, Sexta Turma, julgado em 19.03.2015, *DJe* 27.03.2015); **B:** incorreta. Ao contrário do que se afirma, entende o STF que a decisão que, com base em certidão de óbito falsa, julga extinta a punibilidade do réu pode, sim, ser revogada, dado que não gera coisa julgada material. Conferir: "A decisão que, com base em certidão de óbito falsa, julga extinta a punibilidade do réu pode ser revogada, dado que não gera coisa julgada material em sentido estrito" (HC 104998, Relator(a): Min. Dias Toffoli, Primeira Turma, julgado em 14.12.2010, *DJe*-085 Divulg 06-05-2011 Public 09-05-2011 Ement vol-02517-01 pp-00083 RTJ vol-00223-01 PP-00401); **C:** correta. De fato, o *indulto*, que é concedido de ofício pelo presidente da República (art. 84, XII, da CF) de forma coletiva, somente atinge as sanções penais impostas (pena), permanecendo os demais efeitos, tanto os penais (tal como a reincidência) quanto os extrapenais; **D:** incorreto. Por se tratar de causa extintiva da punibilidade que somente se verifica no curso da ação penal privada, tal somente poderá se dar a partir do recebimento da queixa. Vale lembrar que a perempção, cujas hipóteses de incidência estão elencadas no art. 60 do CPP, constitui uma sanção aplicada ao querelante consubstanciada na perda do direito de continuar na ação penal, o que se dá em razão de sua desídia processual. Não cabe na ação penal privada subsidiária da pública; somente na privada exclusiva; **E:** incorreta. Conferir: "(...) Mesmo que a queixa-crime tenha sido apresentada perante Juízo incompetente, o certo é que o seu simples ajuizamento é suficiente para obstar a decadência" (RHC 25.611/RJ, Rel. Ministro Jorge Mussi, Quinta Turma, julgado em 09.08.2011, *DJe* 25.08.2011).
Gabarito "C"

(Magistratura/RR – 2015 – FCC) Constituem causas de extinção da punibilidade que se relacionam com a ação penal pública condicionada
(A) a perempção e o perdão do ofendido.
(B) a decadência e a perempção.
(C) o perdão do ofendido e a composição homologada dos danos civis nos juizado especial criminal.
(D) a decadência e o perdão do ofendido.
(E) a composição homologada dos danos civis no juizado especial criminal e a decadência.

A: incorreta. A perempção (art. 107, IV, terceira figura, do CP; art. 60 do CPP) é causa extintiva da punibilidade que se relaciona exclusivamente aos crimes de ação penal privada, caracterizada pela inércia do querelante em dar o adequado andamento à ação. O perdão do ofendido (art. 105 do CP) somente é admissível nos crimes que se procedem mediante queixa (ou seja, ação penal privada); **B:** incorreta, pois, como visto, a perempção é causa de extinção da punibilidade que incide apenas para os crimes de ação penal privada. Já a decadência (art. 103 do CP; art. 38 do CPP) atinge o direito de queixa (ação penal privada) ou de representação (ação penal pública condicionada); **C:** incorreta. Como visto, o perdão do ofendido é causa extintiva da punibilidade relacionada com a ação penal privada. Com relação à composição civil dos danos, o art. 104, parágrafo único, do CP, enuncia que o fato de receber o ofendido a indenização do dano causado pelo crime (de ação penal privada!) não implica renúncia tácita ao direito de queixa. Assim, a renúncia é instituto que se relaciona, originariamente, com os crimes de ação penal privada. Contudo, no âmbito dos Juizados Especiais Criminais, a homologação de acordo entre ofensor e ofendido, denominada de composição civil dos danos, acarreta em renúncia ao direito de queixa ou de representação. Assim, a renúncia também é possível na ação penal pública condicionada, mas desde que estejamos diante de infração penal de menor potencial ofensivo; **D:** incorreta, pois o perdão do ofendido é causa extintiva da punibilidade que se relaciona apenas aos crimes de ação penal privada; **E:** correta. A decadência, como visto, é causa extintiva da punibilidade incidente sobre os crimes de ação penal privada e pública condicionada à representação.
Gabarito "E"

(Promotor de Justiça/MG – 2014) Não se pode deduzir o seguinte efeito da anistia:
(A) Pode ser revogada.
(B) Por não ser pessoal, a anistia do delito cometido pelo autor beneficia também os eventuais partícipes.
(C) A parte da pena cumprida até a descriminalização é considerada ao abrigo do direito vigente à época de sua execução, de modo que não se pode pedir a restituição da multa paga.

(D) Não pode ser repudiada pelo beneficiário.

A: assertiva incorreta, devendo ser assinalada. De acordo com a doutrina, considerando que a anistia é causa extintiva da punibilidade, concedida por lei federal, capaz de excluir fatos criminosos do campo de incidência do Direito Penal, inviável sua revogação. Se o Estado pratica um ato de verdadeira "clemência", não pode, posteriormente, retratar-se, revogando a lei anistiadora; **B:** assertiva correta. De fato, a anistia abrange "fatos" e não "pessoas". Logo, já que há a própria exclusão do fato criminoso, todos os eventuais autores serão beneficiados; **C:** assertiva correta. Se a anistia for concedida apenas após o trânsito em julgado da condenação, o eventual pagamento de pena de multa terá ocorrido sob a égide da legislação anterior, não sendo possível pedir-se a restituição do que se pagou. Cessará, apenas, a continuidade da execução penal; **D:** assertiva correta. A rigor, a anistia, por atingir "fatos" ou "pessoas", não poderá ser rechaçada pelo beneficiário. Contudo, em se tratando da chamada "anistia condicionada", cujos efeitos extintivos da punibilidade somente incidirão se cumpridas determinadas condições. Estas, porém, poderão ser recusadas pelo seu destinatário.

Gabarito "A".

(Promotor de Justiça/ES – 2013 – VUNESP) No tocante à extinção da punibilidade, assinale a alternativa correta.

(A) A retratação é admitida nos crimes de calúnia, injúria e difamação.
(B) O perdão do ofendido é um ato pelo qual o querelado desiste do prosseguimento da ação penal privada.
(C) Na receptação culposa, sendo o criminoso primário, será cabível o perdão judicial.
(D) A renúncia é instituto exclusivo da ação penal privada.
(E) A prescrição não incidirá sobre os crimes de terrorismo e tortura.

A: incorreta, pois a retratação não é admitida no crime de injúria. Assim, o querelado que, antes da sentença, se retrata cabalmente da calúnia ou da difamação, fica isento de pena (art. 143, do CP), extinguindo-se a punibilidade (art. 107, VI, do CP). Todavia, se a retratação ocorrer em fase recursal, após a prolação da sentença condenatória, poderá ser aplicada uma circunstância atenuante (art. 65, III, "b", do CP); **B:** incorreta, pois o perdão do ofendido é o ato pelo qual o querelante desiste do prosseguimento da ação penal privada (art. 105, do CP). Cumpre salientar que o perdão judicial, por ser um ato bilateral, depende da aceitação do querelado, sendo que se concedido a um dos querelados, aproveitará a todos, sem que produza, todavia, efeito em relação ao que o recusar (art. 51, do CPP); **C:** correta, pois, de fato, nos termos do art. 180, § 5º, 1ª parte, do CP, sendo o réu primário, o juiz poderá, levando em consideração as circunstâncias, deixar de aplicar a pena. Oportuno frisar que o perdão judicial está previsto no art. 107, IX, do CP como uma das formas de extinção da punibilidade; **D:** incorreta. De fato, em regra, a renúncia – ato unilateral pelo qual se efetua a desistência do direito de ação pela vítima – ocorre na ação penal exclusivamente privada e na ação penal privada personalíssima, mas não na subsidiária da pública. Todavia, excepcionalmente, admite-se a renúncia tácita na ação penal pública condicionada à representação, de competência do Juizado Especial Criminal, quando houver composição civil entre o autor do fato e a vítima, extinguindo-se a punibilidade do agente (art. 74, parágrafo único, da Lei 9.099/1995); **E:** incorreta, pois os únicos crimes imprescritíveis são: 1) racismo (art. 5º, XLII, CF e Lei 7.716/1989); e 2) ação de grupos armados, civis e militares, contra a ordem constitucional e o Estado Democrático (art. 5º, XLIV). Ressalte-se que, muito embora prevaleça o entendimento doutrinário de que a legislação ordinária não pode criar outras hipóteses de imprescritibilidade, o STF já decidiu em sentido contrário (RE 460.971/RS, Rel. Ministro Sepúlveda Pertence, 1ª Turma, j. 13.02.2007).

Gabarito "C".

(Promotor de Justiça/MG – 2013) São situações especificamente previstas em lei que permitem o perdão judicial, **EXCETO**:

(A) "Lavagem" ou ocultação de bens, direitos e valores, caso o autor, coautor ou partícipe colaborar espontaneamente com as autoridades, prestando esclarecimentos que conduzam à apuração das infrações penais e de sua autoria ou à localização dos bens, direitos ou valores objeto do crime.
(B) Guarda doméstica de espécie silvestre não considerada ameaçada de extinção, considerando as circunstâncias do caso.
(C) Receptação imprópria, caso seja o autor primário e conforme as circunstâncias do caso.
(D) Injúria, quando o ofendido, de forma reprovável, provocou-a diretamente.

A: incorreta. Na Lei 9.613/1998, admite-se o perdão judicial, nos termos de seu art. 1º, § 5º ("A pena poderá ser reduzida de um a dois terços e ser cumprida em regime aberto ou semiaberto, facultando-se ao juiz deixar de aplicá-la ou substituí-la, a qualquer tempo, por pena restritiva de direitos, se o autor, coautor ou partícipe colaborar espontaneamente com as autoridades, prestando esclarecimentos que conduzam à apuração das infrações penais, à identificação dos autores, coautores e partícipes, ou à localização dos bens, direitos ou valores objeto do crime"); **B:** incorreta, pois será admissível o perdão judicial pelo art. 29, § 2º, da Lei 9.605/1998, no caso de guarda doméstica de espécie silvestre não considerada ameaçada de extinção, considerando as circunstâncias do caso; **C:** correta. De fato, para a receptação imprópria (art. 180, caput, do CP – influir para que terceiro de boa-fé adquira, receba ou oculte coisa que sabe ser produto de crime), não há previsão de perdão judicial, admissível apenas no caso de receptação culposa, e desde que o criminoso seja primário, levadas em consideração as circunstâncias do caso (art. 180, § 5º, CP); **D:** incorreta, pois será admissível o perdão judicial caso o ofendido, de forma reprovável, tiver provocado diretamente a injúria (art. 140, § 1º, I, CP).

Gabarito "C".

(Magistratura/MG – 2012 – VUNESP) Da Lei da Anistia, surgem os seguintes efeitos.
I. A anistia do delito não pode ser revogada.
II. A condenação por crime anistiado só pode ser considerada para efeitos de reincidência.
III. Quando existir decisão condenatória, a norma eliminará a condenação e todos os seus efeitos.
IV. A anistia não elimina a tipicidade da conduta dos coautores.

Estão corretas apenas as assertivas
(A) I e II.
(B) I e III.
(C) II e IV.
(D) I, III e IV.

I: correta. De acordo com a doutrina, a lei concessiva de anistia, considerada causa de extinção da punibilidade (art. 107, II, do CP), é irrevogável. Porém, mesmo em caso de revogação formal da lei anistiadora, os seus efeitos não poderão ser revogados, e por uma questão óbvia: a lei penal não retroagirá, salvo para beneficiar o réu (art. 5º, XL, da CF); **II:** incorreta, pois a anistia, decorrente de lei federal, excluirá todos os efeitos penais da condenação (principal e secundários), remanescendo, porém, os efeitos extrapenais (ex.: permanecerá a obrigação do condenado por crime anistiado de reparar o dano); **III:** correta. Como dito no comentário à assertiva anterior, a anistia extinguirá a punibilidade do agente, daí advindo a eliminação dos efeitos penais da condenação. Registramos que a assertiva III está incompleta, ou, ao menos, um pouco obscura, visto que a anistia eliminará a condenação e todos os seus efeitos de NATUREZA PENAL (lembre-se que os efeitos extrapenais permanecem, tais como os de natureza civil); **IV:** correta. A anistia extingue a punibilidade do fato (art. 107, II, do CP), não se tratando de causa de atipicidade.

Gabarito "B".

(Magistratura/PA – 2012 – CESPE) Acerca da extinção da punibilidade, assinale a opção correta.

(A) Não se admite a extensão, para outro crime, dos efeitos da extinção da punibilidade pelo perdão judicial concedido em relação a homicídio culposo, ainda que ambos os crimes tenham sido praticados em concurso formal.
(B) De acordo com jurisprudência firmada no STJ, admite-se a extinção da punibilidade pela prescrição da pretensão punitiva, com fundamento em pena hipotética a ser aplicada no processo penal.
(C) Nos delitos de estupro, é admissível o reconhecimento da extinção da punibilidade pela perempção em ação penal privada subsidiária de ação penal pública.
(D) A sentença concessiva do perdão judicial é declaratória da extinção da punibilidade, não subsistindo, exceto quanto aos efeitos secundários, qualquer outro efeito condenatório.
(E) Nos crimes conexos, a extinção da punibilidade de um deles impede, no que diz respeito aos outros, a agravação da pena resultante da conexão.

A: correta, pois o perdão judicial, no caso do homicídio culposo, gerará a extinção da punibilidade apenas para ele, não se estendendo a outro crime, ainda que praticado em concurso formal. Afinal, referida causa extintiva da punibilidade somente será admitida nos casos permitidos por lei (art. 107, IX, do CP). Nesse sentido é a jurisprudência do STJ: *DIREITO PENAL. RECURSO ESPECIAL. PERDÃO JUDICIAL. EXTENSÃO DOS EFEITOS. IMPOSSIBILIDADE. Não é possível a extensão do efeito de extinção da punibilidade pelo perdão judicial, concedido em relação a homicídio culposo que resultou na morte da mãe do autor, para outro crime, tão somente por terem sido praticados em concurso formal (Precedente do STF). Recurso provido (REsp 1009822 / RS – Min. Felix Fischer – julgamento em 26/08/08 – STJ)*; **B:** incorreta (Súmula 438 do STJ); **C:** incorreta, pois não se admite o instituto da perempção em ação penal privada subsidiária da pública. Afinal, esta somente é admissível em caso de inércia do Ministério Público para a promoção da ação penal em crimes de ação pública. Lembre-se que a inércia do querelante, em caso de ação penal privada subsidiária da pública, produzirá a retomada, pelo Ministério Público, do polo ativo da demanda como parte principal (art. 29 do CPP); **D:** incorreta, pois sendo a sentença concessiva do perdão judicial de natureza declaratória da extinção da punibilidade, consoante dispõe a Súmula 18 do STJ, não subsistirá qualquer efeito condenatório (leia-se: principal ou secundários); **E:** incorreta (art. 108, parte final, do CP).

Gabarito "A".

(Magistratura/PE – 2013 – FCC) Em relação às causas de extinção da punibilidade, correto afirmar que

(A) a concessão de anistia é de competência privativa do Presidente da República, excluindo o crime e fazendo desaparecer suas sequências penais.
(B) a concessão de indulto faz com que o beneficiado retorne à condição de primário.
(C) não são previstas, em qualquer situação, para casos de reparação do dano pelo agente.
(D) não a configuram a concessão de indulto parcial ou comutação, de competência privativa do Presidente da República.
(E) cabível o perdão judicial no caso de qualquer infração penal.

A: incorreta, pois a anistia, causa extintiva da punibilidade prevista no art. 107, II, do CP, consiste na exclusão, por meio de lei ordinária, dotada de efeitos retroativos, por ser benéfica, de fato(s) criminoso(s). Trata-se de verdadeira indulgência estatal, por meio,

repita-se, da edição de lei ordinária federal, de competência, por óbvio, do Congresso Nacional, nos termos dos arts. 21, XVII e 48, VIII, ambos da CF/1988. Não se confunde a anistia com a graça, esta sim de competência do Presidente da República (art. 84, XII, da CF/1988), passível, contudo, de delegação aos Ministros de Estado, ao Procurador-Geral da República ou ao Advogado-Geral da União (art. 84, parágrafo único, da CF/1988). Frise-se que a anistia opera a exclusão de todos os efeitos penais da condenação (principal e secundários de natureza penal), remanescendo, porém, os de natureza civil (ex.: obrigação do réu de reparar o dano causado pelo crime); **B:** incorreta, pois o indulto, causa extintiva da punibilidade (art. 107, II, do CP), concedida espontaneamente pelo Presidente da República, mediante decreto, terá o condão de apagar apenas o efeito principal da condenação (pena), mas, não, os demais efeitos (secundários de natureza penal e os extrapenais). Logo, um condenado beneficiado pelo indulto não retornará ao *status* de primário, pois a reincidência é efeito secundário de natureza penal, não abrangido por referida causa extintiva da punibilidade; **C:** incorreta, pois, por exemplo, no peculato culposo (art. 312, § 2º, do CP), se reparado o dano pelo agente até a sentença irrecorrível, haverá a extinção da punibilidade (art. 312, § 3º, do CP); **D:** correta. O indulto parcial, verificado por ato do Presidente da República (decreto), terá o condão apenas de reduzir a pena ou comutá-las, sem, contudo, extinguir a punibilidade. Portanto, nem sempre o indulto será causa extintiva da punibilidade. Apenas o indulto total é que o será; **E:** incorreta, pois o perdão judicial somente será cabível nos casos previstos em lei (art. 107, IX, do CP).
Gabarito "D".

(Ministério Público/RR – 2012 – CESPE) No que tange à punibilidade, às causas de extinção da punibilidade e às escusas absolutórias, assinale a opção correta à luz da legislação, da doutrina e da jurisprudência.

(A) As condições objetivas de punibilidade, acontecimentos futuros e incertos, são estruturadas de forma positiva, e a sua ausência não exclui a punibilidade do delito em relação aos demais coautores.
(B) As escusas absolutórias excluem a imposição de pena, são estruturadas de modo negativo e não se comunicam aos eventuais partícipes que não apresentem as características personalíssimas exigidas na lei penal.
(C) As escusas absolutórias estão previstas em rol exemplificativo tanto na parte geral quanto na parte especial do CP, ficando o seu reconhecimento e aplicação, assim como ocorre com o perdão judicial, ao prudente critério do juiz ao decidir o caso concreto.
(D) Admite-se a incidência das escusas absolutórias nos delitos contra o patrimônio e contra a pessoa, desde que praticados, sem violência ou grave ameaça, em prejuízo dos sujeitos consignados na norma penal.
(E) As escusas absolutórias são causas expressas de extinção da punibilidade previstas no CP.

A: incorreta. As condições objetivas de punibilidade, de acordo com a doutrina, são, de fato, acontecimentos futuros e incertos, cujo implemento possibilitará a punibilidade do delito. Ausente as condições, excluída estará a punibilidade para todos os supostos concorrentes do crime. Afinal, trata-se de elementos objetivos, que a todos se estendem; **B:** correta. As escusas absolutórias são causas de imunidade penal absoluta, de caráter subjetivo, razão pela qual não se comunicam aos eventuais concorrentes (coautores ou partícipes) que não ostentem as condições pessoais exigidas na lei. São, de fato, de caráter negativo, ou seja, somente haverá punibilidade pelo fato se as situações descritas na lei não estiverem presentes (ex.: somente responderá por furto o agente que não houver subtraído coisa móvel de seu pai, desde que este não seja idoso – art. 181, II, c.c. art. 183, III, do CP); **C:** incorreta. As escusas absolutórias não podem ser aplicadas ao prudente arbítrio do juiz, que somente poderá reconhecê-las diante de expressa previsão legal (tal como ocorre com o perdão judicial, que é causa de extinção da punibilidade – art. 107, IX, do CP); **D:** incorreta. As escusas absolutórias, definidas no art. 181do CP, são aplicáveis apenas aos crimes contra o patrimônio (arts. 155 a 180 do CP), e não aos crimes contra a pessoa (arts. 121 a 154, todos do CP); **E:** incorreta. As escusas absolutórias não são causas de extinção da punibilidade, mas, sim, imunidades penais absolutas de caráter pessoal.
Gabarito "B".

(Ministério Público/MT – 2012 – UFMT) Consoante entendimento do Superior Tribunal de Justiça, a sentença concessiva do perdão judicial é:

(A) Condenatória, com todas as consequências secundárias.
(B) Absolutória.
(C) Condenatória, mas livra o réu das consequências secundárias.
(D) Declaratória da extinção da punibilidade, não subsistindo qualquer efeito condenatório.
(E) Absolutória, mas sem excluir os efeitos civis.

De fato, a sentença concessiva do perdão judicial, consoante a Súmula 18 do STJ, é declaratória de extinção da punibilidade, não subsistindo qualquer efeito condenatório.
Gabarito "D".

(Ministério Público/MG – 2012 – CONSULPLAN) **NÃO** admite perdão judicial:

(A) a lesão corporal culposa causada na direção de veículo automotor.
(B) a utilização de meio de transporte sem recursos para efetuar o pagamento.
(C) a guarda doméstica de pássaro silvestre cuja espécie não é considerada ameaçada de extinção.
(D) a retorsão imediata à difamação, que consista em outra difamação.

A: incorreta. A despeito de o art. 303 do CTB (Lei 9.503/1997) não tratar, especificamente, do perdão judicial em caso de lesão corporal culposa, o art. 291 do referido diploma legal preconiza que aos crimes cometidos na direção de veículo automotor aplicam-se as normas gerais do Código Penal caso não haja disposição em sentido contrário. Muito embora o perdão judicial tratado no art. 107, IX, do CP, exija previsão legal que o admita, é bem verdade que o precitado art. 303 do CTB é verdadeiro "tipo remetido", já que traz a seguinte redação típica: "*praticar homicídio culposo na direção de veículo automotor*". Assim, se o "homicídio culposo" é aquele tratado no art. 121, § 3º, do CP, que permite o perdão judicial, pela mesma razão a causa extintiva da punibilidade em comento será admissível no homicídio culposo de trânsito; **B:** incorreta (art. 176, parágrafo único, do CP); **C:** incorreta (art. 29, § 2º, da Lei 9.605/1998); **D:** correta, pois, de fato, não se admite o perdão judicial na retorsão imediata à difamação que consista em outra difamação, mas, sim, a retorsão imediata à injúria, que consista em outra injúria (art. 140, § 1º, II, do CP).
Gabarito "D".

(Ministério Público/SP – 2013 – PGMP) Anistia decorre de lei e é causa de extinção da punibilidade pela renúncia ao direito de punir por parte do Estado que, assim, promove o "esquecimento" da prática da infração penal, em prol da pacificação social ou política. Qual dos itens abaixo NÃO representa classificação de anistia para a doutrina?

(A) Própria ou imprópria.
(B) Geral ou parcial.
(C) Condicional ou incondicional.
(D) Restrita ou irrestrita.
(E) Obrigatória ou facultativa.

De acordo com a doutrina, a anistia, causa de extinção da punibilidade prevista no art. 107, II, primeira figura, do CP, é classificada da seguinte forma: a) anistia *especial* (atinge crimes políticos) ou *comum* (incidente sobre os crimes não políticos); b) anistia *própria* (concedida antes do trânsito em julgado) ou *imprópria* (concedida após o trânsito em julgado da sentença); c) anistia *condicionada* (quando a lei anistiadora impuser algum encargo ao agente) ou *incondicionada* (quando nada exigir do criminoso para produzir efeitos); d) anistia *geral*, ou absoluta, ou *irrestrita* (quando concedida em termos gerais, atingindo indistintamente todos os criminosos) ou *parcial*, ou relativa, ou *restrita* (quando houver exceções entre crimes ou pessoas, exigindo-se determinadas condições, como, por exemplo, a primariedade). Portanto, apenas a alternativa "E" não traz espécies de anistia de acordo com a doutrina.
Gabarito "E".

(Delegado de Polícia/GO – 2013 – UEG) Sobre as causas extintivas da punibilidade, tem-se que

(A) a sentença concessiva do perdão judicial é declaratória da extinção da punibilidade, não subsistindo qualquer efeito condenatório.
(B) a renúncia e a desistência são causas de extinção da punibilidade, diferenciando-se apenas quanto ao momento de seu exercício, já que a primeira ocorre depois do ajuizamento da ação penal, enquanto a segunda opera-se antes.
(C) a perempção opera-se quando o autor na ação penal privada subsidiária da pública deixa de promover o andamento do feito por mais de 30 (trinta) dias.
(D) a anistia é ato discricionário do presidente da república que tem por objeto crimes cuja sentença tenha transitado em julgado acarretando a extinção da pena imposta.

A: correta. A despeito de existir controvérsia doutrinária acerca da natureza jurídica da sentença concessiva do perdão judicial, o STJ, de há muito, consolidou tratar-se de sentença declaratória da extinção da punibilidade, consoante dispõe sua Súmula 18; **B:** incorreta. A renúncia é, sim, causa extintiva da punibilidade, possível apenas para os crimes de ação penal privada, podendo ser exercida antes do oferecimento da queixa-crime. Já o perdão do ofendido (e não desistência, como consta na alternativa!), também considerado causa extintiva da punibilidade apenas para os crimes de ação penal privada, poderá ser exercido após o início da ação, mas desde que antes do trânsito em julgado (art. 106, § 2º, do CP); **C:** incorreta. A perempção, causa extintiva da punibilidade (art. 107, IV, do CP), cujas hipóteses estão retratadas no art. 60 do CPP, é instituto incabível na ação penal privada subsidiária da pública. Explica-se. É que a inércia do querelante em referida espécie de ação penal, cujo pressuposto é a inércia do Ministério Público em promover a ação penal pública no prazo previsto em lei, fará com que o *Parquet* retome a ação como parte principal (art. 29 do CPP). Portanto, a perempção somente é cabível na ação penal exclusivamente privada e na personalíssima; **D:** incorreta. A anistia corresponde à exclusão, por lei editada pelo Congresso Nacional, de um ou mais fatos considerados criminosos. Não se confunde com a graça e o indulto, estes sim atos discricionários do Presidente da República.
Gabarito "A".

(Procurador do Município/Cubatão-SP – 2012 – VUNESP) O reconhecimento da decadência, nos termos do art. 107 do CP,

(A) extingue a punibilidade.
(B) leva à absolvição do acusado.
(C) é causa de absolvição sumária.
(D) é causa de rejeição da denúncia.
(E) determina o arquivamento da ação penal.

A decadência gera a extinção da punibilidade – art. 38 do CPP e arts. 103 e 107, IV, do CP. Atente para o fato de que, neste caso, o marco inicial para a contagem do prazo de seis meses é representado pelo dia em que a vítima vem a saber quem é o autor do crime. Outra coisa: os prazos prescricionais e decadenciais são de natureza penal; devem, portanto, ser contados nos moldes do que estabelece o art. 10 do CP.
Gabarito "A".

(Cartório/SP – V – VUNESP) João e Maria promoveram o registro de nascimento de filho alheio como se do casal fosse. Ao final do feito, o Magistrado, reconhecendo que eles foram movidos por motivo de reconhecida nobreza, concedeu-lhes o perdão judicial. Considerando entendimento contido em súmula do STJ, assinale a alternativa correta quanto à natureza jurídica da decisão proferida.

(A) Condenatória, na medida em que só se perdoa a quem errou.
(B) Declaratória de extinção da punibilidade.
(C) Absolutória, já que não impõe pena.
(D) Declaratória de reconhecimento da ilicitude da conduta.

Súmula nº 18, STJ: "A sentença concessiva do perdão judicial é declaratória da extinção da punibilidade, não subsistindo qualquer efeito da condenação".
Gabarito "B".

(Magistratura do Trabalho – 3ª Região – 2013) Na sistemática do Código Penal, são causas de extinção de punibilidade, exceto:
(A) Morte do agente
(B) Retroatividade de lei que não mais considera o fato como criminoso
(C) Perdão aceito nos crimes de ação penal privada e ação penal pública condicionada
(D) Anistia, graça ou indulto
(E) Prescrição, decadência ou perempção

A: causa extintiva da punibilidade prevista no art. 107, I, do CP; **B:** causa extintiva da punibilidade prevista no art. 107, III, do CP; **C:** o perdão aceito, que constitui causa extintiva da punibilidade prevista no art. 107, V, do CP, só tem incidência no âmbito da ação penal de iniciativa privada; **D:** causa extintiva da punibilidade prevista no art. 107, II, do CP; **E:** causa extintiva da punibilidade prevista no art. 107, IV, do CP.
Gabarito "C".

17. PRESCRIÇÃO

(Juiz de Direito – TJ/RS – 2018 – VUNESP) João foi condenado por furto simples (CP, art. 155, *caput*) em sentença já transitada em julgado para a acusação. Na primeira fase de dosimetria, a pena foi fixada no mínimo legal. Reconhecidas circunstâncias agravantes, a pena foi majorada em 1/2 (metade). Por fim, em razão da continuidade delitiva, a pena foi novamente aumentada em 1/2 (metade). A prescrição da pretensão executória dar-se-á em
(A) 4 (quatro) anos.
(B) 3 (três) anos.
(C) 8 (oito) anos.
(D) 12 (doze) anos.
(E) 2 (dois) anos.

A pena cominada ao crime de furto simples é de 1 a 4 anos de reclusão, tal como consta do preceito secundário do art. 155 do CP. Pois bem. Pelo que consta do enunciado, o magistrado, na primeira etapa de fixação da pena, após o cotejo das circunstâncias judiciais (art. 59, CP), estabeleceu a pena no seu mínimo legal, ou seja, 1 ano. Já na segunda fase, em que o magistrado analisa as agravantes e atenuantes, a pena foi majorada em metade, chegando-se, assim, à pena de 1 ano e 6 meses. Ao final, já na terceira etapa, na qual incidem as causas de aumento e diminuição, o magistrado fez incidir um aumento da ordem de metade, o que se deu em razão do reconhecimento da continuidade delitiva. Chega-se, então, à pena final de 2 anos e 3 meses de reclusão. Levando-se em conta o que dispõem os arts. 109, IV, e 110, § 1º, ambos do CP, a prescrição dar-se-á em oito anos. Sucede que, segundo entendimento sufragado na Súmula 497, do STF, quando se tratar de crime continuado, não se levará em consideração, para o fim de calcular a prescrição, o aumento daí decorrente. Sendo assim, a pena que será levada em conta é aquela à qual o juiz chegou na segunda etapa da dosimetria, ou seja, 1 ano e 6 meses, o que leva o prazo prescricional ao patamar de 4 anos (art. 109, V, do CP).
Dica: esta questão exige do candidato o conhecimento da pena cominada aos crimes bem como da tabela do art. 109 do CP (a famigerada *decoreba*). Assim, recomenda-se, quando do estudo dos tipos penais, a análise e assimilação das penas.
Gabarito "A".

(Defensor Público – DPE/SC – 2017 – FCC) Sobre a prescrição, é correto afirmar:
(A) O prazo prescricional das contravenções penais é diminuído da metade.
(B) O prazo da prescrição da pretensão punitiva aumenta de um terço em caso de réu reincidente.
(C) O menor prazo prescricional do direito brasileiro é de três anos.
(D) A pronúncia e o acórdão confirmatório da pronúncia interrompem a prescrição.
(E) No estupro de vulnerável o termo inicial da prescrição da executória punitiva começa a correr da data em que a vítima completar dezoito anos.

A: incorreta, já que não há essa previsão legal; **B:** incorreta, já que é pacífico o entendimento segundo o qual a reincidência somente influi na prescrição da pretensão executória (Súmula 220 do STJ); **C:** incorreta (art. 114, I, do CP: a pena de multa prescreve em 2 anos, quando for a única cominada ou aplicada; além disso, aplicando-se o art. 115 do CP ao prazo prescricional de 3 anos, chega-se ao interregno de um ano e meio); **D:** correta (art. 117, II e III, do CP); **E:** incorreta. Se o crime contra a dignidade sexual for praticado contra criança ou adolescente, a prescrição da pretensão punitiva (e não executória) começará a correr, a teor do art. 111, V, do CP, da data em que a vítima atingir 18 anos.
Gabarito "D".

(Promotor de Justiça/SC – 2016 – MPE)
(1) Segundo entendimento do Superior Tribunal de Justiça, é correto afirmar que a pronúncia é causa interruptiva da prescrição, ainda que o Tribunal do Júri venha a desclassificar o crime de homicídio qualificado para homicídio culposo.

1: assertiva verdadeira, pois em conformidade com o entendimento consolidado na Súmula 191, do STJ: *A pronúncia é causa interruptiva da prescrição, ainda que o Tribunal do Júri venha a desclassificar o crime.*
Gabarito 1C.

(Procurador de Justiça – MPE/GO – 2016) A prescrição da pretensão punitiva com fundamento em pena hipotética, independentemente da existência ou sorte do processo penal é:
(A) Inadmissível conforme entendimento sumulado do STF.
(B) Admissível conforme entendimento majoritário do STJ, embora não sumulado.
(C) Inadmissível conforme entendimento sumulado do STJ.
(D) Admissível conforme entendimento majoritário do STF, embora não sumulado.

A questão trata da chamada prescrição *antecipada* ou *virtual*, que é aquela baseada na pena que seria, em tese, aplicada ao réu em caso de condenação. Grande parte da jurisprudência rechaça tal modalidade de prescrição, na medida em que implica verdadeiro prejulgamento (o juiz estaria utilizando-se de uma pena ainda não aplicada). O STJ, consagrando tal entendimento, editou a Súmula 438: *É inadmissível a extinção da punibilidade pela prescrição da pretensão punitiva com fundamento em pena hipotética, independentemente da existência ou sorte do processo penal.*
Gabarito "C".

(Defensor Público – DPE/ES – 2016 – FCC) Interrompe a prescrição a publicação
(A) da sentença condenatória integralmente anulada em grau de apelação.
(B) da sentença condenatória, ainda que reformada parcialmente em grau de apelação para a redução da pena imposta.
(C) da sentença absolutória imprópria.
(D) do acórdão confirmatório da condenação.
(E) da sentença concessiva do perdão judicial.

A: incorreta (hipótese não contemplada no rol do art. 117 do CP); **B:** correta (hipótese contemplada no art. 117, IV, do CP); **C:** incorreta (hipótese não contemplada no rol do art. 117 do CP); **D:** incorreta (hipótese não contemplada no rol do art. 117 do CP); **E:** incorreta (hipótese não contemplada no rol do art. 117 do CP).
Gabarito "B".

(Defensor Público – DPE/BA – 2016 – FCC) Sobre a prescrição, é correto afirmar que
(A) o prazo da prescrição da pretensão executória regula-se pela pena aplicada na sentença, aumentado de um terço, se o condenado for reincidente.
(B) no caso de concurso de crimes, as penas se somam para fins de prescrição.
(C) é reduzido de metade o prazo de prescrição quando o agente for menor de 21 anos na data da sentença.
(D) no caso de fuga ou evasão do condenado a prescrição é regulada de acordo com o total da pena fixada na sentença.
(E) o oferecimento da denúncia ou queixa é causa interruptiva da prescrição.

A: correta, pois em conformidade com o que estabelece o art. 110, *caput*, do CP; **B:** incorreta, pois não reflete a regra presente no art. 119 do CP; **C:** incorreta. Para fazer jus à redução do prazo prescricional, o agente deve ser menor de 21 anos ao *tempo do crime* (art. 115 do CP); levar-se-á em conta a data da sentença para determinar a redução do prazo prescricional dos maiores de 70 anos; **D:** incorreta, já que contraria a regra disposta no art. 113 do CP; **E:** incorreta, na medida em que o curso do prazo prescricional é interrompido pelo *recebimento* (e não *oferecimento*) da denúncia ou queixa (art. 117, I, do CP).
Gabarito "A".

(Delegado/PE – 2016 – CESPE) A respeito da prescrição penal, assinale a opção correta.
(A) Caso o tribunal do júri venha a desclassificar o crime para outro que não seja de sua competência, a pronúncia não deverá ser considerada como causa interruptiva da prescrição.
(B) A reincidência penal caracteriza causa interruptiva do prazo da prescrição da pretensão punitiva.
(C) Para crimes praticados sem 2016, a prescrição retroativa deverá ser regulada pela pena aplicada, tendo-se por termo inicial data anterior à da denúncia ou da queixa.
(D) O prazo de prescrição da pretensão executória deverá iniciar-se no dia em que transitar em julgado a sentença condenatória para a acusação, ainda que haja recurso exclusivo da defesa em tramitação contra a sentença condenatória.

(E) No caso de revogação do livramento condicional, a prescrição deverá ser regulada pelo total da pena aplicada na sentença condenatória, não se considerando o tempo de cumprimento parcial da reprimenda antes do deferimento do livramento.

A: incorreta, pois não corresponde ao entendimento firmado na Súmula 191, do STJ: "A pronúncia é causa interruptiva da prescrição, ainda que o Tribunal do Júri venha a desclassificar o crime"; **B:** incorreta, uma vez que é pacífico o entendimento segundo o qual a reincidência somente influi na prescrição da pretensão executória (Súmula 220 do STJ); **C:** incorreta, uma vez que não corresponde ao que estabelece o art. 110, § 1º, do CP, cuja redação foi alterada por força da Lei 12.234/2010; **D:** correta (art. 112, I, do CP); **E:** incorreta, pois não reflete o que dispõe o art. 113 do CP.
Gabarito "D".

(Procurador da República –28º Concurso – 2015 – MPF) Tendo em vista decisão recente do STF em matéria de prescrição, assinale a alternativa incorreta:
(A) É constitucional o art. 110, § 1º, do CP na redação dada pela Lei n. 12.234, de 2010;
(B) A diferença entre a prescrição retroativa e a intercorrente reside no fato de esta ocorrer entre a publicação da sentença condenatória e o trânsito em julgado para a defesa; e aquela é contada da publicação da decisão condenatória para trás;
(C) A prescrição, depois da sentença condenatória com trânsito em julgado para a acusação ou depois de improvido seu recurso, é regulada pela pena aplicada, e não pode ter por termo inicial data anterior à da denúncia ou queixa.
(D) Só podem ser considerados imprescritíveis os crimes assim declarados na Constituição de 1988.

A: correta. Nesse sentido: "(...) É constitucional, portanto, o art. 110, § 1º, do Código Penal, com a redação dada pela Lei nº 12.234/2010" (HC 122694, Relator(a): Min. DIAS TOFFOLI, Tribunal Pleno, julgado em 10.12.2014, PROCESSO ELETRÔNICO DJe-032 DIVULG 18.02.2015 PUBLIC 19.02.2015); **B:** correta. *Prescrição intercorrente* (subsequente ou superveniente) é a perda do direito de punir do Estado, com base na pena concreta, com trânsito em julgado para a acusação, ou improvido seu recurso, cujo interregno para a contagem tem como marco inicial a publicação da sentença condenatória recorrível e vai até o trânsito em julgado desta para a defesa; a *prescrição retroativa*, por sua vez, conforme a denominação sugere, é contada da sentença ou acórdão condenatório para trás; **C:** correta, pois reflete a regra presente no art. 110, § 1º, do CP; **D:** incorreta. A questão é polêmica. De fato, já entendeu o STF, por meio de sua 1ª Turma, que o rol presente no art. 5º, XLII e XLIV, da CF, que estabelece as hipóteses de imprescritibilidade, é exemplificativo, podendo o legislador ordinário, bem por isso, criar novas hipóteses de imprescritibilidade. Conferir: "(...) Ademais, a Constituição Federal se limita, no art. 5º, XLII e XLIV, a excluir os crimes que enumera da incidência material das regras da prescrição, sem proibir, em tese, que a legislação ordinária criasse outras hipóteses" (RE 460971, Relator(a): Min. SEPÚLVEDA PERTENCE, Primeira Turma, julgado em 13.02.2007, DJ 30.03). Já o STJ e também a maior parte da doutrina não compartilham desse entendimento. Tanto é assim que esta Corte Superior de Justiça, com o propósito de evitar a criação de uma nova modalidade de imprescritibilidade, editou a Súmula 415, segundo a qual "O período de suspensão do prazo prescricional é regulado pelo máximo da pena cominada".
Gabarito "D".

(Magistratura/GO 2015 FCC) A interrupção da prescrição
(A) não leva a que comece a correr novamente o prazo a partir do dia em que verificada a causa interruptiva, no caso de continuação do cumprimento da pena.
(B) ocorre com o oferecimento da denúncia ou da queixa, e não com o recebimento.
(C) é extensível aos crimes conexos, ainda que objeto de processos distintos, se verificada em relação a qualquer deles.
(D) produz efeitos relativamente a todos os autores do crime quando do início ou continuação do cumprimento da pena por algum deles.
(E) ocorre com a publicação da sentença ou acórdãos absolutórios recorríveis.

A: correta. Nos termos do art. 117, § 2º, do CP, não se interromperá a prescrição pelo início ou continuação da pena; **B:** incorreta. Considera-se causa interruptiva da prescrição o recebimento da denúncia ou queixa (art. 117, I, do CP), e não o mero oferecimento; **C:** incorreta. Nos termos do art. 117, § 1º, segunda parte, do CP, nos crimes conexos, que sejam objetos do mesmo processo, estende-se aos demais a interrupção da prescrição relativa a qualquer deles; **D:** incorreta. Nada obstante a regra seja a de que a prescrição produz efeitos com relação a todos os autores do crime (art. 117, § 1º, do CP), ficam excetuadas as hipóteses previstas nos incisos V (início ou continuação do cumprimento da pena) e VI (reincidência); **E:** incorreta. A publicação da sentença ou acórdão condenatório recorrível (e não os absolutórios!) é que interrompe a prescrição (art. 117, IV, do CP).
Gabarito "A".

(Magistratura/RR – 2015 – FCC) Segundo entendimento sumulado dos Tribunais Superiores,
(A) o período de suspensão do prazo prescricional, no caso do art. 366 do CPP, é regulado pelo máximo da pena cominada.
(B) a prescrição pela pena em concreto é somente da pretensão punitiva.
(C) a prescrição da ação penal regula-se pelo máximo da pena cominada, quando não há recurso da acusação.
(D) a reincidência influi no prazo da prescrição da pretensão punitiva.
(E) admissível a extinção da punibilidade pela prescrição da pretensão punitiva com fundamento em pena hipotética, independentemente da existência ou sorte do processo penal.

A: correta. Nos termos da Súmula 415 do STJ, o período de suspensão do prazo prescricional é regulado pelo **máximo** da pena cominada; **B:** incorreta. De acordo com a Súmula 604 do STF, a prescrição pela pena em concreto é somente da pretensão executória; **C:** incorreta. A teor da Súmula 146 do STF, a prescrição da ação penal regula-se pela pena concretizada na sentença, quando não há recurso da acusação; **D:** incorreta, pois, nos termos da Súmula 220 do STJ, a reincidência não influi no prazo da prescrição da pretensão punitiva; **E:** incorreta. Nos termos da Súmula 438 do STJ, é inadmissível a extinção da punibilidade pela prescrição da pretensão punitiva com fundamento em pena hipotética, independentemente da existência ou sorte do processo penal.
Gabarito "A".

(Ministério Público/SP – 2015 – MPE/SP) Mévio, com 20 (vinte) anos de idade, por sentença publicada no dia 05 de março de 2013, na qual reconheceu-se sua reincidência, foi condenado à pena de 01 (um) ano e 02 (dois) meses de reclusão, mais multa, por crime de receptação dolosa praticada em 12 de fevereiro de 2012, tendo a decisão transitado em julgado para o Ministério Público em 30 de março de 2013. Em 05 de maio de 2015, ao julgar apelo interposto em seu favor, o Tribunal:
(A) deve julgar o mérito e não reconhecer a ocorrência de prescrição pois, por ser Mévio reincidente, assim reconhecido na sentença, o prazo prescricional é acrescido de 1/3 (um terço), conforme determina o art. 110, caput, do Código Penal.
(B) deve decretar a extinção da punibilidade de Mévio em razão da ocorrência da prescrição intercorrente da pretensão executória estatal.
(C) deve decretar a extinção da punibilidade de Mévio em face da ocorrência da prescrição intercorrente da pretensão punitiva estatal.
(D) deve decretar a extinção da punibilidade de Mévio em face da prescrição retroativa da pretensão punitiva estatal.
(E) deve decretar a extinção da punibilidade de Mévio em virtude da prescrição retroativa da pretensão executória estatal.

No caso apresentado no enunciado, o candidato deve atentar para as seguintes informações: a) idade do agente à época do fato; b) pena aplicada na sentença; c) data da publicação da sentença condenatória recorrível; d) trânsito em julgado para a acusação; e) data do julgamento do apelo defensivo. Assim, temos que Mévio foi condenado à pena de um ano e dois meses de reclusão, além de multa, cuja prescrição, nos termos do art. 109, V, do CP, consuma-se em quatro anos. Houve o reconhecimento da reincidência por ocasião da sentença condenatória, o que poderia levar o candidato a acreditar que tal circunstância influenciaria no prazo prescricional. E a resposta é não! A reincidência, nos termos da Súmula 220 do STJ, não influencia no prazo da prescrição da pretensão punitiva. Ensejará o aumento de um terço no prazo da prescrição executória, ou, se subsequente ao trânsito em julgado, interromperá o prazo daquela já iniciada (art. 117, V, do CP). Outro fator importante é a idade de Mévio. Por ser menor de vinte e um anos (menoridade relativa), o prazo prescricional é reduzido pela metade, nos termos do art. 115 do CP. Assim, a prescrição da pretensão punitiva irá operar-se em dois anos. Com o trânsito em julgado para a acusação, a quantidade de pena aplicada na sentença não poderá ser alterada para maior, razão pela qual se pode cogitar da ocorrência da prescrição da ação penal. No caso em tela, entre a publicação da sentença condenatória (05.03.2013) e o julgamento do apelo defensivo pelo Tribunal (05.05.2015), já fluiu prazo superior a dois anos. Deverá, portanto, ser reconhecida a prescrição intercorrente (ou superveniente), nos termos do art. 110, § 1º, do CP. Correta, assim, a alternativa C.
Gabarito "C".

(Juiz de Direito/CE – 2014 – FCC) NÃO é causa de suspensão da prescrição
(A) o tempo de prisão do condenado por outro motivo.
(B) o não lançamento definitivo do débito nos crimes tributários, segundo entendimento do Supremo Tribunal Federal.
(C) a instauração de incidente de insanidade mental.
(D) a suspensão condicional do processo.
(E) o não comparecimento do réu citado por edital que não constituiu advogado.

A: incorreta, pois, nos termos do art. 116, parágrafo único, do CP, depois de passada em julgado a sentença condenatória, a prescrição não corre durante o tempo em que o condenado está preso por outro motivo; **B:** incorreta. É entendimento já consolidado no STF que o não lançamento definitivo do débito tributário é causa suspensiva da prescrição. Confira-se a ementa do acórdão do julgamento do HC 84423/RJ, da lavra do então Min. Carlos Ayres Britto (DJ 24.09.2004): "*Habeas corpus*. Paciente denunciado por infração ao art. 1º, inciso II, da Lei 8.137/1990 e art. 288 do CP. Alegada necessidade de exaurimento da via administrativa para instauração da ação penal, sem o que não estaria comprovada a redução ou supressão do tributo e, por conseguinte, também revelaria a insubsistência do delito de quadrilha. Pedido de trancamento do processo. A necessidade do exaurimento da via administrativa para a validade da ação penal por infração ao art. 1º da Lei 8.137/1990 já foi assentada pelo Supremo Tribunal Federal (HC 81.611). Embora a Administração já tenha proclamado a existência de créditos, em face da pendência do trânsito em julgado das decisões, não é possível falar-se tecnicamente em lançamento definitivo. Assim, é de se aplicar o entendimento do Plenário, trancando-se a ação penal no tocante ao delito do art. 1º da Lei 8.137/1990, por falta de justa causa, sem prejuízo do oferecimento de nova denúncia (ou aditamento da já existente) após o exaurimento da via administrativa. Ficando, naturalmente, suspenso o curso da prescrição. (...)"; **C:** correta. A instauração do incidente de insanidade mental (arts. 149 e ss. do CPP) não é causa suspensiva da prescrição, que continua a fluir normalmente. O objetivo de referido processo incidente é o de constatar eventual inimputabilidade ou semi-imputabilidade do agente delitivo, não tendo o condão, repita-se, de obstar o curso da prescrição; **D:** incorreta, pois a suspensão condicional do processo, nos termos do art. 89, § 6º, da Lei 9.099/1995, se preenchidos os requisitos legais, não somente o processo ficará suspenso, mas, também, o prazo prescricional; **E:** incorreta. Nos termos do art. 366 do CPP, se o réu for citado por edital, não comparecer e não tiver advogado constituído, ficarão suspensos o processo e o curso do prazo prescricional (este, diga-se de passagem, até o limite máximo da prescrição, que levará em conta a pena máxima abstratamente cominada, sob pena de ser "criada" situação de imprescritibilidade).

Gabarito "C".

(Promotor de Justiça/GO – 2013) Ensina Damásio de Jesus, citado por Rogério Greco, que "a prescrição, em face de nossa legislação penal, tem tríplice fundamento: 1º) o decurso do tempo (teoria do esquecimento do fato); 2º) a correção do condenado; e 3º) a negligência da autoridade" (*Código Penal Comentado*, 6ª edição). Sobre a prescrição, é correto dizer que:

(A) nos Tribunais Superiores admite-se, pacificamente, a extinção da punibilidade em virtude de prescrição da pretensão punitiva com base em previsão da pena que hipoteticamente seria aplicada, independentemente da existência ou sorte do processo criminal.
(B) não é passível de prescrição a pretensão punitiva ou executória se derivada da prática de crimes de racismo, de redução à condição análoga à de escravo, ou de crimes consistentes em ação de grupos armados, civis ou militares, contra a ordem constitucional e o Estado Democrático.
(C) a prescrição superveniente ou intercorrente atinge a pretensão punitiva do Estado, é contada a partir da publicação da sentença ou acórdão condenatórios recorríveis, tomando por base o trânsito em julgado para a acusação ou o improvimento do seu recurso, e regula-se pela pena aplicada.
(D) a prescrição no caso de evasão do condenado ou de revogação do livramento condicional é regulada pelo tempo total da pena imposta.

A: incorreta. Ao contrário do contido na assertiva, a Súmula 438 do STJ dispõe que "*é inadmissível a extinção da punibilidade pela prescrição da pretensão punitiva com fundamento em pena hipotética, independentemente da existência ou sorte do processo penal*". Trata-se da vedação ao reconhecimento da prescrição virtual, também conhecida como prescrição em perspectiva; **B:** incorreta. De acordo com a CF, são imprescritíveis apenas o racismo (art. 5º, XLII) e a ação de grupos armados, civis ou militares, contra a ordem constitucional e o Estado Democrático (art. 5º, XLIV). Já o crime definido no art. 149 do CP (redução à condição análoga à de escravo) não é considerado imprescritível; **C:** correta. De fato, a prescrição superveniente ou intercorrente, que é aquela que se verifica após a publicação da sentença ou acórdão condenatório recorríveis, baseia-se na pena aplicada, tendo como pressuposto o trânsito em julgado da acusação ou o improvimento de seu recurso (art. 110, § 1º, CP); **D:** incorreta. Em caso de evasão do condenado ou de revogação do livramento condicional, a prescrição é regulada pelo tempo que resta da pena (art. 113, CP).

Gabarito "C".

(Promotor de Justiça/MG – 2013) Considere a seguinte situação: Um jovem nascido em 1985, reincidente na prática delitiva, foi denunciado por furto, em sua figura básica, no dia 8 de outubro de 2007, por fato cometido em 15 de agosto de 2005. A denúncia foi recebida em 22 de outubro de 2007 e, em 18 de agosto de 2009, foi publicada decisão condenatória, que aplicou ao acusado a pena de 1 (um) ano de reclusão e 10 (dez) dias-multa, na fração diária mínima, sem que recurso houvesse por qualquer das partes. Levando-se em conta que, logo após a intimação da decisão condenatória, ocorrida em 20 de agosto de 2009, o sentenciado empreendeu fuga, assinale a **ALTERNATIVA** *CORRETA*. Para tanto, o candidato deverá levar em conta que o trânsito em julgado para a acusação ocorreu em 9 de setembro de 2009 e na data de 23 de abril de 2013 o acusado foi capturado em razão da existência de mandado de prisão em aberto.

(A) Deverá ser reconhecida a prescrição retroativa, considerando-se o lapso temporal transcorrido entre a data do fato e a do recebimento da denúncia.
(B) Uma vez não ocorrida a prescrição da pretensão punitiva do Estado, deverá ser reconhecida a prescrição da pretensão executória estatal.
(C) Uma vez não ocorrida qualquer prescrição, deverá o sentenciado cumprir a pena que lhe foi imposta.
(D) Deverá ser reconhecida a prescrição intercorrente.

Para a resposta à questão, bastaria ao candidato atentar-se para o seguinte: o fato foi praticado pelo agente em 15.08.2005, ocasião em que ainda era menor de 21 (vinte e um) anos, visto que nascido em 1985. Portanto, aplicável o disposto no art. 115 do CP (a prescrição é reduzida pela metade se o fato é praticado por menor de 21 anos ou maior de 70 anos). Pois bem. A condenação foi à pena de 1 (um) ano de reclusão, que, nos termos do art. 109, V, do CP, prescreverá em 4 (quatro) anos. Entre a data do fato (15.08.2005) e o recebimento da denúncia (22.10.2007), transcorreu prazo superior a 2 (dois) anos. Considerando que o agente, ao tempo do crime, era menor de 21 anos, o prazo prescricional deve ser reduzido pela metade. Logo, no caso apresentado no enunciado, operou-se a prescrição retroativa. Importante destacar ao candidato que, com o advento da Lei 12.234/2010, referida espécie de prescrição da pretensão punitiva não mais pode ser reconhecida em momento anterior à denúncia ou queixa (art. 110, § 1º, CP). Todavia, tal disposição penal, por ser prejudicial, tem caráter irretroativo, não podendo alcançar o fato praticado pelo agente, que ocorreu antes do início de vigência de referida lei alteradora.

Gabarito "A".

(Magistratura/MG – 2012 – VUNESP) João Teodoro foi condenado a 1 (um) ano de reclusão, pela prática de furto tentado, por fato ocorrido em 21.04.2006. Na fixação da pena, foi considerada a circunstância agravante da reincidência. A sentença transitou em julgado para as partes em 02.02.2007. Foi expedido mandado de prisão e o réu não foi encontrado.

Quanto à prescrição da pretensão executória da pena, pode-se afirmar que ela ocorrerá em

(A) 4 (quatro) anos.
(B) 3 (três) anos.
(C) 2 (dois) anos.
(D) 5 (cinco) anos e 4 (quatro) meses.

A reincidência, como é sabido, produzirá o aumento em um terço do prazo prescricional, consoante determina o art. 110, *caput*, parte final, do CP. Destarte, considerando que a pena imposta a João Teodoro foi de 1 (um) ano, esta prescreveria, ordinariamente, em 4 (quatro) anos, nos termos do art. 109, V, do CP. No entanto, em virtude do reconhecimento da reincidência, referido prazo será aumentado em 1/3 (um terço), daí resultando 5 (anos) e 4 (quatro) meses.

Gabarito "D".

(Ministério Público/MG – 2012 – CONSULPLAN) Considerando a atual disciplina legal da **prescrição**, analise as seguintes proposições e assinale com **V** as **verdadeiras** e com **F** as **falsas**.

( ) Em relação à infração do art. 28 da Lei n. 11.343/2006 (posse, para consumo pessoal, de droga proibida), para a qual não se comina pena privativa de liberdade, o prazo prescricional é de 02 (dois) anos.
( ) É impossível requerer o arquivamento de inquérito policial com base na prescrição da pretensão punitiva pela pena em perspectiva.
( ) Diversamente do que ocorre com as circunstâncias que reduzem o prazo prescricional, a hipótese de aumento se aplica apenas à prescrição que ocorre depois de sentença condenatória definitiva.
( ) Nos crimes conexos, a extinção da punibilidade pela prescrição de um deles impede, quanto aos outros, a agravação da pena resultante da conexão.

Assinale a alternativa que apresenta a sequência de letras COR-RETA:

(A) (V) (V) (V) (F)
(B) (F) (F) (F) (V)
(C) (F) (V) (V) (F)
(D) (V) (F) (F) (V)

A primeira assertiva é verdadeira, pois, de fato, a prescrição do crime de porte de drogas para consumo pessoal, definido no art. 28 da Lei 11.343/2006, é de dois anos, consoante art. 30 do mesmo diploma legal; a segunda assertiva é, também, verdadeira. De acordo com a Súmula 438 do STJ, é inadmissível o reconhecimento da prescrição com base em pena hipotética (prescrição virtual ou prescrição em perspectiva). Logo, não se pode requerer o arquivamento do inquérito policial sob o pretexto de que o indiciado é primário e, decerto, condenado à pena mínima, o decurso do tempo entre o crime até a presente data redundaria, fatalmente, no reconhecimento da prescrição retroativa. A vedação contida na súmula referida ganhou força com o advento da nova redação que foi dada ao art. 110, § 1º, do CP pela Lei 12.234/2010, que vedou o reconhecimento da prescrição em data anterior à denúncia ou queixa; a terceira assertiva é verdadeira, pois está de acordo com o art. 110, *caput*, parte final (a reincidência tem o condão de aumentar o prazo da prescrição executória em um terço); a quarta assertiva é falsa, pois em descompasso com o disposto no art. 108, segunda parte, do CP.

Gabarito "A".

(Ministério Público/GO – 2012) Analise as seguintes assertivas a propósito da prescrição da pretensão punitiva:

I. A prescrição é interrompida na data do oferecimento da denúncia ou da queixa;
II. prescrição retroativa é a perda do direito de punir do Estado, considerando-se a pena concreta estabelecida pelo juiz, com trânsito em julgado para a acusação, bem como levando-se em conta a própria sentença;
III. prescrição intercorrente (subsequente ou superveniente) é a perda do direito de punir do Estado, levando-se em consideração pena concreta, com trânsito em julgado para a acusação, ou improvido seu recurso, cujo lapso temporal tem a contagem tem início na data da sentença e segue até o trânsito em julgado desta para a defesa;
IV. A suspensão condicional do processo, previsto na Lei dos Juizados Especiais, é causa interruptiva da prescrição da pretensão punitiva;

V. os prazos para efeito de cálculo da prescrição em relação às penas restritivas de direitos são reduzidos à metade em relação aos previstos para as penas privativas de liberdade.

Está correto apenas o que se afirma em:

(A) I e III.
(B) II e IIII.
(C) II e IV.
(D) III e IV.

I: incorreta. O que interrompe a prescrição é o recebimento da denúncia ou queixa (art. 117, I, do CP); **II:** correta, pois, de fato, a prescrição retroativa é aquela que se baseia em uma pena concretamente fixada, desde que já tenha havido o trânsito em julgado para a acusação ou o improvimento de eventual recurso dirigido contra a dosimetria da pena (art. 110, § 1º, do CP). A contagem da prescrição retroativa faz-se, como o nome sugere, "da sentença para trás", tendo, lembre-se, como pressuposto, o trânsito em julgado para a acusação; **III:** correta. A prescrição superveniente ou intercorrente é espécie de prescrição da pretensão punitiva estatal, tendo por pressuposto uma pena concretamente fixada, cuja contagem será feita "da sentença para a frente", sendo, porém, indispensável, trânsito em julgado para a acusação; **IV:** incorreta. A suspensão condicional do processo (*sursis* processual) terá o condão de suspender o curso da prescrição (art. 89, § 6º, da Lei 9.099/1995); **V:** incorreta, pois a prescrição das penas restritivas de direitos ocorrerá no mesmo prazo previsto para as privativas de liberdade (art. 109, parágrafo único, do CP).

Gabarito "B".

(Ministério Público/SP – 2013 – PGMP) Assinale a alternativa que segue a Jurisprudência da Suprema Corte sobre a prescrição.

(A) É inadmissível a prescrição em perspectiva ou virtual, fundada na futura e incerta pena a ser aplicada, à míngua de previsão legal.
(B) Se o sentenciado está evadido, suspende-se o curso da prescrição da pretensão executória, a qual é calculada pelo tempo que resta da pena a cumprir e deve ter seu curso reiniciado quando da captura.
(C) A prescrição intercorrente é calculada com base no montante imposto na sentença e extingue a pena aplicada em concreto, remanescendo os demais efeitos da condenação.
(D) É irrelevante para a contagem da prescrição da pretensão punitiva o fato de o delito ter sido tentado, em face da teoria subjetiva ou voluntarística.
(E) No crime continuado, a prescrição retroativa é calculada com base em cada pena concreta para cada delito, observado o acréscimo pela continuidade, devendo os períodos ser medidos, dentre os seguintes marcos: data do fato, data do oferecimento da denúncia e data da publicação da sentença condenatória.

A: correta. De fato, o STF, assim como o STJ (Súmula 438), rechaçam a prescrição virtual ou em perspectiva, à míngua de previsão legal. Confira-se a ementa de julgamento do HC 102.439/MT, da relatoria do Min. Gilmar Mendes (j. em 11/12/2012): "1. *Habeas corpus*. 2. Redução à condição análoga à de escravo – CP 149, caput e § 2º, I. 3. Alegações de falta de justa causa e reconhecimento da prescrição antecipada. Não ocorrência e inadmissibilidade. 4. Satisfeitos os requisitos do CPP 41 e não comprovadas, de plano, atipicidade, incidência de causa extintiva de punibilidade ou ausência de indícios de autoria e materialidade, inviável trancar-se a ação penal. Inadmissível a prescrição punitiva em perspectiva, projetada, virtual ou antecipada à míngua de previsão legal. Jurisprudência reafirmada no RE 602.527/RS. 5. Precedentes. 6. Ordem denegada"; **B:** incorreta, pois a evasão de sentenciado pela prática de infração penal não constitui causa suspensiva ou impeditiva da prescrição (art. 116 do CP). Contudo, frise-se, a recaptura do sentenciado caracteriza causa interruptiva da prescrição executória, nos termos do art. 117, V, do CP; **C:** incorreta, pois a prescrição intercorrente, modalidade de prescrição da pretensão punitiva, afasta todos os efeitos da condenação, tendo o condão de, na prática, "rescindir" a condenação e, por conseguinte, todos os seus efeitos (penais e extrapenais); **D:** incorreta. A tentativa (art. 14, II e parágrafo único, do CP), por se tratar de causa obrigatória de diminuição de pena, deverá, sim, ser levada em consideração para a contagem da prescrição da pretensão punitiva, utilizando-se a menor redução (um terço, no caso); **E:** incorreta. De fato, no concurso de crimes (material, formal ou continuado), a prescrição atingirá a pena de cada crime, isoladamente, nos termos do art. 119 do CP, não se levando em consideração o aumento imposto nos artigos 70 (concurso formal) e 71 (continuidade delitiva), ambos do CP. É o que enuncia, inclusive, a Súmula 497 do STF (*"quando se tratar de crime continuado, a prescrição regula-se pela pena imposta na sentença, não se computando o acréscimo decorrente da continuação"*).

Gabarito "A".

(Cartório/MG – 2012 – FUMARC) Dispõe o artigo 115 do Código Penal: "São reduzidos de ½ (metade) os prazos de prescrição quando o criminoso era, ao tempo do crime, menor de 21 (vinte e um) anos, ou, na data da sentença, maior de 70 (setenta) anos". Sem levar em conta os casos de redução do prazo de prescrição, o menor prazo prescricional previsto no Código Penal é de

(A) dois anos.
(B) três anos.
(C) quatro anos.
(D) oito anos.

Da análise de todo o Código Penal, vê-se que, de fato, o menor prazo prescricional, sem levarmos em conta os casos em que este pode ser reduzido, é de 2 (dois) anos. Trata-se do prazo de prescrição da pretensão punitiva da multa, que, quando for a única espécie de pena cominada ou aplicada, irá implementar-se, como dito, em um biênio, nos termos do art. 114, I, do CP. Já o segundo menor prazo de prescrição será o de 3 (três) anos, nos termos do art. 109, VI, do CP. Referido artigo consagra aquilo que se denomina de "tabela do prazo prescricional", variável de 3 (três) a 20 (vinte) anos, a depender da pena cominada – ou aplicada – à infração penal.

Gabarito "A".

(Cartório/MG – 2012 – FUMARC) "A", 40 anos de idade e não reincidente na prática delitiva, foi condenado a uma pena final de 02 (dois) anos e 04 (quatro) meses de reclusão, porque, no exercício de sua função, reconheceu como verdadeira, em dois documentos públicos que lhe foram apresentados, firmas que sabia não serem autênticas. "A" foi denunciado pela prática de dois crimes previstos no artigo 300 do Código Penal, em continuidade delitiva, e, ao final, foi condenado, por cada qual dos crimes, a dois anos de reclusão. O magistrado, para a fixação da reprimenda final e por também entender ter havido continuidade delitiva, valeu-se de uma das penas, posto que idênticas, e a aumentou em 1/6, totalizando 02 (dois) anos e 04 (quatro) meses, por força do disposto no artigo 71, *caput*, do Código Penal. Transitada em julgado a decisão, a prescrição da pretensão executória estatal ocorrerá, caso não haja suspensão ou interrupção, em

(A) três anos.
(B) quatro anos.
(C) oito anos.
(D) doze anos.

A questão cobra do candidato o conhecimento das regras de prescrição incidentes sobre penas que resultam de concurso de crimes (material, formal ou continuado – arts. 69 a 71 do CP). De acordo com o art. 119 do CP, em caso de concurso de crimes, a extinção da punibilidade incidirá sobre a pena de cada um deles, isoladamente. No caso relatado no enunciado, a pena de "A" foi de 2 (dois) anos e 4 (quatro) meses, em razão da majoração existente no art. 71 do CP (aumento da pena de 1/6 a 2/3, se reconhecida a continuidade delitiva). Se a pena para cada um dos crimes foi de 2 (dois) anos, mas a pena final foi de 2 (dois) anos e 4 (quatro) meses, é certo que os 4 (quatro) meses foram agregados em razão da aplicação da exasperação decorrente do concurso de crimes. Para o cálculo da prescrição, levar-se-á em conta a pena de cada um dos crimes, isoladamente, e não da pena final. Ainda, especificamente no tocante à continuidade delitiva, a Súmula 497 do STF dispõe: *"Quando se tratar de crime continuado, a prescrição regula-se pela pena imposta na sentença, não se computando o acréscimo decorrente da continuação"*. Assim, levando-se em conta apenas o prazo de 2 (dois) anos, a prescrição da pretensão executória verificar-se-á após o transcurso de 4 (quatro) anos (art. 109, V, do CP). Caso fosse levada em conta a pena final (dois anos e quatro meses), ignorando-se a referida Súmula, bem como o precitado art. 119 do CP, a prescrição iria operar-se em 8 (oito) anos.

Gabarito "B".

(Cartório/SC – 2012) Sobre a prescrição, em Direito Penal, é **correto** afirmar:

(A) Depois da sentença condenatória com trânsito em julgado para a acusação ou depois de improvido seu recurso, regula-se pela pena aplicada, não podendo, em nenhuma hipótese, ter por termo inicial a data do crime.
(B) Depois da sentença condenatória com trânsito em julgado para a acusação ou depois de improvido seu recurso, regula-se pelo máximo da pena prevista para o delito, não podendo, em nenhuma hipótese, ter por termo inicial a data do crime.
(C) Depois da sentença condenatória com trânsito em julgado para a acusação ou depois de improvido seu recurso, regula-se pelo mínimo da pena prevista para o delito, não podendo, em nenhuma hipótese, ter por termo inicial a data do crime.
(D) Depois da sentença condenatória com trânsito em julgado para a defesa ou depois de improvido seu recurso, regula-se pela pena aplicada, não podendo, em nenhuma hipótese, ter por termo inicial a data do crime.
(E) Depois da sentença condenatória com trânsito em julgado para a defesa, ou depois de improvido seu recurso, regula-se pelo mínimo da pena prevista para o delito, não podendo, em nenhuma hipótese, ter por termo inicial a data do crime.

A: correta, nos exatos termos do art. 110, § 1º, do CP, com a redação que lhe foi dada pela Lei 12.234/2010. Até então, seria possível que a prescrição da pretensão punitiva, em sua forma retroativa, tivesse por termo inicial data anterior à denúncia ou queixa, o que restou afastada por referido diploma legal; **B, C, D** e **E:** incorretas, pois, após a prolação de sentença condenatória, com a consequente fixação de uma pena, será esta, já concretizada, que será utilizada para o cálculo da prescrição. Esta somente levará em consideração a pena máxima prevista para o delito antes de transitar em julgado a sentença, salvo no caso já referido no art. 110, § 1º, do CP. Apenas para facilitar: antes de ser concretizada a pena, a prescrição regular-se-á pelo máximo da pena privativa de liberdade cominada à infração penal; já com a fixação de determinada pena, desde que considerada imutável (leia-se: sem que tenha havido recurso da acusação, ou, ainda que o tenha, a inconformismo não tenha prosperado), a prescrição irá basear-se não mais na pena abstratamente cominada (prescrição da pretensão punitiva propriamente dita ou pura), mas, sim, na pena concreta (prescrição da pretensão punitiva retroativa, intercorrente e executória).

Gabarito "A".

(Procurador da República – 26.ª) Assinale a alternativa incorreta:
(A) o art. 110 do CP permite a prescrição em perspectiva;
(B) no estelionato de rendas o termo inicial da prescrição da pretensão punitiva pode ser diferente para o despachante e para o(a) segurado(a);
(C) consoante alguns autores a lei permite a prescrição retroativa entre a data do recebimento da denúncia ou queixa e da publicação da sentença ou acórdão condenatório recorrível;
(D) consoante interpretação literal do art. 112 do CP, o termo inicial da prescrição da pretensão executória tem início com o trânsito em julgado da sentença para a acusação ainda que a defesa tenha interposto apelação.

A: incorreta (devendo ser assinalada). O art. 110 do CP permite a prescrição da pretensão punitiva retroativa e superveniente, mas não a virtual (ou antecipada, ou em perspectiva). Inclusive, o STJ, ao editar a Súmula 438, consolidando sua jurisprudência (e também a do STF), vedou o reconhecimento da prescrição com fundamento em pena hipotética; **B:** correta. De fato, no estelionato previdenciário (art. 171, § 3.º, do CP), também chamado de "estelionato de rendas", a consumação dependerá do sujeito ativo, influenciando, portanto, o termo inicial de contagem da prescrição. Se praticado por funcionário público, no exercício das funções, entende-se ser um crime instantâneo de efeitos permanentes, consumando-se no momento do recebimento da primeira prestação do benefício indevido, fluindo, a partir daí, a prescrição (STF, HC 107.854-SP). Já se o crime em comento for perpetrado por particular (beneficiário), o crime será permanente, consumando-se com a cessação da permanência, ou seja, com o término do recebimento das prestações do benefício (STJ, HC 216.986/AC). A partir daí começará a fluir o prazo prescricional; **C:** correta. De fato, a prescrição retroativa, a despeito das alterações promovidas ao art. 110 do CP pela Lei 12.234/2010, continua a existir, mas somente poderá ser reconhecida entre o recebimento da denúncia ou queixa e a publicação da sentença ou acórdão condenatório recorríveis. É o que se dessume do art. 110, § 1.º, do CP. Não se admite, a partir de referida lei, o reconhecimento da prescrição retroativa em data anterior à denúncia ou queixa (leia-se: recebimento); **D:** correta. De fato, é essa a interpretação literal que se extrai do art. 112, I, do CP. Todavia, a regra, apesar de benéfica ao réu, se interpretada literalmente, afigura-se contraditória. Como será possível iniciar a fluência da prescrição da pretensão executória, que pressupõe o trânsito em julgado da sentença penal condenatória, se tiver havido recurso da defesa? No entanto, predomina o entendimento de que, embora o pressuposto da referida espécie de prescrição seja o trânsito em julgado para ambas as partes (acusação e defesa), o termo inicial retroagirá ao trânsito em julgado para a acusação.
Gabarito "A".

(Analista – TRE/SP – 2012 – FCC) Rubens está sendo processado por crime de peculato, praticado no dia 03 de fevereiro de 2008, quando tinha 20 anos de idade. A denúncia foi recebida no dia 05 de junho de 2008. Por sentença judicial, publicada no Diário Oficial no dia 10 de novembro de 2011, Rubens foi condenado a cumprir pena de 02 (dois) anos e 06 (seis) meses de reclusão, em regime inicial aberto, e ao pagamento de 10 (dez) dias-multa. A pena privativa de liberdade aplicada pelo Magistrado foi substituída, na forma do artigo 44, do Código Penal, por uma pena restritiva de direitos de prestação de serviços à comunidade, pelo prazo da pena privativa de liberdade aplicada, e por 10 (dez) dias-multa, no valor unitário mínimo. A sentença transitou em julgado no dia 1º de janeiro de 2012. Nesse caso, após o trânsito em julgado, a prescrição para as penalidades aplicadas ao réu verifica-se no prazo de
(A) 02 anos para a pena privativa de liberdade e 4 anos para as multas.
(B) 08 anos para a pena privativa de liberdade e 02 anos para as multas.
(C) 04 anos para a pena privativa de liberdade e para as multas.
(D) 04 anos para a pena privativa de liberdade e 02 anos para as multas.
(E) 08 anos para a pena privativa de liberdade e para as multas.

Dado que a condenação, tanto para a acusação quanto para a defesa, tornou-se definitiva (operou-se o trânsito em julgado), terão incidência, aqui, as regras da *prescrição da pretensão executória*. Assim sendo, o prazo prescricional levará em conta a pena concretamente aplicada, que, neste caso, é de dois anos e seis meses de reclusão, além da pena de multa. É o que estabelece o art. 110, *caput*, do CP. O fato de o juiz ter procedido à substituição da pena privativa de liberdade por restritivas de direito em nada altera o cálculo do prazo prescricional, dado o que dispõe o art. 109, parágrafo único, do CP. O prazo prescricional será extraído com base nas regras estampadas no art. 109 do CP. Dessa forma, tendo a pena sido fixada em dois anos e seis meses, chegaremos ao interregno de oito anos (art. 109, IV, do CP), prazo esse que, por força do art. 115 do CP, será reduzido de metade, o que corresponde a quatro anos. No que toca à pena de multa, a prescrição obedecerá ao mesmo prazo (art. 114, II, do CP).
Gabarito "C".

18. CRIMES CONTRA A PESSOA

(Juiz de Direito – TJ/RS – 2018 – VUNESP) O feminicídio (CP, art. 121, § 2o, VI)
(A) está ausente do rol dos crimes hediondos (Lei nº 8.072/90).
(B) demanda, para seu reconhecimento, obrigatória relação doméstica ou familiar entre agressor e vítima.
(C) é o homicídio qualificado por condições do sexo feminino.
(D) foi introduzido em nosso ordenamento pela Lei Maria da Penha (Lei nº 11.340/06).
(E) admite a modalidade preterdolosa.

Antes de comentar as alternativas, tecerei comentários quanto à recente alteração promovida pela Lei 13.771/2018 nas hipóteses de causa de aumento de pena no delito de feminicídio. Esta Lei alterou o art. 121, § 7º, do Código Penal, que, como disse acima, trata das hipóteses de aumento de pena no caso do feminicídio (art. 121, § 2º, VI, CP). Foram modificados os incisos II e III e inserido o inciso IV. No que concerne ao inciso II, a redação dada pela Lei 13.771/2018 ampliou as hipóteses de incidência da causa de aumento de pena, que, a partir de agora, inclui a pessoa portadora de doenças degenerativas que acarretem condição limitante ou de vulnerabilidade física ou mental. A redação anterior somente contemplava a pessoa menor de 14 anos, a maior de 60 anos ou com deficiência. Já o inciso III passou a contemplar, com a nova redação que lhe foi conferida pela Lei 13.771/2108, a hipótese em que o feminicídio é praticado na presença virtual de descendente ou do ascendente da vítima. Antes disso, esta causa de aumento somente incidia se o cometimento do crime se desse na presença física de ascendente ou descendente da ofendida. Por fim, foi inserido no § 7º o inciso IV, estabelecendo nova modalidade de causa de aumento de pena aplicável ao feminicídio, a caracterizar-se na hipótese em que este crime é cometido em descumprimento das medidas protetivas de urgência previstas nos incisos I, II e III do art. 22, caput, da Lei 11.340/2006 (Lei Maria da Penha). Passemos, agora, aos comentários às alternativas. **A:** incorreta, uma vez que o *feminicídio*, modalidade de homicídio qualificado introduzida, pela Lei 13.104/2015, no Código Penal – art. 121, § 2º, VI, faz parte, sim, do rol dos crimes hediondos, conforme art. 1º, I, da Lei 8.072/1990 (Crimes Hediondos), dispositivo alterado por força da Lei 13.142/2015; **B:** incorreta, pois não reflete o disposto no art. 121, § 2º-A, II, do CP, que estabelece haver razões de condição de sexo feminino, além da violência doméstica e familiar, também no caso de manifestação de menosprezo ou discriminação à mulher; **C:** correta (art. 121, § 2º, VI, do CP); **D:** incorreta, dado o que foi afirmado no comentário à assertiva A; **E:** incorreta. O *feminicídio*, espécie de homicídio qualificado, somente comporta a modalidade dolosa. A competência para o julgamento, portanto, é do Tribunal do Júri.
Gabarito "C".

(Investigador – PC/BA – 2018 – VUNESP) Quanto aos crimes contra a vida, assinale a alternativa correta.
(A) Suponha que "A" seja instigado a suicidar-se e decida pular da janela do prédio em que reside. Ao dar cabo do plano suicida, "A" não morre e apenas sofre lesão corporal de natureza leve. Pode-se afirmar que o instigador deverá responder pelo crime de tentativa de instigação ao suicídio, previsto no art. 122 do Código Penal.
(B) Considera-se qualificado o homicídio praticado contra pessoa menor de 14 anos ou maior de 60 anos.
(C) O Código Penal permite o aborto praticado pela própria gestante quando existir risco de morte e não houver outro meio de se salvar.
(D) O feminicídio é espécie de homicídio qualificado e resta configurado quando a morte da mulher se dá em razão da condição do sexo feminino. Se o crime for presenciado por descendente da vítima, incidirá ainda causa de aumento de pena.
(E) O aborto provocado pela gestante, figura prevista no art. 124 do Código Penal, cuja pena é de detenção de 1 (um) a 3 (três) anos, admite coautoria.

A: incorreta. Conforme entendimento doutrinário e jurisprudencial pacificado, o crime do art. 122 do CP (participação em suicídio) não comporta a modalidade tentada, somente havendo punição diante dos eventos *morte* ou *lesão corporal de natureza grave*. Entenda bem: este crime comporta dois momentos consumativos possíveis, a saber: morte da vítima ou lesão corporal de natureza grave. Significa que, se a vítima, auxiliada, instigada ou induzida, tentar dar fim à própria vida e, com isso, sofrer lesão corporal de natureza leve, como é o caso narrado na assertiva, não haverá sequer tentativa do crime do art. 122 do CP; **B:** não se trata de *qualificadora* e sim de *causa de aumento de pena*, aplicável, é importante que se diga, ao homicídio *doloso* (art. 121, § 4º, parte final, CP), sempre que a vítima for menor de 14 anos ou maior de 60; **C:** incorreta. O chamado aborto *necessário* ou *terapêutico* (art. 128, I, CP), que é a modalidade de aborto legal em que a interrupção da gravidez se revela a única forma de salvar a vida da gestante, pressupõe a sua realização por médico. De outra forma não poderia ser. É que somente este profissional está credenciado a interpretar os exames e concluir pela necessidade da manobra abortiva; **D:** correta, pois corresponde ao que estabelece o art. 121, § 2º, VI, e § 7º, III, do CP; **E:** incorreta. O crime de aborto definido no art. 124, *caput*, primeira parte, do CP, chamado *autoaborto*, embora seja considerado de *mão própria*, já que impõe ao sujeito ativo, neste caso a gestante que realiza aborto em si própria, uma atuação personalíssima, admite concurso de agentes somente na modalidade *participação*, sendo inviável a *coautoria*. É a hipótese em que terceiro induz, instiga ou auxilia a gestante a provocar, nela própria, a interrupção da gravidez (hipótese de participação); agora, se o terceiro, com o consentimento da gestante, nela promover manobras abortivas, responderá na forma do art. 126 do CP (aborto com consentimento da gestante). Cuida-se, como se pode ver, de exceção à teoria monista.
Gabarito "D".

(Delegado – PC/BA – 2018 – VUNESP) Segundo o art. 140, do Código Penal Brasileiro (crime de injúria), é correto afirmar que
(A) o crime de injúria qualificado, previsto no parágrafo 3º do art. 140, do CP, que consiste na ofensa à honra com a utilização de elementos referentes à raça e à cor, é inafiançável e imprescritível.
(B) o crime de injúria qualificado, previsto no parágrafo 3º do art. 140, do CP, consiste na ofensa à honra com a utilização de elementos referentes exclusivamente à raça, cor, etnia e origem.

(C) o perdão judicial, previsto no parágrafo 1º do art. 140, do CP, aplicável quando o ofendido provoca diretamente a injúria, aplica-se ao crime de injúria qualificado, previsto no parágrafo 3º do art. 140, do CP.
(D) no crime de injúria, o objeto jurídico é a honra subjetiva do ofendido, podendo ser praticado mediante dolo ou culpa.
(E) na injúria real, prevista no parágrafo 2o do art. 140, do CP, a violência ou vias de fato são meios de execução do crime.

A: incorreta. De fato, se considerarmos o disposto no art. 140, § 3º, do CP, não se pode dizer que o crime de injúria racial é *inafiançável* e *imprescritível*. Esta foi a linha adotada pela organizadora. Agora, é importante que se diga que o STJ e alguns doutrinadores, entre eles Guilherme de Souza Nucci, entendem que a injúria racial nada mais é do que uma das manifestações de racismo, razão pela qual deve ser considerada como racista (gênero) tanto aquele que, com base em elementos preconceituosos e discriminatórios, pratica condutas segregacionistas, definidas na Lei 7.716/1989, quanto o que profere injúrias raciais (art. 140, § 3º, do CP). Adotando essa linha de pensamento, a injúria racial seria *imprescritível* e *inafiançável*, tal como estabelece o art. 5º, XLII, da CF. Assim decidiu o STJ: "Nos termos da orientação jurisprudencial desta Corte, com o advento da Lei n.9.459/97, introduziu-se a denominada injúria racial, criou-se mais um delito no cenário do racismo, portanto, imprescritível, inafiançável e sujeito à pena de reclusão (AgRg no AREsp 686.965/DF, Rel. Ministro Ericson Maranho (Desembargador convocado do TJ/SP), Sexta Turma, julgado em 18/08/2015, DJe 31/08/2015). 3. A ofensa a dispositivo constitucional não pode ser examinada em recurso especial, uma vez que compete exclusivamente ao Supremo Tribunal Federal o exame de matéria constitucional, o qual já se manifestou, em caso análogo, refutando a violação do princípio da proporcionalidade da pena cominada ao delito de injúria racial. 4. Agravo regimental parcialmente provido para conhecer do agravo em recurso especial mas negar-lhe provimento e indeferir o pedido de extinção da punibilidade" (AgRg no AREsp 734.236/DF, Rel. Ministro Nefi Cordeiro, Sexta Turma, julgado em 27/02/2018, DJe 08/03/2018); **B:** incorreta, já que o tipo penal do art. 140, § 3º, do CP contempla, além dos mencionados na assertiva, os elementos *religião* e *condição de pessoa idosa ou portadora de deficiência*; **C:** incorreta, já que não se aplica à injúria qualificada do art. 140, § 3º, do CP; **D:** incorreta. É verdade que, no crime de injúria, a honra atingida é a *subjetiva*, que corresponde àquilo que a pessoa pensa de si própria, sua autoestima. Agora, é incorreto afirmar-se que o elemento subjetivo no crime de injúria pode ser representado tanto pelo *dolo* quanto pela *culpa*. É que não há forma culposa; **E:** correta (art. 140, § 2º, CP). Gabarito "E".

(Juiz – TRF 2ª Região – 2017) Leia as assertivas e, ao final, marque a opção correta:
I. Não constituem calúnia ou difamação punível a ofensa irrogada em juízo, na discussão da causa, pela parte ou por seu procurador;
II. No crime de calúnia, o querelado não pode ingressar com a exceção da verdade quando o fato imputado à vítima constitua crime de ação privada e não houver condenação definitiva sobre o assunto;
III. Os crimes de calúnia e difamação exigem afirmativa específica acerca de fato determinado. Já na injúria as assertivas não consideram fatos específicos, e se referem a afirmações vagas e gerais feitas à pessoa do ofendido.
IV. É isento de pena o querelado que, antes da sentença, se retrata cabalmente da injúria ou da difamação.
(A) Apenas as assertivas II e III estão corretas.
(B) Apenas as assertivas I, II e IV estão corretas.
(C) Apenas a assertiva II está correta.
(D) Apenas as assertivas I e III estão corretas.
(E) Todas as assertivas são falsas.

I: incorreta. Isso porque o art. 142 do CP, que tem natureza jurídica de *causa de exclusão de crime*, não contempla a *calúnia*, tão somente a *injúria* e a *difamação*; **II:** correta, pois em conformidade com o disposto no art. 138, §3º, I, do CP; **III:** correta. No crime de *injúria*, temos que o agente, sem imputar fato criminoso ou desonroso ao ofendido, atribui-lhe qualidade negativa. É a adjetivação pejorativa, o xingamento, enfim a ofensa à honra subjetiva da vítima. Não deve, portanto, ser confundida com os crimes de calúnia e difamação, em que o agente imputa ao ofendido fato definido como crime (no caso da calúnia) ou ofensivo à sua reputação (no caso da difamação); **IV:** incorreta. A retratação, causa extintiva da punibilidade prevista no art. 143 do CP, somente alcança os crimes de *calúnia* e *difamação*. E de outra forma não poderia ser, já que não seria razoável que o ofensor, no contexto da injúria, voltasse atrás no xingamento que proferira em face do ofendido. Vale lembrar que, aqui, a honra atingida é a subjetiva, que concerne ao que o sujeito pensa de si mesmo, seu amor-próprio. Gabarito "A".

(Juiz – TJ/MS – VUNESP – 2015) Em relação aos crimes contra a vida, é correto afirmar que
(A) a genitora que mata o neonato, sob o estado puerperal e logo após o parto, responderá por homicídio duplamente qualificado pelo recurso que dificultou a defesa da vítima e por meio insidioso.
(B) para configuração do homicídio privilegiado, previsto no art. 121, § 1º, do Código Penal, basta que o agente cometa o crime sob o domínio de violenta emoção.
(C) nas lesões culposas verificadas entre os mesmos agentes, é possível aplicar a compensação de culpas.
(D) o feminicídio, previsto no art. 121, § 2º, inciso VI, do Código Penal, exige que o crime seja praticado contra a mulher por razões da condição de sexo feminino envolvendo violência doméstica ou familiar ou menosprezo ou discriminação à condição de mulher.
(E) o agente que pratica autolesão responderá pelo crime de lesões corporais com atenuação da pena de 1/3 a 2/3, a depender da natureza da lesão.

A: incorreta. Isso porque a proposição contempla os requisitos do crime de *infanticídio*, previsto no art. 123 do CP, que é especial em relação ao de *homicídio*. Com efeito, a mãe que, sob a influência do estado puerperal, provoca a morte do nascente ou do neonato, que ela mesma gerou, durante o parto ou logo em seguida a ele, será responsabilizada pelo crime de infanticídio, que não deixa de ser uma forma mais branda e privilegiada do delito de homicídio, isso em razão do peculiar estado do sujeito ativo (estado puerperal); **B:** incorreta. Além de o sujeito ativo estar sob o domínio de violenta emoção, faz-se ainda necessário que o fato se dê logo em seguida à injusta provocação da vítima, tal como estabelece o art. 121, § 1º, do CP. É o que a doutrina convencionou chamar de *homicídio emocional*. Para que nenhuma dúvida reste, o reconhecimento desta modalidade de homicídio privilegiado pressupõe: a) existência de uma violenta emoção; b) provocação injusta por parte da vítima; e c) imediatidade da reação; **C:** incorreta. Não há que se falar em compensação de culpas no direito penal, é dizer, a culpa de um não anula a do outro; **D:** correta, pois reflete o disposto no art. 121, § 2º, VI, e § 2º-A, I e II, do CP, introduzido pela Lei 13.104/2015; **E:** incorreta. É que a autolesão, salvo na hipótese em que praticada para o fim de fraudar companhia de seguro (art. 171, § 2º, V, do CP), constitui, à luz do princípio da alteridade, fato atípico (não há crime). Concebido por Claus Roxin, este postulado enuncia que não poderá ser considerada criminosa a conduta que não tem o condão de prejudicar direito de terceiro. É por essa razão também que se defende a atipicidade da conduta consistente em consumir droga. Gabarito "D".

(Juiz – TJ/SP – VUNESP – 2015) A mídia tem noticiado casos em que trabalhadores, em sua grande maioria estrangeiros, são submetidos a trabalhos forçados e jornadas exaustivas, configurando assim o crime de redução à condição análoga à de escravo. Sobre esse delito, assinale a alternativa que não o tipifica.
(A) Recusar o fornecimento de alimentação ou água potável.
(B) Restringir sua locomoção em razão de dívida contraída com o preposto.
(C) Vigilância ostensiva no local de trabalho.
(D) Apoderar-se de documentos ou objetos pessoais do trabalhador com o fim de retê-lo no local de trabalho.

A: correta (deve ser assinalada), já que a conduta descrita na alternativa não se subsume ao tipo penal do art. 149 do CP, que define o crime de redução a condição análoga à de escravo; **B:** incorreta. Conduta prevista no art. 149, *caput*, do CP; **C:** incorreta. Conduta prevista no art. 149, § 1º, II, do CP; **D:** incorreta. Conduta prevista no art. 149, § 1º, II, do CP. Gabarito "A".

(Juiz – TJ/SP – VUNESP – 2015) A respeito da retratação nos crimes contra a honra, pode-se afirmar que fica isento de pena o querelado que, antes da sentença, retrata-se cabalmente
(A) da calúnia ou difamação.
(B) da calúnia, injúria ou difamação.
(C) da injúria ou difamação.
(D) da calúnia ou injúria.

A *retratação*, no contexto dos crimes contra a honra, somente alcança, por força do art. 143, *caput*, do CP, os delitos de *calúnia* e *difamação*. E de outra forma não poderia ser. Como bem sabemos, tanto a calúnia quanto a difamação atingem a chamada honra *objetiva*, que nada mais é do que o conceito de que goza o indivíduo no meio social em que está inserido. É possível, portanto, que o querelado volte atrás na ofensa proferida, desmentindo o que dissera: no caso da calúnia, a falsa imputação de fato que constitui crime; no da difamação, a atribuição de conduta indecorosa por parte do ofendido. Agora, considerando que a injúria, que atinge a honra *subjetiva*, que é o conceito que fazemos de nós mesmos, consiste na atribuição de qualidade negativa (ofensa, xingamento), inviável que o ofensor volte atrás, desmentindo o xingamento que proferira. Chamo a atenção para a recente inserção do parágrafo único neste dispositivo (art. 143, CP), o que se fez por meio da Lei 13.188/2015, que diz respeito à hipótese em que o querelado, nos crimes de calúnia e difamação, se utiliza dos meios de comunicação. Neste caso, a retratação dar-se-á, se essa for a vontade do ofendido, pelos mesmos meios em que se praticou a ofensa. Gabarito "A".

(Promotor de Justiça/SC – 2016 – MPE)
(1) Se o homicídio é cometido com emprego de asfixia ele é considerado qualificado. Entretanto, a doutrina e jurisprudência predominante em nosso país entendem que somente se aplica nos casos de asfixia mecânica, não incidindo tal regra (majorante legal) nos casos de asfixia tóxica.

1: incorreta. Isso porque, segundo entendimento doutrinário e jurisprudencial pacífico, a *asfixia*, como meio de execução do crime de homicídio, então prevista no art. 121, § 2º, III, do CP, tanto pode ser *mecânica* quanto *tóxica*. Nesse sentido, conferir o magistério de Guilherme de Souza Nucci, ao discorrer sobre o conceito de asfixia:

trata-se da supressão da respiração, que se origina de um processo mecânico ou tóxico. São exemplos: o estrangulamento (compressão do pescoço por um laço conduzido por força que pode ser a do agente agressor ou de outra fonte, exceto o peso do corpo do ofendido), o enforcamento (compressão do pescoço por um laço, causada pelo peso do próprio corpo da vítima), a esganadura (é o aperto do pescoço provocado pelo agente agressor diretamente, valendo-se das mãos, perna ou antebraço), o afogamento (trata-se da inspiração de líquido, estando ou não imerso) e o uso de gases ou drogas asfixiantes, entre outros (Código Penal Comentado, 13ª ed. São Paulo: RT, 2013. p. 649). ED

Gabarito 1E

(Promotor de Justiça/SC – 2016 – MPE)

(1) Responde pela prática do crime de injúria racial, disposto no § 3º do artigo 140 do Código Penal Brasileiro e não pelo artigo 20 da Lei 7.716/1989 (Discriminação Racial) pessoa que ofende uma só pessoa, chamando-lhe de macaco e negro sujo.

1: correta. De fato, ao xingar alguém de "macaco e negro sujo", aquele que o fizer deverá ser responsabilizado pelo crime de injúria racial, na medida em que a ofensa proferida à honra subjetiva da vítima fez referência à cor de sua pele. Cuida-se do crime capitulado no art. 140, § 3º, do CP, que não deve ser confundido com o crime de racismo, este previsto no art. 20 da Lei 7.716/1989. Tal como ocorre com o crime de injúria simples, a injúria qualificada em razão da utilização de elementos relativos à cor da pele pressupõe que a ofensa seja dirigida a pessoa determinada ou, ao menos, a um grupo determinado de pessoas. Já no delito de racismo, diferentemente, a ofensa não é só dirigida à vítima concreta, mas também e sobretudo a todas as pessoas negras. Pressupõe, assim, uma espécie de segregação social em razão da cor da pele. A ação penal no crime do art. 140, § 3º, do CP, é importante que se diga, é pública condicionada à representação. Antes, a ação penal, neste crime, era de iniciativa privativa do ofendido. Esta mudança se deu por força da Lei 12.033/2009, que modificou a redação do parágrafo único do art. 145 do CP. ED

Gabarito 1C

(Promotor de Justiça/SC – 2016 – MPE)

(1) As circunstâncias que qualificam o crime de homicídio são classificadas doutrinariamente de forma majoritária em objetivas, descritas nos incisos III e IV, e subjetivas, estas inseridas nos incisos I, II e V do tipo penal.

1: correta. *Subjetivas*, no contexto do crime de homicídio, são as qualificadoras jungidas ao *motivo* do crime. Estão previstas, tal como acima afirmado, no art. 121, § 2º, I (motivo torpe), II (motivo fútil) e V (qualificadora por conexão), do CP; as demais modalidades de qualificadora do homicídio, que são de ordem *objetiva* (porque não ligadas à motivação do crime) e estão previstas no art. 121,§ 2º, III e IV, dizem respeito, respectivamente, aos *meios* empregados no cometimento do crime (veneno, fogo, asfixia, entre outros) e ao *modo* de executá-lo (traição, emboscada etc.). ED

Gabarito 1C

(Promotor de Justiça – MPE/MS – FAPEC – 2015) Assinale a alternativa **correta**, segundo a orientação jurisprudencial dominante:

(A) A qualificadora do motivo fútil é compatível com o homicídio praticado com o dolo eventual.
(B) A qualificadora do homicídio praticado mediante recompensa é simples circunstância, com aplicação restrita ao executor do crime, pois é quem executa a ação motivado pela remuneração.
(C) O reconhecimento do homicídio privilegiado é incompatível com a qualificadora da utilização do meio cruel.
(D) O homicídio admite o perdão judicial, se privilegiado.

A: correta. Nessa ótica: "O fato de o Recorrente ter assumido o risco de produzir o resultado morte, aspecto caracterizador do dolo eventual, não exclui a possibilidade de o crime ter sido praticado por motivo fútil, uma vez que o dolo do agente, direto ou indireto, não se confunde com o motivo que ensejou a conduta, mostrando-se, em princípio, compatíveis entre si. Divergência jurisprudencial devidamente demonstrada" (STJ, REsp 912.904/SP, Rel. Ministra Laurita Vaz, Quinta Turma, julgado em 06.03.2012, *DJe* 15.03.2012); **B: incorreta.** Conferir: "Não obstante a paga ou a promessa de recompensa seja circunstância acidental do delito de homicídio, de caráter pessoal e, portanto, incomunicável automaticamente a coautores do homicídio, não há óbice a que tal circunstância se comunique entre o mandante e o executor do crime, caso o motivo que levou o mandante a empreitar o óbito alheio seja torpe, desprezível ou repugnante. Na espécie, o recorrido teria prometido recompensa ao executor, a fim de, com a morte da vítima, poder usufruir vantagens no cargo que exerce na Prefeitura Municipal de Fênix. Recurso especial provido, para reconhecer as apontadas violações dos arts. 30 e 121, § 2º, I, ambos do Código Penal, e restaurar a decisão de pronúncia, restabelecendo a qualificadora do motivo torpe, a fim de que o réu seja submetido a julgamento pelo Tribunal do Júri, pela prática do delito previsto no art. 121, § 2º, I e IV, do Código Penal" (STJ, REsp 1209852/PR, Rel. Ministro Rogerio Schietti Cruz, Sexta Turma, julgado em 15.12.2015, *DJe* 02.02.2016); **C: incorreta.** Haverá compatibilidade desde que a qualificadora seja de caráter objetivo, como é o caso da utilização de meio cruel. Isso se dá porque as hipóteses legais de privilégio são de caráter subjetivo, incompatíveis, portanto, com as qualificadoras de caráter subjetivo, ligadas ao motivo do crime (motivo torpe e fútil). É o que a doutrina convencionou chamar de homicídio qualificado-privilegiado ou híbrido; **D: incorreta,** já que o perdão judicial não cabe no homicídio doloso, só no culposo (art. 121, § 5º, do CP). ED

Gabarito "A"

(Delegado/MS – 2017 – FAPEMS) Segundo Busato (2014), "o homicídio é uma violação do bem jurídico vida como tal considerado a partir do nascimento". E para Hungria (1959), esse crime constitui "a mais chocante violação do senso moral médio da humanidade civilizada".

BUSATO. Paulo César. Direito Penal: parte especial, I.ed. São Paulo: Atlas, 2014, p. 19. HUNGRIA, Nelson. Comentários ao código penal. 4.ed. Rio de Janeiro: Forense, 1959, p. 25.

O Código Penal Brasileiro, em seu artigo 121, apresenta três modalidades de tipos penais de ação homicida, em que os elementos que o compõem podem ou não aparecer conjugados. Acerca das modalidades do crime de homicídio, variantes e caracterização, assinale a alternativa correta.

(A) É caracterizada como homicídio a morte de feto atingido por disparo de arma de fogo, quando ainda no ventre da mãe.
(B) O infanticídio é modalidade do homicídio qualificado pelo resultado, quando a mãe mata o próprio filho logo após o parto, sob a influência do estado puerperal, cuja pena é agravada.
(C) O latrocínio, por se tratar de espécie complexa de homicídio qualificado previsto no artigo 121 do Código Penal, não é julgado pelo Tribunal do Júri por envolver questões patrimoniais.
(D) A eutanásia, ou o homicídio piedoso, é reconhecida como conduta praticada por relevante valor moral, caracterizadora do homicídio privilegiado.
(E) O homicídio pode ser considerado qualificado/privilegiado quando praticado por relevante valor moral motivado por vingança.

A: incorreta. O crime de homicídio tutela a vida humana em sua forma extrauterina, assim considerada a partir do momento em que se inicia o parto. Antes disso, fala-se em vida humana intrauterina, que é protegida pelo crime de aborto. Portanto, a morte de um feto atingido por disparo de arma de fogo quando ainda no ventre da mãe, constitui crime de aborto (arts. 124 a 127, CP); **B: incorreta.** Nada obstante a doutrina afirme que o infanticídio é uma espécie de homicídio *sui generis*, o fato é que o legislador optou por tipificá-lo autonomamente, ou seja, criando um crime próprio (praticado pela mãe contra o próprio filho, durante o parto ou logo após, sob a influência do estado puerperal). Assim, não se pode afirmar que o infanticídio seja modalidade de homicídio qualificado, tendo tratamento específico no art. 123 do CP; **C: incorreta,** pois o latrocínio, que é espécie de roubo qualificado pela morte (art. 157, §3º, II, do CP), não é espécie de homicídio qualificado (crime contra a vida), como constou na assertiva, mas, sim, um crime contra o patrimônio; **D: correta.** De fato, a eutanásia, também conhecida como homicídio piedoso, é o clássico exemplo de homicídio privilegiado (art. 121, §1º, do CP), praticado pelo agente que age impelido por motivo de relevante valor moral (piedade, misericórdia, compaixão). Neste caso, sua pena será reduzida de um sexto a um terço; **E: incorreta.** A figura do homicídio qualificado-privilegiado, também conhecido como homicídio híbrido, somente será admitido quando a qualificadora for objetiva (art. 121, § 2º, III e IV, do CP), relacionada aos meios e modos de execução do crime. É incompatível a coexistência do privilégio com as qualificadoras de natureza subjetiva (art. 121, § 2º, I, II, V, VI e VII, do CP), tal como a vingança, que pode ser considerada motivo torpe. AT

Gabarito "D"

(Defensor Público – DPE/RN – 2016 – CESPE) Dalva, em período gestacional, foi informada de que seu bebê sofria de anencefalia, diagnóstico confirmado por laudos médicos. Após ter certeza da irreversibilidade da situação, Dalva, mesmo sem estar correndo risco de morte, pediu aos médicos que interrompessem sua gravidez, o que foi feito logo em seguida. Nessa situação hipotética, de acordo com a jurisprudência do STF, a interrupção da gravidez

(A) deve ser interpretada como conduta atípica e, portanto, não criminosa.
(B) deveria ter sido autorizada pela justiça para não configurar crime.
(C) é isenta de punição por ter ocorrido em situação de aborto necessário.
(D) configurou crime de aborto praticado por Dalva.
(E) configurou crime de aborto praticado pelos médicos com consentimento da gestante.

Conferir a ementa extraída da ADPF 54, por meio da qual fixou-se o entendimento no sentido de que o produto da concepção portador de anencefalia, porque não dispõe de vida na acepção jurídica do termo, não pode figurar como vítima do crime de aborto. Dessa forma, a conduta de Dalva – e também a dos médicos que procederam à interrupção da gravidez – deve ser considerada atípica (não há crime): "Estado – Laicidade. O Brasil é uma República laica, surgindo absolutamente neutro quanto às religiões. Considerações. Feto anencéfalo – Interrupção da gravidez – Mulher – Liberdade sexual e reprodutiva – Saúde – Dignidade – Autodeterminação – Direitos fundamentais – Crime – Inexistência. Mostra-se inconstitucional interpretação da interrupção da gravidez de feto anencéfalo como conduta tipificada nos artigos 124, 126 e 128, incisos I e II, do Código Penal". AT

Gabarito "A"

(Defensor Público – DPE/ES – 2016 – FCC) No tocante ao crime de homicídio, é correto afirmar que

(A) inadmissível a continuidade delitiva, por ser a vida um bem personalíssimo.
(B) possível o reconhecimento da chamada figura privilegiada do delito na decisão de pronúncia.

(C) a ausência de motivos e a embriaguez completa são incompatíveis com a qualificadora do motivo fútil, consoante entendimento jurisprudencial.
(D) possível a coexistência entre as qualificadoras dos motivos torpe e fútil, segundo entendimento sumulado.
(E) a chamada figura privilegiada é incompatível com as qualificadoras do emprego de meio cruel e do motivo torpe.

A: incorreta. A Súmula 605, do STF, segundo a qual não se admite a continuidade delitiva nos crimes contra a vida, encontra-se, desde o advento da nova Parte Geral do Código Penal, introduzida pela Lei de Reforma 7.209/1984, superada, de sorte que é admitida, sim, a continuidade delitiva no contexto do crime de homicídio. Nesse sentido a jurisprudência do STF: "(...) Com a reforma do Código Penal de 1984, ficou suplantada a jurisprudência do Supremo Tribunal Federal predominante até então, segundo a qual *não se admite continuidade delitiva nos crimes contra a vida*" (HC 77.786, rel. Min. Marco Aurélio, j. 27.10.1998); **B:** incorreta. É vedado ao juiz, quando da prolação da decisão de pronúncia, reconhecer causas de diminuição de pena (figura privilegiada). A propósito, ao pronunciar o acusado, levando-o a julgamento perante o Tribunal do Júri, não deve o juiz aprofundar-se na prova; limitar-se-á, isto sim, ao exame, sempre em linguagem moderada e prudente, quanto à *existência do crime* (materialidade) e dos *indícios suficientes de autoria*, apontando, ainda, o dispositivo legal em que se acha incurso o acusado, bem assim as circunstâncias qualificadoras e as causas de aumento de pena. É o que estabelece o art. 413, § 1º, do CPP; **C:** correta, segundo a organizadora. De fato, a ausência de motivos não implica o reconhecimento da qualificadora do motivo fútil. No STJ: "(...) A jurisprudência desta Corte Superior não admite que a ausência de motivo seja considerada motivo fútil, sob pena de se realizar indevida analogia em prejuízo do acusado (...)" (HC 369.163/SC, Rel. Ministro Joel Ilan Paciornik, Quinta Turma, julgado em 21.02.2017, DJe 06.03.2017). No que toca à compatibilidade entre a embriaguez e o reconhecimento do motivo fútil, assim decidiu o STJ, segundo o qual é possível a compatibilidade entre eles (embriaguez e motivo fútil): "Pela adoção da teoria da *actio libera in causa* (embriaguez preordenada), somente nas hipóteses de ebriez decorrente de 'caso fortuito' ou 'força maior' é que haverá a possibilidade de redução da responsabilidade penal do agente (culpabilidade), nos termos dos §§ 1º e 2º do art. 28 do Código Penal. 2. Em que pese o estado de embriaguez possa, em tese, reduzir ou eliminar a capacidade do autor de entender o caráter ilícito ou determinar-se de acordo com esse entendimento, tal circunstância não afasta o reconhecimento da eventual futilidade de sua conduta. Precedentes do STJ" (REsp 908.396/MG, Rel. Ministro Arnaldo Esteves Lima, Quinta Turma, julgado em 03.03.2009, DJe 30.03.2009); **D:** incorreta, já que é tranquilo o entendimento jurisprudencial segundo o qual o motivo do crime não pode ser, a um só tempo, torpe e fútil. Ou um ou outro; **E:** incorreta. As causas de diminuição de pena previstas no art. 121, § 1º, do CP (homicídio privilegiado), por serem de ordem *subjetiva*, ou seja, por estarem jungidas à motivação do crime, somente são compatíveis com as qualificadoras de ordem *objetiva* (aquelas não ligadas à motivação do crime). É o caso do homicídio privilegiado praticado por meio cruel. Nesse caso, é perfeitamente possível a coexistência do privilégio contido no art. 121, § 1º, do CP com a qualificadora do art. 121, § 2º, III, do CP (meio cruel), já que esta é de ordem objetiva, isto é, não está ligada à motivação do crime, mas a sua forma de execução. É o chamado homicídio qualificado-privilegiado. Agora, se a qualificadora for de ordem *subjetiva*, como é o *motivo torpe*, não há que se falar em compatibilidade entre esta e a figura privilegiada.
Gabarito "C".

(Defensor Público – DPE/BA – 2016 – FCC) Sobre os crimes contra a pessoa,
(A) o princípio da insignificância não se aplica ao crime de lesão corporal, pois sua desclassificação incide na contravenção de vias de fato.
(B) a ofensa à saúde de outrem, por ser crime de perigo, não depende da produção do resultado para a configuração da tipicidade.
(C) a lesão corporal culposa na direção de veículo automotor impede a substituição da pena privativa de liberdade por pena restritiva de direitos.
(D) a prática de lesão corporal leve em situação de lesões recíprocas pode ensejar a substituição da pena de detenção pela de multa.
(E) o comportamento da vítima é incapaz de influenciar a pena no crime de lesão corporal.

A: incorreta, já que o postulado da insignificância pode, a depender do caso, ser aplicado ao crime de lesão corporal leve. Nesse sentido, conferir: "*Habeas corpus*. Penal. Lesão corporal leve [artigo 209, § 4º, do CPM]. Princípio da insignificância. Aplicabilidade. 1. O princípio da insignificância é aplicável no âmbito da Justiça Militar de forma criteriosa e casuística. Precedentes. 2. Lesão corporal leve, consistente em único soco desferido pelo paciente contra outro militar, após injusta provocação deste. O direito penal não há de estar voltado à punição de condutas que não provoquem lesão significativa a bens jurídicos relevantes, prejuízos relevantes ao titular do bem tutelado ou, ainda, à integridade da ordem social. Ordem deferida" (HC 95445, Relator(a): Min. Eros Grau, Segunda Turma, julgado em 02.12.2008); **B:** incorreta. O ato de ofender a saúde de outrem configura uma das formas do crime de lesão corporal, que, por ser material, pressupõe, à sua consumação, a ocorrência de resultado naturalístico consistente na lesão à vítima; **C:** incorreta, pois contraria o que estabelece o art. 44, I, do CPC; **D:** correta (art. 129, § 5º, II, do CP); **E:** incorreta (art. 59, *caput*, do CP).
Gabarito "D".

(Defensor Público – DPE/MT – 2016 – UFMT) A lesão corporal se enquadra nas hipóteses expressas no art. 129, § 2º do Código Penal, doutrinariamente denominada gravíssima, se ocorrer
(A) aceleração de parto.
(B) enfermidade incurável.
(C) incapacidade para as ocupações habituais, por mais de trinta dias.
(D) debilidade permanente de membro, sentido ou função.
(E) perigo de vida.

As modalidades de lesão corporal de natureza grave estão contempladas no art. 129, §§ 1º e 2º, do CP. A denominação *lesão corporal gravíssima* foi criada pela doutrina para se referir às hipóteses elencadas no § 2º, que são mais graves, dado o caráter permanente do dano ou mesmo a sua irreparabilidade, do que aquelas contidas no § 1º (chamadas pela doutrina de *lesão corporal grave*). Entre as modalidades de lesão gravíssima está a *enfermidade incurável* (inciso II); as demais (aceleração de parto; incapacidade para as ocupações habituais por mais de trinta dias; debilidade permanente de membro sentido ou função; e perigo de vida) estão contempladas no § 1º (lesão corporal grave).
Gabarito "B".

(Defensor Público – DPE/MT – 2016 – UFMT) A respeito dos crimes contra a honra, insculpidos no Código Penal, assinale a afirmativa correta.
(A) Configura o crime de injúria imputar a alguém fato ofensivo a sua reputação.
(B) Configura o crime de difamação ofender a dignidade ou o decoro de alguém.
(C) A calúnia somente admite a exceção da verdade em caso de o ofendido ser funcionário público, em exercício de suas funções.
(D) Configura o crime de calúnia imputar a alguém falsamente fato definido como crime.
(E) A calúnia contra os mortos não é punível.

A: incorreta. É que a conduta consistente em imputar a alguém fato ofensivo à sua reputação configura o crime de *difamação* (art. 139, CP). No crime de *injúria*, temos que o agente, sem imputar fato desonroso ao ofendido, atribui-lhe qualidade negativa. É a adjetivação pejorativa, o xingamento, enfim a ofensa à honra subjetiva da vítima. Não deve, portanto, ser confundido com os crimes de calúnia e difamação, em que o agente imputa ao ofendido fato definido como crime (no caso da calúnia) ou ofensivo à sua reputação (no caso da difamação); **B:** incorreta. O ato de ofender a dignidade ou o decoro de alguém, que nada mais é do que atribuir-lhe qualidade negativa, configura o crime de injúria (art. 140, CP); **C:** incorreta. Quanto à exceção da verdade no contexto dos crimes contra a honra, temos o seguinte: o delito de *injúria* (art. 140 do CP) não admite a *exceção da verdade*; a *calúnia* (art. 138 do CP) e a *difamação* (art. 139 do CP), por sua vez, comportam o instituto, previsto, respectivamente, nos arts. 138, § 3º, e 139, parágrafo único, ambos do Código Penal, ressaltando-se que, na *difamação*, somente é admitida a *exceção da verdade* se o ofendido é funcionário público e a ofensa é relativa ao exercício de suas funções; **D:** correta. De fato, como afirmado acima, o crime de calúnia (art. 138, CP) pressupõe que o agente impute ao ofendido, falsamente, fato (determinado) que constitui crime. É a afirmação falsa de que determinada pessoa praticou crime; **E:** incorreta, na medida em que, por expressa disposição contida no art. 138, § 2º, do CP, é punível, sim, a calúnia contra os mortos.
Gabarito "D".

(Analista Judiciário – TRT/8ª – 2016 – CESPE) No dia vinte e oito de junho de 2014, por volta de dezenove horas, na sala de espera de um posto de saúde, Paulo aguardava atendimento e exasperou-se com a demora. A funcionária Márcia, de cor negra, pediu-lhe calma, dizendo que o médico lhe atenderia brevemente, mas Paulo retrucou, exaltado: "— Chama logo o doutor, sua negrinha à toa!". Sentindo-se insultada pelos impropérios proferidos, Márcia, constrangida, chorou diante de mais de trinta pessoas que ali estavam esperando atendimento.

Considerando a situação hipotética apresentada, assinale a opção correta, considerando a jurisprudência do Superior Tribunal de Justiça.
(A) A conduta de Paulo tipifica-se como crime de injúria com elementos referentes à raça e à cor, de modo que a ação penal deve ser procedida por iniciativa do Ministério Público, mediante simples representação da ofendida.
(B) Eventual representação de Márcia só terá validade caso preencha todos os requisitos legais e seja reduzida a termo em formulário próprio, conforme modelo aprovado pelos órgãos do Poder Judiciário.
(C) Dado que a pretensão punitiva contra crime de injúria qualificada pelo preconceito racial é realizada mediante ação penal pública condicionada à representação, eventual pedido de explicação feito por Márcia suspenderia o prazo decadencial para sua propositura.
(D) O fato de Paulo ter se exasperado diante da atitude de Márcia, que lhe pediu para ter calma, configurou retorsão imediata, cabendo, portanto, o perdão judicial com extinção da punibilidade.
(E) A conduta de Paulo tipifica-se como crime de racismo e, portanto, a pretensão punitiva não está sujeita à prescrição ou à decadência, haja vista a ofensa ao princípio da dignidade humana.

A: correta. De fato, Paulo, ao xingar Márcia de "negrinha à toa", cometeu o crime de injúria racial, na medida em que a ofensa proferida por Paulo à honra subjetiva de Márcia fez referência à cor de sua pele. Cuida-se do crime capitulado no art. 140, § 3º, do CP. Oportuno proceder à distinção deste crime do de racismo, este previsto no art. 20 da Lei 7.716/1989, dado que são frequentemente confundidos. Tal como ocorre com o crime de injúria simples, a injúria qualificada em razão da utilização de elementos relativos à cor da pele pressupõe que a ofensa seja dirigida a pessoa determinada ou, ao menos, a um grupo determinado de pessoas. Já no delito de racismo, diferentemente, a ofensa não é só dirigida à vítima concreta, mas também e sobretudo a todas as pessoas, no caso do enunciado, negras. Pressupõe, assim, uma espécie de segregação social em razão da cor da pele. A ação penal, no crime praticado por Paulo (injúria qualificada pelo preconceito de cor), é, tal como consta da alternativa, pública condicionada à representação. Antes, a ação penal, neste crime, era de iniciativa privativa do ofendido. Esta mudança se deu por força da Lei 12.033/2009, que modificou a redação do parágrafo único do art. 145 do CP; **B:** incorreta. A representação (art. 39, *caput* e §§ 1º e 2º, do CPP) não tem rigor formal. Os tribunais, inclusive o STF, já se manifestaram nesse sentido. É suficiente que a vítima demonstre de forma inequívoca a intenção de ver processado o ofensor; **C:** incorreta. O pedido de explicações (art. 144 do CP) somente tem incidência no campo da ação penal privativa do ofendido, a quem cabe formular tal pedido. Ademais, tal providência não tem o condão de suspender o prazo decadencial à propositura da queixa-crime; **D:** incorreta. A retorsão imediata pressupõe que o ofensor (no caso Paulo) revide a ofensa proferida inicialmente pelo ofendido (no caso Márcia), o que não ocorreu, já que Márcia se limitou a pedir a Paulo que mantivesse a calma; **E:** incorreta. *Vide* comentário à alternativa "A".

Gabarito "A".

(Magistratura/GO – 2015 – FCC) O homicídio privilegiado
(A) pode levar a pena abaixo do mínimo legal.
(B) é aquele em que o agente comete o crime sob o domínio de violenta emoção, logo em seguida a injusta agressão da vítima.
(C) pode concorrer com as qualificadoras subjetivas.
(D) pode ser identificado pelo juiz na decisão de pronúncia.
(E) é crime hediondo, segundo pacificado entendimento jurisprudencial.

A: correta. De fato, o homicídio privilegiado, que é causa especial de diminuição de pena, previsto no art. 121, § 1º, do CP, poderá conduzir à fixação da pena aquém do mínimo legal. Assim, o homicídio simples (art. 121, *caput*, do CP), com pena variável de seis a vinte anos de reclusão, caso seja cometido em uma das situações previstas em referido dispositivo (relevante valor moral ou social, ou se o agente estiver sob o domínio de violenta emoção, logo em seguida a injusta provocação da vítima), poderá redundar em condenação do agente a pena inferior à mínima cominada. Tal decorre do fato de as privilegiadoras incidirem na terceira fase de fixação da pena, na qual as minorantes podem gerar a imposição da reprimenda abaixo do mínimo legal; **B:** incorreta. Uma das hipóteses de homicídio privilegiado é denominada de "homicídio emocional", que se caracteriza pelo fato de o agente matar a vítima sob o domínio de violenta emoção, logo em seguida a injusta *provocação* dela, e não *agressão*. A injusta agressão, a depender da situação, poderá caracterizar o substrato fático para a invocação de legítima defesa (art. 25 do CP), que excluirá a ilicitude do fato perpetrado pelo agente; **D:** incorreta. A decisão de pronúncia é de mera admissibilidade da acusação, cabendo ao Tribunal do Júri reconhecer o privilégio, até porque, nos crimes dolosos contra a vida, a dosagem da pena ocorrerá apenas na segunda fase do procedimento especial (procedimento do júri), após os jurados reconhecerem a prática do delito e, também, a responsabilidade do agente pelo resultado; **E:** incorreta. O homicídio privilegiado não é considerado crime hediondo, ainda que praticado na forma híbrida (homicídio privilegiado e qualificado).

Gabarito "A".

(Ministério Público/BA – 2015 – CEFET) Miquelino Boa Morte, em razão de motivo abjeto, praticou delito de homicídio contra Angelino Boa Vida. Para tanto, Miquelino misturou, na presença e sob a ciência de Angelino, em um recipiente, água e substância venenosa, obrigando, sem possibilidade de reação, sua vítima a ingerir tal substância, conduta que ocasionou, após sofrimento do envenenado, o seu óbito. Miquelino Boa Morte praticou:
(A) Homicídio duplamente qualificado por motivo torpe e com emprego de veneno.
(B) Homicídio duplamente qualificado por motivo torpe e mediante recurso que tornou impossível a defesa do ofendido.
(C) Homicídio duplamente qualificado por motivo fútil e com emprego de veneno.
(D) Homicídio duplamente qualificado por motivo fútil e mediante recurso que tornou impossível a defesa do ofendido.
(E) As alternativas, "a", "b", "c" e "d" são incorretas.

Primeiramente, alguns esclarecimentos se fazem necessários sobre a qualificadora do emprego de veneno, prevista no art. 121, § 2º, III, primeira figura, do CP. Pois bem. De acordo com a doutrina, o venefício (homicídio mediante o emprego de veneno) somente se caracterizará se a vítima desconhecer que está sendo envenenada, ou seja, se a substância for administrada de modo sub-reptício. No caso relatado no enunciado, Miquelino Boa Morte misturou a substância venenosa na presença de Angelino Boa Vida, inexistindo, assim, o meio insidioso que faz com que a qualificadora em comento se caracterize. Porém, como o envenenamento causou à vítima sofrimento, o homicídio será qualificado pelo meio cruel. Assim, de plano estão incorretas as alternativas A e C. Também estão incorretas as alternativas B e D. O enunciado menciona que o motivo do homicídio era abjeto, ou seja, motivo torpe, que, segundo aponta a doutrina, é incompatível com o motivo fútil (pequeno, de somenos importância), o que reforça o desacerto das alternativas C e D. Também não se caracteriza a qualificadora do recurso que tornou impossível a defesa do ofendido (art. 121, § 2º, IV, parte final, do CP), haja vista que inexistiu na espécie a "surpresa", característica necessária à configuração da qualificadora em questão, que, por força da interpretação analógica, deve se assemelhar às demais circunstâncias previstas no mesmo dispositivo (traição, emboscada ou mediante dissimulação). Logo, todas as alternativas (A a D) estão incorretas, devendo ser assinalada a alternativa E.

Gabarito "E".

(Ministério Público/SP – 2015 – MPE/SP) O agente que, para livrar sua esposa, deficiente física em fase terminal em razão de doença incurável, de graves sofrimentos físico e moral, pratica eutanásia com o consentimento da vítima, deve responder, em tese:
(A) por homicídio qualificado pelo feminicídio, pois o consentimento da ofendida nenhuma consequência gera.
(B) por homicídio qualificado pelo feminicídio, agravado pelo fato de ter sido praticado contra pessoa deficiente, já que o consentimento da ofendida é irrelevante para efeitos penais.
(C) por homicídio privilegiado, já que agiu por relevante valor social, que compreende também os interesses coletivos, entre eles os humanitários.
(D) por homicídio privilegiado, já que agiu por relevante valor moral, que compreende também seus interesses individuais, entre eles a piedade e a paixão.
(E) por homicídio privilegiado, pois o estado da vítima faz com que pratique o crime sob o domínio da violenta emoção.

A e B: incorretas. O feminicídio (art. 121, § 2º, VI, do CP) pressupõe que o agente mate a mulher por razões da condição do sexo feminino, o que não se vê no caso apresentado no enunciado. O agente matou sua esposa não por menosprezá-la ou discriminá-la no tocante à sua condição de mulher (art. 121, § 2º-A, do CP), mas, sim, em razão de seus graves sofrimentos físico e moral decorrentes de doença incurável em estágio terminal. No tocante ao consentimento da vítima para a prática da eutanásia, de fato este é irrelevante para fins de eventual exclusão da ilicitude (consentimento do ofendido como causa supralegal), haja vista que se trata de bem jurídico indisponível; **C:** incorreta. Nada obstante o agente tenha, de fato, praticado homicídio privilegiado (art. 121, § 1º, do CP), a privilegiadora incidente sobre o caso relatado no enunciado não é a do relevante valor social, que é aquele de ordem coletiva, que interessa a toda a sociedade, mas, sim, a do relevante valor moral, de ordem individual, como será melhor analisado a seguir; **D:** correta. O marido que matar a esposa, em estágio terminal de doença incurável, em virtude dos graves sofrimentos a quem vem sendo submetida, responderá por homicídio privilegiado, haja vista ter agido impelido por motivo de relevante valor moral, assim considerado aquele de ordem individual. A eutanásia é o clássico exemplo de homicídio privilegiado, agindo o agente por extrema pena, comiseração. Tanto é que também é denominado de homicídio piedoso; **E:** incorreta. O estado de penúria da vítima não dá azo ao reconhecimento do homicídio emocional, que se caracteriza pelo fato de o agente matar a vítima sob o domínio de violenta emoção, logo em seguida a injusta provocação dela. Na espécie, não se pode falar em "provocação" da vítima, que consentiu com a própria morte em razão de seu grave estado de saúde.

Gabarito "D".

(Promotor de Justiça/RO – 2013 – CESPE) Em relação aos crimes contra a pessoa, assinale a opção correta de acordo com o entendimento dos tribunais superiores.
(A) A forma privilegiada do homicídio é compatível com a qualificadora da motivação torpe, em face da ausência de contradição lógica.
(B) Comete o crime de homicídio a mulher que, iniciado o trabalho de parto, não estando sob o estado puerperal, mata o nascituro, ainda que este não tenha respirado.
(C) A consumação dos crimes de calúnia, difamação e injúria ocorre quando terceiro, que não o sujeito passivo, toma conhecimento do fato.
(D) A prática do crime de homicídio sob o estado de embriaguez afasta o reconhecimento da motivação fútil, haja vista que a embriaguez pode reduzir a capacidade do autor de entender o caráter ilícito de sua conduta.
(E) No ato de se desferir, no ímpeto, golpes reiterados com instrumento perfurocortante em indivíduo, com a intenção de matá-lo, causando-lhe a morte por hemorragia, incide a qualificadora do meio cruel.

A: incorreta. O homicídio qualificado pelo motivo torpe (qualificadora de natureza subjetiva) é incompatível com a forma privilegiada, haja vista que todas as "privilegiadoras" previstas no art. 121, § 1º, do CP são de natureza subjetiva (relativas à motivação do crime). Assim, como é sabido e ressabido, somente podem coexistir as qualificadoras de caráter objetivo e qualquer das privilegiadoras. Nesse sentido é o STJ (RT 680/406); **B:** correta. De acordo com o STJ, "(...) iniciado o trabalho de parto, não há falar mais em aborto, mas em homicídio ou infanticídio, conforme o caso, pois não se mostra necessário que o nascituro tenha respirado para configurar o crime de homicídio, notadamente quando existem nos autos outros elementos para demonstrar a vida do ser nascente, razão pela qual não se vislumbra a existência do alegado constrangimento ilegal que justifique o encerramento prematuro da persecução penal (...)" (HC 228998/MG, 5ª Turma, Min. Marco Aurélio Bellizze, DJe 30.10.2012, RT 928/727); **C:** incorreta. Por óbvio, o crime de injúria, por atingir a honra subjetiva da vítima, somente se consuma quando ela tenha tomado conhecimento do fato. Situação diversa ocorre no tocante aos crimes de difamação e calúnia, eis que, por afetarem a honra objetiva da vítima, somente se consumam quando terceiros tomarem conhecimento do fato. Nesse sentido o STJ (6ª Turma, RHC 5134/MG, Rel. Min. Luiz Vicente Cernicchiaro, j. 11.03.1996): "RHC – Penal – Processual Penal – Calúnia – Difamação – Injúria – Decadência – Os crimes de calúnia e difamação ofendem a chamada honra objetiva. A consumação ocorre quando terceiro (excluídos autor e vítima) tomam conhecimento do

feito. A injúria, ao contrário, porque relativa a – honra subjetiva – quando a irrogação for conhecida do sujeito passivo. A decadência, relativa à injúria, tem o termo *a quo* no dia de seu conhecimento."; **D:** incorreta. O STJ, no julgamento do REsp 908396/MG, 5ª Turma, Min. Arnaldo Esteves Lima, assim entendeu: "Penal e Processo Penal. Recurso Especial. Homicídio Qualificado. Motivo Fútil. Embriaguez. Compatibilidade. Recurso Especial Não Provido. 1. Pela adoção da teoria da *actio libera in causa* (embriaguez preordenada), somente nas hipóteses de ebriez decorrente de "caso fortuito" ou "forma maior" é que haverá a possibilidade de redução da responsabilidade penal do agente (culpabilidade), nos termos dos §§ 1º e 2º do art. 28 do Código Penal. 2. Em que pese o estado de embriaguez possa, em tese, reduzir ou eliminar a capacidade do autor de entender o caráter ilícito ou determinar-se de acordo com esse entendimento, tal circunstância não afasta o reconhecimento da eventual futilidade de sua conduta. Precedentes do STJ."; **E:** incorreta. A reiteração de golpes pode, sim, caracterizar o meio cruel que qualificado o homicídio. Nesse sentido: "Recurso Especial. Penal e Processo Penal. Pronúncia. Reiteração de Golpes. Indícios de Meio Cruel. Decote de Qualificadora. Limites da Competência do Juiz da Pronúncia. 1. Esta Corte Superior de Justiça possui entendimento consolidado No sentido de que o decote de qualificadoras por ocasião da decisão de pronúncia só estará autorizado quando forem manifestamente improcedentes, isto é, quando completamente destituídas de amparo nos elementos cognitivos dos autos. 2. A reiteração de golpes na vítima, ao menos em princípio e para fins de pronúncia, é circunstância indiciária do 'meio cruel' previsto no inciso III do parágrafo 2º do artigo 121 do Código Penal, não se tratando, pois, de qualificadora manifestamente improcedente que autorize o excepcional decote pelo juiz da pronúncia, pena de usurpação da competência constitucionalmente atribuída ao Tribunal do Júri. 3. Recurso provido." (STJ, REsp 1241987/PR, Rel. Maria Thereza de Assis Moura, 6ª Turma, *DJe* 24.02.2014).
Gabarito "B".

(Promotor de Justiça/DF – 2013) Assinale o item **CORRETO**:

(A) Há homicídio privilegiado quando o agente atua sob influência de violenta emoção, provocada por ato injusto da vítima.

(B) Responde por induzimento ao suicídio o agente que se vale da insanidade da vítima para convencê-la a tirar a própria vida.

(C) Verifica-se infanticídio putativo quando a mãe, sob influência de estado puerperal e logo após o parto, mata o neonato de outrem, supondo ser o próprio filho.

(D) A constatação de areia no interior das vias respiratórias da vítima fatal é incompatível com o homicídio qualificado pela asfixia.

(E) No autoaborto, o estado puerperal absorve a situação de perturbação de saúde mental que retira parcialmente à mãe a capacidade de culpabilidade.

A: incorreta. Haverá homicídio privilegiado quando o agente atuar sob o domínio de violenta emoção (homicídio emocional), provocada por injusta provocação da vítima (art. 121, § 1º, CP). Não se confunde o agente que age "sob o domínio de violenta emoção", que, como visto, é causa de diminuição de pena (privilégio) com aquele que age "sob influência de violenta emoção", que, nos termos do art. 65, III, "c", do CP, é circunstância atenuante genérica; **B:** incorreta. Se o agente, tendo conhecimento da incapacidade mental da vítima, convencê-la a tirar a própria vida, responderá por homicídio, como autor mediato. De acordo com a doutrina, o crime do art. 122 do CP exige que a vítima tenha um mínimo de capacidade de resistência ao induzimento, instigação ou auxílio ao suicídio. Se referida "capacidade de resistência" não existir, terá o agente se utilizado de pessoa inculpável para a execução de verdadeiro homicídio. Confira-se o exemplo didático apresentado por Cleber Masson: "*caracteriza o crime tipificado pelo art. 121 do CP a conduta de induzir uma criança de tenra idade ou um débil mental a pular do alto de um edifício, argumentando que assim agindo poderia voar*" (*Direito Penal Esquematizado – Parte Especial*, vol. 2, Método, 5ª edição, p. 58); **C:** correta. O sujeito passivo do infanticídio é o nascente ou recém-nascido, a depender de o crime ter sido praticado durante ou logo após o parto, e pela própria mãe, desde que sob a influência do estado puerperal (art. 123, CP). Nas exatas palavras de Cleber Masson, "*se a mãe, influenciada pelo estado puerperal e logo após o parto, mata outra criança, que acreditava ser seu filho, responde por infanticídio. É o chamado infanticídio putativo*" (op. cit., p. 65). Nesse caso, acrescentamos, ocorre verdadeiro erro sobre a pessoa contra a vítima visada, pouco importando as características da vítima efetiva. Por essa razão, ainda que a autora tenha matado filho alheio, responderá como se houvesse matado o próprio filho; **D:** incorreta. Considera-se asfixia, que é considerada qualificadora do homicídio (art. 121, § 2º, III, CP), a eliminação criminosa da atividade respiratória da vítima, seja pelo emprego de meios mecânicos, tais como o estrangulamento, a esganadura, o enforcamento ou o soterramento (aqui reside a situação revelada pela assertiva), ou pelo emprego de meios tóxicos (gás asfixiante e confinamento, por exemplo). Assim, a submersão da vítima em meio sólido (ex.: enterrar pessoa viva) se subsume à qualificadora em comento; **E:** incorreta. O autoaborto (art. 124 do CP) é crime que atenta contra a vida humana intrauterina (ou seja, da nidação – implantação do óvulo fecundado no útero materno – até o momento imediatamente antecedente ao início do parto), não se confundindo com o infanticídio (art. 123, CP), que é crime que atenta contra a vida humana extrauterina (do parto em diante). Estar a mulher sob a influência do estado puerperal é elementar típica do infanticídio, opção legislativa que afastou a possível confusão da "perturbação fisiopsíquica" do sujeito ativo com a inimputabilidade ou semi-imputabilidade. Em outras palavras, a eventual perturbação da saúde mental da parturiente não será considerada causa de exclusão da culpabilidade (inimputabilidade) ou de redução de pena (semi-imputabilidade), mas, sim, condição especial para a caracterização do infanticídio.
Gabarito "C".

(Promotor de Justiça/ES – 2013 – VUNESP) Assinale a alternativa correta.

(A) O médico que pratica manobra abortiva, desconhecendo que o feto já está morto, responderá por tentativa de aborto criminoso.

(B) O crime de violação de direito autoral não admite ação penal pública incondicionada.

(C) Incorrerá nas mesmas penas do crime de moeda falsa quem desviar e fizer circular moeda cuja circulação não estava ainda autorizada.

(D) Para a tipificação do crime de quadrilha ou bando, há necessidade de associação, estável ou momentânea, de pelo menos quatro pessoas com o fim de cometer crime ou contravenção.

(E) Os crimes de incêndio e explosão não admitem modalidade culposa.

A: incorreta, pois a hipótese descrita na alternativa configura crime impossível, não se punindo a tentativa, por absoluta impropriedade do objeto (art. 17, do CP); **B:** incorreta, pois o art. 186, II e III, do CP prevê hipóteses em que o crime de violação de direito autoral se procede mediante ação penal pública incondicionada; **C:** correta, pois a alternativa está de acordo com o disposto no art. 289, § 4º, do CP; **D:** incorreta, pois com a alteração do art. 288, do CP pela Lei 12.850/2013, o crime de quadrilha passou a ser denominado de associação criminosa, o qual se configura com a associação de 3 (três) ou mais pessoas, para o fim específico de cometer crimes; **E:** incorreta, pois se admite o crime de incêndio e de explosão na modalidade culposa (art. 250, § 2º e art. 251, § 3º, ambos do CP).
Gabarito "C".

(Promotor de Justiça/MG – 2013) Considere a seguinte situação: A, que acabara de ter um filho, que morre logo a seguir, sob a influência do estado puerperal, vai ao berçário e, por erro, já que acreditava tratar-se de seu próprio filho que não sabia estar morto, mata criança diversa. Dispõe o artigo 20, § 3º, do Código Penal, que, em tal caso, não se consideram as condições ou qualidades da vítima, senão as da pessoa contra quem o agente queria praticar o crime. A questão é, então, no ordenamento pátrio, resolvida:

(A) Pela aplicação da teoria da equivalência.
(B) Pela aplicação da teoria da concreção.
(C) Pela aplicação da teoria da concretização.
(D) Como crime impossível.

De fato, a punição de "A" por infanticídio (art. 123 do CP), nada obstante tenha matado filho alheio, sob a influência do estado puerperal, resolve-se pura e simplesmente pelo reconhecimento da relação de causalidade. Não fosse a conduta perpetrada por "A", a despeito de ter incidido em erro sobre a pessoa (art. 20, § 3º, CP), não se verificaria o resultado "morte" da criança.
Gabarito "A".

(Magistratura/PE – 2013 – FCC) Nos crimes contra a honra

(A) a pena é aumentada de um terço, se cometidos contra pessoa maior de sessenta anos ou portadora de deficiência, exceto no caso de difamação.

(B) é admissível o perdão judicial no crime de difamação, se houver retorsão imediata.

(C) a injúria real consiste no emprego de elementos preconceituosos ou discriminatórios relativos à raça, cor, etnia, religião, origem e condição de idoso ou deficiente.

(D) é admissível a exceção da verdade na injúria, se a vítima é funcionária pública e a ofensa é relativa ao exercício de suas funções.

(E) é admissível a retratação apenas nos casos de calúnia e difamação.

A: incorreta. Nos termos do art. 141, IV, do CP, os crimes contra a honra terão a pena majorada em um terço se a vítima for pessoa maior de 60 (sessenta) anos de idade ou portadora de deficiência, exceto no caso de injúria. Explica-se. É que o art. 140, § 3º, do CP, tratando da injúria racial ou preconceituosa, já pressupõe que a ofensa à honra subjetiva da vítima ocorra, dentre outras hipóteses, quando consistir na referência à condição de pessoa idosa ou portadora de deficiência. Logo, nesses casos, sob pena de *bis in idem*, inviável a majoração da pena, na forma do precitado art. 141, IV, do CP; **B:** incorreta, pois a retorsão imediata é hipótese de perdão judicial expressamente previsto para o crime de injúria (art. 140, § 1º, II, do CP), não incidente aos demais crimes contra a honra; **C:** incorreta. A injúria real é aquela que consiste em violência ou vias de fato, que, por sua natureza ou pelo meio empregado, se considerem aviltantes (art. 140, § 2º, do CP); **D:** incorreta. Inviável a exceção da verdade em crime que ofenda a honra subjetiva da vítima. Apenas nos crimes de calúnia (art. 138, § 3º, do CP) e difamação (art. 139, parágrafo único, do CP), neste último caso, desde que a vítima seja funcionária pública e a ofensa seja relativa ao exercício de suas funções, é que será cabível a exceção da verdade; **E:** correta. De fato, a retratação, desde que cabal, somente extinguirá a punibilidade do agente que houver praticado calúnia ou difamação, que são crimes que ofendem a honra objetiva da vítima e dizem respeito a fatos. Inviável, por evidente, a retratação no crime de injúria, visto que este diz respeito à honra subjetiva da vítima.
Gabarito "E".

(Magistratura/PE – 2013 – FCC) Em relação aos crimes contra a vida, correto afirmar que

(A) compatível o homicídio privilegiado com a qualificadora do motivo fútil.

(B) cabível a suspensão condicional do processo no homicídio culposo, se o crime resulta de inobservância de regra técnica de profissão, arte ou ofício.

(C) incompatível o homicídio privilegiado com a qualificadora do emprego de asfixia.
(D) o homicídio simples, em determinada situação, pode ser classificado como crime hediondo.
(E) a pena pode ser aumentada de um terço no homicídio culposo, se o crime é praticado contra pessoa menor de quatorze anos ou maior de sessenta anos.

A: incorreta, pois o homicídio privilegiado (art. 121, § 1º, do CP), que traz circunstâncias com nítido caráter subjetivo (relevante valor moral ou social ou agente que esteja sob o domínio de violenta emoção, logo em seguida a injusta provocação da vítima), somente é compatível com qualificadoras de caráter objetivo, relativas aos meios e modo de execução do crime (art. 121, § 2º, III e IV, do CP). O motivo fútil, por ter caráter subjetivo (art. 121, § 2º, II, do CP), não é compatível com qualquer das hipóteses de privilégio (art. 121, § 1º, do CP); **B:** incorreta, pois a suspensão condicional do processo, prevista no art. 89 da Lei 9.099/1995, somente é admissível quando a pena mínima cominada ao crime for não superior a 1 (um) ano. Considerando que o homicídio culposo tem pena variável de 1 (um) a 3 (três) anos de detenção, nos termos do art. 121, § 3º, do CP, mas que, quando praticado com inobservância de regra técnica de arte, ofício ou profissão, terá majoração da reprimenda em 1/3 (um terço), inviável será a aplicação do *sursis* processual. Afinal, considerada a causa de aumento de pena referida, resultaria, para o homicídio culposo majorado (art. 121, §§ 3º e 4º, do CP), reprimenda mínima de 1 (um) ano e 4 (quatro) meses de detenção, inviabilizando, portanto, a aplicação do benefício processual em comento; **C:** incorreta. Dado que o emprego de asfixia diz respeito ao meio de execução empregado para o homicídio, e, portanto, de qualificadora de caráter objetivo (art. 121, § 2º, III, do CP), haveria compatibilidade entre ela e qualquer das circunstâncias previstas no art. 121, § 1º, do CP (homicídio privilegiado); **D:** correta. De fato, o homicídio doloso simples, desde que praticado em atividade típica de grupo de extermínio, ainda que por uma só pessoa, é considerado crime hediondo (art. 1º, I, primeira parte, da Lei 8.072/1990); **E:** incorreta. Apenas se o homicídio for doloso é que a pena poderá ser aumentada em 1/3 (um terço) caso a vítima seja menor de 14 (quatorze) ou maior de 60 (sessenta) anos, conforme art. 121, § 4º, segunda parte, do CP.

Gabarito "D".

(Magistratura/SP – 2013 – VUNESP) A, perante várias pessoas, afirmou falsamente que B, funcionário público aposentado, explorava a atividade ilícita do jogo do bicho, quando exercia as funções públicas.
Ante a imputação falsa, é correto afirmar que A cometeu o crime de
(A) difamação, não se admitindo a exceção da verdade.
(B) calúnia, admitindo-se a exceção da verdade.
(C) calúnia, não se admitindo a exceção da verdade.
(D) difamação, admitindo-se a exceção da verdade.

A: correta. De fato, a conduta praticada por "A" caracteriza o crime de difamação (art. 139 do CP), visto que, ao afirmar que "B" explorava a atividade de jogo do bicho (que é contravenção penal, nos termos do art. 58 do Decreto-lei 3.688/1941), quando exercia as funções públicas, imputou-lhe fato ofensivo à reputação, ofendendo, assim, sua honra objetiva. Frise-se que, nesse caso, inviável a exceção da verdade, que, para o crime em comento, somente é possível se o ofendido, funcionário público, sofrer a imputação de fato ofensivo que diga respeito ao exercício de suas funções (art. 139, parágrafo único, do CP). No caso relatado, a exploração de jogo do bicho por um funcionário público, por óbvio, não constitui atividade relacionada às funções por ele exercidas; **B** e **C:** incorretas, pois a imputação feita pelo agente à vítima foi de "jogo do bicho", que é contravenção penal, sendo certo que a calúnia (art. 138 do CP) pressupõe uma falsa imputação de fato definido como crime. Caso a conduta praticada por "A" configurasse calúnia, seria admissível a exceção da verdade, nos termos do art. 138, § 3º, do CP; **D:** incorreta, pois, como visto no comentário à primeira alternativa, na difamação, a exceção da verdade somente é admitida quando o ofendido for funcionário público, e desde que a ofensa seja relativa às suas funções (art. 139, parágrafo único, do CP).

Gabarito "A".

(Ministério Público/SP – 2013 – PGMP) A Suprema Corte tratou do tema antecipação do parto ou interrupção da gravidez na ADPF 54 em que foi postulada a interpretação dos arts. 124 e 126 do Código Penal – autoaborto e aborto com o consentimento da gestante – em conformidade com a Constituição Federal, quando fosse caso de feto anencéfalo. Após julgar procedente a ação, o Colendo Tribunal declarou que a ocorrência de anencefalia nos dispositivos invocados provoca a
(A) exclusão da antijuridicidade.
(B) exclusão da tipicidade.
(C) exclusão do concurso de crimes.
(D) aplicação de perdão judicial.
(E) inexigibilidade de conduta diversa.

A ADPF 54, ajuizada pela CNTS (Confederação Nacional dos Trabalhadores na Saúde), patrocinada pelo então advogado (e Procurador do Estado do Rio de Janeiro) Luís Roberto Barroso, atualmente Ministro do STF, foi julgada procedente por aquela Corte, contando com a seguinte ementa: "*ESTADO – LAICIDADE. O Brasil é uma república laica, surgindo absolutamente neutro quanto às religiões. Considerações. FETO ANENCÉFALO – INTERRUPÇÃO DA GRAVIDEZ – MULHER – LIBERDADE SEXUAL E REPRODUTIVA – SAÚDE – DIGNIDADE – AUTODETERMINAÇÃO – DIREITOS FUNDAMENTAIS – CRIME – INEXISTÊNCIA. Mostra-se inconstitucional interpretação de a interrupção da gravidez de feto anencéfalo ser conduta tipificada nos artigos 124, 126 e 128, incisos I e II, do Código Penal*". Assentou-se o entendimento de que o feto anencéfalo, por não dispor de vida, sequer potencial, não pode ser tido como sujeito passivo do crime de aborto, já que não goza do direito à vida, assim considerada em consonância com a Lei 9.434/1997 (Lei de Remoção de Órgãos), que considera morte a cessação de atividade cerebral. Destarte, inexistindo vida em seu sentido jurídico, a antecipação do parto em caso de feto anencéfalo é fato atípico visto inexistir ofensa ao bem jurídico tutela pelas normas incriminadoras (arts. 124 e 126, ambos do CP)".

Gabarito "B".

(Ministério Público/MS – 2013 – FADEMS) É *correto* afirmar que:
(A) Em se tratando de crime de trânsito, com resultado morte, cujo elemento subjetivo tenha sido classificado como dolo eventual, em princípio não é possível incluir a qualificadora prevista no artigo 121, § 2º, inciso IV, do Código Penal
(B) Para configurar o crime de homicídio ou infanticídio é necessário que o nascituro tenha respirado, pois em não havendo respiração o crime é de aborto.
(C) Em sede de homicídio culposo, é possível utilizar a causa de aumento de pena constante do artigo 121, § 4º, do Código Penal, relativa à inobservância de regra técnica de profissão, ainda que essa mesma causa tenha sido utilizada para a caracterização do próprio tipo penal.
(D) Em face da adoção, em nosso Código Penal, da teoria monista, quem auxilia a gestante a praticar aborto, responde, em concurso material com ela, pelo mesmo crime, qual seja: artigo 124, do Código Penal.
(E) O parentesco não é agravante no crime de homicídio doloso, mas funciona como qualificadora.

A: correta. De acordo com a doutrina, as qualificadoras do homicídio (art. 121, § 2º, do CP) são compatíveis com o dolo direto ou o dolo eventual, à exceção do motivo torpe (art. 121, § 2º, I), motivo fútil (art. 121, § 2º, II), traição e emboscada (art. 121, § 2º, IV). Essa é a posição de Cleber Masson, por exemplo (*Código Penal comentado*. São Paulo: Método 1ª edição, 2013, p. 475); **B:** incorreta. A distinção entre os crimes de homicídio, infanticídio e aborto não reside no fato de o nascituro ter ou não respirado. O que importa saber é o momento em que o crime foi perpetrado. Em se tratando de vida humana intrauterina (vale dizer, anterior ao parto), fala-se em aborto (arts. 124 a 127 do CP). Já se a conduta voltada à morte do nascituro ocorrer após o parto (vida humana extrauterina), aí sim pode-se aventar de homicídio (art. 121 do CP) ou infanticídio (art. 123 do CP). No entanto, evidente que se a gestante, por exemplo, durante o parto ou logo após, praticar atos tendentes à morte de nascente ou neonato sem vida, restará configurado o crime impossível (art. 17 do CP); **C:** incorreta. De acordo com a jurisprudência, inclusive dos Tribunais Superiores, a majorante contida no art. 121, § 4º, do CP, relativa à inobservância de regra técnica de profissão, não caracterizará *bis in idem* desde que fundada na descrição de fato diverso daquele que constitui o núcleo da ação culposa (STF: HC 95.078/RJ, 2ª Turma, j. 10.03.2009, rel. Min. Cezar Peluso, *DJe* 15.05.2009; STJ: HC 63.929/RJ, 5ª Turma, j. 13.03.2007, rel. Min. Felix Fischer, *DJ* 09.04.2007). Assim, não bastará ao Ministério Público que, na denúncia, impute, por exemplo, a um médico, a morte produzida em razão de imperícia (modalidade de culpa), imprescindível à caracterização do próprio tipo penal (art. 121, § 3º, do CP), sendo necessária a descrição de comportamento caracterizador da inobservância de regra técnica profissional, sob pena de *bis in idem*; **D:** incorreta. Muito embora a teoria monista ou unitária seja a regra adotada pelo Código Penal em matéria de concurso de pessoas (art. 29), é certo que, por vezes, tal não será aplicada. É o que ocorre, por exemplo, na conduta da gestante, que consente validamente que terceiro nela provoque aborto. Ela – gestante – responderá pelo crime do art. 124 do CP (autoaborto ou aborto consentido), ao passo que ele – terceiro – responderá pelo crime do art. 126 CP (aborto com consentimento da gestante). Há, aqui, exceção pluralista à teoria unitária; **E:** incorreta. Não consta no rol das qualificadoras do homicídio (art. 121, § 2º, do CP), o parentesco da vítima com o agente. Todavia, caracteriza-se tal situação circunstância agravante genérica (art. 61, II, "e", do CP).

Gabarito "A".

Art. 121 – Matar alguém (...).
§ 2º Se o homicídio é cometido: (...)
IV – à traição, de emboscada ou mediante dissimulação ou outro recurso que dificulte ou torne impossível a defesa da vítima.
(...)
§ 4º No homicídio culposo, a pena é aumentada de 1/3 (um terço) se o crime resulta de inobservância de regra técnica.
Art. 124 – Provocar aborto em si mesma ou consentir que outrem lho provoque.

(Ministério Público/MS – 2013 – FADEMS) Assinale a opção *incorreta*:
(A) É punível a calúnia contra os mortos.
(B) Resultando da injúria real ou qualificada lesão corporal, a ação penal passa a ser pública incondicionada.
(C) Quem, de modo preconceituoso, afirma que alguém é velho caquético, ciente da idade e deficiência auditiva da pessoa, comete uma das modalidades de crime de racismo.
(D) Caracterizado crime contra a honra de servidor público, em razão do exercício de suas funções, será concorrente a legitimidade do ofendido, mediante queixa, e do Ministério Público, condicionada à representação do ofendido.

(E) Considere que Paulo pratique crime contra a honra de Cezar, imputando-lhe, falsamente, fato definido como crime e que Adalberto, sabendo falsa a imputação, a propale e divulgue. Nessa hipótese, Adalberto incorre na mesma pena de Paulo.

A: correta, nos exatos termos do art. 138, § 2º, do CP; **B:** correta, nos termos do art. 145, *caput*, parte final, do CP. Em regra, os crimes contra a honra são de ação penal privada. No entanto, a ação será pública incondicionada se, da violência praticada no caso do art. 140, § 2º, do CP (injúria real), resultar lesão corporal, e pública condicionada à requisição do Ministro da Justiça nos crimes contra a honra do Presidente da República ou chefe de governo estrangeiro (art. 145, parágrafo único, primeira parte, do CP); **C:** incorreta, devendo ser assinalada. A assertiva contém conduta caracterizadora do crime de injúria racial ou preconceituosa (art. 140, § 3º, do CP – se a injúria consiste na utilização de elementos referentes à raça, cor, etnia, religião, origem ou a *condição de pessoa idosa ou portadora de deficiência*). Os crimes da Lei de Racismo (Lei 7.716/1989) pressupõem que o agente pratique preconceito ou discriminação referente à raça, cor, etnia, religião ou procedência nacional, aqui não incluídos outros elementos, como, por exemplo, sexo (masculino ou feminino), idade ou orientação sexual; **D:** correta, nos exatos termos da Súmula 714 do STF ("É concorrente a legitimidade do ofendido, mediante queixa, e do Ministério Público, condicionada à representação do ofendido, para a ação penal por crime contra a honra de servidor público em razão do exercício de suas funções".); **E:** correta. Quem propala ou divulga a calúnia (art. 138, § 1º, do CP) incorre nas mesmas penas de quem a pratica (art. 138, *caput*, do CP).

Gabarito "C".

(Delegado de Polícia/GO – 2013 – UEG) Lekão do Cerrado atira de longa distância em Buguelo, com a intenção de testar a eficácia do tiro da pistola que recentemente adquirira. No momento do disparo vislumbra que Buguelo, caso atingido, poderá morrer, tendo em conta o grande poder vulnerante da arma, conforme afiançado pelo vendedor; mesmo assim, aciona o gatilho, vindo o projétil atingir Buguelo que tomba morto na mata. Nessa situação, Lekão do Cerrado pratica um crime de

(A) perigo para a vida ou saúde de outrem
(B) homicídio doloso
(C) homicídio culposo
(D) disparo de arma de fogo

A: incorreta, pois o resultado morte demonstra que não houve mera causação de perigo para a vida ou saúde de outrem (art. 132 do CP), mas, sim, um crime de dano ao bem jurídico; **B:** correta. O enunciado retrata, indiscutivelmente, a prática do crime de homicídio doloso. Afinal, Lekão do Cerrado atirou em direção à vítima Buguelo, matando-a. O fato de, ao efetuar o disparo, querer testar a eficácia do tiro da pistola, que, segundo o vendedor, tinha grande poder vulnerante, demonstra ter agido com *dolo eventual*, especialmente ao antever que, caso atingida a vítima, esta poderia morrer. Aqui, ficou claro que assumiu o risco de produzir o resultado (art. 18, I, segunda figura, do CP); **C:** incorreta, pois, da narrativa, não se extrai que o resultado morte adveio de imprudência, negligência ou imperícia do atirador, mas, como visto, de dolo eventual; **D:** incorreta. O disparo de arma de fogo (art. 15 da Lei 10.826/2003) é, sem dúvida, crime-meio, constituindo-se em etapa para o cometimento do crime-fim (homicídio doloso).

Gabarito "B".

(Magistratura do Trabalho – 3ª Região – 2013) Com base no Código Penal, relativamente aos crimes contra a honra, é incorreto afirmar:

(A) É punível a calúnia contra os mortos.
(B) O juiz pode deixar de aplicar a pena, quando o ofendido, de forma reprovável, provocou diretamente a injúria ou calúnia.
(C) Em se tratando de difamação, a exceção da verdade somente se admite se o ofendido é funcionário público e a ofensa é relativa ao exercício de suas funções.
(D) As ofensas irrogadas em juízo na discussão da causa, pela parte ou por seu procurador não constituem injúria ou difamação punível, mas responde pela injúria ou pela difamação quem lhes dá publicidade.
(E) O querelado que, antes da sentença, se retrata cabalmente da calúnia ou da difamação, fica isento de pena.

A: correta, pois corresponde ao que estabelece o art. 138, § 2º, do CP; **B:** incorreta, devendo ser assinalada, já que o perdão judicial previsto no art. 140, § 1º, do CP somente tem incidência no âmbito do crime de injúria (não cabe na calúnia e na difamação); **C:** correta (art. 139, parágrafo único, do CP). Vale lembrar que, no crime de calúnia, a exceção da verdade é, em regra, admitida (art. 138, § 3º, CP); já o delito de injúria não comporta a exceção da verdade; **D:** correta (art. 142, I e parágrafo único, do CP); **E:** correta (art. 143 do CP).

Gabarito "B".

19. CRIMES CONTRA O PATRIMÔNIO

(Juiz de Direito – TJ/RS – 2018 – VUNESP) Utilizando-se de uma chave falsa, José invadiu um museu e amarrou o vigilante Marcos na cama em que este cochilava, a fim de efetivar a subtração de obras de arte que guarneciam o local. Durante a amarração, Marcos acorda, tenta impedir José, mas não consegue se desvencilhar das cordas e assiste, impotente, ao cometimento do crime. Praticada a subtração, José deixou o local, sem desamarrar Marcos. Horas depois, por conta de uma inesperada e forte chuva seguida de inundação, e em razão de estar amarrado, Marcos morreu por afogamento. Considere a inundação causa superveniente relativamente independente.

Diante desse quadro, José será responsabilizado por

(A) latrocínio (CP, art. 157, § 3º).
(B) roubo impróprio (CP, art. 157, § 1º).
(C) roubo (CP, art. 157) em concurso com homicídio culposo (CP, art. 121, § 3º).
(D) roubo próprio (CP, art. 157, caput).
(E) furto qualificado (CP, art. 155, § 4º, III) em concurso com homicídio culposo (CP, art. 121, § 3º).

Segundo consta do enunciado, José ingressou em um museu e, com o fim de viabilizar a subtração de obras de arte de seu acervo, imobilizou Marcos, funcionário responsável pela vigilância do local, que cochilava no momento da invasão. De se ver que não houve, por parte de José, emprego de violência tampouco grave ameaça. Ao amarrar Marcos, para que este não interferisse na sua ação, José nada mais fez do que reduzir a vítima à impossibilidade de resistência (denominada pela doutrina como violência *imprópria*). O crime em que incorreu José, assim, foi o de roubo. A questão que se coloca é saber se se trata de roubo *próprio* ou *impróprio*. Cuida-se de roubo próprio (art. 157, *caput*, do CP), na medida em que o meio de que se valeu José para reduzir Marcos à impossibilidade de resistência foi empregado antes da subtração das obras de arte. O reconhecimento do roubo impróprio (art. 157, § 1º, do CP) tem como pressuposto o fato de a violência contra a pessoa ou grave ameaça verificar-se após a subtração da *res*. É este o caso do agente que, após efetuar a subtração de determinado bem (furto), ao deixar o local se depara com o proprietário da *res*, contra o qual o agente desfere um soco, que vem a ocasionar-lhe um desmaio e acaba por assegurar ao agente a detenção da coisa subtraída. Pois bem. Ao deixar o local, de posse dos bens subtraídos, Marcos permaneceu amarrado. Algum tempo depois, em razão de uma inundação causada por uma forte chuva, Marcos vem a morrer por afogamento. Pelo enunciado, José deverá ser responsabilizado apenas pelo roubo próprio, na medida em que a morte de Marcos decorreu da inundação, que constitui um evento imprevisível, embora tenha origem na conduta de José. Assim, pode-se entender que a inundação é causa superveniente relativamente independente que, por si só, produziu o resultado, excluindo-se, assim, a imputação do evento fatal a José, nos termos do art. 13, § 1º, do CP. Aplicando-se a teoria da causalidade adequada, pode-se concluir que este apenas deverá responder pelo roubo próprio, não se compreendendo na linha de desdobramento normal da conduta a morte da vítima por afogamento em decorrência da inundação.

Gabarito "D".

(Investigador – PC/BA – 2018 – VUNESP) Sobre as disposições gerais aplicáveis aos crimes contra o patrimônio, previstas nos artigos 181 a 183 do Código Penal, assinale a alternativa correta.

(A) Maria, apesar de divorciada de José, com este mantém amizade, e constantemente se encontram para jantar. Em um desses encontros, Maria furtou o relógio e as abotoaduras de ouro pertencentes a José. Nesse caso, por ter sido casada com José, Maria estará isenta de pena, nos temos do art. 181, I, do Código Penal.
(B) Se o crime for cometido em prejuízo de irmão, legítimo ou ilegítimo, a ação penal será pública incondicionada.
(C) Manoel, para sustentar o vício em jogos, furtou R$ 70.000,00 de seu pai, referente a todo o dinheiro economizado durante a vida do genitor, um senhor de 65 anos de idade à época do fato. Por ter praticado crime sem violência contra seu genitor, Manoel ficará isento de pena.
(D) As causas de isenção de pena previstas nos artigos 181 e 182 também se estendem ao estranho que participa do crime.
(E) Se o crime for cometido em prejuízo de tio ou sobrinho com quem o agente coabita, a ação penal será pública condicionada à representação.

A: incorreta. Para a incidência da escusa absolutória prevista no art. 181, I, do CP, é imprescindível que os sujeitos ativo e passivo do delito estejam casados. Não é o caso de Maria e José, que, segundo consta, estão divorciados. Assim, Maria responderá normalmente pelo furto dos bens do patrimônio de seu ex-marido; **B:** incorreta, dado que, sendo o crime cometido contra irmão, a ação penal será pública condicionada a representação (art. 182, II, do CP); **C:** incorreta. Manoel, neste caso, não será alcançado pela escusa absolutória, na medida em que seu pai, à data dos fatos, já contava com mais de 60 anos (tinha 65), tal como estabelece o art. 183, III, do CP, que afasta a incidência dos arts. 181 e 182 do CP nas situações ali descritas; **D:** incorreta. Por expressa previsão contida no art. 183, II, do CP, as causas de isenção presentes nos arts. 181 e 182 do CP não se estendem ao estranho que participa do crime; **E:** correta, pois reflete o disposto no art. 182, III, do CP.

Gabarito "E".

(Defensor Público Federal – DPU – 2017 – CESPE) Cada um dos itens a seguir, a respeito de crimes contra o patrimônio, apresenta uma situação hipotética seguida de uma assertiva a ser julgada à luz da doutrina e da jurisprudência pertinentes.

(1) Caio, com dezoito anos de idade, reside com seu pai, de cinquenta e oito anos de idade, e com seu tio, de sessenta e um anos de idade. Sem dinheiro para sair com os amigos, Caio subtraiu dinheiro de seu pai e, ainda, o aparelho celular do tio. Nessa situação, Caio será processado, mediante ação penal pública, por apenas um crime de furto.

(2) Maria não informou ao INSS o óbito de sua genitora e continuou a utilizar o cartão de benefício de titularidade da falecida pelo período de dez meses. Nessa situação, Maria praticou estelionato de natureza previdenciária, classificado, em decorrência de sua conduta, como crime permanente, de acordo com o entendimento do STJ.

1: correta. Caio será responsabilizado tão somente pelo crime de furto que praticou em detrimento do patrimônio de seu tio. A ação penal, aqui, seria pública condicionada a representação, em conformidade com o disposto no art. 182, III, do CP, se e somente se seu tio ainda não tivesse atingido os 60 anos de idade. Perceba que tal circunstância, de ele já ter alcançado os 60 anos (tem 61), elide a incidência da regra presente no art. 182, III, do CP, segundo a qual a ação penal é, pelo fato de o crime ter sido praticado contra tio, pública condicionada a representação. No que concerne ao crime de furto contra seu pai, que ainda não atingiu 60 anos (tem 58), Caio será beneficiado pela isenção de pena prevista no art. 181, II, do CP, pelo fato de o crime haver sido praticado contra ascendente; **2:** errada. Isso porque, segundo tem entendido o STJ, cuida-se de hipótese de crime continuado, e não de delito permanente. Nesse sentido: "A orientação deste Superior Tribunal se firmou no mesmo sentido do acórdão recorrido: a cada oportunidade em que o agente faz uso de cartão magnético de terceiro para receber, de forma indevida, benefício de segurado já falecido, pratica nova fraude e lesão ao patrimônio da autarquia, em situação na qual deve ser reconhecida, se preenchidos os requisitos do art. 71 do CP, a continuidade delitiva, e não o crime único" (AgRg no REsp 1466641/SC, Rel. Ministro Rogerio Schietti Cruz, Sexta Turma, julgado em 25/04/2017, DJe 15/05/2017). ED
Gabarito: 1C, 2E

(Procurador – IPSMI/SP – VUNESP – 2016) Mévio, endividado, sequestra o próprio pai, senhor de 70 anos, objetivando obter como resgate, de seus irmãos, a quantia de R$ 100.000,00 (cem mil reais). Para tanto, conta com a ajuda de Caio. Passadas 13 horas do sequestro, Caio se arrepende e decide comunicar o crime à Polícia que, pouco depois, invade o local do sequestro, libertando a vítima. A respeito da situação retratada, é correto afirmar que

(A) Mévio e Caio praticaram extorsão mediante sequestro, na forma qualificada, haja vista que o crime perdurou por período superior a 12 horas.
(B) por se tratar de crime contra o patrimônio, Mévio é isento de pena, pois cometeu o crime em prejuízo de ascendente.
(C) por se tratar de crime contra o patrimônio, relativamente a Mévio, que praticou o crime em prejuízo de ascendente, a ação penal é pública condicionada à representação.
(D) Caio, mesmo tendo denunciado o crime à autoridade policial, não faz jus à redução da pena, por se tratar de crime na forma qualificada.
(E) Mévio e Caio praticaram extorsão mediante sequestro, na forma qualificada, por se tratar de vítima idosa.

Mévio e Caio devem ser responsabilizados pelo crime de extorsão mediante sequestro na sua modalidade qualificada, já que, com o propósito de obter valor de resgate, sequestraram pessoa com 70 anos de idade, conduta essa prevista no art. 159, § 1º, do CP. O fato de a vítima ter sua liberdade restringida por tempo superior a 12 horas não configura a qualificadora do art. 159, § 1º, do CP, que estabelece que a privação de liberdade, para que incida a qualificadora, deve se dar por período superior a 24 horas. Exclui-se, portanto, a primeira proposição. Da mesma forma, está incorreto o que se afirma na alternativa "B" (e também na "C"). Isso porque a imunidade referida no art. 181, II, do CP não alcança os crimes de roubo e extorsão, na forma estatuída no art. 183, I, do CP. A causa de redução de pena contida no art. 159, § 4º, CP (delação premiada), a que faz jus Caio pelo fato de ter denunciado o crime à autoridade policial, tem aplicação, sim, na forma qualificada do crime de crime de extorsão mediante sequestro. Incorreta, portanto, a assertiva "D". ED
Gabarito: "E".

(Juiz – TRF 2ª Região – 2017) João falsificou cédulas de R$ 100,00, para o fim de utilizá-las na aquisição de computador pertencente a Fritz, alemão que passava férias no Brasil. Após vender o bem, Fritz foi preso em flagrante quando, sem perceber o engodo de que fora vítima, tentou pagar conta de restaurante com uma das cédulas recebidas. A falsificação era grosseira (fato depois atestado por laudo pericial) e foi facilmente detectada. Assinale a opção correta:

(A) João deve responder pelo crime de falsificação de moeda (artigo 289 do Código Penal), já que logrou êxito em ludibriar a vítima, ofendendo o bem jurídico tutelado na norma penal.
(B) João responde por dois crimes (artigo 289, caput e artigo 289, parágrafo 1º do Código Penal), por ter fabricado a moeda falsa e por tê-la introduzido em circulação;
(C) Fritz deve responder pelo delito culposo de usar moeda falsa, já que era fácil aferir a falsidade, e João por um crime de moeda falsa, já que a introdução em circulação da moeda, por quem a fabricou, constitui mero exaurimento do delito.
(D) João somente responde pelo crime de introduzir moeda falsa em circulação, uma vez que sua conduta era e foi eficiente a tanto.
(E) João deve responder pelo delito de estelionato.

A solução desta questão deve ser extraída da Súmula 73, do STJ, segundo a qual a falsificação grosseira, incapaz, por essa razão, de enganar o homem médio, configura, em princípio, o crime de estelionato, previsto no art. 171 do CP, cuja competência para o processamento e julgamento é da Justiça Estadual. ED
Gabarito: "E".

(Juiz – TJ-SC – FCC – 2017) No crime de estelionato contra a previdência social, a devolução da vantagem indevida antes do recebimento da denúncia,

(A) segundo o STJ, pode ser considerada analogicamente ao pagamento do tributo nos crimes tributários e significará a extinção da punibilidade.
(B) segundo o STF, pode ser considerada analogicamente à condição prevista na súmula 554 e obstar a ação penal.
(C) segundo o STF, pode ser considerada como falta de justa causa, sem prejuízo da persecução administrativo-fiscal para a cobrança de eventuais juros e multa.
(D) não tem qualquer repercussão na esfera penal por ter o delito em questão natureza previdenciária e expressa previsão legal neste sentido.
(E) somente pode ser considerado como arrependimento posterior.

Conferir: "1. O estelionato previdenciário configura crime permanente quando o sujeito ativo do delito também é o próprio beneficiário, pois o benefício lhe é entregue mensalmente (Precedentes). 2. A reparação do dano à Previdência Social com a devolução dos valores recebidos indevidamente a título de benefício previdenciário não afasta a subsunção dos fatos à hipótese normativa prevista no art. 171, §3º, do CP. 3. Agravo regimental desprovido" (AgRg no AgRg no AREsp 992.285/RJ, Rel. Min. Joel Ilan Paciornik, 5ª Turma, j. 20.06.2017, DJe 30.06.2017). No mesmo sentido: "Uma vez tipificada a conduta da agente como estelionato, na sua forma qualificada, a circunstância de ter ocorrido devolução à previdência social, antes do recebimento da denúncia, da vantagem percebida ilicitamente, não ilide a validade da persecução penal, podendo a iniciativa, eventualmente, caracterizar arrependimento posterior, previsto no art. 16 do CP" (REsp 1380672/SC, Rel. Min. Rogerio Schietti Cruz, 6ª Turma, j. 24.03.2015, DJe 06.04.2015). ED
Gabarito "E".

(Juiz – TRF 2ª Região – 2017) Assinale a opção correta:

(A) Nos casos de estelionato em detrimento do patrimônio do INSS (art. 171, §3º do Código Penal), cometido pelo próprio beneficiário e renovado mensalmente, o crime assume a natureza permanente, dado que, para além de o delito se protrair no tempo, o agente tem o poder de, a qualquer tempo, fazer cessar a ação delitiva.
(B) O delito de apropriação indébita previdenciária (art. 168-A do Código Penal) constitui crime omissivo próprio e se perfaz com a mera omissão de recolhimento da contribuição previdenciária dentro do prazo e das formas legais, requerendo o dolo específico de querer incorporar a verba ao patrimônio do agente.
(C) Não ocorrida a violência real, não se considera crime o chamado roubo de uso, que se perfaz quando o agente apenas utiliza temporariamente o bem subtraído, sem qualquer intenção, prévia ou posterior, de tê-lo para si.
(D) Comete o crime de concussão o funcionário público que se utiliza de violência ou grave ameaça para obter vantagem indevida.
(E) A extorsão é crime formal e se consuma quando o agente efetivamente obtém a vantagem indevida.

A: correta. Nessa esteira: "O crime de estelionato previdenciário, quando praticado pelo próprio beneficiário das prestações, tem caráter permanente, cessando a atividade delitiva apenas com o fim da percepção das prestações. Precedentes Corte (HCs 102.774, 107.209, 102.491, 104.880 e RHC 105.183)" (HC 107385, Rel. Min. ROSA WEBER, 1ª Turma, j. 06.03.2012, Processo Eletrônico DJe 29.03.2012. Publ. 30.03.2012); **B:** incorreta. Isso porque a configuração do crime de apropriação indébita previdenciária (art. 168-A, CP), ao contrário do que se afirma na assertiva, prescinde do chamado dolo específico. Conferir: "O Superior Tribunal de Justiça firmou entendimento de que, para a caracterização do delito de apropriação indébita previdenciária, basta o dolo genérico, já que é crime omissivo próprio, não se exigindo, portanto, o dolo específico do agente de se beneficiar dos valores arrecadados dos empregados e não repassados à Previdência Social. Precedentes da corte" (HC 116.461/PE, Rel. Min. Vasco Della Giustina (desembargador convocado do TJ/RS), 6ª Turma, j. 07.02.2012, DJe 29.02.2012); **C:** incorreta. Quer praticado por meio de violência, quer por meio de grave ameaça, o fato é que não se admite a existência do chamado roubo de uso, uma vez que este crime, por ser complexo, atinge, a um só tempo, o patrimônio, a integridade física e também a liberdade do indivíduo. Tal entendimento é pacífico na jurisprudência. A conferir: "RECURSO ESPECIAL. ROUBO CIRCUNSTANCIADO PELO USO DE ARMA DE FOGO. DELITO COMPLEXO. OBJETOS JURÍDICOS. FIGURA DENOMINADA "ROUBO DE USO". CONDUTA TIPIFICADA NO ART. 157 DO CÓDIGO PENAL BRASILEIRO. RECURSO ESPECIAL PROVIDO. 1. O crime de roubo é um delito complexo que possui como objeto jurídico tanto o patrimônio como também a integridade física e a liberdade do indivíduo. O art. 157 do Código Penal exige para a caracterização do crime, que exista a subtração de coisa móvel alheia, para si ou para outrem, mediante grave ameaça ou violência a pessoa ou reduzindo à impossibilidade de resistência. 2. O ânimo de apossamento – elementar do crime de roubo – não implica, necessariamente, o aspecto de definitividade. Ora, apossar-se de algo é ato de tomar posse, dominar ou assenhorar-se do bem subtraído, que pode trazer o intento de ter o bem para si, entregar para outrem ou apenas utilizá-lo por determinado período, como no caso em tela. 3. O agente que, mediante grave ameaça ou violência, subtrai coisa alheia para usá-la, sem intenção de tê-la como própria, incide no tipo previsto no art. 157 do Código Penal. 4. Recurso provido para, afastando a atipicidade da conduta, cassar o acórdão recorrido e a sentença de primeiro grau, e determinar que nova decisão seja proferida em primeira instância" (REsp 1323275/GO, Rel. Min. Laurita Vaz, 5ª Turma, j. 24.042014, DJe 08.05.2014); **D:** incorreta. A violência e a grave ameaça não constituem circunstância elementar do crime de concussão (art. 316, CP). Neste delito, que é classificado como próprio, já que exige seja praticado por pessoa determinada no tipo penal, o funcionário público, valendo-se do cargo que ocupa, exige da vítima ou impõe a ela a obtenção de determinada vantagem indevida. O funcionário público que se vale de violência ou grave ameaça para obter vantagem indevida comete o delito de extorsão, capitulado no art. 158 do CP, que, diferentemente da concussão, é crime comum (pode ser praticado por qualquer pessoa). Na jurisprudência: "Ainda que a conduta delituosa tenha sido praticada por funcionário público, o qual teria se valido dessa condição para a obtenção da vantagem indevida, o crime por ele cometido corresponde ao delito de extorsão e não ao de concussão, uma vez configurado o emprego de grave ameaça, circunstância elementar do delito de extorsão" (HC 54.776/SP, Rel. Min. Nefi Cordeiro, 6ª Turma, j. 18.09.2014, DJe 03.10.2014); **E**: incorreta. Justamente por se tratar de crime formal, a extorsão – art. 158 do CP – se consuma independentemente da obtenção da vantagem indevida, conforme entendimento esposado na Súmula 96 do STJ.

Gabarito "A".

(Juiz – TRF 4ª Região – 2016) Assinale a alternativa correta.

(A) O entendimento que atualmente prevalece no Superior Tribunal de Justiça é o de que, em se tratando da importação ou da exportação ilícita de substâncias entorpecentes, é necessário que fique demonstrada a efetiva transposição das fronteiras nacionais para que possa ser aplicada a causa de aumento da pena relativa à transnacionalidade.

(B) Em se tratando de furto qualificado, não cabe a aplicação do privilégio de que trata o parágrafo 2º do artigo 155 do Código Penal, cujo teor é o seguinte: "Se o criminoso é primário, e é de pequeno valor a coisa furtada, o juiz pode substituir a pena de reclusão pela de detenção, diminuí-la de um a dois terços, ou aplicar somente a pena de multa".

(C) Na dicção do Superior Tribunal de Justiça, para a caracterização do delito de apropriação indébita previdenciária, previsto no artigo 168-A do Código Penal, é imprescindível a demonstração do dolo específico do agente, de apropriar-se dos valores destinados à Previdência Social, ou seja, de seu *animus rem sibi habendi*.

(D) É firme, no Superior Tribunal de Justiça, o entendimento no sentido de que, quando o agente é condenado pela importação ou pela exportação ilícita de substâncias entorpecentes, não é possível a aplicação da majorante da transnacionalidade, sob pena de incorrer-se em *bis in idem*.

(E) Atualmente, prevalece no Superior Tribunal de Justiça o entendimento de que o crime de furto se consuma com a posse de fato da *res furtiva*, ainda que por breve espaço de tempo e seguida da perseguição ao agente, sendo prescindível a posse mansa e pacífica ou desvigiada.

A: incorreta. É que, conforme tem entendido a jurisprudência, é desnecessário, à configuração da majorante prevista no art. 40, I, da Lei 11.343/2006, que se dê o efetivo transporte da droga para o interior ou exterior do país, sendo suficiente que se demonstre a intenção do agente em assim proceder. Conferir: "Para a incidência da causa especial de aumento de pena prevista no inciso I do art. 40 da Lei de Drogas, é irrelevante a efetiva transposição das fronteiras nacionais, sendo suficiente, para a configuração da transnacionalidade do delito, a comprovação de que a substância tinha como destino/origem localidade em outro país" (STJ, REsp 1395927/SP, Rel. Min. Rogerio Schietti Cruz, 6ª Turma, j. 13.09.2016, DJe 20/09/2016); **B**: incorreta. É pacífico o entendimento, tanto no STJ quanto no STF, de que é possível a coexistência do furto qualificado (art. 155, §4º, do CP) com a modalidade privilegiada do art. 155, §2º, do CP, desde que a qualificadora seja de ordem *objetiva*. Tanto é assim que o STJ, consolidando esse entendimento, editou a Súmula 511: "É possível o reconhecimento do privilégio previsto no §2º do art. 155 do CP nos casos de crime de furto qualificado, se estiverem presentes a primariedade do agente, o pequeno valor da coisa e a qualificadora for de ordem objetiva"; **C**: incorreta. Isso porque a configuração do crime de apropriação indébita previdenciária (art. 168-A, CP), ao contrário do que se afirma na assertiva, prescinde do chamado dolo *específico*. Conferir: "O Superior Tribunal de Justiça firmou entendimento de que, para a caracterização do delito de apropriação indébita previdenciária, basta o dolo genérico, já que é crime omissivo próprio, não se exigindo, portanto, o dolo específico do agente de se beneficiar dos valores arrecadados dos empregados e não repassados à Previdência Social. Precedentes da corte" (STJ, HC 116.461/PE, Rel. Min. Vasco Della Giustina (Desembargador Convocado Do TJ/RS), 6ª Turma, j. 07.02.2012, DJe 29.02.2012); **D**: incorreta. Na jurisprudência do STJ: "Ainda que o art. 33 da Lei n. 11.343/2006 preveja as condutas de "importar" e "exportar", não há *bis in idem* na aplicação da causa de aumento de pena pela transnacionalidade (art. 40, I, da Lei 11.343/2006), porquanto o simples fato de o agente 'trazer consigo' a droga já conduz à configuração da tipicidade formal do crime de tráfico" (REsp 1395927/SP, Rel. Min. Rogerio Schietti Cruz, 6ª Turma, j. 13.09.2016, DJe 20.09.2016); **E**: correta. Os Tribunais superiores consolidaram o entendimento segundo o qual o momento consumativo do crime de furto (e também o de roubo) é o do apossamento do bem, independentemente da inversão tranquila da posse. A esse respeito: STF, 1ª Turma, HC 92.450-DF, Rel. Min. Ricardo Lewandowski, j. 16.9.08. Tal entendimento encontra-se consolidado na Súmula 582 do STJ.

Gabarito "E".

(Juiz – TJ/SP – VUNESP – 2015) Quanto ao crime de extorsão mediante sequestro, pode-se afirmar que

(A) se o crime é cometido em concurso, o concorrente que o denunciar à autoridade, facilitando a libertação do sequestrado, terá sua pena reduzida de 1 (um) a 2/3 (dois terços).

(B) a vantagem almejada com a extorsão é necessariamente o pagamento do preço do resgate.

(C) se resultar em morte da vítima, tipifica homicídio.

(D) a pena é aumentada quando o sequestro superar, no mínimo, 48 horas.

A: correta (art. 159, § 4º, do CP); **B**: incorreta. A doutrina formulou duas correntes quanto à natureza da *vantagem* no crime de extorsão mediante sequestro: a) como o tipo penal não cuidou de especificar o tipo de *vantagem* a ser auferida pelo agente (fala-se em *qualquer* vantagem), esta pode ter outra conotação além da econômica; b) tendo em conta que a extorsão mediante sequestro está inserida nos crimes contra o patrimônio, a vantagem a que se refere o tipo penal deve necessariamente ter conotação econômica. De uma forma ou de outra, a vantagem almejada pelo agente não se restringe ao pagamento do preço do resgate; **C**: incorreta. Se do fato resulta a morte da vítima, o agente terá cometido a forma qualificada do crime de extorsão mediante sequestro, definida no art. 159, § 3º, do CP, estando sujeito a uma pena de 24 a 30 anos de reclusão; **D**: incorreta. O aumento de pena em razão do tempo durante o qual o sequestrado permanece em poder do sequestrador se dá quando a privação de liberdade é superior a 24 horas (art. 159, § 1º, do CP).

Gabarito "A".

(Juiz – TJ/MS – VUNESP – 2015) A respeito dos crimes contra o patrimônio, assinale a alternativa correta.

(A) No crime de furto de uso, se a coisa infungível é subtraída para fim de uso momentâneo, e, a seguir, vem a ser imediatamente restituída ou reposta no lugar onde se achava, responderá o agente por pena de detenção de até seis meses e pagamento de trinta dias-multa.

(B) Se o agente consuma o homicídio, mas não obtém êxito na subtração de bens da vítima por circunstâncias alheias à sua vontade, responderá por crime de homicídio qualificado consumado.

(C) O delito de dano, previsto pelo art. 163 do Código Penal, prevê as modalidades dolosa e culposa.

(D) O crime de extorsão consuma-se independentemente da obtenção da vantagem indevida.

(E) De acordo com o art. 168, § 1º, do Código Penal, são causas exclusivas de aumento da pena ao delito de apropriação indébita quem receber a coisa em depósito necessário ou em razão de ofício, emprego ou profissão.

A: incorreta. O elemento subjetivo do crime de furto, representando pelo dolo, consiste na vontade livre e consciente de apossar-se clandestinamente de coisa alheia móvel de forma definitiva, não transitória (*animus furandi* ou *animus rem sibi habendi*). Inexiste, portanto, por parte do agente, intenção de devolvê-la ao proprietário ou possuidor. Assim, constitui fato atípico a conduta do sujeito que, depois de apossar-se de coisa alheia móvel infungível, a restitui à vítima (furto de uso). Sendo o fato atípico, nenhuma responsabilidade, portanto, recairá sobre o autor do chamado *furto de uso*; **B**: incorreta. Se, no contexto do roubo, há morte, mas o agente não consegue, por circunstâncias alheias à sua vontade, consumar a subtração, está-se diante de hipótese de latrocínio consumado, entendimento esse que vem consagrado na Súmula 610, do STF: "Há crime de latrocínio, quando o homicídio se consuma, ainda que não realize o agente a subtração de bens da vítima"; **C**: incorreta. O art. 163 do CP, que define o crime de dano, não contempla a modalidade culposa deste delito; **D**: correta, pois em conformidade com o entendimento sufragado na Súmula 96 do STJ: "O crime de extorsão consuma-se independentemente da obtenção da vantagem indevida". Cuida-se, pois, de delito *formal*; **E**: incorreta, uma vez que a proposição somente faz referência a duas das causas de aumento previstas no art. 168, § 1º, do CP, que prevê que incidirá o aumento também na hipótese de o agente receber a coisa *na qualidade de tutor, curador, síndico, liquidatário, inventariante, testamenteiro ou depositário judicial*.

Gabarito "D".

(Promotor de Justiça – MPE/RS – 2017) Assinale a alternativa **INCORRETA**.

(A) De acordo com o noticiado pela mídia, recentemente a Força Tarefa de Combate ao Abigeato e Crimes Rurais da Polícia Civil do RS prendeu no interior do município de Cacequi o suspeito de ser um dos maiores abigeatários daquela cidade, quando localizou 11(onze) vacas furtadas em sua propriedade. No município de Ipê, a Força Tarefa apreendeu 13 (treze) bovinos subtraídos de uma fazenda local. E, numa operação em Vacaria, recuperou três ovelhas vivas e uma outra já carneada no local do furto, quando o ladrão preparava-se para consumi-la num churrasco. A subtração de animal semovente domesticável de produção é uma das hipóteses legais de furto qualificado, apenado com reclusão de dois a cinco anos, ainda que o animal tenha sido abatido ou dividido em partes no local da subtração.

(B) Tem sido frequente a subtração de dinheiro de caixas eletrônicos de agências bancárias com a utilização de dinamites ou explosivos de efeitos análogos. Sob o ponto de vista penal, a explosão de grandes proporções, que não raro destrói, além dos caixas, parte das instalações das agências, expondo a perigo concreto a integridade física e o patrimônio das pessoas dos prédios vizinhos, não pode ser considerada simples rompimento de obstáculo à subtração dos valores, mas crime autônomo de explosão em concurso formal com o delito patrimonial.

(C) Caracteriza concurso de roubo e extorsão, a conduta do agente que, após subtrair bens de propriedade da vítima no estacionamento do

supermercado, obrigou-a, também mediante grave ameaça, a efetuar compras de outros bens em lojas do mesmo shopping, visando a obtenção indevida de vantagem econômica.
(D) É hediondo o crime de homicídio do soldado da Brigada Militar cometido em decorrência da sua função policial.
(E) O prefeito municipal que leva para sua casa de praia dois refrigeradores da prefeitura com o fito de usá-los na festa de seu aniversário, e o delegado de polícia que comparece nesta festa usando o relógio de pulso em ouro apreendido de um receptador, ambos sem a intenção de incorporarem tais bens ao patrimônio pessoal ou de terceiro, não cometem fato típico de peculato, diversamente do que ocorre com o estagiário do Departamento Estadual de Estradas que se apropria do combustível colocado à disposição da autarquia pela empresa contratada para o abastecimento exclusivo dos veículos de acompanhamento e fiscalização das obras na rodovia.

A: correta, pois corresponde à modalidade qualificada do crime de furto prevista no art. 155, § 6º, do CP, introduzido pela Lei 13.330/2016; **B:** correta (ao tempo em que foi elaborada esta questão). Embora se trate de tema em relação ao qual há divergência doutrinária, tem-se entendido que a subtração de valores de caixas eletrônicos por meio da utilização de explosivos, muitas vezes com a consequente destruição parcial da agência, configura concurso formal entre os crimes de furto e explosão. Para alguns, tratar-se-ia de hipótese de concurso formal próprio; para outros, concurso formal impróprio. Conferir: "Igualmente descabida a absorção porquanto os delitos cometidos apresentam objetividades jurídicas e sujeitos passivos diversos, visto que o furto é delito contra o patrimônio e o de explosão contra a incolumidade pública, e com vítimas diversas, ou seja, a instituição bancária e os moradores dos arredores. O mesmo se diga pelo fato de que é necessário que o crime-meio seja menos grave que o crime-fim, o que se verifica através da comparação das sanções respectivas. Ora, o crime de explosão tem apenação inicial de três anos, além de haver causa de aumento de 1/3 em seu § 2º, enquanto que a do furto qualificado inicia-se em dois anos. Cabe asseverar que o § 2º do artigo 251 traz causa de aumento, que penaliza a prática do delito, dentre outras situações, com a finalidade de obter vantagem pecuniária. Isso demonstra que o legislador, mesmo sabendo que existem tipos penais específicos para delitos contra o patrimônio, preocupou-se em punir mais severamente aquele que, ao menos objetivando ganho patrimonial, vale-se de meio que expõe a perigo a vida ou bens alheios". (TJSP, Apelação Criminal nº 0011705.91-2011.8.26.0201, julgado em 10/10/2013, DJe 21/10/2013). Vide a Tese Institucional n. 383, do Ministério Público do Estado de São Paulo. Esta alternativa e o seu respectivo comentário são anteriores à Lei 13.654/2018, que introduziu no CP duas novas modalidades de qualificadora do crime de furto, a saber: quando, para viabilizar a subtração, o agente empregar explosivo ou artefato análogo que cause perigo comum (art. 155, § 4º-A, CP), sendo esta a hipótese narrada no enunciado; e quando a subtração for de substâncias explosivas ou de acessórios que, conjunta ou isoladamente, possibilitem sua fabricação, montagem ou emprego (art. 155, § 7º, do CP). Desnecessário dizer que tal inovação legislativa teve como espoco viabilizar um combate mais efetivo a essa onda de crimes patrimoniais (furto e roubo) cometidos por meio da explosão de bancos e seus caixas eletrônicos; **C:** correta. A assertiva, tal como afirmado, narra hipótese de concurso material, em que o agente, depois de subtrair, mediante violência ou grave ameaça, bens da vítima, a obriga a efetuar compras com o seu cartão do banco ou ainda a entregá-lo com a respectiva senha para que o agente o faça. Conferir: "A jurisprudência desta Corte Superior e do Supremo Tribunal Federal é firme em assinalar que se configuram os crimes de roubo e extorsão, em concurso material, quando o agente, após subtrair, mediante emprego de violência ou grave ameaça, bens da vítima, a constrange a entregar o cartão bancário e a respectiva senha, para sacar dinheiro de sua conta corrente" (AgRg no AREsp 323.029/DF, Rel. Ministro Rogerio Schietti Cruz, Sexta Turma, julgado em 01.09.2016, DJe 12.09.2016); **D:** correta, já que reflete o disposto no art. 121, § 2º, VII, do CP (introduzido pela Lei 13.142/2015); **E:** incorreta. Predomina o entendimento segundo o qual não existe peculato de uso de bem fungível. O peculato de uso, portanto, pressupõe que a coisa seja infungível. Se o agente, por exemplo, usa dinheiro público para adquirir um veículo para si, responderá por peculato, uma vez que se trata de bem fungível. Agora, se se tratar de prefeito, seja o bem fungível ou infungível, ainda assim estará configurado o crime de peculato do art. 1º, II, do Decreto-Lei 201/1967. ED

Gabarito "E".

(Promotor de Justiça/GO – 2016 – MPE) Caio entrega a Tício, seu amigo e funcionário do Detran, uma quantia em dinheiro para que este último pague uma multa naquele órgão público. Tício, no entanto, apropria-se do dinheiro. Nesse caso, Tício deverá ser responsabilizado pelo crime de:
(A) apropriação indébita
(B) peculato furto
(C) peculato apropriação
(D) peculato mediante o erro de outrem

Deve-se afastar a prática do crime de peculato em qualquer de suas modalidades. Isso porque, embora Tício seja funcionário público, ele não se valeu dessa condição para apropriar-se do numerário que lhe foi entregue por Caio. Houve, por parte de Tício, abuso de confiança, que é a principal característica do crime de apropriação indébita (art. 168, CP). O agente, neste caso Tício, ingressou na posse do bem de forma legítima (foi-lhe entregue por Caio) e, após, abusando da confiança nele depositada, passou a agir como se dono fosse do dinheiro, dele se apropriando. ED

Gabarito "A".

(Promotor de Justiça/GO – 2016 – MPE) Sobre os crimes contra o patrimônio, indique a alternativa correta:
(A) A interpretação da majorante do repouso noturno no crime de furto é aquela que indica sua coincidência com o conceito de noite.
(B) Os crimes de roubo e de extorsão não são considerados crimes da mesma espécie, de modo que é não possível o reconhecimento da continuidade delitiva entre eles.
(C) Para o reconhecimento da qualificadora da destreza no crime de furto, a conduta do agente pode recair sobre vítima ou sobre a coisa objeto da subtração.
(D) Tratando-se de crime acessório, porquanto imprescindível a prática de um anterior crime, a receptação fica dependente da punibilidade deste último.

A: incorreta. Para o fim de caracterizar a majorante do *furto noturno* (art. 155, § 1º, do CP), não basta que o fato se dê à noite, sendo necessário, segundo a doutrina, que a subtração ocorra durante o período em que os moradores estejam repousando, dormindo, quando então a vigilância tende a ser menor. Como se pode ver, o critério é variável, dependendo da análise dos costumes de cada localidade; **B:** correta. Na jurisprudência do STJ: "O Superior Tribunal de Justiça adota o entendimento de não ser possível o reconhecimento de continuidade delitiva entre os crimes de roubo e extorsão, tendo em vista que não são delitos da mesma espécie" (AgRg no REsp 1196889/MG, Rel. Ministro Ericson Maranho (Desembargador Convocado do TJ/SP), Sexta Turma, julgado em 07.04.2015, REPDJe 02.06.2015, DJe 17.04.2015); **C:** incorreta. Na qualificadora da destreza, no contexto do crime de furto, a conduta deverá recair, necessariamente, sobre a vítima, e não sobre a *res*, uma vez que, se o ofendido perceber a investida do agente, restará afastada a incidência desta qualificadora; **D:** incorreta, pois contraria a regra presente no art. 108 do CP, segundo o qual *a extinção da punibilidade de crime que é pressuposto, elemento constitutivo ou circunstância agravante de outro não se estende a este*. ED

Gabarito "B".

(Promotor de Justiça/SC – 2016 – MPE)
(1) No caso de roubo de veículo automotor no Estado de Santa Catarina, em sendo a *res furtiva* transportada pelo assaltante para o Estado do Rio Grande do Sul, onde vem a guardá-la; tal conduta gerará uma causa de aumento de pena, expressamente prevista no tipo penal.

1: a assertiva, que é verdadeira, refere-se à causa de aumento de pena prevista no art. 157, § 2º, IV, do CP, segundo a qual, no crime de roubo, *se a subtração for de veículo automotor que venha a ser transportado para outro Estado ou para o exterior*. Esta mesma circunstância, vale dizer, constitui qualificadora no crime de furto, tal como previsto no art. 155, § 5º, do CP. ED

Gabarito 1C.

(Promotor de Justiça/SC – 2016 – MPE)
(1) No crime de apropriação indébita exige-se uma quebra de confiança por parte do agente, eis que a vítima voluntariamente entrega bem móvel de sua propriedade ou posse, perpetuando-se o crime no momento que autor do delito se nega em devolver o objeto ao seu legítimo dono. Entretanto, se o agente, de forma premeditada, pega o bem já consciente que não irá devolvê-lo, cometerá a conduta de estelionato, e não a acima mencionada.

1: a questão exige que o candidato saiba a distinção entre os crimes de estelionato e apropriação indébita, que, a depender do caso concreto, é bastante tênue. No crime capitulado no art. 171 do CP (estelionato), a vítima, ludibriada, induzida em erro pelo agente, a este entrega o objeto material do delito. Caso clássico e sempre lembrado pela doutrina é aquele em que o proprietário entrega seu veículo a pessoa que acredita ser o manobrista do estacionamento e, depois, vem a saber que se tratava de um larápio. Neste caso, a vítima somente entregou seu veículo porque foi induzida a erro pelo agente, que se passou por manobrista do estacionamento. Perceba que, no estelionato, o dolo é anterior à entrega do bem (como afirmado no enunciado, é a hipótese em que o *agente, de forma premeditada, pega o bem já consciente que não irá devolvê-lo*). Já no crime apropriação indébita – art. 168, CP a situação é outra. Neste caso, diferentemente do estelionato, o dolo é subsequente à posse; no estelionato, como já dissemos, é antecedente. Em outras palavras, o agente, na apropriação indébita, tem, sempre de forma legítima, a posse ou a detenção da *res* e, em determinado momento, inverte essa posse e passa a portar-se como se dono fosse, negando-se a restituí-la a quem de direito. ED

Gabarito 1C.

(Promotor de Justiça/SC – 2016 – MPE)
(1) É correto afirmar que é isento de pena a esposa que pratica crime de furto qualificado com emprego de chave falsa contra seu marido na constância do casamento, gozando esta de imunidade penal absoluta.

1: de fato, é isento de pena, nos termos do art. 181 do CP, aquele que comete delito contra o patrimônio, aqui incluído o furto qualificado, em detrimento, entre outros, do cônjuge na constância da sociedade conjugal, não se aplicando tal imunidade, é importante que se diga, se o crime é de roubo ou de extorsão ou, em geral, quando houver emprego de grave ameaça ou violência à pessoa, conforme estabelece o art. 183 do CP. ED

Gabarito 1C.

(Promotor de Justiça/SC – 2016 – MPE)

(1) No crime de extorsão mediante sequestro, havendo delação eficaz de um dos coautores do delito, que contribui para o esclarecimento do caso, mesmo não sendo liberado o sequestrado, por circunstâncias alheias ao delator, terá o acusado ao final do processo uma redução de 1/3 de sua pena, nos moldes que dispõe a Lei dos Crimes Hediondos.

1: assertiva falsa, na medida em que a libertação do sequestrado constitui requisito fundamental e indispensável ao reconhecimento da delação, sem o que o coautor não poderá ser agraciado pela redução de pena da ordem de um a dois terços (e não de um terço), tal como estabelece o art. 159, § 4º, do CP. **ED**

Gabarito 1E

(Promotor de Justiça – MPE/MS – FAPEC – 2015) Analise as proposições abaixo:

I. O crime de roubo próprio, previsto no art. 157, *caput*, do Código Penal, consuma-se com a subtração da coisa sem grave ameaça ou violência, vindo o agente a empregá-las posteriormente contra a vítima, com o fim de assegurar a sua impunidade do crime ou a detenção da coisa para si ou terceira pessoa.

II. O emprego de "gazuas", "mixas", ou qualquer outro instrumento sem a forma de chave, mesmo que apto a abrir fechadura, não qualifica o delito de furto.

III. A incidência da majorante do emprego de arma de fogo no roubo não prescinde da apreensão e da perícia para verificação de seu potencial lesivo.

IV. Responde por tentativa de latrocínio o agente que não consegue subtrair a coisa alheia móvel, mas elimina a vida da vítima.

Assinale a alternativa correta:

(A) Todas as proposições estão corretas.
(B) Todas as proposições estão incorretas.
(C) Somente a proposição II está correta.
(D) Somente a assertiva III está incorreta.
(E) Somente as assertivas I e III estão corretas.

I: incorreta, uma vez que a assertiva contém a descrição típica do crime de roubo *impróprio* (e não *próprio*), em que o agente, logo em seguida à subtração da coisa, é levado, para assegurar a sua impunidade ou a detenção da *res*, a empregar violência ou grave ameaça (art. 157, § 1º, do CP); o roubo próprio, que é a modalidade mais comum desse crime, se dá quando a violência ou grave ameaça é empregada com o fim de retirar os bens da vítima. Em outras palavras, a violência ou a grave ameaça, no roubo próprio, constitui meio para o agente chegar ao seu objetivo, que é o de efetuar a subtração. O roubo impróprio se consuma com o emprego da violência ou grave ameaça; já o roubo próprio alcança a sua consumação com a inversão da posse do bem mediante violência ou grave ameaça (Súmula 582, STJ); **II:** incorreta. Isso porque o uso de qualquer instrumento, com ou sem a forma de chave, destinado a abrir fechadura, entre eles a *mixa* e a *gazua*, configura a qualificadora prevista no art. 155, § 4º, III, do CP; **III:** incorreta. Segundo entendimento jurisprudencial hoje prevalente, não há necessidade, à incidência da majorante prevista no art. 157, § 2º-A, I, do CP, de apreensão da arma e submissão desta a exame pericial, quando a sua utilização resultar comprovada por outros meios de prova. Dito de outro modo, a não apreensão da arma de fogo empregada no crime de roubo não é motivo bastante a afastar a incidência da causa de aumento do art. 157, § 2º-A, I, do CP. Conferir, nesse sentido: *Roubo circunstanciado pelo emprego de arma de fogo. Prescindibilidade da apreensão e perícia da arma para caracterizar a majorante prevista no art. 157, § 2º, I, do CP, se por outros meios de prova restar comprovado o seu emprego na prática criminosa. 3. Precedente do Plenário. 4. Ordem denegada* (STF, HC 104984, Relator(a): Min. Gilmar Mendes, Segunda Turma, julgado em 19.10.2010, *DJe*-230 DIVULG 29.11.2010 PUBLIC 30.11.2010); **IV:** incorreta, pois em desconformidade com o entendimento sufragado na Súmula 610, do STF: *Há crime de latrocínio, quando o homicídio se consuma, ainda que não realize o agente a subtração de bens da vítima.* **ED**

Gabarito "B".

(Procurador da República –28º Concurso – 2015 – MPF) Tratando-se de estelionato contra a previdência social, assinale a alternativa correta:

(A) Decisões recentes do Supremo Tribunal Federal tem afirmado que o estelionato contra a previdência, quando praticado em proveito próprio, é crime permanente;
(B) O termo inicial do prazo prescricional no estelionato contra a previdência cometido em proveito próprio é o dia do protocolo do requerimento do benefício;
(C) O estelionato contra a previdência é crime contra a administração pública;
(D) No estelionato contra a previdência, sujeito passivo é, sempre, o beneficiário, mesmo que conhecendo ilicitudes cometidas pelo intermediário.

A: correta. Conferir: "(...) O crime de estelionato previdenciário, quando praticado pelo próprio favorecido pelas prestações, tem caráter permanente, cessando a atividade delitiva apenas com o fim de sua percepção, termo *a quo* do prazo prescricional. Precedentes. 3. Iniciado o prazo prescricional com a cessação da atividade delitiva, não é cabível o reconhecimento da extinção da punibilidade no caso concreto. Inocorrência da prescrição. 4. *Habeas corpus* extinto sem resolução de mérito" (HC 121390, Relator(a): Min. Rosa Weber, Primeira Turma, julgado em 24.02.2015, Processo Eletrônico *DJ*e-049 divulg 12.03.2015 public 13.03.2015); **B:** incorreta. *Vide* ementa acima transcrita; **C:** incorreta. Cuida-se de crime contra o patrimônio (art. 171, § 3º, do CP); **D:** incorreta. *Vide* Súmula 24, do STJ. **ED**

Gabarito "A".

(Delegado/AP – 2017 – FCC) A respeito dos crimes contra o patrimônio, é correto afirmar:

(A) Somente se procede mediante representação, o furto praticado contra tio ou sobrinho.
(B) Para a consumação do crime de extorsão faz-se necessário o recebimento da vantagem indevida.
(C) É isento de pena quem comete qualquer crime contra o patrimônio contra ascendente maior de 65 anos.
(D) A receptação somente é punível se conhecido o autor do crime que originou a coisa receptada.
(E) No crime de roubo, caso o agente seja primário e tenha sido de pequeno valor a coisa subtraída, o juiz poderá substituir a pena de reclusão pela de detenção, diminuí-la de um a dois terços ou aplicar somente a pena de multa.

A: correta. De fato, o art. 182, III, do CP, dispõe que somente se procede mediante representação o crime contra o patrimônio (dentre os quais se inclui o furto – art. 155, CP) cometido em prejuízo de tio ou sobrinho, com quem o agente coabita (note o leitor que esta informação não foi indicada na assertiva, o que, decerto, foi falha da banca examinadora). Estamos, aqui, diante de imunidade penal relativa; **B:** incorreta. Pacífico o entendimento de que o crime de extorsão (art. 158, CP) é formal, na esteira do que dispõe a Súmula 96 do STJ: "O crime de extorsão consuma-se independentemente da obtenção da vantagem indevida". Assim, estamos diante de crime cuja consumação se verifica no momento em que o agente emprega meios capazes de constranger a vítima a fazer, deixar de fazer ou tolerar que se faça algo, visando, com isso, obter indevida vantagem econômica (elemento subjetivo do tipo). Se referida vantagem vier a ser alcançada pelo agente, o crime estará exaurido, embora consumado anteriormente ao recebimento da indevida vantagem econômica; **C:** incorreta. Nada obstante o art. 181 do CP, que é uma escusa absolutória (imunidade absoluta), preveja a isenção de pena do agente que cometer crimes patrimoniais em detrimento de ascendente ou descendente (inc. II do referido dispositivo legal), é certo que o art. 183 do CP, em seu inc. III, expressamente prevê a inaplicabilidade da imunidade penal se o crime for praticado contra pessoa com idade igual ou superior a 60 (sessenta) anos; **D:** incorreta. Nos exatos termos do art. 180, § 4º, do CP, a receptação é punível ainda que desconhecido ou isento de pena o autor do crime de que proveio a coisa. Será indispensável que tenha ocorrido um crime precedente ao da receptação, mas não se exige a punição por esse fato antecedente, nem mesmo a identificação de seu autor ou a punição deste; **E:** incorreta. A assertiva trata dos requisitos do furto privilegiado (art. 155, § 2º, CP), vale dizer, a primariedade do agente e que a coisa subtraída seja de pequeno valor, figura inaplicável ao delito de roubo por falta de previsão legal. **AT**

Gabarito "A".

(Delegado/MS – 2017 – FAPEMS) O crime de extorsão mediante sequestro, previsto no artigo 159 do Código Penal, é um crime complexo que conjugando bens jurídicos como liberdade e patrimônio igualmente possui a preocupação com a ofensa, a incolumidade pessoal e a própria vida da vítima nas suas formas qualificadas. Diante da hediondez do crime, visando a garantir a liberdade e salvar a vida da vítima, o § 4º do artigo 159 prevê a possibilidade de delação premiada. Nesse sentido, assinale a alternativa correta.

(A) Para desfrutar do benefício da delação premiada, o sujeito não pode ser autor do delito, devendo figurar como mero partícipe.
(B) A delação de que trata o § 4º do artigo 159, do Código Penal pode ser realizada em crime de extorsão mediante sequestro praticado por uma única pessoa.
(C) A delação premiada prevista no artigo 159, § 4º, do Código Pedal, funciona como causa atenuante genérica de pena, com aplicação cogente.
(D) A diminuição de pena para o delator fica a cargo da discricionariedade do julgador, não sendo este obrigado a aplicá-la.
(E) A informação dada em delação deve levar à facilitação da liberdade da vítima sendo desnecessária prisão dos demais envolvidos.

A e B: incorretas. O instituto da delação premiada, aplicável ao delito de extorsão mediante sequestro, tem como premissa que, quando cometido em concurso, um dos concorrentes o denuncie à autoridade, facilitando a libertação do sequestrado (art. 159, § 4º, do CP). Assim, tanto faz se o delator for coautor ou partícipe do crime. Basta que seja um dos concorrentes para a sua prática. Logo, incompatível a delação premiada na extorsão mediante sequestro cometida por um só agente; **C:** incorreta. A delação premiada prevista no art. 159, § 4º, do CP, é causa obrigatória de diminuição de pena (um a dois terços), e não circunstância atenuante genérica, como constou na assertiva; **D:** incorreta. Se a delação facilitar a libertação do sequestrado, a redução da pena é medida cogente, vale dizer, não se inserindo no plano da discricionariedade do julgador. Pode-se dizer que se trata de um direito subjetivo do acusado, desde que preenchidos os requisitos para seu reconhecimento (crime cometido em concurso de agentes; que um dos concorrentes denuncie o crime à autoridade; que, com a delação, seja facilitada a libertação do sequestrado); **E:** correta. De fato, tal como consta no art. 159, § 4º, do CP, a informação dada pelo delator, concorrente da extorsão mediante

sequestro, deve ser capaz de facilitar a libertação da vítima sequestrada, não sendo exigida, para a incidência da diminuição da pena do agente, que os demais coautores ou partícipes sejam presos.
Gabarito "E".

(Delegado/MT – 2017 – CESPE) José entrou em um ônibus de transporte público e, ameaçando os passageiros com uma arma de fogo, subtraiu de diversos deles determinadas quantias em dinheiro.
Nessa situação hipotética, de acordo com a jurisprudência dos tribunais superiores,
(A) a prática do delito contra vítimas diferentes em um mesmo contexto e mediante uma só ação configurou concurso material.
(B) a simples inversão da posse dos bens – dos passageiros para José – não consumou o crime de roubo; para tal, seria necessária a posse mansa e pacífica ou desvigiada dos valores subtraídos por José.
(C) o fato de o delito ter sido praticado em ônibus de transporte público de passageiros será causa de aumento de pena.
(D) se a arma utilizada no crime fosse de brinquedo e, ainda assim, tivesse causado fundado temor nas vítimas, deveria ser aplicada majorante do crime de roubo.
(E) o crime de porte de arma será absorvido pelo crime de roubo, ante os fatos de haver nexo de dependência entre as duas condutas e de os delitos terem sido praticados em um mesmo contexto fático.

A: incorreta, pois, por evidente, a prática de roubo contra vítimas diferentes, em um mesmo contexto fático e mediante uma só ação, jamais poderia configurar concurso material, que, por definição (art. 69 do CP), exige pluralidade de comportamentos (prática de mais de uma ação ou omissão); **B:** incorreta, pois, de acordo com a Súmula 582 do STJ, consuma-se o crime de roubo com a inversão da posse do bem mediante emprego de violência ou grave ameaça, ainda que por breve tempo e em seguida à perseguição imediata ao agente e recuperação da coisa roubada, sendo prescindível a posse mansa e pacífica ou desvigiada; **C:** incorreta, pois inexiste no art. 157 do CP circunstância que influa na pena o fato de o roubo ser cometido em transporte público de passageiros; **D:** incorreta, pois pacífico o entendimento de que o emprego de arma de brinquedo para a prática de roubo não tem o condão de majorá-lo, tanto que cancelada a Súmula 174 do STJ, que disciplinava exatamente isso (emprego de arma de brinquedo majorava a pena do roubo). O temor imposto pelo emprego da arma de brinquedo constitui, apenas, a grave ameaça, caracterizadora, pois, de roubo simples; **E:** correta. Ao caso, aplicar-se-á o princípio da consunção, eis que o porte ilegal de arma de fogo estará dentro da linha de desdobramento causal do comportamento do agente (roubo com emprego de arma), ainda mais quando praticados nos mesmo contexto fático. Nesse sentido, STF – Recurso Ordinário em *Habeas Corpus* RHC 123399 RJ.
Gabarito "E".

(Defensor Público – DPE/RN – 2016 – CESPE) João, imputável, foi preso em flagrante no momento em que subtraía para si, com a ajuda de um adolescente de dezesseis anos de idade, cabos de telefonia avaliados em cem reais. Ao ser interrogado na delegacia, João, apesar de ser primário, disse ser Pedro, seu irmão, para tentar ocultar seus maus antecedentes criminais. Por sua vez, o adolescente foi ouvido na delegacia especializada, continuou sua participação nos fatos e afirmou que já havia sido internado anteriormente pela prática de ato infracional análogo ao furto. Nessa situação hipotética, conforme a jurisprudência dominante dos tribunais superiores, em tese, João praticou os crimes de
(A) furto qualificado privilegiado, corrupção de menores e falsa identidade.
(B) corrupção de menores e falsidade ideológica.
(C) furto simples, falsa identidade e corrupção de menores.
(D) furto qualificado e falsidade ideológica.
(E) furto simples e corrupção de menores.

Questão bem elaborada, exige do candidato o conhecimento de vários temas de direito penal, tais como a viabilidade do chamado furto qualificado-privilegiado, a natureza formal do crime de corrupção de menores e a prática do crime de falsa identidade como exercício da autodefesa. Em primeiro lugar, impõe-se o reconhecimento da modalidade privilegiada contida no art. 155, § 2º, do CP. Isso porque, segundo é possível inferir do enunciado, João é *primário* e o objeto material do delito de furto é de *pequeno valor* (R$ 100,00). Além do privilégio, há de se reconhecer que João incorreu na forma qualificada prevista no art. 155, § 4º, IV, do CP, já que a subtração se deu mediante o concurso de duas pessoas. Aqui, pouco importa o fato de o seu comparsa ainda não contar com 18 anos (inimputável). Além disso, hoje é inquestionável a possibilidade de o furto ser, a um só tempo, qualificado e privilegiado, desde que a qualificadora seja de ordem objetiva, como é o caso do concurso de pessoas. A propósito, o STJ, consolidando tal entendimento, editou a Súmula 511, que assim dispõe: "É possível o reconhecimento do privilégio previsto no § 2º do art. 155 do CP nos casos de crime de furto qualificado, se estiverem presentes a primariedade do agente, o pequeno valor da coisa e a qualificadora for de ordem objetiva". No que concerne à corrupção de menores, delito atualmente previsto no 244-B do ECA, é prevalente o entendimento segundo o qual se trata de crime *formal*. O fato é que há, tanto na doutrina quanto na jurisprudência, duas correntes quanto ao momento consumativo do crime de corrupção de menores. Para parte da doutrina e também para o STJ, o crime em questão é *formal*, consumando-se independentemente da efetiva corrupção da vítima. Nesse sentido: "(...) A Terceira Seção do Superior Tribunal de Justiça, ao apreciar o Recurso Especial 1.127.954/DF, representativo de controvérsia, pacificou seu entendimento no sentido de que o crime de corrupção de menores – antes previsto no art. 1º da Lei 2.252/1954, e hoje inscrito no art. 244-B do Estatuto da Criança e do Adolescente – é delito formal, não exigindo, para sua configuração, prova de que o inimputável tenha sido corrompido, bastando que tenha participado da prática delituosa" (AgRg no REsp 1371397/DF, 6ª T., j. 04.06.2013, rel. Min. Assusete Magalhães, *DJe* 17.06.2013). Consolidando tal entendimento, o STJ editou a Súmula 500, a seguir transcrita: "A configuração do crime previsto no art. 244-B do Estatuto da Criança e do Adolescente independe da prova da efetiva corrupção do menor, por se tratar de delito formal". Uma segunda corrente sustenta que o crime do art. 244-B do ECA é *material*, sendo imprescindível, à sua consumação, a ocorrência do resultado naturalístico, isto é, a efetiva corrupção do menor. Segundo também consta do enunciado João, no ato do seu interrogado, imbuído do propósito de ocultar seus maus antecedentes, passou-se por Pedro, seu irmão. Atualmente, prevalece o entendimento de que a conduta do agente que, com o propósito de esconder condenações anteriores, atribui a si identidade falsa comete o crime do art. 307 do CP. Nesse sentido a Súmula n. 522 do STJ. Por tudo que foi dito, forçoso concluir que João cometeu os crimes de furto qualificado-privilegiado, corrupção de menores e falsa identidade.
Gabarito "A".

(Defensor Público – DPE/ES – 2016 – FCC) No que concerne aos crimes contra o patrimônio, é correto afirmar que
(A) há pluralidade de latrocínios, se diversas as vítimas fatais, ainda que único o patrimônio visado e lesado, conforme entendimento pacificado dos tribunais superiores.
(B) possível o reconhecimento da figura privilegiada do delito nos casos de furto qualificado, se primário o agente e de pequeno valor a coisa subtraída, independentemente da natureza da qualificadora, segundo entendimento sumulado do Superior Tribunal de Justiça.
(C) a indispensabilidade do comportamento da vítima não constitui critério de diferenciação entre o roubo e a extorsão.
(D) a receptação própria não prevê modalidade de crime permanente.
(E) não constitui furto de energia a subtração de sinal de TV a cabo, consoante já decidido pelo Supremo Tribunal Federal.

A: incorreta. No STF: "(...) Segundo entendimento acolhido por esta Corte, a pluralidade de vítimas atingidas pela violência no crime de roubo com resultado morte ou lesão grave, embora único o patrimônio lesado, não altera a unidade do crime, devendo essa circunstância ser sopesada na individualização da pena, que, no caso, é de 20 (vinte) a 30 (trinta) anos. Precedentes. 2. Desde que a conduta do agente esteja conscientemente dirigida a atingir mais de um patrimônio, considerado de forma objetiva, como requer o fim de proteção de bens jurídicos do Direito Penal, haverá concurso de crimes. Essa conclusão, todavia, somente pode ser alcançada mediante a análise das circunstâncias que envolvem a prática do ato delitivo. 3. No caso dos autos, não restou demonstrada, de modo inequívoco, a vontade do agente de atingir mais de um patrimônio. A própria denúncia, aliás, considera os bens subtraídos como pertencentes a um único patrimônio (do supermercado). 4. Ordem parcialmente concedida para afastar o concurso de crimes, com a extensão dos efeitos ao corréu (CPP, art. 580), e determinar ao juízo competente que considere a circunstância da pluralidade de vítimas na fixação da pena-base (CP, art. 59), respeitado o limite do *ne reformatio in pejus*" (HC 96736, Relator(a): Min. Teori Zavascki, Segunda Turma, julgado em 17.09.2013, acórdão eletrônico *DJe*-193 Divulg 01.10.2013 Public 02.10.2013); **B:** incorreta. É pacífico o entendimento, tanto no STJ quanto no STF, de que é possível a coexistência do furto qualificado (art. 155, § 4º, do CP) com a modalidade privilegiada do art. 155, § 2º, do CP, desde que – e aqui está o erro da assertiva – a qualificadora seja de ordem *objetiva*. Tanto é assim que o STJ, consolidando esse entendimento, editou a Súmula 511: "É possível o reconhecimento do privilégio previsto no § 2º do art. 155 do CP nos casos de crime de furto qualificado, se estiverem presentes a primariedade do agente, o pequeno valor da coisa e a qualificadora for de ordem objetiva"; **C:** incorreta, na medida em que, ao contrário do que se afirma nesta alternativa, a indispensabilidade do comportamento da vítima constitui, sim, critério de diferenciação entre o roubo e a extorsão. Segundo Guilherme de Souza Nucci, "a diferença concentra-se no fato de a extorsão exigir a participação ativa da vítima fazendo alguma coisa, tolerando que se faça ou deixando de fazer algo em virtude da ameaça ou da violência sofrida. Enquanto no roubo o agente atua sem a participação da vítima, na extorsão o ofendido colabora ativamente com o autor da infração penal (...)" (*Código Penal Comentado*, 13ª ed. São Paulo: RT, 2013. p. 824); **D:** incorreta. O *caput* do art. 180 do CP contempla dois blocos de condutas: *adquirir, receber, transportar, conduzir* e *ocultar* são os núcleos que constituem o que a doutrina convencionou chamar de receptação *própria*; o verbo *influir* (para que terceiro *adquira, receba* ou *oculte*) constitui a chamada receptação *imprópria*. No caso da receptação própria, a conduta consistente em ocultar constitui crime permanente, assim entendido aquele cuja consumação se prolonga no tempo por vontade do agente; **E:** correta. Conferir: "(...) O sinal de TV a cabo não é energia, e assim, não pode ser objeto material do delito previsto no art. 155, § 3º, do Código Penal. Daí a impossibilidade de se equiparar o desvio de sinal de TV a cabo ao delito descrito no referido dispositivo. Ademais, na esfera penal não se admite a aplicação da analogia para suprir lacunas, de modo a se criar penalidade não mencionada na lei (analogia *in malam partem*), sob pena de violação ao princípio constitucional da estrita legalidade. Precedentes. Ordem concedida" (HC 97261, Relator(a): Min. Joaquim Barbosa, Segunda Turma, julgado em 12.04.2011, *DJe*-081 divulg 02.05.2011).
Gabarito "E".

(Defensor Público – DPE/MT – 2016 – UFMT) Mévio, mediante grave ameaça, subtraiu um telefone celular de Maria Rosa, avaliado em R$ 2.000,00 (dois mil reais), mantendo-a em seu poder, restringindo sua liberdade por duas horas, com o propósito de garantir o êxito da empreitada criminosa. Mévio responderá por

(A) roubo circunstanciado.
(B) roubo e sequestro, em concurso formal.
(C) sequestro, já que este absorve o roubo.
(D) roubo e sequestro, em concurso material.
(E) roubo impróprio.

Se o agente, no roubo, mantiver a vítima em seu poder, restringindo a sua liberdade, com o objetivo de assegurar o sucesso da empreitada, incorrerá nas penas da modalidade circunstanciada ou majorada do crime de roubo prevista no art. 157, § 2º, V, do CP.
„Gabarito "A".

(Delegado/BA – 2016.2 – Inaz do Pará) A utilização da escalada para acesso a um local no cometimento de crime contra o patrimônio caracteriza o crime de:

(A) dano material.
(B) apropriação indébita.
(C) roubo.
(D) furto qualificado.
(E) não caracteriza crime.

A *escalada*, assim considerada a entrada em determinado local por meio anormal, constitui hipótese de qualificadora do crime de furto (art. 155, § 4º, II, do CP). Exemplo clássico é aquele em que o agente, se valendo de uma escada, ingressa em propriedade alheia para o fim de subtrair bens.
„Gabarito "D".

(Magistratura/GO – 2015 – FCC) Em relação ao crime de furto, é correto assegurar que

(A) no caso de incidirem duas qualificadoras, uma qualifica o delito e a outra atua como agravante comum, ainda que não prevista como tal.
(B) é qualificado pelo concurso de pessoas, ainda que posterior a participação de outrem e não prometida com precedência.
(C) é punível a subtração de coisa comum por condômino, coerdeiro ou sócio, desde que fungível e o valor não exceda a quota a que tem direito o agente.
(D) a relação de emprego sempre configura a qualificadora do abuso de confiança.
(E) é admissível o reconhecimento da figura privilegiada do delito, em algumas situações, nos casos de furto qualificado.

A: incorreta. Se incidirem duas qualificadoras do furto, uma delas servirá para qualificar o crime (ou seja, será suficiente para deslocar a pena a novos patamares), enquanto a outra atuará como circunstância judicial desfavorável; **B**: incorreta, pois o concurso de pessoas pressupõe que o vínculo subjetivo entre elas ocorra antes ou durante a execução do crime; **C**: incorreta. Nos termos do art. 156, § 2º, do CP, não é punível a subtração de coisa comum fungível perpetrada por condômino, coerdeiro ou sócio, desde que a coisa seja fungível e o valor não exceda a quota a que tem direito o agente; **D**: incorreta. A qualificadora do abuso de confiança (art. 155, § 2º, II, primeira figura, do CP) pressupõe que a vítima, por qualquer motivo, deposite no agente, uma especial confiança, além de este ter que se aproveitar de alguma facilidade que a referida confiança lhe proporciona para cometer o crime. Assim, a mera relação de emprego não é suficiente para caracterizar a qualificadora, que, como visto, exige uma especial relação de confiança entre agente e vítima. Nem toda relação empregatícia gera referido vínculo entre empregador e empregado; **E**: correta. De fato, admite-se o reconhecimento do furto híbrido (ou furto privilegiado-qualificado), que, nos termos da Súmula 511 do STJ, exige a primariedade do agente, que o pequeno valor da coisa subtraída e que a qualificadora seja de natureza objetiva.
„Gabarito "E".

(Ministério Público/BA – 2015 – CEFET) Analise as seguintes assertivas acerca dos crimes contra o patrimônio:

I. O delito de furto tem sua pena aumentada se praticado durante o repouso noturno, sempre assim considerado o período entre as 22h e as 06h do dia posterior.
II. No que diz respeito ao momento da consumação do crime de furto, o Supremo Tribunal Federal adota a corrente da *amotio*, segundo a qual o furto se mostra consumado quando a coisa subtraída passa para o poder do agente, mesmo que em curto lapso temporal, independentemente de deslocamento ou posse mansa e pacífica.
III. Os delitos de supressão ou alteração de marca de animais e de introdução ou abandono de animais em propriedade alheia não necessitam, para caracterização de sua consumação, do efetivo prejuízo da vítima, e são de ação penal privada.
IV. A pessoa jurídica pode ser vítima dos crimes de extorsão e de extorsão mediante sequestro.
V. A ação penal nos crimes contra o patrimônio praticados contra irmão depende da iniciativa do ofendido.

Estão CORRETAS as assertivas:

(A) I e II.
(B) I e III.
(C) II e IV.
(D) III e V.
(E) IV e IV.

I: incorreta. A causa de aumento de pena prevista no art. 155, § 1º, do CP, que gera o denominado furto praticado durante o repouso noturno, se caracteriza pelo fato de o agente se valer de um período de menor vigilância das pessoas sobre seus bens, revelando, portanto, maior ousadia (e reprovabilidade do comportamento). O critério a ser utilizado para conceituar o repouso noturno não pode ser "engessado" pela "hora exata de relógio" (ex.: das 22h00 às 6h00), devendo-se levar em consideração os costumes de determinada localidade; **II**: correta. De fato, STJ e STF, majoritariamente, adotaram a teoria da *amotio* (ou da *apprehensio*) para explicar o momento consumativo do furto, bastando, para a consumação do crime em comento que a coisa subtraída passe para o poder do agente, retirando-a da esfera de disponibilidade da vítima, ainda que por curto espaço de tempo, não se exigindo a posse mansa e pacífica da coisa pelo furtador. Confira-se: "*No que se refere à consumação do crime de roubo, esta Corte e o Supremo Tribunal Federal adotam a teoria da apprehensio, também denominada de amotio, segundo a qual considera-se consumado o mencionado delito no momento em que o agente obtém a posse da res furtiva, ainda que não seja mansa e pacífica e/ou haja perseguição policial, sendo prescindível que o objeto do crime saia da esfera de vigilância da vítima.*" (STJ. HC 158.888/SP, Rel. Ministra Laurita Vaz, Quinta Turma, julgado em 16.09.2010, DJ 11.10.2010); **III**: incorreta. O crime do art. 162 do CP (supressão ou alteração de marcas em animais) se consuma com a efetiva supressão ou alteração da marca ou sinal do animal, não importando se o proprietário suportou – ou não – prejuízos econômicos (crime formal). A ação penal é pública incondicionada. No tocante ao crime de introdução ou abandono de animais em propriedade alheia (art. 164 do CP), diferentemente do delito anteriormente referido, o prejuízo é elementar do tipo penal, ou seja, o crime somente se consuma se do fato resultar prejuízo à vítima (crime material). Demais disso, a ação penal é privada, nos termos do art. 167 do CP; **IV**: correta. Os crimes de extorsão (art. 158 do CP) e extorsão mediante sequestro (art. 159 do CP) podem ter como sujeito passivo, além da pessoa diretamente atingida pela violência ou pela privação da liberdade, aquela que suportar o prejuízo patrimonial; **V**: incorreta. Os crimes patrimoniais praticados contra irmãos, desde que afastadas as hipóteses do art. 183 do CP, exigirão representação do ofendido (art. 182, II, do CP), tratando-se de imunidade penal relativa.
„Gabarito "C".

(DPE/PE – 2015 – CESPE) José, réu primário, após subtrair para si, durante o repouso noturno, mediante rompimento de obstáculo, um botijão de gás avaliado em R$ 50,00 do interior de uma residência habitada, foi preso em flagrante delito.

Tendo como referência essa situação hipotética, julgue os itens subsecutivos, com base na jurisprudência dominante dos tribunais superiores a respeito desse tema.

(1) O crime praticado por José é atípico em razão da incidência do princípio da insignificância.
(2) O aumento da pena decorrente da prática do delito durante repouso noturno não se aplica ao crime praticado por José.
(3) Na tipificação do crime praticado por José, admite-se o reconhecimento da figura do furto privilegiado.

1: errada. Primeiramente, registra-se uma falha técnica na assertiva. Não se pode falar em "crime atípico", mas, sim, em "fato atípico". Ao lado disso, na situação trazida no enunciado, não se pode falar em insignificância penal, haja vista que a audácia do agente em praticar o furto durante o repouso noturno, em casa habitada, e mediante rompimento de obstáculo, afastam os requisitos reconhecidos pela jurisprudência para a aplicação do princípio da insignificância, com destaque para o reduzido grau de reprovabilidade do comportamento. Nesse sentido o STJ, no julgamento do HC 231411 RS, no qual se consignou: "*(...) 4. Na espécie dos autos, não há como concluir pela ausência de interesse estatal na repressão do delito perpetrado pelo paciente, por não se reconhecer o reduzido grau de reprovabilidade ou a mínima ofensividade da conduta de quem tentou subtrair, mediante escalada e **rompimento de obstáculo**, para si, vários pedaços de fios duplos, avaliados em R$ 50,00 (cinquenta reais), pois tais circunstâncias, além de qualificar a conduta (**furto qualificado** pela escalada e **rompimento de obstáculo** à subtração da coisa), demonstram maior audácia do agente que a pratica, suficiente, pois, para afastar a incidência do princípio da insignificância*"; **2**: correta. A majorante do repouso noturno, prevista no art. 155, § 1º, do CP, não se aplica às formas qualificadas, previstas nos §§ 4º e 5º, do mesmo dispositivo legal, inclusive por sua disposição topográfica. Entendimento do STJ nas linhava fortemente nesse sentido (por exemplo, HC 131.391/MA, DJe 06.09.2010). Contudo, no âmbito da mesma Corte, no HC 306.450-SP (rel. Min. Maria Thereza de Assis Moura, j. 04.12.2014), decidiu-se pela compatibilidade da majorante em comento (repouso noturno) com as qualificadoras do furto, à semelhança do furto qualificado-privilegiado. A mera disposição topográfica dos dispositivos não é suficiente a impedir a majoração da pena no furto qualificado; **3**: correta. Sendo o réu primário, e a coisa furtada de pequeno valor (até um salário mínimo), nada obstante a qualificadora, será possível admitir o furto qualificado-privilegiado (ou furto híbrido). Assim decidiu o STJ no julgamento do EResp 842.425-RS e, também, no REsp repetitivo 1.193.194-MG. Finalmente, em 11.06.2014, referida Corte aprovou a Súmula 511, segundo a qual é possível o reconhecimento do privilégio previsto no § 2º do art. 155 do CP nos casos de crime de furto qualificado, se estiverem presentes a primariedade do agente, o pequeno valor da coisa e a qualificadora for de ordem objetiva. Importante registrar que se consideram de ordem objetiva as qualificadoras relativas aos meios e modos de execução, donde se exclui a qualificadora do abuso de confiança ou quando empregada fraude (art. 155, § 4º, II, primeira e segunda figuras, do CP).
„Gabarito 1E, 2C, 3C.

(Juiz de Direito/CE – 2014 – FCC) Quanto aos crimes contra o patrimônio, possível assegurar que

(A) é pública condicionada a ação penal no caso de dano cometido por motivo egoístico ou com prejuízo considerável para a vítima.
(B) é causa de aumento da pena no roubo o fato de a vítima estar em serviço de transporte de valores, independentemente de o agente conhecer a circunstância.
(C) é admissível no furto praticado em concurso de pessoas o acréscimo de um terço até metade sobre a pena prevista para a forma simples do delito, por aplicação analógica do disposto para o roubo majorado pela mesma circunstância.
(D) o crime de duplicata simulada é de natureza formal, não exigindo a ocorrência de resultado naturalístico.
(E) cabível o perdão judicial na receptação dolosa simples, se primário o agente e de pequeno valor a coisa.

A: incorreta, pois o dano cometido por motivo egoístico (art. 163, parágrafo único, IV, do CP) proceder-se-á mediante queixa, conforme determina o art. 167 do CP; **B:** incorreta. Nos termos do art. 157, § 2º, III, do CP, a pena do agente será aumentada de um terço até a metade se a vítima estiver em serviço de transporte de valores no momento da empreitada criminosa, mas desde que o agente tenha conhecimento dessa circunstância. Assim não fosse, estaríamos diante de responsabilidade penal objetiva; **C:** incorreta. Nos termos da Súmula 442 do STJ, é inadmissível aplicar, no furto qualificado, pelo concurso de agentes, a majorante do roubo; **D:** correta. De acordo com a doutrina, o crime de duplicata simulada (art. 172, CP) consuma-se no instante em que referido título de crédito é colocado em circulação, sendo apresentado para desconto, independentemente de causação de efetivo prejuízo a terceiro (resultado naturalístico). Trata-se, portanto, de crime formal ou de consumação antecipada; **E:** incorreta. Será cabível o perdão judicial apenas para a receptação culposa (art. 180, § 3º, CP), desde que o agente seja primário. Não se confunde com a receptação privilegiada, à semelhança do furto privilegiado (art. 155, § 2º, CP), cabível quando o agente agir com dolo, e desde que presente a primariedade e o pequeno valor da coisa receptada.
Gabarito "D".

(Magistratura/SC – 2015 – FCC) Sobre crimes contra o patrimônio, considere as seguintes assertivas:

I. O crime de extorsão se perfectibiliza no momento em que a vítima é constrangida, mediante grave ameaça, a fazer, deixar de fazer ou tolerar que se faça alguma coisa. E, tendo o agente exigido numerário, sob pena de mal futuro, caracterizado está referido delito, independentemente de obtenção da vantagem indevida.
II. No sistema legal brasileiro o latrocínio contempla crime complexo, qualificado pelo resultado, formado pela soma dos delitos de roubo e homicídio, doloso ou culposo.
III. O perdão judicial previsto no § 5º do artigo 180 do Código Penal constitui benefício incompatível com a modalidade dolosa do crime de receptação.
IV. O agente que tenta adentrar em estabelecimento ainda que com o intuito de subtrair coisa alheia móvel, mas, por circunstâncias alheias à sua vontade, não efetiva a empreitada criminosa, comete o crime de dano, desde que esse seja mais grave do que o furto tentado.

É correto o que se afirma APENAS em

(A) I, II e III.
(B) I e IV.
(C) II e III.
(D) I, III e IV.
(E) II, III e IV.

I: correta. O crime de extorsão (art. 158 do CP) se consuma quando a vítima é constrangida, após o emprego da violência ou grave ameaça, a fazer, deixar de fazer ou tolerar que se faça algo, independentemente da obtenção da indevida vantagem econômica almejada pelo agente. Trata-se de crime formal ou de consumação antecipada, consoante se depreende da Súmula 96 do STJ, que, repita-se, dispensa a obtenção da indevida vantagem econômica para a consumação do crime em comento; **II:** correta. O latrocínio (art. 157, § 3º, II, do CP) é o clássico exemplo de crime complexo, que é aquele que se caracteriza pela formação de dois ou mais tipos penais autônomos (no caso, roubo e homicídio). Importante anotar que o latrocínio é crime qualificado pelo resultado, podendo a morte decorrer de dolo ou culpa do agente; **III:** correta. O art. 180, § 5º, do CP, permite o perdão judicial apenas para a modalidade culposa de receptação (art. 180, § 3º, do CP). Na modalidade dolosa, será possível apenas o reconhecimento da figura privilegiada, nos mesmos moldes previstos no art. 155, § 2º, do CP; **IV:** incorreta. O agente responderá por furto tentado, e não por dano, ainda que, para ingressar no estabelecimento, tenha rompido ou destruído obstáculo à subtração da coisa. Nesse caso, responderá por tentativa de furto qualificado (art. 155, § 4º, I, c.c. art. 14, II, ambos do CP).
Gabarito "A".

(Promotor de Justiça/ES – 2013 – VUNESP) O roubo

(A) qualificado pela morte (latrocínio) é considerado hediondo apenas quando consumado.
(B) será qualificado pela morte (latrocínio), se a violência for intencional provocando a morte (dolosa ou culposamente).
(C) poderá ser qualificado pela morte, se a violência não for intencional e o resultado for culposo.
(D) impróprio admite que a violência seja praticada durante a subtração.
(E) qualificado por lesões graves é considerado hediondo.

A: incorreta, pois tanto o latrocínio tentado quanto o consumado são considerados hediondos, já que o art. 1º, II, da Lei 8.072/1990 não faz qualquer distinção a respeito; **B:** correta, pois o latrocínio é o crime de roubo qualificado pela morte, que pode ocorrer de forma dolosa ou culposa, previsto no art. 157, § 3º, II, do CP. Muito embora esta alternativa tenha sido assinalada como correta, há entendimento minoritário em sentido contrário, defendido por *Israel Domingos Jorio*, segundo o qual *"o resultado morte somente pode ser atribuído ao agente a título de culpa, cuidando-se, portanto, de um crime preterdoloso. Caso o agente, segundo o renomado autor, mesmo que com a finalidade de levar a efeito a subtração, viesse a causar, dolosamente, a morte da vítima, deveria ser aplicado o raciocínio correspondente ao concurso de crimes"* (GRECO, Rogério. Código Penal Comentado, 7ª edição, 2013, Ed. *Impetus*); **C:** incorreta, pois o roubo somente poderá ser qualificado pela morte, se a violência for intencional, podendo o resultado ser doloso ou culposo, já que em hipótese alguma se admite que o agente seja responsabilizado pela ocorrência de um resultado que não lhe era ao menos previsível; **D:** incorreta, pois o roubo impróprio se caracteriza pela conduta do agente que realiza a subtração patrimonial não violenta mas que, durante a execução do delito, emprega violência contra pessoa ou grave ameaça, a fim de assegurar a impunidade do crime ou a detenção da coisa para si ou para terceiro (art. 157, § 1º, do CP); **E:** incorreta, pois somente é considerado crime hediondo o latrocínio, que é o roubo qualificado pela morte (art. 1º, II, da Lei 8.072/1990) e não pela lesão corporal de natureza grave.
Gabarito "B".

(Magistratura/PE – 2013 – FCC) Quanto aos crimes contra o patrimônio, é correto afirmar que

(A) a consumação do crime de extorsão independe da obtenção da vantagem indevida, segundo entendimento sumulado do Superior Tribunal de Justiça.
(B) cabível a diminuição da pena na extorsão mediante sequestro para o coautor que denunciá-la à autoridade, facilitando a libertação do sequestrado, apenas se o crime é cometido por quadrilha ou bando.
(C) independe de comprovação de fraude o delito de estelionato na modalidade de emissão de cheque sem suficiente provisão de fundos em poder do sacado.
(D) equiparável à atividade comercial, para efeito de configuração da receptação qualificada, qualquer forma de comércio irregular ou clandestino, excluído o exercido em residência.
(E) configura o delito de extorsão indireta o ato de exigir, como garantia de dívida, abusando da situação de alguém, documento que pode dar causa a procedimento civil contra a vítima ou contra terceiro.

A: correta, nos exatos termos da Súmula 96 do STJ ("o crime de extorsão consuma-se independentemente da obtenção da vantagem indevida"); **B:** incorreta. Nos termos do art. 159, § 4º, do CP, se o crime é cometido em *concurso*, o concorrente que o denunciar à autoridade, facilitando a libertação do sequestrado, terá sua pena reduzida de uma dois terços. Perceba que a lei fala em "concurso", e não em quadrilha ou bando; **C:** incorreta. Tratando-se a emissão de cheque sem suficiente provisão de fundos de modalidade de estelionato (art. 171, § 2º, VI, do CP), imprescindível – e inerente ao próprio tipo penal fundamental – o emprego de fraude. O próprio *nomem juris* do crime em comento é "fraude no pagamento por meio de cheque". O agente irá utilizar referido título de crédito como meio para enganar a vítima, dela obtendo vantagem indevida, induzindo-a a erro mediante a entrega do cheque, mas sem lastro suficiente; **D:** incorreta. Nos termos do art. 180, § 2º, do CP, equipara-se à atividade comercial, para efeito do parágrafo anterior, qualquer forma de comércio irregular ou clandestino, *inclusive o exercício em residência*; **E:** incorreta. Confira-se a redação típica do art. 160 do CP: "Exigir ou receber, como garantia de dívida, abusando da situação de alguém, documento que pode dar causa a *procedimento criminal* contra a vítima ou contra terceiro".
Gabarito "A".

(Magistratura/SP – 2013 – VUNESP) A, por motivo egoístico, ordenou a destruição de parte de uma fazenda colonial, de sua propriedade, especialmente protegida por decisão judicial de tutela antecipada, concedida nos autos de ação civil pública movida pelo Ministério Público com vistas à preservação, em sua inteireza, do imóvel, em razão de seu valor histórico, cultural e arquitetônico, cujo processo de tombamento, porém, ainda não havia sido instaurado. Nesse caso, o agente praticou

(A) o crime previsto no artigo 62, inciso I, da Lei n.º 9.605/1998, que define os crimes ambientais.
(B) o crime de dano qualificado pelo motivo egoístico, previsto no artigo 163, parágrafo único, inciso IV, do Código Penal.
(C) o fato no exercício regular de direito, uma vez que era o proprietário do imóvel.
(D) conduta atípica, uma vez que o imóvel não era tombado, nem iniciado o seu tombamento e provisória a decisão judicial que o protegia.

A: correta. Nos termos do art. 62, I, da Lei 9.605/1998, constitui crime ambiental o fato de o agente "destruir, inutilizar ou deteriorar bem especialmente protegido por lei, ato administrativo ou decisão judicial". Ora, considerando que "A" ordenou a destruição de parte de uma fazenda colonial objeto de tutela jurisdicional de urgência concedida em ação civil pública, incorreu na figura típica referida; **B:** incorreta, pois, como visto no comentário anterior, a conduta do agente amolda-se a crime da Lei 9.605/1998, que, em razão da especialidade, prevalece sobre a "norma geral" contida no art. 163 do CP (crime de dano); **C:** incorreta, pois, a despeito de "A" ser proprietário do imóvel que ordenou a destruição, o fato é que sobre referido bem pendia tutela jurisdicional antecipatória de proteção ao meio ambiente cultural; **D:** incorreta, pois o art. 62, I, da Lei dos Crimes Ambientais (Lei 9.605/1998) não exige que a decisão judicial que esteja a proteger o bem seja definitiva (aqui considerada a decisão final, em cognição exauriente), bastando que exista, repita-se, decisão judicial (mesmo as de caráter provisório, como as de urgência).

Gabarito "A".

(Magistratura/SP – 2013 – VUNESP) A e B, agindo em concurso e com unidade de desígnios entre si, mediante grave ameaça, exercida com o emprego de arma de fogo, abordaram C, que reagiu após o anúncio de assalto. Ante a reação, B efetuou um disparo contra C, mas por erro na execução, o projétil atingiu o comparsa, causando-lhe a morte. Em seguida, B pôs-se em fuga, sem realizar a subtração patrimonial visada.

Esse fato configura

(A) roubo tentado e homicídio consumado, em concurso material.
(B) latrocínio tentado.
(C) homicídio consumado.
(D) latrocínio consumado.

De fato, se B, durante a prática de roubo com emprego de arma perpetrado com seu comparsa A, em razão da reação da vítima C, desfere disparo que atinge o coautor do crime, matando-o, responderá por latrocínio consumado. É que, nessa hipótese, verifica-se a hipótese de *aberratio ictus* ou erro na execução, na qual o agente, por acidente ou erro no uso dos meios de execução, no lugar de atingir a pessoa que pretendia, atinge pessoa diversa. Neste caso, em consonância com o disposto no art. 73 do CP, *serão levadas em consideração as características da pessoa contra a qual o agente queria investir mas não conseguiu*. Logo, a despeito de ter havido a morte de um dos agentes delitivos, não restam dúvidas de que B pretendia atingir C, mas, por erro, matou A. Tratando-se de erro meramente acidental, responderá o agente como se houvesse matado a vítima pretendida (no caso, C). Não se pode cogitar de latrocínio tentado, tendo em vista que, nos termos da Súmula 610 do STF, a consumação do crime em comento exige, apenas, o homicídio consumado, ainda que a subtração tenha sido tentada.

Gabarito "D".

(Ministério Público/SP – 2013 – PGMP) O Superior Tribunal de Justiça pacificou entendimento no sentido de que a conduta dos agentes que, mediante grave ameaça exercida com emprego de arma, depois de subtrair os pertences da vítima, na mesma circunstância fática, exigem a entrega do cartão bancário e respectiva senha, os quais são por eles utilizados para saque de dinheiro da conta corrente dessa vítima, configura

(A) roubo com dupla majorante somente, porque há crime único.
(B) roubo com dupla majorante em concurso com extorsão simples (para evitar o *bis in idem* do concurso de agentes e do uso de arma).
(C) roubo com dupla majorante e extorsão majorada em continuidade.
(D) roubo com dupla majorante e extorsão majorada em concurso material.
(D) extorsão com dupla majorante somente, em face da consunção.

De acordo com o entendimento do Superior Tribunal de Justiça, configura hipótese de concurso material entre os crimes de roubo e extorsão, a conduta do autor que, após subtrair bens de propriedade da vítima, a obriga, também mediante ameaça, a efetuar compras de outros bens, visando à obtenção de indevida vantagem econômica (REsp 437.157/SP, Rel. Min. Arnaldo Esteves Lima, 5ª Turma, j. 05/02/2009). Assim, é do enunciado que os agentes, após subtraírem, com emprego de arma, os pertences da vítima – fato este caracterizador do crime de roubo majorado pelo concurso de agentes e emprego de arma (art. 157, § 2º, I e II, do CP) – exigiram dela o cartão magnético e senha para o saque de dinheiro de sua conta corrente – fato que se subsume ao tipo penal de extorsão majorada pelo concurso de agentes e emprego de arma (art. 158, § 1º, do CP). Portanto, os agentes, de acordo com o STJ, devem responder por ambos os crimes (roubo duplamente majorado e extorsão majorada), em concurso material.

Gabarito "D".

(Ministério Público/SP – 2013 – PGMP) Considere os seguintes delitos contra o patrimônio.

I. Agente, mediante o emprego de arma de fogo e concurso de agentes, invadiu a casa da amante do Governador e dali subtraiu o cofre que continha os dólares das propinas por ele recebidas em função do seu cargo, fugindo em seguida.

II. Funileiro recebeu a camioneta de Cliente para conserto. Após arrumá-la, resolveu alterar o número do "chassis" do veículo e chamar seu amigo Onça para nele passearem juntos. Funileiro parou então na casa da sua namorada e, depois de cientificar o amigo da adulteração, entregou o veículo para Onça dar uma volta. Este, no entanto, foi até a sua residência, colocou todas as suas coisas na camioneta e viajou com ela para sua cidade natal.

III. Sósia de famoso banqueiro do jogo do bicho, fazendo-se passar pelo Contraventor, enganou o "Recolhe" das bancas, obteve dele a maleta repleta do dinheiro das apostas e saiu do local normalmente.

Partindo-se do pressuposto de que todas as ações criminosas (assim como os delitos que as antecederam) chegaram ao conhecimento da polícia, foram apuradas, todos os agentes foram identificados, o objeto material de cada um dos crimes foi recuperado e foram promovidas as devidas ações penais; e lembrando que não cabe ao Direito tutelar o que é ilícito, nem pode o sujeito se beneficiar de suas atividades criminosas – e que, por isso, o produto e o proveito das infrações penais devem ser expropriados; assinale a alternativa que indica a(s) hipótese(s) em que NÃO poderiam os magistrados nas condenações declarar a perda do objeto material dos delitos em apreço em favor do Estado ou da União.

(A) Em todas as hipóteses.
(B) Apenas nas hipóteses II e III.
(C) Apenas na hipótese II.
(D) Apenas nas hipóteses I e II.
(E) Apenas na hipótese III.

I: poderia, na hipótese contida na assertiva, ser decretada a perda do dinheiro subtraído por Agente da casa da amante do Governador, visto que se tratava de produto de crime antecedente (propinas recebidas por referido agente político em função do seu cargo). Nos termos do art. 91, II, do CP, será objeto de confisco os instrumentos do crime (alínea "a"), desde que consistam em coisas cujo fabrico, uso, alienação, porte ou detenção constitua fato ilícito, bem como o produto do crime ou de qualquer bem ou valor que constitua proveito auferido pelo agente com a prática do fato criminoso (alínea "b"). A assertiva traz hipótese de confisco de produto do crime; **II:** não poderia, na hipótese contida na assertiva, ser a camioneta de Cliente perdida em favor da União ou do Estado, visto que, apesar de Funileiro tê-la adulterado o "chassis", fato caracterizador do crime do art. 311 do CP. É que, nesse caso, ainda que referido veículo tenha sido posteriormente apreendido em poder de Onça, o fato é que se trata de produto do crime que deverá ser restituído à vítima. É claro que, na hipótese, o "chassis", por ter sido adulterado, deverá ser de alguma forma recuperado/remarcado para sua forma original para que o automotor possa circular normalmente; **III:** na hipótese descrita na assertiva, o dinheiro das apostas de jogo do bicho, que constitui contravenção penal, uma vez apreendido, deverá, sim, ser confiscado, visto que se trata de produto do crime (art. 92, I, "b", do CP).

Gabarito "C".

(Magistratura do Trabalho – 3ª Região – 2013) Na sistemática do Código Penal, não configura uma das hipóteses de furto qualificado:

(A) Subtrair o condômino, coerdeiro ou sócio, para si ou para outrem, a quem legitimamente a detém, a coisa comum.
(B) Subtrair, para si ou para outrem, coisa alheia móvel, com destruição ou rompimento de obstáculo à subtração da coisa.
(C) Subtrair, para si ou para outrem, coisa alheia móvel, com abuso de confiança, ou mediante fraude, escalada ou destreza.
(D) Subtrair, para si ou para outrem, coisa alheia móvel, com emprego de chave falsa.
(E) Subtrair, para si ou para outrem, coisa alheia móvel, mediante concurso de duas ou mais pessoas.

A: incorreta, devendo ser assinalada, já que corresponde à descrição típica do crime de *furto de coisa comum* (art. 156, CP); **B:** correta – modalidade de furto qualificado previsto no art. 155, § 4º, I, do CP; **C:** correta – modalidade de furto qualificado previsto no art. 155, § 4º, II, do CP; **D:** correta – modalidade de furto qualificado previsto no art. 155, § 4º, III, do CP; **E:** correta – modalidade de furto qualificado previsto no art. 155, § 4º, IV, do CP.

Gabarito "A".

(Procurador do Trabalho – 2013 – MPT) Marque a alternativa **CORRETA**:

(A) É causa de extinção da punibilidade do crime de apropriação indébita previdenciária o pagamento espontâneo das contribuições, importâncias ou valores antes da decisão da ação fiscal.
(B) Na apropriação indébita previdenciária o agente pratica o crime quando deixa de transferir à previdência social contribuições de seus empregados, mesmo que não as tenha recolhido ou descontado.
(C) Nos casos em que o criminoso é primário e a apropriação é de pequeno valor, o juiz deve diminuir a pena de reclusão da apropriação indébita previdenciária de um a dois terços ou substituí-la pela pena de detenção; isso não está na lei.
(D) Pode haver perdão judicial, se o agente for primário e de bons antecedentes, e o valor das contribuições devidas, inclusive acessórias, seja igual ou inferior àquele estabelecido pela previdência social, administrativamente, como sendo o mínimo para o ajuizamento de suas execuções fiscais.
(E) não respondida.

A: correta, pois reflete o que dispõe o art. 168-A, § 2º, do CP; **B:** incorreta, já que o objeto da conduta prevista no tipo penal do art. 168-A do CP é a contribuição efetivamente *recolhida* dos contribuintes; se a contribuição ainda não foi recolhida, não há como deixar de repassá-la; **C:** benefício somente previsto para os crimes de furto (art. 155, § 2º, do CP), apropriação indébita (art. 170, CP) e estelionato (art. 171, § 1º, do CP); **D:** incorreta, dado que, presentes os requisitos contemplados no art. 168-A, § 3º, do CP, impõe-se o reconhecimento do perdão judicial ou da figura privilegiada.

Gabarito "A".

20. CRIMES CONTRA A DIGNIDADE SEXUAL

(Delegado – PC/BA – 2018 – VUNESP) A respeito dos crimes sexuais, previstos no Título VI, do Código Penal, assinale a alternativa correta.

(A) Não se tipifica crime de estupro se o agente é cônjuge da vítima, já que o casamento impõe aos cônjuges o dever de prestação sexual.
(B) A prática de conjunção carnal ou outro ato libidinoso com menor de 18 (dezoito) anos é estupro de vulnerável, previsto no artigo 217-A do Código Penal.
(C) A prática de conjunção carnal ou qualquer outro ato libidinoso com adolescente de idade entre 14 (catorze) e 18 (dezoito) anos, em situação de prostituição, é atípica.
(D) Os crimes sexuais, com exceção do estupro de vulnerável, são processáveis mediante ação penal pública condicionada à representação.
(E) Haverá aumento de pena se o agente transmite à vítima doença sexualmente transmissível de que sabe ou deveria saber ser portador.

A: incorreta. Há tempos atrás, considerava-se que o homem tinha o direito de constranger sua esposa, com emprego de violência ou grave ameaça, a com ele praticar conjunção carnal. Ou seja, ao marido era dado o direito de estuprar a própria esposa. Tal concepção se fundava no fato de que a conjunção carnal constituía um dever imposto aos cônjuges pela lei civil, como decorrência da sociedade conjugal. Somente era dado à esposa recusar a relação sexual se houvesse justificativa para tanto, como, por exemplo, no caso de o homem ser portador de doença venérea. Aí sim poderia, em princípio, configurar-se o crime de estupro. Sucede que este entendimento está superado. Atualmente, a mulher pode, sim, figurar como sujeito passivo do crime de estupro cometido pelo marido. Ainda que a lei imponha o dever de conjunção carnal aos cônjuges, não se revela razoável que o homem tenha o direito de fazer valer esse direito à força, dada a sua incompatibilidade com a dignidade da mulher, que poderá recusar o coito por motivos íntimos. Quanto a isso, conferir a lição de Guilherme de Souza Nucci: "O cônjuge como sujeito ativo: deve-se incluir o marido ou a esposa, uma vez que o cônjuge não é objeto sexual, cada qual possuindo iguais direitos no contexto da sociedade conjugal (...)". Prossegue afirmando que "antigamente, tinha o homem o direito de subjugar a mulher à conjunção carnal, com o emprego de violência ou grave ameaça, somente porque o direito civil assegura a ambos o débito conjugal. Alegava-se exercício regular de direito. Porém, tal situação não criava o direito de estuprar a esposa, mas sim o de exigir, se fosse o caso, o término da sociedade conjugal na esfera civil, por infração a um dos deveres do casamento" (*Código Penal Comentado*. 18. ed., São Paulo: Forense, 2017. p. 1199); **B:** incorreta. Isso porque o conceito de vulnerabilidade, decorrente da idade da vítima, para o fim de configurar o crime do art. 217-A do CP (estupro de vulnerável), somente alcança a pessoa menor de 14 anos. Se contar com 14 anos ou mais, somente restará configurado o crime do art. 217-A se se tratar de vítima que, por enfermidade ou deficiência mental, não dispõe do necessário discernimento para consentir na prática do ato sexual ou, por qualquer outra razão, não pode oferecer resistência (art. 217-A, § 1º, do CP); **C:** incorreta, pois constitui o crime definido no art. 218-B, § 2º, I, do CP; **D:** incorreta. A Lei 13.718/2018, bem posterior à elaboração desta questão, promoveu uma série de alterações no universo dos crimes sexuais, aqui incluída a natureza da ação penal. Senão vejamos. A ação penal, nos delitos sexuais, era, em regra, de iniciativa privada. Era o que estabelecia a norma contida no *caput* do art. 225 do Código Penal. As exceções ficavam por conta do § 1º do dispositivo. Com o advento da Lei 12.015/09, que introduziu uma série de modificações nos crimes sexuais, agora chamados *crimes contra a dignidade sexual*, nomenclatura, a nosso ver, mais adequada aos tempos atuais, a ação penal deixou de ser privativa do ofendido para ser pública condicionada à representação, exceção feita às hipóteses em que a vítima era menor de 18 anos ou pessoa vulnerável, caso em que a ação era pública incondicionada (art. 225, parágrafo único, do CP). Era esta a regra em vigor ao tempo em que esta questão foi elaborada. Pois bem. Bem recentemente, entrou em vigor a Lei 13.718/2018, que, dentre várias inovações implementadas nos crimes contra a dignidade sexual, mudou, uma vez mais, a natureza da ação penal nesses delitos. Com isso, a ação penal, nos crimes sexuais, passa a ser pública incondicionada. Vale lembrar que, antes do advento desta Lei, a ação era, em regra, pública condicionada, salvo nas situações em que a vítima era vulnerável ou menor de 18 anos. Fazendo um breve histórico, temos o seguinte quadro: a ação penal, nos crimes sexuais, era, em regra, privativa do ofendido, a este cabendo a propositura da ação penal; posteriormente, a partir do advento da Lei 12.015/2009, a ação penal, nesses crimes, deixou de ser privativa do ofendido para ser pública condicionada a representação, em regra; agora, com a entrada em vigor da Lei 13.718/2018, a ação penal, nos crimes contra a dignidade sexual, que antes era pública condicionada, passa a ser pública incondicionada. Com isso, o titular da ação penal, que é o MP, prescinde de manifestação de vontade da vítima para promover a ação penal. Dessa forma, fica sepultado o debate que antes havia acerca da aplicação da Súmula 608, do STF. É importante que se diga que, além da alteração a que fizemos referência, a Lei 13.718/2018 promoveu, no contexto dos crimes sexuais, outras relevantes mudanças. Uma das mais significativas, a nosso ver, é a introdução, no Código Penal, do crime de *importunação sexual*, disposto no art. 215-A, nos seguintes termos: *Praticar contra alguém e sem a sua anuência ato libidinoso com o objetivo de satisfazer a própria lascívia ou a de terceiro: Pena – reclusão, de 1 (um) a 5 (cinco) anos, se o ato não constitui crime mais grave.* A conduta de homens que, em ônibus e trens lotados, molestam mulheres e, em alguns casos, chegam a ejacular, se enquadra, doravante, neste novo tipo penal. Episódio amplamente divulgado pelos meios de comunicação é o de um homem que, dentro do transporte público, em São Paulo, ejaculou no pescoço de uma mulher. Antes, a responsabilização se dava pela contravenção penal de *importunação ofensiva ao pudor*, definida no art. 61 da LCP, cujo preceito secundário estabelecia exclusivamente pena de multa, dispositivo este que foi revogado, de forma expressa, pela Lei 13.718/2018, tendo a conduta ali descrita migrado para o novo art. 215-A do CP, em face da regra da continuidade típico-normativa. Evidente que a pena, agora mais grave, não poderá retroagir e atingir fatos anteriores à entrada em vigor da Lei 13.718/2018. Outra importante inovação refere-se à inclusão, no art. 218-C, do delito de *divulgação de cena de estupro ou de cena de estupro de vulnerável, de cena de sexo ou de pornografia*. O objetivo do legislador, com a tipificação desta conduta, foi o de coibir um fenômeno que, infelizmente, tem sido cada vez mais comum, que é a violação da intimidade com a exposição sexual não autorizada. Inclui-se, aqui, a chamada *pornografia da vingança*, em que fotografias e vídeos de conteúdo íntimo de alguém (normalmente mulher) são divulgados na internet pelo ex-esposo ou ex-namorado como forma de vingança. A partir daí, o conteúdo é disseminado, nas redes sociais e em grupos de whatsapp, de forma exponencial. O art. 218-C contempla uma causa de aumento de pena, a configurar-se quando o crime é praticado por agente que mantém ou tenha mantido relação íntima de afeto com a vítima ou com o fim de vingança ou humilhação. No que concerne ao estupro de vulnerável, previsto no art. 217-A do CP, a Lei 13.718/2018, ao inserir o § 5º nesse dispositivo legal, consagra o entendimento adotado pela Súmula 593, do STJ, no sentido de que o consentimento e a experiência sexual anterior são irrelevantes à configuração do crime de estupro de vulnerável. Por fim, a Lei 13.718/2018 fez inserir, no art. 226 do CP, o inciso IV, estabelecendo que a pena será aumentada nos casos de *estupro coletivo* e *estupro corretivo*. Mais recentemente, a **Lei 13.772/2018, inseriu, nos crimes contra a dignidade sexual, do delito de** *registro não autorizado da intimidade sexual*, definido no art. 216-A, que passa a integrar o novo Capítulo I-A do Título VI. Segundo a descrição típica, este novo crime restará configurado quando o agente *produzir, fotografar, filmar ou registrar, por qualquer meio, conteúdo com cena de nudez ou ato sexual ou libidinoso de caráter íntimo e privado sem autorização dos participantes*. A pena é de detenção, de 6 (seis) meses a 1 (um) ano, e multa. O que fez esta Lei, ao inserir no CP este novo crime, foi superar a lacuna em relação à conduta do agente que registrava a prática de atos sexuais entre terceiros, sem que estes, obviamente, tivessem conhecimento. Esta conduta, vale dizer, não é de rara ocorrência. Imaginemos a hipótese em que o proprietário de uma casa ou mesmo de um motel instale, de forma oculta e sorrateira, uma câmera com o fim de registrar a prática de atos sexuais entre pessoas que ali se encontram. Antes do advento desta Lei, tal conduta não configurava crime. Segundo estabelece o parágrafo único do art. 216-A, incorrerá na mesma pena aquele que *realiza montagem em fotografia, vídeo, áudio ou qualquer outro registro com o fim de incluir pessoa em cena de nudez ou ato sexual ou libidinoso de caráter íntimo*. No crime do *caput*, a cena de sexo registrada às escondidas é verdadeira, ou seja, ela de fato ocorreu na forma como foi registrada. No caso do parágrafo único, o agente realiza uma montagem, ou seja, cria o registro de uma cena de sexo envolvendo pessoas que dela não participaram. Basta, aqui, recordar da montagem envolvendo certo candidato ao Governo do Estado de São Paulo nas últimas eleições, que apareceu em cena de sexo explícito. Pelo que se constatou, o rosto do então candidato foi manipulado por meio de recursos gráficos. Como não poderia deixar de ser, esta montagem ganhou, rapidamente, as redes sociais e aplicativos de mensagem. Importante que se diga que as condutas, tanto a do *caput* quanto a do parágrafo único, constituem infração penal de menor potencial ofensivo, aplicando-se, bem por isso, os benefícios e o procedimento da Lei 9.099/1995; **E:** correta (art. 234-A, IV, do CP). ED

Gabarito "E".

(Juiz de Direito – TJM/SP – VUNESP – 2016) Com o ingresso da Lei nº 12.015/2009, os crimes sexuais sofreram significativa mudança. A respeito dessas alterações, assinale a alternativa correta.

(A) Os crimes contra a dignidade sexual, a partir do ano de 2009, em regra, são processáveis mediante ação penal pública incondicionada.
(B) Os processos que envolvem crimes contra a dignidade sexual, por expressa determinação legal, são sigilosos.
(C) A figura da presunção de violência foi substituída pela figura da presunção de vulnerabilidade, inexistindo tipo penal autônomo de crime contra a dignidade sexual para sujeito passivo em situação de vulnerabilidade.
(D) A prática de conjunção carnal com alguém menor de 18 anos e maior de 14 anos, em situação de prostituição, não é conduta típica.
(E) Com a revogação do antigo artigo 214 do CP, que previa o crime de atentado violento ao pudor, houve *abolitio criminis* das condutas que o caracterizavam.

A: incorreta. A Lei 13.718/2018, bem posterior à elaboração desta questão, promoveu uma série de alterações no universo dos crimes sexuais, aqui incluída a natureza da ação penal. Senão vejamos. A ação penal, nos delitos sexuais, era, em regra, de iniciativa privada. Era o que estabelecia a norma contida no *caput* do art. 225 do Código Penal. As exceções ficavam por conta do § 1º do dispositivo. Com o advento da Lei 12.015/09, que introduziu uma série de modificações nos crimes sexuais, agora chamados *crimes contra a dignidade sexual*, nomenclatura, a nosso ver, mais adequada aos tempos atuais, a ação penal deixou de ser privativa do ofendido para ser pública condicionada à representação, exceção feita às hipóteses em que a vítima era menor de 18 anos ou pessoa vulnerável, caso em que a ação era pública incondicionada (art. 225, parágrafo único, do CP). Era esta a regra em vigor ao tempo em que esta questão foi elaborada. Pois bem. Bem recentemente, entrou em vigor a Lei 13.718/2018, que, dentre várias inovações implementadas nos crimes contra a dignidade sexual, mudou, uma vez mais, a natureza da ação penal nesses delitos. Com isso, a ação penal, nos crimes sexuais, passa a ser pública incondicionada. Vale lembrar que, antes do advento desta Lei, a ação era, em regra, pública condicionada, salvo nas situações em que a vítima era vulnerável ou menor de 18 anos. Fazendo um breve histórico, temos o seguinte quadro: a ação penal, nos crimes sexuais, era, em regra, privativa do ofendido, a este cabendo a propositura da ação penal; posteriormente, a partir do advento da Lei 12.015/2009, a ação penal, nesses crimes, deixou de ser privativa do ofendido para ser pública condicionada a representação, em regra; agora, com a entrada em vigor da Lei 13.718/2018, a ação penal, nos crimes contra a dignidade sexual, que antes era pública condicionada, passa a ser pública incondicionada. Com isso, o titular da ação penal, que é o MP, prescinde de manifestação de vontade da vítima para promover a ação penal. Dessa forma, fica sepultado o debate que antes havia acerca da aplicação da Súmula 608, do STF. É importante que se diga que, além da alteração a que fizemos referência, a Lei 13.718/2018 promoveu, no contexto dos crimes sexuais, outras relevantes mudanças. Uma das mais significativas, a nosso ver, é a introdução, no Código Penal, do crime de *importunação sexual*, disposto no art. 215-A, nos seguintes termos: *Praticar contra alguém e sem a sua anuência ato libidinoso com o objetivo de satisfazer a própria lascívia ou a de terceiro: Pena – reclusão, de 1 (um) a 5 (cinco) anos, se o ato não constitui crime mais grave*. A conduta de homens que, em ônibus e trens lotados, molestam mulheres e, em alguns casos, chegam a ejacular, se enquadra, doravante, neste novo tipo penal. Episódio amplamente divulgado pelos meios de comunicação é o de um homem que, dentro do transporte público, em São Paulo, ejaculou no pescoço de uma mulher. Antes, a responsabilização se dava pela contravenção penal de *importunação ofensiva ao pudor*, definida no art. 61 da LCP, cujo preceito secundário estabelecia exclusivamente pena de multa, dispositivo este que foi revogado, de forma expressa, pela Lei 13.718/2018, tendo a conduta ali descrita migrado para o novo art. 215-A do CP, em face da regra da continuidade típico-normativa. Evidente que a pena, agora mais grave, não poderá retroagir e atingir fatos anteriores à entrada em vigor da Lei 13.718/2018. Outra importante inovação refere-se à inclusão, no art. 218-C, do delito de *divulgação de cena de estupro ou de cena de estupro de vulnerável, de cena de sexo ou de pornografia*. O objetivo do legislador, com a tipificação desta conduta, foi o de coibir um fenômeno que, infelizmente, tem sido cada vez mais comum, que é a violação da intimidade com a exposição sexual não autorizada. Inclui-se, aqui, a chamada *pornografia da vingança*, em que fotografias e vídeos de conteúdo íntimo de alguém (normalmente mulher) são divulgados na internet pelo ex-esposo ou ex-namorado como forma de vingança. A partir daí, o conteúdo é disseminado, nas redes sociais e em grupos de whatsapp, de forma exponencial. O art. 218-C contempla uma causa de aumento de pena, a configurar-se quando o crime é praticado por agente que mantém ou tenha mantido relação íntima de afeto com a vítima ou com o fim de vingança ou humilhação. No que concerne ao estupro de vulnerável, previsto no art. 217-A do CP, a Lei 13.718/2018, ao inserir o § 5º nesse dispositivo legal, consagra o entendimento adotado pela Súmula 593, do STJ, no sentido de que o consentimento e a experiência sexual anterior são irrelevantes à configuração do crime de estupro de vulnerável. Por fim, a Lei 13.718/2018 fez inserir, no art. 226 do CP, o inciso IV, estabelecendo que a pena será aumentada nos casos de *estupro coletivo* e *estupro corretivo*; **B:** correta, pois reflete a regra contida no art. 234-B do CP, introduzida pela Lei 12.015/2009; **C:** incorreta. *Vide* arts. 217-A e 218-B, ambos do CP, respectivamente *estupro de vulnerável* e *favorecimento da prostituição ou de outra forma de exploração sexual de criança ou adolescente ou de vulnerável*; **D:** incorreta, uma vez que a conduta a que se refere a proposição está tipificada no art. 218-B, § 2º, I, do CP; **E:** incorreta. Com o advento da Lei 12.015/2009, que promoveu uma série de mudanças na disciplina dos crimes sexuais, o estupro – art. 213 do CP –, que incriminava tão somente a conjunção carnal realizada com mulher, mediante violência ou grave ameaça, passou a incorporar, também, a conduta antes contida no art. 214 do CP – dispositivo hoje revogado (art. 7º da Lei 12.015/2009). Assim, constitui estupro, na sua nova forma, toda modalidade de violência sexual levada a efeito para qualquer fim libidinoso, incluída, por óbvio, a conjunção carnal. Dessa forma, o crime do art. 213 do CP, com a mudança implementada pela Lei 12.015/2009, passa a comportar, além da conduta consubstanciada na conjunção carnal violenta, contra homem ou mulher, também o comportamento consistente em obrigar alguém a praticar ou permitir que com o sujeito ativo se pratique outro ato libidinoso que não a conjunção carnal (conduta anteriormente prevista no art. 214 do CP). Nesse sentido, o seguinte julgado do STJ: "Com a superveniência da Lei 12.015/2009, a conduta do crime de atentado violento ao pudor, anteriormente prevista no art. 214 do Código Penal, foi inserida naquela do art. 213, constituindo, assim, quando praticadas contra a mesma vítima e num mesmo contexto fático, crime único de estupro" (AgRg no REsp 1127455-AC, 6ª T., rel. Min. Sebastião Reis Júnior, 28.08.2012). **ED**

Gabarito "B".

(Delegado/AP – 2017 – FCC) Nas infrações contra a dignidade sexual:

I. Induzir ou atrair alguém à prostituição ou outra forma de exploração sexual, facilitá-la, impedir ou dificultar que alguém a abandone é crime punido com detenção.
II. O estupro de vulnerável é descrito como ter conjunção carnal ou praticar outro ato libidinoso com menor de 16 anos.
III. A pena é aumentada de quarta parte se o crime é cometido com o concurso de 2 ou mais pessoas.
IV. A pena é aumentada de metade, se o agente é ascendente, padrasto ou madrasta, tio, irmão, cônjuge, companheiro, tutor, curador, preceptor ou empregador da vítima ou por qualquer outro título tem autoridade sobre ela.

Está correto o que se afirma APENAS em
(A) I e II.
(B) II e III.
(C) I e IV.
(D) III.
(E) III e IV.

I: incorreta. A conduta descrita neste item corresponde ao crime de favorecimento da prostituição ou outra forma de exploração sexual (art. 228 do CP), punido com reclusão de 2 (dois) a 5 (cinco) anos, e multa; **II:** incorreta. Uma das modalidades de estupro de vulnerável (art. 217-A do CP) consistente no fato de o agente ter conjunção carnal ou praticar outro ato libidinoso com menor de 14 (quatorze) anos; **III:** correta. De fato, o art. 226, I, do CP, dispõe que os crimes contra a dignidade sexual terão a pena majorada de quarta parte se cometidos com o concurso de 2 (duas) ou mais pessoas; **IV:** correta. Nos termos do art. 226, II, do CP, cuja redação foi alterada por força da Lei 13.718/2018, nos crimes sexuais, a pena será aumentada de metade, se o agente é ascendente, padrasto ou madrasta, tio, irmão, cônjuge, companheiro, tutor, curador, preceptor ou empregador da vítima ou por qualquer outro título tem autoridade sobre ela. **AT**

Gabarito "E".

(Delegado/MS – 2017 – FAPEMS) A dignidade sexual integra o princípio maior da dignidade da pessoa humana e recebe do Estado proteção especial cujas normas penais e sanções passaram nos últimos tempos por grandes modificações, a fim de se adequarem à nova realidade, que envolve em particular a liberdade sexual das pessoas, garantindo a sua livre manifestação e reprimindo quem de alguma forma lhe cause limitação ou aflição. No que diz respeito aos crimes de estupro e estupro de vulnerável, assinale a alternativa correta.

(A) O ato de manter relações sexuais, mediante violência ou grave ameaça, com pessoa maior de quatorze e menor de dezoito anos de idade caracteriza estupro de vulnerável, em virtude dos efeitos mais gravosos aos adolescentes.
(B) No crime de estupro, exige-se da vítima retidão moral, não caracterizando constrangimento ilegal a prática do ato contra prostituta, ou pessoa que de qualquer modo utilize a relação sexual como modo de vida.
(C) A violência praticada no crime de estupro é uma imposição de ordem física direta, perpetrada contra a vítima. A violência indireta praticada contra terceiro que a vítima queira proteger não caracteriza a tipicidade formal.
(D) No estupro de vulnerável, o consentimento não opera como causa permissiva e sua aferição, seja na forma direta ou por equiparação, é obtida pela conjunção dos critérios biológicos e psicológicos da culpabilidade.
(E) O consentimento da vítima, maior e capaz, obtido por meio de constrangimento praticado em face de grave ameaça perpetrado pelo autor, não afasta a tipicidade formal do crime de estupro.

A: incorreta. A pessoa maior de quatorze e menor de dezoito anos não é considerada vulnerável para fins de caracterização do crime do art. 217-A do CP. Assim não seria se se tratasse de vítima menor de quatorze anos. A conduta contida na assertiva caracteriza estupro qualificado (art. 213, § 1º, do CP); **B:** incorreta. Inexiste, como elementar típica do estupro, o fato de a vítima ter retidão moral, que seria um conceito extremamente vago, diga-se de passagem. Também não se importa a lei com os hábitos sexuais da vítima, ou se se trata de "profissional do sexo" (prostituta). Violarão a dignidade sexual da pessoa os comportamentos descritos nos arts. 213 e 217-A, do CP. Prostituta pode ser vítima de estupro? E a resposta é positiva! Basta que seja constrangida, mediante grave ameaça ou violência, a ter conjunção carnal ou a praticar ou permitir que com ela se pratique outro ato libidinoso. O dissenso da vítima é o ponto fulcral no crime de estupro. Já para o estupro de vulnerável (art. 217-A, CP), sequer o consentimento importa para a caracterização do crime, a teor do que dispõe a Súmula 593 do STJ: *O crime de estupro de vulnerável configura com a conjunção carnal ou prática de ato libidinoso com menor de 14 anos, sendo irrelevante o eventual consentimento da vítima para a prática do ato, experiência sexual anterior ou existência de relacionamento amoroso ao agente*; **C:** incorreta. O crime de estupro (art. 213 do CP) se caracterizará quando empregada violência ou grave ameaça como meios de execução para que a vítima seja compelida a ter conjunção carnal ou a praticar ou permitir que com ela se pratique outro ato libidinoso. E referidos meios executórios não precisarão atingir, necessariamente, a vítima (violência direta), podendo ser perpetrados contra terceiros (violência indireta). É o que se vê, por exemplo, com a vítima "X", cujo filho tenha sido gravemente ameaçado ou fisicamente agredido como forma de constrangê-la à prática de conjunção carnal com o agente. Embora "X" não tenha sofrido qualquer violência física, terá havido estupro; **D:** incorreta. O consentimento da pessoa vulnerável não integra a estrutura típica de estupro tipificado pelo art. 217-A do CP. Em outras palavras, pouco importará o assentimento da vítima para o ato sexual, que, se considerada vulnerável (art. 217, *caput*, e § 1º, do CP), terá sido sujeito passivo do crime em comento. Essa é a *ratio* da Súmula 593 do STJ, já transcrita nos comentários à alternativa B; **E:** correta. Se o consentimento da vítima, embora maior e capaz, tiver sido obtido mediante o emprego de grave ameaça, equivalerá a um não consentimento, e, portanto, caracterizado estará o crime de estupro (art. 213 do CP). **AT**

Gabarito "E".

(Defensor Público – DPE/MT – 2016 – UFMT) No que se refere aos crimes contra a dignidade sexual, analise as afirmativas abaixo.

I. No crime de estupro, não é possível a responsabilização penal por omissão.
II. Como regra, a ação penal é privada, exigindo-se a queixa-crime.
III. No crime de estupro, o tipo penal não exige contato físico entre a vítima e o agente.
IV. Pratica crime de corrupção de menores, previsto no artigo 228 do Código Penal, aquele que induz menor de dezesseis anos a satisfazer a lascívia de outrem.

Está correto o que se afirma em

(A) I, II e IV, apenas.
(B) II e III, apenas.
(C) I e IV, apenas.
(D) III, apenas.
(E) II, III e IV, apenas.

I: incorreta. Em regra, a configuração do crime de estupro (art. 213, CP) pressupõe a prática de uma conduta positiva (uma ação, um fazer); em caráter excepcional, entretanto, é possível, ante o que estabelece o art. 13, § 2º, do CP, a chamada omissão imprópria (crime comissivo por omissão). Imaginemos a hipótese em que a mãe permita (por omissão) que seu marido submeta a filha do casal, que conta com 12 anos, a conjunção carnal. Nesse caso, por força do dever que a lei lhe atribui de proteger sua filha, inerente ao poder familiar, a sua omissão, diante do ato de seu marido, equipara-se a uma ação, devendo responder, tal como o pai da vítima, pelo crime de estupro; **II:** incorreta. Ao tempo em que esta questão foi elaborada, a ação penal, no contexto dos crimes contra a dignidade sexual, era, em regra, pública condicionada à representação do ofendido, nos termos do que estabelecia o art. 225, *caput*, do CP. Bem recentemente, entrou em vigor a Lei 13.718/2018, que, dentre várias inovações implementadas nos crimes contra a dignidade sexual, mudou, uma vez mais, a natureza da ação penal nesses delitos. Com isso, a ação penal, nos crimes sexuais, passa a ser pública incondicionada. Vale lembrar que, antes do advento desta Lei, a ação era, em regra, pública condicionada, salvo nas situações em que a vítima era vulnerável ou menor de 18 anos. Fazendo um breve histórico, temos o seguinte quadro: a ação penal, nos crimes sexuais, era, em regra, privativa do ofendido, a este cabendo a propositura da ação penal; posteriormente, a partir do advento da Lei 12.015/2009, a ação penal, nesses crimes, deixou de ser privativa do ofendido para ser pública condicionada a representação, em regra; agora, com a entrada em vigor da Lei 13.718/2018, a ação penal, nos crimes contra a dignidade sexual, que antes era pública condicionada, passa a ser pública incondicionada. Com isso, o titular da ação penal, que é o MP, prescinde de manifestação de vontade da vítima para promover a ação penal. Dessa forma, fica sepultado o debate que antes havia acerca da aplicação da Súmula 608, do STF; **III:** correta. De fato, para a configuração do crime de estupro, desnecessário o contato físico entre autor e vítima. Nesse sentido: "De acordo com o novel entendimento consagrado por esta 5ª Turma, à unanimidade de votos, em julgamento de caso semelhante, decidiu-se que a "contemplação lasciva configura o ato libidinoso constitutivo dos tipos dos arts. 213 e 217-A do Código Penal, sendo irrelevante, para a consumação dos delitos, que haja contato físico entre ofensor e ofendido" (RHC 70.976-MS, Rel. Ministro Joel Ilan Paciornik, julgado em 02.08.2016, DJe 10.08.2016). 2. No caso concreto, a conduta do agente que, valendo-se de sua condição de conselheiro tutelar, tranca o adolescente nas dependências do Centro de Triagem e lhe ordena, mediante graves ameaças, que tire toda a roupa e se masturbe (entregando-lhe inclusive uma revista pornográfica, com o escopo de estimular a libido), que faça poses para fotografias de cunho pornográfico e mostre seu órgão genital, além de obrigar a vítima, contra sua vontade, a assistir esse mesmo agente se masturbando, tudo com o propósito de obter a satisfação da lascívia do recorrido, configura, sim, o "ato libidinoso diverso da conjunção carnal" descrito no tipo do art. 214 do Código Penal, em sua modalidade consumada. 3. Recurso especial provido para condenar o réu como incurso nas penas do art. 214, *caput*, do Código Penal e determinar o retorno dos autos ao Tribunal de origem, para que proceda à dosimetria da pena." (REsp 1640087/MG, Rel. Ministro Ribeiro Dantas, Quinta Turma, julgado em 15.12.2016, DJe 01.02.2017); **IV:** incorreta. O art. 228 do CP define o crime de favorecimento da prostituição ou outra forma de exploração sexual. A conduta do agente que induz menor de 14 anos (e não de 16) a satisfazer a lascívia de outrem comete o crime do art. 218 do CP.

Gabarito "D"

(Promotor de Justiça/GO – 2016 – MPE) Sobre os crimes contra a dignidade sexual, marque a alternativa correta:

(A) O crime de assédio sexual (art. 216-A, CP) é crime cujo conteúdo típico exige uma relação de hierarquia entre o agente e a vítima, tal qual aquela existente entre aluno e professor.
(B) A violação sexual mediante fraude (art. 215, CP) é crime formal, vez que para sua configuração basta o emprego da fraude, capaz de afastar a resistência da vítima, independentemente da efetiva conjunção carnal.
(C) No crime de estupro de vulnerável (art. 217-A, CP), caso o agente se valha de violência ou grave ameaça contra a vítima para ter conjunção carnal, responderá pelo crime de estupro, nos termos do art. 213 do CP.
(D) A configuração do crime descrito no art. 218-B do CP (Favorecimento da prostituição ou outra forma de exploração sexual de vulnerável) se configura quando a pessoa induzida passa a se dedicar com habitualidade ao comércio carnal.

A: incorreta, uma vez que o art. 216-A do CP, que define o crime de assédio sexual, exige que a relação entre agente e vítima seja laboral, não sendo este o caso da relação existente entre aluno e professor; **B:** incorreta. Como se infere da própria descrição típica do crime previsto o art. 215 do CP (violação sexual mediante fraude), a sua consumação está condicionada à produção de resultado naturalístico consistente na conjunção carnal ou na prática de outro ato libidinoso. Cuida-se de crime, pois, *material*, e não *formal*; **C:** incorreta. Ainda que o agente se valha de violência ou grave ameaça no estupro de pessoa considerada vulnerável, o crime em que incorrerá é o do art. 217-A do CP, e não o do art. 213 do CP; **D:** correta. Trata-se, de fato, de crime material, cuja consumação, bem por isso, somente é alcançada com a efetiva prática da prostituição ou outra forma de exploração sexual. ED

Gabarito "D"

(Promotor de Justiça/SC – 2016 – MPE)

(1) São considerados vulneráveis, para fins sexuais, apenas menores de 14 anos, conforme expressamente dispõe o Código Penal Brasileiro.

1: no contexto dos crimes sexuais, são considerados vulneráveis, a teor do art. 217-A do CP, além dos menores de 14 anos, também os enfermos e deficientes mentais, quando não tiverem o necessário discernimento para a prática do ato, e aqueles que, por qualquer causa, estão impossibilitados de oferecer resistência à prática do ato sexual. ED

Gabarito 1E

(Promotor de Justiça – MPE/MS – FAPEC – 2015) Assinale a alternativa **correta**:

(A) A contravenção penal de importunação ofensiva ao pudor foi revogada pelo tipo penal previsto no art. 216-A do Código Penal (Assédio Sexual), com as alterações da Lei nº 12.015/2009.
(B) O estupro com violência ficta, tentado e consumado, não é crime hediondo.
(C) No crime de favorecimento da prostituição ou outra forma de exploração sexual de vulnerável, constitui efeito obrigatório da condenação a cassação da licença de localização e de funcionamento do estabelecimento.
(D) Nos crimes contra a liberdade sexual, constitui causa de aumento da pena a circunstância do agente ser casado.
(E) Tratando-se de vítima maior de quatorze e menor de dezoito anos, a ação penal no caso de estupro é pública condicionada.

Antes de dar inicio aos comentários das alternativas, considero digna de registro a inserção, promovida pela recente Lei 13.772/2018, nos crimes contra a dignidade sexual, do delito de *registro não autorizado da intimidade sexual*, definido no art. 216-A, que passa a integrar o novo Capítulo I-A do Título VI. Segundo a descrição típica, este novo crime restará configurado quando o agente *produzir, fotografar, filmar ou registrar, por qualquer meio, conteúdo com cena de nudez ou ato sexual ou libidinoso de caráter íntimo e privado sem autorização dos participantes*. A pena é de detenção, de 6 (seis) meses a 1 (um) ano, e multa. O que fez esta Lei, ao inserir no CP este novo crime, foi superar a lacuna em relação à conduta do agente que registrava a prática de atos sexuais entre terceiros, sem que estes, obviamente, tivessem conhecimento. Esta conduta, vale dizer, não é de rara ocorrência. Imaginemos a hipótese em que o proprietário de uma casa ou mesmo de um motel instale, de forma oculta e sorrateira, uma câmera com o fim de registrar a prática de atos sexuais entre pessoas que ali se encontram. Antes do advento desta Lei, tal conduta não configurava crime. Segundo estabelece o parágrafo único do art. 216-A, incorrerá na mesma pena aquele que *realiza montagem em fotografia, vídeo, áudio ou qualquer outro registro com o fim de incluir pessoa em cena de nudez ou ato sexual ou libidinoso de caráter íntimo*. No crime do *caput*, a cena de sexo registrada às escondidas é verdadeira, ou seja, ela de fato ocorreu na forma como foi registrada. No caso do parágrafo único, o agente realiza uma montagem, ou seja, cria o registro de uma cena de sexo envolvendo pessoas que dela não participaram. Basta, aqui, recordar da montagem envolvendo certo candidato ao Governo do Estado de São Paulo nas últimas eleições, que apareceu em cena de sexo explícito. Pelo que se constatou, o rosto do então candidato foi manipulado por meio de recursos gráficos. Como não poderia deixar de ser, esta montagem ganhou, rapidamente, as redes sociais e aplicativos de mensagem. Importante que se diga que as condutas, tanto a do *caput* quanto a do parágrafo único, constituem infração penal de menor potencial ofensivo, aplicando-se, bem por isso, os benefícios e o procedimento da Lei 9.099/1995. Passemos, agora, aos comentários. **A:** incorreta. A assertiva contém dois erros. Em primeiro lugar, o crime de assédio sexual, previsto no art. 216-A do CP, foi introduzido por meio da Lei 10.224/2001; o que fez a Lei 12.015/2009 foi tão somente acrescentar o parágrafo segundo nesse dispositivo, que previu uma causa de aumento de pena na hipótese de a vítima ser menor de 18 anos. Além disso, é incorreto afirmar que a introdução do tipo penal do art. 216-A do CP, pela Lei 10.224/2001, revogou a contravenção de importunação ofensiva ao pudor, que permanecia em vigor no art. 61 do Decreto-Lei 3.688/1941 ao tempo em que esta questão foi elaborada. Isso porque a Lei 13.718/2018, além de introduzir, no Código Penal, o crime de *importunação sexual* (art. 215-A), revogou, expressamente, a contravenção penal de *importunação ofensiva ao pudor*, então definida no art. 61 da LCP; **B:** incorreta, já que, atualmente, toda forma de estupro é considerada crime hediondo, tal como estabelece o art. 1º, V e VI, da Lei 8.072/1990 (Crimes Hediondos); **C:** correta, porque em conformidade com o que estabelece o art. 218-B, § 3º, do CP; **D:** incorreta. A causa de aumento prevista no art. 226, II, do CP, cuja redação foi alterada pela Lei 13.718/2018, que se aplica aos crimes contra a liberdade sexual, somente terá incidência se o agente for casado com a vítima, e não simplesmente casado; **E:** incorreta. Com o advento da Lei 12.015/2009, a ação penal, nos crimes sexuais, que antes era privativa do ofendido, passou a ser, a partir de então, pública condicionada à representação, nos termos do art. 225, *caput*, do CP. Agora, se se tratar de vítima menor de 18 anos (é este o caso da alternativa) ou de pessoa vulnerável, a ação penal será pública *incondicionada*, nos termos do parágrafo único do art. 225 do CP. Este era o panorama em vigor ao tempo em que esta questão foi elaborada. Hoje, temos que a ação penal, nos crimes sexuais, é, em qualquer caso, pública incondicionada, tal como estabelece o art. 225 do CP, cuja redação foi determinada pela Lei 13.718/2018. ED

Gabarito "C"

(Magistratura/SC – 2015 – FCC) Em tema de crime contra a dignidade sexual, analise as seguintes assertivas:

I. O crime consuma-se no exato momento em que o agente, valendo-se de violência ou grave ameaça, pratica o feito voluntário destinado à satisfação de sua lascívia. Portanto, a consumação do delito confunde-se com o próprio ato libidinoso e a este é inerente.

II. Crimes praticados com o mesmo *modus operandi* em face de vítimas diferentes, em diversas ocasiões e no período de um mês, induz o reconhecimento de crime continuado em relação a cada vítima e concurso material entre os crimes.

III. O crime de rufianismo – aquele segundo o qual alguém tira proveito da prostituição alheia, participando diretamente de seus lucros ou fazendo-se sustentar, no todo ou em parte, por quem a exerça – foi revogado pela Lei 12.015/2009.

IV. O crime de atentado violento ao pudor exige laudo pericial conclusivo, porquanto ser da modalidade que sempre deixa vestígios, face à sua natureza jurídica de crime material.

É correto o que se afirma APENAS em

(A) I e II.
(B) II, III e IV.
(C) I, II e III.
(D) I.
(E) I e III.

I: correta. Embora a assertiva não fale expressamente, cremos que está a se tratar do delito de estupro (art. 213 do CP). E, de fato, no crime em comento, empregada a violência ou grave ameaça pelo agente, a consumação estará atingida no momento da prática do ato libidinoso; II: correta. De fato, se diversos crimes sexuais (estupros, por exemplo) forem praticados em contextos fáticos distintos, contra vítimas distintas, no período de um mês, será perfeitamente possível reconhecer a continuidade delitiva com relação a cada vítima (art. 71 do CP), e, entre os crimes, o concurso material (art. 69 do CP); III: incorreta, pois, nos termos do art. 230 do CP, que trata do rufianismo, responderá criminalmente aquele que tirar proveito da prostituição alheia, participando diretamente de seus lucros ou fazendo-se sustentar, no todo ou em parte, por quem a exerça; IV: incorreta. Primeiramente, o atentado violento ao pudor, com o advento da Lei 12.015/2009, deixou de ser considerado crime autônomo (art. 214 do CP), tendo sido incorporado ao estupro (art. 213 do CP). Outrossim, não é verdadeira a afirmação de que se trate de crime que sempre deixa vestígios (crimes não transeuntes), haja vista que o crime contra a dignidade sexual em comento (atualmente, estupro) pode ser praticado mediante grave ameaça e, sem deixar vestígios (por exemplo, sexo oral).

Gabarito "A".

(Ministério Público/SP – 2015 – MPE/SP) Levando em consideração dominantes orientações doutrinárias e jurisprudenciais em relação aos crimes contra a dignidade sexual, assinale a alternativa falsa:

(A) Para caracterização do crime de estupro de vulnerável não se exige que o agente empregue violência, grave ameaça ou fraude, bastando que se consume um dos atos sexuais com a pessoa vulnerável.
(B) O crime de corrupção de menores se tipifica quando praticado contra menor de 18 (dezoito) anos, desde que não experiente em questões sexuais e ainda não corrompido.
(C) Distingue-se o estupro da violação sexual mediante fraude porque neste o agente não emprega violência ou grave ameaça, mas artifícios que viciam a vontade da vítima, induzindo-a em erro.
(D) Tratando-se o agente de tio, padrasto ou madrasta da vítima, as penas dos crimes são aumentadas de metade.
(E) O assédio sexual se tipifica quando praticado por agente que, para alcançar seu intento, se prevalece de sua superioridade hierárquica tanto no serviço público, quanto no trabalho particular.

A: assertiva correta. O art. 217-A do CP é claro ao dispor que se caracterizará o crime em comento quando o agente tiver conjunção carnal ou praticar qualquer outro ato libidinoso com a vítima, desde que seja considerada vulnerável. Não exige o tipo penal o emprego de violência, grave ameaça ou fraude; **B:** assertiva incorreta, devendo ser assinalada. O crime de corrupção de menores, tipificado no art. 218 do CP, com a redação e *nomen juris* que lhe foram dados pela Lei 12.015/2009, se caracteriza pelo fato de o agente induzir alguém menor de 14 (catorze) anos (e não menor de dezoito anos, como consta na assertiva!), a satisfazer a lascívia de outrem; **C:** assertiva correta. De fato, na violação sexual mediante fraude (art. 215 do CP), o agente tem conjunção carnal, ou pratica outro ato libidinoso com a vítima, mediante fraude ou com o emprego de algum outro meio que impeça ou dificulte sua livre manifestação de vontade. Aqui, a vontade da vítima é viciada, mas não a ponto de aniquilá-la por completo, sob pena de eventual caracterização do crime de estupro de vulnerável (art. 217-A do CP). Outrossim, difere o crime em comento do estupro (art. 213 do CP), pois neste a vontade da vítima é absolutamente afastada em razão do emprego da violência ou da grave ameaça; **D:** assertiva correta, nos termos do art. 226, II, do CP, que prevê o aumento da pena em metade, no tocante aos crimes contra a dignidade sexual, quando praticados por agente que seja ascendente, padrasto ou madrasta, tio, irmão, cônjuge ou companheiro, tutor, curador, preceptor ou empregador da vítima, ou que, por qualquer outro título, exerça autoridade sobre ela; **E:** assertiva correta. De acordo com a doutrina, o art. 216-A do CP pode ser praticado por qualquer pessoa (na esfera pública ou privada) que se encontre na posição de superior hierárquico da vítima, ou, sobre ela, exerça ascendência inerente ao exercício do emprego, cargo ou função.

Gabarito "B".

(Magistratura/PE – 2013 – FCC) No crime de favorecimento da prostituição ou outra forma de exploração sexual de vulnerável,

(A) o sujeito passivo só pode ser pessoa menor de dezoito anos.
(B) a pena é aumentada de um terço, se praticado com o fim de obter vantagem econômica.
(C) constitui efeito obrigatório da condenação a cassação da licença de localização e de funcionamento do estabelecimento.
(D) punível quem praticar conjunção carnal com alguém menor de dezoito e maior de doze anos em situação de prostituição.
(E) punível o proprietário do local em que se verifiquem as práticas, ainda que delas não tenha conhecimento.

Antes de mais nada, é importante que se diga que a Lei 12.978/2014 alterou o *nomem juris* do crime do art. 218-B do CP, que passou a chamar favorecimento da prostituição ou de outra forma de exploração sexual de criança ou adolescente ou de vulnerável, o que não influencia na resolução desta questão, na medida em que o tipo penal não sofreu alteração. **A:** incorreta. De acordo com o art. 218-B, *caput*, do CP (que, diga-se de passagem, é considerado crime hediondo), temos o seguinte: "Submeter, induzir ou atrair à prostituição ou outra forma de exploração sexual alguém *menor de 18 (dezoito) anos* ou que, por *enfermidade ou deficiência mental*, não tem *o necessário discernimento para a prática do ato*, facilitá-la, impedir ou dificultar que a abandone". Logo, o sujeito passivo do crime será não somente pessoa menor de dezoito anos, mas, também, todo aquele que não tiver o necessário discernimento para a prática de atos sexuais em razão de enfermidade ou deficiência mental; **B:** incorreta, tendo em vista que se o agente praticar a conduta descrita no art. 218-B, *caput*, do CP, com o fim de obter vantagem econômica, sem prejuízo da pena privativa de liberdade cominada (que é de reclusão, de quatro a dez anos), impor-se-á, também, pena de multa (art. 218-B, § 1º, do CP); **C:** correta. Nos exatos termos do art. 218-B, § 3º, do CP, na hipótese do inciso II do § 2º (incorrem nas mesmas penas o proprietário, o gerente ou o responsável pelo local em que se verifiquem as práticas referidas no *caput* do precitado artigo), constitui efeito obrigatório da condenação a cassação da licença de localização e de funcionamento do estabelecimento; **D:** incorreta. Quem pratica conjunção carnal ou qualquer outro ato libidinoso com alguém menor de 18 (dezoito) e maior de 14 (catorze) anos (e não doze anos!) na situação descrita no *caput* do art. 218-B, do CP, incorrerá nas mesmas penas (quatro a dez anos de reclusão), conforme preconiza o art. 218-B, § 2º, I, do mesmo Código; **E:** incorreta. Evidentemente, o proprietário do local em que se verificar o favorecimento da prostituição ou outras formas de exploração sexual de vulnerável somente responderá criminalmente se tiver conhecimento da prática das condutas descritas no art. 218-B, *caput*, do CP. Caso contrário, estar-se-ia permitindo a responsabilidade penal objetiva. Imagine, por exemplo, se um imóvel foi alugado por determinada pessoa, exatamente para a prática das condutas típicas já referidas. O proprietário (locador) somente será punido se tiver ciência de que o locatário explora a prostituição naquele local.

Gabarito "C".

(Magistratura/SP – 2013 – VUNESP) A foi processado como incurso no artigo 217-A, § 1.º, do Código Penal (estupro de vulnerável), por ter tido conjunção carnal com pessoa de 19 anos, portadora de deficiência mental. Finda a instrução, resultou provado que o réu atuou em erro sobre a vulnerabilidade da ofendida, decorrente da deficiência mental, cuja circunstância desconhecia. Considerada a hipótese, o Juiz deve

(A) absolver o réu, com fundamento em causa de exclusão da antijuridicidade.
(B) absolver o réu, com fundamento em causa de exclusão da tipicidade.
(C) absolver o réu, com fundamento em causa de exclusão da culpabilidade.
(D) condenar o réu pelo crime de estupro, na forma simples.

A: incorreta, pois o fato de o agente desconhecer a condição de vulnerabilidade da vítima (deficiência mental) não afasta a ilicitude de sua conduta, mas, como será melhor visto no comentário a seguir, a tipicidade do comportamento; **B:** correta. O estupro de vulnerável (art. 217-A do CP) exige que o agente, ciente da condição de vulnerabilidade do ofendido (menor de catorze anos, ou portador de enfermidade ou deficiência mental que retire o discernimento para a prática de atos libidinosos, ou que, por qualquer outra causa, não possa oferecer resistência), com ele mantenha conjunção carnal ou pratique qualquer outro ato libidinoso. No caso relatado no enunciado, desconhecendo a deficiência mental da vítima, com 19 anos, o agente incidiu em erro sobre elemento constitutivo do tipo legal (art. 20 do CP), que, como se sabe, exclui, ainda que vencível, o dolo. Portanto, dado que o crime em comento é doloso, o fato será considerado atípico; **C:** incorreta. Como visto, o erro em que incidiu o agente afasta a tipicidade (por exclusão do dolo) e não qualquer dos elementos da culpabilidade. Nem se avente, aqui, ter havido erro de proibição (art. 21, *caput*, do CP), este sim considerado causa de exclusão da culpabilidade, visto que o agente desconhecia a condição da vítima (deficiência mental), considerada elementar típica, e não a ilicitude do fato; **D:** incorreta, pois o erro de tipo em que incidiu o agente é causa de exclusão da tipicidade penal (em razão da exclusão do dolo), não se falando, portanto, nem mesmo em crime de estupro (art. 213 do CP), que pressupõe grave ameaça ou violência à pessoa, inocorrentes na espécie.

Gabarito "B".

(Ministério Público/SP – 2013 – PGMP) A Lei n.º 12.015/2009 trouxe alterações nos chamados "crimes sexuais" do Código Penal e buscou, além modernizar algumas tutelas, agravar a situação do agente em vários crimes. É possível concluir assim que NÃO era desejado pelo legislador:

(A) a revogação da posse sexual mediante fraude e sua substituição pela violação sexual mediante fraude.
(B) a introdução da ótica da "dignidade sexual" no lugar da dos "costumes".
(C) o desdobramento do art. 218 em três crimes, dois deles referentes à satisfação da lascívia com o envolvimento de menores de catorze anos.

(D) o afastamento do concurso material entre os antigos estupro e atentado violento ao pudor (arts. 213 e 214), realizados no mesmo contexto fático (*lex in melius*).
(E) a inclusão do favorecimento da prostituição e exploração sexual do vulnerável.

A: incorreta. Com o advento da Lei 12.015/2009, a posse sexual mediante fraude, prevista no art. 215 do CP, passou a ter novo *nomem juris*, qual seja, o de violação sexual mediante fraude, abrangendo não apenas a mulher, mas qualquer pessoa (homem ou mulher), que com o agente manterá qualquer tipo de ato libidinoso (conjunção carnal ou outros), mediante fraude; **B:** incorreta, pois foi, sim, desejo do legislador trazer uma nova conotação aos crimes sexuais, que deixaram de ter uma ótica moralista (crimes contra os costumes), passando a violar a dignidade sexual da vítima, espectro da própria dignidade da pessoa humana; **C:** incorreta, pois o "antigo" art. 218 do CP, que tinha o nome jurídico de "corrupção de menores", desdobrou-se em três crimes (art. 218, *caput* – corrupção de menores; art. 218-A – satisfação de lascívia mediante a presença de criança ou adolescente; art. 218-B – favorecimento da prostituição ou outra forma de exploração sexual de criança ou adolescente ou de vulnerável, conforme nome jurídico conferido pela Lei 12.978/2014), sendo que, em dois deles (art. 218, *caput*, e art. 218-A, ambos do CP), a vítima é menor de catorze anos; **D:** correta. A despeito de existir polêmica doutrinária e jurisprudencial sobre a questão, o fato é que a Lei 12.015/2009, ao promover a fusão de dois tipos penais (antigos arts. 213 e 214 do CP) em um só (atual art. 213 do CP), deu azo ao reconhecimento de um único crime, qual seja, o de estupro, quando o agente, no mesmo contexto fático, mantiver conjunção carnal com a vítima e, após, com ela praticar atos libidinosos diversos. É essa a posição da 6ª Turma do STJ (HC 144.870/DF; HC 129.398/RJ). Porém, importante registrar que o tema não é pacífico nem mesmo na referida Corte, eis que sua 5ª Turma já decidiu que o art. 213 do CP é tipo misto cumulativo, sendo admissível o concurso de crimes, ainda que os diversos atos libidinosos (conjunção carnal e outros) sejam praticados no mesmo contexto fático, contra a mesma vítima (HC 105.533/PR; HC 78.667/SP); **E:** incorreta, pois a Lei 12.015/2009 promoveu a inclusão de tipo penal específico (art. 218-B do CP), que trata do favorecimento da prostituição ou outra forma de exploração sexual de criança ou adolescente ou de vulnerável, que, diga-se de passagem, é crime hediondo (art. 1º, VIII, da Lei 8.072/90)
Gabarito "D".

21. CRIMES CONTRA A FÉ PÚBLICA

(Escrevente – TJ/SP – 2018 – VUNESP) A respeito dos crimes previstos nos artigos 293 a 305 do Código Penal, assinale a alternativa correta.
(A) A falsificação de livros mercantis caracteriza o crime de falsificação de documento particular (art. 298 do CP).
(B) O crime de falsidade ideológica (art. 299 do CP), em documento público, é próprio de funcionário público.
(C) No crime de falsidade de atestado médico (art. 302 do CP), independentemente da finalidade de lucro do agente, além da pena privativa de liberdade, aplica-se multa.
(D) O crime de supressão de documento (art. 305 do CP), para se caracterizar, exige que o documento seja verdadeiro.
(E) O crime de falsificação de documento público (art. 297 do CP) é próprio de funcionário público.

A: incorreta. Cuida-se do crime de falsificação de documento público (art. 297 do CP), haja vista que os *livros mercantis* equiparam-se, para os fins penais, a documento público, equiparação essa que também inclui, por força do art. 297, § 2º, do CP, o documento emanado de entidade paraestatal, o título ao portador ou transmissível por endosso, as ações de sociedade comercial e o testamento particular (hológrafo). São documentos que, embora particulares, são considerados, dada a sua relevância, público para fins penais; **B:** incorreta. Isso porque o crime de falsidade ideológica, quer seja o documento público, quer seja particular, é *comum*. Significa que o sujeito ativo pode ser qualquer pessoa, inclusive o funcionário público. A propósito, se este delito for cometido pelo *intraneus*, valendo-se este do cargo que ocupa, a pena é aumentada de sexta parte (art. 299, parágrafo único, CP); **C:** incorreta, uma vez que a pena de multa somente será aplicada na hipótese de o crime do art. 302 do CP ser praticado com o fim de lucro (art. 302, parágrafo único, CP); não havendo tal finalidade, o médico que expediu o atestado falso estará sujeito tão somente à pena de detenção de um mês a um ano; **D:** correta. De fato, o objeto material do crime de supressão de documento (art. 305, CP) é o documento público ou particular, em qualquer caso *verdadeiro*; **E:** incorreta, uma vez que poderão figurar como sujeito ativo do crime de falsificação de documento público (art. 297, CP) tanto o particular quanto o funcionário público. Trata-se, portanto, de crime comum, em que não se exige do agente nenhuma qualidade especial. Agora, se se tratar de funcionário público que se vale, para o cometimento deste crime, de seu cargo, incidirá a causa de aumento prevista no § 1º do art. 297 do CP. ED
Gabarito "D".

(Investigador – PC/BA – 2018 – VUNESP) Teodoro, 30 anos de idade, brasileiro, casado e sem antecedentes, falsificou 10 cédulas de R$ 10,00 (dez reais) com o intuito de introduzi-las em circulação, na conduta de pagar uma conta de TV a cabo atrasada. A caminho da casa lotérica, no entanto, foi abordado por policiais e, assustado, entregou as cédulas e confessou a falsificação. Considerando-se a situação hipotética, é correto afirmar que

(A) Teodoro praticou o crime de moeda falsa na modalidade tentada, pois não conseguiu consumar seu intento que era o de colocar as cédulas em circulação.
(B) tendo em vista o ínfimo valor das cédulas falsificadas, trata-se de fato atípico.
(C) Teodoro praticou o crime de moeda falsa na modalidade consumada e, se condenado, poderá receber uma pena de reclusão de 3 (três) a 12 (doze) anos, mais a imposição de multa.
(D) apesar de ter falsificado as cédulas, tendo em vista que as entregou à autoridade policial antes de introduzi-las na circulação, Teodoro poderá ter reconhecida em seu favor a figura privilegiada prevista no § 2o do art. 289 do Código Penal, que trata de figura privilegiada.
(E) por ter falsificado as cédulas visando pagar uma conta atrasada, Teodoro poderá alegar estado de necessidade e ter reconhecida a excludente de ilicitude.

A: incorreta. Aquele que falsifica moeda, fabricando-a, tal como fez Teodoro, será responsabilizado pelo crime definido no art. 289, *caput*, CP, na sua modalidade consumada, independente de sua circulação ou causação de prejuízo. Cuida-se, assim, de delito formal, haja vista que não exige, para a sua consumação, resultado naturalístico, consistente, neste caso, na efetiva circulação ou prejuízo. Dessa forma, o fato de o agente falsificador colocar a moeda em circulação é irrelevante à configuração do crime de moeda falsa; **B:** incorreta. Dada a relevância do bem jurídico tutelado, que é a fé pública, o princípio da insignificância (crime de bagatela), segundo entendimento hoje consolidado nos tribunais superiores, não tem incidência no crime de moeda falsa (art. 289, CP). Nesse sentido, conferir: "Moeda Falsa – Insignificância – Afastamento. Descabe cogitar da insignificância do ato praticado uma vez imputado o crime de circulação de moeda falsa" (STF, HC 126285, relator Min. Marco Aurélio, Primeira Turma, julgado em 13/09/2016, processo eletrônico Dje-206 divulg 26-09-2016 public 27-09-2016). No STJ: "A jurisprudência do Superior Tribunal de Justiça mostra-se consolidada e em harmonia com o entendimento do Supremo Tribunal Federal para afastar a incidência do princípio da insignificância ao delito de moeda falsa, independentemente do valor ou quantidade de cédulas apreendidas, uma vez que o bem jurídico tutelado por esta norma penal é a fé pública" (AgRg no AREsp 1012476/SP, Rel. Ministro Jorge Mussi, Quinta Turma, julgado em 18/04/2017, DJe 26/04/2017); **C:** correta. Vide comentário à assertiva "A"; **D:** incorreta, dado que a figura privilegiada prevista no art. 289, § 2º, do CP somente se aplica ao sujeito que recebe a moeda falsa de boa-fé e, depois de constatar a falsificação, a coloca em circulação. Não é este o caso de Teodoro, que, como dito no enunciado, falsificou as notas; **E:** incorreta, já que ausentes, neste caso, os requisitos do estado de necessidade. ED
Gabarito "C".

(Escrevente – TJ/SP – 2018 – VUNESP) No tocante às infrações previstas nos artigos 307, 308 e 311-A, do Código Penal, assinale a alternativa correta.
(A) A conduta de atribuir a terceiro falsa identidade é penalmente atípica, sendo crime apenas atribuir a si próprio identidade falsa.
(B) O crime de fraude em certames de interesse público configura-se pela divulgação de conteúdo de certame, ainda que não sigiloso.
(C) O crime de fraude em certames de interesse público prevê a figura qualificada, se dele resulta dano à administração pública.
(D) A conduta de ceder o documento de identidade a terceiro, para que dele se utilize, é penalmente atípica, sendo crime apenas o uso, como próprio, de documento alheio.
(E) O crime de fraude em certames de interesse público é próprio de funcionário público.

A: incorreta, já que o tipo penal do art. 307 do CP (falsa identidade) contém dois verbos nucleares (tipo misto alternativo ou de conteúdo variado), a saber: *atribuir-se* (imputar a si próprio) ou *atribuir a terceiro* (imputar a outrem) falsa identidade. São duas, portanto, as condutas típicas previstas no tipo penal; **B:** incorreta, dado que o objeto da divulgação, para a configuração deste crime, deve ter caráter *sigiloso*, na forma prevista no art. 311-A, *caput*, do CP; logo, se não houver sigilo, a divulgação constitui fato atípico; **C:** correta. Qualificadora prevista no art. 311-A, § 2º, do CP; **D:** incorreta. Trata-se do crime previsto no art. 308 do CP; **E:** incorreta. O crime de fraude em certames de interesse público, capitulado no art. 311-A do CP, é comum, podendo, portanto, ser praticado por qualquer pessoa. ED
Gabarito "C".

(Procurador Municipal – Prefeitura/BH – CESPE – 2017) Com relação aos crimes em espécie previstos no CP, assinale a opção correta, considerando o entendimento jurisprudencial do STJ.
(A) O indivíduo que, ao ser preso em flagrante, informa nome falso com o objetivo de esconder seus maus antecedentes pratica o crime de falsa identidade, não sendo cabível a alegação do direito à autodefesa e à não autoincriminação.
(B) Para a configuração do crime de descaminho, é necessária a constituição definitiva do crédito tributário por processo administrativo-fiscal.
(C) Em se tratando de crime de concussão, a situação de flagrante se configura com a entrega da vantagem indevida.
(D) O crime de sonegação fiscal não absorve o crime de falsidade ideológica, mesmo que seja praticado unicamente para assegurar a evasão fiscal.

A: correta. Parte da doutrina sustenta que não comete o crime do art. 307 do CP o agente que atribui a si falsa identidade com o propósito de escapar de ação policial e, dessa forma, evitar sua prisão. O indivíduo estaria, segundo essa corrente, procurando preservar sua liberdade. Sucede que, atualmente, este posicionamento não mais prevalece. Segundo STF e STJ, aquele que atribui a si identidade falsa com o escopo de furtar-se à responsabilidade criminal deve, sim, responder pelo crime de falsa identidade (art. 307, CP). A propósito, o STJ, consolidando tal entendimento, editou a Súmula 522: "A conduta de atribuir-se falsa identidade perante autoridade policial é típica, ainda que em situação de alegada autodefesa". Também nesse sentido, o STF: "Direito penal. Agravo regimental em recurso extraordinário com agravo. Crime de falsa identidade. Art. 307 do Código Penal. Alegação de autodefesa. Impossibilidade. Tipicidade configurada. 1. O Plenário Virtual do Supremo Tribunal Federal, no julgamento do RE 640.139, Rel. Min. Dias Toffoli, decidiu que o princípio constitucional da autodefesa não alcança aquele que atribui falsa identidade perante autoridade policial com o intuito de ocultar maus antecedentes. Na ocasião, reconheceu-se a existência de repercussão geral da questão constitucional suscitada e, no mérito, reafirmou a jurisprudência dominante sobre a matéria. 2. Agravo regimental a que se nega provimento." (ARE 870572 AgR, 1ª T., Rel. Min. Roberto Barroso, j. 23.06.2015, *DJe* 05.08.2015, publ. 06.08.2015); **B:** incorreta, uma vez que não se aplica, no contexto do crime de descaminho, o entendimento firmado na Súmula Vinculante 24: "Não se tipifica crime material contra a ordem tributária, previsto no art. 1º, incisos I a IV, da Lei 8.137/1990, antes do lançamento definitivo do tributo". Nesse sentido, conferir: "A Quinta Turma deste Superior Tribunal de Justiça firmou entendimento no sentido de que o delito previsto no art. 334 do Código Penal se configura no ato da importação irregular de mercadorias, sendo desnecessário, portanto, o exaurimento das vias administrativas e constituição definitiva do crédito tributário para a sua apuração criminal" (AgRg no AREsp 1034891/SP, 5ª T., Rel. Min. Jorge Mussi, j. 13.06.2017, *DJe* 23.06.2017); **C:** incorreta. A entrega da vantagem indevida, na concussão (art. 316, "caput", CP), corresponde ao que a doutrina convencionou chamar de *exaurimento*, que nada mais é do que o desdobramento típico ocorrido em momento posterior à consumação. Neste crime, classificado pela doutrina como *formal* (ou de consumação antecipada ou resultado cortado), a consumação se dá com a imposição, pelo funcionário público, da vantagem indevida, pouco importando se o particular, sentindo-se acuado, faz-lhe a entrega ou não. A prisão em flagrante, bem por isso, somente é possível no momento em que o funcionário exige a vantagem; a entrega desta, pelo particular, constitui, como já dito, exaurimento do crime, não cabendo, portanto, a prisão em flagrante do *intraneus* nesse contexto, é claro, isso se dê em outro contexto. Para que não reste nenhuma dúvida: se a entrega da vantagem se der vários dias depois da exigência desta, não caberá mais a prisão em flagrante, uma vez que a consumação ocorreu lá atrás (com a imposição do pagamento indevido); **D:** incorreta. Para o STJ, é caso de aplicação do princípio da consunção. Conferir: "A jurisprudência desta Corte Superior é firme no sentido de aplicação do princípio da consunção quando o delito de falso é praticado exclusivamente para êxito do crime de sonegação, motivo pelo qual é aplicada a súmula 83/STJ" (AgRg nos EAREsp 386.863/MG, 3ª Seção, Rel. Min. Felix Fischer, j. 22.03.2017, *DJe* 29.03.2017). 🆔
Gabarito "A".

(Procurador Municipal – Sertãozinho/SP – VUNESP – 2016) Acerca dos crimes contra a fé pública, assinale a alternativa correta.

(A) Aquele que falsifica, fabricando ou alterando, selo destinado a controle tributário responde pelo crime de falsificação de selo ou sinal público, previsto no art. 296 do Código Penal.

(B) A falsificação, no todo ou em parte, de atestado, para prova de fato ou circunstância que habilite alguém a obter cargo público configura o crime de falsificação de documento público, previsto no art. 297 do Código Penal.

(C) O princípio da insignificância, causa supralegal de exclusão da tipicidade, não se aplica ao crime de moeda falsa.

(D) O crime de uso de documento falso é material, ou seja, para a consumação exige-se a obtenção de proveito.

(E) O crime de falsidade de atestado médico envolve também como conduta típica a opinião emitida pelo profissional, ainda que equivocada.

A: incorreta, já que a conduta corresponde ao crime do art. 293, I, do CP, e não ao do art. 296 do CP; **B:** incorreta. Trata-se do crime definido no art. 301, § 1º, do CP (falsidade material de atestado ou certidão); **C:** correta. É tranquilo o entendimento, tanto no STF quanto no STJ, no sentido de que é inaplicável o princípio da insignificância aos crimes de moeda falsa, cujo objeto de tutela da norma é tanto a fé pública quanto a credibilidade do sistema financeiro, não sendo determinante para a tipicidade o valor posto em circulação. Nesse sentido, conferir: *O delito de moeda falsa não se compatibiliza com a aplicação do princípio da insignificância, segundo iterativa jurisprudência desta Corte, uma vez que o bem jurídico tutelado pelo artigo 289 do Código Penal é a fé pública, insuscetível de ser mensurada pelo valor e pela quantidade de cédulas falsas apreendidas* (AgRg no REsp 1227113/MG, Rel. Ministro Og Fernandes, Sexta Turma, julgado em 11.06.2013, *DJe* 21.06.2013); **D:** incorreta. Ao contrário do que se afirma, o crime de uso de documento falso, capitulado no art. 304 do CP, é *formal* (e não *material*), já que a sua consumação se dá independentemente da produção de resultado naturalístico consistente na obtenção de proveito pelo agente; **E:** incorreta, na medida em que a conduta deve recair sobre *fato*, e não sobre *opinião* (juízo de convicção), ainda que equivocada, exteriorizada pelo médico. 🆔
Gabarito "C".

(Procurador Municipal – Sertãozinho/SP – VUNESP – 2016) Sobre os crimes contra a fé pública, assinale a alternativa correta.

(A) Aquele que falsifica documento público e em seguida o utiliza responde pela falsificação e pelo uso, em concurso material.

(B) Considere que o agente, consultando os autos do processo-crime no qual figura como réu, ao se deparar com provas inequívocas de materialidade e autoria, as retire do processo e destrua. Responderá pelo crime de supressão de documento.

(C) Aquele que adultera sinal identificador de veículo automotor responde por crime previsto no art. 311 do Código Penal. O mesmo artigo determina que se o agente cometer o crime no exercício da função pública, a pena será aumentada de metade.

(D) Aquele que figura como "testa de ferro", permitindo o uso de seu nome como possuidor de ação, título ou valor pertencentes a estrangeiro, em relação a quem a posse é proibida por lei, pratica crime punido com reclusão e multa.

(E) Se o crime de falsidade de atestado médico for praticado com o fim de lucro, a pena será aumentada de 1/3.

A: incorreta. Embora não haja consenso na doutrina e na jurisprudência, prevalece hoje o entendimento no sentido de que o agente que falsifica documento e, ato contínuo, dele faz uso somente responde pelo crime de *falsificação*, sendo o seu *uso* reputado *post factum* não punível. Nessa ótica: (...) *De acordo com a jurisprudência do Supremo Tribunal Federal e do Superior Tribunal de Justiça, o crime de uso, quando cometido pelo próprio agente que falsificou o documento, configura "post factum" não punível, vale dizer, é mero exaurimento do crime de falso. Impossibilidade de condenação pelo crime previsto no art. 304 do Código Penal* (AP 530, Relator(a): Min. Rosa Weber, Relator(a) p/ Acórdão: Min. Roberto Barroso, Primeira Turma, julgado em 09.09.2014, Acórdão Eletrônico *DJe*-225 divulg 14.11.2014 public 17.11.2014 republicação: *DJe*-250 divulg 18.12.2014 public 19.12.2014). É importante que se diga que parte da doutrina e também da jurisprudência entendem que o agente que usa o documento por ele falsificado deve responder pelo crime do art. 304 do CP (uso), ficando a falsificação por este absorvida. Há, ainda, uma corrente minoritária que sustenta que é caso de concurso de crimes; **B:** correta, já que a conduta se amolda, de fato, ao tipo penal do art. 305 do CP (supressão de documento); **C:** incorreta. A pena, na hipótese de o agente cometer o crime no exercício da função pública, será aumentada de um terço, e não de metade, tal como constou da assertiva. É o que estabelece o art. 311, § 1º, do CP; **D:** incorreta. A conduta descrita na assertiva corresponde ao crime do art. 310 do CP, cuja pena cominada é de detenção (e não reclusão!) de seis meses a três anos e multa; **E:** incorreta. Na hipótese de o crime do art. 302 do CP (falsidade de atestado médico) ser praticado com o fim de lucro, será aplicada a pena de multa, sem prejuízo da de prisão. 🆔
Gabarito "B".

(Procurador – SP – VUNESP – 2015) João, responsável pela emissão de certidões em determinada repartição pública, a fim de ajudar seu amigo José, que concorre a um cargo público, emite certidão falsa, atestando que ele desenvolveu determinados projetos profissionais para a Administração Pública. Sobre a conduta de João, pode-se afirmar que cometeu o crime de

(A) falsidade ideológica, previsto no artigo 299 do Código Penal, ao inserir declaração falsa em documento público.

(B) falsificação de documento particular, previsto no artigo 298 do Código Penal, pois o documento se destinava para uso particular e para fins particulares.

(C) certidão materialmente falsa, previsto no parágrafo 1º, do artigo 301 do Código Penal.

(D) falsificação de documento público, previsto no artigo 297 do Código Penal: "falsificar, no todo ou em parte, documento público, ou alterar documento público verdadeiro".

(E) certidão ideologicamente falsa, previsto no artigo 301 do Código Penal.

O fato narrado no enunciado corresponde à descrição típica do art. 301 do CP (certidão ou atestado ideologicamente falsos). É crime próprio, tendo em conta que somente poderá ser praticado pelo funcionário público com atribuição para a expedição de certidão, o que está bem claro no enunciado (*responsável pela emissão de...*). Perceba que o falso, neste crime, tal como se dá no delito do art. 299 do CP (falsidade ideológica), incide sobre o conteúdo, a ideia presente no documento, que, formalmente, é perfeito. 🆔
Gabarito "E".

(Procurador do Estado – PGE/BA – CESPE – 2014) Julgue o item que se segue (adaptada)

(1) Aquele que utilizar laudo médico falso para, sob a alegação de possuir doença de natureza grave, furtar-se ao pagamento de tributo, deverá ser condenado apenas pela prática do delito de sonegação fiscal se a falsidade ideológica for cometida com o exclusivo objetivo de fraudar o fisco, em virtude da aplicação do princípio da subsidiariedade.

1: incorreta. Tal como se afirma, o crime de falso, já que serviu de meio para o cometimento do crime de sonegação fiscal (crime fim), deve por este ser absorvido, em virtude, e aqui está o erro da assertiva, do princípio da consunção, e não da subsidiariedade. 🆔
Gabarito "1E".

(Promotor de Justiça/SC – 2016 – MPE)

(1) A modificação do numerário do chassi contido no documento de um veículo caracterizará a prática do delito de falsificação de documento público e não de adulteração de sinal identificador de veículo automotor.

1: a prática do crime de *adulteração de sinal identificador de veículo automotor*, previsto no art. 311 do CP, deve ser afastada de plano, uma vez que esse delito tem como objeto material o número do chassi ou outro sinal identificador, componente ou equipamento que pertença ao veículo (parte integrante dele), o que não inclui, por óbvio, a sua documentação, cuja falsificação implica o cometimento do crime de *falsificação de documento público* (art. 297, CP). ED
Gabarito "C"

(Promotor de Justiça – MPE/MS – FAPEC – 2015) Assinale a alternativa **correta**:

(A) Comete o crime de falsificação de documento particular, o agente que altera, em parte, testamento particular.

(B) Constitui o crime de fraude processual inovar artificiosamente, na pendência de processo civil ou administrativo, o estado de lugar, de coisa ou pessoa, com o fim de induzir a erro o juiz ou o perito, sendo que as penas se aplicam em dobro se a inovação se destina a produzir efeito em processo penal, desde que já iniciado.

(C) O crime de falsidade ideológica não se admite quando o documento é particular.

(D) O crime de fraude em certame de interesse público é consumado com a efetiva utilização ou divulgação da informação sigilosa, ainda que o destinatário já tenha conhecimento do objeto sob sigilo e não obtenha êxito no certame.

(E) No crime de falsificação de documento público, a forma do documento é verdadeira, mas seu conteúdo é falso.

A: incorreta, na medida em que o *testamento particular*, que também é chamado de *hológrafo*, é considerado, para efeitos penais, documento público por equiparação, nos termos do que estabelece o art. 297, § 2º, do CP, razão pela qual o agente que altera testamento particular responderá pelo cometimento do crime de falsificação de documento *público*, e não *particular*, como constou da assertiva. E assim é porque o legislador achou por bem, dada a relevância de determinados documentos particulares, equipará-los, somente para fins penais, a documento público, uma vez que a pena cominada à falsificação de documento público é superior àquela prevista para o crime de falsificação de documento particular (art. 298, CP); **B:** incorreta. O erro da assertiva está em afirmar, ao seu final, que as penas se aplicam em dobro se a inovação se destina a produzir efeito em processo penal, *desde que já iniciado*. Na verdade, segundo previsão contida no art. 347, parágrafo único, do CP, a causa de aumento ali prevista incidirá ainda que o processo penal *não tenha iniciado*; **C:** incorreta. Isso porque a conduta, no crime de falsidade ideológica, previsto no art. 299 do CP, pode recair tanto no documento público quanto no particular; **D:** correta. O crime do art. 311-A do CP é, tal como se afirma, formal, já que a sua consumação se dá com a mera prática das condutas previstas no tipo penal (utilizar ou divulgar); **E:** incorreta. Ao contrário do que se afirma, a conduta consistente em falsificar documento público (art. 297, CP) recai sobre a forma do documento. O agente, neste caso, constrói um novo ou alterara o verdadeiro; nisso difere da falsidade ideológica (art. 299, CP), em que a conduta recai sobre o conteúdo, sobre a ideia contida no documento, que formalmente é perfeito. ED
Gabarito "D".

(Procurador da República –28º Concurso – 2015 – MPF) Tratando-se de moeda falsa, assinale a alternativa incorreta:

(A) A utilização de papel-moeda grosseiramente falsificado configura, em tese, o crime de estelionato;

(B) Fabricar petrechos para falsificação de moeda é crime mais grave do que fabricar papel-moeda falso;

(C) A emissão de título ao portador sem permissão legal constitui infração de menor potencial ofensivo;

(D) Ambas as Turmas do Supremo Tribunal Federal já consolidaram o entendimento de que é inaplicável o princípio da insignificância aos crimes de moeda falsa, em que objeto de tutela da norma a fé pública e a credibilidade do sistema financeiro, não sendo determinante para a tipicidade o valor posto em circulação.

A: correta. De fato, conforme entendimento jurisprudencial já consolidado (Súmula 73, STJ), a falsificação grosseira, incapaz, por essa razão, de enganar o homem médio, configura, em princípio, o crime de estelionato, previsto no art. 171 do CP; **B:** incorreta. Isso porque a pena cominada ao crime de fabricação de petrechos para falsificação de moeda (art. 291, CP) é significativamente inferior (reclusão de 2 a 6 anos e multa) àquela prevista para o delito de fabricação de papel-moeda falso (art. 289, CP), que é de 3 a 12 anos de reclusão e multa; **C:** correta. O art. 292 do CP, que define o delito de *emissão de título ao portador sem permissão legal*, estabelece, em seu preceito secundário, pena máxima cominada de 6 meses de detenção, inferior, portanto, ao limite previsto no art. 61 da Lei 9.099/1995, que é de 2 anos, para que o crime seja considerado de menor potencial ofensivo; **D:** correta. Consultar RHC 107.959, no qual restou negada a incidência do princípio da insignificância aos delitos de moeda falsa. ED
Gabarito "B".

(Procurador da República –28º Concurso – 2015 – MPF) No tema de falsidade ideológica, assinale a alternativa correta:

(A) A não ocorrência de prejuízo descaracteriza a conduta típica de falsidade ideológica;

(B) O candidato que, ao prestar contas à Justiça Eleitoral, declara ter recebido doação que de fato não ocorreu incide em tese no art. 299 do Cód. Penal;

(C) O contrato social é equiparado a documento público;

(D) Excepcionalmente, a ausência de anotação na carteira de trabalho não configura o crime do art. 297, § 4º, do Cód. Penal.

A: incorreta. A configuração da falsidade ideológica, delito previsto no art. 299 do CP, prescinde da produção de resultado naturalístico, consistente na efetiva ocorrência de prejuízo a alguém. É delito, portanto, formal. Sua consumação, dessa forma, se dá com a omissão ou inserção da declaração com conteúdo falso; **B:** incorreta. O candidato que proceder na forma descrita na assertiva incorrerá no crime do art. 350 da Lei 4.737/1965 (Código Eleitoral), e não no delito de falsidade ideológica do Código Penal. Na jurisprudência: "O candidato que, ao prestar contas à Justiça Eleitoral, declara ter recebido doação que de fato não ocorreu incide, em tese, no tipo do art. 350 do Código Eleitoral" (STF, Inq 3676, Relator(a): Min. Rosa Weber, Primeira Turma, julgado em 30.09.2014, acórdão eletrônico DJe-201 divulg 14.10.2014 public 15.10.2014); **C:** incorreta, na medida em que o contrato social não foi contemplado no rol dos documentos públicos por equiparação (art. 297, § 2º, do CP); **D:** correta. Na jurisprudência: "(...) 2. Prevalece no STJ que a simples omissão de anotação de contrato na CTPS já preenche o tipo penal descrito no § 4º do art. 297 do Código Penal. Contudo, é imprescindível que a conduta preencha não apenas a tipicidade formal, mas antes e principalmente a tipicidade material. Indispensável, portanto, a demonstração do dolo de falso e da efetiva possibilidade de vulneração à fé pública. 3. O Direito Penal só deve ser invocado quando os demais ramos do Direito forem insuficientes para proteger os bens considerados importantes para a vida em sociedade. A controvérsia foi efetivamente resolvida na Justiça Trabalhista – que reconheceu não ser possível se falar em contrato de prestação de serviço autônomo, reconhecendo o vínculo empregatício, matéria, aliás, que pode assumir contornos de alta complexidade. Dessarte, simples omissão pode revelar, no máximo, típico ilícito trabalhista – art. 47 da CLT – sem nenhuma nuance que demande a intervenção automática do Direito Penal. 4. O tipo penal de falso, quer por ação quer por omissão, deve ser apto a iludir a percepção de outrem. A conduta imputada à recorrida não se mostrou suficiente a gerar consequências outras além de um processo trabalhista. Não se verifica, assim, a efetiva vulneração ao bem jurídico tutelado, qual seja, a fé pública, haja vista a CTPS não ter perdido sua autenticidade. De igual modo, não havendo a anotação de quaisquer dados não há como se afirmar, peremptoriamente, que se pretendia alterar ideologicamente a realidade. 5. A melhor interpretação a ser dada ao art. 297, § 4º, do Código Penal, deveria passar necessariamente pela efetiva inserção de dados na Carteira de Trabalho, com a omissão de informação juridicamente relevante, demonstrando-se, da mesma forma, o dolo do agente em falsear a verdade, configurando efetiva hipótese de falsidade ideológica, o que a tutela penal visa coibir. 6. Recurso especial a que se nega provimento" (REsp 1252635/SP, Rel. Ministro Marco Aurélio Bellizze, Quinta Turma, julgado em 24.04.2014, DJe 02.05.2014). ED
Gabarito "D".

(Analista Judiciário – TRT/8ª – 2016 – CESPE) Acerca dos crimes contra a fé pública e dos crimes praticados por associações ou organizações criminosas, assinale a opção correta.

(A) Aquele que falsifica documento para, em seguida, usá-lo em procedimento subsequente comete os crimes de falsificação de documento e de uso de documento falso, haja vista a presença de dolos distintos e autônomos em relação a cada conduta praticada.

(B) A falsidade ideológica é configurada pelo dolo genérico de se omitir, em documento público ou particular, declaração que dele devia constar, ou nele inserir ou fazer inserir declaração falsa ou diversa da que devia ser escrita, mesmo que não enseje proveito ilícito ou prejuízo a terceiros.

(C) A estabilidade e a permanência nas relações entre os agentes reunidos em conjugação de esforços para a prática reiterada de crimes são essenciais para que se configure a associação criminosa, diferenciando-se essa do simples concurso eventual de pessoas para realizarem uma ação criminosa.

(D) A associação criminosa, denominação atual do antigo crime de quadrilha ou bando, por ser crime material, só se realiza quando mais de três pessoas se reúnem, em caráter estável e permanente, para o cometimento de crimes, consumando-se com a prática efetiva de um delito.

(E) A conduta de se colocar em circulação uma única cédula falsa, no valor de cinquenta reais, não pode ser reputada como algo que efetivamente perturba o convívio social, sendo admissível enquadrá-la como materialmente atípica pela incidência do princípio da insignificância.

A: incorreta. Embora não haja consenso na doutrina e na jurisprudência, prevalece hoje o entendimento no sentido de que o agente que falsifica documento e, ato contínuo, dele faz uso somente responde pelo crime de falsificação, sendo o seu uso reputado *post factum* não punível. Nessa ótica: "O uso dos papéis falsificados, quando praticado pelo próprio autor da falsificação, configura *post factum* não punível, mero exaurimento do *crimen falsi*, respondendo o falsário, em tal hipótese, pelo delito de falsificação de documento público (CP, art. 297) ou, conforme o caso, pelo crime de falsificação de documento particular (CP, art. 298)" (STF, 2ª T., HC 84.533-MG, rel. Min. Celso de Mello, j. 14.09.2004); **B:** incorreta. No contexto da falsidade ideológica, exige-se, à configuração deste delito, o chamado *elemento subjetivo específico*, assim entendido o especial fim de prejudicar direito, criar obrigação ou alterar a verdade sobre fato juridicamente relevante; **C:** correta. De fato, para a configuração do crime de *associação criminosa*, que, antes do advento da Lei 12.850/2013, denominava-se *quadrilha ou bando*, é indispensável a existência de vínculo associativo estável e permanente entre os agentes que a compõem. Em assim sendo, a reunião de agentes com o fim de praticar um crime específico configura, em tese, mero concurso eventual de pessoas (art. 29, CP), e não associação criminosa (art. 288, CP); **D:** incorreta. Cuida-se de crime formal (e não material), cuja consumação, bem por isso, se dá com a associação, de forma estável, de três ou mais pessoas, ainda que não venham a cometer delito algum; **E:** incorreta. No STF: "MOEDA FALSA – INSIGNIFICÂNCIA – AFASTAMENTO. Descabe cogitar da insignificância do ato praticado uma vez imputado o crime de circulação de moeda falsa" (HC 126.285, Relator(a): Min. MARCO AURÉLIO, Primeira Turma, julgado em 13.09.2016).

Gabarito "C".

(Magistratura/GO – 2015 – FCC) Falsificar cartão de crédito ou débito é
(A) conduta atípica.
(B) crime de falsificação de documento particular.
(C) crime de falsa identidade.
(D) crime de falsidade ideológica.
(E) crime de falsificação de documento público, por equiparação.

Nos termos do art. 298, parágrafo único, do CP, a falsificação de cartão de crédito ou débito caracteriza crime de falsificação de documento particular. A Lei 12.737/2012, também conhecida como "Lei Carolina Dieckmann", incluiu ao precitado art. 298 um parágrafo único, equiparando a documento particular o cartão de crédito ou débito. Aqui, pouco importa, importante registrar o fato de a instituição financeira responsável pela emissão do cartão ser pessoa jurídica de direito privado ou público.

Gabarito "B".

(Escrevente Técnico – TJSP – 2015 – VUNESP) O *caput* do art. 293 do CP tipifica a falsificação de papéis públicos, especial e expressamente no que concerne às seguintes ações:
(A) produção e confecção.
(B) contrafação e conspurcação.
(C) fabricação e alteração.
(D) adulteração e corrupção.
(E) corrupção e produção.

O art. 293, *caput*, do CP tipifica a falsificação de papéis públicos por meio de dois comportamentos: fabricação e alteração. Assim, correta apenas a alternativa C.

Gabarito "C".

(Escrevente Técnico – TJSP – 2015 – VUNESP) O crime de falsidade ideológica (CP, art. 299) tem pena aumentada de sexta parte se
(A) cometido por motivo egoístico.
(B) a vítima sofre vultoso prejuízo.
(C) o agente aufere lucro.
(D) o agente é funcionário público e comete o crime prevalecendo-se do cargo.
(E) cometido com o fim de produzir prova em processo penal.

Nos termos do art. 299, parágrafo único, do CP, o crime de falsidade ideológico terá sua pena aumentada de sexta parte se o agente é funcionário público e comete o crime prevalecendo-se de seu cargo, ou, ainda, se a falsificação ou alteração for de registro civil. Correta, pois, a alternativa D.

Gabarito "D".

22. CRIMES CONTRA A ADMINISTRAÇÃO PÚBLICA

(Escrevente – TJ/SP – 2018 – VUNESP) A respeito dos crimes praticados por funcionários públicos contra a administração pública, é correto afirmar que
(A) Caio, funcionário público, ao empregar verba própria da educação, destinada por lei, na saúde, em tese, incorre no crime de emprego irregular de verba pública (art. 315 do CP).
(B) Tícia, funcionária pública, ao exigir, em razão de sua função, que determinada empresa contrate o filho, em tese, incorre no crime de corrupção passiva (art. 317 do CP).
(C) Mévio, funcionário público, em razão de sua função, ao aceitar promessa de recebimento de passagens aéreas, para férias da família, não incorre no crime de corrupção passiva (art. 317 do CP), já que referido tipo penal exige o efetivo recebimento de vantagem indevida.
(D) Tício, funcionário público, ao se apropriar do dinheiro arrecadado pelos funcionários da repartição para comprar o bolo de comemoração dos aniversariantes do mês, em tese, pratica o crime de peculato (art. 312 do CP).
(E) Mévia, funcionária pública, não sendo advogada, não pode incorrer no crime de advocacia administrativa (art. 321 do CP), já que referido tipo penal exige a qualidade de advogado do sujeito ativo.

A: correta. Caio deverá ser responsabilizado pelo cometimento do crime de *emprego irregular de verbas ou rendas públicas* (art. 315, CP). Perceba que, neste crime, cuja objetividade jurídica é voltada à regularidade da Administração Pública, o agente não se apropria ou subtrai as verbas em proveito próprio ou de terceiro. O que se dá, aqui, é o emprego de verbas ou rendas públicas, pelo funcionário, em benefício da própria Administração, de forma diversa da prevista em lei. Assim, responderá por este crime aquele que desvia verba que, por lei, era da educação para a saúde. Não houve, como se pode notar, enriquecimento por parte do *intraneus* ou mesmo de terceiro; **B:** incorreta.

Considerando que Tícia, valendo-se do cargo público que ocupa, *exigiu* a contratação de seu filho, deverá ser responsabilizada pelo crime de concussão (art. 316, *caput*, do CP). A conduta típica, na concussão, é representada, como dito, pelo verbo *exigir*, que tem o sentido de *demandar, ordenar*. Essa exigência traz ínsita uma ameaça à vítima, que, sentindo-se intimidada, acuada, acaba por ceder, entregando ao agente a vantagem indevida por ele perseguida. É aqui que este crime se distingue daquele previsto no art. 317 do CP – *corrupção passiva*. Neste, no lugar de *exigir*, o agente *solicita* (pede) vantagem indevida; **C:** incorreta. O crime de corrupção passiva (art. 317 do CP), como bem sabemos, é formal. Isso quer dizer que é prescindível, para que seja alcançada a sua consumação, que o agente receba a vantagem indevida. Na verdade, a consumação se opera em instante anterior, ou seja, o delito se aperfeiçoa, no caso narrado na assertiva, com a mera aceitação da promessa. Se de fato esta for auferida pelo agente, será considerada *exaurimento*, assim entendido o desdobramento típico posterior à consumação; **D:** incorreta, já que Tício não se valeu das facilidades que lhe proporciona o cargo que ocupa. Além disso, inexiste, neste caso, prejuízo para a Administração. Trata-se de questão privada que envolve colegas de trabalho. Pode-se falar, em princípio, de crime de apropriação indébita (art. 168, CP); **E:** incorreta. O crime de advocacia administrativa, tipificado no art. 321 do CP, pressupõe que um funcionário público, valendo-se dessa qualidade, patrocine, direta ou indiretamente, interesse privado perante a Administração Pública. Apesar do nome, não se exige que o sujeito ativo *advogado*. Cuida-se, isto sim, como já dito, de delito praticado por funcionário público (é crime próprio) que, valendo-se do cargo que ocupa, defende interesse privado de terceiro perante a Administração.

Gabarito "A".

(Escrevente – TJ/SP – 2018 – VUNESP) A respeito dos crimes praticados por particulares contra a administração, em geral (arts. 328; 329; 330; 331; 332; 333; 335; 336 e 337 do CP), assinale a alternativa correta.
(A) O crime de desacato não se configura se o funcionário público não estiver no exercício da função, ainda que o desacato seja em razão dela.
(B) Para se configurar, o crime de usurpação de função pública exige que o agente, enquanto na função, obtenha vantagem.
(C) Para se configurar, o crime de corrupção ativa exige o retardo ou a omissão do ato de ofício, pelo funcionário público, em razão do recebimento ou promessa de vantagem indevida.
(D) Aquele que se abstém de licitar em hasta pública, em razão de vantagem indevida, não é punido pelo crime de impedimento, perturbação ou fraude de concorrência, já que se trata de conduta atípica.
(E) Não há previsão de modalidade culposa.

A: incorreta. Isso porque o ato injurioso ou ofensivo, no desacato (art. 331, CP), pode ser dirigido ao funcionário que esteja no exercício de sua função ou em razão dela (por causa dela). Neste último caso, embora o funcionário não esteja, no momento da ofensa, no seu horário de expediente, o ato ofensivo lhe é dirigido em razão da qualidade de funcionário público; **B:** incorreta. Sendo crime formal, a usurpação de função pública prescinde, à sua consumação, de resultado naturalístico, consistente no prejuízo para a Administração ou obtenção de vantagem por parte do agente. Se este obtiver vantagem, incorrerá na forma qualificada (art. 328, parágrafo único, do CP); **C:** incorreta. O crime de corrupção ativa, capitulado no art. 333 do CP, a exemplo de tantos outros delitos contra a Administração Pública, prescinde de resultado naturalístico (é formal). Dessa forma, a consumação é alcançada no exato instante em que o agente, neste caso o particular, oferece ou promete vantagem indevida, pouco importando se houve o recebimento do suborno oferecido ou prometido ou mesmo se o ato, inerente às funções do *intraneus*, foi praticado, omitido ou retardado. Agora, se o funcionário omitir, retardar ou praticar o ato com infração a dever funcional, a pena impingida ao particular será aumentada em um terço (art. 333, parágrafo único, CP); **D:** incorreta. A conduta descrita no enunciado correspondia ao tipo penal do art. 335, parágrafo único, do CP, que foi revogado pela Lei 8.666/1993 (instituiu normas para licitações e contratos firmados pela Administração Pública), que, em seu art. 95, parágrafo único, estabelece ser crime a conduta do agente que *se abstém ou desiste de licitar, em razão da vantagem oferecida*. Trata-se, portanto, como se pode ver, de fato *típico*; **E:** correta. De fato, o Capítulo II do Título XI do CP (dos crimes praticados por particulares contra a administração em geral) não contempla crime cujo elemento subjetivo seja representado pela culpa. Há tão somente tipos penais dolosos. Cuidado: o Capítulo I desse mesmo título (dos crimes praticados por funcionário público contra a administração em geral) contém o crime de peculato, que comporta a modalidade culposa (art. 312, § 2º, CP).

Gabarito "E".

(Escrevente – TJ/SP – 2018 – VUNESP) A respeito dos crimes contra a administração da justiça (arts. 339 a 347 do CP), assinale a alternativa correta.
(A) A autoacusação para acobertar ascendente ou descendente é atípica.
(B) Dar causa a inquérito civil contra alguém, imputando-lhe falsamente a prática de crime, em tese, caracteriza o crime de denunciação caluniosa.
(C) Provocar a ação de autoridade, comunicando a ocorrência de crime que sabe não ter se verificado, em tese, caracteriza o crime de denunciação caluniosa.
(D) O crime de falso testemunho exige, para configuração, que o agente receba vantagem econômica ou outra de qualquer natureza.
(E) O crime de exercício arbitrário das próprias razões procede-se mediante queixa, ainda que haja emprego de violência.

A: incorreta, uma vez que o art. 341 do CP, que define o crime de autoacusação falsa, não contempla esta escusa absolutória, diferentemente do que se dá, por exemplo, no crime de favorecimento pessoal (art. 348, CP), em que não se pune o agente do favorecimento quando este for ascendente, descendente, cônjuge ou irmão. Dessa forma, se o pai imputar a si mesmo crime que sabe que foi praticado pelo filho, será responsabilizado pelo crime do art. 341 do CP; **B:** correta. O sujeito que provoca a instauração de inquérito civil contra alguém, sabendo-o inocente do crime que levou ao conhecimento da autoridade, comete o delito de *denunciação caluniosa*, capitulado no art. 339 do CP. Este crime não deve ser confundido com o do art. 340 do CP, *comunicação falsa de crime ou de contravenção*, em que a comunicação que deflagra a ação da autoridade não recai sobre pessoa certa, determinada. Na *denunciação caluniosa*, como já dito, o agente atribui a autoria da infração penal por ele levada ao conhecimento da autoridade a pessoa determinada, fornecendo dados à sua identificação. Difere, também, do tipo prefigurado no art. 138 do CP – *calúnia*, na medida em que, neste delito, atribui-se falsamente a alguém fato definido como crime. Sua consumação se opera no momento em que o fato chega ao conhecimento de terceiro (a honra atingida é a objetiva). Aqui, o agente não dá causa à instauração de investigação ou processo; **C:** incorreta. O sujeito que provoca a ação de autoridade, a esta comunicando a ocorrência de crime que sabe não ter se verificado, comete o delito de comunicação falsa de crime ou contravenção (art. 340, CP); **D:** incorreta, já que o crime de falso testemunho (art. 342, CP) se aperfeiçoa ao final do depoimento (é crime formal), pouco importando se a inverdade teve influência na instrução processual bem como se houve suborno. A propósito, se o crime for praticado mediante suborno, deverá incidir a causa de aumento de pena do art. 342, § 1º, do CP, mas tal não é necessário à configuração do crime; **E:** incorreta. A ação penal, no crime de exercício arbitrário das próprias razões, somente será privativa do ofendido (procede-se mediante queixa) se não houver emprego de violência; se houver, a ação penal será pública, cabendo a sua iniciativa ao MP (art. 345, parágrafo único, CP).

Gabarito "B".

(Escrevente – TJ/SP – 2018 – VUNESP) A respeito do crime de exploração de prestígio (art. 357 do CP), é correto afirmar que

(A) prevê causa de aumento se o agente alega ou insinua que o dinheiro é também destinado a funcionário público estrangeiro.
(B) prevê modalidade culposa.
(C) se caracteriza pela conduta de receber dinheiro a pretexto de influir em ato praticado por qualquer funcionário público.
(D) se trata de crime comum, não se exigindo qualquer qualidade especial do autor.
(E) para se configurar, exige o efetivo recebimento de dinheiro pelo agente.

A: incorreta. A exploração de prestígio (art. 357 do CP), que com o delito tráfico de influência (art. 332 do CP) é frequentemente confundida, caracteriza-se quando o agente *solicitar ou receber dinheiro ou qualquer outra utilidade*, a pretexto de influir em *juiz, jurado, órgão do Ministério Público, funcionário de justiça, perito, tradutor, intérprete ou testemunha*. A causa de aumento de pena, prevista no art. 357, parágrafo único, do CP, por sua vez, incidirá sempre que o agente alegar ou insinuar que o dinheiro ou utilidade solicitado ou recebido também se destina às pessoas referidas no *caput*, que, como se pode ver, não inclui o funcionário público estrangeiro; **B:** incorreta, dado que o crime de exploração de prestígio não prevê modalidade culposa; o elemento subjetivo é representado pelo dolo; **C:** incorreta. O agente que obtém vantagem, alegando gozar de prestígio junto à Administração para influir no comportamento de servidor público, comete o crime de tráfico de influência (art. 332 do CP). Este crime muito se assemelha ao estelionato, ou melhor, constitui uma modalidade específica de estelionato, em que o sujeito ativo vende a falsa ideia de que fará uso de sua influência para obter, em favor da vítima, benefício junto à Administração. Levada a engano pelo ardil aplicado pelo sujeito, o ofendido, ludibriado, entrega-lhe a vantagem perseguida. É crime de ação múltipla ou de conteúdo variado, uma vez que o tipo penal contempla várias condutas (solicitar, exigir, cobrar e obter). Este crime não deve ser confundido com o delito do art. 357 do CP (exploração de prestígio). Neste, as pessoas em relação às quais o agente alega gozar de prestígio estão especificadas no tipo penal: juiz, jurado, órgão do MP, funcionário de justiça etc. É crime contra a administração da Justiça, ao passo que o tráfico de influência é delito contra a administração pública em geral; **D:** correta. Trata-se, de fato, de crime comum, na medida em que o tipo penal não contempla nenhuma qualidade especial que deve ter o sujeito ativo; **E:** incorreta. Cuida-se de crime formal, isto é, não se exige, à sua consumação, a produção de resultado naturalístico.

Gabarito "D".

(Defensor Público – DPE/PR – 2017 – FCC) No que se refere aos crimes contra a Administração pública, é INCORRETO afirmar:

(A) Comete o denominado crime de peculato estelionato o agente público que apropria-se de dinheiro que, no exercício do cargo, recebeu por erro de outrem.
(B) Consoante posição do Supremo Tribunal Federal, é cabível a aplicação do princípio da insignificância aos crimes contra a Administração pública.
(C) Caso o agente público retarde qualquer ato de ofício, em consequência da vantagem indevida, terá cometido o crime de prevaricação.
(D) É cabível a extinção da punibilidade, no denominado peculato culposo, no caso da reparação do dano ser efetuado em momento anterior à sentença irrecorrível.
(E) Comete prevaricação imprópria o diretor de penitenciária que deixa de cumprir seu dever de vedar ao preso acesso a aparelho celular, que permita comunicação com outros presos ou com o ambiente externo.

A: correta. Trata-se do crime do art. 313 do CP – *peculato mediante erro de outrem*, também chamado de *peculato-estelionato* ou *peculato impróprio*. Neste, o terceiro, enganado quanto à pessoa do funcionário, entrega-lhe dinheiro ou qualquer utilidade. O *intraneus*, em vez de restituir o bem, dele se apropria, aproveitando-se do erro em que incorreu o terceiro; **B:** correta. A conferir: "Delito de peculato-furto. Apropriação, por carcereiro, de farol de milha que guarnecia motocicleta apreendida. Coisa estimada em treze reais. *Res furtiva* de valor insignificante. Periculosidade não considerável do agente. Circunstâncias relevantes. Crime de bagatela. Caracterização. Dano à probidade da administração. Irrelevância no caso. Aplicação do princípio da insignificância. Atipicidade reconhecida. Absolvição decretada. HC concedido para esse fim. Voto vencido. Verificada a objetiva insignificância jurídica do ato tido por delituoso, à luz das suas circunstâncias, deve o réu, em recurso ou *habeas corpus*, ser absolvido por atipicidade do comportamento" (HC 112388, Relator(a): Min. Ricardo Lewandowski, Relator(a) p/ acórdão: Min. Cezar Peluso, Segunda Turma, julgado em 21/08/2012, Processo Eletrônico DJe-181 Divulg 13-09-2012 Public 14-09-2012). Vale, aqui, a observação de que o STJ, diferentemente do STF, entende pela inaplicabilidade do princípio da insignificância no contexto dos crimes contra a Administração Pública, ao argumento de que, para além do patrimônio, tutela-se a moralidade administrativa, cuja lesão é altamente nociva à sociedade. Nesse sentido, a Súmula 599, do STJ; **C:** incorreta. No crime de prevaricação, que vem definido no art. 319 do CP, o agente, imbuído do propósito de satisfazer interesse ou sentimento pessoal, retarda ou deixa de praticar ou ainda pratica em desconformidade com o que estabelece a lei ato de ofício. Como se vê, neste crime, o agente não age visando à vantagem indevida, mas, como dito, com o propósito de satisfazer interesse ou sentimento pessoal. Se agir (ou deixar de agir) com o propósito de auferir vantagem indevida, responderá por crime de corrupção passiva majorada (art. 317, § 1º, CP); **D:** correta. De fato, o agente que incorrer no peculato culposo fará jus, se reparar o dano antes da sentença irrecorrível, à extinção de sua punibilidade; se a reparação for posterior ao trânsito em julgado da sentença, terá sua pena reduzida de metade, à luz do que estabelece o art. 312, § 3º, do CP; **E:** correta. Conduta prevista no art. 319-A do CP.

Gabarito "C".

(Procurador – IPSMI/SP – VUNESP – 2016) A respeito dos crimes contra a Administração Pública, é correto afirmar que

(A) o crime de sonegação de contribuição previdenciária é de competência da Justiça Estadual.
(B) importar mercadoria, sem o pagamento do imposto devido pela entrada, caracteriza o crime de contrabando, de competência da Justiça Federal.
(C) o tipo penal de abandono da função pública (artigo 323 do Código Penal) é norma penal em branco e prescinde de resultado.
(D) o crime de desobediência (artigo 330 do Código Penal) somente se caracteriza se do não atendimento à ordem resultar prejuízo à Administração Pública.
(E) a subtração de valor, bem ou dinheiro, por funcionário público, valendo-se da facilidade que a qualidade de funcionário lhe proporciona, caracteriza o crime de furto qualificado.

A: incorreta. O crime de *sonegação de contribuição previdenciária*, que vem definido no art. 337-A do CP, é de competência da Justiça Federal; **B:** incorreta. A conduta se amolda à descrição típica do crime de *descaminho* (e não de *contrabando*), previsto no art. 334, *caput*, do CP; **C:** correta. É norma penal em branco porque o abandono deve se dar *fora dos casos permitidos em lei*. Diz-se, no mais, que o crime do art. 323 do CP é formal porquanto prescinde de resultado naturalístico consistente no prejuízo efetivo à Administração; **D:** incorreta. É crime formal, razão pela qual não se exige, para a sua consumação, a produção de resultado naturalístico consistente no prejuízo à Administração como decorrência do não atendimento à ordem legal; **E:** incorreta, uma vez que a conduta corresponde à descrição típica do crime de *peculato-furto* (art. 312, § 1º, 1ª parte, do CP).

Gabarito "C".

(Procurador – IPSMI/SP – VUNESP – 2016) A respeito do crime previsto no artigo 359-C (assunção de obrigação no último ano do mandato ou legislatura), é correto afirmar que

(A) a condenação definitiva leva à perda do cargo, função pública ou mandato, tratando-se de efeito imediato da condenação.
(B) pode ser praticado por qualquer funcionário público.
(C) prevê a modalidade culposa.
(D) há previsão de elemento de tipo temporal, perfazendo-se a figura penal apenas se a conduta incriminada realizar-se nos dois últimos quadrimestres do mandato ou legislatura.
(E) tem por bem jurídico assegurar a veracidade nos pleitos dos poderes executivo, legislativo e judiciário.

A: incorreta. A perda de cargo, função pública ou mandato eletivo constitui efeito *específico* da condenação. Isso quer dizer que esta consequência da condenação, não sendo automática (imediata), deve ser declarada na sentença, a teor do que dispõe o art. 92, parágrafo único, do CP. Para facilitar a compreensão deste tema, cabe um esclarecimento. Os efeitos da condenação contemplados no art. 91 do CP são *automáticos* (genéricos). Significa isso que é desnecessário o pronunciamento do juiz, a esse respeito, na sentença. Já o art. 92 do CP, como já dissemos, trata dos efeitos da condenação *não automáticos* (específicos), que, por essa razão, somente podem incidir se o juiz, na sentença condenatória, declará-los de forma motivada; **B:** incorreta. Somente pode figurar como sujeito ativo deste crime o funcionário público que detém atribuição para ordenar ou autorizar a assunção de obrigação; não basta, pois, que seja funcionário público; **C:** incorreta. Não há previsão de modalidade culposa deste delito; **D:** correta. De fato, o legislador introduziu um elemento temporal no tipo penal do art. 359-C do CP, segundo o qual a conduta ali descrita deve ser realizada a partir de 1º de maio do último ano do mandato ou da legislatura; **E:** incorreta. O bem jurídico aqui tutelado é a proteção à regularidade das finanças públicas.

Gabarito "D".

(Procurador Municipal/SP – VUNESP – 2016) Assinale a alternativa correta sobre o crime de peculato, tipificado no artigo 312 e parágrafos do Código Penal.

(A) É crime próprio e não admite o concurso de pessoas.
(B) No peculato culposo a reparação do dano, se precede à sentença irrecorrível, reduz de metade a pena imposta.
(C) Admite o concurso de pessoas desde que a qualidade de funcionário público, elementar do tipo, seja de conhecimento do particular coautor ou partícipe.
(D) Para a caracterização do peculato-furto, afigura-se necessário que o funcionário público tenha a posse do dinheiro, valor ou bem que subtrai ou que concorre para que seja subtraído, em proveito próprio ou alheio.
(E) No peculato doloso a reparação do dano, se precede à sentença irrecorrível, extingue a punibilidade.

A: incorreta. Embora seja correto afirmar-se que o peculato é delito *próprio*, já que impõe ao sujeito ativo uma qualidade especial, neste caso a de ser funcionário público, é equivocado dizer-se que não é admitido, neste crime, o concurso de pessoas. Com efeito, é perfeitamente possível, no delito aqui tratado – e também nos crimes funcionais em geral –, que o particular, seja na condição de coautor, seja na de partícipe, tome parte na empreitada criminosa, respondendo pelo delito funcional em concurso de pessoas com o *intraneus*. Isso porque a condição de funcionário público, por ser elementar do crime de peculato, se comunica aos demais agentes que hajam concorrido com o funcionário para o cometimento do delito, à luz do que dispõe o art. 30 do CP. No mais, vale dizer que a responsabilização pela prática do delito funcional somente recairá sobre o particular se este tiver conhecimento de tal circunstância; **B:** incorreta. Se a reparação do dano, no peculato culposo (não se aplica ao doloso!), for anterior ao trânsito em julgado da sentença penal condenatória, o agente fará jus à extinção da punibilidade (não é hipótese de redução de pena), na forma estatuída no art. 312, § 3º, primeira parte, do CP; agora, se o funcionário promover a reparação do dano em momento posterior ao trânsito em julgado da sentença, será ele agraciado com a redução de metade da pena que lhe foi imposta, tal como estabelece o art. 312, § 3º, segunda parte, do CP; **C:** correta. Reporto-me ao comentário à alternativa "A"; **D:** incorreta. Ao contrário do que se afirma, para a configuração do chamado peculato-furto, modalidade prevista no art. 312, § 1º, do CP, é necessário que o funcionário não tenha a posse do objeto material do crime, mas, sim, se valha da sua condição de *intraneus* para realizar a subtração do dinheiro, valor ou bem, ou ainda concorra para que seja subtraído por terceiro; **E:** incorreta. Os benefícios da extinção da punibilidade, na hipótese de reparação ocorrer antes da sentença irrecorrível, e diminuição de metade da pena imposta, quando a reparação é posterior ao trânsito em julgado, somente têm lugar no peculato *culposo* (art. 312, § 3º, do CP). Se doloso for o peculato, quando muito poderá o agente beneficiar-se do *arrependimento posterior*, desde que, nos termos do art. 16 do CP, a reparação do dano ou a restituição da coisa se dê até o recebimento da denúncia. É hipótese de causa de redução de pena.

Gabarito "C".

(Procurador – SP – VUNESP – 2015) Antônio foi abordado por Policiais Militares na via pública e, quando informado que seria conduzido para a Delegacia de Polícia, pois era "procurado" pela Justiça, passou a desferir socos e pontapés contra um dos policiais. Sobre a conduta de Antônio, pode-se afirmar que

(A) praticou o crime de desacato, previsto no artigo 331 do Código Penal.
(B) praticou o crime de resistência, previsto no artigo 329 do Código Penal.
(C) praticou o crime de desobediência, previsto no artigo 330 do Código Penal.
(D) não praticou nenhum crime, pois todo cidadão tem direito à sua autodefesa.
(E) praticou o crime de corrupção ativa, previsto no artigo 333 do Código Penal, pois pretendeu, com sua reação, corromper o funcionário público a não cumprir ato de ofício.

Ao investir, com emprego de violência, contra os policiais militares que fariam a sua prisão (ato, em princípio, legal), Antônio cometeu o crime de resistência, capitulado no art. 329 do CP. Perceba que a oposição feita por Antônio à execução do ato consistente na sua prisão se fez por meio de violência, o que constitui, ao lado da ameaça, pressuposto ao reconhecimento deste crime. Além disso, o ato (neste caso a prisão) contra o qual o agente se insurge deve ser legal e realizado por funcionário público (neste caso policiais militares) com atribuição para tanto. Se o ato for ilegal, não há crime. De igual modo, se faltar atribuição ao agente para a execução do ato, também não há delito. Outra coisa importante: este crime restará configurado ainda que a violência ou ameaça seja empregada não contra o funcionário público, mas contra o particular que lhe esteja prestando auxílio na execução do ato. Se o ato, em razão da resistência oposta, não se executa, o agente incorrerá na forma qualificada deste crime (art. 329, § 1º, do CP). Por fim, por expressa disposição do § 2º deste mesmo artigo, a pena correspondente à violência (lesão corporal, por exemplo) será aplicada em concurso material com a da resistência.

Gabarito "B".

(Procurador – SP – VUNESP – 2015) Sobre o delito de corrupção ativa, pode-se afirmar que

(A) é crime próprio.
(B) tem como objeto jurídico a honestidade do funcionário público.
(C) é crime formal.
(D) é crime de concurso necessário.
(E) admite forma culposa.

A: incorreta. A corrupção *ativa* (art. 333, CP), porque pode ser praticada por qualquer pessoa, é crime *comum*, que não deve ser confundida com a corrupção *passiva* (art. 317, CP), esta sim delito *próprio*, uma vez que o tipo penal exige que seja praticado por funcionário público (qualidade especial do sujeito ativo); **B:** incorreta. A corrupção ativa tem como bem jurídico a ser tutelado a moralidade da Administração Pública; **C:** correta. É, de fato, crime *formal*, na medida em que a sua consumação não está condicionada à aceitação da oferta ou da promessa de oferta ao funcionário. Na verdade, o delito se perfaz em momento anterior: com a mera oferta ou promessa de oferta formulada pelo particular ao funcionário público; **D:** incorreta. Não se trata de crime de concurso necessário (ou plurissubjetivo), já que pode ser praticado por uma só pessoa. É, portanto, crime de concurso eventual (ou monossubjetivo). Os crimes de concurso necessário só podem ser praticados por um número mínimo de agentes. É o caso da associação criminosa (art. 288, CP), cujo tipo penal estabelece o número mínimo de três pessoas. Se houver duas, o fato é atípico; **E:** incorreta. Não há modalidade culposa do crime de corrupção ativa.

Gabarito "C".

(Procurador – SP – VUNESP – 2015) José solicita e recebe dinheiro de um empresário que participará de uma licitação pública a pretexto de ajudá-lo a vencer o certame, sob o argumento de que tem muitos amigos no comando da Administração Pública. Sobre a conduta de José, está correto afirmar que

(A) praticou o crime de usurpação da função pública (art. 328, Código Penal).
(B) praticou o crime de corrupção ativa (art. 333, Código Penal).
(C) praticou o crime de impedimento, perturbação ou fraude concorrência (art. 335, Código Penal).
(D) praticou o crime de tráfico de influência (art. 332, Código Penal).
(E) não praticou nenhum crime (fato atípico), pois quem decide o resultado de licitação é o agente público e não o particular.

O agente que solicita vantagem a alguém, alegando gozar de prestígio junto à Administração para influir no comportamento de servidor público, comete o crime de tráfico de influência (art. 332 do CP). Este crime muito se assemelha ao estelionato, ou melhor, constitui uma modalidade específica de estelionato, em que o sujeito ativo vende a falsa ideia de que fará uso de sua influência para obter, em favor da vítima, benefício junto à Administração. Levada a engano pelo ardil aplicado pelo sujeito, o ofendido, ludibriado, entrega-lhe a vantagem perseguida. É crime de ação múltipla ou de conteúdo variado, uma vez que o tipo penal contempla, além do verbo *solicitar* (usado no enunciado), várias outras condutas (exigir, cobrar e obter). Este crime não deve ser confundido com o delito do art. 357 do CP (exploração de prestígio). Neste, as pessoas em relação às quais o agente alega gozar de prestígio estão especificadas no tipo penal: juiz, jurado, órgão do MP, funcionário de justiça etc. É crime contra a administração da Justiça, ao passo que o tráfico de influência é delito contra a administração pública em geral.

Gabarito "D".

(Procurador do Estado – PGE/RS – Fundatec – 2015) Analise as seguintes assertivas:

I. À luz do Código Penal, não se revela possível a condenação de particular pelo delito de peculato (art. 312, CP).
II. Diversamente da corrupção passiva, o delito de concussão não se tipifica quando o agente público exigir, para outrem, direta ou indiretamente, ainda que fora da função ou antes de assumi-la, mas em razão dela, vantagem indevida.
III. A indicação do ato de ofício não integra o tipo legal da corrupção passiva, bastando que o agente público que recebe a vantagem indevida tenha o poder de praticar atos de ofício para que se possa consumar o delito previsto no art. 317, CP. Mas, se restar provada a prática do ato de ofício em consequência da vantagem ou da promessa, a pena será aumentada de um terço.
IV. Aplicam-se as penas do delito de peculato se o funcionário público, embora não tendo a posse do dinheiro, valor ou bem, o subtrai, concorre para que seja subtraído, ou comete uma fraude para tanto, em proveito próprio ou alheio, valendo-se de facilidade que lhe proporciona a qualidade de funcionário.

Após a análise, pode-se dizer que:

(A) Está correta apenas a assertiva III.
(B) Está correta apenas a assertiva IV.
(C) Estão corretas apenas as assertivas II e III.
(D) Estão incorretas apenas as assertivas II e IV.
(E) Nenhuma das respostas anteriores.

I: incorreta. Ao contrário do afirmado, é perfeitamente possível, à luz do que estabelece o art. 30 do CP, que o peculato seja praticado em concurso formado pelo funcionário

e por terceiro que não integre os quadros da Administração, visto que a condição de funcionário, por ser elementar do tipo (art. 312, CP), comunica-se aos coautores ou partícipes, desde que, é claro, a qualidade de funcionário público seja de conhecimento do terceiro, que poderá, sim, ser condenado pelo cometimento do crime de peculato; **II:** incorreta. A conduta descrita na assertiva corresponde ao crime de concussão (art. 316, "caput", do CP), em que o funcionário público, no exercício da função ou em razão dela, exige (ordena, impõe) do particular a obtenção de vantagem que não lhe é devida. Na corrupção passiva (art. 317, CP), diferentemente, o funcionário público, no lugar de exigir, solicita, recebe ou aceita promessa de vantagem indevida; **III:** correta (art. 317, § 1º, CP); **IV:** incorreta. O erro da assertiva está na palavra *fraude*; se esta for extraída, a conduta ali prevista corresponde ao crime do art. 312, § 1º, do CP (peculato-furto), em que o sujeito, embora não tenha a posse do objeto material, valendo-se de facilidade que seu cargo lhe proporciona, o subtrai ou colabora para que seja subtraído.
Gabarito "A".

(Procurador do Estado – PGE/RS – Fundatec – 2015) Assinale a alternativa INCORRETA.
(A) Segundo previsão legal e a jurisprudência do Supremo Tribunal Federal, a realização de propaganda de natureza eleitoral, exaltando a gestão de prefeito municipal candidato à reeleição e depreciando administrações anteriores em período próximo ao pleito, com custeio de despesas pelo município, configura o delito previsto no art. 1º, inciso II, do Decreto-Lei nº 201/67.
(B) É entendimento do Supremo Tribunal Federal que, quando cometer delito de peculato, governador de estado não pode incidir na causa de aumento de pena prevista no art. 327, § 2º, do Código Penal, dada a natureza de seu cargo, pois a situação caracterizaria *bis in idem*.
(C) A legislação penal vigente pune diversamente a conduta de prefeito que se apropriar de bens ou rendas públicas daquela que, dolosamente, desviar ou aplicar indevidamente rendas ou verbas públicas.
(D) É pacificado na jurisprudência do Superior Tribunal de Justiça que o bem jurídico protegido pelo Direito Penal nos crimes previstos no Decreto-Lei nº 201/67 não é só o patrimônio público, mas também a probidade administrativa, razão pela qual não se pode invocar o Princípio da Insignificância no caso de desvio de bens públicos em proveito próprio ou alheio, levado a cabo pelo próprio Prefeito Municipal, que, no exercício de suas atividades funcionais, deve obediência aos mandamentos legais, inclusive ao princípio da moralidade pública, essencial à legitimidade de seus atos.

A: correta. Conferir o seguinte julgado do STF: "1. O art. 1º, II, do Decreto-Lei nº 201/67 tipifica como crime próprio dos Prefeitos Municipais a conduta de 'utilizar-se, indevidamente, em proveito próprio ou alheio, de bens, rendas ou serviços públicos', cominando a pena de reclusão, de dois a doze anos. 2. A realização de propaganda de cariz eleitoral, exaltando a gestão do prefeito municipal e depreciando as administrações anteriores em época próxima ao pleito, custeada pelo Erário do Município, configura o delito previsto no art. 1º, II, do Decreto-Lei nº 201/67" (AP 432, Tribunal Pleno, Rel. Min. Luiz Fux, j. 10.10.2013); **B:** incorreta. Conferir: "O Governador do Estado, nas hipóteses em que comete o delito de peculato, incide na causa de aumento de pena prevista no art. 327, § 2º, do Código Penal, porquanto o Chefe do Poder Executivo, consoante a Constituição Federal, exerce o cargo de direção da Administração Pública, exegese que não configura analogia *in malam partem*, tampouco interpretação extensiva da norma penal, mas, antes, compreensiva do texto" (Inq 2606, Tribunal Pleno, Rel. Min. Luiz Fux, j. 04.09.2014); **C:** correta. Condutas previstas em dispositivos legais distintos, a saber, respectivamente: art. 1º, I, do Decreto-Lei 201/1967, e art. 1º, III, do Decreto-Lei 201/1967; **D:** correta. Conferir o seguinte julgado do STF, que traduz posicionamento compartilhado pelo STJ: " O Decreto-Lei nº 201/67 está voltado não apenas à proteção do patrimônio público como também da moral administrativa, pelo que não há como agasalhar a óptica do crime de bagatela" (HC 85184, 1ª T., Rel Min. Marco Aurélio, *DJ* 08.04.2005).
Gabarito "B".

(Advogado União – AGU – CESPE – 2015) Um servidor público, concursado e estável, praticou crime de corrupção passiva e foi condenado definitivamente ao cumprimento de pena privativa de liberdade de seis anos de reclusão, em regime semiaberto, bem como ao pagamento de multa.
A respeito dessa situação hipotética, julgue o item seguinte (adaptada).
(1) Na hipótese em apreço, a competência seria da justiça federal, caso o servidor público fosse integrante da administração pública federal e o crime cometido tivesse nexo funcional com o cargo ocupado.

1: correta. De fato, compete à Justiça Federal o julgamento de crime cometido por funcionário público federal, desde que no exercício de suas funções.

(Advogado União – AGU – CESPE – 2015) João, empregado de uma empresa terceirizada que presta serviço de vigilância a órgão da administração pública direta, subtraiu aparelho celular de propriedade de José, servidor público que trabalha nesse órgão.
A respeito dessa situação hipotética, julgue os itens que se seguem.
(1) O ato praticado por João configura crime de peculato-furto, em que o sujeito passivo imediato é José e o sujeito passivo mediato é a administração pública.

(2) João é funcionário público por equiparação, devendo ser a ele aplicado o procedimento especial previsto no CP, o que possibilita a apresentação de defesa preliminar antes do recebimento da denúncia.

1: incorreto, uma vez que João não pode ser considerado funcionário público, neste caso por equiparação (art. 327, § 1º, CP), na medida em que a empresa terceirizada para a qual trabalha não executa atividade típica da Administração Pública, razão pela qual ele não poderá responder pelo crime de peculato-furto, delito próprio do funcionário público; **2:** incorreto. Vide comentário anterior.
Gabarito "1E, 2E".

(Procurador do Estado – PGE/BA – CESPE – 2014) Julgue o item que se segue (adaptada).
(1) Considere que Paulo, servidor público lotado no INSS, tenha inserido nos bancos de dados dessa autarquia informações falsas a respeito de Carlos, o que possibilitou a este receber quantia indevida a título de aposentadoria. Nessa situação hipotética, Paulo cometeu o crime de falsidade ideológica.
(2) Caso o denunciado por peculato culposo opte, antes do pronunciamento da sentença, por reparar o dano a que deu causa, sua punibilidade será extinta.

1: incorreta, na medida em que Paulo cometeu o crime capitulado no art. 313-A do CP (inserção de dados falsos em sistema de informações); **2:** correta. De fato, no contexto do peculato culposo, se o agente, antes da sentença irrecorrível, promover a reparação do dano ao qual ele deu causa, será extinta a sua punibilidade, na forma estatuída no art. 312, § 3º, do CP. Segundo esse mesmo dispositivo, se a reparação se der depois de a sentença passar em julgado, a reparação do dano terá o condão de reduzir de metade a pena imposta.
Gabarito "1E, 2C".

(Juiz – TRF 2ª Região – 2017) Assinale a opção correta:
(A) Quando o falso se exaure no descaminho, sem mais potencialidade lesiva, é por este absorvido, como crime-fim, condição que não se altera por ser menor a pena a este cominada.
(B) Se JOÃO, médico particular, solicitar o pagamento de cem reais para atender paciente pelo Sistema Único de Saúde, ele não pratica crime funcional, já que não exerce atividade típica da Administração Pública.
(C) O particular que auxilia materialmente a prática de crime de peculato-desvio por seu amigo, que sabe ser servidor, responderá por apropriação indébita, tendo em vista lhe faltar a qualidade de funcionário público.
(D) O crime de corrupção passiva (art. 317 do Código Penal) somente se configura com a efetiva prática ou omissão da conduta funcional do servidor, já que o chamado "ato de ofício" integra o tipo penal.
(E) O particular que é vítima de crime de concussão (artigo 316 do Código Penal) comete o crime de corrupção ativa (artigo 333 do Código Penal) quando entrega ao funcionário público a vantagem exigida.

A: correta. Conferir: " O delito de uso de documento falso, cuja pena em abstrato é mais grave, pode ser absorvido pelo crime-fim de descaminho, com menor pena comparativamente cominada, desde que etapa preparatória ou executória deste, onde se exaure sua potencialidade lesiva" (REsp 1378053/PR, Rel. Min. Nefi Cordeiro, 3ª Seção, j. 10.08.2016, *DJe* 15.08.2016); **B:** incorreta. Se o médico, conveniado do SUS, e, portanto, considerado funcionário público, solicitar dinheiro (pagamento indevido) para realizar atendimento, cometerá o crime de corrupção passiva, que é delito funcional próprio do *intraneus*; **C:** incorreta. Embora o particular não seja funcionário público, qualidade exclusiva de seu amigo, pelo crime de peculato também deverá, junto com ele, responder, posto que tal qualidade (ser funcionário público), porque elementar do crime em questão, deve, por expressa disposição do art. 30 do CP, comunicar-se ao coautor/partícipe que, de alguma forma, haja contribuído; **D:** incorreta. Por se tratar de crime formal, a corrupção passiva (art. 317, CP) se consuma com a mera solicitação/recebimento/aceitação de promessa de vantagem indevida; **E:** incorreta. Se houver a prática de concussão (art. 316 do CP) pelo funcionário público, a exigência dirigida ao particular, se cumprida por ele, em virtude do temor de represália, não constituirá corrupção ativa (art. 333 do CP). Pode-se dizer, assim, que são incompossíveis, quando no mesmo contexto fático, os crimes de concussão, praticado pelo funcionário público, e o de corrupção ativa (art. 333, CP), pelo particular.
Gabarito "A".

(Juiz – TRF 3ª Região – 2016) Para fins penais, é considerado funcionário público:
(A) O médico não concursado, que presta serviços pelo SUS;
(B) Os funcionários das empresas de ônibus, haja vista que o transporte público é serviço fundamental;
(C) Os funcionários das empresas de telecomunicações, haja vista que se trata de serviço essencial;
(D) Apenas quem tenha prestado concurso público.

A: correta. O médico conveniado do SUS é considerado, para os fins penais, funcionário público. Dessa forma, se ele, médico, por exemplo, exigir dinheiro (pagamento indevido) para realizar cirurgia, cometerá o crime de concussão (art. 316 do CP), delito próprio do *intraneus*; **B** e **C:** não são considerados funcionários públicos para efeitos penais na medida em que não se trata de atividade típica da Administração Pública; **D:** o conceito de funcionário para fins penais não se restringe àqueles que ingressaram na Administração por meio de concurso público. ED

Gabarito "A".

(Juiz – TJ/SP – VUNESP – 2015) No crime de falso testemunho ou falsa perícia,
(A) a conduta é tipificada quando realizada apenas em processo penal.
(B) incide-se no crime quando a afirmação falsa é feita em juízo arbitral.
(C) a pena aumenta da metade se o crime é praticado mediante suborno.
(D) a retratação do agente, antes da sentença em que ocorreu o falso testemunho, é causa de diminuição de pena.

A: incorreta, já que o falso testemunho ou falsa perícia, crime que vem definido no art. 342 do CP, pode ser prestado em processo judicial (de qualquer natureza) ou administrativo, inquérito policial ou ainda em juízo arbitral; **B:** correta, tendo em conta o quanto foi afirmado no comentário anterior: **C:** incorreta. Se cometido mediante suborno, a pena do crime de falso testemunho ou falsa perícia será aumentada de um sexto a um terço, e não de metade (art. 342, § 1º, do CP); **D:** incorreta. A retratação do agente, no contexto do crime de falso testemunho ou falsa perícia, quando efetivada até a sentença, é causa extintiva da punibilidade (o fato deixa de ser punível), tal como estabelece o art. 342, § 2º, do CP. É importante observar que a pena cominada a este crime foi alterada (aumentada) por força da Lei 12.850/2013 (Organização Criminosa). ED

Gabarito "B".

(Juiz – TJ/SP – VUNESP – 2015) Profissional nomeado pela assistência judiciária para atuar como defensor dativo ingressa com ação contra o INSS, em favor da parte para a qual foi constituído, e posteriormente faz o levantamento do valor devido. Contudo, não repassou o dinheiro à parte, cometendo o delito de
(A) peculato, tendo em vista apropriar-se de dinheiro ou valor de que tem a posse em razão do cargo.
(B) furto mediante fraude, pois abusou da confiança da vítima.
(C) prevaricação, considerando que retardou ou deixou de praticar, indevidamente, ato de ofício.
(D) apropriação indébita, uma vez que tinha a posse ou detenção do numerário.

Quanto à possibilidade de o defensor dativo ser considerado funcionário público para fins penais, conferir: *Embora não sejam servidores públicos propriamente ditos, pois não são membros da Defensoria Pública, os advogados dativos, nomeados para exercer a defesa de acusado necessitado nos locais onde o referido órgão não se encontra instituído, são considerados funcionários públicos para fins penais, nos termos do artigo 327 do Código Penal Doutrina. 3. Tendo o recorrente, na qualidade de advogado dativo, exigido para si vantagem indevida da vítima, impossível considerar a sua conduta atípica como pretendido no reclamo* (RHC 33.133/SC, Rel. Ministro Jorge Mussi, Quinta Turma, julgado em 21.05.2013, DJe 05.06.2013). ED

Gabarito "A".

(Promotor de Justiça/SC – 2016 – MPE)
(1) É possível, segundo entendimento doutrinário predominante, a ocorrência do crime de corrupção ativa sem que exista simultaneamente o cometimento da corrupção passiva, pois as condutas são independentes.

1: o delito de corrupção (ativa ou passiva) não pressupõe, necessariamente, a existência de um crime bilateral (corrupção passiva de um lado e corrupção ativa de outro). Imaginemos a situação em que o funcionário solicita vantagem indevida de um particular. Neste caso, o crime funcional (corrupção passiva), porque formal, já restará consumado, pouco importando que o particular atenda ou não ao pleito formulado pelo *intraneus*. Temos, neste caso, tão somente o crime de corrupção passiva. De outro lado, se o particular oferece ao funcionário vantagem indevida e este a recusa, há somente o cometimento do crime de corrupção ativa por parte do particular. É claro que, se o funcionário aceitar a promessa formulada pelo particular, haverá dois crimes: corrupção ativa pelo particular e passiva pelo funcionário. ED

Gabarito "1".

(Promotor de Justiça/SC – 2016 – MPE)
(1) O crime de peculato, disposto no Código Penal Brasileiro, possui apenas modalidades dolosas. Não há em nenhuma das modalidades previsão para extinção da punibilidade em caso de ocorrer a reparação do dano pelo funcionário público antes do recebimento da denúncia, entretanto, cabe-lhe, em tendo reparado o prejuízo de forma voluntária, o direito ao instituto do arrependimento posterior.

1: além de contemplar modalidades dolosas, que são o *peculato-apropriação* (art. 312, *caput*, 1ª parte, do CP), o *peculato-desvio* (art. 312, *caput*, 2ª parte, do CP) e o *peculato-furto* ou *peculato impróprio* (art. 312, § 1º, do CP), o art. 312, em seu § 2º, prevê a forma culposa de peculato, cuja conduta consiste em funcionário público concorrer, de forma culposa, para o delito de terceiro, que pode ou não ser funcionário público e age sempre de forma dolosa, praticando crimes como, por exemplo, furto, peculato, apropriação indébita etc. A previsão para a extinção da punibilidade como consequência da reparação do dano, realizada pelo funcionário, até a sentença irrecorrível, está no art. 312, § 3º, do CP, e somente tem incidência no contexto do peculato culposo, sobre o qual falamos acima. De ver-se que, no peculato doloso, em relação ao qual, insisto, não se aplica a hipótese de extinção de punibilidade prevista no art. 312, § 3º, do CP, é cabível, em princípio, o arrependimento posterior (art. 16, CP), desde que o funcionário, até o recebimento da denúncia, promova, de forma voluntária, a reparação do dano ou a restituição da *res*, hipótese em que a sua pena será reduzida de um a dois terços. ED

Gabarito "1E".

(Procurador da República –28º Concurso – 2015 – MPF) Sobre denunciação caluniosa assinale a alternativa correta:
(A) A jurisprudência do STF é no sentido de que a configuração do tipo incriminador em causa exige dolo direto quanto ao conhecimento, por parte do(a) acusado(a), da inocência do representado(a), de modo que a presença de dolo eventual é insuficiente;
(B) O art. 19 da Lei 8.429, de 1992, é incompatível com a redação do art. 339 do Cód. Penal determinada pela Lei 10.028, de 2000;
(C) Denúncia anônima e denúncia apócrifa são sinônimos;
(D) A denunciação caluniosa admite exceção da verdade.

A: correta. De fato, tal como afirmado na alternativa, o elemento subjetivo, no crime de denunciação caluniosa (art. 339, CP), é representado tão somente pelo dolo *direto* (não é suficiente o dolo *eventual*), já que o tipo penal impõe que o sujeito ativo saiba da inocência do sujeito passivo. Nesse sentido o STF, "O crime de denunciação caluniosa (art. 339 do CP) exige, para sua configuração, que o agente tenha dolo direto de imputar a outrem, que efetivamente sabe ser inocente, a prática de fato definido como crime, não se adequando ao tipo penal a conduta daquele que vivencia uma situação conflituosa e reporta-se à autoridade competente para dar o seu relato sobre os acontecimentos. Precedente (Inq 1547, Relator(a): Min. Carlos Velloso, Relator(a) p/ Acórdão: Min. Marco Aurélio, Tribunal Pleno, julgado em 21/10/2004). 2. A doutrina sobre o tema assenta que, *verbis*: "Para perfeição do crime não basta que o conteúdo da denúncia seja desconforme com a realidade; é mister o dolo. (…) Se ele [o agente] tem convicção sincera de que aquele realmente é autor de certo delito, não cometerá o crime definido" (NORONHA, Edgard Magalhães. Direito Penal. 4º volume. 8ª ed. São Paulo: Saraiva, 1976. p. 376-378)" (Inq 3133, Relator(a): Min. Luiz Fux, Primeira Turma, julgado em 05.08.2014, acórdão eletrônico *DJe*-176 divulg 10.09.2014); **B:** incorreta. Para boa parte dos autores, entre os quais Damásio de Jesus, há, sim, compatibilidade entre o art. 19 da Lei 8.429/1992 (improbidade administrativa) e o art. 339 do CP, com a redação conferida pela Lei 10.028/2000, uma vez que, diante da falsa imputação de ato de improbidade que não constitui crime, terá incidência o art. 19 da Lei 8.429/1992; agora, se a imputação falsa consiste tanto em crime quanto em ato de improbidade administrativa, aplicar-se-á o art. 339 do CP; **C:** incorreta, de acordo com a organizadora. Segundo pensamos, denúncia anônima e apócrifa constituem expressões sinônimas, o que torna a assertiva correta; **D:** incorreta. A exceção de verdade somente é admitida nos crimes de calúnia e difamação, ambos delitos contra a honra, de acordo com o que estabelecem, respectivamente, os arts. 138, § 3º, e 139, parágrafo único, do CP. ED

Gabarito "A".

(Procurador da República –28º Concurso – 2015 – MPF) Em matéria de crimes de descaminho e de contrabando assinale a alternativa correta:
(A) O crime de descaminho tem a mesma gravidade do crime de contrabando;
(B) O crime de contrabando praticado em transporte aéreo tem pena máxima de 10 anos;
(C) O crime de descaminho não tem aumento de pena por tráfico marítimo ou fluvial;
(D) A saída de mercadorias de Zona Franca sem autorização é crime de descaminho.

A: incorreta, já que os preceitos secundários dos crimes em questão estabelecem penas diversas. Para o *descaminho*, cuja conduta está prevista no art. 334 do CP, o legislador estabeleceu a pena de 1 a 4 anos de reclusão; já o crime de *contrabando*, que está previsto no art. 334-A do CP e pressupõe que a mercadoria importada ou exportada seja proibida, tem pena superior, ou seja, de 2 a 5 anos de reclusão; **B:** correta. Trata-se da causa de aumento de pena prevista no art. 334-A, § 3º, do CP, que estabelece que a pena será aplicada em dobro na hipótese de o contrabando ser praticado por meio de transporte aéreo; **C:** incorreta, um vez que o tráfico marítimo ou fluvial (e também do aéreo), no crime de descaminho, configura a causa de aumento de pena do art. 334, § 3º, do CP; **D:** incorreta. Cuida-se de *contrabando* (art. 334-A, § 1º, I, do CP), e não de *descaminho*. *Vide* art. 39 do Decreto-Lei 288/1967. ED

Gabarito "B".

(Procurador da República –28º Concurso – 2015 – MPF) Quanto ao tráfico de influência, assinale a alternativa correta:
(A) A capacidade para influenciar o funcionário público é irrelevante;
(B) A pena é aumentada de metade se o funcionário público cede à influência de outrem;
(C) Sujeito ativo é qualquer pessoa, inclusive um funcionário público;
(D) É crime menos grave do que o de exploração de prestígio.

A: incorreta. A capacidade para influenciar o funcionário público, no contexto do crime de tráfico de influência (art. 332, CP), tem, sim, relevância. Isso porque, se o agente de fato detiver poder de influência sobre o ato a ser praticado pelo funcionário e disso fizer uso, o crime em que incorrerá será outro (corrupção ativa – art. 333, CP), e não o do art. 332 (tráfico de influência), já que este delito pressupõe que o agente alegue, de forma fraudulenta e mentirosa, que goza de influência que, na verdade, não tem. É o que a doutrina convencionou chamar de *venda de fumaça*, que nada mais é do que uma modalidade especial do crime de estelionato; **B:** incorreta. A única hipótese que configura causa de aumento de pena é a prevista no parágrafo único do art. 332 do CP: *A pena é aumentada da* metade, se o agente alega ou insinua que a vantagem é também destinada ao funcionário. Caso o funcionário ceda à influência do agente e com ele aja mancomunado, ambos serão responsabilizados pelo crime de corrupção (ativa para que oferta e passiva para aquele que recebe); **C**: correta. De fato, o crime em questão pode ser praticado por qualquer pessoa (delito comum), aqui incluído o funcionário público que alardeia influência sobre outro; **D**: incorreta, dado que a pena mínima cominada ao crime de tráfico de influência (2 anos) é superior à cominada ao delito de exploração de prestígio (art. 357, CP), que corresponde a 1 ano; a pena máxima cominada é de 5 anos para os dois crimes. ED

(Procurador da República – 28º Concurso – 2015 – MPF) No tema de corrupção ativa a alternativa correta é:

(A) Pouco importa se o ato a ser praticado pelo funcionário público seja legal ou ilegal;
(B) A tentativa ocorrerá se, por circunstâncias alheias à vontade do agente, não chegar ao conhecimento do funcionário;
(C) Tentativa ocorrerá se o funcionário não retardar ou omitir ato de ofício ou não praticá-lo infringindo dever funcional;
(D) Incide o aumento mesmo se, por causa da promessa, o funcionário praticar o ato de acordo com as normas incidentes.

A: incorreta. É necessário, à caracterização do crime de corrupção ativa, que o ato a ser omitido, retardado ou praticado pelo funcionário seja *ato de ofício* e esteja compreendido nas específicas atribuições funcionais do *intraneus*. Não se configura o crime em questão, dessa forma, se a oferta ou promessa visa a impedir ou retardar ato ilegal; **B**: correta. A consumação do crime de corrupção ativa se dá com a simples oferta ou promessa de vantagem indevida por parte do *extraneus*, sendo desnecessária a aquiescência do *intraneus*. Cuida-se, portanto, de crime formal. A tentativa é possível somente na hipótese de a oferta ou promessa, embora efetuada, não chegar ao conhecimento do funcionário, como se dá na forma escrita, em que a conduta pode ser fracionada em diversos atos (conduta plurissubsistente); **C**: incorreta, tendo em vista o comentário anterior. Ainda que o funcionário não retarde ou deixe de omitir ato de ofício ou mesmo não o pratique com infração de dever funcional, ainda assim o crime estará consumado, tendo em conta que tal se dá com a mera oferta ou promessa de vantagem; **D**: incorreta, na medida em que somente estará configurada a causa de aumento prevista no parágrafo único do art. 333 do CP se, em razão da vantagem ou promessa, o *intraneus* retarda ou omite ato de ofício, ou o pratica com infração a dever funcional. ED

(Defensor Público – DPE/BA – 2016 – FCC) Sobre os crimes praticados por particular contra a Administração Pública:

(A) Segundo a jurisprudência do STJ, o descumprimento de medida protetiva de urgência da Lei 11.340/2006 determinada por juiz configura crime de desobediência.
(B) A Relatoria para Liberdade de Expressão da Comissão Interamericana de Direitos Humanos já concluiu que as leis nacionais que estabelecem crimes de desacato são contrárias ao artigo 13 da Convenção Americana de Direitos Humanos, que prevê a liberdade de pensamento e de expressão.
(C) Configura-se o crime de resistência quando o agente se opõe à execução de ato legal de funcionário público competente.
(D) A consumação do crime de desobediência depende do emprego de violência ou grave ameaça contra o funcionário público.
(E) No crime de desacato a ofensa deve ser dirigida ao funcionário público em exercício ou ao órgão ou instituição pública na qual exerce suas funções.

A: incorreta. É tranquilo o entendimento, tanto na doutrina quanto na jurisprudência, no sentido de que o crime de desobediência (art. 330, CP) não se configura na hipótese de haver como consequência para o ato de recalcitrância penalidade de natureza civil ou administrativa. Cuida-se, portanto, de tipo penal subsidiário. Nessa esteira, conferir: "1. O crime de desobediência é um delito subsidiário, que se caracteriza nos casos em que o descumprimento da ordem emitida pela autoridade não é objeto de sanção administrativa, civil ou processual. 2. O descumprimento das medidas protetivas emanadas no âmbito da Lei Maria da Penha, admite requisição de auxílio policial e decretação da prisão, nos termos do art. 313 do Código de Processo Penal, afastando a caracterização do delito de desobediência" (AgRg no REsp 1476500/DF, Rel. Ministro Walter de Almeida Guilherme (desembargador convocado do TJ/SP), Quinta Turma, julgado em 11.11.2014, *DJe* 19.11.2014); **B**: correta. No que concerne a este tema, conferir decisão do STJ: "(...) 4. O art. 2º, c/c o art. 29, da Convenção Americana de Direitos Humanos (Pacto de São José da Costa Rica) prevê a adoção, pelos Estados Partes, de "medidas legislativas ou de outra natureza" visando à solução de antinomias normativas que possam suprimir ou limitar o efetivo exercício de direitos e liberdades fundamentais. 5. Na sessão de 04.02.2009, a Corte Especial do Superior Tribunal de Justiça, ao julgar, pelo rito do art. 543-C do CPC/1973, o Recurso Especial 914.253/SP, de relatoria do Ministro Luiz Fux, adotou o entendimento firmado pelo Supremo Tribunal Federal no Recurso Extraordinário 466.343/SP, no sentido de que os tratados de direitos humanos, ratificados pelo país, têm força supralegal, "o que significa dizer que toda lei antagônica às normas emanadas de tratados internacionais sobre direitos humanos é destituída de validade." 6. Decidiu-se, no precedente repetitivo, que, "no plano material, as regras provenientes da Convenção Americana de Direitos Humanos, em relação às normas internas, são ampliativas do exercício do direito fundamental à liberdade, razão pela qual paralisam a eficácia normativa da regra interna em sentido contrário, haja vista que não se trata aqui de revogação, mas de invalidade." 7. A adequação das normas legais aos tratados e convenções internacionais adotados pelo Direito Pátrio configura controle de constitucionalidade, o qual, no caso concreto, por não se cuidar de convenção votada sob regime de emenda constitucional, não invade a seara do controle de constitucionalidade e pode ser feito de forma difusa, até mesmo em sede de recurso especial. 8. Nesse particular, a Corte Interamericana de Direitos Humanos, quando do julgamento do caso Almonacid Arellano y otros v. Chile, passou a exigir que o Poder Judiciário de cada Estado-Parte do Pacto de São José da Costa Rica exerça o controle de convencionalidade das normas jurídicas internas que aplica aos casos concretos. 9. Por conseguinte, a ausência de lei veiculadora de *abolitio criminis* não inibe a atuação do Poder Judiciário na verificação da inconformidade do art. 331 do Código Penal, que prevê a figura típica do desacato, com o art. 13 do Pacto de São José da Costa Rica, que estipula mecanismos de proteção à liberdade de pensamento e de expressão. 10. A Comissão Interamericana de Direitos Humanos – CIDH já se manifestou no sentido de que as leis de desacato se prestam ao abuso, como meio para silenciar ideias e opiniões consideradas incômodas pelo *establishment*, bem assim proporcionam maior nível de proteção aos agentes do Estado do que aos particulares, em contravenção aos princípios democrático e igualitário. 11. A adesão ao Pacto de São José significa a transposição, para a ordem jurídica interna, de critérios recíprocos de interpretação, sob pena da negação da universalidade dos valores insertos nos direitos fundamentais internacionalmente reconhecidos. Assim, o método hermenêutico mais adequado à concretização da liberdade de expressão reside no postulado pro homine, composto de dois princípios de proteção de direitos: a dignidade da pessoa humana e a prevalência dos direitos humanos. 12. A criminalização do desacato está na contramão do humanismo, porque ressalta a preponderância do Estado – personificado em seus agentes – sobre o indivíduo. 13. A existência de tal normativo em nosso ordenamento jurídico é anacrônica, pois traduz desigualdade entre funcionários e particulares, o que é inaceitável no Estado Democrático de Direito. 14. Punir o uso de linguagem e atitudes ofensivas contra agentes estatais é medida capaz de fazer com que as pessoas se abstenham de usufruir do direito à liberdade de expressão, por temor de sanções penais, sendo esta uma das razões pelas quais a CIDH estabeleceu a recomendação de que os países aderentes ao Pacto de São Paulo abolissem suas respectivas leis de desacato. 15. O afastamento da tipificação criminal do desacato não impede a responsabilidade ulterior, civil ou até mesmo de outra figura típica penal (calúnia, injúria, difamação etc.), pela ocorrência de abuso na expressão verbal ou gestual utilizada perante o funcionário público. 16. Recurso especial conhecido em parte, e nessa extensão, parcialmente provido para afastar a condenação do recorrente pelo crime de desacato (art. 331 do CP)" (REsp 1640084/SP, Rel. Ministro Ribeiro Dantas, Quinta Turma, julgado em 15.12.2016, *DJe* 01.02.2017); **C**: incorreta. Isso porque o crime de resistência (art. 329, CP) pressupõe que o agente se valha, para se opor à execução do ato legal, de violência ou ameaça contra o funcionário público competente ou aquele que lhe estiver prestando auxílio; **D**: incorreta. O momento consumativo do crime de desobediência depende do conteúdo da ordem: se o tipo penal estabelece uma omissão, o delito se consuma no momento da ação; se estabelece uma ação e um prazo em que ela deve ser implementada, a consumação é alcançada com a expiração desse interregno. Veja que o emprego de violência ou ameaça constitui requisito necessário à configuração do crime de resistência (art. 329, CP); **E**: incorreta, já que só pode ser alvo da ofensa, no desacato, o funcionário público.

(Defensor Público – DPE/MT – 2016 – UFMT) Assinale o delito que admite a modalidade culposa.

(A) Corrupção passiva
(B) Peculato
(C) Concussão
(D) Corrupção ativa
(E) Prevaricação

As alternativas contemplam crimes contra a administração pública. A corrupção passiva (art. 317, CP), o peculato (art. 312, CP), a concussão (art. 316, CP) e a prevaricação (art. 319, CP) são crimes próprios (só podem ser praticados por funcionário público). Já a corrupção ativa (art. 333, CP) é crime comum, já que o legislador não impôs nenhuma qualidade especial ao sujeito ativo. Dentre todos esses crimes, o único a admitir a modalidade culposa, por expressa previsão contida no art. 312, § 2º, do CP, é o peculato: *se o funcionário concorre culposamente para o crime de outrem*. Nunca é demais lembrar que o crime somente será culposo se houver previsão expressa nesse sentido (excepcionalidade do crime culposo); se nada for dito a esse respeito, o elemento subjetivo será representado pelo dolo.

(Delegado/PE – 2016 – CESPE) O CP, em seu art. 14, assevera que o crime estará consumado quando o fato reunir todos os elementos da definição legal. Para tanto, necessária será a realização de um juízo de subsunção do fato à lei. Acerca do amoldamento dos fatos aos tipos penais, assinale a opção correta.

(A) A conduta de constituir, organizar, integrar, manter ou custear organização paramilitar, milícia particular, grupo ou esquadrão com a finalidade de praticar qualquer dos crimes previstos no CP configura crime contra a paz pública, sendo considerada como crime vago, uma vez que o sujeito passivo é a coletividade.
(B) A doutrina e a jurisprudência são unânimes ao afirmar que configura crime de desacato quando um tenente da polícia militar, no exercício de sua função, ofende verbalmente, em razão da função exercida, um de seus subordinados.
(C) Amolda-se no tipo legal de calúnia, previsto nos crimes contra a honra, a conduta de instaurar investigação policial contra alguém, imputando-lhe crime de que se sabe ser inocente.

(D) Constituem crime de corrupção ativa, praticado por particular contra a administração geral, as condutas de dar, oferecer ou prometer dinheiro ou qualquer outra vantagem a testemunha, perito, contador, tradutor ou intérprete, para fazer afirmação falsa, negar ou calar a verdade em depoimento, perícia, cálculos, tradução ou interpretação.

(E) A fraude processual será atípica, se a inovação artificiosa do estado de coisa, de pessoa ou de lugar, com o fim de induzir a erro o juiz, ocorrer antes de iniciado o processo penal.

A: correta. A redação da assertiva corresponde ao tipo penal do crime capitulado no art. 288-A, cujo *nomen juris* é *constituição de milícia privada*, dispositivo esse introduzido pela Lei 12.720/2012. De ver-se que se trata, tal como afirmado na alternativa, de crime classificado como vago, na medida em que o sujeito passivo, neste caso a coletividade, é representado por entidade destituída de personalidade jurídica; **B: incorreta.** O crime de desacato está previsto tanto no Código Penal, em seu art. 331, quanto no Código Penal Militar, neste caso nos arts. 298, 299 e 300. Pois bem. A questão é saber se há unanimidade, na doutrina e na jurisprudência, quanto à existência deste crime quando a ofensa é praticada por superior contra subordinado no contexto policial militar. E não há a tal unanimidade. Conferir, quanto a isso, o magistério de Cezar Roberto Bitencourt: "(...) Para nós, é vazia e ultrapassada a discussão sobre a possibilidade de um superior hierárquico poder praticar desacato em relação a funcionário subalterno, ou vice-versa. Ignoram os antigos defensores da orientação contrária que o bem jurídico tutelado não é o funcionário propriamente, mas a função pública e a própria Administração, as quais estão, portanto, acima das sutilezas da hierarquia funcional, que é ocasional e circunstancial. Entendemos ser irrelevante o nível de hierarquia funcional entre sujeitos ativo e passivo para configurar o crime de desacato, fazendo coro, no particular, com Magalhães Noronha, Heleno Fragoso, Regis Prado, entre outros (...)" (*Tratado de Direito Penal*. 10. ed., São Paulo: Ed. Saraiva, 2016. p. 214); **C:** antes de analisarmos a assertiva, cabem, aqui, alguns esclarecimentos. Consiste o crime de *calúnia* em atribuir a alguém fato capitulado como crime. Trata-se de crime contra a honra objetiva (conceito que o sujeito tem diante do grupo no qual está inserido). Esse crime não deve ser confundido com a *denunciação caluniosa*, delito contra a Administração da Justiça previsto no art. 339 do CP, que pressupõe que o agente *dê causa*, provoque a instauração de investigação policial, de processo judicial, de investigação administrativa, inquérito civil ou ação de improbidade administrativa contra alguém (pessoa determinada), atribuindo-lhe crime de que o sabe inocente. A assertiva está, em vista do que acima expusemos, incorreta, já que a conduta ali contida corresponde à descrição típica do crime de denunciação caluniosa (art. 339 do CP), e não do delito de calúnia, este capitulado no art. 138 do CP; **D: incorreta,** uma vez que a redação desta assertiva se enquadra, à perfeição, na descrição típica do crime previsto no art. 343 do CP. Embora tenha certa similitude com o crime de corrupção ativa do art. 333 do CP (crime praticado por particular contra a Administração em geral), este delito do art. 343 do CP é praticado contra a Administração da Justiça; **E: incorreta.** Ainda que o processo não tenha sido iniciado, mesmo assim a conduta descrita constituirá o crime previsto no art. 347 do CP (fraude processual). Ademais, em razão de a inovação se destinar a produzir efeito em processo penal (em curso ou ainda não iniciado), incorrerá o agente na modalidade qualificada deste delito, previsto no parágrafo único do dispositivo em questão.

Gabarito "A".

(Analista Jurídico –TCE/PA – 2016 – CESPE) Com base no Código Penal e na jurisprudência dos tribunais superiores, julgue os itens a seguir, a respeito dos crimes contra a administração pública.

(1) O crime de ordenação de despesa não autorizada é de natureza material, consumando-se no momento em que a despesa é efetuada.

(2) O agente público que ordena despesa sem o conhecimento de que tal despesa não era autorizada por lei incide em erro de proibição.

1: incorreta, visto que o crime de ordenação de despesa não autorizada (art. 359-D, CP) é de natureza formal (e não material). Isso porque a sua consumação não está condicionada à produção de resultado naturalístico, consistente na realização da despesa; **2: incorreta.** Ensina Cezar Roberto Bitencourt, ao tratar do crime do art. 359-D do CP, que "o eventual desconhecimento da inexistência de autorização legal caracteriza erro de tipo, que exclui o dolo e, por extensão, a tipicidade (art. 20, *caput*)" (*Código Penal Comentado*, 7. ed., Saraiva, p. 405).

Gabarito 1E, 2E.

(Analista Jurídico – TCE/PR – 2016 – CESPE) No que se refere ao crime de peculato, assinale a opção correta com base na jurisprudência do Superior Tribunal de Justiça (STJ).

(A) A reparação do dano pelo funcionário público antes do recebimento da denúncia exclui a configuração do crime de peculato doloso.

(B) A qualidade de funcionário público do sujeito ativo é elementar do crime de peculato, a qual não se comunica a coautores e partícipes estranhos ao serviço público.

(C) A circunstância de o sujeito ativo ser funcionário público ocupante de cargo de elevada responsabilidade justifica a majoração da pena-base aplicada em decorrência da condenação pela prática do crime de peculato.

(D) A consumação do crime de peculato-apropriação ocorre com a posse mansa e pacífica do objeto material pelo funcionário público.

(E) A consumação do crime de peculato-desvio ocorre no momento em que o funcionário público obtém a vantagem indevida com o desvio do dinheiro, ou outro bem móvel, em proveito próprio ou de terceiro.

A: incorreta. No contexto do peculato *doloso*, a reparação do dano levada a efeito por ato voluntário do agente até o recebimento da denúncia constitui causa de diminuição de pena da ordem de um a dois terços, conforme estabelece o art. 16 do CP (arrependimento posterior); de ver-se que, se o peculato for *culposo* (não é esse o caso da assertiva), a reparação do dano, se precedente ao trânsito em julgado da sentença penal condenatória, dá azo à extinção da punibilidade (art. 312, § 3º, CP); **B: incorreta.** A despeito de o crime de peculato (art. 312, CP) ser considerado próprio, ou seja, exigir, como elementar do delito, a qualidade de funcionário público, nada obsta que o particular, no concurso de pessoas, figure como coautor ou partícipe no mesmo crime, desde que, é claro, o *extraneus* tenha ciência da condição de funcionário público de seu comparsa; **C: correta.** Com efeito, o STJ tem entendido que o fato de o funcionário público ser ocupante de cargo de elevada responsabilidade justifica a majoração da pena-base aplicada em razão de condenação pelo cometimento do crime de peculato. Cuidado: esse incremento na reprimenda, que incide na pena-base (primeira fase), não pode ser confundido com a causa de aumento de pena (terceira fase) prevista no art. 327, § 2º, do CP; **D: incorreta,** uma vez que a consumação do *peculato-apropriação* (art. 312, *caput*, 1ª parte, do CP) se dá no exato instante em que o agente passa a se comportar como se dono fosse da coisa, isto é, quando ele, funcionário, inverte o ânimo que tem sobre o objeto do delito, seja dinheiro, valor ou qualquer outro bem móvel; **E: incorreta.** Opera-se a consumação no *peculato-desvio* (art. 312, *caput*, 2ª parte, do CP) no momento em que o funcionário dá destinação diversa à coisa, sendo desnecessária a obtenção da vantagem visada.

Gabarito "C".

(Analista Jurídico – TCE/PR – 2016 – CESPE) À luz da jurisprudência do STJ, assinale a opção correta, no que se refere aos crimes contra administração pública.

(A) O crime de corrupção ativa se consuma com a realização da promessa ou apenas com a oferta de vantagem indevida.

(B) O crime de concussão se consuma com o recebimento das vantagens exigidas indevidamente, sendo mero exaurimento a utilização de tais vantagens.

(C) O funcionário público que se utiliza de violência ou grave ameaça para obter vantagem indevida em razão de sua função comete o crime de concussão.

(D) Em razão da incidência do princípio da bilateralidade nos crimes de corrupção passiva e ativa, a comprovação de um deles pressupõe a do outro.

(E) Para a configuração do crime de corrupção passiva, é prescindível a existência de nexo de causalidade entre a conduta do funcionário público e a realização de ato funcional de sua competência.

A: correta. De fato, a corrupção ativa (art. 333 do Código Penal) é delito formal, cujo **momento consumativo, bem por isso,** se opera no exato instante em que o agente oferece ou *promete* vantagem indevida, independentemente de efetivo prejuízo para a administração, consistente na aceitação da oferta ou mesmo da promessa; **B: incorreta,** visto que o crime de concussão, sendo formal, se consuma com a mera *exigência*, isto é, com a imposição do pagamento indevido, não sendo necessário que se concretize o recebimento da vantagem, que, se porventura ocorrer, configurará mero *exaurimento*; **C: incorreta.** O funcionário que se vale de violência ou grave ameaça para obter vantagem indevida em razão de sua função comete, em tese, o crime de extorsão (art. 158, CP), e não o de concussão; **D: incorreta.** Isso porque o crime de corrupção (ativa ou passiva) não pressupõe, necessariamente, a existência de um crime bilateral (corrupção passiva de um lado e corrupção ativa de outro). Imaginemos a situação em que o funcionário solicita vantagem indevida de um particular. Neste caso, o crime funcional (corrupção passiva), porque formal, já restará consumado, pouco importando que o particular atenda ou não ao pleito formulado pelo *intraneus*. Temos, nesse caso, tão somente o crime de corrupção passiva. De outro lado, se o particular oferece ao funcionário vantagem indevida e este a recusa, há somente o cometimento do crime de corrupção ativa por parte do particular. É claro que, se o funcionário aceitar a promessa formulada pelo particular, haverá dois crimes: corrupção ativa pelo particular e passiva pelo funcionário; **E: incorreta.** Conferir: "(...) Para a configuração do crime previsto no artigo 317 do Código Penal exige-se que a solicitação, o recebimento ou a promessa de vantagem se faça pelo funcionário público em razão do exercício de sua função, ainda que fora dela ou antes de seu início, mostrando-se indispensável, desse modo, a existência de nexo de causalidade entre a conduta do servidor e a realização de ato funcional de sua competência (...)" (HC 135.142/MS, Rel. Ministro JORGE MUSSI, QUINTA TURMA, julgado em 10.08.2010, *DJe* 04.10.2010).

Gabarito "A".

(Analista – Judiciário –TRE/PI – 2016 – CESPE) Com relação aos crimes contra a administração pública, assinale a opção correta.

(A) O detentor de cargo em comissão não é equiparado a funcionário público para fins penais.

(B) A exigência, por funcionário público no exercício da função, de vantagem indevida, configura crime de corrupção ativa.

(C) Caso os autores de crime contra a administração pública sejam ocupantes de função de direção de órgão da administração direta, as penas a eles impostas serão aumentadas em um terço.

(D) Tratando-se de crime de peculato culposo, a reparação do dano após o trânsito em julgado de sentença penal condenatória ocasiona a extinção da punibilidade do autor.

(E) Não configura crime o fato de o funcionário deixar de praticar ato de ofício a pedido de outrem se, com isso, ele não obtiver vantagem patrimonial.

A: incorreta, segundo a organizadora. Na verdade, o detentor de cargo em comissão é considerado funcionário público para feitos penais (art. 327, *caput*, do CP), e não por equiparação (art. 327, § 1º, do CP). Ademais, o detentor de cargo em comissão será mais severamente punido, na forma do art. 327, § 2º, do CP, que estabelece causa de aumento de pena; **B:** incorreta. A conduta do funcionário público consistente em *exigir*, no exercício da função pública, vantagem indevida configura o crime de *concussão* (art. 316, *caput*, CP). A corrupção ativa (art. 333, CP) consiste na conduta do particular que oferece ou promete vantagem indevida a funcionário público com o fim de determiná-lo a praticar, omitir ou retardar ato de ofício. Cuida-se, portanto, de crime comum, já que não se exige do sujeito ativo nenhuma qualidade especial; **C:** correta, pois corresponde ao disposto no art. 327, § 2º, do CP; **D:** incorreta, uma vez que a reparação do dano, no peculato culposo, sendo posterior ao trânsito em julgado de sentença penal condenatória, determinará a redução de metade da pena imposta (art. 312, § 3º, parte final, do CP). A extinção da punibilidade somente será alcançada, no peculato culposo, se a reparação do dano se der antes do trânsito em julgado de sentença penal condenatória (art. 312, § 3º, primeira parte, do CP); **E:** incorreta. Neste caso, o funcionário incorrerá nas penas do crime do art. 317, § 2º, do CP (corrupção passiva privilegiada).

Gabarito "C".

(Magistratura/GO – 2015 – FCC) No que toca aos crimes contra a administração da justiça, acertado afirmar que

(A) não configura coação no curso do processo usar de violência ou grave ameaça, com o fim de favorecer interesse próprio ou alheio, contra autoridade, parte, ou qualquer outra pessoa que funciona ou é chamada a intervir em juízo arbitral.

(B) não configura crime a conduta de provocar a ação de autoridade, comunicando-lhe a ocorrência de contravenção que sabe não se ter verificado.

(C) configura favorecimento pessoal a conduta de auxiliar a subtrair-se à ação de autoridade pública autor de crime a que é cominada pena de detenção.

(D) não configura denunciação caluniosa dar causa à instauração de investigação policial contra alguém, imputando-lhe contravenção penal de que o sabe inocente.

(E) configura o crime de autoacusação falsa a conduta de acusar-se, perante a autoridade, de contravenção penal inexistente ou praticada por outrem.

A: incorreta. Nos exatos termos do art. 344 do CP, caracteriza o crime de coação no curso do processo o fato de o agente usar de violência ou grave ameaça, com o fim de favorecer interesse próprio ou alheio, contra autoridade, parte, ou qualquer outra pessoa que funciona ou é chamada a intervir em processo judicial, policial ou administrativo, ou em juízo arbitral; **B:** incorreta. Nos termos do art. 340 do CP, é crime o fato alguém Provocar a ação de autoridade, comunicando-lhe a ocorrência de crime ou de contravenção que sabe não se ter verificado; **C:** correta. Configura favorecimento pessoal a conduta de auxiliar a subtrair-se à ação de autoridade pública autor de crime a que é cominada pena de reclusão (art. 348, *caput*, do CP) ou a crime que não seja cominada referida espécie de pena privativa de liberdade (art. 348, § 1º, do CP); **D:** incorreta. Caracteriza denunciação caluniosa, porém com pena reduzida pela metade, dar causa à instauração de investigação policial contra alguém, imputando-lhe contravenção penal de que o sabe inocente (art. 339, § 2º, do CP); **E:** incorreta. A autoacusação falsa somente se tipifica quando o agente acusar-se, perante a autoridade, de crime inexistente ou praticado por outrem (art. 341 do CP). Assim, conclui-se que a autoacusação falsa de contravenção inexistente ou praticada por terceiro é conduta atípica.

Gabarito "C".

(Ministério Público/SP – 2015 – MPE/SP) No caso de o *extraneus* participar, mediante instigação e auxílio material, de um crime de peculato--apropriação praticado por seu irmão funcionário público:

(A) responderá por apropriação indébita, tendo em vista lhe faltar a qualidade de funcionário público.

(B) responderá por apropriação indébita, pois aplicável o disposto no § 2º do art. 29 do Código Penal, já que quis participar de crime menos grave.

(C) não responderá por nenhum crime, pois, não sendo funcionário público, sua participação é atípica nos chamados crimes funcionais.

(D) responderá por peculato-apropriação, pois, apesar de não ser funcionário público, esta qualidade, por ser elementar do crime, a ele se comunica.

(E) responderá por peculato-apropriação, pois, apesar de não ser funcionário público, esta qualidade, por ser circunstância objetiva do crime, a ele se comunica.

A questão versa sobre um "ponto" clássico no estudo do concurso de pessoas: a comunicabilidade de elementares e circunstâncias aos diversos concorrentes de um mesmo crime. Como sabido, o CP, em regra, em seu art. 29, adotou a teoria unitária ou monista, segundo a qual todo aquele que concorrer para a prática de determinado crime, por este responderá, na medida de sua culpabilidade. Todavia, questão relevante é a seguinte: as circunstâncias ou as condições de caráter pessoal de um dos agentes estendem-se aos demais? E a resposta vem traçada no art. 30 do CP, que reza que as circunstâncias e as condições de caráter pessoal não se comunicam aos coautores ou partícipes, salvo se elementares do crime. Assim, se um *extraneus* (leia-se: um não funcionário público) concorrer para que um funcionário público (*intraneus*) pratique o crime de peculato (art. 312 do CP), ciente, é claro, dessa condição pessoal do agente, responderá pelo mesmo crime. Embora se trata de delito funcional, a condição especial do agente (ser funcionário público) irá comunicar-se ao coautor ou partícipe, nos termos do já citado art. 30 do CP. Assim, correta a alternativa D, estando as demais em descompasso com a prescrição legal.

Gabarito "D".

(Escrevente Técnico – TJSP – 2015 – VUNESP) O peculato culposo

(A) é fato atípico, pois não está expressamente previsto no CP.

(B) tem a ilicitude excluída se o agente repara o dano a qualquer tempo.

(C) tem a punibilidade extinta se o agente repara o dano antes da sentença irrecorrível.

(D) é punido com detenção, de dois a doze anos, e multa.

(E) é punido com a mesma pena do peculato doloso.

A: incorreta, pois o peculato culposo está expressamente previsto no art. 312, § 2º, do CP; **B:** incorreta. A reparação do dano no peculato culposo, nos termos do art. 312, § 3º, do CP, ensejará a extinção da punibilidade (e não a exclusão da ilicitude, como consta na assertiva!) se for anterior à sentença irrecorrível, ensejando a redução da pena pela metade se posterior ao trânsito em julgado; **C:** correta, nos termos do art. 312, § 3º, primeira parte, do CP. Ressalte-se, uma vez mais, que se a reparação do dano for posterior à sentença irrecorrível, apenas haverá a diminuição da pena do agente pela metade (art. 312, § 3º, segunda parte, do CP); **D:** incorreta. O peculato culposo é punido com detenção, de três meses a um ano. Já o peculato doloso (art. 312, *caput*, e § 1º, do CP), é punido com reclusão, de dois a doze anos, e multa; **E:** incorreta, pois, como visto no comentário à alternativa anterior, a pena do peculato culposo é de detenção, de três meses a um ano, ao passo que a do peculato doloso varia de dois a doze anos de reclusão, além da multa.

Gabarito "C".

(Escrevente Técnico – TJSP – 2015 – VUNESP) O funcionário público que tem conhecimento de infração cometida no exercício do cargo por subordinado e que, por indulgência, não promove sua responsabilização e também não comunica o fato ao superior competente para tanto pratica

(A) corrupção ativa (CP, art. 333).

(B) corrupção passiva (CP, art. 317).

(C) fato atípico, pois não está descrito expressamente como crime no CP.

(D) condescendência criminosa (CP, art. 320).

(E) prevaricação (CP, art. 319).

O funcionário público que, por indulgência, deixar de promover a responsabilização de funcionário subordinado que tenha praticado infração no exercício do cargo, ou, caso incompetente, deixar de levar a ao conhecimento à autoridade com competência punitiva, responderá pelo crime de condescendência criminosa (art. 320 do CP). Correta, portanto, a alternativa D. As demais alternativas estão incorretas em virtude da própria descrição típica de cada um dos crimes. Confira: **A:** incorreta – corrupção ativa (art. 333 do CP): Oferecer ou prometer vantagem indevida a funcionário público, para determiná-lo a praticar, omitir ou retardar ato de ofício; **B:** incorreta – corrupção passiva (art. 317 do CP): Solicitar ou receber, para si ou para outrem, direta ou indiretamente, ainda que fora da função ou antes de assumi-la, mas em razão dela, vantagem indevida, ou aceitar promessa de tal vantagem; **C:** incorreta, – incorreta, pois a conduta descrita no enunciado de amolda ao crime de condescendência criminosa, expressamente previsto no CP (art. 320); **E:** incorreta – prevaricação (art. 319 do CP): Retardar ou deixar de praticar, indevidamente, ato de ofício, ou praticá-lo contra disposição expressa de lei, para satisfazer interesse ou sentimento pessoal.

Gabarito "D".

(Escrevente Técnico – TJSP – 2015 – VUNESP) Com intuito de proteger seu filho, João comparece perante a autoridade policial e, falsamente, diz ter praticado o crime que em verdade fora praticado por seu filho. João

(A) comete falsa comunicação de crime.

(B) comete falso testemunho, mas não será punido por expressa disposição legal.

(C) comete falso testemunho.

(D) não comete crime algum, pois não está descrito expressamente como crime no CP.

(E) comete autoacusação falsa.

A: incorreta, pois a falsa comunicação de crime (art. 340 do CP) se caracteriza quando o agente provocar a ação de autoridade, comunicando-lhe a ocorrência de crime ou de contravenção que sabe não se ter verificado; **B** e **C:** incorretas, pois o falso testemunho é praticado quando uma testemunha, perito, contador, tradutor ou intérprete, em processo judicial ou administrativo, inquérito policial ou em juízo arbitral, fizer afirmação falsa, negar ou calar a verdade; **D:** incorreta, pois a conduta de João, como será melhor analisada no comentário à alternativa seguinte, praticou crime expressamente previsto no CP; **E:** correta. Comete autoacusação falsa aquele que se acusar, perante a autoridade, de crime inexistente ou praticado por outrem (art. 341 do CP).

Gabarito "E".

(Escrevente Técnico – TJSP – 2015 – VUNESP) Marcos, advogado, solicita certa quantia em dinheiro a Pedro, seu cliente, pois esclarece que mediante o pagamento dessa quantia em dinheiro pode "acelerar" o andamento de um processo. Informa que seria amigo do escrevente do cartório judicial – o qual também seria remunerado pela celeridade, segundo Marcos. Pedro, inicialmente, tem intenção de aceitar a oferta, mas verifica que Marcos mentiu, pois não é amigo do funcionário público. Pedro

nega-se a entregar a Marcos qualquer quantia e não aceita a oferta.
É correto afirmar que Marcos

(A) praticou corrupção passiva (CP, art. 317) e Pedro não cometeu crime algum.
(B) praticou exploração de prestígio (CP, art. 357) e Pedro não cometeu crime algum.
(C) praticou corrupção passiva (CP, art. 317) e Pedro corrupção ativa (CP, art. 333).
(D) e Pedro praticaram corrupção passiva (CP, art. 317).
(E) e Pedro não praticaram crime algum, pois os fatos não evoluíram.

Marcos, ao solicitar de seu cliente Pedro determinada quantia em dinheiro a pretexto de influir em funcionário da justiça (no caso, um escrevente do cartório judicial, de quem o advogado seria amigo), cometeu o crime de exploração de prestígio, tipificado no art. 357 do CP, que, inclusive, ensejaria o aumento da pena em um terço, nos termos do parágrafo único do referido dispositivo, visto que alegou que também seria destinatário da quantia solicitada referido funcionário público. Como Pedro se negou a entregar a quantia solicitada por seu advogado, não tendo aceitado a oferta, obviamente não cometeu crime algum. O fato de ter havido a recusa não afasta o crime cometido por Marcos, visto que basta a solicitação de qualquer utilidade, a pretexto de influir em juiz, jurado, órgão do Ministério Público, funcionário da justiça, perito, tradutor, intérprete ou testemunha, para que se caracterize a exploração de prestígio (art. 357 do CP). Correta, portanto, a alternativa B. Gabarito "B".

(Promotor de Justiça/PI – 2014 – CESPE) Miguel, Abel e Laerte, ocupantes de cargos de direção em determinada câmara municipal, previamente ajustados e em união de esforços com Pires, empresário, todos agindo consciente e voluntariamente, associaram-se permanentemente com vistas à apropriação de verbas públicas, simulando operações comerciais entre a referida casa legislativa e empresa de fachada. Para tanto, os referidos servidores públicos determinavam que seus subordinados emitissem ordens de pagamento em valores superiores aos efetivamente contratados. O grupo foi objeto de investigação, que resultou em denúncia pela prática dos crimes de peculato doloso e de quadrilha, recebida por juízo criminal. Antes da prolação da sentença, os acusados efetuaram a reparação do dano ao erário. Em relação à situação hipotética apresentada acima, assinale a opção correta.

(A) Dada a manifesta ilegalidade da determinação dada aos subordinados para a expedição de ordens de pagamento em valores superiores aos efetivamente contratados, o fato de os ocupantes de cargo de direção se valerem de seus subordinados como instrumentos para a prática da infração penal caracteriza caso de autoria mediata.
(B) Na hipótese de impossibilidade de conhecimento da ilicitude do fato pelos subordinados que cumpriram a ordem manifestamente ilegal, ficaria afastado o dolo da conduta, consoante a teoria normativa pura da culpabilidade.
(C) O crime de peculato é delito próprio de agente na função de servidor público, de modo que Pires, por ser empresário, deve responder por delito diverso do praticado pelos servidores da câmara municipal.
(D) A reparação do dano ao erário antes da sentença extingue a punibilidade dos agentes apenas em relação ao delito de peculato doloso, devendo o processo prosseguir quanto ao crime de quadrilha.
(E) É possível ao magistrado fixar a pena-base em conjunto para os corréus servidores públicos, na hipótese em que todos eles sejam funcionários da mesma entidade pública e as circunstâncias judiciais se mostrem equivalentes, sem que isso importe em ofensa ao princípio constitucional da individualização da pena, segundo entendimento do STJ.

A: incorreta, pois se a ordem for manifestamente ilegal, mandante e executor respondem pela infração penal, em razão do concurso de pessoas, sendo que a pena do superior hierárquico será agravada (art. 62, II, do CP) e a do subalterno será atenuada (art. 65, III, "c", 1ª parte, do CP). Portanto, não há que se falar em autoria mediata, caso em que não há concurso de pessoas, por inexistir o vínculo subjetivo, já que o agente se utiliza de um inculpável ou de alguém de atua sem dolo ou culpa, como por exemplo, no caso da obediência hierárquica pelo subalterno a uma ordem não manifestamente ilegal emitida pelo superior hierárquico; **B:** incorreta, pois na impossibilidade de conhecimento da ilicitude do fato pelos subordinados que cumpriram a ordem, haverá inexigibilidade de conduta diversa, afastando a culpabilidade (art. 22, do CP). Se, entretanto, a ordem for manifestamente ilegal, mandante e executor respondem pela infração penal, em razão do concurso de pessoas, sendo que a pena do superior hierárquico será agravada (art. 62, II, do CP) e a do subalterno será atenuada (art. 65, III, "c", 1ª parte, do CP); **C:** incorreta, pois como o fato de ser "funcionário público" é uma elementar do crime de peculato, ainda que de caráter subjetiva, comunica-se aos demais agentes, de modo que todos respondem pela prática do mesmo crime, consoante o disposto no art. 30, do CP; **D:** incorreta, pois a reparação do dano ao erário como causa extintiva da punibilidade está prevista apenas no peculato culposo, nos termos do art. 312, § 3º, do CP; **E:** correta, pois, de fato, apesar de não se mostrar recomendável, a fixação das reprimendas dos corréus em conjunto não fere a garantia constitucional da individualização das penas quando os fatores pessoais de cada um são levados em consideração, notadamente quando a maioria deles é idêntica (STJ – HC: 92291 RJ 2007/0238767-1, Data de Julgamento: 15.05.2008, T6 – Sexta Turma). Gabarito "E".

(Magistratura/PE – 2013 – FCC) Em relação aos crimes contra a administração pública, correto afirmar que

(A) o falso testemunho deixa de ser punível se, depois da sentença em que ocorreu o ilícito, o agente se retrata ou declara a verdade.
(B) o crime de concussão é de natureza formal, reclamando o recebimento da vantagem para a consumação.
(C) é pública condicionada a ação penal no delito de exercício arbitrário das próprias razões, se não há emprego de violência.
(D) é atípica a conduta de acusar-se, perante a autoridade, de contravenção penal inexistente ou praticada por outrem.
(E) configura favorecimento pessoal o ato de prestar a criminoso, fora dos casos de coautoria ou de receptação, auxílio destinado a tornar seguro o proveito do crime.

A: incorreta. A retratação, no crime de falso testemunho, somente tem o condão de extinguir a punibilidade do agente se ocorrer antes da sentença no processo em que ocorreu o ilícito (art. 342, § 2º, do CP); **B:** incorreta. Exatamente pelo fato de o crime de concussão, definido no art. 316 do CP, ter natureza formal, irá consumar-se independentemente do recebimento da vantagem indevida, bastando, para tanto, que o agente a exija; **C:** incorreta. O crime de exercício arbitrário das próprias razões (art. 345 do CP) comporta duas espécies de ação penal: i) pública incondicionada, se houver emprego de violência; ii) privada, se não houver emprego de violência. Tal é o que se extrai do art. 345, parágrafo único, do CP ("Se não há emprego de violência, somente se procede mediante queixa"); **D:** correta. De fato, o crime de autoacusação falsa, previsto no art. 341, pressupõe que o agente se acuse, perante a autoridade, de *crime* inexistente ou praticado por outrem. Perceba que o legislador empregou o vocábulo "crime" e não "infração penal". Logo, a autoacusação de contravenção é fato atípico; **E:** incorreta. Prestar a criminoso, fora dos casos de coautoria ou de receptação, auxílio destinado a tornar seguro o proveito do crime, caracteriza o crime de favorecimento real (art. 349 do CP). O favorecimento pessoal ocorre quando o agente auxiliar a subtrair-se à ação de autoridade pública autor de crime a que é cominada pena de reclusão (ou de detenção), nos termos do art. 348 do CP. Aqui, a diferenciação é muito simples: i) se o auxílio for prestado para tornar seguro o *proveito do crime*, o favorecimento é *real* (de *res*, coisa, objeto); ii) se o auxílio for prestado para que *alguém* consiga escapar da ação de autoridade pública em razão da prática de crime, o favorecimento é *pessoal* (afinal, ajudou-se a própria *pessoa* que tenha praticado o crime). Gabarito "D".

(Magistratura/SP – 2013 – VUNESP) A, testemunha compromissada, mediante suborno, presta falso testemunho, em fases sucessivas de um processo penal, por homicídio doloso, ou seja, no inquérito policial, na instrução criminal e em plenário. A cometeu crime de

(A) falso testemunho em continuidade delitiva.
(B) falso testemunho único, com aumento de pena.
(C) falso testemunho em concurso material.
(D) falso testemunho em concurso formal.

A, C e D: incorretas, pois conforme se verá no comentário a seguir, não se cogita de concurso de crimes (material, formal ou continuado) quando a testemunha presta falso testemunho em fases sucessivas de um mesmo processo penal; **B:** correta. Tratando-se da mesma persecução penal, ainda que em fases distintas (inquisitiva e judicial), o falso testemunho prestado por testemunha compromissada caracteriza um só crime. Afinal, sua conduta foi voltada a causar prejuízos à administração da justiça para a apuração de um mesmo fato. Considerando que o enunciado deixou claro que o falso testemunho foi perpetrado mediante suborno, aplicável a majorante prevista no art. 342, § 1º, do CP (*as penas aumentam-se de um terço, se o crime é praticado mediante suborno ou se cometido com o fim de obter prova destinada a produzir efeito em processo penal, ou em processo civil em que for parte entidade da administração pública direta ou indireta*). Gabarito "B".

(Ministério Público/MS – 2013 – FADEMS) Para fins penais, é *correto* afirmar que o conceito de funcionário público:

(A) Não abrange aquele que trabalha para uma empresa particular que mantém convênio com o Poder Público, e para este presta serviço.
(B) Não atinge os titulares e os auxiliares do tabelionato, conforme previsão da Constituição Federal.
(C) Não atinge quem trabalha para empresa prestadora de serviço contratada pela administração pública.
(D) Não abrange quem exerce cargo, emprego ou função pública, ainda que transitoriamente ou sem remuneração.
(E) Não abrange o funcionário comissionado.

A: incorreta, pois, para efeitos penais, também se considera funcionário público aquele que trabalha para empresa prestadora de serviço contratada ou conveniada para a execução de atividade típica da Administração Pública (art. 327, § 1º, do CP). Trata-se, aqui, do que se denomina de funcionário público por equiparação; **B:** incorreta. A despeito de os titulares e auxiliares de tabelionato exercerem atividades de caráter privado, o fazem por delegação do Poder Público, nos termos do art. 236, caput, da CF/1988, exigindo-se, inclusive, concurso público para o provimento de serventias vagas. Logo, inserem-se referidas pessoas no conceito de funcionário público, podendo, inclusive, praticar crimes funcionais, tais como corrupção passiva (art. 317 do CP) e excesso de exação (art. 316, § 1º, do CP); **C:** correta. De fato, simplesmente alguém trabalhar para empresa contratada pela Administração Pública não o transforma, para efeitos penais, em funcionário público, salvo se referida contratação ocorresse para a execução de atividade típica da Administração Pública (art. 327, § 1º, do CP); **D:** incorreta. Nos termos do art. 327,

caput, do CP, considera-se funcionário público, para efeitos penais, aquele que, embora transitoriamente ou sem remuneração, exerce cargo, emprego ou função pública; **E:** incorreta, pois o funcionário comissionado exerce cargo ou função pública, ainda que não seja concursado. Repare que o art. 327, *caput*, do CP, não considera funcionário público somente o titular de cargo ou emprego público efetivo, abrangendo, portanto, os funcionários efetivos ou comissionados, mesmo que seus vínculos com a Administração Pública seja transitória e sem remuneração.
Gabarito "C".

(Delegado de Polícia/GO – 2013 – UEG) João, após cometer um crime de homicídio contra sua esposa, foge da ação policial que busca prendê-lo em flagrante delito. Em meio à fuga, vai até o escritório de seu tio Cícero, que também é advogado, ocasião em que este, ao ser procurado pela polícia indagando sobre o paradeiro do perseguido, diz dele não ter notícias, mas, logo em seguida, empresta um carro e o sítio de recreio que possui no interior para João se esconder. Nesse contexto, a conduta de Cícero é

(A) não é punível em razão do grau de parentesco entre eles.
(B) tipicamente irrelevante, tendo em vista que foi o autor do homicídio quem o procurou.
(C) típica, configurando crime de favorecimento pessoal, previsto no art. 348 do Código Penal.
(D) típica, configurando crime de favorecimento real, previsto no art. 349 do Código Penal.

C: correta. A situação retratada no enunciado, de início, caracteriza o crime de favorecimento pessoal, previsto no art. 348 do CP. De fato, aquele que auxiliar a subtrair-se à ação de autoridade pública autor de crime, incorre nas penas do referido tipo penal. Ocorre que, a depender do grau de parentesco entre referido autor de crime e aquele que lhe dá guarida, incidirá escusa absolutória. É o que se extrai do art. 348, § 2º, do CP: "Se quem presta o auxílio é ascendente, descendente, cônjuge ou irmão do criminoso, fica isento de pena". No caso relatado no enunciado, Cícero é tio de João (portanto, colateral em terceiro grau). Dado que a isenção de pena somente se admite ao *ascendente, descente, cônjuge* ou *irmão* do criminoso, o tio responderá por favorecimento pessoal de seu sobrinho, autor de homicídio.
Gabarito "C".

(Delegado de Polícia/GO – 2013 – UEG) O advogado Cícero solicita dinheiro de seu cliente, João, com argumento de que repassará a soma em dinheiro ao juiz de direito da comarca, para que este o absolva da imputação de corrupção ativa praticada anteriormente. Após receber o dinheiro do cliente, o advogado o entrega ao magistrado, que prolata sentença absolutória logo em seguida, reconhecendo a atipicidade da conduta de João. Nesse contexto, verifica-se que

(A) Cícero e João responderão por corrupção ativa, enquanto o juiz responderá por corrupção passiva.
(B) Cícero e João responderão por tráfico de influência, enquanto o juiz responderá por corrupção passiva.
(C) Cícero e João responderão por exploração de prestígio, enquanto o juiz responderá por corrupção ativa.
(D) Cícero responderá por exploração de prestígio, enquanto João responderá por corrupção ativa e o juiz por corrupção passiva.

A: correta. De fato, o advogado Cícero, ao entregar ao magistrado dinheiro, obtido de João, para que prolatasse sentença absolutória em favor deste último, praticou o crime de corrupção ativa (art. 333 do CP). João, por ter ciência de que seu advogado levaria o numerário ao juiz, igualmente incorreu no crime citado; **B:** incorreta. O tráfico de influência (art. 332 do CP) é crime que se configura quando o agente solicitar, exigir, cobrar ou obtiver, para si ou para outrem, vantagem ou promessa de vantagem, *a pretexto de influir em ato praticado por funcionário público no exercício da função*. Veja que nesse crime, o agente, simplesmente, solicita, exige, cobra ou obtém vantagem ou promessa de vantagem, *a pretexto de influir em ato de funcionário público*, o que não se verificou no enunciado. Houve, de fato, entrega da vantagem ao magistrado, razão pela qual se caracterizou o crime de corrupção ativa; **C:** incorreta. A exploração de prestígio (art. 357 do CP), semelhante ao tráfico de influência (art. 332 do CP), caracteriza-se quando o agente *solicitar ou receber dinheiro ou qualquer outra utilidade, a pretexto de influir em juiz, jurado, órgão do Ministério Público, funcionário de justiça, perito, tradutor, intérprete ou testemunha*. No enunciado, viu-se que o juiz foi, efetivamente, corrompido, tendo o advogado Cícero lhe entregado dinheiro para prolatar sentença absolutória em favor de João. Daí terem advogado e cliente praticado corrupção ativa (art. 333 do CP), ao passo que o magistrado cometeu corrupção passiva (art. 317 do CP), visto haver recebido vantagem indevida; **D:** incorreta. Cícero e João, como visto anteriormente, praticaram o crime de corrupção ativa (art. 333 do CP), visto que o causídico, após haver solicitado numerário de seu cliente, ofereceu ao magistrado vantagem indevida para que praticasse ato de ofício (prolação de sentença), razão pela qual ambos (advogado e cliente) incidiram no mesmo tipo penal. Quanto ao juiz, de fato, praticou corrupção passiva (art. 317 do CP), tendo em vista ter recebido vantagem indevida.
Gabarito "A".

(Procurador/DF – 2013 – CESPE) Ângelo, funcionário público exercente do cargo de fiscal da Agência de Fiscalização do DF (AGEFIS), no exercício de suas funções, exigiu vantagem indevida do comerciante Elias, de R$ 2.000,00 para que o estabelecimento não fosse autuado em razão de irregularidades constatadas. Para a prática do delito, Ângelo foi auxiliado por seu primo, Rubens, taxista, que o conduziu em seu veículo até o local da fiscalização, previamente acordado e consciente tanto da ação delituosa que seria empreendida quanto do fato de que Ângelo era funcionário público. Antes que os valores fossem entregues, o comerciante, atemorizado, conseguiu informar policiais militares acerca dos fatos, tendo sido realizada a prisão em flagrante de Ângelo.
Com referência a essa situação hipotética, julgue os itens a seguir.

(1) Se Ângelo for condenado pela prática do delito praticado contra a Administração Pública, não caberá a seguinte agravante, prevista em artigo do CP: Ter o agente cometido o crime com abuso de poder ou violação de dever inerente a cargo, ofício, ministério ou profissão.
(2) Ângelo responderá pelo delito de corrupção passiva, previsto em artigo do CP.
(3) Tendo em vista que Elias não efetivou a entrega dos valores exigidos por Ângelo, o crime não se consumou.
(4) A condição de funcionário público comunica-se ao partícipe Rubens, que tinha prévia ciência do cargo ocupado por seu primo e acordou sua vontade com a dele para auxiliá-lo na prática do delito, de forma que os dois deverão estar incursos no mesmo tipo penal.

1: correta. A conduta praticada por Ângelo constitui o crime de concussão (art. 316 do CP), que, por se tratar de crime funcional, exige a condição de funcionário público, tendo ínsita, portanto, a violação de dever inerente ao cargo. Logo, inaplicável a circunstância agravante prevista no art. 61, II, "g", do CP; **2:** incorreta. Como visto no item anterior, a conduta perpetrada por Ângelo subsume-se àquela descrita no art. 316, *caput*, do CP (concussão). Na corrupção passiva (art. 317 do CP), o agente não *exige* a vantagem indevida, tal qual ocorre na concussão, mas, sim, a solicita, a recebe, ou, então, aceita a promessa de sua futura entrega; **3:** incorreta. O crime de concussão (art. 316 do CP), por ser formal, consuma-se com a mera exigência da vantagem indevida, ainda que essa não seja entregue ao agente delitivo; **4:** correta. De fato, ainda que Rubens não seja funcionário público, tal condição pessoal irá a ele comunicar-se, nos termos do art. 30 do CP. Perceba que o enunciado deixou claro que o primo de Ângelo tinha ciência de toda a ação delituosa que seria empreendida no local da fiscalização. Logo, Rubens foi partícipe da conduta praticada pelo funcionário público.
Gabarito 1C, 2E, 3E, 4C.

(Procurador do Trabalho – 2013 – MPT) Assinale a alternativa **INCORRETA**:

(A) No crime de falsa perícia praticado por médico do trabalho, a retratação exclui a punibilidade na área criminal, se ocorrer antes da publicação da sentença no processo em que ocorreu a falsidade.
(B) O empregador que ameaça a testemunha na antessala da Vara do Trabalho para que deponha falsamente e em seu benefício, comete o crime de exercício arbitrário das próprias razões.
(C) Para a caracterização do patrocínio infiel em reclamatória trabalhista, é preciso que ocorra prejuízo do cliente da infidelidade profissional do advogado.
(D) Não há crime de supressão de documento se o objeto material for cópia autenticada de documento original existente.
(E) Não respondida.

A: correta, pois reflete o que dispõe o art. 342, § 2º, do CP. Atenção: a Lei 12.850/2013, que conferiu nova conformação normativa à organização criminosa, estabeleceu, em seu art. 25, novos patamares de pena para o crime de falso testemunho ou falsa perícia, passando a pena cominada, assim, de 1 (um) a 3 (três) anos de reclusão para 2 (dois) a 4 (quatro) anos de reclusão, sem prejuízo da multa; **B:** incorreta, devendo ser assinalada, visto que aquele que assim age incorre nas penas do crime de coação no curso do processo, previsto no art. 344 do CP; **C:** correta, visto que se trata de crime material, em que a consumação somente se opera com o efetivo prejuízo causado pela traição; **D:** correta. É nesse sentido a lição de Guilherme de Souza Nucci: "(...) Há entendimento particular exigindo que o documento seja insubstituível em seu valor probatório, isto é, se for cópia autenticada, ainda que seja considerado documento (art. 232, parágrafo único, do CPP), não o é para servir de objeto material deste delito, pois o original pode ocupar-lhe o lugar. Esta posição, segundo nos parece, é correta, desde que o original realmente exista e esteja disponível" (**Código Penal Comentado**, 13ª ed. São Paulo: RT, 2013. p. 1151).
Gabarito "B".

23. OUTROS CRIMES E CRIMES COMBINADOS DO CÓDIGO PENAL

(Defensor Público – DPE/PR – 2017 – FCC) Sobre os crimes em espécie, é correto afirmar:

(A) Segundo posição do Supremo Tribunal Federal, os crimes de estupro e atentado violento ao pudor, mesmo que cometidos antes da edição da Lei n. 12.015/2009, são considerados hediondos, ainda que praticados na forma simples.
(B) A escusa relativa prevista nas disposições gerais dos crimes contra o patrimônio extingue a punibilidade do sujeito ativo do crime.
(C) A extorsão é crime formal e se consuma quando o sujeito ativo recebe a vantagem exigida.
(D) A receptação na modalidade imprópria admite tentativa.
(E) O art. 28 da Lei n. 10.826/2003 veda, em qualquer hipótese, ao menor de 25 anos, a aquisição de arma de fogo.

A: correta. Antes de a Lei 12.015/2009 entrar em vigor, discutia-se se a forma simples dos crimes de estupro, definido no art. 213 do CP, e atentado violento ao pudor, então capitulado no revogado art. 214 do CP, constituía ou não crime hediondo (Lei 8.072/1990). Para o STF, cuidava-se de crimes hediondos, ainda que na forma simples. Atualmente, a partir do advento da Lei 12.015/2009, não resta mais dúvida de que o crime de estupro, em qualquer de suas modalidades (aí incluída a conduta antes descrita no art. 214 do CP), configura crime hediondo, em conformidade com o que estabelece o art. 1º, V, da Lei 8.072/1990, cuja redação foi modificada pela Lei 12.015/2009. Conferir "A jurisprudência deste Supremo Tribunal firmou entendimento no sentido de que, nos casos de estupro e atentado violento ao pudor, as lesões corporais graves ou morte traduzem resultados qualificadores do tipo penal, não constituindo elementos essenciais e necessários para o reconhecimento legal da natureza hedionda das infrações. 2. Em razão do bem jurídico tutelado, que é a liberdade sexual da mulher, esses crimes, mesmo em sua forma simples, dotam-se da condição hedionda com que os qualifica apenas o art. 1º da Lei n. 8.072/90" (HC 88245, Relator(a): Min. Marco Aurélio, Relator(a) p/ Acórdão: Min. Cármen Lúcia, Tribunal Pleno, julgado em 16/11/2006, DJ 20-04-2007 PP-00087 Ement vol-02272-02 PP-00229 LEXSTF v. 29, n. 343, 2007, p. 371-382); **B:** incorreta. Isso porque as hipóteses de escusa relativa (imunidade relativa) elencadas no art. 182 do CP, incidente sobre os crimes patrimoniais não violentos, tornam a ação penal pública condicionada à representação do ofendido, permanecendo o fato punível; **C:** incorreta. Exatamente pelo fato de a extorsão ser classificada como delito formal, é prescindível, para que a sua consumação seja alcançada, a produção de resultado naturalístico consistente na obtenção de vantagem indevida. Opera-se a consumação, neste delito, com a prática da conduta típica, consistente em fazer, tolerar ou deixar de fazer algo. Tal entendimento está consagrado na Súmula 96, do STJ; **D:** incorreta, na medida em que a receptação dolosa imprópria, por se tratar de delito formal, consuma-se com o mero ato de influir para que terceiro de boa-fé adquira, receba ou oculte o bem, não sendo admitida, portanto, a modalidade tentada deste crime (art. 180, *caput*, 2ª parte, do CP); **E:** incorreta, uma vez que o art. 28 da Lei 10.826/2003 (Estatuto do Desarmamento) excepciona algumas das pessoas elencadas no art. 6º do mesmo estatuto, entre as quais, por exemplo, os policiais civis e militares.

Gabarito "A".

(Juiz – TRF 2ª Região – 2017) Assinale a opção correta:

(A) A doutrina dominante aponta que, em regra, o crime culposo admite tentativa, especialmente quando a culpa é própria.

(B) Se "A" determina que "B" aplique uma surra em "C", e este, ao executar a ação, excede-se, causando a morte de "C", o Código Penal Brasileiro determina que ambos respondam por homicídio, em decorrência da adoção do sistema monista no concurso de pessoas.

(C) O erro de tipo exclui a ilicitude, mas permite a punição culposa do fato, quando vencível.

(D) No concurso de crimes, o cálculo da prescrição da pretensão punitiva considera o acréscimo decorrente do concurso formal, material ou da continuidade delitiva.

(E) Se vigorava lei mais benéfica, depois substituída por lei mais grave, hoje vigente, é a lei mais grave que será aplicada ao crime continuado ou ao crime permanente, se a sua vigência foi iniciada antes da cessação da continuidade.

A: incorreta. Em regra, o crime culposo não comporta o *conatus*, uma vez que, nesta modalidade de delito, o resultado antijurídico não é desejado pelo agente; agora, sendo a culpa imprópria, é possível, em princípio, a ocorrência de tentativa; **B:** incorreta. Cuida-se de hipótese de cooperação dolosamente distinta, prevista no art. 29, §2º, do CP, que, excepcionando a teoria monista, que constitui a regra no contexto do concurso de pessoas (art. 29, "caput", CP), estabelece que o concorrente que desejar participar de delito menos grave do que aquele que de fato foi praticado por ele (crime menos grave) deverá responder; **C:** incorreta. O erro de tipo, conforme expressa previsão contida no art. 20, "caput", do CP, exclui o dolo, que é elemento constitutivo do fato típico; logo, não há crime; não há repercussão, portanto, no campo da ilicitude (antijuridicidade); **D:** incorreta, pois contraria o que estabelece o art. 119 do CP; **E:** correta, pois reflete o entendimento firmado na Súmula 711 do STF: "A lei penal mais grave aplica-se ao crime continuado ou ao crime permanente, se a sua vigência é anterior à cessação da continuidade ou da permanência".

Gabarito "E".

(Juiz – TRF 4ª Região – 2016) Dadas as assertivas abaixo, assinale a alternativa correta.

Com base na orientação jurisprudencial do Superior Tribunal de Justiça e do Supremo Tribunal Federal:

I. Das várias teorias que buscam justificar o dolo eventual, sobressai a teoria do consentimento (ou da assunção), consoante a qual o dolo exige que o agente consinta em causar o resultado, além de considerá-lo como possível. A questão central diz respeito à distinção entre dolo eventual e culpa consciente, que, como se sabe, apresentam aspecto comum: a previsão do resultado ilícito.

II. O direito penal brasileiro encampou a teoria da ficção jurídica para justificar a natureza do crime continuado (art. 71 do Código Penal). Por força de uma ficção criada por lei, justificada em virtude de razões de política criminal, a norma legal permite a atenuação da pena criminal, ao considerar que as várias ações praticadas pelo sujeito ativo são reunidas e consideradas fictamente como delito único.

III. Embora, em rigor, o indulto só devesse ser dado – como causa, que é, de extinção de punibilidade – depois do trânsito em julgado da sentença condenatória, a jurisprudência do Supremo Tribunal Federal inclina-se pelo cabimento da concessão do indulto antes de a sentença condenatória transitar em julgado, desde que não mais caiba recurso de apelação.

IV. A insignificância, enquanto princípio, se revela, conforme a visão de Roxin, importante instrumento que objetiva, ao fim e ao cabo, restringir a aplicação literal do tipo formal, exigindo-se, além da contrariedade normativa, a ocorrência efetiva de ofensa relevante ao bem jurídico tutelado.

(A) Estão corretas apenas as assertivas I e II.
(B) Estão corretas apenas as assertivas I e IV.
(C) Estão corretas apenas as assertivas II e III.
(D) Estão corretas apenas as assertivas III e IV.
(E) Estão corretas todas as assertivas.

I: correta. Conferir o seguinte julgado do STF: "(...) O dolo eventual compreende a hipótese em que o sujeito não quer diretamente a realização do tipo penal, mas a aceita como possível ou provável (assume o risco da produção do resultado, na redação do art. 18, I, *in fine*, do CP). 4. Das várias teorias que buscam justificar o dolo eventual, sobressai a teoria do consentimento (ou da assunção), consoante a qual o dolo exige que o agente consinta em causar o resultado, além de considerá-lo como possível. 5. A questão central diz respeito à distinção entre dolo eventual e culpa consciente que, como se sabe, apresentam aspecto comum: a previsão do resultado ilícito. No caso concreto, a narração contida na denúncia dá conta de que o paciente e o correu conduziam seus respectivos veículos, realizando aquilo que coloquialmente se denominou "pega" ou "racha", em alta velocidade, em plena rodovia, atingindo um terceiro veículo (onde estavam as vítimas). 6. Para configuração do dolo eventual não é necessário o consentimento explícito do agente, nem sua consciência reflexiva em relação às circunstâncias do evento. Faz-se imprescindível que o dolo eventual se extraia das circunstâncias do evento, e não da mente do autor, eis que não se exige uma declaração expressa do agente. 7. O dolo eventual não poderia ser descartado ou julgado inadmissível na fase do *iudicium accusationis*. Não houve julgamento contrário à orientação contida na Súmula 07, do STJ, eis que apenas se procedeu à revaloração dos elementos admitidos pelo acórdão da Corte local, tratando-se de *quaestio juris*, e não de *quaestio facti*. 8. Habeas corpus denegado" (HC 91159, Rel. Min. Ellen Gracie, 2ª Turma, j. 02.09.2008); **II:** correta. Nesse sentido, conferir: "O Direito Penal brasileiro encampou a teoria da ficção jurídica para justificar a natureza do crime continuado (art. 71, do Código Penal). Por força de uma ficção criada por lei, justificada em virtude de razões de política criminal, a norma legal permite a atenuação da pena criminal, ao considerar que as várias ações praticadas pelo sujeito ativo são reunidas e consideradas fictamente como delito único" (HC 91370, Rel. Min. Ellen Gracie, 2ª Turma, j. 20.05.2008); **III:** correta. Conferir: "A jurisprudência do STF já não reclama o trânsito em julgado da condenação nem para a concessão do indulto, nem para a progressão de regime de execução, nem para o livramento condicional (HC 76.524, DJ 29.08.83, Pertence)" (HC 87801, Rel. Min. Sepúlveda Pertence, 1ª Turma, j. 02.05.2006, DJ 26.05.2006); **IV:** correta. "A insignificância, enquanto princípio, revela-se, na visão de Roxin, importante instrumento que objetiva restringir a aplicação literal do tipo formal, exigindo-se, além da contrariedade normativa, a ocorrência efetiva de ofensa relevante ao bem jurídico tutelado" (HC 285.055/MT, Rel. Min. Rogerio Schietti Cruz, 6ª Turma, j. 20.05.2014, DJe 29.05.2014).

Gabarito "E".

(Juiz – TRF 4ª Região – 2016) Assinale a alternativa correta.

(A) Atualmente, prevalece no Supremo Tribunal Federal e no Superior Tribunal de Justiça o entendimento no sentido de que o princípio constitucional da autodefesa não aproveita àquele que se atribui falsa identidade, perante a autoridade policial, com o objetivo de ocultar seus maus antecedentes; logo, tal conduta é penalmente típica.

(B) No Código Penal brasileiro, que segue a teoria monista, o agente público que, com infração de seu dever funcional, facilita a prática do descaminho responde, em coautoria, pelo delito de descaminho.

(C) O delito de corrupção passiva não se consuma se o funcionário público não chega a receber a vantagem indevida que, em razão do cargo que ocupa, ele solicitou.

(D) Na dicção do Superior Tribunal de Justiça, é típica a conduta de firmar ou usar declaração de pobreza falsa em juízo, com a finalidade de obter o reconhecimento de seu direito à assistência judiciária gratuita.

A: correta. De fato, prevalece o entendimento de que a conduta do agente que, com o propósito de esconder condenações anteriores, atribui a si identidade falsa comete o crime do art. 307 do CP. Nesse sentido a Súmula 522 do STJ: "A conduta de atribuir-se falsa identidade perante autoridade policial é típica, ainda que em situação de alegada autodefesa"; **B:** incorreta, pois o servidor que assim agir estará incurso nas penas do crime próprio de *facilitação de contrabando ou descaminho*, previsto no art. 318 do CP, que consiste em o *intraneus* viabilizar (tornar mais fácil) o cometimento do delito do art. 334 do CP (contrabando ou descaminho) pelo particular. De ver-se que tal previsão traduz exceção à teoria monista; **C:** incorreta. Sendo crime formal, a corrupção passiva (art. 317, CP) se consuma com a mera solicitação/recebimento/aceitação de promessa, sendo desnecessário que o funcionário público obtenha a vantagem por ele perseguida; se obtiver, configurada estará hipótese de exaurimento do crime; **D:** incorreta: "O entendimento do Superior Tribunal de Justiça é no sentido de que a mera declaração de estado de pobreza para fins de obtenção dos benefícios da justiça gratuita não é considerada

conduta típica, diante da presunção relativa de tal documento, que comporta prova em contrário "(RHC 24.606/RS, Rel. Min. Nefi Cordeiro, 6ª Turma, DJe 02/06/2015). *In casu*, o ora agravante foi denunciado por falsidade ideológica (art. 299 do Código Penal), por ter firmado falsamente declaração de pobreza, com o fito de obter o benefício da justiça gratuita. Após receber a peça exordial, o Magistrado determinou a intimação do acusado para comparecer à audiência de proposta de suspensão condicional do processo, sem antes apreciar as teses aventadas pela Defesa na resposta à acusação, dentre as quais sustentava-se que a conduta praticada era atípica" (AgRg no RHC 43.279/SP, Rel. Min. Ribeiro Dantas, 5ª Turma, j. 13.12.2016, *DJe* 19.12.2016). ED
Gabarito "A".

(Juiz – TRF 4ª Região – 2016) Assinale a alternativa correta.

(A) O atual entendimento do Superior Tribunal de Justiça é no sentido de que o uso de arma de brinquedo, na prática do delito de roubo, não autoriza a incidência da causa especial de aumento de pena baseada no emprego de arma.
(B) O agente que, de posse de cartão de débito clonado, o utiliza para realizar saques fraudulentos na conta corrente bancária da vítima, na Caixa Econômica Federal, pratica o delito de estelionato.
(C) No julgamento da Ação Penal nº 470, o Plenário do Supremo Tribunal Federal adotou o entendimento no sentido de que são atípicos os depósitos em moeda estrangeira, em contas bancárias no exterior, realizados por meio do sistema "dólar-cabo", pois, para a materialização do delito de evasão de divisas, é imprescindível a saída física de moeda do território nacional.
(D) No crime de supressão ou redução ilícita de tributo, que é considerado crime material contra a ordem tributária, a prescrição da pretensão punitiva do Estado começa a fluir no dia seguinte ao dia do vencimento do tributo ilicitamente suprimido ou reduzido.
(E) Por não possuir a qualidade de funcionário público, quem trabalha, como empregado celetista, para uma empresa privada, prestadora de serviços, contratada para a execução de atividade típica da administração pública, não pode responder por crime que se insira na categoria dos crimes praticados por funcionários públicos contra a administração pública.

A: correta. Hodiernamente, é tranquilo o entendimento dos tribunais superiores no sentido de que o emprego de arma de brinquedo, no contexto do crime de roubo, não autoriza o reconhecimento da causa de aumento prevista no art. 157, §2º, I, do CP. Lembremos que a Súmula 174, do STJ, que consolidava o entendimento pela incidência da majorante em casos assim, foi cancelada em 24 de outubro de 2001, apontando, portanto, mudança de posicionamento; **B:** incorreta, já que a conduta descrita corresponde, conforme entende a jurisprudência, ao crime de *furto mediante fraude*, e não *estelionato*. Nesse sentido: "1. O furto mediante fraude não se confunde com o estelionato. A distinção se faz primordialmente com a análise do elemento comum da fraude que, no furto, é utilizada pelo agente com o fim de burlar a vigilância da vítima que, desatenta, tem seu bem subtraído, sem que se aperceba; no estelionato, a fraude é usada como meio de obter o consentimento da vítima que, iludida, entrega voluntariamente o bem ao agente. 2. Hipóteses em que o Acusado se utilizou de equipamento coletor de dados, popularmente conhecido como "chupa-cabra", para copiar os dados bancários relativos aos cartões que fossem inseridos no caixa eletrônico bancário. De posse dos dados obtidos, foi emitido cartão falsificado, posteriormente utilizado para a realização de saques fraudulentos. 3. No caso, o agente se valeu de fraude – clonagem do cartão – para retirar indevidamente valores pertencentes ao titular da conta bancária, o que ocorreu, por certo, sem o consentimento da vítima, o Banco. A fraude, de fato, foi usada para burlar o sistema de proteção e de vigilância do Banco sobre os valores mantidos sob sua guarda, configurando o delito de furto qualificado (...)" (REsp 1412971/PE, Rel. Min. Laurita Vaz, 5ª Turma, j. 07.11.2013, *DJe* 25.11.2013); **C:** incorreta. Conferir: "A materialização do delito de evasão de divisas prescinde da saída física de moeda do território nacional. Por conseguinte, mesmo aceitando-se a alegação de que os depósitos em conta no exterior teriam sido feitos mediante as chamadas operações "dólar-cabo", aquele que efetua pagamento em reais no Brasil, com o objetivo de disponibilizar, através do outro que recebeu tal pagamento, o respectivo montante em moeda estrangeira no exterior, também incorre no ilícito de evasão de divisas. Caracterização do crime previsto no art. 22, parágrafo único, primeira parte, da Lei 7.492/1986, que tipifica a conduta daquele que, "a qualquer título, promove, sem autorização legal, a saída de moeda ou divisa para o exterior" (AP 470, Rel. Min. Joaquim Barbosa, Tribunal Pleno, j. 17.12.2012); **D:** incorreta. Na jurisprudência: "Enquanto não se constituir, definitivamente, em sede administrativa, o crédito tributário, não se terá por caracterizado, no plano da tipicidade penal, o crime contra a ordem tributária, tal como previsto no art. 1º da Lei nº 8.137/90. Em consequência, e por ainda não se achar configurada a própria criminalidade da conduta do agente, sequer é lícito cogitar-se da fluência da prescrição penal, que somente se iniciará com a consumação do delito (CP, art. 111, I)" (HC 86032, Rel. Min. Celso de Mello, 2ª Turma, j. 04.09.2007); **E:** incorreta, uma vez que contraria o disposto no art. 327, §1º, do CP. ED
Gabarito "A".

(Juiz – TJ/SP – VUNESP – 2015) À luz da jurisprudência do Supremo Tribunal Federal, assinale a alternativa correta.

(A) Não há crime de latrocínio, quando o homicídio se consuma, mas o agente não realiza a subtração de bens da vítima.
(B) Admite-se a suspensão condicional do processo por crime continuado, se a soma da pena mínima da infração mais grave com o aumento mínimo de um sexto for superior a um ano.
(C) A opinião do julgador sobre a gravidade em abstrato do crime constitui motivação idônea para a imposição de regime mais severo do que o permitido segundo a pena aplicada.
(D) A lei penal mais grave aplica-se ao crime continuado ou ao crime permanente, se sua vigência é anterior à cessação da continuidade ou da permanência.

A: incorreta, pois contraria o entendimento consolidado por meio da Súmula 610, do STF: "Há crime de latrocínio, quando o homicídio se consuma, ainda que não realize o agente a subtração de bens da vítima". No roubo, temos que, se ocorrer morte e a subtração consumar-se, há latrocínio consumado; se ocorrer morte e subtração tentados, há latrocínio tentado. Até aqui, não há divergência na doutrina nem na jurisprudência. No entanto, na hipótese de haver morte, mas a subtração não se consumar, há diversas correntes doutrinárias. No STF, o entendimento é no sentido de que tal hipótese configura latrocínio consumado, conforme Súmula 610, que acima foi transcrita; **B:** incorreta, já que não retrata o entendimento sufragado nas Súmulas 723, do STF, e 243, do STJ; **C:** incorreta. Pelo contrário: "A opinião do julgador sobre a gravidade em abstrato do crime não constitui motivação idônea para a imposição de regime mais severo do que o permitido segundo a pena aplicada" (Súmula 718, STF); **D:** correta, pois retrata o entendimento contido na Súmula 711 do STF: "A lei penal mais grave aplica-se ao crime continuado ou ao crime permanente, se a sua vigência é anterior à cessação da continuidade ou permanência". ED
Gabarito "D".

(Juiz – TJ/SP – VUNESP – 2015) Segundo a jurisprudência consolidada do Superior Tribunal de Justiça, assinale a alternativa correta.

(A) O tempo de duração da medida de segurança pode ultrapassar o máximo da pena abstratamente cominada ao delito praticado.
(B) A conduta de atribuir-se falsa identidade perante autoridade policial é atípica, ainda que em situação de alegada autodefesa.
(C) É inadmissível a extinção da punibilidade pela prescrição da pretensão punitiva com fundamento em pena hipotética, independentemente da existência ou sorte do processo penal.
(D) É admissível aplicar, no furto qualificado, pelo concurso de agentes, a majorante de roubo.

A: incorreta, pois não reflete o entendimento contido na Súmula 527, do STJ, segundo a qual "o tempo de duração da medida de segurança não deve ultrapassar o limite máximo da pena abstratamente cominada ao delito praticado". Quanto a este tema, valem algumas ponderações. Se levássemos em conta tão somente a redação do art. 97, § 1º, do CP, chegaríamos à conclusão de que a medida de segurança poderia ser eterna. Em vista da regra que veda as penas de caráter perpétuo, esta não é a melhor interpretação do dispositivo. Tanto que o STF firmou posicionamento no sentido de que o prazo máximo de duração da medida de segurança não pode ser superior a 30 anos (analogia ao art. 75 do CP). O STJ entende que a medida de segurança deve ter por limite o máximo da pena em abstrato cominada para o crime (STJ, HC 125.342-RS, 6ª T., rel. Min. Maria Thereza de Assis Moura, j. 19.11.09), entendimento esse consolidado por meio da súmula acima transcrita; **B:** incorreta. Atualmente, prevalece o entendimento de que a conduta do agente que, com o propósito de esconder condenações anteriores, atribui a si identidade falsa comete o crime do art. 307 do CP. Nesse sentido a Súmula 522 do STJ: "A conduta de atribuir-se falsa identidade perante autoridade policial é típica, ainda que em situação de alegada autodefesa"; **C:** correta. A alternativa descreve o fenômeno da prescrição *antecipada* ou *virtual*, que é aquela baseada na pena que seria, em tese, aplicada ao réu em caso de condenação. A jurisprudência rechaça tal modalidade de prescrição, na medida em que implica verdadeiro prejulgamento (o juiz estaria utilizando-se de uma pena ainda não aplicada). Tal entendimento está pacificado na Súmula 438, do STJ: "É inadmissível a extinção da punibilidade pela prescrição da pretensão punitiva com fundamento em pena hipotética, independentemente da existência ou sorte do processo penal"; **D:** incorreta, uma vez que não reflete o entendimento consolidado na Súmula 442, do STJ: "É inadmissível aplicar, no furto qualificado, pelo concurso de agentes, a majorante do roubo". ED
Gabarito "C".

(Promotor de Justiça/SC – 2016 – MPE)

(1) Constitui causa de aumento da pena do crime de incêndio, previsto no Código Penal Brasileiro, ação de colocar fogo em balsa que transporta veículos na travessia de um rio que liga dois municípios do mesmo Estado.

1: de fato, a hipótese acima narrada constitui causa de aumento de pena, incidente sobre o crime de incêndio doloso, previsto no art. 250, § 1º, II, c, do CP. ED
Gabarito 1C.

(Delegado/MS – 2017 – FAPEMS) Com base no caso, assinale a alternativa correta.

Miriam, mãe de Rodrigo, e José, tutor de João, receberam convocação da Promotoria de Justiça da Infância e da Juventude da respectiva Comarca para comparecem à audiência pública destinada a tratar específico programa para prevenir a evasão escolar. Na carta, havia advertência, em negrito e sublinhado, que a presença seria obrigatória, sob pena de incorrerem pais e/ou responsáveis legais em apuração de responsabilização criminal por abandono intelectual (CP, artigo 246). Miriam não compareceu, pois, no horário da reunião, realizou procedimento cirúrgico de emergência em Maria, colega de escola de Rodrigo. Tampouco José se fez presente, porquanto decidiu acompanhar um jogo do time do colégio de João.

Ciente das ausências, o Promotor de Justiça requisitou instauração de investigação para apurar a responsabilidade de ambos.

(A) Miriam e José poderão ser indiciados pelo crime de abandono material.
(B) Apenas Miriam poderá ser indiciada pelo crime de abandono intelectual.
(C) Miriam e José poderão ser indiciados pelo crime de abandono intelectual.
(D) Apenas José poderá ser indiciado pelo crime de abandono intelectual.
(E) Miriam e José não poderão ser indiciados pelo crime de abandono intelectual.

O crime de abandono material vem previsto no art. 244 do CP, que assim dispõe: *Deixar, sem justa causa, de prover a subsistência do cônjuge, ou de filho menor de 18 (dezoito) anos ou inapto para o trabalho, ou de ascendente inválido ou maior de 60 (sessenta) anos, não lhes proporcionando os recursos necessários ou faltando ao pagamento de pensão alimentícia judicialmente acordada, fixada ou majorada; deixar, sem justa causa, de socorrer descendente ou ascendente, gravemente enfermo.* Já o crime de abandono intelectual, tipificado pelo art. 246 do CP, assim prevê: *Deixar, sem justa causa, de prover à instrução primária de filho em idade escolar.* Vamos, pois, à análise das alternativas. **A**: incorreta, eis que o abandono material constitui crime omissivo praticado por aquele que deixar, sem justa causa, de prover a subsistência das pessoas indicadas no precitado art. 244 do CP, em nada se relacionando com o enunciado; **B, C e D**: incorretas. Com relação a José, tutor de João, sequer poderia ser sujeito ativo do crime de abandono intelectual (art. 246 do CP), que somente pode ser praticado pelo pai que, sem justa causa, deixar de prover à instrução primária do filho em idade escolar. No tocante a Miriam, esta somente deixou de comparecer à convocação do Ministério Público por ter realizado procedimento cirúrgico de emergência em terceira pessoa, o que, evidentemente, constitui justa causa, afastando-se, pois, o elemento normativo do tipo; **E**: correta. Como visto no comentário às alternativas antecedentes, Miriam e José não poderão ser indiciados pelo crime de abandono intelectual. Este último, por não ostentar a condição de pai e aquela por ter justa causa para ter deixado de comparecer à convocação ministerial. Gabarito "E".

(Juiz de Direito/AM – 2016 – CESPE) Acerca do crime de que trata o art. 198 do CP — atentado contra a liberdade de trabalho e boicotagem violenta —, assinale a opção correta.

(A) A competência para o processamento de ação que envolva a prática desse crime é da justiça federal, independentemente de se tratar de interesse individual do trabalhador ou coletivo.
(B) A conduta de constranger alguém, mediante violência ou grave ameaça, a adquirir de outrem matéria-prima ou produto industrial agrícola configura o crime previsto no referido artigo.
(C) Cometerá o referido crime aquele que constranger alguém, mediante violência ou grave ameaça, a não celebrar contrato de trabalho.
(D) Haverá concurso de crimes se o agente praticar mais de uma das condutas previstas no art. 198 do CP.
(E) O referido crime classifica-se como crime próprio.

A: incorreta. Tendo em conta que este crime atinge interesse de natureza individual do trabalhador, competente para o seu processamento e julgamento é a Justiça Comum estadual; **B**: incorreta, na medida em que o constrangimento, conforme consta do tipo penal, deve ser por finalidade o *não* fornecimento ou *não* aquisição de matéria-prima ou produto industrial agrícola. O ato consistente em constranger alguém, mediante violência ou grave ameaça, a adquirir de outrem matéria-prima ou produto industrial agrícola configura, em princípio, o crime previsto no art. 146 do CP (constrangimento ilegal); **C**: incorreta. Tal como se deu na assertiva anterior, o crime do art. 198 do CP somente se configura se o constrangimento impingido tiver por fim a celebração do contrato de trabalho; em se o constrangimento é voltado à *não* celebração do contrato (conduta não tipificada no tipo do art. 198), pode-se falar, em tese, na prática do crime de constrangimento ilegal (art. 146, CP); **D**: correta. A prática das duas condutas (atentado contra a Liberdade de contrato de trabalho e boicotagem violenta), embora previstas no mesmo tipo penal, implica o reconhecimento de concurso de crimes; **E**: incorreta. Trata-se de crime comum, uma vez que o tipo penal não impõe nenhuma qualidade especial ao sujeito ativo. Gabarito "D".

(Magistratura/SC – 2015 – FCC) Sobre os crimes de perigo comum previstos no Código Penal, é correto afirmar:

(A) Todos os crimes de perigo comum admitem forma qualificada pelo resultado.
(B) O crime de incêndio, por ser de perigo comum, pode se consumar com a provocação do mero perigo de incêndio, independentemente de expor diretamente a risco à vida ou à integridade física ou patrimônio de outrem.
(C) Os crimes de perigo comum não admitem forma tentada.
(D) Os crimes de perigo comum não admitem forma culposa.
(E) Os crimes de perigo comum exigem elemento subjetivo específico.

A: correta. Todos os crimes de perigo comum (Capítulo I, do Título VIII, da Parte Especial do CP) admitem forma qualificada pelo resultado, consoante dispõe o art. 258 do CP; **B**: incorreta. Nos termos da própria redação típica (art. 250 do CP), o crime de incêndio somente se pode consumar com a exposição a perigo da vida, integridade física ou patrimônio de outrem. Trata-se, é bom registrar, de crime material e de perigo concreto; **C**: incorreta. Os crimes de perigo comum admitem a forma tentada, à exceção de alguns, como, por exemplo, o delito de explosão (art. 251 do CP), o de fabrico, fornecimento, aquisição, posse ou transporte de explosivos ou gás tóxico, ou asfixiante (art. 253 do CP), eis que incriminam, de forma autônoma, atos que representam fase preparatória de outros delitos, bem como o crime de perigo de inundação (art. 255 do CP), haja vista que constitui ato preparatório da inundação, que é crime autônomo (art. 254 do CP); **D**: incorreta. Diversos crimes de perigo comum admitem a forma culposa, tais como o incêndio (art. 250, § 2º, do CP), a explosão (art. 251, § 3º, do CP), o uso de gás tóxico ou asfixiante (art. 252, parágrafo único, do CP) e o desabamento ou desmoronamento (art. 256, parágrafo único, do CP); **E**: incorreta. Os crimes de perigo comum, em regra, exigem apenas o dolo, independentemente de qualquer finalidade específica do agente. Contudo, há exceções, como se vê, por exemplo, no art. 250, § 1º, I, do CP (incêndio majorado), em que o agente terá sua pena aumentada em um terço se o crime for cometido com o intuito de obter vantagem pecuniária em proveito próprio ou alheio. Gabarito "A".

(Promotor de Justiça/RO – 2013 – CESPE) No que se refere aos crimes contra o patrimônio e a propriedade imaterial, assinale a opção correta.

(A) Caso um indivíduo emita fatura não correspondente à mercadoria vendida, a consumação da conduta por ele praticada perfaz-se pela oposição do aceite do sacado, em face da efetividade do proveito econômico.
(B) A compra de um bem com o cartão de crédito pertencente a outrem, sem autorização, ainda que o comprador ressarça, antes do recebimento da denúncia, o proprietário do cartão pelos danos provocados, não constitui causa de extinção da punibilidade.
(C) A conduta de portar grande quantidade de CDs piratas, ainda que o infrator afirme tê-los pegado por engano, imaginando tratar-se de exemplares originais, admite a modalidade de dolo eventual e a culposa.
(D) Considere que João e seu primo José, ambos maiores e capazes, furtem o computador portátil do pai de João enquanto ele dormia, a fim de o trocarem por drogas. Nesse caso, o furto praticado pelos dois agentes está acobertado por escusa absolutória.
(E) Suponha que Genésio adquira veículo furtado por Eustáquio, sabendo da origem ilícita da coisa. Suponha, ainda, que ambos sejam processados e que Eustáquio seja absolvido por ausência de provas. Nessa situação, Genésio também deverá ser absolvido.

A: incorreta. O crime do art. 172 do CP (duplicata simulada) se aperfeiçoa com a colocação do título em circulação, sendo irrelevante, para a consumação do delito, o aceite do sacado; **B**: correta. De fato, a utilização de cartão de crédito alheio, sem autorização, para a aquisição de um bem, ainda que o agente proceda ao ressarcimento da vítima antes do recebimento da denúncia, não afasta a punibilidade do comportamento, caracterizando, se tanto, arrependimento posterior (art. 16 do CP); **C**: incorreta, pois o crime do art. 184 do CP (violação de direito autoral) não admite a forma culposa, por absoluta falta de previsão legal (excepcionalidade do crime culposo); **D**: incorreta. A escusa absolutória prevista no art. 181, II, do CP, somente alcança o ascendente ou descendente que haja cometido crime patrimonial sem grave ameaça ou violência, não alcançando o terceiro que participa do crime (art. 183, II, do CP); **E**: incorreta. Apesar de o crime de receptação (art. 180 do CP) ser considerado acessório, visto pressupor a existência de outro crime, para a punição do receptador não se faz necessária a comprovação da autoria do crime precedente, ou mesmo a condenação deste. Bastará a ocorrência do fato precedente, pouco importando, repita-se, tenha o autor do crime anterior sido condenado ou mesmo conhecido. É o que se extrai do art. 180, § 4º, do CP: "A receptação é punível, ainda que desconhecido ou isento de pena o autor do crime de que proveio a coisa". Gabarito "B".

(Promotor de Justiça/RO – 2013 – CESPE) No que concerne aos crimes contra a organização do trabalho, contra o sentimento religioso e contra o respeito aos mortos, assinale a opção correta.

(A) A violação de túmulos com a consequente retirada dos crânios e de próteses de cadáver ali sepultado configura o crime de violação de sepultura em concurso material com furto.
(B) O crime de atentado contra a liberdade de associação submete-se à ação penal de iniciativa pública, sujeita à representação daquele que pretenda associar-se.
(C) É objeto do crime de destruição, subtração ou ocultação de cadáver a múmia embalsamada, admitindo-se a modalidade tentada.
(D) O cadáver sepultado não é considerado objeto do delito de furto.
(E) A retirada do cadáver do local do crime para outro em que não seja reconhecido caracteriza o crime de vilipêndio a cadáver.

A: incorreta. O crime do art. 210 do CP se aperfeiçoa quando o agente violar (abrir, quebrar, devassar) ou profanar (ofender, desrespeitar) sepultura ou urna funerária. Caso o faça para subtrair objetos enterrados junto ao cadáver (próteses, por exemplo), restará absorvido pelo crime-fim, qual seja, o furto (RT 598/313). Já se o agente profanar ou violar a sepultura com a intenção de subtrair o próprio cadáver, ou parte dele (o crânio, por exemplo), o crime não será o do art. 210 do CP, mas, sim, o previsto no art. 211 (destruição, subtração ou ocultação de cadáver); **B**: incorreta, pois o crime do art. 199 do CP (atentado contra a liberdade de associação), é de ação penal pública incondicionada; **C**: incorreta. Nas palavras de Rogério Sanches Cunha, "para que seja considerado cadáver, não basta ao corpo humano estar sem vida, sendo imprescindível que mantenha os traços mínimos identificadores da aparência humana, ou seja, que não tenha sido atingido pela decomposição cadavérica. Assim, não são objetos do crime em estudo [referindo-se ao art. 211 do CP] o esqueleto, as cinzas, as múmias e as partes do corpo incapazes de se reconhecer como tal" (*Manual de Direito Penal – Parte Especial*, 6ª ed., Ed. Juspodivm, p. 461); **D:** correta. O cadáver sepultado, caso seja objeto de subtração, redundará na imputação ao agente do crime do art. 211 do CP (destruição, subtração ou ocultação de cadáver); **E:** incorreta. A retirada do cadáver do local do crime para outro em que não seja reconhecido caracteriza a figura prevista no art. 211 do CP (destruição, subtração ou ocultação de cadáver), não se confundindo com o vilipêndio a cadáver, definido no art. 212 do CP (*vilipendiar cadáver ou suas cinzas*).

Gabarito "D"

(Promotor de Justiça/RO – 2013 – CESPE) A respeito dos crimes contra a dignidade sexual e contra a família, assinale a opção correta com fundamento no disposto no CP e na jurisprudência dos tribunais superiores.

(A) Nos crimes de estupro, é dispensável a existência de lesões corporais para a caracterização da violência real.

(B) O emprego da falsidade ideológica com a finalidade de praticar o crime de bigamia constitui concurso de crimes, haja vista que são delitos do mesmo gênero.

(C) O proxenetismo mercenário não está sujeito à pena de multa.

(D) Em se tratando de crime de violação sexual mediante fraude, caso o ofensor seja padrinho da vítima, ainda que se intitule como um segundo pai para ela, não incide a causa especial de aumento de pena prevista no CP para os casos de relações de autoridade do agente sobre a vítima.

(E) Não há crime de favorecimento da prostituição se a vítima, de quinze anos de idade, revelar já ter percorrido diversos lugares na condição de prostituída.

A: correta. De fato, nos crimes de estupro, especialmente as figuras previstas no art. 213 do CP, a violência real (violência física) se caracterizará não somente pela produção de lesões corporais (de natureza leve, grave ou gravíssima) na vítima, mas, também, qualquer espécie de força física capaz de impedir o ofendido de reagir. Nesse sentido, o STJ, no julgamento do AgRg no REsp 1111919/RS, 5ª Turma, Min. Laurita Vaz, *DJe* 15.12.2009: "(...) O crime de estupro praticado com violência real ou grave ameaça é de ação penal pública incondicionada. Essa violência consistiu na utilização de força física para, contra a vontade da vítima de 14 (cartorze) anos, agarrá-la pelos braços, arrastá-la para seu quarto, jogá-la com violência sobre a cama, despi-la à força e imobilizá-la. Apesar de a conduta do Agravante não ter gerado lesões corporais na vítima, é certo que a impossibilitou de opor resistência à prática criminosa. Inteligência da Súmula n.º 608 do Supremo Tribunal Federal. (...)"; **B:** incorreta. Para a compreensão do desacerto da assertiva, basta analisar a ementa a seguir: "*Habeas corpus*. Direito penal. Crime de bigamia e falsidade ideológica. Trancamento da ação penal quanto ao delito de bigamia determinado pelo tribunal *a quo* por ausência de justa causa. Impossibilidade de seguimento do processo-crime quanto à figura do crime de falsidade. Aplicação do princípio da consunção. 1. O delito de bigamia exige para se consumar a precedente falsidade, isto é: a declaração falsa, no processo preliminar de habilitação do segundo casamento, de que inexiste impedimento legal. 2. Constituindo-se a falsidade ideológica (crime-meio) etapa da realização da prática do crime de bigamia (crime-fim), não há concurso do crime entre estes delitos. 3. Assim, declarada anteriormente a atipicidade da conduta do crime de bigamia pela Corte de origem, não há como, na espécie, subsistir a figura delitiva da falsidade ideológica, em razão do princípio da consunção. 4. Ordem concedida para determinar a extensão dos efeitos quanto ao trancamento da ação penal do crime de bigamia, anteriormente deferido pelo Tribunal *a quo*, à figura delitiva precedente da falsidade ideológica." (STJ, HC 39583/MS, 5ª Turma, Min. Laurita Vaz, *DJ* 11.04.2005); **C:** incorreta. Tanto o crime do art. 218-B do CP (favorecimento da prostituição ou outra forma de exploração sexual de criança ou adolescente ou de vulnerável), quanto o do art. 228, também do CP (favorecimento da prostituição ou outra forma de exploração sexual), são praticados pelo denominado "proxeneta", que é aquele que favorece o ingresso da vítima à prostituição. Em um caso ou outro, quando o crime for praticado com o fim de obter vantagem econômica (proxenetismo mercenário), às penas privativas de liberdade cominadas haverá o acréscimo da multa (art. 218-B, § 1º e art. 228, § 3º, ambos do CP); **D:** incorreta. Nos termos do art. 226, II, do CP, a pena do agente será aumentada de metade se for ascendente, padrasto ou madrasta, tio, irmão, cônjuge, companheiro, tutor, curador, preceptor ou empregador da vítima ou por qualquer outro título tem autoridade sobre ela. Assim, se o ofensor for padrinho da vítima, um "segundo pai para ela", como anunciado na assertiva, incidirá a majorante, haja vista a relação de intimidade ou mesmo eventual autoridade que exerça sobre ela; **E:** incorreta. O crime do art. 218-B do CP (favorecimento da prostituição ou outra forma de exploração sexual de criança ou adolescente ou de vulnerável) se caracteriza pelo fato de o agente submeter, induzir ou atrair à prostituição ou outra forma de exploração sexual alguém menor de 18 (dezoito) anos, ou, ainda, que *facilitar, impedir ou dificultar que a abandone*. Assim, mesmo se a vítima já estiver inserida na prostituição, o crime em comento se configurará quando o agente impedir ou dificultar o abandono da prostituição pelo menor de idade.

Gabarito "A"

(Promotor de Justiça/RO – 2013 – CESPE) No que se refere aos crimes contra a paz pública, a fé pública e a administração pública, assinale a opção correta.

(A) Caracteriza *bis in idem* a condenação por crime de quadrilha armada e roubo qualificado pelo uso de armas e concurso de pessoas.

(B) Para a caracterização do crime de falsificação parcial de documento público, exige-se a produção de dano a terceiro.

(C) Não cometerá o crime de falsidade ideológica o indivíduo que deixar de declarar a verdade para a formação de documento, se o servidor público que receber a declaração estiver adstrito a averiguar, *propiis sensibus*, a veracidade desta.

(D) Ocorre a continuidade delitiva entre os crimes de estelionato, de receptação e de adulteração de sinal identificador de veículo automotor praticados pelo mesmo agente, no mesmo contexto fático.

(E) Para a configuração do crime de favorecimento real, a pessoa a quem o agente auxiliar já deverá ter consumado o crime anterior, sendo-lhe assegurada a fuga.

A: incorreta. A "antiga" quadrilha armada (art. 288, parágrafo único, do CP), atual "associação criminosa" armada (com a redação conferida ao tipo penal pela Lei 12.850/2013), por se tratar de crime contra a paz pública, remanesce íntegra, admitindo punição autônoma, frente ao crime de roubo majorado pelo concurso de agentes e emprego de arma. É que, neste último caso, o que se tutela é o patrimônio. Logo, estamos diante de crimes que atingem a bens jurídicos distintos, não se configurando *bis in idem* a condenação dos agentes por ambos os crimes. Confira-se excerto extraído no julgamento, pelo STJ, do HC 157862/SP, Quinta Turma, Min. Jorge Mussi, *DJe* de 25.11.2011: "(...) É pacífico o entendimento no Superior Tribunal de Justiça acerca da independência dos delitos de quadrilha ou bando qualificado e roubo circunstanciado pelo concurso de pessoas e emprego de arma de fogo, em face da existência de objetos jurídicos distintos. Constituem, ademais, crimes de natureza diversas, pois o tipo penal do art. 288 do CP é delito de perigo abstrato, enquanto que o do art. 157, § 2º, I e II, do CP é de perigo concreto. (...)"; **B:** incorreta. O crime do art. 297 do CP (falsificação de documento público) exige, apenas, que uma das ações nucleares típicas (falsificação ou alteração) tenha potencialidade lesiva, vale dizer, seja capaz de iludir, pouco importando, para sua caracterização, e eventual e posterior uso do documento falsificado ou alterado; **C:** correta. O STJ, a respeito do assunto, manifestou-se, por diversas vezes, no sentido de que "a declaração prestada por particulares deve valer, por si mesma, para a formação do documento, a fim de configurar-se a falsidade mediata. Se o 'oficial ou o funcionário público que a recebe está adstrito a averiguar, *propiis sensibus*, a fidelidade da declaração, o declarante, ainda quando falte à verdade, não comete ilícito penal" (RT 483/263, 541/341, 564/309-10, 691/342, 731/560; JTJ 183/294); **D:** incorreta. Como é sabido e ressabido, a continuidade delitiva (art. 71 do CP) somente poderá ser reconhecida se o agente praticar, mediante mais de uma ação ou omissão, crimes da mesma espécie. Assim, inviável o reconhecimento de referida espécie de concurso de crimes quando estes forem os de estelionato, receptação e adulteração de sinal identificador de veículo. Afinal, não se tratam de crimes da mesma espécie; **E:** incorreta. No favorecimento real (art. 349 do CP), o agente delitivo busca prestar a criminoso auxílio destinado a tornar seguro o proveito do crime, não se confundindo com o favorecimento pessoal (art. 348 do CP), este sim destinado a auxiliar autor de crime a subtrair-se à ação de autoridade pública (fuga, por exemplo).

Gabarito "C"

(Promotor de Justiça/PI – 2014 – CESPE) No que concerne ao crime de falso testemunho, assinale a opção correta.

(A) De acordo com o entendimento firmado pelo STJ, mostra-se imprescindível, para a configuração do delito de falso testemunho, o compromisso de dizer a verdade.

(B) Não se aplica a causa especial de aumento de pena prevista no CP para o crime de falso testemunho praticado em processo judicial destinado a apurar a prática de contravenção penal.

(C) O STF e o STJ já se posicionaram no sentido de que, em tese, é possível atribuir a advogado a coautoria pelo crime de falso testemunho.

(D) Para a consumação do delito de falso testemunho, é essencial que o depoimento falso seja determinante para o resultado do processo.

(E) A prolação da sentença no processo em que ocorra afirmação falsa é condição de procedibilidade da ação penal pelo crime de falso testemunho.

A: incorreta, pois o compromisso de dizer a verdade não é elementar do crime de falso testemunho. Porém, é possível que, analisando o caso concreto, não se possa exigir da testemunha que fale a verdade, em razão de fortes laços afetivos com o réu (Informativo n. 432, do STJ); **B:** incorreta, pois o art. 342, § 1º, do CP não faz distinção entre as espécies de infração penal, estabelecendo a causa de aumento se o crime de falso testemunho for cometido com o fim de obter prova destinada a produzir efeito em processo penal; **C:** correta, pois o advogado que instrui testemunha a apresentar falsa versão favorável à causa que patrocina responde pelo crime de falso testemunho (STF, HC/SP, 75037, Rel. Marco Aurélio, *DJ* 20.04.2001; STJ REsp, 200.785/SP, Rel. Min. Felix Fischer, *DJ* 21.08.2000). Todavia, a doutrina critica tais julgados por entender que o advogado responde como partícipe e não como coautor, tendo em vista que o crime de falso testemunho é de mão própria, ou seja, de atuação personalíssima do agente; **D:** incorreta, pois o crime de falso testemunho se consuma no momento em que o juiz encerra o depoimento da testemunha. Assim, por se tratar de crime formal, consuma-se com a simples prestação do depoimento falso, sendo irrelevante a sua influência ou não para o resultado do processo; **E:** incorreta, pois como já explicitado acima, o crime de falso testemunhado é formal, consumando-se com o encerramento do depoimento prestado pela testemunha. Oportuno frisar que, muito embora não haja condição de procedibilidade da ação penal pelo crime de falso testemunho, é certo que se o agente se retrata ou fala a verdade antes da prolação da sentença no processo em que ocorreu a afirmação falsa, o fato deixa de ser punível, nos termos do art. 342, § 2º, do CP.

Gabarito "C"

(Ministério Público/SP – 2013 – PGMP) Sujeito, casado havia quinze anos, disse para a esposa e aos filhos que saía de casa para viver com Parceiro (indivíduo também do sexo masculino), em uma praia deserta do litoral norte do país, onde o camarada possuía uma pousada. Afirmou, na ocasião, que descobrira ser Parceiro o amor de sua vida. Dez meses depois do início dessa união homoafetiva estável (sem que Sujeito houvesse regularizado a situação da sua condição familiar anterior), foi expedida a Resolução CNJ n.º 175, de maio de 2013 – vedando às autoridades a recusa da celebração de casamento civil entre pessoas do mesmo sexo –, e Sujeito vem a aceitar o pedido de Parceiro, com ele contraindo casamento no cartório de registros civis local, em 12 de junho de 2013.

Observado o teor da hipótese acima elaborada, a conduta de Sujeito

(A) será atípica porque a bigamia se encontra no Código Penal, no Capítulo dos crimes contra o casamento, pertencente ao Título dos crimes contra a família, e a hipótese de delito somente ocorreria se Sujeito casasse novamente com outra mulher, já que a união homoafetiva não é considerada entidade familiar pela jurisprudência.

(B) será atípica porquanto embora haja no art. 235 do Código Penal o termo "alguém", o alcance da palavra, que configura norma penal em branco, necessita da complementação do Código Civil, em cujo art. 1.723 descreve a "união estável entre o homem e a mulher".

(C) será típica (preenche todos os elementos do tipo penal) e a de Parceiro será atípica porque, mesmo conhecendo o estado de casado de Sujeito, ele era solteiro ao tempo da ação, circunstância que impede, por coerência, que o solteiro responda por bigamia.

(D) será típica (preenche todos os elementos do tipo incriminador) e a de Parceiro será atípica somente se este último não soubesse que Sujeito era legalmente casado quando eles contraíram as núpcias.

(E) assim como a de Parceiro são irrelevantes para o Direito Penal, que não deve se preocupar com assuntos da vida privada e da intimidade dos dois.

A: incorreta, pois a conduta praticada por Sujeito amolda-se ao crime de bigamia (art. 235 do CP), mormente com o reconhecimento, pela jurisprudência, da possibilidade de casamento entre pessoas do mesmo sexo (casamento homoafetivo), admitido, inclusive, pela Resolução 175 do CNJ. A despeito do art. 1.514 do CC estabelecer que o casamento se realiza entre homem e mulher, a jurisprudência dos Tribunais Superiores passou a admitir, inicialmente, a união estável homoafetiva (ADPF 132-RJ/STF e ADI 4.277/DF), evoluindo para a admissibilidade do próprio casamento. Confira-se a ementa de julgamento no STJ, REsp 1183378/RS, 4ª T., j. 25/10/2011: "*DIREITO de família. Casamento civil entre pessoas do mesmo sexo (homoafetivo). Interpretação dos arts. 1.514, 1.521, 1.523, 1.535 e 1.565 do código civil de 2002. Inexistência de vedação expressa a que se habilitem para o casamento pessoas do mesmo sexo. Vedação implícita constitucionalmente inaceitável. Orientação principiológica conferida pelo STF no julgamento da ADPF N. 132/RJ E DA ADI N. 4.277/DF*"; **B:** incorreta, pois, pelas razões trazidas no comentário anterior, tanto STF, quanto STJ, passaram a admitir a união homoafetiva. Portanto, a expressão "casamento" contida como elementar típica no art. 235 do CP, abrange, também, o matrimônio entre pessoas do mesmo sexo; **C:** incorreta, pois se Parceiro, que se casou com Sujeito, que já era casado, conhecia o estado deste último, responderá, também, por bigamia (art. 235 do CP), independentemente de, à época do fato, ser solteiro. Tal situação é irrelevante para a caracterização do crime, visto que se trata de crime plurilateral (ou plurissubjetivo, ou de concurso necessário). Assim, bastará que um dos agentes seja casado para que o crime reste caracterizado (desde que, é claro, o outro nubente tenha a ciência do *status* de casado de seu consorte); **D:** correta. Evidente que Sujeito, ciente de sua condição de casado, praticou bigamia ao contrair novo casamento com Parceiro. Este apenas não poderia ser punido pelo crime em comento se desconhecesse a condição de casado de Sujeito, sob pena de responsabilização objetiva; **E:** incorreta, pois o Direito Penal, no crime de bigamia, tutela a família e, também, o caráter monogâmico do matrimônio.

Gabarito "D".

24. TEMAS COMBINADOS DE DIREITO PENAL

(Procurador do Estado – PGE/RS – Fundatec – 2015) Analise as assertivas abaixo:

I. Considera-se praticado o crime no lugar em que ocorreu a ação ou omissão, no todo ou em parte, sendo irrelevante para esse fim onde se produziu ou deveria ser produzido o resultado.

II. A superveniência de causa relativamente independente exclui a imputação quando, por si só, produziu o resultado; os fatos anteriores, entretanto, imputam-se a quem os praticou.

III. Nos crimes previstos no Código Penal que tenham sido cometidos sem violência ou grave ameaça à pessoa, reparado o dano ou restituída a coisa, até o oferecimento da denúncia ou da queixa, por ato voluntário do agente, a pena poderá ser reduzida de um a dois terços, presente a hipótese do arrependimento posterior.

IV. O erro sobre o elemento constitutivo do tipo legal de crime exclui o dolo e também não permite a punição por crime culposo, mesmo que previsto em lei.

Após a análise, pode-se dizer que:

(A) Está correta apenas a assertiva II.

(B) Estão corretas apenas as assertivas I e II.

(C) Está incorreta apenas a assertiva IV.

(D) Estão incorretas apenas as assertivas I e III.

(E) Todas as assertivas estão incorretas.

I: incorreta, pois, em matéria de lugar do crime, o legislador adotou, no CP, a teoria mista ou da ubiquidade, segundo a qual se considera praticado o crime no lugar onde ocorreu a ação ou omissão, no todo ou em parte, bem como onde se produziu ou deveria produzir-se o resultado (art. 6º do CP); **II:** correta. De fato, as causas supervenientes relativamente independentes excluem a imputação, desde que sejam aptas, por si sós, a produzir o resultado; os fatos anteriores, no entanto, serão imputados a quem os praticou (art. 13, § 1º, do CP). Exemplo clássico e sempre lembrado pela doutrina é aquele em que a vítima de tentativa de homicídio é socorrida e levada ao hospital e, ali estando, vem a falecer, não em razão dos ferimentos que experimentou, mas por conta de incêndio ocorrido na enfermaria do hospital. Este evento (incêndio) do qual decorreu a morte da vítima constitui causa superveniente relativamente independente que, por si só, gerou o resultado. O nexo causal, nos termos do art. 13, § 1º, do CP, é interrompido (há imprevisibilidade). O agente, por isso, responderá por homicídio na forma tentada (e não na modalidade consumada). Perceba que, neste caso, estamos a falar de causa *relativamente* independente porque, não fosse a tentativa de homicídio, o ofendido não seria, por óbvio, hospitalizado e não seria, por consequência, vítima do incêndio que produziu, de fato, a sua morte; **III:** incorreta. Primeiro porque o campo de incidência do arrependimento posterior não é restrito aos crimes definidos no Código Penal; ademais, a reparação do dano ou restituição da coisa deverá ocorrer até o *recebimento* da denúncia ou queixa, e não até o seu *oferecimento*, tal como consta da assertiva (art. 16, CP); **IV:** incorreta. Trata-se do erro de tipo essencial (art. 20, "*caput*", do CP), que escusável ou inescusável, sempre afastará o dolo. Porém, sendo o erro inescusável (vencível ou evitável), o agente responderá por culpa, desde que tal forma esteja expressa em lei.

Gabarito "A".

(Procurador do Estado – PGE/RS – Fundatec – 2015) Analise as seguintes assertivas:

I. É entendimento consubstanciado na Súmula Vinculante nº 24 que não se tipifica o delito tributário previsto no art. 1º, incisos I a IV, da Lei nº 8.137/90, enquanto não exaurida a esfera administrativa, sendo que a prescrição da pretensão punitiva é contada da ação ou da omissão de supressão ou redução dos tributos, nos exatos termos do que previsto no art. 4º, CP (Teoria da Atividade).

II. A homologação da transação penal prevista no artigo 76 da Lei nº 9.099/95 faz coisa julgada material e, descumpridas suas cláusulas, não pode ser retomada a situação anterior, inviabilizando-se a continuidade da persecução penal mediante oferecimento de denúncia ou requisição de inquérito policial.

III. Ordenar ou autorizar a inscrição em restos a pagar de despesa que não tenha sido previamente empenhada ou que exceda limite estabelecido em lei é crime contra as finanças públicas.

IV. Falsificar, mediante fabrico ou alteração, selo destinado a controle tributário é crime de falsificação de papel público (art. 293, CP), e não falsificação de documento público (art. 297, CP).

Após a análise, pode-se dizer que:

(A) Está correta apenas a assertiva III.

(B) Está incorreta apenas a assertiva I.

(C) Estão incorretas apenas as assertivas I e II.

(D) Estão incorretas apenas as assertivas I, II e III.

(E) Todas as assertivas estão incorretas.

I: incorreta. Segundo posicionamento consolidado tanto no STF quanto no STJ, o termo inicial do prazo prescricional nos crimes materiais contra a ordem tributária (art. 1º da Lei 8.137/1990) corresponde ao momento em que se deu a constituição definitiva do crédito tributário, e não da ação ou omissão que caracteriza a supressão ou redução do tributo. Conferir: "É condição objetiva de punibilidade dos crimes definidos no artigo 1º da Lei 8.137/1990 o lançamento definitivo do crédito tributário, não podendo, antes disso, ter início a persecução penal – por manifesta ausência de justa causa. Enquanto o tributo não se torna exigível também não terá curso a prescrição" (STJ, HC 49524/RJ, 6ª T., Rel. Min. Paulo Medina, DJ 09.10.2006); **II:** incorreta, pois contraria o entendimento firmado na Súmula Vinculante 35: "A homologação da transação penal prevista no artigo 76 da Lei n.º 9.099/1995 não faz coisa julgada material e, descumpridas suas cláusulas, retoma-se a situação anterior, possibilitando-se ao Ministério Público a continuidade da persecução penal mediante oferecimento de denúncia ou requisição de inquérito policial"; **III:** correta (art. 359-B do CP); **IV:** correta (art. 293, I, do CP).

Gabarito "C".

(Delegado/AP – 2017 – FCC) De acordo com os dispositivos da parte geral do Código Penal, é correto afirmar:

(A) Na hipótese de *abolitio criminis* a reincidência permanece como efeito secundário da prática do crime.

(B) O território nacional estende-se a embarcações e aeronaves brasileira de natureza pública, desde que se encontrem no espaço aéreo brasileiro ou em alto-mar.

(C) Crimes à distância são aqueles em que a ação ou omissão ocorre em um país e o resultado, em outro.

(D) O desconhecimento da lei é inescusável. O erro sobre a ilicitude do fato, se evitável, isenta de pena; se inevitável, poderá diminuí-la de um sexto a um terço.

(E) É isento de pena o agente que pratica crime sem violência ou grave ameaça à pessoa, desde que, voluntariamente, repare o dano ou restitua a coisa, até o recebimento da denúncia ou da queixa.

A: incorreta. A *abolitio criminis* é causa extintiva da punibilidade (art. 107, III, do CP) que se caracteriza pela superveniência de lei que deixa de considerar o fato como criminoso. Em outras palavras, haverá a supressão da figura criminosa, que depende de uma dupla revogação (formal – do tipo penal; material – do comportamento criminoso). Uma vez operada a *abolitio criminis*, todos os efeitos penais da condenação desaparecerão (tanto o principal – aplicação da sanção penal, quanto os secundários, tais como a reincidência), remanescendo apenas os de natureza extrapenal (ex.: obrigação de reparação do dano); **B:** incorreta. De acordo com o art. 5º, § 1º, do CP, consideram-se como extensão do território nacional, para fins de aplicação da lei penal brasileira, as embarcações e aeronaves brasileiras, de natureza pública ou a serviço do governo brasileiro onde quer que se encontrem. Apenas as aeronaves e embarcações brasileiras, mercantes ou de propriedade privada, é que serão consideradas extensão do território nacional quando se acharem no espaço aéreo correspondente ou em alto-mar; **C:** correta. Consideram-se crimes à distância, ou de espaço máximo, aqueles que tenham sido praticados em lugares diversos, passando pelo território de dois ou mais países soberanos. O CP, em seu art. 6º, consagrou a teoria da ubiquidade, ou mista, segundo a qual se considera praticado o crime no lugar em que ocorreu a ação ou omissão, no todo ou em parte, bem como onde se produziu ou deveria produzir-se o resultado; **D:** incorreta. De acordo com o art. 21, *caput*, do CP, o erro sobre a ilicitude do fato, se inevitável (ou invencível, ou escusável), isenta de pena; se evitável (ou vencível, ou inescusável), poderá diminuí-la de um sexto a um terço. Perceba que o examinador inverteu as consequências do erro de proibição evitável (que é simples causa de diminuição de pena) e inevitável (que é causa de exclusão da culpabilidade); **E:** incorreta. O agente que voluntariamente reparar integralmente ou dano, ou restituir a coisa, nos crimes praticados sem violência ou grave ameaça à pessoa, até o recebimento da denúncia ou queixa, será beneficiado com a redução da pena de um a dois terços, nos termos do art. 16 do CP. Trata-se do instituto do arrependimento posterior, que, como dito, é causa obrigatória de diminuição de pena, mas não de sua isenção, tal como constou na assertiva.

Gabarito "C"

(Delegado/MS – 2017 – FAPEMS) Com relação aos princípios de Direito Penal e à interpretação da lei penal, assinale a alternativa correta.

(A) A interpretação autêntica contextual visa a dirimir a incerteza ou obscuridade da lei anterior.

(B) Não se aplica o princípio da individualização da pena na fase da execução penal.

(C) A interpretação quanto ao resultado busca o significado legal de acordo com o progresso da ciência.

(D) O princípio da proporcionalidade tem apenas o judiciário como destinatário cujas penas impostas ao autor do delito devem ser proporcionais à concreta gravidade.

(E) A interpretação teleológica busca alcançar a finalidade da lei, aquilo que ela se destina a regular.

A: incorreta, pois a interpretação autêntica contextual é aquela que pode ser extraída do próprio texto legal, tal como se vê, por exemplo, na conceituação de funcionário público para efeitos penais (art. 327 do CP); **B:** incorreta. Amplamente difundido por doutrina e jurisprudência que o princípio da individualização da pena espraia seus efeitos em três fases, quais sejam, na da cominação da pena (fase legislativa), na sua fixação (fase judicial) e na etapa de cumprimento (fase administrativa ou execucional); **C:** incorreta. A assertiva trata da denominada interpretação progressiva (ou evolutiva), que é a que busca o significado legal de acordo com o progresso da ciência; **D:** incorreta, pois o princípio da proporcionalidade norteia, além do Poder Judiciário, a quem incumbe a análise da insuficiência protetiva dos bens jurídicos, ou o excesso punitivo, os atos do Poder Legislativo, especialmente, em matéria penal, no que diz respeito à cominação das penas; **E:** correta. De fato, por meio da interpretação teleológica, busca-se alcançar a finalidade da lei.

Gabarito "E"

(Delegado/MS – 2017 – FAPEMS) Considerando as teses sumuladas pelo Superior Tribunal de Justiça quanto aos crimes contra o patrimônio e contra a propriedade intelectual, assinale a alternativa correta.

(A) Admite-se a adoção do princípio da adequação social para tornar atípica a conduta de expor à venda CDs e DVDs piratas, embora comprovada a materialidade da infração.

(B) À configuração do delito de violação de direito autoral com provação de sua materialidade, é suficiente a perícia realizada por amostragem do produto apreendido, nos aspectos externos do material, sendo dispensável a identificação dos titulares dos direitos violados.

(C) O aumento de pena no crime de roubo circunstanciado não exige fundamentação concreta, sendo suficiente para a exasperação a mera indicação do número de majorantes.

(D) A existência de sistema de vigilância eletrônica no interior de estabelecimento comercial já é suficiente para tornar impossível a consumação do crime de furto.

(E) A consumação do crime de roubo não ocorre só com a inversão da posse, do bem subtraído mediante violência ou grave ameaça, sendo imprescindível a posse mansa e pacífica.

A: incorreta. De acordo com a Súmula 502 do STJ, *presentes a materialidade e a autoria, afigura-se típica, em relação ao crime previsto no art. 184, § 2º, do Erro! A referência de hiperlink não é válida., a conduta de expor à venda CDs e DVDs piratas.* A tolerância, ainda que por parte de autoridades responsáveis pela repressão criminal, tenha sido responsável pela inexistência de persecução penal em caso de pirataria de CDs e DVDs, não foi admitida pelo STJ, que, na prática, cuidou de afastar o princípio da adequação social diante de violação a direitos autorais (art. 184, § 2º, do CP); **B:** correta, nos termos do que dispõe a Súmula 574 do STJ: *Para a configuração do delito de violação de direito autoral e a comprovação de sua materialidade, é suficiente a perícia realizada por amostragem do produto apreendido, nos aspectos externos do material, e é desnecessária a identificação dos titulares dos direitos autorais violados ou daqueles que os representem;* **C:** *incorreta, pois a Súmula 443 do STJ preconiza que o aumento na terceira fase de aplicação da pena no crime de roubo circunstanciado exige fundamentação concreta, não sendo suficiente para a sua exasperação a mera indicação do número de majorantes;* **D:** incorreta. Dispõe a Súmula 567 do STJ: *Sistema de vigilância realizado por monitoramento eletrônico ou por existência de segurança no interior de estabelecimento comercial, por si só, não torna impossível a configuração do crime de furto;* **E:** incorreta, pois a Súmula 582 do STJ prevê: *Consuma-se o crime de roubo com a inversão da posse do bem mediante emprego de violência ou grave ameaça, ainda que por breve tempo e em seguida à perseguição imediata ao agente e recuperação da coisa roubada, sendo prescindível a posse mansa e pacífica ou desvigiada.*

Gabarito "B"

(Delegado/PE – 2016 – CESPE) Nos últimos tempos, os tribunais superiores têm sedimentado seus posicionamentos acerca de diversos institutos penais, criando, inclusive, preceitos sumulares. Acerca desse assunto, assinale a opção correta segundo o entendimento do STJ.

(A) É possível a consumação do furto em estabelecimento comercial, ainda que dotado de vigilância realizada por seguranças ou mediante câmara de vídeo em circuito interno.

(B) A conduta de atribuir-se falsa identidade perante autoridade policial é considerada típica apenas em casos de autodefesa.

(C) O tempo máximo de duração da medida de segurança pode ultrapassar o limite de trinta anos, uma vez que não constitui pena perpétua.

(D) No que diz respeito à progressão de regime prisional de condenado por crime hediondo cometido antes ou depois da vigência da Lei 11.464/2007, é necessária a observância, além de outros requisitos, do cumprimento de dois quintos da pena, se primário, e, de três quintos, se reincidente, para a obtenção do benefício.

(E) A incidência da causa de diminuição de pena prevista no tipo penal de tráfico de drogas implica o afastamento da equiparação existente entre o delito de tráfico ilícito de drogas e os crimes hediondos, por constituir novo tipo penal, sendo, portanto, o tráfico privilegiado um tipo penal autônomo, não equiparado a hediondo.

A: correta, pois retrata o entendimento firmado na Súmula 567, do STJ: "Sistema de vigilância realizado por monitoramento eletrônico ou por existência de segurança no interior de estabelecimento comercial, por si só, não torna impossível a configuração do crime de furto". O fato é que o chamado *furto sob vigilância* pode, em determinadas situações, a depender do caso concreto, caracterizar *crime impossível* pela *ineficácia absoluta do meio* (art. 17 do CP). É o caso, por exemplo, do agente que, desde o momento em que ingressa no supermercado, passa a ser permanentemente vigiado por sistema de câmeras e também por seguranças, que ficam o tempo todo no seu encalço. Não há, neste caso, a menor possibilidade de o crime consumar-se. Isso não quer dizer que a existência, por si só, de sistema de segurança por câmeras elimine a possibilidade de o crime chegar à sua consumação. É perfeitamente plausível que o agente se aproveite de determinado ângulo de monitoramento em que a subtração não é visualizada pelo sistema de câmeras. Dessa forma, a ineficácia do meio deve ser avaliada caso a caso; **B:** incorreta, pois não reflete o entendimento sufragado na Súmula 522, do STJ: "A conduta de atribuir-se falsa identidade perante autoridade policial é típica, ainda que em situação de alegada autodefesa"; **C:** incorreta, já que não retrata o entendimento consagrado na Súmula 527, do STJ: "O tempo de duração da medida de segurança não deve ultrapassar o limite máximo da pena abstratamente cominada ao delito praticado"; **D:** incorreta, pois contraria o entendimento firmado na Súmula 471, do STJ: "Os condenados por crimes hediondos ou assemelhados cometidos antes da vigência da Lei 11.464/2007 sujeitam-se ao disposto no art. 112 da Lei 7.210/1984 (Lei de Execução Penal) para a progressão de regime prisional". Importante que se diga que, no que toca à progressão nos crimes hediondos e equiparados, com a edição da Lei 13.769/2018, que alterou a redação do art. 2º, § 2º, da Lei 8.072/1990, a progressão, nesses crimes, se se tratar de mulher grávida, mãe ou responsável por criança ou pessoa com deficiência, obedecerá ao que estabelecem os §§ 3º e 4º do art. 112 da LEP. Em outras palavras, institui-se, no que concerne aos crimes hediondos e equiparados, regra específica de progressão no caso de o beneficiário encontrar-se em uma das condições acima; **E:** incorreta. Segundo entendimento firmado na Súmula 512, do STJ, em vigor ao tempo em que foi elaborada esta questão, "A aplicação da causa de diminuição de pena prevista no art. 33, § 4º, da Lei 11.343/2006 não afasta a hediondez do crime de tráfico de drogas". É importante que se diga que o Plenário do STF, ao julgar o HC 118.533/MS, em 23.06.2016, cuja relatoria foi da Min. Cármen Lúcia, entendeu, em dissonância com o posicionamento adotado pelo STJ, que o crime de tráfico de drogas privilegiado não tem natureza hedionda. Pois bem. Sucede que a Terceira Seção do STJ, na sessão realizada em 23 de novembro de 2016, ao julgar a QO na Pet 11.796-DF, determinou o cancelamento da referida Súmula 512, alinhando-se ao entendimento adotado pelo STF no sentido de que o delito de tráfico privilegiado não pode ser equiparado a crime hediondo.

Gabarito "A"

(Juiz de Direito/AM – 2016 – CESPE) Assinale a opção correta em relação a tipos penais diversos.

(A) Somente o dolo qualifica os crimes contra a incolumidade pública, se estes resultam em lesão corporal ou morte de pessoa.
(B) Não constitui crime vilipendiar as cinzas de um cadáver, sendo tal conduta atípica por ausência de previsão legal.
(C) Se três indivíduos, mediante grave ameaça contra pessoa e com emprego de arma de fogo, renderem o motorista e os agentes de segurança de um carro-forte e subtraírem todo o dinheiro nele transportado, haverá apenas duas causas especiais de aumento de pena: o concurso de duas ou mais pessoas e o emprego de arma de fogo.
(D) Distribuir símbolos ou propaganda que utilizem a cruz suástica ou gamada para fins de divulgação do nazismo é uma conduta típica prevista em lei.
(E) Pratica crime previsto no CP aquele que contrai casamento conhecendo a existência de impedimento que lhe cause a nulidade absoluta ou relativa.

A: incorreta. O art. 258 do CP trata das formas qualificadas de crime de perigo comum, estes definidos no Capítulo I do Título VIII (crimes contra a incolumidade pública). Segundo esse dispositivo, o dolo de perigo (ou mesmo a culpa), na conduta antecedente, é perfeitamente compatível com o consequente culposo (lesão grave ou morte). É incorreto, portanto, afirmar-se que somente o dolo qualifica os crimes contra a incolumidade pública; **B:** incorreta. Isso porque o art. 212 do CP (vilipêndio a cadáver) contempla como objeto material tanto o cadáver quanto as suas cinzas; **C:** incorreta, já que, no caso narrado na proposição, também incidirá (além das causas de aumento ali mencionadas) a majorante presente no art. 157, § 2º, III, do CP: "(...) se a vítima está em serviço de transporte de valores e o agente conhece tal circunstância"; **D:** correta. Conduta capitulada no art. 20, § 1º, da Lei 7.716/1989; **E:** incorreta, uma vez que o art. 237 do CP, que define o crime de conhecimento prévio de impedimento, somente se configura se o impedimento der causa a nulidade *absoluta* (a nulidade *relativa* não foi contemplada no tipo penal).

Gabarito "D".

(Analista Judiciário – TRT/8ª – 2016 – CESPE) Assinale a opção correta, considerando a lei e a jurisprudência dos tribunais superiores.

(A) A conduta de vender ou expor à venda CDs ou DVDs contendo gravações de músicas, filmes ou shows não configura crime de violação de direito autoral, por ser prática amplamente tolerada e estimulada pela procura dos consumidores desses produtos.
(B) Na aplicação dos princípios da insignificância e da lesividade, as condutas que produzam um grau mínimo de resultado lesivo devem ser desconsideradas como delitos e, portanto, não ensejam a aplicação de sanções penais aos seus agentes.
(C) O uso de revólver de brinquedo no crime de roubo justifica a incidência da majorante prevista no Código Penal, por intimidar a vítima e desestimular sua reação.
(D) A idade da vítima é um dado irrelevante na dosimetria da pena do crime de homicídio doloso.
(E) Para a configuração dos crimes contra a honra, exige-se somente o dolo genérico, desconsiderando-se a existência de intenção, por parte do agente, de ofender a honra da vítima.

A: incorreta. Segundo enuncia o princípio da *adequação social*, não se pode reputar criminosa a conduta tolerada pela sociedade, ainda que correspondа a uma descrição típica. É dizer, embora formalmente típica, porque subsumida num tipo penal, carece de tipicidade material, porquanto em sintonia com a realidade social em vigor. A aplicação deste postulado no contexto da conduta descrita na assertiva foi rechaçada pelo STJ, quando da edição da Súmula 502: "Presentes a materialidade e a autoria, afigura-se típica, em relação ao crime previsto no art. 184, § 2º, do CP, a conduta de expor à venda CDs e DVDs piratas"; **B:** correta, de acordo com a proposição. Segundo pensamos, a assertiva contempla tão somente um dos vetores cuja existência é necessária ao reconhecimento do princípio da insignificância. Com efeito, segundo entendimento consolidado no STF, a incidência do princípio da insignificância está condicionada ao reconhecimento conjugado dos seguintes vetores: i) mínima ofensividade da conduta do agente; ii) nenhuma periculosidade social da ação; iii) reduzido grau de reprovabilidade do comportamento; iv) inexpressividade da lesão jurídica provocada; **C:** incorreta. Hodiernamente, é tranquilo o entendimento dos tribunais superiores no sentido de que o emprego de arma de brinquedo, no contexto do crime de roubo, não autoriza o reconhecimento da causa de aumento prevista no art. 157, § 2º-A, I, do CP. Lembremos que a Súmula 174 do STJ, que consolidava o entendimento pela incidência da majorante em casos assim, foi cancelada em 24 de outubro de 2001, apontando, portanto, mudança de posicionamento; **D:** incorreta, pois contraria o disposto no art. 121, § 4º, 2ª parte, do CP: "(...) sendo doloso o homicídio, a pena é aumentada de 1/3 (um terço) se o crime é praticado contra pessoa menor de 14 (quatorze) ou maior de 60 (sessenta) anos"; **E:** incorreta. Embora não haja consenso acerca deste tema, é fato que, para a maior parte da doutrina e da jurisprudência, exige-se, à configuração dos crimes contra a honra, a presença do elemento subjetivo do tipo específico, qual seja, o dolo específico de ofender a honra da vítima. Conferir a lição de Guilherme de Souza Nucci, ao tratar do elemento subjetivo do tipo no contexto dos crimes de calúnia, difamação e injúria: "(...) pune-se o crime quando o agente agir dolosamente. Não há a forma culposa. Entretanto, exige-se, majoritariamente (doutrina e jurisprudência), o elemento subjetivo do tipo específico, que é a especial intenção de ofender, magoar, macular a honra alheia.

Este elemento intencional está implícito no tipo" (Código Penal Comentado, 13ª ed. São Paulo: RT, 2013. p. 716).

Gabarito "B".

(Analista Judiciário – TRT/8ª – 2016 – CESPE) No tocante à interpretação dos crimes de perigo abstrato e dos crimes contra a organização do trabalho, contra a administração pública e contra a dignidade sexual, consoante a jurisprudência dos tribunais superiores, assinale a opção correta.

(A) Por se tratar de delito de perigo abstrato, o abandono de incapaz dispensa a prova do efetivo risco de dano à saúde da vítima.
(B) O crime de porte ilegal de arma de fogo, classificado como delito de perigo abstrato, não dispensa a prova pericial para estabelecer a sua eficiência na realização de disparos, necessária para demonstrar o risco potencial à incolumidade física das pessoas.
(C) O agente que não é funcionário público não pode figurar como sujeito ativo do crime de peculato.
(D) No crime de aliciamento para o fim de emigração, pune-se a conduta de recrutar trabalhadores, mediante fraude, com o fim de levá-los para território estrangeiro, como forma de se garantir a proteção à organização do trabalho.
(E) Para a caracterização do crime de concussão, a conduta do servidor público deve consistir na exigência de vantagem indevida, necessariamente em dinheiro, para si ou para outrem, em razão da função que o servidor exerce.

A: incorreta. O crime do art. 133 do CP (abandono de incapaz) é, ao contrário do afirmado, de perigo *concreto*, em que se exige a efetiva demonstração de que a vítima foi exposta a situação de risco; **B:** incorreta. Nesse sentido, conferir: "(...) O crime de porte ilegal de arma de fogo é de perigo abstrato, sendo prescindíveis, para o reconhecimento da materialidade delitiva, a realização de perícia para atestar a potencialidade lesiva do artefato ou a constatação de seu efetivo municiamento" (STJ, REsp 1511416/RS, Rel. Ministro ROGERIO SCHIETTI CRUZ, SEXTA TURMA, julgado em 03.05.2016, DJe 12.05.2016). Na mesma ótica: "(...) Consoante a jurisprudência desta Terceira Seção, consolidada no julgamento do EResp n. 1.005.300/RS, tratando-se de crime de perigo abstrato, é prescindível a realização de laudo pericial para atestar a potencialidade da arma apreendida e, por conseguinte, caracterizar o crime de porte ilegal de arma de fogo" (STJ, HC 268.658/RS, Rel. Ministro NEFI CORDEIRO, SEXTA TURMA, julgado em 12.04.2016, DJe 22.04.2016); **C:** incorreta. É certo que o crime de peculato (art. 312, CP), por ser próprio, somente pode ser praticado pelo funcionário público. Entretanto, nada obsta que o particular figure como sujeito ativo deste crime, desde que pratique qualquer das ações descritas no tipo em coautoria ou participação com o *intraneus*; **D:** correta. A assertiva corresponde à descrição típica do crime do art. 206 do CP, que integra o Título IV (Crimes contra a Organização do Trabalho); **E:** incorreta. Isso porque a vantagem indevida, no crime de concussão, não se restringe a dinheiro. Há autores (Damásio de Jesus, Nelson Hungria e Magalhães Noronha) que entendem que a vantagem, neste caso, deve ter natureza patrimonial (aqui incluído o dinheiro); para outros (Guilherme de Souza Nucci e Julio Fabbrini Marabete, entre outros), a vantagem indevida pode ser de qualquer espécie, não só de conotação patrimonial. Por exemplo: favor sexual.

Gabarito "D".

(Analista Judiciário –TRE/PI – 2016 – CESPE) Acerca dos crimes em espécie, assinale a opção correta.

(A) Em se tratando de crime ambiental, não se admite a incidência do princípio da insignificância.
(B) A apreensão de arma de fogo na posse do autor dias após o cometimento de crime de roubo não constitui crime autônomo, sendo fato impunível.
(C) A nulidade do exame pericial na arma de fogo descaracteriza o crime de porte ilegal, mesmo diante de conjunto probatório idôneo, conforme entendimento do Supremo Tribunal Federal.
(D) O particular não pode responder pela prática do crime de abuso de autoridade, nem mesmo como partícipe.
(E) Conforme o entendimento do Supremo Tribunal Federal, é possível a condenação de pessoa jurídica pela prática de crime ambiental, mesmo que absolvidas as pessoas físicas ocupantes de cargos de presidência ou direção.

A: incorreta. Tanto o STF quanto o STJ acolhem a possibilidade de incidência do princípio da insignificância no contexto dos crimes ambientais. Conferir: "AÇÃO PENAL. Crime ambiental. Pescador flagrado com doze camarões e rede de pesca, em desacordo com a Portaria 84/02, do IBAMA. Art. 34, parágrafo único, II, da Lei nº 9.605/98. *Rei furtivae* de valor insignificante. Periculosidade não considerável do agente. Crime de bagatela. Caracterização. Aplicação do princípio da insignificância. Atipicidade reconhecida. Absolvição decretada. HC concedido para esse fim. Voto vencido. Verificada a objetiva insignificância jurídica do ato tido por delituoso, à luz das suas circunstâncias, deve o réu, em recurso ou *habeas corpus*, ser absolvido por atipicidade do comportamento" (STF, HC 112563, Relator(a): Min. RICARDO LEWANDOWSKI, Relator(a) p/ Acórdão: Min. CEZAR PELUSO, Segunda Turma, julgado em 21.08.2012); **B:** incorreta. Nesse sentido: "(...) 1. Caso no qual o acusado foi preso portando ilegalmente arma de fogo, usada também em crime de roubo três dias antes. Condutas autônomas, com violação de diferentes bens jurídicos em cada uma delas. 2. Inocorrente o esgotamento do dano social no crime de roubo, ante a violação posterior da incolumidade pública pelo porte ilegal de arma de fogo, não há falar em aplicação do princípio da consunção. 3. Recurso desprovido" (RHC 106067,

Relator(a): Min. ROSA WEBER, Primeira Turma, julgado em 26.06.2012); **C:** incorreta. Conferir: "*Habeas corpus*. Posse ilegal de arma de fogo. Verificação de nulidade de exame pericial inviável na via do *habeas corpus*. Impossibilidade de dilação probatória. Eventual nulidade do exame pericial na arma de fogo não descaracteriza o delito previsto no art. 14, *caput*, da Lei nº 10.826/03. Precedentes. 1. A alegada nulidade do exame pericial, em virtude de ter sido realizado por policiais que atuaram nos autos do inquérito e sem a qualificação necessária à realização de tais exames, em total desacordo com a regra prevista no art. 159, § 1º, do Código de Processo Penal, não pode ser verificada na via estreita do *habeas corpus*, pois essa análise demandaria reexame do conjunto probatório. 2. Eventual nulidade do exame pericial na arma de fogo não descaracteriza o delito previsto no art. 14, *caput*, da Lei nº 10.826/03 quando existir um conjunto probatório que permita ao julgador formar convicção no sentido da existência do crime imputado ao paciente, bem como da autoria do fato. 3. *Habeas corpus* denegado" (HC 96921, Relator(a): Min. MARCO AURÉLIO, Relator(a) p/ Acórdão: Min. DIAS TOFFOLI, Primeira Turma, julgado em 14.09.2010); **D:** incorreta. Tal como se dá no contexto dos crimes praticados por funcionário público previstos no Código Penal, os crimes de abuso de autoridade admitem, sim, que o particular figure como sujeito ativo (coautor ou partícipe), desde que em concurso com o *intraneus* (art. 30, CP); **E:** correta. No STF: "1. O art. 225, § 3º, da Constituição Federal não condiciona a responsabilização penal da pessoa jurídica por crimes ambientais à simultânea persecução penal da pessoa física em tese responsável no âmbito da empresa. A norma constitucional não impõe a necessária dupla imputação. 2. As organizações corporativas complexas da atualidade se caracterizam pela descentralização e distribuição de atribuições e responsabilidades, sendo inerentes, a esta realidade, as dificuldades para imputar o fato ilícito a uma pessoa concreta. 3. Condicionar a aplicação do art. 225, §3º, da Carta Política a uma concreta imputação também a pessoa física implica indevida restrição da norma constitucional, expressa a intenção do constituinte originário não apenas de ampliar o alcance das sanções penais, mas também de evitar a impunidade pelos crimes ambientais frente às imensas dificuldades de individualização dos responsáveis internamente às corporações, além de reforçar a tutela do bem jurídico ambiental. 4. A identificação dos setores e agentes internos da empresa determinantes da produção do fato ilícito tem relevância e deve ser buscada no caso concreto como forma de esclarecer se esses indivíduos ou órgãos atuaram ou deliberaram no exercício regular de suas atribuições internas à sociedade, e ainda para verificar se a atuação se deu no interesse ou em benefício da entidade coletiva. Tal esclarecimento, relevante para fins de imputar determinado delito à pessoa jurídica, não se confunde, todavia, com submeter a responsabilização da pessoa jurídica à responsabilização conjunta e cumulativa das pessoas físicas envolvidas. Em não raras oportunidades, as responsabilidades internas pelo fato estarão diluídas ou parcializadas de tal modo que não permitirão a imputação de responsabilidade penal individual. 5. Recurso Extraordinário parcialmente conhecido e, na parte conhecida, provido" (RE 548181, Relator(a): Min. ROSA WEBER, Primeira Turma, julgado em 06/08/2013, ACÓRDÃO ELETRÔNICO DJe-213 DIVULG 29-10-2014 PUBLIC 30-10-2014). Na mesma esteira, o STJ: "1. Conforme orientação da 1ª Turma do STF, "O art. 225, § 3º, da Constituição Federal não condiciona a responsabilização penal da pessoa jurídica por crimes ambientais à simultânea persecução penal da pessoa física em tese responsável no âmbito da empresa. A norma constitucional não impõe a necessária dupla imputação." (RE 548181, Relatora Min. ROSA WEBER, Primeira Turma, julgado em 06.08.2013, acórdão eletrônico DJe-213, divulg. 29/10/2014, public. 30.10.2014). 2. Tem-se, assim, que é possível a responsabilização penal da pessoa jurídica por delitos ambientais independentemente da responsabilização concomitante da pessoa física que agia em seu nome. Precedentes desta Corte. 3. A personalidade fictícia atribuída à pessoa jurídica não pode servir de artifício para a prática de condutas espúrias por parte das pessoas naturais responsáveis pela sua condução. 4. Recurso ordinário a que se nega provimento" (RMS 39.173/BA, Rel. Ministro REYNALDO SOARES DA FONSECA, QUINTA TURMA, julgado em 06.08.2015, *DJe* 13.08.2015).

Gabarito "E".

(Juiz de Direito/DF – 2016 – CESPE) De acordo com as súmulas em vigência do STF, assinale a opção correta.
(A) Admite-se continuidade delitiva nos crimes contra a vida.
(B) Os crimes falimentares, por serem tipificados em lei especial, não se sujeitam às causas interruptivas da prescrição previstas no CP.
(C) A definição dos crimes de responsabilidade e o estabelecimento das respectivas normas de processo e julgamento são da competência legislativa concorrente da União e das unidades da Federação.
(D) Ainda que o agente não subtraia bens da vítima, configura-se o crime de latrocínio quando o homicídio se consuma.
(E) A conduta de reduzir tributo mediante prestação de declaração falsa às autoridades fazendárias, antes do lançamento definitivo do tributo, configura crime contra a ordem tributária.

A: incorreta, pois contraria o entendimento sufragado na Súmula 605, do STF: *Não se admite continuidade delitiva nos crimes contra a vida*; **B:** incorreta, pois contraria o entendimento sufragado na Súmula 592, do STF: *Nos crimes falimentares, aplicam-se as causas interruptivas da prescrição, previstas no Código Penal*; **C:** incorreta, pois contraria o entendimento consolidado na Súmula Vinculante 46: *A definição dos crimes de responsabilidade e o estabelecimento das respectivas normas de processo e julgamento são de competência legislativa privativa da União*; **D:** correta, pois em conformidade com o entendimento sufragado na Súmula 610, do STF: *Há crime de latrocínio, quando o homicídio se consuma, ainda que não realize o agente a subtração de bens da vítima*; **E:** incorreta, pois não reflete o entendimento consolidado na Súmula Vinculante 24: *Não se tipifica crime material contra ordem tributária, previsto no art. 1º, incisos I a IV, da Lei 8.137/1990, antes do lançamento definitivo do tributo*.

Gabarito "D".

(Juiz de Direito/DF – 2016 – CESPE) Acerca da jurisprudência sumulada do STJ em matéria penal, assinale a opção correta.
(A) O delito de corromper menor de dezoito anos, com ele praticando infração penal ou induzindo-o a praticá-la, é crime formal, cuja configuração independe da prova de efetiva corrupção do menor.
(B) O reconhecimento do privilégio previsto para o furto simples nos casos de crime de furto qualificado é inadmissível, mesmo que o criminoso seja primário, a coisa furtada seja de pequeno valor e a qualificadora seja de ordem objetiva.
(C) É admissível a fixação de pena substitutiva prevista no art. 44 do CP, como condição especial ao regime aberto, nos termos da súmula 493.
(D) Por adequação social, nos termos da súmula 502, ainda que presentes a materialidade e a autoria, nos termos da súmula 502, a conduta de expor à venda CDs e DVDs piratas, não tipifica o crime em relação ao direito autoral previsto no art. 184, § 2.º, do CP.
(E) A causa de aumento de pena pelo concurso de agentes, prevista para o crime de roubo, é aplicável para o crime de furto qualificado.

A: correta. De fato, de acordo com a jurisprudência já pacificada do STJ, o crime do at. 244-B do ECA é *formal*. Conferir a ementa a seguir: "A Terceira Seção do Superior Tribunal de Justiça, ao apreciar o Recurso Especial 1.127.954/DF, representativo de controvérsia, pacificou seu entendimento no sentido de que o crime de corrupção de menores – antes previsto no art. 1º da Lei 2.252/1954, e hoje inscrito no art. 244-B do Estatuto da Criança e do Adolescente – é delito formal, não exigindo, para sua configuração, prova de que o inimputável tenha sido corrompido, bastando que tenha participado da prática delituosa. III. É descabido o argumento de que o menor já seria corrompido, porquanto o comportamento do réu, consistente em oportunizar, ao inimputável, nova participação em fato delituoso, deve ser igualmente punido, tendo em vista que implica em afastar o menor, cada vez mais, da possibilidade de recuperação" (AgRg no REsp 1371397/DF (2013/0081451-3), 6ª Turma, j. 04.06.2013, rel. Min. Assusete Magalhães, *DJe* 17.06.2013). Consolidando tal entendimento, o STJ editou a Súmula 500, a seguir transcrita: "A configuração do crime previsto no art. 244-B do Estatuto da Criança e do Adolescente independe da prova da efetiva corrupção do menor, por se tratar de delito formal"; **B:** incorreta, pois não corresponde ao entendimento firmado na Súmula 511 do STJ: "É possível o reconhecimento do privilégio previsto no § 2º do art. 155 do CP nos casos de crime de furto qualificado, se estiverem presentes a primariedade do agente, o pequeno valor da coisa e a qualificadora for de ordem objetiva"; **C:** incorreta, uma vez que não reflete o entendimento consolidado na Súmula 493, do STJ: *É inadmissível a fixação de pena substitutiva (art. 44 do CP) como condição especial ao regime aberto*; **D:** incorreta. Segundo enuncia o princípio da adequação social, não se pode reputar criminosa a conduta tolerada pela sociedade, ainda que corresponda a uma descrição típica. É dizer, embora formalmente típica, porque subsumida num tipo penal, carece de tipicidade material, porquanto em sintonia com a realidade social em vigor. A aplicação deste postulado no contexto da conduta descrita na assertiva foi rechaçada pelo STJ, quando da edição da Súmula 502: "Presentes a materialidade e a autoria, afigura-se típica, em relação ao crime previsto no art. 184, § 2º, do CP, a conduta de expor à venda CDs e DVDs piratas"; **E:** incorreta, uma vez que não reflete o entendimento consolidado na Súmula 442, do STJ: *É inadmissível aplicar, no furto qualificado, pelo concurso de agentes, a majorante do roubo*.

Gabarito "A".

(Ministério Público/BA – 2015 – CEFET) Analise as seguintes assertivas acerca dos tipos penais, no tocante às suas classificações:
I. Não é possível a coexistência do dolo eventual e do crime preterdoloso.
II. Nos crimes de mão própria é possível a participação, no tocante ao concurso de agentes.
III. A extorsão, a ameaça e a injúria verbal são exemplos de crimes de consumação antecipada.
IV. Todos os crimes plurissubjetivos pressupõem concurso de agentes necessário. Como exemplo de crime plurissubjetivo, em sua modalidade paralela, temos a associação criminosa.
V. No crime instantâneo, a obtenção da vantagem pelo sujeito ativo tem momento certo e determinado.
Estão CORRETAS as assertivas:
(A) I, II e IV.
(B) I, III e V.
(C) I, IV e V.
(D) II, III e IV.
(E) III, IV e V.

I: incorreta. Não há qualquer incompatibilidade entre o dolo eventual e o crime preterdoloso. Como sabido, este se caracteriza pelo fato de o agente agir com dolo no delito antecedente e culpa no resultado agravador. Assim, por exemplo, o agente pode assumir o risco de produzir lesões corporais na vítima, e, por culpa, produzir-lhe a morte. Responderá por lesão corporal seguida de morte (art. 129, § 3º, CP), clássico exemplo de crime preterdoloso; **II:** correta. Os crimes de mão própria, também denominados de crimes de conduta infungível, são aqueles que exigem conduta perpetrada especificamente por determinada pessoa, que não poderá ser substituída por outra. Tal é o que ocorre, por exemplo, no crime de falso testemunho (art. 342 do CP). Dada a natureza personalíssima do delito, não será admissível a coautoria, nada obstante seja de todo possível a participação.

Assim, nada obsta que determinada testemunha seja induzida a mentir por outra pessoa. A testemunha responderá como autora do falso testemunho, enquanto que o terceiro será seu partícipe; **III**: correta. De fato, a extorsão (art. 158 do CP), inclusive com fundamento na Súmula 96 do STJ, é crime formal ou de consumação antecipada, aperfeiçoando-se independentemente de o agente obter a indevida vantagem econômica almejada. O mesmo ocorre com a ameaça (art. 147 do CP), que se consuma ainda que a vítima não se sinta efetivamente ameaçada. Finalmente, a injúria (art. 140 do CP) também é crime formal, haja vista que sua consumação ocorre no momento em que a vítima tomar conhecimento da ofensa à sua dignidade ou decoro, ainda que efetivamente não se sinta ofendida; **IV**: correta. Os crimes plurissubjetivos, ou de concurso necessário, são aqueles cuja própria tipificação exige a concorrência de, pelo menos, duas pessoas. Podem ser praticados por condutas paralelas de cada um dos agentes (quando os comportamentos de cada pessoa se traduzem por um auxílio mútuo, tal como ocorre na associação criminosa – art. 288 do CP), por condutas convergentes (as condutas partem de "pontos opostos", mas se "encontram" em determinado momento, tal como acontece com a bigamia – art. 235 do CP) ou por condutas contrapostas (as condutas partem de "pontos opostos", desenvolvendo-se umas contra as outras, como se verifica, por exemplo, na rixa – art. 137 do CP); **V**: incorreta. No crime instantâneo, a consumação ocorre e se finda em um dado momento, não se confundindo, necessariamente, com o momento da obtenção da vantagem pelo sujeito ativo. No crime de extorsão (art. 158 do CP), por exemplo, que é considerado instantâneo, haja vista que se consuma no momento em que, empregada a grave ameaça ou violência, a vítima faz, tolera que se faça ou deixa de fazer alguma coisa, a obtenção da vantagem pelo agente poderá ocorrer em momento posterior. Outrossim, frise-se, sequer é necessária a obtenção da vantagem (Súmula 96 do STJ). Portanto, não é verdadeira a afirmação de que no crime instantâneo o agente obtenha a vantagem em momento certo e determinado, até porque esta sequer é imprescindível para o aperfeiçoamento da infração penal.

Gabarito "D".

(Ministério Público/BA – 2015 – CEFET) Analise as seguintes assertivas acerca da culpabilidade e punibilidade:

I. O Código Penal Brasileiro adotou o critério biológico em relação à inimputabilidade em razão da idade e o critério biopsicológico em relação à inimputabilidade em razão de doença mental.

II. A desobediência civil e a cláusula de consciência são exemplos de causas de exclusão de culpabilidade.

III. A decadência é causa de exclusão de punibilidade e, no seu cômputo temporal, deve ser computado o dia inicial e excluído o dia final.

IV. No cálculo do prazo de prescrição, em relação às causas de aumento ou diminuição variável de pena, devem ser considerados o menor valor de aumento e o maior valor de diminuição, enquanto que, na hipótese de continuidade delitiva, a prescrição deve ser regulada sem o cômputo do acréscimo decorrente da continuação.

V. Segundo a teoria psicológica normativa da culpabilidade, o erro de proibição, ainda que evitável, isenta o agente de pena.

Estão CORRETAS as assertivas:

(A) I e II.
(B) I e V.
(C) II e III.
(D) III e IV.
(E) IV e V.

I: correta. De fato, o CP, no seu art. 26, *caput*, no tocante à inimputabilidade por doença mental, adotou o critério biopsicológico, que abrange, simultaneamente, os fatores biológico (doença mental ou desenvolvimento mental incompleto ou retardado) e psicológico (em razão da doença, o agente deverá ter sua capacidade de entendimento/autodeterminação completamente afetada). Quanto à menoridade (art. 27 do CP), adotou o critério biológico, bastando a idade (ser menor de dezoito anos) para a aferição da (in)imputabilidade; **II**: correta. De fato, no âmbito das chamadas causas supralegais de exclusão da culpabilidade, encontram-se como fatores de inexigibilidade de conduta diversa, a desobediência civil (forma de rebeldia em que o agente pratica determinado tipo penal como forma de demonstrar que a lei é injusta e precisa ser alterada, tal como em invasões de grupos que almejem a reforma agrária, mas desde que não sejam praticados danos relevantes e tenham como objetivo a aplicação da "justiça social") e a cláusula de consciência (por motivo de consciência ou de crença, a pessoa não poderá ser responsabilizada criminalmente, tal como a recusa de testemunhas de Jeová na transfusão de sangue); **III**: incorreta. A decadência é causa extintiva da punibilidade, nos termos do art. 107, IV, segunda figura, do CP. De fato, para o cálculo do prazo decadencial, que é de natureza penal, aplica-se o art. 10 do CP, ou seja, será incluído o dia do começo, excluindo-se o do vencimento; **IV**: incorreta. No caso das causas de diminuição e aumento de pena, a prescrição da pretensão punitiva, em sua forma abstrata, deverá levar em conta o maior aumento e a menor diminuição, ou seja, "a pior das hipóteses" para o réu. Assim, por exemplo, em caso de tentativa, deve-se levar em conta a menor diminuição (ou seja, diminuição da pena em um terço). Quanto à continuidade delitiva, está certa a assertiva ao afirmar que no cálculo da prescrição não será levado em consideração o acréscimo decorrente da continuação. Tal decorre, inclusive, da Súmula 497 do STF, que determina a exclusão do aumento decorrente da continuidade delitiva para o cálculo prescricional; **V**: incorreta. Para a teoria psicológica normativa da culpabilidade (ou teoria psicológica-normativa), o dolo ou a culpa integram a culpabilidade. Diferentemente da teoria normativa pura (ou extrema, ou estrita), estando a culpabilidade livre de elementos psicológicos (dolo e culpa), transferidos para o fato típico. Para essa teoria, as descriminantes putativas sempre caracterizam erro de proibição. Já para a teoria limitada da culpabilidade, composta pelos mesmos elementos que compõem a teoria normativa pura (imputabilidade, potencial consciência da ilicitude e exigibilidade de conduta diversa), as descriminantes putativas podem receber o mesmo tratamento jurídico do erro de tipo (quando o erro recair sobre os pressupostos fáticos de uma causa de justificação) ou do erro de proibição (quando o erro recair sobre a existência ou o alcance de uma causa de justificação). Detalhe: se o erro de proibição for vencível (ou evitável, ou inescusável), não haverá isenção de pena (ou seja, exclusão da culpabilidade), mas, sim, redução de um sexto a um terço (art. 21, *caput*, segunda parte, do CP).

Gabarito "A".

(Ministério Público/BA – 2015 – CEFET) Analise as seguintes assertivas acerca dos crimes contra a dignidade sexual e contra a Administração Pública:

I. O crime de estupro é um crime biproprio e prevê aumento de pena se praticado contra pessoa do sexo masculino com idade de 15 (quinze) anos.

II. O Código Penal estabelece como regra para os contra a liberdade sexual a ação penal pública condicionada.

III. Os crimes de concussão, corrupção passiva e prevaricação são crimes formais e podem ser praticados por funcionário público, mesmo antes da assunção em sua função.

IV. A consumação do crime de ato obsceno está caracterizada independentemente da presença de outras pessoas no local da prática do ato.

V. O crime de tráfico de influência pode ser praticado por funcionário público ou particular, não sendo coautor ou partícipe o sujeito que "comprou" o prestígio anunciado.

Estão CORRETAS as assertivas:

(A) I, II e III.
(B) I, III e IV.
(C) I, IV e V.
(D) II, III e V.
(E) II, IV e V.

I: incorreta. Antes das alterações promovidas pela Lei 12.015/2009, o estupro (art. 213 do CP), do ponto de vista dos sujeitos ativo e passivo, era considerado biproprio, haja vista que o agente deveria ser homem e a vítima, mulher (o tipo penal fala em "constranger mulher, mediante grave ameaça ou violência, à conjunção carnal"). Contudo, com a redação dada ao referido tipo penal pela aludida lei reformadora, o estupro tornou-se crime bicomum, ou seja, pode ser praticado por homem ou mulher, contra homem ou mulher; **II**: correta, ao tempo em que esta questão foi elaborada, pois em consonância com o que estabelecia o art. 225, *caput*, do CP. Atualmente, com o advento da Lei 13.718/2018, a ação penal, nos crimes sexuais, é pública incondicionada, tal como consta da atual redação conferida ao art. 225 do CP; **III**: incorreta. Nada obstante os crimes de concussão (art. 316 do CP), corrupção passiva (art. 317 do CP) e prevaricação (art. 319 do CP) sejam considerados formais, é certo que somente no tocante aos dois primeiros o sujeito ativo (funcionário público) poderá cometê-los antes mesmo de assumir a função. Quanto à prevaricação, o tipo penal não trata do funcionário público que retarde ou deixe de praticar o ato de ofício, ou o pratique contra disposição expressa de lei, antes de assumir sua função; **IV**: correta. O crime do art. 233 do CP consuma-se com a prática do ato obsceno em lugar público, ou aberto ou exposto ao público, ainda que não seja presenciado por qualquer pessoa, desde que pudesse ser visto por alguém. Estamos diante de crime de mera conduta, bem como de perigo abstrato, sendo suficiente a existência de probabilidade de ofensa ao pudor público decorrente da conduta delituosa; **V**: correta. O tráfico de influência (art. 332 do CP) é crime comum, podendo ser praticado por qualquer pessoa (inclusive por funcionário público). De acordo com Cleber Masson, é sujeito passivo do crime em comento não somente o Estado, mas também, mediatamente, o "comprador da influência", ainda que objetive um "benefício ilícito" (Código Penal Comentado, 2ª edição, 2014, p. 1191, Ed. Método).

Gabarito "E".

(Ministério Público/SP – 2015 – MPE/SP) Dentre as afirmações abaixo, assinale a falsa:

(A) Para a caracterização do latrocínio, é irrelevante que a pessoa morta em razão da violência empregada pelo agente não seja a mesma que detinha a posse da coisa subtraída.

(B) Para a tipificação da extorsão mediante sequestro qualificada pelo resultado é necessário que a violência utilizada pelo agente e da qual resulta morte seja empregada contra o sequestrado.

(C) O estupro qualificado se configura quando o agente, ao praticar a conduta dirigida à realização do estupro, causa lesão corporal de natureza grave ou morte da vítima.

(D) Se a morte da gestante sobrevém em consequência dos meios inadequados empregados pelo agente para provocar o aborto, responderá ele por homicídio culposo.

(E) A forma majorada da omissão de socorro dispensa a prova do nexo causal natural entre a morte da vítima e a conduta do agente, bastando tão somente a existência da possibilidade de que a atuação deste poderia evitar o evento letal.

A: assertiva correta. Caracterizará o crime de latrocínio o fato de o agente matar a vítima imediata do delito patrimonial (aquela que detinha a propriedade ou a posse do bem subtraído), ou, então, terceira pessoa (por exemplo, em caso de *aberratio ictus* – agente que dispara contra a vítima, mas, por erro na execução, atinge pessoa diversa); **B**: assertiva correta. A extorsão mediante sequestro será qualificada pelo resultado morte quando este atingir, evidentemente, a pessoa do sequestrado (art. 159, § 3º, do CP), e não terceira pessoa; **C**: assertiva correta. Nos termos do art. 213, §§ 1º e 2º, do CP, o estupro será qualificado quando resultar lesão corporal grave ou morte da vítima; **D**: assertiva incorreta, devendo ser assinalada. Nos termos do art. 127 do CP, se em razão das consequências do aborto (arts. 125 e 126) ou dos meios empregados pelo agente, a gestante sofrer lesão corporal grave ou morte, as penas, respectivamente, serão majoradas em um terço ou duplicadas; **E**: assertiva correta, haja vista que se trata de crime de perigo.

Gabarito "D".

(Defensor/PA – 2015 – FMP) Assinale a alternativa CORRETA.
- **(A)** Conforme entendimento sumulado pelo Superior Tribunal de Justiça, quando o falso se exaure no estelionato, sem mais potencialidade lesiva, configura-se concurso material de crimes.
- **(B)** O pagamento de cheque emitido sem suficiente provisão de fundos, após o recebimento da denúncia, não obsta ao prosseguimento da ação penal.
- **(C)** O crime de estelionato se consuma com a simples indução ou manutenção da vítima em erro, independentemente da efetiva obtenção de vantagem indevida.
- **(D)** No crime de estelionato, sendo o autor primário e de pequeno valor o prejuízo, o juiz pode deixar de aplicar a pena.
- **(E)** Se a vítima efetua o pagamento do cheque emitido sem suficiente provisão de fundos, antes do recebimento da denúncia, incide a circunstância atenuante genérica da pena, pelo fato de o agente ter procurado, por sua espontânea vontade, e com eficiência, logo após o crime, evitar-lhe ou minorar-lhe as consequências.

A: incorreta. Nos termos da Súmula 17 do STJ, quando o falso se exaure no estelionato, sem mais potencialidade lesiva, fica por este absorvido. Aqui, aplica-se o princípio da consunção (crime-fim absorve o crime-meio); **B**: correta. De fato, nos termos da Súmula 554 do STF, o pagamento do cheque emitido sem suficiente provisão de fundos, após o recebimento da denúncia, não obsta ao prosseguimento da ação penal. Assim, a *contrario sensu*, faltará justa causa à ação penal se o estelionatário, antes do recebimento da denúncia, ressarcir a vítima dos prejuízos, pagando-lhe o valor do cheque emitido sem suficiente provisão de fundos; **C**: incorreta. O estelionato (art. 171 do CP) é crime material, exigindo-se, para sua consumação, que a vítima, após induzida ou mantida em erro pelo agente, suporte prejuízo patrimonial. Assim, a consumação do crime em comento exige que o agente obtenha vantagem ilícita em prejuízo alheio após o emprego de artifício, ardil ou outro expediente fraudulento; **D**: incorreta. No estelionato, sendo o autor primário e o prejuízo de pequeno valor, poderá ser reconhecida a figura privilegiada, nos termos do art. 171, § 1º, do CP (que remete ao art. 155, § 2º – furto privilegiado); **E**: incorreta. Como já afirmado, da leitura a *contrario sensu* da Súmula 554 do STF, o pagamento do cheque emitido sem suficiente provisão de fundos antes do recebimento da denúncia obstará o prosseguimento da ação penal.

Gabarito "B".

(DPE/PE – 2015 – CESPE) A respeito do objeto de estudo do direito penal, do direito penal do autor e das teorias da pena, julgue os itens seguintes.
- **(1)** No direito penal do autor, o delito é visto como um sintoma de um estado do autor, mecânica ou moralmente inferior ao das pessoas consideradas normais.
- **(2)** O discurso da teoria da prevenção geral negativa é criticado porque confunde o direito em geral e toda a ética social com o poder punitivo.
- **(3)** O direito penal, mediante a interpretação das leis penais, proporciona aos juízes um sistema orientador de decisões que contém e reduz o poder punitivo, para impulsionar o progresso do estado constitucional de direito.

1: correta. Para o denominado direito penal do autor, o agente é punido não por seu comportamento (ou seja, por fatos por ele praticados), mas, sim, pelo que ele é; **2**: correta. Para a teoria da prevenção geral negativa, idealizada por Feuerbach, a maior das finalidades da pena é a de causar uma intimidação coletiva, desestimulando potenciais criminosos a enveredarem para a delinquência. De acordo com Cleber Masson, citando Zaffaroni, a prevenção geral negativa manifesta-se rotineiramente pelo direito penal do terror, servindo o condenado como coação ao corpo social. A pena presta-se apenas a instaurar um "terror estatal" (Direito Penal Esquematizado, vol 1. Parte Geral, 9ª edição, Ed. Método, p. 609). Enfim, criticável a teoria em comento por utilizar o direito penal como um instrumento para disseminar uma ética social, um modo de agir; **3**: correta. O direito penal, por ser ramo violento do direito, e, portanto, de *ultima ratio*, deve orientar os juízes, quando da aplicação das leis penais, a limitarem o poder punitivo estatal, mormente à luz dos princípios penais constitucionais, garantindo-se, com isso, a manutenção de um Estado Democrático. Pode-se falar, até, em Direito Penal Democrático, que não pretende a eliminação das leis penais, mas, sim, sua aplicação dentro de balizas constitucionais, sem ofensa a direitos e garantias fundamentais.

Gabarito 1C, 2C, 3C.

(DPE/PE – 2015 – CESPE) A respeito do conflito aparente de normas penais, dos crimes tentados e consumados, da tipicidade penal, dos tipos de imprudência e do arrependimento posterior, julgue os itens seguintes.
- **(1)** Caso um dependente químico de longa data morra após abusar de substância entorpecente vendida por um narcotraficante, este responderá por homicídio culposo, devido à previsibilidade do resultado morte nessa hipótese.
- **(2)** Aquele que vender a terceiro de boa-fé coisa que tenha furtado praticará os crimes de furto e estelionato, já que lesionará bens jurídico-penais de pessoas distintas.
- **(3)** O STJ tem firmado entendimento de que, na tentativa incruenta de homicídio qualificado, deve-se reduzir a pena eventualmente aplicada ao autor do fato em dois terços.
- **(4)** A coação física irresistível configura hipótese jurídico-penal de ausência de conduta, engendrando, assim, a atipicidade do fato.

1: errada. Nada obstante o traficante de drogas tenha a ciência de que o "produto" que entrega ao consumo alheio é perigoso, o comportamento do usuário/dependente químico, que, de longa data, faz uso de substâncias estupefacientes, é o efetivo produtor do resultado morte, ainda mais se tiver havido abuso no consumo (*overdose*). Não se pode dizer que se encontra na linha de desdobramento normal (provável e previsível) da conduta do traficante a morte do "consumidor". Não há a previsibilidade objetiva do resultado, que é elemento do fato típico culposo, razão por que não se pode imputar àquele que vende a droga o resultado morte do usuário; **2**: errada. Aquele que subtrai determinado bem e, posteriormente, o vende a terceiro de boa-fé, não responderá por furto e estelionato, em concurso de crimes. Ocorre, aqui, mero conflito aparente de normas, cujo princípio da consunção será perfeitamente aplicável. Pode-se considerar que o estelionato é um pós-fato (*post factum*) impunível; **3**: correta. Nos termos da ementa a seguir, o STJ tem se manifestado pela redução máxima na tentativa incruenta. Confira-se (REsp 1327433 PR 2012/0116999-6, Min. Maria Thereza de Assis Moura, j. 18.06.2014, 6ª Turma, *DJe* 04.08.2014): "5. Recurso especial improvido. Agravo em recurso especial. Dosimetria. Existência de circunstância negativa. Pena-base fixada no mínimo. Exasperação. Tentativa incruenta. Redução da pena no máximo. 1. Presente circunstância judicial negativa, não pode a pena-base ser fixada no mínimo legal, impondo-se exasperar a reprimenda em obséquio aos princípios da culpabilidade, da proporcionalidade e da razoabilidade. 2. Na tentativa de homicídio em que a vítima escapa ilesa ou sem graves lesões o *iter criminis* percorre seu estágio inicial, impondo-se a redução da pena em sua fração máxima de 2/3 (dois terços). 3. Agravo conhecido para dar parcial provimento ao recurso especial."; **4**: correta. De fato, afasta a conduta (que é elemento do fato típico) a coação física irresistível, haja vista que esta elimina a vontade. Como sabido, a conduta só será penalmente relevante quando presente o binômio "consciente" e "vontade". Frise-se: a vontade é eliminada diante da coação física irresistível.

Gabarito 1E, 2E, 3C, 4C.

(Analista – TRE/GO – 2015 – CESPE) No que concerne à lei penal no tempo, tentativa, crimes omissivos, arrependimento posterior e crime impossível, julgue os itens a seguir.
- **(1)** Configura-se tentativa incruenta no caso de o agente não conseguir atingir a pessoa ou a coisa contra a qual deveria recair sua conduta.
- **(2)** A mãe que, apressada para fazer compras, esquecer o filho recém-nascido dentro de um veículo responderá pela prática de homicídio doloso no caso de o bebê morrer por sufocamento dentro do veículo fechado, uma vez que ela, na qualidade de agente garantidora, possui a obrigação legal de cuidado, proteção e vigilância da criança.
- **(3)** De acordo com a teoria subjetiva, aquele que se utilizar de uma arma de brinquedo para ceifar a vida de outrem mediante disparos, não logrando êxito em seu desiderato, responderá pelo delito de tentativa de homicídio.
- **(4)** A revogação expressa de um tipo penal incriminador conduz a *abolitio criminis*, ainda que seus elementos passem a integrar outro tipo penal, criado pela norma revogadora.

1: correta. Denomina-se de tentativa incruenta (ou branca) aquela segundo a qual o agente, iniciada a execução do crime, não consegue alcançar a consumação por circunstâncias alheias à sua vontade, sequer conseguindo atingir a pessoa ou a coisa contra a qual deveria recair sua conduta. Contrapõe-se à tentativa cruenta (ou vermelha), assim considerada quando o agente, embora consiga atingir a pessoa ou coisa sobre a qual deveria recair sua conduta, não alcança a consumação por circunstâncias alheias à sua vontade. Em suma, em qualquer uma delas, o agente não consegue alcançar a consumação. A distinção reside no fato de a pessoa ou coisa sobre a qual recai a conduta do agente ser atingida (tentativa cruenta ou vermelha) ou não (tentativa incruenta ou branca); **2**: errada. O fato de a mãe esquecer seu filho recém-nascido dentro de um veículo fechado, que vem a morrer por sufocamento, caracteriza homicídio culposo. A culpa decorre, no caso apresentado, da pressa da mãe, que, negligente, apressou-se para as compras e esqueceu o filho no carro. Na espécie, não estamos diante de um crime omissivo impróprio (ou comissivo por omissão), no qual se aplica o disposto no art. 13, § 2º, do CP, que pressupõe que o agente, podendo e devendo agir para impedir o resultado, nada faz, decorrendo de sua omissão o resultado querido ou previsível; **3**: correta. De acordo com a teoria subjetiva, aplicável ao crime impossível (art. 17 do CP), leva-se em consideração a intenção do agente, materializada por sua conduta, não importando se os meios por ele empregados ou o objeto do crime tinham idoneidade ou não para a produção de determinado resultado. Assim, no caso apresentado na assertiva, se o agente quiser matar a vítima com uma arma de brinquedo, ainda que esta seja absolutamente inidônea para o alcance do resultado almejado, responderá por tentativa de homicídio. Para a teoria subjetiva, o que se leva em consideração, repita-se, é a vontade do agente, que responderá, em qualquer caso, por tentativa. Frise-se que nosso CP adotou a teoria objetiva temperada (ou intermediária), segundo a qual o crime impossível somente se caracterizará se o meio empregado ou o objeto material do crime forem absolutamente inidôneos para produzir o resultado almejado, caso em que nem mesmo a tentativa estará caracterizada. Daí falar-se, também, em tentativa impossível (ou tentativa inidônea, tentativa inadequada ou quase crime); **4**: errada. A mera revogação de um tipo penal (denominada de revogação formal) não produz *abolitio* *criminis*, sendo indispensável que o comportamento criminoso nele veiculado também seja revogado (revogação material). Exemplo de inocorrência de *abolitio criminis* se deu com o crime de atentado violento ao pudor. A Lei 12.015/2009 revogou expressamente o art. 214 do CP. Todavia, o comportamento criminoso veiculado em referido tipo penal foi "transferido" para o art. 213 do CP (estupro). Portanto, embora com outro nome (atualmente, estupro), o "antigo" atentado violento ao pudor continua a existir. Ocorreu, aqui, o fenômeno denominado continuidade normativo-típica.

Gabarito 1C, 2E, 3C, 4E

(Analista – TRE/GO – 2015 – CESPE) Julgue os itens seguintes, a respeito de concurso de pessoas, tipicidade, ilicitude, culpabilidade e fixação da pena.

(1) É possível que réu primário portador de circunstâncias judiciais desfavoráveis condenado à pena de quatro anos de reclusão inicie o cumprimento da reprimenda em regime semiaberto.

(2) Caso um indivíduo obtenha de um amigo, por empréstimo, uma arma de fogo, dando-lhe ciência de sua intenção de utilizá-la para matar outrem, o amigo que emprestar a arma será considerado partícipe do homicídio se o referido indivíduo cometer o crime pretendido, ainda que este não utilize tal arma para fazê-lo e que o amigo não o estimule a praticá-lo.

(3) Aquele que for fisicamente coagido, de forma irresistível, a praticar uma infração penal cometerá fato típico e ilícito, porém não culpável.

1: correta. As circunstâncias judiciais previstas no art. 59 do CP devem ser levadas em consideração para a fixação do regime inicial de cumprimento de pena (art. 33, § 3º, do CP). Assim, nada obstante a aplicação de uma pena de quatro anos de reclusão enseje a fixação de regime inicial aberto (art. 33, § 2º, "c", do CP), desde que o réu seja primário, a existência de circunstâncias judiciais desfavoráveis poderá autorizar a escolha de regime inicial mais gravoso (no caso, semiaberto). Tal decorre, inclusive, da Súmula 719 do STF, segundo a qual a imposição de regime mais severo do que a pena aplicada permitir exige motivação idônea; **2:** errada. O concurso de pessoas exige a conjugação de alguns requisitos (cumulativos), quais sejam: a) pluralidade de agentes (mínimo de duas pessoas); b) unidade de infração penal (todos os agentes devem concorrer para uma mesma infração penal); c) liame subjetivo ou vínculo psicológico (todos os agentes devem ter o mesmo propósito, aderindo uns à vontade dos outros); e d) relevância causal (o comportamento de cada um dos agentes deve ser relevante para a produção do resultado). No caso relatado na assertiva, ainda que o agente que emprestou a arma ao amigo estivesse ciente da intenção deste de utilizá-la para matar alguém, não tendo ela sido utilizada para o homicídio, e não tendo o executor material do crime sido instigado a cometê-lo, inexistirá a relevância causal, necessária ao reconhecimento do concurso de pessoas. Assim, aquele que emprestou a arma não poderá ser considerado partícipe, cujo comportamento acessório pressupõe o induzimento (criação de ideia criminosa inexistente na mente do agente), a instigação (reforço de ideia criminosa já existente na mente do agente) ou o auxílio (ajuda material para a prática do crime); **3:** errada. A coação física irresistível, por afetar a vontade, elimina a conduta, que é o primeiro elemento do fato típico. Portanto, se alguém for coagido fisicamente, de forma irresistível, a praticar uma infração penal, sequer terá praticado fato típico. Não se confunde a coação física irresistível com a coação moral irresistível. Esta sim afasta a culpabilidade, ante a inexigibilidade de conduta diversa, respondendo apenas o coator pela infração praticada pelo coagido (art. 22 do CP).

Gabarito 1C, 2E, 3E

(Analista – TRE/GO – 2015 – CESPE) No que se refere aos crimes contra o patrimônio, contra a dignidade sexual e contra a fé e a administração públicas, julgue os itens que se seguem.

(1) Cometerá o crime de extorsão o servidor público que, em razão do cargo e mediante grave ameaça, exigir para si vantagem econômica.

(2) Praticará o crime de estelionato aquele que obtiver para si vantagem ilícita, em prejuízo de incapaz, mantendo-o em erro, mediante fraude.

(3) Cometerá o crime de estupro a mulher que constranger homem, mediante grave ameaça, a com ela praticar conjunção carnal.

(4) Cometerá o delito de falsidade ideológica o médico que emitir atestado declarando, falsamente, que determinado paciente está acometido por enfermidade.

1: correta. De fato, se um servidor público, ainda que em razão do cargo, exija para si vantagem econômica, empregando grave ameaça, responderá pelo crime de extorsão (art. 158 do CP), e não por concussão (art. 316 do CP). Nesta, o funcionário público, valendo-se de sua condição, exige, para si ou para outrem, vantagem indevida, impondo à vítima, ainda que de forma velada, um temor decorrente do própria autoridade que possui (*metus publicae potestatis*); **2:** errada. Cometerá o crime de abuso de incapazes (art. 173 do CP) aquele que abusar, em proveito próprio ou alheio, de necessidade, paixão ou inexperiência de menor, ou da alienação ou debilidade mental de outrem, induzindo qualquer deles à prática de ato suscetível de produzir efeito jurídico, em prejuízo próprio ou de terceiro; **3:** correta. À luz da nova redação dada ao art. 213 do CP pela Lei 12.015/2009, pratica estupro qualquer pessoa (homem ou mulher) que constranger alguém, mediante violência ou grave ameaça, a ter conjunção carnal, ou a praticar ou permitir que com ele se pratique outro ato libidinoso. Assim, se uma mulher, mediante agrave ameaça, obrigar um homem a com ela praticar conjunção carnal (coito vaginal), terá praticado estupro; **4:** errada. Dar o médico, no exercício de sua profissão, atestado falso, caracteriza o crime do art. 302 do CP. Muito embora esse comportamento caracterize verdadeira falsidade ideológica, cuidou o legislador de criar um crime específico para o médico.

Gabarito 1C, 2E, 3C, 4E

(Promotor de Justiça/RO – 2013 – CESPE) Em relação ao entendimento dos tribunais superiores acerca dos institutos aplicáveis ao direito penal, assinale a opção correta.

(A) O instituto da detração penal não pode ser aplicado em processos distintos, ainda que os crimes praticados pelo réu sejam de mesma natureza.

(B) Não se aplica o princípio da insignificância ao furto de objeto de pequeno valor, considerando-se a lesividade a bem jurídico tutelado.

(C) Configura crime de desobediência o fato de várias notificações do responsável pelo cumprimento da ordem terem sido encaminhadas, por via postal, ao endereço por ele fornecido, tendo os recebimentos sido subscritos por terceiros.

(D) Aplica-se o princípio da adequação social ao crime tipificado como expor à venda CDs falsificados, considerando-se a tolerância das autoridades públicas.

(E) Afasta-se a majorante da ameaça exercida com o emprego de arma de fogo na prática de roubo, ao se constatar, posteriormente, a inaptidão da arma para efetuar disparos, caso em que a conduta deve ser tipificada como furto.

A: incorreta. A detração penal (art. 42 do CP) poderá incidir mesmo diante de processos distintos. Assim, se o agente houver sido submetido a prisão provisória (leia-se: cautelar) em determinado processo, com prolação de sentença absolutória, poderá ver descontados os dias em que permaneceu sob custódia cautelar em outro processo em que haja sido condenado, desde que, neste último caso, a infração penal tenha sido praticada anteriormente àquela que ensejou o processo em que prolatada a sentença absolutória. Nesse sentido: "Não é possível creditar-se ao réu, para fins de detração, tempo de encarceramento anterior à prática do crime que deu origem à condenação atual. Com base nessa jurisprudência, a Turma indeferiu *habeas corpus* em que se pretendia abater da pena aplicada ao paciente período em que estivera anteriormente custodiado. Asseverou-se que, se acolhida a tese da defesa, considerando esse período como 'crédito' em relação ao Estado, estar-se-ia concedendo ao paciente um 'bill' de indenidade" (HC 93.979/RS, j. 22/04/2008, Informativo 503 do STF). Essa é, também, a posição do STJ (REsp 848.531/RS, 5ª Turma, j. 26/06/2007); **B:** correta. De fato, a insignificância penal somente será reconhecida se a lesão ao bem jurídico for ínfima, incapaz, portanto, de afetar negativamente o objeto jurídico tutelado pela norma penal incriminadora. O furto privilegiado (art. 155, § 2º, do CP) merece reprovabilidade estatal, reconhecido quando o agente for primário e a coisa subtraída for de pequeno valor. O prejuízo, quando pequeno, admite repressão estatal; já quando insignificante, afastada a tipicidade material do fato perpetrado pelo agente (*RT* 834/477); **C:** incorreta. A desobediência (art. 330 do CP) pressupõe que o agente com atribuição ou competência para atender a ordem legal emanada de funcionário público tenha recebido, efetivamente, as notificações. Caso estas tenham sido encaminhadas pela via postal e recebidas por terceiro, não se saberá precisar se chegaram, efetivamente, ao conhecimento do destinatário, inviabilizando, com isso, o reconhecimento da própria ação nuclear (*desobedecer*). Nesse sentido, o STJ, no julgamento do HC 226512/RJ, 6ª Turma, DJe de 30/11/2012: "Penal. Prefeito municipal. Proposta de transação penal. Art. 330 do CP (desobediência). Ciência pessoal da requisição efetivada pelo Ministério Público do Trabalho. Inexistência. Intenção deliberada de descumprir. Falta de demonstração. Responsabilização objetiva. Ausência de justa causa configurada"; **D:** incorreta. O STJ, quando do julgamento do REsp n. 1.193.196/MG (DJe 4/12/2012), por meio de sua Terceira Seção, confirmou ser típica, formal e materialmente, a conduta prevista no art. 184, § 2º, do Código Penal, afastando, assim, a aplicação do princípio da adequação social. Entendeu-se ser intolerável socialmente a conduta de piratear CD´s e DVD´s, comportamento este que causa violação aos direitos autorais, causando prejuízos à indústria fonográfica e ao Fisco, que deixa de arrecadar os tributos incidentes sobre a fabricação e venda de referidos produtos; **E:** incorreta, de acordo com a banca examinadora. Não há dúvidas de que a majorante do emprego de arma de fogo cairá por terra se demonstrada a inaptidão da arma para disparar projéteis. Neste caso, não haveria que incidir maior reprovabilidade ao comportamento do agente, visto que não teria exposto a risco, mais gravemente, a indenidade da vítima. Nada obstante, a desclassificação do crime de roubo para o de furto, pelo só fato de a arma empregada para ameaçar a vítima ser inapta, não encontra ressonância na jurisprudência do STJ, que admite, repita-se, apenas o afastamento da majorante, mas não do crime de roubo. Confira-se: "Penal. *Habeas corpus* substitutivo de recurso especial. Decreto condenatório transitado em julgado. Impetração que deve ser compreendida dentro dos limites recursais. Roubo majorado. Dosimetria. Emprego de arma de fogo. Causa de aumento de pena. Arma desmuniciada. Constatação por perícia. Ausência de potencialidade lesiva. Majorante não caracterizada. Constrangimento ilegal. Pena base fixada acima do mínimo legal. Circunstâncias concretas. Regime mais gravoso justificado. Ordem parcialmente concedida. [...] IV. Diante da comprovada ausência de potencialidade lesiva da arma empregada no roubo, atestada em laudo pericial, mostra-se indevida a imposição da causa de aumento de pena prevista no inciso I do § 2º, do art. 157 do CP. V. A utilização de arma desmuniciada, como forma de intimidar a vítima do delito de roubo, caracteriza o emprego de violência, porém, não permite o reconhecimento da majorante de pena, já que esta está vinculada ao potencial lesivo do instrumento, pericialmente comprovado como ausente no caso, dada a sua ineficácia para a realização de disparos. [...] IX. Ordem parcialmente concedida, nos termos do voto do Relator. (HC n. 190.067/MS, Ministro Gilson Dipp, Quinta Turma, DJe 01.08.2012)".

Gabarito "B"

(Promotor de Justiça/RO – 2013 – CESPE) No que se refere à classificação dos crimes de acordo com o CP, é correto afirmar que

(A) o crime de extorsão mediante sequestro configura crime de ímpeto.

(B) o crime de evasão mediante violência contra a pessoa é classificado como crime de resultado cortado.
(C) o crime de simulação de autoridade para celebração de casamento caracteriza-se como crime de empreendimento.
(D) o crime de homicídio em sua forma simples classifica-se como crime subsidiário.
(E) o crime de apropriação de coisa achada caracteriza-se como crime a prazo.

A: incorreta. Crime de ímpeto é aquele cometido sem premeditação, vale dizer, de maneira irrefletida pelo agente, relacionando-se, no mais das vezes, aos denominados "crimes passionais". A extorsão mediante sequestro nada tem que ver com crime de ímpeto; **B:** incorreta. São chamados de crimes de resultado cortado aqueles cuja consumação é alcançada com a mera prática da conduta pelo agente. Nada mais são do que os crimes formais ou de consumação antecipada. O crime de evasão mediante violência contra a pessoa, previsto no art. 352 do CP, é considerado um crime de atentado, haja vista que sua consumação ocorrerá com a fuga do agente ou com o mero emprego dos meios necessários para tanto, desde que haja violência; **C:** incorreta, pois o crime de simulação de autoridade para celebração de casamento (art. 238 do CP), que se consuma com o só fato de o agente atribuir-se autoridade para celebrar o matrimônio, nada tem que ver com os crimes de atentado ou de empreendimento, que se verificam quando a lei punir as formas tentada e consumada da mesma maneira, tal como se verifica no já referido crime de evasão mediante violência contra pessoa (art. 352 do CP); **D:** incorreta. Considera-se crime subsidiário aquele cujo fato não constitua um crime mais grave, atuando, nas palavras de Nelson Hungria, como um "soldado de reversa". É o que se verifica, por exemplo, com o crime de dano (art. 163 do CP), subsidiário ao de incêndio (art. 250 do CP); **E:** correta. De fato, a apropriação de coisa achada (art. 169, II, do CP) é denominado doutrinariamente de crime a prazo, haja vista que sua configuração exige a fluência de determinado prazo, sob pena de atipicidade. Confira a redação do tipo: "quem acha coisa alheia perdida e dela se apropria, total ou parcialmente, deixando de restituí-la ao dono ou legítimo possuidor ou de entregá-la à autoridade competente, dentro no prazo de 15 (quinze) dias". Perceba que somente haverá crime se o agente deixar de restituir a coisa achada ao dono ou possuidor legítimo, ou à autoridade competente, após escoados quinze dias.
Gabarito "E".

(Promotor de Justiça/MG – 2014) São entendimentos sumulados pelo Supremo Tribunal Federal e/ou Superior Tribunal de Justiça (3a Seção-Competência Criminal), ou decididos em recurso extraordinário com repercussão geral ou em recurso especial repetitivo, EXCETO:
(A) A caracterização da majorante prevista no art. 157, § 2º, inciso I, do Código Penal, prescinde-se da apreensão e realização de perícia em arma utilizada na prática do crime de roubo, se por outros meios de prova restar evidenciado o seu emprego.
(B) A circunstância atenuante genérica não pode conduzir à redução da pena abaixo do mínimo legal.
(C) No crime de falsa identidade (artigo 307 do CPB), a arguição do princípio da autodefesa torna atípica a conduta, com o intento de ocultação de maus antecedentes.
(D) Para a configuração do crime de corrupção de menores, atual artigo 244-B do Estatuto da Criança e do Adolescente, não se faz necessária a prova da efetiva corrupção do menor, uma vez que se trata de delito formal.

A: incorreta. De fato, a Terceira Seção do Superior Tribunal de Justiça, no julgamento, em 13.12.2010, do EREsp 961.863/RS (Rel. originário Min. Celso Limongi, Desembargador convocado do TJ/SP, Rel. para acórdão Min. Gilson Dipp, maioria, DJe de 05.04.2011), pacificou o entendimento de que, para a incidência da majorante, prevista no art. 157, § 2º-A, I, do CP, é prescindível a apreensão e perícia da arma, desde que evidenciada a sua utilização por outros meios de prova, tais como a palavra da vítima, ou mesmo pelo depoimento de testemunhas; **B:** incorreta. A impossibilidade de circunstâncias atenuantes conduzirem a fixação da pena aquém do mínimo legalmente previsto está pacificada na Súmula 231 do STJ ("A incidência da circunstância atenuante não pode conduzir à redução da pena abaixo do mínimo legal"); **C:** correta. O STJ, em julgamento da Reclamação 15920/MG, DJe de 20.05.2014, da relatoria da Min. Laurita Vaz, por sua 3ª Seção, reafirmou o entendimento exarado na decisão monocrática prolatada no REsp n. 1.365.155/MG, transitada em julgado em 23.04.2013, no qual foi expressamente afastada a atipicidade da conduta do acusado que utiliza identidade falsa para ocultar maus antecedentes, bem como foi determinado o prosseguimento do feito em relação ao crime de identidade falsa previsto no art. 307 do CP; **D:** incorreta, pois a Súmula 500 do STJ enuncia que "a configuração do crime previsto no art. 244-B do ECA independe da prova da efetiva corrupção do menor, por se tratar de delito formal".
Gabarito "C".

(Promotor de Justiça/DF – 2013) Examine os itens abaixo e assinale a alternativa **CORRETA**:
(A) Em sede de concurso de pessoas, é admissível a coautoria mediata, caracterizada, por exemplo, quando cada um dos coautores se vale de instrumento distinto.
(B) Atos de tentativa são aqueles compreendidos entre a cogitação da ação ou omissão, pelo autor, e o momento de consumação do delito.
(C) A caracterização de crime impossível impede a aplicação da pena, mas autoriza a imposição de medida de segurança se o agente se encontrava sob influência de transtorno mental que lhe suprimiu a culpabilidade.
(D) A tentativa inidônea é figura que corresponde, no ordenamento jurídico pátrio, ao arrependimento posterior, tratado como circunstância atenuante da pena.
(E) No concurso de pessoas, são exceções à teoria dualista: previsão expressa de conduta de cada concorrente em tipo penal autônomo; cooperação dolosamente distinta.

A: correta. Nas palavras de Cleber Masson, tratando da autoria mediata, que se verifica quando alguém se vale de terceiro inculpável (leia-se: sem culpabilidade) ou que atue sem dolo ou culpa, para o cometimento de uma infração penal, "nada impede, todavia, a coautoria mediata e participação na autoria mediata. Exemplos: 'A' e 'B' pedem a 'C', inimputável, que mate alguém (coautoria mediata) ..." (Direito Penal Esquematizado, 2ª edição, Método, p. 488); **B:** incorreta. Somente se pode falar em tentativa se já tiver sido iniciada a execução do crime, mas, antes de sua consumação, o comportamento delituoso for interrompido por circunstâncias alheias à vontade do agente. A cogitação, que é etapa intelectiva do iter criminis, é penalmente irrelevante, razão por que os atos de tentativa, que pressupõem, como dito, o início da execução (etapa externa do iter criminis), estão situados entre esta e a consumação; **C:** incorreta. Nos termos do art. 17 do CP, não se pude sequer a tentativa quando, pela impropriedade absoluta do objeto, ou pela ineficácia absoluta do meio, a consumação seria impossível. Assim, mesmo que o agente fosse inimputável, a ele não se imporia medida de segurança, visto que esta pressupõe a prática de um fato típico e ilícito. O crime impossível afasta a tipicidade da tentativa do crime inicialmente visado; **D:** incorreta. Tentativa inidônea, tentativa inadequada, tentativa impossível ou quase crime são expressões sinônimas ao crime impossível (art. 17 do CP), e não ao arrependimento posterior (art. 16, CP); **E:** incorreta. Em matéria de concurso de pessoas, são exceções à teoria unitária, e não à teoria dualista, que não é a adotada pelo art. 29 do CP, a previsão expressa de conduta de cada concorrente em tipo penal autônomo (exceção pluralística à teoria monista – ex.: aborto consentido pela gestante – art. 124 do CP e aborto praticado por terceiro com o consentimento da gestante – art. 126 do CP), bem como a cooperação dolosamente distinta (art. 29, § 2º, CP).
Gabarito "A".

(Promotor de Justiça/DF – 2013) Examine os itens que se seguem, assinalando a alternativa **CORRETA**:
(A) As causas de extinção de punibilidade previstas na Parte Geral do Código Penal brasileiro não se comunicam entre coautores ou partícipes do delito, dado o acolhimento da teoria da acessoriedade limitada.
(B) As condições negativas de punibilidade, como condições objetivas exteriores à conduta delituosa, devem ser abrangidas pelo dolo do agente.
(C) Os prazos prescricionais têm natureza processual, não se incluindo o dia do começo no seu cômputo.
(D) O Superior Tribunal de Justiça admite o reconhecimento da prescrição da pretensão punitiva com fundamento na pena hipotética, podendo ser declarada antes do oferecimento da peça de acusação ou ao longo da ação penal.
(E) A reincidência futura, posterior ou subsequente, é a forma interruptiva da reincidência, incidente sobre a prescrição executória já em curso, sem o potencial de dilatar o seu prazo.

A: incorreta. Algumas das causas extintivas da punibilidade, por sua natureza personalíssima, jamais poderiam se estender aos coautores ou partícipes. É o que se verifica, por exemplo, com a morte do agente (art. 107, I, do CP). Por razões óbvias, a morte de um dos concorrentes da infração penal não irá obstar o exercício do jus puniendi estatal, que poderá prosseguir com relação aos demais agentes. Porém, outras causas são comunicáveis, tais como a renúncia ao direito de queixa (art. 107, V, CP), que, se dirigida a um dos agentes, a todos se estenderá (art. 49 do CP), bem como a abolitio criminis (art. 107, III, CP), visto que se o fato deixar de ser considerado criminoso, todos os agentes irão, evidentemente, se beneficiar; **B:** incorreta. Não se confundem as condições negativas de punibilidade com as condições objetivas de punibilidade. Estas, como o nome sugere, são causas extrínsecas ao fato tido como delituoso, não abrangidas, portanto, pelo dolo (que alcança os elementos do tipo penal). É o que se verifica, por exemplo, com a sentença que decreta a falência, considerada condição objetiva de punibilidade para alguns crimes falimentares (art. 180 da Lei 11.101/2005). Já as condições negativas de punibilidade são as escusas absolutórias, causas pessoais que não afetam o reconhecimento do crime (tal como se vê com a condição objetiva de punibilidade), mas, sim, inviabilizam a punição. É o que se verifica, por exemplo, no caso de um furto praticado por um descendente contra um ascendente, incidindo o art. 181, II, do CP; **C:** incorreta. O prazo prescricional é, nitidamente, de natureza penal, visto que interfere diretamente no exercício do jus puniendi estatal, não tendo mera relevância na relação processual. Por tal motivo, aplica-se o art. 10 do CP (inclusão do dia do começo e exclusão do dia do vencimento). Já os prazos processuais desconsideram o dia do começo, incluindo-se o do vencimento (art. 798, § 1º, CPP); **D:** incorreta. Nos termos da Súmula 438, o STJ pacificou o entendimento de que é inadmissível o reconhecimento da prescrição com base em pena hipotética (prescrição virtual ou em perspectiva), posicionamento reforçado pela Lei 12.234/2010, que, ao alterar a redação do art. 110, § 1º, do CP, não mais permite o reconhecimento da prescrição em data anterior à denúncia ou queixa; **E:** correta. A denominada "reincidência antecedente", vale dizer, aquela que já existia à época da condenação, tem o condão de aumentar em 1/3 o prazo de prescrição da pretensão executória, diversamente do que ocorre com a "reincidência futura" ou "reincidência subsequente", ou seja, aquela que se verifica posteriormente ao trânsito em julgado da sentença penal condenatória, que irá interromper o prazo prescricional já iniciado.
Gabarito "E".

(Promotor de Justiça/DF – 2013) Examine os itens seguintes e assinale a alternativa **CORRETA**:

(A) O crime de injúria discriminatória, consistente na utilização de elementos referentes à raça da vítima, processa-se mediante ação penal pública incondicionada.
(B) Para os Tribunais Superiores, o tipo penal da corrupção de menor previsto no Estatuto da Criança e do Adolescente demanda prova da degeneração moral do jovem.
(C) O estupro somente se consuma se há o contato físico entre a vítima e o agente.
(D) Responde pelos crimes de registro de nascimento inexistente e falsidade ideológica, em concurso formal, aquele que promove, no registro civil, a inscrição de nascimento não existente.
(E) A entrega de filho menor à pessoa sabidamente inidônea se caracteriza ainda quando o agente não tenha intuito de lucro.

A: incorreta. Nos termos do art. 145, parágrafo único, parte final, do CP, a injúria discriminatória, também conhecida como injúria racial, processar-se-á mediante ação penal pública condicionada à representação do ofendido; **B:** incorreta. Confira-se a ementa do julgado a seguir: "Recurso especial representativo da controvérsia. Penal. Corrupção de menores. Prova da efetiva corrupção do inimputável. Desnecessidade. Delito formal. Prescrição da pretensão punitiva declarada de ofício, nos termos do art. 61 do CPP. 1. Para a configuração do crime de corrupção de menores, atual art. 244-B do Estatuto da Criança e do Adolescente, não se faz necessária a prova da efetiva corrupção do menor, uma vez que se trata de delito formal, cujo bem jurídico tutelado pela norma visa, sobretudo, a impedir que o maior imputável induza ou facilite a inserção ou a manutenção do menor na esfera criminal. 2. Recurso especial provido para firmar o entendimento no sentido de que, para a configuração do crime de corrupção de menores (art. 244-B do ECA), não se faz necessária a prova da efetiva corrupção do menor, uma vez que se trata de delito formal; e, com fundamento no art. 61 do CPP, declarar extinta a punibilidade dos recorridos Célio Adriano de Oliveira e Anderson Luiz de Oliveira Rocha, tão somente no que concerne à pena aplicada ao crime de corrupção de menores. (REsp 1127954/DF, Rel. Ministro Marco Aurélio Bellizze, Terceira Seção, julgado em 14.12.2011, DJe 01.02.2012)". Ainda, de acordo com a Súmula 500 do STJ, que pôs fim à discussão sobre a natureza da corrupção de menores definida no ECA, "a configuração do crime do art. 244-B do ECA independe da prova da efetiva corrupção do menor, por se tratar de delito forma"; **C:** incorreta. O crime de estupro não exige um efetivo contato físico entre a vítima e o agente. Basta verificar a redação do art. 213 do CP: "Constranger alguém, mediante violência ou grave ameaça, a ter conjunção carnal ou a praticar ou permitir que com ele se pratique outro ato libidinoso". O delito em questão irá consumar-se no momento em que um ato de libidinagem (conjunção carnal ou qualquer outro ato com conotação sexual) for praticado pela vítima nela própria ou em terceiro ("*constranger alguém, mediante violência ou grave ameaça, a praticar outro ato libidinoso*"), ou quando a vítima for constrangida a ter conjunção carnal ou a permitir que nela se pratique um ato libidinoso. Assim, terá sido estuprada a mulher que, mediante violência ou grave ameaça, for constrangida a masturbar terceira pessoa, inexistindo, aqui, contato entre ela e o agente delitivo; **D:** incorreta. Responderá apenas pelo crime do art. 241 do CP aquele que promover no registro civil a inscrição de nascimento inexistente, que, por força do princípio da especialidade, contém, ínsita, a falsidade ideológica; **E:** correta. Nos termos do art. 245, *caput*, do CP, comete crime aquele que "entregar filho menor de 18 (dezoito) anos a pessoa em cuja companhia saiba ou deva saber que o menor fica moral ou materialmente em perigo", havendo a forma qualificada se o agente pratica delito para obter lucro, ou se o menor é enviado para o exterior (art. 245, § 1º).
Gabarito "E".

(Promotor de Justiça/GO – 2013) Marque a alternativa errada:

(A) Zaffaroni, Alagia, Slokar e Nilo Batista aduzem que "a inevitável seletividade operacional da criminalização secundária e sua preferente orientação burocrática (sobre pessoas sem poder e por fatos grosseiros e até insignificantes) provocam uma distribuição seletiva em forma de epidemia, que atinge apenas aqueles que têm baixas defesas perante o poder punitivo". De acordo com essa concepção, o Direito Penal estaria mais vocacionado ao combate dos crimes do colarinho azul.
(B) a diferença apresentada entre a criminalidade real e a criminalidade conhecida e enfrentada pelos órgãos formais de repressão (Ministério Público, Judiciário e Polícia), nos crimes socioeconômicos, é chamada de cifra dourada.
(C) a outra face da teoria da coculpabilidade pode ser identificada como a coculpabilidade às avessas, por meio da qual defende-se a possibilidade de reprovação penal mais severa no tocante aos crimes praticados por pessoas dotadas de elevado poder econômico, e que abusam desta vantagem para a execução de delitos.
(D) a práxis tem demonstrado o quão corriqueiras e de difícil elucidação são as condutas consistentes em dispensar ou inexigir licitação, fora das hipóteses previstas em lei, e frustrar ou fraudar, mediante ajuste, combinação ou qualquer outro expediente, o caráter competitivo do procedimento licitatório, com o intuito de obter, para si ou para outrem, vantagem decorrente da adjudicação do objeto da licitação. Assim, com vistas a conferir maior efetividade às investigações desses delitos previstos na Lei n. 8.666/1993, sem prejuízo de outras medidas cautelares menos gravosas, a prisão temporária dos investigados poderia ser utilizada com mais frequência, desde que necessária e adequada a cada caso.

A: assertiva correta. Nada obstante, em tese, o Direito Penal devesse ser "igual para todos", em prol, inclusive, do princípio da igualdade consagrado constitucionalmente, o fato é que a tutela penal dos bens jurídicos, na prática, se revela de maneira bastante desigual. Aqui surge a seletividade do sistema penal, que acaba incidindo mais gravosamente sobre a parcela menos favorecida da sociedade. As desigualdades sociais, por vezes, forçam ou contribuem para que pessoas de classes "mais baixas" cometam *crimes de colarinho azul* (alusão à cor azul dos macacões dos trabalhadores, em contraposição aos crimes de colarinho branco, cometidos por pessoas de classe social mais abastada). Assim, a crítica constante na assertiva em comento, realmente, procede. Como visto, a seletividade do sistema criminal, que, pragmaticamente, se direciona muito mais à "ala pobre" (menos favorecida) do que à "ala rica", demonstra que o Direito Penal é muito mais vocacionado ao combate aos crimes de colarinho azul (furto, roubo, tráfico de drogas, estelionato) do que aos crimes de colarinho branco (crimes contra o sistema financeiro, relações de consumo, ordem tributária e econômica etc.); **B:** assertiva correta. Em complementação ao comentário antecedente, denomina-se de cifra dourada a parcela dos crimes de colarinho branco que não chega a ser apurada pelo aparato institucionalizado de repressão penal, enquanto que, para os crimes de colarinho azul, fala-se em cifra negra; **C:** assertiva correta. Inicialmente, denomina-se de coculpabilidade a possibilidade de atenuação da pena, ou até mesmo sua isenção, quando reconhecida a prática de um crime por agente que viva à margem da sociedade, em situação de franca vulnerabilidade socioeconômica e cultural. Fala-se em coculpabilidade às avessas à situação diametralmente oposta àquela preconizada pela coculpabilidade: aos agentes com maior poder econômico e penetração social, a reprovabilidade do comportamento criminoso é mais elevada, merecendo, por isso, maior repressão. Por tal razão, se à população marginalizada impõe-se, pela coculpabilidade, a atenuação da pena, aos agentes com maior e melhor instrução, de mais alto poder aquisitivo, impor-se-ia reprimenda mais agravada, devendo ser assinalada. Para os crimes definidos na Lei de Licitações (Lei 8.666/1993), não se impõe a prisão temporária, modalidade de prisão cautelar prevista na Lei 7.960/1989. Isto porque referida modalidade de segregação somente é admissível para os crimes previstos em seu art. 1º, III, dentre eles não se enquadrando os crimes de licitação.
Gabarito "D".

(Procurador/DF – 2013 – CESPE) Em 15 de janeiro de 2012, Fábio, com vinte anos de idade, sócio da empresa Diversões Ltda., pretendendo sagrar-se vencedor em licitação aberta para contratar a execução de show comemorativo do aniversário da cidade de Brasília, coagiu moralmente o funcionário público Mateus, ameaçando ofender a integridade física de seus filhos menores, se ele não introduzisse no edital licitatório cláusula que direcionasse o certame para favorecer sua empresa. Temeroso de que as ameaças se concretizassem, Mateus elaborou o edital e dele fez constar cláusulas destinadas a assegurar a vitória da empresa de Fábio, frustrando, dessa forma, o caráter competitivo da licitação. Acerca dessa situação hipotética, julgue os itens que se seguem.

(1) O sujeito ativo do crime de frustrar ou fraudar o caráter competitivo do procedimento licitatório, previsto em artigo da Lei de Licitações e Contratos, poderá ser tanto o particular que concorre na licitação quanto o servidor público com atuação no procedimento licitatório, razão por que, na hipótese em questão, Fábio e Mateus poderiam figurar no polo passivo de ação penal pertinente.
(2) A coação moral irresistível é uma hipótese de autoria mediata, em que o autor da coação detém o domínio do fato e comete o fato punível por meio de outra pessoa.
(3) Para a consumação do delito de frustrar ou fraudar o caráter competitivo do procedimento licitatório, previsto em artigo da Lei de Licitações e Contratos, seria necessário que Mateus tivesse auferido vantagem decorrente da adjudicação do objeto da licitação.

1: correta. De acordo com o art. 90 da Lei 8.666/1993, pratica crime aquele que *frustrar* ou *fraudar*, mediante ajuste, combinação ou qualquer outro expediente, o caráter competitivo do procedimento licitatório, com o intuito de obter, para si ou para outrem, vantagem decorrente da adjudicação do objeto da licitação. Trata-se de crime comum, podendo ser praticado por qualquer pessoa (inclusive por funcionários públicos). No enunciado da questão, a despeito de Mateus ter sido coagido por Fábio a inserir cláusulas no certame licitatório capazes de favorecer sua empresa, ao que tudo indica, a coação moral seria resistível (e não irresistível, caso em que haveria a exclusão da culpabilidade, nos termos do art. 22 do CP). Afinal, a ameaça de ofensa à integridade física dos filhos menores de Mateus, ainda que injusta e grave, não era atual, ou seja, não havia efetivo risco de que, naquele exato momento, ela viesse a se efetivasse. Daí a coação moral ser resistível; **2:** correta. De fato, na coação moral irresistível, o coator se vale do coato (ou coagido) para a prática de determinada infração penal, mediante a prática de violência moral (grave ameaça). Nesse caso, o Código Penal exclui a culpabilidade da vítima (coato), punindo-se o coator. Trata-se de típica hipótese de autoria mediata ou indireta; **3:** incorreta. O crime do art. 90 da Lei 8.666/1993 é considerado formal, consumando-se com a prática de condutas destinadas a fraudar ou frustrar o caráter competitivo da licitação, bastando que o agente tenha o "intuito de obter, para si ou para outrem, vantagem decorrente da adjudicação do objeto da licitação". Esse é o especial fim de agir do agente, expressamente previsto no tipo penal.
Gabarito 1C, 2C, 3E.

(Procurador/DF – 2013 – CESPE) Julgue os itens seguintes, relativos a aspectos diversos do direito penal.

(1) No sistema penal brasileiro, há causas pessoais que excluem e extinguem totalmente a punibilidade e, igualmente, causas pessoais de exclusão e extinção parcial da punibilidade.

(2) Nos termos do CP, a caracterização de uma conduta dolosa prescinde da consciência ou do conhecimento da antijuridicidade dessa conduta e requer apenas a presença dos elementos que compõem o tipo objetivo.

(3) Há reincidência quando o agente comete novo crime, depois de transitar em julgado a sentença que o tenha condenado por crime anterior, não se considerando como tal condenações por crimes militares próprios ou por crimes políticos e sentenças oriundas de país estrangeiro.

(4) De acordo com o CP, com relação à sucessão das leis penais no tempo, não se aplicam as regras gerais da irretroatividade da lei mais severa, tampouco a retroatividade da norma mais benigna, bem como não se aplica o preceito da ultra-atividade à situação caracterizada pela chamada lei penal em branco.

1: correta. Por exemplo, a morte do agente (art. 107, I, do CP) é causa pessoal – e total – extintiva da punibilidade. Já o indulto, previsto no art. 107, II, do CP, é causa pessoal que pode extinguir totalmente a punibilidade (indulto total), ou apenas parcialmente (indulto parcial), como no caso de mera diminuição ou comutação da pena; **2: correta.** De fato, o dolo não exige a potencial consciência da ilicitude do fato praticado pelo agente, bastando que o agente atue voltado à concretização dos elementos objetivos do tipo penal. O conhecimento potencial da antijuridicidade da conduta ficou reservado à culpabilidade. Prova disso é que sua falta, nos termos do art. 21 do CP (erro de proibição), poderá acarretar, quanto o erro for invencível (ou inevitável, ou escusável), a isenção de pena; **3: incorreta.** Haverá reincidência quando o agente comete novo crime, depois de transitar em julgado a sentença que, no país ou no *estrangeiro*, o tenha condenado por crime anterior (art. 63 do CP). Frise-se que a sentença estrangeira induz, sim, a reincidência, não sendo necessária, sequer, sua homologação pelo STJ, conforme se extrai do art. 9º do CP. Para fins de caracterização da reincidência, de fato, não se consideram os crimes militares próprios e os crimes políticos (art. 64, II, do CP); **4: incorreta.** Não há no Código Penal hipótese que não permita a retroatividade ou a irretroatividade em matéria de lei penal em branco. Como regra, a norma complementar da lei penal em branco será irretroativa. Todavia, a depender da natureza de referida norma complementar (se dotada de estabilidade ou de transitoriedade), sua alteração (sucessão no tempo) poderá, sim, retroagir, tal como no caso da supressão, de ato normativo da ANVISA, de substância considerada entorpecente (para fins de caracterização de crimes da Lei de Drogas – Lei 11.343/2006). Dado o caráter de estabilidade da norma, a supressão de determinada substância poderá configurar *abolitio criminis*, retroagindo para beneficiar o réu. Já se o conteúdo da norma complementar tiver o caráter da transitoriedade ou excepcionalidade (tal como ocorria com os crimes contra a economia popular – tabelamento de preços), sua alteração posterior, ainda que benéfica ao réu, não irá retroagir, incidindo a ultra-atividade de que trata o art. 3º do CP.

Gabarito 1C, 2C, 3E, 4E

(Procurador/DF – 2013 – CESPE) No que se refere aos crimes contra a fé pública e contra a administração pública, aos delitos previstos na Lei de Licitações e à aplicação de pena, julgue os itens consecutivos.

(1) O disciplinamento previsto no CP acerca da conduta de suprimir ou reduzir contribuição social previdenciária e qualquer acessório, mediante omissão total ou parcial de receitas ou lucros auferidos, remunerações pagas ou creditadas e demais fatos geradores de contribuições sociais previdenciárias, prevê a extinção da punibilidade do agente, mesmo sem o pagamento do tributo devido, desde que esse agente faça, espontaneamente, declaração acompanhada de confissão das contribuições, importâncias ou valores devidos, e que ele preste, ainda, todas as informações devidas à previdência social, na forma definida em lei ou regulamento, antes do início da ação fiscal.

(2) Para a caracterização do delito de dispensar ou inexigir licitação fora das hipóteses previstas em lei, ou de deixar de observar as formalidades pertinentes a estas, é indispensável a presença de dolo, não se admitindo culpa.

(3) Nos crimes contra a administração pública, caso o servidor seja condenado a pena superior a um ano de prisão, por delito praticado com abuso de poder ou violação do dever para com a administração pública, poderá ser suspenso o efeito extrapenal específico da perda de cargo, função pública ou mandato eletivo, disposto no CP, nos caso em que tenha havido substituição da pena privativa de liberdade por pena restritiva de direito.

(4) O crime de uso de documento falso é formal, consumando-se com a simples utilização do documento reputado falso, não se exigindo a comprovação de efetiva lesão à fé pública, o que afasta a possibilidade de aplicação do princípio da insignificância, em razão do bem jurídico tutelado.

(5) No crime funcional contra a ordem tributária consistente em exigir, solicitar ou receber, para si ou para outrem, direta ou indiretamente, ainda que fora da função ou mesmo antes de iniciar seu exercício, mas em razão dela, vantagem indevida; ou aceitar promessa de tal vantagem, para deixar de lançar ou cobrar tributo ou contribuição social, ou cobrá-los parcialmente, extingue-se a punibilidade do agente, desde que haja pagamento integral do tributo antes da persecução penal em juízo, nos termos da lei regente dos crimes contra a ordem tributária.

1: correta, nos exatos termos do art. 168-A, § 2º, do CP; **2: correta.** De fato, o crime do art. 89 da Lei 8.666/1993 é doloso, não se admitindo a modalidade culposa. Nesse sentido, Guilherme Nucci (**Leis penais e processuais penais comentadas**. 4. ed. São Paulo: RT, 2009. p. 852); **3: incorreta**, de acordo com a banca examinadora. Nos termos do art. 92, I, "a", do CP, aplicada pena privativa de liberdade *igual ou superior* a um ano (e não apenas superior, como refere o item!), por delito praticado com abuso de poder ou violação do dever para com a Administração, haverá a perda de cargo, função pública ou mandato eletivo. Perceba que o dispositivo legal, em momento algum, faz distinção em caso de substituição da pena privativa de liberdade por restritiva de direitos. Contudo, há entendimento doutrinário em sentido contrário. Confira-se, por exemplo, a docência de Rogério Greco: "A lei penal fala em pena privativa de liberdade, razão pela qual quando o agente for condenado à pena de multa, *ou mesmo tiver a sua pena privativa de liberdade substituída pela pena restritiva de direitos, já não será possível a imposição do mencionado efeito da condenação*" (**Curso de Direito Penal**. Parte Especial. 6. ed. Niterói: Editora Impetus, 2009. v. III. p. 714). No entanto, cremos que o posicionamento da banca examinadora veio estribado em precedentes do STJ, tal como o que ora segue, extraído da ementa do julgamento do AgRg no Ag em REsp 46266 (2011/0201442-7), 5ª Turma, j. 26.06.2012, rel. Min. Laurita Vaz, *DJe* 01.08.2012: "(...) 6. Tal consequência ocorre sempre que configurada a hipótese prevista no art. 92, inciso I, alínea *a*, do Código Penal, não fazendo a lei qualquer ressalva no sentido de que, se a pena privativa de liberdade for substituída por reprimendas restritivas de direito, não haverá a perda do cargo."; **4: correta.** De fato, o crime de uso de documento falso (art. 304 do CP) é considerado formal ou de consumação antecipada, contentando-se com a efetiva utilização do documento falsificado ou adulterado, independentemente da obtenção, pelo agente, de qualquer vantagem, ou causação de prejuízo a outrem. Dada a objetividade jurídica do crime (fé pública), inadmissível a aplicação do princípio da insignificância. Nesse sentido: "(...) A jurisprudência deste Superior Tribunal de Justiça e do Supremo Tribunal Federal firmou-se no sentido da inaplicabilidade do princípio da insignificância, haja vista que o bem jurídico tutelado é a fé pública, a credibilidade da moeda e a segurança de sua circulação, independentemente da quantidade e do valor das cédulas falsificadas. Precedentes" (STJ, AgRg no Ag em REsp 82637 (2011/0261633-2), 5ª Turma, j. 09.04.2013, rel. Min. Marilza Maynard, convocada do TJ/SE, *DJe* 12.04.2013); **5: incorreta.** O crime descrito no art. 3º, II, da Lei 8.137/1990 (espécie de concussão e corrupção passiva praticada por agente ligado ao Fisco), é crime funcional contra a ordem tributária, inexistindo, nesse caso, extinção da punibilidade pelo pagamento integral do tributo. A lei, nesse sentido, é silente, inexistindo, pois, permissivo para a conclusão exarada no item em análise.

Gabarito 1C, 2C, 3E, 4C, 5E

(Magistratura do Trabalho – 3ª Região – 2013) Considerando o direito penal, assinale a alternativa incorreta:

(A) Ainda que emancipados nos moldes da lei civil, os menores de dezoito anos são penalmente irresponsáveis, ficando sujeitos às normas estabelecidas na legislação especial.

(B) Não pode alegar estado de necessidade quem tinha o dever legal de enfrentar o perigo.

(C) Se o crime é cometido sob coação irresistível ou em estrita obediência a ordem, não manifestamente ilegal, de superior hierárquico, só é punível o autor da coação ou da ordem.

(D) O ajuste, a determinação ou instigação e o auxílio, salvo disposição expressa em contrário, não são puníveis, se o crime não chega, pelo menos, a ser tentado.

(E) Não há crime quando o agente pratica o fato em caso de necessidade; em legítima defesa; em estrito cumprimento de dever legal ou no exercício regular de direito e em razão de doença mental ou desenvolvimento mental incompleto ou retardado, desde que, ao tempo da ação ou da omissão, o agente era inteiramente incapaz de entender o caráter criminoso do fato ou de determinar-se de acordo com esse entendimento.

A: correta. A emancipação não tem o condão de afastar a incidência dos direitos assegurados no Estatuto da Criança e do Adolescente (Lei 8.069/1990); **B: correta** (art. 24, § 1º, do CP); **C: correta** (art. 22 do CP); **D: correta** (art. 31 do CP); **E: incorreta**, devendo ser assinalada, – de fato, não há crime quando o agente pratica uma conduta típica sob o pálio de uma das causas excludentes de ilicitude (legítima defesa, estado de necessidade, exercício regular de direito e estrito cumprimento de dever legal – art. 23, CP); o erro estaria na segunda parte da assertiva. Digo *estaria* porque o examinador, ao elaborar esta questão, levou em conta a chamada *concepção bipartida* quanto ao conceito analítico de crime, segundo a qual crime é um fato típico e antijurídico. Assim, afastada, neste caso, a culpabilidade, o que ocorre em relação aos inimputáveis (art. 26, CP), o fato permanece criminoso. Por esta concepção, há crime, portanto, quando o agente, por doença mental ou desenvolvimento (...). A culpabilidade, aqui, funciona como pressuposto para a aplicação da pena. Agora, se adotarmos a *concepção tripartida*, para a qual crime é um fato típico, antijurídico e culpável, a inimputabilidade afasta a existência da infração penal. É dizer, o inimputável não pratica crime, porque ausente um dos elementos que compõem a estrutura do crime (a culpabilidade). Merece crítica, portanto, a forma como foi elaborada esta alternativa. É importante que se diga que não existe, na doutrina, consenso acerca do conceito analítico de crime.

Gabarito "E".

(Procurador do Trabalho – MPT – 17º Concurso) Escolha a alternativa INCORRETA:

(A) No cárcere privado o bem jurídico tutelado é a liberdade individual, caracterizando-se o crime mesmo quando a privação da liberdade ocorre com o consentimento da vítima, validamente manifestado.

(B) Para os efeitos penais previstos no tipo "falsificação de documento público", equiparam-se a documento público o emanado de entidade paraestatal, o título ao portador ou transmissível por endosso, as ações de sociedade comercial, os livros mercantis e o testamento particular.

(C) No crime de aliciamento de trabalhadores de um local para outro do território nacional, a pena é aumentada de um sexto a um terço se a vítima é menor de 18 (dezoito) anos, idosa, gestante, indígena ou portadora de deficiência.

(D) O crime de fraude processual se constitui em inovar artificiosamente, na pendência de processo civil ou administrativo, o estado de lugar, de coisa ou de pessoa, com o fim de induzir a erro o juiz ou o perito.

(E) Não respondida.

A: incorreta, devendo ser assinalada, já que o consentimento válido da vítima afasta a ocorrência do crime do art. 148 do CP (sequestro e cárcere privado); **B**: correta, pois reflete o disposto no art. 297, § 2º, do CP; **C**: correta (art. 207, § 2º, CP); **D**: correta (art. 347, *caput*, do CP).

Gabarito "A".

7. DIREITO PROCESSUAL PENAL

Arthur Trigueiros e Eduardo Dompieri*

1. FONTES, PRINCÍPIOS GERAIS, EFICÁCIA DA LEI PROCESSUAL NO TEMPO E NO ESPAÇO

(Investigador – PC/BA – 2018 – VUNESP) Em havendo conflito entre o Código de Processo Penal e uma lei especial que contenha normas processuais, a solução será a
(A) aplicação da norma que for mais recente, independentemente de eventual benefício ao réu.
(B) aplicação da lei especial e, quando omissa, subsidiariamente do Código de Processo Penal.
(C) aplicação do que for mais favorável ao acusado, independentemente da data de promulgação.
(D) conjugação de ambos os diplomas, aplicando-se as normas que forem mais benéficas ao acusado.
(E) prevalência da regra geral do Código de Processo Penal, em virtude da proibição constitucional dos juízos de exceção.

Deve-se recorrer, neste caso, ao princípio da especialidade, segundo o qual sempre que a lei especial regular determinado procedimento de forma diversa daquela prevista no CPP, deve-se aplicar a lei especial em detrimento do CPP, que somente terá incidência em caráter subsidiário. ED

Gabarito "B".

(Delegado – PC/BA – 2018 – VUNESP) Aplicar-se-á a lei processual penal, nos estritos termos dos arts. 1o, 2o e 3o do CPP,
(A) aos processos de competência da Justiça Militar.
(B) ultrativamente, mas apenas quando favorecer o acusado.
(C) retroativamente, mas apenas quando favorecer o acusado.
(D) desde logo, sem prejuízo da validade dos atos realizados sob a vigência da lei anterior.
(E) com o suplemento dos princípios gerais de direito sem admitir, contudo, interpretação extensiva e aplicação analógica.

A: incorreta, pois contraria o disposto no art. 1º, III, do CPP; **B, C e D:** a lei processual penal será aplicada desde logo (*princípio da aplicação imediata* ou *da imediatidade*), sem prejuízo dos atos realizados sob o império da lei anterior. É o que estabelece o art. 2º do CPP. A exceção a essa regra fica por conta da lei processual penal dotada de carga material (também chamada de norma mista ou híbrida), para a qual deverá ser aplicado o que estabelece o art. 2º, parágrafo único, do CP. Nesse caso, a exemplo do que se dá com as leis penais, a norma processual nova, se favorável ao réu, deverá retroagir; se prejudicial, aplica-se a lei já revogada (*lex mitior*). Com isso, está correto o que se afirma na alternativa "D"; **E:** incorreta, dado que, conforme art. 3º do CPP, *a lei processual penal admitirá interpretação extensiva e aplicação analógica, bem como o suplemento dos princípios gerais de direito*. ED

Gabarito "D".

(Defensor Público – DPE/PR – 2017 – FCC) Os princípios constitucionais aplicáveis ao processo penal incluem
(A) indisponibilidade.
(B) verdade real.
(C) razoável duração do processo.
(D) identidade física do juiz.
(E) favor rei.

Dos princípios acima elencados, o único que tem previsão expressa na CF é o da *razoável duração do processo*, inserto no art. 5º, LXXVIII, introduzido por meio da EC 45/2004. ED

Gabarito "C".

(Juiz de Direito – TJM/SP – VUNESP – 2016) A respeito dos princípios processuais penais, é correto afirmar:
(A) a ausência de previsão de atividade instrutória do juiz em nosso ordenamento processual penal brasileiro decorre do princípio da imparcialidade do julgador.
(B) o direito ao silêncio, que está previsto na Constituição da República, em conformidade com a interpretação sedimentada, só se aplica ao acusado preso.
(C) o princípio da motivação das decisões e das sentenças penais se aplica a todas as decisões proferidas em sede de direito processual penal, inclusive no procedimento do Tribunal de Júri.
(D) o princípio do contraditório restará violado se entre a acusação e a sentença inexistir correlação.
(E) o princípio da verdade real constitui princípio supremo no processo penal, tendo valor absoluto, inclusive para conhecimento e para valoração das provas ilícitas.

A: incorreta. A atividade instrutória do juiz está expressamente contemplada no art. 156 do CPP. Com efeito, as modificações implementadas pela Lei 11.690/2008 no dispositivo acima mencionado ampliaram sobremaneira os poderes do juiz de determinar de ofício a produção da prova. Dessa forma, nada impede que o magistrado, com fulcro no art. 156, II, do CPP, com o propósito de esclarecer dúvida acerca de ponto relevante, determine, em caráter supletivo, diligências com o objetivo de se atingir a verdade real; **B:** incorreta. O direito ao silêncio, consagrado nos arts. 5º, LXIII, da CF e 186, *caput*, do CPP, alcança tanto o indiciado/acusado preso quanto aquele que solto estiver respondendo ao processo ou sendo investigado em inquérito; **C:** incorreta. O princípio da publicidade dos atos processuais, que constitui a regra e está contemplado no art. 93, IX, da CF, não alcança as decisões proferidas pelos jurados no julgamento perante o Tribunal Popular, que, por imposição de índole constitucional (art. 5º, XXXVIII, CF), são revestidas de sigilo; **D:** correta. Consiste o princípio da correlação na indispensável correspondência que deve existir entre o fato articulado na peça acusatória e o fato pelo qual o réu é condenado. A violação a este princípio, para além de violar o contraditório, acarreta a nulidade da sentença; **E:** incorreta. É bem verdade que o juiz, no processo penal, não deve conformar-se com a verdade trazida pelas partes; se restar ponto não esclarecido, é imperioso, em homenagem ao postulado da *busca* da verdade real, que ele atue nessa busca incessante; afinal, ao contrário do que se dá no âmbito do processo civil, está aqui em jogo a liberdade do acusado. No entanto, tal atividade do juiz não é irrestrita e ilimitada. Ela deve ser supletiva em relação à das partes e limitar-se à valoração das provas lícitas, entre outras restrições impostas pelo ordenamento jurídico. Não se trata, portanto, de um princípio absoluto. ED

Gabarito "D".

(Juiz – TJ/MS – VUNESP – 2015) Com relação ao Princípio Constitucional da Publicidade, com correspondência no Código de Processo Penal, é correto afirmar que
(A) a publicidade ampla e a publicidade restrita não constituem regras de maior ou menor valor no processo penal, cabendo ao poder discricionário do juiz a preservação da intimidade dos sujeitos processuais.
(B) a publicidade restrita tem regramento pela legislação infraconstitucional e não foi recepcionada pela Constituição Federal, que normatiza a publicidade ampla dos atos processuais como garantia absoluta do indivíduo.
(C) de acordo com o artigo 93, inciso IX, da Constituição Federal, com nova redação dada pela EC 45/2004, os atos processuais serão públicos, sob pena de nulidade, cabendo ao juiz limitar a presença, nas audiências, de partes e advogados.
(D) a publicidade restrita é regra geral dos atos processuais, ao passo que a publicidade ampla é exceção e ocorre nas situações expressas em lei, dependendo de decisão judicial no caso concreto.
(E) a publicidade ampla é regra geral dos atos processuais, ao passo que a publicidade restrita é exceção e ocorre nas situações expressas em lei, dependendo de decisão judicial no caso concreto.

No processo penal, vigora, como regra, a chamada publicidade *ampla* (absoluta ou irrestrita), tal como estabelecem os arts. 5º, LX, e 93, IX, ambos da CF, assim considerada aquela em que qualquer pessoa tem acesso irrestrito tanto aos atos processuais quanto aos processos. Tal publicidade, no entanto, que, repita-se, é, em regra, ampla, poderá ser submetida a restrições, hipótese em que o acesso será permitido tão somente a determinadas pessoas (partes e seus procuradores). Nesse caso, é de rigor que a restrição seja prevista em lei, tal como ocorre nos arts. 201, § 6º, e 792, § 1º, do CPP, porque constitui exceção. ED

Gabarito "E".

(Promotor de Justiça/SC – 2016 – MPE)
(1) São efeitos do princípio *tempus regit actum*, previsto no Código de Processo Penal: a) os atos processuais realizados sob a égide da lei anterior são considerados válidos; b) as normas processuais têm

---

* **Eduardo Dompieri** comentou as questões dos concursos de Magistratura Estadual, Ministério Público Estadual, Procuradorias, Defensoria, Trabalhistas, Cartório, Analista, Magistratura Federal, Delegado/SP /14, Delegado/RO/14, Delegado/PA/13, Delegado/PR/13 , Delegado/RJ/13, Advogado do Metrô/SP/14; **Eduardo Dompieri** e **Arthur Trigueiros** comentaram em coautoria as questões dos concursos de Delegado.

aplicação imediata, pouco importando se o fato que deu origem ao processo é anterior à sua entrada em vigor.

1: a lei processual penal será aplicada desde logo (*princípio da aplicação imediata ou da imediatidade*), sem prejuízo dos atos realizados sob o império da lei anterior. É o que estabelece o art. 2º do CPP. A exceção a essa regra – é importante que se diga – fica por conta da lei processual penal dotada de carga material, em que deverá ser aplicado o que estabelece o art. 2º, parágrafo único, do CP. Nesse caso, a exemplo do que se dá com as leis penais, a norma processual nova, se favorável ao réu, deverá retroagir; se prejudicial, aplica-se a lei já revogada (*lex mitior*). **ED**
Gabarito "C".

(Promotor de Justiça/SC – 2016 – MPE)
(1) Segundo o Código de Processo Penal, a lei processual penal admitirá interpretação extensiva e aplicação analógica.

1: correta, uma vez que corresponde ao que estabelece o art. 3º do CPP: a lei processual penal admitirá interpretação extensiva e aplicação analógica, bem como o suplemento dos princípios gerais de direito. **ED**
Gabarito "C".

(Delegado/MT – 2017 – CESPE) Quando da entrada em vigor da Lei n. 9.099/1995, que dispõe sobre os juizados especiais cíveis e criminais, foi imposta como condição de procedibilidade a representação do ofendido nos casos de lesão corporal leve ou culposa. Nas ações em andamento à época, as vítimas foram notificadas a se manifestar quanto ao prosseguimento ou não dos feitos. Nesse caso, o critério adotado no que se refere às leis processuais no tempo foi o da
(A) interpretação extensiva.
(B) retroatividade.
(C) territorialidade.
(D) extraterritorialidade.
(E) irretroatividade.

Com o advento da Lei 9.099/1995, a ação penal, nos crimes de lesão corporal leve e culposa, que antes era pública incondicionada, passou a ser, por força do art. 88 dessa Lei, pública condicionada à representação do ofendido. Inegável que diversos institutos despenalizadores introduzidos na Lei 9.099/1995, como a representação nos crimes acima referidos, a transação penal e o *sursis* processual, entre outros, têm nítida repercussão no exercício do *jus puniendi*. São normas de direito processual que alcançam o direito de punir, ou seja, têm conteúdo de direito material. No caso da representação, o seu não oferecimento dentro do prazo estabelecido em lei leva ao reconhecimento da decadência, que por sua vez acarreta a extinção da punibilidade. É por essa razão que o STF já decidiu que, nesses casos, essas normas, que têm natureza mista, devem retroagir para beneficiar o réu. **ED**
Gabarito "B".

(Defensor Público – DPE/ES – 2016 – FCC) Sobre a garantia do duplo grau de jurisdição,
(A) é típico de sistemas processuais inquisitivos e se vale para uma melhor gestão da prova em virtude da colegialidade dos Tribunais.
(B) não se aplica nos Juizados Especiais Criminais, em virtude da informalidade que vigora nesse sistema.
(C) é expressa e explicitamente prevista na Constituição de 1988, aplicando-se, inclusive, aos casos de competência originária do STF.
(D) a jurisprudência dominante dos Tribunais Superiores considera aplicável o duplo grau de jurisdição apenas em relação ao acusado, não podendo o Ministério Público recorrer em caso de absolvição em primeira instância.
(E) a Corte Interamericana de Direitos Humanos já decidiu que no caso de o acusado ter sido absolvido em primeiro grau, mas em razão de recurso da acusação, é condenado em segundo grau pela primeira vez, deve ser garantido recurso amplo desta decisão, podendo rediscutir questões de fato e de direito.

A: incorreta. As características imanentes ao chamado *sistema processual inquisitivo* vão de encontro à garantia do duplo grau de jurisdição; de outro lado, o *sistema acusatório*, por nós adotado, se coaduna com tal garantia. São características do sistema *acusatório*: nítida separação nas funções de acusar, julgar e defender, o que torna imprescindível que essas funções sejam desempenhadas por pessoas distintas; o processo é público e contraditório; há imparcialidade do órgão julgador, que detém a gestão da prova (na qualidade de juiz-espectador), e a ampla defesa é assegurada. No *sistema inquisitivo*, que deve ser entendido como a antítese do acusatório, as funções de acusar, defender e julgar reúnem-se em uma única pessoa. É possível, nesse sistema, portanto, que o juiz investigue, acuse e julgue. Além disso, o processo é sigiloso e nele não vige o contraditório. Existe ainda o *sistema misto*, em que há uma fase inicial inquisitiva, ao final da qual tem início uma etapa em que são asseguradas todas as garantias inerentes ao acusatório. Embora não haja previsão expressa nesse sentido, acolhemos, segundo doutrina e jurisprudência majoritárias, o sistema acusatório; **B:** incorreta. Embora seja fato que a *informalidade* constitui critério a orientar o procedimento sumaríssimo (art. 62, Lei 9.099/1995), a verdade é que – e aqui está o erro da assertiva – a garantia do duplo grau de jurisdição tem incidência, sim, no contexto do Juizado Especial Criminal, cujas decisões poderão ser revistas por turmas de juízes que atuam no próprio juizado (art. 98, I, da CF; art. 82 da Lei 9.099/1995); **C:** incorreta. Apesar de não ter sido contemplado, de forma expressa, na CF/1988, o princípio do duplo grau de jurisdição foi consagrado, expressamente, na Convenção Americana de Direitos Humanos (Pacto de São José da Costa Rica), que, em seu art. 8º, 2, *h*, assim estabelece: "Durante o processo, toda pessoa tem direito, em plena igualdade, às seguintes garantias mínimas: direito de recorrer da sentença a juiz ou tribunal superior (...)". No mais, deve-se registrar que, embora não prevista, de forma expressa, no texto da nossa Constituição, cuida-se, indubitavelmente, de garantia materialmente constitucional, tendo em conta que o Pacto de São José da Costa Rica foi incorporado ao nosso ordenamento jurídico por meio do Decreto 678/1992, ganhando *status* de norma materialmente constitucional (art. 5º, § 2º, da CF). Dessa forma, é incorreto afirmar que a garantia do duplo grau de jurisdição tem previsão expressa no texto da CF/1988, como também é incorreto afirmar que tem incidência nos processos de competência originária do STF. Isso porque a competência originária constitui exceção ao exercício do duplo grau de jurisdição, que, portanto, não tem caráter absoluto. *Vide*, nesse sentido: STF, AI 601832 Agr – SP, 2ª T., rel. Min. Joaquim Barbosa, 17.03.2009; **D:** incorreta. Não seria razoável assegurar o duplo grau de jurisdição às tão somente uma das partes no processo penal. Tanto acusação quanto defesa podem se insurgir contra a decisão a eles desfavorável. O que ocorre é que existem alguns "recursos" que somente podem ser manejados pelo réu: *revisão criminal* e *embargos infringentes*; **E:** correta (Convenção Americana de Direitos Humanos – art. 8º, 2, "h"). Consultar Corte Interamericana no caso Mohamed vs. Argentina, cuja sentença foi proferida em 23/11/2012, em que ficou assentado o entendimento no sentido de que é imprescindível a existência de um recurso que assegure a dupla valoração dos fatos e das provas.
Gabarito "E".

(Defensor Público – DPE/MT – 2016 – UFMT) Quanto à eficácia temporal, a lei processual penal
(A) aplica-se somente a fatos criminosos ocorridos após a sua vigência.
(B) tem aplicação imediata, sem prejuízo da validade dos atos já realizados.
(C) vigora desde logo, tendo sempre efeito retroativo.
(D) tem aplicação imediata nos processos ainda não instruídos.
(E) não tem aplicação imediata, salvo para beneficiar o acusado.

A lei processual penal será aplicada desde logo (*princípio da aplicação imediata ou da imediatidade*), sem prejuízo dos atos realizados sob o império da lei anterior. É o que estabelece o art. 2º do CPP. A exceção a essa regra fica por conta da lei processual penal dotada de carga material (também chamada de norma mista ou híbrida), em que deverá ser aplicado o que estabelece o art. 2º, parágrafo único, do CP. Nesse caso, a exemplo do que se dá com as leis penais, a norma processual nova, se favorável ao réu, deverá retroagir; se prejudicial, aplica-se a lei já revogada (*lex mitior*).
Gabarito "B".

(Delegado/PE – 2016 – CESPE) Em consonância com a doutrina majoritária e com o entendimento dos tribunais superiores, assinale a opção correta acerca dos sistemas e princípios do processo penal.
(A) O princípio da obrigatoriedade deverá ser observado tanto na ação penal pública quanto na ação penal privada.
(B) O princípio da verdade real vigora de forma absoluta no processo penal brasileiro.
(C) Na ação penal pública, o princípio da igualdade das armas é mitigado pelo princípio da oficialidade.
(D) O sistema processual acusatório não restringe a ingerência, de ofício, do magistrado antes da fase processual da persecução penal.
(E) No sistema processual inquisitivo, o processo é público; a confissão é elemento suficiente para a condenação; e as funções de acusação e julgamento são atribuídas a pessoas distintas.

A: incorreta. O princípio da *obrigatoriedade*, que tem incidência no contexto da ação penal pública, não se aplica à ação penal privativa do ofendido, que é informada pelo princípio da *oportunidade* (conveniência). Significa que o ofendido tem a *faculdade*, não a obrigação, de promover a ação. No caso da ação pública, diferentemente, temos que o seu titular, o MP, tem a obrigação (não a faculdade) de ajuizar a ação penal quando preenchidos os requisitos legais (princípio da obrigatoriedade); **B:** incorreta. A busca pela verdade real, tal como se dá nos demais princípios que informam o processo penal, não tem caráter absoluto. Exemplo disso é que a Constituição Federal e também a legislação penal processual (art. 157, CPP) vedam as provas ilícitas; **C:** correta. De fato, na ação penal pública, o princípio da igualdade das armas é mitigado pelo princípio da oficialidade. Isso porque a acusação litigará valendo-se de uma estrutura que lhe é oferecida pelo Estado, o que não é conferido ao acusado, que atuará se valendo de suas próprias forças; **D:** incorreta, já que o sistema acusatório restringe, sim, a ingerência, de ofício, do magistrado antes da fase processual da persecução penal; **E:** incorreta, já que, no sistema inquisitivo, o processo é sigiloso e as funções de acusação e julgamento são atribuídas à mesma pessoa. A publicidade do processo e também o fato de a acusação e julgamento serem atribuídas a pessoas diferentes constituem características do processo acusatório.
Gabarito "C".

(Juiz de Direito/AM – 2016 – CESPE) Relativamente aos sistemas e princípios fundamentais do processo penal, assinale a opção correta.
(A) A proibição de revisão *pro societate* foi expressamente integrada ao ordenamento jurídico brasileiro pela CF, sendo fruto da necessidade de segurança jurídica a vedação que impede que alguém possa ser julgado mais de uma vez por fato do qual já tenha sido absolvido por decisão passada em julgado, exceto se por juiz absolutamente incompetente.
(B) O direito ao silêncio ou garantia contra a autoincriminação derrubou

um dos pilares do processo penal tradicional: o dogma da verdade real, permitindo que o acusado permaneça em silêncio durante a investigação ou em juízo, bem como impedindo de forma absoluta que ele seja compelido a produzir ou contribuir com a formação da prova ou identificação pessoal contrária ao seu interesse, revogando as previsões legais nesse sentido.

(C) A elaboração tradicional do princípio do contraditório garantia a paridade de armas como forma de igualdade processual. A doutrina moderna propõe a reforma do instituto, priorizando a participação do acusado no processo como meio de permitir a contribuição das partes para a formação do convencimento do juiz, sendo requisito de eficácia do processo.

(D) O princípio do juiz natural tem origem no direito anglo-saxão, construído inicialmente com base na ideia da vedação do tribunal de exceção. Posteriormente, por obra do direito norte-americano, acrescentou-se a exigência da regra de competência previamente estabelecida ao fato, fruto, provavelmente, do federalismo adotado por aquele país. O direito brasileiro adota tal princípio nessas duas vertentes fundamentais.

(E) A defesa técnica é o corolário do princípio da ampla defesa, exigindo a participação de um advogado em todos os atos da persecução penal. Segundo o STF, atende integralmente a esse princípio o pedido de condenação ao mínimo legal, ainda que seja a única manifestação jurídica da defesa, patrocinada por DP ou dativo.

A: incorreta, dado que a sentença absolutória, mesmo que nula em razão da incompetência do juiz que a proferiu, torna-se definitiva, o que decorre da proibição da *reformatio in pejus*, que consiste na impossibilidade de o tribunal piorar a situação processual do réu. No STJ: *1. De acordo com a jurisprudência deste Superior Tribunal de Justiça, a declaração de incompetência absoluta do Juízo se enquadra nas hipóteses de nulidade absoluta do processo. Todavia, a sentença prolatada por juiz absolutamente incompetente, embora nula, após transitar em julgado, pode acarretar o efeito de tornar definitiva a absolvição do acusado, uma vez que, apesar de eivada de nulidade, tem como consequência a proibição da reformatio in pejus. 2. O princípio ne reformatio in pejus, apesar de não possuir caráter constitucional, faz parte do ordenamento jurídico complementando o rol dos direitos e garantias individuais já previstos na Constituição Federal, cuja interpretação sistemática permite a conclusão de que a Magna Carta impõe a preponderância do direito a liberdade sobre o Juiz natural. Assim, somente se admite que este último – princípio do juiz natural – seja invocado em favor do réu, nunca em seu prejuízo. 3. Sob essa ótica, portanto, ainda que a nulidade seja de ordem absoluta, eventual reapreciação da matéria, não poderá de modo algum ser prejudicial ao paciente, isto é, a sua liberdade. Não se trata de vinculação de uma esfera a outra, mas apenas de limitação principiológica.* (HC 146.208/PB, Rel. Ministro HAROLDO RODRIGUES (DESEMBARGADOR CONVOCADO DO TJ/CE), SEXTA TURMA, julgado em 04.11.2010, DJe 16.05.2011); **B:** incorreta. Embora a CF, em seu art. 5º, LXIII, tenha consagrado o direito de o indiciado/réu permanecer em silêncio, não produzindo prova contra si mesmo, tal garantia não é absoluta, porquanto não atinge a obrigação que lhe é imposta de fornecer, de forma correta, as informações necessárias a sua identificação (qualificação). É o chamado interrogatório de qualificação, que não deve ser confundido com o interrogatório de mérito, no qual o indiciado/acusado poderá exercer o seu direito ao silêncio; **C:** incorreta. O contraditório, por ser um dos princípios mais caros ao processo penal, constitui requisito de validade do processo, cuja não observância dá azo a nulidade absoluta; **D:** correta. Ao tratar do juiz natural, assim se pronunciou Eugênio Paccelli de Oliveira: "O princípio do juiz natural tem origem no direito anglo-saxão, construído inicialmente com base na ideia da vedação do tribunal de exceção (...). Posteriormente, por obra do direito norte-americano, acrescentou-se, na elaboração do princípio, a exigência da regra de competência previamente estabelecida ao fato, fruto, provavelmente, do federalismo adotado desde a formação política daquele Estado (...). O Direito brasileiro, adotando o juiz natural em suas duas vertentes fundamentais (...)" (Curso de Processo Penal, 14. ed., p. 34); **E:** incorreta. A participação do advogado não é obrigatória em todos os atos do inquérito policial, que compõe a primeira etapa da persecução penal.

Gabarito "D".

(Delegado/SP – 2014 – VUNESP) A respeito do direito ao silêncio do acusado no inquérito policial, é correto afirmar que

(A) não importará em confissão, mas em presunção de culpabilidade.
(B) importará em confissão.
(C) importará em confissão, exceto se o acusado manifestar o direito constitucional de somente falar em juízo.
(D) não importará em confissão, entretanto, poderá constituir elemento para formação do convencimento do juiz em eventual processo penal.
(E) não importará em confissão.

Deve-se aplicar, neste caso, o art. 186, parágrafo único, do CPP, que incide tanto no âmbito do inquérito policial quanto no da instrução processual, que estabelece que "o silêncio, que não importará em confissão, não poderá ser interpretado em prejuízo da defesa".

Gabarito "E".

(Delegado/SP – 2014 – VUNESP) A lei processual penal

(A) tem aplicação imediata, sem prejuízo dos atos realizados sob a vigência de lei anterior.
(B) somente pode ser aplicada a processos iniciados sob sua vigência.
(C) tem aplicação imediata, devendo ser declarados inválidos os atos praticados sob a vigência de lei anterior.
(D) tem aplicação imediata, devendo ser renovados os atos praticados sob a vigência da lei anterior.
(E) é retroativa aos atos praticados sob a vigência de lei anterior.

A lei processual penal será aplicada desde logo (*princípio da aplicação imediata* ou *da imediatidade*), sem prejuízo dos atos realizados sob o império da lei anterior. É o que estabelece o art. 2º do CPP. A exceção a essa regra fica por conta da lei processual penal dotada de carga material, em que deverá ser aplicado o que estabelece o art. 2º, parágrafo único, do CP. Nesse caso, a exemplo do que se dá com as leis penais, a norma processual nova, se favorável ao réu, deverá retroagir; se prejudicial, aplica-se a lei já revogada (*lex mitior*).

Gabarito "A".

(Delegado/SP – 2014 – VUNESP) No Direito pátrio, o sistema que vige no processo penal é o

(A) inquisitivo formal.
(B) acusatório formal.
(C) inquisitivo.
(D) inquisitivo unificador.
(E) acusatório.

São características imanentes ao *sistema acusatório*: além de uma nítida separação nas funções de acusar, julgar e defender, o processo é público (ao menos na sua maior parte) e contraditório; ademais, há imparcialidade do órgão julgador, a ampla defesa é assegurada e o processo é predominantemente oral. No *sistema inquisitivo*, diferentemente, as funções de acusar, defender e julgar reúnem-se em uma única pessoa. Além disso, o processo é sigiloso e nele não vige o contraditório. Temos ainda o *sistema misto*, em que há uma fase inicial inquisitiva, ao final da qual tem início uma etapa em que são asseguradas todas as garantias inerentes ao acusatório. Para a maior parte da doutrina, adotamos o sistema acusatório; há, no entanto, doutrinadores que sustentam que o sistema por nós adotado é o misto.

Gabarito "E".

(Delegado/SP – 2014 – VUNESP) São princípios constitucionais explícitos do processo penal:

(A) ampla defesa e intervenção mínima.
(B) presunção de inocência e lesividade.
(C) intervenção mínima e duplo grau de jurisdição.
(D) presunção de inocência e ampla defesa.
(E) lesividade e intervenção mínima.

Os princípios da *ampla defesa* e *presunção de inocência* estão contemplados, respectivamente, no art. 5º, LV e LVII, da CF/1988.

Gabarito "D".

(Delegado/SP – 2014 – VUNESP) Em se tratando de processo penal, assinale a alternativa que apresenta, correta e respectivamente, uma fonte direta e uma fonte indireta.

(A) Costume e lei.
(B) Costume e jurisprudência.
(C) Doutrina e jurisprudência.
(D) Princípios gerais do direito e doutrina.
(E) Lei e costume.

Considera-se fonte direta do direito processual penal as diversas espécies normativas, como a lei ordinária, a emenda à Constituição e a lei complementar. Já o costume, assim como os princípios gerais de direito, é classificado como fonte indireta (mediata).

Gabarito "E".

(Magistratura/GO – 2015 – FCC) NÃO se trata de garantia processual expressa na Constituição da República:

(A) a liberdade provisória.
(B) a identificação do responsável pelo interrogatório policial.
(C) a publicidade restrita.
(D) o cumprimento da pena em estabelecimento distinto em razão da natureza do delito.
(E) o duplo grau de jurisdição.

A: assertiva correta, garantia prevista no art. 5º, LXVI, da CF; **B:** assertiva correta, garantia contemplada no art. 5º, LXIV, da CF; **C:** assertiva correta, garantia contemplada no art. 5º, LX, da CF; **D:** assertiva correta, garantia prevista no art. 5º, XLVIII, da CF. Quanto a isso, *vide* Lei 13.167/2015, que, conferindo nova redação ao art. 84 da Lei 7.210/1984 (LEP), estabeleceu os critérios que devem ser observados para separação dos presos provisórios e também dos condenados; **E:** assertiva incorreta, devendo ser assinalada. Apesar de não ter sido contemplado, de forma expressa, na CF/1988, o princípio do duplo grau de jurisdição foi consagrado, expressamente, na Convenção Americana de Direitos Humanos (Pacto de São José da Costa Rica), que, em seu art. 8º, 2, *h*, assim estabelece: "Durante o processo, toda pessoa tem direito, em plena igualdade, às seguintes garantias mínimas: direito de recorrer da sentença a juiz ou tribunal superior (...)". No mais, deve-se registrar que, embora não prevista, de forma expressa, no texto da nossa Constituição, cuida-se, indubitavelmente, de garantia materialmente constitucional, tendo em conta que o Pacto de São José da Costa Rica foi incorporado ao nosso ordenamento jurídico por meio do Decreto 678/1992, ganhando *status* de norma materialmente constitucional (art. 5º, § 2º, da CF).

Gabarito "E".

(Magistratura/RR – 2015 – FCC) O princípio internacionalmente consagrado do Duplo Grau de Jurisdição é reconhecido por várias legislações ocidentais. No Brasil, o princípio também é reconhecido e, segundo o Supremo Tribunal Federal, decorre

(A) diretamente do texto constitucional brasileiro e está previsto no artigo 5º como uma garantia fundamental.
(B) diretamente do texto constitucional brasileiro, mas não está previsto no artigo 5º.
(C) do Pacto de Direitos Civis e Políticos e tem previsão na Constituição Federal do Brasil.
(D) do Pacto de São José da Costa Rica e não tem previsão Constitucional.
(E) diretamente dos pactos internacionais de direitos humanos e tem previsão expressa na Constituição Federal do Brasil.

Apesar de não ter sido contemplado, de forma expressa, na CF/1988, o princípio do duplo grau de jurisdição foi consagrado, expressamente, na Convenção Americana de Direitos Humanos (Pacto de São José da Costa Rica), que, em seu art. 8º, 2, *h*, assim estabelece: "Durante o processo, toda pessoa tem direito, em plena igualdade, às seguintes garantias mínimas: direito de recorrer da sentença a juiz ou tribunal superior (...)". No mais, deve-se registrar que, embora não prevista, de forma expressa, no texto da nossa Constituição, cuida-se, indubitavelmente, de garantia materialmente constitucional, tendo em conta que o Pacto de São José da Costa Rica foi incorporado ao nosso ordenamento jurídico por meio do Decreto 678/1992, ganhando *status* de norma materialmente constitucional (art. 5º, § 2º, da CF).
Gabarito "D".

(Magistratura/RR – 2015 – FCC) A lei processual penal brasileira

(A) admite interpretação extensiva e aplicação analógica, bem como o suplemento dos princípios gerais de direito.
(B) aplica-se desde logo, em prejuízo da validade dos atos realizados sob a vigência da lei anterior.
(C) retroage no tempo para obrigar a refeitura dos atos processuais, caso seja mais benéfica ao réu.
(D) não admite definição de prazo de *vacatio legis*.

A: correta, já que corresponde ao que estabelece o art. 3º do CPP; **B:** incorreta. Assim dispõe o art. 2º do CPP: "A lei processual penal aplicar-se-á desde logo, sem prejuízo da validade dos atos realizados sob a vigência da lei anterior". Isso quer dizer que a norma genuinamente processual penal terá aplicação imediata, conforme se afirma na assertiva, e os atos praticados até então, sob a égide da lei anterior, serão preservados; veja que a incorreção da alternativa está na palavra "em", no lugar da qual deveria estar, para ser considerada correta, "sem"; **C:** incorreta. Em regra, a norma processual penal começa a ser aplicada tão logo entre em vigor, passando a disciplinar os processos em curso, não afetando, como dissemos acima, os atos até ali realizados. Não tem, portanto, ao menos em regra, efeito retroativo. Sucede que há normas processuais penais que possuem natureza mista, híbrida, isto é, são dotadas de natureza processual e material ao mesmo tempo, tal qual as normas processuais que disciplinam a natureza da ação penal. Nesse caso, deverá prevalecer, em detrimento do regramento estabelecido no art. 2º do CPP, a norma contida no art. 2º, parágrafo único, do Código Penal (art. 5º, XL, da CF). Em se tratando de norma mais favorável ao réu, deverá retroagir em seu benefício; se prejudicial a lei nova, aplica-se a lei já revogada. Conferir: "*In casu*, o constrangimento é flagrante, tendo em vista que, diante da lei processual penal material, a disciplinar aspecto sensivelmente ligado ao *jus puniendi* – natureza da ação penal – pretendeu-se aplicar o primado *tempus regit actum*, art. 2.º do Código de Processo Penal, a quebrantar a garantia inserta no Código Penal, de que a *lex gravior* somente incide para fatos posteriores à sua edição. Como, indevidamente, o *Parquet* ofereceu denúncia, em caso em que cabível queixa, e, transposto o prazo decadencial de seis meses para o ajuizamento desta, tem-se como fulminada a persecução penal. 3. Ordem não conhecida, expedido *habeas corpus* de ofício para trancar a Ação Penal n. 2009.001.245923-5, em trâmite perante a 28.ª Vara Criminal da Comarca da Capital/RJ" (STJ, 6ª T., HC 201001533527, Maria Thereza De Assis Moura, *DJ* de 29.11.2012); **D:** incorreta. Embora seja mais comum que a lei processual penal não contemple, em seu texto, cláusula de *vacatio legis*, entrando em vigor na data de sua publicação, nada obsta que o legislador estabeleça um interregno necessário ao conhecimento da lei, fixando período de *vacatio*.
Gabarito "A".

(Ministério Público/SP – 2015 – MPE/SP) Assinale a alternativa correta:

(A) A lei processual penal que entrar em vigor, alterando as regras de competência, não é aplicável aos processos em curso.
(B) Se o ato processual for complexo e iniciar-se sob a vigência de uma lei de natureza processual penal e, antes de se completar, outra for promulgada, modificando-o, devem ser obedecidas as normas da lei antiga.
(C) A lei processual penal deverá retroagir se for mais favorável ao acusado.
(D) Se a lei nova tiver natureza mista sua aplicação é imediata e irretroativa, posto que prejudicial ao acusado.
(E) Todas as alternativas estão incorretas.

A: incorreta. No que toca às leis processuais penais no tempo, a regra é que a legislação nova seja aplicada de pronto, tão logo entre em vigor, preservando-se a validade dos atos realizados sob a vigência da lei anterior. Por isso, se uma lei entrar em vigor no curso de um processo, passará a reger os atos ali realizados a partir de então; e os atos realizados até aquele momento, sob o império da lei anterior, nenhuma alteração sofrerão, permanecendo válidos, ainda que a norma posterior contemple regras novas sobre competência; a exceção fica por conta das leis processuais dotadas de carga material (lei processual mista), em que deverá ser aplicado o que estabelece o art. 2º, parágrafo único, do CP. Nesse caso, a exemplo do que se dá com as leis penais, a norma processual nova, se favorável ao réu, deverá retroagir; se prejudicial, aplica-se a lei já revogada (*lex mitior*); **B:** correta. Se a prática do ato processual iniciar-se sob a égide de uma lei e, depois disso e antes que o ato se complete, entrar em vigor legislação nova que modifique a disciplina relativa a tal ato, será este regido pela lei anterior, em vigor, portanto, ao tempo em que a prática do ato foi deflagrada; **C:** incorreta. Como já dito, a lei processual penal não retroagirá, ainda que for para beneficiar o réu; sua aplicação é imediata, incidindo sobre os atos a partir dali praticados; a possibilidade de efeito retroativo somente alcançará a lei processual mista, assim considerada a que tem carga de direito material. A regra, portanto, é que a lei processual penal não retroaja para beneficiar o réu (art. 2º, CPP); **D:** incorreta, pelas razões invocadas nos comentários anteriores; **E:** incorreta, pelas razões expostas acima.
Gabarito "B".

(Defensor/PA – 2015 – FMP) Em relação aos tratados e convênios internacionais ratificados pelo Brasil, é correto afirmar que:

(A) o Pacto Internacional de Direitos Políticos e Civis prevê, entre os direitos de qualquer pessoa presa ou encarcerada em virtude de infração penal, ser ela conduzida, no prazo de 24 horas, à presença do juiz.
(B) o Pacto Internacional de Direitos Políticos e Civis prevê que o direito de ser conduzido somente à presença de um juiz se aplica unicamente às pessoas que forem presas em flagrante, não se aplicando, portanto, a outras modalidades de privação de liberdade realizadas pelo Estado.
(C) o Pacto de San José da Costa Rica não fixa qualquer prazo para que toda pessoa detida ou retida deva ser conduzida à presença de um juiz ou outra autoridade autorizada pela lei a exercer funções judiciais.
(D) o Pacto de San José da Costa Rica fixa o prazo de 24 horas para que toda pessoa detida ou retida deva ser conduzida à presença de um juiz ou outra autoridade autorizada pela lei a exercer funções judiciais.
(E) o Pacto de San José da Costa Rica fixa o prazo de 24 horas para que toda pessoa presa ou retida deva ser conduzida somente à presença de um juiz.

A Convenção Americana sobre Direitos Humanos (Pacto de San José da Costa Rica), incorporada ao ordenamento jurídico brasileiro pelo Decreto 678/1992, estabelece, em seu art. 7º (5), que "Toda pessoa presa, detida ou retida deve ser conduzida, sem demora, à presença de um juiz ou outra autoridade autorizada por lei a exercer funções judiciais (...)". De igual modo, o Pacto Internacional de Direitos Políticos e Civis, incorporado ao nosso ordenamento jurídico por meio do Decreto 592/1992, também contempla disposição nesse sentido (art. 9º, 3). Os dois tratados, portanto, impõem que o preso, a qualquer título (não só o detido em flagrante), seja levado à presença de um juiz *sem demora*. Não se estabeleceu, como se pode ver, prazo para tanto. A esse propósito, vale o registro de que, recentemente, o Conselho Nacional de Justiça, em parceria com o Tribunal de Justiça de São Paulo e também com o Ministério da Justiça, lançou e vem implementando o projeto "audiência de custódia", cujo propósito é assegurar ao preso o direito de ser apresentado, de forma rápida, a um juiz de direito, ao qual caberá analisar, entre outros aspectos, a legalidade da prisão em flagrante e também a necessidade de a mesma ser convertida em prisão preventiva. Tudo leva a crer que tal iniciativa, que vai ao encontro de garantia presente no Pacto de São José da Costa Rica e também no Pacto Internacional de Direitos Políticos e Civis, venha a ser, paulatinamente, introduzida em todas as comarcas do país.
Gabarito "C".

2. INQUÉRITO POLICIAL E OUTRAS FORMAS DE INVESTIGAÇÃO CRIMINAL

(Investigador – PC/BA – 2018 – VUNESP) A obtenção de dados e informações cadastrais de vítimas ou de suspeitos junto a órgãos do poder público ou empresas da iniciativa privada, durante a investigação de crime de tráfico de pessoas, poderá ser requisitada

(A) pela Autoridade Judiciária, mediante representação do Ministério Público.
(B) pela Autoridade Judiciária, mediante representação do Delegado de Polícia.
(C) diretamente pelo Delegado de Polícia ou pelo Promotor de Justiça.
(D) apenas pela Autoridade Judiciária, de ofício.
(E) somente pelo Delegado de Polícia ou pelo Juiz de Direito.

A resposta a esta questão deve ser extraída do art. 13-A do CPP, introduzido pela Lei 13.344/2016, que assim dispõe: "Nos crimes previstos nos arts. 148, 149 e 149-A, no § 3º do art. 158 e no art. 159 do Decreto-lei nº 2.848, de 7 de dezembro de 1940 (Código Penal), e no art. 239 da Lei nº 8.069, de 13 de julho de 1990 (Estatuto da Criança e do Adolescente), o membro do Ministério Público ou delegado de polícia poderá requisitar, de qualquer órgão do poder público ou de empresas da iniciativa privada, dados e informações cadastrais da vítima ou de suspeitos".
Gabarito "C".

(Delegado – PC/BA – 2018 – VUNESP) Nos termos da Lei no 13.431/2017, é correto afirmar que, constatado que a criança ou o adolescente está em risco, a autoridade policial

(A) requisitará a autoridade judicial responsável, em qualquer momento dos procedimentos de investigação e responsabilização dos suspeitos, as medidas de proteção pertinentes, entre as quais, requerer a prisão temporária do investigado.
(B) solicitará ao Ministério Público a propositura de ação judicial visando ao afastamento cautelar do investigado da residência ou local de convivência, em se tratando de pessoa que tenha contato com a criança ou o adolescente.
(C) solicitará a autoridade judicial responsável, em qualquer momento dos procedimentos de investigação e responsabilização dos suspeitos, as medidas de proteção pertinentes, entre as quais, a internação em estabelecimento educacional.
(D) solicitará a autoridade judicial responsável, em qualquer momento dos procedimentos de investigação e responsabilização dos suspeitos, as medidas de proteção pertinentes, entre as quais, a internação em abrigo.
(E) requisitará à autoridade judicial responsável, em qualquer momento dos procedimentos de investigação e responsabilização dos suspeitos, as medidas de proteção pertinentes, entre as quais, solicitar aos órgãos socioassistenciais a inclusão da vítima e de sua família nos atendimentos a que têm direito.

A: incorreta, uma vez que, neste caso, a autoridade policial poderá representar ao magistrado pela decretação da prisão *preventiva*, tal como consta do art. 21, III, da Lei 13.431/2017; **B:** incorreta, na medida em que tal providência, consistente em afastar o investigado da residência ou local de convivência, quando este tiver contato com o menor, deve ser dirigida ao juiz de direito (art. 21, II, da Lei 13.431/2017); **C:** incorreta, já que a Lei 13.431/2017 (tampouco o ECA) não contempla a *internação em estabelecimento educacional* como medida de proteção; **D:** incorreta. De igual forma, não há previsão de medida de proteção consistente em *internação em abrigo*; **E:** correta (art. 21, IV, da Lei 13.431/2017).
Gabarito "E".

(Delegado – PC/BA – 2018 – VUNESP) Do despacho que indeferir o requerimento de abertura de inquérito (CPP, art. 5o, § 2o)

(A) caberá recurso para o chefe de Polícia.
(B) caberá recurso para o Promotor de Justiça Corregedor da Polícia Judiciária.
(C) caberá recurso para o Juiz Corregedor da Polícia Judiciária.
(D) caberá recurso para o Desembargador Corregedor Geral de Justiça.
(E) não caberá recurso.

Nos termos do art. 5º, § 2º, do CPP, do despacho da autoridade policial que indeferir o requerimento de abertura de inquérito formulado pela vítima, caberá recurso ao chefe de Polícia, que é o delegado-geral da Polícia Civil dos Estados, autoridade máxima dentro da hierarquia da polícia judiciária com atuação nos Estados. Para parte da doutrina, todavia, tal recurso deve ser dirigido ao secretário de Segurança Pública. De uma forma ou de outra, trata-se de recurso administrativo.
Gabarito "A".

(Defensor Público Federal – DPU – 2017 – CESPE) A respeito de coisa julgada e inquérito policial, julgue os itens a seguir.

(1) A homologação, pelo juízo criminal competente, do arquivamento de inquérito policial forma coisa julgada endoprocessual.
(2) Situação hipotética: Pedro, servidor público federal, foi indiciado pela Polícia Federal por suposta prática de corrupção passiva no exercício de suas atribuições. O inquérito policial, após remessa ao órgão do MPF, foi arquivado, por requerimento do procurador da República, em razão da atipicidade da conduta, e o arquivamento foi homologado pelo juízo criminal competente. Assertiva: Nessa situação, o ato de arquivamento do inquérito fez exclusivamente coisa julgada formal, o que impossibilita posterior desarquivamento pelo *parquet*, ainda que diante da existência de novas provas.
(3) Situação hipotética: Lino foi indiciado por tentativa de homicídio. Após remessa dos autos ao órgão do MP, o promotor de justiça requereu o arquivamento do inquérito em razão da conduta de Lino ter sido praticada em legítima defesa, o que foi acatado pelo juízo criminal competente. Assertiva: Nessa situação, de acordo com o STF, o ato de arquivamento com fundamento em excludente de ilicitude fez coisa julgada formal e material, o que impossibilita posterior desarquivamento pelo *parquet*, ainda que diante da existência de novas provas.

1: correta. Uma vez ordenado o arquivamento do inquérito policial pelo juiz de direito, por falta de base para a denúncia, nada obsta que a autoridade policial proceda a novas pesquisas, desde que de outras provas tenha conhecimento – art. 18 do CPP. Isso porque a decisão que determina o arquivamento do inquérito policial gera, em regra, coisa julgada formal (endoprocessual). De se ver que as "outras provas" a que faz alusão o art. 18 do CPP devem ser entendidas como *provas substancialmente novas*, ou seja, aquelas que até então não eram de conhecimento das autoridades. Veja, a propósito, o teor da Súmula n. 524 do STF: "Arquivado o inquérito policial, por despacho do juiz, a requerimento do Promotor de Justiça, não pode a ação penal ser iniciada, sem novas provas". Agora, se o arquivamento do inquérito se der por ausência de tipicidade, a decisão, neste caso, tem efeito preclusivo, é dizer, produz coisa julgada material, impedindo, dessa forma, o desarquivamento do inquérito. A esse respeito, *Informativo STF* 375; **2:** errada. Conforme ponderado no comentário anterior, o arquivamento do inquérito policial em razão da atipicidade da conduta gera coisa julgada material, e não formal, tal como consta da assertiva; **3:** incorreta. Segundo posicionamento atual do STF, o arquivamento de inquérito policial em decorrência do reconhecimento de causa de exclusão de ilicitude produz tão somente coisa julgada formal, o que não impede que a questão seja rediscutida diante do surgimento de provas novas. Nesse sentido: "Tentativa de homicídio qualificado (CP, art. 121, § 2º, inciso IV, c/c o art. 14, inciso II). Arquivamento de Inquérito Policial Militar, a requerimento do *Parquet* Militar. Conduta acobertada pelo estrito cumprimento do dever legal. Excludente de ilicitude (CPM, art. 42, inciso III). Não configuração de coisa julgada material. Entendimento jurisprudencial da Corte. Surgimento de novos elementos de prova. Reabertura do inquérito na Justiça comum, a qual culmina na condenação do paciente e de corréu pelo Tribunal do Júri. Possibilidade. Enunciado da Súmula n. 524/STF. Ordem denegada. 1. O arquivamento de inquérito, a pedido do Ministério Público, em virtude da prática de conduta acobertada pela excludente de ilicitude do estrito cumprimento do dever legal (CPM, art. 42, inciso III), não obsta seu desarquivamento no surgimento de novas provas (Súmula n. 5241/STF). Precedente. 2. Inexistência de impedimento legal para a reabertura do inquérito na seara comum contra o paciente e o corréu, uma vez que subsidiada pelo surgimento de novos elementos de prova, não havendo que se falar, portanto, em invalidade da condenação perpetrada pelo Tribunal do Júri. 3. Ordem denegada" (HC 125101, Relator(a): Min. Teori Zavascki, Relator(a) p/ Acórdão: Min. Dias Toffoli, Segunda Turma, julgado em 25/08/2015, PROCESSO Eletrônico DJe-180 Divulg 10-09-2015 PUBLIC 11-09-2015).
Gabarito: 1C, 2E, 3E.

(Procurador – IPSMI/SP – VUNESP – 2016) Uma vez relatado o inquérito policial,

(A) o delegado pode determinar o arquivamento dos autos.
(B) o Promotor de Justiça pode denunciar ou arquivar o feito.
(C) o Promotor de Justiça pode denunciar, requerer o arquivamento ou requisitar novas diligências.
(D) o Juiz pode, diante do pedido de arquivamento, indicar outro promotor para oferecer denúncia.

A: incorreta, uma vez que tal iniciativa (promoção de arquivamento de IP) incumbe com exclusividade ao representante do MP, titular que é da ação penal pública. Assim, é vedado ao delegado de polícia, ao concluir as investigações do inquérito policial, promover o seu arquivamento (art. 17, CPP); deverá, isto sim, fazê-lo chegar ao MP, a quem incumbirá, se o caso, requerer o arquivamento do feito (art. 28, CPP). Tampouco é dado ao juiz tomar a iniciativa de arquivar autos de inquérito; dependerá, para tanto, de requerimento do MP; **B:** incorreta. O promotor de Justiça, embora possa (leia-se: deva) denunciar quando presentes indícios de autoria e prova da existência do crime, é-lhe vedado, pelas razões acima expostas, proceder ao arquivamento dos autos de inquérito policial; deverá, se assim entender, formular requerimento nesse sentido ao juiz de direito, que, se o caso, determinará o arquivamento dos autos de inquérito; **C:** correta. Ao receber os autos de inquérito concluídos, ao MP é dado trilhar três caminhos: se houver justa causa, denunciar; se entender que há diligências, não realizadas pela autoridade policial, indispensáveis ao oferecimento da denúncia, requisitará tal providência ao delegado de polícia, com a devolução dos autos à unidade de Polícia Judiciária; se, por fim, entender que não há elementos suficientes ao ajuizamento da ação penal, requererá, ao magistrado, o arquivamento dos autos de inquérito; **D:** incorreta. Se o juiz discordar do pedido de arquivamento de inquérito policial formulado pelo promotor, deverá, ante o que estabelece o art. 28 do CPP, fazer a remessa dos autos ao procurador-geral, que é quem tem atribuição para proceder a nova análise do pedido de arquivamento feito pelo membro do *parquet*. A partir daí, pode o procurador-geral, ante a provocação do magistrado, *insistir no pedido de arquivamento do inquérito*, ratificando posicionamento firmado pelo promotor, caso em que o juiz ficará obrigado, por imposição do art. 28 do CPP, a determiná-lo. Se, de outro lado, o procurador-geral entender que é o caso de *oferecimento de denúncia*, poderá ele mesmo fazê-lo ou designar outro promotor para que o faça. Tal incumbência, frise-se, não poderá recair sobre o mesmo promotor, o que implicaria violação à sua livre convicção. Como se pode ver, não é dado do juiz, ao discordar do pleito de arquivamento requerido pelo MP, encaminhar os autos a outro promotor para que promova a ação penal. Tal avaliação ficará a cargo do procurador-geral.
Gabarito "C".

(Procurador do Estado – PGE/BA – CESPE – 2014) Acerca do direito processual penal, julgue o item a seguir (adaptada)

(1) Em razão do princípio constitucional da presunção de inocência, é vedado à autoridade policial mencionar anotações referentes à instauração de inquérito nos atestados de antecedentes que lhe forem solicitados.

1: correta, pois reflete a regra presente no art. 20, parágrafo único, do CPP, que assim dispõe: *Nos atestados de antecedentes que lhe forem solicitados, a autoridade policial não poderá mencionar quaisquer anotações referentes a instauração de inquérito contra os requerentes, salvo no caso de existir condenação anterior.*
Gabarito 1C.

(Procurador do Estado – PGE/BA – CESPE – 2014) Acerca do direito processual penal, julgue o item a seguir (adaptada)

(1) De acordo com a jurisprudência do STF, é vedado ao juiz requisitar novas diligências probatórias caso o MP tenha-se manifestado pelo arquivamento do feito.

1: correta. Em vista do que dispõe o art. 28 do CPP, o juiz, se rejeitar o pleito de arquivamento dos autos de inquérito policial formulado pelo Ministério Público, não poderá determinar a devolução dos autos à delegacia de polícia para a realização de diligências complementares. Deverá, isto sim, cuidar para que os autos sejam remetidos ao chefe do Ministério Público, o procurador-geral, que é quem tem atribuição para proceder a nova análise do pedido de arquivamento feito pelo promotor de justiça. A partir daí, pode o procurador-geral, em face da provocação do magistrado, insistir no pedido de *arquivamento do inquérito,* ratificando posicionamento firmado pelo promotor, caso em que o juiz ficará obrigado, por imposição do art. 28 do CPP, a determiná-lo; se o chefe do *parquet,* de outro lado, entender que é caso de *oferecimento de denúncia,* poderá ele mesmo, o procurador-geral, fazê-lo ou designar outro membro do MP para ofertá-la. Tal incumbência, frise-se, não poderá recair sobre o mesmo promotor, o que implicaria violação à sua livre convicção. Nesse sentido, o STF assim se manifestou: "(...) por imperativo do princípio acusatório, a impossibilidade de o juiz determinar de ofício novas diligências de investigação no inquérito cujo arquivamento é requerido" (HC 82507, 1ª T., Rel. Min. Sepúlveda Pertence, j. 10.12.2002, *DJ* 19.12.2002). ED
Gabarito 1C

(Advogado União – AGU – CESPE – 2015) Ao receber uma denúncia anônima por telefone, a autoridade policial realizou diligências investigatórias prévias à instauração do inquérito policial com a finalidade de obter elementos que confirmassem a veracidade da informação. Confirmados os indícios da ocorrência de crime de extorsão, o inquérito foi instaurado, tendo o delegado requerido à companhia telefônica o envio de lista com o registro de ligações telefônicas efetuadas pelo suspeito para a vítima. Prosseguindo na investigação, o delegado, sem autorização judicial, determinou a instalação de grampo telefônico no telefone do suspeito, o que revelou, sem nenhuma dúvida, a materialidade e a autoria delitivas. O inquérito foi relatado, com o indiciamento do suspeito, e enviado ao MP.
Nessa situação hipotética, considerando as normas relativas à investigação criminal,

(1) são nulos os atos de investigação realizados antes da instauração do inquérito policial, pois violam o princípio da publicidade do procedimento investigatório, bem como a obrigação de documentação dos atos policiais.

1: incorreta, uma vez que a publicidade imanente ao processo penal não se aplica ao inquérito policial, que é sigiloso, conforme estabelece o art. 20, "caput", do CPP. Além disso, a denúncia anônima (também chamada de *apócrifa* ou *inqualificada*), segundo tem entendido a jurisprudência, não é apta, por si só, a autorizar a instauração de inquérito policial, dando início à persecução penal. Antes disso, a autoridade policial deverá fazer uma averiguação prévia a fim de verificar a procedência da denúncia apócrifa, para, depois disso, determinar, se for o caso, a instauração de inquérito. Nesse sentido: "(...) *a autoridade policial, ao receber uma denúncia anônima, deve antes realizar diligências preliminares para averiguar se os fatos narrados nessa 'denúncia' são materialmente verdadeiros, para, só então, iniciar as investigações*" (STF, HC 95.244, 1ª T., Rel. Min. Dias Toffoli, *DJE* 29.04.2010). Não há que se falar em ilegalidade, portanto, na conduta da autoridade policial que, em face de denúncia anônima, realizar diligências prévias à instauração de inquérito a fim de apurar a veracidade dos fatos que chegaram ao seu conhecimento. Pelo contrário, conforme já salientamos acima, a jurisprudência entende que a realização dessas diligências preliminares é de rigor. ED
Gabarito 1E

(Juiz – TRF 2ª Região – 2017) Delegado da Polícia Federal recebe carta apócrifa, na qual é reportado esquema de fraude, consistente em produzir atestados falsos para obtenção, junto ao INSS, de benefícios de auxílio-doença. Após diligências preliminares destinadas a verificar a verossimilhança das informações da carta, o Delegado instaura inquérito policial para completa apuração dos fatos. Consideradas tal narrativa e a jurisprudência do STF, assinale a opção correta.

(A) O inquérito deve ser trancado, pois é ilegal a sua instauração a partir de denúncia anônima.
(B) É legal a instauração de inquérito policial em virtude de denúncia anônima, desde que realizadas diligências preliminares para verificar a verossimilhança das informações.
(C) O inquérito deve ser trancado. No caso de denúncia anônima, a jurisprudência do STF assinala que inquérito policial só pode ser instaurado com autorização judicial prévia.
(D) Em virtude da regra constitucional que veda o anonimato, a jurisprudência dos Tribunais Superiores aponta que o inquérito policial só pode ser formalmente instaurado após diligências prévias e após autorização do juiz, que, em alguns casos, pode ser posterior.
(E) Independentemente da questão do anonimato, que depende de solução diversa das acima apontadas, o Delegado agiu de forma ilícita, pois é vedada a realização de diligências investigatórias antes da instauração formal de inquérito policial, já que subtrai da apreciação legal o eventual arquivamento das informações.

A denúncia anônima (também chamada de *apócrifa* ou *inqualificada*), segundo tem entendido a jurisprudência, não é apta, por si só, a autorizar a instauração de inquérito policial, dando início à persecução penal. Antes disso, a autoridade policial deverá fazer uma averiguação prévia a fim de verificar a procedência da denúncia apócrifa, para, depois disso, determinar, se for o caso, a instauração de inquérito. Nesse sentido: "(...) *a autoridade policial, ao receber uma denúncia anônima, deve antes realizar diligências preliminares para averiguar se os fatos narrados nessa 'denúncia' são materialmente verdadeiros, para, só então, iniciar as investigações*" (STF, HC 95.244, 1ª T., rel. Min. Dias Toffoli, *DJE* 29.04.2010). ED
Gabarito "B".

(Juiz – TJ-SC – FCC – 2017) Concluído o Inquérito Policial pela polícia judiciária, o órgão do Ministério Público requer o arquivamento do processado. O Juiz, por entender que o Ministério Público do Estado de Santa Catarina não fundamentou a manifestação de arquivamento, com base no Código de Processo Penal, deverá:

(A) encaminhar o Inquérito Policial à Corregedoria-Geral do Ministério Público.
(B) indeferir o arquivamento do Inquérito Policial.
(C) remeter o Inquérito Policial ao Procurador-Geral de Justiça.
(D) indeferir o pedido de arquivamento e remeter cópias ao Procurador-Geral de Justiça e ao Corregedor-Geral do Ministério Público.
(E) remeter o Inquérito Policial à polícia judiciária para prosseguir na investigação.

Em vista do que dispõe o art. 28 do CPP, o juiz, se rejeitar o pleito de arquivamento dos autos de inquérito policial formulado pelo Ministério Público, fará a sua remessa ao chefe do "parquet", o procurador-geral, que é quem tem atribuição para proceder a nova análise do pedido de arquivamento feito pelo promotor de justiça. A partir daí, pode o procurador-geral, em face da provocação do magistrado, insistir no pedido de *arquivamento do inquérito,* ratificando posicionamento firmado pelo promotor, caso em que o juiz ficará obrigado, por imposição do art. 28 do CPP, a determiná-lo. Se o chefe do *parquet,* de outro lado, entender que é caso de *oferecimento de denúncia,* poderá ele mesmo, o procurador-geral, fazê-lo ou designar outro membro do MP para ofertá-la. Tal incumbência, frise-se, não poderá recair sobre o mesmo promotor, o que implicaria violação à sua livre convicção. ED
Gabarito "C".

(Delegado/MS – 2017 – FAPEMS) Conforme disposição expressa no Código de Processo Penal vigente, o Delegado de Polícia que preside investigação policial sobre o crime previsto no artigo 149-A (Tráfico de Pessoas) do Código Penal-Decreto- Lei n. 2.848/1940, dentre as providências a serem adotadas, poderá

(A) requisitar dados e informações cadastrais da vítima ou dos suspeitos, diretamente de quaisquer órgãos do poder público ou representar junto à autoridade judicial, de empresas de iniciativa privada.
(B) requisitar, após o parecer obrigatório do Ministério Público, de quaisquer órgãos do poder público ou de empresas de iniciativa privada, dados e informações cadastrais da vítima ou dos suspeitos.
(C) requisitar, somente por meio de autorização judicial, de quaisquer órgãos do poder público ou de empresas de iniciativa privada, dados e informações cadastrais da vítima ou dos suspeitos.
(D) requisitar, de quaisquer órgãos do poder público ou de empresas de iniciativa privada, dados e informações cadastrais dos suspeitos, os quais deverão ser concedidos no prazo de 48 horas.
(E) requisitar, de quaisquer órgãos do poder público ou de empresas de iniciativa privada, dados e informações cadastrais da vítima ou dos suspeitos.

A solução desta questão deve ser extraída do art. 13-A do CPP, introduzido pela Lei 13.344/2016, que estabelece que, no curso das investigações para apuração do crime previsto no artigo 149-A (tráfico de pessoas) do Código Penal, entre outros, poderão o delegado de polícia e o membro do MP *requisitar, de quaisquer órgãos do poder público ou de empresas de iniciativa privada, dados e informações cadastrais da vítima ou dos suspeitos.* ED
Gabarito "E".

(Delegado/MS – 2017 – FAPEMS) Eurípedes, advogado contratado pela família de Haroldo, preso em flagrante, dirige-se até a Delegacia de Polícia para iniciar a defesa de seu cliente. Para tanto, solicita acesso aos autos do inquérito policial instaurado para a apuração do crime, o que é negado pelo escrivão de polícia sob o argumento de que o procedimento é sigiloso. O advogado, inconformado com a negativa, aguarda o atendimento pelo Delegado de Polícia, que

(A) não deve conceder vistas dos autos sem autorização judicial, caso a investigação seja referente à organização criminosa e tenha sido decretado o sigilo pela autoridade judicial competente, para garantia da celeridade e da eficácia das diligências investigatórias.
(B) deve verificar, inicialmente, se há nos autos diligências que não foram realizadas ou que estão em andamento, já que estas somente podem

ser acessadas pelo advogado após documentadas e mediante a apresentação de procuração.
(C) deve conceder vistas ao advogado, ainda que este não tenha procuração e haja informações decretadas sigilosas nos autos do inquérito policial, uma vez que o sigilo da investigação não atinge de nenhuma forma o advogado da parte interessada.
(D) concederá, exigindo para tanto a cópia da carteira funcional, amplo acesso dos autos do inquérito policial ao advogado, mesmo havendo informações sigilosas, pois a Constituição Federal em vigor assegura ao preso a ampla defesa e assistência de advogado.
(E) deve confirmar a negativa de vistas dos autos ao advogado, pois o sigilo é uma das características natural do inquérito policial e exige-se a apresentação de requerimento, com procuração; para o acesso por advogado.

A: correta, uma vez que reflete o disposto no art. 23 da Lei 12.850/2013 (Organização Criminosa); **B:** incorreta, pois, a teor do art. 7º, XIV, da Lei 8.906/1994 (Estatuto da Advocacia), o acesso do advogado aos autos de flagrante e de investigações de qualquer natureza, aqui incluído, por óbvio, o inquérito policial, prescinde de procuração; **C** e **D:** incorreta, pois não reflete o disposto no art. 23 da Lei 12.850/2013 (Organização Criminosa); **E:** incorreta (art. 7º, XIV, da Lei 8.906/1994). Gabarito "A".

(Delegado/MS – 2017 – FAPEMS) Sobre as diligências que podem ser realizadas pelo Delegado de Polícia, é correto afirmar que
(A) caso o ofendido ou seu representante legal apresente requerimento para instauração de inquérito policial, a autoridade policial deve atender ao pedido, em observância do princípio da obrigatoriedade.
(B) deparando-se com uma notícia na imprensa que relate um fato delituoso, a autoridade policial deve instaurar inquérito policial de ofício, elaborando, conforme determina o Código de Processo Penal vigente, um relatório sobre a forma como tomou conhecimento do crime.
(C) conforme disposição expressa no Código de Processo Penal vigente, o Delegado de Polícia não é obrigado a determinar a realização de perícia requerida pelo investigado, ofendido ou seu representante legal, quando não for necessária ao esclarecimento da verdade, ainda que se trate de exame de corpo de delito, pois a investigação é conduzida de forma discricionária.
(D) o inquérito policial é um procedimento discricionário, portanto, cabe ao Delegado de Polícia conduzir as diligências de acordo com as especificidades do caso concreto, não estando obrigado a seguir uma sequência predeterminada de atos.
(E) poderá a autoridade policial determinar em todas as espécies de crimes, atendidos os requisitos legais e suas peculiaridades, a reconstituição do fato delituoso, desde que não contrarie a moralidade ou a ordem pública, com a participação obrigatória do investigado.

A: incorreta. É que a autoridade policial não está obrigada a atender ao requerimento (solicitação, pedido) de abertura de inquérito formulado pelo ofendido ou por seu representante legal (art. 5º, II, segunda parte, do CPP), sendo tal pleito passível, portanto, de indeferimento, decisão contra a qual cabe recurso administrativo ao chefe de polícia (art. 5º, § 2º, do CPP); **B:** incorreta. A autoridade policial, diante da notícia da prática de fato aparentemente criminoso, tendo atribuição para tanto, procederá a inquérito, baixando a respectiva portaria, que é o seu ato inaugural, não havendo a necessidade de confeccionar relatório a tal respeito (art. 5º, I, do CPP). O relatório somente será produzido ao final das investigações, no qual a autoridade consignará tudo quanto foi apurado (art. 10, § 1º, do CP); **C:** incorreta, pois não reflete o disposto no art. 184 do CPP; **D:** correta. De fato, a legislação processual penal não estabelece uma sequência de atos à qual a autoridade policial deve obediência na condução das investigações do inquérito policial, de tal sorte que o delegado determinará a sequência de atos que melhor lhe aprouver, ou seja, aquela que seja mais eficiente do ponto de vista da elucidação dos fatos, que é o verdadeiro objetivo do inquérito policial; **E:** incorreta. Tendo em conta o fato de que ninguém poderá ser compelido a produzir prova contra si mesmo (princípio do *nemo tenetur se detegere*), a participação do investigado na reprodução simulada dos fatos (art. 7º do CPP) será facultativa. Gabarito "D".

(Delegado/MS – 2017 – FAPEMS) Acerca da investigação criminal,
[...] a autoridade policial não é parte no processo penal, não tem interesse que possa deduzir em juízo e a investigação criminal não guarda autonomia, ela existe orientada ao exercício futuro da ação. A constatação de comportamentos do indiciado prejudiciais à investigação deve ser compartilhada entre a autoridade policial e o Ministério Público (ou o querelante, conforme o caso), para que o autor da ação penal ajuíze seu real interesse em ver a prisão decretada.

PRADO, Geraldo. *Medidas cautelares no processo penal: prisões e suas alternativas.* São Paulo: Revista dos Tribunais, 2011, p. 67.

As funções de polícia judiciária e a apuração de infrações penais exercidas pelo delegado de polícia são de natureza jurídica, essenciais e exclusivas de Estado.

BRASIL. Lei n- 12.830. *Dispõe sobre a investigação criminal conduzida pelo delegado de polícia.* Art. 2$. 2013.

Isso considerado, assinale a alternativa correta.
(A) O indiciamento, privativo do delegado de polícia, dar-se-á por ato discricionário, mediante análise fática da ocorrência do fato, e deverá indicar a autoria, materialidade e suas circunstâncias.
(B) O inquérito policial em curso poderá ser avocado ou redistribuído por superior hierárquico, independentemente de despacho fundamentado.
(C) A participação de membro do Ministério Público na fase investigatória criminal acarreta o seu impedimento ou suspeição para o oferecimento da denúncia.
(D) Da decisão do delegado de polícia que nega o pedido de abertura de inquérito policial formulado pelo ofendido ou seu representante legal, caberá mandado de segurança.
(E) Durante a investigação criminal, cabe ao delegado de polícia a requisição de perícia, informações, documentos e dados que interessem à apuração dos fatos.

A: incorreta. Não se trata de ato discricionário, uma vez que, convencido de que há justa causa, outra alternativa não resta à autoridade policial senão proceder ao indiciamento do investigado, o que será feito mediante análise técnico-jurídica do fato, sempre fundamentando a sua decisão (art. 2º, § 6º, da Lei 12.830/2013); **B:** incorreta. A avocação ou redistribuição de inquérito policial por superior hierárquico somente será permitida nos casos previstos em lei (interesse público e quando não observado procedimento previsto em regulamento da corporação que comprometa a eficácia da investigação) e mediante despacho fundamentado (art. 2º, § 4º, da Lei 12.830/2013); **C:** incorreta, pois não reflete o entendimento firmado na Súmula 234, STJ: "A participação de membro do Ministério Público na fase investigatória criminal não acarreta seu impedimento ou suspeição para o oferecimento da denúncia"; **D:** incorreta, na medida em que, do despacho de indeferimento de abertura de inquérito, cabe recurso administrativo para o chefe de Polícia, na forma prevista no art. 5º, § 2º, do CPP; **E:** correta, pois corresponde ao teor do art. 2º, § 2º, da Lei 12.830/2013. Gabarito "E".

(Delegado/MT – 2017 – CESPE) O inquérito policial instaurado por delegado de polícia para investigar determinado crime.
(A) não poderá ser avocado, nem mesmo por superior hierárquico.
(B) poderá ser avocado por superior hierárquico somente no caso de não cumprimento de algum procedimento regulamentar da corporação.
(C) poderá ser redistribuído por superior hierárquico, devido a motivo de interesse público.
(D) poderá ser avocado por superior hierárquico, independentemente de fundamentação em despacho.
(E) não poderá ser redistribuído, nem mesmo por superior hierárquico.

A: incorreta, uma vez que, nas situações referidas no art. 2º, § 4º, da Lei 12.830/2013, o inquérito policial poderá, sim, ser avocado por superior hierárquico; **B:** incorreta, na medida em que o inquérito policial poderá ser avocado por superior hierárquico também na hipótese em que se verificar motivo de interesse público, tal como estabelece o art. 2º, § 4º, da Lei 12.830/2013; **C:** correta. A redistribuição e a avocação de inquérito policial poderão ser motivadas por razões de interesse público e também no caso de não cumprimento de algum procedimento regulamentar da corporação, sempre por despacho fundamentado (art. 2º, § 4º, da Lei 12.830/2013); **D:** incorreta. A avocação ou redistribuição de inquérito somente poderá se dar por meio de despacho fundamentado (art. 2º, § 4º, da Lei 12.830/2013); **E:** incorreta, tendo em conta o que acima foi ponderado. Gabarito "C".

(Delegado/MT – 2017 – CESPE) Se o titular de secretaria de determinado estado da Federação for sequestrado e o caso tiver repercussão interestadual ou internacional que exija repressão uniforme, então a investigação a ser feita pelo DPF
(A) dependerá de autorização do ministro de Estado da Justiça, se o crime tiver motivação política.
(B) dependerá de mandado do ministro de Estado da Justiça, se o crime acontecer por motivação política.
(C) independerá de autorização, se o crime for cometido em razão da função pública exercida ou por motivação política.
(D) dependerá de autorização do ministro de Estado da Justiça, se o crime ocorrer em razão da função pública exercida.
(E) dependerá de mandado do ministro de Estado da Justiça, se o crime se der em razão da função pública exercida.

A solução desta questão deve ser extraída do art. 1º, I, da Lei 10.446/2002, que dispõe a respeito das infrações penais de repercussão interestadual ou internacional que exijam repressão uniforme, na forma do art. 144, § 1º, I, da CF. Gabarito "C".

(Delegado/MT – 2017 – CESPE) Conforme súmula do STF, é direito do advogado do investigado o acesso aos autos do inquérito policial. Nesse sentido, o advogado do investigado
(A) deverá obrigatoriamente participar do interrogatório policial do investigado, sob pena de nulidade absoluta do procedimento.

(B) terá acesso às informações concernentes à representação e decretação, ainda pendentes de conclusão, de medidas cautelares pessoais que digam respeito ao investigado, excluindo-se aquelas que alcancem terceiros eventualmente envolvidos.
(C) terá direito ao pleno conhecimento, sem restrições, de todas as peças e atos da investigação.
(D) deverá ser comunicado previamente de todas as intimações e diligências investigativas que digam respeito ao exercício do direito de defesa no interesse do representado.
(E) terá acesso amplo aos elementos constantes em procedimento investigatório que digam respeito ao indiciado e que já se encontrem documentados nos autos.

O inquérito policial é, em vista do que dispõe o art. 20 do CPP, *sigiloso*. Ocorre que, a teor do art. 7º, XIV, da Lei 8.906/1994 (Estatuto da Advocacia), constitui direito do advogado, entre outros: "examinar, em qualquer instituição responsável por conduzir investigação, mesmo sem procuração, autos de flagrante e de investigações de qualquer natureza, findos ou em andamento, ainda que conclusos à autoridade, podendo copiar peças e tomar apontamentos, em meio físico ou digital" (redação determinada pela Lei 13.245/2016). Sobre este tema, a propósito, o STF editou a Súmula Vinculante 14, a seguir transcrita: "É direito do defensor, no interesse do representado, ter acesso amplo aos elementos de prova que, já documentados em procedimento investigatório realizado por órgão com competência de polícia judiciária, digam respeito ao exercício do direito de defesa". Gabarito "E".

(Delegado/MT – 2017 – CESPE) O requerimento de arquivamento do inquérito policial formulado pelo MP
(A) está sujeito, exclusivamente, a controle interno do próprio MP, de ofício ou por provocação do ofendido.
(B) não poderá ser indeferido, em respeito aos princípios da independência funcional e do promotor natural.
(C) não está sujeito a controle jurisdicional nos casos de competência originária do STF ou do STJ.
(D) está sujeito a controle jurisdicional, devendo o juiz do feito, no caso de considerar improcedentes as razões invocadas, designar outro membro do MP para o oferecimento da denúncia.
(E) defere ao ofendido, quando acolhido pelo juiz, o direito de ingressar com ação penal subsidiária por via de queixa-crime.

É dado ao juiz discordar do pleito de arquivamento formulado pelo MP. Em casos assim, o magistrado deverá, ante o que estabelece o art. 28 do CPP, fazer a remessa dos autos ao procurador-geral, que é quem tem atribuição para proceder a nova análise do pedido de arquivamento feito pelo membro do *parquet*. A partir daí, pode o procurador-geral, em face da provocação do magistrado, *insistir no pedido de arquivamento do inquérito*, ratificando posicionamento firmado pelo promotor, caso em que o juiz ficará obrigado, por imposição do art. 28 do CPP, a determiná-lo. Se, de outro lado, o procurador-geral entender que é o caso de *oferecimento de denúncia*, poderá ele mesmo fazê-lo ou designar outro promotor para que o faça. Tal incumbência, frise-se, não poderá recair sobre o mesmo promotor, o que implicaria violação à sua livre convicção. A *ação penal privada subsidiária da pública* ou *substitutiva*, que faz referência à alternativa "E" e que encontra previsão nos arts. 5º, LIX, da CF, 100, § 3º, do CP e 29 do CPP, somente terá lugar na hipótese de inércia, desídia do membro do Ministério Público. É unânime a jurisprudência ao afirmar que pedido de arquivamento de inquérito policial ou mesmo de peças de informação não pode ser interpretado como inércia. Por fim, é correta a afirmação de que o requerimento de arquivamento de inquérito policial, formulado pelo MP, nos casos de competência originária do STF e STJ, não enseja a incidência da regra contida no art. 28 do CPP. Assim, segundo têm entendido a jurisprudência, uma vez requerido o arquivamento dos autos de inquérito pelo procurador-geral da República, por exemplo, o atendimento ao seu pleito se impõe, não sendo o caso, assim, de aplicar o art. 28 do CPP. Gabarito "C".

(Delegado/GO – 2017 – CESPE) O Código de Processo Penal prevê a requisição, às empresas prestadoras de serviço de telecomunicações, de disponibilização imediata de sinais que permitam a localização da vítima ou dos suspeitos de delito em curso, se isso for necessário à prevenção e à repressão de crimes relacionados ao tráfico de pessoas. Essa requisição pode ser realizada pelo
(A) delegado de polícia, independentemente de autorização judicial e por prazo indeterminado.
(B) Ministério Público, independentemente de autorização judicial, por prazo não superior a trinta dias, renovável por uma única vez, podendo incluir o acesso ao conteúdo da comunicação.
(C) delegado de polícia, mediante autorização judicial e por prazo indeterminado, podendo incluir o acesso ao conteúdo da comunicação.
(D) delegado de polícia, mediante autorização judicial, devendo o inquérito policial ser instaurado no prazo máximo de setenta e duas horas do registro da respectiva ocorrência policial.
(E) Ministério Público, independentemente de autorização judicial e por prazo indeterminado.

A solução desta questão deve ser extraída do art. 13-B, *caput* e § 3º, introduzido no CPP pela Lei 13.344/2016. Gabarito "D".

(Promotor de Justiça/SC – 2016 – MPE)
(1) Trata-se de Súmula Vinculante do STF: É direito do defensor, no interesse do representado, ter acesso amplo aos elementos de prova que, já documentados em procedimento investigatório realizado por órgão com competência de polícia judiciária, digam respeito ao exercício do direito de defesa.

1: a assertiva, que está correta, refere-se à Súmula Vinculante 14. Gabarito 1C.

(Promotor de Justiça/SC – 2016 – MPE)
(1) De acordo com Súmula do Superior Tribunal de Justiça, a participação de membro do Ministério Público na fase investigatória criminal não acarreta o seu impedimento ou suspeição para o oferecimento da denúncia.

1: a assertiva – correta – corresponde à Súmula 234 do STJ. Gabarito 1C.

(Defensor Público – DPE/BA – 2016 – FCC) Sobre o inquérito policial e as condições da ação, é correto afirmar:
(A) No crime de furto, no caso de a vítima, com 19 anos, ser separada judicialmente do autor do delito, a ação penal depende de representação da ofendida.
(B) Com a morte do ofendido, o direito de oferecer queixa não passa para os ascendentes.
(C) Tendo em vista o caráter administrativo do inquérito policial, o indiciado não poderá requerer perícias complexas durante a tramitação do expediente investigatório.
(D) No caso de declaração de ausência da vítima por decisão judicial, o direito de representação nas hipóteses de ação penal pública condicionada não se transmite para o cônjuge.
(E) É possível a interceptação de comunicações telefônicas quando o indiciado for investigado por delitos apenados com reclusão ou detenção, desde que a pena mínima para o fato investigado seja igual ou superior a dois anos.

A: correta, pois em conformidade com o que estabelece o art. 182, I, do Código Penal; **B:** incorreta. Nos crimes de ação penal privada, o art. 31 do CPP estabelece uma ordem que deve ser seguida na hipótese de o ofendido morrer ou mesmo ser considerado ausente por força de decisão judicial. Em primeiro lugar, o cônjuge; depois, o ascendente, descendente e irmão. Se houver discordância, deve prevalecer a vontade daquele que deseja ajuizar a ação. Ou seja, no caso de morte do ofendido, o direito de oferecer queixa passa, sim, para os ascendentes, inclusive. Cuidado: *na ação penal privada personalíssima inexiste sucessão por morte ou ausência, razão por que não tem incidência o art. 31 do CPP*. Tal se dá porque, nesta modalidade de ação privada, a titularidade é conferida única e exclusivamente ao ofendido. Com a morte deste, a ação penal não poderá ser proposta por outra pessoa; **C:** incorreta. Isso porque, segundo estabelece o art. 14 do CPP, poderão o indiciado, o ofendido ou o seu representante legal formular à autoridade policial pedido para realização de *qualquer* diligência; **D:** incorreta. Na hipótese de o ofendido ser declarado ausente por decisão judicial, o direito de representação passará às pessoas mencionadas no art. 24, § 1º, do CPP, a saber: *cônjuge*, ascendente, descendente e irmão, nessa ordem; **E:** incorreta. A teor do art. 2º, III, da Lei 9.296/1996, somente será autorizada a interceptação de comunicações telefônicas na hipótese de o fato objetivo da investigação constituir infração penal punida com reclusão. Gabarito "A".

(Delegado/BA – 2016.2 – Inaz do Pará) Quando houver comprovação da ofensa ao bem jurídico protegido (ou, se for caso, à materialidade do delito) e prova suficiente da autoria, a indiciação será formalizada pelos seguintes atos, **exceto**:
(A) Despacho fundamentado.
(B) Auto de qualificação e interrogatório.
(C) Laudo pericial adequado ou auto de apreensão que confirme a materialidade do delito, nos crimes que deixem indício.
(D) Elaboração do Boletim Individual e sua juntada aos autos.
(E) Expedição de ofício à Coordenação de Documentação e Estatística Policial – CDEP, comunicando a indiciação e solicitando os antecedentes criminais do indiciado.

Os atos que compõem o indiciamento estão elencados no art. 90 da Instrução Normativa n. 1, de 17 de abril de 2013, editada pelo Delegado-Geral da Polícia Civil do Estado da Bahia, entre os quais não está aquele descrito na assertiva "C", que deve, portanto, ser assinalada. Gabarito "C".

(Delegado/BA – 2016.2 – Inaz do Pará) Autoridade policial (Delegado de Polícia Civil), investiga crime no qual existem fundadas razões para se indicar envolvimento de um advogado como membro de uma organização criminosa, que pratica crimes de estelionato. Pedido feito ao Poder Judiciário é deferido e o mandado para se realizar a busca e apreensão em escritório de advocacia é autorizado pelo magistrado.
(A) O delegado deve cumprir o mandado na presença de representante da OAB.
(B) O escritório de advocacia é inviolável, em razão das prerrogativas

prevista em Lei, não havendo hipótese que autorize esta violação.
(C) Nem é necessário se pedir autorização judicial, porque não é residência, mas, apenas, um escritório.
(D) Na coleta do material buscado e apreendido, poderá ser utilizado documentos e mídias, na coleta e juntada aos autos do inquérito policial, informações de clientes do advogado, não investigado pela Polícia Judiciária, em razão do princípio da indivisibilidade da prova.
(E) Quando a diligência de busca e apreensão for cumprida, representante da OAB, necessariamente, deverá saber quem é o advogado que irá sofrer a constrição judicial.

A: correta. De fato, o mandado de busca e apreensão em escritório de advocacia deve ser cumprido na presença de representante da OAB, na forma estabelecida no art. 7º, § 6º, da Lei 8.906/1994 (Estatuto da Advocacia): "(...) expedindo mandado de busca e apreensão, específico e pormenorizado, a ser cumprido na presença de representante da OAB (...)"; **B:** incorreta, pois não corresponde ao que estabelece o art. 7º, § 6º, da Lei 8.906/1994 (Estatuto da Advocacia): "Presentes indícios de autoria e materialidade da prática de crime por parte de advogado, a autoridade judiciária competente poderá decretar a quebra da inviolabilidade de que trata o inciso II do *caput* deste artigo, em decisão motivada, expedindo mandado de busca e apreensão (...)"; **C:** incorreta, na medida em que a decretação de busca e apreensão em escritório de advocacia somente pode ser decretada por autoridade judiciária (art. 7º, § 6º, da Lei 8.906/1994); **D:** incorreta (art. 7º, § 6º, da Lei 8.906/1994); **E:** incorreta, já que a lei não prevê tal formalidade.
Gabarito "A".

(Delegado/BA – 2016.2 – Inaz do Pará) O Delegado de Polícia Civil, titular chefe de uma unidade de bairro em uma cidade do estado da Bahia, recebe uma notícia de possível fato criminoso que indica a prática de exercício irregular da profissão de medicina, que se desenvolve no interior de uma residência, informação levada ao conhecimento da Delegacia de Polícia em questão, através de uma denúncia anônima. Após confirmar a denúncia, através de investigação prévia, o Delegado resolveu requerer junto ao Poder Judiciário um mandado de busca e apreensão, a fim de realizar as providências de Polícia Judiciária cabíveis. O Delegado de Polícia
(A) agiu errado porque deveria sair, de imediato, em razão da urgência da delegacia de polícia e prender o indivíduo, supostamente, criminoso.
(B) apesar da intimidade e privacidade do cidadão ser, em princípio inviolável (art. 5º, X da CF), a existência de objetos, bens, documentos que sejam de natureza criminosa, no interior de residência, justificam pedido por busca e apreensão, por parte da autoridade policial, a fim de fazer prova nos autos da investigação criminal.
(C) o Delegado de Polícia não tem legitimidade processual para requerer mandado de busca e apreensão.
(D) tratando-se de denúncia anônima, o delegado de polícia deveria mandar arquivar o procedimento investigatório.
(E) é caso para consulta ao Ministério Público, porque, apenas o Promotor de Justiça, tem legitimidade processual para requer mandado de busca e apreensão junto ao Poder Judiciário.

A: incorreta. A denúncia anônima, segundo tem entendido a jurisprudência, não é apta, por si só, a autorizar a instauração de inquérito policial e a adoção de medidas como a busca e apreensão. Antes disso, a autoridade policial deverá fazer uma averiguação prévia a fim de verificar a procedência da denúncia apócrifa, para, depois disso, requerer, se for o caso, a busca e apreensão, por exemplo. Nesse sentido: "(...) *a autoridade policial, ao receber uma denúncia anônima, deve antes realizar diligências preliminares para averiguar se os fatos narrados nessa 'denúncia' são materialmente verdadeiros, para, só então, iniciar as investigações*" (STF, HC 95.244, 1ª T., rel. Min. Dias Toffoli, DJE de 29.04.2010); **B:** correta (art. 240, CPP); **C:** incorreta, uma vez que a autoridade policial está, sim, credenciada a requerer mandado de busca e apreensão (art. 242, CPP); **D:** incorreta. A denúncia anônima deve funcionar como ponto de partida para as investigações; depois de confirmada a sua procedência, instaura-se o respectivo inquérito policial; **E:** incorreta. Vide comentário à questão "C".
Gabarito "B".

(Delegado/BA – 2016.2 – Inaz do Pará) As inquirições realizadas no bojo de um inquérito policial ou de um Termo Circunstanciado podem ser realizadas por meio dos seguintes atos:
(A) termo de depoimento, no qual as testemunhas serão compromissadas, observando-se os artigos 203, 206, 207 e 208 do CPP.
(B) através do auto de qualificação e interrogatório, quando se tratar de indiciado.
(C) quando houver necessidade, devidamente justificada, de ouvir novamente qualquer pessoa, a autoridade policial formalizará o ato mediante termo de reinquirição.
(D) por meio do Termo de declarações, quando não for indiciado ou testemunha.
(E) todas as hipóteses anteriores.

A: correta. As informações fornecidas pela testemunha serão colhidas por meio de *termo de depoimento*, mediante assunção de dizer a verdade, na forma estatuída nos arts. 203, 206, 207 e 208 do CPP; **B:** correta. O interrogatório policial, que é a audiência do indiciado perante a autoridade policial, é constituído de duas partes: a *qualificação*, na qual são colhidas informações concernentes ao indiciado (tais como local de residência, vida pregressa, local em que exerce sua atividade, dentre outras informações necessárias à sua individualização), tal como estabelece o art. 187, § 1º, do CPP; e o *interrogatório propriamente dito* (também chamado interrogatório de mérito), onde o indicado será questionado quanto à veracidade da imputação (art. 187, § 2º, do CPP). Esses dois atos que compõem o interrogatório serão formalizados por meio do *auto de qualificação e interrogatório*; **C:** correta. Sempre que julgar pertinente, o delegado (e também o magistrado) poderá, por exemplo, proceder a novo interrogatório do indiciado (ou réu), prerrogativa prevista no art. 196 do CPP; **D:** correta. De fato, a inquirição do ofendido e da testemunha não sujeita ao compromisso de dizer a verdade será formalizada por meio de *termo de declarações*; **E:** correta (deve ser assinalada).
Gabarito "E".

(Delegado/BA – 2016.2 – Inaz do Pará) Os autos do Inquérito Policial serão compostos por volumes contendo em média:
(A) 500 (quinhentas) folhas, aceitando-se pequena variação para mais ou para menos, a depender das últimas peças produzidas ou dos últimos documentos juntados, devendo ser lavrados os respectivos termos de encerramento e de abertura.
(B) 200 (duzentas) folhas, aceitando-se pequena variação para mais ou para menos, a depender das últimas peças produzidas ou dos últimos documentos juntados, não sendo necessária a lavratura dos respectivos termos de encerramento e de abertura.
(C) 200 (duzentas) folhas, aceitando-se pequena variação para mais ou para menos, a depender das últimas peças produzidas ou dos últimos documentos juntados, devendo ser lavrados os respectivos termos de encerramento e de abertura.
(D) 500 (quinhentas) folhas, aceitando-se pequena variação para mais ou para menos, a depender das últimas peças produzidas ou dos últimos documentos juntados, não sendo necessária a lavratura dos respectivos termos de encerramento e de abertura.
(E) Nenhuma das alternativas anteriores.

A assertiva considerada correta corresponde à redação do art. 36, *caput*, da Instrução Normativa n. 1, de 17 de abril de 2013, editada pelo Delegado-Geral da Polícia Civil do Estado da Bahia.
Gabarito "C".

(Delegado/BA – 2016.2 – Inaz do Pará) Ainda de acordo com o que preceitua a Instrução Normativa 01/2013, é **incorreta** a assertiva:
(A) A capa dos autos do inquérito policial com apenso conterá etiqueta com a expressão "INQUÉRITO COM APENSO".
(B) Os autos do inquérito policial ficarão sob a guarda do Escrivão do feito.
(C) Caberá ao Escrivão de Polícia, numerar e rubricar todas as folhas que compõe o Inquérito Policial.
(D) Quando o indiciado estiver preso, será colocada na capa dos autos do inquérito uma etiqueta adesiva com a expressão "INDICIADO PRESO", que será removida tão logo seja ele libertado.
(E) O inquérito policial em que um idoso figure como vítima deverá ser assim identificado, para o fim previsto no inciso I do parágrafo único do art. 3º da Lei 10.741/2003 – Estatuto do Idoso, apondo-se na capa dos autos uma etiqueta contendo a inscrição "ESTATUTO DO IDOSO".

A: correta (art. 19, *caput*, da Instrução Normativa n. 1, de 17 de abril de 2013, editada pelo Delegado-Geral da Polícia Civil do Estado da Bahia); **B:** correta (art. 24 da Instrução Normativa n. 1, de 17 de abril de 2013, editada pelo Delegado-Geral da Polícia Civil do Estado da Bahia); **C:** incorreta (a ser assinalada), já que, ante o que estabelece o art. 9º do CPP e art. 33 da Instrução Normativa n. 1, de 17 de abril de 2013, editada pelo Delegado-Geral da Polícia Civil do Estado da Bahia, caberá ao escrivão de polícia tão somente numerar as folhas do inquérito policial; o ato de rubricá-las é atribuição da autoridade policial; **D:** correta (art. 17 da Instrução Normativa n. 1, de 17 de abril de 2013, editada pelo Delegado-Geral da Polícia Civil do Estado da Bahia); **E:** correta (art. 18 da Instrução Normativa n. 1, de 17 de abril de 2013, editada pelo Delegado-Geral da Polícia Civil do Estado da Bahia).
Gabarito "C".

(Delegado/BA – 2016.2 – Inaz do Pará) O(a) Delegado(a) de Polícia Civil, e sua equipe, se deslocaram até uma residência onde se deveriam cumprir mandado de busca e apreensão determinado pelo Poder Judiciário. No local, o proprietário da casa se insurgiu contra a equipe de policiais e atirou contra um dos agentes. O que deve o(a) Delegado(a) fazer?
(A) Recuar e informar, de imediato, ao Magistrado.
(B) Atirar contra o autor do disparo e matá-lo, porque se insurgiu contra ação policial.
(C) Tomar as medidas cabíveis para a apuração do crime associado à oposição de execução de ato legal e lavrar o procedimento criminal correspondente.
(D) Trata-se de ato grave que deve ser levado ao conhecimento de superior hierárquico, pois se trata de desobediência funcional.
(E) Trata-se de legítima defesa executada pelo morador da residência

e assim deve ser compreendido pelo Delegado(a) de Polícia.

Em princípio, o proprietário da residência onde havia de ser cumprido o mandado de busca e apreensão, porque se opôs, mediante o emprego de violência (atirou contra um dos agentes), à execução dessa ordem, incorreu nas penas do crime de resistência, capitulado no art. 329 do CP, em razão do que deverá ser preso em flagrante e conduzido à presença da autoridade policial com atribuição para lavrar o procedimento criminal correspondente. Por força do que dispõe o § 2º desse dispositivo, o proprietário do imóvel deverá, ainda, responder por eventual lesão experimentada pelo agente contra o qual ele investiu.

Gabarito "C".

(Delegado/BA – 2016.2 – Inaz do Pará) Quando da conclusão do inquérito policial, deverá a Autoridade efetuar relatório de tudo o que foi apurado, redigindo-o com objetividade, clareza e concisão, devendo constar os seguintes itens, a **exceção** de:

(A) No cabeçalho do relatório do inquérito policial, o número do inquérito e as datas de início e término.
(B) Histórico do fato, discorrendo acerca das diligências realizadas.
(C) Transcrições extensas de termos de inquirições realizados no bojo das apurações.
(D) O nome do indiciado e a indicação da folha onde consta sua qualificação, ainda no cabeçalho.
(E) Mencionar o destino das coisas apreendidas e concluindo sobre a ofensa ao bem jurídico protegido (ou a materialidade, se for o caso) e a autoria do delito.

A: incorreta (item cuja observância é imposta pelo art. 99, I e II, da Instrução Normativa n. 1, de 17 de abril de 2013, editada pelo Delegado-Geral da Polícia Civil do Estado da Bahia); **B:** incorreta (item cuja observância é imposta pelo art. 98 da Instrução Normativa n. 1, de 17 de abril de 2013, editada pelo Delegado-Geral da Polícia Civil do Estado da Bahia); **C:** correta (deve ser assinalada), na medida em que o art. 100 da Instrução Normativa n. 1, de 17 de abril de 2013, editada pelo Delegado-Geral da Polícia Civil do Estado da Bahia), reza que devem ser evitadas transcrições extensas de termos de inquirições realizados no bojo das apurações; **D:** incorreta (item cuja observância é imposta pelo art. 99, III, da Instrução Normativa n. 1, de 17 de abril de 2013, editada pelo Delegado-Geral da Polícia Civil do Estado da Bahia); **E:** incorreta (item cuja observância é imposta pelo art. 98 da Instrução Normativa n. 1, de 17 de abril de 2013, editada pelo Delegado-Geral da Polícia Civil do Estado da Bahia).

Gabarito "C".

(Delegado/BA – 2016.2 – Inaz do Pará) Segundo o Código de Processo Penal e Legislação específica, o inquérito policial deverá ser remetido à Justiça nos prazos abaixo elencados, com exceção de:

(A) no prazo de 10 (dez) dias em se tratando de réu preso.
(B) no prazo de 10 (dez) dias, para indiciado preso ou solto em apurações de crime contra a economia popular.
(C) no prazo de 30 dias, sendo indiciado preso e 90 dias, solto nas apurações relativas a Lei 11.343/2006.
(D) no prazo de 30 (trinta) dias em se tratando de indicado solto, para apuração dos crimes em geral.
(E) no prazo de 10 (dez) dias, quando versar sobre apurações acerca de violência doméstica; em se tratando de indicado solto.

A: correta. O art. 10, *caput*, do CPP estabelece o prazo *geral* de 30 dias para a conclusão do inquérito, quando o indiciado não estiver preso; se preso estiver, o inquérito deve terminar em 10 dias; **B:** correta (art. 10, § 1º, da Lei 1.521/1951); **C:** correta. Com efeito, no crime de tráfico de drogas, o inquérito deverá ser ultimado no prazo de 30 dias, se preso estiver o indiciado; e em 90 dias, no caso de o indiciado encontrar-se solto. De uma forma ou de outra, pode haver duplicação do prazo mediante pedido justificado da autoridade policial. É o teor do art. 51 da Lei 11.343/2006; **D:** correta (*vide* comentário à alternativa "A"); **E:** incorreta, já que a Lei 11.340/2006 (Lei Maria da Penha) não estabeleceu prazo diferenciado para a conclusão de inquérito policial em que se apura crimes relativos a violência doméstica.

Gabarito "E".

(Delegado/BA – 2016.2 – Inaz do Pará) De acordo com a Instrução Normativa 01/2013 GDG, a capa de todo Inquérito Policial deverá conter, exceto:

(A) o Brasão da Polícia Civil, na forma prevista no Decreto Estadual 26.287/1978, e o cabeçalho com a designação "ESTADO DA BAHIA", "SECRETARIA DA SEGURANÇA PÚBLICA" e "POLÍCIA CIVIL DA BAHIA.
(B) os nomes da autoridade policial e do Escrivão.
(C) os nomes do(s) indiciado(s), se conhecido(s), e da(s) vítima(s), além do respectivo enquadramento penal
(D) a autuação, contendo data e assinatura do Escrivão, devendo, preferencialmente, ser lavrada por meio computadorizado.
(E) o número do inquérito em destaque e a quantidade de folhas que compõem aquele procedimento.

A: incorreta (art. 14, I, da Instrução Normativa n. 1, de 17 de abril de 2013, editada pelo Delegado-Geral da Polícia Civil do Estado da Bahia); **B:** incorreta (art. 14, IV, da Instrução Normativa n. 1, de 17 de abril de 2013, editada pelo Delegado-Geral da Polícia Civil do Estado da Bahia); **C:** incorreta (art. 14, III, da Instrução Normativa n. 1, de 17 de abril de 2013, editada pelo Delegado-Geral da Polícia Civil do Estado da Bahia); **D:** incorreta (art. 14, V, da Instrução Normativa n. 1, de 17 de abril de 2013, editada pelo Delegado-Geral da Polícia Civil do Estado da Bahia); **E:** correta. Embora seja verdadeira a afirmação de que a capa do inquérito deva conter o seu número de identificação (art. 14, II, da Instrução Normativa n. 1, de 17 de abril de 2013, editada pelo Delegado-Geral da Polícia Civil do Estado da Bahia), tal não se dá em relação à quantidade de folhas que o compõem, requisito não contemplado na norma em questão.

Gabarito "E".

(Delegado/BA – 2016.2 – Inaz do Pará) De acordo com o previsto na Instrução Normativa 01/2013, expedida pelo Gabinete do Delegado Geral da Polícia Civil da Bahia sobre a ordem de missão – OM é correto afirmar.

(A) A ordem de missão – OM é um documento público de natureza administrativa, de uso interno da Polícia Civil, para o cumprimento de missões determinadas aos integrantes das carreiras policiais previstas nos artigos 48 e 49 da LOPC, expedido por autoridade policial competente.
(B) A ordem de missão – OM é um documento sigiloso de natureza policial, de uso interno da Polícia Civil, obrigatório para o cumprimento de missões determinadas aos integrantes das carreiras policiais previstas nos artigos 47 e 48 da LOPC, expedido por autoridade policial competente.
(C) A ordem de missão – OM é um documento sigiloso de natureza policial, expedido por Delegado e Investigador de Polícia, de uso interno da Polícia Civil, obrigatório para o cumprimento de missões determinadas aos integrantes das carreiras policiais previstas nos artigos 47 e 48 da Lei nº 11.370/09 – LOPC.
(D) A ordem de missão – OM vinculada a Processo Administrativo Disciplinar – PAD é chamada de ordem de serviço administrativo – OSA que é um documento de natureza administrativa, expedido por autoridade competente, de uso interno da Polícia Civil, de caráter obrigatório para a realização de missão policial.
(E) A ordem de missão – OM é um documento de natureza administrativa utilizado pelo delegado de Polícia para determinar o cumprimento de missões policiais e atos cartorários determinadas aos integrantes das carreiras policiais previstas nos artigos 48 e 49 da LOPC.

Está correto o que se afirma na assertiva "B", uma vez corresponde à redação do art. 28.1., *caput*, da Instrução Normativa n. 1, de 17 de abril de 2013, editada pelo Delegado-Geral da Polícia Civil do Estado da Bahia.

Gabarito "B".

(Delegado/BA – 2016.2 – Inaz do Pará) Qual das alternativas abaixo que não se encaixa dentre as características do interrogatório policial?

(A) Normalmente ocorre após a entrevista.
(B) Informalidade.
(C) Tem como alvo o suspeito.
(D) Normalmente ocorre em unidades policiais.
(E) Geralmente é um dos últimos atos da investigação e que envolve uma imputação criminal.

A: correta. O interrogatório propriamente dito, em que a autoridade questiona ao investigado o mérito dos fatos, é feito, tanto na fase policial quanto na judicial, logo em seguida à entrevista, que se presta a colher informações sobre a pessoa do investigado (art. 187, *caput*, do CPP); **B:** incorreta, já que a autoridade policial responsável por conduzir o interrogatório deve obediência a uma série de formalidades; **C:** correta. O interrogatório tem como alvo aquele sobre o qual pesam suspeitas da prática delitiva em apuração; **D:** correta. De fato, o interrogatório policial se dá, em regra, em unidades policiais; **E:** correta. Assim é porque geralmente os indícios quanto à autoria delitiva surgem ao final das investigações.

Gabarito "B".

(Delegado/PE – 2016 – CESPE) Considerando-se que João tenha sido indiciado, em inquérito policial, por, supostamente, ter cometido dolosamente homicídio simples, e que Pedro tenha sido indiciado, em inquérito policial, por, supostamente, ter cometido homicídio qualificado, é correto afirmar que, no curso dos inquéritos,

(A) se a prisão temporária de algum dos acusados for decretada, ela somente poderá ser executada depois de expedido o mandado judicial.
(B) João e Pedro podem ficar presos temporariamente, sendo igual o limite de prazo para a decretação da prisão temporária de ambos.
(C) o juiz poderá decidir sobre a prisão temporária de qualquer um dos acusados ou de ambos, independentemente de ouvir o MP, sendo suficiente, para tanto, a representação da autoridade policial.
(D) o juiz poderá decretar, de ofício, a prisão temporária de Pedro mas não a de João.
(E) o juiz poderá decretar, de ofício, a prisão temporária de João e de Pedro.

A: correta, pois em conformidade com a regra presente no art. 2º, § 5º, da Lei 7.960/1989 (Prisão Temporária), segundo a qual a prisão temporária somente será executada depois de expedido o respectivo mandado; **B:** incorreta. Isso porque a legislação aplicável à espécie estabelece prazos distintos em razão da natureza do crime praticado (se hediondo ou

não o delito). Se hediondo ou equiparado, o prazo de prisão temporária será de até *trinta dias*, prorrogável por mais trinta, em caso de comprovada e extrema necessidade. É o teor do art. 2º, § 4º, da Lei 8.072/1990 (Crimes Hediondos); agora, se se tratar de crime elencado no art. 1º, III, da Lei 7.960/1989 que não seja hediondo tampouco equiparado, o prazo de prisão temporária obedecerá ao que estabelece o art. 2º, *caput*, da mesma lei: *cinco* dias prorrogável por mais cinco, em caso de comprovada e extrema necessidade. O limite de permanência do investigado em prisão temporária variará, portanto, em função do fato de o crime ser ou não hediondo; **C**: incorreta. Por imposição do art. 2º, § 1º, da Lei 7.960/1989, a decretação da prisão temporária, na hipótese de representação formulada pela autoridade policial, somente se dará depois de ouvido o Ministério Público; **D**: incorreta. Em hipótese alguma, seja o crime sob apuração hediondo ou não, é dado ao juiz decretar a custódia temporária de ofício. Somente poderá fazê-lo diante de representação do delegado de polícia ou por meio de requerimento do Ministério Público (art. 2º, *caput*, da Lei 7.960/1989). Vale lembrar, para que não haja confusão, que a prisão preventiva, também modalidade de prisão processual, comporta, desde que no curso do processo, decretação de ofício pelo magistrado (art. 311, CPP); **E**: incorreta. *Vide* comentário à questão anterior.
Gabarito "A".

(Delegado/PE – 2016 – CESPE) A respeito do inquérito policial, assinale a opção correta, tendo como referência a doutrina majoritária e o entendimento dos tribunais superiores.

(A) Por substanciar ato próprio da fase inquisitorial da persecução penal, é possível o indiciamento, pela autoridade policial, após o oferecimento da denúncia, mesmo que esta já tenha sido admitida pelo juízo *a quo*.
(B) O acesso aos autos do inquérito policial por advogado do indiciado se estende, sem restrição, a todos os documentos da investigação.
(C) Em consonância com o dispositivo constitucional que trata da vedação ao anonimato, é vedada a instauração de inquérito policial com base unicamente em denúncia anônima, salvo quando constituírem, elas próprias, o corpo de delito.
(D) O arquivamento de inquérito policial mediante promoção do MP por ausência de provas impede a reabertura das investigações: a decisão que homologa o arquivamento faz coisa julgada material.
(E) De acordo com a Lei de Drogas, estando o indiciado preso por crime de tráfico de drogas, o prazo de conclusão do inquérito policial é de noventa dias, prorrogável por igual período desde que imprescindível para as investigações.

A: incorreta. Conferir: "Processual penal. *Habeas corpus*. Crime contra a flora. Lei 9.605/1998. Indiciamento formal posterior ao oferecimento da denúncia. Constrangimento ilegal configurado. Ordem concedida. I. Este Superior Tribunal de Justiça, em reiterados julgados, vem afirmando seu posicionamento no sentido de que caracteriza constrangimento ilegal o formal indiciamento do paciente que já teve contra si oferecida denúncia e até mesmo já foi recebida pelo Juízo *a quo*. II. Uma vez oferecida a exordial acusatória, encontra-se encerrada a investigação e o indiciamento do réu, neste momento, configura-se coação desnecessária e ilegal. III. Ordem concedida, nos termos do voto do Relator" (HC 179.951/SP, Rel. Ministro Gilson Dipp, Quinta Turma, julgado em 10.05.2011, DJe 27.05.2011); **B**: incorreta, pois não reflete o entendimento firmado por meio da Súmula Vinculante 14: "É direito do defensor, no interesse do representado, ter acesso amplo aos elementos de prova que, já documentados em procedimento investigatório realizado por órgão com competência de polícia judiciária, digam respeito ao exercício do direito de defesa". Disso se infere que a autoridade policial poderá negar ao advogado o acesso aos elementos de prova ainda não documentados em procedimento investigatório; **C**: correta. Nesse sentido: "Habeas corpus" – Recurso ordinário – Motivação "Per relationem" – Legitimidade constitucional – Delação anônima – Admissibilidade – Configuração, no caso, dos requisitos legitimadores de seu acolhimento – Doutrina – Precedentes – Pretendida discussão em torno da alegada insuficiência de elementos probatórios – Impossibilidade na via sumaríssima do "habeas corpus" – Precedentes – Recurso ordinário improvido. Persecução penal e delação anônima – As autoridades públicas não podem iniciar qualquer medida de persecução (penal ou disciplinar), apoiando-se, unicamente, para tal fim, em peças apócrifas ou em escritos anônimos. É por essa razão que o escrito anônimo não autoriza, desde que isoladamente considerado, a imediata instauração de "persecutio criminis". – Nada impede que o Poder Público, provocado por delação anônima ("disque-denúncia", p. ex.), adote medidas informais destinadas a apurar, previamente, em averiguação sumária, "com prudência e discrição", a possível ocorrência de eventual situação de ilicitude penal, desde que o faça com o objetivo de conferir a verossimilhança dos fatos nela denunciados, em ordem a promover, então, em caso positivo, a formal instauração da "persecutio criminis", mantendo-se, assim, completa desvinculação desse procedimento estatal em relação às peças apócrifas (...)" (RHC 117988, Relator(a): Min. Gilmar Mendes, Relator(a) p/ Acórdão: Min. Celso de Mello, Segunda Turma, julgado em 16.12.2014, Processo Eletrônico DJe-037 divulg 25.02.2015 public 26.02.2015); **D**: incorreta, já que, uma vez ordenado o arquivamento do inquérito policial pelo juízo de direito, por falta de base para a denúncia (aqui incluída a *ausência de provas*), nada obsta que a autoridade policial proceda a novas pesquisas, desde que de outras provas tenha conhecimento – art. 18 do CPP. Isso porque a decisão que determina o arquivamento do inquérito policial não gera, em regra, coisa julgada material. Registre-se, no entanto, que as "outras provas" a que faz alusão o art. 18 do CPP devem ser entendidas como *provas substancialmente novas*, ou seja, aquelas que até então não eram de conhecimento das autoridades. Veja, a propósito, o teor da Súmula 524 do STF: "Arquivado o inquérito policial, por despacho do juiz, a requerimento do Promotor de Justiça, não pode a ação penal ser iniciada, sem novas provas". Agora, se o arquivamento do inquérito se der por ausência de tipicidade, a decisão, neste caso, tem efeito preclusivo, é dizer, produz coisa julgada material, impedindo, dessa forma, o desarquivamento do inquérito; **E**: incorreta. De acordo com o art. 51 da Lei de Drogas (11.343/2006), se preso estiver o indiciado, o prazo para conclusão do inquérito policial é de 30 dias (e não de 90 dias). O prazo de 90 dias, segundo o mesmo dispositivo, é para a conclusão do inquérito em que o investigado esteja solto.
Gabarito "C".

(Delegado/PE – 2016 – CESPE) Com base nos dispositivos da Lei 12.830/2013, que dispõe sobre a investigação criminal conduzida por delegado de polícia, assinale a opção correta.

(A) São de natureza jurídica, essenciais e exclusivas de Estado as funções de polícia judiciária e a apuração de infrações penais pelo delegado de polícia.
(B) A redistribuição ou a avocação de procedimento de investigação criminal poderá ocorrer de forma casuística, desde que determinada por superior hierárquico.
(C) A remoção de delegado de polícia de determinada unidade policial somente será motivada se ocorrer de uma circunscrição para outra, não incidindo a exigência de motivação nas remoções de delegados de uma delegacia para outra no âmbito da mesma localidade.
(D) A decisão final sobre a realização ou não de diligências no âmbito do inquérito policial pertence exclusivamente ao delegado de polícia que preside os autos.
(E) A investigação de crimes é atividade exclusiva das polícias civil e federal.

A: correta, pois reflete o que estabelece o art. 2º, *caput*, da Lei 12.830/2013; **B**: incorreta, pois não corresponde ao que prevê o art. 2º, § 4º, da Lei 12.830/2013; **C**: incorreta. A motivação será de rigor em qualquer hipótese (art. 2º, § 5º, da Lei 12.830/2013); **D**: incorreta, na medida em que, embora o delegado de polícia detenha discricionariedade na condução do inquérito policial, determinando as diligências que entender pertinentes, terá de cumprir as requisições do MP e do Juiz. É bom que se diga que tal regra não está contemplada, de forma expressa, na Lei 12.830/2013; **E**: incorreta, já que o inquérito policial constitui tão somente uma das formas de se proceder a investigações criminais (art. 4º, parágrafo único, CPP). Nada impede, por exemplo, que o MP realize investigações de natureza criminal.
Gabarito "A".

(Juiz de Direito/DF – 2016 – CESPE) À luz do que dispõe o CPP a respeito dos crimes de ação pública, é correto afirmar que o inquérito policial

(A) poderá ser iniciado de ofício pela autoridade policial, ou mediante requisição do juiz ou do promotor de justiça, mas não do ofendido, a quem cabe apenas a apresentação de queixa-crime.
(B) poderá ser iniciado de ofício pela autoridade policial, ou mediante requisição do promotor de justiça, mas não do juiz, por ser este considerado ator imparcial.
(C) poderá ser iniciado de ofício pela autoridade policial, ou mediante requisição do juiz, do promotor ou do ofendido e seu defensor, mas não poderá decorrer de denúncia feita por qualquer do povo que tenha conhecimento da prática de eventual crime, pois a ação penal cabe ao MP.
(D) será iniciado, obrigatoriamente, pelo auto de prisão em flagrante ou por portaria da autoridade policial, podendo o MP instaurar apenas inquérito ministerial; o juiz, por ser ator imparcial, também não pode requisitar a instauração de inquérito, tampouco o ofendido ou qualquer do povo, para que não se caracterize vingança privada.
(E) poderá ser iniciado de ofício ou mediante requisição do juiz, do promotor ou do ofendido e seu defensor, podendo, ainda, ser instaurado pela autoridade policial, após a verificação da procedência das informações fornecidas por qualquer do povo que tenha tido conhecimento da existência de infração penal e a tenha, verbalmente ou por escrito, comunicado à referida autoridade.

A teor do art. 5º do CPP, constituem formas de instauração do inquérito policial: de ofício pela autoridade policial (inciso I); requisição judicial ou do MP (inciso II, 1ª parte); requerimento da vítima (inciso II, 2ª parte); por força de auto de prisão em flagrante; representação do ofendido nos crimes de ação penal pública condicionada a representação (art. 5º, § 4º, CPP); denúncia da ocorrência de uma infração penal formulada por qualquer pessoa do povo (*delatio criminis* – art. 5º, § 3º, do CPP); e requerimento do ofendido na ação penal privada (art. 5º, § 5º, do CPP). A alternativa apontada inicialmente como correta (E) está, na verdade, incorreta, uma vez que a requisição para a instauração de inquérito policial é providência privativa do juiz e do promotor de Justiça; a vítima ou quem a represente formulará *pedido* (requerimento) à autoridade policial para a instauração de inquérito policial, a qual caberá deferir ou não o pleito da vítima, decisão contra a qual cabe recurso ao chefe de Polícia (art. 5º, § 2º, do CPP).
Gabarito: ANULADA.

(Promotor de Justiça – MPE/AM – FMP – 2015) Em relação ao inquérito policial, assinale a alternativa correta.

(A) O inquérito policial somente poderá ser avocado ou redistribuído, mediante decisão fundamentada de superior hierárquico, por motivo de interesse público ou por inobservância dos procedimentos pre-

vistos em regulamento da corporação que prejudique a eficácia da investigação.
(B) Em razão de o Poder Judiciário não poder ordenar o Ministério Público a acusar, o processo penal brasileiro não admite recurso contra a decisão que determina o arquivamento do inquérito.
(C) Qualquer pessoa do povo que tiver conhecimento da existência de infração penal em que caiba ação pública poderá, verbalmente ou por escrito, comunicá-la à autoridade policial, e esta, de imediato, deverá mandar instaurar inquérito.
(D) Ao tomar conhecimento da prática de infração penal de iniciativa pública incondicionada submetida ao procedimento comum, a autoridade policial deverá instaurar inquérito policial de ofício, a fim de obter elementos que apontem a autoria e comprovem a materialidade das infrações.
(E) O inquérito deverá terminar no prazo de 10 dias, se o indiciado tiver sido preso em flagrante, ou estiver preso preventivamente, contado o prazo, nesta hipótese, a partir do dia em que o juízo houver expedido a ordem de prisão, ou no prazo de 30 dias, quando estiver solto, mediante fiança ou sem ela.

A: correta, pois reflete o que estabelece o art. 2°, § 4°, da Lei 12.830/2013; **B:** incorreta. No regime do Código de Processo Penal, a decisão que determina o arquivamento do inquérito policial não desafia, de fato, a interposição de recurso. Sucede que algumas leis preveem essa possibilidade, tal como se dá nos crimes contra a economia popular (art. 7°, Lei 1.521/1951); **C:** incorreta. Diante da comunição feita por qualquer pessoa do povo da ocorrência de crime de ação penal pública, a autoridade policial somente procederá à instauração de inquérito policial depois de verificar a procedência das informações, tal como estabelece o art. 5°, § 3°, do CPP; **D:** incorreta. Ao tomar conhecimento de fato com aparência de crime, a autoridade policial, antes de determinar a instauração de inquérito, pode, por cautela, promover uma apuração preliminar a fim de verificar a veracidade dos fatos para, somente depois, proceder a inquérito; **E:** incorreta. O prazo para conclusão do inquérito policial terá por termo inicial, no caso de prisão preventiva, o dia em que esta foi realizada. É o que estabelece o art. 10 do CPP, que também dispõe que, no caso de o investigado encontrar-se solto, o prazo em que o inquérito deverá ser concluído é de 30 dias.
Gabarito "A".

(Juiz de Direito/CE – 2014 – FCC) O inquérito policial
(A) é imprescindível para a propositura da ação penal, mas não pode subsidiar com exclusividade a prolação de sentença condenatória.
(B) não pode ser retomado, se anteriormente arquivado por decisão judicial que reconheceu a atipicidade do fato, a requerimento do Promotor de Justiça, ainda que obtidas provas novas.
(C) deve terminar no prazo de 10 (dez) dias, se o indiciado estiver preso, prazo que, se excedido, levará a constrangimento ilegal sanável pela via do *habeas corpus*, com prejuízo de prosseguimento do procedimento.
(D) pode ser instaurado de ofício para apuração de crime de ação penal pública condicionada.
(E) não pode ser objeto de trancamento pela autoridade judiciária.

A: incorreta está tão somente a primeira parte da assertiva, uma vez que o inquérito policial não constitui fase imprescindível à propositura da ação penal. Seu ajuizamento pode se dar, pois, com base em outras peças de informação que não o inquérito produzido pela Polícia Judiciária. É o que se infere do art. 12 do CPP; está correto, no entanto, o que se afirma na segunda parte da proposição. De fato, as provas reunidas no inquérito policial não podem, de forma exclusiva, servir de suporte para fundamentar uma sentença penal condenatória. Em outras palavras, é vedado ao magistrado fundamentar sua decisão exclusivamente nos elementos informativos produzidos na investigação (art. 155, *caput*, do CPP); **B:** correta. Em regra, a decisão que manda arquivar os autos de inquérito policial não gera coisa julgada material; gera, sim, coisa julgada formal. As investigações, assim, podem ser reiniciadas a qualquer tempo. Situação bem diversa é aquela em que o arquivamento do inquérito policial se dá por atipicidade da conduta. Neste caso, a decisão que determina o arquivamento é definitiva, gerando coisa julgada material; **C:** incorreta. Embora seja verdadeira a afirmação segundo a qual o inquérito deve, em regra, ser concluído no prazo de 10 dias, se preso estiver o investigado (art. 10, *caput*, do CPP), sob pena de configurar-se constrangimento ilegal combatível por meio de *habeas corpus*, é incorreto dizer-se que isso acarretará prejuízo ao prosseguimento do feito, que continuará a tramitar até o seu termo; **D:** incorreta, uma vez que, sendo a ação penal pública condicionada, a instauração de inquérito somente poderá se dar depois de oferecida a representação ou requisição do MJ (art. 5°, § 4°, do CPP); **E:** incorreta. Embora se trate de medida excepcional, o trancamento do inquérito policial por meio de *habeas corpus* é perfeitamente possível em situações em que se verifica, por exemplo, a falta de elementos mínimos a configurar o crime atribuído ao investigado.
Gabarito "B".

(Juiz de Direito/MG – 2014) Em relação ao inquérito policial, analise as seguintes afirmativas e assinale com **V** as **verdadeiras** e com **F** as **falsas**.
( ) As partes poderão, no curso do inquérito policial, opor exceção de suspeição da autoridade policial, nas mesmas situações previstas no Código de Processo Penal em relação ao Juiz.
( ) A decisão que determina o arquivamento do inquérito policial não gera, em regra, coisa julgada material.
( ) É vedado ao Juiz, ao discordar do pedido de arquivamento de inquérito policial formulado pelo Promotor de Justiça, determinar que a autoridade policial proceda a novas diligências.
( ) O despacho da autoridade policial que indefere o requerimento de abertura de inquérito é irrecorrível.
Assinale a alternativa que apresenta a sequência CORRETA.
(A) F V F V.
(B) V F V F.
(C) F V V F.
(D) F V V V.

1ª proposição: incorreta. Não se poderá opor suspeição às autoridades policiais nos atos do inquérito (art. 107 do CPP); **2ª proposição:** correta. Uma vez ordenado o arquivamento do inquérito policial pelo juiz de direito, por falta de base para a denúncia, nada obsta que a autoridade policial proceda a novas pesquisas, desde que de outras provas tenha conhecimento – art. 18 do CPP. Isso porque a decisão que determina o arquivamento do inquérito policial não gera, em regra, coisa julgada material. Agora, se o arquivamento do inquérito se der por ausência de tipicidade, a decisão, neste caso, tem efeito preclusivo, é dizer, produz coisa julgada material, impedindo, dessa forma, o desarquivamento do inquérito. A esse respeito, *Informativo STF* 375; **3ª proposição:** correta. Caberá ao juiz, se discordar da promoção de arquivamento formulada pelo MP, providenciar para que os autos sejam remetidos, na forma estatuída no art. 28 do CPP, ao procurador-geral, a quem incumbirá apreciar se a razão está com o promotor ou com o magistrado. Se o chefe do Ministério Público entender que não é caso de denúncia, ao juiz então não resta outra opção senão a de determinar o arquivamento dos autos; se, ao contrário, o procurador-geral entender que é caso de denúncia, poderá ele mesmo oferecê-la, ou ainda designar outro membro da instituição para fazê-lo, o que é mais comum. De qualquer forma, não poderá o chefe da instituição, à luz do postulado da independência, obrigar o promotor do feito a oferecer a denúncia; **4ª proposição:** incorreta, posto que do despacho de indeferimento de abertura de inquérito cabe recurso para o chefe de Polícia, na forma prevista no art. 5°, § 2°, do CPP.
Gabarito "C".

(Juiz de Direito/PA – 2014 – VUNESP) Salvo exceções expressamente previstas em leis especiais, o prazo para a conclusão do inquérito policial cujo indiciado estiver preso, que tramita junto à Polícia Civil (Estadual) e à Polícia Federal é, respectivamente, de
(A) 5 dias, prorrogáveis por mais 5 dias; 10 dias.
(B) 5 dias; 10 dias.
(C) 10 dias; 10 dias.
(D) 10 dias, prorrogáveis por mais 10 dias; 15 dias.
(E) 10 dias; 15 dias prorrogáveis por mais 15 dias.

O art. 10, *caput*, do CPP estabelece o prazo *geral* de 30 dias para conclusão do inquérito, quando o indiciado não estiver preso; se preso estiver, o inquérito deve terminar em 10 dias. Na Justiça Federal, se o indicado estiver preso, o prazo para conclusão do inquérito é de 15 dias, podendo haver uma prorrogação por igual período, conforme dispõe o art. 66 da Lei 5.010/1966; se solto, o inquérito deve ser concluído em 30 dias, em consonância com o disposto no art. 10, *caput*, do CPP. Há outras leis especiais, além desta, que estabelecem prazos diferenciados para a ultimação das investigações. Correta, portanto, a alternativa "E".
Gabarito "E".

(Delegado/RO – 2014 – FUNCAB) Na condução do inquérito policial, o Delegado de Polícia, sempre pautando suas ações pela legalidade, também se sujeita ao Princípio da Discricionariedade, que possui como característica possibilitar ao Delegado de Polícia:
(A) a instauração do inquérito mediante critério de conveniência e oportunidade.
(B) a definição do rumo das investigações.
(C) a substituição do inquérito pela possibilidade de lavratura de termo circunstanciado.
(D) a cautela e prudência na condução das diligências de investigação.
(E) o arquivamento do inquérito policial.

A: incorreta. O delegado, por força do *princípio da obrigatoriedade* (legalidade), não dispõe de discricionariedade para decidir quanto à instauração de inquérito policial, a ele cabendo, sempre que tiver conhecimento da ocorrência de crime de ação pública incondicionada, assim proceder, determinado a instauração de inquérito; **B:** correta. A discricionariedade do delegado de polícia diz respeito ao rumo das investigações, uma vez que a lei não estabeleceu uma sequência de atos a que deve obedecer a condução do inquérito; tomará as providências que melhor lhe aprouver; **C:** incorreta. O delegado não tem discricionariedade para decidir se é o caso de substituir o inquérito pelo termo circunstanciado. Tal deverá se dar nos casos previstos em lei; **D:** não é caso de discricionariedade; **E:** é vedado ao delegado, sob qualquer pretexto, mandar arquivar autos de inquérito (art. 17, CPP).
Gabarito "B".

(Delegado/SP – 2014 – VUNESP) O minucioso relatório policial que encerra determinado inquérito conclui pela ocorrência do crime de estelionato praticado por "X". O promotor de justiça, entretanto, com base nas descrições contidas no referido documento, denuncia "X" pela prática do crime de furto mediante fraude.
Ao receber a peça acusatória, o magistrado

(A) deverá, em juízo preliminar, modificar a classificação jurídica do crime feita na denúncia, a fim de que fique em consonância com o relatório policial, sob pena de inépcia da denúncia.
(B) poderá, em juízo preliminar, modificar a classificação jurídica do crime feita no relatório policial, a fim de que fique em consonância com a denúncia, sob pena de nulidade da sentença.
(C) poderá devolver os autos ao delegado de polícia responsável, caso entenda que a classificação do crime deva ser retificada.
(D) se não a rejeitar preliminarmente, deverá recebê-la e ordenar a citação do réu "X" para responder à acusação por crime de furto mediante fraude.
(E) deverá devolver os autos ao delegado de polícia responsável pelo relatório, a fim de que seja feita a retificação da classificação do crime, sob pena de inépcia da denúncia.

A classificação jurídica operada pelo delegado no indiciamento do inquérito policial não tem o condão de vincular a *opinio delicti* do titular da ação penal tampouco a classificação jurídica, feita pelo juiz, na sentença (que pode ser diversa daquela feita pelo acusador quando do oferecimento da inicial – art. 383 do CPP). Tanto é assim que, se a autoridade policial, ao cabo das investigações do inquérito, concluir, no seu relatório, que o investigado não praticou crime algum, nada impede que o promotor, ao receber os autos do inquérito, ofereça denúncia. Cuidado: a *emendatio libelli* (art. 383, CPP) somente tem aplicação no âmbito da sentença, em que o juiz, discordando da classificação jurídica feita pelo titular da ação penal na inicial acusatória, altera a imputação e confere aos fatos classificação diversa, desde que esses fatos narrados na inicial não sofram, ao longo da instrução, alteração. Se houver mudança nesse sentido, cuidará o juiz para que os autos sejam encaminhados ao acusador para aditamento da inicial, na forma estatuída no art. 384 do CPP (*mutatio libelli*).
Gabarito "D".

(Delegado/SP – 2014 – VUNESP) Nos termos do parágrafo terceiro do art. 5.º do CPP: "Qualquer pessoa do povo que tiver conhecimento da existência de infração penal em que caiba ação pública poderá, verbalmente ou por escrito, comunicá-la à autoridade policial, e esta, verificada a procedência das informações, mandará instaurar inquérito policial". Assim, é correto afirmar que
(A) sempre que tomar conhecimento da ocorrência de um crime, a autoridade policial deverá, por portaria, instaurar inquérito policial.
(B) por *delatio criminis* entende-se a autorização formal da vítima para que seja instaurado inquérito policial.
(C) o inquérito policial será instaurado pela autoridade policial apenas nas hipóteses de ação penal pública.
(D) a notícia de um crime, ainda que anônima, pode, por si só, suscitar a instauração de inquérito policial.
(E) é inadmissível o anonimato como causa suficiente para a instauração de inquérito policial na modalidade da *delatio criminis*, entretanto, a autoridade policial poderá investigar os fatos de ofício.

A: nem sempre. A autoridade policial somente procederá a inquérito, de ofício, nos crimes de ação penal pública incondicionada (art. 5º, I, do CPP); **B:** incorreta. *Delatio criminis* é a denúncia, formulada por qualquer pessoa do povo e dirigida à autoridade policial, que dá conta da prática de infração penal. Está prevista no art. 5º, § 3º, do CPP e comporta a forma verbal ou escrita; **C:** incorreta, uma vez que o inquérito policial também será instaurado para apurar a prática de crime de ação penal privada, mas, neste caso, tal providência está condicionada à formulação de requerimento daquele que tem legitimidade para o ajuizamento da ação penal respectiva (art. 5º, § 5º, do CPP); **D:** incorreta. A denúncia anônima, segundo tem entendido a jurisprudência, não é apta, por si só, a autorizar a instauração de inquérito policial. Antes disso, a autoridade policial deverá fazer uma averiguação prévia a fim de verificar a procedência da denúncia apócrifa, para, depois disso, determinar, se for o caso, a instauração de inquérito. Nesse sentido: "(...) a autoridade policial, ao receber uma denúncia anônima, deve antes realizar diligências preliminares para averiguar se os fatos narrados nessa 'denúncia' são materialmente verdadeiros, para, só então, iniciar as investigações" (STF, HC 95.244, 1ª T., rel. Min. Dias Toffoli, *DJe* 29.04.2010); **E:** correta. Vide comentário anterior.
Gabarito "E".

(Advogado do Metrô/SP – 2014 – FCC) A respeito do inquérito policial, considere:
I. O requerimento do ofendido ou de quem tenha qualidade para representá-lo só será apto para a instauração de inquérito policial se dele constar a individualização do autor da infração.
II. A requisição do Ministério Público torna obrigatória a instauração do inquérito pela autoridade policial.
III. Se o Delegado de Polícia verificar, no curso das investigações, que o indiciado é inocente, deverá determinar o arquivamento do inquérito.
Está correto o que se afirma APENAS em
(A) II e III.
(B) I e II.
(C) I e III.
(D) II.
(E) III.

I: incorreta, pois, não sendo isso possível de pronto (individuação do autor da infração), pode o requerente se valer de *sinais característicos* do suspeito (art. 5º, § 1º, *b*, do CPP);

II: em regra, pode-se dizer que a requisição do MP impõe à autoridade policial a obrigação de instaurar inquérito policial. No entanto, tal assertiva não pode ser considerada como absoluta, na medida em que, em determinados casos, o delegado pode, sim, recusar-se a dar cumprimento à requisição do MP. Imaginemos que chegue às mãos do delegado requisição ministerial comunicando crime de ação pública condicionada sem que a vítima tenha se manifestado nesse sentido. Neste caso, não pode o delegado, em conformidade com o disposto no art. 5º, § 4º, do CPP, determinar a instauração de IP, ainda que requisitado pelo MP; outro exemplo: o membro do MP requisita à autoridade policial a instauração de IP para apurar fato manifestamente atípico. Evidente que, também neste caso, a "ordem" não deve ser cumprida; **III:** incorreta. A nenhum pretexto pode o delegado de polícia promover o arquivamento dos autos de inquérito (art. 17, CPP); tal incumbência é conferida, com exclusividade, ao representante do MP, que formulará requerimento nesse sentido ao juiz, ao qual caberá, e somente a ele, mandar arquivar o IP.
Gabarito "D".

(Ministério Público/BA – 2015 – CEFET) No dia 12 de janeiro de 2015, o promotor de Justiça de determinada comarca da Bahia recebeu um inquérito policial em que constavam Josélio e Perênio como indiciados pela prática dos crimes de estupro de vulnerável e tentativa de homicídio qualificado. No último dia do prazo, o referido promotor de Justiça ofereceu denúncia contra Josélio e lhe imputou aqueles crimes, mas, sem expressa justificativa, não incluiu em sua denúncia o indiciado Perênio. Por sua vez, o juiz, ao receber a peça acusatória, manteve-se silente quanto à omissão do promotor de Justiça.

Em relação à situação acima descrita, assinale a alternativa CORRETA:
(A) Quanto ao indiciado Perênio, houve o arquivamento implícito do inquérito policial, o que tem sido aceito pela jurisprudência do Superior Tribunal de Justiça e do Supremo Tribunal Federal.
(B) Trata-se de hipótese de arquivamento indireto do inquérito policial, conforme a jurisprudência do Supremo Tribunal Federal.
(C) A atuação do promotor de Justiça ensejou o denominado arquivamento implícito objetivo do inquérito policial.
(D) O artigo 28 do Código de Processo Penal autoriza a figura do arquivamento implícito do inquérito policial, que, diferentemente do requerimento expresso de arquivamento, permite o aditamento à denúncia pelo promotor de Justiça nos crimes de ação penal pública.
(E) Todas as alternativas anteriores estão incorretas.

Não se confundem as figuras do arquivamento *implícito* e *indireto*. Neste último caso, o titular da ação penal deixa de promovê-la por entender que o juízo não detém competência para o seu processamento e julgamento. A assertiva contempla o chamado *arquivamento implícito*, que não é acolhido pela comunidade jurídica, inclusive pelo STF. Se o órgão acusador, sem expressa fundamentação, deixar de incluir na peça acusatória indiciado contra o qual há indícios de participação, deve o juiz, porque o sistema não admite o arquivamento implícito, cuidar para que a inicial seja aditada, recorrendo, se o caso, ao art. 28 do CPP. Além disso, poderá a vítima, ante a omissão do MP, ajuizar ação penal privada subsidiária em face do investigado não denunciado.
Gabarito "E".

(Ministério Público/SP – 2015 – MPE/SP) Assinale a alternativa correta:
(A) O sigilo do inquérito pode, em qualquer situação, ser oposto ao advogado do indiciado.
(B) O inquérito policial, na atual sistemática processual, é exclusivamente escrito, nos termos dos artigos 9º e 405, § 1º, ambos do Código de Processo Penal.
(C) Na investigação criminal assegura-se o contraditório, a ampla defesa e o direito à prova e, por essa razão, não seria razoável que ela fosse atribuída, posto que em casos especiais, àquele que é parte no processo.
(D) Nas infrações de menor potencial ofensivo, de ação penal pública condicionada, a investigação – que se dá por meio de termo circunstanciado – prescinde de representação do ofendido.
(E) Na Lei dos Juizados Especiais Criminais, o cumprimento do acordo quanto à reparação dos danos importará renúncia ao direito de representação.

A: incorreta. O sigilo, que é imanente ao inquérito policial (art. 20 do CPP), não pode, ao menos em regra, ser oposto ao advogado do investigado. Com efeito, por força do que estabelece o art. 7º, XIV, da Lei 8.906/1994 (Estatuto da Advocacia), constitui direito do advogado, entre outros: "examinar, em qualquer instituição responsável por conduzir investigação, mesmo sem procuração, autos de flagrante e de investigações de qualquer natureza, findos ou em andamento, ainda que conclusos à autoridade, podendo copiar peças e tomar apontamentos, em meio físico ou digital" (redação determinada pela Lei 13.245/2016). Sobre este tema, a propósito, o STF editou a Súmula Vinculante 14, a seguir transcrita: "É direito do defensor, no interesse do representado, ter acesso amplo aos elementos de prova que, já documentados em procedimento investigatório realizado por órgão com competência de polícia judiciária, digam respeito ao exercício do direito de defesa". Registre-se, todavia, que determinados procedimentos de investigação, geralmente realizados em autos apartados, como a interceptação telefônica e a infiltração, somente serão acessados pelo patrono do investigado depois de concluídos e inseridos nos autos do inquérito. Ou seja, tais procedimentos permanecerão em sigilo, neste caso absoluto, enquanto não forem encerrados. Nesse sentido já se manifestou o STJ: "1. Ao inquérito policial não se aplica o princípio do contraditório, porquanto é fase investigatória, preparatória da acusação, destinada a subsidiar a atuação do órgão ministerial na persecução penal. 2. Deve-se conciliar os interesses da investigação com o direito de informação do investigado e, consequentemente, de seu advogado, de ter acesso aos autos, a fim de salvaguardar suas garantias constitucionais. 3. Acolhendo a orientação jurisprudencial do Supremo Tribunal Federal, o Superior Tribunal de Justiça decidiu ser possível o acesso de advogado constituído aos autos de inquérito policial em observância ao direito de informação do indiciado e ao Estatuto da Advocacia, ressalvando os documentos relativos a terceiras pessoas, os procedimentos investigatórios em curso e os que, por sua própria natureza, não dispensam o sigilo, sob pena de ineficácia da diligência investigatória. 4. *Habeas corpus* denegado" (HC 65.303/PR, Rel. Ministro Arnaldo Esteves Lima, Quinta Turma, julgado em 20.05.2008, *DJe* 23.06.2008); **B**: incorreta, já que não reflete a regra presente no art. 405, § 1º, do CPP; **C**: incorreta. Por se tratar de procedimento administrativo, não vigoram, nas investigações criminais, conforme doutrina e jurisprudência amplamente majoritárias, o contraditório e ampla defesa; **D**: correta. Não sendo a representação oferecida quando do ato do registro da ocorrência de infração de menor potencial ofensivo, o que é feito por meio do termo circunstanciado (art. 69, Lei 9.099/1995), sua formalização poderá realizar-se, a teor do art. 75, *caput* e parágrafo único, da Lei 9.099/1995, na audiência preliminar, depois de frustrada a tentativa de composição civil; **E**: incorreta, dado que, segundo estabelece o art. 74, parágrafo único, da Lei 9.099/1995, basta, para levar à renúncia ao direito de queixa ou representação, a homologação do acordo de composição dos danos.

Gabarito "D".

(Ministério Público/SP – 2015 – MPE/SP) Assinale a alternativa correta:

(A) O Tribunal está obrigado a acolher a manifestação de arquivamento de investigação criminal formulada pelo Procurador-geral de Justiça, na hipótese de competência originária.

(B) Na solução do conflito de atribuições entre órgãos do Ministério Público, tendo por objeto o foro competente para a propositura de virtual ação penal, o Procurador-geral de Justiça deverá designar outro Promotor de Justiça para atuar no feito e, dessa forma, preservar a independência funcional do vencido.

(C) A promoção de arquivamento do inquérito, apresentada no prazo legal, não impede a propositura da ação penal privada subsidiária à pública (CPP, artigo 29).

(D) A possibilidade de se produzirem novas provas autoriza o desarquivamento do inquérito policial pelo Ministério Público.

(E) O arquivamento do inquérito, pautado na atipicidade do fato, não impede o seu desarquivamento, desde que sejam produzidas novas provas.

A: correta. Conferir: "Processo penal. *Habeas corpus*. Trancamento da ação penal. *Notitia criminis* em desfavor de promotores de justiça do estado de Goiás. Arquivamento da representação determinado pela procuradora-geral de justiça. Propositura de ação penal privada subsidiária da pública. Impossibilidade. Inércia do ministério público não caracterizada. Decisão proferida pela última instância do ministério público estadual. Competência originária. Pleito de atendimento obrigatório pela corte estadual. Dispensabilidade de apreciação pelo poder judiciário. Ordem concedida. Extensão aos demais denunciados. 1. A ação penal privada subsidiária só tem cabimento nas hipóteses em que configurada a inércia do Ministério Público, ou seja, quando transcorrido o prazo para o oferecimento da denúncia, o *Parquet* não a apresenta, não requer diligências, tampouco pede o arquivamento. 2. Encontra-se pacificado nesta Corte, bem como no Supremo Tribunal Federal, o entendimento de que, uma vez requerido o arquivamento do inquérito ou de peças de informação pelo Procurador-Geral da República, chefe do Ministério Público da União, o atendimento ao seu pedido é irrecusável. 3. A Corte Especial, ao julgar a Ação Penal 67-9/DF, da relatoria do Ministro Eduardo Ribeiro, em hipótese de todo semelhante à ora apresentada, rejeitou queixa-crime subsidiária, por entender que não se justifica deva o Procurador-Geral requerer o arquivamento ao Judiciário se o seu pronunciamento não pode ser desatendido. 4. Dessa forma, o mesmo raciocínio se aplica à hipótese em comento. Com efeito, o cargo de Procurador-Geral de Justiça no âmbito da organização judiciária dos Estados se equivale ao do Procurador-Geral da República na esfera federal. 5. O arquivamento previsto no art. 29, VII, da Lei 8.625/1993 ocorre no âmbito interno do *parquet*, podendo ser revisto pelo Colégio de Procuradores de Justiça, nos termos do art. 12, XI, da mesma Lei Orgânica. 6. Inexistindo provocação pelos legitimados, no âmbito do Ministério Público, não resta espaço para a ação privada, pois não se configura a inércia do órgão ministerial, atuando legalmente, determina o arquivamento interno da representação, por despacho motivado, portanto, observado o devido processo legal administrativo. 7. Ordem concedida para determinar o trancamento da Ação Penal 99-1/226, em trâmite perante o Órgão Especial do Tribunal de Justiça do Estado de Goiás, estendendo a ordem aos demais querelados, Vilanir de Alencar Camapum Júnior e Haroldo Caetano da Silva, com fundamento no art. 580 do Código de Processo Penal." (HC 64.564/GO, Rel. Ministro Arnaldo Esteves Lima, Quinta Turma, julgado em 13.03.2007, *DJ* 09.04.2007); **B**: incorreta, *conflito de atribuições* é aquele que se dá entre autoridades administrativas ou entre estas e autoridades judiciárias. É de atribuições o conflito existente entre promotores de Justiça. Neste caso, a divergência será solucionada pelo procurador-geral de Justiça, sem intervenção do órgão jurisdicional, que deverá decidir qual dos promotores detém atribuição para a propositura de eventual ação penal (art. 26, VII, da LC 75/1993); **C**: incorreta, já que o simples fato de o membro do MP deixar de oferecer a denúncia dentro do prazo estabelecido em lei não justifica o ajuizamento, pelo ofendido, da ação penal privada subsidiária. É que, consoante doutrina e jurisprudência hoje sedimentadas, esta modalidade de ação penal privada, prevista nos arts. 5º, LIX, da CF/1988, 29 do CPP e 100, § 3º, do CP, somente terá lugar na hipótese em que ficar caracterizada inércia, desídia do membro do Ministério Público. Isso se dá quando, superado o prazo fixado em lei, o MP não denuncia, não requer diligências complementares nem pleiteia o arquivamento dos autos de inquérito; **D**: incorreta. O desarquivamento dos autos de inquérito policial pressupõe o surgimento de provas novas, até então não conhecidas. Veja, a propósito, o teor da Súmula 524 do STF: "Arquivado o inquérito policial, por despacho do juiz, a requerimento do Promotor de Justiça, não pode a ação penal ser iniciada, sem novas provas". Sobre este tema, ensina Guilherme de Souza Nucci que "(...) para reaviar o inquérito policial, desarquivando-o, cremos ser necessário que as provas coletadas sejam substancialmente novas – aquelas realmente desconhecidas anteriormente por qualquer das autoridades –, sob pena de se configurar um constrangimento ilegal (...)" (*Código de Processo Penal Comentado*, 12ª ed., p. 128); **E**: incorreta. A decisão que determina o arquivamento do inquérito policial não gera, em regra, coisa julgada material; é dizer, as investigações podem, desde que haja prova nova, ser retomadas, com o desarquivamento do inquérito. Agora, se o arquivamento do inquérito se der por ausência de tipicidade, a decisão, neste caso, tem efeito preclusivo, é dizer, produz coisa julgada material, impedindo, dessa forma, o seu desarquivamento. A esse respeito, *Informativo STF* 375.

Gabarito "A".

(Defensor/PA – 2015 – FMP) Em relação aos sistemas de investigação, é correto afirmar que:

(A) de acordo com a jurisprudência consolidada do Superior Tribunal de Justiça, entre as causas de impedimento que afetam o Ministério Público, está o fato de que todo membro, ao atuar na presidência de investigação criminal realizada por aquela instituição, estará impedido de oferecer a ação penal condenatória que derivar dessa apuração.

(B) segundo as disposições do Código de Processo Penal, o Delegado de Polícia poderá ser afastado compulsoriamente da presidência de inquérito policial em que se investigue infração penal cometida por seu amigo íntimo ou inimigo capital, desde que julgada procedente exceção de suspeição contra ele oposta.

(C) segundo as disposições do Código de Processo Penal, expirado o prazo legal para o término do inquérito policial em que o investigado estiver preso, deverá o Delegado de Polícia, sempre que o fato for de difícil elucidação, requerer ao juiz a devolução dos autos, para ulteriores diligências, que serão realizadas no prazo marcado pelo magistrado.

(D) O Código de Processo Penal exige que o Delegado de Polícia, sempre que estiver na presidência de inquérito policial, conduza a investigação criminal de acordo com seu livre convencimento técnico-jurídico, com isenção e imparcialidade.

(E) O Delegado de Polícia poderá determinar a reprodução simulada dos fatos objeto de sua investigação, desde que essa reprodução não contrarie a moralidade ou a ordem pública

A: incorreta, pois não reflete o entendimento firmado na Súmula 234, STJ: "A participação de membro do Ministério Público na fase investigatória criminal não acarreta seu impedimento ou suspeição para o oferecimento da denúncia"; **B**: incorreta, visto que não corresponde ao que estabelece o art. 107 do CPP, que assim dispõe: "Não se poderá opor suspeição às autoridades policiais nos atos do inquérito, mas deverão elas declarar-se suspeitas, quando ocorrer motivo legal"; **C**: incorreta. O decêndio contido no art. 10, *caput*, do CPP não comporta qualquer espécie de dilação, pois envolve restrição ao direito de liberdade. Diante da necessidade de se proceder a diligências suplementares, deverá o juiz, ao deferi-las, relaxar a prisão; se não o fizer, é cabível a impetração de *habeas corpus*, pois caracterizado estará o constrangimento ilegal; **D**: incorreta, já que o Código de Processo Penal não contempla esta exigência; **E**: correta, pois reflete a regra presente no art. 7º do CPP.

Gabarito "E".

(Analista – TRE/GO – 2015 – CESPE) Após a realização de inquérito policial iniciado mediante requerimento da vítima, Marcos foi indiciado pela autoridade policial pela prática do crime de furto qualificado por arrombamento.

Nessa situação hipotética, de acordo com o disposto no Código de Processo Penal e na atual jurisprudência do Superior Tribunal de Justiça acerca de inquérito policial,

(1) o Ministério Público pode requerer ao juiz a devolução do inquérito à autoridade policial, se necessária a realização de nova diligência imprescindível ao oferecimento da denúncia, como, por exemplo, de laudo pericial do local arrombado.

(2) embora fosse possível a instauração do inquérito mediante requisição do juiz, somente a autoridade policial poderia indiciar Marcos como o autor do delito.

(3) o prazo legal para que o delegado de polícia termine o inquérito policial é de trinta dias, se Marcos estiver solto, ou de dez dias, se preso preventivamente pelo juiz, contado esse prazo, em ambos os casos, da data da portaria de instauração.

1: correta. De fato, nos termos do art. 16 do CPP, somente terá lugar a devolução dos autos de inquérito à autoridade policial para diligências imprescindíveis à formação da chamada *opinio delicti*; **2**: correta. De fato, nos crimes de ação penal pública, como é o caso do furto, a instauração do inquérito policial pode dar-se de várias formas, entre as quais por meio de requisição do juiz de direito (art. 5º, II, CPP). Também é verdade que o indiciamento constitui providência privativa da autoridade policial. É o que estabelece o art. 2º, § 6º, da Lei 12.830/2013, que contempla regras sobre a investigação criminal conduzida pelo delegado de polícia. Quanto a isso, conferir o magistério de Guilherme de Souza Nucci: "Requisição de indiciamento: cuida-se de procedimento equivocado, pois indiciamento é ato exclusivo da autoridade policial, que forma o seu convencimento sobre a autoria do crime, elegendo, formalmente, o suspeito de sua prática. Assim, não cabe ao promotor ou ao juiz exigir, através de requisição, que alguém seja indiciado pela autoridade policial, porque seria o mesmo que demandar à força que o presidente do inquérito conclua ser aquele o autor do delito (...)" (*Código de Processo Penal Comentado*, 12ªed., p. 101); **3**: incorreta, na medida em que, estando o investigado preso, o prazo de 10 dias para a conclusão do inquérito policial tem como termo inicial a data em que se efetivou a sua prisão (art. 10, *caput*, do CPP).

Gabarito 1C, 2C, 3E

3. AÇÃO PENAL

(Investigador – PC/BA – 2018 – VUNESP) A regra de que a ação penal será sempre pública, independentemente da natureza do crime,

(A) vige quando o crime for praticado em detrimento de patrimônio ou interesse da União, Estado e Município.
(B) não se aplica quando se tratar de contravenção penal praticada contra os costumes.
(C) vigora para todas as infrações penais em obediência ao princípio constitucional da inafastabilidade da tutela jurisdicional.
(D) decorre do fundamento da República Federativa do Brasil consistente no respeito à dignidade da pessoa humana, por isso aplica-se a todos os tipos penais.

A: correta. Segundo dispõe o art. 24, § 2º, do CPP, *seja qual for o crime, quando praticado em detrimento do patrimônio ou interesse da União, Estado e Município, a ação penal será pública*; **B**: incorreta. Isso porque, tal como estabelece o art. 17 do Decreto-lei 3.688/1941 (Lei das Contravenções Penais), a ação penal, nas contravenções penais, será sempre pública incondicionada, isto é, o MP está credenciado a ingressar com a ação penal independentemente da manifestação de vontade do ofendido; **C**: incorreta. Como bem sabemos, a ação penal, em regra, será pública, salvo quando a lei dispuser ser privativa do ofendido (art. 100 do CP). Ou seja, se, no tipo penal, nada for dito acerca da natureza da ação penal, esta será considerada pública. De igual forma, a ação penal pública será, de regra, incondicionada; somente será condicionada (à representação do ofendido ou à requisição do ministro da Justiça) quando a lei assim estabelecer. Em conclusão, se, na lei penal incriminadora, nada for dito a respeito da ação penal, está será considerada pública incondicionada; **D**: incorreta. Vide comentário anterior.

Gabarito "A"

(Delegado – PC/BA – 2018 – VUNESP) A retratação da representação, de acordo com o art. 25 do CPP e do art. 16 da Lei no 11.340/06 (Lei Maria da Penha), respectivamente,

(A) é admitida até o recebimento da denúncia; não é admitida.
(B) é admitida até o recebimento da denúncia; só será admitida perante o juiz, antes do recebimento da denúncia.
(C) é inadmitida; só será admitida perante o juiz, antes do recebimento da denúncia.
(D) é inadmitida depois de oferecida a denúncia; não é admitida.
(E) é inadmitida depois de oferecida a denúncia; só será admitida perante o juiz, antes do recebimento da denúncia.

Pelo que estabelece o art. 25 do CPP, a representação poderá ser retratada somente até o *oferecimento* da denúncia. A Lei 11.340/2006 estabeleceu, no seu art. 16, regra própria, segundo a qual a retratação, no contexto da Lei Maria da Penha, poderá ser manifestada, perante o juiz de direito e em audiência designada especialmente para esse fim, até o recebimento da denúncia.

Gabarito "E"

(Procurador – PGFN – ESAF – 2015) Um empresário foi denunciado em 2008 como incurso no crime do art. 2º, inciso I, da Lei n. 8.137/1990 (Lei dos Crimes contra a Ordem Tributária) por declaração falsa feita à Receita Federal em 1999. A pena máxima cominada em abstrato para este crime é de 2 (dois) anos. O juiz de primeiro grau recebeu a denúncia. Todavia, enquadrou os fatos narrados no tipo do art. 1º, inciso I, do mesmo diploma legal, cuja pena máxima é de 5 (cinco) anos e que trata da efetiva omissão de tributos. Sobre a conduta do juiz, pode-se afirmar que foi:

(A) equivocada, pois deveria ter declarado extinta a punibilidade em virtude da ocorrência de prescrição ao invés de receber a denúncia.
(B) correta em virtude do princípio *iura novit curia*.
(C) equivocada, pois deveria ter alterado a capitulação jurídica apenas no momento da prolação da sentença.
(D) correta, pois os crimes do artigo 2º são absorvidos pelos crimes do artigo 1º da Lei n. 8.137/1990.
(E) equivocada, pois contrária ao enunciado da Súmula Vinculante n. 24 do STF, segundo a qual o recebimento da denúncia depende do lançamento definitivo do tributo.

Considerando que o delito em que incorreu o empresário é o do art. 2º, I, da Lei 8.137/1990, tal como consta do enunciado, para o qual a pena máxima cominada é de 2 anos, o prazo prescricional, conforme estabelece o art. 109, V, do CP, é de 4 anos. Em assim sendo, tendo em conta que o delito a ele imputado ocorreu em 1999, forçoso concluir que ocorreu a prescrição da pretensão punitiva, já que a denúncia somente foi oferecida (e, ao que tudo indica, recebida) em 2008, interregno, portanto, superior a 4 anos. De rigor, assim, a rejeição da peça acusatória em razão da prescrição, que leva à extinção da punibilidade (art. 107, IV, do CP).

Gabarito "A"

(Procurador do Estado – PGE/BA – CESPE – 2014) Julgue o item subsequente, no que se refere à ação penal no processo penal brasileiro (adaptada)

(1) Em ação penal privada que envolva vários agentes do ato delituoso, é permitido ao querelante, em razão do princípio da disponibilidade, escolher contra quem proporá a queixa-crime, sem que esse fato acarrete a extinção da punibilidade dos demais agentes conhecidos e nela não incluídos.

1: incorreta. Por força do princípio da indivisibilidade, positivado no art. 48 do CPP, a queixa contra qualquer dos autores obrigará o processo em relação a todos. Se é verdade que, na ação penal privada, é dado ao ofendido escolher se ajuíza a ação penal ou não (princípio da oportunidade), é-lhe vedado, de outro lado, escolher contra quem a ação será promovida, devendo processar todos os autores do crime que hajam sido identificados. A exclusão deliberada pelo ofendido de algum ou alguns ofensores levará à renúncia contra todos (art. 49, CPP).

Gabarito 1E

(Juiz – TJ/RJ – VUNESP – 2016) Em 09 de abril de 2009, em uma festa de aniversário, A, maior, relatou ter sido estuprada por B, irmão da aniversariante. Foi oferecida queixa-crime aos 08 de outubro de 2009, a qual foi recebida em 03 de novembro do mesmo ano, tendo o Juiz determinado, de ofício, a realização de exame de sangue de B, para comparar com os vestígios de sêmen encontrados na vítima. O acusado recusou-se a fazer o exame, suscitando seu direito ao silêncio. Ao final, B acabou condenado, sob o fundamento de que, ao se recusar a fornecer material genético, houve inversão do ônus da prova, não tendo provado sua inocência.

A respeito do caso, assinale a alternativa correta.

(A) O processo é nulo, pois a ação penal é de iniciativa privada, e o recebimento da queixa deu-se após o prazo decadencial, de seis meses.
(B) Acertada a condenação proferida, haja vista que a recusa em oferecer material genético acarreta inversão do ônus da prova.
(C) O juiz, em sede penal, não pode ordenar a realização de provas, pois não há mais espaço para poderes instrutórios, reminiscência do sistema inquisitorial.
(D) O processo não é nulo, pois, ainda que ao tempo da propositura da inicial, a ação penal fosse condicionada à representação, ao tempo do crime, a ação era de iniciativa privada, não se aplicando a Lei 12.015/2009, de 07 de agosto de 2009, nesta parte.
(E) O processo é nulo, por ilegitimidade de parte, pois o crime de estupro, com as alterações advindas da Lei 12.015/2009, de 07 de agosto de 2009, passou a ser processável mediante ação penal pública, condicionada à representação da vítima.

A: incorreta. O início do prazo decadencial é representado pelo dia em que a vítima tem conhecimento da identidade do agente. Na hipótese narrada no enunciado, a ofendida soube da identidade do ofensor na data em que se deram os fatos (9 de abril de 2009); cuida-se de prazo penal, contato, portanto, nos moldes do art. 10 do CP, incluindo-se, no seu cômputo, o dia do início e excluindo-se o do vencimento. Dentro desse prazo decadencial, que é de 6 meses, a ofendida deve oferecer a queixa em face do ofensor. Pouco importa em que data a queixa foi recebida. O que interessa é a data em que se deu o oferecimento da inicial, que, no caso acima narrado, aconteceu dentro do prazo decadencial, razão pela qual a assertiva está incorreta; **B**: incorreta. Ainda que inexista outro meio de produção de prova, ao acusado é assegurado, mesmo assim, em vista do que enuncia o princípio do *nemo tenetur se detegere*, o direito de não colaborar com a produção de qualquer tipo de prova, sem que isso implique prejuízo para a sua defesa. Bem por isso, é dado ao investigado/acusado o direito de recusar-se a submeter-se a exame de sangue; **C**: incorreta, visto que as modificações implementadas pela Lei 11.690/2008 no art. 156 do CPP ampliaram sobremaneira os poderes do juiz de determinar de ofício a produção da prova. Dessa forma, nada impede que o magistrado, com fulcro no art. 156, II, do CPP, com o propósito de esclarecer dúvida acerca de ponto relevante, determine, em caráter supletivo, diligências com o objetivo de se atingir a verdade real; **D**: correta. A Lei 12.015/2009, que introduziu diversas alterações no campo dos crimes sexuais, estabeleceu que a ação penal, nesses crimes, que era, em regra, de iniciativa privativa do ofendido, passou a ser pública condicionada à representação. Ou seja, a titularidade, até então da vítima, passou a ser do MP. Não há dúvidas de que essa alteração representa prejuízo ao acusado, na medida em que ampliou a possibilidade de punição. É que a ação privada, em vigor antes do advento da Lei 12.015/2009, proporcionava ao réu um leque maior de causas de extinção de punibilidade do que a condicionada à representação: renúncia, perdão e perempção. Trata-se do que a doutrina convencionou chamar de norma de natureza mista ou híbrida (norma processual com carga de direito material). Bem por isso, se o fato foi cometido antes da Lei 12.015/2009, ainda que ao tempo do

oferecimento/recebimento da inicial esta já não mais estava em vigor, permanece a ação privativa do ofendido, devendo este se valer, se desejar processar o agente, de queixa, a ser ajuizada dentro do prazo decadencial. Por tudo isso, o processo não pode ser considerado nulo. Tal panorama vigorou até a edição da Lei 13.718/2018, que implementou (uma vez mais) uma série de mudanças no universo dos crimes sexuais, aqui incluída a natureza da ação penal nesses delitos. Senão vejamos. A ação penal, nos delitos sexuais, era, em regra, de iniciativa privada. Era o que estabelecia a norma contida no *caput* do art. 225 do Código Penal. As exceções ficavam por conta do § 1º do dispositivo. Com o advento da Lei 12.015/09, que introduziu uma série de modificações nos crimes sexuais, agora chamados *crimes contra a dignidade sexual*, nomenclatura, a nosso ver, mais adequada aos tempos atuais, a ação penal deixou de ser privativa do ofendido para ser pública condicionada à representação, exceção feita às hipóteses em que a vítima era menor de 18 anos ou pessoa vulnerável, caso em que a ação era pública incondicionada (art. 225, parágrafo único, do CP). Pois bem. Bem recentemente, entrou em vigor a Lei 13.718/2018, que, dentre várias inovações implementadas nos crimes contra a dignidade sexual, mudou, uma vez mais, a natureza da ação penal nesses delitos. Com isso, a ação penal, nos crimes sexuais, passa a ser pública incondicionada. Vale lembrar que, antes do advento desta Lei, a ação era, em regra, pública condicionada, salvo nas situações em que a vítima era vulnerável ou menor de 18 anos. Fazendo um breve histórico, temos o seguinte quadro: a ação penal, nos crimes sexuais, era, em regra, privativa do ofendido, a este cabendo a propositura da ação penal; posteriormente, a partir do advento da Lei 12.015/2009, a ação penal, nesses crimes, deixou de ser privativa do ofendido para ser pública condicionada a representação, em regra; agora, com a entrada em vigor da Lei 13.718/2018, a ação penal, nos crimes contra a dignidade sexual, que antes era pública condicionada, passa a ser pública incondicionada. Com isso, o titular da ação penal, que é o MP, prescinde de manifestação de vontade da vítima para promover a ação penal. Dessa forma, fica sepultado o debate que antes havia acerca da aplicação da Súmula 608, do STF. É importante que se diga que, além da alteração a que fizemos referência, a Lei 13.718/2018 promoveu, no contexto dos crimes sexuais, outras relevantes mudanças. Uma das mais significativas, a nosso ver, é a introdução, no Código Penal, do crime de *importunação sexual*, disposto no art. 215-A, nos seguintes termos: *Praticar contra alguém e sem a sua anuência ato libidinoso com o objetivo de satisfazer a própria lascívia ou a de terceiro: Pena – reclusão, de 1 (um) a 5 (cinco) anos, se o ato não constitui crime mais grave*. A conduta de homens que, em ônibus e trens lotados, molestam mulheres e, em alguns casos, chegam a ejacular, se enquadra, doravante, neste novo tipo penal. Episódio amplamente divulgado pelos meios de comunicação é o de um homem que, dentro do transporte público, em São Paulo, ejaculou no pescoço de uma mulher. Antes, a responsabilização se dava pela contravenção penal de *importunação ofensiva ao pudor*, definida no art. 61 da LCP, cujo preceito secundário estabelecia exclusivamente pena de multa, dispositivo este que foi revogado, de forma expressa, pela Lei 13.718/2018, tendo a conduta ali descrita migrado para o novo art. 215-A do CP, em face da regra da continuidade típico-normativa. Evidente que a pena, agora mais grave, não poderá retroagir e atingir fatos anteriores à entrada em vigor da Lei 13.718/2018. Outra importante inovação refere-se à inclusão, no art. 218-C, do delito de *divulgação de cena de estupro ou de cena de estupro de vulnerável, de cena de sexo ou de pornografia*. O objetivo do legislador, com a tipificação desta conduta, foi o de coibir um fenômeno que, infelizmente, tem sido cada vez mais comum, que é a violação da intimidade com a exposição sexual não autorizada. Inclui-se, aqui, a chamada *pornografia da vingança*, em que fotografias e vídeos de conteúdo íntimo de alguém (normalmente mulher) são divulgados na internet pelo ex-esposo ou ex-namorado como forma de vingança. A partir daí, o conteúdo é disseminado, nas redes sociais e em grupos de whatsapp, de forma exponencial. O art. 218-C contempla uma causa de aumento de pena, a configurar-se quando o crime é praticado por agente que mantém ou tenha mantido relação íntima de afeto com a vítima ou com o fim de vingança ou humilhação. No que concerne ao estupro de vulnerável, previsto no art. 217-A do CP, a Lei 13.718/2018, ao inserir o § 5º nesse dispositivo legal, consagra o entendimento adotado pela Súmula 593, do STJ, no sentido de que o consentimento e a experiência sexual anterior são irrelevantes à configuração do crime de estupro de vulnerável. Por fim, a Lei 13.718/2018 fez inserir, no art. 226 do CP, o inciso IV, estabelecendo que a pena será aumentada nos casos de *estupro coletivo* e *estupro corretivo*; **E**: incorreta. *Vide* comentário à assertiva anterior. **ED**
Gabarito "D".

(Juiz de Direito – TJM/SP – VUNESP – 2016) Assinale a alternativa correta a respeito dos pressupostos e das condições da ação penal.

(A) A inépcia da inicial apenas poderá ser avaliada no momento do recebimento da acusação, não podendo ser apreciada depois disso, restando superada a alegação.
(B) O arquivamento do inquérito policial, por atipicidade do fato, não faz coisa julgada, não podendo ser invocado como exceção de coisa julgada.
(C) A citação por hora certa não está prevista, expressamente, no Código de Processo Penal, sendo aplicável por analogia no processo penal em decorrência das disposições do Código de Processo Civil.
(D) Não se admite a rejeição da denúncia, com base na prescrição virtual do crime objeto da acusação.
(E) O vício quanto à regularidade da procuração na ação penal privada pode ser emendado (capacidade postulatória), mesmo após o transcurso do prazo decadencial.

A: incorreta, já que não há que se falar, neste caso, em preclusão, podendo tal avaliação ser realizada depois do recebimento da inicial acusatória; **B:** incorreta. Em regra, a decisão que manda arquivar autos de inquérito policial não gera coisa julgada material; gera, sim, coisa julgada formal. As investigações, assim, podem ser reiniciadas a qualquer tempo. Situação bem diversa é aquela em que o arquivamento do inquérito policial se dá por atipicidade da conduta. Neste caso, a decisão que determina o arquivamento é definitiva, gerando coisa julgada material; **C:** incorreta. A citação por hora certa, antes exclusiva do processo civil, agora também é admitida, de forma expressa, no âmbito do processo penal, dada a mudança introduzida na redação do art. 362 do CPP pela Lei 11.719/2008. A propósito disso, o STF, ao julgar o RE 635.145, reconheceu, em votação unânime, a constitucionalidade da citação por hora certa no processo penal, rechaçando a tese segundo a qual esta modalidade de citação ficta ofende os postulados da ampla defesa e do contraditório; **D:** correta. De fato, a jurisprudência rechaça a prescrição *antecipada* ou *virtual, assim considerada* aquela baseada na pena que seria, em tese, aplicada ao réu em caso de condenação. Consolidando tal entendimento, o STJ editou a Súmula 438, segundo a qual não se admite a prescrição baseada em pena hipotética; **E:** incorreta. Uma vez operada a decadência, que, na ação penal privada, leva à extinção da punibilidade, o vício quanto à regularidade da procuração não mais poderá ser emendado. **ED**
Gabarito "D".

(Juiz – TJ/MS – VUNESP – 2015) XISTO, querelante em ação penal privada, ao término da instrução e representado por advogado constituído, requereu a absolvição de CRISTÓVÃO, querelado. Deve o juiz

(A) determinar a extração de peças processuais e o encaminhamento à autoridade policial, para apuração da prática, pelo querelante, de denunciação caluniosa.
(B) designar audiência para tentativa de conciliação das partes, em homenagem ao princípio da intervenção mínima.
(C) considerar perempta a ação penal, porque o querelante deixou de formular pedido de condenação nas alegações finais.
(D) encaminhar os autos em vista ao Ministério Público, titular da ação penal, para manifestação de interesse na produção de outras provas.
(E) absolver CRISTÓVÃO, com fundamento no artigo 386, inciso VII, do Código de Processo Penal.

Se o querelante, depois de concluída a instrução processual, deixar de formular pedido de condenação, quer por desídia, quer porque acredita na inocência do querelado, configurada estará a hipótese de peremção prevista no art. 60, III, segunda parte, do CPP, que tem o condão de levar à extinção da punibilidade do querelado (art. 107, IV, do CP). **ED**
Gabarito "C".

(Juiz – TJ/SP – VUNESP – 2015) Conforme o artigo 41, do Código de Processo Penal, "A denúncia ou queixa conterá a exposição do fato criminoso, com todas as suas circunstâncias, a qualificação do acusado ou esclarecimentos pelos quais se possa identificá-lo, a classificação do crime e, quando necessário, o rol das testemunhas". Portanto, a peça acusatória

(A) precisa apresentar algumas das condutas alegadamente praticadas pelo agente.
(B) deve descrever os fatos ilícitos, ainda que não em sua totalidade.
(C) pode conter elementos que sejam prescindíveis, mas relevantes para a imputação.
(D) necessita trazer a descrição do comportamento delituoso de forma escorreita.

A: incorreta, já que a denúncia (e também a queixa) deve conter, de forma clara e precisa, todas as condutas que, em tese, foram praticadas pelo denunciado; **B:** incorreta. Os fatos ilícitos atribuídos ao agente devem ser descritos em sua totalidade, sua inteireza; **C:** incorreta. Se são relevantes, não podem ser considerados prescindíveis; **D:** correta. De fato, a inicial acusatória deve expor concretamente o fato imputado ao agente. Em outras palavras, não se admite que a denúncia ou queixa tenha conteúdo vago ou impreciso, de modo a inviabilizar o exercício do direito de defesa. **ED**
Gabarito "D".

(Promotor de Justiça – MPE/RS – 2017) Deoclécio foi vítima de furto de um par de tênis, em 15 de janeiro de 2016, data em que tomou conhecimento que o autor do crime era Hermenegildo. O Promotor de Justiça teve vista do inquérito policial em 1º de março de 2016, uma terça-feira. Tratando-se de indiciado solto, o prazo para o Promotor de Justiça manifestar-se encerrou em 16 de março de 2016, uma quarta-feira. Como o Promotor de Justiça permanecia sem manifestar-se nos autos do inquérito, em 08 de setembro de 2016, 6 meses e sete dias após o fato, Deoclécio ajuíza Queixa-Crime (ação penal privada subsidiária da pública) contra Hermenegildo, imputando-lhe a prática de furto. No curso da instrução são indiscutivelmente provadas a materialidade e a autoria do crime que recai sobre Hermenegildo. Em alegações finais, Deoclécio, por seu advogado munido de procuração com poderes especiais para tanto, concede perdão ao querelado, invocando o art. 58 do Código de Processo Penal que diz: "Concedido o perdão, mediante declaração expressa nos autos, o querelado será intimado a dizer, dentro de três dias, se o aceita, devendo, ao mesmo tempo, ser cientificado de que o seu silêncio importará aceitação.". Também em alegações finais, Hermenegildo aceita o perdão oferecido.

Com base nesses dados fáticos, assinale a alternativa correta.

(A) Hermenegildo decaiu do direito de queixa, eis que entre a data do fato, momento que tomou conhecimento da autoria, e o oferecimento da queixa-crime transcorreram mais de 6 meses.
(B) Hermenegildo decaiu do direito de queixa, eis que entre a data

da vista ao Promotor de Justiça e o oferecimento da queixa-crime transcorreram mais de 6 meses.
(C) Como a ação é privada, aceito o perdão o juiz julgará extinta a punibilidade.
(D) Não é admissível o perdão dada a natureza do crime.
(E) O perdão é ato personalíssimo e, portanto, não pode ser concedido através de advogado, mesmo com procuração.

Dada a ocorrência de omissão do membro do MP, que deixou de manifestar-se no prazo estabelecido em lei, Deoclécio, vítima de crime de furto, valendo-se do direito que lhe confere os arts. 5º, LIX, da CF, 100, § 3º, do CP e 29 do CPP, ajuizou ação penal privada subsidiária da pública. Sucede que essa modalidade de ação privada, diferentemente da ação penal privada exclusiva, não comporta o instituto do *perdão*, isso em razão da natureza do crime de furto, cuja ação penal, originalmente, é pública. Dessa forma, na hipótese de o querelante, neste caso Deoclécio, desistir de prosseguir na ação, deverá o MP retomar a sua condução. De todo modo, é importante a observação de que Deoclécio não mais poderia se valer da ação penal privada subsidiária, na medida em que deixou escoar o prazo de seis meses, a contar do término do interregno para o MP oferecer denúncia. Este prazo não atinge o Estado-acusação, que poderá oferecer denúncia a qualquer tempo enquanto não operada a prescrição. **Gabarito "D".**

(Promotor de Justiça – MPE/AM – FMP – 2015) Assinale a alternativa correta.
(A) A competência será determinada pelo lugar da ação ou omissão, independentemente do procedimento a ser adotado no processo.
(B) De acordo com os termos da Lei 11.340/2006, nas ações penais públicas condicionadas à representação por ela tratadas, só será admitida a retratação da representação até o oferecimento da denúncia pelo Ministério Público.
(C) A nulidade, quando decorrente de ilegitimidade do representante da parte, poderá ser sanada até a sentença de primeiro grau, mediante ratificação dos atos processuais.
(D) Nos crimes em que a pena mínima cominada for igual ou inferior a um ano, o Ministério Público, ao oferecer a denúncia, poderá propor a suspensão do processo, por dois a quatro anos, desde que o acusado não esteja sendo processado ou não tenha sido condenado por outra infração penal, presentes os demais requisitos que autorizariam a suspensão condicional da pena.
(E) Nos crimes contra a propriedade imaterial que procedem mediante ação penal privativa do ofendido, não será admitida queixa com fundamento em apreensão e em perícia, se decorrido o prazo de 30 dias, após a homologação do laudo.

A: incorreta. Por força do disposto no art. 70 do CPP, a competência será determinada, em regra, pelo local em que se deu a consumação do delito; no caso de crime tentado, a competência firmar-se-á em razão do local em que foi praticado o derradeiro ato de execução; **B:** incorreta. No contexto da Lei Maria da Penha, a retratação da representação, nas ações penais que a ela são condicionadas, poderá se dar, perante o juiz e em audiência especialmente designada para esse fim, antes do *recebimento* da denúncia (e não até o seu *oferecimento*); **C:** incorreta, pois não corresponde ao que estabelece o art. 568 do CPP; **D:** incorreta. Para fazer jus ao benefício da suspensão condicional do processo, sem prejuízo de outros requisitos, o acusado não pode estar sendo processado nem pode ter sido condenado por outro *crime* (e não *infração penal*, que é gênero do qual são espécies crime e contravenção penal), tal como estabelece o art. 89, *caput*, da Lei 9.099/1995; **E:** correta, pois reflete a regra presente no art. 529, *caput*, do CPP. **Gabarito "E".**

(Delegado/MS – 2017 – FAPEMS) De acordo com as disposições legais sobre ação penal, assinale a alternativa correta.
(A) Na ação penal pública condicionada, nada obsta que a retratação da representação seja realizada no inquérito policial, todavia essa manifestação não vincula o Ministério Público em virtude do princípio da indisponibilidade.
(B) A espécie de ação penal nos casos de estupro é sempre pública incondicionada em virtude da gravidade do delito. Dessa forma, a investigação criminal pode ser iniciada sem representação da vítima por meio de portaria ou, se for o caso, auto de prisão em flagrante.
(C) A perempção, uma das causas extintivas da punibilidade, pode ser reconhecida em qualquer momento processual, porém sanada a omissão do querelante, é possível a renovação da ação penal privada.
(D) Nos crimes de ação penal de iniciativa privada, o legislador exige para a instauração de inquérito policial requerimento de quem tenha qualidade para ajuizá-la e apresentação de queixa-crime do ofendido ou de seu representante legal.
(E) O perdão do ofendido, ato bilateral que exige aceitação, pode ser exercido tanto na fase inquisitorial como na judicial. Uma vez oferecido ainda no inquérito policial, cabe ao Delegado de Polícia proceder à homologação e encaminhar ao juiz competente.

A: incorreta. A retratação, desde que ainda não oferecida a denúncia, vincula, sim, o MP, que ficará impedido de ajuizar a ação penal (art. 25, CPP); **B:** incorreta. Com o advento da Lei 12.015/2009, a ação penal, nos crimes sexuais, que antes era privativa do ofendido, passou a ser, a partir de então, pública condicionada à representação, nos termos do art. 225, *caput*, do CP. Se se tratar, entretanto, de vítima menor de 18 anos ou de pessoa vulnerável, a ação penal será pública incondicionada, nos termos do parágrafo único do art. 225 do CP. Veja que, neste novo panorama, a ação penal, nos crimes sexuais, aqui incluído o estupro (art. 213, CP), era (ao tempo em que foi aplicada este prova), em regra, pública condicionada a representação. Tal panorama vigorou até a edição da Lei 13.718/2018, que implementou (uma vez mais) uma série de mudanças no universo dos crimes sexuais, aqui incluída a natureza da ação penal nesses delitos. Senão vejamos. A ação penal, nos delitos sexuais, era, em regra, de iniciativa privada. Era o que estabelecia a norma contida no *caput* do art. 225 do Código Penal. As exceções ficavam por conta do § 1º do dispositivo. Com o advento da Lei 12.015/09, que introduziu uma série de modificações nos crimes sexuais, agora chamados *crimes contra a dignidade sexual*, nomenclatura, a nosso ver, mais adequada aos tempos atuais, a ação penal deixou de ser privativa do ofendido para ser pública condicionada à representação, exceção feita às hipóteses em que a vítima era menor de 18 anos ou pessoa vulnerável, caso em que a ação era pública incondicionada (art. 225, parágrafo único, do CP). Pois bem. Bem recentemente, entrou em vigor a Lei 13.718/2018, que, dentre várias inovações implementadas nos crimes contra a dignidade sexual, mudou, uma vez mais, a natureza da ação penal nesses delitos. Com isso, a ação penal, nos crimes sexuais, passa a ser pública incondicionada. Vale lembrar que, antes do advento desta Lei, a ação penal, nos crimes sexuais, era, em regra, pública condicionada, salvo nas situações em que a vítima era vulnerável ou menor de 18 anos. Fazendo um breve histórico, temos o seguinte quadro: ação penal, nos crimes sexuais, era, em regra, privativa do ofendido, a este cabendo a propositura da ação penal; posteriormente, a partir do advento da Lei 12.015/2009, a ação penal, nesses crimes, deixou de ser privativa do ofendido para ser pública condicionada a representação, em regra; agora, com a entrada em vigor da Lei 13.718/2018, a ação penal, nos crimes contra a dignidade sexual, que antes era pública condicionada, passa a ser pública incondicionada. Com isso, o titular da ação penal, que é o MP, prescinde de manifestação de vontade da vítima para promover a ação penal. Dessa forma, fica sepultado o debate que antes havia acerca da aplicação da Súmula 608, do STF; **C:** incorreta. A perempção, que constitui uma sanção impingida ao querelante que se revela desidioso na condução da ação penal privada e cujas hipóteses estão elencadas no art. 60 do CPP, uma vez reconhecida, leva à extinção da punibilidade, não sendo possível, após isso, seja a omissão sanada; **D:** correta. De fato, sendo a ação penal privativa do ofendido, a autoridade policial somente poderá proceder o inquérito diante de requerimento nesse sentido formulado por quem tenha qualidade para ajuizar a ação penal (art. 5º, § 5º, CPP); **E:** incorreta. O perdão do ofendido somente tem lugar após o ajuizamento da ação penal; é inviável, portanto, que tal ocorra no curso do inquérito policial. **Gabarito "D".**

(Delegado/AP – 2017 – FCC) No instituto da representação,
(A) a renúncia à representação é vedada no âmbito no Juizado de Violência Doméstica e Familiar contra a Mulher.
(B) a autoridade policial tem autonomia para instaurar inquérito policial mesmo na ausência de representação da vítima, nos crimes em que a ação pública dela depender.
(C) a representação tem caráter personalíssimo, de modo que a morte do ofendido implica na imediata extinção da punibilidade do autor do fato criminoso.
(D) o direito de representação poderá ser exercido, pessoalmente ou por procurador com poderes especiais, mediante declaração à autoridade policial.
(E) a retratação da representação pode ser feita a qualquer tempo, dado o caráter disponível do direito envolvido.

A: incorreta. A *representação*, no contexto da Lei Maria da Penha, é, sim, admitida, mas, por força do que estabelece o art. 16 da Lei 11.340/2006, isso somente poderá ocorrer perante o magistrado, em audiência especialmente designada para essa finalidade, o que não é exigido à retratação da representação nos crimes em geral (art. 25 do CPP). Além disso, na Lei Maria da Penha, a retratação poderá ser oferecida antes do *recebimento* da denúncia; no caso do art. 25 do CPP, que incide nos crimes em geral, o direito de retratação poderá ser exercido até o *oferecimento* da exordial acusatória; **B:** incorreta, dado que a representação é condição *sine qua non* à instauração do inquérito pelo delegado de Polícia, na forma estatuída no art. 5º, § 4º, do CPP; **C:** incorreta, uma vez que, no caso de o ofendido falecer ou mesmo ser declarado ausente por decisão judicial, o direito de representação poderá ser exercido, na forma do disposto no art. 24, § 1º, do CPP, pelo cônjuge, ascendente, descendente ou irmão, nesta ordem; **D:** correta (art. 39, *caput*, do CPP); **E:** incorreta, na medida em que, uma vez oferecida a denúncia, a representação torna-se irretratável (art. 25, CPP). Não pode, portanto, ser oferecida a qualquer tempo. **Gabarito "D".**

(Delegado/MT – 2017 – CESPE) Assinale a opção correta no que se refere à ação penal.
(A) Aplica-se a perempção como forma extintiva da punibilidade às ações penais exclusivamente privadas e às ações privadas subsidiárias das públicas.
(B) O princípio da indivisibilidade, quando não observado, impõe ao juiz a rejeição da denúncia nas ações penais públicas.
(C) Há legitimidade concorrente do ofendido e do MP para a persecução de crimes contra a honra de funcionário público em razão de suas funções.
(D) Na ação penal privada, todas as manifestações de disponibilidade pelo ofendido serão extensivas a todos os réus e(ou) responsáveis pelo fato delituoso, independentemente de qualquer reserva ou condição apresentada por eles.

(E) Diante de concurso formal entre um delito de ação penal pública e outro de ação penal privada, caberá ao representante do MP oferecer denúncia em relação aos dois crimes.

A: incorreta. Diante da negligência do querelante, poderá o MP, no curso da ação penal privada subsidiária da pública, recobrar, a qualquer momento, a sua titularidade. Não há que se falar, assim, em perempção no âmbito dessa modalidade de ação privada, que, na sua essência, é pública. Terá cabimento a perempção, isto sim, na ação penal privada exclusiva (art. 60, CPP); **B:** incorreta. O *princípio da indivisibilidade* da ação penal privada está consagrado no art. 48 do CPP. Embora não haja disposição expressa de lei, tal *postulado, segundo pensamos*, é também aplicável à ação penal pública. Não nos parece razoável que o Ministério Público possa escolher contra quem a demanda será promovida. Entretanto, o STF não compartilha desse entendimento. Para a nossa Corte Suprema, a indivisibilidade não tem incidência no âmbito da ação penal pública (somente na ação privada). Sustenta o STF que a divisibilidade da ação penal pública reside no fato de o Ministério Público ter a liberdade de não ofertar a denúncia contra alguns autores de crime contra os quais ainda não haja elementos suficientes; assim que reunidos esses elementos, a denúncia será aditada. Assim, a ação deixa de ser indivisível pelo simples fato de a denúncia comportar aditamento posterior. Com a devida vênia, a indivisibilidade, a nosso ver, consiste na impossibilidade de o membro do Ministério Público escolher contra quem a denúncia será oferecida. Se houver elementos, a ação deverá ser promovida contra todos. Seja como for, na ação penal privada, o oferecimento da queixa-crime contra um ou alguns dos autores do crime, com exclusão dos demais, configura hipótese de violação ao princípio da indivisibilidade, implicando renúncia ao direito de queixa contra todos (art. 49, CPP). É caso, portanto, de rejeição da inicial. Sendo pública a ação penal, a exclusão de determinado acusado não acarreta a rejeição da inicial; **C:** correta. Nos termos do disposto no art. 145, parágrafo único, do CP, se se tratar de crime perpetrado contra a honra de funcionário público em razão de suas funções, a ação penal será *pública condicionada à representação do ofendido*. Ocorre, no entanto, que o STF, por meio da Súmula 714, firmou entendimento no sentido de que, nesses casos, a legitimidade é concorrente entre o ofendido (mediante queixa) e o Ministério Público (ação pública condicionada à representação do ofendido); **D:** incorreta. A renúncia ao direito de queixa produzirá efeitos (de extinguir a punibilidade) independentemente da concordância do ofensor. Tal não ocorre com o perdão, que, quando exercido por si só, não tem o condão de extinguir a punibilidade. Isso porque a produção de tal efeito (extinguir a punibilidade) condiciona-se à aceitação do ofensor (art. 51 do CPP); **E:** incorreta. É hipótese de ação penal adesiva, em que haverá a formação de litisconsórcio entre o ofendido e o MP. ED

Gabarito "C"

(Defensor Público – DPE/RN – 2016 – CESPE) Assinale a opção correta a respeito da denúncia e da queixa-crime conforme o entendimento do STJ.

(A) Nos crimes de ação penal privada, na procuração pela qual o ofendido outorga poderes especiais para o oferecimento da queixa-crime, observados os demais requisitos previstos no CPP, não é necessária a descrição pormenorizada do delito, desde que haja, pelo menos, a menção do fato criminoso ou o *nomen juris*.

(B) Em *habeas corpus*, pode-se discutir a ausência de justa causa para a propositura da ação penal, mesmo nas hipóteses em que seja necessário um exame minucioso do conjunto fático-probatório em que ocorreu a infração.

(C) O prazo de cinco dias para oferecimento da denúncia, nas hipóteses de réu preso, a fim de evitar a restrição prolongada à liberdade sem acusação formada, configura prazo próprio.

(D) A queixa-crime apresentada perante juízo incompetente não obsta a decadência, se tiver sido observado o prazo de seis meses previsto no CPP.

(E) O ato de recebimento da denúncia veicula manifestação decisória do Poder Judiciário, e não apenas simples despacho de caráter ordinatório.

A: correta. Nesse sentido, conferir: "Quando a procuração é outorgada com a finalidade específica de propor queixa-crime, observados os preceitos do art. 44 do Código de Processo Penal, não é necessária a descrição pormenorizada do delito, bastando a menção do fato criminoso ou o *nomen juris*" (STJ, HC 106.423/SC, Rel. Ministra LAURITA VAZ, QUINTA TURMA, julgado em 07.12.2010, *DJe* 17.12.2010); **B:** incorreta. Conferir: "(...) O *habeas corpus* não se presta para a apreciação de alegações que buscam a absolvição do paciente, em virtude da necessidade de revolvimento do conjunto fático-probatório, o que é inviável na via eleita" (STJ, HC 387.881/SP, Rel. Ministro Ribeiro Dantas, Quinta Turma, julgado em 21.03.2017, *DJe* 27.03.2017). No STF: "(...) Na mesma linha de entendimento, conforme assentado pela jurisprudência desta Suprema Corte, o pedido de desclassificação da conduta criminosa também implica "revolvimento do conjunto fático-probatório da causa, o que, como se sabe, não é possível nesta via estreita do *habeas corpus*, instrumento que exige a demonstração do direito alegado de plano e que não admite dilação probatória" (HC 118.349/BA, Rel. Min. Ricardo Lewandowski, 2ª Turma, *DJe* 07.5.2014). 3. Ordem de *habeas corpus* denegada" (HC 123.424/MG, Rel. Min. Rosa Weber, 1ª Turma, julgado em 07.10.2014); **C:** incorreta. Ao contrário do afirmado, cuida-se de prazo impróprio. Nessa esteira: "Impõe-se o prazo de cinco dias para oferecimento da denúncia, nas hipóteses de réu preso, a fim de evitar a restrição prolongada à liberdade sem acusação formada, contudo, tal lapso configura prazo impróprio. Assim, eventual atraso de 3 dias para o oferecimento da denúncia não gera a ilegalidade da prisão cautelar do recorrente" (STJ, RHC 28.614/RJ, Rel. Ministro Napoleão Nunes Maia Filho, Quinta Turma, julgado em 21.10.2010, *DJe* 16.11.2010); **D:** incorreta. Nesse sentido: "Ainda que a queixa-crime tenha sido apresentada perante juízo absolutamente incompetente, o seu ajuizamento interrompe a decadência. Precedentes" (STJ, AgRg no REsp 1560769/SP, Rel. Ministro Sebastião Reis Júnior, Sexta Turma, julgado em 16.02.2016, *DJe* 25.02.2016); **E:** incorreta. A questão é polêmica, uma vez que parte significativa da doutrina sustenta que, em vista do disposto no art. 93, IX, da CF, estaria o magistrado obrigado a fundamentar a decisão de recebimento da denúncia, sob pena de nulidade. A jurisprudência majoritária, no entanto, firmou entendimento no sentido de que tal motivação é desnecessária, visto que não se trata de *decisão*, mas, sim, de mero *despacho*. Corroborando esse entendimento: STJ, 5ª T., rel. Min. Luiz Vicente Cernicchiaro, *DJU* 18.12.1995. É importante que se diga que várias decisões do STJ vão no sentido de que a fundamentação da decisão de recebimento da denúncia é imprescindível.

Gabarito "A"

(Defensor Público – DPE/MT – 2016 – UFMT) São princípios que regem a ação penal privada:

(A) obrigatoriedade e intranscendência.

(B) indivisibilidade e obrigatoriedade.

(C) oportunidade e indisponibilidade.

(D) instranscendência e indisponibilidade.

(E) disponibilidade e indivisibilidade.

Segundo enuncia o princípio da *obrigatoriedade*, que somente tem lugar na ação penal pública, o Ministério Público, seu titular, está obrigado a promover, por meio de denúncia, a instauração da ação penal. Este princípio não tem incidência no âmbito da ação penal privada, na qual vigora o princípio da *conveniência* ou *oportunidade*, pelo qual cabe ao ofendido (ou ao seu representante legal) analisar a conveniência de dar início à ação penal. É dizer: somente o fará se quiser. Já o princípio da *intranscendência*, que impõe a obrigação de a demanda ser proposta tão somente em face de quem o crime é imputado, tem incidência tanto na ação pública quanto na privativa do ofendido. O *princípio da indivisibilidade* da ação penal privada está consagrado no art. 48 do CPP. Embora não haja disposição expressa de lei, tal postulado, segundo pensamos, é também aplicável à ação penal pública. Não nos parece razoável que o Ministério Público possa escolher contra quem a demanda será promovida. Entretanto, o STF não compartilha desse entendimento. Para a nossa Corte Suprema, a indivisibilidade não tem incidência no âmbito da ação penal pública (somente na ação privada). Sustenta o STF que a divisibilidade da ação penal pública reside no fato de o Ministério Público ter a liberdade de não ofertar a denúncia contra alguns autores de crime contra os quais ainda não haja elementos suficientes; assim que reunidos esses elementos, a denúncia será aditada. Assim, a ação deixa de ser indivisível pelo simples fato de a denúncia comportar aditamento posterior. Com a devida vênia, a indivisibilidade, a nosso ver, consiste na impossibilidade de o membro do Ministério Público escolher contra quem a denúncia será oferecida. Se houver elementos, a ação deverá ser promovida contra todos. A *ação penal privada*, ao contrário da pública, é regida pelo *princípio da disponibilidade*, na medida em que pode o seu titular desistir de prosseguir na demanda por ele ajuizada bem assim do recurso que houver interposto. O *princípio da indisponibilidade* – art. 42, CPP – é exclusivo da ação penal pública.

Gabarito "E"

(Delegado/PE – 2016 – CESPE) Acerca da ação penal, suas características, espécies e condições, assinale a opção correta.

(A) A perempção incide tanto na ação penal privada exclusiva quanto na ação penal privada subsidiária da ação penal pública.

(B) Os prazos prescricionais e decadenciais incidem de igual forma tanto na ação penal pública condicionada à representação do ofendido quanto na ação penal pública condicionada à representação do ministro daJustiça.

(C) De regra, não há necessidade de a queixa-crime ser proposta por advogado dotado de poderes específicos para tal fim, em homenagem ao princípio do devido processo legal.

(D) Tanto na ação pública condicionada à representação quanto na ação penal privada, se o ofendido tiver menos de vinte e um anos de idade e mais de dezoito anos de idade, o direito de queixa ou de representação poderá ser exercido por ele ou por seu representante legal.

(E) É concorrente a legitimidade do ofendido, mediante queixa, e do MP, condicionada à representação do ofendido, para a ação penal por crime contra a honra de servidor público em razão do exercício de suas funções.

A: incorreta, pois não há se falar em perempção na ação penal privada subsidiária da pública. Isso porque, nos termos do art. 29 do CPP, se o querelante revelar-se desidioso, pode o Ministério Público retomar a titularidade da ação; **B:** incorreta. Diferentemente do que se dá com a representação do ofendido, que deve ser ofertada dentro do prazo decadencial de 6 meses, inexiste prazo decadencial para o oferecimento da requisição do MJ (a lei nada disse a tal respeito). Pode, portanto, ser oferecida a qualquer tempo, desde que ainda não tenha operado a extinção da punibilidade pelo advento da prescrição; **C:** incorreta, em vista do que dispõe o art. 44 do CPP; **D:** incorreta. O art. 34 do CPP, que estabelecia que o direito de queixa do menor de 21 anos e maior de 18 podia ser exercido tanto por este quanto por seu representante legal, foi tacitamente revogado pelo art. 5º, *caput*, do Código Civil de 2002, segundo o qual a maioridade plena é alcançada aos 18 anos completos, ocasião em que a pessoa adquire plena capacidade de praticar os atos da vida civil; **E:** correta. Nos termos do disposto no art. 145, parágrafo único, do CP, se se tratar de crime perpetrado contra a honra de funcionário público em razão de suas funções, a ação penal será *pública condicionada à representação do ofendido*. Ocorre, no entanto, que o STF, por meio da Súmula 714, firmou entendimento no sentido de que, nesses casos, a legitimidade é concorrente entre o ofendido (mediante queixa) e o Ministério Público (ação pública condicionada à representação do ofendido).

Gabarito "E".

(Juiz de Direito/MG – 2014) Assinale a alternativa **INCORRETA**.

(A) Na ação penal privada subsidiária da pública, o Promotor de Justiça pode repudiar a queixa e oferecer denúncia substitutiva, quando a queixa apresentada for inepta.

(B) Tanto a renúncia ao exercício do direito de queixa como o perdão do ofendido em relação a um dos autores do crime, a todos se estenderá, extinguindo-se a punibilidade.

(C) A renúncia, nas ações penais privadas, pode ser tácita e admite, para tanto, todos os meios de prova, conforme previsto no Código de Processo Penal.

(D) Tratando-se de ação penal privada personalíssima, a morte da vítima extingue a punibilidade.

A: correta. De fato, é lícito ao Ministério Público, nos termos do art. 29 do CPP, repudiar a ação penal privada subsidiária da pública e, em seu lugar, oferecer denúncia substitutiva; **B:** incorreta. Embora a assertiva esteja correta em relação à renúncia (art. 49, CPP), é incorreto afirmar-se que o perdão, por si só, extingue a punibilidade, uma vez que a produção de tal efeito condiciona-se à aceitação do ofensor (art. 51 do CPP); diferentemente, a renúncia prescinde de aceitação do ofensor (ato unilateral); **C:** correta, nos termos do art. 57 do CPP; **D:** correta. Na *ação penal privada personalíssima* inexiste sucessão por morte ou ausência, razão por que não tem incidência o art. 31 do CPP. Tal se dá porque, nesta modalidade de ação privada, a titularidade é conferida única e exclusivamente ao ofendido. Com a morte deste, a ação penal não poderá ser proposta por outra pessoa. Havia no Código Penal dois casos. Com a revogação do art. 240, CP (crime de adultério), restou tão somente o delito de *induzimento a erro essencial e ocultação de impedimento*, capitulado no art. 236 do CP.

Gabarito "B".

(Juiz de Direito/PA – 2014 – VUNESP) José, João e Luís são sócios de uma empresa. José e João redigem, assinam e divulgam entre os clientes e fornecedores da empresa uma carta aberta com afirmações desonrosas em desfavor de Luís. Após regular inquérito policial em que José e João são ouvidos, Luís promove queixa-crime unicamente contra José, uma vez que, por motivos pessoais, não quis processar João. Considerando que o acúmulo de acusações faça com que a demanda não seja julgada pelo rito sumaríssimo, que foi infrutífera a fase de reconciliação – o que remete o processo ao rito comum – e que não é caso de rejeição, deve o magistrado

(A) intimar Luís para que se manifeste expressamente acerca da ausência de João no polo passivo; determinar a citação e intimação de José para apresentação de resposta escrita.

(B) considerar que houve perdão com relação a João, estender tal entendimento a José e intimá-los para que se manifestem no sentido de aceitar ou recusar a benesse oferecida por Luís.

(C) considerar que houve renúncia com relação a João e extinguir sua punibilidade; determinar a citação e intimação de José para apresentação de resposta escrita.

(D) considerar que houve renúncia com relação a João, estender tal entendimento a José e extinguir a punibilidade de ambos.

(E) considerar que houve perdão com relação a João e extinguir sua punibilidade; determinar a citação e intimação de José para apresentação de resposta escrita.

Embora o ofendido, na ação penal privada, disponha de discricionariedade para avaliar a conveniência em ajuizar ou não a queixa-crime (conveniência ou oportunidade), não lhe é dado fazê-lo contra tão somente um dos ofensores, sendo-lhe vedado, pois, escolher contra quem a ação será promovida. É o que estabelece o art. 48 do CPP, que enuncia o princípio da indivisibilidade, cuja violação acarreta a renúncia em relação aos demais ofensores, redundado na extinção da punibilidade de todos. Foi o que se deu no caso narrado no enunciado. Sendo a vontade de Luis promover a queixa-crime, deveria fazê-lo em relação a ambos, e não somente em relação a José. Se assim o fez, renunciou, de forma tácita, ao direito de queixa, extinguindo-se a punibilidade de todos (art. 49, CPP).

Gabarito "D".

(Ministério Público/BA – 2015 – CEFET) Quanto ao aditamento à peça acusatória, é **CORRETO** afirmar que:

(A) Nas ações penais públicas, o aditamento próprio, expressamente previsto no Código de Processo Penal, quando admitido pelo magistrado, não resulta em alteração substancial da imputação originária e tampouco implica ampliação subjetiva do polo passivo da demanda penal.

(B) No aditamento impróprio, são corrigidas falhas na denúncia ou queixa mediante a retificação, ratificação ou esclarecimento de alguma informação contida inicialmente na peça acusatória, podendo ser acrescido fato novo ou outro acusado, desde que antes da sentença final.

(C) De acordo com o Código de Processo Penal, caberá recurso em sentido estrito da decisão judicial que admitir o aditamento.

(D) Nas ações penais públicas, o aditamento próprio real material, cuja essência está associada ao princípio da correlação entre acusação e sentença, permite que seja acrescentado fato novo à peça acusatória, qualificando ou agravando a imputação originária.

(E) Em razão de sua inércia para intentar a ação penal no prazo legal, o Ministério Público não poderá, nas ações penais acidentalmente privadas, aditar a queixa subsidiária.

A: incorreta. O chamado aditamento *próprio* refere-se à inclusão de fatos criminosos novos ou acusados desconhecidos quando do oferecimento da peça acusatória. Conferir o esclarecedor magistério de Aury Lopes Júnior: "O aditamento próprio pode ser real ou pessoal, conforme sejam acrescentados fatos (real) ou acusados (pessoal), cuja existência era desconhecida quando do oferecimento da denúncia. Em geral, as informações surgem na instrução, em que a prova demonstra que existiram mais fatos criminosos não contidos na acusação ou mais pessoas envolvidas (e que também não haviam sido acusadas)" (*Direito Processual Penal*, 9ª ed, p. 419); **B:** incorreta. É que a inclusão de fato novo ou outro acusado, como acima dissemos, configura o chamado aditamento *próprio*; o *impróprio*, por sua vez, nas palavras de Aury Lopes Júnior, fazendo referência a Paulo Rangel, "(...) ocorre quando, explica Rangel, embora não se acrescente fato novo ou sujeito, corrige-se alguma falha na denúncia, retificando dados relativos ao fato (...)" (*Direito Processual Penal*, 9ª ed, p. 420); **C:** incorreta, já que não cabe qualquer recurso da decisão que admitir o aditamento da inicial acusatória; todavia, a depender do caso, é possível a impetração de *habeas corpus*; **D:** correta. *Vide* comentário à assertiva "A"; **E:** incorreta, na medida em que, na ação penal privada subsidiária, é lícito ao Ministério Público, entre outras coisas, aditar a queixa, nos termos do art. 29 do CPP.

Gabarito "D".

(Ministério Público/BA – 2015 – CEFET) Em relação à ação penal e seus desdobramentos processuais, assinale a alternativa **CORRETA**:

(A) Com base no princípio da suficiência da ação penal, o Código de Processo Penal determina que o juiz, nas ações penais públicas, deverá resolver questões heterogêneas de prejudicialidade obrigatória e, ao proferir sentença condenatória, fixar valor mínimo para reparação dos danos causados pela infração penal.

(B) A imputação alternativa originária, enquanto técnica acusatória estabelecida em algumas leis processuais penais especiais, é uma das características da ação penal secundária.

(C) Segundo o princípio da intranscendência da ação penal, a acusação, formalizada via denúncia ou queixa, somente poderá recair sobre o provável autor, coautor ou partícipe do fato delituoso apurado na investigação preliminar.

(D) Conceitualmente, as condições da ação penal também podem ser denominadas de condições de prosseguibilidade.

(E) De acordo com a jurisprudência do Superior Tribunal de Justiça, nas ações penais públicas condicionadas à representação denomina-se eficácia objetiva da representação a desnecessidade de formalismo para a manifestação de vontade do ofendido quanto ao início da persecução penal.

A: incorreta, uma vez que o princípio da *suficiência* da ação penal somente tem incidência no campo das questões prejudiciais *facultativas* (art. 93, CPP). No mais, a fixação de valor indenizatório na sentença penal condenatória sujeita-se à existência de pedido formulado, pela parte, nesse sentido; **B:** incorreta. Na *denúncia alternativa*, confere-se ao titular da ação penal a possibilidade de atribuir, em face de dúvida decorrente das provas coligidas em inquérito policial, duas condutas ao réu de forma alternada. Exemplo: o MP, sem dispor de elementos suficientes para saber se a subtração foi efetuada com ou sem emprego de grave ameaça, oferece a denúncia, alternativamente, por furto ou roubo. É hipótese de imputação alternativa originária. Desnecessário dizer que tal procedimento inviabiliza a ampla defesa pelo denunciado. Não é, portanto, acolhida pela comunidade jurídica. Já a chamada imputação alternativa superveniente se dá nas hipóteses de *mutatio libelli*; **C:** correta. Segundo enuncia o princípio da *intranscendência*, a ação penal, tanto a pública quanto a privativa do ofendido, só será proposta contra quem praticou a infração penal; **D:** incorreta, já que a chamada condição de prosseguibilidade refere-se a determinada condição que deve ser implementada para que o processo tenha continuidade. Não deve ser confundida com a condição de procedibilidade, que diz respeito à condição necessária para dar início à ação penal; **E:** incorreta. A eficácia objetiva da representação não tem relação com a desnecessidade de formalismo que deve revestir esta condição de procedibilidade. Tem relação, isto sim, com a necessidade de o titular da ação penal condicionada, que é o MP, oferecer a denúncia contra todos os autores do crime, mesmo aqueles contra os quais não foi formulada representação por parte do ofendido. Relaciona-se, portanto, com o princípio da indivisibilidade da ação penal pública, tema objeto de controvérsia na doutrina e jurisprudência.

Gabarito "C".

(Ministério Público/SP – 2015 – MPE/SP) Assinale a alternativa correta:

(A) A vítima poderá, em hipótese específica, provocar a prestação da tutela jurisdicional, mesmo em crime de ação pública. Neste caso, o Promotor de Justiça atuará como interveniente obrigatório subsidiário.

(B) A requisição do Ministro da Justiça é, por definição, uma ordem legal e, portanto, impõe o oferecimento da denúncia e o início da ação penal nos delitos a ela condicionados.

(C) O princípio da indivisibilidade da ação privada não comporta exceções.

(D) O crime de lesões corporais dolosas de natureza leve, quando envolver violência doméstica contra mulher, é de ação pública condicionada à representação.
(E) O fenômeno da assistência no processo penal pode se verificar nas ações penais públicas e privadas, nos termos do artigo 268 do Código de Processo Penal.

A: correta. A assertiva refere-se à ação penal privada subsidiária da pública, em que a vítima, diante da inércia do órgão ministerial em promover a ação penal pública, assume, no lugar do MP, a titularidade da ação e, ela própria, provoca a prestação da tutela jurisdicional (art. 29, CPP); **B:** incorreta. A requisição apresentada pelo ministro da Justiça, que constitui uma condição específica de procedibilidade nas ações penais a ela condicionadas, não impõe ao MP a obrigação de oferecer a denúncia. Somente assim procederá diante da existência de prova do crime (materialidade) e indícios de autoria; neste caso, aliás, fica o membro do MP obrigado (princípio da obrigatoriedade) a ajuizar a ação penal; a requisição do MJ, como se pode ver, não deve ser entendida como ordem dirigida ao MP, já que este tem independência funcional para analisar se há ou não elementos a subsidiar a denúncia; **C:** incorreta. Isso porque o perdão concedido a um dos querelados e por este recusado fará com que o processo, em relação a ele, tenha prosseguimento, o mesmo não ocorrendo com os querelados que aceitaram o perdão, em relação aos quais será extinta a punibilidade (art. 51, CPP), o que configura exceção ao princípio da indivisibilidade, dado que, como dito, a ação prosseguirá contra um e será extinta em relação ao outro. Tudo isso porque o perdão, por ser ato bilateral, somente produzirá efeitos se aceito for pelo querelado. Vale o registro de que tal característica não se aplica à renúncia, que, sendo ato unilateral, prescinde de aceitação por parte do ofensor; bem por isso, a renúncia ao exercício do direito de queixa manifestada em relação a um dos autores aos demais se estenderá; **D:** incorreta. O STF, no julgamento da ADIn 4.424, de 09.02.2012, estabeleceu a natureza incondicionada da ação penal nos crimes de lesão corporal, independente de sua extensão, praticados contra mulher no ambiente doméstico, entendimento esse atualmente consagrado na Súmula 542, do STJ; **E:** incorreta, uma vez que a assistência, tal qual prevista no art. 268 do CPP, somente tem lugar no âmbito da ação penal pública, incondicionada ou condicionada.
Gabarito "A".

(Defensor/PA – 2015 – FMP) Assinale a alternativa CORRETA.
(A) Em razão de preceito constitucional, o Ministério Público é o único legitimado a ajuizar ação civil ex *delicto* em favor do titular do direito à reparação do dano, desde que ele seja pobre e requeira tal providência.
(B) O despacho de arquivamento do inquérito policial e a sentença absolutória que decidir que o fato imputado não constitui crime são situações que impedem a propositura da ação civil ex *delicto*.
(C) De acordo com a jurisprudência consolidada do Supremo Tribunal Federal, nos crimes praticados contra funcionários públicos em razão do exercício da função, a legitimidade para o exercício da ação penal é concorrente para o ofendido, mediante queixa, e para o Ministério Público, condicionada à representação do ofendido.
(D) A ação penal privada personalíssima depende de queixa do contraente enganado e somente poderá ser intentada depois de proferida a sentença que, por motivo de erro ou impedimento, anule o casamento.
(E) No processo penal atinente aos crimes previstos na Lei 8.078/1990, poderão propor ação penal privada subsidiária, entre outros legitimados, as associações legalmente constituídas há pelo menos um ano, e que incluam, entre seus fins institucionais, a defesa dos interesses e direitos protegidos por aquela lei, dispensada a autorização assemblear.

A: incorreta. Segundo tem entendido o STF, a legitimidade conferida pelo art. 68 do CPP ao Ministério Público para promover a ação civil *ex delicto* em favor de pessoa pobre somente tem lugar na hipótese de a Defensoria Pública ainda não se encontrar organizada de forma efetiva. Conferir, nesse sentido: "Legitimidade – Ação *ex delicto* – Ministério Público – Defensoria Pública – Art. 68 do CPP –Carta da República de 1988. A teor do disposto no art. 134 da CF, cabe à Defensoria Pública, instituição essencial à função jurisdicional do Estado, a orientação e a defesa, em todos os graus, dos necessitados, na forma do art. 5º, LXXIV, da Carta, estando restrita a atuação do Ministério Público, no campo dos interesses sociais e individuais, àqueles indisponíveis (parte final do art. 127 da CF). Inconstitucionalidade progressiva – Viabilização do exercício de direito assegurado constitucionalmente – Assistência jurídica e judiciária dos necessitados – Subsistência temporária da legitimação do Ministério Público. Ao Estado, no que assegurado constitucionalmente certo direito, cumpre viabilizar o respectivo exercício. Enquanto não criada por lei, organizada – e, portanto, preenchidos os cargos próprios, na unidade da Federação – a Defensoria Pública, permanece em vigor o art. 68 CPP, estando o Ministério Público legitimado para a ação de ressarcimento nele prevista. Irrelevância de a assistência vir sendo prestada por órgão da Procuradoria-Geral do Estado, em face de não lhe competir, constitucionalmente, a defesa daqueles que não possam demandar, contratando diretamente profissional da advocacia, sem prejuízo do próprio sustento" (STF, Pleno, RE 135.328-SP, rel. Min. Marco Aurélio, 29.06.1994); **B:** incorreta, dado que tanto o despacho de arquivamento do inquérito policial quanto a sentença absolutória que decidir que o fato imputado não constitui crime não impedem a propositura da ação civil *ex delicto*, na forma estatuída no art. 67, I e III, do CPP; **C:** incorreta, uma vez que a Súmula 714, do STF, que estabelece que a legitimidade é concorrente entre o ofendido (mediante queixa) e o Ministério Público (ação pública condicionada à representação do ofendido), somente tem incidência nos crimes contra a honra de servidor público praticados no exercício de suas funções; **D:** incorreta, já que o ajuizamento da ação privada personalíssima no crime do art. 236 do CP pressupõe o trânsito em julgado da sentença que, por erro ou impedimento, anulou o casamento (art. 236, parágrafo único). Não basta, pois, a prolação da sentença de anulação. Esta é, a propósito, a única hipótese de ação penal privada personalíssima; **E:** correta, pois reflete a regra presente no art. 80 da Lei 8.078/1990 (Código de Defesa do Consumidor).
Gabarito "E".

4. SUSPENSÃO CONDICIONAL DO PROCESSO

(Promotor de Justiça – MPE/RS – 2017) Petrônio, réu em processo por furto simples, reúne todos os pressupostos legais permissivos da suspensão condicional do processo. Ainda assim, fundamentadamente, o Promotor de Justiça deixa de oferecer-lhe o benefício. Nesse caso, dissentindo do membro do Ministério público, deve o Juiz
(A) remeter os autos ao Procurador-Geral de Justiça aplicando-se por analogia o art. 28 do Código de Processo Penal.
(B) conceder o benefício de ofício, já que se trata de direito subjetivo público do réu.
(C) comunicar a Corregedoria-Geral do Ministério Público face o comportamento do Promotor de Justiça.
(D) solicitar ao Procurador-Geral de Justiça que designe outro membro do Ministério Público para reexaminar os autos.
(E) remeter os autos para as Turmas Recursais do Juizado Especial Criminal.

De fato, deverá o juiz, neste caso, no lugar de ele próprio oferecer o *sursis* processual, valendo-se, por analogia, do que estabelece o art. 28 do CPP, remeter os autos para apreciação do Procurador-geral de Justiça. É esse o entendimento firmado por meio da Súmula 696 do STF: "Reunidos os pressupostos legais permissivos da suspensão condicional do processo, mas se recusando o Promotor de Justiça a propô-la, o juiz, dissentindo, remeterá a questão ao Procurador-Geral, aplicando-se por analogia o art. 28 do Código de Processo Penal". ED
Gabarito "A".

(Promotor de Justiça/SC – 2016 – MPE)
(1) Sólida jurisprudência do Superior Tribunal de Justiça, inclusive sumulada, destaca que o benefício da suspensão do processo pode ser aplicado às infrações penais cometidas, em concurso material, concurso formal ou continuidade delitiva, mesmo quando a pena mínima cominada, seja pelo somatório, seja pela incidência da majorante, ultrapassar o limite de 1 (um) ano.

1: a proposição contraria o entendimento firmado nas Súmulas 243, do STJ, e 723, do STF. ED
Gabarito 1E.

(Promotor de Justiça/MG – 2014) Sobre a Suspensão Condicional do Processo, é INCORRETO afirmar que:
(A) Ela é possível, no caso de ação penal de iniciativa privada, cabendo ao querelante o seu oferecimento, já que é titular do *ius ut procedatur*. Caso, no entanto, o juiz discorde de eventual não oferecimento do benefício, ele poderá valer-se da regra do artigo 28 do Código de Processo Penal.
(B) Ela é cabível na desclassificação do crime e na procedência parcial da pretensão punitiva.
(C) É incabível, por lei, que um mesmo acusado possa, concomitantemente, ser beneficiado com a suspensão condicional do processo em dois processos distintos.
(D) A Lei 9.605/1998 permite, visando à reparação do dano ambiental, que o prazo máximo de Suspensão Condicional do Processo previsto na Lei 9.099/1995 possa ser extrapolado.

A: assertiva incorreta, devendo ser assinalada, dado que a proposta de suspensão condicional do processo somente pode ser formulada, pelo representante do MP, no âmbito da ação penal pública (art. 89, *caput*, da Lei 9.099/1995). Oportuno que se diga que parte significativa da doutrina entende que este benefício pode incidir na ação penal de natureza privada. De qualquer forma, preenchidos os requisitos autorizadores do *sursis* processual e recusando-se a acusação a formular a proposta, aplica-se, por analogia, o art. 28 do CPP, com a remessa do feito ao chefe do MP; **B:** assertiva correta, porque corresponde ao entendimento firmado na Súmula 337 do STJ: "É cabível a suspensão condicional do processo na desclassificação do crime e na procedência parcial da pretensão punitiva"; **C:** assertiva correta. Veda-se a concessão do *sursis* processual ao acusado que esteja respondendo a outro processo (art. 89, *caput*, da Lei 9.099/1995); **D:** assertiva correta, nos termos do art. 28, II, da Lei 9.605/1998 (crimes contra o meio ambiente).
Gabarito "A".

(Cartório/DF – 2014 – CESPE)
Maria foi denunciada pela prática do delito de lesão corporal. Recebida a inicial acusatória, o juízo processante deferiu a suspensão condicional do processo. Todavia, passados três meses, o magistrado revogou o benefício, ao constatar que Maria estava em local

incerto e não sabido e sendo processada por outro crime.
Em face dessa situação hipotética, assinale a opção correta acerca da suspensão do processo prevista na Lei 9.009/1995, segundo a jurisprudência do STJ.

(A) O magistrado agiu corretamente, dado que a inobservância das condições impostas a Maria por ocasião do sursis processual enseja a revogação do benefício.
(B) Com a revogação do sursis processual, é necessário que Maria seja citada por edital para a continuidade do processo.
(C) Houve violação aos princípios do contraditório, da ampla defesa e do devido processo legal, pois, para a revogação do sursis processual, seria imprescindível a prévia manifestação da defesa.
(D) Incabível a revogação automática do sursis processual, por demandar uma audiência de justificação para esse fim.
(E) Na hipótese descrita, o cancelamento da benesse era facultativo.

A: correta (art. 89, § 3º, da Lei 9.099/1995). É hipótese de revogação *obrigatória*; **B:** incorreta. Providência não contemplada na Lei 9.099/1995; **C:** incorreta. O contraditório e a ampla defesa serão exercidos no novo processo em curso, não naquele em que foi concedido o *sursis* processual; **D:** incorreta. Providência não contemplada na Lei 9.099/1995; **E:** incorreta. Trata-se de revogação *obrigatória* (art. 89, § 3º, da Lei 9.099/1995); as hipóteses de revogação facultativa estão contempladas no art. 89, § 4º, da Lei 9.099/1995.

Gabarito "A".

5. AÇÃO CIVIL

Atenção: Para responder à questão seguinte, assinale a alternativa correta em relação ao assunto indicado.

(Defensoria/SP – 2013 – FCC) Ação processual penal e ação civil *ex delicto*.

(A) No âmbito do procedimento comum, e tendo em vista o princípio da disponibilidade da ação penal de iniciativa privada, o recebimento de indenização por danos causados pelo crime implica em renúncia à propositura da ação penal.
(B) A norma que altera a natureza da ação penal não retroage, salvo para beneficiar o réu, nos termos do artigo 5º, inciso XL, da Constituição Federal, não tendo pronta aplicabilidade nos moldes do artigo 2º, do Código de Processo Penal.
(C) Tratando-se de ação penal de iniciativa pública incondicionada, a denúncia deverá ser oferecida no prazo de dez dias se o acusado estiver preso cautelarmente, ou no prazo de quinze dias se estiver solto. O prazo deverá ser contado da data em que o Ministério Público receber o instrumento de investigação preliminar.
(D) Nos termos da jurisprudência do Supremo Tribunal Federal, é lícito ao magistrado, quando do recebimento da denúncia, em juízo de admissibilidade da acusação, conferir definição jurídica aos fatos narrados na peça acusatória, corrigindo a capitulação jurídica da inicial acusatória.
(E) Não cabe ação civil *ex delicto* quando houver o arquivamento do inquérito policial por manifesta atipicidade do fato praticado.

A: incorreta, uma vez que o recebimento de indenização, por parte da vítima do crime, não implica renúncia à propositura da ação penal; **B:** correta. Como bem sabemos, em conformidade com o art. 2º do CPP, a lei processual penal terá, em regra, aplicação imediata, preservando-se os atos realizados sob a égide da lei anterior; há normas processuais penais, no entanto, que possuem natureza mista, híbrida, isto é, são dotadas de natureza processual e material ao mesmo tempo, tal qual as normas processuais que disciplinam a natureza da ação penal. Nesse caso, deverá prevalecer, em detrimento do regramento estabelecido no art. 2º do CPP, a norma contida no art. 2º, parágrafo único, do CP (art. 5º, XL, da CF). Em se tratando de norma mais favorável ao réu, deverá retroagir em seu benefício; se prejudicial a lei nova, aplica-se a lei já revogada. Conferir: "*In casu*, o constrangimento é flagrante, tendo em vista que, diante de norma processual penal material, a disciplinar aspecto sensivelmente ligado ao *jus puniendi* – natureza da ação penal – pretendeu-se aplicar o primado *tempus regit actum*, art. 2.º do CPP, a quebrantar a garantia inserta no Código Penal, de que a *lex gravior* somente incide para fatos posteriores à sua edição. Como, indevidamente, o *Parquet* ofereceu denúncia, em caso em que cabível queixa, e, transposto o prazo decadencial de seis meses para o ajuizamento desta, tem-se como fulminada a persecução penal. 3. Ordem não conhecida, expedido *habeas corpus* de ofício para trancar a Ação Penal n. 2009.001.245923-5, em trâmite perante a 28.ª Vara Criminal da Comarca da Capital/RJ" (STJ, 6ª T., HC 201001533527, Maria Thereza De Assis Moura, *DJ* 29.11.2012); **C:** incorreta. O erro da proposição está na parte em que afirma que, estando o acusado preso, a denúncia deverá ser oferecida no prazo de 10 (dez) dias; neste caso, conforme estabelece o art. 46 do CPP, o titular da ação penal disporá, para o oferecimento da peça exordial, do prazo de 5 (cinco) dias; **D:** incorreta, dado que a correção quanto à capitulação feita pelo titular da ação na inicial acusatória deve ser feita, pelo juiz, na sentença (art. 383 do CPP – *emendatio libelli*). Conferir: "(...) Não é lícito ao Juiz, no ato de recebimento da denúncia, quando faz apenas juízo de admissibilidade da acusação, conferir definição jurídica aos fatos narrados na peça acusatória. Poderá fazê-lo adequadamente no momento da prolação da sentença, ocasião em que poderá haver a *emendatio libelli* ou a *mutatio libelli*, se a instrução criminal assim o indicar" (STF, 1ª T., HC 87.324, rel. Min. Cármen Lúcia, j. 10.04.2007);

E: incorreta (art. 67, I, do CPP).

Gabarito "B".

(Cartório/PI – 2013 – CESPE) Impedirá a propositura de ação civil reparatória a decisão penal que

(A) absolver o réu em decorrência de prova da inexistência material do fato.
(B) absolver o réu por ausência de prova suficiente quanto à autoria.
(C) absolver o réu por não constituir crime o fato a ele imputado.
(D) arquivar o inquérito policial ou as peças de informação.
(E) julgar extinta a punibilidade do autor do fato.

A: correta (art. 66, CPP); **B:** incorreta, dado que a absolvição, na esfera penal, decorrente da não existência de indícios suficientes de autoria não produz coisa julgada no cível, podendo ser ajuizada ação com vistas ao ressarcimento pelo dano gerado; **C:** incorreta, uma vez que a absolvição em virtude de o fato imputado ao réu não constituir crime não obsta a propositura da ação indenizatória na esfera cível (art. 67, III, do CPP); **D:** incorreta, uma vez que o despacho que manda arquivar autos de inquérito ou peças de informação não faz coisa julgado no cível (art. 67, I, do CPP); **E:** incorreta. Também não impede o ajuizamento da ação reparatória, na esfera cível, a decisão que julgar extinta a punibilidade (art. 67, II, CPP).

Gabarito "A".

(Cartório/RR – 2013 – CESPE) A respeito da ação civil *ex delicto*, assinale a opção correta.

(A) Ao oferecer a denúncia, o MP poderá também requerer ao juízo criminal competente que, uma vez julgado procedente o pedido de condenação do acusado pelo crime de roubo, também o condene civilmente a reparar o dano material causado por não ter sido apreendida a coisa subtraída, assegurando-se ao ofendido executar o título executivo no juízo cível competente.
(B) A absolvição imprópria impede a propositura da ação cível pelo ofendido.
(C) O MP detém legitimidade extraordinária para propor ação cível contra autor de fato que prejudique pessoa pobre.
(D) A extinção da punibilidade pela prescrição impede a propositura da ação cível pelo ofendido, visto que a prescrição alcança o fato e a produção de seus efeitos.
(E) Sentença que absolva o acusado sob o fundamento da incidência de causa excludente de tipicidade impede a propositura da ação cível pelo ofendido.

A: correta. Conferir, quanto a isso, a lição de Guilherme de Souza Nucci: "Procedimento para a fixação da indenização civil: admitindo-se que o magistrado possa fixar o valor *mínimo* para a reparação dos danos causados pela infração penal, é fundamental haver, durante a instrução criminal, um pedido formal para que se apure o montante civilmente devido. Esse pedido deve partir do ofendido, por seu advogado (assistente de acusação), ou do Ministério Público (...)" (*Código de Processo Penal Comentado*, 12ª ed., p. 753); **B:** incorreta, dado que a absolvição imprópria não elide a possibilidade de ajuizar-se a ação civil pelo ofendido (art. 66, CPP); **C:** incorreta. O art. 68 do CPP conferiu legitimidade ao MP para promover a ação civil *ex delicto* quando se tratar de pessoa pobre, na acepção extraída do art. 32, § 1º, do mesmo Estatuto. Esta legitimidade, todavia, perde sua razão de ser a partir do momento em que a Defensoria Pública passa a ser organizada de forma efetiva. Conferir, nesse sentido: STF, 1ª T., RE 147.776-SP, rel. Min. Sepúlveda Pertence, 19.05.1998; **D:** incorreta (art. 67, II, do CPP); **E:** incorreta. Não impede a propositura de ação cível pelo ofendido.

Gabarito "A".

(Magistratura/SP – 2013 – VUNESP) Faz coisa julgada no cível a sentença que absolve o réu com fundamento

(A) de não existir prova de ter o réu concorrido para a infração penal.
(B) de haver o fato sido praticado em estado de necessidade defensivo.
(C) de não constituir o fato infração penal (ser atípico).
(D) de haver o fato sido praticado com amparo em causa excludente da culpabilidade (fato é típico e ilícito, mas não culpável).

É fato que o estado de necessidade defensivo afasta o dever de indenizar (art. 65, CP). Agora, se se tratar de estado de necessidade agressivo, a situação é diferente. Neste caso, a indenização será de rigor. É o que se infere dos arts. 188, II, 929 e 930 do CC.

Gabarito "B".

(Ministério Público/SP – 2013 – PGMP) Assinale a alternativa que está em desacordo com disposições legais relacionadas com reparação de danos causados pelo delito.

(A) É permitido ao juiz, na sentença condenatória criminal, estabelecer valor mínimo para a reparação de danos, considerando os prejuízos sofridos pelo ofendido.
(B) A sentença absolutória criminal, fundamentada no reconhecimento categórico da inexistência material do fato, obsta a propositura da ação civil.
(C) A ação civil para reparação do dano pode ser proposta pelo ofendido ainda que arquivado o inquérito policial instaurado para a apuração do delito.
(D) Tratando-se de ação penal privada ou de ação penal pública con-

dicionada, a homologação do acordo para a reparação do dano decorrente de infração penal de menor potencial ofensivo acarreta para o ofendido a renúncia ao direito de queixa ou de representação.
(E) Impede a propositura da ação civil a sentença absolutória no juízo criminal que decidir que o fato imputado não constitui crime.

A: correta, pois em conformidade com o disposto no art. 387, IV, do CPP; **B:** correta, nos moldes do que estabelece o art. 66 do CPP; **C:** correta, pois reflete o disposto no art. 67, I, do CPP; **D:** correta (art. 74, parágrafo único, da Lei 9.099/1995); **E:** incorreta, pois não reflete o disposto no art. 67, III, do CPP.
Gabarito "E".

6. JURISDIÇÃO E COMPETÊNCIA. CONEXÃO E CONTINÊNCIA

(Delegado – PC/BA – 2018 – VUNESP) Imagine que o indivíduo "1", que tem conta-corrente no banco "2", emitiu cheque sem fundo em desfavor do estabelecimento comercial "3", que efetuou o depósito do cheque no banco "4". De acordo com a jurisprudência dos Tribunais Superiores (Súmula 244 do STJ), o estelionato mediante a emissão de cheque sem provisão de fundos
(A) será processado no local da residência de "1".
(B) será processado no local em que se situa o banco "2", onde se deu a recusa.
(C) será processado no local em que se situa o estabelecimento comercial "3", que recebeu o cheque.
(D) será processado no local em que se situa o banco "4", no qual o cheque foi depositado.
(E) é fato atípico se recompensado o prejuízo até o recebimento da denúncia.

Segundo entendimento sedimentado por meio das Súmulas 244, do STJ, e 521, do STF, o foro competente, na hipótese narrada no enunciado, é o do local da *recusa* do pagamento, e não o do local em que a cártula foi emitida.
Gabarito "B".

(Defensor Público Federal – DPU – 2017 – CESPE) Em cada um dos itens seguintes é apresentada uma situação hipotética, seguida de uma assertiva a ser julgada à luz das disposições constitucionais e legais a respeito de competência.
(1) Auditoria do TCU indicou que o prefeito do município X desviou, para benefício próprio, valores oriundos da União ainda sujeitos a prestação de contas perante órgão federal. Nessa situação, conforme o entendimento do STF, a competência para julgamento do prefeito será do tribunal de justiça do respectivo estado por expressa previsão constitucional.
(2) Ricardo foi denunciado pela prática do crime de lavagem de capitais provenientes do tráfico internacional de drogas. Nessa situação, o crime de lavagem de capitais será processado e julgado pela justiça federal, haja vista a competência constitucional do crime antecedente.

1: errada. De acordo com a Súmula 702 do STF, "a competência do Tribunal de Justiça para julgar Prefeitos restringe-se aos crimes de competência da Justiça comum estadual; nos demais casos, a competência originária caberá ao respectivo tribunal de segundo grau". Desse modo, se o crime praticado pelo prefeito for federal (como é o caso de "X"), o julgamento caberá ao TRF da respectiva região; de igual forma, se for eleitoral o delito cometido pelo prefeito, a competência para julgá-lo será do Tribunal Regional Eleitoral do respectivo Estado. Há ainda a Súmula 208, do STJ: "Compete à Justiça Federal processar e julgar prefeito municipal por desvio de verba sujeita à prestação de contas perante órgão federal". Ante recente decisão do STF, cabem algumas observações a respeito do foro por prerrogativa de função. No dia 3 de maio de 2018, o Plenário do STF, por maioria de votos, decidiu que o foro por prerrogativa de função de que gozam parlamentares federais (senadores e deputados) se aplica tão somente a infrações penais cometidas no exercício do cargo e em razão das funções a ele relacionadas. Tal decisão foi tomada no julgamento de questão de ordem da ação penal 937, cujo relator é o ministro Luís Roberto Barroso. Com isso, se o crime imputado a senador ou deputado federal é cometido antes da diplomação, o julgamento caberá ao juízo de primeira instância; se for cometido no curso do mandato mas nenhuma relação tiver com o seu exercício, o julgamento também caberá ao juiz de primeira instância (por exemplo: homicídio; roubo; embriaguez ao volante); agora, sendo o delito cometido durante o mandato e havendo relação entre ele e o desempenho da função parlamentar (corrupção passiva, por exemplo), o julgamento deverá realizar-se perante o STF. Uma das primeiras questões que surgiu, entre tantas outras, é se este entendimento que restringe o foro por prerrogativa de função se aplica para outras hipóteses de foro privilegiado ou apenas para os deputados federais e senadores. Segundo o STF, em decisão tomada no julgamento do Inq 4703 QO/DF, ocorrido em 12/06/2018 e da relatoria do ministro Luiz Fux, tal restrição imposta ao foro privilegiado vale também para ministros de Estado. O STJ, por sua vez, ao enfrentar a questão, tendo por base a decisão do STF na AP 937, decidiu que a restrição do foro deve alcançar governadores e conselheiros dos Tribunais de Contas estaduais (AP 866 e AP 857). Lembremos que o art. 105, I, "a", da CF/88 estabelece que compete ao STJ julgar os crimes praticados por governadores de Estado e por conselheiros dos Tribunais de Contas dos Estados. No que concerne aos prefeitos, ainda não há consenso. Há tribunais que, em face da nova interpretação conferida pelo STF ao foro por prerrogativa de função, remeteram os processos contra o chefe do executivo municipal para julgamento pela 1ª instância. Outra questão que está em aberto é se o julgamento de magistrados (juízes, desembargadores e ministros de tribunais superiores) deve se dar pela primeira instância ou não, na hipótese de o crime não ter qualquer conexão com o exercício do cargo; **2:** correta, pois em conformidade com o que estabelece o art. 2º, III, b, da Lei 9.613/1998. Na jurisprudência: "A competência para a apreciação das infrações penais de lavagem de capitais somente será da Justiça Federal quando praticadas contra o sistema financeiro e a ordem econômico-financeira, ou em detrimento de bens, serviços ou interesses da União, ou de suas entidades autárquicas ou empresas públicas; ou quando o crime antecedente for de competência da Justiça Federal. *In casu*, não se apura afetação de qualquer interesse da União e o crime antecedente – tráfico de drogas – no caso é da competência estadual" (CC 96.678/MG, Rel. Ministra Maria Thereza de Assis Moura, Terceira Seção, julgado em 11/02/2009, DJe 20/02/2009).
Gabarito: 1E, 2C.

(Procurador do Estado – PGE/BA – CESPE – 2014) Julgue o item subsequente, no que se refere à competência no processo penal brasileiro (adaptada)
(1) Considere que Cássio, jogador de futebol residente na cidade de Montes Claros-MG, tenha declarado, em entrevista a jornais de circulação local no município de Governador Valadares-MG, que Emílio, árbitro de futebol, recebia dinheiro de agremiações para influenciar os resultados das partidas que arbitrava. Nessa situação hipotética, caso Emílio se considere caluniado e decida defender seus direitos na esfera criminal, ele poderá optar por propor a queixa-crime no foro de Montes Claros-MG.

1: correta. Estabelece o art. 73 do CPP que, ainda que conhecido o lugar da infração, que, neste caso, é o município de Governador Valadares-MG, o querelante, na ação penal privada exclusiva, poderá preferir o foro de domicílio ou da residência do réu, que corresponde à cidade de Montes Claros-MG.
Gabarito 1C.

(Juiz – TRF 2ª Região – 2017) Sobre a figura do foro por prerrogativa de função, leia as proposições e, ao final, assinale a opção correta:
I. Os juízes federais de 1º grau possuem foro por prerrogativa de função junto aos Tribunais (TRFs) em que exercem jurisdição, foro que abrange também os juízes do trabalho de 1º grau.
II. Na eventualidade de Procurador da República cometer crime comum durante o exercício funcional, prevalecerá a competência originária por prerrogativa de função ainda que o inquérito ou a ação penal sejam iniciados após a sua aposentação.
III. A jurisprudência do STF admite que a competência especial por prerrogativa de função, em relação a crimes comuns, seja aplicável tanto na fase de inquérito quanto na de instauração da ação penal, estendendo-se aos demais investigados originariamente sem prerrogativa de foro, quando seus atos sejam indivisíveis em relação aos atos praticados pelos detentores de foro.
(A) Apenas a assertiva I é correta.
(B) Apenas a assertiva II é correta.
(C) Apenas a assertiva III é correta.
(D) Apenas as assertivas I e III estão corretas.
(E) Todas as assertivas estão corretas.

I: correta, já que reflete o disposto no art. 108, I, *a*, da CF; **II:** incorreta, na medida em que, cessado o exercício funcional ou o mandato, cessa também a competência por prerrogativa de função. Vide Súmula 451 do STF; **III:** correta, pois reflete o entendimento firmado na Súmula 704 do STF: "Não viola as garantias do juiz natural, da ampla defesa e do devido processo legal a atração por continência ou conexão do processo do corréu ao foro por prerrogativa de função de um dos denunciados".
Gabarito "D".

(Juiz – TRF 2ª Região – 2017) Analise as assertivas sobre a competência penal e, depois, marque a opção correta:
I. A conexão entre crimes da competência da Justiça Federal e da Estadual não enseja a reunião dos feitos.
II. São requisitos para o deferimento do incidente de deslocamento de competência para a Justiça Federal a grave violação de direitos humanos, a necessidade de assegurar o cumprimento, pelo Brasil, de obrigações decorrentes de tratados internacionais e a incapacidade de o estado membro, por suas instituições e autoridades, levar a cabo, em toda a sua extensão, a persecução penal.
III. Se cometidos durante o horário de expediente, compete à Justiça Federal julgar os delitos praticados por funcionário público federal.
(A) Apenas a assertiva I está correta.
(B) Apenas a assertiva II está correta.
(C) Apenas a assertiva III está correta.
(D) Todas as assertivas estão corretas.
(E) Apenas as assertivas II e III estão corretas.

I: incorreta, pois em desconformidade com o entendimento firmado na Súmula 122, do STJ: *Compete à Justiça Federal o processo e julgamento unificado dos crimes conexos de competência federal e estadual, não se aplicando a regra do art. 78, II, a, do Código de*

Processo Penal; **II**: correta. Conferir: *A teor do § 5.º do art. 109 da Constituição Federal, introduzido pela Emenda Constitucional 45/2004, o incidente de deslocamento de competência para a Justiça Federal fundamenta-se, essencialmente, em três pressupostos: a existência de grave violação a direitos humanos; o risco de responsabilização internacional decorrente do descumprimento de obrigações jurídicas assumidas em tratados internacionais; e a incapacidade das instâncias e autoridades locais em oferecer respostas efetivas* (IDC 2/DF, Rel. Min. Laurita Vaz, 3ª Seção, j. 27.10.2010, *DJe* 22.11.2010); **III**: incorreta. A competência será da Justiça Federal somente se o crime for praticado pelo funcionário no exercício de suas atribuições legais, pouco importando se tal se deu no horário de expediente. Nesse sentido: *Compete à Justiça Federal processar e julgar crime praticado por funcionário público federal no exercício de suas atribuições funcionais. Conflito de competência conhecido. Competência da Justiça Federal* (CC 20.779/RO, Rel. Min. Vicente Leal, 3ª Seção, j. 16.12.1998, *DJ* 22.02.1999).

Gabarito "B".

(Juiz – TJ-SC – FCC – 2017) Considere os Casos 1 e 2 abaixo.

Caso 1: Iniciada a prática de homicídio em Florianópolis, a morte da vítima ocorreu em Itajaí e a prisão do acusado em Blumenau.

Caso 2: Delito de menor potencial ofensivo foi praticado em Itajaí e se consumou no Balneário de Camboriú, não sendo possível a transação penal.

É competente para julgar as ações penais,

(A) o Tribunal do Júri da Comarca de Itajaí (Caso 1) e o juiz singular, segundo a organização judiciária da Comarca do Balneário de Camboriú (Caso 2).
(B) em ambos os casos, segundo a regra de distribuição, o juiz criminal da Comarca de Itajaí.
(C) o Tribunal do Júri da Comarca de Florianópolis (Caso 1) e o juiz singular, segundo a organização judiciária da Comarca de Itajaí (Caso 2).
(D) o Tribunal do Júri (Caso 1) e o juiz singular (Caso 2), segundo a organização judiciária da Comarca de Itajaí.
(E) em ambos os casos, segundo a regra de prevenção, o juiz criminal da Comarca de Itajaí.

Caso 1: como bem sabemos, a competência será determinada em razão do lugar em que se deu a consumação do crime (art. 70, "caput", CPP). Acolheu-se, assim, a teoria do resultado. Dessa forma, nos chamados *crimes plurilocais*, em que a conduta (ação ou omissão) ocorre num determinado local e o resultado acaba por ser produzido em outro, competente será o foro do local onde se deu a consumação. Pois bem. Sucede que, no contexto dos crimes contra a vida, tanto os culposos quanto os dolosos, a jurisprudência construiu a tese segundo a qual, contrariando o texto legal, deve-se adotar, tendo em conta a conveniência na colheita de provas, a teoria da atividade. Com isso, a competência firmar-se-á, nos crimes contra a vida cujo resultado ocorra em local diverso do da conduta, pelo foro do local da ação ou omissão, e não o do resultado, tal como estabelece o art. 70, "caput", do CPP. É o caso da vítima que, alvejada a tiros em determinada cidade, vem a falecer em outra. Parece lógico e producente que a prova seja colhida e o processamento se dê na comarca onde foi praticada a conduta, e não no local em que o crime se consumou. Como se pode ver, a banca examinadora adotou a literalidade do art. 70 do CPP, segundo o qual o julgamento deverá ocorrer no Tribunal do Júri do município de Itajaí, local no qual se deu a morte da vítima. Conferir: "Recurso ordinário em habeas corpus. Processual Penal. Crime de homicídio culposo (CP, art. 121, §§ 3º e 4º). Competência. Consumação do delito em local distinto daquele onde foram praticados os atos executórios. Crime plurilocal. Possibilidade excepcional de deslocamento da competência para foro diverso do local onde se deu a consumação do delito (CPP, art. 70). Facilitação da instrução probatória. Precedente. Recurso não provido. 1. A recorrente foi denunciada pela prática do crime de homicídio culposo (art. 121, § 3º, c/c § 4º do Código Penal), porque "deixando de observar dever objetivo de cuidado que lhe competia em razão de sua profissão de médica e agindo de forma negligente durante o pós-operatório de sua paciente Fernanda de Alcântara de Araújo, ocasionou a morte desta, cinco dias após tê-la operado, decorrendo o óbito de uma embolia gordurosa não diagnosticada pela denunciada, a qual sequer chegou a examinar a vítima após a alta hospitalar, limitando-se a prescrever remédios pelo telefone, em total afronta ao Código de Ética Médica (artigo 62 do CEM)". 2. Embora se possa afirmar que a responsabilidade imputada à recorrente possa derivar de negligência decorrente da falta do exame pessoal da vítima e do seu correto diagnóstico após a alta hospitalar, é inconteste que esse fato deriva do ato cirúrgico e dos cuidados pós-operatórios de responsabilidade da paciente, de modo que se está diante de crime plurilocal, o que justifica a eleição como foro do local onde os atos foram praticados e onde a recorrente se encontrava por ocasião da imputada omissão (por ocasião da prescrição de remédios por telefone à vítima). 3. Recurso não provido" (RHC 116200, Rel. Min. Dias Toffoli, 1ª Turma, j. 13.08.2013, Processo Eletrônico *DJe* 06.09.2013 Publ. 09.09.2013); **Caso 2**: o art. 63 da Lei 9.099/1995 estabelece que a competência do Juizado Especial Criminal será determinada em razão do lugar em que foi *praticada* a infração penal. Surgiram, assim, três teorias a respeito do juiz competente para o julgamento da causa: (i) teoria da atividade: é competente o juiz do local onde se verificou a ação ou omissão; (ii) teoria do resultado: a ação deve ser julgada no local onde se produziu o resultado; (iii) e teoria da ubiquidade: são considerados competentes tanto o juiz do local em que se deu a ação ou omissão quanto aquele do lugar em que se produziu o resultado. Na doutrina e na jurisprudência, predominam as teorias da atividade e da ubiquidade. O examinador adotou a teoria da atividade.

Gabarito "D".

(Juiz – TJ/SC – FCC – 2017) Nas ações penais de competência originária do Supremo Tribunal Federal, estabelece a Lei nº 8.038/90:

Art. 7º – Recebida a denúncia ou a queixa, o relator designará dia e hora para o interrogatório, mandando citar o acusado ou querelado e intimar o órgão do Ministério Público, bem como o querelante ou o assistente, se for o caso.

No que tange ao interrogatório do acusado,

(A) deve ser o ato derradeiro da instrução penal, nos termos do art. 400, do Código de Processo Penal, exceto quanto às ações penais onde o interrogatório tenha ocorrido antes da reforma de 2008.
(B) será sempre o ato derradeiro da instrução penal, nos termos do art. 400, do Código de Processo Penal, pois mais favorável à defesa do acusado.
(C) prevalecerá a regra procedimental da Lei nº 8.038/90 (art. 7º), em detrimento da regra geral e subsidiária do Código de Processo Penal.
(D) é irrelevante a ordem da realização do interrogatório, pois o acusado não está obrigado a responder às indagações do relator.
(E) o Plenário do Supremo Tribunal Federal não tem posição pacífica sobre o tema, prevalecendo ora a regra da Lei nº 8.038/90, ora a regra do art. 400, do Código de Processo Penal.

Em homenagem aos princípios do contraditório e da ampla defesa, o STF consolidou o entendimento segundo o qual, nas ações penais de competência originária do Supremo Tribunal Federal, deve incidir a regra contida no art. 400 do CPP, que estabelece que o interrogatório realizar-se-á ao final da instrução, em detrimento da regra presente no art. 7º da Lei 8.038/1990, para o qual o interrogatório deverá realizar-se no início da instrução. A exceção fica por conta das ações penais em que o interrogatório tenha ocorrido antes do advento da Lei 11.719/2008, que promoveu diversas alterações no CPP, entre as quais estabeleceu que, a partir de então, o interrogatório seria realizado ao final da instrução. Conferir: "O Plenário desta Suprema Corte, em homenagem aos princípios da ampla defesa e contraditório, firmou entendimento no sentido de que, mesmo nas ações penais originárias do Supremo Tribunal Federal, o interrogatório do réu deve ser o último ato da instrução processual (AP 528 AgR, Rel. Min. Ricardo Lewandowski, Tribunal Pleno, *DJe* 08.06.02011)". (AP 988 AgR, Rel. Min. Marco Aurélio, Rel. p/ Acórdão: Min. Alexandre De Moraes, 1ª Turma, j. 04.04.2017. No mesmo sentido: "I – O art. 400 do Código de Processo Penal, com a redação dada pela Lei 11.719/2008, fixou o interrogatório do réu como ato derradeiro da instrução penal. II – Sendo tal prática benéfica à defesa, deve prevalecer nas ações penais originárias perante o Supremo Tribunal Federal, em detrimento do previsto no art. 7º da Lei 8.038/90 nesse aspecto. Exceção apenas quanto às ações nas quais o interrogatório já se ultimou. III – Interpretação sistemática e teleológica do direito" (AP 528 AgR, Rel. Min. Ricardo Lewandowski, Tribunal Pleno, j. 24.03.2011).

Gabarito "A".

(Juiz – TRF 3ª Região – 2016) Segundo o Supremo Tribunal Federal, o julgamento dos crimes relacionados à pornografia na internet compete:

(A) À Vara da Criança e Adolescente, uma vez que o crime está previsto no ECA;
(B) À Justiça Federal, pois, dentre outros motivos, presente a internacionalidade;
(C) À Justiça Estadual, sempre que as imagens tiverem sido postadas no Brasil;
(D) À Justiça Estadual, desde que as imagens tenham sido acessadas no Brasil.

Conferir: "1. À luz do preconizado no art. 109, V, da CF, a competência para processamento e julgamento de crime será da Justiça Federal quando preenchidos 03 (três) requisitos essenciais e cumulativos, quais sejam, que: a) o fato esteja previsto como crime no Brasil e no estrangeiro; b) o Brasil seja signatário de convenção ou tratado internacional por meio do qual assume o compromisso de reprimir criminalmente aquela espécie delitiva; e c) a conduta tenha ao menos se iniciado no Brasil e o resultado tenha ocorrido, ou devesse ter ocorrido no exterior, ou reciprocamente. 2. O Brasil pune a prática de divulgação e publicação de conteúdo pedófilo-pornográfico, conforme art. 241-A do Estatuto da Criança e do Adolescente. 3. Além de signatário da Convenção sobre Direitos da Criança, o Estado Brasileiro ratificou o respectivo Protocolo Facultativo. Em tais acordos internacionais se assentou a proteção à infância e se estabeleceu o compromisso de tipificação penal das condutas relacionadas à pornografia infantil. 4. Para fins de preenchimento do terceiro requisito, é necessário que, do exame entre a conduta praticada e o resultado produzido, ou que deveria ser produzido, se extraia o atributo de internacionalidade dessa relação. 5. Quando a publicação de material contendo pornografia infanto-juvenil ocorre na ambiência virtual de sítios de amplo e fácil acesso a qualquer sujeito, em qualquer parte do planeta, que esteja conectado à internet, a constatação da internacionalidade se infere não apenas do fato de que a postagem se opera em cenário propício ao livre acesso, como também que, ao fazê-lo, o agente comete o delito justamente com o objetivo de atingir o maior número possível de pessoas, inclusive assumindo o risco de que indivíduos localizados no estrangeiro sejam, igualmente, destinatários do material. A potencialidade do dano não se extrai somente do resultado efetivamente produzido, mas também daquele que poderia ocorrer, conforme própria previsão constitucional. 6. Basta à configuração da competência da Justiça Federal que o material pornográfico envolvendo crianças ou adolescentes tenha estado acessível por alguém no estrangeiro, ainda que não haja evidências de que esse acesso realmente ocorreu. 7. A extração da potencial internacionalidade do resultado advém do nível de abrangência próprio de sítios virtuais de amplo acesso, bem como da reconhecida dispersão mundial preconizada no art. 2º, I, da Lei 12.965/14, que instituiu o Marco Civil da Internet no Brasil. 8. Não se constata o caráter de internacionalidade, ainda que potencial, quando o panorama fático envolve apenas a comunicação eletrônica havida entre particulares em canal de comunicação fechado, tal como ocorre na troca de e-mails

ou conversas privadas entre pessoas situadas no Brasil. Evidenciado que o conteúdo permaneceu enclausurado entre os participantes da conversa virtual, bem como que os envolvidos se conectaram por meio de computadores instalados em território nacional, não há que se cogitar na internacionalidade do resultado. 9. Tese fixada: "Compete à Justiça Federal processar e julgar os crimes consistentes em disponibilizar ou adquirir material pornográfico envolvendo criança ou adolescente (arts. 241, 241-A e 241-B da Lei nº 8.069/1990) quando praticados por meio da rede mundial de computadores". 10. Recurso extraordinário desprovido" (RE 628624, Rel. Min. Marco Aurélio, Rel. p/ Acórdão: Min. Edson Fachin, Tribunal Pleno, j. 29.10.2015). ED
Gabarito "B".

(Juiz de Direito – TJM/SP – VUNESP – 2016) Considere o seguinte caso hipotético. Uma juíza do Trabalho de umas das Varas da Capital de São Paulo, em ofício endereçado à Justiça de Campinas, envia uma carta precatória para a execução provisória de um débito laboral. Tão logo autuada a precatória, o juiz de Campinas, por entender nula a ação trabalhista originária, encaminha ofício ao Tribunal Regional do Trabalho da 15ª Região (TRT/15), sediado em Campinas, informando que a ordem da magistrada de São Paulo seria ilegal e que, por isso, não poderia cumprir a determinação. Uma vez ciente do ofício, e indagada pelo TRT/15, a juíza de São Paulo responde que a ordem era legal. O TRT/15, por reputar que o magistrado de Campinas cometeu crime contra a honra da magistrada de São Paulo, determinou que fosse instaurada investigação formal. Uma vez instaurado o inquérito, foi intimada a suposta ofendida, que representou para que os fatos fossem processados, o que deu ensejo à propositura de ação penal pelo Ministério Público Estadual de São Paulo.
A respeito do caso narrado, assinale a alternativa correta.

(A) Considerando que os delitos contra a honra são processáveis apenas mediante ação penal de iniciativa privada, totalmente indevida a dedução de ação penal pública condicionada, isto é, por meio de representação.
(B) Não poderia o inquérito policial ser instaurado mediante a requisição do Tribunal, tendo em vista não se tratar de caso que seja apurado mediante ação penal pública incondicionada.
(C) Tratando-se de crime imputado a magistrada do Trabalho, que detém foro por prerrogativa de função, foi equivocada a dedução do processo em primeiro grau, sendo a competência originária do Eg. Tribunal de Justiça de São Paulo.
(D) Tratando-se de imputação de crimes de menor potencial ofensivo, cuja Justiça é prevista constitucionalmente, afasta-se a competência originária do Tribunal competente, sendo o feito apurado nos Juizados Especiais.
(E) Por se tratar de ofensas envolvendo membros do Poder Judiciário que respondem por seus atos a Tribunais Regionais do Trabalho de regiões distintas (2ª e 15ª Região), a competência para a ação penal será do Superior Tribunal de Justiça.

A: incorreta. A solução desta questão deve ser extraída da Súmula 714, do STF, segundo a qual, nos crimes praticados contra a honra de servidor público em razão do cargo por este exercido, a legitimidade para a ação penal é concorrente entre o ofendido (mediante queixa) e o Ministério Público (ação pública condicionada à representação do ofendido). Na hipótese retratada no enunciado, de duas uma: ou a juíza de São Paulo promove, ela própria, ação privada em face do ofensor, que é o juiz de Campinas; ou representa ao MP para que este ajuíze a ação penal, sendo este último o caminho optado pela magistrada ofendida. Dessa forma, está incorreto o que se afirma nesta assertiva; **B:** correta. Para a instauração de inquérito, se o crime for de ação penal privada, é indispensável que o ofendido formule requerimento nesse sentido; se se tratar de ação penal pública condicionada à representação, o inquérito não pode sem ela ser iniciado. Perceba que, de uma forma ou de outra, o inquérito não poderia ser instaurado sem a manifestação de vontade do ofendido, quer por meio de requerimento, quer por meio de representação; **C:** incorreta. Sendo o crime imputado a magistrado do Trabalho, detém competência para o seu julgamento o TRF da região respectiva (art. 108, I, a, da CF); **D:** incorreta. Vide comentário anterior; **E:** incorreta. Vide comentário à assertiva "C". ED
Gabarito "B".

(Juiz de Direito – TJM/SP – VUNESP – 2016) Acompanhe o caso fictício. Tício, prefeito de uma cidade do interior de São Paulo/SP, mantém um relacionamento extraconjugal com Mévia, policial militar. Por ciúmes, Mévia decide matar a mulher de Tício, Semprônia. Para tanto, ingressou na casa de Tício e, com uma faca, acerta a vítima no peito. Em defesa de sua mulher, Tício, mediante disparo de arma de fogo, acerta Mévia, de raspão. Tício é processado perante o Tribunal do Júri por homicídio tentado simples, além de posse irregular de arma de fogo, na Justiça Comum, sendo, ao final, absolvido de ambas as imputações, em decisão transitada em julgado; Mévia, por seu turno, foi processada na Justiça Militar, e condenada em decisão que se tornou definitiva.
A respeito do caso, assinale a alternativa correta.

(A) Tratando-se de crime comum, correto o julgamento de Tício pelo Tribunal do Júri, visto que a competência do Tribunal de Justiça para processar e julgar Prefeitos dá-se apenas em crimes de responsabilidade.
(B) Tratando-se de crime doloso contra a vida praticado por militar, correto o julgamento pela Justiça Militar.
(C) O Tribunal do Júri não poderia ter julgado Tício pelo crime de posse irregular de arma de fogo, pois não se trata de crime doloso praticado contra a vida.
(D) Mévia e Tício haveriam de ser julgados pelo Tribunal de Justiça do Estado de São Paulo, haja vista que os fatos se deram em um mesmo contexto.
(E) Tício, por ser Prefeito, haveria de ter sido julgado pelo Tribunal de Justiça do Estado de São Paulo. Todavia, uma vez que a absolvição pelo Tribunal do Júri transitou em julgado, mesmo sendo caso de incompetência absoluta, a decisão não poderá mais ser revista, sob pena de violação ao princípio da *refomatio in pejus*.

A: incorreta. Quanto à competência para o julgamento de prefeito, temos o seguinte: será ele julgado, pela prática de crimes comuns e dolosos contra a vida, pelo Tribunal de Justiça (art. 29, X, da CF); pela prática de crimes da esfera federal, o julgamento caberá aos Tribunais Regionais Federais; agora, se se tratar de crimes de responsabilidade, previstos no Dec.-lei 201/1967, o chefe do executivo municipal será submetido a julgamento pelo Poder Legislativo local. Nesse sentido: Súmula 702, STF: "A competência do Tribunal de Justiça para julgar prefeitos restringe-se aos crimes de competência da Justiça comum estadual; nos demais casos, a competência originária caberá ao respectivo tribunal de segundo grau". Também: Súmula Vinculante 45: "A competência constitucional do Tribunal do Júri prevalece sobre o foro por prerrogativa de função estabelecido exclusivamente pela Constituição estadual"; **B:** incorreta. O julgamento de militar pelo cometimento de homicídio doloso cuja vítima seja civil cabe ao Tribunal do Júri (art. 125, § 4º, do CF; e art. 9º, § 1º, do CPM). Cuidado: com a modificação implementada pela Lei 13.491/2017, o parágrafo único foi dividido em dois dispositivos: §§ 1º e 2º. Segundo estabelece o § 1º do art. 9º, cuja redação foi determinada pela Lei 13.491/2017, "os crimes de que trata este artigo, quando dolosos contra a vida e cometidos por militares contra civil, serão da competência do Tribunal do Júri". Até aqui, nenhuma novidade. A mudança mais significativa se deu por meio do § 2º deste art. 9º, que passou a elencar exceções à competência firmada no § 1º, ou seja, estabeleceu situações em que a competência, embora se trate de crime doloso contra a vida praticado por militar das Forças Armadas contra civil, é da Justiça Militar da União. Sugerimos a leitura de tais dispositivos; **C:** incorreta. Embora não se trate de crime doloso contra a vida, o delito de posse irregular de arma de fogo deverá ser julgado, juntamente com o crime contra a vida, pelo Tribunal Popular, na medida em que este exerce *vis attractiva* (art. 78, I, do CPP). Em outras palavras, o Tribunal do Júri detém competência para o julgamento dos crimes dolosos contra a vida e também para aqueles que com ele tenham conexão ou continência; **D:** incorreta. Se os crimes conexos forem de competência do Tribunal do Júri (Mévia) e de outro tribunal em razão do foro por prerrogativa de função (Tício), é de rigor a separação dos processos, devendo cada agente ser julgado perante o seu juízo competente. Neste caso, Mévia deverá ser julgada pelo Tribunal do Júri; já Tício, por ser detentor de foro especial, será julgado pelo TJ. Perceba que ambas as competências estão contempladas na CF/1988, razão pela qual devem ser respeitadas; **E:** correta. É tranquilo o entendimento doutrinário e jurisprudencial segundo o qual, anulada a condenação proferida em recurso exclusivo da defesa, a nova decisão a ser prolatada não pode ser mais prejudicial ao réu do que aquela que foi anulada (proibição da *reformatio in pejus* indireta – art. 617 do CPP). Nesse sentido: "*Habeas corpus*. Sentença absolutória proferida por juiz absolutamente incompetente. Ocorrência de trânsito em julgado. *Ne reformatio in pejus*. Ordem concedida. 1. De acordo com a jurisprudência deste Superior Tribunal de Justiça, a declaração de incompetência absoluta do Juízo se enquadra nas hipóteses de nulidade absoluta do processo. Todavia, a sentença prolatada por juiz absolutamente incompetente, embora nula, após transitar em julgado, pode acarretar o efeito de tornar definitiva a absolvição do acusado, uma vez que, apesar de eivada de nulidade, tem como consequência a proibição da *reformatio in pejus*. 2. O princípio *ne reformatio in pejus*, apesar de não possuir caráter constitucional, faz parte do ordenamento jurídico complementando o rol dos direitos e garantias individuais já previstos na Constituição Federal, cuja interpretação sistemática permite a conclusão de que a Magna Carta impõe a preponderância do direito à liberdade sobre o Juiz natural. Assim, somente se admite que este último – princípio do juiz natural – seja invocado em favor do réu, nunca em seu prejuízo. 3. Sob essa ótica, portanto, ainda que a nulidade seja de ordem absoluta, eventual reapreciação da matéria, não poderá de modo algum ser prejudicial ao paciente, isto é, a sua liberdade. Não se trata de vinculação de uma esfera a outra, mas apenas de limitação principiológica. 4. Ordem concedida para tornar sem efeito a decisão proferida nos autos da ação penal que tramita perante a 1ª Vara Federal da Seção Judiciária da Paraíba" (STJ, HC 146.208-PB, 6ª T., rel. Min. Haroldo Rodrigues (Desembargador Convocado do TJ/CE), j. 04/11/2010). ED
Gabarito "E".

(Juiz – TJ/MS – VUNESP – 2015) De acordo com o artigo 80, do Código de Processo Penal, nos processos conexos, será facultativa a separação quando

(A) as infrações tiverem sido praticadas em circunstâncias de tempo ou lugar diferentes, ou, quando pelo excessivo número de acusados e para não lhes prolongar a prisão provisória, ou por outro motivo relevante, o juiz reputar conveniente a separação.
(B) venha o juiz ou tribunal a proferir sentença absolutória ou que desclassifique a infração para outra que não se inclua na sua competência.
(C) houver corréu em local incerto ou não sabido ou foragido que não possa ser julgado à revelia, ainda que representado por defensor constituído e regularmente citado.

(D) concorrerem jurisdição comum e do juízo falimentar.
(E) em relação a algum corréu, por superveniência de doença mental, nos termos do artigo 152 do Código de Processo Penal, ainda que indispensável a suspensão do processo para instauração de incidente de insanidade mental.

A assertiva correta é a "A", já que corresponde à redação do art. 80 do CPP, que estabelece as hipóteses em que, a despeito da existência de conexão ou continência, a separação dos processos se mostra conveniente e útil. ED
Gabarito "A".

(Promotor de Justiça – MPE/RS – 2017) Cacilda, mulher policial rodoviária federal, e Posidônio, homem policial rodoviário federal, são casados e trabalham no mesmo posto da Polícia Rodoviária Federal de Porto Alegre. Ambos fardados, em horário de expediente e em seu local de trabalho iniciam acalorada discussão acerca de assuntos domésticos e familiares. Exaltada, Cacilda agride Posidônio causando-lhe lesões corporais de natureza leve, consistente em duas equimoses de 2x2cm de área. Considerando os dados apresentados, a competência para apreciar o delito de lesões corporais deverá ocorrer

(A) no Juizado da Violência Doméstica.
(B) na Vara Criminal da Justiça Estadual.
(C) no Juizado Especial Criminal Estadual.
(D) na Vara Criminal da Justiça Federal.
(E) no Juizado Especial Criminal Federal.

Antes de mais nada, deve-se afastar a competência da Justiça Federal para o julgamento do caso acima narrado. É que os crimes praticados contra funcionário público federal somente são julgados pela Justiça Federal quando relacionados ao exercício da função (Súmula 147 do STJ), não sendo este o caso em questão, já que se trata, isto sim, de uma discussão envolvendo assuntos domésticos e familiares. No mais, sendo certo que o crime em que incorreu Cacilda é o do art. 129, § 9º, do CP, cuja pena máxima cominada corresponde a 3 anos (o que extrapola a competência do Juizado Especial Criminal: 2 anos), o caso deverá ser julgado por uma vara criminal da Justiça Estadual. ED
Gabarito "B".

(Promotor de Justiça/GO – 2016 – MPE) Sobre a competência penal, marque a alternativa correta:

(A) A competência do Tribunal de Justiça para julgar prefeitos restringe-se aos crimes de competência da Justiça comum estadual; nos demais casos, a competência originária caberá ao respectivo tribunal de segundo grau.
(B) A conexão e a continência importarão unidade de processo e julgamento, salvo no concurso entre a jurisdição comum e a especial.
(C) Instaurados processos diferentes, não obstante a conexão ou continência, a autoridade de jurisdição prevalente deverá avocar os processos que corram perante os outros juízes, inclusive os que já estiverem com sentença definitiva.
(D) A conexão e a continência não consubstanciam formas de alteração da competência, mas de fixação, sendo que sempre resultam na unidade de julgamentos.

A: correta. De acordo com a Súmula 702 do STF, "a competência do Tribunal de Justiça para julgar Prefeitos restringe-se aos crimes de competência da Justiça comum estadual; nos demais casos, a competência originária caberá ao respectivo tribunal de segundo grau". Desse modo, se o crime praticado por prefeito municipal for eleitoral, a competência para julgá-lo será do Tribunal Regional Eleitoral do respectivo Estado; **B:** incorreta, uma vez que contraria o disposto nos arts. 78, IV, e 79 do CPP (não constitui hipótese de separação de processos); **C:** incorreta, uma vez que não reflete o disposto no art. 82 do CPP, que estabelece que não será avocado o processo que estiver julgado com sentença definitiva; **D:** incorreta, pois não corresponde ao que estabelecem os arts. 79, § 2º, e 80 do CPP. ED
Gabarito "A".

(Promotor de Justiça/SC – 2016 – MPE)

(1) Para o Código de Processo Penal, verificar-se-á a competência por prevenção toda vez que, concorrendo dois ou mais juízes igualmente competentes ou com jurisdição cumulativa, um deles tiver antecedido aos outros na prática de algum ato do processo ou de medida a este relativa, exceto quando anterior ao oferecimento da denúncia ou da queixa.

1: o erro está na parte final da assertiva: *exceto quando anterior ao oferecimento da denúncia ou da queixa*, quando o correto, segundo estabelece o art. 83 do CPP, seria *ainda que anterior ao oferecimento da denúncia ou da queixa*. ED
Gabarito 1E.

(Promotor de Justiça/SC – 2016 – MPE)

(1) Súmulas do Superior Tribunal de Justiça estabelecem: a) Compete à Justiça Comum Estadual processar e julgar crime praticado contra sociedade de economia mista; b) Compete à Justiça Federal processar e julgar crime em que indígena figure como autor ou vítima.

1: está correta a parte da proposição em que se afirma que o processamento e julgamento dos crimes praticados contra sociedade de economia mista cabem à Justiça Comum Estadual (Súmula 42, STJ); está incorreta, no entanto, o que se afirma no item "b", já que a competência para julgar crime em que indígena figure como autor ou vítima é da Justiça Comum Estadual (Súmula 140, STJ). ED
Gabarito 1E.

(Promotor de Justiça/SC – 2016 – MPE)

(1) Nos crimes comuns, ao Superior Tribunal de Justiça compete processar e julgar os governadores dos Estados, desembargadores dos Tribunais de Justiça, Procuradores de Justiça, membros do Ministério Público da União e Deputados Estaduais.

1: o Superior Tribunal de Justiça é competente para o julgamento, entre outros, dos governadores dos Estados, desembargadores dos Tribunais de Justiça e procuradores de Justiça (art. 105, I, *a*, da CF); o julgamento dos membros do Ministério Público da União cabe aos Tribunais Regionais Federais (art. 108, I, *a*, da CF); já os deputados estaduais serão processados e julgados pelos Tribunais de Justiça. Ante recente decisão do STF, cabem algumas observações a respeito do foro por prerrogativa de função. No dia 3 de maio de 2018, o Plenário do STF, por maioria de votos, decidiu que o foro por prerrogativa de função de que gozam parlamentares federais (senadores e deputados) se aplica tão somente a infrações penais cometidas no exercício do cargo e em razão das funções a ele relacionadas. Tal decisão foi tomada no julgamento de questão de ordem da ação penal 937, cujo relator é o ministro Luís Roberto Barroso. Com isso, se o crime imputado a senador ou deputado federal é cometido antes da diplomação, o julgamento caberá ao juízo de primeira instância; se for cometido no curso do mandado mas nenhuma relação tiver com o seu exercício, o julgamento também caberá ao juiz de primeira instância (por exemplo: homicídio; roubo; embriaguez ao volante); agora, sendo o delito cometido durante o mandato e havendo relação entre ele e o desempenho da função parlamentar (corrupção passiva, por exemplo), o julgamento deverá realizar-se perante o STF. Uma das primeiras questões que surgiu, entre tantas outras, é se este entendimento que restringe o foro por prerrogativa de função se aplica para outras hipóteses de foro privilegiado ou apenas para os deputados federais e senadores. Segundo o STF, em decisão tomada no julgamento do Inq 4703 QO/DF, ocorrido em 12/06/2018 e da relatoria do ministro Luiz Fux, tal restrição imposta ao foro privilegiado vale também para ministros de Estado. O STJ, por sua vez, ao enfrentar a questão, tendo por base a decisão do STF na AP 937, decidiu que a restrição do foro deve alcançar governadores e conselheiros dos Tribunais de Contas estaduais (AP 866 e AP 857). Lembremos que o art. 105, I, "a", da CF/88 estabelece que compete ao STJ julgar os crimes praticados por governadores de Estado e por conselheiros dos Tribunais de Contas dos Estados. No que concerne aos prefeitos, ainda não há consenso. Há tribunais que, em face da nova interpretação conferida pelo STF ao foro por prerrogativa de função, remeteram os processos contra o chefe do executivo municipal para julgamento pela 1ª instância. Outra questão que está em aberto é se o julgamento de magistrados (juízes, desembargadores e ministros de tribunais superiores) deve se dar pela primeira instância ou não, na hipótese de o crime não ter qualquer conexão com o exercício do cargo. ED
Gabarito 1E.

(Delegado/MT – 2017 – CESPE) A polícia civil instaurou e concluiu o inquérito policial relativo a roubo havido em uma agência franqueada dos Correios. Encaminhados os autos à justiça estadual, o órgão do MP ofereceu denúncia contra os autores, a qual foi recebida pelo juízo competente. Nessa situação hipotética, conforme o posicionamento dos tribunais superiores acerca dos aspectos processuais que definem a competência para processar e julgar delitos,

(A) por ser o sujeito passivo do delito uma empresa pública federal franqueada, a competência para o processo e o julgamento do crime será da justiça federal.
(B) por se tratar de uma agência franqueada de uma empresa pública, a competência para o processo e o julgamento do crime será da justiça estadual.
(C) a competência para o processo e o julgamento do crime será concorrente, tornando-se prevento o juízo que receber a peça inaugural.
(D) o critério balizador para determinar a competência do juízo será exclusivamente territorial.
(E) a polícia civil e o MP estadual não têm competência para a persecução pré-processual e processual do delito, respectivamente.

A competência, segundo entendimento sedimentado no STJ, é da Justiça Estadual, já que, sendo o roubo praticado contra uma agência franqueada dos Correios, não há que se falar em prejuízo à empresa pública EBCT. Tanto é assim que, se a agência não fosse franqueada, e sim própria, a competência, aí sim, seria da Justiça Federal. Conferir: "Conflito de competência. Formação de quadrilha e roubo cometido contra agência franqueada da EBCT. Inexistência de prejuízo à EBCT. Inexistência de conexão. Competência da justiça estadual. I. Compete à Justiça Estadual o processo e julgamento de possível roubo de bens de agência franqueada da Empresa Brasileira de Correios e Telégrafos, tendo em vista que, nos termos do respectivo contrato de franquia, a franqueada responsabiliza-se por eventuais perdas, danos, roubos, furtos ou destruição de bens cedidos pela franqueadora, não se configurando, portanto, real prejuízo à Empresa Pública. II. Não evidenciado o cometimento de crime contra os bens da EBCT, não há que se falar em conexão de crimes de competência da Justiça Federal e da Estadual, a justificar o deslocamento da competência para a Justiça Federal. III. Conflito conhecido para declarar competente Juiz de Direito da Vara Criminal de Assu/RN, o Suscitante" (CC 116.386/RN, Rel. Ministro Gilson Dipp, Terceira Seção, julgado em 25/05/2011, DJe 07/06/2011). ED
Gabarito "B".

(Delegado/GO – 2017 – CESPE) Cláudio, maior e capaz, residente e domiciliado em Goiânia – GO, praticou determinado crime, para o qual é prevista ação penal privada, em Anápolis – GO. A vítima do crime, Artur, maior e capaz, é residente e domiciliada em Mineiros – GO.

Nessa situação hipotética, considerando-se o disposto no Código de Processo Penal, o foro competente para processar e julgar eventual ação privada proposta por Artur contra Cláudio será

(A) Anápolis – GO ou Goiânia – GO.
(B) Goiânia – GO ou Mineiros – GO.
(C) Goiânia – GO, exclusivamente.
(D) Anápolis – GO, exclusivamente.
(E) Mineiros – GO, exclusivamente.

Temos que, na ação penal privada, mesmo que conhecido o lugar da infração, que, neste caso, é Anápolis-GO, o querelante (Artur) poderá preferir o foro de domicílio ou da residência do querelado (Cláudio), tal como autoriza o art. 73 do CPP. Dessa forma, a ação, que é privativa do ofendido, poderá ser proposta na cidade de Anápolis-GO, onde os fatos se deram, ou em Goiânia-GO, local em que reside Cláudio. **ED**
Gabarito "A".

(Delegado/GO – 2017 – CESPE) Acerca de jurisdição e competência em matéria criminal, assinale a opção correta.

(A) Segundo entendimento do STJ, é de competência da justiça estadual processar e julgar crime contra funcionário público federal, estando ou não este no exercício da função.
(B) A competência para julgar prefeito municipal por desvio de verba sujeita a prestação de contas perante o órgão federal será dos juízes federais da seção judiciária da localidade em que o prefeito exercer ou tiver exercido o mandato.
(C) A competência para julgar governador de estado que, no exercício do mandato, cometa crime doloso contra a vida será do tribunal do júri da unidade da Federação na qual aquela autoridade tenha sido eleita para o exercício do cargo público.
(D) A competência para processar e julgar crime de roubo que resulte em morte da vítima será do tribunal do júri da localidade em que ocorrer o fato criminoso.
(E) No Estado brasileiro, a jurisdição penal pode ser exercida pelo STF, e em todos os graus de jurisdição das justiças militar e eleitoral, e das justiças comuns estadual e federal, dentro do limite da competência fixada por lei.

A: incorreta, uma vez que não reflete o entendimento firmado na Súmula n. 147 do STJ, que a seguir se transcreve: "Compete à Justiça Federal processar e julgar os crimes praticados contra funcionário público federal, quando relacionados com o exercício da função"; **B:** incorreta. De acordo com a Súmula 702 do STF, "a competência do Tribunal de Justiça para julgar Prefeitos restringe-se aos crimes de competência da Justiça comum estadual; nos demais casos, a competência originária caberá ao respectivo tribunal de segundo grau". Desse modo, se o crime praticado pelo prefeito for federal (como é o caso narrado na assertiva), o julgamento caberá ao TRF da respectiva região; de igual forma, se for eleitoral o delito cometido pelo prefeito, a competência para julgá-lo será do Tribunal Regional Eleitoral do respectivo Estado. Há ainda a Súmula 208, do STJ: "Compete à Justiça Federal processar e julgar prefeito municipal por desvio de verba sujeita à prestação de contas perante órgão federal", que tem aplicação específica neste caso; **C:** incorreta. É que a jurisprudência consolidou o entendimento segundo o qual, na hipótese de ambas as competências (no caso, Júri e prerrogativa de função) estarem contempladas na Constituição Federal, deverá prevalecer a competência em razão da prerrogativa de função. É o que se infere da leitura da Súmula 721, do STF (Súmula Vinculante 45). O governador, dessa forma, será julgado pelo seu juízo natural, que é o STJ (art. 105, I, a, da CF). Se considerarmos que o crime praticado pelo governador (doloso contra a vida) nenhuma pertinência tem com o exercício do mandato, o julgamento deve se dar pela primeira instância (tribunal do júri), isso em razão da decisão do STJ, que, tendo por base a decisão do STF na AP 937, decidiu que a restrição do foro deve alcançar governadores e conselheiros dos Tribunais de Contas estaduais (AP 866 e AP 857); **D:** incorreta. A competência para o julgamento do crime de roubo seguido de morte (art. 157, § 3º, segunda parte, do CP), que é o latrocínio, é do juízo singular, e não do Tribunal do Júri, ao qual cabe o julgamento dos crimes dolosos contra a vida (que não é o caso do latrocínio, que é delito contra o patrimônio). Vide Súmula 603, do STF; **E:** correta. **ED**
Gabarito "E".

(Defensor Público – DPE/BA – 2016 – FCC) De acordo com norma expressa do Código de Processo Penal, são fatores que determinam a competência jurisdicional:

(A) A prevenção e o local da prisão.
(B) A prerrogativa de função e o domicílio ou residência do réu.
(C) O local da investigação e a conexão ou continência.
(D) O local da prisão e o local da infração.
(E) O local da residência da vítima e a natureza da infração.

A única alternativa que contempla somente critérios de fixação de competência é a "B", segundo a regra contida no art. 69 do CPP, que assim dispõe: *Determinará a competência jurisdicional: I – o lugar da infração; II – o domicílio ou residência do réu; III – a natureza da infração; IV – a distribuição; V – a conexão ou continência; VI – a prevenção; VII – a prerrogativa de função.*
Gabarito "B".

(Defensor Público – DPE/MT – 2016 – UFMT) Concomitantemente, diversas pessoas saquearam um estabelecimento comercial sem se conhecerem umas às outras. Cuida-se na espécie de

(A) continência de ações, em razão do concurso de pessoas.
(B) conexão intersubjetiva por reciprocidade.
(C) conexão objetiva consequencial.
(D) conexão intersubjetiva por simultaneidade.
(E) conexão objetiva teleológica.

A *conexão intersubjetiva por simultaneidade* (também denominada *subjetivo-objetiva ou meramente ocasional*) está prevista no art. 76, I, primeira parte, do CPP: "se, ocorrendo duas ou mais infrações penais, houverem sido praticadas, ao mesmo tempo, por várias pessoas reunidas (...)". Como se pode notar, os fatos, nessa modalidade de conexão intersubjetiva, se dão em um mesmo contexto de tempo e lugar sem que haja entre os agentes ajuste prévio. Exemplo sempre lembrado pela doutrina é aquele em que diversos torcedores, que não se conhecem, invadem o campo para agredir os jogadores e o árbitro.
Gabarito "D".

(Delegado/BA – 2016.1 – Inaz do Pará) No pertinente à independência entre as instâncias judicial/penal e administrativa/disciplinar é correto afirmar que:

(A) a responsabilidade administrativa será afastada no caso de absolvição criminal que negue a existência do fato.
(B) não existe independência entre as instâncias judicial/penal e administrativa/disciplinar.
(C) caso a instância judicial/penal negue a autoria do fato, tal circunstância não irá repercutir na instância administrativa/disciplinar.
(D) a absolvição por insuficiência de provas na instância judicial/penal afastará a responsabilidade administrativa.
(E) o servidor não poderá responder penal e administrativamente pelo exercício irregular de suas funções.

A: correta, pois em conformidade com o art. 126 da Lei 8.112/1990; **B:** incorreta, pois não reflete o que estabelece o art. 125 da Lei 8.112/1990; **C:** incorreta, pois em desconformidade com o art. 126 da Lei 8.112/1990; **D:** incorreta, já que a absolvição por insuficiência de provas na instância penal não tem o condão de afastar a responsabilidade administrativa; **E:** incorreta, pois não reflete o que estabelece o art. 121 da Lei 8.112/1990.
Gabarito "A".

(Juiz de Direito/AM – 2016 – CESPE) Em relação à competência no processo penal e à jurisprudência dos tribunais superiores, assinale a opção correta.

(A) Na hipótese de um crime de latrocínio em que haja conexão com um crime de tentativa de homicídio, deve haver a reunião de processos em um só juízo, e preponderará a competência do juízo ao qual esteja associado o crime cominado com pena mais grave, no caso o de latrocínio.
(B) Nos crimes culposos contra a vida em que os atos de execução ocorram em um lugar e a consumação, em outro, excepcionalmente adota-se a teoria da atividade, e a competência para julgar o fato será do juízo do local dos atos executórios.
(C) É da competência da justiça estadual o processo dos réus acusados pelo crime de redução à condição análoga à de escravo, porque a conduta criminosa atinge a liberdade individual de homem específico, não caracterizando violação a interesse da União.
(D) A competência pela prevenção se dá quando, concorrendo dois ou mais juízes igualmente competentes ou com jurisdição cumulativa, um deles anteceda aos outros ao determinar a citação do réu.
(E) Os crimes contra a honra da vítima quando praticados pelas redes sociais da Internet são da competência exclusiva da justiça federal.

A: incorreta. Por força do que estabelece o art. 78, I, do CPP, na hipótese de haver conexão entre crime de competência do tribunal do júri (tentativa de homicídio) e outro afeito à jurisdição comum (latrocínio), é de rigor que o julgamento conjunto se dê perante o tribunal popular. Em outras palavras, o tribunal do júri exerce, em relação aos demais crimes cujo julgamento cabe à justiça comum, *vis attractive*; **B:** correta. Como bem sabemos, a competência será determinada em razão do lugar em que se deu a consumação do crime (art. 70, *caput*, CPP). Acolheu-se, assim, a teoria do resultado. Dessa forma, nos chamados *crimes plurilocais*, em que a conduta (ação ou omissão) ocorre num determinado local e o resultado acaba por ser produzido em outro, competente será o foro do local onde se deu a consumação. Pois bem. Sucede que, no contexto dos crimes contra a vida, tanto os culposos quanto os dolosos, a jurisprudência construiu a tese segundo a qual, contrariando o texto legal, deve-se adotar, tendo em conta a conveniência na colheita de provas, a teoria da atividade. Com isso, a competência firmar-se-á, nos crimes contra a vida cujo resultado ocorra em local diverso do da conduta, pelo foro do local da ação ou omissão, e não o do resultado, tal como estabelece o art. 70, *caput*, do CPP. É o caso da vítima que, alvejada a tiros em determinada cidade, vem a falecer em outra. Parece lógico e producente que a prova seja colhida e o processamento se dê na comarca onde foi praticada a conduta, e não o local em que o crime se consumou. Conferir: "Recurso ordinário em *habeas corpus*. Processual Penal. Crime de homicídio culposo (CP, art. 121, §§ 3º e 4º). Competência. Consumação do delito em local distinto daquele onde foram praticados os atos executórios. Crime plurilocal. Possibilidade excepcional de deslocamento da competência para foro diverso do local onde se deu a consumação do delito (CPP, art. 70). Facilitação da instrução probatória. Precedente. Recurso não provido. 1. A recorrente foi denunciada pela prática do crime de homicídio culposo (art. 121, § 3º, c/c § 4º do Código Penal), porque "deixando de observar dever objetivo de cuidado que lhe competia em razão de sua profissão de médica e agindo de forma negligente durante o pós-operatório de sua paciente Fernanda de Alcântara de Araújo, ocasionou a morte desta, cinco dias após tê-la operado, decorrendo o óbito de uma embolia gordurosa não diagnosticada pela denunciada, a qual sequer chegou a examinar a vítima após a alta hospitalar, limitando-se a prescrever remédios pelo telefone, em total afronta ao Código de Ética Médica (artigo 62 do CEM)". 2. Embora se possa afirmar que a responsabilidade imputada à recorrente possa derivar de negligência decorrente da falta do exame pessoal da vítima e do seu correto diagnóstico após a alta hospitalar, é inconteste que esse fato deriva do ato cirúrgico e dos cuidados pós-operatórios de responsabilidade da paciente, de modo que se está diante de crime plurilocal, o que justifica a eleição como foro do local onde os atos foram praticados e onde a recorrente se encontrava por ocasião da imputada omissão (por ocasião da prescrição de remédios por telefone à vítima). 3. Recurso não provido" (RHC 116200, Relator(a): Min. DIAS TOFFOLI, Primeira Turma, julgado em 13.08.2013, PROCESSO ELETRÔNICO *DJe*-176 DIVULG 06.09.2013 PUBLIC 09.09.2013); **C:** incorreta. Conferir: "Recurso extraordinário. Constitucional. Penal. Processual Penal. Competência. Redução a condição análoga à de escravo. Conduta tipificada no art. 149 do Código Penal. Crime contra a organização do trabalho. Competência da Justiça Federal. Artigo 109, inciso VI, da Constituição Federal. Conhecimento e provimento do recurso. 1. O bem jurídico objeto de tutela pelo art. 149 do Código Penal vai além da liberdade individual, já que a prática da conduta em questão acaba por vilipendiar outros bens jurídicos protegidos constitucionalmente como a dignidade da pessoa humana, os direitos trabalhistas e previdenciários, indistintamente considerados. 2. A referida conduta acaba por frustrar os direitos assegurados pela lei trabalhista, atingindo, sobremodo, a organização do trabalho, que visa exatamente a consubstanciar o sistema social trazido pela Constituição Federal em seus arts. 7º e 8º, em conjunto com os postulados do art. 5º, cujo escopo, evidentemente, é proteger o trabalhador em todos os sentidos, evitando a usurpação de sua força de trabalho de forma vil. 3. É dever do Estado (lato sensu) proteger a atividade laboral do trabalhador por meio de sua organização social e trabalhista, bem como zelar pelo respeito à dignidade da pessoa humana (CF, art. 1º, inciso III). 4. A conjugação harmoniosa dessas circunstâncias se mostra hábil para atrair para a competência da Justiça Federal (CF, art. 109, inciso VI) o processamento e o julgamento do feito. 5. Recurso extraordinário do qual se conhece e ao qual se dá provimento" (RE 459510, Relator(a): Min. CEZAR PELUSO, Relator(a) p/ Acórdão: Min. DIAS TOFFOLI, Tribunal Pleno, julgado em 26.11.2015, ACÓRDÃO ELETRÔNICO *DJe*-067 DIVULG 11.04.2016 PUBLIC 12.04.2016); **D:** incorreta (art. 83 do CPP); **E:** incorreta. Nesse sentido: "1. A jurisprudência desta Corte Superior é no sentido de que, embora se trate de hipótese de crime praticado por meio da rede mundial de computadores, necessária se faz a existência de indícios mínimos de extraterritorialidade, para que seja determinada a competência da Justiça Federal. 2. O teor das mensagens supostamente difamatórias, veiculadas em rede social, sugere que teriam partido de usuários nacionais, referindo-se a entidades públicas e servidores capixabas, o que, em linha de princípio, afastaria a transnacionalidade do delito em tese. 3. Conflito conhecido para declarar competente o Juízo de Direito da 3ª Vara Criminal de Vila Velha/ES, o suscitado" (CC 141.764/ES, Rel. Ministro RIBEIRO DANTAS, TERCEIRA SEÇÃO, julgado em 13.04.2016, *DJe*26.04.2016).

Gabarito "B."

(Analista – Judiciário –TRE/PI – 2016 – CESPE) Com relação a jurisdição e competência, assinale a opção correta.

(A) Prefeito municipal do estado do Rio Grande do Sul que cometa o delito de porte ilegal de arma em cidade do estado de São Paulo será processado e julgado pelo Tribunal de Justiça do Estado de São Paulo.

(B) Caso parlamentar federal cometa crimes de licitações fraudulentas e obras superfaturadas, apurados por inquérito civil durante o exercício funcional, o foro por prerrogativa de função persistirá mesmo após o encerramento do mandato, pois o STF assegura tal prerrogativa nos casos de crimes de improbidade administrativa.

(C) Parlamentar estadual que cometa crime contra bens e interesses da União deverá ser processado e julgado pelo tribunal de justiça com jurisdição no local do delito.

(D) Prefeito municipal que cometa homicídio doloso será processado e julgado pelo tribunal de justiça local, e não pelo tribunal do júri.

(E) Ocorrerá a separação de processos quando um parlamentar federal praticar homicídio doloso em concurso com outro parlamentar estadual, pois, no caso deste, o foro especial é estabelecido pela Constituição estadual.

Antes de analisar cada alternativa, cabem algumas observações a respeito do foro por prerrogativa de função, ante recente decisão do STF. No dia 3 de maio de 2018, o Plenário do STF, por maioria de votos, decidiu que o foro por prerrogativa de função de que gozam parlamentares federais (senadores e deputados) se aplica tão somente a infrações penais cometidas no exercício do cargo e em razão das funções a ele relacionadas. Tal decisão foi tomada no julgamento de questão de ordem da ação penal 937, cujo relator é o ministro Luís Roberto Barroso. Com isso, se o crime imputado a senador ou deputado federal é cometido antes da diplomação, o julgamento caberá ao juízo de primeira instância; se for cometido no curso do mandado mas nenhuma relação tiver com o seu exercício, o julgamento também caberá ao juiz de primeira instância (por exemplo: homicídio; roubo; embriaguez ao volante); agora, sendo o delito cometido durante o mandato e havendo relação entre ele e o desempenho da função parlamentar (corrupção passiva, por exemplo), o julgamento deverá realizar-se perante o STF. Uma das primeiras questões que surgiu, entre tantas outras, é se este entendimento que restringe o foro por prerrogativa de função se aplica para outras hipóteses de foro privilegiado ou apenas para os deputados federais e senadores. Segundo o STF, em decisão tomada no julgamento do Inq 4703 QO/DF, ocorrido em 12/06/2018 e da relatoria do ministro Luiz Fux, tal restrição imposta ao foro privilegiado vale também para ministros de Estado. O STJ, por sua vez, ao enfrentar a questão, tendo por base a decisão do STF na AP 937, decidiu que a restrição do foro deve alcançar governadores e conselheiros dos Tribunais de Contas estaduais (AP 866 e AP 857). Lembremos que o art. 105, I, "a", da CF/88 estabelece que compete ao STJ julgar os crimes praticados por governadores de Estado e por conselheiros dos Tribunais de Contas dos Estados. No que concerne aos prefeitos, ainda não há consenso. Há tribunais que, em face da nova interpretação conferida pelo STF ao foro por prerrogativa de função, remeteram os processos contra o chefe do executivo municipal para julgamento pela 1ª instância. Outra questão que está em aberto é se o julgamento de magistrados (juízes, desembargadores e ministros de tribunais superiores) deve se dar pela primeira instância ou não, na hipótese de o crime não ter qualquer conexão com o exercício do cargo. Dito isso, passemos às alternativas, cuja elaboração é anterior aos referidos julgamentos. **A:** incorreta. O prefeito municipal que comete crime comum em outro estado da federação será julgado pelo Tribunal de Justiça do Estado ao qual pertence o município no qual ele exerce seu cargo. No STJ: *1. No caso, o Interessado, prefeito do Município de Rafael Fernandes/RN, foi autuado em flagrante-delito em ocasião em que portava um revólver calibre 38 sem autorização ou registro, em rodovia no Município de Salgueiro/PE. O Tribunal de Justiça do Estado do Rio Grande do Norte, posteriormente, expediu alvará de soltura. O Tribunal de Justiça do Estado de Pernambuco, então, suscitou o presente conflito, sob o fundamento de que a Corte potiguar não tinha jurisdição sobre crime comum ocorrido em município pernambucano. 2. O Poder Constituinte, ao criar a prerrogativa prevista no art. 29, inciso X, da Constituição da República, previu que o julgamento dos Prefeitos, em razão do cometimento de crimes comuns, ocorre perante o Tribunal de Justiça. 3. A razão teleológica dessa regra é a de que, devido ao relevo da função de um Prefeito, e o interesse que isso gera ao Estado em que localizado o Município, a apreciação da conduta deve se dar pelo Tribunal de Justiça da respectiva unidade da Federação. 4. Ora, a Constituição é clara ao prever como um dos preceitos que regem o Município o "julgamento do Prefeito perante o Tribunal de Justiça". Ressalte-se: está escrito no inciso X do Art. 29 da Carta Magna "perante o Tribunal de Justiça", e não "perante Tribunal de Justiça". O artigo definido que consta na referida redação, conferida pelo Constituinte, determina sentido à norma que não pode ser ignorado pelo aplicador da Lei, impedindo a interpretação de que se utilizou a Corte Suscitante.* (CC 120.848/PE, Rel. Ministra LAURITA VAZ, TERCEIRA SEÇÃO, julgado em 14.03.2012, *DJe* 27.03.2012); **B:** incorreta. Por se tratar de ação de natureza civil, a improbidade administrativa tramitará no juízo de primeira instância. Não há que se falar, neste caso, em foro por prerrogativa de função, aplicável às ações de natureza penal; **C:** incorreta. Sendo federal o crime praticado pelo parlamentar, o julgamento caberá ao TRF da respectiva região (e não ao TJ). Conferir: *A Constituição de 1988, ao definir o rol de matérias da competência da Justiça Federal, incluiu os crimes praticados contra o sistema financeiro e a ordem econômico-financeira, nos casos determinados por lei. Se a denúncia imputa ao paciente a prática de crimes previstos na Lei n 7.492/86, diploma legal que definiu os crimes contra o Sistema Financeiro Nacional, a ação penal deve ser processada e julgada pela Justiça Federal, como expressamente previsto no seu art. 26, sendo despiciendo o debate sobre a existência ou não de lesão a bens, serviços ou interesses da União Federal. Encontrando-se o paciente no exercício do mandato de deputado estadual, titular de prerrogativa de foro, a ação penal deve ter curso no Tribunal Regional Federal com jurisdição no lugar do delito.* (HC 14.131/PR, Rel. Ministro VICENTE LEAL, SEXTA TURMA, julgado em 16.11.2000, *DJ* 04.12.2000, p. 111); **D:** correta. Tanto o foro por prerrogativa de função quanto o Tribunal do Júri estão contemplados na Constituição Federal. Jurisprudência e doutrina são unânimes em afirmar que, neste caso, prevalece o foro por prerrogativa de função. Assim, o prefeito municipal, porque tem foro especial previsto na CF (art. 29, X), ainda que tenha cometido um crime doloso contra a vida, será julgado pelo Tribunal de Justiça ao qual está vinculado. Consolidando tal entendimento, foi editada a Súmula 721 do STF, cujo teor foi reproduzido na Súmula Vinculante 45: "A competência constitucional do Tribunal do Júri prevalece sobre o foro por prerrogativa de função estabelecido exclusivamente pela Constituição estadual"; **E:** ambas as prerrogativas estão contempladas na CF, sendo certo que a do deputado estadual é extraída por simetria.

Gabarito "D."

(Juiz de Direito/DF – 2016 – CESPE) Indivíduo que pratique crime a bordo de aeronave estrangeira em espaço aéreo brasileiro, será processado e julgado pela justiça

(A) da comarca correspondente ao espaço aéreo em que a aeronave se encontrava no exato momento do cometimento do crime ou, não sendo possível precisá-la, pela justiça da comarca em cujo território se verificar o pouso.

(B) de seu país de origem, pois, somente se estivesse a bordo de aeronave nacional é que a justiça brasileira seria competente.

(C) da comarca correspondente ao espaço aéreo em que a aeronave se encontrava no exato momento do cometimento do crime.

(D) do estado da Federação onde ele tiver residido por último ou, se ele nunca tiver residido no Brasil, no juízo da capital da República.

(E) da comarca em cujo território ocorrer o pouso ou pela comarca de onde houver partido a aeronave.

A questão, a nosso ver, está mal elaborada, uma vez que não especifica se se trata de aeronave de natureza pública ou privada. No primeiro caso, considerar-se-á a aeronave como território estrangeiro, razão pela qual não se aplicará, em regra, a lei penal brasileira; no segundo caso, sendo a aeronave estrangeira de natureza privada, aplicam-se os arts. 5º, § 2º, do CP, e 90 do CPP, segundo os quais incide o princípio da territorialidade, com a aplicação da lei brasileira e o julgamento pela comarca em cujo território se deu o pouso ou pela comarca de onde houver partido a aeronave.

Gabarito "E."

(Juiz de Direito/MG – 2014) A respeito da jurisdição e competência, analise as afirmativas a seguir.

I. O princípio da identidade física do Juiz no processo penal se reveste de caráter absoluto.
II. Na competência por conexão ou continência, havendo concurso de jurisdições da mesma categoria, preponderará a do lugar da infração à qual for cominada pena mais grave.
III. A competência será determinada pela continência nas hipóteses de concurso formal, erro na execução e resultado diverso do pretendido.
IV. Tratando-se de infração permanente, praticada em território de duas ou mais jurisdições, a competência será determinada pelo lugar em que for praticado o último ato de execução.

A partir da análise, conclui-se que estão CORRETAS.
(A) I, II e III apenas.
(B) II e III apenas.
(C) I, II e IV apenas.
(D) I e IV apenas.

I: incorreta. A Lei 11.719/2008 introduziu no art. 399 do CPP o § 2º, conferindo-lhe a seguinte redação: "O juiz que presidiu a instrução deverá proferir a sentença". O *princípio da identidade física do juiz*, antes exclusivo do processo civil, agora será também aplicável ao processo penal. Como as restrições não foram disciplinadas no Código de Processo Penal, deve-se aplicar, quanto a estas, o que dispõe o art. 132 do CPC: "O juiz, titular ou substituto, que concluir a audiência, julgará a lide, salvo se estiver convocado, licenciado, afastado por qualquer motivo, promovido ou aposentado, caso em que passará os autos ao seu sucessor." Dizemos que este postulado, recém-consagrado no âmbito do processo penal, não tem caráter absoluto na medida em que autoriza exceções no que toca à realização dos atos de instrução. É o caso, por exemplo, da testemunha que reside fora da comarca do juiz processante, cujo depoimento será tomado por outro magistrado, que não aquele que preside a instrução e ao qual caberá proferir a sentença. É importante que se diga que o Novo Código de Processo Civil não contemplou, de forma expressa, o princípio da identidade física do juiz, até então previsto, como dito, no art. 132 do revogado CPC; **II**: correta, pois corresponde ao que estabelece o art. 78, II, *a*, do CPP; **III**: correta, nos termos do art. 77 do CPP; **IV**: incorreta, pois, neste caso, a competência, a teor do art. 71 do CPP, será determinada pela *prevenção* (e não em razão do lugar em que foi praticado o último ato de execução).
Gabarito "B".

(Juiz de Direito/PA – 2014 – VUNESP) Imagine que magistrado integrante do Tribunal Regional Eleitoral, durante sessão de julgamento e em razão de controvérsia relativa a votos divergentes, atente dolosamente contra a vida de seu colega. A competência para julgamento é do
(A) Tribunal de Justiça.
(B) Tribunal Regional Eleitoral.
(C) Tribunal Superior Eleitoral.
(D) Tribunal do Júri.
(E) Superior Tribunal de Justiça.

Como a prerrogativa de função, neste caso, está prevista na Constituição Federal, em seu art. 105, I, *a*, o processamento e julgamento caberá ao Superior Tribunal de Justiça; somente caberia tal julgamento ao Tribunal do Júri se acaso o foro por prerrogativa de função estivesse contemplado somente na Constituição Estadual. Nesse sentido, a Súmula 721 do STF: "A competência constitucional do Tribunal do Júri prevalece sobre o foro por prerrogativa de função estabelecido exclusivamente pela Constituição estadual".
Gabarito "E".

(Juiz de Direito/RJ – 2014 – VUNESP) De acordo com entendimento sumulado pelo STF, é de competência da Justiça Federal processar e julgar crimes de tráfico de drogas, desde que haja remessa do entorpecente para o
(A) exterior.
(B) exterior, ou entre Estados dentro do país.
(C) exterior, ou entre Estados dentro do país, ou entre Municípios.
(D) exterior, e desde que seja praticado por associação transnacional.

Súmula 522 do STF: "Salvo ocorrência de tráfico para o exterior, quando, então, a competência será da Justiça Federal, compete à Justiça dos Estados o processo e julgamento dos crimes relativos a entorpecentes".
Gabarito "A".

(Promotor de Justiça/MG – 2014) Assinale a alternativa que, **CORRETAMENTE**, completa a lacuna existente na afirmativa abaixo:
Compete ao _____ dirimir conflito de atribuições entre Ministérios Públicos de dois diferentes Estados da Federação que, diante de inquérito policial já relatado, entendem pertencer ao outro a atribuição para nele funcionar.
(A) Conselho Nacional do Ministério Público.
(B) Supremo Tribunal Federal.
(C) Procurador-Geral da República
(D) Superior Tribunal de Justiça.

Conferir: "Direito processual penal. Conflito negativo de atribuições. Caracterização. Ausência de decisões do poder judiciário. Competência do STF. Local da consumação do crime. Possível prática de extorsão (e não de estelionato). Art. 102, I, *f*, CF. Art. 70, CPP. 1. Trata-se de conflito negativo de atribuições entre órgãos de atuação do Ministério Público de Estados-membros a respeito dos fatos constantes de inquérito policial. 2. O conflito negativo de atribuição se instaurou entre Ministérios Públicos de Estados-membros diversos. 3. Com fundamento no art. 102, I, *f*, da Constituição da República, deve ser conhecido o presente conflito de atribuição entre os membros do Ministério Público dos Estados de São Paulo e do Rio de Janeiro diante da competência do Supremo Tribunal Federal para julgar conflito entre órgãos de Estados-membros diversos. 4. Os fatos indicados no inquérito apontam para possível configuração do crime de extorsão, cabendo a formação da *opinio delicti* e eventual oferecimento da denúncia por parte do órgão de atuação do Ministério Público do Estado de São Paulo. 5. Conflito de atribuições conhecido, com declaração de atribuição ao órgão de atuação do Ministério Público onde houve a consumação do crime de extorsão" (STF, ACO 889, Tribunal Pleno, rel. Min. Ellen Gracie, j. 11.09.2008).
Gabarito "B".

(Promotor de Justiça/MG – 2014) Assinale a alternativa correta: a competência criminal funcional pode estar prevista:
(A) Somente na Constituição Federal.
(B) Na Constituição Federal e em leis ordinárias discutidas e aprovadas no Congresso Nacional.
(C) Na Constituição Federal e nas Constituições Estaduais.
(D) Na Constituição Federal, na Constituição dos Estados e em leis ordinárias federais e estaduais, respeitado o âmbito de aplicabilidade.

A competência funcional refere-se à delimitação de competência, feita pela lei, entre juízes da mesma instância ou de instâncias diferentes, levando-se em conta, para tanto, a etapa de desenvolvimento do processo, o objeto do juízo ou ainda o grau de jurisdição. A lei de organização judiciária pode estabelecer, por exemplo, que as fases de conhecimento e de execução do processo-crime sejam atribuídas a juízos diversos, o que é bem comum nas comarcas maiores (delimitação entre fases do processo). Outro exemplo é a delimitação imposta aos julgamentos perante o tribunal do júri, em que é atribuída ao juiz togado, entre outras, a presidência e condução do julgamento, enquanto que aos jurados caberá o julgamento de mérito (delimitação em razão do objeto do juízo).
Gabarito "D".

(Procurador Legislativo – Câmara de Vereadores de São Paulo/SP – 2014 – FCC) Antonio, Vereador, foi injuriado e difamado pelo Prefeito Municipal, durante sessão da Câmara dos Vereadores em que se colocou em votação parecer do Tribunal de Contas do Estado que rejeitava as contas municipais. Diante disso,
(A) ação penal somente será instaurada mediante requisição do Procurador da Câmara Municipal.
(B) Antonio deve oferecer representação, para que o Promotor de Justiça ofereça denúncia contra o Prefeito Municipal na comarca onde ocorreram os fatos.
(C) Antonio deve, necessariamente, requerer a instauração de inquérito policial, para apuração do ocorrido.
(D) caso queira que o Prefeito seja processado criminalmente pelas ofensas, Antonio pode oferecer queixa-crime perante o Tribunal de Justiça do Estado.
(E) Antonio pode opor exceção da verdade.

A: incorreta. Providência não contemplada em lei. Como bem sabemos, os crimes contra a honra (calúnia, difamação e injúria) são, em regra, de ação penal privada (art. 145, CP), razão por que, sendo a vontade de Antônio, vereador, ver processado seu ofensor, o prefeito do município, deverá ajuizar contra este queixa-crime; **B**: incorreta, na medida em que a *representação* somente se faz necessária quando se tratar de ação penal pública condicionada; estamos aqui a falar de ação penal privada; **C**: incorreta. Conforme já sabemos, o inquérito policial não constitui fase imprescindível da persecução penal, podendo o titular da ação, neste caso Antônio, valer-se de outros meios que não o inquérito para ajuizar a queixa-crime; **D**: correta. Isso porque o prefeito municipal, sendo detentor de foro por prerrogativa de função, assegurado pelo art. 29, X, da CF, será processado e julgado pelo Tribunal de Justiça; **E**: incorreta. A exceção da verdade, que somente tem lugar nos crimes de calúnia e difamação, será oposta pelo ofensor (prefeito), e não pelo ofendido (Antônio).
Gabarito "D".

(Cartório/DF – 2014 – CESPE) A respeito da competência, assinale a opção correta.
(A) Se um civil comete um crime comum, e um militar pratica um delito militar, sendo as ações conexas, haverá, obrigatoriamente, a junção dos processos perante a jurisdição especializada.
(B) Considere que Alfredo, no exercício de mandato de senador da República, pratique crime contra a administração pública, tendo o mandato terminado no curso da ação penal perante o STF. Nessa situação, prevalecerá, em relação a Alfredo, a competência especial por prerrogativa de função para a continuidade do processo e o julgamento perante a instância privilegiada, mesmo após cessado o exercício da função pública.
(C) Tanto em ação penal privada quanto em ação penal pública, adota-se, como regra para a fixação do foro competente, o lugar da infração penal, podendo, todavia, nas ações exclusivamente privadas, o particular/querelante eleger o foro de seu domicílio.

(D) Para a fixação da competência territorial, adota-se, no Código de Processo Penal (CPP) brasileiro, a teoria da ubiquidade, segundo a qual consideram-se lugar do crime tanto o da ação quanto o do resultado, indiferentemente.
(E) Na determinação da competência por conexão ou continência e em caso de concurso de jurisdições da mesma categoria, prevalece, de regra, a competência do lugar da infração penal à qual seja cominada a pena mais grave.

A: incorreta, dado que, neste caso, a teor do que estabelece o art. 79, I, do CPP, é de rigor a separação dos processos, com o civil sendo julgado pela Justiça comum e o militar, pela Justiça Militar; B: incorreta. A Súmula 394 do STF, que assegurava à autoridade a prerrogativa de foro mesmo depois de cessado o exercício de cargo ou mandato, foi cancelada pelo Pleno do próprio tribunal. O legislador, com o propósito de restabelecer o foro por prerrogativa de função nos moldes anteriores, editou a Lei 10.628/2002, a qual foi declarada inconstitucional pelo STF. Assim, temos que, atualmente, cessado o exercício funcional ou o mandato, cessa também a competência por prerrogativa de função. Vide Súmula 451 do STF; C: incorreta. É verdadeira a afirmação segundo a qual a competência, tanto na ação pública quanto na privativa do ofendido, será determinada, em regra, em razão do lugar em que ocorreu a infração penal (consumação), nos termos do art. 70, caput, do CPP; agora, em se tratando de ação penal exclusivamente privada, faculta-se ao querelante optar, ainda que conhecido o lugar da infração, pelo foro do domicílio ou residência do réu (e não o seu). É o que estabelece o art. 73, CPP; D: incorreta, uma vez que o CPP, em seu art. 70, adotou, quanto à competência territorial, a teoria do resultado, tendo em vista que é competente o foro do local em que se deu a consumação do crime. A chamada teoria da ubiquidade foi adotada pelo art. 6º do CP, que diz respeito ao crime à distância ou de espaço máximo, em que a ação é realizada em um país e o resultado é produzido em outro; E: correta (art. 78, II, a, do CPP).

Gabarito "E".

(Magistratura/RR – 2015 – FCC) A definição da competência processual penal possui regras previstas na Constituição Federal, no Código de Processo Penal e nas leis especiais. Sobre a competência, analise as seguintes assertivas:

I. Conforme a Constituição Federal, caberá ao STF julgar, nas infrações penais comuns e nos crimes de responsabilidade, o Presidente da República, o Vice-presidente, os membros do Congresso Nacional, os Ministros de Estado, os comandantes da Marinha, do Exército e da Aeronáutica.
II. No conflito entre foro determinado pela Constituição Federal, por prerrogativa de função e o foro material, definido para o tribunal do Júri no artigo 5º, XXXVIII, d, prevalecerá este último por ser garantia fundamental individual.
III. O foro por prerrogativa de função é sempre definido pela Constituição Federal, mas as constituições estaduais também podem conferir foro por prerrogativa.
IV. Os prefeitos devem ser julgados por Tribunal de Justiça Estadual, mas em cometimento de crimes federais deverão ser julgados pelo Tribunal Regional Federal.
V. Em casos de delitos cometidos em erro na execução e resultado diverso do pretendido a competência será determinada pela conexão.

Está correto o que se afirma APENAS em
(A) I e III.
(B) III e IV.
(C) I e V.
(D) II e IV.
(E) III e V.

Antes de analisar cada alternativa, cabem algumas observações a respeito do foro por prerrogativa de função, ante recente decisão do STF. No dia 3 de maio de 2018, o Plenário do STF, por maioria de votos, decidiu que o foro por prerrogativa de função de que gozam parlamentares federais (senadores e deputados) se aplica tão somente a infrações penais cometidas no exercício do cargo e em razão das funções a ele relacionadas. Tal decisão foi tomada no julgamento de questão de ordem da ação penal 937, cujo relator é o ministro Luís Roberto Barroso. Com isso, se o crime imputado a senador ou deputado federal é cometido antes da diplomação, o julgamento caberá ao juízo de primeira instância; se for cometido no curso do mandado mas nenhuma relação tiver com o seu exercício, o julgamento também caberá ao juiz de primeira instância (por exemplo: homicídio; roubo; embriaguez ao volante); agora, sendo o delito cometido durante o mandato e havendo relação entre ele e o desempenho da função parlamentar (corrupção passiva, por exemplo), o julgamento deverá realizar-se perante o STF. Uma das primeiras questões que surgiu, entre tantas outras, é se este entendimento que restringe o foro por prerrogativa de função se aplica para outras hipóteses de foro privilegiado ou apenas para os deputados federais e senadores. Segundo o STF, em decisão tomada no julgamento do Inq 4703 QO/DF, ocorrido em 12/06/2018 e da relatoria do ministro Luiz Fux, tal restrição imposta ao foro privilegiado vale também para ministros de Estado. O STJ, por sua vez, ao enfrentar a questão, tendo por base a decisão do STF na AP 937, decidiu que a restrição do foro deve alcançar governadores e conselheiros dos Tribunais de Contas estaduais (AP 866 e AP 857). Lembremos que o art. 105, I, "a", da CF/88 estabelece que compete ao STJ julgar os crimes praticados por governadores de Estado e por conselheiros dos Tribunais de Contas dos Estados. No que concerne aos prefeitos, ainda não há consenso. Há tribunais que, em face da nova interpretação conferida pelo STF ao foro por prerrogativa de função, remeteram os processos contra o chefe do executivo municipal para julgamento pela 1ª instância. Outra questão que está em aberto é se o julgamento de magistrados (juízes, desembargadores e ministros de tribunais superiores) deve se dar pela primeira instância ou não, na hipótese de o crime não ter qualquer conexão com o exercício do cargo. Dito isso, passemos às alternativas, cuja elaboração é anterior aos referidos julgamentos. I: incorreta. É verdade que o presidente e o vice-presidente da República, pela prática de crime comum, serão julgados pelo STF, na forma estatuída no art. 102, I, b, da CF; agora, pelo cometimento de crime de responsabilidade, essas autoridades serão julgadas pelo Senado Federal (art. 52, I, CF). Os ministros de Estado e os comandantes das Forças Armadas somente serão julgados pelo Senado Federal, pela prática de crime de responsabilidade, se existir conexão entre este e o crime de responsabilidade praticado pelo presidente da República ou pelo seu vice (art. 52, I, da CF); II: incorreta. A solução deve ser extraída da Súmula 721 do STF, cujo teor foi reproduzido na Súmula Vinculante n. 45: "A competência constitucional do Tribunal do Júri prevalece sobre o foro por prerrogativa de função estabelecido exclusivamente pela Constituição estadual". A contrário senso, a competência constitucional do Tribunal do Júri não prevalecerá sobre o foro por prerrogativa de função estabelecido pela Constituição Federal; III: correta. Podem as Constituições dos Estados, de fato, ampliar as hipóteses de foro por prerrogativa de função de competência dos Tribunais de Justiça; IV: correta. Os prefeitos municipais serão julgados, pela prática de crimes comuns de competência da Justiça Estadual, pelo Tribunal de Justiça (art. 29, X, da CF). Agora, se o chefe do executivo municipal praticar crime eleitoral ou federal, a competência, aqui, será do TRE e TRF, respectivamente. É a conclusão a que se chega pela leitura da Súmula 702, STF: "A competência do Tribunal de Justiça para julgar prefeitos restringe-se aos crimes de competência da Justiça comum estadual; nos demais casos, a competência originária caberá ao respectivo tribunal de segundo grau"; V: incorreta, nos termos do art. 77, II, do CPP. É hipótese de continência, e não de conexão.

Gabarito "B".

(Magistratura/SC – 2015 – FCC) Com relação aos processos de competência originária, nos termos da Lei 8.038/1990, analise as seguintes assertivas:

I. Apresentada a denúncia ou a queixa ao Tribunal, o acusado será notificado para oferecer resposta no prazo de quinze dias.
II. O recebimento, a rejeição da denúncia ou da queixa, ou a improcedência da acusação serão deliberados pelo Tribunal, permitida a sustentação oral de acusação e defesa, pelo prazo de quinze minutos.
III. Para o recebimento, a rejeição da denúncia ou da queixa, ou a improcedência da acusação o Tribunal poderá limitar a presença ao recinto apenas aos advogados, podendo impedir, inclusive, a presença das partes, se o interesse público exigir.
IV. As intimações poderão ser realizadas por carta registrada com aviso de recebimento, mas somente por expressa determinação do relator.
V. Após as alegações escritas, o relator poderá determinar a realização de outras provas, apenas em caso de requerimento das partes, e se reputadas imprescindíveis ao julgamento.

É correto o que se afirma APENAS em
(A) II, III e V.
(B) I e II.
(C) I, II e III.
(D) I e III.
(E) I, II, III e IV.

I: correta (art. 4º, caput, da Lei 8.038/1990); II: correta (art. 6º, caput e § 2º, da Lei 8.038/1990); III: correta (art. 6º, § 2º, da Lei 8.038/1990); IV: correta (art. 9º, § 2º, da Lei 8.038/1990); V: incorreta (art. 11, § 3º, da Lei 8.038/1990).

Gabarito "E".

(Magistratura/SC – 2015 – FCC) Após a condenação em primeira instância por um crime de competência federal, o réu de uma ação penal é diplomado como deputado federal. Posteriormente, quanto ao julgamento de sua apelação, interposta antes da diplomação, deverá ser julgada:
(A) pelo Tribunal Regional Federal, se já estiver devida mente instruída com razões e contrarrazões.
(B) normalmente pelo juiz federal da causa, em respeito ao princípio do juiz natural.
(C) pelo Supremo Tribunal Federal.
(D) pelo Superior Tribunal de Justiça.
(E) normalmente pelo Tribunal Regional Federal.

Vigora, quanto à manutenção ou aquisição do chamado foro especial, o princípio da atualidade do exercício do cargo/mandato. É dizer: a autoridade gozará do foro especial enquanto permanecer no exercício do cargo/mandato; cessado este, cessa a prerrogativa. No caso narrado no enunciado, o réu, que responde a processo pela prática de crime federal cometido antes de assumir seu mandato como deputado federal, fará jus, a partir de sua diplomação, a ver-se julgado perante o Supremo Tribunal Federal, seu juízo natural (art. 53, § 1º, da CF). Ocorre que, dado o entendimento firmado recentemente pelo STF concernente à restrição imposta ao foro por prerrogativa de função, o parlamentar, na medida em que o crime que cometeu é anterior à diplomação, deverá ser julgado pela primeira instância. O julgamento da apelação, portanto, caberá ao TRF da respectiva região, já que se trata de crime de competência da Justiça Federal (questão de ordem na ação penal 937, da relatoria do ministro Luís Roberto Barroso).

Gabarito "C".

(Ministério Público/BA – 2015 – CEFET) Quanto à competência no processo penal, é INCORRETO afirmar que:

(A) Se em qualquer fase do processo o juiz reconhecer motivo que o torne incompetente, declará-lo-á nos autos, haja ou não alegação da parte.
(B) Segundo dispõe o Código de Processo Penal, a incompetência do juízo anula somente os atos decisórios.
(C) De acordo com o Código de Processo Penal, nos casos de conexão e continência, será obrigatória a separação dos processos quando, pelo excessivo número de acusados, houver risco de que seja prolongada a prisão provisória de um deles.
(D) Há conexão intersubjetiva por reciprocidade quando, ocorrendo duas ou mais infrações penais, houverem sido praticadas por várias pessoas umas contra as outras.
(E) O Superior Tribunal de Justiça tem reconhecido que o Tribunal de Justiça Estadual, ao estabelecer a organização e divisão judiciária, pode atribuir a competência para o julgamento de crimes sexuais contra crianças e adolescentes ao Juízo da Vara da Infância e Juventude.

A: assertiva correta, pois reflete o que estabelece o art. 109 do CPP; **B:** assertiva correta (art. 567, CPP); **C:** assertiva incorreta, devendo ser assinalada, pois contraria a disposição do art. 80 do CPP; **D:** assertiva correta. Na chamada *conexão intersubjetiva por reciprocidade* (art. 76, I, *in fine*, do CPP), como a própria denominação sugere, temos que os agentes cometem os crimes uns contra os outros, o que torna conveniente que a apuração seja conjunta. Como exemplo, podemos imaginar o cenário em que torcedores rivais, antes ou após o jogo de seus times, se agridem de forma recíproca. Perceba que, aqui, todos os envolvidos são vítimas e réus ao mesmo tempo: agrediram e foram agredidos; **E:** correta. Na jurisprudência do STJ: "(...) O Supremo Tribunal Federal, em hipótese idêntica, se posicionou no sentido de que Tribunal de Justiça estadual, ao estabelecer a organização e divisão judiciária, pode atribuir a competência para o julgamento de crimes sexuais contra crianças e adolescentes ao Juízo da Vara da Infância e Juventude, por agregação, ou a qualquer outro Juízo que entender adequado (...)" (RHC 33.531/RS, Rel. Ministra Laurita Vaz, Quinta Turma, julgado em 25.02.2014, *DJe* 12.03.2014).
Gabarito "C".

(Ministério Público/SP – 2015 – MPE/SP) Assinale a alternativa correta:

(A) Crime praticado contra indígena deverá, necessariamente, ser julgado pela Justiça Federal.
(B) A competência do Tribunal do Júri não prevalece sobre a prerrogativa de função estabelecida, exclusivamente, em Constituição Estadual.
(C) Nas ações de iniciativa privada, a queixa poderá ser aforada no domicílio ou residência do ofendido, posto que outro seja o local da consumação.
(D) A competência é pressuposto processual de validade da instância, ou seja, requisito indispensável à instauração e ao desenvolvimento regular do processo.
(E) É competente para o processo e julgamento de Promotor de Justiça o Tribunal de Justiça do Estado onde foi praticada a infração.

A: incorreta. Segundo entendimento firmado na Súmula 140, do STJ, "compete à Justiça Comum Estadual processar e julgar crime em que o indígena figure como autor ou vítima". Ainda, segundo tem entendido a jurisprudência, o julgamento somente se dará no âmbito da Justiça Federal quando houver disputa envolvendo direitos indígenas; **B:** incorreta, uma vez que contraria o entendimento firmado na Súmula 721 do STF, cujo teor foi reproduzido na Súmula Vinculante n. 45: "A competência constitucional do Tribunal do Júri prevalece sobre o foro por prerrogativa de função estabelecido exclusivamente pela Constituição estadual"; **C:** incorreta. Em se tratando de ação penal exclusivamente privada, faculta-se ao querelante optar, ainda que conhecido o lugar da infração, pelo foro do domicílio ou residência do réu (e não o do ofendido). É o que estabelece o art. 73, CPP; **D:** correta. Pressupostos processuais de validade correspondem aos requisitos necessários para que a relação jurídica se desenvolva de forma regular, válida. São exemplos, além da competência, a inexistência de suspeição do juiz e a ausência de litispendência e coisa julgada. Diante da ausência de algum dos pressupostos processuais ou ainda de uma das condições da ação, oferecida a denúncia ou queixa, deverá o juiz rejeitá-la (art. 395 do CPP); **E:** incorreta. O promotor de Justiça (e também os juízes de direito) será julgado pelo Tribunal de Justiça do Estado em que exerce suas funções, ainda que a infração penal tenha ocorrido em outra unidade da Federação (art. 40, IV, da Lei 8.625/1993 – Lei Orgânica Nacional do MP – e art. 96, III, da CF).
Gabarito "D".

7. QUESTÕES E PROCESSOS INCIDENTES

(Defensor Público – DPE/PR – 2017 – FCC) Em relação à insanidade mental do acusado,

(A) o rito de insanidade mental será processado nos autos principais.
(B) o juiz nomeará curador ao acusado, quando determinar o exame, sem estabelecer a suspensão do processo, se já iniciada a ação penal.
(C) o exame não poderá ser ordenado na fase do inquérito policial.
(D) a suspensão processual continua até que o acusado se restabeleça, se a doença mental sobrevier à infração.
(E) o exame não durará mais de trinta dias, salvo se os peritos demonstrarem a necessidade de maior prazo.

A: incorreta, uma vez que, a teor do que estabelece o art. 153 do CPP, o incidente de insanidade mental será processado em autos apartados, sendo certo que, após a juntada do laudo, será o incidente apensado aos autos principais; **B:** incorreta. Se já iniciada a ação penal, o juiz, ao nomear curador ao acusado e determinar a realização do exame, promoverá a suspensão do processo (art. 149, § 2º, CPP); **C:** incorreta, na medida em que, por expressa previsão contida no art. 149, § 1º, do CPP, o exame de insanidade mental poderá, sim, realizar-se no curso das investigações do inquérito policial, mediante representação do delegado ao juiz de direito; **D:** correta, pois reflete o disposto no art. 152, *caput*, do CPP; **E:** incorreta, já que o laudo deve ser ultimado no prazo de 45 dias (e não 30), salvo se os peritos demonstrarem a necessidade de prazo suplementar (art. 150, § 1º, CPP).
Gabarito "D".

(Juiz – TJ-SC – FCC – 2017) A sentença penal condenatória foi proferida por juiz de direito que, posteriormente, foi promovido ao Tribunal de Justiça e, como desembargador, não pode participar do julgamento da apelação interposta pelo condenado. A razão processual de tal vedação é:

(A) Suspeição, em razão de foro íntimo.
(B) Suspeição, por haver julgado a causa em outra instância.
(C) Impedimento, por haver julgado a causa em outra instância.
(D) Incompetência, por haver julgado a causa em outra instância.
(E) Perda de imparcialidade por haver julgado a causa em outra instância, mas não havia vedação processual para participar do julgamento.

A solução desta questão deve ser extraída da regra presente no art. 252, III, do CPP, que constitui hipótese de impedimento segundo a qual é vedado ao magistrado promovido para atuar em segunda instância, como desembargador, julgar decisão proferida por ele próprio enquanto juiz de primeira instância. Em outras palavras, é-lhe defeso integrar colegiado de instância superior para proceder ao julgamento de decisão que ele mesmo tenha proferido em instância inferior. É importante que se diga que a prática de atos de mero expediente e de impulso procedimental, porque não têm carga decisória, não têm o condão de configurar esta modalidade de impedimento.
Gabarito "C".

(Delegado/GO – 2017 – CESPE) Com relação a questões e processos incidentes, assinale a opção correta.

(A) Não poderá ser arguida a suspeição dos intérpretes.
(B) Não poderá ser arguida a suspeição dos funcionários da justiça.
(C) Não poderá ser arguida a suspeição do órgão do Ministério Público.
(D) Não poderá ser arguida a suspeição das autoridades policiais nos atos do inquérito.
(E) Não poderá ser arguida a suspeição dos peritos.

A: incorreta. Estabelece o art. 105 do CPP que as partes poderão, sim, arguir a suspeição dos intérpretes; **B:** incorreta. Estabelece o art. 105 do CPP que as partes poderão, sim, arguir a suspeição dos funcionários da Justiça; **C:** incorreta. Estabelece o art. 104 do CPP que as partes poderão, sim, arguir a suspeição do órgão do MP; **D:** correta. Tal como estabelece o art. 107 do CPP, não se poderá opor suspeição às autoridades policiais nos atos do inquérito; **E:** incorreta. Estabelece o art. 105 do CPP que as partes poderão, sim, arguir a suspeição dos peritos.
Gabarito "D".

(Promotor de Justiça/SC – 2016 – MPE)

(1) Se a decisão sobre a existência da infração depender da solução de controvérsia, que o juiz repute séria e fundada, sobre o estado civil das pessoas, o curso da ação penal ficará suspenso pelo prazo de 90 (noventa) dias, que poderá ser prorrogado uma única vez, se a demora não for imputável à parte. Expirado o prazo, sem que o juiz cível tenha proferido decisão, o juiz criminal fará prosseguir o processo, retomando sua competência para resolver toda a matéria da acusação ou da defesa.

1: o enunciado descreve hipótese de questão prejudicial *obrigatória*. Prevista no art. 92 do CPP, é aquela que necessariamente enseja a suspensão do processo, sendo tão somente suficiente que o magistrado do juízo criminal a repute séria e fundada. Aqui, o juiz deverá determinar a paralisação do feito até que o juízo cível emita sua manifestação. O legislador não estabeleceu prazo durante o qual o curso da ação penal permanecerá suspenso. Envolve questões atinentes à própria existência do crime. É importante que se diga que, segundo preleciona o art. 116, I, do CP, o curso da prescrição ficará suspenso. Já na questão prejudicial *facultativa*, contida no art. 93 do CPP, o magistrado tem a faculdade, não a obrigação, de suspender o processo. São questões que não envolvem o estado das pessoas. Somente neste caso (prejudicial facultativa) o juiz, depois de transcorrido o prazo por ele estabelecido, poderá fazer prosseguir o processo, retomando sua competência para resolver a matéria da acusação ou da defesa.
Gabarito 1E.

(Promotor de Justiça/SC – 2016 – MPE)

(1) Conforme prevê o Código de Processo Penal, ao tratar do incidente de falsidade, arguida, por escrito, a falsidade de documento constante dos autos, o juiz observará o seguinte processo: a) mandará autuar em apartado a impugnação e, em seguida, ouvirá a parte contrária, que, no prazo de 2 (dois) dias, oferecerá resposta; b) assinará o prazo de 5 (cinco) dias, sucessivamente, a cada uma das partes, para prova de suas alegações; c) conclusos os autos, poderá ordenar as diligências que entender necessárias; d) se reconhecida

a falsidade, mandará desentranhar o documento e remetê-lo, com os autos do processo incidente, ao Ministério Público. Desta decisão é cabível recurso em sentido estrito.

1: depois de mandar autuar em apartado a impugnação, o juiz ouvirá a parte contrária, que, dentro do prazo de 48 horas (e não 2 dias), oferecerá resposta, tal como estabelece o art. 145, I, do CPP; após, assinará o prazo de 3 dias (e não de 5), sucessivamente, a cada uma das partes, para prova de suas alegações (art. 145, II, do CPP); conclusos os autos, poderá ordenar as diligências que reputar necessárias (art. 145, III, do CPP); reconhecida a falsidade, o juiz determinará, por decisão contra a qual não cabe recurso, o desentranhamento do documento e o remeterá ao MP (art. 145, IV, do CPP). ED
Gabarito 1E

(Defensor Público – DPE/MT – 2016 – UFMT) Em relação às medidas assecuratórias, analise as assertivas abaixo.

I. Sequestro é a retenção da coisa, para que se disponha do bem e a decisão que o decreta é apelável.
II. De forma diversa da hipoteca legal, o sequestro recai sobre bens que compõem o patrimônio lícito do autor da infração.
III. O levantamento do sequestro ocorre se a ação penal não for ajuizada no prazo de 90 (noventa) dias, a contar da data em que for concluída a diligência.
IV. A especialização da hipoteca pode ser requerida pelo ofendido, seu representante legal ou herdeiros, bem como pelo Ministério Público.

Estão corretas as assertivas
(A) I e IV, apenas.
(B) I, II e IV, apenas.
(C) I, II e III, apenas.
(D) I e III, apenas.
(E) II, III e IV, apenas.

I: correta. O sequestro, medida assecuratória que pode recair tanto sobre bens imóveis (art. 125, CPP) quanto móveis (art. 132, CPP) adquiridos com o lucro do crime (proventos da infração), visa, de fato, à retenção da coisa, com o fim de impedir que dela se disponha. Também é verdade que da decisão que decreta (e também a que indefere) o sequestro cabe apelação (art. 593, II, CPP); **II:** incorreta, já que é a hipoteca legal, e não o sequestro, que recai sobre os bens que compõem o patrimônio *lícito* do autor da infração penal; **III:** incorreta. Uma das hipóteses de levantamento (perda da eficácia) do sequestro é aquela em que a ação penal não é ajuizada dentro do prazo de 60 dias (e não de 90), a contar da data em que foi concluída a diligência (art. 131, I, do CPP); **IV:** correta, já que contempla os legitimados a formular requerimento de especialização da hipoteca legal.
Gabarito "A".

(Delegado/PE – 2016 – CESPE) Conforme a legislação em vigor e o posicionamento doutrinário prevalente, assinale a opção correta com relação à competência e às questões e processos incidentes.
(A) Todas as infrações penais, incluindo-se as contravenções que atingirem o patrimônio da União, suas autarquias e empresas públicas, serão da competência da justiça federal.
(B) O processo incidente surge acessoriamente no processo principal, cujo mérito se confunde com o mérito da causa principal, devendo, assim, tal processo – o incidente – ser resolvido concomitantemente ao exame do mérito da ação penal, sob pena de decisões conflitantes.
(C) A restituição de coisas apreendidas no bojo do inquérito policial ainda não concluído poderá ser ordenada pela autoridade policial, quando cabível, desde que seja evidente o direito do reclamante.
(D) Havendo fundada dúvida sobrea sanidade mental do indiciado, o delegado de polícia poderá determinar de ofício a realização do competente exame, com o objetivo de aferir a sua imputabilidade.
(E) Tratando-se de foro privativo por prerrogativa de função cuja competência para o conhecimento da causa é atribuída à jurisdição colegiada, esta será determinada pelo lugar da infração.

A: incorreta, dado que o art. 109, IV, primeira parte, da CF afasta a competência da Justiça Federal para o processamento e julgamento das contravenções penais, mesmo que praticadas em detrimento de bens, serviços ou interesse da União ou de suas entidades autárquicas ou empresas públicas, entendimento esse consagrado na Súmula nº 38, STJ: "Compete à Justiça Estadual Comum, na vigência da Constituição de 1988, o processo por contravenção penal, ainda que praticada em detrimento de bens, serviços ou interesse da União ou de suas entidades"; **B:** incorreta. É incorreto afirmar-se que o mérito do processo incidente se confunde com o do processo principal e que a solução daquele deva necessariamente dar-se de forma concomitante com este; **C:** correta, pois reflete a regra presente no art. 120, *caput*, do CPP; **D:** incorreta. Neste caso, a autoridade policial deverá representar pela realização do exame de integridade mental no investigado, cabendo ao juiz determiná-lo (art. 149, § 1º, do CPP), e não ela própria, a autoridade policial, determinar de ofício a realização do exame; **E:** incorreta. Neste caso, o local em que se deu a infração não tem relevância, já que o julgamento será feito pelo órgão colegiado do local em que o detentor do foro especial exerce suas funções. Se, por exemplo, um promotor de justiça que atua no Estado de São Paulo praticar um estelionato no Estado do Rio de Janeiro, será competente para o julgamento o TJ de São Paulo, mesmo o delito tendo ocorrido fora deste Estado.
Gabarito "C".

(Juiz de Direito/AM – 2016 – CESPE) De acordo com o CPP, em regra, a exceção cuja arguição precederá a qualquer outra é a exceção de
(A) litispendência.
(B) incompetência do juízo.
(C) ilegitimidade da parte.
(D) coisa julgada.
(E) suspeição.

Assim dispõe o art. 96 do CPP: *A arguição de suspeição precederá a qualquer outra, salvo quando fundada em motivo superveniente*. Correta, portanto, a assertiva "E".
Gabarito "E".

(Promotor de Justiça/MG – 2014) Acerca dos sistemas teóricos de resolução da competência jurisdicional das questões prejudiciais, assinale a alternativa INCORRETA:
(A) Denomina-se sistema de cognição incidental aquele em que o juiz que conhece da ação deva conhecer da exceção.
(B) No sistema da prejudicialidade obrigatória, o juiz criminal deve conhecer da exceção.
(C) Prepondera o Juízo de acordo com a natureza da exceção, no sistema da prejudicialidade facultativa.
(D) Na legislação brasileira, prevalece o modelo eclético, implicando soluções da prejudicial tanto pelo juiz penal como extrapenal.

A: assertiva correta. No chamado sistema de *cognição incidental* (ou do predomínio da jurisdição penal), a competência do juízo penal se estende ao exame das questões prejudiciais, mesmo em relação àquelas pertencentes a outro ramo do direito (questão heterogênea); **B:** assertiva incorreta, devendo ser assinalada. Pelo sistema da *prejudicialidade obrigatória* (ou sistema da separação jurisdicional absoluta), ao juiz criminal, diferente do que se afirma na assertiva, é vedado conhecer da questão prejudicial, que será, por essa razão, remetida ao juízo competente; **C:** assertiva correta. No sistema da *prejudicialidade facultativa*, como o próprio nome sugere, é facultado ao juiz decidir sobre a questão prejudicial heterogênea; **D:** assertiva correta. Pelo sistema adotado no Brasil (misto ou eclético), coexistem os sistemas obrigatório (art. 92, CPP) e facultativo (art. 93, CPP).
Gabarito "B".

(Promotor de Justiça/MG – 2014) Sobre as medidas assecuratórias, assinale a alternativa **INCORRETA**:
(A) A hipoteca legal sobre os imóveis do indiciado poderá ser requerida pelo ofendido em qualquer fase do processo, desde que haja certeza da infração e indícios suficientes da autoria.
(B) Caberá ao Ministério Público promover a hipoteca legal e o arresto se o ofendido for pobre e o requerer.
(C) A medida assecuratória de sequestro não é cabível em bens móveis.
(D) O juiz determinará a alienação antecipada dos bens quando houver dificuldade para sua manutenção.

A: assertiva correta, pois corresponde ao disposto no art. 134 do CPP, que estabelece que, para ser decretada a hipoteca legal, são necessários *certeza da infração penal* (prova da materialidade) e *indícios suficientes de autoria*; **B:** assertiva correta, nos termos do art. 142 do CPP; **C:** assertiva incorreta, devendo ser assinalada (art. 132, CPP); **D:** assertiva correta (art. 144-A, *caput*, do CPP).
Gabarito "C".

(Magistratura/RR – 2015 – FCC) Se a decisão em um processo penal sobre a existência ou não de uma infração penal depender da solução de uma controvérsia reputada séria e fundada, o juiz
(A) deverá suspender o processo e o curso da ação penal até que a questão seja dirimida por sentença civil transitada em julgado sempre que a dúvida disser respeito ao estado civil das pessoas, ficando igualmente suspenso o prazo prescricional.
(B) poderá suspender o processo e o curso da ação penal por prazo determinado para que a questão relacionada ao estado civil das pessoas seja dirimida por sentença transitada em julgado, permitindo-se a realização de provas urgentes, ficando igualmente suspenso o prazo prescricional.
(C) deverá suspender o processo e o curso da ação penal em caso de dúvida sobre qualquer matéria civil, permitindo-se a produção de provas urgentes, sem previsão legal para suspensão do prazo prescricional.
(D) poderá suspender o processo e o curso da ação penal em caso de dúvida quanto ao estado civil das pessoas, contudo determinando prazo razoável, que poderá ser prorrogado, antes realizando as provas urgentes, sem previsão legal para a suspensão do prazo prescricional.
(E) poderá suspender o processo e o curso da ação penal em qualquer dúvida sobre matéria não penal, determinando prazo para a suspensão após a inquirição das testemunhas e realização de outras provas de natureza urgente, sem previsão legal de suspensão do prazo prescricional.

O enunciado descreve hipótese de questão prejudicial *obrigatória*. Prevista no art. 92 do CPP, é aquela que necessariamente enseja a suspensão do processo, sendo tão somente

suficiente que o magistrado do juízo criminal a repute séria e fundada. Aqui, o juiz deverá determinar a paralisação do feito até que o juízo cível emita sua manifestação. Envolve questões atinentes à própria existência do crime. Preleciona o art. 116, I, do CP que, em casos assim, o curso da prescrição ficará suspenso. Já na questão prejudicial *facultativa*, contida no art. 93 do CPP, o magistrado tem a faculdade, não a obrigação, de suspender o processo. São questões que não envolvem o estado das pessoas.
Gabarito "A".

(Magistratura/SC – 2015 – FCC) Em processo que apura o delito de abandono material, (art. 244 do CP), em resposta à acusação, o réu alega não ser o pai do abandonado, pessoa menor de 18 anos. Neste caso, nos termos do Código de Processo Penal,
(A) a ação penal ficará suspensa, marcando o juiz prazo para a suspensão, que expirado, poderá ser prorrogado por no máximo mais uma vez, por igual período, para que se evite a ocorrência da prescrição.
(B) havendo ação penal de investigação de paternidade já proposta no juízo cível, por se tratar de questão de difícil solução, o juiz deverá suspender a ação penal por prazo indeterminado até que lá se resolva a questão, decisão esta irrecorrível.
(C) havendo ação penal de investigação de paternidade já proposta no juízo cível, o juiz deverá suspender a ação penal imediatamente para preservar a coerência das decisões, não cabendo qualquer recurso da suspensão.
(D) mesmo sem a existência de ação civil proposta para a resolução da questão da paternidade, o juiz poderá suspender a ação penal e decidir primeiramente sobre tal questão, contudo o código de processo penal permite a realização das provas urgentes sempre que surgirem.
(E) a ação penal ficará suspensa e com ela o prazo prescricional, se o juiz reputar séria e fundada a questão da paternidade.

O enunciado descreve hipótese de questão prejudicial *obrigatória*. Prevista no art. 92 do CPP, é aquela que necessariamente enseja a suspensão do processo, bastando que o magistrado do juízo criminal a repute séria e fundada. Não há dúvida de que a paternidade, que está sendo questionada, refere-se ao estado civil das pessoas. O reconhecimento da alegação do réu afasta a ocorrência do crime pelo qual ele responde. Aqui, o juiz deverá determinar a paralisação do feito até que o juízo cível emita sua manifestação. Preleciona o art. 116, I, do CP que, em casos assim, o curso da prescrição ficará suspenso. No mais, segundo estabelece o art. 581, XVI, do CPP, a decisão que ordenar a suspensão do processo em virtude de questão prejudicial desafia recurso em sentido estrito.
Gabarito "E".

8. PRERROGATIVAS DO ACUSADO

(Defensor Público/PR – 2012 – FCC) Instaurado inquérito policial para investigação de roubo de veículos na cidade de Foz do Iguaçu, Marivaldo é preso preventivamente, pela suposta prática dos crimes dos arts. 157, § 2º, I e 288 do Código Penal. Tendo sido comunicada a prisão e encaminhada a cópia do cumprimento do mandado ao Defensor Público, que se dirigiu à Delegacia de Polícia. De acordo com as prerrogativas contidas na Lei Complementar n. 80/1994 e as disposições do Código de Processo Penal analise as afirmações abaixo.
I. Se houver a decretação da incomunicabilidade do indiciado, o Defensor Público não poderá se entrevistar com aquele, a fim de assegurar a continuidade das investigações.
II. O Defensor Público deverá agendar previamente a sua visita à Delegacia de Polícia para se entrevistar com o preso.
III. O Defensor Público terá acesso aos autos do inquérito policial, podendo apenas tomar apontamentos.
IV. Enquanto não relatado o inquérito policial o Defensor Público poderá ter acesso aos autos, mas não obterá cópias, dada a sua sigilosidade.
V. O Defensor Público não precisará de procuração do indiciado para ter vista dos autos do inquérito policial, podendo praticar os atos que entender necessários.
Está correto o que se afirma em
(A) III, apenas.
(B) V, apenas.
(C) III e V, apenas.
(D) III, IV e V, apenas.
(E) I, II, III, IV e V.

I e II: incorretas. *Vide* art. 44, VII, da LC n. 80/1994, *in verbis:* "Art. 44. São prerrogativas dos membros da Defensoria Pública da União: (...) VII – comunicar-se, pessoal e reservadamente, com seus assistidos, ainda quando esses se acharem presos ou detidos, mesmo incomunicáveis, tendo livre ingresso em estabelecimentos policiais, prisionais e de internação coletiva, independentemente de prévio agendamento; **III e IV:** incorretas, conforme dispõe o art. 44, VIII, da LC n. 80/1994: "Art. 44 (...) VIII – Examinar, em qualquer repartição pública, autos de flagrantes, inquéritos e processos, assegurada a obtenção de cópias e podendo tomar apontamentos"; **V:** correta. A vista dos autos de inquérito independe de procuração.
Gabarito "B".

(Procurador do Estado/MG – FUMARC – 2012) Assinale a alternativa correta:
(A) A falta de interrogatório constitui nulidade relativa, sendo necessário para decretá-la o reconhecimento de prejuízo para o acusado.
(B) A falta de interrogatório constitui nulidade relativa porque pode ser suprida pela apresentação da defesa técnica.
(C) Embora meramente anulável o feito por falta de interrogatório, a nulidade deverá forçosamente ser reconhecida quando a sentença for de natureza condenatória.
(D) Para preservar o princípio constitucional da ampla defesa há de se dar ensejo à autodefesa do acusado no interrogatório, cuja inocorrência pode ser suprida com sua realização a qualquer tempo, sem que seja necessária a repetição de outros atos processuais.
(E) Pode o acusado silenciar-se durante o interrogatório, podendo inclusive mentir e se for o caso fazer a leitura de declarações que houver redigido antes do ato processual.

A falta de interrogatório do réu presente constitui nulidade absoluta – art. 564, III, *e*, do CPP. A teor do art. 186, *caput*, do CPP, deve o juiz, antes de dar início ao interrogatório e depois de proceder à qualificação do acusado e inteirá-lo da acusação que contra ele pesa, informá-lo do direito que tem de permanecer calado e de não responder às perguntas que lhe forem formuladas. É do parágrafo único deste dispositivo que o silêncio do réu não poderá redundar em prejuízo à sua defesa.
Gabarito "E".

9. PROVAS

(Juiz de Direito – TJ/RS – 2018 – VUNESP) A respeito das provas, assinale a alternativa correta.
(A) São inadmissíveis, devendo ser desentranhadas do processo, as provas ilegítimas, assim entendidas as obtidas em violação a normas constitucionais ou legais.
(B) A pessoa que nada souber que interesse à decisão da causa será computada como testemunha.
(C) O exame para o reconhecimento de escritos, tal como o reconhecimento fotográfico, não tem previsão legal.
(D) O juiz não tem iniciativa probatória.
(E) A falta de exame complementar, em caso de lesões corporais, poderá ser suprida pela prova testemunhal.

A: incorreta. Segundo dispõe o art. 157, *caput*, do CPP, são inadmissíveis as provas *ilícitas*, gênero do qual as espécies são as provas *ilegais* e as *ilegítimas*. Consideram-se ilícitas as provas que violam normas de direito material (substantivo) e *ilegítimas* as obtidas com desrespeito à norma de direito processual (adjetivo). Tanto uma quanto a outra é inadmissível, devendo, por força do disposto no art. 157, *caput*, do CPP, ser desentranhada dos autos; **B:** incorreta, pois contraria o disposto no art. 209, § 2º, CPP; **C:** incorreta, já que o exame para o reconhecimento de escritos acha-se previsto e disciplinado no art. 174 do CPP; **D:** incorreta. Embora não se trate de tema pacífico na doutrina, prevalece o entendimento segundo o qual é lícito ao juiz determinar, no curso da ação penal, a produção de prova com o fito de dirimir dúvida sobre pontos relevantes e obscuros (art. 156, II, CPP), não necessariamente circunscritos às provas apresentadas pela acusação e pela defesa. Há quem entenda que tal iniciativa é inconstitucional na medida em que ao juiz não é dado agir sem provocação das partes ("*ne procedat judex ex officio*"). Para a maioria da comunidade jurídica, no entanto, tal prerrogativa constitui decorrência natural do princípio da busca da verdade real. O propósito do magistrado, assim, não é beneficiar quem quer que seja, mas, sim, atingir a verdade que mais se aproxime da realidade. Dito de outro modo, não deve o juiz conformar-se com a verdade trazida pelas partes; se restar ponto não esclarecido, é imperioso, em homenagem ao postulado da busca da verdade real, que o juiz atue nessa busca incessante; afinal, ao contrário do que se dá no âmbito do processo civil, está aqui em jogo a liberdade do acusado. De toda sorte, tal atividade (iniciativa probatória) do juiz deve ser supletiva em relação às partes; **E:** correta, pois em conformidade com o que estabelece o art. 168, § 3º, CPP. ED
Gabarito "E".

(Investigador – PC/BA – 2018 – VUNESP) Os crimes materiais exigem que a ação penal seja instruída com o respectivo exame de corpo de delito cujo laudo, para ter validade, deve ser assinado por
(A) 2 (dois) peritos oficiais, independentemente do grau de instrução, ou por 2 (duas) pessoas idôneas, preferencialmente portadoras de diploma de curso superior.
(B) 1 (um) perito oficial, preferencialmente portador de diploma de curso superior, ou por 2 (duas) pessoas idôneas, com atuação na área da perícia.
(C) 2 (dois) peritos oficiais, com formação superior na área específica da perícia, sendo vedada a assinatura por leigos.
(D) 1 (um) perito oficial, obrigatoriamente portador de diploma de curso superior, ou por 2 (duas) pessoas idôneas, que também possuam o mesmo grau de instrução.
(E) 1 (um) perito oficial, portador de diploma de curso superior preferencialmente na área específica, vedada a assinatura por leigos.

A redação anterior do art. 159 do CPP estabelecia que a perícia fosse realizada por *dois* profissionais. Atualmente, com a modificação implementada na redação do dispositivo pela Lei 11.690/2008, a perícia será levada a efeito por *um* perito oficial portador de diploma de curso superior. À falta deste, determina o § 1º do art. 159 que o exame seja feito por duas pessoas idôneas, detentoras de diploma de curso superior preferencialmente na área específica, dentre aquelas que tiverem habilitação técnica relacionada com a natureza do exame.

(Investigador – PC/BA – 2018 – VUNESP) A respeito do interrogatório de réu preso por videoconferência, de acordo com a sistemática adotada pelo Código de Processo Penal, assinale a alternativa correta.

(A) Desde que haja estrutura e meios suficientes para assegurar os direitos do acusado, pode ser realizado em todos os processos.
(B) As partes deverão ser cientificadas da sua realização com antecedência mínima de 5 (cinco) dias.
(C) Apenas poderá ser realizado na hipótese de prevenir risco à segurança pública ou se houver suspeita de o preso integrar organização criminosa.
(D) Justifica-se sua realização apenas no interesse da defesa, quando o acusado sofrer de grave enfermidade ou outra circunstância especial.
(E) Trata-se de medida excepcional e só poderá ser realizado após prévia decisão judicial fundamentada.

A: incorreta. Ao contrário do afirmado, o interrogatório por sistema de videoconferência constitui exceção, somente podendo ser realizado nas hipóteses listadas no art. 185, § 2º, do CPP. A regra é que o interrogatório seja realizado no estabelecimento em que o réu estiver preso; não sendo isso possível, por falta de estrutura do presídio, o interrogatório realizar-se-á no fórum, com requisição, pelo juiz, do acusado (art. 185, § 7º, do CPP); **B:** incorreta, uma vez que, da decisão que determinar a realização do interrogatório por sistema de videoconferência, as partes deverão ser cientificadas com 10 dias de antecedência (art. 185, § 3º, do CPP); **C:** incorreta, pois não retrata o disposto no art. 185, § 2º, I, II, III e IV, do CPP, que estabelece em que hipóteses tem lugar o interrogatório por meio de videoconferência; **D:** incorreta. Vide comentário anterior; **E:** correta. Além de ser medida de natureza excepcional, o interrogatório por sistema de videoconferência somente poderá ser determinado pelo juiz, sempre de forma fundamentada (art. 185, § 2º, do CPP).

(Investigador – PC/BA – 2018 – VUNESP) A afirmação de que "a confissão é a rainha das provas", em Direito Processual Penal, é

(A) inaceitável, porque ela contraria o princípio de que ninguém pode oferecer provas contra si.
(B) pertinente, pois, se o acusado admite a imputação, o Estado fica desincumbido de produzir a prova.
(C) válida apenas para os crimes contra o patrimônio, desde que haja a indenização do valor do prejuízo.
(D) inaplicável, salvo se a confissão for espontânea e prestada em presença de advogado constituído pelo réu. (E) incabível, uma vez que ela deverá ser confrontada com os demais elementos do processo.

Atualmente, não mais se confere à confissão o *status* de rainha das provas, como outrora já foi considerada. Hoje, temos que a confissão, sendo meio de prova com valor equivalente às demais, deve ser valorada em conjunto com os outros elementos probatórios produzidos no processo (art. 197, CPP).

(Investigador – PC/BA – 2018 – VUNESP) Iniciada uma diligência visando a apreender, com urgência, objeto cujo possuidor ou detentor evade-se para Estado limítrofe, é correto afirmar que

(A) os agentes da autoridade deverão interromper a diligência, elaborar relatório minucioso, para que ela seja concluída mediante carta precatória.
(B) apenas se a diligência for comandada pela autoridade policial, os agentes da autoridade poderão ingressar no território do outro Estado e realizar a apreensão.
(C) os agentes da autoridade poderão ingressar no território do outro Estado e, encontrando o objeto, apreendê-lo imediatamente.
(D) ainda que haja urgência na apreensão, os agentes da autoridade deverão apresentar-se à autoridade policial da respectiva área.
(E) os agentes da autoridade poderão ingressar em outro Estado se houver ordem judicial para a transposição.

A resposta a esta questão deve ser extraída o art. 250 do CPP, que estabelece que a autoridade ou seus agentes poderão ingressar em território alheio, mesmo que de outro estado da Federação, a fim de proceder à apreensão de pessoa ou coisa. Impõe-se, no entanto, como cautela, a obrigação de que esses agentes se apresentem à autoridade local, antes ou depois da apreensão, a fim de dar ciência do ocorrido. Havendo urgência na diligência, como é o caso narrado no enunciado, a apresentação à autoridade local pode se dar após a apreensão; não havendo urgência, a apresentação deverá anteceder a diligência de apreensão.

(Delegado – PC/BA – 2018 – VUNESP) No que concerne aos sistemas de avaliação das provas, o julgamento realizado pelos Juízes leigos (jurados) no Tribunal do Júri é exemplo do que a doutrina classifica como sistema
(A) da prova livre.
(B) legal ou tarifado.
(C) da íntima convicção.
(D) da persuasão racional.
(E) da livre convicção motivada.

Quanto aos sistemas de avaliação da prova, adotamos, como regra, o chamado *sistema da persuasão racional* ou *livre convencimento motivado*, em que o magistrado decidirá com base no seu livre convencimento, fundamentando, sempre, a sua decisão (art. 155, *caput*, do CPP e art. 93, IX, da CF). Pelo *sistema da prova legal*, o juiz fica adstrito ao valor atribuído à prova pelo legislador. É o que se dá com a prova relativa ao estado das pessoas (estado civil, grau de parentesco, idade etc.), que se sujeita às restrições estabelecidas na lei civil (art. 155, parágrafo único, do CPP). Temos ainda o *sistema da íntima convicção*, que é o que vige no Tribunal do Júri, em que o jurado julga guiado por sua íntima convicção a respeito dos fatos, sem a necessidade de revelar e fundamentar sua decisão. Este último é o sistema referido no enunciado da questão.

(Defensor Público Federal – DPU – 2017 – CESPE) Acerca dos sistemas de apreciação de provas e da licitude dos meios de prova, julgue os itens subsequentes.

(1) Situação hipotética: Arnaldo, empresário, gravou, com seu telefone celular, uma ligação recebida de fiscal ligado a uma autarquia a respeito da liberação de empreendimento da sociedade empresária da qual Arnaldo era sócio. Na conversa gravada, o fiscal exigiu para si vantagem financeira como condição para a liberação do empreendimento. Assertiva: Nessa situação, de acordo com o STF, o referido meio de prova é ilícito por violar o direito à privacidade, não servindo, portanto, para embasar ação penal contra o fiscal.
(2) Embora o ordenamento jurídico brasileiro tenha adotado o sistema da persuasão racional para a apreciação de provas judiciais, o CPP remete ao sistema da prova tarifada, como, por exemplo, quando da necessidade de se provar o estado das pessoas por meio de documentos indicados pela lei civil.

1: errada. A gravação ambiental clandestina (sem a ciência de um dos interlocutores), não contemplada na Lei 9.296/1996, prescinde de autorização judicial. A sua utilização como prova está a depender do caso concreto. Por se tratar de gravação de diálogo que envolve a prática de crime por servidor (caráter, em princípio, não sigiloso), nada obsta que seja utilizada como prova lícita. Esse entendimento é adotado tanto no STF quanto no STJ. Conferir o seguinte julgado do STF: "Prova. Criminal. Conversa telefônica. Gravação clandestina, feita por um dos interlocutores, sem conhecimento do outro. Juntada da transcrição em inquérito policial, onde o interlocutor requerente era investigado ou tido por suspeito. Admissibilidade. Fonte lícita de prova. Inexistência de interceptação, objeto de vedação constitucional. Ausência de causa legal de sigilo ou de reserva da conversação. Meio, ademais, de prova da alegada inocência de quem a gravou. Improvimento ao recurso. Inexistência de ofensa ao art. 5º, incs. X, XII e LVI, da CF. Precedentes. Como gravação meramente clandestina, que se não confunde com interceptação, objeto de vedação constitucional, é lícita a prova consistente no teor de gravação de conversa telefônica realizada por um dos interlocutores, sem conhecimento do outro, se não há causa legal específica de sigilo nem de reserva da conversação, sobretudo quando se predestine a fazer prova, em juízo ou inquérito, a favor de quem agravou" (RE 402717, Cezar Peluso, STF); **2:** correta. De fato, adotamos, como regra, o *sistema da persuasão racional* ou *livre convencimento motivado*, em que o magistrado decidirá com base no seu livre convencimento, fundamentando, sempre, a sua decisão (art. 155, *caput*, do CPP e art. 93, IX, da CF). Pelo *sistema da prova legal*, o juiz fica adstrito ao valor atribuído à prova pelo legislador. É o que se dá com a prova relativa ao estado das pessoas (estado civil, grau de parentesco, idade etc.), que se sujeita às restrições estabelecidas na lei civil (art. 155, parágrafo único, do CPP). Temos ainda o *sistema da íntima convicção*, que é o que vige no Tribunal do Júri, em que o jurado julga guiado por sua íntima convicção a respeito dos fatos, sem a necessidade de revelar e fundamentar sua decisão.

(Procurador do Estado – PGE/BA – CESPE – 2014) Acerca das provas, julgue o item a seguir (adaptada)

(1) No processo penal, o momento adequado para a especificação de provas pelo réu é a apresentação da resposta à acusação. Entretanto, isso não impede que, por ocasião de seu interrogatório, o réu indique outros meios de prova que deseje produzir.

1: correta, pois reflete o que estabelecem os arts. 189 e 396-A, ambos do CPP, que se referem, respectivamente, à possibilidade de o réu, por ocasião de seu interrogatório, indicar ao magistrado as provas que pretende produzir e ao conteúdo da resposta à acusação.

(Juiz – TRF 4ª Região – 2016) Assinale a alternativa **INCORRETA**.

(A) A prova indiciária, também chamada de circunstancial, tem o mesmo valor das provas diretas, como se atesta na Exposição de Motivos do Código de Processo Penal, em que se afirma não haver hierarquia de provas por não existir necessariamente maior ou menor prestígio de uma com relação a qualquer outra.

(B) A lei do crime organizado previu, entre outros meios de obtenção de prova: a colaboração premiada; a captação ambiental de sinais eletromagnéticos, ópticos ou acústicos; a ação controlada; o acesso a registros de ligações telefônicas e telemáticas, a dados cadastrais constantes de bancos de dados públicos ou privados e a informações eleitorais ou comerciais; a interceptação de comunicações telefônicas e telemáticas; o afastamento dos sigilos financeiro, bancário e fiscal; a infiltração, por policiais, em atividade de investigação; a cooperação entre instituições e órgãos federais, distritais, estaduais e municipais na busca de provas e informações de interesse da investigação ou da instrução criminal.
(C) Segundo a lei do crime organizado, a ação controlada consiste em retardar a intervenção policial ou administrativa relativa à ação praticada por organização criminosa ou a ela vinculada, desde que mantida sob observação e acompanhamento do Ministério Público para que a medida legal se concretize no momento mais eficaz à formação de provas e à obtenção de provas.
(D) Uma vez realizada a interceptação telefônica de forma fundamentada, legal e legítima, as informações e as provas coletadas dessa diligência podem subsidiar denúncia com base em crimes puníveis com pena de detenção, desde que conexos com crimes punidos com reclusão e cujos fatos sob investigação fundamentaram a medida.
(E) A entrada forçada em domicílio sem mandado judicial é lícita, mesmo em período noturno, quando amparada em fundadas razões, devidamente justificadas *a posteriori*, que indiquem que dentro da casa ocorre situação de flagrante delito, sob pena de responsabilidade disciplinar, civil e penal do agente ou da autoridade e de nulidade dos atos praticados.

A: correta. No campo da valoração da prova, o sistema adotado, como regra, pelo CPP, é o da *persuasão racional* ou *livre convencimento motivado*, pelo qual o magistrado tem ampla liberdade para apreciar as provas produzidas no processo, devendo, sempre, fundamentar a sua decisão. Esse sistema de valoração da prova está consagrado na Exposição de Motivos do CPP, item VII, que assim dispõe: *Todas as provas são relativas; nenhuma delas terá, ex vi legis, valor decisivo ou necessariamente maior prestígio que outra. Se é certo que o juiz fica adstrito à prova constante dos autos, não é menos certo que não fica subordinado a nenhum critério apriorístico no apurar, através delas, a verdade material. O juiz criminal é, assim, restituído à sua própria consciência*; **B:** correta, pois corresponde à redação do art. 3º e seus incisos da Lei 12.850/2013, que traz o rol dos meios de obtenção de prova; **C:** incorreta, já que o dispositivo legal que disciplina a ação controlada (art. 8º da Lei 12.850/2013) não impõe o seu acompanhamento pelo MP; **D:** correta. A assertiva contempla o fenômeno denominado *encontro fortuito de provas*, em que, no curso de investigação de determinada infração penal, termina-se por identificar outros crimes, diversos daquele investigado. Exemplo típico e corriqueiro é o da interceptação telefônica, no curso da qual, deferida para elucidar crime apenado com reclusão, acaba-se por elucidar delito conexo apenado com detenção. A jurisprudência reconhece a licitude da prova assim produzida, desde que estabelecida conexão ou continência com a investigação original. Não se trata, portanto, de *prova ilícita* (art. 157, § 1º, do CPP); **E:** correta. Nesse sentido: "Fixada a interpretação de que a entrada forçada em domicílio sem mandado judicial só é lícita, mesmo em período noturno, quando amparada em fundadas razões, devidamente justificadas a posteriori, que indiquem que dentro da casa ocorre situação de flagrante delito, sob pena de responsabilidade disciplinar, civil e penal do agente ou da autoridade e de nulidade dos atos praticados (RE 603616, Rel. Min. Gilmar Mendes, Tribunal Pleno, j. 05.11.2015, Acórdão Eletrônico Repercussão Geral – Mérito *DJe* 09.05.2016, Publ. 10.05.2016). **ED**
Gabarito "C".

(Juiz de Direito – TJM/SP – VUNESP – 2016) Assinale a alternativa correta a respeito da instrução criminal e dos meios de investigação, bem como das provas.
(A) De acordo com a nossa legislação infraconstitucional, a retirada compulsória de material genético do imputado é admissível, desde que presentes os requisitos legais.
(B) O exame de corpo e delito, por expressa determinação legal, exige a assinatura de dois peritos.
(C) O catálogo de produção de provas no processo penal é taxativo, não se admitindo as provas atípicas.
(D) No procedimento comum, segundo o Código de Processo Penal, o juiz, no interrogatório, não inicia as perguntas ao réu, devendo inquiri-lo somente após a defesa e apenas em caráter supletivo.
(E) A interceptação telefônica, meio de prova, não pode ser decretada de ofício pelo Juiz, também não sendo cabível em investigações ou ações penais que apuram crime punido com detenção.

A: correta. Com a alteração promovida pela Lei 12.654/2012 na Lei de Execução Penal, que nela introduziu o art. 9º-A, criou-se mais uma hipótese de identificação criminal, por meio da qual os condenados pelo cometimento de crime doloso com violência ou grave ameaça contra a pessoa bem como por delito hediondo serão submetidos, compulsoriamente, à identificação do perfil genético, o que se fará por meio da extração de DNA; **B:** incorreta. A redação anterior do art. 159 do CPP estabelecia que a perícia fosse realizada por *dois* profissionais. Atualmente, com a modificação implementada na redação do dispositivo pela Lei 11.690/2008, a perícia será levada a efeito por *um* perito oficial portador de diploma de curso superior. À falta deste, determina o § 1º do art. 159 que o exame seja feito por duas pessoas idôneas, detentoras de diploma de curso superior preferencialmente na área específica, dentre aquelas que tiverem habilitação técnica relacionada com a natureza do exame; **C:** incorreta. O rol de provas contemplado no CPP é meramente *exemplificativo*. Isso significa que, além das provas previstas e disciplinadas em lei, chamadas, por isso, *nominadas*, outros meios de prova que não fazem parte do rol legal (inominadas) são admitidos, ressalvadas as provas ilícitas; **D:** incorreta. A assertiva refere-se ao procedimento a ser seguido na oitiva de testemunhas, em que vige o sistema *cross examination*, segundo o qual as partes dirigem suas indagações às testemunhas sem a intermediação do magistrado, de forma direta, vedados os questionamentos que puderem induzir a resposta, não tiverem relação com a causa ou importarem na resposta de outra já respondida. Ao final da inquirição, se ainda remanescer algum ponto não esclarecido, poderá o juiz complementá-la, formulando à testemunha novas perguntas (art. 212, parágrafo único, do CPP). É por essa razão que se diz que a atividade do juiz é complementar, remanescente à das partes. Tal regra, no entanto, não tem incidência no interrogatório, que será realizado pelo juiz (é ato privativo); ao final, por força do que dispõe o art. 188 do CPP, o magistrado indagará as partes se restou algum fato a ser esclarecido; se sim, o próprio juiz formulará as perguntas sugeridas pelas partes; **E:** incorreta. Embora a interceptação telefônica não caiba na apuração de crimes apenados com detenção, pode o magistrado, lançando mão da prerrogativa que lhe confere o art. 3º, *caput*, da Lei 9.296/1996, determiná-la de ofício. **ED**
Gabarito "A".

(Juiz – TJ/SP – VUNESP – 2015) A confissão do acusado no processo penal
(A) só pode ser admitida se houver outras provas.
(B) para ter validade, deve ser apresentada na polícia e em juízo.
(C) pode ser considerada válida ainda que feita somente na fase extrajudicial.
(D) nunca será tida como valor probante se houver posterior retratação judicial.

A confissão, que consiste na admissão, pelo imputado, de sua responsabilidade, tem valor probatório *relativo*, tanto a produzida na fase investigativa quanto aquela feita na fase judicial. É bem verdade que a confissão judicial, porque produzida sob o crivo do contraditório e ampla defesa, tem valor probante, desde que em harmonia com os demais elementos de convicção, superior àquela feita na fase extrajudicial. No entanto, nada impede que a confissão ocorrida nesta fase da persecução (extrajudicial), desde que encontre ressonância nas demais provas produzidas em contraditório, sirva de base à condenação. Para tanto, não é necessário que ela, confissão, seja apresentada em juízo e também na polícia. Ainda que haja posterior retratação, nada obsta que seja considerada. **ED**
Gabarito "C".

(Juiz – TJ/SP – VUNESP – 2015) A formação da convicção do magistrado no processo penal tem por base inúmeros elementos. Assinale a alternativa que contenha elementos que vão ao encontro da sistemática do Código de Processo Penal como um todo.
(A) Vinculação das provas do processo à sua própria consciência e verdade formal.
(B) Livre convencimento e verdade material.
(C) Livre convencimento e motivação da decisão.
(D) Hierarquia prefixada de provas e livre apreciação dos elementos constatados nos autos.

No que concerne aos sistemas de valoração da prova, adotamos, como regra, o sistema da persuasão racional ou livre convencimento motivado, em que o magistrado decidirá com base no seu livre convencimento, devendo, todavia, fundamentar sua decisão (art. 93, IX, da CF/1988). No chamado sistema do livre convencimento (ou íntima convicção), o juiz, ao apreciar a prova de forma livre e de acordo com a sua convicção, não está obrigado a fundamentar a sua decisão. É o sistema que vige no Tribunal do Júri, em que o jurado não motiva o seu voto. Nem poderia. Há, por fim, o sistema da prova legal, no qual o juiz fica adstrito ao valor atribuído à prova pelo legislador. **ED**
Gabarito "C".

(Juiz – TJ/MS – VUNESP – 2015) Na produção de prova testemunhal, com relação ao método direto e cruzado, previsto no artigo 212, do Código de Processo Penal, com nova redação dada pela Lei 11.690/2008, afirma-se que
(A) é utilizado com reservas porque enfraquece o contraditório e o poder instrutório do juiz, além de afrontar os princípios da ampla defesa e do contraditório.
(B) a testemunha é inquirida, inicialmente, por quem a arrolou e, após, submetida ao exame cruzado pela parte contrária, cabendo ao juiz indeferir perguntas impertinentes e repetitivas e completar a inquirição.
(C) é sistema de inquirição idêntico ao desenvolvido em plenário do júri e explicitado pelo artigo 473 do Código de Processo Penal.
(D) é regra de exceção na inquirição de testemunha na segunda fase da persecução penal, condicionada ao requerimento prévio das partes e deferimento judicial.
(E) após a complementação do juiz, ao qual se dirige a prova produzida, encerra-se a oitiva, sem possibilidade de reperguntas pelas partes.

Com as mudanças implementadas no art. 212 do CPP pela Lei de Reforma 11.690/2008, o *sistema presidencialista*, pelo qual a testemunha, depois de inquirida pelo juiz, respondia, por intermédio deste, às perguntas formuladas pelas partes, deu lugar ao chamado sistema *cross examination*, atualmente em vigor, segundo o qual as partes passam a dirigir suas indagações às testemunhas sem a intermediação do magistrado, de forma direta, vedados os questionamentos que puderem induzir a resposta, não tiverem relação com a causa ou importarem na resposta de outra já respondida. Ao final da inquirição, se ainda remanescer algum ponto não esclarecido, poderá o juiz complementá-la, formulando à testemunha novas perguntas (art. 212, parágrafo único, do CPP). É por essa razão que se diz que a atividade do juiz é complementar, remanescente à das partes. **ED**

Gabarito "B".

(Promotor de Justiça – MPE/RS – 2017) Em uma ação penal o Ministério Público, durante a instrução, junta documento em língua estrangeira. Intimada a defesa especificamente sobre o documento, esta silencia. No momento de requerer diligências do art. 402 do Código de Processo Penal, Ministério Público e defesa nada requerem. Oferecidas alegações finais orais, o Ministério Público vale-se do documento em língua estrangeira para pedir a condenação. A defesa, por sua vez, produz eficiente defesa sem fazer referência ao documento em língua estrangeira. Concluso para sentença, considerando o documento em língua estrangeira, o juiz deverá

(A) determinar a conversão do julgamento em diligência para que seja providenciada a tradução do documento por tradutor público, ou, na falta, por pessoa idônea a ser nomeada pelo juízo, independentemente da solução ser condenatória ou absolutória, ou ainda do uso do documento nesta solução.

(B) ordenar o desentranhamento do documento já que em todos os atos e termos do processo é obrigatório o uso da língua portuguesa e não foi providenciada a sua tradução em momento oportuno.

(C) decidir pela conversão do julgamento em diligência para que seja providenciada a tradução do documento por tradutor público, ou, na falta, por pessoa idônea a ser nomeada pelo juízo, apenas se for condenar o acusado e valer-se do documento para tanto.

(D) apreciar livremente a prova produzida, inclusive quanto ao documento em língua estrangeira, uma vez que a sua tradução não é obrigatória.

(E) resolver pela conversão do julgamento em diligência para que o Ministério Público e a defesa juntem cada um a sua versão em língua portuguesa do documento em língua estrangeira.

Tal como estabelece o art. 236 do CPP, a tradução dos documentos em idioma estrangeiro somente será realizada quando se revelar *necessária*. **ED**

Gabarito "D".

(Promotor de Justiça – MPE/AM – FMP – 2015) A respeito das provas no processo penal, assinale a alternativa incorreta.

(A) A confissão será divisível e retratável, sem prejuízo do livre convencimento do juiz, fundado no exame das provas em conjunto.

(B) Se o juiz verificar que a presença do réu poderá causar humilhação, temor ou sério constrangimento à testemunha ou ao ofendido, de modo que prejudique a verdade do depoimento, determinará a pronta retirada do réu da sala de audiência, prosseguindo na inquirição, com a presença do seu defensor.

(C) À exceção do exame de corpo de delito, o juiz ou a autoridade policial negará a perícia requerida pelas partes, quando não for necessária ao esclarecimento da verdade.

(D) Se qualquer testemunha houver de ausentar-se, ou, por enfermidade ou por velhice, inspirar receio de que, ao tempo da instrução criminal, já não exista, o juiz poderá, de ofício ou a requerimento de qualquer das partes, tomar-lhe antecipadamente o depoimento.

(E) Os documentos originais, juntos a processo findo, quando não exista motivo relevante que justifique a sua conservação nos autos, poderão, mediante requerimento, e ouvido o Ministério Público, ser entregues à parte que os produziu, ficando traslado nos autos.

A: correta. A confissão, de fato, é *retratável* e *divisível*, devendo o juiz, ao apreciá-la, fazê-lo em conjunto com as demais provas reunidas no processo (art. 200, CPP); **B:** incorreta, visto que, neste caso, caberá ao juiz, antes de determinar a retirada do réu da sala de audiências, procurar proceder à inquirição por videoconferência; não sendo isso possível, aí sim o juiz providenciará a retirada do acusado. Além disso, estas providências e suas justificativas devem constar do termo de audiência. É o que estabelece o art. 217 do CPP; **C:** correta, nos termos do art. 184 do CPP; **D:** correta (art. 225, CPP); **E:** correta (art. 238, CPP). **ED**

Gabarito "B".

(Promotor de Justiça/GO – 2016 – MPE) Acerca dos meios de obtenção da prova no processo penal, assinale a alternativa incorreta:

(A) Diante de grave suspeita da prática de crime por advogado, em seu escritório, sob pretexto de exercício da profissão, é juridicamente válida a invasão de domicílio por autoridade policial em escritório de advocacia para instalação de equipamento destinado à captação de sinais óticos e acústicos, mediante prévia autorização judicial. Todavia, em caso como o presente, o STF decidiu que a exploração de local realizada em período noturno macularia o produto das escutas ambientais judicialmente autorizadas, por malferir o direito individual estatuído pelo art. 5º, XI, da CR/88 ("a casa é asilo inviolável do indivíduo, ninguém nela podendo penetrar sem consentimento do morador, salvo em caso de flagrante delito ou desastre, ou para prestar socorro, ou, durante o dia, por determinação judicial").

(B) Nos depoimentos que prestar, o colaborador renunciará, na presença de seu defensor, ao direito constitucional ao silêncio e se sujeitará ao compromisso legal de dizer a verdade.

(C) Não é legalmente defeso que a vítima figure como sujeito passivo da medida de interceptação das comunicações telefônicas.

(D) Se o acordo de colaboração premiada for posterior à sentença, não poderão incidir os seguintes prêmios legais: perdão judicial; redução da pena privativa de liberdade em até dois terços; substituição da pena privativa de liberdade por restritiva de direitos; não oferecimento de denúncia.

A: incorreta. Conferir: *Escuta ambiental e exploração de local. Captação de sinais óticos e acústicos. Escritório de advocacia. Ingresso da autoridade policial, no período noturno, para instalação de equipamento. Medidas autorizadas por decisão judicial. Invasão de domicílio. Não caracterização. (...) Inteligência do art. 5º, X e XI, da CF; art. 150, § 4º, III, do CP; e art. 7º, II, da Lei 8.906/1994. (...) Não opera a inviolabilidade do escritório de advocacia, quando o próprio advogado seja suspeito da prática de crime, sobretudo concebido e consumado no âmbito desse local de trabalho, sob pretexto de exercício da profissão.* (Inq. 2.424, rel. min. Cezar Peluso, j. 26.11.2008, P, DJE de 26.3.2010); **B:** correta, pois em conformidade com o que estabelece o art. 4º, § 14, da Lei 12.850/2013; **C:** correta (não há vedação imposta pela lei); **D:** correta, uma vez que reflete o disposto no art. 4º, § 5º, da Lei 12.850/2013. **ED**

Gabarito "A".

(Promotor de Justiça/GO – 2016 – MPE) A prova testemunhal, decerto, ainda é o meio de prova utilizado mais frequentemente no processo penal brasileiro. Com efeito, sobre a prova testemunhal é correto afirmar:

(A) Não será computada como testemunha a pessoa que nada souber que interesse à decisão da causa.

(B) Não se admite a contradita no processo penal, tendo em conta que sua acolhida não traz repercussão na valoração pelo juiz do depoimento da testemunha contraditada.

(C) As hipóteses legais em que as testemunhas estão proibidas de depor em razão do conhecimento do fato criminoso associado à função, profissão ou ministério, é absoluta, de modo que não se exige que este conhecimento advenha a partir do exercício das funções desempenhadas pela testemunha.

(D) O fato da pessoa prestar depoimento em determinado procedimento administrativo, qualificada ou na qualidade de declarante, não autoriza, caso falseie a verdade, a atração do tipo penal do art. 342 do CP, como sujeito ativo do crime de falso testemunho, vez que o tipo penal exige a presença da elementar "testemunha" para seu aperfeiçoamento.

A: correta, pois corresponde à redação do art. 209, § 2º, do CPP; **B:** incorreta. *Contradita*, que encontra previsão no art. 214 do CPP, é o instrumento, colocado à disposição das partes, que se presta a questionar a parcialidade da testemunha que será ouvida. Terá lugar logo em seguida à qualificação da testemunha e antes do início do seu depoimento; **C:** incorreta. Por força do que dispõe o art. 207 do CPP, estão proibidas de depor as pessoas que, em razão da função, ministério, ofício ou profissão, devam guardar segredo. Trata-se, como se pode ver, de uma imposição legal; poderão, todavia, fazê-lo, e aqui está a incorreção da assertiva, se a parte que lhe confiou o segredo desobrigá-la e a autorizar a depor; **D:** incorreta. Cuida-se de tema objeto de divergência tanto na doutrina quanto na jurisprudência. Há quem sustente que o declarante ou informante pode ser sujeito ativo do crime de falso testemunho (art. 342, CP). Para quem assim pensa, o compromisso não é elementar do tipo penal. Para uma outra corrente, o declarante ou informante não pode figurar como autor do crime de falso testemunho. De toda forma, por expressa previsão contida no art. 342 do CP, o falso testemunho pode se dar em processo administrativo, inclusive. **ED**

Gabarito "A".

(Delegado/AP – 2017 – FCC) O exame de corpo de delito

(A) é dispensável nos crimes que deixam vestígios.

(B) deve ser feito imediatamente para que não se percam os vestígios do crime, o que veda a indicação de assistente técnico pelas partes.

(C) deve ser feito, em regra, pelo menos 2 horas após o óbito.

(D) realiza-se sobre vestígios do corpo humano, havendo regime diverso para o exame sobre objetos e sobre reconhecimento de escritos.

(E) pode ser rejeitado pelo juiz, no todo ou em parte.

Antes de mais nada, é importante que se diga que a Lei 13.721/2018 inseriu um parágrafo único ao art. 158 do CPP, segundo o qual passarão a ter prioridade, na elaboração do exame de corpo de delito, os crimes que envolvam: violência doméstica e familiar contra a mulher; e violência contra criança, adolescente, idoso ou pessoa com deficiência. Dito isso, passemos às alternativas. **A:** incorreta. Ao contrário do afirmado, é justamente nos crimes que deixam vestígios, chamados *não transeuntes*, que o exame de corpo de delito se impõe (art. 158, CPP); **B:** incorreta. É fato que o exame de corpo de delito deve ser

realizado o quanto antes, assim que o fato chegar ao conhecimento da autoridade policial (art. 6º, VII, do CPP), mas é incorreto afirmar que é vedado às partes indicar assistente técnico (art. 159, § 3º, do CPP); **C:** incorreta, já que o exame necroscópico deve ser realizado pelo menos 6 horas depois do óbito, ressalvada a hipótese em que os peritos, em razão da evidência dos sinais de morte, chegarem à conclusão de que o exame pode ser realizado em prazo menor (art. 162, *caput*, do CPP); **D:** incorreta. O exame de corpo de delito poderá recair sobre o corpo humano, um documento, o instrumento do crime etc.; **E:** correta (art. 182, CPP). ED
Gabarito "E".

(Delegado/MS – 2017 – FAPEMS) A busca e apreensão está prevista no Código de Processo Penal vigente como um meio de prova possível de ser realizada antes e durante a investigação preliminar, no curso da instrução criminal e, ainda, na fase recursal. A esse respeito, assinale a alternativa correta.

(A) A busca pessoal será realizada pela autoridade policial, independentemente de mandado, no caso de prisão, quando houver fundada suspeita de que a pessoa esteja na posse de arma proibida, no decorrer da busca domiciliar nas pessoas que se encontrem no interior da casa.

(B) A autoridade policial, assim que tomar conhecimento da prática da infração penal, deverá colher todas as provas e determinar a imediata busca e apreensão de objetos, o que prescinde de autorização judicial, pois é, um ato administrativo autoexecutável.

(C) Autoridade policial não poderá penetrar no território de jurisdição alheia para o fim de apreensão, quando for no seguimento de pessoa ou coisa, sem antes se apresentar obrigatoriamente e sempre antes da diligência à competente autoridade local.

(D) Dispõe do Código de Processo Penal vigente que a busca pessoal em mulher será sempre realizada por outra mulher, o que se estende às transexuais e às travestis, uma vez reconhecido o direito de se identificarem como do gênero feminino, devendo a autoridade policial observar de maneira fidedigna essa regra.

(E) Não será permitida a apreensão de documento em poder do defensor do acusado pela autoridade policial, mesmo que constituir elemento do corpo de delito, haja vista a probabilidade de servir de prova de tese defensiva.

A: correta (art. 244, CPP); **B:** incorreta. A autoridade policial, assim que informada da prática de fato com aparência de crime, deverá dirigir-se ao local em que estes se deram e, ali estando, adotar as providências elencadas no art. 6º do CPP, entre as quais colher todas as provas que sejam pertinentes para a elucidação dos fatos e apreender os objetos que tiverem relação com eles, o que somente poderá ocorrer após a liberação pelos peritos (art. 6º, II e III, do CPP); **C:** incorreta, uma vez que não reflete o disposto no art. 250, *caput*, do CPP; **D:** incorreta (art. 249, CPP); **E:** incorreta (art. 243, § 2º, CPP). ED
Gabarito "A".

(Delegado/MS – 2017 – FAPEMS) Sobre os documentos no processo penal, de acordo com o Código de Processo Penal vigente, assinale a alternativa correta.

(A) Caso o juiz obtenha notícia da existência de documento relativo a ponto relevante da acusação ou da defesa, somente poderá determinar a juntada aos autos mediante requerimento da parte interessada.

(B) Os documentos podem ser apresentados em qualquer fase do processo, salvo em grau de recurso quando os autos estiverem conclusos para julgamento.

(C) Considera-se documento quaisquer escritos, instrumentos ou papéis públicos ou particulares, possuindo o mesmo valor a fotografia atual do documento.

(D) Os documentos originais, juntos a processo findo, quando inexistir motivo relevante que justifique a sua conservação nos autos, poderão, mediante requerimento, e ouvido o Ministério Público, ser entregues à parte que os produziu.

(E) Documentos em língua estrangeira serão necessariamente traduzidos por tradutor oficial ou pessoa idônea nomeada pela autoridade para serem juntados aos autos, exceto quando os sujeitos processuais dominarem o idioma.

A: incorreta, uma vez que, neste caso, tal providência independerá de iniciativa das partes, devendo o juiz determinar a juntada do documento de ofício (art. 234, CPP); **B:** incorreta (art. 231, CPP); **C:** incorreta, já que somente se conferirá o mesmo valor se se tratar de fotografia *autenticada* (art. 232, parágrafo único, CPP); **D:** correta (art. 238, CPP); **E:** incorreta (art. 236, CPP). ED
Gabarito "D".

(Delegado/MS – 2017 – FAPEMS) A possibilidade de o juiz condenar ou não o réu com base nos elementos de informação contidos no inquérito policial, sem o crivo no contraditório na fase judicial, é tema de antiga discussão no processo penal brasileiro. Nesse contexto, assinale a alternativa correta.

(A) Apesar de o inquérito policial ser um procedimento administrativo, os elementos informativos não necessitam ser corroborados em juízo, em virtude da oficialidade com que agem as autoridades policiais.

(B) No Tribunal do Júri, vigora o sistema do livre convencimento motivado do julgador, por isso os jurados podem julgar com base em qualquer elemento de informação exposto ou lido em plenário, sem fundamentar a sua decisão.

(C) A condenação do réu deve sempre ser fundamentada em provas colhidas com respeito ao direito do contraditório judicial, ainda que o magistrado utilize elementos informativos na formação de seu convencimento.

(D) Os elementos de informações colhidos no inquérito policial podem fundamentar sentença condenatória, quando não há prova judicial para sustentar a condenação, haja vista o princípio da verdade real.

(E) Com a reforma introduzida em 2008 no Código de Processo Penal, restou definido que o juiz não pode condenar o réu com base nos elementos informativos e provas não repetíveis colhidos na investigação

A: incorreta. Embora o inquérito policial seja conduzido por autoridade oficial, que é o delegado de polícia, é incorreto afirmar que os elementos de informação nele produzidos não devam ser submetidos ao contraditório. Tal como estabelece o art. 155, *caput*, do CPP, o magistrado *formará sua convicção pela livre apreciação da prova produzida em contraditório judicial* (...); **B:** incorreta. Isso porque, no Tribunal do Júri, prevalece o sistema da *íntima convicção*, na medida em que os jurados não podem declarar o voto; **C:** correta. Ao proferir sentença, é dado ao juiz, ao externar a sua convicção, fazê-lo com base nas provas colhidas sob o crivo do contraditório e também em elementos de informação colhidos no inquérito policial; **D:** incorreta. Ainda que inexista prova judicial para sustentar a condenação, não poderá o juiz proferir sentença condenatória com base exclusiva nas informações colhidas no inquérito policial (art. 155, *caput*, do CPP); **E:** incorreta. O art. 155, *caput*, do CPP excepciona as chamadas provas cautelares, não repetíveis e as antecipadas. ED
Gabarito "C".

(Delegado/GO – 2017 – CESPE) Suponha que o réu em determinado processo criminal tenha indicado como testemunhas o presidente da República, o presidente do Senado Federal, o prefeito de Goiânia – GO, um desembargador estadual aposentado, um vereador e um militar das Forças Armadas. Nessa situação hipotética, conforme o Código de Processo Penal, poderão optar pela prestação de depoimento por escrito

(A) o presidente do Senado Federal e o desembargador estadual.
(B) o prefeito de Goiânia – GO e o militar das Forças Armadas.
(C) o desembargador estadual e o vereador.
(D) o presidente da República e o presidente do Senado Federal.
(E) o presidente da República e o vereador.

Estabelece o art. 221, § 1º, do CPP que o presidente e o vice-presidente da República e os presidentes do Senado Federal, da Câmara dos Deputados e do Supremo Tribunal Federal têm a prerrogativa, quando ouvidos na condição de testemunha, de ajustar, com o juiz da causa, local, dia e hora para que lhes seja tomado o depoimento. ED
Gabarito "D".

(Defensor Público – DPE/RN – 2016 – CESPE) Assinale a opção correta com relação ao interrogatório do acusado segundo o entendimento do STJ e do STF.

(A) Situação hipotética: Gérson, denunciado por roubo, não obstante a falta de citação prévia, compareceu espontaneamente à audiência designada, ao início da qual foi cientificado da acusação e entrevistou-se, reservadamente, com o DP nomeado para defendê-lo. Ato contínuo, informado do seu direito de permanecer em silêncio, Gérson foi interrogado e negou a imputação. Assertiva: Nessa situação, a falta de citação torna nulo o interrogatório de Gérson.

(B) É direito do corréu ser representado por defensor constituído ou dativo no interrogatório dos outros acusados como forma de oportunizar a produção de prova que entender pertinente.

(C) O direito de presença e de participação ativa nos atos de interrogatório judicial dos litisconsortes penais passivos encontra suporte legitimador em convenções internacionais, embora não seja previsto na CF.

(D) O interrogatório do acusado de tráfico de drogas deve ocorrer no fim da instrução processual, após a oitiva das testemunhas.

A: incorreta. Conferir: "A falta de citação não anula o interrogatório quando o réu, ao início do ato, é cientificado da acusação, entrevista-se, prévia e reservadamente, com a defensora pública nomeada para defendê-lo – que não postula o adiamento do ato –, e nega, ao ser interrogado, a imputação. Ausência, na espécie, de qualquer prejuízo à defesa" (HC 121682, Relator: Min. Dias Toffoli, Primeira Turma, julgado em 30.09.2014, Processo Eletrônico DJe-225 Divulg 14.11.2014 Public 17.11.2014); **B:** correta. Nesse sentido: (...) A jurisprudência desta Corte Superior de Justiça, que se consolidou no sentido de que o corréu tem o direito de ser representado no interrogatório de outro acusado, para que lhe seja oportunizada a produção da prova que entende pertinente, não se admitindo que tal prerrogativa lhe seja tolhida de plano, sem qualquer justificativa legal. 2. No entanto, conquanto se confira ao acusado a prerrogativa de participar do interrogatório do corréu e de formular as perguntas consideradas pertinentes, o certo é que a sua presença no referido ato é facultativa, motivo pelo qual a sua ausência, bem como a de seu patrono, assim como a falta de nomeação de advogado dativo não são causas de nulidade da ação penal. 3. No caso dos autos, o paciente e o patrono por ele contratado foram devidamente intimados da data designada para o interrogatório dos corréus, não tendo voluntariamente comparecido à colheita dos referidos depoimentos, o que afasta a mácula suscitada na impetração, uma vez que inexiste obrigatoriedade de nomeação de advogado *ad hoc* para o ato, já que a participação na inquirição dos demais acusados é optativa" (HC 243.126/ GO, Rel. Ministro Jorge Mussi, Quinta Turma, julgado em 02.12.2014, *DJe* 11.12.2014); **C:** incorreta. Conferir: "(...) direito de presença e de "participação ativa" nos atos de interrogatório judicial dos demais litisconsortes penais passivos, quando existentes. – O direito do réu à observância, pelo Estado, da garantia pertinente ao "due process of law", além de traduzir expressão concreta do direito de defesa, também encontra suporte legitimador em convenções internacionais que proclamam a essencialidade dessa franquia processual, que compõe o próprio estatuto constitucional do direito de defesa, enquanto complexo de princípios e de normas que amparam qualquer acusado em sede de persecução criminal" (HC 111567 AgR, Relator(a): Min. Celso De Mello, Segunda Turma, julgado em 05.08.2014, Processo eletrônico DJe-213 divulg 29-10-2014 public 30.10.2014); **D:** incorreta, já que não corresponde ao que estabelece o art. 57 da Lei 11.343/2006, segundo a qual o interrogatório, no âmbito do crime de tráfico, constitui o primeiro ato da instrução. É importante que se diga que a aplicação desta norma, que determina que o interrogatório seja a primeira providência a ser tomada na instrução, não constitui consenso nos tribunais superiores. Há entendimento no sentido de que, em homenagem ao princípio da ampla defesa, o interrogatório deve ser o último ato da instrução, conforme estabelece o art. 400 do CPP. No sentido de que deve prevalecer, em detrimento da lei geral, a norma especial: "Se a Lei 11.343 determina que o interrogatório do acusado será o primeiro ato da audiência de instrução e julgamento, ao passo que o art. 400 do Código de Processo Penal prevê a realização de tal ato somente ao final, não há dúvidas de que deve ser aplicada a legislação específica, pois, como visto, as regras do procedimento comum ordinário só tem lugar no procedimento especial quando nele houver omissões ou lacunas" (STJ, HC 180033-SP, Quinta Turma, rel. Min. Jorge Mussi, 16.02.2002). Para Guilherme de Souza Nucci, cujo entendimento é no sentido de que deve ser aplicado o rito especial previsto na Lei de Drogas, seria recomendável, para evitar futura alegação de nulidade, que o juiz indague o defensor se o acusado pretende ser ouvido logo no início da instrução ou ao final desta (*Leis Penais e Processuais Penais Comentadas*, 8. ed. São Paulo: Revista dos Tribunais, 2014. p. 405).

Gabarito "B".

(Defensor Público – DPE/RN – 2016 – CESPE) Acerca das provas no processo penal, assinale a opção correta de acordo com o entendimento do STF e do STJ.

(A) As provas testemunhais obtidas por meio de delação premiada, ainda que em consonância com as demais provas produzidas na fase judicial da persecução penal, são elementos inidôneos para subsidiarem a condenação do agente.

(B) Conforme o princípio constitucional da razoável duração do processo, não cabem dilações indevidas no processo, sendo que a demora na tramitação do feito deve ser proporcional à complexidade do delito nele veiculado, bem como às diligências e aos meios de prova indispensáveis a seu deslinde.

(C) Uma vez que a busca da verdade real se subordina a formas rígidas, a afirmação da reincidência depende de certidão na qual fique atestado cabalmente o trânsito em julgado de anterior condenação.

(D) Conforme o entendimento do STF, a valoração da prova diz respeito a mera questão de fato, que não se confunde com o critério de reexame da prova, que é questão de direito.

(E) Conforme súmula vinculante do STF, o defensor tem direito, no interesse do representado, de ter acesso amplo aos elementos de prova, os quais, já documentados em procedimento investigatório realizado por órgão com competência de polícia judiciária, refiram-se ao exercício do direito de defesa, inclusive com obtenção de cópia dos autos do inquérito policial, ainda que este tramite sob sigilo.

A: incorreta. Conferir: "As provas testemunhais, obtidas por meio de delação premiada, em consonância com as demais provas produzidas na fase judicial da persecução penal, são elementos idôneos para subsidiarem a condenação do agente" (STJ, AgRg no AREsp 422.441/RR, Rel. Ministro Reynaldo Soares Da Fonseca, Quinta Turma, julgado em 18.08.2015, DJe 25.08.2015); **B:** correta. "A razoável duração do processo não pode ser considerada de maneira isolada e descontextualizada das peculiaridades do caso concreto. Na espécie, não configurado o alegado excesso de prazo, até porque a melhor compreensão do princípio constitucional aponta para "processo sem dilações indevidas", em que a demora na tramitação do feito há de guardar proporcionalidade com a complexidade do delito nele veiculado e as diligências e os meios de prova indispensáveis a seu deslinde" (STF, HC 116029, Relator(a): Min. Rosa Weber, Primeira Turma, julgado em 04.02.2014, Processo Eletrônico DJe-040 divulg 25.02.2014 public 26.02.2014); **C:** incorreta: "A busca da verdade real não se subordina, aprioristicamente, a formas rígidas, por isso que a afirmação da reincidência independe de certidão na qual atestado cabalmente o trânsito em julgado de anterior condenação, sobretudo quando é possível provar, por outros meios, que o paciente está submetido a execução penal por crime praticado anteriormente à sentença condenatória que o teve por reincidente" (STF, HC 116301, Relator(a): Min. Luiz Fux, Primeira Turma, julgado em 03.12.2013, Processo Eletrônico DJe-028 divulg 10.02.2014 public 11.02.2014); **D:** incorreta (STF, HC 114174); **E:** incorreta, pois não corresponde ao teor da Súmula Vinculante 14, a seguir transcrita: "É direito do defensor, no interesse do representado, ter acesso amplo aos elementos de prova que, já documentados em procedimento investigatório realizado por órgão com competência de polícia judiciária, digam respeito ao exercício do direito de defesa".

Gabarito "B".

(Defensor Público – DPE/RN – 2016 – CESPE) A respeito da prova indiciária em processo penal, da prisão em flagrante delito, das medidas assecuratórias, das citações e intimações e da suspensão condicional do processo, assinale a opção correta.

(A) O CPP não admite a realização de citação por hora certa.

(B) De acordo com a jurisprudência do STJ, a suspensão condicional do processo é aplicável aos crimes praticados em contexto de violência doméstica e familiar contra a mulher.

(C) O CPP veda ao juiz a utilização de indícios para fundamentar uma condenação criminal.

(D) Admite-se a prisão em flagrante na modalidade de flagrante presumido de alguém perseguido pela autoridade policial logo após o cometimento de um crime e encontrado em situação que faça presumir ser ele o autor da infração.

(E) O sequestro consiste na medida assecuratória proposta com o fim de promover a retenção de bens imóveis e móveis do indiciado ou acusado, ainda que em poder de terceiros, quando adquiridos com o proveito da infração penal.

A: incorreta. A citação por hora certa, antes exclusiva do processo civil, agora também é admitida no âmbito do processo penal, dada a mudança introduzida na redação do art. 362 do CPP pela Lei 11.719/2008. A propósito disso, o STF, ao julgar o RE 635.145, reconheceu, em votação unânime, a constitucionalidade da citação por hora certa no processo penal, rechaçando a tese segundo a qual esta modalidade de citação ficta ofende os postulados da ampla defesa e do contraditório; **B:** incorreta, dado que o art. 41 da Lei Maria da Penha, cuja constitucionalidade foi reconhecida pelo STF (ADC 19, de 09.02.2012), veda a aplicação, no contexto dos crimes praticados com violência doméstica e familiar contra a mulher, das medidas despenalizadoras contempladas na Lei 9.099/1995, entre as quais a *suspensão condicional do processo* e a *transação penal*. Consolidando tal entendimento, editou-se a Súmula 536, do STJ: "A suspensão condicional do processo e a transação penal não se aplicam na hipótese de delitos sujeitos ao rito da Lei Maria da Penha"; **C:** incorreta, já que inexiste óbice para que o magistrado, valendo-se de seu livre convencimento, fundamente a sentença penal condenatória com base exclusiva em *indícios* (prova indireta). Na jurisprudência: "A criminalidade dedicada ao tráfico de drogas organiza-se em sistema altamente complexo, motivo pelo qual a exigência de prova direta da dedicação a esse tipo de atividade, além de violar o sistema do livre convencimento motivado previsto no art. 155 do CPP e no art. 93, IX, da Carta Magna, praticamente impossibilita a efetividade da repressão a essa espécie delitiva (STF, HC 111.666, 1ª T., rel. Min. Luiz Fux, 08.05.2012); **D:** incorreta, já que a assertiva descreve hipótese de flagrante *impróprio*, *imperfeito* ou *quase flagrante*, em que o sujeito é perseguido, logo em seguida à prática criminosa, em situação que faça presumir ser o autor da infração (art. 302, III). Já o flagrante *ficto* ou *presumido*, a que faz menção a alternativa, é a modalidade (art. 302, IV) em que o agente é encontrado, depois do crime, na posse de instrumentos, armas, objetos ou papéis em circunstâncias que revelem ser ele o autor da infração penal. Há, ainda, o chamado flagrante *próprio*, *real* ou *perfeito*, no qual o agente é surpreendido no momento em que comete o crime ou quando acaba de cometê-lo – art. 302, I e II, do CPP; **E:** correta. De fato, somente podem ser objeto da medida de sequestro os bens adquiridos com o *proveito* da infração (lucro do crime, vantagem financeira obtida) – art. 125, CPP, ainda que já tenham sido transferidos a terceiros. O provento, ganho obtido com a prática criminosa, não deve ser confundido com o *produto* do crime. Conferir, quanto a esse tema, o magistério de Guilherme de Souza Nucci: "Sequestro: é a medida assecuratória consistente em reter os bens imóveis e móveis do indiciado ou acusado, ainda em poder de terceiros, quando adquiridos com o proveito da infração penal, para que deles não se desfaça, durante o curso da ação penal, a fim de se viabilizar a indenização da vítima ou impossibilitar ao agente que tenha lucro com a atividade criminosa (...)" (*Código de Processo Penal Comentado*, 12ª ed., p. 335).

Gabarito "E".

(Defensor Público – DPE/ES – 2016 – FCC) Sobre as provas no processo penal,

(A) após realização do reconhecimento pessoal, deve ser lavrado auto pormenorizado, subscrito pela autoridade, pela pessoa chamada para proceder ao reconhecimento e por duas testemunhas presenciais.

(B) em virtude do princípio do livre convencimento motivado, o juiz pode suprir a ausência de exame de corpo de delito, direto ou indireto, pela confissão do acusado nos crimes que deixam vestígios.

(C) de acordo com o sistema acusatório, o interrogatório é o ato final da instrução, não podendo ocorrer mais de uma vez no mesmo processo.

(D) segundo a Convenção Americana de Direitos Humanos, a confissão do acusado só é válida se feita sem coação de nenhuma natureza, de modo que não há mácula na confissão informal feita no momento da prisão quando apenas induzida por policiais.

(E) diante da notícia concreta de tráfico de drogas e da presença de armas em determinada favela, é possível a expedição de mandado de busca domiciliar para todas as casas da comunidade.

A: correta, visto que corresponde à redação do art. 226, IV, do CPP; **B:** incorreta. O exame de corpo de delito, nas infrações que deixam vestígios, é indispensável – art. 158 do CPP. Agora, se estes vestígios, por qualquer razão, se perderem, nosso ordenamento jurídico admite que a prova testemunhal supra essa ausência – art. 167 do CPP. A confissão, no entanto, por expressa disposição do art. 158 do CPP, não poderá ser utilizada para esse fim; **C:** incorreta. Por força das modificações implementadas pela Lei 11.719/2008, que alterou diversos dispositivos do CPP, entre os quais o art. 400, a instrução, que antes tinha como providência inicial o interrogatório do acusado, passou a ser una, impondo, além disso, nova sequência de atos, todos realizados em uma única audiência. Nesta (art. 400 do CPP – ordinário; art. 531 do CPP – sumário), deve-se ouvir, em primeiro lugar, o ofendido; depois, ouvem-se as testemunhas de acusação e, em seguida, as de defesa. Após, vêm os esclarecimentos dos peritos e as acareações. Em seguida, procede-se ao reconhecimento de pessoas e coisas. Somente depois se interroga o acusado. Ao final, não havendo requerimento de diligências, serão oferecidas pelas partes alegações finais orais, por vinte minutos, prorrogáveis por mais dez. Como se pode notar, a primeira parte da assertiva está correta. O erro está na sua segunda parte, uma vez que ao juiz é dado proceder, sempre que necessário, a novo interrogatório (art. 196, CPP); **D:** incorreta, pois contraria o disposto no art. 8º, 3, da Convenção Americana de Direitos Humanos (Pacto de São José da Costa Rica), que assim estabelece: *a confissão do acusado só é válida se feita sem coação de nenhuma natureza;* **E:** incorreta, pois em desconformidade com o disposto no art. 243, I, do CPP. Vale, quanto a isso, a lição de Guilherme de Souza Nucci: "(...) o mandado de busca a apreensão, por importar em violação de domicílio, deve ser preciso e determinado, indicando, *o mais precisamente possível* a casa onde a diligência será efetuada, bem como o nome do proprietário ou morador (neste caso, podendo ser o locatário ou comodatário). Admitir-se o mandado genérico torna impossível o controle sobre os atos de força do Estado contra direito individual, razão pela qual é indispensável haver fundada suspeita e especificação" (*Código de Processo Penal Comentado*, 12ª ed., p. 571). Não é por outra razão que a comunidade jurídica rechaçou a possibilidade de expedição de mandados coletivos de busca e apreensão por ocasião da intervenção federal no Estado do Rio de Janeiro.

Gabarito: "A".

(Defensor Público – DPE/MT – 2016 – UFMT) NÃO é característica da prova:

(A) Judicialidade.
(B) Oralidade.
(C) Retrospectividade.
(D) Subjetividade.
(E) Individualidade.

A anulação da questão se deve ao fato de as características elencadas nas alternativas (exceção à assertiva "D") dizerem respeito a uma espécie de prova, que é a *testemunhal*. O enunciado faz alusão ao gênero *prova*. Dito isso, passemos à análise de cada uma das alternativas. **A:** a *judicialidade* corresponde à característica segundo a qual somente pode ser considerada testemunhal a prova colhida pelo juízo competente; **B:** a *oralidade*, outra característica da prova testemunhal, significa que o testemunho somente pode ser dado de forma oral, sendo vedado à testemunha apresentá-lo por escrito (art. 204, CPP); agora, nada impede que a testemunha, no ato de seu depoimento, faça breve consulta a informações contidas em anotações (art. 204, parágrafo único, CPP); **C:** a *retrospectividade*, outra característica da prova testemunhal, refere-se à necessidade de a testemunha depor sobre fatos pretéritos, ou seja, que já aconteceram; **D:** a *subjetividade* não constitui característica da prova testemunhal. A ela se opõe a característica da objetividade, segundo a qual a testemunha, no seu depoimento, deve ser objetiva, evitando fazer apreciações de natureza subjetiva, ou seja, a testemunha deve se abster de emitir sua opinião sobre os fatos. Deve limitar-se, isto sim, a expô-los com objetividade (art. 213, do CPP). Tal regra comporta uma exceção: poderá a testemunha emitir sua opinião desde que seja inseparável da narrativa do fato; **E:** a *individualidade* deve ser entendida como a característica da prova testemunhal que consiste na necessidade de cada testemunha ser ouvida *separadamente*, de tal modo que uma não ouça o depoimento da outra. É o que estabelece o art. 210 do CPP.

Gabarito: Anulada

(Delegado/BA – 2016.2 – Inaz do Pará) Segundo o Art. 187 do Código de Processo Penal, o interrogatório será constituído de duas partes. São elas:

(A) qualificação e vida pregressa.
(B) as provas já apuradas e o local onde foi cometida a infração.
(C) sobre os fatos e vida pregressa.
(D) sobre a pessoa do acusado e sobre os fatos.
(E) oportunidades sociais e os meios de vida.

A assertiva correta é a "D", na medida em que corresponde ao que reza o art. 187, *caput*, do CPP: "O interrogatório será constituído de duas partes: sobre a pessoa do acusado e sobre os fatos".

Gabarito: "D".

(Delegado/BA – 2016.2 – Inaz do Pará) Em situações onde não existam peritos oficiais e que seja urgente a realização da devida perícia, deverá a Autoridade Policial adotar as seguintes providências, excetuando-se:

(A) designar peritos não oficiais que prestarão o compromisso de bem e fielmente desempenhar o encargo.
(B) designar 2 (duas) pessoas idôneas, portadoras de diploma de curso superior preferencialmente na área específica, dentre as que tiverem habilitação técnica relacionada com a natureza do exame.
(C) lavrar o devido Termo designando o perito *ad hoc*, que deverá constar nos Autos do respectivo inquérito policial.
(D) suprir a sua falta, de acordo com os artigos 158 e 167 do CPP, ante a impossibilidade de realização do exame de corpo de delito, por meio de prova testemunhal.
(E) realizar Auto de Inspeção, descrevendo de modo minudente, todo o material que foi objeto da perícia, devendo ser assinado pela Autoridade e por duas testemunhas.

A redação anterior do art. 159 do CPP estabelecia que a perícia fosse realizada por *dois* profissionais. Atualmente, com a modificação implementada na redação do dispositivo pela Lei 11.690/2008, a perícia será levada a efeito por *um* perito oficial portador de diploma de curso superior. À falta deste (é a hipótese descrita no enunciado), determina o § 1º do art. 159 que o exame seja feito por duas pessoas idôneas, detentoras de diploma de curso superior preferencialmente na área específica, dentre aquelas que tiverem habilitação técnica relacionada com a natureza do exame. Nesse caso, deverá o escrivão lavrar o respectivo termo de compromisso dos peritos de bem desempenhar o exame para o qual foram designados. No mais, sempre que a infração deixar vestígios, é indispensável o exame de corpo de delito (exame de verificação da existência do crime); não sendo possível essa verificação, a *prova testemunhal* poderá suprir tal falta; a *confissão*, em hipótese alguma (arts. 158 e 167, CPP).

Gabarito: "E".

(Juiz de Direito/AM – 2016 – CESPE) Acerca dos meios de prova no processo penal, assinale a opção correta.

(A) A interceptação telefônica é medida subsidiária e excepcional, só podendo ser determinada quando não houver outro meio para se apurar os fatos tidos por criminosos, sendo ilegal quando for determinada apenas com base em notícia anônima, sem investigação preliminar.
(B) A competência para autorizar a interceptação telefônica é exclusiva do juiz criminal, caracterizando prova ilícita o aproveitamento da diligência como prova emprestada a ser utilizada pelo juízo cível ou em processo administrativo.
(C) De acordo com o STJ, o prazo de quinze dias é contado a partir da data da decisão judicial que autoriza a interceptação telefônica e pode ser prorrogado sucessivas vezes pelo tempo necessário, especialmente quando o caso for complexo e a prova, indispensável.
(D) Em regra, o CPP estabelece que o interrogatório do réu preso será feito pelo sistema de videoconferência ou outro recurso tecnológico de transmissão de sons e imagens em tempo real. Não sendo isso possível por falta de disponibilidade do recurso tecnológico, o preso será apresentado em juízo, mediante escolta.
(E) A busca domiciliar poderá ser feita sem autorização do morador, independentemente de dia e horário, no caso de a autoridade judiciária comparecer pessoalmente para efetivar a medida, devendo esta declarar previamente sua qualidade e o objeto da diligência.

A: correta, uma vez que, segundo estabelece o art. 2º, II, da Lei 9.296/1996, não será admitida a interceptação de comunicações telefônicas quando a prova puder ser feita por outros meios disponíveis. Além disso, a denúncia anônima somente poderá dar azo à instauração de inquérito policial, dando início à persecução penal, quando confirmada a sua procedência por meio de apuração preliminar. Conferir: "1. Elementos dos autos que evidenciam não ter havido investigação preliminar para corroborar o que exposto em denúncia anônima. O Supremo Tribunal Federal assentou ser possível a deflagração da persecução penal pela chamada denúncia anônima, desde que esta seja seguida de diligências realizadas para averiguar os fatos nela noticiados antes da instauração do inquérito policial. Precedente. 2. A interceptação telefônica é subsidiária e excepcional, só podendo ser determinada quando não houver outro meio para se apurar os fatos tidos por criminosos, nos termos do art. 2º, inc. II, da Lei n. 9.296/1996. Precedente. 3. Ordem concedida para se declarar a ilicitude das provas produzidas pelas interceptações telefônicas, em razão da ilegalidade das autorizações, e a nulidade das decisões judiciais que as decretaram amparadas apenas na denúncia anônima, sem investigação preliminar" (HC 108147, Relator(a): Min. CÁRMEN LÚCIA, Segunda Turma, julgado em 11.12.2012, PROCESSO ELETRÔNICO DJe-022 DIVULG 31.01.2013 PUBLIC 01.02.2013); **B:** incorreta. As provas colhidas em instrução processual penal, desde que obtidas mediante interceptação telefônica devidamente autorizada por Juízo criminal competente, admitem compartilhamento para fins de instruir ação de natureza civil ou procedimento administrativo. Nesse sentido: *É cabível a chamada "prova emprestada" no processo administrativo disciplinar, desde que devidamente autorizada pelo Juízo Criminal. Assim, não há impedimento da utilização da interceptação telefônica produzida na ação penal, no processo administrativo disciplinar, desde que observadas as diretrizes da Lei 9.296/1996* (STJ, 3ª Seção, rel. Min. Laurita Vaz, j. 26.09.2012); **C:** incorreta. O prazo tem início com a efetivação da medida, e não com a prolação da decisão judicial que a autorizou. No mais, está correto o que se afirma na alternativa. É que predomina o entendimento segundo o qual a intercepção deve perdurar pelo interregno necessário à elucidação do crime sob investigação; comporta, por isso, sucessivos pedidos de renovação. Conferir: "(...) Nesse contexto, considerando o entendimento jurisprudencial e doutrinário acerca da possibilidade de se prorrogar o prazo de autorização para a interceptação telefônica por períodos sucessivos quando a intensidade e a complexidade das condutas delitivas investigadas assim o demandarem, não há que se falar, na espécie, em nulidade da referida escuta e de suas prorrogações, uma vez que autorizada pelo Juízo de piso com a observância das exigências previstas na lei de regência (Lei 9.296/1996, art. 5º) (...)" (STF, 1ª T., RHC 120.111, rel. Min. Dias Toffoli, j. 11.03.2014); **D:** incorreta. Ao contrário do afirmado, o interrogatório por sistema de videoconferência constitui exceção, somente podendo ser realizado nas hipóteses listadas no art. 185, § 2º, do CPP. A regra é que o interrogatório seja realizado no estabelecimento em que o réu estiver preso; não sendo isso possível, por falta de estrutura do presídio, o interrogatório realizar-se-á no fórum, com requisição, pelo juiz, do acusado (art. 185, § 7º, do CPP); **E:** incorreta. Mesmo com a presença do magistrado que prolatou a ordem de busca e apreensão, tal somente poderá realizar-se à noite se o morador consentir; de qualquer forma, o magistrado presente à diligência deverá informar ao morador sua qualidade e o objeto da diligência (art. 245, *caput* e § 1º, do CPP).

Gabarito: "A".

(Juiz de Direito/AM – 2016 – CESPE) Carla fez um seguro de vida que previa o pagamento de vultosa indenização a seu marido, José, caso ela viesse a falecer. O contrato previa que o beneficiário não teria direito à indenização se causasse a morte da segurada. Alguns meses depois, Carla foi encontrada morta, tendo o perito oficial que assinou o laudo cadavérico concluído que a causa provável fora envenenamento. Em que pese o delegado não ter indiciado José, o MP concluiu que havia indícios de autoria, razão pela qual ele foi denunciado por homicídio doloso. O juiz recebeu a denúncia e determinou a citação do réu. José negou a autoria do delito, tendo solicitado a admissão de assistente técnico e apresentado defesa em que requereu sua absolvição sumária. O parecer do assistente técnico foi no sentido de que a morte de Carla tivera causas naturais.

Acerca dessa situação hipotética, assinale a opção correta.

(A) Caso o juiz absolva José por estar provado não ser ele autor do fato, essa decisão não impedirá que os genitores de Carla ingressem com ação civil indenizatória e obtenham o reconhecimento de sua responsabilidade civil.
(B) O MP não poderia ter oferecido denúncia sem que o delegado tivesse indiciado José e procedido à sua oitiva na fase extrajudicial, razão pela qual o juiz deveria ter remetido os autos à delegacia para a referida providência.
(C) O juiz poderá fundamentar uma sentença absolutória acatando o parecer elaborado pelo assistente técnico contratado por José, rejeitando as conclusões do perito oficial.
(D) O laudo de exame cadavérico de Carla é nulo porque a legislação processual penal determina que ele seja elaborado e assinado por dois peritos oficiais.
(E) A seguradora poderá intervir no processo criminal como assistente da acusação no intuito de demonstrar que José foi o autor do crime.

A: incorreta. Devemos considerar, aqui, duas situações: *i)* absolvição decorrente do fato de não existir prova suficiente de ter o réu concorrido para a infração penal; *ii)* absolvição como decorrência de restar provado, no curso da instrução, que o réu não foi o autor da infração penal. A situação de José se enquadra nesta última hipótese. Ou seja, ficou provado não ser ele o autor do homicídio contra sua esposa. Sendo assim, a decisão proferida no juízo criminal faz coisa julgada no cível, impedindo que os genitores de Carla ingressem com ação civil indenizatória. De outro lado, a absolvição decorrente do fato de não existir prova suficiente de ter o réu concorrido para a infração penal possibilita que sua culpa seja rediscutida na esfera cível, não impedindo, portanto, o ajuizamento de ação indenizatória; **B:** incorreta. Em primeiro lugar, o inquérito policial não é indispensável ao oferecimento da queixa ou denúncia (art. 12 do CPP); se o titular da ação penal dispuser de elementos suficientes, poderá, diretamente, propô-la; além disso, com muito mais razão, instaurado o inquérito, se o delegado de polícia, ao seu término, entender que não havia indícios suficientes de autoria, nada impede que o promotor, entendendo de forma diversa, ajuíze a ação penal. O promotor, portanto, não está vinculado à conclusão do inquérito policial; por fim, se assim entender o promotor (no sentido de oferecer denúncia), não cabe a ele ou mesmo ao juiz determinar à autoridade policial que proceda ao indiciamento, por se tratar de ato exclusivo desta; **C:** correta. Por força do que estabelece o art. 182 do CPP, o juiz não está vinculado às conclusões do laudo elaborado pelo perito oficial, podendo, com base na sua livre convicção, rejeitá-lo, desde que justifique tal medida; **D:** incorreta. A redação anterior do art. 159 do CPP estabelecia que a perícia fosse realizada por *dois* profissionais. Atualmente, com a modificação implementada na redação do dispositivo pela Lei 11.690/2008, a perícia será levada a efeito por *um* perito oficial portador de diploma de curso superior. À falta deste, determina o § 1º do art. 159 que o exame seja feito por duas pessoas idôneas, detentoras de diploma de curso superior preferencialmente na área específica, dentre aquelas que tiverem habilitação técnica relacionada com a natureza do exame. Assim, não há que se falar em nulidade; **E:** incorreta, uma vez que a seguradora não foi incluída no rol do art. 268 do CPP. Conferir: *A seguradora não tem interesse líquido e certo de figurar como assistente do Ministério Público na ação penal em que se imputa a um dos denunciados, beneficiário de seguro de vida da vítima, a prática de homicídio (art. 121, § 2º, incisos I e IV, do Código Penal), porquanto não se caracteriza como vítima desse delito, tampouco há previsão legal nesse sentido* (RMS 47.575/SP, Rel. Ministra MARIA THEREZA DE ASSIS MOURA, SEXTA TURMA, julgado em 14.04.2015, DJe 23.04.2015).

Gabarito "C".

(Juiz de Direito/DF – 2016 – CESPE) Acerca do princípio do livre convencimento do juiz, assinale a opção correta.

(A) Tendo formado sua convicção pela livre apreciação da prova produzida em contraditório judicial, o juiz poderá proferir decisão baseada exclusivamente nas provas não repetíveis, mas não poderá fazê-lo em caso de provas antecipadas ou cautelares.
(B) O juiz deve formar sua convicção pela livre apreciação da prova produzida em contraditório judicial, não podendo proferir decisão baseada exclusivamente nos elementos informativos colhidos na fase de investigação, tampouco nas provas cautelares, não repetíveis e antecipadas.
(C) Dada a previsão de que o juiz deve formar sua convicção pela livre apreciação da prova produzida em contraditório, a prova produzida na fase de investigação poderá fundamentar a decisão do magistrado se a sua produção tiver sido acompanhada pelo advogado do réu, ou seja, poderá o juiz fundamentar sua decisão exclusivamente nos elementos informativos produzidos na fase de inquérito.
(D) Em decorrência do princípio do livre convencimento adotado pelo CPP, o juiz pode decidir de acordo com sua vivência acerca dos fatos, desde que sua decisão seja devidamente fundamentada.
(E) O juiz deve formar sua convicção pela livre apreciação da prova produzida em contraditório judicial, e poderá proferir decisão com base exclusivamente nas provas cautelares, não repetíveis e antecipadas.

A: incorreta. Acolhemos, como regra, o *sistema da livre convicção* ou da *persuasão racional*, atualmente consagrado no art. 155, *caput*, do CPP, em que o magistrado decidirá com base no seu livre convencimento, devendo, todavia, fundamentar sua decisão (art. 93, IX, da CF/1988). Em outras palavras, ao magistrado é conferida ampla liberdade para formar seu convencimento. Porém, esta liberdade não é ilimitada. Com efeito, reza o art. 155, *caput*, do CPP que é vedado ao juiz fundamentar sua decisão exclusivamente nas informações colhidas na fase investigatória, que em regra é constituída pelo inquérito policial, isto é, o inquérito não pode servir de suporte único para uma condenação. E a razão para isso é simples: durante a fase de investigação, não vigora a garantia do contraditório, princípio de índole constitucional (art. 5º, LV, da CF), o que somente ocorrerá na etapa processual. Sucede que essa limitação imposta ao juiz (de se valer, para a condenação, exclusivamente das provas colhidas na investigação) não abrange as provas cautelares, não repetíveis e antecipadas, em que o contraditório será diferido, ou seja, exercido em momento posterior (no curso do processo); **B:** incorreta, tendo em conta o que foi afirmado acima; **C:** incorreta. Ainda que a produção da prova, na fase inquisitiva, tenha sido acompanhada pelo advogado do investigado, mesmo assim é vedado ao juiz proferir sentença condenatória com base exclusiva nos elementos colhidos nessa primeira fase da persecução; **D:** incorreta. É vedado ao juiz decidir com base na sua vivência acerca dos fatos (experiência); o que se permite é que o magistrado, na avaliação da prova, se valha de elementos de sua vivência. Em outras palavras, ao juiz não é dado formar a prova a partir de sua vivência, mas tão somente usá-la na valoração da prova já existente; **E:** correta, pois está em conformidade com o disposto no art. 155, *caput*, do CPP.

Gabarito "E".

(Promotor de Justiça – MPE/MS – FAPEC – 2015) Com relação às regras de provas do Código de Processo Penal, é **correto** afirmar que:

(A) A circunstância conhecida e provada que, tendo relação com o fato, autorize, por indução, concluir-se a existência de outra ou outras circunstâncias, no âmbito do processo penal, não possui valor legal, uma vez que decorre do princípio da não culpabilidade a proibição de presunção.
(B) São características da confissão no processo penal a retratabilidade, a indivisibilidade e a relatividade do valor.
(C) As pessoas proibidas de depor em razão da profissão poderão fazê-lo se, desobrigadas pela parte interessada, quiserem dar o seu testemunho, neste caso, porém, não deverão prestar compromisso.
(D) Somente quanto ao estado das pessoas serão observadas as restrições à prova estabelecidas na lei civil.
(E) Na falta de perito oficial, o exame de corpo delito deverá ser realizado por um profissional idôneo, nomeado pelo juiz, que tenha habilitação técnica relacionada com a natureza do exame.

A: incorreta. A assertiva contém o conceito legal de *indício* (art. 239, CPP), que é meio de prova indireto, tem valor legal e pode, cotejado com as demais provas produzidas em juízo, servir de suporte à condenação; **B:** incorreta. É verdade que a confissão é *retratável* e é *relativo* o seu valor, mas é incorreto afirmar-se que ela é *indivisível* (art. 200, CPP); **C:** incorreta, já que, uma vez desobrigada pela pessoa em favor de quem o segredo é guardado, a testemunha poderá prestar seu depoimento, firmando, neste caso, compromisso de dizer a verdade (art. 207, CPP); **D:** correta (art. 155, parágrafo único, do CPP); **E:** incorreta. Ante o que estabelece o art. 159, *caput*, do CPP, a perícia será levada a efeito por *um* perito oficial portador de diploma de curso superior. À falta deste, determina o § 1º do art. 159 que o exame seja feito por *duas* pessoas idôneas (e não *uma*), detentoras de diploma de curso superior preferencialmente na área específica, dentre aquelas que tiverem habilitação técnica relacionada com a natureza do exame.

Gabarito "D".

(Juiz de Direito/MG – 2014) A respeito da produção de prova no processo penal, assinale a alternativa **CORRETA**.

(A) Ao Juiz, de acordo com o Código de Processo Penal, é vedado determinar a realização de provas antes do início da ação penal.
(B) A confissão do acusado, por ocasião de seu interrogatório judicial, concordando com a classificação legal dos fatos narrados na denúncia, autoriza o julgamento antecipado da lide, por economia processual.
(C) A interceptação telefônica poderá ser requerida verbalmente ao juiz pela autoridade policial, desde que estejam presentes os pressupostos que a autorizem, caso em que a concessão será condicionada à sua redução a termo.
(D) O Juiz formará sua convicção pela livre apreciação da prova produzida em juízo, mas também pode fundamentar sua decisão exclusivamente nos elementos informativos colhidos na fase investigatória.

A: assertiva incorreta, visto que o art. 156, I, do CPP confere ao juiz a prerrogativa de ordenar, de ofício, mesmo *antes* de iniciada a ação penal, a produção antecipada de provas consideradas urgentes e relevantes, sempre observando a necessidade, adequação e proporcionalidade da medida; **B:** incorreta. No processo penal, diferentemente do que se dá no campo do processo civil, a confissão do acusado, ainda que produzida na fase judicial, não autoriza o julgamento antecipado da lide, dado que deve prevalecer a busca pela verdade real, que deve se aproximar ao máximo da realidade. É que está em jogo, neste caso, o caro princípio da dignidade da pessoa humana; **C:** correta, pois reflete a regra disposta no art. 4º, § 1º, da Lei 9.296/1996; **D:** incorreta. O juiz – é fato – formará sua convicção pela livre apreciação da prova produzida em contraditório, mas não poderá – e aqui está a incorreção da assertiva – fundamentar sua decisão exclusivamente nos elementos de informação colhidos na investigação, exceção feita às provas cautelares, não repetíveis e antecipadas (art. 155, *caput*, do CPP).
Gabarito "C".

(Juiz de Direito/RJ – 2014 – VUNESP) No processo penal, o perito
(A) deve prestar compromisso para cada trabalho, ainda que seja perito oficial.
(B) deve, quando trabalha em dupla, chegar a um consenso com seu colega acerca do objeto da perícia, não podendo apresentar laudo divergente em separado.
(C) pode ser ouvido em audiência e pode, inclusive, ter determinada sua condução coercitiva.
(D) pode ser considerado suspeito, mas nunca impedido.

A: incorreta, uma vez que os peritos oficiais estão dispensados de prestar compromisso quando da realização de cada trabalho, na medida em que já o fizeram quando de seu investimento no cargo; estão obrigados a prestar compromisso, para cada trabalho, os peritos não oficiais – art. 159, § 2º, do CPP; **B:** incorreta, dado que, na hipótese de haver divergência entre peritos, cada qual fará consignar, no respectivo auto, suas declarações e respostas, ou, ainda, cada um redigirá, em separado, seu laudo; neste caso, caberá ao juiz nomear um terceiro perito. É o que estabelece o art. 180 do CPP; **C:** correta, pois corresponde ao que estabelecem os arts. 159, § 5º, I, e 278, ambos do CPP; **D:** incorreta, na medida em que os peritos podem ser considerados tanto suspeitos quanto impedidos (arts. 279 e 280 do CPP).
Gabarito "C".

(Delegado/RO – 2014 – FUNCAB) Assinale a alternativa em que se encontra uma característica do sistema acusatório.
(A) O julgador é protagonista na busca pela prova.
(B) As decisões não precisam ser fundamentadas.
(C) A atividade probatória é atribuição natural das partes.
(D) As funções de acusar e de julgar são concentradas em uma pessoa.
(E) As decisões são sempre sigilosas.

São características do *sistema acusatório*: nítida separação nas funções de acusar, julgar e defender, o que torna imprescindível que essas funções sejam desempenhadas por pessoas distintas; o processo é público e contraditório; há imparcialidade do órgão julgador, que detém a gestão da prova (na qualidade de juiz-espectador), e a ampla defesa é assegurada. No *sistema inquisitivo*, que deve ser entendido como a antítese do acusatório, as funções de acusar, defender e julgar reúnem-se em uma única pessoa. É possível, nesse sistema, portanto, que o juiz investigue, acuse e julgue. Além disso, o processo é sigiloso e nele não vige o contraditório. No *sistema misto*, por fim, há uma fase inicial inquisitiva, ao final da qual tem início uma etapa em que são asseguradas todas as garantias inerentes ao acusatório. Embora não haja previsão expressa nesse sentido, acolhemos, segundo doutrina e jurisprudências majoritárias, o sistema acusatório. Alguns doutrinadores, no entanto, sustentam que o sistema adotado é o misto.
Gabarito "C".

(Delegado/RO – 2014 – FUNCAB) No que se refere ao estudo das provas no processo penal, sabe-se que a autoridade judiciária se sujeita ao Princípio da Persuasão Racional (ou do Livre Convencimento Motivado), que tem por característica:
(A) a impossibilidade de vincular o convencimento judicial à atuação das partes, por existir autonomia da autoridade judiciária para buscar as provas.
(B) a possibilidade de a autoridade judiciária se valer de provas ilícitas para a formação do convencimento judicial.
(C) a necessidade de a autoridade judiciária explicitar os motivos de fato e de direito que foram relevantes para a formação do seu convencimento.
(D) a preponderância da prova pericial sobre a prova testemunhal.
(E) a maior valoração que a lei confere à confissão.

A: incorreta, na medida em que o ônus da prova recai sobre as partes; a atuação da autoridade judiciária será sempre supletiva, podendo, portanto, vincular seu convencimento à atuação das partes; **B:** incorreta, já que a prova ilícita não é admitida no âmbito do processo penal acusatório (art. 157, *caput*, do CPP; art. 5º, LVI, da CF); **C:** correta, já que, tendo sido adotado, como regra, o *sistema da persuasão racional* ou *livre convencimento motivado*, o magistrado deverá *fundamentar* sua decisão (art. 93, IX, da CF); **D:** incorreta. Inexiste hierarquia entre provas; **E:** atualmente, não mais se confere à confissão o *status* de rainha das provas, como outrora já foi considerada. Hoje, temos que a confissão, sendo meio de prova com valor equivalente às demais, deve ser valorada em conjunto com os outros elementos probatórios produzidos no processo (art. 197, CPP).
Gabarito "C".

(Delegado/SP – 2014 – VUNESP) No processo penal, a prova produzida durante o inquérito policial
(A) pode ser utilizada por qualquer das partes, bem como pelo juiz.
(B) tem o mesmo valor que a prova produzida judicialmente.
(C) pode ser utilizada somente pelo juiz.
(D) não tem valor legal.
(E) deverá ser sempre ratificada judicialmente para ter valor legal.

A: correta. As partes e o juiz de fato podem valer-se dos elementos informativos colhidos ao longo das investigações; o que não se admite, por imposição do art. 155, *caput*, do CPP, é que o juiz forme seu convencimento com base exclusiva nos elementos produzidos na investigação; dito de outra forma, o inquérito não pode servir de suporte único para uma condenação; **B:** é incorreto afirmar-se que os elementos informativos colhidos por meio do inquérito policial têm valor idêntico às provas produzidas no curso da instrução, uma vez que estas foram submetidas ao crivo do contraditório; diz-se, bem por isso, que o inquérito tem valor *relativo*; de ver-se, no entanto, que às chamadas provas cautelares, não repetíveis e antecipadas (art. 155, *caput*, parte final, do CPP) pode ser atribuído o mesmo valor das produzidas em juízo; **C:** incorreta, dado que o prova pode ser utilizada também pelas partes (comunhão da prova); **D:** incorreta, já que a prova produzida no inquérito tem valor *relativo*; **E:** incorreta, na medida em que há determinadas provas que prescindem de ratificação: provas cautelares, não repetíveis e antecipadas (art. 155, *caput*, parte final, do CPP). Cuidado: embora não precisem ser renovadas, devem ser submetidas ao contraditório posterior (ou diferido).
Gabarito "A".

(Delegado/SP – 2014 – VUNESP) No delito de homicídio, o exame de corpo de delito
(A) é prova pericial fundamental, sem a qual não pode haver o oferecimento da denúncia.
(B) deve, em regra, ser realizado por perito oficial, portador de diploma de curso superior.
(C) é dispensável, no caso de confissão do crime.
(D) é dispensável, caso existam outras provas da prática delituosa.
(E) deve ser realizado por dois peritos médicos pertencentes ao Instituto Médico Legal.

A: incorreta. Quanto a isso, vale conferir o magistério de Guilherme de Souza Nucci: "Recebimento de denúncia sem o exame de corpo de delito: possibilidade. A indispensabilidade do exame diz respeito ao julgamento da ação penal e não ao mero recebimento da denúncia, que pode ocorrer antes da remessa do laudo a juízo. No caso do início da ação penal, devem existir no inquérito provas suficientes para demonstrar a materialidade, ainda que não sejam definitivas, o que somente será alcançado pela apresentação do exame de corpo de delito ou, na sua falta, pela produção das provas em direito admitidas (...)" (*Código de Processo Penal Comentado*, 12ª ed., p. 391); **B:** correta. A redação anterior do art. 159 do CPP estabelecia que a perícia fosse realizada por *duas pessoas idôneas, escolhidas de preferência as que tivessem habilitação técnica*. Atualmente, com a modificação implementada na redação do dispositivo pela Lei 11.690/2008, a perícia será levada a efeito por *um* perito oficial portador de diploma de curso superior. À falta deste, determina o § 1º do art. 159 que o exame seja feito por duas pessoas idôneas, detentoras de diploma de curso superior preferencialmente na área específica, dentre aquelas que tiverem habilitação técnica relacionada com a natureza do exame; **C:** a confissão, por expressa disposição do art. 158 do CPP, não pode suprir o exame de corpo de delito; **D:** incorreta, dado que o exame de corpo de delito, nas infrações que deixam vestígios, é de rigor, independente de existirem outras provas que demonstrem a ocorrência do crime; **E:** incorreta, tendo em conta o comentário à assertiva "B".
Gabarito "B".

(Procurador do Município – São Paulo/SP – 2014 – VUNESP) O CPP estabelece que o Prefeito Municipal, quando arrolado como testemunha em processo penal,
(A) poderá optar pela prestação de depoimento por escrito, caso em que as perguntas, formuladas pelas partes e deferidas pelo juiz, lhe serão transmitidas por ofício.
(B) será obrigatoriamente acompanhado pelo Secretário de Negócios Jurídicos, ou equivalente, caso o assunto em questão seja de interesse público.
(C) poderá recusar-se a prestar compromisso, caso o assunto em questão não seja de interesse público.
(D) depende de expressa autorização da Câmara de Vereadores para prestar depoimento fora da Comarca.
(E) será inquirido em local, dia e hora previamente ajustados com o juiz.

De fato, estabelece o art. 221, *caput*, do CPP que as pessoas ali listadas, entre as quais o prefeito municipal, têm a prerrogativa, quando ouvidos na condição de testemunha, de ajustar, com o juiz da causa, local, dia e hora para que lhes seja tomado o depoimento.
Gabarito "E".

(Cartório/DF – 2014 – CESPE) Acerca da prova no processo penal brasileiro e dos procedimentos a ela inerentes, assinale a opção correta.
(A) Denomina-se qualificada a confissão em que o réu admite a prática do fato criminoso, invocando, por exemplo, alguma excludente de ilicitude ou culpabilidade.
(B) Por não integrar o rol de testemunhas e não ter o compromisso de dizer a verdade, o ofendido, intimado para oitiva em juízo, pode abster-se de comparecer, sendo vedada a sua condução coercitiva.

(C) São indispensáveis para a execução da medida de busca domiciliar, entre outros requisitos, ordem judicial escrita e fundamentada, e cumprimento da diligência durante o dia ou à noite, mediante prévia apresentação da ordem judicial ao morador.
(D) Em regra, não sendo possível o exame de corpo de delito por haverem desaparecido os vestígios, a confissão do réu e a prova testemunhal poderão substituí-lo.
(E) O interrogatório judicial deverá ser realizado como primeiro ato instrutório, sendo indispensável que o réu seja acompanhado por defensor, constituído ou dativo.

A: correta. Confissão *qualificada* é aquela em que o acusado, depois de se declarar culpado em relação ao fato principal, invoca, em sua defesa, a ocorrência de fato apto a excluir sua responsabilidade ou diminuir sua pena, tal como a excludente de ilicitude ou de culpabilidade; *simples*, de outro lado, é a confissão em que o réu admite a prática do fato criminoso sem invocar qualquer fato que possa excluir ou diminuir sua responsabilidade penal; **B:** incorreta. O ofendido, por não ser testemunha, não se sujeita a processo por crime de falso testemunho. De outra forma não poderia ser. É que a vítima, dado o seu interesse na condenação do acusado, não pode ser tida como figura imparcial, como deve ser a testemunha, presumidamente desinteressada no deslinde da causa. Assim sendo, não se deve, ao menos em princípio, conferir o mesmo valor probatório às declarações do ofendido e ao depoimento da testemunha. Até aqui está correto o que se afirma na assertiva. No entanto, a teor do art. 201, § 1º, do CPP, se o ofendido, depois de intimado, deixar de comparecer sem motivo justo poderá ser conduzido coercitivamente à presença da autoridade; **C:** incorreta. É que, segundo estabelece o art. 245 do CPP, a busca domiciliar realizar-se-á durante o dia ou à noite, desde que, neste último caso, haja consentimento do morador, não sendo suficiente que o agente executor da ordem apresente o mandado ao morador; **D:** incorreta. É certo que o exame de corpo de delito é indispensável - art. 158 do CPP. Agora, se estes vestígios, por qualquer razão, se perderem, nosso ordenamento jurídico admite que a prova testemunhal supra essa ausência – art. 167 do CPP. A confissão, no entanto, por expressa disposição do art. 158 do CPP, não poderá ser utilizada para esse fim; **E:** incorreta. Por força das modificações implementadas pela Lei 11.719/2008, que alterou diversos dispositivos do CPP, entre os quais o seu art. 400, a instrução, que antes tinha como providência inicial o interrogatório do acusado, passou a ser uma, impondo, além disso, nova sequência de atos, todos realizados em uma única audiência. Nesta (art. 400 do CPP – ordinário; art. 531 do CPP – sumário), deve-se ouvir, em primeiro lugar, o ofendido; depois, ouvem-se as testemunhas de acusação e, em seguida, as de defesa. Após, vêm os esclarecimentos dos peritos e as acareações. Em seguida, procede-se ao reconhecimento de pessoas e coisas. Somente depois interroga-se o acusado. Ao final, não havendo requerimento de diligências, serão oferecidas pelas partes alegações finais orais, por vinte minutos, prorrogáveis por mais dez.
Gabarito "A".

(Magistratura/GO – 2015 – FCC) Em relação às testemunhas no processo penal, de acordo com o Código de Processo Penal,
(A) caso as testemunhas de acusação se sintam ameaçadas pelo réu, poderão deixar de prestar depoimento.
(B) caso arrolado como testemunha, o Governador poderá optar por prestar depoimento por escrito.
(C) as cartas rogatórias só serão expedidas se demonstrada previamente a sua imprescindibilidade, arcando a parte requerente com os custos de envio.
(D) caso a testemunha seja arrolada pela defesa e esteja impossibilitada, por enfermidade, de comparecer para depor, o juiz determinará que a defesa substitua esta testemunha, sob pena de preclusão da prova.
(E) são proibidas de depor, ainda que desobrigadas pela parte interessada, as pessoas que, em razão da profissão, devam guardar segredo.

A: incorreta, uma vez que, em casos assim, o juiz cuidará para que a inquirição seja feita por meio de videoconferência; não sendo isso possível, determinará a retirada do acusado da sala de audiência (art. 217, CPP). Não podem as testemunhas, portanto, ainda que se sintam ameaçadas pelo réu, deixar de prestar depoimento; **B:** incorreta. Segundo estabelece o art. 221, *caput*, do CPP, as pessoas ali listadas, entre as quais o governador, têm a prerrogativa, quando ostentam a condição de testemunha, de ajustar, com o juiz da causa, local, dia e hora para que lhes seja tomado o depoimento. A prerrogativa de prestar depoimento por escrito somente é conferida ao presidente e vice-presidente da República e também aos presidentes do Senado Federal, da Câmara de Deputados e do Supremo Tribunal Federal; **C:** correta, pois reflete a regra prevista no art. 222-A, *caput*, do CPP; **D:** incorreta, pois em desconformidade com o disposto no art. 220 do CPP, que estabelece que, neste caso, o juiz deverá cuidar para que a testemunha seja inquirida no local em que estiver; **E:** incorreta. Por força do que dispõe o art. 207 do CPP, estão proibidas de depor as pessoas que, em razão da função, ministério, ofício ou profissão, devam guardar segredo. Trata-se, como se pode ver, de uma imposição legal, e não mera faculdade; poderão, todavia, fazê-lo, e aqui está a incorreção da assertiva, se a parte que lhe confiou o segredo desobrigá-la e a autorizar a depor.
Gabarito "C".

(Magistratura/GO – 2015 – FCC) *Conforme a orientação deste Superior Tribunal de Justiça, a inquirição das testemunhas pelo juiz antes que seja oportunizada a formulação das perguntas às partes, com a inversão da ordem prevista no art. 212 do Código de Processo Penal, constitui nulidade relativa* (STJ, HC n. 237.782, Rel. Min. Laurita Vaz, *DJe* de 21.08.2014). Diante deste entendimento do Superior Tribunal de Justiça, a nulidade, neste caso,
(A) será declarada mesmo que não tenha influído na decisão da causa.
(B) deve ser reconhecida de ofício.
(C) independe de comprovação do prejuízo.
(D) deve ser arguida pela parte interessada em tempo oportuno.
(E) não se sujeita à preclusão.

Com as mudanças implementadas no art. 212 do CPP pela Lei de Reforma 11.690/2008, o *sistema presidencialista*, pelo qual a testemunha, depois de inquirida pelo juiz, respondia, por intermédio deste, às perguntas formuladas pelas partes, deu lugar ao chamado sistema *cross examination*, atualmente em vigor, segundo o qual as partes passam a dirigir suas indagações às testemunhas sem a intermediação do magistrado, de forma direta, vedados os questionamentos que puderem induzir a resposta, não tiverem relação com a causa ou importarem na repetição de outra já respondida. Ao final da inquirição, se ainda remanescer algum ponto não esclarecido, poderá o juiz complementá-la, formulando à testemunha novas perguntas (art. 212, parágrafo único, do CPP). É por essa razão que se diz que a atividade do juiz é complementar, remanescente à das partes. Pois bem. Surgiu então a questão atinente à consequência que poderia advir da inversão desta ordem. Prevalece hoje o entendimento no sentido de que é relativa a nulidade decorrente do fato de o juiz, no lugar de formular seus questionamentos ao término da oitiva da testemunha, fazê-lo no começo do depoimento, antes, portanto, das perguntas elaboradas pelas partes. E sendo relativa esta nulidade, o seu reconhecimento somente se dará com a arguição oportuna pelo interessado (não pode o juiz decretá-la de ofício), que, se assim não fizer, sujeitar-se-á à preclusão.
Gabarito "D".

(Magistratura/SC – 2015 – FCC) Com relação ao exame de corpo de delito e às perícias em geral, analise as seguintes assertivas, nos termos do Código de Processo Penal:
I. Na falta de perito oficial, o exame poderá ser realizado por duas pessoas idôneas, portadoras de diploma de curso superior, mas não necessariamente na área técnica específica da natureza do exame.
II. O Ministério Público, o assistente de acusação, o ofendido, o querelante e o acusado poderão formular quesitos, mas somente o Ministério Público e o acusado poderão indicar assistente técnico.
III. A autópsia será feita sempre após seis horas do óbito, não prevendo a lei qualquer exceção.
IV. A exumação será realizada em dia e hora previamente agendados, e somente após autorização judicial.
V. As partes poderão requerer a oitiva dos peritos para esclarecerem a prova ou para responderem a quesitos, desde que o mandado de intimação e os quesitos ou questões a serem esclarecidas sejam encaminhados com antecedência mínima de 10 dias, podendo apresentar as respostas em laudo complementar.

É correto o que se afirma APENAS em
(A) II e IV.
(B) I, IV e V.
(C) I, II, III e IV.
(D) I e V.
(E) II, III e V.

I: correta, já que o art. 159, § 1º, do CPP, que disciplina a matéria, fala em *preferencialmente*; **II:** incorreta, uma vez que as pessoas mencionadas na alternativa podem, sim, indicar assistente técnico (art. 159, § 3º, do CPP); **III:** incorreta. Dispõe o art. 162, *caput*, do CPP que "a autópsia será feita pelo menos 6 (seis) horas depois do óbito, salvo se os peritos, pela evidência dos sinais de morte, julgarem que possa ser feita antes daquele prazo, o que declararão no auto"; **IV:** incorreta. A exumação será determinada, em regra, pela autoridade policial (art. 163, CPP) responsável pelas investigações; pode ocorrer, entretanto, que a exumação seja determinada pelo juiz de direito; neste caso, o procedimento será conduzido pelo delegado de polícia; **V:** correta (art. 159, § 5º, I, do CPP).
Gabarito "D".

(Ministério Público/BA – 2015 – CEFET) Quanto à produção probatória e à coisa julgada no processo penal, assinale a alternativa **INCORRETA**:
(A) O juiz formará sua convicção pela livre apreciação da prova produzida em contraditório judicial, não podendo fundamentar sua decisão exclusivamente nos elementos informativos colhidos na investigação, ressalvadas as provas cautelares, não repetíveis e antecipadas.
(B) Segundo o Código de Processo Penal, a iniciativa probatória do juiz, em respeito ao sistema acusatório e ao princípio da presunção de inocência, limitar-se-á à introdução de novas fontes de prova à persecução penal em juízo, desde que não caracterize atividade probatória supletiva do ônus processual da acusação.
(C) No processo de incidente de falsidade documental, qualquer que seja a decisão, não fará coisa julgada em prejuízo de ulterior processo penal ou civil.
(D) De acordo com a doutrina, no Código de Processo Penal, o vocábulo "indício" aparece ora no sentido de prova indireta, ora no sentido de prova semiplena.

A: assertiva correta, já que corresponde à redação do art. 155, *caput*, do CPP. Significa que as provas reunidas no inquérito policial não podem, de forma exclusiva, servir de suporte para fundamentar uma sentença penal condenatória. Em outras palavras, é vedado ao magistrado fundamentar sua decisão exclusivamente nos elementos informativos produzidos na investigação; **B:** assertiva incorreta. O juiz, no processo penal, não deve conformar-se com a verdade trazida pelas partes; se restar ponto não esclarecido, é imperioso, em homenagem ao postulado da busca da verdade real, que ele atue nessa busca incessante; afinal, ao contrário do que se dá no âmbito do processo civil, está aqui em jogo a liberdade do acusado. De toda sorte, tal atividade do juiz deve ser supletiva em relação à das partes, vedada a sua atuação, neste campo, como protagonista; **C:** assertiva correta, nos termos do art. 148 do CPP; **D:** assertiva correta. A assertiva faz referência a uma das classificações operadas em relação aos indícios, que, segundo o art. 239 do CPP, são "a circunstância conhecida e provada, que, tendo relação com o fato, autoriza, por indução, concluir-se a existência de outra ou outras circunstâncias".
Gabarito "B".

(Ministério Público/SP – 2015 – MPE/SP) Assinale a alternativa correta:
(A) Em obediência ao sistema da livre convicção fundamentada, o fato notório demanda prova.
(B) O silêncio poderá constituir elemento para a formação do convencimento do juiz, a teor do artigo 198 do Código de Processo Penal.
(C) A ausência de perícia nas marcas de frenagem, em acidente de trânsito do qual resultaram lesões corporais na vítima, é causa de nulidade do processo por ausência de exame de corpo de delito nos vestígios deixados pelo crime (artigo 158 do CPP).
(D) A regra do *nemo tenetur se detegere* também se aplica à testemunha compromissada.
(E) Todas as alternativas estão incorretas.

A: incorreta, dado que os fatos notórios, assim considerados os quem são de conhecimento geral, não precisam ser provados; **B:** incorreta, uma vez que "o silêncio, que não importará em confissão, não poderá ser interpretado em prejuízo da defesa" (art. 186, parágrafo único, do CPP). A propósito, o art. 198 do CPP, na parte em que estabelece que o silêncio do acusado pode constituir elemento para a formação do convencimento do juiz, não foi recepcionado pela Constituição Federal; **C:** incorreta. É certo que o exame de corpo de delito, nas infrações que deixam vestígios, é indispensável (art. 158, CPP); mas também é verdade que, diante do desaparecimento dos vestígios ou ainda da não realização da perícia por outro motivo, a lei autoriza que tal ausência seja suprida por meio do depoimento de testemunhas que tenham eventualmente visto as marcas de frenagem (art. 167, CPP); além disso, a prova da existência do crime, no caso do enunciado, pode ser obtida, por exemplo, pelo exame de corpo de delito realizado na vítima, a fim de que sejam constatadas as lesões corporais por ela experimentadas; **D:** correta. Conferir: "Penal. Processual penal. *Habeas corpus*. Falso testemunho. Inocorrência. Lei 1.579/1952, Art. 4º, II (CP, art. 342). Comissão parlamentar de inquérito. Testemunha. Prisão em flagrante. CPP, Art. 307. I. – Não configura o crime de falso testemunho, quando a pessoa, depondo como testemunha, ainda que compromissada, deixa de revelar fatos que possam incriminá-la. II. – Nulidade do auto de prisão em flagrante lavrado por determinação do Presidente da Comissão Parlamentar de Inquérito, dado que não se consignou qual a declaração falsa feita pelo depoente e a razão pela qual assim a considerou a Comissão. III. – Auto de prisão em flagrante lavrado por quem não preenche a condições de autoridade (art. 307 do CPP). IV. – H.C. deferido" (HC 73035, rel. Min. Carlos Velloso, Tribunal Pleno, julgado em 13.11.1996, *DJ* 19.12.1996); **E:** incorreta (está correta a assertiva "D").
Gabarito "D".

(DPE/PE – 2015 – CESPE) Ainda acerca de aspectos diversos do processo penal brasileiro, cada um dos próximos itens apresenta uma situação hipotética, seguida de uma assertiva a ser julgada.
(1) Gabriela está sendo processada porque, segundo a denúncia, teria praticado delito de roubo. Há prova segura nos autos para se afirmar que a ré era imputável no momento do delito. No entanto, após o recebimento da denúncia, mas antes da resposta à acusação, sobreveio à ré, no cárcere, doença mental comprovada em incidente de insanidade mental, procedimento que suspendeu o curso do processo. Após a homologação das conclusões dos peritos no incidente de insanidade mental, o juiz competente determinou que o processo retomasse seu curso. Em seguida, a DP apresentou resposta à acusação e o magistrado absolveu sumariamente a ré, impondo-lhe medida de segurança, uma vez que a doença mental que a tornou inimputável era a única tese da defesa. Nessa situação, à luz do CPP, agiu acertadamente o magistrado ao determinar o prosseguimento do processo e, ao final, decretar a absolvição imprópria da acusada nos termos do pedido da defesa.
(2) Pedro, sem autorização judicial, interceptou uma ligação telefônica entre Marcelo e Ricardo. O conteúdo da conversa interceptada constitui prova de que Pedro é inocente do delito de latrocínio do qual está sendo processado. Nessa situação, embora a prova produzida seja manifestamente ilícita, em um juízo de proporcionalidade, destinando-se esta a absolver o réu, deve ela ser admitida, haja vista que o erro judiciário deve ser a todo custo evitado.

1: incorreta. Tendo em conta o que estabelece o art. 152 do CPP, se se verificar que o surgimento da doença mental é posterior ao crime pelo qual está o acusado sendo processado, é de rigor a suspensão do processo, que assim permanecerá até o restabelecimento do réu. Não poderia o magistrado determinar, assim, sem que a ré tivesse se restabelecido, a retomada da marcha processual; **2:** correta. De fato, considerando que nenhum direito é absoluto, é perfeitamente defensável que o investigado/acusado, com o propósito de provar a sua inocência, o faça por meio da produção de prova ilícita. Afinal, na ponderação entre o direito à intimidade ou privacidade, por exemplo, e o direito de liberdade, prevaleça este último. Conferir o magistério de Aury Lopes Jr., quando se refere à admissibilidade da prova ilícita a partir da proporcionalidade *pro reo*: "Nesse caso, a prova ilícita poderia ser admitida e valorada apenas quando se revelasse a favor do réu. Trata-se da proporcionalidade *pro reo*, em que a ponderação entre o direito de liberdade de um inocente prevalece sobre um eventual direito sacrificado na obtenção da prova (dessa inocência). Situação típica é aquela em que o réu, injustamente acusado de um delito que não cometeu, viola o direito à intimidade, imagem, inviolabilidade de domicílio, das comunicações etc. de alguém para obter uma prova de sua inocência" (*Direito Processual Penal*, 9. ed. São Paulo: Saraiva, 2012. p. 597).
Gabarito: 1: incorreta; 2: correta

(Analista – TRE/GO – 2015 – CESPE) Considerando que, em audiência de instrução e julgamento à qual compareceu a mãe do acusado como testemunha de acusação arrolada pelo Ministério Público, a defesa tenha, imediatamente, suscitado questão de ordem requerendo ao juiz que não tomasse seu depoimento por notório impedimento, julgue o próximo item conforme as normas previstas no Código de Processo Penal sobre provas.
(1) Nessa situação, o juiz deve indeferir a questão de ordem suscitada pela defesa, mas deve informar à mãe do réu que ela pode abster-se de depor e que, mesmo que tenha interesse emprestar seu depoimento, não estará compromissada a dizer a verdade.

1: correta. De uma forma geral, sobre todos recai o dever de servir como testemunha, comparecendo em juízo quando convocado e prestando seu depoimento. Cuida-se, portanto, de um dever imposto por lei, que, se descumprido, pode levar à responsabilização da testemunha por crime de falso testemunho (art. 342, CP). A exceção a essa regra atinge as pessoas elencadas no art. 206 do CPP, que podem, por isso, recusar-se a depor. Entre eles está a mãe do acusado, à qual é conferida a prerrogativa de negar-se a prestar depoimento; por se tratar de uma faculdade (e não de proibição), nada impede que a genitora do réu preste seu testemunho, mas, neste caso, sobre ela não recairá a obrigação de dizer a verdade; será ouvida, bem por isso, na qualidade de informante; assim, se mentir, não será processada por crime de falso testemunho. O art. 206 do CPP estabelece que, em uma única hipótese, as pessoas ali mencionadas não podem recusar-se a depor: quando não for possível, de qualquer outra forma, produzir a prova do fato ou de suas circunstâncias, hipótese em que, ainda assim, não se deferirá o dever de dizer a verdade.
Gabarito 1C

10. SUJEITOS PROCESSUAIS

(Investigador – PC/BA – 2018 – VUNESP) Quanto aos assistentes de acusação, o Código de Processo Penal estabelece que
(A) o assistente é aquele que oferece a denúncia, na hipótese de inércia do Ministério Público nos crimes de ação penal pública.
(B) a morte do ofendido obsta que outrem atue ao lado do Ministério Público, no polo ativo.
(C) na hipótese de ação penal privada, poderá haver assistência de acusação tão somente se houver pluralidade de ofendidos.
(D) na hipótese de morte do ofendido, poderão habilitar-se como assistente seu cônjuge, ascendente, descendente ou irmão.
(E) a assistência inicia-se com a denúncia e conclui-se, em havendo interesse do ofendido, com o término da execução da pena.

A: incorreta. É que o assistente somente será admitido a partir do recebimento da denúncia, permanecendo nessa condição até o trânsito em julgado (art. 269, CPP). Sendo a ação penal pública, o ofendido, diante da inércia do MP em promover a ação penal dentro do prazo legal, poderá ajuizar ação penal privada subsidiária da pública, conforme arts. 29 do CPP e 100, § 3º, do CP; **B:** incorreta, na medida em que contraria o teor do art. 268 do CPP, que estabelece que, na falta do ofendido ou de seu representante legal, a intervenção, na qualidade de assistente, poderá realizar-se pelas pessoas mencionadas no art. 31 do CPP; **C:** incorreta. Isso porque, por expressa disposição do art. 268 do CPP, a assistência poderá se dar, exclusivamente, na ação penal *pública*, já que, se se tratar de ação privada, exclusiva ou subsidiária da pública, o ofendido funcionará como querelante, isto é, como parte necessária; **D:** correta, pois corresponde ao que estabelece o art. 31 do CPP; **E:** incorreta, já que a admissão do assistente terá lugar a partir do recebimento da denúncia e poderá ocorrer até o trânsito em julgado da sentença, ou seja, não há que se falar em assistência no inquérito policial e na execução penal.
Gabarito "D".

(Escrevente – TJ/SP – 2018 – VUNESP) A respeito das causas de impedimento e suspeição do juiz, de acordo com o Código de Processo Penal, assinale a alternativa correta.
(A) Nos juízos coletivos, não poderão servir no mesmo processo os juízes que forem entre si parentes, consanguíneos ou afins, em linha reta ou colateral, até o quarto grau.
(B) O juiz será suspeito, podendo ser recusado por qualquer das partes, se já tiver funcionado como juiz de outra instância, pronunciando-se de fato ou de direito sobre a questão.

(C) Ainda que dissolvido o casamento, sem descendentes, que ensejava impedimento ou suspeição, não funcionará como juiz o sogro, o padrasto, o cunhado, o genro ou enteado de quem for parte no processo.
(D) O juiz será impedido se for credor ou devedor de qualquer das partes.
(E) A suspeição poderá ser reconhecida ou declarada ainda que a parte injurie, de propósito, o juiz.

A: incorreta, pois o *impedimento* do art. 253 do CPP, que se refere a órgãos colegiados, vai até o *terceiro* grau (e não até o *quarto*, como consta da assertiva); **B:** incorreta. Cuida-se de hipótese de *impedimento* (art. 252, III, CPP), e não de *suspeição*, cujas causas estão elencadas no art. 254, CPP; **C:** correta, pois reflete o disposto no art. 255 do CPP; **D:** incorreta. Se o juiz for credor ou devedor de qualquer das partes, ele será considerado *suspeito* para o julgamento da causa (art. 254, VI, do CPP), e não *impedido*; **E:** incorreta. Nesta hipótese, a suspeição não será declarada tampouco reconhecida, tal como estabelece o art. 256 do CPP.
Gabarito "C".

(Escrevente – TJ/SP – 2018 – VUNESP) A respeito do acusado e do defensor, é correto afirmar que
(A) o acusado, ainda que tenha habilitação, não poderá a si mesmo defender, sendo-lhe nomeado defensor, pelo juiz, caso não o tenha.
(B) a constituição de defensor dependerá de instrumento de mandato, ainda que a nomeação se der por ocasião do interrogatório.
(C) o acusado ausente não poderá ser processado sem defensor. Já o foragido, existindo sentença condenatória, ainda que não transitada em julgado, sim.
(D) se o defensor constituído pelo acusado não puder comparecer à audiência, por motivo justificado, provado até a abertura da audiência, nomear-se-á defensor dativo, para a realização do ato, que não será adiado.
(E) o acusado, ainda que possua defensor nomeado pelo Juiz, poderá, a todo tempo, nomear outro, de sua confiança.

A: incorreta, uma vez que, embora não seja recomendável, é dado ao acusado, desde que tenha habilitação para tanto (deve ser advogado), promover a sua defesa técnica, faculdade essa contemplada no art. 263, *caput*, do CPP; **B:** incorreta. É do art. 266 do CPP que a constituição de defensor independerá de instrumento de mandato se a indicação, feita pelo réu, se der por ocasião do interrogatório; **C:** incorreta. A rigor, não há que se falar em revelia no âmbito do processo penal, ao menos tal como verificado no processo civil, em que, como sabemos, a não contestação da ação pelo réu citado implica o reconhecimento, como verdadeiros, dos fatos articulados na inicial. No processo penal, diferentemente, a inação do réu, que foi regularmente citado para contestar a ação, não pode acarretar o mesmo efeito produzido no processo civil. É dizer, o juiz, diante do não comparecimento do réu, providenciará para que lhe seja nomeado um defensor, a quem incumbirá, a partir de então, a defesa do acusado (art. 261, CPP); **D:** incorreta, uma vez que, por força do que estabelece o art. 265, §§ 1º e 2º, do CPP, a audiência poderá, neste caso, ser adiada; **E:** correta (art. 263, *caput*, do CPP).
Gabarito "E".

(Juiz – TJ/MS – VUNESP – 2015) O juiz dar-se-á por suspeito
(A) ainda que a parte, propositadamente, no curso processual, der motivo para criar a suspeição.
(B) independentemente da arguição da parte, por declaração escrita, nos autos, apontando os motivos legais de sua suspeição.
(C) se for amigo íntimo ou inimigo capital de advogado da parte e perito judicial.
(D) e praticará atos urgentes até nomeação de substituto legal, em homenagem ao princípio da celeridade processual.
(E) por motivo de foro íntimo, por declaração escrita, nos autos, apontando os motivos legais de sua suspeição.

A: incorreta. Ao contrário do que se afirma, se a parte injuriar o magistrado ou, de forma proposital e imbuída de má-fé, der motivo para arguir a sua suspeição, inviável que esta seja reconhecida, nos termos do que prescreve o art. 256 do CPP; **B:** correta, pois em conformidade com o que estabelece o art. 97 do CPP; **C:** incorreta, dado que o art. 254, I, do CPP não contemplou o *advogado* tampouco o *perito*, tão somente a *parte*; **D:** incorreta, pois não reflete o disposto no art. 97 do CPP, que estabelece que o juiz, assim que se declarar como suspeito, providenciará para o processo seja, de imediato, remetido ao seu substituto legal; **E:** incorreta, pois, nesta hipótese, o juiz não está obrigado a apontar os motivos que ensejaram sua suspeição.
Gabarito "B".

(Defensor Público – DPE/ES – 2016 – FCC) Com relação ao assistente de acusação no processo penal:
(A) o assistente de acusação somente poderá se habilitar na ação penal pública, condicionada ou incondicionada.
(B) é vedado ao assistente de acusação a indicação de assistente técnico nos exames periciais.
(C) a intervenção do assistente de acusação é proscrita após o início da fase instrutória do processo penal.
(D) é vedado ao assistente de acusação arrazoar o recurso interposto pelo Ministério Público, devendo utilizar recurso próprio.
(E) é garantido ao assistente de acusação o mesmo tempo para alegações finais orais no procedimento comum ordinário.

A: correta, pois reflete o que dispõe o art. 268 do CPP; **B:** incorreta, pois contraria o disposto no art. 159, § 3º, do CPP; **C:** incorreta, na medida em que o ingresso do assistente, que receberá a causa no estado em que se achar, será admitido a partir do recebimento da denúncia e até o trânsito em julgado da decisão (art. 269, CPP); **D:** incorreta, pois não reflete a regra presente no art. 271 do CPP; **E:** incorreta, uma vez que o art. 403, § 2º, do CPP estabelece prazos diferenciados.
Gabarito "A".

(Delegado/PE – 2016 – CESPE) Em consonância com a doutrina majoritária e com o entendimento dos tribunais superiores, assinale a opção correta acerca dos sujeitos do processo e das circunstâncias legais relativas a impedimentos e suspeições.
(A) As disposições relativas ao princípio do juiz natural são analogamente aplicadas ao MP.
(B) No curso do inquérito policial, se for constatado que o delegado de polícia seja inimigo pessoal do investigado, este poderá opor exceção de suspeição, sob pena de preclusão do direito no âmbito de eventual ação penal.
(C) O corréu pode atuar, no mesmo processo, como assistente da acusação do início da ação penal até seu trânsito em julgado, desde que autorizado pelo representante do *parquet*.
(D) Poderá funcionar como perito no processo aquele que tiver opinado anteriormente sobre o objeto da perícia na fase de investigação criminal, em razão da especificidade da prova pericial.
(E) A impossibilidade de identificação do acusado pelo seu verdadeiro nome ou por outros qualificativos que formalmente o individualize impede a propositura da ação penal/MP, mesmo que certa a identidade física do autor da infração penal.

A: correta. A garantia contida no art. 5º, LIII, da CF ("ninguém será processado nem sentenciado senão pela autoridade competente") contempla, como se pode ver, não apenas o princípio do juiz natural, mas também o do promotor natural, que consiste, *grosso modo*, na garantia que todos temos de ser processados por um órgão estatal imparcial, cujas atribuições tenham sido previamente estabelecidas em lei; **B:** incorreta, pois não reflete a regra presente no art. 107 do CPP; **C:** incorreta, pois contraria o disposto no art. 270 do CPP; **D:** incorreta (art. 279, II, do CPP); **E:** incorreta (art. 259, CPP).
Gabarito "A".

(Juiz de Direito/AM – 2016 – CESPE) Assinale a opção correta com referência aos sujeitos da relação processual penal e às questões incidentais.
(A) As partes poderão indicar técnicos, quando não houver peritos oficiais, sendo que o profissional nomeado pela autoridade será obrigado a aceitar o encargo público, sob pena de prisão por crime de desobediência.
(B) O juiz deve declarar-se impedido e, se não o fizer, poderá ser recusado por qualquer das partes, se ele, seu cônjuge, ou parente, consanguíneo ou afim, até o quarto grau, inclusive, sustentar demanda ou responder a processo que tenha de ser julgado por qualquer das partes.
(C) De acordo com o entendimento do STJ, o assistente da acusação não terá direito a réplica, quando o MP tiver anuído à tese de legítima defesa do réu e declinado do direito de replicar.
(D) É exigível procuração com poderes especiais para que seja oposta exceção de suspeição por réu representado pela DP, mesmo que o acusado esteja ausente do distrito da culpa.
(E) O juiz nomeará advogado ao acusado que não o tiver, podendo o réu, a todo tempo, nomear outro de sua confiança, ou a si mesmo defender-se, caso tenha habilitação. Na hipótese de nomeação de defensor dativo, não será cabível o arbitramento de honorários.

A: incorreta, pois contraria as regras presentes nos arts. 276 e 277 do CPP, estabelecendo este último que, na hipótese de o profissional recusar o encargo, sujeitar-se-á a pena de multa, e não a prisão por crime de desobediência; **B:** incorreta. A assertiva refere-se à hipótese de *suspeição* (art. 254, III, do CPP), e não de impedimento (art. 252, CPP). Além do que, tal causa de suspeição somente atinge parentes até o *terceiro* grau (inclusive), e não até o *quarto*, tal como constou da assertiva; **C:** incorreta. Nesse sentido: *Os arts. 271 e 473 do Código de Processo Penal conferem ao Assistente da Acusação o direito à réplica, ainda que o Ministério Público tenha anuído à tese de legítima defesa do Réu e declinado do direito de replicar, razão pela qual deve ser anulado o julgamento* (REsp 1343402/SP, Rel. Ministra LAURITA VAZ, QUINTA TURMA, julgado em 21.08.2014, DJe 03.09.2014); **D:** correta. Na jurisprudência do STJ: *O artigo 98 do Código de Processo Penal exige manifestação da vontade da parte interessada na recusa do magistrado por suspeição por meio da subscrição da petição pela própria parte interessada ou, quando representada em juízo, por meio de procuração com poderes especiais. O defensor público atua na qualidade de representante processual e ainda que independa de mandato para o foro em geral (ex vi art. 128, inc. XI, da LC nº 80/94), deve juntar procuração sempre que a lei exigir poderes especiais* (REsp 1431043/MG, Rel. Ministra MARIA THEREZA DE ASSIS MOURA, SEXTA TURMA, julgado em 16.04.2015, DJe 27.04.2015); **E:** incorreta. A primeira parte da proposição está correta, porque em conformidade com o art. 263, *caput*, do CPP; está incorreta, entretanto, a sua segunda parte, dado que não reflete a regra presente no parágrafo único do mesmo dispositivo.
Gabarito "D".

(Juiz de Direito/DF – 2016 – CESPE) Assinale a opção correta de acordo com o disposto no CPP sobre os assistentes.

(A) O ofendido ou seu representante legal ou, na falta de um deles, o cônjuge, os ascendentes, os descendentes ou irmãos, poderão intervir como assistentes do MP em ações penais públicas condicionada ou incondicionada.
(B) Na falta do ofendido ou de seu representante legal, apenas o cônjuge poderá atuar como assistente da acusação, seja a ação penal pública condicionada ou incondicionada.
(C) O irmão do ofendido, por ser parente colateral, não tem o direito de atuar como assistente da acusação em ação penal pública condicionada ou incondicionada.
(D) Tratando-se de ação penal pública condicionada à representação, não poderão intervir como assistentes do MP nem o ofendido nem parente seu, pois seu direito foi exercido por meio da própria representação.
(E) Em se tratando de ação penal pública incondicionada, somente o MP poderá sustentar acusação, não sendo permitida a assistência, sob pena de se caracterizar a vingança privada.

A: correta, pois reflete o disposto no art. 268 do CPP; **B:** incorreta, uma vez que o art. 31 do CPP estabelece que, no caso de morte do ofendido ou quando este for declarado ausente por decisão judicial, poderão se habilitar para figurar como assistente da acusação o cônjuge, o ascendente, o descendente e o irmão, nesta ordem, e não somente o cônjuge, tal como constou da alternativa; **C:** incorreta, visto que o irmão, conforme afirmado no comentário anterior, faz parte do rol do art. 31 do CPP; **D:** incorreta. A assistência pode dar-se tanto no contexto da ação penal pública incondicionada quanto no da condicionada à representação do ofendido; **E:** incorreta, nos termos do que foi afirmado no comentário anterior.
Gabarito "A".

(Juiz de Direito/CE – 2014 – FCC) Quanto à assistência da acusação, é correto afirmar que

(A) do despacho que admitir, ou não, o assistente, não caberá impugnação por qualquer meio, segundo a doutrina e a jurisprudência.
(B) pode propor meios de prova, dispensada a oitiva do Ministério Público acerca de sua realização.
(C) o corréu pode intervir como assistente.
(D) o assistente receberá a causa no estado em que se achar, mesmo após o trânsito em julgado.
(E) o prazo para o assistente recorrer supletivamente começa a correr imediatamente após o transcurso do prazo do Ministério Público.

A: incorreta. Nesse sentido, conferir o magistério de Guilherme de Souza Nucci: "Cabimento de mandado de segurança: embora o artigo em comento seja taxativo ao afirmar que da decisão do juiz a respeito da admissibilidade ou não do assistente não cabe recurso, cremos ser admissível a interposição de mandado de segurança. É direito líquido e certo do ofendido, quando demonstre a sua condição documentalmente – ou de seus sucessores – ingressar no polo ativo, auxiliando a acusação (...)" (*Código de Processo Penal Comentado*, 12ª ed., p. 612); **B:** incorreta, já que, neste caso, o juiz, antes de decidir acerca da produção do meio de prova proposto pelo assistente, ouvirá o Ministério Público. É o que estabelece o art. 271, § 1º, do CPP; **C:** incorreta, pois contraria a regra prevista no art. 270 do CPP, que veda a atuação de corréu, no mesmo processo, na qualidade de assistente; **D:** incorreta, na medida em que o ingresso do assistente, que receberá a causa no estado em que se achar, somente será admitido a partir do recebimento da denúncia e até o trânsito em julgado da decisão (art. 269, CPP); **E:** correta, pois em conformidade com o entendimento firmado na Súmula 448 do STF.
Gabarito "E".

(Juiz de Direito/RJ – 2014 – VUNESP) Estritamente de acordo com os respectivos textos legais, independe de prévia manifestação do Ministério Público a decisão que

(A) admitir Assistente do Ministério Público.
(B) decretar prisão temporária por representação da autoridade policial.
(C) conceder livramento condicional.
(D) decretar prisão preventiva no curso de ação penal.

A: incorreta, tendo em vista que a manifestação do MP, antes de o juiz admitir o ingresso do assistente, se faz necessária, conforme estabelece o art. 272 do CPP; **B:** incorreta, na medida em que o juiz, diante da representação formulada pela autoridade policial para a decretação da prisão temporária, deverá, antes de determiná-la, ouvir o MP (art. 2º, § 1º, da Lei 7.960/1989); **C:** incorreta, já que, a teor do art. 131 da LEP, é necessário, antes de conceder o livramento condicional, ouvir-se o MP; **D:** correta. Providência não exigida pelo art. 311 do CPP.
Gabarito "D".

(Ministério Público/BA – 2015 – CEFET) Sobre o assistente da acusação no processo penal, após analisar as proposições abaixo destacadas, assinale a alternativa **CORRETA**:

I. Em razão dos princípios da oralidade e concentração dos atos instrutórios, os quais regem o sistema acusatório, o Código de Processo Penal estabelece que do despacho que admitir, ou não, o assistente da acusação, não caberá recurso, não havendo necessidade que conste dos autos o pedido e a decisão sobre a admissibilidade do assistente.

II. Após sucessivas e tópicas reformas legislativas, o Código de Processo Penal passou a estabelecer que o assistente da acusação tem legitimidade para requerer a decretação de prisão preventiva.
III. No procedimento do júri, o assistente da acusação, apesar de poder participar dos debates orais em plenário, não tem legitimidade para requerer o desaforamento do julgamento, resguardando-se, assim, a legitimidade principal do Ministério Público quanto à ação penal pública.
IV. No processo penal atinente aos crimes previstos no Código de Defesa do Consumidor, bem como a outros crimes e contravenções que envolvam relações de consumo, poderão intervir, como assistentes do Ministério Público, as entidades e órgãos da administração pública, direta ou indireta, ainda que sem personalidade jurídica, especificamente destinados à defesa dos interesses e direitos protegidos por aquele Código.
V. Nos crimes de ação penal pública, o assistente de acusação poderá intervir em todos os termos da persecução penal, desde o início do procedimento administrativo pré-processual policial até o trânsito em julgado da sentença penal.

(A) Somente as alternativas II e III estão corretas.
(B) As alternativas I e V estão corretas.
(C) Somente a alternativa V está correta.
(D) Somente a alternativa III está correta.
(E) Somente as alternativas II e IV estão corretas.

I: incorreta. Isso porque, a despeito de a decisão de admissão ou não do assistente não comportar recurso, o pedido e a respectiva decisão deverão, por força do que estabelece o art. 273 do CPP, constar dos autos; **II:** correta. Com a edição da Lei 12.403/2011, que promoveu diversas mudanças no campo da prisão processual, passou-se a admitir que o pedido de prisão preventiva seja formulado pelo assistente de acusação (art. 311, CPP); **III:** incorreta. Têm iniciativa para formular pedido de desaforamento o MP, o *assistente*, o querelante, o próprio acusado e também o juiz, mediante representação – art. 427, *caput*, do CPP; **IV:** correta, pois corresponde ao que estabelece o art. 80 da Lei 8.078/1990 (Código de Defesa do Consumidor); **V:** incorreta, na medida em que o ingresso do assistente, que receberá a causa no estado em que se achar, somente será admitido a partir do recebimento da denúncia e até o trânsito em julgado da decisão (art. 269, CPP). Não tem lugar, portanto, no curso das investigações do inquérito policial ou qualquer outra espécie de apuração criminal, na qual, é importante que se diga, não há ainda acusação, mas mera apuração.
Gabarito "E".

(Escrevente Técnico – TJSP – 2015 – VUNESP) Ao Ministério Público compete, de acordo com o art. 257 do CPP, fiscalizar a execução da lei e promover, privativamente, a ação penal

(A) pública.
(B) pública incondicionada, e manifestar-se como *custos legis*, nas ações penais públicas condicionadas.
(C) privada, quando houver representação da vítima.
(D) pública condicionada, e manifestar-se como *custos legis*, nas ações penais públicas incondicionadas.
(E) pública e, quando houver representação da vítima, promover em seu nome a ação penal privada.

Ao Ministério Público compete a promoção privativa da ação penal pública incondicionada e também da condicionada (a representação ou requisição do MJ). Em outras palavras, a iniciativa, nesta modalidade de ação, é privativa do MP, que dependerá, se a ação for condicionada, da manifestação de vontade do ofendido, por meio de representação, ou da iniciativa do ministro da Justiça, mediante requisição. Ou seja, a norma presente no art. 257 do CPP (que está em consonância com o art. 129, I, da Constituição Federal) contempla tanto a ação penal pública incondicionada quanto a condicionada. Quando a ação não for promovida pelo MP (ação penal exclusivamente privada ou privada subsidiária da pública), caberá a este exercer as funções de fiscal da lei, acompanhando o desenvolvimento do processo (art. 257, II, do CPP).
Gabarito "A".

(Escrevente Técnico – TJSP – 2015 – VUNESP) No que concerne à estruturação da defesa de acusados em juízo criminal, é correto afirmar (CPP, art. 263):

(A) o acusado que é Advogado pode apresentar defesa "em nome próprio", sem necessidade de constituição de outro profissional.
(B) o acusado que não constituir Advogado será obrigatoriamente defendido por Procurador Municipal ou Estadual.
(C) o Juiz não pode indicar Advogado de forma compulsória a um acusado, que sempre tem o direito inalienável de articular a própria defesa, ainda que não seja habilitado para tanto.
(D) se for indicado um Defensor Público ao acusado, este não pode desconstituí-lo para nomear um profissional de sua confiança.
(E) apenas nos crimes mais graves o acusado deve obrigatoriamente ser assistido por Advogado, podendo articular a própria defesa, mesmo sem habilitação, nos casos em que não está em risco sua liberdade.

A: correta. Embora não seja recomendável, dado o envolvimento emocional inevitável, é lícito ao réu, desde que disponha de habilitação para tanto (deve ser advogado), patrocinar a sua própria defesa (advogar em causa própria). Assim estabelece o art. 263, *caput*, parte final, do CPP; **B:** incorreta. Se o acusado não constituir advogado, deverá o juiz nomear-lhe integrante da Defensoria Pública para patrocinar a sua defesa ou, não sendo isso possível, dar-lhe advogado inscrito regularmente nos quadros da OAB (art. 263, *caput*, do CPP). Tal incumbência, como se pode ver, não pode recair sobre as Procuradorias do Município ou do Estado; **C:** incorreta. Somente terá direito a patrocinar a própria defesa o réu que dispuser de habilitação técnica (é dizer: deve ser advogado com inscrição regular na OAB); o acusado que não for advogado, se não concordar com a nomeação feita pelo juiz, pode, a qualquer tempo, contratar advogado de sua confiança, conforme lhe faculta o art. 263, *caput*, do CPP, que substituirá o que lhe fora nomeado pelo magistrado; **D:** incorreta. Como já dito, o acusado não é obrigado a se ver defendido pelo profissional nomeado pelo juiz; poderá, se julgar conveniente e a qualquer momento, contratar defensor de sua confiança; **E:** incorreta. A necessidade de o réu ser defendido por profissional habilitado, por ele constituído ou mesmo nomeado pelo juiz, independe da gravidade do crime pelo qual está sendo processado.

Gabarito "A".

11. CITAÇÃO, INTIMAÇÃO E PRAZOS

(Escrevente – TJ/SP – 2018 – VUNESP) Com relação à citação do acusado, assinale a alternativa correta.

(A) A citação inicial do acusado far-se-á pessoalmente, por intermédio de mandado judicial, carta precatória ou hora certa.
(B) Ao acusado, citado por edital, que não comparecer ou constituir advogado, será nomeado defensor, prosseguindo o processo.
(C) Estando o acusado no estrangeiro, suspende-se o processo e o prazo prescricional até que retorne ao País.
(D) Completada a citação por hora certa, não comparecendo o réu, ser-lhe-á nomeado defensor dativo.
(E) A citação do réu preso far-se-á na pessoa do Diretor do estabelecimento prisional.

A: incorreta. Segundo dispõe o art. 351 do CPP, a citação inicial far-se-á por mandado, que constitui modalidade de citação pessoal. O acusado será citado por carta precatória se estiver fora do território da jurisdição do juiz processante (art. 353, CPP). Já a citação por hora certa, que é modalidade de citação presumida (ficta) e foi incorporada ao processo penal com o advento da Lei 11.719/2008, que a inseriu no art. 362 do CPP, somente terá lugar diante da existência de indícios de ocultação do réu; **B:** incorreta. Se o réu, depois de citado por edital, não comparecer tampouco constituir defensor, o processo e o prazo prescricional ficarão, por imposição da regra estampada no art. 366 do CPP, *suspensos*. Poderá o juiz, neste caso, determinar a produção antecipada das provas que repute urgentes e, presentes os requisitos do art. 312 do CPP, decretar a prisão preventiva. *Vide*, a esse respeito, Súmulas n. 415 e 455 do STJ; **C:** incorreta. Se o acusado estiver no estrangeiro, em lugar sabido, sua citação far-se-á por meio de carta rogatória, com a suspensão do prazo prescricional até o seu cumprimento (art. 368, CPP); **D:** correta, pois reflete o disposto no art. 362, parágrafo único, CPP; **E:** incorreta, uma vez que a citação da pessoa que estiver presa será feita pessoalmente (por mandado), conforme art. 360, CPP.

Gabarito "D".

(Defensor Público – DPE/PR – 2017 – FCC) Sobre as citações e intimações, é INCORRETO afirmar:

(A) Consoante posição do Supremo Tribunal Federal, a intimação pessoal da Defensoria Pública quanto à data de julgamento de *habeas corpus* não é necessária, exceto se houver pedido expresso para a realização de sustentação oral.
(B) Estando o acusado no estrangeiro, em lugar sabido, será citado mediante carta rogatória, suspendendo-se o curso do prazo de prescrição até o seu cumprimento.
(C) Se o réu estiver solto, será citado por hora certa se estiver em local incerto e não sabido.
(D) É constitucional a citação com hora certa no âmbito do processo penal, consoante jurisprudência majoritária.
(E) O processo seguirá sem a presença do acusado que, citado ou intimado pessoalmente para qualquer ato, deixar de comparecer sem motivo justificado, ou, no caso de mudança de residência, não comunicar o novo endereço ao juízo.

A: correta. Conferir: "*Habeas corpus*. Processual Penal. Associação para o tráfico internacional de drogas (art. 35 c/c art. 40, inciso I, da Lei n. 11.343/06). Prisão preventiva. Intimação da Defensoria para a sessão de julgamento do recurso ordinário perante o Superior Tribunal de Justiça. Não ocorrência. Feito que independe de pauta para ser julgado (art. 91, I, do RISTJ). Ausência de manifestação expressa sobre o interesse de realizar sustentação. Alegado cerceamento de defesa não caracterizado. Precedentes. Excesso de prazo na formação da culpa. Inexistência. Complexidade do feito demonstrada. Precedentes. Ordem denegada. 1. Consoante entendimento da Corte, não havendo pedido de sustentação oral da Defensoria Pública, a falta de intimação para a sessão de julgamento não suprime o direito da defesa do recorrente de comparecer para efetivar essa sustentação (RHC n. 116.173/RS, Segunda Turma, Relatora a Ministra Cármen Lúcia, DJe de 10/9/13). 2. A situação retratada nos autos não encerra situação de constrangimento ilegal por excesso de prazo na formação da culpa, tendo em conta a complexidade do feito, evidenciada pela pluralidade de réus, vale dizer, 12 (doze) nacionais e estrangeiros, com defensores distintos. 3. É pacífica a jurisprudência da Corte no sentido de que "a duração razoável do processo deve ser aferida à luz da complexidade dos fatos e do procedimento, bem como a pluralidade de réus e testemunha" (HC n. 126.356/SC-AgR, Primeira Turma, Relator o Ministro Luiz Fux, DJe de 25/8/16). 4. Ordem denegada" (HC 134904, Relator(a): Min. Dias Toffoli, Segunda Turma, julgado em 13/09/2016, Processo Eletrônico DJe-212 Divulg 04-10-2016 Public 05-10-2016). No mais, vide Súmula 431, do STF; **B:** correta, pois corresponde ao teor do art. 368 do CPP; **C:** incorreta. Se o réu estiver solto e em lugar incerto e não sabido, depois de esgotados todos os recursos para a sua localização, proceder-se-á à sua citação por edital, na forma estatuída no art. 361 do CPP. A citação por hora certa, tal como estabelece o art. 362 do CPP, pressupõe que o réu, que tem endereço certo, se oculte para inviabilizar a sua citação, o que será constatado pelo oficial de Justiça; **D:** correta. O STF, ao julgar o RE 635.145, reconheceu, em votação unânime, a constitucionalidade da citação por hora certa, rechaçando a tese segundo a qual esta modalidade de citação ficta ofende os postulados da ampla defesa e do contraditório; **E:** correta (art. 367, CPP).

Gabarito "C".

(Delegado/GO – 2017 – CESPE) Com referência a citação e intimação no processo penal, assinale a opção correta.

(A) A citação do réu preso poderá ser cumprida na pessoa do procurador por ele constituído na fase policial.
(B) As intimações dos defensores públicos nomeados pelo juízo devem ser realizadas mediante publicação nos órgãos incumbidos da publicidade dos atos judiciais da comarca, e não os havendo, pelo escrivão, por mandado ou via postal.
(C) Os prazos para a prática de atos processuais contam-se da data da intimação e não da juntada aos autos do mandado ou da carta precatória ou de ordem.
(D) Em função dos princípios da simplicidade, informalidade e economia processual, é admissível a citação por edital e por hora certa nos procedimentos sumaríssimos perante juizado especial criminal.
(E) No procedimento comum, não se admite a citação ficta.

A: incorreta. Se preso estiver o acusado, sua citação deverá ser feita pessoalmente (art. 360, CPP), com a entrega, pelo oficial de Justiça, do respectivo mandado citatório; **B:** incorreta. A intimação do defensor público, do dativo e do representante do MP será sempre feita *pessoalmente* (art. 370, § 4º, CPP). Realizar-se-á mediante a publicação nos órgãos incumbidos da publicidade dos atos judiciais da comarca a intimação do defensor constituído, do advogado do querelante e do assistente (art. 370, § 1º, CPP); **C:** correta, pois em conformidade com o entendimento consolidado na Súmula n. 710, do STF: "No processo penal, contam-se os prazos da data da intimação, e não da juntada aos autos do mandado ou da carta precatória ou de ordem"; **D:** incorreta. O art. 66, parágrafo único, da Lei 9.099/1995 estabelece que, no âmbito do procedimento sumaríssimo, não localizado o acusado para ser citado pessoalmente, as peças serão encaminhadas ao juízo comum para prosseguimento, no qual se procederá, se necessário for, à citação por hora certa ou por edital, dada a incompatibilidade dessas modalidades de citação ficta com a celeridade imanente ao procedimento adotado na Lei 9.099/1995; **E:** incorreta. O procedimento comum, tanto o ordinário quanto o sumário, admite, sim, as modalidades de citação ficta ou presumida, que são a citação por edital (art. 361, CPP) e por hora certa (art. 362, CPP). A propósito, o STF, ao julgar o RE 635.145, reconheceu, em votação unânime, a constitucionalidade da citação por hora certa, rechaçando a tese segundo a qual esta modalidade de citação ficta ofende os postulados da ampla defesa e do contraditório.

Gabarito "C".

(Defensoria Pública da União – CESPE 2015) José foi denunciado pela prática de homicídio doloso contra Carlos, em Brasília. A vítima era policial federal e estava investigando crime de falsificação de moeda que teria sido praticado por José em Goiânia. O juiz determinou a citação de José por edital, devido ao fato de ele não ter sido encontrado no endereço que constava dos autos.

Com referência a essa situação hipotética, julgue os itens a seguir.

(1) Se José não tiver sido encontrado no endereço dos autos por estar preso na penitenciária do DF devido a condenação definitiva em outro processo, a citação por edital será nula.
(2) A citação por edital deverá conter a transcrição da denúncia oferecida contra José, ou, pelo menos, o resumo dos fatos, sob pena de nulidade absoluta por violação dos princípios do contraditório e da ampla defesa.
(3) A competência para processar e julgar José será do tribunal do júri federal do DF.

1: correta, uma vez que corresponde ao entendimento firmado na Súmula 351, do STF: "É nula a citação por edital de réu preso na mesma unidade da Federação em que o juiz exerce a sua jurisdição"; **2:** incorreta, pois contraria o entendimento consolidado na Súmula 366, do STF: "Não é nula a citação por edital que indica o dispositivo da lei penal, embora não transcreva a denúncia ou queixa, ou não resuma os fatos em que se baseia"; **3:** correta, uma vez que em conformidade com o entendimento firmado na Súmula 147, do STJ, que a seguir se transcreve: "Compete à Justiça Federal processar e julgar os crimes praticados contra funcionário público federal, quando relacionados com o exercício da função".

Gabarito 1C, 2E, 3C.

(Juiz de Direito/CE – 2014 – FCC) Se o acusado, citado por edital, não comparecer, nem constituir advogado, o juiz

(A) poderá determinar a antecipação da prova testemunhal, produzindo-a apenas na presença do Ministério Público.

(B) poderá tomar o depoimento antecipado de testemunha nos casos de enfermidade ou velhice, mas não no de necessidade dela ausentar-se.
(C) poderá determinar a produção antecipada das provas, fundamentando a necessidade da medida no decurso do tempo.
(D) deverá ordenar a suspensão do processo e do curso do prazo prescricional, este regulado pelo máximo da pena cominada, segundo entendimento sumulado.
(E) deverá decretar a prisão preventiva.

Na hipótese de o réu não ser encontrado, deverá o juiz determinar a sua citação por edital, depois de esgotados os meios disponíveis para a sua localização. Se o acusado, depois de citado por edital, não comparecer tampouco constituir defensor, o processo e o prazo prescricional ficarão, em vista da disciplina estabelecida no art. 366 do CPP, suspensos. Quanto ao período durante o qual o prazo prescricional deverá permanecer suspenso, prevalece o entendimento de que tal deverá ocorrer pelo interregno correspondente ao prazo máximo em abstrato previsto para o crime narrado na peça acusatória. A esse respeito, vide Súmula 415 do STJ. A produção da prova considerada urgente deverá se dar em conformidade com o entendimento firmado na Súmula 455 do STJ: "A decisão que determina a produção antecipada de provas com base no art. 366 do CPP deve ser concretamente fundamentada, não a justificando unicamente o mero decurso do tempo". Mais: a colheita desta prova somente poderá se dar na presença de defensor público ou dativo, para o fim de que ao acusado seja assegurado direito de defesa. No que toca à prisão preventiva, a sua decretação, no âmbito do art. 366 do CPP, somente poderá se dar diante da presença dos requisitos do art. 312 do CPP, sendo vedada, portanto, a decretação automática da custódia. O mesmo há de ser aplicado à produção antecipada de provas, que está condicionada à demonstração de sua necessidade, não bastando, a autorizá-la, como dissemos, o mero decurso do tempo.
Gabarito "D".

(Juiz de Direito/MG – 2014) Analise as afirmativas seguintes.

I. O parágrafo 4º do Artigo 394 CPP revogou tacitamente as defesas preliminares ao recebimento da denúncia, uma vez que estabelece que se aplicam os artigos 395, 396, 396-A e 397 do CPP a todos os procedimentos penais de primeiro grau.
II. A videoconferência pode ser substitutiva da carta precatória e da carta rogatória, conforme previsão em nossa lei processual penal.
III. No procedimento sumário, as provas devem ser produzidas em uma só audiência, podendo o juiz indeferir as que considerar irrelevantes, impertinentes ou protelatórias, sendo que os esclarecimentos a serem prestados pelos peritos sujeitam-se ao prévio requerimento das partes.
IV. O réu poderá ser citado com hora certa, aplicando-se ao processo penal as regras estabelecidas no Código de Processo Civil, no caso em que ele se oculte para não ser citado.

A partir da análise, conclui-se que estão CORRETAS.

(A) III e IV apenas.
(B) I e III apenas.
(C) II e IV apenas.
(D) I, II e III apenas.

I: incorreta. Conferir a célebre lição de Guilherme de Souza Nucci: "Conflito aparente de normas: o disposto no art. 395 do CPP pode ser aplicado a todas as situações de recebimento da peça acusatória, pois cuida das condições da ação penal. Entretanto, ainda assim, é preciso observar se, em lei especial, não existe mais alguma situação peculiar, dando ensejo a eventual rejeição da denúncia ou queixa. Quanto aos arts. 396 (recebimento da denúncia ou queixa e citação do réu), 396-A (resposta do acusado) e 397 (absolvição sumária) somente cabe a sua aplicação se a lei especial não contiver procedimento diverso e incompatível com o procedimento nesses três artigos. Afinal, sabe-se que lei especial afasta a aplicação de lei geral. Portanto, se a legislação especial prevê um procedimento prévio de defesa do denunciado, antes do recebimento da denúncia ou queixa, não nos parece tenha cabimento, após ter sido a peça acusatória recebida, reiniciar o procedimento de citação e oitiva das razões do réu para, se for o caso, absolvê-lo (...) (Código de Processo Penal Comentado, 12ª ed., p. 766); II: incorreta. Embora seja verdade que a utilização da videoconferência pode substituir a carta precatória, conforme dispõe o art. 222, § 3º, do CPP, é incorreto dizer-se que este recurso também se aplica às cartas rogatórias, que deverão ser cumpridas em conformidade com o que estabelece o art. 222-A do CPP; III: correta, uma vez que, por imposição do art. 533 do CPP, as regras aplicáveis ao procedimento ordinário previstas no art. 400 também têm incidência no procedimento sumário; IV: correta. Em face da ocultação do réu, determina o art. 362 do CPP que o oficial de Justiça proceda à citação com hora certa, valendo-se, para tanto, das regras previstas nos arts. 227 a 229 do CPC/1973 (arts. 252 e ss. do novo CPC). Esta modalidade de citação, antes exclusiva do processo civil, agora também é admitida no âmbito do processo penal, dada a mudança introduzida na redação do dispositivo legal pela Lei 11.719/2008.
Gabarito "A".

(Juiz de Direito/PA – 2014 – VUNESP) Nos termos do quanto determina o art. 366 do CPP, "se o acusado, citado por edital, não comparecer, nem constituir advogado, ficarão suspensos o processo e o curso do prazo prescricional (...)". De acordo com interpretação jurisprudencial sumulada pelo STJ (súmula 455), pode ser realizada produção antecipada de provas nessas hipóteses?

(A) Sim, desde que o defensor dativo nomeado concorde e acompanhe.
(B) Não, pois é direito do acusado acompanhar a prova produzida.
(C) Sim, desde que a decisão seja concretamente fundamentada.
(D) Não, ainda que nomeado defensor dativo, por ofensa ao direito de autodefesa.
(E) Sim, uma vez que o mero decurso do tempo justifica tal medida.

Na hipótese de o réu não ser encontrado, deverá o juiz determinar a sua citação por edital, depois de esgotados os meios disponíveis para a sua localização. Se o acusado, depois de citado por edital, não comparecer tampouco constituir defensor, o processo e o prazo prescricional ficarão, em vista da disciplina estabelecida no art. 366 do CPP, suspensos. A produção da prova considerada urgente deverá se dar em conformidade com o entendimento firmado na Súmula 455 do STJ: "A decisão que determina a produção antecipada de provas com base no art. 366 do CPP deve ser concretamente fundamentada, não a justificando unicamente o mero decurso do tempo". A única proposição correta, portanto, é a "C".
Gabarito "C".

(Juiz de Direito/RJ – 2014 – VUNESP) De acordo com entendimento sumulado pelo STJ, a suspensão do prazo prescricional na hipótese do acusado citado por edital que não comparece ao processo e nem constitui defensor

(A) é de 20 (vinte) anos.
(B) é indeterminada.
(C) regula-se pelo máximo da pena cominada.
(D) deve ser definida caso a caso, ao prudente arbítrio do magistrado.

À falta de previsão legal, tem prevalecido o entendimento firmado na Súmula n. 415 do STJ, segundo o qual a prescrição permanecerá suspensa pelo prazo máximo em abstrato previsto para o crime.
Gabarito "C".

(Delegado/SP – 2014 – VUNESP) No processo penal, as intimações

(A) serão sempre pessoais.
(B) do defensor constituído serão feitas pelo órgão incumbido da publicidade.
(C) não são obrigatórias quando se trata do Ministério Público.
(D) são atos que, se desrespeitados, causam nulidade absoluta do processo.
(E) serão pessoais, salvo se o réu estiver preso.

A: incorreta, já que a intimação poderá ser feita pela publicação no órgão incumbido da publicidade dos atos judiciais, (art. 370, § 1º, CPP), bem assim por via postal (art. 370, § 2º, CPP); B: correta, porque em conformidade com a regra presente no art. 370, § 1º, CPP; C: incorreta, dado que a intimação do MP é obrigatória e far-se-á pessoalmente (art. 370, § 4º, CPP); D: incorreta. Trata-se, isto sim, de nulidade relativa (art. 570, CPP); E: incorreta. A intimação será feita pessoalmente ao representante do MP, ao defensor público e ao dativo.
Gabarito "B".

(Delegado/SP – 2014 – VUNESP) Quando o réu estiver fora do território da jurisdição processante,

(A) será citado mediante carta precatória.
(B) será citado por hora certa.
(C) será julgado à revelia.
(D) deverá ser dispensado de comparecer nas audiências, devendo ser interrogado por videoconferência.
(E) deverá solicitar que o processo seja remetido para a comarca de sua residência, a fim de que possa se defender melhor dos fatos que lhe são imputados na denúncia.

Estabelece o art. 353 do CPP que, "quando o réu estiver fora do território da jurisdição do juiz processante, será citado mediante carta precatória".
Gabarito "A".

(Magistratura/GO – 2015 – FCC) José está preso e foi pronunciado pela prática de homicídio duplamente qualificado. Devem ser intimados pessoalmente desta decisão

(A) José e o Defensor nomeado.
(B) o querelante, em caso de ação privada subsidiária, e José.
(C) o Defensor constituído e o assistente do Ministério Público.
(D) o Defensor constituído e o Ministério Público.
(E) o Ministério Público e o Defensor nomeado.

Segundo estabelece o art. 420, I do CPP, a intimação da decisão de pronúncia será feita pessoalmente ao acusado (José), ao defensor nomeado e também ao Ministério Público; o defensor, quando constituído pelo réu, será intimado pela imprensa, regra que também se aplica ao querelante e ao assistente do Ministério Público, conforme previsão contida no art. 420, II, do CPP. Ademais disso, se o acusado estiver solto e não for encontrado para intimação pessoal, será comunicado da decisão de pronúncia por meio de edital, a teor do art. 420, parágrafo único, do CPP.
Gabarito "A".

(Magistratura/RR – 2015 – FCC) Com relação à citação, é correto afirmar que

(A) se o réu não for localizado para ser citado pessoalmente em processo que tramite pela Vara dos Juizados Especiais Criminais, o juiz de direito deverá suspender o processo e o prazo prescricional nos termos do artigo 366 do Código de Processo Penal.

(B) será feita, a do funcionário público, por intermédio de seu superior hierárquico.
(C) se o réu estiver preso, sua requisição por ofício dirigido ao diretor do estabelecimento suprirá a citação pessoal.
(D) se o réu citado por edital não comparecer e nem constituir advogado, o processo e o curso do prazo prescricional ficarão suspensos, salvo nos casos de crimes de lavagem de ativos.
(E) se o réu não for encontrado para citação pessoal, será citado por edital, com prazo de 30 dias.

A: incorreta, pois não reflete o teor do art. 66, parágrafo único, da Lei 9.099/1995, que estabelece que, no âmbito do procedimento sumaríssimo, não localizado o acusado para ser citado pessoalmente, as peças serão encaminhadas ao juízo comum para prosseguimento, no qual se procederá, se necessário for, à citação por edital; B: incorreta. A citação do funcionário público será feita pessoalmente, devendo o juiz apenas notificar o chefe da repartição em que o funcionário exerce suas funções, dando-lhe conta do dia e horário em que o acusado deverá comparecer em juízo (art. 359, CPP). Com isso, a repartição disporá de tempo para, se for o caso, cuidar para que o funcionário, naquele dia e horário, seja substituído. Veja que a providência a que se refere a proposição será tomada quando se tratar de réu militar, em que citação será feita por meio do chefe do respectivo serviço (art. 358, CPP); C: incorreta. Se preso estiver o acusado, sua citação deverá ser feita pessoalmente (art. 360, CPP), com a entrega, pelo oficial de Justiça, do respectivo mandado citatório. É incorreto afirmar-se, portanto, que a requisição do preso supre a necessidade de que se proceda à sua citação; D: correta. Na hipótese de o réu não ser encontrado, deverá o juiz determinar a sua citação por edital, depois de esgotados os meios disponíveis para a sua localização. Se o acusado, depois de citado por edital, não comparecer tampouco constituir defensor, o processo e o prazo prescricional ficarão, em vista da disciplina estabelecida no art. 366 do CPP, suspensos. Embora a redação do art. 2º, § 2º, da Lei 9.613/1998 tenha sido modificada por força da Lei 12.683/2012, permanece a impossibilidade de aplicar-se, aos crimes de lavagem de dinheiro, o art. 366 do CPP, devendo o processo, por isso, seguir a sua marcha com a nomeação de defensor dativo; E: incorreta, já que o art. 361 do CPP estabelece o prazo de 15 dias, e não de 30 dias.
Gabarito "D".

(Escrevente Técnico – TJSP – 2015 – VUNESP) Em que momento a lei processual penal (CPP, art. 363) considera que o processo completa sua formação?
(A) Constituição de defensor após a citação.
(B) Citação do acusado.
(C) Recebimento da denúncia.
(D) Apresentação de resposta escrita.
(E) Juntada do mandado de citação aos autos.

Uma vez oferecida a peça acusatória, denúncia ou queixa, o juiz, se a aceitar, mandará citar o réu para oferecer resposta escrita. Até aqui, a relação jurídica processual não se aperfeiçoou, o que somente ocorrerá com a citação do acusado, ato de comunicação por meio do qual se dá ciência ao réu da imputação que contra ele foi formulada, concedendo-lhe prazo para que se defenda. É o que estabelece o art. 363, caput, do CPP.
Gabarito "B".

12. PRISÃO, MEDIDAS CAUTELARES E LIBERDADE PROVISÓRIA

(Juiz de Direito – TJ/RS – 2018 – VUNESP) Sobre prisão e medidas cautelares, é correto afirmar:
(A) por se tratar de medida urgente, a prisão deverá ser efetuada em qualquer lugar e dia e a qualquer hora.
(B) a falta de exibição do mandado não obsta a prisão se a infração for inafiançável.
(C) deverão ser aplicadas, observando-se a necessidade, adequação, regulamentação, usos e costumes e os princípios gerais de direito.
(D) o juiz não pode dispensar a manifestação da parte contrária antes de decidir sobre o pedido de medida cautelar.
(E) dispensa-se a assinatura no mandado de prisão quando a autoridade judiciária responsável pela sua expedição se fizer presente em seu cumprimento.

A: incorreta. O art. 283, § 2º, do CPP, que estabelece que a prisão será efetuada em qualquer dia e a qualquer hora, impõe uma restrição: que seja respeitada a regra presente no art. 5º, XI, da CF, que trata da inviolabilidade de domicílio. É dizer, embora a lei não fixe dia e hora para que alguém, contra o qual haja expedição de ordem de prisão, seja preso, o ingresso em domicílio, com esse objetivo, somente pode ocorrer, caso haja recalcitrância do morador, durante o dia. Cuidado: se se tratar de situação de flagrante, o ingresso em domicílio alheio pode se dar durante a noite, ainda que haja recusa do morador em franquear a entrada dos policiais. Tal situação é excepcionada pelo art. 5º, XI, da CF; B: correta, em conformidade com o que estabelece o art. 287 do CPP; C: incorreta, já que inexiste tal previsão legal; D: incorreta, na medida em que poderá o juiz, ante a hipótese de urgência ou de perigo de ineficácia da medida, dispensar a manifestação da parte contrária (art. 282, § 3º, CPP); E: incorreta, pois contraria o disposto no art. 285, parágrafo único, a, do CPP.
Gabarito "B".

(Investigador – PC/BA – 2018 – VUNESP) A respeito do cumprimento de mandado de prisão, de acordo com o Código de Processo Penal, é correto afirmar que
(A) durante a diligência respectiva, são admitidas tão somente as restrições relativas à inviolabilidade do domicílio.
(B) o emprego da força física será admitido apenas na hipótese de tentativa de fuga do preso.
(C) devem ser observadas as restrições referentes à inviolabilidade de domicílio, à liberdade de culto e ao respeito aos mortos.
(D) somente poderá ser realizado durante o dia, independentemente do local.
(E) o emprego de força será admitido exclusivamente contra obstáculo físico, visando a prender o procurado.

A: correta, pois reflete o disposto no art. 283, § 2º, do CPP; B: incorreta, já que será admitido o emprego da força na hipótese de tentativa de fuga e também no caso de resistência (art. 284, CPP); C: incorreta, pois contraria o disposto no art. 283, § 2º, do CPP; D: incorreta. O mandado de prisão poderá ser cumprido a qualquer dia e a qualquer hora (durante o dia e também durante a noite), respeitando-se, todavia, as restrições relativas à inviolabilidade do domicílio (art. 283, § 2º, CPP). Significa que, durante o dia, a prisão poderá realizar-se em domicílio alheio, ainda que haja resistência do morador; se à noite, o ingresso em domicílio alheio somente poderá se dar diante do consentimento do morador; diante de sua recusa, o executor da ordem de prisão fará guardar todas as saídas do imóvel até o amanhecer, quando então poderá ingressar no imóvel onde se encontra a pessoa a ser presa, independente da anuência do morador. É o que estabelece o art. 293 do CPP. Em conclusão, se a pessoa contra a qual houver ordem de prisão não estiver abrigada em domicílio (próprio ou alheio), o mandado poderá ser cumprido tanto de dia quanto à noite; E: incorreta, pois não reflete o disposto no art. 284 do CPP.
Gabarito "A".

(Investigador – PC/BA – 2018 – VUNESP) De acordo com o Código de Processo Penal, é vedada a decretação da prisão preventiva se a autoridade judiciária constatar que o agente
(A) não se encontrava em nenhuma das hipóteses legais que justificam a lavratura do auto de flagrante delito.
(B) praticou a ação ou omissão que lhe é atribuída acobertado por alguma das excludentes de ilicitude.
(C) era menor de 21 (vinte e um) anos de idade por ocasião do crime ou maior de 70 (setenta) anos de idade por ocasião da decisão.
(D) tiver condenação anterior por crime doloso, independentemente da data do cumprimento da pena ou da extinção da punibilidade.
(E) não fornecer, no momento da prisão, dados de sua identidade, mesmo que esta tenha sido apurada em momento posterior.

A: incorreta. É que as hipóteses legais que autorizam a prisão em flagrante (art. 302, CPP) são diversas daquelas que permitem a decretação da custódia preventiva (art. 312, CPP). Tanto é assim que o relaxamento da prisão em flagrante porque ausente alguma das hipóteses do art. 302 do CPP não impede a decretação da prisão preventiva, desde que presentes os requisitos contemplados nos arts. 312 e 313 do CPP; B: correta, visto que a prisão preventiva em hipótese nenhuma será decretada no caso de o agente ter agido sob o pálio de alguma excludente de ilicitude (art. 314, CPP); C: incorreta, pois tal circunstância não constitui óbice à decretação da custódia preventiva. Ao que parece, o examinador quis induzir o candidato a erro, fazendo referência à hipótese contida no art. 115 do CP, que trata dos casos em que tem lugar a redução dos prazos de prescrição; D: incorreta, uma vez que contraria o disposto no art. 313, II, do CPP; E: incorreta (art. 313, parágrafo único, CPP).
Gabarito "B".

(Delegado – PC/BA – 2018 – VUNESP) No que concerne à prisão em flagrante, à prisão temporária e à prisão preventiva, assinale a alternativa correta, nos estritos termos legais e constitucionais.
(A) Nenhuma delas tem prazo máximo estabelecido em lei.
(B) A primeira pode ser realizada pela autoridade policial, violando domicílio e sem ordem judicial, a qualquer horário do dia ou da noite.
(C) A segunda somente é cabível em crimes hediondos ou assemelhados, podendo durar 30 (trinta) ou 60 (sessenta) dias.
(D) A segunda demanda ordem judicial e prévio parecer favorável do Ministério Público.
(E) A terceira pode ser decretada de ofício pelo Juiz durante o inquérito policial.

A: incorreta. Isso porque o legislador estabeleceu o prazo máximo durante o qual deve durar a custódia temporária. Vejamos. Com efeito, a prisão temporária, a ser decretada tão somente pelo juiz de direito, terá o prazo de 5 (cinco) dias, prorrogável por igual período em caso de extrema e comprovada necessidade, nos termos do art. 2º da Lei 7.960/1989. Em se tratando, no entanto, de crime hediondo ou delito a ele equiparado (tortura, tráfico de drogas e terrorismo), a custódia temporária será decretada por até 30 (trinta) dias, prorrogável por igual período em caso de extrema e comprovada necessidade, em consonância com o disposto no art. 2º, § 4º, da Lei 8.072/1990 (Lei de Crimes Hediondos); B: correta. A prisão em flagrante pode ser realizada tanto pela autoridade policial e seus agentes (flagrante obrigatório – art. 301, 2ª parte, do CPP) quanto por qualquer pessoa do povo (flagrante facultativo – art. 301, 1ª parte, do CPP). De uma forma ou de outra, é lícito que, para viabilizar a prisão em flagrante, o agente ingresse em domicílio alheio, independentemente do consentimento do morador e de ordem judicial, a qualquer hora

do dia ou da noite (art. 5º, XI, da CF); **C:** incorreta. A prisão temporária será decretada para viabilizar a apuração de diversos crimes, entre os quais os delitos hediondos e equiparados, tal como consta do rol do art. 1º, III, da Lei 7.960/1989; **D:** incorreta. De fato, a decretação da prisão temporária (sempre pelo juiz de direito) não está condicionada a parecer favorável do MP; é dizer, diante da representação formulada pela autoridade policial para a decretação da custódia temporária, deverá o juiz, antes de decidir, ouvir o MP, cujo parecer não tem caráter vinculativo, podendo o magistrado, portanto, decidir de forma contrária à opinião externada pelo MP (art. 2º, § 1º, Lei 7.960/1989); **E:** incorreta. Diferentemente do que se dá com a prisão temporária, pode o juiz decretar a prisão preventiva de ofício, mas somente poderá fazê-lo no curso da ação penal; significa dizer que, no decorrer das investigações do inquérito policial, a custódia preventiva somente pode ser decretada pelo juiz a requerimento do MP ou mediante representação da autoridade policial (art. 311, CPP); se já se inaugurou a instrução processual, conforme já ponderado, poderá o juiz decretar a prisão preventiva independentemente de provocação. ED
Gabarito "B".

(Defensor Público Federal – DPU – 2017 – CESPE) A respeito do *habeas corpus* e da prisão preventiva, julgue os itens seguintes, considerando, no que for pertinente, o entendimento dos tribunais superiores.

(1) Situação hipotética: Determinado DP, inconformado com a prisão preventiva de um de seus assistidos, impetrou *habeas corpus* no STJ com pedido liminar de soltura. O ministro relator negou a medida antecipatória, em decisão monocrática fundamentada. Assertiva: Nessa situação, contra a decisão monocrática que indeferiu a liminar não cabe novo *habeas corpus* para o STF.

(2) O STJ consolidou entendimento no sentido de que os atos infracionais anteriormente praticados pelo réu não servem como argumento para embasar a decretação de prisão preventiva.

1: correta. A assertiva retrata posicionamento hoje consolidado no STF, no sentido de que descabe a impetração no STF em face de decisão monocrática de ministro do STJ que não conhece ou mesmo denega ordem de HC impetrada neste Tribunal superior, sendo de rigor que o impetrante esgote, no STJ, os recursos de que pode se valer para ver impugnada a decisão que lhe foi desfavorável, o que está em consonância com o teor da Súmula 691, do STF. No entanto, e isso é importante que se diga, segundo o próprio STF, tal entendimento comporta exceção, nos casos em que a decisão recorrida revelar-se flagrantemente ilegal. Nesse sentido: "Ementa: *Habeas corpus* contra decisão monocrática de ministro de tribunal superior. Recorribilidade. Supressão de instância. Inexistência de ilegalidade. Precedentes. 1. Incidência de óbice ao conhecimento da ordem impetrada neste Supremo Tribunal Federal, uma vez que se impugna decisão monocrática de Ministro do Superior de Tribunal de Justiça (HC 122.718/SP, Rel. Min. ROSA WEBER; HC 121.684-AgR/SP, Rel. Min. Teori Zavascki; Ag. Reg. no HC 138.687, Segunda Turma, j. 13.12.2016, Rel. Min. Celso de Mello; HC 116.875/AC, Rel. Min. Cármen Lúcia; HC 117.346/SP, Rel. Min. Cármen Lúcia; HC 117.798/SP, Rel. Min. Ricardo Lewandowski; HC 118.189/MG, Rel. Min. Ricardo Lewandowski; HC 119.821/TO, Rel. Min. Gilmar Mendes; HC 122.381-AgR/SP, Rel. Min. Dias Toffoli; RHC 114.737/RN, Rel. Min. Cármen Lúcia; RHC 114.961/SP, Rel. Min. Dias Toffoli). 2. O exaurimento da instância recorrida é, como regra, pressuposto para ensejar a competência do Supremo Tribunal Federal, conforme vem sendo reiteradamente proclamado por esta Corte (RHC 111.935, Primeira Turma, j. 10.9.2013, rel. Min. Luiz Fux; HC 97.009, Tribunal Pleno, j. 25.4.2013, rel. p/ Acórdão Min. Teori Zavascki; HC 118.189, j. 19.11.2013, Segunda Turma, rel. Min. Ricardo Lewandowski). 3. Inexistência de teratologia ou caso excepcional que caracterizem flagrante constrangimento ilegal. 4. *Habeas corpus* não conhecido" (HC 127628, Relator(a): Min. Marco Aurélio, Relator(a) p/ Acórdão: Min. Alexandre de Moraes, Primeira Turma, julgado em 06/06/2017, Processo Eletrônico DJe-140 Divulg 26-06-2017 Public 27-06-2017); **2:** errada, na medida em que, ao contrário do que afirmado, os atos infracionais anteriormente praticados pelo réu podem, sim, servir como fundamento a justificar a decretação de custódia preventiva. Nesse sentido, conferir: "Consoante entendimento firmado pela Terceira Seção do Superior Tribunal de Justiça no julgamento do RHC n. 63.855/MG, não constitui constrangimento ilegal a manutenção da custódia *ante tempus* com fulcro em anotações registradas durante a menoridade do agente se a prática de atos infracionais graves, reconhecidos judicialmente e não distantes da conduta em apuração, é apta a demonstrar a periculosidade do custodiado" (HC 408.969/DF, Rel. Ministro Rogerio Schietti Cruz, Sexta Turma, julgado em 26/09/2017, DJe 02.10.2017). ED
Gabarito: 1C, 2E.

(Defensor Público – DPE/PR – 2017 – FCC) A respeito da audiência de custódia, prevista na Resolução n 213/2015, do Conselho Nacional de Justiça, é INCORRETO afirmar:

(A) Além dos presos em flagrante, têm direito à audiência de custódia pessoas presas em decorrência de cumprimento de mandados de prisão cautelar ou definitiva.
(B) O Defensor Público poderá conversar com o custodiado antes da apresentação da pessoa presa ao juiz, sendo assegurado seu atendimento prévio e reservado sem a presença de agentes policiais.
(C) A audiência de custódia será realizada até 24 horas da comunicação em flagrante. Porém, quando a pessoa presa estiver acometida de grave enfermidade, ou havendo circunstância comprovadamente excepcional que a impossibilite de ser apresentada ao juiz no prazo legal, deverá ser assegurada a realização da audiência no local em que ela se encontre e, nos casos em que o deslocamento se mostre inviável, deverá ser providenciada a condução para a audiência de custódia imediatamente após restabelecida sua condição de saúde ou de apresentação.
(D) É permitida, excepcionalmente, a presença dos agentes policiais responsáveis pela prisão ou pela investigação durante a audiência de custódia.
(E) A ata da audiência conterá, apenas e resumidamente, a deliberação fundamentada do magistrado quanto à legalidade e manutenção da prisão, cabimento de liberdade provisória sem ou com a imposição de medidas cautelares diversas da prisão, considerando-se o pedido de cada parte, como também as providências tomadas, em caso da constatação de indícios de tortura e maus tratos.

A: correta (art. 13 da Resolução n. 213/2015, do Conselho Nacional de Justiça); **B:** correta (art. 6º da Resolução n. 213/2015, do Conselho Nacional de Justiça); **C:** correta (art. 1º, § 4º, da Resolução n. 213/2015, do Conselho Nacional de Justiça); **D:** incorreta. Previsão não contemplada na Resolução n. 213/2015, do Conselho Nacional de Justiça; **E:** correta (art. 8º, § 3º, da Resolução n. 213/2015, do Conselho Nacional de Justiça). ED
Gabarito "D".

(Defensor Público – DPE/PR – 2017 – FCC) Poderá o juiz substituir a prisão preventiva pela domiciliar quando o agente for

(A) imprescindível aos cuidados especiais de pessoa menor de cinco anos de idade ou com deficiência.
(B) gestante a partir do sétimo mês de gestação ou se sua gravidez for de alto risco.
(C) homem, caso seja o único responsável pelos cuidados do filho de até doze anos de idade incompletos.
(D) maior de setenta anos.
(E) portador de doença grave.

A *prisão preventiva* poderá ser substituída pela *prisão domiciliar* nas hipóteses elencadas no art. 318 do CPP, a saber: agente maior de 80 anos (inciso I), e não de 70, como consta da assertiva "D"; agente extremamente debilitado por motivo de doença grave (inciso II). Não basta, assim, que o agente seja portador de doença grave, sendo necessário que, por conta dela, ele esteja extremamente debilitado, o que torna incorreta a alternativa "E"; quando o agente for imprescindível aos cuidados de pessoa com menos de 6 (seis) anos (e não de 5 anos, tal como consta da assertiva "A") ou com deficiência (inciso III); quando se tratar de gestante, pouco importando em que mês da gestação a gravidez se encontre (inciso IV – cuja redação foi alterada pela Lei 13.257/2016); quando se tratar de mulher com filho de até 12 anos de idade incompletos (inciso V – cuja redação foi determinada pela Lei 13.257/2016); homem, caso seja o único responsável pelos cuidados do filho de até 12 anos de idade incompletos, o que torna correta a alternativa "C" (inciso VI – cuja redação foi determinada pela Lei 13.257/2016). Cabem, aqui, alguns esclarecimento quanto à recente edição da Lei de da Lei 13.769/2018, que, entre outras alterações, inseriu no CPP o art. 318-A, que estabelece a substituição da prisão preventiva por prisão domiciliar da mulher gestante, mãe ou responsável por crianças ou pessoas com deficiência. Além disso, esta mesma Lei disciplina o regime de cumprimento de pena privativa de liberdade de condenadas na mesma situação, com alteração da Lei de Crimes Hediondos e da Lei de Execução Penal. Como bem sabemos, a 2ª turma do STF, ao julgar o HC coletivo 143.641, assegurava a conversão da prisão preventiva em domiciliar a todas as presas provisórias do país que sejam gestantes, puérperas ou mães de crianças e deficientes sob sua guarda. Perceba, dessa forma, que o legislador, ao inserir o art. 318-A do CPP, nada mais fez do que contemplar, no texto legal, o entendimento consolidado no *habeas corpus* coletivo a que fizemos referência. Também em consonância com o que ficou decidido no julgamento do HC, o legislador impôs dois requisitos: que não tenha sido cometido crime com grave ameaça ou violência contra a pessoa; que não tenha sido cometido contra o filho ou dependente. O art. 318-B, também inserido por meio da Lei 13.769/2018, prevê a possibilidade de aplicação concomitante da prisão domiciliar e das medidas alternativas previstas no art. 319 do CPP, na esteira do decidido no HC 143.641. Vale ainda o registro de que, para além da inserção desses dois dispositivos legais no CPP, a Lei 13.769/2018 promoveu alterações na LEP. De ver-se que os arts. 318, 318-A e 318-B tratam da concessão da prisão domiciliar no contexto da prisão preventiva, que constitui modalidade de prisão provisória. Pressupõe-se, aqui, portanto, ausência de condenação definitiva. Após o trânsito em julgado da condenação, a prisão domiciliar passa a ser disciplinada, como não poderia deixar de ser, pela LEP. Neste caso, temos que a Lei 13.769/2018 inseriu no art. 112 da LEP o § 3º, que estabelece fração diferenciada de cumprimento de pena para que a mulher, nas condições a que fizemos referência, possa alcançar o regime mais brando (a fração necessária, que antes era um sexto, passou para um oitavo). Para tanto, a reeducanda deve reunir quatro requisitos cumulativos, além de ter cumprido um oitavo da pena que lhe foi imposta. Também incluído pela Lei 13.769/2018, o § 4º do art. 112 da LEP estabelece que a prática de novo crime doloso ou falta grave acarretará a revogação do benefício. Por fim, também sofreu alteração a Lei de Crimes Hediondos, com a alteração, pela Lei 13.769/2018, do art. 2º, § 2º, que agora estabelece que a progressão, nesses crimes, se se tratar de mulher grávida, mãe ou responsável por criança ou pessoa com deficiência, obedecerá ao que estabelecem os §§ 3º e 4º do art. 112 da LEP. Em outras palavras, institui-se, no que concerne aos crimes hediondos e equiparados, regra específica de progressão no caso de o beneficiário encontrar-se em uma das condições acima. ED
Gabarito "C".

(Defensor Público – DPE/SC – 2017 – FCC) A prisão domiciliar, regulada no Código de Processo Penal,

(A) teve suas hipóteses alteradas pelo Estatuto da Primeira Infância, passando a permitir sua concessão em qualquer tempo de gravidez,

desde que comprovada a inadequação concreta do estabelecimento prisional.
(B) depende, a sua aplicação, da ausência dos requisitos de cautelaridade da prisão preventiva para ser aplicada.
(C) é cabível para todas as pessoas idosas, pois as condições de aprisionamento são notoriamente prejudiciais à saúde dessas pessoas.
(D) é cumprida em Casa de Albergado e apenas na falta de vagas é cumprida na residência do acusado.
(E) é substitutiva da prisão preventiva e seu tempo de cumprimento será detraído do tempo de pena imposta na sentença.

A: incorreta. É verdade que a Lei 13.257/2016 (Estatuto da Primeira Infância) promoveu diversas alterações no rol que estabelece as hipóteses de cabimento da prisão domiciliar, entre as quais ampliou a possibilidade de tal benefício ser concedido a toda gestante, independente da fase em que se encontre a gravidez. Antes do advento do Estatuto da Primeira Infância, somente fazia jus à prisão preventiva domiciliar a gestante a partir do sétimo mês de gestação. O erro da alternativa está na sua última parte, em que se afirma que a concessão da prisão domiciliar está condicionada à inadequação concreta do estabelecimento prisional, uma vez que a lei não estabeleceu tal condição; **B:** incorreta. A prisão domiciliar do art. 318 do CPP não constitui medida cautelar diversa, mas, sim, forma de cumprimento da prisão preventiva, razão pela qual devem estar presentes os requisitos impostos à decretação da custódia preventiva (art. 312, CPP); **C:** incorreta. A prisão preventiva domiciliar será deferida aos idosos que contem com mais de 80 anos (art. 318, I, do CPP). Cabem, aqui, alguns esclarecimento quanto à recente edição da Lei da Lei 13.769/2018, que, entre outras alterações, inseriu no CPP o art. 318-A, que estabelece a substituição da prisão preventiva por prisão domiciliar da mulher gestante, mãe ou responsável por crianças ou pessoas com deficiência. Além disso, esta mesma Lei disciplina o regime de cumprimento de pena privativa de liberdade de condenadas na mesma situação, com alteração da Lei de Crimes Hediondos e da Lei de Execução Penal. Como bem sabemos, a 2ª turma do STF, ao julgar o HC coletivo 143.641, assegurou a conversão da prisão preventiva em domiciliar a todas as presas provisórias do país que sejam gestantes, puérperas ou mães de crianças e deficientes sob sua guarda. Perceba, dessa forma, que o legislador, ao inserir o art. 318-A do CPP, nada mais fez do que contemplar, no texto legal, o entendimento consolidado no *habeas corpus* coletivo a que fizemos referência. Também em consonância com o que ficou decidido no julgamento do HC, o legislador impôs dois requisitos: que não tenha sido cometido crime com grave ameaça ou violência contra a pessoa; que não tenha sido cometido contra o filho ou dependente. O art. 318-B, também inserido por meio da Lei 13.769/2018, prevê a possibilidade de aplicação concomitante da prisão domiciliar e das medidas alternativas previstas no art. 319 do CPP, na esteira do decidido no HC 143.641. Vale ainda o registro de que, para além da inserção desses dois dispositivos legais no CPP, a Lei 13.769/2018 promoveu alterações na LEP. De ver-se que os arts. 318, 318-A e 318-B tratam da concessão da prisão domiciliar no contexto da prisão preventiva, que constitui modalidade de prisão provisória. Pressupõe-se, aqui, portanto, ausência de condenação definitiva. Após o trânsito em julgado da condenação, a prisão domiciliar passa a ser disciplinada, como não poderia deixar de ser, pela LEP. Neste caso, temos que a Lei 13.769/2018 inseriu no art. 112 da LEP o § 3º, que estabelece fração diferenciada de cumprimento de pena para que a mulher, nas condições a que fizemos referência, possa alcançar o regime mais brando (a fração necessária, que antes era um sexto, passou para um oitavo). Para tanto, a reeducanda deve reunir quatro requisitos cumulativos, além de ter cumprido um oitavo da pena que lhe foi imposta. Também incluído pela Lei 13.769/2018, o § 4º do art. 112 da LEP estabelece que a prática de novo crime doloso ou falta grave acarretará a revogação do benefício. Por fim, também sofreu alteração a Lei de Crimes Hediondos, com a alteração, pela Lei 13.769/2018, do art. 2º, § 2º, que agora estabelece que a progressão, nesses crimes, se se tratar de mulher grávida, mãe ou responsável por criança ou pessoa com deficiência, obedecerá ao que estabelecem os §§ 3º e 4º do art. 112 da LEP. Em outras palavras, institui-se, no que concerne aos crimes hediondos e equiparados, regra específica de progressão no caso de o beneficiário encontrar-se em uma das condições acima; **D:** incorreta. A prisão preventiva domiciliar será sempre cumprida na residência do investigado/acusado; **E:** correta. Como se trata de forma de cumprimento da prisão preventiva, o tempo de duração da custódia domiciliar será abatido da pena aplicada na sentença (detração). Gabarito "E".

(Defensor Público – DPE/SC – 2017 – FCC) Sobre as medidas cautelares diversas da prisão, é correto afirmar:
(A) A medida cautelar de proibição de manter contato com determinada pessoa é vedada a crimes que não estejam submetidos à Lei Maria da Penha.
(B) a verificação da situação econômica do preso para fins de dispensa de fiança deve vir acompanhada de prova robusta produzida em juízo, mesmo em caso de pessoa assistida pela Defensoria Pública.
(C) É vedada a aplicação de medidas cautelares diversas da prisão de maneira cumulativa, sob pena de violação ao princípio da proporcionalidade.
(D) Se ao receber o auto de prisão em flagrante o juiz verificar de plano que é o caso de aplicação de uma medida cautelar diversa da prisão, pode dispensar a realização da audiência de custódia, pois o resultado é benéfico ao investigado.
(E) Em caso de descumprimento de medidas cautelares diversas da prisão, o Código de Processo Penal prevê expressamente que a decretação da prisão preventiva só deve ocorrer em último caso.

A: incorreta, uma vez que a medida cautelar de proibição de manter contato com determinada pessoa, prevista no art. 319, III, do CPP, não é restrita aos crimes que estejam submetidos à Lei Maria da Penha; **B:** incorreta, dado que não se exige, a verificação da situação econômica do preso para fins de dispensa de fiança, a existência de prova robusta; **C:** incorreta. O art. 282, § 1º, do CPP confere ao magistrado a prerrogativa de aplicar as medidas cautelares diversas da prisão de forma isolada ou cumulativa; **D:** incorreta, dado que não há tal previsão; **E:** correta, pois em conformidade com o disposto no art. 282, § 4º, do CPP. Gabarito "E".

(Procurador Municipal/SP – VUNESP – 2016) Sobre a prisão, assinale a alternativa correta.
(A) Qualquer agente policial poderá efetuar a prisão determinada no mandado de prisão registrado no Conselho Nacional de Justiça, desde que observada a competência territorial do juiz que a expediu.
(B) Mesmo quando as autoridades locais tenham fundadas razões para duvidar da legitimidade da pessoa do executor, da legalidade do mandado que apresentar, ou sobre a identidade do preso poderão colocá-lo em custódia, até que fique esclarecida a dúvida.
(C) Se o executor do mandado verificar, com segurança, que o réu entrou ou se encontra em alguma casa, o morador será intimado a entregá-lo, à vista da ordem de prisão e acaso não seja obedecido imediatamente, convocará duas testemunhas e, sendo dia ou noite, entrará à força na casa, arrombando as portas, se preciso.
(D) O juiz competente providenciará, no prazo de três dias, o registro do mandado de prisão em banco de dados mantido pelo Conselho Nacional de Justiça para essa finalidade.
(E) Quando o acusado estiver no território nacional, fora da jurisdição do juiz processante, será deprecada a sua prisão e o juiz processante deverá providenciar a remoção do preso no prazo máximo de 60 (sessenta) dias, contados da efetivação da medida.

A: incorreta, uma vez que não reflete o disposto no art. 289-A, § 1º, do CPP: a prisão poderá efetuar-se ainda que fora do território sujeito à jurisdição do juiz que expediu a respectiva ordem; **B:** correta, pois em conformidade com o art. 289-A, § 5º, do CPP, que remete ao art. 290, § 2º, do CPP; **C:** incorreta, já que o ingresso à força, na hipótese de recalcitrância do morador, somente se efetivará durante o dia; se à noite, diante da recusa do ocupante, o executor da ordem de prisão fará guardar todas as saídas do imóvel até o amanhecer, quando então poderá ingressar no imóvel onde se encontra a pessoa a ser presa, independente da anuência do morador. É o que estabelece o art. 293 do CPP; **D:** incorreta, já que tal providência será adotada pelo juiz *de imediato*, tal como impõe o art. 289-A, caput, do CPP; **E:** incorreta. A remoção do preso, a cargo do juiz processante, deverá realizar-se no prazo de 30 dias (e não de 60), a contar da efetivação da prisão (art. 289, § 3º, do CPP). Gabarito "B".

(Advogado União – AGU – CESPE – 2015) Com referência a prisão, julgue os itens subsequentes.
(1) A prisão temporária somente poderá ser decretada em situações excepcionais, quando for imprescindível para a realização de diligências investigatórias ou para a obtenção de provas durante o processo judicial.
(2) O juiz poderá substituir a prisão preventiva pela prisão domiciliar, caso o réu tenha mais de oitenta anos ou prove ser portador de doença grave que cause extrema debilidade.
(2) A conversão da prisão em flagrante em prisão preventiva ocorrerá automaticamente mediante despacho do juiz, ao qual deverá ser apresentado o auto de prisão em flagrante no prazo de vinte e quatro horas.

1: incorreta. É correto afirmar que a prisão temporária, modalidade de prisão processual, somente terá lugar em situações excepcionais, prestando-se a viabilizar as investigações do inquérito policial. Agora, não procede a afirmação de que tal modalidade de custódia cautelar poderá ser utilizada para a obtenção de provas no curso do processo judicial. É que a prisão temporária somente pode ser utilizada no curso das investigações; durante o processo judicial somente terá lugar a prisão preventiva, desde que presentes os requisitos contidos no art. 312 do CPP; **2:** correta, já que contempla uma das hipóteses legais em que pode o juiz proceder à substituição da prisão preventiva pela domiciliar (art. 318, I, CPP). Além dessa, há outras situações em que é possível a substituição, a saber: agente extremamente debilitado por motivo de doença grave (inciso II); quando o agente for imprescindível aos cuidados de pessoa com menos de 6 (seis) anos ou com deficiência (inciso III); quando se tratar de gestante (inciso IV – cuja redação foi alterada pela Lei 13.257/2016); quando se tratar de mulher com filho de até 12 anos de idade incompletos (inciso V – cuja redação foi determinada pela Lei 13.257/2016); homem, caso seja o único responsável pelos cuidados do filho de até 12 anos de idade incompletos (inciso VI – cuja redação foi determinada pela Lei 13.257/2016). São várias as situações, portanto, em que a substituição poderá ser autorizada. Atenção: a Lei 13.769/2018, editada recentemente, inseriu no CPP o art. 318-A, que prevê a substituição da prisão preventiva por prisão domiciliar da mulher gestante, mãe ou responsável por crianças ou pessoas com deficiência. Além disso, esta mesma Lei disciplina o regime de cumprimento de pena privativa de liberdade de condenadas na mesma situação, com alteração da Lei de Crimes Hediondos e da Lei de Execução Penal. Como bem sabemos, a 2ª turma do STF, ao julgar o HC coletivo 143.641, assegurou a conversão da prisão preventiva em domiciliar a todas as presas provisórias do país que sejam gestantes, puérperas ou mães de crianças e deficientes sob sua guarda. Perceba, dessa forma, que o legislador, ao inserir o art. 318-A do CPP, nada mais fez do que contemplar, no texto legal, o entendimento consolidado no *habeas corpus* coletivo a que fizemos referência. Também em consonância com o que ficou decidido no julgamento do HC, o legislador impôs dois requisitos: que não tenha sido cometido crime com grave ameaça ou violência contra a pessoa; que não tenha sido cometido contra o filho ou dependente. O art. 318-B, também inserido por meio da Lei 13.769/2018, prevê a possibilidade de aplicação concomitante da prisão domiciliar e das medidas alternativas previstas no art. 319 do CPP, na esteira do decidido no HC 143.641. Vale ainda o registro de que, para além da inserção desses dois dispositivos legais no CPP, a Lei 13.769/2018 promoveu alterações na LEP. De ver-se que os arts. 318, 318-A e 318-B tratam da concessão da prisão domiciliar no contexto da prisão preventiva, que constitui modalidade de prisão provisória. Pressupõe-se, aqui, portanto, ausência de condenação definitiva. Após o trânsito em julgado da condenação, a prisão domiciliar passa a ser disciplinada, como não poderia deixar de ser, pela LEP. Neste caso, temos que a Lei 13.769/2018 inseriu no art. 112 da LEP o § 3º, que estabelece fração diferenciada de cumprimento de pena para que a mulher, nas condições a que fizemos referência, possa alcançar o regime mais brando (a fração necessária, que antes era um sexto, passou para um oitavo). Para tanto, a reeducanda deve reunir quatro requisitos cumulativos, além de ter cumprido um oitavo da pena que lhe foi imposta. Também incluído pela Lei 13.769/2018, o § 4º do art. 112 da LEP estabelece que a prática de novo crime doloso ou falta grave acarretará a revogação do benefício. Por fim, também sofreu alteração a Lei de Crimes Hediondos, com a alteração, pela Lei 13.769/2018, do art. 2º, § 2º, que agora estabelece que a progressão, nesses crimes, se se tratar de mulher grávida, mãe ou responsável por criança ou pessoa com deficiência, obedecerá ao que estabelecem os §§ 3º e 4º do art. 112 da LEP. Em outras palavras, institui-se, no que concerne aos crimes hediondos e equiparados, regra específica de progressão no caso de o beneficiário encontrar-se em uma das condições acima; **3:** incorreta. Pela nova sistemática introduzida pela Lei 12.403/2011, que alterou a redação do art. 310 do CPP, impõe-se ao magistrado, quando do recebimento do auto de prisão em flagrante, o dever de manifestar-se *fundamentadamente* acerca da prisão que lhe é comunicada. Pela novel redação do dispositivo, abrem-se para o juiz as seguintes opções: se se tratar de prisão ilegal, deverá relaxá-la e determinar a soltura imediata do preso; se a prisão estiver em ordem, deverá o juiz, desde que entenda necessário ao processo, converter a prisão em flagrante em preventiva, sempre levando-se em conta os requisitos do art. 312 do CPP, sendo vedado, portanto, que tal conversão se dê de forma automática. Ressalte-se que, tendo em vista o *postulado da proporcionalidade*, a custódia preventiva somente terá lugar se as medidas cautelares diversas da prisão revelarem-se inadequadas; poderá, por fim, o juiz conceder a liberdade provisória, com ou sem fiança, substituindo, assim, a prisão em flagrante. ED

Gabarito 1E, 2C, 3E

(Juiz – TRF 2ª Região – 2017) Maria foi presa em flagrante em aeroporto ao tentar embarcar cocaína para outro país. No momento da lavratura do auto de prisão em flagrante, Maria afirmou não ter condições de constituir advogado e optou por permanecer calada. Assinale a opção correta:

(A) Maria deve ser levada, em regra em até 24 horas, à presença do juiz federal competente para a audiência de custódia, com a presença de defensor público. Na audiência, o juiz decidirá fundamentadamente se relaxa a prisão, se decreta a prisão cautelar ou outras cautelares penais em desfavor de Maria, ou se concede a liberdade provisória. Não é cabível o arbitramento de fiança.

(B) Maria deve ser levada, em regra em até 24 horas, à presença do juiz federal competente para a audiência de custódia, com a presença do MP e de defensor público. Na audiência, o juiz analisará se relaxa a prisão e, não sendo o caso, deve convertê-la em prisão preventiva, já que o crime de tráfico internacional de entorpecentes não é passível de concessão de liberdade provisória ou de fiança.

(C) O auto de prisão em flagrante deve ser encaminhado ao juiz federal, com cópia ao MP e à defensoria pública. Examinando o flagrante, o juiz deve decidir fundamentadamente se relaxa a prisão, se decreta a prisão cautelar ou outras medidas cautelares penais em desfavor de Maria, ou se concede a liberdade provisória. Apenas se houver necessidade será realizada audiência de custódia, na qual não é cabível o arbitramento de fiança.

(D) O auto de prisão em flagrante deve ser encaminhado ao juiz federal, com cópia ao MP e à defensoria pública. O juiz analisará a legalidade da prisão. A defensoria pode requerer a audiência de custódia, que será realizada preferencialmente em 24 horas, a contar do requerimento. O tráfico internacional não admite concessão de liberdade provisória ou de fiança.

(E) Desde que haja requerimento, é imperativo que Maria seja conduzida à presença do juiz, que verificará suas condições de integridade física. O auto de prisão em flagrante será analisado pelo juiz federal e, ainda que seja o caso de relaxamento, o tipo de crime permite a decretação da prisão temporária, que terá duração 15 dias, prorrogável por igual período.

Embora a audiência de custódia não esteja contemplada, de forma expressa, na CF/1988, a Convenção Americana sobre Direitos Humanos (Pacto de San José da Costa Rica), incorporada ao ordenamento jurídico brasileiro, em seu art. 7º (5), assim estabelece: "Toda pessoa presa, detida ou retida deve ser conduzida, sem demora, à presença de um juiz ou outra autoridade autorizada por lei a exercer funções judiciais (...)". O Conselho Nacional de Justiça, em parceria com o Tribunal de Justiça de São Paulo e também com o Ministério da Justiça, lançou e implementou o projeto "audiência de custódia", cujo propósito é assegurar ao preso o direito de ser apresentado, de forma rápida, a um juiz de direito, ao qual caberá analisar, entre outros aspectos, a legalidade da prisão em flagrante e também a necessidade de a mesma ser convertida em prisão preventiva. Para tanto, o CNJ editou a Resolução 213/2015, da qual deve ser extraída a solução desta questão. Assim reza o seu art. 1º: *Determinar que toda pessoa presa em flagrante delito, independentemente da motivação ou natureza do ato, seja obrigatoriamente apresentada, em até 24 horas da comunicação do flagrante, à autoridade judicial competente, e ouvida sobre as circunstâncias em que se realizou sua prisão ou apreensão.* O TJ de São Paulo, por sua vez, editou o Provimento 03/2015, cujo objetivo é disciplinar e viabilizar a audiência de custódia, contra o qual, vale dizer, foi ajuizada ação direta de inconstitucionalidade, que foi julgada improcedente, nos seguintes termos: "1. A Convenção Americana sobre Direitos do Homem, que dispõe, em seu artigo 7º, item 5, que 'toda pessoa presa, detida ou retida deve ser conduzida, sem demora, à presença de um juiz', posto ostentar o status jurídico supralegal que os tratados internacionais sobre direitos humanos têm no ordenamento jurídico brasileiro, legitima a denominada 'audiência de custódia', cuja denominação sugere-se 'audiência de apresentação'. 2. O direito convencional de apresentação do preso ao Juiz, consectariamente, deflagra o procedimento legal de *habeas corpus*, no qual o Juiz apreciará a legalidade da prisão, à vista do preso que lhe é apresentado, procedimento esse instituído pelo Código de Processo Penal, nos seus artigos 647 e seguintes. 3. O *habeas corpus ad subjiciendum*, em sua origem remota, consistia na determinação do Juiz de apresentação do preso para aferição da legalidade da sua prisão, o que ainda se faz presente na legislação processual penal (artigo 656 do CPP). 4. O ato normativo sob o crivo da fiscalização abstrata de constitucionalidade contempla, em seus artigos 1º, 3º, 5º, 6º e 7º normas estritamente regulamentadoras do procedimento legal de *habeas corpus* instaurado perante o Juiz de primeira instância, em nada exorbitando ou contrariando a lei processual vigente, restando, assim, inexistência de conflito com a lei, o que torna inadmissível o ajuizamento de ação direta de inconstitucionalidade para a sua impugnação, porquanto o status do CPP não gera violação constitucional, posto legislação infraconstitucional. 5. As disposições administrativas do ato impugnado (artigos 2º, 4º 8º, 9º, 10 e 11), sobre a organização do funcionamento das unidades jurisdicionais do Tribunal de Justiça, situam-se dentro dos limites da sua autogestão (artigo 96, inciso I, alínea a, da CRFB). Fundada diretamente na Constituição Federal, admitindo *ad argumentandum* impugnação pela via da ação direta de inconstitucionalidade, mercê de materialmente inviável a demanda. 6. *In casu*, a parte do ato impugnado que versa sobre as rotinas cartorárias e providências administrativas ligadas à audiência de custódia em nada ofende a reserva de lei ou norma constitucional. 7. Os artigos 5º, inciso II, e 22, inciso I, da Constituição Federal não foram violados, na medida em que há legislação federal em sentido estrito legitimando a audiência de apresentação. 8. A Convenção Americana sobre Direitos do Homem e o Código de Processo Penal, posto ostentarem eficácia geral e *erga omnes*, atingem a esfera de atuação dos Delegados de Polícia, conjurando a alegação de violação da cláusula pétrea de separação de poderes. 9. A Associação Nacional dos Delegados de Polícia – ADEPOL, entidade de classe de âmbito nacional, que congrega a totalidade da categoria dos Delegados de Polícia (civis e federais), tem legitimidade para propor ação direta de inconstitucionalidade (artigo 103, inciso IX, da CRFB). Precedentes. 10. A pertinência temática entre os objetivos da associação autora e o objeto da ação direta de inconstitucionalidade é inequívoca, uma vez que a realização das audiências de custódia repercute na atividade dos Delegados de Polícia, encarregados da apresentação do preso em Juízo. 11. Ação direta de inconstitucionalidade PARCIALMENTE CONHECIDA e, nessa parte, JULGADA IMPROCEDENTE, indicando a adoção da referida prática da audiência de apresentação por todos os tribunais do país" (ADI 5240, Rel. Min. Luiz Fux, Tribunal Pleno, j 20.08.2015, Processo Eletrônico *DJe* 29.01.2016 Publ. 01.02.2016). Por fim, de se ver que, no contexto do crime de tráfico de drogas, sendo este equiparado a hediondo, embora não se admita o arbitramento de fiança, tal como estabelece o art. 44, "caput", da Lei 11.343/2006, pode ao investigado/acusado ser concedida liberdade provisória (sem fiança). A propósito, o Pleno do STF, em controle difuso, reconheceu a inconstitucionalidade da parte do art. 44 da Lei de Drogas que proibia a concessão de liberdade provisória nos crimes de tráfico (HC 104.339/SP, Pleno, j. 10.05.2012, rel. Min. Gilmar Mendes, *DJe* 06.12.2012). Atualmente, portanto, é tão somente vedada a concessão de liberdade provisória com fiança ao crime de tráfico. ED

Gabarito "A"

(Juiz – TJ/SC – FCC – 2017) A Lei nº 11.343/2006 – Lei de Drogas, estabelece em seu art. 59 – *Nos crimes previstos nos arts. 33,* caput *e § 1º, e 34 a 37 desta Lei, o réu não poderá apelar sem recolher-se à prisão, salvo se for primário e de bons antecedentes, assim reconhecido na sentença condenatória.*

Este dispositivo legal:

(A) foi declarado inconstitucional pelo Supremo Tribunal Federal.

(B) estabeleceu modalidade de prisão preventiva visando a garantia da ordem pública e assegurar a aplicação da lei penal.

(C) é incompatível com a regra do Código de Processo Penal que determina que o juiz, ao proferir a sentença condenatória, decidirá, fundamentadamente, sobre a manutenção ou a imposição de prisão preventiva.

(D) somente poderá ser aplicado no caso de sentença penal condenatória que impuser o regime inicial de cumprimento da pena fechado.

(E) é modalidade de execução provisória da pena privativa de liberdade aplicada ao réu.

A decretação ou manutenção da prisão cautelar (provisória ou processual), assim entendida aquela que antecede a condenação definitiva, deve sempre estar condicionada à demonstração concreta de sua imperiosa necessidade, ainda que se trate da prática de crimes graves, como é o caso do tráfico de drogas, delito equiparado a hediondo. Bem por isso, deve o magistrado apontar as razões, no seu entender, que a tornam indispensável (art. 312 do CPP). Colocado de outra forma, a prisão provisória ou cautelar somente se justifica dentro do ordenamento jurídico quando necessária ao processo. Deve ser vista, portanto, como um *instrumento* do processo a ser utilizado em situações *excepcionais*. É por essa razão que a prisão decorrente de sentença penal condenatória recorrível deixou de constituir modalidade de prisão cautelar. Era uma prisão automática, já que, com a prolação da sentença condenatória, o réu era recolhido ao cárcere (independentemente de a prisão ser necessária). Nesse contexto, o acusado era considerado presumidamente culpado. Com as modificações introduzidas pela Lei 11.719/2008 e também em razão da atuação dos tribunais, esta modalidade de prisão cautelar deixou de existir, consagrando, assim, o *postulado da presunção de inocência*. Em vista dessa nova realidade, se o acusado permanecer preso durante toda a instrução, a manutenção dessa prisão somente terá lugar se indispensável for ao processo, pouco importando se, uma vez condenado em definitivo, permanecerá ou não preso (art. 387, § 1º, CPP). A prisão desnecessária decretada ou mantida antes de a sentença passar em julgado constitui antecipação da pena que porventura seria aplicada em caso de condenação, o que representa patente violação ao princípio da presunção de inocência, postulado esse de índole constitucional – art. 5º, LVII. De se ver ainda que, tendo em conta as mudanças implementadas pela Lei 12.403/2011, que instituiu as *medidas cautelares alternativas à prisão provisória*, esta somente terá lugar diante da impossibilidade de se recorrer às medidas cautelares. Dessa forma, a prisão, como medida excepcional que é, deve também ser vista como instrumento subsidiário, supletivo. Pois bem. É importante registrar que essa tônica (de somente dar-se início ao cumprimento da pena depois do trânsito em julgado da sentença penal condenatória) sofreu, recentemente, um revés. Explico. O STF, em julgamento histórico realizado em 17 de fevereiro de 2016, mudou, à revelia de grande parte da comunidade jurídica, seu entendimento acerca da possibilidade de prisão antes do trânsito em julgado da sentença penal condenatória. A Corte, ao julgar o HC 126.292, passou a admitir a execução da pena após decisão condenatória proferida em segunda instância. Com isso, passou a ser desnecessário, para dar início ao cumprimento da pena, aguardar o trânsito em julgado da decisão condenatória. Flexibilizou-se, pois, o postulado da presunção de inocência. Naquela ocasião, votaram pela mudança de paradigma sete ministros, enquanto quatro mantiveram o entendimento até então prevalente. Cuidava-se, é bem verdade, de uma decisão tomada em processo subjetivo, sem eficácia vinculante, portanto. Tal decisão, conquanto tomada em processo subjetivo, passou a ser vista como uma mudança de entendimento acerca de tema que há vários anos havia se sedimentado. Mais recentemente, nossa Suprema Corte foi chamada a se manifestar, em ações declaratórias de constitucionalidade impetradas pelo Conselho Federal da OAB e pelo Partido Ecológico Nacional, sobre a constitucionalidade do art. 283 do CPP. Existia a expectativa de que algum ou alguns dos ministros mudassem o posicionamento adotado no julgamento realizado em fevereiro de 2016. Afinal, a decisão, agora, teria uma repercussão muito maior, na medida em que tomada em ADC. Pois bem. Depois de muita especulação e grande expectativa, o STF, em julgamento realizado em 5 de outubro do mesmo ano, desta vez por maioria mais apertada (6 a 5), já que houve mudança de posicionamento do ministro Dias Toffoli, indeferiu as medidas cautelares pleiteadas nessas ADCs (43 e 44), mantendo, assim, o posicionamento que autoriza a prisão depois de decisão condenatória confirmada em segunda instância. De toda forma e em suma, o art. 59 da Lei de Drogas, que contempla hipótese de prisão processual obrigatória e automática, é incompatível com a atual ordem constitucional e com o que estabelece o art. 387, § 1º, do CPP, para o qual a prisão preventiva, independentemente da gravidade do crime pelo qual foi o agente condenado em primeiro grau, só poderá ser decretada, sempre de forma fundamentada, se presentes estiverem os fundamentos contidos no art. 312 do CPP. ED

Gabarito "C".

(Juiz – TJ-SC – FCC – 2017) Recebendo o juiz os autos do inquérito policial com pedido de prazo para conclusão, sem provocação da autoridade policial ou do Ministério Público,

(A) poderá o juiz decretar a prisão temporária do investigado por cinco dias, ainda que não haja representação da autoridade policial ou requerimento do Ministério Público.

(B) não poderá decretar a prisão temporária do investigado, pois não há previsão legal de prisão temporária decretada de ofício pelo Juiz.

(C) não poderá decretar a prisão temporária do investigado, pois a prisão temporária somente poderá ser decretada após a conclusão do inquérito policial.

(D) poderá decretar a prisão temporária do investigado, desde que tenha por fundamento a garantia da ordem pública, da ordem econômica, por conveniência da instrução criminal ou para assegurar a aplicação da lei penal e haja prova do crime e indício suficiente de autoria.

(E) poderá o juiz determinar a produção antecipada das provas consideradas urgentes e decretar a prisão do investigado.

A: incorreta. Tema bastante recorrente em concursos públicos, é defeso ao juiz decretar a prisão temporária de ofício, isto é, sem provocação do MP ou da autoridade policial. É o que estabelecem os arts. 1º, I, e 2º, *"caput"*, da Lei 7.960/1989. Cuidado: a prisão preventiva, ao contrário da temporária, pode ser decretada de ofício pelo magistrado, desde que no curso da ação penal; se ainda na etapa investigatória, tal medida extrema somente poderá ser decretada pelo juiz diante de requerimento formulado pelo MP ou mediante representação do delegado de polícia (art. 311, CPP); **B:** correta (vide comentário anterior); **C:** incorreta. Ao contrário do que se afirma, a prisão temporária, na medida em que se presta a viabilizar as investigações do inquérito policial, somente pode ser decretada no curso deste; é vedada, pois, a decretação da prisão temporário depois da conclusão do inquérito policial; **D:** incorreta, já que contempla os fundamentos e requisitos da prisão preventiva (art. 312, "caput", CPP), e não da temporária; **E:** incorreta. Embora seja correto afirmar-se que ao juiz é dado, mesmo antes de iniciada a ação penal, determinar, de ofício, a produção antecipada das provas consideradas urgentes (art. 156, I, CPP), é-lhe vedado, no contexto narrado no enunciado, decretar de ofício tanto a prisão temporária quanto a preventiva. ED

Gabarito "B".

(Juiz – TRF 3ª Região – 2016) Assinale a alternativa correta:

(A) Pode ser considerado em flagrante delito quem integra organização criminosa;

(B) Crimes inafiançáveis não comportam liberdade provisória, sem fiança;

(C) A autoridade policial só pode decretar fiança, em caso de crimes apenados com detenção;

(D) A autoridade policial pode aplicar medidas cautelares diversas da prisão.

A: correta. De fato, a conduta consistente em integrar organização criminosa, cuja previsão está no art. 2º, "caput", da Lei 12.850/2013, traduz crime permanente, já que a sua consumação se protrai no tempo enquanto perdurar a organização criminosa. Por tal razão, a prisão em flagrante pode ser realizada a qualquer tempo; **B:** incorreta. Crimes inafiançáveis, como os hediondos e equiparados (art. 5º, XLIII, da CF), comportam, sim, a concessão de liberdade provisória, desde que, é óbvio, sem fiança. O que se veda, em relação a esses crimes, é a liberdade provisória com fiança. Por mais estranho que isso possa parecer, é assim mesmo. Ou seja: em se tratando de crimes graves, como são os hediondos e equiparados, não se pode conceder liberdade provisória com fiança; já aos menos graves concede-se liberdade provisória com fiança; **C:** incorreta. **A** Lei 12.403/2011 mudou sobremaneira o panorama da fiança. Antes da reforma por ela implementada, a autoridade policial, em vista da revogada redação do art. 322 do CPP, somente estava credenciada a concedê-la nas hipóteses de infração punida com *detenção* ou *prisão simples*. Bem por isso, não podia o delegado de polícia arbitrar fiança nos crimes punidos com *reclusão*, tarefa exclusiva do magistrado. Pela nova redação dada ao art. 322 do CPP, a autoridade policial passou a conceder fiança nos casos de infração cuja pena privativa de liberdade máxima não seja superior a quatro anos, independentemente de ser o crime apenado com reclusão ou detenção (qualidade da pena). Naqueles casos em que a pena máxima superar os quatro anos, somente o magistrado poderá estabelecer a fiança; **D:** correta. O delegado pode arbitrar fiança (art. 322, CPP), que constitui modalidade de medida cautelar diversa da prisão (art. 319, VIII, CPP). ED

Gabarito "A e D".

(Juiz de Direito – TJM/SP – VUNESP – 2016) Afirma-se corretamente em matéria de prisão cautelar, que

(A) em caso de excepcional gravidade, ainda que analisada abstratamente, o princípio da presunção de inocência poderá ser desprezado, a fim de se autorizar o largo emprego de prisões cautelares.

(B) em caso de descumprimento de alguma medida cautelar, a regra será a decretação imediata e automática da prisão processual.

(C) na análise do cabimento da prisão preventiva, deve o juiz ponderar, na decisão, se não são aplicáveis medidas diversas menos gravosas.

(D) o prazo da prisão temporária, ainda que prorrogada, jamais excederá a 10 (dez) dias.

(E) em sendo vedada a fiança, não é possível a concessão de liberdade provisória, com ou sem condições.

A: incorreta. É tema superado, tanto na doutrina quanto na jurisprudência, que a gravidade abstrata do crime imputado não pode servir de fundamento à decretação de prisões cautelares. A gravidade do crime, para justificar a custódia provisória, deve limitar-se ao aspecto *concreto*. A título de exemplo, é inconteste que o crime de latrocínio, que é hediondo, é dotado de excepcional gravidade, mas isso não justifica, por si só, a decretação de prisão processual. Se assim fosse, a todo agente ao qual se atribui a prática desse crime deveria ser aplicada a prisão preventiva. Não é e não pode ser assim. A prisão provisória só pode ser determinada em situações absolutamente excepcionais, em que fica demonstrada a sua imperiosa necessidade, o que deve ser extraído do art. 312 do CPP, e não da gravidade abstrata do delito; **B:** incorreta. Na hipótese de descumprimento de alguma medida cautelar imposta, deve-se, em primeiro lugar, proceder à substituição da medida por outra mais adequada ou a sua cumulação com a medida anterior impingida. Se, ainda assim, a nova medida (em substituição ou por cumulação) mostrar-se insuficiente, aí, sim, poderá o juiz recorrer à derradeira alternativa, decretando a prisão preventiva. É o que se extrai do art. 282, § 4º, do CPP. Como se vê, a tônica introduzida pela Lei de Reforma 12.403/2011 é evitar a todo custo a segregação cautelar, à qual somente poderá se recorrer em último caso; **C:** correta. Ante as mudanças implementadas pela Lei 12.403/2011, que instituiu as *medidas cautelares alternativas à prisão provisória*, esta (prisão) somente terá lugar diante da impossibilidade de se recorrer às medidas cautelares. Dessa forma, a prisão, como medida excepcional que é, deve também ser vista como instrumento subsidiário, supletivo, cabendo ao juiz, ao decretar à prisão preventiva, justificar por que razão não recorreu às medidas cautelares alternativas (art. 282, § 6º, do CPP); **D:** incorreta. A *prisão temporária*, a ser decretada tão somente pelo juiz de direito, terá o prazo de 5 (*cinco*) *dias*, prorrogável por igual período em caso de extrema e comprovada necessidade, nos termos do art. 2º da Lei 7.960/1989. Em se tratando, no entanto, de crime hediondo ou delito a ele equiparado (tortura, tráfico de drogas e terrorismo), a *custódia temporária* será decretada por *até* 30 (trinta) dias, prorrogável por igual período em caso de extrema e comprovada necessidade, em consonância com o disposto no art. 2º, § 4º, da Lei 8.072/1990 (Lei de Crimes Hediondos); **E:** incorreta. O fato de ser vedada a concessão de fiança (como ocorre nos crimes hediondos) não impede que se conceda liberdade provisória sem fiança. ED

Gabarito "C".

(Juiz – TJ/RJ – VUNESP – 2016) X e Y, maiores de idade, empreendem assalto a banco, armados (art. 157, § 2º, I e II). Logo ao saírem do local, em poucos minutos, a polícia chega ao recinto e passa à perseguição dos criminosos, que são presos em flagrante, na posse de armas de fogo e de grande quantidade de dinheiro em espécie. O delegado arbitra fiança a X, mas não para Y, por este ser reincidente. Em juízo, é convertida em preventiva a prisão de Y, sendo imediatamente impetrado *habeas corpus* no Tribunal de Justiça. A ordem é concedida, revogando-se a prisão preventiva, pois cabíveis medidas alternativas, sendo, desde logo, imposta a obrigatoriedade de comparecimento periódico, em Juízo. Uma vez solto, Y descumpre a medida, sendo decretada, de ofício, nova prisão preventiva.

A respeito do caso, assinale a alternativa correta.

(A) A nova prisão preventiva de Y é ilegal, pois, inexistindo urgência, em homenagem ao princípio do contraditório, o imputado haveria de ser ouvido, antes da adoção da medida extrema.

(B) O Tribunal errou ao conceder a ordem, pois, em se tratando de crime com violência, a prisão preventiva é a regra.

(C) O delegado de polícia oficiante acertou em arbitrar fiança a X, pois o crime praticado não é inafiançável.

(D) Embora acertado o arbitramento de fiança para X pelo delegado de polícia oficiante, este não poderia se recusar a arbitrar fiança para Y, em virtude da reincidência.

(E) A prisão em flagrante delito dos agentes foi ilegal, eis que a situação não configurava, sob qualquer ótica, estado de flagrância.

A: correta, pois em conformidade com o que estabelece o art. 282, § 3º, do CPP; **B:** incorreta. A decretação ou manutenção da prisão preventiva, que constitui modalidade de custódia cautelar que antecede a condenação definitiva, não pode ser considerada regra, ainda que se trate de crime com emprego de violência, devendo a sua aplicação sempre estar condicionada à demonstração concreta de sua imperiosa necessidade. É por essa razão que deve o magistrado apontar as razões, no seu entender, que a tornam indispensável (art. 312 do CPP). Enfim, a prisão preventiva deve ser vista como exceção, já que somente terá lugar quando necessária ao processo. Deve ser vista, portanto, como um *instrumento* do processo a ser utilizado em situações *excepcionais*; **C:** correta. O crime de roubo (art. 157 do CP), ainda que majorado, não é considerado inafiançável; somente é inafiançável, porque hediondo, o crime de roubo seguido de morte (art. 157, § 3º, II, do CP), tal como estabelece o art. 1º, II, da Lei 8.072/1990 (Crimes Hediondos). A despeito disso, não poderia o delegado ter arbitrado fiança a X, na medida em que, à luz do que dispõe o art. 322, *caput*, do CPP, a autoridade policial somente está credenciada a conceder fiança nos casos de infração penal cuja pena máxima cominada não seja superior a 4 anos. A pena máxima cominada ao roubo simples é de 10 anos; **D:** incorreta. A reincidência não é fator impeditivo à concessão de fiança; **E:** incorreta. Segundo consta, X e Y, em concurso de pessoas, logo após o cometimento do crime de roubo a agência bancária, passaram a ser perseguidos pela polícia, que os prendeu em flagrante na posse de armas e dinheiro. Trata-se do que a doutrina convencionou chamar de flagrante impróprio, imperfeito ou quase flagrante, modalidade legal de prisão em flagrante, portanto. Além dessa espécie de flagrante, há o flagrante próprio, real ou perfeito, que é aquele em que o agente é surpreendido no momento em que comete o crime ou quando acaba de cometê-lo – art. 302, I e II, do CPP. Há, por fim, o flagrante ficto ou presumido, que é a modalidade de flagrante (art. 302, IV) em que o agente é encontrado, depois do crime, na posse de instrumentos, armas, objetos ou papéis em circunstâncias que revelem ser ele o autor da infração penal. De se ver que, nesta modalidade de flagrante, inexiste perseguição, como ocorre no flagrante impróprio. Gabarito "A".

(Juiz – TJ/MS – VUNESP – 2015) A prisão domiciliar, nos termos do artigo 317, do Código de Processo Penal, consiste no recolhimento do indiciado ou acusado em sua residência, só podendo dela ausentar-se com autorização judicial. Poderá o juiz, de acordo com o dispositivo legal seguinte, substituir a prisão preventiva pela domiciliar quando o agente for, comprovadamente:

(A) I. inimputável; II. semi-imputável; ou III. menor de 21 (vinte e um anos), sem comprovação de reincidência por crime doloso praticado com violência ou grave ameaça contra a pessoa.

(B) I. maior de 70 (setenta) anos; II. gravemente doente; III. cuidador de pessoa menor de idade e portadora de necessidades especiais; e IV. gestante de alto risco.

(C) I. portador de bons antecedentes criminais ou II. menor de 21 (vinte e um anos), se não preenchidos os requisitos no artigo 312, *caput*, do Código de Processo Penal.

(D) I. maior de 80 (oitenta) anos; II. extremamente debilitado por motivo de doença grave; III. imprescindível aos cuidados especiais de pessoa menor de 6 (seis) anos de idade ou com deficiência; ou IV. gestante a partir do 7º mês de gravidez ou sendo esta de alto risco.

(E) I. portador de bons antecedentes; e II. apto ao monitoramento eletrônico.

A elaboração desta questão é anterior à Lei 13.257/2016, que promoveu várias alterações no art. 318 do CPP. Temos atualmente que o juiz poderá, em vista do que estabelece a nova redação do art. 318 do CPP, substituir a prisão preventiva pela domiciliar nas seguintes hipóteses: agente que contar com mais de 80 (oitenta) anos (inciso I); agente extremamente debilitado por motivo de doença grave (inciso II); quando o agente for imprescindível aos cuidados de pessoa com menos de 6 (seis) anos ou com deficiência (inciso III); quando se tratar de gestante (inciso IV – cuja redação foi alterada pela Lei 13.257/2016); quando se tratar de mulher com filho de até 12 anos de idade incompletos (inciso V – cuja redação foi determinada pela Lei 13.257/2016); homem, caso seja o único responsável pelos cuidados do filho de até 12 anos de idade incompletos (inciso VI – cuja redação foi determinada pela Lei 13.257/2016). Se levarmos em conta a anterior redação do art. 318 do CPP, a alternativa a ser assinalada como correta é de fato a "D". Atenção: a Lei 13.769/2018, editada recentemente, inseriu no CPP o art. 318-A, que prevê a substituição da prisão preventiva por prisão domiciliar da mulher gestante, mãe ou responsável por crianças ou pessoas com deficiência. Além disso, esta mesma Lei disciplina o regime de cumprimento de pena privativa de liberdade de condenadas na mesma situação, com alteração da Lei de Crimes Hediondos e da Lei de Execução Penal. Como bem sabemos, a 2ª turma do STF, ao julgar o HC coletivo 143.641, assegurou a conversão da prisão preventiva em domiciliar a todas as presas provisórias do país que sejam gestantes, puérperas ou mães de crianças e deficientes sob sua guarda. Perceba, dessa forma, que o legislador, ao inserir o art. 318-A do CPP, nada mais fez do que contemplar, no texto legal, o entendimento consolidado no habeas corpus coletivo a que fizemos referência. Também em consonância com o que ficou decidido no julgamento do HC, o legislador impôs dois requisitos: que não tenha sido cometido crime com grave ameaça ou violência contra a pessoa; que não tenha sido cometido contra o filho ou dependente. O art. 318-B, também inserido por meio da Lei 13.769/2018, prevê a possibilidade de aplicação concomitante da prisão domiciliar e das medidas alternativas previstas no art. 319 do CPP, na esteira do decidido no HC 143.641. Vale ainda o registro de que, para além da inserção desses dois dispositivos legais no CPP, a Lei 13.769/2018 promoveu alterações na LEP. De ver-se que os arts. 318, 318-A e 318-B tratam da concessão da prisão domiciliar no contexto da prisão preventiva, que constitui modalidade de prisão provisória. Pressupõe-se, aqui, portanto, ausência de condenação definitiva. Após o trânsito em julgado da condenação, a prisão domiciliar passa a ser disciplinada, como não poderia deixar de ser, pela LEP. Neste caso, temos que a Lei 13.769/2018 inseriu no art. 112 da LEP o § 3º, que estabelece fração diferenciada de cumprimento de pena para que a mulher, nas condições a que fizemos referência, possa alcançar o regime mais brando (a fração necessária, que antes era um sexto, passou para um oitavo). Para tanto, a reeducanda deve reunir quatro requisitos cumulativos, além de ter cumprido um oitavo da pena que lhe foi imposta. Também incluído pela Lei 13.769/2018, o § 4º do art. 112 da LEP estabelece que a prática de novo crime doloso ou falta grave acarretará a revogação do benefício. Por fim, também sofreu alteração a Lei de Crimes Hediondos, com a alteração, pela Lei 13.769/2018, do art. 2º, § 2º, que agora estabelece que a progressão, nesses crimes, se se tratar de mulher grávida, mãe ou responsável por criança ou pessoa com deficiência, obedecerá ao que estabelecem os §§ 3º e 4º do art. 112 da LEP. Em outras palavras, institui-se, no que concerne aos crimes hediondos e equiparados, regra específica de progressão no caso de o beneficiário encontrar-se em uma das condições acima. Gabarito "D".

(Juiz – TJ/SP – VUNESP – 2015) A liberdade provisória, assegurada pela Constituição Federal e pelo Código de Processo Penal, não pode depender de um ato meramente discricionário do magistrado. Assim, a decisão deve conter a

(A) desnecessidade da manutenção da prisão apenas no momento processual.

(B) fundamentação sucinta e sem análise que prejudique o interesse do mérito.

(C) invocação, ainda que formal, dos dispositivos ensejadores de sua concessão.

(D) demonstração concreta que impõe a privação da liberdade antes da decisão de mérito.

A decretação ou manutenção da prisão cautelar (provisória ou processual), assim entendida aquela que antecede a condenação definitiva, deve sempre estar condicionada à demonstração concreta de sua imperiosa necessidade. Bem por isso, deve o magistrado apontar as razões, no seu entender, que a tornam indispensável (art. 312 do CPP). Colocado de outra forma, a prisão provisória ou cautelar somente se justifica dentro do ordenamento jurídico quando necessária ao processo. Deve ser vista, portanto, como um *instrumento* do processo a ser utilizado em situações *excepcionais*. É por essa razão que a prisão decorrente de sentença penal condenatória recorrível deixou de constituir modalidade de prisão cautelar. Era uma delas e, logo após, com a prolação da sentença condenatória, o réu era recolhido ao cárcere (independente de a prisão ser necessária). Nesse contexto, o acusado era considerado presumidamente culpado. Com as modificações introduzidas pela Lei 11.719/2008 e também em razão da atuação dos tribunais, esta modalidade de prisão cautelar deixou de existir, consagrando, assim, o *postulado da presunção de inocência*. Em vista dessa nova realidade, se o acusado permanecer preso durante toda a instrução, a manutenção dessa prisão somente terá lugar se indispensável for ao processo, pouco importando se, uma vez condenado em definitivo, permanecerá ou não preso. A prisão desnecessária decretada ou mantida antes de a sentença passar em julgado constitui antecipação da pena que porventura seria aplicada em caso de condenação, o que representa patente violação ao princípio da presunção de inocência, postulado esse de índole constitucional – art. 5º, LVII. De se ver ainda que, tendo em conta as mudanças implementadas pela Lei 12.403/2011, que instituiu as *medidas cautelares alternativas à prisão provisória*, esta somente terá lugar diante da impossibilidade de se recorrer às medidas cautelares. Dessa forma, a prisão, como medida excepcional que é, deve também ser vista como instrumento subsidiário, supletivo. Pois bem. Essa tônica (de somente dar-se início ao cumprimento da pena depois do trânsito em julgado da sentença penal condenatória) sofreu, recentemente, um revés. Explico. O STF, em julgamento histórico realizado em 17 de fevereiro de 2016, mudou, à revelia de grande parte da comunidade jurídica, seu entendimento acerca da possibilidade de prisão antes do trânsito em julgado da sentença penal condenatória. A Corte, ao julgar o HC 126.292, passou a admitir a execução da pena após decisão condenatória proferida em segunda instância. Com isso, passou a ser desnecessário, para dar início ao cumprimento da pena, aguardar o trânsito em julgado da decisão condenatória. Flexibilizou-se, pois, o postulado da presunção de inocência. Naquela ocasião, votaram pela mudança de paradigma sete ministros, enquanto quatro mantiveram o entendimento até então prevalente. Cuidava-se, é bem verdade, de uma decisão tomada em processo subjetivo, sem eficácia vinculante, portanto. Tal decisão, conquanto tomada em processo subjetivo, passou a ser vista como uma mudança de entendimento acerca de tema que há vários anos havia se sedimentado. Mais recentemente, nossa Suprema Corte foi chamada a se manifestar, em ações declaratórias de constitucionalidade impetradas pelo Conselho Federal da OAB e pelo Partido Ecológico Nacional, sobre a constitucionalidade do art. 283 do CPP. Existia a expectativa de que algum ou alguns dos ministros mudassem o posicionamento adotado no julgamento realizado em fevereiro de 2016. Afinal, a decisão, agora, teria uma repercussão muito maior, na medida em que tomada em ADC. Pois bem. Depois de muita especulação e grande expectativa, o STF, em julgamento realizado em 5 de outubro do mesmo ano, desta vez por maioria mais apertada (6 a 5), já que houve mudança de posicionamento do ministro Dias Toffoli, indeferiu as medidas cautelares pleiteadas nessas ADCs (43 e 44), mantendo, assim, o posicionamento que autoriza a prisão depois de decisão condenatória confirmada em segunda instância. É importante que se diga que o mérito das ações ainda está pendente de julgamento. ED

Gabarito "D"

(Promotor de Justiça – MPE/RS – 2017) Assinale a alternativa **INCORRETA**.

(A) É vedado ao delegado de polícia arbitrar fiança em crimes cuja pena máxima ultrapasse 4 anos.

(B) Admite-se prisão preventiva quando há dúvida sobre a identidade civil da pessoa.

(C) Admite-se prisão preventiva em crimes apenados com detenção.

(D) Admite-se concessão de liberdade provisória mediante fiança consistente em hipoteca.

(E) A prisão preventiva pode ser substituída pela prisão domiciliar quando o agente for maior de 70 anos.

A: correta. A Lei 12.403/2011 mudou sobremaneira o panorama da fiança. Antes da reforma por ela implementada, a autoridade policial, em vista da revogada redação do art. 322 do CPP, somente estava credenciada a concedê-la nas hipóteses de infração punida com *detenção* ou *prisão simples*. Bem por isso, não podia o delegado de polícia arbitrar fiança nos crimes punidos com *reclusão*, tarefa exclusiva do magistrado. Pela nova redação dada ao art. 322 do CPP, a autoridade policial passou a conceder fiança nos casos de infração cuja pena privativa de liberdade máxima não seja superior a quatro anos, independentemente de ser o crime apenado com reclusão ou detenção (qualidade da pena). Naqueles casos em que a pena máxima superar os quatro anos, somente o magistrado poderá estabelecer a fiança; **B:** correta, pois reflete a regra presente no art. 313, parágrafo único, do CPP; **C:** correta. De fato, nada impede que se decrete a custódia preventiva em crimes apenados com detenção; **D:** correta (art. 330, *caput*, do CPP); **E:** incorreta, dado que o art. 318, I, do CPP estabelece como idade mínima à obtenção deste benefício oitenta anos, e não setenta, tal como constou da assertiva. Além dessa hipótese, o juiz poderá substituir a prisão preventiva pela domiciliar nos seguintes casos: agente extremamente debilitado por motivo de doença grave (inciso II); quando o agente for imprescindível aos cuidados de pessoa com menos de 6 (seis) anos ou com deficiência (inciso III); quando se tratar de gestante (inciso IV – cuja redação foi alterada pela Lei 13.257/2016); quando se tratar de mulher com filho de até 12 anos de idade incompletos (inciso V – cuja redação foi determinada pela Lei 13.257/2016); homem, caso seja o único responsável pelos cuidados do filho de até 12 anos de idade incompletos (inciso VI – cuja redação foi determinada pela Lei 13.257/2016). Atenção: a Lei 13.769/2018, editada recentemente, inseriu no CPP o art. 318-A, que prevê a substituição da prisão preventiva por prisão domiciliar da mulher gestante, mãe ou responsável por crianças ou pessoas com deficiência. Além disso, esta mesma Lei disciplina o regime de cumprimento de pena privativa de liberdade de condenadas na mesma situação, com alteração da Lei de Crimes Hediondos e da Lei de Execução Penal. Como bem sabemos, a 2ª turma do STF, ao julgar o HC coletivo 143.641, assegurou a conversão da prisão preventiva em domiciliar a todas as presas provisórias do país que sejam gestantes, puérperas ou mães de crianças e deficientes sob sua guarda. Perceba, dessa forma, que o legislador, ao inserir o art. 318-A do CPP, nada mais fez do que contemplar, no texto legal, o entendimento consolidado no *habeas corpus* coletivo a que fizemos referência. Também em consonância com o que ficou decidido no julgamento do HC, o legislador impôs dois requisitos: que não tenha sido cometido crime com grave ameaça ou violência contra a pessoa; que não tenha sido cometido contra o filho ou dependente. O art. 318-B, também inserido por meio da Lei 13.769/2018, prevê a possibilidade de aplicação concomitante da prisão domiciliar e das medidas alternativas previstas no art. 319 do CPP, na esteira do decidido no HC 143.641. Vale ainda o registro de que, para além da inserção desses dois dispositivos legais no CPP, a Lei 13.769/2018 promoveu alterações na LEP. De ver-se que os arts. 318, 318-A e 318-B tratam da concessão da prisão domiciliar no contexto da prisão preventiva, que constitui modalidade de prisão provisória. Pressupõe-se, aqui, portanto, ausência de condenação definitiva. Após o trânsito em julgado da condenação, a prisão domiciliar passa a ser disciplinada, como não poderia deixar de ser, pela LEP. Neste caso, temos que a Lei 13.769/2018 inseriu no art. 112 da LEP o § 3º, que estabelece fração diferenciada de cumprimento de pena para que a mulher, nas condições a que fizemos referência, possa alcançar o regime mais brando (a fração necessária, que antes era um sexto, passou para um oitavo). Para tanto, a reeducanda deve reunir quatro requisitos cumulativos, além de ter cumprido um oitavo da pena que lhe foi imposta. Também incluído pela Lei 13.769/2018, o § 4º do art. 112 da LEP estabelece que a prática de novo crime doloso ou falta grave acarretará a revogação do benefício. Por fim, também sofreu alteração a Lei de Crimes Hediondos, com a alteração, pela Lei 13.769/2018, do art. 2º, § 2º, que agora estabelece que a progressão, nesses crimes, se se tratar de mulher grávida, mãe ou responsável por criança ou pessoa com deficiência, obedecerá ao que estabelecem os §§ 3º e 4º do art. 112 da LEP. Em outras palavras, institui-se, no que concerne aos crimes hediondos e equiparados, regra específica de progressão no caso de o beneficiário encontrar-se em uma das condições acima. ED

Gabarito "E"

(Promotor de Justiça/GO – 2016 – MPE) Sobre o regime jurídico da prisão provisória e das medidas cautelares pessoais no ordenamento jurídico pátrio, segundo orientação doutrinária e jurisprudencial, é correto afirmar que:

(A) Inquéritos policiais e processos em andamento não têm o condão de exasperar a pena-base no momento da dosimetria da pena e, tampouco, em razão do princípio da presunção de inocência, são elementos aptos a demonstrar fundamentação suficiente para a decretação da prisão preventiva.

(B) A prisão preventiva se mostra ilegítima nos casos em que a sanção abstratamente prevista ou imposta na sentença condenatória recorrível não resulte em constrição pessoal, por força do princípio da homogeneidade.

(C) O quebramento injustificado da fiança importará na perda de metade do seu valor, cabendo ao juiz decidir sobre a imposição de outras medidas cautelares, não se permitindo a decretação da prisão preventiva.

(D) Em qualquer fase da persecução criminal caberá a prisão preventiva decretada pelo juiz, de ofício, ou a requerimento do Ministério Público, do querelante ou do assistente, ou por representação da autoridade policial, conforme alteração trazida pela Lei 12.403/2011 ao CPP.

A: incorreta. A primeira parte da assertiva está correta, pois em conformidade com o entendimento firmado na Súmula 444 do STJ, segundo a qual é vedada a utilização de inquéritos policiais e ações penais em curso para agravar a pena-base; está incorreto, entretanto, o que se afirma na segunda parte da proposição. Embora a prisão preventiva não possa ser decretada tão somente com base na reincidência e maus antecedentes, é certo que tais circunstâncias podem ser levadas em conta na decretação desta modalidade de custódia provisória, sem que com isso haja ofensa ao postulado da presunção de inocência. Conferir: "A jurisprudência da Suprema Corte é no sentido de que "a periculosidade do agente e o risco de reiteração delitiva demonstram a necessidade de se acautelar o meio social para que seja resguardada a ordem pública, além de constituírem fundamento idôneo para a prisão preventiva." (HC 115462, 2.ª Turma, Rel. Min. Ricardo Lewandowski, DJe de 23/04/2013.). Inquéritos policiais e processos em andamento, embora não tenham o condão de exasperar a pena-base no momento da dosimetria da pena (Súmula 444/STJ), são elementos aptos a demonstrar, cautelarmente, eventual receio concreto de reiteração delitiva, fundamento suficiente para a decretação/manutenção da prisão antecipada" (HC 285.466/PR, Rel. Ministra Laurita Vaz, Quinta Turma, julgado em 05.08.2014, *DJe* 21.08.2014); **B:** correta. De fato, por força do princípio da homogeneidade, as medidas de natureza cautelar, em especial a prisão preventiva, não podem ser mais aflitivas do que a medida que seria aplicada ao final do processo. É dizer, não se afigura razoável impingir ao investigado/acusado custódia preventiva quando ao final não lhe seria imposta pena privativa de liberdade; **C:** incorreta. É verdade que o quebramento injustificado da fiança, a teor do art. 343 do CP, implicará a perda de metade de seu valor; mas é incorreto afirmar-se que não poderá ser decretada, neste caso, a custódia preventiva. Poderá o juiz, sim, desde que presentes os requisitos contidos no art. 312 do CPP, decretar a prisão preventiva; **D:** incorreta. Com a alteração promovida pela Lei de Reforma 12.403/2011 na redação do art. 311 do CPP, o juiz, que antes podia, de ofício, determinar a prisão preventiva no curso do inquérito, agora somente poderá fazê-lo, nesta fase da persecução, quando provocado pela autoridade policial, mediante representação, ou pelo Ministério Público, por meio de requerimento; portanto, de ofício, a partir de agora, somente no decorrer da ação penal. É incorreto, dessa forma, afirmar que o juiz pode decretar a custódia preventiva, de ofício, em qualquer fase da persecução. ED

Gabarito "B"

(Promotor de Justiça/SC – 2016 – MPE)

(1) Diante da Lei 12.403/2011, o Estatuto Processual Penal passou a admitir a prisão domiciliar como substitutiva da prisão preventiva. Assim, dispõe que o juiz poderá substituir a prisão preventiva pela domiciliar quando o agente for: a) maior de 70 (setenta) anos; b) extremamente debilitado por motivo de doença grave; c) imprescindível aos cuidados especiais de pessoa menor de 12 (doze) anos de idade ou com deficiência; d) gestante a partir do 7º (sétimo) mês de gravidez ou sendo está de alto risco.

1: os erros desta proposição, levando-se em consideração a redação original do art. 318 do CPP, estão, em primeiro lugar, na idade a partir da qual a pessoa idosa poderá beneficiar-se da substituição da prisão preventiva pela domiciliar, que é de 80 anos (e não de 70), segundo dispõe o art. 318, I, do CPP, dispositivo esse não alterado e, portanto, atualmente em vigor; o outro erro está no item "b", em que se afirma que fará jus à substituição o agente que for imprescindível aos cuidados especiais de pessoa menor de 12 anos, quando, segundo a redação original e atual do art. 318, III, CPP, que não foi modificada, deve a pessoa ser menor de 6 anos ou portadora de deficiência. Com o advento da Lei 13.257/2016, temos que a substituição da prisão preventiva pela domiciliar poderá ocorrer nos seguintes casos: a) agente que contar com mais de 80 (oitenta) anos (inciso I); b) agente extremamente debilitado por motivo de doença grave (inciso II); c) quando o agente for imprescindível aos cuidados de pessoa com menos de 6 (seis) anos ou com deficiência (inciso III); d) quando se tratar de gestante (inciso IV – cuja redação foi alterada pela Lei 13.257/2016); e) quando se tratar de mulher com filho de até 12 anos de idade incompletos (inciso V – cuja redação foi determinada pela Lei 13.257/2016); f) homem, caso seja o único responsável pelos cuidados do filho de até 12 anos de idade incompletos (inciso VI – cuja redação foi determinada pela Lei 13.257/2016). Atenção: a Lei 13.769/2018, editada recentemente, inseriu no CPP o art. 318-A, que prevê a substituição da prisão preventiva por prisão domiciliar da mulher gestante, mãe ou responsável por crianças ou pessoas com deficiência. Além disso, esta mesma Lei disciplina o regime de cumprimento de pena privativa de liberdade de condenadas na mesma situação, com alteração da Lei de Crimes Hediondos e da Lei de Execução Penal. Como bem sabemos, a 2ª turma do STF, ao julgar o HC coletivo 143.641, assegurou a conversão da prisão preventiva em domiciliar a todas as presas provisórias do país que sejam gestantes, puérperas ou mães de crianças e deficientes sob sua guarda. Perceba, dessa forma, que o legislador, ao inserir o art. 318-A do CPP, nada mais fez do que contemplar, no texto legal, o entendimento consolidado no *habeas corpus* coletivo a que fizemos referência. Também em consonância com o que ficou decidido no julgamento do HC, o legislador impôs dois requisitos: que não tenha sido cometido crime com grave ameaça ou violência contra a pessoa; que não tenha sido cometido contra o filho ou dependente. O art. 318-B, também inserido por meio da Lei 13.769/2018, prevê a possibilidade de aplicação concomitante da prisão domiciliar e das medidas alternativas previstas no art. 319 do CPP, na esteira do decidido no HC 143.641. Vale ainda o registro de que, para além da inserção desses dois dispositivos legais no CPP, a Lei 13.769/2018 promoveu alterações na LEP. De ver-se que os arts. 318, 318-A e 318-B tratam da concessão da prisão domiciliar no contexto da prisão preventiva, que constitui modalidade de prisão provisória. Pressupõe-se, aqui, portanto, ausência de condenação definitiva. Após o trânsito em julgado da condenação, a prisão domiciliar passa a ser disciplinada, como não poderia deixar de ser, pela LEP. Neste caso, temos que a Lei 13.769/2018 inseriu no art. 112 da LEP o § 3º, que estabelece fração diferenciada de cumprimento de pena para que a mulher, nas condições a que fizemos referência, possa alcançar o regime mais brando (a fração necessária, que antes era um sexto, passou para um oitavo). Para tanto, a reeducanda deve reunir quatro requisitos cumulativos, além de ter cumprido um oitavo da pena que lhe foi imposta. Também incluído pela Lei 13.769/2018, o § 4º do art. 112 da LEP estabelece que a prática de novo crime doloso ou falta grave acarretará a revogação do benefício. Por fim, também sofreu alteração a Lei de Crimes Hediondos, com a alteração, pela Lei 13.769/2018, do art. 2º, § 2º, que agora estabelece que a progressão, nesses crimes, se se tratar de mulher grávida, mãe ou responsável por criança ou pessoa com deficiência, obedecerá ao que estabelecem os §§ 3º e 4º do art. 112 da LEP. Em outras palavras, institui-se, no que concerne aos crimes hediondos e equiparados, regra específica de progressão no caso de o beneficiário encontrar-se em uma das condições acima. ED

Gabarito 1E

(Promotor de Justiça/SC – 2016 – MPE)

(1) O quebramento injustificado da fiança importará na perda de todo o seu valor, além da imposição da prisão preventiva.

1: o quebramento injustificado da fiança, a teor do art. 343 do CP, implicará a perda de metade de seu valor (e não na sua perda integral); além disso, a prisão preventiva, neste caso, não constitui desdobramento automático do quebramento, isto é, somente se decretará a custódia preventiva se esta se revelar necessária ao processo. Antes disso, o juiz deverá analisar a possibilidade de decretação de outras medidas cautelares. ED

Gabarito 1E

(Promotor de Justiça/SC – 2016 – MPE)

(1) Em face da Lei 12.403/2011, o Código de Processo Penal passou a admitir a prisão preventiva quando houver dúvida sobre a identidade civil da pessoa ou quando esta não fornecer elementos suficientes para esclarecê-la, devendo o preso ser colocado em liberdade no prazo improrrogável de 5 (cinco) dias, salvo se outra hipótese recomendar a manutenção da medida.

1: a hipótese de prisão preventiva prevista do art. 313, parágrafo único, do CPP perdurará pelo tempo necessário para atingir o seu propósito, que é a identificação da pessoa custodiada; assim que isso ocorrer, o preso deverá ser incontinenti colocado em liberdade. A lei, portanto, não estabeleceu prazo de duração desta modalidade de prisão processual. ED

Gabarito 1E

(Promotor de Justiça – MPE/MS – FAPEC – 2015) Analise as proposições abaixo:

I. Presentes os requisitos da Lei 7.960/1989, a prisão temporária poderá ser decretada após o início da ação penal.
II. É incabível a concessão de liberdade provisória com fiança nos crimes punidos com reclusão em que a pena mínima cominada for igual ou superior a dois anos.
III. O auto de prisão em flagrante será lavrado pela autoridade policial que se deu a prisão, mesmo que tenha ocorrido em Unidade da Federação diversa daquela de onde se deu o crime.
IV. O juiz pode revogar ou substituir, de ofício, medida cautelar diversa da prisão aplicada ao réu no curso do processo, quando verificar falta de motivo para mantê-la.

Assinale a alternativa correta:

(A) Somente as proposições I, II e IV estão corretas.
(B) Somente as proposições II e IV estão corretas.
(C) Somente a proposição II está correta.
(D) Somente a proposição IV está correta.
(E) Somente a proposição III está correta.

I: incorreta. Conforme preleciona o art. 1º, I, da Lei 7.960/1989, a custódia temporária constitui modalidade de prisão provisória destinada a viabilizar as investigações acerca de crimes considerados graves durante a fase de inquérito policial, não cabendo a sua manutenção ou decretação, pois, no curso da ação penal; **II:** incorreta. A liberdade provisória com fiança é cabível, em princípio, em todos os crimes, independentemente da qualidade e quantidade da pena cominada, salvo aqueles considerados, por força de lei e da própria CF/1988, inafiançáveis, a exemplo dos delitos hediondos e equiparados; **III:** correta. De fato, na hipótese de a prisão-captura se der em local diverso daquele onde foi cometido o delito, o conduzido deverá ser apresentando ao delegado de polícia com circunscrição no local em que se deu a prisão, que terá atribuição para a lavratura do respectivo auto de prisão em flagrante (art. 290, CPP). Nessa hipótese, a autoridade policial que presidiu o auto de prisão em flagrante cuidará para que, após, os autos sejam enviados à autoridade policial da circunscrição do local em que foi praticado o crime; **IV:** correta (art. 282, § 5º, do CPP). ED

Gabarito "B".

(Delegado/AP – 2017 – FCC) Sobre a prisão em flagrante, é correto afirmar que

(A) é ato exclusivo da autoridade policial nos casos de perseguição logo após a prática do delito.
(B) deve o delegado de polícia representar pela prisão preventiva, quando o agente é encontrado, logo depois, com instrumentos ou papéis que façam presumir ser ele autor da infração, dada a impossibilidade de prisão em flagrante.
(C) é vedada pelo Código de Processo Penal, em caso de crime permanente, diante da possibilidade de prisão temporária.
(D) a falta de testemunhas do crime impede a lavratura do auto de prisão em flagrante, devendo a autoridade policial instaurar inquérito policial para apuração do fato.
(E) o auto de prisão em flagrante será encaminhado ao juiz em até 24 horas após a realização da prisão, e, caso não seja indicado o nome de seu advogado pela pessoa presa, cópia integral para a Defensoria Pública.

A: incorreta. A autoridade policial e seus agentes, a teor do que dispõe o art. 301 do CPP, *devem* prender quem quer que se encontre em situação de flagrante. Este é o chamado *flagrante obrigatório*. Agora, qualquer pessoa do povo *poderá* fazer o mesmo, isto é, proceder à prisão em flagrante daquele que se encontre nessa situação. Este é o chamado *flagrante facultativo*. Assim, a prisão (em flagrante, qualquer que seja a sua modalidade) não constitui ato privativo da autoridade policial e de seus agentes; **B:** incorreta. A hipótese narrada no enunciado constitui o chamado flagrante presumido ou ficto, podendo a prisão (em flagrante) realizar-se nessas circunstâncias, sendo prescindível, portanto, que a autoridade policial dirija representação ao juiz de direito nesse sentido (art. 302, IV, do CPP); **C:** incorreta, dado que, nas chamadas infrações permanentes, assim entendidas aquelas cuja consumação se protrai no tempo por vontade do agente, este pode ser preso em flagrante a qualquer momento, enquanto não cessada a permanência (art. 303, CPP); **D:** incorreta. A falta de testemunhas do crime não impede a lavratura do auto de prisão em flagrante, mas, neste caso, a autoridade policial cuidará para que, além do condutor, o auto seja assinado por duas pessoas que hajam presenciado a apresentação do conduzido ao delegado (art. 304, § 2º, CPP); **E:** correta, Depois de efetuada a prisão em flagrante de alguém, incumbe à autoridade policial que presidiu o auto respectivo providenciar, no prazo máximo de 24 horas, o encaminhamento do auto e das demais peças ao juiz de direito competente. Além do magistrado, devem ser comunicados o MP e a família do preso ou outra pessoa que ele indicar. Não é só. Por imposição da Lei 12.403/2012, que alterou o art. 306, § 1º, do CPP, também deve ser comunicada, caso o autuado não informe o nome de seu advogado, a Defensoria Pública, com remessa de cópia integral das peças (todas as oitivas). ED

Gabarito "E".

(Delegado/AP – 2017 – FCC) O Código de Processo Penal dispõe que no regime da prisão preventiva

(A) é vedada a decretação da prisão preventiva antes do início do processo criminal.
(B) a decretação da prisão preventiva como garantia da ordem pública requer indício suficiente da existência do crime.
(C) a prisão preventiva decretada por conveniência da instrução criminal ou para assegurar a aplicação da lei penal possuem relação de cautelaridade com o processo penal.
(D) a reincidência é irrelevante para a admissão da prisão preventiva.
(E) a gravidade do delito dispensa a motivação da decisão que decreta a prisão preventiva.

A: incorreta. Com a edição da Lei 12.403/2011, a redação do art. 311 do CPP foi modificada. A prisão preventiva continua a ser decretada em qualquer fase da investigação policial ou do processo penal, mas o juiz, que antes podia determiná-la de ofício também na fase investigatória, somente poderá fazê-lo, a partir de agora, no curso da ação penal. É dizer, para que a custódia preventiva seja decretada no curso da investigação, somente mediante representação da autoridade policial ou a requerimento do Ministério Público; **B:** incorreta. Sem prejuízo dos fundamentos da prisão preventiva (garantia da ordem

pública, por exemplo), que devem se fazer presentes (ao menos um deles – art. 312, CPP), é de rigor a coexistência de indícios suficientes de autoria e prova da existência do crime (materialidade). Não bastam, portanto, indícios de que o crime ocorreu; **C:** correta. Trata-se de fundamentos da prisão preventiva cujo propósito é conferir proteção ao processo para que, dessa forma, se atinja a verdade dos fatos (art. 312, CPP); **D:** incorreta. A reincidência, por si só, não pode servir de fundamento para a decretação da custódia preventiva; no entanto, tal circunstância poderá ser levada em conta pelo juiz quando da decretação dessa medida; **E:** incorreta. Por mais grave que seja o delito, circunstância que sempre deve ser analisada no caso concreto, é de rigor, ainda assim, a motivação da decisão que decreta a custódia preventiva.
Gabarito "C".

(Delegado/AP – 2017 – FCC) A prisão domiciliar no processo penal

(A) deve ser cumprida em Casa de Albergado ou, em sua falta, em outro estabelecimento prisional similar.
(B) pode ser concedida à mulher grávida, desde que comprovada a situação de risco da gestação.
(C) é medida cautelar diversa da prisão que pode beneficiar mulheres de qualquer idade, mas o homem apenas se for idoso.
(D) pode ser concedida à mulher que tenha filho de até 16 anos de idade incompletos.
(E) é cabível em caso de pessoa presa que esteja extremamente debilitada em razão de doença grave.

A prisão domiciliar, é bom que se diga, não está inserida no âmbito das medidas cautelares diversas da prisão (art. 319, CPP). Cuida-se, isto sim, de prisão preventiva que deverá ser cumprida no domicílio do investigado/acusado (e não em casa do albergado), desde que, é claro, este esteja em uma das situações previstas no art. 318 do CPP (com redação alterada por força da Lei 13.257/2016): maior de 80 anos (seja homem, seja mulher); extremamente debilitado por motivo de doença grave (o que torna correta a assertiva "E"); imprescindível aos cuidados especiais de pessoa menor de 6 anos de idade (e não de 16) ou com deficiência; gestante (em qualquer mês da gravidez e independente de a gestação ser de risco); mulher com filho de até 12 (doze) anos de idade incompletos; homem, caso seja o único responsável pelos cuidados do filho de até 12 (doze) anos de idade incompletos. Atenção: a Lei 13.769/2018, editada recentemente, inseriu no CPP o art. 318-A, que prevê a substituição da prisão preventiva por prisão domiciliar da mulher gestante, mãe ou responsável por crianças ou pessoas com deficiência. Além disso, esta mesma Lei disciplina o regime de cumprimento de pena privativa de liberdade de condenadas na mesma situação, com alteração da Lei de Crimes Hediondos e da Lei de Execução Penal. Como bem sabemos, a 2ª turma do STF, ao julgar o HC coletivo 143.641, assegurou a conversão da prisão preventiva em domiciliar a todas as presas provisórias do país que sejam gestantes, puérperas ou mães de crianças e deficientes sob sua guarda. Perceba, dessa forma, que o legislador, ao inserir o art. 318-A do CPP, nada mais fez do que contemplar, no texto legal, o entendimento consolidado no *habeas corpus* coletivo a que fizemos referência. Também em consonância com o que ficou decidido no julgamento do HC, o legislador impôs dois requisitos: que não tenha sido cometido crime com grave ameaça ou violência contra a pessoa; que não tenha sido cometido contra o filho ou dependente. O art. 318-B, também inserido por meio da Lei 13.769/2018, prevê a possibilidade de aplicação concomitante da prisão domiciliar e das medidas alternativas previstas no art. 319 do CPP, na esteira do decidido no HC 143.641. Vale ainda o registro de que, para além da inserção desses dois dispositivos legais no CPP, a Lei 13.769/2018 promoveu alterações na LEP. De ver-se que os arts. 318, 318-A e 318-B tratam da concessão da prisão domiciliar no contexto da prisão preventiva, que constitui modalidade de prisão provisória. Pressupõe-se, aqui, portanto, ausência de condenação definitiva. Após o trânsito em julgado da condenação, a prisão domiciliar passa a ser disciplinada, como não poderia deixar de ser, pela LEP. Neste caso, temos que a Lei 13.769/2018 inseriu no art. 112 da LEP o § 3º, que estabelece fração diferenciada de cumprimento de pena para que a mulher, nas condições a que fizemos referência, possa alcançar o regime mais brando (a fração necessária, que antes era um sexto, passou para um oitavo). Para tanto, a reeducanda deve reunir quatro requisitos cumulativos, além de ter cumprido um oitavo da pena que lhe foi imposta. Também incluído pela Lei 13.769/2018, o § 4º do art. 112 da LEP estabelece que a prática de novo crime doloso ou falta grave acarretará a revogação do benefício. Por fim, também sofreu alteração a Lei de Crimes Hediondos, com a alteração, pela Lei 13.769/2018, do art. 2º, § 2º, que agora estabelece que a progressão, nesses crimes, se se tratar de mulher grávida, mãe ou responsável por criança ou pessoa com deficiência, obedecerá ao que estabelecem os §§ 3º e 4º do art. 112 da LEP. Em outras palavras, institui-se, no que concerne aos crimes hediondos e equiparados, regra específica de progressão no caso de o beneficiário encontrar-se em uma das condições acima.
Gabarito "E".

(Delegado/AP – 2017 – FCC) O regime da fiança no Código de Processo Penal, dispõe que

(A) o descumprimento de medida cautelar diversa da prisão aplicada cumulativamente com a fiança pode gerar o quebramento da fiança.
(B) é vedada a aplicação da fiança em crimes cometidos com violência ou grave ameaça contra a pessoa.
(C) a situação econômica da pessoa presa é irrelevante para a fixação do valor da fiança, que deve ter relação com a gravidade do crime e os antecedentes criminais.
(D) a fiança será prestada em dinheiro, sendo vedada a prestação por meio de pedras preciosas.
(E) a concessão de fiança é ato exclusivo da autoridade judicial, visto que implica em decisão sobre a liberdade da pessoa.

A: correta (art. 341, III, do CPP); **B:** incorreta. O fato de o crime ser cometido com violência ou grave ameaça contra a pessoa, por si só, não impede a possibilidade de concessão de fiança. Com a modificação a que foi submetido o art. 323 do CPP, operada pela Lei 12.403/2011, somente são inafiançáveis os crimes ali listados e também aqueles contidos em leis especiais, como o art. 31 da Lei 7.492/1986 (Sistema Financeiro); **C:** incorreta, já que não reflete o disposto no art. 350 do CPP, que estabelece que, nos casos em que couber fiança, o juiz, levando em conta a situação econômica do preso, poderá conceder-lhe liberdade provisória, sujeitando-o às obrigações contempladas nos arts. 327 e 328 do CPP; vide, também, art. 325, § 1º, CP; **D:** incorreta, na medida em que, por força do que dispõe o art. 330, *caput*, do CPP, a fiança consistirá em dinheiro, pedras, objetos e metais preciosos, entre outros; **E:** incorreta. Isso porque, além do juiz de direito, é dado à autoridade policial a concessão de fiança, que será arbitrada nos casos de infração penal cuja pena máxima cominada não seja superior a quatro anos (reclusão ou detenção). É o que estabelece o art. 322 do CPP.
Gabarito "A".

(Delegado/MS – 2017 – FAPEMS) Dentre as atribuições da autoridade policial, está a análise sobre a concessão ou não de fiança e o respectivo valor nos casos expressos em lei. Dessa forma, consoante às disposições do Código de Processo Penal vigente, assinale a alternativa correta.

(A) A autoridade policial, para determinar o valor da fiança, terá em consideração a natureza da infração, as condições pessoais de fortuna e vida pregressa do acusado e as circunstâncias indicativas de sua culpabilidade.
(B) A autoridade policial somente poderá conceder fiança nos casos de infração cuja pena privativa de liberdade não seja superior a 4 (quatro) anos.
(C) A autoridade policial poderá dispensar a fiança, a depender da situação econômica do réu ou reduzi-la até o máximo de 1/3 (um terço).
(D) Caso a autoridade policial retarde a concessão da fiança, o preso, ou alguém por ele, poderá prestá-la mediante simples petição, perante o juiz competente, que decidirá em 48 (quarenta e oito) horas.
(E) O valor da fiança que será fixado pela autoridade policial será nos limites de 1 (um) a 200 (duzentos) salários-mínimos.

A: incorreta, uma vez que o art. 326 do CPP se refere, como um dos critérios a ser observado pela autoridade na determinação do valor da fiança, a circunstâncias indicativas da *periculosidade* do agente, e não *culpabilidade*, tal como consta da assertiva; **B:** incorreta. Pelo que se observa, a organizadora lançou mão, nesta questão, da famigerada *pegadinha*; nesta alternativa, o texto reproduz a redação do art. 322, *caput*, do CPP, exceção feita à palavra *máxima*, que consta do dispositivo legal e foi omitida na proposição; **C:** incorreta, pois não reflete o disposto no art. 325, § 1º, II, do CPP; **D:** correta, pois corresponde ao que estabelece o art. 335 do CPP; **E:** incorreta (art. 325, I, do CPP).
Gabarito "D".

(Delegado/MT – 2017 – CESPE) Tendo como referência o entendimento dos tribunais superiores e o posicionamento doutrinário dominante a respeito de prisão, medidas cautelares e liberdade provisória, julgue os seguintes itens.

I. A gravidade em abstrato do crime justifica a prisão preventiva com base na garantia da ordem pública, representando, por si só, fundamento idôneo para a segregação cautelar do réu.
II. As medidas cautelares pessoais são decretadas pelo juiz, de ofício ou a requerimento das partes, no curso da ação penal, ou no curso da investigação criminal, somente por representação da autoridade policial ou a requerimento do MP.
III. Em razão do sistema processual brasileiro, não é possível ao magistrado determinar, de ofício, a prisão preventiva do indiciado na fase de investigação criminal ou pré-processual.
IV. A inafiançabilidade dos crimes hediondos e daqueles que lhes são assemelhados não impede a concessão judicial da liberdade provisória sem fiança.
V. A fiança somente pode ser fixada como contracautela, ou seja, como substituição da prisão em flagrante ou da prisão preventiva anteriormente decretada.

Estão certos apenas os itens

(A) I, II e V.
(B) I, III e IV.
(C) I, IV e V.
(D) II, III e IV.
(E) II, III e V.

I: errado. De fato, a jurisprudência dos tribunais sedimentou entendimento no sentido de que a prisão cautelar exige motivação idônea e concreta, sendo vedado ao juiz se valer de motivação relacionada à gravidade abstrata do crime. Conferir: "*Habeas corpus*. Corrupção passiva e formação de quadrilha. Fraudes em benefícios previdenciários. Condenação. Manutenção da custódia cautelar. Pressupostos do art. 312 do Código de Processo Penal. Demonstração. Gravidade em abstrato insuficiente para justificá-la. Precedentes da Corte. Ordem parcialmente concedida. 1. Segundo a jurisprudência consolidada do Supremo Tribunal Federal, para que o decreto de custódia cautelar seja idôneo, é necessário que o ato judicial constritivo da liberdade traga, fundamentadamente, elementos concretos aptos a justificar tal medida. 2. Está sedimentado na Corte o entendimento de que a gravidade em abstrato do delito não basta para justificar, por si só, a privação cautelar da liberdade individual do agente. 3. As recentes alterações promovidas pela Lei 12.403/2011 no Código de Processo Penal trouxeram alterações que aditaram uma exceção à regra da prisão. 4. Não mais subsistente a situação fática que ensejou a decretação da prisão preventiva, é o caso de concessão parcial da ordem de *habeas corpus*, para que o Juiz de piso substitua a segregação cautelar pelas medidas cautelares diversas da prisão elencadas no art. 319, incisos I, II III e VI, do Código de Processo Penal". (HC 109709, Dias Toffoli, STF); **II:** correta, pois corresponde ao que estabelece o art. 282, § 2º, do CPP; **III:** correta. Com a edição da Lei 12.403/2011, a redação do art. 311 do CPP foi modificada. A prisão preventiva continua a ser decretada em qualquer fase da investigação policial ou do processo penal, mas o juiz, que antes podia determiná-la de ofício também na fase investigatória, somente poderá fazê-lo, a partir de agora, no curso da ação penal. É dizer, para que a custódia preventiva seja decretada no curso da investigação, somente mediante representação da autoridade policial ou a requerimento do Ministério Público; **IV:** correta. Nos crimes hediondos e assemelhados, o art. 5º, XLIII da Constituição Federal veda tão somente a concessão de *fiança*. Com o advento da Lei 11.464/2007, que modificou a redação do art. 2º da Lei de Crimes Hediondos, cuja redação original vedava a concessão de fiança e liberdade provisória, passou a ser possível a sua concessão sem fiança, já que foi extraída do dispositivo (art. 2º, II, da Lei 8.072/1990). Após, a Lei 12.403/2011 promoveu uma série de inovações no âmbito da prisão e da liberdade provisória, entre elas alterou a redação do art. 323 do CPP, que passou a prever que os crimes hediondos e os delitos a eles equiparados são *inafiançáveis*. Pois bem, tal prescrição é inquestionável, já que em perfeita harmonia com o texto da CF/1988 (art. 5º, XLIII). A questão que se coloca, todavia, é saber se a liberdade provisória *sem fiança* pode ser aplicada aos crimes hediondos e assemelhados. A despeito de haver divergências, notadamente na jurisprudência, entendemos, s.m.j., que a CF/88 proibiu tão somente a liberdade provisória com fiança. Se quisesse de fato proibir a liberdade provisória sem fiança, teria por certo feito menção a ela. Não o fez. Logo, a liberdade provisória vedada pelo constituinte nos crimes hediondos e equiparados é somente a *com fiança*. Assim entende a 2ª T., do STF: HC 100.185-PA, rel. Min. Gilmar Mendes, *DJ* 6.8.10; STJ, HC 109.451-SP, 6ª T, *DJ* de 11.11.08; **V:** incorreta. Além de ser fixada como sucedâneo da prisão em flagrante ou da prisão preventiva, nada obsta que a custódia preventiva seja decretada como medida cautelar autônoma (art. 319, VIII, do CPP), independente de prisão anterior. ED

Gabarito "D".

(Delegado/GO – 2017 – CESPE) Com relação à prisão temporária, assinale a opção correta.

(A) A prisão temporária poderá ser decretada pelo juiz de ofício ou mediante representação da autoridade policial ou requerimento do Ministério Público.
(B) Conforme o STJ, a prisão temporária não pode ser mantida após o recebimento da denúncia pelo juiz.
(C) São três os requisitos indispensáveis para a decretação da prisão temporária, conforme a doutrina majoritária: imprescindibilidade para as investigações; existência de indícios de autoria ou participação; e indiciado sem residência fixa ou identificação duvidosa.
(D) É cabível a prisão temporária para a oitiva do indiciado acerca do delito sob apuração, desde que a liberdade seja restituída logo após a ultimação do ato.
(E) A prisão temporária poderá ser decretada tanto no curso da investigação quanto no decorrer da fase instrutória do competente processo criminal.

A: incorreta. A prisão temporária deve ser decretada pelo juiz, após representação da autoridade policial ou de requerimento do MP, não sendo permitida a sua decretação de ofício. Em caso de representação da autoridade policial, o juiz, antes de decidir, deve ouvir o MP e, em qualquer caso, deve decidir fundamentadamente sobre o decreto de prisão temporária dentro do prazo de 24 horas, contadas a partir do recebimento da representação ou do requerimento. É o que estabelece o art. 2º, *caput*, da Lei 7.960/1989; **B:** correta. Justamente pelo fato de a prisão temporária se prestar a viabilizar as investigações do inquérito policial, não há sentido em mantê-la após a conclusão das investigações. Conferir: "Uma vez oferecida e recebida a denúncia, desnecessária a preservação da custódia temporária do paciente, cuja finalidade é resguardar a integridade das investigações criminais. 2. *Habeas corpus* concedido a fim de, confirmando a liminar anteriormente deferida, revogar a custódia temporária do paciente" (HC 158.060/PA, Rel. Ministro Jorge Mussi, Quinta Turma, julgado em 02/09/2010, DJe 20/09/2010); **C:** incorreta. Segundo a melhor doutrina, a decretação da prisão temporária, modalidade de prisão cautelar, está condicionada à existência de fundadas razões de autoria ou participação do indiciado na prática dos crimes listados no art. 1º, III, da Lei 7.960/1989 e também ao fato de ser ela, a prisão temporária, imprescindível para as investigações do inquérito policial. Devem coexistir, portanto, os requisitos previstos nos incisos I e III do art. 1º da Lei 7.960/1989; a coexistência das condições presentes nos incisos II e III também pode dar azo a decretação da custódia temporária. É dizer: o inciso III deve combinar com o inciso I ou com o II. É a posição adotada por Guilherme de Souza Nucci e Maurício Zanoide de Moraes; **D:** incorreta. Hipótese não prevista em lei; **E:** incorreta, na medida em que a prisão temporária, cuja finalidade é conferir eficiência à investigação policial, somente tem lugar no inquérito policial. ED

Gabarito "B".

(Delegado/GO – 2017 – CESPE) Pedro, Joaquim e Sandra foram presos em flagrante delito. Pedro, por ter ofendido a integridade corporal de Lucas, do que resultou debilidade permanente de um de seus membros; Joaquim, por ter subtraído a bicicleta de Lúcio, de vinte e cinco anos de idade, no período matutino – Lúcio a havia deixado em frente a uma padaria; e Sandra, por ter subtraído o carro de Tomás mediante grave ameaça. Considerando-se os crimes cometidos pelos presos, a autoridade policial poderá conceder fiança a

(A) Joaquim somente.
(B) Pedro somente.
(C) Pedro, Joaquim e Sandra.
(D) Pedro e Sandra somente.
(E) Joaquim e Sandra somente.

A Lei 12.403/2011 mudou sobremaneira o panorama da fiança. Antes da reforma por ela implementada, a autoridade policial, em vista da revogada redação do art. 322 do CPP, somente estava credenciada a concedê-la nas hipóteses de infração punida com *detenção* ou *prisão simples*. Bem por isso, não podia o delegado de polícia arbitrar fiança nos crimes punidos com *reclusão*, tarefa exclusiva do magistrado. Pela nova redação dada ao art. 322 do CPP, a autoridade policial passou a conceder fiança nos casos de infração cuja pena privativa de liberdade máxima não seja superior a quatro anos, independentemente de ser o crime apenado com reclusão ou detenção (qualidade da pena). Naqueles casos em que a pena máxima superar os quatro anos, somente o magistrado poderá estabelecer a fiança. Dito isso, temos as seguintes situações: no caso de Pedro, o crime que lhe é imputado, lesão corporal de natureza grave (art. 129, § 1º, III, do CP), tem como pena máxima cominada 5 anos de reclusão, o que impede que a autoridade policial fixe fiança em seu favor, já que, como ponderado acima, o delegado somente está credenciado a conceder fiança na infrações penais cuja pena máxima cominada não seja superior a 4 anos; Joaquim, que, segundo consta do enunciado, teria cometido o crime de furto simples (o enunciado não faz referência a nenhuma qualificadora tampouco a causa de aumento de pena), está sujeito a uma pena de 1 a 4 anos de reclusão (art. 155, *caput*, do CP), razão pela qual poderá a autoridade policial, pela razões que acima expusemos, arbitrar fiança; já em relação a Sandra, que cometeu crime de roubo (art. 157, CP), já que subtraiu, mediante o emprego de grave ameaça, um veículo, pelo fato de a pena máxima cominada corresponder a 10 anos, somente ao juiz é dado conceder-lhe liberdade provisória com fiança. ED

Gabarito "A".

(Delegado/GO – 2017 – CESPE) No que tange ao procedimento criminal e seus princípios e ao instituto da liberdade provisória, assinale a opção correta.

(A) O descumprimento de medida cautelar imposta ao acusado para não manter contato com pessoa determinada é motivo suficiente para o juiz determinar a substituição da medida por prisão preventiva, já que a aplicação de outra medida representaria ofensa ao poder imperativo do Estado além de ser incompatível com o instituto das medidas cautelares.
(B) Concedida ao acusado a liberdade provisória mediante fiança, será inaplicável a sua cumulação com outra medida cautelar tal como a proibição de ausentar-se da comarca ou o monitoramento eletrônico.
(C) Compete ao juiz e não ao delegado a concessão de liberdade provisória, mediante pagamento de fiança, a acusado de crime hediondo ou tráfico ilícito de entorpecente.
(D) Caso, após sentença condenatória, advenha a prescrição da pretensão punitiva e seja declarada extinta a punibilidade por essa razão, os valores recolhidos a título de fiança serão integralmente restituídos àquele que a prestou.
(E) Ofenderá o princípio constitucional da ampla defesa e do contraditório a defesa que, firmada por advogado dativo, se apresentar deficiente e resultar em prejuízo comprovado para o acusado.

A: incorreta. Diante do descumprimento de medida cautelar imposta ao acusado, poderá o juiz, considerando as particularidades do caso concreto, substituir a medida anteriormente imposta, impor outra em cumulação ou, somente em último caso, decretar a prisão preventiva, que, como se pode ver, tem caráter subsidiário (art. 282, § 4º, CPP); **B:** incorreta, uma vez que contraria o que estabelece o art. 319, § 4º, do CPP; **C:** incorreta. Os crimes hediondos e os a eles assemelhados (tráfico de drogas, tortura e terrorismo), embora admitam a liberdade provisória, não comportam a concessão de fiança. Ou seja, são, por força do disposto nos arts. 5º, XLIII, da CF e 323, II, do CPP, inafiançáveis, tanto para o delegado de polícia quanto para o juiz de direito; **D:** incorreta (art. 336, parágrafo único, do CPP); **E:** correta, pois reflete o posicionamento firmado na Súmula n. 523 do STF: "No processo penal, a falta de defesa constitui nulidade absoluta, mas a sua deficiência só o anulará se houver prova de prejuízo para o réu". ED

Gabarito "E".

(Delegado/GO – 2017 – CESPE) Será cabível a concessão de liberdade provisória ao indivíduo que for preso em flagrante devido ao cometimento do crime de

I. estelionato;
II. latrocínio;
III. estupro de vulnerável.

Assinale a opção correta.

(A) Apenas os itens I e III estão certos.
(B) Apenas os itens II e III estão certos.
(C) Todos os itens estão certos.
(D) Apenas o item I está certo.

(E) Apenas os itens I e II estão certos.

Não há crime em relação ao qual não caiba liberdade provisória. Nos crimes hediondos e assemelhados, como é o caso do latrocínio e do estupro de vulnerável, o art. 5º, XLIII da Constituição Federal veda tão somente a concessão de *fiança*. Com o advento da Lei 11.464/2007, que modificou a redação do art. 2º da Lei de Crimes Hediondos, cuja redação original vedava a concessão de fiança e liberdade provisória, passou a ser possível a sua concessão sem fiança, já que foi extraída do dispositivo (art. 2º, II, da Lei 8.072/1990). Após, a Lei 12.403/2011 promoveu uma série de inovações no âmbito da prisão e da liberdade provisória, entre elas alterou a redação do art. 323 do CPP, que passou a prever que os crimes hediondos e os delitos a eles equiparados são *inafiançáveis*. Pois bem, tal prescrição é inquestionável, já que em perfeita harmonia com o texto da CF/1988 (art. 5º, XLIII). A questão que se coloca, todavia, é saber se a liberdade provisória *sem fiança* pode ser aplicada aos crimes hediondos e assemelhados. A despeito de haver divergências, notadamente na jurisprudência, entendemos, s.m.j., que a CF/88 proibiu tão somente a liberdade provisória com fiança. Se quisesse de fato proibir a liberdade provisória sem fiança, teria por certo feito menção a ela. Não o fez. Logo, a liberdade provisória vedada pelo constituinte nos crimes hediondos e equiparados é somente a *com fiança*. Assim entende a 2ª T., do STF: HC 100.185-PA, rel. Min. Gilmar Mendes, *DJ* 6.8.10; STJ, HC 109.451-SP, 6ª T, *DJ* de 11.11.08. Quanto ao delito de estelionato, que não é hediondo nem assemelhado, é perfeitamente possível a concessão de liberdade provisória com fiança ao agente preso em flagrante por essa razão. ED

Gabarito "C"

(Defensor Público – DPE/ES – 2016 – FCC) Sobre as medidas cautelares pessoais no processo penal brasileiro, é correto afirmar que

(A) a prisão domiciliar é cabível apenas para a mulher quando for imprescindível aos cuidados especiais de pessoa menor de seis anos de idade, em virtude do relevante papel social que cumpre na sociedade.

(B) podem ser aplicadas nos crimes dolosos com pena privativa de liberdade máxima inferior a quatro anos se o crime envolver violência doméstica e familiar contra a mulher para garantir a execução das medidas protetivas de urgência.

(C) em respeito à Convenção Americana de Direitos Humanos, só podem ser aplicadas no âmbito das audiências de custódia.

(D) a adequação das medidas cautelares diversas da prisão não interferem na conversão da prisão em flagrante em preventiva, se presentes os requisitos do art. 312 do Código de Processo Penal.

(E) as hipóteses de exclusão da licitude do Código Penal, por serem aferidas após cognição exauriente no processo penal, não impedem a aplicação da prisão preventiva.

A: incorreta. O juiz poderá, em vista do que estabelece o art. 318 do CPP, substituir a prisão preventiva pela domiciliar nas seguintes hipóteses: agente que contar com mais de 80 (oitenta) anos (inciso I); agente extremamente debilitado por motivo de doença grave (inciso II); quando o agente for imprescindível aos cuidados de pessoa com menos de 6 (seis) anos ou com deficiência (inciso III); quando se tratar de gestante (inciso IV – cuja redação foi alterada pela Lei 13.257/2016); quando se tratar de mulher com filho de até 12 anos de idade incompletos (inciso V – cuja redação foi determinada pela Lei 13.257/2016); homem, caso seja o único responsável pelos cuidados do filho de até 12 anos de idade incompletos (inciso VI – cuja redação foi determinada pela Lei 13.257/2016). São várias as situações, portanto, em que a substituição será realizada. Atenção: a Lei 13.769/2018, editada recentemente, inseriu no CPP o art. 318-A, que prevê a substituição da prisão preventiva por prisão domiciliar da mulher gestante, mãe ou responsável por crianças ou pessoas com deficiência. Além disso, esta mesma Lei disciplina o regime de cumprimento de pena privativa de liberdade de condenadas na mesma situação, com alteração da Lei de Crimes Hediondos e da Lei de Execução Penal. Como bem sabemos, a 2ª turma do STF, ao julgar o HC coletivo 143.641, assegurou a conversão da prisão preventiva em domiciliar a todas as presas provisórias do país que sejam gestantes, puérperas ou mães de crianças e deficientes sob sua guarda. Perceba, dessa forma, que o legislador, ao inserir o art. 318-A do CPP, nada mais fez do que contemplar, no texto legal, o entendimento consolidado no *habeas corpus* coletivo a que fizemos referência. Também em consonância com o que ficou decidido no julgamento do HC, o legislador impôs dois requisitos: que não tenha sido cometido crime com grave ameaça ou violência contra a pessoa; que não tenha sido cometido contra o filho ou dependente. O art. 318-B, também inserido por meio da Lei 13.769/2018, prevê a possibilidade de aplicação concomitante da prisão domiciliar e das medidas alternativas previstas no art. 319 do CPP, na esteira do decidido no HC 143.641. Vale ainda o registro de que, para além da inserção desses dois dispositivos legais no CPP, a Lei 13.769/2018 promoveu alterações na LEP. De ver-se que os arts. 318, 318-A e 318-B tratam da concessão da prisão domiciliar no contexto da prisão preventiva, que constitui modalidade de prisão provisória. Pressupõe-se, aqui, portanto, ausência de condenação definitiva. Após o trânsito em julgado da condenação, a prisão domiciliar passa a ser disciplinada, como não poderia deixar de ser, pela LEP. Neste caso, temos que a Lei 13.769/2018 inseriu no art. 112 da LEP o § 3º, que estabelece fração diferenciada de cumprimento de pena para que a mulher, nas condições a que fizemos referência, possa alcançar o regime mais brando (a fração necessária, que antes era um sexto, passou para um oitavo). Para tanto, a reeducanda deve reunir quatro requisitos cumulativos, além de ter cumprido um oitavo da pena que lhe foi imposta. Também incluído pela Lei 13.769/2018, o § 4º do art. 112 da LEP estabelece que a prática de novo crime doloso ou falta grave acarretará a revogação do benefício. Por fim, também sofreu alteração a Lei de Crimes Hediondos, com a alteração, pela Lei 13.769/2018, do art. 2º, § 2º, que agora estabelece que a progressão, nesses crimes, se se tratar de mulher grávida, mãe ou responsável por criança ou pessoa com deficiência, obedecerá ao que estabelecem os §§ 3º e 4º do art. 112 da LEP. Em outras palavras, institui-se, no que concerne aos crimes hediondos e equiparados, regra específica de progressão no caso de o beneficiário encontrar-se em uma das condições acima; **B:** correta. Ao que parece, o examinador, nesta alternativa, quis se referir à prisão preventiva, e não às demais modalidades de medida cautelar de natureza pessoal. Nesse caso, o emprego da custódia preventiva, no contexto da violência doméstica, independe do máximo de pena abstratamente previsto para a infração penal (art. 313, III, do CPP); **C:** incorreta, na medida em que não há, na Convenção Americana sobre Direitos Humanos (Pacto de São José da Costa Rica), qualquer previsão nesse sentido; **D:** incorreta. A prisão preventiva tem caráter subsidiário em relação às demais medidas cautelares diversas da prisão, de tal sorte que o magistrado somente poderá lançar mão da custódia preventiva diante da impossibilidade de aplicar outra medida cautelar (art. 282, § 6º, CPP); **E:** incorreta, pois contraria o que estabelece o art. 314 do CPP.

Gabarito "B"

(Defensoria Pública da União – CESPE – 2015) Júlio foi preso em flagrante pela prática de furto de um caixa eletrônico da CEF. Júlio responde a outros processos por crime contra o patrimônio.

A respeito dessa situação hipotética, julgue os seguintes itens.

(1) O representante da CEF poderá habilitar-se como assistente da acusação a partir da instauração do inquérito policial, não cabendo impugnação da decisão judicial que negar a habilitação.

(2) No caso de Júlio ter praticado furto simples, a própria autoridade policial poderia ter arbitrado a fiança com relação a este crime.

(3) Ao ser comunicado da prisão e verificando a necessidade de evitar a prática de infrações penais, ao juiz será vedado aplicar qualquer medida cautelar alternativa à prisão, mesmo que sejam preenchidos os requisitos da necessidade e da adequação previstos no CPP.

1: incorreta. Ante o que estabelece o art. 268 do CPP, não há que se falar em assistência no curso do inquérito policial, procedimento inquisitivo em que não há sequer acusação. A admissão do assistente somente poderá se dar na ação penal pública (não cabe na privada – art. 268 do CPP) a partir do recebimento da denúncia e enquanto não passar em julgado a sentença (art. 269, CPP). Além disso, a decisão que negar a habilitação, embora não comporte a interposição de recurso (art. 273, CPP), admite a impugnação por meio de mandado de segurança; **2:** correta. Considerando que a pena máxima cominada ao crime de furto simples é de quatro anos (art. 155, *caput*, CP), a autoridade policial está credenciada, neste caso, a arbitrar fiança em favor de Júlio, conforme estabelece o art. 322 do CPP; **3:** incorreta, pois contraria o que estabelece o art. 282, I e § 2º, do CPP;

Gabarito 1E, 2C, 3E

(Delegado/PE – 2016 – CESPE) Considerando a doutrina majoritária e o entendimento dos tribunais superiores, assinale a opção correta a respeito da prisão.

(A) O flagrante diferido que permite à autoridade policial retardar a prisão em flagrante com o objetivo de aguardar o momento mais favorável à obtenção de provas da infração penal prescinde, em qualquer hipótese, de prévia autorização judicial.

(B) Para a admissibilidade de prisão temporária exige-se, cumulativamente, a presença dos seguintes requisitos: imprescindibilidade para as investigações, não ter o indiciado residência fixa ou não fornecer dados esclarecedores de sua identidade e existência de indícios de autoria em determinados crimes.

(C) Configura crime impossível o flagrante denominado esperado, que ocorre quando a autoridade policial, detentora de informações sobre futura prática de determinado crime, se estrutura para acompanhar a sua execução, efetuando a prisão no momento da consumação do delito.

(D) Havendo conversão de prisão temporária em prisão preventiva no curso da investigação policial, o prazo para a conclusão das investigações, no âmbito do competente inquérito policial, iniciar-se-á a partir da decretação da prisão preventiva.

(E) Havendo mandado de prisão registrado no Conselho Nacional de Justiça (CNJ), a autoridade policial poderá executar a ordem mediante certificação em cópia do documento, desde que a diligência se efetive no território de competência do juiz processante.

A: incorreta. A Lei de Drogas (Lei 11.343/2006), em seu art. 53, *caput* e II, estabelece que a implementação da ação controlada deve ser precedida de autorização judicial e manifestação do MP. Já o art. 8º, § 1º, da Lei 12.850/2013 (Organização Criminosa) reza que a ação controlada será *comunicada* ao juiz competente, que estabelecerá, conforme o caso, os limites da medida e comunicará o MP. Perceba que, neste último caso, o legislador não impôs a necessidade de o magistrado autorizar o retardamento da intervenção policial; exigiu tão somente a comunicação; **B:** incorreta. Segundo a melhor doutrina, a decretação da prisão temporária, modalidade de prisão cautelar, está condicionada à existência de fundadas razões de autoria ou participação do indiciado na prática dos crimes listados no art. 1º, III, da Lei 7.960/1989 e também ao fato de ser ela, a prisão temporária, imprescindível para as investigações do inquérito policial. Devem coexistir, portanto, os requisitos previstos nos incisos I e III do art. 1º da Lei 7.960/1989; a coexistência das condições presentes nos incisos II e III também pode dar azo à decretação da custódia temporária. É dizer: o inciso III deve combinar com o inciso I ou com o II. É a posição adotada por Guilherme de Souza Nucci e Maurício Zanoide de Moraes; **C:** incorreta. Segundo doutrina e jurisprudência pacíficas, não há ilegalidade no chamado flagrante esperado, em que a polícia, uma vez comunicada, aguarda a ocorrência do crime, não exercendo qualquer tipo de controle sobre a ação do agente; inexiste, neste caso, intervenção policial que leve o agente à prática delituosa. É, por isso, ao contrário do que se afirma na assertiva, hipótese viável de prisão em flagrante. Não deve ser confundido com o *flagrante preparado*. Este restará configurado sempre que o agente provocador levar alguém a praticar uma infração penal. Está-se aqui diante de uma modalidade de crime impossível (art. 17 do CP), consubstanciada na Súmula 145 do STF; **D:** correta. Embora se trate de tema em relação ao qual há divergência na doutrina, na hipótese de conversão da prisão temporária em preventiva, o prazo para a conclusão do inquérito, na forma estabelecida no art. 10 do CPP, iniciar-se-á da conversão; **E:** incorreta, pois não reflete a regra presente no art. 289-A, § 1º, do CPP.

Gabarito "D".

(Juiz de Direito/AM – 2016 – CESPE) A respeito das medidas cautelares, assinale a opção correta.

(A) As medidas cautelares, como o recolhimento domiciliar no período noturno e a prisão preventiva, poderão ser decretadas pelo juiz, de ofício ou a requerimento das partes, no curso do inquérito policial ou durante o processo penal, quando houver necessidade para aplicação da lei penal, para a investigação ou a instrução criminal.
(B) Ausentes os requisitos que autorizem a decretação da prisão preventiva, o juiz deverá conceder liberdade provisória, impondo fiança quando se tratar de crimes afiançáveis. Nesse caso, o arbitramento deverá ser precedido da manifestação do MP.
(C) O juiz poderá substituir a prisão preventiva pela domiciliar quando o indiciado for pessoa idosa, hipótese em que este ficará recolhido em sua residência, somente podendo ausentar-se com escolta policial.
(D) Em relação ao requisito *periculum libertatis*, a fuga do acusado do distrito da culpa é fundamentação suficiente para a manutenção da prisão preventiva ordenada pelo juiz no intuito de garantir a futura aplicação da lei penal.
(E) O STF, em caráter liminar, se manifestou pela inconstitucionalidade de provimento de tribunal de justiça que instituiu a obrigatoriedade de audiência de custódia nos casos de prisão em flagrante, devido à ausência de previsão na legislação federal e ao fato de essa obrigatoriedade violar o princípio da separação dos poderes.

A: incorreta. O magistrado somente poderá agir de ofício, na decretação das medidas cautelares de natureza pessoal (aqui incluída, por óbvio, a prisão preventiva), no curso da ação penal. Na fase investigatória, a medida cautelar somente poderá ser decretada a requerimento do MP ou por representação da autoridade policial – arts. 282, § 2º, e 311, ambos do CPP; **B:** incorreta, uma vez que a concessão de fiança não está condicionada à manifestação do MP (art. 333, CPP); **C:** incorreta. Somente fará jus à substituição o agente que contar com mais de 80 (oitenta) anos (não bastando que seja idoso na concepção do Estatuto do Idoso, que estabelece a idade de 60 anos), nos termos do art. 318 do CPP (inciso I). Há outras hipóteses, todas previstas no art. 318 do CPP, em que é possível a substituição, a saber: agente extremamente debilitado por motivo de doença grave (inciso II); quando o agente for imprescindível aos cuidados de pessoa com menos de 6 (seis) anos ou com deficiência (inciso III); quando se tratar de gestante (inciso IV – cuja redação foi alterada pela Lei 13.257/2016); mulher com filho de até 12 anos de idade incompletos (inciso V – cuja redação foi determinada pela Lei 13.257/2016); homem, caso seja o único responsável pelos cuidados do filho de até 12 anos de idade incompletos (inciso VI – cuja redação foi determinada pela Lei 13.257/2016); **D:** correta. A fuga do investigado/acusado constitui, de fato, fundamento idôneo a autorizar a decretação/manutenção da custódia preventiva (art. 312, CPP). Na jurisprudência: *A fuga do paciente do distrito da culpa, após o cometimento do delito, é fundamentação suficiente a embasar a manutenção da custódia preventiva, ordenada para garantir a aplicação da lei penal.* (STJ, HC 239.269/SP, Rel. Ministro JORGE MUSSI, QUINTA TURMA, julgado em 13.11.2012, DJe 19.11.2012); **E:** incorreta. Embora a audiência de custódia não esteja contemplada, de forma expressa, na CF/1988, a Convenção Americana sobre Direitos Humanos (Pacto de San José da Costa Rica), incorporada ao ordenamento jurídico brasileiro, em seu art. 7º (5), assim estabelece: –Toda pessoa presa, detida ou retida deve ser conduzida, sem demora, à presença de um juiz ou outra autoridade autorizada por lei a exercer funções judiciais (...)". O Conselho Nacional de Justiça, em parceria com o Tribunal de Justiça de São Paulo e também com o Ministério da Justiça, lançou e implementou o projeto audiência de custódia", cujo propósito é assegurar ao preso o direito de ser apresentado, de forma rápida, a um juiz de direito, ao qual caberá analisar, entre outros aspectos, a legalidade da prisão em flagrante e também a necessidade de a mesma ser convertida em prisão preventiva. Para tanto, o TJ de São Paulo editou o Provimento 03/2015, cujo objetivo é disciplinar e viabilizar a audiência de custódia, contra o qual foi ajuizada ação direta de inconstitucionalidade, que foi julgada improcedente: "1. A Convenção Americana sobre Direitos do Homem, que dispõe, em seu artigo 7º, item 5, que "toda pessoa presa, detida ou retida deve ser conduzida, sem demora, à presença de um juiz", posto ostentar o status jurídico supralegal que os tratados internacionais sobre direitos humanos têm no ordenamento jurídico brasileiro, legitima a denominada "audiência de custódia", cuja denominação sugere-se "audiência de apresentação". 2. O direito convencional de apresentação do preso ao Juiz, consectariamente, deflagra o procedimento legal de *habeas corpus*, no qual o Juiz apreciará a legalidade da prisão, à vista do preso que lhe é apresentado, procedimento esse instituído pelo Código de Processo Penal, nos seus artigos 647 e seguintes. 3. O *habeas corpus ad subjiciendum*, em sua origem remota, consistia na determinação do juiz de apresentação do preso para aferição da legalidade da sua prisão, o que ainda se faz presente na legislação processual penal (artigo 656 do CPP). 4. O ato normativo sob o crivo da fiscalização abstrata de constitucionalidade contempla, em seus artigos 1º, 3º, 5º, 6º e 7º normas estritamente regulamentadoras do procedimento legal de *habeas corpus* instaurado perante o Juiz de primeira instância, em nada exorbitando ou contrariando a lei processual vigente, restando, assim, inexistência de conflito com a lei, o que torna inadmissível o ajuizamento de ação direta de inconstitucionalidade para a sua impugnação, porquanto o status do CPP não gera violação constitucional, posto legislação infraconstitucional. 5. As disposições administrativas do ato impugnado (artigos 2º, 4º 8º, 9º, 10 e 11), sobre a organização do funcionamento das unidades jurisdicionais do Tribunal de Justiça, situam-se dentro dos limites da sua autogestão (artigo 96, inciso I, alínea a, da CRFB). Fundada diretamente na Constituição Federal, admitindo *ad argumentandum* impugnação pela via da ação direta de inconstitucionalidade, mercê de materialmente inviável a demanda. 6. *In casu*, a parte do ato impugnado que versa sobre as rotinas cartorárias e providências administrativas ligadas à audiência de custódia em nada ofende a reserva de lei ou norma constitucional. 7. Os artigos 5º, inciso II, e 22, inciso I, da Constituição Federal não foram violados, na medida em que há legislação federal em sentido estrito legitimando a audiência de apresentação. 8. A Convenção Americana sobre Direitos do Homem e o Código de Processo Penal, posto ostentarem eficácia geral e *erga omnes*, atingem a esfera de atuação dos Delegados de Polícia, conjurando a alegação de violação da cláusula pétrea de separação de poderes. 9. A Associação Nacional dos Delegados de Polícia – ADEPOL, entidade de classe de âmbito nacional, que congrega a totalidade da categoria dos Delegados de Polícia (civis e federais), tem legitimidade para propor ação direta de inconstitucionalidade (artigo 103, inciso IX, da CRFB). Precedentes. 10. A pertinência temática entre os objetivos da associação autora e o objeto da ação direta de inconstitucionalidade é inequívoca, uma vez que a realização das audiências de custódia repercute na atividade dos Delegados de Polícia, encarregados da apresentação do preso em Juízo. 11. Ação direta de inconstitucionalidade PARCIALMENTE CONHECIDA e, nessa parte, JULGADA IMPROCEDENTE, indicando a adoção da referida prática da audiência de apresentação por todos os tribunais do país" (ADI 5240, Relator(a): Min. LUIZ FUX, Tribunal Pleno, julgado em 20.08.2015, PROCESSO ELETRÔNICO DJe-018 DIVULG 29.01.2016 PUBLIC 01.02.2016). *Vide*, também, Resolução 213/2015, do CNJ.

Gabarito "D".

(Juiz de Direito/PA – 2014 – VUNESP) A prisão preventiva do agressor, no contexto da Lei Maria da Penha,

(A) deve, seja na fase inquisitorial ou durante a ação penal, ser precedida de expresso pedido da vítima nesse sentido.
(B) é medida subsidiária, ou seja, somente pode ser decretada após infrutífera, na prática, outra medida restritiva menos gravosa.
(C) pode ser decretada de ofício pelo juiz, tanto na fase inquisitorial como durante a ação penal.
(D) só pode ser decretada pelo juiz após representação da autoridade policial ou requerimento do órgão ministerial, seja na fase inquisitorial, seja durante a ação penal.
(E) pode ser decretada de ofício pelo juiz durante a ação penal, mas deve ser precedida de requerimento do Ministério Público ou representação da autoridade policial na fase inquisitorial.

A: incorreta. Providência não contemplada na Lei 11.340/2006 (Lei Maria da Penha); **B:** a nosso ver, esta assertiva está correta, na medida em que a prisão preventiva, no contexto da Lei Maria da Penha, somente será decretada diante da impossibilidade de decretar-se outra medida menos restritiva; **C:** correta, dado que, no contexto da Lei Maria da Penha, poderá o juiz decretar a prisão preventiva, de ofício, tanto no curso das investigações quando no decorrer da ação penal (art. 20, Lei 11.340/2006); **D:** incorreta. O juiz, no âmbito da Lei Maria da Penha, não depende, para determinar a prisão preventiva, de requerimento do MP ou representação da autoridade policial; **E:** incorreta, conforme comentário à assertiva "C".

Gabarito "C".

(Promotor de Justiça/MG – 2014) Sobre as medidas cautelares instituídas pela Lei 12.403/2011, assinale a alternativa **INCORRETA**:

(A) Poderá o juiz substituir a prisão preventiva pela domiciliar quando o agente for maior de 70 (setenta) anos.
(B) Na proibição de ausentar-se do País, deve-se intimar o indiciado para entregar o passaporte, no prazo de 24 (vinte e quatro) horas.
(C) Pode ser determinado o recolhimento domiciliar no período noturno e nos dias de folga quando o investigado ou acusado tenha residência e trabalho fixos.
(D) A prisão preventiva poderá ser decretada em caso de descumprimento de qualquer das obrigações impostas por força de outras medidas cautelares.

A: assertiva incorreta, devendo ser assinalada. Isso porque a *prisão preventiva* somente será substituída pela *domiciliar* na hipótese de o agente ser maior de 80 anos, e não de 70 (art. 318, I, do CPP). Além desta, o art. 318 contempla outras situações em que o juiz poderá proceder à substituição; **B:** assertiva correta, nos termos do art. 320 do CPP; **C:** assertiva correta, pois reflete a regra presente no art. 319, VI, do CPP; **D:** assertiva correta (art. 312, parágrafo único, do CPP).

Gabarito "A".

(Delegado/RO – 2014 – FUNCAB) A ordem ou o "comando implícito de soltura" é característica peculiar de uma prisão cautelar, no caso, a prisão:

(A) preventiva decorrente de conversão.
(B) em flagrante.
(C) temporária.
(D) preventiva decretada no curso do processo.
(E) domiciliar decretada no curso do processo.

Diz-se que a ordem de prisão temporária contém o chamado "comando implícito de soltura" porquanto, passados os 5 dias de custódia, o investigado deverá ser imediatamente posto em liberdade pela autoridade policial, sem a necessidade de alvará de soltura a ser expedido pelo juiz que decretou a prisão. Evidente que permanecerá custodiado o investigado que contra si for prorrogada a prisão temporária ou mesmo expedido mandado de prisão preventiva. É o que estabelece o art. 2º, § 7º, da Lei 7.960/1989.
Gabarito "C".

(Delegado/RO – 2014 – FUNCAB) Sabe-se que a prisão em flagrante se desdobra em dois momentos sucessivos: em um primeiro momento, ocorre a apreensão física do infrator e; em um momento posterior, a lavratura ou a documentação da prisão no respectivo auto. Dito isso, analise as proposições e assinale a alternativa correta.

(A) Após a lavratura ou a documentação da prisão, o auto de prisão em flagrante deverá ser encaminhado ao juiz competente.
(B) Não cabe apreensão física de Juiz de Direito que pratica infração afiançável.
(C) Não há discussão doutrinária acerca da possibilidade de a autoridade judiciária lavrar o auto de prisão em flagrante, essa possibilidade decorre da lei.
(D) O denominado flagrante facultativo viabiliza que a autoridade policial não lavre ou documente a prisão.
(E) Não cabe apreensão física de pessoa que pratica infração de menor potencial ofensivo.

A: correta. A autoridade policial a quem foi apresentado o conduzido deverá providenciar para que contra ele seja lavrado o auto de prisão em flagrante, com a imediata comunicação de sua prisão ao juiz competente, ao Ministério Público e à família do preso ou a pessoa por ele indicada (a obrigatoriedade de comunicar ao MP foi inserida pela Lei 12.403/2011, que alterou a redação do art. 306, *caput*, do CPP). Além disso, por imposição do art. 306, § 1º, do CPP, cuja redação também foi alterada por força da mesma lei, "em até vinte e quatro horas após a realização da prisão, será encaminhado ao juiz competente o auto de prisão em flagrante e, caso o autuado não informe o nome de seu advogado, cópia integral para a Defensoria Pública". Ao final, será entregue ao autuado a *nota de culpa*, da qual constará o motivo da prisão, o nome do condutor e também o das testemunhas (art. 306, § 2º, CPP); **B:** incorreta. A apreensão física, também chamada de prisão-captura, pode ser feita, sim, contra juiz de direito (desde que o crime imputado seja inafiançável). Neste caso, em seguida à lavratura do auto de prisão em flagrante, incumbe à autoridade policial que o presidiu providenciar para que o magistrado seja, de imediato, apresentado ao presidente do Tribunal a que esteja vinculado. É o que determina o art. 33, II, da LC 35/1979; **C:** incorreta. Embora a possibilidade de o juiz de direito presidir auto de prisão em flagrante esteja contemplada no art. 307, CPP ("quando o fato for praticado em presença da autoridade, ou contra esta, no exercício de suas funções"), tal providência, para alguns doutrinadores, não é recomendável; **D:** incorreta, dado que a faculdade de prender em flagrante somente é deferida ao particular (art. 301, CPP); a autoridade policial e seus agentes, a teor do que dispõe o art. 301 do CPP, *devem* prender quem quer que se encontre em situação de flagrante. Este é o chamado *flagrante obrigatório*; **E:** incorreta. Aquele que for surpreendido em situação de flagrante pela prática de infração de menor potencial ofensivo pode, sim, ser preso (prisão-captura) em flagrante. No entanto, ao ser conduzido ao distrito policial e apresentado ao delegado, contra o autor dos fatos não será lavrado auto de prisão em flagrante, salvo se se recusar a ser encaminhado de imediato ao juizado especial ou, não sendo isso possível, assumir o compromisso de ali comparecer assim que convocado.
Gabarito "A".

(Delegado/SP – 2014 – VUNESP) Em relação ao tema prisão, é correto afirmar que

(A) o emprego de força para a realização da prisão será permitido sempre que a autoridade policial julgar necessário, não existindo restrição legal.
(B) a prisão poderá ser efetuada em qualquer dia e a qualquer hora, respeitadas as restrições relativas à inviolabilidade de domicílio.
(C) a prisão cautelar somente ocorre durante o inquérito policial.
(D) em todas as suas hipóteses, é imprescindível a existência de mandado judicial prévio.
(E) a prisão preventiva somente ocorre durante o processo judicial.

A: incorreta, uma vez que o art. 284 do CPP estabelece que somente se empregará força, na realização da prisão, quando indispensável em razão de resistência ou de tentativa de fuga; **B:** correta, pois reflete a regra disposta no art. 283, § 2º, do CPP; **C:** incorreta. Prisão cautelar (provisória ou processual) é gênero do qual são espécies a custódia *preventiva*, a *temporária* e a *prisão em flagrante*. Como bem sabemos, a prisão temporária somente poderá ocorrer no curso das investigações do inquérito policial (art. 1º, I, da Lei 7.960/1989); a prisão em flagrante, por sua vez, é efetuada em momento anterior à instauração do inquérito e, por óbvio, antes da instauração da ação penal; agora, a prisão preventiva, por força do que dispõe o art. 311 do CPP, poderá ser decretada em qualquer fase da persecução criminal (inquérito e processo); **D:** incorreta. O mandado somente se fará necessário no cumprimento da prisão temporária e preventiva. A prisão em flagrante, por razões óbvias, não exige, para o seu cumprimento, a expedição de mandado. De outra forma não poderia ser; **E:** incorreta. A prisão preventiva, como já afirmamos, terá lugar tanto na fase inquisitiva quanto na instrução processual.
Gabarito "B".

(Delegado/SP – 2014 – VUNESP) A fiança

(A) poderá ser prestada em todas as hipóteses de prisão, salvo no caso de prisão em decorrência de pronúncia.
(B) poderá ser prestada em qualquer termo do processo, inclusive após o trânsito em julgado da sentença.
(C) poderá ser prestada em qualquer termo do processo, enquanto não transitar em julgado a sentença condenatória.
(D) somente poderá ser prestada durante o inquérito policial.
(E) poderá ser prestada nas hipóteses de prisão temporária.

A: incorreta, uma vez que as hipóteses de inafiançabilidade estão elencadas no art. 323 do CPP, cuja redação foi determinada pela Lei 12.403/2011, a saber: racismo, tortura, tráfico, terrorismo, crimes hediondos e os delitos praticados por grupos armados, civis ou militares, contra a ordem constitucional e o Estado Democrático e também aqueles contidos em leis especiais, tal como o art. 31 da Lei 7.492/1986 (Sistema Financeiro). Assim sendo, a prisão decorrente de pronúncia, que deve obediência aos requisitos do art. 312 do CPP, não constitui critério de inafiançabilidade; **B** e **C:** a fiança será prestada, a teor do art. 334 do CPP, enquanto não passar em julgado a sentença condenatória; **D:** incorreta. Será prestada tanto na fase de inquérito quanto na instrução processual (enquanto não transitar em julgado); **E:** incorreta. A fiança é incompatível com a prisão temporária.
Gabarito "C".

(Procurador Legislativo – Câmara de Vereadores de São Paulo/SP – 2014 – FCC) Tomando-se em conta o tema da prisão e da liberdade provisória, é INCORRETO afirmar:

(A) Julgar-se-á quebrada a fiança quando o réu praticar nova infração penal, dolosa ou culposa.
(B) Não será concedida fiança nos crimes de racismo.
(C) Para determinar o valor da fiança, a autoridade terá em consideração a natureza da infração, as condições pessoais de fortuna e vida pregressa do acusado, as circunstâncias indicativas de sua periculosidade, bem como a importância provável das custas do processo até final julgamento.
(D) O réu afiançado não poderá, sob pena de quebramento da fiança, mudar de residência, sem prévia permissão da autoridade processante, ou ausentar-se por mais de oito dias de sua residência, sem comunicar àquela autoridade o lugar onde será encontrado.
(E) A fiança poderá ser prestada enquanto não transitar em julgado a sentença condenatória.

A: assertiva incorreta, devendo ser assinalada, dado que o art. 341, V, do CPP não contemplou a prática de infração penal culposa como fato a ensejar a quebra da fiança; **B:** assertiva correta (art. 323, I, do CPP); **C:** assertiva correta (art. 326, CPP); **D:** assertiva correta (art. 328, CPP); **E:** correta (art. 334, CPP).
Gabarito "A".

(Advogado do Metrô/SP – 2014 – FCC) A ameaça a testemunhas, no curso da instrução criminal, formulada pelo réu através de pessoas a ele ligadas, pode ensejar a prisão

(A) civil do acusado para garantia da ordem pública.
(B) temporária do acusado.
(C) preventiva do acusado para conveniência da instrução criminal.
(D) civil do acusado para assegurar a aplicação da lei penal.
(E) administrativa do acusado.

Ensina Guilherme de Souza Nucci, ao discorrer sobre o tema *ameaça a testemunhas*, que "é indiscutível constituir tal ameaça formulada pelo réu ou por pessoas a ele ligadas um dos principais fatores a autorizar a decretação da prisão preventiva, tendo em vista que a instrução criminal pode ser seriamente abalada pela coerção. Se as testemunhas não tiverem ampla liberdade de depor, narrando o que efetivamente sabem e compondo o quadro da verdade real, não se está assegurando a *conveniente instrução criminal*, motivo pelo qual a prisão preventiva tem cabimento (...)" (*Código de Processo Penal Comentado*, 12ª ed., p. 677). Na jurisprudência não é diferente: "Ação penal. Prisão preventiva. Conveniência da instrução criminal. Chacina de membros de uma família. Réu foragido. Risco manifesto à vítima e única testemunha do fato, ainda não ouvida. Inexistência de constrangimento ilegal. HC denegado. Aplicação do art. 312 do CPP. Precedentes. É legal o decreto de prisão preventiva que, a título de conveniência da instrução criminal, se baseia em que o réu, foragido, teria feito ou, pelas circunstâncias do fato, representaria séria ameaça à testemunha ou vítima ainda não ouvida" (STF, 2ª T., RHC 94805, rel. Min. Cezar Peluso, j. 25.11.2008).
Gabarito "C".

(Magistratura/GO – 2015 – FCC) Em relação à prisão temporária, à prisão preventiva e às medidas cautelares alternativas à prisão, é correto afirmar que

(A) somente será admitida fiança nos casos de infração cuja pena privativa de liberdade máxima não seja superior a 4 anos.
(B) quando o acusado estiver no território nacional, fora da jurisdição do juiz processante, será deprecada sua prisão preventiva, devendo constar da precatória o inteiro teor do mandado.
(C) as medidas cautelares alternativas à prisão não podem ser aplicadas cumulativamente, em razão da proporcionalidade e da proibição de excesso.
(D) a prisão domiciliar consiste no recolhimento do indiciado ou acusado em sua residência, só podendo dela ausentar-se com autorização do Delegado de Polícia.

(E) caberá prisão temporária quando houver fundadas razões, de acordo com qualquer prova admitida na legislação penal, de autoria ou participação do indiciado na prática de crime hediondo.

A: incorreta, uma vez que a vedação a que se refere a assertiva somente tem aplicação na fiança concedida pela autoridade policial, que somente está autorizada a fixá-la nos casos de infração penal cuja pena privativa de liberdade máxima não seja superior a quatro anos; o juiz, no entanto, poderá conceder a fiança para todas as infrações penais, inclusive àquelas em que a pena máxima cominada seja superior a quatro anos, salvo nas infrações listadas no art. 323 do CPP e outras previstas em legislação especial; **B:** correta, pois em conformidade com a regra prevista no art. 289, *caput*, do CPP; **C:** incorreta, pois contraria o que estabelece o art. 282, § 1º, do CPP, segundo o qual as medidas cautelares alternativas à prisão podem ser aplicadas isolada ou cumulativamente; **D:** incorreta. É que somente o juiz (o dispositivo exige autorização *judicial*) está credenciado a autorizar o investigado/acusado que cumpre prisão domiciliar a ausentar-se de sua residência; tal providência, portanto, não cabe à autoridade policial. É o que estabelece o art. 317 do CPP; **E:** incorreta. Segundo a melhor doutrina, a decretação da prisão temporária, modalidade de prisão cautelar, está condicionada à existência de fundadas razões de autoria ou participação do indiciado na prática dos crimes listados no art. 1º, III, da Lei 7.960/1989 e também ao fato de ser ela, a prisão temporária, imprescindível para as investigações do inquérito policial. Devem coexistir, portanto, os requisitos previstos nos incisos I e III do art. 1º da Lei 7.960/1989; a coexistência das condições presentes nos incisos I e II também pode dar azo à decretação da custódia temporária. É dizer: o inciso III deve combinar com o inciso I ou com o II. É a posição adotada por Guilherme de Souza Nucci e Maurício Zanoide de Moraes.

Gabarito "B".

(Magistratura/SC – 2015 – FCC) Sobre as medidas cautelares pessoais, analise as seguintes assertivas:

I. Durante a investigação policial, havendo indícios suficientes de autoria e materialidade, o juiz, possuindo convicção de que o investigado poderá prejudicar a instrução criminal, poderá decretar a prisão preventiva de ofício, haja vista que o inquérito policial foi devidamente instaurado.

II. No curso de uma ação penal, um réu que respondeu ao processo em liberdade e possui residência fixa, e que nunca demonstrou qualquer sinal de que se furtaria à aplicação da lei penal, teve um pedido de prisão preventiva ofertado ao juiz pelo Ministério Público que especula sobre sua possível fuga, sem demonstração fática nos autos. Neste caso, diante da ausência de urgência ou de perigo de ineficácia da medida, o juiz, antes de decretar a medida, deverá intimar a parte contrária dando-lhe ciência do requerimento.

III. Após a elaboração de um auto de prisão em flagrante pelo crime de estelionato, diante da impossibilidade do delegado de polícia em arbitrar a fiança, o acusado (ou seu defensor) deve requerê-la diretamente ao juiz, que decidirá no prazo de 48 horas, independentemente de manifestação do Ministério Público.

IV. Se houver a possibilidade de arbitramento de fiança, que deverá variar entre 10 (dez) e 200 (duzentos) salários mínimos em crimes cuja pena máxima seja superior a 4 (quatro) anos, o juiz ainda assim poderá aumentar o valor, se a situação econômica do réu o recomendar, em até 1000 (mil) vezes. Contudo, para determinar o valor final, deverá se ter em consideração, dentre outros fatores, as circunstâncias indicativas de sua periculosidade.

É correto o que se afirma APENAS em
(A) II, III e IV.
(B) I.
(C) II.
(D) II e III.
(E) III e IV.

I: incorreta. Com a edição da Lei 12.403/2011, a redação do art. 311 do CPP foi modificada. Com isso, a prisão preventiva continua a ser decretada em qualquer fase da investigação policial ou do processo penal, mas o juiz, que antes podia determiná-la de ofício também na fase investigatória, somente poderá fazê-lo, agora, no curso da ação penal. É dizer, para que a custódia preventiva seja decretada no curso da investigação, somente mediante representação da autoridade policial ou a requerimento do Ministério Público; **II:** correta, pois corresponde à providência prevista no art. 282, § 3º, do CPP; **III:** correta, pois em conformidade com os arts. 322, parágrafo único, e 333, ambos do CPP; **IV:** correta (arts. 325 e 326 do CPP).

Gabarito "A".

(Ministério Público/BA – 2015 – CEFET) No que diz respeito às prisões e medidas cautelares no processo penal, assinale a alternativa **CORRETA**:

(A) O juiz poderá substituir a prisão preventiva pela domiciliar quando o suposto autor do fato delituoso for maior de 70 (setenta) anos de idade ou estiver extremamente debilitado por motivo de doença grave.

(B) Em respeito ao princípio da proporcionalidade das medidas cautelares, a fiança, segundo as regras do Código de Processo Penal, quando estabelecida em seu valor máximo, não poderá ser cumulada com outras medidas cautelares diversas da prisão preventiva.

(C) Se assim recomendar a situação econômica do preso, a fiança poderá ser aumentada em até 1.000 (mil) vezes.

(D) De acordo com o novo regramento destinado à prisão cautelar, o Código de Processo Penal passou a estabelecer a prisão temporária como uma das hipóteses das denominadas prisões cautelares estritamente processuais.

(E) É pacífico o entendimento da doutrina quanto à natureza jurídica precautelar da prisão em flagrante, o que tem sido confirmado pela jurisprudência do Superior Tribunal de Justiça.

A: incorreta. Isso porque a *prisão preventiva* somente será substituída pela *domiciliar* na hipótese de o agente ser maior de 80 anos, e não de 70 (art. 318, I, do CPP). Além desta, o art. 318 contempla outras situações em que o juiz poderá proceder à substituição; **B:** incorreta (art. 319, § 4º, do CPP); **C:** correta (art. 325, § 1º, III, do CPP); **D:** incorreta, já que o novo regramento conferido à prisão cautelar não promoveu esta alteração; **E:** incorreta, já que tal posicionamento, na doutrina, é minoritário. Está a defendê-lo Aury Lopes Jr., que assim ensina: "A doutrina brasileira costuma classificar a prisão em flagrante, prevista nos arts. 301 e seguintes do CPP, como medida cautelar. Trata-se de um equívoco, a nosso ver, que vem sendo repetido sem maior reflexão ao longo dos anos e que agora, com a reforma processual de 2011, precisa ser revisado". Prossegue afirmando que "a prisão em flagrante é uma medida pré-cautelar, de natureza pessoal, cuja precariedade vem marcada pela possibilidade de ser adotada por particulares ou autoridade policial, e que somente está justificada pela brevidade de sua duração e o imperioso dever de análise judicial em até 24h, onde cumprirá ao juiz analisar sua legalidade e decidir sobre a manutenção da prisão (agora como preventiva) ou não" (*Direito Processual Penal*, 9ª ed, p. 796 e 798).

Gabarito "C".

(Ministério Público/SP – 2015 – MPE/SP) Assinale a alternativa correta:

(A) A captura poderá ser requisitada, à vista de mandado judicial, por qualquer meio idôneo, até mesmo por telefone.

(B) Pela atual sistemática do Código de Processo Penal, a locomoção da autoridade policial ao lugar do crime de homicídio não é obrigatória, estando sujeita a juízo de conveniência ou de possibilidade.

(C) Quando o fato for praticado na presença do Juiz de Direito, ou contra este, no exercício de suas funções, ele não poderá presidir o respectivo auto de prisão em flagrante, sob pena de ver afetada sua imparcialidade.

(D) O funcionário consular e o representante diplomático não podem figurar no polo passivo de prisão em flagrante, nem mesmo pela prática de crime considerado grave.

(E) O advogado pode ser preso em flagrante pela prática de crime inafiançável, exceto quando o fato estiver relacionado ao exercício da função.

A: correta. O art. 299 do CPP autoriza que a ordem de captura seja transmitida por qualquer meio de comunicação, entre os quais, por óbvio, o telefone; **B:** incorreta, uma vez que, por imposição do art. 6º, I, do CPP, deverá a autoridade policial, assim que tomar conhecimento da prática de infração penal, dentre outras providências, dirigir-se ao local dos fatos, cuidando para não se altere o estado de conservação das coisas; **C:** incorreta, uma vez que contraria o disposto no art. 307 do CPP; **D:** incorreta. É verdade que aos agentes diplomáticos não se imporá nenhuma modalidade de prisão, aqui incluída a realizada em situação de flagrante, mesmo que diante da prática de crime considerado grave (Convenção de Viena, em 1961); já os funcionários consulares, cuja imunidade é mais restrita, somente não serão presos em flagrante quando estiverem no exercício de suas funções (Convenção de Viena, em 1963); **E:** incorreta, uma vez que o advogado que, o exercício de sua profissão, praticar crime inafiançável poderá, sim, ser preso em flagrante (art. 7º, § 3º, do Estatuto da Ordem).

Gabarito "A".

13. PROCESSO E PROCEDIMENTOS

(Juiz de Direito – TJ/RS – 2018 – VUNESP) Assinale a alternativa correta.

(A) O procedimento comum será ordinário, sumário ou especial.

(B) Os processos que apuram a prática de crime hediondo terão prioridade de tramitação em todas as instâncias apenas se houver réu preso.

(C) O juiz terá o prazo de 5 dias para proferir a sentença caso conceda às partes prazo para a apresentação de memoriais.

(D) No mandado de segurança impetrado pelo Ministério Público contra decisão proferida em processo penal, é facultativa a citação do réu como litisconsorte passivo.

(E) Não cabe *habeas corpus* contra decisão condenatória a pena de multa, ainda que seja patente o constrangimento ilegal causado.

A: incorreta. Segundo a atual redação do art. 394 do CPP, o procedimento se divide em *comum* e *especial*. O comum é subdividido em *ordinário*, *sumário* e *sumaríssimo*. O procedimento comum sumário será adotado quando se tratar de crime cuja sanção máxima seja inferior a quatro anos e superior a dois (art. 394, § 1º, II, CPP); o rito ordinário, por sua vez, terá lugar sempre que se tratar de crime cuja sanção máxima cominada for igual ou superior a quatro anos de pena privativa de liberdade (art. 394, § 1º, I, CPP); já o sumaríssimo é aplicado ao processamento e julgamento das infrações penais de menor potencial ofensivo (aquelas em que a pena máxima cominada não exceda dois anos – art. 61 da Lei 9.099/1995). Como se pode ver, o procedimento especial não constitui modalidade de procedimento comum, tal como consta da assertiva; **B:** incorreta. Com a inserção do art. 394-A, no CPP, pela Lei 13.285/2016, os processos que apuram a prática de crime hediondo terão prioridade de tramitação em todas as instâncias, não importando se se trata de réu preso ou solto; **C:** incorreta, já que o art. 403, § 3º, do CPP estabelece o prazo de 10 dias para o juiz proferir sentença; **D:** incorreta, porque em desconformidade com o entendimento firmado na Súmula 701 do STF: *No mandado de segurança impetrado pelo Ministério Público contra decisão proferida em processo penal, é obrigatória a citação do réu como litisconsorte passivo*; **E:** correta, uma vez que reflete o entendimento sufragado na Súmula 693, do STF: *Não cabe habeas corpus contra decisão condenatória a pena de multa, ou relativo a processo em curso por infração penal a que a pena pecuniária seja a única cominada*. Gabarito "E".

(Juiz de Direito – TJ/RS – 2018 – VUNESP) A respeito dos prazos previstos no CPP e em leis especiais, assinale a alternativa correta.

(A) No procedimento relativo aos processos da competência do Tribunal do Júri, se houver indícios de autoria ou de participação de outras pessoas não incluídas na acusação, o juiz, ao pronunciar ou impronunciar o acusado, determinará o retorno dos autos ao Ministério Público, por 15 dias, aplicável, no que couber, o art. 80, do CPP.

(B) A audiência de instrução e julgamento no procedimento ordinário será realizada no prazo máximo de 45 dias.

(C) O procedimento relativo aos processos da competência do Tribunal do Júri será concluído no prazo máximo de 120 dias.

(D) Os juízes singulares darão seus despachos e decisões dentro do prazo de 5 dias, se a decisão for definitiva ou interlocutória mista.

(E) Em crime de tráfico de entorpecentes, recebida cópia do auto de prisão em flagrante, o juiz, no prazo de 5 dias, certificará a regularidade formal do laudo de constatação e determinará a destruição das drogas apreendidas, guardando-se amostra necessária à realização do laudo definitivo.

A: correta, já que reproduz o teor do art. 417 do CPP; **B:** incorreta. No procedimento comum ordinário, a audiência será realizada no prazo de 60 dias, tal como consta do art. 400, *caput*, do CPP, e não de 45; já se se tratar do procedimento comum sumário, o art. 531 do CPP estabelece o prazo de 30 dias; **C:** incorreta. Isso porque, no procedimento especial do Júri, o prazo estabelecido pelo art. 412 do CPP corresponde a 90 dias, e não 120, tal como consta da assertiva; **D:** incorreta. Sendo a decisão definitiva ou interlocutória mista, o prazo de que dispõe o juiz singular para proferi-la é de 10 dias (art. 800, I, CPP); sendo interlocutória simples, a decisão será proferida dentro do prazo de 5 dias (art. 800, II, CPP); sendo despacho de mero expediente, o prazo estabelecido pelo art. 800, III, do CPP corresponde a 1 dia (art. 800, III, CPP); **E:** incorreta, na medida em que o prazo de que dispõe o juiz para a adoção da providência acima é de 10 dias (art. 50, § 3º, da Lei 11.343/2006 – Lei de Drogas). Gabarito "A".

(Escrevente – TJ/SP – 2018 – VUNESP) Segundo o Código de Processo Penal, a respeito do processo comum, é correto dizer que

(A) aceita a denúncia ou a queixa, o Juiz não poderá absolver sumariamente o réu, após a apresentação da resposta à acusação.

(B) a parte, no procedimento ordinário, não poderá desistir de testemunha, anteriormente arrolada.

(C) o procedimento será ordinário, sumário ou sumaríssimo; o procedimento sumaríssimo será o aplicado quando se tem por objeto crime sancionado com pena privativa de liberdade de até 04 (quatro) anos.

(D) são causas de rejeição da denúncia ou queixa a inépcia, a falta de pressuposto processual ou condição para o exercício da ação penal e a falta de justa causa.

(E) no procedimento ordinário, poderão ser ouvidas até 08 (oito) testemunhas, de acusação e defesa, compreendidas, nesse número, as que não prestam compromisso.

A: incorreta. Citado o réu e por ele oferecida a resposta à acusação, poderá o juiz, verificando a ocorrência de alguma das hipóteses do art. 397 do CPP, proceder à absolvição sumária do acusado; **B:** incorreta, dado que poderá a parte desistir da inquirição de qualquer das testemunhas que haja arrolado (art. 401, § 2º, CPP); **C:** incorreta. Como bem sabemos, o critério utilizado para se identificar o rito processual a ser adotado é a *pena máxima* cominada ao crime, conforme estabelece o art. 394 do CPP. O *rito ordinário* terá lugar sempre que se tratar de crime cuja sanção máxima cominada for igual ou superior a quatro anos de pena privativa de liberdade (art. 394, § 1º, I, CPP). O *rito sumário*, por sua vez, será adotado quando se tratar de crime cuja sanção máxima seja inferior a quatro anos e superior a dois (art. 394, § 1º, II, CPP). Já o *rito sumaríssimo* terá incidência nas infrações penais de menor potencial ofensivo (crimes cuja pena máxima não seja superior a dois anos bem como as contravenções penais), na forma estatuída no art. 394, § 1º, III, CPP; **D:** correta, pois corresponde ao teor do art. 395 do CPP; **E:** incorreta, já que não serão computadas no número máximo de testemunhas aquelas que não prestaram compromisso (art. 401, § 1º, CPP). Gabarito "D".

(Procurador do Estado – PGE/BA – CESPE – 2014) Acerca das sentenças, julgue o item a seguir (adaptada)

(1) Considere que Marina tenha sido processada por crime de furto supostamente cometido contra seu primo André e que, após a fase de produção de provas, o MP, convencido de sua inocência, tenha opinado por sua absolvição. Nessa situação hipotética, segundo o Código de Processo Penal, o juiz não poderá proferir sentença condenatória contra Marina.

1: incorreta, na medida em que é dado a juiz, ao contrário do que se afirma, condenar o réu, ainda que o MP tenha opinado pela sua absolvição (art. 385, CPP). De igual forma, também pode o juiz reconhecer agravantes não invocadas pela acusação. Gabarito "1E".

(Juiz – TRF 2ª Região – 2017) Analise as afirmativas abaixo e, a seguir, assinale a opção correta.

I. Oferecida a denúncia ou queixa, o juiz deverá citar o réu para a apresentação de resposta escrita em dez dias. Após tal manifestação da defesa, o juiz proferirá decisão de recebimento ou de rejeição da denúncia ou queixa apresentada.

II. O réu preso só deve ser interrogado por videoconferência quando presentes razões excepcionais previstas no Código de Processo Penal, devendo ser garantido, durante o ato, o acesso a canais telefônicos reservados para comunicação entre o defensor que esteja no presídio e o advogado presente na sala de audiência do fórum, e entre este e o preso.

III. Se o réu, citado pessoalmente, não apresentar a resposta no prazo legal, o juiz decretará sua revelia e proferirá decisão de saneamento do processo. A petição de resposta escrita não é termo essencial do processo e sua falta não enseja nulidade.

(A) Apenas a assertiva I está correta.
(B) Apenas a assertiva II está correta.
(C) Apenas a assertiva III está correta.
(D) Apenas as assertivas II e III estão corretas.
(E) Todas as assertivas são falsas.

I: incorreta. Nos procedimentos *ordinário* e *sumário*, o juiz, depois de oferecida a denúncia ou queixa, receberá a peça acusatória e, ato contínuo, mandará citar o réu, que, assim que tomar conhecimento da ação contra ele ajuizada, disporá do prazo de dez dias para apresentar resposta escrita (art. 396, CPP). O recebimento da denúncia ou queixa, como se pode ver, antecede à citação e o oferecimento da resposta escrita. Discutia-se se o art. 399 do CPP, com a redação que lhe deu a Lei 11.719/2008, estabelecia um segundo recebimento da denúncia. Hoje é pacífico o entendimento segundo o qual a denúncia é recebida uma única vez (art. 396, CPP); **II:** correta, porquanto em conformidade com o que estabelece o art. 185, §§ 2º e 5º, do CPP; **III:** incorreta. Primeiro porque a petição de resposta escrita constitui peça essencial do processo. Segundo porque se o réu, citado pessoalmente, deixar de oferecer a resposta à acusação dentro do prazo estabelecido em lei, que é de dez dias, caberá ao juiz nomear-lhe defensor para patrocinar a sua defesa, oferecendo a petição de resposta escrita (art. 396-A, § 2º, CPP). Gabarito "B".

(Juiz – TRF 3ª Região – 2016) Pensando na hipótese de, após a apresentação de resposta à acusação, o magistrado se convencer da falta de justa causa para a ação penal, assinale qual hipótese é verdadeira:

(A) O magistrado terá que deixar a ação correr, pois não lhe compete conceder habeas corpus contra si próprio;

(B) O magistrado deverá absolver sumariamente o acusado, sem especificar nenhum inciso do artigo 397 do Código de Processo Penal;

(C) O magistrado poderá rejeitar a denúncia, dado que o primeiro recebimento, conforme parte da doutrina, ocorre a título precário;

(D) O magistrado deverá enviar os autos ao titular da ação, para que diga se concorda em retirar a denúncia.

De fato, parte da doutrina compartilha deste entendimento: de que o juiz pode voltar atrás e rejeitar a denúncia recebida a título precário. Na jurisprudência do STJ: "O fato de a denúncia já ter sido recebida não impede o Juízo de primeiro grau de, logo após o oferecimento da resposta do acusado, prevista nos arts. 396 e 396-A do Código de Processo Penal, reconsiderar a anterior decisão e rejeitar a peça acusatória, ao constatar a presença de uma das hipóteses elencadas nos incisos do art. 395 do Código de Processo Penal, suscitada pela defesa. As matérias numeradas no art. 395 do Código de Processo Penal dizem respeito a condições da ação e pressupostos processuais, cuja aferição não está sujeita à preclusão (art. 267, § 3º, do CPC, c/c o art. 3º do CPP)" (REsp 1318180/DF, Rel. Min. Sebastião Reis Júnior, 6ª Turma, j. 16.05.2013, *DJe* 29.05.2013). Gabarito "C".

(Juiz – TRF 3ª Região – 2016) No que concerne ao interrogatório, é correto dizer que:

(A) É o primeiro ato do processo;

(B) O réu tem direito a ficar em silêncio, no entanto, se decidir falar, está obrigado a dizer a verdade;

(C) Em caso de acusação por tráfico de drogas, deve ocorrer no início da audiência de instrução;

(D) Em caso de acusação por tráfico de drogas, tal qual ocorre relativamente aos demais crimes, deve ocorrer ao término da instrução, sob pena de nulidade absoluta.

A: incorreta. Por força das modificações implementadas pela Lei 11.719/2008, que alterou diversos dispositivos do CPP, entre os quais o art. 400, a instrução, que antes tinha como providência inicial o interrogatório do acusado, passou a ser una, impondo,

além disso, nova sequência de atos, todos realizados em uma única audiência. Nesta (art. 400 do CPP – ordinário; art. 531 do CPP – sumário), deve-se ouvir, em primeiro lugar, o ofendido; depois, ouvem-se as testemunhas de acusação e, em seguida, as de defesa. Após, vêm os esclarecimentos dos peritos e as acareações. Em seguida, procede-se ao reconhecimento de pessoas e coisas. Somente depois se interroga o acusado. Ao final, não havendo requerimento de diligências, serão oferecidas pelas partes alegações finais orais, por vinte minutos, prorrogáveis por mais dez; **B:** incorreta. Ainda que decida falar, o investigado/acusado não está obrigado a dizer a verdade; **C:** correta, já que corresponde ao que estabelece o art. 57 da Lei 11.343/2006, segundo o qual o interrogatório, no âmbito do crime de tráfico, constitui o primeiro ato da instrução. É importante que se diga que a aplicação desta norma, que determina que o interrogatório seja a primeira providência a ser tomada na instrução, não constitui consenso nos tribunais superiores. Há entendimento no sentido de que, em homenagem ao princípio da ampla defesa, o interrogatório deve ser o último ato da instrução, conforme estabelece o art. 400 do CPP. No sentido de que deve prevalecer, em detrimento da lei geral, a norma especial: "Se a Lei 11.343 determina que o interrogatório do acusado será o primeiro ato da audiência de instrução e julgamento, ao passo que o art. 400 do Código de Processo Penal prevê a realização de tal ato somente ao final, não há dúvidas de que deve ser aplicada a legislação específica, pois, como visto, as regras do procedimento comum ordinário só tem lugar no procedimento especial quando nele houver omissões ou lacunas" (STJ, HC 180033-SP, 5ª Turma, rel. Min. Jorge Mussi, 16.02.2002). Para Guilherme de Souza Nucci, cujo entendimento é no sentido de que deve ser aplicado o rito especial previsto na Lei de Drogas, seria recomendável, para evitar futura alegação de nulidade, que o juiz indague o defensor se o acusado pretende ser ouvido logo no início da instrução ou ao final desta (*Leis Penais e Processuais Penais Comentadas*, 8. ed. São Paulo: Revista dos Tribunais, 2014. p. 405); **D:** incorreta. Vide comentário anterior. **ED**
Gabarito "C".

(Promotor de Justiça/SC – 2016 – MPE)
(1) No procedimento comum, dispõe o Estatuto Processual Penal, que o juiz deverá absolver sumariamente o acusado quando verificar: a) a existência manifesta de causa excludente da ilicitude do fato; b) a existência manifesta de causa excludente da culpabilidade do agente, salvo inimputabilidade; c) que o fato narrado evidentemente não constitui crime; d) extinta a punibilidade do agente.

1: a proposição, que é verdadeira, aponta as hipóteses em que é cabível a *absolvição sumária* (art. 397, CPP). **ED**
Gabarito 1C

(Delegado/MS – 2017 – FAPEMS) Assinale a alternativa correta, acerca do procedimento penal.
(A) O não comparecimento do ofendido à audiência, tendo sido regularmente notificado para tanto, configura preclusão quando se tratar de crime de iniciativa privada, devendo o processo ser extinto.
(B) Se o acusado, citado por edital, não comparecer, nem constituir advogado, ficarão suspensos o processo e o curso do prazo prescricional, sendo consequência lógica a proibição de se realizar qualquer medida processual.
(C) Constituem regras do rito sumaríssimo previstas na Lei n. 9.099/1995 a possibilidade de oferecimento de denúncia oral a desnecessidade de relatório na sentença e impossibilidade de oposição de embargos de declaração.
(D) O processo criminal em inquérito em que figure indiciado, acusado, vítima ou réu colaboradores, terá prioridade na tramitação e, além disso, o juiz, após a citação, tomará antecipadamente o depoimento das pessoas incluídas nos programas de proteção, salvo impossibilidade justificada de fazê-lo.
(E) É possível o juiz absolver sumariamente o réu quando verificar a existência manifesta de qualquer causa excludente da culpabilidade, decisão que faz coisa julgada formal e material.

A: incorreta. Cuida-se de hipótese de *perempção* (art. 60, III, do CPP), e não de *preclusão*; **B:** incorreta. Se o réu, depois de citado por edital, não comparecer tampouco constituir defensor, o processo e o prazo prescricional ficarão, por imposição da regra estampada no art. 366 do CPP, *suspensos*. Poderá o juiz, neste caso, determinar a produção antecipada das provas que repute urgentes e, presentes os requisitos do art. 312 do CPP, decretar a prisão preventiva. *Vide*, a esse respeito, Súmulas n. 415 e 455 do STJ; **C:** incorreta. É verdade que, dentre as regras que disciplinam o procedimento sumaríssimo, voltado ao processamento e julgamento das infrações penais de menor potencial ofensivo, estão a possibilidade de a denúncia ser oferecida de forma oral (art. 77, *caput*, da Lei 9.099/1995) e a prescindibilidade do relatório na sentença (art. 81, § 3º, da Lei 9.099/1995). Entretanto, é incorreto afirmar que o procedimento sumaríssimo não contempla a possibilidade de oposição de embargos de declaração, haja vista que tal recurso está previsto, de forma expressa, no art. 83 da Lei 9.099/1995, com a redação que lhe conferiu a Lei 13.105/2015; **D:** correta (art. 19-A da Lei 9.807/1999); **E:** incorreta, uma vez que contraria o disposto no art. 397, II, do CPP. **ED**
Gabarito "D".

(Delegado/MS – 2017 – FAPEMS) Leia o trecho a seguir.
"[...] não é propriamente a qualidade de funcionário público que caracteriza o crime funcional, mas o fato de que é praticado por quem se acha no exercício de função pública, seja esta permanente ou temporária, remunerada ou gratuita, exercida profissionalmente ou não, efetiva ou interinamente, ou *per accidens* [...]".

HUNGRIA, Nelson. Comentários ao Código Penal. 12. ed. Rio de Janeiro: Forense, 1991.
Acerca do processo e julgamento dos crimes praticados por funcionário público, assinale a alternativa correta.
(A) Estando a denúncia ou a queixa em devida forma, o juiz mandará autuá-la e ordenará a notificação do acusado, para responder por escrito, no prazo de dez dias.
(B) O juiz deverá rejeitar a denúncia, em despacho genérico, se estiver convencido, após a resposta do acusado ou de seu defensor, da inexistência do crime ou da improcedência da ação.
(C) Caso o acusado esteja fora da jurisdição do juiz do processo, a resposta preliminar poderá ser apresentada por defensor nomeado, no prazo de dez dias.
(D) Se não for conhecida a residência do acusado ser-lhe-á nomeado defensor, a quem caberá apresentar a resposta preliminar, no prazo de dez dias.
(E) A lei processual penal antecipa o contraditório, pois, antes de inaugurada ação penal, permite a apresentação da defesa preliminar.

A: incorreta, uma vez que o prazo de que dispõe o denunciado para oferecer a defesa preliminar corresponde a 15 dias (e não a 10), tal como estabelece o art. 514, *caput*, do CPP; **B:** incorreta. Se o juiz reconhecer, pela resposta do acusado, a inexistência do crime a ele imputado ou a improcedência da ação, deverá, por despacho *fundamentado*, rejeitar a denúncia ou queixa (art. 516 do CPP); **C:** incorreta. Na hipótese de o acusado residir em comarca diversa daquela em que tramita o processo, deverá o magistrado nomear-lhe defensor, que apresentará a defesa preliminar no prazo de 15 dias (e não 10), a teor do art. 514, parágrafo único, do CPP; **D:** incorreta. Também na hipótese de a residência do acusado não ser conhecida, ser-lhe-á nomeado defensor, que apresentará sua defesa preliminar no prazo de 15 dias (art. 514, parágrafo único, do CPP); **E:** correta. De fato, a defesa preliminar de que trata o art. 514 do CPP confere ao funcionário público denunciado pela prática de crime funcional afiançável a oportunidade de rebater o teor da denúncia antes de ela ser apreciada pelo magistrado. É a antecipação do contraditório, que, no procedimento comum, será exercido após o recebimento da denúncia, em sede de resposta à acusação. **ED**
Gabarito "E".

(Juiz de Direito/AM – 2016 – CESPE) Em se tratando de procedimento comum ordinário, o juiz deverá absolver sumariamente o acusado quando verificar que
(A) a punibilidade está extinta em razão da ocorrência da prescrição da pretensão punitiva em perspectiva.
(B) o fato foi cometido em situação de manifesta inexigibilidade de conduta diversa.
(C) estão ausentes indícios mínimos de autoria e materialidade do fato supostamente praticado.
(D) o acusado é portador de doença mental, atestada por laudo médico oficial, e inteiramente incapaz de entender o caráter ilícito do fato.
(E) o fato foi cometido em estrita obediência a ordem manifestamente ilegal.

A: incorreta, uma vez que a jurisprudência rechaça a prescrição *antecipada* ou *virtual*, assim considerada aquela baseada na pena que seria, em tese, aplicada ao réu em caso de condenação. Grande parte da jurisprudência rechaça tal modalidade de prescrição, na medida em que implica verdadeiro prejulgamento (o juiz estaria se utilizando de uma pena ainda não aplicada). Consolidando tal entendimento, o STJ editou a Súmula 438, segundo a qual não se admite a prescrição baseada em pena hipotética; **B:** correta: hipótese de absolvição sumária prevista no art. 397, II, do CPP; **C:** incorreta. A ausência de indícios mínimos de autoria ou materialidade do fato constitui hipótese de rejeição da peça acusatória (denúncia ou queixa), tal como estabelece o art. 395, III, do CPP. O art. 397 (absolvição sumária) não contempla tal hipótese, como afirmado na assertiva; **D:** incorreta, uma vez que o art. 397, II, do CPP exclui a possibilidade de proceder-se à absolvição sumária em caso de *inimputabilidade*, dado que tal circunstância deverá ser apurada no curso da instrução processual; **E:** incorreta. O reconhecimento da obediência hierárquica (art. 22, segunda parte, do CP), que pressupõe que a ordem emanada do superior hierárquico seja *não* manifestamente ilegal, pode dar azo à absolvição sumária (art. 397, II, do CPP). É causa de exclusão da culpabilidade.
Gabarito "B".

(Analista – Judiciário –TRE/PI – 2016 – CESPE) Assinale a opção correta a respeito dos procedimentos penais.
(A) Nos termos da Lei n.º 8.038/1990, o relator não poderá decidir sozinho quanto ao recebimento ou à rejeição da exordial, impondo-se ao tribunal, de forma colegiada, deliberar a esse respeito.
(B) Tratando-se do procedimento ordinário, expirado o prazo para o oferecimento da defesa inicial, opera-se a preclusão temporal.
(C) Em se tratando do procedimento sumaríssimo, não é necessário que a sentença contenha relatório, sendo também prescindível a motivação, devido à celeridade de seus atos processuais.
(D) Não será aplicado o procedimento sumaríssimo da lei dos juizados especiais criminais na hipótese de alta complexidade da causa, caso em que o juiz deverá encaminhar os autos ao juiz comum para a adoção do procedimento comum ordinário.

A: correta, pois reflete o disposto no art. 6º da Lei 8.038/1990; **B:** incorreta. Não há que se falar, no processo penal, em preclusão temporal. A falta de resposta à acusação dentro do prazo estabelecido em lei impõe ao juiz a obrigação de nomear defensor ao acusado, que atuará, a partir daí, na sua defesa; **C:** incorreta, visto que, no rito sumaríssimo, afeto às infrações penais de menor potencial ofensivo, somente o relatório (e não a motivação), ao contrário do que se verifica nos ritos ordinário e sumário, é dispensável, em conformidade com o art. 81, § 3º, da Lei 9.099/1995 e em homenagem à informalidade, à economia processual, à celeridade e à simplicidade, este último introduzido pela Lei 13.603/2018 (princípios informadores do Juizado Especial Criminal); **D:** incorreta. Nesta hipótese, o procedimento a ser adotado é *sumário*, e não o *ordinário* (art. 538, CPP).

Gabarito "A".

(Analista – Judiciário –TRE/PI – 2016 – CESPE) Acerca dos procedimentos, no juízo singular, dos crimes de responsabilidade dos funcionários públicos, dos crimes de calúnia e injúria e dos crimes contra a propriedade imaterial, assinale a opção correta.

(A) Em se tratando de procedimentos dos crimes contra a propriedade imaterial, se a infração deixar vestígios, a queixa será instruída com a perícia realizada, admitindo-se o suprimento por outro meio de prova caso a perícia não possa ser realizada ou os vestígios desapareçam.
(B) O procedimento de apuração dos crimes contra a propriedade imaterial independe da natureza da ação penal, pois esses crimes são de ação penal pública incondicionada.
(C) Os procedimentos dos crimes contra honra relativos aos processos e julgamentos dos crimes de calúnia e de injúria são inaplicáveis aos crimes de difamação por falta de previsão legal.
(D) O rito previsto para o procedimento dos crimes contra honra é idêntico ao previsto para o procedimento comum ordinário, agregando-se, apenas, a audiência de tentativa de conciliação e a possibilidade de serem deduzidas, em determinados casos, as exceções da verdade e notoriedade do fato.
(E) De acordo com o CPP, o procedimento dos crimes funcionais aplica-se a todos os crimes funcionais afiançáveis e inafiançáveis.

A: incorreta, uma vez que contraria o disposto no art. 525 do CPP. Por força desse dispositivo, o exame de corpo de delito constitui condição especial de procedibilidade ao ajuizamento da ação penal. A sua ausência, portanto, implica rejeição da queixa; **B:** incorreta (art. 186 do CP); **C:** incorreta. Embora o art. 519 do CPP, que cuida do processo e julgamento dos crimes contra a honra, somente faça menção à injúria e calúnia, esse procedimento também é aplicável ao crime de difamação. Atualmente, o processo dos crimes contra a honra (calúnia, difamação e injúria) segue as regras estabelecidas para o procedimento sumaríssimo (Lei 9.099/1995), já que se trata de infrações de menor potencial ofensivo, exceção feita à injúria racial, cuja pena máxima cominada é de 3 anos, fora, portanto, do âmbito do procedimento da Lei 9.099/1995; **D:** correta (arts. 520 a 523 do CPP); **E:** incorreta (art. 514, CPP).

Gabarito "D".

(Juiz de Direito/RJ – 2014 – VUNESP) Em processo que tramita pelo rito comum ordinário, que conta com 3 (três) acusados e um assistente do Ministério Público que faz uso da palavra, o tempo reservado ao defensor de cada acusado nos debates orais, como regra, em minutos, é de

(A) 30 (trinta).
(B) 10 (dez).
(C) 15 (quinze).
(D) 20 (vinte).

O tempo conferido a cada acusado é *individual*, ou seja, cada qual disporá de 20 minutos para apresentar suas alegações finais (no mínimo). É o que estabelece o art. 403, § 1º, do CPP. Assim, havendo três acusados, o tempo total a eles deferido para oferecimento das alegações será de 60 minutos, sendo 20 minutos para cada um. Sucede que, no caso narrado no enunciado, logo em seguida à manifestação ministerial, foi dada a palavra ao assistente de acusação, que dispõe, para tanto, de 10 minutos, interregno que, a teor do art. 403, § 2º, do CPP, deverá ser concedido à defesa de cada réu, perfazendo o tempo de 30 minutos para cada um (20+10).

Gabarito "A".

(Promotor de Justiça/MG – 2014) Assinale a resposta que, de acordo com previsões legais, contém a sequência **CORRETA** para os itens abaixo:

( ) O prazo legal para oferecimento de denúncia em caso de prática de infração penal eleitoral é de 10 (dez) dias.
( ) No caso de crimes contra a honra, antes da análise do recebimento da queixa-crime em se tratando de ações penais de competência originária dos Tribunais de Justiça dos Estados, será oferecida oportunidade às partes para reconciliação.
( ) Na fase de debates no rito do júri, em se tratando o caso de ação penal de iniciativa privada, falará em primeiro lugar o querelante e, em seguida, o Ministério Público, salvo se este houver retomado a titularidade da ação.
( ) As regras de informatização do processo judicial preveem que quando a petição eletrônica for enviada para atender a prazo processual, serão consideradas tempestivas as transmitidas até as 24 (vinte e quatro) horas do seu último dia.

(A) (V) (F) (V) (V)
(B) (F) (F) (V) (V)
(C) (V) (V) (V) (F)
(D) (V) (V) (F) (V)

1º item: correto, nos termos do art. 357, *caput*, da Lei 4.737/1965 (Código Eleitoral); **2º item:** incorreto, uma vez que o art. 520 do CPP, que trata da audiência de conciliação, não tem incidência neste caso; **3º item:** correto (art. 476, § 2º, do CPP); **4º item:** correto (art. 3º, parágrafo único, da Lei 11.419/2006).

Gabarito "A".

(Promotor de Justiça/MG – 2014) Sobre o procedimento comum sumário, assinale a alternativa **INCORRETA**:

(A) Cabível quando a ação penal tiver objeto crime cuja sanção máxima cominada seja igual ou inferior a 4 (quatro) anos.
(B) A audiência de instrução e julgamento deverá ser realizada em até 30 (trinta) dias.
(C) A testemunha que comparecer será inquirida, independentemente da suspensão da audiência.
(D) Poderá ser aplicado nas infrações penais de menor potencial ofensivo, quando o magistrado do juizado especial criminal encaminhar ao juízo comum as peças existentes.

A: assertiva incorreta, devendo ser assinalada. O critério utilizado para se identificar o rito processual a ser adotado é a *pena máxima* cominada ao crime, conforme estabelece o art. 394 do CPP. O *rito ordinário* terá lugar sempre que se tratar de crime cuja sanção máxima cominada for igual ou superior a quatro anos de pena privativa de liberdade (art. 394, § 1º, I, CPP). O *rito sumário*, por sua vez, será adotado quando se tratar de crime cuja sanção máxima seja inferior a quatro anos (e não igual, conforme consta da assertiva) e superior a dois (art. 394, § 1º, II, CPP). Já o *rito sumaríssimo* terá incidência nas infrações penais de menor potencial ofensivo (crimes cuja pena máxima não seja superior a dois anos bem como as contravenções penais), na forma estatuída no art. 394, § 1º, III, CPP; **B:** assertiva correta, pois em conformidade com o que estabelece o art. 531 do CPP; **C:** assertiva correta, pois em conformidade com o que estabelece o art. 536 do CPP; **D:** assertiva correta, pois em conformidade com o que estabelece o art. 538 do CPP.

Gabarito "A".

(Delegado/RO – 2014 – FUNCAB) O procedimento ordinário expressamente previsto no Código de Processo Penal possui características que o diferenciam do procedimento especial previsto para os crimes dolosos contra a vida. Dito isso, analise as proposições e assinale a alternativa que se adéqua ao procedimento ordinário.

(A) Não há previsão legal para o recebimento da denúncia após a citação e apresentação da resposta escrita.
(B) É cabível o julgamento antecipado da lide.
(C) Podem ser arroladas até cinco testemunhas pelo autor da ação para cada imputação formulada.
(D) Não é aplicável o Princípio da Identidade Física do juiz.
(E) O Ministério Público deve ser intimado após a apresentação da resposta escrita.

A: correta, a nosso ver. No procedimento *ordinário*, o juiz, depois de oferecida a denúncia ou queixa, receberá a peça acusatória e, ato contínuo, mandará citar o réu, que, assim que tomar conhecimento da ação contra ele ajuizada, disporá do prazo de dez dias para apresentar resposta escrita (art. 396, CPP). O recebimento da denúncia ou queixa, como se pode ver, antecede a citação e o oferecimento da resposta escrita. Discutia-se se o art. 399 do CPP, com a redação que lhe deu a Lei 11.719/2008, estabelecia um segundo recebimento da denúncia. Hoje é pacífico o entendimento segundo o qual a denúncia é recebida uma única vez (art. 396, CPP); **B:** correta. A Lei 11.719/2008, que alterou a redação do art. 397 do CPP, introduziu a chamada *absolvição sumária*, que corresponde, em princípio, a um julgamento antecipado da lide; **C:** incorreta. Reza o art. 401 do CPP que as partes, no procedimento ordinário, podem arrolar até *oito* (e não *cinco*) testemunhas cada uma; **D:** incorreta. Aplica-se, sim, no âmbito do procedimento ordinário, o princípio da *identidade física do juiz*, conforme estabelece o art. 399, § 2º, do CPP, introduzido pela Lei 11.719/2008; até então, este princípio era exclusivo do processo civil; **E:** incorreta. O MP deverá ser intimado, isto sim, da audiência de instrução e julgamento (art. 399, *caput*, do CPP).

Gabarito "B".

(Ministério Público/SP – 2015 – MPE/SP) Assinale a alternativa correta:

(A) No procedimento ordinário, o Juiz de Direito, depois de receber a denúncia, determinará a citação do réu para o oferecimento de defesa escrita, que não é, entretanto, obrigatória.
(B) A inobservância do princípio da identidade física do juiz é causa de nulidade absoluta, mesmo em face da promoção do magistrado que tenha presidido a instrução.
(C) O advogado deverá ser intimado da data da audiência designada no juízo deprecado.
(D) A pendência de cumprimento de carta precatória impede o julgamento do feito.
(E) Todas as alternativas estão incorretas.

A: incorreta. No procedimento *ordinário*, o juiz, depois de oferecida a denúncia ou queixa, receberá a peça acusatória e, ato contínuo, mandará citar o réu, que, assim que tomar

conhecimento da ação contra ele ajuizada, disporá do prazo de dez dias para apresentar resposta escrita (art. 396, CPP), o que, em não ocorrendo, quer porque deixou o acusado de constituir defensor, quer porque, tendo constituído, o defensor deixou escoar o prazo legal, impõe ao magistrado o dever de nomear-lhe defensor, ao qual, por força do que estabelece o art. 396-A, § 2º, do CPP, será concedido o prazo de 10 dias para apresentação da resposta escrita; **B:** incorreta. A despeito de a Lei 11.719/2008, que introduziu o princípio da identidade física do juiz no âmbito do processo penal (art. 399, § 2º, CPP), não haver previsto as restrições impostas a este postulado, a jurisprudência firmou entendimento no sentido de que se deve lançar mão, quanto a isso, das disposições previstas no art. 132 do CPC: "O juiz, titular ou substituto, que concluir a audiência, julgará a lide, salvo se estiver convocado, licenciado, afastado por qualquer motivo, promovido ou aposentado, caso em que passará os autos ao seu sucessor." Dessa forma, a promoção do magistrado que tenha presidido a instrução constitui exceção à incidência do princípio da identidade física do juiz, não havendo que se falar, bem por isso, em nulidade. Conferir: "(...) O princípio da identidade física do juiz, positivado no § 2º do art. 399 do CPP, não é absoluto e, por essa razão, comporta as exceções arroladas no artigo 132 do CPC, aplicado analogicamente no processo penal por expressa autorização de seu art. 3º (...)" (STF, HC 123873, rel. Min. Luiz Fux, Primeira Turma, julgado em 14.10.2014, *DJe* 17.12.2014). É importante que se diga que o Novo Código de Processo Civil não contemplou, de forma expressa, o princípio da identidade física do juiz, até então previsto, como dito, no art. 132 do revogado CPC; **C:** incorreta, uma vez que não reflete o entendimento firmado na Súmula 273 do STJ: "Intimada a defesa da expedição da carta precatória, torna-se desnecessária intimação da data da audiência no juízo deprecado"; **D:** incorreta, já que a expedição de carta precatória não tem o condão de suspender o curso da instrução (art. 222, § 1º, do CPP).
„Gabarito "E".

(Escrevente Técnico – TJSP – 2015 – VUNESP) Nos procedimentos _____, oferecida a denúncia ou queixa, o juiz, se não a rejeitar liminarmente, recebê-la-á e _____ (CPP, art. 396).
Assinale a alternativa que preenche, adequada e respectivamente, as lacunas.
(A) comuns ... designará audiência de instrução e interrogatório
(B) ordinário e sumário ... designará audiência de instrução e interrogatório
(C) ordinário e sumário ... ordenará a citação do acusado para responder à acusação, por escrito, no prazo de 10 (dez) dias
(D) comuns ... ordenará a citação do acusado para responder à acusação, por escrito, no prazo de 15 (quinze) dias
(E) sumário e sumaríssimo ... designará audiência de instrução e interrogatório

Nos procedimentos ordinário e sumário, o juiz, depois de oferecida a denúncia ou queixa, receberá a peça acusatória e, ato contínuo, mandará citar o réu, que, assim que tomar conhecimento da ação contra ele ajuizada, disporá do prazo de dez dias para apresentar resposta escrita (art. 396, *caput*, CPP).
„Gabarito "C".

(Escrevente Técnico – TJSP – 2015 – VUNESP) Nas infrações penais de menor potencial ofensivo, quando o juizado especial criminal encaminhar ao juízo comum as peças existentes para a adoção de outro procedimento, de acordo com o art. 538 do CPP, o rito adotado será
(A) o ordinário.
(B) o sumário.
(C) livremente estabelecido pelo juiz.
(D) o sumaríssimo.
(E) o especial.

Se, por qualquer razão, o processo que tramita no Juizado Especial Criminal não puder ali ser julgado, estabelece o art. 538 do CPP que a competência será descolada ao juízo comum, que processará o feito de acordo com as regras do procedimento *sumário*. É isso que ocorre, a título de exemplo, quando o réu, no juizado especial, não é localizado para citação pessoal. Deverá o juiz, neste caso, em obediência à norma presente no art. 66, parágrafo único, da Lei 9.099/1995, remeter os autos ao juízo comum, onde – repita-se – será adotado o rito *sumário*.
„Gabarito "B".

14. PROCESSO DE COMPETÊNCIA DO JÚRI

(Juiz de Direito – TJ/RS – 2018 – VUNESP) Assinale a alternativa correta sobre o Tribunal do Júri.
(A) O exercício efetivo da função de jurado constitui serviço público relevante, mas não estabelece presunção de idoneidade moral.
(B) O Tribunal do Júri é composto por 1 (um) juiz togado, seu presidente e por 7 (sete) jurados que serão sorteados dentre os alistados.
(C) O juiz presidente será ouvido nos pedidos de desaforamento quando não for ele o solicitante.
(D) O serviço do júri é facultativo às gestantes e aos cidadãos maiores de 70 anos.
(E) Se forem dois ou mais os acusados, as recusas deverão ser feitas por um só defensor.

A: incorreta. Segundo estabelece o art. 439 do CPP, o exercício efetivo da função de jurado constitui serviço público relevante e estabelece presunção de idoneidade moral; **B:** incorreta, já que o Tribunal do Júri é composto pelo juiz togado, que o preside, e por 25 jurados sorteados para a sessão, dos quais 7 formarão o Conselho de Sentença (art. 447, CPP); **C:** correta, pois reflete a regra presente no art. 427, § 3º, do CPP, segundo a qual, nas hipóteses de desaforamento em que o pedido não é formulado pelo juiz, ele será sempre ouvido; **D:** incorreta. O serviço do júri, dada a sua relevância, tal como estabelece o art. 436 do CPP, é *obrigatório*. Há situações, no entanto, que podem ensejar a isenção do serviço do júri, entre as quais ser maior de 70 anos, desde que formule requerimento de dispensa, e a demonstração, também por meio de requerimento, de justo impedimento (art. 437, IX e X, do CPP); **E:** incorreta, pois não corresponde ao que estabelece o art. 469, *caput*, do CPP: sendo 2 ou mais acusados, as recusas *poderão* (e não *deverão*) ser feitas por um só defensor.
Gabarito "C".

(Escrevente – TJ/SP – 2018 – VUNESP) Com relação ao procedimento relativo aos processos de competência do tribunal do júri, assinale a alternativa correta.
(A) Pronunciado o acusado, remetidos os autos ao tribunal do júri, será a defesa intimada para apresentar o rol de testemunhas que irão depor, em plenário, até o máximo de 08 (oito).
(B) Constituirão o Conselho de Sentença, em cada sessão de julgamento, 07 (sete) jurados, sorteados dentre os alistados, aplicando-se a eles o disposto sobre os impedimentos, a suspeição e as incompatibilidades dos juízes togados.
(C) Encerrada a instrução preliminar, o juiz, fundamentadamente, pronunciará ou impronunciará o acusado, não cabendo, nessa fase, a absolvição sumária.
(D) Contra a sentença de impronúncia do acusado caberá recurso em sentido estrito.
(E) O risco à segurança pessoal do acusado não enseja desaforamento do julgamento para outra comarca, sendo motivo justificante a dúvida razoável sobre a imparcialidade do júri.

A: incorreta (art. 422, CPP); **B:** correta (arts. 447 e 448, § 2º, CPP); **C:** incorreta, dado que cabe, nesta fase, desde que presente alguma das hipóteses do art. 415, CPP, *absolvição sumária*; **D:** incorreta. Com o advento da Lei 11.689/2008, que modificou os arts 416 e 581, IV, do CPP, a decisão de impronúncia, que antes comportava *recurso em sentido estrito*, passou a ser combatida por meio de *recurso de apelação*; **E: incorreta (art. 427, CPP).**
Gabarito "B".

(Defensor Público – DPE/PR – 2017 – FCC) No que diz respeito ao Tribunal do Júri, é INCORRETO afirmar:
(A) Os jurados poderão formular perguntas ao ofendido e às testemunhas, por intermédio do juiz presidente.
(B) Verificando que se encontram na urna as cédulas relativas aos jurados presentes, o juiz presidente sorteará sete dentre eles para a formação do Conselho de Sentença. À medida que as cédulas forem sendo retiradas da urna, o juiz presidente as lerá, e o Ministério Público e, depois dele, a defesa poderão recusar os jurados sorteados, até três cada parte, sem motivar a recusa.
(C) O tempo destinado à acusação e à defesa será de uma hora e meia para cada, e de uma hora para a réplica e outro tanto para a tréplica.
(D) O julgamento não será adiado pelo não comparecimento do acusado solto, do assistente ou do advogado do querelante, que tiver sido regularmente intimado.
(E) O julgamento não será adiado se a testemunha deixar de comparecer, salvo se uma das partes tiver requerido a sua intimação por Mandado, na oportunidade de que trata o art. 422 do Código de Direito Penal, declarando não prescindir do depoimento e indicando a sua localização.

A: correta, nos termos dos arts. 473, § 2º, e 474, § 2º, do CPP. Cuidado: tal regra não se aplica no âmbito do procedimento comum, em relação ao qual, dado o que dispõe o art. 212, *caput*, do CPP, as partes formularão suas perguntas diretamente às testemunhas. Antes de o Código de Processo Penal ser alterado pela Lei de Reforma n. 11.690/2008, vigia, entre nós, o *sistema presidencialista*, pelo qual a testemunha, depois de inquirida pelo juiz, respondia, por intermédio deste, às perguntas formuladas pelas partes. Por este sistema, não podiam acusação e defesa formular seus questionamentos diretamente à testemunha, o que somente era feito por meio do juiz. Pois bem. Com a alteração promovida pela Lei 11.690/2008 na redação do art. 212 do CPP, o *sistema presidencialista*, até então em vigor, deu lugar ao chamado sistema *cross examination*, segundo o qual as partes passam a dirigir suas indagações às testemunhas sem a intermediação do magistrado, de forma direta; **B:** incorreta, na medida em que não reflete o disposto no art. 468 do CPP (a oportunidade de recusa será exercida, em primeiro lugar, pela defesa; após, pelo MP); **C:** correta, pois em conformidade com o art. 477, *caput*, do CPP; **D:** correta, uma vez que corresponde ao teor do art. 457, *caput*, do CPP; **E:** correta (art. 461, *caput*, do CPP).
Gabarito "B".

(Juiz – TRF 2ª Região – 2017) Réu é pronunciado por homicídio qualificado e, após regular julgamento perante o tribunal de júri, no âmbito da Justiça Federal, é condenado e tem a sua pena fixada em 15 anos de reclusão, em regime fechado. A defesa apela sustentando que o veredicto é manifestamente contrário à prova dos autos. O Ministério Público apela requerendo o aumento da pena. Assinale a opção correta:

(A) Diante do sistema de júri federal, é cabível ao TRF prover o recurso, reexaminar a prova e, entendendo que ela é insuficiente, absolver o réu.

(B) Se o TRF der provimento ao recurso da defesa, deverá determinar a realização de novo julgamento pelo júri, sendo que o novo júri não pode levar à majoração da pena aplicada no primeiro julgamento, em razão da vedação da *reformatio in pejus* indireta.

(C) Se o tribunal *ad quem* der provimento apenas ao recurso do Ministério Público, deverá determinar a realização de novo julgamento pelo júri, não sendo possível ao TRF diretamente majorar a pena, pois o princípio da soberania dos veredictos é aplicável ao júri federal.

(D) Se o TRF considerar que a condenação do réu encontra respaldo na prova dos autos, mas que a pena aplicada é excessiva, não poderá reduzir a pena, se tal pedido não foi formulado nas apelações interpostas.

(E) Se o TRF der provimento ao recurso da defesa, deverá determinar a realização de novo julgamento pelo júri, no qual será possível a majoração da pena aplicada ao réu no primeiro julgamento, não havendo que se falar em *reformatio in pejus*.

A: incorreta. Se o TRF der provimento ao recurso interposto pela defesa, entendendo que a decisão proferida pelo conselho de sentença é manifestamente contrária à prova dos autos, determinará a realização de novo julgamento, a teor do art. 593, III, *d* e § 3º, do CPP. É a consagração do princípio da soberania dos veredictos, que tem índole constitucional (art. 5º, XXXVIII, *c*, da CF). Perceba que não há regra específica para o julgamento perante o Tribunal do Júri no âmbito da Justiça Federal; **B:** incorreta, uma vez que nada impede que a pena a ser aplicada no novo julgamento seja maior do que a que foi impingida no primeiro. Isso porque a acusação também recorreu, pugnando justamente pelo aumento da pena fixada no primeiro julgamento. Não há que se falar, portanto, em *reformatio in pejus*, que somente tem lugar na hipótese de o recurso ser exclusivo da defesa; **C:** incorreta. Se o TRF somente der provimento ao recurso interposto pela acusação, poderá ele próprio, o Tribunal, proceder à retificação da pena, aumentando-a tal como pleiteado pelo MP (art. 593, III, *c* e § 2º, do CPP). Não há que se falar, aqui, em violação ao postulado da soberania dos veredictos, na medida em que a fixação da pena, no Tribunal do Júri, cabe ao juiz togado, e não aos jurados leigos; **D:** incorreta. Segundo tem entendido a jurisprudência, é amplo o efeito devolutivo da apelação manejada pela defesa, razão pela qual nada obsta que o Tribunal, considerando excessiva a pena aplicada, a modifique em benefício do réu; **E:** correta. Vide comentário à alternativa "B". Gabarito "E".

(Juiz – TJ/SP – VUNESP – 2015) O princípio do *in dubio pro sociedade* não altera a presunção de inocência, mas permite que a pronúncia seja decretada

(A) por ocasião da fase da pronúncia, quando vigora o princípio do *in dubio pro reo*.

(B) por mero juízo de admissibilidade, não sendo necessária prova incontroversa do crime.

(C) pelo conselho de sentença, que irá analisar o juízo de admissibilidade da acusação.

(D) porque o juízo de certeza é do presidente do tribunal do júri.

A pronúncia, classificada como decisão interlocutória mista não terminativa, traduz mero juízo de admissibilidade da acusação, isto é, não é necessária, nesta fase, a certeza exigida para uma condenação, razão pela qual deve o juiz, na hipótese de dúvida, pronunciar o réu. Nesta etapa, portanto, vigora o princípio denominado *in dubio pro societate*, segundo o qual deve prevalecer, havendo dúvida, o interesse da sociedade em detrimento do do acusado. Conferir o seguinte julgado do STF: "É firme a jurisprudência deste Supremo Tribunal no sentido de que a decisão de pronúncia é mero juízo de admissibilidade da acusação, motivo por que nela não se exige a prova plena, tal como exigido nas sentenças condenatórias em ações penais que não são da competência do júri, não sendo, portanto, necessária a prova incontroversa da existência do crime para que o acusado seja pronunciado. Basta, para tanto, que o juiz se convença daquela existência" (HC 98791, Relator(a): Min. Cármen Lúcia, Primeira Turma, julgado em 28.09.2010, DJe-020 divulg 31-01-2011 public 01-02-2011 ement VOL-02454-02 PP-00378). Gabarito "B".

(Juiz – TJ/SP – VUNESP – 2015) No julgamento pelo Tribunal do Júri, havendo condenação pelo crime de homicídio doloso por motivo fútil, a defesa recorre e requer a absolvição alegando a ocorrência de decisão contrária à prova dos autos. A apelação será desprovida com base no seguinte:

(A) o Conselho de Sentença decidiu de forma unânime e não cabe alteração.

(B) as decisões do Tribunal do Júri são soberanas e somente em casos de nulidade podem ser revistas.

(C) os jurados adotaram uma das vertentes possíveis e optaram por uma das versões apresentadas.

(D) o veredicto será alterado apenas quando a decisão for tomada por maioria e não por unanimidade.

Quanto ao tema abordado nesta questão, vale conferir o magistério de Guilherme de Souza Nucci: "(...) Não cabe anulação, quando os jurados optam por uma das correntes de interpretação da prova possíveis de surgir. Exemplo disso seria a anulação do julgamento porque o Conselho de Sentença considerou fútil o ciúme, motivo do crime. Ora, se existe prova de que o delito foi, realmente, praticado por tal motivo, escolheram os jurados essa qualificadora, por entenderem adequada ao caso concreto. Não é decisão manifestamente contrária à prova, mas situa-se no campo da interpretação da prova, o que é bem diferente (...)" (*Código de Processo Penal Comentado*, 12ª ed., p. 1048). Nesse sentido a jurisprudência do STJ: "Não cabe aos tribunais analisar se os jurados decidiram bem ou mal, mas apenas verificar se a decisão do Tribunal Popular está completamente divorciada da prova dos autos. Isso porque reserva-se ao Júri a faculdade de apreciar os fatos e de, na hipótese de versões e teses porventura discrepantes, optar pela que lhe pareça mais razoável. Assim, ainda que existam duas versões amparadas pelo material probatório produzido nos autos, deve ser preservado o juízo feito pelos jurados no exercício de sua função constitucional" (HC 201.812/SP, Rel. Ministro Marco Aurélio Bellizze, Quinta Turma, julgado em 07.08.2012, DJe 16.08.2012). Gabarito "C".

(Promotor de Justiça/SC – 2016 – MPE)

(1) A fundamentação da pronúncia limitar-se-á à indicação da materialidade do fato e da existência de indícios suficientes de autoria ou de participação, devendo o juiz declarar o dispositivo legal em que julgar incurso o acusado e especificar as circunstâncias agravantes, qualificadoras, bem como causas de aumento e diminuição de pena.

1: ao pronunciar o acusado, levando-o a julgamento perante o Tribunal do Júri, não deve o juiz aprofundar-se na prova; limitar-se-á, isto sim, ao exame, sempre em linguagem moderada e prudente, quanto à *existência do crime* (materialidade) e dos *indícios suficientes de autoria*, apontando, ainda, o dispositivo legal em que se acha incurso o acusado, bem assim as circunstâncias qualificadoras e as causas de aumento de pena. É o que estabelece o art. 413, § 1º, do CPP. É vedado ao juiz, portanto, proceder à classificação das agravantes e atenuantes genéricas bem como das causas de diminuição de pena (aqui está o erro da assertiva). Gabarito 1F.

(Promotor de Justiça/SC – 2016 – MPE)

(1) Estabelece o Código de Processo Penal em relação ao processo de competência do Tribunal do Júri, que, durante os debates, as partes não poderão, sob pena de nulidade, fazer referências: a) à decisão de pronúncia, às decisões posteriores que julgaram admissível a acusação ou à determinação do uso de algemas como argumento de autoridade que beneficiem ou prejudiquem o acusado; b) ao silêncio do acusado ou à ausência de interrogatório por falta de requerimento, em seu prejuízo.

1: a proposição, que está correta, corresponde à redação do art. 478 do CPP. Gabarito 1C.

(Promotor de Justiça/SC – 2016 – MPE)

(1) Nos crimes da competência do Tribunal do Júri, ou do juiz singular, se da sentença não for interposta apelação pelo Ministério Público no prazo legal, o ofendido, ainda que não se tenha habilitado como assistente, poderá interpor apelação, que terá efeito suspensivo. O prazo para interposição desse recurso será de 10 (dez) dias, e correrá do dia em que terminar o prazo do Ministério Público.

1: a assertiva contém dois erros, a saber: em primeiro lugar, a apelação, neste caso, não terá efeito suspensivo, conforme estabelece o art. 598, *caput*, do CPP; além disso e em segundo lugar, o prazo para interposição desse recurso é de 15 dias (e não de 10), tal como prevê o art. 598, parágrafo único, do CPP. Gabarito 1F.

(Promotor de Justiça/SC – 2016 – MPE)

(1) Quanto à organização da pauta nos processos de competência do Tribunal do Júri, dispõe o Código de Processo Penal que, salvo motivo relevante que autorize alteração na ordem dos julgamentos, terão preferência: a) os acusados presos; b) dentre os acusados presos, aqueles que estiverem há mais tempo na prisão; c) em igualdade de condições, os precedentemente pronunciados.

1: a assertiva, que está correta, corresponde ao que estabelece o art. 429, I, II e III, do CPP, que trata dos critérios que devem ser observados na organização da pauta de julgamento. Gabarito 1C.

(Promotor de Justiça – MPE/MS – FAPEC – 2015) Em relação ao processo referente ao Tribunal do Júri, é **correto** afirmar que:

(A) Quando houver pedido de desaforamento por uma das partes, obrigatoriamente deverá ser ouvido o juiz presidente antes do julgamento na Câmara competente.

(B) Deve ser impronunciado o acusado se restar provado, ao final da instrução, não ter sido ele o autor do crime doloso contra a vida.

(C) O Tribunal do Júri é composto por um juiz togado, que é seu presidente, bem como por vinte e um jurados.

(D) As nulidades relativas posteriores à pronúncia devem ser arguidas logo depois de realizada a leitura e explicação dos quesitos.

(E) Em caso de crime doloso contra a vida apurado em ação penal privada subsidiária da pública, durante o julgamento na Sessão do Tribunal do Júri, o Ministério Público faz uso da palavra antes do querelante.

A: correta (art. 427, § 3º, do CPP); **B:** incorreta. A assertiva contempla hipótese de absolvição sumária (art. 415, II, do CPP). Será o caso de impronunciar o acusado se, ao final da instrução da primeira fase do procedimento do Júri, o magistrado verificar a ausência de indícios suficientes de autoria (o que é diferente de ficar provado que o réu não foi o autor do delito pelo qual está sendo processado) ou ainda quando ausente a materialidade do fato (art. 414, CPP); **C:** incorreta. Segundo estabelece o art. 447 do CPP, o Tribunal do Júri é composto por 1 (um) juiz togado, seu presidente, e por 25 (vinte e cinco) jurados que serão sorteados dentre os alistados, 7 (sete) dos quais constituirão o Conselho de Sentença em cada sessão de julgamento; **D:** incorreta, pois não reflete o teor do art. 571, V, do CPP; **E:** incorreta, uma vez que não corresponde ao que estabelece o art. 476, § 2º, do CPP.

Gabarito "A".

(Defensor Público – DPE/RN – 2016 – CESPE) Daniel foi submetido a julgamento pelo tribunal do júri pelo crime de homicídio qualificado e foi, finalmente, absolvido pelo conselho de sentença, que acolheu a tese de legítima defesa. Interposto recurso pelo MP, o TJ competente deu provimento à impugnação ministerial para submeter o acusado a novo julgamento, por reputar a decisão dos jurados manifestamente contrária à prova dos autos. No segundo julgamento, Daniel foi condenado por homicídio simples a pena de seis anos de reclusão. A defesa interpôs recurso, que foi provido, e Daniel foi submetido a terceiro julgamento perante o tribunal do júri, que o condenou por homicídio qualificado a pena de doze anos de reclusão. Acerca dessa situação hipotética, assinale a opção correta, com base no entendimento do STF.

(A) Diante do resultado do segundo julgamento, ao conselho de sentença era vedado condenar Daniel por homicídio qualificado.
(B) Embora o conselho de sentença estivesse legalmente autorizado a condenar Daniel pelo crime de homicídio qualificado, não poderia o juiz presidente dosar a pena em patamar superior a seis anos de reclusão.
(C) Em função do princípio constitucional da soberania dos veredictos, não houve ilegalidade na imposição de pena a Daniel, no terceiro julgamento, em quantidade superior à fixada no segundo julgamento.
(D) O recurso interposto pelo MP para impugnar a sentença absolutória do primeiro julgamento é denominado de protesto por novo júri.
(E) O recurso interposto pelo MP não poderia ter sido conhecido, uma vez que a impugnação de decisão manifestamente contrária à prova dos autos somente pode ser veiculada em recurso da defesa.

No âmbito do Tribunal do Júri, os jurados, em vista da soberania dos veredictos, princípio de índole constitucional (art. 5º, XXXVIII, "c"), não estão adstritos ao primeiro julgamento, podendo, inclusive, reconhecer qualificadora não contemplada na decisão anterior. Cuidado: já o juiz togado ficará limitado, no que se refere à imposição da pena, ao julgamento precedente, não podendo ir além da pena imposta neste. Conferir: "(...) 1. Em crimes de competência do Tribunal do Júri, a garantia da vedação à reformatio in pejus indireta sofre restrições, em respeito à soberania dos veredictos. 2. Os jurados componentes do segundo Conselho de Sentença não estarão limitados pelo que decidido pelo primeiro, ainda que a situação do acusado possa ser agravada, em face do princípio da soberania dos veredictos, disposto no art. 5.º, inciso XXXVIII, alínea c, da Constituição Federal" (AgRg no REsp 1290847/RJ, Rel. Ministra Laurita Vaz, Quinta Turma, julgado em 19.06.2012, DJe 28.06.2012). No mesmo sentido: "1. Os princípios da plenitude de defesa e da soberania dos veredictos devem ser compatibilizados de modo que, em segundo julgamento, os jurados tenham liberdade de decidir a causa conforme suas convicções, sem que isso venha a agravar a situação do acusado, quando apenas este recorra. 2. Nesse contexto, ao proceder à dosimetria da pena, o Magistrado fica impedido de aplicar sanção superior ao primeiro julgamento, se o segundo foi provocado exclusivamente pela defesa. 3. No caso, em decorrência de protesto por novo júri (recurso à época existente), o Juiz presidente aplicou pena superior àquela alcançada no primeiro julgamento, o que contraria o princípio que veda a reformatio in pejus indireta. 4. Ordem concedida, sem o intuito de determinar ao Juízo das execuções que proceda a novo cálculo de pena, considerando a sanção de 33 (trinta e três) anos, 7 (sete) meses e 6 (seis) dias de reclusão, a ser cumprida inicialmente no regime fechado" (HC 205.616/SP, Rel. Ministro Og Fernandes, Sexta Turma, julgado em 12.06.2012, DJe 27.06.2012).

Gabarito "B".

(Defensor Público – DPE/BA – 2016 – FCC) Sobre o procedimento relativo ao Tribunal do júri, é correto afirmar:

(A) Na sentença de pronúncia não poderá o juiz declarar o dispositivo legal em que julgar incurso o acusado, pois não é dado ao magistrado decisão aprofundada de mérito, sob pena de invasão na competência dos jurados para análise da causa.
(B) Se o juiz entender pela impronúncia do acusado, fica vedada futura persecução penal pelo mesmo fato enquanto não ocorrer a extinção da punibilidade, ainda que, eventualmente, descobertas novas provas, visto que não existe revisão criminal em desfavor do réu.
(C) Contra sentença de impronúncia cabe recurso em sentido estrito, ao passo que, contra decisão que absolve sumariamente o acusado, cabe apelação.
(D) A intimação da sentença de pronúncia do acusado solto que não for encontrado será feita por meio de edital, sendo que o julgamento ocorrerá independentemente do seu comparecimento, ainda que a pronúncia admita acusação pelo delito de aborto.
(E) De acordo com o Código de Processo Penal, no julgamento pelo Tribunal do júri de dois réus soltos, um autor, outro partícipe, havendo separação de julgamentos pela recusa distinta de jurados, será julgado em primeiro lugar aquele que estiver há mais tempo pronunciado.

A: incorreta. Ao pronunciar o acusado, levando-o a julgamento perante o Tribunal do Júri, não deve o juiz aprofundar-se na prova; limitar-se-á, isto sim, ao exame, sempre em linguagem moderada e prudente, quanto à existência do crime (materialidade) e dos indícios suficientes de autoria, apontando, ainda, o dispositivo legal em que se acha incurso o acusado, bem assim as circunstâncias qualificadoras e as causas de aumento de pena. É o que estabelece o art. 413, § 1º, do CPP. Se for além disso, emitindo apreciações mais aprofundadas quanto ao mérito, a decisão, porque apta a influenciar no ânimo dos jurados, deve ser considerada nula. Mesmo porque se trata de decisão interlocutória não terminativa, que encerra tão somente um juízo de admissibilidade, que está longe, portanto, de ser definitivo. Dessa forma, o erro da assertiva está tão somente na parte em que afirma que ao juiz é vedado indicar o dispositivo legal em que se acha incurso o acusado; **B:** incorreta, já que a decisão de pronúncia não faz coisa julgada material, na medida em que, enquanto não ocorrer a extinção da punibilidade, poderá, se houver prova nova, ser formulada nova denúncia (art. 414, parágrafo único, do CPP); **C:** incorreta. Se o juiz impronunciar o acusado, ou mesmo absolvê-lo sumariamente, o recurso a ser interposto é a apelação, na forma estatuída no art. 416 do CPP, e não o recurso em sentido estrito; **D:** correta, pois em conformidade com o que estabelecem os arts. 420, parágrafo único, e 457, caput, do CPP; **E:** incorreta, uma vez que não reflete a regra presente no art. 469, § 2º, do CPP.

Gabarito "D".

(Defensor Público – DPE/MT – 2016 – UFMT) No que se refere ao Tribunal do Júri, analise as assertivas abaixo.

I. O desaforamento é admitido por interesse da ordem pública, em razão de dúvida sobre a imparcialidade do júri, em razão de dúvida sobre a segurança pessoal do réu e não realização de julgamento, no período de um ano a contar da preclusão da pronúncia, em virtude de comprovado excesso de serviço.
II. A natureza jurídica da impronúncia é de uma decisão terminativa e está sujeita a Recurso em Sentido Estrito.
III. A absolvição sumária produz coisa julgada material.
IV. A decisão de desclassificação tem natureza não terminativa.

Estão corretas as assertivas

(A) I, II e IV, apenas.
(B) II e IV, apenas.
(C) III e IV, apenas.
(D) I e III, apenas.
(E) I, II, III e IV.

I: incorreta, pois em desconformidade com o disposto no art. 428, caput, do CPP, que estabelece o prazo de 6 meses (e não de 1 ano); **II:** incorreta. Está correta a assertiva na parte em que afirma que a impronúncia tem natureza de decisão terminativa, na medida em que, ao impronunciar o réu, o magistrado declara inexistir justa causa para levá-lo a julgamento perante o tribunal popular. Agora, é incorreto afirmar-se que essa decisão desafia recurso em sentido estrito, pois o meio de impugnação cabível contra a decisão que impronuncia o réu é o recurso de apelação (art. 416, CPP); **III:** correta. Ao contrário da impronúncia, que produz coisa julgada formal, a absolvição sumária gera coisa julgada material; **IV:** correta. De fato, a desclassificação, decisão por meio da qual o juiz, depois de reconhecer que inexiste prova da prática de crime doloso contra a vida, remete o processo ao juízo competente, tem natureza não terminativa.

Gabarito "C".

(Defensor Público – DPE/MT – 2016 – UFMT) No que se refere à absolvição sumária, no procedimento do Tribunal do Júri, assinale a afirmativa INCORRETA.

(A) É a sentença definitiva por meio da qual a pretensão punitiva é julgada improcedente.
(B) Trata-se de decisão de mérito, ao contrário do que ocorre com a impronúncia.
(C) Terá lugar quando o juiz entender provada a inexistência do fato.
(D) Será proferida quando provado não ser o acusado autor ou partícipe do fato.
(E) A Lei 11.689/2008 restringiu as hipóteses de absolvição sumária.

A: correta. De fato, a absolvição sumária no contexto do Tribunal do Júri, prevista no art. 415 do CPP, deve ser entendida como a decisão definitiva por meio da qual é julgada improcedente a acusação; **B:** correta. Cuida-se, de fato, de decisão de mérito; **C e D:** corretas. A absolvição sumária, no Tribunal do Júri, terá lugar nas seguintes hipóteses: provada a inexistência do fato; provado não ser o acusado autor ou partícipe do fato; o fato não constituir infração penal; e quando demonstrada causa de exclusão do crime ou de isenção de pena, exceção feita à inimputabilidade, salvo se esta for a única tese defensiva; **E:** incorreta (deve ser assinalada). Isso porque a Lei 11.689/2008, ao contrário do afirmado, ampliou (e não restringiu) as hipóteses de absolvição sumária. Com efeito, antes do advento dessa lei, havia duas hipóteses em que era possível a absolvição sumária, a saber: reconhecimento de causa de exclusão da ilicitude ou de culpabilidade do agente.

Gabarito "E".

(Juiz de Direito/AM – 2016 – CESPE) Com base no entendimento pacificado dos tribunais superiores, é correto afirmar que o excesso de linguagem comprovadamente existente na decisão de pronúncia ocasiona

(A) a proibição da entrega de cópia da decisão de pronúncia aos jurados que eventualmente a requisitarem.
(B) a nulidade absoluta da decisão de pronúncia e dos atos processuais subsequentes, independentemente de demonstração de prejuízo causado ao réu.
(C) a nulidade relativa da decisão de pronúncia e dos atos processuais subsequentes, se demonstrado prejuízo ao réu.
(D) a proibição da leitura da decisão de pronúncia pela acusação durante o julgamento no plenário do júri, para evitar que os jurados sejam influenciados.
(E) o desentranhamento e envelopamento da decisão de pronúncia, providência adequada e suficiente para cessar a ilegalidade e contemplar o princípio da economia processual.

Ao pronunciar o acusado, levando-o a julgamento perante o Tribunal do Júri, não deve o juiz aprofundar-se na prova; limitar-se-á, isto sim, ao exame, sempre em linguagem moderada e prudente, quanto à *existência do crime* (materialidade) e dos *indícios suficientes de autoria*, apontando, ainda, o dispositivo legal em que se acha incurso o acusado, bem assim as circunstâncias qualificadoras e as causas de aumento de pena. É o que estabelece o art. 413, § 1º, do CPP. Se for além disso, emitindo apreciações mais aprofundadas quanto ao mérito, a decisão, porque apta a influenciar no ânimo dos jurados, deve ser considerada nula. Mesmo porque se trata de decisão interlocutória não terminativa, que encerra tão somente um juízo de admissibilidade, que está longe, portanto, de ser definitivo. Na jurisprudência: "HABEAS CORPUS" – JÚRI – PRONÚNCIA – LIMITES A QUE JUÍZES E TRIBUNAIS ESTÃO SUJEITOS – EXCESSO CONFIGURADO – ORDEM DEFERIDA. – Os Juízes e Tribunais devem submeter-se, quando praticam o ato culminante do "judicium accusationis" (pronúncia), a dupla exigência de sobriedade e de comedimento no uso da linguagem, sob pena de ilegítima influência sobre o ânimo e a vontade dos membros integrantes do Conselho de Sentença. – Age "ultra vires", e excede os limites de sua competência legal, o órgão judiciário que, descaracterizando a natureza da sentença de pronúncia, converte-a, de um mero juízo fundado de suspeita, em um inadmissível juízo de certeza (RT 523/486)." (STF, 1ª T., HC 68.606, rel. Min. Celso de Mello, j. 18.06.91).
Gabarito "B".

(Juiz de Direito/DF – 2016 – CESPE) Assinale a opção correta, acerca do procedimento relativo aos processos de competência do tribunal do júri.
(A) O cidadão alistado no serviço do júri, que é de natureza facultativa, ao ser intimado, poderá solicitar sua exclusão mediante simples petição dirigida ao juiz presidente do tribunal do júri.
(B) O jurado, por não ser magistrado de carreira, não poderá ser responsabilizado criminalmente nos mesmos termos em que são os juízes togados.
(C) O alistamento, no serviço obrigatório do júri, compreenderá os cidadãos maiores de vinte e um anos, de notória idoneidade.
(D) O alistamento, no serviço obrigatório do júri, compreenderá os cidadãos maiores de vinte cinco anos, de notória idoneidade, porque o jurado é equiparado ao juiz, para todos os efeitos, e essa é a idade exigida para o ingresso na magistratura.
(E) O alistamento, no serviço do júri, de caráter obrigatório, compreenderá os cidadãos maiores de dezoito anos, de notória idoneidade.

A: incorreta, pois não reflete as disposições previstas nos arts. 436 e 443 do CPP; **B:** incorreta, uma vez que não reflete o que estabelece o art. 445 do CPP; **C:** incorreta, pois contraria o teor do art. 436 do CPP; **D:** incorreta, nos termos do art. 436 do CPP; **E:** correta, pois corresponde à redação do art. 436 do CPP.
Gabarito "E".

(Juiz de Direito/DF – 2016 – CESPE) A respeito do procedimento no Tribunal do Júri, assinale a opção correta.
(A) Em análise de recurso exclusivo da acusação, é defeso à instância recursal reduzir, de ofício, a pena fixada na sentença, sob pena de afronta à proibição da reforma.
(B) Anulada a sentença do primeiro júri, em razão de recurso exclusivo da defesa, é defeso ao Conselho de Sentença, por ocasião do novo julgamento, reconhecer qualificadora não reconhecida na decisão anulada, sob pena de violação ao princípio da vedação da *reformatio in pejus* indireta.
(C) Se houver recurso da defesa para anulação do julgamento e recurso da acusação somente para a agravação da pena e se for acolhido o recurso defensivo para anular a sentença condenatória, poderá o réu, por ocasião do novo julgamento, ser condenado a pena mais grave, sem que isso configure violação ao princípio da vedação da *reformatio in pejus* indireta.
(D) Ao analisar recurso exclusivo da defesa, a instância recursal poderá corrigir, de ofício, evidente erro material contido na sentença, ainda que isso resulte em agravamento da pena.
(E) A pena concretamente fixada em sentença anulada por recurso exclusivo da defesa não pode ser utilizada como parâmetro para a análise da prescrição da pretensão punitiva, na modalidade retroativa.

A: incorreta. Embora o tema não seja pacífico na doutrina, prevalece o entendimento segundo o qual, na hipótese de recurso exclusivo da acusação, pode o tribunal reduzir, de ofício, já que não houve interposição de recurso por parte do condenado, a pena estabelecida na sentença (*reformatio in mellius*); **B:** incorreta. O artigo 617 do CPP, em sua parte final, veda a chamada *reformatio in pejus*, que consiste na possibilidade de o tribunal piorar a situação processual do recorrente, em razão de recurso por este interposto. A assertiva refere-se a hipótese de *reformatio in pejus* indireta, que é o caso de anulação da sentença. De uma forma ou de outra, no âmbito do Tribunal do Júri, os jurados, em vista da soberania dos veredictos, princípio de índole constitucional (art. 5º, XXXVIII, "c"), não estão adstritos ao primeiro julgamento (que foi anulado), podendo, inclusive, reconhecer qualificadora não reconhecida na decisão anulada. Cuidado: já o juiz togado ficará limitado, no que se refere à imposição da pena, ao primeiro julgamento, não podendo ir além da pena imposta neste. Conferir: "(...) 1. Em crimes de competência do Tribunal do Júri, a garantia da vedação à reformatio in pejus indireta sofre restrições, em respeito à soberania dos veredictos. 2. Os jurados componentes do segundo Conselho de Sentença não estarão limitados pelo que decidido pelo primeiro, ainda que a situação do acusado possa ser agravada, em face do princípio da soberania dos veredictos, disposto no art. 5.º, inciso XXXVIII, alínea c, da Constituição Federal" (AgRg no REsp 1290847/RJ, Rel. Ministra LAURITA VAZ, QUINTA TURMA, julgado em 19.06.2012, DJe 28.06.2012); **C:** correta. Nesse sentido: "O paciente foi condenado pelo 5º Tribunal do Júri da Comarca de Fortaleza/CE à repremenda de 7 (sete) anos de reclusão, em regime integralmente fechado, pela prática do delito de homicídio simples (art. 121, *caput*, do Código Penal). Essa decisão primeira não transitou em julgado para o órgão acusador. 3. Não tem aplicação o disposto no art. 617 do CPP, diante de inequívoca existência pretérita de recurso ministerial, de modo que, diante da possibilidade de imposição de sanção mais gravosa ao paciente, resta por afastado o pretendido reconhecimento da prescrição, cujo lapso temporal pela pena máxima abstratamente cominada, limitado não se consumou (CP, art. 109, I)" (STF, HC 120029, Relator(a): Min. DIAS TOFFOLI, Primeira Turma, julgado em 11.03.2014, PROCESSO ELETRÔNICO DJe-063 DIVULG 28.03.2014 PUBLIC 31.03.2014); **D:** incorreta. Nesse sentido: "Sentença penal. Capítulo decisório. Condenação. Pena privativa de liberdade. Reclusão. Fixação. Soma dos fatores considerados na dosimetria. Erro de cálculo. Estipulação final de pena inferior à devida. Trânsito em julgado pelo Ministério Público. Recurso de apelação da defesa. Improvimento. Acórdão que, no entanto, aumenta de ofício a pena, a título de correção de erro material. Inadmissibilidade. Ofensa à proibição da *reformatio in pejus*. HC concedido para restabelecer o teor da sentença de primeiro grau. Não é lícito ao tribunal, na cognição de recurso da defesa, agravar a pena do réu, sob fundamento de corrigir *ex officio* erro material existente na somatória dos fatores considerados no processo de individualização" (HC 83545, rel. Min. Min. Cezar Peluso, Primeira Turma, julgado em 29.11.2005, DJ 03.03.2006); **E:** incorreta, uma vez que a pena concretamente fixada em sentença anulada por recurso exclusivo da defesa pode ser utilizada neste caso.
Gabarito "C".

(Juiz de Direito/CE – 2014 – FCC) No tocante ao procedimento do júri, correto afirmar que
(A) não será permitida a leitura de documento durante o julgamento, se não se tiver sido juntado aos autos com antecedência mínima de 3 (três) dias úteis, não se compreendendo na proibição a leitura de matéria jornalística.
(B) na fundamentação da pronúncia o juiz deverá indicar os elementos que comprovam a autoria e a materialidade do fato.
(C) a absolvição sumária não impede a formulação de nova denúncia ou queixa se houver prova nova, enquanto não ocorrer a extinção da punibilidade.
(D) é cabível apelação e recurso em sentido estrito contra as decisões de pronúncia e impronúncia, respectivamente.
(E) é possível a absolvição sumária do acusado inimputável, se a excludente da culpabilidade for a única tese defensiva.

A: incorreta, uma vez que o art. 479, parágrafo único, do CPP contemplou, na proibição prevista no *caput* deste dispositivo, "a leitura de jornais ou qualquer outro escrito (...)"; **B:** incorreta. O juiz, na pronúncia, decisão interlocutória mista, deverá indicar, fundamentadamente, a existência do crime (materialidade) e os indícios suficientes de autoria (art. 413, "*caput*" e § 1º, do CPP). O legislador não exigiu, portanto, a presença de prova de autoria (bastam indícios), necessária somente à condenação; **C:** incorreta, nos termos do art. 414, parágrafo único, do CPP; **D:** incorreta. Contra a decisão de impronúncia caberá a interposição de apelação (art. 416, CPP), e não recurso em sentido estrito; já a pronúncia desafia recurso em sentido estrito (art. 581, IV, do CPP), e não de apelação; **E:** correta, pois reflete o disposto no art. 415, parágrafo único, do CPP, que veda a incidência da absolvição sumária ao acusado reconhecidamente inimputável (art. 26, CP), salvo se a *inimputabilidade* (e não a *culpabilidade*, que abrange aquela) constituir a única tese de defesa.
Gabarito "E".

(Juiz de Direito/MG – 2014) Assinale a alternativa **INCORRETA**.
(A) A decisão de impronúncia, que é interlocutória mista de conteúdo terminativo, encerrando a primeira fase do processo relacionado ao Tribunal do Júri, produz coisa julgada material.
(B) De acordo com o Código de Processo Penal, cabe absolvição sumária imprópria quando a inimputabilidade do réu por doença mental for a única tese defensiva.
(C) Os jurados suspeitos ou impedidos são aproveitados para a formação do *quorum* mínimo exigido para a instalação da sessão de julgamento pelo Tribunal do Júri.
(D) O julgamento pelo Tribunal do Júri não será adiado em razão do não comparecimento do acusado solto, que tiver sido regularmente intimado.

A: assertiva incorreta, devendo ser assinalada. Estabelece o parágrafo único do art. 414 do CPP que "enquanto não ocorrer a extinção da punibilidade, poderá ser formulada nova denúncia ou queixa se houver prova nova". A decisão de impronúncia, portanto, produz coisa julgada formal, e não material; **B:** assertiva correta, nos termos do art. 415, parágrafo único, do CPP; **C:** assertiva correta, pois reflete a regra contida no art. 451 do CPP; **D:** assertiva correta, pois em conformidade com o disposto no art. 457, caput, do CPP.
Gabarito "A".

(Juiz de Direito/RJ – 2014 – VUNESP) Após respectivo trânsito em julgado, a impronúncia do acusado, no rito do Tribunal do Júri, acarreta, diretamente, a
(A) absolvição.
(B) exclusão da ilicitude.
(C) extinção da punibilidade.
(D) impossibilidade de o réu ser novamente processado pelo mesmo fato, a menos que surja prova nova.

Estabelece o parágrafo único do art. 414 do CPP que "enquanto não ocorrer a extinção da punibilidade, poderá ser formulada nova denúncia ou queixa se houver prova nova". A decisão de impronúncia, portanto, produz coisa julgada *formal*, e não *material*. Correta, portanto, a assertiva "D".
Gabarito "D".

(Promotor de Justiça/MG – 2014) O jurado, integrando o Conselho de Sentença, impôs como obrigação e recebeu do réu polpuda soma para absolver o homicida.
Cometeu crime de:
(A) Extorsão.
(B) Prevaricação.
(C) Concussão.
(D) Corrupção passiva.

É importante que fique claro, de antemão, que o jurado é considerado, para efeitos penais, funcionário público, já que exerce *função* pública (art. 327, *caput*, do CP). Dito isso, cabe, agora, estabelecer em que tipo penal se enquadra a conduta do jurado que impõe ao réu, como condição para votar pela sua absolvição, o pagamento de determinada quantia em dinheiro. Note que o enunciado fala em *imposição*, e não em *solicitação*. Sendo assim, deve ficar afastada a prática do crime de *corrupção passiva* (art. 317, CP), cujo núcleo do tipo é representado pelo verbo *solicitar*, que tem o sentido de *pedir*. Não foi isso que ocorreu: o jurado não solicitou, mas exigiu, impôs, ordenou, como condição para votar a favor do réu, o pagamento de dinheiro, razão por que deve ser-lhe imputado o crime de *concussão*, previsto no art. 316, *caput*, do CP. Veja que a exigência formulada pelo jurado traz ínsita uma ameaça ao réu (vítima, neste caso), que, sentindo-se intimidado, acuado, acaba por ceder, entregando ao agente a vantagem indevida por ele perseguida.
Gabarito "C".

(Magistratura/SC – 2015 – FCC) Sobre o Júri, analise as seguintes assertivas:
I. A fundamentação da pronúncia limitar-se-á à indicação da materialidade do fato e da existência de indícios suficientes de autoria ou de participação, devendo o juiz declarar o dispositivo legal em que julgar incurso o acusado e especificar todas as circunstâncias do crime: qualificadoras, agravantes e atenuantes e causas de aumento e diminuição de pena.
II. Não se convencendo da materialidade do fato ou da existência de indícios suficientes de autoria ou de participação, o juiz, fundamentadamente, impronunciará o acusado. Havendo prova nova, a acusação poderá requerer o desarquivamento dos autos para a respectiva juntada, após a qual o juiz receberá os autos conclusos para nova decisão sobre a pronúncia.
III. Se houver indícios de autoria ou de participação de outras pessoas não incluídas na acusação, o juiz, ao pronunciar ou impronunciar o acusado, determinará o retorno dos autos ao Ministério Público, pelo prazo de 15 dias, observada, se for o caso, a hipótese de separação dos processos.
IV. O juiz poderá dar ao fato definição jurídica diversa da constante da acusação, embora o acusado fique sujeito a pena mais grave.
V. A intimação da decisão de pronúncia ao acusado será somente pessoal.
É correto o que se afirma APENAS em
(A) II, III e IV.
(B) I, III e V.
(C) III e IV.
(D) III, IV e V.
(E) I, II e III.

I: incorreta. Por força do art. 413, § 1º, do CPP, que fixa o conteúdo da pronúncia, é vedado ao juiz, ao proferi-la, proceder à classificação das agravantes e atenuantes genéricas bem como das causas de diminuição de pena; **II:** incorreta, uma vez que não corresponde ao teor do art. 414, parágrafo único, do CPP, segundo o qual se, depois de impronunciado o acusado, surgir prova nova que altere o panorama até então verificado, o órgão acusatório, desde que ainda não operada a prescrição, deverá oferecer nova denúncia. Não é suficiente, portanto, que a acusação requeira o desarquivamento dos autos para que sejam instruídos com a prova nova, remetendo-os para apreciação do juiz, que analisará se é caso de pronunciar o réu; **III:** correta (art. 417, CPP); **IV:** correta (art. 418, CPP); **V:** incorreta, uma vez que o acusado solto que não for encontrado será intimado por meio de edital (art. 420, parágrafo único, do CPP).
Gabarito "C".

(Ministério Público/BA – 2015 – CEFET) Quanto ao procedimento relativo aos processos de competência do Tribunal do Júri, é CORRETO afirmar que:
(A) O procedimento do júri, por abranger crimes dolosos contra a vida, será necessariamente iniciado através de denúncia oferecida pelo Ministério Público, respeitado o princípio da obrigatoriedade da ação penal pública.
(B) O juiz, ao receber a denúncia, ordenará a citação do acusado para responder à acusação, por escrito, no prazo de 15 (quinze) dias.
(C) A fundamentação da pronúncia limitar-se-á à indicação da materialidade do fato e da existência de indícios suficientes de autoria ou de participação, devendo o juiz especificar as circunstâncias qualificadoras, as agravantes e as causas de aumento de pena.
(D) Na primeira fase do procedimento do júri, provado que o acusado não é o autor ou partícipe do fato delituoso, o juiz, fundamentadamente, impronunciará desde logo o acusado, sendo que contra a sentença de impronúncia caberá o recurso de apelação.
(E) O mesmo Conselho de Sentença poderá conhecer de mais de um processo, no mesmo dia, se as partes o aceitarem, hipótese em que seus integrantes deverão prestar novo compromisso.

A: incorreta. Nada obsta que, no procedimento do Júri, verificado que o membro do MP agiu com desídia e deixou de oferecer a denúncia dentro do prazo estabelecido em lei, a vítima ou seu representante ou ainda o seu sucessor (no caso de morte ou declaração de ausência) promova a ação penal privada subsidiária da pública (art. 29, CPP); assim, é incorreto afirmar-se que o procedimento dos crimes dolosos contra a vida será necessariamente iniciado por meio de denúncia; pode, conforme se viu, ser deflagrado por queixa subsidiária. Chamo aqui a atenção para o fato, sempre explorado em provas, de que o ajuizamento desta modalidade de ação privada está condicionado à constatação de que o MP foi inerte, deixando de tomar uma das providências que deveria: denunciar; requerer o arquivamento dos autos de inquérito; ou ainda requisitar diligências imprescindíveis ao oferecimento da denúncia; **B:** incorreta, uma vez que o art. 406, *caput*, do CPP estabelece o prazo de 10 dias (e não de 15) para que o acusado ofereça sua resposta escrita; **C:** incorreta. Isso porque, por força do art. 413, § 1º, do CPP, que fixa o conteúdo da pronúncia, é vedado ao juiz, ao proferi-la, proceder à classificação das agravantes e atenuantes genéricas bem como das causas de diminuição de pena; **D:** incorreta. Embora seja correto afirmar-se que a decisão de impronúncia desafia recurso de apelação (art. 416, CPP), está equivocado falar-se que a hipótese narrada configura caso de impronúncia. É caso, isto sim, de absolvição sumária (art. 415, II, CPP); **E:** correta, pois corresponde à redação do art. 452 do CPP.
Gabarito "E".

(Ministério Público/SP – 2015 – MPE/SP) Assinale a alternativa correta:
(A) As nulidades relativas ocorridas depois da decisão de pronúncia devem ser arguidas ao final do julgamento, tão logo sejam encerrados os debates.
(B) Contra a decisão que reconhece a suspeição de jurado cabe recurso em sentido estrito.
(C) O próprio prolator da decisão de pronúncia, decorrido o prazo recursal, poderá, de ofício, modificá-la.
(D) A leitura de trechos da decisão de pronúncia em plenário do júri é causa de nulidade absoluta do julgamento, ainda que não tenha causado prejuízo.
(E) Todas as alternativas estão incorretas.

A: incorreta, dado que o art. 571, V, do CPP estabelece que as nulidades verificadas depois da decisão de pronúncia devem ser arguidas logo depois de anunciado o julgamento e apregoadas as partes; **B:** incorreta, já que descabe, neste caso, a interposição de recurso em sentido estrito; **C:** incorreta. Diante da necessidade de modificar-se a pronúncia, por força do surgimento de provas novas, o juiz providenciará para que os autos sejam remetidos ao Ministério Público, ao qual caberá proceder ao aditamento da denúncia (art. 421, § 1º, do CPP), após o que será dada vista à defesa para manifestar-se quanto à prova recém-inserida no processo; **D:** incorreta. A vedação contida no art. 478, I, do CPP não se refere pura e simplesmente à leitura da decisão de pronúncia. Refere-se, isto sim, à utilização desta decisão como argumento de autoridade capaz de prejudicar o acusado. Cuida-se, portanto, de nulidade relativa, dependente de prova do prejuízo. Na jurisprudência do STF: "Recurso ordinário em *habeas corpus*. 2. Tribunal do júri. Art. 478, I, do CPP. Vedação de referências "à decisão de pronúncia, às decisões posteriores que julgaram admissível a acusação ou à determinação do uso de algemas como argumento de autoridade que beneficiem ou prejudiquem o acusado". Interpretação do dispositivo. A lei não veda toda e qualquer referência às peças. Apenas sua utilização como argumento de autoridade é vedada. No caso da pronúncia, é vedada sua utilização como forma de persuadir o júri a concluir que, se o juiz pronunciou o réu, logo este é culpado. 3. Negado provimento ao recurso ordinário" (RHC 120598, rel. Min. Gilmar Mendes, Segunda Turma, julgado em 24.03.2015, DJ 03.08.2015); **E:** correta, já que todas as alternativas estão erradas.
Gabarito "E".

(Ministério Público/SP – 2015 – MPE/SP) Em relação à decisão do Juiz de Direito que exclui jurado da lista geral, é lícito afirmar que:
(A) é irrecorrível.
(B) é passível de apelação, no prazo de 05 dias, por se tratar de decisão definitiva (artigo 593, II, do CPP).

(C) admite recurso em sentido estrito, no prazo de 20 dias, contados da publicação da lista definitiva.
(D) admite carta testemunhável, no prazo de 48 horas, contados da publicação da decisão que excluiu o jurado da lista.
(E) todas as alternativas estão incorretas.

A decisão do juiz que excluir jurado da lista geral desafia recurso em sentido estrito, na forma prevista no art. 581, XIV, do CPP. Neste caso, o legislador estabeleceu prazo diferenciado para interposição deste recurso, que é de 20 dias, conforme previsão contida no art. 586, parágrafo único, do CPP.

Gabarito "C".

15. JUIZADOS ESPECIAIS

(Delegado – PC/BA – 2018 – VUNESP) Nos termos do art. 69, parágrafo único, da Lei no 9.099/95, ao autor do fato típico definido como crime de menor potencial ofensivo, após a lavratura do termo circunstanciado, caso se comprometa a comparecer junto ao Juizado Especial Criminal, não se imporá prisão em flagrante,
(A) desde que primário.
(B) desde que imediatamente restitua o prejuízo da vítima.
(C) a menos que se trate de reincidente específico.
(D) mas a liberdade pode ser condicionada, pela autoridade policial, ao estabelecimento e à aceitação de imediata pena restritiva de direito.
(E) nem se exigirá fiança.

Reza o art. 69, parágrafo único, da Lei 9.099/1995 que, após a lavratura do termo circunstanciado (art. 69, *caput*, da Lei 9.099/1995), autor e vítima serão encaminhados ao Juizado; não sendo isso possível, tal como ocorre na grande maioria das vezes, o autor dos fatos deverá firmar compromisso de, assim que intimado para tanto, comparecer à sede do Juizado, no dia e na hora estabelecidos na convocação, hipótese em que não se imporá ao autor prisão em flagrante, tampouco dele se exigirá o pagamento de fiança. Agora, se houver, por parte do autor, recusa em assumir tal compromisso, a prisão em flagrante será de rigor, com a fixação, se for o caso, de fiança.

Gabarito "E".

(Escrevente – TJ/SP – 2018 – VUNESP) A respeito da Lei no 9.099/95 (arts. 60 a 83; 88 e 89), assinale a alternativa correta.
(A) Reunidos os processos, por força de conexão ou continência, perante o juízo comum ou tribunal do júri, observar-se-ão os institutos da transação penal e da composição dos danos civis.
(B) São consideradas infrações de menor potencial ofensivo as contravenções e os crimes a que a lei comine pena máxima não superior a 03 (três) anos, cumulada ou não com multa.
(C) Não sendo encontrado o acusado, o feito permanecerá no Juizado Especial Criminal, mas ficará suspenso, até que seja localizado.
(D) O acordo de composição civil entre o acusado e a vítima, nos casos de ação penal pública, condicionada e incondicionada, implica extinção da punibilidade ao autor do fato.
(E) Nos crimes em que a pena mínima cominada for inferior a 02 (dois) anos, o Ministério Público, ao oferecer denúncia, poderá propor a suspensão condicional do processo ao acusado que não esteja sendo processado ou não tenha sido condenado por outro crime.

A: correta (art. 60, parágrafo único, da Lei 9.099/1995; **B:** incorreta. São consideradas infrações penais de menor potencial ofensivo, estando, portanto, sob a égide do Juizado Especial Criminal, as contravenções penais e os crimes cuja pena máxima cominada não seja superior a *dois* anos, cumulada ou não com multa, conforme dispõe o art. 61 da Lei 9.099/1995; **C:** incorreta. No procedimento sumaríssimo, voltado ao processamento e julgamento das infrações penais de menor potencial ofensivo, na hipótese de o autor não ser encontrado para citação pessoal, o juiz encaminhará as peças ao juízo comum para adoção do procedimento previsto em lei – art. 66, parágrafo único, da Lei 9.099/1995; **D:** incorreta (art. 74, Lei 9.099/1995); **E:** incorreta, uma vez que a suspensão condicional do processo (*sursis* processual), prevista no art. 89 da Lei 9.099/1995, tem incidência nos crimes cuja pena mínima cominada é igual ou inferior a *um* ano (e não *dois*).

Gabarito "A".

(Investigador – PC/BA – 2018 – VUNESP) A Lei no 9.099/95, relativa aos Juizados Especiais Cíveis e Criminais, prevê que,
(A) no caso de lesão corporal dolosa leve ou culposa, a ação penal será pública e condicionada à representação.
(B) no caso de lesão corporal dolosa leve ou culposa, a ação penal será privada.
(C) apenas no caso de lesão corporal culposa, a ação penal será pública e condicionada à representação.
(D) no caso de lesão corporal dolosa leve, grave, gravíssima ou culposa, a ação penal será pública e condicionada à representação.
(E) no caso de lesão corporal dolosa leve, a ação penal será pública e incondicionada.

Com o advento da Lei 9.099/1995, que instituiu os Juizados Especiais Cíveis e Criminais, a ação penal, nos crimes de lesão corporal leve e culposa, que antes era pública incondicionada, passou a ser, por força do art. 88 dessa Lei, pública condicionada à representação do ofendido. Cuidado: o STF, no julgamento da ADIn n. 4.424, de 09.02.2012, estabeleceu a natureza *incondicionada* da ação penal nos crimes de lesão corporal, independente de sua extensão, praticados contra a mulher no ambiente doméstico. Tal entendimento encontra-se consagrado na Súmula 542, do STJ.

Gabarito "A".

(Defensor Público – DPE/SC – 2017 – FCC) Sobre a suspensão condicional do processo, é correto afirmar:
(A) É cabível a suspensão condicional do processo em caso de desclassificação pelo juiz que resulte em tipificação de crime cuja pena mínima cominada seja igual ou inferior a um ano.
(B) Os Tribunais Superiores divergem quanto ao cabimento da suspensão condicional do processo nos crimes submetidos à Lei Maria da Penha.
(C) As condições a que fica submetido o acusado estão expressamente previstas em lei, sendo vedada a imposição de outras sob pena de violação ao princípio da legalidade processual penal.
(D) A revogação da suspensão condicional do processo só é possível em virtude de condenação definitiva por crime cometido durante o período de prova, sob pena de violação ao estado constitucional de inocência.
(E) Conforme a jurisprudência do Superior Tribunal de Justiça, em caso de concurso de crimes, a pena deve ser considerada separadamente para fins de aplicação da suspensão condicional do processo, sendo vedada a soma das penas mínimas para tanto.

A: correta, pois reflete o entendimento firmado na Súmula 337 do STJ: "É cabível a suspensão condicional do processo na desclassificação do crime e na procedência parcial da pretensão punitiva"; **B:** incorreta, uma vez que inexiste divergência quanto a isso. De fato, o art. 41 da Lei Maria da Penha, cuja constitucionalidade foi reconhecida pelo STF **(ADC 19, de 09.02.2012), veda a aplicação, no contexto dos crimes praticados com violência doméstica e familiar contra a mulher, das medidas despenalizadoras contempladas na Lei 9.099/1995, entre as quais a** suspensão condicional do processo **e a** transação penal**. Consolidando tal entendimento, editou-se a Súmula 536, do STJ: "A suspensão condicional do processo e a transação penal não se aplicam na hipótese de delitos sujeitos ao rito da Lei Maria da Penha"; C:** incorreta. Nada obsta que o magistrado estabeleça outras condições, além daquelas previstas em lei, a que fica subordinada a concessão do *sursis* processual (art. 89, § 2º, da Lei 9.099/1995); D: incorreta, dado que ocorrerá a revogação do *sursis* processual na hipótese de o beneficiário vier a ser processado, no curso do período de prova, por outro crime (art. 89, § 3º, da Lei 9.099/1995); E: incorreta, uma vez que contraria o entendimento firmado nas Súmulas 243, do STJ, e 723, do STF.

Gabarito "A".

(Juiz – TJ/MS – VUNESP – 2015) No que se refere aos Juizados Especiais Criminais, nos termos da Lei 9.099/1995, é correto afirmar que da decisão
(A) de rejeição da denúncia ou queixa caberá recurso em sentido estrito, que poderá ser julgado por turma composta de três Juízes em exercício no primeiro grau de jurisdição, reunidos na sede do Juizado e da sentença caberá apelação, que será julgada necessariamente pela Câmara Especial do Tribunal de Justiça do Mato Grosso do Sul, composta de três Desembargadores.
(B) de rejeição da denúncia ou queixa caberá recurso em sentido estrito e da sentença caberá apelação, que será julgada necessariamente pela Câmara Especial do Tribunal de Justiça do Mato Grosso do Sul, composta de três Desembargadores.
(C) de rejeição da denúncia ou queixa caberá recurso em sentido estrito e da sentença caberá apelação, que poderá ser julgada por turma composta de três Juízes em exercício no primeiro grau de jurisdição, reunidos na sede do Juizado.
(D) de rejeição da denúncia ou queixa e da sentença caberá apelação, que será julgada necessariamente pela Câmara Especial do Tribunal de Justiça do Mato Grosso do Sul, composta de três Desembargadores.
(E) de rejeição da denúncia ou queixa e da sentença caberá apelação, que poderá ser julgada por Turma composta de três Juízes em exercício no primeiro grau de jurisdição, reunidos na sede do Juizado.

O art. 82, *caput* e § 1º, da Lei 9.099/1995 estabelece que da decisão que rejeitar a denúncia ou a queixa caberá recurso de apelação, a ser interposto, por petição escrita, no prazo de dez dias, da qual deverão constar as razões e o pedido. O julgamento deste recurso caberá a uma turma composta de três juízes em exercício no primeiro grau de jurisdição, reunidos na sede do Juizado.

Gabarito "E".

(Juiz – TJ/SP – VUNESP – 2015) A sentença de transação penal, nos termos do artigo 76, parágrafo 5º, da Lei 9.099/1995, tem as seguintes características:
(A) tem natureza homologatória e não faz coisa julgada material.
(B) tem natureza condenatória e gera eficácia de coisa julgada apenas material.
(C) possui natureza condenatória e gera eficácia de coisa julgada formal e material.

(D) possui natureza absolutória e não faz coisa julgada formal e material.

A sentença de transação penal, tal como se afirma na assertiva "A", tem natureza jurídica *homologatória*. Não poderia ter natureza condenatória na medida em que sequer houve o devido processo legal; de igual forma, não há que se falar em natureza absolutória, uma vez que não se discute, na transação penal, culpa. No mais, conforme entendimento consolidado, pelo STF, por meio da Súmula Vinculante 35, "A homologação da transação penal prevista no artigo 76 da Lei 9.099/1995 não faz coisa julgada material e, descumpridas suas cláusulas, retoma-se o *status quo ante*, possibilitando-se ao Ministério Público a continuidade da persecução penal mediante oferecimento de denúncia ou requisição de inquérito policial". ED

Gabarito "A".

(Juiz – TJ/MS – VUNESP – 2015) Na audiência preliminar, presente o representante do Ministério Público, o autor do fato e a vítima e, se possível, o responsável civil, acompanhados por seus advogados, o Juiz esclarecerá sobre a possibilidade da composição dos danos e da aceitação da proposta de aplicação imediata de pena não privativa de liberdade. Dessa feita, é correto afirmar que

(A) se tratando de ação penal pública condicionada à representação, o acordo homologado acarreta a renúncia ao direito de representação.
(B) o não oferecimento da representação na audiência preliminar implica decadência do direito.
(C) a composição dos danos civis será reduzida a escrito e, homologada pelo Juiz mediante sentença recorrível, terá eficácia de título a ser executado no juízo criminal competente.
(D) se tratando de ação penal de iniciativa privada, o acordo homologado não acarreta a renúncia ao direito de queixa.
(E) obtida a composição dos danos civis, será dada imediatamente ao ofendido a oportunidade de exercer o direito de representação verbal, que será reduzida a termo.

A: correta, pois reflete a regra presente no art. 74, parágrafo único, da Lei 9.099/1995; **B:** incorreta, já que contraria o disposto no art. 75, parágrafo único, da Lei 9.099/1995; **C:** incorreta, pois não reflete o disposto no art. 74, *caput*, da Lei 9.099/1995; **D:** incorreta, pois não corresponde ao que estabelece o art. 74, parágrafo único, da Lei 9.099/1995; **E:** incorreta, pois não reflete a regra presente no art. 75, *caput*, da Lei 9.099/1995. ED

Gabarito "A".

(Juiz – TJ/MS – VUNESP – 2015) O Juizado Especial Criminal, provido por juízes togados ou togados e leigos, tem competência para a conciliação, o julgamento e a execução das infrações penais de menor potencial ofensivo, respeitadas as regras de conexão e continência. Consideram-se infrações de menor potencial ofensivo, para efeitos da Lei 9.099/1995:

(A) as contravenções penais e os crimes a que a lei comine pena máxima não superior a um ano, desde que não cumulada com multa.
(B) as contravenções penais e os crimes a que a lei comine pena máxima não superior a 2 (dois) anos, cumulada ou não com multa.
(C) as contravenções penais e os crimes a que a lei comine pena máxima não superior a 2 (dois) anos, desde que não cumulada com multa.
(D) as contravenções penais e os crimes a que a lei comine pena máxima não superior a 3 (três) anos, cumulada ou não com multa.
(E) as contravenções penais e os crimes a que a lei comine pena máxima não superior a 3 (três) anos, desde que não cumulada com multa.

Com o advento da Lei 10.259/2001, que instituiu o Juizado Especial Federal, alterou-se o conceito de infração de menor potencial ofensivo (todas as contravenções penais, os crimes a que a lei comine pena máxima igual ou inferior a dois anos, bem como os crimes a que a lei comine exclusivamente pena de multa, qualquer que seja o procedimento previsto para eles), aplicável tanto para a Justiça Federal quanto para a Estadual. Ainda, com a edição da Lei 11.313/2006, afastou-se qualquer dúvida a respeito da unificação do conceito de infração de menor potencial ofensivo, alterando-se a redação do art. 61 da Lei 9.099/1995. ED

Gabarito "B".

(Promotor de Justiça – MPE/RS – 2017) Assinale a alternativa **INCORRETA**.

(A) Não se admite oferta de proposta de transação se ficar comprovado ter sido o autor da infração condenado, pela prática de crime, à pena restritiva de direitos, por sentença definitiva.
(B) Os conciliadores no Juizado Especial Criminal são recrutados preferencialmente entre bacharéis em Direito (art. 73, parágrafo único, da Lei 9099/1995).
(C) Da decisão que homologa proposta de transação (art. 76 da Lei 9099/1995) oferecida pelo Ministério Público e aceita pelo autor do fato, cabe recurso de apelação.
(D) Da decisão que rejeita a denúncia no Juizado Especial Criminal, cabe recurso de apelação.
(E) A não reparação do dano causado pelo crime, injustificada, é causa de revogação da suspensão condicional do processo.

A: incorreta, uma vez que contraria o disposto no art. 76, § 2º, I, da Lei 9.099/1995 (Juizados Especiais), que estabelece que será vedada a transação penal somente na hipótese de o autor da infração haver sido condenado, definitivamente, pela prática de crime, à pena *privativa de liberdade*; ou seja, a condenação definitiva pelo cometimento de crime à pena *restritiva de direitos* não impede a formulação de oferta de transação penal; **B:** correta, pois reflete o que estabelece o dispositivo a que faz referência à alternativa; **C:** correta, nos termos do art. 76, § 5º, da Lei 9.099/1995; **D:** correta, na medida em que a decisão que rejeita a denúncia (e também a queixa), no âmbito do juizado especial criminal, desafia recurso de *apelação*, na forma prevista no art. 82, *caput*, da Lei 9.099/1995, a ser interposto, por petição escrita, no prazo de dez dias, da qual deverão constar as razões e o pedido. O julgamento deste recurso caberá a uma turma composta de três juízes em exercício no primeiro grau de jurisdição, reunidos na sede do Juizado; **E:** correta (art. 89, § 3º, da Lei 9.099/1995). ED

Gabarito "A".

(Promotor de Justiça/SC – 2016 – MPE)

(1) No âmbito dos Juizados Especiais Criminais, segundo dispõe a Lei 9.099/1995, da decisão de rejeição da denúncia ou queixa e da sentença caberá apelação, que deverá ser interposta no prazo de 15 (quinze) dias, contados da ciência da sentença pelo Ministério Público, pelo réu e seu defensor, devendo ser aviada por petição escrita, da qual constarão as razões e o pedido do recorrente.

1: proposição falsa, na medida em que a sentença e também a decisão que rejeita a denúncia ou a queixa, no âmbito do juizado especial criminal, desafiam recurso de *apelação*, na forma prevista no art. 82, *caput*, da Lei 9.099/1995, a ser interposto, por petição escrita, no prazo de *dez dias* (e não de *quinze*, tal como afirmado na assertiva), da qual deverão constar as razões e o pedido. O julgamento deste recurso caberá a uma turma composta de três juízes em exercício no primeiro grau de jurisdição, reunidos na sede do Juizado. ED

Gabarito 1F.

(Promotor de Justiça/SC – 2016 – MPE)

(1) Segundo a Lei 9.099/1995, as suas disposições não se aplicam no âmbito da Justiça Militar.

1: proposição correta, pois em conformidade com o que dispõe o art. 90-A da Lei 9.099/1995: *As disposições desta Lei não se aplicam no âmbito da Justiça Militar.* ED

Gabarito 1C.

(Delegado/MS – 2017 – FAPEMS) Considerando o artigo 60, da Lei n. 9.099/1995, que dispõe:

O Juizado Especial Criminal, provido por juízes togados ou togados e leigos, tem competência para a conciliação, o julgamento e a execução das infrações penais de menor potencial ofensivo, respeitadas as regras de conexão e continência.

Assinale a alternativa correta no que concerne ao procedimento dos Juizados Especiais Criminais.

(A) Os conciliadores são auxiliares da Justiça, recrutados entre bacharéis em Direito, excluídos os que exerçam funções na administração da Justiça Criminal.
(B) Ao autor do fato que, após a lavratura do termo circunstanciado de ocorrência, for imediatamente encaminhado ao juizado ou assumir o compromisso de a ele comparecer, não se imporá prisão em flagrante, mas a autoridade policial poderá exigir-lhe fiança.
(C) Nos crimes de ação penal pública incondicionada, não sendo caso de arquivamento, o Ministério Público deverá propor a aplicação imediata de pena restritiva de direitos ou multa, a ser especificada na proposta de transação penal.
(D) Na reunião de processos, perante o juízo comum ou o tribunal do júri, decorrentes da aplicação das regras de conexão e continência, dispensar-se-ão os institutos da transação penal e da composição dos danos civis.
(E) No caso de concurso material de crimes, a pena considerada para fins de fixação da competência do Juizado Especial Criminal será o resultado da soma das penas máximas cominadas aos delitos.

A: incorreta, uma vez que o art. 7º da Lei 9.099/1995 não contempla a restrição apontada na assertiva; **B:** incorreta, tendo em vista que, neste caso, além de o autor do fato não ser submetido a prisão em flagrante, não lhe será imposta fiança, tal como estabelece o art. 69, parágrafo único, da Lei 9.099/1995; **C:** incorreta, tendo em conta que não corresponde à redação do art. 76, *caput*, da Lei 9.099/1995, segundo o qual o MP *poderá* (e não *deverá*) formular proposta de transação penal; **D:** incorreta, pois não reflete a regra presente no art. 60, parágrafo único, da Lei 9.099/1995; **E:** correta. De fato, no concurso material de crimes, o critério a ser empregado para se estabelecer se a competência para o julgamento é do Juizado Especial Criminal é a somatória das penas correspondentes a cada delito, de tal sorte que, se se chegar, pela somatória, a uma pena superior a dois anos, restará afastada a competência do Juizado. Na jurisprudência do STJ: "Pacificou-se a jurisprudência desta Corte no sentido de que, no concurso de infrações de menor potencial ofensivo, a pena considerada para fins de fixação da competência do Juizado Especial Criminal será o resultado da soma, no caso de concurso material, ou da exasperação, na hipótese de concurso formal ou crime continuado, das penas máximas cominadas aos delitos. Se desse somatório resultar um apenamento superior a 02 (dois) anos, fica afastada a competência do Juizado Especial. Precedentes" (Rcl 27.315/SP, Rel. Ministro Reynaldo Soares da Fonseca, Terceira Seção, julgado em 09/12/2015, DJe 15/12/2015). ED

Gabarito "E".

(Delegado/MS – 2017 – FAPEMS) Leia o caso a seguir.

Na Avenida Afonso Pena, localizada em Campo Grande-MS, Ulisses atropelou Ramon logo após sair de um bar. Submetido à exame pericial, constatou-se a influência de álcool. Metros depois, na mesma via de trânsito, Arnaldo perdeu o controle de seu veículo, atropelando Marcel. Testemunhas afirmaram que outro veículo não identificado disputava um racha com Arnaldo. Devido aos acidentes, Ramon e Marcel sofreram pequenas lesões corporais. Encaminhados à Delegacia, a autoridade de plantão, de ofício, instaurou os inquéritos, cumprindo as diligências necessárias. Ao final, relatou que os condutores agiram com culpa, indiciando-os pelo crime de lesão corporal culposa de trânsito, cuja pena privativa de liberdade é detenção, de 6 meses a 2 anos (artigo 303 da Lei n. 9.503/1997). Com base no caso proposto, assinale a alternativa correta.

(A) Recebendo os inquéritos, o Promotor de Justiça avaliará a possibilidade de ofertar transação penal aos infratores, salvo se os envolvidos alcançarem a composição dos danos civis.
(B) A instauração dos inquéritos policiais dependia de representação dos ofendidos, pois o crime de lesão corporal culposa é de ação penal pública condicionada.
(C) Nenhuma medida preliminar à instauração dos inquéritos policiais fazia-se necessária, pois, em ambos os casos, trata-se de crime de ação penal pública incondicionada.
(D) A instauração dos inquéritos policiais dependia de requerimento das vítimas, pois o crime de lesão corporal culposa é de ação penal privada.
(E) Tratando-se de infrações de menor potencial ofensivo, o Delegado não deveria ter instaurado os inquéritos policiais, senão lavrado os respectivos termos circunstanciados.

A: incorreta. Em regra, a transação penal tem incidência no crime de lesão corporal culposa de trânsito, definido no art. 303 da Lei 9.503/1997, mas os casos narrados no enunciado constituem exceção. No caso de Ulisses, não terá lugar a transação penal (art. 76, Lei 9.099/1995) porque o crime de lesão corporal, que em regra comporta tal instituto, foi praticado sob a influência de álcool. Tal exceção está contemplada no art. 291, § 1º, I, da Lei 9.503/1997. Tal vedação também se aplica ao crime de lesão corporal do qual foi vítima Marcel, mas, neste caso, em razão de o delito haver sido praticado quando Arnaldo participava de racha (competição automobilística não autorizada), nos termos do art. 291, § 1º, II, da Lei 9.503/1997; **B:** incorreta. A exemplo da transação penal, também a representação (art. 88, Lei 9.099/1995) tem incidência no crime de lesão corporal culposa de trânsito, mas tal não se aplica às hipóteses acima narradas, tendo em conta as mesmas razões: crime praticado sob a influência de álcool e quando da participação em racha; **C:** correta. De fato, como acima foi ponderado, a autoridade policial prescinde de qualquer manifestação de vontade do ofendido para proceder à instauração de inquérito policial; **D:** incorreta, já que a ação penal, nos dois casos, é pública incondicionada; **E:** incorreta. A despeito de a pena máxima cominada ao crime de lesão corporal de trânsito corresponder a *dois* anos (dentro, portanto, do limite estabelecido no art. 61 da Lei 9.099/1995 para definição dos crimes de menor potencial ofensivo), o art. 291, § 2º, da Lei 9.503/1997 estabelece que, nas hipóteses de o condutor praticar o crime sob a influência de álcool ou quando da participação em racha, os fatos serão apurados por meio de inquérito policial, e não por termo circunstanciado. É importante que se diga que, dada a inclusão do § 2º no art. 303 do CTB, promovida pela Lei 13.546/2017, se o condutor estiver sob a influência de álcool ou de outra substância que determine dependência e do fato resultar lesão corporal de natureza grave ou gravíssima, a pena será de reclusão de 2 a 5 anos, sem prejuízo de outras sanções. Quanto ao homicídio culposo na direção de veículo automotor, estando o condutor sob a influência de álcool ou de outra substância que determine dependência, a pena passa a ser, também por força da Lei 13.546/2017, de 5 a 8 anos de reclusão, além de outras sanções previstas.
Gabarito "C".

(Juiz de Direito/AM – 2016 – CESPE) Em processo no juizado especial criminal, superada a fase preliminar em razão da ausência do autor do fato, o MP ofereceu denúncia oral pela prática de crime de ameaça. Não tendo o oficial de justiça encontrado o autor para citá-lo nos endereços constantes dos autos, o juiz determinou a sua citação por hora certa. Concluída a citação por hora certa sem que o autor do fato tivesse sido encontrado ou tivesse comparecido à audiência designada, foi-lhe nomeado DP, e sobreveio condenação.
Nessa situação hipotética, conforme a legislação penal processual e a jurisprudência dos tribunais superiores, é correto afirmar que a citação realizada foi

(A) válida, e não precisará ser refeita, pois a citação por hora certa é possível quando o acusado não é encontrado nos endereços constantes nos autos.
(B) nula, e deverá ser refeita pelo juízo comum, com o devido encaminhamento dos autos pelo juizado especial criminal.
(C) válida, e não precisará ser refeita, pois a citação por hora certa sempre precede a citação por edital.
(D) válida, e não precisará ser refeita, pois o processo perante os juizados especiais criminais orienta-se pelos princípios da oralidade, simplicidade, economia processual e celeridade.
(E) nula, e deverá ser refeita pelo próprio juizado especial criminal, por meio de edital, em atenção aos princípios da celeridade e da economia processual.

A: O art. 66, parágrafo único, da Lei 9.099/1995 estabelece que, no âmbito do procedimento sumaríssimo, não localizado o acusado para ser citado pessoalmente, as peças serão encaminhadas ao juízo comum para prosseguimento, no qual se procederá, se necessário for, à citação por hora certa ou por edital, dada a incompatibilidade dessas modalidades de citação ficta com a celeridade imanente ao procedimento adotado na Lei 9.099/1995. Esta modalidade de citação ficta (hora certa), antes exclusiva do processo civil, agora também é admitida no âmbito do processo penal, dada a mudança introduzida na redação do dispositivo legal pela Lei 11.719/2008. A propósito disso, o STF, ao julgar o RE 635.145, reconheceu, em votação unânime, a constitucionalidade da citação por hora certa no processo penal, rechaçando a tese segundo a qual esta modalidade de citação ficta ofende os postulados da ampla defesa e do contraditório. Na jurisprudência do STJ:
No procedimento sumaríssimo para apuração dos crimes de menor potencial ofensivo, verificada a necessidade de realização de citação editalícia, ocorre o deslocamento da competência dos juizados especiais criminais em favor do juízo comum, conforme redação do art. 66, parágrafo único, da Lei 9.099/1995 (CC 88.588-SP, 3ª S, rel. Min. Maria Tereza de Assis Moura, 13.02.2008).
Gabarito "B".

(Juiz de Direito/CE – 2014 – FCC) No procedimento dos juizados especiais criminais,

(A) a apelação será interposta no prazo de 10 (dez) dias, contados da ciência da sentença, por petição escrita, abrindo-se vista depois para oferecimento das respectivas razões no prazo de 03 (três) dias.
(B) a sentença conterá relatório, fundamentação e dispositivo.
(C) os embargos de declaração não suspendem o prazo para o recurso.
(D) a prática de atos processuais em outras comarcas poderá ser solicitada por qualquer meio hábil de comunicação.
(E) nenhum ato será adiado, vedada a determinação de condução coercitiva de quem deva comparecer.

A: incorreta. É que, no âmbito do Juizado Especial Criminal, cujo procedimento a ser seguido é o sumaríssimo, o recorrente deverá, dentro do prazo de dez dias, estabelecido no art. 82, § 1º, da Lei 9.099/1995, interpor a apelação já acompanhada das razões de sua irresignação. É dizer, não é dado à parte recorrente, nesta modalidade de rito, apresentar a petição de interposição desacompanhada das respectivas razões, como se dá no âmbito do rito ordinário, em que o prazo para a interposição da apelação é de cinco dias, dispondo a parte, depois disso, do prazo de oito dias para apresentar as razões do recurso (arts. 593, *caput*, e 600, *caput*, do CPP); **B:** incorreta, visto que, no rito sumaríssimo, afeto às infrações penais de menor potencial ofensivo, o relatório, ao contrário do que se verifica nos ritos ordinário e sumário, é dispensável, em conformidade com o art. 81, § 3º, da Lei 9.099/1995 e em homenagem à informalidade, à economia processual e à celeridade, princípios informadores do Juizado Especial Criminal; são imprescindíveis, no entanto, a fundamentação e o dispositivo; **C:** incorreta, à época em que a questão foi elaborada, pois contrariava o disposto no art. 83, § 2º, da Lei 9.099/1995. O novo CPC (cuja vigência é março de 2016) alterou a redação do citado § 2º determinando que os embargos de declaração "interrompem o prazo para a interposição de recurso"; **D:** correta, uma vez que reflete o disposto no art. 65, § 2º, da Lei 9.099/1995; **E:** incorreta, nos termos do art. 80 da Lei 9.099/1995.
Gabarito "D".

(Juiz de Direito/CE – 2014 – FCC) No que se refere ao juizado especial criminal,

(A) é admissível a suspensão condicional do processo por crime continuado, se a soma da pena mínima da infração mais grave com o aumento mínimo de 1/6 (um sexto) for inferior a um ano.
(B) é cabível a transação penal apenas nos crimes de ação penal pública incondicionada.
(C) são consideradas infrações penais de menor potencial ofensivo as contravenções penais e os crimes a que lei comine pena máxima não superior a 2 (dois) anos, desde que não cumulada com multa.
(D) é incabível o acordo civil nos crimes de ação penal pública condicionada.
(E) não se admite a transação penal se comprovado que o autor da infração já foi condenado, pela prática de contravenção penal, à pena privativa de liberdade, por sentença definitiva.

A: correta. O STF admite a suspensão condicional do processo no caso de crime continuado, desde que a soma da pena mínima cominada ao crime com o aumento de 1/6 decorrente da continuidade não seja superior ao patamar de 1 (um) ano, estabelecido no art. 89, *caput*, da Lei 9.099/1995, entendimento esse consolidado por meio da Súmula 723 do STF; **B:** incorreta. Embora o art. 76 da Lei 9.099/1995 faça referência tão somente à ação penal pública (condicionada ou incondicionada), é tranquilo o entendimento no sentido de que a transação penal também tem lugar nas ações penais privadas; **C:** incorreta. Estão sob a égide do Juizado Especial Criminal as contravenções penais e os crimes cuja pena *máxima* cominada não seja superior a dois anos, *cumulada ou não com multa*, conforme dispõe o art. 61 da Lei 9.099/1995; **D:** incorreta. O acordo civil (arts. 72 a 75 da Lei 9.099/1995) poderá ser firmado tanto na ação penal privada quanto na pública, incondicionada ou condicionada à representação; **E:** incorreta, uma vez que somente impedirá a transação penal a condenação pela prática de *crime* (e não de *contravenção*) à pena privativa de liberdade por sentença definitiva (art. 76, § 2º, I, da Lei 9.099/1995).
Gabarito "A".

(Juiz de Direito/PA – 2014 – VUNESP) Acerca do rito sumaríssimo, são regras procedimentais expressamente previstas na Lei 9.099/1995:

(A) impossibilidade de condução coercitiva de testemunhas; impossibilidade de oposição de embargos de declaração.
(B) possibilidade de oferecimento de queixa oral; impossibilidade de nomeação de assistente técnico.
(C) desnecessidade de relatório na sentença; impossibilidade de expedição de cartas precatórias e rogatórias.
(D) possibilidade de oferecimento de denúncia oral; necessidade de apresentação concomitante de interposição e razões em caso de apelação.
(E) intimação das testemunhas por carta com aviso de recebimento pessoal; desnecessidade de intimação das partes para o julgamento da apelação.

A: incorreta. A teor do art. 80 da Lei 9.099/1995, poderá o juiz, sempre que necessário, determinar a condução coercitiva de quem deva comparecer, aqui incluídas, por óbvio, as testemunhas; a possibilidade de se oporem embargos está contemplada no art. 83 da Lei 9.099/1995; **B:** incorreta. De fato, a queixa poderá, no âmbito do juizado especial criminal, assim como a denúncia, ser oferecida oralmente (art. 77, § 3º, da Lei 9.099/1995); está incorreto, no entanto, afirmar-se que é inviável a nomeação de assistente técnico, uma vez que a Lei 9.099/1995 não veda tal possibilidade; **C:** incorreta. É verdade que, no rito sumaríssimo, afeto às infrações penais de menor potencial ofensivo, o relatório, ao contrário do que se verifica nos ritos ordinário e sumário, é dispensável, em conformidade com o art. 81, § 3º, da Lei 9.099/1995; é incorreto, todavia, a parte da assertiva em que se afirma não ser possível a expedição de cartas precatórias. Sendo necessário, tal providência é possível de ser adotada; no que toca à expedição de carta rogatória, entendemos que tal providência não é viável, dada a sua incompatibilidade com os princípios que informam o procedimento sumaríssimo (informalidade, celeridade etc.); **D:** correta. Como dissemos acima, é possível o oferecimento da denúncia (e também da queixa) de forma oral; no mais, o art. 82, *caput* e § 1º, da Lei 9.099/1995 estabelece que da decisão que rejeitar a denúncia ou a queixa caberá recurso de *apelação*, a ser interposto, por petição escrita, no prazo de dez dias, da qual deverão constar as razões e o pedido (apresentação simultânea); **E:** incorreta. Embora a primeira parte da proposição esteja correta (art. 78, § 3º, da Lei 9.099/1995), é incorreto o que se afirma na segunda parte (art. 82, § 4º, da Lei 9.099/1995).

Gabarito "D".

(Procurador Legislativo – Câmara de Vereadores de São Paulo/SP – 2014 – FCC) Foi lavrado termo circunstanciado, apontando-se João como autor de crime de menor potencial ofensivo. É correto afirmar:

(A) Na audiência preliminar, presente o representante do Ministério Público, João e a vítima, acompanhados por seus advogados, o Juiz esclarecerá sobre a possibilidade da composição dos danos e da aceitação da proposta de aplicação imediata de pena privativa de liberdade.
(B) A competência do Juizado Especial Criminal para processar e julgar João será determinada pelo domicílio de João.
(C) A conciliação entre João e a vítima será conduzida pelo Juiz ou por conciliador sob sua orientação.
(D) A composição dos danos civis será reduzida a escrito e, homologada pelo Juiz mediante sentença irrecorrível, terá eficácia de título a ser executado no juízo criminal competente.
(E) Acolhendo a proposta do Ministério Público aceita por João, o Juiz aplicará a pena restritiva de direitos ou multa, que importará em reincidência.

A: incorreta, uma vez que o art. 72 da Lei 9.099/1995 fala em "aplicação imediata de pena *não* privativa de liberdade"; **B:** incorreta. Isso porque a competência, no âmbito do Juizado Especial Criminal, será determinada, a teor do art. 63 da Lei 9.099/1995, em razão do lugar em que foi *praticada* a infração penal (e não em função do domicílio do autor dos fatos). De ver-se que, quanto isso, dada a imprecisão do termo de que se valeu o legislador ("praticada"), surgiram três teorias a respeito do juiz competente para o julgamento da causa: *teoria da atividade*: é competente o juiz do local onde se verificou a ação ou omissão; *teoria do resultado*: a ação deve ser julgada no local onde se produziu o resultado; e *teoria da ubiquidade*: é considerado competente tanto o juiz do local em que se deu a ação ou omissão quanto aquele do lugar em que se produziu o resultado. Na doutrina e na jurisprudência predominam as teorias da atividade e da ubiquidade; **C:** correta, pois reflete o disposto no art. 73, *caput*, da Lei 9.099/1995; **D:** incorreta. O erro da assertiva reside na parte em que é afirmado que a composição civil *terá eficácia de título a ser executado no juízo criminal competente*. É que, a teor do art. 74, *caput*, da Lei 9.099/1995, a composição civil, depois de homologada, *terá eficácia de título a ser executado no juízo civil competente* (e não no *criminal*); **E:** incorreta, pois contraria o que estabelece o art. 76, § 4º, da Lei 9.099/1995, nestes termos: "(...) o juiz aplicará a pena restritiva de direitos ou multa, que *não* importará em reincidência...".

Gabarito "C".

(Magistratura/RR – 2015 – FCC) A Lei 9.099/1995 tem como princípio inspirador constante de seu artigo 2º a simplicidade e a celeridade, buscando-se, sempre que possível, a conciliação ou a transação.
Nos termos da lei,

(A) a composição dos danos civis tem por objetivo a reparação do dano à vítima, que poderá questionar os termos do acordo em recurso próprio de apelação direcionado à turma recursal.
(B) a composição dos danos civis decorrentes de crime promovido por meio de ação penal privada em nada interfere na propositura desta.
(C) a transação penal, que consiste em aplicação imediata somente de pena restritiva de direitos, poderá ser concedida pelo juiz de ofício.
(D) da transação penal, acolhida pelo autor da infração a proposta e sendo esta aplicada pelo juiz, caberá apelação.
(E) após a audiência preliminar, o não oferecimento da representação por parte da vítima implicará decadência do direito.

A: incorreta, haja vista que "a composição dos danos civis será reduzida a escrito e, homologada pelo juiz mediante sentença irrecorrível, terá eficácia de título a ser executado no juízo civil competente" (art. 74, *caput*, da Lei 9.099/1995); **B:** incorreta, pois em desacordo com o teor do art. 74, parágrafo único, da Lei 9.099/1995, que estabelece que o acordo homologado, neste caso, acarreta a renúncia ao direito de queixa, se privada a ação penal, ou representação, sendo a ação pública condicionada; **C:** incorreta. Prevalece o entendimento segundo o qual é vedado ao magistrado substituir-se ao membro do MP e, ele próprio, de ofício, ofertar a transação penal. Se o promotor se recusar a oferecer a transação penal (veja que ele não pode ser obrigado a tanto), o juiz, discordando, fará com que os autos sejam remetidos ao procurador-geral, aplicando-se, por analogia, o art. 28 do CPP; a Súmula 696, do STF, embora se refira à suspensão condicional do processo, reforça esse posicionamento, que, repita-se, não é unânime; **D:** correta (art. 76, § 5º, Lei 9.099/1995); **E:** incorreta, pois não reflete o disposto no art. 75, parágrafo único, da Lei 9.099/1995.

Gabarito "D".

16. SENTENÇA, PRECLUSÃO E COISA JULGADA

(Juiz de Direito – TJ/RS – 2018 – VUNESP) O juiz, ao proferir sentença condenatória,

(A) poderá deixar de indicar os motivos de fato e de direito em que se funda a decisão, caso não haja divergência entre as partes.
(B) se aditada a denúncia e, em sendo recebido referido aditamento, está adstrito na sua sentença aos termos do aditamento, não podendo considerar a definição jurídica anterior contida na denúncia.
(C) estabelecerá valor máximo para reparação dos danos causados pela infração, considerando os prejuízos sofridos pelo ofendido.
(D) mencionará as circunstâncias agravantes, desde que tenham sido estas requeridas na denúncia ou mesmo em alegações finais.
(E) decidirá de forma resumida sobre a manutenção da prisão preventiva.

A: incorreta, uma vez que ao juiz não é dado, quando da prolação de sentença condenatória, deixar de indicar os motivos de fato e de direito que serviram de fundamento para sua decisão, pouco importando o fato de inexistir divergência entre as partes, conforme estabelecem os arts. 381, III, do CPP e 93, IX, da CF; **B:** correta, porquanto em conformidade com o disposto no art. 384, § 4º, do CPP; **C:** incorreta. A teor do art. 387, IV, do CPP, o juiz, ao proferir sentença condenatória, estabelecerá valor *mínimo* (e não *máximo*) para reparação dos danos causados pela infração, considerando os prejuízos sofridos pelo ofendido; **D:** incorreta, pois, neste caso, o juiz, independentemente de requerimento, mencionará as circunstâncias agravantes (ou atenuantes), na forma estatuída no art. 387, I, CPP; **E:** incorreta. O magistrado, ao prolatar a sentença condenatória, deverá manifestar-se, sempre de *forma fundamentada*, se preso estiver o réu, acerca da necessidade de sua manutenção no cárcere, sempre levando em conta os requisitos do art. 312 do CPP. Ausentes estes, deverá o juiz, ante a desnecessidade da prisão, revogá-la, permitindo ao acusado que aguarde o trânsito em julgado da sentença em liberdade. É o teor do art. 387, § 1º, do CPP, introduzido pela Lei 12.736/2012.

Gabarito "B".

(Juiz – TJ/SP – VUNESP – 2015) Um réu foi condenado à pena de dois anos e quatro meses de reclusão pelo crime de furto mediante fraude, embora ainda no curso da instrução já existissem elementos indicativos de que outra seria a conduta e a definição jurídica do fato delituoso. Em sede de apelação, o Tribunal de Justiça deverá

(A) anular o processo para que haja a modificação da descrição do fato em primeira instância.
(B) absolver o acusado em face do descompasso entre a imputação e a condenação.
(C) determinar vista para que o Ministério Público adite a denúncia, no prazo de 05 dias.
(D) atribuir definição jurídica diversa daquela realizada anteriormente.

O enunciado descreve hipótese de *mutatio libelli*, cuja incidência, conforme entendimento firmado na Súmula 453 do STF, é vedada em segundo grau de jurisdição. Há, aqui, duas possibilidades: ou o tribunal absolve o condenado ou anula o processo. Quanto a isso, é importante que se diga que há divergência na doutrina. No mais, a vedação imposta à incidência da *mutatio libelli* em segundo grau de jurisdição não se aplica à *emendatio libelli*. E por falar nisso, é importante que apontemos a diferença entre esses dois institutos. No campo da *emendatio libelli*, o fato descrito pela acusação na peça inicial permanece inalterado, sem prejuízo, por isso mesmo, para a defesa. A mudança, aqui, incide na classificação da conduta, levada a efeito pela acusação, no ato da propositura da ação, e retificada pelo juiz, de ofício, no momento da sentença, sendo desnecessário, em vista disso, ouvir a esse respeito o defensor. Na *mutatio libelli*, diferentemente, temos que a prova colhida na instrução aponta para uma nova definição jurídica do fato, diversa daquela contida na inicial. Por força do que estabelece o art. 383 do CPP, com a redação que lhe conferiu a Lei de Reforma n. 11.719/2008, impõe-se o aditamento da exordial pelo órgão acusatório, ainda que a nova capitulação jurídica implique aplicação de pena igual ou menos grave. **ED**

Gabarito "B".

(Promotor de Justiça/GO – 2016 – MPE) A sentença autofágica ou de efeito autofágico, como podemos observar em uma das Súmulas do STJ é:

(A) Aquela em que o juiz reconhece que o fato é típico e antijurídico, porém não culpável, ou seja, o crime existe, mas não pode ser reprovado, não se aplicando pena ao réu.
(B) Aquela em que o juiz reconhece a tipicidade formal do delito, mas observa a existência de excludente(s) de antijuridicidade, absolvendo o réu, não existindo o crime.
(C) Aquela em que o juiz reconhece o crime e a culpabilidade do réu, mas julga extinta a punibilidade concreta.
(D) Aquela em que o juiz reconhece a nulidade do processo sem julgamento do mérito, anulando os atos processuais, determinando que se reinicie a instrução processual.

Classificam-se como *autofágicas* as sentenças em que o juiz, a despeito de reconhecer a imputação, declara extinta a punibilidade, tal como se dá com o perdão judicial (Súmula 18, STJ). **ED**

Gabarito "C".

(Promotor de Justiça/SC – 2016 – MPE)
(1) Ao tratar da sentença criminal, prescreve o Código de Processo Penal que, encerrada a instrução probatória, se entender cabível nova definição jurídica do fato, em consequência de prova existente nos autos de elemento ou circunstância da infração penal não contida na acusação, o Ministério Público deverá aditar a denúncia ou queixa, no prazo de 5 (cinco) dias, se em virtude desta houver sido instaurado o processo em crime de ação pública, reduzindo-se a termo o aditamento, quando feito oralmente. Ouvido o defensor do acusado no prazo de 5 (cinco) dias e admitido o aditamento, o juiz, a requerimento de qualquer das partes, designará dia e hora para continuação da audiência, com inquirição de testemunhas, novo interrogatório do acusado, realização de debates e julgamento. Havendo aditamento, cada parte poderá arrolar até 3 (três) testemunhas, no prazo de 5 (cinco) dias.

1: a assertiva, que é verdadeira, descreve o fenômeno da *mutatio libelli*, que é a hipótese em que a prova colhida na instrução aponta para uma nova definição jurídica do fato, diversa daquela contida na inicial. Com o advento da Lei 11.719/2008, que modificou a redação do art. 384 do CPP, se o magistrado entender cabível nova definição jurídica do fato em consequência de prova de elementar ou circunstância não contida na inicial, o aditamento pelo Ministério Público passa a ser obrigatório, ainda que a nova capitulação jurídica implique aplicação de pena igual ou menos grave. No panorama anterior, a participação do Ministério Público não era necessária, ou seja, bastava que o processo baixasse para manifestação da defesa e oitiva de testemunhas. Não devemos confundir a *mutatio libelli* com a *emendatio libelli* (art. 383 do CPP), em que o fato permanece inalterado, sem prejuízo, por isso mesmo, para a defesa. A mudança, aqui (*emendatio libelli*), incide na classificação da conduta, levada a efeito pela acusação, no ato da propositura da ação, e retificada pelo juiz, de ofício, no momento da sentença, sendo desnecessário, em vista disso, ouvir a esse respeito o defensor. **ED**

Gabarito 1C.

(Defensor Público – DPE/RN – 2016 – CESPE) Com relação aos institutos da *emendatio* e da *mutatio libelli*, da sentença e da coisa julgada, bem como aos procedimentos comum e ordinário, aos juizados especiais cíveis e aos crimes dolosos contra a vida, assinale a opção correta.

(A) Situação hipotética: Mauro foi definitivamente condenado pela prática do crime de roubo simples por sentença proferida por juízo estadual absolutamente incompetente. Posteriormente, ele foi novamente condenado pelo mesmo fato, desta feita pelo juízo federal constitucionalmente competente, mas agora a uma pena inferior à anteriormente imposta. Assertiva: Nesse caso, segundo o entendimento do STJ, diante da existência de coisa julgada material, deverá prevalecer a primeira condenação.
(B) Situação hipotética: A DP, representando Jonas, ajuizou queixa-crime imputando ao querelado Antônio a prática do delito de injúria. Todavia, o juiz rejeitou a exordial acusatória. Assertiva: Nesse caso, para impugnar essa decisão, é cabível a interposição de recurso em sentido estrito.
(C) Segundo a jurisprudência do STJ, não é possível a anulação parcial de sentença proferida pelo júri a fim de determinar submissão do réu a novo julgamento somente em relação às qualificadoras, ainda que a decisão dos jurados seja manifestamente contrária à prova dos autos apenas nesse particular.
(D) A figura processual da *mutatio libelli* se presta à correção da equivocada capitulação jurídica dada ao fato criminoso narrado na denúncia, incorretamente classificado pelo MP. Essa providência, ademais, pode ser conduzida pelo próprio magistrado, sem que haja necessidade de aditamento ministerial ou oitiva prévia da defesa, exceto no caso de a modificação ocasionar agravamento na pena do acusado.
(E) Situação hipotética: Paulo foi denunciado pelo crime de furto simples. Devidamente citado, ele ofertou resposta à acusação, alegando não ter sido autor do crime e apresentando documentos. Assertiva: Nessa hipótese, após a oitiva do MP e convencendo-se da procedência dos argumentos lançados pelo acusado, poderá o juiz absolvê-lo sumariamente.

A: incorreta. Conferir: "Na hipótese, o paciente foi dupla e definitivamente condenado pelos mesmos fatos, perante às Justiças Estadual, anteriormente, e Federal, posteriormente. Verifica-se, ainda, que a Justiça Federal era a competente para o processo e julgamento do crime de roubo cometido contra agência dos Correios e Casa Lotérica, consoante o art. 109, inciso IV, da CF, tendo estabelecido, inclusive, *quantum* de pena inferior ao definido pela Justiça Estadual. IV – Assim, muito embora a jurisprudência desta eg. Corte tenha se firmado no sentido de que "A sentença proferida por juízo absolutamente incompetente impede o exame dos mesmos fatos ainda que pela justiça constitucionalmente competente, pois, ao contrário, estar-se-ia não só diante de vedado *bis in idem* como também na contramão da necessária segurança jurídica que a imutabilidade da coisa julgada visa garantir (RHC 29.775/PI, Quinta Turma, Rel. Min. Marco Aurélio Bellizze, DJe de 25/6/2013), tenho que, na hipótese, considerando a situação mais favorável ao paciente, bem como a existência de trânsito em julgado perante à justiça competente para análise do feito, deve ser relativizada a coisa julgada, anulando-se a condenação anterior proferida pela Justiça Estadual, e mantendo-se a condenação proveniente da Justiça Federal, a tornar prevalente a aplicação do princípio fundamental da dignidade da pessoa humana. *Habeas corpus* não conhecido. Liminar cassada. Ordem concedida de ofício para anular a condenação do paciente perante a Justiça Estadual, mantendo-se a condenação pela Justiça Federal" (HC 297.482/CE, Rel. Ministro Felix Fischer, Quinta Turma, julgado em 12.05.2015, DJe 21.05.2015); **B:** incorreta. Sendo a injúria infração penal de menor potencial ofensivo, o seu processamento obedece às regras da Lei 9.099/1995 (procedimento sumaríssimo), cujo art. 82 estabelece que contra a decisão que rejeitar a denúncia ou queixa caberá recurso de apelação (e não recurso em sentido estrito); **C:** correta. Nesse sentido: "Anulação parcial do julgamento pelo tribunal do júri. Determinação de submissão do paciente a novo conselho de sentença apenas no tocante à qualificadora. Impossibilidade. Constrangimento ilegal caracterizado. Concessão da ordem de ofício. 1. É assente nesta Corte Superior de Justiça o entendimento de que não é possível a anulação parcial do julgamento proferido pelo Tribunal do Júri, sendo que o reconhecimento de que a decisão dos jurados foi manifestamente contrária à prova dos autos implica a submissão da íntegra dos fatos à nova apreciação do Conselho de Sentença" (STJ, HC 321.872/RO, Rel. Ministro Leopoldo de Arruda Raposo (Desembargador Convocado do TJ/PE), Quinta Turma, julgado em 20.08.2015, DJe 01.09.2015); **D:** incorreta, já que a proposição descreve o fenômeno da *emendatio libelli*, presente no art. 383 do CPP. Neste caso, deverá o juiz, em obediência à regra contida neste dispositivo, atribuir ao fato a definição jurídica que entender mais adequada, pouco importando se a nova capitulação implicar pena mais grave. Na *mutatio libelli*, diferentemente, temos que a prova colhida na instrução aponta para uma nova definição jurídica do fato, diversa daquela contida na inicial. Por força do que estabelece o art. 383 do CPP, com a redação que lhe conferiu a Lei de Reforma n. 11.719/2008, impõe-se o aditamento da exordial pelo órgão acusatório, ainda que a nova capitulação jurídica implique aplicação de pena igual ou menos grave; **E:** incorreta, pois não se enquadra nas hipóteses do art. 397 do CPP (absolvição sumária).

Gabarito "C".

(Defensor Público – DPE/BA – 2016 – FCC) Sobre os institutos jurídicos da *mutatio libelli* e *emendatio libelli*, é correto afirmar:

(A) O princípio da congruência não permite que o juiz atribua definição jurídica distinta daquela descrita na denúncia quando a nova tipificação prever pena mais severa.
(B) Na hipótese do juiz reconhecer a *emendatio libelli*, poderá, caso a nova figura típica reflita hipótese de furto qualificado tentado, oferecer a suspensão condicional do processo, mesmo que já encerrada a instrução processual, caso o acusado preencha os requisitos previstos na Lei 9.099/1995.
(C) O reconhecimento da *emendatio libelli* perpetua a competência do prolator da decisão para a análise da nova figura típica, independentemente da nova tipificação.
(D) No caso do Ministério Público não aditar a denúncia após ser reconhecida nova definição jurídica do fato em vista de provas existentes nos autos de elementos não contidos na denúncia, deverá o Magistrado, de pronto, julgar improcedente a denúncia originalmente proposta.
(E) Havendo o aditamento da denúncia depois de admitida a *emendatio libelli*, cada parte poderá arrolar até cinco testemunhas para serem ouvidas.

A: incorreta. O acusado, no processo penal, defende-se dos fatos que lhe são imputados, e não da capitulação que é atribuída ao crime na peça acusatória, denúncia ou queixa. Pouco importa, pois, a classificação operada pelo titular da ação penal na exordial. É isso que estabelece o art. 383 do CPP (*emendatio libelli*). Note que o fato, na *emendatio libelli*, permanece inalterado, sem prejuízo, por isso mesmo, para a defesa. A mudança, aqui, incide na classificação da conduta, levada a efeito pela acusação, no ato da propositura da ação, e retificada pelo juiz, de ofício, no momento da sentença, sendo desnecessário, em vista disso, ouvir a esse respeito o defensor, ainda que a pena correspondente ao novo tipo penal seja mais grave; **B:** correta, pois reflete o que estabelece o art. 383, § 1º, do CPP. Neste caso, deverá o juiz cuidar para que seja aberta vista ao MP a fim de que este possa oferecer a proposta de suspensão condicional do processo (art. 89 da Lei 9.099/1995); **C:** incorreta. Não há que se falar em perpetuação de competência no contexto da *emendatio libelli*, já que o magistrado que, no ato da sentença, reconhecer que a nova definição jurídica conferida ao fato o torna incompetente para o julgamento da causa, deverá remeter os autos ao juízo que detém competência para tanto, na forma estatuída no art. 383, § 2º, do CPP; **D:** incorreta. Em vista do que dispõe o art. 384, § 1º, do CPP (que manda aplicar o art. 28 do CPP), o juiz, diante da recusa do promotor em proceder ao aditamento, fará a remessa dos autos ao chefe do Ministério Público, o procurador-geral, que é quem tem atribuição para reavaliar a situação. A partir daí, pode o procurador-geral, em face da provocação do magistrado, designar outro membro do MP para proceder ao aditamento ou ainda insistir no prosseguimento da ação tal como foi proposta, julgando a lide nos termos da imputação contida na denúncia. É vedado ao magistrado, portanto, em face da recusa do MP em proceder ao aditamento, decidir de plano, devendo provocar, como dissemos, a atuação do chefe do *parquet*; **E:** incorreta. Primeiro porque não há aditamento no contexto da *emendatio libelli*. Segundo porque, no campo da *mutatio libelli*, havendo aditamento, cada parte poderá arrolar até 3 testemunhas (art. 384, § 4º, do CPP).

Gabarito "B"

(Juiz de Direito/CE – 2014 – FCC) Na sentença condenatória, o juiz

(A) não precisa fundamentar a necessidade de manutenção de prisão preventiva.
(B) pode reconhecer circunstâncias agravantes, embora nenhuma tenha sido alegada.
(C) pode atribuir ao fato definição jurídica diversa, sem modificar a descrição contida na denúncia ou na queixa, prejudicada a suspensão condicional do processo.
(D) não pode computar o tempo de prisão provisória para fins de determinação do regime inicial de pena privativa de liberdade.
(E) decidirá de pronto, no caso de entender cabível nova definição jurídica do fato, em consequência de prova existente nos autos de elemento ou circunstância da infração não contida na acusação, se o órgão do Ministério Público não proceder ao aditamento.

A: incorreta. O magistrado, ao prolatar a sentença condenatória, deverá manifestar-se, se preso estiver o réu, acerca da necessidade de sua manutenção no cárcere, sempre levando em conta os requisitos do art. 312 do CPP. Ausentes estes, deverá o juiz, ante a desnecessidade da prisão, revogá-la, permitindo ao acusado que aguarde o trânsito em julgado da sentença em liberdade. É o teor do art. 387, § 1º, do CPP, introduzido pela Lei 12.736/2012; **B:** correta, pois em conformidade com o que estabelece o art. 385, segunda parte, do CPP; **C:** incorreta, uma vez que, no âmbito da *emendatio libelli*, é possível, a teor do art. 383, § 1º, do CPP, a incidência da *suspensão condicional do processo* (art. 89, Lei 9.099/1995); **D:** incorreta (art. 387, § 2º, do CPP); **E:** incorreta. Em vista do que dispõe o art. 384, § 1º, do CPP (que manda aplicar o art. 28 do CPP), o juiz, diante da recusa do promotor em proceder ao aditamento, fará a remessa dos autos ao chefe do Ministério Público, o procurador-geral, que é quem tem atribuição para reavaliar a situação. A partir daí, pode o procurador-geral, em face da provocação do magistrado, designar outro membro do MP para proceder ao aditamento ou ainda insistir no prosseguimento da ação tal como foi proposta, julgando a lide nos termos da imputação contida na denúncia. É vedado ao magistrado, portanto, em face da recusa do MP em proceder ao aditamento, decidir de plano, devendo provocar, como dissemos, a atuação do chefe do *parquet*.

Gabarito "B"

(Magistratura/SC – 2015 – FCC) Com relação à sentença penal, é correto afirmar:

(A) Conforme a redação do CPP, ao final da instrução, se o juiz perceber a possibilidade de nova classificação jurídica do fato em virtude de prova nos autos de circunstância ou elemento não contidos na acusação, não havendo aditamento por parte do Ministério Público, deverá cumprir o procedimento previsto no artigo 28 do CPP.
(B) A intimação da sentença penal poderá ser feita tanto na pessoa do defensor quanto na do réu, caso este esteja solto, por expressa disposição do artigo 397, II, CPP, mas os Tribunais Superiores entendem que se a sentença penal for condenatória, ambos deverão ser intimados, e o prazo recursal começará a fluir da primeira intimação.
(C) Em contrarrazões de apelação, se entender cabível nova definição jurídica do fato, em consequência de prova existente nos autos de elemento ou circunstância da infração penal não contida na acusação, o Ministério Público deverá propor o aditamento da denúncia no prazo de cinco dias. Se tal situação ocorrer, o Tribunal deverá intimar o réu para oferecer nova contrarrazões em igual prazo.
(D) Com a reforma processual promovida pela Lei 11.719/2008, consagrou-se a identidade física do juiz no ordenamento processual penal brasileiro, e o juiz que presidiu a instrução deverá proferir a sentença (artigo 399, § 2º do CPP). O STJ tem confirmado a regra, e prestigiado o princípio, pacificando o entendimento de que diante da ausência de outras normas específicas que regulamentem a matéria, deve-se impedir qualquer tipo de mitigação ao dispositivo.
(E) Conforme a redação do CPP, um dos efeitos da sentença condenatória de primeiro grau é a imediata expedição de mandado de prisão, salvo se o juiz permitir ao réu que apele em liberdade. Neste caso, deverá fundamentar sua decisão com base nas evidências dos autos.

A: correta. Em vista do que dispõe o art. 384, § 1º, do CPP (que manda aplicar o art. 28 do CPP), o juiz, diante da recusa do promotor em proceder ao aditamento, fará a remessa dos autos ao chefe do Ministério Público, o procurador-geral, que é quem tem atribuição para reavaliar a situação. A partir daí, pode o procurador-geral, em face da provocação do magistrado, designar outro membro do MP para proceder ao aditamento ou ainda insistir no prosseguimento da ação tal como foi proposta, julgando a lide nos termos da imputação contida na denúncia. É vedado ao magistrado, portanto, em face da recusa do MP em proceder ao aditamento, decidir de plano, devendo provocar, como dissemos, a atuação do chefe do *parquet*; **B:** incorreta. Em primeiro lugar, o dispositivo legal ao qual faz referência a assertiva trata de tema diverso (hipóteses em que tem lugar a absolvição sumária), que nenhuma relação tem com as regras que disciplinam a intimação da sentença. Quanto ao mérito, a proposição está incorreta. Segundo tem entendido o STJ, em homenagem ao princípio da ampla defesa, é necessário que, em se tratando de sentença condenatória, proceda-se à intimação tanto do réu quanto do seu defensor, ainda que aquele não esteja preso. Ademais disso, o prazo recursal, ao contrário do que se afirma na proposição, terá como termo inicial a última intimação. A propósito: "(...) A jurisprudência dos Tribunais Superiores é firme em que, da sentença condenatória, em qualquer caso, devem ser intimados o réu e seu defensor público, dativo ou constituído, aperfeiçoando-se o procedimento de cientificação da decisão com a última das intimações, a partir da qual flui o prazo recursal. A exigência da dupla intimação e a consequente fluência do prazo recursal a partir da última das intimações deve ser utilizada de modo a ampliar a incidência do princípio da ampla defesa, nunca para tolhê-lo, como sói acontecer em casos tais em que o recurso de apelação deixou de ser conhecido por ausência de intimação do réu, sanada, de qualquer modo, na segunda instância (...)" (HC 98.644/BA, Rel. Ministro Hamilton Carvalhido, Sexta Turma, julgado em 27.05.2008, *DJe* 12.08.2008); **C:** incorreta. A assertiva descreve hipótese de *mutatio libelli*, cuja incidência, conforme entendimento firmado na Súmula 453 do STF, é vedada em segundo grau de jurisdição. Vale observar que tal vedação não se aplica no campo da *emendatio libelli*. E por falar nisso, é importante que apontemos a diferença entre esses dois institutos. No campo da *emendatio libelli*, o fato descrito pela acusação na peça inicial permanece inalterado, sem prejuízo, por isso mesmo, para a defesa. A mudança, aqui, incide na classificação da conduta, levada a efeito pela acusação, no ato da propositura da ação, e retificada pelo juiz, de ofício, no momento da sentença, sendo desnecessário, em vista disso, ouvir a esse respeito o defensor. Na *mutatio libelli*, diferentemente, temos que a prova colhida na instrução aponta para uma nova definição jurídica do fato, diversa daquela contida na inicial. Por força do que estabelece o art. 383 do CPP, com a redação que lhe conferiu a Lei de Reforma 11.719/2008, impõe-se o aditamento da exordial pelo órgão acusatório, ainda que a nova capitulação jurídica implique aplicação de pena igual ou menos grave; **D:** incorreta. A Lei 11.719/2008 de fato introduziu no art. 399 do CPP o § 2º, conferindo-lhe a seguinte redação: "O juiz que presidiu a instrução deverá proferir a sentença". O *princípio da identidade física do juiz*, antes exclusivo do processo civil, agora será também aplicável ao processo penal. Como as restrições não foram disciplinadas no Código de Processo Penal, deve-se aplicar, quanto a estas, o que dispõe o art. 132 do CPC: "O juiz, titular ou substituto, que concluir a audiência, julgará a lide, salvo se estiver convocado, licenciado, afastado por qualquer motivo, promovido ou aposentado, caso em que passará os autos ao seu sucessor". Dizemos que este postulado, recém-consagrado no âmbito do processo penal, não tem caráter absoluto na medida em que autoriza exceções no que toca à realização dos atos de instrução. É o caso, por exemplo, da testemunha que reside fora da comarca do juiz processante, cujo depoimento será tomado por outro magistrado, que não aquele que preside a instrução e ao qual caberá proferir a sentença. É importante que se diga que o Novo Código de Processo Civil não contemplou, de forma expressa, o princípio da identidade física do juiz, até então previsto, como dito, no art. 132 do revogado CPC; **E:** incorreta. O art. 393, I, do CPP, antes de a Lei 12.403/2011 operar a sua revogação, estabelecia ser a prisão do réu um dos desdobramentos da sentença penal recorrível. Atualmente, é pacífico o entendimento que a prisão não constitui desdobramento automático da sentença condenatória recorrível. Seria uma antecipação no cumprimento da pena imposta. Hoje, por expressa disposição do art. 387, § 1º, do CPP, o juiz, ao preferir sentença condenatória, deverá justificar eventual manutenção ou decretação da custódia do condenado, calcado, para tanto, nos requisitos da prisão preventiva – art. 312, CPP.

Gabarito "A"

17. NULIDADES

(Defensor Público Federal – DPU – 2017 – CESPE) A respeito dos atos processuais, das nulidades e da atuação do DP no processo penal, julgue os itens que se seguem.

(1) juntada de procuração com poderes especiais é indispensável para que o DP oponha exceção de suspeição do magistrado.
(2) Situação hipotética: Osvaldo, investigado pela Polícia Federal por falsificação de moeda, constituiu um DP para acompanhar o andamento do seu inquérito policial. Remetido o inquérito ao MPF, Osvaldo foi denunciado. O juiz que recebeu a denúncia dispensou o ato citatório, sob o fundamento de que o ora réu já havia constituído representante legal, e determinou a intimação do DP, que compareceu à audiência de instrução e firmou os demais atos processuais até a sentença condenatória, mesmo sem a presença do acusado. Assertiva: Nessa situação, de acordo com o STJ, o magistrado agiu corretamente, na medida em que o réu constituiu patrono antes do

recebimento da denúncia e que todos os atos processuais contaram com a presença do DP, o que afasta a necessidade de citação e a exigência da presença do réu no decurso do processo.

1: correta. De fato, ante o que estabelece o art. 98 do CPP, a exceção de suspeição do magistrado somente poderá ser oposta pelo mandatário da parte se a este forem conferidos poderes especiais para tanto. Se assim não for, a arguição somente poderá ser realizada pela parte; **2:** errada. Isso porque, como é sabido, a ausência de citação do acusado gera nulidade absoluta (art. 564, III, *e*, do CPP). Conferir: "A citação é pressuposto de existência da relação processual e sua obrigatoriedade não pode ser relativizada somente porque o réu constituiu advogado particular quando foi preso em flagrante. O fato de o Juiz ter determinado a juntada, nos autos da ação penal, de cópia da procuração outorgada ao advogado no processo apenso, relacionado ao pedido de liberdade provisória, bem como que o causídico apresentasse resposta à acusação, não supre a falta de citação e nem demonstra, sem o comparecimento espontâneo do réu a nenhum ato do processo, sua ciência inequívoca da denúncia e nem que renunciou à autodefesa. 5. O prejuízo para a ampla defesa foi registrado no acórdão estadual, não havendo falar em violação do art. 563 do CPP. A ampla defesa desdobra-se na defesa técnica e na autodefesa, esta última suprimida do réu, pois não lhe foram oportunizadas diversas possibilidades, tais como a presença em juízo, o conhecimento dos argumentos e conclusões da parte contrária, a exteriorização de sua própria argumentação em interrogatório etc." (REsp 1580435/GO, Rel. Ministro Rogerio Schietti Cruz, Sexta Turma, julgado em 17/03/2016, DJe 31/03/2016). ED

Gabarito 1C, 2E

(Procurador Municipal/SP – VUNESP – 2016) É correto afirmar que
(A) a nulidade ocorrerá por incompetência, suspeição, impedimento ou suborno do juiz.
(B) caberá apelação da decisão que anula o processo da instrução criminal, no todo ou em parte.
(C) a nulidade do julgamento em plenário, em audiência ou em sessão do tribunal, poderá ser arguida logo depois que ocorrer ou por ocasião da interposição do recurso.
(D) a incompetência do juízo anula os atos ordinatórios e decisórios, devendo o processo, quando for declarada a nulidade, ser remetido ao juiz competente.
(E) a nulidade por ilegitimidade do representante da parte poderá ser a todo tempo sanada, mediante ratificação dos atos processuais.

A: incorreta, dado que o ato praticado por juiz impedido é considerado *inexistente*, e não *nulo*; já a incompetência, a suspeição e o suborno levam à nulidade do ato praticado (art. 564, I, CPP); **B:** incorreta. Isso porque tal decisão desafia recurso em sentido estrito, tal como estabelece o art. 581, XIII, do CPP; **C:** incorreta, pois contraria o disposto no art. 571, VIII, do CPP; **D:** incorreta. A incompetência do juízo somente tem o condão de anular os atos *decisórios*; os *ordinatórios* serão mantidos. É o que estabelece o art. 567 do CPP; **E:** correta, pois corresponde ao que estabelece o art. 568 do CPP. ED

Gabarito "E"

(Juiz – TJ/RJ – VUNESP – 2016) Acerca das nulidades processuais e dos vícios procedimentais, assinale a alternativa correta.
(A) As nulidades são divididas conforme a gravidade dos vícios, em relativas e absolutas, sendo a nulidade de ordem absoluta reconhecida ainda que não haja prejuízo.
(B) As nulidades processuais penais sofrem influência da instrumentalidade do processo, não se declarando qualquer tipo de nulidade se não verificado o prejuízo.
(C) A coisa julgada sana todas as hipóteses de nulidades processuais penais.
(D) Segundo a jurisprudência do Superior Tribunal de Justiça, a inversão da ordem das perguntas (art. 212, CPP) não gera nulidade, não implicando afronta ao princípio do contraditório.
(E) A inépcia da acusação só pode ser apreciada na fase do artigo 396, do Código de Processo Penal, não podendo tal análise ser refeita na fase do artigo 397, do Código de Processo Penal, após a resposta à acusação.

A: incorreta. Embora o art. 563 do CPP, que enuncia o princípio do prejuízo, tenha mais incidência no campo das nulidades relativas, em que o prejuízo não é presumido, o STF tem se posicionado no sentido de que tal dispositivo também se aplica às nulidades absolutas, de sorte que, seja a nulidade relativa, seja absoluta, é imperiosa a demonstração de prejuízo. Nesse sentido: "O acórdão recorrido está alinhado à jurisprudência do Supremo Tribunal Federal no sentido de que a demonstração de prejuízo, "a teor do art. 563 do CPP, é essencial à alegação de nulidade, seja ela relativa ou absoluta, eis que (...) o âmbito normativo do dogma fundamental da disciplina das nulidades – *pas de nullité sans grief* – compreende as nulidades absolutas" (HC 85.155/SP, Rel.ª Min. Ellen Gracie). 2. Para chegar a conclusão diversa do acórdão recorrido, seriam necessárias a análise da legislação infraconstitucional pertinente e a reapreciação dos fatos e do material probatório constante dos autos (Súmula 279/STF), procedimentos inviáveis em recurso extraordinário. 3. Agravo interno a que se nega provimento" (ARE 984373 AgR, Relator(a): Min. Roberto Barroso, Primeira Turma, julgado em 14.10.2016, processo eletrônico *DJe*-234 divulg 03.11.2016 public 04.11.2016); **B:** correta. *Vide* comentário à alternativa anterior; **C:** incorreta, uma vez que a nulidade absoluta pode ser alegada e reconhecida a qualquer tempo, mesmo depois do trânsito em julgado; **D:** incorreta. Com as mudanças implementadas no art. 212 do CPP pela Lei de Reforma 11.690/2008, o sistema presidencialista, pelo qual a testemunha, depois de inquirida pelo juiz, respondia,

por intermédio deste, às perguntas formuladas pelas partes, deu lugar ao chamado sistema *cross examination*, atualmente em vigor, segundo o qual as partes passam a dirigir suas indagações às testemunhas sem a intermediação do magistrado, de forma direta, vedados os questionamentos que puderem induzir à resposta, não tiverem relação com a causa ou importarem na resposta de outra já respondida. Ao final da inquirição, se ainda remanescer algum ponto não esclarecido, poderá o juiz complementá-la, formulando à testemunha novas perguntas (art. 212, parágrafo único, do CPP). É por essa razão que se diz que a atividade do juiz é complementar, remanescente à das partes. Pois bem. Surgiu então a questão atinente à consequência que poderia advir da inversão desta ordem. Prevalece hoje o entendimento no sentido de que é relativa a nulidade decorrente do fato de o juiz, no lugar de formular seus questionamentos ao término da oitiva da testemunha, fazê-lo no começo do depoimento, antes, portanto, das perguntas elaboradas pelas partes. E sendo relativa esta nulidade, o seu reconhecimento somente se dará com a arguição oportuna pelo interessado (não pode o juiz decretá-la de ofício), que, se assim não fizer, sujeitar-se-á à preclusão. No STJ: *Conforme a orientação deste Superior Tribunal de Justiça, a inquirição das testemunhas pelo juiz antes que seja oportunizada a formulação das perguntas às partes, com a inversão da ordem prevista no art. 212 do Código de Processo Penal, constitui nulidade relativa* (HC 237.782, Rel. Min. Laurita Vaz, *DJe* de 21.08.2014); **E:** incorreta. O fato de a peça acusatória ter sido recebida não impede que o juiz, em seguida à apresentação da resposta à acusação, reconsidere sua decisão anterior e rejeite a peça inicialmente recebida, desde que presente uma das hipóteses do art. 395 do CPP. ED

Gabarito "B"

(Promotor de Justiça/GO – 2016 – MPE) "Fenício" foi denunciado pela prática de furto simples e o Juiz rejeitou de plano a peça inaugural da *persecutio criminis*, entendendo, *in casu*, que se aplica o princípio da insignificância. Houve interposição de recurso pelo Ministério Público. O Juiz de primeiro grau nomeou defensor dativo ao recorrido para contrarrazoar o recurso. O réu não foi citado da ação penal interposta, devido ao fato de ter sido a Denúncia rejeitada. Diante do texto e do que dispõe o entendimento sumulado pelo STF:

(A) Mesmo não tendo sido o réu intimado pessoalmente para oferecer Contrarrazões, havendo nomeação de advogado dativo que ofereça a peça apropriada, refutando os termos do recurso do Ministério Publico, não há prejuízo ao recorrido e, portanto, não há nulidade absoluta ou relativa.
(B) A nulidade existe, mas é relativa, somente se configurando se houver desídia do defensor dativo, se mostrando ineficiente na defesa do recorrido.
(C) Constitui nulidade a falta de intimação do Denunciado para oferecer contrarrazões ao recurso interposto da rejeição da Denúncia, não a suprindo a nomeação de defensor dativo.
(D) Constitui nulidade a falta de citação do Denunciado para apresentar defesa à Denúncia ofertada. Restará suprida tal nulidade com a nomeação de defensor dativo se a atuação do causídico no feito for sem desídia. Caso contrário, havendo desídia do defensor, a nulidade será absoluta e não relativa.

A solução da questão deve ser extraída da Súmula 707, STF: "Constitui nulidade a falta de intimação do denunciado para oferecer contrarrazões ao recurso interposto da rejeição da denúncia, não a suprindo a nomeação de defensor dativo". ED

Gabarito "C"

(Delegado/MS – 2017 – FAPEMS) Considere que
[...] há na nulidade duplo significado: um indicando o motivo que torna o ato imperfeito, outro que deriva da imperfeição jurídica do ato ou sua inviabilidade jurídica. A nulidade portanto, é, sob um aspecto, vício, sob outro, sanção.

MIRABETE, Júlio Fabbrini. *Código de Processo Penal Interpretado*. 9. ed. São Paulo: Saraiva, 2015, p. 629.

Sobre as nulidades no processo penal, assinale a alternativa correta.
(A) A ausência de intimação do acusado e do seu defensor acerca da data da audiência realizada no juízo deprecado gera nulidade, mesmo que tenha havido intimação da expedição da carta precatória.
(B) É absoluta a nulidade decorrente da inobservância da competência penal por prevenção.
(C) A nulidade por falta de intimação do denunciado para oferecer contrarrazões ao recurso interposto da rejeição da denúncia pode ser suprida com a nomeação de defensor dativo.
(D) A nulidade por ilegitimidade do representante é insanável.
(E) Alegações genéricas de nulidade processual, desprovidas de demonstração da existência de prejuízo à parte, não podem dar ensejo à invalidação da ação penal.

A: incorreta, pois não corresponde ao entendimento firmado na Súmula 273, do STJ; **B:** incorreta, uma vez que não reflete o entendimento sufragado na Súmula 706, do STF; **C:** incorreta, pois em desconformidade com o entendimento firmado por meio da Súmula 707, do STF; **D:** incorreta, pois não reflete o disposto no art. 568 do CPP; **E:** correta. O art. 563 do CPP enuncia o *princípio do prejuízo* (*pas de nullité sans grief*), segundo o qual, em se tratando de *nulidade relativa*, em que o prejuízo não é presumido, é necessário, para se decretar a nulidade do ato, verificar se o mesmo gerou efeitos prejudiciais. ED

Gabarito "E"

(Juiz de Direito/MG – 2014) No que se refere às nulidades no processo penal, assinale a alternativa **INCORRETA**.

(A) A nulidade por ilegitimidade do representante da parte não poderá ser sanada, mediante a ratificação dos atos processuais, impondo-se a renovação dos atos processuais praticados pelo representante ilegítimo.
(B) A falta ou nulidade da citação do acusado fica sanada quando ele comparece em juízo antes da consumação do ato, mesmo que declare que o faz para o único fim de suscitar tal nulidade.
(C) Conforme entendimento jurisprudencial majoritário, a nulidade pertinente ao conteúdo dos debates no Tribunal do Júri, prevista no Artigo 478 do CPP, é relativa, fazendo-se necessário, para a sua configuração, a demonstração da ocorrência de prejuízo.
(D) A prova declarada inadmissível deve ser desentranhada e inutilizada, após preclusão da decisão respectiva, podendo as partes acompanhar o incidente.

A: assertiva incorreta, devendo ser assinalada. Segundo reza o art. 568 do CPP, a nulidade decorrente de ilegitimidade do representante da parte pode ser a todo tempo sanada, mediante ratificação dos atos processuais; **B:** assertiva correta, nos termos do art. 570 do CPP; **C:** assertiva correta. Nesse sentido, conferir: "Processo penal. Tribunal do júri. *Habeas corpus*. Exibição de DVD em plenário. Ausência de perícia. Nulidades não configuradas. Suposta violação ao art. 478, I, do CPP, por menção a *habeas corpus*. Inocorrência. Utilização de documento em *power point*. Vilipêndio ao art. 479 do CPP. Não configurado. Ausência de prejuízo. Princípio *pas de nullité sans grief*. 1. Havendo relação dos fatos com a mídia exibida perante o Tribunal do Júri, não se há falar em sua impertinência. 2. Ao juiz é dado negar o pedido de perícia requerida pelas partes quando não se mostrar necessária ao esclarecimento da verdade, salvo o caso de exame de corpo de delito, conforme preceitua o art. 184 do CPP. 3. A alegação de ilicitude da interceptação telefônica efetuada no corpo da questionada reportagem, não foi objeto de insurgência a tempo e modo, pelo menos a esse respeito não há notícia nos autos, não cabendo aqui se examinar a matéria jornalística que não foi objeto de apreciação pelas instâncias ordinárias, por constituir supressão de instância. 4. Não configura vilipêndio ao artigo 479 do CPP o fato de o Representante do Ministério Público ter utilizado a apresentação em plenário de peças processuais em *power point*. Tais peças processuais já se encontravam nos autos antes mesmo da sentença de pronúncia, não constituindo documentos novos de modo a exigir a antecedência de 3 dias úteis para sua utilização em plenário. 5. O organograma nada mais é que um roteiro, conferindo maior clareza à exposição dos fatos constantes dos autos, o qual, por óbvio, não configura documento, não sendo necessária assim, a observância de antecedência de 3 dias úteis para a sua juntada e ciência à parte contrária (art. 479, parágrafo único). 6. A utilização de recurso de informática, como o *power point*, ou a exibição de organograma explicitando de forma sucinta os acontecimentos vislumbrados durante a marcha processual, no plenário, constitui exercício de liberdade de manifestação, de modo a facilitar a intelecção do Conselho de Sentença, não configurando ofensa ao contraditório. 7. Não constitui desrespeito ao artigo 478, I, do CPP o Representante do Ministério Público ter feito menção em Plenário ao fato de o acórdão proferido no HC 152597/MS ter determinado que a decisão proferida no Recurso em Sentido Estrito ficasse lacrada nos autos, não havendo nulidade a ser sanada. 8. Ainda que nulidade houvesse, seria relativa, a demandar prova do efetivo prejuízo à defesa, em respeito ao consagrado princípio *pas de nullité sans grief*, expressamente previsto no art. 563 do CPP, *munus* de que a defesa não se desincumbiu. 9. Ordem parcialmente conhecida, e, nessa extensão, denegada por não haver nulidade a ser reparada." (HC 201000949308, Alderita Ramos de Oliveira (desembargadora convocada do TJ/PE), STJ – Sexta Turma, *DJe* 27.08.2012); **D:** assertiva correta, nos termos do art. 157, § 3º, do CPP.
Gabarito "A".

(Juiz de Direito/PA – 2014 – VUNESP) Acusado não é intimado para contrarrazoar recurso interposto pelo Ministério Público contra decisão que rejeitou a denúncia. De acordo com o entendimento sumulado pelo STF (súmula 707):

(A) apenas haverá nulidade se constatado prejuízo, sendo este presumido se o recurso ministerial for julgado procedente.
(B) não há nulidade se houver nomeação de defensor dativo, sendo que eventual deficiência da defesa apenas gera nulidade se causar prejuízo.
(C) deve-se aguardar o julgamento do recurso e, somente em caso de procedência e prejuízo, há de ser decretada nulidade.
(D) a ausência de intimação constitui nulidade, mesmo que tenha sido nomeado defensor dativo.
(E) não há nulidade, uma vez que a relação processual só se aperfeiçoa com o recebimento da denúncia e a citação do acusado.

Súmula 707, STF: "Constitui nulidade a falta de intimação do denunciado para oferecer contrarrazões ao recurso interposto da rejeição da denúncia, não a suprimindo a nomeação de defensor dativo"
Gabarito "D".

(Juiz de Direito/RJ – 2014 – VUNESP) Nos exatos termos do quanto determina o art. 564 do CPP, acarreta a nulidade do processo que chega a termo com sentença condenatória a ausência

(A) de interrogatório, em qualquer situação.
(B) de representação da vítima, no crime de lesão corporal culposa.
(C) de pedido condenatório, em ação pública incondicionada.
(D) do exame de corpo de delito, no crime de homicídio doloso.

A: incorreta. Somente gerará nulidade a falta de interrogatório do réu presente (art. 564, III, *e*, do CPP); se ausente estiver, a ausência de interrogatório, desde que tenha sido citado e lhe tenha sido assegurada defesa técnica, não ensejará nulidade; **B:** correta. A teor do art. 88 da Lei 9.099/1995, impõe-se, ao exercício da ação penal nos crimes de lesão corporal leve e culposa, o oferecimento de representação, cuja ausência implicará nulidade absoluta do processo, nos termos do art. 564, III, *a*, do CPP; **C:** incorreta, pois tal ausência não gera nulidade; **D:** incorreta, nos termos do art. 564, III, *b*, do CPP. Em regra, o exame de corpo de delito, nos crimes que deixam vestígios, é indispensável, como é o caso do homicídio. Entretanto, há casos em que tais vestígios, por alguma razão, desaparecem, tornando inviável a elaboração do exame de corpo de delito. Neste caso, este exame poderá ser substituído por prova testemunhal (art. 167, CPP).
Gabarito "B".

(Promotor de Justiça/MG – 2014) Segundo os Tribunais Superiores e posição doutrinária dominante, uma denúncia, sabidamente autêntica, que não contém a assinatura do Promotor de Justiça, é:

(A) Absolutamente nula.
(B) Formalmente correta.
(C) Inexistente.
(D) Meramente irregular.

É necessário que a denúncia contenha a identificação do membro do Ministério Público e sua assinatura, sob pena de inexistência do ato, que, entretanto, somente será reconhecida na hipótese de ser impossível a identificação do autor da peça. A mera ausência de assinatura, se identificável seu autor, não pode levar à inexistência do ato, sendo considerada mera irregularidade. A propósito, a opinião de Guilherme de Souza Nucci: "Falta de assinatura na denúncia ou na queixa: quanto à denúncia, tendo em vista que o representante do Ministério Público é órgão oficial, conhecido – ou passível de sê-lo – dos serventuários, e, consequentemente, terá vista aberta para sua manifestação, a falta de assinatura é mera irregularidade, não impedindo o seu recebimento, especialmente se for imprescindível para evitar a prescrição (...)" (*Código de Processo Penal Comentado*, 12. ed., p. 172).
Gabarito "D".

(Delegado/RO – 2014 – FUNCAB) No estudo das nulidades, a doutrina converge no sentido de reconhecer a aplicabilidade do princípio da instrumentalidade das formas, a viabilizar o não reconhecimento da nulidade pelo juízo quando, em uma análise prévia, verifica a incidência de medidas sanatórias (ou de convalidação), possibilitando a preservação do ato viciado (praticado em desconformidade com o modelo legal) como válido. Qual é a medida sanatória que supre a irregularidade da citação?

(A) O suprimento
(B) O comparecimento
(C) A ratificação
(D) A preclusão
(E) A retificação

Art. 570 do CPP: "A falta ou a nulidade da citação, da intimação ou notificação estará sanada, desde que o interessado compareça, antes de o ato consumar-se, embora declare que o faz (...)"
Gabarito "B".

(Delegado/SP – 2014 – VUNESP) Segundo o princípio da *pas de nullité sans grief*,

(A) não há diferença entre nulidades absolutas e relativas.
(B) no processo penal há prevalência do interesse do réu.
(C) nenhum ato será declarado nulo, se da nulidade não resultar prejuízo.
(D) o réu tem direito de ser julgado por um juiz previamente determinado por lei.
(E) é garantida publicidade aos atos processuais, sob pena de nulidade.

O art. 563 do CPP enuncia o *princípio do prejuízo* (*pas de nullité sans grief*), segundo o qual, em se tratando de *nulidade relativa*, em que o prejuízo não é presumido, é necessário, para se decretar a nulidade do ato, verificar se o mesmo gerou efeitos prejudiciais.
Gabarito "C".

(Magistratura/SC – 2015 – FCC) Com relação às nulidades e ao Tribunal do Júri, analise as seguintes assertivas:

I. Ao julgar apelação interposta pelo Ministério Público com fundamento no artigo 593, III, *d*, o Tribunal de Justiça submeteu o réu a novo Júri, cujos elementos probantes foram colhidos em audiência em que um falso advogado (sem curso de direito e não inscrito a Ordem dos Advogados do Brasil) atuara como defensor. Neste caso, há efetivo prejuízo causado à parte, conforme já decidiu o STF.
II. O excesso de linguagem reconhecido acarreta a anulação da decisão de pronúncia ou do acórdão que incorreu no mencionado vício. Assim, conforme já decidiu o STF, deverá ser providenciado o desentranhamento e envelopamento da respectiva peça processual, para evitar que o jurado tenha acesso à tal peça processual.
III. A norma especial contida no art. 448 do Código de Processo Penal veda expressamente a participação de marido e mulher no mesmo conselho de sentença. Contudo, conforme já decidiu o STF, realizado o sorteio dos jurados na forma e com a antecedência exigidas pela legislação, eventual arguição de suspeição ou impedimento deve ser feita em Plenário, sob pena de preclusão.

IV. A jurisprudência do STF está assentada no sentido de que o pleito de desclassificação de crime, por se tratar de matéria exclusivamente de direito, pode ser pleiteada pela via do *habeas corpus* por não demandar aprofundado exame do conjunto fático probatório da causa, mas sim mera revaloração.

V. O não oferecimento das alegações finais em procedimento da competência do Tribunal do Júri, intimadas regularmente acusação e da defesa, gera nulidade absoluta, conforme já decidiu o STF.

É correto o que se afirma APENAS em

(A) III e V.
(B) I, II e III.
(C) I e II.
(D) I e III.
(E) III, IV e V.

I: correta. Nesse sentido: "Recurso ordinário em *habeas corpus*. Recorrente defendido por profissional não inscrito na ordem dos advogados do Brasil. Prejuízo à defesa técnica evidente. Nulidade da ação penal. 1. Nos termos do art. 4º da Lei 8.906/1994, são nulos todos os atos privativos de advogado praticados por pessoa não inscrita na Ordem dos Advogados do Brasil. Precedentes. 2. A decisão do Tribunal de Justiça que submeteu o recorrente a novo Júri baseou-se em elementos probantes colhidos em audiência em que o falso advogado atuara como defensor, o que demonstra o efetivo prejuízo causado à parte. 3. Recurso ordinário provido" (RHC 119900, rel. Min. Teori Zavascki, Segunda Turma, julgado em 05.05.2015, *DJe* 20.05.2015); II: incorreta. Conferir: "(...) Desentranhamento e envelopamento do ato viciado. Impossibilidade. Anulação, como consectário lógico. 1. O excesso de linguagem posto reconhecido acarreta a anulação da decisão de pronúncia ou do acórdão que incorreu no mencionado vício; e não o simples desentranhamento e envelopamento da respectiva peça processual, sobretudo em razão de o parágrafo único do artigo 472 do CPP franquear o acesso dos jurados a elas, na linha do entendimento firmado pela Primeira Turma desta Corte no julgamento de questão semelhante aventada no HC n. 103.037, Rel. Min. Cármen Lúcia, restando decidido que o acórdão do Superior Tribunal de Justiça "... representa não só um constrangimento ilegal imposto ao Paciente, mas também uma dupla afronta à soberania dos veredictos do júri, tanto por ofensa ao Código de Processo Penal, conforme se extrai do art. 472, alterado pela Lei 11.689/2008, quanto por contrariedade ao art. 5º, XXXVIII, alínea 'c', da Constituição da República". 2. *In casu*, o Superior Tribunal de Justiça reconheceu no acórdão proferido nos autos do recurso em sentido estrito qual o excesso de linguagem apto a influenciar o ânimo dos jurados; todavia, em vez de anular o ato judicial viciado, apenas determinou o seu desentranhamento, envelopamento e a certificação de que o paciente estava pronunciado. 3. *Habeas corpus* extinto, por ser substitutivo de recurso ordinário; ordem concedida, de ofício, para anular o acórdão proferido nos autos do recurso em sentido estrito, a fim de que outro seja prolatado sem o vício do excesso de linguagem" (STF, HC 123.311, 1ª Turma, rel. Min. Luiz Fux, julgado em 24.03.2015); III: correta. Nesse sentido: "(...) A norma especial contida no art. 448 do Código de Processo Penal veda expressamente a participação de marido e mulher no mesmo conselho de sentença. 4. Realizado o sorteio dos jurados na forma e com a antecedência exigidas pela legislação, eventual arguição de suspeição ou impedimento deve ser feita em Plenário, sob pena de preclusão. Precedentes. 5. As nulidades do julgamento devem ser arguidas em Plenário, logo depois que ocorrerem, sob pena de preclusão. 6. Ordem denegada" (HC 120746, rel. Min. Roberto Barroso, Primeira Turma, julgado em 19.08.2014, DJe 02.09.2014); IV: incorreta. Conferir: "(...) Na mesma linha de entendimento, conforme assentado pela jurisprudência desta Suprema Corte, o pedido de desclassificação da conduta criminosa também implica "revolvimento do conjunto fático-probatório da causa, o que, como se sabe, não é possível nesta via estreita do *habeas corpus*, instrumento que exige a demonstração de direito alegado de plano e que não admite dilação probatória" (HC 118.349/BA, Rel. Min. Ricardo Lewandowski, 2ª Turma, *DJe* 07.5.2014). 3. Ordem de *habeas corpus* denegada" (HC 123.424/MG, Rel. Min. Rosa Weber, 1ª Turma, julgado em 07.10.2014); V: incorreta. Conferir: "(...) Esta Suprema Corte, inclusive, já assentou que, até mesmo o não oferecimento das alegações finais em procedimento da competência do Tribunal do Júri constitui adequada tática da acusação e da defesa de deixarem os argumentos de que dispõem para a apresentação em plenário, ocasião em que poderão surtir melhor efeito, por não serem previamente conhecidos pela parte adversária. Precedentes (HC 74.631/SP, Segunda Turma, da relatoria do Ministro Maurício Corrêa, DJ de 20.06.1997; HC 92.207/AC, Primeira Turma, Relatora a Ministra Cármen Lúcia, DJe de 26.10.2007). 4. Habeas Corpus denegado" (STF, HC 108.951, 1ª Turma, rel. Min. Dias Tofolli, julgado em 08.05.2012).

Gabarito "D".

18. RECURSOS

(Juiz de Direito – TJ/RS – 2018 – VUNESP) Assinale a alternativa correta em relação às assertivas a seguir.

(A) Caberá recurso em sentido estrito da decisão que julgar o incidente de falsidade.
(B) A revisão criminal não poderá ser requerida após a extinção da pena.
(C) Nos crimes de competência do Tribunal do Júri, ou do juiz singular, se da sentença não for interposta apelação pelo Ministério Público no prazo legal, o ofendido ou qualquer das pessoas enumeradas no art. 31, do CPP, ainda que não se tenha habilitado como assistente, poderá interpor apelação com efeito suspensivo.
(D) Não há mais previsão legal do recurso então chamado "Carta Testemunhável".
(E) No julgamento das apelações, não poderá o tribunal, câmara ou turma proceder a novo interrogatório do acusado.

A: correta, uma vez que retrata hipótese em que tem lugar a interposição de recurso em sentido estrito (art. 581, XVIII, do CPP); **B:** incorreta, na medida em que a revisão poderá ser requerida a qualquer tempo, antes ou mesmo depois de extinta a pena (art. 622, *caput*, do CPP); **C:** incorreta, já que a apelação, neste caso, não terá efeito suspensivo (art. 598, *caput*, do CPP); **D:** incorreta. A chamada *carta testemunhável*, que se presta a provocar o conhecimento ou o processamento de outro recurso para tribunal de instância superior, permanece em vigor nos arts. 639 e seguintes do CPP. Possivelmente o examinador quis confundir com o *protesto por novo júri*, recurso que deixou de existir a partir da revogação dos arts. 607 e 608 do CPP pela Lei 11.689/2008; **E:** incorreta, dado que, nos julgamentos das apelações, poderá, sim, o tribunal, câmara ou turma, se assim entender necessário, proceder a novo interrogatório, reinquirir testemunhas ou ainda determinar outras diligências (art. 616, CPP).

Gabarito "A".

(Defensor Público – DPE/PR – 2017 – FCC) Da decisão que indeferir prisão preventiva caberá

(A) correição parcial.
(B) carta testemunhável.
(C) agravo em execução.
(D) *habeas corpus*.
(E) recurso em sentido estrito.

Uma vez indeferido o pedido de prisão preventiva, formulado pelo MP ou por ele endossado, deverá a acusação valer-se, para combater esta decisão, do recurso em sentido estrito, conforme prevê o art. 581, V, do CPP. Cuidado: da decisão que decreta a prisão preventiva do investigado/acusado não cabe recurso, mas tão somente a impetração de HC, desde que evidenciada a ofensa à liberdade de locomoção.

Gabarito "E".

(Defensor Público – DPE/PR – 2017 – FCC) O recurso cabível da decisão que indeferir o pedido de restituição de coisa apreendida é

(A) Mandado de Segurança.
(B) recurso em sentido estrito.
(C) correição parcial.
(D) agravo em execução.
(E) apelação.

A decisão judicial que resolve (com procedência ou improcedência) questão incidental de restituição de coisa apreendida tem natureza definitiva, o que desafia recurso de apelação, nos termos do art. 593, II, do CPP. Nesse sentido, conferir: "A decisão agravada encontra-se em consonância com o entendimento deste Tribunal Superior, no sentido de ser incabível o manejo de Mandado de Segurança contra ato jurisdicional que manteve decisão de bloqueio de valores da conta do recorrente, por tratar-se de decisão definitiva que, apesar de não julgar o mérito da ação, coloca fim ao procedimento incidente. 2. O procedimento adequado para a restituição de bens é o incidente legalmente previsto para este fim, com final apelação, recurso inclusive já interposto pelo recorrente, sendo incabível a utilização de Mandado de Segurança como sucedâneo do recurso legalmente previsto" 3. Agravo regimental improvido" (AgRg no RMS 51.299/DF, Rel. Ministro Nefi Cordeiro, Sexta Turma, julgado em 15/09/2016, DJe 26/09/2016).

Gabarito "E".

(Defensor Público – DPE/SC – 2017 – FCC) É cabível a interposição de embargos infringentes e de nulidade em face de

(A) decisão que denega pedido de revisão criminal por maioria.
(B) acórdão não unânime que julga improcedente recurso em sentido estrito interposto pela defesa para reconhecer a extinção da punibilidade do réu.
(C) acórdão que julga improcedente agravo em execução interposto pelo Ministério Público contra decisão que concedeu indulto ao sentenciado.
(D) decisão não unânime que julga apelação em processo de competência do Juizado Especial Criminal.
(E) decisão não unânime do Tribunal de Justiça que denega *habeas corpus*.

Os embargos infringentes, recurso exclusivos da *defesa*, somente podem ser opostos quando a decisão desfavorável ao réu, em segunda instância, não for unânime (decisão plurânime) – art. 609, parágrafo único, CPP; só podem ser opostos em sede de apelação, recurso em sentido estrito e agravo em execução (não cabe no *habeas corpus*). De ver-se que não é consenso na doutrina e na jurisprudência o emprego dos embargos no âmbito do agravo em execução.

Gabarito "B".

(Defensor Público – DPE/SC – 2017 – FCC) Sobre os recursos no processo penal:

(A) A apresentação de razões de apelação pela defesa fora do prazo legal impede o conhecimento do recurso, ainda que tempestivamente interposto.
(B) O órgão do Ministério Público pode renunciar ao recurso de apelação, a despeito da indisponibilidade da ação penal pública.
(C) É cabível mandado de segurança para conferir efeito suspensivo a recurso em sentido estrito interposto contra decisão que concede prisão domiciliar à acusada.
(D) Com o advento do Novo Código de Processo Civil entende-se que não mais existe o juízo de retratação no recurso em sentido estrito.

(E) Conforme a jurisprudência do Superior Tribunal de Justiça é cabível a interposição de recurso ordinário em *habeas corpus* em face de acórdão que julga procedente recurso em sentido estrito da acusação.

A: incorreta. Conferir: "Pacificou-se nesta Corte Superior de Justiça e no Supremo Tribunal Federal o entendimento de que a apresentação tardia das razões recursais configura simples irregularidade, que não tem o condão de tornar intempestivo o apelo oportunamente interposto. 2. No caso dos autos, conquanto a defesa tenha interposto o recurso de apelação dentro do prazo legal, verifica-se que o reclamo não foi conhecido pelo Tribunal de origem sob o argumento de que as respectivas razões teriam sido apresentadas extemporaneamente, o que revela a coação ilegal a que está sendo submetido o paciente, cuja insurgência deixou de ser examinada em decorrência de uma mera irregularidade" (HC 358.217/RS, Rel. Ministro Jorge Mussi, Quinta Turma, julgado em 23/08/2016, DJe 31/08/2016); **B:** correta. Nada obsta que o MP renuncie ao direito de recorrer; o que não se admite é que o órgão acusador, depois de interpor o recurso, desista de dar-lhe seguimento. É o que estabelece o art. 576 do CPP, que enuncia o princípio da indisponibilidade. De igual forma e com base nesse mesmo princípio, não é dado ao MP desistir da ação que haja proposto (art. 42, CPP); **C:** incorreta. Conferir: "No sistema recursal processual penal, a destinação de efeito suspensivo obedece a uma lógica que presta reverência aos direitos e garantias fundamentais, iluminada pelo devido processo legal. Nesse contexto, segundo a jurisprudência desta Corte, revela constrangimento ilegal o manejo de mandado de segurança para se restabelecer constrição em desfavor do indivíduo, na pendência de irresignação interposta, qual seja, recurso em sentido estrito" (HC 348.486/SP, Rel. Ministra Maria Thereza de Assis Moura, Sexta Turma, julgado em 17/03/2016, DJe 31/03/2016); **D:** incorreta, dado que o NCPC em nada alterou a possibilidade de o juiz retratar-se da decisão combatida em sede de recurso em sentido estrito (art. 589, CPP); **E:** incorreta. Conferir: "É inadequada a interposição de recurso ordinário em *habeas corpus* contra acórdão que julga o recurso em sentido estrito interposto na origem, tendo em vista que o ordenamento jurídico estabelece via recursal própria para a insurgência manifestada na hipótese, nos termos do artigo 105, inciso III, da Constituição Federal" (RHC 45.899/SP, Rel. Ministro Jorge Mussi, Quinta Turma, julgado em 16/12/2014, DJe 03/02/2015). Gabarito "B".

(Procurador do Estado – PGE/BA – CESPE – 2014) Julgue o item subsequente, no que se refere aos recursos no processo penal brasileiro.

(1) Contra a decisão que recebe a denúncia cabe recurso em sentido estrito.

1: incorreta. É que da decisão que recebe a denúncia ou queixa não cabe qualquer recurso. Cabe, isto sim, da decisão que a rejeita (não recebe), na forma do art. 581, I, CPP. Registre-se que, no caso de recebimento da inicial, é possível, no entanto, a impetração de *habeas corpus*. Gabarito 1E.

(Promotor de Justiça/SC – 2016 – MPE)

(1) Caberá recurso, no sentido estrito, da decisão que concluir pela competência do juízo. Neste caso, o recurso, que poderá ser interposto no prazo de 5 (cinco) dias, não terá efeito suspensivo.

1: a decisão que concluir pela *competência* do juízo não comporta recurso; no entanto, sendo a decisão flagrantemente ilegal, poderá aquele que se julgar prejudicado impetrar *habeas corpus*. De ver-se que, embora não haja recurso contra a decisão que conclui pela competência do juízo, tal não ocorre em relação àquela que conclui pela *incompetência do juízo*, que pode ser combatida por meio de recurso em sentido estrito (art. 581, II, do CPP). Gabarito 1E.

(Promotor de Justiça – MPE/AM – FMP – 2015) Quanto aos recursos em matéria criminal, assinale a alternativa incorreta.

(A) De acordo com o Código de Processo Penal, no caso de o recurso em sentido estrito ser encaminhado ao juízo "ad quem" por instrumento, a parte recorrente indicará, no respectivo termo, ou em requerimento avulso, as peças dos autos de que pretenda traslado.
(B) O recurso da pronúncia deverá subir em traslado, desde que, havendo dois ou mais réus, qualquer deles se conformar com a decisão ou todos não tiverem sido ainda intimados da pronúncia.
(C) A carta testemunhável será requerida nas quarenta e oito horas seguintes ao despacho que denegar o recurso, indicando o requerente as peças do processo que deverão ser trasladadas.
(D) Da decisão que incluir jurado na lista geral ou desta o excluir, caberá recurso em sentido estrito, no prazo de 05 dias.
(E) No julgamento das apelações, poderá o tribunal, câmara ou turma, de ofício ou mediante requerimento, proceder a novo interrogatório do acusado, reinquirir testemunhas ou determinar outras diligências.

A: correta (art. 587, *caput*, do CPP); **B:** correta (art. 583, parágrafo único, do CPP); **C:** correta (art. 640 do CPP); **D:** incorreta. Neste caso, o prazo para interposição do recurso em sentido estrito é diferenciado: 20 dias, contado da data da publicação definitiva da lista de jurados, nos termos do art. 586, parágrafo único, CPP; **E:** correta (art. 616, CPP). Gabarito "D".

(Promotor de Justiça – MPE/MS – FAPEC – 2015) Assinale a alternativa **incorreta**:
(A) A decisão que concede reabilitação está sujeita ao reexame necessário.
(B) Contra a decisão do juiz que não admitir o assistente de acusação caberá, em tese, mandado de segurança.
(C) O agravo é o recurso subsidiário pelo qual se procede ao reexame da decisão do juiz, em matérias específicas previstas na lei, permitindo-se-lhe novo pronunciamento antes do julgamento pela instância superior.
(D) Não se admitem embargos infringentes contra decisões proferidas pelas Turmas Recursais dos Juizados Especiais Criminais.
(E) Segundo o Supremo Tribunal Federal, o *Habeas Corpus* não pode ser utilizado como sucedâneo de recurso para discutir questões alheias à liberdade individual.

A: correta (art. 746, CPP); **B:** correta, pois, embora o art. 273 do CPP estabeleça que descabe recurso em face da decisão que não admitir o assistente, doutrina e jurisprudência pacíficas entendem que, dessa decisão, cabe a impetração de mandado de segurança; **C:** incorreta (art. 1.042 do novo CPC); **D:** correta. De fato, conforme vem entendendo a jurisprudência, não são admitidos embargos infringentes contra decisões proferidas pelas Turmas Recursais dos Juizados Especiais Criminais; **E:** correta. Conferir: "1. No art. 5º, inc. LXVIII, da Constituição da República, condiciona-se a concessão *do habeas corpus* às situações nas quais alguém sofra ou esteja ameaçado de sofrer violência ou coação na liberdade de locomoção, por ilegalidade ou abuso de poder. 2. A questão posta a exame na ação restringe-se à apreciação de item processual analisado pela autoridade tida como coatora, revelando-se utilização do *habeas corpus* como sucedâneo recursal, para julgamento de situações estranhas à liberdade de locomoção. Discute-se, na espécie vertente, a decisão do Superior Tribunal de Justiça pela qual se concluiu ausente pressuposto de admissibilidade recursal. Tal matéria não se comporta em sede de *habeas corpus*. Precedentes. 3. O Relator, com fundamento no art. 21, § 1º, do Regimento Interno deste Supremo Tribunal Federal, pode negar seguimento ao *habeas corpus* manifestamente inadmissível, improcedente ou contrário à jurisprudência dominante, embora sujeita a decisão a agravo regimental. 4. Agravo regimental ao qual se nega provimento" (HC 129822 AgR, Relator(a): Min. Cármen Lúcia, Segunda Turma, julgado em 06.10.2015, Processo eletrônico *dje*-209 divulg 19.10.2015 public 20.10.2015). Gabarito "C".

(Promotor de Justiça – MPE/MS – FAPEC – 2015) Assinale a alternativa **correta**:
(A) Caberá recurso em sentido estrito da decisão que decidir sobre unificação de penas.
(B) A carta testemunhável, como regra, tem efeito suspensivo.
(C) A extensão da apelação mede-se pelas razões, sendo facultado ao apelante, quando da sua apresentação, ampliar o seu âmbito ou alterar a pretensão, desde que respeitado o prazo legal.
(D) Mesmo que fundada em novas provas, não se admite a reiteração do pedido de revisão criminal.
(E) Compete à turma recursal, e não ao Tribunal de Justiça, processar e julgar mandado de segurança contra ato de Juizado Especial.

A: incorreta. O recurso cabível é o *agravo em execução* (art. 197 da LEP); **B:** incorreta (art. 646, CPP); **C:** incorreta, segundo entendimento firmado por meio da Súmula 713, do STF, que tem incidência no contexto do Tribunal do Júri; **D:** incorreta, pois contraria o disposto no art. 622, parágrafo único, do CPP; **E:** correta, pois reflete o entendimento sedimentado na Súmula 376, do STJ. Gabarito "E".

(Delegado/AP – 2017 – FCC) Sobre os recursos no processo penal, é correto afirmar:
(A) Por falta de capacidade postulatória, é vedada a interposição de recurso pelo réu.
(B) Em caso de indeferimento de representação por prisão preventiva feita por autoridade policial, o Delegado de Polícia poderá interpor recurso em sentido estrito.
(C) É cabível protesto por novo júri em caso de condenação superior a 20 anos.
(D) Os embargos infringentes e de nulidade são exclusivos da defesa.
(E) O regime de celeridade e informalidade do Juizado Especial Criminal é compatível com a impossibilidade de embargos de declaração nos casos submetidos à sua jurisdição.

A: incorreta, pois não reflete o disposto no art. 577, *caput*, do CPP; **B:** incorreta. Uma vez não acolhida a representação, formulada pela autoridade policial, para decretação da prisão preventiva, nada há a ser feito pelo delegado, que carece de legitimidade para se insurgir contra a decisão judicial, com a interposição de recurso em sentido estrito; **C:** incorreta. Os arts. 607 e 608 do CPP, que disciplinavam o *protesto por novo júri*, foram revogados pela Lei 11.689/2008, de tal sorte que tal recurso não mais está previsto no nosso ordenamento jurídico; **D:** correta. De fato, os embargos infringentes e de nulidade são recursos exclusivos da *defesa* que serão opostos quando a decisão desfavorável ao réu, em segunda instância, não for unânime (decisão plúrima) – art. 609, parágrafo único, CPP; **E:** incorreta, já que os embargos de declaração são admitidos, sim, no procedimento sumaríssimo do Juizado Especial Criminal (art. 83, Lei 9.099/1995, cuja redação foi alterada por força da Lei 13.105/2015). Gabarito "D".

(Defensor Público – DPE/BA – 2016 – FCC) Sobre o sistema de recursos previsto na legislação processual penal, é correto afirmar:

(A) O princípio da fungibilidade recursal permite que o tribunal, excepcionalmente, receba recurso intempestivo, quando protocolado pelo réu.
(B) Na hipótese de julgamento pelo tribunal do júri, se a sentença do juiz presidente divergir das respostas dos jurados aos quesitos, o tribunal *ad quem*, ao analisar recurso de apelação defensivo, determinará o retorno dos autos ao magistrado de primeiro grau para nova decisão sobre o tema.
(C) O Código de Processo Penal prevê hipótese de juízo de retratação após apresentado o recurso de apelação, sendo que se o juiz reformar o despacho recorrido, a parte contrária, por simples petição, poderá recorrer da nova decisão, se couber recurso, não podendo mais o juiz modificá-la.
(D) Em vista da teoria monística que rege o concurso de pessoas na legislação brasileira, a decisão do recurso interposto por um dos réus, se fundado na sua relação de parentesco com a vítima, aproveitará aos outros.
(E) Há previsão expressa no Código de Processo Penal de assinatura de termo de recurso por terceiro, na presença de duas testemunhas, caso o réu não saiba assinar seu nome.

A: incorreta, na medida em que a *fungibilidade recursal* (art. 579, CPP) refere-se à interposição de um recurso por outro, e não à tempestividade do recurso; **B:** incorreta, uma vez que, sendo a sentença do juiz que presidiu o julgamento divergente das respostas dadas pelos jurados aos quesitos formulados, o tribunal *ad quem* deverá, diretamente, corrigir o erro, sem a necessidade de realizar novo julgamento ou mesmo de remeter os autos ao juízo *a quo* para que ele mesmo proceda à retificação (art. 593, § 1º, do CPP); **C:** incorreta. Tudo que se afirma na assertiva somente tem aplicação no âmbito do recurso em sentido estrito (art. 589, CPP); não há juízo de retratação no campo da apelação; **D:** incorreta, uma vez que, se a decisão do recurso interposto por um dos réus se fundar em motivo de caráter exclusivamente pessoal, como é o caso da relação de parentesco, o benefício obtido pelo corréu não poderá ser estendido aos demais (art. 580, CPP); **E:** correta (art. 578, § 1º, do CPP).
Gabarito "E".

(Defensor Público – DPE/MT – 2016 – UFMT) No que concerne aos recursos em matéria criminal, analise as proposições abaixo.

I. O efeito devolutivo é comum a todos os recursos.
II. Nas infrações de competência do Juizado Especial Criminal, o recurso cabível das decisões que não recebe a denúncia é o de apelação para a Turma Recursal.
III. Nos crimes de competência originária dos tribunais, o recurso cabível das decisões que não recebe a denúncia é o Recurso em Sentido Estrito.
IV. O ofendido ou sucessor que não se tenham habilitado terão o prazo de 10 (dez) dias para apelar, contados da data em que se encerrou o prazo para o Ministério Público.

Está correto o que se afirma em
(A) I, II e IV, apenas.
(B) I e II, apenas.
(C) II, III e IV, apenas.
(D) I e III, apenas.
(E) III e IV, apenas.

I: correta. De fato, o efeito devolutivo é comum a todos os recursos, já que a sua interposição possibilita que a matéria seja reanalisada na instância superior; **II:** correta, na medida em que a decisão que rejeita a denúncia ou queixa, no âmbito do juizado especial criminal, desafia recurso de apelação, na forma prevista no art. 82, *caput*, da Lei 9.099/1995, a ser interposto, por petição escrita, no prazo de dez dias, da qual deverão constar as razões e o pedido. O julgamento deste recurso caberá a uma turma composta de três juízes em exercício no primeiro grau de jurisdição, reunidos na sede do Juizado; **III:** incorreta, uma vez que, nos crimes de competência originária dos tribunais, a decisão que não recebe a denúncia ou queixa desafia agravo regimental (e não recurso em sentido estrito); **IV:** incorreta, pois não corresponde ao que estabelece o art. 598, parágrafo único, do CPP.
Gabarito "B".

(Defensoria Pública da União – CESPE – 2015) Julgue os itens subsecutivos à luz do entendimento sumulado dos tribunais superiores.

(1) Conforme posição do STF, será anulável o julgamento da apelação se, após a renúncia do defensor, o réu não tiver sido previamente intimado para constituir outro.

1: incorreta. Segundo o STF, o julgamento, neste caso, será considerado *nulo*, e não *anulável*, tal como constou da assertiva. Nesse sentido a Súmula 708: "É nulo o julgamento da apelação se, após a manifestação nos autos da renúncia do único defensor, o réu não foi previamente intimado para constituir outro".
Gabarito 1E.

(Juiz de Direito/DF – 2016 – CESPE) Acerca de recursos, à luz das previsões legais, assinale a opção correta.

(A) A desistência do recurso de apelação requerida pelo MP só será homologada caso haja concordância da parte recorrida, antes do trânsito em julgado do resultado do recurso.
(B) O MP, como titular da ação penal pública, tem legitimidade para interpor recurso de apelação no prazo de cinco dias, quando o juiz de primeiro grau julgar a prescrição de determinado crime.
(C) A revisão criminal poderá ser requerida a qualquer momento, inclusive depois de extinta a pena em decorrência de seu cumprimento.
(D) O prazo do recurso de reclamação é de cinco dias, contado da data de ciência do ato, sendo vedado o pedido de reconsideração.
(E) No caso de concurso de agentes, a decisão favorável ao recurso interposto por um dos réus, que vise à redução de prazo prescricional pela metade, a despeito da comprovação, nos autos, de que o recorrente tinha dezoito anos de idade na data do fato, deverá estender seus efeitos ao outro réu, maior de dezoito anos, ainda que ele não tenha recorrido.

A: incorreta. À luz do princípio da indisponibilidade, é defeso ao Ministério Público desistir da ação penal proposta (CPP, art. 42) e do recurso interposto (CPP, art. 576); **B:** incorreta (art. 581, VIII, do CPP); **C:** correta. Transitada em julgado a sentença penal condenatória, a revisão pode ser requerida a qualquer tempo, antes ou depois de extinta a pena (art. 622, *caput*, do CPP); **D:** incorreta. A *reclamação* não constitui recurso. Cuida-se, na verdade, de instrumento de impugnação destinado a assegurar que decisões tomadas por tribunais superiores sejam acatadas. Vejamos o exemplo da Súmula Vinculante: se o ato administrativo ou decisão judicial contrariar o seu teor, caberá *reclamação* ao STF (art. 103-A, § 3º, da CF); **E:** incorreta, pois contraria o disposto no art. 580 do CPP, que estabelece que, no concurso de agentes, a decisão favorável ao recurso interposto por um dos réus somente aproveitará aos demais se não se fundar em motivo de caráter exclusivamente pessoal, como é o caso da redução do prazo prescricional como decorrência da idade do corréu beneficiado.
Gabarito "C".

(Juiz de Direito/CE – 2014 – FCC) Em relação ao recurso de apelação, é possível assegurar que

(A) o efeito devolutivo contra as decisões do Júri é adstrito aos fundamentos da sua interposição.
(B) a decisão do recurso interposto por um dos réus, no caso de concurso de agentes, sempre aproveitará aos outros.
(C) pode o Tribunal acolher, contra o réu, nulidade não arguida no recurso voluntário da acusação.
(D) não há nulidade no julgamento sem prévia intimação do advogado constituído ou publicação da pauta.
(E) é inadmissível a interposição pelo réu para obter a modificação do fundamento legal da absolvição.

A: correta, pois reflete o entendimento sufragado na Súmula 713 do STF: "O efeito devolutivo da apelação contra decisões do júri é adstrito aos fundamentos da sua interposição"; **B:** incorreta, uma vez que o efeito extensivo (aproveita aos demais agentes) somente se impõe se se tratar de recurso fundado em motivo que não seja de caráter exclusivamente pessoal (art. 580, CPP); **C:** incorreta, pois não corresponde ao entendimento firmado na Súmula 160 do STF; **D:** incorreta, pois não corresponde ao entendimento firmado na Súmula 431 do STF; **E:** incorreta. Conferir: "Penal e processual penal. Sentença absolutória. Modificação do fundamento legal. Materialidade do fato delituoso. Comprovação. Artigo 66, do CPP. Ausência de interesse recursal. Competência. Art. 81 do CPP. *Perpetuatio jurisdictionis*. Crimes funcionais e não funcionais. Defesa preliminar. Art. 514 do CPP. Afastamento. Perícia. Complementação. Deferimento. Cerceamento de defesa. Inocorrência. Prova. Validade. Discussão. Mérito. Crimes ambientais. Art. 38 da Lei 9.605/1998. art. 45 da Lei 9.605/1998. Corte, retirada e aproveitamento de árvores mortas ou caídas por ações naturais. Autorização do Ibama. Irregularidades. Prova pré-processual. Prova judicial. Insuficiência. Dúvida. Absolvição. 1. Para a admissibilidade de qualquer recurso é necessário que haja legítimo interesse do recorrente (art. 577, parágrafo único, do CPP). Somente há interesse recursal na alteração do fundamento legal da sentença absolutória, quando houver possibilidade de evitar eventuais repercussões na esfera cível, o que não ocorre quando a existência do fato resta incontroversa (art. 66 do CPP). 2. Embora absolvidos os réus cuja condição funcional firmava a competência da Justiça Federal, tal situação não importa remessa dos autos à Justiça Estadual em relação aos demais réus, por força do disposto no art. 81 do CPP, pois operada a *perpetuatio jurisdictionis*. 3. O processamento dos réus em face de imputação concomitante de crimes funcionais e não funcionais afasta a necessidade de defesa preliminar. Precedentes do STF. 4. O reconhecimento de nulidade relativa exige a comprovação de prejuízo. 5. Deferido o pedido de complementação da perícia, com apresentação de respostas aos quesitos complementares, afasta-se a alegação de cerceamento de defesa. 6. A discussão acerca da validade da prova produzida, para os fins da instrução criminal, tem lugar na própria ação penal, independente do debate travado sobre a prova em ação civil pública. 7. O art. 38 da Lei 9.605/1998 tipifica o crime de "destruir ou danificar floresta considerada de preservação permanente, mesmo que em formação, ou utilizá-la com infringência das normas de proteção". 8. O art. 45 da Lei 9.605/1998 criminaliza a conduta de "cortar ou transformar em carvão madeira de lei". Trata-se de crime de ação múltipla, em que a prática de qualquer das condutas previstas nos verbos núcleos do tipo implica consumação do delito. 9. Se os réus possuíam prévia autorização do órgão de proteção ambiental para o corte, retirada e aproveitamento de árvores mortas ou caídas por ações naturais, a prova pré-processual indiciária, consistente em laudo produzido pela polícia ambiental, informando a ocorrência de irregularidades, precisa ser corroborada por prova convincente durante a instrução criminal, para ensejar a condenação penal. 10. São distintos os graus de convicção exigidos para o recebimento da denúncia e para a condenação criminal, assim como também é diverso o grau de certeza que se exige da prova no processo penal e no processo civil, porquanto, nesta última comparação, os bens jurídicos envolvidos são essencialmente diferentes. No processo penal, a prova precisa ser suficiente para conferir ao Juiz a certeza da condenação, porquanto atinge bens e valores individuais elevados ao patamar constitucional, como a liberdade e a imagem da pessoa. A mesma prova pode ser valorada de forma diferente em outra esfera jurídica, e a decisão judicial sobre a valoração e suficiência da prova no processo penal não vincula necessariamente outros juízos, salvo os casos expressos em lei. 11. Considerada insuficiente a prova para a condenação no processo penal, absolvem-se os réus, com fundamento no art. 386, VII, do CPP" (ACR 00016955720034047203, Marcelo de Nardi, TRF4 – Sétima Turma, *DE* 10.10.2013).

Gabarito "A".

(Juiz de Direito/MG – 2014) Assinale a alternativa **CORRETA**.
(A) Na hipótese de concurso de agentes, o réu condenado que não recorreu da sentença será sempre beneficiado pela decisão proferida em recurso interposto pelo corréu.
(B) O efeito devolutivo do recurso de apelação manejado contra decisões proferidas no procedimento dos crimes dolosos contra a vida é amplo, sendo permitida a sua devolução ao órgão recursal para o conhecimento pleno da matéria.
(C) As decisões de pronúncia e impronúncia desafiam recurso em sentido estrito.
(D) Na hipótese de o Ministério Público não manejar recurso de apelação no prazo legal, a vítima poderá interpor apelação no prazo de 15 dias, ainda que não tenha se habilitado como assistente nos autos.

A: incorreta, na medida em que o réu que não recorreu somente será beneficiado se o recurso interposto pelo corréu não se fundar em motivo que seja de caráter exclusivamente pessoal (art. 580, CPP); é incorreto, portanto, dizer-se *sempre* o corréu que não recorreu será beneficiado; **B:** incorreta, pois não reflete o entendimento sufragado na Súmula n. 713, do STF: "O efeito devolutivo da apelação contra decisões do júri é adstrito aos fundamentos da sua interposição"; **C:** incorreta. Com a Lei de Reforma 11.689/2008, a decisão de impronúncia, que comportava recurso em sentido estrito, passou a ser combatida por meio de apelação – art. 416 do CPP. Já a pronúncia deve ser impugnada por meio de recurso em sentido estrito, nos termos do art. 581, IV, do CPP; **D:** correta, pois reflete o disposto no art. 598 do CPP.

Gabarito "D".

(Juiz de Direito/PA – 2014 – VUNESP) Em matéria processual penal, o duplo grau de jurisdição
(A) não é previsto expressamente pela CR/1988, mas é pela Convenção Americana de Direitos Humanos.
(B) não é previsto expressamente nem pela CR/1988 nem pela Convenção Americana de Direitos Humanos.
(C) não é previsto expressamente pela Convenção Americana de Direitos Humanos, mas é pela CR/1988.
(D) é garantia fundamental prevista expressamente tanto pela CR/1988 quanto pela Convenção Americana de Direitos Humanos.
(E) é direito fundamental previsto expressamente tanto pela CR/1988 quanto pela Convenção Americana de Direitos Humanos.

Apesar de não ter sido contemplado, de forma expressa, na CF/1988, o princípio do duplo grau de jurisdição foi consagrado, de forma expressa, na Convenção Americana de Direitos Humanos (Pacto de São José da Costa Rica), que, em seu art. 8º, 2, *h*, assim estabelece: "Durante o processo, toda pessoa tem direito, em plena igualdade, às seguintes garantias mínimas: direito de recorrer da sentença a juiz ou tribunal superior (...)". No mais, deve-se registrar que, embora não prevista, de forma expressa, no texto da nossa Constituição, cuida-se, indubitavelmente, de garantia materialmente constitucional, tendo em conta que o Pacto de São José da Costa Rica foi incorporado ao nosso ordenamento jurídico por meio do Dec. 678/1992, ganhando *status* de norma materialmente constitucional (art. 5º, § 2º, da CF).

Gabarito "A".

(Juiz de Direito/PA – 2014 – VUNESP) Defensor de acusado em juízo criminal por bigamia, em sede de resposta escrita à acusação, faz prova de que corre no juízo cível, ainda em primeiro grau, ação anulatória do primeiro casamento. Pede a suspensão da ação penal. Em caso de deferimento do pedido de suspensão, _____; em caso de indeferimento, _____.
Assinale a alternativa que preenche as lacunas adequada e respectivamente.
(A) cabe apelação ... também
(B) cabe recurso em sentido estrito ... não cabe qualquer recurso
(C) não cabe qualquer recurso ... também não cabe
(D) cabe apelação ...cabe recurso em sentido estrito
(E) cabe recurso em sentido estrito ... também

Se o juiz indeferir o pedido de suspensão formulado por qualquer das partes, não há previsão legal de recurso a ser interposto; agora, se o juiz, ao invés disso, deferir o pedido, ordenando a suspensão do processo, a decisão poderá ser combatida por meio de recurso em sentido estrito (art. 581, XVI, do CPP).

Gabarito "B".

(Juiz de Direito/RJ – 2014 – VUNESP) Recurso que exige concomitante interposição e apresentação de razões:
(A) apelação no rito ordinário.
(B) apelação no rito sumaríssimo.
(C) apelação no rito sumário.
(D) recurso em sentido estrito no rito ordinário.

No âmbito do Juizado Especial Criminal, cujo procedimento a ser seguido é o sumaríssimo, o recorrente deverá, dentro do prazo de dez dias, estabelecido no art. 82, § 1º, da Lei 9.099/1995, interpor a apelação já acompanhada das razões de sua irresignação. É dizer, não é dado à parte recorrente, nesta modalidade de rito, apresentar a petição de interposição desacompanhada das respectivas razões, como se dá no âmbito do rito ordinário e sumário, em que o prazo para a interposição da apelação é de cinco dias, dispondo a parte, depois disso, do prazo de oito dias para apresentar as razões do recurso (arts. 593, *caput*, e 600, *caput*, do CPP). Quanto ao recurso em sentido estrito, cujas hipóteses de cabimento estão elencadas no art. 581 do CPP, o prazo para interposição é, em regra, de cinco dias (art. 586, *caput*, do CPP), devendo as razões recursais ser apresentadas no prazo de dois dias (art. 588, CPP).

Gabarito "B".

(Promotor de Justiça/MG – 2014) Sobre o recurso de apelação de sentenças proferidas no Tribunal do Júri, assinale a alternativa **INCORRETA**:
(A) Em caso de erro na aplicação da pena, deve a sentença ser anulada pelo Tribunal de Justiça, para que outra seja proferida pelo Juiz Presidente.
(B) Poderá ser interposta pelo ofendido, mesmo que não tenha se habilitado nos autos, caso inerte o Ministério Público.
(C) É adstrito aos fundamentos de sua interposição, não se aplicando o princípio da devolução plena.
(D) Não se admite segunda apelação, sob a alegação da decisão dos jurados ser contrária à prova dos autos.

A: assertiva incorreta, devendo ser assinalada, na medida em que, neste caso, o próprio tribunal de justiça, se julgar procedente o recurso, procederá à retificação da pena fixada erroneamente pelo juiz-presidente do Tribunal Popular (art. 593, III, *c*, e § 2º, do CPP); **B:** assertiva correta (art. 598, CPP); **C:** assertiva correta, conforme se depreende do teor da Súmula 713 do STF: "O efeito devolutivo da apelação contra decisões do júri é adstrito aos fundamentos da sua interposição"; **D:** assertiva correta (art. 593, § 3º, parte final, do CPP).

Gabarito "A".

(Delegado/RO – 2014 – FUNCAB) Com base nas ponderações doutrinárias acerca da teoria geral dos recursos, aponte a alternativa que prevê as características fundamentais dos recursos
(A) Alguns recursos criam uma nova relação processual, outros não, mas sempre têm por objeto a impugnação de um ato judicial.
(B) Todo recurso é voluntário, prolonga a mesma relação processual e impugna decisão judicial.
(C) O recurso pode ser voluntário ou obrigatório, prolonga a mesma relação processual e impugna decisão judicial.
(D) O recurso pode ser voluntário ou obrigatório, cria uma nova relação processual e impugna decisão judicial.
(E) Todo recurso é obrigatório, cria uma nova relação processual e impugna decisão judicial.

A *voluntariedade* é a característica fundamental dos recursos. Significa que as partes somente recorrerão se quiserem, se assim desejarem. Não estão, enfim, obrigadas a recorrer, ainda que a defesa seja patrocinada por defensor público. Casos há em que a lei impõe ao juiz a obrigação de "recorrer" de sua própria decisão (recurso de ofício, necessário ou anômalo), providência que, na sua essência, muito pouco tem de "recurso", pois se trata, na verdade, como dito, de obrigação imposta ao juiz, e não às partes. Tal providência a ser tomada pelo juiz não retira esta característica fundamental dos recursos, que é a *voluntariedade* (art. 574 do CPP). Pode-se dizer, portanto, que todo recurso é voluntário; se não é voluntário, recurso não é.

Gabarito "B".

(Delegado/SP – 2014 – VUNESP) Cabe recurso de ofício da sentença
(A) que conceder *habeas corpus*.
(B) que absolver o réu por inexistência do crime.
(C) de pronúncia.
(D) de absolvição sumária.
(E) que denegar *habeas corpus*.

Pela disciplina estabelecida no art. 574, I, do CPP, o assim chamado, de forma inapropriada, *recurso* de ofício, que nada mais é do que a obrigação imposta ao magistrado de submeter sua decisão a novo exame por instância superior, deverá ser interposto da sentença que conceder *habeas corpus*.

Gabarito "A".

(Delegado/SP – 2014 – VUNESP) Dentre os recursos a seguir, aquele em que não é possível a desistência é:

(A) apelação.
(B) em qualquer recurso interposto pelo Defensor Público.
(C) protesto por novo júri.
(D) em qualquer recurso interposto pelo Ministério Público.
(E) recurso em sentido estrito.

À luz do *princípio da indisponibilidade*, é defeso ao Ministério Público desistir da ação penal proposta (CPP, art. 42) e do recurso interposto (CPP, art. 576). Cuidado: não se quer com isso dizer que o membro do MP é obrigado a recorrer, mas, uma vez interposto o recurso, é-lhe vedado dele desistir.
Gabarito "D".

(Procurador Legislativo – Câmara de Vereadores de São Paulo/SP – 2014 – FCC) José foi condenado pela prática do delito de roubo qualificado. Somente a defesa apelou e o Tribunal de Justiça do Estado reconheceu a nulidade da sentença, por vício de motivação. Diante disso, necessariamente,

(A) revisão criminal deverá ser julgada procedente.
(B) nova sentença a ser proferida não poderá agravar a pena anteriormente fixada na sentença anulada.
(C) José deverá ser absolvido.
(D) a instrução processual deverá ser refeita.
(E) o juiz de 1º grau está impedido para proferir nova sentença.

Anulada a condenação proferida em recurso exclusivo da defesa, a nova decisão a ser prolatada não pode ser mais prejudicial ao réu do que aquela que foi anulada (proibição da *reformatio in pejus* indireta – art. 617, CPP).
Gabarito "B".

(Magistratura/GO – 2015 – FCC) Em relação aos recursos no processo penal, cabe recurso

(A) em sentido estrito da decisão que receber a denúncia.
(B) de agravo, no prazo de 5 dias, da declaração da extinção da punibilidade feita pelo juiz da execução penal.
(C) em sentido estrito da decisão que absolver sumariamente o acusado, no procedimento do Tribunal do Júri.
(D) em sentido estrito da decisão que decidir sobre a unificação das penas.
(E) de embargos infringentes quando a decisão de segundo grau, ao julgar apelação, recurso em sentido ou *habeas corpus*, for desfavorável ao acusado, por maioria de votos.

A: incorreta. É que da decisão que recebe a denúncia ou queixa não cabe qualquer recurso. Cabe, isto sim, da decisão que a rejeita (não recebe), na forma do art. 581, I, CPP. Registre-se que, neste caso, é possível, no entanto, a impetração de *habeas corpus*; **B:** correta. O recurso cabível nesta hipótese é o agravo em execução, previsto no art. 197 da LEP. Quanto ao prazo para a sua interposição, é tranquilo o entendimento da jurisprudência no sentido de que este recurso, pelo fato de se sujeitar ao mesmo rito do recurso em sentido estrito, deve ser interposto no prazo de cinco dias. Nesse sentido, a Súmula 700 do STF: "É de cinco dias o prazo para interposição de agravo contra decisão do juiz da execução penal"; **C:** incorreta. Se o juiz absolver sumariamente o acusado, ou mesmo impronunciá-lo, o recurso a ser interposto é a *apelação*, na forma estatuída no art. 416 do CPP, e não o *recurso em sentido estrito*, tal como constou da assertiva; **D:** incorreta. Caberá ao juiz da execução proferir decisão acerca da unificação de penas (art. 66, III, *a*, da LEP), contra a qual caberá agravo, na forma estatuída no art. 197, LEP; **E:** incorreta. Os embargos infringentes, recurso exclusivos da *defesa*, somente podem ser opostos quando a decisão desfavorável ao réu, em segunda instância, não for unânime (decisão plurânime) – art. 609, parágrafo único, CPP; só podem ser opostos em sede de apelação, não cabem no recurso em sentido estrito e agravo em execução (não cabe no *habeas corpus*). De ver-se que não é consenso na doutrina e na jurisprudência o emprego dos embargos no âmbito do agravo em execução.
Gabarito "B".

(Magistratura/RR – 2015 – FCC) Sobre os recursos e as ações de impugnação, é correto afirmar:

(A) Como regra, não é cabível a *reformatio in pejus*, mas segundo entendimento sumulado pelo STF, o tribunal poderá reconhecer nulidade mesmo que não arguida em recurso da acusação.
(B) A proibição da *reformatio in pejus* não impede que o tribunal, mesmo em recurso da defesa, corrija erro material na sentença consistente em erro na somatória dos fatores considerados no processo de individualização, conforme já decidido pelo STF.
(C) O recurso de apelação, quando utilizado das decisões do tribunal do júri, devolve toda a matéria ao tribunal, regulando-se o efeito devolutivo pelo conteúdo das razões.
(D) A revisão criminal pode desconstituir uma sentença penal condenatória transitada em julgado, não havendo prazo determinado para sua impetração, que deverá ocorrer perante o juízo da condenação.
(E) Os tribunais estaduais, obedecendo-se a cláusula de reserva de plenário, poderão declarar a inconstitucionalidade de lei ou ato normativo em recurso de apelação.

A: incorreta, pois contraria o entendimento firmado na Súmula 160, do STF: "É nula a decisão do Tribunal que acolhe, contra o réu, nulidade não arguida no recurso da acusação, ressalvados os casos de recurso de ofício"; **B:** incorreta. Nesse sentido: "Sentença penal. Capítulo decisório. Condenação. Pena privativa de liberdade. Reclusão. Fixação. Soma dos fatores considerados na dosimetria. Erro de cálculo. Estipulação final de pena inferior à devida. Trânsito em julgado para o Ministério Público. Recurso de apelação da defesa. Improvimento. Acórdão que, no entanto, aumenta de ofício a pena, a título de correção de erro material. Inadmissibilidade. Ofensa à proibição da *reformatio in pejus*. HC concedido para restabelecer o teor da sentença de primeiro grau. Não é lícito ao tribunal, na cognição de recurso da defesa, agravar a pena do réu, sob fundamento de corrigir *ex officio* erro material da sentença na somatória dos fatores considerados no processo de individualização" (HC 83545, rel. Min. Min. Cezar Peluso, Primeira Turma, julgado em 29.11.2005, *DJ* 03.03.2006); **C:** incorreta, conforme se depreende do teor da Súmula 713 do STF: "O efeito devolutivo da apelação contra decisões do júri é adstrito aos fundamentos da sua interposição"; **D:** incorreta. O erro da assertiva reside na afirmação de que a impetração da revisão criminal deverá ocorrer perante o juízo da condenação. Isso porque, segundo estabelece o art. 624 do CPP, as revisões criminais serão ajuizadas perante o tribunal competente para o seu julgamento; **E:** correta (art. 97 da CF).
Gabarito "E".

(Ministério Público/BA – 2015 – CEFET) Acerca dos recursos e ações autônomas de impugnação no processo penal, assinale a alternativa **INCORRETA**:

(A) A parte não será prejudicada pela interposição de um recurso por outro, salvo a hipótese de má-fé.
(B) Segundo o Código de Processo Penal, será admitida a revisão criminal quando a sentença condenatória se fundar em depoimentos, exames ou documentos supostamente falsos.
(C) A carta testemunhável não terá efeito suspensivo.
(D) No mandado de segurança impetrado pelo Ministério Público contra decisão proferida em processo penal, é obrigatória a citação do réu como litisconsorte passivo.
(E) De acordo com o Supremo Tribunal Federal, não é possível em *habeas corpus* a reapreciação dos critérios subjetivos considerados pelo magistrado para a dosimetria da pena.

A: assertiva correta. Com efeito, desde que o recorrente não aja imbuído de má-fé, a interposição de um recurso por outro não obstará o seu processamento (princípio da fungibilidade recursal). É o que estabelece o art. 579 do CPP; **B:** incorreta, uma vez que o dispositivo legal exige que a falsidade das peças seja comprovada, não sendo suficientes, portanto, suposição ou meras alegações acerca do falso (art. 621, II, CPP); **C:** correta (art. 646, CPP); **D:** assertiva correta, porque em conformidade com o entendimento firmado na Súmula 701 do STF: "*No mandado de segurança impetrado pelo Ministério Público contra decisão proferida em processo penal, é obrigatória a citação do réu como litisconsorte passivo*"; **E:** assertiva correta. Conferir: "(...) Este Supremo Tribunal assentou não ser possível em *habeas corpus* a reapreciação dos critérios subjetivos considerados pelo magistrado para a dosimetria da pena" (RHC 119086, Relator(a): Min. Cármen Lúcia, Segunda Turma, julgado em 04.02.2014).
Gabarito "B".

(Analista – TRE/GO – 2015 – CESPE) Célio, réu primário e de bons antecedentes, foi condenado em primeira instância à pena de vinte e dois anos de reclusão em regime fechado pela prática do crime de latrocínio tentado, o que motivou o advogado do réu a se preparar para interpor apelação. O juiz que emitiu a sentença decretou também a prisão preventiva de Célio, que havia respondido ao processo em liberdade. No entanto, a polícia, que tentava cumprir o mandado de prisão emitido pelo juiz, não conseguiu encontrar o réu condenado.
Considerando as normas previstas no Código de Processo Penal a respeito de prazos e recursos, julgue o item a seguir, referente à situação hipotética apresentada.

(1) O advogado de Célio tem cinco dias para apelar da sentença, prazo no qual devem ser também oferecidas as razões recursais ao juízo de primeira instância ou ao tribunal competente.

1: incorreta. O prazo de cinco dias, previsto no art. 593, *caput*, do CPP, refere-se à apresentação, no juízo *a quo*, da petição de interposição do recurso de apelação, cujas razões serão então apresentadas, desde que recebido o recurso, no prazo de oito dias, no próprio juízo prolator da sentença recorrida ou no tribunal que julgará o recurso (art. 600, *caput*, do CPP), o que ficará a critério do recorrente.
Gabarito 1E.

19. *HABEAS CORPUS*, MANDADO DE SEGURANÇA E REVISÃO CRIMINAL

(Investigador – PC/BA – 2018 – VUNESP) O cumprimento de um alvará de soltura clausulado expedido pela autoridade judiciária em sede de *habeas corpus* significa que

(A) o paciente deverá ser imediatamente solto, independentemente de qualquer outra cláusula ou condição.
(B) a soltura do paciente apenas poderá ocorrer depois de autorizada pelo juízo que havia determinado a prisão objeto da impetração.
(C) somente poderá ocorrer a soltura do paciente se ele aceitar submeter-se a medida cautelar diversa da prisão.
(D) o paciente deverá ser solto imediatamente, desde que não haja outro motivo legal para mantê-lo preso.

(E) o paciente será solto tão logo haja demonstração da justeza dos motivos alegados na impetração.

A resposta a esta questão deve ser extraída do art. 660, § 1º, do CPP. Diz-se que o alvará de soltura é *clausulado* porque a libertação do paciente, no caso de concessão de ordem de *habeas corpus*, está condicionada à inexistência de outras causas que possam impedir a liberdade do paciente, como, por exemplo, a decretação de prisão preventiva/temporária em processo diverso. A propósito, tal ressalva (cláusula) deverá está inserida em qualquer ordem de soltura. ED
Gabarito "D".

(Investigador – PC/BA – 2018 – VUNESP) O Código de Processo Penal exige que a petição que visa a impetrar ordem de *habeas corpus* indique os seguintes requisitos:

(A) quem sofre a violência ou se encontra na iminência de sofrê-la e a descrição do constrangimento que se alega, sendo facultativa a qualificação de quem propõe a medida.
(B) a descrição da violência ou da ameaça de violência que se acredita existir, a identificação nominal da autoridade que pratica ou irá praticar essa violência e os nomes de testemunhas que a comprovem.
(C) a pessoa que está sofrendo o constrangimento, a autoridade coatora, a especificação da modalidade de violência ou ameaça que justifique a medida e a assinatura e a identificação do impetrante.
(D) o ato ou fato que cause o constrangimento que justifique a impetração, o nome e o cargo da autoridade que pratique a ilegalidade e o nome e a qualificação do impetrante, sendo vedada a impetração por analfabeto.
(E) a qualificação completa de quem sofre a violência ou a ameaça de coação e da autoridade que a pratique, a descrição da ação arbitrária e os nomes de testemunhas que a comprovem.

Os requisitos que devem estar presentes na petição de *habeas corpus* estão contemplados no art. 654, § 1º, do CPP. ED
Gabarito "C".

(Escrevente – TJ/SP – 2018 – VUNESP) Com relação aos recursos e revisão, de acordo com o Código de Processo Penal, é correto dizer que

(A) no caso de concurso de agentes, a decisão do recurso interposto por um dos réus, ainda que fundado em motivos pessoais, aproveitará aos outros.
(B) a revisão criminal só poderá ser requerida no prazo de até 02 (dois) anos da sentença condenatória, transitada em julgado.
(C) interposta a Apelação somente pelo acusado, não pode o Tribunal reinquirir testemunhas ou determinar diligências.
(D) nos processos de contravenção, interposta a apelação, o prazo para arrazoar será de 03 (três) dias.
(E) na apelação e no recurso em sentido estrito, há previsão de juízo de retratação.

A: incorreta, já que somente aproveitará aos outros se se fundar em motivos que não sejam de ordem pessoal (art. 580, CPP); **B:** incorreta, na medida em que a revisão criminal poderá ser requerida a qualquer tempo, antes ou mesmo depois de extinta a pena (art. 622, *caput*, do CPP), isto é, o ajuizamento da revisão criminal não está sujeito a prazo; **C:** incorreta, pois contraria o disposto no art. 616 do CPP; **D:** correta (art. 600, *caput*, CPP); **E:** incorreta. Somente o recurso em sentido estrito tem previsão de juízo de retratação (art. 589, CPP). ED
Gabarito "D".

(Defensor Público – DPE/SC – 2017 – FCC) Sobre a revisão criminal, é correto afirmar:

(A) Em caso de necessidade de produção de nova prova testemunhal para subsidiar a revisão criminal, o ajuizamento de justificação criminal é o meio adequado.
(B) Conforme a jurisprudência do Superior Tribunal de Justiça, falta capacidade postulatória ao réu que cumpre pena em regime aberto para propositura de revisão criminal.
(C) Conforme a jurisprudência do Superior Tribunal de Justiça, a vedação à sustentação oral constitui mera irregularidade, incapaz de anular o julgamento da revisão criminal.
(D) A competência para julgamento de revisão criminal em face de decisão do Juizado Especial Criminal é do Tribunal de Justiça.
(E) A soberania do veredicto do Tribunal do Júri impede a desconstituição da sentença por meio de revisão criminal.

A: correta. Não prevista no CPP, constitui o instrumento apto a produzir, no juízo que proferiu a condenação, a justificação para instruir futuro pedido de revisão criminal. Presta-se, por exemplo, a produzir prova pericial ou testemunhal, que servirá de suporte para que o condenado possa ingressar com pedido revisional no tribunal. Na jurisprudência: "A justificação criminal serve para colher prova nova a fim de instruir ação revisional. 2. No caso, configura constrangimento ilegal o indeferimento de pedido de justificação criminal para reinquirição da vítima, porquanto sua retratação – já declarada – é prova substancialmente nova. Diante do princípio da verdade real, não há por que não garantir ao condenado a possibilidade de confrontar essa retratação – se confirmada em Juízo –, na revisão, com os demais elementos de convicção coligidos na instrução criminal" (RHC 58.442/SP, Rel. Ministro Sebastião Reis Júnior, Sexta Turma, julgado em 25/08/2015,

DJe 15/09/2015); **B:** incorreta, pois contraria o disposto no art. 623 do CPP, que estabelece que a revisão poderá ser pedida pelo próprio réu; **C:** incorreta, dado que, conforme entendimento sedimentado no STJ, é assegurada à defesa a sustentação oral em sessão de julgamento de revisão criminal. Nesse sentido, conferir: "É assegurada à Defensoria Pública o direito de sustentação oral em sessão de julgamento de ação revisional, para a qual foi devidamente intimada, e manifestou pedido escrito nesse sentido. 3. *Habeas corpus* não conhecido. Ordem concedida de ofício para anular o julgamento da Revisão Criminal n. 0030007-58.2012.8.26.0000, para que outro seja realizado, permitindo-se a sustentação oral por parte da Defensoria Pública" (HC 274.473/SP, Rel. Ministro Nefi Cordeiro, Sexta Turma, julgado em 19/05/2015, DJe 28/05/2015); **D:** incorreta. Tal julgamento deverá ocorrer perante a Turma Recursal. Conferir: STJ, CC 047718/RS, Rel. Ministra Jane Silva (Desembargadora Convocada do TJ/MG), Terceira Seção, Julgado em 13/08/2008, DJE 26/08/2008; **E:** incorreta. Atualmente, prevalece na doutrina e na jurisprudência o entendimento segundo o qual a soberania dos veredictos, no Tribunal do Júri, não é absoluta, podendo a decisão do Conselho de Sentença ser modificada por meio da revisão criminal. Na jurisprudência: "I. Transitada em julgado a sentença condenatória, proferida com fundamento em decisão do Tribunal do Júri, o Tribunal *a quo* julgou procedente a Revisão Criminal, ajuizada pela defesa, absolvendo, desde logo, o réu, por ocorrência de erro judiciário, em face de contrariedade à prova dos autos, bem como pela existência de novas provas de sua inocência, a teor dos arts. 621, I e III, e 626 do CPP (…) V. Uma vez que o Tribunal de origem admitiu o erro judiciário, não por nulidade no processo, mas em face de contrariedade à prova dos autos e de existência de provas da inocência do réu, não há ofensa à soberania do veredicto do Tribunal do Júri se, em juízo revisional, absolve-se, desde logo, o réu, desconstituindo-se a injusta condenação. Precedente da 6ª Turma do STJ. VI. "A obrigação do Poder Judiciário, em caso de erro grave, como uma condenação que contrarie manifestamente as provas dos autos, é reparar de imediato esse erro. Por essa razão é que a absolvição do ora paciente (e peticionário, na revisão criminal) é perfeitamente aceitável, segundo considerável corrente jurisprudencial e doutrinária (STJ, REsp 1304155/MT, Rel. Ministro Sebastião Reis Júnior, Rel. p/ Acórdão Ministra Assusete Magalhães, Sexta Turma, julgado em 20.06.2013, DJe 01.07.2014). ED
Gabarito "A".

(Juiz – TRF 3ª Região – 2016) Em virtude de um ofício encaminhado pelo COAF, noticiando movimentações bancárias suspeitas, um Procurador da República requisitou a instauração de Inquérito Policial, para apurar a suposta prática de lavagem de dinheiro e de crimes financeiros. A Polícia Federal instaurou o inquérito, tendo o Delegado determinado, de plano, o indiciamento do investigado. Desejando questionar a ordem de indiciamento e a própria instauração do inquérito policial, a defesa decide impetrar habeas corpus, tendo o advogado dúvidas acerca de quem seja a autoridade competente para apreciar a ação constitucional. Diante desse cenário, assinale a opção correta:

(A) A decisão de impetrar habeas corpus é incorreta, pois não há coação ilegal, sequer em tese;
(B) A autoridade competente é o juiz de primeira instância;
(C) A autoridade competente é o Tribunal Regional Federal;
(D) A análise da ordem de indiciamento compete ao juiz de primeira instância e a da instauração do inquérito policial ao Tribunal Regional Federal.

Há, no caso narrado no enunciado, duas situações a considerar. O inquérito policial foi instaurado pelo delegado de polícia, como não poderia deixar de ser, mas o foi em decorrência de requisição emanada do membro do Ministério Público Federal, prerrogativa a este conferida pelo art. 5º, II, do CPP. Por se tratar de "ordem" dirigida à autoridade policial, a esta não restava outra alternativa senão proceder à instauração do inquérito, ressalvadas situações em que a ordem de instauração fosse ilegal, tal como se dá quando o membro do MP requisita a instauração de inquérito para apurar fato atípico. Pois bem. Cuidando-se de ordem dirigida ao delegado de polícia, à qual ele, em princípio, não pode negar cumprimento, a autoridade coatora é o procurador da República, em face de quem deverá o *habeas corpus* ser impetrado perante o Tribunal Regional Federal. No que concerne ao indiciamento, tal providência foi determinada pelo delegado de polícia. Veja bem: o MP requisitou a instauração de inquérito, e não o indiciamento do investigado. Nem poderia. Tal atribuição é privativa do delegado de polícia, na forma estatuída no art. 2º, § 6º, da Lei 12.830/2013. Sendo assim, a autoridade coatora, neste caso, é o delegado de polícia, ao qual coube a decisão de proceder ao indiciamento. Bem por isso, o *habeas corpus* voltado a contestar o indiciamento deve ser impetrado perante o juiz de direito de primeira instância. ED
Gabarito "D".

(Juiz de Direito – TJM/SP – VUNESP – 2016) Quanto ao cabimento do *habeas corpus* em nosso sistema jurídico, assinale a alternativa correta.

(A) O *habeas corpus*, do ponto de vista do rigor técnico, é um autêntico recurso, ainda que não catalogado no próprio Código de Processo Penal como tal.
(B) O *habeas corpus*, nos crimes ambientais, pode ser impetrado em favor de pessoa jurídica, pois há previsão de responsabilidade penal do ente coletivo.
(C) A impetração do *habeas corpus* depende de procuração, a fim de comprovar a capacidade postulatória.
(D) O recurso cabível contra a decisão denegatória do *habeas corpus* nos Tribunais inferiores é o Recurso Ordinário Constitucional.
(E) O *habeas corpus* é meio idôneo para discussão da pena de multa.

A: incorreta. Isso porque, a despeito de o *habeas corpus* encontrar-se disciplinado pelo CPP como *recurso*, é prevalente o entendimento, tanto da doutrina quanto da jurisprudência, no sentido de que se trata, na verdade, de autêntica ação de índole constitucional voltada à proteção do direito de locomoção (art. 5º, LXVIII, da CF); **B:** incorreta. Considerando que o *habeas corpus* tem como propósito a proteção ao direito de ir e vir, é incorreto afirmar-se que este remédio pode ser impetrado em favor da pessoa jurídica à qual se atribui a prática de crime ambiental. Não há, neste caso, direito de locomoção a ser tutelado; **C:** incorreta, na medida em que o *habeas corpus*, no que se refere à sua impetração, não exige habilitação técnica, podendo tal atribuição ser conferida a qualquer pessoa – art. 654, *caput*, do CPP; **D:** correta (art. 105, II, *a*, da CF); **E:** incorreta, pois não reflete o entendimento sedimentado por meio da Súmula 693 do STF: "Não cabe *habeas corpus* contra decisão condenatória à pena de multa, ou relativo a processo em curso por infração penal a que a pena pecuniária seja a única cominada". ED

Gabarito "D".

(Juiz – TJ/MS – VUNESP – 2015) Com relação ao *Habeas Corpus*, é correto afirmar que

(A) *habeas corpus* liberatório confere tutela cautelar, destinada a evitar lesão à liberdade de locomoção, o que o difere do *habeas corpus* preventivo, voltado a impedir a convalidação da ordem ilegal.

(B) não se admite o *habeas corpus*, por ausência de ameaça à liberdade de locomoção, na hipótese em que somente imposta pena restritiva de direitos.

(C) se vislumbra possibilidade jurídica no pedido de concessão de ordem em *habeas corpus* para atacar o mérito de prisões disciplinares militares, por força do artigo 142, parágrafo 2º, da Constituição Federal.

(D) não se admite o *habeas corpus* para atacar ilegalidade decorrente da imposição de medidas cautelares alternativas à prisão preventiva.

(E) não se admite *habeas corpus*, por ausência de ameaça à liberdade de locomoção, na hipótese em que somente imposta pena de multa.

A: incorreta. O *habeas corpus* preventivo presta-se a evitar que a coação à liberdade de locomoção se concretize; já o *habeas corpus* liberatório, repressivo ou corretivo tem como propósito fazer cessar violência ou coação ilegal na liberdade de ir e vir de alguém, restituindo-lhe seu direito de locomoção; **B:** incorreta. Conferir: *É cabível habeas corpus para sanar constrangimento decorrente de execução provisória de penas restritivas de direitos, cuja potencialidade lesiva ao direito de locomoção está representada pela sua conversibilidade em pena privativa de liberdade* (HC 76.496/BA, Rel. Ministra Jane Silva (Desembargadora Convocada do TJ/MG), Sexta Turma, julgado em 21.10.2008, DJe 10.11.2008); **C:** incorreta, uma vez que contraria o disposto no art. 142, § 2º, da CF, que veda a impetração do remédio heroico para análise do mérito de punições disciplinares militares. No entanto, o STJ firmou entendimento no sentido de que é cabível a impetração de HC, nesses casos, voltado à análise, não do mérito, mas da regularidade formal do procedimento. Conferir a Tese n. 8 daquela Corte Superior: *Não obstante o disposto no art. 142, § 2º, da CF, admite-se habeas corpus contra punições disciplinares militares para análise da regularidade formal do procedimento administrativo ou de manifesta teratologia*; **D:** incorreta, uma vez que o descumprimento de medidas cautelares alternativas poderá levar à sua conversão em prisão preventiva, tal como estabelece o art. 282, § 4º, do CPP; **E:** correta, uma vez que reflete o entendimento sufragado na Súmula 693, do STF: "Não cabe *habeas corpus* contra decisão condenatória a pena de multa, ou relativo a processo em curso por infração penal a que a pena pecuniária seja a única cominada". ED

Gabarito "E".

(Promotor de Justiça/GO – 2016 – MPE) O Ministério Público impetrou Mandado de Segurança contra decisão de Juiz de primeiro grau, proferida em Processo Penal. O Tribunal deverá garantir, nos termos do entendimento sumulado pelo Supremo Tribunal Federal:

(A) A intimação do advogado de defesa pelo Diário Oficial da Justiça.
(B) A intimação pessoal do advogado de defesa.
(C) A intimação pessoal do réu.
(D) A citação do réu como litisconsorte passivo.

A solução da questão deve ser extraída da Súmula 701 do STF: "*No mandado de segurança impetrado pelo Ministério Público contra decisão proferida em processo penal, é obrigatória a citação do réu como litisconsorte passivo*". ED

Gabarito "D".

(Promotor de Justiça – MPE/AM – FMP – 2015) Em relação às ações autônomas de impugnação, assinale a alternativa incorreta.

(A) O *habeas corpus* poderá ser impetrado por qualquer pessoa, em seu favor ou de outrem, bem como pelo Ministério Público.

(B) A revisão criminal somente poderá ser ajuizada pelo próprio réu ou, no caso de sua morte, pelo cônjuge, ascendente, descendente ou irmão.

(C) Independentemente do grau de jurisdição, os magistrados têm competência para expedir, de ofício, ordem de *habeas corpus* quando, no seu curso, verificarem que alguém sofre ou está na iminência de sofrer coação ilegal.

(D) Quando, no curso da revisão criminal, falecer a pessoa cuja condenação tiver de ser revista, o Presidente do Tribunal deverá nomear curador para a defesa, de modo a permitir o seguimento do processo.

(E) De acordo com o Código de Processo Penal, os embargos de declaração poderão ser opostos em relação às decisões proferidas no segundo grau de jurisdição, devendo o requerimento apontar a existência de ambiguidade, obscuridade, contradição ou omissão, sob pena de o relator indeferir desde logo o pedido.

A: correta, uma vez que o *habeas corpus*, ação de índole constitucional, pode, de fato, ser impetrado por qualquer pessoa, ainda que sem capacidade postulatória, inclusive pelo Ministério Público, conforme estabelece o art. 654, *caput*, do CPP; **B:** incorreta. Se vivo o réu, a revisão criminal poderá ser pedida por ele próprio ou por procurador legalmente habilitado; se falecido, o pedido deve ser formulado pelo cônjuge, ascendente, descendente ou irmão (art. 623, CPP); **C:** correta (art. 654, § 2º, CPP); **D:** correta (art. 631, CPP); **E:** correta (arts. 619 e 620, § 2º, do CPP). ED

Gabarito "B".

(Defensor Público – DPE/ES – 2016 – FCC) Sobre a revisão criminal,

(A) é vedada discussão sobre indenização por erro judiciário em sede de revisão criminal, devendo ser proposta ação própria em caso de revisão procedente.

(B) é cabível a revisão criminal da sentença absolutória imprópria.

(C) em virtude da soberania dos veredictos, é vedada a revisão criminal de sentença do Tribunal do Júri.

(D) sem a falsidade da prova utilizada para condenar o réu ou de nova prova capaz de inocentá-lo não há possibilidade jurídica do pedido de revisão criminal.

(E) ao contrário do *habeas corpus*, é necessária capacidade postulatória para a revisão criminal.

A: incorreta (art. 630, CPP); **B:** correta. É verdade que a existência de uma sentença condenatória com trânsito em julgado constitui pressuposto ao ajuizamento da ação revisional. No entanto, deve-se inserir nesse universo a sentença absolutória imprópria, visto que esta impinge ao inimputável uma medida de segurança, espécie do gênero *sanção*. Fica evidente, pois, seu interesse em promover a revisão criminal. Na jurisprudência: "(...) Com efeito o art. 621 do CPP só permite a revisão de sentença condenatória, sendo, portanto, condição indispensável, para o seu conhecimento, a decisão definitiva de mérito acolhendo a pretensão condenatória, ou seja, impondo ao réu a sanção penal correspondente. 2. Tanto a doutrina como a jurisprudência não admitem o conhecimento de revisão criminal de sentença absolutória, salvo em casos de aplicação de medida de segurança" (REsp 329.346/RS, Rel. Ministro Hélio Quaglia Barbosa, Sexta Turma, julgado em 31.05.2005, DJ 29.08.2005); **C:** incorreta. Atualmente, prevalece na doutrina e na jurisprudência o entendimento segundo o qual a soberania dos veredictos, no Tribunal do Júri, não é absoluta, podendo a decisão do Conselho de Sentença ser modificada por meio da revisão criminal. Na jurisprudência: "I. Transitada em julgado a sentença condenatória, proferida com fundamento em decisão do Tribunal do Júri, o Tribunal *a quo* julgou procedente a Revisão Criminal, ajuizada pela defesa, absolvendo, desde logo, o réu, por ocorrência de erro judiciário, em face de contrariedade à prova dos autos, bem como pela existência de novas provas de sua inocência, a teor dos arts. 621, I e III, e 626 do CPP (...) V. Uma vez que o Tribunal de origem admitiu o erro judiciário, não por nulidade no processo, mas em face de contrariedade à prova dos autos e de existência de provas da inocência do réu, não há ofensa à soberania do veredicto do Tribunal do Júri se, em juízo revisional, absolve-se, desde logo, o réu, desconstituindo-se a injusta condenação. Precedente da 6ª Turma do STJ. VI. "A obrigação do Poder Judiciário, em caso de erro grave, como uma condenação que contrarie manifestamente as provas dos autos, é reparar de imediato esse erro. Por essa razão é que a absolvição do ora paciente (e peticionário, na revisão criminal) é perfeitamente aceitável, segundo considerável corrente jurisprudencial e doutrinária" (REsp 1304155/MT, Rel. Ministro Sebastião Reis Júnior, Rel. p/ Acórdão Ministra Assusete Magalhães, Sexta Turma, julgado em 20.06.2013, DJe 01.07.2014); **D:** incorreta (art. 621, I, do CPP); **E:** incorreta, pois contraria o disposto no art. 623 do CPP, que estabelece que a revisão poderá ser pedida pelo próprio réu.

Gabarito "B".

(Defensor Público – DPE/MT – 2016 – UFMT) No que se refere à Revisão Criminal, marque V para as assertivas verdadeiras e F para as falsas.

( ) A revisão, se julgada procedente, não poderá acarretar a redução ou a modificação de pena imposta ao sentenciado.

( ) A revisão pode ser ajuizada mesmo depois do falecimento do sentenciado e de eventual extinção da pena.

( ) É cabível a revisão quando a sentença condenatória for contrária ao texto expresso de lei penal ou à evidência dos autos.

( ) Diferentemente do que ocorre em relação aos recursos, a revisão criminal dá ensejo a uma nova relação jurídica processual, não se limitando a prolongar aquela já constituída.

Assinale a sequência correta.

(A) F, V, V, V
(B) F, F, V, V
(C) V, V, F, F
(D) V, V, V, F
(E) F, F, F, V

1ª assertiva: falsa. Uma vez julgada procedente a ação revisional, o tribunal poderá, a teor do art. 626, *caput*, do CPP, *alterar a classificação da infração, absolver o réu, modificar a pena ou anular o processo*; **2ª assertiva:** verdadeira, na medida em que a revisão poderá ser requerida a qualquer tempo, antes ou mesmo depois de extinta a pena (art. 622, *caput*, do CPP) ou ainda depois de o condenado falecer (art. 623, CPP); **3ª assertiva:** verdadeira, uma vez que corresponde ao que estabelece o art. 621, I, do CPP; **4ª assertiva:** verdadeira.

Isso porque, a despeito de a revisão criminal encontrar-se disciplinada no Título que trata dos recursos, sua natureza jurídica é de ação autônoma de impugnação.
Gabarito "A".

(Defensoria Pública da União – CESPE – 2015) Em relação a *habeas corpus* e revisão criminal, julgue os itens a seguir.

(1) Não se admite revisão criminal contra sentença absolutória imprópria por falta de interesse de agir.

(2) Se a defesa de um indivíduo impetrar *habeas corpus* em tribunal regional federal para trancar ação penal contra ele proposta, e esse tribunal denegar a ordem por maioria de votos, a defesa deverá manejar embargos infringentes.

1: incorreta. É verdade que a existência de uma sentença condenatória com trânsito em julgado constitui pressuposto ao ajuizamento da ação revisional. No entanto, deve-se inserir nesse universo a sentença absolutória imprópria, visto que esta impinge ao inimputável uma medida de segurança, espécie do gênero sanção. Fica evidente, pois, seu interesse em promover a revisão criminal; **2:** incorreta. Nesse sentido, conferir: "(...) Conforme entendimento sedimentado nesta Corte e no Pretório Excelso e à luz do disposto no parágrafo único do art. 609 do CPP, somente são admissíveis os Embargos Infringentes e de Nulidade na Apelação e no Recurso em Sentido Estrito, e não em sede de *Habeas Corpus*" (HC 92.394/RS, Rel. Ministro Napoleão Nunes Maia Filho, Quinta Turma, julgado em 27.03.2008, *DJe* 22.04.2008).
Gabarito 1E, 2E.

(Juiz de Direito/AM – 2016 – CESPE) O tribunal do júri condenou à pena de sete anos de reclusão em regime fechado réu acusado da prática de homicídio simples. Em apelação, o tribunal de justiça negou provimento ao recurso apresentado pela defesa. A condenação transitou em julgado. Ainda inconformado, o condenado pediu o ajuizamento de revisão criminal em seu favor, requerendo sua absolvição, sob o argumento de que a sentença condenatória contrariou a evidência dos autos.

Com base na lei processual penal e na jurisprudência dominante dos tribunais superiores, assinale a opção correta acerca da situação hipotética apresentada e de aspectos a ela relacionados.

(A) Se o acórdão da revisão criminal reconhecer que a sentença condenatória foi contrária à evidência dos autos, deverá ser realizado novo julgamento do condenado pelo tribunal do júri.

(B) Nos processos oriundos do tribunal do júri, não é admitida revisão criminal com fundamento na contrariedade da sentença à evidência dos autos, uma vez que os jurados decidem conforme suas consciências.

(C) Em respeito ao princípio constitucional da soberania dos veredictos, decisão na referida revisão criminal não poderá absolver o condenado: a absolvição contrariaria a decisão dos jurados.

(D) Eventual decisão favorável na referida revisão criminal poderá apenas reduzir a pena aplicada e alterar o regime inicial de seu cumprimento, que são aspectos definidos pelo juiz na sentença.

(E) O acórdão na referida revisão criminal poderá alterar a decisão dos jurados e determinar a absolvição do condenado caso a sentença condenatória tenha sido, de fato, contrária à evidência dos autos.

O art. 621, I, segunda parte, do CPP estabelece que terá lugar a revisão criminal se a decisão condenatória contiver erro evidente do juiz na apreciação da prova. Neste caso, a sentença não encontra ressonância nas provas colhidas nos autos. Em outras palavras, a sentença desconsidera, repudia ou passa por cima das provas produzidas. Poderá o tribunal a *quo*, em casos assim, proceder à absolvição do condenado, ainda que a condenação tenha sido proferida pelo Tribunal do Júri. Isso porque prevalece o entendimento segundo o qual a soberania dos veredictos não é mitigada na hipótese de procedência do pedido revisional. Prevalece, neste caso, o princípio da dignidade da pessoa humana. Na jurisprudência: *I. Transitada em julgado a sentença condenatória, proferida com fundamento em decisão do Tribunal do Júri, o Tribunal a quo julgou procedente a Revisão Criminal, ajuizada pela defesa, absolvendo, desde logo, o réu, por ocorrência de erro judiciário, em face de contrariedade à prova dos autos, bem como pela existência de novas provas de sua inocência, a teor dos arts. 621, I e III, e 626 do CPP (...) V. Uma vez que o Tribunal de origem admitiu o erro judiciário, não por nulidade no processo, mas em face de contrariedade à prova dos autos e de existência de provas de inocência do réu, não há ofensa à soberania do veredicto do Tribunal do Júri se, em juízo revisional, absolve-se, desde logo, o réu, desconstituindo-se a injusta condenação. Precedente da 6ª Turma do STJ. VI. "A obrigação do Poder Judiciário, em caso de erro grave, como uma condenação que contrarie manifestamente as provas dos autos, é reparar de imediato esse erro. Por essa razão é que a absolvição do ora paciente (e peticionário, na revisão criminal) é perfeitamente aceitável, segundo considerável corrente jurisprudencial e doutrinária*" (REsp 1304155/MT, Rel. Ministro SEBASTIÃO REIS JÚNIOR, Rel. p/ Acórdão Ministra ASSUSETE MAGALHÃES, SEXTA TURMA, julgado em 20.06.2013, *DJe* 01.07.2014).
Gabarito "E".

(Analista – Judiciário –TRE/PI – 2016 – CESPE) Considerando as disposições legais e jurisprudenciais sobre o *habeas corpus*, assinale a opção correta.

(A) Na qualidade de titulares de seus cargos, o delegado de polícia, o promotor de justiça e o juiz de direito podem impetrar *habeas corpus* em favor de terceiros.

(B) Conforme a lei e a jurisprudência, não se admite liminar em *habeas corpus*, ainda que presentes o *fumus boni iuris* e o *periculum in mora*.

(C) É inadmissível a reiteração de pedido de *habeas corpus*, ainda que haja novos fatos, não analisados no pedido anterior.

(D) É indispensável, sob pena de nulidade, a manifestação do Ministério Público no procedimento de *habeas corpus* impetrado perante juiz de direito.

(E) Qualquer pessoa, quer se trate de brasileiro, quer de estrangeiro não residente no país, pode impetrar *habeas corpus*, devendo o *writ* ser redigido em português.

A: incorreta. O juiz, embora possa conceder de ofício ordem de *habeas corpus*, não poderá, nessa qualidade, impetrar essa ação constitucional; o delegado de polícia, na qualidade de titular de seu cargo, também não poderá impetrar HC; já o Ministério Público, por expressa previsão contida no art. 654, *caput*, do CPP, poderá fazê-lo. Agora, desde que tal não se dê em razão do cargo, tanto o magistrado quanto a autoridade policial poderão impetrar *habeas corpus*; **B:** incorreta. Em que pese não haver expressa previsão legal a autorizar a concessão de liminar em *habeas corpus*, é pacífico na jurisprudência tal possibilidade, desde que a medida se revele urgente e estejam presentes o *fumus boni juris* e o *periculum in mora*; **C:** incorreta. A jurisprudência firmou entendimento no sentido de que somente é vedada a reiteração de pedido de *habeas corpus* se a segunda impetração vier desacompanhada de qualquer fato novo; **D:** incorreta. O fato é que não há previsão legal que imponha, em sede de *habeas corpus* que tramita em primeira instância, a intervenção do MP, que deverá, no entanto, ser intimado da decisão que conceder ou denegar a ordem; **E:** correta. De fato, a legitimidade ativa no HC é ampla, podendo impetrá-lo qualquer pessoa (art. 654, *caput*, do CPP, aqui incluídos o estrangeiro, o analfabeto, a pessoa jurídica, entre outros). Também é certo que a impetração há de ser redigida em língua portuguesa.
Gabarito "E".

(Magistratura/GO – 2015 – FCC) Em relação ao *habeas corpus*, é correto afirmar:

(A) Se o *habeas corpus* for concedido em virtude de nulidade do processo, este não poderá ser renovado.

(B) Juiz de primeiro grau não tem competência para expedir de ofício ordem de *habeas corpus*.

(C) Compete originariamente ao Supremo Tribunal Federal o julgamento de *habeas corpus* contra decisão de turma recursal de juizados especiais criminais.

(D) De acordo com a jurisprudência mais recente dos Tribunais Superiores, não se concede, em hipótese alguma, ordem de *habeas corpus*, caso este tenha sido impetrado como substitutivo do recurso oponível ou da revisão criminal.

(E) Não se conhece de *habeas corpus* contra omissão de relator de extradição, se fundado em fato ou direito estrangeiro cuja prova não constava dos autos, nem foi ele provocado a respeito.

A: incorreta. Ao contrário do afirmado na assertiva, sendo o HC concedido por força de nulidade ocorrida no processo, este será, sim, renovado (art. 652, CPP); **B:** incorreta. É claro o art. 654, § 2º, do CPP ao estabelecer que "os juízes e os tribunais têm competência para expedir de ofício ordem de *habeas corpus* (...)"; **C:** incorreta. O STF já consolidou entendimento no sentido de que não cabe àquela Corte apreciar *habeas corpus* impetrado contra decisões de colegiados recursais. A esse respeito: "Competência Originária. Criminal. *Habeas corpus*. Impetração contra decisão de colégio recursal de juizado especial criminal. Incompetência do STF. Feito da competência do Tribunal de Justiça local. HC não conhecido. Agravo improvido. Precedente do Plenário. Para julgamento de pedido de *habeas corpus* contra decisão de turma ou colégio recursal de juizado especial, a competência é do tribunal de justiça local, não do Supremo Tribunal Federal" (HC 92332 AgR, Relator: Min. Cezar Peluso, Segunda Turma, julgado em 06.11.2007); **D:** incorreta. Embora seja correto afirmar-se que os Tribunais Superiores não têm admitido o manejo do *habeas corpus* como substituto do recurso oponível ou ainda da revisão criminal, o fato é que tal poderá ocorrer em situações excepcionais. Conferir: "(...) 1. À luz do disposto no art. 105, I, II e III, da CF, esta Corte de Justiça e o Supremo Tribunal Federal não vêm mais admitindo a utilização do *habeas corpus* como substituto de recurso ordinário, tampouco de recurso especial, nem como sucedâneo da revisão criminal, sob pena de se frustrar a celeridade e desvirtuar a essência desse instrumento constitucional. 2. Entretanto, esse entendimento deve ser mitigado, em situações excepcionais, nas hipóteses em que se detectar flagrante ilegalidade, nulidade absoluta ou teratologia a ser eliminada, situação inocorrente na espécie (...)" (HC 214.752/BA, Rel. Ministro Og Fernandes, Sexta Turma, julgado em 03.09.2013, *DJe* 16.09.2013); **E:** correta, pois corresponde ao entendimento firmado na Súmula n. 692, do STF.
Gabarito "E".

(Juiz de Direito/CE – 2014 – FCC) A revisão criminal

(A) não admite reiteração, ainda que fundada em novas provas.

(B) não se presta a modificar a pena.

(C) é aceita no caso de sentença absolutória imprópria.

(D) obriga o recolhimento à prisão para ser requerida.

(E) pode ser requerida em qualquer tempo, mas apenas antes da extinção da pena.

A: incorreta, já que caberá, sim, a reiteração do pedido de revisão criminal, desde que calcado em novas provas – art. 622, parágrafo único, CPP; **B:** incorreta, já que não corresponde ao teor do art. 626 do CPP, que assim dispõe: "Julgando procedente a revisão, o tribunal poderá alterar a classificação da infração, absolver o réu, modificar a pena ou anular o processo"; **C:** correta. É verdade que a existência de uma sentença condena-

tória com trânsito em julgado constitui pressuposto ao ajuizamento da ação revisional. No entanto, deve-se inserir nesse universo a sentença absolutória imprópria, visto que esta impinge ao inimputável uma medida de segurança, espécie do gênero *sanção*. Fica evidente, pois, seu interesse em promover a revisão criminal; **D:** incorreta, nos termos da Súmula 393 do STF: "Para requerer revisão criminal, o condenado não é obrigado a recolher-se à prisão"; **E:** incorreta, na medida em que a revisão poderá ser requerida a qualquer tempo, antes ou mesmo depois de extinta a pena (art. 622, *caput*, do CPP).
Gabarito "C".

(Juiz de Direito/PA – 2014 – VUNESP) Conceder-se-á *habeas corpus* sempre que alguém sofrer ou se achar ameaçado de sofrer violência ou coação em sua liberdade de locomoção, por ilegalidade ou abuso de poder. Caso o julgamento de uma impetração termine empatado, o CPP expressamente prevê que

(A) declarar-se-á o *non liquet* e se encaminhará a decisão para o órgão imediatamente superior na hierarquia do Tribunal.

(B) proferirá voto decisivo o presidente, caso ainda não tenha participado da votação.

(C) conceder-se-á a ordem, sendo responsável pela lavratura de acórdão o último a votar favoravelmente.

(D) denegar-se-á a ordem, uma vez que cabe ao autor (impetrante) comprovar os fatos que alega e convencer a maioria da turma julgadora.

(E) declarar-se-á o *non liquet* e se encaminhará a decisão para o órgão que consta como substituto legal.

É do art. 664, parágrafo único, do CPP que "A decisão será tomada por maioria de votos. Havendo empate, se o presidente não tiver tomado parte na votação, proferirá voto de desempate; no caso contrário, prevalecerá a decisão mais favorável ao paciente".
Gabarito "B".

(Promotor de Justiça/PI – 2014 – CESPE) Pedro, que estava preso preventivamente, foi condenado à pena de quinze anos de reclusão pela prática de roubo qualificado, tendo a sentença condenatória mantido sua prisão preventiva. Tendo Pedro apelado, e o tribunal de justiça do estado deu parcial provimento ao recurso, reduzindo o montante da pena privativa de liberdade à qual ele fora condenado. Pedro, então, interpôs recurso especial. Não tendo sido esse recurso admitido na origem, ele impetrou *habeas corpus*, alegando que não havia provas concretas da sua participação no evento criminoso e que a prisão preventiva havia sido decretada em razão da periculosidade abstrata do delito e do clamor público. Pedro é assaltante contumaz e esteve foragido durante parte da instrução. Considerando a situação hipotética acima apresentada, assinale a opção correta conforme a atual jurisprudência do STF a respeito de *habeas corpus*.

(A) Admite-se a utilização do *habeas corpus* para o reexame de pressupostos de admissibilidade de recursos.

(B) Em regra, o estabelecimento da pena-base acima do mínimo legal poder ser revisado em sede de *habeas corpus*, sob a alegação de que a pena é injusta.

(C) As circunstâncias concretas da prática do crime (*modus operandi*) e a fuga de Pedro durante parte da instrução criminal justificam a prisão cautelar para a garantia da ordem pública e salvaguarda da aplicação da lei penal.

(D) O *habeas corpus*, ação autônoma de impugnação, é admissível para aferir a exatidão da dosimetria da pena.

(E) O *habeas corpus* é meio hábil para a verificação da tese de negativa de autoria sustentada por Pedro.

A: incorreta. Conferir: "Agravo regimental. Habeas corpus. Cabimento. 1. O *habeas corpus* não pode ser utilizado para o reexame dos pressupostos de admissibilidade de recurso especial. 2. Tratando-se de crime doloso contra a vida, compete ao Tribunal do Júri decidir sobre a existência ou inexistência de circunstâncias qualificadoras, salvo se a imputação for manifestamente improcedente ou incabível. 3. Agravo regimental a que se nega provimento" (STF, HC-AgR 119.548, 1ª T., rel. Min. Roberto Barroso, j. 03.12.2013); **B:** incorreta. Conferir: "*Habeas corpus*. Penal. Processual penal. Pena-base acima do mínimo legal. Observância dos critérios previstos no art. 59 do CP, tendo em conta as circunstâncias objetivas e subjetivas. Reexame de prova. Impossibilidade. Fixação do regime inicial para cumprimento da pena: CP, art. 33, § 2º, b. Ordem denegada. I – Fixação da pena-base. Critérios. O art. 59 do CP permite ao juiz a fixação da pena-base acima do mínimo legal, considerando-se a culpabilidade, a personalidade do agente, as circunstâncias e as consequências do crime. Precedentes: HC 75.983/SP, Redator para o acórdão Min. Nelson Jobim; HC 72.992/SP, Rel. Min. Celso de Mello; HC 73.097/MS, Rel. Min. Maurício Corrêa, *iter alia*. II – O estabelecimento da pena-base acima do mínimo legal, tendo em conta a s circunstâncias objetivas e subjetivas verificadas no processo, somente poderia ser revisado em sede de *habeas corpus* se demonstrada, de plano, a inidoneidade da motivação lançada na decisão penal condenatória. O tanto não equivale a alegação de injustiça ou de falta de razoabilidade, por implicar revolvimento de matéria fático-probatória, incabível no writ. III – Fixação do regime inicial semiaberto para o cumprimento da pena a paciente condenado a pena superior a 4 (quatro) anos de reclusão. Aplicação do disposto no art. 33, § 2º, b, do CP. IV – Ordem de *habeas corpus* denegada" (STF, 2ª T., HC 115551, rel. Min. Ricardo Lewandowski, j. 03.09.2013); **C:** correta. Conferir: "*Habeas corpus*. Penal. Paciente denunciado pelos crimes de latrocínio tentado e roubo duplamente qualificado. Legitimidade dos fundamentos da prisão preventiva. Garantia da ordem pública. Periculosidade do agente. Réu foragido. Ausência de constrangimento ilegal. Ordem denegada. I – A prisão cautelar mostra-se suficientemente motivada para a preservação da ordem pública, tendo em vista a periculosidade do paciente, verificada pelo *modus operandi* mediante o qual foi praticado o delito. Precedentes. II – A circunstância de o paciente ter se evadido do distrito da culpa logo após a prática do fato delituoso que lhe é imputado mostra-se apta a justificar o decreto de prisão preventiva. Precedentes. III – Ordem denegada." (STF, 2ª T., HC 120.176, rel. Min. Ricardo Lewandowski, j.11.03.2014); **D:** incorreta. Conferir: "Penal. *Habeas corpus* substitutivo de recurso ordinário. Preliminar de não conhecimento. Ausência de situação teratológica a ensejar a substituição da ação autônoma de impugnação pelo recurso cabível. Crime de tráfico de drogas transnacional (art. 33 c/c 40, I, da Lei 11.343/2006). Dosimetria da pena. Pena-base fixada no mínimo legal. Causa especial de diminuição prevista no § 4º do art. 33 da Lei 11.343/2006. Motivação suficiente. Transnacionalidade. Ausência de *bis in idem*. Ausência de ilegalidade ou abuso de poder. Ordem denegada. 1. O *habeas corpus*, ação autônoma de impugnação, não é admissível como substitutivo do recurso próprio, *in casu*, o RHC, tampouco para aferir a exatidão da dosimetria da pena (...)" (STF, 1ª T., HC 99.266, rel. Min. Luiz Fux, j. 25.10.2011); **E:** incorreta. Conferir: "Penal e processual penal. *Habeas corpus*. Roubo qualificado (art. 157, § 2º, I, e II, do CP). Negativa de autoria. Análise de fatos e provas. Vedação. Ordem denegada. 1. A negativa de autoria do delito não é aferível na via do *writ*, cuja análise se encontra reservada aos processos de conhecimento, nos quais a dilação probatória tem espaço garantido (...)" (STF, 1ª T., **HC:** 118.474-SP, rel. Min. Luiz Fux, j. 1.03.2014).
Gabarito "C".

20. LEGISLAÇÃO EXTRAVAGANTE

(Juiz de Direito – TJ/RS – 2018 – VUNESP) Assinale a alternativa correta.

(A) A interceptação das comunicações telefônicas não poderá ser determinada *ex officio* pelo juiz.

(B) Não pode o juiz, havendo indícios suficientes, decretar *ex officio*, no curso do inquérito ou da ação penal, a apreensão e outras medidas assecuratórias relacionadas aos bens móveis e imóveis ou valores consistentes em produtos dos crimes previstos na Lei no 11.343/06.

(C) As medidas protetivas de urgência, previstas na Lei no 11.340/06, não poderão ser concedidas *ex officio* pelo juiz, dependendo sempre de requerimento da parte interessada ou mesmo da autoridade policial ou do Ministério Público.

(D) Em relação à proteção aos réus colaboradores, prevista na Lei no 9.807/99, não pode o juiz conceder o perdão judicial *ex officio*.

(E) No caso de morte do acusado, o juiz somente à vista da certidão de óbito, e depois de ouvido o Ministério Público, declarará a extinção da punibilidade.

A: incorreta. Isso porque, segundo estabelece o art. 3º da Lei 9.296/1996, a interceptação das comunicações telefônicas poderá ser determinada pelo juiz (sempre): de ofício; ou mediante representação da autoridade policial, no curso das investigações do inquérito policial, ou a pedido do MP, tanto no curso do IP quanto no da ação penal; **B:** incorreta, uma vez que tal providência poderá, sim, ser determinada de ofício pelo juiz, conforme consta do art. 60, *caput*, da Lei 11.343/2006; **C:** errada. A incorreção da assertiva está em afirmar que a decretação das medidas protetivas de urgência contidas na Lei Maria da Penha poderá se dar a requerimento da autoridade policial. Na verdade, tais medidas serão requeridas pelo MP ou pela própria ofendida (art. 19, *caput*, Lei 11.340/2006). Quanto à possibilidade de o juiz decretar essas medidas de ofício, mesmo a lei não a tendo contemplado, conferir a lição de Guilherme de Souza Nucci: "(...) a nova lei, que busca avanço e celeridade na solução dos problemas da mulher agredida, olvidou que o magistrado possa decretar medidas de urgência de ofício, conforme o caso e de acordo com a finalidade da proteção. Cremos que tal situação pode ser sanada pelo poder geral de cautela do juiz, contornando-se a omissão legislativa. Em outras palavras, conforme a situação concreta, parece-nos viável a decretação de medidas de urgência pertinentes de ofício. Afinal, *quem pode o mais, pode o menos*" (*Leis Penais e Processuais Penais Comentadas*, Volume 1. 8. ed. São Paulo: Forense, 2014. p. 707); **D:** incorreta, pois não reflete o disposto no art. 13, *caput*, da Lei 9.807/1999, que estabelece que o juiz, neste caso, pode atuar de ofício; **E:** correta, pois constitui reprodução do teor do art. 62 do CPP. ED
Gabarito "E".

(Investigador – PC/BA – 2018 – VUNESP) Diante do previsto na Lei no 9.296/96 – Lei de Interceptação Telefônica, assinale a alternativa correta.

(A) A interceptação telefônica será admitida mesmo que a prova possa ser feita por outros meios disponíveis.

(B) A interceptação telefônica poderá ser determinada pelo representante do Ministério Público, de ofício, mediante idônea fundamentação durante a instrução criminal.

(C) O juiz deverá decidir, no prazo máximo de 24 (vinte e quatro) horas, sobre o pedido de interceptação.

(D) Somente será admitido o pedido de interceptação telefônica feito por escrito.

(E) Não é necessária a presença de indícios razoáveis da autoria ou participação em infração penal para que seja determinada a interceptação telefônica.

A: incorreta. Por se tratar de meio de prova sobremaneira invasivo, a interceptação telefônica somente poderá se dar diante da impossibilidade de se produzir a prova por outros meios disponíveis (art. 2º, II, da Lei 9.296/1996). Ou seja, a interceptação telefônica deve ser utilizada de forma subsidiária, recorrendo-se, por primeiro, a outros meios disponíveis; **B:** incorreta, dado que a interceptação telefônica somente poderá ser determinada pelo juiz de direito, que o fará de ofício ou a requerimento da autoridade policial, no curso das investigações, ou do MP, no decorrer tanto das investigações quanto da ação penal (arts. 1º, *caput*, e 3º, da Lei 9.296/1996); **C:** correta (art. 4º, § 2º, da Lei 9.296/1996); **D:** incorreta, na medida em que o pedido poderá, de forma excepcional, ser formulado *verbalmente* (art. 4º, § 1º, da Lei 9.296/1996); **E:** incorreta, dado que a interceptação somente será admitida diante da presença de indícios razoáveis da autoria ou participação em infração penal, tal como dispõe o art. 2º, I, da Lei 9.296/1996.

Gabarito "C".

(Investigador – PC/BA – 2018 – VUNESP) Em procedimento legal de interceptação de conversas telefônicas visando a apurar tráfico de drogas, durante o inquérito policial, foram transcritas conversas que tratavam de assuntos diversos daqueles sob a investigação. A respeito destes últimos, de acordo com a Lei Federal no 9.296/1996, que trata da matéria, a providência a ser adotada será

(A) a exclusão de ofício, pela Autoridade Policial que presidir às investigações e sob pena de responsabilidade, dos trechos irrelevantes.

(B) a representação, pela Autoridade Policial, para inutilização dos trechos irrelevantes, o que poderá ser autorizado apenas pela Autoridade Judiciária competente.

(C) a manutenção dos trechos considerados irrelevantes em autos apartados, uma vez que estes têm caráter sigiloso.

(D) o aguardamento até o trânsito da sentença para excluir os trechos havidos por irrelevantes, uma vez que estes poderão ser avaliados novamente no curso do processo.

(E) o refazimento da interceptação, já que a transcrição de trechos irrelevantes à apuração contamina toda a prova, conforme estabelece a "teoria dos frutos envenenados".

Tal como dispõe o art. 9º da Lei 9.296/1996, se, no decorrer da interceptação, forem colhidas informações que não têm pertinência com a apuração em curso, é de rigor que tais dados, que são irrelevantes, sejam inutilizados, cabendo à autoridade policial, neste caso, representar ao magistrado competente para que este determine tal providência. Tal iniciativa também cabe ao representante do MP e à parte interessada, e poderá ser determinada, sempre pelo juiz competente, tanto no curso das investigações do inquérito policial quanto no da ação penal ou até depois desta.

Gabarito "B".

(Delegado – PC/BA – 2018 – VUNESP) Considere o seguinte caso hipotético.

O criminoso "X", integrante de uma determinada organização criminosa, após a sentença que o condenou pela prática do crime, decide voluntariamente e na presença de seu defensor, colaborar com as investigações. Nas suas declarações, "X" revela toda a estrutura hierárquica e a divisão de tarefas da organização. Alguns dias após, arrepende-se e decide retratar-se das declarações prestadas. Diante do exposto e nos termos da Lei no 12.850/2013, é correto afirmar que

(A) na hipótese de retratação, as provas produzidas pelo colaborador não poderão ser utilizadas em seu desfavor, mas apenas em detrimento dos interesses dos coautores e partícipes.

(B) a colaboração premiada é retratável a qualquer tempo, sendo necessário colher a retratação por escrito e desconsiderar integralmente as provas produzidas.

(C) após a prolação da sentença, é vedada a retratação, portanto, no presente caso, não há possibilidade de se reconhecer o pedido do criminoso.

(D) a colaboração premiada implica em renúncia ao direito ao silêncio, ficando o criminoso sujeito ao compromisso de dizer a verdade; assim sendo, a retratação implicará o cometimento de outro crime.

(E) a colaboração premiada, antes ou após a sentença, é irretratável, portanto as provas autoincriminatórias produzidas pelo colaborador poderão ser utilizadas em seu desfavor.

A: correta. De fato, podem as partes, depois de firmar acordo de colaboração premiada, retratar-se (tanto o MP quanto o investigado/réu colaborador). As razões que podem dar ensejo a isso são variadas. Pode o MP, por exemplo, voltar atrás no pacto firmado porque o colaborador não logrou provar o alegado em sua delação. Este, por sua vez, pode, por exemplo, manifestar o desejo de retratar-se por temer represálias dos investigados/acusados delatados. As provas que foram produzidas pela delação, tal como prescreve o art. 4º, § 10, da Lei 12.850/2013, não poderão ser utilizadas em prejuízo do colaborador que se retratou, mas poderão ser usadas contra os demais investigados ou acusados; **B:** incorreta. Como dito acima, as provas produzidas por ocasião da colaboração somente serão desconsideradas em relação ao delator que se retratou; serão, todavia, levadas em consideração contra os demais investigados/acusados; **C:** considerada incorreta. Há divergência na doutrina quanto à possibilidade de a retratação operar-se após a prolação da sentença. Para Guilherme de Souza Nucci, a retratação deve ocorrer depois da homologação do juiz e antes da sentença condenatória (*Leis Penais e Processuais Penais Comentadas*, Volume 2. 8. ed. São Paulo: Forense, 2014. p. 699); **D:** incorreta, já que a retratação não implica o cometimento de crime por parte do colaborador que voltou atrás na sua delação; a primeira parte da assertiva, segundo a qual a colaboração premiada implica renúncia ao direito ao silêncio, ficando o criminoso sujeito ao compromisso de dizer a verdade, está correta (art. 4º, § 14, Lei 12.850/2013); **E:** incorreta. Vide comentário à alternativa "A".

Gabarito "A".

(Advogado União – AGU – CESPE – 2015) Ao receber uma denúncia anônima por telefone, a autoridade policial realizou diligências investigatórias prévias à instauração do inquérito policial com a finalidade de obter elementos que confirmassem a veracidade da informação. Confirmados os indícios da ocorrência de crime de extorsão, o inquérito foi instaurado, tendo o delegado requerido à companhia telefônica o envio de lista com o registro de ligações telefônicas efetuadas pelo suspeito para a vítima. Prosseguindo na investigação, o delegado, sem autorização judicial, determinou a instalação de grampo telefônico no telefone do suspeito, o que revelou, sem nenhuma dúvida, a materialidade e a autoria delitivas. O inquérito foi relatado, com o indiciamento do suspeito, e enviado ao MP.

Nessa situação hipotética, considerando as normas relativas à investigação criminal,

(1) a interceptação telefônica efetuada poderá ser convalidada se o suspeito, posteriormente, confessar espontaneamente o crime cometido e não impugnar a prova.

1: incorreta. A interceptação telefônica, porque realizada em desconformidade com os ditames estabelecidos pela CF (art. 5º, XII) e também pela Lei 9.296/1996 (art. 1º, "caput"), que impõem seja realizada por meio de ordem judicial, padece de ilicitude insanável, devendo ser desconsiderada para o fim de formar o conjunto probatório. Não cabe, por isso, a sua convalidação posterior pela confissão espontânea do suspeito. Nessa esteira: "A ausência de autorização judicial para excepcionar o sigilo das comunicações macula indelevelmente a diligência policial das interceptações em causa, ao ponto de não se dever – por causa dessa mácula – sequer lhes analisar os conteúdos, pois obtidos de forma claramente ilícita (STJ, EDcl no HC 130429-CE, 5ª T., Rel. Min. Napoleão Nunes Maia Filho, j. 27.04.2010).

Gabarito 1E.

(Delegado/MT – 2017 – CESPE) Acerca dos procedimentos e pressupostos legais da interceptação telefônica, assinale a opção correta.

(A) É possível a interceptação telefônica em investigação criminal destinada a apuração de delito de ameaça ocorrido em âmbito doméstico e abrangido pela Lei Maria da Penha.

(B) Pode o juiz, excepcionalmente, admitir o pedido de interceptação telefônica feito pela autoridade policial de forma verbal, condicionada a sua concessão à redução do pedido a termo.

(C) No curso das investigações e no decorrer da instrução criminal, a interceptação telefônica poderá ser determinada de ofício pelo juiz.

(D) Decisão judicial que indefira pedido de interceptação telefônica formulado por autoridade policial será irrecorrível; aquela decisão que indeferir requerimento formulado pelo MP poderá ser impugnada por recurso em sentido estrito.

(E) A interceptação telefônica inicialmente realizada sem autorização judicial poderá, mediante consentimento dos interlocutores, ser validada posteriormente pelo juiz da causa.

A: incorreta, na medida em que o crime de ameaça prevê pena de *detenção*, e o art. 2º, III, da Lei 9.296/1996 somente admite a interceptação telefônica se o fato constituir infração penal punida com *reclusão*; **B:** correta, pois reflete a regra disposta no art. 4º, § 1º, da Lei 9.296/1996; **C:** incorreta. Em razão da adoção do sistema acusatório, o juiz somente poderá determinar, de ofício, a interceptação telefônica no curso da ação penal; durante as investigações do inquérito, somente por meio de representação da autoridade policial ou a requerimento do MP (art. 3º da Lei 9.296/1996); **D:** incorreta: hipótese não prevista no art. 581 do CPP, que estabelece em que casos pode ser manejado o recurso em sentido estrito; **E:** incorreta. Ainda que haja a posterior anuência dos interlocutores, mesmo assim a interceptação sem autorização judicial será considerada prova ilícita. Nesse sentido: "Na hipótese, embora as gravações tenham sido implementadas pelo esposo da cliente do paciente com a intenção de provar a sua inocência, é certo que não obteve a indispensável prévia autorização judicial, razão pela qual se tem como configurada a interceptação de comunicação telefônica ilegal. 4. O fato da esposa do autor das interceptações – que era uma interlocutora dos diálogos gravados de forma clandestina – ter consentido posteriormente com a divulgação dos seus conteúdos não tem o condão de legitimar o ato, pois no momento da gravação não tinha ciência do artifício que foi implementado pelo seu marido, não se podendo afirmar, portanto, que, caso soubesse, manteria tais conversas com seu advogado pelo telefone interceptado. 5. Aplicação da norma contida no artigo 157, *caput*, do Código de Processo Penal, com a redação que lhe foi dada pela Lei n. 11.690/08. 6. *Habeas corpus* não conhecido. Ordem concedida de ofício para declarar a nulidade das escutas telefônicas realizadas em detrimento do paciente, determinando-se o seu desentranhamento dos autos" (HC 161.053/SP, Rel. Ministro Jorge Mussi, Quinta Turma, julgado em 27/11/2012, DJe 03/12/2012).

Gabarito "B".

(Delegado/GO – 2017 – CESPE) Vantuir e Lúcio cometeram, em momentos distintos e sem associação, crimes previstos na Lei de Drogas (Lei n. 11.343/2006). No momento da ação, Vantuir, em razão de dependência química e de estar sob influência de entorpecentes, era inteiramente incapaz de entender o caráter ilícito do fato. Lúcio, ao agir, estava sob efeito de droga, proveniente de caso fortuito, sendo também incapaz de entender o caráter ilícito do fato.
Nessas situações hipotéticas, qualquer que tenha sido a infração penal praticada,
(A) Vantuir terá direito à redução de pena de um a dois terços e Lúcio será isento de pena.
(B) somente Vantuir será isento de pena.
(C) Lúcio e Vantuir serão isentos de pena.
(D) somente Lúcio terá direito à redução de pena de um a dois terços.
(E) Lúcio e Vantuir terão direito à redução de pena de um a dois terços.

A solução desta questão deve ser extraída do art. 45, *caput*, da Lei 11.343/2006, a seguir transcrito: "É isento de pena o agente que, em razão da dependência, ou sob o efeito, proveniente de caso fortuito ou força maior, de droga, era, ao tempo da ação ou da omissão, qualquer que tenha sido a infração penal praticada, inteiramente incapaz de entender o caráter ilícito do fato ou de determinar-se de acordo com esse entendimento". Gabarito "C".

(Delegado/GO – 2017 – CESPE) Júlio, durante discussão familiar com sua mulher no local onde ambos residem, sem justo motivo, agrediu-a, causando-lhe lesão corporal leve.
Nessa situação hipotética, conforme a Lei n. 11.340/2006 e o entendimento do STJ,
(A) a ofendida poderá renunciar à representação, desde que o faça perante o juiz.
(B) a ação penal proposta pelo Ministério Público será pública incondicionada.
(C) a autoridade policial, independentemente de haver necessidade, deverá acompanhar a vítima para assegurar a retirada de seus pertences do domicílio familiar.
(D) Júlio poderá ser beneficiado com a suspensão condicional do processo, se presentes todos os requisitos que autorizam o referido ato.
(E) Júlio poderá receber proposta de transação penal do Ministério Público, se houver anuência da vítima.

A: incorreta. Não há que se falar em representação, já que a ação penal, neste caso, é pública incondicionada; **B:** correta. O STF, no julgamento da ADIn n. 4.424, de 09.02.2012, estabeleceu a natureza *incondicionada* da ação penal nos crimes de lesão corporal, independente de sua extensão, praticados contra a mulher no ambiente doméstico. Tal entendimento encontra-se consagrado na Súmula 542, do STJ; **C:** incorreta, uma vez que tal providência somente será adotada se se revelar necessária (art. 11, IV, da Lei 11.340/2006); D e **E:** incorretas, dado que o art. 41 da Lei Maria da Penha, cuja constitucionalidade foi reconhecida pelo STF (ADC 19, de 09.02.2012), veda a aplicação, no âmbito dos crimes praticados com violência doméstica e familiar contra a mulher, das medidas despenalizadoras contempladas na Lei 9.099/1995, entre as quais a suspensão condicional do processo e a transação penal. Consolidando tal entendimento, editou-se a Súmula 536 do STJ: "A suspensão condicional do processo e a transação penal não se aplicam na hipótese de delitos sujeitos ao rito da Lei Maria da Penha". Gabarito "B".

(Delegado/GO – 2017 – CESPE) O líder de determinada organização criminosa foi preso e, no curso do inquérito policial, se prontificou a contribuir para coleta de provas mediante a prestação de colaboração com o objetivo de, oportunamente, ser premiado por tal conduta.
Nessa situação hipotética, conforme a Lei n. 12.850/2013, que dispõe sobre o instituto da colaboração premiada,
(A) o Ministério Público poderá deixar de oferecer denúncia contra o colaborador.
(B) o prazo para o oferecimento de denúncia contra o colaborador poderá ser suspenso pelo prazo máximo de seis meses.
(C) o delegado de polícia, nos autos do inquérito policial e com a manifestação do Ministério Público, poderá requerer ao juiz a concessão de perdão judicial.
(D) será obrigatória a participação de um juiz nas negociações entre as partes para a formalização de acordo de colaboração.
(E) será vedado ao juiz recusar a homologação da proposta de colaboração.

A proposição considerada como correta ("C"), pela banca, está, na verdade, errada, tal como reconhecido pela organizadora. Analisemos cada alternativa. **A:** incorreta, na medida em que somente seria dado ao MP deixar de ofertar denúncia em face do colaborador se este não for líder da organização criminosa (art. 4º, § 4º, I, da Lei 12.850/2013). Segundo consta do enunciado, o candidato a colaborador é o líder da organização criminosa da qual faz parte; **B:** incorreta, já que o interregno de suspensão, que é de 6 meses, poderá ser prorrogado por igual período. É o que estabelece o art. 4º, § 3º, da Lei 12.850/2013; **C:** incorreta. Isso porque é vedado, ante o que estabelece o art. 4º, § 4º, I, da Lei 12.850/2013, a concessão de perdão judicial ao líder da organização criminosa; **D:** incorreta. É vedada a participação do magistrado nas negociações realizadas entre as partes para a formalização do acordo (art. 4º, § 6º, da Lei 12.850/2013), cabendo-lhe tão somente analisar o acordo sob a ótica formal, homologando-o, se o caso (art. 4º, § 7º, da Lei 12.850/2013); **E:** incorreta. Se não estiverem preenchidos os requisitos formais do acordo (regularidade, legalidade e voluntariedade), poderá o juiz recusar a sua homologação (art. 4º, § 8º, da Lei 12.850/2013). Gabarito: Anulada.

(Delegado/AP – 2017 – FCC) Segundo o regime do livramento condicional,
(A) a notícia da prática de infração penal implica imediata revogação do livramento condicional.
(B) será julgada extinta a pena privativa de liberdade, se expirar o prazo do livramento sem revogação.
(C) é vedada a concessão do livramento condicional para o preso que não gozou de 5 saídas temporárias ao longo da execução da pena.
(D) é incabível para pessoas condenadas por crime hediondo ou cometidos com violência ou grave ameaça contra a pessoa.
(E) o livramento condicional é direito subjetivo do sentenciado que cumprir um sexto da pena e apresentar bom comportamento carcerário.

A: incorreta, pois não reflete o disposto nos arts. 86, *caput*, e 87 do CP; **B:** correta (art. 90 do CP); **C:** incorreta, por falta de previsão legal nesse sentido; **D:** incorreta (art. 83, V, do CP); **E:** incorreta, já que a assertiva faz referência aos requisitos objetivo (1/6 da pena imposta na sentença) e subjetivo (bom comportamento carcerário) da progressão de regime prisional (art. 112, *caput*, da LEP). Gabarito "B".

(Delegado/MS – 2017 – FAPEMS) Considerando as teses sumuladas pelo Supremo Tribunal Federal atinentes às regras de fixação e progressão de regime de execução da pena, assinale a alternativa correta.
(A) Não impede a progressão de regime de execução de pena, fixada em sentença não transitada em julgado, o fato de o réu se encontrar em prisão especial.
(B) A pena unificada para atender ao limite de trinta anos de cumprimento é considerada para a concessão de regime mais favorável de execução penal.
(C) A opinião do julgador sobre a gravidade em abstrato do crime constitui motivação idônea para a imposição de regime mais severo do que o permitido segundo a pena aplicada.
(D) A imposição do regime de cumprimento mais severo do que a pena aplicada permitir não exige motivação idônea por parte do magistrado.
(E) Não se admite a progressão de regime de cumprimento de pena antes do trânsito em julgado da sentença condenatória.

A: correta, pois em conformidade com o entendimento estabelecido na Súmula 717, do STF; **B:** incorreta, pois em desconformidade com o entendimento estabelecido na Súmula 715, do STF; **C:** incorreta, pois em desconformidade com o entendimento estabelecido na Súmula 718, do STF; **D:** incorreta, pois em desconformidade com o entendimento estabelecido na Súmula 719, do STF; **E:** incorreta, pois em desconformidade com o entendimento estabelecido na Súmula 716, do STF. Gabarito "A".

(Delegado/BA – 2016.2 – Inaz do Pará) É correto afirmar sobre Interceptação Telefônica:
(A) É a conduta de um terceiro, estranho à conversa, que se intromete e capta a conversação dos interlocutores, sem o conhecimento de qualquer deles.
(B) Ocorre quando um terceiro, com o conhecimento de um dos interlocutores, intercepta a conversa alheia.
(C) Legalmente é possível fazer uma Interceptação Telefônica sem autorização Judicial.
(D) Interceptação Telefônica e Escuta Telefônica é a mesma coisa.
(E) NRA.

A interceptação das comunicações telefônicas dependerá sempre de ordem do juiz competente, na forma estabelecida no art. 1º, *caput*, da Lei 9.296/1996. Por *interceptação telefônica* deve-se entender o ato consistente em intrometer-se, imiscuir-se em conversa alheia. Pressupõe, portanto, que um terceiro, que não faça parte do diálogo, "invada" conversa alheia e capte o seu conteúdo, sem que os interlocutores disso tenham conhecimento. A interceptação não deve ser confundida com a escuta, que é a captação da conversa feita por terceira pessoa, mas com o conhecimento de um dos interlocutores. Já a gravação telefônica é aquela realizada por um dos interlocutores sem o conhecimento do outro. A Lei 9.296/1996 disciplina não somente a interceptação telefônica. Quanto a esse tema, o julgado a seguir transcrito é esclarecedor: "Direito processual penal. Interceptação telefônica sem autorização judicial. Vício insanável. Não é válida a interceptação telefônica realizada sem prévia autorização judicial, ainda que haja posterior consentimento de um dos interlocutores para ser tratada como escuta telefônica e utilizada como prova em processo penal. A interceptação telefônica é a captação de conversa feita por um terceiro, sem o conhecimento dos interlocutores, que depende de ordem judicial, nos termos do inciso XII do artigo 5º da CF, regulamentada pela Lei 9.296/1996. A ausência de autorização judicial para captação da conversa macula a validade do material como prova para processo penal. A escuta telefônica é a captação de conversa feita por um terceiro, com o conhecimento de apenas um dos interlocutores. A gravação telefônica é feita por um dos interlocutores do diálogo, sem o consentimento ou a ciência do outro. A escuta e a gravação telefônicas, por não constituírem interceptação telefônica em sentido estrito, não estão sujeitas à Lei 9.296/1996, podendo ser utilizadas, a depender do caso concreto, como prova no processo. O fato de um dos interlocutores dos diálogos gravados de forma clandestina ter consentido posteriormente com a divulgação dos seus conteúdos não tem o condão de legitimar o ato, pois no momento da gravação não tinha ciência do artifício que foi implementado pelo responsável pela interceptação, não se podendo afirmar, portanto, que, caso soubesse, manteria tais conversas pelo telefone interceptado. Não existindo prévia autorização judicial, tampouco configurada a hipótese de gravação de comunicação telefônica, já que nenhum dos interlocutores tinha ciência de tal artifício no momento dos diálogos interceptados, se faz imperiosa a declaração de nulidade da prova, para que não surta efeitos na ação penal." (STJ, HC 161.053-SP, rel. Min. Jorge Mussi, j. 27.11.2012).

Gabarito "A".

(Juiz de Direito/AM – 2016 – CESPE) Assinale a opção correta com base no disposto na Lei 12.850/2013.

(A) Se a colaboração for posterior à sentença, a pena poderá ser reduzida até a metade ou poderá ser admitida a progressão de regime, ainda que ausentes os requisitos objetivos e subjetivos.
(B) Não se exige do colaborador a renúncia ao direito de silêncio nos depoimentos nem o compromisso legal de dizer a verdade, devendo a renúncia ser espontânea.
(C) Em caso de decretação do sigilo da investigação, é assegurado ao defensor, no interesse do representado e mediante prévia autorização judicial, amplo acesso aos elementos de prova relacionados ao exercício do direito de defesa, ressalvados os referentes às diligências em andamento.
(D) Pode-se considerar organização criminosa o grupo de pessoas que se estruturem para cometer infrações penais para as quais seja prevista pena máxima de três anos.
(E) O consentimento de perdão judicial por colaboração premiada que possibilite um dos resultados previstos em lei depende do requerimento do MP.

A: incorreta, uma vez que a assertiva não corresponde, exatamente, à redação do art. 4º, § 5º, da Lei 12.850/2013, que não faz menção aos requisitos *subjetivos* (somente aos objetivos); **B:** incorreta, na medida em que o colaborador, nos depoimentos que prestar, renunciará, sim, na presença de seu defensor, ao direito de permanecer em silêncio bem como firmará compromisso de dizer a verdade. É o que estabelece o art. 4º, § 14, da Lei 12.850/2013; **C:** correta, uma vez que corresponde ao que estabelece o art. 7º, § 2º, da Lei 12.850/2013; **D:** incorreta. O conceito de organização criminosa introduzido pela Lei 12.850/2013, em seu art. 1º, § 1º, impõe, como um dos requisitos à sua configuração, a prática de infração penal com pena máxima superior a *quatro* anos (e não *três*), ou que se trate de infrações transnacionais; **E:** incorreta, pois não corresponde ao disposto no art. 4º, *caput* e § 2º, da Lei 12.850/2013.

Gabarito "C".

(Juiz de Direito/DF – 2016 – CESPE) A respeito do processo e do julgamento previsto na Lei Antidrogas, assinale a opção correta.

(A) O magistrado, durante a persecução penal em juízo, poderá, independentemente da oitiva do MP, autorizar a infiltração de investigador em meio a traficantes, para o fim de esclarecer a verdade real, ou poderá, ainda, autorizar que não atue diante de eventual flagrante, com a finalidade de identificar e responsabilizar o maior número de integrantes de operações de tráfico e distribuição.
(B) O MP e a defesa poderão arrolar até oito testemunhas na denúncia e na defesa preliminar, respectivamente.
(C) O agente que praticar crime de porte de drogas para consumo pessoal será processado e julgado perante uma das Varas de Entorpecentes do DF, sob o rito processual previsto na Lei Antidrogas, tendo em vista que a lei especial prevalece sobre a lei geral.
(D) O autor do crime de porte de drogas para uso pessoal será processado e julgado perante o Juizado Especial Criminal, sob o rito da Lei n.º 9.099/1995.
(E) A lavratura do auto de prisão em flagrante e o estabelecimento da materialidade do delito exigem a elaboração do laudo definitivo em substância, cuja falta obriga o juiz a relaxar imediatamente a prisão, que será considerada ilegal.

A: incorreta, uma vez que é imprescindível a oitiva do MP antes da decretação das medidas de investigação previstas no art. 53, I e II, da Lei 11.343/2006; **B:** incorreta, dado que os arts. 54, III, e 55, § 1º, ambos da Lei 11.343/2006, estabelecem que MP e defesa poderão arrolar até *cinco* testemunhas, e não *oito*, tal como constou da assertiva; **C:** incorreta, pois não reflete o teor do art. 48, § 1º, da Lei 11.343/2006, que estabelece que, neste caso, aplicar-se-á o procedimento sumaríssimo previsto nos arts. 60 e seguintes da Lei 9.099/1995; **D:** correta. *Vide* comentário anterior; **E:** incorreta, dado que é suficiente, para o fim de lavrar o auto de prisão em flagrante, o laudo de constatação da natureza e quantidade da droga (art. 50, § 1º, da Lei 11.343.2006).

Gabarito "D".

(Juiz de Direito/DF – 2016 – CESPE) Em relação ao procedimento nos crimes decorrentes de organização criminosa, nos termos da Lei n.º 12.850/2013, assinale a opção correta.

(A) A instrução criminal deverá ser encerrada em prazo não superior a noventa dias, quando o réu estiver preso, prorrogáveis por mais trinta dias, por decisão fundamentada e devidamente motivada pela complexidade da causa ou por fato procrastinatório atribuível ao réu.
(B) Se estiver preso o réu, a instrução criminal deverá ser encerrada em prazo razoável, que não exceda a noventa dias, prorrogáveis por igual período, por decisão fundamentada em razão da complexidade da causa ou de fato procrastinatório atribuível ao réu.
(C) O juiz poderá decretar o sigilo da investigação para a garantia da celeridade e da eficácia das diligências investigatórias, desde que assegure ao defensor amplo acesso aos elementos de prova e às diligências em andamento.
(D) O juiz poderá decretar o sigilo da investigação para a garantia da celeridade e da eficácia das diligências investigatórias, desde que assegure ao defensor amplo acesso a todos os elementos de prova até então colhidas, ressalvadas aquelas relativas às diligências em andamento.
(E) Os crimes previstos nesta lei têm procedimento próprio, que deve ser aplicado com base no princípio da especialidade.

A: incorreta, pois não reflete o que estabelece o art. 22, parágrafo único, da Lei 12.850/2013; **B:** incorreta, pois não reflete o que estabelece o art. 22, parágrafo único, da Lei 12.850/2013; **C:** incorreta. Isso porque o art. 23 da Lei 12.850/2013, embora assegure ao defensor amplo acesso aos elementos de prova, veda o acesso deste às diligências em andamento; **D:** correta, pois em conformidade com o disposto no art. 23 da Lei 12.850/2013; **E:** incorreta, pois contraria o disposto no art. 22, *caput*, da Lei 12.850/2013.

Gabarito "D".

(Magistratura/GO – 2015 – FCC) Segundo a Lei 11.343/2006,

(A) a delação premiada prevista nesta Lei permite que o colaborador não seja denunciado.
(B) para efeito da lavratura do auto de prisão em flagrante e estabelecimento da materialidade do delito, é suficiente o laudo de constatação da natureza e quantidade da droga, firmado por dois peritos ou, na falta, por duas pessoas idôneas.
(C) o inquérito policial será concluído no prazo de 30 dias, se o indiciado estiver preso, e de 90 dias, quando solto, não podendo estes prazos ser prorrogados sob qualquer motivo.
(D) ao oferecer denúncia, o Ministério Público poderá arrolar até 8 testemunhas.
(E) oferecida a denúncia, o juiz ordenará a notificação do acusado para oferecer defesa prévia, por escrito, no prazo de 10 dias, e somente se recebida a denúncia ordenará, depois, a citação do acusado para audiência de instrução e julgamento.

A: incorreta. A Lei de Drogas, em seu art. 41, estabelece que a delação premiada ali prevista terá como consequência, uma vez preenchidos os requisitos legais, a redução de pena da ordem de um a dois terços, a ser aplicada, portanto, na terceira fase da fixação da pena; **B:** incorreta, uma vez que a confecção do laudo de constatação é feita por um só perito oficial ou, na falta deste, por pessoa idônea. É o que estabelece o art. 50, § 1º, da Lei 11.343/2006; **C:** incorreta, na medida em que o prazo fixado para a conclusão do inquérito policial, no âmbito da Lei de Drogas, que é, se preso estiver o indiciado, de 30 dias, e, quando solto, de 90 dia, comporta, sim, duplicação, providência a ser determinada pelo juiz mediante pedido justificado formulado pela autoridade policial (art. 51, parágrafo único, da Lei de Drogas); **D:** incorreta. Diferentemente do que se dá no procedimento comum ordinário, em que as partes podem arrolar até *oito* testemunhas, aqui, na Lei de Drogas, é dado às partes arrolar até *cinco* (arts. 54, III, e 55, § 1º, da Lei 11.343/2006); **E:** correta, porque reflete a regra contida nos arts. 55, *caput*, e 56, *caput*, da Lei de Drogas).

Gabarito "E".

(Magistratura/GO – 2015 – FCC) Joaquim foi condenado por crime de roubo com emprego de arma de fogo à pena de 5 anos e 4 meses de reclusão, em regime semiaberto. É reincidente e responde a outros dois processos por crimes de furto e roubo. Após o cumprimento de 1/6 da sanção, a defesa de Joaquim requereu a progressão ao regime aberto de pena, o que foi indeferido pelo juiz, sob argumento de que, por ser reincidente, deveria resgatar metade da sanção, o que ainda não havia ocorrido. Diante disso,

(A) caso Joaquim tivesse praticado falta grave, por ter provado início de rebelião no presídio, poderia perder a totalidade dos dias remidos, começando o novo período a partir da data da prática da infração disciplinar.
(B) caso Joaquim tivesse frequentado curso profissionalizante por 180 dias, por 6 horas diárias, mesmo sem conclui-lo, poderia remir 90 dias da pena.
(C) a razão invocada pelo juiz para o indeferimento da progressão ao regime aberto está incorreta.
(D) para a obtenção do livramento condicional, sendo Joaquim reincidente específico, deverá cumprir mais de dois terços da pena, vedada a progressão por salto.

(E) caso sobreviesse doença mental a Joaquim, este deveria cumprir medida de segurança, por no mínimo 2 anos e no máximo o tempo da pena máxima em abstrato cominada ao delito.

A: incorreta. Mesmo que Joaquim tivesse cometido falta grave, ainda assim não poderia perder a totalidade dos dias remidos. Isso porque, por força das alterações implementadas na LEP pela Lei 12.433/2011, estabeleceu-se, no caso do cometimento de falta grave, uma proporção máxima em relação à qual poderá se dar a perda dos dias remidos. Assim, diante da prática de falta grave, poderá o juiz, em vista da nova redação do art. 127 da LEP, revogar no máximo 1/3 do tempo remido, devendo a contagem recomeçar a partir da data da infração disciplinar; B: incorreta, dado que as doze horas de estudo necessárias para a remição de um dia de pena devem ser divididas, segundo estabelece o art. 126, § 1º, I, da LEP, em no mínimo três dias, o que daria quatro horas de estudo por dia; C: correta. Pouco importa, para a progressão de regime, se o condenado é primário ou reincidente, já que o art. 112 da LEP não faz nenhuma distinção. Está incorreta, portanto, a fundamentação invocada pelo magistrado. Cuidado: tal regra não se aplica no universo dos crimes hediondos e equiparados, em que a progressão, nos moldes do art. 2º, § 2º, da Lei 8.072/1990, dar-se-á depois de o condenado cumprir 2/5 da pena, se primário; se reincidente, a progressão somente se dará após o cumprimento de 3/5 da pena; D: incorreta. Para que Joaquim possa obter o livramento condicional basta o cumprimento de mais da metade da pena imposta (art. 83, II, do CP); a fração mencionada na assertiva, da ordem de 2/3 da pena, só terá incidência se o crime pelo qual cumpre pena o condenado for hediondo ou equiparado, na forma estatuída no art. 83, V, do CP. No mais, seja como for, é vedada a progressão por salto (Súmula 491, STJ); E: incorreta. Há que se distinguir, aqui, duas situações. Em se tratando de doença mental de caráter transitório, com perspectiva, portanto, de cura, não há por que converter a pena privativa de liberdade em medida de segurança. Aplica-se, neste caso, o art. 41 do CP, que estabelece que o sentenciado será transferido para hospital de custódia e tratamento e ali permanecerá até o seu restabelecimento. De outro lado, se se tratar de doença mental de caráter permanente, que parece ser o caso narrado no enunciado, deverá o juiz, em obediência ao que estabelece o art. 183 da LEP, converter a pena privativa de liberdade em medida de segurança, já que não existe, ao menos naquele momento, perspectiva de melhora da saúde mental do condenado. Neste caso, a duração da medida de segurança está limitada ao tempo que resta para o cumprimento da pena estabelecida na sentença. Nesse sentido: "*Habeas corpus*. 1. Sentença condenatória. Execução. Superveniência de doença mental. Conversão de pena privativa de liberdade em medida de segurança. Internação. Manutenção. Tempo de cumprimento da pena extrapolado. Constrangimento ilegal. 2. Ordem concedida. 1. Em se tratando de medida de segurança aplicada em substituição à pena corporal, prevista no art. 183 da Lei de Execução Penal, sua duração está adstrita ao tempo que resta para o cumprimento da pena privativa de liberdade estabelecida na sentença condenatória, sob pena de ofensa à coisa julgada. Precedentes desta Corte. 2. Ordem concedida" (HC 130.162/SP, rel. Min. Maria Thereza de Assis Moura, Sexta Turma, julgado em 02.08.2012, *DJe* 15.08.2012).
Gabarito "C".

(Magistratura/GO – 2015 – FCC) De acordo com a Lei 12.850/2013, que define organização criminosa e dispõe sobre a investigação criminal, os meios de obtenção da prova, infrações penais correlatas e o procedimento criminal,

(A) a ação controlada, consistente em retardar a intervenção policial ou administrativa relativa à ação praticada por organização criminosa ou a ela vinculada, independe de prévia comunicação ao juiz competente, em razão da urgência.
(B) a infiltração de agentes de polícia em tarefas de investigação será precedida de circunstanciada, motivada e sigilosa autorização do Ministério Público, que estabelecerá seus limites.
(C) o colaborador beneficiado por perdão judicial ou não denunciado não poderá ser ouvido em juízo a requerimento das partes, mas apenas por iniciativa da autoridade judicial.
(D) não será admitida colaboração premiada depois de proferida sentença condenatória.
(E) caso preste depoimento, o colaborador renunciará, na presença de seu defensor, ao direito ao silêncio e estará sujeito ao compromisso legal de dizer a verdade.

A: incorreta, na medida em que o art. 8º, § 1º, da Lei 12.850/2013 impõe que a autoridade responsável pela investigação comunique a ação controlada ao juiz competente, cabendo a este, quando o caso, estabelecer os limites que devem ser impostos ao retardamento da intervenção policial ou administrativa; B: incorreta, pois a autorização para a realização da infiltração de agentes deve ser dada pelo juiz de direito, e não pelo MP, ao qual incumbe, quando o caso, requerer a medida (art. 10, Lei 12.850/2013); C: incorreta, já que não corresponde ao que estabelece o art. 4º, § 12, da Lei 12.850/2013, que permite às partes, neste caso, requerer a oitiva do colaborar beneficiado por perdão judicial ou não denunciado; D: incorreta. A Lei 12.850/2013, inovando, permite, em seu art. 4º, § 5º, que o acordo de colaboração seja firmado depois da sentença condenatória; E: correta, pois reflete a regra presente no art. 4º, § 14, da Lei 12.850/2013.
Gabarito "E".

(Magistratura/RR – 2015 – FCC) O trabalho é reconhecido como um dever e um direito.
Nesse sentido, segundo a Lei de Execução Penal, é correto afirmar que

(A) o trabalho externo será permitido nos regimes aberto e semiaberto, sendo proibido no regime fechado.
(B) o condenado perderá sempre 1/3 dos dias remidos pelo trabalho em caso de cometimento de falta grave, desde que devidamente apurada em processo administrativo e homologada pelo juiz da execução.
(C) a remuneração deverá atender, dentre outras finalidades, as pequenas despesas pessoais do condenado.
(D) a autoridade administrativa deverá encaminhar ao juiz, semestralmente, uma cópia dos registros de todos os condenados que estejam trabalhando com informação dos dias trabalhados.
(E) o juiz, ao conceder o livramento condicional, poderá, em caráter complementar e facultativo, subordinar o livramento a obtenção de ocupação lícita pelo liberado.

A: incorreta, já que o trabalho externo, a teor do art. 36, *caput*, da LEP, é, sim, permitido aos presos que se encontram no regime fechado, desde que em serviços ou obras públicas realizadas por órgãos da administração direta ou indireta, ou entidades privadas, contanto que sejam tomadas as cautelas contra a fuga e em favor da disciplina; B: errada, na medida em que o condenado que praticar falta grave no curso da execução da pena perderá *até* 1/3 dos dias remidos pelo trabalho, na forma estabelecida no art. 127 da LEP. Como se pode notar, a incorreção da assertiva está em afirmar que o condenado, em casos assim, *sempre* perderá 1/3 dos dias remidos. É bem lembrar que este limite passou a vigorar com a edição da Lei 12.433/2011; antes disso, era lícito ao magistrado revogar os dias remidos na íntegra, entendimento esse reconhecido como constitucional pelo STF (Súmula Vinculante 9); C: correta, pois em consonância com o que estabelece o art. 29, § 1º, c, da LEP; D: incorreta. É que os atestados de trabalho/frequência serão encaminhados ao juízo da execução todos os meses, e não semestralmente, como consta da proposição. É o que estabelece o art. 129, *caput*, da LEP; E: incorreta, já que a obtenção de ocupação lícita, por parte do liberado, constitui condição *obrigatória* (art. 132, § 1º, a, da LEP).
Gabarito "C".

(Magistratura/SC – 2015 – FCC) A Lei 11.340/2006 cria mecanismos para coibir e prevenir a violência doméstica e familiar contra a mulher, nos termos do § 8º do art. 226 da Constituição Federal, da Convenção sobre a Eliminação de Todas as Formas de Violência contra a Mulher, da Convenção Interamericana para Prevenir, Punir e Erradicar a Violência contra a Mulher e de outros tratados internacionais ratificados pela República Federativa do Brasil. Neste sentido, possui dispositivos que excepcionam regras processuais previstas no Código de Processo Penal e nas leis extravagantes, penais e processuais. Portanto, nos termos da lei, é correto afirmar que

(A) Nos casos em que o agressor ingressar ou deixar a prisão, ou o advogado constituído ou a própria ofendida deverão ser notificados.
(B) É vedada a aplicação, nos casos de violência doméstica e familiar contra a mulher, de penas de cesta básica.
(C) Nos casos em que for realizada a transação penal, o juiz poderá aplicar a pena restritiva de direitos sempre cumulada com o pagamento de multa reparatória.
(D) Mesmo que a pena aplicada na sentença pelo magistrado seja inferior a dois anos de prisão, não poderá ser concedida a suspensão da execução da pena (*sursis*).
(E) O juiz poderá decretar várias medidas protetivas de urgência, dentre elas a suspensão da posse ou restrição do porte de armas, com comunicação ao órgão competente, exigindo-se sempre para a decretação de tais medidas a manifestação prévia do Ministério Público.

A: incorreta, já que não corresponde ao teor do art. 21 da Lei 11.340/2006, que estabelece que os atos processuais relativos ao agressor devem ser comunicados tanto à ofendida quanto ao seu defensor (constituído ou público); B: correta, pois em conformidade com a regra disposta no art. 17 da Lei 11.340/2006; C: incorreta, dado que o art. 41 da Lei Maria da Penha, cuja constitucionalidade foi reconhecida pelo STF (ADC 19, de 09.02.2012), veda a aplicação, no âmbito dos crimes praticados com violência doméstica e familiar contra a mulher, das medidas despenalizadoras contempladas na Lei 9.099/1995, entre as quais a transação penal. Consolidando tal entendimento, editou-se a Súmula 536 do STJ: "A suspensão condicional do processo e a transação penal não se aplicam na hipótese de delitos sujeitos ao rito da Lei Maria da Penha"; D: incorreta, uma vez que não há vedação à concessão da suspensão condicional da pena; E: incorreta, pois contraria o que estabelecem os arts. 19, § 1º, e 22, § 1º, da Lei Maria da Penha.
Gabarito "B".

(Magistratura/SC – 2015 – FCC) Segundo a Lei de Execução Penal, com relação às faltas disciplinares,

(A) a prática de falta grave implicará a imediata perda do direito à saída temporária.
(B) para que um comportamento seja tipificado como falta disciplinar independentemente da gravidade, em respeito ao princípio da legalidade estrita, deverá estar previsto na Lei 7.210/1984.
(C) após a apuração de qualquer falta, poderá ser aplicado ao infrator o regime disciplinar diferenciado, a critério do magistrado, desde que este fundamente a decisão.
(D) com base em decreto federal, o prazo para a reabilitação da conduta, a partir do cumprimento da sanção disciplinar, será de doze meses para faltas graves.
(E) a autoridade administrativa, entendendo que é caso de isolamento preventivo, deverá requerer ao juiz a decretação da medida.

A: incorreta, visto que a revogação da saída temporária está condicionada à punição pelo cometimento de falta grave, na forma estatuída no art. 125 da LEP; **B:** incorreta, dado que a falta disciplinar leve e média pode ser definida por legislação local (art. 49, *caput*, da LEP), o mesmo não ocorrendo em relação à falta disciplinar grave, que deverá, necessariamente, ser definida por meio de lei federal em sentido estrito (art. 50, LEP); **C:** incorreta, uma vez que não corresponde ao que estabelece o art. 52, *caput*, da LEP; **D:** correta (art. 81, III, do Decreto 6.049/2007); **E:** incorreta, o isolamento preventivo, decretado pela autoridade administrativa por prazo não superior a 10 dias, prescinde de autorização judicial (art. 60, *caput*, LEP).

Gabarito "D".

(Magistratura/SC – 2015 – FCC) A Lei 12.850/2013 define organização criminosa e dispõe sobre a respectiva investigação criminal e os meios de obtenção de prova. Em situação definida pela lei como colaboração premiada, dentre todas as medidas previstas na lei, quanto ao líder da organização NÃO caberá a

(A) concessão do perdão judicial.
(B) exclusão do rol de denunciados.
(C) redução da pena privativa de liberdade em até dois terços.
(D) substituição da pena privativa de liberdade por restritiva de direitos.
(E) progressão de regime sem o preenchimento dos requisitos objetivos.

A colaboração premiada, tal como disciplinada na Lei de Organização Criminosa, não tem, como uma de suas consequências, a exclusão do colaborador do rol de denunciados. É do art. 4º, *caput*, da Lei 12.850/2013 que, verificada a colaboração premiada, uma das seguintes medidas podem ser adotadas pelo juiz: concessão do perdão judicial; condenação do réu colaborador, reduzindo sua pena em até 2/3; substituição da pena privativa de liberdade por restritiva de direitos. A medida consistente em não oferecer denúncia, prevista no § 4º do mesmo dispositivo, não alcança o líder da organização criminosa. Há ainda a hipótese em que o acordo de colaboração é firmado depois de proferida a sentença, caso em que a pena poderá ser reduzida até a metade ou será admitida a progressão de regime independente da presença dos requisitos objetivos (art. 4º, § 5º, da Lei 12.850/2013).

Gabarito "B".

(Ministério Público/BA – 2015 – CEFET) Quanto às interceptações telefônicas e ao combate à criminalidade organizada, pode-se afirmar que:

(A) A Lei de Interceptações Telefônicas (Lei 9.296/1996) se aplica à interceptação do fluxo de comunicações em sistemas de informática, com exceção dos sistemas de telemática.
(B) Segundo o disposto na Lei 12.850/2013 (Organizações Criminosas), se a ação controlada envolver transposição de fronteiras, o retardamento da intervenção policial ou administrativa não dependerá da cooperação das autoridades dos países que figurem como provável itinerário ou destino do investigado, o que garantirá a efetividade da investigação criminal.
(C) Excepcionalmente, o juiz poderá admitir que o pedido de interceptação telefônica seja formulado verbalmente, desde que estejam presentes os pressupostos que autorizem a interceptação, caso em que a concessão será condicionada à sua redução a termo.
(D) De acordo com a Lei 12.850/2013 (Organizações Criminosas), o juiz participará das negociações realizadas entre as partes para a formalização do acordo de colaboração premiada, que ocorrerá entre o delegado de polícia, o investigado e o defensor, com a manifestação do Ministério Público, ou, conforme o caso, entre o Ministério Público e o investigado ou acusado e seu defensor.
(E) O pedido de interceptação telefônica é um tipo de questão processual incidental do processo penal, e, por esta razão, não ocorrerá, segundo os termos da Lei 9.296/1996, em autos apartados.

A: incorreta, visto que a Lei 9.296/1996 tem incidência tanto na interceptação do fluxo de comunicações em sistemas de informática quanto em sistemas de telemática (art. 1º, parágrafo único); **B:** incorreta, uma vez que contraria a regra presente no art. 9º da Lei 12.850/2013, segundo o qual a ação controlada, em casos assim, estará sujeita à cooperação das autoridades dos países que figurem como provável itinerário ou destino do investigado; **C:** correta, pois reflete a regra contida no art. 4º, § 1º, da Lei 9.296/1996; **D:** incorreta. Por força do que estabelece o art. 4º, § 6º, da Lei 12.850/2013, é defeso ao juiz participar do acordo de colaboração premiada, que deverá ser realizado entre o delegado de polícia e o colaborador ou entre este e o Ministério Público, com a presença, em qualquer caso, do defensor; o papel do magistrado, no cenário da colaboração premiada instituída pela Lei 12.850/2013, se limita a homologar o acordo firmado entre as partes citadas, desde que não eivado de ilegalidade ou irregularidade (art. 4º, § 8º, da Lei 12.850/2013). Entre outras coisas, o juiz analisará se o colaborador agiu, quanto ao acordo firmado, de forma voluntária; **E:** incorreta, pois contraria a regra presente no art. 8º, *caput*, da Lei 9.296/1996.

Gabarito "C".

21. TEMAS COMBINADOS E OUTROS TEMAS

(Procurador Municipal – Prefeitura/BH – CESPE – 2017) Com base no entendimento do STJ, assinale a opção correta.

(A) Somente se houver prévia autorização judicial, serão considerados prova lícita os dados e as conversas registrados no aplicativo WhatsApp colhidos de aparelho celular apreendido quando da prisão em flagrante.
(B) O MP estadual não tem legitimidade para atuar diretamente como parte em recurso submetido a julgamento no STJ.
(C) Tratando-se de demandas que sigam o rito dos processos de competência originária dos tribunais superiores, considera-se intempestiva a apresentação de exceção da verdade no prazo da defesa prévia, se, tendo havido defesa preliminar, o acusado não tiver nesse momento se manifestado a esse respeito.
(D) É ilegal portaria que, editada por juiz federal, estabelece a tramitação direta de inquérito policial entre a Polícia Federal e o MPF.

A: correta. Conferir: "Ilícita é a devassa de dados, bem como das conversas de whatsapp, obtidas diretamente pela polícia em celular apreendido no flagrante, sem prévia autorização judicial" (STJ, RHC 76.510/RR, 6ª T., Rel. Min. Nefi Cordeiro, j. 04.04.2017, *DJe* 17.04.2017); **B:** incorreta. A conferir: "A Corte Especial do Superior Tribunal de Justiça, no julgamento do EREsp 1.327.573/RJ, pacificou o entendimento no sentido de que os Ministérios Públicos Estaduais e do Distrito Federal possuem legitimidade para atuar no Superior Tribunal de Justiça" (STJ, EDcl no AgRg nos EDcl no REsp 1152715/RS, 6ª T., Rel. Min. Nefi Cordeiro, j. 19.11.2015, *DJe* 03.12.2015); **C:** incorreta. "A exceção da verdade é meio processual de defesa, é instituto de defesa indireta do réu, podendo ser apresentada nos processos em que se apuram crimes de calúnia e de difamação, quando praticado em detrimento de funcionário público no exercício de suas funções. Tem-se entendido que referido instituto defensivo deve ser apresentado na primeira oportunidade em que a defesa se manifestar nos autos. No entanto, o rito dos processos que tramitam em tribunais superiores prevê a apresentação de defesa preliminar antes mesmo do recebimento da denúncia, no prazo de 15 (quinze) dias, conforme dispõe o art. 4º da Lei n. 8.038/1990. Prevê, ademais, após o recebimento da denúncia, o prazo de 5 (cinco) dias para a defesa prévia, contado do interrogatório ou da intimação do defensor dativo, nos termos do art. 8º da referida Lei. 3. Um exame superficial poderia levar a crer que a primeira oportunidade para a defesa se manifestar nos autos, de fato, é no prazo de 15 (quinze) dias, antes mesmo do recebimento da denúncia. Contudo, sem o recebimento da inicial acusatória, nem ao menos é possível processar a exceção da verdade, que tramita simultaneamente com a ação penal, devendo ser resolvida antes da sentença de mérito. Outrossim, diante da natureza jurídica do instituto, que é verdadeira ação declaratória incidental, tem-se como pressuposto lógico a prévia instauração da ação penal. Assim, conclui-se que o prazo para apresentação da exceção da verdade, independentemente do rito procedimental adotado, deve ser o primeiro momento para a defesa se manifestar nos autos, após o efetivo início da ação penal, o que de fato ocorreu no presente caso. 4. O ordenamento jurídico não dispõe sobre a possibilidade de sustentação oral em exceção da verdade, não havendo previsão nesse sentido no Regimento Interno do TJMG nem do STF, que pode ser aplicado subsidiariamente. Ademais, a própria Lei n. 8.038/1990, cujo rito está sendo observado no caso dos autos, faculta a sustentação oral apenas na deliberação acerca do recebimento da denúncia (art. 6º, § 1º, da Lei n. 8.038/1990) e no julgamento do mérito da ação (art. 12 da Lei n. 8.038/1990). Desarte, tem-se que não é franqueada a utilização da sustentação oral para questão processual incidental" (STJ, HC 202.548/MG, 5ª T., Rel. Min. Reynaldo Soares da Fonseca, j. 24.11.2015, *DJe* 01.12.2015); **D:** incorreta. Nesse sentido: "3. A tramitação direta de inquéritos entre a polícia judiciária e o órgão de persecução criminal traduz expediente que, longe de violar preceitos constitucionais, atende à garantia da duração razoável do processo, assegurando célere tramitação, bem como aos postulados da economia processual e da eficiência. Essa constatação não afasta a necessidade de observância, no bojo de feitos investigativos, da chamada cláusula de reserva de jurisdição. 4. Não se mostra ilegal a portaria que determina o trâmite do inquérito policial diretamente entre polícia e órgão da acusação, encontrando o ato indicado como coator fundamento na Resolução n. 63/2009 do Conselho da Justiça Federal" (RMS 46.165/SP, 5ª T., Rel. Min. Gurgel de Faria, j. 19.11.2015, *DJe* 04.12.2015). ED

Gabarito "A".

(Procurador Municipal – Prefeitura/BH – CESPE – 2017) Considerando a legislação processual penal e o entendimento jurisprudencial pátrio, assinale a opção correta.

(A) Em matéria penal, o MP não goza da prerrogativa da contagem dos prazos recursais em dobro.
(B) Interrompe-se a prescrição ainda que a denúncia seja recebida por juiz absolutamente incompetente.
(C) Havendo mais de um autor, ocorrerá renúncia tácita com relação àqueles cujos nomes tenham sido omitidos da queixa-crime, ainda que de forma não intencional.
(D) A CF prevê expressamente a retroatividade da lei processual penal quando esta for mais benéfica ao acusado.

A: correta. O art. 180, "caput", do NCPC, que concede o prazo em dobro para o MP manifestar-se nos autos, não tem aplicação no âmbito do processo penal. Na jurisprudência do STJ: "Em matéria penal, o Ministério Público não goza da prerrogativa de contagem do prazo recursal em dobro" (EDcl no AgRg na MC 23.498/RS, 6ª T., Rel. Min. Nefi Cordeiro, j. 24.02.2015, *DJe* 04.03.2015); **B:** incorreta. Conferir: "Conforme precedentes deste Tribunal Superior, o recebimento da queixa-crime por juízo incompetente é considerado nulo, não se constituindo em marco interruptivo do prazo prescricional" (HC 88.210/RO, 5ª T., Rel. Min. Napoleão Nunes Maia Filho, j. 25.09.2008, *DJe* 28.10.2008); **C:** incorreta. Nesse sentido: "O reconhecimento da renúncia tácita ao direito de queixa exige a demonstração de que a não inclusão de determinados autores ou partícipes na queixa-crime se deu de forma deliberada pelo querelante" (v.g.: HC 186.405/RJ, 5ª T.,, Rel. Min. Jorge Mussi, *DJe* 11.12.2014); **D:** incorreta, na medida em que o art. 5º, XL, da CF, que enuncia o postulado da irretroatividade, somente faz referência à lei penal, e não à processual penal, em relação à qual se aplica o princípio da *aplicação imediata* ou *da imediatidade*, segundo o qual a lei processual penal aplicar-se-á desde logo, sem prejuízo dos atos realizados sob o império da lei anterior. É o que estabelece o art. 2º do CPP. A exceção a essa regra, é importante que se diga, fica por conta da lei processual penal dotada de carga material (também chamada de norma mista ou híbrida), em que deverá ser aplicado o que estabelece o art. 2º, parágrafo único, do CP. Nesse caso, a exemplo do que se dá com as leis penais, a norma processual nova, se favorável ao réu, deverá retroagir; se prejudicial, aplica-se a lei já revogada (*lex mitior*). ED

Gabarito "A".

(Procurador do Estado – PGE/BA – CESPE – 2014) Em relação à assistência no processo penal, julgue os itens subsecutivos.

(1) O assistente de acusação, de acordo com a jurisprudência do STJ, não tem direito a manejar recurso de apelação que objetive o aumento da pena do sentenciado.
(2) Segundo a jurisprudência do STJ, o assistente de acusação não detém legitimidade para recorrer de decisão judicial que conceda a suspensão condicional do processo.
(3) A interveniência do assistente de acusação não é permitida no curso do inquérito policial ou da execução penal.

1: incorreta. Prevalece o entendimento segundo o qual é lícito ao assistente de acusação interpor recurso de apelação cujo único propósito é o aumento da pena fixada na sentença de primeiro grau. Conferir: "Preenchido o requisito do art. 598 do Código de Processo Penal, pode o assistente de acusação interpor recurso de apelação para o fim de aumentar a pena" (STJ, 6ª T., HC 169.557/RJ, Rel. Min. Maria Thereza de Assis Moura, j. 29.08.2013, DJe 12.09.2013); 2: correta. Nesse sentido: "Furto de energia (caso). Suspensão condicional do processo (homologação). Assistente de acusação (recurso). Reparação do dano (pretensão). Legitimidade (ausência). 1. O assistente da acusação não tem legitimidade para recorrer em nome próprio, exceto nas hipóteses do rol taxativo do art. 271 do Cód. de Pr. Penal. 2. Agravo regimental improvido. (AgRg no Ag 880.214/RJ, 6ª T., Rel. Min. Nilson Naves, j. 01.07.2008, DJe 06.10.2008); 3: correta. Isso porque o ingresso do assistente, que receberá a causa no estado em que se achar, somente será admitido a partir do recebimento da denúncia e até o trânsito em julgado da decisão (art. 269, CPP). Não tem lugar, portanto, no curso das investigações do inquérito policial tampouco na fase de execução da pena. ED

Gabarito 1E, 2C, 3C.

(Juiz – TRF 4ª Região – 2016) Assinale a alternativa correta.

(A) Na dicção do Superior Tribunal de Justiça, não há nulidade na decretação de medidas investigatórias – como busca e apreensão, interceptação telefônica e quebra dos sigilos bancário e fiscal – para apurar crimes autônomos, conexos ao crime material contra a ordem tributária, quando o crédito tributário ainda pende de lançamento definitivo.
(B) Na sentença, o juiz poderá dar ao fato que constitui objeto da denúncia capitulação legal diversa daquela dada pela acusação, desde que isso não acarrete a aplicação de pena mais grave em relação à que decorreria da capitulação legal original.
(C) Ressalvados os procedimentos especiais previstos no Código de Processo Penal e na legislação esparsa, o procedimento comum ordinário será observado quando se tratar de crime cuja pena privativa da liberdade máxima cominada seja igual ou superior a três anos.
(D) É válida a interceptação telefônica realizada sem autorização judicial quando um dos interlocutores consente em que ela seja tratada como escuta telefônica, como tal considerada a captação de conversa feita por um terceiro, com o conhecimento de apenas um dos interlocutores.
(E) Quando o processo judicial tramitar em meio eletrônico, a petição eletrônica enviada para atender a determinado prazo processual será considerada intempestiva se tiver sido transmitida após o horário de encerramento do expediente normal da unidade judiciária competente, no último dia do referido prazo.

A: correta. Nesse sentido, conferir: "Não há ilegalidade na autorização de interceptação telefônica, busca e apreensão e quebra de sigilo bancário e fiscal, antes do lançamento do crédito tributário, quando as medidas investigatórias são autorizadas para apuração dos crimes de quadrilha e falsidade ideológica, também imputados ao Paciente, que supostamente se utilizava de intrincado esquema criminoso, com o claro e primordial intento de lesar o Fisco" (HC 148.829/RS, Rel. Min. Laurita Vaz, 5ª Turma, j. 21.08.2012, DJe 27.08.2012); **B:** incorreta. A proposição descreve o fenômeno da *emendatio libelli*, presente no art. 383 do CPP. Neste caso, deverá o juiz, em obediência à regra contida neste dispositivo, atribuir ao fato, na sentença, a definição jurídica que entender mais adequada, pouco importando se a nova capitulação implicar pena *mais grave*. Tal fenômeno não deve ser confundido com a *mutatio libelli, em que a prova* colhida na instrução aponta para uma nova definição jurídica do fato, diversa daquela contida na inicial, hipótese em que, por força do que estabelece o art. 383 do CPP, com a redação que lhe conferiu a Lei de Reforma 11.719/2008, é de rigor o aditamento do exordial pelo órgão acusatório, ainda que a nova capitulação jurídica implique aplicação de pena igual ou menos grave; **C:** incorreta. O *rito ordinário* terá lugar sempre que se tratar de crime cuja sanção máxima cominada for igual ou superior a *quatro* anos de pena privativa de liberdade (art. 394, § 1º, I, CPP), e não a *três* anos, como constou da assertiva. O *rito sumário*, por sua vez, será adotado quando se tratar de crime cuja sanção máxima seja inferior a quatro anos e superior a dois (art. 394, § 1º, II, CPP). Já o *rito sumaríssimo* terá incidência nas infrações penais de menor potencial ofensivo (crimes cuja pena máxima não seja superior a dois anos bem como as contravenções penais), na forma estatuída no art. 394, § 1º, III, CPP; **D:** incorreta. Nessa esteira, conferir: "1. A interceptação telefônica é a captação de conversa feita por um terceiro, sem o conhecimento dos interlocutores, que depende de ordem judicial, nos termos do inciso XII do artigo 5º da Constituição Federal. 2. A escuta é a captação de conversa telefônica feita por um terceiro, com o conhecimento de apenas um dos interlocutores, ao passo que a gravação telefônica é feita por um dos interlocutores do diálogo, sem o consentimento ou a ciência do outro. 3. Na hipótese, embora as gravações tenham sido implementadas pelo esposo da cliente do paciente com a intenção de provar a sua inocência, é certo que não obteve a indispensável prévia autorização judicial, razão pela qual se tem como configurada a interceptação de comunicação telefônica ilegal. 4. O fato de a esposa do autor das interceptações – que era uma interlocutora dos diálogos gravados de forma clandestina – ter consentido posteriormente com a divulgação dos seus conteúdos não tem o condão de legitimar o ato, pois no momento da gravação não tinha ciência do artifício que foi implementado pelo seu marido, não se podendo afirmar, portanto, que, caso soubesse, manteria tais conversas com o seu advogado pelo telefone interceptado. 5. Aplicação da norma contida no artigo 157, caput, do Código de Processo Penal, com a redação que lhe foi dada pela Lei n. 11.690/08" (HC 161.053/SP, Rel. Min. Jorge Mussi, 5ª Turma, j. 27.11.2012, *DJe* 03.12.2012); **E:** incorreta, pois contraria a regra presente no art. 3º, parágrafo único, da Lei 11.419/2006. ED

Gabarito "A".

(Juiz – TRF 4ª Região – 2016) Assinale a alternativa correta.

(A) Caso os depoimentos colhidos em audiência sejam registrados por meio audiovisual, a respectiva transcrição deverá ser disponibilizada às partes, no prazo de cinco dias.
(B) O trânsito em julgado da sentença homologatória da transação penal impede o Ministério Público de dar continuidade à *persecutio criminis*, ainda que o autor do fato haja descumprido as cláusulas do referido documento.
(C) O processo e o julgamento do crime de lavagem ou ocultação de bens, direitos e valores dependem do prévio processo e julgamento das respectivas infrações penais antecedentes.
(D) Da decisão do juiz singular que não receber a apelação, por considerá-la intempestiva, cabe a interposição de carta testemunhável.
(E) Ao juiz federal com jurisdição sobre o local da apreensão da droga remetida do exterior pela via postal compete processar e julgar o crime de tráfico transnacional de substâncias entorpecentes.

A: incorreta, uma vez que contraria o disposto no art. 405, § 2º, do CPP, que dispensa a transcrição dos depoimentos registrados por meio audiovisual; **B:** incorreta, pois em desconformidade com o teor da Súmula Vinculante 35: "A homologação da transação penal prevista no artigo 76 da Lei n.º 9.099/1995 não faz coisa julgada material e, descumpridas suas cláusulas, retoma-se a situação anterior, possibilitando-se ao Ministério Público a continuidade da persecução penal mediante oferecimento de denúncia ou requisição de inquérito policial"; **C:** incorreta, pois contraria o disposto no art. 2º, II, da Lei 9.613/1998; **D:** incorreta. É hipótese de interposição de recurso em sentido estrito (art. 581, XV, do CPP); **E:** correta, haja vista que corresponde ao entendimento firmado por meio da Súmula 528, do STJ. ED

Gabarito "E".

(Juiz – TRF 4ª Região – 2016) Assinale a alternativa correta.

(A) De acordo com o Código de Processo Penal, poderá o juiz, de ofício ou a requerimento das partes, proferir decisão fundamentada determinando que, em caráter excepcional, o interrogatório do réu preso seja feito por sistema de videoconferência ou por outro recurso tecnológico de transmissão de sons e imagens em tempo real, desde que tal medida seja necessária para atender a uma das finalidades especificamente previstas no referido diploma legal.
(B) Na audiência criminal, as perguntas às testemunhas são feitas diretamente pela acusação e pela defesa e, por força do princípio acusatório, o juiz não pode complementar a inquirição.
(C) Em nosso sistema processual penal, que segue o sistema acusatório puro, não pode o juiz determinar de ofício a produção de quaisquer provas.
(D) Prevalece no Supremo Tribunal Federal e no Superior Tribunal de Justiça o entendimento de que o princípio da indivisibilidade da ação penal também se aplica às ações penais públicas.
(E) Da decisão do juiz singular que julgar procedente a exceção de suspeição, cabe recurso em sentido estrito; da sentença que pronunciar o réu, cabe apelação.

A: correta, nos termos do art. 185, § 2º, do CPP; **B:** incorreta. Antes de o Código de Processo Penal ser alterado pela Lei de Reforma 11.690/2008, vigia, entre nós, o *sistema presidencialista*, pelo qual a testemunha, depois de inquirida pelo juiz, respondia, por intermédio deste, às perguntas formuladas pelas partes. Por esse sistema, não podiam acusação e defesa formular seus questionamentos diretamente à testemunha, o que somente era feito por meio do juiz. Com a alteração promovida pela Lei 11.690/2008 na redação do art. 212 do CPP, o *sistema presidencialista*, até então em vigor, deu lugar ao chamado sistema *cross examination,* segundo o qual as partes passam a dirigir suas indagações às testemunhas sem a intermediação do magistrado, de forma direta, vedados

os questionamentos que puderem induzir a resposta, não tiverem relação com a causa ou importarem na resposta de outra já respondida. Até aqui, portanto, está correto o que se afirma na alternativa. O erro está em asseverar que ao juiz não é dado complementar a inquirição. Com efeito, ao final desta, se ainda restar algum ponto não esclarecido, poderá o magistrado complementá-la, formulando à testemunha novas perguntas (art. 212, parágrafo único, do CPP). É por essa razão que se diz que a atividade do juiz é complementar à das partes. No mais, diz-se que o sistema é *direto* porque cabe à parte que arrolou a testemunha perquiri-la em primeiro lugar; depois, as perguntas serão formuladas pela outra parte (*cruzado*); **C:** incorreta, pois não reflete o teor do art. 156, I, do CPP, que confere ao juiz a prerrogativa de ordenar, de ofício, mesmo antes de iniciada a ação penal, a produção antecipada de provas consideradas urgentes e relevantes, sempre observando a necessidade, adequação e proporcionalidade da medida; **D:** incorreta. O princípio da indivisibilidade da ação penal privada está consagrado no art. 48 do CPP. Embora não haja disposição expressa de lei, o postulado da indivisibilidade, segundo pensamos, é também aplicável, ao menos em princípio, à ação penal pública. É que seria inconcebível imaginar que o MP pudesse escolher contra quem iria propor a ação penal. É nesse sentido que incorporamos o postulado da indivisibilidade no âmbito da ação penal pública. Mas o STF não compartilha dessa lógica. Para a nossa Corte Suprema, a indivisibilidade não se aplica à ação penal pública (somente à ação privada). Sustenta o STF que a divisibilidade da ação penal pública reside no fato de o MP ter a liberdade de não ofertar a denúncia contra alguns autores de crime contra os quais ainda não há elementos suficientes e, assim que esses elementos forem reunidos, aditar a denúncia. Assim, a ação deixa de ser indivisível pelo simples fato de a denúncia comportar aditamento posterior (HC 96.700, Rel. Min. Eros Grau, j. 17.03.2009, 2ª Turma, *DJE* 14.8.2009; no mesmo sentido: HC 93.524, Rel. Min. Cármen Lúcia, j. 19.08.2008, 1ª Turma, *DJE* 31.10.2008); **E:** incorreta, pois não reflete o disposto no art. 581, III e IV, do CPP.
Gabarito "A".

(Promotor de Justiça – MPE/RS – 2017) Assinale a alternativa **INCORRETA**.

(A) No processo penal, a falta da defesa constitui nulidade absoluta, mas a sua deficiência só o anulará se houver prova de prejuízo para o réu.
(B) A transação penal prevista no artigo 76 da Lei n. 9.099/1995, homologada e descumprida, não faz coisa julgada material e possibilita ao Ministério Público a continuidade da persecução penal.
(C) No mandado de segurança impetrado pelo Ministério Público contra decisão proferida em processo penal, é obrigatória a citação do réu como litisconsorte passivo.
(D) Não viola as garantias do juiz natural, da ampla defesa e do devido processo legal a atração por continência ou conexão do processo do corréu ao foro por prerrogativa de função de um dos denunciados.
(E) É absoluta a nulidade decorrente da inobservância da competência penal por prevenção.

A: correta, pois reflete o entendimento sufragado na Súmula 523 do STF, *in verbis*: "No processo penal, a falta da defesa constitui nulidade absoluta, mas a sua deficiência só o anulará se houver prova de prejuízo para o réu"; **B:** correta, pois em conformidade com o disposto na Súmula Vinculante 35: "A homologação da transação penal prevista no artigo 76 da Lei 9.099/1995 não faz coisa julgada material e, descumpridas suas cláusulas, retoma-se a situação anterior, possibilitando-se ao Ministério Público a continuidade da persecução penal mediante oferecimento de denúncia ou requisição de inquérito policial"; **C:** correta: Súmula 701 do STF: "No mandado de segurança impetrado pelo Ministério Público contra decisão proferida em processo penal, é obrigatória a citação do réu como litisconsorte passivo"; **D:** correta. É o entendimento firmado na Súmula 704 do STF: "Não viola as garantias do juiz natural, da ampla defesa e do devido processo legal a atração por continência ou conexão do processo do corréu ao foro por prerrogativa de função de um dos denunciados"; **E:** incorreta, pois contraria o entendimento consolidado na Súmula 706 do STF: "É relativa a nulidade decorrente da inobservância da competência penal por prevenção".
Gabarito "E".

(Promotor de Justiça – MPE/RS – 2017) Assinale a alternativa **INCORRETA**.

(A) A carta rogatória para citação de réu que se encontra em lugar sabido, no estrangeiro, suspende o curso do prazo de prescrição até seu cumprimento.
(B) A arguição de suspeição de jurado formulada por advogado exige procuração com poderes especiais.
(C) A arguição de suspeição do juiz formulada por defensor público prescinde de procuração.
(D) Transitada em julgado a sentença condenatória, compete ao juízo das execuções a aplicação de lei mais benigna.
(E) Não cabe *habeas corpus* contra decisão condenatória a pena de multa.

A: correta. De fato, ante o que estabelece o art. 368 do CPP, estando o acusado no estrangeiro, em local conhecido, será citado por carta rogatória, devendo ser suspenso o curso do prazo prescricional até o seu cumprimento; **B:** correta (arts. 98 e 448, § 2º, do CPP); **C:** incorreta. Embora a atuação do defensor público prescinda, em regra, de procuração, tal será imprescindível nos casos em que a lei impuser a necessidade de poderes especiais. Nesse sentido, conferir: "A jurisprudência desta Corte Superior de Justiça é no sentido de que o artigo 98 do CPP exige manifestação da vontade da parte interessada na recusa do magistrado por suspeição por meio da subscrição da petição pela própria parte interessada ou, quando representada em juízo, por meio de procuração com poderes especiais. Com efeito, ainda que independa de mandato para o foro em geral,

o defensor público não atua na qualidade de substituto processual, mas de representante processual, devendo juntar procuração sempre que a lei exigir poderes especiais, como no presente caso, não havendo falar em violação qualquer do direito de acesso ao Poder Judiciário" (REsp 1431043/MG, Rel. Ministra Maria Thereza De Assis Moura, Sexta Turma, julgado em 16.4.2015, *DJe* 27.4.2015); **D:** correta, pois em conformidade com o entendimento sufragado na Súmula 611 do STF, a seguir transcrita: "Transitada em julgado a sentença condenatória, compete ao juízo das execuções a aplicação da lei mais benigna"; **E:** correta. Tendo em conta que o *habeas corpus* é medida autônoma de impugnação de índole constitucional específica para tutelar o direito de locomoção, não havendo risco direto ou reflexo de perda desse direito, não é possível a utilização do remédio. É o entendimento presente na Súmula 693, STF: "Não cabe habeas corpus contra decisão condenatória a pena de multa, ou relativo a processo em curso por infração penal a que a pena pecuniária seja a única cominada".
Gabarito "C".

(Promotor de Justiça – MPE/MS – FAPEC – 2015) Assinale a alternativa **incorreta**:

(A) A participação de membro do Ministério Público na fase investigatória criminal não acarreta o seu impedimento ou suspeição para o oferecimento da denúncia.
(B) Considera-se questão prejudicial homogênea a exceção da verdade no crime de calúnia.
(C) Caso o juiz acolha a exceção de incompetência, caberá recurso em sentido estrito.
(D) Os prazos são contados no processo penal da data da juntada aos autos do mandado ou da carta precatória ou de ordem.
(E) Ausente o citado por edital, suspende-se o processo e a prescrição, esta pelo prazo máximo da pena cominada, diante do princípio da prescritibilidade das ações.

A: correta, pois corresponde ao entendimento firmado por meio da Súmula 234, do STJ; **B:** correta. Quanto ao tema *questão prejudicial*, valem alguns esclarecimentos. Prevista no art. 92 do CPP, *obrigatória* é a questão prejudicial que necessariamente enseja a suspensão do processo, sendo tão somente suficiente que o magistrado do juízo criminal a repute séria e fundada. Aqui, o juiz deverá determinar a paralisação do feito até que o juízo cível emita sua manifestação. Envolvem questões atinentes à própria existência do crime. Preleciona o art. 116, I, do CP que o curso da prescrição ficará suspenso. Já na questão prejudicial *facultativa*, contida no art. 93 do CPP, o magistrado tem a faculdade, não a obrigação, de suspender o processo. Trata-se, aqui, de questões diversas do estado das pessoas. Diz-se *heterogênea* porque diz respeito à matéria de outra área do direito da questão prejudicada; a *homogênea*, ao contrário, integra o mesmo ramo do direito da questão principal ou prejudicada, sendo este o caso da exceção da verdade no crime de calúnia; **C:** correta. É a hipótese de interposição de recurso em sentido estrito prevista no art. 581, II, do CPP; **D:** incorreta. Tal regra somente tem aplicação no âmbito do processo civil. No processo penal, diferentemente, conforme entendimento pacificado por meio da Súmula 710 do STF, os prazos serão contados da data em que ocorreu a intimação, e não do dia em que se deu a juntada do mandado ou da carta precatória aos autos; **E:** correta. De fato, se o réu, citado por edital, não comparece nem nomeia defensor, ficarão suspensos o processo e o prazo de prescrição (art. 366, CPP). Neste caso, tendo em conta o teor da Súmula 415 do STJ, "O período de suspensão do prazo prescricional é regulado pelo máximo da pena cominada".
Gabarito "D".

(Promotor de Justiça – MPE/MS – FAPEC – 2015) Assinale a alternativa **incorreta**:

(A) Segundo o entendimento do Supremo Tribunal Federal, constitui nulidade a falta de intimação do denunciado para oferecer contrarrazões ao recurso interposto contra a rejeição da denúncia.
(B) É possível o oferecimento de nova acusação na hipótese de rejeição da denúncia por inépcia, sem que ocorra violação ao princípio *ne bis in idem*.
(C) A autoridade judiciária, de ofício, não poderá decretar a prisão temporária de suspeito de cometimento de crimes considerados hediondos.
(D) É ilícita a investigação criminal oriunda de elementos de informação produzidos mediante gravação ambiental de conversa não protegida pelo sigilo legal realizada por apenas um dos interlocutores e sem o conhecimento do outro.
(E) O princípio da *lex fori* admite relativização no processo penal.

A: correta, uma vez que reflete o entendimento sufragado na Súmula 707, STF: "Constitui nulidade a falta de intimação do denunciado para oferecer contrarrazões ao recurso interposto da rejeição da denúncia, não a suprimindo a nomeação de defensor dativo"; **B:** correta. De fato, uma vez rejeitada a denúncia porque inepta, nada obsta que seja novamente oferecida; **C:** correta. A prisão temporária, hediondo ou não o crime investigado, somente poderá ser decretada, conforme rezam os arts. 1º, I, e 2º, *caput*, da Lei 7.960/1989, em face de requerimento do Ministério Público ou mediante representação da autoridade policial. O magistrado, assim, não está credenciado a decretá-la de ofício em nenhum caso; **D:** incorreta. É tranquilo o entendimento dos tribunais superiores no sentido de que a gravação ambiental realizada por um dos interlocutores sem o conhecimento do outro pode ser utilizada como prova no processo penal. Nesse sentido, conferir: "É lícita a prova obtida mediante a gravação ambiental, por um dos interlocutores, de conversa não protegida por sigilo legal. Hipótese não acobertada pela garantia do sigilo das comunicações telefônicas (inciso XII do art. 5º da Constituição Federal). 2. Se qualquer dos interlocutores pode, em depoimento pessoal ou como testemunha, revelar o conteúdo de sua conversa, não há como reconhecer a ilicitude da prova decorrente da gravação ambiental (...)" (STF,

Inq 2116 QO, Relator(a): Min. Marco Aurélio, Relator(a) p/ acórdão: Min. Ayres Britto, Tribunal Pleno, julgado em 15.09.2011, acórdão eletrônico *dje*-042 divulg 28.02.2012 public 29.02.2012); **E:** correta. O princípio da *lex fori* corresponde à territorialidade da lei processual penal, segundo a qual a lei será aplicada dentro do território que a editou; tal princípio, no entanto, como é sabido, comporta exceções, como, por exemplo, quando a lei nacional é aplicada em território estrangeiro com a autorização deste.

Gabarito "D".

(Defensor Público – DPE/RN – 2016 – CESPE) Assinale a opção correta no que se refere a revisão criminal, crime de tortura, nulidades, execução penal, prerrogativas e garantias dos DPs relacionadas com o processo penal.

(A) A condenação de policial civil pelo crime de tortura acarreta, como efeito automático, independentemente de fundamentação específica, a perda do cargo público e a interdição para seu exercício pelo dobro do prazo da pena aplicada.

(B) A ausência de intimação da expedição de carta precatória para a inquirição de testemunhas gera, segundo entendimento sumulado do STF, nulidade absoluta, por cerceamento de defesa e violação do devido processo legal.

(C) Para impugnar decisão do juiz da execução penal que unifique as penas impostas ao sentenciado, é cabível a interposição de recurso em sentido estrito.

(D) A ação de revisão criminal deve ser ajuizada no prazo decadencial de dois anos, contados do trânsito em julgado da sentença condenatória.

(E) Segundo o entendimento do STJ, à DP, quando ela atua na qualidade de assistente de acusação, representando a vítima de determinado crime em uma ação penal, não se aplica a prerrogativa institucional da concessão de prazo em dobro para a realização de atos processuais.

A: correta, uma vez que, no contexto da Lei de Tortura (art. 1º, § 5º), diferentemente do que se dá no sistema do Código Penal, a perda do cargo, função ou emprego público constitui consequência automática da sentença condenatória, prescindindo de declaração expressa, na sentença, nesse sentido; **B:** incorreta. Conferir: "Consoante jurisprudência desta Suprema Corte, a falta de intimação de Carta precatória para oitiva de testemunha configura nulidade relativa. Precedentes. 3. Em processo, especificamente em matéria de nulidades, vigora o princípio maior de que, sem prejuízo, não se reconhece nulidade (art. 563 do CPP)" (RHC 119817, Relator(a): Min. Rosa Weber, Primeira Turma, julgado em 18.02.2014, Processo Eletrônico *DJe*-056 divulg 20.03.2014 public 21.03.2014): **C:** incorreta. Cabe agravo em execução (art. 197, LEP); **D:** incorreta, pois, a teor do art. 622, *caput*, do CPP, a ação revisional pode ser requerida a qualquer tempo, antes ou depois de extinta a pena, ainda que falecido o sentenciado; **E:** incorreta: "Processual penal. Habeas corpus. Defensoria pública. Assistência de acusação. Prazo em dobro. I – É função institucional da Defensoria Pública patrocinar tanto a ação penal privada quanto a subsidiária da pública, não havendo nenhuma incompatibilidade com a função acusatória, mais precisamente a de assistência da acusação. II – O disposto no § 5º do artigo 5º da Lei 1.060/1950, com a redação dada pela Lei 7.871/1989, aplica-se a todo e qualquer processo em que atuar a Defensoria Pública. Writ denegado" (HC 24.079/PB, Rel. Ministro Felix Fischer, Quinta Turma, julgado em 19.08.2003, DJ 29.09.2003).

Gabarito "A".

(Defensor Público – DPE/RN – 2016 – CESPE) Assinale a opção correta acerca do processo penal segundo o CPP e o entendimento do STF e do STJ.

(A) A prevenção no processo penal, em diversas situações, constitui critério de fixação de competência, como na hipótese em que for possível a dois ou mais juízes conhecerem do mesmo crime – seja por dividirem a mesma competência de juízo, seja pela incerteza da competência territorial – ou, ainda, nos crimes continuados ou permanentes.

(B) De acordo com a jurisprudência do STF, é imprescindível a transcrição integral dos diálogos colhidos por meio de interceptação telefônica ou escuta ambiental.

(C) Segundo a jurisprudência do STJ, são impossíveis sucessivas prorrogações de interceptações telefônicas, ainda que o pedido de quebra de sigilo telefônico seja devidamente fundamentado, em razão da previsão legal de prazo máximo de quinze dias para tal medida, renovável por igual período.

(D) A notícia anônima sobre eventual prática criminosa, por si só, é idônea para a instauração de inquérito policial ou a deflagração de ação penal.

(E) A competência, na hipótese de crime continuado ou permanente praticado em território de duas ou mais jurisdições, é fixada pelo lugar onde se praticar o maior número de infrações.

A: correta, pois reflete o que estabelecem os arts. 69, VI, 70, § 3º, 71 e 83, todos do CPP; **B:** incorreta, uma vez que, segundo tem entendido a jurisprudência, é necessário apenas que se transcrevam os excertos das escutas telefônicas que tenham servido de substrato para o oferecimento da denúncia. Nesse sentido: "(...) O Plenário desta Corte já assentou não ser necessária a juntada do conteúdo integral das degravações de interceptações telefônicas realizadas, bastando que sejam degravados os trechos que serviram de base ao oferecimento da denúncia" (RHC 117265, Relator(a): Min. Ricardo Lewandowski, Segunda Turma, julgado em 29.10.2013). No STJ: "As mídias das interceptações telefônicas foram disponibilizadas, na íntegra, à Defesa, razão pela qual não há falar em nulidade, inexistindo, portanto, constrangimento ilegal a ser sanado. 2. A cópia das transcrições parciais das interceptações telefônicas constantes dos relatórios da autoridade policial foram disponibilizadas à Defesa desde o oferecimento da exordial acusatória. 3. É pacífico o entendimento nos tribunais superiores no sentido de que é prescindível a transcrição integral do conteúdo da quebra do sigilo das comunicações telefônicas, somente sendo necessária, a fim de se assegurar o exercício da garantia constitucional da ampla defesa, a transcrição dos excertos das escutas que serviram de substrato para o oferecimento da denúncia. 4. Recurso ordinário a que se nega provimento" (STJ, RHC 27.997, 6ª T., rel. Min. Maria Thereza de Assis Moura, *DJ* 19.09.2013); **C:** incorreta. Segundo entendimento consolidado pelos tribunais superiores, as interceptações telefônicas podem, sim, ser prorrogadas sucessivas vezes, desde que tal providência seja devidamente fundamentada pela autoridade judiciária (art. 5º da Lei 9.296/1996). Conferir: "De acordo com a jurisprudência há muito consolidada deste Tribunal Superior, as autorizações subsequentes de interceptações telefônicas, uma vez evidenciada a necessidade das medidas e a devida motivação, podem ultrapassar o prazo previsto em lei, considerado o tempo necessário e razoável para o fim da persecução penal" (AgRg no REsp 1620209/RS, Rel. Ministra Maria Thereza De Assis Moura, Sexta Turma, julgado em 09.03.2017, *DJe* 16.03.2017). No STF: "(...) Nesse contexto, considerando o entendimento jurisprudencial e doutrinário acerca da possibilidade de se prorrogar o prazo de autorização para a interceptação telefônica por períodos sucessivos quando a intensidade e a complexidade das condutas delitivas investigadas assim o demandarem, não há que se falar, na espécie, em nulidade da referida escuta e de suas prorrogações, uma vez que autorizada pelo Juízo de piso com a observância das exigências previstas na lei de regência (Lei 9.296/1996, art. 5º) (...)" (STF, 1ª T., RHC 120.111, rel. Min. Dias Toffoli, j. 11.03.2014); **D:** incorreta. A denúncia anônima (também chamada de *apócrifa* ou *inqualificada*), segundo tem entendido a jurisprudência, não é apta, por si só, a autorizar a instauração de inquérito policial, dando início à persecução penal. Antes disso, a autoridade policial deverá fazer uma averiguação prévia a fim de verificar a procedência da denúncia apócrifa, para, depois disso, determinar, se for o caso, a instauração de inquérito. Nesse sentido: "(...) *a autoridade policial, ao receber uma denúncia anônima, deve antes realizar diligências preliminares para averiguar se os fatos narrados nessa 'denúncia' são materialmente verdadeiros, para, só então, iniciar as investigações*" (STF, HC 95.244, 1ª T., rel. Min. Dias Toffoli, *DJE* de 29.04.2010); **E:** incorreta, pois contraria a regra disposta no art. 71 do CPP.

Gabarito "A".

(Defensoria Pública da União – CESPE – 2015) Em relação a coisa julgada, prova criminal e restituição de bens, medidas assecuratórias e cautelares no direito processual penal, julgue os itens subsequentes.

(1) A hipoteca legal é medida assecuratória que recai sobre os bens imóveis do réu independentemente da origem ou fonte de aquisição, sendo cabível apelação da decisão judicial que a deferir. O juiz determinará a alienação antecipada para preservação do valor dos bens sempre que houver dificuldade para sua manutenção.

(2) Na hipótese de uma investigação policial pelo crime de latrocínio, a prisão temporária poderá ser decretada pelo prazo de trinta dias, prorrogáveis por igual período, sem prejuízo da possibilidade de decretação da prisão preventiva. Nesse caso, o inquérito deverá ser concluído no prazo, sob pena de constrangimento ilegal.

(3) Apesar da independência das esferas penal e civil, a absolvição criminal do réu sob o fundamento de não haver prova da existência do fato faz coisa julgada no juízo cível.

(4) No âmbito do juizado especial criminal, no intuito de comprovar a materialidade do crime, o exame de corpo de delito pode ser substituído por boletim médico ou prova equivalente.

(5) Os bens apreendidos com terceiro de boa-fé poderão ser restituídos pela autoridade policial quando não for necessária sua retenção para o esclarecimento dos fatos.

1: correta, segundo a organizadora. Todavia, não nos parece correto afirmar que a hipoteca legal, disciplinada no art. 134 do CPP, possa recair sobre bens imóveis do réu *independentemente da origem ou fonte de aquisição*. Isso porque esta medida assecuratória, segundo doutrina e jurisprudência dominantes, somente poderá recair sobre os bens que compõem o patrimônio *lícito* do autor da infração penal. De outro lado, da decisão judicial que a deferir caberá, de fato, recurso de apelação, nos termos do art. 593, II, do CPP. Por fim, está correta a última parte da assertiva (alienação antecipada), pois reflete o disposto no art. 144-A do CPP; **2:** correta. A *prisão temporária*, a ser decretada tão somente por juiz de direito, terá o prazo de *cinco dias*, prorrogável por igual período em caso de extrema e comprovada necessidade, nos termos do art. 2º da Lei 7.960/1989. Em se tratando, no entanto, de crime hediondo, como é o caso do latrocínio (art. 1º, II, da Lei 8.072/1990), a *custódia temporária* será decretada por *até* trinta dias, prorrogável por igual período em caso de extrema e comprovada necessidade, em consonância com o disposto no art. 2º, § 4º, da Lei 8.072/1990 (Lei de Crimes Hediondos), podendo ser decretada, ao final desse interregno, a custódia preventiva, desde que presentes os requisitos previstos nos arts. 312 e 313 do CPP; **3:** incorreta. Apenas na hipótese de ter sido reconhecida, categoricamente, a inexistência material do fato, mediante sentença absolutória, é que se impede a propositura da ação civil (CPP, art. 66); **4:** correta, já que reflete a regra disposta no art. 77, § 1º, da Lei 9.099/1995; **5:** incorreta, pois em desconformidade com o que estabelece o art. 120, § 2º, do CPP.

Gabarito 1C, 2C, 3E, 4C, 5E.

(Delegado/PE – 2016 – CESPE) Acerca das alterações processuais assinaladas pela Lei 12.403/2011, do instituto da fiança, do procedimento no âmbito dos juizados especiais criminais e das normas processuais pertinentes à citação e intimação, assinale a opção correta.

(A) Se o acusado, citado por edital, não comparecer nem constituir advogado, será decretada a revelia e o processo prosseguirá com a nomeação de defensor dativo.
(B) Em homenagem ao princípio da ampla defesa, será sempre pessoal a intimação do defensor dativo ou constituído pelo acusado.
(C) O arbitramento de fiança, tanto na esfera policial quanto na concedida pelo competente juízo, independe de prévia manifestação do representante do MP.
(D) Nos procedimentos previstos na Lei 9.099/1995, em se tratando de ação penal pública condicionada à representação e não havendo conciliação na audiência preliminar, caso o ofendidos e manifeste pelo não oferecimento de representação, o processo será julgado extinto de imediato, operando-se a decadência do direito de ação.
(E) No caso de prisão em flagrante, a autoridade policial somente poderá conceder fiança se a infração penal for punida com detenção e prisão simples; nas demais situações, a fiança deverá ser requerida ao competente juízo.

A: incorreta. Na hipótese de o réu não ser encontrado, deverá o juiz determinar a sua citação por edital, depois de esgotados os meios disponíveis para a sua localização. Se o réu, depois de citado por edital, não comparecer tampouco constituir defensor, o processo e o prazo prescricional ficarão, em vista da disciplina estabelecida no art. 366 do CPP, suspensos (não há que se falar em revelia tampouco continuidade do processo, portanto), podendo ser decretada, se o caso, sua prisão preventiva bem como determinada a produção antecipada das provas consideradas urgentes. No que toca ao tema *suspensão condicional do processo* (*sursis* processual), valem alguns esclarecimentos. A produção da prova considerada urgente deverá se dar em conformidade com o entendimento firmado na Súmula 455 do STJ: "A decisão que determina a produção antecipada de provas com base no art. 366 do CPP deve ser concretamente fundamentada, não a justificando unicamente o mero decurso do tempo". No que toca à prisão preventiva, a sua decretação, no âmbito do art. 366 do CPP, somente poderá se dar diante da presença dos requisitos do art. 312 do CPP, sendo vedada, portanto, a decretação automática da custódia. O mesmo há de ser aplicado à produção antecipada de provas, que está condicionada à demonstração de sua necessidade, não bastando, a autorizá-la, o mero decurso do tempo; B: incorreta, dado que a intimação do defensor constituído far-se-á por publicação no órgão incumbido da publicidade dos atos judiciais da comarca, tudo em conformidade com o prescrito no art. 370, § 1º, do CPP; já a do defensor nomeado e também do Ministério Público será *pessoal*, conforme imposição do art. 370, § 4º, do CPP; C: correta (art. 333, CPP); D: incorreta (art. 75, parágrafo único, da Lei 9.099/1995); E: incorreta. A Lei 12.403/2011 mudou sobremaneira o panorama da fiança. Antes da reforma por ela implementada, a autoridade policial, em vista da revogada redação do art. 322 do CPP, somente estava credenciada a concedê-la nas hipóteses de infração punida com *detenção* ou *prisão simples*. Bem por isso, não podia o delegado de polícia arbitrar fiança nos crimes punidos com reclusão, tarefa exclusiva do magistrado. Pela nova redação dada ao art. 322 do CPP, a autoridade policial passou a conceder fiança nos casos de infração cuja pena privativa de liberdade máxima não seja superior a quatro anos, independentemente de ser o crime apenado com *reclusão* ou detenção (qualidade da pena). Naqueles casos em que a pena máxima superar os quatro anos, somente o magistrado poderá estabelecer a fiança.

Gabarito "C".

(Delegado/PE – 2016 – CESPE) Assinale a opção correta acerca do processo penal e formas de procedimento, aplicação da lei processual no tempo, disposições constitucionais aplicáveis ao direito processual penal e ação civil *ex delicto*, conforme a legislação em vigor e o posicionamento doutrinário e jurisprudencial prevalentes.

(A) No momento da prolação da sentença condenatória, não cabe ao juízo penal fixar valores para fins de reparação dos danos causados pela infração, porquanto tal atribuição é matéria de exclusiva apreciação do juízo cível.
(B) Sendo o interrogatório um dos principais meios de defesa, que expressa o princípio do contraditório e da ampla defesa, é imperioso, de regra, que o réu seja interrogado ao início da audiência de instrução e julgamento.
(C) É cabível a absolvição sumária do réu em processo comum caso o juiz reconheça, após a audiência preliminar, a existência de doença mental do acusado que, comprovada por prova pericial, o torne inimputável.
(D) Lei processual nova de conteúdo material, também denominada híbrida ou mista, deverá ser aplicada de acordo com os princípios de temporalidade da lei penal, e não como princípio do efeito imediato, consagrado no direito processual penal pátrio.
(E) Nos crimes comuns e nos casos de prisão em flagrante, deverá a autoridade policial garantir a assistência de advogado quando do interrogatório do indiciado, devendo nomear defensor dativo caso o indiciado não indique profissional de sua confiança.

A: incorreta, pois contraria o que dispõem os arts. 63, parágrafo único, e 387, IV, ambos do CPP; B: incorreta. Embora haja divergência na doutrina, é fato que o interrogatório constitui, fundamentalmente, meio de *defesa*. Nesse sentido, o STF: "Em sede de persecução penal, o interrogatório judicial – notadamente após o advento da Lei 10.792/2003 – qualifica-se como ato de defesa do réu, que, além de não ser obrigado a responder a qualquer indagação feita pelo magistrado processante, também não pode sofrer qualquer restrição em sua esfera jurídica em virtude do exercício, sempre legítimo, dessa especial prerrogativa (...)" (HC 94.601-CE, 2ª T., rel. Min. Celso de Mello, 11.09.2009). Nesse mesmo sentido o ensinamento de Guilherme de Souza Nucci: "(...) Note-se que o interrogatório é, fundamentalmente, um meio de defesa, pois a Constituição assegura ao réu o direito ao silêncio. Logo, a primeira alternativa que se avizinha ao acusado é calar-se, daí não advindo consequência alguma. Defende-se apenas. Entretanto, caso opte por falar, abrindo mão do direito ao silêncio, seja lá o que disser, constitui meio de prova inequívoco, pois o magistrado poderá levar em consideração suas declarações para condená-lo ou absolvê-lo" (*Código de Processo Penal Comentado*, 12ª ed., p. 428). No que toca ao momento do interrogatório, é incorreto afirmar-se que ele deva ocorrer logo no início da instrução. Bem ao contrário, em vista do que dispõe o art. 400 do CPP, com a redação que lhe deu a Lei 11.719/2008, o interrogatório, à luz dos princípios da ampla defesa e do contraditório, passou a constituir o derradeiro ato processual; C: incorreta (art. 397, II, do CPP); D: correta. De fato, a lei processual penal será aplicada desde logo (*princípio da aplicação imediata* ou da *imediatidade*), sem prejuízo dos atos realizados sob o império da lei anterior. É o que estabelece o art. 2º do CPP. A exceção a essa regra fica por conta da lei processual penal dotada de carga material (híbrida ou mista), em que deverá ser aplicado o que estabelece o art. 2º, parágrafo único, do CP. Nesse caso, a exemplo do que se dá com as leis penais, a norma processual nova, se favorável ao réu, deverá retroagir; se prejudicial, aplica-se a lei já revogada (*lex mitior*); E: incorreta. Não cabe à autoridade policial nomear defensor ao interrogando que não indicar profissional de sua confiança.

Gabarito "D".

(Juiz de Direito/DF – 2016 – CESPE) Assinale a opção correta, em que o magistrado agiu em consonância com a jurisprudência sumulada do STF ou do STJ.

(A) Um réu em processo penal renunciou ao direito de apelação interposta pela defesa técnica, tendo manifestado sua vontade sem a assistência de seu defensor, caso em que o magistrado não conheceu da apelação, fundamentando sua decisão na supremacia da vontade do réu sobre a vontade de seu defensor.
(B) O juiz de direito substituto, ao tomar conhecimento da prática de falta disciplinar no âmbito da execução penal, por comunicação do diretor do estabelecimento prisional, reconheceu a falta disciplinar, mesmo sem a instauração de procedimento administrativo pelo diretor, fundamentando sua decisão no fato de se tratar de falta flagrante cometida nas dependências do estabelecimento prisional.
(C) O juiz de direito substituto, ao tomar conhecimento da falta de intimação do denunciado para oferecer contrarrazões ao recurso interposto da rejeição da denúncia, proferiu decisão suprindo a falta por meio da nomeação de defensor dativo, fundamentada na facultatividade da intimação.
(D) Após a homologação da transação penal prevista no artigo 76 da Lei n.º 9.099/1995, sobreveio o descumprimento de suas cláusulas, razão pela qual o magistrado acolheu o pedido da acusação, retomando-se a situação anterior, e possibilitando ao MP a continuidade da persecução penal mediante oferecimento de denúncia ou requisição de inquérito policial, ao fundamento de que a homologação não faz coisa julgada material.
(E) O juiz de direito substituto, ao julgar crime sujeito ao rito da Lei Maria da Penha, cometido por João contra Maria, sua esposa, acolheu pedido da defesa de João e aplicou a suspensão condicional do processo, sob o fundamento de que houve pacificação da situação fática entre os envolvidos.

A: incorreta, uma vez que não corresponde ao entendimento firmado na Súmula 705, do STF: "A renúncia do réu ao direito de apelação, manifestada sem a assistência do defensor, não impede o conhecimento da apelação por este interposta"; B: incorreta, pois em desacordo com o entendimento firmado na Súmula 533, do STJ: "Para o reconhecimento da prática de falta disciplinar no âmbito da execução penal, é imprescindível a instauração de procedimento administrativo pelo diretor do estabelecimento prisional (...)"; C: incorreta: Súmula 707, STF: "Constitui nulidade a falta de intimação do denunciado para oferecer contrarrazões ao recurso interposto da rejeição da denúncia, não a suprindo a nomeação de defensor dativo"; D: correta, pois em consonância com o teor da Súmula Vinculante 35: "A homologação da transação prevista no artigo 76 da Lei n.º 9.099/1995 não faz coisa julgada material e, descumpridas suas cláusulas, retoma-se a situação anterior, possibilitando-se ao Ministério Público a continuidade da persecução penal mediante oferecimento de denúncia ou requisição de inquérito policial"; E: incorreta, dado que o art. 41 da Lei Maria da Penha, cuja constitucionalidade foi reconhecida pelo STF (ADC 19, de 09.02.2012), veda a aplicação, no âmbito dos crimes praticados com violência doméstica e familiar contra a mulher, das medidas despenalizadoras contempladas na Lei 9.099/1995, entre as quais a transação penal e a suspensão condicional do processo. Consolidando tal entendimento, editou-se a Súmula 536 do STJ: "A suspensão condicional do processo e a transação penal não se aplicam na hipótese de delitos sujeitos ao rito da Lei Maria da Penha".

Gabarito "D".

(Juiz de Direito/MG – 2014) Assinale a alternativa **CORRETA**.

(A) No caso de réu citado por edital, em que tenha sido decretada a suspensão do processo e da prescrição, o juiz deverá determinar a antecipação da produção de provas para evitar o decurso do tempo, com fundamento no princípio constitucional da duração razoável do processo.
(B) Conforme determina nossa lei processual penal, sendo cabível nova definição jurídica do fato capitulado na denúncia e não procedendo o Ministério Público ao seu aditamento, o assistente de acusação poderá fazê-lo, no prazo de cinco dias, desde que previamente habilitado nos autos.
(C) A decisão que, embora admitido o recurso de apelação, obsta sua expedição e seu seguimento, desafia recurso em sentido estrito.
(D) No curso da instrução do feito, o juiz pode determinar, de ofício, a realização de diligências para dirimir dúvida sobre ponto relevante da causa.

A: incorreta, uma vez que o mero decurso do tempo não é apto a justificar a antecipação na produção da prova prevista no art. 366 do CPP. Tal entendimento foi pacificado por meio da Súmula n. 455 do STJ: "A decisão que determina a produção antecipada de provas com base no art. 366 do CPP deve ser concretamente fundamentada, não a justificando unicamente o mero decurso do tempo"; **B:** incorreta. Há, neste caso, duas situações possíveis. Se a nova definição jurídica do fato resultar, ao cabo da instrução, de prova não contida na inicial acusatória (alteração do fato), é de rigor o aditamento pelo MP (art. 384, *caput*, do CPP – *mutatio libelli*); na hipótese de o representante do *parquet* se recusar a proceder ao aditamento, caberá ao magistrado, na forma estabelecida no art. 384, § 1º, do CPP, aplicar o art. 28 do CPP, com a remessa dos autos ao procurador-geral, ao qual caberá decidir se é caso de promover ou não o aditamento. Não cabe ao assistente, portanto, promover, no lugar do MP, o aditamento. Agora, se a nova definição jurídica do fato não resultar de prova nova surgida no curso da instrução, deverá o juiz, no momento da sentença, corrigir a capitulação feita na denúncia pelo MP. Desnecessário, neste caso, proceder-se ao aditamento, já que os fatos dos quais se defende o acusado permanecem inalterados (art. 383 do CPP – *emendatio libelli*); **C:** assertiva, a nosso ver, correta, uma vez que o não recebimento do recurso de apelação desafia recurso em sentido estrito, nos termos do art. 581, XI, do CPP e conforme se afirma na assertiva. A carta testemunhável, recurso previsto no art. 639 do CPP, será admitida para provocar o processamento do recurso em sentido estrito, do agravo em execução e da correição parcial; **D:** correta, nos termos do art. 156, II, do CPP. Gabarito "D".

(Promotor de Justiça/PI – 2014 – CESPE) Considerando os entendimentos do STF e do STJ acerca dos princípios processuais penais, do inquérito e das questões e dos processos incidentes, assinale a opção correta.

(A) Ao promotor de justiça é vedado, no curso de processo penal, suscitar o conflito de jurisdição.
(B) A hipoteca legal sobre os imóveis do indiciado poderá ser requerida pelo ofendido em qualquer fase do processo, desde que haja certeza da autoria.
(C) A condenação lastreada em declarações colhidas de testemunhas na fase inquisitorial, bem como em depoimentos prestados em juízo, ainda que garantidos o contraditório e a ampla defesa, resulta em ilegalidade, pois o CPP impede que o juiz, para a formação de sua livre convicção, considere elementos informativos colhidos na fase de investigação criminal.
(D) O CPP prevê que, independentemente da demonstração de boa-fé, o terceiro adquirente tem o direito de opor-se, por meio de embargos, ao sequestro incidente sobre imóvel.
(E) Existindo dúvida razoável quanto à saúde psíquica do acusado, competirá ao juiz da causa averiguar a necessidade de instauração de incidente de insanidade mental.

A: incorreta. Antes de mais nada, valem alguns esclarecimentos sobre o tema. O *conflito de competência* somente se estabelece entre órgãos jurisdicionais integrantes de uma mesma justiça. É qualificado de *positivo* quando dois ou mais juízes se consideram competentes para o julgamento do mesmo caso; diz-se *negativo* na hipótese de dois ou mais juízes recusarem a competência. Já o *conflito de jurisdição* configura-se quando o embate é travado entre órgãos jurisdicionais de justiças distintas. Por fim, *conflito de atribuições* é aquele que se dá entre autoridades administrativas ou entre estas e autoridades judiciárias. É de atribuições o conflito existente entre promotores de Justiça. Neste caso, a divergência será solucionada pelo procurador-geral de Justiça, sem intervenção do órgão jurisdicional. No CPP, o conflito de jurisdição/competência está disciplinado do art. 113 ao 117. Cremos que o examinador se referiu, na verdade, ao conflito de competência (chamado pelo CPP de conflito de jurisdição), que poderá ser suscitado, sim, pelo MP (art. 115, II, do CPP); **B:** incorreta. Segundo estabelece o art. 134 do CPP, para ser decretada a hipoteca legal, são necessários *certeza da infração penal* (prova da materialidade) e *indícios suficientes de autoria*. Não é necessário, portanto, e aqui está a incorreção da assertiva, a presença de *certeza* de autoria; mesmo porque tal somente pode ser exigido na fase de sentença. No mais a proposição está correta; **C:** incorreta. O que se veda é que o juiz forme sua convicção com base exclusiva nas informações colhidas na investigação; disso se infere que é perfeitamente possível que o juiz se baseie, na formação de sua convicção, em provas produzidas em contraditório judicial bem assim em informações colhidas no inquérito policial (art. 155, CPP); **D:** incorreta, pois não reflete o que estabelece o art. 130, II, do CPP; **E:** correta (art. 149, *caput*, do CPP). Gabarito "E".

(Procurador Legislativo – Câmara de Vereadores de São Paulo/SP – 2014 – FCC) Segundo entendimento sumulado, é correto afirmar que

(A) o benefício da suspensão do processo não é aplicável em relação às infrações penais cometidas em concurso material, concurso formal ou continuidade delitiva, quando a pena mínima cominada, seja pelo somatório, seja pela incidência da majorante, ultrapassar o limite de um ano.
(B) é admissível a chamada progressão *per saltum* de regime prisional.
(C) cabe *habeas corpus* contra decisão condenatória a pena de multa, ou relativo a processo em curso por infração penal a que a pena pecuniária seja a única cominada.
(D) reunidos os pressupostos legais permissivos da suspensão condicional do processo, mas se recusando o Promotor de Justiça a propô-la, o Juiz, dissentindo, deverá propô-la de ofício.
(E) a reincidência influi no prazo da prescrição da pretensão punitiva.

A: correta, pois corresponde ao entendimento firmado na Súmula 243, STJ; **B:** incorreta, já que não corresponde ao entendimento firmado na Súmula 491, STJ, a seguir transcrita: "É inadmissível a chamada progressão *per saltum* de regime prisional"; **C:** incorreta, na medida em que não reflete o posicionamento constante da Súmula 693, do STF: "Não cabe *habeas corpus* contra decisão condenatória a pena de multa, ou relativo a processo em curso por infração penal a que a pena pecuniária seja a única cominada"; **D:** incorreta, vez que a Súmula 696 do STF dispõe que, neste caso, o magistrado (a quem não cabe propor a suspensão) cuidará para que os autos sejam remetidos ao procurador-geral, a quem incumbe, nos termos do art. 28 do CPP, decidir se é ou não caso de propor o *sursis* processual; **E:** incorreta, pois contraria o entendimento firmado na Súmula 220 do STJ: "A reincidência não influi no prazo da prescrição da pretensão punitiva". Gabarito "A".

(Cartório/DF – 2014 – CESPE) Com relação aos princípios e aos recursos no processo penal, assinale a opção correta de acordo com o entendimento do STJ e do STF.

(A) Segundo o STF, é inadmissível a imediata baixa dos autos para o início da execução da pena, mesmo quando a defesa se utiliza da interposição de recursos manifestamente incabíveis para obstar o transito em julgado da condenação, em razão da regra constitucional da presunção de inocência.
(B) O recurso especial e o recurso extraordinário são interpostos na corte recorrida, que realiza o juízo de admissibilidade, o qual vincula e restringe a aferição dos pressupostos recursais a ser realizada pelos tribunais superiores.
(C) Em atenção aos princípios da fungibilidade recursal e da instrumentalidade das formas, o STJ admite a conversão de embargos de declaração em agravo regimental.
(D) O transito em julgado de uma decisão se afere pelo exaurimento dos recursos cabíveis ou pelo decurso *in albis* dos prazos para sua interposição. Assim, interposto o recurso, ainda que intempestivamente, ele impedirá o trânsito em julgado.
(E) O princípio da unirrecorribilidade, que não comporta exceções, impede a cumulativa interposição de mais de um recurso contra o mesmo *decisum*.

A: incorreta. Conferir: "(...) O entendimento esposado pelo STJ, no sentido de determinar a imediata baixa dos autos para o início da execução, vai ao encontro de diversos precedentes desta Corte, que, em várias oportunidades, já decidiu sobre a possibilidade de dar-se início ao cumprimento da pena quando a defesa se utiliza da interposição de recursos manifestamente incabíveis, para obstar o trânsito em julgado da condenação. III – *Writ* prejudicado em parte e ordem denegada na parte remanescente" (HC 107891, Ricardo Lewandowski, STF); **B:** incorreta. Conferir: "(...) O recurso especial e o recurso extraordinário são interpostos perante a Corte recorrida, que realiza o primeiro juízo de admissibilidade, no qual se verifica a viabilidade do recurso manejado. O juízo prévio realizado pelas instâncias ordinárias, em controle inicial, não vincula nem restringe a aferição dos pressupostos recursais a ser realizado pelos Tribunais Superiores, os quais são competentes para exame do próprio mérito recursal. Assim, é possível a incursão no mérito da lide pelo Tribunal local quando necessária à análise dos pressupostos constitucionais de admissibilidade do especial, sem que isso configure usurpação de competência (...)" (AGA 201100305778, Marco Aurélio Bellizze, STJ – Quinta Turma, *DJe* 04.11.2013); **C:** correta. Nesse sentido: "A jurisprudência deste Superior Tribunal de Justiça, em atenção aos princípios da fungibilidade recursal e da instrumentalidade das formas, admite a conversão de embargos de declaração em agravo regimental (...)" (EDRESP 201002043314, Maria Thereza de Assis Moura, STJ – Sexta Turma, *DJe* 29.04.2013); **D:** incorreta. Conferir: "(...) O trânsito em julgado de uma decisão se afere pelo exaurimento dos recursos cabíveis ou pelo decurso in albis dos prazos para sua interposição. Assim, ainda que interposto recurso, este não tem o condão de impedir o trânsito em julgado, quando apresentado intempestivamente (...)" (AGRESP 200401043334, Maria Thereza de Assis Moura, STJ – Sexta Turma, *DJe* 14.12.2009); **E:** incorreta. Conferir: "(...) Discussão sobre tema que não foi objeto do agravo regimental interposto contra a decisão em que se negara seguimento ao mandado de segurança. Ocorrência de preclusão consumativa com a interposição do agravo interno, pois, ressalvadas as exceções previstas em lei, uma mesma decisão não pode ser objeto de mais de um recurso, em vista do princípio da unirrecorribilidade ou da singularidade dos recursos" (MS-AgRED 26792, Dias Toffoli, STF). Gabarito "C".

(Cartório/DF – 2014 – CESPE) Com relação ao inquérito policial e à ação penal, assinale a opção correta.

(A) Ao interrogatório do indiciado na fase inquisitiva são aplicadas as mesmas regras do interrogatório judicial, sendo obrigatória a presença de defensor com direito a interferência, em atendimento ao princípio da ampla defesa.
(B) O decêndio legalmente determinado para o fim das investigações policiais no caso de prisão preventiva poderá ser prorrogado com vistas à realização de diligências complementares necessárias à acusação.
(C) Em se tratando de ação penal privada, se o ofendido for menor de vinte e um anos de idade e maior de dezoito anos de idade, o direito de queixa poderá ser exercido por ele ou por seu representante legal.
(D) Oferecida a denúncia, não mais é cabível ao MP a desistência da ação penal.
(E) O inquérito policial nos crimes em que a ação pública for condicionada à representação, poderá ser instaurado sem esta, desde que mediante ato de ofício da autoridade policial competente.

A: incorreto. Estabelece o art. 6º, V, do CPP que a autoridade policial deverá, quando do interrogatório, aplicar, no que couber, as regras do interrogatório judicial. Seria inviável condicionar o interrogatório do preso à presença de seu advogado, sendo, pois, suficiente que a autoridade a ele garanta a possibilidade de ser assistido por seu patrono. Nesse sentido a jurisprudência: "(...) O Estado não tem o dever de manter advogados nas repartições policiais para assistir interrogatórios de presos; a Constituição assegura, apenas, o direito de o preso ser assistido por advogado na fase policial" (HC 73898, Maurício Corrêa, STF); **B:** incorreta. O decêndio contido no art. 10, *caput*, do CPP não comporta qualquer espécie de dilação, pois envolve restrição ao direito de liberdade. Tratando-se de prazo improrrogável, havendo necessidade de diligências suplementares a serem realizadas fora deste interregno, é possível a impetração de *habeas corpus*, pois caracterizado estará o constrangimento ilegal; **C:** incorreta. Isso porque, com o advento do Código Civil de 2002, o maior de 18 e menor de 21, até então considerado relativamente incapaz, passou a ser plenamente capaz para o exercício dos atos da vida civil, prescindindo, em razão disso, de representante legal. Dessa forma, a legitimidade para a propositura da queixa (e também da representação) é, atualmente, exclusiva do maior de 18 anos. Assim, o art. 34 do CPP, que contemplava tal exigência, deixou de ter aplicação; **D:** correta. Segundo Guilherme de Souza Nucci, ao discorrer sobre o princípio da obrigatoriedade e da indisponibilidade (art. 42 do CPP), "rege a ação penal pública a obrigatoriedade da sua propositura, não ficando ao critério discricionário do Ministério Público a elaboração da denúncia. Justamente por isso, oferecida a denúncia já não cabe mais a desistência (...)" (*Código de Processo Penal Comentado*, 12ª ed., p. 173); **E:** incorreta, uma vez que o inquérito policial, na ação penal pública condicionada, não poderá, em hipótese alguma, ser instaurado sem o ofendido manifeste, por meio da representação, sua vontade nesse sentido (art. 5º, § 4º, CPP).

Gabarito "D".

(Cartório/DF – 2014 – CESPE) A respeito do disposto na Lei 9.099/1995, das citações e intimações e dos recursos em geral, assinale a opção correta.

(A) A apelação criminal interposta pelo MP contra sentença absolutória obstará a soltura do réu até a decisão do recurso, caso seja demonstrada pela acusação a necessidade da custódia para a garantia da ordem pública.
(B) Considera-se ficta ou presumida a citação feita por edital, somente cabível quando o réu estiver fora do território da jurisdição do juiz processante.
(C) O juiz, diante da ocorrência de crime de menor potencialidade ofensiva e da recusa do MP em atuar no processo, poderá, de ofício, propor a suspensão condicional do processo, desde que reunidos os pressupostos legais permissivos.
(D) A citação deve ser feita pessoalmente ao acusado, não sendo admitido chamamento ao processo por meio de procurador, admitindo, no entanto, a jurisprudência uma única exceção quando se tratar de réu inimputável, situação em que a citação é feita na pessoa do curador.

A: incorreta, dado que, uma vez proferida sentença absolutória, o réu, então considerado inocente, deverá ser de imediato colocado em liberdade, independente de o MP interpor, contra a absolvição, recurso de apelação (art. 386, parágrafo único, I, do CPP); **B:** incorreta. Embora seja correto afirmar que a citação por edital é, ao lado da citação por hora certa, modalidade de citação ficta ou presumida, tal providência, de natureza excepcional, somente poderá ser adotada quando o réu encontrar-se em local incerto. Se estiver fora do território da jurisdição do juiz processante, mas em local conhecido, a citação há de ser feita por carta precatória (citação pessoal), na forma estabelecida no art. 353 do CPP; **C:** incorreta. Se o membro do MP se recusar a propor a suspensão condicional do processo, cabe ao magistrado, se discordar, aplicar, por analogia, o comando contido no art. 28 do CPP, remetendo a questão para apreciação do procurador-geral de Justiça. É esse o entendimento firmado na Súmula nº 696 do STF; **D:** correta. Em regra, a citação deve ser feita pessoalmente ao réu, sendo vedada a citação feita por meio de procurador; a exceção a esta regra fica por conta do réu inimputável, hipótese em que a citação será feita por intermédio de seu curador.

Gabarito "D".

(Cartório/DF – 2014 – CESPE) Com relação à ação civil, à prisão e a seus institutos, assinale a opção correta.

(A) Considere que a autoridade policial tenha sido informada de que um ilícito seria praticado em determinado local e tenha preparado uma equipe para, à espreita, aguardar o momento da execução do crime e efetivar a prisão. Nessa situação, é incabível a prisão em flagrante, porquanto a vigilância policial torna impossível a consumação do delito.
(B) Da mesma forma que a prisão preventiva, a custódia temporária poderá ser decretada de ofício pelo juiz, durante o inquérito policial.
(C) Após a promulgação da CF e as alterações processuais penais dela decorrentes, qualquer que seja a modalidade da prisão, esta só poderá ser efetivada mediante mandado da autoridade judiciária competente.
(D) A decisão que julga extinta a punibilidade do agente, bem como aquela que categoricamente reconhece a inexistência material do fato, exclui a propositura da ação civil para ação de reparação de dano, fazendo coisa julgada no juízo cível.
(E) No caso de inovação na classificação do delito, não constitui constrangimento ilegal a cassação da fiança concedida em fase de inquérito policial, se a imputação contida na denúncia recebida em juízo a torna inviável.

A: incorreta. A assertiva contempla a descrição do chamado flagrante *esperado* (e não do *preparado*), que, segundo doutrina e jurisprudência pacíficas, não padece de ilegalidade. Isso porque, nesta modalidade de flagrante, a polícia, uma vez comunicada, aguarda a ocorrência do crime, não exercendo qualquer tipo de controle sobre a ação do agente; inexiste, neste caso, intervenção policial que leve o agente à prática delituosa. É, por isso, hipótese viável de prisão em flagrante. Não deve ser confundido com o *flagrante preparado*. Este restará configurado sempre que o agente provocador levar alguém a praticar uma infração penal. Está-se aqui diante de uma modalidade de crime impossível (art. 17 do CP), consubstanciada na Súmula n. 145 do STF; **B:** incorreta. No curso do inquérito, tanto a prisão temporária quanto a preventiva não podem ser decretadas de ofício; quanto à custódia preventiva, cabe decretação de ofício tão somente na instrução processual (art. 311, CPP); no que toca à prisão temporária, sua decretação somente pode realizar-se no curso das investigações e mediante representação da autoridade policial ou a requerimento do MP (art. 2º da Lei 7.960/1989); não pode ser decretada de ofício. Em resumo, somente comporta decretação de ofício a prisão preventiva no curso da ação penal; **C:** incorreta, na medida em que a prisão em flagrante, para ser realizada, prescinde de mandado judicial (art. 283, *caput*, do CPP); **D:** incorreta (arts. 66 e 67 do CPP); **E:** correta (art. 339, CPP).

Gabarito "E".

(Cartório/ES – 2013 – CESPE) Considerando o entendimento dos tribunais superiores e o posicionamento doutrinário dominante em relação a ação civil, as nulidades processuais, ao *habeas corpus* e a citação do réu, assinale a opção correta.

(A) De acordo com a jurisprudência pacificada do STF, a declaração de nulidade de determinados atos independe da demonstração de prejuízo efetivo para a defesa ou a acusação, podendo a nulidade ser declarada por mera presunção.
(B) Não se admite o julgamento à revelia do acusado citado por edital, devendo o magistrado suspender o curso do processo, mas não do prazo prescricional, até que se obtenha êxito na citação pessoal do réu, seja com seu comparecimento em juízo, seja mediante a constituição de defensor.
(C) A parcela fixada na sentença condenatória estipulando valor mínimo para a reparação dos danos causados pelo réu quando do cometimento da infração constitui título executivo no juízo cível, podendo, em razão da sua liquidez, ser executada imediatamente.
(D) Entre outras hipóteses, o *habeas corpus* pode ser impetrado contra decisão condenatória a pena de multa e quando da tramitação de processos ou realização de inquéritos policiais relativos a infração penal para a qual a única pena cominada seja a pecuniária.
(E) No que se refere a existência do fato e a autoria, a decisão condenatória penal faz coisa julgada no juízo cível; no que concerne as causas de justificação da conduta, entretanto, somente produz efeitos preclusivos na instancia cível a sentença na qual se reconheça a ocorrência das excludentes de legítima defesa e(ou) do estado de necessidade.

A: incorreta, pois, em se tratando de *nulidade relativa*, em que o prejuízo não é presumido, é necessário, para se decretar a nulidade do ato, verificar se o mesmo gerou prejuízo. É o *princípio do prejuízo*, consagrado no art. 563 do CPP; **B:** incorreta. Na hipótese de o réu não ser encontrado, deverá o juiz determinar a sua citação por edital, depois de esgotados os meios disponíveis para a sua localização. Se o acusado, depois de citado por edital, não comparecer tampouco constituir defensor, o processo e o prazo prescricional ficarão, em vista da disciplina estabelecida no art. 366 do CPP, suspensos. Quanto ao período durante o qual o prazo prescricional deverá permanecer suspenso, prevalece o entendimento de que tal deverá ocorrer pelo interregno correspondente ao prazo máximo em abstrato previsto para o crime narrado na peça acusatória. A esse respeito, *vide* Súmula 415; **C:** correta, porque em conformidade com o que estabelecem os arts. 387, IV, do CPP e 475-N, II, do CPC; **D:** incorreta, pois não reflete o posicionamento constante da Súmula n. 693, do STF: "Não cabe *habeas corpus* contra decisão condenatória a pena de multa, ou relativo a processo em curso por infração penal a que a pena pecuniária seja a única cominada"; **E:** incorreta, pois não corresponde ao que estabelece o art. 65 do CPP.

Gabarito "C".

(Ministério Público/BA – 2015 – CEFET) Assinale a alternativa **CORRETA**:

(A) Segundo o entendimento consolidado do Superior Tribunal de Justiça, a decisão que determina a produção antecipada de provas com base no artigo 366 do Código de Processo Penal, isto é, quando o réu citado por edital for revel, pode ter como única justificativa o decurso do tempo, o que prestigia o princípio constitucional da razoável duração do processo.

(B) De acordo com o Código de Processo Penal, toda pessoa poderá ser testemunha.

(C) É admissível a extinção da punibilidade pela prescrição da pretensão punitiva com fundamento em pena hipotética, independentemente da existência ou sorte do processo penal.

(D) Por ser ato personalíssimo, a renúncia do réu ao direito de apelação, manifestada sem assistência do defensor, impede o conhecimento da apelação por este interposta.

(E) Todas as alternativas anteriores estão incorretas.

A: incorreta, já que o mero decurso do tempo não é apto a justificar, por si só, a produção antecipada de provas no âmbito da suspensão condicional do processo (art. 366, CPP), conforme entendimento materializado na Súmula 455, STJ: "A decisão que determina a produção antecipada de provas com base no art. 366 do CPP deve ser concretamente fundamentada, não a justificando unicamente o mero decurso do tempo"; **B:** correta, uma vez que corresponde à regra presente no art. 202 do CPP; **C:** incorreta, já que contraria o entendimento firmado na Súmula 438, STJ; **D:** incorreta, visto que não corresponde ao entendimento esposado na Súmula 705, STF: "A renúncia do réu ao direito de apelação, manifestada sem a assistência do defensor, não impede o conhecimento da apelação por este interposta;" **E:** incorreta. *Vide* comentário à alternativa "B".

Gabarito "B".

(Ministério Público/BA – 2015 – CEFET) Assinale a alternativa **INCORRETA**:

(A) No processo penal, a autodefesa pode ser manifestada pelo réu, entre outros exemplos, através do direito de audiência, do direito de presença e do exercício de capacidade postulatória autônoma em algumas situações específicas previstas na legislação processual penal.

(B) Segundo o Código de Processo Penal, a distribuição e a prevenção são hipóteses de determinação da competência jurisdicional.

(C) No processo penal, a ilegitimidade de parte, por ser matéria de ordem pública, não pode ser oposta via exceção.

(D) A restituição de coisas apreendidas, quando cabível, poderá ser ordenada pela autoridade policial ou juiz, desde que não exista dúvida quanto ao direito do reclamante.

(E) No que diz respeito à detração, esta deverá ser considerada pelo juiz que proferir a sentença condenatória, de maneira que o tempo de prisão provisória, de prisão administrativa ou de internação, no Brasil ou no estrangeiro, será computado para fins de determinação do regime inicial de pena.

A: assertiva correta. A assertiva contempla algumas formas de manifestação da chamada *autodefesa*, que, ao contrário da defesa *técnica*, é renunciável. Regra geral, a defesa técnica, promovida por profissional habilitado (advogado), é indispensável (art. 261, CPP), dado o interesse público aqui envolvido. Mais do que isso, deve o magistrado zelar pela qualidade da defesa técnica, declarando o acusado, quando o caso, indefeso e nomeando-lhe outro causídico. Há casos, entretanto, em que o ajuizamento da ação pode ser feito pelo próprio interessado sem a participação de profissional habilitado. Exemplo sempre mencionado pela doutrina é o *habeas corpus*, em que não exige que a causa seja patrocinada por defensor. Conferir: "*Habeas corpus*. Penal. Processual penal. Defesa técnica. Direito indisponível e irrenunciável. Inadmissibilidade de o réu subscrever sua própria defesa. Autodefesa. Direito excepcional do acusado. Possibilidade restrita às hipóteses previstas na constituição e nas leis processuais. Ordem denegada. I – A defesa técnica é aquela exercida por profissional legalmente habilitado, com capacidade postulatória, constituindo direito indisponível e irrenunciável. II – A pretensão do paciente de realizar sua própria defesa mostra-se inadmissível, pois se trata de faculdade excepcional, exercida nas hipóteses estritamente previstas na Constituição e nas leis processuais. III – Ao réu é assegurado o exercício da autodefesa consistente em ser interrogado pelo juízo ou em invocar direito ao silêncio, bem como de poder acompanhar os atos da instrução criminal, além de apresentar ao respectivo advogado a sua versão dos fatos para que este elabore as teses defensivas. IV – Ao acusado, contudo, não é dado apresentar sua própria defesa, quando não possuir capacidade postulatória. V – Ordem denegada" (HC 102019, Ricardo Lewandowski, STF); **B:** assertiva correta. Segundo estabelece o art. 69 do CPP, são critérios para a determinação da competência, entre outros, a *distribuição* e a *prevenção*; **C:** assertiva incorreta, devendo ser assinalada (art. 95, IV, do CPP); **D:** assertiva correta, uma vez que corresponde à redação do art. 120, *caput*, do CPP; **E:** assertiva correta (art. 387, § 2º, do CPP).

Gabarito "C".

(Defensor/PA – 2015 – FMP) Assinale a alternativa CORRETA.

(A) Em havendo reunião de processos perante o juízo comum ou o tribunal do júri, decorrentes da aplicação das regras de conexão e continência, não serão observados os institutos da transação penal e da composição dos danos civis, em relação aos crimes de menor potencial ofensivo.

(B) Em razão de a Lei 9.099/1995 admitir a aplicação subsidiária das disposições do Código de Processo Penal, o juiz determinará a suspensão do processo e do curso do prazo prescricional sempre que, nos crimes submetidos ao procedimento traçado por aquela lei, o acusado, citado por edital, não comparecer e nem constituir advogado.

(C) No direito processual penal brasileiro, a réplica à resposta à acusação não se constitui em uma regra prevista expressamente para todas as modalidades de procedimentos existentes, podendo ser encontrada no procedimento aplicável aos processos de competência do Tribunal do Júri e no procedimento para os processos perante o Superior Tribunal de Justiça e o Supremo Tribunal Federal.

(D) De acordo com o Código de Processo Penal, nos processos submetidos ao rito comum ordinário, a denúncia ou queixa serão rejeitadas quando forem manifestamente ineptas, quando faltar pressuposto processual ou condição da ação para o exercício da ação penal, quando faltar justa causa para o oferecimento da ação penal e quando o fato narrado evidentemente não constitui crime.

(E) Tendo o funcionário público cometido o crime de racismo no exercício de sua função, e estando a denúncia ou queixa em devida ordem, o juiz mandará autuá-la e ordenará a notificação do acusado, para responder por escrito, dentro do prazo de quinze dias.

A: incorreta, já que contraria o disposto no art. 60, parágrafo único, da Lei 9.099/1995; **B:** incorreta. É que tanto a citação por edital quanto a suspensão do processo prevista no art. 366 do CPP são incompatíveis com a celeridade que caracteriza o procedimento sumaríssimo, ao qual se submetem as infrações penais de menor potencial ofensivo. Não é por outra razão que o art. 66, parágrafo único, da Lei 9.099/1995 estabelece que, uma vez não localizado o autor dos fatos para citação pessoal, o processo será remetido ao juízo comum, onde tramitará em definitivo; **C:** correta. A réplica, prevista de forma expressa no procedimento especial do Júri (art. 409, CPP) e também no procedimento para os processos perante o Superior Tribunal de Justiça e o Supremo Tribunal Federal (art. 5º, Lei 8.038/1990), não tem incidência em todas as modalidades de procedimento previstas no processo penal; **D:** incorreta, na medida em que a hipótese de o fato narrado não constituir crime enseja a absolvição sumária, na forma estatuída no art. 397, III, do CPP, e não a rejeição da denúncia. As demais hipóteses contidas na assertiva levam à rejeição da denúncia/queixa (art. 395, CPP); **E:** incorreta. E por duas razões: primeiro que a defesa preliminar, prevista no art. 514 do CPP, somente tem lugar nos chamados crimes funcionais, estes previstos nos arts. 312 a 326 do CP; além disso, somente cabe nos crimes afiançáveis, não sendo este o caso do racismo (art. 5º, XLII, da CF).

Gabarito "C".

(Defensor/PA – 2015 – FMP) Em relação às prerrogativas e aos direitos dos Defensores Públicos previstos na Lei Orgânica da Defensoria Pública da União, assinale a alternativa CORRETA.

(A) Após sua distribuição ao Poder Judiciário, poderá o Defensor Público examinar os autos de flagrantes, inquéritos e processos, assegurada a obtenção de cópias e podendo tomar apontamentos.

(B) O Defensor Público poderá representar a parte, em feito administrativo ou judicial, independentemente de mandato, exceto, entre outras situações, quando arguir a falsidade de documento e a suspeição do juiz.

(C) Não poderá o Defensor Público ser preso, senão por ordem judicial escrita, salvo em flagrante por crime inafiançável, caso em que a autoridade fará imediata comunicação ao Defensor Público Geral.

(D) Poderá o Defensor Público comunicar-se, pessoal e reservadamente, com seus assistidos, ainda quando esses se acharem presos ou detidos, mesmo incomunicáveis, tendo livre ingresso em estabelecimentos policiais, prisionais e de internação coletiva, desde que, por razões de segurança, faça-o mediante prévio agendamento.

(E) No curso de investigação policial ou processo criminal, o Defensor Público Geral designará membro da Defensoria Pública para acompanhar toda a apuração que se fará naqueles autos.

A: incorreta, uma vez que a prerrogativa descrita nesta assertiva poderá ser exercida em qualquer repartição pública, aqui incluídas as delegacias de polícia, antes, portanto, de ocorrer a distribuição dos autos do procedimento ao Poder Judiciário (art. 44, VIII, da LC 80/1994); **B:** correta, pois reflete a norma contida no art. 44, XI, da LC 80/1994; **C:** incorreta. Afiançável ou inafiançável o crime, será o defensor público que o praticar preso em flagrante, sendo de rigor, em qualquer caso, a comunicação da prisão ao defensor público geral (art. 44, II, da LC 80/1994); **D:** incorreta, na medida em que o exercício desta prerrogativa independe de prévio agendamento (art. 44, VII, da LC 80/1994); **E:** incorreta. Tal providência somente terá lugar quando houver indícios da prática de infração penal por defensor público (art. 44, parágrafo único, da LC n. 80/1994).

Gabarito "B".

(DPE/PE – 2015 – CESPE) A respeito da prisão, da citação, do aditamento e dos procedimentos nas infrações penais de menor e maior potencial ofensivo, julgue os itens seguintes.

(1) Considere que, ao receber a resposta à acusação, um juiz tenha verificado que, ao tempo do crime, o acusado era totalmente incapaz de entender o caráter ilícito do fato. Nessa situação, o juiz deverá absolver o acusado sumariamente.
(2) Contra a decisão que rejeita a denúncia de crime de menor potencial ofensivo, caberá a interposição de recurso de apelação.
(3) Uma vez informado o nome e o endereço de seu advogado pelo autuado, não haverá necessidade de comunicação da DP a respeito da prisão em flagrante.
(4) O CPP não admite a citação de réu solto por hora certa.
(5) No caso de haver aditamento de fato não contido na denúncia e apurado durante a instrução processual, cada parte poderá arrolar novas testemunhas.

1: incorreta. As hipóteses que dão ensejo à absolvição sumária, no procedimento comum, estão contempladas no art. 397 do CPP, a saber: existência manifesta de causa excludente da ilicitude do fato; existência manifesta de causa excludente da culpabilidade, salvo a inimputabilidade; o fato narrado evidentemente não constituir crime; e quando extinta a punibilidade do agente. Excluiu-se, como se pode ver, a possibilidade de absolvição sumária na hipótese de inimputabilidade, que deverá, dessa forma, ser aferida no curso da instrução; **2:** correta. No processo dos crimes de menor potencial ofensivo, cujo procedimento a ser seguido é o sumaríssimo, o recurso a ser interposto contra a decisão de rejeição da denúncia é a *apelação*, nos termos do art. 82, *caput*, da Lei 9.099/1995. A interposição, por petição escrita, deve dar-se no prazo de dez dias, com a apresentação das razões e do pedido; **3:** correta. Por imposição do art. 306, § 1º, do CPP, cuja redação foi alterada por força da Lei 12.403/2011, "em até vinte e quatro horas após a realização da prisão, será encaminhado ao juiz competente o auto de prisão em flagrante e, caso o autuado não informe o nome de seu advogado, cópia integral para a Defensoria Pública"; logo, a contrário senso, se o preso informar o nome de seu advogado, a autoridade policial está desobrigada de encaminhar a cópia do auto de prisão em flagrante à Defensoria Pública; **4:** incorreta, já que a citação por hora certa, incorporada ao processo penal pela Lei 11.719/2008, que alterou, entre outros, o art. 362 do CPP, destina-se justamente à citação do réu solto que se oculta para inviabilizar o ato citatório. Difícil imaginar hipótese de citação por hora certa de réu preso; **5:** correta, pois se refere à providência presente no art. 384, § 2º, do CPP, que trata da *mutatio libelli*.

(DPE/PE – 2015 – CESPE) Com relação a *habeas corpus* e nulidades, julgue os itens a seguir.

(1) Os tribunais superiores não mais têm admitido o manejo do *habeas corpus* originário como meio de impugnação substitutivo da interposição de recurso ordinário constitucional.
(2) Nulidade ocorrida após a pronúncia deverá ser arguida na fase de especificação das provas que serão produzidas em plenário, sob pena de preclusão.

1: correta. Conferir: "*Habeas corpus*. Processual penal. Substitutivo de recurso constitucional. Inadequação da via eleita. Crimes de homicídio qualificado. Prisão preventiva. Garantia da ordem pública. Periculosidade. Fundamentação idônea. Superveniência de sentença de pronúncia. Substituição do título prisional. Excesso de prazo não configurado. 1. Contra a denegação de *habeas corpus* por Tribunal Superior prevê a Constituição Federal remédio jurídico expresso, o recurso ordinário. Diante da dicção do art. 102, II, a, da Constituição da República, a impetração de novo *habeas corpus* em caráter substitutivo escamoteia o instituto recursal próprio, em manifesta burla ao preceito constitucional (...)" (HC 126756, rel. Min. Rosa Weber, Primeira Turma, julgado em 23.06.2015, *DJe* 15.09.2015); **2:** incorreta, dado que o art. 571, V, do CPP estabelece que as nulidades verificadas depois da decisão de pronúncia devem ser arguidas logo depois de anunciado o julgamento e apregoadas as partes.

(Analista – TRE/GO – 2015 – CESPE) Camila foi presa em flagrante delito pela suposta prática de tráfico de drogas. Após ser citada da ação penal, manifestou interesse em ser assistida pela defensoria pública.

Com relação a essa situação hipotética, julgue o próximo item, com base na jurisprudência do Superior Tribunal de Justiça e nas disposições do Código de Processo Penal.

(1) Devido à gravidade do delito de que Camila é acusada, o juiz que receber o auto de prisão em flagrante está legalmente impedido de, de ofício, conceder-lhe liberdade provisória ou aplicar-lhe medidas cautelares.

1: incorreta. O Pleno do STF, em controle difuso, reconheceu a inconstitucionalidade da parte do art. 44 da Lei de Drogas que proibia a concessão de liberdade provisória nos crimes de tráfico (HC 104.339/SP, Pleno, rel. Min. Gilmar Mendes, 10.05.2012). Com isso, pode-se afirmar que aos investigados/acusados de crime de tráfico pode ser concedida, de ofício, liberdade provisória sem fiança. De igual modo, pode o juiz, também de ofício, assim que comunicado da prisão em flagrante, aplicar as medidas cautelares elencadas no art. 319 do CPP.

(Analista – TRE/GO – 2015 – CESPE) Tendo recebido denúncia feita pelo Ministério Público contra José pela prática do delito de roubo circunstanciado devido ao emprego de arma de fogo e ao concurso de agentes, o juiz determinou a citação pessoal do acusado no endereço residencial constante nos autos. O oficial de justiça, por não ter localizado José, certificou que ele se encontrava em local incerto e não sabido.

Considerando as disposições do Código de Processo Penal, julgue os itens que se seguem, tendo como referência a situação hipotética apresentada.

(1) Suponha que José tenha constituído advogado. Nessa situação, a intimação do advogado deve, em regra, ser realizada por publicação no órgão incumbido da publicidade dos atos judiciais e deve incluir o nome do acusado.
(2) O juiz deve determinar a citação de José por edital e decretar a sua prisão preventiva ainda que este tenha constituído advogado.

1: correta, uma vez que retrata a regra presente no art. 370, § 1º, do CPP: "A intimação do defensor constituído, do advogado do querelante e do assistente far-se-á por publicação no órgão incumbido da publicidade dos atos judiciais da comarca, incluindo, sob pena de nulidade, o nome do acusado"; **2:** incorreta. A prisão preventiva, porque anterior ao trânsito em julgado da sentença condenatória, deve ser utilizada com parcimônia, somente podendo o juiz dela lançar mão quando revelar-se absolutamente imprescindível ao processo, o que há de ser aferido por meio do art. 312 do CPP, que estabelece os fundamentos desta modalidade de custódia cautelar. À vista disso, o mero fato de o acusado não ser localizado pelo oficial de Justiça não pode servir de fundamento para a decretação da prisão preventiva, que deve – repita-se – ser determinada somente quando necessária. A citação por edital tem como pressuposto o esgotamento de todas as possibilidades de localização do réu. Não encontrado em seu endereço residencial, o juiz deve adotar a cautela de verificar a existência de outros endereços, fazendo expedir, quando necessário, ofícios para tentativa de localização (se, por exemplo, é advogado, ao respectivo órgão de classe, que, neste caso, é a OAB). Se, depois disso, o paradeiro do réu permanecer desconhecido, procede-se à citação por edital.

8. LEGISLAÇÃO PENAL EXTRAVAGANTE

Arthur Trigueiros e Eduardo Dompieri*

1. CRIMES DA LEI ANTIDROGAS

(**Defensor Público – DPE/PR – 2017 – FCC**) Sobre o procedimento relativo aos processos por crimes definidos na Lei Antidrogas, Lei n. 11.343/2006, é correto afirmar:

(A) Consoante aos recentes julgados do Supremo Tribunal Federal, não gera nulidade o fato do interrogatório do acusado ser realizado no início da instrução criminal, em momento anterior à oitiva das testemunhas, em conformidade com o estabelecido no art. 57 da Lei n. 11.343/2006.
(B) Oferecida a denúncia, o juiz ordenará a notificação do acusado para oferecer defesa prévia, por escrito, no prazo de quinze dias, contando-se o prazo em dobro para a Defensoria Pública.
(C) O perito que subscrever o laudo de constatação da natureza e quantidade da droga, ficará impedido de participar da elaboração do laudo definitivo.
(D) O inquérito policial será concluído no prazo de quarenta e cinco dias, se o indiciado estiver preso, e de noventa dias, quando solto, com a possibilidade de serem duplicados pelo juiz, ouvido o Ministério Público, mediante pedido justificado da autoridade de polícia judiciária.
(E) Na resposta, consistente em defesa preliminar e exceções, o acusado poderá arguir preliminares e invocar todas as razões de defesa, oferecer documentos e justificações, especificar as provas que pretende produzir e, até o número de oito, arrolar testemunhas.

A: correta. De acordo com o art. 57 da Lei 11.343/2006, o interrogatório, no âmbito do crime de tráfico, constitui o primeiro ato da instrução. É importante que se diga que a aplicação desta norma, que determina que o interrogatório seja a primeira providência a ser tomada na instrução, não constitui consenso nos tribunais superiores. Há entendimento no sentido de que, em homenagem ao princípio da ampla defesa, o interrogatório deve ser o último ato da instrução, conforme estabelece o art. 400 do CPP. No sentido de que deve prevalecer, em detrimento da lei geral, a norma especial: "Se a paciente foi processada pela prática do delito de tráfico ilícito de drogas, sob a égide da Lei 11.343/2006, o procedimento a ser adotado é o especial, estabelecido nos arts. 54 a 59 do referido diploma legal. II – O art. 57 da Lei de Drogas dispõe que o interrogatório ocorrerá em momento anterior à oitiva das testemunhas, diferentemente do que prevê o art. 400 do Código de Processo Penal. III – Este Tribunal assentou o entendimento de que a demonstração de prejuízo, "a teor do art. 563 do CPP, é essencial à alegação de nulidade, seja ela relativa ou absoluta, eis que (...) o âmbito normativo do dogma fundamental da disciplina das nulidades *pas de nullité sans grief* compreende as nulidades absolutas" (HC 85.155/SP, Rel. Min. Ellen Gracie). IV – Recurso ordinário improvido" (RHC 116713, Relator(a): Min. Ricardo Lewandowski, Segunda Turma, julgado em 11/06/2013, Processo Eletrônico DJe-120 Divulg 21-06-2013 Public 24-06-2013). No STJ: "Se a Lei 11.343 determina que o interrogatório do acusado será o primeiro ato da audiência de instrução e julgamento, ao passo que o art. 400 do Código de Processo Penal prevê a realização de tal ato somente ao final, não há dúvidas de que deve ser aplicada a legislação específica, pois, como visto, as regras do procedimento comum ordinário só tem lugar no procedimento especial quando nele houver omissões ou lacunas (STJ, HC 180033-SP, Quinta Turma, rel. Min. Jorge Mussi, 16.02.2002). Para Guilherme de Souza Nucci, cujo entendimento é no sentido de que deve ser aplicado o rito especial previsto na Lei de Drogas, seria recomendável, para evitar futura alegação de nulidade, que o juiz indague o defensor se o acusado pretende ser ouvido logo no início da instrução ou ao final desta (*Leis Penais e Processuais Penais Comentadas*, 8. ed. São Paulo: Revista dos Tribunais, 2014. p. 405). É importante que se diga que há julgados do STF adotando o entendimento segundo o qual deve ser aplicado, ao rito dos crimes da Lei 11.343/2006, o art. 400 do CPP; **B:** incorreta, pois não reflete o disposto no art. 55 da Lei 11.343/2006; **C:** incorreta (art. 50, § 2º, da Lei 11.343/2006); **D:** incorreta. O prazo de conclusão do inquérito policial nos crimes de tráfico de drogas está disciplinado no art. 51 da Lei 11.343/2006. Se preso estiver o indiciado, o inquérito deverá ser concluído no prazo de 30 dias; se solto, no prazo de 90 dias. Esses prazos comportam dilação (podem ser duplicados por decisão judicial), correspondendo, respectivamente, a 60 e 180 dias; **E:** incorreta. Diferentemente do rito comum ordinário, cujo número de testemunhas que podem ser arroladas corresponde a 8, no procedimento a que se submetem os crimes de tráfico, o número máximo de testemunhas é de 5, tal como estabelece o art. 55, § 1º, da Lei 11.343/2006. ED

(**Defensor Público – DPE/SC – 2017 – FCC**) Sobre o regime da Lei de Drogas (Lei n 11.343/2006), é correto afirmar:

(A) A natureza e a quantidade da droga não podem ser utilizadas simultaneamente para justificar o aumento da pena-base e afastar a redução prevista no § 4º do art. 33 da Lei nº 11.343/2006, sob pena de caracterizar *bis in idem*.
(B) A natureza da pena do crime de posse de drogas para uso pessoal dispensa a realização de laudo de constatação da substância para aferir a tipicidade da conduta.
(C) A despeito do recente entendimento do Supremo Tribunal Federal com relação ao tráfico privilegiado, os crimes de tráfico de drogas (art. 33, caput) e de associação para o tráfico (art. 35) continuam equiparados aos hediondos.
(D) A tipo de tráfico de drogas (art. 33, *caput*) só se consuma com a efetiva venda da substância entorpecente.
(E) A proximidade de presídio, escola e hospital configura circunstância agravante a ser considerada na segunda fase de aplicação da pena.

A: correta. Nesse sentido: "A natureza e a quantidade dos entorpecentes foram utilizadas na primeira fase da dosimetria, para a fixação da pena-base, e na terceira fase, para a definição do patamar da causa de diminuição do § 4º do art. 33 da Lei n. 11.343/2006 em um sexto. *Bis in idem*. Patamar de dois terços a ser observado" (RHC 122684, Relator(a): Min. Cármen Lúcia, Segunda Turma, julgado em 16/09/2014, Processo Eletrônico DJe-190 divulg 29-09-2014 Public 30-09-2014); **B:** incorreta. Ainda que se trate da conduta capitulada no art. 28 da Lei de Drogas, que, diga-se de passagem, tem natureza de crime, tal como reconhecido pelo STF, é indispensável, a fim de constituir a materialidade do delito, a realização do laudo de constatação da substância; **C:** incorreta. Segundo entendimento firmado na Súmula n. 512, do STJ, não mais em vigor, "A aplicação da causa de diminuição de pena prevista no art. 33, § 4º, da Lei 11.343/2006 não afasta a hediondez do crime de tráfico de drogas". O Plenário do STF, ao julgar o HC 118.533/MS, em 23.06.2016, cuja relatoria foi da Min. Cármen Lúcia, entendeu, em dissonância com o posicionamento então adotado pelo STJ, que o crime de tráfico de drogas privilegiado não tem natureza hedionda. Pois bem. Posteriormente, a Terceira Seção do STJ, na sessão realizada em 23 de novembro de 2016, ao julgar a QO na Pet 11.796-DF, determinou o cancelamento da referida Súmula n. 512, alinhando-se ao entendimento adotado pelo STF no sentido de que o delito de tráfico privilegiado não pode ser equiparado a crime hediondo. Até aqui a assertiva está correta. Também está correta quando afirma que o crime de tráfico de drogas do art. 33, *caput*, da Lei 11.343/2006 é equiparado a hediondo. O erro da alternativa está em afirmar que o crime de associação para o tráfico é delito equiparado a hediondo. Não é porque não foi contemplado, de forma expressa, no rol do art. 2º. da Lei n. 8.072/1990. Nesse sentido: "O crime de associação para o tráfico não é equiparado a hediondo, uma vez que não está expressamente previsto no rol do art. 2º da Lei 8.072/1990" (STJ, HC 123.945/RJ, 5ª Turma, j. 06.09.2011, rel. Min. Jorge Mussi, *DJe* 04.10.2011); **D:** incorreta. É que o crime de tráfico, como é sabido, por ser de ação múltipla ou de conteúdo variado, alcança a sua consumação com o cometimento de qualquer dos núcleos contidos no tipo penal. Assim, o agente que, pretendendo vender substância entorpecente, a adquire, já terá consumado o crime. Incide, aqui, o princípio da alternatividade; **E:** incorreta. Trata-se de causa de aumento de pena (art. 40, III, Lei 11.343/206), que incidirá, portanto, na terceira fase de fixação da pena. ED

Gabarito "A".

(**Defensor Público Federal – DPU – 2017 – CESPE**) Tendo como referência as disposições da Lei de Drogas (Lei n.º 11.343/2006) e a jurisprudência pertinente, julgue os itens subsecutivos.

(1) Situação hipotética: Com o intuito de vender maconha em bairro nobre da cidade onde mora, Mário utilizou o transporte público para transportar 3 kg dessa droga. Antes de chegar ao destino, Mário foi abordado por policiais militares, que o prenderam em flagrante. Assertiva: Nessa situação, Mário responderá por tentativa de tráfico, já que não chegou a comercializar a droga.
(2) Segundo o entendimento do STJ, em eventual condenação, o juiz sentenciante não poderá aplicar ao réu a causa de aumento de pena relativa ao tráfico de entorpecentes em transporte público, se o acusado tiver feito uso desse transporte apenas para conduzir, de forma oculta, droga para comercialização em outro ambiente, diverso do transporte público.

1: errada. A assertiva retrata típica hipótese de incidência do princípio (ou regra) da alternatividade, segundo o qual ficará caracterizado o crime pela só prática de uma das diversas formas de realização da figura típica. É o que se dá nos denominados crimes de ação múltipla ou de conteúdo variado, em que o tipo penal abriga diversos comporta-

---

* Legenda:
AT: Arthur Trigueiros
ED: Eduardo Dompieri
AT/ED: Arthur Trigueiros e Eduardo Dompieri

mentos ilícitos, cada qual representado por um verbo, uma ação nuclear. É bem isso que ocorre com o delito de tráfico de entorpecentes (art. 33, *caput*, da Lei 11.343/2006), cujo tipo penal contém dezoito possibilidades (verbos) de cometimento desse crime. No caso narrado na assertiva, temos que Mário, antes de vender a droga, tal como pretendia, a transportou, quando então teve a sua ação frustrada pela abordagem de policiais militares, que o prenderam em flagrante pela prática do crime de tráfico de drogas *consumado*, já que ele, antes de comercializar a droga, incorreu no comportamento *transportar*, **2:** correta. De fato, para configurar a causa de aumento de pena prevista no art. 40, III, da Lei de Drogas (transporte público), não basta que o agente faça uso de transporte público de posse da droga que, após, será comercializada em local diverso; é necessário que a mercancia do entorpecente ocorra no interior do próprio transporte público. Conferir: "O entendimento de ambas as Turmas do STF é no sentido de que a causa de aumento de pena para o delito de tráfico de droga cometido em transporte público (art. 40, III, da Lei 11.343/2006) somente incidirá quando demonstrada a intenção de o agente praticar a mercancia do entorpecente em seu interior. Fica afastada, portanto, na hipótese em que o veículo público é utilizado unicamente para transportar a droga" (HC 119811, Relator(a): Min. Teori Zavascki, Segunda Turma, julgado em 10/06/2014, Processo Eletrônico DJe-125 Divulg 27-06-2014 Public 01-07-2014). ED

Gabarito: 1E, 2C

(Juiz – TRF 2ª Região – 2017) Abaixo há três afirmações: duas sobre a Lei nº 11.343/2006 (Lei Antidrogas) e uma sobre crimes contra o sistema tributário. Leia-as e, depois, marque a opção correta:

I. A incidência do aumento de pena em razão da transnacionalidade do delito de tráfico (art. 40, inc. I, da Lei 11.343/2006) pressupõe o efetivo transporte da droga para o exterior.

II. Presente a causa de diminuição de pena prevista no § 4º do art. 33 da Lei 11.343/2006, por ser o agente primário, de bons antecedentes, não dedicado a atividades criminosas e não integrante de organização criminosa, ainda assim é hediondo o crime de tráfico por ele praticado.

III. Nos termos da Súmula Vinculante 24 do STF, os crimes contra a ordem tributária previstos no art. 1º, incisos I a IV, da Lei nº 8.137/90 não se tipificam antes do lançamento definitivo do tributo. Contudo, o delito do art. 1º, inciso V, da Lei nº 8.137/90 (*"negar ou deixar de fornecer, quando obrigatório, nota fiscal ou documento equivalente, relativa a venda de mercadoria ou prestação de serviço, efetivamente realizada, ou fornecê-la em desacordo com a legislação"*), sendo formal, independe do lançamento tributário.

(A) Apenas a assertiva I está correta.
(B) Apenas a assertiva II está correta.
(C) Apenas a assertiva III está correta.
(D) Todas são falsas.
(E) Todas estão corretas.

I: incorreta. É que, conforme tem entendido a jurisprudência, é desnecessário, à configuração da majorante prevista no art. 40, I, da Lei 11.343/2006, que se dê o efetivo transporte da droga para o exterior, sendo suficiente que se demonstre a intenção do agente em assim proceder. Conferir: "A incidência da majorante, que tem como objetivo apenar com maior severidade a atuação do traficante direcionada para além das fronteiras do País, não exige o transporte efetivo para o exterior, basta que se identifique a intenção" (HC 127221, Rel. Min. Teori Zavascki, 2ª Turma, j. 25.08.2015). Nesse sentido, a Súmula 607, do STJ; **II:** incorreta. Segundo entendimento firmado na Súmula 512, do STJ, não mais em vigor, "A aplicação da causa de diminuição de pena prevista no art. 33, §4º, da Lei 11.343/2006 não afasta a hediondez do crime de tráfico de drogas". O Plenário do STF, ao julgar o HC 118.533/MS, em 23.06.2016, cuja relatoria foi da Min. Cármen Lúcia, entendeu, em dissonância com o posicionamento então adotado pelo STJ, que o crime de tráfico de drogas privilegiado não tem natureza hedionda. Pois bem. Sucede que a Terceira Seção do STJ, na sessão realizada em 23 de novembro de 2016, ao julgar a QO na Pet 11.796-DF, determinou o cancelamento da referida Súmula 512, alinhando-se ao entendimento adotado pelo STF no sentido de que o delito de tráfico privilegiado não pode ser equiparado a crime hediondo; **III:** correta. Conferir: "Cinge-se a controvérsia à análise da necessidade de esgotamento da instância administrativo-fiscal para o desencadeamento da persecução penal na hipótese do inciso V do art. 1º da Lei n. 8.137/1990, considerando que o Supremo Tribunal Federal, na Súmula Vinculante n. 24, reconheceu tão somente que 'não se tipifica crime material contra a ordem tributária, previsto no art. 1º, incisos I a IV, da Lei n. 8.137/90, antes do lançamento definitivo do tributo'. 3. Nos termos da jurisprudência desta Corte, o crime descrito no art. 1º, V, da Lei n. 8.137/1990 ostenta natureza formal, ao contrário das condutas elencadas nos incisos I e IV do referido dispositivo, e a sua consumação prescinde da constituição definitiva do crédito tributário. Por consectário, o prévio exaurimento da via administrativa não configura condição objetiva de punibilidade" (RHC 31.062/DF, Rel. Min. Ribeiro Dantas, 5ª Turma, j. 02.08.2016, *DJe* 12.08.2016). ED

Gabarito "C"

(Juiz – TJ-SC – FCC – 2017) "A" praticou o crime de tráfico de drogas (art. 33 da Lei nº 11.343/06) depois de haver sido condenado, com trânsito em julgado, pelo delito previsto no artigo 28 do mesmo estatuto. Na sentença, a condenação anterior:

(A) não poderá ser considerada para fins de reincidência, porquanto tal delito não possui cominada a pena de prisão.
(B) poderá ser considerada para fins de reincidência, mesmo não tendo o réu recebido pena privativa de liberdade.
(C) somente poderá ser considerada como maus antecedentes.
(D) não poderá gerar qualquer efeito por não ser crime nos termos da lei de introdução ao código penal.
(E) somente poderá ser considerada como circunstância judicial na primeira fase do cálculo da pena.

A natureza jurídica do art. 28 da Lei 11.343/2006 gerou, num primeiro momento, polêmica na doutrina, uma vez que, para uns, teria havido descriminalização da conduta ali descrita. Atualmente, esta discussão encontra-se superada. Não há mais dúvida de que o comportamento descrito neste art. 28 continua a ser crime, isso porque inserido no Capítulo III da atual Lei de Drogas. Nesse sentido, a 1ª Turma do STF, no julgamento do RE 430.105-9-RJ, considerou que o dispositivo em questão tem natureza de crime, e o usuário é um "tóxico delinquente" (Rel. Min. Sepúlveda Pertence, j. 13.2.2007), entendimento este, até então, compartilhado pelo STJ. Com isso, a condenação pelo cometimento do crime do art. 28 da Lei de Drogas, embora não imponha ao condenado pena de prisão, tem o condão de gerar reincidência. Mais recentemente, a 6ª Turma do STJ, que até então compartilhava do posicionamento do STF e da 5ª Turma do STJ, apontou para uma mudança de entendimento. Para a 6ª Turma, o art. 28 da Lei de Drogas não constitui crime tampouco contravenção. Trata-se de uma infração penal *sui generis*, razão penal qual o seu cometimento não gera futura reincidência. Há, como se pode ver, divergência entre a 5ª e a 6º Turmas do STJ. Conferir o julgado da 5º Turma: "A conduta prevista no art. 28 da Lei n. 11.343/06 conta para efeitos de reincidência, de acordo com o entendimento desta Quinta Turma no sentido de que, *"revela-se adequada a incidência da agravante da reincidência em razão de condenação anterior por uso de droga, prevista no artigo 28 da Lei n. 11.343/06, pois a jurisprudência desta Corte Superior, acompanhando o entendimento do col. Supremo Tribunal Federal, entende que não houve abolitio criminis com o advento da Lei n. 11.343/06, mas mera "despenalização" da conduta de porte de drogas"* (HC 314594/SP, rel. Min. FELIX FISCHER, QUINTA TURMA, DJe 1/3/2016)" (HC 354.997/SP, j. 28/03/2017). Conferir o julgado da 6ª Turma que inaugurou a divergência à qual fizemos referência: "1. À luz do posicionamento firmado pelo Supremo Tribunal Federal na questão de ordem no RE nº 430.105/RJ, julgado em 13/02/2007, de que o porte de droga para consumo próprio, previsto no artigo 28 da Lei nº 11.343/2006, foi apenas despenalizado pela nova Lei de Drogas, mas não descriminalizado, esta Corte Superior vem decidindo que a condenação anterior pelo crime de porte de droga para uso próprio configura reincidência, o que impõe a aplicação da agravante genérica do artigo 61, inciso I, do Código Penal e o afastamento da aplicação da causa especial de diminuição de pena do parágrafo 4º do artigo 33 da Lei nº 11.343/06. 2. Todavia, se a contravenção penal, punível com pena de prisão simples, não configura reincidência, resta inequivocamente desproporcional a consideração, para fins de reincidência, da posse de droga para consumo próprio, que conquanto seja crime, é punida apenas com "advertência sobre os efeitos das drogas", "prestação de serviços à comunidade" e "medida educativa de comparecimento a programa ou curso educativo", mormente se se considerar que em casos tais não há qualquer possibilidade de conversão em pena privativa de liberdade pelo descumprimento, como no caso das penas substitutivas. 3. Há de se considerar, ainda, que a própria constitucionalidade do artigo 28 da Lei de Drogas, que está cercado de acirrados debates acerca da legitimidade da tutela do direito penal em contraposição às garantias constitucionais da intimidade e da vida privada, está em discussão perante o Supremo Tribunal Federal, que admitiu Repercussão Geral no Recurso Extraordinário nº 635.659 para decidir sobre a tipicidade do porte de droga para consumo pessoal. 4. E, em face dos questionamentos acerca da proporcionalidade do direito penal para o controle do consumo de drogas em prejuízo de outras medidas de natureza extrapenal relacionadas às políticas de redução de danos, eventualmente até mais severas para a contenção do consumo do que aquelas previstas atualmente, o prévio apenamento por porte de droga para consumo próprio, nos termos do artigo 28 da Lei de Drogas, não deve constituir causa geradora de reincidência. 5. Recurso improvido" (REsp 1672654/SP, Rel. Ministra MARIA THEREZA DE ASSIS MOURA, SEXTA TURMA, julgado em 21/08/2018, DJe 30/08/2018). ED

Gabarito "B"

(Juiz – TRF 3ª Região – 2016) Pensando nas pessoas que se dispõem a transportar drogas, no próprio corpo, durante viagens internacionais, é possível dizer:

(A) Se forem primárias, ostentarem bons antecedentes e não integrarem organização criminosa, terão a pena reduzida de um sexto a dois terços;
(B) Mesmo se forem primárias, ostentarem bons antecedentes e não integrarem organização criminosa, não farão jus à redução de pena, haja vista tratar-se de tráfico internacional;
(C) São isentas de pena, haja vista o fato de estarem submetidas a organizações criminosas que as obrigam a cometer o crime;
(D) Mesmo quando obrigadas a proceder dessa forma, devem ser punidas, pois, em Direito Penal, o que importa é o resultado.

É certo que, no tráfico de drogas, se o condenado for primário, de bons antecedentes, não se dedicar a atividades criminosas nem integrar organizações criminosas, sua pena será reduzida de um sexto a dois terços (art. 33, §4º, da Lei 11.343/2006). A questão que se coloca é saber se o transporte de drogas, no próprio corpo, em viagens internacionais, que é a conduta da chamada "mula", pode ou não ensejar o reconhecimento desta causa de diminuição de pena, desde que, é claro, se façam presentes, de forma cumulativa, os requisitos acima mencionados. O STF, ao enfrentar este tema, entendeu que é possível, sim, a incidência deste art. 33, §4º, da Lei de Drogas ao transporte de entorpecentes realizado por mula. Nesse sentido: "A jurisprudência desta Suprema Corte é no sentido de que 'o exercício da função de mula, embora indispensável para o tráfico internacional, não traduz, por si só, adesão, em caráter estável e permanente, à estrutura de organização

criminosa, até porque esse recrutamento pode ter por finalidade um único transporte de droga', porquanto 'descabe afastar a incidência da causa de diminuição de pena do art. 33, §4º, da Lei nº 11.343/06 com base em mera conjectura ou ilação de que os réus integrariam organização criminosa' (HC 124.107/SP, Rel. Min. Dias Toffoli, 1ª Turma, DJe 24.11.2014)" (HC 129449, Rel. Min. Rosa Weber, 1ª Turma, j. 14.03.2017, Processo Eletrônico DJe 27.04.2017. Publ. 28.04.2017). Importante que se diga que a assertiva "A", embora apontada como correta, deixou de contemplar um dos requisitos contidos no art. 33, §4º, da Lei 11.343/2006, qual seja, *não se dedicar a atividades criminosas*. ED
Gabarito "A".

(Juiz – TJ/RJ – VUNESP – 2016) X, flagrado portando maconha para uso próprio, pode
(A) ser preso, em flagrante delito.
(B) ser conduzido ao CAPS – Centro de Atenção Psicossocial –, para ser submetido a tratamento compulsório, dado que a lei prevê medidas alternativas à prisão.
(C) ignorar a determinação policial no sentido de que se conduza ao Distrito Policial, uma vez que esta conduta não prevê pena privativa de liberdade.
(D) ser liberado, mediante pagamento de fiança.
(E) ser conduzido ao Distrito Policial, livrando-se solto, haja vista tratar-se de infração de menor potencial ofensivo.

A conduta descrita no enunciado se amolda ao tipo penal do art. 28 da Lei 11.343/2006, consistente no verbo *trazer consigo* (transportar junto ao corpo). Quando surpreendido na posse de substância entorpecente destinada a uso próprio, o agente deverá ser conduzido à presença da autoridade policial, que providenciará, depois de constatada a prática do delito do art. 28 da Lei de Drogas, a lavratura de termo circunstanciado (é vedada, tal como consta do art. 48, § 2º, da Lei 11.343/2006, a lavratura de auto de prisão em flagrante) e o encaminhamento do autor dos fatos ao juízo competente (Juizado Especial Criminal); não sendo isso possível (e é o que de fato ocorre na grande maioria das vezes), o conduzido firmará compromisso, perante a autoridade policial, de comparecer ao juízo tão logo seja convocado para tanto. Não poderá, em hipótese nenhuma, permanecer preso, devendo ser de imediato liberado assim que formalizada a ocorrência por meio do termo circunstanciado (art. 48, § 3º, da Lei 11.343/2006). ED
Gabarito "E".

(Juiz – TJ/MS – VUNESP – 2015) Assinale a alternativa correta.
(A) A indução ou a instigação de alguém ao uso indevido de droga não é considerado crime.
(B) Responde às mesmas penas do crime previsto no art. 33, *caput*, da Lei 11.343/2006 o agente que custeia ou financia o crime de tráfico.
(C) Responde por delito autônomo ao do tráfico o agente que oferecer droga, eventualmente e sem objetivo de lucro, a pessoa de seu relacionamento, para juntos a consumirem.
(D) A associação criminosa prevista no art. 35, *caput*, da Lei 11.343/2006 exige a constatação da reiteração permanente da associação de duas ou mais pessoas para prática constante do tráfico.
(E) A causa de redução da pena, prevista no § 4º do art. 33 da Lei 11.343/2006, só será aplicável se o agente for primário e de bons antecedentes.

A: incorreta, haja vista que tal conduta encontra-se tipificada no art. 33, § 2º, da Lei 11.343/2006; **B:** incorreta. A conduta descrita na assertiva, que vem definida no art. art. 36 da Lei 11.343/2006, tem pena cominada de 8 a 20 anos de reclusão, bem superior, portanto, à pena prevista para o delito do art. 33, *caput*, da Lei 11.343/2006, que é de reclusão de 5 a 15 anos; **C:** correta. A Lei 11.343/2006 introduziu, no contexto dos crimes de tráfico, forma mais branda deste delito, a se configurar na hipótese de o agente oferecer droga, a pessoa de seu relacionamento, ocasionalmente e sem o propósito de lucro, para juntos a consumirem. Veja que tal inovação legislativa, prevista no art. 33, § 3º, da atual Lei de Drogas, por razões de política criminal, procura colocar em diferentes patamares o traficante habitual, que atua com o propósito de lucro, e o eventual, para o qual a pena prevista é de detenção de seis meses a um ano, sem prejuízo da multa e das penas previstas no art. 28 da mesma lei bem inferior, como se pode ver, à pena cominada para o crime previsto no *caput* do art. 33; **D:** incorreta, uma vez que é desnecessário, para a configuração do crime do art. 35 da Lei 11.343/2006, que a associação tenha como propósito a prática *reiterada* dos crimes previstos nos arts. 33, *caput* e § 1º, e 34 da Lei de Drogas; **E:** incorreta. Além de ser primário e ostentar bons antecedentes, o agente, para fazer jus à diminuição de pena prevista no dispositivo em questão, não poderá integrar organização criminosa nem se dedicar a atividades criminosas. ED
Gabarito "C".

(Promotor de Justiça/SC – 2016 – MPE)
(1) No delito de tráfico ilícito de drogas, artigo 33, *caput* e § 1º, as penas poderão ser reduzidas de um sexto a dois terços, desde que o agente somente não se dedique às atividades criminosas e nem integre organização criminosa.

1: assertiva falsa, na medida em que, além de o agente não se dedicar a atividades criminosas e não integrar organizações criminosas, a benesse contida no art. 33, § 4º, da Lei 11.343/2006 somente será concedida ao traficante, levando, com isso, à redução de sua pena de um sexto a dois terços, se o mesmo ostentar primariedade e bons antecedentes. ED
Gabarito 1E.

(Promotor de Justiça/SC – 2016 – MPE)
(1) Segundo a Lei Antitóxicos (Lei 11.343/2006), para os crimes de tráfico, o prazo para conclusão do inquérito policial será de 30 dias, se o indiciado estiver preso, e de 90 dias, se estiver solto. Tais prazos, ademais, poderão ser duplicados pelo juiz mediante pedido justificado da autoridade policial, ouvido o Ministério Público.

1: Conforme reza o art. 51, parágrafo único, da Lei 11.343/2006 (Lei de Drogas), o prazo para conclusão do inquérito – relativo a réu preso, que é de 30 dias, e a réu solto, que é de 90 dias –, pode ser duplicado pelo juiz, desde que ouvido o MP e mediante pedido justificado da autoridade policial. ED
Gabarito 1C.

(Promotor de Justiça – MPE/AM – FMP – 2015) Sobre o crime de tráfico de drogas (artigo 33 da Lei 11.343/2006), considere as seguintes assertivas:
I. Segundo o entendimento do Supremo Tribunal Federal, o crime de tráfico de drogas, conforme o caso concreto, enseja a possibilidade de fixação de regime inicial diferente do fechado, devendo o magistrado atentar à regra do artigo 33 do Código Penal.
II. No crime de associação para o tráfico, em razão do seu caráter não hediondo, a progressão de regime segue o mesmo critério temporal dos crimes comuns.
III. A modalidade privilegiada prevista no artigo 33, § 4º, da Lei 11.343/2006 somente incide se o acusado comprovar o exercício de atividade lícita.
IV. A distinção entre traficante e usuário está vinculada estritamente aos maus antecedentes do agente, em razão do Direito Penal do autor.
V. Não é possível a substituição da pena privativa de liberdade por pena restritiva de direitos, pois se trata de crime equiparado a hediondo, segundo a orientação do Supremo Tribunal Federal.
Quais das assertivas acima estão corretas?
(A) Apenas a II.
(B) Apenas a III.
(C) Apenas a I e V.
(D) Apenas a II e IV.
(E) Apenas a I e II.

I: correta. Apesar de o art. 2º, § 1º, da Lei 8.072/1990 estabelecer, para os crimes hediondos e assemelhados (aqui incluído o tráfico de drogas), o regime inicial fechado, o STF, por seu Pleno, decidiu, por maioria, no julgamento do HC 111.840, pela inconstitucionalidade incidental deste dispositivo legal, afastando-se, com isso, a obrigatoriedade de o juiz fixar, aos condenados por crimes hediondos e assemelhados, o regime inicial fechado; **II:** correta. De fato, o crime de associação para o tráfico, capitulado no art. 35 da Lei 11.343/2006, porque não contemplado, de forma expressa, no rol do art. 2.º da Lei n.º 8.072/1990, não é equiparado a hediondo, razão pela qual a progressão de regime obedecerá à disciplina contida no art. 112 da LEP. No STJ: O crime de associação para o tráfico não é equiparado a hediondo, uma vez que não está expressamente elencado no rol do artigo 2.º da Lei n.º 8.072/1990. Por conseguinte, para fins de progressão de regime incide a regra prevista no art. 112 da LEP, ou seja, o requisito objetivo a ser observado é o cumprimento de 1/6 (um sexto) da pena privativa de liberdade imposta" (HC 371.361/SP, Rel. Ministro REYNALDO SOARES DA FONSECA, QUINTA TURMA, julgado em 17.11.2016, DJe 25.11.2016); **III:** incorreta, uma vez que o art. 33, § 4º, da Lei de Drogas não contempla tal exigência; **IV:** incorreta, na medida em que os critérios a serem empregados para estabelecer se o agente é usuário ou traficante, que devem ser extraídos do art. 28, § 2º, da Lei 11.343/2006, não se limitam aos seus antecedentes; **V:** incorreta. A substituição da pena privativa de liberdade por restritiva de direitos era vedada, a teor do art. 33, § 4º, da Lei de Drogas, para o crime de tráfico. Sucede que o STF, no julgamento do HC 97.256/RS, declarou, incidentalmente, a inconstitucionalidade dessa vedação. Posteriormente, o Senado Federal, por meio da Resolução nº 5/2012, suspendeu a execução da expressão "vedada a conversão em penas restritivas de direito", presente no art. 33, § 4º, da Lei 11.343/2006. Portanto, nada impede, atualmente, que o juiz autorize a substituição da pena privativa de liberdade por restritiva de direitos no crime de tráfico bem assim a fixação de regime aberto, desde que preenchidos os requisitos legais. Nesse sentido, conferir a ementa a seguir, em que se reconheceu a inconstitucionalidade da vedação em questão, sob o pretexto de que tal implicaria violação ao postulado da individualização da pena: "*Habeas corpus*. Tráfico de drogas. Art. 44 da Lei 11.343/2006: Impossibilidade de conversão da pena privativa de liberdade em pena restritiva de direitos. Declaração incidental de inconstitucionalidade. Ofensa à garantia constitucional da individualização da pena (inciso XLVI do art. 5º da CF/1988). Ordem parcialmente concedida. 1. O processo de individualização da pena é um caminhar no rumo da personalização da resposta punitiva do Estado, desenvolvendo-se em três momentos individuados e complementares: o legislativo, o judicial e o executivo. Logo, a lei comum não tem a força de subtrair do juiz sentenciante o poder-dever de impor ao delinquente a sanção criminal que a ele, juiz, afigurar-se como expressão de um concreto balanceamento ou de uma empírica ponderação de circunstâncias objetivas com protagonizações subjetivas do fato-tipo. Implicando essa ponderação em concreto a opção jurídico-positiva pela prevalência do razoável sobre o racional; ditada pelo permanente esforço do julgador para conciliar segurança jurídica e justiça material. 2. No momento sentencial da dosimetria da pena, o juiz sentenciante se movimenta com ineliminável discricionariedade entre aplicar a pena de privação ou de restrição da liberdade do condenado e uma outra que já não tenha por objeto esse bem jurídico maior da liberdade

física do sentenciado. Pelo que é vedado subtrair da instância julgadora a possibilidade de se movimentar com certa discricionariedade nos quadrantes da alternatividade sancionatória. 3. As penas restritivas de direitos são, em essência, uma alternativa aos efeitos certamente traumáticos, estigmatizantes e onerosos do cárcere. Não é à toa que todas elas são comumente chamadas de penas alternativas, pois essa é mesmo a sua natureza: constituir-se num substitutivo ao encarceramento e suas sequelas. E o fato é que a pena privativa de liberdade corporal não é a única a cumprir a função retributivo--ressocializadora ou restritivo-preventiva da sanção penal. As demais penas também são vocacionadas para esse geminado papel da retribuição-prevenção-ressocialização, e ninguém melhor do que o juiz natural da causa para saber, no caso concreto, qual o tipo alternativo de reprimenda é suficiente para castigar e, ao mesmo tempo, recuperar socialmente o apenado, prevenindo comportamentos do gênero. 4. No plano dos tratados e convenções internacionais, aprovados e promulgados pelo Estado brasileiro, é conferido tratamento diferenciado ao tráfico ilícito de entorpecentes que se caracterize pelo seu menor potencial ofensivo. Tratamento diferenciado, esse, para possibilitar alternativas ao encarceramento. É o caso da Convenção Contra o Tráfico Ilícito de Entorpecentes e de Substâncias Psicotrópicas, incorporada ao direito interno pelo Decreto 154, de 26 de junho de 1991. Norma supralegal de hierarquia intermediária, portanto, que autoriza cada Estado soberano a adotar norma comum interna que viabilize a aplicação da pena substitutiva (a restritiva de direitos) no aludido crime de tráfico ilícito de entorpecentes. 5. Ordem parcialmente concedida tão-somente para remover o óbice da parte final do art. 44 da Lei 11.343/2006, assim como da expressão análoga "vedada a conversão em penas restritivas de direitos", constante do § 4º do art. 33 do mesmo diploma legal. Declaração incidental de inconstitucionalidade, com efeito *ex nunc*, da proibição de substituição da pena privativa de liberdade pela pena restritiva de direitos; determinando-se ao Juízo da execução penal que faça a avaliação das condições objetivas e subjetivas da convolação em causa, na concreta situação do paciente" (HC 97256, Ayres Britto, STF). ED
Gabarito "E".

(Delegado/AP – 2017 – FCC) Sobre o crime de associação para fins de tráfico de drogas,
(A) é necessária a estabilidade do vínculo entre 3 ou mais pessoas.
(B) deverá se verificar, necessariamente, a finalidade de praticar uma série indeterminada de crimes.
(C) nas mesmas penas deste crime incorre quem se associa para a prática reiterada do financiamento de tráfico de drogas.
(D) incidirá na hipótese de concurso formal de crimes, a prática da associação em conjunto com a do tráfico de drogas.
(E) deverão os agentes, para sua configuração, praticar as infrações para as quais se associaram.

A: incorreta, pois o art. 35 da Lei de Drogas (Lei 11.343/2006) tipifica como crime o fato de duas ou mais pessoas associarem-se para o fim de praticar, reiteradamente ou não, tráfico de drogas (arts. 33, *caput* e §1º, e 34, da referida lei); **B:** incorreta, pois o art. 35 da Lei 11.343/2006 pressupõe a estabilidade dos agentes para a prática, reiterada ou não, de crimes de tráfico; **C:** correta, nos exatos termos do art. 35, parágrafo único, da Lei 11.343/2006, que remete ao crime de financiamento para o tráfico (art. 36 da mesma lei); **D:** incorreta. Haverá concurso material de crimes (art. 69 do CP), até porque cada uma das infrações (associação para o tráfico e tráfico de drogas) terá sido praticada mediante mais de uma conduta, e em contextos distintos, não se podendo cogitar de concurso formal (art. 70 do CP); **E:** incorreta. Basta que os agentes tenham o ânimo associativo para o fim da prática de tráfico de drogas, pouco importando, para a configuração do crime tipificado pelo art. 35 da Lei de Drogas, a efetiva prática dos delitos. Estamos diante de crime formal, que se consuma com a formação da associação criminosa. AT
Gabarito "C".

(Delegado/AP – 2017 – FCC) Com relação ao sistema nacional de políticas públicas sobre drogas e, ainda, com base na Lei no 11.343/2006, considere:
I. A lei descriminalizou a conduta de quem adquire, guarda, tem em depósito, transporta ou traz consigo, para consumo pessoal, drogas em autorização ou em desacordo com determinação legal ou regulamentar. Dessa forma, o usuário de drogas é isento de pena, submetendo-se, apenas, a tratamento para recuperação.
II. Constitui causa de aumento de pena no crime de tráfico de drogas o emprego de arma de fogo.
III. Equipara-se ao usuário de drogas, aquele que, eventualmente e sem objetivo de obter lucro, oferece droga a pessoa de seu relacionamento, para juntos a consumirem ou, ainda, quem induz, instiga ou auxilia alguém ao uso indevido.
IV. O indiciado ou acusado que colaborar voluntariamente com a investigação policial e o processo criminal na identificação dos demais coautores ou partícipes do crime e na recuperação total ou parcial do produto do crime, no caso de condenação, terá pena reduzida de um terço a dois terços.

Está correto o que se afirma APENAS em
(A) I, III e IV.
(B) I e III.
(C) II e III.
(D) II e IV.
(E) I e II.

I: incorreta. Pacífico o entendimento de que a Lei 11.343.2006, no tocante à figura do "usuário", não descriminalizou o comportamento de portar drogas para consumo pessoal, mas apenas, atenuou a resposta penal pelos comportamentos previstos no art. 28 da precitada lei. O que houve, isso sim, foi uma descarcerização, eliminando-se completamente a possibilidade de aplicação de penas privativas de liberdade. Contudo, foram cominadas penas restritivas de direitos (advertência sobre os efeitos das drogas, prestação de serviços à comunidade e/ou medida educativa de comparecimento a programa ou curso educativo – art. 28, I, II e III, da Lei de Drogas); **II:** correta, nos exatos termos do art. 40, IV, da Lei 11.343/2006, que prevê a majoração da pena de 1/6 a 2/3, dentre outras hipóteses, se os crimes previstos nos arts. 33 a 37 forem praticados com emprego de arma de fogo; **III:** incorreta. A figura prevista na assertiva em comento vem prevista no art. 33, § 3º, da Lei 11.343/2006, que tipifica comportamento configurador de tráfico de drogas, porém, com penas mais brandas (detenção de seis meses a um ano, sem prejuízo de multa e das sanções previstas para o art. 28 do mesmo diploma legal); **IV:** correta. Trata-se da delação premiada prevista no art. 41 da Lei 11.343/2006. AT
Gabarito "D".

(Delegado/MS – 2017 - FAPEMS) Analise o caso a seguir.
Cumprindo mandados judiciais, o Delegado Alcimor efetuou a prisão de Alceu, conhecido como "Nariz" e considerado o líder de uma associação criminosa voltada à prática de tráfico de drogas na região sul do país, e a apreensão de seu primo Daniel, de dezessete anos, em quarto de hotel em que se hospedavam. Ambos, aliás, velhos conhecidos da polícia pela prática de infrações pretéritas. No local, a equipe tática encontrou drogas, dinheiro e celulares. Com autorização judicial, o Delegado Alcimor acessou o conteúdo de conversas, via WhatsApp, alcançando mais nomes e os pontos da prática comercial ilícita. No total, seis pessoas foram presas.

Com respaldo no caso e considerando o entendimento do Superior Tribunal de Justiça quanto ao crime do artigo 35 da Lei n. 11.343/2006, assinale a alternativa correta.
(A) Por vedação expressa na Lei de Drogas, para o presente crime não se admite a incidência de penas alternativas à prisão, não obstante preenchidos os requisitos legais.
(B) A associação para fins de tráfico de drogas é considerada crime hediondo.
(C) A prática criminosa pretendida não precisa ser reiterada, mas a associação não pode ser eventual.
(D) O envolvimento de um menor é indiferente para fins de tipificação delitiva e não influencia no tocante à dosimetria da pena do crime de associação criminosa.
(E) Para a configuração do crime; exige-se efetivamente a prática do tráfico de drogas.

A: incorreta. Nada obstante o art. 44 da Lei 11.343/2006 traga uma série de vedações no tocante a benefícios penais e processuais para os condenados pelos crimes previstos nos arts. 33, *caput* e § 1º, 34 a 37, dentre os quais se identifica a associação para o tráfico (art. 35), é certo que, com a declaração de inconstitucionalidade do predito art. 44, exarada no julgamento do HC 97.256/RS pelo STF, passou-se a admitir a convolação de penas privativas de liberdade por restritivas de direitos, desde que satisfeitos os requisitos legais, sob pena de ofensa à individualização da pena e tripartição de poderes (o Legislativo não pode impedir o Judiciário de analisar, no caso concreto, a possibilidade de substituição de pena de prisão por medidas mais benignas); **B:** incorreta. O entendimento do STJ, e também do STF, é no sentido de que a associação para o tráfico (art. 35 da Lei 11.343/2006) não é considerada crime equiparado a hediondo, seja por não constituir, propriamente, em conduta que se subsuma a tráfico de drogas (este sim considerado equiparado a hediondo!), seja, em razão do critério legal, não consta no rol dos crimes indicados na Lei 8.072/1990 (Lei dos Crimes Hediondos); **C:** correta. O ânimo associativo estável e permanente é essencial para a caracterização da associação para o tráfico, à semelhança de uma associação criminosa (art. 288 do CP), sem o que estaremos diante de mero concurso de agentes. O que não se exige, para a configuração do crime previsto no art. 35 da Lei de Drogas, é a reiteração do tráfico, conforme se extrai da própria redação típica: "Associarem-se duas ou mais pessoas para o fim de praticar, *reiteradamente ou não*, qualquer dos crimes previstos nos arts. 33, *caput* e § 1º, e 34 desta Lei"; **D:** incorreta, pois o envolvimento de criança ou adolescente, além de ser computado para o número legalmente exigido (associarem--se *duas ou mais pessoas*), constitui causa de aumento de pena, nos termos do art. 40, VI, da Lei 11.343/2006; **E:** incorreta. O crime do art. 35 da Lei de Drogas é formal, consumando-se com a constituição da associação criminosa, independentemente da prática dos crimes para as quais tiver sido formada. AT
Gabarito "C".

(Delegado/MT – 2017 – CESPE) Com referência aos parâmetros legais da dosimetria da pena para os crimes elencados na Lei n. 11.343/2006 – Lei Antidrogas – e ao entendimento dos tribunais superiores sobre essa matéria, assinale a opção correta.
(A) A personalidade e a conduta social do agente não preponderam sobre outras circunstâncias judiciais da parte geral do CP quando da dosimetria da pena.
(B) A natureza e a quantidade da droga são circunstâncias judiciais previstas na parte geral do CP.
(C) A natureza e a quantidade da droga não preponderam sobre outras circunstâncias judiciais da parte geral do CP quando da dosimetria da pena.

(D) A natureza e a quantidade da droga apreendida não podem ser utilizadas, concomitantemente, na primeira e na terceira fase da dosimetria da pena, sob pena de *bis in idem*.

(E) As circunstâncias judiciais previstas na parte geral do CP podem ser utilizadas para aumentar a pena base, mas a natureza e a quantidade da droga não podem ser utilizadas na primeira fase da dosimetria da pena.

Nos termos do art. 42 da Lei 11.343/2006, o juiz, na fixação das penas, considerará, com preponderância sobre o previsto no art. 59 do Código Penal, a natureza e a quantidade da substância ou do produto, a personalidade e a conduta social do agente. Assim, analisemos as alternativas! **A**, **B** e **C:** incorretas. Optou o legislador por prever circunstâncias judiciais específicas para os crimes definidos na Lei de Drogas, preponderando sobre aquelas definidas no art. 59 do CP. Assim, na fixação da pena-base, serão levadas em conta a natureza e quantidade da substância ou produto, bem como a personalidade e a conduta social do agente delitivo; **D:** correta. Se a natureza e a quantidade da droga serão levadas em consideração na primeira fase da dosimetria da pena (circunstâncias judiciais do art. 42 da Lei de Drogas), não poderão ser novamente consideradas como majorantes na terceira fase (incidência das causas de aumento e diminuição de pena), caso em que haveria violação ao *ne bis in idem*; **E:** incorreta. As circunstâncias judiciais do art. 59 do CP, embora possam ser utilizadas supletivamente, não afastarão aquelas previstas no art. 42 da Lei 11.343/2006, dentre elas, a natureza e a quantidade da droga. AT

Gabarito "D"

(Defensor Público – DPE/ES – 2016 – FCC) Quanto aos crimes previstos na Lei de Drogas, é correto afirmar que

(A) a pena de multa pode ser aumentada até o limite do triplo se, em virtude da condição econômica do acusado, o juiz considerá-la ineficaz, ainda que aplicada no máximo.

(B) não se tipifica o delito de associação para o tráfico se ausentes os requisitos de estabilidade e permanência, configurando-se apenas a causa de aumento da pena do concurso de pessoas.

(C) constitui causa de aumento da pena a promoção do tráfico de drogas nas imediações de estabelecimento de ensino e, consoante expressa previsão legal, a circunstância independe de comprovação de se destinar aos respectivos estudantes.

(D) o condenado por tráfico privilegiado poderá ser promovido de regime prisional após o cumprimento de um sexto da pena, segundo entendimento do Supremo Tribunal Federal.

(E) cabível a aplicação retroativa da figura do tráfico privilegiado, desde que o redutor incida sobre a pena prevista na lei anterior, pois vedada a combinação de leis.

A: incorreta, pois não corresponde ao teor do art. 43, parágrafo único, da Lei 11.343/2006, segundo o qual, em casos assim, as multas podem ser aumentadas até o *décuplo*; **B:** incorreta. É fato que, para a configuração do crime do art. 35 da Lei 11.343/2006 (associação para o tráfico), é indispensável que a associação se dê de forma estável e duradoura, tal como ocorre com o crime de associação criminosa (art. 288, CP). Até aqui a assertiva está correta. O erro da alternativa está em afirmar que o concurso de pessoas constitui causa de aumento de pena. Isso porque tal circunstância não está contemplada no art. 40 da Lei 11.343/2006; **C:** incorreta, já que a lei não prevê a desnecessidade de comprovação de que o entorpecente se destina aos alunos da escola em torno da qual ele é comercializado. De toda forma, é bom que se diga que, a despeito de a lei nada dizer sobre tal circunstância, é certo que a jurisprudência tem entendido que a configuração da causa de aumento de pena em questão (art. 40, III, da Lei 11.343/2006) independe da comprovação de o comércio de drogas se destinar especificamente aos alunos da escola. Conferir: "(...) Inexiste constrangimento ilegal em relação ao reconhecimento da causa especial de aumento prevista no art. 40, III, da Lei 11.343/2006, uma vez que restou devidamente comprovado que o paciente atuava próximo a estabelecimentos de ensino, pouco importando se ele estava ou não visando especialmente atingir estudantes desse estabelecimento ou efetivamente comercializando entorpecentes diretamente com os alunos das escolas" (AgRg no HC 283.816/SP, Rel. Ministro Sebastião Reis Júnior, Sexta Turma, julgado em 20.09.2016, *DJe* 06.10.2016); **D:** correta. Segundo entendimento firmado na Súmula n. 512, do STJ, não mais em vigor, "A aplicação da causa de diminuição de pena prevista no art. 33, § 4º, da Lei 11.343/2006 não afasta a hediondez do crime de tráfico de drogas". O Plenário do STF, ao julgar o HC 118.533/MS, em 23.06.2016, cuja relatoria foi da Min. Cármen Lúcia, entendeu, em dissonância com o posicionamento então adotado pelo STJ, que o crime de tráfico de drogas privilegiado não tem natureza hedionda. Pois bem. Sucede que a Terceira Seção do STJ, na sessão realizada em 23 de novembro de 2016, ao julgar a QO na Pet 11.796-DF, determinou o cancelamento da referida Súmula n. 512, alinhando-se ao entendimento adotado pelo STF no sentido de que o delito de tráfico privilegiado não pode ser equiparado a crime hediondo. Portanto, não se tratando de crime hediondo, o condenado pela prática de tráfico privilegiado progredirá no cumprimento de sua pena segundo as regras do art. 112 da LEP, que estabelece, como requisito objetivo, o cumprimento de um sexto da pena no regime anterior; **E:** incorreta, pois contraria o entendimento firmado na Súmula 501 do STJ: "É cabível a aplicação retroativa da Lei 11.343/2006, desde que o resultado da incidência das suas disposições, na íntegra, seja mais favorável ao réu do que o advindo da aplicação da Lei 6.368/1976, sendo vedada a combinação de leis". ED

Gabarito "D"

(Defensoria Pública da União – CESPE – 2015) Considerando que Carlo, maior e capaz, compartilhe com Carla, sua parceira eventual, substância entorpecente que traga consigo para uso pessoal, julgue os itens que se seguem.

(1) Carlo responderá pela prática do crime de oferecimento de substância entorpecente, sem prejuízo da responsabilização pela posse ilegal de droga para consumo pessoal.

(2) A conduta de Carlo configura crime de menor potencial ofensivo.

1: correta. Se considerarmos presentes os requisitos contidos no art. 33, § 3º, da Lei 11.343/2006, que é a chamada cessão gratuita e eventual, Carlo responderá por este crime sem prejuízo das penas previstas no art. 28 da mesma Lei, conforme estabelece o preceito secundário do citado art. 33, § 3º; **2:** correta. De fato, os crimes previstos nos arts. 28 e 33, § 3º, da Lei 11.343/2006 são considerados de menor potencial ofensivo. ED

Gabarito 1C, 2C

(Delegado/PE – 2016 – CESPE) Se determinada pessoa, maior e capaz, estiver portando certa quantidade de droga para consumo pessoal e for abordada por um agente de polícia, ela

(A) estará sujeita à pena privativa de liberdade, se for reincidente por este mesmo fato.

(B) estará sujeita à pena privativa de liberdade, se for condenada a prestar serviços à comunidade e, injustificadamente, recusar a cumprir a referida medida educativa.

(C) estará sujeita à pena, imprescritível, de comparecimento a programa ou curso educativo.

(D) poderá ser submetida à pena de advertência sobre os efeitos da droga, de prestação de serviço à comunidade ou de medida educativa de comparecimento a programa ou curso educativo.

(E) deverá ser presa em flagrante pela autoridade policial.

A: incorreta. A teor do art. 28 da Lei 11.343/2006, aquele que *adquire, guarda, tem em depósito, transporta* ou *traz consigo*, para consumo pessoal, drogas sem autorização ou em desacordo com determinação legal ou regulamentar será submetido às seguintes penas: advertência sobre os efeitos das drogas; prestação de serviços à comunidade; e medida educativa de comparecimento a programa ou curso educativo. Não será mais aplicável ao usuário (mesmo que reincidente), como se pode ver, a pena de prisão. É importante que se diga que a natureza jurídica do art. 28 da Lei 11.343/2006 gerou, num primeiro momento, polêmica na doutrina, uma vez que, para uns, teria havido descriminalização da conduta ali descrita. Atualmente, esta discussão encontra-se superada. Não há mais dúvida de que o comportamento descrito neste art. 28 continua a ser crime, isso porque inserido no Capítulo III da atual Lei de Drogas. Nesse sentido, a 1ª Turma do STF, no julgamento do RE 430.105-9-RJ, considerou que o dispositivo em questão tem natureza de crime, e o usuário é um "tóxico delinquente" (Rel. Min. Sepúlveda Pertence, j. 13.2.2007), entendimento este, até então, compartilhado pelo STJ. Com isso, a condenação pelo cometimento do crime do art. 28 da Lei de Drogas, embora não imponha ao condenado pena de prisão, tem o condão de gerar reincidência. Mais recentemente, a 6ª Turma do STJ, que até então compartilhava do posicionamento do STF e da 5ª Turma do STJ, apontou para uma mudança de entendimento. Para a 6ª Turma, o art. 28 da Lei de Drogas não constitui crime tampouco contravenção. Trata-se de uma infração penal *sui generis*, razão penal qual o seu cometimento não gera futura reincidência. Há, como se pode ver, divergência entre a 5ª e a 6º Turmas do STJ. Conferir o julgado da 5º Turma: "A conduta prevista no art. 28 da Lei n. 11.343/06 conta para efeitos de reincidência, de acordo com o entendimento desta Quinta Turma no sentido de que, *"revela-se adequada a incidência da agravante da reincidência em razão de condenação anterior por uso de droga, prevista no artigo 28 da Lei n. 11.343/06, pois a jurisprudência desta Corte Superior, acompanhando o entendimento do col. Supremo Tribunal Federal, entende que não houve abolitio criminis com o advento da Lei n. 11.343/06, mas mera "despenalização" da conduta de porte de drogas"* (HC 314594/SP, rel. Min. FELIX FISCHER, QUINTA TURMA, DJe 1/3/2016)" (HC 354.997/SP, j. 28/03/2017). Conferir o julgado da 6ª Turma que inaugurou a divergência à qual fizemos referência: "1. À luz do posicionamento firmado pelo Supremo Tribunal Federal na questão de ordem no RE nº 430.105/RJ, julgado em 13/02/2007, de que o porte de droga para consumo próprio, previsto no artigo 28 da Lei nº 11.343/2006, foi apenas despenalizado pela nova Lei de Drogas, mas não descriminalizado, esta Corte Superior vem decidindo que a condenação anterior pelo crime de porte de droga para uso próprio configura reincidência, o que impõe a aplicação da agravante genérica do artigo 61, inciso I, do Código Penal e o afastamento da aplicação da causa especial de diminuição de pena do parágrafo 4º do artigo 33 da Lei nº 11.343/06. 2. Todavia, se a contravenção penal, punível com pena de prisão simples, não configura reincidência, resta inequivocamente desproporcional a consideração, para fins de reincidência, da posse de droga para consumo próprio, que conquanto seja crime, é punida apenas com "advertência sobre os efeitos das drogas", "prestação de serviços à comunidade" e "medida educativa de comparecimento a programa ou curso educativo", mormente se se considerar que em casos tais não há qualquer possibilidade de conversão em pena privativa de liberdade pelo descumprimento, como no caso das penas substitutivas. 3. Há de se considerar, ainda, que a própria constitucionalidade do artigo 28 da Lei de Drogas, que está cercado de acirrados debates acerca da legitimidade da tutela do direito penal em contraposição às garantias constitucionais da intimidade e da vida privada, está em discussão perante o Supremo Tribunal Federal, que admitiu Repercussão Geral no Recurso Extraordinário nº 635.659 para decidir sobre a tipicidade do porte de droga para consumo pessoal. 4. E, em face dos questionamentos acerca da proporcionalidade do direito penal para o controle do consumo de drogas em prejuízo de outras medidas de natureza extrapenal relacionadas às políticas de redução de danos, eventualmente até mais severas para a contenção do consumo do que aquelas previstas atualmente, o prévio apenamento por porte de droga para consumo próprio, nos termos do artigo 28 da Lei de Drogas, não deve constituir causa geradora de reincidência. 5. Recurso improvido" (REsp 1672654/SP, Rel. Ministra MARIA THEREZA DE ASSIS MOURA, SEXTA TURMA, julgado em 21/08/2018, DJe 30/08/2018); **B**: incorreta. Pelo descumprimento das medidas restritivas de direitos impostas pelo juiz na sentença, *caberão admoestação verbal* e *multa*, conforme determina o art. 28, § 6º, da Lei de Drogas. Não caberá, neste caso, pena privativa de liberdade; **C**: incorreta, na medida em que somente são imprescritíveis o crime de racismo (Lei 7.716/1989) e a ação de grupos armados, civis e militares, contra a ordem constitucional e o Estado Democrático; **D**: correta, pois reflete o que dispõe o art. 28, I, II e III, da Lei de Drogas; **E**: incorreta, porque em desacordo com o que estabelece o art. 48, § 2º, da Lei 11.343/2006, que veda a prisão em flagrante no contexto do crime do art. 28 da Lei de Drogas.

Gabarito "D".

(Magistratura/GO – 2015 – FCC) De acordo com a Lei de Drogas,
(A) a pena de prestação de serviços à comunidade, no caso de condenação por posse de droga para consumo pessoal, pode ser aplicada pelo prazo máximo de dez meses, se reincidente o agente.
(B) configura crime associarem-se mais de três pessoas, no mínimo, para o fim de praticar, reiteradamente, o tráfico de drogas.
(C) é de três anos o prazo de prescrição no crime de posse de droga para consumo pessoal, adotado o menor prazo previsto no Código Penal.
(D) constitui crime a organização de manifestação favorável à legalização do uso de drogas.
(E) vedada a substituição da pena privativa de liberdade por restritivas de direitos no caso de condenação por tráfico de drogas, ainda que se trate da chamada figura privilegiada do delito.

A: correta, uma vez que corresponde ao que estabelece o art. 28, § 4º, da Lei 11.343/2006; **B**: incorreta, na medida em que o crime do art. 35 da Lei 11.343/2006, denominado *associação para o tráfico*, exige, para a sua configuração, a associação de *duas* ou mais pessoas imbuídas do propósito de praticar, reiteradamente ou não, os crimes previstos nos arts. 33, *caput* e § 1º, e 34 do mesmo Diploma; não deve ser confundido com o crime do art. 288 do CP (agora denominado *associação criminosa*), que passou a exigir, a partir do advento da Lei 12.850/2013, a associação de *três* ou mais pessoas com o fito de cometer crimes (antes exigia o número mínimo de *quatro*); **C**: incorreta. A teor do que estabelece o art. 30 da Lei 11.343/2006, o prazo prescricional para o crime de posse de droga para consumo pessoal corresponde a *dois* anos, e não *três*, como constou da assertiva; **D**: incorreta, visto que manifestação favorável à legalização do uso de drogas (ou mesmo a sua descriminalização) não pode ser considerada como crime. É que aquele que sai às ruas (em marcha, passeata etc.) para manifestar apoio à legalização/liberação do uso de droga não tem a intenção (dolo) de incentivar quem quer que seja a fazer uso de substância entorpecente; quer, isto sim, vicejar e incentivar a discussão acerca de tema de grande relevância. Além do que, aquele que assim age não dirige a sua conduta a pessoa determinada, mas, sim, à sociedade como um todo e, por vezes, à classe política. Afasta-se, assim, a ocorrência dos crimes dos arts. 33, § 2º, da Lei de Drogas e 287 do CP (apologia de crime ou criminoso). O STF ao enfrentar a questão das manifestações em prol da legalização do uso de drogas, o que ficou conhecido como *marcha da maconha*, entendeu tratar-se de autêntico exercício das liberdades constitucionais de pensamento e expressão. Nessa perspectiva: "Ação direta de inconstitucionalidade. Pedido de "interpretação conforme à constituição" do § 2º do art. 33 da Lei 11.343/2006, criminalizador das condutas de "induzir, instigar ou auxiliar alguém ao uso indevido de droga". 1. Cabível o pedido de "interpretação conforme à Constituição" de preceito legal portador de mais de um sentido, dando-se que ao menos um deles é contrário à Constituição Federal. 2. A utilização do § 3º do art. 33 da Lei 11.343/2006 como fundamento para a proibição judicial de eventos públicos de defesa da legalização ou da descriminalização do uso de entorpecentes ofende o direito fundamental de reunião, expressamente outorgado pelo inc. XVI do art. 5º da Carta Magna. Regular exercício das liberdades constitucionais de manifestação de pensamento e expressão, em sentido lato, além do direito de acesso à informação (inc. IV, IX e XIV do art. 5º da Constituição Republicana, respectivamente). 3. Nenhuma lei, seja ela civil ou penal, pode blindar-se contra a discussão do seu próprio conteúdo. Nem mesmo a Constituição está a salvo da ampla, livre e aberta discussão dos seus defeitos e das suas virtudes, desde que sejam obedecidas as condicionantes ao direito constitucional de reunião, tal como a prévia comunicação às autoridades competentes. 4. Impossibilidade de restrição ao direito fundamental de reunião que não se contenha nas duas situações excepcionais que a própria Constituição prevê: o estado de defesa e o estado de sítio (art. 136, § 1º, I, *a*, e art. 139, IV). 5. Ação direta julgada procedente para dar ao § 2º do art. 33 da Lei 11.343/2006 "interpretação conforme à Constituição" e dele excluir qualquer significado que enseje a proibição de manifestações e debates públicos acerca da descriminalização ou legalização do uso de drogas ou de qualquer substância que leve o ser humano ao entorpecimento episódico, ou então viciado, das suas faculdades psicofísicas" (ADI 4274, Relator(a): Min. Ayres Britto, Tribunal Pleno, julgado em 23.11.2011, DJe 30.04.2012); **E**: incorreta. A substituição da pena privativa de liberdade por restritiva de direitos era vedada, a teor do art. 33, § 4º, da Lei de Drogas, para o crime de tráfico. Sucede que o STF, no julgamento do HC 97.256/RS, declarou, incidentalmente, a inconstitucionalidade dessa vedação. Posteriormente, o Senado Federal, por meio da Resolução 5/2012, suspendeu a execução da expressão "vedada a conversão em penas restritivas de direito", presente no art. 33, § 4º, da Lei 11.343/2006. Portanto, nada impede, atualmente, que o juiz autorize a substituição da pena privativa de liberdade por restritiva de direitos no crime de tráfico.

Gabarito "A".

(Magistratura/RR – 2015 – FCC) Segundo a lei antidrogas,
(A) é isento de pena o agente que, em razão da dependência de droga, era, ao tempo da ação ou omissão relacionada apenas aos crimes previstos na própria lei, inteiramente incapaz de entender o caráter ilícito do fato ou de determinar-se de acordo com esse entendimento.
(B) incide nas penas do crime de associação para o tráfico quem se associa para a prática reiterada de financiamento ou custeio do tráfico de drogas.
(C) é de dois anos o prazo de prescrição do crime de posse de droga para consumo pessoal, não se observando as causas interruptivas previstas no Código Penal.
(D) o concurso de agentes é causa de aumento da pena no crime de tráfico de drogas.
(E) a aplicação da causa de diminuição de pena prevista no art. 33, § 4º, da Lei 11.343/2006, conhecida como tráfico privilegiado, afasta a hediondez do crime de tráfico de drogas, de acordo com entendimento sumulado o Superior Tribunal de Justiça.

A: incorreta, pois a causa de exclusão da culpabilidade a que se refere o art. 45 da Lei 11.343/2006 abarca qualquer infração penal, e não somente as definidas na Lei de Drogas; **B**: correta, pois em conformidade com o disposto no art. 35, parágrafo único, da Lei 11.343/2006, que estabelece que a prática reiterada do crime definido no art. 36 da Lei de Drogas, que consiste no financiamento ou custeio do tráfico, configura o delito de associação para o tráfico, este capitulado no art. 35 do mesmo diploma; **C**: incorreta, pois contraria o que estabelece o art. 30, parte final, da Lei 11.343/2006: "(...) observado, no tocante à interrupção do prazo, o disposto nos arts. 107 e ss. do Código Penal"; **D**: incorreta. É que a atual lei de drogas (11.343/2006), ao contrário do que estabelecia a Lei 6.368/1976, em seu art. 18, III, não contempla, como causa de aumento da pena, o concurso eventual de agentes. Nesse sentido: "(HC 202.760/SP, Rel. Ministra Maria Thereza de Assis Moura, Sexta Turma, julgado em 26.11.2013, DJe 12.12.2013). Tal entendimento é compartilhado pelo STF (RHC 83.987-SP, 2ª T., rel. Min. Cezar Peluso, 02.02.2010)"; **E**: incorreta. Bem ao contrário, conforme entendimento sufragado na Súmula 512, do STJ, "a aplicação da causa de diminuição de pena prevista no art. 33, § 4º, da Lei 11.343/2006 não afasta a hediondez do crime de tráfico de drogas".

Gabarito "B".

(Magistratura/SC – 2015 – FCC) Sobre os crimes relacionados ao tráfico de entorpecentes previstos na Lei 11.343/2006, analise as seguintes assertivas:
I. A quantidade de droga apreendida não é um dos critérios legais que norteiam a atividade do juiz em seu julgamento ao tipificar determinada conduta no tráfico de entorpecentes.
II. O tráfico de drogas, na modalidade de conduta guardar é considerado crime permanente e com tipo misto alternativo, não havendo necessidade de mandado judicial para prisão em flagrante no interior de residência do traficante.
III. É isento de pena o agente que, em razão da dependência, ou sob o efeito, proveniente de caso fortuito ou força maior, de droga, era, ao tempo da ação ou da omissão, qualquer que tenha sido a infração penal praticada, inteiramente incapaz de entender o caráter ilícito do fato ou de determinar-se de acordo com esse entendimento.
IV. O indiciado ou acusado que colaborar voluntariamente com a investigação policial e o processo criminal na identificação dos demais coautores ou partícipes do crime e na recuperação total ou parcial do produto do crime, no caso de condenação, terá pena reduzida de um terço a dois terços.

É correto o que se afirma APENAS em
(A) III e IV.
(B) II, III e IV.
(C) II e IV.
(D) I e III.
(E) I e II.

I: incorreta, tendo em conta que a *quantidade de droga* apreendida com o agente constitui, sim, critério de distinção entre os crimes de tráfico e porte para consumo pessoal (art. 28, § 2º, da Lei 11.343/2006). Além da *quantidade*, devem ser considerados como critério para tipificação da conduta a *natureza* da droga, o *local e as condições em que se desenvolveu a atividade criminosa*, as *circunstâncias sociais e pessoais*, a *conduta* e os *antecedentes do agente*; **II**: correta. É pacífico o entendimento segundo o qual a prisão pela prática do crime de tráfico de drogas, na modalidade *guardar*, por se tratar de delito *permanente*, assim considerado aquele cuja consumação se protrai no tempo, prescinde da prévia expedição de mandado judicial. Conferir: "tráfico de entorpecentes. Prisão em flagrante. Prova ilícita. 1. Cuidando-se de crime de natureza permanente, a prisão do traficante, em sua residência, durante o período noturno, não constitui prova ilícita. Desnecessidade de prévio mandado de busca e apreensão. 2. HC indeferido" (STF, HC 84772, Relatora Min. Ellen Gracie, Segunda Turma, julgado em 19.10.2004, DJ 12.11.2004). Nessa mesma perspectiva, o STF, ao julgar o RE 603616, com repercussão geral, fixou o entendimento no sentido de que o ingresso de policiais em domicílio alheio, de dia ou durante o período noturno, somente se justifica diante da existência de fundadas razões de que ali se pratica o crime de tráfico de drogas; **III**: correta, visto que corresponde à redação do art. 45, *caput*, da Lei 11.343/2006; **IV**: correta, visto que corresponde à redação do art. 41 da Lei 11.343/2006.

Gabarito "B".

(Defensor/PA – 2015 – FMP) Em relação aos crimes previstos na Lei Antitóxicos assinale a alternativa INCORRETA.

(A) Na aplicação da pena deverão ser consideradas, com preponderância sobre as circunstâncias previstas no art. 59 do Código Penal, a natureza e a quantidade da substância ou do produto, a personalidade e a conduta social do agente.

(B) Conforme entendimento firmado pelo Supremo Tribunal Federal é inconstitucional a vedação da liberdade provisória ao autor de delito de tráfico de drogas.

(C) Não caracteriza o crime de associação para o tráfico o fato de duas ou mais pessoas se associarem para o fim de praticar o crime de financiamento ou custeio do tráfico.

(D) Constituem requisitos suficientes para a caracterização da forma privilegiada do delito de tráfico de drogas, ser o agente primário e não integrar organização criminosa.

(E) O indiciado ou acusado que colabora voluntariamente com a investigação policial e o processo criminal na identificação dos demais coautores ou partícipes do crime e na recuperação total ou parcial do produto do crime, no caso de condenação, terá pena reduzida de um terço a dois terços.

A: assertiva correta, já que corresponde à redação do art. 42 da Lei 11.343/2006; **B:** assertiva correta. Como bem sabemos, a decretação ou manutenção da prisão cautelar, assim entendida aquela que antecede a condenação definitiva, deve conter a explicitação da necessidade da medida, apontando as razões que a tornam indispensável (art. 312 do CPP). É por isso que o STF, ao julgar o HC 104.339-SP, declarou, incidentalmente, a inconstitucionalidade da expressão "e liberdade provisória" contida no *caput* do art. 44 da Lei de Drogas; **C:** assertiva correta, na medida em que a configuração do crime do art. 35, parágrafo único, da Lei de Drogas pressupõe a prática *reiterada* do delito definido no art. 36 do mesmo diploma (financiamento ou custeio do tráfico), não sendo suficiente, pois, a mera *associação*; **D:** assertiva incorreta, devendo ser assinalada, visto que o art. 33, § 4º, da Lei 11.343/2006, que cuida de causa de diminuição de pena a ser aplicada às condutas previstas no art. 33, *caput* e § 1º, contempla, além daqueles contidos na proposição, outros requisitos, a saber: o agente ostentar bons antecedentes e não pode se dedicar a atividades criminosas; E: assertiva correta, pois corresponde à redação do art. 41 da Lei de Drogas, que traça os requisitos do instituto da *delação premiada* no contexto dos crimes de tráfico. ED

Gabarito "D".

2. CRIMES CONTRA O MEIO AMBIENTE

(Juiz – TJ-SC – FCC – 2017) São agravantes expressamente previstas na Lei ambiental nº 9.605/98 cometer a infração:

I. concorrendo para danos à propriedade alheia.
II. em domingos ou feriados.
III. mediante fraude ou abuso de confiança.
IV. com abuso de poder ou violação de dever inerente a cargo, ofício, ministério ou profissão.
V. à noite.

Está correto o que se afirma APENAS em

(A) II e III.
(B) I, III e IV.
(C) I, III e V.
(D) I, II, III e V.
(E) II, IV e V.

I: correta: agravante prevista no art. 15, II, *d*, da Lei 9.605/1998 (Crimes contra o Meio Ambiente); **II:** correta: agravante prevista no art. 15, II, *h*, da Lei 9.605/1998 (Crimes contra o Meio Ambiente); **III:** correta: agravante prevista no art. 15, II, *n*, da Lei 9.605/1998 (Crimes contra o Meio Ambiente); **IV:** incorreta. Hipótese não prevista como agravante na Lei 9.605/1998; **V:** correta: agravante prevista no art. 15, II, *i*, da Lei 9.605/1998 (Crimes contra o Meio Ambiente). ED

Gabarito "D".

(Juiz – TRF 2ª Região – 2017) PEDRO, pai de cinco filhos menores, responde a ação penal como incurso no artigo 34 da Lei n. 9.605/98 ("*Pescar em período no qual a pesca seja proibida ou em lugares interditados por órgão competente*"). Ele foi flagrado na posse de 28 kg de camarão e, em seu interrogatório, admitiu ter sido o responsável pela pesca do crustáceo, já que tem por hábito aproveitar o período da proibição para lucrar com o valor elevado e que a quantidade apreendida decorreu do somatório das ações praticadas ao longo de 60 dias. Provou que cada dia de pesca não lhe rendeu mais do que 500 gramas do crustáceo. Assinale a opção correta:

(A) De acordo com a orientação predominante no STJ, não é possível aplicar o princípio da insignificância aos crimes contra o meio ambiente.

(B) Nos delitos de acumulação, que são aqueles que resultam do acúmulo de condutas individualmente inofensivas, a aplicação da teoria da bagatela não leva em conta o resultado do somatório das condutas, mas sim cada uma delas isoladamente.

(C) O entendimento dominante aponta que o princípio da insignificância afasta a culpabilidade penal e pressupõe a primariedade do agente, além da mínima ofensividade da conduta, a nenhuma periculosidade social da ação e a inexpressividade da lesão jurídica provocada.

(D) A reconhecida habitualidade na prática da conduta criminosa constitui obstáculo para o reconhecimento da insignificância.

A: incorreta. É que tanto o STF quanto o STJ acolhem a possibilidade de incidência do princípio da insignificância no contexto dos crimes ambientais. Conferir: "AÇÃO PENAL. Crime ambiental. Pescador flagrado com doze camarões e rede de pesca, em desacordo com a Portaria 84/02, do IBAMA. Art. 34, parágrafo único, II, da Lei nº 9.605/98. *Rei furtivae* de valor insignificante. Periculosidade não considerável do agente. Crime de bagatela. Caracterização. Aplicação do princípio da insignificância. Atipicidade reconhecida. Absolvição decretada. HC concedido para esse fim. Voto vencido. Verificada a objetiva insignificância jurídica do ato tido por delituoso, à luz das suas circunstâncias, deve o réu, em recurso ou *habeas corpus*, ser absolvido por atipicidade do comportamento" (STF, HC 112563, Rel. Min. Ricardo Lewandowski, Rel. p/ Acórdão: Min. Cezar Peluso, 2ª Turma, j. 21.08.2012); **B:** incorreta. Deve-se levar em conta, sim, o resultado do somatório das condutas, não se aplicando, bem por isso, o princípio da insignificância; **C:** incorreta. O princípio da insignificância não afasta a culpabilidade penal, mas, sim, a tipicidade material; é dizer: não há conduta; ademais, prevalece hoje o entendimento no sentido de que a primariedade não constitui pressuposto à incidência do princípio da insignificância. O plenário do STF, em julgamento conjunto de três HCs, adotou o entendimento no sentido de que a incidência ou não do postulado da insignificância em favor de agentes reincidentes ou com maus antecedentes autores de crimes patrimoniais desprovidos de violência ou grave ameaça deve ser aferida caso a caso. Vide HCs 123.108, 123.533 e 123.734; **D:** correta. Conferir: "No mérito, ao contrário do afirmado pelo recorrente, a decisão agravada está em absoluta conformidade com a massiva jurisprudência desta Corte e do Supremo Tribunal Federal, assentada no sentido de que a existência de outras ações penais, inquéritos policiais em curso ou procedimentos administrativos fiscais é suficiente para caracterizar a habitualidade delitiva e, consequentemente, afastar a incidência do princípio da insignificância no delito de descaminho" (AgRg no REsp 1603590/SC, Rel. Min. Reynaldo Soares da Fonseca, 5ª Turma, j. 22.11.2016, *DJe* 05.12.2016). ED

Gabarito "D".

(Juiz – TRF 3ª Região – 2016) Relativamente à responsabilidade penal da pessoa jurídica, é possível afirmar que:

(A) É cabível quando praticados crimes ambientais e contrários à administração pública;

(B) É inconstitucional, haja vista o princípio da responsabilidade penal objetiva;

(C) Independe da responsabilização das pessoas físicas envolvidas, conforme decidiu o Supremo Tribunal Federal, ao julgar o RE 548181/PR, de relatoria da Ministra Rosa Weber;

(D) Depende da responsabilização das pessoas físicas envolvidas, conforme decidiu o Supremo Tribunal Federal, ao julgar o RE 548181/PR.

A: incorreta. Somente é admitida a responsabilização criminal da pessoa jurídica pela prática dos crimes contra o meio ambiente (art. 225, §3º) e contra a ordem econômica e financeira e contra a economia popular (art. 173, §5º). Entretanto, somente o dispositivo constitucional atinente ao meio ambiente foi regulamentado, o que se deu por meio da Lei 9.605/1998; **B:** incorreta. O STF (e também o STJ), em diversos julgados, reconheceu a constitucionalidade da responsabilização criminal da pessoa jurídica; **C:** correta. Com efeito, quebrando o paradigma em relação à anterior interpretação conferida ao art. 3º da Lei 9.605/1998, a responsabilização penal da pessoa jurídica, segundo entendimento que hoje prevalece no Supremo Tribunal Federal, é autônoma e independe da responsabilização da pessoa natural. Conferir: "1. O art. 225, §3º, da Constituição Federal não condiciona a responsabilização penal da pessoa jurídica por crimes ambientais à simultânea persecução penal da pessoa física em tese responsável no âmbito da empresa. A norma constitucional não impõe a necessária dupla imputação. 2. As organizações corporativas complexas da atualidade se caracterizam pela descentralização e distribuição de atribuições e responsabilidades, sendo inerentes, a esta realidade, as dificuldades para imputar o fato ilícito a uma pessoa concreta. 3. Condicionar a aplicação do art. 225, §3º, da Carta Política a uma concreta imputação também a pessoa física implica indevida restrição da norma constitucional, expressa a intenção do constituinte originário não apenas de ampliar o alcance das sanções penais, mas também de evitar a impunidade pelos crimes ambientais frente às imensas dificuldades de individualização dos responsáveis internamente às corporações, além de reforçar a tutela do bem jurídico ambiental. 4. A identificação dos setores e agentes internos da empresa determinantes da produção do fato ilícito tem relevância e deve ser buscada no caso concreto como forma de esclarecer se esses indivíduos ou órgãos atuaram ou deliberaram no exercício regular de suas atribuições internas à sociedade, e ainda para verificar se a atuação se deu no interesse ou em benefício da entidade coletiva. Tal esclarecimento, relevante para fins de imputar determinado delito à pessoa jurídica, não se confunde, todavia, com subordinar a responsabilização da pessoa jurídica à responsabilização conjunta e cumulativa das pessoas físicas envolvidas. Em não raras oportunidades, as responsabilidades internas pelo fato estarão diluídas ou parcializadas de tal modo que não permitirão a imputação de responsabilidade penal individual. 5. Recurso Extraordinário parcialmente conhecido e, na parte conhecida, provido" (RE 548181, Rel. Min. Rosa Weber, 1ª Turma, j. 06.08.2013, Acórdão Eletrônico *DJe* 29.10.2014. Publ. 30.10.2014). Na mesma esteira, o STJ: "1. Conforme orientação da 1ª Turma do STF, "o art. 225, §3º, da Constituição Federal não condiciona a responsabilização penal da pessoa jurídica por crimes ambientais à simultânea persecução penal da pessoa física em tese responsável no âmbito da empresa. A norma constitucional não impõe a necessária dupla imputação (RE 548181, Rel. Min. Rosa Weber, 1ª Turma, j. 06.08.2013, Acórdão Eletrônico DJe 29.10.2014. Publ. 30.10.2014). 2. Tem-se, assim, que é possível a responsabilização penal da pessoa jurídica por delitos ambientais independentemente da responsabilização concomitante da pessoa física que agia em seu nome. Precedentes desta Corte. 3. A personalidade fictícia atribuída à pessoa jurídica não pode servir de artifício para a prática de condutas espúrias por parte das pessoas naturais responsáveis pela sua condução. 4. Recurso ordinário a que se nega provimento" (RMS 39.173/BA, Rel. Min. Reynaldo Soares da Fonseca, 5ª Turma, j. 06.08.2015, DJe 13.08.2015); **D**: incorreta, pelas razões expostas no comentário à alternativa "C".

Gabarito "C".

(Promotor de Justiça/SC – 2016 – MPE)

(1) Segundo dispõe a Lei 9.605/1998, o baixo grau de instrução ou escolaridade do agente não é circunstância que atenua a pena do infrator ambiental, não podendo ser levada em consideração quando da condenação.

1: errada, baixo grau de instrução ou escolaridade do agente é, sim, circunstância atenuante genérica (art. 14, I, da Lei 9.605/1998), que deverá, ao contrário do que afirma o enunciado, ser levada em conta quando da condenação.

Gabarito 1E

(Promotor de Justiça – MPE/AM – FMP – 2015) Considere as seguintes assertivas em relação à responsabilidade penal da pessoa jurídica:

I. O sistema penal brasileiro admite a responsabilidade penal das pessoas jurídicas para os crimes ambientais e contra a ordem tributária.
II. A responsabilidade penal da pessoa jurídica segue a teoria do concurso necessário, segundo a jurisprudência do Supremo Tribunal Federal, devendo o Ministério Público denunciar a pessoa natural e a pessoa jurídica, sob pena de inépcia da peça acusatória.
III. A responsabilização penal da pessoa jurídica, na esteira do entendimento jurisprudencial do Supremo Tribunal Federal, é autônoma e independe da responsabilização da pessoa natural, em uma quebra de paradigma em relação à anterior interpretação sobre o artigo 3º da Lei 9.605/1998.
IV. A responsabilidade penal das pessoas jurídicas é inconstitucional, pois viola o princípio da culpabilidade, segundo a jurisprudência do Supremo Tribunal Federal.
V. A culpabilidade da pessoa jurídica está fundada no descumprimento dos deveres e obrigações de organização e funcionamento da empresa.

Quais das assertivas acima estão corretas?
(A) Apenas a I e II.
(B) Apenas a III e V.
(C) Apenas a II e IV.
(D) Apenas a I e III.
(E) Apenas a II e V.

I: incorreta. Somente é admitida a responsabilização criminal da pessoa jurídica pela prática dos crimes contra meio ambiente (art. 225, § 3º) e contra a ordem econômica e financeira e contra a economia popular (art. 173, § 5º). Entretanto, somente o dispositivo constitucional atinente ao meio ambiente foi regulamentado, o que se deu por meio da Lei 9.605/1998; **II** (incorreta) e **III** (correta): No STF: "1. O art. 225, § 3º, da Constituição Federal não condiciona a responsabilização penal da pessoa jurídica por crimes ambientais à simultânea persecução penal da pessoa física em tese responsável no âmbito da empresa. A norma constitucional não impõe a necessária dupla imputação. 2. As organizações corporativas complexas da atualidade se caracterizam pela descentralização e distribuição de atribuições e responsabilidades, sendo inerentes, a esta realidade, as dificuldades para imputar o fato ilícito a uma pessoa concreta. 3. Condicionar a aplicação do art. 225, § 3º, da Carta Política a uma concreta imputação também a pessoa física implica indevida restrição da norma constitucional, expressa a intenção do constituinte originário não apenas de ampliar o alcance das sanções penais, mas também de evitar a impunidade pelos crimes ambientais frente às imensas dificuldades de individualização dos responsáveis internamente às corporações, além de reforçar a tutela do bem jurídico ambiental. 4. A identificação dos setores e agentes internos da empresa determinantes da produção do fato ilícito tem relevância e deve ser buscada no caso concreto como forma de esclarecer se esses indivíduos ou órgãos atuaram ou deliberaram no exercício regular de suas atribuições internas à sociedade, e ainda para verificar se a atuação se deu no interesse ou em benefício da entidade coletiva. Tal esclarecimento, relevante para fins de imputar determinado delito à pessoa jurídica, não se confunde, todavia, com subordinar a responsabilização da pessoa jurídica à responsabilização conjunta e cumulativa das pessoas físicas envolvidas. Em não raras oportunidades, as responsabilidades internas pelo fato estarão diluídas ou parcializadas de tal modo que não permitirão a imputação de responsabilidade penal individual. 5. Recurso Extraordinário parcialmente conhecido e, na parte conhecida, provido" (RE 548181, Relator(a): Min. Rosa Weber, Primeira Turma, julgado em 06/08/2013, acórdão eletrônico DJe-213 divulg 29-10-2014 public 30-10-2014). Na mesma esteira, o STJ: "1. Conforme orientação da 1ª Turma do STF, "O art. 225, § 3º, da Constituição Federal não condiciona a responsabilização penal da pessoa jurídica por crimes ambientais à simultânea persecução penal da pessoa física em tese responsável no âmbito da empresa. A norma constitucional não impõe a necessária dupla imputação." (RE 548181, Relatora Min. Rosa Weber, Primeira Turma, julgado em 06.08.2013, acórdão eletrônico DJe-213, divulg. 29/10/2014, public. 30.10.2014). 2.

Tem-se, assim, que é possível a responsabilização penal da pessoa jurídica por delitos ambientais independentemente da responsabilização concomitante da pessoa física que agia em seu nome. Precedentes desta Corte. 3. A personalidade fictícia atribuída à pessoa jurídica não pode servir de artifício para a prática de condutas espúrias por parte das pessoas naturais responsáveis pela sua condução. 4. Recurso ordinário a que se nega provimento" (RMS 39.173/BA, Rel. Ministro Reynaldo Soares Da Fonseca, Quinta Turma, julgado em 06.08.2015, DJe 13.08.2015); **IV:** incorreta. O STF (e também o STJ), em diversos julgados, reconheceu a constitucionalidade da responsabilização criminal da pessoa jurídica; **V:** correta.

Gabarito "B".

(Delegado/AP – 2017 – FCC) De acordo com a Lei no 9.605/98, considere:

I. Poderá ser desconsiderada a pessoa jurídica sempre que sua personalidade for obstáculo ao ressarcimento de prejuízos causados à qualidade do meio ambiente.
II. É circunstância que agrava a pena o fato de o agente ter cometido crime ambiental em domingos ou feriados.
III. O crime de introduzir espécime animal no país, sem parecer técnico oficial favorável e licença expedida por autoridade competente, deve ser apurada e julgada pela justiça comum estadual, já que não há ofensa de bem, serviço ou interesse da União, de suas entidades autárquicas ou empresas públicas.
IV. Para os efeitos da lei ambiental, considera-se pesca todo ato tendente a retirar, extrair, coletar, apanhar, apreender ou capturar espécimes dos grupos dos peixes, crustáceos, moluscos e vegetais hidróbios, suscetíveis ou não de aproveitamento econômico, ressalvadas as espécies ameaçadas de extinção, constantes nas listas oficiais da fauna e da flora.

Está correto o que se afirma em
(A) I e III, apenas.
(B) I e IV, apenas.
(C) I, III e IV, apenas.
(D) II, III e IV, apenas.
(E) I, II, III e IV.

I: correta, nos exatos termos do art. 4º da Lei 9.605/1998; **II:** correta, conforme preconiza o art. 15, II, "h", da Lei 9.605/1998; **III:** correta. Esse é o entendimento do STJ. Confira-se (AgRg no REsp 704.209/PA): "1. Em sendo a proteção ao meio ambiente matéria de competência comum da União, dos Estados, do Distrito Federal e dos Municípios, e inexistindo, quanto aos crimes ambientais, dispositivo constitucional ou legal expresso sobre qual a Justiça competente para o seu julgamento, tem-se que, em regra, o processo e o julgamento dos crimes ambientais é de competência da Justiça Comum Estadual. 2. Inexistindo, em princípio, qualquer lesão a bens, serviços ou interesses da União (artigo 109 da CF), afasta-se a competência da Justiça Federal para o processo e o julgamento de crimes cometidos contra o meio ambiente, aí compreendidos os delitos praticados contra a fauna e a flora. (...)"; **IV:** correta, nos precisos termos do art. 36 da Lei 9.605/1998.

Gabarito "E".

(Delegado/AP – 2017 – FCC) Sobre as penas previstas na Lei n. 9.605/1998, considere:

I. A prestação de serviços à comunidade consiste na atribuição ao condenado de tarefas gratuitas junto a parques e jardins públicos e unidades de conservação, e, no caso de dano da coisa particular, pública ou tombada, na restauração desta, se possível.
II. As penas de interdição temporária de direito são a proibição do condenado contratar com o Poder Público, de receber incentivos fiscais ou quaisquer outros benefícios, bem como de participar de licitações, pelo prazo de 10 anos, no caso de crimes dolosos, e de 5 anos, no de crimes culposos.
III. A prestação pecuniária consiste no pagamento em dinheiro à vítima ou à entidade pública ou privada com fim social, de importância, fixada pelo juiz, não inferior a um salário mínimo nem superior a 360 salários mínimos. O valor pago não poderá ser deduzido do montante de eventual reparação civil a que for condenado o infrator.
IV. O recolhimento domiciliar baseia-se na autodisciplina e senso de responsabilidade do condenado, que deverá, sem vigilância, trabalhar, frequentar curso ou exercer atividade autorizada, permanecendo recolhido nos dias e horários de folga em residência ou em qualquer local destinado a sua moradia habitual, conforme estabelecido na sentença condenatória.

Está correto o que se afirma APENAS em
(A) I e II.
(B) I e IV.
(C) III e IV.
(D) II, III.
(E) I e III.

I: correta, nos exatos termos do art. 9º da Lei 9.605/1998; **II:** incorreta. Conforme dispõe o art. 10 da Lei 9.605/1998, as penas de interdição temporária de direito são a proibição de o condenado contratar com o Poder Público, de receber incentivos fiscais ou quaisquer outros benefícios, bem como de participar de licitações, pelo prazo de

cinco anos, no caso de crimes dolosos, e de três anos, no de crimes culposos; **III:** incorreta. Confira-se a redação do art. 12 da Lei 9.605/1998: "A prestação pecuniária consiste no pagamento em dinheiro à vítima ou à entidade pública ou privada com fim social, de importância, fixada pelo juiz, não inferior a um salário mínimo nem superior a trezentos e sessenta salários mínimos. O valor pago será deduzido do montante de eventual reparação civil a que for condenado o infrator"; **IV:** correta, nos estritos termos do art. 13 da Lei 9.605/1998.
Gabarito "B".

(Magistratura/RR – 2015 – FCC) De acordo com a Lei 9.605/1998, que dispõe sobre sanções penais e administrativas derivadas de condutas e atividades lesivas ao meio ambiente,

(A) a suspensão condicional da pena pode ser aplicada nos casos de condenação a pena privativa de liberdade não superior a 2 (dois) anos.
(B) aplicável à pessoa jurídica a pena restritiva de direitos de suspensão parcial de atividades, vedada a suspensão total.
(C) o baixo grau de instrução ou escolaridade do agente é causa de isenção da pena.
(D) constitui pena de interdição temporária de direito a proibição de o condenado contratar com o Poder Público pelo prazo de 3 (três) anos, no caso de crimes culposos.
(E) não é crime o abate de animal em razão de seu caráter nocivo, a critério do Magistrado.

A: incorreta, já que o *sursis*, no âmbito dos crimes ambientais (art. 16 da Lei 9.605/1998), será concedido para condenações cuja pena privativa de liberdade não seja superior a *três* anos, e não *dois* (como constou da assertiva). Veja que o prazo de dois anos se refere à suspensão condicional da pena prevista no art. 77, *caput*, do CP; **B:** incorreta, uma vez que o art. 22, I, da Lei 9.605/1998 comtempla, como pena restritiva de direitos impingida à pessoa jurídica, tanto a suspensão *parcial* quanto a *total* de suas atividades; **C:** incorreta, na medida em que o baixo grau de instrução ou escolaridade do agente se presta a atenuar a pena, e não a dela isentar o agente (art. 14, I, da Lei 9.605/1998); **D:** correta, uma vez que reflete o disposto no art. 10 da Lei 9.605/1998; **E:** incorreta. Isso porque o critério de nocividade será definido pelo *órgão competente*, e não pelo magistrado (art. 37, IV, da Lei 9.605/1998).
Gabarito "D".

(Defensor/PA – 2015 – FMP) Não constitui pena restritiva de direitos prevista na Lei dos Crimes Ambientais:

(A) recolhimento domiciliar.
(B) suspensão parcial ou total de atividades.
(C) prestação pecuniária.
(D) perda de bens e valores.
(E) interdição temporária de direitos.

A: assertiva correta, pena restritiva de direitos prevista no art. 8º, V, da Lei 9.605/1998 (Lei de Crimes Ambientais); **B:** assertiva correta, pena restritiva de direitos prevista no art. 8º, III, da Lei 9.605/1998 (Lei de Crimes Ambientais); **C:** assertiva correta, pena restritiva de direitos prevista no art. 8º, IV, da Lei 9.605/1998 (Lei de Crimes Ambientais); **D:** assertiva incorreta, devendo ser assinalada, já que a perda de bens e valores não integra o rol do art. 8º da Lei 9.605/1998, que prevê as modalidades de penas restritivas de direitos aplicáveis às pessoas físicas no âmbito da Lei de Crimes Ambientais. A perda de bens ou valores, como pena restritiva de direito, está prevista no art. 43, II, do CP.
Gabarito "D".

3. CRIMES CONTRA A ORDEM TRIBUTÁRIA

(Juiz – TRF 3ª Região – 2016) Sabendo-se que os presidentes de empresas, que dominam o mercado em um determinado setor, se unem para fixar preços e dividir territórios de atuação, é possível afirmar que tais presidentes:

(A) Devem ser responsabilizados por crimes contra as relações de consumo, especialmente o previsto no artigo 7º, inciso IV, da Lei 8.137/90;
(B) Devem responder por crime contra a ordem econômica em sentido estrito;
(C) Não podem sofrer qualquer tipo de procedimento penal, haja vista o princípio da responsabilidade penal subjetiva;
(D) Não podem sofrer qualquer punição, como pessoas físicas; as empresas, entretanto, poderão ser punidas nos termos da Lei 12.529/11;

A conduta descrita no enunciado se amolda ao tipo penal do art. 4º, II, *a* e *b*, da Lei 8.137/1990, que constitui delito contra a ordem econômica.
Gabarito "B".

(Promotor de Justiça/SC – 2016 – MPE)

(1) Vender ou expor à venda mercadoria cuja embalagem, tipo, especificação, peso ou composição esteja em desacordo com as prescrições legais, ou que não corresponda à respectiva classificação oficial, não constitui crime contra as relações de consumo, mas, sim, infração administrativa, punida com multa de 10 a 200 salários mínimos, aplicada pelo órgão fiscalizador competente.

1: assertiva falsa. Isso porque o enunciado corresponde, com exatidão, à redação do art. 7º, II, da Lei 8.137/1990, que constitui crime contra as relações de consumo cuja pena cominada é de detenção de 2 a 5 anos ou multa.
Gabarito 1E.

(Delegado/GO – 2017 – CESPE) Considere os seguintes atos, praticados com o objetivo de suprimir tributo:

1) Marcelo prestou declaração falsa às autoridades fazendárias;
2) Hélio negou-se a emitir, quando isso era obrigatório, nota fiscal relativa a venda de determinada mercadoria;
3) Joel deixou de fornecer nota fiscal relativa a prestação de serviço efetivamente realizado.

Nessas situações, conforme a Lei n. 8.137/1990 e o entendimento do STF, para que o ato praticado tipifique crime material contra a ordem tributária, será necessário o prévio lançamento definitivo do tributo em relação a

(A) Hélio e Joel.
(B) Marcelo apenas.
(C) Hélio apenas.
(D) Joel apenas.
(E) Hélio, Marcelo e Joel.

A conduta praticada por Marcelo se subsume ao crime tipificado no art. 1º, I, da Lei 8.137/1990, consistente no comportamento de omitir informação ou prestar declaração falsa às autoridades fazendárias, objetivando, com isso, a supressão ou redução de tributo. Já os comportamentos de Hélio e Joel se amoldam ao art. 1º, V, da precitada Lei. De acordo com a Súmula vinculante 24, não se tipifica crime material contra a ordem tributária, previsto no art. 1º, incisos I a IV, da Lei n. 8.137/1990, antes do lançamento definitivo do tributo. Portanto, correta a alternativa B, eis que somente se considera condição de procedibilidade da ação penal o lançamento definitivo do tributo no tocante aos crimes materiais contra a ordem tributária expressos nos incisos I a IV, do art. 1º da Lei 8.137/1990.
Gabarito "B".

(Juiz de Direito/AM – 2016 – CESPE) Com relação ao direito penal econômico, assinale a opção correta.

(A) Para a configuração do crime de lavagem de capitais não se exige a existência de delito antecedente.
(B) Constitui crime contra as relações de consumo favorecer ou preferir, com ou sem justa causa, comprador ou freguês, ressalvados os sistemas de entrega ao consumo por intermédio de distribuidores ou revendedores.
(C) Em se tratando dos crimes previstos na Lei 8.137/1990, havendo quadrilha ou coautoria, deve ser reduzida de um sexto a um terço a pena do coautor ou partícipe que, em confissão espontânea, revelar à autoridade policial ou judicial toda a trama delituosa.
(D) Ainda que se trate de crimes contra as relações de consumo, o consentimento do ofendido pode ser considerado excludente da tipicidade.
(E) Tanto pode ser doloso quanto culposo o crime de aumento de despesa com pessoal no último ano do mandato ou legislatura, prevista a mesma pena para ambos os casos.

A: incorreta, uma vez que, tratando-se de delito acessório, a configuração do crime de lavagem de dinheiro tem como pressuposto a ocorrência (existência) de infração penal antecedente (art. 1º, *caput*, da Lei 9.613/1998); **B:** incorreta, na medida em que, se houver *justa causa*, não se configura o crime a que faz referência a assertiva (art. 7º, I, da Lei 8.137/1990); **C:** incorreta, já que a diminuição prevista no art. 16, parágrafo único, da Lei 8.137/1990 é da ordem de 1 a 2/3, e não de 1/6 a 1/3, como constou na assertiva; **D:** correta. Se se tratar de bem disponível e vítima capaz, o consentimento será considerado ***causa supralegal de exclusão da antijuridicidade***; de outro lado, há crimes cuja tipificação somente é possível diante do dissenso da vítima. Neste caso, opera-se a exclusão da tipicidade; **E:** incorreta. O crime definido no art. 359-G do CP somente comporta a modalidade dolosa.
Gabarito "D".

(Procurador do Estado – PGE/BA – CESPE – 2014) Julgue o item que se segue (adaptada).

(1) Suponha que, antes do término do correspondente processo administrativo de lançamento tributário, o MP tenha oferecido denúncia contra Maurício, por ter ele deixado de fornecer, em algumas situações, notas fiscais relativas a mercadorias efetivamente vendidas em seu estabelecimento comercial. Nesse caso, de acordo com a jurisprudência pacífica do STF, a inicial acusatória não deve ser recebida pelo magistrado, dada a ausência de configuração de crime material.

1: incorreto, pois o inciso V do art. 1º da Lei 8.137/1990, delito em que incorreu Maurício, não foi contemplado na Súmula Vinculante 24, que somente fez referência aos delitos capitulados nos incisos I a IV do art. 1º.
Gabarito 1E.

4. CRIMES CONTRA A ORDEM ECONÔMICA

(Advogado – CEF – 2012 – CESGRANRIO) Um comerciante, com exploração de mercearia no município Y, é surpreendido pela fiscalização dos órgãos de proteção ao consumidor, que lograram autuá-lo pela exposição de mercadorias com prazo de validade vencido. Consoante à normativa aplicável ao caso trata-se de tipo vinculado a crime

(A) próprio
(B) material
(C) omissivo
(D) de dano
(E) de perigo

Conduta prevista no art. 7º, IX, da Lei 8.137/1990. É de perigo abstrato, já que a probabilidade de dano é presumida pelo tipo penal.
Gabarito "E".

5. CRIMES DE TRÂNSITO

(Juiz de Direito – TJM/SP – VUNESP – 2016) O Código de Trânsito Brasileiro preceitua que o Juiz, como medida cautelar, poderá decretar, em decisão motivada, a proibição da obtenção da habilitação para dirigir veículo automotor

(A) e dessa decisão caberá recurso em sentido estrito, com efeito suspensivo.
(B) quando o réu será intimado a entregar à autoridade judiciária, em cinco dias, a carteira de habilitação.
(C) com prejuízo das demais sanções penais cabíveis.
(D) durante a ação penal, se a penalidade administrativa de suspensão do direito de dirigir tiver duração superior a um ano.
(E) em qualquer fase da investigação ou da ação penal, havendo necessidade para a garantia da ordem pública.

A solução da questão deve ser extraída do art. 294 do CTB – Lei 9.503/1997, que assim dispõe: *em qualquer fase da investigação ou da ação penal, havendo necessidade para a garantia da ordem pública, poderá o juiz, como medida cautelar, de ofício, ou a requerimento do Ministério Público ou ainda mediante representação da autoridade policial, decretar, em decisão motivada, a suspensão da permissão ou da habilitação para dirigir veículo automotor, ou a proibição de sua obtenção*, decisão essa contra a qual cabe recurso em sentido estrito sem efeito suspensivo (art. 294, parágrafo único, do CTB).
Gabarito "E".

(Promotor de Justiça/SC – 2016 – MPE)
(1) Violar a suspensão ou a proibição de se obter a permissão ou a habilitação para dirigir veículo automotor imposta com fundamento no Código de Trânsito Brasileiro (Lei 9.503/1997) é conduta atípica, punível exclusivamente na esfera administrativa, com multa, aplicada pelo órgão de trânsito competente.

1: a conduta consistente em violar a suspensão ou a proibição de se obter a permissão ou a habilitação para dirigir veículo automotor imposta com fundamento no Código de Trânsito Brasileiro (Lei 9.503/1997) constitui, ao contrário do afirmado, o crime previsto no art. 307 do CTB, sujeitando o agente em que nele incorrer à pena de detenção de seis meses a um ano, e multa, com nova imposição adicional de idêntico prazo de suspensão ou de proibição.
Gabarito 1E.

6. ESTATUTO DO DESARMAMENTO

(Promotor de Justiça/SC – 2016 – MPE)
(1) Comete crime de posse irregular de arma de fogo de uso permitido cidadão que é pego mantendo sob sua guarda, no interior do quarto de sua residência, embaixo da cama, uma pistola .40, de uso restrito e com numeração suprimida.

1: a hipótese descrita no enunciado corresponde ao crime do art. 16, parágrafo único, IV, da Lei 10.826/2003 (Estatuto do Desarmamento), que consiste na conduta, entre outras, do agente que possui arma de fogo com numeração suprimida, pouco importando, neste caso, se a arma de fogo é de uso restrito, proibido ou permitido. O crime de posse irregular de arma de fogo de uso permitido, a que faz referência o enunciado, está previsto no art. 12 da mesma Lei.
Gabarito 1E.

(Delegado/MT – 2017 – CESPE) João, ao trafegar com sua moto, foi surpreendido por policiais que encontraram em seu poder arma de fogo – revólver – de uso permitido. João trafegava com a arma sem autorização e em desacordo com determinação legal ou regulamentar.

A partir dessa situação hipotética, assinale a opção correta de acordo com o Estatuto do Desarmamento e com o entendimento jurisprudencial dos tribunais superiores.

(A) O simples fato de João carregar consigo o revólver, por si só, não caracteriza crime, uma vez que o perigo de dano não é presumido pelo tipo penal.
(B) Se o revólver estiver com a numeração raspada, João estará sujeito à sanção prevista para o delito de posse ou porte ilegal de arma de fogo de uso proibido ou restrito.
(C) O crime de porte ilegal de arma de fogo de uso permitido é inafiançável.
(D) O simples fato de João carregar consigo o revólver caracteriza o crime de posse ilegal de arma de fogo de uso permitido.
(E) Se o revólver estiver desmuniciado, o fato será atípico.

A: incorreta. Vigora o entendimento de que o crime de porte ilegal de arma de fogo é de mera conduta ou de perigo abstrato, vale dizer, presumido. Nesse sentido o STJ (5ª Turma. AgRg no REsp 1294551/GO, Rel. Min. Jorge Mussi, julgado em 07/08/2014); **B:** correta. Nada obstante o agente porte arma de fogo de uso permitido, caso a sua numeração, marca ou qualquer outro sinal de identificação estiver raspado, suprimido ou adulterado, responderá na forma do art. 16, parágrafo único, IV, do Estatuto do Desarmamento (Lei 10.826/2003), que trata da posse ou do porte ilegal de arma de fogo de uso restrito ou proibido; **C:** incorreta. O art. 14, parágrafo único, do Estatuto do Desarmamento, embora previsse expressamente a inafiançabilidade do porte ilegal de arma de fogo de uso permitido, foi declarado inconstitucional pelo STF no julgamento da ADI 3.112-1. Portanto, expurgada a vedação, o crime sob enfoque é afiançável, aplicando-se as diretrizes do CPP para a concessão da benesse; **D:** incorreta. Pelo fato de João ter sido flagrado trafegando, em sua moto, com uma arma de fogo de uso permitido, sem autorização e em desacordo com determinação legal ou regulamentar, seu comportamento amolda-se ao crime previsto no art. 14 do Estatuto do Desarmamento, e não em seu art. 12, que trata da posse ilegal de arma de fogo de uso permitido; **E:** incorreta. O fato de a arma estar desmuniciada não afasta a criminalidade da conduta, eis que a posse ou o porte ilegal de arma de fogo são crimes de perigo abstrato, tutelando-se a segurança pública e a paz social, postas em risco por referidos comportamentos típicos. Nesse sentido: STJ. 3ª Seção. AgRg nos EAREsp 260.556/SC, Rel. Min. Sebastião Reis Júnior, julgado em 26/03/2014. STF. 2ª Turma. HC 95073/MS, red. p/ o acórdão Min. Teori Zavascki, 19/3/2013 (Info 699).
Gabarito "B".

(DPE/PE – 2015 – CESPE) Tales foi preso em flagrante delito quando transportava, sem autorização legal ou regulamentar, dois revólveres de calibre 38 desmuniciados e com numerações raspadas.

Acerca dessa situação hipotética, julgue os itens que se seguem, com base na jurisprudência dominante dos tribunais superiores relativa a esse tema.

(1) fato de as armas apreendidas estarem desmuniciadas não tipifica o crime de posse ou porte ilegal de arma de fogo de uso restrito em razão da total ausência de potencial lesivo da conduta.
(2) A apreensão das armas de fogo configurou concurso formal de crimes.

1: errada. Predomina o entendimento jurisprudencial no sentido de que o fato de a arma de fogo estar desmuniciada não afasta o crime de porte ou posse ilegal de arma de fogo (arts. 14 ou 16 do Estatuto do Desarmamento – Lei 10.826/2003). Nesse sentido: HC 88.757/DF – Rel. Min. Luiz Fux, HC 99.582/RS – Rel. Min. Ayres Britto, HC 104.410/RS – Rel. Min. Gilmar Mendes, HC 105.056/ES – Rel. Min. Dias Toffoli, HC 112.762/MS – Rel. Min. Cármen Lúcia, RHC 89.889/DF – Rel. Min. Cármen Lúcia, RHC 90.197/DF – Rel. Min. Ricardo Lewandowski; **2:** errada. A pluralidade de objetos materiais apreendidos no mesmo contexto fático não caracteriza concurso de crimes, mas, sim, crime único, sendo possível, porém, a majoração da pena-base em razão da maior reprovabilidade do comportamento do agente. Nesse sentido: STJ – HC 194697 SP 2011/0008744-5 (STJ). *Habeas corpus*. Paciente preso em flagrante. Transporte de várias armas de fogo de grosso calibre (7), além de munições e carregadores. Art. 16 da Lei 10.826/2003. Configuração de crime único. Precedentes da 5ª Turma do STJ. Parecer do MPF pela denegação da ordem. Ordem concedida, no entanto, tão somente para afastar o concurso formal e fixar a pena do paciente em 6 anos de reclusão (máximo legal) e 120 dias multa, em regime inicial fechado. 1. Segundo a jurisprudência da 5ª Turma deste STJ, o crime de porte de mais de uma arma de fogo, acessório ou munição não configura concurso formal ou material, mas crime único, se ocorrido no mesmo contexto, porque há uma única ação, com lesão de um único bem jurídico: a segurança coletiva. Precedentes: HC 105.910/SP, Rel. Min. Jorge Mussi, *DJU* 28.10.2008; HC 44.829/SP, rel. Min. Felixfischer, *DJU* 29.09.2005.
Gabarito 1E, 2E.

7. CRIME ORGANIZADO

(Juiz – TRF 2ª Região – 2017) Tício era Diretor do Banco Reco S.A., instituição regularmente constituída e autorizada a funcionar. Entre 2011 e 2012, Tício, juntamente com outros diretores, praticou gestão fraudulenta e fraudes que simulavam empréstimos milionários não pagos, inventando a existência de créditos, lançados no balanço e demonstrativos do Banco. Todavia, Tício decide revelar os crimes praticados e procura Delegado de Polícia Federal. Instaurado inquérito, Tício identifica os coautores e partícipes, indicando a conduta e a divisão de tarefas entre os fraudadores. Afirmando-se a inexistência de valores produzidos pela fraude, não houve reparação financeira. O Delegado de Polícia lavra acordo de colaboração premiada (Lei nº 12.850/2013) e, diante da colaboração de Tício, assistido todo o tempo por advogado, insere cláusula prevendo o perdão judicial, de modo que Tício não sofra pena. O acordo é enviado ao juiz natural que, ouvido o Ministério Público, o homologa. Ajuizada a ação penal, um dos corréus argui a nulidade do acordo de colaboração. Entre as opções abaixo, apenas uma mostra, corretamente, vício de legalidade existente no acordo. Assinale-a:

(A) Somente o Ministério Público possui a iniciativa de propor a colaboração premiada.
(B) A Lei nº 12.850/2013 não prevê a possibilidade de que o criminoso colaborador deixe de receber punição.
(C) A Lei nº 12.850/2013 não se aplica aos crimes praticados antes de sua entrada em vigor.
(D) A Lei nº 12.850/2013 não se aplica aos crimes praticados por Tício.
(E) Não houve recuperação financeira.

A: incorreta. Além do Ministério Público, a autoridade policial também está credenciada a firmar, nos autos do inquérito, acordo de colaboração premiada, hipótese em que o MP, na qualidade de titular da ação penal, deverá ser ouvido (art. 4º, § 2º, da Lei 12.850/2013), dispositivo este reconhecido como constitucional pelo STF; B: incorreta. O art. 4º, § 2º, da Lei 12.850/2013 contempla a hipótese em que ao colaborador é concedido o perdão judicial, não havendo que se falar, neste caso, em punição; C: incorreta. Isso porque as medidas de natureza processual penal contempladas na Lei 12.850/2013 (colaboração premiada, ação controlada, infiltração etc.) podem, sim, ser aplicadas a crimes praticados antes de essa lei entrar em vigor. Exemplo emblemático é a chamada Operação Lava-Jato, em que tais instrumentos de investigação vêm sendo aplicados a fatos ocorridos antes do advento da Lei 12.850/2013; D: correta. Não se aplica porque, ao tempo em que foram praticados os crimes narrados no enunciado, inexistia o tipo *organização criminosa*. Esse foi o entendimento adotado pela banca examinadora; E: incorreta. Não há tal previsão legal.
Gabarito "D".

(Juiz de Direito/DF – 2016 – CESPE) A respeito da colaboração premiada prevista na Lei n.º 12.850/2013, que trata das organizações criminosas, é correto afirmar que

(A) o juiz não participará das negociações realizadas entre as partes para a formalização do acordo de colaboração, mas, se esse for realizado, o respectivo termo, com as declarações do colaborador e a cópia da investigação, será remetido, para homologação, ao magistrado, que poderá recusá-la, em caso de não atendimento dos requisitos legais, ou adequá-la ao caso concreto.
(B) o juiz poderá homologar a proposta de acordo de colaboração premiada, mas não poderá alterá-la por ser essa decorrente de ato negocial entre as partes, devendo, em caso de necessidade de adequação, remetê-la ao procurador-geral do MP, para suprimento dos requisitos legais e ajuste ao caso concreto.
(C) as partes não podem mais se retratar da proposta no caso de o acordo de colaboração já ter sido homologado pelo juiz, sob pena de se ferir o princípio da estabilidade das decisões judiciais e as preclusões consumativas e pro judicato.
(D) o juiz não participará das negociações realizadas entre as partes para a formalização do acordo de colaboração, mas, se esse for realizado, o respectivo termo, com as declarações do colaborador e a cópia da investigação, será remetido ao magistrado para homologação, que não poderá recusá-la.
(E) o juiz participará da fase das negociações realizadas entre as partes para formalização do acordo de colaboração, dada a previsão constitucional de que a lei não excluirá da apreciação do Poder Judiciário lesão ou ameaça a direito, e, sendo o magistrado imparcial, incumbe-lhe zelar para que o colaborador não seja pressionado.

A: correta, pois em conformidade com as regras presentes no art. 4º, §§ 6º, 7º e 8º, da Lei 12.850/2013; B: incorreta. Havendo necessidade de adequação, o próprio juiz, em obediência ao que estabelece o art. 4º, § 8º, da Lei 12.850/2013, poderá fazê-lo, sendo-lhe vedado, no entanto, imiscuir-se no conteúdo da proposta; C: incorreta, dado que o art. 4º, § 10, da Lei 12.850/2013 confere às partes (delator e MP) a prerrogativa de retratar-se da proposta formulada e já homologada; D: incorreta, visto que o magistrado, a quem cabe a homologação da proposta, poderá recusá-la (art. 4º, § 8º, da Lei 12.850/2013); E: incorreta. Por expressa disposição do art. 4º, § 6º, da Lei 12.850/2013, é vedado ao juiz participar (tomar parte) das negociações para a formalização do acordo de colaboração premiada.
Gabarito "A".

8. CRIMES RELATIVOS À LICITAÇÃO

(Promotor de Justiça/MS – 2013 – FADEMS) Nos casos de sentença condenatória por prática de crime envolvendo licitação (Lei 8.666/1993), quando o réu é servidor público está sujeito à perda

(A) do emprego na hipótese exclusiva do delito ter sido consumado.
(B) do cargo, da função ou do emprego, mesmo que se trate de delito tentado.
(C) da função, mas não do mandato eletivo, mesmo que a hipótese seja delito tentado.
(D) do cargo, somente se consumado o delito.
(E) do cargo, mas não da função, ainda que se trate de delito tentado.

Nos termos do art. 83 da Lei 8.666/1993 (Lei Geral das Licitações), nos crimes nela definidos, *ainda que simplesmente tentados*, os seus autores, quando servidores públicos, além das sanções penais, ficarão sujeitos à perda do *cargo, emprego, função ou mandato eletivo*.
Gabarito "B".

9. CRIME DE TORTURA

(Juiz de Direito – TJM/SP – VUNESP – 2016) Considere a seguinte situação hipotética: João, agente público, foi processado e, ao final, condenado à pena de reclusão, por dezenove anos, iniciada em regime fechado, pela prática do crime de tortura, com resultado morte, contra Raimundo. Nos termos da Lei 9.455, de 7 de abril de 1997, essa condenação acarretará a perda do cargo, função ou emprego público

(A) e a interdição para seu exercício pelo dobro do prazo da pena aplicada.
(B) e a interdição para seu exercício pelo triplo do prazo da pena aplicada.
(C) e a interdição para seu exercício pelo tempo da pena aplicada.
(D) desde que o juiz proceda à fundamentação específica.
(E) como efeito necessário, mas não automático.

À luz do que estabelece o art. 1º, § 5º, da Lei 9.455/1997 (Lei de Tortura), além de acarretar a perda do cargo, função ou emprego público, a condenação implicará ainda a interdição para seu exercício pelo dobro do prazo da pena aplicada. Outrossim, a perda, dado que fundada diretamente em lei, é *automática*, sendo desnecessário, pois, que o juiz expressamente a ela faça menção na sentença condenatória. Assim, uma vez operado o trânsito em julgado da decisão, deverá a Administração promover a exclusão do servidor condenado.
Gabarito "A".

(Promotor de Justiça/GO – 2016 – MPE) De acordo com a Lei de Tortura, assinale a alternativa correta:

(A) Há crime de tortura quando o constrangimento, exercido mediante violência que causa intenso sofrimento físico, se opera em razão de discriminação pela orientação sexual (art. 1º, inc. I, alínea c).
(B) Movido por instinto de vingança e sadismo, Josef K., funcionário de um banco, constrangeu, com o emprego de violência, o juiz que outrora havia decretado sua injusta prisão e causou-lhe intenso sofrimento físico. A conduta de Josef K. não constitui crime de tortura.
(C) Conforme o § 5º do art. 1º da Lei de Tortura, a condenação criminal transitada em julgado, acarretará, automaticamente, a perda do cargo, função ou emprego público, a cassação da aposentadoria e a interdição para seu exercício pelo dobro do prazo da pena aplicada.
(D) Compete à Justiça Castrense o processo e o julgamento do crime de tortura praticado por policial militar em serviço.

A: incorreta, já que o dispositivo a que faz referência a assertiva não contemplou a discriminação em razão da orientação sexual; B: correta, já que a conduta levada a efeito por Josef K. não se enquadra em nenhum dos tipos penais de tortura previstos na Lei 9.455/1997; C: incorreta. É que a cassação da aposentadoria não foi incluída no rol do dispositivo citado na assertiva; D: incorreta. A competência é da Justiça Comum. Conferir: "Configurado o crime de tortura, não há que se falar em nulidade do feito por incompetência da Justiça comum, pois a jurisprudência do Superior Tribunal de Justiça já firmou o entendimento de que "o crime de tortura é crime comum, sem correspondência no Código Penal Militar. Portanto, não cabe ser julgado perante a Justiça especializada, mas sim na Justiça Comum" (STJ, AgRg no AREsp 17.620/DF, Rel. Ministro Rogerio Schietti Cruz, Sexta Turma, julgado em 24.05.2016, *DJe* 06.06.2016).
Gabarito "B".

(Promotor de Justiça/SC – 2016 – MPE)

(1) Conforme doutrina majoritária, a tortura qualificada pelo resultado morte, prevista no artigo 1º, § 3º, da Lei 9.455/97, é classificada como de resultado preterdoloso. Entretanto, se o agressor, em sua ação, deseja ou assume o risco de produzir o resultado morte, não responde pelo tipo acima, mas por homicídio qualificado.

1: Temos que podem ocorrer, no contexto da tortura com morte, duas situações: homicídio qualificado pela tortura (art. 121, § 2º, III, do CP). Neste caso, a tortura é empregada como meio para causar a morte, que é desejada, querida ou, ao menos, embora não seja o objetivo do agente, ele, com a sua conduta, assume o risco de ela, morte, ocorrer; pode acontecer, entretanto, de o agente, ao torturar a vítima, exceder-se e causar, de forma culposa, sua morte (art. 1º, § 3º, da Lei 9.455/1997). Trata-se de figura preterdolosa, tal como afirmado no enunciado. Este é o entendimento doutrinário e jurisprudencial prevalente.
Gabarito 1C.

10. CRIMES DO ESTATUTO DA CRIANÇA E DO ADOLESCENTE

(Delegado/GO – 2017 – CESPE) Com base no disposto no ECA, assinale a opção correta.

(A) Cabe à autoridade judiciária ou policial competente a aplicação das medidas específicas de proteção relacionadas no ECA, mediante prévia notificação do conselho tutelar.
(B) É cabível a aplicação de medida socioeducativa de internação ao penalmente imputável com idade entre dezoito e vinte e um anos e que era menor à época da prática do ato infracional.
(C) Não há prazo mínimo para o cumprimento da liberdade assistida fixada pelo ECA, sendo o limite fixado de acordo com a gravidade do ato infracional e as circunstâncias de vida do adolescente.
(D) O crime de corrupção de menores se consuma quando o infrator pratica infração penal com o menor ou o induz a praticá-la, sendo imprescindível, para sua configuração, a prova da efetiva corrupção do menor.
(E) O ECA prevê expressamente os prazos de prescrição das medidas socioeducativas.

A: incorreta. De acordo com o art. 136, I, do ECA, caberá ao Conselho Tutelar a aplicação das medidas protetivas indicadas nos incisos I a VII do art. 101. A autoridade policial não poderá aplicar medidas de proteção a crianças e adolescentes; **B:** correta. Perfeitamente possível a aplicação de medidas socioeducativas a adolescentes que tenham cometido ato infracional equiparado a crime ou contravenção. Especificamente no tocante à medida de internação, o art. 121, § 5º, do ECA é textual ao prever a liberação compulsória do agente aos vinte e um anos de idade. Portanto, se o ato infracional houver sido praticado por adolescente (doze anos completos a dezoito anos incompletos), eventual decretação da medida socioeducativa de internação poderá ocorrer quando já atingida a maioridade. A inimputabilidade pela menoridade será aferida no momento da prática do ato infracional, e não quando da aplicação da medida socioeducativa (art. 27 do CP e art. 104, parágrafo único, do ECA). Nesse sentido, a Súmula 605, do STJ; **C:** incorreta, pois o art. 118, § 2º, do ECA, prevê o prazo mínimo de duração de seis meses para a liberdade assistida; **D:** incorreta. De acordo com a Súmula 500 do STJ, "*A configuração do crime previsto no artigo 244-B do Estatuto da Criança e do Adolescente independe da prova da efetiva corrupção do menor, por se tratar de delito formal*.; **E:** incorreta. O ECA não prevê o prazo de prescrição das medidas socioeducativas, regulada, portanto, pelo Código Penal. Esse é o teor da Súmula 338 do STJ: *A prescrição penal é aplicável nas medidas socioeducativas*. Gabarito "B".

11. CRIMES DE ABUSO DE AUTORIDADE

(Advogado União – AGU – CESPE – 2015) No que se refere a crime de abuso de autoridade e ao seu processamento, julgue os próximos itens.

(1) Constitui abuso de autoridade impedir que o advogado tenha acesso a processo administrativo ao qual a lei garanta publicidade.
(2) De acordo com a legislação pertinente, a ação penal por crime de abuso de autoridade é pública incondicionada, devendo o MP apresentar a denúncia no prazo de quarenta e oito horas.

1: correta (art. 3º, *j*, da Lei 4.898/1965 e art. 7º, XV, da Lei 8.906/1994); **2:** correta. A ação penal, no contexto da Lei de Abuso de Autoridade, é pública incondicionada, cabendo ao MP, segundo estabelece o art. 13 da Lei 4.898/1965, oferecer denúncia no prazo de 48 (quarenta e oito) horas. Gabarito 1C, 2C

(Juiz de Direito – TJM/SP – VUNESP – 2016) Analisando em conjunto as Leis 4.898, de 9 de dezembro de 1965 e 7.960, de 21 de dezembro de 1989, é correto afirmar que constitui abuso de autoridade

(A) decretar a prisão temporária em despacho prolatado dentro do prazo de 24 (vinte e quatro) horas, contadas a partir do recebimento da representação.
(B) prolongar a execução de prisão temporária, de pena ou de medida de segurança, deixando de expedir em tempo oportuno ordem de liberdade.
(C) executar a prisão temporária somente depois da expedição de mandado judicial.
(D) decretar a prisão temporária pelo prazo de 5 (cinco) dias, e prorrogá-la por igual período em caso de comprovada necessidade.
(E) determinar a apresentação do preso temporário, solicitar informações e esclarecimentos da autoridade policial e submetê-lo a exame pericial.

A: incorreta. É que, por força do que dispõe o art. 2º, § 2º, da lei que disciplina a prisão temporária (Lei 7.960/1989), é lícito ao juiz decretar a custódia temporária em despacho prolatado dentro do prazo de 24 (vinte e quatro) horas, contadas a partir do recebimento da representação, não havendo que se falar, portanto, no cometimento de abuso de autoridade; **B:** correta. Cuida-se de hipótese de abuso de autoridade prevista no art. 4º, *i*, da Lei 4.898/1965 (Abuso de Autoridade); **C:** incorreta, já que constitui imposição legal contida no art. 2º, § 5º, da Lei 7.960/1989; **D:** incorreta. A assertiva contempla a hipótese descrita no art. 2º, *caput*, da Lei 7.960/1989. Não há que se falar, portanto, em abuso de autoridade; **E:** incorreta. Prerrogativa conferida ao magistrado prevista no art. 2º, § 3º, da Lei 7.960/1989. Gabarito "B".

(Juiz de Direito/AM – 2016 – CESPE) Com base no disposto na Lei n.o 4.898/1965, que trata do crime de abuso de autoridade, e na jurisprudência do STJ, assinale a opção correta.

(A) A pessoa física, mas não a pessoa jurídica, pode ser sujeito passivo do crime de abuso de autoridade.
(B) De acordo com o STJ, pode caracterizar abuso de autoridade a negativa infundada do juiz em receber advogado, durante o expediente forense, quando este estiver atuando em defesa do interesse de seu cliente.
(C) A representação da vítima, dirigida ao MP, é condição de procedibilidade para a instauração da ação penal referente ao crime de abuso de autoridade.
(D) Constitui abuso de autoridade submeter pessoa sob sua guarda ou custódia a vexame ou a constrangimento, ainda que o procedimento adotado pela autoridade policial esteja previsto em lei.
(E) Constitui crime de abuso de autoridade qualquer atentado à incolumidade física, psíquica e moral do indivíduo.

A: incorreta. Podem ser vítima do crime de abuso de autoridade tanto a pessoa física quanto a jurídica. *Vide* art. 4º, h, da Lei 4.898/1965; **B:** correta. Assim decisiu o STJ: "(...) a negativa infundada do juiz em receber advogado durante o expediente forense, quando este estiver atuando em defesa do interesse de seu cliente, configura ilegalidade e pode caracterizar abuso de autoridade. Essa é a orientação do Conselho Nacional de Justiça que, ao analisar consulta formulada por magistrado em hipótese similar, estabeleceu a seguinte premissa: "O magistrado é SEMPRE OBRIGADO a receber advogados em seu gabinete de trabalho, a qualquer momento durante o expediente forense, independentemente da urgência do assunto, e independentemente de estar em meio à elaboração de qualquer despacho, decisão ou sentença, ou mesmo em meio a uma reunião de trabalho. Essa obrigação constitui um dever funcional previsto na LOMAN e a sua não observância poderá implicar em responsabilização administrativa" (RMS 18.296/SC, Rel. Ministra DENISE ARRUDA, PRIMEIRA TURMA, julgado em 28.08.2007, *DJ* 04.10.2007); **C:** incorreta, uma vez que, nos crimes de abuso de autoridade, inexiste condição de procedibilidade para a instauração da respectiva ação penal. Estabelece o art. 1º da Lei 5.249/1967 que "a falta de representação do ofendido, nos casos de abuso previstos na Lei 4.898/1965, não obsta a iniciativa ou o curso da ação penal pública"; **D:** incorreta, pois não corresponde ao que estabelece o art. 4º, *b*, da Lei 4.898/1965, segundo o qual são atípicos os constrangimentos ou atos vexatórios autorizados por lei; **E:** incorreta, uma vez que o art. 3º, *i*, da Lei 4.898/1965 somente contemplou o atentado à *incolumidade física*. Gabarito "B".

(Juiz de Direito/DF – 2016 – CESPE) A respeito do crime de abuso de autoridade, assinale a opção correta à luz da atual legislação de regência.

(A) Em caso de abuso de autoridade cometido por agente de autoridade policial, civil ou militar, poderá ser cominada pena autônoma ou acessória, consistente em não poder o acusado exercer funções de natureza policial pelo prazo de um a cinco anos.
(B) O sujeito ativo do crime de abuso de autoridade é toda autoridade pública, considerada como tal o funcionário público que exerça cargo, emprego ou função em caráter efetivo e remunerado.
(C) O mesário eleitoral exerce munus público, motivo pelo qual não pratica o crime de abuso de autoridade, pois o encargo que lhe incumbe não é típico de autoridade pública.
(D) O particular não pode ser sujeito ativo do crime de abuso de autoridade, salvo se praticar o fato criminoso em concurso com o funcionário público e se tiver consciência dessa condição elementar.
(E) As ações penais relativas aos crimes de abuso de autoridade são públicas, condicionadas à representação da vítima.

A: incorreta, na medida em que não corresponde à redação do art. 6º, § 5º, da Lei 4.898/1965; **B:** incorreta, uma vez que não reflete o disposto no art. 5º da Lei 4.898/1965, que contempla o conceito de *autoridade*; **C:** incorreta. O mesário eleitoral, que exerce função pública transitória e sem remuneração, pode, sim, figurar como sujeito ativo do crime de abuso de autoridade (art. 5º da Lei 4.898/1965); **D:** correta. De fato, nada obsta que o particular figure como coautor ou mesmo partícipe no crime de abuso de autoridade, desde que em concurso com pessoa que integre os quadros da Administração e desde que ele, particular, tenha conhecimento dessa circunstância; **E:** incorreta, dado que a ação penal, nos crimes de abuso de autoridade, é sempre pública incondicionada. Gabarito "D".

12. CRIMES DO CÓDIGO DE DEFESA DO CONSUMIDOR

(Promotor de Justiça/PR – 2013 – X) Quanto aos crimes previstos no Código do Consumidor, assinale a alternativa que não corresponde a uma circunstância agravante:

(A) Ter sido o crime cometido contra pessoa analfabeta;
(B) Ter sido o crime cometido por ocasião de calamidade;
(C) Ter o crime ocasionado grave dano individual;

(D) Ter sido o crime cometido por servidor público;
(E) Ter sido o crime cometido em detrimento de rurícola.

As circunstâncias agravantes aplicáveis aos crimes previstos no CDC vêm previstas em seu art. 76. Vejamos: "São circunstâncias agravantes dos crimes tipificados neste código: I – serem cometidos em época de grave crise econômica ou por ocasião de calamidade; II – ocasionarem grave dano individual ou coletivo; III – dissimular-se a natureza ilícita do procedimento; IV – quando cometidos: a) por servidor público, ou por pessoa cuja condição econômico-social seja manifestamente superior à da vítima; b) em detrimento de operário ou rurícola; de menor de dezoito ou maior de sessenta anos ou de pessoas portadoras de deficiência mental interditadas ou não; V – serem praticados em operações que envolvam alimentos, medicamentos ou quaisquer outros produtos ou serviços essenciais". Assim, as alternativas B, C, D e E correspondem, respectivamente, ao art. 76, incisos I, II, IV, "a" e IV, "b". Apenas a alternativa A não encontra correspondência a qualquer das hipóteses caracterizadoras de circunstância agravante dos crimes contra as relações de consumo definidos no CDC (Lei 8.078/1990). ED

Gabarito "A".

(Promotor de Justiça/RO – 2013 – CESPE) Acerca dos crimes contra as relações de consumo, previstos no CDC, assinale a opção correta.
(A) O fornecedor que, por falta de atenção, utilizar, sem anuência do consumidor, peça recondicionada no reparo de produto cometerá crime contra as relações de consumo.
(B) A condição de hipossuficiência do consumidor na relação de consumo é circunstância agravante prevista no CDC.
(C) A omissão de informações sobre riscos conhecidos posteriormente à introdução do produto no mercado caracteriza-se como crime omissivo puro, não se admitindo a modalidade culposa, e unissubsistente.
(D) Não se aplica o princípio da solidariedade na persecução penal ao crime de fazer afirmação falsa sobre o desempenho de produto ou serviço.
(E) Constitui crime de dano a ação de promover publicidade sabidamente abusiva, sendo tipos subjetivos tanto a conduta dolosa quanto a culposa.

A: incorreta. Comete o crime do art. 70 do CDC o fornecedor que empregar na reparação de produtos, peça ou componentes de reposição usados, sem autorização do consumidor. Trata-se de crime doloso, razão por que a falta de atenção do agente no emprego de peças usadas para o conserto de produtos caracterizaria culpa. E, repita-se, o crime referido não prevê a forma culposa; **B:** incorreta. O art. 76 do CDC traz rol taxativo das circunstâncias agravantes dos crimes nele definidos, não tratando da hipossuficiência do consumidor como causa modificativa da reprimenda penal; **C:** correta. O art. 64 do CDC dispõe ser crime o fato de o agente "deixar de comunicar à autoridade competente e aos consumidores a nocividade ou periculosidade de produtos cujo conhecimento seja posterior à sua colocação no mercado". Da só leitura do tipo penal, verifica-se tratar-se de crime omissivo puro, que se caracteriza por comportamento negativo do agente ("deixar de comunicar"). Será alcançada a consumação com a pura e simples omissão do sujeito ativo (crime unissubsistente), não se admitindo a modalidade culposa por ausência de previsão legal; **D:** incorreta. Comete crime contra as relações de consumo, definido no art. 66 do CDC, aquele que fizer "afirmação falsa ou enganosa, ou omitir informação relevante sobre a natureza, característica, qualidade, quantidade, segurança, desempenho, durabilidade, preço ou garantia de produtos ou serviços", incorrendo nas mesmas penas quem patrocinar a oferta (§1º do precitado dispositivo legal). Aqui, patente a aplicação do princípio da solidariedade, visto que será atingido pela norma penal incriminadora não apenas aquele que fizer a afirmação falsa ou enganosa, mas, também, aquele que patrocinar a oferta, ampliando-se, com isso, a tutela penal do consumidor; **E:** incorreta. O art. 67 do CDC dispõe: "Fazer ou promover publicidade que sabe ou deveria saber ser enganosa ou abusiva". Trata-se de crime doloso, sendo de rigor, para a imputação da infração penal ao agente, que ele saiba (dolo direto) ou deva saber (dolo eventual) que a publicidade promovida ou feita é enganosa ou abusiva. Não se admite, aqui, a forma culposa. ED

Gabarito "C".

13. VIOLÊNCIA DOMÉSTICA

(Juiz – TJ/RJ – VUNESP – 2016) A, casada com B, durante uma discussão de casal, levou um soco, sendo ameaçada de morte. Diante dos gritos e ameaças, os vizinhos acionaram a Polícia que, ao chegar ao local, conduziu todos à Delegacia. A, inicialmente, prestou depoimento na Delegacia e manifestou o desejo de que o marido fosse processado criminalmente pelos crimes de lesão corporal leve e ameaça. Entretanto, encerradas as investigações policiais e remetidos os autos ao Fórum, em sede de audiência preliminar, A informou ao Juízo que havia se reconciliado com B, não desejando que o marido fosse processado por ambos os crimes. Diante da nova manifestação de vontade de A, é correto afirmar que o procedimento
(A) será arquivado quanto ao crime de ameaça, já que a ação é condicionada à representação da vítima. Quanto ao crime de lesão corporal, ocorrida em âmbito doméstico, o procedimento terá seguimento, por tratar-se de ação penal pública incondicionada. Todavia, é possível ao órgão de acusação, desde logo, ofertar a transação penal.
(B) terá seguimento, tanto para o crime de ameaça quanto para o crime de lesão corporal. Todavia, é possível ao órgão de acusação, desde logo, ofertar a transação penal.
(C) terá seguimento quanto ao crime de lesão corporal, visto que a ação penal é pública incondicionada, por ter se dado em âmbito doméstico. Já quanto ao crime de ameaça, a retratação de A obsta o prosseguimento, visto que a ação penal continua condicionada à representação, ainda que praticada em âmbito doméstico.
(D) deverá ser arquivado, vez que a ação penal, seja para o crime de ameaça, seja para o de lesão corporal de natureza leve, é condicionada à representação da vítima, e a retratação de A obsta o prosseguimento do feito.
(E) terá seguimento, tanto para o crime de ameaça quanto para o crime de lesão corporal, pois em se tratando de crimes ocorridos no âmbito doméstico, a ação penal é pública incondicionada, pouco importando a retratação de A.

O entendimento do STF que estabeleceu a natureza incondicionada da ação penal, tomado em controle concentrado de constitucionalidade (ADIn 4.424), somente se aplica aos crimes de lesão corporal, independente de sua extensão, praticados contra a mulher no ambiente doméstico. Tal entendimento encontra-se consagrado na Súmula 542, do STJ: "A ação penal relativa ao crime de lesão corporal resultante de violência doméstica contra a mulher é pública incondicionada". Bem por isso, o processo, no caso retratado no enunciado, terá continuidade em relação ao crime de lesão corporal, já que, nesta hipótese, o MP, titular da ação penal, não depende de autorização da ofendida para processar o ofensor. Tal não se aplica, todavia, ao crime de ameaça, na medida em que o MP, para ajuizar a ação penal, depende da manifestação de vontade da ofendida, materializada por meio da representação. Neste caso, poderá a ofendida, desde que em audiência especialmente designada para esse fim e até o recebimento da denúncia, renunciar à representação formulada (art. 16 da Lei 11.340/2006). No mais, o art. 41 da Lei Maria da Penha, cuja constitucionalidade foi reconhecida pelo STF (ADC 19, de 09.02.2012), veda a aplicação, no contexto dos crimes praticados com violência doméstica e familiar contra a mulher, das medidas despenalizadoras contempladas na Lei 9.099/1995, entre as quais a *suspensão condicional do processo* e a *transação penal*. Consolidando tal entendimento, editou-se a Súmula 536, do STJ: "A suspensão condicional do processo e a transação penal não se aplicam na hipótese de delitos sujeitos ao rito da Lei Maria da Penha". ED

Gabarito "C".

(Promotor de Justiça – MPE/AM – FMP – 2015) Considere as seguintes assertivas em relação à violência doméstica e familiar:
I. De acordo com a jurisprudência do Supremo Tribunal Federal, os crimes de ameaça e de lesões corporais leves admitem a aplicação dos institutos despenalizadores da Lei 9.099/1995.
II. O crime de ameaça admite a concessão de transação penal pelo Ministério Público.
III. A violência doméstica e familiar pode ser de natureza psicológica.
IV. Aplica-se a Lei Maria da Penha ao homem na condição de sujeito passivo do crime em atenção ao princípio constitucional da igualdade.
V. Não é cabível a concessão da transação penal e da suspensão condicional do processo aos crimes de ameaça e de lesões corporais leves no âmbito da violência doméstica, conforme o entendimento do Supremo Tribunal Federal.

Quais das assertivas acima estão corretas?
(A) Apenas a I e II.
(B) Apenas a II e III.
(C) Apenas a III e IV.
(D) Apenas a III e V.
(E) Apenas a IV e V.

I (incorreta), II (incorreta) e V (correta): descabe, no âmbito da Lei Maria da Penha, a suspensão condicional do processo e também a transação penal, institutos previstos na Lei 9.099/1995. Na jurisprudência: "Criminal. *Habeas corpus*. Violência doméstica. Suspensão condicional do processo. Lei Maria da Penha. Inaplicabilidade da Lei 9.099/1995. Constrangimento ilegal não evidenciado. Exaurimento de todos os argumentos da defesa. Não obrigatoriedade. Ordem denegada. I – O art. 41 da Lei 11.340/2006 – Lei Maria da Penha – dispõe que, aos crimes praticados com violência doméstica e familiar contra a mulher, independentemente da pena prevista, não se aplica a Lei 9.099/1995, o que acarreta a impossibilidade de aplicação dos institutos despenalizadores nesta previstos, quais sejam, acordo civil, transação penal e suspensão condicional do processo (...)" (HC 180.821/MS, Rel. Ministro Gilson Dipp, Quinta Turma, julgado em 22/03/2011, DJe 04/04/2011). Consagrando esse entendimento, o STJ editou a Súmula n. 536: "A suspensão condicional do processo e a transação penal não se aplicam na hipótese de delitos sujeitos ao rito da Lei Maria da Penha". Ademais disso, a própria Lei Maria da Penha, em seu art. 41, estabelece que, *aos crimes praticados com violência doméstica e familiar contra a mulher, independentemente da pena prevista, não se aplica a Lei 9.099/1995, de 26 de setembro de 1995*; **III:** correta (art. 7º, II, da Lei 11.340/2006); **IV:** incorreta, dado que a Lei Maria da Penha foi concebida com o propósito de assegurar proteção e coibir atos de violência que tenham como vítima a mulher (art. 1º da Lei 11.340/2006). ED

Gabarito "D".

(Juiz de Direito/AM – 2016 – CESPE) Com relação às disposições da Lei n.o 11.340/2006 — Lei Maria da Penha —, assinale a opção correta.

(A) Para os efeitos da referida lei, a configuração da violência doméstica e familiar contra a mulher depende da demonstração de coabitação da ofendida e do agressor.
(B) Os juizados especiais de violência doméstica e familiar contra a mulher têm competência exclusivamente criminal.
(C) É tido como o âmbito da unidade doméstica o espaço de convívio permanente de pessoas, com ou sem vínculo familiar, salvo as esporadicamente agregadas.
(D) A ofendida poderá entregar intimação ou notificação ao agressor se não houver outro meio de realizar a comunicação.
(E) Considera-se violência sexual a conduta de forçar a mulher ao matrimônio mediante coação, chantagem, suborno ou manipulação, assim como a conduta de limitar ou anular o exercício de seus direitos sexuais e reprodutivos.

A: incorreta, uma vez que a configuração da violência doméstica e familiar contra a mulher *independe* da demonstração de coabitação da ofendida e do agressor, conforme estabelece o art. 5º, III, da Lei 11.340/2006 (Maria da Penha). Consagrado tal entendimento, o STJ editou a Súmula 600; **B:** incorreta, pois contraria o que reza o art. 14, *caput*, da Lei 11.340/2006 (Maria da Penha), que estabelece que os juizados especiais de violência doméstica e familiar contra a mulher têm competência tanto para o julgamento de matéria criminal quanto cível; **C:** incorreta, pois não corresponde ao teor do art. 5º, I, da Lei 11.340/2006 (Maria da Penha): "(...) inclusive as esporadicamente agregadas"; **D:** incorreta. Ao contrário do afirmado na assertiva, a ofendida, por razões óbvias, não poderá entregar intimação ou notificação ao agressor. Assim estabelece o art. 21, parágrafo único, da Lei 11.340/2006 (Maria da Penha); **E:** correta, pois em conformidade com o disposto no art. 7º, III, da Lei 11.340/2006 (Maria da Penha). ED
Gabarito "E".

(Magistratura/SC – 2015 – FCC) Sobre os crimes de que tratam a Lei 11.340/2006 (cria mecanismos para coibir a violência doméstica e familiar contra a mulher), é INCORRETO afirmar:

(A) As formas de violência doméstica e familiar contra a mulher estão taxativamente previstas no art. 7º da Lei 11.340/2006, não sendo objeto de medidas protetivas de urgência outras senão aquelas elencadas nesse dispositivo.
(B) Nas ações penais públicas condicionadas à representação da ofendida de que trata a Lei 11.340/2006, só será admitida a renúncia à representação perante o juiz, em audiência especialmente designada com tal finalidade, antes do recebimento da denúncia.
(C) O crime de lesão corporal leve ou culposa, praticado mediante violência doméstica (CP, art. 129, § 9º), é de ação penal pública incondicionada.
(D) É vedada a aplicação, nos casos de violência doméstica e familiar contra a mulher, de penas de cesta básica ou outras de prestação pecuniária, bem como a substituição de pena que implique o pagamento isolado de multa.
(E) Vínculos afetivos que refogem ao conceito de família e de entidade familiar nem por isso deixam de ser marcados pela violência. Assim, namorados e noivos, mesmo que não vivam sob o mesmo teto, mas resultando a situação de violência do relacionamento, faz com que a mulher mereça o abrigo da Lei Maria da Penha.

A: assertiva incorreta, devendo ser assinalada, já que o rol do art. 7º da Lei 11.340/2006 (Maria da Penha), que contempla as formas de violência doméstica e familiar contra a mulher, não é taxativo: "São formas de violência doméstica e familiar contra a mulher, entre outras: (...)" (g.n.); **B:** assertiva correta, pois em conformidade com a regra presente no art. 16 da Lei Maria da Penha; **C:** assertiva correta. O STF, no julgamento da ADIn 4.424, de 09.02.2012, estabeleceu a natureza incondicionada da ação penal nos crimes de lesão corporal, independente de sua extensão, praticados contra mulher no ambiente doméstico, entendimento esse atualmente consagrado na Súmula 542, do STJ; **D:** assertiva correta, pois corresponde à redação do art. 17 da Lei Maria da Penha; **E:** assertiva correta, pois retrata o que estabelece o art. 5º, III, da Lei Maria da Penha. ED
Gabarito "A".

14. ESTATUTO DO IDOSO

(Magistratura/SP – 2013 – VUNESP) A, de forma reiterada, apropriou-se de pensão proveniente do INSS, pertencente a B, pessoa idosa, e dela recebida, dando ao rendimento mensal aplicação diversa de sua finalidade. A cometeu o crime de

(A) furto qualificado pelo abuso de confiança.
(B) apropriação indébita, definido no artigo 102, *caput*, da Lei 10.741/2003 (Estatuto do Idoso), com agravamento da pena, em face da circunstância prevista no artigo 61, inciso II, letra *h*, do Código Penal (crime contra idoso).
(C) apropriação indébita previdenciária, definido no artigo 168-A, *caput*, do Código Penal.
(D) apropriação indébita, definido no artigo 102, *caput*, da Lei 10.741/2003 (Estatuto do Idoso), com aumento de pena decorrente da continuidade delitiva, prevista no artigo 71, *caput*, do Código Penal.

A: incorreta, pois o crime de furto (art. 155 do CP) pressupõe que o agente se apodere de coisa alheia móvel cuja posse é vigiada, ao passo que "B", de acordo com o enunciado, tinha a posse desvigiada do dinheiro da vítima (idosa), por ela entregue; **B:** incorreta, pois, a despeito de o crime cometido por "A" ser, de fato, o de apropriação indébita definido no Estatuto do Idoso (art. 102 da Lei 10.741/2003), não será possível aplicar a circunstância agravante do art. 61, II, "h", do CP (condição de idoso da vítima), sob pena de restar caracterizado *bis in idem*. Afinal, é elemento constitutivo do tipo penal em comento o fato de a vítima ser idosa, não podendo tal condição constituir fundamento para majoração da pena; **C:** incorreta, pois a conduta perpetrada por "A" de forma alguma se subsume ao crime de apropriação indébita previdenciária (art. 168-A do CP), crime cometido em detrimento do INSS; **D:** correta. Constitui crime especial tipificado no Estatuto do Idoso (Lei 10.741/2003) o fato de o agente apropriar-se de ou desviar bens, proventos, pensão ou qualquer outro rendimento do idoso, dando-lhes aplicação diversa da de sua finalidade. Logo, a conduta perpetrada por "A" (apropriação de pensão proveniente do INSS, pertencente a "B", pessoa idosa") subsume-se, perfeitamente, ao tipo penal descrito pelo art. 102 do referido diploma legal. AT
Gabarito "D".

(Cartório/RJ – 2012) É correto afirmar que o ato de lavrar ato notarial que envolva pessoa idosa sem discernimento de seus atos, sem a devida representação legal,

(A) é um fato atípico.
(B) é descrito como contravenção penal, mas não como crime.
(C) configura crime tipificado no Estatuto do Idoso.
(D) implica exclusivamente a anulabilidade do ato praticado.
(E) implica apenas consequências administrativas a quem lavrou o ato notarial.

Lavrar ato notarial que envolva pessoa idosa sem discernimento de seus atos, sem a devida representação legal, constitui o crime previsto no art. 108 do Estatuto do Idoso (Lei 10.741/2003). (AT/ED)
Gabarito "C".

15. CRIMES HEDIONDOS

(Delegado/GO – 2017 – CESPE) A respeito de crimes hediondos, assinale a opção correta.

(A) Embora tortura, tráfico de drogas e terrorismo não sejam crimes hediondos, também são insuscetíveis de fiança, anistia, graça e indulto.
(B) Para que se considere o crime de homicídio hediondo, ele deve ser qualificado.
(C) Considera-se hediondo o homicídio praticado em ação típica de grupo de extermínio ou em ação de milícia privada.
(D) O crime de roubo qualificado é tratado pela lei como hediondo.
(E) Aquele que tiver cometido o crime de favorecimento da prostituição ou outra forma de exploração sexual no período entre 2011 e 2015 não responderá pela prática de crime hediondo.

A: correta. De início, cumpre destacar que a tortura, o tráfico de drogas e o terrorismo, embora não sejam crimes hediondos, assim enunciados no rol do art. 1º da Lei 8.072/1990, são considerados equiparados (ou assemelhados) a hediondos, em conformidade com o que se extrai do art. 5º, XLIII, da CF. Ademais, o art. 2º, I e II, da precitada Lei 8.072/1990, expressamente dispõe que os crimes hediondos, a tortura, o tráfico de drogas e o terrorismo são insuscetíveis de anistia, graça e indulto, bem como de fiança; **B:** incorreta. Além do homicídio qualificado, que sempre será crime hediondo (art. 1º, I, segunda parte, da Lei 8.072/1990), também o será o homicídio simples, desde que praticado em atividade típica de grupo de extermínio, ainda que por uma só pessoa (art. 1º, I, primeira parte, da Lei 8.072/1990); **C:** incorreta. Embora seja hediondo o homicídio praticado em ação típica de grupo de extermínio (art. 1º, I, primeira parte, da Lei 8.072/1990), quando cometido em ação de milícia privada configurará apenas forma majorada (art. 121, § 6º, do CP); **D:** incorreta. O roubo poderá ser qualificado em duas situações: (i) se da violência resultar lesão corporal grave (art. 157, § 3º, I, do CP); (ii) se resultar morte (art. 157, II, do CP). Assim, somente o roubo qualificado pelo resultado morte (latrocínio) é considerado crime hediondo (art. 1º, II, da Lei 8.072/1990); **E:** incorreta. Com o advento da Lei 12.978, de 2014, foi inserido ao rol do art. 1º da Lei 8.072/1990 o crime de favorecimento da prostituição ou de outra forma de exploração sexual de criança ou adolescente ou de vulnerável (art. 218-B, caput, e §§ 1º e 2º, do CP). Portanto, a partir de 2014, o crime em comento tornou-se hediondo. AT
Gabarito "A".

(Juiz de Direito/DF – 2016 – CESPE) Com fundamento na Lei n.º 11.464/2007, que modificou a Lei n.º 8.072/1990 (Lei dos Crimes Hediondos), assinale a opção correta acerca dos requisitos objetivos para fins de progressão de regime prisional.

(A) O regime integral fechado poderá ser aplicado no caso de prática de crime de tráfico internacional de drogas, em que, devido à hediondez da conduta, que atinge população de mais de um país, o réu não poderá ser beneficiado com a progressão de regime prisional.

8. LEGISLAÇÃO PENAL EXTRAVAGANTE   433

(B) Como exceção à regra prevista na legislação de regência, a progressão de regime prisional é vedada ao condenado, que deve cumprir regime integral fechado, pela prática de crime de epidemia de que resulte morte de vítimas.
(C) Os condenados por crimes hediondos ou assemelhados cometidos antes da vigência da Lei n.º 11.464/2007 sujeitam-se ao disposto no artigo 112 da Lei de Execução Penal para a progressão de regime, que estabelece o cumprimento de um sexto da pena no regime anterior.
(D) A Lei dos Crimes Hediondos é especial e possui regra própria quanto aos requisitos objetivos para a progressão de regime prisional, devendo seus atuais parâmetros ser aplicados, independentemente de o crime ter sido praticado antes ou depois da vigência da Lei n.º 11.464/2007, com base no princípio da especialidade.
(E) Os requisitos objetivos da Lei n.º 11.464/2007 devem ser aplicados para fins de progressão de regime prisional, pelo fato de essa lei ser mais benéfica que a lei anterior, que vedava a progressão de regime.

A: incorreta, uma vez que, hodiernamente, não há crime cuja prática impõe ao agente o cumprimento da pena em regime *integralmente* fechado. Tal possibilidade, que antes existia em relação aos crimes hediondos e equiparados, foi eliminada com a modificação, promovida pela Lei 11.464/2007, na redação do art. 2º, § 1º, da Lei 8.072/1990 (Crimes Hediondos), que passou a exigir tão somente que o cumprimento da pena, nesses crimes, se desse no regime *inicial* fechado. Essa mudança, sempre é bom lembrar, representava antigo anseio da jurisprudência. A propósito, esse art. 2º, § 1º, da Lei 8.072/1990 (Crimes Hediondos), que estabelece o regime inicial fechado aos condenados por crimes hediondos e equiparados, foi declarado pelo STF, no julgamento do HC 111.840, inconstitucional, não havendo mais, portanto, a obrigatoriedade de fixar-se o regime inicial fechado nesses crimes; B: incorreta, pelas razões expostas no comentário anterior; C: correta. Se a prática do crime hediondo ou assemelhado for anterior à entrada em vigor da Lei 11.464/2007, que alterou, na Lei de Crimes Hediondos, o lapso exigido para a progressão de regime, deverá incidir, quanto aos condenados por crimes dessa natureza, a regência do art. 112 da LEP, que impõe, como condição para progressão de regime, o cumprimento de *um sexto* da pena no regime anterior, além de bom comportamento carcerário. Este entendimento está contemplado na Súmula 471 do STJ. De outro lado, se o cometimento desses crimes se der após a entrada em vigor da Lei 11.464/07, por imposição do art. 2º, § 2º, da Lei 8.072/90, a progressão dar-se-á nos seguintes moldes: se se tratar de apenado primário, a progressão de regime dar-se-á após o cumprimento de dois quintos da pena; se reincidente, depois de cumpridos três quintos; D e E: incorretas, pelas razões expostas no comentário anterior. ED

Gabarito: "C".

16. TEMAS COMBINADOS DA LEGISLAÇÃO EXTRAVAGANTE

(Defensor Público Federal – DPU – 2017 – CESPE) Acerca da aplicação da lei penal militar, dos crimes militares e da aplicação da pena no âmbito militar, cada um dos itens que se seguem apresenta uma situação hipotética, seguida de uma assertiva a ser julgada.

(1) Em uma festa de confraternização nas dependências de um quartel, alguns militares, conscientemente, ingeriram bebida alcoólica. Lá mesmo, apresentando sintomas de embriaguez, um deles cometeu crime militar e foi preso, o que o tornou réu em ação penal militar. Nessa situação, o estado de embriaguez do militar será considerado circunstância para atenuar a pena.
(2) Hélio, que é soldado, desertou e, antes de ele se apresentar ou ser capturado, o CPM foi alterado para aumentar a pena do crime de deserção. Nessa situação, caso seja capturado futuramente, Hélio estará sujeito à nova pena.
(3) Um oficial foi preso em flagrante delito pelo cometimento de crime militar que não se consumou por circunstâncias alheias à sua vontade, tendo sido denunciado e se tornado réu em ação penal militar. Nessa situação, a depender da gravidade, o juiz poderá aplicar a pena do crime consumado, sem diminuí-la.

1: errada, uma vez que, na situação descrita no enunciado da questão, o fato de o militar haver se embriagado, conscientemente, antes de cometer o delito, constitui circunstância agravante (art. 70, II, c, do CPM); 2: correta. Considerando que o crime de deserção é classificado como permanente (vide decisão abaixo transcrita), assim reputado aquele cuja consumação se protrai no tempo por vontade do agente, deverá ser aplicada a norma em vigor antes de cessada a permanência, que, no caso aqui tratado, estabelece pena mais grave (Súmula 711, STF). No sentido de o crime de deserção ter natureza permanente, conferir: "O Supremo Tribunal Federal assentou que o crime de deserção é permanente. Prazo prescricional que começou a fluir do momento em que cessada a permanência pela apresentação voluntária do Paciente (art. 125, § 2º, alínea c, do Código Penal Militar)" (HC 113891, Relator(a): Min. Cármen Lúcia, Segunda Turma, julgado em 18/12/2012, Processo Eletrônico DJe-030 Divulg 14-02-2013 Public 15-02-2013); 3: correta, pois corresponde ao que estabelece o art. 30, II e parágrafo único, do CPM. ED

Gabarito: 1E, 2C, 3C

(Defensor Público Federal – DPU – 2017 – CESPE) À luz do direito penal militar, julgue os itens a seguir, relativos a suspensão condicional da pena, livramento condicional, penas acessórias e extinção da punibilidade.

(1) O cometimento de crime de traição, espionagem ou cobardia, ou outros elencados no CPM, sujeita o oficial infrator, independentemente da pena aplicada, a declaração de indignidade para o oficialato.
(2) Situação hipotética: Em tempo de paz, durante uma instrução e na presença de outros militares, um soldado desrespeitou o sargento responsável pela atividade, tendo sido processado, julgado e condenado a um ano de detenção, por desrespeito a superior. Assertiva: Nessa situação, a execução da pena poderá ser suspensa pelo período de dois anos, a depender dos antecedentes do infrator.
(3) O livramento condicional de sargento, primário, condenado por crime militar contra o patrimônio estará condicionado ao cumprimento de metade da pena, à reparação do dano, salvo impossibilidade de fazê-lo, e a outros requisitos previstos na lei penal militar.

1: correta, pois corresponde ao que estabelece o art. 100 do CPM; 2: errada (art. 88, II, a, do CPM); 3: correta, nos termos do art. 89, I, a, II e III, do CPM. ED

Gabarito: 1C, 2E, 3C

(Defensor Público Federal – DPU – 2017 – CESPE) No que se refere aos crimes militares e às medidas de segurança adotadas nesses casos, julgue os itens subsecutivos.

(1) O CPM não admite medida de segurança patrimonial, como, por exemplo, a interdição de sede de associação e o confisco.
(2) Situação hipotética: Enquanto assumia posto de sentinela de determinado quartel, um soldado foi encontrado portando certa quantidade de substância entorpecente. Assertiva: Nessa situação, dependendo da quantidade de droga encontrada com o soldado, o princípio da insignificância poderá ser aplicado e o militar poderá não ser denunciado pela posse do entorpecente.

1: errada, pois contraria o disposto no art. 110, parte final, do CPM, que admite, sim, a imposição de medida de segurança de natureza patrimonial, como, por exemplo, a interdição de sede de associação e o confisco; 2: errada. É amplamente dominante no STF o posicionamento segundo o qual não se aplica o princípio da insignificância ao delito de porte de ínfima quantidade de substância entorpecente em recinto sob administração castrense. Conferir: "Princípio da insignificância. Não aplicabilidade no âmbito castrense. Precedentes. Regimental não provido. 1. O Plenário do Supremo Tribunal Federal já assentou a inaplicabilidade do princípio da insignificância à posse de quantidade reduzida de substância entorpecente em lugar sujeito à administração militar (art. 290 do Código Penal Militar)" (ARE 856183 AgR, Relator(a): Min. Dias Toffoli, Segunda Turma, julgado em 30/06/2015, Acórdão Eletrônico Dje-165 Divulg 21-08-2015 Public 24-08-2015) ED

Gabarito: 1E, 2E

(Defensor Público Federal – DPU – 2017 – CESPE) Cada um dos itens a seguir, que tratam de IPM e(ou) ação penal militar, apresenta uma situação hipotética seguida de uma assertiva a ser julgada.

(1) Um general, ao ser informado da prática de crime militar em uma organização militar a ele subordinada, sediada em outro estado da Federação, determinou ao comandante da unidade, por via radiotelefônica, a instauração de IPM. Nessa situação, mesmo considerando o caráter de urgência que a medida exigia, a ordem foi indevida em razão do meio de transmissão empregado e também pelo fato de que a única autoridade competente para determinar a instauração do IPM seria o próprio comandante da unidade onde ocorreu o crime militar.
(2) Em determinada organização militar, um major cometeu crime militar e o comandante da unidade, dada a indisponibilidade de oficial de posto superior ao do indiciado, designou outro major, o mais antigo da unidade, para apurar os fatos por meio de IPM. Nessa situação, o ato de designação deverá ser considerado nulo: o IPM só poderá ser conduzido por oficial de posto superior ao do indiciado.

1: errada, pois não reflete o disposto no art. 10, b, do CPPM; 2: errada (art. 7º, § 3º, do CPPM). ED

Gabarito: 1E, 2E

(Defensor Público Federal – DPU – 2017 – CESPE) No que diz respeito ao juiz, aos auxiliares da justiça e às partes do processo militar, à organização da justiça militar da União e sua competência e à prisão preventiva, julgue os itens que se seguem.

(1) Se um tenente que sirva em organização militar sediada no Rio de Janeiro – RJ cometer crime militar em Manaus – AM, à auditoria da circunscrição judiciária do Rio de Janeiro competirá processá-lo e julgá-lo.
(2) O capitão que, por designação, conduzir IPM para apurar suposto crime militar praticado por um soldado poderá, no curso do inquérito, representar à autoridade judiciária militar para que seja decretada a prisão preventiva do indiciado.

(3) Em ação penal militar na qual o réu seja um sargento, eventual nomeação de perito, preferencialmente oficial da ativa, será procedida pelo juiz, sem intervenção das partes.

1: errada. Segundo estabelece o art. 88 do CPPM, a competência será determinada, em regra, pelo lugar em que ocorreu a infração; se se tratar de tentativa, pelo lugar em que foi praticado o derradeiro ato de execução; **2:** correta (art. 18, parágrafo único, CPPM); **3:** correta, pois corresponde ao que estabelece o art. 47 do CPPM.

Gabarito: 1E, 2C, 3C

(Defensor Público Federal – DPU – 2017 – CESPE) No que se refere a interrogatório, deserção e recursos no âmbito do processo penal militar, julgue os itens subsequentes.

(1) O cabo condenado por crime militar, em cuja sentença sejam reconhecidos sua primariedade e os seus bons antecedentes, poderá apelar em liberdade.

(2) Se um subtenente for denunciado por crime militar perante a autoridade competente e se a denúncia for recebida, então, de acordo com o STF, o seu interrogatório deverá ocorrer ao final da instrução criminal, a despeito de o CPPM prever que esse ato seja realizado antes da oitiva das testemunhas.

1: correta (art. 527 do CPPM); **2:** correta. Conferir: "Ementa: *Habeas corpus*. Penal e processual penal militar. Posse de substância entorpecente em local sujeito à administração militar (CPM, art. 290). Crime praticado por militares em situação de atividade em lugar sujeito à administração militar. Competência da Justiça Castrense configurada (CF, art. 124 c/c CPM, art. 9º, I, *b*). Pacientes que não integram mais as fileiras das Forças Armadas. Irrelevância para fins de fixação da competência. Interrogatório. Realização ao final da instrução (art. 400, CPP). Obrigatoriedade. Aplicação às ações penais em trâmite na Justiça Militar dessa alteração introduzida pela Lei nº 11.719/08, em detrimento do art. 302 do Decreto-Lei nº 1.002/69. Precedentes. Adequação do sistema acusatório democrático aos preceitos constitucionais da Carta de República de 1988. Máxima efetividade dos princípios do contraditório e da ampla defesa (art. 5º, inciso LV). Incidência da norma inscrita no art. 400 do Código de Processo Penal comum aos processos penais militares cuja instrução não se tenha encerrado, o que não é o caso. Ordem denegada. Fixada orientação quanto a incidência da norma inscrita no art. 400 do Código de Processo Penal comum a partir da publicação da ata do presente julgamento, aos processos penais militares, aos processos penais eleitorais e a todos os procedimentos penais regidos por legislação especial, incidindo somente naquelas ações penais cuja instrução não se tenha encerrado. 1. Os pacientes, quando soldados da ativa, foram surpreendidos na posse de substância entorpecente (CPM, art. 290) no interior do 1º Batalhão de Infantaria da Selva em Manaus/AM. Cuida-se, portanto, de crime praticado por militares em situação de atividade em lugar sujeito à administração militar, o que atrai a competência da Justiça Castrense para processá-los e julgá-los (CF, art. 124 c/c CPM, art. 9º, I, *b*). 2. O fato de os pacientes não mais integrarem as fileiras das Forças Armadas em nada repercute na esfera de competência da Justiça especializada, já que, no tempo do crime, eles eram soldados da ativa. 3. Nulidade do interrogatório dos pacientes como primeiro ato da instrução processual (CPPM, art. 302). 4. A Lei nº 11.719/08 adequou o sistema acusatório democrático, integrando-o de forma mais harmoniosa aos preceitos constitucionais da Carta de República de 1988, assegurando-se maior efetividade a seus princípios, notadamente, os do contraditório e da ampla defesa (art. 5º, inciso LV). 5. Por ser mais benéfica (*lex mitior*) e harmoniosa com a Constituição Federal, há de preponderar, no processo penal militar (Decreto-Lei nº 1.002/69), a regra do art. 400 do Código de Processo Penal. 6. De modo a não comprometer o princípio da segurança jurídica (CF, art. 5º, XXXVI) nos feitos já sentenciados, essa orientação deve ser aplicada somente aos processos penais militares cuja instrução não se tenha encerrado, o que não é o caso dos autos, já que há sentença condenatória proferida em desfavor dos pacientes desde 29/7/14. 7. Ordem denegada, com a fixação da seguinte orientação: a norma inscrita no art. 400 do Código de Processo Penal comum aplica-se, a partir da publicação da ata do presente julgamento, aos processos penais militares, aos processos penais eleitorais e a todos os procedimentos penais regidos por legislação especial incidindo somente naquelas ações penais cuja instrução não se tenha encerrado" (HC 127900, Relator(a): Min. Dias Toffoli, Tribunal Pleno, Julgado em 03/03/2016, Processo Eletrônico DJE-161 Divulg 02-08-2016 Public 03-08-2016).

Gabarito: 1C, 2C

(Defensor Público Federal – DPU – 2017 – CESPE) Em assalto a uma agência bancária, Lúcio conseguiu alta monta financeira. Com parte do dinheiro, ele comprou imóvel em nome próprio, tendo declarado na escritura de compra e venda valor inferior ao que foi efetivamente pago pelo imóvel. Em seguida, Lúcio vendeu o bem pelo valor de mercado, o que tornou lícito o proveito econômico do crime praticado.

Acerca dessa situação hipotética, julgue os itens seguintes à luz da legislação e da doutrina pertinentes à lavagem de dinheiro e à extinção de punibilidade.

(1) De acordo com o STF, Lúcio somente poderá ser processado e julgado pelo crime de roubo, pois o direito penal brasileiro não admite o crime de autolavagem — quando o autor do crime antecedente pratica também a lavagem de capitais —, por entender que esse seria um caso de mero exaurimento do fato antecedente.

(2) Conforme a legislação específica, para que Lúcio seja condenado pelo crime de lavagem de dinheiro, é necessário que haja condenação, ao menos em primeiro grau, pelo crime de roubo à agência bancária.

1: errada, na medida em que a jurisprudência, tanto do STF quanto do STJ, admite, de forma pacífica, que o delito antecedente, neste caso o roubo, e a lavagem subsequente tenham um mesmo autor. Em casos assim, em que o autor da lavagem também é autor do crime antecedente, pelos dois delitos, em concurso material, ele deverá responder (art. 69, CP); **2:** errada. É despicienda, para a tipificação do crime de lavagem de dinheiro, a condenação do agente pelo cometimento da infração penal (crime e contravenção penal) antecedente. Segundo reza o art. 2º, II, da Lei 9.613/1998, "o processo e julgamento dos crimes previstos nesta Lei: II – independem do processo e julgamento das infrações penais antecedentes, ainda que praticados em outro país (...)". Basta, pois, a existência de prova de que a infração penal antecedente ocorreu (materialidade da infração).

Gabarito: 1E, 2E

(Defensor Público – DPE/SC – 2017 – FCC) Sobre a determinação do regime inicial de cumprimento de pena, é correto afirmar:

(A) A hediondez do crime não permite a determinação do regime inicial fechado para todos os casos, mas deve ser observada na determinação do regime inicial.

(B) Os crimes cometidos com violência contra a pessoa impedem a determinação do regime inicial aberto.

(C) A análise judicial das consequências do crime é irrelevante para a determinação do regime inicial de cumprimento de pena, pois é circunstância que já pode aumentar a pena-base.

(D) Os crimes contra a honra, por serem punidos com detenção, impedem a aplicação do regime inicial fechado, mesmo em caso de reincidência.

(E) É possível a aplicação do regime inicial semiaberto para pena superior a quatro anos no caso de réu reincidente, a depender do tempo de prisão provisória cumprida por ele até a sentença.

A: incorreta. Hodiernamente, não há crime cuja prática impõe ao agente o cumprimento da pena em regime *integralmente* fechado. Tal possibilidade, que antes existia em relação aos crimes hediondos e equiparados, foi eliminada com a modificação, promovida pela Lei 11.464/2007, na redação do art. 2º, § 1º, da Lei 8.072/1990 (Crimes Hediondos), que passou a exigir tão somente que o cumprimento da pena, nesses crimes, se desse no regime *inicial* fechado. Essa mudança, sempre é bom lembrar, representava antigo anseio da jurisprudência. Sucede que esse art. 2º, § 1º, da Lei 8.072/1990 (Crimes Hediondos), que estabelece o regime inicial fechado aos condenados por crimes hediondos e equiparados, foi declarado, pelo STF, no julgamento do HC 111.840, inconstitucional, não havendo mais, portanto, a obrigatoriedade de fixar-se o regime inicial fechado nesses crimes. A hediondez, portanto, não é mais observada na fixação do regime inicial de cumprimento de pena. Assim, a pena estabelecida ao condenado pela prática de crime hediondo ou equiparado pode ser cumprida em qualquer regime inicial, desde que fundamentada pelo juiz no art. 59 do CP; **B:** incorreta. Poderá iniciar o cumprimento da pena privativa de liberdade no regime aberto o agente não reincidente cuja pena aplicada seja igual ou inferior a quatro anos, pouco importando se o crime pelo qual foi condenado foi praticado com violência contra a pessoa (art. 33, § 2º, *c*, do CP); **C:** incorreta, uma vez que as consequências do crime serão levadas em consideração tanto na fixação da pena-base quanto no regime inicial de cumprimento de pena (art. 59, I e III, do CP); **D:** incorreta, tendo em vista que a pena prevista para o crime de injúria preconceituosa, que vem definido no art. 140, § 3º, do CP, é de reclusão de 1 a 3 anos; **E:** correta (Súmula 269 do STJ e art. 387, § 2º, do CPP).

Gabarito: "E"

(Defensor Público – DPE/PR – 2017 – FCC) Elvira foi condenada pelo Juízo da 7ª Vara Criminal de Curitiba/PR, em 21/01/2016, à pena de três anos de reclusão, em regime inicial aberto, pelo crime de porte de arma de uso restrito ocorrido em 18/04/2015. Em 01/12/2015, Elvira foi presa em flagrante pelo crime de roubo majorado. Ela ficou custodiada por ordem do juízo da 1ª Vara Criminal de Curitiba/PR até 10/02/2016, data em que foi absolvida pelo roubo.

Considerando o caso concreto, em relação ao direito à detração penal, Elvira

(A) tem direito à detração porque o crime pelo qual foi condenada ocorreu antes da sua prisão provisória.

(B) não tem direito à detração porque o crime por qual foi condenada ocorreu antes da sua prisão provisória.

(C) não tem direito à detração porque a condenação ocorreu depois de sua prisão em flagrante.

(D) não tem direito à detração porque se trata de processos distintos, não podendo ser computado o período de prisão provisória do segundo feito no cumprimento da pena.

(E) tem direito à detração porque a condenação ocorreu depois de sua prisão em flagrante.

Segundo entendimento pacificado no STJ, a detração em processos distintos, nas circunstâncias narradas no enunciado, é admitida. Nesse sentido, conferir: "Esta Corte Superior de Justiça firmou posicionamento no sentido de ser cabível a aplicação da detração em processos distintos, desde que o delito pelo qual o sentenciado cumpre pena tenha sido cometido antes de sua segregação cautelar, situação não ocorrente na hipótese. Precedentes" (HC 178.894/RS, Rel. Ministra Laurita Vaz, Quinta Turma, julgado em 13/11/2012, DJe 23/11/2012).

Gabarito: "A"

(Procurador – SP – VUNESP – 2015) Quanto aos crimes contra a Incolumidade Pública (Título VIII, CP), pode-se afirmar que

(A) são crimes comuns quanto aos sujeitos ativo e passivo.
(B) o crime de incêndio somente admite a forma dolosa e a preterdolosa.
(C) o crime de desabamento previsto no artigo 256, CP, consuma-se com a produção do resultado (morte ou lesão corporal a um número indeterminado de pessoas).
(D) o crime de explosão, pela sua natureza e formas de execução, não admite forma culposa.
(E) o crime de desabamento ou desmoronamento somente admite a forma culposa.

A: correta. De fato, os crimes que compõem o Título VIII do CP são comuns quanto aos sujeitos ativo e passivo; **B:** incorreta. O crime de incêndio admite as formas dolosa (art. 250, *caput*, do CP) e culposa (art. 250, § 2º, do CP); **C:** incorreta, na medida em que o crime de desabamento ou desmoronamento, previsto no art. 256 do CP, alcança a consumação no momento em que a vida, a integridade física ou o patrimônio de terceiro é exposto a situação de perigo concreto; **D:** incorreta, já que o delito de explosão (art. 251, CP) admite, sim, a modalidade culposa (§ 3º); **E:** incorreta. Admite tanto a forma dolosa quanto a culposa (art. 256, CP). ED
Gabarito "A".

(Procurador Municipal – Sertãozinho/SP – VUNESP – 2016) Acerca dos crimes contra a incolumidade pública, assinale a alternativa correta.

(A) A ação conhecida como "surf ferroviário", segundo a jurisprudência, configura o crime de perigo de desastre ferroviário.
(B) O crime de incêndio é de perigo concreto. Da conduta deve resultar a efetiva exposição da coletividade a uma concreta situação de perigo.
(C) Para a configuração do crime de explosão, é indispensável que o artefato exploda, causando a situação de perigo à incolumidade pública.
(D) O crime de desabamento ou desmoronamento não possui previsão da modalidade culposa.
(E) O crime de omissão de notificação de doença é material, ou seja, se consuma com o risco causado para a incolumidade pública em razão da omissão do médico.

A: incorreta, já que, conforme vem entendendo a jurisprudência, falta, ao chamado *surfista ferroviário*, que é aquele que se equilibra sobre a composição do trem em andamento, a intenção de gerar situação concreta de perigo de desastre ferroviário, elemento subjetivo do crime definido no art. 260 do CP; **B:** correta. De fato, tal como afirmado, o crime de incêndio, previsto no art. 250 do CP, por ser de perigo concreto, somente atinge a consumação com a efetiva exposição a perigo de vida, da integridade física ou do patrimônio de um número indeterminado de pessoas; **C:** incorreta. A explosão não é indispensável à consumação do crime do art. 251 do CP. A consumação se opera no exato instante em que se verifica uma situação de perigo, seja por meio de uma explosão, seja pelo arremesso de um artefato, seja por meio da colocação deste (armar o explosivo em determinado local); **D:** incorreta, já que o crime a que se refere a alternativa comporta, sim, a modalidade culposa, prevista, de forma expressa, no art. 256, parágrafo único, do CP; **E:** incorreta. A consumação do crime de omissão de notificação de doença (art. 269, CP) ocorre no momento em que o médico deixa de observar o prazo estabelecido em lei, decreto ou regulamento para a comunicação de doença cuja notificação é obrigatória, não sendo necessário demonstrar que a omissão gerou risco à incolumidade pública. Trata-se de crime de mera conduta. ED
Gabarito "B".

(Procurador – IPSMI/SP – VUNESP – 2016) A respeito da Lei 12.850/2013 (Lei de Organização Criminosa), assinale a alternativa correta.

(A) Quem impede ou embaraça a investigação de infração que envolve organização criminosa está sujeito a punição idêntica à de quem integra organização criminosa.
(B) Havendo indício de que o funcionário público integra organização criminosa, o Juiz poderá determinar o afastamento cautelar do cargo, com suspensão da remuneração.
(C) Quem exerce o comando da organização criminosa, ainda que não pratique pessoalmente nenhum ato de execução, está sujeito a punição idêntica à de quem apenas integra organização criminosa.
(D) A infiltração policial, a ação controlada e a captação ambiental são meios de prova permitidos apenas na fase investigativa.
(E) A colaboração premiada é admitida apenas até a sentença.

A: correta (art. 2º, § 1º, da Lei 12.850/2013); **B:** incorreta, pois, embora seja lícito o afastamento cautelar do funcionário, não é dado ao magistrado determinar a suspensão da remuneração do servidor sobre o qual recaem indícios de envolvimento em organização criminosa (art. 2º, § 5º, da Lei 12.850/2013); **C:** incorreta, uma vez que o art. 2º, § 3º, da Lei 12.850/2013 estabelece que a pena daquele que exerce o comando da organização criminosa deve ser agravada; **D:** incorreta. Tais meios de prova podem ser utilizados tanto na fase investigativa quanto no curso da ação penal (qualquer fase da persecução penal), a teor do que dispõe o art. 3º, *caput*, da Lei 12.850/2013; **E:** incorreta. O acordo de colaboração premiada pode ser firmado após a sentença. É o que estabelece o art. 4º, § 5º, da Lei 12.850/2013. ED
Gabarito "A".

(Procurador – IPSMI/SP – VUNESP – 2016) A Lei 12.846/2013, também conhecida por Lei Anticorrupção,

(A) aplica-se tanto a pessoas físicas quanto pessoas jurídicas, por atos lesivos à Administração Pública, nacional ou estrangeira.
(B) prevê responsabilização administrativa, civil e penal, por atos lesivos à Administração Pública, nacional ou estrangeira.
(C) prevê que a responsabilização da pessoa jurídica exclui a responsabilidade individual de seus dirigentes ou administradores, por atos lesivos à Administração Pública, nacional ou estrangeira.
(D) prevê a possibilidade de celebração de acordo de leniência que, uma vez integralmente cumprido, exime da obrigação de reparar o dano causado.
(E) equipara organização pública internacional à administração pública estrangeira.

A: incorreta, já que o campo de incidência da Lei Anticorrupção é restrito às pessoas jurídicas (art. 1º da Lei 12.846/2013); **B:** incorreta. A responsabilização contemplada nesta lei é restrita aos âmbitos *administrativo* e *civil* (art. 2º da Lei 12.846/2013); **C:** incorreta. Bem ao contrário, a Lei Anticorrupção prevê, em seu art. 3º, *caput*, que a responsabilização da pessoa jurídica *não* exclui a responsabilidade individual de seus dirigentes ou administradores; **D:** incorreta. O cumprimento integral do acordo de leniência não exime a pessoa jurídica da obrigação de reparar integralmente o dano causado (art. 16, § 3º, da Lei 12.846/2013); **E:** correta (art. 5º, § 2º, da Lei 12.846/2013). ED
Gabarito "E".

(Procurador Municipal – Prefeitura/BH – CESPE – 2017) À luz do CP e da legislação penal extravagante, assinale a opção correta.

(A) É crime impossível o peculato praticado por servidor público que subtrai bens da administração pública municipal aos quais tenha acesso em razão do cargo, quando há sistema de vigilância por monitoramento eletrônico.
(B) Poderá ser reduzida até a metade a pena de membro de organização criminosa que realizar colaboração premiada após a prolação da sentença.
(C) É atípica a conduta de fotografar criança em poses sensuais, com enfoque em seus órgãos genitais, quando estiverem cobertos por peças de roupas.
(D) O crime de racismo restringe-se aos atos discriminatórios em função de cor de pele — fator biológico —, em razão do princípio da necessidade da lei estrita do direito penal.

A: incorreta, pois não retrata o entendimento firmado na Súmula 567, do STJ, que, embora faça menção ao crime de furto, também pode ser aplicada ao delito de peculato: "Sistema de vigilância realizado por monitoramento eletrônico ou por existência de segurança no interior de estabelecimento comercial, por si só, não torna impossível a configuração do crime de furto". O fato é que o chamado *furto sob vigilância (neste caso, o peculato)* pode, em determinadas situações, a depender do caso concreto, caracterizar *crime impossível* pela *ineficácia absoluta do meio* (art. 17 do CP). É o caso, por exemplo, do agente que, desde o momento em que ingressa no supermercado, passa a ser permanentemente vigiado por sistema de câmeras e também por seguranças, que ficam o tempo todo no seu encalço. Não há, neste caso, a menor possibilidade de o crime consumar-se. Isso não quer dizer que a existência, por si só, de sistema de segurança por câmeras elimine a possibilidade de o crime chegar à sua consumação. É perfeitamente plausível que o agente se aproveite de determinado ângulo de monitoramento em que a subtração não é visualizada pelo sistema de câmeras. Dessa forma, a ineficácia do meio deve ser avaliada caso a caso; **B:** correta, pois retrata o disposto no art. 4º, § 5º, da Lei 12.850/2013, segundo o qual, uma vez prolatada a sentença, o colaborador poderá fazer jus à redução de sua pena até a metade ou ainda poderá ser beneficiado com a progressão de regime prisional, mesmo que ausentes os requisitos objetivos; **C:** incorreta. Trata-se do crime capitulado no art. 240, "caput", do ECA. Na jurisprudência do STJ: "É típica a conduta de fotografar cena pornográfica (art. 241-B do ECA) e de armazenar fotografias de conteúdo pornográfico envolvendo criança ou adolescente (art. 240 do ECA) na hipótese em que restar incontroversa a finalidade sexual e libidinosa das fotografias, com enfoque nos órgãos genitais das vítimas – ainda que cobertos por peças de roupas –, e de poses nitidamente sensuais, em que explorada sua sexualidade com conotação obscena e pornográfica" (REsp 1543267/SC, 6ª T., Rel. Min. Maria Thereza de Assis Moura, j. 03.12.2015, DJe 16.02.2016); **D:** incorreta, uma vez que os crimes definidos na Lei 7.716/1989 (Lei de Racismo) envolvem atos de discriminação que levam em conta não somente a cor da pele, mas também raça, etnia, religião e procedência nacional. ED
Gabarito "B".

(Advogado União – AGU – CESPE – 2015) Um servidor público, concursado e estável, praticou crime de corrupção passiva e foi condenado definitivamente ao cumprimento de pena privativa de liberdade de seis anos de reclusão, em regime semiaberto, bem como ao pagamento de multa.
A respeito dessa situação hipotética, julgue os itens seguintes.

(1) As penas aplicadas não impedem nova condenação pelo mesmo fato em ação de improbidade administrativa, podendo o agente público ser novamente punido com a pena de perda da função pública e multa, entre outras previstas na lei específica.
(2) Na situação considerada, se houvesse suspeita de participação do agente em organização criminosa, o juiz poderia determinar seu

afastamento cautelar das funções, sem prejuízo da remuneração; e se houvesse posterior condenação pelo crime de organização criminosa, haveria concurso material entre esse crime e o crime de corrupção passiva.

1: correta (art. 37, § 4º, da CF e art. 12, "caput", da Lei 8.429/1992); **2:** correta, pois reflete o que estabelece o art. 2º, "caput" e § 5º, da Lei 12.850/2013.
Gabarito: 1C, 2C

(Procurador – PGFN – ESAF – 2015) A extinção do rol de crimes antecedentes da Lei de Lavagem de Dinheiro (Lei n. 9.613/98), promovida pela Lei n. 12.683/12, teve como consequência:

(A) a extinção da punibilidade de todas as condutas praticadas antes da vigência da Lei n. 12.683/12.
(B) o alargamento das hipóteses de ocorrência da figura típica da lavagem de dinheiro, possibilitando que qualquer delito previsto no ordenamento brasileiro seja o crime antecedente necessário à sua configuração.
(C) a alteração da natureza do crime de lavagem de dinheiro, que deixou de exigir a ocorrência de um crime antecedente para sua consumação.
(D) a exclusão da possibilidade dos crimes de tráfico ilícito de entorpecentes e extorsão mediante sequestro serem antecedentes à conduta de lavagem de dinheiro.
(E) a *abolitio criminis* da lavagem de dinheiro a partir da vigência da Lei n.12.683/12.

A: incorreta. A Lei 12.683/2012 não promoveu a extinção da punibilidade das condutas a ela anteriores; **B:** correta. Com o advento da Lei 12.683/2012, que alterou diversos dispositivos da Lei 9.613/1998, a conduta antecedente, que antes deveria estar contemplada no rol do art. 1º, agora pode ser representada por qualquer infração penal (crime e contravenção). Houve, bem por isso, uma ampliação (alargamento) do campo de incidência do crime de lavagem de dinheiro; **C:** incorreta. Permanece a exigência da ocorrência de infração penal anterior para a configuração da lavagem de dinheiro; **D:** incorreta. Inexiste tal previsão; **E:** incorreta. Pelo contrário, a Lei 12.683/2012, tal como afirmado na alternativa "B", fez ampliar as hipóteses de ocorrência do delito de lavagem de dinheiro.
Gabarito: "B"

(Procurador do Estado – PGE/BA – CESPE – 2014) Julgue os item que se segue (adaptada).

(1) A associação, de três ou mais pessoas, para o fim específico de cometer crimes, configura quadrilha ou bando, devendo a pena imposta ao condenado com base nesse tipo penal ser aumentada até a metade quando tomarem parte da associação criança, adolescente, idoso ou pessoas com deficiência.

1: incorreta. A assertiva contém dois erros. Em primeiro lugar, o delito de quadrilha ou bando, com o advento da Lei 12.850/2013, ganhou nova denominação, a saber: associação criminosa (art. 288, CP). Além dessa mudança, o número mínimo de agentes, que antes era de quatro, passou a ser de três. Em segundo lugar, a causa de aumento de pena, prevista no parágrafo único desse dispositivo, somente tem incidência quando se tratar de associação armada ou quando houver a participação de criança ou adolescente.
Gabarito: 1E

(Juiz – TRF 2ª Região – 2017) Sobre a "Lavagem de Dinheiro" (Lei nº 9.613/98), é correto dizer:

(A) Somente haverá crime quando o agente ocultar ou dissimular a natureza, origem, localização, disposição, movimentação ou propriedade de bens, direitos ou valores provenientes, direta ou indiretamente, de um dos crimes antecedentes listados na Lei.
(B) A lavagem de dinheiro é considerada crime derivado ou acessório, pois pressupõe a ocorrência de delito anterior. Não se admite a sua existência quando o ativo financeiro é proveniente de infração penal cometida posteriormente aos atos acoimados como sendo de lavagem.
(C) A participação no cometimento da infração antecedente é condição para que o agente possa ser sujeito ativo da lavagem.
(D) Comete o delito de lavagem de dinheiro o funcionário público que recebe valor de suborno e o utiliza para comprar imóvel, cuja propriedade registra em seu próprio nome, depositando o restante em aplicação financeira de sua titularidade.
(E) Dá-se a forma culposa do delito nos casos de "cegueira" ou "ignorância" deliberada, ou seja, quando há prova de que o agente tinha conhecimento da elevada probabilidade de que os bens ou valores envolvidos eram provenientes de infração penal e tenha agido de modo indiferente a esse conhecimento.

A: incorreta. Até o advento da Lei 12.683/2012, tínhamos que a configuração do crime de lavagem de dinheiro pressupunha a prática de um dos delitos antecedentes previstos no art. 1º da Lei 9.613/1998. Havia, portanto, um rol taxativo, que não incluía, por exemplo, as contravenções penais, mas tão somente os delitos ali listados. Pois bem. A partir da edição da referida Lei, que alterou diversos dispositivos da Lei 9.613/1998, passou a configurar crime de lavagem de dinheiro o fato de o agente ocultar ou dissimular a natureza, origem, localização, disposição ou propriedade de bens, direitos ou valores provenientes, direta ou indiretamente, de **infração penal**, aqui incluídos crimes e *contravenções penais*. Deixou de existir, pois, um rol taxativo, de forma que a lavagem de dinheiro, atualmente, pode ter como fato antecedente qualquer infração penal; **B:** correta. Diz-se que o crime de lavagem de dinheiro é derivado ou acessório porquanto a sua configuração está condicionada ao cometimento de infração penal pretérita, como antecedente penal necessário; **C:** incorreta. Nesse sentido: "A participação no crime antecedente não é indispensável à adequação da conduta de quem oculta ou dissimula a natureza, origem, localização, disposição, movimentação ou propriedade de bens, direitos ou valores provenientes, direta ou indiretamente, de crime, ao tipo do art. 1.º, da Lei 9.613/98" (RMS 16.813/SP, Rel. Min. Gilson Dipp, 5ª Turma, j. 23.06.2004, *DJ* 02.08.2004, p. 433); **D:** incorreta, na medida em que não há que se falar, neste caso, em ocultação ou dissimulação (STJ, AP 458, rel. Min. Gilson Dipp); **E:** incorreta. A lei não contemplou modalidade culposa do crime de lavagem de dinheiro.
Gabarito: "B"

(Juiz – TJ-SC – FCC – 2017) Conforme a lei e a interpretação dos tribunais superiores, é INCORRETO afirmar:

(A) Constranger alguém mediante ameaça em razão de discriminação racial configura crime de tortura.
(B) Exportar bens com valores não correspondentes aos verdadeiros configura crime de lavagem de bens.
(C) A lei de crime organizado se aplica às infrações penais previstas em convenção internacional quando iniciada a execução no país devesse ter ocorrido no estrangeiro.
(D) Tratando-se de falência de microempresa e não se constatando prática habitual de condutas fraudulentas por parte do falido, o juiz poderá substituir a pena de prisão pela de perda de bens e valores.
(E) Possuir arma de fogo com o registro vencido configura crime previsto no artigo 12 do Estatuto do desarmamento.

A: correta: crime previsto no art. 1º, I, *c*, da Lei 9.455/1997 (Tortura); correta: crime previsto no art. 1º, §1º, III, da Lei 9.613/1998 (Lavagem de Bens e Capitais); **C:** correta: art. 1º, §2º, I, da Lei 12.850/2013 (Organização Criminosa); **D:** correta: art. 168, §4º, da Lei 11.101/2005 (Falência e Recuperação Judicial e Extrajudicial); **E:** incorreta. É tranquilo o entendimento, no STJ, no sentido de que o ato de possuir arma de fogo com registro vencido não configura infração penal, mas tão somente ilícito administrativo. Nesse sentido: "Em recente acórdão da Corte Especial do Superior Tribunal de Justiça, no julgamento da Ação Penal n. 686/AP, assentou-se que 'se o agente já procedeu ao registro da arma, a expiração do prazo é mera irregularidade administrativa que autoriza a apreensão do artefato e aplicação de multa. A conduta, no entanto, não caracteriza ilícito penal'" (HC 339.762/SP, Rel. Min. Reynaldo Soares da Fonseca, 5ª Turma, j. 02.02.2016, *DJe* 10.02.2016).
Gabarito: "E"

(Juiz – TJ-SC – FCC – 2017) Configura crime de preconceito de raça ou cor:

I. obstar promoção funcional em razão de procedência nacional.
II. veicular símbolos que utilizem a cruz suástica para fins de divulgação do nazismo.
III. negar o holocausto para fins de divulgação do nazismo.
IV. incitar a discriminação por procedência nacional.
V. impedir a convivência familiar.

Está correto o que se afirma APENAS em:

(A) I, II e III.
(B) I, II, IV e V.
(C) II, III e IV.
(D) III, IV e V.
(E) I, III e V.

I: correta, uma vez que corresponde ao delito previsto no art. 3º, parágrafo único, da Lei 7.716/1989; **II:** correta, uma vez que corresponde ao delito previsto no art. 20, §1º, da Lei 7.716/1989; **III:** incorreta, na medida em que se trata de conduta não prevista como infração penal no ordenamento jurídico brasileiro; **IV:** correta, uma vez que corresponde ao delito previsto no art. 20, "caput", da Lei 7.716/1989; **V:** correta, uma vez que corresponde ao delito previsto no art. 14 da Lei 7.716/1989.
Gabarito: "B"

(Juiz – TRF 3ª Região – 2016) Pode-se dizer que a Lei 12.850/13 quebrou paradigmas; dentre os fundamentos para tal afirmação, encontra-se:

(A) O fato de tal diploma legal ter definido o que sejam organizações terroristas internacionais;
(B) O fato de tal diploma legal ter possibilitado a quebra dos sigilos fiscal e telefônico de maneira irrestrita;
(C) O fato de tal diploma legal ter conferido ao magistrado poder para aplicar a pena, em desconformidade com o previsto nos artigos 33 e 44 do Código Penal;
(D) O fato de a colaboração premiada não mais poder beneficiar pessoas definitivamente condenadas;

A: incorreta, uma vez que a Lei 12.850/2013 não contemplou a definição de *organização terrorista internacional*, mas tão somente de *organização criminosa* (art. 1º, §2º). O art. 1º, §2º, II, desta lei, cuja redação foi alterada por força da Lei 13.260/2016, embora faça referência às organizações terroristas (o termo *internacionais* foi extraído), não traz, segundo pensamos, a sua definição; **B:** incorreta, já que, por expressa previsão contida no art. 3º, V e VI, da Lei 12.850/2013, a quebra dos sigilos fiscal e telefônico deverá obedecer à legislação de regência; **C:** correta, pois reflete o disposto no art. 4º, "caput" e §5º, da Lei 12.850/2013; **D:** incorreta, uma vez que contraria o que estabelece o art. 4º, §5º, da Lei 12.850/2013. **ED**

(Juiz – TJ/RJ – VUNESP – 2016) No que diz respeito aos crimes previstos na Lei que Define Organização Criminosa (Lei 12.850/2013), é correto afirmar que

(A) o concurso de funcionário público, valendo-se a organização criminosa dessa condição para a prática de infração penal, é circunstância qualificadora do crime de promover, constituir, financiar ou integrar organização criminosa.

(B) aquele que impede ou, de qualquer forma, embaraça a investigação de infração penal que envolva organização criminosa terá, além da pena relativa ao crime de promover organização criminosa, uma causa de aumento de pena.

(C) a condenação com trânsito em julgado de funcionário público por integrar organização criminosa acarretará sua perda do cargo, função, emprego ou mandato eletivo e a interdição para o exercício de função ou cargo público pelo prazo de 8 (oito) anos subsequentes ao trânsito em julgado da condenação.

(D) não poderá ser concedido perdão judicial ao colaborador cuja colaboração resultar na recuperação parcial do produto ou do proveito das infrações penais praticadas pela organização criminosa mas sem que ele tenha revelado a estrutura hierárquica e a divisão de tarefas da organização criminosa.

(E) os funcionários de empresas telefônicas e provedores de internet que descumprirem requisição do delegado de polícia, expedida durante o curso de investigação criminal e independentemente de autorização judicial, por meio da qual são solicitados dados cadastrais do investigado relativos exclusivamente à sua qualificação pessoal, filiação e endereço cometerão crime de recusa de dados, previsto na Lei 12.850/2013.

A: incorreta. Cuida-se de *causa de aumento de pena*, e não de *qualificadora* (art. 2º, § 4º, II, da Lei 12.850/2013); incorreta. Aquele que assim proceder incorrerá nas mesmas penas previstas para o agente que promover organização criminosa (não incide causa de aumento de pena), na forma estatuída no art. art. 2º, § 1º, da Lei 12.850/2013; **C:** incorreta, pois não reflete a regra presente no art. 2º, § 6º, da Lei 12.850/2013, que estabelece que, neste caso, a interdição para o exercício de função ou cargo público será pelo prazo de 8 (oito) anos subsequentes ao cumprimento da pena, e não ao trânsito em julgado da condenação; **D:** incorreta. Para a concessão de um dos benefícios da colaboração premiada, entre os quais o perdão judicial, basta que dela (colaboração) resulte um ou mais resultados elencados no art. 4º da Lei 12.850/2013; **E:** correta. Conduta prevista no art. 21 da Lei 12.850/2013. **ED**
Gabarito "E".

(Juiz – TJ/RJ – VUNESP – 2016) O Soldado Stive, da Polícia Militar do Estado do Rio de Janeiro, de serviço, juntamente com sua companheira de serviço, Soldado Julieta, durante abordagem a uma civil conhecida como Chapinha, por imprudência e sem intenção, efetuou um disparo de arma de fogo que veio a atingir fatalmente Chapinha. Diante da conduta praticada pelo Soldado Stive, é correto afirmar que o policial militar cometeu

(A) crime comum de lesão corporal seguida de morte.
(B) crime militar de feminicídio.
(C) crime militar de homicídio culposo.
(D) crime comum de feminicídio.
(E) crime comum de homicídio culposo.

Não há dúvidas de que a morte de Chapinha decorreu de conduta imprudente do soldado Stive, que agiu, portanto, com culpa. Assim, deverá ser responsabilizado pelo crime militar de homicídio culposo, previsto no art. 206 do CPM. Conferir: "Conflito de competência. Penal e processual penal. Morte de criança depois de atendimento em hospital militar por médicos militares do exército. Ações penais instauradas na justiça militar (homicídio culposo) e na justiça comum estadual (homicídio com dolo eventual). Fundada dúvida quanto ao elemento subjetivo da conduta. Aferição possível somente após a instrução probatória, observado o devido processo legal, o contraditório e a ampla defesa. Prevalência do princípio do *in dubio pro societate*. Conflito conhecido para declarar a competência da justiça comum estadual. 1. Hipótese em que dois médicos militares do Exército, depois de atenderem em hospital militar uma criança enferma que veio a óbito em seguida, foram denunciados, de um lado, pelo Ministério Público Militar, acusados do delito do art. 206, § 1.º, do CPM (homicídio culposo) perante o Juízo da 3.ª Auditoria da 3.ª CJM; e, de outro lado, pelo Ministério Público do Estado do Rio Grande do Sul, acusados do delito do art. 121, *caput*, do CP (homicídio com dolo eventual) perante o Juízo da 1.ª Vara Criminal da Comarca de Santa Maria – RS. 2. A teor do art. 9.º, inciso II, alínea b, c.c. o parágrafo único do mesmo artigo, do Código Penal Militar, o crime doloso contra a vida praticado por militar contra civil é da competência da Justiça Comum. 3. Para se eliminar a fundada dúvida quanto ao elemento subjetivo da conduta, de modo a afirmar se o agente agiu com dolo eventual ou culpa, é necessário o exame acurado do conjunto probatório, a ser coletado durante a instrução criminal, observados o devido processo legal, o contraditório e a ampla defesa. 4. Deve o feito tramitar na Justiça Comum Estadual, pois, havendo dúvida quanto à existência do dolo na conduta, prevalece o princípio do *in dubio pro societate*, que leva o julgamento para o Tribunal do Júri, caso seja admitida a acusação em eventual sentença de pronúncia. Se, no entanto, o juiz se convencer de que não houve crime doloso contra a vida, remeterá os autos ao juízo competente, em conformidade com o disposto no art. 419 do Código de Processo Penal. 5. Conflito conhecido para declarar competente o Juízo de Direito da 1.ª Vara Criminal Santa Maria – RS" (CC 130.779/RS, Rel. Ministra Laurita Vaz, Terceira Seção, julgado em 11.06.2014, *DJe* 04.09.2014). **ED**
Gabarito "C".

(Juiz – TJ/RJ – VUNESP – 2016) No que tange às infrações penais relativas ao Direito Penal Econômico, nos termos previstos no Edital, assinale a alternativa correta.

(A) Ocultar ou dissimular a natureza, origem, localização, disposição, movimentação ou propriedade de bens, direitos ou valores provenientes, direta ou indiretamente, de contravenção penal não caracteriza o crime de lavagem de bens, direitos e valores.

(B) Com base na jurisprudência do Superior Tribunal de Justiça e do Supremo Tribunal Federal, para a caracterização dos crimes materiais contra a ordem tributária não basta a omissão ou a falsa informação prestada, sendo necessário que impliquem na supressão ou redução tributária.

(C) Caracteriza-se como crime contra a ordem econômica formar acordo, convênio, ajuste ou aliança entre ofertantes, visando a variação natural de preços ou quantidades vendidas ou produzidas.

(D) Aquele que participa de grupo, associação ou escritório tendo conhecimento de que sua atividade principal ou secundária é dirigida à prática de crimes previstos na Lei de lavagem ou ocultação de bens, direitos e valores, somente será responsabilizado pela prática destes crimes se, efetivamente, participar das condutas ilícitas desenvolvidas pela organização.

(E) Fazer declaração falsa ou omitir declaração sobre rendas, bens ou fatos, ou empregar outra fraude para eximir-se, total ou parcialmente, de pagamento de tributo só será considerado crime tributário se implicar na efetiva supressão ou redução tributária.

A: incorreta. Até o advento da Lei 12.683/2012, tínhamos que a configuração do crime de lavagem de dinheiro pressupunha a prática de um dos delitos antecedentes previstos no art. 1º da Lei 9.613/1998. Havia, portanto, um rol taxativo, que não incluía as contravenções penais, apenas alguns delitos. Pois bem. A partir da edição da referida Lei, que alterou diversos dispositivos da Lei 9.613/1998, passou a configurar crime de lavagem de dinheiro o fato de o agente ocultar ou dissimular a natureza, origem, localização, disposição, movimentação ou propriedade de bens, direitos ou valores provenientes, direta ou indiretamente, de *infração penal*, aqui incluídos crimes e *contravenções penais*. Deixou de existir, pois, um rol taxativo, de forma que a lavagem de dinheiro, atualmente, pode ter como fato antecedente qualquer infração penal, inclusive, repito, as contravenções; correta, pois, segundo doutrina e jurisprudências pacíficas, a supressão ou redução de tributo é condição indispensável para a caracterização dos crimes materiais tipificados no art. 1º da Lei 8.137/1990, o que não se exige para a configuração dos crimes definidos no art. 2º da mesma lei. Nesse sentido, conferir: "1. Esta Corte firmou entendimento de que o delito de supressão ou redução de tributo capitulado no art. 1º da Lei nº 8.137/90 é material, consumando-se apenas no momento da efetiva supressão ou redução de tributo. 2. Na espécie, a conduta praticada pelo recorrente descrita no acórdão recorrido não se amolda à figura descrita no parágrafo único do art. 1º da Lei nº 8.137/90. 3. O delito previsto no parágrafo único do referido artigo deve ser interpretado em conjunto com o seu caput, pois é de natureza material, consumando-se apenas com a supressão ou omissão de tributo. 4. Recurso especial provido, para restabelecer a sentença de primeiro grau" (REsp 1113460/SP, Rel. Ministro Celso Limongi (Desembargador Convocado do TJ/SP), Sexta Turma, julgado em 24.11.2009, *DJe* 14.12.2009); C: incorreta, no que toca ao trecho *visando à variação natural de preços*, quando o correto seria *visando à fixação artificial de preços*, tal como previsto no art. 4º, II, a, da Lei 8.137/1990; D: incorreta, já que a *efetiva participação*, que consiste na conduta de *tomar parte*, não é indispensável à configuração deste crime, que restará praticado pelo simples fato de o agente ter conhecimento de que exerce sua profissão em local que serve à lavagem de dinheiro (art. 1º, § 2º, II, da Lei 9.613/1998); E: incorreta. Diferentemente do que se dá nos crimes definidos no art. 1º da Lei 8.137/1990, que são materiais e pressupõem, bem por isso, a produção de resultado naturalístico consistente na efetiva supressão ou redução de tributo, os crimes previstos no art. 2º dessa mesma Lei são *formais*, ou seja, não é necessário, para a sua consumação, o efetivo prejuízo para o Estado, representado pela supressão ou redução do tributo. **ED**
Gabarito "B".

(Juiz – TJ/RJ – VUNESP – 2016) A respeito da infiltração de agentes de polícia em tarefas de investigação, é correto afirmar que

(A) não possui prazo determinado de duração, podendo ser sustada, a qualquer tempo, havendo indícios seguros de risco iminente ao agente infiltrado.

(B) pode ser determinada diretamente pela autoridade policial, em decisão fundamentada, contendo todas as circunstâncias e limites da atuação.

(C) pode ser determinada de ofício pela autoridade judicial, cabendo à autoridade policial designar os agentes que atuarão na tarefa.

(D) os agentes de polícia que participam da infiltração têm direito à alteração da identidade, bem como a usufruir das medidas de proteção à testemunha.

(E) é admitida para todas as infrações penais, inclusive as de menor potencial ofensivo.

A: incorreta. Embora seja correto afirmar-se que a infiltração de agentes pode, a qualquer tempo, ser sustada na hipótese de haver indícios seguros de risco iminente ao agente infiltrado (art. 12, § 3º, da Lei 12.850/2013), não é verdadeira a afirmação de que esse meio de obtenção de prova não possui prazo determinado. Com efeito, por força do que dispõe o art. 10, § 3º, da Lei 12.850/2013, a infiltração será autorizada pelo prazo de seis meses, podendo este interregno ser prorrogado, desde que demonstrada a sua necessidade (art. 10, § 3º, da Lei 12.850/2013); **B:** incorreta, uma vez que a infiltração de agentes somente pode ser determinada, de forma fundamentada, circunstanciada e sigilosa, pelo juiz de direito, que o fará mediante representação da autoridade policial ou a requerimento do MP (art. 10, *caput*, da Lei 12.850/2013); **C:** incorreta, uma vez que não é dado ao juiz determinar, de ofício, a infiltração de agentes; somente o fará mediante representação do delegado de polícia ou a requerimento do MP; **D:** correta, pois reflete o disposto no art. 14, II, da Lei 12.850/2013; **E:** incorreta, pois não corresponde ao que estabelece o art. 10, § 2º, da Lei 12.850/2013. ED
Gabarito "D".

(Juiz – TJ/RJ – VUNESP – 2016) Analise o caso a seguir e assinale a alternativa correta.

X, empresário do ramo alimentício, teve decretada a falência de sua empresa, em 20 de outubro de 2009. Tendo o administrador judicial, em relatório circunstanciado, apontado indícios de desvio e venda das mercadorias da massa falida, o Ministério Público requisitou a instauração de inquérito, a fim de apurar a prática de crime falimentar por X, sócio-gerente da empresa. Encerradas as investigações, o Ministério Público ofereceu denúncia, junto ao Juízo Criminal da Jurisdição em que foi decretada a falência, sendo a exordial recebida, iniciando-se o processo. Citado, X apresenta resposta à acusação, postulando por sua absolvição sumária, alegando faltar justa causa para a ação penal, uma vez que, por força de agravo interposto junto ao Tribunal, a falência da empresa foi revertida. O Juízo não absolve sumariamente X, dando prosseguimento ao processo. X então impetra *habeas corpus*, junto ao Tribunal de Justiça.

(A) O Tribunal de Justiça haveria de conceder a ordem, para trancar a ação penal, por ausência de condição de punibilidade do crime falimentar.
(B) O Ministério Público não poderia ter oferecido denúncia em face de X, por crime falimentar, por faltar condição de procedibilidade, já que a ação é pública condicionada à representação dos credores.
(C) O Tribunal de Justiça haveria de denegar a ordem, haja vista a independência das esferas.
(D) A ação penal é nula, por incompetência do Juízo, pois, nos termos da Lei 11.101/2005, é competente para julgar crime falimentar o Juízo que decretou a falência.
(E) Tendo a Lei 11.101/2005 previsto o procedimento sumário para o processo e julgamento de crime falimentar, não é possível ao acusado apresentar resposta à acusação, prevista no artigo 396-A, do CPP.

A: correta, pois reflete o disposto no art. 180 da Lei 11.101/2005; **B:** incorreta, já que a ação penal, nos crimes previstos na Lei 11.101/2005, é pública *incondicionada* (art. 184 da Lei 11.101/2005); **C:** incorreta, já que não há que se falar em independência de esferas neste caso; **D:** incorreta, pois não corresponde ao disposto no art. 183 da Lei 11.101/2005; **E:** incorreta. Embora seja verdade que o procedimento a ser adotado no julgamento dos crimes falimentares é o comum sumário (art. 185 da Lei 11.101/2005), é incorreto afirmar-se que a *resposta à acusação* (art. 396-A, CPP) não tem incidência no procedimento sumário (art. 394, § 4º, do CPP). ED
Gabarito "A".

(Juiz de Direito – TJM/SP – VUNESP – 2016) A definição de crime militar, no ordenamento jurídico brasileiro, é estabelecida de modo exclusivo em razão
(A) da lei (*ratione legis*).
(B) do lugar em que a conduta foi praticada (*ratione loci*).
(C) da pessoa que praticou a conduta (*ratione personae*).
(D) da pessoa contra a qual a conduta foi praticada (*ratione personae*).
(E) do tempo em que a conduta foi praticada (*ratione temporis*).

De fato, tal como se afirma na alternativa "A", o Brasil adotou, como critério geral para definição dos crimes militares, a *lei* (aspecto meramente formal). Isto é, o legislador enumera, de forma taxativa e por meio de lei, as condutas que devem ser consideradas como crime militar. Dessa forma, é crime militar a conduta assim tratada no Código Penal Militar. É aquele que a lei considera como tal. ED
Gabarito "A".

(Juiz de Direito – TJM/SP – VUNESP – 2016) O autor que, ao praticar o crime, supõe, por erro plenamente escusável, a inexistência de circunstância de fato que o constitui:

(A) poderá ter a pena atenuada ou substituída por outra menos grave, nos termos do Código Penal Militar, e terá sua conduta considerada como atípica, nos termos do Código Penal Comum.
(B) poderá ter a pena atenuada ou substituída por outra menos grave, nos termos do Código Penal Comum, e terá sua conduta considerada como atípica, nos termos do Código Penal Militar.
(C) será isento de pena, nos termos do Código Penal Militar, e terá excluído o dolo, nos termos do Código Penal Comum.
(D) será isento de pena, nos termos do Código Penal Comum, e terá excluído o dolo, nos termos do Código Penal Militar.
(E) poderá ter a pena atenuada ou substituída por outra menos grave, salvo em se tratando de crime que atente contra o dever militar, nos termos do Código Penal Militar, e será isento de pena, nos termos do Código Penal Comum.

A situação descrita no enunciado corresponde ao *erro de fato*, do art. 36 do CPM, e ao *erro de tipo*, do art. 20 do CP. ED
Gabarito "C".

(Juiz de Direito – TJM/SP – VUNESP – 2016) Quando o agente, mediante uma só ação ou omissão, pratica dois ou mais crimes, idênticos ou não, sendo as penas para eles previstas, da mesma espécie,

(A) nos termos do Código Penal Militar, aplica-se-lhe a pena de um só dos crimes.
(B) nos termos do Código Penal Comum, deverá ter as penas privativas de liberdade unificadas e a pena única será a soma de todas.
(C) nos termos do Código Penal Comum, deverá ter aplicada cumulativamente as penas privativas de liberdade em que haja incorrido.
(D) nos termos do Código Penal Militar, deverá ter as penas privativas de liberdade unificadas, sendo a pena única a mais grave, mas com aumento correspondente à metade do tempo das menos graves.
(E) nos termos do Código Penal Militar, deverá ter as penas privativas de liberdade unificadas e a pena única será a soma de todas.

A resposta deve ser extraída do art. 79 do CPM: *Quando o agente, mediante uma só ou mais de uma ação ou omissão, pratica dois ou mais crimes, idênticos ou não, as penas privativas de liberdade devem ser unificadas. Se as penas são da mesma espécie, a pena única é a soma de todas; se, de espécies diferentes, a pena única é a mais grave, mas com aumento correspondente à metade do tempo das menos graves, ressalvado o disposto no art. 58.* ED
Gabarito "E".

(Juiz de Direito – TJM/SP – VUNESP – 2016) Com relação aos crimes contra a Autoridade ou Disciplina Militar, é correto afirmar:
(A) o simples concerto de militares para a prática do crime de motim não é punível, nos termos da lei penal militar, se estes não iniciarem, ao menos, os atos executórios do crime de motim.
(B) militares que apenas se utilizam de viatura militar para ação militar, em detrimento da ordem ou disciplina militar, mas sem ocupar quartel, cometem o crime de motim.
(C) o militar que, estando presente no momento da prática do crime de motim, não usar de todos os meios ao seu alcance para impedi-lo, será responsabilizado como partícipe deste.
(D) o militar que, antes da execução do crime de motim e quando era ainda possível evitar-lhe as consequências, denuncia o ajuste de que participou terá a pena diminuída pela metade com relação ao referido crime militar.
(E) a reunião de dois ou mais militares com armamento ou material bélico, de propriedade militar, para a prática de violência contra coisa particular, só caracterizará o crime de organização de grupo para a prática de violência se a coisa se encontrar em lugar sujeito à administração militar.

A: incorreta, já que o simples concerto de militares para a prática do crime de motim (art. 149 do CPM) configura o delito de *conspiração*, definido no art. 152 do CPM; correta (art. 149, IV, do CPM); **C:** incorreta. O militar que assim proceder responderá pelo crime de *omissão de lealdade militar*, previsto no art. 151 do CPM; **D:** incorreta. É hipótese de isenção de pena (art. 152, parágrafo único, do CPM); **E:** incorreta, pois contraria o disposto no art. 150 do CPM, que estabelece que o crime ali definido (*organização de grupo para a prática de violência*) restará configurado quando praticado em lugar sujeito ou não a administração militar. ED
Gabarito "B".

(Juiz de Direito – TJM/SP – VUNESP – 2016) Consoante o previsto no Código Penal Militar e na jurisprudência majoritária do Tribunal de Justiça Militar do Estado de São Paulo, assinale a alternativa correta no que diz respeito aos crimes contra o serviço militar e o dever militar.

(A) Um Capitão da Polícia Militar, da ativa, que, por imprudência, deixa de desempenhar a função que lhe foi confiada não poderá ser punido pelo crime de descumprimento de missão por atipicidade da conduta.
(B) O Comandante que, por negligência, deixa de manter a força sob seu comando em estado de eficiência incorre no crime de omissão de eficiência da força.
(C) Um Soldado da Polícia Militar, da ativa, que, por negligência, dorme durante o serviço de dia em uma Companhia Policial Militar comete o crime militar de "dormir em serviço".
(D) Um Major da Polícia Militar, da ativa, que participa e exerce atividade de administração na empresa proprietária de uma rede de "autoescolas", que fornece cursos de formação de condutores em várias

cidades do seu estado, comete o crime de "exercício de comércio por oficial".
(E) Um Cabo da Polícia Militar, da ativa, que se apresenta embriagado para prestar um serviço administrativo de protocolista não comete o crime militar de embriaguez em serviço.

A: incorreta, já que o crime em que incorreu o oficial (art. 196, CPM) comporta a modalidade *culposa* (§ 3º), tratando-se, assim, de conduta típica; incorreta, uma vez que o crime definido no art. 198 do CPM (omissão de eficiência da força) não comporta a modalidade culposa; **C:** incorreta. O art. 203 do CPM, que define o delito de *dormir em serviço*, não prevê modalidade culposa; o elemento subjetivo, segundo jurisprudência pacífica, é representando tão somente pelo *dolo*; **D:** correta. O oficial deverá ser responsabilizado pelo crime do art. 204 do CPM (exercício de comércio por oficial); **E:** incorreta. Se assim agir, terá cometido o crime de *embriaguez em serviço*, definido no art. 202 do CPM. Gabarito "D".

(Juiz de Direito – TJM/SP – VUNESP – 2016) Com relação aos crimes militares contra a pessoa, nos termos do Código Penal Militar e da jurisprudência majoritária do Tribunal de Justiça Militar do Estado de São Paulo, assinale a alternativa correta.
(A) Um Tenente da Polícia Militar que, de serviço, e durante abordagem policial, por imprudência, dispara sua arma de fogo e atinge fatalmente um civil terá praticado o crime comum de homicídio culposo.
(B) Um Soldado da Polícia Militar que, em serviço de policiamento, dolosamente ofende a integridade corporal de um civil terá praticado o crime comum de lesão corporal.
(C) O Sargento reformado da Polícia Militar que, mediante processo técnico, viola o direito à intimidade pessoal de uma Soldado da Polícia Militar, da ativa, filmando-a nua no interior da residência desta comete o crime de "violação de recato".
(D) Um policial militar, da ativa, que, durante deslocamento de uma viatura ônibus, retira seu órgão genital para fora da farda, exibindo-o aos demais militares presentes no ônibus, pratica o crime militar de "ato obsceno" por encontrar-se em lugar sujeito à administração militar.
(E) Um Cabo da Polícia Militar, da ativa, que mata sua esposa, também Cabo da Polícia Militar, da ativa, não incorrerá no crime militar de homicídio em virtude da existência de vínculo conjugal entre eles.

A: incorreta. O oficial será responsabilizado pelo crime militar de homicídio culposo (art. 206, CPM); **B:** incorreta. A praça será responsabilizada pelo crime militar de lesão corporal (art. 209, CPM); **C:** incorreta. O crime de *violação de recato*, previsto no art. 229 do CPM, somente pode ser praticado por militar que se encontra na ativa; **D:** correta. O policial militar, de fato, cometeu o crime do art. 238 do CPM (ato obsceno); **E:** incorreta. Deverá o cabo ser responsabilizado pelo crime militar de homicídio doloso (art. 205, CPM). Gabarito "D".

(Juiz de Direito – TJM/SP – VUNESP – 2016) Assinale a alternativa correta no que diz respeito aos crimes militares contra administração da Justiça Militar.
(A) Acusar-se, perante a autoridade, de crime sujeito à jurisdição militar, praticado por outrem, é fato atípico no âmbito penal militar.
(B) O militar que se acusar, perante a autoridade, de crime sujeito à jurisdição militar, inexistente, não incorre em crime em virtude da atipicidade da sua conduta.
(C) Provocar a ação da autoridade, comunicando-lhe a ocorrência de crime sujeito à jurisdição militar, só caracterizará o crime militar de "comunicação falsa de crime" se o autor da conduta sabe que o crime comunicado não se verificou.
(D) O crime militar de "falso testemunho ou falsa perícia" deixa de ser punível se, antes de iniciada a execução da pena, o agente se retrata ou declara a verdade.
(E) O Soldado da Polícia Militar, da ativa, que durante o serviço, inovar artificiosamente, na pendência de processo civil ou administrativo, o estado de lugar, de coisa ou de pessoa, com o fim de induzir a erro o juiz ou o perito, incorrerá no crime militar de fraude processual.

A: incorreta (crime previsto no art. 345 do CPM – autoacusação falsa); B: incorreta (crime previsto no art. 345 do CPM – autoacusação falsa); **C:** correta (crime previsto no art. 344 do CPM – comunicação falsa de crime); **D:** incorreta, já que o fato somente deixará de ser punível se a retratação ou a declaração de verdade se der *antes da sentença* (art. 346, § 2º, do CPM); **E:** incorreta. Isso porque o Código Penal Militar, diferentemente do Código Penal comum, não contempla o crime de *fraude processual*. Gabarito "C".

(Juiz de Direito – TJM/SP – VUNESP – 2016) Nos termos da Lei 12.850, de 2 de agosto de 2013, se houver indícios suficientes de que o funcionário público integra organização criminosa, poderá o Juiz determinar
(A) a perda do cargo ou mandato eletivo e a interdição para o exercício do cargo público pelo prazo de 4 anos, contado a partir do cumprimento da pena.
(B) a perda do cargo ou mandato eletivo e a interdição para o exercício do cargo público pelo prazo de 8 anos, contado a partir do cumprimento da pena.
(C) a perda do cargo ou mandato eletivo e a interdição para o exercício do cargo público pelo prazo da sentença penal condenatória, subsequente ao cumprimento da pena.
(D) seu afastamento cautelar do cargo, sem prejuízo da remuneração, quando a medida se fizer necessária à instrução processual.
(E) seu afastamento cautelar do cargo, com prejuízo da remuneração, quando a medida se fizer necessária à instrução processual.

Segundo previsão contida no art. 2º, § 5º, da Lei 12.850/2013, havendo indícios de que o funcionário público faz parte de organização criminosa, *poderá o juiz determinar seu afastamento cautelar do cargo, emprego ou função, sem prejuízo da remuneração, quando a medida se fizer necessária à investigação ou instrução processual.* Gabarito "D".

(Juiz – TJ/SP – VUNESP – 2015) O afilhado que cuida e tem a função de curador de sua madrinha, esta com 65 anos de idade, acometida de Alzheimer, vendeu imóvel da ofendida por R$ 80.000,00, recebendo, inicialmente, R$ 20.000,00. Quando foi lavrada a escritura pública, o curador recebeu o restante do pagamento, no importe de R$ 60.000,00, apropriando-se do numerário. Assim,
(A) o afilhado é isento de pena por ter praticado o delito em prejuízo de ascendente.
(B) o comportamento do afilhado caracteriza o crime de estelionato, na modalidade de abuso de incapazes.
(C) o comportamento do afilhado caracteriza o crime de apropriação indébita, agravado em face da qualidade de curador.
(D) o comportamento do afilhado caracteriza o crime de apropriação, previsto no Estatuto do Idoso.

Dado o que enuncia o princípio da especialidade, o afilhado, em face do que foi narrado no enunciado, deverá ser responsabilizado pelo crime do art. 102 da Lei 10.741/2003 (Estatuto do Idoso). O art. 95 desse mesmo diploma afasta a incidência dos benefícios contidos nos arts. 181 e 182 do CP. Ainda que não houvesse esse dispositivo, mesmo assim o agente não faria jus a tais benefícios, haja vista que não alcançam o afilhado. Gabarito "D".

(Juiz – TJ/MS – VUNESP – 2015) Com relação ao pedido de interceptação telefônica, disciplinado pela Lei 9.296/1996, assinale a alternativa correta.
(A) Poderá ser formulado verbalmente, desde que presentes os pressupostos autorizadores e demonstrada a excepcionalidade da situação, caso em que a concessão será reduzida a termo.
(B) Na investigação criminal, será formulado ao representante do Ministério Público, e na instrução processual penal, ao juiz, com prazo de 24 horas para decisão.
(C) Deferido o pedido, o juiz conduzirá os procedimentos de interceptação, dando ciência ao Ministério Público, que poderá acompanhar a sua realização.
(D) Conterá prova de materialidade e indícios de autoria ou participação em crime apenado com detenção ou reclusão, além de demonstração da indispensabilidade do meio de prova.
(E) Na decisão de deferimento, será consignado, para a execução da diligência, o prazo de 30 (trinta) dias, prorrogável por uma vez, comprovada a indispensabilidade do meio de prova.

A: correta, pois reflete o disposto no art. 4º, § 1º, da Lei 9.296/1996; **B:** incorreta. Tanto no curso da investigação quanto no da ação penal, somente o juiz poderá decretar a interceptação telefônica, e o fará de ofício, a requerimento da autoridade policial, quando no curso do inquérito, ou a requerimento do MP, quando no curso da instrução processual. É o que estabelece o art. 3º da Lei 9.296/1996; **C:** incorreta, uma vez que o art. 6º, *caput*, da Lei 9.296/1996 estabelece que, deferido o pedido, caberá à autoridade policial conduzir os procedimentos de interceptação, do que dará ciência ao MP, sendo a este lícito acompanhar a realização da diligência; **D:** incorreta, na medida em que a interceptação telefônica somente terá lugar quando o crime sob investigação for apenado com *reclusão* (art. 2º, III, da Lei 9.296/1996); **E:** incorreta. À luz do que reza o art. 5º da Lei 9.296/1996, a interceptação não poderá exceder o prazo de 15 dias (e não de 30), interregno esse que comporta prorrogação por igual período, desde que isso se mostre indispensável às investigações. Cabem aqui alguns esclarecimentos quanto à prorrogação do prazo estabelecido neste dispositivo. Segundo entendimento consolidado pelos tribunais superiores, as interceptações telefônicas podem, sim, ser prorrogadas sucessivas vezes, desde que tal providência seja devidamente fundamentada pela autoridade judiciária (art. 5º da Lei 9.296/1996). Conferir: "De acordo com a jurisprudência há muito consolidada deste Tribunal Superior, as autorizações subsequentes de interceptações telefônicas, uma vez evidenciada a necessidade das medidas e a devida motivação, podem ultrapassar o prazo previsto em lei, considerado o tempo necessário e razoável para o fim da persecução penal" (AgRg no REsp 1620209/RS, Rel. Ministra Maria Thereza De Assis Moura, Sexta Turma, julgado em 09.03.2017, DJe 16.03.2017). No STF: "(...) Nesse contexto, considerando o entendimento jurisprudencial e doutrinário acerca da possibilidade de se prorrogar o prazo de autorização para a interceptação telefônica por períodos sucessivos quando a intensidade e a complexidade das condutas delitivas investigadas assim o demandarem, não há que se falar, na espécie, em nulidade da referida escuta e de suas prorrogações, uma vez que autorizada pelo Juízo de piso com a observância das exigências previstas na lei de regência (Lei 9.296/1996, art. 5º) (...)" (STF, 1ª T., RHC 120.111, rel. Min. Dias Toffoli, j. 11.03.2014). Gabarito "A".

(Promotor de Justiça – MPE/RS – 2017) Relativamente à Lei Federal 12.846, de 1º de agosto de 2013, chamada de Lei Anticorrupção, assinale a alternativa correta.

(A) Aquele que transitoriamente e sem remuneração exerça função pública em representação diplomática de país estrangeiro não é considerado agente público estrangeiro, para fins de aplicação da Lei Anticorrupção.
(B) A personalidade jurídica poderá ser desconsiderada sempre que utilizada com abuso do direito para facilitar, encobrir ou dissimular a prática dos atos ilícitos previstos na Lei Anticorrupção, dispensada a defesa em casos considerados gravíssimos.
(C) Na aplicação das sanções será levada em consideração a existência de mecanismos e procedimentos internos de integridade, auditoria e incentivo à denúncia de irregularidades e a aplicação efetiva de códigos de ética e de conduta no âmbito da pessoa jurídica.
(D) A celebração de acordo de leniência não exime a pessoa jurídica de reparar integralmente o dano causado, mas afasta integralmente a multa que seria imputada caso o referido acordo não fosse firmado.
(E) A celebração de acordo de leniência interrompe o prazo prescricional dos atos ilícitos previstos na Lei Anticorrupção e, se descumprido, impede a nova celebração de acordo pelo prazo de 1 (um) ano, contado do conhecimento pela Administração Pública do descumprimento.

A: incorreta, na medida em que não reflete o disposto no art. 5º, § 3º, da Lei 12.846/2013, que estabelece que, nas condições mencionadas nesta proposição, será, sim, considerado agente público estrangeiro; **B:** incorreta, pois não corresponde ao teor do art. 14 da Lei 12.846/2013, segundo o qual serão assegurados, em qualquer caso, ainda que considerado gravíssimo, o contraditório e a ampla defesa; **C:** correta, pois em consonância com a regra presente no art. art. 7º, VIII, da Lei 12.846/2013; **D:** incorreta, pois em desconformidade com o teor do art. 16, §§ 2º e 3º, da Lei 12.846/2013, que estabelece que, no caso de celebração de acordo de leniência, não haverá isenção integral da multa, mas redução do seu valor em até dois terços; **E:** incorreta. A primeira parte da assertiva, que diz respeito à interrupção do prazo prescricional quando da celebração do acordo de leniência, está correta, uma vez que em conformidade com a regra contida no art. art. 16, § 9º, da Lei 12.846/2013; o erro da proposição está na sua segunda parte, em que se afirma que o descumprimento do acordo de leniência impede nova celebração do acordo pelo prazo de um ano, quando, na realidade, por força do que dispõe o art. 16, § 8º, da Lei 12.846/2013, esse prazo corresponde a 3 anos. **ED**

Gabarito "C".

(Promotor de Justiça – MPE/RS – 2017) Assinale a alternativa **INCORRETA**.

(A) A lei penal brasileira, com o objetivo de proteger a pessoa idosa, erigiu em crimes, dentre outras, as condutas de (1) negar o acolhimento ou a permanência do idoso, como abrigado, por recusa deste em outorgar procuração à entidade de atendimento, e de (2) reter o cartão magnético de conta bancária relativa a benefícios, proventos ou pensão do idoso, ou qualquer outro documento com objetivo de assegurar recebimento ou ressarcimento de dívida. Com o mesmo objetivo protetivo, estabeleceu uma causa especial de aumento da pena, em dobro, ao agente de estelionato contra pessoa idosa.
(B) Independentemente da ocorrência de lesão ou de perigo de dano concreto na condução do veículo, constitui crime a conduta de entregar a direção de um automóvel à pessoa com o direito de dirigir suspenso.
(C) A aplicação da causa de diminuição da pena de um sexto a dois terços, prevista na Lei de Drogas, em favor do traficante primário, de bons antecedentes e que não se dedique a atividades criminosas nem integre organização criminosa, afasta a hediondez ou a equiparação à hediondez do crime de tráfico de entorpecentes.
(D) Do art. 1º, da Lei 9.455/1997, que incrimina a tortura, extraem-se as espécies delitivas doutrinariamente designadas tortura-prova, tortura-crime, tortura-discriminação, tortura-castigo, tortura-própria e tortura omissão, equiparadas aos crimes hediondos, previstas na modalidade dolosa e com apenamento carcerário para cumprimento inicial em regime fechado.
(E) Configura crime ambiental a conduta de destruir ou danificar vegetação primária ou secundária, em estágio avançado ou médio de regeneração, do Bioma Mata Atlântica, ou de simplesmente utilizá-la com infringência das normas de proteção.

A: correta, pois em consonância com as figuras típicas previstas, respectivamente, nos arts. 103 e 104 da Lei 10.741/2003 – Estatuto do Idoso, e com a causa de aumento contida no art. 171, § 4º, do CP; **B:** correta, uma vez que se trata de delito formal, cuja consumação, bem por isso, não está condicionada à produção de resultado naturalístico consistente na existência de lesão a alguém. Nesse sentido a Súmula 575 do STJ: *Constitui crime a conduta de permitir, confiar ou entregar a direção de veículo automotor a pessoa que não seja habilitada, ou que se encontre em qualquer das situações previstas no art. 310 do CTB, independentemente da ocorrência de lesão ou de perigo de dano concreto na condução do veículo;* **C:** correta. Segundo entendimento firmado na Súmula n. 512, do STJ, não mais em vigor, "A aplicação da causa de diminuição de pena prevista no art. 33, § 4º, da Lei 11.343/2006 não afasta a hediondez do crime de tráfico de drogas". O Plenário do STF, ao julgar o HC 118.533/MS, em 23.06.2016, cuja relatoria foi da Min. Cármen Lúcia, entendeu, em dissonância com o posicionamento então adotado pelo STJ, que o crime de tráfico de drogas privilegiado não tem natureza hedionda. Pois bem. Sucede que a Terceira Seção do STJ, na sessão realizada em 23 de novembro de 2016, ao julgar a QO na Pet 11.796-DF, determinou o cancelamento da referida Súmula n. 512, alinhando-se ao entendimento adotado pelo STF no sentido de que o delito de tráfico privilegiado não pode ser equiparado a crime hediondo; **D:** incorreta. É errado afirmar-se que o condenado por crime de tortura, em qualquer modalidade, deverá iniciar o cumprimento da pena em regime fechado. Isso porque o art. 1º, § 7º, da Lei 9.455/1997 faz uma ressalva. Dessa forma, não estará sujeito ao regime mais rígido de cumprimento da reprimenda aquele que incorrer nas penas do crime omissivo previsto no art. 1º, § 2º, desta Lei (tortura imprópria), visto que o preceito secundário da norma incriminadora estabelece a pena de 1 a 4 anos de detenção, bem inferior às outras penas previstas para o crime de tortura na forma comissiva; **E:** correta (crime previsto no art. 38-A da Lei 9.605/1998). **ED**

Gabarito "D".

(Promotor de Justiça/GO – 2016 – MPE) Sobre a infiltração de agentes, é correto dizer:

(A) A Lei 12.850/2013 previu expressamente o *plano operacional da infiltração* como *conditio sine qua non* para o deferimento da medida.
(B) Faz-se necessário, para que ocorra a chamada *flexibilização operativa da infiltração policial*, que o Ministério Público obtenha em juízo, em caráter de extrema urgência, autorização judicial para a sustação da operação, sempre que existirem indícios seguros de que o agente infiltrado sofre risco iminente.
(C) A Lei 12.850/2013, no afã de aumentar os mecanismos de repressão à criminalidade organizada, alargou o rol dos sujeitos que podem atuar na qualidade de *agente infiltrado* e, com isso, legalizou a infiltração por meio dos chamados *gansos* ou *informantes*.
(D) Doutrinariamente, chama-se *deep cover* a espécie de infiltração que tem duração superior a seis meses e reclama do agente imersão profunda no seio da organização criminosa, utilização de identidade falsa e perda de contato significativo com a família.

A: incorreta, já que a Lei 12.850/2013 não previu tal exigência. O conteúdo do requerimento ou representação para a infiltração de agentes está previsto no art. 11 da Lei 12.850/2013; **B:** incorreta. Em conformidade com o que dispõe o art. 12, § 3º da Lei 12.850/2013, havendo indícios seguros de que o agente infiltrado corre risco iminente, a operação será sustada mediante requisição do MP ou pelo delegado de polícia, dando-se imediata ciência ao MP e à autoridade judicial. É desnecessária, portanto, a autorização judicial para que se promova a sustação da operação, sempre que existirem indícios seguros de risco ao agente infiltrado; **C:** incorreta. Somente poderá atuar como infiltrado o agente *policial*, ex vi do art. 10, *caput*, da Lei 12.850/2013; **D:** correta. A doutrina aponta duas modalidades de infiltração de agentes: *light cover* (infiltração leve), que, como o próprio nome sugere, é aquela que não passa do prazo de seis meses e não exige do agente um engajamento tão profundo e intenso; *deep cover* (imersão profunda), que corresponde à modalidade de infiltração em que o agente, por prazo superior a 6 meses, ingressa de forma mais profunda no seio da organização. **ED**

Gabarito "D".

(Promotor de Justiça/GO – 2016 – MPE) Em relação à Lei Federal 12.846/2013, conhecida como "Lei Anticorrupção", é correto afirmar que:

(A) nas hipóteses de fusão e incorporação, a responsabilidade da sucessora será restrita à obrigação de pagamento de multa e reparação integral do dano causado, até o limite do patrimônio transferido, não lhe sendo aplicáveis, em hipótese alguma, as demais sanções previstas nesta Lei decorrentes de atos e fatos ocorridos antes da data da fusão ou incorporação.
(B) na esfera administrativa, será aplicada à pessoa jurídica considerada responsável pelo ato lesivo prevista a sanção de multa, no valor de 0,1% (um décimo por cento) a 20% (vinte por cento) do faturamento líquido do último exercício anterior ao da instauração do processo administrativo, excluídos os tributos, a qual nunca será inferior à vantagem auferida, quando for possível sua estimação.
(C) em caso de descumprimento do acordo de leniência, a pessoa jurídica ficará impedida de celebrar novo acordo pelo prazo de 2 (dois) anos contados do conhecimento pela administração pública do referido descumprimento.
(D) a competência para a instauração e o julgamento do processo administrativo de apuração de responsabilidade da pessoa jurídica poderá ser delegada. (art. 8º, § 1º)

A: incorreta, uma vez que o art. 4º, § 1º, da Lei 12.846/2013 estabelece uma exceção à não aplicação das demais sanções previstas nesta Lei decorrentes de atos e fatos ocorridos antes da data da fusão ou incorporação, que é a hipótese de simulação ou evidente intuito de fraude, devidamente comprovados; **B:** incorreta. É que a sanção de multa a ser aplicada, na hipótese descrita, deverá incidir sobre o faturamento *bruto*, e não *líquido*, tal como afirmado na alternativa. É o que estabelece o art. 6º, I, da Lei 12.846/2013; **C:** incorreta, na medida em que o prazo durante o qual a pessoa jurídica que descumpriu o acordo de leniência firmado ficará impedida de celebrar no acordo corresponde a 3 anos, e não a 2, a teor do art. 16, § 8º, da Lei 12.846/2013; **D:** correta, pois reflete o disposto no art. 8º, § 1º, da Lei 12.846/2013. **ED**

Gabarito "D".

(Promotor de Justiça/GO – 2016 – MPE) Em conformidade com a Lei do Terrorismo (Lei 13.260/2016), marque a alternativa incorreta:
- (A) É ato de terrorismo a conduta de apenas uma pessoa que, movida por preconceito religioso, ameaça usar gases tóxicos capazes de promover destruição em massa com a finalidade de provocar terror generalizado mediante a exposição da paz pública a perigo.
- (B) A prisão temporária daquele que pratica qualquer dos crimes previstos na Lei do Terrorismo terá o prazo de 30 (trinta) dias, prorrogável por igual período em caso de extrema e comprovada necessidade.
- (C) É penalmente típica a conduta de realizar atos preparatórios de terrorismo com o propósito inequívoco de consumar tal delito. Essa hipótese configura um crime obstáculo que não se compraz, segundo a Lei 13.260/2016, com a resipiscência.
- (D) A Lei do Terrorismo considerou que os crimes nela previstos são praticados contra o interesse da União, cabendo à Polícia Federal a investigação criminal, em sede de inquérito policial, e à Justiça Federal o seu processamento e julgamento, nos termos do inciso IV do art. 109 da Constituição da República.

A: correta (conduta prevista no art. 2º, I, da Lei 13.260/2016); **B:** correta, pois corresponde ao que estabelecem os arts. 17 da Lei 13.260/2016 e 2º, § 4º, da Lei 8.072/1990 (Crimes Hediondos); **C:** incorreta, já que não reflete o que dispõe o art. 10 da Lei 13.260/2016; **D:** correta, pois em consonância com o disposto no art. 11 da Lei 13.260/2016.
Gabarito "C".

(Promotor de Justiça/SC – 2016 - MPE)
(1) A Lei 12.850/2013, ao tratar da investigação e dos meios de obtenção da prova, dispõe que a infiltração de agentes de polícia ou de inteligência em tarefas de investigação, representada pelo delegado de polícia ou requerida pelo Ministério Público, após manifestação técnica do delegado de polícia quando solicitada no curso de inquérito policial, será precedida de circunstanciada, motivada e sigilosa autorização judicial, que estabelecerá seus limites.

1: O erro da assertiva está na parte em que afirma que a infiltração pode ser feita por agentes de *inteligência*. Isso porque um dos requisitos deste meio de obtenção de prova é que a infiltração seja feita por agente *policial*, nos termos do art. 10, caput, da Lei 12.850/2013. Vale lembrar que a anterior Lei 9.034/1995 permitia que a infiltração fosse feita por agentes de inteligência, além, é claro, de policiais.
Gabarito 1E

(Promotor de Justiça/SC – 2016 - MPE)
(1) Considera-se organização criminosa a associação de 4 (quatro) ou mais pessoas estruturalmente ordenada e caracterizada pela divisão de tarefas, ainda que informalmente, com objetivo de obter, direta ou indiretamente, vantagem de qualquer natureza, mediante a prática de infrações penais cujas penas máximas sejam superiores a 4 (quatro) anos, ou que sejam de caráter transnacional. Esta é a definição prevista na Lei 12.850/2013.

1: Verdadeira, uma vez que corresponde à redação do art. 1º, § 1º, da Lei 12.850/2013.
Gabarito 1C

(Promotor de Justiça/SC – 2016 - MPE)
(1) Ao dispor sobre a investigação criminal conduzida pelo delegado de polícia, a Lei 12.830/2013 determinou que o inquérito policial ou outro procedimento previsto em lei em curso somente poderá ser avocado ou redistribuído por superior hierárquico, mediante despacho fundamentado, por motivo de interesse público ou nas hipóteses de inobservância dos procedimentos previstos em regulamento da corporação que prejudique a eficácia da investigação.

1: A proposição, que está correta, reflete o que estabelece o art. 2º, § 4º, da Lei 12.846/2013.
Gabarito 1C

(Promotor de Justiça/SC – 2016 - MPE)
(1) Prevê a Lei 12.694/2012 que, nos processos ou procedimentos que tenham por objeto crimes praticados por organizações criminosas, o juiz poderá decidir pela formação de colegiado para a prática de qualquer ato processual. Neste caso, o juiz poderá instaurar o colegiado, indicando os motivos e as circunstâncias que acarretam risco à sua integridade física em decisão fundamentada, da qual será dado conhecimento ao órgão correcional. O colegiado será formado pelo juiz do processo e por 3 (três) outros juízes em exercício no primeiro grau de jurisdição, escolhidos por sorteio eletrônico.

1: O enunciado contém um erro, a saber: o colegiado a que se refere o art. 1º, § 2º, da Lei 12.694/2012 será formado pelo juiz cuja integridade física está sob ameaça mais dois (e não três) magistrados com competência criminal em exercício no primeiro grau de jurisdição, escolhidos por sorteio eletrônico.
Gabarito 1E

(Promotor de Justiça/SC – 2016 – MPE)
(1) A Lei n. 10.741/2003 (Estatuto do Idoso) possui tipo penal específico para punir tabelião que lavrar ato notarial que envolva pessoa idosa sem discernimento de seus atos e sem a devida representação legal.

1: o enunciado se refere ao crime capitulado no art. 108 da Lei 10.741/2003 (Estatuto do Idoso), que assim dispõe: *Lavrar ato notarial que envolva pessoa idosa sem discernimento de seus atos, sem a devida representação legal.* A pena é de reclusão de 2 a 4 anos.
Gabarito 1C

(Promotor de Justiça/SC – 2016 – MPE)
(1) Prometer ou efetivar a entrega de filho ou pupilo a terceiro, mediante paga ou recompensa, é crime previsto no artigo 238 do Estatuto da Criança e do Adolescente – ECA, classificado como próprio, sendo admissível a suspensão condicional do processo, prevista no artigo 89 Lei 9.099/95.

1: De fato, a conduta acima descrita corresponde ao crime do art. 238 da Lei 8.069/1990 (Estatuto da Criança e do Adolescente), que é considerado, tal como acima se afirma, *próprio*, na medida em que o sujeito ativo somente pode ser o pai, a mãe, o tutor ou ainda o guardião. Ademais, é também correto afirmar-se que é admitida a suspensão condicional do processo (*sursis* processual), já que a pena mínima cominada a este crime não é superior a um ano (o preceito secundário do tipo penal estabelece a pena de 1 a 4 anos de reclusão), dentro, portanto, do limite estabelecido no art. 89, *caput*, da Lei 9.099/1995, que assim dispõe: *Nos crimes em que a pena mínima cominada for igual ou inferior a um ano (...)*. Como se pode ver, o âmbito de incidência do *sursis* processual é mais amplo do que a competência do Jecrim (art. 61 da Lei 9.099/1995), podendo, dessa forma, ser aplicado, também, a crimes de médio potencial ofensivo.
Gabarito 1C

(Promotor de Justiça/SC – 2016 – MPE)
(1) Conforme expressamente determina a Lei 9.296/1996, quando todos os fatos investigados constituem infração penal punida com pena de detenção, não será admitida a interceptação de comunicações telefônicas.

1: assertiva verdadeira, haja vista que, a teor do art. 2º, III, da Lei 9.296/1996, somente será autorizada a interceptação de comunicações telefônicas na hipótese de o fato objetivo da investigação constituir infração penal punida com reclusão. Em outras palavras, não será admitida a interceptação de comunicações telefônicas se a pena cominada ao crime sob investigação for de detenção.
Gabarito 1C

(Promotor de Justiça/SC – 2016 – MPE)
(1) A Lei n. 4.898/1965, que prevê os crimes de abuso de autoridade, é aplicável inclusive aos que exercem cargo, emprego ou função pública de natureza civil, ainda que transitoriamente e sem remuneração.

1: assertiva verdadeira, visto que corresponde ao que estabelece o art. 5º da Lei 4.898/1965 (abuso de autoridade): *Considera-se autoridade, para os efeitos desta Lei, quem exerce cargo, emprego ou função pública, de natureza civil, ou militar, ainda que transitoriamente e sem remuneração.*
Gabarito 1C

(Promotor de Justiça – MPE/MS – FAPEC – 2015) Analise as proposições abaixo acerca da colaboração premiada prevista na lei referente às organizações criminosas (Lei 12.850/2013):
- I. O juiz poderá conceder perdão judicial ao colaborador, ainda que esse benefício não tenha sido previsto originariamente na proposta inicial, desde que requerido pelo Ministério Público, a qualquer tempo, considerando a relevância da colaboração prestada.
- II. Em relação ao colaborador, o Ministério Público poderá deixar de oferecer a denúncia, diante da relevância da colaboração premiada, desde que, em sendo o colaborador líder da organização criminosa, seja a primeira pessoa a prestar a colaboração.
- III. O acordo de colaboração premiada deixa de ser sigiloso assim que recebida a denúncia.
- IV. O juiz não participará das negociações realizadas entre as partes para a formalização do acordo de colaboração.

Assinale a alternativa correta:
- (A) Todas as proposições são corretas.
- (B) Somente as proposições I, III e IV são corretas.
- (C) Somente as proposições II e III são corretas.
- (D) Somente as proposições IV e III são corretas.
- (E) Somente as proposições I e II são corretas.

I: correta, pois em conformidade com o art. 4º, § 2º, da Lei 12.850/2013; **II:** incorreta, na medida em que não reflete o disposto no art. 4º, § 4º, I e II, da Lei 12.850/2013; **III:** correta (art. 7º, § 3º, da Lei 12.850/2013); **IV:** correta (art. 4º, § 6º, da Lei 12.850/2013).
Gabarito "B".

(Promotor de Justiça – MPE/MS – FAPEC – 2015) Assinale a alternativa **correta**:
- (A) Considerando-se a Lei 10.826/2013 (Estatuto do Desarmamento), não comete qualquer crime a pessoa que, possuindo autorização para o porte de arma de fogo permitido, adentra em local público

com a arma municiada, podendo, entretanto, ser sancionada administrativamente.
(B) Em relação aos crimes previstos na Lei 11.340/2006 (Lei Maria da Penha), as medidas protetivas de urgência poderão ser concedidas de imediato, observada a prévia manifestação, no prazo de 24 (vinte e quatro) horas, do representante do Ministério Público.
(C) Aquele que oferece droga, eventualmente e sem objetivo de lucro, à pessoa de seu relacionamento, para juntos consumirem, deve ser considerado usuário, nos termos do que dispõe a Lei 11.343/2006 (Lei de Tóxicos).
(D) Conforme a Lei 12.850/2013 (Crime Organizado), os condenados por integrar, pessoalmente ou por interposta pessoa, organização criminosa iniciarão o cumprimento da pena em regime fechado.
(E) Tratando-se de crime ambiental previsto na Lei 9.605/1998, não é necessário que a infração, para ser passível de responsabilização penal a pessoa jurídica, deva ser cometida no interesse ou benefício da entidade.

A: correta. De fato, a conduta descrita na assertiva não tem relevância penal. Entretanto, constitui infração administrativa que sujeita o titular à cassação do porte de arma e à sua apreensão, conforme estabelece o art. 26 do Decreto 5.123, de 1º de julho de 2004, que regulamentou o Estatuto do Desarmamento e assim dispõe: *O titular de porte de arma de fogo para defesa pessoal concedido nos termos do art. 10 da Lei 10.826, de 2003, não poderá conduzi-la ostensivamente ou com ela adentrar ou permanecer em locais públicos, tais como igrejas, escolas, estádios desportivos, clubes, agências bancárias ou outros locais onde haja aglomeração de pessoas em virtude de eventos de qualquer natureza. (Redação dada pelo Decreto 6.715, de 2008). § 1º A inobservância do disposto neste artigo implicará na cassação do Porte de Arma de Fogo e na apreensão da arma, pela autoridade competente, que adotará as medidas legais pertinentes;* **B:** incorreta, pois contraria a regra disposta no art. 19, § 1º, da Lei 11.340/2006, que estabelece que, uma vez concedida, pelo juiz, a medida protetiva de urgência, o MP será prontamente comunicado. É dizer, não há obrigatoriedade de comunicação prévia; **C:** incorreta. A conduta descrita na assertiva corresponde à modalidade privilegiada de tráfico prevista no art. 33, § 3º, da Lei de Drogas, cuja configuração depende dos seguintes requisitos: oferta de droga sem objetivo de lucro; oferta em caráter eventual; a droga deve ser oferecida à pessoa do relacionamento do agente; o agente deve ter o propósito de consumir a droga em conjunto com a pessoa de seu relacionamento. Cuida-se, portanto, de crime de tráfico; **D:** incorreta, já que a Lei 12.850/2013 não impõe essa exigência. A propósito, o STF, por várias vezes, reconheceu a inconstitucionalidade do regime inicial obrigatoriamente fechado, por violação ao postulado da individualização da pena; **E:** incorreta, pois não reflete o disposto no art. 3º da Lei 9.605/1998 (Crimes Ambientais). **Gabarito "A"**

(Promotor de Justiça – MPE/MS – FAPEC – 2015) Assinale a alternativa **correta**:
(A) No tocante aos crimes contra a ordem tributária (Lei 8.137/1990), somente a supressão ou redução de imposto constitui crime.
(B) A Lei 8.078/1990 (Código de Defesa do Consumidor) permite nos crimes por ela previstos a exasperação da pena, na segunda fase de sua aplicação, quando cometidos em detrimento de pessoa analfabeta.
(C) O Prefeito Municipal, ainda que não seja ordenador de despesas, pode ser criminalmente processado pelos crimes previstos na Lei 8.666/1993 (Lei das Licitações).
(D) Nos Juizados Especiais Criminais, conforme previsão da Lei 9.099/1995, a homologação do acordo civil acarreta o perdão do ofendido ao autor da infração, extinguindo-se a punibilidade.
(E) Aquele que se omite em face das condutas tipificadas como tortura (Lei nº 9.455/1997), quando tinha o dever de evitá-las ou apurá-las, incide nas mesmas penas a ele cominadas.

A: incorreta, uma vez que o art. 1º da Lei 8.137/1990 estabelece que constitui crime contra a ordem tributária a supressão ou redução de tributo (que é gênero, sendo o imposto uma de suas espécies), além da contribuição social. Ademais, o art. 2º da mesma lei prevê uma série de condutas criminosas que não têm como pressuposto a supressão ou redução de tributo ou contribuição social; **B:** incorreta. Hipótese de exasperação da pena não contemplada na Lei 8.078/1990 (Código de Defesa do Consumidor). As circunstâncias agravantes estão elencadas no art. 76 do CDC; **C:** correta. Nesse sentido, conferir: "O Prefeito Municipal, ainda que não seja ordenador de despesas, pode ser processado criminalmente pelos crimes previstos na Lei 8666/1993 – Lei das Licitações, se a acusação o enquadrar como mentor intelectual dos crimes" (STF, Inq 2578, Relator(a): Min. Ricardo Lewandowski, Tribunal Pleno, julgado em 06.08.2009, DJe-176 DIVULG 17.09.2009 PUBLIC 18.09.2009); **D:** incorreta, uma vez que não reflete o que estabelece o art. 74, parágrafo único, da Lei 9.099/1995; **E:** incorreta. É que a pena prevista para a hipótese de omissão descrita na assertiva é de 1 a 4 anos de detenção (art. 1º, § 2º, da Lei 9.455/1997), inferior, portanto, à pena cominada ao autor da tortura, que é de 2 a 8 anos de reclusão. **Gabarito "C"**

(Promotor de Justiça – MPE/AM – FMP – 2015) Em relação ao bem jurídico tutelado no crime de lavagem de dinheiro, de acordo com o entendimento predominante no cenário jurídico brasileiro, à luz da doutrina e da jurisprudência, considere as seguintes assertivas:
I. O bem jurídico tutelado é a administração da justiça.
II. O bem jurídico tutelado é a ordem socioeconômica.
III. A objetividade jurídica é a mesma do crime antecedente.
Quais das assertivas acima estão corretas?
(A) Apenas a I.
(B) Apenas a II.
(C) Apenas a III.
(D) Apenas a II e III.
(E) Apenas a I e III.

Cuida-se de tema sobremaneira controverso na doutrina, que concebeu três correntes a esse respeito. Para alguns autores, o bem jurídico a ser tutelado é a administração da justiça, já que os comportamentos típicos contidos na Lei de Lavagem, para esta corrente, compromete a capacidade de a Justiça exercer, de forma eficaz, a investigação, o processamento e a recuperação do produto do crime; há uma segunda corrente que defende que o delito de lavagem de dinheiro é *pluriofensivo*, uma vez que tutela, a um só tempo, a administração da justiça, a ordem socioeconômica e também os bens tutelados pelo crime antecedente; há, por fim, a corrente que sustenta que o bem jurídico tutelado é a ordem socioeconômica, sob o argumento de que a inserção de capital ilícito com aparência de lícito compromete o bom desenvolvimento da ordem econômica. Esta corrente é a que prevalece. **Gabarito "B"**

(Promotor de Justiça – MPE/MS – FAPEC – 2015) Analise as seguintes assertivas acerca dos aspectos processuais e procedimentais previstos em legislações especiais:
I. Tratando-se de crime de abuso de autoridade (Lei 4.898/1965), mesmo existindo vestígios, o exame de corpo de delito é dispensável, podendo ser suprido por prova unicamente testemunhal.
II. Nos crimes previstos na Lei 11.343/2006 (Lei de Tóxicos), o inquérito policial será concluído no prazo de trinta dias, se o indiciado estiver preso, e de noventa dias, quando solto.
III. Nos crimes praticados com violência doméstica e familiar contra a mulher, nos termos da Lei 11.340/2006, é cabível a prisão preventiva do agressor, em qualquer fase do inquérito policial ou da instrução criminal, independentemente da pena prevista para a infração penal.
IV. Conforme preceitua a Lei 9.296/1996 (Interceptação Telefônica), a transcrição das conversas interceptadas deve ser feita por peritos oficiais.
Assinale a alternativa correta:
(A) Somente as proposições I, II e III estão corretas.
(B) Somente as proposições III e IV estão corretas.
(C) Somente as proposições I, II e IV estão corretas.
(D) Somente a proposição III está correta.
(E) Somente a proposição II está correta.

I: correta (art. 14, *a*, da Lei 4.898/1965); **II:** correta. Tal como afirmado, o prazo fixado para a conclusão do inquérito policial, no âmbito da Lei de Drogas, é, se preso estiver o indiciado, de 30 dias, e, quando solto, de 90 dias, podendo haver duplicação desses prazos, providência a ser determinada pelo juiz mediante pedido justificado formulado pela autoridade policial (art. 51 da Lei 11.343/2006 – Lei de Drogas); **III:** correta. O emprego da custódia preventiva, no contexto da violência doméstica, independe do máximo de pena abstratamente previsto para a infração penal (art. 313, III, do CPP) e pode ser decretada em qualquer fase do inquérito ou da ação penal (art. 20, *caput*, da Lei 11.340/2006 – Maria da Penha); **IV:** incorreta, já que não existe tal imposição na lei de regência. **Gabarito "A"**

(Delegado/MS – 2017 - FAPEMS) Considerando os tipos penais previstos em diversas leis especiais, assinale a alternativa correta.
(A) O condutor que, metros antes da blitz, para evitar multa, trocar de posição com outra pessoa, responderá pela fraude processual de trânsito prevista no artigo 312 da Lei n. 9.503/1997.
(B) O funcionário público que constranger fisicamente o estagiário a praticar contravenção penal poderá ser responsabilizado pelo crime de tortura do artigo 1º da Lei n. 9.455/1997.
(C) A pichação de edifício público não é considerada crime ambiental pela Lei n. 9.605/1998.
(D) No âmbito do tráfico de drogas previsto no artigo 33 da Lei n. 11.343/2006 considera-se causa de aumento de pena o fato de a conduta realizar-se em concurso eventual de pessoas.
(E) A exposição à venda de mercadoria em condições impróprias é considerada crime contra as relações de consumo por meio da Lei n. 8.137/1990, ainda quando praticada culposamente.

A: incorreta. O crime de fraude processual previsto no art. 312 do CTB (Lei 9.503/1997) somente se caracteriza quando o agente inovar artificiosamente, *em caso de acidente automobilístico com vítima*, na pendência do respectivo procedimento policial preparatório, inquérito policial ou processo penal, o estado de lugar, de coisa ou de pessoa, a fim de induzir a erro o agente policial, o perito, ou o juiz. Assim, a troca de posição do condutor com outra pessoa, a fim de evitar multa, não configura o crime em comento, caracterizado apenas diante de um cenário de acidente automobilístico; **B:** incorreta. Configura tortura, nos termos do art. 1º, I, "b", da Lei 9.455/1997, a conduta do agente que constranger alguém, mediante violência ou grave ameaça, causando-lhe sofrimento físico ou mental, para provocar ação ou omissão de *natureza criminosa* (não abrange, portanto, as contravenções); **C:** incorreta. De acordo com o art. 65 da Lei 9.605/1998, constitui crime ambiental o fato de o agente pichar ou por outro meio conspurcar edificação ou monumento urbano. Repare que o legislador não fez distinção entre edifício público ou privado, abrangendo, pois, ambos; **D:** incorreta, pois o concurso de agentes não é causa de aumento de pena prevista no rol do art. 40 da Lei 11.343/2006; **E:** correta. Nos termos do art. 7º, IX, da Lei 8.137/1990, constitui crime contra as relações de consumo o fato de o agente vender, ter em depósito para vender ou *expor à venda* ou, de qualquer forma, entregar *matéria-prima ou mercadoria, em condições impróprias ao consumo*.

Gabarito "E".

(Delegado/GO – 2017 – CESPE) Considerando o disposto na legislação referente às licitações e contratos da administração pública e aos crimes contra a economia popular, bem como na Lei n. 12.846/2013, assinale a opção correta.

(A) O servidor responsável que negligentemente dispensa processo licitatório exigido por lei na contratação de obra ou serviço pela administração pública pratica crime na modalidade culposa.
(B) O acordo de leniência, previsto na Lei Anticorrupção, assegura à pessoa jurídica que praticar atos lesivos à administração pública a redução de sanções pecuniárias no âmbito administrativo e afasta a aplicação de sanções judiciais como, por exemplo, perdimento de bens.
(C) A Lei Anticorrupção aplica-se às condutas das pessoas jurídicas de direito privado, abrangendo sociedades, associações, fundações, organizações religiosas, partidos políticos e empresas individuais de responsabilidade limitada.
(D) Aquele que, não sendo instituição financeira ou pessoa a esta equiparada, pratica contrato de mútuo cobrando taxas de juros remuneratórios superiores àquelas legalmente permitidas comete crime contra a economia popular, e não contra o Sistema Financeiro Nacional.
(E) Tratando-se dos crimes previstos na Lei de Licitações, equipara-se a servidor público quem exerce mandato, cargo, emprego ou função em entidade privada que receba subvenção, benefício ou incentivo fiscal ou creditício de órgão público.

A: incorreta. Por primeiro, importante lembrar que os crimes culposos são excepcionais, devendo constar expressamente em lei (art. 18, parágrafo único, do CP). No tocante ao crime de dispensa irregular de licitação (art. 89 da Lei 8.666/1993), de há muito a doutrina e jurisprudência atestam tratar-se de infração dolosa. Nesse sentido o STJ, na AP 214, sob a relatoria do então ministro Luiz Fux (hoje, ministro do STF), em cuja ementa se afirma que o *"tipo previsto no artigo 89 e seu parágrafo único reclama dolo específico, inadmitindo culpa ou dolo eventual, uma vez que tem como destinatário o administrador e adjudicatários desonestos e não aos supostamente inábeis. É que a intenção de ignorar os pressupostos para a contratação direta ou simular a presença dos mesmos são elementos do tipo"*; **B:** incorreta. De acordo com o art. 16, § 2º, da Lei Anticorrupção (Lei 12.846/2013, a celebração do acordo de leniência isentará a pessoa jurídica das sanções previstas no inciso II do art. 6º (publicação extraordinária da decisão condenatória na esfera administrativa) e no inciso IV do art. 19 (proibição de receber incentivos, subsídios, subvenções, doações ou empréstimos de órgãos ou entidades públicas e de instituições financeiras públicas ou controladas pelo poder público, pelo prazo mínimo de 1 (um) e máximo de 5 (cinco) anos), bem como reduzirá em até 2/3 (dois terços) o valor da multa aplicável; **C:** incorreta. De acordo com o art. 1º, parágrafo único, da Lei Anticorrupção, aplica-se o disposto nesta Lei às sociedades empresárias e às sociedades simples, personificadas ou não, independentemente da forma de organização ou modelo societário adotado, bem como a quaisquer fundações, associações de entidades ou pessoas, ou sociedades estrangeiras, que tenham sede, filial ou representação no território brasileiro, constituídas de fato ou de direito, ainda que temporariamente; **D:** correta. A conduta do agente que, não sendo instituição financeira ou equiparada, praticar contrato de mútuo (empréstimo) cobrando juros superiores àqueles legalmente permitidos, comete crime de usura, definido no art. 4º, letra "a", da Lei 1.521/1951; **E:** incorreta. O conceito de servidor público por equiparação consta no art. 84, §1º, da Lei 8.666/1993, não abrangendo detentores de mandatos, cargos ou funções em entidades privadas. Confira-se: "*Equipara-se a servidor público, para os fins desta Lei, quem exerce cargo, emprego ou função em entidade paraestatal, assim consideradas, além das fundações, empresas públicas e sociedades de economia mista, as demais entidades sob controle, direto ou indireto, do Poder Público.*"

Gabarito "D".

(Delegado/GO – 2017 – CESPE) Em relação às disposições expressas nas legislações referentes aos crimes de trânsito, contra o meio ambiente e de lavagem de dinheiro, assinale a opção correta.

(A) Em relação aos delitos ambientais, constitui crime omissivo impróprio a conduta de terceiro que, conhecedor da conduta delituosa de outrem, se abstém de impedir a sua prática.
(B) Para a caracterização do delito de lavagem de dinheiro, a legislação de regência prevê um rol taxativo de crimes antecedentes, geradores de ativos de origem ilícita, sem os quais o crime não subsiste.
(C) A colaboração premiada de que trata a Lei de Lavagem de Dinheiro poderá operar a qualquer momento da persecução penal, até mesmo após o trânsito em julgado da sentença.
(D) É vedada a imposição de multa por infração administrativa ambiental cominada com multa a título de sanção penal pelo mesmo fato motivador, por violação ao princípio do *non bis in idem*.
(E) A prática de homicídio culposo descrita no Código de Trânsito enseja a aplicação da penalidade de suspensão da permissão para dirigir, pelo órgão administrativo competente, mesmo antes do trânsito em julgado de eventual condenação.

A: incorreta. Configurará crime omissivo impróprio não a simples conduta de "terceiro" que, conhecedor da conduta delituosa de outrem, se abstiver de impedir a sua prática, mas sim o diretor, o administrador, o membro de conselho e de órgão técnico, o auditor, o gerente, o preposto ou mandatário de pessoa jurídica, que, sabendo da conduta criminosa de outrem, deixar de impedir a sua prática, quando podia agir para evitá-la (art. 2º da Lei 9.605/1998); **B:** incorreta. Até o advento da Lei 12.683/2012, o art. 1º da Lei 9.613/1998 continha um rol taxativo dos delitos antecedentes à lavagem de dinheiro, que deixou de existir. Portanto, atualmente, a prática de qualquer infração penal (crime ou contravenção) poderá anteceder a ocultação ou a dissimulação de ativos de origem ilícita; **C:** correta, conforme se depreende do art. 1º, § 5º, da Lei 9.613/1998: "A pena poderá ser reduzida de um a dois terços e ser cumprida em regime aberto ou semiaberto, facultando-se ao juiz deixar de aplicá-la ou substituí-la, a qualquer tempo, por pena restritiva de direitos, se o autor, coautor ou partícipe colaborar espontaneamente com as autoridades, prestando esclarecimentos que conduzam à apuração das infrações penais, à identificação dos autores, coautores e partícipes, ou à localização dos bens, direitos ou valores objeto do crime"; **D:** incorreta, pois as instâncias penal e administrativa são independentes, nada obstante ambas possam atuar diante de um mesmo fato motivador; **E:** incorreta, pois a suspensão do direito de obter a permissão ou a habilitação para dirigir veículo automotor, no caso do art. 302 do CTB (Lei 9.503/1997), por ter natureza de pena, somente poderá ser executada após o trânsito em julgado. Podemos invocar até mesmo o art. 147 da LEP (Lei 7.210/1984), que, tratando da execução das penas restritivas de direitos, somente a permite após o trânsito em julgado, sendo inadmissível, portanto, a execução provisória.

Gabarito "C".

(Delegado/GO – 2017 – CESPE) Uma jovem de vinte e um anos de idade, moradora da região Sudeste, inconformada com o resultado das eleições presidenciais de 2014, proferiu, em redes sociais na Internet, diversas ofensas contra nordestinos. Alertada de que estava cometendo um crime, a jovem apagou as mensagens e desculpou-se, tendo afirmado estar arrependida. Suas mensagens, porém, têm sido veiculadas por um sítio eletrônico que promove discurso de ódio contra nordestinos.

No que se refere à situação hipotética precedente, assinale a opção correta, com base no disposto na Lei n. 7.716/1989, que define os crimes resultantes de preconceito de raça e cor.

(A) Independentemente de autorização judicial, a autoridade policial poderá determinar a interdição das mensagens ou do sítio eletrônico que as veicula.
(B) Configura-se o concurso de pessoas nessa situação, visto que o material produzido pela jovem foi utilizado por outra pessoa no sítio eletrônico mencionado.
(C) O crime praticado pela jovem não se confunde com o de injúria racial.
(D) Como se arrependeu e apagou as mensagens, a jovem não responderá por nenhum crime.
(E) A conduta da jovem não configura crime tipificado na Lei n. 7.716/1989.

A: incorreta. Nos termos do art. 20, § 3º, da Lei 7.716/1989, somente por determinação judicial será possível a interdição de mensagens ou páginas de informação na rede mundial de computadores que veiculem a prática, o induzimento ou a incitação à discriminação ou preconceito de raça, cor, etnia, religião ou procedência nacional; **B:** incorreta, pois o concurso de pessoas (art. 29 do CP) somente se caracteriza antes ou durante a execução da infração penal, e não após o cometimento da tal, tal como consta no enunciado; **C:** correta. De fato, o crime praticado pela jovem, que se subsume à figura prevista no art. 20 da Lei 7.716/1989, não se confunde com a injúria racial (art. 140, § 3º, do CP). No racismo, o dolo do agente é voltado a uma pluralidade ou grupo de pessoas de uma mesma raça, cor, etnia, religião ou procedência nacional. Portanto, ofende-se a uma coletividade de indivíduos, diversamente do que ocorre na injúria racial, que é crime contra a honra de pessoa determinada, valendo-se o agente de elementos referentes a raça, cor, etnia, religião ou origem. Aqui, ofende-se a dignidade ou o decoro de um indivíduo; **D:** incorreta. O fato de a jovem, após seu comportamento discriminatório dirigido aos nordestinos por meio de redes sociais, haver apagado as mensagens não afasta o crime, caracterizado – e consumado – no momento da veiculação de referidas mensagens; **E:** incorreta. A conduta da jovem se amolda ao crime tipificado pelo art. 20 da Lei 7.716/1989.

Gabarito "C".

(Defensor Público – DPE/RN – 2016 – CESPE) Vanessa foi presa em flagrante enquanto vendia e expunha à venda cerca de duzentos DVDs piratas, falsificados, de filmes e séries de televisão. Realizada a devida perícia, foi confirmada a falsidade dos objetos. Incapaz de apresentar autorização para a comercialização dos produtos, Vanessa alegou em sua defesa que desconhecia a ilicitude de sua conduta. Com relação a essa situação hipotética, assinale a opção correta à luz da jurisprudência dominante dos tribunais superiores.

(A) Vanessa é isenta de culpabilidade, pois incidiu em erro de proibição.
(B) O MP deve comprovar que os detentores dos direitos autorais das obras falsificadas sofreram real prejuízo para que a conduta de Vanessa seja criminosa.

(C) A conduta de Vanessa ofende o direito constitucional que protege a autoria de obras intelectuais e configura crime de violação de direito autoral.
(D) A conduta de vender e expor à venda DVDs falsificados é atípica em razão da incidência do princípio da adequação social.
(E) A conduta de vender e expor à venda DVDs falsificados é atípica em razão da incidência do princípio da insignificância.

Segundo enuncia o princípio da *adequação social*, não se pode reputar criminosa a conduta tolerada pela sociedade, ainda que corresponda a uma descrição típica. É dizer, embora formalmente típica, porque subsumida num tipo penal, carece de tipicidade material, porquanto em sintonia com a realidade social em vigor. A aplicação deste postulado no contexto da conduta descrita na assertiva foi rechaçada pelo STJ, quando da edição da Súmula 502: "Presentes a materialidade e a autoria, afigura-se típica, em relação ao crime previsto no art. 184, § 2º, do CP, a conduta de expor à venda CDs e DVDs piratas". ED
Gabarito "C".

(Defensor Público – DPE/BA – 2016 – FCC) Segundo a jurisprudência dominante do STF, é correto:
(A) a hediondez do tráfico de drogas em todas as suas modalidades impede a aplicação do indulto.
(B) o delito previsto no artigo 33 da Lei de Drogas, por ser crime de ação múltipla, faz com que o agente que, no mesmo contexto fático e sucessivamente, pratique mais de uma ação típica, responda por crime único em função do princípio da alternatividade.
(C) o porte de munição de arma de fogo de uso restrito constitui crime de perigo concreto, necessitando da presença da arma de fogo para sua tipificação.
(D) a circunstância judicial da personalidade do agente, por ser própria do direito penal do autor, não foi recepcionada pela Constituição de 1988.
(E) não configura constrangimento ilegal o cumprimento de pena em regime mais gravoso do que o fixado na sentença em virtude da falta de vagas, pois se aplica o princípio da reserva do possível.

A: incorreta, já que a modalidade de tráfico prevista no art. 33, § 4º, da Lei 11.343/2006 (tráfico privilegiado), porque não tem natureza hedionda, comporta o indulto. Com efeito, a Terceira Seção do STJ, em votação unânime, com propósito de se alinhar ao entendimento do STF, cancelou a Súmula 512 (que atribuía ao tráfico privilegiado a natureza de crime hediondo), adotando a tese, em vigor no STF, de que o tráfico do art. 33, § 4º, da Lei 11.343/2006 não tem natureza hedionda; **B:** correta. De fato, o tráfico de drogas, capitulado no art. 33 da Lei 11.343/2006, é classificado como *crime de ação múltipla* (conteúdo variado ou plurinuclear), isto é, ainda que o agente pratique, no mesmo contexto fático, mais de uma ação típica (cada qual representada por um núcleo), responderá por um único crime (incidência do *princípio da alternatividade*); **C:** incorreta. Segundo tem entendido a jurisprudência e também a doutrina, os crimes do art. 16 da Lei 10.826/2003 (aqui incluído o porte de munição de arma de fogo de uso restrito) são de perigo abstrato; **D:** incorreta. A circunstância judicial denominada *personalidade do agente*, contida no art. 59 do CP, se presta, tal como as demais, a concretizar, na primeira fase de fixação da pena, o postulado da individualização; **E:** incorreta, pois contraria o teor da Súmula Vinculante 56: "A falta de estabelecimento penal adequado não autoriza a manutenção do condenado em regime prisional mais gravoso, devendo-se observar, nessa hipótese, os parâmetros fixados no RE 641.320/RS". ED
Gabarito "B".

(Defensoria Pública da União – CESPE – 2015) Em relação aos crimes contra a fé pública, aos crimes contra a administração pública, aos crimes de tortura e aos crimes contra o meio ambiente, julgue os itens a seguir.
(1) Cometerá o crime de corrupção passiva privilegiada, punido com detenção, o DP que, após receber telefonema de procurador da República que se identifique como tal, deixar de propor ação em que esse procurador seja diretamente interessado.
(2) Caracteriza uma das espécies do crime de tortura a conduta consistente em, com emprego de grave ameaça, constranger outrem em razão de discriminação racial, causando-lhe sofrimento mental.
(3) Exportar para o exterior peles e couros de mamíferos, em estado bruto, sem a autorização da autoridade competente caracteriza crime ambiental, devendo o autor desse crime ser processado e julgado pela justiça federal.
(4) Praticará o crime de falsidade ideológica aquele que, quando do preenchimento de cadastro público, nele inserir declaração diversa da que deveria, ainda que não tenha o fim de prejudicar direito, criar obrigação ou alterar a verdade sobre fato juridicamente relevante.

1: correta. Embora a assertiva não seja clara no que toca ao motivo pelo qual o defensor deixou de ajuizar a ação, é possível, pelos elementos fornecidos, concluir que ele cometeu o crime de corrupção passiva privilegiada, pois sua conduta corresponde, em princípio, à descrição típica do art. 317, § 2º, do CP. A diferença entre este crime e o de corrupção passiva comum, previsto no *caput* do dispositivo, está na *razão de agir* do agente. Se a conduta do sujeito ativo, seja ela positiva ou negativa, visa à obtenção de vantagem indevida, o crime pelo qual responderá será do *caput*, com pena bem superior à da modalidade privilegiada; de outro lado, se seu propósito é tão somente o de atender a pedido ou influência de outrem, o delito em que incorrerá será o do § 2º, modalidade, como já dissemos, privilegiada, com pena bem inferior à do *caput*; agora, se o agente age ou deixa de agir, indevidamente, imbuído do propósito de satisfazer interesse ou sentimento pessoal, seu comportamento deverá ser enquadrado no tipo penal do art. 319 do CP (prevaricação); **2:** correta, já que a conduta está prevista no art. 1º, I, *c*, da Lei 9.455/1997 (Lei de Tortura); **3:** incorreta. Isso porque o art. 30 da Lei 9.605/1998 (Crimes contra o Meio Ambiente) somente se referiu a peles e couros de *anfíbios* e *répteis* (os mamíferos não foram contemplados); **4:** incorreta, na medida em que a configuração do crime de falsidade ideológica (art. 299, CP) pressupõe que o agente aja imbuído do propósito de prejudicar direito, criar obrigação ou alterar a verdade sobre fato juridicamente relevante, que constituem o chamado *elemento subjetivo específico*. ED
Gabarito 1C, 2C, 3E, 4E.

(Delegado/PE – 2016 – CESPE) Se uma pessoa física e uma pessoa jurídica cometerem, em conjunto, infrações previstas na Lei 9.605/1998 – que dispõe sobre as sanções penais e administrativas derivadas de condutas e atividades lesivas ao meio ambiente, e dá outras providências,
(A) as atividades da pessoa jurídica poderão ser totalmente suspensas.
(B) a responsabilidade da pessoa física poderá ser excluída, caso ela tenha sido a coautora das infrações.
(C) a pena será agravada, se as infrações tiverem sido cometidas em sábados, domingos ou feriados.
(D) a pena será agravada, se ambas forem reincidentes de crimes de qualquer natureza.
(E) será vedada a suspensão condicional da pena aplicada.

A: correta, pois reflete o disposto no art. 22, I, da Lei 9.605/1998; **B:** incorreta, já que tal assertiva não encontra respaldo na legislação aplicável à espécie; **C:** incorreta, já que contraria o disposto no art. 15, II, *h*, da Lei 9.605/1998, que estabelece que a agravante somente incidirá na hipótese de o crime ser cometido aos *domingos* ou *feriados*; o *sábado*, portanto, não foi contemplado; **D:** incorreta, na medida em que a pena somente será agravada, em conformidade com o que estabelece o art. 15, I, da Lei 9.605/1998, se a reincidência se der pela prática de crimes ambientais; **E:** incorreta. Isso porque o art. 16 da Lei 9.605/1998 prevê a possibilidade de concessão da suspensão condicional da pena (*sursis*) nos casos de condenação a pena privativa de liberdade não superior a *três* anos. Cuidado: o Código Penal, em seu art. 77, *caput*, estabelece prazo diferente (dois anos). ED
Gabarito "A".

(Delegado/PE – 2016 – CESPE) Lucas, delegado de polícia de determinado estado da Federação, em dia de folga, colidiu seu veículo contra outro veículo que estava parado em um sinal de trânsito. Sem motivo justo, o delegado sacou sua arma de fogo e executou um disparo para o alto. Imediatamente, Lucas foi abordado por autoridade policial que estava próxima ao local onde ocorrera o fato.
Nessa situação hipotética, a conduta de Lucas poderá ser enquadrada como
(A) crime inafiançável.
(B) contravenção penal.
(C) crime, com possibilidade de aumento de pena, devido ao fato de ele ser delegado de polícia.
(D) crime insuscetível de liberdade provisória.
(E) atípica, devido ao fato de ele ser delegado de polícia.

Ao efetuar disparo de arma de fogo para o alto, em via pública, sem motivo plausível, Lucas, delegado de polícia, deverá ser responsabilizado pelo crime do art. 15 da Lei 10.826/2003 (Estatuto do Desarmamento), com incidência da causa de aumento prevista no art. 20 do mesmo diploma. De ver-se que este crime, a despeito da previsão contida no art. 15, parágrafo único, do Estatuto do Desarmamento, não é inafiançável. Isso porque o STF considerou tal dispositivo inconstitucional (ADI 3.112-DF, Pleno, rel. Min. Ricardo Lewandowski, 02.05.2007). ED
Gabarito "C".

(Delegado/PE – 2016 – CESPE) Sebastião, Júlia, Caio e Marcela foram indiciados por, supostamente, terem se organizado para cometer crimes contra o Sistema Financeiro Nacional. No curso do inquérito, Sebastião e Júlia, sucessivamente com intervalo de quinze dias, fizeram acordo de colaboração premiada.
Nessa situação hipotética, no que se refere à colaboração premiada,
(A) nos depoimentos que prestarem, Sebastião e Júlia terão direito ao silêncio e à presença de seus defensores.
(B) o MP poderá não oferecer denúncia contra Sebastião, caso ele não seja o líder da organização criminosa.
(C) o MP poderá não oferecer denúncia contra Júlia, ainda que a delação de Sebastião tenha sido a primeira a prestar efetiva colaboração.
(D) Sebastião e Júlia poderão ter o benefício do perdão judicial, independentemente do fato de as colaborações terem ocorrido depois de sentença judicial.
(E) o prazo para o oferecimento da denúncia em relação aos delatores poderá ser suspenso pelo período, improrrogável, de até seis meses.

A: incorreta, uma vez que contraria o disposto no art. 4º, § 14º, da Lei 12.850/2013 (Organização Criminosa), que estabelece que, nos depoimentos que prestar, o colaborador renunciará, na presença de seu defensor, ao direito ao silêncio e estará sujeito ao compromisso legal de dizer a verdade. Afinal, que sentido teria conceder àquele que deseja colaborar o direito de permanecer calado? Ou uma coisa ou outra: ou colabora e fala ou não colabora, neste caso podendo invocar seu direito ao silêncio; **B:** correta, nos termos do art. 4º, § 4º, I, da Lei 12.850/2013; **C:** incorreta, pois contraria o disposto no art. 4º, § 4º, II, da Lei 12.850/2013; **D:** incorreta, já que, neste caso, a pena poderá ser reduzida até a metade ou será admitida a progressão de regime ainda que ausentes os requisitos legais (art. 4º, § 5º, da Lei 12.850/2013); **E:** incorreta, já que em desacordo com o art. 4º, § 3º, da Lei 12.850/2013, que permite, neste caso, uma prorrogação por igual período. ED

Gabarito "B".

(Delegado/PE – 2016 – CESPE) A respeito da legislação penal extravagante brasileira, assinale a opção correta.

(A) Não constitui crime de abuso de autoridade a conduta, consumada ou tentada, de violação de domicílio, fora das hipóteses constitucionais e legais de ingresso em casa alheia, quando praticada por delegado de polícia, uma vez que este está amparado pelo estrito cumprimento do dever legal, como causa legal de exclusão de ilicitude da conduta típica.

(B) O direito penal econômico visa tutelar os bens jurídicos de interesse coletivo e difuso, coibindo condutas que lesem ou que coloquem em risco o regular funcionamento do sistema econômico-financeiro, podendo estabelecer como crime ações contra o meio ambiente sustentável.

(C) Agente absolvido de crime antecedente de tráfico de drogas, em razão de o fato não constituir infração penal, ainda poderá ser punido pelo crime de branqueamento de capitais, uma vez que a absolvição daquele crime precedente pela atipicidade não tem o condão de afastar a tipicidade do crime de lavagem de dinheiro.

(D) Segundo entendimento do STJ, o crime de porte ilegal de arma de fogo é delito de perigo abstrato, considerando-se típica a conduta de porte de arma de fogo completamente inapta a realizar disparos e desmuniciada, ainda que comprovada a inaptidão por laudo pericial.

(E) Para o STF, haverá crime contra a ordem tributária, ainda que esteja pendente de recurso administrativo que discuta o débito tributário em procedimento fazendário específico, haja vista independência dos poderes.

A: incorreta, uma vez que, fora das hipóteses constitucionais e legais de ingresso em domicílio alheio (art. 5º, XI, da CF e art. 150 do CP), a conduta, praticada por delegado de polícia, consistente em violar domicílio alheio configura, sim, o delito de abuso de autoridade, na modalidade prevista no art. 3º, b, da Lei 4.898/1965. Não há que se cogitar, dessa forma, a ocorrência de estrito cumprimento de dever legal; falar-se-ia dessa modalidade de causa de exclusão da ilicitude na hipótese, por exemplo, de prisão em flagrante feita por delegado de polícia ou agentes policiais (neste caso, a lei impõe à autoridade policial e seus agentes que, diante de situação de flagrante, efetue a prisão). Outro exemplo é a violação de domicílio levada a efeito pela polícia ou por oficial de Justiça, desde que, é claro, tal se dê por força de ordem de busca e apreensão; **B:** correta, pois faz referência, de forma sucinta, ao objeto de proteção das normas de direito penal econômico; **C:** incorreta, uma vez que a configuração do crime de lavagem de dinheiro tem como pressuposto a ocorrência de infração penal antecedente (art. 1º, caput, da Lei 9.613/1998); à evidência, na hipótese de agente ao qual se imputa o delito de lavagem de dinheiro ser absolvido da prática do crime antecedente, a imputação do delito de lavagem de dinheiro restará, por óbvio, esvaziada. Em outros termos, a ausência da infração penal antecedente afasta a tipicidade do crime de lavagem de dinheiro; **D:** incorreta. Conferir: "1. A Terceira Seção desta Corte pacificou entendimento no sentido de que o tipo penal de posse ou porte ilegal de arma de fogo cuida-se de delito de mera conduta ou de perigo abstrato, sendo irrelevante a demonstração de seu efetivo caráter ofensivo. 2. Na hipótese, contudo, em que demonstrada por laudo pericial a total ineficácia da arma de fogo (inapta a disparar) e das munições apreendidas (deflagradas e percutidas), deve ser reconhecida a atipicidade da conduta perpetrada, diante da ausência de afetação do bem jurídico incolumidade pública, tratando-se de crime impossível pela ineficácia absoluta do meio. 3. Recurso especial improvido" (REsp 1451397/MG, Rel. Ministra Maria Thereza de Assis Moura, Sexta Turma, julgado em 15.09.2015, DJe 01.10.2015); **E:** incorreta, já que contraria o entendimento consolidado na Súmula Vinculante 24: "Não se tipifica crime material contra a ordem tributária, previsto no art. 1º, I a IV, da Lei 8.137/1990, antes do lançamento definitivo do tributo. ED

Gabarito "B".

(Delegado/BA – 2016.2 – Inaz do Pará) A Lei 9.296/1996 versa sobre Transcrição das conversas gravadas. Contudo, precedentes lógicos e legais admitem que os áudios possam ser Degravados. Sendo assim, sobre degravação é possível afirmar:

(A) É uma descrição integral do diálogo.
(B) O analista pode colocar qualquer informação que ache conveniente para investigação em uma degravação.
(C) É um resumo, uma narrativa do diálogo interceptado, é um breve histórico dos acontecimentos e fatos acontecidos. Pode conter partes integrais da conversa e trazer uma análise da conjuntura da operação.
(D) Não é realizada qualquer análise ou contextualização das informações colhidas no áudio.
(E) NRA.

Segundo vem entendendo o STJ, não é necessária a transcrição na íntegra dos diálogos travados entre os interlocutores. Verificar: HC 112.993-ES, 6ª T., rel. Min. Maria Thereza de Assis Moura, 16.03.2010. Também nesse sentido: "Recurso ordinário em *habeas corpus*. Associação para o tráfico. Disponibilização integral das mídias das escutas telefônicas. Alegada ausência de acesso às interceptações telefônicas. Transcrição parcial constante nos autos desde o oferecimento da denúncia. Transcrição integral. Desnecessidade. Constrangimento ilegal. Não ocorrência. Nulidade. Inexistência. Recurso a que se nega provimento. 1. As mídias das interceptações telefônicas foram disponibilizadas, na íntegra, à Defesa, razão pela qual não há falar em nulidade, inexistindo, portanto, constrangimento ilegal a ser sanado. 2. A cópia das transcrições parciais das interceptações telefônicas constantes dos relatórios da autoridade policial foram disponibilizadas à Defesa desde o oferecimento da exordial acusatória. 3. É pacífico o entendimento nos tribunais superiores no sentido de que é prescindível a transcrição integral do conteúdo da quebra do sigilo das comunicações telefônicas, somente sendo necessária, a fim de se assegurar o exercício da garantia constitucional da ampla defesa, a transcrição dos excertos das escutas que serviram de substrato para o oferecimento da denúncia. 4. Recurso ordinário a que se nega provimento" (STJ, RHC 27.997, 6ª T., rel. Min. Maria Thereza de Assis Moura, *DJ* 19.09.2013). ED

Gabarito "C".

(Delegado/BA – 2016.2 – Inaz do Pará) Das afirmativas a seguir, qual não faz parte da Lei 9.296/1996?

(A) "Prescreve que a Interceptação Telefônica, de Informática e Telemática, somente poderão ser utilizadas em casos de Investigação Criminal e em Instrução Processual Penal e dependerá de ordem de um Juiz competente da ação principal e correrá sobre segredo de justiça".
(B) "O Juiz deverá Decidir de forma fundamentada, sob pena de nulidade; prazo limite de 15 dias, podendo ser prorrogado por igual período se comprovada a indispensabilidade do meio de prova".
(C) "Constitui crime realizar interceptação de comunicações telefônicas, de informática ou telemática, ou quebrar segredo da Justiça, sem autorização judicial ou com objetivos não autorizados em lei".
(D) "Não será permitido Interceptação Telefônica quando: a prova puder ser feita por outros meios disponíveis".
(E) "é inviolável o sigilo da correspondência e das comunicações telegráficas, de dados e das comunicações telefônicas, salvo, no último caso, por ordem judicial, nas hipóteses e na forma que a lei estabelecer para fins de investigação criminal ou instrução processual penal".

A: correta (art. 1º, caput, da Lei 9.296/1996); **B:** correta (art. 5º da Lei 9.296/1996); **C:** correta (art. 10 da Lei 9.296/1996); **D:** (art. 2º, II, da Lei 9.296/1996); E: incorreta (deve ser assinalada), já que se trata de dispositivo contido na Constituição Federal, em seu art. 5º, XII. ED

Gabarito "E".

(Delegado/BA – 2016.2 – Inaz do Pará) No tocante as interceptações telefônicas, telemática e de imagem para prova em investigação criminal, na forma da Lei 9.296/1996 e da Instrução Normativa 01/2013 GDG, pode-se afirmar, excetuando-se.

(A) Precedem de decisão judicial e correrão em autos apartados, não devendo constar nos autos principais, em virtude da exigência legal de sigilo.
(B) Deverá conter a demonstração de que sua realização é necessária à apuração da infração penal investigada.
(C) As interceptações solicitadas pelas unidades da Polícia Civil serão operacionalizadas pelo Departamento de Inteligência da Polícia Civil- DIP.
(D) Deverá constar a qualificação dos investigados ou justificar a impossibilidade de fazê-lo.
(E) Deferida a medida, deverá Autoridade Policial dar ciência ao representante do Ministério Público, juntando aos Autos pelo Escrivão de Polícia, cópia autenticada do respectivo ofício de ciência.

A: correta, uma vez que em conformidade com o disposto nos arts. 1º e 8º da Lei 9.296/1996 e 86 da Instrução Normativa 1, de 17 de abril de 2013, editada pelo Delegado-Geral da Polícia Civil do Estado da Bahia; **B:** correta, pois em conformidade com o disposto nos arts. 4º, caput, da Lei 9.296/1996 e 87 da Instrução Normativa 1, de 17 de abril de 2013, editada pelo Delegado-Geral da Polícia Civil do Estado da Bahia; **C:** incorreta, devendo ser assinalada, já que não corresponde ao que estabelece o 88 da Instrução Normativa 1, de 17 de abril de 2013, editada pelo Delegado-Geral da Polícia Civil do Estado da Bahia; **D:** correta, já que em conformidade com o disposto nos arts. 2º, parágrafo único, da Lei 9.296/1996 e 87, II, da Instrução Normativa 1, de 17 de abril de 2013, editada pelo Delegado-Geral da Polícia Civil do Estado da Bahia; **E:** correta, uma vez que em conformidade com o disposto nos arts. 6º da Lei 9.296/1996 e 88.1, IV, da Instrução Normativa 1, de 17 de abril de 2013, editada pelo Delegado-Geral da Polícia Civil do Estado da Bahia. ED

Gabarito "C".

(Delegado/PE – 2016 – CESPE) O brasileiro nato, maior e capaz, que pratica vias de fato contra outro brasileiro nato

(A) será considerado reincidente, caso tenha sido condenado, em território estrangeiro, por contravenção penal.
(B) poderá ser condenado a penas de reclusão, de detenção e de multa.
(C) responderá por contravenção penal no Brasil, ainda que a conduta tenha sido praticada em território estrangeiro.

(D) responderá por contravenção, na forma tentada, se tiver deixado de praticar o ato por circunstâncias alheias a sua vontade.
(E) responderá por contravenção penal e, nesse caso, a ação penal é pública incondicionada.

A: incorreta, pois não reflete a regra presente no art. 7º do Decreto-lei 3.688/1941 (Lei das Contravenções Penais); **B:** incorreta, já que as penas previstas ao agente que pratica contravenção penal são *prisão simples* e *multa*; **C:** incorreta. À luz do que estabelece o art. 2º do Decreto-lei 3.688/1941 (Lei das Contravenções Penais), a lei brasileira somente incidirá à contravenção praticada em território nacional. Em outras palavras, às contravenções penais não se aplica a extraterritorialidade, regra que, como bem sabemos, não se aplica aos crimes, em relação aos tem lugar a extraterritorialidade (art. 7º, CP); **D:** incorreta, vez que a tentativa de contravenção, por força do que dispõe o art. 4º da LCP, não é punível; **E:** correta, nos termos do art. 17 da LCP.
Gabarito "E".

(Analista Jurídico –TCE/PA – 2016 – CESPE) Com base no disposto na Lei n.º 1.079/1950, no Decreto-lei n.º 201/1967 e na jurisprudência dos tribunais superiores, julgue os seguintes itens.

(1) É coautor de crime de responsabilidade praticado por prefeitos o vereador que se utiliza indevidamente de veículo do município cedido pelo prefeito e se envolve em sinistro, causando considerável prejuízo ao erário público.
(2) O cometimento de crime de responsabilidade de prefeito consistente em deixar de cumprir ordem judicial individualizada e diretamente a ele dirigida depende da presença de dolo preordenado revelador de desprezo institucional para com a administração da justiça.
(3) Inexiste crime de responsabilidade se o acusado, no momento do oferecimento da denúncia, não mais exerce o cargo que exercia quando cometeu ilícito previsto na Lei n.º 1.079/1950, mesmo que permaneça no exercício de outra função pública.

1: incorreta. Quanto à possibilidade de o vereador figurar como coautor nos crimes definidos no art. 1º do Decreto-lei 201/1967, conferir o julgado do STF: "(...) 3. *In casu*, o paciente, prefeito municipal, foi denunciado pela suposta prática do crime de responsabilidade descrito no art. 1º, inc. II, do decreto-lei 201/1967, por ceder, para uso indevido de vereador de sua base de sustentação, veículo do município, que restou sinistrado, causando considerável prejuízo ao erário. 4. A alegação de ausência de autoria, objetivando o trancamento da ação penal, demanda aprofundado reexame de fatos e provas, insuscetível em *habeas corpus*. 5. A ausência de denúncia de suposto coautor, matéria inerente à prova, não revela *prima facie* violação do princípio da indisponibilidade da ação penal. 6. O princípio da indisponibilidade da ação penal não se aplica na hipótese de crime próprio, por isso que o sujeito ativo do crime de responsabilidade é o prefeito ou quem, em virtude de substituição, nomeação ou indicação, esteja no exercício das funções de chefe do Executivo Municipal. Os delitos referidos no art. 1º do Dec.-lei 201/67 só podem ser cometidos por prefeito, em razão do exercício do cargo ou por quem, temporária ou indefinitivamente, lhe faça as vezes. Assim, o presidente da Câmara Municipal, ou os vereadores, ou qualquer servidor do Município não podem ser sujeito ativo de nenhum daqueles crimes, a não ser como copartícipe (Leis Penais Especiais e sua Interpretação Jurisprudencial, coordenação Alberto Silva Franco e Rui Stocco, 7ª ed. revista, atualizada e ampliada, São Paulo: Ed. Revista dos Tribunais, 2002, p. 2.690)" (RHC 107675, Relator(a): Min. LUIZ FUX, Primeira Turma, julgado em 27.09.2011); **2:** correta. Segundo o STF, "para a perfectibilização do tipo penal do artigo 1º, XIV, segunda parte, do Decreto-Lei 201/67 exige-se dolo preordenado em descumprir uma ordem judicial individualizada e diretamente dirigida ao Prefeito, a revelar menoscabo e desprezo institucional para com a administração da justiça. 2. Conduta dolosa que não se configura no caso concreto, uma vez inexistente prova da cientificação do Prefeito quanto à ordem alegadamente descumprida, seja pessoalmente ou por outros meios inequívocos (...)" (AP 555, Relator(a): Min. ROSA WEBER, Primeira Turma, julgado em 06.10.2015); **3:** correta, pois reflete o que estabelece o art. 15 da Lei 1.079/1950.
Gabarito 1E; 2C; 3C

(Analista Jurídico – TCE/PR – 2016 – CESPE) No que se refere ao acordo de leniência no caso de prática de atos ilícitos previstos na Lei n.º 12.846/2013, assinale a opção correta.

(A) A celebração do acordo de leniência interrompe o prazo prescricional dos atos ilícitos previstos na Lei n.º 12.846/2013.
(B) A celebração do acordo de leniência poderá reduzir em até dois terços o valor a ser pago a título de reparação dos danos causados pela pessoa jurídica responsável pelo ato ilícito.
(C) A propositura e a celebração desse tipo de acordo são de competência exclusiva do Ministério Público no âmbito do inquérito civil ou durante o processamento de ação civil pública.
(D) Tal acordo poderá ser celebrado com a pessoa jurídica que aceitar cooperar plenamente com a apuração do ato ilícito, ainda que ela não tenha admitido a sua participação na infração investigada.
(E) A rejeição da proposta de acordo de leniência pela pessoa jurídica investigada implicará a confissão e o reconhecimento da prática do ato ilícito em apuração.

A: correta, pois em conformidade com o teor do art. 16, § 9º, da Lei 12.846/2013; **B:** incorreta, pois não reflete o que estabelece o art. 16, §§ 2º e 3º, da Lei 12.846/2013; **C:** incorreta, pois não reflete o que estabelece o art. 16, § 10, da Lei 12.846/2013; **D:** incorreta, pois não reflete o que estabelece o art. 16, § 1º, III, da Lei 12.846/2013; **E:** incorreta, pois não reflete o que estabelece o art. 16, § 7º, da Lei 12.846/2013.
Gabarito "A".

(Analista Jurídico – TCE/PR – 2016 – CESPE) De acordo com o Decreto-lei n.º 201/1967 e a jurisprudência dos tribunais superiores, assinale a opção correta.

(A) O prazo prescricional referente à pena de perda do cargo decorrente de condenação definitiva de prefeito por crime de responsabilidade previsto no Decreto-lei n.º 201/1967 é distinto do prazo prescricional previsto para a pena privativa de liberdade aplicada ao condenado pelo mesmo crime.
(B) Para a configuração de crime de responsabilidade previsto no Decreto-lei n.º 201/1967, é imprescindível que o desvio de rendas públicas tenha ocorrido em proveito do próprio prefeito.
(C) É imprescindível a autorização da respectiva câmara municipal para o julgamento, perante o Poder Judiciário, dos acusados da prática dos crimes de responsabilidade previstos no Decreto-lei n.º 201/1967.
(D) O prefeito que emprega rendas públicas em proveito próprio para a realização de propagandas autopromocionais comete o crime de peculato-uso.

A: correta. Na jurisprudência do STJ: "(...) As penas de perda do cargo e de inabilitação para o exercício de cargo ou função pública, previstas no art. 1.º, § 2.º, do Decreto-Lei n.º 201/67, são autônomas em relação à pena privativa de liberdade, sendo distintos os prazos prescricionais" (REsp 945.828/PR, Rel. Ministra LAURITA VAZ, QUINTA TURMA, julgado em 28.09.2010, DJe 18.10.2010); **B:** incorreta, uma vez que o crime de responsabilidade consistente em desviar bens ou rendas públicas, previsto no art. 1º, I, do Decreto-lei 201/1967, configura-se ainda que a conduta praticada seja *em proveito alheio*; **C:** incorreta, pois não retrata o que estabelece o art. 1º, *caput*, do Decreto-lei 201/1967: o julgamento, perante o Poder Judiciário, dos acusados da prática dos crimes de responsabilidade previstos no Decreto-lei 201/1967 não está condicionado à autorização da respectiva câmara municipal; **D:** incorreta. Segundo o STF, "o emprego de rendas públicas em proveito próprio, com realização de propagandas autopromocionais, não caracteriza o peculato-uso, cuja atipicidade é reconhecida pela doutrina e pela jurisprudência, mas no qual não há intuito de apropriação e que somente se caracteriza quando estão envolvidos bens fungíveis (...)" (AP 432, Relator(a): Min. LUIZ FUX, Tribunal Pleno, julgado em 10.10.2013).
Gabarito "A".

(Juiz de Direito/DF – 2016 – CESPE) No tocante à jurisprudência sumulada pelo STJ quanto ao direito penal, assinale a opção correta.

(A) A extinção da punibilidade pela prescrição da pretensão punitiva, com fundamento em pena hipotética, é admitida, independentemente da existência ou do resultado do processo penal.
(B) Fixada a pena-base no mínimo legal, a decisão, fundamentada na gravidade abstrata do delito, poderá estabelecer ao sentenciado regime prisional mais gravoso do que o cabível em razão da sanção imposta.
(C) A contagem do prazo para a progressão de regime de cumprimento de pena será interrompida pela prática de falta grave e se reiniciará a partir do cometimento dessa infração.
(D) A falta grave interrompe o prazo para a obtenção de livramento condicional.
(E) A prática de falta grave interrompe o prazo para o fim de comutação de pena ou indulto.

A: incorreta. A proposição refere-se à chamada prescrição *antecipada* ou *virtual*, assim considerada aquela baseada na pena que seria, em tese, aplicada ao réu em caso de condenação. Grande parte da jurisprudência rechaça tal modalidade de prescrição, na medida em que implica verdadeiro prejulgamento (o juiz estaria se utilizando de uma pena ainda não aplicada). Consolidando tal entendimento, o STJ editou a Súmula 438, segundo a qual não se admite a prescrição baseada em pena hipotética; **B:** incorreta, uma vez que não reflete o entendimento consolidado na Súmula 440, do STJ: *Fixada a pena-base no mínimo legal, é vedado o estabelecimento de regime prisional mais gravoso do que o cabível em razão da sanção imposta, com base apenas na gravidade abstrata do delito*; **C:** correta, pois em conformidade com o entendimento constante da Súmula 534, do STJ: *A prática de falta grave interrompe a contagem do prazo para a progressão de regime de cumprimento de pena, o qual se reinicia a partir do cometimento dessa infração*; **D:** incorreta. Súmula 441, do STJ: *A falta grave não interrompe o prazo para a obtenção de livramento condicional*; **E:** incorreta. Súmula 535, do STJ: *A prática de falta grave não interrompe o prazo para o fim de comutação de pena ou indulto*.
Gabarito "C".

(Analista Judiciário – TRT/8ª – 2016 – CESPE) Considerando a jurisprudência do Superior Tribunal de Justiça relativamente a crimes contra a administração pública e de lavagem de dinheiro, assinale a opção correta.

(A) A conduta pautada no oferecimento de propina a policiais militares com o objetivo de safar-se de prisão em flagrante insere-se no âmbito da autodefesa, de modo que não deve ser tipificada como crime de corrupção ativa.
(B) No crime de lavagem ou ocultação de bens, direitos e valores, para se tipificar a conduta praticada, é necessário que os bens, direitos

ou valores provenham de crime anterior e que o agente já tenha sido condenado judicialmente pelo crime previamente cometido.
(C) O agente não integrante dos quadros da administração pública não pode ser sujeito ativo do crime de concussão.
(D) A perda do cargo público, quando a pena privativa de liberdade for estabelecida em tempo inferior a quatro anos, apenas pode ser decretada como efeito da condenação quando o crime for cometido com abuso de poder ou com violação de dever para com a administração pública.
(E) A conduta no crime de corrupção ativa, por se tratar de crime material, apenas deve ser tipificada caso haja o efetivo pagamento de propina ao servidor público, mesmo que o agente não tenha obtido a vantagem pretendida.

A: incorreta. Aquele que oferece vantagem indevida a policiais militares para se ver livre de prisão em flagrante incorre nas penas do crime de corrupção ativa (art. 333, CP), não havendo que se falar, aqui, no exercício de autodefesa. Conferir o seguinte julgado do STF, do qual, ao que parece, foi extraída a proposição: "(...) Revela-se totalmente inconcebível a tese sustentada na impetração, no sentido de que o oferecimento de propina a policiais militares, com vistas a evitar a prisão em flagrante, caracterizaria autodefesa, excluindo a prática do delito de corrupção ativa, uma vez que tal garantia não pode ser invocada para fins de legitimar práticas criminosas. Precedente do STF (...)" (HC 249.086/SP, Rel. Ministro JORGE MUSSI, QUINTA TURMA, julgado em 09.09.2014, *DJe* 15.09.2014); **B:** incorreta. É despicienda, para a tipificação do crime de lavagem de dinheiro, a condenação do agente pelo cometimento da infração penal (crime e contravenção penal) antecedente. Segundo reza o art. 2º, II, da Lei 9.613/1998, "o processo e julgamento dos crimes previstos nesta Lei: II – independem do processo e julgamento das infrações penais antecedentes, ainda que praticados em outro país (...)". Basta, pois, a existência de prova de que a infração penal antecedente ocorreu (materialidade da infração); **C:** incorreta. A qualidade de "funcionário público" constitui elementar do crime de concussão. Estabelece o art. 30 do CP que as elementares se comunicam aos partícipes, desde que sejam de conhecimento destes. Assim, se o crime de concussão é praticado por um funcionário em concurso com quem não integra os quadros do funcionalismo, ambos responderão pelo crime do art. 316, *caput*, do CP. É dizer, a condição de caráter pessoal, por ser elementar do crime, comunica-se ao coautor e ao partícipe; **D:** correta. No que toca à perda do cargo, função pública ou mandato eletivo como efeito secundário de natureza extrapenal da condenação, há duas situações a considerar: se a pena privativa de liberdade aplicada for superior a quatro anos, é de rigor a perda do cargo, função ou mandato eletivo, pouco importando, neste caso, se a conduta do funcionário foi praticada com abuso de poder ou com violação de dever inerente à função pública (art. 92, I, "b", do CP); agora, se a pena privativa de liberdade aplicada for inferior a quatro (é o caso desta assertiva), a perda do cargo, função pública ou mandato eletivo do agente somente se dará se este houver agido, na prática criminosa, com abuso de poder ou violação de deveres para com a Administração Pública (art. 92, I, "a", do CP). Nas duas hipóteses, cuida-se de efeito não automático da condenação, exigindo, portanto, declaração motivada na sentença (art. 92, parágrafo único, do CP); **E:** incorreta, na medida em que se trata de crime *formal* (e não *material*), em que a consumação se opera no momento em que a oferta ou promessa chega ao conhecimento do funcionário público; a entrega da propina, portanto, se houver, não é necessária à concretização do tipo penal. ED
"Gabarito 'D'."

(Magistratura/SC – 2015 – FCC) Considere a seguinte conduta descrita: Publicar ilustração de recém-nascidos afrodescendentes em fuga de sala da parto, associado aos dizeres de um personagem (supostamente médico) de cor branca "Segurança! É uma fuga em massa!". Tal conduta amolda-se à seguinte tipificação legal:
(A) Não se amolda a tipificação legal por se tratar de ofensa social e não de conteúdo racial.
(B) Injúria, prevista no art. 140 do Código Penal.
(C) Crime de racismo, previsto na Lei 7.716/1989.
(D) Difamação, prevista no art. 139 do Código Penal.
(E) Não se amolda a tipificação legal por se tratar de liberdade de expressão – direito de charge.

O enunciado, carregado, a nosso ver, de subjetivismo, incompatível, segundo pensamos, com uma prova objetiva, foi extraído, ao que parece, do seguinte julgado: "Crime de racismo. Art. 20, § 2º, da Lei 7.716/1989. Publicação de charge em jornal. Sentença absolutória. Recurso da acusação. Ilustração pejorativa. Vinculação do nascimento de crianças afrodescendentes à criminalidade. Conteúdo racista manifesto. Colisão de princípios. Liberdade de expressão, dignidade da pessoa humana e igualdade. Solução que se dá através da utilização do princípio da proporcionalidade. Prevalência dos últimos inequivocamente aplicável ao caso concreto. Recurso provido. Ilustração de recém-nascidos afrodescendentes em fuga de sala de parto, associado aos dizeres de um personagem (supostamente médico) de cor branca "Segurança!!! É uma fuga em massa!!!", configura a prática do crime de racismo. A Constituição Federal de 1988 dispõe, em seu art. 3º, entre os objetivos fundamentais da República, a "promoção do bem de todos, sem preconceito de origem, raça, sexo, cor, idade e quaisquer outras formas de discriminação". Ademais, no capítulo referente aos direitos e garantias individuais, estabelece a "igualdade" como garantia fundamental do indivíduo sendo a prática do racismo crime inafiançável e imprescritível (art. 5º, XLII). Havendo colisão de normas constitucionais entre a que impõe a igualdade entre os indivíduos e a liberdade de pensamento, deve prevalecer aquela, pois não é possível que o exercício do direito de opinião ofenda outros valores constitucionais, mormente a dignidade humana, fundamento do princípio da igualdade.

[...] não se pode atribuir primazia absoluta à liberdade de expressão, no contexto de uma sociedade pluralista, em face de valores outros como os da igualdade e da dignidade humana. [...] Ela encontra limites, também no que diz respeito às manifestações de conteúdo discriminatório ou de conteúdo racista. Trata-se, como já assinalado, de uma elementar exigência do próprio sistema democrático, que pressupõe a igualdade e a tolerância entre os diversos grupos. (HC 82424, rel. Min. Moreira Alves, rel. p/ acórdão: Min. Maurício Corrêa, Tribunal Pleno, j. 17.09.2003). Dosimetria. Chargista, autor da ilustração. Pena fixada em 2 (dois) anos de reclusão. Regime inicial aberto. Substituição da pena privativa de liberdade por duas restritivas de direitos. Editor chefe em exercício. Participação de menor importância. Pena definitiva em 1 (um) ano e 4 (quatro) meses de reclusão. Regime inicial aberto. Pena corporal igualmente substituída. [...] partícipe é quem concorre para que o autor ou coautores realizem a conduta principal, ou seja, aquele que, sem praticar o verbo (núcleo) do tipo, concorre de algum modo para a produção do resultado. Assim, (...) pode-se dizer que o agente que exerce a vigilância sobre o local para que seus comparsas pratiquem o delito de roubo é considerado partícipe, pois, sem realizar a conduta principal (não subtraiu, nem cometeu violência ou grave ameaça contra a vítima), colaborou para que os autores lograssem a produção do resultado. Dois aspectos definem a participação: a) vontade de cooperar com a conduta principal, mesmo que a produção do resultado fique na inteira dependência do autor; b) cooperação efetiva, mediante uma atuação concreta acessória da conduta principal (CAPEZ, Fernando. Curso de direito penal – Parte geral. 10. ed. São Paulo: Saraiva, 2006. p. 338-339). Prescrição. Impossibilidade de reconhecimento. Crime imprescritível. Inteligência do art. 5º, XLII, da CF" (TJSC, Apelação Criminal n. 2012.016841-9, de Lages, rel. Des. Jorge Schaefer Martins, j. 23.05.2013). ED
"Gabarito 'C'."

(Ministério Público/BA – 2015 – CEFET) Analise as seguintes assertivas acerca das leis penais extravagantes:

I. A integralidade dos delitos previstos na Lei 8.666/1993 – Lei de Licitações abrange licitações de empresas públicas; é de ação penal pública incondicionada, sendo incabível ação penal privada subsidiária da ação penal pública; e segue o trâmite do procedimento comum previsto no Código de Processo Penal.

II. Nos termos da Lei 9.605/1998 – Lei do Meio Ambiente, são circunstâncias que agravam a pena, quando não são constitutivas ou qualificadoras dos delitos ambientais, a prática do crime: mediante abuso do direito de licença, permissão ou autorização ambiental; para obter vantagem pecuniária; em período de defeso à fauna; com comunicação prévia pelo agente do perigo iminente de degradação ambiental; e afetando ou expondo a perigo, de maneira grave, a saúde pública ou o meio ambiente.

III. Nos termos da Lei 9.605/1998 – Lei do Meio Ambiente, a pena privativa de liberdade pode ser substituída por pena restritiva de direitos, dentre as quais, o recolhimento domiciliar, na hipótese de crime culposo ou na hipótese de aplicação de pena privativa de liberdade inferior a 4 (quatro) anos.

IV. As contravenções penais, em sua integralidade, são de ação penal pública incondicionada, não são admitidas em forma tentada e seguem, de forma exclusiva, o princípio da territorialidade.

V. O delito de pichardismo distingue-se do delito do estelionato pelo fato de atingir um número indeterminado de pessoas, sendo necessário, para sua consumação, o efetivo recebimento da vantagem perseguida.

Estão **CORRETAS** as assertivas:
(A) I e II.
(B) I e III.
(C) II e V.
(D) III e IV.
(E) IV e V.

I: incorreta, pois não reflete a regra presente no art. 103 da Lei 8.666/1993, que admite o ajuizamento da ação penal privada subsidiária da pública; **II:** incorreta, visto que a comunicação prévia, feita pelo agente, do perigo iminente de degradação ambiental configura hipótese de circunstância atenuante (art. 14, III, da Lei 9.605/1998); as demais circunstâncias a que faz referência a assertiva constituem agravantes (art. 15, Lei 9.605/1998); **III:** correta, pois reflete as regras presentes nos arts. 7º, I, e 8º, V, da Lei 9.605/1998; **IV:** correta, pois em consonância com os arts. 2º, 4º e 17 do Decreto-lei 3.688/1941 (Lei das Contravenções Penais); **V:** incorreta. Embora seja correta a afirmação segundo a qual o processo fraudulento denominado *pichardismo* (art. 2º, IX, da Lei 1.521/1951) tem como sujeito passivo a coletividade ou um número indeterminado de pessoas, no que se distingue do delito de estelionato, é equivocado afirmar-se que a consumação de tal infração penal esteja condicionada à obtenção da vantagem perseguida. Isso porque o tipo penal estabelece, de forma expressa, que é punida a tentativa da mesma forma que a modalidade consumada. Cuida-se de crime de atentado ou de empreendimento, em que a pena prevista para o crime tentado é a mesma do delito consumado. Não há, neste caso, redução de pena. ED
"Gabarito 'D'."

(Ministério Público/BA – 2015 – CEFET) Analise as seguintes assertivas acerca das leis penais extravagantes:

I. Para a decretação de perda do cargo de Prefeito Municipal é indispensável que o mesmo seja condenado, de forma definitiva, pela prática de um dos delitos previstos no artigo 1º do Decreto-Lei 201/1967, sendo que o afastamento do exercício do cargo pode ser determinado antes mesmo da primeira decisão condenatória ainda passível de recurso.

II. A Lei 4.898/1965 – Lei de Abuso de Autoridade pode ser aplicada a pessoa que exerce função pública, ainda que de natureza civil e sem remuneração, e prevê sanções administrativas e penais, que podem ser aplicadas de forma autônoma ou cumulativa.

III. Consoante o princípio da reserva legal, não pratica o crime de abuso de autoridade o delegado de polícia que não comunica imediatamente ao juiz de direito a prisão de determinada pessoa.

IV. A promoção de publicidade de bens ou serviços que explore o medo ou a superstição constitui tipo penal previsto na Lei. 8.078/1990 – Código de Defesa do Consumidor.

V. As penas restritivas de direito previstas na Lei 8.078/1990 – Código de Defesa do Consumidor não podem ser cumulativamente aplicadas com pena privativa de liberdade.

Estão **CORRETAS** as assertivas:

(A) I, II e IV.
(B) I, III e IV.
(C) I, III e V.
(D) II, III e V.
(E) II, IV e V.

I: correta, pois reflete o disposto nos arts. 1º, § 2º, e 2º, II, do Decreto-lei 201/1967; **II:** correta, pois em consonância com o que estabelecem os arts. 5º e 6º da Lei 4.898/1965; **III:** incorreta, visto que a conduta descrita está tipificada no art. 4º, *c*, da Lei 4.898/1965; **IV:** correta (arts. 37, § 2º, e 67 da Lei 8.078/1990); **V:** incorreta, pois não reflete o que estabelece o art. 78 da Lei 8.078/1990. ED

Gabarito "A".

(Ministério Público/BA – 2015 – CEFET) Analise as seguintes assertivas acerca das leis penais extravagantes:

I. Configura crime de tortura a conduta de constranger criança, com emprego de grave ameaça, causando-lhe sofrimento mental, em razão de discriminação racial.

II. No tocante à suspensão condicional do processo, prevista na Lei 9.099/1995 – Lei dos Juizados Especiais Cíveis e Criminais, é entendimento sumulado pelo Supremo Tribunal Federal que o acréscimo de pena referente à continuidade delitiva não deve ser considerado para obtenção da pena efetivamente mínima autorizadora da concessão do benefício.

III. A Lei 7.716/1989 tipifica e estabelece punição de crimes resultantes de discriminação ou preconceito de raça, cor, etnia, religião ou procedência nacional, estando excluída a discriminação ou preconceito relativo à orientação sexual.

IV. Em relação ao procedimento ditado na Lei 9.099/1995 – Lei dos Juizados Especiais Cíveis e Criminais, na hipótese de crime de ação penal pública incondicionada, a ocorrência da composição civil entre autor do fato e vítima impede a ocorrência de tentativa de transação penal.

V. Nos termos da Lei 9.503/1997 – Código de Trânsito Brasileiro, a pena de suspensão da habilitação para dirigir veículo automotor deve durar duas vezes o período da pena privativa de liberdade aplicada, e não é iniciada enquanto o sentenciado, por efeito de condenação penal, estiver recolhido a estabelecimento prisional.

Estão **CORRETAS** as assertivas:

(A) I e III.
(B) I e V.
(C) II e IV.
(D) II e V.
(E) III e IV.

I: correta. A conduta descrita na assertiva corresponde ao crime de *tortura*, capitulado no art. 1º, I, *c*, da Lei 9.455/1997, com a incidência da causa de aumento de pena prevista no inc. II do § 4º do mesmo dispositivo, que se refere à circunstância de o delito ser praticado contra criança; **II:** incorreta. O STF admite a suspensão condicional do processo no caso de crime continuado, desde que a soma da pena mínima cominada ao crime com o aumento de 1/6 decorrente da continuidade não seja superior ao patamar de 1 (um) ano, estabelecido no art. 89, *caput*, da Lei 9.099/1995, entendimento esse consolidado por meio da Súmula 723 do STF; nesse mesmo sentido, o STJ editou a Súmula 243; **III:** correta, já que o art. 1º da Lei 7.716/1989 não contemplou a discriminação ou preconceito relativo à orientação sexual. Na jurisprudência do STF: "Tipo penal – Discriminação ou preconceito – Art. 20 da Lei 7.716/1989 – Alcance. O disposto no art. 20 da Lei 7.716/1989 tipifica o crime de discriminação ou preconceito considerada a raça, a cor, a etnia, a religião ou a procedência nacional, não alcançada a decorrente de opção sexual" (Inq 3590, Relator(a): Min. Marco Aurélio, Primeira Turma, j. 12.08.2014); **IV:** incorreta, na medida em que a composição civil somente terá o condão de impedir a tentativa de transação penal se a infração penal imputada ao autor for de ação penal privada ou pública condicionada a representação, caso em que o acordo homologado implicará a renúncia ao direito de queixa ou representação (art. 74, parágrafo único, da Lei 9.099/1995). No campo da ação penal pública incondicionada, mesmo que haja a recomposição entre o autor e o ofendido, nada obsta que o Ministério Público, titular da ação penal, formule proposta de transação penal; **V:** incorreta. Isso porque a penalidade de suspensão da habilitação para dirigir veículo automotor durará de dois meses a cinco anos (e não o dobro da pena privativa de liberdade aplicada, como constou da afirmativa), segundo estabelece o art. 293, *caput*, do CTB; está correto, contudo, o que se afirma na parte final da assertiva ("... e não é iniciada enquanto o sentenciado, por efeito de condenação penal, estiver recolhido a estabelecimento prisional"), pois em conformidade com o art. 293, § 2º, do CTB. ED

Gabarito "A".

(Ministério Público/BA – 2015 – CEFET) Analise as seguintes assertivas acerca das leis penais extravagantes:

I. Nos termos da Lei 11.343/2006, a ocorrência do delito de associação para o tráfico ocorre quando duas pessoas se associem para a prática, ainda que não reiterada, do delito de tráfico de drogas, devendo ocorrer aumento de pena em caso de tráfico realizado entre Estados da Federação, ou se praticado por agente que se prevaleça de desempenho de missão de educação.

II. Nos termos da Lei 8.072/1990 – Lei dos Crimes Hediondos, o latrocínio, a extorsão mediante sequestro, a epidemia com resultado morte, a tortura, o estupro e o homicídio qualificado são considerados crimes hediondos, sendo estabelecido, na referida Lei, que a progressão de regime de cumprimento de penas dos mesmos poderá ocorrer após o cumprimento de 2/5 (dois quintos) da pena, sendo o apenado primário; e de 3/5 (três quintos) da pena, sendo o apenado reincidente.

III. A Lei 11.340/06 – Lei Maria da Penha estabelece que configura violência doméstica e familiar contra a mulher qualquer ação ou omissão baseada no gênero que lhe cause: morte; lesão; sofrimento físico, sexual ou psicológico; e dano moral ou patrimonial, no âmbito da unidade doméstica, ainda que inexistente qualquer vínculo familiar ou relação afetiva íntima.

IV. Nos termos da Lei 10.826/2003 – Estatuto do Desarmamento, o fato da arma ser de uso proibido ou restrito não configura causa especial do aumento de pena do crime de porte ilegal de arma de fogo.

V. A impossibilidade da conversão da pena privativa de liberdade em pena restritiva de direitos ditada pela Lei 11.343/2006 – Lei Antidrogas encontra guarida em reiteradas decisões do Supremo Tribunal Federal.

Estão **CORRETAS** as assertivas:

(A) I, II e III.
(B) I, III e IV.
(C) I, IV e V.
(D) II, III e V.
(E) II, IV e V.

I: correta. Por expressa disposição do art. 40, *caput*, da Lei 11.343/2006, as causas de aumento de pena ali elencadas, entre as quais as referidas na assertiva (incisos II e V), terão incidência nos crimes definidos nos arts. 33 a 37 da Lei de Drogas, aqui incluída, por óbvio, a *associação para o tráfico*, delito definido no art. 35 da lei de regência; **II:** errada. A incorreção da assertiva está na afirmação de que o crime de tortura é *hediondo*. Não é, já que não faz parte o rol do art. 1º da Lei 8.072/1990 (Crimes Hediondos). É que o constituinte achou por bem, dada a gravidade do crime em questão, inseri-lo no art. 5º da CF (inc. XLIII), atribuindo-lhe, assim como fez com os delitos de *tráfico* e *terrorismo*, tratamento diferenciado, mais rígido. Portanto, esses três crimes (tortura, tráfico de drogas e terrorismo) são considerados pela doutrina como *equiparados* ou *assemelhados* a hediondo (e não simplesmente hediondo); repito: hediondos são somente aqueles contemplados no art. 1º da Lei 8.072/1990. É importante que se diga que, na essência, inexiste diferença entre eles (hediondos e equiparados a tal), já que o tratamento a ser conferido aos autores desses crimes é o mesmo: igualmente mais severo. Por fim, vale o registro de que, como consequência do que dissemos, o legislador ordinário está impedido de alterar o dispositivo constitucional que definiu os chamados delitos equiparados a hediondo (cuida-se de cláusula pétrea); o mesmo não se diga em relação aos crimes hediondos, cujo rol pode, a critério do legislador, ser alterado, ali incluindo (como amiúde ocorre) ou excluindo crime. No que pertine à segunda parte da assertiva, estão corretas as frações de pena que devem os autores desses crimes cumprir para fazer jus ao regime menos severo: 2/5, se o condenado for primário; e 3/5, se for reincidente (art. 2º, § 2º, da Lei de Crimes Hediondos); **III:** correta, pois reflete o que estabelece o art. 5º, *caput* e incisos, da Lei 11.340/2006 (Maria da Penha); **IV:** correta. Crime autônomo previsto no art. 16 da Lei 10.826/2003; **V:** incorreta. Bem ao contrário do que se afirma na assertiva, a parte do art. 33, § 4º, da Lei de Drogas que vedava a substituição da pena privativa de liberdade por restritiva de direitos no contexto do crime de tráfico foi declarada, incidentalmente, inconstitucional pelo STF no julgamento do HC 97.256/RS, após o que o Senado Federal, por meio da Resolução 5/2012, suspendeu a execução da expressão "vedada a conversão em penas restritivas de direito". Por essa razão, nada impede, atualmente, que o juiz autorize a substituição da pena privativa de liberdade por restritiva de direitos no crime de tráfico. ED

Gabarito "B".

9. EXECUÇÃO PENAL

Arthur Trigueiros e Eduardo Dompieri*

1. TRABALHO DO PRESO

(Investigador – PC/BA – 2018 – VUNESP) A Lei de Execução Penal adotou o instituto da remição, que é o desconto de 1 (um) dia da pena por 3 (três) dias trabalhados pelo condenado. Diante das normas legais a respeito do assunto, constata-se que

(A) uma vez realizado o trabalho, não pode fato posterior suprimir o direito à remição.
(B) o cometimento de falta grave pode acarretar a revogação de até 1/6 (um sexto) dos dias remidos.
(C) o cometimento de falta média ou grave pode acarretar a revogação total dos dias remidos.
(D) o cometimento de falta grave pode acarretar a revogação de até 1/2 (metade) dos dias remidos.
(E) o cometimento de falta grave pode acarretar a revogação de até 1/3 (um terço) dos dias remidos.

Em vista das alterações implementadas na LEP pela Lei 12.433/2011, estabeleceu-se, no caso de cometimento de falta grave, uma proporção máxima em relação à qual poderá se dar a perda dos dias remidos. Assim, diante da prática de falta grave, poderá o juiz, em vista da nova redação do art. 127 da LEP, revogar no máximo 1/3 do tempo remido, devendo a contagem recomeçar a partir da data da infração disciplinar. Antes disso, o condenado perdia os dias remidos na sua totalidade. **ED**
Gabarito "E".

(Defensor Público – DPE/PR – 2017 – FCC) Irany, que trabalha como motorista de táxi, cumpre pena em regime aberto. Neste caso,

(A) os horários do trabalho de Irany não precisam ser levados em consideração na fixação das condições do regime.
(B) o exercício do trabalho lícito, devidamente comprovado, garante a Irany o direito à remição, ainda que seja como trabalhadora autônoma.
(C) há hipóteses legais em que Irany pode ser dispensada da comprovação do exercício do trabalho.
(D) pode ser-lhe imposta como condição especial a prestação de serviço comunitário.
(E) cumprindo pena na modalidade domiciliar, Irany não depende de autorização judicial para se ausentar da cidade onde reside.

A: incorreta, dado que o juiz, ao conceder o regime aberto, estabelecerá em que horários o albergado deverá sair para o trabalho e retornar à Casa do Albergado (art. 115, II, LEP); **B:** incorreta, uma vez que a remição pelo trabalho somente é possível nos regimes fechado e semiaberto (art. 126, *caput*, da LEP); no regime aberto, a remição pelo trabalho, portanto, não é possível, já que a atividade laborativa é condição imposta ao condenado para que permaneça nesse regime; agora, embora não caiba, no regime aberto, a remição pelo trabalho, é possível a remição pelo estudo (art. 126, § 6º, da LEP); **C:** correta, pois reflete o disposto no art. 114, parágrafo único, da LEP; **D:** incorreta. A Súmula n. 493 do Superior Tribunal de Justiça consagrou o entendimento no sentido de que não podem ser aplicadas as penas substitutivas do art. 44 do CP como condição para a ida do condenado ao regime aberto. Conferir: "É inadmissível a fixação de pena substitutiva (art. 44 do CP) como condição especial ao regime aberto". Nesse sentido: "*Habeas corpus*. Execução penal. Furto qualificado. Conversão das penas restritivas de direitos em privativa de liberdade. Imposição de condições especiais para a concessão do regime inicial aberto. Observância da Súmula 493 desta corte. Medidas previstas no art. 115 da Lei 7.210/1984. Possibilidade. *Habeas corpus* parcialmente concedida. 1. Nos termos da Súmula 493 desta Corte, "[é] inadmissível a fixação de pena substitutiva (art. 44 do CP) como condição especial ao regime aberto." É permitida, todavia, a imposição de medidas especiais constantes do art. 115 da Lei 7.210/1984. 2. Ordem de *habeas corpus* parcialmente concedida para que sejam afastadas, como condições especiais ao regime aberto, quaisquer das penas restritivas de direitos previstas no art. 43 do Código Penal" (HC 201101288995, Laurita Vaz – Quinta Turma, *DJE* 30.04.2013); **E:** incorreta (art. 115, III, LEP). **ED**
Gabarito "C".

(Defensor Público – DPE/BA – 2016 – FCC) Sobre o trabalho e o estudo dos apenados, bem como acerca da remição, é correto afirmar:

(A) O condenado que usufrui liberdade condicional poderá remir, pela frequência a curso de ensino regular ou de educação profissional, parte do tempo do período de prova.
(B) Se o preso restar impossibilitado de prosseguir no trabalho, por acidente no local do labor, não poderá continuar a se beneficiar com a remição enquanto perdurar o afastamento.
(C) O trabalho externo, segundo a Lei de Execuções Penais, é permitido apenas aos presos dos regimes semiaberto e aberto.
(D) O trabalho interno é obrigatório para os presos definitivos e provisórios.
(E) O tempo a remir pelas horas de estudo será acrescido de 1/2 no caso de conclusão do ensino fundamental durante o cumprimento da pena, desde que a conclusão seja certificada pelo órgão competente do sistema de educação.

A: correta (art. 126, § 6º, da LEP); **B:** incorreta. Ao contrário do que se afirma na alternativa, *o preso impossibilitado, por acidente, de prosseguir no trabalho ou nos estudos continuará a beneficiar-se com a remição*; **C:** incorreta, já que o trabalho externo, por expressa disposição do art. 36, *caput*, da LEP, também é permitido ao preso que se encontra em cumprimento de pena no regime fechado, desde que em serviço ou obras públicas; **D:** incorreta. Segundo o art. 31, parágrafo único, da LEP, *para o preso provisório, o trabalho não é obrigatório e só poderá ser executado no interior do estabelecimento*; **E:** incorreta, uma vez que deverá incidir, neste caso, a fração correspondente a *um terço*, e não *metade*, tal como reza o art. 126, § 5º, da LEP.
Gabarito "A".

(Defensor Público – DPE/RN – 2016 – CESPE) Acerca do trabalho do condenado e da remição, assinale a opção correta segundo a LEP e o entendimento do STJ.

(A) O STJ sedimentou o entendimento de que é vedado o trabalho extramuros ao condenado em regime fechado, mesmo mediante escolta.
(B) Aquele que estiver cumprindo pena privativa de liberdade ou que estiver preso provisoriamente será obrigado a trabalhar na medida de suas aptidões e capacidade.
(C) A decisão que concede a remição na execução penal tem caráter meramente declarativo. Assim, o abatimento dos dias trabalhados do restante da pena a cumprir fica subordinado a ausência de posterior punição pela prática de falta grave.
(D) A remição, cuja aplicação restringe-se exclusivamente ao trabalho interno, é uma recompensa àqueles que procedem corretamente e uma forma de abreviar o tempo de condenação, estimulando o próprio apenado a buscar atividades laborativas lícitas e educacionais durante o seu período de encarceramento.
(E) O condenado que executar tarefas como prestação de serviço à comunidade deverá ser remunerado mediante prévia tabela, não podendo sua remuneração ser inferior a um salário mínimo.

A: incorreta. A teor dos arts. 34, § 3º, do CP e 36, *caput*, da LEP (Lei 7.210/1984), o trabalho externo é permitido, sim, ao condenado que cumpre pena em regime fechado, desde que em serviço ou obras públicas; **B:** incorreta. Segundo o art. 31, parágrafo único, da LEP, *para o preso provisório, o trabalho não é obrigatório e só poderá ser executado no interior do estabelecimento*; **C:** correta. De fato, a decisão que concede a remição pelos dias trabalhados é meramente declaratória: o juiz declara remidos os dias de pena (art. 126, § 8º, da LEP); na hipótese de cometimento de falta grave, o condenado perderá até um terço do tempo remido (art. 127, LEP); **D:** incorreta. O STJ pacificou o entendimento segundo o qual é possível a remição pelo trabalho externo. Consultar: REsp 1381315/RJ, Rel. Ministro Rogerio Schietti Cruz, Terceira Seção, julgado em 13.05.2015, *DJe* 19.05.2015; **E:** incorreta, pois contraria o disposto no art. 30 da LEP: "As tarefas executadas como prestação de serviço à comunidade não serão remuneradas".
Gabarito "C".

(Ministério Público/SP – 2012 – VUNESP) É correto afirmar:

(A) Não estão obrigados ao trabalho os presos provisórios, os presos políticos e os presos com mais de 60 (sessenta) anos de idade.
(B) O trabalho externo é admissível somente para os presos em regime semiaberto.
(C) Admite-se a remição da pena pelo trabalho ou pela frequência a curso de ensino regular ou de educação profissional para o condenado em regime aberto ou em livramento condicional.

---

* **Eduardo Dompieri** comentou as questões dos concursos de Magistratura Estadual, Ministério Público Estadual, Defensoria, Trabalhistas, Cartório, Analista, Magistratura Federal, Juiz de Direito 2016, DPE/BA/16, DPE/RN/16, DPE/ES/16; **Arthur Trigueiros** comentou as questões dos concursos DPE/PE/15, MAG/SC/15 e **Eduardo Dompieri** e **Arthur Trigueiros** comentaram em coautoria as questões dos concursos de Delegado.

(D) Compete ao diretor do estabelecimento penal a concessão de permissão de saída ao condenado em regime fechado.
(E) O juiz poderá, em caso de falta grave, revogar até 2/3 (dois terços) do tempo remido.

A: incorreta. O art. 31, parágrafo único, da LEP estabelece que o trabalho, para o preso provisório, não é obrigatório. Já os maiores de 60 anos, que poderão solicitar ocupação adequada à idade, têm, sim, a obrigação de trabalhar (art. 32, § 2º, da LEP). Por fim, o art. 200 da LEP dispõe que o trabalho não é obrigatório para o condenado por crime político; **B:** incorreto, já que os presos que cumprem a pena no regime fechado poderão fazer trabalho externo, desde que em serviços ou obras públicas (art. 34, § 3º, do CP); **C:** incorreta – reza o art. 126, *caput*, da Lei 7.210/84 (LEP), cuja redação foi modificada pela Lei 12.433/2011, que somente poderá beneficiar-se da remição – pelo trabalho – o preso que cumpre a pena no regime fechado ou no semiaberto. Porém, a remição pelo estudo será possível ao condenado que esteja cumprindo pena em qualquer dos regimes, inclusive o aberto (art. 126, §6º, da LEP); **D:** correta, pois reflete o disposto no art. 120, p. único, da Lei 7.210/1984; **E:** incorreta – em vista das alterações implementadas na LEP pela Lei 12.433/11, estabeleceu-se, no caso de cometimento de falta grave, uma proporção máxima em relação à qual poderá se dar a perda dos dias remidos. Assim, diante da prática de falta grave, poderá o juiz, em vista da nova redação do art. 127 da LEP, revogar no máximo 1/3 do tempo remido, devendo a contagem recomeçar a partir da data da infração disciplinar. Antes disso, o condenado perdia os dias remidos na sua totalidade.
Gabarito "D".

(Defensor/PA – 2015 – FMP) De acordo com a Lei nº 7.210/84, é CORRETO afirmar que:
(A) admite-se o trabalho externo aos presos em regime fechado, devendo a atividade laboral ser executada em serviço ou obras públicas realizadas por órgãos da Administração Direta ou Indireta, ou entidades privadas.
(B) a prestação de trabalho externo aos presos em regime fechado depende de autorização da direção do estabelecimento prisional, e será concedida aos presos que houverem cumprido, como mínimo, 1/3 da pena, e demonstrarem aptidão, disciplina e responsabilidade.
(C) a prestação de trabalho externo aos presos em regime fechado depende de autorização do juiz da execução criminal, e será concedida aos presos que houverem cumprido, como mínimo, 1/6 da pena, e demonstrarem aptidão, disciplina e responsabilidade.
(D) admite-se o trabalho externo aos presos em regime fechado e semiaberto, devendo a atividade laboral ser executada unicamente em serviço ou obras públicas realizadas por órgãos da Administração Direta ou Indireta, ou entidades privadas.
(E) admite-se o trabalho externo aos presos em regime fechado e semiaberto, podendo a atividade laboral ser executada em entidade privada, independentemente do consentimento expresso do preso.

A: correta, pois em conformidade com o disposto no art. 36, *caput*, da LEP; **B:** incorreta, uma vez que, para fazer jus ao trabalho externo, o condenado em regime fechado há de ter cumprido o mínimo de 1/6 da pena, e não 1/3, como constou da assertiva (art. 37, *caput*, da LEP); **C:** incorreta, já que a autorização para trabalho externo é atribuição do diretor do estabelecimento prisional (art. 37, *caput*, da LEP); **D:** errada, uma vez que o trabalho externo nos moldes do que preconiza o art. 36, *caput*, da LEP somente será exercido pelo condenado que se encontra no regime fechado; **E:** incorreta, pois contraria o disposto no art. 36, § 3º, da LEP: "a prestação de trabalho a entidade privada depende do consentimento expresso do preso".
Gabarito "A".

2. DEVERES, DIREITOS E DISCIPLINA DO CONDENADO

(Juiz – TJ-SC – FCC – 2017) O regime disciplinar diferenciado, de cumprimento da pena, apresenta as seguintes características:
I. duração máxima de trezentos e sessenta dias, até o limite de um sexto da pena aplicada.
II. recolhimento em cela individual.
III. visitas semanais de duas pessoas, sem contar as crianças, com duração de duas horas.
IV. o preso terá direito à saída da cela por 2 horas diárias para banho de sol.
V. não poderá abrigar presos provisórios.
Está correto o que se afirma APENAS em:
(A) II, III, IV e V.
(B) I, II, III e IV.
(C) III e IV.
(D) I, II e V.
(E) I, III e V.

I: correta (art. 52, I, da LEP); **II:** correta (art. 52, II, da LEP); **III:** correta (art. 52, III, da LEP); **IV:** correta (art. 52, IV, da LEP); **V:** incorreta, na medida em que, por expressa previsão contida no art. 52, "caput", da LEP, o regime disciplinar diferenciado alcança tanto o preso condenado em definitivo quanto o provisório. ED
Gabarito "B".

(Defensor Público – DPE/ES – 2016 – FCC) Segundo as inspeções em unidades prisionais nas Regras de Mandela, é correto afirmar que
(A) é dispensável a elaboração de relatório escrito após a inspeção em virtude da informalidade que deve reger a atividade.
(B) as inspeções nas unidades prisionais feitas pela própria administração prisional não devem ser realizadas, pois tendem a encobrir irregularidades da própria administração penitenciária.
(C) as inspeções prisionais feitas por órgãos independentes da administração prisional devem contar com profissionais de saúde e buscar uma representação paritária de gênero.
(D) as inspeções devem ser previamente informadas à administração prisional para garantia da segurança dos inspetores.
(E) nas inspeções prisionais não devem ser entrevistados funcionários prisionais, dada a possibilidade de deturpação de informações, que devem ser colhidas por inspetores independentes.

As chamadas *Regras de Mandela* constituem regras mínimas das Nações Unidas para o tratamento de presos. Elaboradas em 1955, foram atualizadas em 22 de maio de 2015, com a incorporação de novas doutrinas de direitos humanos. O objetivo, *grosso modo*, é fornecer subsídios e orientações para transformar o paradigma de encarceramento e reestruturar o modelo hoje em vigor, conferindo maior efetividade aos direitos dos encarcerados e à sua dignidade. Passemos a analisar o conteúdo de cada alternativa.
A: incorreta, pois em desacordo com a regra 85, item 1: *Toda inspeção será seguida de um relatório escrito a ser submetido à autoridade competente. Esforços devem ser empreendidos para tornar os relatórios de inspeções externas de acesso público, excluindo se qualquer dado pessoal dos presos, a menos que tenham fornecido seu consentimento explícito*; **B:** incorreta, pois em desacordo com a regra 83, item 1: *Deve haver um sistema duplo de inspeções regulares nas unidades prisionais e nos serviços penais: (a) Inspeções internas ou administrativas conduzidas pela administração prisional central; (b) Inspeções externas conduzidas por órgão independente da administração prisional, que pode incluir órgãos internacionais ou regionais competentes*; **C:** correta, pois reflete a regra 84, item 2: *Equipes de inspeção externa devem ser compostas por inspetores qualificados e experientes, indicados por uma autoridade competente, e devem contar com profissionais de saúde. Deve se buscar uma representação paritária de gênero*; **D:** incorreta, pois contraria o disposto na regra 84, item 1: *Os inspetores devem ter a autoridade para: (...) (b) Escolher livremente qual estabelecimento prisional deve ser inspecionado, inclusive fazendo visitas de iniciativa própria sem prévio aviso, e quais presos devem ser entrevistados*; **E:** incorreta, uma vez que corresponde ao que estabelece a regra 84, item 1: *Os inspetores devem ter a autoridade para: (...) (c) Conduzir entrevistas com os presos e com os funcionários prisionais, em total privacidade e confidencialidade, durante suas visitas*.
Gabarito "C".

(Defensor Público – DPE/BA – 2016 – FCC) No que toca à disciplina carcerária,
(A) são vedadas, pela Lei de Execuções Penais, as sanções coletivas.
(B) depois da Constituição Federal de 1988, qualquer sanção disciplinar deve contar com homologação judicial, tendo em conta a atuação fiscalizatória do juiz.
(C) a Lei de Execuções Penais especifica de forma taxativa as faltas de natureza grave e média, sendo que remete ao legislador local a especificação das faltas de caráter leve.
(D) a autoridade administrativa poderá decretar o isolamento preventivo do faltoso pelo prazo de até vinte dias.
(E) a submissão de preso ao regime disciplinar diferenciado poderá ser determinada pelo diretor da casa prisional, em caráter emergencial e excepcional, sendo que a decisão deverá ser ratificada pelo juiz no prazo máximo de vinte e quatro horas, contadas da efetivação da medida.

A: correta (art. 45, § 3º, da LEP – Lei 7.210/1984); **B:** incorreta, pois contraria o disposto no art. 54, *caput*, da LEP – Lei 7.210/1984, segundo o qual *as sanções dos incisos I a IV do art. 53 serão aplicadas por ato motivado do diretor do estabelecimento e a do inciso V, por prévio e fundamentado despacho do juiz competente*; **C:** incorreta, já que, por força do que dispõe o art. 49, *caput*, da LEP – Lei 7.210/1984, tanto as faltas disciplinares leves quanto as médias serão especificadas por legislação local; as graves estão elencadas nos arts. 50 e 51, *caput*, da LEP – Lei 7.210/1984; **D:** incorreta. O prazo máximo durante o qual o faltoso poderá permanecer em isolamento preventivo corresponde a 10 dias (e não a 20 dias), conforme estabelece o art. 60, *caput*, da LEP – Lei 7.210/1984; **E:** incorreta, já que a inclusão do preso em regime disciplinar diferenciado (RDD) somente poderá se dar por decisão *prévia* e fundamentada do juiz competente, tal como estabelece o art. 54, *caput*, da LEP – Lei 7.210/1984.
Gabarito "A".

(Defensor Público – DPE/RN – 2016 – CESPE) Conforme previsto na LEP, constitui incumbência da DP
(A) diligenciar a obtenção de recursos materiais e humanos para melhor assistência ao preso ou internado, em harmonia com a direção do estabelecimento.
(B) requerer a emissão anual do atestado de pena a cumprir.
(C) colaborar na fiscalização do cumprimento das condições da suspensão e do livramento condicional.
(D) fiscalizar a regularidade formal das guias de recolhimento e de internamento.

(E) contribuir na elaboração de planos nacionais de desenvolvimento, sugerindo as metas e prioridades da política criminal e penitenciária.

As atribuições da Defensoria Pública, no campo da execução penal, estão contempladas nos arts. 81-A e 81-B da LEP (Lei 7.210/1984). A alternativa "B" (correta) corresponde à incumbência prevista no art. 81-B, II, da LEP.

Gabarito "B".

(Magistratura/RR – 2015 – FCC) NÃO comete falta grave o condenado a pena privativa de liberdade que
(A) provocar acidente de trabalho.
(B) inobservar o dever de obediência ao servidor.
(C) descumprir, no regime aberto, as condições impostas.
(D) inobservar o dever de execução do trabalho, das tarefas e das ordens recebidas.
(E) não revelar urbanidade e respeito no trato com os demais condenados.

A: incorreta: falta grave prevista no art. 50, IV, da LEP; **B:** incorreta: falta grave prevista no art. 39, II, da LEP, ao qual faz referência o art. 50, VI, do mesmo Diploma; **C:** incorreta: falta grave prevista no art. 50, V, da LEP; **D:** incorreta: falta grave prevista no art. 39, V, da LEP, ao qual faz referência o art. 50, VI, do mesmo Diploma; **E:** correta (deve ser assinalada); embora se trate de dever imposto ao condenado e também ao preso provisório (art. 39, III, da LEP), não constitui falta grave, pois não previsto no art. 50 da LEP.

Gabarito "E".

(Promotor de Justiça/SP – 2013 – PGMP) No âmbito da Execução Penal, a falta disciplinar de natureza grave
I. sujeita o condenado à transferência para qualquer dos regimes mais rigorosos;
II. é prevista na lei como causa interruptiva do prazo para obtenção do livramento condicional;
III. configura-se pelo descumprimento, no regime aberto, das condições impostas.
Está correto o que se afirma
(A) apenas em I e III.
(B) apenas em II e III.
(C) apenas em I e II.
(D) apenas em I.
(E) em I, II e III.

I: correta, nos termos do art. 118, I, da LEP; **II:** incorreta, pois não corresponde ao entendimento firmado na Súmula n. 441 do STJ, in verbis: "A falta grave não interrompe o prazo para obtenção de livramento condicional"; **III:** correta, pois reflete o disposto no art. 50, V, da LEP (Lei 7.210/1984).

Gabarito "A".

(Defensor/PA – 2015 – FMP) De acordo com a Convenção Interamericana para Prevenir e Punir a Tortura, é correto afirmar que:
(A) quando houver denúncia ou razão fundada para supor que haja sido cometido ato de tortura no âmbito de sua jurisdição, os Estados Partes garantirão que o juiz proceda de ofício e imediatamente à realização de uma investigação sobre o caso, e determine, se for cabível, o início do respectivo processo penal.
(B) nenhuma declaração que se comprove haver sido obtida mediante tortura poderá ser admitida como prova num processo de conhecimento ou de execução penal, salvo para demonstrar a inocência do acusado ou condenado.
(C) a periculosidade do detido ou condenado, bem como, a insegurança do estabelecimento carcerário ou penitenciário não podem justificar a tortura ou sua determinação por parte dos empregados ou funcionários públicos.
(D) no conceito de tortura, compreendem-se as penas ou sofrimentos físicos ou mentais que sejam unicamente consequência de medidas legais ou a elas inerentes.
(E) entende-se por tortura todo ato pelo qual são infligidos a uma pessoa, intencionalmente ou não, penas ou sofrimentos físicos ou mentais, com fins de investigação criminal, como meio de intimidação, como castigo pessoal, como medida preventiva, como pena ou com qualquer outro fim.

A: incorreta, já que não corresponde ao que estabelece o art. 8ª da Convenção Interamericana para Prevenir e Punir a Tortura; **B:** incorreta, uma vez que não reflete a regra presente no art. 10 da Convenção Interamericana para Prevenir e Punir a Tortura; **C:** correta, pois em conformidade com o que dispõe o art. 5º da Convenção Interamericana para Prevenir e Punir a Tortura; **D:** incorreta, já que não corresponde ao que estabelece o art. 2ª da Convenção Interamericana para Prevenir e Punir a Tortura; **E:** incorreta, já que não corresponde ao que estabelece o art. 2ª da Convenção Interamericana para Prevenir e Punir a Tortura.

Gabarito "C".

(Defensor/PA – 2015 – FMP) Assinale a alternativa CORRETA.
(A) De acordo com a Resolução 2, de 1º de junho de 2012, do Conselho Nacional de Política Criminal e Penitenciária, no deslocamento de mulher presa ou interditada, a escolta será integrada, preferencialmente, por policiais ou servidoras públicas.
(B) De acordo com a Resolução 2, de 1º de junho de 2012, do Conselho Nacional de Política Criminal e Penitenciária, em não havendo carceragem na comarca onde as pessoas presas ou internadas deverão depor, poderão os veículos de transporte ser utilizados como instalações de custódia e manutenção daquelas, desde que a exigência seja excepcional e se verifique em um prazo razoável.
(C) De acordo com a Resolução 3, de 1º de junho de 2012, do Conselho Nacional de Política Criminal e Penitenciária, é absolutamente proibida a utilização de algemas em presos no momento em que se encontrem em intervenção cirúrgica em unidades hospitalares.
(D) De acordo com a Resolução 3, de 1º de junho de 2012, do Conselho Nacional de Política Criminal e Penitenciária, é defeso utilizar algemas ou outros meios de contenção em presas parturientes, definitivas ou provisórias, no momento em que se encontrem em intervenção cirúrgica para realizar o parto, salvo se restar demonstrada a necessidade da sua utilização por razões de segurança, para evitar fuga ou para frustrar atos de resistência.
(E) De acordo com a Resolução 1, de 7 de fevereiro de 2013, do Conselho Nacional de Política Criminal e Penitenciária, é permitida à Defensoria Pública, no interior de estabelecimentos penais, a utilização de instrumentos de registro audiovisual e fotográfico, tais como, aparelhos telefônicos de comunicação móvel que possuam tal tecnologia, desde que utilizados com a finalidade de instruir relatórios de inspeção, fiscalização e visita aos condenados ou presos provisórios que estejam sob sua representação.

A: incorreta, uma vez que não reflete o disposto no art. 5º da Resolução 2, de 1º de junho de 2012, do Conselho Nacional de Política Criminal e Penitenciária (CNPCP), segundo o qual a escolta, no caso em questão, será *necessariamente* (e não *preferencialmente*) integrada por policiais ou servidoras públicas, às quais caberá a realização de revista pessoal; **B:** incorreta, uma vez que não reflete o disposto no art. 1º, § 3º, da Resolução 2, de 1º de junho de 2012, do Conselho Nacional de Política Criminal e Penitenciária (CNPCP), que estabelece que as pessoas presas ou internadas permanecerão abrigadas nos veículos de transporte tão somente pelo tempo necessário ao deslocamento, sendo vedado, assim, que ali sejam mantidas enquanto aguardam a convocação para prestar depoimento; **C:** correta, nos termos do art. 2º, caput, da Resolução 3, de 1º de junho de 2012, do Conselho Nacional de Política Criminal e Penitenciária (CNPCP); **D:** incorreta, uma vez que contraria o art. 3º da Resolução nº 3, de 1o de junho de 2012, do Conselho Nacional de Política Criminal e Penitenciária (CNPCP), que prescreve não haver exceção à regra disposta na assertiva; **E:** incorreta, já que é vedada a utilização, no caso referido na assertiva, de aparelhos telefônicos de comunicação móvel, nos termos dos arts. 1º, caput, da Resolução 1, de 7 de fevereiro de 2013, do Conselho Nacional de Política Criminal e Penitenciária, e 349-A do Código Penal.

Gabarito "C".

(Cartório/SP – 2012 – VUNESP) Durante a execução da pena privativa de liberdade, ressalvada a hipótese de regime disciplinar diferenciado, é vedada(o)
(A) a concessão de regalias.
(B) a suspensão de direitos por mais de 30 dias.
(C) o isolamento na própria cela.
(D) a restrição de direitos.

A: incorreta, pois não reflete o que estabelece o art. 56, II, da LEP; **B:** correta, visto que em conformidade com o que dispõe o art. 58, caput, da LEP; **C:** incorreta, pois não reflete o que estabelece o art. 53, IV, da LEP; **D:** incorreta, pois não reflete o que estabelece o art. 53, III, da LEP.

Gabarito "B".

3. EXECUÇÃO DA PENA PRIVATIVA DE LIBERDADE

3.1. REGIMES DE CUMPRIMENTO DE PENA

(Defensor Público – DPE/PR – 2017 – FCC) Taís foi condenada à pena de cinco anos e quatro meses de reclusão, em regime inicial semiaberto, pela prática de roubo majorado, tendo progredido ao regime aberto. No curso da execução, porém, foi novamente presa em flagrante pela prática, em tese, do crime de furto simples. Em razão disso, foi regredida ao regime fechado, sendo determinada, ainda, a alteração da data-base para o reconhecimento do direito à progressão de regime e do direito ao livramento condicional.

Considerando o caso concreto e o entendimento jurisprudencial predominante, é

(A) lícito o julgamento procedente do incidente disciplinar de falta grave sem prévia oitiva do sentenciado se a falta grave consistir na suspeita da prática de novo crime, já com denúncia recebida pelo juízo criminal.
(B) lícita a alteração da data-base para o cálculo do livramento condicional e da progressão de regime se julgado procedente o incidente disciplinar de falta grave.

(C) ilícita a alteração da data-base para o cálculo do livramento condicional, mesmo que reconhecida a prática de falta grave.
(D) ilícita a alteração da data-base para o cálculo da progressão de regime quando a falta grave corresponde à suspeita da prática de novo crime.

A: incorreta, pois contraria o entendimento sufragado na Súmula 533, do STJ; **B** (incorreta) e **C** (correta): Súmula 441, do STJ: "A falta grave não interrompe o prazo para obtenção de livramento condicional"; **D:** incorreta, na medida em que contraria o entendimento firmado na Súmula 534, do STJ. ED
Gabarito "C".

(Defensor Público – DPE/PR – 2017 – FCC) Lucila cumpria regularmente pena restritiva de direito, consistente em prestação pecuniária equivalente a dois salários mínimos, quando sobreveio, aos autos da execução penal, condenação definitiva à pena privativa de liberdade cujo regime inicial era fechado. Diante disso, o juízo da execução decidiu pela conversão da pena restritiva de direitos em privativa de liberdade.
A decisão judicial
(A) está correta porque há incompatibilidade de cumprimento simultâneo das penas restritiva de direitos e privativa de liberdade, sendo válida a conversão da pena alternativa.
(B) merece reforma porque há compatibilidade de cumprimento simultâneo das penas restritiva de direitos e privativa de liberdade, sendo inválida a conversão da pena alternativa.
(C) está correta porque a pena privativa de liberdade em regime inicial fechado deve prevalecer sobre a pena restritiva de direitos.
(D) merece reforma porque o Juízo da execução deveria promover a suspensão da pena restritiva de direitos, cujo cumprimento seria exigível quando Lucila estivesse no regime aberto.
(E) está correta porque qualquer condenação superveniente torna obrigatória a conversão da pena restritiva de direitos em privativa de liberdade.

A conversão da pena anteriormente substituída em pena privativa de liberdade está a depender da existência de compatibilidade de cumprimento. Em outras palavras, havendo possibilidade de coexistência entre as penas impostas, devem ser cumpridas simultaneamente, sem a necessidade de conversão da pena anteriormente substituída em privativa de liberdade; de outro lado, diante da impossibilidade de coexistência entre elas, impõe-se a conversão (art. 44, § 5º, do CP). No caso narrado no enunciado, não resta dúvida de que há compatibilidade entre o cumprimento da pena pecuniária anteriormente substituída e a pena de prisão, a ser cumprida em regime fechado, decorrente da prática de outro crime. Na jurisprudência: "A jurisprudência desta Corte adota o posicionamento de que, em caso de superveniente condenação, a pena restritiva de direitos será convertida em privativa de liberdade caso não haja a possibilidade de cumprimento simultâneo das penas. Apenas as penas restritivas de direitos consistentes em prestação pecuniária e perda de bens são passíveis de cumprimento simultâneo com penas privativas de liberdade, independentemente do regime destas. Precedentes" (HC 223.190/SP, Rel. Ministro ERICSON Maranho (Desembargador Convocado do TJ/SP), Sexta Turma, julgado em 20/08/2015, DJe 10/09/2015). ED
Gabarito "B".

(Juiz – TRF 3ª Região – 2016) Se o defensor de um condenado preso entender que ele faz jus ao livramento condicional, deverá:
(A) Solicitar ao Tribunal, mediante a impetração de habeas corpus;
(B) Solicitar ao Tribunal, mediante a propositura de Revisão Criminal;
(C) Solicitar ao Juiz da Execução, mediante Agravo em Execução;
(D) Solicitar ao Juiz da Execução, mediante petição.

Na hipótese de o defensor (público ou constituído) entender que o condenado faz jus ao benefício do livramento condicional, deverá requerer a sua concessão ao juiz da execução, a quem caberá analisar se o reeducando preenche os requisitos contidos no art. 83 do CP (conforme art. 131, LEP). Agora, se o juiz da execução denegar a concessão do livramento condicional, aí sim poderá ser interposto agravo em execução ao Tribunal (art. 197, LEP). ED
Gabarito "D".

(Juiz de Direito – TJM/SP – VUNESP – 2016) Nos termos da Lei 7.210, de 11 de julho de 1984, os condenados por crime praticado, dolosamente, com violência de natureza grave contra a pessoa, ou por qualquer dos crimes previstos no art. 1º da Lei 8.072, de 25 de julho de 1990,
(A) serão submetidos, obrigatoriamente, à identificação do perfil genético mediante extração de DNA.
(B) somente poderão ter a identificação de perfil genético verificada pelo Juiz do processo, vedado o acesso às autoridades policiais mesmo mediante requerimento.
(C) não terão a identificação de perfil genético incluído em banco de dados sigiloso, mas de livre acesso às autoridades policiais, independentemente de requerimento.
(D) não terão extraído o DNA, se submetidos à Justiça Militar, em razão da excepcionalidade da lei de execução.
(E) não poderão ser submetidos à identificação do perfil genético, mediante extração de DNA, por falta de permissivo legal.

Com a alteração promovida pela Lei 12.654/2012 na Lei de Execução Penal, que nela introduziu o art. 9º-A, criou-se mais uma hipótese de identificação criminal, por meio da qual os condenados pelo cometimento de crime doloso com violência ou grave ameaça contra a pessoa bem como por delito hediondo serão submetidos, compulsoriamente, à identificação do perfil genético, o que se fará por meio da extração de DNA. ED
Gabarito "A".

(Juiz de Direito – TJM/SP – VUNESP – 2016) A respeito da execução das penas em espécie e incidentes de execução, assinale a alternativa correta.
(A) Compete ao Juízo da Execução Penal do Estado a execução da pena imposta a sentenciado pela Justiça Federal, quando recolhido a estabelecimento sujeito à administração estadual.
(B) O livramento condicional poderá ser requerido pelo Ministério Público, em favor do sentenciado, sendo certo que as condições de admissibilidade, conveniência e oportunidade serão verificadas pelo Conselho Penitenciário, a cujo relatório ficará adstrito o Juiz.
(C) A pena de multa, não paga pelo sentenciado, será convertida em título executivo de dívida, ficando a cargo do Ministério Público propor a execução no Juízo da Execução Criminal do local em que tramitou o processo.
(D) A suspensão condicional da pena compreende, além da privativa de liberdade, as penas acessórias.
(E) A concessão do livramento condicional da pena competirá ao Juiz que proferiu a sentença condenatória.

A: correta, pois retrata o entendimento sedimentado na Súmula 192, do STJ: "Compete ao Juízo das Execuções Penais do Estado a execução das penas impostas a sentenciados pela Justiça Federal, Militar ou Eleitoral, quando recolhidos a estabelecimentos sujeitos à administração estadual"; **B:** incorreta. Embora seja de rigor, à concessão do livramento condicional, o parecer do Conselho Penitenciário (art. 131 da LEP), é incorreto afirmar-se que o magistrado ficará a ele vinculado, podendo decidir de acordo com o seu livre convencimento motivado. Agora, quanto à legitimidade para requerer a concessão do livramento condicional, figura entre eles o Ministério Público, que poderá, além de requerer a suspensão do livramento, também pugnar pela sua concessão. Conferir a lição de Guilherme de Souza Nucci ao lançar comentário sobre as incumbências do *parquet* em sede de execução penal (art. 68, LEP): "(...) como se mencionou na nota anterior, se cabe ao Ministério Público fiscalizar a execução penal, oficiando no processo e nos incidentes, é mais do que óbvio poder requerer todas as providências enumeradas neste artigo. Desnecessário, pois, elencá-las. Diga-se mais: além das possibilidades previstas no art. 68, que é rol exemplificativo, muito mais pode competir ao membro da Instituição, como, por exemplo, requerer, em favor do condenado, a concessão de livramento condicional, quando julgar cabível" (*Leis penais e processuais penais comentadas*, volume I, Ed. Forense, p. 247, 2014); **C:** incorreta, uma vez que contraria o entendimento firmado na Súmula 521, do STJ; **D:** incorreta (art. 700, CPP); **E:** incorreta, já que a concessão do livramento condicional compete ao juiz da execução (art. 66, III, *e*, da LEP). ED
Gabarito "A".

(Juiz – TJM/SP – VUNESP – 2015) Um sentenciado cumpria pena em regime fechado, quando sobreveio nova condenação, com substituição da pena privativa de liberdade por restritiva de direitos. Portanto, deve o magistrado
(A) somar a nova condenação ao restante da pena que está sendo cumprida, desconsiderando a restritiva de direitos.
(B) reconverter a restritiva de direitos em privativa de liberdade, mantendo o cumprimento isolado de cada pena imposta.
(C) reconverter a restritiva de direitos em privativa de liberdade, unificando as reprimendas.
(D) manter a restritiva de direitos suspensa, para que seja cumprida a privativa de liberdade em primeiro lugar.

Quando, no curso da execução, sobrevier condenação a pena privativa de liberdade que, no juízo sentenciante, foi convertida em restritiva de direitos, caberá ao juízo da execução competente proceder à somatória do remanescente da pena que está sendo cumprida com a pena privativa de liberdade fruto da reconversão da restritiva de direitos correspondente à última condenação, nos termos do art. 111, parágrafo único, da LEP. ED
Gabarito "C".

(Defensoria Pública da União – CESPE – 2015) Gerson, com vinte e um anos de idade, e Gilson, com dezesseis anos de idade, foram presos em flagrante pela prática de crime. Após regular tramitação de processo nos juízos competentes, Gerson foi condenado pela prática de extorsão mediante sequestro e Gilson, por cometimento de infração análoga a esse crime. Com relação a essa situação hipotética, julgue os próximos itens.

(1) No cumprimento da pena em regime fechado, Gerson poderá, para fins de remição, cumular atividades laborativas com atividades típicas do ensino fundamental. Nessa hipótese, para cada três dias de trabalho e estudo concomitante, serão abatidos dois dias de sua pena.
(2) Gilson poderá ser submetido a medidas socioeducativas de meio aberto, como, por exemplo, prestação de serviços à comunidade pelo prazo máximo de doze meses, liberdade assistida por, no mínimo, um mês, ou a regime de semiliberdade.
(3) Conforme entendimento dos tribunais superiores, tendo sido condenado pela prática de crime hediondo, Gerson deverá ser submetido ao exame criminológico para ter direito à progressão de regime.

1: correta. De fato, por força do que dispõe o art. 126, § 3º, da LEP, é possível a compatibilização, para fins de remição, do *trabalho* com *estudo*. Ou seja, nada impede que o reeducando obtenha a remição de sua pena pelo trabalho e pelo estudo, concomitantemente, desde que não haja coincidência, é óbvio, entre as horas dedicadas ao estudo e aquelas utilizadas para o trabalho. Assim, se o preso dedicar o tempo mínimo ao trabalho, que é de 6 horas, e também ao estudo, que, neste caso, é de 4 horas, poderá abater dois de cada três dias de sua pena; **2:** incorreta, já que contraria as regras dispostas nos arts. 117 do ECA, que estabelece que a medida socioeducativa de prestação de serviços à comunidade não poderá exceder a 6 meses, e 118, § 2º, do ECA, segundo o qual a liberdade assistida será fixada pelo prazo mínimo de 6 meses. Ademias, as medidas em meio aberto não parecem ser as mais adequadas ao ato infracional cometido por Gilson, já que a extorsão mediante sequestro é delito praticado mediante violência ou grave ameaça, o que impõe ao adolescente que assim agir (cometer ato infracional correspondente a tal crime) a medida socioeducativa de internação (art. 122, I, do ECA); **3:** incorreta. Com as alterações trazidas pela Lei 10.792/2003, a previsão constante do art. 112 da LEP deixou de exigir o exame criminológico para fins de progressão de regime. A doutrina e jurisprudência dominantes passaram a entender que, desde que determinado por decisão fundamentada em elementos concretos, o exame pode ser realizado. Foi, inclusive, editada a Súmula Vinculante 26 pelo STF: "Para efeito de progressão de regime no cumprimento de pena por crime hediondo, o juízo da execução observará a inconstitucionalidade do art. 2º da Lei 8.072, de 25 de julho de 1990, sem prejuízo de avaliar se o condenado preenche, ou não, os requisitos objetivos e subjetivos do benefício, podendo determinar, para tal fim, de modo fundamentado, a realização de exame criminológico". Além dela, a admissão do exame criminológico vem consagrada na Súmula 439 do STJ: "Admite-se o exame criminológico pelas peculiaridades do caso, desde que em decisão motivada". Em resumo: a realização do exame criminológico, ainda que se trate de crime hediondo ou equiparado, deixou de ser obrigatória para o fim de progressão de pena.
Gabarito "1C, 2E, 3E"

(Defensor Público – DPE/BA – 2016 – FCC) Paulo, reincidente em crime não específico, iniciou o cumprimento de pena privativa de liberdade pelo delito de tráfico, no regime fechado, em 10/09/2010. Cumpridas as condições legais, conquistou o livramento condicional. Já no primeiro mês do período de prova, aportou aos autos nova condenação pelo delito de tentativa de homicídio simples, na qual foi fixado o regime semiaberto, sendo que o fato foi cometido em 03/02/2008. Somadas as penas, que atingiram um total de 10 anos, foi novamente fixado o regime fechado pelo juiz para o cumprimento do restante da pena total. Sobre o instituto do livramento condicional,

(A) Paulo não terá mais direito a um segundo livramento condicional, por ter aportado aos autos nova condenação durante o período de prova.
(B) por ser reincidente, não poderá ser deferido a Paulo, novamente, o livramento condicional.
(C) Paulo terá que cumprir a primeira pena (por tráfico) na íntegra, para, então, cumprir metade da pena remanescente e somente depois reconquistar o livramento condicional.
(D) Paulo terá direito a um segundo livramento condicional, desde que cumpridos os requisitos legais, já que o fato que ocasionou a condenação por tentativa de homicídio simples é anterior ao período de prova do primeiro livramento condicional.
(E) deveria o juiz ter mantido Paulo no livramento condicional, sendo que a nova condenação por tentativa de homicídio simples deveria ser cumprida após o término do período de prova do livramento.

Considerando que a prática do crime de tentativa de homicídio simples é precedente ao período de prova do livramento condicional concedido em razão da condenação pelo crime de tráfico de drogas, é inaplicável a hipótese de revogação do livramento contida no art. 86, I, do CP. No caso narrado no enunciado, incide o art. 86, II, do CP, que estabelece que, se a condenação por crime é anterior ao período de prova, deve-se observar o disposto no art. 84 do CP, que estabelece que as penas devem ser somadas para o fim de calcular o novo livramento a ser concedido. Aplicam-se também os arts. 88 do CP e 728 do CPP.
Gabarito "D"

(Defensor Público – DPE/ES – 2016 – FCC) Sobre o livramento condicional,

(A) é vedada a concessão do livramento condicional para o preso que cumpre pena em regime fechado, sob pena de incorrer em progressão por salto.
(B) o lapso temporal para o livramento condicional no caso de reincidente é de dois terços da pena.
(C) é vedada a revogação do livramento condicional por crime cometido antes do período de prova.
(D) é vedada a concessão de livramento condicional ao reincidente específico em crime hediondo.

A: incorreta. A concessão do livramento condicional ao condenado que se acha em cumprimento de pena no regime fechado não implica progressão *per saltum*, que se configura com a ida do condenado do regime fechado diretamente ao aberto, o que é vedado (Súmula 491, STJ: "É inadmissível a chamada progressão *per saltum* de regime prisional"). Nada impede que o livramento condicional seja concedido ao condenado que se encontra no regime fechado; **B:** incorreta. O reincidente em crime doloso somente fará jus ao livramento condicional depois de cumprir mais da metade da pena; se não for reincidente em crime doloso e tiver bons antecedentes, deverá cumprir, para obter o livramento condicional, mais de um terço da pena. É o que estabelece o art. 83, I e II, do CP; **C:** incorreta. É hipótese de revogação obrigatória (art. 86, II, do CP); **D:** correta (art. 83, V, parte final, do CP).
Gabarito "D"

(Juiz de Direito/DF – 2016 – CESPE) Transitada em julgado a sentença penal condenatória, no caso de ser editada lei de natureza penal mais benéfica, competirá ao juiz da vara de execução penal

(A) devolver a carta de guia ao juízo de origem, a fim de que o juiz do processo de conhecimento aplique a pena mais benéfica ou remeta o feito diretamente ao tribunal local ou ao tribunal superior que porventura tenha aplicado, em grau de recurso, a condenação que até então vinha sendo executada.
(B) aplicá-la em benefício do condenado, independentemente de a condenação ter sido estabelecida pelo juízo singular, pelo tribunal ou pelos tribunais superiores.
(C) aplicá-la em benefício do condenado, salvo se a condenação tiver sido estabelecida pelo STF em ação penal originária, hipótese em que competirá aos ministros modificar seus julgados e ao juiz, remeter carta de guia ao ministro relator.
(D) aplicá-la em benefício do condenado, salvo se a condenação tiver sido aplicada pelo STJ, hipótese em que deverá remeter a carta de guia ao ministro relator.
(E) intimar o réu e seu defensor para lhes dar conhecimento da lei, a fim de que eles, se desejarem, ajuízem ação de revisão criminal, medida apta a desconstituir o título penal até então executado, dado o princípio da segurança das relações judiciais, conforme o qual a coisa julgada faz lei entre as partes.

A solução da questão deve ser extraída do art. 66, I, da LEP e da Súmula 611, do STF: *Transitada em julgado a sentença condenatória, compete ao juízo das execuções a aplicação de lei mais benigna.*
Gabarito "B"

(Juiz de Direito/AM – 2016 – CESPE) Condenado definitivamente pela justiça federal brasileira por crime de tráfico internacional de drogas e cumprindo pena, no regime fechado, em presídio estadual na cidade de Manaus – AM, Pablo, cidadão boliviano, após cumprir mais de dois terços da pena aplicada, pleiteou progressão ao regime aberto. Ele apresenta bom comportamento na prisão e não possui residência fixa no Brasil. O pedido foi indeferido pelo juiz da Vara de Execuções Penais da comarca de Manaus. Inconformado, Pablo, de próprio punho, impetrou *habeas corpus* no Tribunal de Justiça do Amazonas, pleiteando a reforma da decisão de primeiro grau e a obtenção da progressão ao regime aberto. Nessa situação hipotética, de acordo com a jurisprudência dos tribunais superiores, deve-se

(A) denegar o *habeas corpus*, pois não é permitida a concessão de progressão de regime a estrangeiro que não comprovar residência fixa no Brasil.
(B) negar seguimento ao *habeas corpus*, pois a competência para o seu julgamento é do TRF da respectiva região, por se tratar de condenação por crime de tráfico internacional de drogas.
(C) negar seguimento ao *habeas corpus*, dada a existência na legislação de recurso próprio contra a decisão de indeferimento de progressão de regime, ou seja, o recurso em sentido estrito.
(D) denegar o *habeas corpus*, pois não é permitida a progressão *per saltum* no ordenamento jurídico nacional.
(E) negar seguimento ao *habeas corpus*, que não pode ser impetrado por estrangeiro em situação irregular no Brasil.

A: incorreta, dado que não se pode denegar a progressão de regime de cumprimento de pena a estrangeiro ao argumento de que o mesmo não tem, no Brasil, residência fixa. Na jurisprudência: "(…) I – A exclusão do estrangeiro do sistema progressivo de cumprimento de pena conflita com diversos princípios constitucionais, especialmente o da prevalência dos direitos humanos (art. 4º, II) e o da isonomia (art. 5º), que veda qualquer discriminação em razão da raça, cor, credo, religião, sexo, idade, origem e nacionalidade. Precedente. II – Ordem concedida para afastar a vedação de progressão de regime ao paciente, remetendo-se os autos ao juízo da execução para que verifique a presença dos requisitos do art. 112 da LEP" (STF, HC 117878, Relator(a): Min. RICARDO LEWANDOWSKI, Segunda Turma, julgado em 19.11.2013, PROCESSO ELETRÔNICO *DJe*-237 DIVULG 02.12.2013 PUBLIC 03.12.2013); **B:** incorreta, pois contraria o entendimento firmado na Súmula 192, do STJ; **C:** incorreta. O recurso cabível contra a decisão de indeferimento de progressão de regime é o agravo em execução, previsto no art. 197 da LEP, e não o recurso em sentido estrito, cujas hipóteses estão listadas no art. 581 do CPP; **D:** correta, uma vez que corresponde ao entendimento firmado na Súmula 491, STJ, a seguir transcrita: "É inadmissível a chamada progressão *per saltum* de regime prisional"; **E:** incorreta, dado que nada obsta que o *habeas corpus* seja concedido em favor de estrangeiro. Conferir: "É inquestionável o direito de súditos estrangeiros ajuizarem, em causa própria, a ação de *habes corpus*, eis que esse remédio constitucional – por qualificar-se como verdadeira ação popular – pode ser utilizado por qualquer pessoa, independentemente da condição jurídica resultante de sua origem nacional (...)" (HC 72391 QO, Relator(a): Min. CELSO DE MELLO, Tribunal Pleno, julgado em 08.03.1995, *DJ* 17.03.1995).
Gabarito "D"

(Magistratura/SC – 2015 – FCC) De acordo com previsão na Lei de Execução Penal, somente se admitirá o recolhimento do beneficiário de regime aberto em residência particular quando se tratar de condenado(a):

(A) maior de 70 (setenta) anos; não reincidente em crime doloso; que tenha reparado o dano.
(B) maior de 70 (setenta) anos; acometido de doença grave; com filho menor ou deficiente físico ou mental; gestante.
(C) maior de 60 (sessenta) anos; acometido de doença grave; não reincidente em crime doloso.
(D) acometido de doença grave; com filho menor ou deficiente físico ou mental; gestante; não reincidente em crime doloso.
(E) maior de 70 (setenta) anos; mulher acometida de doença grave; gestante; que tenha reparado o dano.

Nos termos do art. 117 da LEP, a prisão domiciliar somente será admitida quando se tratar de cumprimento de pena em regime aberto, e desde que se trate de: I – condenado maior de 70 (setenta) anos; II – condenado acometido de doença grave; III – condenada com filho menor ou deficiente físico ou mental; IV – condenada gestante. Assim, de plano, incorreta a alternativa C, que fala em "maior de sessenta anos". Incorreta, também, as alternativas A, D e E, visto que não ser reincidente em crime doloso e ter reparado o dano não são condições para a concessão de prisão domiciliar. Ainda, a doença grave, uma das hipóteses de admissão do recolhimento do condenado a prisão domiciliar, pode acometer homens ou mulheres. Assim, a única alternativa que contempla hipóteses em que se permite a concessão de prisão domiciliar é a B.
Gabarito "B".

(DPE/PE – 2015 – CESPE) Enquanto cumpria pena no regime fechado, João foi acusado da prática de falta disciplinar de natureza grave, cometida em 02.01.2012, consistente na posse de um chip para aparelho celular. Em 14.07.2014, o promotor de justiça requereu o reconhecimento da prática da falta grave e a revogação de todo o tempo remido de João.
A respeito dessa situação hipotética, julgue os próximos itens, com base na jurisprudência dominante dos tribunais superiores pertinente a esse tema.

(1) A posse exclusivamente de chip para aparelho celular não caracteriza falta disciplinar de natureza grave.
(2) A falta disciplinar de natureza grave imputada a João estava prescrita quando da requisição do promotor de justiça.

1: errada. Nos termos do art. 50 da LEP, constitui falta grave, dentre outras hipóteses, o fato de o condenado ter em sua posse, utilizar ou fornecer aparelho telefônico, de rádio ou similar, que permita a comunicação com outros presos ou com o ambiente externo (inc. VII). Questão que se passou a discutir, desde a inclusão de referida falta grave ao rol do art. 50 da LEP pela Lei 11.466/2007, é a de componentes de aparelho celular (ou de rádio ou similar) caracterizarem – ou não – referida falta. O STJ tem precedentes no sentido positivo. Confira-se: Direito processual penal. Falta grave decorrente da posse de chip de telefonia móvel por preso. No âmbito da execução penal, configura falta grave a posse de chip de telefonia móvel por preso. Essa conduta se adéqua ao disposto no art. 50, VII, da LEP, de acordo com o qual constitui falta grave a posse de aparelho telefônico, de rádio ou similar que permita a comunicação com outros presos ou com o ambiente externo. Trata-se de previsão normativa cujo propósito é conter a comunicação entre presos e seus comparsas que estão no ambiente externo, evitando-se, assim, a deletéria conservação da atividade criminosa que, muitas vezes, conduziu-os ao aprisionamento. Portanto, há de se ter por configurada falta grave também pela posse de qualquer outra parte integrante do aparelho celular. Conclusão diversa permitiria o fracionamento do aparelho entre cúmplices apenas com o propósito de afastar a aplicação da lei e de escapar das sanções nela previstas. HC 260.122-RS, Rel. Min. Marco Aurélio Bellizze, julgado em 21.03.2013; 2: errada. Nada obstante a LEP não disponha sobre o prazo da prescrição da falta grave, adota-se o menor prazo previsto no art. 109 do CP como parâmetro. Em outras palavras, as faltas graves prescrevem no menor prazo prescricional possível, que é de 3 (três) anos (art. 109, VI, do CP). Nesse sentido o STJ (HC 295974 SP). Na assertiva em comento, se a falta grave foi praticada em 21.01.2012 e o Ministério Público requereu na execução penal o reconhecimento de referida falta em 14.07.2014, não fluiu o triênio para o reconhecimento da prescrição.
Gabarito 1E, 2E.

(Juiz de Direito/CE – 2014 – FCC) Em matéria de execução penal, NÃO constitui entendimento sumulado dos Tribunais Superiores o seguinte enunciado:

(A) É inadmissível a chamada progressão per saltum de regime prisional.
(B) Admite-se o exame criminológico, desde que em decisão motivada.
(C) Admite-se a progressão de regime de cumprimento da pena ou a aplicação imediata de regime menos severo nela determinado, antes do trânsito em julgado da sentença condenatória.
(D) Os condenados por crimes hediondos ou assemelhados cometidos antes da vigência da Lei 11.464/2007 sujeitam-se ao disposto no art. 112 da Lei de Execução Penal para a progressão de regime prisional.
(E) A falta grave não interrompe o prazo para a progressão de regime.

A: correta, mas não deve ser assinalada, uma vez que constitui entendimento sumulado no STJ, cuja Súmula 491 assim dispõe: "É inadmissível a chamada progressão per saltum de regime prisional"; B: correta, mas não deve ser assinalada, uma vez que constitui entendimento sumulado no STF. Com as alterações trazidas pela Lei 10.792/2003, a previsão constante do art. 112 da LEP deixou de exigir o exame criminológico para fins de progressão de regime. Contudo, a doutrina e jurisprudência dominantes passaram a entender que, desde que determinado por decisão fundamentada em elementos concretos, o exame pode ser exigido. Foi, inclusive, editada a Súmula Vinculante 26 pelo STF: "Para efeito de progressão de regime no cumprimento de pena por crime hediondo, ou equiparado, o juízo da execução observará a inconstitucionalidade do art. 2º da Lei 8.072, de 25.07.1990, sem prejuízo de avaliar se o condenado preenche, ou não, os requisitos objetivos e subjetivos do benefício, podendo determinar, para tal fim, de modo fundamentado, a realização de exame criminológico". Além dela, a admissão do exame criminológico vem consagrada na Súmula 439 do STJ: "Admite-se o exame criminológico pelas peculiaridades do caso, desde que em decisão motivada"; C: correta, mas não deve ser assinalada, uma vez que constitui entendimento firmado na Súmula 716 do STF; D: correta, mas não deve ser assinalada, já que constitui o entendimento firmado na Súmula 471 do STJ; E: incorreta, devendo ser assinalada. Há muita discussão sobre os efeitos da falta grave sobre os benefícios em sede de execução. Prevalece na jurisprudência o entendimento segundo o qual a falta grave interrompe, sim, o prazo de contagem para fins de progressão de regime, por aplicação dos arts. 112, 118 e 127, todos da LEP. Contudo, no que diz respeito ao livramento condicional, o mesmo não se pode afirmar, por ausência de previsão legal, tendo, nesse aspecto, sido editada a Súmula 441 do STJ.
Gabarito "E".

(Promotor de Justiça/MG – 2014) Sobre o regime disciplinar diferenciado, assinale a alternativa INCORRETA:

(A) Poderá abrigar condenados, nacionais ou estrangeiros, que apresentem alto risco para a ordem e a segurança do estabelecimento penal ou da sociedade.
(B) Está sujeito o condenado sob o qual recaiam fundadas suspeitas de envolvimento ou participação, a qualquer título, em organizações criminosas.
(C) É aplicável ao preso provisório que pratique fato previsto como crime doloso e que ocasione subversão da ordem e disciplina internas, sem prejuízo da sanção penal.
(D) Tem duração máxima de 360 (trezentos e sessenta) dias, sem prejuízo de repetição por nova falta grave, até o limite de 1/4 (um quarto) da pena.

A: assertiva correta, pois em conformidade com o que estabelece o art. 52, § 1º, da Lei 7.210/84 (LEP); B: assertiva correta, pois em conformidade com o que estabelece o art. 52, § 2º, da LEP; C: assertiva correta, pois em conformidade com o que estabelece o art. 52, caput, LEP; D: assertiva incorreta, devendo ser assinalada. O limite previsto em lei é de 1/6 (um sexto), e não de 1/4 (um quarto), conforme disposição constante do art. 52, I, da LEP.
Gabarito "D".

(Promotor de Justiça/PI – 2014 – CESPE) Considerando a jurisprudência do STJ, assinale a opção correta conforme a Lei de Execução Penal.

(A) A concessão da progressão de regime prisional depende da satisfação dos requisitos objetivo – decurso do lapso temporal – e subjetivo – atestado de bom comportamento carcerário – e da existência de exame criminológico favorável ao sentenciado.
(B) A gravidade abstrata do delito praticado e a extensão da pena ainda a ser cumprida não são suficientes, por si sós, para fundamentar a exigência de realização de exame criminológico.
(C) A transferência para regime menos rigoroso poderá ser determinada pelo diretor do estabelecimento prisional se o preso tiver cumprido ao menos um sexto da pena no regime anterior e apresentar bom comportamento carcerário.
(D) A denominada progressão por salto é admitida desde que o condenado tenha cumprido tempo exigido para progredir para o regime aberto.
(E) O sentenciado tem que cumprir 2/3 da pena no regime em que se encontra antes que possa ser concedida a progressão para o regime subsequente.

A: incorreta. O exame criminológico não é obrigatório para o deferimento da progressão de regime, após as alterações promovidas pela Lei 10.792/2003 no art. 112 da LEP. Cabe, no entanto, ressaltar que, em determinados casos, desde que de forma fundamentada, poderá ser determinado pelo juízo da execução (Súmula Vinculante 26, STF; Súmula 439 do STJ); B: correta. Conferir: "Habeas corpus. Progressão de regime prisional. Progressão por salto. Impossibilidade. Lei 11.464/2007. Delito anterior à publicação da lei. Irretroatividade. Exame criminológico. Prescindibilidade. Ausência de fundamentação idônea. Aplicação do art. 112 da Lei de Execução Penal, com redação dada pela Lei 10.792/2003. 1. O entendimento desta Corte Superior de Justiça é no sentido de que devem ser respeitados os períodos de tempo a serem cumpridos em cada regime prisional, não sendo admitida a progressão "por salto". Nem o fato de paciente ter cumprido tempo suficiente autoriza a progressão direta do fechado para o aberto. 2. Se o paciente cometeu crime hediondo antes do advento da Lei 11.464/2007, deve ser mantida a exigência de cumprimento de 1/6 de pena para a concessão do benefício, nos termos do art. 112 da LEP. 3. O advento da Lei 10.792/2003 tornou prescindíveis os exames periciais antes exigidos para a concessão da progressão de regime prisional. São suficientes agora a satisfação dos requisitos objetivo (decurso do lapso temporal) e subjetivo (atestado de bom comportamento carcerário). 4. A gravidade abstrata do delito praticado e a longevidade da pena a cumprir, por si sós, não constituem fundamentação idônea a exigir a realização de exame criminológico. 5. Ordem parcialmente concedida com o intuito de determinar que se adote, na progressão de regime, os requisitos previstos no art. 112 da Lei de Execuções Penais, sem realização de exame criminológico" (HC 200902066212, Og Fernandes, STJ, Sexta Turma, *DJE* 10.05.2010); **C:** incorreta. A progressão a regime menos rigoroso somente poderá ser deferida pelo juiz (art. 112, *caput*, da LEP); **D:** incorreta. É inadmissível a chamada progressão *per saltum* de regime prisional (Súmula 491 do STJ); **E:** incorreta. A Súmula 471 do STJ assim estabelece: "os condenados por crimes hediondos ou assemelhados cometidos antes da vigência da Lei 11.464/2007 sujeitam-se ao disposto no art. 112 da Lei 7.210/1984 (Lei de Execução Penal) para a progressão de regime prisional". Por sua vez, dispõe o art. 112 da LEP que "a pena privativa de liberdade será executada em forma progressiva com a transferência a regime menos rigoroso, a ser determinada pelo juiz, quando o preso tiver cumprido ao menos um sexto da pena no regime anterior...". De outra banda, o § 2º do art. 2º da Lei 8.072/1990, com as alterações trazidas pela Lei 11.464/2007, prevê que "a progressão de regime, no caso dos condenados aos crimes previstos neste artigo, dar-se-á após o cumprimento de 2/5 (dois quintos) da pena, se o apenado for primário, e de 3/5 (três quintos), se reincidente". Como é de se notar, nenhum dos dispositivos menciona a fração de 2/3 como lapso exigido para a progressão. Importante que se diga que, no que toca à progressão nos crimes hediondos e equiparados, com a edição da Lei 13.769/2018, que alterou a redação do art. 2º, § 2º, da Lei 8.072/1990, a progressão, nesses crimes, se se tratar de mulher grávida, mãe ou responsável por criança ou pessoa com deficiência, obedecerá ao que estabelecem os §§ 3º e 4º do art. 112 da LEP. Em outras palavras, institui-se, no que concerne aos crimes hediondos e equiparados, regra específica de progressão no caso de o beneficiário encontrar-se em uma das condições acima.

Gabarito "B".

(Delegado/PA – 2013 – UEPA) De acordo com a Lei de Execução Penal é correto afirmar que:

(A) indivíduo que tenha sido condenado, em processos distintos, a duas penas privativas de liberdade em regime inicial semiaberto, pode iniciar a execução em regime fechado, se o somatório das penas importar em valor incompatível com esse regime.

(B) a inclusão do apenado no regime aberto depende da comprovação de que o mesmo já está trabalhando, porque deve comprovar a capacidade prévia de sustentar-se por meios lícitos.

(C) a regressão de regime pode ser imposta ao apenado que, no curso da execução, seja condenado, por sentença transitada em julgado, pela prática de crime doloso ou, nos termos do regulamento da casa penal, da prática de falta grave.

(D) o regime disciplinar diferenciado pode ser imposto tanto ao condenado quanto ao preso provisório, tendo como fundamento a prática de qualquer crime doloso, porque todos os crimes dolosos constituem faltas graves.

(E) razões de segurança ou disciplinares autorizam o diretor do estabelecimento penal a suspender ou restringir certos direitos do preso, dentre eles o de receber visitas íntimas, mas não pode ser suspenso o direito às visitas normais dos familiares, porque essa é uma condição básica de ressocialização.

A: incorreta (art. 111, *caput*, da LEP); **B:** incorreta (art. 114, I, da LEP); **C:** correta (art. 118, I, da LEP); **D:** incorreta (art. 52, *caput*, da LEP); **E:** incorreta (art. 41, X e parágrafo único, LEP).

Gabarito "C".

(Ministério Público/MG – 2012 – CONSULPLAN) Assinale a alternativa **CORRETA**.

(A) A progressão de regime prisional observará o cumprimento de 1/6 da pena restante decorrente de condenação por crime hediondo.

(B) A progressão de regime em crime hediondo levará em conta requisito objetivo e subjetivo, sendo possível para sua aferição a realização de exame criminológico.

(C) A progressão de regime na unificação de penas de crimes hediondos considerará o tempo máximo de cumprimento de pena: trinta anos.

(D) A progressão de regime em crime hediondo poderá dar-se por salto, do regime fechado para o aberto, presente o requisito objetivo e subjetivo.

A: se se tratar de crime hediondo ou delito a ele equiparado, a progressão, nos moldes do art. 2º, § 2º, da Lei 8.072/1990, dar-se-á depois de o condenado cumprir 2/5 da pena, se primário; se reincidente, a progressão somente se dará após o cumprimento de 3/5 da pena, com a ressalva de que, se se tratar de crime praticado antes da entrada em vigor da Lei 11.464/07, que alterou, na Lei de Crimes Hediondos, a disciplina relativa à progressão de pena, deverá prevalecer o entendimento firmado na Súmula nº 471 do STJ, que estabelece que, neste caso, deve-se obedecer à regência do art. 112 da LEP, que impõe, como condição para progressão de regime, o cumprimento de um sexto da pena no regime anterior, além de bom comportamento carcerário. Importante que se diga que, no que toca à progressão nos crimes hediondos e equiparados, com a edição da Lei 13.769/2018, que alterou a redação do art. 2º, § 2º, da Lei 8.072/1990, a progressão, nesses crimes, se se tratar de mulher grávida, mãe ou responsável por criança ou pessoa com deficiência, obedecerá ao que estabelecem os §§ 3º e 4º do art. 112 da LEP. Em outras palavras, institui-se, no que concerne aos crimes hediondos e equiparados, regra específica de progressão no caso de o beneficiário encontrar-se em uma das condições acima; **B:** a nova redação conferida ao art. 112 da LEP deixou de exigir o exame criminológico. Entretanto, a jurisprudência firmou entendimento no sentido de que o Juízo da Execução, em face das peculiaridades do caso concreto, se entender necessário, pode determinar a sua realização. Nesse sentido, a Súmula 439 do STJ e Súmula Vinculante nº 26; **C:** incorreta, pois contraria entendimento firmado na Súmula nº 715 do STF; **D:** incorreta, pois contraria entendimento firmado na recente Súmula nº 491 do STJ.

Gabarito "B".

(Promotor de Justiça/MS – 2013 – FADEMS) Assinale a alternativa **correta**:

(A) A falta grave interrompe o prazo para obtenção do livramento condicional.

(B) A frequência a curso de ensino formal é causa de remição de parte do tempo de execução de pena sob regime fechado ou semiaberto.

(C) A posse de componentes de aparelho celular não caracteriza falta grave, uma vez que a Lei de Execução Penal somente prevê como típica a conduta de portar aparelho telefônico, de rádio ou similar, não havendo a possibilidade de ser equiparada a posse de componentes de aparelho celular com o próprio aparelho.

(D) Não se admite exame criminológico pela mera peculiaridade do caso concreto.

(E) Ainda que transitada em julgado a sentença condenatória, compete ao juízo da condenação a aplicação da lei penal mais benigna.

A: incorreta, pois não reflete o entendimento consolidado na Súmula n. 441 do STJ: "A falta grave não interrompe o prazo para obtenção do livramento condicional"; **B:** correta, pois corresponde ao entendimento consolidado na Súmula n. 341 do STJ. A propósito, a remição pelo estudo, antes reconhecida somente pela jurisprudência, atualmente encontra-se contemplada no art. 126 da LEP, dispositivo inserido por meio da Lei 12.433/2011; **C:** incorreta. Nesse sentido: "Com a edição da Lei 11.466, de 29 de março de 2007, passou-se a considerar falta grave tanto a posse de aparelho celular, como a de seus componentes (trata-se de posse de baterias), tendo em vista que a *ratio essendi* da norma é proibir a comunicação entre os presos ou destes com o meio externo. Entender em sentido contrário, permitindo a entrada fracionada do celular, seria estimular uma burla às medidas disciplinares da Lei de Execução Penal" (STJ, HC 226.745-RS, 5ª T., rel. Min. Laurita Vaz, 06.03.2012); **D:** incorreta. A nova redação conferida ao art. 112 da LEP deixou de exigir a realização do exame criminológico. Entretanto, a jurisprudência firmou entendimento no sentido de que o Juízo da Execução, em face das peculiaridades do caso concreto, se assim entender necessário, pode determinar a sua realização. Nesse sentido, a Súmula 439 do STJ e Súmula Vinculante nº 26; **E:** incorreta, pois em desconformidade com o teor da Súmula n. 611 do STF: "Transitada em julgado a sentença condenatória, compete ao juízo das execuções a aplicação de lei mais benigna".

Gabarito "B".

(Ministério Público/SP – 2012 – VUNESP) Tratando-se de réu reincidente, condenado pelos crimes de tráfico internacional de pessoa para fim de exploração sexual praticado contra menor de 18 anos (art. 231, § 2º, inciso I, do Código Penal) e roubo qualificado pelo emprego de arma (art. 157, § 2º, inciso I, do Código Penal), o tempo de cumprimento de pena exigido por lei para que possa ele ser promovido ao regime semiaberto e para obter o livramento condicional é de

(A) 1/6 (um sexto) do total das penas para a progressão e 1/3 (um terço) para o livramento condicional.

(B) 1/6 (um sexto) do total das penas para a progressão e 1/2 (metade) do total das penas para o livramento condicional.

(C) 2/5 (dois quintos) da pena relativa ao tráfico internacional e 1/6 (um sexto) da pena relativa ao roubo para a progressão; 1/3 (um terço) da pena relativa ao tráfico internacional e 1/2 (metade) da pena relativa ao roubo para o livramento condicional.

(D) 2/5 (dois quintos) do total das penas para a progressão; 2/3 (dois terços) do total das penas para o livramento condicional.

(E) 3/5 (três quintos) da pena relativa ao tráfico internacional e 1/6 (um sexto) da pena relativa ao roubo para a progressão; 2/3 (dois terços) do total das penas para o livramento condicional.

O apenado, para obter o direito de ir ao regime menos rigoroso, deverá cumprir ao menos 1/6 da pena imposta e ostentar bom comportamento carcerário (art. 112, "caput", da LEP); já se se tratar de delito hediondo ou equiparado, por força do que estabelece o art. 2º, § 2º, da Lei 8.072/1990 (Crimes Hediondos), a progressão dar-se-á depois de cumpridos 2/5 da pena, se primário; se reincidente, deverá o reeducando cumprir 3/5 da reprimenda. Há que se fazer uma ressalva. Se a prática do crime hediondo for anterior à entrada em vigor da Lei 11.464/2007, que alterou, na Lei de Crimes Hediondos, a disciplina relativa à progressão de pena, deverá prevalecer o entendimento firmado na Súmula nº 471 do STJ, que estabelece que, neste caso, deve-se obedecer à regência do art. 112 da LEP, que impõe, como condição para progressão de regime, o cumprimento de um sexto da pena no regime anterior, além de bom comportamento carcerário. No que toca ao livramento condicional, estabelece o art. 83, II, do CP que, se reincidente em crime doloso, o condenado, para fazer jus ao livramento, deverá cumprir, no mínimo, metade da pena imposta. Importante que se diga que, no que toca à progressão nos crimes hediondos e equiparados, com a edição da Lei 13.769/2018, que alterou a redação do art. 2º, § 2º, da Lei 8.072/1990, a progressão, nesses crimes, se se tratar de mulher grávida, mãe ou responsável por criança ou pessoa com deficiência, obedecerá ao que estabelecem os §§ 3º e 4º do art. 112 da LEP. Em outras palavras, institui-se, no que concerne aos crimes hediondos e equiparados, regra específica de progressão no caso de o beneficiário encontrar-se em uma das condições acima.

Gabarito "B".

(Defensor Público/PR – 2012 – FCC) Hermes, réu primário, é processado e condenado pelo crime previsto no art. 33, *caput*, da Lei n. 11.343/2006 à pena de 5 (cinco) anos de reclusão, em regime fechado, por fato praticado em 21.11.2008 e, em outro processo, pelo crime do art. 157, § 2º, I do Código Penal, à pena de 6 (seis) anos de reclusão, em regime fechado, por fato praticado em 29.03.2007. O trânsito em julgado de ambas as condenações ocorreu em 20.04.2011. A família do preso procura a Defensoria Pública e informa que Hermes foi capturado em 22.04.2012 para início do cumprimento de pena e gostaria de informações acerca dos prazos para progressão de regime. Neste caso, a progressão de regime

(A) ocorrerá após o cumprimento de 1/6 da pena unificada das duas condenações.
(B) observará o prazo de 2/5 do cumprimento da pena do crime de tráfico de drogas e o cumprimento de 1/6 da pena do crime de roubo, adotando-se o cálculo diferenciado.
(C) ocorrerá após o cumprimento de 2/5 da pena unificada das duas condenações.
(D) observará o prazo de 1/3 do cumprimento da pena unificada.
(E) observará o prazo de 1/6 do cumprimento da pena do crime de tráfico de drogas e o cumprimento de 2/5 da pena do crime de roubo, adotando-se o cálculo diferenciado.

Pelo crime de roubo majorado, Hermes, para progredir ao regime mais favorável, o semiaberto, deverá cumprir 1/6 da pena imposta na sentença, na forma estatuída no art. 112 da LEP; pelo crime de tráfico de drogas a progressão dar-se-á depois de cumpridos 2/5 da pena aplicada. Isso porque se trata de réu primário; se reincidente fosse, a progressão para o regime semiaberto somente seria possível depois do cumprimento de 3/5 da reprimenda imposta. É o que estabelece o art. 2º, § 2º, da Lei 8.072/1990 (Crimes Hediondos). Atenção: se o crime de tráfico de drogas, que é equiparado a hediondo, tivesse sido praticado antes da entrada em vigor da Lei 11.464/2007, que alterou, na Lei de Crimes Hediondos, a disciplina relativa à progressão de pena nos crimes hediondos e assemelhados, a progressão, neste caso, deveria obedecer à disciplina do art. 112 da LEP, que impõe, como condição para progressão de regime, o cumprimento de um sexto da pena no regime anterior, além de bom comportamento carcerário. É este o entendimento firmado na Súmula n. 471 do STJ. Importante que se diga que, no que toca à progressão nos crimes hediondos e equiparados, com a edição da Lei 13.769/2018, que alterou a redação do art. 2º, § 2º, da Lei 8.072/1990, a progressão, nesses crimes, se se tratar de mulher grávida, mãe ou responsável por criança ou pessoa com deficiência, obedecerá ao que estabelecem os §§ 3º e 4º do art. 112 da LEP. Em outras palavras, institui-se, no que concerne aos crimes hediondos e equiparados, regra específica de progressão no caso de o beneficiário encontrar-se em uma das condições acima.
Gabarito "B".

(Defensor Público/SP – 2012 – FCC) Considere as assertivas abaixo:
I. Os condenados que cumprem pena em regime fechado ou semiaberto e os presos provisórios podem obter, do diretor do presídio, permissão de saída, mediante escolta, nas hipóteses elencadas na LEP.
II. Se o sentenciado receber nova condenação por outro crime, após o início de cumprimento de pena por condenação anterior, o regime prisional de cumprimento será obrigatoriamente determinado pelo resultado da soma das penas, visto que a individualização da pena é tarefa que se impõe ao juiz do processo de conhecimento.
III. Recente alteração legislativa alçou a Defensoria Pública à condição de órgão da execução penal, mas não incumbiu à instituição a visita aos estabelecimentos prisionais, senão como faculdade do defensor público.
IV. A partir da edição da Lei n. 10.792/2003, foi proibida a realização do exame criminológico, à vista da constatação de que a providência constituía um dos grandes fatores responsáveis pela morosidade na apreciação do pedido de benefícios em sede de execução penal.
V. A LEP não prevê como condição para o exercício do trabalho no regime semiaberto o prévio cadastramento do empregador no órgão gestor do sistema penitenciário estadual.
Está correto APENAS o que se afirma em
(A) I e II.
(B) I e V.
(C) II e IV.
(D) III e V.
(E) I, III e V.

I: correta, pois corresponde à norma contida no art. 120, *caput*, da LEP; II: incorreta, pois não reflete o disposto no art. 111, parágrafo único, da LEP: "Sobrevindo condenação no curso da execução, somar-se-á a pena ao restante da que está sendo cumprida, para determinação do regime"; III: incorreta, pois não reflete o disposto no art. 81-B, parágrafo único, da LEP, inserido pela Lei 12.313/2010, que prevê: "O órgão da Defensoria Pública visitará periodicamente os estabelecimentos penais, registrando a sua presença em livro próprio"; IV: incorreta. A despeito da modificação implementada pela Lei 10.792/2003 no art. 112 da LEP, o STJ e o STF têm entendido que o magistrado pode, sempre que entender necessário e conveniente, determinar a realização de exame criminológico no condenado, como condição para aferir se preenche o requisito subjetivo para progressão de regime. Em outras palavras, não está o juiz impedido de determinar tal providência. Vide Súmula Vinculante n. 26 e Súmula n. 439 do STJ; V: correta. Exigência não contemplada na LEP.
Gabarito "B".

3.2. PERMISSÃO DE SAÍDA E SAÍDA TEMPORÁRIA

(Defensor Público –DPE/BA – 2016 – FCC) Considerando as disposições constantes na Lei de Execuções Penais, no que toca às saídas dos condenados do estabelecimento prisional,

(A) para que o condenado conquiste o direito às saídas temporárias, é necessário que atinja 1/6 da pena, se primário, e 1/2, se reincidente.
(B) as saídas temporárias poderão ser deferidas aos presos do regime fechado, mediante escolta, caso exista efetivo de servidores na comarca, para frequência a curso supletivo e profissionalizante.
(C) as saídas temporárias serão deferidas pelo diretor da casa prisional.
(D) a permissão de saída não pode ser concedida pelo diretor do estabelecimento prisional para os condenados do regime fechado, pois nesse caso deverá haver autorização judicial.
(E) a permissão de saída pode ser deferida para os condenados dos regimes fechado e semiaberto, bem como aos presos provisórios.

A: incorreta, na medida em que a autorização para saída temporária será concedida, a teor do art. 123, II, da LEP, ao condenado que tenha cumprido no mínimo *um sexto* da pena, se primário, e *um quarto* (e não *metade*), se reincidente for; B: incorreta. É requisito à concessão da saída temporária o fato de o condenado encontrar-se em cumprimento de pena no regime *semiaberto* (art. 122, *caput*, da LEP); C: incorreta. A saída temporária, diferentemente da permissão de saída (art. 120, parágrafo único, da LEP), somente poderá ser concedida mediante autorização do juízo da execução, ouvidos o MP e a administração penitenciária (art. 123, *caput*, da LEP); D: incorreta. Isso porque a permissão de saída será concedida, pelo diretor do estabelecimento prisional, aos condenados que cumprem pena nos regimes fechado e semiaberto, e também aos presos provisórios (art. 120, *caput*, LEP); E: correta, pois em conformidade com o art. 120, *caput*, LEP.
Gabarito "E".

(Defensor Público –DPE/ES – 2016 – FCC) Sobre as autorizações de saída,
(A) somente poderão ser concedidas com prazo mínimo de quarenta e cinco dias de intervalo entre uma e outra.
(B) são cabíveis apenas no regime semiaberto.
(C) a saída temporária será concedida pelo diretor do estabelecimento prisional.
(D) o lapso temporal para deferimento da saída temporária ao reincidente é de um quarto.
(E) o Decreto natalino de saída temporária é de competência exclusiva do Presidente da República.

A: incorreta. *Autorização de saída*, a que faz referência o enunciado, é gênero do qual são espécies a *permissão de saída* e a *saída temporária*, cada qual com regramento próprio. O intervalo de 45 dias somente tem incidência no contexto da *saída temporária* (art. 124, § 3º, da LEP); a *permissão de saída*, que tem finalidade e disciplina diversas da *saída temporária*, não se sujeita a intervalo mínimo entre uma concessão e outra; ou seja, será concedida sempre que estiverem presentes os requisitos contidos no art. 120 da LEP; B: incorreta. É verdade que a *saída temporária*, espécie do gênero *autorização de saída*, somente será concedida aos condenados que cumprem pena no regime semiaberto (art. 122, *caput*, da LEP); no entanto, a *permissão de saída*, que também é modalidade de *autorização de saída*, poderá beneficiar tanto o condenado que cumpre a pena nos regimes fechado ou semiaberto quanto os presos provisórios (art. 120, *caput*, da LEP); C: incorreta. A *saída temporária*, diferentemente da *permissão de saída* (art. 120, parágrafo único, da LEP), somente poderá ser concedida mediante autorização do juízo da execução, ouvidos o MP e a administração penitenciária (art. 123, *caput*, da LEP). Acrescente-se que, segundo entendimento consolidado na Súmula 520, do STJ, a concessão de saída temporária constitui ato jurisdicional insuscetível de delegação à autoridade administrativa do estabelecimento prisional; D: correta. De fato, a autorização para saída temporária será concedida, a teor do art. 123, II, da LEP, ao condenado reincidente que tenha cumprido no mínimo *um quarto* da pena; se primário, *um sexto*; E: incorreta. A *saída temporária*, como acima dissemos, somente pode ser concedida pelo juízo da execução, tal como estabelece o art. 123, *caput*, da LEP; caberá ao presidente da República conceder o indulto (art. 84, XII, da CF).
Gabarito "D".

(Promotor de Justiça/MG – 2014) No que tange à permissão de saída, assinale a resposta **INCORRETA**:
(A) Pode ser concedida em caso de falecimento da companheira.
(B) Pode ser concedida em caso de doença grave de ascendente.
(C) Pode ser concedida para tratamento médico.
(D) Pode ser concedida para estudo em estabelecimento fora do presídio.

A, B e C: corretas. O art. 120, I e II, da LEP prevê que "os condenados que cumprem pena em regime fechado ou semiaberto e os presos provisórios poderão obter permissão para sair do estabelecimento, mediante escolta, quando ocorrer um dos seguintes fatos: I – falecimento ou doença grave do cônjuge, companheira, ascendente, descendente ou irmão; II – necessidade de tratamento médico (parágrafo único do art. 14)". Aqui cabe ressaltar que a remissão ao parágrafo único, apesar de constar na própria LEP, está

incorreta, pois deveria ser ao § 2º do art. 14; **D:** incorreta, devendo ser assinalada. Não consta da LEP permissão de saída para estudo fora do estabelecimento prisional. As disposições referentes à assistência educacional estão previstas nos arts. 17 a 21 da LEP.
Gabarito "D".

(Cartório/PI – 2013 – CESPE) Conforme a Lei 7.210/1984, o preso em razão de sentença definitiva transitada em julgado poderá obter

(A) autorização para saída temporária do estabelecimento prisional, mediante escolta e autorização do diretor do presídio, para frequentar curso de noivos e participar da cerimônia civil de casamento, se estiver cumprindo pena em regime semiaberto.

(B) autorização para saída temporária do estabelecimento prisional, mediante escolta, para ir ao cartório assinar procuração outorgando poderes para seu representante legal, ainda que cumpra pena em regime fechado.

(C) permissão do diretor para sair do estabelecimento prisional, mediante escolta, em caso de falecimento ou doença grave de irmão, ainda que cumpra pena em regime fechado.

(D) permissão para sair do estabelecimento prisional, sem escolta, para tratamento médico, desde que autorizado pelo juiz, se estiver cumprindo pena em regime semiaberto.

(E) permissão para sair do estabelecimento, mediante escolta, para conhecer e registrar o nascimento do filho da companheira, ainda que cumpra pena em regime fechado.

A: incorreta. A autorização de *saída temporária* (art. 122, LEP), que difere da *permissão de saída* (art. 120, LEP), prescinde de escolta e somente pode ser concedida pelo juiz de direito (art. 123, *caput*, da LEP); **B:** incorreta, pelas razões já explicitadas no comentário anterior; ademais, a saída temporária somente pode ser concedida ao preso que cumpre pena no regime semiaberto (art. 122, *caput*, LEP); **C:** correta, uma vez que corresponde ao que estabelece o art. 120, I, da LEP. No caso da permissão de saída, sua concessão pode se dar pelo diretor do estabelecimento penal (art. 120, parágrafo único, da LEP); **D:** incorreta, uma vez que a permissão de saída somente se dará mediante escolta (art. 120, *caput*, da LEP); **E:** incorreta, uma vez que a hipótese contida na assertiva não está contemplada no art. 120 da LEP, que trata dos casos em que é possível a permissão de saída.
Gabarito "C".

(Defensor Público/AC – 2012 – CESPE) Consoante a Lei n. 7.210/1984, a autorização para a saída temporária poderá ser concedida

(A) pelo diretor do presídio aos presos que, cumprindo pena em regime semiaberto, necessitem de tratamento médico.

(B) pelo juiz da vara de execuções penais aos presos que cumpram pena em regime fechado, para tratamento médico próprio ou em caso de falecimento ou doença grave de cônjuge, companheira, ascendente, descendente ou irmão.

(C) pelo juiz da vara de execuções penais aos presos que cumpram pena em regime fechado, para visitas à família, frequência a cursos de instrução e participação em atividades que concorram para o seu retorno ao convívio social.

(D) pelo diretor do presídio aos presos que cumpram pena em regime fechado, na ocorrência de falecimento ou doença grave de cônjuge, companheira, ascendente, descendente ou irmão.

(E) pelo juiz da vara de execuções penais aos presos que cumpram pena em regime semiaberto, para visitas à família, frequência a cursos de instrução e participação em atividades que concorram para o seu retorno ao convívio social.

Segundo estabelece o art. 123 da Lei de Execução Penal, somente ao juiz é dado conceder autorização para saída temporária.
Gabarito "E".

(Defensor/PA – 2015 – FMP) De acordo com a Lei nº 7.210/84, é correto afirmar que:

(A) a permissão de saída mediante escolta atinge somente os condenados em regime fechado e semiaberto, e será concedida pelo médico responsável, caso o condenado necessite de tratamento médico.

(B) a permissão de saída mediante escolta atinge somente os condenados em regime fechado e semiaberto, e será concedida pelo juiz competente sempre que houver a necessidade de tratamento médico por parte do condenado.

(C) a permissão de saída, em caso de falecimento de cônjuge, companheira, ascendente, descendente ou irmão, será concedida pelo diretor do estabelecimento quando o requerente for condenado em regime fechado ou semiaberto, e será concedida pelo juiz quando o requerente for preso provisório.

(D) em se verificando o caso de falecimento ou doença grave de cônjuge, companheira, ascendente, descendente ou irmão, os condenados em regime fechado ou semiaberto, bem como os presos provisórios, têm direito à permissão de saída, que será concedida pelo diretor do estabelecimento prisional.

(E) em se verificando o caso de falecimento ou doença grave de cônjuge, companheira, ascendente, descendente ou irmão, somente os presos provisórios têm direito à permissão de saída, que será concedida pelo diretor do estabelecimento prisional.

A: incorreta, na medida em que a *permissão de saída*, que será concedida pelo diretor do estabelecimento prisional em que se encontra o preso, atinge, além dos condenados que cumprem a pena em regime fechado e semiaberto, também os presos provisórios (art. 120, *caput*, da LEP). A necessidade de tratamento médico constitui uma das hipóteses a ensejar a permissão de saída (art. 120, II, da LEP); **B:** incorreta. Como afirmado acima, a permissão de saída será concedida pelo diretor do estabelecimento no qual se encontra o preso; **C:** incorreta, uma vez que, em qualquer caso, a permissão de saída será concedida pelo diretor do estabelecimento prisional, pouco importando se se trata de preso condenado ou provisório (art. 120, parágrafo único, da LEP); **D:** correta, pois em conformidade com o que estabelece o art. 120, I e parágrafo único, da LEP; **E:** incorreta. Além dos presos provisórios, também fazem jus à permissão de saída os presos já condenados em definitivo (art. 120, *caput*, da LEP).
Gabarito "D".

(Defensor/PA – 2015 – FMP) De acordo com a Lei **7.210/1984**, é CORRETO afirmar que:

(A) a saída temporária do estabelecimento é direito que atinge os condenados em regime semiaberto e fechado, a ser exercido mediante vigilância direta e prévia autorização judicial, entre outras hipóteses, quando ele participar em atividades que concorram para o seu retorno ao convívio social.

(B) a saída temporária do estabelecimento é direito que atinge somente os condenados em regime fechado, a ser exercido sem vigilância direta, mediante autorização do diretor do estabelecimento, entre outras hipóteses, quando ele participar em atividades que concorram para o seu retorno ao convívio social.

(C) incumbe somente ao juiz da execução autorizar a saída temporária dos condenados em regime semiaberto, ainda que mediante a utilização de equipamento de monitoração eletrônica, entre outras hipóteses, quando o condenado pretender visitar sua família.

(D) poderá o diretor do estabelecimento autorizar a saída temporária dos condenados em regime semiaberto, cabendo tal autorização somente ao juiz da execução, quando houver a necessidade de utilização de equipamento de monitoração eletrônica.

(E) a saída temporária do estabelecimento é direito que atinge os condenados em regime semiaberto, a ser exercido com vigilância direta ou utilização de equipamento de monitoração eletrônica, mediante prévia autorização judicial, entre outras hipóteses, quando o condenado participar de curso supletivo profissionalizante.

A: incorreta. Fazem jus à *saída temporária*, que não deve ser confundida com a *permissão de saída* (que atinge condenados em regime fechado e semiaberto e também presos provisórios), tão somente os condenados que cumprem a pena no regime *semiaberto* (art. 122, *caput*, da LEP), direito que será exercido sem vigilância direta, permitido o uso, a critério do juiz da execução, de vigilância indireta por meio de equipamento de monitoração eletrônica, conforme previsão contida no art. 122, parágrafo único, da LEP, ali introduzido pela Lei 12.258/2010. Será concedida pelo juiz da execução (art. 123, *caput*, da LEP) nas hipóteses elencadas no art. 122 da LEP, entre as quais para "participação em atividades que concorram para o retorno ao convívio social", o que está em consonância com a segunda parte da assertiva; **B:** incorreta. A saída temporária será concedida, pelo juiz da execução, tão somente ao condenado que cumpre a pena no regime semiaberto (art. 122, *caput*, da LEP); **C:** correta, pois reflete o que estabelecem os arts. 122, *caput*, I e parágrafo único, e 123, *caput*, ambos da LEP; **D:** incorreta, já que a saída temporária será sempre autorizada pelo juiz da execução (art. 123, *caput*, da LEP); **E:** incorreta. A vigilância, na saída temporária, será sempre *indireta*; *direta* é a vigilância exercida por meio de escolta de agentes penitenciários ou policiais, o que não se aplica no contexto da *saída temporária*.
Gabarito "C".

3.3. REMIÇÃO

(Defensor Público – DPE/PR – 2017 – FCC) Considerando a Lei de Execução Penal e a jurisprudência dos tribunais superiores sobre a remição, é correto afirmar:

(A) O trabalho do preso cautelar não pode ser computado para fins de remição.

(B) É impossível a cumulação da remição por estudo e por trabalho.

(C) O trabalho intramuros é o único passível de remição.

(D) Não há previsão legal de remição para o sentenciado em regime aberto.

(E) O aproveitamento escolar insatisfatório não impede a remição por estudo.

A: incorreta. Embora o trabalho não seja obrigatório ao preso provisório, é certo que a atividade laborativa (e também o estudo) que realizar no cárcere será considerada para fins de remição da pena que lhe será eventualmente imposta (art. 126, § 7º, da LEP); **B:** incorreta. Por força do que dispõe o art. 126, § 3º, da LEP, é possível, sim, a compatibilização, para fins de remição, do *trabalho* com *estudo*. Ou seja, nada impede que o reeducando obtenha a remição de sua pena pelo trabalho e pelo estudo, concomitantemente, desde que não haja coincidência, é óbvio, entre as horas dedicadas ao estudo e aquelas utilizadas para o trabalho. Assim, se o preso dedicar o tempo mínimo ao trabalho, que é de 6 horas, e também ao estudo, que, neste caso, é de 4 horas, poderá abater dois de cada três dias de sua pena; **C:** incorreta, uma vez que contraria o entendimento firmado na Súmula 562, do STJ: "É possível a remição de parte do tempo de execução da pena quando o condenado, em regime fechado ou semiaberto, desempenha atividade laborativa, ainda que extramuros"; **D:** incorreta, pois contraria o disposto no art. 126, § 6º, da LEP; **E:** correta. De fato, os dispositivos da LEP que regem a remição não impuseram o aproveitamento escolar satisfatório como requisito necessário ao reconhecimento da remição pelo estudo. Na jurisprudência: "A jurisprudência deste Superior Tribunal de Justiça possui entendimento de que, para a concessão da remição de pena pelos estudos ao sentenciado, não se exige aproveitamento escolar satisfatório ou frequência mínima no curso, por ausência de previsão legal. Precedentes" (HC 304.959/SP, Rel. Ministro Ribeiro Dantas, Quinta Turma, julgado em 19/04/2016, DJe 26/04/2016). ED

Gabarito "E".

(Defensor Público –DPE/ES – 2016 – FCC) Sobre a remição, é correto afirmar:

(A) Para o cômputo da remição, os dias remidos devem ser considerados como pena cumprida pelo sentenciado.

(B) A remição por estudo é concedida na mesma proporção da remição pelo trabalho, ou seja, a cada dezoito horas de estudo, deve ser remido um dia de pena.

(C) É vedada a cumulação de remição por trabalho e por estudo dada a incompatibilidade resultante da quantidade de horas diárias necessárias para remir por cada atividade.

(D) A remição por estudo é cabível nos três regimes de cumprimento de pena, sendo vedado apenas no livramento condicional.

(E) Em caso de falta grave, o juiz deverá revogar um terço do tempo remido, sendo vedada nova concessão de remição durante o período de cumprimento da sanção.

A: correta, pois em consonância com o que estabelece o art. 128 da LEP; **B:** incorreta. Por força do que dispõe o art. 126, § 1º, I e II, da LEP, a remição pelo estudo será concedida na proporção de um dia de pena para cada 12 horas de estudo, que deverão ser divididas, no mínimo, em 3 dias; pelo trabalho, na proporção de um dia de pena para cada 3 dias de labor; **C:** incorreta. Por força do que dispõe o art. 126, § 3º, da LEP, é possível, sim, a compatibilização, para fins de remição, do *trabalho* com *estudo*. Ou seja, nada impede que o reeducando obtenha a remição de sua pena pelo trabalho e pelo estudo, concomitantemente, desde que não haja coincidência, é óbvio, entre as horas dedicadas ao estudo e aquelas utilizadas para o trabalho. Assim, se o preso dedicar o tempo mínimo ao trabalho, que é de 6 horas, e também ao estudo, que, neste caso, é de 4 horas, poderá abater dois de cada três dias de sua pena; **D:** incorreta, pois contraria o que dispõe o art. 126, § 6º, da LEP: "O condenado que cumpre pena em regime aberto ou semiaberto e o que usufrui liberdade condicional poderão remir, pela frequência a curso de ensino regular ou de educação profissional (…)"; **E:** incorreta (art. 127 da LEP).

Gabarito "A".

(Promotor de Justiça/MG – 2013) De acordo com a legislação vigente, é CORRETO dizer, sobre o instituto da remição:

(A) Constitui fator de abatimento do total da sanção, mas não é computado como tempo de cumprimento de pena para todos os efeitos.

(B) É permitido por trabalho e estudo, mas, em qualquer hipótese, somente nos regimes fechado ou semiaberto.

(C) É cabível em caso de trabalho externo no regime fechado e, no regime aberto, por estudo fora do estabelecimento.

(D) Para fins de cumulação dos casos de remição, as horas diárias de trabalho e de estudo não poderão ser compatibilizadas.

A: incorreta, pois contraria o que estabelece o art. 128 da LEP, que assim dispõe: "o tempo remido será computado como pena cumprida, para todos os efeitos"; **B:** incorreta. No § 6º do art. 126 da LEP está previsto que "o condenado que cumpre pena em regime aberto ou semiaberto e o que usufrui liberdade condicional poderão remir, pela frequência a curso de ensino regular ou de educação profissional, parte do tempo de execução da pena ou do período de prova, observado o disposto no inc. I do § 1º deste dispositivo"; **C:** correta. A remição, de acordo com o *caput* do art. 126 da LEP, é cabível ao condenado que cumpre pena em regime fechado ou semiaberto, que poderá remir parte do tempo de execução da pena por trabalho ou por estudo. Há, também, como já dito, a previsão do § 6º do mesmo artigo, já transcrita anteriormente, que admite a remição de pena ao apenado que se encontra em regime aberto por meio de frequência a curso de ensino regular ou de educação profissional; **D:** incorreta. Está previsto no art. 126, § 3º, da LEP que "para fins de cumulação dos casos de remição, as horas diárias de trabalho e de estudo serão definidas de forma a se compatibilizarem".

Gabarito "C".

(Cartório/DF – 2014 – CESPE) Eduardo, que cumpre pena de quinze anos de reclusão, em regime fechado, pela prática de homicídios e delitos patrimoniais, empreendeu fuga em 03.10.2013 e foi recapturado em 04.01.2014. O juiz das execuções, ao homologar a aludida falta grave, determinou a regressão de regime, declarou a perda de um terço dos dias remidos e alterou a data-base para fins de concessão de progressão de regime.

Em face dessa situação hipotética, assinale a opção correta com base no disposto na Lei de Execução Penal e na jurisprudência do STJ.

(A) Eduardo poderá perder a totalidade dos dias remidos, conforme os motivos, as circunstancias e as consequências da fuga empreendida.

(B) Em razão da fuga de Eduardo, inicia-se, a partir da data da homologação dessa infração disciplinar, novo período aquisitivo para fins de progressão de regime prisional.

(C) É inconstitucional a penalidade consistente na perda de dias remidos pelo cometimento de falta grave.

(D) O cometimento de falta grave acarreta o reinicio do computo do interstício necessário ao preenchimento do requisito objetivo para a concessão do benefício da progressão de regime.

A: incorreta. Em vista das alterações implementadas na LEP pela Lei 12.433/2011, estabeleceu-se, no caso de cometimento de falta grave, uma proporção máxima em relação à qual poderá se dar a perda dos dias remidos. Assim, diante da prática de falta grave, poderá o juiz, em vista da nova redação do art. 127 da LEP, revogar no máximo 1/3 do tempo remido, devendo a contagem recomeçar a partir da data da infração disciplinar. Antes disso, o condenado perdia os dias remidos na sua totalidade; **B:** incorreta, uma vez que o novo período aquisitivo, no caso de falta grave consistente em fuga, tem como termo inicial a data da recaptura do condenado foragido. Nesse sentido: "*Habeas corpus*. Progressão de regime de cumprimento de pena. Cometimento de falta grave (fuga). Reinício da contagem do lapso de 1/6 para a obtenção de nova progressão. Alegada ofensa ao contraditório e à ampla defesa no bojo do procedimento administrativo disciplinar. Matéria não enfrentada pelo superior tribunal de justiça. Ordem parcialmente conhecida e denegada. 1. É da jurisprudência do Supremo Tribunal Federal que o cometimento de falta grave reinicia a contagem do lapso temporal de 1/6 (1/6 de cumprimento da pena a que foi condenado ou ainda para cumprir) para a concessão de progressão de regime. Confiram-se, por amostragem, os seguintes julgados: HCs 85.141, da minha relatoria; 85.605, da relatoria do ministro Gilmar Mendes; 93.554, da relatoria do ministro Celso de Mello; 95.367, da relatoria do ministro Ricardo Lewandowski; e, mais recentemente, 101.915, da relatoria da ministra Ellen Gracie. Jurisprudência decorrente da própria literalidade do art. 112 da Lei de Execuções Penais: fará jus à progressão, se e quando o condenado "tiver cumprido ao menos um sexto da pena no regime anterior e seu mérito indicar a progressão". 2. O período de 1/6 é de ser calculado, portanto, com apoio no restante da pena a cumprir, adotando-se como termo inicial de contagem a data em que o sentenciado foi recapturado. 3. As supostas ofensas ao contraditório e à ampla defesa, no bojo do procedimento administrativo disciplinar, não merecem acolhida. Simples alegações que não foram minimamente comprovadas pelo impetrante, nem mesmo submetidas ao exame do Superior Tribunal de Justiça. 4. *Habeas corpus* parcialmente conhecido e, nessa parte, denegado" (HC 108472, Ayres Britto, STF); **C:** incorreta. Embora a Súmula Vinculante n. 9 tenha perdido, em razão da alteração produzida no art. 127 da LEP pela Lei 12.433/2011, sua razão de ser, é certo que remanesce o entendimento, então firmado, no sentido de que a perda de dias remidos (agora limitado a 1/3) não viola a CF/1988; **D:** correta. *Vide* comentário à alternativa "B".

Gabarito "D".

(Ministério Público/SP – 2015 – MPE/SP) A prática de falta grave pelo condenado durante a execução de sua pena:

(A) tem como consequência a perda de 1/3 (um terço) dos dias remidos.

(B) tem como consequência a perda total dos dias remidos.

(C) não acarreta a perda dos dias remidos, pois a remição é um direito do condenado de ver reduzido pelo trabalho o tempo de duração da pena privativa de liberdade a ele imposta.

(D) tem como consequências a perda total dos dias remidos e a interrupção do prazo para que possa ser beneficiado com o indulto.

(E) tem como consequências a perda de 1/3 (um terço) dos dias remidos e a impossibilidade de ser beneficiado com o indulto.

Em vista das alterações implementadas na LEP pela Lei 12.433/2011, estabeleceu-se, no caso de cometimento de falta grave, uma proporção máxima em relação à qual poderá se dar a perda dos dias remidos. Assim, diante da prática de falta grave, poderá o juiz, em vista da atual redação conferida ao art. 127 da LEP, revogar no máximo 1/3 do tempo remido, devendo a contagem recomeçar a partir da data da infração disciplinar. Antes disso, o condenado perdia os dias remidos na sua totalidade.

Gabarito "A".

(Cartório/SP – 2012 – VUNESP) Pelo instituto da remição,

(A) computa-se, na pena privativa de liberdade e na medida de segurança, o tempo de prisão provisória.

(B) o ofendido concede perdão ao querelado.

(C) o querelante deixa de formular pedido de condenação nas alegações finais.

(D) o tempo de execução da pena em regime fechado ou semiaberto é reduzido pelo trabalho do condenado.

De fato, devemos entender, por remição, como o desconto, na pena, pelo trabalho executado pelo preso que se acha no regime fechado ou semiaberto. De se ver que, atendendo aos anseios da jurisprudência (Súmula nº 341, STJ), foi editada a Lei 12.433/2011, que instituiu e disciplinou, finalmente, a remição pelo estudo, alterando o dispositivo da LEP que regia o tema (art. 126). Hoje, portanto, a remição se opera tanto pelo trabalho quanto pelo estudo, nos moldes do dispositivo supracitado. A competência para declarar os dias remidos é do juízo da execução, conforme reza o art. 126, § 8º, da Lei 7.210/1984 (Execução Penal).

Gabarito "D".

3.4. MONITORAÇÃO ELETRÔNICA

(Juiz – TJ-SC – FCC – 2017) Segundo a Lei de Execução Penal, o preso, condenado com trânsito em julgado, poderá ter a execução da sua pena fiscalizada por meio da monitoração eletrônica, quando o juiz:
(A) fixar o regime aberto para cumprimento da pena e o dispensar do recolhimento ao estabelecimento penal no período noturno e nos dias de folga.
(B) aplicar pena restritiva de liberdade a ser cumprida nos regimes aberto ou semiaberto, ou conceder progressão para tais regimes.
(C) aplicar pena restritiva de direitos que estabeleça limitação de horários ou de frequência a determinados lugares.
(D) conceder o livramento condicional ou a suspensão condicional da pena.
(E) autorizar a saída temporária no regime semiaberto ou determinar a prisão domiciliar.

A monitoração eletrônica terá lugar nas seguintes hipóteses: i) quando da concessão de saída temporária (arts. 122, parágrafo único, e 146-B, II, da LEP); ii) quando da imposição de prisão domiciliar (art. 146-B, IV, da LEP); iii) e como modalidade de medida cautelar diversa da prisão preventiva (art. 319, IX, do CPP), antes, portanto, do trânsito em julgado, possibilidade inserida pela Lei 12.403/2011, que alterou sobremaneira a prisão processual e introduziu as chamadas medidas cautelares a ela alternativas. ED
Gabarito "E".

(Defensor Público – DPE/ES – 2016 – FCC) O juiz poderá definir a fiscalização por meio da monitoração eletrônica quando conceder
(A) indulto.
(B) comutação.
(C) livramento condicional.
(D) prisão domiciliar.
(E) progressão ao regime semiaberto.

A monitoração eletrônica terá lugar nas seguintes hipóteses: i) quando da concessão de saída temporária (arts. 122, parágrafo único, e 146-B, II, da LEP); ii) quando da imposição de prisão domiciliar (art. 146-B, IV, da LEP); iii) e como modalidade de medida cautelar diversa da prisão preventiva (art. 319, IX, do CPP), possibilidade inserida pela Lei 12.403/2011, que alterou sobremaneira a prisão processual e introduziu as chamadas medidas cautelares a ela alternativas.
Gabarito "D".

4. SUSPENSÃO CONDICIONAL DA PENA (*SURSIS*)

(Defensor/PA – 2015 – FMP) Assinale a alternativa CORRETA.
(A) De acordo com a Lei 7.210/1984, a prisão domiciliar será admitida ao preso em regime aberto quando se tratar de condenado maior de oitenta anos, extremamente debilitado por motivo de doença grave, imprescindível os cuidados especiais de pessoa com menos de seis anos de idade ou com deficiência, e gestante a partir do 7o mês gravidez ou sendo esta de alto risco.
(B) De acordo com a Lei 7.210/1984, a execução da pena privativa de liberdade, não superior a dois anos, poderá ser suspensa, por dois a quatro anos, desde que o condenado seja maior de setenta anos de idade.
(C) De acordo com a Lei 7.210/1984, a condenação anterior a pena de multa não impede a concessão da suspensão condicional da execução da pena.
(D) De acordo com o Código Penal, a execução da pena privativa de liberdade, não superior a dois anos, poderá ser suspensa, por dois a quatro anos, desde que, entre outros fatores, o condenado não seja reincidente.
(E) De acordo com o Código Penal, a suspensão condicional da pena deverá ser revogada se o beneficiário, entre outros fatores, é irrecorrivelmente condenado, por crime culposo ou por contravenção, a pena privativa de liberdade ou restritiva de direitos.

A: incorreta. A alternativa contempla as hipóteses de cabimento da prisão domiciliar contidas na redação original do art. 318 do CPP (e não na LEP), que se referem a forma de cumprimento da prisão preventiva, antes, portanto, da sentença condenatória definitiva, benefício este introduzido por meio da Lei de Reforma n. 12.403/2011. Atenção: com o advento da Lei 13.257/2016, as hipóteses de concessão da prisão preventiva domiciliar foram alteradas. Está incorreta a assertiva na medida em que a LEP, em seu art. 117, estabelece outras hipóteses de cabimento da prisão domiciliar, neste caso como forma de cumprimento da pena em regime aberto: no lugar de o condenado, nesse regime prisional, permanecer em casa de albergado, cumprirá sua pena, nas hipóteses elencadas no art. 117 da LEP, em sua residência; **B:** incorreta. De acordo com o art. 77, § 2º, do CP (e não da LEP), "a execução da pena privativa de liberdade, não superior a 4 (quatro) anos, poderá ser suspensa, por 4 (quatro) a 6 (seis) anos, desde que o condenado seja maior de 70 (setenta) anos de idade (...)"; **C:** correta, nos termos do art. 77, § 1º, do CP (e não da LEP); **D:** incorreta, na medida em que somente a reincidência em crime *doloso* tem o condão de impedir a concessão do benefício da suspensão condicional da pena (art. 77, *caput*, do CP); **E:** incorreta, na medida em que a hipótese de revogação a que faz referência a assertiva é *facultativa* (art. 81, § 1º, do CP), e não *obrigatória*, como consta da alternativa ("deverá ser revogada...").
Gabarito "C".

5. EXECUÇÃO DAS MEDIDAS DE SEGURANÇA

(Defensor Público – DPE/PR – 2017 – FCC) Sobre as medidas de segurança e sua execução, é correto afirmar que
(A) não é possível a realização de exame de cessação de periculosidade no curso do prazo mínimo de duração da medida de segurança.
(B) as condições da liberação condicional são as mesmas da desinternação condicional.
(C) é prescindível a característica hospitalar do estabelecimento em que se executa a medida de segurança detentiva.
(D) a execução das medidas de segurança independe de trânsito em julgado da sentença absolutória imprópria.
(E) não há prazo legal para que seja retomado o tratamento ambulatorial caso o liberado condicional apresente fato indicativo de persistência da chamada periculosidade.

A: incorreta, na medida em que não reflete o disposto no art. 176 da LEP; **B:** correta (arts. 97, § 3º, do CP e 178 da LEP); **C:** incorreta, pois não corresponde ao que estabelece o art. 99 do CP; **D:** incorreta, pois contraria o disposto nos arts. 171 e 172 da LEP. Na jurisprudência: "A medida de segurança se insere no gênero sanção penal, do qual figura como espécie, ao lado da pena. Se assim o é, não é cabível no ordenamento jurídico a execução provisória da medida de segurança, à semelhança do que ocorre com a pena aplicada aos imputáveis, conforme definiu o Plenário do Supremo Tribunal Federal, por ocasião do julgamento do HC n. 84.078/MG, Rel. Min. Eros Grau. 3. Rememore-se, ainda, que há regra específica sobre a hipótese, prevista no art. 171, da Lei de Execuções Penais, segundo a qual a execução iniciar-se-á após a expedição da competente guia, o que só se mostra possível depois de "transitada em julgado a sentença que aplicar a medida de segurança". Precedente do Supremo Tribunal Federal" (HC 226.014/SP, Rel. Ministra Laurita Vaz, Quinta Turma, julgado em 19/04/2012, DJe 30/04/2012); **E:** incorreta (art. 97, § 3º, do CP). ED
Gabarito "B".

(Defensor Público/AC – 2012 – CESPE) José, que cumpria pena por estelionato em regime semiaberto, com direito à prestação de trabalho externo, cometeu crime de roubo ao deixar seu local de trabalho. Preso em flagrante, após ter sido alvejado por disparos de arma de fogo durante tentativa de fuga, José foi denunciado pelo crime de roubo. Recebida a denúncia, o oficial de justiça dirigiu-se ao hospital para proceder à citação do réu, quando constatou que o réu se tornara inimputável por lesão decorrente dos disparos, não tendo, portanto, condições de receber a citação.
Nessa situação hipotética,
(A) além da substituição da pena imposta a José pelo crime de estelionato por medida de segurança, deve o juiz determinar o prosseguimento do processo de conhecimento do crime de roubo e nomear curador ao réu, visto que, no momento da prática do delito, ele era imputável.
(B) deve o juiz nomear curador a José e determinar o prosseguimento do processo, visto que, no momento da prática de ambos os delitos (estelionato e roubo), ele era imputável.
(C) deve o juiz executar a pena prevista para o crime de estelionato, uma vez que, no momento da prática desse delito, José era imputável; deve, ainda, o juiz dar prosseguimento ao processo de conhecimento do crime de roubo e nomear curador a José, a fim de lhe ser aplicada medida de segurança.
(D) deve o juiz substituir a pena decorrente do crime de estelionato por medida de segurança e suspender o processo de conhecimento do crime de roubo.
(E) dada a inimputabilidade de José, a pena a ele imposta pelo crime de estelionato e a relativa ao crime de roubo devem ser substituídas por medida de segurança, conforme determina a Lei de Execução Penal.

Há que se distinguir, aqui, duas situações. Em se tratando de doença mental de caráter transitório, com perspectiva, portanto, de cura, não há por que converter a pena privativa de liberdade em medida de segurança. Aplica-se, neste caso, o art. 41 do CP, que estabelece que o sentenciado será transferido para hospital de custódia e tratamento e ali permanecerá até o seu restabelecimento. De outro lado, se se tratar de doença mental de caráter permanente, que parece ser o caso narrado no enunciado, deverá o juiz, em obediência ao que estabelece o art. 183 da LEP, converter a pena privativa de liberdade em medida de segurança, já que não existe, ao menos naquele momento, perspectiva de melhora da saúde mental do condenado. Quanto ao processo de conhecimento relativo ao crime de roubo, impõe-se seja o mesmo suspenso, nos termos do art. 152 do CPP.
Gabarito "D".

6. INCIDENTES DE EXECUÇÃO

(Defensor Público – DPE/BA – 2016 – FCC) Sobre os incidentes de execução previstos na Lei de Execuções Penais,

(A) é possível, para apenados do regime aberto e com penas não superiores a três anos, desde que cumpridos os requisitos legais, a conversão da pena privativa de liberdade em pena restritiva de direito.
(B) na hipótese de sobrevir doença mental no curso da execução da pena privativa de liberdade, não poderá ser convertido referido apenamento em medida de segurança, posto se tratar de providência gravosa ao apenado, portanto impossível de ser formalizada por força da coisa julgada.
(C) o próprio sentenciado poderá suscitar o incidente de desvio de execução.
(D) o excesso de execução ocorre quando o ato for praticado além dos limites fixados na sentença, mas não se caracteriza quando a ilegalidade decorrer de inobservância de normas regulamentares, pois nesses casos a apuração das responsabilidades ficará a cargo da autoridade administrativa.
(E) sobrevindo condenação à pena privativa de liberdade no regime semiaberto, estando em curso a execução de penas restritivas de direito, deverá o juiz automaticamente reconverter as penas alternativas em prisão, dada a natureza distinta das duas espécies de sanção.

A: incorreta, pois em desconformidade com a regra presente no art. 180, *caput*, da LEP, que assim dispõe: "a pena privativa de liberdade, não superior a 2 anos, poderá ser convertida em restritiva de direitos, desde que: I – o condenado a esteja cumprindo em regime aberto (...)"; **B:** incorreta. Há que se distinguir, aqui, duas situações. Em se tratando de doença mental de caráter transitório, com perspectiva, portanto, de cura, não há por que converter a pena privativa de liberdade em medida de segurança. Aplica-se, neste caso, o art. 41 do CP, que estabelece que o sentenciado será transferido para hospital de custódia e tratamento e ali permanecerá até o seu restabelecimento. De outro lado, se se tratar de doença mental de caráter permanente, que parece ser o caso narrado na assertiva, deverá o juiz, em obediência ao que estabelece o art. 183 da LEP, converter a pena privativa de liberdade em medida de segurança, já que não existe, ao menos naquele momento, perspectiva de melhora da saúde mental do condenado. Neste caso, a duração da medida de segurança está limitada ao tempo de resta para o cumprimento da pena estabelecida na sentença; **C:** correta, uma vez que reflete a regra contida no art. 186, III, da LEP, que concede ao sentenciado a prerrogativa de, ele mesmo, suscitar o incidente de excesso ou desvio de execução, que também poderá ser suscitado pelo MP, pelo Conselho Penitenciário e por qualquer dos demais órgãos da execução penal; **D:** incorreta, pois não corresponde ao que estabelece o art. 185 da LEP; **E:** incorreta (art. 44, § 5º, do Código Penal).
Gabarito "C".

(Promotor de Justiça/MG – 2013) Assinale a alternativa **FALSA**:
(A) Os incidentes específicos da execução de pena desenvolvem-se perante o juízo da execução, assegurada a ampla defesa e o contraditório.
(B) Das decisões proferidas na execução de pena, cabe recurso de agravo, mas o rito será o previsto para o recurso em sentido estrito.
(C) A impugnação da denegação de trânsito a recurso usado na fase de execução de pena é feita através de carta testemunhável.
(D) O princípio da inércia ou da iniciativa das partes desautoriza que o juiz inicie de ofício o procedimento na execução penal.

A: assertiva correta (art. 66, III, *f*, da LEP); **B:** assertiva correta. É tranquilo o entendimento da jurisprudência no sentido de que o agravo de execução (art. 197, LEP) segue o rito do recurso em sentido estrito. Tanto é assim que o prazo para a sua interposição é de cinco dias (mesmo do RESE), nos termos da Súmula 700 do STF: "É de cinco dias o prazo para interposição de agravo contra decisão do juiz da execução penal"; **C:** assertiva correta (art. 639, I, do CPP); **D:** assertiva incorreta, devendo ser assinalada (art. 195, LEP).
Gabarito "D".

7. PROCEDIMENTO JUDICIAL

(Defensor Público/AC – 2012 – CESPE) Em janeiro de 2012, um preso formulou pleito de indulto pleno com base em decreto presidencial datado de dezembro de 2011, por meio do qual foram concedidos indulto e comutação aos condenados do sistema penitenciário brasileiro. Após a oitiva do Conselho Penitenciário, do MP e da DP, nomeada para a defesa do condenado, o juiz indeferiu o pleito.
Nessa situação hipotética, deverá o DP interpor recurso

(A) de apelação, consoante artigo do CPP.
(B) de agravo de instrumento.
(C) em sentido estrito, consoante o que dispõe artigo do CPP.
(D) inominado, por não haver, na Lei de Execução Penal, previsão expressa de recurso para o caso em apreço.
(E) de agravo, conforme o disposto na Lei de Execução Penal.

Assim dispõe o art. 197 da LEP: "das decisões proferidas pelo Juiz caberá recurso de agravo, sem efeito suspensivo".
Gabarito "E".

(Defensor/PA – 2015 – FMP) De acordo com a Resolução **113**, de 24 de abril de 2007, do Conselho Nacional de Justiça, é CORRETO afirmar que:
(A) o juiz prolator da sentença ordenará a formação do processo de execução penal, a partir das peças referidas por aquele ato administrativo.
(B) nos casos de concurso de agentes, formar-se-á um único processo de execução penal envolvendo todos os condenados, reunindo todas as condenações que lhes forem impostas, inclusive aquelas que vierem a ocorrer no curso da execução.
(C) o juiz prolator da sentença absolutória que aplicar a medida de segurança ordenará a formação do processo de execução.
(D) o juiz prolator da sentença condenatória que aplicar a medida de segurança ordenará a formação do processo de execução.
(E) tratando-se de réu preso por sentença condenatória recorrível, será expedida guia de recolhimento da pena privativa de liberdade, ainda que pendente recurso sem efeito suspensivo, devendo, nesse caso, o juízo da execução definir o agendamento dos benefícios cabíveis.

A: incorreta, pois não corresponde à regra presente no art. 3º da Resolução 113, de 24 de abril de 2007, do CNJ, que assim dispõe: "o juiz competente para a execução da pena ordenará a formação do processo de execução penal (...)"; **B:** incorreta, já que não reflete a regra contida no art. 3º, § 1º, da Resolução 113, de 24 de abril de 2007, do CNJ, que assim estabelece: "para cada réu condenado, formar-se-á um processo de execução penal, individual e indivisível, reunindo todas as condenações que lhe forem impostas, inclusive aquelas que vierem a ocorrer no curso da execução"; **C:** incorreta, na medida em que contraria a regra contida no art. 16 da Resolução 113, de 24 de abril de 2007, do CNJ, que assim dispõe: "o juiz competente para a execução da medida de segurança ordenará a formação do processo de execução a partir das peças referidas no art. 1º dessa resolução, no que couber"; **D:** incorreta. A medida de segurança é sempre aplicada por meio de sentença *absolutória* imprópria; **E:** correta, uma vez que corresponde à norma prevista no art. 8º da Resolução 113, de 24 de abril de 2007, do CNJ, que assim dispõe: "tratando-se de réu preso por sentença condenatória recorrível, será expedida guia de recolhimento provisória da pena privativa de liberdade, ainda que pendente recurso sem efeito suspensivo, devendo, nesse caso, o juízo da execução definir o agendamento dos benefícios cabíveis".
Gabarito "E".

8. TEMAS COMBINADOS

(Investigador – PC/BA – 2018 – VUNESP) De acordo com a Lei de Execução Penal, é correto afirmar que

(A) o regime disciplinar diferenciado pode ser imposto tanto ao condenado quanto ao preso provisório, tendo como fundamento a prática de qualquer crime doloso.
(B) a permissão de saída é cabível apenas para pessoas presas em regime semiaberto.
(C) a saída temporária é permitida para visita à família e é concedida por prazo não superior a 7 (sete) dias, podendo ser renovada por mais 5 (cinco) vezes durante o ano.
(D) a regressão de regime pode ser imposta ao apenado que, no curso da execução, seja condenado, por sentença transitada em julgado, pela prática de crime doloso ou, nos termos do regulamento da penitenciária, incorra na prática de falta média.
(E) a inclusão do apenado no regime aberto depende da comprovação de que ele já está trabalhando, porque deve comprovar a capacidade prévia de sustentar-se por meios lícitos.

A: correta, pois reflete o disposto no art. 52, *caput*, da LEP (Lei 7.210/1984); **B:** incorreta. Antes de mais nada, é importante que se proceda à distinção entre *permissão de saída* e *saída temporária*, que são espécies do gênero *autorização de saída*. A *permissão de saída* (referida nesta assertiva), a ser concedida, pelo diretor do estabelecimento prisional, aos condenados que cumprem pena nos regimes fechado e semiaberto, e também aos presos provisórios (art. 120, *caput*, LEP), pressupõe que o preso esteja sob escolta permanente (art. 120, LEP); já a *saída temporária*, que será concedida ao condenado que se encontra em cumprimento de pena no regime *semiaberto* (art. 122, *caput*, da LEP) e somente mediante autorização do juízo da execução, ouvidos o MP e a administração penitenciária (art. 123, *caput*, da LEP), prescinde de escolta, podendo o juiz, neste caso, determinar a utilização de equipamento de monitoração eletrônica; **C:** incorreta, pois não corresponde ao teor do art. 124, *caput*, da LEP, que estabelece que a saída temporária será renovada por mais *quatro* vezes durante o ano (e não *cinco*); **D:** incorreta, uma vez que não reflete o disposto no art. 118 da LEP; **E:** incorreta, pois em desconformidade com o que estabelece o art. 114, I, da LEP. ED
Gabarito "A".

(Juiz de Direito – TJ/RS – 2018 – VUNESP) Em relação aos enunciados a seguir, assinale o que representa entendimento já sumulado pelo STJ.

(A) O excesso de prazo na instrução, independentemente de quem o produz, gera constrangimento ilegal a ensejar o relaxamento da prisão.

(B) É admissível a fixação de pena substitutiva (art. 44 do CP) como condição especial ao regime aberto.
(C) Para obtenção dos benefícios de saída temporária e trabalho externo, considera-se o tempo de cumprimento da pena no regime fechado, salvo se houver falta grave.
(D) A falta grave não interrompe o prazo para obtenção de livramento condicional.
(E) É desnecessária a resposta preliminar de que trata o art. 514 do Código de Processo Penal.

A: incorreta, pois não corresponde ao entendimento firmado por meio da Súmula 64, do STJ; **B:** incorreta, pois não retrata o posicionamento firmado na Súmula 493, do STJ: "É inadmissível a fixação de pena substitutiva (art. 44 do CP) como condição especial ao regime aberto"; **C:** incorreta, pois contraria o entendimento firmado na Súmula 40, do STJ; **D:** correta, pois reflete o entendimento constante da Súmula 441, STJ; **E:** incorreta. A peculiaridade do procedimento referente aos crimes de responsabilidade dos funcionários públicos reside na impugnação ofertada pelo funcionário antes do recebimento da denúncia. É a chamada *resposta* ou *defesa preliminar*, prevista no art. 514 do CPP, que somente terá incidência nos crimes funcionais afiançáveis, não se estendendo ao particular que, na qualidade de coautor ou partícipe, tomar parte no crime. Com a edição da Súmula 330 do STJ, esta defesa que antecede o recebimento da denúncia deixou de ser necessária na ação penal alicerçada em inquérito policial. Dessa forma, a formalidade imposta pelo art. 514 do CPP somente se fará necessária, segundo o STJ, quando a denúncia se basear em outras peças de informação que não o inquérito policial. Em outras palavras, a resposta preliminar é necessária, sim, na hipótese de a ação penal não ser calcada em inquérito policial. Gabarito "D".

(Delegado/MS – 2017 – FAPEMS) Conforme a Lei n. 7.210, de 11 de julho de 1984, que institui a Lei de Execução Penal, e entendimento dos Tribunais Superiores, a respeito da execução penal, é correto afirmar que
(A) de acordo com o entendimento sumulado do Superior Tribunal de Justiça, a falta grave interrompe o prazo para a obtenção de livramento condicional.
(B) a remição é instituto que se aplica a presos em regime fechado ou semiaberto, não havendo autorização legal para ser concedida aos condenados em regime aberto.
(C) nas duas espécies de autorizações de saída, previstas na Lei de Execução Penal vigente, é medida obrigatória a vigilância direta do preso, podendo o juiz determinar a fiscalização por meio de monitoramento eletrônico.
(D) o regime disciplinar diferenciado, conforme previsão na Lei de Execução Penal vigente, será aplicado por prévio e fundamentado despacho do juiz competente, e dependerá de requerimento circunstanciado elaborado pelo diretor do estabelecimento prisional, delegado de polícia ou Ministério Público.
(E) a pena unificada para atender ao limite de trinta anos de cumprimento, determinado pelo artigo 75 do Código Penal vigente, não é considerada para a concessão do livramento condicional ou regime mais favorável de execução.

A: incorreta, pois não corresponde ao entendimento firmado na Súmula n. 441 do STJ, *in verbis*: "A falta grave não interrompe o prazo para obtenção de livramento condicional"; **B:** incorreta. É que a remição pelo trabalho somente é possível nos regimes fechado e semiaberto (art. 126, *caput*, do LEP); no regime aberto, somente poderá o condenado obter a remição pelo estudo, tal como autorizado pelo art. 126, § 6º, da LEP; **C:** incorreta. A autorização de saída comporta duas espécies, a saber: *permissão de saída* e *saída temporária*. A *permissão de saída*, a ser concedida, pelo diretor do estabelecimento prisional, aos condenados que cumprem pena nos regimes fechado e semiaberto, e também aos presos provisórios (art. 120, *caput*, LEP), pressupõe que o preso esteja sob escolta permanente (art. 120, LEP); já a *saída temporária*, que será concedida ao condenado que se encontra em cumprimento de pena no regime *semiaberto* (art. 122, *caput*, da LEP) e somente mediante autorização do juízo da execução, ouvidos o MP e a administração penitenciária (art. 123, *caput*, da LEP), prescinde de escolta, podendo o juiz, neste caso, determinar a utilização de equipamento de monitoração eletrônica; **D:** incorreta. O delegado de polícia e o membro do MP não têm legitimidade para formular requerimento de inclusão de preso em regime disciplinar diferenciado. Ao MP cabe tão somente emitir parecer a esse respeito, sempre que houver requerimento formulado pelo diretor do estabelecimento prisional nesse sentido (art. 54, §§ 1º e 2º, da LEP); **E:** correta, na medida em que reflete o entendimento sedimentado na Súmula 715, do STF. Gabarito "E".

(Defensoria/DF – 2013 – CESPE) De acordo com a Lei de Execução Penal, julgue os itens subsequentes.
(1) É pacificado, na jurisprudência do STJ, o entendimento de que o cometimento de falta disciplinar de natureza grave pelo condenado que cumpre pena privativa de liberdade interrompe o prazo para a obtenção do livramento condicional.
(2) A autorização para saída temporária, sem vigilância direta, do estabelecimento prisional, para participação em atividades que concorram para o retorno ao convívio social, pode ser obtida por condenados que cumpram pena em regime fechado e semiaberto.
(3) De acordo com a jurisprudência mais recente do STJ, a medida de segurança aplicada, no curso da execução da pena privativa de liberdade, em razão de superveniência de doença ou perturbação da saúde mental do condenado terá duração determinada, não superior ao tempo restante de cumprimento da pena privativa de liberdade.
(4) Durante a execução da pena privativa de liberdade, em caso de saída temporária, prisão domiciliar e livramento condicional, o juiz poderá determinar a fiscalização por meio de monitoração eletrônica.

1: errada. A Súmula 441 do STJ assim dispõe: "A falta grave não interrompe o prazo para a obtenção de livramento condicional"; **2:** errada. Apenas os condenados que cumprem pena em regime semiaberto poderão obter autorização para saída temporária do estabelecimento, sem vigilância direta, nos seguintes casos: I – visita à família; II – frequência a curso supletivo profissionalizante, bem como de instrução do segundo grau ou superior, na comarca do Juízo da Execução; III – participação em atividades que concorram para o retorno ao convívio social (art. 122 da LEP); **3:** certa. Nesse sentido: "*Habeas corpus*. 1. Sentença condenatória. Execução. Superveniência de doença mental. Conversão de pena privativa de liberdade em medida de segurança. Internação. Manutenção. Tempo de cumprimento da pena extrapolado. Constrangimento ilegal. 2. Ordem concedida. 1. Em se tratando de medida de segurança aplicada em substituição à pena corporal, prevista no art. 183 da Lei de Execução Penal, sua duração está adstrita ao tempo que resta para o cumprimento da pena privativa de liberdade estabelecida na sentença condenatória, sob pena de ofensa à coisa julgada. Precedentes desta Corte. 2. Ordem concedida. (HC 130.162/SP, rel. Min. Maria Thereza de Assis Moura, Sexta Turma, j. 02.08.2012, *DJe* 15.08.2012); **4:** errada. A fiscalização por meio de monitoração eletrônica, nos termos do art. 146-B e seus incisos, da LEP, poderá ser definida quando da autorização de saída temporária e de prisão domiciliar, mas não de livramento condicional. Gabarito 1E, 2E, 3C, 4E.

Na questão a seguir, assinale a alternativa correta.

(Magistratura/PA – 2012 – CESPE) A respeito da execução penal (Lei n.º 7.210/1984), assinale a opção correta.
(A) Ao juiz não é permitido modificar, de ofício, as condições estabelecidas para o regime aberto, podendo fazê-lo apenas a requerimento do MP ou da defesa do sentenciado.
(B) O atraso sem justificativa no retorno da saída temporária de condenado a pena privativa de liberdade configura falta grave consistente em fuga do estabelecimento prisional.
(C) A penitenciária destina-se a condenados à pena privativa de liberdade de reclusão em regime fechado ou semiaberto.
(D) A colônia agrícola, industrial ou similar destina-se ao cumprimento da pena em regime semiaberto ou aberto.
(E) A cadeia pública destina-se ao recolhimento de presos provisórios e definitivos, estes condenados em regime aberto.

A: assertiva incorreta, pois não reflete o disposto no art. 116 da LEP, que confere ao juiz a prerrogativa de modificar, de ofício, as condições estabelecidas para o regime aberto, desde que as circunstâncias assim o recomendem; **B:** correta – art. 50, II, da LEP; **C e D:** incorretas – é do art. 87 da LEP que a penitenciária destina-se tão somente ao condenado à pena de reclusão em regime fechado; o condenado em regime semiaberto deverá cumprir a sua reprimenda em colônia agrícola, industrial ou similar – art. 91, LEP. Já a pena do condenado em regime aberto deverá ser cumprida, a teor do art. 93 da LEP, em casa do albergado; **E:** incorreta – a cadeia pública não é o local adequado ao cumprimento da pena privativa de liberdade. Destina-se tão somente ao recolhimento do preso em regime de prisão provisória – art. 102 da LEP. Gabarito "B".

(Juiz de Direito/PE – 2013 – FCC) No que se refere à execução penal,
(A) a falta grave interrompe o prazo para obtenção de livramento condicional.
(B) o juiz poderá definir a fiscalização por meio da monitoração eletrônica quando autorizar a saída temporária no regime semiaberto.
(C) a frequência a curso de ensino formal é causa de remição de parte do tempo de execução sob regime semiaberto, unicamente.
(D) segundo entendimento majoritário do Superior Tribunal de Justiça, é cabível mandado de segurança pelo Ministério Público para conferir efeito suspensivo ao agravo de execução.
(E) o regime disciplinar diferenciado tem duração máxima de 360 (trezentos e sessenta) dias, podendo ser aplicado uma única vez.

A: incorreta, pois não corresponde ao entendimento firmado na Súmula n. 441 do STJ, *in verbis*: "A falta grave não interrompe o prazo para obtenção de livramento condicional"; **B:** correta. A saída temporária, disciplinada nos 122 a 125 da Lei 7.210/84 (Lei de Execução Penal), destina-se tão somente ao condenado que cumpre a pena em regime semiaberto. O parágrafo único do art. 122 da LEP, introduzido pela Lei 12.258/2010, passou a admitir, neste caso, o emprego de vigilância indireta (utilização de equipamento de monitoração eletrônica pelo condenado); **C:** incorreta. A remição, tanto pelo trabalho quanto pelo estudo, pode se dar nos regimes fechado e semiaberto (art. 126, LEP); **D:** incorreta. Nesse sentido: "*HABEAS CORPUS*. CONDENADO CUMPRINDO PENA. PEDIDO DE TRANSFERÊNCIA PARA O REGIME DISCIPLINAR DIFERENCIADO – RDD. INDEFERIMENTO PELO JUÍZO DA VARA DE EXECUÇÕES PENAIS. AGRAVO INTERPOSTO PELO MINISTÉRIO PÚBLICO. IMPETRAÇÃO DE MANDADO DE SEGURANÇA COM O FITO DE

EMPRESTAR EFEITO SUSPENSIVO AO RECURSO. DEFERIMENTO PELO TRIBUNAL *A QUO*. ILEGALIDADE. 1. O Ministério Público não tem legitimidade para impetrar mandado de segurança almejando atribuir efeito suspensivo ao recurso de agravo em execução, porquanto o órgão ministerial, em observância ao princípio constitucional do devido processo legal, não pode restringir o direito do acusado ou condenado além dos limites conferidos pela legislação, mormente se, nos termos do art. 197, da Lei de Execuções Penais, o agravo em execução não possui efeito suspensivo. Precedente do STJ. 2. Ordem concedida para, confirmando a liminar anteriormente deferida, cassar o acórdão prolatado em sede de mandado de segurança, retirando o efeito suspensivo atribuído ao agravo em execução em tela, fazendo prevalecer, assim, a decisão do Juízo da Vara de Execuções Penais que indeferiu o regime prisional mais gravoso. E, por conseguinte, determinar a desinternação do Paciente do RDD, até o julgamento do mérito do agravo em execução pela Corte Estadual". (HC 200501461800, LAURITA VAZ, STJ – QUINTA TURMA, DJ 20.03.2006); **E:** incorreta. A teor do art. 52, I, da LEP, o regime disciplinar diferenciado, que tem a duração máxima de 360 dias, poderá ser repetido diante da prática de nova falta grave da mesma espécie.

Gabarito "B".

(Promotor de Justiça/SP – 2013 – PGMP) Assinale a alternativa que está em desacordo com disposições previstas na Lei de Execução Penal.

(A) O benefício da saída temporária, sem vigilância direta, para frequência a curso supletivo profissionalizante, não se estende a condenados que cumprem pena no regime fechado.
(B) O direito de remir, pelo trabalho, parte do tempo de execução da pena, é deferido apenas aos condenados que cumprem pena no regime fechado ou semiaberto.
(C) Não se computa o tempo remido para a concessão do livramento condicional.
(D) O preso provisório sujeita-se ao regime disciplinar diferenciado introduzido pela Lei n.º 10.792/2003.
(E) O juiz da execução poderá definir a fiscalização por monitoração eletrônica quando autorizar saída temporária no regime semiaberto ou quando determinar a prisão domiciliar.

A: correta, já que descabe a saída temporária para o condenado que cumpre a pena no regime fechado (art. 122, LEP); **B:** correta, porque em conformidade com o que estabelece o art. 126, *caput*, da LEP; **C:** incorreta, devendo ser assinalada, pois contraria o que dispõe o art. 128 da LEP, segundo o qual o tempo remido será computado como pena cumprida para todos os efeitos; **D:** correta. A este regime sujeitam-se tanto presos provisórios quanto condenados (art. 52, *caput*, da LEP); **E:** correta, nos termos do art. 146-B da LEP.

Gabarito "C".

(Defensor Público/SE – 2012 – CESPE) O acórdão que condenou Valdemar à pena de seis anos de reclusão, em regime fechado, por ter praticado o crime de roubo, transitou em julgado. Iniciada a execução penal, o condenado passou a frequentar curso de ensino formal e, cumprido mais de um terço da pena, o defensor de Valdemar requereu a progressão da pena para o regime aberto. O juiz da execução penal indeferiu o pedido e, diante das peculiaridades do caso, determinou a realização de exame criminológico. Posteriormente, cumprida mais da metade da pena, foi requerida a concessão do livramento condicional de Valdemar. O pedido foi indeferido, sob o fundamento de que o condenado teria praticado falta grave durante o cumprimento da pena, o que interromperia o lapso temporal necessário ao livramento condicional.

Considerando o caso acima relatado, assinale a opção correta a respeito da execução penal.

(A) Não poderia o juiz da execução penal de Valdemar ter determinado a realização de exame criminológico, em razão da revogação, pela Lei n. 10.792/2003, da exigência da submissão do condenado a esse exame para o deferimento de benefícios como o da progressão de regime e o do livramento condicional.
(B) A frequência a curso de ensino formal não permite que Valdemar possa utilizá-la para remir parte do tempo de execução de pena.
(C) O cometimento de falta grave durante o cumprimento da pena interrompe o lapso temporal necessário ao livramento condicional.
(D) O pedido deduzido pelo defensor foi corretamente indeferido, na medida em que o STJ não admite a denominada progressão *per saltum*, ou seja, a transferência direta do regime fechado para o aberto.
(E) Contra a decisão que indeferiu o pedido de progressão de regime, é cabível recurso em sentido estrito.

A: incorreta. A despeito da modificação implementada pela Lei 10.792/2003 no art. 112 da LEP, o STJ e o STF têm entendido que o magistrado pode, sempre que entender necessário e conveniente, determinar a realização de exame criminológico no condenado, como condição para aferir se preenche o requisito subjetivo para progressão de regime. Em outras palavras, não está o juiz impedido de determinar tal providência. *Vide* Súmula Vinculante n. 26 e Súmula n. 439 do STJ; **B:** incorreta. Uma das grandes inovações trazidas pela Lei 12.433/2011 consiste na *remição pelo estudo*, tema que, a despeito de estar reconhecido na Súmula 341 do STJ, reclamava uma legislação que lhe desse parâmetro para viabilizar sua aplicação. E ela veio com a Lei 12.433/2011, que inseriu tal possibilidade no art. 126 da LEP; **C:** incorreta, pois não corresponde ao entendimento firmado na Súmula n. 441 do STJ; **D:** correta, pois reflete o entendimento firmado na Súmula n. 491 do STJ; **E:** incorreta, pois, neste caso, o recurso a ser interposto é o agravo em execução, cuja previsão está contida no art. 197 da LEP.

Gabarito "D".

10. MEDICINA LEGAL

Leni Mouzinho Soares e Rodrigo Santamaria Saber*

1. TANATOLOGIA

(Delegado/MS – 2017 – FAPEMS) A Cronotanatognose é a parte da Tanatologia que estuda a data aproximada da morte. Para tanto, analisa-se a sequência dos fenômenos cadavéricos que podem sofrer alteração de acordo com a *causa mortis* e demais fatores externos presentes no meio ambiente em que o cadáver foi encontrado. Assim, no que diz respeito aos fenômenos relevantes à Cronotanatognose, é correto afirmar que

(A) para a determinação da morte a partir da análise da perda de peso, faz-se necessário saber, com a maior precisão possível, o peso do corpo no momento do óbito, o que inviabiliza a utilização de tal parâmetro na maioria dos casos para estimativa do tempo de morte.
(B) a mancha verde abdominal não se altera de acordo com a temperatura do meio ambiente.
(C) o resfriamento do corpo é elemento sempre preciso para estipular a data da morte.
(D) a circulação póstuma de Brouardel costuma anteceder a mancha verde abdominal.
(E) a rigidez cadavérica desaparece progressivamente e em sentido contrário de seu aparecimento.

A: correta – A quantidade de peso perdido pelo cadáver é muito variável, de acordo com o meio em que se encontra e até mesmo as características do próprio corpo. Portanto, dificulta consideravelmente a estimação do tempo de morte, porque pouco precisa; **B:** incorreta – A mancha verde abdominal sofre influência direta da temperatura do meio ambiente; **C:** incorreta – O resfriamento do corpo não é uma característica precisa para definir o momento da morte. O corpo pode resfriar mais rapidamente ou lentamente conforme o meio em que se encontra, a compleição física (gordo ou magro), a quantidade de vestimentas quando do óbito e, inclusive, a idade do morto; **D:** incorreta – A circulação póstuma de Brouardel é uma das etapas da putrefação, sendo assim, é posterior ao aparecimento da mancha verde abdominal; **E:** incorreta – A rigidez cadavérica desaparece no mesmo sentido de seu surgimento. LM
Gabarito "A".

(Delegado/PE – 2016 – CESPE) Determinada delegacia de polícia, comunicada da existência de um cadáver em estado de putrefação jogado em um canavial de sua circunscrição, deve tomar providências para levantar informações – como, por exemplo, a certificação de tratar-se de pessoa, e não de animal, e o estabelecimento da causa da morte –, além de realizar diligências diversas.
Assinale a opção correta acerca das atividades médico-legais nesse caso.

(A) O método de identificação do cadáver de primeira escolha, para o caso, é a identificação por material genético, o DNA, que pode ser extraído mesmo de material putrefeito.
(B) Mesmo estando o cadáver em adiantado estado de putrefação, é possível, conforme a especificidade, estabelecer, pelo exame médico-legal, a causa jurídica da morte – suicídio, homicídio, acidente ou morte natural.
(C) A análise do aspecto macroscópico do fígado do cadáver em questão é suficiente para que o médico-legista determine se ocorreu morte súbita ou se morte com suspeita de ocorrência criminal.
(D) Deve-se proceder à exumação do cadáver, que deve ser realizada por equipe da delegacia de polícia acompanhada de médico-legista.
(E) Caso o cadáver encontrado seja de material humano, a identificação deverá ser feita por reconhecimento.

Alternativa **A** incorreta visto que por mais que o exame de DNA tenha índices de acerto melhores que os demais, o mesmo não é de primeira escolha em virtude do seu alto valor e da complexidade técnica para sua feitura. A técnica de primeira escolha é o chamado necropapiloscópico. Alternativa **B** correta visto que embora o corpo não esteja nas melhores condições, há ainda elementos que porventura possam ser analisados. Assim, eventual esquartejamento pode vir a ser reconhecido mesmo que o corpo esteja nesse estado de putrefação. Alternativa **C** está errada pois para tal estudo se faz necessário uma análise bioquímica e não somente macroscópica. Alternativa **D** incorreta em razão da exumação ocorrer tão somente quanto a pessoa está sepultada. Alternativa **E** incorreta pois tal identificação pode ser feita por diversos modos, dentre eles o do reconhecimento.
Gabarito "B".

(Delegado/PE – 2016 – CESPE) No que se refere à perícia em ossada recolhida ao instituto médico-legal por determinação da autoridade policial, assinale a opção correta.

(A) Por meio da análise do esqueleto, é possível determinar o tipo de asfixia, que é o estado de privação de oxigênio, que eventualmente tenha causado a morte do indivíduo.
(B) A análise química de amostra da ossada determina a ocorrência de intoxicação alcoólica.
(C) A cronotanatognose determina o tempo de evolução da ossada; havendo ossadas de duas pessoas, é possível estabelecer a precedência da morte de uma em relação à outra verificando-se a comoriência.
(D) Para chegar à fase de esqueleto, o corpo deve ter passado por fases ou estados em que ocorrem fenômenos cadavéricos, entre eles: imobilidade, abolição do tônus, ocorrência de livores, rigidez e putrefação, nessa ordem.
(E) Tendo sido observado que a ossada sofreu queimadura, deve-se concluir que houve lesão e morte por ação térmica, assim como se deve concluir que houve lesão e morte por eletricidade no caso de a ossada estar envolta em fios elétricos.

Alternativa **A** é incorreta pois a análise da asfixia se dá por meio de exame do corpo da vítima, especialmente no tocante às sequelas deixadas na região do pescoço da mesma. Alternativa **B** é incorreta pois o estudo acerca de eventual intoxicação alcoólica é feita por meio das vísceras do corpo humano. Alternativa **C** é incorreta visto que tal estudo, por meio da cronotanatognose, pode evitar a comoriência, ou seja, ao se determinar que uma pessoa morreu em momento diverso da outro, teremos a premoriência e não a comoriência. Alternativa **D** é incorreta em virtude de que a rigidez cadavérica não necessariamente ocorre depois dos livores. Alternativa **E** é incorreta porque a ação da eletricidade também gera queimaduras.
Gabarito: Anulada

(Escrivão de Polícia/BA – 2013 – CESPE) Considerando que determinada adolescente de dezessete anos de idade seja encontrada morta em uma praia, julgue os itens subsequentes.

(1) A constatação de ocorrência de dilatação do orifício anal do cadáver, especialmente se o tempo de morte for superior a quarenta e oito horas, não constitui, por si só, evidência de estupro com coito anal.
(2) Caso o corpo da jovem esteja rígido, ou seja, com a musculatura tensa e as articulações inflexíveis, é correto concluir que ela lutou intensamente antes de morrer.

1: certa. Isso porque, durante o período gasoso da putrefação, pode ocorrer de o ânus se entreabrir e ser rebatido para o lado externo, em razão da força provocada pelos gases na parte interna do cadáver. Assim, portanto, não se pode afirmar, com base apenas na dilatação aparente da região anal, que houve estupro na modalidade coito anal; **2:** certa. O enrijecimento dos músculos do corpo, imediatamente após a morte, e que precede a rigidez comum dos cadáveres, é chamado de espasmo cadavérico ou rigidez cataléptica. Trata-se de um sinal de que o indivíduo foi atacado de forma violenta e súbita.
Gabarito 1C, 2C.

(Investigador de Polícia/BA – 2013 – CESPE) Acerca da perícia médico-legal, dos documentos legais relacionados a essa perícia e da imputabilidade penal, julgue o item a seguir.

(1) Quando solicitado por autoridade competente, o relatório do médico-legista acerca de exame feito em vestígio relacionado a ato delituoso recebe a denominação de atestado médico.

1: errada. Os relatórios médico-legais podem ser de duas espécies: a) auto, quando ditado pelo perito diretamente ao escrivão, escrevente ou escriturário na presença da autoridade competente; b) laudo, quando elaborado pelo próprio perito em fase posterior aos exames realizados. No laudo existe uma introdução, um histórico, a descrição dos exames realizados, a discussão sobre as características encontradas. Em seguida, são apresentadas as constatações e conclusões extraídas dos exames. E, por fim, as respostas aos quesitos formulados pela autoridade. Já o atestado traz informações escritas sobre achados de interesse médico e possíveis consequências que lhes deram causa.
Gabarito 1E.

---

* **Rodrigo Santamaria Saber** comentou as questões de Delegado/PE 2016 e Investigador 2014; **Leni M. Soares** comentou as demais questões.

(Delegado/MG – 2012) Constituem fatores, que interferem na evolução da putrefação cadavérica, **exceto**:

(A) temperatura ambiente.
(B) espasmo cadavérico.
(C) idade do morto.
(D) umidade do ar.

A: Incorreta. A temperatura ambiente interfere no aparecimento da mancha abdominal, um dos primeiros sinais da putrefação; **B:** Correta. O espasmo cadavérico não é um sinal de putrefação, mas um dos aspectos da rigidez cadavérica. Por meio de uma contração muscular, o indivíduo se coloca na mesma posição do momento de sua morte; **C:** Incorreta. A idade do morto interfere na forma como a putrefação atinge o cadáver. Em um adulto, a mancha verde, indicadora da putrefação, surge inicialmente na região abdominal, em virtude da ação de micróbios no intestino grosso. Enquanto que num cadáver de um feto ou mesmo de um recém-nascido ela se verifica por todas as cavidades existentes pelo corpo; **D:** Incorreta. A umidade do ar favorece a ação dos micróbios, que provocam a putrefação.
Gabarito "B".

(Delegado/MG – 2012) Denomina-se o processo especial de transformação, que ocorre no cadáver do feto retido no útero materno, do sexto ao nono mês de gravidez:

(A) maceração.
(B) corificação.
(C) mumificação.
(D) saponificação.

A: Correta. A maceração é uma forma de destruição do cadáver ou feto com mais de cinco meses de gestação, em razão da submersão em meio líquido; **B:** Incorreta. A corificação é um fenômeno de transformação conservadora do cadáver, que ocorre nos cadáveres que permanecem em urnas metálicas, principalmente zinco. Por meio dela, a pele do cadáver adquire um aspecto de couro curtido; **C:** Incorreta. A mumificação também é um fenômeno de transformação conservadora do cadáver, por meio da qual fenômenos naturais ou artificiais, causam a desidratação do cadáver, impedindo assim a ação dos micróbios provocadores da putrefação; **D:** Incorreta. A saponificação, também chamada de adipocera, é uma transformação conservadora que se dá quando o corpo já se encontra em estado de putrefação e permaneceu sem ou com pouca aeração em solo úmido ou argiloso.
Gabarito "A".

(Ministério Público/PB – 2010) Não é considerado como fenômeno transformativo conservador do cadáver a:

(A) Mumificação.
(B) Saponificação.
(C) Calcificação.
(D) Corificação.
(E) Maceração.

São sinais transformativos destrutivos a autólise, a putrefação e a maceração. a) A mumificação consiste na desidratação do cadáver; b) a saponificação consiste na etapa de transformação em que o cadáver adquire uma consistência menos resistente, mole, com aspecto de sabão. O fenômeno se dá em fase adiantada de putrefação; c) a calcificação, por sua vez, é o fenômeno transformativo em que o feto, quando interrompida a gestação, adquire um aspecto sólido, em razão dos sais minerais que nele se prendem; d) a corificação é verificada nos cadáveres acondicionados em locais vedados hermeticamente, como por exemplo, os caixões de zinco, em que o corpo fica livre da decomposição, adquirindo dessa forma um aspecto de couro; e) a maceração se verifica nos casos de cadáveres submersos em meios líquidos. Nos adultos, quando esse meio líquido está contaminado, quando é denominada maceração séptica; e, nos fetos após o quinto mês de gestação, sendo, nessa hipótese, chamada de asséptica.
Gabarito "E".

(MINISTÉRIO PÚBLICO/PB – 2010) Considere as proposições abaixo e, em seguida, indique a alternativa que contenha o julgamento devido sobre elas:

I. A esganadura é classificada como forma de asfixia mecânica-mista uma vez que se confundem e se superpõem, em graus variados, os fenômenos circulatórios, respiratórios e nervosos.
II. A falta de uniformidade nas lesões produzidas no sulco do pescoço da vítima é uma das características do estrangulamento.
III. Nos denominados afogados brancos de Parrot não se encontra fenomenologia imanente às asfixias.

(A) Apenas a proposição I está incorreta.
(B) Apenas a proposição III está incorreta.
(C) Apenas a proposição II está incorreta.
(D) Todas as proposições estão incorretas.
(E) Todas as proposições estão corretas.

I. correta. A esganadura é uma espécie de asfixia mecânica provocada pelas próprias mãos do agente; II. incorreta. A lesão causada no pescoço da vítima de estrangulamento tem sulco contínuo e uniforme; III. correta. O afogado branco é aquele que teve o corpo imerso em água, após a ocorrência de sua morte. Dessa forma, não apresenta necessariamente os fenômenos característicos de asfixia. Assim, portanto, apenas a alternativa II está incorreta.
Gabarito "C".

(MINISTÉRIO PÚBLICO/PB – 2010) Para se constatar a certeza da morte, urge a observação de fenômenos que surgem no corpo humano, representados por mudanças física, química ou estrutural, de origem natural ou artificial. Assim, considere as proposições abaixo e, em seguida, indique a alternativa que contenha o julgamento devido sobre elas:

I. Perda da consciência e cessação da respiração são considerados fenômenos abióticos (avitais) consecutivos.
II. Rigidez cadavérica e espasmo cadavérico são considerados fenômenos abióticos (avitais) imediatos.
III. Autólise e putrefação são fenômenos transformativos destrutivos.

(A) Apenas a proposição I está correta.
(B) Apenas a proposição II está correta.
(C) Todas as proposições estão corretas.
(D) Apenas a proposição III está correta.
(E) Todas as proposições estão incorretas.

I. incorreta. Os fenômenos cadavéricos abióticos consecutivos são diminuição da temperatura do corpo, rigidez cadavérica, livores cadavéricos, hipóstase e desidratação. Portanto, as características descritas não são sinais de fenômenos abióticos consecutivos, que indiquem a certeza da morte; II. incorreta. A rigidez cadavérica é um fenômeno abiótico consecutivo; III. correta. Além da autólise e putrefação, é fenômeno transformativo destrutivo a maceração. Assim, portanto, apenas o item III está correto.
Gabarito "D".

(Delegado/SP – 2011) No processo de putrefação do cadáver se sucedem as seguintes fases, pela ordem:

(A) gasosa, cromática, coliquativa e de esqueletização.
(B) cromática, gasosa, coliquativa e de esqueletização.
(C) cromática, coliquativa, gasosa e de esqueletização.
(D) gasosa, coliquativa, cromática e de esqueletização.
(E) coliquativa, cromática, gasosa e de esqueletização.

A fase cromática é verificada pelo aparecimento da mancha verde abdominal; a fase gasosa se dá em razão dos gases que se formam no interior do cadáver, que tem suas dimensões aumentadas; a fase coliquativa se dá com a ação bacteriana, que causa a decomposição do corpo; por fim, ocorre a esqueletização na qual são verificadas apenas as partes ósseas do cadáver.
Gabarito "B".

2. SEXOLOGIA

(Delegado/GO – 2017 – CESPE) Em relação aos aspectos médico-legais dos crimes contra a liberdade sexual, assinale a opção correta.

(A) A presença de escoriação em cotovelo e de esperma na cavidade vaginal são suficientes para caracterizar o estupro.
(B) Equimoses da margem do ânus, hemorragias por esgarçamento das paredes anorretais e edemas das regiões circunvizinhas são características de coito anal violento.
(C) Em crianças com mudanças de comportamento, a presença de eritemas confirma o diagnóstico de abuso sexual.
(D) A vasectomia feita no indivíduo antes de ele cometer um crime de estupro impede a obtenção de dados objetivos desse crime.
(E) A integridade do hímen invalida o diagnóstico de conjunção carnal.

A: incorreta – Com base apenas em tais características não é possível afirmar que houve estupro; **B:** correta; **C:** incorreta – O eritema, que é o rubor da pele, pode surgir pela ação de fatores diversos, como por exemplo a exposição ao calor. Sendo assim, não pode ser tido como indicativo de abuso sexual por si só; **D:** incorreta – A vasectomia não impede a ejaculação, apenas a produção de espermatozoides. Sendo assim, pode ser utilizada para a obtenção de dados objetivos sobre o crime, como em exame de DNA; **E:** incorreta – é possível que mesmo após a conjunção carnal o hímen mantenha-se íntegro, devido à sua complacência. LM
Gabarito "B".

(Delegado/PE – 2016 – CESPE) Sexologia forense é o ramo da medicina legal que trata dos exames referentes aos crimes contra a liberdade sexual, além de tratar de aspectos relacionados à reprodução. Acerca do exame médico-legal e dos crimes nessa área, assinale a opção correta.

(A) Para a configuração do infanticídio, são necessários dois aspectos: o estado puerperal e a mãe matar o próprio filho.
(B) O crime de aborto configura-se com a expulsão prematura do feto, independentemente de sua viabilidade e das causas da eliminação.
(C) O crime de abandono de recém-nascidos, que consiste na ausência de cuidados mínimos necessários à manutenção das condições de sobrevivência ou exposição à vulnerabilidade, só estará caracterizado se for cometido pela mãe.
(D) Para se determinar um estupro, é necessário que respostas aos quesitos sobre a ocorrência de conjunção carnal ou ato libidinoso sejam afirmativas: essas ocorrências sempre deixam vestígios.
(E) Para a resposta ao quesito sobre virgindade da paciente, a integridade do hímen pode não ser necessária, desde que outros elementos indiquem que a periciada nunca manteve relação sexual.

A: correta – São pressupostos do crime de infanticídio que a morte tenha sido provocada pela genitora do infante e que ela aja em razão de seu estado puerperal, que é aquele causado por alteração de seu estado emocional pós-parto. No caso de um desses aspectos não se verificar, poderá se configurar outro delito, tal como o homicídio; **B: incorreta** - O crime de aborto estará configurado somente se a interrupção da gravidez, com a consequente morte do produto da concepção, for provocada intencionalmente pela gestante ou por terceiro e desde que tal conduta não tenha como objetivo salvaguardar a vida da gestante, ou que a gravidez seja decorrente de estupro ou, ainda, se trate de feto anencéfalo; **C: incorreta** - O crime de exposição ou abandono de recém-nascido está tipificado no art. 134 do Código Penal. O elemento subjetivo é a exposição do recém-nascido a perigo com o intuito de ocultar desonra da mãe, podendo, no entanto, ser praticado para ocultar, também, desonra do genitor; **D: incorreta** - Para a ocorrência do crime de estupro não se exige a efetiva conjunção carnal, logo, trata-se de crime que não necessariamente deixa vestígios; **E: incorreta** - A constatação de não ruptura do hímen não implica necessariamente que a examinanda seja virgem, em razão de existirem hímens complacentes, que são aqueles que não se rompem com a conjunção carnal

Gabarito "A".

(Delegado/MG – 2012) Representa uma docimasia extrapulmonar:

(A) Siálica de Souza-Dinitz.
(B) Hidrostática de Galeno.
(C) Táctil de Nero Rojas.
(D) Visual de Bouchut.

A: Correta. A Siálica de Souza-Dinitz consiste na verificação de saliva no estômago do feto, que, se constatada, indica que houve respiração. A verificação é realizada fora do pulmão, portanto é uma docimasia extrapulmonar; **B: Incorreta.** O método da Hidrostática de Galeno consiste na colocação do pulmão do infante imerso em água e, no caso de ocorrer flutuação é porque houve respiração, que modifica a densidade do pulmão. Desse modo, trata-se de docimasia pulmonar; **C: Incorreta.** No caso de respiração, ao apalpar o pulmão, é possível sentir uma suave crepitação. É uma espécie de docimasia pulmonar; **D: Incorreta.** A docimasia visual ou de Bouchut consiste na observação do pulmão do infante, que, quando da ocorrência de respiração, se constata o aparecimento de um desenho alveolar, enquanto que, nos casos em que não há respiração, o pulmão permanece liso e uniforme.

Gabarito "A".

3. TRAUMATOLOGIA

(Delegado/GO – 2017 – CESPE) Um cadáver jovem, do sexo masculino, encontrado por moradores de uma região ribeirinha, estava nas seguintes condições: vestido com calção de banho; corpo apresentando dois orifícios, o primeiro deles medindo cerca de 1 cm, ligeiramente elíptico, na parte posterior do tórax, na altura da região escapular direita; o segundo, de mesmo tamanho que o primeiro, circular, no pescoço, logo abaixo da nuca. O primeiro orifício apresentava orla de enxugo, orla de escoriação e orla de contusão; em torno do segundo orifício, foram observadas zonas de esfumaçamento e de tatuagem.

Nessa situação hipotética, as lesões descritas

(A) foram causadas por instrumentos perfurocontundentes empregados a longa distância e a curta distância, respectivamente.
(B) decorreram de ação cortocontundente produzida a curta distância.
(C) foram causadas por instrumentos perfurocortantes, e o instrumento que produziu o segundo orifício foi usado a curta distância.
(D) foram, ambas, causadas por instrumentos perfurocontundentes empregados a curta distância.
(E) são compatíveis com a ação de projéteis de alta energia disparados a longa distância.

A: correta – As características descritas são encontradas em lesões causadas por arma de fogo, que são as denominadas perfurocontundentes. As orlas de contusão, enxugo e escoriação são encontradas em quase todos os ferimentos provocados por disparos de arma de fogo, independentemente da distância do tiro, enquanto que as lesões por tiros a curta distância apresentam zonas de esfumaçamento e de tatuagem; **B: incorreta** – Lesões cortocontusas, que são as causadas por instrumentos cortocontundentes, tais como facão, machado etc. Assim, os ferimentos causados apresentam zona de contusão, em razão da pressão do instrumento em determinado ponto do corpo; **C: incorreta** – As lesões causadas por instrumentos perfurocortantes são denominadas de perfuroincisas. Um exemplo de objeto perfurocortante é a faca, que possui uma lâmina com ponta; **D** e **E: incorretas** – De fato, ambas foram causadas por objeto perfurocontundente. Porém, a primeira a longa distância e, a segunda, a curta distância, chegando-se a tal conclusão pela existência de zona de esfumaçamento e de tatuagem.

Gabarito "A".

(Delegado/GO – 2017 – CESPE) Em relação às asfixias, assinale a opção correta.

(A) A projeção da língua e a exoftalmia são achados suficientes para concluir que houve morte não natural.
(B) As equimoses das conjuntivas somente são encontradas nos casos de afogamento.
(C) Nas asfixias, as ocorrências de manchas de hipóstase são raras.
(D) Na sufocação por compressão do tórax, observam-se pulmões congestos e com hemorragias.
(E) O cogumelo de espuma é uma característica exclusiva do afogamento.

A: incorreta – Apenas com base nessas características não é possível determinar que a morte não se deu por causa natural; **B: correta**; **C: incorreta** – As manchas de hipóstase são verificadas nas asfixias causadas por monóxido de carbono; **D: incorreta** – A sufocação indireta é a causada pela compressão do tórax apenas ou do tórax em conjunto com a do abdome. As características principais da sufocação indireta no cadáver são a congestão dos pulmões, fraturas na região torácica e derramamento de sangue debaixo da pele; **E: incorreta** – O cogumelo de espuma pode ser encontrado em casos de submersão, podendo não aparecer em outros tipos de asfixia. Ele se forma nos casos em que as vias aéreas foram obstruídas por líquido e por expulsão de ar e muco nas vítimas que reagiram à aproximação da morte.

Gabarito "B".

(Delegado/MS – 2017 - FAPEMS) Leia o seguinte excerto.

A traumatologia forense estuda aspectos médico-jurídicos das lesões, dentre as quais a lesão ou espectro equimótico. Segundo CROCE (2012), "a equimose é definida como a infiltração e coagulação do sangue extravasado nas malhas dos tecidos, sem efração deles. O sangue hemorrágico infiltra-se nos interstícios íntegros, sem alinhamento, originando a equimose".

CROCE, Delton. CROCE JR. Manual de medicina Legal. São Paulo: Saraiva, 2012, p. 306.

A respeito dessas lesões, assinale a alternativa correta.

(A) As formas de equimose são variadas, por isso as chamadas víbices são aquelas ocorrentes em ampla área de efusão sanguínea.
(B) Sugilação é o termo que define um aglomerado de petéquias.
(C) O estudo das equimoses não é considerado para análise das contusões.
(D) Em medicina legal, pode-se afirmar que hematoma é sinônimo de equimose.
(E) Com base no espectro equimótico de Legrand du Saulle, uma lesão ocorrida há 8 dias apresenta coloração vermelha.

A: incorreta – De fato, as formas de equimoses são muito variáveis. As víbices, no entanto, têm formas alongadas, de estrias, enquanto que a sufusão é aquela que ocupa uma área ampla de efusão sanguínea; **C: incorreta** – Ao contrário, de acordo com a espécie de equimose, é possível identificar a sede da contusão; **D: incorreta** – O hematoma, ao contrário da equimose, também de acordo com Delton Croce (Manual de Medicina legal, 7ª edição revista, editora Saraiva, pág. 307), "é uma coleção hemática, um *thrombos traumatikos* produzido pelo sangue extravasado de vasos mais calibrosos, não capilares, que descola a pele e afasta a trama dos tecidos formando uma cavidade circunscrita, onde se aninha. Causa elevação na pele e é absorvido de forma mais lenta que a equimose; **E: incorreta** – De acordo com o espectro equimótico de Legrand du Saulle, no 8º dia, a lesão apresenta uma cor esverdeada.

Gabarito "B".

(Escrivão de Polícia/BA – 2013 – CESPE) Considerando que, em determinada casa noturna, tenha ocorrido, durante a apresentação de espetáculo musical, incêndio acidental em decorrência do qual morreram centenas de pessoas e que a superlotação do local e a falta de saídas de emergência, entre outras irregularidades, tenham contribuído para esse resultado, julgue os itens seguintes.

(1) A causa jurídica das mortes, nesse caso, pode ser atribuída a acidente ou a suicídio, descartando-se a possibilidade de homicídio, visto que não se pode supor que promotores, realizadores e apresentadores de *shows* em casas noturnas tenham, deliberadamente, intenção de matar o público presente.
(2) No caso de fraturas decorrentes do pisoteio de pessoas caídas ao chão, a natureza do instrumento causador da lesão é contundente e a energia aplicada é mecânica. No caso de mortes por queimadura, a natureza do instrumento é o calor e a energia aplicada é física.

1: errada. O enunciado retrata típica hipótese de homicídio culposo. Isso porque, segundo consta, o incêndio do qual decorreram as mortes foi causado pela superlotação da casa de espetáculos e também em razão da falta de saídas de emergência. Não se pode, pois, descartar a possibilidade de homicídio, ao menos culposo, já que os responsáveis pelo estabelecimento, embora não tenham perseguido, de forma deliberada, o resultado (mortes), com ele concorreram a título de culpa. De outro lado, deve-se afastar a possibilidade de suicídio. No enunciado não traz qualquer informação que possa conduzir a tal conclusão; **2: certa.** Na morte por pisoteamento, o instrumento é contundente. Este tem sua atuação por meio de compressão, que causa lesões nas áreas corporais atingidas. A energia que é produzida contra o corpo da vítima é de ordem mecânica. Este tipo de energia traz alterações ao corpo quando em repouso ou em movimento. No que concerne à morte por queimaduras, é correto afirmar que a energia aplicada é, diferentemente, de ordem física, assim considerada aquela que modifica o estado do corpo. As energias físicas que podem provocar lesões corporais ou morte são: temperatura, pressão, eletricidade, radioatividade, luz e som. As queimaduras são provocadas pelo calor quente que atinge diretamente o corpo.

Gabarito 1E, 2C

(Delegado/MG – 2012) Constitui um exemplo de asfixia mecânica pura de interesse médico-legal:

(A) sufocação direta.
(B) estrangulamento típico.

(C) enforcamento completo.
(D) esganadura antebraquial.

A: Correta. A sufocação direta é considerada um exemplo de asfixia mecânica pura porque nela ocorre a obstrução das vias respiratórias externas (boca e nariz) ou internas (traqueia, glote), enquanto que na sufocação indireta há a compressão da região torácica, impedindo que a vítima tenha os movimentos respiratórios; **B:** Incorreta. O estrangulamento consiste no tracionamento do pescoço da vítima pela utilização de um objeto que permita enlaçá-lo, sendo que a força utilizada para o acionamento deve ser estranha ao próprio corpo do ofendido. O objeto utilizado mais comumente é a corda; **C:** Incorreta. No enforcamento, a força utilizada para acionamento da tração é o peso do próprio corpo da vítima e é a forma mais usada por suicidas; **D:** Incorreta. Na esganadura, a asfixia é provocada pela constrição do pescoço da vítima pelas mãos do agente homicida.
Gabarito "A".

(Delegado/MG – 2012) A classificação das queimaduras, que considera a profundidade das lesões, é definida em graus, do primeiro ao quarto. Uma queimadura que apresenta vesículas ou flictenas, contendo líquido seroso, remete-se:

(A) primeiro grau.
(B) segundo grau.
(C) terceiro grau.
(D) quarto grau.

A: Incorreta. Na queimadura de primeiro grau, pode-se observar a formação de eritemas, que se caracterizam pela vermelhidão da pele, provocada pela vasodilatação dos vasos capilares cutâneos; **B:** Correta. A queimadura que apresenta vesículas ou flictenas, que são bolhas na pele, com líquido seroso, é de segundo grau. **C:** Incorreta. Na queimadura de terceiro grau, os tecidos são atingidos, ocorrendo a formação de escaras, ferimentos nos quais o tecido subjacente fica exposto. Em alguns casos, até mesmo o osso fica evidente; **D:** Incorreta. Na queimadura de quarto grau, se adotada a classificação de Lussena/Hofmann, há a carbonização do corpo. Outra classificação conhecida é a de Dupuytren.
Gabarito "B".

(Delegado/MG – 2012) Considerando as lesões corporais dolosas graves relativas à eventualidade "perigo de vida", pode-se afirmar que

(A) constitui prognóstico de morte futura.
(B) constitui provável complicação letal vindoura.
(C) constitui situação concreta de morte iminente.
(D) todas as opções listadas acima contemplam o conceito perigo de vida.

O perigo de vida é o risco de morte surgido em decorrência da lesão sofrida, seja no próprio momento da lesão ou em fase subsequente, por conta de evolução do quadro clínico provocado.
Gabarito "C".

(Delegado/MG – 2012) Uma luxação do ombro, caracteriza a ação de um instrumento

(A) cortante.
(B) perfurante.
(C) contundente.
(D) cortocontundente.

A: Incorreta. A ação de instrumento cortante causa a secção dos tecidos, causada mais comumente por faca, canivete, navalha etc. A lesão provocada por um desses instrumentos é chamada de incisa; **B:** Incorreta. O agente perfurante afeta o corpo da vítima por meio de pressão, que causa o distanciamento dos tecidos sem, contudo, provocar seu seccionamento. Alguns dos instrumentos de ação perfurante: prego, agulha, furador de gelo etc. A lesão causada por esses instrumentos é chamada de punctória ou puntiforme; **C:** Correta. O instrumento contundente, que é utilizado, normalmente, por pressão e deslizamento, podendo, no entanto, ter sua ação de outra maneira, como por exemplo, compressão, torção etc. causa lesão contusa, que pode se apresentar de várias formas, tais como: escoriação, hematoma, equimose, fratura, rubefação etc. Exemplo de agente contundente: pedaço de madeira, as mãos do agressor, um automóvel etc.; **D:** Incorreta. O agente cortocontundente causa lesão cortocontusa, que normalmente se dá por meio de deslizamento, pressão ou percussão. O instrumento cortocontundente mais conhecido é o machado.
Gabarito "C".

(Ministério Público/PB – 2010) O exame no sulco do pescoço da vítima é de capital valor no diagnóstico do enforcamento, apresentando as características abaixo, exceto:

(A) Livores cadavéricos, em placas, por cima e por baixo das suas bordas.
(B) Infiltrações hemorrágicas punctiformes no fundo do sulco.
(C) Pele enrugada e escoriada no fundo do sulco.
(D) Ser necessariamente apergaminhado.
(E) Vesículas sanguinolentas no fundo do sulco.

Além dos sinais descritos, nos casos de enforcamento, os sulcos em geral são oblíquos e apresentam zonas violetas em suas margens, assim como no pescoço da vítima ficam aparentes marcas do laço da corda ou objeto utilizado para a constrição.
Gabarito "D".

(Ministério Público/PB – 2010) A respeito das lesões produzidas por projétil de arma de fogo, considere as proposições abaixo e, em seguida, indique a alternativa que contenha o julgamento devido sobre elas:

I. A apresentação de aréola equimótica no ferimento de entrada afasta a possibilidade de ter sido o tiro deflagrado a curta distância.
II. A orla de escoriação ou de contusão é um dos sinais comprovadores de ferimento de entrada nos tiros dados a qualquer distância.
III. O ferimento de saída terá forma irregular, bordas reviradas para fora, maior sangramento e halo de enxugo, não apresentando orla de escoriação e nem elementos químicos resultantes da decomposição da pólvora.

(A) Apenas a proposição I está correta.
(B) Apenas a proposição III está correta.
(C) Apenas a proposição II está correta.
(D) Todas as proposições estão corretas.
(E) Todas as proposições estão incorretas.

I: incorreta, a aréola ou auréola equimótica decorre da ruptura de pequenos vasos sanguíneos, que pode ser ocasionada ainda que por disparo produzido a curta distância; II: correta, a orla de escoriação ou contusão é um sinal comprovador de orifício de entrada de tiro a qualquer distância; III: incorreta, o halo ou orla de enxugo indica ferimento de entrada. Normalmente, tem coloração escura e é causado pelo atrito do projétil, que segue em movimento de rotação, com o corpo, onde são deixados os resíduos de pólvora. Portanto, apenas o item II está correto.
Gabarito "C".

(Ministério Público/PB – 2010) Nos itens abaixo, assinale a alternativa que contém característica não encontrada em feridas produzidas por instrumento cortante:

(A) presença de golpe de mina.
(B) forma linear.
(C) regularidade das bordas.
(D) centro da ferida mais profundo que as extremidades.
(E) perfil de corte de aspecto bisel, quando o instrumento atua em sentido oblíquo.

A: Correta. A presença de golpe de mina ou sinal da câmara de mina de Hoffman pode ser observada nas lesões provocadas por instrumento perfurocontundente; **B, C, D e E:** incorretas. As lesões cortantes normalmente são provocadas por faca, bisturi, estilete, canivete e têm as seguintes características: bordas regulares e lisas, maior extensão que profundidade, ocorrência de hemorragia intensa, falta de região de contusão e existência de cauda de escoriação.
Gabarito "A".

(Delegado/SP – 2011) A figura do "perigo de vida" nas lesões corporais diz respeito:

(A) ao perigo decorrente da situação em que esteve a vítima por ocasião da agressão.
(B) ao perigo resultante do dano pessoal ocasionado pelo ato criminoso.
(C) à situação de prognóstico médico de grave dano.
(D) à situação de expectativa de risco de vida relacionada à agressão.
(E) todo tipo de atividade relativa à vítima em seu cotidiano.

O perigo de vida diz respeito ao risco de morte sofrido pela vítima em decorrência da lesão corporal sofrida. Esse risco pode surgir no momento da agressão ou posteriormente, desde que provocado pela evolução do quadro clínico.
Gabarito "A".

(Delegado/SP – 2011) O sinal de Werkgaertner é:

(A) o halo fuliginoso deixado sobre as peças ósseas nos disparos encostados.
(B) a zona de tatuagem deixada pela pólvora sobre a pele nos disparos a curta distância.
(C) o ângulo oblíquo do orifício de entrada nos disparos efetuados a longa distância.
(D) o desenho da boca e da alça de mira da arma sobre a pele
(E) o arrancamento da epiderme causado pela rotação do projétil sobre a pele.

O sinal de Werkgaertner se dá na hipótese de o disparo de arma de fogo ocorrer, encontrando-se a arma encostada em regiões do corpo sem osso. A sua marca causa uma equimose no formato da boca da arma.
Gabarito "D".

4. PSICOPATOLOGIA FORENSE

(Delegado/PE – 2016 – CESPE) Psiquiatria forense é o ramo da medicina legal que trata de questões relacionadas ao funcionamento da mente e sua interface com a área jurídica. O estabelecimento do estado psíquico no momento do cometimento do delito e a capacidade de entendimento desse ato são dependentes das condições de sanidade psíquica e desenvolvimento mental, que também influenciam na forma de percepção e no relato do evento, com importância direta para o operador do direito, na tomada a termo e na análise dos depoimentos. A respeito de psiquiatria forense e dos múltiplos aspectos ligados a essa área, assinale a opção correta.

(A) A surdo-mudez é motivo de desqualificação do testemunho, da confissão e da acareação, pois, sendo causa de desenvolvimento mental incompleto, impede a comunicação.
(B) Nos atos cometidos, pode haver variação na capacidade de entendimento, por doente mental ou por indivíduo sob efeito de substâncias psicotrópicas ou entorpecentes, do caráter ilícito do ato por ele cometido; cabe ao perito buscar determinar, e assinalar no laudo pericial, o estado mental no momento do delito.
(C) A perturbação mental, por ser de grau leve quando comparada a doença mental, não reflete na capacidade cível nem na imputabilidade penal.
(D) Em indivíduos com intoxicação aguda pelo álcool, observam-se estados de automatismos e estados crepusculares.
(E) O desenvolvimento mental incompleto ou retardado, tecnicamente denominado oligofrenia, está diretamente relacionado à ocorrência de epilepsia.

A:incorreta - Osurdo-mudo não é impedido de testemunhar, ao contrário disso, o art. 192 c. c. o art. 223, parágrafo único, ambos do CPP traz previsão da forma como deverá ser procedida a sua oitiva; B: correta - pois é diante desta análise que eventualmente a inimputabilidade ou a semi-imputabilidade poderá ser aferida com melhor clareza; C: incorreta - A perturbação mental, a depender das suas condicionantes, pode sim influenciar na culpabilidade do agente no tocante ao ato praticado; D: incorreta - pois elucida sintomas da epilepsia; E: incorreta - A oligofrenia é relacionada ao desenvolvimento mental da pessoa.
Gabarito "B".

(Investigador/SP - 2014 - VUNESP) Nos crimes de extorsão mediante sequestro, por exemplo, pode ocorrer a chamada *Síndrome de Estocolmo*, que consiste

(A) na doença que os sequestradores sofrem.
(B) na identificação afetiva da vítima com o criminoso, pelo próprio instinto de sobrevivência.
(C) em uma teoria que os órgão públicos utilizam para reduzir a criminalidade.
(D) no arrependimento do criminoso em razão do descontrole emocional.
(E) no trauma que a vítima adquire em razão do sofrimento.

A síndrome de Estocolmo consiste num estado psicológico em que a o indivíduo, após ser exposto a uma intimidação, por um período extenso, passa a ter certa simpatia ou até mesmo um sentimento de amor ou amizade com o seu agressor. Esta síndrome recebeu o referido nome em virtude da ocorrência de um assalto em Estocolmo, que durou alguns dias. Nesse episódio, as vítimas, mesmo após libertadas, defenderam os criminosos e, ainda, mostraram um comportamento reticente quando do processo judicial.
Gabarito "B".

(Investigador/SP - 2014 - VUNESP) A atração sexual por estátuas, manequins ou bonecos, que poderá redundar em prática de simulação de carícias ou de atos libidinosos com tais objetos em locais públicos, é denominada

(A) necrofilia ou necromania.
(B) agalmatofilia ou pigmalionismo.
(C) zoofilia ou zooerastia.
(D) cleptomania ou exibicionismo.
(E) complexo de Édipo ou bestialismo.

Necrofilia é a parafilia caracterizada pela excitação sexual do ser humano em virtude da visão ou do contato com um cadáver. Agalmatofilia é a parafilia desencadeada pela observação ou contato com estátuas, manequins ou bonecos. Zoofilia é uma parafilia definida pela atração de humanos por animais de outras espécies. Exibicionismo, por sua vez, trata-se do desvio sexual manifestado pelo desejo incontrolável de obter satisfação no fato de exibir os órgãos genitais a outros. Bestialismo, por fim, é a parafilia definida pela vontade do humano ter relações com um animal não humano.
Gabarito "B".

(Investigador/SP - 2014 - VUNESP) Do ponto de vista criminológico, o criminoso fronteiriço é aquele que é considerado

(A) inimputável pela lei penal, pois seu estado psicológico situa-se na zona limítrofe entre a higidez e a insanidade mental.
(B) semi-imputável pela lei penal, também conhecido doutrinariamente por idiota.
(C) imputável pela lei penal, tendo sua conduta caracterizada pelo transporte de produtos controlados, tais como armas de fogo e drogas ilícitas, do exterior para o Brasil ou vice-versa.
(D) inimputável pela lei penal, também conhecido doutrinariamente por oligofrênico.
(E) semi-imputável pela lei penal, pois seu estado psicológico situa-se na zona limítrofe entre a higidez e a insanidade mental.

Criminoso fronteiriço é aquele que se posiciona num local entre a doença mental e os indivíduos sadios, isto é, é aquele que pratica o crime em virtude de algum distúrbio de personalidade, por exemplo. O criminoso fronteiriço é tido como uma pessoa fria, sem valores éticos e morais e que comete seu crime, geralmente, com extrema violência e sem motivo.
Gabarito "E".

5. ANTROPOLOGIA

(Delegado/GO - 2017 - CESPE) De acordo com Ottolenghi, um indivíduo de pele branca ou trigueira, com íris azuis ou castanhas, cabelos lisos ou crespos, louros ou castanhos, com perfil de face ortognata ou ligeiramente prognata e contorno anterior da cabeça ovoide é classificado como

(A) indiano.
(B) australoide.
(C) caucásico.
(D) negroide.
(E) mongólico.

Existem diversas classificações das raças, com base em características físicas. A classificação de Ottolenghi é a uma delas. De acordo com tal classificação: A: incorreta - O indiano apresenta pele morena, escura, mais avermelhada, íris castanha, cabelos lisos e pretos, com ossos zigomáticos (bochecha) em proeminência; B: incorreta - O indivíduo australoide, de acordo com a referida classificação, é aquele que apresenta pele trigueira (morena), cabelos pretos, ondulados, bochecha proeminente, testa (região frontal) estreita, nariz curto etc.; C: correta - O caucásico apresenta as características descritas no enunciado; D: incorreta - Negroide é aquele que possui a pele negra, com cabelos crespos, testa mais saliente, íris castanha, com narinas largas e distantes etc.; E: incorreta - O mongólico tem pele amarela, cabelos lisos, região frontal mais larga e baixa, face achatada.
Gabarito "C".

(Investigador/SP - 2014 - VUNESP) Criminologicamente falando, entende-se por mimetismo

(A) a exposição dos órgãos sexuais em público, para o fim de obtenção de prazer.
(B) o desvio reiterado de comportamento do indivíduo adulto diante das leis, como se ainda fosse adolescente.
(C) a reprodução de um comportamento delituoso, por meio de imitação.
(D) a ausência ou diminuição da vontade própria, em favor de terceiros.
(E) o impulso que acomete um indivíduo a participar de jogos de azar.

Mimetismo é a reprodução de um comportamento que gerará recursos valiosos. Assim, os jovens imitariam o comportamento delitivo porque isso lhes facilitaria o *status* de adulto e consequentemente poder e privilégios, *status* este que na sociedade atual tende a ser algo demorado para ser alcançado.
Gabarito "C".

6. PERÍCIAS MÉDICO-LEGAIS E PROCEDIMENTO NO INQUÉRITO POLICIAL

(Delegado/GO - 2017 - CESPE) No que se refere às perícias e aos laudos médicos em medicina legal, assinale a opção correta.

(A) As perícias podem consistir em exames da vítima, do indiciado, de testemunhas ou de jurado.
(B) A perícia em antropologia forense permite estabelecer a identidade de criminosos e de vítimas, por meio de exames de DNA, sem, no entanto, determinar a data e a circunstância da morte.
(C) A opção pela perícia antropológica deve ser conduta de rotina nos casos em que a família da vítima manifestar suspeita de morte por envenenamento.
(D) As perícias médico-legais são restritas aos processos penais e civis.
(E) Laudo médico-legal consiste em narração ditada a um escrivão durante o exame.

A: correta - OAs exames periciais podem ser realizados em vítimas, indiciados, testemunhas, jurados, no local e/ou objeto do crime; B: incorreta - Pelo sistema de DNA, é possível determinar a raça, a idade, o sexo; C: incorreta - Em casos de envenenamento, deverá ser realizado exame toxicológico; D: incorreta - As perícias médico-legais podem ser solicitadas, inclusive, no foro de acidente de trabalho; E: incorreta - O relatório ditado pelo perito ao escrivão de polícia é denominado auto, enquanto que o laudo é o relatório apresentado por escrito pelo perito.
Gabarito "A".

(Delegado/PE - 2016 - CESPE) Com relação aos conhecimentos sobre corpo de delito, perito e perícia em medicina legal e aos documentos médico-legais, assinale a opção correta.

(A) Perícia é o exame determinado por autoridade policial ou judiciária com a finalidade de elucidar fato, estado ou situação no interesse da investigação e da justiça.
(B) O atestado médico equipara-se ao laudo pericial, para serventia nos autos de inquéritos e processos judiciais, devendo ambos ser emitidos por perito oficial.
(C) Perito oficial é todo indivíduo com expertise técnica na área de sua competência incumbido de realizar o exame.
(D) É inválido o laudo pericial que não foi assinado por dois peritos oficiais.
(E) Define-se corpo de delito como o conjunto de vestígios comprobatórios da prática de um crime evidenciado no corpo de uma pessoa.

A: correta - (artigos 6º, VII e 149, ambos do Código de Processo Penal); **B: incorreta** - O laudo médico, como o próprio nome diz, é elaborado por médico, enquanto que o laudo pericial é produzido por perito; **C: incorreta** - Nem toda pessoa com expertise técnica em sua área é considerada perito. Para tanto, se faz necessário preencher outros requisitos legais, como prestar compromisso com a lei; **D: incorreta** - Laudos periciais podem ser feitos, a depender do caso, por dois ou por somente um perito (artigo 159 do Código de Processo Penal); **E: incorreta** - O corpo de delito é o conjunto de vestígios produzidos pela prática delitiva, podendo ser tanto as lesões causadas no corpo da vítima, como uma impressão digital deixada em objetos na cena do crime ou, ainda, uma marca de frenagem produzida pore um veículo envolvido em acidente automobilístico, entre outros.

Gabarito "A".

(Investigador/SP – 2014 – VUNESP) A alternativa que completa, corretamente, a lacuna da frase é:

A_____ é uma técnica de identificação de criminosos, desenvolvida em 1882 por Alphonse Bertillon, a qual consiste em registro de medidas corporais, bem como demais marcas pessoais do criminoso, tais como tatuagens, cicatrizes ou marcas de nascença, para o fim de auxiliar na identificação criminal.

(A) papiloscopia forense
(B) antropologia criminal
(C) datiloscopia forense
(D) criminalística forense
(E) antropometria criminal

Um dos métodos de identificação historicamente conhecidos é o sistema antropométrico de *Bertillon*, que se fundamentava na classificação, identificação e armazenamento de sinais particulares e de medidas prefixadas, como o cumprimento de antebraços e estatura, permitindo-se, assim, a comparação posterior dos dados.

Gabarito "E".

(Escrivão de Polícia/BA – 2013 – CESPE) Acerca da perícia médico-legal, dos documentos legais relacionados a essa perícia e da imputabilidade penal, julgue os itens a seguir.

(1) No foro penal, solicitam-se ao médico perito relatórios a respeito de vítima, indiciado, testemunha e até mesmo de jurado. No caso do indiciado, o exame pode estar relacionado à verificação de imputabilidade.

(2) Denomina-se perito o técnico especializado na realização de exames em vestígios materiais relacionados à ocorrência de fato delituoso; no caso de exame a ser realizado em pessoas, o perito indicado é o médico-legista.

1: certa. No âmbito penal, tanto vítima, quanto indiciado, testemunha e até mesmo jurado podem ser submetidos a avaliações periciais. No caso da vítima, há várias hipóteses em que é necessária a sua submissão a exame pericial, como, por exemplo, a que sofre estupro para colheita de sêmen para identificação do autor do delito; a de homicídio, que é submetida a exame necroscópico etc. O indiciado também pode ser submetido a alguns exames médico-legais, como, por exemplo, o de corpo de delito, quando de sua prisão, exame para comparação com material colhido da vítima para confirmação de sua identidade e, um dos principais, quando existirem dúvidas quanto à higidez mental para constatação de sua imputabilidade penal. Por sua vez, o jurado poderá ser avaliado pericialmente para constatação de sua capacidade; **2:** certa. O art. 54 da Lei 11.370/2009, do Estado da Bahia, estabelece as atribuições dos peritos criminais, que são aquelas relacionadas a exames em objetos, enquanto que o art. 55 desta mesma lei elenca as atribuições dos médico-legistas, que são as que envolvem exames em pessoas.

Gabarito 1C, 2C.

(Investigador de Polícia/BA – 2013 – CESPE) Acerca da perícia médico-legal, dos documentos legais relacionados a essa perícia e da imputabilidade penal, julgue o item a seguir.

(1) Quando solicitado por autoridade competente, o relatório do médico-legista acerca de exame feito em vestígio relacionado a ato delituoso recebe a denominação de atestado médico.

1: errada. Os relatórios médico-legais podem ser de duas espécies: a) auto, quando ditado pelo perito diretamente ao escrivão, escrevente ou escriturário na presença da autoridade competente; b) laudo, quando elaborado pelo próprio perito em fase posterior aos exames realizados. No laudo existe uma introdução, um histórico, a descrição dos exames realizados, a discussão sobre as características encontradas. Em seguida, são apresentadas as constatações e conclusões extraídas dos exames. E, por fim, as respostas aos quesitos formulados pela autoridade. Já o atestado traz informações escritas sobre achados de interesse médico e possíveis consequências que lhes deram causa.

Gabarito 1E.

(Delegado/MG – 2012) A capacidade de diagnosticar e mensurar a dor, alegada em um exame pericial, constitui um desafio da medicina legal, por se tratar de um dado subjetivo. O sinal de dor, avaliado pela contagem prévia do pulso radial, compressão do ponto doloroso alegado e nova contagem do pulso, é denominado pelo epônimo de sinal de

(A) Müller.
(B) Levi.
(C) Imbert.
(D) Mankof.

Em primeiro plano, deve-se esclarecer que o exame pericial que visa diagnosticar e mensurar a dor tem por objetivo afastar a possibilidade de simulação por parte do examinando e, na medida do possível, graduar a sua existência. Para tanto, são utilizados alguns métodos, entre eles: **A:** Incorreta. Sinal de Müller, que consiste na marcação da área apontada como dolorosa com um compasso, sendo em seguida determinado que o examinando permaneça com olhos vendados enquanto o perito comprime com o dedo além da região apontada outras para descobrir se há ou não simulação da dor; **B:** Incorreta. O sinal de Levi é verificado da seguinte forma: o perito determina que o examinando fixe seu olhar em um ponto a distância, a seguir passa a comprimir o local apontado como doloroso. A existência da dor é constatada com a ocorrência de contração e dilatação pupilares; **C:** Incorreta. No sinal de Imbert, o procedimento adotado consiste na colocação do examinando em repouso, medindo-se nesse estado as suas pulsações radiais. Em seguida, determina-se que ele se apoie (em caso de a dor indicada pelo paciente se concentrar em uma das pernas) no membro apontado como doloroso ou que segure alguma carga (quando o membro atingido for um dos braços), passando-se a nova medição das pulsações. Quando existir a dor, as pulsações se elevarão; **D:** Correta. A verificação do sinal de Mankof (ou Mankoff) se inicia com a medição da pulsação radial do examinando, em seguida o examinando é colocado em repouso por alguns minutos, passando-se à compressão da área apontada como dolorida e nova medição da pulsação radial. No caso de aumento dessa pulsação, fica constatada a dor alegada.

Gabarito "D".

(Delegado/SP – 2011) Em um relatório médico-legal, o chamado *visum et repertum* refere-se:

(A) ao histórico.
(B) ao preâmbulo.
(C) à descrição.
(D) à discussão e conclusão.
(E) à resposta aos quesitos.

A: Incorreta. O histórico é chamado de comemorativo; **B:** Incorreta. Preâmbulo é a parte em que é feita a qualificação dos peritos e é apresentado seu currículo, além disso, descreve-se a parte que requereu a perícia, a autoridade que a determinou, além da pessoa que for objeto da perícia, local e horário de sua realização; **C:** Correta. *Visum et repertum* é a descrição dos trabalhos periciais realizados e as técnicas que foram utilizadas; **D:** Incorreta. Conclusão é a parte em que os peritos relatam suas conclusões, suas opiniões sobre a pessoa ou coisa periciada e aspecto a ser analisado; **E:** Incorreta. Os quesitos são as perguntas formuladas pelas partes ou pela autoridade.

Gabarito "C".

(Delegado/SP – 2011) A diferença entre laudo e auto médico-legal é:

(A) os dois são ditados a um escrivão.
(B) o auto é apenas um resumo do laudo.
(C) o primeiro é escrito e o segundo é ditado a um escrivão perante testemunhas.
(D) os dois são pareceres.
(E) o laudo só pode ser realizado pelo médico-legista.

A diferença principal entre o laudo e o auto é que o primeiro é lavrado e elaborado pelo próprio perito, enquanto que o auto é ditado a um escrivão na presença da autoridade e testemunhas. Por sua vez, o auto e o laudo são espécies de relatórios médico-legais. O laudo deverá ser realizado por um ou mais peritos, não necessariamente um médico-legista.

Gabarito "C".

(Delegado/SP – 2011) Perícia médico-legal baseada exclusivamente em prontuários médicos denomina-se:

(A) complementar.
(B) indireta.
(C) documental.
(D) subsidiária.
(E) direta.

A: Incorreta. A perícia complementar é aquela em que a vítima se submete, pela segunda vez, a exame. Tem como objetivo avaliação de sua incapacidade após certo intervalo de tempo, que pode ocorrer no prazo de 30 dias ou mais. **B:** Correta: A perícia indireta, por sua vez, é aquela baseada em prontuários médicos, em razão de os vestígios deixados na prática delitiva terem desaparecido; **C:** Incorreta. A perícia documental é aquela que tem por objeto o estudo de um documento, sobre o qual deverá emanar a conclusão do perito; **D:** Incorreta; **E:** Incorreta. A perícia médico-legal direta é aquela realizada no próprio corpo da vítima.

Gabarito "B".

11. DIREITO CONSTITUCIONAL

André Nascimento, André Barbieri, Bruna Vieira, Eduardo Dompieri, Licínia Rossi e Teresa Melo*

1. PODER CONSTITUINTE

(Delegado – PC/BA – 2018 – VUNESP) O poder que enseja a elaboração da Constituição de um Estado-membro da federação, organizando o arcabouço constitucional daquela unidade federada, é denominado
(A) poder constituinte derivado decorrente reformador normal.
(B) poder constituinte derivado decorrente institucionalizador.
(C) poder constituinte derivado decorrente revisional anômalo.
(D) poder constituinte derivado decorrente reformador anômalo.
(E) poder constituinte derivado decorrente revisional normal.

Poder constituinte derivado decorrente é o poder de criar ou modificar a Constituição dos Estados-membros, permitindo a auto-organização desses entes federados dotados de autonomia. É um poder derivado, subordinado e condicionado, estando sujeito aos parâmetros e princípios estabelecidos pelo poder constituinte originário. Alguns autores – como Kildare Gonçalves Carvalho e Anna Cândida da Cunha Ferraz – subdividem esse poder em: **poder constituinte decorrente inicial (instituidor, institucionalizador)**, que é responsável por elaborar/criar a Constituição do Estado-Membro, estabelecendo a organização fundamental dos Estados Federados; e **poder constituinte decorrente de revisão estadual (poder decorrente de segundo grau)**, que tem a finalidade de rever/modificar a Constituição do Estado-Membro, respeitando os limites previstos na própria constituição estadual.
Logo, o poder que enseja a elaboração da Constituição de um Estado-membro da federação, organizando o arcabouço constitucional daquela unidade federada, é denominado poder constituinte derivado decorrente institucionalizador. AN
Gabarito "B".

(Investigador – PC/BA – 2018 – VUNESP) Imagine que 1/3 (um terço) dos membros da Câmara dos Deputados apresentou proposta de Emenda Constitucional com o objetivo de alterar o voto popular de secreto para aberto. Nesse caso, é correto afirmar que a proposta é
(A) inconstitucional sob o prisma formal, pois a legitimidade para apresentação de proposta de emenda constitucional só pode ser apresentada por 1/3 (um terço) dos membros do Congresso Nacional, e não apenas de uma das casas.
(B) inconstitucional sob o prisma formal, pois a legitimidade para apresentação de proposta de Emenda Constitucional é reservada ao Senado, na qualidade de representante dos Estados Membros.
(C) inconstitucional sob o prisma material, pois a Constituição não poderá ser emendada para abolição do voto secreto.
(D) constitucional, tanto sob o prisma formal como o material, já que a Constituição assegura apenas o voto direto, universal e periódico.
(E) constitucional, tanto sob o prisma formal como o material, já que a Constituição não assegura o voto e a forma de seu exercício como cláusula imutável.

A proposta de emenda à Constituição (PEC) poderá ser apresentada pelo Presidente da República; por 1/3 (um terço), no mínimo, dos membros da Câmara dos Deputados ou do Senado Federal; ou por mais da metade das Assembleias Legislativas, manifestando-se, cada uma delas, pela maioria relativa de seus membros. Não será objeto de deliberação a proposta de emenda tendente a abolir as cláusulas pétreas da Constituição: forma federativa de Estado; voto direto, secreto, universal e periódico; separação dos Poderes; e direitos e garantias individuais.
Na hipótese da questão, a proposta de emenda constitucional é constitucional sob o prisma formal, tendo em vista ter respeitado a legitimidade para a sua propositura (art. 60, I, da CF). No entanto, é inconstitucional sob o prisma material, na medida em que desrespeitou uma limitação material ao abolir o voto secreto (art. 60, § 4º, II, da CF). AN
Gabarito "C".

(Juiz de Direito – TJ/RS – 2018 – VUNESP) A iniciativa popular no processo de reforma da Constituição Federal de 1988
(A) não é contemplada pelo texto constitucional vigente, posto que este prevê que todo poder emana do povo, que o exercerá exclusivamente por meio de representantes eleitos.
(B) é vedada pelo texto constitucional vigente, que prevê que a participação popular se dará exclusivamente por meio do voto, do plebiscito e do referendo.
(C) é prevista expressamente pelo texto constitucional, podendo ser exercida pela apresentação de proposta subscrita por, no mínimo, cinco por cento do eleitorado nacional.
(D) não é prevista expressamente pelo texto constitucional, muito embora seja admitida por alguns autores, com fundamento em uma interpretação sistemática da Constituição Federal.
(E) é prevista expressamente pelo texto constitucional, podendo ser exercida pela apresentação de proposta subscrita por, no mínimo, um por cento do eleitorado nacional.

A: incorreta, visto que a Constituição prevê que todo o poder emana do povo, que o exercerá por meio de representantes eleitos ou diretamente (art. 1º, parágrafo único, da CF); **B:** incorreta, pois a iniciativa popular no processo de reforma da Constituição não é vedada pelo texto constitucional, que prevê que a participação popular será exercida por meio do voto, do plebiscito, do referendo e da iniciativa popular em projetos de lei (art. 14 da CF); **C:** incorreta, pois a iniciativa popular no processo de reforma da Constituição não é prevista expressamente pelo texto constitucional, sendo prevista apenas a iniciativa popular para apresentar projeto de lei (art. 61, § 2º, da CF); **D:** correta. José Afonso da Silva defende a possibilidade de iniciativa popular para a propositura de emendas com fundamento em uma interpretação sistemática da Constituição, aplicando-se, por analogia, o procedimento previsto para a iniciativa popular de leis; **E:** incorreta, pois a iniciativa popular no processo de reforma da Constituição não é prevista expressamente pelo texto constitucional, sendo admitida por alguns autores, como José Afonso da Silva, aplicando-se, por analogia, o procedimento previsto para a iniciativa popular de leis. AN
Gabarito "D".

(Procurador do Município – Prefeitura Fortaleza/CE – CESPE – 2017) A respeito do poder constituinte, julgue os itens a seguir.
(1) Não foram recepcionadas pela atual ordem jurídica leis ordinárias que regulavam temas para os quais a CF passou a exigir regramento por lei complementar.
(2) De acordo com o STF, cabe ação direta de inconstitucionalidade para sustentar incompatibilidade de diploma infraconstitucional anterior em relação a Constituição superveniente.
(3) Os direitos adquiridos sob a égide de Constituição anterior, ainda que sejam incompatíveis com a Constituição atual, devem ser respeitados, dada a previsão do respeito ao direito adquirido no próprio texto da CF.
(4) O poder constituinte derivado reformador manifesta-se por meio de emendas à CF, ao passo que o poder constituinte derivado decorrente manifesta-se quando da elaboração das Constituições estaduais.
(5) Com a promulgação da CF, foram recepcionadas, de forma implícita, as normas infraconstitucionais anteriores de conteúdo compatível com o novo texto constitucional.

1. Incorreta. As normas anteriores à CF de 1988 que estivessem *materialmente* de acordo com a nova ordem constitucional foram recepcionadas, ainda que sua forma tenha sido alterada pela CF/88; **2.** Incorreta. Para a verificação da compatibilidade de normas pré-constitucionais (ou anteriores à Constituição) com a CF/88 cabe ADPF, não ADIn; **3.** Incorreta. As normas da constituição anterior, ainda que sobre direito adquirido, não são oponíveis ao Poder Constituinte Originário. Assim, não há falar em direito adquirido sob a égide da Constituição anterior, contra a Constituição atual; **4.** Correta. O poder constituinte derivado reformador manifesta-se por meio de emendas constitucionais ou de emendas de revisão. O Poder constituinte derivado decorrente manifesta-se tanto para a elaboração de constituições estaduais, quanto para a revisão dessas mesmas normas; **5.** Correta. Todas as normas infraconstitucionais que não confrontassem materialmente com a nova CF foram recepcionadas. TM
Gabarito 1E, 2E, 3E, 4C, 5C.

(Procurador Municipal – Prefeitura/BH – CESPE – 2017) Assinale a opção correta, com relação ao direito constitucional.
(A) Expresso na CF, o direito à educação, que possui aplicabilidade imediata, é de eficácia contida.
(B) De acordo com a doutrina dominante, a possibilidade de o município de Belo Horizonte editar a sua própria lei orgânica provém do poder constituinte derivado decorrente.
(C) Conforme entendimento do STF, é vedada a aplicação de multa ao poder público nas situações em que este se negar a cumprir

---

* Legenda:
AN: André Nascimento
AB: André Barbieri
BV: Bruna Vieira
ED: Eduardo Dompieri
LR: Licínia Rossi
TM: Teresa Melo
BV/TM: Bruna Vieira e Teresa Melo

obrigação imposta por decisão judicial, sob o risco de violação do princípio da separação dos poderes.
(D) O poder constituinte difuso manifesta-se quando uma decisão do STF altera o sentido de um dispositivo constitucional, sem, no entanto, alterar seu texto.

A: incorreta. O STF tem jurisprudência no sentido de que se trata de norma constitucional de eficácia plena; **B:** incorreta. O Poder Constituinte Derivado Decorrente é atribuído aos Estados e ao DF, para organizar suas Constituições Estaduais e a Lei Orgânica do DF (não existe, para a maioria dos doutrinadores, para os Municípios e Territórios). Além disso, condiciona-se ao Poder Constituinte Originário, relacionando-se diretamente com ele; **C:** incorreta. O respeito às decisões do Poder Judiciário é garantia para a continuidade de seu funcionamento, conforme previsto pelo próprio princípio da separação dos Poderes; **D:** correta. Trata-se do fenômeno da mutação constitucional, sendo um poder de fato, não ilimitado, já que deve observar os limites impostos pela própria Constituição. TM
Gabarito "D".

(Procurador do Estado – PGE/PA – UEPA – 2015) Sobre o Poder Constituinte, é correto afirmar que:
(A) para a Teoria Clássica do Poder Constituinte de Emmanuel Joseph SIEYÈS, o titular do Poder Constituinte seria o povo.
(B) a Constituição da República Federativa do Brasil, de 1988, foi elaborada por Assembleia Constituinte cujos membros foram eleitos especial e exclusivamente para esta tarefa.
(C) o processo de Revisão constitucional, previsto em nossa atual Constituição da República (art. 3º, ADCT), difere-se do processo de Emenda por se tratar (a Revisão) de possibilidade de modificação geral do texto constitucional, bem como por ser um processo extraordinário, ainda que se trate de processo com regras formais similares ao processo de Emenda.
(D) pode ser citada como exemplo da teoria do poder constituinte evolutivo, a Emenda Constitucional nº 8, de 1977, que modificou o artigo 48, da Constituição Federal de 1967 (redação dada pela Emenda Constitucional nº 1, de 1969), alterando o quórum de aprovação de emenda ao texto constitucional de maioria de dois terços dos membros em cada casa do Congresso Nacional para maioria absoluta.
(E) o STF admite a legitimidade do parlamentar e das mesas do Congresso Nacional e de suas Casas, para impetrar mandado de segurança com a finalidade de coibir atos praticados no processo de aprovação de lei ou emenda constitucional incompatíveis com disposições constitucionais que disciplinam o processo legislativo.

A: incorreta. Para Sieyès, o titular do Poder Constituinte Originário é a nação, não o povo; **B:** incorreta. Não houve eleição de assembleia constituinte com finalidade específica para a elaboração da nova Constituição, mas o próprio Congresso em funcionamento atuou como Assembleia Constituinte; **C:** incorreta. Conforme dispõe o art. 3º do ADCT, a revisão constitucional ocorreu uma única vez, após cinco anos, contados da promulgação da Constituição, pelo voto da maioria absoluta dos membros do Congresso Nacional, em sessão unicameral; **D:** correta. O chamado Poder Constituinte Evolutivo nasce da tensão entre constitucionalismo e democracia, e diz respeito à possibilidade de alteração das cláusulas pétreas da Constituição, que não poderiam ser opostas às gerações futuras por violação da democracia, ou seja, não se poderia obrigar as gerações futuras a aceitar a inalterabilidade daquilo que o constituinte entendeu que não poderia ser objeto de reforma. Assim, primeiro se alteraria a Constituição para abrandar a impossibilidade de reforma das cláusulas pétreas para, depois, alterar a norma com base nas novas regras (dupla revisão, revisão de dupla face ou de dois tempos); **E:** incorreta. O STF apenas admite a legitimidade dos parlamentares, não da Mesa, pois o que está em jogo é o devido processo legislativo. TM
Gabarito "D".

(Promotor de Justiça – MPE/AM – FMP – 2015) No Estado do Amazonas, a Assembleia Legislativa aprova projeto de Emenda à Constituição estadual e encaminha o projeto para sanção, promulgação e publicação do Governador do Estado; o Chefe do Poder Executivo Estadual veta o texto aprovado por entendê-lo inconstitucional e contrário aos interesses da sociedade. Nesta hipótese
I. o projeto vetado deve ser devolvido à Assembleia Legislativa para que delibere sobre a manutenção ou derrubada do veto.
II. à similitude do que ocorre relativamente às Emendas à Constituição Federal, o projeto de Emenda Constitucional deverá ser promulgado e mandado publicar pela própria Assembleia Legislativa.
III. o poder constituinte decorrente atribuído aos Estados membros da federação brasileira, mesmo quando exercitado na modalidade derivada, considera-se insuscetível de subordinação ao Poder Executivo, por ele constituído, por força de estenderem-se naturalmente aos demais entes federados as normas atinentes ao processo legislativo contempladas na CF para a União Federal.
IV. o veto poderá ser derrubado nos termos do que esteja previsto na Constituição Estadual do Amazonas.
Quais das assertivas acima estão corretas?
(A) Apenas a I e IV.
(B) Apenas a II e III.
(C) Apenas a III.
(D) Apenas a IV.
(E) Nenhuma.

I: incorreta. Os procedimentos de manutenção ou derrubada de veto são previstos para o processo legislativo (art. 66, §§ 4º, 5º, e 6º, CF), não para o processo de emenda à Constituição, já que, no último, o Congresso atua como Poder Constituinte Derivado, não como Poder Legislativo; **II:** correta. A aprovação de projeto de emenda à Constituição do Estado decorre do exercício do Poder Constituinte Derivado Decorrente e a aprovação de emenda à Constituição Federal realiza-se via Poder Constituinte Derivado, ou seja, a aprovação de emendas constitucionais (à CF ou à Constituição estadual) é exercício do Poder Constituinte e, por isso, deve seguir, simetricamente, o rito estabelecido pela CF (art. 60, §§ 3º e 4º, CF); **III:** correta. O Poder Constituinte Derivado, de titularidade dos estados-membros, é o responsável por criar e alterar a constituição estadual, de modo que é ele quem cria os Poderes Legislativo, Executivo e Judiciário do seu próprio estado. Quando há aprovação de emenda à constituição estadual, o poder constituinte derivado decorrente não se submete ao Executivo, como já explicado no item I, porque a Assembleia Legislativa não atua como Poder Legislativo. Os estados alteram as suas constituições aplicando, por simetria, as normas previstas na Constituição Federal para alteração da constituição federal; **IV:** Não há fase de sanção ou veto na aprovação de emendas constitucionais, quando aprovadas são encaminhadas diretamente para publicação, conforme já explicitado no item I. TM
Gabarito "B".

(Defensor Público – DPE/RN – 2016 – CESPE) Com relação ao poder constituinte, assinale a opção correta.
(A) Tendo em vista os limites autônomos ao poder constituinte derivado decorrente, devem as Constituições estaduais observar os princípios constitucionais extensíveis, tais como aqueles relativos ao processo legislativo.
(B) A mutação constitucional é fruto do poder constituinte derivado reformador.
(C) De acordo com a CF, em razão das limitações procedimentais impostas ao poder constituinte derivado reformador, é de iniciativa privativa do presidente da República proposta de emenda à CF que disponha sobre o regime jurídico dos servidores públicos do Poder Executivo federal.
(D) Ao poder constituinte originário esgota-se quando se edita uma nova Constituição.
(E) Para a legitimidade formal de uma nova Constituição, exige-se que o poder constituinte siga um procedimento padrão, com disposições predeterminadas.

A: Correta. O art. 25 da CF afirma que os Estados têm capacidade de auto-organização, *obedecidos os princípios da Constituição*, o que demonstra o caráter derivado. Uadi Lammêgo Bulos defende que os referidos princípios são os sensíveis, os estabelecidos (organizatórios) e os extensíveis. Os sensíveis encontram-se listados no art. 34, VII, da CF. Os princípios estabelecidos (ou organizatórios) são os que limitam a ação indiscriminada do Poder Constituinte Decorrente (repartição de competências, sistema tributário, organização de Poderes, direitos políticos, nacionalidade, direitos fundamentais, da ordem econômica, dentre outros). Por fim, de acordo com Bulos, os extensíveis correspondem aos princípios "que integram a estrutura da federação brasileira, relacionando-se, por exemplo, com a forma de investidura em cargos eletivos (art. 77), o processo legislativo (art. 59 e s.), os orçamentos (arts. 165 e s.), os preceitos ligados à Administração Pública (art. 37 e s.) etc."; **B:** Errada. É fruto do poder constituinte *difuso*, já que é mecanismo informal de alteração da Constituição. Na mutação não há qualquer alteração formal das normas constitucionais, mas atribuição de novo sentido ou conteúdo ao texto, seja por interpretação ou por construção; **C:** Errada. Não se trata de exercício de poder constituinte, já que a matéria é tratada por lei (art. 61, § 1º, II, *c*, CF), sem necessidade de reforma da Constituição; **D:** Errada. Uma das características do poder constituinte originário é ser *permanente*, ou seja, não se esgota com a promulgação da nova Constituição, mas a ela sobrevive como expressão da liberdade; **E:** Errada. Segundo Pedro Lenza, o poder constituinte originário é inicial, autônomo, ilimitado juridicamente, incondicionado, soberano na tomada de decisões, um poder de fato e político, além de permanente. TM
Gabarito "A".

(Defensoria Pública da União – CESPE – 2015) No tocante ao poder constituinte e aos limites ao poder de reforma, julgue os itens que se seguem.
(1) A proteção dos limites materiais ao poder de reforma constitucional não alcança a redação do texto constitucional, visando sua existência a evitar a ruptura com princípios que expressam o núcleo essencial da CF.
(2) Desde que observem a cláusula de reserva de plenário, os tribunais podem declarar a revogação de normas legais anteriores à CF com ela materialmente incompatíveis.
(3) De acordo com o STF, é possível o controle judicial de constitucionalidade de emendas constitucionais, desde que ele ocorra por meio da ação direta de inconstitucionalidade ou da arguição de descumprimento de preceito fundamental e desde que, na emenda, haja violação de cláusula pétrea.

1: Correta. Os limites materiais de reforma da Constituição correspondem às cláusulas pétreas (art. 60, § 4º, CF), que não asseguram a imutabilidade do texto. O texto das normas que correspondem a cláusulas pétreas pode ser alterado para aumentar a proteção por elas garantida; **2:** Errada. A cláusula de reserva de plenário (art. 97) determina que os órgãos fracionários dos tribunais não podem declarar a inconstitucionalidade de lei ou ato normativo, não se tratando de revogação; **3.** Errada. O controle de constitucionalidade de emendas constitucionais, como de qualquer lei ou ato normativo, pode ser efetuado via controle difuso ou concentrado. Não há restrição ao cabimento apenas de instrumentos de controle concentrado, como ADIn ou ADPF, nem que só caiba controle quando se tratar de cláusulas pétreas.

(Delegado/PE – 2016 – CESPE) Acerca do poder de reforma e de revisão constitucionais e dos limites ao poder constituinte derivado, assinale a opção correta.

(A) Além dos limites explícitos presentes no texto constitucional, o poder de reformada CF possui limites implícitos; assim, por exemplo, as normas que dispõem sobre o processo de tramitação e votação das propostas de emenda não podem ser suprimidas, embora inexista disposição expressa a esse respeito.

(B) Emendas à CF somente podem ser apresentadas por proposta de um terço, no mínimo, dos membros do Congresso Nacional.

(C) Emenda e revisão constitucionais são espécies do gênero reforma constitucional, não havendo, nesse sentido, à luz da CF, traços diferenciadores entre uma e outra.

(D) Não se insere no âmbito das atribuições do presidente da República sancionar as emendas à CF, mas apenas promulgá-las e encaminhá-las à publicação.

(E) Se uma proposta de emenda à CF for considerada prejudicada por vício de natureza formal, ela poderá ser reapresentada após o interstício mínimo de dez sessões legislativas e ser apreciada em dois turnos de discussão e votação.

A: correta. De fato existem no texto constitucional limites explícitos e implícitos. Os primeiros vêm previstos no art. 60 da CF e se dividem em: materiais (cláusulas pétreas – art. 60, § 4º, I ao IV, da CF), formais (regras sobre o processo rígido de alteração da Constituição – art. 60, § 2º, 3º e 5º, da CF) e circunstanciais (não possibilidade de alteração da Constituição na vigência de estado de sítio, estado de defesa e intervenção federal – art. 60, § 1º, da CF). Por outro lado, os **limites implícitos** decorrem do próprio sistema e um exemplo seria justamente o determinado pela impossibilidade de se fazer uma emenda constitucional que altere a forma rígida de se fazer emenda. Se isso fosse possível, a Constituição poderia, por meio de emenda, perder a sua supremacia e, dessa maneira, não haveria mais o controle de constitucionalidade. Enfim, os limites implícitos também protegem o texto constitucional; **B:** incorreta. Determina o art. 60, I, II e III, da CF que a Constituição poderá ser emendada mediante proposta: I – de **um terço, no mínimo, dos membros da Câmara dos Deputados ou do Senado Federal**; II – do Presidente da República e III – de mais da metade das Assembleias Legislativas das unidades da Federação, manifestando-se, cada uma delas, pela maioria relativa de seus membros; **C:** incorreta. Ao contrário do mencionado, há diferenças entre emenda e revisão. A **emenda** pode ser feita, desde que observadas as regras rígidas previstas no art. 60 da CF, por exemplo, aprovação por 3/5 dos membros, nas duas Casas do Congresso Nacional e em 2 turnos de votação. A **revisão**, por outro lado, só pôde ser feita uma única vez, após cinco anos da promulgação da Constituição, em sessão unicameral e pelo voto da maioria absoluta dos membros do Congresso Nacional. Seis emendas constitucionais de revisão foram fruto disso (1 a 6/1994). Hoje não há mais possibilidade de utilização desse instituto. Vejam que, no poder de revisão, não se exigiu o processo solene das emendas constitucionais. Por fim, vale lembrar que o poder derivado se divide em: decorrente (poder dos estados de se auto regulamentarem por meio das suas próprias Constituições – art. 25, *caput*, da CF), reformador (poder de alterar a Constituição por meio das emendas constitucionais – art. 60 da CF) e revisor (poder de fazer a revisão constitucional – art. 3º do ADCT); **D:** incorreta. O Presidente da República não sanciona ou veta, nem promulga as emendas constitucionais. De acordo com o art. 60, § 3º, da CF, as emenda contorcionais serão **promulgada pelas Mesas da Câmara dos Deputados e do Senado Federal**, com o respectivo número de ordem; **E:** incorreta. Determina o art. 60, § 5º, da CF, que a matéria constante de proposta de emenda rejeitada ou havida por prejudicada não pode ser objeto de nova proposta na mesma sessão legislativa.

(Analista Jurídico – TCE/PR – 2016 – CESPE) A respeito do poder constituinte, assinale a opção correta.

(A) O caráter ilimitado do poder constituinte originário não impede o controle de constitucionalidade sobre norma constitucional originária quando esta conflitar com outra norma constitucional igualmente originária.

(B) Se não houver ressalva expressa no seu próprio texto, a Constituição nova atingirá os efeitos pendentes de situações jurídicas consolidadas sob a égide da Carta anterior.

(C) O poder constituinte originário não desaparece com a promulgação da Constituição, permanecendo em convívio estreito com os poderes constituídos.

(D) As assembleias nacionais constituintes são as entidades que titularizam o poder constituinte originário.

(E) O poder constituinte originário é incondicionado, embora deva respeitar os direitos adquiridos sob a égide da Constituição anterior, ainda que esses direitos não sejam salvaguardados pela nova ordem jurídica instaurada.

A: incorreta. Não há controle de constitucionalidade em relação à norma advinda do poder constituinte originário, já que ela é o padrão de confronto. Sendo assim, se houver conflito entre normas constitucionais originárias, caberá ao intérprete da Constituição, em especial ao STF, compatibilizá-las, a fim de que tais normas permaneçam vigentes; **B:** correta. De fato, como a nova Constituição rompe por completo o ordenamento jurídico anterior, não havendo disposição sobre a não incidência de suas normas em relação a situações jurídicas consolidadas sob a égide da Carta anterior, os efeitos pendentes serão dados pela nova Constituição; **C:** incorreta. Após a promulgação da constituição, fruto do poder constituinte **originário**, seu texto pode ser alterado, mas por força do poder constituinte **derivado**. Sendo assim, não há falar em exercício do poder constituinte originário em concomitância com o poder constituinte derivado ou constituído; **D:** incorreta. O titular do poder é o povo. Determina o art. 1º, parágrafo único, da CF que todo o poder emana do povo, que o exerce por meio de representantes eleitos ou diretamente, nos termos desta Constituição. Desse modo, o povo, detentor do poder, delega às assembleias nacionais constituintes a atribuição de elaborar uma nova Constituição, por meio da manifestação do poder constituinte originário; **E:** incorreta. Como mencionado, o poder constituinte rompe a antiga e existente ordem jurídica de forma integral, instaurando uma nova. É ele quem impõe uma nova ordem jurídica para o Estado. Tal poder é incondicionado e ilimitado porque não encontra condições, limitações ou regras preestabelecidas pelo ordenamento jurídico anterior. Portanto, os direitos adquiridos sob a égide da Constituição anterior, não salvaguardados pela nova ordem jurídica, não precisam ser respeitados. É o entendimento majoritário.

(Analista Judiciário – TRT/8ª – 2016 – CESPE) Acerca do poder constituinte e dos princípios fundamentais da CF, assinale a opção correta.

(A) Nas relações internacionais, o Brasil rege-se, entre outros princípios, pela soberania, pela dignidade da pessoa humana e pelo pluralismo político.

(B) O preâmbulo da CF constitui vetor interpretativo para a compreensão do significado de suas prescrições normativas, de modo que também tem natureza normativa e obrigatória.

(C) O titular do poder constituinte é aquele que, em nome do povo, promove a instituição de um novo regime constitucional ou promove a sua alteração.

(D) Embora seja, em regra, ilimitado, o poder constituinte originário pode sofrer limitações em decorrência de ordem supranacional, sendo inadmissível, por exemplo, uma nova Constituição que desrespeite as normas internacionais de direitos humanos.

(E) O poder constituinte derivado reformador efetiva-se por emenda constitucional, de acordo com os procedimentos e limitações previstos na CF, sendo passível de controle de constitucionalidade pelo Supremo Tribunal Federal (STF).

A: incorreta. De acordo com o art. 4º da CF, o Brasil é regido nas suas relações internacionais pelos seguintes princípios: I – independência nacional; II – prevalência dos direitos humanos; III – autodeterminação dos povos; IV – não-intervenção; V – igualdade entre os Estados; VI – defesa da paz; VII – solução pacífica dos conflitos; VIII – repúdio ao terrorismo e ao racismo; IX – cooperação entre os povos para o progresso da humanidade; e X – concessão de asilo político. Por outro lado, a soberania, a dignidade da pessoa humana e o pluralismo político são considerados **fundamentos** da República Federativa do Brasil, conforme determina o art. 1º, I, III e V, da CF; **B:** incorreta. O preâmbulo, de fato, deve ser utilizado como vetor interpretativo para a busca do significado e compreensão de todo o texto constitucional. Todavia, embora o preâmbulo tenha de ser utilizado como alicerce, segundo o Supremo, ele não tem força normativa, não cria direitos e obrigações e não pode ser utilizado como parâmetro para eventual declaração de inconstitucionalidade. Por exemplo: uma lei que fira tão somente o preâmbulo não pode ser objeto de ação direta de inconstitucionalidade no STF, nem de outro mecanismo de controle de constitucionalidade; **C:** incorreta. O titular do poder constituinte é o povo. O fundamento é encontrado no parágrafo único do art. 1º da CF. Por outro lado, a manifestação e o exercício desse poder são delegados aos governantes que, em nome do povo, promovem a instituição de um novo regime constitucional e as suas alterações; **D:** incorreta. Alternativa polêmica, pois parte da doutrina entende dessa forma, embora não seja a doutrina majoritária. Como a questão não foi anulada, é bom lembrar que o poder constituinte originário é ilimitado juridicamente, pois no Brasil adota-se a teoria positivista; **E:** correta. De fato, o poder de reformar a Constituição se manifesta por meio do processo legislativo das emendas constitucionais, previsto no art. 60 da CF, e as normas advindas desse poder estão sujeitas ao controle de constitucionalidade (ao contrário das normas constitucionais originárias).

(Procurador do Estado/AM – 2016 – CESPE) Julgue os itens que se seguem, acerca do poder de auto-organização atribuído aos estados-membros no âmbito da Federação brasileira.

(1) Dado o princípio majoritário adotado pela CF, pode a Constituição estadual prever que o pedido de criação de comissão parlamentar de inquérito efetuado por um terço dos deputados estaduais no âmbito da assembleia legislativa fique condicionado à vontade da maioria do plenário, que, se assim deliberar, poderá impedir a instalação da respectiva comissão.

(2) Ao instituir sistema estadual de controle abstrato de normas, o estado não estará obrigado a prever em sua Constituição um rol de legitimados para a ação necessariamente equivalente àquele previsto para o controle abstrato de normas no STF.

(3) A despeito do seu papel auxiliar em relação a algumas competências das assembleias legislativas, os tribunais de contas dos estados têm igualmente a atribuição de fiscalizá-las, não podendo as Constituições estaduais vedar-lhes tal incumbência.

(4) São de observância obrigatória para os estados, devendo ser reproduzidas nas Constituições estaduais, as normas constitucionais federais relativas às imunidades parlamentares, ao processo legislativo e ao regime dos crimes de responsabilidade e às garantias processuais penais do chefe do Poder Executivo federal.

1: errada. O § 3º do art. 58 da CF, ao tratar das Comissões Parlamentares de Inquérito, determina que elas sejam criadas pela Câmara dos Deputados e pelo Senado Federal, em conjunto ou separadamente, **mediante requerimento de um terço de seus membros** (garantia das minorias), para a apuração de fato determinado e por prazo certo. Tal regra deve ser aplicada, por simetria, nos âmbitos estadual e municipal. O STF já decidiu que deve ser estendida aos membros das Assembleias Legislativas estaduais a garantia das minorias, ou seja, as CPIs no âmbito estadual também devem ser criadas por um terço dos membros. Na ADI 3.619, o STF afirmou que "o modelo federal de criação e instauração das comissões parlamentares de inquérito constitui matéria a ser compulsoriamente observada pelas casas legislativas estaduais. A garantia da instalação da CPI **independe de deliberação plenária**, seja da Câmara, do Senado ou da Assembleia Legislativa. (...) Não há razão para a submissão do requerimento de constituição de CPI a qualquer órgão da Assembleia Legislativa. Os requisitos indispensáveis à criação das comissões parlamentares de inquérito estão dispostos, estritamente, no art. 58 da CB/1988"; **2:** correta. Determina o § 2º do art. 125 da CF que os Estados poderão instituir representação de inconstitucionalidade de leis ou atos normativos estaduais ou municipais em face da Constituição Estadual, **sendo vedada a atribuição da legitimação para agir a um único órgão**. Sendo assim, os estados não precisam prever em sua Constituição o mesmo rol de legitimados do âmbito federal. A única regra é a de que tal legitimação não pode ser atribuída a um único órgão; **3:** correta. De acordo com o *caput* do art. 75 da CF, as normas que regem o Tribunal de Contas da União (TCU) têm aplicação, no que couber, à organização, composição e **fiscalização** dos Tribunais de Contas dos Estados e do Distrito Federal, bem como dos Tribunais e Conselhos de Contas dos Municípios. De fato, os Tribunais de Contas Estaduais detêm atribuição de fiscalizar as assembleias legislativas e as Constituições estaduais não podem vedar essa incumbência; **4:** errada. Ao contrário do mencionado, tais normas não são de observância obrigatória nas Constituições Estaduais. Aliás, o STF já decidiu reiteradas vezes que as normas relativas ao regime dos crimes de responsabilidade e às garantias processuais penais do chefe do Poder Executivo federal **não podem ser estendidas** aos demais chefes do Executivo. BV/TM
Gabarito 1E, 2C, 3C, 4E

(Procurador do Estado/PR – 2015 – PUC-PR) A tarefa do Poder Constituinte é criar normas jurídicas de valor constitucional, isto é, fazer a Constituição que atenda às demandas políticas e jurídicas de criação ou transformação. Sobre a teoria do Poder Constituinte, assinale a assertiva **CORRETA**.

(A) O Poder Constituinte derivado é competência constitucional estabelecida voltada exclusivamente à revisão do texto constitucional.
(B) O Poder Constituinte derivado decorrente não pode ser considerado limitado, sob pena de violação do princípio da autonomia dos entes federados.
(C) De acordo com a teoria clássica do Poder Constituinte, a Constituição é resultado do exercício de um poder originário, anterior e superior a ela, no qual ela se radica e do qual advém toda a sua premência e irrestrição.
(D) O processo da mutação constitucional equivale formalmente ao exercício do Poder Constituinte derivado reformador.
(E) O Poder Constituinte – tanto em sua versão originária quanto derivada – possui as mesmas características e limites, já que estabelece normas constitucionais por meio de um processo legislativo extraordinário.

A: incorreta. O poder constituinte derivado, também denominado de instituído ou de 2º grau, não está voltado exclusivamente à revisão do texto constitucional. Tal poder é dividido em: poder constituinte derivado **reformador** – poder de alterar a Constituição e que se manifesta por emenda constitucional, poder constituinte derivado **decorrente** (poder de se criar Constituições Estaduais (art. 11 do ADCT e 25 da CF) – e poder constituinte derivado revisor – atualmente não aplicável, pois a revisão constitucional, que pôde ser realizada uma única vez, já ocorreu (art. 3º do ADTC); **B:** incorreta. Ao contrário do mencionado, o poder constituinte derivado decorrente é considerado limitado, pois os Estados, quando da elaboração de suas Constituições Estaduais, tiveram de ater-se aos preceitos estabelecidos na Constituição Federal e respeitar as limitações por ela impostas; **C:** correta. De fato, a Constituição decorre de um poder superior e anterior a ela, poder constituinte originário, que a torna irrestrita. O **poder constituinte originário**, genuíno, ou de primeiro grau, é aquele que cria a primeira constituição de um Estado ou a nova constituição de um Estado. No primeiro caso, é conhecido como poder constituinte histórico. Tem a função de instaurar e estruturar, pela primeira vez, o Estado. No segundo, é conhecido como poder constituinte revolucionário, porque ele rompe a antiga e existente ordem jurídica de forma integral, instaurando uma nova. Em ambos os casos, o poder constituinte impõe uma nova ordem jurídica para o Estado. Tem por principais características ser inicial, autônomo, incondicionado e ilimitado; **D:** incorreta. A **mutação constitucional**, também conhecida como interpretação constitucional evolutiva, tem relação não com o aspecto formal do texto constitucional, mas sim com a interpretação dada à Constituição. Não são necessárias técnicas de revisão ou reforma constitucional para que o fenômeno se opere.

A mudança social, que se dá com o passar do tempo, já faz com que a interpretação seja modificada. É, portanto, é alteração informal da Constituição; **E:** incorreta. Ao contrário do mencionado, o poder constituinte originário **não possui as mesmas características e limitações** do poder constituinte derivado. O primeiro, como mencionado, é inicial, autônomo, incondicionado e ilimitado. O segundo, por outro lado, é derivado, subordinado, limitado e condicionado. BV
Gabarito "C".

(Procurador do Estado/AC – 2014 – FMP) A Constituição brasileira não pode ser emendada

(A) a partir da implantação do estado de emergência e durante a intervenção da União nos Estados.
(B) na vigência do estado de sítio e na implantação do estado de emergência.
(C) na vigência de estado de defesa, de estado de sítio e de intervenção federal.
(D) quando em estado de sítio e durante a intervenção da União nos Municípios.

A: incorreta. De acordo com o art. 60, § 1º, da CF, a Constituição não poderá ser emendada **na vigência** de intervenção federal, de estado de defesa ou de estado de sítio. São os chamados limites circunstanciais; **B:** incorreta. A implantação de estado de emergência não integra o rol de limites circunstanciais; **C:** correta. É o que determina o mencionado art. 60, § 1º, da CF; **D:** incorreta. A intervenção da União nos Municípios localizados em Estados não vem prevista no art. 60, § 1º, da CF. BV
Gabarito "C".

(Procurador do Estado/AC – 2014 – FMP) Considerando que a federação é cláusula pétrea, é possível a edição de emenda à constituição que afete a partilha de competências entre os entes federativos?

(A) Sim, é possível alterar a partilha de competências, desde que se preservem as de caráter financeiro.
(B) Não, sendo cláusula pétrea, toda e qualquer medida que, mesmo tendencialmente, venha a afetar o princípio federativo, não poderá ser objeto de deliberação parlamentar.
(C) A federação não é cláusula pétrea.
(D) Nenhuma alternativa anterior é verdadeira.

A: incorreta. Não é possível alterar a distribuição de competências entre os entes federados. Apenas a CF tem o poder de definir a parcela de autonomia dada a cada ente federado. Além disso, a principal característica do Estado federal é justamente a existência de uma repartição constitucional de competências; **B:** correta. De acordo com o art. 60, § 4º, I, da CF, não será objeto de deliberação a proposta de emenda **tendente** a abolir a forma federativa de Estado; **C:** incorreta. Ao contrário do mencionado, a federação é considerada cláusula pétrea, conforme determina o art. 60, § 4º, I, da CF; **D:** incorreta. A alternativa "B" é verdadeira. BV
Gabarito "B".

(Procurador do Município – Cuiabá/MT – 2014 – FCC) Em outubro de 2013, foi apresentada à Câmara dos Deputados uma proposta de emenda à Constituição (PEC), que tramita sob o 334/2013 e pretende dar nova redação ao artigo 14, § 1º, da Constituição, com vistas a tornar o alistamento eleitoral e o voto facultativos. Em conformidade com o relatório de conferência de assinaturas da Casa legislativa, referida PEC foi validamente subscrita por 174 de um total de 513 Deputados Federais. Diante da disciplina constitucional da matéria, a PEC 334/2013, em princípio,

(A) não afronta os limites formais, circunstanciais ou materiais impostos ao poder de reforma constitucional, estando apta a prosseguir o trâmite regular das proposições normativas da espécie.
(B) não atende à exigência constitucional relativa ao exercício de iniciativa conjunta para propositura de emendas à Constituição por membros das Casas Legislativas.
(C) não poderá ser objeto de deliberação pelas Casas do Congresso Nacional, por afrontar limite material imposto ao poder de reforma constitucional.
(D) somente poderá ser objeto de deliberação no que se refere à facultatividade do alistamento eleitoral, mas não do voto, que goza de tutela reforçada contra a atuação do poder de reforma constitucional.
(E) deverá ser discutida e votada em cada Casa do Congresso Nacional, em dois turnos, considerando-se aprovada se obtiver, em ambos, a maioria absoluta dos votos dos respectivos membros.

A: correta. De fato, a PEC está **apta a prosseguir o seu trâmite regular**, pois não afronta nenhum dos limites mencionados. O formal, quanto à iniciativa, foi devidamente respeitado, já que a PEC foi proposta por mais de 1/3 dos membros da Câmara – 174 membros – (art. 60, I, da CF). Os materiais também foram cumpridos, pois a proposta não tendeu a abolir cláusula pétrea (art. 60, § 4º, I a IV, da CF). Por fim, os circunstanciais também foram observados, pois na época o país não estava passando por uma situação de anormalidade, ou seja, não vigia o estado de sítio, o estado de defesa ou a intervenção federal; **B:** incorreta. De acordo com o art. 60, I, II e III, da CF, a Constituição poderá ser emendada mediante proposta: I – de um terço, no mínimo, dos membros da Câmara dos Deputados ou do Senado Federal, II – do Presidente da República ou III – de mais da metade das Assembleias Legislativas das unidades da Federação, manifestando-se, cada uma delas, pela maioria relativa de seus membros; **C:** incorreta. A **obrigatoriedade**

do voto não é cláusula pétrea, de modo que pode ser objeto de emenda constitucional. O art. 60, § 4º, II, da CF determina que a não possibilidade de deliberação a proposta de emenda tendente a abolir o **voto direto, secreto, universal e periódico**; **D**: incorreta. Conforme mencionado, a obrigatoriedade do voto não é cláusula pétrea; **E**: incorreta. A aprovação não se dá por maioria absoluta, mas por 3/5 dos membros. De acordo com o art. 60, § 2º, da CF, a proposta deve ser discutida e votada em cada Casa do Congresso Nacional, em dois turnos, considerando-se aprovada se obtiver, em ambos, **três quintos dos votos** dos respectivos membros. BV
Gabarito "A".

(Procurador do Município – São Paulo/SP – 2014 – VUNESP) O poder constituinte derivado, com força de modificar a Constituição Federal de 1988, pode ser considerado como

(A) incondicionado e limitado juridicamente.
(B) soberano e incondicionado.
(C) secundário e condicionado.
(D) primário e limitado constitucionalmente.
(E) autônomo e limitado no que se refere às cláusulas pétreas.

A: incorreta. O poder constituinte **derivado**, ao contrário do mencionado, é **condicionado**, pois possui limites formais impostos pelo poder constituinte originário. Sendo assim, só pode ser exercido quando observadas as regras constitucionalmente estabelecidas. É limitado juridicamente, pois o constituinte originário criou diversas limitações a esse poder, como, por exemplo, as denominadas cláusulas pétreas que são matérias que não podem ser objeto de emenda tendente a aboli-las (art. 60, § 4º, I a IV, da CF); **B**: incorreta. As **características** mencionadas **são do poder constituinte originário**; **C**: correta. De fato, o poder constituinte derivado é secundário, pois é criado pelo originário (primário) e a ele é subordinado. Além disso, é condicionado, pois só pode ser exercido desde que observadas as regras formais constitucionalmente estabelecidas; **D**: incorreta. É limitado condicionalmente, mas **não é primário**; **E**: incorreto. O poder constituinte derivado **não detém autonomia** e, de fato, é limitado, mas não apenas em relação às cláusulas pétreas. O art. 60 da CF traz limitações de natureza formal, material e circunstancial. BV
Gabarito "C".

(Procurador do Município – São Paulo/SP – 2014 – VUNESP) No que se refere ao processo legislativo de emenda à Constituição, é correto afirmar que

(A) a Constituição brasileira adotou o denominado sistema flexível em que há apenas limitações implícitas à modificação do texto constitucional.
(B) o sistema jurídico admite apenas limitações expressas, que são classificadas pela doutrina como limitações materiais, formais e instrumentais.
(C) as emendas à Constituição estão sujeitas às denominadas limitações implícitas ao poder constituinte derivado.
(D) a revisão especial da Constituição poderá realizar-se a cada cinco anos, mediante decisão da maioria absoluta dos membros das duas Casas do Congresso, em sessão unicameral, sendo que somente neste caso não há limitação.
(E) as chamadas cláusulas pétreas, constantes do art. 60, § 4.º, da Constituição, podem ser superadas mediante procedimento especial, denominado pela doutrina de dupla revisão.

A: incorreta. A CF/1988 é rígida já que só pode ser alterada por um processo mais solene, mais dificultoso que o processo de alteração das demais normas jurídicas (art. 60 da CF). Além disso, possui limitações **materiais**: cláusulas pétreas – art. 60, § 4º, I a IV, da CF, **formais**: iniciativa específica – 60, I, II e III, da CF, quórum fortificado – 3/5, em 2 turnos e nas 2 casas – art. 60, § 2º, da CF, reapresentação – art. 60, § 5º, da CF e promulgação – art. 60, § 3º, da CF, **circunstanciais**: não pode ser emendada na vigência de estado de sítio, estado de defesa e intervenção federal – art. 60, § 1º, da CF e **implícitas**: as que decorrem do próprio sistema, por exemplo, as normas concernentes ao próprio processo legislativo das emendas constitucionais; **B**: incorreta. Conforme mencionado, há limitações implícitas e as expressas já foram explanadas; **C**: correta. As limitações implícitas também são conhecidas como inerentes. De acordo com Dirley da Cunha Júnior, em *Curso de Direito Constitucional*, 6. ed. 2012, JusPodivm, p. 258, "são limitações não previstas expressamente no texto da Lei Maior, mas que, sem embargo, são inerentes aos regimes e princípios que ela adota". E, de fato, o poder constituinte derivado está sujeito a essas limitações; **D**: incorreta. A revisão constitucional ocorreu uma **única vez** e não pode ser mais realizada, pois a regra prevista no art. 3º do ADCT possui eficácia exaurida ou esgotada; **E**: incorreta. As matérias consideradas cláusulas pétreas não podem ser superadas, aliás, não podem sequer ser objeto de emenda que **tenta** a aboli-las (art. 60, § 4º, I a IV, da CF). BV
Gabarito "C".

2. TEORIA DA CONSTITUIÇÃO E PRINCÍPIOS FUNDAMENTAIS

(Investigador – PC/BA – 2018 – VUNESP) Tendo em vista a Constituição Federal, artigos 1º, 3º, 4º e 5º, assinale a alternativa correta.

(A) A República Federativa do Brasil tem por fundamento a dignidade da pessoa humana, constituindo objetivo fundamental promover o bem de todos, sem preconceito, de qualquer natureza, regendo-se, nas suas relações internacionais, pelo princípio de repúdio ao racismo.
(B) A República Federativa do Brasil tem por fundamento reduzir as desigualdades regionais e sociais, constituindo objetivo fundamental erradicar o racismo, regendo-se, nas suas relações internacionais, pelo princípio da garantia do desenvolvimento nacional.
(C) Todos são iguais perante a lei, garantindo-se aos brasileiros e aos estrangeiros naturalizados a inviolabilidade do direito à vida, à liberdade, à igualdade e à propriedade.
(D) Os tratados e convenções internacionais sobre direitos humanos aprovados no Congresso Nacional serão equivalentes a Lei Complementar.
(E) As normas definidoras de direitos e garantias fundamentais têm aplicação 45 (quarenta e cinco) dias depois de oficialmente publicadas.

A: correta, de acordo com os arts. 1º, III; 3º, IV; 4º, VIII, todos da CF; **B**: incorreta, pois constituem objetivos fundamentais da República Federativa do Brasil, entre outros, garantir o desenvolvimento nacional; erradicar a pobreza e a marginalização e reduzir as desigualdades sociais e regionais (art. 3º da CF); **C**: incorreta, pois todos são iguais perante a lei, sem distinção de qualquer natureza, garantindo-se aos brasileiros e aos estrangeiros residentes no País a inviolabilidade do direito à vida, à liberdade, à igualdade, à segurança e à propriedade (art. 5º, *caput*, da CF); **D**: incorreta, já que os tratados e convenções internacionais sobre direitos humanos que forem aprovados, em cada Casa do Congresso Nacional, em dois turnos, por três quintos dos votos dos respectivos membros, serão equivalentes às emendas constitucionais (art. 5º, § 3º, da CF); **E**: incorreta, haja vista que as normas definidoras dos direitos e garantias fundamentais têm aplicação imediata (art. 5º, § 1º, da CF). AN
Gabarito "A".

(Procurador do Estado/SP – 2018 – VUNESP) Assinale a alternativa correta que justifica a classificação da atual Constituição Federal brasileira como rígida.

(A) A matéria constante de proposta de emenda rejeitada ou havida por prejudicada não pode ser objeto de nova proposta na mesma legislatura.
(B) A Constituição Federal poderá ser emendada mediante proposta exclusiva do Presidente da República; de um terço, no mínimo, dos membros do Congresso Nacional, ou das Assembleias Legislativas das unidades de Federação, manifestando-se, cada uma delas, pela maioria absoluta de seus membros.
(C) A proposta de emenda à Constituição deverá ser discutida e votada em cada Casa do Congresso Nacional, em dois turnos, considerando-se aprovada se obtiver, em ambos, três quintos dos votos dos respectivos membros. Será então promulgada pelas Mesas da Câmara dos Deputados e do Senado Federal, com o respectivo número, não estando sujeita à sanção ou ao veto do Presidente da República.
(D) Os tratados e convenções internacionais que forem aprovados, via decreto legislativo especial, com o respectivo número, em cada Casa do Congresso Nacional, em dois turnos, por três quintos dos votos dos respectivos membros, serão equivalentes às emendas constitucionais, após a devida sanção ou veto do Presidente da República.
(E) A garantia de que somente as normas materialmente constitucionais possam ser submetidas ao processo de reforma via emenda constitucional.

A: incorreta, pois a matéria constante de proposta de emenda rejeitada ou havida por prejudicada não pode ser objeto de nova proposta na mesma **sessão legislativa** (art. 60, § 5º, da CF). A sessão legislativa ordinária é o período de atividade normal do Congresso a cada ano (de 2 de fevereiro a 17 de julho e de 1º de agosto a 22 de dezembro). Já a *legislatura* é o período de cada quatro sessões legislativas, a contar do ano seguinte ao das eleições parlamentares; **B**: incorreta, pois a Constituição poderá ser emendada mediante proposta: do Presidente da República; de um terço, no mínimo, dos membros da **Câmara dos Deputados ou do Senado Federal**; de mais da metade das Assembleias Legislativas das unidades da Federação, manifestando-se, cada uma delas, pela **maioria relativa** de seus membros (art. 60 da CF); **C**: correta, pois Constituição rígida é aquela que somente pode ser modificada mediante processo legislativo especial e qualificado, mais dificultoso do que o da lei, tal como aquele previsto para as emendas constitucionais (art. 60, §§ 2º e 3º, da CF); **D**: incorreta, porque **(i)** apenas os tratados e convenções internacionais sobre **direitos humanos** serão equivalentes às emendas constitucionais, caso aprovados pela maioria qualificada do § 3º do art. 5º da CF; e **(ii)** compete exclusivamente ao Congresso Nacional resolver definitivamente sobre tratados, acordos ou atos internacionais (art. 49, I, da CF), o que o faz por meio de decreto legislativo promulgado pelo presidente do Senado Federal (sem sanção ou veto do presidente da República); **E**: incorreta, pois a Constituição somente pode ser alterada por emenda constitucional (art. 60 da CF), independentemente de serem normas materialmente constitucionais ou formalmente constitucionais. AN
Gabarito "C".

(Defensor Público – DPE/PR – 2017 – FCC) Quanto às classificações das constituições, é correto afirmar que

(A) as constituições-garantia se caracterizam por conterem em seu corpo um conjunto de normas que visam garantir aos cidadãos direitos econômicos, sociais e culturais, estabelecendo metas de ações para o Estado.

(B) a Constituição Brasileira de 1988 é democrática, rígida (ou super-rígida), prolixa e ortodoxa.

(C) as constituições cesaristas, normalmente autoritárias, partem de teorias preconcebidas, de planos e sistemas prévios e de ideologias bem declaradas.

(D) as constituições escritas são caracterizadas por um conjunto de normas de direito positivo.

(E) as constituições históricas são concebidas a partir de evento determinado no tempo, esvaziando a influência dos demais períodos e costumes de determinado povo.

A: Errado. As Constituições Garantia têm o objetivo de proteger os direitos dos cidadãos (individuais e coletivos) e limitar a atuação estatal e não estabelecer metas de atuação. **B:** Errado. A CF de 1988, de fato, é democrática em razão de ter sido discutida e aprovada por representantes do povo. É rígida por exigir um procedimento solene e complexo de emenda. É prolixa em razão de prever uma imensa quantidade de preceitos, e não é ortodoxa pelo fato de apresentar uma conjunção de ideologias. **C:** Errado. As constituições cesaristas ainda que outorgadas, deverão se submeter à ratificação popular por meio de plebiscito ou referendo. **E:** Errado. As Constituições históricas são resultado de uma lenta formação de valores e princípios, não havendo dissociação à determinados períodos. Gabarito "D".

(Defensor Público Federal – DPU – 2017 – CESPE) A respeito da evolução histórica do constitucionalismo no Brasil, das concepções e teorias sobre a Constituição e do sistema constitucional brasileiro, julgue os itens a seguir.

(1) A CF goza de supremacia tanto do ponto de vista material quanto do formal.

(2) Em relação ao exercício do controle de constitucionalidade pelo Poder Judiciário, o rol de órgãos competentes para o exercício do controle abstrato é mais restrito que o de órgãos aptos ao exercício do controle difuso.

(3) Somente após o advento da República a Constituição brasileira passou a prever um sistema de garantia de direitos individuais e coletivos.

(4) O poder constituinte originário e o poder constituinte derivado se submetem ao mesmo sistema de limitações jurídicas e políticas, embora os efeitos dessas limitações ocorram em momentos distintos.

1: Correto. Importante destacar que a Supremacia da Constituição traduz-se em uma vinculação permanente e irrestrita de todos os poderes do estado e de suas normas de maneira absoluta, tanto no aspecto formal como no aspecto material. **2:** Sim. Enquanto no controle difuso (caso em concreto) a CF assegura a plena possibilidade de qualquer juiz ou tribunal realizar o controle de constitucionalidade (RE 117.805/PR), no controle abstrato será feito originaria e exclusivamente pelo STF. **3:** Errado. A Constituição de 1824, ainda que timidamente já previa em seu título VIII, no art. 179, trinta e cinco incisos que contemplavam um importante rol de direitos civis e políticos, que embora tenha influenciado com certeza as declarações de direitos e garantias das constituições posteriores. Entre os direitos, encontravam-se: a legalidade, a irretroatividade da lei, a igualdade, a liberdade de pensamento, a inviolabilidade de domicílio, a propriedade, o sigilo de correspondência, a proibição dos açoites, da tortura, a marca de ferro quente e outras penas cruéis, entre outros direitos e garantias. **4:** Errado. O poder constituinte originário e o derivado não se submetem ao mesmo sistema de limitações jurídicas e políticas. Isso porque, o poder originário, caracteriza-se por inaugurar um novo texto constitucional por completo (ou o primeiro texto), de maneira ilimitada quanto à matéria, incondicionada quanto à forma e autônoma. Por sua vez, o poder derivado encontra restrições de reforma e é criado pelo originário. Há limitações neste caso materiais (cláusulas pétreas), formais (quanto à iniciativa e procedimentos) e circunstanciais (vedação de emendar a Constituição em estado de sítio, defesa e intervenção federal). Gabarito: 1C, 2C, 3E, 4E.

(Procurador Municipal – Prefeitura/BH – CESPE – 2017) Acerca das Constituições, assinale a opção correta.

(A) De acordo com a doutrina, derrotabilidade das regras refere-se ao ato de se retirar determinada norma do ordenamento jurídico, declarando-a inconstitucional, em razão das peculiaridades do caso concreto.

(B) O neoconstitucionalismo, que buscou, no pós-guerra, a segurança jurídica por meio de cartas constitucionais mais rígidas a fim de evitar os abusos dos três poderes constituídos, entrou em crise com a intensificação do ativismo judicial.

(C) A concepção de Constituição aberta está relacionada à participação da sociedade quando da proposição de alterações politicamente relevantes no texto da Constituição do país.

(D) Devido às características do poder constituinte originário, as normas de uma nova Constituição prevalecem sobre o direito adquirido.

A: incorreta. A derrotabilidade das normas jurídicas (*defeasibility*, de Herbert Hart) refere-se à possibilidade de uma norma que preencha todas as condições para sua aplicação ao caso concreto seja, entretanto, afastada, por conta de uma exceção relevante não prevista de forma exaustiva. Dá-se como exemplo a decisão do STF sobre possibilidade de antecipação terapêutica do parto (aborto) em casos de gravidezes de fetos anencefálicos, exceção não prevista no Código Penal, mas relevante o suficiente para afastar a aplicação da sanção penal; **B:** incorreta. De acordo com Pedro Lenza, busca-se, dentro da realidade do neoconstitucionalismo, "não mais atrelar o constitucionalismo à ideia de limitação do poder político, mas, acima de tudo, buscar a eficácia da Constituição, deixando o texto de ter um caráter meramente retórico e passando a ser mais efetivo, especialmente diante da expectativa de concretização dos direitos fundamentais"; **C:** incorreta. A sociedade aberta dos intérpretes da Constituição opera não apenas quando da proposição de alterações politicamente relevantes, mas se dá a partir de uma participação mais ativa da população na interpretação da Constituição, independentemente da sua forma ou conteúdo; **D:** correta. Não há direito adquirido em face da nova Constituição, já que o Poder Constituinte Originário é inicial, autônomo, ilimitado e incondicionado. Gabarito "D".

(Procurador do Estado – PGE/RS – Fundatec – 2015) O movimento do constitucionalismo surgiu:

(A) no final do século XVIII, com a elaboração das primeiras constituições escritas, com o objetivo de assegurar direitos e coibir o arbítrio, mediante a separação dos poderes.

(B) no início do século XX, com a emergência das constituições sociais, com o objetivo de assegurar a igualdade social, em face do flagelo da 1ª Guerra Mundial.

(C) em meados do século XX, com a emergência do pós-positivismo, com o objetivo de assegurar o princípio da dignidade humana e a proteção de direitos.

(D) no final do século XX, com a emergência das constituições pós-sociais, com o objetivo de reduzir o alcance do Estado, em nome do princípio da eficiência.

(E) no final do século XVII, com a elaboração das primeiras constituições escritas, com o objetivo de assegurar liberdades e coibir o arbítrio, mediante a cláusula federativa.

A alternativa "A" está correta, tornado erradas todas as demais. De acordo com Daniel Sarmento e Cláudio Pereira de Souza Neto, "a ideia de Constituição, tal como a conhecemos hoje, é produto da Modernidade, sendo tributária do iluminismo e das revoluções burguesas dos séculos XVII e XVIII, ocorridas na Inglaterra, nos Estados Unidos e na França. Ela está profundamente associada ao constitucionalismo moderno, que preconiza a limitação jurídica do poder político, em favor dos direitos dos governados". Os três principais modelos do constitucionalismo moderno são o inglês, o francês e o norte-americano. Gabarito "A".

(Procurador do Estado – PGE/PA – UEPA – 2015) Analise as afirmativas abaixo e assinale a alternativa correta.

I. As Revoluções Francesa e Estadunidense, do final do século XVIII, produziram constituições com Força Normativa Similar, ambas, a dos EUA (1787) e a francesa (1791) pretendendo exercer a supremacia de seus respectivos ordenamentos jurídicos.

II. A Constituição dos EUA (1787), em seu texto aprovado, pretendia DIVIDIR sua supremacia com outros textos normativos.

III. As primeiras Constituições que afirmaram, em seu texto, Direitos Humanos de 2ª Geração, foram a mexicana (1917) e a Alemã (Weimar, 1919).

IV. As Constituições, quanto à essência, consoante Karl Loewenstein, dividem-se em Normativas, Nominais e Semânticas.

A alternativa que contém todas as afirmativas corretas é:

(A) II e III.
(B) II e IV.
(C) I e III.
(D) I e IV.
(E) I, III e IV.

I: incorreta. Em relação à constituição dos Estados Unidos, a questão está correta, mas não para a França. De acordo com Daniel Sarmento e Cláudio Pereira de Souza Neto: "O protagonista do processo constitucional no modelo francês é o Poder Legislativo, que teoricamente encarna a soberania e é visto como um garantidor mais confiável dos direitos do que o Poder Judiciário (...). Isso levou, na prática, a que a Constituição acabasse desempenhando o papel de proclamação política, que deveria inspirar a atuação legislativa, mas não de autêntica norma jurídica, que pudesse ser invocada pelos litigantes nos tribunais."; **II:** correta. Em verdade, como a Constituição dos EUA foi o texto de consenso entre federalistas e republicanos, abriu espaço para que os estados tivessem autonomia para definir diversas questões específicas e importantes, não sendo vista como o documento que deve dirigir o futuro do país; **III:** O gabarito classifica a questão como errada, mas a doutrina majoritária classifica como marco dos direitos sociais as Constituição do México e de Weimar; **IV:** correta. Quanto ao critério ontológico, que busca identificar a correspondência entre a realidade política do Estado e o texto constitucional, Karl Loewenstein classificava as constituições em normativas, nominalistas e semânticas. Segundo Pedro Lenza "enquanto nas Constituições normativas a pretendida limitação ao poder se implementa na prática, havendo, assim, correspondência com a realidade, nas nominalistas busca-se essa concretização, porém, sem sucesso, não se conseguindo uma verdadeira normatização do processo real do poder. Por sua vez, nas semânticas nem sequer se têm essa pretensão, buscando-se conferir legitimidade meramente formal aos detentores do poder, em seu próprio benefício". Dessa forma, continua o mesmo autor, "da normativa à semântica percebemos uma gradação de democracia e Estado democrático de direito para autoritarismo". Gabarito "B".

11. DIREITO CONSTITUCIONAL

(Procurador do Estado – PGE/PA – UEPA – 2015) Sobre o que trata as alternativas abaixo, é correto afirmar que:

(A) o princípio republicano, por repelir privilégios e não tolerar discriminações, levou o STF a impedir a prerrogativa de foro, perante a Corte, nas infrações penais comuns, salvo nos casos onde a prática delituosa tenha ocorrido durante o período de atividade funcional, se sobrevier a cessação da investidura do indiciado, denunciado ou réu no cargo, função ou mandato.
(B) consoante o STF, com apoio na Relevância Jurídica do Preâmbulo de nossa atual Constituição da República, a consagrar sua força normativa, pode concluir-se pela capacidade de servir como parâmetro de controle nas ações diretas de constitucionalidade.
(C) o STF vem, aos poucos, porém progressivamente, acatando a tese de que há hierarquia entre normas constitucionais originárias.
(D) o STF, prestigiando o Princípio Federativo e o Princípio da Territorialidade, reconheceu as distorções alocativas e o impacto negativo decorrente da tributação do ICMS pelo Estado de origem, especialmente sobre o crescimento econômico e sobre a distribuição das receitas estaduais, consignando a constitucionalidade da exigência de tal tributo nas operações interestaduais que destinem mercadoria ou bem ao consumidor final, cuja aquisição ocorrer de forma não presencial no estabelecimento remetente (e-commerce).
(E) em relação à força normativa da Constituição, Konrad Hesse esclarece que a Constituição real e Constituição jurídica estão em uma relação de coordenação. Elas condicionam-se mutuamente, mas não dependem, pura e simplesmente, uma da outra. Ainda que não de forma absoluta, a Constituição jurídica tem significado próprio. Sua pretensão de eficácia apresenta-se como elemento autônomo no campo de forças do qual resulta a realidade do Estado. A Constituição adquire força normativa na medida em que logra realizar essa pretensão de eficácia.

A: incorreta. O STF ainda não possui esse entendimento, embora o Ministro Luís Roberto Barroso tenha apresentado voto nesse sentido. O julgamento está suspenso com pedido de vista do Ministro Alexandre de Moraes (V. QO na AP 937/RJ, Rel. Min. Roberto Barroso); **B:** incorreta. Embora o preâmbulo possa ser utilizado como vetor interpretativo, não possui força normativa, ou seja, não se podem propor ações com fundamento no preâmbulo da Constituição; **C:** incorreta. Não existe hierarquia formal entre as normas constitucionais, embora se possa falar em hierarquia axiológica; **D:** incorreta. A questão ainda não foi decidida pelo Pleno, havendo decisão monocrática do Relator, Ministro Dias Toffoli, concedendo a liminar para suspender a mudança das regras de recolhimento do ICMS no comércio eletrônico (Ver MC na ADI 5464); **E:** correta. As constituições deixam de ser vistas como cartas políticas para serem alçadas ao centro do ordenamento jurídico, com força normativa para filtrar todas as demais normas. Gabarito "E".

(Advogado União – AGU – CESPE – 2015) Com relação a constitucionalismo, classificação e histórico das Constituições brasileiras, julgue os itens que se seguem.

(1) Constituições promulgadas — a exemplo das Constituições brasileiras de 1891, 1934, 1946 e 1988 — originam-se de um órgão constituinte composto de representantes do povo que são eleitos para o fim de as elaborar e estabelecer, ao passo que Constituições outorgadas — a exemplo das Constituições brasileiras de 1824, 1937 e 1967 — são impostas de forma unilateral, sem que haja participação do povo.
(2) No neoconstitucionalismo, passou-se da supremacia da lei à supremacia da Constituição, com ênfase na força normativa do texto constitucional e na concretização das normas constitucionais.

1. A questão foi anulada, mas consideramos incorreta. Constituições promulgadas são fruto do trabalho de uma assembleia constituinte (eleita especificamente para o fim de elaborar uma nova constituição) ou de um congresso constituinte (que, já eleito, assume a função de assembleia constituinte e, após a elaboração do novo texto constitucional, retorna às funções legislativas — como ocorreu em 1987/1988), nascendo de uma deliberação popular. Constituições outorgadas são as impostas de forma unilateral, sem participação direta ou indireta do povo; **2.** Com o neoconstitucionalismo, os valores constitucionais passam a ser priorizados e concretizados, há uma aproximação das ideias de direito e justiça. Ao contrário do mencionado, há no neoconstitucionalismo uma **ascensão do Poder Judiciário**, na medida que ao validar princípios e valores constitucionais, atribui-lhes força normativa. Segundo Ana Paula de Barcellos: "Do ponto de vista material, ao menos dois elementos caracterizam o neoconstitucionalismo e merecem nota: (i) a incorporação explícita de valores e opções políticas nos textos constitucionais, sobretudo no que diz respeito à promoção da dignidade humana e dos direitos fundamentais; e (ii) a expansão de conflitos específicos e gerais entre as opções normativas e filosóficas existentes dentro do próprio sistema constitucional". Gabarito 1E, 2C.

(Advogado União – AGU – CESPE – 2015) Julgue os itens seguintes, que se referem ao Estado federal, à Federação brasileira e à intervenção federal.

(1) No federalismo pátrio, é admitida a decretação de intervenção federal fundada em grave perturbação da ordem pública em caso de ameaça de irrupção da ordem no âmbito de estado-membro, não se exigindo para tal fim que o transtorno da vida social seja efetivamente instalado e duradouro.
(2) Entre as características do Estado federal, inclui-se a possibilidade de formação de novos estados-membros e de modificação dos já existentes conforme as regras estabelecidas na CF.

1. incorreta. Não reflete o disposto no art. 34, III, CF; **2.** correta. Art. 18 da CF. Gabarito 1E, 2C.

(Juiz – TRF 2ª Região – 2017) Assinale a opção que, corretamente, classifica a Constituição Federal em vigor:

(A) Dogmática, promulgada, rígida e analítica.
(B) Rígida, popular, não dogmática e originalista.
(C) Flexível, popular, histórica e formal.
(D) Democrática, formal, semi-flexível e originalista.
(E) Semi-flexível, promulgada, dirigente e nominalista.

A: correta, uma vez que a Constituição Federal é escrita, logo dogmática, pois exterioriza o trabalho escrito e sistematizado da Assembleia Constituinte, promulgada, porque popular, democrática, rígida, ao passo que para que ocorra alteração da Constituição temos um processo legislativo mais difícil, solene, do que o processo de alteração da legislação infraconstitucional e analítica, na medida em que o texto constitucional aborda os mais diversos temas e não apenas um rol de direito e garantias fundamentais e as estruturais essenciais do Estado. Logo, por lógica, as afirmativas B, C, D e E, estão incorretas. Gabarito "A".

(Procurador – PGFN – ESAF – 2015) Sobre "neoconstitucionalismo", é correto afirmar que se trata:

(A) de expressão doutrinária, de origem inglesa, desenvolvida com a série de julgados da Câmara dos Lordes, que retém competência legislativa e judicante.
(B) de expressão doutrinária, que tem como marco histórico o direito constitucional europeu, com destaque para o alemão e o italiano, após o fim da Segunda Guerra mundial.
(C) do novo constitucionalismo de expressão doutrinária, que tem origem e marco histórico no direito brasileiro com a redemocratização e as inovações constantes da Constituição de 1946.
(D) de expressão doutrinária, de origem anglo-saxã, desenvolvida na Suprema Corte dos Estados Unidos à época em que John Marshall era seu presidente, caracterizada pelo amplo ativismo judicial.
(E) de expressão doutrinária atribuída ao constitucionalista argentino Bidart Campos e tem como marco histórico a reforma constitucional de 1957.

A e B: Para Pedro Lenza, os marcos históricos são "as Constituições do pós-guerra, na Europa, destacando-se a da Alemanha de 1949 (Lei Fundamental de Bonn) e o Tribunal Constitucional Federal (1951); a da Itália de 1947 e a instalação da Corte Constitucional (1956); a de Portugal (1976) e a da Espanha (1978), todas enfocando a perspectiva de redemocratização e Estado Democrático de Direito. No Brasil, o destaque recai sobre a Constituição de 1988, em importante processo democrático"; **C:** incorreta. No Brasil, o neoconstitucionalismo surge com a Constituição de 1988; **D:** incorreta. John Marshall foi o idealizador do controle de constitucionalidade (Marbury x Madison), não do neoconstitucionalismo; **E:** incorreta. O neoconstitucionalismo tem origem na Europa, não na América do Sul. Gabarito "B".

(Procurador – PGFN – ESAF – 2015) Considerando a história constitucional do Brasil, é correto afirmar que:

(A) a Constituição de 1937 previu o Supremo Tribunal Federal, mas extinguiu a Justiça Federal.
(B) ao ser promulgada, a Constituição Federal de 1946 previu a ação direta de inconstitucionalidade.
(C) a Emenda Constitucional n. 03/93, que instituiu a ação declaratória de constitucionalidade, estabeleceu como legitimados para propô-la os mesmos da ação direta de inconstitucionalidade.
(D) o mandado de segurança foi introduzido no direito brasileiro pela Constituição de 1946.
(E) a Constituição de 1891 determinou o ensino religioso nas escolas mantidas ou subvencionadas pela União, Estados ou Municípios.

A: correta. Arts. 182 e 185 da Constituição de 1937; **B:** incorreta. A representação genérica de inconstitucionalidade surgiu com a Emenda Constitucional 16/1965; **C:** incorreta. Embora tenha surgido com a EC 03/1993, inicialmente não possuía os mesmos legitimados ativos da ADI. Atualmente pode ser proposta pelos legitimados do art. 103 da CF; **D:** incorreta. Surgiu com a CF de 1934; **E:** incorreta. Pela Constituição de 1891, o ensino público é laico. A Constituição de 1946 instituiu o ensino religioso nas escolas públicas. Gabarito "A".

(Juiz – TRF 2ª Região – 2017) Marque a opção correta:

(A) O direito fundamental à isonomia não é ferido pelos certames públicos para cargos de carreira policial, de escrivão, de agente de segurança e de carcereiro, entre outros, que exigem altura mínima de 1 metro e 60 cm como condição para o ingresso.
(B) A proteção constitucional à liberdade de consciência e de crença assegura o direito de não ter religião, e impede que o Poder Público embarace o funcionamento de qualquer culto, sendo inconstitucional exigência de que instituições religiosas se submetam a limites sonoros em suas reuniões.

(C) Todos os brasileiros têm assegurado o direito de receber dos órgãos públicos informações de seu interesse ou interesse geral, salvo nos casos em que decretado o segredo de justiça.

(D) O direito constitucional de petição pode ser condicionado ao pagamento de custas módicas ou no máximo razoáveis, daí ser inconstitucional, como já decidiu o STF, o estabelecimento de taxa judiciária cobrada sobre o valor da causa, sem limitação expressa.

(E) O fato de ser livre a expressão de atividade intelectual, artística, científica e de comunicação não impede que tal direito seja limitado pelo legislador, permitindo-se, por exemplo, a proteção da reputação das demais pessoas, da segurança nacional, da ordem pública e da saúde.

A: incorreta, pois as discriminações em editais somente serão constitucionais se proporcionais com as atribuições do cargo. Nesse sentido, RMS 31781/STJ: "ADMINISTRATIVO. RECURSO ORDINÁRIO EM MANDADO DE SEGURANÇA. CONCURSO PÚBLICO. POLICIAL MILITAR. ALTURA MÍNIMA. PREVISÃO EM LEI LOCAL. COMPATIBILIDADE DO DISCRÍMEN COM AS ATRIBUIÇÕES DO CARGO PLEITEADO. VALIDADE DA RESTRIÇÃO. 1. Pacífica a jurisprudência do Superior Tribunal de Justiça e do Supremo Tribunal Federal pela validade de cláusula editalícia que impõe condições psicológicas, biológicas e físicas para o acesso a determinado cargo público, desde que (i) tais restrições tenham previsão em lei e (ii) o discrímen legalmente escolhido seja compatível com as atribuições a serem desempenhadas. Precedentes. 2. Na espécie, a altura mínima para homens (1,65m) está prevista no art. 1º da Lei estadual n. 1.353/04, cujo teor foi reproduzido no edital do certame, daí porque preenchida a primeira exigência jurisprudencialmente construída. 3. Por se tratar de concurso público para o cargo de policial militar, revela-se adequada a eleição da altura como fator de corte, levando-se em conta as peculiaridades das atribuições a serem desenvolvidas. 4. Não há que se falar em violação à impessoalidade pois as condições de seleção foram veiculadas previamente, em caráter geral, abarcando toda a universalidade de concorrentes às vagas oferecidas.". No mesmo sentido, o STF já pacificou que: "CONSTITUCIONAL. ADMINISTRATIVO. SERVIDOR PÚBLICO. CONCURSO PÚBLICO. ESCRIVÃO DE POLÍCIA. REQUISITO. ALTURA MÍNIMA. I.– Em se tratando de concurso público para escrivão de polícia, é irrelevante a exigência de altura mínima, em virtude das atribuições do cargo. Precedentes. II.– Não se admite o exame de cláusulas de edital em sede extraordinária. Precedentes. III.– Agravo não provido." (AI 384050/MS); B: incorreta, pois a limitação sonora é exigência constitucional, não podendo a lei desobrigar os templos e cultos a procederem o isolamento acústico quando ultrapassado o limite legal de emissão de ruídos. Ainda, temos que ressaltar que os direitos fundamentais possuem, dentre suas características, a limitabilidade/relatividade, ou seja, não há direitos, em regra, absolutos; C: incorreta, pois afronta o disposto no art. 5º, XXXIII, da CF: " todos têm direito a receber dos órgãos públicos informações de seu interesse particular, ou de interesse coletivo ou geral, que serão prestadas no prazo da lei, sob pena de responsabilidade, ressalvadas aquelas cujo sigilo seja imprescindível à segurança da sociedade e do Estado."; D: incorreta, pois o direito de petição independe do pagamento de taxa. Nesse sentido é o art. 5º, XXXIV, da CF: "são a todos assegurados, independentemente do pagamento de taxas: a) o direito de petição aos Poderes Públicos em defesa de direitos ou contra ilegalidade ou abuso de poder; b) a obtenção de certidões em repartições públicas, para defesa de direitos e esclarecimento de situações de interesse pessoal."; E: correta. A liberdade de expressão, como todos os outros direitos fundamentais, tem como uma de suas características a limitabilidade, porque há que se limitar um direito em face a outro. Assim, o STF, no julgamento da ADI 4815/DF, decidiu que: "Para a coexistência das normas constitucionais dos incs. IV, IX e X do art. 5º, há de se acolher o balanceamento de direitos, conjugando-se o direito às liberdades com a inviolabilidade da intimidade, da privacidade, da honra e da imagem da pessoa biografada e daqueles que pretendem elaborar as biografias. 9. Ação direta julgada procedente para dar interpretação conforme à Constituição aos arts. 20 e 21 do Código Civil, sem redução de texto, para, em consonância com os direitos fundamentais à liberdade de pensamento e de sua expressão, de criação artística, produção científica, declarar inexigível autorização de pessoa biografada relativamente a obras biográficas literárias ou audiovisuais, sendo também desnecessária autorização de pessoas retratadas como coadjuvantes (ou de seus familiares, em caso de pessoas falecidas ou ausentes)". Gabarito "E."

(Juiz – TRF 3ª Região – 2016) Com relação a classificação das Constituições é correto dizer que:

(A) a Constituição formal é aquela promulgada em sessão solene do Poder Constituinte que a elaborou, com a presença do chefe do Poder Executivo.

(B) a Constituição rígida é aquela que não prevê mecanismo ou processo que permita a alteração de suas normas, só podendo ser mudada por outro Poder Constituinte originário.

(C) a Constituição dirigente confere atenção especial à implementação de programas pelo Estado.

(D) a Constituição ortodoxa é aquela que se pauta por valores e tradições há muito já estabelecidos e conservados pela sociedade.

A: incorreta, pois a Constituição formal é aquela que aborda os mais diversos temas em seu texto, mesmo que não sejam materialmente constitucionais. A CF/88 é formal (ver, por exemplo, o art. 242, §2º, da CF); B: incorreta, pois seria a definição da Constituição imutável. A Constituição rígida é aquela que prevê um processo legislativo mais rigoroso para sua modificação; C: correta, pois é a Constituição que estabelece metas ao legislador, dirige programas futuros do Estado (normas constitucionais de eficácia programática); D: incorreta. Seria o texto constitucional que se funda em apenas uma ideologia. Gabarito "C."

(Juiz – TRF 3ª Região – 2016) Considere a história constitucional do Brasil e assinale a alternativa correta:

(A) Os direitos fundamentais foram expressamente previstos pela primeira vez na Constituição de 1946, a qual sobreveio após a queda do Estado Novo.

(B) A forma federativa de Estado foi prevista na Constituição de 1891, mas ainda assim não foi assegurada autonomia aos Municípios na condição de entes federados.

(C) Na Constituição de 1946 foi concedida ao Presidente da República autorização para expedir decretos-lei e foi prevista a eleição para as Casas Legislativas por meio de voto direto e secreto.

(D) O presidencialismo sempre acompanhou a forma republicana de governo desde que esta foi implantada com a queda do Império.

A: incorreta, pois o texto constitucional de 1824 já trazia um rol de direitos e liberdades; B: correta, a forma federativa foi garantida na Constituição de 1891, contudo, sem autonomia aos Municípios; C: incorreta, pois tal autorização ocorreu em 1937, durante o Estado Novo; D: incorreta, pois o Brasil atravessou uma experiência parlamentarista como, por exemplo, em 1946. Gabarito "B".

(Juiz – TJ/RJ – VUNESP – 2016) No que se refere à Teoria das Normas Constitucionais Inconstitucionais, é correto afirmar, segundo entendimento do Supremo Tribunal Federal, que:

(A) a tese de que há hierarquia entre normas constitucionais originárias dando azo à declaração de inconstitucionalidade de umas em face das outras é compatível com o sistema de Constituição Rígida.

(B) se admite apenas no controle concentrado a verificação da constitucionalidade de normas produzidas pelo Poder Constituinte Originário sob o fundamento da sociedade aberta dos intérpretes da Constituição, com a última palavra pelo Tribunal Constitucional.

(C) não há hierarquia entre normas constitucionais do Poder Constituinte Originário, tendo em vista o princípio da unidade hierárquico-normativa e caráter rígido da Constituição.

(D) é possível a verificação de norma constitucional inconstitucional sob o fundamento de que em todo e qualquer documento constitucional, como em toda e qualquer lei, podem distinguir-se preceitos fundamentais e menos importantes.

(E) há hierarquia e contradição entre normas constitucionais advindas do Poder Constituinte Originário, o que legitima o controle de constitucionalidade de normas constitucionais, produto do trabalho do Poder Constituinte Originário.

A: incorreta, pois não há norma inconstitucional originária do poder constituinte originário; B: incorreta, pois não se admite nem no controle concentrado e nem no difuso; C: correta, pois é o entendimento solidificado no STF: "Não se admite controle concentrado ou difuso de constitucionalidade de normas produzidas pelo poder constituinte originário (ADI 4097)."; D: incorreta, pois o STF não admite a teoria das normas constitucionais inconstitucionais; E: incorreta, porque normas constitucionais originárias do poder constituinte originário não possuem hierarquias e, tão logo, não estão sujeitas ao controle de constitucionalidade. Gabarito "C".

(Juiz – TJ/SP – VUNESP – 2015) O "constitucionalismo moderno", com o modelo de Constituições normativas, tem sua base histórica:

(A) a partir das revoluções Americana e Francesa.

(B) a partir da Magna Carta inglesa e no Bill of Rights da Inglaterra.

(C) com o advento do "Estado Constitucional de Direito", com uma Constituição rígida, estabelecendo limites e deveres aos legisladores e administradores.

(D) a partir das Constituições do México e de Weimar, ao estabelecer o denominado "constitucionalismo social".

A: correta, pois mencionamos a Constituição dos EUA e a Constituição Francesa, ambas do final do século XVIII; B: incorreta, pois a Magna Carta é de 1.215, logo, Idade Média; C: incorreta, pois não tem correlação com o "constitucionalismo moderno" em referência com sua base histórica; D: incorreta, pois o "constitucionalismo social" data do começo do século XX. Gabarito "A".

(Juiz – TJ/SP – VUNESP – 2015) A expressão "constitucionalização do Direito" tem, de modo geral, sua origem identificada pela doutrina

(A) na Constituição Federal brasileira de 1988, com seu conteúdo analítico e casuístico.

(B) nos julgamentos dos MI 712/PA, 670/ES e 708/DF, pelo Supremo Tribunal Federal, alterando entendimento anterior para reconhecer sua competência para editar texto normativo diante da omissão legislativa, a fim de concretizar previsão constitucional.

(C) nos EUA, com o precedente firmado no julgamento do caso Marbury v. Madison, em 1803.

(D) na Alemanha, especialmente sob a égide da Lei Fundamental de 1949.

A: incorreta, pois a CF/88 apenas incorporou o movimento que já existia na Europa (Alemanha) desde o final da década de 40; B: incorreta, pela mesma razão que comentamos anteriormente; **C:** incorreta, no caso Marbury x Madison temos uma decisão voltada ao controle de constitucionalidade; **D:** correta, pois, ainda que não seja unânime, há uma maioria que defende o nascimento da "constitucionalização do Direito" na Alemanha, em 1949 (Pós II Guerra Mundial).

Gabarito "D".

(Juiz – TJ/MS – VUNESP – 2015) Considerando os diferentes conceitos de Constituição, abordados sob a ótica peculiar de diversos doutrinadores, analise as seguintes manifestações sobre o tema: I. Constituição é a soma dos fatores reais de poder que regem uma determinada nação. II. Constituição é a decisão política fundamental sem a qual não se organiza ou funda um Estado. Assim, é correto afirmar que os conceitos I e II podem ser atribuídos, respectivamente, a

(A) Ferdinand Lassale e Hans Kelsen.
(B) Hans Kelsen e Konrad Hesse.
(C) Konrad Hesse e Carl Schimitt.
(D) Ferdinand Lassale e Carl Schimitt.
(E) J.J. Canotilho e Hans Kelsen.

A: incorreta. A primeira parte da está correta, a segunda não. **Ferdinand Lassalle**, ao tratar da Constituição, tomando por base a concepção sociológica, sustentava que "os problemas constitucionais não são problemas de Direito, mas do poder. A verdadeira Constituição de um país somente tem por base os fatores reais e efetivos do poder que naquele país vigem e as constituições escritas não têm valor nem são duráveis a não ser que exprimam fielmente os fatores do poder que imperam na realidade social" (A essência da Constituição, p. 40). Portanto, somente terá valia a Constituição se efetivamente expressar a realidade social e o poder que a comanda. O autor também mencionava que "de nada serve o que se escreve numa folha de papel se não se ajusta à realidade, aos fatores reais de poder". Por outro lado, a concepção jurídica ou formal, sustentada por **Hans Kelsen e Konrad Hesse**, mencionava que o fundamento de validade da Constituição era encontrado na dimensão jurídica e não sociológica ou política. Kelsen representava o ordenamento jurídico por meio de uma pirâmide, na qual a Constituição se encontrava no ápice e abaixo estavam todos os demais atos normativos. As leis ordinárias, complementares, delegadas e também as medidas provisórias, por terem como fundamento imediato de validade a Constituição, ficavam no segundo degrau da pirâmide. Já os regulamentos, portarias, decretos, entre outros, por se fundamentarem primeiro na lei e depois na Constituição, localizavam-se no terceiro degrau da pirâmide. Portanto, juridicamente, a Constituição localiza-se no mais elevado degrau da pirâmide e é exatamente em decorrência disso que é fundamentada sua normatividade. As normas infraconstitucionais (que são todas aquelas que se encontram nos degraus abaixo da Constituição) são submissas às regras determinadas pela Lei Maior e devem ser com ela compatíveis. A isso se deu o nome de relação de compatibilidade vertical; **B:** incorreta. A concepção jurídica, sustentada por **Hans Kelsen e Konrad Hesse**, foi explicada na alternativa anterior; **C:** incorreta. **Carl Schmitt**, em oposição a Lassalle, defendeu o conceito de que a Constituição é a decisão política fundamental de um povo, visando sempre a dois focos estruturais básicos – organização do Estado e efetiva proteção dos direitos fundamentais. Para esse autor, há divisão clara entre Constituição e lei constitucional. Na primeira, encontraríamos as matérias constitucionais, ou seja, organização do Estado e garantia dos direitos fundamentais, sempre com o objetivo de limitar a atuação do poder. Já as leis constitucionais seriam aqueles assuntos tratados na Constituição, mas que materialmente não teriam natureza de norma constitucional. Na verdade, esses assuntos nem deveriam constar da Constituição. Na nossa atual Carta Magna visualizamos um exemplo no art. 242, § 2º, que determina que o Colégio Pedro II, localizado na cidade do Rio de Janeiro, será mantido na órbita federal. Esse dispositivo é uma norma apenas formalmente constitucional, pois está dentro da Constituição, mas não trata de matéria tipicamente constitucional. As leis constitucionais, para Schmitt, como a mencionada no exemplo dado acima, formam o que se denomina Constituição formal, ou seja, apenas são consideradas normas constitucionais pelo fato de estarem alocadas na Constituição, por terem forma de Constituição; **D:** correta. De fato, conforme explicado nas alternativas anteriores, Ferdinand Lassale mencionava que a Constituição era a soma dos fatores reais de poder que regem uma determinada nação (concepção sociológica de Constituição) e Carl Schimitt que Constituição era a decisão política fundamental sem a qual não se organiza ou funda um Estado (concepção política de Constituição); **E:** incorreta. J.J. Canotilho menciona a ideia de Constituição aberta. "Para Canotilho, dentro da perspectiva de uma Constituição aberta, relativiza-se a função material da tarefa da Constituição e justifica-se a desconstitucionalização de elementos substantivadores da ordem constitucional (Constituição econômica, Constituição do trabalho, Constituição social, Constituição cultural)". LENZA, Pedro. *Direito Constitucional Esquematizado*, 19ª ed. São Paulo: Saraiva, 2015, p. 93.

Gabarito "D".

(Procurador da República – 28º Concurso – 2015 – MPF) Assinale a alternativa incorreta:

(A) Para o pensamento republicano, a liberdade como "não dominação" é o ideal regulador de todas as medidas estatais e decisões políticas, e representa a possibilidade de os cidadãos se motivarem pela ação política exatamente para não sofrerem uma interferência sobre bases arbitrárias;
(B) O republicanismo contemporâneo aposta na confluência entre diversidade e aparato institucional, de tal modo que o consenso não seja uma construção prévia, mas resultado de ideias conflitantes contrastadas no interior das estruturas republicanas;
(C) Mecanismos de dispersão e indelegabilidade de poder, império da lei em sentido estrito e democracia formal são requisitos suficientes para a caracterização do Estado republicano contemporâneo;
(D) O Estado republicano da atualidade convive, permanentemente, com a instabilidade dos conceitos de "público" e "privado", muito em função de lutas emancipatórias vitoriosas, que trazem para o espaço público questões até então confinadas ao âmbito privado.

A: correta. O republicanismo adota, sim, uma visão diferente da liberdade do liberalismo clássico, defendendo a visão de liberdade como "não dominação". A ideia é que, diante de uma sociedade com pluralidade de valores, diversa e multicultural, o Estado deve tentar abarcar minimamente a pluralidade, promovendo a universalidade sem acuturamento. O neorepublicanismo, assim, defende simultaneamente valores neoliberais e igualitários, abarcando bandeiras como multiculturalismo, razão dialógica e diversidade, ao lado da virtude cívica e da participação política. Como afirma Daniel Sarmento, liberdade como "não subordinação" significa que "a dependência de um indivíduo pode comprometer a sua liberdade tanto ou mais do que alguma interferência externa sobre a sua conduta"; **B:** correta. O foco do republicanismo está na participação do cidadão na vida pública, enfatizando a "importância da esfera pública como local de troca de razões, exercendo importante papel de supervisão sobre o funcionamento concreto das instituições políticas formais" (Daniel Sarmento). "Nesse sentido", continua Daniel Sarmento, "uma das maiores bandeiras republicanas é o combate aos privilégios conferidos aos governantes ou à elite. A igualdade é afirmada também como exigência no campo socioeconômico, para que a democracia possa prosperar". Essa premissa não pode ser desconsiderada, sendo um dos consensos prévios no pensamento republicano; **C:** incorreta, devendo ser assinalada. O republicanismo envolve muito mais que a defesa de uma forma de governo, "envolve uma constelação de ideias que tem importantes repercussões práticas na definição de padrões adequados de comportamento para governantes e cidadãos" (Daniel Sarmento). O pensamento republicano, como destacado nas alternativas "a" e "b", assegura a ideia de liberdade como "não dominação" e a de igualdade como reconhecimento intersubjetivo, não havendo falar apenas em lei no sentido formal ou de democracia formalista; **D:** correta. Um exemplo de luta emancipatória que antes permanecia em âmbito privado e que agora é objeto de debates públicos é a violência doméstica.

Gabarito "C".

(Promotor de Justiça – MPE/MS – FAPEC – 2015) Sobre o federalismo na Constituição de 1988, é **correto** afirmar que:

(A) No federalismo simétrico o pressuposto é que existe uma desigualdade regional, a exemplo que prescreve o inciso III, do art. 3º, CF/1988.
(B) O sistema federal simétrico adotado, informa que cada Estado mantenha o mesmo relacionamento para com a autoridade central (União Federal).
(C) Ao ser adotado o federalismo simétrico a CF/1988 reconhece a desigualdade jurídica e de competências entre os entes da Federação.
(D) A Constituição Federal de 1988 rejeita a ideia de federalismo assimétrico em razão do reconhecimento das desigualdades regionais.
(E) O federalismo assimétrico é reconhecido pela Constituição Federal de 1988 quando esta informa a igualdade jurídica e de competências entre os entes federados.

A: incorreta. No federalismo simétrico pressupõe-se a homogeneidade de cultura, desenvolvimento, língua e outros fatores, como no caso dos Estados Unidos. O assimétrico pode decorrer de diversos desses fatores dentro de um mesmo país, como ocorre no Canadá (bilíngue e multicultural); **B:** correta. Assim como a União deve manter o mesmo relacionamento para com os Estados; **C:** incorreta. O federalismo brasileiro é assimétrico, embora haja dispositivos que apontam para o federalismo simétrico; **D:** incorreta. A federação brasileira é assimétrica principalmente em razão das diferenças econômicas e sociais; **E:** incorreta. Esses são exemplos de normas simétricas da Constituição.

Gabarito "B".

(Defensor Público – DPE/BA – 2016 – FCC) De acordo com disposição expressa da Constituição Federal, a República Federativa do Brasil tem como fundamento

(A) estado social de direito.
(B) defesa da paz.
(C) soberania.
(D) prevalência dos direitos humanos.
(E) desenvolvimento nacional.

Art. 1º, I a V, da CF. São fundamentos da República Federativa do Brasil: soberania, cidadania, dignidade da pessoa humana, valores sociais do trabalho e livre-iniciativa, e pluralismo político.

Gabarito "C".

(Defensor Público – DPE/ES – 2016 – FCC) A respeito da distinção entre princípios e regras, é correto afirmar:

(A) Diante da colisão entre princípios, tem-se o afastamento de um dos princípios pelo princípio da especialidade ou ainda pela declaração de invalidade.
(B) As regras e os princípios são espécies de normas jurídicas, ressalvando-se a maior hierarquia normativa atribuída aos princípios.
(C) Os princípios possuem um grau de abstração maior em relação às regras, aplicando-se pela lógica do "tudo ou nada".
(D) Os princípios por serem vagos e indeterminados, carecem de mediações concretizadoras (do legislador, do juiz), enquanto as regras são suscetíveis de aplicação direta.

(E) Na hipótese de conflito entre regras, tem-se a ponderação das regras colidentes.

A: Errada. Diante da colisão de princípios aplica-se a técnica da ponderação de interesses. Os critérios clássicos de solução de conflito aparente de normas (hierarquia, cronologia, especialidade etc.) não se aplicam às normas constitucionais, por terem a mesma hierarquia e pelo princípio da unidade da Constituição. A interpretação da Constituição possui princípios próprios; **B:** Errada. Princípios e regras são espécies do gênero "norma", mas não há hierarquia entre eles – embora haja autores que afirmem que violar um princípio é pior que violar uma regra; **C:** Errada. Os princípios são mais abstratos que as regras, mas possuem uma dimensão de peso, constituindo "mandados de otimização". São as regras que seguem a lógica do "tudo ou nada", ou seja: incidem ou não incidem em determinado caso; **D:** Correta, embora em alguns casos os princípios também possam ser aplicados diretamente; **E:** Errada. Ponderação é técnica de solução de conflito entre princípios, não entre regras. Regras não são ponderadas, ou se aplicam ou são afastadas em determinado caso. TM

Gabarito "D".

(Defensor Público – DPE/ES – 2016 – FCC) Em relação ao fenômeno da "constitucionalização" do Direito, impactando as diversas disciplinas jurídicas, como, por exemplo, o Direito Civil, o Direito Processual Civil, o Direito Penal etc., e a força normativa da Constituição, considere:

I. A nova ordem constitucional inaugurada em 1988 tratou de consolidar a força normativa e a supremacia da Constituição, muito embora mantida a centralidade normativo-axiológica do Código Civil no ordenamento jurídico brasileiro.
II. Em que pese parte da doutrina atribuir força normativa à Constituição, ainda predomina, sobretudo na jurisprudência do Supremo Tribunal Federal, o entendimento de que a norma constitucional possui natureza apenas programática.
III. No âmbito do Direito Privado, a eficácia entre particulares (ou vertical) dos direitos fundamentais é um exemplo significativo da força normativa da Constituição e da "constitucionalização" do Direito Civil.
IV. Não obstante a força normativa da Constituição e o novo rol de direitos fundamentais consagrado pela Constituição Federal de 1988, o ordenamento jurídico brasileiro ainda se encontra assentado normativamente em um paradigma ou tradição liberal-individualista
V. A "despatrimonialização" do Direito Civil, conforme sustentada por parte da doutrina, é reflexo da centralidade que o princípio da dignidade da pessoa humana e os direitos fundamentais passam a ocupar no âmbito do Direito Privado, notadamente após a Constituição Federal de 1988.

Está correto o que se afirma APENAS em
(A) V.
(B) I e III.
(C) III, IV e V.
(D) II e III.
(E) III e V.

I: Errada. Embora a primeira parte esteja correta, a centralidade normativo-axiológica do direito brasileiro é a Constituição Federal – não o Código Civil. O Código Civil, como toda legislação infraconstitucional, deve ser interpretado à luz da Constituição (filtragem constitucional); **II:** Errada. Nem todas as normas constitucionais são programáticas, que estabelecem verdadeiros programas a serem cumpridos pelo Estado (art. 3º e art. 215, CF, por exemplo). A maioria é de aplicabilidade imediata; **III:** Errada. Os direitos fundamentais são oponíveis pelo cidadão contra o Estado (eficácia vertical) ou por um particular em face de outro particular, nas relações privadas (eficácia horizontal). Embora seja decorrência da força normativa da Constituição, que se aplica tanto das relações Estado-particular como nas relações particular-particular, a eficácia horizontal dos direitos fundamentais não decorre da "constitucionalização do direito civil"; **IV:** Errada. A Constituição consagra direitos individuais próprios da primeira geração (direitos individuais), mas também direitos sociais, culturais e econômicos (de segunda geração), além dos direitos difusos e coletivos (de terceira geração). O paradigma da Constituição de 1988 não é liberal, mas democrático de direito; **V:** Correta. O princípio da dignidade da pessoa humana ocupa o papel de centralidade axiológica da Constituição, condicionando a interpretação de todo o direito infraconstitucional. De acordo com Daniel Sarmento, o conteúdo do princípio da dignidade da pessoa humana corresponde: a) ao valor intrínseco da pessoa; b) à autonomia; c) ao mínimo existencial e d) ao reconhecimento intersubjetivo. TM

Gabarito "A".

(Defensor Público – DPE/RN – 2016 – CESPE) A respeito da classificação e das concepções de Constituição, do conteúdo do direito constitucional e das normas constitucionais, assinale a opção correta.

(A) Consoante Hans Kelsen, a concepção jurídica de Constituição a concebe como a norma por meio da qual é regulada a produção das normas jurídicas gerais, podendo ser produzida, inclusive, pelo direito consuetudinário.
(B) No que tange ao conteúdo do direito constitucional e a seus aspectos multifacetários, denomina-se direito constitucional comunitário o conjunto de normas e princípios que disciplinam as relações entre os preceitos de Estados estrangeiros e as normas constitucionais de determinado país.
(C) As Constituições rígidas, também denominadas Constituições fixas, são aquelas que só podem ser modificadas por um poder de competência idêntico àquele que as criou.
(D) O preâmbulo da CF possui caráter dispositivo.
(E) De acordo com a concepção de Constituição trazida por Konrad Hesse, a força condicionante da realidade e a normatividade da Constituição são independentes. Nesse sentido, a Constituição real e a Constituição jurídica devem apresentar-se de forma autônoma.

A: Correta. Para Hals Kelsen a Constituição é norma pura, encontrando-se no mundo do dever-ser (normativo), sem fundamentação sociológica, política ou sociológica; **B:** Errada. Esse o conceito do direito constitucional internacional; **C:** Errada. As constituições rígidas podem ser modificadas pelo poder constituinte derivado, portanto diferente do poder que a criou (originário). São rígidas as constituições que preveem um processo qualificado para alteração de suas próprias normas, diverso do processo de alteração das leis ordinárias; **D:** Errada. O STF entende que o preâmbulo não tem força normativa, encontrando-se no âmbito da política; **E:** Errada. Justo o contrário. Em razão de a realidade e a normatividade serem dependentes, a constituição real e a constituição jurídica não se apresentam de forma autônoma. TM

Gabarito "A".

(Defensor Público – DPE/RN – 2016 – CESPE) Assinale a opção correta acerca do perfil constitucional do Estado federal brasileiro.

(A) Os territórios federais, quando criados, elegerão um senador para integrar o Congresso Nacional.
(B) No tocante às competências legislativas concorrentes, a superveniência de norma suplementar específica proveniente de ente federativo local suspenderá de pronto a eficácia de lei federal sobre normas gerais, no que esta lhe for contrária.
(C) A CF não poderá ser emendada na vigência de intervenção federal, salvo por iniciativa de mais da metade das assembleias legislativas das unidades da Federação, manifestando-se, cada uma delas, pela maioria relativa de seus membros.
(D) Por não integrarem a Federação, municípios podem ter sua autonomia político-constitucional suprimida por emenda à CF.
(E) A despeito de a CF fixar os números mínimo e máximo de deputados federais por unidade da Federação, é ao Congresso Nacional que cabe, dentro dessa margem, fixar o efetivo número desses parlamentares por estado e pelo DF, mediante a edição de lei complementar, sem possibilidade de delegação de tal tarefa a outro órgão estatal.

A: Errada. O Senado é composto por representantes dos estados e do Distrito Federal, não dos Territórios. Os territórios, se e quando criados, elegem quatro deputados (art. 45, § 2º, CF); **B:** Errada. A alternativa confunde competências concorrentes com competências suplementares. No caso de competência legislativa concorrente, a competência da União restringe-se a estabelecer normas gerais, que não exclui a competência suplementar dos Estados. Caso não haja lei federal sobre normas gerais, os estados podem editar tal norma mas, nesse caso, na superveniência de lei federal também sobre normas gerais, as regras gerais estabelecidas pelo estado são suspensas no que forem contrárias às normas gerais federais (art. 24, §§ 1º a 4º, CF); **C:** Errada. O art. 60, § 1º, CF não prevê exceções à regra de impossibilidade de emenda na vigência de intervenção federal; **D:** Errada. Os municípios são entes da Federação (art. 18, CF); **E:** Correta. Art. 45, § 1º, CF e ADI 5028. TM

Gabarito "E".

(Defensoria Pública da União – CESPE – 2015) Com referência ao conceito de Constituição, julgue o item abaixo.

(1) Embora o termo Constituição seja utilizado desde a Antiguidade, as condições sociais, políticas e históricas que tornaram possível a universalização, durante os séculos XIX e XX, da ideia de supremacia constitucional, surgiram somente a partir do século XVIII.

1: Correta. A ideia de Constituição como limitadora do poder político nasce com o Estado Liberal, no século XVIII. TM

Gabarito 1C

(Analista Jurídico – TCE/PR – 2016 – CESPE) Assinale a opção correta no que concerne às classificações das constituições.

(A) As Constituições cesaristas são elaboradas com base em determinados princípios e ideais dominantes em período determinado da história.
(B) Constituição escrita é aquela cujas normas estão efetivamente positivadas pelo legislador em documento solene, sejam leis esparsas contendo normas materialmente constitucionais, seja uma compilação que consolide, em um só diploma, os dispositivos alusivos à separação de poderes e aos direitos e garantias fundamentais.
(C) A classificação ontológica das Constituições põe em confronto as pretensões normativas da Carta e a realidade do processo de poder, sendo classificada como nominativa, nesse contexto, a Constituição que, embora pretenda dirigir o processo político, não o faça efetivamente.
(D) As Constituições classificadas como populares ou democráticas são materializadas com o tempo, com o arranjo e a harmonização de ideais e teorias outrora contrastantes.

(E) As Constituições semânticas possuem força normativa efetiva, regendo os processos políticos e limitando o exercício do poder.

A: incorreta. As Constituições **cesaristas**, também conhecidas como plebiscitárias, referendárias ou bonapartistas, são aquelas que, embora elaboradas de maneira unilateral e impostas, após sua criação são **submetidas a um referendo** popular; **B:** incorreta. As Constituições **escritas** são aquelas sistematizadas **num único texto**, criadas por um órgão constituinte. Esse texto único é a única fonte formal do sistema constitucionalista. Exemplo: Constituição Federal de 1988. Por outro lado, as não escritas não estão sistematizadas e codificadas num único texto, são baseadas em textos esparsos, jurisprudências, costumes, convenções, atos do parlamento etc. Há várias fontes formais do direito constitucional no país de constituição não escrita. Exemplo: Constituição Inglesa; **C:** correta. De fato, o critério ontológico leva em conta a correspondência com a realidade. Pedro Lenza, em Direito Constitucional Esquematizado, 19ª Ed., 2015, Saraiva, p. 115, menciona que "Karl Loewenstein distinguiu as Constituições normativas, nominalistas (nominativas ou nominiais) e semânticas. Trata-se do critério ontológico que busca identificar a correspondência entre a realidade política do Estado e o texto constitucional e continua "... Enquanto nas Constituições **normativas** a pretendida limitação ao poder se implementa na prática, havendo, assim, correspondência com a realidade, nas **nominalistas** busca-se essa concretização, porém, sem sucesso, não se conseguindo uma verdadeira normatização do processo real do poder. Nas **semânticas**, por sua vez, nem sequer se tem essa pretensão, buscando-se conferir legitimidade meramente formal aos detentores do poder, em seu próprio benefício"; **D:** incorreta. As Constituições promulgadas, populares ou democráticas são aquelas advindas de uma Assembleia Constituinte composta por representantes do povo. Sua elaboração se dá de maneira consciente e livre, diferentemente das Constituições outorgadas, que são impostas; **E:** incorreta. Como mencionado, as semânticas apenas buscam conferir "legitimidade meramente formal aos detentores do poder, em seu próprio benefício". BV/TM

Gabarito "C".

(Analista Judiciário – TRT/8ª – 2016 – CESPE) Acerca do conceito de Constituição, da classificação das Constituições, da classificação das normas constitucionais e dos princípios estabelecidos na Constituição Federal de 1988 (CF), assinale a opção correta.

(A) Normas constitucionais de eficácia plena são autoaplicáveis ou autoexecutáveis, como, por exemplo, as normas que estabelecem o mandado de segurança, o *habeas corpus*, o mandado de injunção e o *habeas data*.
(B) Quanto à estabilidade, a CF classifica-se como super-rígida, porque, em regra, pode ser alterada por processo legislativo ordinário diferenciado, sendo, excepcionalmente, imutável em alguns pontos (cláusulas pétreas).
(C) A repristinação ocorre quando uma norma infraconstitucional revogada pela anterior ordem jurídica é restaurada tacitamente pela nova ordem constitucional.
(D) A CF, compreendida como norma jurídica fundamental e suprema, foi originariamente concebida como um manifesto político com fins essencialmente assistencialistas, tendo a atuação do constituinte derivado positivado direitos políticos e princípios de participação democrática no texto constitucional.
(E) Decorrem do princípio da supremacia das normas constitucionais tanto a exigência de que os estados-membros se organizam obedecendo ao modelo adotado pela União quanto a de que as unidades federativas estruturem seus governos de acordo com o princípio da separação de poderes.

A: correta. De fato, as normas de eficácia plena são autoaplicáveis ou autoexecutáveis. São aquelas que, por si só, produzem todos os seus efeitos no mundo jurídico e de forma imediata. Não dependem da interposição do legislador para que possam efetivamente produzir efeitos e não admitem que uma norma infraconstitucional limite ou reduza seu conteúdo. Os direitos fundamentais e os remédios constitucionais para sua tutela são de aplicabilidade direta e eficácia imediata (art. 5º, § 1º, CF). São também autoaplicáveis e autoexecutáveis, por exemplo: o 1º – que trata dos fundamentos da República Federativa do Brasil, o 2º – que trata da independência e harmonia que deve existir entre os poderes Legislativo, Executivo e Judiciário, o 13 – que diz que a língua portuguesa é o idioma oficial do Brasil, o 18, § 1º, que menciona que Brasília é a capital do Brasil, dentre outros; **B:** incorreta. Segundo a doutrina majoritária, a CF/88 é classificada como rígida, pois o seu processo de alteração depende de um procedimento mais solene, mais dificultoso que o processo de alteração das demais normas, ditas infraconstitucionais. O mecanismo hábil para essa alteração, processo legislativo das emendas constitucionais, vem previsto no art. 60 da CF. As cláusulas pétreas não são imutáveis, podendo ser editadas emendas constitucionais para ampliá-las. Uma emenda constitucional não pode, entretanto, diminuir-lhe a aplicabilidade ou eficácia; **C:** incorreta. A repristinação é o fenômeno jurídico pelo qual se restabelece a vigência de uma lei que foi revogada pelo fato de a lei revogadora ter sido posteriormente revogada. No Brasil não existe repristinação automática ou tácita. Se o legislador, porventura, quiser restabelecer a vigência de uma lei anteriormente revogada por outra, terá de fazê-lo expressamente, conforme dispõe o § 3º do art. 2º da Lei de Introdução às Normas do Direito Brasileiro (Decreto-Lei 4657/1942); **D:** incorreta. Os direitos políticos e os princípios de participação democrática foram colocados no Texto Constitucional pelo constituinte originário; **E:** incorreta. Tais regras decorrem do princípio da simetria, que por sua vez tem fundamento no princípio federativo (simetria federativa). Os princípios e as normas trazidas pela Constituição Federal devem servir de diretrizes para os Estados quando da elaboração de suas Constituições, ou seja, deve haver um paralelismo entre a Constituição Federal e as Constituições Estaduais. BV/TM

Gabarito "A".

(Analista – Judiciário – TRE/PI – 2016 – CESPE) Acerca do direito constitucional, assinale a opção correta.

(A) As várias reformas já sofridas pela CF, por meio de emendas constitucionais, são expressão do poder constituinte derivado decorrente.
(B) De acordo com a doutrina dominante, a CF, ao se materializar em um só código básico, afasta os usos e costumes como fonte do direito constitucional.
(C) O neoconstitucionalismo, ao promover a força normativa da Constituição, acarretou a diminuição da atividade judicial, dado o alto grau de vinculação das decisões judiciais aos dispositivos constitucionais.
(D) A derrotabilidade de uma norma constitucional ocorrerá caso uma norma jurídica deixe de ser aplicada em determinado caso concreto, permanecendo, contudo, no ordenamento jurídico para regular outras relações jurídicas.
(E) A interpretação da Constituição sob o método teleológico busca investigar as origens dos conceitos e institutos pelo próprio legislador constituinte.

A: incorreta. As várias reformas que o Texto Constitucional sofreu, por meio de emendas constitucionais, se deram por manifestação do poder constituinte derivado **reformador**. O poder constituinte derivado **decorrente** é poder que os Estados têm de se autorregulamentarem por meio da elaboração das suas próprias Constituições (e, também, de alteração de suas próprias normas constitucionais estaduais); **B:** incorreta. Os usos e costumes continuam sendo fontes de direito constitucional. A Constituição, materializada em um só documento básico, não afasta as demais fontes de direito constitucional, como os usos e costumes; **C:** incorreta. Com o neoconstitucionalismo, os valores constitucionais passam a ser priorizados e concretizados, há uma aproximação das ideias de direito e justiça. Ao contrário do mencionado, há no neoconstitucionalismo uma **ascensão do Poder Judiciário**, na medida em que ao validar princípios e valores constitucionais, atribui-lhes força normativa. Segundo Ana Paula de Barcellos: "Do ponto de vista material, ao menos dois elementos caracterizam o neoconstitucionalismo e merecem nota: (i) a incorporação explícita de valores e opções políticas nos textos constitucionais, sobretudo no que diz respeito à promoção da dignidade humana e dos direitos fundamentais; e (ii) a expansão de conflitos específicos e gerais entre as opções normativas e filosóficas existentes dentro do próprio sistema constitucional"; **D:** correta. A **derrotabilidade** de uma norma constitucional, de fato, ocorre quando uma norma jurídica deixa de ser aplicada em um caso concreto, mas permanece no ordenamento jurídico para regular outras relações jurídicas. A ideia advinda da teoria é a de que não é possível que todos os acontecimentos sejam abarcados previamente pelo ordenamento jurídico, de modo que uma norma, em determinado caso, pode deixar de ser aplicada; **E:** incorreta. A interpretação da Constituição sob o método teleológico, ao contrário do mencionado, busca investigar o **fim pretendido** pela norma. BV/TM

Gabarito "D".

(Magistratura/RR – 2015 – FCC) Constituição rígida
(A) dispensa forma escrita.
(B) dispensa cláusulas pétreas.
(C) pode ser modificada por lei complementar.
(D) exclui quaisquer mecanismos de controle preventivo de constitucionalidade.
(E) pressupõe mecanismo difuso de controle de constitucionalidade.

A: incorreta. Ao contrário do mencionado, a Constituição rígida **não dispensa** a forma escrita; **B:** correta. Não é necessária a presença de cláusulas pétreas, pois o critério classificatório que define a rigidez constitucional leva em conta o seu processo de alteração ou mudança, Se mais solene e dificultoso que o processo de alteração das demais normas, a Constituição é chamada de rígida. O exemplo que podemos dar é a Constituição Federal de 1988, na qual, em seu artigo art. 60 (processo legislativo das emendas), encontramos o fundamento da rigidez constitucional; **C:** incorreta. As Constituições rígidas não podem ser alteradas por lei, apenas por emendas constitucionais; **D:** incorreta. Os mecanismos de controle de constitucionalidade devem fazer parte da Constituição rígida, pois servem, justamente, para assegurar a sua supremacia. A rigidez, ou seja, as regras dificultosas e solenes de alteração do texto constitucional devem ser preservadas por meio do denominado controle de constitucionalidade; **E:** incorreta. Não necessariamente. Se o controle será difuso (caso concreto) ou concentrado (sobre a lei em tese, de forma abstrata), ou as duas formas, não importa, o importante é a sua previsão constitucional. Não é possível assegurar a supremacia da CF sem a existência de um mecanismo para isso. BV

Gabarito "B".

(Ministério Público/BA – 2015 – CEFET) As diferentes formas de se compreender o direito acabam por produzir diferentes concepções de constituição, conforme o prisma de análise.

(...). (NOVELINO, Marcelo. Direito Constitucional, 3 ed., Editora Método, 2009, p.101).

Tendo como norte conceitual a doutrina do autor acima, observe a seguinte formulação, realizada pelo mesmo, acerca do fundamento de uma constituição: "(...) surge a ideia de constituição total, com aspectos econômicos, sociológicos, jurídicos e filosóficos, a fim de abranger o seu conceito em uma perspectiva unitária (...)".

Trata-se da:
(A) Concepção sociológica.
(B) Concepção jurídica.

(C) Concepção política.
(D) Concepção culturalista.
(E) Estão incorretas todas as alternativas anteriores.

A: incorreta. As Constituições podem ser conceituadas de diferentes modos tendo por base seus diversos significados. Segundo a **concepção sociológica (Ferdinand Lassalle)**, "os problemas constitucionais não são problemas de Direito, mas do poder; a verdadeira Constituição de um país somente tem por base os fatores reais e efetivos do poder que naquele país vigem e as constituições escritas não têm valor nem são duráveis a não ser que exprimam fielmente os fatores do poder que imperam na realidade social" (A essência da Constituição, p. 40). Portanto, somente terá valia a Constituição se efetivamente expressar a realidade social e o poder que a comanda. Os fatores reais de poder são identificados, no nosso país, por exemplo, nos movimentos dos sem-terra, nas corporações militares e outras forças que delimitam o conteúdo da Constituição. O autor citado também mencionava que "de nada serve o que se escreve numa folha de papel se não se ajusta à realidade, aos fatores reais de poder"; **B:** incorreta. De acordo com a **concepção jurídica ou formal (Hans Kelsen e Konrad Hesse)**, o fundamento de validade da Constituição era encontrado na dimensão jurídica e não sociológica ou política. Kelsen representava o ordenamento jurídico por meio de uma pirâmide, na qual a Constituição se encontrava no ápice e abaixo estavam todos os demais atos normativos. As leis ordinárias, complementares, delegadas e também as medidas provisórias, por terem como fundamento imediato de validade a Constituição, ficavam no segundo degrau da pirâmide. Já os regulamentos, portarias, decretos, entre outros, por se fundamentarem primeiro na lei e depois na Constituição, localizavam-se no terceiro degrau da pirâmide. Portanto, juridicamente, a Constituição localiza-se no mais elevado degrau da pirâmide e é exatamente em decorrência disso que é fundamentada sua normatividade. As normas infraconstitucionais (que são todas aquelas que se encontram nos degraus abaixo da Constituição) são submissas às regras determinadas pela Lei Maior e devem ser com ela compatíveis. A isso se deu o nome de relação de compatibilidade vertical. Tal autor obteve reconhecimento mundial com a elaboração da obra "Teoria Pura do Direito", doutrina que propugna o conteúdo puro do direito, sem interferências de cunhos sociológico, político, valorativo ou econômico. A Constituição, conforme Kelsen, apresenta o aspecto lógico-jurídico, segundo o qual é a 'norma fundamental hipotética', ou seja, traz um comando que impõe obediência obrigatória e é tida como o verdadeiro sentido de justiça, e o aspecto jurídico-positivo, em que a Constituição é a norma positiva superior em que as demais regras jurídicas encontram os seus fundamentos de validade. Sua modificação deve observar um procedimento específico e solene; **C:** incorreta. A **concepção política (Carl Schmitt)** determina que o conceito de Constituição é a decisão política fundamental de um povo, visando sempre dois focos estruturais básicos – organização do Estado e efetiva proteção dos direitos fundamentais. Para esse autor há divisão clara entre Constituição e lei constitucional. Na primeira, encontraríamos as matérias constitucionais, ou seja, organização do Estado e garantia dos direitos fundamentais, sempre com o objetivo de limitar a atuação do poder. Já as leis constitucionais seriam aqueles assuntos tratados na Constituição, mas que materialmente não teriam natureza de norma constitucional. Na verdade, esses assuntos nem deveriam constar da Constituição. Na nossa atual Carta Magna, visualizamos um exemplo no art. art. 242, § 2º, que determina que o Colégio Pedro II, localizado na cidade do Rio de Janeiro, será mantido na órbita federal. Esse dispositivo é uma norma apenas formalmente constitucional, pois está dentro da Constituição, mas não trata de matéria tipicamente constitucional. As leis constitucionais, para Schmitt, como a mencionada no exemplo dado acima, formam o que se denomina Constituição formal, ou seja, apenas são consideradas normas constitucionais pelo fato de estarem alocadas na Constituição, por terem forma de Constituição. A Constituição Federal de 1988, em seu art. 1º, trata da organização do Estado, enquanto o artigo art. 5º dispõe sobre os direitos fundamentais. Se terminasse aqui, já seria suficiente para Schmitt denominá-la como uma verdadeira Constituição. **D:** correta. De acordo com a **concepção culturalista**, a Constituição engloba todas as regras fundamentais advindas da cultura histórica e também "as emanadas pela vontade existencial da unidade política e regulamentadora da existência, estrutura e fins do Estado e do modo de exercício e limites do poder político" (J. H. Meirelles Teixeira, Curso de Direito Constitucional, p. 77 e 78). O autor mencionado na questão (Marcelo Novelino), em sua obra Teoria da Constituição e Controle de Constitucionalidade, Editora JusPodivm, 2008, p. 35, ao tratar da concepção culturalista, informa que: "Todas as concepções, antes de serem antagônicas, são complementares e conduzem à conclusão de que a Constituição, em toda sua complexidade, possui fundamentos diversos. Desta constatação surge a ideia de *Constituição total*, com 'aspectos econômicos, sociológicos, jurídicos e filosóficos, a fim de abranger o seu conceito em uma perspectiva unitária'. Em sua conccepção culturalista, a Constituição encerra um 'conjunto de normas fundamentais condicionadas pela Cultura total, e ao mesmo tempo condicionante desta, emanadas da vontade existencial da unidade política, e regulamentadora da existência, estrutura e fins do Estado e do modo de exercício e limites do poder político'. **BV**
Gabarito "D".

(Defensor/PA – 2015 – FMP) É correto afirmar que o neoconstitucionalismo, que pode ser entendido tanto como uma teoria do Direito, quanto como uma teoria do Estado, na primeira das acepções apresenta como uma de suas características essenciais:

(A) a sobreinterpretação constitucional, forma de integração constitucional, assim entendida como uma interpretação extensiva da constituição, de forma que de seu texto se possam extrair normas implícitas de molde a se afirmar que ela regula todo e qualquer aspecto da vida social e política, disso resultando a inexistência de espaços vazios de normatização constitucional relativamente aos quais a atividade legislativa estaria previamente regulada ao nível constitucional.

(B) a sobreinterpretação constitucional, que permite pelo raciocínio da subsunção, a aplicação direta de toda e qualquer norma constitucional aos casos concretos, fazendo desnecessária qualquer forma de interposição entre aquelas e os fatos da vida.

(C) a sobreinterpretação constitucional, forma de integração constitucional, assim entendida como uma interpretação extensiva da constituição, de forma que de seu texto se possam extrair normas implícitas de molde a se afirmar que ela regula todo e qualquer aspecto da vida social e política, disso resultando a existência de espaços vazios de normatização constitucional relativamente aos quais a atividade legislativa não estaria previamente regulada ao nível constitucional.

(D) a sobreinterpretação constitucional, a qual pressupõe uma interpretação literal do texto constitucional.

(E) a sobreinterpretação constitucional, identificada com a atuação do legislador infraconstitucional no preenchimento dos espaços normativos do sistema jurídico com discricionariedade política fundada no princípio democrático.

A: correta. O neoconstitucionalismo ou novo/atual constitucionalismo toma por base a necessidade de se incorporar o denominado Estado Constitucional de Direito. A Constituição, portanto, deve efetivamente influenciar todo o ordenamento jurídico. Tudo deve ser analisado à luz da CF. Ela é o filtro que valida, ou não, as demais normas. Os valores constitucionais são priorizados, além das regras relacionadas à organização do Estado e do Poder. Princípios, como a dignidade da pessoa humana, passam a ter maior relevância. Há uma aproximação das ideias de direito e justiça. O Poder Judiciário, ao validar princípios e aos valores constitucionais, atribui a eles força normativa. Sobre o tema, é importante mencionar o conteúdo axiológico referente à promoção da dignidade humana e dos direitos fundamentais de Ana Paula de Barcellos: "Do ponto de vista material, ao menos dois elementos caracterizam o neoconstitucionalismo e merecem nota: (i) a incorporação explícita de valores e opções políticas nos textos constitucionais, sobretudo no que diz respeito à promoção da dignidade humana e dos direitos fundamentais; e (ii) a expansão de conflitos específicos e gerais entre as opções normativas e filosóficas existentes dentro do próprio sistema constitucional."; **B:** incorreta. Não é desnecessária a interposição qualquer forma de interposição entre as normas constitucionais e os fatos da vida; **C:** incorreta. Ao contrário do mencionado, o resultado é a inexistência de espaços vazios de normatização constitucional relativamente aos quais a atividade legislativa não estaria previamente regulada ao nível constitucional; **D:** incorreta. A interpretação literal deve ser utilizada em conjunto com outros métodos de interpretação; **E:** incorreta. A sobreinterpretação constitucional é forma de integração constitucional. **BV**
Gabarito "A".

(Defensor/PA – 2015 – FMP) Tendo em consideração o que se contém nas assertivas I e II, assinale a alternativa correta:

I. CF/1988, Ato das Disposições Constitucionais Transitórias, Art. 34, caput "*O sistema tributário nacional entrará em vigor a partir do primeiro dia do quinto mês seguinte ao da promulgação da Constituição, mantido, até então, o da Constituição de 1967, com a redação determinada pela Emenda n. 1, de 1969, e pelas posteriores*".

III. CF/1988, Art. 196: "*A saúde é direito de todos e dever do Estado, garantido mediante políticas sociais e econômicas que visem à redução do risco de doença e de outros agravos e ao acesso universal igualitário às ações e serviços para sua promoção, proteção e recuperação*".

(A) A hipótese contemplada na assertiva I corresponde, na teoria da Constituição, ao fenômeno denominado inconstitucionalidade superveniente, enquanto o enunciado constante da assertiva II se trata de norma constitucional não autoaplicável instituidora de princípio programático.

(B) A hipótese contemplada na assertiva I corresponde, na teoria da Constituição, ao fenômeno denominado desconstitucionalização, enquanto o enunciado constante da assertiva II se trata de norma constitucional não autoaplicável instituidora de princípio institutivo.

(C) A hipótese contemplada na assertiva I corresponde, na teoria da Constituição, ao fenômeno denominado repristinação, enquanto o enunciado constante da assertiva II se trata de norma constitucional autoaplicável, de aplicabilidade imediata e eficácia plena.

(D) A hipótese contemplada na assertiva I corresponde, na teoria da Constituição, ao fenômeno denominado recepção material, enquanto o enunciado constante da assertiva II se trata de norma constitucional não autoaplicável instituidora de princípio programático.

(E) A hipótese contemplada na assertiva I corresponde, na teoria da Constituição, ao fenômeno denominado recepção material, enquanto o enunciado constante da assertiva II se trata de norma constitucional autoaplicável, de aplicabilidade imediata e eficácia contida.

A: incorreta. O Supremo não adota a teoria da inconstitucionalidade superveniente. As normas editadas antes da vigência da CF/1988 que não se mostrem de acordo com o texto não são recepcionadas ou meramente "revogadas". Nesse caso, utilizam-se as regras relativas ao direito intertemporal, em especial as atinentes ao fenômeno da recepção. A segunda parte da alternativa está correta. A norma constitucional limitada (ou não autoaplicável) instituidora de princípio programático é a que traz em seu corpo programas a serem concretizados pelos governantes e órgãos estatais. Ainda que não implementados, são dotadas de eficácia mínima, pois impedem, por exemplo, que sejam editadas leis contrárias aos comandos da Lei Maior. As Constituições marcadas pelas normas programáticas são conhecidas pela doutrina como Constituições dirigentes. São exemplos dessas normas os arts. 196, *caput*, 211, 215, 226, § 2º, todos da CF; **B**: incorreta. A repristinação é o fenômeno jurídico pelo qual se restabelece a vigência de uma lei que foi revogada pelo fato de a lei revogadora ter sido posteriormente revogada. No Brasil, em regra, não há repristinação. Conforme determina o art. 2º, § 3º, da Lei de Introdução às normas do Direito Brasileiro (LINDB – Decreto-Lei 4.757/1942), salvo disposição em contrário, a lei revogada não se restaura por ter a lei revogadora perdido a vigência. A norma constitucional limitada (ou não autoaplicável) de princípio institutivo é aquela que prevê a existência de um órgão ou instituição, mas que só passariam a existir no plano da realidade após a atuação do legislador infraconstitucional, quando da feitura da lei pertinente. São exemplos os arts. 25, § 3º, 43, § 1º, 224, entre outros da CF; **C**: incorreta. Como mencionado, a repristinação é o fenômeno jurídico pelo qual se restabelece a vigência de uma lei que foi revogada pelo fato de a lei revogadora ter sido posteriormente revogada. Além disso, segunda parte da alternativa, o art. 196, *caput*, da CF, não possui eficácia plena nem aplicabilidade imediata; **D**: correta. De fato a doutrina aponta como exemplo de recepção material das normas constitucionais o art. 34, *caput* e § 1º, do ADCT (Ato das Disposições Constitucionais Transitórias). Tal dispositivo assegura que regras previstas na Constituição anterior continuem vigendo, com *status* de norma constitucional, durante determinado período específico. Vale lembrar, conforme ensina Pedro Lenza, em **Direito Constitucional Esquematizado**, 17ª Ed., Saraiva, p. 218 e 219, "que referidas normas são recebidas por prazo certo, em razão de seu caráter precário, características marcantes no fenômeno da recepção material das normas constitucionais. Além disso, o mesmo autor afirma que "há de se observar que pela própria teoria do poder constituinte originário, que rompe por completo com a antiga ordem jurídica, instaurando uma nova, um novo Estado, o fenômeno da recepção material só será admitido se houver expressa manifestação da nova Constituição; caso contrário, as normas da Constituição anterior serão revogadas". A segunda parte da alternativa também está correta, pois o art. 196, *caput*, da CF é considerado norma constitucional limitada (ou não autoaplicável) instituidora de princípio programático; **E**: incorreta. A primeira parte está correta, conforme explicado acima, mas a segunda não, pois o art. 196, *caput*, da CF não é considerado norma de eficácia contida.

(Procurador do Estado/PR – 2015 – PUC-PR) Sobre as possíveis classificações da Constituição, assinale a afirmação **CORRETA**.

(A) Na classificação de Loewenstein, a Constituição semântica é juridicamente válida, porém, não é real e efetiva. Nesse caso, a Constituição possui validade jurídica, todavia, não é integrada na comunidade política e social.

(B) A Constituição da República Federativa do Brasil, outorgada em 05.10.1988, pode ser classificada como semirrígida, porque admite o fenômeno da mutação.

(C) As Constituições classificadas como flexíveis são assim conhecidas porque admitem a alteração de seu conteúdo, desde que por meio de um processo legislativo formal, solene e mais dificultoso que o ordinário.

(D) A noção de Constituição dirigente determina que, além de organizar e limitar o poder, a Constituição também preordena a atuação governamental por meio de planos e programas de constitucionais vinculantes.

(E) As Constituições tidas por rígidas são típicas de exercícios políticos autoritários e temporalmente ilimitados.

A: incorreta. Pedro Lenza, em **Constitucional Esquematizado**, 19ª Ed., Saraiva, p. 115, ensina que: "Karl Loewenstein distinguiu as Constituições normativas, nominalistas (nominativas ou nominais) e semânticas. Trata-se do critério ontológico, que busca identificar a correspondência entre a realidade e política do Estado e o texto constitucional. O mesmo autor cita Pinto Ferreira, **Curso de Direito Constitucional**, 2ª Ed., p.13, para este 'as Constituições normativas são aquelas em que o processo de poder está de tal forma disciplinado que as relações políticas e os agentes do poder subordinam-se às determinações do seu conteúdo e do seu controle procedimental. As Constituições nominalistas contêm disposições de limitação e controle de dominação política, sem ressonância na sistemática de processo real de poder, e com insuficiente concretização constitucional. Enfim, as Constituições semânticas são simples reflexos da realidade política, servindo como mero instrumento dos donos do poder e das elites políticas, sim limitação do seu conteúdo'" (grifos nossos); **B**: incorreta. A CF/1988 é classificada como rígida, pois é alterada somente por um processo mais solene, mais dificultoso que o processo de alteração das demais normas jurídicas. Em seu art. art. 60 (regulação das emendas), encontramos o fundamento da rigidez constitucional; **C**: incorreta. Ao contrário do mencionado, as Constituições flexíveis são aquelas modificáveis livremente pelo legislador, observando-se o mesmo processo de elaboração e modificação das leis; **D**: correta. As Constituições dirigentes são marcadas pela existência de normas programáticas, ou seja, as que trazem em seu corpo programas a serem concretizados pelos governantes e órgãos estatais. Os exemplos de normas dessa natureza previstas na CF/1988 são: arts. 211, 215, 226, § 2º; **E**: incorreta. O que faz com que uma Constituição seja classificada como rígida é o seu processo de alteração que deve ser solene e dificultoso, mas não autoritário e ilimitado.

Gabarito "D".

(Procurador Distrital – 2014 – CESPE) Considerando a evolução constitucional do Brasil, julgue os itens a seguir.

(1) A Assembleia Nacional Constituinte de 1946 contou com a participação de representantes comunistas.

(2) Coerente com os processos decorrentes da Revolução de 1930, a Constituição de 1934 contemplou a eleição, pelo voto direto e secreto, de todos os integrantes das casas legislativas.

(3) A primeira Constituição brasileira, datada de 1824, foi regularmente aprovada e democraticamente promulgada por assembleia nacional constituinte.

(4) A Constituição de 1937 dissolveu a Câmara dos Deputados, o Senado Federal, as assembleias legislativas e as câmaras municipais.

1: correto. De fato, a Constituição de 1946 contou com a participação de uma bancada comunista durante o seu processo de elaboração. Ocorre que seis meses após a sua promulgação, os representantes comunistas saíram do comando; **2**: errado. De acordo com o art. 23 da Constituição da República dos Estados Unidos do Brasil de 1934, a Câmara dos Deputados compõe-se de representantes do povo, eleitos mediante sistema proporcional e sufrágio universal, igual e direto, **e de representantes eleitos pelas organizações profissionais na forma que a lei indicar**. O § 3º do mesmo dispositivo determinava que os Deputados das profissões fossem eleitos na forma da lei ordinária por **sufrágio indireto** das associações profissionais compreendidas para esse efeito, e com os grupos afins respectivos, nas quatro divisões seguintes: lavoura e pecuária; indústria; comércio e transportes; profissões liberais e funcionários públicos; **3**: errado. A primeira Constituição do nosso país foi a Imperial, de 1824, **outorgada** (imposta) pelo imperador Dom Pedro I. **4**: correto. De fato a Constituição de 1937 dissolveu a Câmara dos Deputados, o Senado Federal, as Assembleias Legislativas e as Câmaras Municipais. Em 1937, Getúlio Vargas, ainda mantido no poder, solicitou a elaboração de uma nova Constituição a Francisco Ramos e, por meio de um golpe de Estado, acabou outorgando a Constituição de 1937. As principais regras dessa Constituição tinham caráter ditatorial, impositivo. Como exemplo temos a concentração das funções legislativas e executivas, a supressão da autonomia dos estados-membros, a destituição dos governadores, com a consequente nomeação de interventores, e a criação de serviços de informações para que o Presidente controlasse o povo, o Poder Judiciário e, principalmente, a imprensa.

Gabarito 1C, 2E, 3E, 4C

(Procurador do Estado/BA – 2014 – CESPE) Em relação ao Ato das Disposições Constitucionais Transitórias (ADCT), julgue os itens seguintes.

(1) No ADCT, não há previsão expressa para que o Brasil envide esforços para a formação de um tribunal internacional dos direitos humanos.

(2) O ADCT concedeu anistia àqueles que foram atingidos por atos de exceção, institucionais ou complementares, em decorrência de motivação exclusivamente política.

(3) Segundo o ADCT, a revisão constitucional será feita a cada cinco anos, em sessão bicameral do Congresso Nacional.

1: errado. Ao contrário do mencionado, de acordo com o art. 7º do ADCT, o Brasil propugnará pela formação de um tribunal internacional dos direitos humanos; **2**: correto. O art. 8º do ADCT determina a concessão da anistia aos que, no período de 18 de setembro de 1946 até a data da promulgação da Constituição, foram atingidos, em decorrência de motivação exclusivamente política, por atos de exceção, institucionais ou complementares, além de outros; **3**: errado. Conforme dispõe o art. 3º do ADCT, a revisão constitucional ocorreu uma única vez, após cinco anos, contados da promulgação da Constituição, pelo voto da maioria absoluta dos membros do Congresso Nacional, em sessão unicameral.

Gabarito 1E, 2C, 3E

(Procurador do Município – São Paulo/SP – 2014 – VUNESP) Para atingir o bem comum, o Estado se estrutura para exercer o poder político. Nesse sentido, seguindo o conceito de Forma de Estado, a organização pode ser

(A) monarquia ou república.
(B) monarquia constitucional ou república.
(C) unitário ou federal.
(D) democrático ou autocrático.
(E) presidencialista ou parlamentarista.

A e B: incorretas. A **forma de governo** é justamente a relação existente entre aqueles que governam e os que são governados. Por meio dela é que se verifica como é feita a instituição do poder. Fala-se em **república ou monarquia/monarquia constitucional**. Na primeira os governantes são eleitos, direta ou indiretamente, para que exerçam o poder por um período determinado. Já na segunda, monarquia, o poder advém da família, é vitalício e os governantes não precisam prestar contas para os governados. **C**: correta. De fato, a **forma de estado**, ou seja, o modo como o poder é exercido pode ser: **unitário ou federal**. Unitário é aquele em que as capacidades legislativa, política e administrativa se concentram nas mãos de um único centro, de um único governo, por exemplo, Cuba e França. Já o Federal é aquele em que há repartição de competências e as capacidades mencionadas estão divididas em vários centros. É denominado pela doutrina de Estado Composto. O Brasil, a Alemanha e os Estados Unidos são alguns exemplos de Estado Federal ou Estado Composto. **D**: incorreta. Os estilos de liderança é que podem ser autocrático ou democrático; **E**: incorreta. Os **sistemas de governo, presidencialista ou parlamentarista**, dizem respeito à maneira pela qual as funções legislativa, executiva e judiciária são relacionadas. No presidencialismo, além da independência entre os poderes, que são harmônicos entre si, o detentor do poder cumula as funções de chefe

de Estado e chefe de governo. Normalmente nas repúblicas adota-se o presidencialismo. No parlamentarismo existe apoio e colaboração entre as funções e o poder é dividido. O presidente não cumula as funções de chefe de Estado e de governo, apenas chefia o Estado e delega a atribuição de cuidar do governo ao primeiro-ministro. Este, por sua vez, para comandar o país tem de ter o apoio do parlamento. **BV**
Gabarito "C".

(Juiz de Direito/MG – 2014) Sobre o conceito de Constituição, assinale a alternativa **CORRETA**.
(A) É o estatuto que regula as relações entre Estados soberanos.
(B) É o conjunto de normas que regula os direitos e deveres de um povo.
(C) É a lei fundamental e suprema de um Estado, que contém normas referentes à estruturação, à formação dos poderes públicos, direitos, garantias e deveres dos cidadãos.
(D) É a norma maior de um Estado, que regula os direitos e deveres de um povo nas suas relações.

Para Alexandre de Moraes, *Constituição*, na sua acepção jurídica, deve ser entendida como "a lei fundamental e suprema de um Estado, que contém normas referentes à estruturação do Estado, à formação dos poderes públicos, forma de governo e aquisição do poder de governar, distribuição de competências, direitos, garantias e deveres dos cidadãos. Além disso, é a Constituição que individualiza os órgãos competentes para a edição de normas jurídicas, legislativas ou administrativas" (*Direito Constitucional*, 24ª ed., p. 6). **ED**
Gabarito "C".

(Juiz de Direito/MG – 2014) Dentre as formas de classificação das Constituições, uma delas é quanto à origem.
Em relação às características de uma Constituição quanto à sua origem, assinale a alternativa CORRETA.
(A) Dogmáticas ou históricas.
(B) Materiais ou formais.
(C) Analíticas ou sintéticas.
(D) Promulgadas ou outorgadas.

De fato, quanto ao critério *origem*, as constituições podem ser *promulgadas* ou *outorgadas*. *Promulgada* é a Constituição produto do trabalho de uma Assembleia Nacional Constituinte, chamada, bem por isso, de democrática, votada ou popular. Outorgada, diferentemente, é a Constituição imposta pelo governante. Não há, neste último caso, participação popular, o que somente se verifica nas constituições promulgadas. **ED**
Gabarito "D".

(Juiz de Direito/MG – 2014) Assinale a alternativa que descreve **COMPLETAMENTE** os objetivos fundamentais da República Federativa do Brasil.
(A) Erradicar a pobreza e o analfabetismo.
(B) Garantir o desenvolvimento pessoal dos cidadãos e construir a riqueza de sua gente.
(C) Construir uma sociedade livre, justa e solidária, garantindo o desenvolvimento nacional com erradicação da pobreza e da marginalização, reduzindo as desigualdades sociais e regionais, promovendo o bem de todos, sem preconceitos de origem, raça, cor, idade e quaisquer outras formas de discriminação.
(D) Promover a defesa nacional contra atos de Estados estrangeiros que intervierem nos assuntos internos da nação.

Segundo estabelece o art. 3º da CF/1988, "constituem objetivos fundamentais da República Federativa do Brasil: I – construir uma sociedade livre, justa e solidária; II – garantir o desenvolvimento nacional; III – erradicar a pobreza e a marginalização e reduzir as desigualdades sociais e regionais; IV – promover o bem de todos, sem preconceitos de origem, raça, sexo, cor, idade e quaisquer outras formas de discriminação". **ED**
Gabarito "C".

(Juiz de Direito/PA – 2014 – VUNESP) O texto constitucional, em seu art. 5.º, *caput*, prevê expressamente valores ou direitos fundamentais ao ditar literalmente que todos são iguais perante a lei, sem distinção de qualquer natureza, garantindo-se aos brasileiros e aos estrangeiros residentes no País a inviolabilidade do direito
(A) à vida, à dignidade, à intimidade e à igualdade.
(B) à vida, à liberdade, à fraternidade, à dignidade.
(C) à vida, à liberdade, à segurança, à intimidade e à dignidade.
(D) à vida, à liberdade e à intimidade.
(E) à vida, à liberdade, à igualdade, à segurança e à propriedade.

Assim dispõe o art. 5º, *caput*, da Constituição Federal: "Todos são iguais perante a lei, sem distinção de qualquer natureza, garantindo-se aos brasileiros e aos estrangeiros residentes no País a inviolabilidade do direito à vida, à liberdade, à igualdade, à segurança e à propriedade, nos termos seguintes (...)". Correta, portanto, a assertiva "E". **ED**
Gabarito "E".

(Juiz de Direito/RJ – 2014 – VUNESP) Uma, de fundo puramente liberal, ampliou o municipalismo e incorporou importante capítulo relativo à declaração de direitos e suas garantias. Outra mostrou força renovadora na solução social apresentada em seu contexto, com capítulos novos inspirados na Constituição alemã de Weimar. Essas afirmações estão, correta e respectivamente, relacionadas às Constituições brasileiras de

(A) 1946 e 1988.
(B) 1891 e 1934.
(C) 1934 e 1937.
(D) 1824 e 1891.

Primeira Constituição republicana do Brasil, a Carta de 1891 resultou de assembleia constituída para esse fim, presidida pelo paulista Prudente de Moraes. Inspirada na Constituição norte-americana de 1787, nossa segunda constituição, que aboliu, como não poderia deixar de ser, o quarto poder, assim chamado de *moderador*, ampliou os direitos individuais, aprimorando-os. Foram abolidas as penas de banimento e morte, salvo, neste último caso, a previsão contemplada na legislação militar. Além disso, foi esta Constituição que instituiu o Supremo Tribunal Federal. A Constituição de 1934, por sua vez, elaborada, a exemplo da de 1891, por processo de convenção, teve, de fato, forte influência da Constituição Alemã de Weimar, de 1919, com destaque para os chamados direitos sociais, marcando uma ruptura da concepção liberal de Estado. **ED**
Gabarito "B".

(Promotor de Justiça/MG – 2014) Assinale a afirmativa **INCORRETA**:
(A) O federalismo por agregação surge quando Estados soberanos cedem uma parcela de sua soberania para formar um ente único.
(B) O federalismo dualista caracteriza-se pela sujeição dos Estados federados à União.
(C) O federalismo centrípeto se caracteriza pelo fortalecimento do poder central decorrente da predominância de atribuições conferidas à União.
(D) No federalismo atípico, constata-se a existência de três esferas de competências: União, Estados e Municípios.

A: assertiva correta. É o que se deu com a Federação Americana: os Estados Confederados, até então soberanos, cederam parcela desta soberania para formar a Federação dos Estados Unidos. Trata-se, segundo a doutrina, de uma formação que se deu de fora para dentro, num movimento *centrípeto*. Por isso chamado de federalismo por *agregação*. No Brasil, diferentemente, a formação da federação que hoje conhecemos ocorreu por meio de um movimento *centrífugo* (de dentro para fora). Isso porque, a partir de um estado unitário, houve a descentralização para dar origem a unidades federadas autônomas. Chamado, bem por isso, de federalismo *por desagregação* (ou *segregação*); **B:** assertiva incorreta, devendo ser assinalada, já que, no chamado federalismo *dualista*, há uma rígida separação de atribuições entre os entes federados. Não há que se falar, portanto, neste modelo de federalismo, em sujeição de um ente a outro; já no federalismo *cooperativo* não há esta rígida separação entre as atribuições dos entes federados; é marcado pela cooperação e aproximação entre os entes; **C:** assertiva correta. Neste caso (federalismo centrípeto), há uma centralização de atribuições na União; **D:** assertiva correta. É o caso brasileiro, em que a federação é formada por entes típicos, que são a União e os Estados, e por entes atípicos, que são o Distrito Federal e municípios. **ED**
Gabarito "B".

3. HERMENÊUTICA CONSTITUCIONAL E EFICÁCIA DAS NORMAS CONSTITUCIONAIS

(Delegado – PC/BA – 2018 – VUNESP) Em suas decisões, o Supremo Tribunal Federal afirma que as normas constitucionais originárias não possuem hierarquia entre si, assentando a premissa fundamental de que o sistema positivo constitucional constitui um complexo de normas que deve manter entre si um vínculo de coerência; em síntese, em caso de confronto entre as normas constitucionais, devem ser apaziguados os dispositivos constitucionais aparentemente conflitantes. Tal interpretação decorre de um princípio específico de interpretação constitucional, denominado princípio da

(A) conformidade ou justeza constitucional.
(B) eficácia integradora.
(C) força normativa.
(D) máxima efetividade.
(E) unidade da constituição.

A: incorreta, pois o **princípio da justeza ou da conformidade funcional** afirma que o intérprete não pode deturpar o esquema organizatório-funcional estabelecido na Constituição, de forma a violar o sistema de repartição de funções e competências; **B:** incorreta, pois o **princípio da eficácia integradora** sustenta que o intérprete deve dar primazia aos critérios que favoreçam a integração política e social e o reforço da unidade política; **C:** incorreta, pois o **princípio da força normativa** aduz que o intérprete deve dar preferência aos pontos de vista que tornem a norma constitucional mais adequada ao momento histórico, conferindo-lhe máxima eficácia e força normativa; **D:** incorreta, pois o **princípio da máxima efetividade** declara que o intérprete deve atribuir à norma constitucional o sentido que lhe dê maior eficácia, para que produza o máximo de efeitos possível; **E:** correta, pois o **princípio da unidade da Constituição** sustenta que a Constituição é um todo unitário, cabendo ao intérprete harmonizar as tensões existentes entre as várias normas constitucionais, evitando, assim, contradições entre elas. Com base nesse princípio, o STF entendeu que não há hierarquia entre normas constitucionais originárias (ADI 815, Rel. Min. Moreira Alves, j. 28-3-1996). **AN**
Gabarito "E".

(Investigador – PC/BA – 2018 – VUNESP) Sob a ótica da classificação doutrinária e com base na Constituição Federal brasileira, assinale a alternativa que representa uma norma constitucional de natureza programática.

(A) É garantido o direto de propriedade.
(B) É plena a liberdade de associação para fins lícitos, vedada a de caráter militar.
(C) É garantido o direito de herança.
(D) A lei penal não retroagirá, salvo para beneficiar o réu.
(E) A ordem social tem como base o primado do trabalho, e como objetivo o bem-estar e a justiça sociais.

A: incorreta, pois o direito de propriedade previsto no inciso XXII do art. 5º da CF é norma de **eficácia contida** – possui aplicabilidade direta e imediata, mas não integral, pois tem sua eficácia restringida por outra norma constitucional, como o inciso XXIV do art. 5º da CF; **B:** incorreta, pois a liberdade de associação prevista no inciso XVII do art. 5º da CF é norma de **eficácia contida** – possui aplicabilidade direta e imediata, mas não integral, pois tem sua eficácia restringida por conceito jurídico indeterminado, como a expressão "fins lícitos"; **C e D:** incorretas, pois o direito de herança e a irretroatividade da lei penal previstos, respectivamente, nos incisos XXX e XL do art. 5º da CF são normas de **eficácia plena** – possuem aplicabilidade direta, imediata e integral, produzindo todos os efeitos de imediato, independentemente de lei posterior que complete seus alcances e sentidos; **E:** correta, pois o art. 193 da CF é norma de **eficácia limitada de princípio programático** – estabelece diretrizes, princípios e fins a serem atingidos pelo Estado; possui aplicabilidade mediata e indireta, dependendo de regulamentação ulterior para adquirir aplicabilidade. AN
Gabarito "E".

(Procurador do Estado/SP – 2018 – VUNESP) O jurista alemão Konrad Hesse, ao analisar a interpretação constitucional como concretização, afirmou que "bens jurídicos protegidos jurídico-constitucionalmente devem, na resolução do problema, ser coordenados um ao outro de tal modo que cada um deles ganhe realidade.", ou seja, pode-se dizer que em determinados momentos o intérprete terá de buscar uma função útil a cada um dos bens constitucionalmente protegidos, sem que a aplicação de um imprima a supressão do outro. A definição exposta refere-se ao Princípio

(A) da Comparação Constitucional.
(B) Hermenêutico-Concretizador.
(C) da Forma Justeza ou da conformidade funcional.
(D) da Concordância Prática ou da Harmonização.
(E) da Proporcionalidade.

A: incorreta, pois o **método da comparação constitucional** é aquele em que o intérprete recorre ao Direito Comparado para buscar a melhor direção interpretativa das normas constitucionais do seu país; **B:** incorreta, pois o **método hermenêutico-concretizador** é aquele em que o intérprete, partindo da norma constitucional para a resolução de um problema, utiliza a sua pré-compreensão do significado da norma e leva em conta as circunstâncias históricas atuais do sentido da norma no caso concreto; **C:** incorreta, pois o **princípio da justeza ou da conformidade funcional** afirma que o intérprete não pode deturpar o esquema organizatório-funcional estabelecido na Constituição, de forma a violar o sistema de repartição de funções e competências; **D:** correta, pois o **princípio da concordância prática ou da harmonização** estabelece que o intérprete deve sopesar normas constitucionais conflitantes de modo a harmonizá-las, evitando o sacrifício total (supressão) de uma em relação a outra; em outras palavras, no conflito de normas constitucionais, o alcance delas deve ser reduzido até que se encontre o ponto de equilíbrio de acordo com o caso concreto; **E:** incorreta, pois o **princípio da proporcionalidade ou da razoabilidade** consubstancia a ideia de justiça, equidade, bom senso, moderação e proibição de excesso que deve pautar a interpretação e aplicação das normas, aferindo se os meios utilizados são adequados e necessários à consecução dos fins visados. AN
Gabarito "D".

(Juiz de Direito – TJ/RS – 2018 – VUNESP) No ano de 2017, o Ministro Relator Luís Roberto Barroso suscitou, no âmbito do Supremo Tribunal Federal, uma questão de ordem na Ação Penal (AP) 937, defendendo a tese de que o foro de prerrogativa de função deve ser aplicado somente aos delitos cometidos por um deputado federal no exercício do cargo público ou em razão dele. O julgamento se encontra suspenso por um pedido de vistas, mas, se prevalecer o entendimento do Ministro Relator, haverá uma mudança de posicionamento do Supremo Tribunal Federal em relação ao instituto do foro de prerrogativa de função, que ocorrerá independentemente da edição de uma Emenda Constitucional. A hermenêutica constitucional denomina esse fenômeno de

(A) força normativa da Constituição.
(B) princípio da concordância prática.
(C) mutação informal da Constituição.
(D) maximização das normas constitucionais.
(E) interpretação sistêmica.

A: incorreta, pois o **princípio da força normativa** aduz que o intérprete deve dar preferência aos pontos de vista que tornem a norma constitucional mais adequada ao momento histórico, conferindo-lhe máxima eficácia e força normativa; **B:** incorreta, pois o **princípio da concordância prática ou da harmonização** estabelece que o intérprete deve sopesar normas constitucionais conflitantes de modo a harmonizá-las, evitando o sacrifício total (supressão) de uma em relação a outra; em outras palavras, no conflito de normas constitucionais, o alcance delas deve ser reduzido até que se encontre o ponto de equilíbrio de acordo com o caso concreto; **C:** correta, pois **mutação constitucional ou mutação informal da Constituição** é a alteração do significado da norma constitucional por via informal (interpretação, usos e costumes constitucionais), sem que haja a alteração por via formal (processo legislativo) do seu texto. De acordo com Uadi Lammêgo Bulos, mutação constitucional é o processo informal de mudança da Constituição, por meio do qual são atribuídos novos sentidos ou conteúdos à letra da Constituição, por intermédio da interpretação, da construção (construction) ou usos e dos costumes constitucionais; **D:** incorreta, pois o **princípio da máxima efetividade ou da interpretação efetiva** afirma que deve ser atribuído às normas constitucionais o sentido que maior eficácia lhe dê, maximizando a norma para extrair todas as suas potencialidades; **E:** incorreta, pois a **interpretação sistemática** ensina que uma norma não deve ser interpretada de forma isolada, mas em conjunto com as demais normas que compõem o ordenamento jurídico, o qual é um sistema dotado de unidade, harmonia e hierarquia. AN
Gabarito "C".

(Procurador – SP – VUNESP – 2015) Este princípio, ao reduzir a expressão semiológica do ato impugnado a um único sentido interpretativo, garante, a partir de sua concreta incidência, a integridade do ato do Poder Público no sistema do direito positivo. Essa função conservadora da norma permite que se realize, sem redução do texto, o controle de sua constitucionalidade. (STF)

O conceito apresentado diz respeito a um princípio de interpretação constitucional denominado de Princípio da:

(A) Unidade.
(B) Interpretação Conforme a Constituição.
(C) Supremacia da Constituição.
(D) Concordância Prática.
(E) Harmonização.

A: incorreta. Pelo princípio da **unidade**, a Constituição deve ser analisada de forma integrada. Normas constitucionais formam um conjunto de regras que não devem ser vistas isoladamente. Sempre que possível, os comandos constitucionais não devem ser separados do todo. É necessário que todos aqueles que interpretam a Constituição o façam de modo a impedir, ou pelo menos evitar, a existência de contradições com outras normas dispostas na própria Constituição. Decorre também da ideia de unidade da Constituição o fato de não haver hierarquia formal entre as normas constitucionais; **B:** correta. A **interpretação conforme a Constituição**, como o próprio nome expressa, indica que as normas devem ser interpretadas de acordo com o que dispõe a Constituição Federal. É, a um só tempo, mecanismo utilizado no controle de constitucionalidade e técnica de interpretação da Constituição. Tratando da "interpretação conforme" como técnica de interpretação, devemos lembrar que ela é utilizada quando estamos diante de normas que possuem mais de um significado. São as conhecidas normas polissêmicas ou plurissignificativas (que possuem mais de uma interpretação). Desse modo, se determinado dispositivo possui dois significados, o sentido que terá de ser atribuído à norma é o que encontra respaldo constitucional, devendo ser descartado aquele que não vai de encontro ao Texto Maior, ou seja, aquele que vai contra a Constituição. Cabe a observação de que o mecanismo da interpretação conforme a Constituição não dá ao intérprete a possibilidade de atuar como legislador, criando normas gerais e abstratas; **C:** incorreta. Pelo princípio da **supremacia**, a Constituição Federal é a lei máxima do ordenamento jurídico brasileiro. É fundamento de validade de todos os demais atos normativos. Está no ápice da pirâmide normativa e determina as regras que devem ser observadas. Todas as normas infraconstitucionais devem guardar relação de compatibilidade com a Constituição, sob pena de serem declaradas inconstitucionais; **D e E:** incorretas. A **harmonização ou concordância prática** indica que as normas constitucionais devem ser conciliadas para que possam coexistir sem que uma tenha de ser privilegiada em detrimento de outra. Tal princípio também tem relação com o da unidade da constituição e com o princípio da igualdade, pois o todo é que deve ser analisado e de forma harmônica, evitando-se, ao máximo, a anulação de um direito por conta de outro. A concordância prática reforça a ideia de inexistência de hierarquia entre os princípios constitucionais. BV
Gabarito "B".

(Advogado União – AGU – CESPE – 2015) Julgue os itens a seguir, relativos a normas constitucionais, hermenêutica constitucional e poder constituinte.

(1) De acordo com o princípio da unidade da CF, a interpretação das normas constitucionais deve ser feita de forma sistemática, afastando-se aparentes antinomias entre as regras e os princípios que a compõem, razão por que não devem ser consideradas contraditórias a norma constitucional que veda o estabelecimento de distinção pela lei entre os brasileiros natos e os naturalizados e a norma constitucional que estabelece que determinados cargos públicos devam ser privativos de brasileiros natos.

(2) Diferentemente do poder constituinte derivado, que tem natureza jurídica, o poder constituinte originário constitui-se como um poder, de fato, inicial, que instaura uma nova ordem jurídica, mas que, apesar de ser ilimitado juridicamente, encontra limites nos valores que informam a sociedade.

1. correta. Pelo princípio da unidade da Constituição, as normas constitucionais devem ser observadas não como preceitos isolados, mas como parte de um sistema, devendo, por isso, ser interpretadas em conjunto com as demais regras e princípios constitucionais. Além disso, dele decorre também a afirmação de que não há hierarquia formal entre normas constitucionais, podendo-se falar, apenas, em hierarquia axiológica; **2.** correta.

Como o Poder Constituinte Originário é inicial, ilimitado, incondicionado e autônomo, considera-se como poder de fato. Já o Poder Constituinte Derivado, que é condicionado pelo Poder Constituinte Originário e nele encontra limites, é considerado um poder estabelecido juridicamente. **TM**

"Gabarito 'C'."

(Procurador – PGFN – ESAF – 2015) É de Rui Barbosa a seguinte lição: "Uma constituição é executável por si mesma, quando, completa no que determina, lhe é supérfluo auxílio supletivo da lei, para exprimir tudo o que intenta, e realizar tudo o que exprime" (Comentários à Constituição, 1933, II). No que diz respeito à eficácia e aplicabilidade da norma constitucional, é correto afirmar que:

(A) as prescrições mandatórias e as prescrições diretórias têm o mesmo significado, alcance e validade.
(B) o Supremo Tribunal Federal considerou, logo após a promulgação da Constituição Federal de 1988, autoaplicável o dispositivo do mandado de injunção, o que dispensaria a necessidade de regulamentação, não obstante tenha assinalado que a legislação do mandado de segurança seria utilizada de empréstimo.
(C) a concepção de normas constitucionais autoaplicáveis (*self-executing*) e não autoexecutáveis (*not self-executing*) tem origem na Inglaterra, resultado da lenta construção do seu sistema constitucional consuetudinário.
(D) apesar da sua inegável relevância, o art. 196 da Constituição Federal, que diz que a saúde é direito de todos e dever do Estado, necessita de lei para produzir efeitos, conforme tem decidido o Supremo Tribunal Federal ao negar o prosseguimento de recursos que intentam compelir o Estado a arcar com a responsabilidade de tratamento de saúde.
(E) após a promulgação da Emenda Constitucional n. 45/04, não se considera programático o dispositivo da Constituição que requer a aprovação de lei por maioria simples.

A: incorreta. Termos do direito americano. As prescrições mandatórias (*mandatory provisions*) são cogentes, as diretórias (*directory provisions*) não vinculam o legislador; **B:** correta. A lei regulamentadora do Mandado de Injunção só foi editada em 2016 (Lei 13.300/2016), antes disso utilizava-se por empréstimo as disposições da lei do mandado de segurança; **C:** incorreta. A origem está na doutrina estadunidense; **D:** incorreta. O STF e o Poder Judiciário em geral conferem eficácia plena e aplicabilidade imediata ao direito à saúde; **E:** incorreta. As normas constitucionais que requerem edição de lei para que possam ser aplicadas são consideradas de eficácia limitada (algumas de conteúdo programático, outras não). **TM**

"Gabarito 'B'."

(Procurador – PGFN – ESAF – 2015) A interpretação constitucional experimentou ampla evolução desde a primeira decisão judicial que declarou a inconstitucionalidade de um ato normativo, primazia da Suprema Corte dos Estados Unidos, em 1803, no caso Marbury v. Madison. A respeito desse tema, princípio da interpretação constitucional, é correto afirmar que:

(A) denomina-se "princípio da unidade da Constituição" aquele que possibilita separar a norma do conjunto e aplicar o texto da Constituição mediante sua divisão em diversos sistemas.
(B) por sua característica de documento fundamental, fruto de soberana outorga popular a um poder especial que se denomina de Poder Constituinte Originário, os dispositivos da Constituição encerram, em sua grande e esmagadora maioria, um compromisso político, desprovido de eficácia normativa imediata.
(C) o princípio da interpretação conforme a constituição tem como característica fundamental a prevalência da súmula vinculante na interpretação de cânone constitucional de natureza fundamental.
(D) o princípio da concordância prática manifesta sua utilidade nas hipóteses de conflito entre normas constitucionais, quando os seus programas normativos se abalroam.
(E) pelo princípio da eficácia integradora, os instrumentos de controle de constitucionalidade, especialmente a ADI, devem ser interpretados de modo a, tanto quanto possível, integrar o texto impugnado à Constituição.

A: incorreta. Pelo princípio da unidade da Constituição, as normas constitucionais devem ser observadas não como preceitos isolados, mas como parte de um sistema, devendo, por isso, ser interpretadas em conjunto com as demais regras e princípios constitucionais. Além disso, dele decorre também a afirmação de que não há hierarquia formal entre normas constitucionais, podendo-se falar, apenas, em hierarquia axiológica; **B:** incorreta. Todas as normas constitucionais têm força normativa, ainda que algumas tenham eficácia limitada; **C:** incorreta. A interpretação conforme a Constituição é, ao mesmo tempo, princípio de interpretação e técnica de controle de constitucionalidade, tendo aplicação diante de normas jurídicas *plurissignificativas*. Vale dizer, a interpretação conforme a Constituição somente será possível quando a norma infraconstitucional apresentar vários significados ou puder ser interpretada de várias formas, umas compatíveis com as normas constitucionais e outras não, devendo-se excluir a interpretação contra o texto constitucional e optar pela interpretação que encontra guarida na CF, ou seja, pela interpretação conforme a Constituição. Entretanto, não legitima o intérprete a atuar como legislador positivo; **D:** correta. O princípio da concordância prática também é conhecido como *harmonização*. Ou seja, diante da inexistência de hierarquia entre os princípios constitucionais, deve-se buscar a redução proporcional do alcance de cada um dos bens em conflito, de modo que seus núcleos não sejam atingidos, evitando o sacrifício total de um bem em benefício do outro; **E:** incorreta. De acordo com o princípio do efeito integrador (Canotilho), na resolução dos problemas jurídico-constitucionais deve ser dada primazia aos critérios favorecedores da integração política e social, bem como ao reforço da unidade política. **TM**

"Gabarito 'D'."

(Juiz de Direito – TJM/SP – VUNESP – 2016) Acerca da hermenêutica constitucional, é possível afirmar que para determinado método de interpretação, a realidade normada e os dispositivos constitucionais situam-se tão próximos que o caso concreto é regulamentado quando se dá a implementação fática do comando, ocasião, por exemplo, em que o juiz aplica a lei ao caso. A normatividade, a que se refere o método, não se esgota no texto, como se afirma tradicionalmente, mas vai se exaurir nas situações concretas e até no direito consuetudinário, considerando também os textos doutrinários, já que o texto legal seria apenas uma das fontes iniciais de trabalho. Para este método não há diferença entre interpretação e aplicação. A interpretação não se esgota na delimitação do significado e do alcance da norma, mas inclui, também, sua aplicação. Esse método é denominado

(A) hermenêutico-concretizador.
(B) científico-espiritual.
(C) hermenêutico-clássico.
(D) tópico-problemático.
(E) normativo-estruturante.

A: incorreta, pois o método hermenêutico-concretizador parte da ideia de um movimento de "ir e vir", partindo da norma constitucional para o problema (círculo hermenêutico); **B:** incorreta, pois prega uma interpretação da Constituição a partir de uma ótica dinâmica e que se renova constantemente; **C:** incorreta, pois o método hermenêutico-clássico prega a interpretação da Constituição a partir de todos os métodos tradicionais de hermenêutica: gramatical, lógico, histórico etc.; **D:** incorreta, pois para este método parte-se do problema para a norma; **E:** correta, uma vez que existe uma relação necessária entre o texto e a realidade. Assim, a norma é um pedaço da realidade. **AB**

"Gabarito 'E'."

(Juiz – TJ/RJ – VUNESP – 2016) No estudo da Hermenêutica Constitucional se destaca a importância do constitucionalismo contemporâneo de uma Constituição concreta e historicamente situada com a função de conjunto de valores fundamentais da sociedade e fronteira entre antagonismos jurídicos-políticos. A Constituição não está desvinculada da realidade histórica concreta do seu tempo. Todavia, ela não está condicionada, simplesmente, por essa realidade. Em caso de eventual conflito, a Constituição não deve ser considerada, necessariamente, a parte mais fraca.

O texto ressalta corretamente o seguinte princípio:

(A) nova retórica constitucional.
(B) força normativa da Constituição.
(C) tópico-problemático constitucional.
(D) senso comum que norteia a eficácia constitucional.
(E) hermenêutica clássica.

Diante do trecho apresentado pela questão e a sua correlação para com um princípio, somente podemos admitir como correta a letra B, pois é um dever do operador do Direito concretizar a "vontade constitucional", sempre buscando a máxima aplicabilidade das normas constitucionais. Sendo assim, todas as demais alternativas não possuem a mínima correlação – todas dissociadas – com o texto apresentado. **AB**

"Gabarito 'B'."

(Procurador da República – 28º Concurso – 2015 – MPF) Dentre os enunciados abaixo, estão incorretos:

I. A jurisprudência dos valores, em sua corrente atual, defende a aproximação entre direito e moral, desde que os princípios morais sejam incluídos no ordenamento por uma das fontes jurídicas: a legislação ou a jurisprudência dos tribunais;
II. Para a tópica "pura", assim considerada a metodologia jurídica de Theodor Viewheg, o sistema é apenas mais um *topos* a ser levado em conta na busca da decisão para o caso concreto;
III. Para a "teoria estruturante", de Friedrich Muller, é possível o raciocínio orientado para o problema, desde que não ultrapasse o texto da norma;
IV. A "sociedade aberta dos intérpretes da Constituição", expressão cunhada por Haberle, além de ser um processo de interpretação que permite ao julgador mais elementos para a tomada de decisões, tem pertinência, em matéria de direitos humanos, pelo fato destes também regerem as relações horizontais entre os indivíduos.

(A) apenas I;
(B) apenas IV;
(C) I e IV;
(D) I, III e IV;

I: incorreta. A jurisprudência dos valores defende a aproximação entre a interpretação constitucional e a argumentação moral, mas sem necessidade de positivação da moral. Surgiu na Alemanha do pós-guerra a partir da constatação de que a Constituição não é axiologicamente neutra, mas uma ordem de valores, em cujo centro encontra-se a dignidade da pessoa humana. Critica o modelo de subsunção do fato à norma, reconhece valores supralegais ou pré-positivos e parte da análise do caso concreto, defendendo ainda a teoria da argumentação; II: correta. O compromisso central da tópica é a solução do problema, e não o sistema jurídico. Para solucionar o problema, deve-se considerar o sistema, mas é apenas um dos fatores importantes. De acordo com Daniel Sarmento, "o sistema é, para a tópica pura, apenas mais um *topos* a ser levado em conta na busca da decisão do caso concreto. O argumento sistemático é apenas mais um que, ao lado de outros, pode ser usado para a solução do problema". III: correta. "Na doutrina constitucional, Friedrich Muller também admite o raciocínio tópico, orientado para o problema, desde que 'não ultrapasse o texto da norma', vedando-se ao intérprete que 'decida contra o texto claro de uma prescrição, sob o motivo de que ela não oferece um ponto de apoio para que se alcance uma solução razoável para o problema'". (Daniel Sarmento e Cláudio Pereira de Souza Neto, *Direito constitucional – teoria, história e métodos de trabalho*); IV: correta. De acordo com Pedro Lenza, Haberle propõe "que se supere o modelo de interpretação de uma sociedade fechada (nas mãos de juízes e em procedimentos formalizados) para a ideia de uma sociedade aberta dos intérpretes da Constituição, vale dizer, uma interpretação pluralista e democrática".

Gabarito "A".

(Delegado/MS – 2017 – FAPEMS) Sobre a interpretação das normas constitucionais, um dos temas que há vários anos permanece em discussão é o da diferença entre regras e princípios, indo desde a proposta de Ronald Dworkin em 1967, passando pela ponderação de valores proposta por Robert Alexy na década de 1980, e alcançando as práticas judiciais atuais no Brasil. Consoante aos autores NEY JR. e ABBOUD (2017), [...] de forma concomitante com o crescimento da importância da Constituição, a consolidação de sua força normativa e a criação da jurisdição constitucional especializada (após a 2- Guerra Mundial), consagrou-se, principalmente, pela revalorização dos princípios constitucionais [...].

NERY JR, Nelson; ABBOUD, Georges. *Direito Constitucional Brasileiro: Curso Completo.* São Paulo: RT, 2017, p. 124.

Diante disso, afirma-se que

(A) o Supremo Tribunal Federal tem adotado a máxima da proporcionalidade, ainda que não rigorosamente, para a solução de colisão de princípios (por exemplo, voto do Ministro Luís Roberto Barroso no Habeas Corpus 126.292 de 17/02/2016).
(B) a ponderação de valores não tem sido adotada pelo Poder Judiciário brasileiro.
(C) não há diferença entre regras e princípios.
(D) princípios são aplicáveis à maneira do "ou-tudo-ou-nada".
(E) o positivismo jurídico aceita a distinção entre regras e princípios.

Correta a alternativa **A**, consoante o próprio precedente citado. O Judiciário tem sim adotado a ponderação de valores, logo errada a **B**. A doutrina atual aponta diferenças entre as regras e princípios. As regras são Comandos objetivos, expressando uma proibição ou uma permissão, são descritivas de comportamentos, na modalidade "tudo ou nada", ocorrendo o fato deve incidir. Já os princípios expressam decisões políticas fundamentais, valores, fins públicos, apontam para estados ideais a serem buscados, são normas finalísticas, indicam uma direção, valor ou fim, mas numa ordem pluralista a Constituição abriga princípios que apontam em direções diversas e a prevalência de um sobre o outro é determinada à luz do caso concreto por ponderação. Assim, erradas as alternativas C e D. Para os positivistas as normas são apenas regras – errada a alternativa E.

Gabarito "A".

(Delegado/MS – 2017 – FAPEMS) Considere o seguinte texto.

Eis os métodos clássicos, tradicionais ou ortodoxos, pelos quais as constituições têm sido interpretadas ao longo do tempo: o método gramatical observa a pontuação, a etimologia e a colocação das palavras; o método lógico procura a coerência e a harmonia das normas em si, ou em conjunto; o método histórico investiga os fatores que resultaram no trabalho de elaboração normativa; o método sistemático examina o contexto constitucional; o método teleológico busca os fins da norma constitucional; o método popular realiza-se pelo plebiscito, referendum, recall, iniciativa e veto populares; o método doutrinário equivale à doutrina dos juristas; e o método evolutivo propicia mutação constitucional.

BULOS, Uadi Lammego. *Curso de direito constitucional.* 4. ed. São Paulo: Saraiva, 2009, p. 358.

Além desses métodos clássicos de interpretação jurídica, a atual hermenêutica descreve, estuda e aplica princípios interpretativos, especificamente voltados à interpretação da Constituição. Sobre os princípios da hermenêutica constitucional, assinale a alternativa correta.

(A) O Princípio da Conformidade Funcional impede que o intérprete subverta o esquema organizatório-funcional estabelecido pela Constituição.
(B) De acordo com o Princípio do Efeito Integrador, as normas constitucionais devem ser vistas como preceitos integrados em um sistema unitário de regras e princípios, de modo que a Constituição só pode ser compreendida e interpretada se entendida como unidade.
(C) De acordo com o Princípio da Convivência das Liberdades Públicas, o aplicador da Constituição, ao construir soluções para os problemas jurídico-constitucionais, dever preferir os critérios ou pontos de vista que favoreçam a integração social e a unidade política.
(D) O Princípio da Unidade da Constituição determina que nenhum direito é absoluto, pois todos encontram limites em outros direitos consagrados pela própria Constituição.
(E) O Princípio da Presunção da Constitucionalidade das Leis impede a declaração de inconstitucionalidade dos atos normativos.

Perfeita a alternativa **A** nos termos da doutrina de Jose Gomes Canotilho. As demais estão erradas – vejamos. O princípio da Unidade da Constituição estabelece que a Constituição deve ser interpretada como um sistema, um conjunto coeso de normas que devem ser interpretadas de modo a evitar contradições, já que todas as normas constitucionais são dotadas da mesma natureza e grau hierárquico (deve ser considerada como um todo e não isoladamente) e conforme o princípio do Efeito Integrador deve-se sempre privilegiar os critérios que favoreçam a integração político-social e o reforço da unidade política (ambos tratados por Canotilho). Assim a alternativa B traz o princípio da unidade, por isso está errada. A alternativa **C** refere-se ao princípio do efeito integrador, logo está errada. A alternativa **D**, também errada, tem mais relação com o estudo dos direitos fundamentais, mas em termos de princípios de interpretação estaria mais relacionado com o princípio da concordância prática ou harmonização e não com o da unidade. Errada a alternativa **E**, pois, quanto à presunção de constitucionalidade esta é relativa, razão pela qual possível o controle de sua constitucionalidade.

Gabarito "A".

(Delegado/MT – 2017 – CESPE) O método de interpretação da Constituição que, por considerá-la um sistema aberto de regras e princípios, propõe que se deva encontrar a solução mais razoável para determinado caso jurídico partindo-se da situação concreta para a norma, é denominado método

(A) hermenêutico clássico.
(B) científico-espiritual.
(C) tópico-problemático.
(D) normativo-estruturante.
(E) hermenêutico concretizador.

De acordo com o método de interpretação da Constituição tópico-problemático a solução de um caso deve sempre partir da situação concreta para a norma, por isso ele é tópico (topos/lugar – parte do caso concreto) – problemático (discute o problema, para depois buscar a norma). Sendo assim, correta a alternativa C.

Gabarito "C".

(Defensor Público – DPE/RN – 2016 – CESPE) A respeito de constitucionalização simbólica, de hermenêutica e de interpretação constitucional, assinale a opção correta.

(A) Os conceitos jurídicos indeterminados são expressões de sentido fluido, que podem ser encontradas na Constituição, destinadas a lidar com situações nas quais o constituinte não pôde ou não quis, no relato abstrato do enunciado normativo, especificar de forma detalhada suas hipóteses de incidência. Assim, a atribuição de sentido a essas cláusulas abertas deve dar-se mediante valoração concreta dos elementos da realidade, a partir de um juízo discricionário.
(B) Da relação entre texto constitucional e realidade constitucional, tem-se, como reflexo da constitucionalização simbólica em sentido negativo, uma ausência generalizada de orientação das expectativas normativas conforme as determinações dos dispositivos da Constituição.
(C) Como forma básica de manifestação da constitucionalização simbólica, tem-se a constitucionalização-álibi, caracterizada pela presença de dispositivos constitucionais que, sem relevância normativo-jurídica, confirmam as crenças e o *modus vivendi* de determinados grupos.
(D) A hermenêutica filosófica de matriz gadameriana assemelha-se à hermenêutica clássica, na medida em que trabalha com a atribuição de sentido às normas.
(E) Casos difíceis são aqueles que não têm uma solução abstratamente prevista e pronta na Constituição, devendo o intérprete, para tanto, valer-se da subsunção.

A: Errada. Os conceitos jurídicos indeterminados encontram-se nas normas constitucionais com conteúdo aberto, vagueza semântica, justamente para que permaneça atual com o passar do tempo. Sua interpretação, entretanto, não parte de um juízo discricionário, mas sempre do ordenamento jurídico; **B:** Correta. O conceito foi trazido para o Brasil por Marcelo Neves; **C:** Errada. De acordo com Pedro Lenza "busca a legislação álibi dar uma aparente solução para problemas da sociedade, mesmo que mascarando a realidade. Destina-se, como aponta Neves, a 'criar a imagem de um Estado que responde normativamente aos problemas reais da sociedade, embora as respectivas relações sociais não sejam realmente normatizadas de maneira consequente conforme o respectivo texto legal"; **D:** Errada. A filosofia de Gadamer é contra o método subsuntivo, já que defende que qualquer compreensão começa pela pré-compreensão do intérprete sobre o tema, com seus preconceitos; **E**: Errada. Nos casos difíceis, o intérprete deve buscar aplicar os princípios constitucionais com respeito à unidade do sistema jurídico, mediante ponderação ou construção. TM

Gabarito "B".

(Analista Jurídico – TCE/PR – 2016 – CESPE) Assinale a opção correta acerca da interpretação constitucional.

(A) Como as Constituições regulam direitos e garantias fundamentais e o exercício do poder, deve-se priorizar o emprego de linguagem técnica em seu texto, restringindo-se a sofisticada atividade interpretativa às instâncias oficiais.

(B) A interpretação constitucional deve priorizar o espírito da norma interpretada em detrimento de expressões supérfluas ou vazias; por isso, a atividade do intérprete consiste em extrair o núcleo essencial do comando constitucional, ainda que isso implique desconsiderar palavras, dispositivos ou expressões literais.

(C) Sendo a Constituição impregnada de valores, sua interpretação é norteada essencialmente por diretrizes políticas, em detrimento de cânones jurídicos.

(D) Na interpretação da Constituição, prepondera a teleologia, de modo que a atividade do hermeneuta deve priorizar a finalidade ambicionada pela norma; o texto da lei, nesse caso, não limita a interpretação nem lhe serve de parâmetro.

(E) O caráter aberto e vago de muitas das disposições constitucionais favorece uma interpretação atualizadora e evolutiva, capaz de produzir, por vezes, uma mutação constitucional informal ou não textual.

A: incorreta. A função de interpretar a Constituição não deve ser restringida por meio da utilização de linguagem técnica. Pelo contrário, a **interpretação constitucional** deve ser **aberta à sociedade**, não cabendo apenas aos órgãos estatais. Nesse sentido, Dirley da Cunha Júnior, em Curso de Direito Constitucional, 6ª edição, p. 237 e 238, resume bem a teoria sustentada por Peter Haberle: "propõe o festejado autor a substituição de uma 'sociedade fechada dos intérpretes da Constituição' para uma 'sociedade aberta', sob o argumento de que todo aquele que vive no contexto regulado pela norma constitucional e que vive com este contexto é, direta ou indiretamente, um intérprete dessa norma, pois o destinatário da norma é participante ativo do processo hermenêutico". E continua: "Para Haberle, a interpretação constitucional deve ser desenvolvida sob a influência da teoria democrática, no âmbito da qual todo cidadão ativo, grupos, opinião pública e demais potências públicas representam forças produtivas da interpretação, de modo que são intérpretes constitucionais em sentido lato, atuando pelo menos como pré-intérpretes da Constituição"; **B**: incorreta. Sob o argumento de que a interpretação constitucional deve priorizar o espírito da norma interpretada em detrimento de expressões supérfluas ou vazias, **não pode** o intérprete simplesmente desconsiderar palavras, dispositivos ou expressões literais. Tal comportamento faria com que intérprete usurpasse a função legislativa; **C**: incorreta. Não são essencialmente diretrizes políticas que norteiam a interpretação da Constituição. Preceitos jurídicos, combinados com outros, são utilizados na interpretação da Constituição; **D**: incorreta. De fato, a visão teleológica busca os **objetivos e as finalidades** da norma, mas, ao contrário do mencionado, o texto da lei serve de parâmetro e limita a sua interpretação; **E**: correta. De fato, as disposições constitucionais favorecem uma interpretação atualizadora que pode se dar por meio de **mutação constitucional**. Esse fenômeno tem relação não com o aspecto formal do texto constitucional, mas com a interpretação dada à Constituição. É a alteração informal da Constituição. Não podemos interpretar a CF/88 da mesma maneira que a interpretávamos quando ela foi feita, a mudança social, que se deu com o passar do tempo, fez e faz com que a interpretação seja modificada. Por exemplo: O STF, na ADI 4277/2011, ampliou o conceito de família ao acrescentar os casais homoafetivos. Mencionou que "A Constituição de 1988, ao utilizar-se da expressão família, não limita sua formação a casais heteroafetivos nem a formalidade cartorária, celebração civil ou liturgia religiosa. Família como instituição privada que, voluntariamente constituída entre pessoas adultas, mantém com o Estado e a sociedade civil uma necessária relação tricotômica". BV/TM

Gabarito "E".

(Procurador do Estado/AM – 2016 – CESPE) Julgue os itens seguintes, relativos à aplicabilidade de normas constitucionais e à interação destas com outras fontes do direito.

(1) Ao afirmar que o estado do Amazonas, nos limites de sua competência, assegura, em seu território, a brasileiros e estrangeiros, a inviolabilidade dos direitos e garantias fundamentais declarados na CF, o constituinte estadual incorporou, na ordem constitucional do estado, os direitos e as garantias fundamentais constantes da CF, fazendo uso, para tanto, da chamada técnica de remissão normativa.

(2) Em razão do princípio da autonomia política dos entes federativos, estados e municípios não podem ser submetidos a disposições implícitas da CF, devendo obediência, tão somente, às suas disposições expressas.

(3) Embora o preâmbulo da CF não tenha força normativa, podem os estados, ao elaborar as suas próprias leis fundamentais, reproduzi-lo, adaptando os seus termos naquilo que for cabível.

(4) Por serem normas de observância obrigatória para os estados, os municípios e o DF, as chamadas cláusulas pétreas da CF devem ser reproduzidas nas respectivas leis fundamentais desses entes e constituem os únicos limites materiais a serem observados quando de suas reformas.

1: correta. O Supremo já decidiu (RTJ 134/1033 – RTJ 166/785) que: "Com a técnica de **remissão normativa**, o Estado-membro confere parametricidade às normas, que, embora constantes da Constituição Federal, passam a compor, formalmente, em razão da expressa referência a elas feita, o "corpus" constitucional dessa unidade política da Federação, o que torna possível erigir-se, como parâmetro de confronto, para os fins a que se refere o art. 125, § 2º, da Constituição da República, a própria norma constitucional estadual de conteúdo remissivo. Doutrina. Precedentes" (Pleno, do agravo regimental na Rcl 10.500, rel. min. Celso de Mello, DJe 29.09.2011); **2**: errada. Ao contrário do mencionado, os princípios que decorrem da interpretação do Texto Constitucional, ainda que não expressos, devem ser obedecidos pelos entes federativos, como o princípio da razoabilidade; **3**: correta. O preâmbulo traz princípios que norteiam a interpretação das normas e pode ser reproduzido pelos Estados com ou sem adaptações, ainda que não tenha força normativa; **4**: errada. As cláusulas pétreas são de observância obrigatória e não precisam ser reproduzidas nas normas estaduais, distritais ou municipais para que sejam respeitadas. Além disso, diversos limites devem ser observados pelos entes federativos. Dentre os materiais podemos citar, além das cláusulas pétreas, os princípios constitucionais sensíveis, previstos no art. 34, VII, da CF. BV/TM

Gabarito 1C, 2E, 3C, 4E.

(Ministério Público/BA – 2015 – CEFET) A relevância dos problemas envolvidos na interpretação da Constituição tem motivado a proposta de métodos a serem seguidos nesta tarefa. Todos eles tomam a Constituição como um conjunto de normas jurídicas, como uma lei, que se destina a decidir casos concretos. Ocorre que nem todo o problema concreto acha um desate direto e imediato num claro dispositivo da Constituição, exigindo que se descubra ou se crie uma solução, segundo um método que norteie a tarefa. (...).

(MENDES, Gilmar Ferreira; BRANCO, Paulo Gustavo Gonet. Curso de Direito Constitucional, 9 ed., IDP, 2014, p.91)

Levando-se em consideração a doutrina dos autores acima, bem como a caracterização dos Métodos de Interpretação da Constituição, é possível AFIRMAR que o método jurídico-estruturante:

(A) Toma a Constituição como um conjunto aberto de regras e princípios, dos quais o aplicador deve escolher aquele que seja mais adequado para a promoção de uma solução justa ao caso concreto que analisa. O foco, para este método, é o problema, servindo as normas constitucionais de catálogo de múltiplos e variados princípios, em que se busca argumento para o desate adequado de uma questão prática.

(B) Enxerga a Constituição como um sistema cultural e de valores de um povo, cabendo à interpretação aproximar-se desses valores subjacentes à Carta Maior. Tais valores, contudo, estão sujeitos a flutuações, tornando a interpretação da Constituição fundamentalmente elástica e flexível, submetendo a força de decisões fundamentais às vicissitudes da realidade cambiante.

(C) Enfatiza que a norma não se confunde com o seu texto (programa normativo), mas tem a sua estrutura composta, também, pelo trecho da realidade social em que incide (o domínio normativo), sendo esse elemento indispensável para a extração do significado da norma.

(D) Preconiza que a Constituição seja compreendida com os mesmos recursos interpretativos das demais leis, segundo as fórmulas desenvolvidas por Savigny: a interpretação sistemática, histórica, lógica e gramatical. A interpretação constitucional não fugiria a esses padrões hermenêuticos, não obstante a importância singular que lhe é reconhecida para a ordem jurídica.

(E) Parte do pressuposto de que a interpretação constitucional é concretização, entendida como uma norma preexistente na qual o caso concreto é individualizado. Aqui, o primado não é do problema, mas do texto constitucional. A tarefa hermenêutica é suscitada por um problema, mas, para equacioná-lo, o aplicador está vinculado ao texto constitucional. Para obter o sentido da norma, o intérprete arranca da sua pré-compreensão o significado do enunciado, atuando sob a influência das suas circunstâncias históricas concretas, mas sem perder de vista o problema prático que demanda a sua atenção.

A: incorreta. De acordo com os autores mencionados, o método adotado nessa alternativa é o **método da tópica (MENDES**, Gilmar Ferreira; **BRANCO**, Paulo Gustavo Gonet.Curso de Direito Constitucional, 8ª ed., Saraiva, 2013, p.92); **B**: incorreta. O método científico-cultural é que corrobora tal entendimento **(MENDES**, Gilmar Ferreira; **BRANCO**, Paulo Gustavo Gonet.Curso de Direito Constitucional, 8ª ed., Saraiva, 2013, p.92); **C**: correta. Conforme determinam os autores: "... o **método jurídico-estruturante** enfatiza-se que a norma não se confunde com o seu texto (programa normativo), mas tem a sua estrutura composta também pelo trecho da realidade social em que incide (o domínio normativo), sendo esse elemento indispensável para a extração do significado da norma. O intérprete não pode prescindir da realidade social para realizar a sua tarefa hermenêutica"; **D**: incorreta. A alternativa diz respeito ao **método clássico (MENDES**, Gilmar Ferreira; **BRANCO**, Paulo Gustavo Gonet.Curso de Direito Constitucional, 8ª ed., Saraiva, 2013, p.93); **E:** incorreta. Por fim, o método apresentado nessa alternativa é o **hermenêutico-concretizador** (MENDES, Gilmar Ferreira; BRANCO, Paulo Gustavo Gonet. Curso de Direito Constitucional, 8ª ed., Saraiva, 2013, p.92).

Gabarito "C".

(Procurador do Estado/PR – 2015 – PUC-PR) Em que pesem os debates contemporâneos, ainda é bastante utilizada a classificação de José Afonso da Silva acerca da eficácia das normas constitucionais. De acordo com essa classificação clássica, assinale a assertiva **CORRETA**.

(A) Poderá ser impetrado Mandado de Injunção para sanar omissão de norma constitucional de eficácia limitada.
(B) Todas as normas definidoras de direitos e garantias fundamentais contidas no artigo 5º da Constituição podem ser consideradas como normas constitucionais de eficácia plena.
(C) Normas constitucionais de eficácia contida são aquelas desprovidas de qualquer eficácia jurídica e social enquanto não houver legislação integrativa infraconstitucional que lhes dê aplicabilidade.
(D) Normas constitucionais de eficácia limitada são aquelas que têm aplicabilidade integral, produzindo seus efeitos desde a entrada em vigor da Constituição, podendo sofrer redução no seu alcance por atuação do legislador infraconstitucional.
(E) O artigo 5º, § 1º, da Constituição Federal, que consigna a aplicabilidade imediata dos direitos e garantias fundamentais, é norma constitucional de eficácia limitada.

A: correta. De acordo com o art. 5º, LXXI, da CF, o mandado de injunção deve ser concedido sempre que a falta de norma regulamentadora torne inviável o exercício dos direitos e liberdades constitucionais e das prerrogativas inerentes à nacionalidade, à soberania e à cidadania. O mandado de injunção tem como objetivo atuar na inércia do legislador. Alguns dos direitos previstos pela Constituição podem ser exercidos somente após regulamentação em lei. Tratam-se das normas de eficácia limitada. O legislador tem obrigação imposta pela CF/1988 de regulamentar; entretanto, por inércia, não o faz. Com isso, o interessado fica impedido de exercer um direito garantido constitucionalmente. Vale lembrar que o mandado de injunção foi regulamentado pela Lei nº 13.300/16; **B:** incorreta. Não são todas as normas definidoras de direitos e garantias fundamentais contidas no artigo 5º da Constituição que podem ser consideradas como normas constitucionais de eficácia plena. Um exemplo pode ser extraído da alternativa anterior O mandado de injunção é considerado uma garantia fundamental, está previsto no art. 5º da CF e possui eficácia limitada; **C:** incorreta. As normas de eficácia contida ou restringível são aquelas que produzem a integralidade de seus efeitos, mas que dão a possibilidade de outra norma restringi-los. Desse modo, até que outra norma sobrevenha e limite a produção de efeitos, a norma de eficácia contida é semelhante à norma de eficácia plena; **D:** incorreta. A definição apresentada nessa alternativa diz respeito à norma de eficácia contida; **E:** incorreta, o art. 5º, § 1º, da CF não é considerado norma de eficácia limitada. De acordo com Pedro Lenza, em Direito Constitucional Esquematizado, 17ª Ed., Saraiva, p. 270, "O termo "aplicação não se confunde com "aplicabilidade", na teoria de José Afonso da Silva, as normas de eficácia plena e contida têm aplicabilidade direta e imediata e as de eficácia limitada, aplicabilidade mediata ou indireta. José Afonso da Silva, em Comentário Contextual à Constituição, 9ª Ed, Malheiros, p. 181, "...que valor tem o disposto no § 1º do art. 5º da CF que declara todas de aplicabilidade imediata? Em primeiro lugar, significa que elas são aplicáveis até onde possam, até onde as instituições oferecem condições para seu atendimento. Em segundo lugar, significa que o Poder Judiciário, sendo invocado a propósito de uma situação concreta nelas garantida, não pode deixar de aplicá-las, conferindo ao interessado o direito reclamado, segundo as instituições existentes.

Gabarito "A".

(Procurador do Estado/AC – 2014 – FMP) Analise as assertivas abaixo.

I. Não é possível o uso do mecanismo da interpretação conforme a constituição em relação a dispositivo legal que reproduz norma estabelecida pelo legislador constituinte originário.
II. A interpretação constitucional disponibiliza ao julgador a possibilidade de recriar a norma jurídica, atuando como legislador positivo.
III. É possível o controle de constitucionalidade de emendas constitucionais, no que diz respeito ao aspecto material, ficando, todavia, restrito à compatibilidade ou não da reforma constitucional às chamadas "cláusulas pétreas".
IV. O poder de revisão constitucional em muitas situações se vê confrontado com a questão intergeracional das normas constitucionais, cabendo, neste caso, ao julgador promover a adaptação da norma ao contexto histórico, desvinculando-se do texto normativo original.

É(são) apenas correta(s) a(s) assertiva(s):

(A) I e II.
(B) I, II e III.
(C) III.
(D) I e IV.

I: incorreta. É possível a utilização do mecanismo da interpretação conforme a constituição em relação a dispositivo legal que reproduz norma estabelecida pelo legislador constituinte originário. Vale lembrar que a interpretação conforme a Constituição ou apenas "interpretação conforme" é um mecanismo de interpretação utilizado pelo Supremo que tem por finalidade "salvar" a norma, não a declarando inconstitucional e consequentemente banindo-a do ordenamento jurídico brasileiro. Tem por fundamento o princípio da conservação ou da preservação das normas. Aqui, o Supremo fixa uma interpretação que deve ser seguida. Em vez de declarar a norma inconstitucional, determina que a lei é constitucional, desde que interpretada de tal maneira. Há apenas uma interpretação possível para aquela norma, que é a fixada por ele quando do análise de sua constitucionalidade; **II:** incorreta. Não há possibilidade de o intérprete, sob o argumento de que está se valendo da interpretação conforme, passar a legislar, a criar norma abstrata e genérica, pois isso configuraria grave violação ao princípio da separação dos poderes, o qual é protegido pelo manto das cláusulas pétreas (art. 60, § 4º, III, da CF); **III:** correta. De acordo com o art. 60, § 4º, I a IV, da CF, não será objeto de deliberação a proposta de emenda tendente a abolir: I – a forma federativa de Estado; II – o voto direto, secreto, universal e periódico; III – a separação dos Poderes e IV – os direitos e garantias individuais; **IV:** incorreta. O poder de revisão só pôde ser exercido uma única vez, após 5 anos da promulgação da CF, pelo voto da maioria absoluta dos membros do Congresso Nacional, em sessão unicameral (art. 3º do ADCT). Desse modo, os conflitos entre as gerações (questão intergeracional) não interferiram na revisão constitucional.

Gabarito "C".

(Juiz de Direito/MG – 2014) Sobre a supremacia da Constituição da República, assinale a alternativa **CORRETA**.

(A) A supremacia está no fato de o controle da constitucionalidade das leis só ser exercido pelo Supremo Tribunal Federal.
(B) A supremacia está na obrigatoriedade de submissão das leis aos princípios que norteiam o Estado por ela instituído.
(C) A supremacia está no fato de a interpretação da constituição não depender da observância dos princípios que a norteiam.
(D) A supremacia está no fato de que os princípios e fundamentos da constituição se resumam na declaração de soberania.

No que toca à supremacia constitucional, conferir o magistério de Uadi Lammêgo Bulos: "(...) Quando falamos em supremacia das constituições, pensamos em preeminência, hegemonia, superioridade. E faz sentido, porque supremacia constitucional é o vínculo de subordinação dos atos públicos e privados à constituição de um Estado. A ideia do princípio da supremacia constitucional advém da constatação de que a constituição é soberana dentro do ordenamento (*paramountcy*). Logo, todas as demais leis e atos normativos a ela devem adequar-se" (*Direito Constitucional ao Alcance de Todos*, 3ª ed., p. 103).

Gabarito "B".

4. DO CONTROLE DE CONSTITUCIONALIDADE

4.1. CONTROLE DE CONSTITUCIONALIDADE EM GERAL

(Delegado – PC/BA – 2018 – VUNESP) Considere a seguinte situação hipotética. Cidadão Argentino comete crime em seu país e empreende fuga para o Brasil. A República Federativa da Argentina solicita sua extradição perante o Supremo Tribunal Federal. Em sua defesa, o Cidadão Argentino afirma que a lei penal que lhe incrimina é inconstitucional perante a Constituição Federal Brasileira. Neste caso, o Supremo Tribunal Federal

(A) pode apreciar a inconstitucionalidade arguida porque as normas constitucionais logram uma amplitude internacional, impedindo a eficácia dos atos legislativos, executivos e jurisprudenciais que as contrariarem.
(B) não pode apreciar a inconstitucionalidade arguida porque as normas constitucionais são originadas da ideia de Estado-Nação, vigentes, portanto, somente nos estreitos limites territoriais daquele país.
(C) pode apreciar a inconstitucionalidade arguida, desde que haja reciprocidade, ou seja, que a autoridade argentina competente possa declarar a inconstitucionalidade de lei brasileira em face da Constituição Argentina.
(D) não pode apreciar a inconstitucionalidade arguida, pois a Constituição Federal do Brasil, como as demais constituições, não possui a característica de supranacionalidade, típica dos tratados e convenções internacionais.
(E) pode apreciar a inconstitucionalidade arguida, pois ao analisar a lei internacional perante a Constituição Brasileira, os efeitos da decisão serão sentidos somente no Brasil, o que não afeta a esfera de competência da Corte estrangeira.

De acordo com o art. 17 da Lei de Introdução às Normas do Direito Brasileiro, as leis estrangeiras não terão eficácia no Brasil quando ofenderem a soberania nacional, a ordem pública e os bons costumes. Assim, o juiz, ao aplicar a norma estrangeira, deve verificar se ela está de acordo com a ordem pública, bem como se é compatível com os preceitos constitucionais nacionais. Para alguns doutrinadores – como Uadi Lammêgo Bulos –, o juiz deve negar, no caso concreto, a aplicação de lei estrangeira nos casos em que ela for incompatível com a Constituição brasileira, declarando, assim, a inconstitucionalidade *in concreto* da lei estrangeira.

Gabarito "A".

(Juiz de Direito – TJ/RS – 2018 – VUNESP) Conforme já decidido pelo Supremo Tribunal Federal, em matéria de controle de constitucionalidade,

(A) se os órgãos fracionários dos tribunais não submeterem ao plenário, ou ao órgão especial, a arguição de inconstitucionalidade, quando já

houver pronunciamentos destes ou do plenário do Supremo Tribunal Federal sobre a questão, haverá violação da cláusula de reserva de plenário.
(B) aqueles que integram o processo em primeira instância na qualidade de terceiros – como assistentes, denunciados à lide ou chamados ao processo – não podem suscitar, pela via difusa, questão prejudicial de constitucionalidade.
(C) a ação civil pública ajuizada para resguardar direitos difusos ou coletivos pode substituir a ação direta, própria do controle concentrado das normas, não cabendo, no entanto, tal substituição se a ação civil pública versar sobre direitos individuais homogêneos.
(D) tanto as normas constitucionais originárias quanto as normas constitucionais derivadas podem ser objeto de controle difuso, pela via de defesa, e de controle concentrado, a ser exercido pelo próprio Supremo Tribunal Federal.
(E) inexiste usurpação de competência do STF quando os Tribunais de Justiça analisam, em controle concentrado, a constitucionalidade de leis municipais ante normas constitucionais estaduais que reproduzam regras da Constituição Federal que sejam de observância obrigatória.

A: incorreta, pois os órgãos fracionários dos tribunais não submeterão ao plenário ou ao órgão especial a arguição de inconstitucionalidade quando já houver pronunciamento destes ou do plenário do Supremo Tribunal Federal sobre a questão (art. 949, parágrafo único, do CPC). Assim, não se exige a cláusula de reserva prevista no art. 97 da CF quando o plenário, ou órgão equivalente de tribunal, já tiver decidido sobre a questão (STF, RE 876.067 AgR, voto da Rel. Min. Cármen Lúcia, 2ª T, j. 12-5-2015). Nessa linha, o STJ também entende que os órgãos fracionários estão dispensados de suscitar o referido incidente quando a respeito da questão constitucional nele debatida já houver pronunciamento do órgão competente do Tribunal ou do Supremo Tribunal Federal (REsp 1019774/MG, Rel. Ministro Teori Albino Zavascki, 1ª T, j. em 17/04/2008); B: incorreta, já que os terceiros intervenientes têm legitimidade para arguir, em controle difuso ou incidental, questão prejudicial de inconstitucionalidade de lei ou de ato normativo; C: incorreta, pois a jurisprudência do Supremo Tribunal Federal firmou o entendimento de que se pode pleitear a inconstitucionalidade de determinado ato normativo na ação civil pública, desde que *incidenter tantum*, vedando-se, no entanto, o uso da ação civil pública para alcançar a declaração de inconstitucionalidade com efeitos *erga omnes* (RE 424993, Rel. Min. Joaquim Barbosa, Tribunal Pleno, j. em 12-09-2007). No mesmo sentido, o STJ entende ser possível a declaração incidental de inconstitucionalidade, na ação civil pública, de quaisquer leis ou atos normativos do Poder Público, desde que a controvérsia constitucional não figure como pedido, mas sim como causa de pedir, fundamento ou simples questão prejudicial, indispensável à resolução do litígio principal, em torno da tutela do interesse público (REsp 557.646/DF, Rel. Min. Eliana Calmon, 2ª T, j. em 13-04-2004); D: incorreta, pois o STF entende que não há hierarquia entre normas constitucionais originárias dando azo à declaração de inconstitucionalidade de umas em face de outras. Desse modo, as cláusulas pétreas não podem ser invocadas para sustentação da tese da inconstitucionalidade de normas constitucionais inferiores em face de normas constitucionais superiores, porquanto a Constituição as prevê apenas como limites ao Poder Constituinte derivado ao rever ou ao emendar a Constituição elaborada pelo Poder Constituinte originário (STF, ADI 815, Rel. Min. Moreira Alves, Tribunal Pleno, j. em 28-03-1996). Logo, apenas as normas constitucionais derivadas podem ser objeto de controle de constitucionalidade; E: correta, pois os Tribunais de Justiça podem exercer controle abstrato de constitucionalidade de leis municipais utilizando como parâmetro normas da Constituição Federal, desde que se trate de normas de reprodução obrigatória pelos Estados (STF, RE 650898, Rel. Min. Marco Aurélio, Rel. p/ acórdão: Min. Roberto Barroso, Tribunal Pleno, j. em 01-02-2017, repercussão geral). AN
Gabarito "E".

(Juiz de Direito – TJ/RS – 2018 – VUNESP) No atual sistema normativo brasileiro, à luz do posicionamento assumido pelo Supremo Tribunal Federal, os tratados que possuem status normativo supralegal
(A) estão submetidos ao controle de convencionalidade concentrado, independentemente da forma como foram incorporados ao ordenamento interno, cabendo admitir o uso de todos os instrumentos desse controle perante o Supremo Tribunal Federal.
(B) são sujeitos a um controle concentrado, realizado pelo Supremo Tribunal Federal, por meio da Arguição de Descumprimento de Preceito Fundamental, quando for relevante o fundamento da controvérsia entre o tratado internacional e o direito interno.
(C) são sujeitos a um controle de convencionalidade difuso, sendo dever do juiz nacional examinar a compatibilidade das normas internas com as convencionais, mediante provocação da parte ou de ofício.
(D) foram incorporados pelo processo legislativo de emendas constitucionais e podem ser objeto de controle de constitucionalidade e convencionalidade, tanto pela via concentrada quanto pela via difusa.
(E) foram incorporados pelo processo legislativo comum e não podem ser objeto de controle de constitucionalidade ou de convencionalidade, este reservado aos tratados que possuem status normativo supraconstitucional.

A: incorreta, visto que somente os tratados de direitos humanos com *equivalência de emenda constitucional* – isto é, aprovados pela maioria qualificada do § 3º do art. 5º da CF – servem de *paradigma* para o controle de convencionalidade concentrado, admitindo-se o uso de todos os instrumentos desse controle perante o STF; B: incorreta, pois os tratados de direitos humanos com status normativo supralegal – isto é, não aprovados pela maioria qualificada do § 3º do art. 5º da CF – não servem de *paradigma* para a propositura da Arguição de Descumprimento de Preceito Fundamental perante o STF, por faltar-lhes um requisito indispensável à sua propositura, qual seja, a equivalência de emenda constitucional; C: correta, porque os tratados de direitos humanos com *status normativo supralegal* servem de *paradigma* apenas para o controle difuso de convencionalidade (ou de supralegalidade), cabendo ao juiz examinar essa preliminar, mediante provocação da parte ou de ofício; D: incorreta, pois os tratados de direitos humanos com *status normativo supralegal* não foram incorporados pelo processo legislativo de emendas constitucionais (quórum qualificado do art. 5º, § 3º, da CF) e, por isso, não podem servir de *paradigma* para o controle de constitucionalidade e de convencionalidade pela via concentrada, mas, tão somente, para o controle difuso de convencionalidade (ou de supralegalidade); E: incorreta, pois os tratados de direitos humanos com *status normativo supralegal* podem servir de *paradigma* para o controle difuso de convencionalidade, e o STF não reconhece o status supraconstitucional dos tratados de direitos humanos. AN
Gabarito "C".

(Defensor Público – DPE/PR – 2017 – FCC) Sobre a aplicação da cláusula de reserva de plenário, é correto afirmar:
(A) Caso um órgão fracionário se depare com alegação de inconstitucionalidade de lei pertinente ao caso discutido nos autos, deve sempre remeter a questão ao plenário do respectivo tribunal ou órgão que lhe faça as vezes para decidir sobre a questão, mesmo que entenda que a lei questionada pela parte é constitucional.
(B) Conforme o Supremo Tribunal Federal, a análise da recepção de ato normativo anterior à Constituição ou emenda constitucional se submete à cláusula de reserva de plenário.
(C) Viola a cláusula de reserva de plenário decisão de órgão fracionário de Tribunal que declare inconstitucional decreto legislativo, ainda que se refira a uma situação individual e concreta.
(D) Há precedente do Supremo Tribunal Federal afirmando que, mesmo sendo órgãos fracionários, as Turmas do Supremo Tribunal Federal não se submetem à cláusula de reserva de plenário.
(E) Viola cláusula de reserva de plenário a decisão do órgão fracionário do Tribunal que deixe de aplicar a norma infraconstitucional por entender não haver subsunção aos fatos ou, ainda, que a incidência normativa seja resolvida mediante a sua mesma interpretação, sem potencial ofensa direta à Constituição.

A: Errado. Afastando o órgão fracionário a alegação de inconstitucionalidade, não será necessário que se leve a matéria ao plenário (RE-AgR 636.359). B: Errado. Manifestou-se o STF: "(...) A cláusula de reserva de plenário (full bench) é aplicável somente aos textos normativos erigidos sob a égide da atual Constituição. As normas editadas quando da vigência das Constituições anteriores se submetem somente ao juízo de recepção ou não pela atual ordem constitucional, o que pode ser realizado por órgão fracionário dos Tribunais sem que se tenha por violado o art. 97 da CF. (ARE 705316 AgR, Relator(a): Min. Luiz Fux, Primeira Turma, Public 17-04-2013). C: Não viola a cláusula de reserva de plenário decisão de órgão fracionário de Tribunal que declare inconstitucional decreto legislativo, em razão deste ato não constituir lei em sentido formal ou material, nem possuir caráter de ato normativo (Rcl 18165 AgR/RR, rel. Min. Teori Zavascki, 18.10.2016). D: Correto. RE 361.829-ED/RJ. E: Errado. A situação posta não viola cláusula de reserva de plenário (Rcl 24284 AgR, Relator(a): Min. Edson Fachin, Publ. 11.05.2017). TM
Gabarito "D".

(Procurador do Município – Prefeitura Fortaleza/CE – CESPE – 2017) No que concerne a controle de constitucionalidade, julgue o item a seguir.
(1) Se a demanda versar exclusivamente sobre direitos disponíveis, é vedado ao juiz declarar de ofício a inconstitucionalidade de lei, sob pena de violação do princípio da inércia processual.

1. incorreta. Qualquer juiz ou tribunal pode conhecer questões de inconstitucionalidade de ofício, ainda que se trate apenas de direitos disponíveis. TM
Gabarito 1E.

(Procurador Municipal – Prefeitura/BH – CESPE – 2017) O STF declarou a inconstitucionalidade da interpretação da norma que proíbe a realização de aborto na hipótese de gravidez de feto anencefálico, diante da omissão de dispositivos penais quanto àquela situação. Essa decisão visou a garantir a compatibilidade da lei com os princípios e direitos fundamentais previstos na CF.
De acordo com a doutrina pertinente, nesse caso, o julgamento do STF constituiu sentença ou decisão:
(A) interpretativa de aceitação.
(B) aditiva.
(C) substitutiva.
(D) interpretativa de rechaço.

A: incorreta. No âmbito da intepretação constitucional, mais propriamente dentro da intepretação conforme a Constituição, existem as chamadas sentenças meramente interpretativas e as sentenças normativas ou manipuladoras. As sentenças de intepretação conforme *interpretativas*, por sua vez, podem ser divididas em interpretativas de aceitação e de rechaço (ou repúdio). As interpretativas de aceitação anulam as decisões

que estejam contrárias à Constituição, por conterem interpretações da Constituição que não são válidas. Assim, a norma permanece no ordenamento, mas a interpretação que lhe foi conferida é declarada inconstitucional; **B:** correta. Já as decisões *manipuladoras ou normativas*, podem ser aditivas ou substitutivas. Nas aditivas, a Corte declara a existência de uma omissão inconstitucional na norma, como no caso do direito de greve do servidor público. Diante da omissão do legislador em regulamentá-lo, o STF garantiu seu exercício a partir da aplicação por analogia da lei de greve da iniciativa privada; **C:** incorreta. Nas decisões manipulativas substitutivas, ao contrário, a Corte declara a inconstitucionalidade da norma atacada substituindo-a por outra, criada pelo próprio tribunal; **D:** incorreta. Nas sentenças interpretativas de repúdio ou rechaço, o enunciado da norma permanece válido, mas a Corte adota a interpretação da norma que está de acordo com a Constituição, repudiando todas as demais. **TM**
Gabarito "B".

(Procurador Municipal – Prefeitura/BH – CESPE – 2017) À luz do entendimento do STF, assinale a opção correta, a respeito do controle de constitucionalidade.

(A) Admite-se reclamação para o STF contra decisão relativa à ação direta que, proposta em tribunal estadual, reconheça a inconstitucionalidade do parâmetro de controle estadual em face da CF.

(B) Lei municipal poderá ser objeto de pedido de representação de inconstitucionalidade, mas não de arguição de descumprimento de preceito fundamental.

(C) Ato normativo editado por governo de estado da Federação que proíba algum tipo de serviço de transporte poderá ser questionado mediante ação declaratória de constitucionalidade no STF.

(D) Súmula vinculante poderá ser cancelada ou revista se demonstradas modificação substantiva do contexto político, econômico ou social, alteração evidente da jurisprudência do STF ou alteração legislativa sobre o tema.

A: incorreta. Nesse caso cabe recurso extraordinário, já que o tribunal estadual declarou a inconstitucionalidade de lei estadual em face da Constituição Federal; **B:** incorreta. Cabe ADPF em face de leis municipais, por expressa previsão no art. 1º da Lei 9.882/1999; **C:** incorreta. Só cabe ação declaratória de constitucionalidade em face de lei ou ato normativo federal (art. 102, I, *a*, CF); **D:** correta. Entendimento do STF consagrado ao julgar a PSV 13. **TM**
Gabarito "D".

(Procurador Municipal – Prefeitura/BH – CESPE – 2017) De acordo com o previsto na CF e considerando a jurisprudência do STF, assinale a opção correta, a respeito do controle de constitucionalidade.

(A) Em relação à ADI interventiva, a intervenção estadual em município será possível quando o Poder Judiciário verificar que ato normativo municipal viola princípio constitucional sensível previsto na Constituição estadual.

(B) Turma do STF poderá deliberar sobre revisão de súmula vinculante pelo quórum qualificado de dois terços de seus membros.

(C) O CNJ, como órgão do Poder Judiciário, tem competência para apreciar a constitucionalidade de atos administrativos.

(D) O ingresso como *amicus curiae* em ADI independe da demonstração da pertinência temática entre os objetivos estatutários da entidade requerente e o conteúdo material da norma questionada.

A: correta. Art. 35, IV, da CF; **B:** incorreta. A competência é do Pleno do STF, por quórum de 2/3 (art. 2º, § 3º, Lei 11.417/2006); **C:** incorreta. O CNJ é órgão do Poder Judiciário, mas não possui competências judicantes; **D:** incorreta. Para ser aceito como *amicus curiae*, a pessoa ou entidade deve demonstrar a relevância da matéria e a representatividade do postulante. A pertinência temática está ligada à demonstração do segundo requisito. **TM**
Gabarito "A".

(Procurador Municipal/SP – VUNESP – 2016) Acerca do controle de constitucionalidade das leis na atual ordem jurídica pátria, é correto afirmar que:

(A) o sistema concentrado de controle significa a possibilidade de qualquer juiz ou tribunal, observadas as regras de competência, realizar o controle de constitucionalidade, pela via incidental.

(B) a decisão de órgão fracionário de tribunal que, embora não declare expressamente a inconstitucionalidade de lei ou ato normativo do poder público, afasta sua incidência, no todo ou em parte, não se submete à cláusula de reserva de plenário.

(C) aplica-se o princípio da subsidiariedade à Arguição de Descumprimento de Preceito Fundamental, o que significa que esta é cabível na inexistência de outro meio eficaz de sanar a lesão, ou seja, não havendo outro meio apto a solver a controvérsia constitucional relevante de forma ampla, geral e imediata.

(D) é admitido o ajuizamento de Ação Direta de Inconstitucionalidade para atacar lei ou ato normativo revogado muito tempo antes do início do processo, na medida em que o paradigma produziu efeitos e não pode ser considerado como revestido de valor meramente histórico.

(E) em nosso ordenamento jurídico, é admitida a figura da constitucionalidade superveniente, pois, se o vício de inconstitucionalidade se referir a dispositivos da Constituição Federal que não se encontram mais em vigor, não há mais relevância para o exercício do controle, estando a matéria superada.

A: incorreta, pois o sistema concentrado remete ao STF. O que se refere ao Poder Judiciário seria o difuso; **B:** incorreta, pois é flagrante violação ao que determina a súmula vinculante 10, STF; **C:** correta, sendo a ADPF a "última salvação" no controle de constitucionalidade – ver artigo 4º, §1º, da Lei 9.882/1999; **D:** incorreta, pois para norma revogada cabível seria a ADPF; **E:** incorreta, pois a constitucionalidade superveniente não é admitida. Ao contrário, o STF aplica a teoria da receptividade das normas anteriores ao texto constitucional.
Gabarito "C".

(Procurador – IPSMI/SP – VUNESP – 2016) Na realização do controle de constitucionalidade pelo Poder Judiciário, em algumas situações, é possível verificar a ocorrência do efeito represtinatório. Trata-se de efeito:

(A) decorrente da declaração de inconstitucionalidade, por controle concentrado, de ato normativo que tenha revogado outro ato normativo, provocando o restabelecimento de ato normativo anterior.

(B) que torna vinculante para todas as instâncias judiciais determinada decisão proferida pelo Supremo Tribunal Federal.

(C) que, independentemente de disposição expressa, restaura, de forma automática, lei anterior após a lei revogadora perder vigência.

(D) por meio do qual se altera a data em que iniciará a produção de efeitos da declaração de inconstitucionalidade de determinada norma.

(E) resultante da não recepção de lei pela Constituição Federal de 1988.

A: correta, em que pese a represtinação ser um instituto, em regra, não aplicável no ordenamento jurídico brasileiro. Na represtinação temos uma norma revogada, que volta a vigorar, a partir da declaração de inconstitucionalidade da norma revogadora; **B:** incorreta, pois não ocorre o efeito vinculante; **C:** incorreta, pois não ocorre represtinação automática; **D:** incorreta, pois refere-se à modulação dos efeitos; **E:** incorreta, pois a receptividade (ou não) da norma anterior ao texto constitucional atual não se confunde com a represtinação.
Gabarito "A".

(Procurador do Estado – PGE/MT – FCC – 2016) A Lei nº 6.841/1996, do Estado de Mato Grosso, de iniciativa parlamentar, aprovada pela maioria simples da Assembleia Legislativa daquele Estado e sancionada pelo Governador, apresenta o seguinte teor: *"Art. 1º O servidor militar da ativa que vier a falecer em serviço ou que venha a sofrer incapacidade definitiva e for considerado inválido, impossibilitado total ou permanente para qualquer trabalho, em razão do serviço policial, fará jus a uma indenização mediante seguro de danos pessoais a ser contratado pelo Estado de Mato Grosso. Parágrafo único. A indenização referida neste artigo será o equivalente a 200 vezes o salário mínimo vigente no País. Art. 2º A indenização no caso de morte será paga, na constância do casamento, ao cônjuge sobrevivente; na sua falta, aos herdeiros legais; no caso de invalidez permanente, o pagamento será feito diretamente ao servidor público militar. Parágrafo único Para fins deste artigo a companheira ou companheiro será equiparado à esposa ou esposo, na forma definida pela Lei Complementar nr 26, de 13 de janeiro de 1993. Art. 3º Para o cumprimento do disposto nesta lei, fica o Poder Executivo autorizado a abrir crédito orçamentário para a Polícia Militar do Estado de Mato Grosso. Art. 4º Esta lei entra em vigor na data de sua publicação, revogadas as disposições em contrário".*

Referida lei é:

(A) incompatível com a Constituição Federal, mas não poderá ser mais questionada, haja vista o transcurso do prazo decadencial para arguição de inconstitucionalidade e por ter sido convalidada pelo Chefe do Poder Executivo Estadual quando de sua sanção.

(B) compatível com a Constituição Federal e a Constituição do Estado de Mato Grosso, sob os aspectos material e formal.

(C) incompatível com a Constituição do Estado de Mato Grosso, por conter vício formal no processo legislativo, uma vez que seria exigido o *quorum* mínimo para aprovação da maioria absoluta da assembleia para aprovação.

(D) incompatível com a Constituição do Estado de Mato Grosso, uma vez que a matéria regulada deveria ser objeto de Emenda à Constituição estadual, e não lei ordinária.

(E) incompatível com a Constituição Federal e a Constituição do Estado de Mato Grosso, por vício de iniciativa, ao versar sobre matéria inerente ao regime jurídico dos servidores públicos militares.

A: incorreta. É inconstitucional por vício de iniciativa, mas em controle de constitucionalidade não há prazo decadencial para propositura de ações. O ato inconstitucional, para a doutrina clássica, é ato nulo; **B:** incorreta. A lei é incompatível com a CF (e, por simetria federativa, com a constituição do estado) por vício de iniciativa, haja visto o disposto no art. 61, § 1º, II, *f*, CF; **C:** incorreta. Embora a lei seja inconstitucional, o motivo é o vício de iniciativa; **D:** incorreta. Pode ser tratada por lei, mas de iniciativa do chefe do Poder Executivo (aplicação simétrica da regra do art. 61, § 1º, II, *f*, CF); **E:** correta. Ver art. 61, § 1º, II, *f*, CF. **TM**
Gabarito "E".

(Procurador do Estado – PGE/MT – FCC – 2016) Suponha que lei de determinado Estado da federação institua a obrigatoriedade de as empresas operadoras de telefonia fixa e móvel constituírem cadastro de assinantes interessados em receber ofertas de produtos e serviços, a ser disponibilizado às empresas prestadoras de serviço de venda por via telefônica. Nessa hipótese, referida lei seria:

(A) inconstitucional, por versar sobre matéria sujeita à lei complementar.
(B) constitucional, por se tratar de matéria de competência comum de União, Estados, Distrito Federal e Municípios.
(C) constitucional, por se tratar de matéria de competência legislativa concorrente de União, Estados, Distrito Federal e Municípios.
(D) inconstitucional, por versar sobre matéria de competência legislativa privativa da União.
(E) constitucional, por se tratar de matéria competência legislativa suplementar dos Estados.

A lei seria inconstitucional por tratar de matéria de competência legislativa privativa da União (consumidor). Ver art. 21, XIX, CF. A constituição não exige lei complementar para tratar a matéria. **TM**
Gabarito "D".

(Procurador do Estado – PGE/MT – FCC – 2016) Projeto de Lei de Iniciativa do Chefe de Poder Executivo Estadual versando sobre vencimentos de servidores da Administração Pública direta foi objeto de emenda parlamentar para majorar vencimentos iniciais de uma determinada categoria. No caso em tela, a norma resultante da emenda parlamentar é:

(A) constitucional.
(B) inconstitucional por acarretar aumento de despesa.
(C) inconstitucional, uma vez que projeto de lei de iniciativa privativa do Chefe do Poder Executivo não poderia ser objeto de emenda parlamentar em hipótese alguma.
(D) inconstitucional se o projeto de lei já com a emenda parlamentar não for aprovado em um único turno de votação, por no mínimo dois terços dos membros da Assembleia Legislativa.
(E) inconstitucional se o projeto de lei já com a emenda parlamentar não for aprovado, em dois turnos de votação, por no mínimo dois terços dos membros da Assembleia Legislativa.

Somente o chefe do Poder Executivo pode iniciar leis que aumentem o vencimento de servidores públicos do seu ente (art. 61, § 1º, II, a, CF) e, em relação a tais leis, o Poder Legislativo não pode propor emendas que aumentem a despesa inicialmente prevista pelo Executivo, sob pena de violação da separação de Poderes. A regra é expressamente prevista no art. 63, I, CF. Por isso, a norma questionada é inconstitucional por acarretar aumento de despesa. **TM**
Gabarito "B".

(Procurador do Estado – PGE/RS – Fundatec – 2015) É promulgada Emenda à Constituição alterando a técnica de repartição de competências entre os entes federados, com a finalidade de instituir poderes remanescentes ou residuais à União e poderes enumerados aos Estados. Essa proposta:

(A) Não é passível de controle da constitucionalidade, pois a Emenda à Constituição tem hierarquia constitucional.
(B) É passível de controle da constitucionalidade, ao violar a forma federativa de Estado, pois concentra poderes na União.
(C) Não é passível de controle da constitucionalidade, pois a União é hierarquicamente superior aos Estados, estando em consonância com a forma federativa de Estado.
(D) É passível de controle da constitucionalidade apenas se contemplar vício de natureza formal, pois o Poder Constituinte Derivado pode alterar a forma federativa de Estado.
(E) Não é passível de controle da constitucionalidade, pois objetiva a descentralização política do poder do Estado no plano geográfico espacial.

A: incorreta. O STF tem firme entendimento de que cabe controle de constitucionalidade de emendas à Constituição, por serem fruto do Poder Constituinte Derivado. Só não cabe controle de constitucionalidade de normas constitucionais originárias; **B:** correta. A alteração das competências inicialmente previstas na Constituição afeta o equilíbrio de forças que deve pautar uma federação, tornando a União mais forte e os Estados mais fracos. Por isso, caberia controle de constitucionalidade por violação da cláusula pétrea referente à forma federativa de Estado (art. 60, § 4º, I, CF); **C:** incorreta. Não há hierarquia entre os entes da federação, mas sim uma divisão de competências constitucionalmente estabelecidas; **D:** incorreta. A forma federativa de Estado é cláusula pétrea e, por isso, não pode ser abolida por emenda à constituição; **E:** incorreta. É passível de controle em razão do disposto no art. 60, § 4º, I, CF. **TM**
Gabarito "B".

(Advogado União – AGU – CESPE – 2015) Acerca do controle de constitucionalidade das normas, julgue os itens subsecutivos.

(1) Situação hipotética: O presidente da República ajuizou no STF ação direta de inconstitucionalidade que impugna a constitucionalidade de uma lei estadual com base em precedente dessa corte. A petição inicial dessa ação também foi assinada pelo AGU. Assertiva: Nessa situação, conforme entendimento do STF, o AGU deverá defender a constitucionalidade da lei ao atuar como curador da norma.

(2) Considerando-se que a emenda constitucional, como manifestação do poder constituinte derivado, introduz no ordenamento jurídico normas de hierarquia constitucional, não é possível a declaração de inconstitucionalidade dessas normas. Assim, eventuais incompatibilidades entre o texto da emenda e a CF devem ser resolvidas com base no princípio da máxima efetividade constitucional.

(3) O caso Marbury *versus* Madison, julgado pela Suprema Corte norte-americana, conferiu visibilidade ao controle difuso de constitucionalidade, tendo a decisão se fundamentado na supremacia da Constituição, o que, consequentemente, resultou na nulidade das normas infraconstitucionais que não estavam em conformidade com a Carga Magna.

1. incorreta. A regra é de que o Advogado-Geral da União atua como curador da constitucionalidade das leis, ou seja, tem o dever de defender a constitucionalidade da norma quando é questionada perante o STF (art. 103, § 3º, CF). Entretanto, interpretando a norma do art. 103, § 3º, CF, o Supremo entendeu "ser necessário fazer uma interpretação sistemática, no sentido de que o § 3º do art. 103 da CF concede à AGU o direito de manifestação, haja vista que exigir dela defesa em favor do ato impugnado em casos como o presente, em que o interesse da União coincide com o interesse do autor, implicaria retirar-lhe sua função primordial que é a defender os interesses da União (CF, art. 131). Além disso, a despeito de reconhecer que nos outros casos a AGU devesse exercer esse papel de contraditora no processo objetivo, constatou-se um problema de ordem prática, qual seja, a falta de competência da Corte para impor-lhe qualquer sanção quando assim não procedesse, em razão da inexistência de previsão constitucional para tanto" (ADIn 4309/TO, Rel. Min. Cezar Peluso). Vide *Informativo STF* 562/2009. O AGU tampouco precisa defender a constitucionalidade da norma quando já houver precedentes do STF pela inconstitucionalidade, como é o caso da questão; **2. incorreta.** O STF tem firme jurisprudência no sentido de que as normas constitucionais oriundas de emendas à constituição (fruto do Poder Constituinte Derivado) podem ser objeto de controle de constitucionalidade. Apenas as normas constitucionais originárias não podem ser objeto de controle; **3. incorreta.** É assente na doutrina que o caso Marbury x Madison inaugurou o controle de constitucionalidade difuso nos EUA, afirmando a supremacia da Constituição e do Poder Judiciário para conferir a "última palavra" sobre a interpretação e a aplicação da Constituição. Entretanto, como explica o professor Rodrigo Brandão em artigo sobre o precedente americano, "cuida-se, a bem da verdade, de leitura dos seus fundamentos com total abstração do seu 'dispositivo', e, sobretudo, do contexto político vivido nos EUA na primeira década do século XIX". 'William Marbury e outros, embora nomeados pelo governo (anterior) para o cargo de juiz de paz no Distrito de Colúmbia, não receberam as suas investiduras, pois Marshall, na condição de Secretário de Estado de (John) Adams, não teve tempo de entregá-las; assim postulavam a obtenção de ordem judicial que compelisse o novo governo a dar-lhes posse'. O mesmo Marshall, que era secretário de Estado do Presidente anterior (John Adams), julgou o caso como Ministro da Suprema Corte dos EUA. 'Marshall afirmou, inicialmente, que os impetrantes possuíam direito à investidura nos cargos, já que o poder discricionário do Executivo se encerraria no momento da nomeação, de modo que após a prática deste ato deveria ser respeitada a estabilidade dos juízes em seus cargos. Assim, a conduta de Madison, secretário de Estado de (Thomas) Jefferson (Presidente que sucedeu John Adams), no sentido de reter os atos de investidura foi tida como ilegal, na medida em que violara o direito dos nomeados a exercerem o cargo de juiz de paz pelo lapso de tempo determinado legalmente. Todavia, o desafio perpetrado ao governo de Jefferson parou por aí. Sob o argumento de que as competências originárias da Suprema Corte estão submetidas à 'reserva de Constituição', a Corte reconheceu a inconstitucionalidade do dispositivo legal que lhe concedera competência para julgar o caso, e, assim, negou-se a ordenar o Presidente a dar posse aos impetrantes". A ação, portanto, não foi conhecida. Ver Rodrigo Brandão, "O outro lado de Marbury x Madison".**TM**
Gabarito 1E, 2E, 3E

(Procurador – PGFN – ESAF – 2015) Sobre o controle de constitucionalidade de leis no Brasil, assinale a opção incorreta.

(A) Respeitadas as regras processuais de distribuição e competência, a qualquer juiz ou tribunal do país é reconhecido o poder de controlar a conformidade dos atos normativos à Constituição, desde que a decisão do litígio reclame, como premissa lógica, o exame do tema da inconstitucionalidade, configurando, portanto, como uma questão prejudicial.
(B) No controle difuso de constitucionalidade, a matéria da constitucionalidade é pedido deduzido na ação e não na sua causa de pedir.
(C) O sistema brasileiro adota o controle misto de constitucionalidade, convivendo com o controle concentrado e o controle difuso de constitucionalidade, sendo o primeiro relacionado com o controle principal e abstrato e o segundo com o modelo incidental e concreto.
(D) No sistema brasileiro há o controle de constitucionalidade político e o jurisdicional.
(E) No sistema brasileiro admite-se o controle judicial preventivo, nos casos de mandado de segurança impetrado por parlamentar com objetivo de impedir a tramitação de projeto de emenda constitucional lesiva às cláusulas pétreas.

A: correta. No sistema difuso de constitucionalidade, também adotado pelo Brasil, cabe a qualquer juiz ou tribunal reconhecer a inconstitucionalidade de leis ou atos normativos; **B:**

incorreta. No controle difuso, a declaração de inconstitucionalidade não é aduzida como pedido principal da ação, mas como causa de pedir. Será pedido principal nas ações de controle concentrado de constitucionalidade; **C:** correta. O controle difuso é exercido por qualquer juiz ou tribunal, ao apreciar as causas que lhes são apresentadas e o controle concentrado é exercido diretamente no STF ou nos Tribunais de Justiça/Tribunais Regional Federais, conforme a competência para apreciar e julgar a matéria; **D:** correta. Em regra é realizado pelo Poder Judiciário (*controle judicial repressivo*), em controle concentrado (por exemplo, em ADIN ou em ADPF) ou em controle difuso (via recurso extraordinário ao STF, por exemplo). Entretanto, o Poder Legislativo também pode exercer o controle de constitucionalidade, seja preventivamente (nas comissões de constituição e justiça), ou de modo repressivo (*controle político repressivo*), como no caso de não aprovação, pelo Congresso Nacional, de Medida Provisória por inconstitucionalidade ou pela sustação congressual de ato do Executivo que exorbite dos limites de delegação legislativa (art. 49, V, da CF); **E:** correta. O STF admite a hipótese de impetração de mandado de segurança por parlamentar, para impedir a tramitação de emenda à constituição que vise a abolir cláusulas pétreas, reconhecendo-lhe o direito líquido e certo ao devido processo legislativo. Notem que apenas os parlamentares podem impetrar mandado de segurança nesse caso. **TM**
Gabarito "B".

(Procurador – PGFN – ESAF – 2015) Assinale a opção correta.
(A) Os vícios formais traduzem defeito de formação do ato normativo, pela inobservância de princípio de ordem técnica ou procedimental ou pela violação de regras de competência. Nesses casos, viciado é o ato nos seus pressupostos, no seu procedimento de formação, na sua forma final, atingindo diretamente seu conteúdo.
(B) No direito brasileiro, a consolidação do sistema de controle com amplo poder de julgar as questões constitucionais inclui a matéria relativa à interpretação de normas de regimento legislativo, não circunscrevendo-se no domínio *interna corporis*.
(C) A inconstitucionalidade material envolve não somente o contraste direto do ato legislativo com o parâmetro constitucional, mas também a aferição do desvio de poder ou do excesso de poder legislativo.
(D) O controle de convencionalidade passou a ser estudado no Brasil especialmente após a entrada em vigor da Emenda Constitucional n. 45/2004 e a partir das decisões do Supremo Tribunal Federal que elevaram o *status* de todos os tratados de direitos humanos a patamar de emendas constitucionais, excluindo, consequentemente, o controle de constitucionalidade sobre as regras jurídicas de caráter doméstico.
(E) Não há distinção entre inconstitucionalidade originária e inconstitucionalidade superveniente.

A: incorreta. A parte inicial está correta, mas o vício formal não atinge o conteúdo da norma. Se o vício estiver no conteúdo, terá natureza material (não formal). Por oportuno, lembremos que os vícios formais podem ser: a) orgânicos; b) formais propriamente ditos; c) formais por violação a pressupostos objetivos do ato; **B:** incorreta. As normas previstas nos regimentos internos das casas legislativas são tidas como questões *interna corporis*, de natureza política, não sendo passível de controle de constitucionalidade – a não ser que estejam em confronto com a Constituição ou nos casos de proposta de emenda constitucional tendente a abolir cláusulas pétreas (pela via do mandado de segurança impetrado por parlamentar); **C:** correta, de acordo com doutrina de Gilmar Ferreira Mendes. No entanto, alguns doutrinadores defendem limites ao controle do Judiciário, frente à margem de conformação do legislador; **D:** incorreta. Embora a primeira parte esteja correta, a EC 45/2004 não elevou o status de todos os tratados internacionais, mas inseriu o § 3º ao art. 5º da CF, prevendo a possibilidade de os tratados internacionais *sobre direitos humanos* terem o mesmo status das emendas constitucionais, caso observado o procedimento previsto no art. 5º, § 3º, CF; **E:** incorreta. Haverá inconstitucionalidade originária se a norma infraconstitucional analisada for inconstitucional em relação à norma constitucional vigente (que é o seu parâmetro). Haverá inconstitucionalidade superveniente se, por força de uma nova ordem constitucional, a norma infraconstitucional que já existia quando do advento da nova constituição, se tornar inconstitucional de acordo com esse novo parâmetro. Para o STF não há inconstitucionalidade superveniente, o caso será de recepção ou não da norma infraconstitucional anterior (em face da nova constituição). **TM**
Gabarito "C".

(Procurador – PGFN – ESAF – 2015) Sobre o sistema brasileiro de controle de constitucionalidade, assinale a opção incorreta.
(A) A Constituição de 1934, mantendo o sistema de controle difuso, introduziu a ação direta de inconstitucionalidade interventiva, a cláusula de reserva de plenário e a atribuição ao Senado Federal de competência para suspender a execução, no todo ou em parte, de lei ou ato declarado inconstitucional por decisão definitiva.
(B) A ruptura do chamado "monopólio da ação direta", outorgado ao Procurador-Geral da República para o exercício de controle de constitucionalidade de leis no Brasil, ocorreu com a Constituição de 1946.
(C) A partir da Constituição de 1891 consagrou-se, no direito brasileiro, a técnica do controle difuso de constitucionalidade, repressivo, posterior, pela via da exceção ou defesa, pela qual a declaração de inconstitucionalidade se implementa de modo incidental como prejudicial ao mérito.
(D) A Constituição de 1824 não contemplava qualquer modalidade de controle de constitucionalidade das leis. Era outorgada ao Poder Legislativo, sob influência francesa, a atribuição de fazer leis, interpretá-las, suspendê-las e revogá-las, bem como velar pela guarda da Constituição.
(E) A Constituição de 1937 vedou expressamente ao Poder Judiciário conhecer das questões exclusivamente políticas.

A: correta. Tais institutos encontram-se no texto da Constituição de 1934 pela primeira vez na história constitucional brasileira; **B:** incorreta. Apenas a partir da Constituição de 1988 ampliou-se o rol de legitimados ativos para a propositura de ADI (art. 103, I a IX, CF); **C:** correta. O controle difuso de constitucionalidade foi previsto na Constituição de 1891 por influência do direito norte-americano; **D:** correta. Vigorava a supremacia do Parlamento quanto à interpretação das normas constitucionais; **E:** correta. Hoje se verifica o contrário, haja vista o descrédito do Parlamento e a ascensão do Judiciário. **TM**
Gabarito "B".

(Juiz – TJ-SC – FCC – 2017) Lei estadual, de iniciativa parlamentar, determinou que o limite máximo de remuneração dos ocupantes de cargos, funções e empregos públicos da administração direta, autárquica e fundacional dos membros dos poderes estaduais passará a ser o valor correspondente a noventa inteiros e vinte e cinco centésimos por cento do subsídio mensal dos Ministros do Supremo Tribunal Federal, não se aplicando o referido limite remuneratório, todavia, aos magistrados e deputados estaduais, para os quais se previu como teto, respectivamente, o subsídio mensal dos Ministros do Supremo Tribunal Federal e o valor equivalente a setenta e cinco por cento daquele estabelecido para os Deputados Federais. À luz da Constituição Federal e da jurisprudência do Supremo Tribunal Federal a referida lei estadual é:
(A) formalmente inconstitucional, uma vez que, em razão do princípio da simetria, apenas lei de iniciativa conjunta dos Chefes dos Poderes Executivo, Legislativo e Judiciário do Estado poderia estabelecer o limite máximo remuneratório, mas a lei é materialmente compatível com a Constituição Federal, na medida em que os limites se adequam às normas constitucionais.
(B) formalmente constitucional, uma vez que a matéria pode ser objeto de projeto de lei de iniciativa parlamentar, mas materialmente inconstitucional, na medida em que não se poderia adotar limite distinto para os magistrados e deputados estaduais.
(C) formal e materialmente inconstitucional, uma vez que apenas emenda à Constituição do Estado poderia estabelecer o limite máximo remuneratório, que, ademais, apenas poderia ser equivalente ao valor do subsídio pago aos Deputados estaduais.
(D) formalmente inconstitucional, uma vez que apenas emenda à Constituição do Estado poderia estabelecer o limite máximo remuneratório, mas materialmente compatível com a Constituição Federal, na medida em que os limites se adequam às normas constitucionais.
(E) formal e materialmente inconstitucional, uma vez que, em razão do princípio da simetria e das normas que regem a elaboração das leis orçamentárias, apenas lei de iniciativa do Chefe do Poder Executivo poderia estabelecer o limite máximo remuneratório, que, ademais, não poderia ser o valor correspondente a noventa inteiros e vinte e cinco centésimos por cento do subsídio mensal dos Ministros do Supremo Tribunal Federal.

A: incorreta, pois apenas emenda à Constituição do Estado poderia estabelecer o limite máximo (art. 37, §12, da CF); **B:** incorreta, pois somente seria viável mediante emenda à Constituição estadual. Ainda, perfeitamente possível seria adotar limites remuneratórios distintos para magistrados e deputados (art. 27, §2º, da CF); **C:** incorreta. Não ocorre inconstitucionalidade material, conforme arts. 37 e 27, ambos da CF; **D:** correta. Somente por emenda constitucional seria possível tal alteração, ainda que citada lei estadual seja materialmente constitucional. Sobre esse tema é importante ressaltar a ADI 3854/DF: "Remuneração. Limite ou teto remuneratório constitucional. Fixação diferenciada para os membros da magistratura federal e estadual. Inadmissibilidade. Caráter nacional do Poder Judiciário. Distinção arbitrária. Ofensa à regra constitucional da igualdade ou isonomia. Interpretação conforme dada ao art. 37, inc. XI, e § 12, da CF. Aparência de inconstitucionalidade do art. 2º da Resolução nº 13/2006 e do art. 1º, § único, da Resolução nº 14/2006, ambas do Conselho Nacional de Justiça. Ação direta de inconstitucionalidade. Liminar deferida. Voto vencido em parte. Em sede liminar de ação direta, aparentam inconstitucionalidade normas que, editadas pelo Conselho Nacional da Magistratura, estabelecem tetos remuneratórios diferenciados para os membros da magistratura estadual e os da federal."; **E:** incorreta, pois, conforme já explicado, trata-se de inconstitucionalidade do ponto de vista formal. **AB**
Gabarito "D".

(Juiz – TJ/MS – VUNESP – 2015) Uma lei federal em vigor antes da atual Constituição Federal
(A) pode ser objeto de controle de constitucionalidade incidental, mas não se submete ao controle concentrado.
(B) pode ser objeto de controle de constitucionalidade por meio da Arguição de Descumprimento de Preceito Fundamental.
(C) pode ser objeto de controle de constitucionalidade pela Ação Declaratória de Constitucionalidade.

(D) não pode ser objeto de controle de constitucionalidade, nem concentrado nem incidental.
(E) pode ser objeto de qualquer instrumento de controle concentrado de constitucionalidade.

A: incorreta. É possível fazer controle concentrado nessa hipótese, desde que por meio da ADPF – Arguição de Descumprimento de Preceito Fundamental; **B:** correta. É o que determina o art. 1º, parágrafo único, I, da Lei 9.882/1999; **C:** incorreta. Apenas leis ou atos normativos federais, editados na vigência da CF/88, podem ser objeto de ADC – Ação Declaratória de Constitucionalidade. É o que determina o art. 13, *caput*, da Lei 9.868/1999; **D:** incorreta. É possível que o controle seja feito nas duas modalidades (concentrada, por ADPF e incidental, no caso concreto); **E:** incorreta. Não é qualquer ação do controle concentrado. Como mencionado, norma criada antes da CF/88, ou seja, direito pré-constitucional, só poderá ser impugnada em sede de controle concentrado, por meio de ADPF.
Gabarito "B".

(Juiz – TJ/MS – VUNESP – 2015) Segundo a Constituição Federal e a jurisprudência do Supremo Tribunal Federal, são dois exemplos de legitimados universais para a propositura da ação declaratória de constitucionalidade:
(A) as Mesas do Senado Federal e da Câmara dos Deputados e as confederações sindicais.
(B) as entidades de classe de âmbito federal e o Procurador-Geral da República.
(C) o Procurador-Geral da República e as Mesas das Assembleias Legislativas.
(D) os Governadores de Estado e o Presidente da República.
(E) o Conselho Federal da Ordem dos Advogados do Brasil e os partidos políticos com representação no Congresso Nacional.

A: incorreta. As confederações sindicais são classificadas como legitimadas especiais, ou seja, precisam demonstrar pertinência temática para proporem as ações do controle concentrado (ADI, ADC e ADPF); **B:** incorreta. As entidades de classe de âmbito nacional precisam demonstrar pertinência temática, não são legitimadas universais; **C:** incorreta. As Mesas das Assembleias Legislativas também precisam demonstrar pertinência temática, ou seja, a lei questionada precisa ter relação com o Estado que a Mesa representa; **D:** incorreta. Os Governadores de Estado precisam demonstrar a relação de pertinência temática com o Estado que representa; **E:** correta. De fato, o CFOAB e os partidos políticos com representação no Congresso Nacional são considerados legitimados universais, ou seja, podem impugnar quaisquer leis, sem que haja a necessidade da demonstração de pertinência temática. Em suma, os legitimados previstos nos incisos IV, V e IX, do art. 103 da CF são classificados como especiais ou temáticos, já que precisam demonstrar a relação de pertinência com aquilo que representam (pertinência temática). Os demais são considerados pelo STF como universais.
Gabarito "E".

(Promotor de Justiça/GO – 2016 – MPE) Quanto ao objeto do controle abstrato de constitucionalidade, aponte o item incorreto:
(A) Em razão de a ação declaratória de constitucionalidade ter surgido com a Emenda Constitucional 3/1993, estará ela impedida de ter por objeto, por exemplo, lei editada anteriormente à data da promulgação da referida emenda, ainda que posterior ao parâmetro constitucional invocado.
(B) Podem ser objeto de ação direta de inconstitucionalidade as decisões proferidas em processo administrativo, quando a extensão dessas mesmas decisões seja tal que as torne um verdadeiro ato administrativo normativo genérico.
(C) A tese de que há hierarquia entre normas constitucionais originárias, permitindo, assim, a declaração de inconstitucionalidade de umas em face de outras, é rejeitada pela jurisprudência do Supremo Tribunal Federal.
(D) A norma declarada constitucional pelo Plenário do Supremo Tribunal Federal, em controle difuso, não pode ser objeto de ação declaratória de inconstitucionalidade, exceto quando venha a ocorrer modificações significativas de ordem jurídica, social ou econômica, ou se apresentem argumentos supervenientes nitidamente mais relevantes do que aqueles que antes prevaleciam.

A: incorreta. A ADC pode ser proposta na forma prevista no art. 102, I, "a", da CF, que não impõe qualquer limitação temporal quanto ao seu objeto; **B:** correta. Em regra, será ato de efeito concreto, não podendo ser objeto de ADI por falta de abstração e generalidade. Entretanto, quando a concretude der lugar à normatividade, e se o ato administrativo não tiver efeitos concretos, mas for dotado de autonomia, generalidade e abstração, pode ser questionado em controle concentrado de constitucionalidade. Ver STF, ADI 3202/RN, Rel. Min. Cármen Lúcia: "A extensão da decisão tomada pelo Tribunal de Justiça do Rio Grande do Norte aos servidores em condições idênticas aos agravantes torna-a ato indeterminado. Ato administrativo normativo genérico. Cabimento da ação direta de inconstitucionalidade. 2. A extensão da gratificação contrariou o inc. X do art. 37 da Constituição da República, pela inobservância de lei formal, promovendo equiparação remuneratória entre servidores, contrariando o art. 37, XIII, da Constituição da República"; **C:** correta. Não há hierarquia formal entre as normas constitucionais, ainda que se possa estabelecer uma hierarquia axiológica, cujo centro seria o princípio da dignidade da pessoa humana; **D:** correta. Ainda que a declaração de constitucionalidade, em controle difuso, tenha em regra efeitos *inter partes*, vincula o Supremo Tribunal Federal, que só poderá afastar-se de seu próprio precedente se houver posterior modificação jurídica, social ou econômica.
Gabarito "A".

(Promotor de Justiça/GO – 2016 – MPE) Assinale a alternativa incorreta:
(A) Ocorre a inconstitucionalidade progressiva quando o Supremo Tribunal Federal profere decisão no sentido de que a lei atacada, apesar de ser inconstitucional, possa ser mantida no ordenamento jurídico até que uma condição estabelecida pelo próprio Tribunal seja cumprida. Uma vez cumprida a condição, a lei, então passa a padecer do vício de inconstitucionalidade.
(B) O sistema jurídico brasileiro não contempla a figura da constitucionalidade superveniente, exceto se houver taxativa previsão constitucional.
(C) É possível o controle difuso de constitucionalidade sobre Lei ou ato normativo municipal que contrarie a Constituição Federal.
(D) Quando o parâmetro de controle for a Constituição Estadual, a decisão do Tribunal de Justiça será irrecorrível, ainda que se trate de norma de reprodução obrigatória da Constituição Federal.

A: correta. É a chamada "lei ainda constitucional". Ver STF, RE 135328, em que o STF reconheceu que o art. 68 do CPP, que confere ao MP legitimidade para propor ação civil *ex delicto* em favor de titular de direito hipossuficiente, seria constitucional até a estruturação da defensoria pública. Após a estruturação da defensoria, passaria a ser inconstitucional; **B:** correta. Para o STF uma lei inconstitucional é ato nulo, sendo insanável o vício de origem. Assim, não se constitucionalizaria com a mudança de parâmetro de controle. Ver STF, RE 346084/PR; **C:** correta. O controle difuso de leis ou atos municipais é sempre possível. Já o controle concentrado de leis municipais só é cabível via ADPF; **D:** incorreta. Caberá recurso extraordinário com fundamento no art. 102, III, "a" ou "c", da CF.
Gabarito "D".

(Promotor de Justiça – MPE/AM – FMP – 2015) No âmbito da jurisdição constitucional é correto afirmar que
(A) a decisão por órgão fracionário de Tribunal Estadual que atribuir à norma infraconstitucional interpretação conforme a Constituição não dispensa o incidente de inconstitucionalidade em atenção ao art. 97 da CF.
(B) a decisão por órgão fracionário de Tribunal Estadual que atribuir à norma infraconstitucional interpretação conforme a Constituição dispensa o incidente de inconstitucionalidade em atenção ao art. 97 da CF.
(C) a decisão do STF em Recurso Extraordinário interposto de decisão de ADI julgada por Tribunal de Justiça estadual produz efeitos típicos do controle difuso e, como tal, somente alcança as partes do processo.
(D) inexiste possibilidade de controle abstrato de norma municipal em face da Constituição Federal por ausência de previsão expressa dessa hipótese no art. 102, I, *a*, da Constituição da República.
(E) dentre os legitimados para a ADI perante o STF, as confederações sindicais e as entidades de classe de âmbito nacional detêm capacidade postulatória, necessitando demonstrar a relação de pertinência temática entre as finalidades para as quais foram criadas e o objeto da ação.

A: correta. Pelo princípio da reserva de plenário, previsto no art. 97 da CF, os órgãos fracionários dos tribunais não podem declarar a inconstitucionalidade de lei o ato normativo; **B:** incorreta. A dispensa do art. 97 da CF só ocorre em caso de declaração da constitucionalidade da lei; **C:** incorreta. Só cabe recurso extraordinário contra decisão de tribunal de justiça quando a norma atacada for de reprodução obrigatória de norma da constituição federal. Nesse caso, o parâmetro de controle passa a ser a própria CF, o que atrai a competência do Supremo. Por isso, o recurso extraordinário tem os mesmos efeitos de uma ADI – *erga omnes* e vinculantes, podendo ainda ser objeto de modulação temporal, na forma do art. 27 da Lei 9.868/99; **E:** incorreta. Possuem legitimidade ativa não universal, precisando demonstrar pertinência temática, o que não se confunde com capacidade postulatória.
Gabarito "A".

(Delegado/MS – 2017 – FAPEMS) Leia o seguinte excerto.

A prematura intervenção do Judiciário em domínio jurídico e político de formação dos atos normativos em curso no Parlamento, além de universalizar um sistema de controle preventivo não admitido pela Constituição, subtrairia dos outros Poderes da República, sem justificação plausível, a prerrogativa constitucional que detém de debater e aperfeiçoar os projetos, inclusive para sanar seus eventuais vícios de inconstitucionalidade.

BRASIL. Supremo Tribunal Federal. Mandado de Segurança 32.033-DF.
Relator: Ministro Gilmar Mendes, 2013;

O controle de constitucionalidade preventivo pode dar-se durante o processo legislativo por meio do veto por inconstitucionalidade, também denominado

(A) veto jurídico, e pela impetração de mandado de segurança, por parlamentar, voltado a preservar o decoro parlamentar.

(B) veto jurídico, e pela impetração de mandado de segurança, por partido político, voltado a preservar o decoro parlamentar.
(C) veto jurídico, e pela impetração de mandado de segurança, pelo Procurador-Geral da República, voltado a preservar o devido processo legislativo.
(D) veto político, é pela impetração de mandado de segurança, por parlamentar, voltado a preservar o devido processo legislativo.
(E) veto jurídico, e pela impetração de mandado de segurança, por parlamentar, voltado a preservar o devido processo legislativo.

O veto por inconstitucionalidade é denominado pela doutrina de veto jurídico. A jurisprudência do STF tem admitido de modo excepcional interferir durante o processo legislativo, apenas quando houver a impetração de mandado de segurança, exclusivamente por parlamentar (deputado federal ou senador), voltado a preservar o devido processo legislativo. Trata-se, em verdade, de um controle repressivo do ato ofensivo ao devido processo legislativo, mas com reflexo preventivo, pois impede o prosseguimento da aprovação de norma que estaria eivada de vício de inconstitucionalidade. Assim, a única correta é a alternativa E.

(Delegado/MS – 2017 – FAPEMS) Sobre o controle de constitucionalidade exercido pelo Supremo Tribunal Federal, afirma-se que o Supremo tem recorrido a diversas técnicas de decisão chamadas de sentenças intermediárias. A expressão sentença intermediária "compreende uma diversidade de tipologia de decisões utilizadas pelos Tribunais Constitucionais e/ou Cortes Constitucionais em sede de controle de constitucionalidade, com o objetivo de relativizar o padrão binário do direito (constitucionalidade/inconstitucionalidade)".

FERNANDES, Bernardo. Curso de Direito Constitucional. 9a. ed. Salvador:
Juspodivm. 2017, p. 1.578.

Sobre tais técnicas, verifica-se que

(A) a modulação temporal foi amplamente utilizada no julgamento das Ações Diretas de Inconstitucionalidade 4.357 e 4.425 (25/3/2015), referentes ao sistema de precatórios da Emenda Constitucional n. 62 de 2009.
(B) a "declaração de inconstitucionalidade sem pronúncia de nulidade" é equivalente ao "apelo ao Legislador".
(C) o Supremo Tribunal Federal faz uma distinção rigorosa entre as sentenças interpretativas de "interpretação conforme a Constituição" e "declaração de inconstitucionalidade sem redução de texto".
(D) o Supremo Tribunal Federal rejeita a utilização de sentenças transitivas.
(E) as sentenças aditivas produzem os mesmos efeitos das sentenças substitutivas.

Está perfeita a alternativa A. A modulação está disciplinada no artigo 27, da Lei 9.868/1999 e foi amplamente utilizada nas decisões referidas. Errada a B. Vejamos, a declaração de inconstitucionalidade sem pronúncia de nulidade não se confunde com o apelo ao Legislador. Na primeira há uma declaração de inconstitucionalidade, mas por razões de segurança jurídica não é proclamada a nulidade – nesse sentido a ADI 2240. Há assim um caráter mandamental para que o legislador supra a situação inconstitucional. Já o apelo ao legislador é uma sentença de rejeição da inconstitucionalidade, com conteúdo preventivo (Vide "Apelo ao legislador na Corte Constitucional Federal Alemã – Gilmar Ferreira Mendes – Revista Trimestral de Direito Público – 10. Errada a alternativa C. Não há uma distinção rigorosa entre as sentenças interpretativas de "interpretação conforme a Constituição" e "declaração de inconstitucionalidade sem redução de texto", disciplinadas na lei 9.868/1999, seja no STF seja na doutrina. Errada a alternativa D. O STF adota sentenças transitivas, que são espécies das sentenças intermediárias ou manipulativas (ou seja, que não ficam na decisão binária: constitucional ou inconstitucional). Conforme José Adércio Leite Sampaio (in https://denisevargas.jusbrasil.com.br/artigos/121936165/as-decisoes-manipulativas-ou-intermedias-na-jurisdicao-constitucional – acesso em 30/11/2017) as transitivas podem ser divididas em: b1) sentença transitiva sem efeito ablativo: a declaração de inconstitucionalidade não se faz acompanhar da extirpação da norma do ordenamento jurídico, se houve possibilidade de se criar uma situação jurídica insuportável ou de grave perigo orçamentário. b2) sentença transitiva com efeito ablativo. Nesse caso, a decisão que declara a inconstitucionalidade com possibilidade extirpar a norma ou seus efeitos do ordenamento jurídico, mas efetuando a modulação temporal dos efeitos da decisão. b3) sentença transitiva apelativa. Trata-se de declarar a constitucionalidade da norma, mas assentando um apelo ao legislador para que adote providências necessárias destinadas que a situação venha a se adequar, com a mudança de fatos, aos parâmetros constitucionais. b4) sentença transitiva de aviso. Nesse tipo de decisão há um prenúncio de uma mudança de orientação jurisprudencial que não será aplicado ao caso em análise. Errada a alternativa E. Conforme o mesmo autor (José Adércio Leite Sampaio): as sentenças normativas podem ser: a1) sentença normativa aditiva. Nestas, há um alargamento da abrangência do texto legal em virtude da criação de uma regra pela própria decisão. a2) sentença normativa aditiva de princípios. O tribunal adiciona um princípio deixando ao legislador. a3) sentença normativa substitutiva. O tribunal declara a inconstitucionalidade de uma norma na parte em que contém uma prescrição em vez de outra ou profere uma decisão que implica em substituição de uma disciplina contida no preceito constitucional.
Gabarito "A".

(Delegado/MS – 2017 – FAPEMS) Leia o excerto a seguir.

É interessante que a doutrina convencional que trabalha o controle de constitucionalidade sempre se preocupou com o estudo dos sistemas de controle (se jurisdicional ou político, por exemplo), com os critérios (se difuso ou concentrado) ou mesmo se o controle é concreto ou abstrato ou se pela via incidental ou principal. [...] Entretanto, muito pouco se estuda sobre o processo de deliberação nos Tribunais (Cortes) Constitucionais. Talvez, esse seja o estudo mais importante da atualidade sobre o controle de constitucionalidade.

FERNANDES, Bernardo Gonçalves, Curso de Direito Constitucional, p. 1713, Ed. Juspodivm, 9° Edição, 2017.

Nesses termos, sobre a moderna Jurisdição Constitucional, sua jurisprudência e inovações, assinale a alternativa correta.

(A) A atual prática do STF apresenta uma deliberação pública que adota o modelo de decisão intitulado de *per curiam*. Esse modelo se caracteriza pela produção de um agregado das posições individuais de cada membro do colegiado, cujos votos são expostos "em série" em um texto composto. Cada um dos ministros apresenta seu voto até se ter um somatório e chegar a um resultado final.
(B) No âmbito do controle difuso-concreto de constitucionalidade brasileiro, tem-se que a inconstitucionalidade da norma objeto do caso concreto não pode ser reconhecida de ofício pelo magistrado.
(C) A jurisprudência do STF na ação direta de inconstitucionalidade tem admitido a legitimidade ativa de associação que representa apenas fração ou parcela da categoria profissional, quando o ato impugnado repercute sobre a esfera jurídica de toda uma classe.
(D) As sentenças de aviso são sentenças intermediárias que sinalizam uma mudança na jurisprudência para o futuro, embora tal mudança não venha a surtir efeitos para o caso *sub judice*.
(E) Segundo o STF, não é cabível o ajuizamento de embargos de declaração para fins de modulação dos efeitos de decisão proferida em Ação Direta de inconstitucionalidade.

Errada a alternativa A. "As práticas de deliberação das Cortes Constitucionais variam conforme os distintos desenhos institucionais que cada sistema pode assumir e que estão primordialmente relacionados, entre outros fatores, (1) ao ambiente institucional onde ocorrem as deliberações, que podem ser fechados (ou secretos), por um lado, e abertos ou públicos, por outro; e à (2) apresentação institucional dos resultados da deliberação, as quais podem ocorrer em texto único, conforme o modelo de decisão *per curiam*, ou por meio de texto composto, que corresponde ao modelo de decisão *seriatim*. A atual prática do STF conforma um modelo bastante peculiar de deliberação aberta ou pública que adota o modelo de decisão *seriatim*." Observatório Constitucional – "É preciso repensar a deliberação no Supremo Tribunal Federal" André Rufino do Vale. In: https://www.conjur.com.br/2014-fev-01/observatorio-constitucional-preciso-repensar-deliberacao-stf#_ftnref2_4182 – acesso em 01/12/2017. Errada a alternativa B. No âmbito do controle difuso-concreto de constitucionalidade brasileiro admite-se que a inconstitucionalidade da norma seja reconhecida de ofício pelo magistrado. Errada a alternativa C. O Supremo Tribunal Federal não tem admitido a legitimidade ativa de associação que representa apenas fração ou parcela da categoria profissional, quando o ato impugnado repercute sobre a esfera jurídica de toda uma classe (Ver ADI 5448). Correta a alternativa D. As sentenças transitivas de aviso são sentenças intermediárias que sinalizam uma mudança na jurisprudência para o futuro, mas não irá surtir efeitos no caso em análise. Errada a alternativa E. É cabível a oposição de embargos de declaração para fins de modulação dos efeitos de decisão proferida em ação direta de inconstitucionalidade, ficando seu acolhimento condicionado, entretanto, à existência de pedido formulado nesse sentido na petição inicial. (ADI 2791 ED/PR, rel. orig. Min. Gilmar Mendes, rel. p/ o acórdão Min. Menezes Direito, 22.4.2009.)
Gabarito "D".

(Delegado/MT – 2017 – CESPE) Uma proposta de emenda constitucional tramita em uma das casas do Congresso Nacional, mas determinados atos do seu processo de tramitação estão incompatíveis com as disposições constitucionais que disciplinam o processo legislativo.

Nessa situação hipotética, segundo o entendimento do STF, terá legitimidade para impetrar mandado de segurança a fim de coibir os referidos atos

(A) partido político.
(B) governador de qualquer estado da Federação, desde que este seja afetado pela matéria da referida emenda.
(C) o Conselho Federal da OAB.
(D) o procurador-geral da República.
(E) parlamentar federal.

Conforme entendimento do STF "Os membros do Congresso Nacional têm legitimidade ativa para impetrar mandado de segurança com o objetivo de ver observado o devido processo legislativo constitucional." (MS-24041/DF). Logo, correta a alternativa E.
Gabarito "E".

(Defensor Público – DPE/RN – 2016 – CESPE) Em relação a controle de constitucionalidade, assinale a opção correta.

(A) Segundo o entendimento do STF, o Conselho Nacional do Ministério Público pode, excepcionalmente, no exercício de suas atribuições de controle da legitimidade dos atos administrativos praticados por membros do MP, afastar a aplicação de norma identificada como inconstitucional.
(B) Consoante entendimento do STF, em ADI, após a deliberação a respeito do mérito da declaração de inconstitucionalidade e, mesmo já proclamado o resultado final do julgamento, é possível a reabertura do julgamento para fins de deliberação a respeito da modulação dos efeitos da decisão.
(C) De acordo com alteração constitucional promovida por emenda constitucional, o defensor público-geral federal passou a ser um dos legitimados a propor ADI e a ação declaratória de constitucionalidade.
(D) A decisão que julgar procedente o pedido em ADPF é irrecorrível, não podendo ser objeto de ação rescisória ou de reclamação contra o seu descumprimento.
(E) De acordo com entendimento do STF, para admitir-se a revisão ou o cancelamento de súmula vinculante, faz-se necessário demonstrar: a evidente superação da jurisprudência do STF no trato da matéria; a alteração legislativa quanto ao tema; ou, ainda, a modificação substantiva de contexto político, econômico ou social.

A: Errada. "O Conselho Nacional do Ministério Público não ostenta competência para efetuar controle de constitucionalidade de lei, posto consabido tratar-se de órgão de natureza administrativa, cuja atribuição adstringe-se ao controle da legitimidade dos atos administrativos praticados por membros ou órgãos do Ministério Público federal e estadual" (MS 27.744, Rel. Min. Luiz Fux, j. 6/5/2014, 1ª T, p. 8/6/2015); **B:** Errada. "Em ação direta de inconstitucionalidade, com a proclamação do resultado final, se tem por concluído e encerrado o julgamento e, por isso, inviável a sua reabertura para fins de modulação" (ADI 2949 QO/MG, Rel. p/ o acórdão Min. Marco Aurélio); **C:** Errada. Não se encontra no rol de legitimados do art. 103 da CF e 2º da Lei 9.868/1999 para a propositura de ADI, nem no rol de legitimados para propositura de ADC (art. 13, I a IV, da Lei 9.868/1999); **D:** Errada. O art. 12 da Lei 9.882/1999 prevê a irrecorribilidade da decisão em ADPF e o não cabimento de ação rescisória, mas não veda a reclamação. A reclamação, de acordo com a doutrina majoritária, tem natureza jurídica de "ação", não de recurso; **E:** Correta. As balizas foram estabelecidas pelo STF ao apreciar pedido de revisão/cancelamento dos enunciados 11 e 25 da Súmula Vinculante do Tribunal (V. Informativo/STF 800). TM
Gabarito "E".

(Defensor Público –DPE/RN – 2016 – CESPE) No tocante à jurisdição constitucional dos TJs estaduais, assinale a opção correta de acordo com a jurisprudência do STF.

(A) Pela técnica da remissão normativa, a Constituição estadual pode incorporar o conteúdo de normas da CF, podendo os preceitos constitucionais estaduais de remissão servir de parâmetro no controle abstrato de normas de âmbito estadual.
(B) Não será exigido o requisito da pertinência temática para qualquer dos legitimados ao controle abstrato de constitucionalidade estadual, salvo se a Constituição estadual contemplar expressamente essa exigência.
(C) Se o autor de representação de inconstitucionalidade estadual invocar como parâmetro de controle norma da Constituição estadual incompatível com a CF, o TJ deverá, mesmo assim, julgar a ação, ainda que em face desse parâmetro local, não lhe sendo admitido controlar incidentalmente a constitucionalidade dessa norma constitucional estadual em face da CF.
(D) A decisão de TJ que, em ação direta, declarar inconstitucional lei estadual somente terá eficácia contra todos após a assembleia legislativa do respectivo estado suspender a execução do referido ato normativo.
(E) Cabe aos estados instituir a representação de inconstitucionalidade de leis ou de atos normativos estaduais ou municipais em face da Constituição estadual, vedada a instituição de ADI por omissão.

A: Correta. "Revela-se legítimo invocar, como referência paradigmática, para efeito de controle abstrato de constitucionalidade de leis ou atos normativos estaduais e/ou municipais, cláusula de caráter remissivo, que inscrita na Constituição Estadual, remete, diretamente, às regras normativas constantes da própria Constituição Federal, assim incorporando-as, formalmente, mediante referida técnica de remissão, ao plano do ordenamento constitucional do Estado-membro. – Com a técnica de remissão normativa, o Estado-membro confere parametricidade às normas, que, embora constantes da Constituição Federal, passam a compor, formalmente, em razão da expressa referência a elas feita, o "corpus" constitucional dessa unidade política da Federação, o que torna possível erigir-se, como parâmetro de confronto, para os fins a que se refere o art. 125, § 2º da Constituição da República, a própria norma constitucional estadual de conteúdo remissivo" (STF, Rcl 10500, Rel. Mn. Celso de Mello, Pleno, j. 22.06.2011); **B:** Errada. O requisito da pertinência temática, embora não previsto formalmente em lei, é exigido pela jurisprudência do STF dos legitimados não universais para propositura das ações do controle abstrato de constitucionalidade. No controle estadual abstrato foi também consagrado pela jurisprudência, constando ou não do texto da constituição estadual; **C:** Errada. Se o parâmetro de controle de constitucionalidade é, em última análise, a Constituição Federal, não cabe controle abstrato pelos tribunais dos estados (art. 125, §; 2º, CF). Da decisão do tribunal estadual que reconhecer sua incompetência para apreciar o pedido (de declaração de inconstitucionalidade em face de parâmetro estadual que viola a Constituição Federal) caberá recurso extraordinário para o STF; **D:** Errada. A decisão terá efeitos *inter partes*; **E:** Errada. Embora o art. 125, § 2º, da CF refira-se apenas à representação de inconstitucionalidade, o STF já decidiu que a simetria federativa permite a instituição das outras espécies de controle existentes em nível federal. TM
Gabarito "A".

(Defensoria Pública da União – CESPE – 2015) Quanto ao controle de constitucionalidade, julgue os itens a seguir.

(1) A DP possui legitimidade para ingressar com ação civil pública cujo pedido principal seja a declaração de inconstitucionalidade de lei que condicione o acesso ao SUS à comprovação de rendimento inferior a dois salários mínimos.
(2) É possível o controle judicial difuso de constitucionalidade de normas pré-constitucionais, desde que não se adote a atual Constituição como parâmetro.

1: Errada. Nas ações civis públicas a declaração de inconstitucionalidade não pode figurar como pedido principal da ação, por não ser instrumento de controle concentrado de constitucionalidade – mas a constitucionalidade ou inconstitucionalidade de uma norma pode ser apresentada como causa de pedir, como em toda e qualquer ação de controle difuso; **2:** Correta. Em relação à Constituição atual, as normas pré-constitucionais podem ser ou não ser objeto de *recepção*, desde que materialmente compatíveis com o texto constitucional. Dessa forma, só cabe *controle de constitucionalidade difuso* se o parâmetro for a constituição anterior. TM
Gabarito 1E, 2C.

(Defensor Público –DPE/ES – 2016 – FCC) O Supremo Tribunal Federal, no âmbito da ADI 5.357/DF, em que são impugnados dispositivos da nova Lei de Inclusão da Pessoa com Deficiência – Lei 13.146/2015 (ou Estatuto da Pessoa com Deficiência), admitiu a intervenção de Defensoria Pública Estadual, por meio do seu Núcleo Especializado de Direitos das Pessoas com Deficiência, como *amicus curiae*, evidenciando a importância de tal atuação institucional em prol dos indivíduos e grupos sociais vulneráveis. Em relação ao instituto do *amicus curiae*, ou "amigo da corte", no âmbito das ações constitucionais, é correto afirmar:

(A) A intervenção do *amicus curiae* limita-se à ação direta de inconstitucionalidade, não se aplicando a outras ações constitucionais por ausência de previsão legal.
(B) O *amicus curiae*, muito embora tenha assegurado o direito de ter seus argumentos apreciados pelo Tribunal, não tem direito a formular pedido ou aditar o pedido já delimitado pelo autor da ação.
(C) A admissão ou não do *amicus curiae* é decidida pelo relator da ação, não podendo tal decisão ser revista pelo Tribunal.
(D) No âmbito do controle concentrado de constitucionalidade, admite-se a interposição de recurso por parte do *amicus curiae* para discutir a matéria em análise no processo objetivo perante o Tribunal.
(E) Não obstante lhe ser oportunizada a apresentação de documentos e parecer, não é facultado ao *amicus curiae* realizar sustentação oral perante o Tribunal.

A: Errada. Pode ser deferida a participação de *amicus curiae* também na ADPF, por exemplo. V. art. 6º, §§ 1º e 2º da Lei 9.882/1999; **B:** Correta. Porque não é parte no processo; **C:** Errada. O entendimento atual do STF é de que cabe recurso; **D:** Errada. Por ser terceiro estranho à relação processual, não possui direito de recorrer (a não ser contra a sua inadmissibilidade como *amicus curiae*). V. ADI 3615; **E:** Errada. Embora já tenha negado esse direito anteriormente, hoje o STF tem entendimento de que cabe sustentação oral pelo *amicus curiae*. TM
Gabarito "B".

(Defensor Público –DPE/ES – 2016 – FCC) No julgamento do Recurso Extraordinário 592.581/RS, o Supremo Tribunal Federal decidiu que o Poder Judiciário pode determinar que a Administração Pública realize obras ou reformas emergenciais em presídios para garantir os direitos fundamentais dos presos, como sua integridade física e moral. A respeito do controle judicial de políticas públicas, considere:

I. Caracteriza-se como hipótese de controle judicial de políticas públicas o ajuizamento de ação civil pública pela Defensoria Pública para obrigar ente federativo a assegurar saneamento básico em determinada localidade em benefício de pessoas necessitadas.
II. O controle judicial de políticas públicas é limitado ao âmbito dos direitos fundamentais sociais, não se configurando na hipótese dos demais direitos fundamentais de primeira e terceira dimensão (ou geração).
III. O ajuizamento de ações coletivas pela Defensoria Pública com o objetivo de exercer o controle judicial de políticas públicas deve se dar independentemente de qualquer esgotamento da via adminis-

trativa ou tentativa extrajudicial de resolução do conflito, já que tal medida não acarreta qualquer limitação ao princípio da separação de poderes.

IV. A jurisprudência do Supremo Tribunal Federal sedimentou entendimento de que é possível o controle judicial de políticas públicas na hipótese de violação ao direito ao mínimo existencial, superando o argumento da reserva do possível.

Está correto o que se afirma APENAS em

(A) II, III e IV.
(B) I e II.
(C) I e IV.
(D) I e III.
(E) III e IV.

I: Correta. O saneamento é uma das principais políticas públicas em matéria de saúde; II: Errada. Nenhuma lesão ou ameaça de lesão podem ser afastadas do controle pelo Poder Judiciário, principalmente em matéria de direitos fundamentais (cuja divisão em "dimensões" é meramente didática); III: Errada. Art. 4º, II, da LC 80/1994: "Art. 4º. São funções institucionais da Defensoria Pública, dentre outras: II – promover, prioritariamente, a solução extrajudicial dos litígios, visando à composição entre as pessoas em conflito de interesses, por meio de mediação, conciliação, arbitragem e demais técnicas de composição e administração de conflitos"; IV: Correta. Citando Ana Paula de Barcellos, o Min. Celso de Mello consignou na ADPF 45: "A meta central das Constituições modernas, e da Carta de 1988 em particular, pode ser resumida, como já exposto, na promoção do bem-estar do homem, cujo ponto de partida está em assegurar as condições de sua própria dignidade, que inclui, além da proteção dos direitos individuais, condições materiais mínimas de existência. Ao apurar os elementos fundamentais dessa dignidade (o mínimo existencial), estar-se-ão estabelecendo exatamente os alvos prioritários dos gastos públicos. Apenas depois de atingi-los é que se poderá discutir, relativamente aos recursos remanescentes, em que outros projetos se deverá investir. O mínimo existencial, como se vê, associado ao estabelecimento de prioridades orçamentárias, é capaz de conviver produtivamente com a reserva do possível." TM

Gabarito "C".

(Defensor Público –DPE/ES – 2016 – FCC) No tocante às cláusulas pétreas, conforme disposição expressa da Constituição Federal de 1988, não será objeto de deliberação a proposta de emenda constitucional tendente a abolir

(A) a Separação dos Poderes.
(B) o Estado Democrático de Direito.
(C) as Funções Essenciais à Justiça.
(D) os Direitos Sociais.
(E) a Soberania Popular.

Art. 60, § 4º, da CF. São cláusulas pétreas: a forma federativa de Estado; o voto direto, secreto, universal e periódico; a separação de Poderes e os direitos e garantias individuais. TM

Gabarito "A".

(Defensor Público –DPE/BA – 2016 – FCC) Em controle concentrado de constitucionalidade, o Supremo Tribunal Federal decidiu que é:

I. inconstitucional a norma que obriga a Defensoria Pública Estadual a firmar convênio exclusivamente com a Ordem dos Advogados do Brasil para a prestação de serviço jurídico integral e gratuito aos necessitados, porque a Ordem dos Advogados do Brasil não é entidade pública.

II. constitucional a norma que obriga a Defensoria Pública Estadual a firmar convênio exclusivamente com a Ordem dos Advogados do Brasil para a prestação de serviço jurídico integral e gratuito aos necessitados, desde que prevista na Constituição do Estado correspondente.

III. constitucional a norma que autoriza a Defensoria Pública Estadual a firmar convênio com a Ordem dos Advogados do Brasil para a prestação de serviço jurídico integral e gratuito aos necessitados.

IV. inconstitucional a norma que obriga a Defensoria Pública Estadual a firmar convênio exclusivamente com a Ordem dos Advogados do Brasil para a prestação de serviço jurídico integral e gratuito aos necessitados, porque viola a autonomia funcional, administrativa e financeira da Defensoria Pública.

Está correto o que se afirma APENAS em

(A) I e II.
(B) II e III.
(C) III e IV.
(D) II e IV.
(E) I e III.

"É inconstitucional toda norma que, impondo à Defensoria Pública Estadual, para prestação de serviço jurídico integral e gratuito aos necessitados, a obrigatoriedade de assinatura de convênio exclusivo com a Ordem dos Advogados do Brasil, ou com qualquer outra entidade, viola, por conseguinte, a autonomia funcional, administrativa e financeira daquele órgão público". V. ADI 4163, Rel. Min. Cezar Peluso, Pleno, j. 29.02.2012, p. 01/03/2013. TM

Gabarito "C".

(Defensor Público –DPE/MT – 2016 – UFMT) No controle de constitucionalidade, sobre os efeitos da decisão do Supremo Tribunal Federal, é correto afirmar:

(A) Quando em decorrência de controle concentrado de constitucionalidade, a norma impugnada somente terá sua execução suspensa, com efeitos para todos, em ocorrendo manifestação do Senado Federal nesse sentido.
(B) Quando se tratar de ação declaratória de constitucionalidade, a norma impugnada somente terá sua execução suspensa, com efeitos para todos, em ocorrendo manifestação do Senado Federal nesse sentido.
(C) Quando se tratar de ação direta de inconstitucionalidade, caracteriza-se como controle difuso da constitucionalidade.
(D) Quando em decorrência de controle difuso de constitucionalidade, a norma impugnada somente terá sua execução suspensa, com efeitos para todos, em ocorrendo manifestação do Senado Federal nesse sentido.
(E) Quando em decorrência de controle difuso de constitucionalidade, a decisão produzirá efeitos para todos, desde a sua publicação.

A: Errada. A generalização de efeitos contra todos, prevista como prerrogativa do Senado no art. 52, X, da CF, aplica-se ao controle difuso, não ao concentrado – porque no controle concentrado a regra já é a produção de efeitos *erga omnes* (contra todos); B: Errada. ADC também é instrumento de controle concentrado, não difuso, produzindo efeitos *erga omnes* sem necessidade de intervenção do Senado Federal; C: Errada. ADIn, ADIn por omissão, ADC e ADPF são instrumentos de controle concentrado de constitucionalidade; D: Correta. Art. 52, X, CF; E: Errada. No controle difuso, em que a constitucionalidade ou inconstitucionalidade é pronunciada pelo STF como causa de pedir, não como pedido principal, os efeitos são apenas entre as partes do processo (*inter partes*). Para que produza efeitos contra todos é necessária a intervenção do Senado, na forma do art. 52, X, da CF. TM

Gabarito "D".

(Delegado/PE – 2016 – CESPE) Com relação ao controle de constitucionalidade, assinale a opção correta.

(A) Como atos *interna corporis*, as decisões normativas dos tribunais, estejam elas sob a forma de resoluções administrativas ou de portarias, não são passíveis do controle de constitucionalidade concentrado.
(B) Se o governador de um estado da Federação ajuizar ADI contra lei editada por outro estado, a ação não deverá ser conhecida pelo STF, pois governadores de estado somente dispõem de competência para ajuizar ações contra leis e atos normativos federais e de seu próprio estado.
(C) A ADPF pode ser proposta pelos mesmos legitimados ativos da ADI genérica e da ADC, além do juiz singular quando, na dúvida sobre a constitucionalidade de uma lei, este suscita o incidente de arguição de inconstitucionalidade perante o STF.
(D) Se a câmara de vereadores de um município entender que o prefeito local pratica atos que lesam princípios ou direitos fundamentais, ela poderá propor uma ADPF junto ao STF visando reprimir e fazer cessar as condutas da autoridade municipal.
(E) São legitimados universais para propor ADI, não se sujeitando ao exame da pertinência temática, o Presidente da República, as mesas da Câmara dos Deputados e do Senado Federal, o procurador-geral da República, partido político com representação no Congresso Nacional e o Conselho Federal da OAB.

A: incorreta. O STF, ADI 4.108/MG, 'tem admitido o controle concentrado de constitucionalidade de preceitos oriundos da atividade administrativa dos tribunais, desde que presente, de forma inequívoca, o caráter normativo e autônomo do ato impugnado'". Vicente Paulo e Marcelo Alexandrino, em Direito Constitucional Descomplicado, 14ª Edição, 2015, p. 850, ensinam que "Pode, ainda, ser objeto de ação direta de inconstitucionalidade perante o STF os seguintes atos normativos: resoluções e decisões administrativas dos tribunais do Poder Judiciário"; B: incorreta. O governador é legitimado ativo para propor as ações do controle concentrado (ADI, ADC e ADPF), conforme determina o art. 103, V, da CF. O único detalhe é que ele precisa demonstrar pertinência temática, ou seja, o conteúdo do ato deve ser pertinente aos interesses do Estado que o Governador representa, sob pena de carência da ação (falta de interesse de agir); C: incorreta. O juiz singular não é legitimado para propor tal ação. Apenas o rol de legitimados previsto no art. 103 da CF pode propor as ações do controle concentrado. São os seguintes: I – o Presidente da República; II – a Mesa do Senado Federal; III – a Mesa da Câmara dos Deputados; IV – a Mesa de Assembleia Legislativa ou da Câmara Legislativa do Distrito Federal; V – o Governador de Estado ou do Distrito Federal; VI – o Procurador-Geral da República; VII – o Conselho Federal da Ordem dos Advogados do Brasil; VIII – partido político com representação no Congresso Nacional; IX – confederação sindical ou entidade de classe de âmbito nacional. Legitimidade. Vale lembrar que segundo o STF, os previstos nos incisos IV, V e IX do art. 103 da CF precisam demonstrar pertinência temática; D: incorreta. A Câmara de Vereadores não é legitimada ativa à propositura do ADPF. Como mencionado, apenas o rol do art. 103 da CF detém legitimidade; E: correta. O art. 103 da CF traz os legitimados e o STF os classifica em universais ou neutros e especiais, temáticos ou interessados. Os primeiros podem impugnar quaisquer normas, os segundos são aqueles que precisam demonstrar pertinência temática ao ingressar com essas ações, ou seja, o conteúdo do ato deve ser pertinente aos interesses do legitimado, sob pena de carência da ação. O Supremo já definiu que pertinência temática significa que a ação proposta pelo ente tem de estar de acordo com sua finalidade institucional. Devem vir acompanhadas de tal requisito as ações propostas pelos seguintes legitimados: a Mesa de Assembleia Legislativa ou da Câmara Legislativa do Distrito Federal (inciso IV); o Governador de Estado ou do Distrito Federal (inciso V); e confederação sindical ou entidade de classe de âmbito nacional (inciso IX). Por exclusão, os demais entes são considerados legitimados universais, ou seja, não precisam demonstrar a existência de pertinência temática, quais sejam: o Presidente da República, a Mesa do Senado Federal, a Mesa da Câmara dos Deputados, o Procurador-Geral da República, o partido político com representação no Congresso Nacional e o Conselho Federal da Ordem dos Advogados do Brasil. BV

Gabarito "E"

(Juiz de Direito/AM – 2016 – CESPE) À luz da jurisprudência do STF, assinale a opção correta acerca da supremacia da CF e dos diferentes tipos de inconstitucionalidade.

(A) Se o Estado deixar de adotar as medidas necessárias à realização concreta dos preceitos da CF, ou seja, a torná-los efetivos, operantes e exequíveis, abstendo-se, em consequência, de cumprir o dever de prestação que a CF lhe impôs, incidirá em violação negativa do texto constitucional. Desse *non facere* ou *non praestare*, resultará a inconstitucionalidade por omissão, que pode ser total ou parcial.

(B) Lei estadual que regule a comercialização de artigos de conveniência e prestação de serviços de utilidade pública em farmácias e drogarias do estado, editada no exercício de competência suplementar dos estados para legislar sobre a matéria, embora formalmente constitucional, incidirá em inconstitucionalidade material, embora observado o princípio da proporcionalidade.

(C) Lei estadual que imponha proibição ao Poder Executivo estadual de iniciar, renovar ou manter, em regime de exclusividade, em qualquer instituição bancária privada, as disponibilidades de caixas estaduais, com clara intenção de revogar o regime anterior e desconstituir todos os atos e contratos firmados com base em suas normas, violará o princípio da separação dos poderes e da segurança jurídica, padecendo de inconstitucionalidade formal.

(D) Somente pelo voto da maioria absoluta de seus membros ou dos membros do respectivo órgão especial poderão os tribunais declarar a inconstitucionalidade de lei ou ato normativo do poder público. Por isso, não viola a cláusula de reserva de plenário a decisão de órgão fracionário de tribunal que, embora não declare expressamente a inconstitucionalidade de lei ou ato normativo do poder público, afasta sua incidência, no todo ou em parte.

(E) Lei estadual de iniciativa parlamentar que disponha sobre entidades municipais legitimadas a integrar órgão da administração pública estadual ou firmar convênios com o estado-membro, usurpando competência legislativa exclusiva do chefe do Poder Executivo, incidirá em inconstitucionalidade material, mas não formal.

A: correta. O texto da alternativa foi extraído da ADI 1457/DF. Segundo a Corte Maior: "Se o Estado deixar de adotar as medidas necessárias à realização concreta dos preceitos da CF, ou seja, a torná-los efetivos, operantes e exequíveis, abstendo-se, em consequência, de cumprir o dever de prestação que a CF lhe impôs, incidirá em violação negativa do texto constitucional. Desse *non facere* ou *non praestare*, resultará a inconstitucionalidade por omissão, que pode ser total, quando é nenhuma a providência adotada, ou parcial, quando é insuficiente a medida efetivada pelo Poder Público."; **B:** incorreta. **Não há inconstitucionalidade na norma**. O assunto já foi julgado pelo STF: "Mais uma vez o Plenário julgou improcedente pedido formulado em ação direta de inconstitucionalidade ajuizada contra a Lei 2.149/2009, do Estado do Acre, que disciplina o comércio varejista de artigos de conveniência em farmácias e drogarias. O Tribunal, preliminarmente, afastou a alegação de que a via eleita seria inadequada por ser imprescindível o exame de compatibilidade entre a norma estadual impugnada e a legislação federal, para concluir-se pela usurpação ou não de competência da União. Aduziu que, à vista da regra constitucional do § 1º do art. 24 da CF, bastaria o exame do ato normativo atacado, mediante a ação direta, para saber se o Estado-membro adentrara o campo reservado à União. Observou que, nos autos, se discutiria se a lei estadual usurpara a competência da União para legislar sobre normas gerais de proteção e de defesa da saúde, além de violar o direito à saúde (CF, artigos 6º, "caput"; 24, XII, §§ 1º e 2º; e 196). Reconheceu que o sistema de distribuição de competências materiais e legislativas privativas, concorrentes e comuns entre os três entes da Federação, assim como estabelecido na Constituição e tendo em vista a aplicação do princípio da predominância do interesse, seria marcado pela complexidade, e não seria incomum acionar-se o STF para solucionar problemas de coordenação e sobreposição de atos legislativos, especialmente federais e estaduais". ADI 4954/AC, rel. Min. Marco Aurélio, 20.8.2014. (ADI-4954); **C:** incorreta. **A inconstitucionalidade, nesse ponto, é material**. Há julgado no Supremo sobre o tema: "Ação direta de inconstitucionalidade. Lei 14.235/2003, do Estado do Paraná. Proibição ao Poder Executivo Estadual de iniciar, renovar, manter, em regime de exclusividade a qualquer instituição bancária privada, as disponibilidades de caixa estaduais. 2. Reserva da Administração. A matéria trazida pela lei impugnada, por referir-se à disciplina e à organização da Administração Pública, é de iniciativa do Chefe do Poder Executivo. O Projeto de Lei 655/2003, que deu origem à Lei 14.235/2003, é de autoria parlamentar. 3. Violação ao § 3º do art. 164 da Constituição Federal. Necessidade de lei nacional para estabelecer exceções ao comando constitucional. Inconstitucionalidade formal. 4. A legislação impugnada teve a clara intenção de revogar o regime anterior e desconstituir todos os atos e contratos firmados com base em suas normas. A Lei 14.235/00, ao afirmar, em seu art. 3º, que caberá ao Poder Executivo revogar, imediatamente, todos os atos e contratos firmados nas condições previstas no art. 1º desta lei', viola o princípio da separação dos Poderes e da segurança jurídica. Inconstitucionalidade material. 5. Ação direta de inconstitucionalidade julgada procedente" (ADI 3075/PR, Min. Gilmar Mendes, rel. 24.09.14); **D:** incorreta. Ao contrário do mencionado, **há violação da cláusula de reserva de plenário** quando a decisão de órgão fracionário de tribunal, embora não declare expressamente a inconstitucionalidade de lei ou ato normativo do Poder Público, afasta sua incidência, no todo ou em parte. É o que determina a Súmula Vinculante 10 (STF); **E:** incorreta. **A inconstitucionalidade é formal**, por vício de iniciativa. BV/TM

Gabarito "A"

(Analista Judiciário – TRT/8ª – 2016 – CESPE) Com base no disposto na CF, assinale a opção correta a respeito de controle de constitucionalidade.

(A) Entre os legitimados universais para a propositura de ação direta de inconstitucionalidade inclui-se o governador de estado, e entre os legitimados especiais inclui-se o presidente da República.

(B) É possível o controle abstrato de constitucionalidade de leis ou atos normativos municipais em face da lei orgânica municipal.

(C) A sanção presidencial a projeto de lei não supre vícios de iniciativa, padecendo de vício formal a lei sancionada, a ser declarado por meio de ação judicial própria.

(D) Na apreciação do controle de constitucionalidade em grau de recurso, os autos devem ser remetidos ao relator da Câmara Julgadora do Tribunal, que poderá monocraticamente declarar a inconstitucionalidade da lei.

(E) Os efeitos da declaração de inconstitucionalidade em controle de constitucionalidade difuso no âmbito do tribunal de justiça são *erga omnes* e *ex nunc*, como o são os efeitos de declaração de inconstitucionalidade de lei em controle difuso no âmbito do STF.

A: incorreta. O **governador é legitimado especial**, ou seja, precisa demonstrar pertinência temática (o conteúdo do ato deve ser pertinente aos interesses do legitimado, com a finalidade institucional, sob pena de carência da ação) ao propor as ações do controle concentrado (ADI – Ação Direta de Inconstitucionalidade, ADC – Ação Declaratória de Constitucionalidade e ADPF – Arguição de Descumprimento de Preceito Fundamental). Por outro lado, **o Presidente da República é considerado legitimado universal**, ou seja, não precisa demonstrar pertinência temática, pode impugnar qualquer norma. Vale lembrar que o art. 103 da CF traz os legitimados e o STF faz divisão em universais e especiais. Devem vir acompanhadas da demonstração de pertinência temática as ações propostas pelos seguintes legitimados: a Mesa de Assembleia Legislativa ou da Câmara Legislativa do Distrito Federal (inciso IV do art. 103 da CF); o Governador de Estado ou do Distrito Federal (inciso V do art. 103 da CF); e confederação sindical ou entidade de classe de âmbito nacional (inciso IX do art. 103 da CF); **B:** incorreta. **Não existe previsão constitucional** nesse sentido. Segundo o STF: "Tendo em vista que o controle abstrato de lei ou ato normativo municipal somente é admitido em face da constituição estadual, perante o tribunal de justiça (CF, art. 125, § 2º), a Turma manteve acórdão do Tribunal de Justiça do Estado de São Paulo que julgara prefeito carecedor da ação direta de inconstitucionalidade interposta contra lei municipal em face da lei orgânica do mesmo município. Precedente citado: ADIn (AgRg) 1.268-MG (*DJU* de 20.10.95). RE 175.087-SP, rel. Min. Néri da Silveira, 19.3.2002. (RE-175087). Além disso, a Suprema Corte já decidiu que "Em se tratando de lei municipal, o controle de constitucionalidade se faz pelo sistema difuso – e não concentrado –, ou seja, apenas no julgamento de casos concretos, com eficácia *inter partes*, e não *erga omnes*, quando confrontado o ato normativo local com a CF. O controle de constitucionalidade concentrado, nesse caso, somente será possível, em face da Constituição dos Estados, se ocorrer a hipótese prevista no § 2º do art. 125 da CF. [ADI 209, rel. min. Sydney Sanches, j. 20.05.1998, P, *DJ* de 11.09.1998.] = ADI 5.089 AgR, rel. min. Celso de Mello, j. 16.10.2014, P, *DJE* de 06.02.2015. Por fim, é oportuno lembrar que, de acordo com o STF, a lei orgânica do DF "tem força e autoridade equivalente a um verdadeiro estatuto constitucional, podendo ser equiparada às Constituições promulgadas pelos Estados-Membros, como assentado no julgamento que deferiu a medida cautelar nesta ação direta". [ADI 980, rel. min. Menezes Direito, j. 06.03.2008, P, *DJE* de 01.8.2008.]; **C:** correta. De fato, vício de iniciativa não é convalidado por posterior sanção presidencial. O STF já decidiu reiteradas vezes que "**A sanção do projeto de lei não convalida o vício de inconstitucionalidade** resultante da usurpação do poder de iniciativa. A ulterior aquiescência do chefe do Poder Executivo, mediante sanção do projeto de lei, ainda quando dele seja a prerrogativa usurpada, não tem o condão de sanar o vício radical da inconstitucionalidade. Insubsistência da Súmula 5/STF. [ADI 2.867, rel. min. Celso de Mello, j. 03.12.2003, P, *DJ* de 09.02.2007.] = ADI 2.305, rel. min. Cezar Peluso, j. 30.06.2011, P, *DJE* de 05.08.2011; **D:** incorreta. A declaração de inconstitucionalidade **não pode ser dada monocraticamente**, deve ser respeitada a denominada **cláusula de reserva de plenário**, prevista no art. 97 da CF. De acordo com tal norma, somente pelo voto da maioria absoluta de seus membros ou dos membros do respectivo órgão especial poderão os tribunais declarar a inconstitucionalidade de lei ou ato normativo do Poder Público; E: incorreta. Os efeitos da declaração de inconstitucionalidade em **controle difuso** no âmbito do tribunal de justiça, assim como os da declaração de inconstitucionalidade de lei em **controle difuso** no âmbito do STF, ao contrário do mencionado, são, em regra, *inter partes* (entre as partes do processo) e **ex tunc** (retroativos). BV/TM

Gabarito "C"

(Procurador do Estado/AM – 2016 – CESPE) Com relação aos mecanismos de defesa da CF e das Constituições estaduais, julgue os itens a seguir.

(1) Ante a constatação de que determinada lei municipal contraria princípio de intervenção (princípio sensível) presente tanto na CF como na Constituição estadual, o governador do estado poderá ajuizar ação de controle abstrato de normas tanto em relação à CF, perante o STF, como em relação à Constituição estadual, perante o respectivo tribunal de justiça.

(2) No caso de representação com vistas à intervenção estadual em município para assegurar a observância de princípios indicados na Constituição estadual, o provimento do pedido pelo tribunal de justiça não pode consistir na suspensão da execução do ato normativo impugnado, mesmo que essa medida baste ao restabelecimento da normalidade.

(3) No exercício da competência para o chamado veto jurídico no âmbito dos correspondentes processos legislativos, governadores e prefeitos podem invocar tão somente violações às respectivas leis fundamentais (Constituições estaduais e leis orgânicas municipais), sendo-lhes vedado vetar projetos de lei com base na sua incompatibilidade com a CF.

(4) Decreto legislativo editado pelo Poder Legislativo para sustar ato normativo do Poder Executivo por exorbitância do poder regulamentar pode ser apreciado em controle abstrato de normas, oportunidade em que o tribunal competente deverá analisar se tal ato normativo efetivamente extrapolou a lei objeto de regulamentação para, somente depois disso, decidir sobre a constitucionalidade do referido decreto legislativo.

1: correta. Em regra, os entes federativos são autônomos (art. 18, CF), mas, diante de afronta a um dos "princípios constitucionais sensíveis" (art. 34, VII, CF), poderá haver intervenção. A União só intervém em estado-membro, no Distrito Federal, ou em município **localizado em território federal** (art. 34, *caput*, CF); e os estados-membros só podem intervir em seus próprios municípios (art. 35, *caput*, CF); e em qualquer desses casos mediante "representação interventiva" (art. 36, III, CF). No caso, se a lei municipal afronta princípio constitucional sensível da CF, reproduzido na Constituição do Estado por simetria federativa, caberá simultaneamente representação interventiva federal – perante o STF – e representação interventiva estadual – perante o TJ local; **2:** incorreta. Na hipótese, o Tribunal de Justiça, ao dar provimento à representação interventiva para assegurar a observância de princípios indicados na Constituição Estadual (ou para prover a execução de lei, de ordem ou de decisão judicial), pode apenas suspender o ato impugnado, se essa medida bastar ao restabelecimento da normalidade (art. 36, § 3º, CF); **3:** incorreta. Ao exercer seu poder de veto, o parâmetro de aferição da constitucionalidade pelo Chefe do Executivo estadual ou municipal corresponde tanto à Constituição do Estado quanto à Constituição Federal (controle prévio ou preventivo de constitucionalidade das leis); **4:** correta. Embora o art. 49, V, CF refira ser da competência exclusiva do Congresso Nacional a sustação dos atos do Poder Executivo que exorbitem do poder regulamentar (ou dos limites da delegação legislativa), não significa que o decreto legislativo que veicula tal sustação não possa ser, ele próprio, sujeito a controle abstrato de constitucionalidade. Nesse caso, o exame pelo Tribunal competente é faseado: primeiro se analisa se o ato sustado efetivamente violou os limites do poder regulamentar ou da delegação legislativa para, somente depois, examinar a constitucionalidade do decreto legislativo em si. BV/TM

Gabarito 1C, 2E, 3E, 4C

(Procurador do Estado/PR – 2015 – PUC-PR) Sobre o controle concentrado de constitucionalidade no modelo constitucional pátrio vigente, aponte a afirmação **CORRETA**.

(A) O ordenamento brasileiro, embora não tenha sido expresso em tal sentido, inequivocamente estendeu ao legislador efeitos vinculantes da decisão de inconstitucionalidade.

(B) A nulidade decorrente do vício da inconstitucionalidade está intrinsecamente vinculada à determinação dos efeitos *ex nunc* no seu reconhecimento. Em que pese ser essa a doutrina de filiação do direito pátrio, há sua mitigação tendo em vista valores constitucionais incidentes no caso concreto.

(C) O *amicus curiae* é figura processual peculiar e exclusiva do controle concentrado de constitucionalidade, a servindo para ampliar participação democrática nos processos de controle concentrado cujo rol de legitimados é restrito.

(D) As declarações de constitucionalidade ou inconstitucionalidade proferidas pelo Supremo Tribunal Federal têm eficácia contra todos e efeito vinculante em relação aos órgãos do Poder Judiciário e à administração pública federal, estadual e municipal.

(E) A concessão de medida cautelar, em sede de ação direta de inconstitucionalidade, não torna aplicável a legislação anterior acaso existente, por vedação da repristinação.

A: incorreta. A função legislativa não é atingida pelo efeito vinculante. De acordo com o art. 28, parágrafo único, da Lei 9.868/1999, a declaração de constitucionalidade ou de inconstitucionalidade, inclusive a interpretação conforme a Constituição e a declaração parcial de inconstitucionalidade sem redução de texto, têm eficácia contra todos e efeito vinculante **em relação aos órgãos do Poder Judiciário e à Administração Pública federal**, estadual e municipal. Além disso, o art. 102, § 2º, da CF determina que as decisões definitivas de mérito, proferidas pelo Supremo Tribunal Federal, nas ações diretas de inconstitucionalidade e nas ações declaratórias de constitucionalidade produzirão eficácia contra todos e efeito vinculante, relativamente aos demais órgãos do Poder Judiciário e à administração pública direta e indireta, nas esferas federal, estadual e municipal; **B:** incorreta. A declaração de inconstitucionalidade, em regra, produz efeitos retroativos, ou seja, ex tunc. Diz-se "em regra", pois há um procedimento hábil para modificar esses efeitos. Dispõe o artigo art. 52, X, da CF que compete privativamente ao Senado Federal suspendera execução, no todo ou em parte, de lei declarada inconstitucional por decisão definitiva do Supremo Tribunal Federal. Assim, pode o Supremo, após o trânsito em julgado da decisão, comunicar ao Senado os termos de sua deliberação para que ele, se desejar, edite uma resolução determinando a suspensão da execução da norma declarada inconstitucional a partir desse momento. Fazendo isso, os efeitos, que antes eram inter partes e ex tunc, passarão a ser erga omnes, ou seja, a lei ficará suspensa para todas as pessoas; e ex nunc ou pro futuro, isto é, terá efeitos a partir do momento da expedição da resolução; **C:** incorreta. De acordo com o STF "O amicus curiae é um **colaborador da Justiça** que, embora possa deter algum interesse no desfecho da demanda, não **se vincula processualmente ao resultado do seu julgamento**. É que sua participação no processo ocorre e se justifica, não como defensor de interesses próprios, mas como agente habilitado a agregar subsídios que possam contribuir para a qualificação da decisão a ser tomada pelo Tribunal. A presença de amicus curiae no processo se dá, portanto, em benefício da jurisdição, não configurando, consequentemente, um direito subjetivo processual do interessado. A participação do amicus curiae em ações diretas de inconstitucionalidade no STF possui, nos termos da disciplina legal e regimental hoje vigentes, natureza predominantemente instrutória, a ser deferida segundo juízo do Relator. A decisão que recusa pedido de habilitação de amicus curiae não compromete qualquer direito subjetivo, nem acarreta qualquer espécie de prejuízo ou de sucumbência ao requerente, circunstância por si só suficiente para justificar a jurisprudência do Tribunal, que nega legitimidade recursal ao preterido." (ADI 3.460-ED, rel. min. Teori Zavascki, julgamento em 12.02.2015, Plenário, DJE de 12.03.2015.) Outra decisão importante da Suprema Corte deve ser mencionada; ""(...) a **Lei 9.882, de 03 de dezembro de 1999, que dispõe sobre o processo e julgamento da arguição de descumprimento de preceito fundamental, não traz dispositivo explícito acerca da figura do *amicus curiae*.** No entanto, vem entendendo este Supremo Tribunal Federal cabível a aplicação analógica do art. 7º da Lei 9.868, de 10 de novembro de 1999 (ADPF 33, rel. min. Gilmar Mendes; ADPF 46, rel. Min. Marco Aurélio e ADPF 73, rel. min. Eros Grau). E o fato e que esse dispositivo legal, após vedar a intervenção de terceiros no processo de ação direta de inconstitucionalidade, diz, em seu § 2º, que 'o relator, considerando a relevância da matéria e a representatividade dos postulantes, poderá, por despacho irrecorrível, admitir, observado o prazo fixado no parágrafo anterior, a manifestação de outros órgãos ou entidades'. Não obstante o § 1º do art. 7º da Lei 9.868/1999 haver sido vetado, a regra e, segundo entendimento deste Supremo Tribunal Federal, a de se admitir a intervenção de terceiros até o prazo das informações. Sucede que a própria jurisprudência desta nossa Corte vem relativizando esse prazo. Nas palavras do Ministro Gilmar Mendes, 'especialmente diante da relevância do caso ou, ainda, em face da notória contribuição que a manifestação possa trazer para o julgamento da causa, e possível cogitar de hipóteses de admissão de amicus curiae, ainda que fora desse prazo [o das informações]' (ADI 3.614, rel. min. Gilmar Mendes). Nesse sentido foi também a decisão proferida pelo Ministro Gilmar Mendes na ADPF 97." (ADPF 183, rel. min. Carlos Britto, decisão monocrática, julgamento em 01.12.2009, DJE de 07.12.2009.). Além disso, é importante lembrar que a lei da Arguição de Descumprimento de Preceito Fundamental -ADPF; **D:** correta. De acordo com o art. 28, parágrafo único, da Lei 9.868/1999, a declaração de constitucionalidade ou de inconstitucionalidade, inclusive a interpretação conforme a Constituição e a declaração parcial de inconstitucionalidade sem redução de texto, têm eficácia contra todos e efeito vinculante **em relação aos órgãos do Poder Judiciário e à Administração Pública federal**, estadual e municipal. Além disso, o art. 102, § 2º, da CF determina que as decisões definitivas de mérito, proferidas pelo Supremo Tribunal Federal, nas ações diretas de inconstitucionalidade e nas ações declaratórias de constitucionalidade produzirão eficácia contra todos e efeito vinculante, relativamente aos demais órgãos do Poder Judiciário e à administração pública direta e indireta, nas esferas federal, estadual e municipal; **E:** incorreta. Ao contrário do mencionado, o art. 11, § 2º, da Lei 9.868/1999 determina que a concessão da medida cautelar **torna aplicável a legislação anterior acaso existente**, salvo expressa manifestação em sentido contrário (é um exemplo da incidência do denominado efeito repristinatório). Esse efeito decorre do controle abstrato de constitucionalidade das leis. Em regra, quando uma lei é declarada inconstitucional, os efeitos dessa decisão retroagem à data da edição da lei (ex tunc). Desse modo, a lei que foi revogada por outra, que posteriormente foi declarada inconstitucional, pode voltar a produzir efeitos. Com a declaração de inconstitucionalidade da lei revogadora, todo o seu passado é apagado. É como se essa lei nunca tivesse existido e, portanto, não teria o poder de revogar outra norma. A antiga lei volta a produzir efeitos, pois a revogação advinda de uma norma inconstitucional não tem eficácia. BV

Gabarito "D"

(Defensor/PA – 2015 – FMP) Com relação ao controle de constitucionalidade de norma municipal cuja vigência tenha se iniciado em janeiro de 1985, é correto afirmar que:

(A) somente será possível em concreto, pelo denominado controle difuso de constitucionalidade.

(B) não se trata de questão atinente ao controle de constitucionalidade, mas, sim, de hierarquia de normas, resolvendo-se com a consideração da norma municipal como revogada ou não recepcionada.

(C) em abstrato, somente é possível via ADPF, que será julgada pelo Supremo Tribunal Federal ou pelo Tribunal de Justiça Estadual, conforme tenha sido ajuizada.

(D) em abstrato, somente é possível via ADPF, que será julgada pelo Supremo Tribunal Federal.
(E) somente será possível em abstrato, por ADI, descabendo ser discutido em controle difuso.

A: incorreta. É possível que a constitucionalidade de norma municipal, cuja vigência tenha se iniciado em janeiro de 1985, seja questionada tanto pela via do controle difuso (caso concreto), como pela via do concreto concentrado, especificamente pela utilização da Arguição de Descumprimento de Preceito Fundamental – ADPF (art. 1º, parágrafo único, I, da Lei 9.882/1999); **B:** incorreta. Tal norma pode ser questionada por meio dos mecanismos de controle de constitucionalidade; **C:** incorreta. Apenas o Supremo Tribunal Federal tem competência para o julgamento dessa ação. Determina o art. 102, § 1º, da CF que a arguição de descumprimento de preceito fundamental, decorrente desta Constituição, será apreciada pelo Supremo Tribunal Federal, na forma da lei (Lei 9.882/1999); **D:** correta. De fato, se estivermos tratando do controle abstrato ou concentrado, a análise dessa lei terá de ser feita somente por meio da ADPF; **E:** incorreta. A Ação Direta de Inconstitucionalidade – ADI não é veículo hábil para esse questionamento. Apenas normas de natureza federal, estadual ou distrital (editadas no exercício da competência estadual) podem ser objeto de ADI no STF. BV
Gabarito "D".

(Procurador Distrital – 2014 – CESPE) A respeito do sistema de controle de constitucionalidade de leis no âmbito da União e do DF, julgue os seguintes itens.

(1) A declaração de inconstitucionalidade de lei distrital em face da LODF cabe a qualquer turma do TJDFT.
(2) O PGDF tem competência para propor ação direta de inconstitucionalidade, em face da LODF, contra lei distrital.
(3) O TJDFT pode realizar controle de constitucionalidade de lei federal.
(4) A aferição de inconstitucionalidade de lei distrital em face da CF, em controle concentrado, compete ao STF.

1: errado. De acordo com o art. 97 da CF, se a declaração de inconstitucionalidade tiver de ser dada por um tribunal, somente poderá ser feita pelo voto da maioria absoluta dos seus membros ou dos membros do respectivo órgão especial. Vale lembrar que a Súmula Vinculante nº 10 (STF) prevê a violação da cláusula de reserva de plenário pela decisão de órgão fracionário de tribunal que, embora não declare expressamente a inconstitucionalidade de lei ou ato normativo do poder público, afasta sua incidência, no todo ou em parte. Isso significa que os órgãos fracionários de um determinado tribunal, por exemplo, as Turmas e as Câmaras, não poderão declarar, sozinhas, a inconstitucionalidade de uma norma. Para que o façam, é necessário o voto da maioria absoluta de seus membros ou de seu órgão especial, quando existir; **2:** errado. O Procurador-Geral do Distrito Federal integra a carreira da advocacia pública e exerce a representação judicial e a consultoria jurídica do Distrito Federal (art. 132 da CF), do mesmo modo que o Advogado Geral da União o faz em relação à União (art. 131 da CF). No rol de legitimados à propositura das ações constitucionais (Ação Direta de Inconstitucionalidade – ADI, por exemplo), do art. 103 da CF, não há menção ao AGU, portanto, por simetria, também não há possibilidade do Procurador do DF propor ADI em face da lei orgânica do DF, contra lei distrital; **3:** correto. Se a lei federal violar a lei orgânica do DF ela poderá ser impugnada por ADI no TJDFT; **4:** correta. O controle de constitucionalidade concentrado, quando se tem como padrão a CF, deve ser realizado exclusivamente pelo STF, guardião da Constituição. BV
Gabarito 1E, 2E, 3C, 4C

(Procurador do Estado/AC – 2014 – FMP) Ao declarar a inconstitucionalidade de lei ou ato normativo, tendo em vista razões de segurança jurídica ou de excepcional interesse social, o Supremo Tribunal Federal poderá:

(A) tornar sem efeito a norma em questão apenas para os fatos já concretizados.
(B) modular os efeitos da decisão, postergando a eficácia da decisão.
(C) expedir ato regulando as situações já constituídas.
(D) Nenhuma alternativa está correta.

De acordo com o art. 27 da Lei 9.868/1999, ao declarar a inconstitucionalidade de lei ou ato normativo, e tendo em vista razões de segurança jurídica ou de excepcional interesse social, poderá o Supremo Tribunal Federal, por maioria de dois terços de seus membros, restringir os efeitos daquela declaração ou **decidir que ela só tenha eficácia a partir de seu trânsito em julgado ou de outro momento que venha a ser fixado.** BV
Gabarito "B".

(Procurador do Município – São Paulo/SP – 2014 – VUNESP) A interpretação conforme a Constituição é um princípio que se situa no âmbito do controle da constitucionalidade, sendo que o Supremo Tribunal Federal, ao analisar a norma objeto da ação e lhe dar interpretação conforme a Constituição,

(A) deve observar o princípio da reserva de plenário apenas no controle concentrado da constitucionalidade.
(B) deve imperiosa observância ao princípio da reserva de plenário.
(C) deve observar o princípio da reserva de plenário apenas no controle difuso da constitucionalidade.
(D) não precisa observar o princípio da reserva de plenário.
(E) deve observar o princípio da reserva de plenário apenas na interpretação conforme a Constituição com redução do texto.

A, B e C: incorretas. A cláusula de reserva de plenário, prevista no art. 97 da CF, deve ser observada tanto no controle difuso (concreto) como no controle concentrado (abstrato), mas apenas nos casos em que em tiver de ser declarada a **inconstitucionalidade** de uma norma. Assim, como na interpretação conforme a lei é preservada, ou seja, não é declarada inconstitucional, o princípio não tem aplicação; **D:** correta. De fato, a interpretação conforme não precisa observar o princípio da cláusula de reserva de plenário. A interpretação conforme a CF é um mecanismo de interpretação utilizado pelo Supremo que tem por finalidade "salvar" a norma, não a declarando inconstitucional. Tem por fundamento o princípio da conservação ou da preservação das normas. O Supremo, em vez de declarar a norma inconstitucional, fixa uma interpretação que deve ser seguida, determina que a lei é constitucional, desde que interpretada de tal maneira; **E:** incorreta. Conforme mencionado, na interpretação conforme a CF não precisa ser observada a reserva de plenário. Apenas para lembrar, de acordo com o art. 97 da CF (cláusula de reserva de plenário), somente pelo voto da maioria absoluta de seus membros ou dos membros do respectivo órgão especial poderão os tribunais declarar a inconstitucionalidade de lei ou ato normativo do Poder Público. BV
Gabarito "D".

(Juiz de Direito/CE – 2014 – FCC) Tribunal de Justiça julgou ação direta de inconstitucionalidade contra lei municipal em face de dispositivo da Constituição do respectivo Estado (dispositivo esse que reproduz dispositivo da Constituição da República de observância obrigatória pelos Estados). Interposto recurso extraordinário, o Supremo Tribunal Federal decidiu pela inconstitucionalidade da lei municipal impugnada.
No contexto descrito, a decisão do recurso extraordinário

(A) tem, por si só, eficácia *erga omnes* apenas estadual.
(B) deve ser comunicada ao Senado Federal para o fim de eventual suspensão da execução da lei municipal declarada inconstitucional.
(C) não enseja comunicação ao Senado Federal porque falta competência, ao Senado, para suspender a execução da lei municipal declarada inconstitucional.
(D) tem, por si só, eficácia *erga omnes* nacional.
(E) deve ser comunicada à respectiva Assembleia Legislativa para o fim de obrigatória suspensão da execução da lei municipal declarada inconstitucional.

Regra geral, não cabe, da decisão do tribunal de justiça, tomada em sede de controle abstrato de lei estadual ou municipal em face da Constituição Estadual, recurso para o STF, na medida em que ao órgão de cúpula do Judiciário cabe o exercício do controle de constitucionalidade perante a Constituição Federal (e não a CE). Agora, se o dispositivo da Constituição Estadual violado constituir reprodução de norma da Constituição Federal de observância obrigatória pelos Estados, a decisão do STF, tomada em recurso extraordinário, produzirá os efeitos típicos da ADI: *erga omnes* nacional. Além disso, terá efeitos *ex tunc* e vinculante, prescindindo-se, para tanto, de comunicação ao Senado Federal, providência imposta pelo art. 52, X, da CF no âmbito do controle difuso. Quanto a isso, conferir o magistério de Pedro Lenza, ao discorrer acerca da utilização do recurso extraordinário no controle concentrado e em abstrato estadual: "(...) Trata-se, assim, de utilização de recurso típico do controle difuso (pela via incidental) no controle concentrado e em abstrato estadual. O recurso extraordinário será um simples mecanismo de se levar ao STF a análise da matéria. Assim, a decisão do STF neste específico recurso extraordinário produzirá os mesmos efeitos da ADI, ou seja, por regra, *erga omnes*, *ex tunc* e vinculante, podendo o STF, naturalmente, nos termos do art. 27 da Lei n. 9.868/1999, modular os efeitos da decisão. Portanto, não se aplicará a regra do art. 52, X, não tendo o Senado Federal qualquer participação" (*Direito Constitucional Esquematizado*, 12ª ed., p. 234). Na jurisprudência do STF, conferir RE 187.142-RJ, da relatoria do Min. Ilmar Galvão. ED
Gabarito "D".

(Juiz de Direito/PA – 2014 – VUNESP) O princípio constitucional da reserva de plenário exige

(A) que somente pelo voto de três quintos de seus membros ou dos membros do respectivo órgão especial poderão os tribunais declarar a inconstitucionalidade de lei ou ato normativo do Poder Público.
(B) que somente pelo voto da maioria simples de seus membros ou dos membros do respectivo órgão especial poderão os tribunais declarar a inconstitucionalidade de lei ou ato normativo do Poder Público.
(C) sua observância no controle difuso e concentrado da constitucionalidade.
(D) que um quinto dos lugares dos Tribunais Regionais Federais seja composto de membros do Ministério Público e de advogados, critério conhecido como Quinto Constitucional.
(E) sua observância apenas no controle concentrado da constitucionalidade.

A e B: incorretas. Enuncia o princípio da *reserva de plenário* (art. 97 da CF) que os tribunais somente poderão declarar a inconstitucionalidade de lei ou ato normativo do Poder Público pelo voto da *maioria absoluta* de seus membros ou dos membros que compõem o órgão especial; **C:** correta. De fato, o princípio da *reserva de plenário* se aplica tanto no âmbito do controle abstrato de constitucionalidade quanto no do controle concreto; **D:** incorreta, uma vez que nenhuma relação tem com o princípio da reserva de plenário; **E:** incorreta, dado o que foi asseverado no comentário à alternativa "C", esta, sim, correta. ED
Gabarito "C".

(Juiz de Direito/PA – 2014 – VUNESP) No que se refere à técnica de modulação dos efeitos da decisão, o Supremo Tribunal Federal poderá, ao declarar a inconstitucionalidade de lei ou ato normativo, restringir os efeitos da decisão ou decidir que ela só tenha eficácia a partir de seu trânsito em julgado ou de outro momento que venha a ser fixado desde que

(A) haja razões de segurança jurídica ou de excepcional interesse social e por votação unânime na Turma do Tribunal, sendo possível a modulação somente no controle difuso.
(B) haja razões de calamidade pública ou de excepcional interesse social e maioria absoluta dos membros do Tribunal, sendo possível a modulação apenas no controle concentrado da constitucionalidade.
(C) haja razões de segurança jurídica ou de excepcional interesse social e maioria de dois terços dos membros do Tribunal, sendo possível a modulação no controle difuso e concentrado da constitucionalidade.
(D) haja razões de Estado ou de excepcional interesse social e maioria absoluta dos membros do Tribunal, sendo possível a modulação no controle difuso e concentrado da constitucionalidade.
(E) haja razões de segurança jurídica ou de excepcional interesse social e maioria relativa dos membros do Tribunal, sendo possível a modulação somente no controle difuso da constitucionalidade.

Em consonância com o art. 27 da Lei 9.868/1999, "Ao declarar a inconstitucionalidade de lei ou ato normativo, e tendo em vista razões de segurança jurídica ou de excepcional interesse social, poderá o Supremo Tribunal Federal, por maioria de 2/3 (dois terços) de seus membros, restringir os efeitos daquela declaração ou decidir que ela só tenha eficácia a partir de seu trânsito em julgado ou de outro momento que venha a ser fixado". A modulação de efeitos poderá dar-se tanto no âmbito do controle difuso quanto no do concentrado de constitucionalidade. ED
Gabarito "C".

(Juiz de Direito/RJ – 2014 – VUNESP) A propósito da ação direta de inconstitucionalidade, é correto afirmar que
(A) precisam demonstrar pertinência temática para a propositura da ação os seguintes legitimados: governador de Estado; Conselho Federal da Ordem dos Advogados do Brasil; partido político com representação no Congresso Nacional; e confederação sindical ou entidade de classe de âmbito nacional.
(B) a concessão de liminar em sede de medida cautelar na ação não admite a restauração de vigência da legislação anterior, acaso existente, o que somente ocorrerá no julgamento definitivo de procedência do pedido da ação.
(C) nas ações propostas por Estado da Federação, a petição inicial deve ser firmada, exclusivamente, pelo Procurador-Geral do Estado em nome do Governador.
(D) são passíveis de ser objeto da ação: as leis e os atos normativos federais e estaduais, medidas provisórias, decreto do Chefe do Executivo que promulga tratados e convenções e emendas constitucionais.

A: incorreta. O art. 103 da CF traz o rol de legitimados à propositura da ação direta de inconstitucionalidade e ação declaratória de constitucionalidade. Segundo o STF, há, entre os legitimados, os que não precisam demonstrar, para o ajuizamento da ADI/ADC, o chamado *vínculo de pertinência temática*. São os chamados legitimados *universais* ou *neutros*; além desses, há o que se convencionou chamar de legitimados *especiais* ou *interessados*, em que a propositura da ação direta deve fazer-se acompanhar da demonstração do *vínculo de pertinência temática*. Neste último caso estão: Mesa da Assembleia Legislativa ou da Câmara Legislativa do DF (inciso IV); governador de Estado ou do DF (inciso V); e confederação sindical ou entidade de classe de âmbito nacional (inciso IX); de outro lado, são legitimados universais (dispensados, portanto, de demonstrar a pertinência temática): o presidente da República (inciso I); a Mesa do Senado Federal (inciso II); a Mesa da Câmara dos Deputados (inciso III); o procurador-geral da República (inciso VI); o Conselho Federal da OAB (inciso VII); e o partido político com representação no Congresso Nacional (inciso VIII). Incorreta, portanto, a assertiva, já que considera como legitimado especial o Conselho Federal da OAB e o partido político com representação no Congresso Nacional, que são, como já dissemos, legitimados universais; **B:** incorreta (art. 11, § 2º, da Lei 9.868/1999); **C:** incorreta. Vide ADI 127-MC-QO, da relatoria do Min. Celso de Mello, julgado em 20.11.1989; **D:** correta, já que contempla espécies normativas que podem ser objeto de controle de constitucionalidade por meio de ação. ED
Gabarito "D".

(Promotor de Justiça/MG – 2014) Analise as seguintes assertivas em relação ao controle de constitucionalidade.
I. A inconstitucionalidade formal ocorre quando o conteúdo das leis ou atos emanados dos poderes públicos contraria uma norma constitucional de fundo, que estabelece direitos e deveres.
II. Os Poderes Executivo e Legislativo exercem o controle de constitucionalidade preventivo e repressivo. Por seu turno, o Poder Judiciário exerce tão-somente o controle repressivo.
III. A inconstitucionalidade reflexa ou por via oblíqua resulta da violação de uma norma infraconstitucional interposta entre o ato questionado e a Constituição.
IV. No âmbito do Estado de Minas Gerais, admite-se a ação direta de inconstitucionalidade por omissão.
Somente está CORRETO o que se afirma em:
(A) I e II;
(B) I e IV;
(C) II e III;
(D) III e IV.

I: incorreta. *Formal* (ou nomodinâmica) é a inconstitucionalidade que diz respeito ao processo de formação da lei ou ato normativo, e não ao seu *conteúdo*. Em outras palavras, há afronta ao devido processo legislativo. Agora, se a inconstitucionalidade referir-se ao conteúdo da lei ou ato normativo, está-se diante, então, da chamada inconstitucionalidade *material* (ou nomoestática). É a esta modalidade de inconstitucionalidade que se refere a proposição, que está, portanto, incorreta; **II:** incorreta. Além do controle repressivo de constitucionalidade, exercido, por excelência, pelo Poder Judiciário, é possível, sim, que este também exerça o controle preventivo. É o que se dá quando o parlamentar impetra, no curso do processo legislativo de formação do ato normativo, mandado de segurança; **III:** correta. Neste caso, há incompatibilidade entre o ato normativo e uma lei infraconstitucional, à qual se reporta, e, por via reflexa, à Constituição; **IV:** correta. Os tribunais de justiça dos estados têm legitimidade para exercer o controle de constitucionalidade, por ação ou omissão, de norma estadual ou municipal em face da Constituição Estadual (art. 125, § 2º, da CF). ED
Gabarito "D".

4.2. CONTROLE DIFUSO DE CONSTITUCIONALIDADE

(Juiz – TJ/SP – VUNESP – 2015) Conforme decidido pelo Supremo Tribunal Federal no julgamento da Rcl 4345/AC, na declaração de inconstitucionalidade de lei em sede de controle difuso, os efeitos da decisão
(A) não podem ter caráter geral em relação aos Tribunais Estaduais, e a Súmula Vinculante 10 (cláusula de reserva de plenário) impede a declaração de inconstitucionalidade de lei por órgão fracionário do Tribunal ou pelas Turmas Recursais dos Juizados Especiais.
(B) se tiverem reconhecida a sua eficácia geral, a vinculação ao decidido limita-se à parte dispositiva daquela decisão.
(C) podem gerar efeitos gerais, ultra partes, assemelhados a um caráter vinculante.
(D) podem ter efeito geral em relação aos Juízes e Tribunais Estaduais se e quando convertidos em Súmulas Vinculantes.

A: incorreta, pois a cláusula de reserva de plenário não se aplica às Turmas Recursais (ARE 792562, STF); **B:** incorreta, pois o STF não aplica a Teoria da Transcendência dos Motivos Determinantes. Além disso, pode produzir efeitos gerais, porque produz efeitos expansivos; **C:** correta. É o resumo da decisão mencionada no enunciado da questão; **D:** incorreta, pois exclui a hipótese do art. 52, X, da CF, além do que, desnecessária seria a conversão em súmulas vinculantes. AB
Gabarito "C".

(Promotor de Justiça/GO – 2016 – MPE) A respeito do controle difuso de constitucionalidade, assinale a alternativa incorreta.
(A) Por meio do controle difuso de constitucionalidade é possível aferir a compatibilidade de direito pré-constitucional para com a Constituição Federal de 1988, o que não se mostra possível em sede de controle concentrado, a menos que o instrumento processual seja a Ação de descumprimento de preceito fundamental.
(B) É viável o controle difuso de constitucionalidade sobre lei ou ato normativo municipal que contraria a Constituição da República.
(C) É cabível, no sistema brasileiro, o controle difuso de constitucionalidade sobre normas constitucionais originárias, resultantes da Assembleia Nacional Constituinte de 1988.
(D) Membros do Ministério Público que atuem em processo judicial possuem legitimidade para pleitear, incidentalmente, declaração difusa de inconstitucionalidade.

A: correta. Podem ser objeto de controle *difuso* as leis ou atos normativos anteriores ou posteriores à CF. Já os atos anteriores à CF, o chamado direito pré-constitucional, não podem ser objeto de controle *concentrado*, pois a hipótese seria de revogação. A exceção fica a cabimento direto expresso do ADPF, de acordo com o art. 1º, parágrafo único, I, da Lei 9.882/1999; **B:** correta. Sim, sendo essa a regra. Subsidiariamente, cabe ADPF, que é espécie de controle concentrado; **C:** incorreta. Não cabe controle de constitucionalidade, difuso ou concentrado, sobre normas constitucionais originárias; **D:** correta, desde que a declaração de inconstitucionalidade da lei ou ato normativo seja causa de pedir, e não pedido principal da ação. TM
Gabarito "C".

(Defensor/PA – 2015 – FMP) O Tribunal de Justiça do Estado do Rio Grande do Sul, em face de um conjunto expressivo de demandas ajuizadas por professores da rede pública de ensino daquele Estado postulando a aplicação da Lei 11.738/2008, em 26 de maio de 2014, julgou incidente de inconstitucionalidade, proferindo a seguinte decisão: *"Incidente de inconstitucionalidade. § 4º do art. 2º da Lei federal 11.738/2008. Carga horária dos profissionais do magistério público da educação básica. Inconstitucionalidade formal orgânica e material. Pacto federativo e igualdade. Violação. Insuperável o vício de inconstitucionalidade da norma federal que estabelece a jornada de trabalho para os profissionais do magistério público da educação básica, invadindo a competência dos demais entes federados, em clara extrapolação ao que lhe cometera o disposto no art. 60, inciso III, alínea "e", do ADCT – que se restringe à fixação de um piso nacional para a cate-*

goria. Inconstitucionalidade formal orgânica. A Lei 11.378/2008 é de caráter nacional, não se resumindo ao âmbito da União. Violação ao Pacto Federativo. A Carta Maior consagra na figura do Presidente da República a iniciativa legislativa privativa para as leis que disponham sobre "servidores públicos da União e Territórios, seu regime jurídico, provimento de cargos, estabilidade e aposentadoria", ex vi do ar. 61, § 1º, inciso II, alínea "c". A redação é de observância obrigatória pelos Estados-membros, já que Princípio Constitucional Extensível (simetria) que integra a estrutura da federação, observada, portanto, também pelos Municípios. Precedentes do STF. Ao dispor sobre jornada de trabalho dos profissionais do magistério público da educação básica em nível nacional, não apenas o legislador federal extrapolou os limites estabelecidos pela Constituição Federal, no Ato das Disposições Constitucionais Transitórias – no art. 60, inciso III, alínea "e", como, comprometendo o pacto federativo, adentrou na competência dos demais entes federados para estabelecerem a própria legislação a respeito do regime jurídico dos seus servidores públicos. Inconstitucionalidade material: viola o princípio da isonomia a Lei que trata de forma igual situações absolutamente desiguais, como são as diferentes realidades vivenciadas pelas mais diversificadas comunidades ao longo do território nacional, **incidente julgado procedente para declarar a inconstitucionalidade do § 4º do artigo 2º da Lei 11.738/2008, por maioria"** Com respeito a essa decisão é correto afirmar que:

(A) em controle difuso, em concreto, utilizou a técnica da declaração parcial de inconstitucionalidade sem redução de texto, já que a norma federal questionada não pode ser aplicada em nível estadual.
(B) em controle concentrado, em abstrato, utilizou a técnica da declaração parcial de inconstitucionalidade sem redução de texto, já que a norma federal questionada não pode ser aplicada em nível estadual.
(C) em controle difuso, em concreto, utilizou a técnica da interpretação conforme a Constituição, já que a norma federal questionada não pode ser aplicada em nível estadual.
(D) em controle concentrado, em abstrato, utilizou a técnica da interpretação conforme a Constituição, já que a norma federal questionada não pode ser aplicada em nível estadual.
(E) violou a competência do STF, Corte à qual compete precipuamente a guarda da Constituição Federal para realizar o controle abstrato de constitucionalidade de norma federal tendo por parâmetro norma da Constituição da República.

A decisão foi dada em sede de em controle difuso (caso concreto) e a técnica da declaração parcial de inconstitucionalidade sem redução de texto foi aplicada quando o TJ/RS considerou a lei inconstitucional apenas a categoria dos professores. No tocante as demais categorias que possivelmente possam ser abrangidas pela norma, a lei é constitucional. Gabarito "A".

(Procurador do Município – São Paulo/SP – 2014 – VUNESP) Como ato decorrente do controle difuso da constitucionalidade, a suspensão da execução, no todo ou em parte, de lei declarada inconstitucional por decisão definitiva do Supremo Tribunal Federal, é realizada

(A) com efeito *erga omnes* e *ex nunc*, por ato do Senado Federal, ante a decisão definitiva do Supremo Tribunal Federal.
(B) com efeito *erga omnes* e *ex tunc*, por ato do Senado Federal, ante a decisão definitiva do Supremo Tribunal Federal.
(C) com efeito *erga omnes* e *ex tunc*, automaticamente, mediante o trânsito em julgado da decisão definitiva do Supremo Tribunal Federal.
(D) com efeito *erga omnes* e *ex nunc*, automaticamente, mediante o trânsito em julgado da decisão definitiva do Supremo Tribunal Federal.
(E) com efeito *erga omnes* e *ex nunc*, por ato do Presidente do Supremo Tribunal, ante o trânsito em julgado da decisão definitiva do Supremo Tribunal Federal.

A: correta. Dispõe o art. 52, X, da CF que compete privativamente ao Senado Federal suspender a execução, no todo ou em parte, de lei declarada inconstitucional por decisão definitiva do Supremo Tribunal Federal. Assim, pode o Supremo, após o trânsito em julgado da decisão, comunicar ao Senado os termos de sua deliberação para que ele, se desejar, edite uma resolução determinando a suspensão da execução da norma declarada inconstitucional a partir desse momento. Fazendo isso, os efeitos, que antes eram *inter partes* e *ex tunc*, passarão a ser *erga omnes*, ou seja, a lei ficará suspensa para todas as pessoas, e *ex nunc*, isto é, terá efeitos a partir do momento da expedição da resolução; **B:** incorreta Como mencionado, os efeitos não serão retroativos (*ex tunc*), mas sim *ex nunc*, ou seja, valerão a partir do momento que o Senado expedir a resolução suspendendo a execução da lei declarada inconstitucional de forma definitiva pelo STF; **C e D:** incorretas. O trânsito em julgado da decisão dada em sede de controle difuso pelo STF produz, em regra, efeitos *ex tunc* (retroativos) e *inter partes* (para as partes). Esses são, portanto, os efeitos naturais ou automáticos. Desse modo, para que os efeitos sejam modulados e passem a ser *erga omnes* (todas as pessoas) e *ex tunc* (retroativos) é necessária a resolução do Senado suspendendo a execução da lei; **E:** incorreta. Quem tem a possibilidade de ampliar os efeitos da decisão, conforme determina o art. 52, X, da CF, é o Senado Federal, de forma privativa. Gabarito "A".

4.3. AÇÃO DIRETA DE INCONSTITUCIONALIDADE

(Defensor Público – DPE/PR – 2017 – FCC) Suponha que o Supremo Tribunal Federal – STF, em decisão de Ação Direta de Inconstitucionalidade, tenha proferido decisão em determinado sentido. Algum tempo depois, em decisão de Recurso Extraordinário, o plenário do STF, analisando a mesma questão constitucional, pronuncia-se em sentido diametralmente oposto ao anterior, com os Ministros asseverando que estavam revendo a posição da Corte. Conforme o posicionamento do STF, como consequência jurídica decorrente destes acontecimentos:

(A) Nesse caso específico de revisão pelo plenário de uma decisão proferida em controle concentrado, mesmo com a segunda decisão proferida em controle difuso esta teria efeitos *erga omnes*, cabendo, inclusive, reclamação no caso de algum magistrado decidir em sentido contrário.
(B) Quando é o plenário do Supremo Tribunal Federal que decide a questão constitucional esta decisão sempre terá efeitos *erga omnes*, uma vez que não há controle difuso feito pelo plenário.
(C) A segunda decisão terá efeitos *erga omnes*, uma vez que prevalece no Supremo Tribunal Federal a teoria da transcendência dos motivos determinantes.
(D) Porque a primeira decisão foi proferida em controle concentrado e a segunda em controle difuso, prevalecerá a primeira decisão para aqueles que não são parte no processo em que se interpôs o Recurso Extraordinário, até que algum legitimado provoque o STF em alguma ação que permita o controle concentrado.
(E) O Senado Federal deverá ser informado da decisão para, em caráter de urgência, conferir efeitos *erga omnes* à decisão do Recurso Extraordinário.

No caso em exame, atribui-se o efeito vinculante em via difusa em razão de ter havido uma reinterpretação e modificação de uma decisão proferida em controle abstrato, que neste caso possuiria automaticamente tais atributos. Esse posicionamento foi esposado no julgamento dos seguintes recursos: RE 567.985/MT, RE 580963/PR e Rcl 4374/PE. Evidentemente, quando se atribui efeito vinculante às decisões judiciais, cabível será reclamação em eventual descumprimento. Gabarito "A".

(Procurador Municipal – Sertãozinho/SP – VUNESP – 2016) Não pode ser objeto de ADI perante o Supremo Tribunal Federal:

(A) Resoluções do Conselho Nacional de Justiça ou do Conselho Nacional do Ministério Público em qualquer hipótese.
(B) Lei Distrital no exercício de competência municipal do Distrito Federal.
(C) Emendas Constitucionais.
(D) Decreto Legislativo.
(E) Decreto autônomo.

A: incorreta. As Resoluções do Conselho Nacional de Justiça ou do Conselho Nacional do Ministério Público que forem dotadas dos atributos da generalidade, impessoalidade e abstração, e forem consideradas como atos primários, poderão ser objeto de ADI perante o STF. Segundo o STF: "A Resolução nº 07/05 do CNJ reveste-se dos atributos da generalidade (os dispositivos dela constantes veiculam normas proibitivas de ações administrativas de logo padronizadas), impessoalidade (ausência de indicação nominal ou patronímica de quem quer que seja) e abstratividade (trata-se de um modelo normativo com âmbito temporal de vigência em aberto, pois claramente vocacionado para renovar de forma contínua o seu papel que prende suas hipóteses de incidência aos respectivos mandamentos). A Resolução nº 07/05 se dota, ainda, de caráter normativo primário, dado que arranca diretamente do § 4º do art. 103-B da Carta-cidadã e tem como finalidade debulhar os próprios conteúdos lógicos dos princípios constitucionais de centrada regência de toda a atividade administrativa do Estado, especialmente o da impessoalidade, o da eficiência, o da igualdade e o da moralidade" (ADC 12-MC, Rel. Min. Ayres Britto, j. 16.02.2006, Plenário, DJ 01.09.2006); **B:** correta. De fato, as leis distritais que forem criadas com base no exercício da competência municipal, por conta da ADI não admitir a discussão de lei municipal que viole a Constituição, não poderão ser objeto de ADI perante o STF; **C:** incorreta. As emendas constitucionais, por serem fruto do poder derivado reformador, que é limitado e condicionado, podem ser objeto de controle de constitucionalidade por meio de ADI no STF; **D:** incorreta. Em regra, os decretos legislativos, por serem atos primários e dotados de abstração e generalidade, podem ser objeto de ADI no STF; **E:** incorreta. O decreto autônomo também pode ser objeto de ADI no STF. Gabarito "B".

(Procurador do Estado – PGE/RS – Fundatec – 2015) No que tange à legitimidade ativa para a propositura de ação direta de inconstitucionalidade, a Constituição Federal de 1988:

(A) Expandiu o rol dos legitimados para agir, antes restrito apenas ao Procurador-Geral da República, atribuindo a todos os entes do artigo 103, incisos I a IX, legitimação ativa universal, conforme jurisprudência do STF.
(B) Manteve a legitimação ativa exclusivamente ao Procurador-Geral da República, que atua na defesa da ordem jurídica, do regime democrático e dos interesses sociais e individuais indisponíveis, tendo legitimação ativa universal, conforme jurisprudência do STF.

(C) Manteve a legitimação ativa exclusivamente ao Procurador-Geral da República, que, por provocação do Conselho Federal da OAB, de partido político com representação no Congresso Nacional e de confederação sindical ou entidade de classe de âmbito nacional, atua na defesa da ordem jurídica, do regime democrático e dos interesses sociais e individuais indisponíveis, tendo legitimação ativa universal, conforme jurisprudência do STF.

(D) Expandiu o rol dos legitimados para agir, antes restrito apenas ao Procurador-Geral da República, atribuindo ao Conselho Federal da OAB e a partido político com representação no Congresso Nacional legitimação ativa universal, conforme jurisprudência do STF.

(E) Expandiu o rol dos legitimados para agir, antes restrito exclusivamente ao Procurador-Geral da República, demandando do Conselho Federal da OAB e de partido político com representação no Congresso Nacional a comprovação de pertinência temática para a propositura da ação, conforme jurisprudência do STF.

A: incorreta. Embora a CF/88 tenha aumentado o rol de legitimados ativos da ADI, nem todos os órgãos e entidades previstos no art. 103, I a IX, da CF possuem legitimação ativa universal. O STF, em interpretação restritiva do dispositivo constitucional, entende que determinados legitimados ativos devem observar o requisito da *pertinência temática* para propor ADI, exigência que não está prevista na Constituição nem na legislação infraconstitucional, mas encontra-se amplamente sedimentada na jurisprudência do STF. Por pertinência temática deve-se entender a existência de uma relação direta entre a questão presente na lei ou no ato normativo a ser impugnado e os objetivos sociais da entidade demandante (ou entre a lei objeto de controle e as funções institucionais do legitimado ativo). Vale dizer, a noção é muito próxima do *interesse de agir* da Teoria Geral do Processo e faz surgir duas classes de legitimados ativos: os *universais* ou *neutros* e os *interessados* ou *especiais*. De acordo com o STF, são legitimados *neutros* ou *universais* para a propositura de ADIn (têm legitimidade ativa em qualquer hipótese, sem necessidade de demonstração de pertinência temática): o Presidente da República, as Mesas do Senado e da Câmara, o Procurador-Geral da República, o Conselho Federal da OAB e o partido político com representação no Congresso Nacional. São legitimados *interessados* ou *especiais*, ou seja, precisam demonstrar relação de pertinência temática entre o objeto da ADIn e sua esfera jurídica (ou a de seus filiados): o Governador de Estado, a Mesa de Assembleia Legislativa (ou da Câmara Legislativa do DF), bem como as confederações sindicais ou entidades de classe de âmbito nacional; **B:** incorreta. O rol de órgãos e entidades que podem propor ADI foi ampliado pela CF/88 e encontra-se listado no art. 103, I a IX, CF; **C:** incorreta. Ver comentário à letra "B"; **D:** correta. De acordo com o STF, são legitimados *neutros* ou *universais* para a propositura de ADIn (têm legitimidade ativa em qualquer hipótese, sem necessidade de demonstração de pertinência temática): o Presidente da República, as Mesas do Senado e da Câmara, o Procurador-Geral da República, o Conselho Federal da OAB e o partido político com representação no Congresso Nacional; **E:** incorreta. Ver comentários à letra "A". TM
Gabarito "D".

(Procurador do Estado – PGE/RN – FCC – 2014) Em ação direta de inconstitucionalidade proposta pelo Procurador-Geral da República, na qual o Advogado-Geral da União manifestou-se pela defesa da lei impugnada, determinada lei federal é declarada inconstitucional por decisão proferida à unanimidade pelo Plenário do Supremo Tribunal Federal (STF). Em sede de embargos de declaração, opostos no prazo legal, o Advogado-Geral da União, invocando razões de segurança jurídica, requer que sejam atribuídos efeitos prospectivos à decisão. Nesse caso, o STF

(A) poderá acolher os embargos de declaração para o fim de atribuir os efeitos pretendidos à decisão, em vista de razões de segurança jurídica, pelo voto de, pelo menos, dois terços de seus membros.

(B) não poderá acolher os embargos de declaração, para fins de modulação de efeitos da decisão, uma vez que o julgamento em que se declarou a inconstitucionalidade da lei já havia sido concluído, devendo a decisão produzir efeitos temporais regulares, retroativos à publicação da lei.

(C) somente poderá modular os efeitos da decisão em sede de ação rescisória proposta por quem legitimado para a propositura da própria ação direta de inconstitucionalidade.

(D) não poderá sequer conhecer dos embargos de declaração, que somente podem ser opostos por quem possua legitimidade para a propositura da ação direta de inconstitucionalidade, não se incluindo o Advogado-Geral da União nesse rol.

(E) poderia, em sede de embargos de declaração, modular os efeitos subjetivos da decisão, mas não os temporais, que deverão ser produzidos retroativamente à data de propositura da ação direta de inconstitucionalidade.

Os embargos de declaração apenas são cabíveis em face de omissão, obscuridade ou contradição e, a rigor, se a decisão não aplica a modulação temporal (que é exceção), deveria ser-lhe aplicada a regra da eficácia temporal *ex tunc*. Assim, não haveria propriamente uma omissão e, por isso, não seriam cabíveis os aclaratórios. Entretanto, pelo entendimento atual, o STF admite a possibilidade de modulação de efeitos temporais pela via dos embargos de declaração, seja em controle concentrado ou em controle difuso (ainda que os motivos não estejam muito claros – para o cabimento dos embargos de declaração sem a ocorrência dos vícios que o autorizam, a matéria deve ser de ordem pública ou dever do tribunal). TM
Gabarito "A".

(Juiz – TJ/MS – VUNESP – 2015) No tocante ao controle concentrado de constitucionalidade, é correto afirmar sobre a ação direta de inconstitucionalidade (ADI):

(A) regimento interno de tribunal estadual não pode ser objeto de ação direta de inconstitucionalidade.

(B) lei estadual editada para regulamentar matéria de competência privativa da União deve ser objeto de impugnação por meio de ação direta de inconstitucionalidade em âmbito estadual.

(C) ato normativo, de caráter autônomo, geral e abstrato expedido por pessoa jurídica de direito público estadual e decreto editado com força de lei podem ser objeto de ADI perante o Supremo Tribunal Federal.

(D) o decreto do Chefe do Executivo que promulga os tratados e convenções não se submete ao controle da ação direta de inconstitucionalidade.

(E) os regimentos das Assembleias Legislativas devem ser objeto de ação direta de inconstitucionalidade estadual perante o Tribunal de Justiça do Estado.

A: incorreta, pois o regimento interno do tribunal estadual encaixaria-se como ato normativo estadual, assim, cabível seria a ADI; **B:** incorreta, pois a ofensa sendo contra o texto da CF/88 atrai a competência ao STF; **C:** correta, pois encaixa no art. 102, I, a, da CF; **D:** incorreta, pois tal decreto teria natureza de ato jurídico federal, sendo apto ao controle por ADI; **E:** incorreta, pois cabe também controle perante o STF (ADI 4587/GO). AB
Gabarito "C".

(Juiz – TJ/SP – VUNESP – 2015) Determinada Câmara Municipal tem a iniciativa de, por meio de emenda à Lei Orgânica Municipal, estabelecer mudança na base de cálculo de benefício a servidor municipal e o respectivo pagamento é implementado. No ano seguinte, o novo Prefeito ingressa com a ação direta de inconstitucionalidade daquela alteração legislativa, sendo correto decidir (conforme precedente do órgão Especial do Tribunal de Justiça do Estado de São Paulo na ADI 2222132-48.2014) que

(A) existe inconstitucionalidade por vício de iniciativa e a decisão judicial tem eficácia ex nunc, aplicando a modulação dos seus efeitos e declarando que os valores recebidos pelos servidores são irrepetíveis.

(B) existe inconstitucionalidade por vício de iniciativa e, diante do efeito repristinatório inerente à desconstituição da norma inconstitucional, devem ser devolvidos pelos servidores os valores recebidos, mediante compensação nos vencimentos futuros.

(C) existe inconstitucionalidade e seus efeitos são ex tunc, sendo que a modulação dos efeitos somente é permitida ao Supremo Tribunal Federal, preservando-se apenas pagamentos feitos até a data da decisão judicial.

(D) não existe inconstitucionalidade da modificação legislativa, tendo em vista sua aceitação pelo Prefeito anterior e como medida de proteção à segurança jurídica e boa-fé dos servidores.

A: correta, pois a legitimidade seria do Prefeito, não do Presidente da Câmara Municipal (ou dos Vereadores); **B:** incorreta, pois o STF não exige a devolução dos valores recebidos de boa-fé, ainda mais por existir o status de verba alimentar; **C:** incorreta, pois a modulação dos efeitos também é possível aos Tribunais de Justiça quando, por exemplo, se tratar de ADI em que o parâmetro seja a Constituição Estadual. Além disso, a modulação dos efeitos é a exceção, nunca a regra; **D:** incorreta, pelas razões já explicadas na letra A. AB
Gabarito "A".

(Juiz de Direito – TJM/SP – VUNESP – 2016) Considere o seguinte caso hipotético. Deputado Federal logra obter a assinatura de 1/3 (um terço) dos membros da Câmara dos Deputados em proposta de emenda constitucional que estabelece a pena de morte para casos de roubo, sequestro e estupro, seguidos de morte. Tal matéria deve ser objeto de plebiscito dentro de 18 (dezoito) meses após a aprovação da referida proposta, que está tramitando regularmente. Partido Político X propõe Ação Direta de Inconstitucionalidade em face da proposta de emenda constitucional. Considerando os pronunciamentos anteriores sobre a matéria, o Supremo Tribunal Federal decidirá pela

(A) admissão da Ação Direta de Inconstitucionalidade, pois não poderá ser objeto sequer de deliberação a proposta de emenda constitucional tendente a abolir os direitos e garantias fundamentais.

(B) não admissão da Ação Direta de Inconstitucionalidade, pois a proposta ainda não alcançou o plano da existência e a Constituição somente admite a Ação Direta de Inconstitucionalidade contra lei ou ato normativo federal ou estadual.

(C) procedência da Ação Direta de Inconstitucionalidade, pois a Constituição Federal admite a fiscalização preventiva e abstrata, em se tratando da defesa da higidez de cláusulas pétreas.

(D) improcedência da Ação Direta de Inconstitucionalidade, pois muito embora a Constituição Federal admita o controle preventivo de propostas de emenda à Constituição, o plebiscito torna possível a modificação de cláusulas pétreas.
(E) impossibilidade jurídica do pedido, pois embora o Novo Código de Processo Civil tenha eliminado essa hipótese de carência de ação como regra geral, ela foi mantida no âmbito da lei especial que rege a Ação Direta de Inconstitucionalidade.

A: incorreta, pois não será caso de ADI, mas de Mandado de Segurança – via difusa – por exemplo; **B:** correta, pois o controle mediante ADI requer lei ou ato normativo, requisito este que uma PEC não preenche; **C:** incorreta, pois seria caso de Mandado de Segurança impetrado por um parlamentar, mas não de ADI. Assim é a jurisprudência do STF (MS 32.033/DF); **D:** incorreta, pois o plebiscito seria uma ordem da emenda constitucional. Assim, não há que se falar em convalidação do vício; **E:** incorreta, pois não há menção no Código de Processo Civil. AB
Gabarito "B".

(Promotor de Justiça/GO – 2016 – MPE) Informe o item que não está de acordo com os aspectos processuais e procedimentais das ações diretas de inconstitucionalidade e das ações declaratórias de constitucionalidade:
(A) Para o ajuizamento dessas ações não existe prazo prescricional ou decadencial.
(B) É possível a apuração de questões fáticas, tanto que se admite, por exemplo, a designação de peritos em caso de necessidade de esclarecimentos de circunstância de fato.
(C) Embora sejam ações de índole objetiva, admite-se a arguição de suspeição. Além disso, pode ocorrer o impedimento de Ministro que tenha atuado previamente no mesmo processo como Advogado--Geral da União ou Procurador-Geral da República, requerente ou requerido.
(D) Restará impossível ao Supremo Tribunal Federal analisar a inconstitucionalidade material, caso o pedido verse apenas sobre a inconstitucionalidade formal de uma lei ou ato normativo.

A: correta. Para a teoria clássica a inconstitucionalidade é ato nulo, não sujeita a prescrição; **B:** correta, conforme autorização d art. 9º, § 1º, da Lei 9.868/1999: "§ 1º Em caso de necessidade de esclarecimento de matéria ou circunstância de fato ou de notória insuficiência das informações existentes nos autos, poderá o relator requisitar informações adicionais, designar perito ou comissão de peritos para que emita parecer sobre a questão, ou fixar data para, em audiência pública, ouvir depoimentos de pessoas com experiência e autoridade na matéria"; **C:** incorreta. Não cabe suspeição, por ser procedimento de caráter subjetivo, mas apenas impedimento, que tem natureza objetiva. Ver STF, AS 37, Rel. Min. Gilmar Mendes: "arguição de suspeição revela-se incabível no âmbito do processo objetivo de controle normativo abstrato de constitucionalidade. No tocante ao impedimento, este pode ocorrer se o julgador houver atuado no processo como requerente, requerido, Advogado-Geral da União ou Procurador-Geral da República"; **D:** correta. Pelo princípio da congruência ou do pedido, o STF deve se limitar ao *pedido* elaborado na petição inicial, ainda que declare a inconstitucionalidade (ou constitucionalidade, a depender do pedido) por fundamentos diversos daqueles listados pelo requerente, haja vista que a *causa de pedir* é aberta. Note-se, porém, a possibilidade de declaração de inconstitucionalidade por arrastamento, que acaba por constituir exceção ao princípio da congruência. TM
Gabarito "C".

(Promotor de Justiça/SC – 2016 – MPE) Conforme a Lei 9.868/1999:
(1) proposta a ação direta de inconstitucionalidade, não se admitirá desistência;
(2) é irrecorrível a decisão que indeferir a petição inicial da ação direta de inconstitucionalidade;
(3) Não se admitirá intervenção de terceiros no processo de ação direta de inconstitucionalidade.

1: correta. Art. 5º da Lei 9.868/1999; **2:** incorreta, cabe agravo (art. 4º, parágrafo único, Lei 9.868/1999); **3:** correta. Art. 7º da Lei 9.868/1999. TM
Gabarito 1C.

(Delegado/AP – 2017 – FCC) De acordo com o sistema brasileiro de controle de constitucionalidade de leis e atos normativos,
(A) lei federal que condiciona a criação de associações à prévia autorização da Administração pública, editada anteriormente à Constituição Federal, é com ela incompatível, podendo ser objeto de ação direta de inconstitucionalidade.
(B) tratado internacional proibindo a prisão civil por dívida, que for aprovado em cada Casa do Congresso Nacional, em dois turnos, por três quintos dos votos dos respectivos membros, não tem hierarquia equivalente às emendas constitucionais, ingressando no ordenamento jurídico como norma infraconstitucional, mas supralegal, podendo ser objeto de controle abstrato de constitucionalidade.
(C) lei federal que determine o uso de algemas em todos os réus presos que compareçam a audiências judiciais é inconstitucional, podendo ser objeto de reclamação constitucional por violar súmula vinculante editada pelo STF.
(D) o ajuizamento de ação direta de inconstitucionalidade em face de lei estadual, perante o Tribunal de Justiça do Estado, não impede que a mesma lei seja impugnada perante o Supremo Tribunal Federal, mediante a propositura de ação direta de inconstitucionalidade.
(E) acórdão do Tribunal de Justiça do Estado que julgue, por maioria simples de seus membros, improcedente ação direta de inconstitucionalidade contra ato normativo estadual, resulta na declaração de inconstitucionalidade da norma, com efeitos vinculantes e contra todos.

A alternativa **A** está errada, pois não cabe ADI em face de norma anterior à Constituição, por não ser admitida a tese da inconstitucionalidade superveniente, assim a norma é tida por não recepcionada, havendo sua revogação tácita/hierárquica. Caberia, em caso de controvérsia e lesão a preceito fundamental, ADPF (artigo 102, § 1º, CF c.c. Lei 9.882/1999). Também errada a B, pois conforme artigo 5º, § 3º, CF "Os tratados e convenções internacionais sobre direitos humanos que forem aprovados, em cada Casa do Congresso Nacional, em dois turnos, por três quintos dos votos dos respectivos membros, serão equivalentes às emendas constitucionais". Errada, do mesmo modo, a alternativa **C**, pois a Súmula Vinculante não vincula a função legislativa, conforme artigo 103-A, CF "O Supremo Tribunal Federal poderá, de ofício ou por provocação, mediante decisão de dois terços dos seus membros, após reiteradas decisões sobre matéria constitucional, aprovar súmula que, a partir de sua publicação na imprensa oficial, terá efeito vinculante em relação aos demais órgãos do Poder Judiciário e à administração pública direta e indireta, nas esferas federal, estadual e municipal". Logo, não cabe a reclamação perante o STF (prevista no mesmo artigo, § 3º), que seria possível se um ato administrativo ou decisão judicial contrariasse a súmula vinculante. Correta a alternativa **D**, pois além da ADI no STF (artigo 102, inciso I, "a", CF), quando a lei estadual ofender a Constituição Federal, também é cabível a representação de inconstitucionalidade da lei estadual que seja contrária à Constituição Estadual no Tribunal de Justiça (artigo 125, § 2º, CF). A alternativa **E** está errada por dois motivos – 1) porque o quórum é de maioria absoluta (artigo 97, CF); 2) porque quando a ADI é julgada improcedente ocorre a declaração de constitucionalidade. LR
Gabarito "D".

(Ministério Público/BA – 2015 – CEFET) Tomando-se por base o que dispõe a Lei 9.868/1999 e a decisão prolatada pelo Altíssimo Pretório na ADI 2.130, rel. Min. Celso de Mello, no que tange ao processo e julgamento da ação direta de inconstitucionalidade e da ação declaratória de constitucionalidade perante o Supremo Tribunal Federal, tem-se como **EQUIVOCADA** a seguinte assertiva:
(A) Proposta a ação direta, não se admitirá desistência.
(B) Em tais processos, inexiste prazo recursal em dobro ou diferenciado para contestar.
(C) Afigura-se impraticável a dilação probatória com perícia ou audiência pública, tendo em vista que tais ações têm nítida natureza objetiva, na qual não se discute matéria de fato.
(D) A decisão que declara a constitucionalidade ou a inconstitucionalidade da lei ou do ato normativo em ação direta ou em ação declaratória é irrecorrível, ressalvada a interposição de embargos declaratórios.
(E) Ao declarar a inconstitucionalidade de lei ou ato normativo, e tendo em vista razões de segurança jurídica ou de excepcional interesse social, poderá o Supremo Tribunal Federal, por maioria de 2/3 (dois terços) de seus membros, restringir os efeitos daquela declaração, ou decidir que ela só tenha eficácia a partir de seu trânsito em julgado ou de outro momento que venha a ser fixado.

A: assertiva correta. É que determina o art. 5º da Lei 9.868/1999 que proposta a ação direta, não se admitirá desistência; **B:** assertiva correta. De fato, como o processo é objeto e não falamos em "partes", os prazos não são diferenciados; **C:** assertiva incorreta. A informação trazida pela alternativa está **equivocada**, portanto esta é a alternativa que deve ser assinalada. Determina o § 1º do art. 9º da Lei 9.868/1999 que em caso de **necessidade de esclarecimento de matéria ou circunstância de fato** ou de notória insuficiência das informações existentes nos autos, poderá o relator requisitar informações adicionais, **designar perito** ou comissão de peritos para que emita parecer sobre a questão, ou fixar data para, em **audiência pública**, ouvir depoimentos de pessoas com experiência e autoridade na matéria; **D:** assertiva correta. De fato a decisão que declara a constitucionalidade ou a inconstitucionalidade da lei ou do ato normativo em ação direta ou em ação declaratória é irrecorrível, ressalvada a interposição de embargos declaratórios, não podendo, igualmente, ser objeto de ação rescisória. É o que determina o art. 26 da Lei nº 9.868/99; **E:** incorreta. O art. 27 da Lei nº 9.868/99 autoriza a chamada modulação dos efeitos da decisão dispondo que ao declarar a inconstitucionalidade de lei ou ato normativo, e tendo em vista razões de segurança jurídica ou de excepcional interesse social, poderá o Supremo Tribunal Federal, por maioria de dois terços de seus membros, restringir os efeitos daquela declaração ou decidir que ela só tenha eficácia a partir de seu trânsito em julgado ou de outro momento que venha a ser fixado. BV
Gabarito "C".

(Defensor/PA – 2015 – FMP) O Supremo Tribunal Federal, em 27 de agosto de 1998 julgou improcedente a Ação Direta de Inconstitucionalidade 1.232, originária do Distrito Federal, a qual tinha por objeto o § 3º do art. 20 da Lei º 8.742, de 7 de dezembro de 1993 – Lei Orgânica da Assistência Social, cujo teor é: *"Art. 20. O benefício de prestação continuada é a garantia de 1 (um) salário mínimo mensal à pessoa* *portadora de deficiência e ao idoso com 70 (setenta) anos ou mais e que comprovem não possuir meios de prover a própria manutenção e nem de tê-la provida por sua família. (...) § 3º Considera-se incapaz de prover a manutenção da pessoa portadora de deficiência ou idosa a família cuja renda mensal per capita seja inferior a 1/4 (um quarto) do salário mínimo."* A mencionada ADI teve por fundamento a alegação de que o requisito econômico limita e restringe o direito garantido pelo art. 203, V, da CF/1988, sendo, por conseguinte, incompatível com a norma constitucional. O Parecer da Procuradoria-Geral da República foi no sentido de que, sendo interpretado o enunciado contra o qual é dirigida a ADI como estabelecendo presunção **jure et de jure** no sentido de que, comprovado o requisito econômico, se presume devido o benefício, sem exclusão de outras hipóteses de demonstração da incapacidade de prover a manutenção de pessoa portadora de deficiência ou idosa, inexistirá inconstitucionalidade: mas, no caso de o dispositivo ser interpretado como esgotando o rol das possibilidades de comprovação da falta de meios, excluindo-se totalmente qualquer outra possibilidade, haverá inconstitucionalidade.

(A) a ADI questionou a constitucionalidade formal em razão de omissão parcial da norma constante do § 3º do art. 20 da Lei 8.742/1993.
(B) a ADI questionou a constitucionalidade material em razão de omissão total da norma constante do § 3º do art. 20 da Lei 8.742/1993.
(C) na solução proposta no Parecer da PGR foi proposta a adoção da técnica decisória da interpretação conforme a constituição.
(D) na solução proposta no Parecer da PGR, ressalta a proposta de adoção da técnica decisória da declaração parcial de inconstitucionalidade sem redução de texto.
(E) a solução adotada pelo STF na decisão da ADI em questão foi no sentido de acolher a técnica decisória sugerida pelo Parecer da PGR e considerar legítima uma determinada interpretação da norma inquinada.

A interpretação conforme a Constituição, como o próprio nome expressa, indica que as normas devem ser interpretadas de acordo com o que dispõe a Constituição Federal. É, a um só tempo, mecanismo utilizado no controle de constitucionalidade e técnica de interpretação da Constituição. Tratando da "interpretação conforme" como técnica de interpretação, devemos lembrar que ela é utilizada quando estamos diante de normas que possuem mais de um significado. As conhecidas normas polissêmicas ou plurissignificativas. Desse modo, se determinado dispositivo possui dois significados, o sentido que terá de ser atribuído à norma é o que encontra respaldo constitucional, devendo ser descartado aquele que vai de encontro ao Texto Maior, ou seja, aquele que vai contra a Constituição. Cabe a observação de que o mecanismo da interpretação conforme a Constituição não dá ao intérprete a possibilidade de atuar como legislador, criando normas gerais e abstratas. Determina o acórdão da ADI mencionada na questão (ADI.232-1 DF): "...está-se na típica presença de caso no qual se faz invocável o entendimento dessa Suprema Corte, segundo o qual, existindo duas ou mais formas de se interpretar o texto constitucional e revestindo-se apenas uma delas de constitucionalidade, essa Excelsa Corte não declara a inconstitucionalidade, mas proclama a "interpretação conforme a Constituição", técnica que "...só é utilizável quando a norma impugnada admite, dentre as várias interpretações possíveis, uma que a compatibilize com a Carta Magna, e não quando o sentido da norma é unívoco, como sucede no caso presente" (ADI 1.344-1, in DJ de 19.4.96, p. 12.212).
Gabarito "C".

(Defensor/PA – 2015 – FMP) Em 22 de dezembro de 2014, o Tribunal de Justiça do Estado do Rio Grande do Sul deferiu medida liminar na ADI (n. 70063154371) proposta pela FECOMÉRCIO-RS para suspender os efeitos da Lei RS 14.653 que fixou novo piso do salário mínimo regional (entre R$ 1.006,08 e R$ 1.276,00) que passaria a vigorar a partir 1º de fevereiro de 2015, ficando em suspenso o reajuste de 16% até que a ação fosse julgada em definitivo. Em 23.03.2015, por 16 votos contra 8, foi julgada improcedente aquela ação. Tendo por premissa a aplicação subsidiária da Lei 9.868/1999, que regula o processo e o procedimento da ADI e da ADC perante o STF, em especial o que disciplina quanto à concessão de medidas liminares, decisões de mérito e modulação de efeitos, relativamente ao caso concreto suprarreferido é correto afirmar que:

(A) a concessão da liminar, que teve efeitos ex *tunc* – posteriormente cassada por ocasião do julgamento do mérito em sentido diverso – diz respeito ao plano da eficácia da norma questionada e toma indevidas as diferenças entre os valores salariais estabelecidos na Lei RS 14.653 e aqueles vigentes antes dela relativamente ao período em que a liminar se manteve produzindo efeitos.
(B) a concessão da liminar, que teve efeitos ex *nunc* – posteriormente cassada por ocasião do julgamento do mérito em sentido diverso – diz respeito ao plano da validade da norma questionada e torna indevidas as diferenças entre os valores salariais estabelecidos na Lei RS 14.653 e aqueles vigentes antes dela relativamente ao período em que a liminar se manteve produzindo efeitos.
(C) a concessão da liminar, que teve efeitos ex *tunc* – posteriormente cassada por ocasião do julgamento do mérito em sentido diverso – diz respeito ao plano da validade da norma questionada e toma devidas as diferenças entre os valores salariais estabelecidos na Lei RS 14.653 e aqueles vigentes antes dela, porque a decisão do mérito diz respeito ao plano da validade relativamente ao período em que a liminar se manteve produzindo efeitos.
(D) a concessão da liminar, que teve efeitos ex *nunc* – posteriormente cassada por ocasião do julgamento do mérito em sentido diverso – diz respeito ao plano da eficácia da norma questionada e torna devidas as diferenças entre os valores salariais estabelecidos na Lei RS 14.653 e aqueles vigentes antes dela, porque a decisão do mérito diz respeito ao plano da validade relativamente ao período em que a liminar se manteve produzindo efeitos.
(E) a concessão da liminar com efeitos ex *tunc* – posteriormente cassada por ocasião do julgamento do mérito em sentido diverso – diz respeito ao plano da eficácia da norma questionada e torna devidas as diferenças entre os valores salariais estabelecidos na Lei RS 14.653 e aqueles vigentes antes dela, porque a decisão do mérito diz respeito ao plano da eficácia relativamente ao período em que a liminar se manteve produzindo efeitos.

A Lei do RS 14.653, que aumentou o salário mínimo regional em 16%, foi questionada por meio de uma ADI proposta pela FECOMERCIO-RS. A liminar para suspender os efeitos da lei foi deferida pelo Tribunal de Justiça do respectivo Estado. Portanto, a partir do deferimento da liminar, os trabalhadores deixaram de receber o aumento. Ocorre que o TJ cassou a liminar, de modo que aqueles trabalhadores, que não receberam o aumento durante o período em que a lei ficou com a eficácia suspensa, terão direito de receber as diferenças entre os valores salariais estabelecidos na Lei do RS 14.653 e aqueles vigentes antes dela. Gabarito "D".

(Procurador do Município – Cuiabá/MT – 2014 – FCC) O Conselho Federal da Ordem dos Advogados do Brasil (OAB) ajuizou ação direta de inconstitucionalidade, perante o Supremo Tribunal Federal (STF), contra dispositivos de lei estadual que teriam disciplinado matéria de competência privativa da União, requerendo que fosse concedida medida cautelar, com efeitos retroativos, de forma a tornar aplicável a legislação anterior existente sobre a matéria. Nessa hipótese, considerada a disciplina constitucional e legal da ação direta de inconstitucionalidade, referida ação

(A) é admissível, em tese, uma vez que preenche os pressupostos de cabimento quanto à legitimidade, ao objeto e à competência para o julgamento, e a medida cautelar poderá ser concedida pelo STF, nos termos requeridos pelo Conselho Federal da OAB.
(B) não é admissível, pois o Conselho Federal da OAB não possui legitimidade para mover ação direta de inconstitucionalidade que tenha por objeto lei estadual, por ausência de pertinência temática.
(C) não é admissível, pois o STF não é competente para o julgamento de ação direta de inconstitucionalidade que tenha por objeto lei estadual, para o qual a competência é do Tribunal de Justiça estadual respectivo.
(D) não é admissível, pois lei estadual, ainda que contrária à Constituição da República, não pode ser objeto de ação direta de inconstitucionalidade, mas apenas de arguição de descumprimento de preceito fundamental.
(E) é admissível, em tese, uma vez que preenche os pressupostos de cabimento quanto à legitimidade, ao objeto e à competência para o julgamento, mas a medida cautelar, conforme previsão legal, será dotada de eficácia contra todos e produzirá efeitos ex *nunc*, e não retroativos.

A: correta. O Conselho Federal da OAB é legitimado para a propositura de ação direta de inconstitucionalidade (art. 103, VII, da CF) e a medida cautelar, de fato, pode ser concedida nos termos em que foi requerida, já que o art. 11, § 2º, da Lei 9.868/1999 determina que a concessão da medida cautelar torna **aplicável a legislação anterior acaso existente**, salvo expressa manifestação em sentido contrário; **B:** incorreta. A norma que define a competência da União é a CF/88, de modo que a lei estadual questionada viola a CF/1988. Quando isso ocorre, o controle de constitucionalidade concentrado é feito pelo STF e o Conselho Federal da OAB é um dos legitimados para propor as ações desse controle. Além disso, o STF divide o rol de legitimados, previsto no art. 103 da CF, em especiais, ou seja, aqueles que precisam demonstrar pertinência temática e em universais, aqueles que podem impugnar quaisquer leis. Apenas os legitimados previstos no inciso IV (a Mesa de Assembleia Legislativa ou da Câmara Legislativa do Distrito Federal, V (o Governador de Estado ou do Distrito Federal) e XI (confederação sindical ou entidade de classe de âmbito nacional) do art. 103 da CF precisam demonstrar pertinência temática. Os demais, por exemplo, **o Conselho Federal da OAB**, não precisam demonstrar a **pertinência temática**, são universais; **C:** incorreta. O **STF é competente** para o julgamento de ação direta de inconstitucionalidade que tenha por objeto lei estadual, desde que essa lei esteja violando norma prevista na CF. O Tribunal de Justiça respectivo será competente para fazer o controle por meio de ação direta de inconstitucionalidade quando o ato questionado estiver desrespeitando preceitos trazidos pela Constituição Estadual do respectivo estado; **D:** incorreta. A lei estadual que contrarie normas previstas na CF pode ser questionada por ação direta de inconstitucionalidade e também por arguição de descumprimento de preceito fundamental; **E:** incorreta. A primeira parte da alternativa está correta, mas

a segunda não. A medida cautelar, de acordo com o art. 11, § 1º, da Lei 9.868/1999, dotada de eficácia contra todos, será concedida com efeito *ex nunc*, **salvo se o Tribunal entender que deva conceder-lhe eficácia retroativa.**
Gabarito "A".

(Procurador do Município – São Paulo/SP – 2014 – VUNESP) É correto afirmar em relação ao efeito vinculante nas decisões de mérito proferidas pelo Supremo Tribunal Federal, em sede de ação direta de inconstitucionalidade, que

(A) o Supremo Tribunal Federal está vinculado às suas próprias decisões.
(B) não há impeditivo constitucional para que o Poder Legislativo edite nova lei com idêntico conteúdo normativo ao do texto objeto da ação.
(C) o Poder Legislativo não pode elaborar lei de conteúdo idêntico ao do texto objeto da ação.
(D) o efeito *erga omnes* e vinculante não alcança o Poder Executivo.
(E) cabe reclamação constitucional se o Poder Legislativo elaborar lei de conteúdo idêntico ao texto objeto da ação.

A: incorreta. Em novos julgamentos o STF pode mudar o seu posicionamento, de modo que **não está vinculado às suas próprias decisões**; **B:** correta. De fato, não há impeditivo constitucional para que o Poder Legislativo edite nova lei com idêntico conteúdo normativo ao do texto objeto da ação, pois **a função legislativa não é atingida pelo efeito vinculante** gerado pelas decisões de mérito proferidas pelo Supremo Tribunal Federal; **C:** incorreta. Como mencionado, pois a função legislativa não é atingida pelo efeito vinculante gerado pelas decisões de mérito proferidas pelo Supremo Tribunal Federal. De acordo com o art. 102, § 2º, da CF, as decisões definitivas de mérito, proferidas pelo Supremo Tribunal Federal, nas ações diretas de inconstitucionalidade e nas ações declaratórias de constitucionalidade produzirão eficácia contra todos e efeito vinculante, relativamente aos demais órgãos do Poder Judiciário e à administração pública direta e indireta, nas esferas federal, estadual e municipal; **D:** incorreta. Ao contrário do mencionado, o efeito alcança o poder executivo; **E:** incorreta. Como a função legislativa não é atingida pelo efeito vinculante, não é cabível a reclamação nessa hipótese.
Gabarito "B".

(Procurador do Município – São Paulo/SP – 2014 – VUNESP) No que se refere às decisões concessivas de medida cautelar, proferidas pelo Supremo Tribunal Federal, nas ações diretas de inconstitucionalidade, é correto afirmar, como regra geral, que

(A) a norma é expurgada do sistema jurídico, com efeito vinculante, *ex tunc* e *erga omnes*.
(B) a norma tem sua eficácia suspensa, com efeito vinculante, *ex nunc* e *erga omnes*.
(C) a norma é expurgada do sistema jurídico, com efeito vinculante, *ex nunc* e *erga omnes*.
(D) a norma tem sua eficácia suspensa, sem efeito vinculante, *ex tunc* e *erga omnes*.
(E) a norma tem sua eficácia suspensa, com efeito *ex tunc* e *erga omnes*, sem o efeito vinculante que surge com a decisão definitiva de mérito.

O art. 11, § 1º, da Lei 9.868/1999 traz a regra geral no que se refere às decisões concessivas de medida cautelar, proferidas pelo Supremo Tribunal Federal, nas ações diretas de inconstitucionalidade. Desse modo, segundo o dispositivo mencionado, a medida cautelar, dotada de eficácia contra todos (*erga omnes*), será concedida com efeito *ex nunc*, salvo se o Tribunal entender que deva conceder-lhe eficácia retroativa.
Gabarito "B".

(Procurador Legislativo – Câmara de Vereadores de São Paulo/SP – 2014 – FCC) Lei municipal que viole norma da Constituição Federal de observância obrigatória pelos Estados, cujo conteúdo foi reproduzido na Constituição Estadual, poderá ser objeto de ação direta de inconstitucionalidade ajuizada perante o

(A) Supremo Tribunal Federal, em face da Constituição Federal, sem prejuízo do controle difuso de constitucionalidade da norma municipal em face das Constituições Federal e Estadual.
(B) Supremo Tribunal Federal, em face da Constituição Federal, bem como ação direta de inconstitucionalidade ajuizada perante o Tribunal de Justiça do Estado, em face da Constituição Estadual.
(C) Tribunal de Justiça do Estado, em face da Constituição Estadual, sendo cabível recurso extraordinário ao Supremo Tribunal Federal contra o acórdão proferido pelo Tribunal local se preenchidos os requisitos constitucionais e legais.
(D) Tribunal de Justiça do Estado, em face da Constituição Estadual, podendo o Tribunal declarar a inconstitucionalidade da norma por maioria simples dos seus membros ou dos membros de seu órgão especial.
(E) Tribunal de Justiça do Estado, em face das Constituições Federal e Estadual, sendo vedado o exercício do controle difuso de constitucionalidade da lei municipal, em face da Constituição Federal, pelo Supremo Tribunal Federal.

A: incorreta. Como a lei é municipal, não é possível o controle por meio de ação direta de inconstitucionalidade no STF. Conforme determina o art. 102, I, "a", da CF, compete ao Supremo Tribunal Federal, precipuamente, a guarda da Constituição, cabendo-lhe processar e julgar, originariamente a ação direta de inconstitucionalidade **de lei ou ato normativo federal ou estadual.** Em sede de controle difuso (caso concreto) é possível que o STF analise a constitucionalidade dessa lei. **B:** incorreta. O STF não tem competência para tanto; **C:** correta. De fato, como a norma consta também da Constituição Estadual, a verificação da inconstitucionalidade da lei municipal que a viola, por meio de ação direta de inconstitucionalidade, deve ser feita pelo Tribunal de Justiça do Estado. Além disso, se o acórdão do Tribunal violar norma da CF é possível a interposição de recurso extraordinário; **D:** incorreta. A declaração de inconstitucionalidade só pode ser dada pelo voto da maioria absoluta dos membros do Tribunal ou do respectivo órgão especial (art. 97 da CF). É o que se denomina cláusula de reserva de plenário; **E:** incorreta. O Tribunal de Justiça analisará a constitucionalidade da norma em relação à Constituição Estadual. Além disso, é possível o controle difuso de constitucionalidade da lei municipal pelo STF.
Gabarito "C".

4.4. AÇÃO DECLARATÓRIA DE CONSTITUCIONALIDADE

(Procurador do Estado/SP – 2018 – VUNESP) Na Ação Declaratória de Constitucionalidade com pedido cautelar nº 19, ajuizada pelo Presidente da República, o Plenário do Supremo Tribunal Federal (STF), por votação unânime, declarou a constitucionalidade dos artigos 1º, 33 e 41 da Lei Federal nº 11.340/2006, conhecida como 'Lei Maria da Penha', que cria mecanismos para coibir a violência doméstica e familiar contra a mulher, em consonância ao artigo 226, § 8º da Constituição Federal. A decisão analisou em conjunto a Ação Declaratória de Constitucionalidade (ADC) nº 19 e a Ação Direta de Inconstitucionalidade (ADI) nº 4.424. Considerando este cenário, é correto afirmar sobre o controle de constitucionalidade:

(A) as decisões definitivas de mérito, proferidas pelo STF nas ADCs, produzirão eficácia erga omnes e efeito vinculante, relativamente aos demais órgãos do Poder Judiciário e à Administração Pública direta e indireta, nas esferas federal, estadual e, porém, não admitem, em nenhuma hipótese, reclamação constitucional, intervenção de terceiros ou *amicus curiae* e realização de qualquer tipo de prova.
(B) quanto ao procedimento da ADC, prevalece o entendimento no Supremo Tribunal Federal de que se aplica o princípio da causa petendi aberta, ou seja, a Corte poderá basear-se em outros fundamentos que não aqueles trazidos pela petição inicial para fundamentar a sua decisão, motivo pelo qual é garantido ao autor optar pela desistência da ação a qualquer momento.
(C) o Supremo Tribunal Federal, por decisão da maioria absoluta de seus membros, poderá deferir pedido de medida cautelar na ação declaratória de constitucionalidade, consistente na determinação de que os juízes e os Tribunais suspendam o julgamento dos processos que envolvam a aplicação da lei ou do ato normativo objeto da ação até seu julgamento definitivo, devendo, nesse caso, publicar em seção especial do Diário Oficial da União, no prazo de dez dias, a parte dispositiva da decisão e proceder ao julgamento da ação no prazo de cento e oitenta dias, sob pena de perda de sua eficácia.
(D) a legitimidade ativa para propor a ADC inclui, além do Presidente da República, o Congresso Nacional, os Deputados Estaduais ou Distritais, o Governador de Estado ou do Distrito Federal; o Procurador-Geral da República; o Conselho Federal da Ordem dos Advogados do Brasil; partido político com representação no Congresso Nacional e sindicatos.
(E) para a admissibilidade da ação declaratória de constitucionalidade é dispensável a comprovação de controvérsia ou dúvida relevante quanto à legitimidade da norma, uma vez que, proclamada a constitucionalidade, julgar-se-á improcedente a ação direta ou procedente eventual ação declaratória; e, proclamada a inconstitucionalidade, julgar-se-á procedente a ação direta ou improcedente eventual ação declaratória.

A: incorreta, pois a declaração de constitucionalidade tem eficácia contra todos e efeito vinculante em relação aos órgãos do Poder Judiciário e à Administração Pública federal, estadual e municipal (art. 28, parágrafo único, da Lei 9.868/1999), não se admitindo intervenção de terceiros (art. 18 da Lei 9.868/1999), mas se admitindo *amicus curiae* (aplicação, por analogia, do art. 7º, § 2º, da Lei 9.868/1999), produção de provas (art. 20, § 1º, da Lei 9.868/1999) e reclamação constitucional para a garantia da autoridade da decisão (art. 102, I, *l*, da CF); **B:** incorreta, visto que, proposta a ação declaratória, **não** se admitirá desistência (art. 16 da Lei 9.868/1999); **C:** correta, nos termos do art. 21 da Lei 9.868/1999; **D:** incorreta, já que a legitimidade ativa para propor a ADC inclui o Presidente da República; a Mesa do Senado Federal; a Mesa da Câmara dos Deputados; a Mesa de Assembleia Legislativa ou da Câmara Legislativa do Distrito Federal; o Governador de Estado ou do Distrito Federal; o Procurador-Geral da República; o Conselho Federal da Ordem dos Advogados do Brasil; partido político com representação no Congresso Nacional; e confederação sindical ou entidade de classe de âmbito nacional (art. 103 da CF); **E:** incorreta, tendo em vista que a petição inicial deverá indicar a existência de controvérsia judicial relevante sobre a aplicação da disposição objeto da ação declaratória (art. 14, III, da CF).
Gabarito "C".

(Procurador Municipal/SP – VUNESP – 2016) A Ação Declaratória de Constitucionalidade julgada procedente, nos termos da Constituição Federal, produzirá eficácia:

(A) somente entre as partes que figuraram no processo e ex tunc, retroagindo ao momento em que a lei ou ato normativo julgado constitucional entrou no ordenamento.
(B) erga omnes e efeito vinculante, relativamente aos demais órgãos do Poder Legislativo, do Poder Executivo e do Poder Judiciário.
(C) erga omnes e efeito vinculante, relativamente aos demais órgãos do Poder Judiciário e à Administração Pública direta e indireta, nas esferas federal, estadual e municipal.
(D) somente entre as partes que figuraram no processo e ex nunc, produzindo efeitos somente a partir do momento em que a lei ou ato normativo foi julgado constitucional.
(E) erga omnes e ex nunc, produzindo efeitos somente a partir do momento em que a lei ou ato normativo foi julgado constitucional, sem retroatividade.

A: incorreta. Os efeitos são, em regra, *erga omnes* (para todos) e, de fato, retroativos (*ex tunc*); **B:** incorreta. O efeito vinculante não obriga o Poder Legislativo, que poderá legislar em sentido diverso; **C:** correta. O § 2º do art. 102 da CF determina que as decisões definitivas de mérito, proferidas pelo Supremo Tribunal Federal, nas ações diretas de inconstitucionalidade e nas ações declaratórias de constitucionalidade, produzirão eficácia contra todos e efeito vinculante, relativamente aos demais órgãos do Poder Judiciário e à Administração Pública direta e indireta, nas esferas federal, estadual e municipal; **D:** incorreta. Como mencionado, os efeitos, em regra, são *erga omnes* e *ex tunc*; **E:** incorreta. *Erga omnes* está correto, mas tais efeitos são retroativos. BV
Gabarito "C".

(Promotor de Justiça/GO – 2016 – MPE) A propósito da ação declaratória de constitucionalidade e da ação direta de inconstitucionalidade, enquanto instrumentos de controle abstrato de constitucionalidade de atos normativos, segundo a jurisprudência dominante do Supremo Tribunal Federal, é correto afirmar que:

(A) O ajuizamento da ação declaratória de constitucionalidade, que faz instaurar processo objetivo de controle normativo abstrato, supõe a existência de efetiva ou potencial controvérsia judicial em torno da legitimidade constitucional de determinada lei ou ato normativo federal.
(B) O rol de legitimados ativos à propositura da ação declaratória de constitucionalidade comporta interpretação extensiva, de sorte que os conselhos profissionais, para essa finalidade, observada a pertinência temática, consubstanciam entidade de classe de âmbito nacional a que alude o art. 103, IX, da Constituição da República.
(C) Não se há de cogitar a prorrogação da eficácia de liminar concedida em ação direta de constitucionalidade, quando, vencido o prazo, os autos se encontrem, para parecer, na Procuradoria-Geral da República.
(D) O indeferimento de liminar em ação direta de inconstitucionalidade, pouco importando o fundamento, não dá margem à apresentação de reclamação.

A: incorreta. A ADC pressupõe – e não supõe – a "existência de controvérsia judicial relevante sobre a aplicação da disposição objeto da ação declaratória", o que inclusive deve vir comprovado na petição inicial, sob pena de indeferimento (art. 14, III, da Lei 9.868/1999); **B:** incorreta. Os conselhos profissionais são entidades de classe de âmbito nacional e, portanto, legitimados ativos expressamente previstos no art. 103 da CF. Não há falar em interpretação extensiva; **C:** incorreta. A questão de ordem na ADC 11 foi julgada em sentido oposto, ou seja, prorroga-se a eficácia de liminar concedida em ADI quando, vencido o prazo, os autos se encontram na PGR para parecer; **D:** correta. "Uma coisa é admitir-se a reclamação quando a Corte, ainda que no exame precário e efêmero relativo a toda e qualquer medida acauteladora, concede-a, suspendendo a eficácia do ato normativo. Algo diverso diz respeito ao indeferimento que pode ocorrer, consideradas razões diversas, sem que se pronuncie o Tribunal sobre a constitucionalidade da norma" (STF, Rcl 2.810-AgR/MG, Rel. Min. Marco Aurélio). TM
Gabarito "D".

(Juiz de Direito/DF – 2016 – CESPE) Em atenção à ADC e à respectiva jurisprudência do STF, assinale a opção correta.

(A) A decisão final proferida é irrecorrível, salvo a oposição de embargos de declaração, e eventual propositura de ação rescisória, desde que modificado o entendimento do STF sobre a matéria.
(B) A controvérsia judicial relevante diz respeito ao mérito, e não rende ensejo ao indeferimento monocrático da inicial pelo Relator.
(C) O parâmetro de controle é a Constituição vigente, excluindo-se os tratados e convenções internacionais, ainda que sobre direitos humanos e aprovados por quórum qualificado no Congresso Nacional.
(D) Pode ser deferida medida cautelar, suspendendo-se os processos que envolvam a aplicação da lei ou ato normativo questionado, devendo ser julgada a ação em noventa dias, sob pena de perda de eficácia.
(E) Decorrido o prazo da rescisória, a imutabilidade da sentença de mérito transitada em julgado é insuperável, ainda que aplicada lei objeto de ulterior ADC improcedente, com a inconstitucionalidade proclamada pelo STF.

A: incorreta. Não cabe ação rescisória. De acordo com o art. 26 da Lei 9.868/1999, a decisão que declara a constitucionalidade ou a inconstitucionalidade da lei ou do ato normativo em ADIn ou ADC é irrecorrível, ressalvada a interposição de embargos declaratórios, **não podendo, igualmente, ser objeto de ação rescisória**; **B:** incorreta. Determina o art. 14, III, da Lei 9.868/1999 que a petição inicial da ADC deverá indicar, além de outros requisitos, a existência de **controvérsia judicial relevante sobre a aplicação do ato normativo objeto da ação declaratória**. Caso tal indicação não conste da petição inicial, a ADC pode ser indeferida monocraticamente pelo Relator (art. 15 da Lei 9.868/1999); **C:** incorreta. O parâmetro de controle, de fato, é a Constituição vigente e só podem ser objeto de ADC leis ou atos normativos **federais** (art. 102, I, "a", CF). Ocorre que as normas oriundas de tratados e convenções internacionais sobre direitos humanos aprovadas pelo mesmo processo legislativo das emendas constitucionais equivalem a normas constitucionais (art. 5º, § 3º, CF) e, portanto, podem servir como parâmetro para aferição da constitucionalidade de leis ou atos normativos com eles conflitantes; **D:** incorreta. Apesar de a medida cautelar ser cabível para determinar aos juízes e tribunais a suspensão dos processos que envolvam a aplicação da lei ou ato normativo objeto da ADC, o prazo para julgamento da ação é de 180 dias, sob pena de perda de eficácia da medida cautelar deferida (art. 21, *caput* e parágrafo único, da Lei 9.868/1999); **E:** correta. A declaração de improcedência da ADC corresponde à declaração de procedência da ADIn, ou seja, tem como resultado a pronúncia da inconstitucionalidade da lei (art. 24 da Lei 9.868/1999), com os mesmos efeitos da ADIn (inclusive o vinculante – art. 28, parágrafo único, da Lei 9.868/1999). Por isso diz-se que a ADC é a ADIn "com sinal trocado". Entretanto, se, **anteriormente** ao julgamento de improcedência da ADC pelo STF, a lei ou ato normativo tiver sido aplicado por juízes ou tribunais, e tenha transcorrido o prazo para a ação rescisória desses julgados, sua sentença ou acórdão não pode ser modificado. Nesse caso, alguns autores referem que se operou sobre o julgamento dos juízes e tribunais a "coisa **soberanamente** julgada", porque além de a ação já ter "transitado em julgado", também decorreu o prazo da ação rescisória do julgado, não podendo ser desconstituída nem mesmo em razão da posterior declaração de inconstitucionalidade com efeitos vinculantes – seja em ADC ou em ADIn. BV/TM
Gabarito "E".

4.5. ARGUIÇÃO DE DESCUMPRIMENTO DE PRECEITO FUNDAMENTAL

(Procurador do Estado – PGE/MT – FCC – 2016) Sobre a arguição de descumprimento de preceito fundamental (ADPF), à luz da Constituição Federal e da legislação pertinente, considere:

I. A ADPF submete-se ao princípio da subsidiariedade, pois não será admitida quando houver outro meio eficaz de sanar a lesividade.
II. A ADPF poderá ser ajuizada com o escopo de obter interpretação, revisão ou cancelamento de súmula vinculante.
III. Por meio da ADPF atos estatais antes insuscetíveis de apreciação direta pelo Supremo Tribunal Federal, tais como normas pré-constitucionais ou mesmo decisões judiciais atentatórias a cláusulas fundamentais da ordem constitucional, podem ser objeto de controle em sede de processo objetivo.
IV. Possuem legitimidade para propor ADPF os legitimados para a ação direta de inconstitucionalidade, bem como qualquer pessoa lesada ou ameaçada por ato do Poder Público.

Está correto o que se afirma APENAS em:

(A) I, II e III.
(B) I e III.
(C) I, II e IV.
(D) II e IV.
(E) III e IV.

I: correta. Art. 4º, § 1º, Lei n. 9.882/1999; **II:** incorreta. A ADPF tem por objeto evitar ou reparar lesão a preceito fundamental da Constituição, resultante de ato do Poder Público ou quando for relevante o fundamento da controvérsia constitucional sobre lei ou ato normativo federal, estadual ou municipal, incluídos os anteriores à Constituição (ver art. 1º da Lei 9.882/1999); **III:** correta. Apenas pela via da ADPF é possível questionar atos pré-constitucionais, desde que se enquadrem nas hipóteses de cabimento da ação (ver art. 1º, parágrafo único, I, da Lei 9.882/1999); **IV:** Incorreta. Apenas a primeira parte está correta, haja vista que o inciso II do art. 1º, § único, foi revogado. Os legitimados ativos para a ADPF são os mesmos da ADI. TM
Gabarito "B".

(Juiz de Direito – TJM/SP – VUNESP – 2016) Assinale a alternativa que corretamente discorre sobre aspectos da Arguição de Descumprimento de Preceito Fundamental, tendo em vista as previsões constitucionais e os posicionamentos do Supremo Tribunal Federal.

(A) A Arguição de Descumprimento de Preceito Fundamental, fórmula processual subsidiária do controle concentrado de constitucionalidade, é via adequada à impugnação de norma pré-constitucional.
(B) A existência da autoridade da coisa julgada não representa obstáculo que impede o conhecimento e o ulterior prosseguimento da Arguição de Descumprimento de Preceito Fundamental, que pode ser utilizada como sucedâneo da ação rescisória.

(C) A simultaneidade de tramitações de Ação Direta de Inconstitucionalidade e Arguição de Descumprimento de Preceito Fundamental, portadoras de mesmo objeto, é compatível com a cláusula de subsidiariedade que norteia o instituto da Arguição de Descumprimento de Preceito Fundamental.
(D) Não tem sido atribuído caráter vinculante, pelo Supremo Tribunal Federal, ao provimento cautelar outorgado em sede de Arguição de Descumprimento de Preceito Fundamental, como instrumento de controle abstrato de constitucionalidade.
(E) O enunciado de Súmula do Supremo Tribunal Federal, indicado como ato lesivo aos preceitos fundamentais, consubstancia ato do Poder Público, sendo, portanto, suscetível de Arguição de Descumprimento de Preceito Fundamental.

A: correta, pois temos na ADPF uma ação subsidiária no controle de constitucionalidade, inclusive sendo apta para impugnar normas pré-constitucionais; B: incorreta, pois não há identidade entre uma ADPF e uma ação rescisória; C: incorreta, pois ADI e ADPF não são ações com simultaneidade, inclusive por ser a ADPF uma ação subsidiária; D: incorreta, pois as medidas cautelares, conforme jurisprudência do STF, possuem eficácia vinculante (em sede de controle concentrado); E: incorreta, pois não cabe controle concentrado contra súmula, vez que há procedimento próprio para que estas seja canceladas (súmulas vinculantes ou comuns). **AB**
Gabarito "A".

(Promotor de Justiça/SC – 2016 – MPE)
(1) O Supremo Tribunal Federal, por decisão de 2/3 (dois terços) dos seus membros, poderá deferir pedido de medida liminar na arguição de descumprimento de preceito fundamental, conforme previsto na Lei 9.882/1999.

1: incorreta. A concessão de liminar exige maioria absoluta (metade dos membros mais um). Art. 5º da Lei 9.882/1999. **TM**
Gabarito 1E

(Delegado/GO – 2017 – CESPE) Tendo em vista que a petição inicial de arguição de descumprimento de preceito fundamental (ADPF) dirigida ao STF deverá conter, entre outros requisitos, a indicação do ato questionado, assinale a opção correta acerca do cabimento dessa ação constitucional.
(A) Não cabe ADPF sobre atos normativos já revogados.
(B) Cabe ADPF sobre decisão judicial transitada em julgado.
(C) Se uma norma pré-constitucional já fosse inconstitucional no regime constitucional anterior e existisse um precedente do STF que reconhecesse essa inconstitucionalidade, caberia ADPF contra essa norma pré-constitucional.
(D) Não cabe ADPF sobre ato normativo municipal.
(E) Cabe ADPF sobre ato de efeitos concretos como decisões judiciais.

A alternativa **A** está errada. Isso porque a ADPF cabe em face de normas anteriores à Constituição justamente para verificação de sua recepção ou não. Caso seja considerada não recepcionada é porque revogada tacitamente. Nesse sentido a decisão do STF na ADPF 33 "(...) Revogação da lei ou ato normativo não impede o exame da matéria em sede de ADPF, porque o que se postula nessa ação é a declaração de ilegitimidade ou de não recepção da norma pela ordem constitucional superveniente." Errada a alternativa **B**. Nesse sentido o decidido pelo STF na ADPF 243 – AgR/PB "A arguição de descumprimento de preceito fundamental não é meio apto à desconstrução de decisões judiciais transitadas em julgado". Errada a alternativa **C**, pois se uma norma pré-constitucional já fosse inconstitucional no regime constitucional anterior e existisse um precedente do STF que reconhecesse essa inconstitucionalidade nesse caso não caberia ADPF, mas reclamação (STF – ADPF 53). Errada a alternativa **D**. A Lei 9.882/1999 dispõe que a arguição terá por objeto evitar ou reparar lesão a preceito fundamental, resultante de ato do Poder Público e caberá também quando for relevante o fundamento da controvérsia constitucional sobre lei ou ato normativo federal, estadual ou municipal, incluídos os anteriores à Constituição. Veja, por exemplo a ADPF 273/MT. Logo, cabe sim em face de norma municipal. Correta a alternativa **E**, conforme precedente do STF (ADPF 101 "Ementa: Arguição de Descumprimento de Preceito Fundamental: Adequação. Observância do princípio da subsidiariedade. (...) decisões judiciais com conteúdo indeterminado no tempo: proibição de novos efeitos a partir do julgamento." **LR**
Gabarito "E".

(Procurador do Município – Cuiabá/MT – 2014 – FCC) O Governador de determinado Estado da federação propõe arguição de descumprimento de preceito fundamental (ADPF), perante o Supremo Tribunal Federal (STF), contra lei de Município situado em seu território, que autoriza o Município a explorar, diretamente ou mediante concessão, os serviços locais de gás canalizado. Nesta hipótese, considerada a disciplina constitucional e legal aplicável à espécie, a ADPF é
(A) admissível, em tese, uma vez que preenche os pressupostos de cabimento quanto à legitimidade e ao objeto, podendo o STF, desde que mediante voto de dois terços de seus membros, conceder liminar para determinar a suspensão da execução de atos considerados lesivos ao preceito fundamental.
(B) inadmissível, pois o Governador do Estado não possui legitimidade para ajuizar ADPF que tenha por objeto lei municipal, por ausência de pertinência temática.
(C) inadmissível, pois lei municipal não pode ser objeto das ações de controle concentrado de competência originária do STF.
(D) inadmissível, pois lei municipal que afronte competência exclusiva do Estado somente pode ser objeto de representação de inconstitucionalidade de competência do Tribunal de Justiça estadual.
(E) admissível, em tese, uma vez que preenche os pressupostos de cabimento quanto à legitimidade e ao objeto, inclusive no que se refere à subsidiariedade da ADPF como mecanismo apto a sanar a lesão a preceito fundamental.

A: incorreta. De acordo com o art. 5º da Lei 9.882/1999, a liminar na arguição de descumprimento de preceito fundamental deve ser dada por decisão da **maioria absoluta** dos membros do STF. O § 3º do art. 5º da Lei 9.868/1999 determina que a liminar possa consistir na determinação de que juízes e tribunais suspendam o andamento de processo ou os efeitos de decisões judiciais, ou de qualquer outra medida que apresente relação com a matéria objeto da arguição de descumprimento de preceito fundamental, salvo se decorrentes da coisa julgada; B: incorreta. O **Governador do Estado**, embora precise demonstrar pertinência temática, **possui legitimidade** para propor a arguição de descumprimento de preceito fundamental, conforme determina o art. 103, V, da CF e art. 2º, I, da Lei 9.882/1999; C: incorreta. **É possível que uma lei municipal seja objeto de arguição de descumprimento de preceito fundamental**, conforme determina o art. 1º, parágrafo único, I, da Lei 9.882/1999; D: incorreta. De acordo com o art. 25, § 2º, da CF, cabe aos Estados explorar diretamente, ou mediante concessão, os serviços locais de gás canalizado, na forma da lei, vedada a edição de medida provisória para a sua regulamentação. Como **a competência é dada pela CF**, há possibilidade do ajuizamento de arguição de descumprimento de preceito fundamental; E: correta. Os requisitos foram devidamente preenchidos. O único instrumento hábil para se questionar a validade de lei municipal perante a CF, em sede de controle abstrato no STF, de fato, é a arguição de descumprimento de preceito fundamental. **BV**
Gabarito "E".

5. DOS DIREITOS E GARANTIAS FUNDAMENTAIS

5.1. DIREITOS E DEVERES EM ESPÉCIE

(Escrevente – TJ/SP – 2018 – VUNESP) De acordo com texto expresso na Constituição da República Federativa do Brasil (CRFB/88), é correto afirmar que a lei
(A) assegurará aos autores de inventos industriais privilégio permanente para sua utilização.
(B) penal sempre retroagirá, seja para beneficiar ou não o réu.
(C) regulará a individualização da pena e adotará, entre outras, a perda de bens.
(D) poderá excluir da apreciação do Poder Judiciário lesão ou ameaça a direito.
(E) deverá punir ato atentatório a liberdades com penas restritivas de direito.

A: incorreta, pois a lei assegurará aos autores de inventos industriais privilégio **temporário** para sua utilização (art. 5º, XXIX, da CF); B: incorreta, visto que a lei penal não retroagirá, salvo para beneficiar o réu (art. 5º, XL, da CF); C: correta, de acordo com o art. 5º, XLVI, b, da CF; D: incorreta, já que a lei não excluirá da apreciação do Poder Judiciário lesão ou ameaça a direito (art. 5º, XXXV, da CF); E: incorreta, uma vez que a lei punirá qualquer discriminação atentatória dos direitos e liberdades fundamentais (art. 5º, XLI, da CF). **AN**
Gabarito "C".

(Escrevente – TJ/SP – 2018 – VUNESP) Salvo em caso de guerra declarada, nos termos expressos da Constituição da República Federativa do Brasil (CRFB/88), não haverá penas
(A) de morte.
(B) de banimento.
(C) de caráter perpétuo.
(D) de trabalhos forçados.
(E) de expulsão.

Segundo o art. 5º, XLVII, a, da CF, não haverá pena de morte, salvo em caso de guerra declarada. **AN**
Gabarito "A".

(Delegado – PC/BA – 2018 – VUNESP) A Constituição Federal de 1988 garantiu a inviolabilidade do direito ao sigilo, sendo possível, contudo, a quebra do sigilo bancário
(A) mediante requisição de informações bancárias, efetuada no âmbito de procedimento administrativo-fiscal.
(B) desde que haja a oitiva do investigado em contraditório, ou seja, não sendo cabível na fase inquisitorial do processo.
(C) mediante ordem judicial, amparada em elementos probatórios que permitam individualizar o investigado e o objeto da investigação.
(D) excepcionalmente, nas hipóteses previstas no Código Civil e no Código Tributário Nacional.
(E) no âmbito da justiça federal, tão somente, excluída a competência da justiça comum estadual, face à natureza dos estabelecimentos bancários.

A quebra de sigilo poderá ser decretada, mediante ordem judicial, quando necessária para apuração de ocorrência de qualquer ilícito, em qualquer fase do inquérito ou do processo judicial (art. 1º, § 4º, art. 3º, da Lei Complementar 105/2001). A jurisprudência estabeleceu que a quebra do sigilo deve atender ao interesse público, respeitar o princípio da proporcionalidade e observar alguns requisitos, como a motivação da decisão, pertinência temática com o que se investiga, necessidade absoluta da medida, individualização do investigado e existência de limitação temporal do objeto da medida. De acordo com entendimento do STF, "para que a medida excepcional da quebra de sigilo bancário não se descaracterize em sua finalidade legítima, torna-se imprescindível que o ato estatal que a decrete, além de adequadamente fundamentado, também indique, de modo preciso, dentre outros dados essenciais, os elementos de identificação do correntista (notadamente o número de sua inscrição no CPF) e o lapso temporal abrangido pela ordem de ruptura dos registros sigilosos mantidos por instituição financeira" (HC 84.758, Rel. Min. Celso de Mello, P, j. 25-5-2006).

No que tange à solicitação de informações bancárias no âmbito de procedimento administrativo-fiscal (art. 5º da LC 105/2001; art. 198, § 1º, II, e § 2º, do CTN), o STF entendeu que não se trata de quebra de sigilo, mas, sim, de transferência de informações sigilosas no âmbito da Administração Pública, pois os dados sigilosos são transferidos de um determinado portador, que tem o dever de sigilo, para outro, que mantém a obrigação de sigilo, permanecendo resguardadas a intimidade e a vida privada do correntista (ADI 2859, Rel. Min. Dias Toffoli, Tribunal Pleno, julgado em 24-02-2016).

Gabarito "C".

(Soldado – PM/SP – 2018 – VUNESP) A Constituição Federal de 1988 prevê, entre seus direitos e garantias fundamentais, que

(A) são admissíveis, no processo criminal, as provas obtidas por meios ilícitos, se comprovada a boa-fé da autoridade policial.
(B) a prática do racismo constitui crime inafiançável e imprescritível, sujeito à pena de reclusão, nos termos da lei.
(C) constituem crimes inafiançáveis e imprescritíveis a prática de tortura, o tráfico ilícito de entorpecentes e drogas afins e o terrorismo.
(D) a lei considerará crimes inafiançáveis e insuscetíveis de graça ou anistia os crimes contra a Administração Pública.
(E) é reconhecida a instituição do júri, com a organização que lhe der a lei, sendo-lhe assegurada a competência para o julgamento dos crimes hediondos.

A: incorreta, pois são inadmissíveis, no processo, as provas obtidas por meios ilícitos, independentemente da boa-fé da autoridade policial (art. 5º, LVI, da CF); **B:** correta, nos termos do art. 5º, XLII, da CF; **C:** incorreta, pois constitui crime inafiançável e imprescritível a ação de grupos armados, civis ou militares, contra a ordem constitucional e o Estado Democrático (art. 5º, XLIV, da CF); **D:** incorreta, porque a lei considerará crimes inafiançáveis e insuscetíveis de graça ou anistia a prática da tortura, o tráfico ilícito de entorpecentes e drogas afins, o terrorismo e os definidos como crimes hediondos (art. 5º, XLIII, da CF); **E:** incorreta, pois a Constituição assegura ao Tribunal do Júri a competência para o julgamento dos crimes dolosos contra a vida (art. 5º, XXXVIII, d, da CF).

Gabarito "B".

(Defensor Público – DPE/SC – 2017 – FCC) No julgamento do Recurso Extraordinário. n 201.819/RJ, a Segunda Turma do Supremo Tribunal Federal, sob a relatoria para o acórdão do Ministro Gilmar Mendes, decidiu acerca da impossibilidade de exclusão de sócio, por parte da União Brasileira de Compositores, sem garantia da ampla defesa e do contraditório. O caso em questão representa um *leading* case inovador da nossa Corte Constitucional atinente ao seguinte ponto da Teoria Geral dos Direitos Fundamentais:

(A) Princípio da proibição de excesso.
(B) Núcleo essencial dos direitos fundamentais.
(C) Limites e restrições aos direitos fundamentais.
(D) Princípio da proibição de proteção insuficiente.
(E) Eficácia dos direitos fundamentais nas relações privadas.

O caso posto consubstancia-se na importância de estender-se, ao plano das relações de direito privado estabelecidas entre particulares, a cláusula de proteção das liberdades e garantias constitucionais e direitos fundamentais, cuja incidência demonstrou não se resumir, apenas, ao âmbito das relações verticais entre os indivíduos, de um lado, e o Estado, de outro.

Gabarito "E".

(Defensor Público – DPE/SC – 2017 – FCC) A respeito do princípio da proibição de retrocesso, considere:

I. É considerado pela doutrina um princípio constitucional implícito.
II. A sua aplicação está restrita ao âmbito dos direitos sociais, não alcançando outros direitos fundamentais.
III. A vinculação ao referido princípio é restrita à figura do legislador, não alcançando outros poderes ou entes estatais.
IV. A sua fundamentação constitucional pode ser extraída, entre outros, dos princípios da dignidade da pessoa humana e da segurança jurídica, bem como das garantias constitucionais da propriedade, do direito adquirido, do ato jurídico perfeito e da coisa julgada.

Está correto o que se afirma APENAS em

(A) I, III e IV.
(B) II e III.
(C) I, II e III.
(D) II, III e IV.
(E) I e IV.

I: Correto. O constituinte não estabeleceu expressamente nenhum dispositivo de proteção do núcleo essencial dos direitos fundamentais, mas apenas de maneira implícita. Ingo Sarlet conclui que com base no direito constitucional brasileiro e de quase totalidade da doutrina pátria, a proibição de retrocesso é um princípio implícito, baseado no sistema constitucional, e que, para além dos institutos a que se vincula, também se fundamenta nos princípios da dignidade humana; do Estado Democrático e Social de Direito; da segurança jurídica; da proteção da confiança, razão pela qual não admite a fórmula do "tudo ou nada", sustentada por Dworkin, mas do "mais ou menos", devendo ser protegido ao menos o núcleo essencial legislativo dos direitos fundamentais sociais, para a hipótese de medidas estatais restritivas dos mesmos, de tal sorte que, ainda que o legislador disponha de uma indispensável autonomia legislativa, contudo, fica interdito a vedação legislativa absoluta, aniquilatória, sob pena de incorrer em inconstitucionalidade por omissão (SARLET, Ingo Wolfgang. A Eficácia dos Direitos Fundamentais. 8ª ed. Porto Alegre: Livraria do Advogado Editora, 2007). **II:** Errado. Os direitos sociais são autênticos direitos fundamentais, não havendo que se fazer uma distinção objetiva a respeito deles. **III.** Errado. A vinculação a respeito do princípio da proibição do retrocesso não se restringe unicamente à figura do legislador, mas à todos os poderes do estado, seja vinculando o Poder Legislativo, para que o legislador infraconstitucional atue positivamente, mediante a criação de leis necessárias à concretização dos direitos fundamentais; seja pela vinculação do Poder Executivo, mediante a proposição e realização de políticas públicas necessárias à realização dos direitos fundamentais; seja ainda pela vinculação do Poder Judiciário para decidir segundo as leis e preceitos constitucionais, em especial realizando o desiderato expresso nas normas de direitos fundamentais (SARLET, Ingo Wolfgang. Op., cit.,). **IV:** Correto. Significa dizer que o princípio da proibição do retrocesso, visa garantir a preservação de que determinados direitos, quando obtidos, constituem-se em verdadeira garantia constitucional. Sintetizando sua aplicação, o STF assim se posicionou: *"Em consequência desse princípio, o Estado, após haver reconhecido os direitos prestacionais, assume o dever não só de torná-los efetivos, mas, também, se obriga, sob pena de transgressão ao texto constitucional, a preservá-los, abstendo-se de frustrar – mediante supressão total ou parcial – os direitos sociais já concretizados."*- (ARE 639337 AgR, Relator(a): Min. CELSO DE MELLO, Segunda Turma, julgado em 23/08/2011, DJe-177 DIVULG 14-09-2011 PUBLIC 15-09-2011 EMENT VOL-02587-01 PP-00125).

Gabarito "E".

(Defensor Público Federal – DPU – 2017 – CESPE) A respeito do instituto da extradição, julgue os itens subsequentes de acordo com o entendimento do STF.

(1) Constitui óbice ao deferimento do pedido de extradição a inexistência, no ordenamento jurídico do Estado requerente, de sistema de progressão de regime de cumprimento de pena privativa de liberdade.
(2) A existência de vínculos conjugais e(ou) familiares do extraditando estrangeiro com pessoas de nacionalidade brasileira não se qualifica como causa obstativa da extradição.
(3) Será excluído da detração o período em que o extraditando tiver ficado preso cautelarmente no Brasil por crimes cometidos em território nacional que não estiverem elencados no pedido de extradição.
(4) Se o estrangeiro manifestar de modo inequívoco o seu desejo de ser extraditado, ficarão dispensadas as formalidades inerentes ao processo de extradição.

1: Errado. Não constitui óbice à extradição a ausência do regime de progressão de pena no ordenamento jurídico do Estado Requerente. A República Federativa do Brasil não pode exigir, para o deferimento do pedido extradicional, a aplicação de institutos próprios do direito penal e processual brasileiros (Ext 1454, Relator(a): Min. Luiz Fux, Primeira Turma, julgado em 18/04/2017, DJe 30-05-2017 Public. 31-05-2017). **2:** Certo. Súmula 421 do STF: Não impede a extradição a circunstância de ser o extraditando casado com brasileira ou ter filho brasileiro". Ademais, os termos da Súmula foi reafirmado em novo julgamento sendo considerado compatível com a CF (Ext 1343, Relator Ministro Celso de Mello, Segunda Turma, julgamento em 21.10.2014, DJe de 19.2.2015). **3:** Certo. (EXT 1.434/Espanha, rel. min. Celso de Mello, Segunda Turma, julgada em 6.12.2016 e Ext 1288, Relator(a): Min. Gilmar Mendes, Segunda Turma, julgado em 21/03/2017, acórdão eletrônico DJe-066 Divulg 31-03-2017 Public 03-04-2017). **4:** Errado. A jurisprudência do STF tem entendido que a mera circunstância de o extraditando estar de acordo com o pedido extradicional e de declarar que deseja retornar ao Estado requerente, a fim de submeter-se, naquele País, aos atos da persecução penal lá instaurada, não exonera, em princípio, o STF, do dever de efetuar rígido controle de legalidade sobre a postulação formulada pelo Estado requerente. Foram essas as palavras do decano Celso de Mello ao redigir seu voto em recente julgamento ocorrido no STF. Concluiu arrematando que a jurisprudência desta Corte tem proclamado a irrenunciabilidade, em face de nosso ordenamento positivo, das garantias jurídicas que se revelam inerentes ao processo extradicional, Mostrando-se irrelevante a mera declaração do extraditando de que deseja ser entregue à Justiça do Estado requerente. (Ext 1476 QO, Relator(a): Min. Celso de Mello, Segunda Turma, julgado em 09/05/2017, Acórdão Eletrônico DJe-239 Divulg 19-10-2017 Public 20-10-2017).

Gabarito: 1E, 2C, 3C, 4E

(Procurador – IPSMI/SP – VUNESP 2016) A ação popular, assim como o voto, a iniciativa popular, o plebiscito e o referendo, configura-se como relevante instrumento de democracia direta e de participação política. A respeito da ação popular, assinale a alternativa correta.

(A) Pode ser proposta por qualquer brasileiro nato ou naturalizado.

(B) Esse remédio constitucional tem por escopo anular ato lesivo ao patrimônio público, à moralidade administrativa, ao meio ambiente e ao patrimônio histórico e cultural.
(C) O autor da ação popular é isento de custas judiciais, salvo se a ação for julgada improcedente. Nesse caso, dispensa-se o recolhimento retroativo dos valores, sendo obrigatório, porém, o pagamento das custas judiciais a partir de então.
(D) A propositura de ação popular, como forma de dar maior efetividade ao direito de petição e ao acesso à Justiça, tal qual o caso excepcional das ações propostas perante os juizados especiais cíveis, pode ocorrer sem a presença de advogado.
(E) Trata-se de remédio constitucional que pode ser utilizado pelo Ministério Público em razão de pedido subscrito por, no mínimo, um por cento do eleitorado nacional, distribuído pelo menos por cinco Estados, com não menos de três décimos por cento dos eleitores de cada um deles.

A: incorreta. A ação popular pode ser proposta pelo cidadão, que é aquele sujeito que **possui título de eleitor** e está no gozo dos seus direitos políticos. Os fundamentos são encontrados no art. 5º, LXXIII, da CF e no art. 1º, § 3º, da Lei 4.717/1965; **B:** correta. De acordo com o art. 5º, LXXIII, da CF, qualquer cidadão é parte legítima para propor ação popular que vise a anular ato lesivo ao **patrimônio público ou de entidade de que o Estado participe, à moralidade administrativa, ao meio ambiente e ao patrimônio histórico e cultural**, ficando o autor, salvo comprovada má-fé, isento de custas judiciais e do ônus da sucumbência; **C:** incorreta. Apenas se for comprovada a má-fé do autor popular é que a ação não será isenta de custas; **D:** incorreta. É necessária a presença do advogado; **E:** incorreta. O Ministério Público não poderá propor a ação, mas poderá assumir o polo ativo caso o cidadão que entrou com a ação não dê andamento. Determina o art. 9º da Lei 4.717/1965 (Ação Popular) que se o autor desistir da ação ou der motivo à absolvição da instância, serão publicados editais nos prazos e condições previstos no art. 7º, inciso II, ficando assegurado a qualquer cidadão, bem como ao representante do Ministério Público, dentro do prazo de 90 (noventa) dias da última publicação feita, promover o prosseguimento da ação. Gabarito "B".

(Procurador do Estado – PGE/RS – Fundatec – 2015) No que se refere à ação popular e à ação civil pública, a Constituição Federal de 1988:
(A) Equiparou o objeto da ação popular ao objeto da ação civil pública, visando à proteção de todo e qualquer direito difuso e coletivo.
(B) Ampliou o objeto da ação popular para também tutelar a moralidade administrativa, o meio ambiente e o patrimônio histórico e cultural, estendendo ainda o objeto da ação civil pública para a proteção de todo e qualquer direito difuso ou coletivo.
(C) Ampliou o objeto da ação popular para também tutelar a moralidade administrativa, o meio ambiente e o patrimônio histórico e cultural, restringindo o objeto da ação civil pública para atos de improbidade administrativa.
(D) Manteve o objeto da ação popular e o objeto da ação civil pública para a proteção exclusiva do patrimônio público e social.
(E) Ampliou o objeto da ação civil pública para também tutelar a moralidade administrativa, o meio ambiente e o patrimônio histórico e cultural, estendendo ainda o objeto da ação popular para a proteção de todo e qualquer direito difuso ou coletivo.

A: incorreta. A ação popular só pode ser proposta pelo cidadão, para anular ato lesivo ao patrimônio público ou de entidade de que o Estado participe, à moralidade administrativa, ao meio ambiente e ao patrimônio histórico e cultural (art. 5º, LXXIII, CF), enquanto que a ação civil pública pode ser proposta pelo Ministério Público para a defesa do patrimônio público e social, do meio ambiente e de outros interesses difusos e coletivos (art. 129, III, CF). A ACP também pode ser proposta pela Defensoria Pública; pela União, Estados, DF e Municípios; autarquia, fundação, empresa pública ou sociedade de economia mista e por associação que, concomitantemente, esteja constituída há pelo menos um ano e inclua, entre suas finalidades institucionais, a proteção ao patrimônio público e social, ao meio ambiente, ao consumidor, à ordem econômica, à livre concorrência, aos direitos de grupos raciais, étnicos ou religiosos ou ao patrimônio artístico, estético, histórico, turístico e paisagístico; **B:** correta. O objeto da ACP é mais amplo que o da ação popular, além de ter legitimados ativos diferentes; **C:** incorreta. Cabe ACP para proteção de todo e qualquer direito difuso ou coletivo; **D:** incorreta. Não reflete o disposto no art. 5º, LXXIII e no art. 129, III, ambos da CF; **E:** incorreta. Justo o contrário, conforme letra "B". Gabarito "B".

(Procurador do Estado – PGE/RS – Fundatec – 2015) Ao julgar a ação direta de inconstitucionalidade em que se questionava a (in)constitucionalidade de lei determinando a fixação de cotas raciais em Universidades e ao julgar a ação declaratória de constitucionalidade em que se questionava a (in) constitucionalidade da Lei Maria da Penha, o STF acolheu:
(A) uma concepção material de igualdade, com o reconhecimento de identidades específicas, realizando o papel do Judiciário na promoção do princípio da dignidade humana.
(B) uma concepção material de igualdade, com o reconhecimento de identidades específicas, afastando a discriminação direta.
(C) uma concepção material de igualdade, com o reconhecimento de que todos são iguais perante a lei, com base no ativismo judicial, em afronta ao princípio da separação dos poderes.
(D) uma concepção formal de igualdade, com o reconhecimento da vedação a toda e qualquer forma de discriminação, salvo a hipótese de discriminação indireta.
(E) uma concepção formal de igualdade, com o reconhecimento de identidades específicas, com base no ativismo judicial, em afronta ao princípio da separação dos poderes.

A: correta. A igualdade não é apenas formal, ou perante a lei, mas deve ser entendida sob o ponto de vista material. Ao apreciar a ADPF 186, o Supremo entendeu que "o legislador constituinte não se restringira apenas a proclamar solenemente a igualdade de todos diante da lei. Ele teria buscado emprestar a máxima concreção a esse importante postulado, para assegurar a igualdade material a todos os brasileiros e estrangeiros que viveriam no país, consideradas as diferenças existentes por motivos naturais, culturais, econômicos, sociais ou até mesmo acidentais. Além disso, atentaria especialmente para a desequiparação entre os distintos grupos sociais"; **B:** incorreta. O STF reconheceu a concepção material de igualdade, com reconhecimento de identidades específicas (direito à diferença), afastando qualquer tipo de discriminação; **C:** incorreta. O reconhecimento de que todos são iguais perante a lei refere-se à igualdade formal. O STF ampliou a abrangência do princípio da igualdade, que deve operar no mundo real dos fatos, justificando medidas que busquem a efetiva igualdade (como a política de cotas); **D:** incorreta. Tal corresponde à concepção de igualdade material; **E:** incorreta. Como já explicado anteriormente, o STF reconheceu a igualdade material, não apenas formal. Gabarito "A".

(Procurador do Estado – PGE/RS – Fundatec – 2015) Ao tratar do alcance da liberdade de expressão em relação ao chamado "discurso do ódio" (*hate speech*), o STF sustentou que:
(A) O direito à liberdade de expressão é um direito relativo, objeto de ponderação, à luz dos princípios da dignidade humana, proporcionalidade e razoabilidade, não podendo acolher a incitação ao ódio racial ou religioso.
(B) O direito à liberdade de expressão é insuscetível de ponderação, em decorrência do regime democrático.
(C) O direito à liberdade de expressão é insuscetível de ponderação, em decorrência da cláusula pétrea relativa a direitos e garantias individuais.
(D) O direito à liberdade de expressão é insuscetível de ponderação, salvo nas hipóteses de estado de sítio e estado de defesa.
(E) O direito à liberdade de expressão é um direito relativo, objeto de ponderação, à luz dos princípios da dignidade humana, proporcionalidade e razoabilidade, sendo admissível a incitação ao ódio, na hipótese de emergência pública.

A: correta. O direito à liberdade de expressão não admite o "*hate speech*" ou discurso de ódio; **B:** incorreta. Nenhum direito fundamental é absoluto. O direito de liberdade de expressão, ao ser relativo, permite a ponderação com outros direitos; **C:** incorreta. O direito de liberdade de expressão pode ser ponderado, o que ocorre com frequência em contraposição ao direito à intimidade; **D:** incorreta. É suscetível de ponderação; **E:** incorreta. Embora a primeira parte esteja correta, não se admite a incitação ao ódio. Gabarito "A".

(Procurador do Estado – PGE/RS – Fundatec – 2015) No que se refere ao mandado de injunção, previsto no artigo 5º, inciso LXXI, da Constituição Federal de 1988, é correto afirmar que a jurisprudência do STF:
(A) Sempre adotou a corrente não concretista, equiparando sua finalidade à da ação de inconstitucionalidade por omissão.
(B) Inicialmente adotou a corrente não concretista, equiparando sua finalidade à da ação de inconstitucionalidade por omissão, transitando em 2007 para a corrente concretista com efeitos gerais.
(C) Inicialmente adotou a corrente concretista com efeitos gerais, equiparando sua finalidade à da ação de inconstitucionalidade por omissão, transitando em 2007 para a corrente não concretista.
(D) Inicialmente adotou a corrente concretista particular, transitando em 2007 para a corrente não concretista, equiparando sua finalidade à da ação de inconstitucionalidade por omissão.
(E) Sempre adotou a corrente concretista, no sentido de tornar viável o exercício de direitos e liberdades inviabilizados por faltar norma regulamentadora.

De acordo com Pedro Lenza, segundo a "posição concretista geral: através de normatividade geral, o STF legisla no caso concreto, produzindo a decisão efeitos *erga omnes* até que sobrevenha norma integrativa pelo Poder Legislativo; posição concretista individual direta: a decisão, implementando o direito, valerá somente para o autor do mandado de injunção, diretamente; posição concretista individual intermediária: julgando procedente o mandado de injunção, o Judiciário fixa ao Legislativo prazo para elaborar a norma regulamentadora. Findo o prazo e permanecendo a inércia do Legislativo, o autor passa a ter assegurado o seu direito; posição não concretista: a decisão apenas decreta a mora do poder omisso, reconhecendo-se formalmente a sua inércia". O STF inicialmente decidia de forma não concretista, entendendo que o mandado de injunção tinha apenas a função de comunicar ao legislador sua mora em concretizar determinado direito fundamental, tendo evoluído para adotar a corrente concretista geral. Ver MI 708, STF. Gabarito "B".

(Procurador do Estado – PGE/RS – Fundatec – 2015) É promulgada Emenda à Constituição abolindo a garantia do *habeas data*, sob o argumento de que a Lei nº 12.527/11 já estaria a proteger o direito constitucional de acesso às informações públicas. Essa Emenda é:

(A) Constitucional, porque a Lei nº 12.527/11 ampliou o alcance do direito à informação.
(B) Inconstitucional, porque apenas nas hipóteses de estado de sítio ou de estado de defesa tal supressão seria admissível.
(C) Constitucional, porque tem hierarquia constitucional, sendo insuscetível de controle de constitucionalidade.
(D) Inconstitucional, porque apenas na hipótese de intervenção federal tal supressão seria admissível.
(E) Inconstitucional, porque viola a cláusula pétrea atinente aos direitos e garantias individuais.

O habeas data é um remédio constitucional para garantir direito fundamental e, como estabelece o art. 60, § 4º, IV, CF, não será admitida emenda constitucional tendente a abolir os direitos e garantias individuais e coletivos. Gabarito "E".

(Procurador do Estado – PGE/RS – Fundatec – 2015) O princípio da laicidade estatal:

(A) Veda ao Estado que estabeleça cultos religiosos ou igrejas, de forma a subvencioná-los, embaraçar-lhes o funcionamento ou manter com eles relações de dependência ou aliança, ressalvada a colaboração de interesse público.
(B) Veda ao Estado que estabeleça cultos religiosos ou igrejas, de forma a subvencioná-los, embaraçar-lhes o funcionamento ou manter com eles relações de dependência ou aliança, exceto no que se refere às religiões nacionalmente majoritárias, em observância ao regime democrático e à regra da maioria.
(C) Veda ao Estado que estabeleça cultos religiosos ou igrejas, de forma a subvencioná-los, embaraçar-lhes o funcionamento ou manter com eles relações de dependência ou aliança, exceto no que se refere às religiões nacionalmente minoritárias, em observância ao princípio republicano e aos direitos das minorias.
(D) Veda ao Estado que estabeleça cultos religiosos ou igrejas, de forma a subvencioná-los, embaraçar-lhes o funcionamento ou manter com eles relações de dependência ou aliança, exceto no que se refere às religiões nacionalmente majoritárias, em observância ao princípio republicano e à prevalência do interesse público.
(E) Veda ao Estado que estabeleça cultos religiosos ou igrejas, de forma a subvencioná-los, embaraçar-lhes o funcionamento ou manter com eles relações de dependência ou aliança, exceto no que se refere às religiões nacionalmente minoritárias, em observância ao regime democrático e à prevalência do interesse público.

Art. 19, I, CF: "É vedado à União, aos Estados, ao Distrito Federal e aos Municípios: I – estabelecer cultos religiosos ou igrejas, subvencioná-los, embaraçar-lhes o funcionamento ou manter com eles ou seus representantes relações de dependência ou aliança, ressalvada, na forma da lei, a colaboração de interesse público". Gabarito "A".

(Promotor de Justiça – MPE/MS – FAPEC – 2015) Considere as seguintes afirmações sobre o direito fundamental à imagem:

I. A imagem retrato é o direito relativo à reprodução gráfica (retrato, desenho, fotografia, filmagem etc.) da figura humana, mas não envolve o direito às partes do corpo e a voz.
II. A imagem atributo pode ser aplicada à pessoa jurídica, quer através da proteção à marca ou do produto.
III. A imagem atributo é o direito relativo a reprodução gráfica da figura humana.
IV. O direito à imagem envolve o direito identidade, ou seja, de ter a sua imagem como forma de sua identidade.

Estão corretas:
(A) I e IV.
(B) I e II.
(C) II e IV.
(D) II e III.
(E) III e IV.

I: incorreta. Luiz Alberto David Araújo e Vidal Serrano Nunes lecionam que "o direito à imagem possui duas variações. De um lado, deve ser entendido como o direito relativo à produção gráfica (retrato, desenho, fotografia, filmagem etc.) da figura humana. De outro lado, porém, a imagem assume a característica do conjunto de atributos cultivados pelo indivíduo e reconhecidos pelo conjunto social. Chamemos a primeira de imagem-retrato e a segunda de imagem atributo". Entretanto, a imagem retrato não corresponde apenas ao corpo físico, mas a todas as características que individualizam a pessoa, como a voz, os gestos a forma de caminhar etc.; II: correta, conforme vários precedentes do STF; III: incorreta. Essa é a noção de imagem-retrato, conforme comentários ao item I; IV: correta. A imagem é uma forma de exteriorização da identidade da pessoa. Gabarito "C".

(Promotor de Justiça – MPE/MS – FAPEC – 2015) Sobre o direito de associação é **correto** afirmar que:

(A) Possui base contratual.
(B) Tem caráter provisório.
(C) Necessita de cinco ou mais pessoas para ser exercido.
(D) A associação não pode representar judicialmente seus filiados.
(E) A associação pode sofrer interferências do Estado a qualquer momento.

A: correta. O direito de se associar decorre da autonomia da vontade do indivíduo. De acordo com o art. 5º, XX, CF, "ninguém poderá ser compelido a associar-se ou a permanecer associado"; **B**: incorreta. Subsiste até quando as partes manifestarem vontade, não possuindo limite temporal preestabelecido; **C**: incorreta. Ver art. 53, CC: "Art. 53. Constituem-se as associações pela união de pessoas que se organizem para fins não econômicos"; **D**: incorreta. Se houver previsão no estatuto, não há óbice para a representação; **E**: incorreta. Art. 5º, XVIII, CF: "XVIII – a criação de associações e, na forma da lei, a de cooperativas independem de autorização, sendo vedada a interferência estatal em seu funcionamento". Gabarito "A".

(Delegado/AP – 2017 – FCC) De acordo com o regime constitucional de proteção dos direitos fundamentais,

(A) o direito à inviolabilidade de domicílio abrange a casa em que o indivíduo mantém residência, mas não impede que a autoridade policial ingresse em estabelecimento profissional de acesso privativo, contra a vontade de seu proprietário, sendo desnecessária ordem judicial nesse caso.
(B) o sigilo bancário e o sigilo fiscal não podem ser afastados por ato de comissões parlamentares de inquérito, mas apenas por atos praticados por autoridades judiciais.
(C) as comissões parlamentares de inquérito podem determinar a interceptação telefônica de conversas mantidas entre pessoas por elas investigadas, desde que seja demonstrada a existência concreta de causa provável que legitime a medida excepcional, justificando a necessidade de sua efetivação, sem prejuízo de ulterior controle jurisdicional.
(D) é constitucional lei que autorize as autoridades e os agentes fiscais tributários examinar documentos, livros e registros de instituições financeiras, quando houver processo administrativo instaurado ou procedimento fiscal em curso, se tais exames forem considerados indispensáveis pela autoridade administrativa competente.
(E) a omissão do dever de informar o preso, no momento oportuno, do direito de ficar calado, gera mera irregularidade, não se impondo a decretação de nulidade e a desconsideração das informações incriminatórias dele obtidas.

De acordo com o entendimento doutrinário e jurisprudencial dominante a expressão "casa" prevista no artigo 5º, inciso XI, CF abrange todo compartimento habitado – a casa em que o indivíduo mantém residência, a parte não aberta ao público dos estabelecimentos comerciais, os escritórios profissionais e até um quarto de hotel que esteja hospedado. Por essa razão incorreta a alternativa **A**.
Entende o STF que a CPI pode quebrar alguns sigilos, desde que por ato motivado e quando tal prova for imprescindível – são eles o sigilo fiscal, o bancário, o financeiro e o telefônico (acesso aos dados das ligações telefônicas), logo errada a alternativa **B**. Já o sigilo das comunicações telefônicas, disciplinado no artigo 5º, inciso XII, CF está vinculado a uma cláusula de reserva jurisdicional – ou seja – a interceptação telefônica só pode ser determinada por uma autoridade judicial. Ademais, só pode ser determinada nas hipóteses e na forma que a lei estabelecer para fins de investigação criminal ou instrução processual penal. Sendo a CPI uma investigação parlamentar nem mesmo com ordem judicial poderia ser determinada a interceptação para atender a um pedido da CPI. A única forma de utilização pela CPI de uma interceptação telefônica seria como prova emprestada, após ter sido produzida num processo criminal, nos termos da lei e por ordem judicial. Assim, errada a alternativa **C**. A letra **D** está correta – quanto a isso houve apreciação pelo STF nas ADI's 2390, 2386, 2397 e 2859. Errada a alternativa **E**, pois conforme entendimento do STF (HC 78708, Relator(a): Min. Sepúlveda Pertence) "O direito à informação da faculdade de manter-se silente ganhou dignidade constitucional, porque instrumento insubstituível da eficácia real da vetusta garantia contra a autoincriminação que a persistência planetária dos abusos policiais não deixa perder atualidade. II. Em princípio, ao invés de constituir desprezível irregularidade, a omissão do dever de informação ao preso dos seus direitos, no momento adequado, gera efetivamente a nulidade e impõe a desconsideração de todas as informações incriminatórias dele anteriormente obtidas, assim como das provas delas derivadas". Gabarito "D".

(Delegado/MS – 2017 – FAPEMS) Com base na jurisprudência do Supremo Tribunal Federal sobre direitos e garantias fundamentais, assinale a alternativa correta.

(A) O fato de o réu estar sendo processado por outros crimes e respondendo a outros inquéritos policiais é suficiente para justificar a manutenção da constrição cautelar.
(B) A entrada forçada em domicílio sem mandado judicial só é lícita, mesmo em período noturno, quando amparada em fundadas razões, devidamente justificadas a posteriori, que indiquem que dentro da casa ocorre situação de flagrante delito.

(C) É nulo o inquérito policial instaurado a partir da prisão em flagrante dos acusados, quando a autoridade policial tenha tomado conhecimento prévio dos fatos por meio de denúncia anônima.
(D) Ante o princípio constitucional da não culpabilidade, existência de inquéritos policiais ou de ações penais sem trânsito em julgado pode ser considerada como maus antecedentes criminais para fins de dosimetria da pena.
(E) A constatação de situação de flagrância, posterior ao ingresso, justifica a entrada forçada em domicílio sem determinação judicial, sendo desnecessário o controle judicial posterior à execução da medida.

A alternativa A está errada. Nesse sentido a decisão proferida no HC 100.091, rel. min. Celso de Mello, DJE 186, de 01.10.2009 "o fato de o réu estar sendo processado por outros crimes e respondendo a outros inquéritos policiais não é suficiente para justificar a manutenção da constrição cautelar". No mesmo sentido, Min. Gilmar Mendes em Medida Cautelar no *Habeas Corpus* 95324 MC / Es – Espírito Santo: "Como afirmei no julgamento do HC 86.186 (DJ 17.8.2007), do qual fui relator, o simples fato de o réu estar sendo processado por outros crimes e respondendo a outros inquéritos policiais não é suficiente para justificar a manutenção da prisão cautelar, sob pena de violação do princípio constitucional da não culpabilidade (CF, art. 5º, LVII)". Correta a alternativa B, pois conforme artigo 5º, inciso XI é possível o ingresso na casa a qualquer hora se houver flagrante. A alternativa C está errada. O Ministro do STF Dias Toffoli ressaltou o entendimento já firmado em jurisprudência da Corte de que "não é nulo o inquérito policial instaurado a partir da prisão em flagrante dos acusados, ainda que a autoridade policial tenha tomado conhecimento prévio dos fatos por meio de denúncia anônima". (Habeas Corpus 108892). A alternativa D está errada. "A existência de inquéritos policiais ou de ações penais sem trânsito em julgado não podem ser considerados como maus antecedentes para fins de dosimetria da pena". Essa foi a tese firmada pelo Plenário do Supremo Tribunal Federal no julgamento do Recurso Extraordinário 591054, com repercussão geral reconhecida. A alternativa E está errada. Como referido no RE 603616, Relator Ministro Gilmar Mendes, "A entrada forçada em domicílio, sem uma justificativa prévia conforme o direito, é arbitrária. Não será a constatação de situação de flagrância, posterior ao ingresso, que justificará a medida. Os agentes estatais devem demonstrar que havia elementos mínimos a caracterizar fundadas razões (justa causa) para a medida." LR
Gabarito "B".

(Defensor Público – DPE/RN – 2016 – CESPE) Assinale a opção correta em relação aos direitos fundamentais e aos conflitos que podem ocorrer entre eles.
(A) A proibição do excesso e da proteção insuficiente são institutos jurídicos ligados ao princípio da proporcionalidade utilizados pelo STF como instrumentos jurídicos controladores da atividade legislativa.
(B) Sob pena de colisão com o direito à liberdade de pensamento e consciência, o STF entende que a autorização estatutária genérica conferida à associação é suficiente para legitimar a sua atuação em juízo na defesa de direitos de seus filiados.
(C) Como tentativa de evitar a ocorrência de conflito, a legislação brasileira tem imposto regras que impedem o exercício cumulado de diferentes direitos fundamentais.
(D) Os direitos fundamentais poderão ser limitados quando conflitarem com outros direitos ou interesses, não havendo restrição a tais limitações.
(E) A garantia de proteção do núcleo essencial dos direitos fundamentais está ligada à própria validade do direito, mas não guarda relação com a sua eficácia no caso concreto.

A: Correta. Estão ligados aos subprincípios da proporcionalidade. De acordo com o STF, "os direitos fundamentais não podem ser considerados apenas proibições de intervenção (Eingriffsverbote), expressando também um postulado de proteção (Schutzgebote). Pode-se dizer que os direitos fundamentais expressam não apenas uma proibição do excesso (Übermassverbote), como também podem ser traduzidos como proibições de proteção insuficiente ou imperativos de tutela (Untermassverbote)" (STF, HC 102087, Rel. p/ o acórdão Min. Gilmar Mendes, 2T, j. 28/02/2012); **B:** Errada. "A autorização estatutária genérica conferida a associação não é suficiente para legitimar a sua atuação em juízo na defesa de direitos de seus filiados, sendo indispensável que a declaração expressa exigida no inciso XXI do art. 5º da CF ("as entidades associativas, quando expressamente autorizadas, têm legitimidade para representar seus filiados judicial ou extrajudicialmente") seja manifestada por ato individual do associado ou por assembleia geral da entidade" (RE 573232, Rel. p/ o acórdão Min. Marco Aurélio, j. 14/05/2014); **C:** Errada. A Constituição Federal prevê extenso rol de direitos fundamentais que têm eficácia direta e aplicabilidade imediata, configurando-se inconstitucional qualquer leitura que vise a impedir o "exercício cumulativo" de direitos fundamentais; **D:** Errada. Os direitos fundamentais podem ser sopesados quando em conflito, devendo-se resguardar o núcleo essencial de cada um deles; **E:** Errada. A proteção do núcleo essencial dos direitos fundamentais opera em todos os planos da norma. TM
Gabarito "A".

(Defensor Público – DPE/RN – 2016 – CESPE) Com referência aos direitos fundamentais em espécie, assinale a opção correta com base no entendimento do STF acerca desse tópico.
(A) A inviolabilidade domiciliar refere-se à residência que o indivíduo ocupa com intenção de moradia definitiva, mas não alcança seu escritório profissional ou outro local de trabalho.
(B) A determinação de foro justificada por prerrogativa de função, ainda que instituída exclusivamente por Constituição estadual, prevalece sobre a competência do tribunal de júri.
(C) Por ferir o direito à privacidade, é ilegítima a publicação, em qualquer tipo de veículo, dos nomes de servidores da administração pública e do valor dos vencimentos e vantagens pecuniárias por eles recebidos.
(D) O Estado brasileiro reconhece que a família tem como base a união entre o homem e a mulher, fato que exclui a união de pessoas do mesmo sexo do âmbito da proteção estatal.
(E) Salvo quando envolver criança e(ou) adolescente, os direitos à reunião e à livre manifestação do pensamento podem ser exercidos mesmo quando praticados para defender a legalização de drogas.

A: Errada. O STF tem firme entendimento de que o conceito de casa não se refere apenas à residência, alcançando igualmente o local de trabalho; **B:** Errada. A competência do Tribunal do Júri prevalece, por tratar-se de competência absoluta; **C:** Errada. O STF já firmou entendimento contrário, permitindo a divulgação desses dados em portal de transparência (ou equivalente); **D:** Errada. O STF já decidiu, em controle concentrado, pela legitimidade das uniões homoafetivas (V. STF, ADPF 132, Rel. Min. Ayres Britto, j. 05/05/2011); **E:** Correta. Ao apreciar a legitimidade da realização da "Marcha da Maconha", o Min. Luiz Fux votou pela possibilidade do evento, desde que observados os seguintes parâmetros: "1) que se tratasse de reunião pacífica, sem armas, previamente noticiada às autoridades públicas quanto à data, ao horário, ao local e ao objetivo, e sem incitação à violência; 2) que não existisse incitação, incentivo ou estímulo ao consumo de entorpecentes na sua realização; 3) que não ocorresse o consumo de entorpecentes na ocasião da manifestação ou evento público e 4) que não houvesse a participação ativa de crianças e adolescentes na sua realização". (STF, ADI 4274, Rel. Min. Ayres Britto, j. 23/11/2011). TM
Gabarito "E".

(Defensoria Pública da União – CESPE – 2015) No tocante aos direitos e garantias fundamentais, julgue os próximos itens.
(1) A CF, ao garantir o direito social à alimentação adequada, impõe que o poder público implemente políticas e ações que se façam necessárias para promover e garantir a segurança alimentar e nutricional da população.
(2) No caso de autoridade federal do Instituto Nacional do Seguro Social indeferir ilegalmente benefício previdenciário a determinado cidadão, caberá o ajuizamento de mandado de segurança, sendo, nesse caso, da justiça estadual a competência para julgá-lo, desde que a comarca não seja sede de vara de juízo federal.
(3) Não viola a cláusula do devido processo legal a exigência de arrolamento prévio de bens para fins de admissibilidade de recurso administrativo.
(4) O direito à liberdade de expressão representa um dos fundamentos do Estado democrático de direito e não pode ser restringido por meio de censura estatal, salvo a praticada em sede jurisdicional.

1: Correta. Lei 11.346/2006: "Art. 2º A alimentação adequada é direito fundamental do ser humano, inerente à dignidade da pessoa humana e indispensável à realização dos direitos consagrados na Constituição Federal, devendo o poder público adotar as políticas e ações que se façam necessárias para promover e garantir a segurança alimentar e nutricional da população"; **2:** Errada. A competência para apreciar e julgar mandado de segurança contra autoridade federal é firmada a partir do domicílio da autoridade coatora, não do segurado (art. 109, VIII, CF); **3:** Errada. Súmula Vinculante 21/STF; **4:** Errada. O art. 5º, IX, da CF veda a censura, independentemente de ser administrativa ou judicial. TM
Gabarito 1C, 2E, 3E, 4E

(Defensor Público – DPE/MT – 2016 – UFMT) Leia o texto abaixo.
[...] A Constituição de 1988 é explicitamente receptiva ao Direito Internacional Público em matéria de direitos humanos, o que configura uma identidade de objetivos do Direito Internacional e do Direito Público Interno, quanto à proteção da pessoa humana. [...].
(LAFER, C. A internacionalização dos direitos humanos: Constituição, racismo e relações internacionais. Barueri, SP: Manole, 2005.)
Sobre os tratados internacionais de direitos humanos e o bloco de constitucionalidade, assinale a afirmativa correta.
(A) As normas dos tratados de direitos humanos recepcionados pela Constituição de 1988 são materialmente constitucionais e servem de parâmetro hermenêutico para imprimir vigor à força normativa da Constituição.
(B) O Supremo Tribunal Federal, a quem compete decidir sobre a constitucionalidade de tratado internacional, pode declarar a inconstitucionalidade de direitos e garantias contidos em tratados sobre direitos humanos.
(C) A integração de tratados internacionais de proteção de direitos humanos ao bloco de constitucionalidade é problemática, pois promove alterações no texto da Constituição de 1988, de forma distinta do rito legislativo previsto para as emendas constitucionais.
(D) Os tratados internacionais sobre direitos humanos, em consonância com a Constituição de 1988, passam a ter eficácia no direito interno, mesmo antes de aprovados pelo Congresso Nacional, bastando que estejam em vigor no plano externo.

(E) Os tratados internacionais de direitos humanos que integram o bloco de constitucionalidade, quando aprovados por maioria relativa de votos no Congresso Nacional, podem ser revogados por lei ordinária superveniente.

A: Correta. Ainda que não tenham sido incorporados como emendas constitucionais, os tratados internacionais de direitos humanos integram o bloco de constitucionalidade, que serve como parâmetro de controle de constitucionalidade das leis e atos normativos; **B:** Errada. Qualquer juiz ou tribunal pode declarar a constitucionalidade ou inconstitucionalidade de tratados em face da constituição federal, em controle difuso; **C:** Errada. Não há alteração no texto da constituição, sendo o bloco de constitucionalidade aditivo às normas já constantes da própria constituição; **D:** Errada. É necessário seguir o rito previsto para internalização dos tratados (art. 84, VIII, CF); **E:** Errada. O STF já lhes concedeu o caráter normativo de *supralegalidade*, estando abaixo da Constituição, mas acima das leis.
Gabarito "A".

(Delegado/PE - 2016 - CESPE) Acerca dos direitos e garantias fundamentais previstos na CF, assinale a opção correta.

(A) Em obediência ao princípio da igualdade, o STF reconhece que há uma impossibilidade absoluta e genérica de se estabelecer diferencial de idade para o acesso a cargos públicos.
(B) Conforme o texto constitucional, o civilmente identificado somente será submetido à identificação criminal se a autoridade policial, a seu critério, julgar que ela é essencial à investigação policial.
(C) São destinatários dos direitos sociais, em seu conjunto, os trabalhadores, urbanos ou rurais, com vínculo empregatício, os trabalhadores avulsos, os trabalhadores domésticos e os servidores públicos genericamente considerados.
(D) Embora a CF vede a cassação de direitos políticos, ela prevê casos em que estes poderão ser suspensos ou até mesmo perdidos.
(E) Os direitos e garantias fundamentais têm aplicação imediata, razão porque nenhum dos direitos individuais elencados na CF necessita de lei para se tornar plenamente exequível.

A: incorreta. Não há essa impossibilidade absoluta e genérica de se estabelecer diferencial de idade para o acesso a cargos públicos. Dispõe o art. 7º, XXX, da CF que são direitos dos trabalhadores urbanos e rurais, além de outros que visem à melhoria de sua condição social, **a proibição de diferença de salários**, de exercício de funções e de critério de admissão **por motivo de** sexo, **idade**, cor ou estado civil. Ocorre que a Súmula 683 do STF determina que **o limite de idade** para a inscrição em concurso público só **se legitima** em face do art. 7º, XXX, da Constituição, **quando possa ser justificado pela natureza das atribuições do cargo** a ser preenchido; **B:** incorreta. De acordo com o art.5º, LVIII, da CF, o civilmente identificado não será submetido à identificação criminal, salvo nas hipóteses previstas em lei. A Lei 12.037/2009 – Lei de identificação criminal, em seu art.3º, I a VI, traz situações em que embora apresentado documento de identificação, poderá ocorrer identificação criminal, por exemplo, I – o documento apresentar rasura ou tiver indício de falsificação; II – o documento apresentado for insuficiente para identificar cabalmente o indiciado; III – o indiciado portar documentos de identidade distintos, com informações conflitantes entre si; IV – a identificação criminal for essencial às investigações policiais, segundo despacho da autoridade judiciária competente, que decidirá de ofício ou mediante representação da autoridade policial, do Ministério Público ou da defesa; V – constar de registros policiais o uso de outros nomes ou diferentes qualificações; VI – o estado de conservação ou a distância temporal ou da localidade da expedição do documento apresentado impossibilite a completa identificação dos caracteres essenciais. Sendo assim, não é a autoridade policial, a seu critério, que vai julgar se a identificação criminal é ou não essencial à investigação policial; **C:** incorreta. O rol de destinatários dos direitos sociais é mais amplo que o mencionado na alternativa; **D:** correta. Determina o art. 15 da CF que é proibida a cassação de direitos políticos, cuja perda ou suspensão só se dará nos casos de: I – cancelamento da naturalização por sentença transitada em julgado; II – incapacidade civil absoluta; III – condenação criminal transitada em julgado, enquanto durarem seus efeitos; IV – recusa de cumprir obrigação a todos imposta ou prestação alternativa, nos termos do art. 5º, VIII; V – improbidade administrativa, nos termos do art. 37, § 4º; **E:** incorreta. Ao contrário do mencionado, os direitos previstos em normas de eficácia limitada precisam de lei para se tornarem plenamente exequíveis. Além disso, os direitos previstos em normas de eficácia contida podem ter seus efeitos restringidos por lei.
Gabarito "D".

(Magistratura/GO - 2015 - FCC) A Lei 8.906/1994, que dispõe sobre o Estatuto da Advocacia e a Ordem dos Advogados do Brasil – OAB, estabelece, em seu art. 8º, inciso IV e § 1º, que, "para inscrição como advogado é necessário" haver "aprovação em Exame de Ordem", "regulamentado em provimento do Conselho Federal da OAB". A exigência em questão é

(A) constitucional, ainda que se trate de matéria reservada à lei complementar.
(B) inconstitucional, apenas no que se refere à atribuição de competência ao Conselho Federal da OAB para regulamentar o exame, por se tratar de condicionamento à liberdade de exercício profissional que somente a lei poderia estabelecer.
(C) constitucional, por ser compatível tanto com a exigência de lei para o estabelecimento de condições para o exercício profissional, com a finalidade institucional do exercício da advocacia como função essencial à Justiça.
(D) inconstitucional, por estabelecer condicionamento prévio à liberdade de exercício profissional.
(E) inconstitucional, por transbordar dos limites de regulação do exercício profissional, ao afetar a própria escolha profissional, que não pode sofrer condicionamentos, nos termos da Constituição.

A Suprema Corte entende que "O art. 5º, XIII, da CF é norma de aplicação imediata e **eficácia contida** que **pode ser restringida pela legislação infraconstitucional**. Inexistindo lei regulamentando o exercício da atividade profissional dos substituídos, é livre o seu exercício." (MI 6.113-AgR, rel. Min. Cármen Lúcia, julgamento em 22.05.2014, Plenário, *DJE* 13.06.2014). Sendo assim, o EOAB – Lei 8.906/1994, em seu art. 8º, inciso IV e § 1º, exige a aprovação prévia em exame da Ordem dos Advogados do Brasil (OAB) dos bacharéis em direito como condição para o exercício da advocacia. Tal regra foi declarada constitucional pelo Plenário do STF (RE n. 603.583). Os ministros, em decisão unânime, negaram provimento ao Recurso Extraordinário mencionado que impugnava a obrigatoriedade do exame. Vale lembrar que tal recurso teve repercussão geral reconhecida, de modo que a decisão será aplicada a todos os demais processos que possuam pedido idêntico.
Gabarito "C".

(Procurador do Estado/AC - 2014 - FMP) A Constituição brasileira de 1988 garante aos litigantes, em processo judicial, e aos acusados em geral o contraditório e a ampla defesa, com os meios e os recursos a ela inerentes, não porém em processo administrativo, pois sempre é possível o interessado recorrer ao Poder Judiciário.

Quanto à afirmação, é possível dizer:

(A) É incorreta, pois também no procedimento administrativo devem ser observadas as garantias constitucionais do processo.
(B) É correta, pois no procedimento administrativo não incidem as garantias constitucionais do processo.
(C) É incorreta, parcialmente, pois no procedimento administrativo vigora apenas a garantia do contraditório.
(D) Nenhuma alternativa anterior está correta.

O princípio do contraditório e da ampla defesa, previsto no art. 5º, LV, da CF, determina que aos litigantes, em processo judicial **ou administrativo**, e aos acusados em geral, sejam assegurados o contraditório e a ampla defesa, com os meios e recursos a ela inerentes. A súmula vinculante 3 do STF é um exemplo do contraditório aplicado a um processo administrativo. Tal súmula dispõe que "nos processos perante o Tribunal de Contas da União assegura-se o contraditório e a ampla defesa quando da decisão puder resultar anulação ou revogação de ato administrativo que beneficie o interessado, excetuada a apreciação da legalidade do ato de concessão inicial de aposentadoria, reforma e pensão".
Gabarito "A".

(Procurador do Município - Cuiabá/MT - 2014 - FCC) Um grupo de universitários pretende organizar uma passeata pelas ruas do centro de Cuiabá, em defesa da descriminalização do uso de entorpecentes para fins terapêuticos e recreativos. Nesta hipótese, considerada a disciplina constitucional dos direitos e garantias fundamentais, a manifestação poderá ser

(A) realizada, independentemente de autorização, por ser expressamente vedada a interferência estatal no funcionamento de associações.
(B) impedida, mediante decisão da autoridade administrativa competente, na medida em que a Constituição somente assegura a liberdade de reunião para fins lícitos, sendo esta norma constitucional autoexecutável.
(C) impedida, por não possuir fins lícitos, desde que mediante determinação judicial, em função da reserva jurisdicional existente para restrição do direito de reunião.
(D) realizada, independentemente de autorização, desde que não frustre outra manifestação convocada para o mesmo local, bastando prévio aviso à autoridade competente.
(E) realizada, mediante prévia autorização da autoridade competente.

A: incorreta. Embora a passeata possa ser realizada, independentemente de autorização, ela não tem relação com o direito à liberdade de associação; **B:** incorreta. A passeada não pode ser impedida. De acordo com o art. 5º, XVI, da CF, todos podem reunir-se pacificamente, sem armas, em locais abertos ao público, independentemente de autorização, desde que não frustrem outra reunião anteriormente convocada para o mesmo local, sendo apenas exigido prévio aviso à autoridade competente; **C:** incorreta. Como mencionado, a passeata não pode ser impedida. Além disso, o STF, no julgamento da ADPF 187/DF (informativo 621 do STF), em decisão unânime, liberou a ocorrência de manifestantes favoráveis à descriminalização da droga. A livre expressão do pensamento e o direito de reunião protegem a realização dessas marchas. Algumas premissas, como a não incitação ao consumo de drogas, a não estimulação à prática de atos ilegais, a ausência de crianças e adolescentes e a proteção do Estado, por meio de cautelas que visam a evitar abusos, foram mencionadas pelos ministros quando decidiram favoravelmente à marcha; **D:** correta. É o que determina o art. 5º, XVI, da CF; **E:** incorreta. Não há necessidade de autorização da autoridade competente, apenas prévio aviso.
Gabarito "D".

(Procurador Legislativo – Câmara de Vereadores de São Paulo/SP – 2014 – FCC) Considerando a disciplina constitucional relativa à liberdade de crença religiosa, conclui-se que é compatível com a Constituição Federal

I. lei que determine a privação de direitos do indivíduo que, por motivo de crença religiosa, deixar de cumprir obrigação a todos imposta e recusar-se a cumprir prestação alternativa, fixada em lei.
II. lei municipal que institua IPTU (imposto sobre propriedade predial e territorial e urbana) sobre imóvel utilizado como templo religioso.
III. lei que assegure a prestação de assistência religiosa nas entidades civis e militares de internação coletiva. Está correto o que se afirma em

(A) I, II e III.
(B) I e II, apenas.
(C) II e III, apenas.
(D) I e III, apenas.
(E) III, apenas.

I: correta. De acordo com o art. 5º, VIII, da CF, ninguém será privado de direitos por motivo de crença religiosa ou de convicção filosófica ou política, **salvo** se as invocar para eximir-se de obrigação legal a todos imposta e **recusar-se a cumprir prestação alternativa**, fixada em lei; **II:** incorreta. Não é compatível com a CF a instituição de IPTU sobre imóvel utilizado como **templo religioso**, pois esse local **possui imunidade religiosa** (art. 150, VI, 'b', da CF); **III:** correta. Conforme determina o art. 5º, VII, da CF, é assegurada, nos termos da lei, a **prestação de assistência religiosa nas entidades civis e militares** de internação coletiva. BV
Gabarito "D".

(Juiz de Direito/MG – 2014) Sobre a classificação dos direitos e garantias fundamentais, assinale a alternativa **CORRETA**.
(A) Direitos individuais e coletivos.
(B) Direitos sociais e políticos.
(C) Direitos de nacionalidade, políticos e partidos políticos.
(D) Direitos individuais, coletivos, sociais, de nacionalidade, políticos e de partidos políticos.

A Constituição Federal de 1988 adotou, em seu Título II, a seguinte classificação dos direitos e garantias fundamentais: direitos individuais e coletivos; direitos sociais; nacionalidade; direitos políticos; e partidos políticos. Correta, portanto, a assertiva "D". ED
Gabarito "D".

(Juiz de Direito/MG – 2014) Sobre a forma como deve ser exercida a tutela constitucional das liberdades individuais, assinale a alternativa **CORRETA**.
(A) Mediante o uso da ação popular.
(B) Mediante o uso da ação civil pública.
(C) Mediante o uso do *Habeas Corpus, Habeas Data* ou do Mandado de Segurança.
(D) Mediante o uso das ações populares e civis que, dada a sua amplitude, melhor ampara os interesses dos cidadãos.

A: incorreta, uma vez que a ação popular (art. 5º, LXXIII, CF) é voltada a combater o ato lesivo ao patrimônio público; sua finalidade, portanto, é a defesa de interesses *difusos*; **B:** incorreta, na medida em que a ação civil pública se presta à defesa dos chamados interesses *transindiviuais*; **C:** correta, uma vez que contempla instrumentos de tutela das liberdades individuais; **D:** incorreta. *Vide* comentário à alternativa "A". ED
Gabarito "C".

(Juiz de Direito/RJ – 2014 – VUNESP) A propósito das garantias constitucionais dos direitos fundamentais, é correto afirmar que
(A) não será concedida medida liminar em mandado de segurança que tenha por objeto a compensação de créditos tributários, a entrega de mercadorias e bens provenientes do exterior, a reclassificação ou equiparação de servidores públicos e a concessão de aumento ou a extensão de vantagens ou pagamento de qualquer natureza.
(B) das decisões em mandado de segurança proferidas em única instância pelos tribunais cabe recurso especial e extraordinário, nos casos legalmente previstos, e recurso extraordinário, quando a ordem for denegada.
(C) a sentença na ação popular terá eficácia de coisa julgada oponível *erga omnes*, exceto no caso de haver sido a ação julgada improcedente em seu mérito; neste caso, qualquer cidadão poderá intentar outra ação com idêntico fundamento, valendo-se de nova prova.
(D) se aplicam à ação popular as regras do Código de Processo Civil, naquilo em que não contrariem a natureza específica da ação popular, sendo que esta prescreverá em dez anos.

A: correta, pois em conformidade com a regra contida no art. 7º, § 2º, da Lei 12.016/2009, que disciplina o mandado de segurança individual e coletivo; **B:** incorreta, pois não reflete o disposto no art. 18 da Lei 12.016/2009; **C:** incorreta, pois em desconformidade com o que estabelece o art. 18 da Lei 4.717/1965, que regula a ação popular; **D:** incorreta, uma vez que não corresponde ao disposto no art. 21 da Lei 4.717/1965, que fixa, como prazo prescricional, o período de 5 (cinco) anos. ED
Gabarito "A".

(Promotor de Justiça/AC – 2014 – CESPE) No que concerne aos denominados remédios constitucionais, assinale a opção correta.
(A) Compete aos juízes estaduais processar e julgar mandado de segurança contra ato de autoridade federal sempre que a causa envolver o INSS e segurados.
(B) No âmbito do mandado de injunção, a atual jurisprudência do STF adota a posição não concretista em defesa apenas do reconhecimento formal da inércia do poder público para materializar a norma constitucional e viabilizar o exercício dos direitos e liberdades constitucionais e das prerrogativas inerentes à nacionalidade, à soberania e à cidadania.
(C) O *habeas corpus* pode ser impetrado contra ato de coação ilegal à liberdade de locomoção, seja ele praticado por particular ou agente público.
(D) São da competência originária do STF o processamento e o julgamento dos *habeas corpus* quando o coator ou paciente for governador de estado.

A: incorreta (art. 109, VIII, da CF); **B:** incorreta, na medida em que, atualmente, a nossa Corte Suprema adota a posição concretista geral, em que a decisão, proferida em sede de mandado de injunção, ao conferir exequibilidade às normas constitucionais, produz efeitos *erga omnes* (atinge a todos). Nesse sentido o Mandado de Injunção n. 758/DF, no qual, depois de reconhecer a omissão legislativa consistente em regulamentar o direito constitucional de greve do setor público, determinou-se que a ele (setor público) se aplicasse a Lei 7.783/1989, que disciplina o direito de greve no âmbito do setor privado; **C:** correta. É tranquilo o entendimento no sentido de que o particular, sendo o causador do ato que implique constrangimento ilegal, figure no polo passivo da ação de *habeas corpus*; **D:** incorreta, já que o julgamento, neste caso, cabe ao STJ (art. 105, I, c, da CF). ED
Gabarito "C".

(Promotor de Justiça/AC – 2014 – CESPE) Acerca das garantias processuais previstas no art. 5.º da CF, assinale a opção correta.
(A) De acordo com o entendimento do STF, é possível a quebra do sigilo das comunicações telefônicas no âmbito de processos administrativos disciplinares, em especial quando a conduta investigada causar dano ao erário.
(B) A CF admite em situações específicas, como as que envolvam ação de grupos armados, civis ou militares, contra a ordem constitucional e o Estado democrático, que alguém possa ser julgado por órgão judicial constituído *ex post facto*.
(C) Em se tratando de crimes de ação pública, o oferecimento da ação penal é de competência privativa do MP, não se admitindo a ação privada, ainda que aquela não seja proposta no prazo legal.
(D) Consoante o STF, configura expressão do direito de defesa o acesso de advogado, no interesse do representado, aos elementos de prova produzidos por órgão com competência de polícia judiciária, desde que já estejam documentados em procedimento investigativo.
(E) Embora não exista norma expressa acerca da matéria, o sigilo fiscal e bancário, segundo o STF, é protegido constitucionalmente no âmbito do direito à intimidade, portanto, o acesso a dados bancários e fiscais somente pode ser feito por determinação judicial, do MP, de comissão parlamentar de inquérito ou de autoridade policial.

A: incorreta. Embora a jurisprudência admita a possibilidade de utilizar-se, no processo administrativo disciplinar, a prova produzida a partir de interceptação telefônica realizada no âmbito do processo penal (prova emprestada), é incorreto afirmar-se que a quebra do sigilo telefônico pode se dar no bojo do processo administrativo. Isso porque tal providência, conforme estabelecem os arts. 5º, XII, da CF e 1º da Lei 9.296/1996, somente pode ser determinada com o fim de instruir investigação criminal ou processo penal; **B:** incorreta, uma vez que a Constituição Federal não contemplou tal possibilidade (art. 5º, XXXVII, CF); **C:** incorreta. Nos casos em que restar configurada, no âmbito da ação penal pública, desídia do órgão acusador, que deixou de promovê-la no prazo estabelecido em lei, poderá o ofendido ou quem o represente ajuizar *ação penal privada subsidiária da pública* ou *substitutiva*, que encontra previsão nos arts. 5º, LIX, da CF, 100, § 3º, do CP e 29 do CPP. Cuidado: o ofendido somente poderá se valer deste instrumento, de índole constitucional, na hipótese de inércia, desídia do membro do Ministério Público; **D:** correta, pois em conformidade com o teor da Súmula Vinculante 14, a seguir transcrita: "É direito do defensor, no interesse do representado, ter acesso amplo aos elementos de prova que, já documentados em procedimento investigatório realizado por órgão com competência de polícia judiciária, digam respeito ao exercício do direito de defesa"; **E:** incorreta. A autoridade policial não está credenciada a determinar a quebra dos sigilos fiscal e bancário. ED
Gabarito "D".

5.2. REMÉDIOS CONSTITUCIONAIS

(Escrevente – TJ/SP – 2018 – VUNESP) Conforme dispõe expressamente o texto constitucional, são gratuitas as ações de
(A) mandado de segurança e mandado de segurança coletivo.
(B) mandado de segurança e habeas corpus.
(C) mandado de segurança e habeas data.
(D) habeas corpus e mandado de injunção.

(E) habeas corpus e habeas data.

De acordo com o art. 5º, LXXVII, da CF, são gratuitas as ações de *habeas corpus* e *habeas data*.
Gabarito "E".

(Escrevente – TJ/SP – 2018 – VUNESP) Em relação à Ação Popular, é correto afirmar que
(A) haverá pagamento de custas pelo autor no caso de nova ação.
(B) serão devidas as custas, desde que comprovada a má-fé do autor.
(C) a improcedência por carência de provas evidencia a má-fé do autor da ação popular.
(D) a improcedência torna devidos os honorários de sucumbência.
(E) serão devidas as custas judiciais e ônus de sucumbência.

De acordo com o art. 5º, LXXIII, da CF, qualquer cidadão é parte legítima para propor ação popular que vise a anular ato lesivo ao patrimônio público ou de entidade de que o Estado participe, à moralidade administrativa, ao meio ambiente e ao patrimônio histórico e cultural, ficando o autor, **salvo comprovada má-fé**, isento de custas judiciais e do ônus da sucumbência.
Gabarito "B".

(Defensor Público – DPE/PR – 2017 – FCC) Em determinada decisão de sua relatoria no Supremo Tribunal Federal, Ministro da referida casa assim se pronunciou: o Tribunal não chega a ser um "elaborador" de políticas públicas, e sim um coordenador institucional, produzindo um "efeito desbloqueador". Na mesma decisão disse, ainda, que naquele caso caberia ao Judiciário catalisar ações e políticas públicas, coordenar a atuação dos órgãos do Estado na adoção dessas medidas e monitorar a eficiência das soluções. Os efeitos mencionados pelo Ministro são característicos da decisão
(A) de *Habeas Data*.
(B) que reconhece o Estado de Coisas Inconstitucional.
(C) que utiliza a técnica do *judicial review*.
(D) de Mandado de Injunção.
(E) de Ação Direta de Inconstitucionalidade por Omissão.

Fala-se que o Estado seria um desbloqueador de políticas públicas em razão de contextualizar em situações em que se faz presente um quadro de violação massiva e persistente de direitos fundamentais, decorrente de falhas estruturais e falência de políticas públicas e cuja modificação depende de medidas abrangentes de natureza normativa, administrativa e orçamentária.
Gabarito "B".

(Defensor Público – DPE/PR – 2017 – FCC) Sobre o Mandado de Injunção, é correto afirmar:
(A) Diferencia-se o Mandado de Injunção da Ação Direta de Inconstitucionalidade por omissão pois aquele retrata processo subjetivo de controle de constitucionalidade, ao passo que este é processo objetivo; mas se assemelham pois ambos preveem a medida liminar para suspender processos judiciais ou procedimentos administrativos, ou ainda em outra providência a ser fixada pelo Poder Judiciário.
(B) Como remédio constitucional previsto em todas as Constituições republicanas, mas suspensa durante a vigência do Ato Institucional n. 5, é cabível sempre que a falta total ou parcial de norma regulamentadora torne inviável o exercício dos direitos e liberdades constitucionais e das prerrogativas inerentes à nacionalidade, à soberania e à cidadania.
(C) A sentença proferida nele poderá estabelecer as condições em que se dará o exercício dos direitos, das liberdades ou das prerrogativas reclamados, caso haja mora do órgão impetrado. Se editada a norma faltante em momento posterior, esta não retroagirá, exceto se for benéfica ao impetrante.
(D) A lei que o regulamenta, em contrariedade à jurisprudência do Supremo Tribunal Federal, não permite a extensão dos efeitos da decisão para além das partes, já que se trata de processo constitucional subjetivo que visa assegurar o exercício de direitos do impetrante.
(E) Caberá recurso ordinário ao Superior Tribunal de Justiça quando denegatória a decisão no julgamento de Mandado de Injunção em única instância pelos Tribunais Regionais Federais ou pelos Tribunais dos Estados, do Distrito Federal e Territórios.

A: Não é cabível em Mandado de Injunção a concessão de medida liminar em razão dos efeitos jurídicos que dela podem emanar (MI 4060 STF). **B:** Errado. O Mandado de Injunção foi positivado no ordenamento brasileiro na Constituição de 1988. **C:** Correto. Art. 8º e seguintes da Lei 13.300/2016. **D:** Errado. Poderá ser conferida eficácia *erga omnes* à decisão (art. 9º, §§ 1º e 2º, da Lei 13.300/2016). **E:** Errado. O STF é incompetente para conhecer e julgar recurso em mandado de injunção oriundo de Tribunal de Justiça Estadual (interpretação extensiva do art. 102, inc. II, alínea "a" da CF). Tem competência para julgar, em recurso ordinário, o mandado de injunção quando este tiver sido decidido em única instância pelos Tribunais Superiores, se denegatória a decisão. (STF, RMI 902 Pub. 2.2.2009).
Gabarito "C".

(Defensor Público – DPE/PR – 2017 – FCC) Sobre o Mandado de Segurança, é INCORRETO afirmar:
(A) Compete à turma recursal processar e julgar o Mandado de Segurança contra ato de juizado especial.
(B) A impetração de Mandado de Segurança por terceiro, contra ato judicial, não se condiciona a interposição de recurso, ainda que o impetrante tenha ciência da decisão que lhe prejudicou e não tenha utilizado o recurso cabível.
(C) Equiparam-se às autoridades coatoras os representantes ou órgãos de partidos políticos e os administradores de entidades autárquicas, bem como os dirigentes de pessoas jurídicas ou as pessoas naturais no exercício de atribuições do poder público, somente no que disser respeito a essas atribuições.
(D) Segundo a jurisprudência do Superior Tribunal de Justiça, a teoria da encampação no Mandado de Segurança tem aplicabilidade nas hipóteses em que atendidos os seguintes pressupostos: subordinação hierárquica entre a autoridade efetivamente coatora e a apontada na petição inicial, discussão do mérito nas informações e ausência de modificação da competência.
(E) Segundo jurisprudência do Supremo Tribunal Federal, no Mandado de Segurança impetrado pelo Ministério Público contra decisão proferida em processo penal, é obrigatória a citação do réu como litisconsorte passivo.

A: Alternativa correta, portanto não deverá ser assinalada. Matéria sumulada pelo STJ (Súmula n. 376). **B:** Errada, portanto deverá ser assinalada. A matéria é sumulada pelo STJ no ponto que define que a impetração de segurança por terceiro, contra ato judicial, não condiciona à interposição de recurso. Entretato, na hipótese do impetrante ter ciência da decisão que lhe prejudicou e não utiliza recurso cabível, a Súmula não será aplicada (Precedente STJ – RMS n. 42.593 – RJ). **C:** Alternativa correta, portanto não deverá ser assinalada. Disposição idêntica no texto da lei (art. 1º, § 1º, da Lei 12.016/2009). **D:** Alternativa correta, portanto, não deverá ser assinalada. (Precedente STJ, MS 15114 / DF). **E:** Alternativa correta, portanto não deverá ser assinalada. Matéria sumulada pelo STF (Súmula n. 701).
Gabarito "B".

(Procurador do Município – Prefeitura Fortaleza/CE – CESPE – 2017) Acerca dos remédios constitucionais, julgue os próximos itens.
(1) Pessoa jurídica pode impetrar *habeas corpus*.
(2) Embora não tenham personalidade jurídica própria, os órgãos públicos titulares de prerrogativas e atribuições emanadas de suas funções públicas — como, por exemplo, as câmaras de vereadores, os tribunais de contas e o MP — têm personalidade judiciária e, por conseguinte, capacidade ativa de ser parte em mandado de segurança para defender suas atribuições constitucionais e legais.

1. correta. Pessoas jurídicas podem impetrar HC, mas em favor de pessoa física, ou seja, embora possam impetrar o remédio, não podem ser beneficiárias (haja vista a ausência de direito de locomoção); **2.** correta. Os entes despersonalizados não podem ajuizar ações pelo procedimento comum, mas podem impetrar mandado de segurança. Veja-se o teor da Súmula 525 do STJ: "A Câmara de Vereadores não possui personalidade jurídica, apenas personalidade judiciária, somente podendo demandar em juízo para defender os seus direitos institucionais"
Gabarito 1C, 2C

(Procurador Municipal – Sertãozinho/SP – VUNESP – 2016) A respeito dos remédios constitucionais, assinale a alternativa correta.
(A) Para efeito de análise de cabimento de mandado de segurança, considera-se líquido e certo o direito comprovado de plano, admitindo o rito da ação, contudo, ampla instrução probatória.
(B) Conceder-se-á habeas corpus sempre que alguém sofrer ou se achar ameaçado de sofrer violência ou coação em sua liberdade de locomoção e de associação, por ilegalidade ou abuso de poder.
(C) Em respeito ao princípio da segurança jurídica, a desistência do mandado de segurança não pode ocorrer após a prolação de sentença.
(D) A impetração de mandado de segurança coletivo por entidade de classe em favor dos associados independe da autorização destes.
(E) Conceder-se-á mandado de injunção sempre que a falta de norma regulamentadora torne inviável o exercício dos direitos e liberdades constitucionais e das prerrogativas inerentes à nacionalidade, à soberania e à cidadania, sendo o uso do instrumento processual adequado nos casos em que os referidos direitos estejam contemplados em normas constitucionais de eficácia plena.

A: incorreta. **Não há dilação probatória** em mandado de segurança; **B:** incorreta. Conforme determina o art. 5º, LXVIII, da CF, **apenas a ameaça e violação à liberdade de locomoção** é que são protegidas pelo *habeas corpus*; **C:** incorreta. Ao contrário do mencionado, a jurisprudência do STF e STJ, em regra, admite a desistência do mandado de segurança após a prolação da sentença (STF. RE 669367/RJ, Min. Rosa Weber, j. 02.05.2013; STJ. 2ª Turma. REsp 1.405.532-SP, Rel. Min. Eliana Calmon, j. 10.12.2013. Info 533); **D:** correta. É o que determina a Súmula 629 do STF; **E:** incorreta. A parte final da afirmação está errada, pois o mandado de injunção é o instrumento adequado nos casos em que os direitos mencionados estejam contemplados em normas constitucionais de eficácia **limitada** (não plena, como afirmado na alternativa).

Gabarito "D".

(Promotor de Justiça – MPE/AM – FMP – 2015) Tendo em consideração o sistema de direitos e garantias jusfundamentais estabelecido na Constituição Federal atualmente em vigência,

I. não se exige capacidade postulatória para o ajuizamento da Ação Popular.
II. uma vez eleitoralmente alistados e no pleno gozo dos direitos políticos, os menores de 18 anos de idade podem validamente propor Ação Popular.
III. o *Habeas Corpus* dispensa a capacidade postulatória, podendo ser impetrado sem a necessidade de advogado devidamente habilitado ao exercício da profissão que subscreva a petição inicial.
IV. as ações constitucionais contempladas no art. 5º da CF podem, em algumas circunstâncias, caracterizar hipóteses de controle difuso de constitucionalidade.

Quais das assertivas acima estão corretas?

(A) Apenas a I e IV.
(B) Apenas a IV.
(C) Apenas a II e III.
(D) Apenas a II, III e IV.
(E) I, II, III e IV.

I: incorreta. O cidadão tem legitimidade ativa, mas não possui capacidade postulatória: "A CR estabeleceu que o acesso à justiça e o direito de petição são direitos fundamentais (art. 5º, XXXIV, *a*, e XXXV), porém, estes não garantem a quem não tenha capacidade postulatória litigar em juízo, ou seja, é vedado o exercício do direito de ação sem a presença de um advogado, considerado 'indispensável à administração da justiça' (art. 133 da CR e art. 1º da Lei 8.906/1994), com as ressalvas legais. (…) Incluem-se, ainda, no rol das exceções, as ações protocoladas nos juizados especiais cíveis, nas causas de valor até vinte salários mínimos (art. 9º da Lei 9.099/1995) e as ações trabalhistas (art. 791 da CLT), não fazendo parte dessa situação privilegiada a ação popular." (AO 1.531-AgR, Rel. Min. Carmen Lúcia, j. 3-6-2009, Plenário, *DJE* 1º-7-2009); **II**: correta. Apenas o cidadão pode propor ação popular, ou seja, o indivíduo que possua título de eleitor e que esteja em dia com as obrigações eleitorais. Os indivíduos entre 16 e 18 anos incompletos podem alistar-se, de acordo com o art. 14, § 1º, II, "c", CF; **III**: correta. O *habeas corpus* pode ser impetrado por qualquer pessoa, inclusive pelo beneficiário, que não precisa estar assistido por advogado (não se exige, portanto, capacidade postulatória); **IV**: correta. Qualquer ação, esteja ou não prevista no art. 5º da CF, pode ter por *causa de pedir* a declaração de inconstitucionalidade de lei ou ato normativo. A declaração de inconstitucionalidade como pedido principal da ação, entretanto, só pode ser realizada pelos legitimados e instrumentos próprios do controle concentrado de constitucionalidade.

Gabarito "D".

(Promotor de Justiça – MPE/MS – FAPEC – 2015) O *habeas corpus* pode ser impetrado por:

I. Pessoa física.
II. Pessoa jurídica.
III. Estrangeiro não domiciliado no Brasil.
IV. Analfabeto, bastando que alguém assine por ele.

(A) Apenas I está correta.
(B) I e II estão corretas.
(C) I e III estão corretas.
(D) I e IV estão corretas.
(E) Todas estão corretas.

Conforme jurisprudência consolidada, o *habeas corpus* pode ser impetrado por todas as pessoas listadas na questão, e inclusive de ofício. Importante salientar que o STF irá discutir a possibilidade de impetração de habeas corpus **coletivo** no RE 855810, Rel. Min. Dias Toffoli. O Professor Daniel Sarmento proferiu parecer pelo cabimento do remédio na forma coletiva, sob os seguintes argumentos: "(i) A tendência contemporânea de tutela coletiva de direitos individuais visa a promover economia e celeridade processuais, a igualdade de tratamento entre os jurisdicionados e o pleno acesso à justiça, especialmente para os hipossuficientes. Todas essas preocupações se fazem presentes na esfera penal, em que a seletividade do aparelho repressor do Estado deixa especialmente vulnerável a camada populacional mais pobre. Nesse contexto, o *habeas corpus* coletivo constitui instrumento necessário à tutela da liberdade de locomoção em uma sociedade de massa, marcada pela desigualdade, como a brasileira; (ii) O remédio constitucional do *habeas corpus* revelou, desde os seus primórdios, uma natureza receptiva a inovações e flexibilizações processuais. A ampla aceitação da substituição processual, a desnecessidade de observância de fórmulas processuais e de representação por advogado, e a possibilidade de concessão de *writ* de ofício evidenciam que, dada a essencialidade do interesse em jogo, a ordem jurídica prioriza a efetividade da tutela à liberdade de locomoção em detrimento de preocupações formais. A admissão do *habeas corpus* coletivo se alinha a essa tradição virtuosa e honra os valores liberais, emancipatórios e democráticos da Carta de 88; (iii) O direito a uma tutela constitucional efetiva, que tem sede tanto na Constituição como no Pacto de San Jose da Costa Rica, exige que os instrumentos processuais possuam idoneidade para a proteção dos direitos materiais que objetivam tutelar. Desse modo, a constatação de que violações à liberdade ambulatorial são perpetradas de maneira coletiva, possuindo uma origem comum, impõe também a aceitação da tutela jurisdicional com alcance coletivo na via do *habeas corpus*; (iv) A jurisprudência do Supremo Tribunal Federal consagra a interpretação ampliativa de remédios constitucionais visando ao seu fortalecimento. A Corte Suprema reconheceu, mesmo sem previsão constitucional ou legal expressa, a possibilidade de impetração coletiva de mandado de injunção, em entendimento que pode ser estendido, por razões ainda mais robustas, ao *habeas corpus*".

Gabarito "E".

(Delegado/MS – 2017 – FAPEMS) O *habeas corpus* é uma ação constitucional de grande importância na história jurídico-constitucional do Brasil. Sob a vigência da Constituição de 1891, por exemplo, segundo MENDES e BRANCO (2017),

[...] a formulação ampla do texto constitucional deu ensejo a uma interpretação que permitia o uso do *habeas corpus* para anular até mesmo ato administrativo que determinara o cancelamento de matrícula de aluno em escola pública, para garantir a realização de comícios eleitorais, o exercício da profissão, dentre outras possibilidades.

MENDES, Gilmar; BRANCO, Paulo. *Curso de Direito Constitucional*. 12a. ed. São Paulo: Saraiva, 2017, p. 431

Hoje, o Supremo Tribunal Federal detém importante papel na definição do seu cabimento. Assim, afirma-se que

(A) o Supremo Tribunal Federal não admite *habeas corpus* para questionamento de razoável duração do processo.
(B) é cabível mesmo que não haja, nem por via reflexa, constrangimento à liberdade de locomoção.
(C) cabe *habeas corpus* contra a aplicação de pena de multa.
(D) segundo o Supremo Tribunal Federal, cabe *habeas corpus* contra pena pecuniária passível de conversão em privativa de liberdade.
(E) segundo a Súmula 691 do Supremo Tribunal Federal, aplicada rigorosamente pela Corte, o *habeas corpus* não é cabível contra decisão de relator em tribunal superior que indefere a liminar.

Errada a alternativa **A**, pois o STF admite sim – HC-136435. O *habeas corpus* só pode ser usado quando haja algum risco ainda que potencial à liberdade de locomoção. Mas se não houver esse risco é inadmissível, por isso erradas as alternativas **B** e **C**. Correta a **D**, pois se há possibilidade de conversão em privativa de liberdade há risco à liberdade de locomoção. Na página do STF é possível observar na publicação "Aplicação das Súmulas no STF" decisões de "Hipóteses excepcionais de afastamento da Súmula 691". Logo, errada a alternativa **E**.

Gabarito "D".

(Delegado/MT – 2017 – CESPE) Com referência ao *habeas corpus* e ao mandado de segurança, julgue os itens seguintes, de acordo com o entendimento do STF.

I. Não caberá *habeas corpus* nem contra decisão que condene a multa nem em processo penal em curso no qual a pena pecuniária seja a única imposta ao infrator.
II. O *habeas corpus* é o remédio processual adequado para garantir a proteção do direito de visita a menor cuja guarda se encontre sob disputa judicial.
III. Nos casos em que a pena privativa de liberdade já estiver extinta, não será possível ajuizar ação de *habeas corpus*.
IV. O mandado de segurança impetrado por entidade de classe não terá legitimidade se a pretensão nele veiculada interessar a apenas parte dos membros da categoria profissional representada por essa entidade.

Estão certos apenas os itens

(A) I e II.
(B) I e III.
(C) II e IV.
(D) I, III e IV.
(E) II, III e IV.

O item **I** reproduz a súmula 693 do STF "Não cabe *habeas corpus* contra decisão condenatória a pena de multa, ou relativo a processo em curso por infração penal a que a pena pecuniária seja a única cominada", logo – correto. O item **II** contraria a decisão proferida pela STF no HC 99369 AgR/DF "*Habeas corpus*. Não cabimento. Remédio constitucional destinado à tutela da liberdade de locomoção (liberdade de ir, vir e ficar). Agravo regimental não provido. *Habeas corpus* não é remédio processual adequado para tutela do direito de visita de menor cuja guarda se disputa judicialmente". Assim está errado. O item **III** está conforme a Súmula no 695 do STF "Não cabe *habeas corpus* quando já extinta a pena privativa de liberdade". Portanto correto. O item **IV** contraria o artigo 21 da Lei 12.016/2009 "O mandado de segurança coletivo pode ser impetrado por partido político com representação no Congresso Nacional, na defesa de seus interesses legítimos relativos a seus integrantes ou à finalidade partidária, ou por organização sindical, entidade de classe ou associação legalmente constituída e em funcionamento há, pelo menos, 1 (um) ano, em defesa de direitos líquidos e certos da totalidade, ou de parte, dos seus membros ou associados, na forma dos seus estatutos e desde que pertinentes às suas finalidades, dispensada, para tanto, autorização especial. Há ainda a Súmula 630 do STF "A entidade de classe tem legitimação para o mandado de segurança ainda quando a pretensão veiculada interesse apenas a uma parte da respectiva categoria". Assim está errado. Logo, a alternativa correta é a **B**, pois estão corretos os itens I e III.

Gabarito "B".

(Delegado/GO – 2017 – CESPE) Considerando a jurisprudência do STF, assinale a opção correta com relação aos remédios do direito constitucional.

(A) É cabível *habeas corpus* contra decisão monocrática de ministro de tribunal.
(B) Em *habeas corpus* é inadmissível a alegação do princípio da insignificância no caso de delito de lesão corporal cometido em âmbito de violência doméstica contra a mulher.
(C) No mandado de segurança coletivo, o fato de haver o envolvimento de direito apenas de certa parte do quadro social afasta a legitimação da associação.
(D) O prazo para impetração do mandado de segurança é de cento e vinte dias, a contar da data em que o interessado tiver conhecimento oficial do ato a ser impugnado, havendo decadência se o mandado tiver sido protocolado a tempo perante juízo incompetente.
(E) O *habeas corpus* é o instrumento adequado para pleitear trancamento de processo de *impeachment*.

Errada a alternativa **A**, pois conforme decidido pelo STF no *Habeas Corpus* 105959/DF: "Impetração contra Ato de Ministro Relator do Supremo Tribunal Federal. Descabimento. Não Conhecimento. 1. Não cabe pedido de *habeas corpus* originário para o Tribunal Pleno contra ato de ministro ou outro órgão fracionário da Corte. 2. *Writ* não conhecido." Atenção, contudo, pois com a mudança da composição do STF esse entendimento pode ser alterado. Correta a alternativa **B**. Nesse sentido a Súmula 589 do STJ: É inaplicável o princípio da insignificância nos crimes ou contravenções penais praticados contra mulher no âmbito das relações domésticas. No mesmo sentido a decisão do STF no RHC 133043 / MS "*Habeas Corpus*. Constitucional. Lesão corporal. Violência doméstica. Pretensão de aplicação do princípio da insignificância: Impossibilidade. Ordem denegada". Errada a alternativa **C**. Nesse sentido o artigo 21 da Lei 12.016/2009 "O mandado de segurança coletivo pode ser impetrado por partido político com representação no Congresso Nacional, na defesa de seus interesses legítimos relativos a seus integrantes ou à finalidade partidária, ou por organização sindical, entidade de classe ou associação legalmente constituída e em funcionamento há, pelo menos, 1 (um) ano, em defesa de direitos líquidos e certos da totalidade, ou de parte, dos seus membros ou associados, na forma dos seus estatutos e desde que pertinentes às suas finalidades, dispensada, para tanto, autorização especial. Há ainda a Súmula 630 do STF "A entidade de classe tem legitimação para o mandado de segurança ainda quando a pretensão veiculada interesse apenas a uma parte da respectiva categoria". Errada a alternativa **D**, pois conforme decidido pelo STF no AG. REG. em Mandado de Segurança 26.792 – Paraná "Impetração em juízo incompetente dentro do prazo decadencial de 120 dias. Não ocorrência da consumação da decadência. Agravo não provido". Também errada a alternativa **E**. Nesse sentido o decidido pelo STF no HC 136067 "Inviável uso de *habeas corpus* para trancar processo de *impeachment*". Isso porque não há previsão de pena privativa de liberdade. **Gabarito "B".**

(Defensor Público – DPE/RN – 2016 – CESPE) Assinale a opção correta no que diz respeito à ação popular.

(A) A competência para processar e julgar ação popular proposta contra o presidente da República é do STF.
(B) O menor de dezesseis anos pode propor ação popular, mas, para fazê-lo, tem de ser assistido em juízo.
(C) De acordo com o entendimento do STJ, o cidadão autor de ação popular tem de residir no domicílio eleitoral do local onde for proposta a ação, sob pena de indeferimento da inicial.
(D) A execução de multa diária por descumprimento de obrigação fixada em medida liminar concedida em ação popular independe do trânsito em julgado desta ação, conforme posição do STJ.
(E) A jurisprudência do STJ vem admitindo o emprego da ação popular para a defesa de interesses difusos dos consumidores.

A: Errada. A competência para julgar ação popular é da primeira instância, não havendo falar em foro por prerrogativa de função em ações de natureza cível; **B:** Errada. Só pode propor ação popular o cidadão, sendo necessária a comprovação dessa qualidade pela juntada do título de eleitor. O menor de 16 anos não possui cidadania ativa (art. 14, § 1º, II, "c", da CF); **C:** Errada. O STJ distinguiu as figuras de "eleitor" e "cidadão" para concluir que a circunscrição eleitoral é importante para fins da legislação eleitoral, não podendo se aplicada para restringir o direito à propositura de ação popular pelo cidadão, que é exercício de democracia (STJ, REsp 1242800, Rel. Min. Mauro Campbell Marques, j. 07/06/2011); **D:** Correta. "A execução de multa diária (astreintes) por descumprimento de obrigação de fazer, fixada em liminar concedida em Ação Popular, pode ser realizada nos próprios autos, por isso que não carece do trânsito em julgado da sentença final condenatória" (STJ, REsp 1098028, Rel. Min. Luiz Fux, j. 09/02/2010); **E:** Errada. O STJ em regra não admite ação popular para defesa de interesse dos consumidores, mas é importante salientar a existência de precedente em sentido diverso, do Min. Herman Benjamin: "(...) Segundo o entendimento da Segunda Turma, no caso do fornecimento de energia elétrica para iluminação pública, a coletividade assume a condição de consumidora (REsp 913.711/SP, Rel. Ministro Mauro Campbell Marques, j. 19/8/2008, *DJe* 16/9/2008). Aplica-se, assim, o CDC, porquanto o pedido é formulado em nome da coletividade, que é indubitavelmente consumidora da energia elétrica sob forma de iluminação pública. (...) a viabilidade da Ação Popular, *in casu*, decorre do pedido formulado e do objetivo da demanda, qual seja, proteger o Erário contra a cobrança contratual indevida, nos termos do art. 1º da Lei 4.717/1965, conforme o art. 5º, LXXIII, da CF, questão que não se confunde com a condição de consumidor daqueles que são titulares do bem jurídico a ser protegido (a coletividade, consumidora da energia elétrica). A Ação Popular deve ser apreciada, quanto às hipóteses de cabimento, da maneira mais ampla possível, de modo a garantir, em vez de restringir, a atuação judicial do cidadão". (STJ, REsp 1164710, Rel. Min. Herman Benjamin, j. 14/02/2012). **Gabarito "D".**

(Analista Jurídico – TCE/PR – 2016 – CESPE) À luz da jurisprudência do STF, assinale a opção correta acerca de *habeas corpus*.

(A) O *habeas corpus* é instrumento viável para a revisão de súmulas de tribunais se o teor da súmula atentar abstratamente contra o direito à liberdade de locomoção.
(B) A utilização do *habeas corpus* como mecanismo judicial para salvaguarda do direito à liberdade de locomoção é limitada no tempo, sujeitando-se a preclusão e decadência.
(C) A inadmissibilidade de impetração sucessiva de *habeas corpus*, ou seja, de apreciação de um segundo *habeas corpus* quando ainda não definitivamente julgado o anteriormente impetrado, é relativizada se tratar de ilegalidade flagrante e prontamente evidente.
(D) O *habeas corpus* é meio idôneo para impugnar ato de sequestro ou confisco de bens em processo criminal.
(E) O afastamento de cargo público é impugnável por *habeas corpus*.

A: incorreta. Segundo o STF, 'o *habeas corpus* não se presta à revisão, em tese, do teor de súmulas da jurisprudência dos tribunais [RHC 92.886 AgR, rel. min. Joaquim Barbosa, j. 21.09.2010, 2ª T, *DJE* de 22.10.2010.]. De acordo com art. 5º, LXVIII, da CF, conceder-se-á *habeas corpus* sempre que **alguém sofrer ou se achar ameaçado de sofrer violência ou coação em sua liberdade de locomoção**, por ilegalidade ou abuso de poder. Por meio do remédio é possível fazer controle concreto de constitucionalidade, não abstrato. Sendo assim, o teor de uma súmula que atente contra o direito à liberdade de locomoção não pode ser combatido pelo *habeas corpus*; **B:** incorreta. A utilização do *habeas corpus* **não está sujeita à preclusão e decadência**, ao contrário do mandado de segurança, que deve ser impetrado no prazo decadencial de 120 dias; **C:** correta. Determina o próprio Supremo que "é pacífica a jurisprudência deste STF no sentido da inadmissibilidade de impetração sucessiva de *habeas corpus*, sem o julgamento definitivo do *writ* anteriormente impetrado. Tal jurisprudência **comporta relativização**, quando de logo avulta que o cerceio à liberdade de locomoção dos pacientes decorre de ilegalidade ou de abuso de poder (inciso LXVIII do art. 5º da CF/1988) [HC 94.000, rel. min. Ayres Britto, j. 17.06.2008, 1ª T, *DJE* de 13.03.2009.]; **D:** incorreta. Duas importantes decisões do STF sobre o tema: 1ª – "O *habeas corpus*, garantia de liberdade de locomoção, não se presta para discutir confisco criminal de bem". [HC 99.619, rel. p/ o ac. min. Rosa Weber, j. 14.02.2012, 1ª T, *DJE* de 22.03.2012.], 2ª – O *habeas corpus* não é o meio adequado para impugnar ato alusivo a sequestro de bens móveis e imóveis bem como a bloqueio de valores. [HC 103.823, rel. min. Marco Aurélio, j. 03.04.2012, 1ª T, DJE de 26.04.2012.]; **E:** incorreta. O Supremo já decidiu, reiteradas vezes, que "**o afastamento ou a perda do cargo** de juiz federal são ofensas atacáveis por *habeas corpus*. [HC 99.829, rel. min. Gilmar Mendes, j. 27.09.2011, 2ª T, *DJE* de 21.11.2011.] = HC 110.537 AgR, rel. min. Roberto Barroso, j. 22.10.2013, 1ª T, *DJE* de 18.11.2013. Vide: HC 95.496, rel. min. Cezar Peluso, j. 10.03.2009, 2ª T, *DJE* de 17.04.2009. **Gabarito "C".**

(Juiz de Direito/DF – 2016 – CESPE) No que se refere à ação popular, assinale a opção correta.

(A) A decisão proferida pelo STF em ação popular possui força vinculante para juízes e tribunais, quando do exame de outros processos em que se discuta matéria similar.
(B) A ação popular sujeita-se a prazo prescricional quinquenal previsto expressamente em lei, que a jurisprudência consolidada do STJ aplica por analogia à ação civil pública.
(C) Para o cabimento da ação popular é exigível a demonstração do prejuízo material aos cofres públicos.
(D) O MP, havendo comprometimento de interesse social qualificado, possui legitimidade ativa para propor ação popular.
(E) Compete ao STF julgar ação popular contra autoridade cujas resoluções estejam sujeitas, em sede de mandado de segurança, à jurisdição imediata do STF.

A: incorreta. A sentença tem eficácia "erga omnes", mas não vinculante (art. 18, Lei 4.717/1965); **B:** correta. Art. 21 da Lei 4.717/1965, aplicável por analogia à ACP, por fazerem parte do mesmo "microssistema de tutela" dos direitos difusos, segundo o STJ; **C:** incorreta. O art. 5º, LXXIII, da CF visa a proteger tanto o patrimônio material quanto o moral, o cultural e o histórico – não se exigindo, assim, demonstração de prejuízo material aos cofres públicos (conferir: ARE 824.781, rel. min. Dias Toffoli, j. 27.08.2015, Pleno, DJE de 09.10.2015, com repercussão geral); **D:** incorreta. A legitimidade ativa na ação popular é exclusiva do cidadão, sendo instrumento de democracia direta e participação política (art. 5º, LXXIII, CF), ou seja, somente pode ser proposta por nacional brasileiro (nato ou naturalizado) no pleno gozo dos direitos políticos (comprovado por meio do título de eleitor – art. 1º, § 3º, Lei 4.717/1965). Por igual razão, pessoa jurídica não tem legitimidade para propor ação popular (Súmula 365/STF); **E:** incorreta. A regra geral é o julgamento da ação popular em primeira instância, mesmo que proposta em face do Presidente da República. O STF pode vir a ser competente se presentes as condições do art. 102, I, "f" e "n", da CF. **Gabarito "B".**

(DPE/PE – 2015 – CESPE) Acerca do mandado de injunção, julgue o item seguinte.

(1) A jurisprudência do STF acerca do mandado de injunção evoluiu para admitir que, além de declarar omisso o Poder Legislativo, o próprio tribunal edite a norma geral de que depende o exercício do direito invocado pelo impetrante.

1: correta A questão foi considerada muito polêmica por conta da expressão: "o próprio tribunal **edite** a norma geral de que depende o exercício do direito invocado pelo impetrante". Ocorre que foi considerada correta pela banca examinadora. Para melhor compreensão do assunto, analisemos as teorias existentes quanto à natureza jurídica das decisões dadas em sede de mandado de injunção. Vejamos: **1ª – Concretista geral**: segundo esse entendimento, o Supremo, ao analisar o pedido em um mandado de injunção, pode atuar normatizando aquilo que está pendente de regulamentação. Os efeitos produzidos por sua decisão têm de ser para todas as pessoas (*erga omnes*), pois a função normativa é geral, abstrata e genérica. Desse modo, enquanto o Legislativo não produzir a norma que falta para concretizar o direito constitucionalmente assegurado em uma disposição de eficácia limitada, a decisão valerá, e para todos; **2ª – Concretista individual direta**: como o próprio nome identifica, com base nesse entendimento a decisão é válida apenas para aquele que ingressou com o mandado de injunção. A função normativa que o STF realiza se restringe ao autor da ação; **3ª – Concretista individual intermediária**: na decisão, o Supremo determina um prazo para que o Legislativo, que está em mora, formule a regulamentação. Se o órgão competente não cumprir a decisão, não produzir a norma, gera ao autor a possibilidade de se valer do direito constitucionalmente assegurado em norma de eficácia limitada; **4ª – Não concretista**: o Supremo, ao decidir, apenas atesta, formalmente, que o órgão omisso está em mora, mas não resolve concretamente a situação posta em juízo. Atualmente a Suprema Corte tem acolhido a posição concretista nas modalidades geral e individual direta, de modo a suprir a omissão legislativa. Gabarito "C"

(Procurador do Estado/AC – 2014 – FMP) Uma cidadã brasileira, confrontada com situação que evidencia a má aplicação e má gestão de recursos públicos na construção de obras destinadas à realização de grande evento no município, pode:

(A) ingressar com ação civil pública, em nome da comunidade, que é o meio apto a sanar a lesividade ao patrimônio público.
(B) propor ação popular, por meio de profissional com capacidade postulatória, objetivando o ressarcimento dos cofres públicos.
(C) impetrar ação popular, desde que com o apoio do Ministério Público, com o objetivo amparar direito líquido e certo seu e de todos os cidadãos aos princípios da legalidade e moralidade.
(D) ingressar com ação popular, mecanismo adequado para a proteção do patrimônio público, para o que não se exige a presença de advogado.

A: incorreta. A cidadã brasileira não é legitimada à propositura de ação civil pública. Para questionar a má aplicação e má gestão de recursos públicos na construção de obras destinadas à realização de grande evento no município, deve propor ação popular. A ação civil pública só pode ser proposta pelos legitimados previsto no art. 5º da Lei 7.347/1985 que são os seguintes: I – o Ministério Público, II – a Defensoria Pública, III – a União, os Estados, o Distrito Federal e os Municípios, IV – a autarquia, empresa pública, fundação ou sociedade de economia mista, V – a associação que, concomitantemente: *a)* esteja constituída há pelo menos 1 (um) ano nos termos da lei civil, *b)* inclua, entre suas finalidades institucionais, a proteção ao patrimônio público e social, ao meio ambiente, ao consumidor, à ordem econômica, à livre concorrência, aos direitos de grupos raciais, étnicos ou religiosos ou ao patrimônio artístico, estético, histórico, turístico e paisagístico; **B: correta.** De acordo com o art. 5º, LXXIII, da CF, qualquer cidadão é parte legítima para propor ação popular que vise a anular ato lesivo ao patrimônio público ou de entidade de que o Estado participe, à moralidade administrativa, ao meio ambiente e ao patrimônio histórico e cultural, ficando o autor, salvo comprovada má-fé, isento de custas judiciais e do ônus da sucumbência; **C: incorreta.** Não há necessidade de apoio do Ministério Público para a propositura de ação popular; **D: incorreta.** É necessária capacidade postulatória para a propositura de ação popular. Gabarito "B".

(Procurador do Município – São Paulo/SP – 2014 – VUNESP) O art. 5.º, inciso LXXI, da Constituição Federal, estabelece que "conceder-se-á mandado de injunção sempre que a falta de norma regulamentadora torne inviável o exercício dos direitos e liberdades constitucionais e das prerrogativas inerentes à nacionalidade, à soberania e à cidadania". Nesse contexto, é correto afirmar que:

(A) se houver lei disciplinando a matéria, mas em desacordo com a Constituição, é possível o ingresso de mandado de injunção.
(B) o mandado de injunção pode ser concedido verificando-se a existência de norma anterior à Constituição.
(C) não cabe mandado de segurança coletivo.
(D) a expressão norma regulamentadora se restringe a decretos regulamentares.
(E) a existência de norma regulamentadora anterior ao texto constitucional e recepcionada pelo novo sistema jurídico obsta o ingresso do mandado de injunção.

A: incorreta. O mandado de injunção tem por objetivo combater a **ausência** de norma regulamentadora que inviabilize o exercício dos direitos e liberdades constitucionais e das prerrogativas inerentes à nacionalidade, à soberania e à cidadania. Desse modo, havendo lei disciplinando a matéria, ainda que inconstitucional, não é possível a impetração do remédio. Outras ações devem ser utilizadas nesse caso. O STF já decidiu que: "(...) o mandado de injunção não é o meio processual adequado para questionar a efetividade da lei regulamentadora." (MI 4.831-AgR, rel. Min. Teori Zavascki, julgamento em 29-5-2013, Plenário, DJE de 28-8-2013.). Outros julgados: "(...) **o mandado de injunção exige para a sua impetração a falta de norma regulamentadora** que torne inviável o exercício de direito subjetivo do impetrante (...)" MI 624/MA, Pleno do STF, Rel. Min. Menezes Direito, j. 21-11-2007, DJ de 27-3-2008; "(...) **Não cabe mandado de injunção quando já existe norma que regulamente o dispositivo** constitucional em questão (...)" MI-ED 742/DF, Pleno do STF, Rel. Min. Gilmar Mendes, j. 10.03.2008, *DJ* 29.05.2008; **B: incorreta.** Se existe norma regulamentadora o remédio não tem cabimento; **C: incorreta.** O STF admite a impetração do mandado de injunção coletivo pelos mesmos legitimados à impetração do mandado de segurança coletivo (MI 542, rel. Min. Celso de Mello, 28.08.2001) e a lei aplicável, por analogia, é a do mandado de segurança (Lei 12.016/2009). Portanto, os legitimados para impetração desse remédio na forma coletiva são: a) o partido político com representação no Congresso Nacional; b) a organização sindical, a entidade de classe ou a associação legalmente constituída e em funcionamento há pelo menos um ano, em defesa dos interesses de seus membros ou associados (art. 5º, LXX, da CF); **D: incorreta.** A expressão norma regulamentadora **não se restringe a decretos regulamentares**. Ausência de lei, por exemplo, pode ser questionado por meio de mandado de injunção; **E: correta.** Se o texto foi recepcionado significa que há norma regulamentando o direito, sendo assim, a impetração do remédio para combater a "ausência" não se mostra cabível. Gabarito "E".

5.3. TEORIA GERAL DOS DIRETOS FUNDAMENTAIS

(Juiz de Direito – TJ/RS – 2018 – VUNESP) Assinale a alternativa que corretamente contempla um exemplo de aplicação do conceito de dimensão objetiva dos direitos fundamentais.

(A) Decisão do Supremo Tribunal Federal em que foi firmado o entendimento de que a revista íntima em mulheres em fábrica de lingerie, ou seja, empresa privada, constitui constrangimento ilegal.
(B) Habeas Corpus que se fundamenta no argumento de que a liberdade de um indivíduo suspeito da prática de infração penal somente pode sofrer restrições se houver decisão judicial devidamente fundamentada.
(C) A previsão da Constituição Federal que afirma que "é livre a expressão da atividade intelectual, artística, científica e de comunicação, independentemente de censura ou licença".
(D) Propositura de ação, com pedido de tutela de urgência, por indivíduo que pleiteia que o Poder Público forneça medicamentos dos quais necessita e não possui condições de adquirir.
(E) Mandado de injunção em que é questionada omissão normativa que inviabiliza o exercício de prerrogativas inerentes à nacionalidade, pleiteando-se decisão judicial que afaste as consequências da inércia do legislador.

A: correta. A decisão contempla a aplicação da **dimensão objetiva** dos direitos fundamentais, na medida em que reconhece o direito à intimidade como um valor essencial de natureza objetiva da Constituição, com eficácia em todo o ordenamento jurídico e que estabelece diretrizes para a atuação do Estado e para as relações entre particulares; **B: incorreta.** A hipótese contempla a aplicação da **dimensão subjetiva** dos direitos fundamentais, tendo em vista a possibilidade do titular garantir a sua liberdade de locomoção em face da atuação do Estado; **C: incorreta,** pois traz a previsão abstrata de um direito fundamental, não havendo a sua aplicação (subjetiva ou objetiva) em um caso concreto; **D: incorreta.** A hipótese contempla a aplicação da **dimensão subjetiva** dos direitos fundamentais, tendo em vista a possibilidade do titular exigir judicialmente uma ação positiva do Estado para garantir o seu direito à saúde; **E: incorreta.** A hipótese contempla a aplicação da **dimensão subjetiva** dos direitos fundamentais, tendo em vista a possibilidade do titular exigir judicialmente uma ação do Estado para tornar viável o exercício de prerrogativas inerentes à nacionalidade. Gabarito "A".

(Defensor Público Federal – DPU – 2017 – CESPE) A respeito da teoria e do regime jurídico dos direitos fundamentais, julgue os itens que se seguem à luz das disposições da CF.

(1) Legislação infraconstitucional pode condicionar o exercício de direitos políticos à idade.
(2) Sob o aspecto da legitimidade ativa, por meio de *habeas data* é possível obter informações relativas a qualquer pessoa, desde que as informações sejam classificadas como públicas.
(3) Os direitos fundamentais individuais incluem o direito à intimidade, o direito ao devido processo legal e o direito de greve.

1: Errado. O exercício dos direitos políticos está estampado no Texto Constitucional como um Direito Fundamental do cidadão, de modo que qualquer alteração relacionada a este tema deverá ser realizada mediante Emenda Constitucional. Eventual diploma legislativo infraconstitucional que seja contrário ao já previsto na Constituição, será inconstitucional. **2: Errado.** *O habeas data* é um remédio constitucional de aplicação personalíssima para assegurar o conhecimento de informações relativas à pessoa do impetrante e para retificação de dados (art. 5º, inc. LXXII, da CF). **3:** Errado. De fato, o direito à intimidade (art. 5º, X da CF) e o direito ao devido processo legal (art. 5º, LIV da CF) figuram como garantias individuais. Diferentemente, o direito à greve está inserido como um direito coletivo assegurado aos trabalhadores (art. 9º da CF).

(Defensor Público – DPE/PR – 2017 – FCC) O preâmbulo da Constituição dispõe que um dos propósitos da Assembleia Constituinte foi o de instituir um Estado Democrático, destinado a assegurar o exercício dos direitos sociais e individuais, a liberdade e a segurança. Tal avanço se deve, em certa medida, à afirmação dos direitos fundamentais como núcleo de proteção da dignidade da pessoa humana.

Considere:

I. No campo das posições filosóficas justificadoras dos direitos fundamentais, destaca-se a corrente jusnaturalista, para quem os direitos do homem são imperativos do direito natural, anteriores e superiores à vontade do Estado.

II. Uma das principais características dos direitos fundamentais é a inalienabilidade. Diante disso, haveria nulidade absoluta por ilicitude do objeto de um contrato em que uma das partes se comprometesse a se submeter à esterilização irreversível.

III. A dimensão subjetiva dos direitos fundamentais resulta de seu significado como princípios básicos da ordem constitucional, fazendo com que os direitos fundamentais influam sobre todo o ordenamento jurídico e servindo como norte de ação para os poderes constituídos.

IV. A jurisprudência do Supremo Tribunal Federal se vale do preceito fundamental da liberdade de expressão para garantir a manifestação que contenha discurso racista, desde que observada a vedação ao anonimato e não seja direcionado a um indivíduo específico.

V. O Supremo Tribunal Federal considera violadora do direito fundamental da intimidade ato normativo que permita que bancos privados repassem informações sigilosas sobre a movimentação financeira de seus correntistas ao fisco.

Está correto o que se afirma APENAS em

(A) I, III e IV.
(B) II e V.
(C) IV e V.
(D) I, II e III.
(E) I e II.

I: Correto. E não é só. Podem ser caracterizados como direitos que decorrem da própria natureza humana, e que existem antes mesmo do seu reconhecimento pelo Estado. **II:** Correto. Alienar significa transferir a propriedade. Via de regra, os direitos fundamentais não podem ser vendidos, nem doados, nem emprestados, possuindo uma eficácia objetiva, isto é, não são meros direitos pessoais (subjetivos), são de interesse da coletividade. **III:** Errado. A conceituação traçada traduz na chamada dimensão objetiva dos direitos fundamentais. **IV:** Errado. O preceito fundamental de liberdade de expressão não consagra o 'direito à incitação ao racismo', dado que um direito individual não pode constituir-se em salvaguarda de condutas ilícitas, como sucede com os delitos contra a honra. Prevalência dos princípios da dignidade da pessoa humana e da igualdade jurídica. (HC 82.424, Rel. p/ o ac. Min. Presidente Maurício Corrêa, julgamento em 17-9-2003, Plenário, DJ de 19-3-2004). **V:** Errado. O STF, no julgamento da ADI 2390/DF, assentou que não há propriamente quebra de sigilo, mas sim transferência de informações sigilosas no âmbito da Administração Pública e por não ser acessível a terceiros, não poderia ser considerado violação do sigilo.

Gabarito "E".

(Procurador Municipal – Prefeitura/BH – CESPE – 2017) Acerca dos direitos e garantias fundamentais, assinale a opção correta.

(A) Após a condenação criminal transitada em julgado, os direitos políticos do infrator ficarão suspensos enquanto durarem os efeitos da referida condenação.
(B) Nas situações em que se fizer necessário, o cidadão poderá impetrar *habeas data* para obter vistas dos autos de processo administrativo de seu interesse.
(C) O *habeas corpus* é o instrumento adequado para impedir o prosseguimento de processo administrativo.
(D) Os direitos fundamentais são personalíssimos, razão por que somente o seu titular tem o direito de renunciá-los.

A: correta. Art. 15, III, CF; **B:** incorreta. De acordo com o art. 5º, LXXII, CF, o habeas data somente pode ser proposto: a) para assegurar o conhecimento de informações relativas à pessoa do impetrante, constantes de registros ou bancos de dados de entidades governamentais ou de caráter público; ou b) para a retificação de dados, quando não se prefira fazê-lo por processo sigiloso, judicial ou administrativo; **C:** incorreta. A hipótese é de impetração de mandado de segurança, haja vista não estar em jogo o direito de locomoção; **D:** incorreta. A doutrina clássica defende a irrenunciabilidade dos direitos fundamentais.

Gabarito "A".

(Procurador Municipal – Prefeitura/BH – CESPE – 2017) À luz do entendimento do STF, assinale a opção correta, a respeito dos direitos e garantias fundamentais.

(A) A licença-maternidade não é garantida à mulher adotante.
(B) Lei para alteração de processo eleitoral pode ser aplicada no mesmo ano das eleições, desde que seja editada cento e oitenta dias antes do pleito.
(C) O direito de reunião e o direito à livre expressão do pensamento legitimam a realização de passeatas em favor da descriminalização de determinada droga.
(D) As prerrogativas constitucionais de investigação das CPIs possibilitam a quebra de sigilo imposto a processo sujeito ao segredo de justiça.

A: incorreta. O STF estendeu a licença-maternidade também à adotante, por igual prazo. Ver RE 778889, Rel. Min. Roberto Barroso; **B:** incorreta. De acordo com o art. 16 da CF, a lei que alterar o processo eleitoral entrará em vigor na data de sua publicação, não se aplicando à eleição que ocorra até um ano da data de sua vigência; **C:** correta. Ao julgar a ADPF 197, o STF conferiu interpretação conforme a Constituição ao art. 287 do Código Penal, para não considerar as manifestações em defesa da legalização das drogas como apologia de "fato criminoso"; **D:** incorreta. CPI não pode quebrar sigilo judicial, conforme decido pelo STF no MS 27.483: "Comissão Parlamentar de Inquérito não tem poder jurídico de, mediante requisição, a operadoras de telefonia, de cópias de decisão nem de mandado judicial de interceptação telefônica, quebrar sigilo imposto a processo sujeito a segredo de justiça. Este é oponível a Comissão Parlamentar de Inquérito, representando expressiva limitação aos seus poderes constitucionais".

Gabarito "C".

(Procurador Municipal – Sertãozinho/SP – VUNESP – 2016) Com base na Lei da Transparência (Lei Federal nº 12.527/2011), assinale a alternativa correta.

(A) As informações que puderem colocar em risco a segurança do Presidente e Vice-Presidente da República e respectivos cônjuges e filhos(as) serão classificadas como ultrassecretas e ficarão sob sigilo pelo prazo de 25 (vinte e cinco) anos.
(B) O acesso à informação classificada como sigilosa cria a obrigação para aquele que a obteve de resguardar o sigilo.
(C) O recurso apresentado em face de decisão que indefere pedido de acesso a informações será direcionado à própria autoridade que a proferiu, a qual se manifestará no prazo de cinco dias a respeito do preenchimento dos pressupostos legais de admissibilidade.
(D) A Lei Federal nº 12.527/2011 somente se aplica aos órgãos públicos integrantes da Administração direta dos Poderes Executivo, Legislativo, incluindo as Cortes de Contas, e Judiciário e do Ministério Público, as autarquias, as fundações públicas, as empresas públicas, as sociedades de economia mista e demais entidades controladas direta ou indiretamente pela União, Estados, Distrito Federal e Municípios.
(E) O serviço de busca e fornecimento da informação deverá ser remunerado mediante cobrança de taxa.

A: incorreta. As informações mencionadas, de acordo com o art. 24, § 1º, III, e 2º, da Lei 12.527/2011, são classificadas como **reservadas e o prazo máximo de restrição de acesso é de 5 (cinco) anos**. Vale lembrar que tais informações ficarão sob sigilo até o término do mandato em exercício ou do último mandato, em caso de reeleição; **B:** correta. Determina o art. 25, § 2º, da Lei 12.527/2011, que o acesso à informação classificada como sigilosa **cria a obrigação para aquele que a obteve de resguardar o sigilo**; **C:** incorreta. De acordo com o art. 15 da mencionada lei, no caso de indeferimento de acesso a informações ou às razões da negativa do acesso, poderá o interessado interpor recurso contra a decisão no prazo de 10 (dez) dias a contar da sua ciência. O parágrafo único determina que o recurso será dirigido à autoridade hierarquicamente superior à que exarou a decisão impugnada, que deverá se manifestar no prazo de 5 (cinco) dias; **D:** incorreta. O erro da alternativa está na palavra "somente", pois o art. 2º da lei determina que **aplicam-se** as disposições desta Lei, no que couber, **às entidades privadas sem fins lucrativos** que recebam, para realização de ações de interesse público, recursos públicos diretamente do orçamento ou mediante subvenções sociais, contrato de gestão, termo de parceria, convênios, acordo, ajustes ou outros instrumentos congêneres; **E:** incorreta. Ao contrário do mencionado, o art. 12 da lei determina que o serviço de busca e fornecimento da informação é **gratuito**, salvo nas hipóteses de reprodução de documentos pelo órgão ou entidade pública consultada, situação em que poderá ser cobrado exclusivamente o valor necessário ao ressarcimento do custo dos serviços e dos materiais utilizados.

Gabarito "B".

(Procurador Municipal – Sertãozinho/SP – VUNESP – 2016) A respeito dos direitos e garantias fundamentais, é correto afirmar que:

(A) é livre a manifestação do pensamento, garantido o anonimato.
(B) as associações só poderão ser compulsoriamente dissolvidas ou ter suas atividades suspensas por decisão judicial, exigindo-se, em ambos os casos, o trânsito em julgado.
(C) é ilícita a prisão civil de depositário infiel, qualquer que seja a modalidade do depósito.
(D) a partir do início da vigência da Emenda Constitucional nº45/04, todos os tratados internacionais relativos a direitos humanos são

incorporados no direito brasileiro com hierarquia de emenda constitucional.
(E) a lei considerará crimes inafiançáveis e imprescritíveis a prática da tortura, o tráfico ilícito de entorpecentes e drogas afins, o terrorismo e os definidos como crimes hediondos, por eles respondendo os mandantes, os executores e os que, podendo evitá-los, se omitirem.

A: incorreta. De acordo com o inciso IV do art. 5º da CF, embora a manifestação do pensamento seja livre, **o anonimato é proibido**; **B:** incorreta. Apenas a dissolução da associação por decisão judicial é que exige o trânsito em julgado. Determina o art. 5º, XIX, da CF que as associações só poderão ser compulsoriamente dissolvidas ou ter suas atividades suspensas por decisão judicial, exigindo-se, no primeiro caso, o trânsito em julgado; **C:** correta. É o que determina a Súmula Vinculante 25 (STF); **D:** incorreta. Não são todos os tratados. Determina o § 3º do art. 5º da CF que os tratados e convenções internacionais sobre direitos humanos **que forem aprovados, em cada Casa do Congresso Nacional, em dois turnos, por três quintos dos votos dos respectivos membros, serão equivalentes às emendas constitucionais**; **E:** incorreta. De acordo com o inciso XLIV do art. 5º da CF, constitui crime inafiançável e imprescritível **a ação de grupos armados, civis ou militares, contra a ordem constitucional e o Estado Democrático**.
Gabarito "C".

(Procurador Municipal/SP – VUNESP – 2016) Dentre os direitos e garantias fundamentais previstos na Constituição Federal, consta a seguinte previsão:
(A) todos podem reunir-se pacificamente, sem armas, em locais abertos ao público, independentemente de autorização, desde que não frustrem outra reunião anteriormente convocada para o mesmo local, sendo apenas exigido prévio aviso à autoridade competente.
(B) a criação de associações e de cooperativas independe de autorização, sendo vedada a interferência estatal em seu funcionamento, não podendo tais entes ser compulsoriamente dissolvidos ou ter suas atividades suspensas, ainda que por decisão judicial.
(C) conceder-se-á mandado de injunção para proteger direito líquido e certo, quando o responsável pela ilegalidade ou abuso de poder for autoridade pública ou agente de pessoa jurídica no exercício de atribuições do Poder Público.
(D) qualquer cidadão é parte legítima para propor ação civil pública que vise a anular ato lesivo ao patrimônio público ou de entidade de que o Estado participe, à moralidade administrativa, ao meio ambiente e ao patrimônio histórico e cultural.
(E) os tratados e convenções internacionais sobre direitos humanos que forem aprovados, em cada Casa do Congresso Nacional, em dois turnos, por três quintos dos votos dos respectivos membros, serão equivalentes às leis complementares.

A: correta. É o que determina o inciso XVI do art. 5º da CF; **B:** incorreta. É possível a suspensão das atividades e a dissolução, desde que por ordem judicial. De acordo com o inciso XIX da CF, as associações só poderão ser compulsoriamente dissolvidas ou ter suas atividades suspensas por decisão judicial, exigindo-se, no primeiro caso, o trânsito em julgado; **C:** incorreta. O remédio correto nesse caso é o mandado de segurança. Determina o inciso LXIX do art. 5º da CF que conceder-se-á mandado de segurança para proteger direito líquido e certo, não amparado por habeas corpus ou habeas data, quando o responsável pela ilegalidade ou abuso de poder for autoridade pública ou agente de pessoa jurídica no exercício de atribuições do Poder Público; **D:** incorreta. A ação correta nessa hipótese é a ação popular. De acordo com o inciso LXXIII do art. 5º da CF, qualquer cidadão é parte legítima para propor ação popular que vise a anular ato lesivo ao patrimônio público ou de entidade de que o Estado participe, à moralidade administrativa, ao meio ambiente e ao patrimônio histórico e cultural, ficando o autor, salvo comprovada má-fé, isento de custas judiciais e do ônus da sucumbência; **E:** incorreta. Tais tratados serão equivalentes às emendas constitucionais. De acordo com o § 3º do art. 5º da CF, os tratados e convenções internacionais sobre direitos humanos que forem aprovados, em cada Casa do Congresso Nacional, em dois turnos, por três quintos dos votos dos respectivos membros, serão equivalentes às emendas constitucionais.
Gabarito "A".

(Procurador Municipal/SP – VUNESP – 2016) Com fundamento na Lei de Transparência (Lei Federal nº12.527/11), cidadão solicita cópia integral, a ser-lhe remetida pelo correio, de um processo administrativo da Prefeitura Municipal de Rosana, no qual consta a documentação referente à licitação e ao contrato de aquisição de produtos médico-hospitalares e de fisioterapia, com entrega parcelada. A Prefeitura Municipal defere o pedido comunicando a data e local em que o processo administrativo ficará disponível para consulta do cidadão, bem como o valor que será cobrado pela reprodução de cada uma das folhas. O cidadão apresenta recurso à autoridade hierarquicamente superior, afirmando que a Prefeitura deve lhe remeter a cópia integral do processo administrativo, via correio, sem qualquer custo, pois sua situação econômica não permite arcar com as despesas de deslocamento e de reprodução do documento. Nesse caso, a autoridade competente para a análise do recurso deverá:
(A) dar provimento total ao recurso, encaminhando as cópias via correio, que é meio legítimo para a prestação das informações, a critério do cidadão solicitante, devendo, também, dispensá-lo dos custos de reprodução, pois está isento de ressarci-los todo aquele que declarar, sob as penas da lei, que sua situação econômica não lhe permite fazê-lo sem prejuízo do sustento próprio ou da família.
(B) dar provimento parcial ao recurso, em relação ao pagamento devido, pois mediante declaração de que não possui recursos financeiros suficientes para arcar com os custos da reprodução de documentos, sem prejuízo do sustento próprio ou de sua família, o cidadão pode ser dispensado do ressarcimento de tais custos, devendo ser negado, todavia, o envio da documentação pelo correio, pois o acesso à informação deve ser pessoal ou por meio da internet.
(C) negar provimento ao recurso, em relação aos dois pleitos, pois o acesso à informação deve ser pessoal ou por meio da internet, nos termos da Lei Federal nº 12.527/11, e, em relação aos custos de reprodução, prevê a referida lei que o serviço de busca e fornecimento da informação é gratuito, mas é cobrado o valor necessário ao ressarcimento do custo dos serviços e dos materiais utilizados.
(D) dar provimento parcial ao recurso, em relação ao envio pelo correio dos documentos solicitados, pois a Lei Federal nº 12.527/11 prevê que requerente pode declarar não dispor de meios para realizar por si mesmo tais procedimentos, mas, no tocante aos custos de reprodução, é obrigatório o ressarcimento, para que não haja prejuízo ao erário em razão dos custos dos serviços de reprografia e dos materiais utilizados.
(E) dar provimento total ao recurso, dispensando o cidadão dos custos de reprodução, pois está isento de ressarci-los todo aquele que declarar, sob as penas da lei, que sua situação econômica não lhe permite fazê-lo sem prejuízo do sustento próprio ou da família, enviando a documentação pelo correio, que é meio legítimo, cobrando-lhe, no entanto, as despesas de postagem.

A: incorreta, pois a informação solicitada, de acordo com o art. 10, § 2º, da Lei 12.527/2011, deve ser dada pessoalmente ou por meio dos sítios oficiais do órgão **na internet**. A segunda parte está correta, pois a declaração de que não possui recursos financeiros suficientes para arcar com os custos da reprodução de documentos, sem prejuízo do sustento próprio ou de sua família, de fato, dispensa o cidadão do ressarcimento de tais custos, conforme determina o art. 12, parágrafo único, da mencionada lei; **B:** correta, nos termos dos arts. 10, § 2º e 12, parágrafo único, ambos da Lei 12.527/2011; **C:** incorreta, pois o pleito do pagamento devido é legítimo; **D:** incorreta, pois deve ser pessoalmente ou por meio dos sítios oficiais do órgão na internet; **E:** incorreta, pois é caso de provimento parcial, conforme comentado na letra B.
Gabarito "B".

(Procurador – IPSMI/SP – VUNESP – 2016) De acordo com a Constituição Federal de 1988,
(A) o direito à saúde é direito social, de segunda geração, garantido apenas aos brasileiros natos ou naturalizados.
(B) a lei não poderá restringir a publicidade de atos processuais.
(C) a lei considerará crimes inafiançáveis e insuscetíveis de graça ou anistia, exclusivamente, os crimes de tortura, terrorismo, racismo e homofobia.
(D) é garantido o direito à herança, desde que respeitada a função social da propriedade.
(E) é possível a extradição de qualquer brasileiro naturalizado em caso de crime comum, praticado antes da naturalização, ou de comprovado envolvimento em tráfico ilícito de entorpecentes e drogas afins, praticados antes ou depois da naturalização.

A: incorreta. De fato, o direito à saúde, além de outros como os relacionados ao trabalho e à educação, faz parte da segunda geração dos direitos fundamentais. Valores ligados à igualdade foram prestigiados nessa dimensão. Ocorre que tal direito não é garantido apenas aos brasileiros (natos e naturalizados), **estrangeiros também são destinatários** dos direitos sociais. É o que determina o "caput" do art. 5º da CF; **B:** incorreta. Ao contrário do mencionado, a lei **poderá restringir a publicidade dos atos processuais quando a defesa da intimidade ou o interesse social o exigirem**. É o que determina o inciso LX do art. 5º da CF; **C:** incorreta. Determina o inciso XLIII do art. 5º da CF que a lei considerará crimes **inafiançáveis e insuscetíveis de graça ou anistia** a prática da **tortura**, o **tráfico** ilícito de entorpecentes e drogas afins, o **terrorismo** e os definidos como **crimes hediondos**, por eles respondendo os mandantes, os executores e os que, podendo evitá-los, se omitirem; **D:** incorreta. A **segunda parte não consta** do texto constitucional. Dispõe o inciso XXX do art. 5º, que é garantido o direito de herança. A exigência do cumprimento da função social tem a relação com o direito à propriedade, não com o direito à herança. O inciso XXIII do art. 5º da CF informa que a propriedade atenderá a sua função social; **E:** correta. De fato, a extradição do brasileiro naturalizado pode ocorrer nas duas hipóteses mencionadas. É o que determina o inciso LI do art. 5º da CF.
Gabarito "E".

(Procurador – IPSMI/SP – VUNESP – 2016) No tocante à Lei nº 12.527/11, é correto afirmar:
(A) com a edição do ato decisório fica dispensável o acesso aos documentos ou às informações neles contidas utilizados como fundamento da tomada de decisão e do ato administrativo.

(B) qualquer interessado poderá apresentar pedido de acesso a informações aos órgãos e entidades públicas, devendo o pedido conter os motivos determinantes da solicitação de informações de interesse público.
(C) os Municípios com população de até 10.000 (dez mil) habitantes ficam dispensados da divulgação obrigatória na internet de dados gerais para o acompanhamento de programas, ações, projetos e obras de órgãos e entidades, assim como de informações concernentes a procedimentos licitatórios, inclusive os respectivos editais e resultados, bem como a todos os contratos celebrados.
(D) a competência prevista para a classificação dos documentos como ultrassecreta e secreta não poderá ser delegada pela autoridade responsável.
(E) negado o acesso a informação pelos órgãos ou entidades do Poder Executivo Federal, o requerente poderá recorrer ao Senado Federal que deliberará no prazo de 5 (cinco) dias.

A: incorreta. Ao contrário do mencionado, de acordo com o art. 7º, § 3º, da Lei 12.527/2011, **o direito de acesso** aos documentos ou às informações neles contidas utilizados como fundamento da tomada de decisão e do ato administrativo **será assegurado com a edição do ato decisório** respectivo; **B:** incorreta. O § 3º do art. 10 da CF, de forma diversa do art. 10 da mencionada lei, determina que são **vedadas quaisquer exigências relativas aos motivos determinantes** da solicitação de informações de interesse público; **C:** correta. De acordo com o art. 8º, § 4º, da citada lei, os Municípios com população de até 10.000 (dez mil) habitantes ficam **dispensados da divulgação obrigatória na internet** a que se refere o § 2º, mantida a obrigatoriedade de divulgação, em tempo real, de informações relativas à execução orçamentária e financeira, nos critérios e prazos previstos no art. 73-B da Lei Complementar 101, de 4 de maio de 2000 (Lei de Responsabilidade Fiscal); **D:** incorreta. Determina o art. 27, § 1º, da lei, que a competência prevista nos incisos I e II, no que se refere à classificação como ultrassecreta e secreta, **poderá ser delegada** pela autoridade responsável a agente público, inclusive em missão no exterior, vedada a subdelegação; **E:** incorreta. O recurso **não é dirigido ao Senado Federal, mas à Controladoria-Geral da União.** Dispõe o art. 16 da lei que negado o acesso a informação pelos órgãos ou entidades do Poder Executivo Federal, o requerente poderá recorrer à Controladoria-Geral da União, que deliberará no prazo de 5 (cinco) dias se: I – o acesso à informação não classificada como sigilosa for negado; II – a decisão de negativa de acesso à informação total ou parcialmente classificada como sigilosa não indicar a autoridade classificadora ou a hierarquicamente superior a quem possa ser dirigido pedido de acesso ou desclassificação; III – os procedimentos de classificação de informação sigilosa estabelecidos nesta Lei não tiverem sido observados; e IV – estiverem sendo descumpridos prazos ou outros procedimentos previstos nesta Lei.

Gabarito "C".

(Procurador do Estado – PGE/MT – FCC – 2016) No que concerne aos Tratados Internacionais de proteção dos direitos humanos e sua evolução constitucional no direito brasileiro à luz da Constituição Federal, eles são caracterizados como sendo de hierarquia
(A) supraconstitucional, independentemente de aprovação pelo Congresso Nacional.
(B) constitucional, dependendo de aprovação pelas duas casas do Congresso Nacional, pelo *quorum* mínimo de 3/5, em dois turnos, em cada casa.
(C) infraconstitucional legal, dependendo de aprovação pelas duas casas do Congresso Nacional pelo *quorum* mínimo de 3/5 de cada casa.
(D) infraconstitucional legal, independentemente de aprovação pelo Congresso Nacional, bastando a assinatura do Presidente da República.
(E) constitucional, independentemente de aprovação pelas duas casas do Congresso Nacional, bastando a assinatura do Presidente da República.

De acordo com o art. 5º, § 3º, da CF (acrescentado pela EC 45/2004), os tratados e convenções internacionais sobre direitos humanos **que forem** aprovados, em cada Casa do Congresso Nacional, em dois turnos, por três quintos dos votos dos respectivos membros, serão equivalentes às emendas constitucionais. Não houve previsão na EC 45/2004 a respeito da "hierarquia" das normas dos tratados sobre direitos humanos **anteriores** à sua vigência, ainda que aprovados pelo mesmo procedimento das emendas à Constituição. O STF já conferiu a tais tratados (anteriores à EC 45) o caráter de "supralegalidade". Assim, temos três diferentes status de tratados internacionais no direito brasileiro: a) os de direitos humanos aprovados na forma do art. 5º, § 3º, da CF, com status de emenda constitucional; b) os de direitos humanos não aprovados na forma do art. 5º, § 3º, da CF, com status supralegal, ou seja, superiores às leis e inferiores à Constituição e c) os tratados internacionais em geral (que não tratam sobre direitos humanos), com status de lei ordinária.

Gabarito "B".

(Procurador do Estado – PGE/RS – Fundatec – 2015) A respeito da cláusula de abertura constitucional consagrada no artigo 5º, § 2º, da Constituição Federal de 1988, e considerando a hierarquia dos tratados internacionais, sustenta a atual jurisprudência do Supremo Tribunal Federal – STF que:
(A) Os tratados internacionais, independentemente de seu objeto, têm paridade hierárquica com a lei federal por serem juridicamente vinculantes.
(B) Os tratados internacionais têm hierarquia inferior à lei federal por serem promulgados por decreto presidencial.
(C) Os tratados internacionais têm hierarquia supraconstitucional por serem expressão do *jus cogens* internacional.
(D) Os tratados internacionais, independentemente de seu objeto, têm hierarquia constitucional por expandirem o "bloco de constitucionalidade".
(E) Os tratados internacionais de proteção dos direitos humanos têm hierarquia superior à legalidade ordinária, permitindo o controle de convencionalidade das leis.

De acordo com a CF e com o STF, temos três diferentes *status* de tratados internacionais no direito brasileiro: a) os de direitos humanos aprovados na forma do art. 5º, § 3º, da CF, com status de emenda constitucional; b) os de direitos humanos não aprovados na forma do art. 5º, § 3º, da CF, com status supralegal, ou seja, superiores às leis e inferiores à Constituição; e c) os tratados internacionais em geral (que não tratam sobre direitos humanos), com status de lei ordinária. O controle de convencionalidade permite a verificação de compatibilidade das leis e atos normativos com os tratados e convenções internacionais de direitos humanos, que têm hierarquia superior (de emenda constitucional, se aprovados na forma do art. 5º, § 3º, CF, ou de supralegalidade, se não aprovados na forma desse artigo).

Gabarito "E".

(Procurador do Estado – PGE/PA – UEPA – 2015) A respeito dos Direitos Humanos e Fundamentais, julgue as afirmativas a seguir:
I. No plano internacional os denominados Direitos Sociais começaram a ser positivados primeiramente. Assim, pode-se dizer que, no plano normativo internacional, os direitos sociais formam os "Direitos de 1ª geração".
II. Entende-se por controle de convencionalidade o juízo de compatibilidade entre duas normas jurídicas, sendo, a norma parâmetro não a Constituição, mas os Tratados Internacionais que versem sobre Direitos Humanos. De tal controle podem advir dois efeitos, o efeito de afastamento e o efeito paralisante.
III. Consoante o STF, o tratamento médico adequado aos necessitados insere-se no rol dos deveres do Estado, sendo responsabilidade solidária dos entes federados, podendo figurar no polo passivo qualquer um deles em conjunto ou isoladamente.
IV. O chamado Núcleo da Ponderação consiste em uma relação que se denomina Lei da Ponderação que pode ser formulada do seguinte modo: "quanto maior seja o grau de não satisfação ou de restrição de um dos princípios em conflito, tanto maior deverá ser o grau de importância da proteção do outro".

A alternativa que contém todas as afirmativas corretas é:
(A) I, II, III e IV.
(B) II e III.
(C) III e IV.
(D) II, III e IV.
(E) I, II e III.

I: correta. De acordo com André de Carvalho Ramos, "a enumeração das gerações pode dar a ideia de antiguidade ou posterioridade de um rol de direitos em relação a outros: os direitos de primeira geração teriam sido reconhecidos antes dos direitos de segunda geração e assim sucessivamente, o que efetivamente não ocorreu. No Direito Internacional, por exemplo, os direitos sociais (segunda geração) foram consagrados em convenções internacionais do trabalho (a partir do surgimento da Organização Internacional do Trabalho em 1919), antes mesmo que os próprios direitos de primeira geração (cujos diplomas internacionais são do pós-Segunda Guerra Mundial, como a Declaração Universal de Direitos Humanos de 1948)"; **II:** correta. Aplica-se o controle de convencionalidade aos tratados e convenções internacionais de direitos humanos (que podem ter status de emenda constitucional ou de norma supralegal, a depender da observância ou não do procedimento previsto no art. 5º, § 3º, da CF), haja vista que os demais tratados possuem status de lei ordinária; **III:** correta. Entendimento do STF reafirmado ao julgar o RE 855178, com repercussão geral; **IV:** correta. A transcrição corresponde à lei de ponderação de Robert Alexy, segundo a qual quanto maior a restrição a um dos princípios em conflito, maior deverá ser a proteção conferida ao outro.

Gabarito "A".

(Procurador do Estado – PGE/PA – UEPA – 2015) Quanto às Ações Constitucionais é INCORRETO afirmar, consoante o STF, que:
(A) é lícito ao impetrante desistir da ação de mandado de segurança, independentemente de aquiescência da autoridade apontada como coatora ou da entidade estatal interessada ou, ainda, quando for o caso, dos litisconsortes passivos necessários.
(B) não cabe habeas corpus contra decisão condenatória a pena de multa, ou relativo a processo em curso por infração penal a que a pena pecuniária seja a única cominada.
(C) a ação de habeas data visa à proteção da privacidade do indivíduo contra abuso no registro e/ou revelação de dados pessoais falsos ou equivocados, sendo meio idôneo, pois, para obter-se vista de processo administrativo.
(D) a orientação do STF é pela prejudicialidade do mandado de injunção com a edição da norma regulamentadora então ausente. Excede os

limites desta Ação a pretensão de sanar eventual lacuna normativa do período pretérito à edição da lei regulamentadora.
(E) pessoas físicas já impetrantes de mandados de segurança individuais não possuem autorização constitucional para nova impetração "coletiva".

A: correta. Entendimento do STF reafirmado ao julgar o RE 669.367/RJ, em repercussão geral; B: correta. Súmula 693/STF; C: incorreta, devendo ser assinalada. Vide HD 90-Agr/DF, julgado pelo STF; D: correta. Entendimento reiterado do STF. Ver MI 1011/SE; E: correta. Entendimento do STF no MS-Agr 32832/DF. **TM**
Gabarito "C".

(Advogado União – AGU – CESPE – 2015) No que se refere a ações constitucionais, julgue os itens subsequentes.
(1) O princípio constitucional da norma mais favorável ao trabalhador incide quando se está diante de conflito de normas possivelmente aplicáveis ao caso.
(2) De acordo com o atual entendimento do STF, a decisão proferida em mandado de injunção pode levar à concretização da norma constitucional despida de plena eficácia, no tocante ao exercício dos direitos e das liberdades constitucionais e das prerrogativas relacionadas à nacionalidade, à soberania e à cidadania.

1. correta. Como o próprio princípio afirma, é necessária a existência de mais de uma norma aplicável ao caso para que ele possa incidir. Trata-se de princípio de solução de antinomias; 2. correta. O STF, que antes adotava a corrente não concretista em relação ao mandado de injunção (equiparando seus efeitos ao da ADI por omissão) evoluiu para adotar a corrente concretista geral, ou seja, na ausência de norma regulamentadora, o Supremo edita a norma faltante, com caráter geral (*erga omnes*), que deve subsistir até que a omissão seja suprida pelo Poder Legislativo. **TM**
Gabarito "1C, 2C".

(Procurador – PGFN – ESAF – 2015) Sobre as garantias constitucionais do devido processo legal, da ampla defesa e do contraditório, assinale a opção incorreta.
(A) É direito do defensor, no interesse do representado, ter acesso amplo aos elementos de prova que, já documentados em procedimento investigatório realizado por órgão com competência de polícia judiciária, digam respeito ao exercício do direito de defesa.
(B) Ao inquérito policial não se aplica o princípio do contraditório e ampla defesa, uma vez que não há acusação, logo, não se fala em defesa.
(C) A pretensão à tutela jurídica que corresponde à garantia aos acusados do contraditório e ampla defesa, com os meios e recursos a ela inerentes, contém os direitos a: informação, manifestação, de ver seus argumentos considerados.
(D) Os poderes inquisitivos do juiz encontram limite no princípio do contraditório que impõe à autoridade judiciária o dever jurídico processual de assegurar às partes o exercício das prerrogativas inerentes à bilateralidade do juízo.
(E) Tendo em vista a garantia constitucional do amplo direito de defesa e do contraditório, é válida a denúncia que não aponte, especificadamente e de forma adequada, a exposição do fato delituoso com todas as suas circunstâncias.

A: correta. Texto da Súmula Vinculante 14/STF; B: correta. Entendimento do STF. No caso, o contraditório e a ampla defesa são diferidos, pois são posteriormente realizados no processo judicial; C: correta. Ver MS 22693, Rel. Min. Gilmar Mendes: "a pretensão à tutela jurídica, que corresponde exatamente à garantia consagrada no art. 5º, LV, da Constituição, contém os seguintes direitos: *a) direito de informação* (Recht auf Information), que obriga o órgão julgador a informar a parte contrária dos atos praticados no processo e sobre os elementos dele constantes; *b) direito de manifestação* (Recht auf Äusserung), que assegura ao defendente a possibilidade de manifestar-se, oralmente ou por escrito, sobre os elementos fáticos e jurídicos constantes do processo; *c) direito de ver seus argumentos considerados* (Recht auf Berücksichtigung), que exige do julgador capacidade de apreensão e isenção de ânimo (Aufnahmefähigkeit und Aufnahmebereitschaft) para contemplar as razões apresentadas"; D: correta. Entendimento do STF. Ver HC 69.001, Rel. Min. Celso de Mello; E: incorreta, devendo ser assinalada. O STF não aceita a *denúncia genérica*, ou seja, aquela que não especifica de forma adequada o fato delituoso e todas as suas circunstâncias, justamente por não possibilitar ao acusado o exercício do direito ao contraditório e à ampla defesa. **TM**
Gabarito "E".

(Procurador do Estado – PGE/BA – CESPE – 2014) No que se refere aos tratados e convenções internacionais sobre direitos humanos de que o Brasil seja signatário, julgue os itens seguintes.
(1) A Corte Interamericana de Direitos Humanos, composta de sete juízes, detém, além de competência contenciosa, de caráter jurisdicional, competência consultiva.
(2) Suponha que a Corte Interamericana de Direitos Humanos tenha determinado ao Estado brasileiro o pagamento de indenização a determinado cidadão brasileiro, em decorrência de sistemáticas torturas que este sofrera de agentes policiais estaduais. Nesse caso, a sentença da Corte deverá ser executada de acordo com o procedimento vigente no Brasil.
(3) O Pacto Internacional sobre Direitos Civis e Políticos de 1966, juntamente com a Convenção Americana sobre Direitos Humanos de 1969 e outros atos internacionais compõem o denominado Sistema Regional Interamericano de Proteção dos Direitos Humanos.

1. correta. A Corte Interamericana de Direitos Humanos é órgão do Sistema da Organização de Estados Americanos – OEA, com sede na Costa Rica, da qual o Brasil faz parte. Foi criada pela Convenção Interamericana de Direitos Humanos (Pacto de San José da Costa Rica), com competência contenciosa e consultiva. De acordo com o art. 52 da Convenção, é integrada por sete juízes, escolhidos dentre os países-membros da OEA; 2. correta. Se houver lei ou convenção assinada pelo Brasil afirmando que a sentença da corte internacional tem natureza de título executivo, deve ser executada no Brasil como as demais sentenças nacionais contra a Fazenda Pública (sem necessidade de homologação da sentença estrangeira). De acordo com Juan Carlos Hitters, "Não nos deve passar inadvertido que, no âmbito da proteção internacional dos direitos humanos, o art. 68, apartado 2, da Convenção Americana sobre Direitos Humanos, chamada também Pacto de San José de Costa Rica, expressa que a parte da sentença da Corte Interamericana de Direitos Humanos que imponha indenização compensatória poderá ser executada no país respectivo pelo procedimento interno vigente para a execução de sentenças contra o Estado, isso sem nenhum tipo de exequatur nem trâmite de conhecimento prévio"; 3. incorreta. Há três Sistemas Regionais de Proteção aos Direitos Humanos: o americano, o europeu e o africano. Os três formam o Sistema Interamericano de Proteção aos Direitos Humanos. **TM**
Gabarito "1C, 2C, 3E".

(Juiz – TJ/RJ – VUNESP – 2016) O Decreto nº 678/92 promulgou a Convenção Americana sobre Direitos Humanos (Pacto de São José da Costa Rica), de 22 de novembro de 1969, sendo certo que, segundo o atual entendimento do Supremo Tribunal Federal, a norma ingressou no sistema jurídico pátrio no *status* de
(A) Norma Constitucional Originária, com fundamento no art. 5, § 3º, da Constituição Federal.
(B) Emenda à Constituição.
(C) Lei Ordinária.
(D) Norma supralegal.
(E) Lei Complementar.

De acordo com a súmula Vinculante 25 (STF), a prisão civil de depositário infiel é ilícita, qualquer que seja a modalidade de depósito. O precedente que gerou a edição dessa súmula explica o status do tratado menciona: "Se não existem maiores controvérsias sobre a legitimidade constitucional da prisão civil do devedor de alimentos, assim não ocorre em relação à prisão do depositário infiel. As legislações mais avançadas em matérias de direitos humanos proíbem expressamente qualquer tipo de prisão civil decorrente do descumprimento de obrigações contratuais, excepcionando apenas o caso do alimentante inadimplente. O art. 7º (n.º 7) da Convenção Americana sobre Direitos Humanos – Pacto de San José da Costa Rica, de 1969, dispõe desta forma: 'Ninguém deve ser detido por dívidas. Este princípio não limita os mandados de autoridade judiciária competente expedidos em virtude de inadimplemento de obrigação alimentar.' Com a adesão do Brasil a essa convenção, assim como ao Pacto Internacional dos Direitos Civis e Políticos, sem qualquer reserva, ambos no ano de 1992, iniciou-se um amplo debate sobre a possibilidade de revogação, por tais diplomas internacionais, da parte final do inciso LXVII do art. 5º da Constituição brasileira de 1988, especificamente, da expressão 'depositário infiel', e, por consequência, de toda a legislação infraconstitucional que nele possui fundamento direto ou indireto. (...) Portanto, diante do inequívoco caráter especial dos tratados internacionais que cuidam da proteção dos direitos humanos, não é difícil entender que a sua internalização no ordenamento jurídico, por meio do procedimento de ratificação previsto na Constituição, tem o condão de paralisar a eficácia jurídica de toda e qualquer disciplina normativa infraconstitucional com ela conflitante. Nesse sentido, é possível concluir que, diante da supremacia da Constituição sobre os atos normativos internacionais, a previsão constitucional da prisão civil do depositário infiel (...) deixou de ter aplicabilidade diante do efeito paralisante desses tratados em relação à legislação infraconstitucional que disciplina a matéria (...). Tendo em vista o caráter **supralegal desses diplomas normativos internacionais**, a legislação infraconstitucional posterior que com eles seja conflitante também tem sua eficácia paralisada. (...) Enfim, desde a adesão do Brasil, no ano de 1992, ao Pacto Internacional dos Direitos Civis e Políticos (art. 11) e à Convenção Americana sobre Direitos Humanos – Pacto de San José da Costa Rica (art. 7º, 7), não há base legal par aplicação da parte final do art. 5º, inciso LXVII, da Constituição, ou seja, para a prisão civil do depositário infiel." (RE 466343, Voto do Ministro Gilmar Mendes, Tribunal Pleno, julgamento em 3.12.2008, DJe de 5.6.2009). BV
Gabarito "C".

(Juiz de Direito – TJM/SP – VUNESP – 2016) Os procedimentos previstos na Lei nº 12.527, de 18 de novembro de 2011, destinam-se a assegurar o direito fundamental de acesso à informação e devem ser executados em conformidade com os princípios básicos da Administração Pública e com a seguinte diretriz:
(A) informação pessoal é aquela relacionada à pessoa natural não identificada, mas identificável.
(B) observância do sigilo como preceito geral e da publicidade como exceção.
(C) divulgação de informações de interesse público, quando solicitadas.
(D) qualidade da informação modificada, inclusive quanto à origem, trânsito e destino.

(E) desenvolvimento do controle social da Administração Pública.

A: incorreta. De acordo com o art. 4º, IV, da Lei 12.527/2011, informação pessoal é aquela relacionada à pessoa natural **identificada** ou identificável; **B:** incorreta. Ao contrário do mencionado, uma das diretrizes é a observância da **publicidade como preceito geral** e do sigilo como exceção, conforme determina o art. 3º, I, da Lei 12.527/2011; **C:** incorreta. A divulgação de informações de interesse público independe de solicitações. É o que determina o art. 3º, II, da Lei 12.527/2011; **D:** incorreta. De acordo com o art. 4º, VIII, da Lei 12.527/2011, a integridade é qualidade da informação **não modificada**, inclusive quanto à origem, trânsito e destino; **E:** correta. Determina o art. 3º da Lei 12.527/2011 que as diretrizes sobre os procedimentos que asseguram o direito fundamental de acesso à informação são as seguintes: I – observância da publicidade como preceito geral e do sigilo como exceção; II – divulgação de informações de interesse público, independentemente de solicitações; III – utilização de meios de comunicação viabilizados pela tecnologia da informação; IV – fomento ao desenvolvimento da cultura de transparência na administração pública; **V – desenvolvimento do controle social da administração pública.**
Gabarito "E".

(Juiz – TJ/SP – VUNESP – 2015) Ao analisar decisões do Supremo Tribunal Federal na aplicação do princípio da igualdade, por exemplo na ADPF 186/DF (sistema de cotas para ingresso nas universidades públicas), é correto afirmar que

(A) o princípio da igualdade é absoluto no que se refere à igualdade de gênero.
(B) a diferença salarial entre servidores com igual função em diferentes entes públicos não se sustenta diante do princípio da isonomia, a justificar revisão por parte do Judiciário.
(C) as discriminações positivas correspondem a maior efetividade ao princípio da igualdade.
(D) a Constituição Federal não estabelece distinção entre igualdade formal e material.

A: incorreta, pois não há aplicação da igualdade a partir de um prisma absoluto (não há, em regra, direito absoluto); **B:** incorreta, por ofensa ao disposto na súmula 339, do STF; **C:** correta. É o aplicar da compreensão em igualar os iguais e desigualar os desiguais, na exata medida da desigualdade (ver ADPF 186, STF); **D:** incorreta, pois o texto constitucional não se contenta apenas com a igualdade formal. Ao contrário, ampara a promove a igualdade material.
Gabarito "C".

(Juiz – TJ/SP – VUNESP – 2015) Diante de informação relativa a iminente publicação de matéria considerada ofensiva à intimidade e à honra de autoridade pública em jornal local, nos termos definidos pelo Supremo Tribunal Federal no julgamento da ADPF 130/DF, é possível conceder ordem judicial que

(A) proíba a circulação da publicação jornalística considerada ofensiva, com base no art. 5º, V e X, da Constituição Federal.
(B) assegure, após configurado o dano causado à honra e à intimidade, a sua reparação.
(C) imponha alteração do conteúdo da matéria a ser divulgada, a fim de riscar ou suprimir expressões ofensivas à honra e à intimidade da vítima.
(D) proíba a inserção da matéria considerada ofensiva naquela publicação jornalística, embora autorizada sua circulação.

A: incorreta, pois o controle ocorrerá posteriormente e, de fato, não se confunde com censura; **B:** correta, conforme já explicamos no comentário anterior; **C:** incorreta, pois o controle será posterior; **D:** incorreta, pois não há proibição, vez que o controle será posterior.
Gabarito "B".

(Juiz – TJ/SP – VUNESP – 2015) A divulgação, nos sites dos respectivos órgãos administrativos, de nomes e vencimentos de servidores públicos, observado o decidido pelo Supremo Tribunal Federal no julgamento do ARE 652.777, é medida que

(A) deve ser reconhecida como legítima diante dos princípios constitucionais que regulam a atividade pública e da Lei federal nº 12.527/11.
(B) deve ser vedada, como regra geral, atendendo apenas a eventual requisição ou consulta justificada, porque a Lei Federal nº 12.527/11 (acesso à informação) não impõe ou disciplina aquela divulgação.
(C) deve ser autorizada em relação aos denominados agentes políticos, ocupante de cargos eletivos, para conhecimento da população.
(D) deve ser limitada à indicação da remuneração genérica dos cargos, sem identificação pessoal dos servidores, em respeito à inviolabilidade da intimidade e da vida privada dos servidores.

A: correta, inclusive esta é a jurisprudência do STF (ver ARE 652.777/SP); **B:** incorreta, pois prepondera a publicidade; **C:** incorreta, pois a divulgação é ampla e não traz restrição a uma categoria de agentes públicos; **D:** incorreta. A divulgação conterá o nome, o cargo ocupado e os vencimentos recebidos, pois prepondera a publicidade e a moralidade pública em detrimento da intimidade.
Gabarito "A".

(Juiz – TJ/MS – VUNESP – 2015) Considerando as normas da Constituição Federal que tratam da extradição, assinale a alternativa correta.

(A) O estrangeiro pode ser extraditado, havendo vedação apenas em relação aos crimes político e de opinião, ressalvas estas que não são incompatíveis com a situação de asilado político do estrangeiro no país.
(B) O brasileiro naturalizado pode ser extraditado pela prática de crime comum antes da naturalização, sendo necessário, porém, para esse fim, que haja anulação da naturalização.
(C) O cidadão português não pode ser extraditado por crime de terrorismo, independentemente de quando foi cometido, uma vez que o Supremo Tribunal Federal já assentou que este se equipara ao crime político.
(D) O brasileiro nato não pode ser extraditado, exceto se tiver nacionalidade primária do país no qual o crime foi cometido e se houver reciprocidade estabelecida em tratado internacional.
(E) Os crimes que podem ensejar a extradição de estrangeiro não se sujeitam à prescrição.

A: correta, nos exatos termos do art. 5º, LI e LII, da CF; **B:** incorreta, pois não se exige a anulação da naturalização; **C:** incorreta, pois a jurisprudência do STF não equipara o crime de terrorismo ao crime político (EXT 855/CL, STF); **D:** incorreta, pois o brasileiro nato não será extraditado (art. 5º, LI, da CF); **E:** incorreta, pois tais crimes também estão sujeitos à prescrição.
Gabarito "A".

(Juiz – TJ/SP – VUNESP – 2015) Reconhecida a força normativa do texto constitucional e aceita a sistematização proposta por Robert Alexy, é correto afirmar que os direitos fundamentais previstos

(A) têm natureza prestacional quando correspondem aos denominados direitos positivos.
(B) têm natureza prestacional, desde que correspondentes aos denominados direitos fundamentais da segunda "dimensão".
(C) têm todos natureza prestacional, em suas diferentes "dimensões".
(D) têm natureza prestacional, desde que vinculados à proteção da liberdade e da saúde.

A: correta. Não se pode confundir o *status* com as dimensões dos direitos fundamentais. Assim, Alexy defende que os direitos fundamentais possuem natureza prestacional (direitos sociais) quando exteriorizam os direitos fundamentais como prestações positivas do Estado (dever do Estado); **B:** incorreta, pois confunde o *status* com as dimensões, não se tratando de dimensões dos direitos fundamentais; **C:** incorreta, pois há os direitos que atribuem liberdades, por exemplo; **D:** incorreta, pois não se exige vinculação à proteção da liberdade e da saúde.
Gabarito "A".

(Procurador da República –28º Concurso – 2015 – MPF) Dentre os enunciados abaixo, estão corretos:

I. O exercício dos direitos fundamentais pode ser facultativo, sujeito, inclusive, a negociação ou mesmo prazo fatal;
II. A proibição de retrocesso é uma proteção contra efeitos retroativos e tem expressa previsão constitucional na proibição de ofensa ao ato jurídico perfeito, à coisa julgada e ao direito adquirido;
III. Salvo em relação às reservas legais, para que a diminuição na proteção de um direito fundamental seja permitida, é preciso que haja justificativa também de estatura fundamental, que se preserve o núcleo do direito envolvido e que se observe o princípio da proporcionalidade;
IV. Pela teoria interna, o conflito entre direitos fundamentais é meramente aparente, na medida em que é superado pela determinação do verdadeiro conteúdo dos direitos envolvidos.

(A) I, II e IV
(B) I, III e IV
(C) I e III
(D) I e IV

I: correta. Ver André de Carvalho Ramos: "apesar de não se admitir a eliminação ou disposição dos direitos humanos em abstrato, seu exercício pode ser facultativo, sujeito inclusive a negociação ou mesmo prazo fatal para seu exercício"; **II:** incorreta. Canotilho ressalta que a proibição do retrocesso social também pode ser entendida como "contrarrevolução social" ou "evolução reacionária". Segundo o autor, "com isto quer dizer-se que os direitos sociais e econômicos, uma vez alcançados ou conquistados, passam a constituir, simultaneamente, uma garantia institucional e um direito subjetivo". Além disso, André de Carvalho Ramos diferencia a proibição do retrocesso da proteção contra efeitos retroativos "este é proibido por ofensa ao ato jurídico perfeito, da coisa julgada e do direito adquirido. A vedação do retrocesso é distinta: proíbe as medidas de efeitos retrocessivos, que são aquelas que objetivam a supressão ou diminuição da satisfação de um dos direitos humanos. Abrange não somente os direitos sociais (a chamada proibição do retrocesso social), mas todos os direitos humanos, que [...] são indivisíveis"; **III:** incorreta. Os direitos fundamentais, embora fundamentais, não são absolutos e podem sofrer restrições (i) por força de outras normas constitucionais (art. 5º, IV – vedação ao anonimato), (ii) de normas legais editadas por autorização da Constituição (art. 5º, XI e art. 136, § 1º, CF), (iii) na forma da lei – ou seja, por reserva legal simples, como no art.

5º, XV, CF –, (iv) por reserva legal qualificada (art. 5º, XII e XIII, que além da exigência de lei trazem a exigência do objeto, finalidade ou conteúdo da lei restritiva); (v) por restrições implícitas no texto constitucional. Em todos os casos, porém, é necessário observar o princípio da proporcionalidade para a validade da restrição e a manutenção do núcleo essencial dos direitos fundamentais envolvidos. Ver Jane Reis, *Aspectos gerais sobre as restrições aos direitos fundamentais*, disponível na página da autora na internet; **IV**: correta. A questão sobre restrições aos direitos fundamentais passa pelas teorias interna e externa. Conferir, mais uma vez, a lição de Jane Reis: "A teoria interna sobre os limites dos direitos fundamentais sustenta, em síntese, que é inadmissível a ideia de restrições ou limitações externas aos direitos fundamentais. Essa vertente teórica – também denominada concepção estrita do conteúdo dos direitos –, considera que os direitos fundamentais cuja restrição não é expressamente autorizada pela Constituição não podem ser objeto de autênticas limitações legislativas, mas apenas de *delimitações*, as quais devem cingir-se a desvelar o conteúdo normativo constitucionalmente previsto. Assim, na ausência de norma da Constituição autorizando o legislador, de forma expressa, a restringir aos direitos, este poderá apenas explicitar os limites já contidos na norma constitucional. Apenas nos casos em que o texto constitucional prevê a possibilidade de interferência do Poder Legislativo, a atuação deste consistirá em verdadeira e autorizada limitação ao direito fundamental. No plano da interpretação judicial, a teoria interna refuta a existência de conflitos entre os direitos e, consequentemente, a ponderação de bens. A tarefa do operador jurídico ao interpretar o direito fundamental deve ater-se a identificar seu conteúdo constitucionalmente estabelecido e a verificar sua adequação à questão de fato apreciada, não lhe competindo estabelecer restrições recíprocas a direitos ou bens supostamente antagônicos". **TM**
Gabarito "D".

(Procurador da República –28º Concurso – 2015 – MPF) Assinale a alternativa correta:

(A) Para o Supremo Tribunal Federal, o art. 384 da Consolidação das Leis do Trabalho, que determina, em caso de prorrogação do horário normal de trabalho da mulher, a obrigatoriedade de um descanso mínimo de 15 (quinze) minutos antes do início do período extraordinário, não foi recepcionado pela atual Constituição, por ofensa ao princípio da igualdade e por gerar ônus excessivo às mulheres;

(B) O STF, por meio do exercício da ponderação de interesses, já permitiu o ingresso de policiais, durante a madrugada, em escritório de advocacia para a instalação de escuta ambiental;

(C) O STF decidiu que mostrar as nádegas em público, em reação às vaias da plateia, não está inserido na liberdade de expressão;

(D) No entendimento do STF, as pessoas jurídicas têm direito a assistência jurídica gratuita, bastando-lhes alegar insuficiência de recursos.

A: incorreta. O STF declarou que o art. 384 da CLT foi recepcionado pela Constituição de 1988: "(...) 2. O princípio da igualdade não é absoluto, sendo mister a verificação da correlação lógica entre a situação de discriminação apresentada e a razão do tratamento desigual. 3. A Constituição Federal de 1988 utilizou-se de alguns critérios para um tratamento diferenciado entre homens e mulheres: i) em primeiro lugar, levou em consideração a histórica exclusão da mulher do mercado regular de trabalho e impôs ao Estado a obrigação de implantar políticas públicas, administrativas e/ou legislativas de natureza protetora no âmbito do direito do trabalho; ii) considerou existir um componente orgânico a justificar o tratamento diferenciado, em virtude da menor resistência física da mulher; e iii) observou um componente social, pelo fato de ser comum o acúmulo pela mulher de atividades no lar e no ambiente de trabalho – o que é uma realidade e, portanto, deve ser levado em consideração na interpretação da norma. 4. Esses parâmetros constitucionais são legitimadores de um tratamento diferenciado desde que esse sirva, como na hipótese, para ampliar os direitos fundamentais sociais e que se observe a proporcionalidade na compensação das diferenças. 5. Recurso extraordinário não provido, com a fixação das teses jurídicas de que o art. 384 da CLT foi recepcionado pela Constituição Federal de 1988 e de que a norma se aplica a todas as mulheres trabalhadoras. (RE 658312, Relator(a): Min. Dias Toffoli, Tribunal Pleno, julgado em 27/11/2014); **B**: correta. A questão foi dirimida pelo STF no Inq :"(...) 8. Prova. Criminal. Escuta ambiental e exploração de local. Captação de sinais óticos e acústicos. Escritório de advocacia. Ingresso da autoridade policial, no período noturno, para instalação de equipamento. Medidas autorizadas por decisão judicial. Invasão de domicílio. Não caracterização. Suspeita grave da prática de crime por advogado, no escritório, sob pretexto de exercício da profissão. Situação não acobertada pela inviolabilidade constitucional. Inteligência do art. 5º, X e XI, da CF, art. 150, § 4º, III, do CP, e art. 7º, II, da Lei 8.906/1994. Preliminar rejeitada. Votos vencidos. Não opera a inviolabilidade do escritório de advocacia, quando o próprio advogado seja suspeito da prática de crime, sobretudo concebido e consumado no âmbito desse local de trabalho, sob pretexto de exercício da profissão (...)". (STF, Inq 2424, Rel. Min. Cezar Peluzo, Tribunal Pleno, j. 26/11/2008, DJe-055, 25-03-2010); **C**: incorreta. Trata-se do famoso caso Gerald Thomas: "(...) 2. Simulação de masturbação e exibição das nádegas, após o término de peça teatral, em reação a vaias do público. 3. Discussão sobre a caracterização da ofensa ao pudor público. Não se pode olvidar o contexto em se verificou o ato incriminado. O exame objetivo do caso concreto demonstra que a discussão está integralmente inserida no contexto da liberdade de expressão, ainda que inadequada e deseducada. 4. A sociedade moderna dispõe de mecanismos próprios e adequados, como a própria crítica, para esse tipo de situação, dispensando-se o enquadramento penal. (...)" (STF, HC 83996, Rel. p/ Acórdão Min. Gilmar Mendes, Segunda Turma, j. 17/08/2004, DJ 26-08-2005); **D**: incorreta. Confira-se: "(...) O benefício da gratuidade – que se qualifica como prerrogativa destinada a viabilizar, dentre outras finalidades, o acesso à tutela jurisdicional do Estado – constitui direito público subjetivo reconhecido tanto à pessoa física quanto à pessoa jurídica de direito privado, independentemente de esta possuir, ou não, fins lucrativos. Precedentes. – Tratando-se de entidade de direito privado – com ou sem fins lucrativos –, impõe-se-lhe, para efeito de acesso ao benefício da gratuidade, o ônus de comprovar a sua alegada incapacidade financeira (...), não sendo suficiente, portanto, ao contrário do que sucede com a pessoa física ou natural (...), a mera afirmação de que não está em condições de pagar as custas do processo e os honorários advocatícios". (STF, RE 192715 AgR, Rel. Min. Celso de Mello, Segunda Turma, j. em 21/11/2006, DJ 09-02-2007). **TM**
Gabarito "B".

(Procurador da República –28º Concurso – 2015 – MPF) Dentre os enunciados abaixo, estão corretos:

I. O pluralismo político é princípio fundante da ordem constitucional e deve ser compreendido não apenas em sua acepção político--partidária, mas alcançando todas as concepções e ideias que tenham relevância para o comportamento político coletivo;

II. O direito de resposta, apesar de mecanismo voltado à proteção dos direitos de personalidade, é também um instrumento de mídia colaborativa, em que o público é convidado a colaborar com suas próprias versões de fatos e a apresentar seus próprios pontos de vista;

III. Há, na Constituição, um mandado de otimização implícito no princípio do pluralismo político, na vedação de monopólios e oligopólios nos meios de comunicação social, na consagração do direito de acesso à informação e no aspecto participativo da liberdade de expressão que impõe um dever para o Estado de reconhecimento e promoção de fenômenos como as "rádios comunitárias", cujo papel é dar voz a grupos tradicionalmente alijados do debate público;

IV. As liberdades de expressão e de informação possuem uma dimensão dúplice, apresentando-se simultaneamente como garantias liberais defensivas e como garantias democráticas positivas, razão por que a regulação da imprensa deve preencher as falhas naturais do mercado livre no ramo da comunicação social.

(A) I e II
(B) I, II e III
(C) I, III e IV
(D) todos estão corretos

I: correta. Todas as alternativas trazem transcrições do artigo do Professor Gustavo Binenbojm, *Meios de Comunicação de massa, Pluralismo e Democracia Deliberativa. As liberdades de expressão e de imprensa nos Estados Unidos e no Brasil*, disponível na internet. Em continuação ao trecho do item I da questão, afirma o autor: "Por outro lado, como norma-princípio que é, espraia seus efeitos por toda a Carta, condicionando a interpretação dos demais dispositivos e clamando por concretização, conforme as circunstâncias, no maior grau possível"; **II**: correta. Outra transcrição do mesmo texto de Gustavo Binenbojm: "A meu ver, portanto, o direito de resposta deve ser visto como um instrumento de mídia colaborativa (*collaborative media*) em que o público é convidado a colaborar com suas próprias versões de fatos e a apresentar seus próprios pontos de vista. A autonomia editorial, a seu turno, seria preservada desde que seja consignado que a versão ou comentário é de autoria de um terceiro e não representa a opinião do veículo de comunicação"; **III**: correta. Do mesmo texto de Gustavo Binenbojm, citado nos comentários ao item I: "Há na Constituição um mandado de otimização implícito (I) no princípio do pluralismo político, (II) na vedação de monopólios e oligopólios dos meios de comunicação social, (III) na consagração do direito de acesso à informação e (IV) no aspecto positivo ou participativo da liberdade de expressão, que impõe um dever para Estado de reconhecimento e promoção de fenômenos como as rádios comunitárias, cujo papel é o de dar voz a grupos tradicionalmente alijados do debate público e condenados à invisibilidade social. Seria, de fato, uma contradição que o Estado, além de não prover acesso adequado das comunidades carentes à grande mídia, ainda pretendesse lhes tolher o uso do instrumental expressivo por elas mesmas desenvolvido. Qualquer medida contraria ao reconhecimento da legitimidade e mesmo ao fomento de tais formas expressivas me parece evidentemente inconstitucional"; **IV**: correta. Ainda de acordo com o texto de Gustavo Binenbojm: "Procurou-se demonstrar, ao longo do presente estudo, que as liberdades de expressão e de imprensa possuem uma dimensão dúplice, pois que se apresentam, simultaneamente, como garantias liberais defensivas (liberdades negativas protegidas contra intervenções externas) e como garantias democráticas positivas (liberdades positivas de participação nos processos coletivos de deliberação pública). O Estado cumpre papel decisivo e crucial tanto ao respeitar os limites externos à liberdade de expressão, como ao regular o exercício de atividades expressivas com vistas a fomentar a melhoria da qualidade do debate público e a inclusão do maior número possível de grupos sociais e pontos de vista distintos no mercado de ideias". Notem que as provas do MPF também trazem, muitas vezes, trechos de obras do Professor Daniel Sarmento. **TM**
Gabarito "D".

(Procurador da República –28º Concurso – 2015 – MPF) Assinale a alternativa incorreta:

(A) O conceito de "relação especial de sujeição" deve ser entendido como parâmetro interpretativo exclusivo no que diz respeito às restrições de direitos fundamentais dos presos;

(B) Segundo o STF, as pessoas jurídicas de direito público podem ser titulares de direitos fundamentais;

(C) O STF entendeu ser possível a coleta de material biológico da placenta, com o propósito de fazer exame de DNA para averiguar a paternidade do nascituro, mesmo diante da oposição da mãe, ponderando, dentre outros, o direito à intimidade da presa e o direito à honra e à imagem de policiais federais acusados de seu estupro;

(D) O STF afastou a coisa julgada em ação de investigação de paternidade, considerando que o princípio da segurança jurídica não pode prevalecer em detrimento da dignidade da pessoa humana, sob a perspectiva dos direitos à identidade genética e a personalidade do indivíduo.

A: incorreta. Confira a lição de Paulo Gustavo Gonet Branco, "Há pessoas que se vinculam aos poderes estatais de forma marcada pela sujeição, submetendo-se a uma mais intensa medida de interferência sobre os seus direitos fundamentais. Nota-se nesses casos uma duradora inserção do indivíduo na esfera organizativa da Administração. (...). Notam-se exemplos de relações especiais de sujeição no regime jurídico peculiar que o Estado mantém com os militares, com os funcionários públicos civis, com os internados em estabelecimentos públicos ou com os estudantes em escola pública. O conjunto de circunstâncias singulares em que se encontram essas pessoas induz um tratamento diferenciado com respeito ao gozo dos direitos fundamentais"; **B:** correta. Os direitos fundamentais das pessoas jurídicas de direito público costumam ser identificados com as chamadas "garantias processuais", amplamente aceitas pelo STF, mas com elas não se confundem, como no caso Glória Trevi, em que o STF reconheceu o direito à imagem da Polícia Federal (União); **C:** correta. Trata-se do famoso caso Glória Trevi: "Reclamação. Reclamante submetida ao processo de Extradição 783, à disposição do STF. 2. Coleta de material biológico da placenta, com propósito de se fazer exame de DNA, para averiguação de paternidade do nascituro, embora a oposição da extraditanda. (...) 6. Decisão do Juiz Federal da 10ª Vara do Distrito Federal, no ponto em que autoriza a entrega da placenta, para fins de realização de exame de DNA, suspensa, em parte, na liminar concedida na Reclamação. Mantida a determinação ao Diretor do Hospital Regional da Asa Norte, quanto à realização da coleta da placenta do filho da extraditanda. Suspenso também o despacho do Juiz Federal da 10ª Vara, na parte relativa ao fornecimento de cópia integral do prontuário médico da parturiente. 7. Bens jurídicos constitucionais como "moralidade administrativa", "persecução penal pública" e "segurança pública" que se acrescem, — como bens da comunidade, na expressão de Canotilho, — ao direito fundamental à honra (CF, art. 5º, X), bem assim direito à honra e à imagem de policiais federais acusados de estupro da extraditanda, nas dependências da Polícia Federal, e direito à imagem da própria instituição, em confronto com o alegado direito da reclamante à intimidade e a preservar a identidade do pai de seu filho". (STF, Rcl 2040 QO, Rel. Min. Néri da Silveira, Tribunal Pleno, j. 21/02/2002, DJ 27-06-2003); **D:** correta. O STF já decidiu o tema, com repercussão geral: "(...) Deve ser relativizada a coisa julgada estabelecida em ações de investigação de paternidade em que não foi possível determinar-se a efetiva existência de vínculo genético a unir as partes, em decorrência da não realização do exame de DNA, meio de prova que pode fornecer segurança quase absoluta quanto à existência de tal vínculo. 3. Não devem ser impostos óbices de natureza processual ao exercício do direito fundamental à busca da identidade genética, como natural emanação do direito de personalidade de um ser, de forma a tornar-se igualmente efetivo o direito à igualdade entre os filhos, inclusive de qualificações, bem assim o princípio da paternidade responsável. 4. Hipótese em que não há disputa de paternidade de cunho biológico, em confronto com outra, de cunho afetivo. Busca-se o reconhecimento de paternidade com relação à pessoa identificada. 5. Recursos extraordinários conhecidos e providos. (STF, RE 363889, Rel. Min. Dias Toffoli, Tribunal Pleno, julgado em 02/06/2011, DJe 15-12-2011).

(Procurador da República – 28º Concurso – 2015 – MPF) Dentre os enunciados abaixo, estão corretos:

I. A interculturalidade significa, em sua forma mais geral, contato e intercâmbio entre culturas em condições de igualdade. Tal contato e intercâmbio não devem ser pensados apenas em termos étnicos, mas também a partir da relação, comunicação e aprendizagem permanente entre pessoas, grupos, conhecimentos, valores, tradições, lógicas e racionalidades distintas;

II. A multiculturalidade é um termo principalmente descritivo e basicamente se refere à multiplicidade de culturas dentro de um determinado espaço;

III. A essencialização de identidades refere-se a uma tendência de ressaltar diferenças étnicas, de gênero, de orientação sexual, entre outras, como se fossem identidades monolíticas, homogêneas, estáticas e com fronteiras sempre definidas;

IV. A noção de tolerância como eixo do problema multicultural oculta a permanência das desigualdades sociais que não permitem aos diversos grupos relacionar-se equitativamente e participar ativamente na sociedade.

(A) I e III;
(B) I e IV;
(C) I, III e IV;
(D) todos estão corretos.

I: correta. Virgílio Alvarado pontua a relação entre os conceitos de interculturalidade e multiculturalismo: "enquanto o multiculturalismo propugna a convivência num mesmo espaço social de culturas diferentes sob o princípio da tolerância e do respeito à diferença, a interculturalidade, ao pressupor como inevitável a interação entre essas culturas, propõe um projeto político que permita estabelecer um diálogo entre elas, como forma de garantir uma real convivência pacífica"; **II:** correta. De acordo com Boaventura de Sousa Santos e João Arriscado Nunes, "A expressão multiculturalismo designa, originariamente, a coexistência de formas culturais ou de grupos caracterizados por culturas diferentes no seio das sociedades modernas. Rapidamente, contudo, o termo se tornou um modo de descrever as diferenças culturais num contexto transnacional e global. Existem diferentes noções de multiculturalismo, nem todas no sentido emancipatório. O termo apresenta as mesmas dificuldades e potencialidades do conceito de "cultura", um conceito central das humanidades e das ciências sociais e que nas últimas décadas, se tornou terreno explícito de lutas políticas"; **III:** correta. Um exemplo recente do fenômeno é o debate sobre apropriação cultural; **IV:** correta. Embora a ideia de tolerância decorra do princípio da igualdade, há casos em que a tolerância se torna um problema, como na aceitação da escravidão, que até hoje gera consequências nefastas para indivíduos negros. Na feliz síntese de Boaventura de Souza Santos, "...temos o direito a ser iguais quando a nossa diferença nos inferioriza; e temos o direito a ser diferentes quando a nossa igualdade nos descaracteriza. Daí a necessidade de uma igualdade que reconheça as diferenças e de uma diferença que não produza, alimente ou reproduza as desigualdades".

(Procurador da República – 28º Concurso – 2015 – MPF) Assinale a alternativa incorreta:

(A) A justaposição entre direitos reprodutivos e sexuais se dá com o propósito de que os direitos sexuais sejam considerados como um subconjunto dos primeiros, validando os processos socialmente construídos que vinculam a heterossexualidade a procriação e ao casamento;
(B) Não é possível falar-se, na atualidade, em justiça sem uma compreensão integrada de suas dimensões culturais, econômicas e políticas;
(C) O § 8º do art. 226 da Constituição Federal rompe com a visão instrumental da mulher como garantidora da família;
(D) Apenas uma relação de igualdade permite a autonomia individual, e esta só é possível se se assegura a cada qual sustentar as suas muitas e diferentes concepções do sentido e da finalidade da vida.

A: incorreta. De acordo com Alice Muller, "a justaposição entre direitos reprodutivos e direitos sexuais serviu, involuntariamente, para que se considerem os direitos sexuais como um subconjunto dos primeiros", o que acaba por ocultar "os processos socialmente construídos que vinculam a heterossexualidade à procriação e ao casamento"; **B:** correta. Por isso a importância de conceitos como o de multiculturalismo, interculturalidade e respeito à diferença; **C:** correta. "Art. 226, § 8º O Estado assegurará a assistência à família na pessoa de cada um dos que a integram, criando mecanismos para coibir a violência no âmbito de suas relações"; **D:** correta. Noção de igualdade como *reconhecimento intersubjetivo*. Ver, por todos, Daniel Sarmento, *Dignidade da Pessoa humana: conteúdo, trajetórias e metodologia* (cap. 6). Acompanhar julgamentos no STF sobre "pessoas trans".

(Delegado/GO – 2017 – CESPE) Com relação aos tratados e convenções internacionais, assinale a opção correta à luz do direito constitucional brasileiro e da jurisprudência do Supremo Tribunal Federal (STF).

(A) Segundo o entendimento do STF, respaldado na teoria da supralegalidade, a ratificação do Pacto de São José da Costa Rica revogou o inciso LXVII do art. 5º da CF, que prevê a prisão do depositário infiel.
(B) O sistema constitucional brasileiro adotou, para efeito da executoriedade doméstica de um tratado internacional, a teoria dualista extremada, pois exige a edição de lei formal distinta para tal executoriedade.
(C) O Pacto de São José da Costa Rica influenciou diretamente a edição da súmula vinculante proferida pelo STF, a qual veda a prisão do depositário infiel.
(D) A Convenção de Palermo tem como objetivo a cooperação para a prevenção e o combate do crime de feminicídio no âmbito das nações participantes.
(E) Elaborada pelas Nações Unidas, a Convenção de Mérida, que trata da cooperação internacional contra a corrupção, ainda não foi ratificada pelo Brasil.

A alternativa **A** está errada. Isso porque o entendimento do STF é no sentido de que os tratados internacionais de direitos humanos, incorporados antes da Emenda Constitucional 45/2004, têm eficácia supralegal, o que tem a seguinte consequência – são infraconstitucionais (ou seja, estão abaixo da CF), mas supralegais (acimas das normas infraconstitucionais, com eficácia paralisante destas). Errada a alternativa **B**. No sistema constitucional brasileiro não há exigência de edição de lei para efeito de incorporação do ato internacional ao direito interno (visão dualista extremada). Para a executoriedade doméstica dos tratados internacionais exige-se a aprovação do Congresso Nacional e a promulgação executiva do texto convencional (visão dualista moderada). Nesse sentido ver a decisão do STF na Carta Rogatória – CR 8279 / AT – Argentina. Correta a alternativa **C**. O Pacto de São José da Costa Rica só admite a prisão civil do devedor de alimentos, sendo, portanto, vedada a prisão do depositário infiel. Por considerar o STF que esse Tratado é hierarquicamente supralegal, a consequência é a sua eficácia paralisante da legislação infraconstitucional que regula a prisão do depositário infiel (admitida pela Constituição Federal de 1988). Errada a alternativa **D**. A Convenção de Palermo é a Convenção das Nações Unidas contra o Crime Organizado Transnacional, incorporada em nosso ordenamento jurídico pelo Decreto 5.015/2004. Errada a alternativa **E**. A Convenção de Mérida, Convenção das Nações Unidas contra a Corrupção, adotada pela Assembleia-Geral das Nações Unidas em 31 de outubro de 2003 foi assinada pelo Brasil em 9 de dezembro de 2003. Sua incorporação ao ordenamento jurídico pátrio se deu pelo Decreto 5.687/2006.

(Defensor Público – DPE/BA – 2016 – FCC) No âmbito da Teoria dos Direitos Fundamentais,

(A) em que pese a doutrina reconhecer a eficácia dos direitos fundamentais nas relações entre particulares (eficácia horizontal), a tese em questão nunca foi apreciada ou acolhida pelo Supremo Tribunal Federal.
(B) a cláusula de abertura material do catálogo de direitos fundamentais expressa no § 2º do art. 5º da Constituição Federal não autoriza que direitos consagrados fora do Título II do texto constitucional sejam incorporados ao referido rol.
(C) o princípio da proibição de retrocesso social foi consagrado expressamente no texto da Constituição Federal.
(D) os direitos fundamentais de primeira dimensão ou geração possuem função normativa de natureza apenas defensiva ou negativa.
(E) a dimensão subjetiva dos direitos fundamentais está atrelada, na sua origem, à função clássica de tais direitos, assegurando ao seu titular o direito de resistir à intervenção estatal em sua esfera de liberdade individual.

A: Errada. A tese foi adotada expressamente, por exemplo, no RE 201819, Rel. para acórdão Min. Gilmar Mendes, j. 11.10.2005, Segunda Turma, que invalidou a exclusão de sócio da União Brasileira de Compositores (UBC) sem observância do devido processo legal: "O espaço de autonomia privada garantido pela Constituição às associações não está imune à incidência dos princípios constitucionais que asseguram o respeito aos direitos fundamentais de seus associados. A autonomia privada, que encontra claras limitações de ordem jurídica, não pode ser exercida em detrimento ou com desrespeito aos direitos e garantias de terceiros, especialmente aqueles positivados em sede constitucional, pois a autonomia da vontade não confere aos particulares, no domínio de sua incidência e atuação, o poder de transgredir ou de ignorar as restrições postas e definidas pela própria Constituição, cuja eficácia e força normativa também se impõem, aos particulares, no âmbito de suas relações privadas, em tema de liberdades fundamentais"; **B:** Errada. A cláusula de abertura serve justamente para qualificar como direito fundamental aqueles que não se encontram no rol do art. 5º da CF, mas em outros títulos da CF – ou até mesmo aqueles que não estão na Constituição; **C:** Errada. Não há menção expressa na CF. De acordo com Luís Roberto Barroso, trata-se de limite à liberdade de conformação do legislador, retirando-lhe a possibilidade de revogar total ou parcialmente determinadas leis, quando isso decorra da paralisação ou considerável esvaziamento da eficácia de dispositivos constitucionais dependentes de regulamentação; **D:** Errada. A doutrina afirma que os direitos de primeira dimensão são direitos a prestações negativas, ou seja, que demandam uma abstenção (não uma prestação) do Estado. Não significa, porém, que possuam função normativa negativa; **E:** Correta. A dimensão subjetiva diz respeito aos sujeitos, aos titulares dos direitos fundamentais, que em sua função clássica conferem proteção contra o Estado, que não pode intervir na esfera de liberdades dos indivíduos. TM
Gabarito: "E".

(Defensor Público – DPE/BA – 2016 – FCC) É considerado pela doutrina como (sub) princípio derivado do princípio da proporcionalidade:

(A) Proibição de retrocesso social.
(B) Estado de direito.
(C) Segurança jurídica.
(D) Proibição de proteção insuficiente.
(E) Boa-fé objetiva.

A doutrina afirma que a proporcionalidade tem três elementos: a) adequação entre meios e fins; b) necessidade/utilidade da medida (proibição do excesso); b) proporcionalidade em sentido estrito (relação custo/benefício). Além disso, afirma que a violação à proporcionalidade ocorre tanto quando há excesso na ação estatal quanto nas hipóteses em que a proteção oferecida é deficiente princípio da proteção insuficiente (ver ADI 4530). TM
Gabarito: "D".

(Defensor Público – DPE/RN – 2016 – CESPE) Acerca da distinção entre princípios e regras, do princípio da proibição do retrocesso social, da reserva do possível e da eficácia dos direitos fundamentais, assinale a opção correta.

(A) De acordo com entendimento do STF, não é cabível à administração pública invocar o argumento da reserva do possível frente à imposição de obrigação de fazer consistente na promoção de medidas em estabelecimentos prisionais para assegurar aos detentos o respeito à sua integridade física e moral.
(B) Os direitos fundamentais são também oponíveis às relações privadas, em razão de sua eficácia vertical.
(C) As colisões entre regras devem ser solucionadas mediante a atribuição de pesos, indicando-se qual regra tem prevalência em face da outra, em determinadas condições.
(D) Tanto regras quanto princípios são normas, contudo, tão somente as regras podem ser formuladas por meio das expressões deontológicas básicas do dever, da permissão e da proibição.
(E) O princípio da proibição do retrocesso social constitui mecanismo de controle para coibir ou corrigir medidas restritivas ou supressivas de direitos fundamentais, tais como as liberdades constitucionais.

A: Correta. A reserva do possível não pode ser legitimamente invocada para a não adoção de políticas públicas ligadas ao mínimo existencial da dignidade humana; **B:** Errada. Os direitos fundamentais são sim oponíveis nas relações privadas, mas aí se trata de eficácia horizontal (particular contra particular). A eficácia vertical refere-se à incidência padrão dos direitos fundamentais, pelo indivíduo em face do Estado; **C:** Errada. De acordo com a doutrina majoritária, as regras não podem ser ponderadas. A atribuição de pesos é dada aos *princípios*, quando colidem entre si, visando a solução do conflito; **D:** Errada. Normas são gênero, das quais os princípios e as regras são espécies. Entretanto, tanto regras quanto princípios são formuladas por expressões normativas e deontológicas (do dever ser); **E:** Errada. O princípio opera no plano dos direitos *sociais*, não se referindo a todos os direitos fundamentais. TM
Gabarito: "A".

(Analista Judiciário – TRT/8ª – 2016 – CESPE) Acerca dos direitos e das garantias fundamentais previstos na CF, assinale a opção correta.

(A) É permitido ao preso provisório e ao maior de dezoito anos de idade internado ao tempo em que era adolescente alistar-se ou transferir o título de eleitor para o domicílio dos estabelecimentos penais e de internação onde se encontrem.
(B) A CF assegura personalidade jurídica aos partidos políticos, na forma da lei, além de estabelecer as sanções cabíveis no caso de indisciplina partidária, que podem ser tanto a advertência quanto a perda do mandato.
(C) Os direitos sociais assegurados à categoria dos trabalhadores domésticos incluem a proteção do mercado de trabalho da mulher, mediante incentivos específicos e piso salarial proporcional à extensão e à complexidade do trabalho, atendidas as condições estabelecidas em lei.
(D) Todos os direitos e as garantias expressos na CF foram expressamente editados como cláusula pétrea, constituindo rol taxativo, cuja ampliação depende de edição de emendas constitucionais.
(E) No que se refere aos direitos e garantias fundamentais elencados na CF, os estrangeiros residentes e não residentes no Brasil equiparam-se aos brasileiros.

A: correta. De acordo com o art. 15, III, da CF, apenas o preso com condenação criminal transitada em julgado e pena não integralmente cumprida pode ser impedido de votar. Assim, o preso provisório (aquele que, no dia da eleição, ainda aguarda decisão definitiva) e os adolescentes internados têm direito ao voto; **B:** incorreta. A primeira parte está correta (art. 17, § 2º, da CF), mas a CF não prevê sanções cabíveis por indisciplina partidária. Ao contrário, ao dispor sobre os casos de perda do mandato (art. 55, CF), a Constituição não contempla a hipótese de indisciplina partidária; **C:** incorreta. Os direitos previstos no art. 7º, V e XX, CF ("piso salarial proporcional à extensão e à complexidade do trabalho" e "proteção do mercado de trabalho da mulher, mediante incentivos específicos, nos termos da lei") não são extensíveis aos trabalhadores domésticos. O rol dos direitos sociais aplicáveis aos trabalhadores domésticos está previsto no art. 7º, parágrafo único, CF; **D:** incorreta. Nem todo direito e garantia expresso na CF caracteriza-se como cláusula pétrea. São "cláusulas pétreas" da Constituição apenas as listadas no art. 60, § 4º, da CF. O legislador constituinte derivado não pode restringir o rol de cláusulas pétreas – que constitui, assim, um limite material implícito ao poder de reforma da Constituição, mas pode ampliá-las; **E:** incorreta. Embora o art. 5º, *caput*, da CF afirme que os direitos e garantias fundamentais aplicam-se aos brasileiros e aos "estrangeiros **residentes** no país", deve ser interpretado à luz do princípio da dignidade da pessoa humana, de modo que também aos estrangeiros **de passagem** pelo Brasil são garantidos direitos fundamentais. Embora essa seja a regra geral, a própria Constituição limitou o exercício de certos direitos e garantias fundamentais apenas a brasileiros, como no caso da ação popular, que só pode ser ajuizada por cidadãos brasileiros. Assim, não é correto falar em "equivalência". BV/TM
Gabarito: "A".

(Analista – Judiciário – TRE/PI – 2016 – CESPE) A respeito dos princípios fundamentais e dos direitos e das garantias fundamentais, assinale a opção correta.

(A) Por constituírem direitos relativos às pessoas naturais, os direitos e garantias fundamentais não são extensíveis às pessoas jurídicas.
(B) Enquanto os direitos civis e políticos se baseiam em abstenções por parte do Estado, os direitos sociais pressupõem prestações positivas do Estado.
(C) De acordo com o STF, um direito fundamental constitucionalmente previsto possui caráter absoluto e se sobrepõe a eventual interesse público.
(D) A adoção da Federação como forma de Estado pela CF é embasada na descentralização política e na soberania dos Estados-membros, que são capazes de se auto-organizar por meio de suas próprias constituições.
(E) Em relação aos direitos políticos, o mandado de segurança coletivo e o *habeas corpus* são formas de exercício direto da soberania popular, como previsto na CF.

A: incorreta. As pessoas jurídicas também possuem direitos e garantias fundamentais, por exemplo, direito à inviolabilidade de domicílio (art. 5º, XI, da CF), à liberdade de associação (art. 5º, XIX, da CF), dentre outros; **B:** correta. Diferentemente dos direitos de primeira dimensão (direitos civis e políticos fazem parte da primeira dimensão), os de segunda exigem uma conduta positiva do Estado, uma ação propriamente dita e, por conta disso, também são chamados de direitos a prestações positivas. Encontram-se assegurados, aqui, os chamados direitos sociais, ou seja, aqueles relacionados ao trabalho, à educação e à saúde. Notem que a doutrina prefere referir-se às "dimensões" de direitos fundamentais, não a "gerações" – pois a ideia de "geração" pressupõe a substituição da anterior pela posterior, o que não ocorre com os direitos fundamentais, que coexistem; **C:** incorreta. Não há direito absoluto. Ainda que sejam considerados fundamentais, não são direitos absolutos. Uma das características desses direitos é a limitabilidade ou o caráter relativo. Significa que, na crise advinda do confronto entre dois ou mais direitos fundamentais, ambos terão de ceder. Além disso, para um Estado que tem como tarefa a promoção dos direitos fundamentais, sua tutela torna-se, assim, um autêntico interesse público. Por fim, ainda que a doutrina refira-se à existência de um "princípio da supremacia interesse público sobre o particular", a moderna doutrina de direito constitucional (embora minoritária), vem afastando sua configuração, pois a hipótese é de ponderação dos interesses (públicos e privados) no caso concreto, sem prevalência *a priori* de um sobre o outro. A primazia do interesse público sobre o particular foi forjada no Brasil durante o período de exceção, para fundamentar a doutrina da segurança nacional. É, portanto, um princípio autoritário e justificador das "razões de Estado", que não encontram guarida no Estado Democrático de Direito; **D:** incorreta. Os Estados-membros não possuem soberania, mas autonomia. Dessa autonomia decorrem as capacidades de auto-organização, autogoverno e autoadministração. Apenas a União é dotada de soberania; **E:** incorreta. O mandado de segurança coletivo e o *habeas corpus* não são considerados direitos políticos, mas remédios constitucionais fundamentados nos incisos LXX e LXVIII do art. 5º da CF. Por outro lado, as formas de exercício direto da soberania popular são as seguintes: sufrágio universal, plebiscito, referendo e iniciativa popular de leis. BV/TM

Gabarito "B"

(Analista – Judiciário – TRE/PI – 2016 – CESPE) Assinale a opção correta acerca dos direitos e das garantias fundamentais.

(A) Deverão ser cassados os direitos políticos de parlamentar condenado por crime de corrupção em sentença criminal transitada em julgado.

(B) Lei que altere o processo eleitoral editada no mesmo ano de um pleito eletivo, ainda que em vigor, será aplicada no ano subsequente, conforme o princípio da anterioridade eleitoral.

(C) Gravação de conversa telefônica sem autorização judicial, registrada por um dos interlocutores, é considerada prova ilícita, ante o sigilo das comunicações telefônicas, constitucionalmente assegurado.

(D) A instauração de processo administrativo disciplinar contra servidor público para apuração de irregularidade funcional garante ao servidor o direito de impetrar *habeas corpus* para impedir o prosseguimento do processo administrativo.

(E) Estrangeiro de qualquer nacionalidade pode se candidatar a cargos eletivos, com exceção dos cargos para os quais se exige a condição de brasileiro nato.

A: incorreta. A Constituição **proíbe a cassação de direitos políticos**. Determina o *caput* do art. 15 da CF que é proibida a cassação de direitos políticos. O mesmo dispositivo autoriza apenas a perda e a suspensão desses direitos nas seguintes situações: I – cancelamento da naturalização por sentença transitada em julgado; II – incapacidade civil absoluta; III – condenação criminal transitada em julgado, enquanto durarem seus efeitos; IV – recusa de cumprir obrigação a todos imposta ou prestação alternativa, nos termos do art. 5º, VIII; e V – improbidade administrativa, nos termos do art. 37, § 4º. Vale lembrar que **a condenação criminal** transitada em julgado, enquanto durarem seus efeitos, **gera suspensão dos direitos políticos**; **B:** correta. O princípio da anterioridade ou anualidade eleitoral, previsto no art. 16 da CF, determina que a lei que alterar o processo eleitoral entrará em vigor na data de sua publicação, mas não se aplicará à eleição que ocorra até um ano da data de sua vigência; **C:** incorreta. O STF já decidiu (HC 75.338-RJ) que a gravação de conversa telefônica feita por um dos interlocutores é lícita, vejamos: "Considera-se prova lícita a gravação telefônica feita por um dos interlocutores da conversa, sem o conhecimento do outro. Afastou-se o argumento de afronta ao art. 5º, XII da CF ("XII – é inviolável o sigilo ... das comunicações telefônicas, salvo ... por ordem judicial, nas hipóteses e na forma que a lei estabelecer ..."), uma vez que esta garantia constitucional refere-se à interceptação de conversa telefônica feita por terceiros, o que não ocorre na hipótese. Com esse entendimento, o Tribunal, por maioria, indeferiu o pedido de *habeas corpus* em que se pretendia o trancamento da ação penal contra magistrado denunciado por crime de exploração de prestígio (CP, art. 357: "Solicitar ou receber dinheiro ou qualquer outra utilidade, a pretexto de influir em juiz, jurado, órgão do Ministério Público, funcionário de justiça, perito, tradutor, intérprete ou testemunha") com base em conversa telefônica gravada em secretaria eletrônica pela própria pessoa objeto da proposta. Vencidos os Ministros Marco Aurélio e Celso de Mello, que deferiam a ordem". Vicente Paulo e Marcelo Alexandrino, em Direito Constitucional Descomplicado, 14ª Ed., p. 144, ensinam que "A **interceptação telefônica** é a captação de conversa feita por um terceiro, sem o conhecimento dos interlocutores, situação que depende, sempre, de ordem judicial prévia, por força do art. 5º, XII, da CF. Por exemplo: no curso de uma instrução processual penal, a pedido do MP, o magistrado autoriza a captação do conteúdo da conversa entre dois traficantes de drogas ilícitas, sem o conhecimento destes. A **escuta telefônica** é a captação de conversa feita por um terceiro, com o conhecimento de apenas um dos interlocutores. Por exemplo: João e Maria conversam e Pedro grava o conteúdo do diálogo, com o consentimento de Maria, mas sem que João saiba. A **gravação telefônica** é feita por um dos interlocutores do diálogo, sem o consentimento ou a ciência do outro. Por exemplo: Maria e João conversam e ela grava o conteúdo dessa conversa, sem que João saiba. A relevância de tal distinção é que **a escuta e a gravação telefônicas – por não constituírem interceptação telefônica em sentido estrito – não se sujeitam à inarredável necessidade de ordem judicial prévia e podem, a depender do caso concreto (situação de legítima defesa, por exemplo), ser utilizadas licitamente como prova no processo**" (grifos nossos); **D:** incorreta. Como no problema apresentado não há violação à liberdade de locomoção, o remédio não pode ser utilizado. Caberia, se observados seus requisitos legais, impetração de mandado de segurança; **E:** incorreta. O **estrangeiro não pode se candidatar a cargos eletivos**. A nacionalidade brasileira é uma das condições de elegibilidade, conforme determina o art. 14, § 3º, I, da CF. Além disso, o estrangeiro é tratado na CF/88 como inalistável, ou seja, não pode fazer o alistamento eleitoral e exercer o direito de voto. Se não pode o menos, que é votar, também não poderá o mais, que é ser votado. Por fim, o alistamento eleitoral também é considerado condição de elegibilidade, previsto no art. 14, § 3º, III, da CF, de modo que ambos os artigos fundamentam a impossibilidade do estrangeiro de se candidatar a cargos eletivos, quaisquer que sejam eles. BV/TM

Gabarito "B"

(Juiz de Direito/DF – 2016 – CESPE) Em atenção aos direitos e garantias fundamentais da Constituição brasileira, assinale a opção correta.

(A) A constituição consagra expressamente a teoria absoluta do núcleo essencial de direitos fundamentais.

(B) Direitos fundamentais formalmente ilimitados, desprovidos de reserva legal, não podem sofrer restrições de qualquer natureza.

(C) O gozo da titularidade de direitos fundamentais pelos brasileiros depende da efetiva residência em território nacional.

(D) Há direitos fundamentais cuja titularidade é reservada aos estrangeiros.

(E) A reserva legal estabelecida para a inviolabilidade das comunicações telefônicas é classificada como simples, e para a identificação criminal reserva qualificada.

A: incorreta. Além de não haver previsão expressa na CF nesse sentido, nenhum direito fundamental é absoluto (nem mesmo o da dignidade da pessoa humana). Quando há colisão entre direitos fundamentais, busca-se a solução para o conflito por meio da técnica da ponderação, com concessões recíprocas entre os direitos fundamentais em jogo, desde que preservados os núcleos essenciais de cada um; **B:** incorreta. Não há reserva legal ou reserva constitucional para previsão de direitos fundamentais, ou seja, são igualmente fundamentais os direitos decorrentes dos princípios e do regime adotados pela Constituição Federal – o que se costumou chamar de "abertura do catálogo" ou de "cláusula de abertura" dos direitos fundamentais (art. 5º, § 2º, CF). O fato de serem "fundamentais" não significa que não possam sofrer restrições, o que invariavelmente ocorre quando há colisão entre direitos fundamentais (liberdade de expressão x direitos da personalidade, por exemplo): **C:** incorreta. A proteção de direitos fundamentais se prolonga até mesmo "para muito além da vida", como ocorre com os direitos à honra e à imagem (ver, por exemplo, o "Caso Oreco" – STJ, Resp 113.963, rel. min. Aldir Passarinho – e o "Caso Garrincha" – STJ, Resp 521.697, rel. min. César Asfor Rocha); **D:** correta. Há referência expressa no art. 5º, *caput*, da CF à aplicação dos direitos fundamentais aos estrangeiros "residentes no país", embora seja pacífico o entendimento de que os direitos fundamentais se aplicam também aos estrangeiros não residentes; **E:** incorreta. A reserva legal simples corresponde à exigência constitucional de lei para regulamentar determinada matéria, sem estabelecer conteúdo ou limites (art. 5º, VII, CF, por exemplo). Na reserva legal qualificada a CF já estabelece conteúdo e/ou finalidades da lei a ser editada, tendo o legislador menor liberdade para regulamentar a matéria. O exemplo clássico de reserva legal qualificada é o art. 5º, XII, CF, pois a Constituição já estabelece que a lei formal autorize a interceptação telefônica apenas por ordem judicial e com a finalidade de instruir processo penal ou para investigação criminal. BV/TM

Gabarito "D"

(Juiz de Direito/DF – 2016 – CESPE) Em atenção aos direitos e garantias fundamentais e às ações constitucionais, assinale a opção correta.

(A) É consolidado no STF o entendimento de que, presente a dúvida sobre o real interesse do paciente na impetração do *habeas corpus*, deve o juiz intimá-lo para que manifeste sua vontade em prosseguir ou não com a impetração.

(B) O direito ao duplo grau de jurisdição é assegurado expressamente na CF, decorre da proteção judiciária efetiva e não admite ressalvas, salvo a preclusão decorrente da própria inação processual.

(C) A arbitragem, alheia à jurisdição estatal no que se refere ao compromisso arbitral firmado, tem sua sentença sujeita à revisão judicial, por meio de recurso próprio, em atenção ao princípio da universalidade da jurisdição do Poder Judiciário.

(D) Atos ou decisões de natureza política são indenes à jurisdição, ainda que violadoras de direitos individuais, conforme jurisprudência consolidada do STF.

(E) O STF possui orientação pacífica segundo a qual a fixação de prazo decadencial para impetração de mandado de segurança ou de *habeas corpus* é compatível com a ordem constitucional.

A: correta. O art. 192, § 3º, do Regimento Interno do STF estabelece que não se conhecerá de *habeas corpus* "desautorizado pelo paciente". Para obedecer à regra, consolidou-se o entendimento de que o paciente deve ser intimado a se manifestar, caso haja dúvida sobre o interesse na impetração; **B:** incorreta. Não há previsão expressa na Constituição a respeito do duplo grau de jurisdição. Além disso, ainda que decorrente implicitamente do texto constitucional, admite ressalvas, como nos casos de competência originária do STF; **C:** incorreta. Decorre do art. 18 da Lei de Arbitragem (Lei 9.307/1996) que "o árbitro é juiz de fato e de direito, e a sentença que proferir não fica sujeita a recurso ou a homologação pelo Poder Judiciário". Tal regra não viola o princípio da inafastabilidade do controle pelo Poder Judiciário (art. 5º, XXXV, CF); **D:** incorreta. Os atos políticos (atos discricionários, mérito administrativo) não são indenes à jurisdição, ainda que o controle jurisdicional nesses casos deva ocorrer com maior cautela, por deferência aos poderes democraticamente eleitos. A regra constitucional é de que nenhuma lesão ou ameaça de lesão a direito é imune ao controle pelo Poder Judiciário (art. 5º, XXXV, CF), principalmente aquelas que violam direitos fundamentais. Os direitos fundamentais são oponíveis não apenas em relação ao Estado (eficácia vertical dos direitos fundamentais), como também nas relações eminentemente privadas, entre particulares (eficácia horizontal dos direitos fundamentais), gerando a possibilidade de controle judicial quando não observados. Além disso, uma das características dos direitos fundamentais consiste em sua "dimensão objetiva", ou seja, na capacidade de irradiarem seus efeitos para os diversos ramos do direito, como manifestação de uma ordem ou "sistema de valores" a ser respeitada; **E:** incorreta. Súmula 632/STF: "É constitucional lei que fixa prazo de decadência para impetração de mandado de segurança" (no caso, de 120 dias, previsto pelo art. 23 da Lei 12.016/2009), mas não há que falar em prazo decadencial para a impetração de *habeas corpus*. Gabarito "A".

(Procurador do Estado/PR – 2015 – PUC-PR) Dispõem os parágrafos 2º e 3º do artigo 5º da Constituição Brasileira, respectivamente: "Os direitos e garantias expressos nesta Constituição não excluem outros decorrentes do regime e dos princípios por ela adotados, ou dos tratados internacionais em que a República Federativa do Brasil seja parte" e "Os tratados e convenções internacionais sobre direitos humanos que forem aprovados, em cada Casa do Congresso Nacional, em dois turnos, por três quintos dos votos dos respectivos membros, serão equivalentes às emendas constitucionais.". Sobre esses dispositivos, assinale a alternativa **CORRETA**, tendo em consideração o atual entendimento do Supremo Tribunal Federal.

(A) As normas de direitos humanos constantes nos tratados internacionais em que a República Federativa do Brasil seja parte não compõem o bloco de constitucionalidade brasileiro.
(B) As normas de direitos humanos constantes nos tratados internacionais em que a República Federativa do Brasil seja parte são recepcionadas com hierarquia superior às próprias normas constitucionais internas, haja vista o princípio constitucional da prevalência dos direitos humanos (art. 4º, II).
(C) As normas de direitos humanos constantes nos tratados internacionais em que a República Federativa do Brasil seja parte possuem *status* de lei federal em decorrência do previsto no art. 102, III, b, da Constituição Federal.
(D) As normas de direitos humanos constantes nos tratados internacionais em que a República Federativa do Brasil seja parte, aprovados antes da entrada em vigor do § 3º, submetem-se apenas ao previsto no § 2º, gozando de hierarquia supralegal, mas infraconstitucional.
(E) As normas de direitos humanos constantes nos tratados internacionais em que a República Federativa do Brasil seja parte, se aprovadas pelo rito previsto no § 3º do artigo 5º, serão emendas formais à Constituição.

A: incorreta. Ao contrário, as normas de direitos humanos constantes nos tratados internacionais em que a República Federativa do Brasil seja parte **compõem** o bloco de constitucionalidade brasileiro. O bloco de constitucionalidade é um instituto que tem por finalidade ampliar o padrão de controle de constitucionalidade. Tudo que é tido como conteúdo constitucional, até mesmo princípios e regras implícitas integram o denominado bloco de constitucionalidade. Tal assunto possibilita a expansão dos preceitos constitucionais como liberdades públicas, direitos e garantias. Em sentido amplo, o **bloco abrange** princípios, normas, além de **direitos humanos reconhecidos em tratados e convenções internacionais incorporados no ordenamento jurídico**. De acordo com o Supremo, "a definição do significado de bloco de constitucionalidade – independentemente da abrangência material que se lhe reconheça – reveste-se de fundamental importância no processo de fiscalização normativa abstrata, pois a exata qualificação conceitual dessa categoria jurídica projeta-se como fator determinante do caráter constitucional, ou não, dos atos estatais contestados em face da Carta Política. – A superveniente alteração/supressão das normas, valores e princípios que se subsumem à noção conceitual de bloco de constitucionalidade, por importar em descaracterização do parâmetro constitucional de confronto, faz instaurar, em sede de controle abstrato, situação configuradora de prejudicialidade da ação direta, legitimando, desse modo – ainda que mediante decisão monocrática do Relator da causa (RTJ 139/67) – a extinção anômala do processo de fiscalização concentrada de constitucionalidade" (Informativo 295); **B:** incorreta. As normas de direitos humanos constantes nos tratados internacionais em que a República Federativa do Brasil seja parte **não** são recepcionadas com hierarquia superior às próprias normas constitucionais internas. Se tais regras forem aprovadas pelo processo legislativo de emendas constitucionais, ou seja, em cada Casa do Congresso Nacional, em dois turnos, por três quintos dos votos dos respectivos membros, elas serão equivalente às emendas constitucionais. É o que determina o art. 5º, § 3º, da CF; **C:** incorreta. Em regra, um tratado internacional a ser incorporado ao ordenamento jurídico brasileiro tem caráter de lei ordinária, segundo o Supremo Tribunal Federal. Todavia, a doutrina diverge, sustentando diversas teorias sobre o status dos tratados no âmbito interno. Após a Emenda Constitucional n. 45/2004, há possibilidade de os tratados internacionais sobre direitos humanos terem caráter de norma constitucional. Para tanto, é necessário o cumprimento de dois requisitos: (i) de ordem material: o conteúdo dos tratados tem de ser necessariamente direitos humanos; (ii) de ordem formal: é imprescindível que tal tratado seja aprovado pelo mesmo processo legislativo das emendas constitucionais, qual seja, aprovação nas duas Casas do Congresso Nacional (Câmara e Senado) pelo quórum de 3/5 em cada uma delas e ainda em dois turnos de votação. É o que se depreende da leitura do § 3º do art. 5º da Constituição Federal. Segundo o STF, no julgamento do HC 95.967, que gerou a edição da Súmula Vinculante 25, que menciona que é ilícita a prisão civil do depositário infiel, os tratados internacionais sobre direitos humanos que não passaram pelo processo legislativo de emenda constitucional, ou seja, foram incorporados por meio de decreto legislativo, têm caráter supralegal. Desse modo, estão acima das leis e abaixo da Constituição da República. Vale lembrar que o STJ também possui súmula a respeito do assunto, a de n. 419, que informa que descabe a prisão civil do depositário judicial infiel; **D:** correta. De fato as normas de direitos humanos constantes nos tratados internacionais em que a República Federativa do Brasil seja parte, aprovados antes da entrada em vigor do § 3º, gozam de hierarquia supralegal, ou seja, estão acima das leis e abaixo da Constituição da República; **E:** incorreta. O dispositivo mencionado, art. 5º § 3º, da CF, informa que tais tratados serão **equivalentes** às emendas constitucionais. Gabarito "D".

(Procurador do Estado/AC – 2014 – FMP) A Convenção sobre os direitos das pessoas com deficiência foi incorporada no ordenamento brasileiro com hierarquia supralegal, mas infraconstitucional. Em relação à afirmativa, assinale a alternativa verdadeira.

(A) A afirmativa está correta.
(B) A afirmativa está parcialmente correta, pois não existe hierarquia supralegal.
(C) A afirmativa está incorreta.
(D) Nenhuma das alternativas anteriores.

A Convenção sobre os direitos das pessoas com deficiência (Decreto 6.949/09) foi incorporada no ordenamento brasileiro pela forma prevista no art. 5º, § 3º, da CF. De acordo com tal regra, os tratados e convenções internacionais sobre direitos humanos que forem aprovados, em cada Casa do Congresso Nacional, em dois turnos, por três quintos dos votos dos respectivos membros, serão equivalentes às emendas constitucionais. Desse modo, a convenção citada tem **caráter de norma constitucional**. Gabarito "C".

6. DIREITOS SOCIAIS

(Escrevente – TJ/SP – 2018 – VUNESP) São assegurados, nos termos da Constituição da República Federativa do Brasil, (CRFB/88) à categoria dos trabalhadores domésticos os seguintes direitos:

(A) proteção em face da automação, na forma da lei.
(B) reconhecimento das convenções e acordos coletivos de trabalho.
(C) jornada de seis horas para trabalho realizado em turnos ininterruptos de revezamento.
(D) participação nos lucros, ou resultados, desvinculada da remuneração, conforme definido em lei.
(E) piso salarial proporcional à extensão e à complexidade do trabalho.

A: incorreta, pois a proteção em face da automação não é um direito assegurado aos trabalhadores domésticos (art. 7º, parágrafo único c/c inciso XXVII, da CF); **B:** correta, conforme art. 7º, parágrafo único combinado com o inciso XXVI, da CF; **C:** incorreta, pois a jornada de seis horas para o trabalho realizado em turnos ininterruptos de revezamento não é um direito assegurado aos trabalhadores domésticos (art. 7º, parágrafo único c/c inciso XIV, da CF); **D:** incorreta, pois a participação nos lucros, ou resultados, desvinculada da remuneração não é um direito assegurado aos trabalhadores domésticos (art. 7º, parágrafo único c/c inciso XI, da CF); **E:** incorreta, pois o piso salarial proporcional à extensão e à complexidade do trabalho não é um direito assegurado aos trabalhadores domésticos (art. 7º, parágrafo único c/c inciso V, da CF). Gabarito "B".

(Defensor Público – DPE/SC – 2017 – FCC) A Constituição Federal de 1988 inovou na consolidação de um Estado Social e Democrático de Direito, positivando inúmeros direitos sociais no seu texto. Sobre o tema, é correto afirmar:

(A) Não é possível o reconhecimento de outros direitos sociais em sede constitucional para além daqueles expressamente arrolados no artigo 6º da Constituição Federal de 1988.
(B) As normas constitucionais que consagram direitos sociais possuem natureza estritamente programática.
(C) Não obstante os direitos sociais possuam natureza de direito fundamental, não é possível atribuir eficácia imediata aos mesmos a partir da norma constitucional, dependendo da intermediação do legislador infraconstitucional.
(D) Muito embora os direitos sociais não tenham sido consagrados expressamente no rol das cláusulas pétreas do nosso sistema constitucional, a doutrina majoritária sustenta que os mesmos estão incluídos neste rol.
(E) O direito à alimentação foi o último direito social a ser inserido no *caput* do artigo 6º da Constituição Federal de 1988, por meio da Emenda Constitucional n. 90/2015.

A: Errado. Trata-se de um rol exemplificativo. Os direitos sociais não se limitam aos previstos no Texto Constitucional. **B:** Errado. As normas que consagram os direitos sociais têm aplicação imediata. **C:** Errado. Os direitos sociais possuem aplicação imediata, de modo que não dependem de uma interposição legislativa, cabendo ao Poder Judiciário o dever de aplicar imediatamente as normas definidoras de direitos sociais, assegurando-lhes sua plena eficácia (art. 5º, § 1º, da CF). **E**: Errado. O direito ao transporte foi o último direito social a ser inserido no caput do art. 6º da CF.

Gabarito "D".

(Procurador – PGFN – ESAF – 2015) Sobre os direitos sociais coletivos dos trabalhadores, assinale a opção correta.

(A) É livre a criação de sindicatos, condicionados ao registro no órgão competente, cabendo aos trabalhadores ou empregadores interessados estabelecer a base territorial respectiva, não inferior à área de um município.
(B) Para a Súmula Vinculante n. 40, do Supremo Tribunal Federal, a contribuição assistencial só é exigível dos filiados ao sindicato.
(C) Cabe aos trabalhadores, diante do princípio da liberdade e autonomia sindical, artigo 8º, caput, da Constituição da República Federativa do Brasil de 1988, decidir pela participação dos sindicatos nas negociações coletivas de trabalho.
(D) Nas empresas com mais de 200 empregados, é assegurada a eleição de um representante destes com a finalidade exclusiva de promover-lhes o entendimento direto com os empregadores, sendo vedada a dispensa do representante eleito, a partir do registro da candidatura e, se eleito, ainda que suplente, até um ano após o término do mandato.
(E) A Constituição da República Federativa do Brasil de 1988 confere, como direito fundamental coletivo, o exercício do direito de greve, sendo vedada regulamentação por lei ordinária.

A: correta. Art. 8º, II, CF (princípio da unicidade sindical); **B**: incorreta. A Súmula Vinculante 40/STF trata da contribuição confederativa, que só se exige dos filiados; **C**: incorreta. A participação dos sindicatos nas negociações coletivas é obrigatória (art. 8º, VI, CF); **D**: incorreta. Com efeito, nas empresas com mais de 200 empregados, lhes é garantida a eleição de um representante – que não goza, todavia, de estabilidade; **E**: incorreta. A CF prevê o direito de greve e a sua regulamentação (ver art. 9º, § 1º, CF).

Gabarito "A".

(Defensor Público – DPE/MT – 2016 – UFMT) No tocante à eficácia dos direitos sociais previstos na Constituição Federal e ao princípio da proibição do retrocesso social, analise as afirmativas.

I. O direito social enunciado em norma constitucional de eficácia limitada, declaratória de princípio programático, não tem eficácia jurídica imediata, pois não vincula o legislador infraconstitucional, nem a atividade discricionária da Administração Pública.
II. A cláusula da reserva do possível é reconhecida como limite fático à expansão de certas políticas públicas, mas não como obstáculo à prestação de serviços públicos essenciais.
III. O entendimento prevalente no Supremo Tribunal Federal é no sentido de interpretar a norma programática como norma de aplicação diferida, sem caráter cogente, vez que se limita a enunciar valores e linhas diretoras que devem ser seguidas pelo Poder Público.
IV. O princípio da proibição do retrocesso social visa resguardar os direitos sociais constitucionalizados, preservando os níveis de realização alcançados e impedindo a supressão desses direitos pelo Poder Constituinte Reformador.

Estão corretas as afirmativas
(A) I e III, apenas.
(B) I, II e IV, apenas.
(C) II e IV, apenas.
(D) I, II, III e IV.
(E) II e III, apenas.

I: Errada. Todas as normas que enunciam direitos fundamentais (individuais ou coletivos; sociais; políticos ou difusos) têm aplicabilidade imediata, sendo ao menos dotadas de eficácia negativa, servindo ainda de vetor de intepretação para o legislador e para o gestor público; **II**: Correta. Não pode ser invocada para impedir prestações ligadas ao mínimo existencial da dignidade humana; **III**: Errada. A interpretação de normas programáticas, sejam ou não de direitos fundamentais, deve levar à máxima aplicação de seu conteúdo, inspirando o intérprete e vedando a edição de normas contrárias às suas diretrizes; **IV**: Correta. A proibição do retrocesso aplica-se aos direitos sociais, e a todos os direitos fundamentais, operando nas esferas de proibição da restrição e da proibição da supressão.

Gabarito "C".

(Defensor Público – DPE/BA – 2016 – FCC) A respeito dos direitos sociais:

(A) A localização "topográfica" dos direitos sociais no texto da Constituição Federal reforça a tese de que os mesmos não se tratam de direitos fundamentais.
(B) Muito embora a doutrina sustente a tese do "direito ao mínimo existencial", a jurisprudência do Supremo Tribunal Federal rejeita o seu acolhimento, amparada, sobretudo, no princípio da separação dos poderes.
(C) O caput do art. 6º da Constituição Federal elenca rol taxativo dos direitos sociais consagrados pelo texto constitucional.
(D) A Constituição Federal consagra expressamente o direito à educação como direito público subjetivo.
(E) O direito à moradia encontra-se consagrado no caput do artigo 6º da Constituição Federal de 1988 desde o seu texto original.

A: Errada. A localização "topográfica" dos direitos sociais, dentro do Título II da CF, destinado aos direitos e garantias fundamentais, não deixa dúvidas acerca de sua natureza jurídica; **B**: Errada. A jurisprudência acolhe a tese do "mínimo existencial", tratando-o ora como conteúdo do princípio da dignidade da pessoa humana, ora como instrumento para a realização dos direitos de liberdade. De toda forma, é necessário apontar que o "mínimo existencial" surgiu na Alemanha como forma de ampliar a proteção de direitos fundamentais, e não para restringir sua tutela àquele mínimo, como às vezes a jurisprudência brasileira erroneamente o aplica; **C**: Errada. O rol de direitos fundamentais, aí incluídos os direitos sociais, é aberto (art. 5º, § 2º, CF); **D**: Correta. Art. 6º, caput, CF; **E**: Errada. Foi incluído pela EC 90/2015.

Gabarito "D".

(Defensor Público – DPE/BA – 2016 – FCC) Sobre o direito à educação, no texto da Constituição Federal,

(A) as universidades gozam tão somente de autonomia didático-científica e administrativa, não alcançando a sua gestão financeira e patrimonial, que permanece a cargo do ente federativo a que pertencem.
(B) a educação básica é obrigatória e gratuita dos 4 (quatro) aos 17 (dezessete) anos de idade, assegurada, inclusive, sua oferta gratuita para todos os que a ela não tiveram acesso na idade própria.
(C) os Municípios atuarão prioritariamente no ensino fundamental e médio.
(D) os Estados e o Distrito Federal atuarão prioritariamente no ensino fundamental e na educação infantil.
(E) a União aplicará, anualmente, nunca menos de vinte e cinco, e os Estados, o Distrito Federal e os Municípios dezoito por cento, no mínimo, da receita resultante de impostos, compreendida a proveniente de transferências, na manutenção e desenvolvimento do ensino.

A: Errada. O art. 207, caput, CF prevê autonomia ampla; **B**: Correta. Art. 208, I, CF; **C**: Errada. O art. 211, § 2º, da CF prevê sua atuação prioritária na educação infantil e fundamental; **D**: Errada. O art. 211, § 3º, prescreve a atuação prioritária dos estados e do Distrito Federal nos ensinos fundamental e médio; **E**: Errada. Art. 212, caput, CF: "A União aplicará, anualmente, nunca menos de dezoito, e os Estados, o Distrito Federal e os Municípios vinte e cinco por cento, no mínimo, da receita resultante de impostos, compreendida a proveniente de transferências, na manutenção e desenvolvimento do ensino".

Gabarito "B".

(Juiz de Direito/AM – 2016 – CESPE) Assinale a opção correta acerca dos direitos e deveres individuais e coletivos e dos direitos sociais, considerando a jurisprudência do STF.

(A) O dispositivo da CF que cuida do direito dos trabalhadores urbanos e rurais à remuneração pelo serviço extraordinário com acréscimo de, no mínimo, 50% não se aplica imediatamente aos servidores públicos, por não consistir norma autoaplicável.
(B) A vedação constitucional à dispensa arbitrária ou sem justa causa da empregada gestante, desde a confirmação da gravidez até cinco meses após o parto, não se aplica às militares.
(C) Desde que expressamente autorizado pelos sindicalizados, o sindicato tem legitimidade para atuar como substituto processual na defesa de direitos e interesses coletivos ou individuais homogêneos da categoria que representa.
(D) Viola os princípios constitucionais da liberdade de associação e da liberdade sindical norma legal que condicione, ainda que indiretamente, o recebimento do benefício do seguro-desemprego à filiação do interessado a colônia de pescadores de sua região.
(E) A CF proíbe tão somente o emprego do salário mínimo como indexador, sendo legítima a sua utilização como base de cálculo para o pagamento do adicional de insalubridade.

A: incorreta. O STF já decidiu que o dispositivo mencionado é considerado norma autoaplicável: "O art. 7º, XVI, da CF, que cuida do direito dos trabalhadores urbanos e rurais à remuneração pelo serviço extraordinário com acréscimo de, no mínimo, 50%, aplica-se imediatamente aos servidores públicos, por consistir em **norma autoaplicável**." (AI 642.528-AgR, rel. min. Dias Toffoli, julgamento em 25.09.2012, Primeira Turma, DJE de 15.10.2012); **B**: incorreta. Ao contrário do mencionado, entende o Supremo que: "A estabilidade provisória advinda de licença-maternidade decorre de proteção constitucional às trabalhadoras em geral. O direito amparado pelo art. 7º, XVIII, da CF, nos termos do art. 142, VIII, da CF/1988, **alcança as militares**. [RE 523.572 AgR, rel. min. Ellen Gracie, j. 06.10.2009, 2ª T, DJE de 29.10.2009.] = AI 811.376 AgR, rel. min. Gilmar Mendes, j. 01.03.2011, 2ª T, DJE de 23.03.2011; **C**: incorreta. Não é necessária essa autorização. Segundo o STF: "Esta Corte firmou o entendimento segundo o qual o sindicato tem legitimidade para atuar como substituto processual na defesa de direitos e interesses coletivos ou individuais homogêneos da categoria que representa. (...) Quanto à violação ao art. 5º, LXX e XXI, da Carta Magna, esta Corte firmou entendimento de que é **desnecessária a expressa autorização dos sindicalizados** para a substituição processual" [RE 555.720 AgR, voto do rel. min. Gilmar Mendes, j. 30.09.2008, 2ª T, *DJE* de 21.11.2008]; **D**: correta. De acordo com o STF: "Art. 2º, IV, a, b e c, da Lei 10.779/2003. Filiação à colônia de pescadores para habilitação ao seguro-desemprego (...). **Viola os princípios constitucionais** da liberdade de associação (art. 5º, XX) e da liberdade sindical (art. 8º, V), ambos em sua dimensão negativa, a **norma legal que condiciona**, ainda que indiretamente, **o recebimento do benefício do seguro-desemprego à filiação do interessado a colônia de pescadores de sua região.** [ADI 3.464, rel. min. Menezes Direito, j. 29.10.2008, P, *DJE* de 06.03.2009.]; **E**: incorreta. Determina a Súmula Vinculante 4 (STF) que "Salvo nos casos previstos na Constituição, **o salário mínimo não pode ser usado como indexador de base de cálculo de vantagem de servidor público ou de empregado, nem ser substituído por decisão judicial.** BV/TM

(DPE/PE – 2015 – CESPE) Em relação à efetivação dos direitos sociais, julgue os itens a seguir.

(1) Conforme jurisprudência do STJ, o juiz pode determinar o bloqueio de verbas públicas para garantir o fornecimento de medicamentos.

(2) De acordo com o entendimento do STF, é inadmissível que o Poder Judiciário disponha sobre políticas públicas de segurança, mesmo em caso de persistente omissão do Estado, haja vista a indevida ingerência em questão, que envolve a discricionariedade do Poder Executivo.

1: correto. De acordo com o STJ (STJ. 1ª Seção. REsp 1.069.810-RS, Rel. Min. Napoleão Nunes Maia Filho, julgado em 23.10.2013 (recurso repetitivo)), "tratando-se de fornecimento de medicamentos, cabe ao Juiz adotar medidas eficazes à efetivação de suas decisões, podendo, se necessário, determinar, até mesmo, o sequestro de valores do devedor (bloqueio), segundo o seu prudente arbítrio, e sempre com adequada fundamentação"; **2**: errado. De acordo com o STF (AI 734.487-AgR, Rel. Min. Ellen Gracie), "**É possível ao Poder Judiciário determinar a implementação** pelo Estado, quando inadimplente, de políticas públicas constitucionalmente previstas, sem que haja ingerência em questão que envolve o poder discricionário do Poder Executivo." BV

7. NACIONALIDADE

(Investigador – PC/BA – 2018 – VUNESP) Imagine que Marieta, brasileira nata, e Roger, americano nato, estejam residindo atualmente nos Estados Unidos, período em que ocorre o nascimento de Lucas, filho deles. Nessa situação, nos termos da disposição da Constituição acerca da nacionalidade, é correto afirmar que

(A) caso Marieta esteja nos Estados Unidos a serviço da República Federativa do Brasil, o seu filho será considerado como brasileiro nato.

(B) ainda que Lucas seja registrado perante o Consulado Brasileiro, não será considerado como brasileiro nato ou naturalizado, já que o Brasil adota como único critério o jus soli.

(C) para ser considerado brasileiro naturalizado, Lucas deverá passar a residir no Brasil por pelo menos 1 (um) ano ininterrupto e possuir idoneidade moral.

(D) Lucas poderá ser considerado brasileiro nato desde que venha a residir no Brasil e, depois de 10 (dez) anos ininterruptos de residência, opte pela nacionalidade brasileira.

(E) para ser considerado brasileiro nato, basta que Lucas, a qualquer tempo, depois de atingir a idade mínima de 16 (dezesseis) anos, venha a residir no Brasil e opte pela nacionalidade brasileira.

A: correta, porque são brasileiros **natos** os nascidos no estrangeiro, de pai brasileiro ou mãe brasileira, desde que qualquer deles esteja a serviço da República Federativa do Brasil (art. 12, I, *b*, da CF); **B**: incorreta, pois são brasileiros **natos** os nascidos no estrangeiro de pai brasileiro ou de mãe brasileira, desde que sejam registrados em repartição brasileira competente (art. 12, I, *c*, da CF); **C**: incorreta, porque a exigência de residência por um ano ininterrupto e idoneidade moral é condição para a naturalização dos estrangeiros originários de países de língua portuguesa (art. 12, II, *a*, da CF), sendo que Lucas poderá ser considerado **brasileiro nato** caso venha a residir no Brasil e opte, em qualquer tempo, depois de atingida a maioridade, pela nacionalidade brasileira (art. 12, I, *c*, da CF); **D e E**: incorretas, pois são brasileiros **natos** os nascidos no estrangeiro de pai brasileiro ou de mãe brasileira, desde que venham a residir na República Federativa do Brasil e optem, em qualquer tempo, depois de atingida a maioridade, pela nacionalidade brasileira (art. 12, I, *c*, da CF). AN

(Defensor Público Federal – DPU – 2017 – CESPE) A respeito de nacionalidade, julgue os itens a seguir.

(1) Situação hipotética: Laura, filha de mãe brasileira e pai argentino, nasceu no estrangeiro e, depois de ter atingido a maioridade, veio residir no Brasil, tendo optado pela nacionalidade brasileira. Assertiva: Nessa situação, a homologação da opção pela nacionalidade brasileira terá efeitos *ex tunc* e Laura será considerada brasileira desde o seu nascimento.

(2) Brasileiro nato que, tendo perdido a nacionalidade brasileira em razão da aquisição de outra nacionalidade, readquiri-la mediante o atendimento dos requisitos necessários terá o *status* de brasileiro naturalizado.

1: Correto. Nos termos do art. 12, inc. I, alínea "c" da CF. Precedente do STF [AC 70 QO, rel. min. Sepúlveda Pertence, j. 25-9-2003, P, *DJ* de 12-3-2004.]; **2**: Errado. O brasileiro, ainda que tenha perdido a nacionalidade brasileira em razão das hipóteses previstas na Constituição (art. 12, § 4º, da CF), caso venha a readquiri-la (art. 76 da Lei 13.445/2017) não figurará na condição de naturalizado. Oswaldo Bandeira de Mello ao articular o tema, ensina que: "Improcede, ao nosso ver, a opinião dos que consideram como brasileiro naturalizado os anteriormente natos, ao readquirirem a nacionalidade perdida. Ora, só se readquire, como dissemos, os que se tinham. Quem, por conseguinte, possuía a nacionalidade brasileira de origem, não pode readquiri-la em forma secundária" (MELO, Osvaldo Aranha Bandeira de. A nacionalidade no direito constitucional brasileiro. Revista de Direito Administrativo, Rio de Janeiro, v. 15, p. 1-19, jan. 1949.) Esse também é o posicionamento que se consolidou no STF: "(...) Na espécie, o extraditando é brasileiro nato (Constituição Federal, art. 145, I, letra 'a'). A Reaquisição da nacionalidade, por brasileiro nato, implica manter esse *status* e não o de naturalizado. (...)" (Ext 441, Relator(a): Min. Néri da Silveira, Tribunal Pleno, julgado em 18/06/1986, DJ 10-06-1988 PP-14400 ement vol-01505-01 PP-00018). TM

(Defensor Público – DPE/SC – 2017 – FCC) Sobre o tema da nacionalidade na Constituição Federal de 1988, é correto afirmar:

(A) Aos portugueses com residência permanente no País, ainda que não houver reciprocidade em favor de brasileiros, serão atribuídos os direitos inerentes ao brasileiro, salvo os casos previstos na Constituição.

(B) São brasileiros naturalizados os estrangeiros de qualquer nacionalidade, residentes na República Federativa do Brasil há mais de cinco anos ininterruptos e sem condenação penal, desde que requeiram a nacionalidade brasileira.

(C) É privativo de brasileiro nato o cargo de Ministro do Superior Tribunal de Justiça.

(D) Será declarada a perda da nacionalidade do brasileiro que tiver cancelada sua naturalização, por sentença judicial, em virtude de atividade nociva ao interesse nacional.

(E) São brasileiros natos nascidos na República Federativa do Brasil, ainda que de pais estrangeiros, mesmo que estes estejam a serviço de seu país.

A: Errado. Serão atribuídos aos portugueses, os direitos inerentes aos brasileiros, somente se houver reciprocidade em favor destes (art. 12, § 1º, da CF). **B**: Errado. Necessário que sejam residentes há mais de 15 (quinze) anos (art. 12, II, alínea "b"). **C**: Errado. As únicas hipóteses de distinção entre brasileiros natos e naturalizados são aquelas taxativamente previstas no art. 12, § 3º, da CF, são eles: I – de Presidente e Vice-Presidente da República; II – de Presidente da Câmara dos Deputados; III – de Presidente do Senado Federal; IV – de Ministro do Supremo Tribunal Federal; V: – da carreira diplomática; VI – de oficial das Forças Armadas. VII – de Ministro de Estado da Defesa. **D**: Correto. Art. 12, § 4º, da CF. **E**: Errado. São brasileiros natos os nascidos na República Federativa do Brasil, ainda que de pais estrangeiros, desde que estes não estejam a serviço de seus país. Caso contrário, não serão considerados brasileiros natos, ainda que o Brasil adote também o instituto do *ius solis*. TM

(Procurador do Estado – PGE/MT – FCC – 2016) Juliana, brasileira nata, obteve a nacionalidade norte-americana, de forma livre e espontânea. Posteriormente, Juliana fora acusada, nos Estados Unidos da América, da prática de homicídio contra nacional daquele país, fugindo para o Brasil. Tendo ela sido indiciada em conformidade com a legislação local, o governo norte-americano requereu às autoridades brasileiras sua prisão para fins de extradição. Neste caso, à luz da Constituição Federal e da jurisprudência do Supremo Tribunal Federal, Juliana,

(A) poderá ser imediatamente extraditada, uma vez que a perda da nacionalidade brasileira neste caso é automática.

(B) não poderá ser extraditada, por continuar sendo brasileira nata, mesmo tendo adquirido nacionalidade norte-americana.

(C) poderá ter cassada a nacionalidade brasileira pela autoridade competente e ser extraditada para os Estados Unidos para ser julgada pelo crime que lhe é imputado.

(D) não poderá ser extraditada, pois, ao retornar ao território brasileiro, não poderá ter cassada sua nacionalidade brasileira.

(E) não poderá ser extraditada se optar a qualquer momento pela nacionalidade brasileira em detrimento da norte-americana.

Trata-se de caso de renúncia à nacionalidade brasileira (art. 12, § 4º, II, CF), sendo necessária a edição de portaria do Ministério da Justiça para declarar a perda da nacionalidade. Não sendo mais brasileira, poderá ser extraditada para os EUA, para lá responder ao processo criminal, de acordo com as leis estadunidenses. O STF decidiu exatamente esse caso (Caso Claudia Sobral) ao apreciar a Ext 1462, Rel. Min. Roberto Barroso "1. Conforme decidido no MS 33.864, a Extraditanda não ostenta nacionalidade brasileira por ter adquirido nacionalidade secundária norte-americana, em situação que não se subsume às exceções previstas no § 4º, do art. 12, para a regra de perda da nacionalidade brasileira como decorrência da aquisição de nacionalidade estrangeira por naturalização.

2. Encontram-se atendidos os requisitos formais e legais previstos na Lei n° 6.815/1980 e no Tratado de Extradição Brasil-Estados Unidos, presentes os pressupostos materiais: a dupla tipicidade e punibilidade de crime comum praticado por estrangeiro. 3. Extradição deferida, devendo o Estado requerente assumir os compromissos de: (i) não executar pena vedada pelo ordenamento brasileiro, pena de morte ou de prisão perpétua (art. 5°, XLVII, a e b, da CF); (ii) observar o tempo máximo de cumprimento de pena possível no Brasil, 30 (trinta) anos (art. 75, do CP); e (iii) detrair do cumprimento de pena eventualmente imposta o tempo de prisão para fins de extradição por força deste processo". Gabarito "C".

(Juiz – TRF 3ª Região – 2016) Só o brasileiro nato pode ser:
(A) Deputado Federal ou Senador da República.
(B) Ministro de Tribunal Superior.
(C) Chefe do Estado Maior das Forças Armadas.
(D) Presidente do Banco Central da República.

Somente o brasileiro nato pode ser Chefe do Estado Maior das Forças Armadas. Assim, a CF não fez distinção entre o brasileiro nato e o brasileiro naturalizado no que diz respeito aos cargos de Deputado Federal ou Senador da República, Ministro de Tribunal Superior – o que não se confunde com Ministro do STF – ou Presidente do Banco Central da República (art. 12, §3°, da CF). Gabarito "C".

(Delegado/MT – 2017 – CESPE) O boliviano Juan e a argentina Margarita são casados e residiram, por alguns anos, em território brasileiro. Durante esse período, nasceu, em território nacional, Pablo, o filho deles.

Nessa situação hipotética, de acordo com a CF, Pablo será considerado brasileiro
(A) naturalizado, não podendo vir a ser ministro de Estado da Justiça.
(B) nato e poderá vir a ser ministro de Estado da Defesa.
(C) nato, mas não poderá vir a ser presidente do Senado Federal.
(D) naturalizado, não podendo vir a ser presidente da Câmara dos Deputados.
(E) naturalizado e poderá vir a ocupar cargo da carreira diplomática.

De acordo com o artigo 12, inciso I, alínea "a" da CF/1998, são brasileiros natos os nascidos na República Federativa do Brasil, ainda que de pais estrangeiros, desde que estes não estejam a serviço de seu país. No caso descrito Pablo nasceu no Brasil, e mesmo sendo filho de estrangeiros será brasileiro nato, pois nenhum de seus pais estrangeiros estava a serviço de seu país. Por essa razão ele pode exercer os cargos privativos de brasileiro nato (artigo 12, § 3°, CF), dentre os quais o de Ministro de Estado da Defesa. Por ser brasileiro nato estão erradas as alternativas **A**, **D** e **E**. A alternativa **C** está errada pois como brasileiro nato pode sim ser Presidente do Senado (artigo 12, § 3°, CF). Correta a alternativa **B**, pois sendo nato pode ser Ministro de Estado da Defesa. Gabarito "B".

8. DIREITOS POLÍTICOS

(Investigador – PC/BA – 2018 – VUNESP) Imagine a seguinte situação hipotética: o Prefeito do Município X foi eleito no ano de 2016. Nessa situação, é correto afirmar que
(A) caso queira se candidatar ao cargo de Governador de Estado nas próximas eleições, deverá possuir a idade mínima de 35 (trinta e cinco) anos e renunciar ao respectivo mandato de Prefeito até 3 (três) meses antes do pleito.
(B) caso decida se candidatar ao cargo de Senador, deverá possuir a idade mínima de 30 (trinta) anos e renunciar ao respectivo mandato de Prefeito até 5 (cinco) meses antes do pleito.
(C) caso decida se candidatar ao cargo de Presidente ou Vice-Presidente da República, deverá possuir a idade mínima de 35 (trinta e cinco) anos e renunciar ao respectivo mandato de Prefeito até 6 (seis) meses antes do pleito.
(D) caso o cônjuge do Prefeito, por exemplo, queira se candidatar ao cargo de Vereadora do Município X pela primeira vez, ela será considerada elegível, ainda que o Prefeito não renuncie ao pleito.
(E) caso a sogra do Prefeito, por exemplo, queira se candidatar ao cargo de Prefeita do Município pela primeira vez, ela será considerada elegível, uma vez que somente há inelegibilidade ao cônjuge ou filhos do mandatário.

A: incorreta, pois a idade mínima é de **30 anos** para o cargo de Governador de Estado (art. 14, § 3°, VI, b, da CF), e ele deverá renunciar ao mandato de Prefeito até **6 meses** antes do pleito (art. 14, § 6°, da CF); **B:** incorreta, pois a idade mínima é de **35 anos** para o cargo de Senador (art. 14, § 3°, VI, a, da CF), e ele deverá renunciar ao mandato de Prefeito até **6 meses** antes do pleito (art. 14, § 6°, da CF); **C:** correta, pois a idade mínima é de **35 anos** para o cargo de Presidente e Vice-Presidente da República (art. 14, § 3°, VI, a, da CF), e ele deverá renunciar ao mandato de Prefeito até **6 meses** antes do pleito (art. 14, § 6°, da CF); **D:** incorreta, pois o cônjuge do Prefeito é inelegível no território de jurisdição do titular, salvo se já titular de mandato eletivo e candidato à reeleição (art. 14, § 7°, da CF) ou se o Prefeito se afastar definitivamente até seis meses antes da eleição (Resolução TSE 22.599/2007); **E:** incorreta, pois os parentes consanguíneos ou afins (como a sogra), até o segundo grau ou por adoção, do Prefeito são inelegíveis no território de jurisdição do titular (art. 14, § 7°, da CF). Gabarito "C".

(Investigador – PC/BA – 2018 – VUNESP) Suponha que, nas Eleições de 2018, candidataram-se ao cargo de Presidente da República X, Y e Z, respectivamente com 40 (quarenta), 45 (quarenta e cinco) e 50 (cinquenta) anos. Nesse caso, é correto afirmar que
(A) será considerado eleito Presidente o candidato que, registrado por partido político, obtiver a maioria dos votos válidos, computando-se os votos em branco, mas não os nulos.
(B) se na primeira votação nenhum candidato alcançar maioria absoluta, será realizada nova eleição em até 30 (trinta) dias após a proclamação do resultado, concorrendo os 2 (dois) candidatos mais votados.
(C) havendo nova votação no caso de não se ter alcançado maioria absoluta de votos, e, antes da realização do segundo turno, ocorrer a morte, desistência ou impedimento legal de candidato, será convocado, dentre os remanescentes, o mais idoso.
(D) se, por exemplo, o candidato X tiver obtido a maior votação, mas desistido do cargo antes do segundo turno, e os candidatos Y e Z obtiveram a mesma votação, será qualificado como Presidente o candidato Z.
(E) se decorridos 5 (cinco) dias para a posse, o Presidente ou o Vice-Presidente, salvo por motivo de força maior, não tiver assumido o cargo, este será declarado como vago.

A: incorreta, porque será considerado eleito Presidente o candidato que, registrado por partido político, obtiver a maioria absoluta de votos, não computados os votos em branco e os nulos (art. 77, § 2°, da CF); **B:** incorreta, já que se nenhum candidato alcançar maioria absoluta na primeira votação, far-se-á nova eleição em até **vinte dias** após a proclamação do resultado, concorrendo os dois candidatos mais votados e considerando-se eleito aquele que obtiver a maioria dos votos válidos (art. 77, § 3°, da CF); **C:** incorreta, pois, se antes de realizado o segundo turno ocorrer morte, desistência ou impedimento legal de candidato, convocar-se-á, dentre os remanescentes, o de maior votação (art. 77, § 4°, da CF); **D:** correta, conforme inteligência do art. 77, §§ 4° e 5°, da CF. Na hipótese da questão, o candidato X, mais votado, desistiu do cargo antes do segundo turno, remanescendo apenas os candidatos Y e Z com a mesma votação, sendo, portanto, qualificado o mais idoso (Z) como vencedor da eleição; **E:** incorreta, porque, se, decorridos **dez** dias da data fixada para a posse, o Presidente ou o Vice-Presidente, salvo motivo de força maior, não tiver assumido o cargo, este será declarado vago (art. 78, parágrafo único, da CF). Gabarito "D".

(Investigador – PC/BA – 2018 – VUNESP) De acordo com a Constituição, assinale a alternativa correta sobre os partidos políticos.
(A) É livre a criação, a fusão e a incorporação de partidos políticos, mas a extinção, em função de sua importância na democracia, exige a aprovação do Poder Público.
(B) Poderão possuir caráter regional nos Estados cuja população seja superior a 1 (um) milhão de habitantes.
(C) É defeso aos partidos políticos o recebimento de recursos financeiros de entidade ou governo estrangeiros ou de subordinação a estes.
(D) Os partidos políticos, após adquirirem personalidade jurídica, na forma da lei civil, registrarão seus estatutos perante o Tribunal Regional Eleitoral da respectiva entidade da federação de sua sede.
(E) O acesso aos recursos do fundo partidário e ao rádio e à televisão será destinado a todos os partidos políticos, indiscriminadamente, para garantia da isonomia na representação política.

A: incorreta, pois é livre a criação, a fusão, a incorporação e a extinção de partidos políticos (art. 17, caput, da CF); **B:** incorreta, na medida em que os partidos políticos deverão ter **caráter nacional** (art. 17, I, da CF); **C:** correta, de acordo com o art. 17, II, da CF; **D:** incorreta, porque os partidos políticos, após adquirirem personalidade jurídica, na forma da lei civil, registrarão seus estatutos no **Tribunal Superior Eleitoral** (art. 17, § 2°, da CF); **E:** incorreta, pois a Emenda Constitucional 97/2017 instituiu cláusula de barreira ou cláusula de desempenho eleitoral para os partidos políticos poderem ter acesso ao fundo partidário e ao tempo gratuito de rádio e televisão. Nesse contexto, somente terão direito a recursos do fundo partidário e acesso gratuito ao rádio e à televisão os partidos políticos que, alternativamente, (i) obtiverem, nas eleições para a Câmara dos Deputados, no mínimo, 3% dos votos válidos, distribuídos em pelo menos 1/3 das unidades da Federação, com um mínimo de 2% dos votos válidos em cada uma delas; ou (ii) tiverem elegido pelo menos quinze Deputados Federais distribuídos em pelo menos 1/3 das unidades da Federação (art. 17, § 3°, da CF). Gabarito "C".

(Procurador do Estado/SP – 2018 – VUNESP) Acerca dos partidos políticos, assinale a alternativa correta.
(A) A filiação partidária é condição de elegibilidade, cabendo aos partidos políticos, após adquirirem personalidade jurídica de direito público interno no cartório de registro civil do respectivo ente federativo ao qual é vinculado, promover o registro de seus estatutos no Tribunal Regional Eleitoral, ato conhecido como "notícia de criação de partido político".
(B) É assegurada aos partidos políticos autonomia para definir o regime de suas coligações nas eleições proporcionais, uma vez que há o vínculo de obrigatoriedade entre as candidaturas em âmbito nacional, estadual, distrital ou municipal.

(C) O direito a recursos do fundo partidário e acesso gratuito ao rádio e à televisão, na forma da lei, é garantido aos partidos políticos que tiverem elegido pelo menos quinze Deputados Federais distribuídos em pelo menos um terço das unidades da Federação.
(D) Ao eleito por partido que não preencher os requisitos constitucionais que asseguram o direito ao fundo partidário é vetado filiar-se a outro partido que os tenha atingido, uma vez que a lei procura assegurar a igualdade na distribuição dos recursos e de acesso gratuito ao tempo de rádio e de televisão.
(E) Os partidos políticos não podem estabelecer normas de disciplina e fidelidade partidária, assim como são proibidos de receber recursos financeiros de entidade ou governo estrangeiros ou de subordinação a estes.

A: incorreta, pois os partidos políticos, após adquirirem personalidade jurídica, na forma da lei civil, registrarão seus estatutos no **Tribunal Superior Eleitoral** (art. 17, § 2º, da CF), sendo que os partidos políticos são **pessoas jurídicas de direito privado**, de acordo com o art. 44, V, do Código Civil; B: incorreta, visto que é assegurada aos partidos políticos autonomia para definir o regime de suas coligações nas eleições majoritárias, vedada a sua celebração nas eleições proporcionais, sem obrigatoriedade de vinculação entre as candidaturas em âmbito nacional, estadual, distrital ou municipal (art. 17, § 1º, da CF); C: correta, conforme art. 17, § 3º, II, da CF; D: incorreta, já que ao eleito por partido que não preencher os requisitos constitucionais que asseguram o direito ao fundo partidário é assegurado o mandato e facultada a filiação, sem perda do mandato, a outro partido que os tenha atingido, não sendo essa filiação considerada para fins de distribuição dos recursos do fundo partidário e de acesso gratuito ao tempo de rádio e de televisão (art. 17, § 5º, da CF); E: incorreta, pois os partidos políticos devem estabelecer normas de disciplina e fidelidade partidária (art. 17, § 1º, *in fine*, da CF), sendo proibidos de receber recursos financeiros de entidade ou governo estrangeiros ou de subordinação a estes (art. 17, II, da CF). AN

Gabarito "C".

(Procurador do Estado/SP – 2018 – VUNESP) No julgamento da ADI no 5.081/DF, o Supremo Tribunal Federal fixou a seguinte tese: [...] por unanimidade de votos, em conhecer da ação e julgar procedente o pedido formulado para declarar a inconstitucionalidade, quanto à Resolução nº 22.610/2007, do Tribunal Superior Eleitoral, do termo "ou o vice", constante do art. 10; da expressão "e, após 16 (dezesseis) de outubro corrente, quanto a eleitos pelo sistema majoritário", constante do art. 13, e para "conferir interpretação conforme a Constituição ao termo "suplente", constante do art. 10, com a finalidade de excluir do seu alcance os cargos do sistema majoritário". Fixada a tese com o seguinte teor: "A perda do mandato em razão da mudança de partido não se aplica aos candidatos eleitos pelo sistema majoritário, sob pena de violação da soberania popular e das escolhas feitas pelo eleitor", nos termos do voto do Relator.

Considerando as regras constitucionais do sistema eleitoral brasileiro e os fundamentos utilizados para construir a jurisprudência aqui reproduzida, assinale a alternativa correta.

(A) Dentre as causas expressas de perda do mandato de Deputados Federais ou Estaduais estão as hipóteses de ser investido no cargo de Ministro de Estado, Governador de Território, Secretário de Estado, do Distrito Federal, de Território, de Prefeitura de Capital ou chefe de missão diplomática temporária.
(B) A interpretação conforme é uma regra hermenêutica que visa consagrar a força normativa da constituição ao retirar do ordenamento jurídico normas infraconstitucionais que sejam incompatíveis com a ordem jurídica, de modo a dar prevalência a soluções que favoreçam a integração social e a unidade política.
(C) O sistema eleitoral brasileiro adota o sistema majoritário para eleição do Prefeito e do Vice-Prefeito. No caso dos Municípios com mais de 200 mil eleitores, se nenhum candidato alcançar maioria absoluta na primeira votação, far-se-á nova eleição em até vinte dias após a proclamação do resultado, concorrendo os dois candidatos mais votados e considerando-se eleito aquele que obtiver a maioria dos votos válidos.
(D) O sistema proporcional adotado para a eleição dos senadores caracteriza-se pela ênfase nos votos obtidos pelos partidos, motivo pelo qual a Corte fixou entendimento de que a fidelidade partidária é essencial nesse caso.
(E) A soberania popular é exercida por meio da participação direta na organização político-administrativa quando se permite que os Estados possam se incorporar entre si, subdividir-se ou desmembrar-se para se anexarem a outros, ou formarem novos Estados ou Territórios Federais, mediante aprovação da população diretamente interessada, por plebiscito ou referendo.

A: incorreta, pois não é causa de perda do mandato de Deputado ou Senador a hipótese de ser investido no cargo de Ministro de Estado, Governador de Território, Secretário de Estado, do Distrito Federal, de Território, de Prefeitura de Capital ou chefe de missão diplomática temporária (art. 56, I, da CF); B: incorreta, visto que a interpretação conforme a Constituição é um método de interpretação hermenêutico – ou uma técnica de controle de constitucionalidade – pelo qual o intérprete ou aplicador do direito, ao se deparar com normas polissêmicas ou plurissignificativas (isto é, que possuam mais de uma interpretação), deverá adotar aquela interpretação que mais se compatibilize com o texto constitucional, excluindo determinadas hipóteses de interpretação da norma inconstitucionais; C: correta, conforme art. 29, II, combinado com art. 77, § 3º, da CF; D: incorreta, visto que o STF entende que "*o sistema majoritário, adotado para a eleição de presidente, governador, prefeito e senador, tem lógica e dinâmica diversas da do sistema proporcional. As características do sistema majoritário, com sua ênfase na figura do candidato, fazem com que a perda do mandato, no caso de mudança de partido, frustre a vontade do eleitor e vulnere a soberania popular*" (ADI 5081, Rel. Min. Roberto Barroso, Tribunal Pleno, j. em 27-05-2015); E: incorreta, na medida em que os estados podem incorporar-se entre si, subdividir-se ou desmembrar-se para se anexarem a outros, ou formarem novos estados ou territórios federais, mediante aprovação da população diretamente interessada, por meio de **plebiscito**, e do Congresso Nacional, por lei complementar (art. 18, § 3º, da CF). AN

Gabarito "C".

(Defensor Público – DPE/SC – 2017 – FCC) No que tange aos direitos políticos na Constituição Federal de 1988, é correto afirmar:

(A) É vedada a cassação de direitos políticos, cuja perda ou suspensão só se dará, entre outros casos, na hipótese de condenação criminal em segundo grau de jurisdição, enquanto durarem seus efeitos.
(B) A ação de impugnação de mandato tramitará sem segredo de justiça, respondendo o autor, na forma da lei, se temerária ou de manifesta má-fé.
(C) É condição de elegibilidade a idade mínima de trinta anos para Presidente e Vice-Presidente da República e Senador.
(D) Não podem alistar-se como eleitores os estrangeiros e, durante o período do serviço militar obrigatório, os conscritos.
(E) A lei que alterar o processo eleitoral entrará em vigor na data de sua publicação, aplicando-se imediatamente a todas as eleições futuras.

A: Errado. A perda ou suspensão dos direitos políticos só se dará, dentre outros casos, por condenação criminal transitada em julgado, enquanto durarem seus efeitos (art. 15, inc. III da CF). B: Errado. A ação de impugnação ao mandato tramitará em segredo de justiça (art. 14, § 11, da CF). C: Errado. A idade mínima para Presidente e Vice-Presidente da República e Senador é de 35 (trinta e cinco anos) (art. 14, § 3º, inc. VI, alínea "a" da CF). D: Correto, nos termos do art. 14, § 2º, da CF. E: Errado. A lei que alterar o processo eleitoral entrará em vigor na data de sua publicação, mas não se aplicará imediatamente a todas as eleições futuras, terá, no mínimo, que ter sido aprovada em espaço superior a um ano para que tenha validade na eleição seguinte. Caso contrário, só terá eficácia na eleição seguinte (art. 16 da CF). TM

Gabarito "D".

(Procurador Municipal – Sertãozinho/SP – VUNESP – 2016) Com base nas disposições constitucionais a respeito dos direitos políticos, assinale a alternativa correta.

(A) O alistamento eleitoral e o voto são obrigatórios para os analfabetos, os maiores de setenta anos e para os maiores de dezesseis e menores de dezoito anos.
(B) São inelegíveis os inalistáveis e os analfabetos.
(C) A lei que alterar o processo eleitoral entrará em vigor na data de sua publicação, não se aplicando à eleição que ocorra até dois anos da data de sua vigência.
(D) O mandato eletivo poderá ser impugnado ante a Justiça Eleitoral no prazo de trinta dias contados da diplomação, instruída a ação com provas de abuso do poder econômico, corrupção ou fraude.
(E) Para concorrerem a outros cargos, o Presidente da República, os Governadores de Estado e do Distrito Federal e os Prefeitos devem renunciar aos respectivos mandatos até um ano antes do pleito.

A: incorreta. Ao contrário do mencionado, o alistamento eleitoral e o voto são **facultativos** para essas pessoas. É o que determina o art. 14, § 1º, II, *a, b e c*, da CF; B: correta. De fato, os inalistáveis (estrangeiros e conscritos, durante o período do serviço militar obrigatório) e os analfabetos são inelegíveis, conforme determina o art. 14, § 4º, da CF; C: incorreta. De acordo com o art. 16 da CF, a lei que alterar o processo eleitoral entrará em vigor na data de sua publicação, não se aplicando à eleição que ocorra até **um ano** da data de sua vigência; D: incorreta. Determina o § 10 do art. 14 da CF que o mandato eletivo poderá ser impugnado ante a Justiça Eleitoral no prazo de **quinze dias** contados da diplomação, instruída a ação com provas de abuso do poder econômico, corrupção ou fraude; E: incorreta. O § 6º do art. 14 da CF determina que para concorrerem a outros cargos, o Presidente da República, os Governadores de Estado e do Distrito Federal e os Prefeitos devem renunciar aos respectivos mandatos até **seis meses** antes do pleito. BV

Gabarito "B".

(Procurador – PGFN – ESAF – 2015) Escolha a opção correta.

(A) Constitui crime inafiançável e imprescritível a ação de grupos armados, civis ou militares, contra a ordem constitucional e o Estado Democrático, bem como, depois de declaradas ilegais por decisão judicial, as greves em setores essenciais para a sociedade, definidas como tal em lei complementar.
(B) A lei ordinária estabelecerá casos de inelegibilidade e os prazos de sua cessação, a fim de proteger a probidade administrativa.

(C) O prazo para impugnação do mandato eletivo é de quinze dias contados da diplomação.
(D) A incapacidade civil absoluta não é motivo para a perda ou suspensão de direitos políticos.
(E) O militar alistável é elegível, se contar menos de dez anos de serviço será agregado pela autoridade superior e, se eleito, passará automaticamente, no ato da diplomação, para a inatividade.

A: incorreta. A primeira parte está correta, mas a greve em setores essenciais não constitui crime; **B:** incorreta. Os casos de inelegibilidade são estabelecidos por lei complementar; **C:** correta. Art. 14, § 10, CF; **D:** incorreta. Não reflete o disposto no art. 15, II, CF; **E:** incorreta. Apenas o militar com mais de dez anos de serviço é agregado pela autoridade superior e passa para a inatividade com a diplomação.
Gabarito "C".

(Procurador – SP – VUNESP – 2015) Assinale a alternativa correta a respeito dos direitos políticos previstos na Carta Magna brasileira.
(A) Não podem se alistar como eleitores os estrangeiros, os analfabetos e, durante o período do serviço militar obrigatório, os conscritos.
(B) A idade de trinta e cinco anos é uma das condições de elegibilidade para Governador e Vice-Governador de Estado e do Distrito Federal.
(C) Para concorrerem a outros cargos, o Presidente da República, os Governadores de Estado e do Distrito Federal e os Prefeitos devem renunciar aos respectivos mandatos até seis meses antes do pleito.
(D) São inelegíveis os inalistáveis, os analfabetos e os militares.
(E) O mandato eletivo poderá ser impugnado ante a Justiça Eleitoral no prazo de quinze dias contados da posse, instruída a ação com provas de abuso do poder econômico, corrupção ou fraude.

A: incorreta. Os **analfabetos podem se alistar como eleitores**, conforme determina o art. 14, § 1º, II, *a*, da CF; **B:** incorreta. Conforme determina o art. 14, § 3º, VI, *b*, da CF, a idade mínima para os cargos mencionados é de **30 (trinta)** anos; **C:** correta. É o que determina o art. 14, § 6º, da CF; **D:** incorreta. Os **militares alistáveis são elegíveis**, desde que preencham as condições previstas nos incisos I e II do § 8º do art. 14 da CF, que são as seguintes: I – se contar menos de dez anos de serviço, deverá afastar-se da atividade, II – se contar mais de dez anos de serviço, será agregado pela autoridade superior e, se eleito, passará automaticamente, no ato da diplomação, para a inatividade; **E:** incorreta. Determina o § 10 do art. 14 da CF que o mandato eletivo poderá ser impugnado ante a Justiça Eleitoral no prazo de quinze dias **contados da diplomação**, instruída a ação com provas de abuso do poder econômico, corrupção ou fraude.
Gabarito "C".

(Procurador do Estado – PGE/BA – CESPE – 2014) Acerca dos direitos políticos, julgue os itens a seguir.
(1) Não são alistáveis como eleitores nem os estrangeiros nem os militares.
(2) As ações de impugnação de mandato eletivo tramitam necessariamente em segredo de justiça.
(3) Os direitos políticos passivos consagram as normas que impedem a participação no processo político eleitoral.

1. incorreta. Art. 14, § 2ª, CF: "Não podem alistar-se como eleitores os estrangeiros e, durante o período do serviço militar obrigatório, os conscritos"; **2.** correta. Art. 14, § 11, CF: "A ação de impugnação de mandato tramitará em segredo de justiça, respondendo o autor, na forma da lei, se temerária ou de manifesta má-fé"; **3.** incorreta. A capacidade eleitoral passiva corresponde à possibilidade de alguém ser eleito e rege-se não apenas pelo art. 14, §§ 3º a 8º, da CF, como também pela "Lei de Inexigibilidades" (Lei Complementar 64/1990), exigida pelo art. 14, § 9º, da CF.
Gabarito 1E, 2C, 3E

(Procurador do Estado – PGE/RN – FCC – 2014) Um Prefeito de determinado Município e sua ex-esposa, divorciados desde o primeiro ano de seu mandato, ambos filiados ao mesmo partido político, pretendem candidatar-se, nas próximas eleições municipais: ele, à reeleição; ela, a uma vaga na Câmara de Vereadores do mesmo Município, pela primeira vez. Nessa hipótese, considerada a disciplina constitucional da matéria,
(A) tanto a candidatura dele como a dela seriam impossíveis, porque ambos são atingidos por causa de inelegibilidade reflexa, prevista na Constituição da República.
(B) tanto a candidatura dele como a dela somente seriam possíveis se ele renunciasse ao mandato de Prefeito até seis meses antes do pleito.
(C) a candidatura dela somente seria possível se ele renunciasse ao mandato respectivo até seis meses antes do pleito, hipótese em que ele estaria impedido de concorrer a um novo mandato à frente da chefia do Executivo municipal.
(D) somente a candidatura dele é possível, não havendo obrigação de renúncia ao mandato respectivo para que concorra à reeleição, sendo a dela inadmissível, ainda que ele renunciasse ao mandato até seis meses antes do pleito.
(E) a candidatura dele é possível, independentemente de renúncia ao respectivo mandato, e a dela somente seria possível se ele renunciasse ao mandato de Prefeito até seis meses antes do pleito.

Segundo o STF, "I – A dissolução da sociedade conjugal, no curso do mandato, não afasta a inelegibilidade prevista no art. 14, § 7º, da CF. II – Se a separação judicial ocorrer em meio à gestão do titular do cargo que gera a vedação, o vínculo de parentesco, para os fins de inelegibilidade, persiste até o término do mandato, inviabilizando a candidatura do ex-cônjuge ao pleito subsequente, na mesma circunscrição, a não ser que aquele se desincompatibilize seis meses antes das eleições". Ver Art. 14, §§ 6º e 7º, CF.
Gabarito "E".

(Juiz – TRF 4ª Região – 2016) Assinale a alternativa **INCORRETA**.
(A) O cidadão que exerce dois mandatos consecutivos como Prefeito de determinado Município fica inelegível para o cargo de mesma natureza em qualquer outro Município da Federação, para o período subsequente.
(B) Para concorrerem a outros cargos, o Presidente da República, o Governador de Estado, o Governador do Distrito Federal e os Prefeitos devem renunciar aos respectivos mandatos até 6 (seis) meses antes dos pleitos respectivos.
(C) A vedação ao nepotismo não exige a edição de lei formal para coibi-lo, na medida em que tal proibição decorre diretamente dos princípios constitucionais contidos no art. 37, *caput* da Constituição Federal.
(D) A dissolução da sociedade ou do vínculo conjugal, no curso do mandato, não afasta a inelegibilidade do ex-cônjuge.
(E) O plebiscito e o referendo são formas de consulta popular, sendo determinados, exclusivamente, pelo Congresso Nacional, visando à manifestação do povo sobre determinado tema específico já aprovado em lei, a qual só entrará em vigor se for ratificada pela vontade majoritária dos eleitores.

A: correta, sob pena de fraudar a vedação do terceiro mandato consecutivo. O STF assim determinou: "O instituto da reeleição tem fundamento não somente no postulado da continuidade administrativa, mas também no princípio republicano, que impede a perpetuação de uma mesma pessoa ou grupo no poder. O princípio republicano condiciona a interpretação e a aplicação do próprio comando da norma constitucional, de modo que a reeleição é permitida por apenas uma única vez. Esse princípio impede a terceira eleição não apenas no mesmo município, mas em relação a qualquer outro município da federação. Entendimento contrário tornaria possível a figura do denominado "prefeito itinerante" ou do "prefeito profissional", o que claramente é incompatível com esse princípio, que também traduz um postulado de temporariedade/alternância do exercício do poder. Portanto, ambos os princípios – continuidade administrativa e republicanismo – condicionam a interpretação e a aplicação teleológicas do art. 14, § 5º, da Constituição. O cidadão que exerce dois mandatos consecutivos como prefeito de determinado município fica inelegível para o cargo da mesma natureza em qualquer outro município da federação." (RE 637485/RJ); **B:** correta, porque é a determinação do art. 14, §6º, da CF; **C:** correta. O nepotismo já esbarra na vedação constitucional da impessoalidade e da moralidade pública. Ainda, temos a súmula vinculante 13, do STF, bem como farta jurisprudência no mesmo sentido: "Embora restrita ao âmbito do Judiciário, a Resolução 7/2005 do Conselho Nacional de Justiça, a prática do nepotismo nos demais Poderes é ilícita. II – A vedação do nepotismo não exige a edição de lei formal para coibir a prática. III – Proibição que decorre diretamente dos princípios contidos no art. 37, caput, da Constituição Federal." (RE 579951/RN); **D:** correta, pois é a literalidade da súmula vinculante 18, do STF; **E:** errada, pois no plebiscito a manifestação do cidadão é anterior, enquanto no referendo a consulta popular é posterior ao ato.
Gabarito "E".

(Juiz de Direito – TJM/SP – VUNESP – 2016) Assinale a alternativa que corretamente discorre sobre o exercício de direitos políticos, conforme previsto na Constituição Federal e regulamentado em lei complementar.
(A) A inelegibilidade dos que forem condenados por crimes contra a administração pública e o patrimônio público, em decisão transitada em julgado ou proferida por órgão judicial colegiado, prevista pela Lei da Ficha Limpa, não se aplica aos crimes culposos.
(B) O militar alistável é elegível, sendo que, se contar com menos de dez anos de serviço, será agregado pela autoridade superior e, se eleito, passará automaticamente, no ato da diplomação, para a inatividade.
(C) O Governador de Estado que perdeu seu cargo eletivo por infringência a dispositivo da Constituição Estadual se torna inelegível para as eleições que se realizarem durante o período remanescente e nos 4 (quatro) anos subsequentes ao término do mandato para o qual tenha sido eleito.
(D) São inelegíveis os que forem demitidos do serviço público em decorrência de processo administrativo ou judicial, pelo prazo de 8 (oito) anos, contado da decisão, salvo se o ato houver sido suspenso ou anulado pelo Tribunal de Contas.
(E) A Constituição Federal de 1988 não contempla a perda ou a suspensão dos direitos políticos, todavia, prevê a cassação dos direitos políticos em virtude de condenação por improbidade administrativa.

A: correta, nos termos do que determina a Lei Complementar 64/1990, em seu art. 1º, I, *e*; **B:** incorreta, pois seria com mais de dez anos de serviço, nos termos do art. 14, § 8º, I e II, da CF; **C:** incorreta, pois não será por 4 anos, mas por 8 anos subsequentes, conforme Lei Complementar 64/1990; **D:** incorreta, pois não há, na lei, referência ao Tribunal de Contas, mas salvo se o ato houver sido suspenso ou anulado pelo Poder Judiciário (art.

1º, I, o, LC 64/1990); **E:** incorreta, pois o texto constitucional não admite a cassação de direitos políticos (art. 15, da CF).

Gabarito "A".

(Juiz de Direito/DF – 2016 – CESPE) Considerando as interpretações doutrinárias e jurisprudenciais conferidas às normas constitucionais referentes aos direitos políticos, assinale a opção correta.

(A) Os direitos políticos insculpidos na Constituição possuem eficácia limitada, ante a necessidade da edição de legislação infraconstitucional para concretizá-los.
(B) A dissolução da sociedade conjugal no curso do mandato eletivo de governador de Estado implica a inelegibilidade de sua ex-cônjuge para o cargo de deputado estadual na mesma unidade da Federação para o pleito subsequente.
(C) O governador do Distrito Federal que pretende se candidatar ao cargo de deputado federal no pleito subsequente não precisa se desincompatibilizar do cargo que atualmente ocupa, uma vez que tal exigência constitucional aplica-se apenas quando o novo cargo almejado é disputado mediante eleição majoritária.
(D) O cidadão naturalizado brasileiro poderá ocupar os cargos eletivos de deputado federal e de governador do Distrito Federal, mas não poderá ser eleito senador ou vice-presidente, diante de vedação constitucional.
(E) A capacidade eleitoral passiva limita-se às restrições que estão expressamente veiculadas na CF e a nenhum outro dispositivo legal.

A: incorreta. Os direitos e garantias fundamentais (individuais, sociais, políticos e difusos) têm aplicação imediata (art. 5º, § 1º, CF); **B:** correta. Súmula Vinculante 18/STF: "A dissolução da sociedade ou do vínculo conjugal, no curso do mandato, não afasta a inelegibilidade prevista no § 7º do artigo 14 da Constituição Federal", a não ser que o titular tenha se desincompatibilizado seis meses antes; **C:** incorreta. O art. 14, § 6º, da CF refere-se a "outros cargos", sem qualificar o sistema eleitoral (se majoritário ou proporcional); **D:** incorreta. Os brasileiros naturalizados, por força do art. 12, § 3º, da CF, não podem se candidatar aos cargos de Presidente e Vice-Presidente da República; Presidente da Câmara dos Deputados; Presidente do Senado Federal; Ministro do STF; da carreira diplomática; de oficial das Forças Armadas e de Ministro de Estado da Defesa (o rol não inclui o cargo de senador); **E:** incorreta. A capacidade eleitoral passiva corresponde à possibilidade de alguém ser eleito e rege-se não apenas pelo art. 14, §§ 3º o a 8º, da CF, como também pela "Lei de Inexigibilidades" (Lei Complementar 64/1990), exigida pelo art. 14, § 9º, da CF.

Gabarito "B".

(Juiz de Direito/AM – 2016 – CESPE) De acordo com o que está expresso na CF acerca dos partidos políticos, é livre a criação, a fusão, a incorporação e a extinção de partidos políticos, resguardados a soberania nacional, o regime democrático, o pluripartidarismo e os direitos fundamentais da pessoa humana, desde que observado(a)

(A) a obrigação de prestar contas à justiça eleitoral.
(B) a apreciação da legalidade dos atos de admissão de pessoal para fins de registro.
(C) a vinculação entre as candidaturas em âmbito nacional, estadual, distrital ou municipal em caso de coligações eleitorais.
(D) o caráter regional do novo partido que se pretenda criar.
(E) a ampla publicidade dos orçamentos dos partidos políticos.

A: correta. De acordo com o art. 17 da CF, é livre a criação, fusão, incorporação e extinção de partidos políticos, resguardados a soberania nacional, o regime democrático, o pluripartidarismo, os direitos fundamentais da pessoa humana e observados os seguintes preceitos: I – caráter nacional; II – proibição de recebimento de recursos financeiros de entidade ou governo estrangeiros ou de subordinação a estes; III – **prestação de contas à Justiça Eleitoral**; e IV – funcionamento parlamentar de acordo com a lei; **B:** incorreta. Os requisitos legais para registro do partido político estão listados no art. 8º da Lei 9.096/1995: "Art. 8º O requerimento do registro de partido político, dirigido ao cartório competente do Registro Civil das Pessoas Jurídicas, da Capital Federal, deve ser subscrito pelos seus fundadores, em número nunca inferior a cento e um, com domicílio eleitoral em, no mínimo, um terço dos Estados, e será acompanhado de: I – cópia autêntica da ata da reunião de fundação do partido; II – exemplares do Diário Oficial que publicou, no seu inteiro teor, o programa e o estatuto; III – relação de todos os fundadores com o nome completo, naturalidade, número do título eleitoral com a Zona, Seção, Município e Estado, profissão e endereço da residência; § 1º O requerimento indicará o nome e função dos dirigentes provisórios e o endereço da sede do partido na Capital Federal; § 2º Satisfeitas as exigências deste artigo, o Oficial do Registro Civil **efetua** o registro no livro correspondente, expedindo certidão de inteiro teor"; **C:** incorreta. Contraria o disposto no art. 17, § 1º, da CF: "É assegurada aos partidos políticos autonomia para definir sua estrutura interna, organização e funcionamento e para adotar os critérios de escolha e o regime de suas coligações eleitorais, sem obrigatoriedade de vinculação entre as candidaturas em âmbito nacional, estadual, distrital ou municipal, devendo seus estatutos estabelecer normas de disciplina e fidelidade partidária"; **D:** incorreta. Partidos políticos devem obrigatoriamente ter caráter nacional (art. 17, I, CF); **E:** incorreta. A CF prevê o recebimento de verbas do fundo partidário, mas não há regra constitucional a respeito da ampla publicidade a respeito de seus orçamentos.

Gabarito "A".

(Analista Jurídico – TCE/PR – 2016 – CESPE) Com base na jurisprudência do STF, assinale a opção correta a respeito dos direitos políticos.

(A) O princípio da anterioridade da lei eleitoral subordina, inclusive, a incidência das hipóteses de inelegibilidade introduzidas por normas constitucionais originárias constantes da Constituição Federal de 1988.
(B) As condições de elegibilidade podem ser estabelecidas por simples lei ordinária federal, diferentemente das hipóteses de inelegibilidade, que são reservadas a lei complementar.
(C) É constitucional a exigência legal que, independentemente da identificação civil, condiciona o voto à apresentação, pelo eleitor, do título eleitoral.
(D) É dos estados a competência para legislar sobre condições específicas de elegibilidade dos juízes de paz.
(E) A filiação partidária como condição de elegibilidade não se estende aos juízes de paz.

A: incorreta. A anualidade da lei eleitoral (ou anterioridade eleitoral) encontra-se consagrada no art. 16 da CF e não subordina normas constitucionais originárias porque o poder constituinte **originário** é inicial, ilimitado, autônomo, incondicionado e soberano; **B:** correta. O art. 14, § 9º, CF, por constituir exceção, deve ser interpretado restritivamente. Assim, em razão de a norma constitucional se referir apenas à exigência de lei complementar para a imposição de outros casos de **inelegibilidades**, mera lei ordinária poderia dispor sobre outras condições de **elegibilidade**; **C:** incorreta. O STF já reconheceu que impedir o eleitor com documento oficial de identidade com foto de votar, por não estar portando o título de eleitor, afronta a razoabilidade. Apenas a ausência de documento oficial com fotografia impede o exercício do direito de voto (ADI 4.467-MC, rel. min. Ellen Gracie, j. 30.09.2010, Pleno, DJE 01.06.2011); **D:** incorreta. O art. 14, § 3º, VI, "c", da CF estabelece a idade mínima de 21 anos para a elegibilidade dos juízes de paz. Por se tratar de matéria eleitoral, a competência legislativa é privativa da União (art. 22, I, "a", CF), embora não sob a forma de medidas provisórias (art. 62, § 1º, I, "a", CF); **E:** incorreta. Ver art. 98, II, CF. O STF já decidiu que a obrigatoriedade de filiação partidária para candidatos a juiz de paz (art. 14, 3º, da CF) decorre do sistema eleitoral. (ADI 2.938, rel. min. Eros Grau, j. 09.06.2005, Pleno, DJ de 09.12.2005).

Gabarito "B".

(Magistratura/GO – 2015 – FCC) Um grupo de brasileiros pretende fundar uma associação que, como um de seus objetivos institucionais, promova o estudo comparativo das formas e sistemas de governo existentes na atualidade, de maneira a subsidiar a criação de futuro partido político que venha a defender a implementação de uma monarquia parlamentarista no país. Pretende-se, ainda, que as atividades da associação e do eventual partido contem com o aporte de recursos financeiros de entidades nacionais e estrangeiras dedicadas ao estudo e implementação de reformas políticas. À luz da Constituição da República,

(A) são lícitas a criação da associação e a do partido político, no que se refere a seus objetivos institucionais, embora apenas a associação possa contar com o aporte de recursos financeiros de entidades estrangeiras para o exercício de suas atividades.
(B) é lícita a criação da associação, mas não o será a do partido político, que não pode ter objetivo atentatório ao regime democrático instituído constitucionalmente.
(C) são ilícitas a criação da associação e a do partido político, por atentarem contra a existência da própria Constituição, já que as reformas que pretendem estudar e defender somente poderão ser implementadas por meio de uma nova ordem constitucional.
(D) são ilícitas a criação da associação e a do partido político, por lhes ser vedado percebimento de recursos financeiros de entidades estrangeiras para o exercício de suas atividades.
(E) são lícitas a criação da associação e a do partido político, no que se refere a seus objetivos institucionais e à possibilidade de aporte de recursos financeiros de entidades estrangeiras para o exercício de suas atividades.

A: correta (art. 31 da Lei 9.096 e art. 17, II, da CF). **B:** incorreta. A criação do partido também é lícita, ele somente não poderá receber recursos financeiros de entidades estrangeiras para o exercício de sua atividade De acordo com o art. 17, II, da CF, é livre a criação, fusão, incorporação e extinção de partidos políticos, resguardados a soberania nacional, o regime democrático, o pluripartidarismo, os direitos fundamentais da pessoa humana, desde que observados alguns preceitos como a **proibição de recebimento de recursos financeiros de entidade ou governo estrangeiros** ou de subordinação a estes; **C e D:** incorretas. Ao contrário do mencionado nessas alternativas, **a criação**, tanto da associação como do partido político, é **lícita**; **E:** incorreta. De fato podem ser criadas as associações e o partido político, mas este não poderá receber recursos financeiros de entidades estrangeiras para o exercício de sua atividade, por conta do mencionado no art. 17, II, da CF. Sobre as associações, é importante ressaltar as seguintes regras: 1) é plena a liberdade de associação para fins lícitos, vedada a de caráter paramilitar (art. 5º, XVII, da CF), 2) a criação de associações e, na forma da lei, de cooperativas independem de autorização, sendo vedada a interferência estatal em seu funcionamento (art. 5º, XVIII, da CF), 3) as associações só poderão ser compulsoriamente dissolvidas ou ter suas atividades suspensas por decisão judicial, exigindo-se, no primeiro caso, o trânsito em julgado (art. 5º, XIX, da CF), 4) ninguém poderá ser compelido a associar-se ou a permanecer associado (art. 5º, XX, da CF).

Gabarito "A".

(Magistratura/GO – 2015 – FCC) Considere as seguintes situações:

I. Prefeito em exercício de segundo mandato consecutivo pretende candidatar-se a Deputado Estadual, renunciando ao respectivo mandato apenas 6 meses antes do pleito.
II. Deputado Estadual em exercício pretende candidatar-se a Prefeito do Município em que possui domicílio eleitoral, sem renunciar ao respectivo mandato.
III. Ex-marido de Prefeita, desta divorciado durante o mandato que ela ainda exerce, pretende candidatar-se, pela primeira vez, a Vereador do Município, no pleito imediatamente subsequente ao término do mandato.
IV. Membro de Polícia Militar que conta com 5 anos de serviço pretende filiar-se a partido político e candidatar-se a mandato eletivo na esfera estadual, sem se afastar da atividade.

São compatíveis com as normas constitucionais referentes às condições de elegibilidade e inelegibilidades APENAS as situações descritas em

(A) III e IV.
(B) I e II.
(C) I e III.
(D) II e III.
(E) II e IV.

I: correta. De acordo com o art. 14, § 6º, da CF, **para concorrerem a outros cargos**, o Presidente da República, os Governadores de Estado e do Distrito Federal e **os Prefeitos devem renunciar aos respectivos mandatos até seis meses antes do pleito; II:** correta. A regra da desincompatibilização tem aplicação em relação aos chefes do executivo, conforme explicado pelo dispositivo acima. Desse modo, **o deputado estadual em exercício pode se candidatar a prefeito, sem renunciar ao respectivo mandato; III:** incorreta. De acordo com a Súmula Vinculante 18 do STF: "A dissolução da sociedade ou do vínculo conjugal, no curso do mandato, **não afasta a inelegibilidade** prevista no § 7º do art. 14 da CF. Conforme determina o art. 14, § 7º, da CF, são inelegíveis, no território de jurisdição do titular, o cônjuge e os parentes consanguíneos ou afins, até o segundo grau ou por adoção, do Presidente da República, de Governador de Estado ou Território, do Distrito Federal, de Prefeito ou de quem os haja substituído dentro dos seis meses anteriores ao pleito, salvo se já titular de mandato eletivo e candidato à reeleição. Sendo assim, o ex-marido da Prefeita não poderia candidatar-se a vereador do Município, no pleito imediatamente subsequente ao término do mandado da sua ex-esposa, pois é considerado inelegível; **IV:** incorreta. De acordo com o § 8º do art. 14 da CF, o militar alistável (exceto o conscrito, durante o serviço militar obrigatório) somente será elegível se forem atendidas as seguintes condições: I – **se contar menos de dez anos de serviço, deverá afastar-se da atividade**, II – se contar mais de dez anos de serviço, será agregado pela autoridade superior e, se eleito, passará automaticamente, no ato da diplomação, para a inatividade. Gabarito "B".

(Procurador do Estado/BA – 2014 – CESPE) Acerca dos direitos políticos, julgue os itens a seguir.

(1) Não são alistáveis como eleitores nem os estrangeiros nem os militares.
(2) As ações de impugnação de mandato eletivo tramitam necessariamente em segredo de justiça.
(3) Os direitos políticos passivos consagram as normas que impedem a participação no processo político eleitoral.

1: errado. Os estrangeiros, de fato, são inalistáveis, conforme dispõe o art. 14, § 2º, da CF. Em relação aos militares, apenas os conscritos, durante o período do serviço militar obrigatório, é que não podem se alistar como eleitores; **2:** correto. De acordo com o art. 14, § 11, da CF, a ação de impugnação de mandato tramitará em segredo de justiça, respondendo o autor, na forma da lei, se temerária ou de manifesta má-fé; **3:** errado. Os direitos políticos passivos, também denominados de capacidade eleitoral passiva, dizem respeito ao direito de ser votado, de participar das eleições concorrendo a um mandato eletivo. Já as normas que impedem a participação no processo político eleitoral são tratadas como direitos políticos negativos e incluem as causas de suspensão ou perda dos direitos políticos e as inelegibilidades. Gabarito 1E, 2C, 3E.

(Advogado do Metrô/SP – 2014 – FCC) João, Governador de determinado Estado, no curso de seu mandato, decidiu concorrer às eleições para a Presidência da República.

Nos termos da Constituição Federal, João

(A) deve renunciar ao respectivo mandato até seis meses antes do pleito.
(B) deve renunciar ao respectivo mandato até três meses antes do pleito.
(C) não poderá concorrer às eleições presidenciais, pois é necessário que governe o Estado até o final de seu mandato.
(D) deve renunciar ao respectivo mandato obrigatoriamente um ano antes do pleito.
(E) deve renunciar ao respectivo mandato obrigatoriamente dois anos antes do pleito.

A: correta. De acordo com o art. 14, § 6º, da CF, **para concorrerem a outros cargos**, o Presidente da República, **os Governadores de Estado** e do Distrito Federal e os Prefeitos **devem renunciar aos respectivos mandatos até seis meses antes do pleito; B:** incorreta. O prazo para a renúncia é de até seis meses antes do pleito; **C:** incorreta. É possível que João concorra às eleições presidenciais, desde que renuncie cargo em até seis meses antes do pleito; **D** e **E:** incorreta. Como mencionado, o prazo para a renúncia é de até seis meses antes do pleito. Gabarito "A".

9. ORGANIZAÇÃO DO ESTADO

9.1. DA UNIÃO, ESTADOS, MUNICÍPIOS E TERRITÓRIOS

(Investigador – PC/BA – 2018 – VUNESP) Imagine que a Câmara Municipal da Cidade X aprovou projeto de lei dispondo sobre interesses das comunidades indígenas localizadas em seu território. Nesse caso, partindo das regras constitucionais sobre a repartição de competências, é correto afirmar que a lei é

(A) inconstitucional sob o prisma formal, já que se trata de competência legislativa concorrente entre União, Estados e Distrito Federal a regulamentação de qualquer matéria relativa às populações indígenas.
(B) inconstitucional sob o prisma formal, já que se trata de competência legislativa privativa da União tratar sobre as populações indígenas.
(C) inconstitucional sob o prisma formal, já que a matéria é de competência exclusiva dos Estados membros e Distrito Federal.
(D) constitucional, uma vez que, por se tratar de nítido interesse local, a competência é privativa dos Municípios.
(E) constitucional, já que se trata de interesse local e regional, de modo que compete aos Estados membros, Distrito Federal e Municípios, de forma comum, legislar sobre a questão.

De acordo com o art. 22, XIV, da CF, compete **privativamente** à União legislar sobre populações indígenas. Logo, lei municipal que versa sobre comunidades indígenas padece de inconstitucionalidade formal, por invadir esfera de competência legislativa privativa da União. Gabarito "B".

(Procurador do Estado/SP – 2018 – VUNESP) Ao julgar a ADI nº 2.699/PE, que tinha por objeto a análise da competência para legislar sobre direito processual, o Supremo Tribunal Federal destacou ser importante compreender que a Constituição Federal proclama, na complexa estrutura política que dá configuração ao modelo federal de Estado, a coexistência de comunidades jurídicas responsáveis pela pluralização de ordens normativas próprias, que se distribuem segundo critérios de discriminação material de competências fixadas pelo texto constitucional. Nesse contexto, a respeito do tema competência constitucional para legislar sobre a matéria de direito processual, assinale a alternativa correta.

(A) A União poderá delegar aos Estados a competência para legislar integralmente sobre o tema, considerando as reiteradas críticas à excessiva centralização normativa no âmbito federativo.
(B) Os Estados-membros e o Distrito Federal não dispõem de competência para legislar sobre direito processual. Com fundamento no sistema de poderes enumerados e de repartição constitucional de competências legislativas, somente a União possui atribuição para legitimamente estabelecer, em caráter privativo, a regulação normativa, inclusive a disciplina dos recursos em geral, conforme posição consolidada do Supremo Tribunal Federal.
(C) Estabelecida a lide com fundamento em conflito de competência legislativa entre a União e os Estados-Membros ou o Distrito Federal, a ação judicial deverá ser julgada de forma originária pelo Superior Tribunal de Justiça, uma vez configurada a instabilidade no equilíbrio federativo.
(D) A competência é comum da União, dos Estados, do Distrito Federal e dos Municípios, podendo lei complementar autorizar cada ente federal a legislar sobre questões específicas das matérias relacionadas na Constituição Federal.
(E) A competência para legislar sobre direito processual é concorrente, de modo que cabe à União fixar normas gerais e aos Estados-Membros e ao Distrito Federal normas suplementares, em concordância com a jurisprudência pacífica sobre o tema.

A: incorreta, visto que a União, por meio de lei complementar, poderá autorizar os Estados a legislar sobre **questões específicas** das matérias relacionadas à sua competência privativa, tal como direito processual (art. 22, I e parágrafo único, da CF); **B:** correta, pois, conforme jurisprudência do STF, "os Estados-membros e o Distrito Federal não dispõem de competência para legislar sobre direito processual, eis que, nesse tema, que compreende a disciplina dos recursos em geral, somente a União Federal – considerado o sistema de poderes enumerados e de repartição constitucional de competências legislativas – possui atribuição para legitimamente estabelecer, em caráter de absoluta privatividade (CF, art. 22, n. I), a regulação normativa a propósito de referida matéria" (ADI 2699, Rel. Min. Celso de Mello, Tribunal Pleno, j. em 20-05-2015); **C:** incorreta, pois o Supremo Tribunal Federal tem competência originária para processar e julgar as causas e os conflitos entre a

União e os estados, a União e o Distrito Federal, ou entre uns e outros, inclusive as respectivas entidades da administração indireta (art. 102, I, f, da CF), desde que tais litígios tenham potencialidade para desestabilizar o pacto federativo. A jurisprudência do STF distingue **conflito entre entes federados** e **conflito federativo**, sustentando que, no primeiro caso, observa-se apenas a litigância judicial promovida pelos membros da Federação, ao passo que, no segundo, além da participação desses na lide, a conflituosidade da causa importa em potencial desestabilização do próprio pacto federativo, sendo que o legislador constitucional restringiu a atuação do STF à última hipótese (ACO 1.295 AgR-segundo, Rel. Min. Dias Toffoli, j. 14-10-2010); **D e E**: incorretas, pois a competência para legislar sobre direito processual é **privativa** da União (art. 22, I, da CF) – vale destacar que competência comum diz respeito à competência material. AN

Gabarito "B".

(Juiz de Direito – TJ/RS – 2018 – VUNESP) Considere a seguinte situação hipotética: Na ausência de lei federal sobre um determinado tema, de competência legislativa concorrente, em 1995, o Estado do Rio Grande do Sul exerceu sua competência legislativa em matéria de proteção e defesa da saúde, nos termos da Constituição Federal, editando lei estadual que proibiu o uso de determinada substância no território estadual. Em 2007, a União editou lei federal que regulou o uso dessa mesma substância, permitindo-o, ainda que de forma restrita. No entanto, a lei federal foi objeto de Ação Direta de Inconstitucionalidade perante o Supremo Tribunal Federal. Não foi suspensa a aplicação da norma federal, no entanto, ela foi declarada inconstitucional, em 2017. Com isso, a lei estadual deve ser considerada

(A) inválida, pois no âmbito da competência legislativa concorrente, caberia ao Município – e não ao Estado – legislar sobre proteção e defesa da saúde, sobretudo se o uso da substância for relacionado ao interesse local.

(B) válida, pois a superveniência de lei federal apenas suspende a eficácia da lei estadual no âmbito da competência concorrente, de modo que, com a declaração de inconstitucionalidade da lei federal, a norma estadual teve sua eficácia restabelecida.

(C) inválida, pois a declaração de inconstitucionalidade da lei federal não restabelece a eficácia da lei estadual, tendo como efeito apenas a devolução da competência ao Estado para legislar sobre normas gerais enquanto não for editada nova lei federal.

(D) válida, pois a lei federal não revoga nem suspende a eficácia da lei estadual; em casos em que as normas federal e estadual forem incompatíveis, caberá ao Supremo Tribunal Federal decidir qual delas é aplicável.

(E) inválida, pois a competência legislativa concorrente permite que o Estado exerça sua competência suplementar somente após a União exercer plenamente sua competência de legislar sobre normas gerais.

A: incorreta, pois os Municípios não possuem competência legislativa concorrente (art. 24, caput, da CF), sendo competência concorrente da União, dos Estados e do Distrito Federal legislar sobre proteção e defesa da saúde (art. 24, XII, da CF); **B**: correta, pois a superveniência de lei federal sobre normas gerais **suspende a eficácia** da lei estadual, de modo que, com a declaração de inconstitucionalidade da lei federal – que não pode gerar quaisquer efeitos no plano do Direito por sua nulidade –, a norma estadual terá sua eficácia restabelecida em razão da inexistência de lei federal sobre normas gerais (art. 24, §§ 3º e 4º, da CF); **C**: incorreta, porque a declaração de inconstitucionalidade da lei federal **restabelece a eficácia** da lei estadual, cuja eficácia estava suspensa em razão da superveniência de lei federal sobre normas gerais (art. 24, §§ 3º e 4º, da CF); **D**: incorreta, haja vista que a superveniência de lei federal sobre normas gerais **suspende a eficácia** da lei estadual no que lhe for contrário (art. 24, § 4º, da CF); **E**: incorreta, pois, no âmbito da competência legislativa concorrente, a competência da União para legislar sobre normas gerais não exclui a competência suplementar dos Estados e, inexistindo lei federal sobre normas gerais, os Estados exercerão a competência legislativa plena (art. 24, §§ 2º e 3º, da CF). AN

Gabarito "B".

(Defensor Público – DPE/PR – 2017 – FCC) Em relação à repartição de competências na Constituição:

(A) É inconstitucional lei estadual que garante meia entrada aos doadores de sangue, por tratar-se de indevida regulamentação de contraprestação em contratos privados, matéria contida no ramo do direito civil, ou seja, de competência legislativa privativa da União.

(B) A competência legislativa suplementar dos Estados, em relação à competência legislativa concorrente, permite que estes preencham lacunas na lei geral para sua adequação às peculiaridades locais; ao passo que a competência legislativa plena é aquela em que os Estados disciplinam matérias já compreendidas na lei geral, por expressa autorização do Congresso Nacional.

(C) É constitucional lei estadual que regule serviços de assistência médico-hospitalar regidos por contratos de natureza privada, desde que discipline a ampliação dos direitos do contratado, pois a competência para legislar sobre proteção ao consumidor é concorrente.

(D) Segundo o entendimento do Supremo Tribunal Federal, por se tratar de infração político-administrativa e não propriamente de crime, o chamado crime de responsabilidade pode ser definido pela União, Estados e Distrito Federal, eis que a competência legislativa é concorrente.

(E) É consagrada a possibilidade de delegação de certas competências legislativas privativas da União aos Estados, através da edição de lei complementar especificando a matéria, não podendo ser desigual entre os Estados.

A: Errado. O STF se posicionou sobre o tema entendendo (ADI 2.198 rel. Min. Dias Toffoli, j. 11-4-2013, P, DJE de 19-8-2013) que a instituição de um lei que garanta meia entrada aos doadores regulares de sangue é matéria de competência concorrente entre União, estados-membros e DF, em razão de se tratar de legislação que versa sobre direito econômico (art. 24, inc. I, da CF). **B**: Errado. No primeiro trecho, a assertiva está correta. A competência legislativa suplementar, conforme a própria acepção do termo aduz, suplementa a norma, complementa o que já existe adequando à realidade local. Já no segundo trecho, a assertiva dispõe equivocadamente que a competência legislativa plena é aquela em que os Estados disciplinam matérias já compreendidas na lei geral em razão de autorização concedida pelo Congresso Nacional. Correto seria dizer que a competência legislativa plena é aquela em que o Estado disciplina matérias de seu interesse em razão da ausência de uma norma geral (federal), devendo, para tanto, respeitar os limites e fundamentos impostos pelo texto constitucional. Ela é plena em razão de não existir um limite material de norma federal, apenas constitucional. Ato contínuo, a assunção de uma lei federal geral que regula o tema revogará automaticamente a lei do Estado se essa for contrária (art. 24, §§ 3º e 4º da CF). **C**: Errado. Vício Formal. Trata-se de competência privativa da União, órgão competente para legislar sobre direito civil, comercial e política de seguros nos termos do art. 22, I e VII, da CF. (ADI 1.595/SP; e ADI 1.646-6/PE). **D**: Errado. Súmula Vinculante 46: "A definição dos crimes de responsabilidade e o estabelecimento das respectivas normas de processo e julgamento são da competência legislativa privativa da União". **E**: Correto (art. 22, parágrafo único, da CF). TM

Gabarito "E".

(Defensor Público Federal – DPU – 2017 – CESPE) A respeito da organização do Estado e do Poder Judiciário, julgue os itens subsequentes com base no texto constitucional.

(1) No que se refere à defesa dos interesses dos necessitados, cabe à DP a defesa de direitos individuais e coletivos, mesmo no âmbito da esfera extrajudicial.

(2) Compete exclusivamente ao STF o julgamento de habeas corpus impetrado por ministro de Estado.

(3) Os estados e os municípios podem legislar sobre responsabilidade por dano ao meio ambiente.

1: Correto. Nos termos do art. 134 da CF. **2**: Errado. Compete ao STF precipuamente e não exclusivamente o julgamento. Art. 102, inc. I, alínea "d" da CF. Não obstante, para que se defina a competência do Supremo, o Ministro de Estado deverá ser paciente e não o impetrante. Este, impetrante, pouco importa para a definição da competência do STF. **3**: Correto. De fato, os estados podem legislar sobre responsabilidade por dano ao meio ambiente, de maneira concorrente com a União e DF (art. 24, inc. VIII, da CF). Por sua vez, aos Municípios caberia tão somente a proteção e o combate a poluição em qualquer de suas formas (art. 23, inc. VI da CF), não lhe sendo assegurado o direito de legislar sobre matéria ambiental. Entretanto, após mais de 10 anos o STF, ao julgar o RE 194.704 reconheceu que a atuação dos municípios para suplementar as legislações estadual e federal sobre o tema não representa conflito de competência com as outras esferas da federação. Segundo ele, embora cumpra à União estabelecer planos nacionais e regionais de proteção ambiental, na eventualidade de surgirem conflitos de competência, a resolução deve se dar pelos princípios da preponderância de interesses e da cooperação entre as unidades da federação. TM

Gabarito: 1C, 2E, 3C.

(Defensor Público Federal – DPU – 2017 – CESPE) A respeito das imunidades de jurisdição e de execução, julgue os itens que se seguem.

(1) Estado soberano estrangeiro possui imunidade de jurisdição em matéria tributária, situação que impede a cobrança de imposto sobre a importação de bebidas alcoólicas para consumo na respectiva embaixada.

(2) A execução forçada de eventual sentença condenatória trabalhista contra Estado estrangeiro somente será possível se existirem, no território brasileiro, bens do executado estranhos à representação diplomática ou consular.

(3) Imunidade de jurisdição é atributo inerente aos organismos internacionais decorrente do fato de estes serem considerados pessoas jurídicas de direito internacional.

1: Certo. A Jurisprudência consolidada do STF sobre o tema, é no sentido da observância da imunidade de jurisdição, tendo em consideração as Convenções de Viena de 1961 e 1963. (ACO 633 AgR, Relator(a): Min. Ellen Gracie, Tribunal Pleno, julgado em 11/04/2007, DJe-042 Divulg 21-06-2007 public 22-06-2007 DJ 22-06-2007 PP-00016 Ement vol-02281-01 PP-00001 LEXSTF v. 29, n. 343, 2007, p. 5-31 RDDT n. 143, 2007, p. 219-220 RDDP n. 55, 2007, p. 141-152)"; **2**: Certo. "É bem verdade que o Supremo Tribunal Federal, tratando-se da questão pertinente à imunidade de execução (matéria que não se confunde com o tema concernente à imunidade de jurisdição ora em exame), continua, quanto a ela (imunidade de execução), a entendê-la como prerrogativa institucional de caráter mais abrangente, ressalvadas as hipóteses excepcionais (a) de renúncia, por parte do Estado estrangeiro, à prerrogativa da intangibilidade dos seus próprios bens (RTJ 167/761, Rel.

Min. Ilmar Galvão – ACO 543/SP, Rel. Min. Sepúlveda Pertence) ou (b) de existência, em território brasileiro, de bens, que, embora pertencentes ao Estado estrangeiro, não tenham qualquer vinculação com as finalidades essenciais inerentes às legações diplomáticas ou representações consulares mantidas em nosso País." (STF, 2ª Turma, RE 222.368-Agr/PE, fl. 17, Rel. Min. Celso de Melo, DJ de 14.02.2003); **3:** Errado. O fato de os organismos internacionais serem considerados pessoas jurídicas de direito internacional, não lhes garante automaticamente imunidade de jurisdição, inclusive, aqueles, serão criados mediante Tratados Internacionais de modo que as imunidades deverão ser concedidas mediante acordos pactuados (STF, RE 1.034.840).

Gabarito: 1C; 2C; 3E

(Defensor Público – DPE/PR – 2017 – FCC) Acerca da organização do Estado, considere as assertivas abaixo.

I. A soberania é atributo exclusivo do Estado Federal, restando aos Estados-membros a autonomia, na forma da descentralização da atividade administrativa e do poder político. A autonomia política dos Estados-membros compreende o poder de editar suas próprias Constituições, sujeitas a certos limites impostos pela Constituição Federal.

II. O Estado Unitário é conduzido por uma única entidade política, que centraliza o poder político; o Estado Federal é composto por mais de um governo, todos autônomos em consonância com a Constituição; e a Confederação é a união de Estados soberanos com lastro em um tratado internacional.

III. O pacto federativo é indissolúvel. Excepcionalmente, é possível a regulamentação da secessão desde que atendidos os seguintes requisitos: edição de Lei Complementar específica; consulta direta, através de plebiscito, aos moradores do Estado; e comprovação de viabilidade financeira e orçamentária da proposta.

IV. A repartição horizontal de competências se dá quando, observada a inexistência de hierarquia e respeitada a autonomia dos entes federados, outorgam-se competências concorrentes entre a União, os Estados, o Distrito Federal e Municípios.

V. A aplicação do mínimo exigido da receita resultante de impostos estaduais, compreendida a proveniente de transferências, na manutenção e desenvolvimento do ensino e nas ações e serviços públicos de saúde é considerado princípio constitucional sensível, e seu descumprimento pode ensejar a intervenção federal.

Está correto o que se afirma APENAS em

(A) II e IV.
(B) III, IV e V.
(C) I, II e V.
(D) III e IV.
(E) I.

I: Correto. A soberania é atributo exclusivo do Estado Federal, melhor dizendo, da República Federativa do Brasil (art. 1º, inc. I da CF). A autonomia concretiza-se no que fora entabulado, por exemplo, no art. 34 da CF que garante a não intervenção da União nos Estados nem no DF, salvo expressas exceções. **II:** Correto. Há de se dizer, a fim de contextualizar que o Brasil já se organizou como um Estado Unitário (Brasil Império) em que há uma unidade central detentora de poderes políticos absolutos. Por sua vez, o Estado Federal é composto por estados-membros (Brasil atual), dotados de autonomia, respeitados os limites previstos na Constituição. Aqui, é importante fixar que autonomia e soberania são institutos distintos. **III:** Errado. A secessão é um instituto vedado no Brasil exatamente por tratar de uma República Federativa formada pela união indissolúvel dos Estados, Municípios e DF. Mais do que isso, a forma federativa de Estado (união indissolúvel) é cláusula pétrea. Os requisitos trazidos na assertiva referem-se à criação, incorporação, fusão e desmembramento dos Municípios e não dos Estados-membros. **IV:** Errado. Na repartição horizontal de competências ocorre uma separação radical de competências entre os entes federativos, por meio da atribuição a cada um deles de maneira exclusiva ou privativa e não concorrente. **V:** Correto (art. 34, inc. VII, alínea "e" da CF).

Gabarito: "C"

(Defensor Público – DPE/SC – 2017 – FCC) A respeito da distribuição de competência legislativa na Constituição Federal de 1988, compete

(A) privativamente à União legislar sobre procedimentos em matéria processual.
(B) ao Município legislar concorrentemente sobre assistência jurídica e Defensoria Pública.
(C) privativamente à União legislar sobre produção e consumo.
(D) à União, aos Estados e ao Distrito Federal legislar concorrentemente sobre desapropriação.
(E) à União, aos Estados e ao Distrito Federal legislar concorrentemente sobre proteção à infância e à juventude.

A: Errado. Compete concorrentemente à União, Estados e DF (art. 24, inc. XI, da CF). **B:** Errado. Compete concorrentemente à União, Estados e DF (art. 24, inc. XIII, da CF). **C:** Errado. Compete concorrentemente à União, Estados e DF (art. 24, inc. V, da CF). **D:** Errado. Compete privativamente à União (art. 22, inc. II, da CF). **E:** Correto (art. 24, inc. XV, da CF).

Gabarito: "E"

(Defensor Público – DPE/SC – 2017 – FCC) São bens da União, conforme dispõe expressamente a Constituição Federal de 1988:

I. Os recursos minerais, inclusive os do subsolo.
II. As ilhas oceânicas e costeiras, mesmo que estiverem no domínio dos Estados, Municípios ou terceiros.
III. As terras tradicionalmente ocupadas pelas comunidades quilombolas.
IV. As cavidades naturais subterrâneas e os sítios arqueológicos e pré-históricos.

Está correto o que se afirma APENAS em

(A) I, III e IV.
(B) I e IV.
(C) I, II e III.
(D) II, III e IV.
(E) II e III.

I: Correto. Art. 20, IX, da CF. **II:** Errado. As ilhas oceânicas e costeiras que contenham a sede de municípios, são excluídas dos bens da União. Art. 20, inc. IV, da CF. **III:** Errado. Pertence à União a terra tradicionalmente ocupada pelos índios e não pelos quilombolas (art. 20, inc. XI, da CF). **IV:** Certo. Art. 20, X, da CF.

Gabarito: "B"

(Procurador Municipal – Prefeitura/BH – CESPE – 2017) Acerca da organização político-administrativa, assinale a opção correta.

(A) A fim de fazer cumprir ordem legal, a União poderá decretar intervenção federal nos municípios que se recusarem a cumprir lei federal que tenha sido recentemente sancionada, em razão de discordarem de seu conteúdo.
(B) Conforme o entendimento do STF, para realizar o desmembramento de determinado município, é necessário consultar, por meio de plebiscito, a população pertencente à área a ser desmembrada, mas não a população da área remanescente.
(C) De acordo com o entendimento do STF, as terras indígenas recebem tratamento peculiar no direito nacional devido ao fato de, juridicamente, serem equiparadas a unidades federativas.
(D) O parecer técnico elaborado pelo tribunal de contas tem natureza meramente opinativa, competindo à câmara municipal o julgamento anual das contas do prefeito.

A: incorreta. A União só pode decretar intervenção nos estados (ou no DF). A intervenção em municípios é realizada pelos estados, nas hipóteses constitucionais (arts. 34 e 35, CF); **B:** incorreta. Ver ADI 2650, Rel. Min. Dias Toffoli: "Após a alteração promovida pela EC 15/1996, a Constituição explicitou o alcance do âmbito de consulta para o caso de reformulação territorial de Municípios e, portanto, o significado da expressão 'populações diretamente interessadas', contida na redação originária do § 4º do art. 18 da Constituição, no sentido de ser necessária a consulta a toda a população afetada pela modificação territorial, o que, no caso de desmembramento, deve envolver tanto a população do território a ser desmembrado, quanto a do território remanescente. Esse sempre foi o real sentido da exigência constitucional – a nova redação conferida pela emenda, do mesmo modo que o art. 7º da Lei 9.709/1998, apenas tornou explícito um conteúdo já presente na norma originária. A utilização de termos distintos para as hipóteses de desmembramento de Estados-membros e de Municípios não pode resultar na conclusão de que cada um teria um significado diverso, sob pena de se admitir maior facilidade para o desmembramento de um Estado do que para o desmembramento de um Município"; **C:** incorreta. Ver Pet 3388, Rel. Min. Carlos Britto: "Todas as 'terras indígenas' são um bem público federal (inciso XI do art. 20 da CF), o que não significa dizer que o ato em si da demarcação extinga ou amesquinhe qualquer unidade federada. Primeiro, porque as unidades federadas pós-Constituição de 1988 já nascem com seu território jungido ao regime constitucional de preexistência dos direitos originários dos índios sobre as terras por eles 'tradicionalmente ocupadas'. Segundo, porque a titularidade de bens não se confunde com o senhorio de um território político. Nenhuma terra indígena se eleva ao patamar de território político, assim como nenhuma etnia ou comunidade indígena se constitui em unidade federada. Cuida-se, cada etnia indígena, de realidade sociocultural, e não de natureza político-territorial"; **D:** correta. Tese de repercussão geral estabelecida no RE 729744: "'Parecer técnico elaborado pelo Tribunal de Contas tem natureza meramente opinativa, competindo exclusivamente à Câmara de Vereadores o julgamento das contas anuais do chefe do Poder Executivo local, sendo incabível o julgamento ficto das contas por decurso de prazo".

Gabarito: "D"

(Procurador Municipal – Sertãozinho/SP – VUNESP – 2016) Sobre a competência dos Entes Municipais, segundo a jurisprudência do STF e a Constituição Federal, assinale a alternativa correta.

(A) Ofende o princípio da livre concorrência lei municipal que impede a instalação de estabelecimentos comerciais do mesmo ramo em determinada área.
(B) Em respeito ao princípio da simetria, os Municípios não poderão ter símbolos próprios.
(C) Compete aos Municípios legislar sobre trânsito e transporte.
(D) O Município dispõe de competência para legislar concorrentemente com a União e os Estados sobre juntas comerciais.
(E) Não é competente o Município para fixar horário de funcionamento de estabelecimento comercial.

A: correta. Determina a Súmula Vinculante 49 (STF) que, de fato, ofende o princípio da livre concorrência lei municipal que impede a instalação de estabelecimentos comerciais do mesmo ramo em determinada área; **B:** incorreta. De acordo com o art. 13, § 2º, da CF, os Estados, o Distrito Federal e os Municípios **poderão** ter símbolos próprios; **C:** incorreto. A competência para legislar sobre trânsito e transporte é **privativa da União**, conforme determina o art. 22, XI, da CF; **D:** incorreta. Segundo o art. 24, "caput" e inciso II, da CF a competência **concorrente é dada à União, aos Estados e ao Distrito Federal**; **E:** incorreta. Ao contrário do mencionado, a Súmula Vinculante 38 (STF) determina que o **Município é competente** para fixar o horário de funcionamento de estabelecimento comercial.
Gabarito "A".

(Procurador Municipal – Sertãozinho/SP – VUNESP – 2016) Com base na disciplina normativa dispensada pela Constituição Federal aos Municípios, assinale a alternativa correta.
(A) Compete aos Municípios a instituição de regiões metropolitanas.
(B) É permitida a criação de Tribunais, Conselhos ou órgãos de Contas Municipais caso esses Entes possuam população superior a quinhentos mil habitantes.
(C) O controle externo no âmbito municipal será exercido pela Câmara Municipal com o auxílio dos Tribunais de Contas dos Estados ou do Município ou dos Conselhos ou Tribunais de Contas dos Municípios, onde houver.
(D) O Município reger-se-á por lei orgânica, votada em dois turnos, com o interstício mínimo de dez dias, e aprovada por três quintos dos membros da Câmara Municipal.
(E) A iniciativa popular de projetos de lei de interesse específico do Município, da cidade ou de bairros, poderá ocorrer por meio de manifestação de, pelo menos, três por cento do eleitorado.

A: incorreta. De acordo com o art. 25, § 3º, da CF, os **Estados poderão**, mediante lei complementar, **instituir regiões metropolitanas**, aglomerações urbanas e microrregiões, constituídas por agrupamentos de municípios limítrofes, para integrar a organização, o planejamento e a execução de funções públicas de interesse comum; **B:** incorreta. Ao contrário do mencionado, **é proibida** a criação de Tribunais, Conselhos ou órgãos de Contas Municipais, conforme determina o § 4º do art. 31 da CF; **C:** correta. O art. 31, "caput", da CF, determina que a fiscalização do Município seja exercida pelo Poder Legislativo Municipal, mediante controle externo, e pelos sistemas de controle interno do Poder Executivo Municipal, na forma da lei. O § 1º do dispositivo mencionado completa mencionando que o controle externo da Câmara Municipal será exercido com o auxílio dos Tribunais de Contas dos Estados ou do Município ou dos Conselhos ou Tribunais de Contas dos Municípios, onde houver; **D:** incorreta. De acordo com o "caput" do art. 29 da CF, o Município reger-se-á por lei orgânica, votada em dois turnos, com o interstício mínimo de dez dias, e aprovada por **dois terços** dos membros da Câmara Municipal, que a promulgará, atendidos os princípios estabelecidos nesta Constituição, na Constituição do respectivo Estado e pelos preceitos citados nos incisos do artigo mencionado; **E:** incorreta. Determina o art. 29, XIII, da CF que a iniciativa popular de projetos de lei de interesse específico do Município, da cidade ou de bairros, ocorrerá através de manifestação de, pelo menos, **cinco por cento** do eleitorado.
Gabarito "C".

(Procurador Municipal/SP – VUNESP – 2016) A respeito da intervenção nos Municípios, é correto afirmar que a Constituição Federal prevê que:
(A) uma das hipóteses que autorizam a intervenção consiste na não aplicação do mínimo exigido, da receita municipal, na manutenção e desenvolvimento da educação, nas ações e serviços públicos de saúde e nas ações de preservação ambiental.
(B) a competência para decretação e execução da intervenção, em qualquer Município da federação, é do Governador de Estado ou do Presidente da República.
(C) é hipótese de intervenção o provimento pelo Tribunal de Justiça de representação que vise a assegurar a observância de princípios indicados na Constituição Estadual, ou para prover a execução de lei, de ordem, de decisão judicial ou de decisão do Tribunal de Contas.
(D) são requisitos do decreto interventivo as especificações de amplitude, de prazo e de condições de execução, sendo que o Governador de Estado deverá obrigatoriamente nomear interventor, afastando as autoridades envolvidas.
(E) se a suspensão da execução do ato impugnado não for suficiente para o restabelecimento da normalidade, o Governador de Estado decretará a intervenção no Município, submetendo esse ato à Assembleia Legislativa, que, estando em recesso, será convocada extraordinariamente.

A: incorreta, pois o texto constitucional não traz a previsão quanto às ações de preservação ambiental (art. 35, III, da CF); **B:** incorreta, pois não cabe intervenção federal em Município localizado em Estado-membro (ver IF 590/CE, STF); **C:** incorreta, pois não há menção ao Tribunal de Contas; **D:** incorreta, pois não requer nomeação obrigatória do interventor, vez que tal nomeação é facultativa (se couber); **E:** correta, nos termos do art. 36, § 2º, da CF.
Gabarito "E".

(Procurador – IPSMI/SP – VUNESP – 2016) Em relação aos Municípios, a Constituição Federal prevê que:
(A) a criação, fusão, incorporação ou desmembramento de Município condiciona-se exclusivamente à consulta mediante plebiscito às populações dos Municípios envolvidos.
(B) é competência do Município manter, com cooperação técnica e financeira da União e do Estado, programas de educação infantil, de ensino fundamental e de ensino médio.
(C) as regiões metropolitanas, constituídas por agrupamentos de Municípios limítrofes, para integrar a organização, o planejamento e a execução de funções públicas de interesse comum podem, mediante lei complementar, ser instituídas pelos Estados.
(D) o número de vereadores da Câmara Municipal deve ser proporcional ao número de eleitores do Município.
(E) o total de despesas com a remuneração dos vereadores não poderá ultrapassar o montante de dez por cento da receita do Município.

A: incorreta. A consulta mediante plebiscito é apenas um dos requisitos para tais atos. De acordo com o art. 18, § 4º, da CF, a criação, a incorporação, a fusão e o desmembramento de Municípios, far-se-ão por **lei estadual**, dentro do período determinado por Lei Complementar Federal, e dependerão de **consulta prévia, mediante plebiscito**, às populações dos Municípios envolvidos, após divulgação dos **Estudos de Viabilidade Municipal**, apresentados e publicados na forma da lei; **B:** incorreta. O ensino médio **não** faz parte da **competência municipal**. Determina o art. 30, VI, da CF que é competência dos Municípios a manutenção, com a cooperação técnica e financeira da União e do Estado, de programas de educação infantil e de ensino fundamental; **C:** correta. É o que determina o art. 25, § 3º, da CF. Segundo o dispositivo mencionado, os Estados poderão, mediante lei complementar, instituir regiões metropolitanas, aglomerações urbanas e microrregiões, constituídas por agrupamentos de municípios limítrofes, para integrar a organização, o planejamento e a execução de funções públicas de interesse comum; **D:** incorreta. O número de vereadores é fixado de acordo com os **habitantes**, conforme determina o art. 29, IV, a a x, da CF; **E:** incorreta. Determina o art. 29, VII, da CF que o total da despesa com a remuneração dos Vereadores não poderá ultrapassar o montante de **cinco** por cento da receita do Município.
Gabarito "C".

(Procurador – IPSMI/SP – VUNESP – 2016) De acordo com a Constituição Federal, a respeito do procedimento de intervenção federal e estadual, é correto afirmar que:
(A) os Estados são os únicos legitimados a intervir nos Municípios, mesmo que em Territórios Federais, assim como a União nos Estados da federação, por questão de hierarquia constitucional.
(B) uma das hipóteses de intervenção federal reside no fato de o Estado suspender o pagamento da dívida fundada por mais de três anos consecutivos, salvo motivo de força maior.
(C) o decreto de intervenção, que especificará a amplitude, o prazo e as condições de execução e que, se couber, nomeará o interventor, será submetido à apreciação da Câmara dos Deputados ou da Assembleia Legislativa do Estado, no prazo de quarenta e oito horas.
(D) cessados os motivos da intervenção, as autoridades afastadas de seus cargos não mais poderão retomá-los, sendo que seus sucessores hierárquicos deverão tomar posse em vinte e quatro horas.
(E) a decretação da intervenção dependerá, no caso de desobediência a ordem ou decisão judiciária, de requisição do Supremo Tribunal Federal, do Superior Tribunal de Justiça ou do Tribunal Superior Eleitoral.

A: incorreta, pois a União poderá intervir em Município localizado em Território Federal, nos termos do art. 35, da CF; **B:** incorreta, pois o prazo é de mais de 2 anos (art. 34, V, a, da CF); **C:** incorreta, pois o prazo é de 24 horas, além da apreciação ser do Congresso Nacional ou da Assembleia Legislativa (art. 36, §1º, da CF); **D:** incorreta, pois o art. 36, § 4º, da CF, determina que as autoridades afastadas de seus cargos a estes voltarão, salvo impedimento legal; **E:** correta, nos termos do art. 36, II, da CF.
Gabarito "E".

(Procurador do Estado – PGE/MT – FCC – 2016) Determinado Município do Estado de Mato Grosso vem reiteradamente violando princípios indicados na Constituição Estadual. Neste caso, a Constituição Federal admite, excepcionalmente, a intervenção do Estado no Município, que será decretada pelo Governador do Estado:
(A) e dependerá necessariamente de provimento de representação pelo Tribunal de Justiça, dispensada apreciação do decreto de intervenção pela Assembleia Legislativa.
(B) de ofício, ou mediante representação, por meio de decreto, dispensada a apreciação pela Assembleia Legislativa.
(C) de ofício, ou mediante representação, por meio de decreto, que deverá ser submetido à apreciação da Assembleia Legislativa no prazo máximo de trinta dias.
(D) de ofício, ou mediante representação, por meio de decreto, que deverá ser submetido à apreciação da Assembleia Legislativa no prazo de 24 horas.
(E) e dependerá necessariamente de provimento de representação pelo Tribunal de Justiça, devendo o decreto de intervenção ser submetido à apreciação da Assembleia Legislativa no prazo de 24 horas.

Ver art. 35, IV e art. 36, § 3º, ambos da CF: "Art. 35. O Estado não intervirá em seus Municípios, nem a União nos Municípios localizados em Território Federal, exceto quando: (...) IV – o Tribunal de Justiça der provimento a representação para assegurar a observância de princípios indicados na Constituição Estadual, ou para prover a execução de lei, de ordem ou de decisão judicial". Art. 36, § 3º: "§ 3º Nos casos do art. 34, VI e VII, ou do art. 35, IV, dispensada a apreciação pelo Congresso Nacional ou pela Assembleia Legislativa, o decreto limitar-se-á a suspender a execução do ato impugnado, se essa medida bastar ao restabelecimento da normalidade". Gabarito "A".

(Advogado União – AGU – CESPE – 2015) A respeito das competências atribuídas aos estados-membros da Federação brasileira, julgue os itens subsecutivos à luz da jurisprudência do STF.

(1) Seria constitucional norma instituída por lei estadual exigindo depósito recursal como pressuposto para sua interposição no âmbito dos juizados especiais cíveis do estado, uma vez que esse tema está inserido entre as competências legislativas dos estados-membros acerca de procedimento em matéria processual.
(2) Seria constitucional lei estadual que, fundada no dever de proteção à saúde dos consumidores, criasse restrições ao comércio e ao transporte de produtos agrícolas importados no âmbito do território do respectivo estado.
(3) Situação hipotética: Determinada Constituição estadual condicionou a deflagração formal de processo acusatório contra governador pela prática de crime de responsabilidade a juízo político prévio da assembleia legislativa local. Assertiva: Nessa situação, a norma estadual é compatível com o estabelecido pela CF quanto à competência legislativa dos estados-membros.

1. incorreta. A matéria é privativa da União (art. 22, I, CF) e, no caso, contraria o disposto na Lei 9.099/95, que não prevê nenhum tipo de depósito como requisito de admissibilidade para recursos; **2. incorreta.** A competência é privativa da União (art. 22, VIII, CF), o que atrai a inconstitucionalidade formal. Ver ADI 3813: "1. É formalmente inconstitucional a lei estadual que cria restrições à comercialização, à estocagem e ao trânsito de produtos agrícolas importados no Estado, ainda que tenha por objetivo a proteção da saúde dos consumidores diante do possível uso indevido de agrotóxicos por outros países. A matéria é predominantemente de comércio exterior e interestadual, sendo, portanto, de competência privativa da União (CF, art. 22, inciso VIII). 2. É firme a jurisprudência do Supremo Tribunal Federal no sentido da inconstitucionalidade das leis estaduais que constituam entraves ao ingresso de produtos nos Estados da Federação ou a sua saída deles, provenham esses do exterior ou não"; **3. correta.** Ver ADIs 4791, 4800 e 4792. Em julgamento conjunto das ações diretas, o STF firmou o seguinte entendimento: "1. Inconstitucionalidade formal decorrente da incompetência dos Estados-membros para legislar sobre processamento e julgamento de crimes de responsabilidade (art. 22, inc. I, da Constituição da República). 2. Constitucionalidade das normas estaduais que, por simetria, exigem a autorização prévia da assembleia legislativa como condição de procedibilidade para instauração de ação contra governador (art. 51, inc. I, da Constituição da República)". Gabarito 1E, 2E, 3C.

(Procurador – PGFN – ESAF – 2015) Sobre "competência", é correto afirmar que compete:

(A) à União emitir moeda, manter o serviço postal e o correio aéreo nacional; e aos Estados compete explorar, diretamente ou mediante autorização, concessão ou permissão, os serviços de transporte rodoviário interestadual de passageiros.
(B) privativamente à União legislar sobre registros públicos e compete à União, aos Estados e ao Distrito Federal legislar concorrentemente sobre populações indígenas.
(C) à União planejar e promover a defesa permanente contra as calamidades públicas, especialmente as secas e as inundações e compete à União, aos Estados e ao Distrito Federal legislar concorrentemente sobre educação, cultura, ensino e desporto.
(D) privativamente à União legislar sobre propaganda comercial, e aos Estados legislar sobre emigração e imigração.
(E) à União e aos Estados autorizar e fiscalizar a produção e o comércio de material bélico.

A: incorreta. Todas as competências listadas são da União (art. 21, X e XII, *e*, CF); **B:** incorreta. As duas matérias são da competência legislativa privativa da União (art. 22, XIV e XXV, CF); **C:** correta. Art. 21, XVIII e art. 24, IX, ambos da CF; **D:** incorreta. A primeira parte está correta (art. 22, XXIX, CF), mas emigração e imigração também são da competência legislativa privativa da União (art. 22, XV, CF); **E:** Incorreta. A competência é da União (art. 21, VI, CF). Gabarito "C".

(Procurador do Estado – PGE/BA – CESPE – 2014) No que concerne ao estatuto constitucional da União, dos estados, dos municípios, do Distrito Federal (DF) e dos territórios, julgue os itens seguintes.

(1) Compete exclusivamente à União legislar sobre direito financeiro.
(2) Cabe aos municípios explorar os serviços locais de gás canalizado.
(3) Os estados têm competência para criar, organizar e suprimir distritos.
(4) A CF autoriza a divisão de territórios em municípios.

1. incorreta. A competência legislativa é concorrente (art. 24, I, CF); **2. incorreta.** A competência é dos estados-membros (art. 25, § 2º, CF); **3. incorreta.** A competência é municipal (art. 30, IV, CF); **4. correta.** Ver art. 33, § 1º, CF. Gabarito 1E, 2E, 3E, 4C.

(Procurador do Estado – PGE/RN – FCC – 2014) Determinada lei municipal, promulgada em 2008, estabeleceu ser obrigatória a presença física de vigilante uniformizado nos locais de atendimento bancário, inclusive postos de autoatendimento. Nessa hipótese, à luz da Constituição da República, a lei municipal em questão:

(A) é fruto de exercício regular de competência residual, em matéria de competência concorrente, para legislar sobre consumo e responsabilidade por dano ao consumidor.
(B) invadiu competência material da União para fiscalizar operações de natureza financeira.
(C) invadiu competência privativa da União para legislar sobre direito do trabalho e condições para o exercício das profissões.
(D) invadiu competência suplementar do Estado, em matéria de competência concorrente, para legislar sobre consumo e responsabilidade por dano ao consumidor.
(E) é fruto de exercício regular da competência do Município para legislar sobre assuntos de interesse local.

Ao apreciar a matéria o STF afirmou que: "Nos termos da jurisprudência do Supremo Tribunal Federal, os Municípios possuem competência para legislar sobre assuntos de interesse local, tais como medidas que propiciem segurança, conforto e rapidez aos usuários de serviços bancários". Gabarito "E".

(Procurador do Estado – PGE/RN – FCC – 2014) De acordo com as normas de repartição de competências previstas na Constituição Federal, cabe aos Estados-membros:

I. explorar diretamente, ou mediante concessão, os serviços locais de gás canalizado, na forma da lei, vedada a edição de medida provisória para a sua regulamentação.
II. instituir, mediante lei complementar, regiões metropolitanas, aglomerações urbanas e microrregiões, constituídas por agrupamentos de municípios, limítrofes ou não, para integrar a organização, o planejamento e a execução de funções públicas de interesse comum.
III. exercer a competência privativa para promover a melhoria das condições de saneamento básico.
IV. legislar, privativamente, sobre assistência jurídica e defensoria pública.

Está correto o que se afirma APENAS em:
(A) IV.
(B) I.
(C) I e II.
(D) II e III.
(E) III e IV.

I: correta. Art. 25, § 2º, CF; **II:** incorreta. Não reflete o disposto no art. 25, § 3º, CF (a competência estadual limita-se aos municípios limítrofes); **III:** incorreta. A competência é comum (art. 23, IX, CF); **IV:** incorreta. A competência legislativa é concorrente (art. 24, XIII, CF). Gabarito "B".

(Juiz – TRF 3ª Região – 2016) Incluem-se entre os bens dos Estados:

(A) os potenciais de energia elétrica.
(B) os rios e lagos em terrenos de seu domínio, ainda que sejam limítrofes de outros países.
(C) as cavidades naturais subterrâneas e os sítios arqueológicos e pré-históricos.
(D) as áreas nas ilhas oceânicas e costeiras que estiverem sob seu domínio, excluídas as que forem da União, dos Municípios ou que pertençam a particulares.

A: incorreta, pois são bens da União (art. 20, VIII, da CF); **B:** incorreta, pois também são bens da União (art. 20, III, da CF); **C:** incorreta. São bens da União (art. 20, X, da CF); **D:** correta. São bens dos Estados, nos termos do art. 26, II, da CF. Gabarito "D".

(Juiz – TRF 4ª Região – 2016) Dadas as assertivas abaixo, assinale a alternativa correta.

I. Afronta a autonomia municipal disposição de Constituição Estadual que estabelece limites a serem observados pela Câmara Municipal na fixação dos subsídios do Prefeito e do Vice-Prefeito.
II. O Município não tem competência para legislar sobre a atividade lícita de mídia exterior (propaganda comercial) utilizada nos espaços urbanos, na medida em que pertence à União Federal a competência privativa para legislar sobre o âmbito econômico da publicidade e da propaganda.
III. Não há inconstitucionalidade em dispositivo de Constituição Estadual que assegura a concessão do benefício da chamada meia passagem aos estudantes usuários de transportes coletivos municipais.

IV. O controle externo das contas municipais, especialmente daquelas pertinentes ao Chefe do Poder Executivo local, representa uma das mais expressivas prerrogativas institucionais da Câmara dos Vereadores, que o exercerá com o auxílio do Tribunal de Contas do Estado.

(A) Estão corretas apenas as assertivas I e III.
(B) Estão corretas apenas as assertivas I e IV.
(C) Estão corretas apenas as assertivas II e III.
(D) Estão corretas apenas as assertivas I, II e III.
(E) Estão corretas apenas as assertivas I, II e IV.

I: correta, pois caso fosse contrário teríamos uma ofensa ao art. 29, V, da CF, deixando, assim, de ser norma constitucional autoaplicável. Assim decidiu o STF: "Prefeito. Subsídio. Art. 29, V, da Constituição Federal. Precedente da Suprema Corte. 1. Já assentou a Suprema Corte que a norma do art. 29, V, da Constituição Federal é autoaplicável. 2. O subsídio do prefeito é fixado pela Câmara Municipal até o final da legislatura para vigorar na subsequente." (RE 204889); **II:** incorreta, pois é competente o Município para legislar sobre propaganda comercial. Assim decidiu o STF: "resta claro que a legislação impugnada tem por objetivo melhor administrar a chamada poluição visual, então excessiva no referido município. A alegação das recorrentes, segundo a qual o município estaria a usurpar competência da União para legislar sobre o âmbito econômico da publicidade e da propaganda, não merece prosperar, visto que a lei em exame, a toda evidência, cuida de matéria ligada ao meio ambiente e ao urbanismo, sobre as quais o município está autorizado a legislar, nos termos do art. 30, incisos I, II e VIII, da Constituição Federal." (AI 732901/SP); **III:** incorreta, pois é exatamente ao contrário: "A competência para organizar serviços públicos de interesse local é municipal, entre os quais o de transporte coletivo [artigo 30, inciso V, da CB/88]. 3. O preceito da Constituição amapaense que garante o direito a 'meia passagem' aos estudantes, nos transportes coletivos municipais, avança sobre a competência legislativa local. 4. A competência para legislar a propósito da prestação de serviços públicos de transporte intermunicipal é dos Estados-membros. Não há inconstitucionalidade no que toca ao benefício, concedido pela Constituição estadual, de 'meia passagem' aos estudantes nos transportes coletivos intermunicipais." (ADI 845); **IV:** correta, nos termos do art. 31, §1º, da CF. AB

Gabarito "B".

(Juiz – TRF 4ª Região – 2016) Assinale a alternativa **INCORRETA**.

(A) Embora a Constituição Federal estabeleça que os recursos minerais, inclusive os do subsolo, sejam bens da União Federal, fica garantida, ao concessionário da lavra, a propriedade do produto de sua exploração.
(B) Mesmo que os recursos naturais da plataforma continental e os recursos minerais sejam bens da União, a participação ou a compensação dos Estados, do Distrito Federal e dos Municípios, no resultado da exploração de petróleo, xisto betuminoso e gás natural compõem as receitas originárias destes últimos entes federativos.
(C) As concessões de terras devolutas situadas na faixa de fronteira, feitas pelos Estados, autorizam apenas o uso, permanecendo o domínio com a União, ainda que se mantenha inerte ou tolerante em relação aos possuidores.
(D) Todas as terras tradicionalmente ocupadas pelos índios são um bem público nacional. Elas são inalienáveis e indisponíveis. Entretanto, os índios têm a sua posse permanente, cabendo-lhes o usufruto exclusivo das riquezas do solo, dos rios e dos lagos nelas existentes.
(E) A faixa de até 150 (cento e cinquenta) quilômetros de largura, ao longo das fronteiras terrestres, designada como faixa de fronteira, é considerada fundamental para defesa do território nacional e, por conseguinte, não é passível de ocupação ou utilização por particulares.

A: correta, conforme combinação dos arts. 20, IX, e 176, ambos da CF: "Art. 20. São bens da União: (...) IX – os recursos minerais, inclusive os do subsolo" e "Art. 176. As jazidas, em lavra ou não, e demais recursos minerais e os potenciais de energia hidráulica constituem propriedade distinta da do solo, para efeito de exploração ou aproveitamento, e pertencem à União, garantida ao concessionário a propriedade do produto da lavra."; **B:** correta, conforme a literalidade do art. 20, V, IX e §1º, da CF. Nesse sentido, o STF julgou: "Embora os recursos naturais da plataforma continental e os recursos minerais sejam bens da União (CF, art. 20, V e IX), a participação ou compensação aos Estados, Distrito Federal e Municípios no resultado da exploração de petróleo, xisto betuminoso e gás natural são receitas originárias destes últimos entes federativos (CF, art. 20, § 1º). 3 – É inaplicável, ao caso, o disposto no art. 71, VI da Carta Magna que se refere, especificamente, ao repasse efetuado pela União – mediante convênio, acordo ou ajuste – de recursos originariamente federais." (MS 24.312/DF); **C:** correta, pois é o que determina a súmula 477, do STF: "As concessões de terras devolutas situadas na faixa de fronteira, feitas pelos Estados, autorizam, apenas, o uso, permanecendo o domínio com a União, ainda que se mantenha inerte ou tolerante, em relação aos possuidores."; **D:** correta, pois é o que dispõe o art. 231, §§2º e 4º, da CF; **E:** incorreta, pois a ocupação e utilização por particulares é sim possível, desde que nos termos da lei (art. 20, §2º, da CF). AB

Gabarito "E".

(Juiz – TRF 4ª Região – 2016) Dadas as assertivas abaixo, assinale a alternativa correta.

I. A Constituição Federal confere à União Federal, em caráter exclusivo, a exploração do serviço postal e do correio aéreo nacional.
II. Lei estadual não poderá disciplinar a respeito de validade de crédito de telefone celular pré-pago, projetando-o no tempo, sob pena de violação à competência exclusiva da União Federal para legislar sobre telecomunicações.
III. Diante da competência da União de explorar, diretamente ou mediante autorização, concessão ou permissão, os portos marítimos, fluviais e lacustres, o serviço de docas tem necessariamente natureza pública.
IV. Toda a atividade nuclear em território nacional é de competência exclusiva da União Federal e se dá após prévia aprovação da Presidência da República.

(A) Estão corretas apenas as assertivas I e II.
(B) Estão corretas apenas as assertivas I, II e III.
(C) Estão corretas apenas as assertivas I, II e IV.
(D) Estão corretas apenas as assertivas II, III e IV.
(E) Estão corretas todas as assertivas.

I: correta. É o que determina o art. 21, X, da CF; **II:** correta. Nesse sentido é a jurisprudência do STF: "COMPETÊNCIA – TELECOMUNICAÇÃO. Ante lei estadual que veio a dispor sobre validade de crédito de celular pré-pago, projetando-o no tempo, surge relevante argumentação no sentido de competir à União legislar sobre telecomunicação." (ADI 4715/DF); **III:** correta, na mesma linha da jurisprudência do STF: "Competindo a União, e só a ela, explorar diretamente ou mediante autorização, concessão ou permissão, os portos marítimos, fluviais e lacustres, art. 21, XII, f, da CF, está caracterizada a natureza pública do serviço de docas. 5. A Companhia Docas do Rio de Janeiro, sociedade de economia mista federal, incumbida de explorar o serviço portuário em regime de exclusividade, não pode ter bem desapropriado pelo Estado. 6. Inexistência, no caso, de autorização legislativa." (RE 172816/RJ – no mesmo sentido RE 253.472/SP); **IV:** incorreta, pois exige aprovação do Congresso Nacional (art. 21, XXIII, da CF). AB

Gabarito "B".

(Juiz de Direito – TJM/SP – VUNESP – 2016) A definição das condutas típicas configuradoras do crime de responsabilidade e o estabelecimento de regras que disciplinem o processo e o julgamento de agentes públicos federais, estaduais ou municipais envolvidos, conforme jurisprudência do Supremo Tribunal Federal, são de

(A) competência legislativa privativa da União.
(B) competência comum de União, Estados, Municípios e Distrito Federal, cabendo à lei complementar fixar normas sobre cooperação na matéria.
(C) competência legislativa comum a todos os entes federativos e competência material da União.
(D) competência concorrente entre União, Estados e Distrito Federal, limitando-se a União a estabelecer normas gerais.
(E) competência reservada aos Estados, por não constar a matéria do rol de competências exclusivas ou privativas da União.

A: correta. De acordo com a Súmula Vinculante 46 (STF), a definição dos crimes de responsabilidade e o estabelecimento das respectivas normas de processo e julgamento **são de competência legislativa privativa da União; B e C:** incorretas. A competência comum vem prevista no art. 23 da CF e é modalidade de competência administrativa (material), não de competência legislativa; **D:** incorreta. Como mencionado, a competência é privativa da União, não concorrente, como afirmado pela alternativa. Os assuntos que são tratados de forma concorrente vêm previstos no art. 24 da CF; **E:** incorreta. A competência é privativa da União, não reservada aos Estados. BV

Gabarito "A".

(Promotor de Justiça – MPE/RS – 2017) Nos moldes fixados pelo artigo 24 da Constituição Federal, é **INCORRETO** afirmar que compete à União, aos Estados e ao Distrito Federal legislar concorrentemente sobre:

(A) orçamento.
(B) normas gerais de organização, efetivos, material bélico, garantias, convocação e mobilização das polícias militares e corpos de bombeiros militares.
(C) produção e consumo.
(D) proteção à infância e à juventude.
(E) florestas, caça, pesca, fauna, conservação da natureza, defesa do solo e dos recursos naturais, proteção do meio ambiente e controle da poluição.

A: correta. Art. 24, II, CF; **B:** incorreta. A competência legislativa, nesse caso, é privativa da União. Art. 22, XXI, CF; **C:** correta. Art. 24, V, CF; **D:** correta. Art. 24, XV, CF; **E:** correta. Art. 24, VI, CF. TM

Gabarito "B".

(Promotor de Justiça/GO – 2016 – MPE) Sobre a organização político-administrativa da República Federativa do Brasil, assinale a alternativa correta:

(A) Os Territórios Federais integram a União, e sua criação, transformação em Estado ou reintegração ao Estado de origem serão reguladas em Lei Ordinária específica.
(B) A criação, a incorporação, a fusão e o desmembramento de Municípios, far-se-ão por lei estadual, dentro do período determinado por Lei Complementar Federal, e dependerão de consulta prévia, mediante plebiscito, às populações dos Municípios envolvidos, após

divulgação dos Estudos de Viabilidade Municipal, apresentados e publicados na forma da lei.
(C) Ficam convalidados os atos de criação, fusão, incorporação e desmembramento de Municípios, cuja lei tenha sido publicada até a promulgação da Constituição da República de 1988, atendidos os requisitos estabelecidos na legislação do respectivo Estado à época de sua criação.
(D) A organização político-administrativa da República Federativa do Brasil compreende a União, os Estados e o Distrito Federal, todos autônomos, nos termos desta Constituição, além dos Municípios, cuja autonomia, relativa apenas à expedição de atos normativos de seu interesse, é prevista em Lei Complementar Federal.

A: incorreta. No caso, o art. 18, § 2º, CF exige lei complementar; B: correta. Art. 18, § 4º, CF; C: incorreta. Para a convalidação, o prazo de publicação da lei foi de até 31 de dezembro de 2006 (art. 96 ADCT); D: incorreta. O município é ente da Federação e autônomo como os demais. Art. 18, caput, CF.
Gabarito "B".

(Promotor de Justiça/GO – 2016 – MPE) Assinale a alternativa incorreta:
(A) O mandato eletivo poderá ser impugnado ante a Justiça Eleitoral no prazo de quinze dias contados da diplomação, instruída a ação com provas de abuso do poder econômico, corrupção ou fraude.
(B) São bens pertencentes à União os lagos, rios e quaisquer correntes de água em terrenos de seu domínio, ou que banhem mais de um Estado, sirvam de limites com outros países, ou se estendam a território estrangeiro ou dele provenham, bem como os terrenos marginais e as praias fluviais;
(C) o subsídio dos Vereadores será fixado pelas respectivas Câmaras Municipais em cada legislatura para a subsequente, observado o que dispõe a Constituição da República, sendo que em Municípios com população entre cinquenta mil e um a cem mil habitantes, o subsídio máximo dos Vereadores corresponderá a sessenta por cento do subsídio dos Deputados Federais.
(D) Compete aos Municípios instituir e arrecadar os tributos de sua competência, bem como aplicar suas rendas, sem prejuízo da obrigatoriedade de prestar contas e publicar balancetes nos prazos fixados em lei.

A: correta. Art. 14, § 10, CF; B: correta. Art. 20, III, CF; C: incorreta. Não corresponde à redação do art. 29, VI, "c", da CF; D: correta. Art. 30, III, CF.
Gabarito "C".

(Promotor de Justiça/SC – 2016 – MPE)
(1) Compete à União, aos Estados e ao Distrito Federal legislar concorrentemente sobre procedimentos em matéria processual.

1: correta. Art. 24, XI, CF.
Gabarito 1C.

(Promotor de Justiça/SC – 2016 – MPE)
(1) Segundo a Constituição Federal, para a composição das Câmaras Municipais, será observado o limite máximo de 15 (quinze) vereadores, nos Municípios de mais de 15 (quinze) mil habitantes e de até 30 (trinta) mil habitantes.

1: incorreta. Não reflete o disposto no art. 29, IV, "b", CF (11 vereadores).
Gabarito 1E.

(Promotor de Justiça/SC – 2016 – MPE)
(1) A fiscalização do Município será exercida pelo Poder Legislativo Municipal, mediante controle externo, e pelos sistemas de controle interno do Poder Executivo Municipal, na forma da lei. O controle externo da Câmara Municipal será exercido com o auxílio dos Tribunais de Contas dos Estados ou do Município ou dos Conselhos ou Tribunais de Contas dos Municípios, onde houver. O parecer prévio, emitido pelo órgão competente sobre as contas que o Prefeito deve anualmente prestar, só deixará de prevalecer por decisão da maioria dos membros da Câmara Municipal.

1: incorreta. Ver art. 31, CF: "Art. 31. A fiscalização do Município será exercida pelo Poder Legislativo Municipal, mediante controle externo, e pelos sistemas de controle interno do Poder Executivo Municipal, na forma da lei. § 1º O controle externo da Câmara Municipal será exercido com o auxílio dos Tribunais de Contas dos Estados ou do Município ou dos Conselhos ou Tribunais de Contas dos Municípios, onde houver. § 2º O parecer prévio, emitido pelo órgão competente sobre as contas que o Prefeito deve anualmente prestar, só deixará de prevalecer por decisão de dois terços dos membros da Câmara Municipal".
Gabarito 1E.

(Promotor de Justiça/SC – 2016 – MPE)
(1) O município reger-se-á por lei orgânica, votada em dois turnos, com o interstício mínimo de 30 (trinta) dias, e aprovada pela maioria dos membros da Câmara Municipal, que a promulgará.

1: incorreta. Não reflete a redação do art. 29, CF: "Art. 29. O Município reger-se-á por lei orgânica, votada em dois turnos, com o interstício mínimo de dez dias, e aprovada por dois terços dos membros da Câmara Municipal, que a promulgará, atendidos os princípios estabelecidos nesta Constituição, na Constituição do respectivo Estado e os seguintes preceitos".
Gabarito 1E.

(Promotor de Justiça/SC – 2016 – MPE)
(1) Ao tratar da organização político-administrativa, a Constituição da República prevê que os Estados podem incorporar-se entre si, subdividir-se ou desmembrar-se para se anexarem a outros, ou formarem novos Estados ou Territórios Federais, mediante aprovação da população diretamente interessada, através de plebiscito, e do Congresso Nacional, por lei complementar.

1: correta. Art. 18, § 3º, CF.
Gabarito 1C.

(Promotor de Justiça – MPE/MS – FAPEC – 2015) Sobre a intervenção federal:
I. A Carta de 1988 vedou expressamente toda e qualquer forma de intervenção federal em Municípios.
II. A intervenção federal é ato político-administrativo.
III. Aquele que se achar investido na Vice-Presidência da República terá poder para decretar intervenção federal.
IV. A intervenção federal é de iniciativa ex officio do Presidente da República.
V. O Presidente da República está vinculado a opinião dos Conselhos da República e da Defesa Nacional.
Assinale a alternativa com as afirmações corretas:
(A) I e V.
(B) III e V.
(C) II e IV.
(D) I e IV.
(E) II e V.

I: incorreta. A União pode intervir em municípios localizados em territórios federais e os Estados podem intervir em seus municípios. Ver art. 35, CF; II: correta. Pode ser decretada nas hipóteses listadas no art. 34, CF; III: incorreta. O decreto é assinado pelo Presidente da República (art. 84, X, da CF); IV: correta (pelo gabarito oficial). A competência para decretar a intervenção federal é privativa do Presidente da República, mas não se pode dizer que é uma competência de ofício, já que, por exemplo, o ato pode ser provocado pelo Legislativo ou pelo Executivo. Entretanto, o gabarito foi mantido após a análise dos recursos; V: incorreta. São órgãos de consulta do Presidente da República, não sendo vinculantes suas manifestações (ver arts. 89, 90 e 91, CF).
Gabarito "C".

(Promotor de Justiça – MPE/MS – FAPEC – 2015) São característicos do estado-membro da federação brasileira:
(A) A soberania e a delimitação territorial.
(B) O autogoverno e normatização ilimitada.
(C) A autoadministração e soberania.
(D) A auto-organização e normatização ilimitada.
(E) A normatização própria e auto-organização.

A: incorreta. A soberania é atributo da União, os demais entes federativos possuem autonomia; B: incorreta. Os estados possuem autogoverno e auto-organização dentro de seus limites territoriais, não sendo ilimitados; C: incorreta. Os estados-membros possuem autonomia, não soberania; D: incorreta. Possuem auto-organização, mas não normatização ilimitada; E: correta. Os entes autônomos da Federação possuem autonomia, composta das capacidades de autogoverno (elegerem seus próprios governantes); autoadministração (regerem-se por regras próprias); e auto-organização (capacidade de aprovar suas próprias constituições ou, no caso dos municípios, suas leis orgânicas).
Gabarito "E".

(Delegado/MS – 2017 – FAPEMS) Sobre a organização do Estado e o Federalismo, assinale a alternativa correta.
(A) A definição dos crimes de responsabilidade e o estabelecimento das respectivas normas de processo e julgamento são da competência legislativa concorrente da União, Estados e Distrito Federal. Portanto, é possível legislação estadual sobre crime de responsabilidade.
(B) Segundo o STF é inconstitucional lei estadual que disponha sobre bloqueadores de sinal de celular em presídio, pois tal legislação invade a competência da União para legislar sobre telecomunicações.
(C) Segundo o STF, é competente o Município para fixar o horário de funcionamento de estabelecimento comercial, em virtude disso não ofende o princípio da livre concorrência lei municipal que impede a instalação de estabelecimentos comerciais do mesmo ramo em determinada área.
(D) A repartição vertical de competências é a técnica na qual dois ou mais entes vão atuar conjunta ou concorrentemente para uma mesma matéria (tema). A repartição vertical surge na Constituição Alemã de Weimar de 1919. No Brasil, aparece pela primeira vez na Constituição da República de 1988.
(E) Compete à União, aos Estados e ao Distrito Federal legislar concorrentemente sobre custas forenses, registros públicos, educação,

cultura, ciência e tecnologia, bem como sobre organização, garantias, direitos e deveres das polícias civis.

Errada a alternativa **A**. A competência para legislar sobre direito penal é privativa da União, conforme artigo 22, inciso I, CF. Correta a alternativa **B**. Conforme decidido pelo STF "lei estadual que disponha sobre bloqueadores de sinal de celular em presídio invade a competência da União para legislar sobre telecomunicações. Com base nesse entendimento, em apreciação conjunta e por maioria, o STF declarou a inconstitucionalidade da Lei 3.153/2005 do Estado do Mato Grosso do Sul e da Lei 15.829/2012 do Estado de Santa Catarina. ADI 3835/MS, rel. Min. Marco Aurélio, 3.8.2016. (ADI-3835); ADI 5356/MS, rel. orig. Min. Edson Fachin, red. p/ o acórdão Min. Marco Aurélio, 3.8.2016. (ADI-5356); ADI 5253/BA, rel. Min. Dias Toffoli, 3.8.2016. (ADI-5253); ADI 5327/PR, rel. Min Dias Toffoli, 3.8.2016. (ADI-5327); ADI 4861/SC, rel. Min. Gilmar Mendes, 3.8.2016. (ADI-4861). Errada a alternativa **C**. Nesse sentido as Súmulas vinculantes 38 "É competente o Município para fixar o horário de funcionamento de estabelecimento comercial." e 49 "Ofende o princípio da livre concorrência lei municipal que impeda a instalação de estabelecimentos comerciais do mesmo ramo em determinada área". Errada a alternativa **D**. A repartição vertical, que advém do federalismo cooperativo, aparece pela primeira vez no Brasil na Constituição de 1934 (e existe na atual Constituição). Errada a alternativa **E**. Compete à União, aos Estados e ao Distrito Federal legislar concorrentemente sobre custas forenses, educação, cultura, ciência e tecnologia, bem como sobre organização, garantias, direitos e deveres das polícias civis (artigo 24, CF). Mas legislar sobre registros públicos é competência privativa da União, conforme artigo 22, inciso XXV, CF.

Gabarito "B".

(Delegado/MT – 2017 – CESPE) De acordo com o entendimento dos tribunais superiores, lei municipal que impedir a instalação de mais de um estabelecimento comercial do mesmo ramo em determinada área do município será considerada

(A) inconstitucional, por ofender o princípio da livre concorrência.
(B) inconstitucional, por ofender o princípio da busca do pleno emprego.
(C) constitucional, por versar sobre assunto de interesse exclusivamente local.
(D) constitucional, por não ofender o princípio da defesa do consumidor.
(E) inconstitucional, por ofender o princípio da propriedade privada.

Dispõe a Súmula Vinculante 49 que "Ofende o princípio da livre concorrência lei municipal que impede a instalação de estabelecimentos comerciais do mesmo ramo em determinada área." Logo correta a alternativa A, pois tal lei seria inconstitucional por violar o princípio da livre concorrência.

Gabarito "A".

(Delegado/MT – 2017 – CESPE) Aprovada pela assembleia legislativa de um estado da Federação, determinada lei conferiu aos delegados de polícia desse estado a prerrogativa de ajustar com o juiz ou a autoridade competente a data, a hora e o local em que estes serão ouvidos como testemunha ou ofendido em processos e inquéritos.

Nessa situação hipotética, a lei é

(A) constitucional, pois, apesar de tratar de matéria de competência privativa da União, o estado legislou sobre procedimentos de âmbito estadual.
(B) constitucional, pois trata de matéria de competência comum da União, dos estados, do DF e dos municípios.
(C) constitucional, pois trata de matéria de competência concorrente da União, dos estados e do DF.
(D) inconstitucional, pois o estado legislou sobre direito processual, que é matéria de competência privativa da União.
(E) inconstitucional, pois o estado legislou sobre normas gerais de matéria de competência concorrente da União, dos estados e do DF.

O Supremo Tribunal Federal, na ADI 3896, por unanimidade, declarou a inconstitucionalidade de lei do estado de Sergipe, que conferiu a delegado de polícia a prerrogativa de "ser ouvido, como testemunha ou ofendido, em qualquer processo ou inquérito, em dia, hora e local previamente ajustados com o juiz ou autoridade competente". O fundamento foi de que o dispositivo impugnado afronta o artigo 22, inciso I, da Constituição Federal (CF), que atribui exclusivamente à União a competência para legislar em matéria de direito processual. Sendo assim, a lei é inconstitucional, pois o estado legislou sobre direito processual, que é matéria de competência privativa da União – alternativa D.

Gabarito "D".

(Delegado/GO – 2017 – CESPE) A respeito dos estados-membros da Federação brasileira, assinale a opção correta.

(A) Denomina-se cisão o processo em que dois ou mais estados se unem geograficamente, formando um terceiro e novo estado, distinto dos estados anteriores, que perdem a personalidade originária.
(B) Para o STF, a consulta a ser feita em caso de desmembramento de estado-membro deve envolver a população de todo o estado-membro e não só a do território a ser desmembrado.
(C) A CF dá ao estado-membro competência para instituir regiões metropolitanas e microrregiões, mas não aglomerações urbanas: a competência de instituição destas é dos municípios.
(D) Conforme a CF, a incorporação, a subdivisão, o desmembramento ou a formação de novos estados dependerá de referendo. Assim, o referendo é condição prévia, essencial ou prejudicial à fase seguinte: a propositura de lei complementar.
(E) Segundo o STF, os mecanismos de freios e contrapesos previstos em constituição estadual não precisam guardar estreita similaridade com aqueles previstos na CF.

A alternativa **A** está errada. Isso porque a cisão é a subdivisão de um estado em dois novos, com o desaparecimento da personalidade do estado original. Correta a alternativa **B**. Conforme decidido pelo STF na ADI 2650/DF "A expressão "população diretamente interessada" constante do § 3º do artigo 18 da Constituição ("Os Estados podem incorporar-se entre si, subdividir-se ou desmembrar-se para se anexarem a outros, ou formarem novos Estados ou Territórios Federais, mediante aprovação da população diretamente interessada, através de plebiscito, e do Congresso Nacional, por lei complementar") deve ser entendida como a população tanto da área desmembranda do Estado-membro como da área remanescente". Errada a alternativa **C**. Nos termos do artigo 25, § 3º, CF "Os Estados poderão, mediante lei complementar, instituir regiões metropolitanas, aglomerações urbanas e microrregiões, constituídas por agrupamentos de municípios limítrofes, para integrar a organização, o planejamento e a execução de funções públicas de interesse comum". A alternativa **D** está errada. Como citado na alternativa A, é por plebiscito a consulta popular e não por referendo. Errada a alternativa **E**. Nesse sentido a decisão do STF proferida na ADI 1905/MC: "Separação e independência dos Poderes: freios e contrapesos: parâmetros federais impostos ao Estado-membro. Os mecanismos de controle recíproco entre os Poderes, os "freios e contrapesos" admissíveis na estruturação das unidades federadas, sobre constituírem matéria constitucional local, só se legitimam na medida em que guardem estreita similaridade com os previstos na Constituição da República: precedentes".

Gabarito "B".

(Delegado/GO – 2017 – CESPE) A respeito da administração pública, assinale a opção correta de acordo com a CF.

(A) Desde a promulgação da CF, não houve, até o presente, inovação a respeito dos princípios constitucionais da administração pública por meio de emenda constitucional.
(B) A previsão constitucional de que a investidura em cargo ou emprego público depende de aprovação prévia em concurso público decorre exclusivamente do princípio da razoabilidade administrativa.
(C) Em oposição ao que diz o texto constitucional, o STF já se posicionou contrário à cobrança de contribuição previdenciária dos servidores públicos aposentados e pensionistas.
(D) Caso um deputado estadual nomeie sua tia materna como assessora de seu gabinete, não haverá violação à súmula vinculante que trata do nepotismo, pois esta veda a nomeação de colaterais de até o segundo grau.
(E) Segundo o STF, candidato aprovado em concurso público dentro do número de vagas previsto no edital e dentro do prazo de validade do certame terá direito subjetivo à nomeação.

A alternativa **A** está errada. O artigo 37, CF em sua redação original não tinha o princípio da eficiência, acrescentado pelo EC 19/1998, mas apenas os princípios da legalidade, impessoalidade, moralidade, publicidade. Errada a alternativa **B**. A previsão constitucional de que a investidura em cargo ou emprego público depende de aprovação prévia em concurso público é por si um princípio e também assegura os princípios da impessoalidade, da publicidade, da moralidade e da eficiência. Errada a alternativa **C**. O STF na ADI 3.105 entendeu que "Não viola as garantias e direitos fundamentais a exigência de contribuição previdenciária dos pensionistas e aposentados porque a medida apoia-se no princípio da solidariedade e no princípio de equilíbrio financeiro e atuarial do sistema previdenciário. (...) a extensão da contribuição previdenciária é uma imposição de natureza tributária e, portanto, deve ser analisada à luz dos princípios constitucionais relativos aos tributos. Assim, não se pode opor-lhe a garantia constitucional do direito adquirido para eximir-se do pagamento, pois não há norma no ordenamento jurídico brasileiro que imunize, de forma absoluta, os proventos de tributação, nem mesmo o princípio da irredutibilidade de vencimentos". A alternativa **D** está errada, pois conforme a súmula vinculante 13 "a nomeação de cônjuge, companheiro ou parente em linha reta, colateral ou por afinidade, até o terceiro grau, inclusive, da autoridade nomeante ou de servidor da mesma pessoa jurídica investido em cargo de direção, chefia ou assessoramento, para o exercício de cargo em comissão ou de confiança ou, ainda, de função gratificada na administração pública direta e indireta em qualquer dos poderes da União, dos Estados, do Distrito Federal e dos Municípios, compreendido o ajuste mediante designações recíprocas, viola a Constituição Federal." Tia é parente de terceiro grau, logo ao caso se aplica a SV 13 pois as hipóteses de nepotismo alcançam o terceiro grau. Correta a alternativa **E**. Conforme decidido pelo STF no RE 598.099, com repercussão geral, "Direito Administrativo. Concurso Público. 2. Direito líquido e certo à nomeação do candidato aprovado entre as vagas previstas no edital de concurso público. 3. Oposição ao poder discricionário da Administração Pública. 4. Alegação de violação dos arts. 5º, inciso LXIX e 37, caput e inciso IV, da Constituição Federal. 5. Repercussão Geral reconhecida."

Gabarito "E".

(Defensor Público – DPE/BA – 2016 – FCC) A respeito da competência para legislar sobre assistência jurídica e Defensoria Pública, é INCORRETO:

(A) É de iniciativa privativa do Presidente da República lei que disponha sobre a organização da Defensoria Pública da União, bem como normas gerais para a organização da Defensoria Pública dos Estados, do Distrito Federal e dos Territórios.

(B) Compete privativamente à União legislar sobre organização da Defensoria Pública do Distrito Federal e dos Territórios.
(C) Compete à União, aos Estados e ao Distrito Federal legislar concorrentemente sobre assistência jurídica e Defensoria Pública.
(D) A Constituição Federal de 1988 não consagrou a competência do Município para legislar sobre assistência jurídica e Defensoria Pública, rejeitando a possibilidade de criação de Defensoria Pública no plano federativo municipal.
(E) Cabe ao Congresso Nacional, com a sanção do Presidente da República, dispor sobre todas as matérias de competência da União, entre elas a organização administrativa da Defensoria Pública da União e dos Territórios.

A: Correta. Art. 61, § 1º, II, "d", da CF; B: Errada. A Constituição prevê apenas a Defensoria Pública da União e dos Territórios, tendo sido revogadas as referências à Defensoria Pública do Distrito Federal; C: Correta. Art. 24, XIII, CF; D: Correta. Art. 24, XIII, CF; E: Correta. Art. 48, IX, CF. Gabarito "B".

(Defensor Público – DPE/MT – 2016 – UFMT) Quanto à competência constitucional dos Estados que integram a federação brasileira, marque V para as afirmativas verdadeiras e F para as falsas.
( ) Compete aos Estados a organização e o funcionamento das polícias civis, ressalvada a competência da União, assim como das polícias militares e corpos de bombeiros militares.
( ) É da competência dos Estados, por meio dos respectivos órgãos ou entidades executivos e seus agentes de trânsito, promover a segurança viária, para a preservação da ordem pública e da incolumidade das pessoas e do seu patrimônio nas vias públicas.
( ) No âmbito da legislação concorrente, os Estados poderão legislar supletivamente sobre procedimentos em matéria processual.
( ) Compete aos Estados federados estabelecer as áreas e as condições para o exercício da atividade de garimpagem, em forma associativa.

Assinale a sequência correta.
(A) F, V, V, V
(B) V, V, F, F
(C) V, V, V, F
(D) V, F, V, F
(E) F, F, V, V

I: Correta. Arts. 21, XIV; 24, XVI e art. 144, § 6º, CF; II: Correta. Art. 144, § 10, CF; III: Correta. Art. 24, XI, c/c § 2º, CF; IV: Errada. A competência é da União (art. 21, XXV, CF). Gabarito "C".

(Defensor Público – DPE/MT – 2016 – UFMT) Sobre as competências dos entes federativos, de acordo com a Constituição Federal de 1988, marque V para as afirmativas verdadeiras e F para as falsas.
( ) A competência exclusiva da União só admite delegação aos Estados Membros por meio de lei complementar.
( ) Os municípios têm competência fixada de forma residual aos Estados Membros e à União.
( ) Nas competências comuns, mediante leis complementares, é possível fixar normas para a cooperação entre os entes federativos.
( ) Na competência concorrente, a atuação dos Estados Membros é no interesse regional, bem como, no interesse geral, é suplementar em caso de omissão da União.

Assinale a sequência correta.
(A) V, F, F, V
(B) V, V, F, F
(C) F, F, F, V
(D) F, V, V, F
(E) F, F, V, V

I: Errada. A competência exclusiva da União não admite delegação; II: Errada. A competência legislativa residual é dos estados; III: Correta. Art. 23, parágrafo único, CF; IV: Correta. Art. 24, §§ 2º e 3º, CF. Gabarito "E".

(Defensor Público – DPE/RN – 2016 – CESPE) A respeito do estatuto constitucional das leis orgânicas dos municípios, assinale a opção correta.
(A) A lei orgânica municipal será aprovada por dois terços dos membros da câmara municipal, após dois turnos de discussão e votação, podendo ser declarada constitucional ou inconstitucional, em abstrato, tanto pelo TJ do respectivo estado quanto pelo STF.
(B) A lei orgânica municipal definirá as situações em que a autoridade local gozará de foro por prerrogativa de função no TJ do respectivo estado-membro.
(C) Lei orgânica municipal, por seu caráter hierárquico-normativo superior no âmbito local, pode servir de parâmetro no controle abstrato de constitucionalidade estadual.
(D) Como consequência do seu caráter subordinante em relação às leis orgânicas dos municípios localizados no respectivo estado-membro, podem as Constituições estaduais estabelecer limites à auto-organização municipal não previstos na CF.
(E) Na condição de lei fundamental do ente municipal, a lei orgânica pode inovar em matéria de direitos básicos do funcionalismo público local, devendo tais direitos ser necessariamente observados pelas leis ordinárias municipais regulamentadoras.

A: Correta. Art. 29, caput, CF; B: Errada. São previstas na Constituição Federal (art. 96, III, CF); C: Errada. O parâmetro de controle abstrato estadual é a constituição do estado (perante o TJ ou o TRF), podendo também ser exercido controle abstrato de leis estaduais no STF, se o parâmetro for a Constituição Federal; D: Errada. Considerando que os municípios são autônomos (art. 18, CF) apenas os limites impostos pela CF são legítimos; E: Errada. Embora a primeira parte esteja correta, a regulamentação das leis não se faz por "leis ordinárias municipais regulamentadoras", mas por decreto. Gabarito "A".

(Analista Jurídico –TCE/PA – 2016 – CESPE) Acerca da organização do Estado, julgue os itens subsecutivos.
(1) Compete privativamente à União legislar sobre direito civil, comercial e financeiro.
(2) Os estados-membros, mediante lei ordinária específica, podem instituir regiões metropolitanas, constituídas por agrupamentos de municípios, para integrar a organização, o planejamento e a execução de funções públicas de interesse comum.

1: errada. A competência para legislar sobre direito **financeiro** é **concorrente**, conforme determina o art. 24, I, da CF; 2: errada. Determina o § 3º do art. 25 da CF que os Estados poderão, **mediante lei complementar**, instituir regiões metropolitanas, aglomerações urbanas e microrregiões, constituídas por agrupamentos de municípios limítrofes, para integrar a organização, o planejamento e a execução de funções públicas de interesse comum. Gabarito 1E, 2E.

(Procurador do Estado/AM – 2016 – CESPE) Acerca do regime constitucional de distribuição de competências normativas, julgue os itens subsequentes.
(1) A competência dos estados para suplementar a legislação federal sobre normas gerais é indelegável. As competências oriundas do seu poder remanescente, por sua vez, são delegáveis, conforme disposição na Constituição estadual.
(2) Embora, conforme a CF, a lei orgânica municipal esteja subordinada aos termos da Constituição estadual correspondente, esta última Carta não pode estabelecer condicionamentos ao poder de auto-organização dos municípios.
(3) A incidência de lei emanada da União é determinada na própria lei, independentemente das regras constitucionais federais sobre repartição de competências: é a previsão na própria lei, quando de sua edição, que determinará se ela se aplicará aos demais entes federativos (lei nacional, portanto) ou apenas à União (lei federal, por conseguinte).
(4) No âmbito das competências concorrentes, lei federal sobre normas gerais suspende a eficácia de lei estadual superveniente, no que esta lhe for contrária.

1: incorreta. A competência legislativa suplementar em relação à legislação federal foi conferida pela CF aos estados e, também, aos municípios (art. 24, § 2º, e art. 30, II, CF). A competência **legislativa** residual (ou remanescente, ou reservada) está prevista no art. 25, § 1º, da CF e, justamente por ser exercida apenas na ausência de outras normas sobre a matéria, não há falar em "delegação"; 2: correta. O exercício do poder constituinte derivado, pelos Estados, subordina-se aos princípios da Constituição Federal, como o da autonomia municipal (art. 18 da CF, do qual decorrem a autoadministração, o autogoverno e a auto-organização); 3: incorreta. A legitimidade das leis decorre da observância da repartição constitucional de competências legislativas. Assim, se a Constituição define que uma matéria é de competência legislativa dos estados, uma lei federal que regule essa mesma matéria será inconstitucional. Ademais, a lei será nacional se a União estiver legislando em razão de sua soberania (alcançando a todos), assim como será federal se a União estiver legislando com base em sua autonomia, no exercício de sua capacidade de auto-organização (alcançando o Poder Executivo Federal); 4: incorreta. A alternativa seria correta se se referisse a competências **suplementares**, para as quais se aplica o art. 24, § 4º, da CF. No âmbito da legislação **concorrente**, a competência da União limitar-se-á a estabelecer normas gerais (art. 24, § 1º, CF). Aplicando as duas regras, se o estado exerce sua competência suplementar e edita norma geral, e posteriormente a União legisla sobre as mesmas normas gerais, a lei estadual geral (suplementar, anterior) terá sua eficácia suspensa no que for contrária à lei federal (posterior) sobre normas gerais. Gabarito 1E, 2C, 3E, 4E.

(Magistratura/RR – 2015 – FCC) Na Constituição brasileira de 1988, competências comuns e concorrentes
(A) têm natureza material.
(B) têm natureza legislativa.
(C) excluem o Distrito Federal.
(D) excluem os Municípios.
(E) têm, respectivamente, natureza material e natureza legislativa.

O art. 23 da CF, quando alude à competência comum, trata de competências materiais, administrativas. Já o artigo 24 da CF, quando alude à competência concorrente, é expresso no sentido de que se trata de competência legislativa. Assim, ficam excluídas as alternativas "a" e "b". Nas competência comum estão presentes expressamente o Distrito Federal e os Municípios (e na concorrente, o Distrito Federal), o que também afasta as alternativas "c" e "d". A alternativa "e" é, assim, a correta. **BV**

Gabarito "E".

(Magistratura/SC – 2015 – FCC) Caso disposições de lei estadual sobre transferência de valores contrariem lei federal anterior que discipline a mesma matéria:

(A) as disposições da lei estadual incorrerão em vício de inconstitucionalidade em virtude de invadirem esfera de competência da União.
(B) tanto o diploma federal quanto a lei estadual incorrerão em vício de inconstitucionalidade, pois a matéria constitui assunto de interesse local, consistindo, portanto, em competência privativa dos Municípios.
(C) as disposições da lei estadual terão sua eficácia suspensa em razão da prevalência da lei federal.
(D) a lei federal incorrerá em vício de inconstitucionalidade em virtude de invadir esfera de competência dos Estados.
(E) as disposições da lei estadual devem prevalecer, caso tenham por objetivo atender as peculiaridades do respectivo Estado federado, constituindo, no caso, exercício de competência suplementar.

A: correta, pois tal matéria é de competência legislativa privativa da União (art. 22, VII, da CF); **B e D:** incorretas, pois tal matéria é de competência legislativa privativa da União (art. 22, VII, da CF); **C e E:** incorreta, pois esses dois tipos de consequência são típicas da competência legislativa concorrente de União e Estados (art. 24, §§. 2º e 4º, da CF); no caso em tela, a matéria é de competência legislativa privativa da União (art. 22, VII, da CF), o que leva à inconstitucionalidade da lei estadual. **BV**

Gabarito "A".

(Ministério Público/SP – 2015 – MPE/SP) Nos termos da Constituição Federal, é correto afirmar que compete à União, aos Estados e ao Distrito Federal legislar concorrentemente sobre:

(A) Direito tributário, financeiro, penitenciário, econômico e urbanístico.
(B) Direito civil, comercial, penal, processual, eleitoral, agrário, marítimo, aeronáutico, espacial e do trabalho.
(C) Registros públicos.
(D) Sistemas de consórcios e sorteios.
(E) Desapropriação.

A: correta (art. 24, I, da CF); **B, C, D e E: incorretas**, pois tais matérias são de competência legislativa privativa da União (art. 22, I, II, XX e XXV, da CF). **BV**

Gabarito "A".

(Ministério Público/SP – 2015 – MPE/SP) Nos termos da Constituição Federal, é correto afirmar que compete privativamente à União legislar sobre:

(A) Responsabilidade por dano ao meio ambiente, ao consumidor, a bens e direitos de valor artístico, estético, histórico, turístico e paisagístico.
(B) Florestas, caça, pesca, fauna, conservação da natureza, defesa do solo e dos recursos naturais, proteção do meio ambiente e controle da poluição.
(C) Propaganda comercial.
(D) Criação, funcionamento e processo do juizado de pequenas causas.
(E) Proteção à infância e à juventude.

A, B, D e E: incorretas, pois tais matérias são de competência legislativa concorrente da União, Estados e DF (art. 24, VI, VIII, X e XV, da CF); **C:** correta (art. 22, XXIV, da CF). **BV**

Gabarito "C".

(Procurador do Estado/PR – 2015 – PUC-PR) Sobre a competência legislativa dos entes federativos, na esteira do entendimento do Supremo Tribunal Federal, é **CORRETO** afirmar:

(A) É adequada à Constituição Federal norma em Constituição Estadual que define, em caso de dupla vacância dos cargos de Prefeito e Vice-Prefeito nos municípios, a ordem sucessória.
(B) O município tem competência legislativa para criar normas que definam horário de funcionamento bancário em relação às agências bancárias localizadas em seu território.
(C) O município não detém competência para determinar normas sobre atendimento ao público e o tempo máximo de espera em fila dos estabelecimentos bancários.
(D) O município é competente para fixar horário de funcionamento de estabelecimento comercial.
(E) O município não tem competência legislativa para proibir e impor multa, por lei, a estacionamento de veículos sobre áreas ajardinadas ou canteiros, bens públicos municipais.

A: incorreta. Há decisão do STF sobre o assunto: Ação direta de inconstitucionalidade – Art. 75, § 2º, da Constituição de Goiás – Dupla vacância dos cargos de prefeito e vice-prefeito – Competência legislativa municipal – Domínio normativo da lei orgânica – Afronta aos arts. 1º e 29 da Constituição da República. 1. O poder constituinte dos Estados-membros está limitado pelos princípios da Constituição da República, que lhes assegura autonomia com condicionantes, entre as quais se tem o respeito à organização autônoma dos Municípios, também assegurada constitucionalmente. 2. O art. 30, inc. I, da Constituição da República outorga aos Municípios a atribuição de legislar sobre assuntos de interesse local. **A vocação sucessória dos cargos de prefeito e vice-prefeito põem-se no âmbito da autonomia política local, em caso de dupla vacância. 3. Ao disciplinar matéria, cuja competência é exclusiva dos Municípios, o art. 75, § 2º, da Constituição de Goiás fere a autonomia desses entes**, mitigando-lhes a capacidade de auto-organização e de autogoverno e limitando a sua autonomia política assegurada pela Constituição brasileira. 4. Ação Direta de Inconstitucionalidade julgada procedente. (ADI 3549, Relator(a): Min. CÁRMEN LÚCIA, Tribunal Pleno, julgado em 17.09.2007, DJe 31.10.2007). **B:** incorreta. Conforme determina o enunciado da Súmula 19 do STJ, a fixação do horário bancário, para atendimento ao público, é da competência da União; **C:** incorreta. O tempo máximo de espera em fila dos estabelecimentos bancários é da competência do Município. Determina o STF, Ementa: Apelação cível – Tributário – Embargos à execução fiscal – Nulidade da sentença por ausência de fundamentação – Inocorrência – Fundamentação sucinta – Lei municipal que regula o atendimento nas agências bancárias – Constitucionalidade – Assunto de interesse local – Multas fixadas dentro dos limites legais e com razoabilidade – Sentença mantida – Recurso desprovido 1. "Embora sucinta e objetiva, não é nula a sentença que se encontra suficientemente motivada e que foi proferida segundo o livre convencimento do magistrado" (Apelação cível n., de Joinville, Rel. Juiz Jânio Machado, j. 20.4.2009). 2. *"***Atendimento ao público e tempo máximo de espera na fila. Matéria que não se confunde com a atinente às atividades-fim das instituições bancárias. Matéria de interesse local e de proteção ao consumidor. Competência legislativa do Município**. Recurso extraordinário conhecido e provido" (RE 432.789 /SC, rel. Min. Eros Grau, j. 14.6.2005); **D:** correta. Determina a recente Súmula Vinculante 38 (conversão da Súmula 645 do STF) que é competente o município para fixar o horário de funcionamento de estabelecimento comercial; **E:** incorreta. De acordo com o STF: "Competência do Município para proibir o estacionamento de veículos sobre calçadas, meios-fios, passeios, canteiros e áreas ajardinadas, **impondo multas aos infratores**. Lei 10.328/1987, do Município de São Paulo, SP. Exercício de competência própria – CF/1967, art. 15, II, CF/1988, art. 30, I – que reflete exercício do poder de polícia do Município." (RE 191.363-AgR, Rel. Min. Carlos Velloso, julgamento em 03.11.1998, Segunda Turma, DJ 11.12.1998.) **BV**

Gabarito "D".

(Procurador do Estado/BA – 2014 – CESPE) No que concerne ao estatuto constitucional da União, dos estados, dos municípios, do Distrito Federal (DF) e dos territórios, julgue os itens seguintes.

(1) Compete exclusivamente à União legislar sobre direito financeiro.
(2) Cabe aos municípios explorar os serviços locais de gás canalizado.
(3) Os estados têm competência para criar, organizar e suprimir distritos.
(4) A CF autoriza a divisão de territórios em municípios.

1: errada. A competência para legislar sobre direito financeiro não é exclusiva da União. Conforme dispõe o art. 24, I, da CF, compete à União, aos Estados e ao Distrito Federal legislar concorrentemente sobre direito tributário, financeiro, penitenciário, econômico e urbanístico; **2:** errada. De acordo com o art. 25, § 2º, da CF, cabe aos Estados explorar diretamente, ou mediante concessão, os serviços locais de gás canalizado, na forma da lei, vedada a edição de medida provisória para a sua regulamentação; **3:** errada. Conforme dispõe o art. 30, IV, da CF, compete aos Municípios criar, organizar e suprimir distritos, observada a legislação estadual; 4: correta. De acordo com o art. 33, § 1º, da CF, os Territórios poderão ser divididos em Municípios. **BV**

Gabarito 1E, 2E, 3E, 4C.

(Procurador Legislativo – Câmara de Vereadores de São Paulo/SP – 2014 – FCC) Ao disciplinar a instituição de regiões metropolitanas, determinou a Constituição Federal que

(A) poderão ser instituídas apenas por lei complementar estadual.
(B) poderão ser constituídas por agrupamentos de municípios limítrofes ou não.
(C) tem como objetivo a transferência de competências municipais para o âmbito exclusivo do Estado-membro.
(D) a integração do município à região metropolitana não é compulsória.
(E) cabe à União editar normas gerais a respeito da instituição das regiões metropolitanas.

A: correta. De acordo com o art. 25, § 3º, da CF, **os Estados** poderão, **mediante lei complementar**, instituir regiões metropolitanas, aglomerações urbanas e microrregiões, constituídas por agrupamentos de municípios limítrofes, para integrar a organização, o planejamento e a execução de funções públicas de interesse comum; **B:** incorreta. Os agrupamentos de municípios **devem ser limítrofes**; **C:** incorreta. As competências são dadas pela CF e marcam o estado federal. Sendo assim, a instituição de região metropolitana não pode ter como objetivo a transferência de competências; **D:** incorreta. Não há norma constitucional nesse sentido; **E:** incorreta. Como mencionado, o art. 25, § 3º, da CF determina que os **Estados**, por lei complementar, instituam as regiões metropolitanas. **BV**

Gabarito "A".

(Procurador Legislativo – Câmara de Vereadores de São Paulo/SP – 2014 – FCC) Ao exercer a autonomia que lhe é assegurada na condição de ente federativo, não poderá o Município violar as normas que lhe foram impostas pelo Constituinte Federal. Assim, NÃO poderá

(A) o Município fixar o subsídio do Prefeito em valor superior ao do Governador do Estado.

(B) o total da despesa com a remuneração dos Vereadores ultrapassar o montante de três por cento da receita do Município.

(C) a Câmara Municipal gastar mais de cinquenta por cento de sua receita com folha de pagamento, incluído o gasto com o subsídio de seus Vereadores.

(D) o Município explorar diretamente os serviços locais de gás canalizado.

(E) o Município explorar diretamente os serviços de saneamento básico, visto que se inserem no âmbito da competência privativa dos Estados-membros.

A: incorreta. Conforme determina o art. 29, V, da CF, os **subsídios do Prefeito**, do Vice-Prefeito e dos Secretários Municipais **fixados por lei de iniciativa da Câmara Municipal**, observado o que dispõem os arts. 37, XI, 39, § 4º, 150, II, 153, III, e 153, § 2º, I. Com base nesses dispositivos, o limite é dado pelo subsídio mensal dos Ministros do STF. Além disso, no âmbito municipal há outro limite que deve ser observado que é valor do subsídio do prefeito; **B:** incorreta. De acordo com o art. 29, VII, da CF, o Município reger-se-á por lei orgânica, votada em dois turnos, com o interstício mínimo de dez dias, e aprovada por dois terços dos membros da Câmara Municipal, que a promulgará, atendidos os princípios estabelecidos nesta Constituição, na Constituição do respectivo Estado e os seguintes preceitos: VII – **o total da despesa com a remuneração dos Vereadores não poderá ultrapassar o montante de cinco por cento da receita do Município**. Sendo assim, é possível que o total de despesa com essa remuneração ultrapasse o montante de três por cento da receita do Município, desde que seja respeitado o limite de cinco por cento da mencionada receita; **C:** incorreta. Conforme determina o art. 29-A, § 1º, da CF, a Câmara Municipal **não gastará mais de setenta por cento de sua receita** com folha de pagamento, incluído o gasto com o subsídio de seus Vereadores. A alternativa fala em cinquenta por cento, portanto está incorreta; **D:** incorreta. De acordo com o art. 25, § 2º, da CF, **cabe aos Estados explorar** diretamente, ou mediante concessão, **os serviços locais de gás canalizado**, na forma da lei, vedada a edição de medida provisória para a sua regulamentação; **E:** correta. Conforme determina o art. 21, XX, da CF, é da competência da **União** a instituição de diretrizes para o desenvolvimento urbano, inclusive habitação, saneamento básico e transportes urbanos.

(Procurador do Município – Cuiabá/MT – 2014 – FCC) Lei estadual que instituísse região metropolitana, constituída por agrupamentos de Municípios limítrofes, atribuindo a órgãos e entidades estaduais competências relativas à regulação e prestação dos serviços de interesse comum dos entes que integrassem referida região, seria

(A) inconstitucional, no que se refere à instituição de região metropolitana para integração e execução de serviços de interesse comum, pois este é objetivo de aglomerações urbanas ou microrregiões.

(B) constitucional, desde que houvesse sido editada dentro de período determinado por lei complementar federal e previamente aprovada, mediante plebiscito, pelas populações dos Municípios diretamente envolvidos.

(C) constitucional, desde que a criação da região metropolitana se desse por lei complementar.

(D) inconstitucional, no que se refere à criação de regiões metropolitanas, que é de competência da União.

(E) inconstitucional, no que se refere à atribuição a órgãos e entes estaduais de competências relativas à gestão de serviços de interesse comum, que deve ser compartilhada entre Estados e Municípios integrantes da região metropolitana.

Conforme determina o art. 25, § 3º, da CF, os **Estados poderão**, mediante lei complementar, **instituir regiões metropolitanas**, aglomerações urbanas e microrregiões, **constituídas por agrupamentos de municípios limítrofes**, para integrar a organização, o planejamento e a execução de funções públicas de interesse comum. De acordo com o STF, "o parâmetro para aferição da constitucionalidade reside no respeito à divisão de responsabilidades entre Municípios e Estado. É necessário evitar que o poder decisório e o poder concedente se concentrem nas mãos de um único ente para preservação do autogoverno e da autoadministração dos Municípios. Reconhecimento do poder concedente e da titularidade do serviço ao colegiado formado pelos Municípios e pelo Estado federado. **A participação dos entes nesse colegiado não necessita de ser paritária, desde que apta a prevenir a concentração do poder decisório no âmbito de um único ente. A participação de cada Município e do Estado deve ser estipulada em cada região metropolitana de acordo com suas particularidades, sem que se permita que um ente tenha predomínio absoluto**. (...) Em razão da necessidade de continuidade da prestação da função de saneamento básico, há excepcional interesse social para vigência excepcional das leis impugnadas, nos termos do art. 27 da Lei 9.868/1998, pelo prazo de 24 meses, a contar da data de conclusão do julgamento, lapso temporal razoável dentro do qual o legislador estadual deverá reapreciar o tema, constituindo modelo de prestação de saneamento básico nas áreas de integração metropolitana, dirigido por órgão colegiado com participação dos Municípios pertinentes e do próprio Estado do Rio de Janeiro, sem que haja concentração do poder decisório nas mãos de qualquer ente." (ADI 1.842, rel. p/ o ac. min. Gilmar Mendes, julgamento em 6-3-2013, Plenário, *DJE* 16.09.2013.)

(Procurador Legislativo – Câmara de Vereadores de São Paulo/SP – 2014 – FCC) O Governador de Goiás, decidindo intervir no Município de Águas Lindas, localizado nesse Estado, editou decreto com o seguinte teor:

DECRETO 6.021, DE 15 DE OUTUBRO DE 2004.

Dispõe sobre intervenção estadual no Município de Águas Lindas de Goiás e dá outras providências.

O GOVERNADOR DO ESTADO DE GOIÁS, nos termos dos arts. 35, inciso IV, e 36, inciso II, da Constituição Federal, e 61, *caput*, inciso IV, §§ 1º, inciso II, e 2º, da Constituição Estadual, e considerando:

I. o relatório e voto prolatados nos autos de pedido de intervenção estadual no 327-9/201 (200003200072) *pelo egrégio Tribunal de Justiça de Goiás, onde se acha evidenciado que o Ministério Público Estadual formulou pedido de Intervenção Estadual no Município de Águas Lindas de Goiás, em virtude de descumprimento de decisão judicial emanada do juízo da Comarca de Luziânia e confirmada, em duplo grau de jurisdição, pelo egrégio Tribunal de Justiça de Goiás, proferidas no Mandado de Segurança em que figura como impetrante a Câmara Municipal do referido Município, visando garantir cumprimento de obrigação constitucional de repasse dos duodécimos orçamentários no prazo legal;*

II. a decisão favorável ao pedido de intervenção estadual no citado Município, prolatada em sessão do Órgão Especial do Tribunal de Justiça, nos autos acima referenciados, obtida por maioria de votos, que se encontra assim redigida: Omissis

DECRETA

Art. 1º Fica o Município de Águas Lindas de Goiás sob a intervenção do Estado, pelo prazo de 78 (setenta e oito) *dias, a contar desta data, limitada a medida ao âmbito do Poder Executivo, sendo, em consequência, afastado de seu cargo o Prefeito Municipal.*

Art. 2º É nomeado interventor estadual no Município de Águas Lindas de Goiás JOSÉ PEREIRA SOARES, que substituirá o Prefeito e exercerá a Chefia do Poder Executivo durante o período de intervenção, objetivando assegurar, doravante, o efetivo cumprimento da decisão judicial emanada do Tribunal de Justiça, referenciada no preâmbulo deste ato.

Art. 3º Este Decreto entra em vigor nesta data.

O decreto interventivo em questão é

(A) compatível com a Constituição Federal, no que diz respeito à decretação da intervenção mediante prévia decisão do Tribunal de Justiça dando provimento a representação para assegurar a observância de decisão judicial.

(B) incompatível com a Constituição Federal por ter sido editado sem o prévio provimento de representação interventiva pelo Supremo Tribunal Federal.

(C) incompatível com a Constituição Federal, uma vez que a intervenção não poderia ser limitada ao âmbito do Poder Executivo e não poderia ultrapassar o prazo de 60 (sessenta) dias.

(D) incompatível com a Constituição Federal, uma vez que, nessa hipótese, é expressamente vedada a nomeação de interventor.

(E) compatível com a Constituição Federal no que diz respeito ao prazo, uma vez que a intervenção deve ser decretada pelo prazo máximo de 90 (noventa) dias, permitida uma única prorrogação.

A: correta. Conforme determina o art. 35, IV, da CF, o Estado não intervirá em seus Municípios, nem a União nos Municípios localizados em Território Federal, exceto quando **o Tribunal de Justiça der provimento à representação para assegurar** a observância de princípios indicados na Constituição Estadual, ou para prover **a execução** de lei, de ordem ou **de decisão judicial**; **B:** incorreta. Como a intervenção é estadual, a competência para a análise do pedido é do Tribunal **de Justiça do respectivo Estado**; **C:** incorreta. Não há essa regra prevista no texto constitucional; D e **E:** incorretas. É possível a nomeação de interventor, conforme determina o art. 36, § 1º, da CF. Segundo tal norma, o decreto de intervenção, que especificará a amplitude, o **prazo** e as condições de execução e que, se couber, **nomeará o interventor**, será submetido à apreciação do Congresso Nacional ou da Assembleia Legislativa do Estado, no prazo de vinte e quatro horas.

(Procurador do Município – Cuiabá/MT – 2014 – FCC) O Governador de determinado Estado decreta intervenção em Município situado em seu território, sem apreciação do ato pela Assembleia Legislativa, em decorrência do provimento, pelo Tribunal de Justiça, de representação formulada para prover a execução de decisão judicial. Nesta hipótese, a decretação da intervenção deu-se

(A) contrariamente à disciplina constitucional da matéria, apenas no que se refere ao provimento de representação pelo Tribunal de Justiça estadual.

(B) em conformidade com a disciplina constitucional da matéria.

(C) em conformidade com a disciplina constitucional da matéria, no que se refere ao pressuposto material para a decretação da intervenção do Estado no Município, mas não quanto ao procedimento adotado.

(D) contrariamente à disciplina constitucional da matéria, por não haver pressuposto material para a decretação da intervenção do Estado no Município.

(E) contrariamente à disciplina constitucional da matéria, apenas no que se refere à não apreciação do decreto de intervenção pela Assembleia Legislativa.

De acordo com o art. 35, IV, da CF, o Estado não intervirá em seus Municípios, nem a União nos Municípios localizados em Território Federal, exceto quando o Tribunal de Justiça der provimento a representação para assegurar a observância de princípios indicados na Constituição Estadual, ou para **prover a execução de lei**, de ordem ou de decisão judicial. Nessa hipótese de intervenção, conforme determina o art. 36, § 3º, da CF fica **dispensada** a **apreciação** pelo Congresso Nacional ou **pela Assembleia Legislativa**. O decreto limitar-se-á a suspender a execução do ato impugnado, se essa medida bastar ao restabelecimento da normalidade. BV
Gabarito "B".

(Juiz de Direito/MG – 2014) Assinale a alternativa que **DIFERENCIA** o Federalismo do Estado Unitário.

(A) No Estado Unitário, a administração não é rigorosamente centralizada.

(B) No federalismo, os Estados que ingressam na federação continuam inteiramente soberanos, autônomos e independentes.

(C) No federalismo, os Estados que passam a integrar o novo Estado, perdem a soberania no momento em que ingressam, mas preservam, contudo, uma autonomia política limitada.

(D) No federalismo, os Estados que ingressam na instituição do novo Estado, perdem completamente a sua autonomia política.

A: incorreta, já que, nesta forma de Estado, a administração é fortemente centralizada; **B:** incorreta, uma vez que os Estados que ingressam na federação perdem sua soberania; **C:** correta. Nas palavras de Dalmo de Abreu Dallari, "os Estados que ingressam na federação perdem sua soberania no momento mesmo do ingresso, preservando, contudo, uma autonomia política limitada (*Elementos de Teoria Geral do Estado*. 11ª ed. P. 227); **D:** incorreta. *Vide* comentário anterior. ED
Gabarito "C".

(Juiz de Direito/PA – 2014 – VUNESP) Em relação à Intervenção Federal, com fundamento no texto constitucional, é correto afirmar que

(A) o decreto de intervenção, que especificará a amplitude, o prazo e as condições de execução e que, se couber, nomeará o interventor, será submetido à apreciação do Congresso Nacional no prazo de vinte e quatro horas.

(B) o decreto de intervenção, que especificará a amplitude, o prazo e as condições de execução e que, se couber, nomeará o interventor, será submetido à apreciação do Procurador-Geral da República e encaminhado ao Supremo Tribunal Federal, sucessivamente, no prazo de quarenta e oito horas.

(C) o decreto de intervenção, que especificará a amplitude, o modo e as condições de execução e que, se couber, nomeará o interventor, será submetido à apreciação do Congresso Nacional no prazo de quarenta e oito horas.

(D) a resolução de intervenção, que especificará a amplitude, o prazo e as condições de execução e que, se couber, nomeará o interventor, será submetido à apreciação do Senado Federal no prazo de vinte e quatro horas.

(E) a resolução de intervenção, que especificará a amplitude, o prazo e as condições de execução e que, se couber, nomeará o interventor, será submetido à apreciação do Supremo Tribunal Federal no prazo de quarenta e oito horas.

Está correta a assertiva "A", já que é a única que corresponde à redação do art. 36, § 1º, da CF, que assim dispõe: "o decreto de intervenção, que especificará a amplitude, o prazo e as condições de execução e que, se couber, nomeará o interventor, será submetido à apreciação do Congresso Nacional ou da Assembleia Legislativa do Estado, no prazo de vinte e quatro horas". ED
Gabarito "A".

(Promotor de Justiça/AC – 2014 – CESPE) No que tange à organização político-administrativa brasileira, assinale a opção correta.

(A) Compete à União, aos estados, ao DF e aos municípios legislar concorrentemente sobre educação, saúde, trânsito e transporte, cabendo a cada ente federativo adotar a sua legislação de acordo com as peculiaridades nacional, regional e local.

(B) A aplicação anual de 25% da receita resultante de impostos estaduais na manutenção e desenvolvimento do ensino e a prestação de contas da administração pública são considerados princípios constitucionais sensíveis, cujo descumprimento autoriza a intervenção federal nos estados.

(C) Perderá o mandato o prefeito que assumir o cargo de secretário estadual de educação, exceto nos casos em que houver autorização da câmara municipal.

(D) Segundo o STF, a previsão do instituto da reclamação nas constituições estaduais viola disposição da CF, pois configura invasão da competência privativa da União para legislar sobre direito processual.

(E) O princípio geral que norteia a repartição de competência entre os entes federativos é o da predominância do interesse, em decorrência do qual seria inconstitucional delegação legislativa que autorizasse os estados a legislar sobre questões específicas das matérias de competência privativa da União.

A: incorreta, pois em desconformidade com o art. 22, XI, da CF; **B:** correta (art. 34, VII, "d" e "e", da CF); **C:** incorreta (arts. 28, § 1º, e 29, XIV, da CF); **D:** incorreta. Conferir: "Ação direta de inconstitucionalidade: dispositivo do Regimento Interno do Tribunal de Justiça do Estado da Paraíba (art. 357), que admite e disciplina o processo e julgamento de reclamação para preservação da sua competência ou da autoridade de seus julgados: ausência de violação dos arts. 125, *caput* e § 1º e 22, I, da Constituição Federal. 1. O Supremo Tribunal Federal, ao julgar a ADIn 2.212 (Pl. 2.10.03, Ellen, *DJ* 14.11.2003), alterou o entendimento – firmado em período anterior à ordem constitucional vigente (v.g., Rp 1092, Pleno, Djaci Falcão, *RTJ* 112/504) – do monopólio da reclamação pelo Supremo Tribunal Federal e assentou a adequação do instituto com os preceitos da Constituição de 1988: de acordo com a sua natureza jurídica (situada no âmbito do direito de petição previsto no art. 5º, XXIV, da Constituição Federal) e com os princípios da simetria (art. 125, *caput* e § 1º) e da efetividade das decisões judiciais, é permitida a previsão da reclamação na Constituição Estadual. 2. Questionada a constitucionalidade de norma regimental, é desnecessário indagar se a colocação do instrumento na seara do direito de petição dispensa, ou não, a sua previsão na Constituição estadual, dado que consta do texto da Constituição do Estado da Paraíba a existência de cláusulas de poderes implícitos atribuídos ao Tribunal de Justiça estadual para fazer valer os poderes explicitamente conferidos pela ordem legal – ainda que por instrumento com nomenclatura diversa (Const. Est. (PB), art. 105, I, e *e f*). 3. Inexistente a violação do § 1º do art. 125 da CF: a reclamação paraibana não foi criada com a norma regimental impugnada, a qual – na interpretação conferida pelo Tribunal de Justiça do Estado à extensão dos seus poderes implícitos – possibilita a observância das normas de processo e das garantias processuais das partes, como exige a primeira parte da alínea *a* do art. 96, I, da CF. 4.Ação direta julgada improcedente" (ADI 2480, Sepúlveda Pertence, STF); **E:** incorreta (art. 22, parágrafo único, da CF). ED
Gabarito "B".

9.2. DA ADMINISTRAÇÃO PÚBLICA

(Escrevente – TJ/SP – 2018 – VUNESP) Nos termos da Constituição da República Federativa do Brasil (CRFB/88), é correto afirmar que

(A) é vedada a acumulação remunerada de dois cargos públicos de professor, independentemente de haver compatibilidade de horário.

(B) os vencimentos dos cargos do Poder Legislativo e do Poder Executivo não poderão ser superiores aos pagos pelo Poder Judiciário.

(C) o servidor público da administração direta, autárquica e fundacional, investido no mandato de Prefeito, será afastado do cargo, emprego ou função, sendo-lhe vedado optar pela sua remuneração.

(D) os proventos de aposentadoria e as pensões, por ocasião de sua concessão, não poderão exceder a remuneração do respectivo servidor, no cargo efetivo em que se deu a aposentadoria ou que serviu de referência para a concessão da pensão.

(E) o servidor público estável perderá o cargo em virtude de sentença judicial ou administrativa, que prescindem de processo prévio em contraditório.

A: incorreta, pois é **permitida** a acumulação remunerada de dois cargos de professor quando houver compatibilidade de horários (art. 37, XVI, *a*, da CF); **B:** incorreta, pois os vencimentos dos cargos do Poder Legislativo e do Poder Judiciário não poderão ser superiores aos pagos pelo **Poder Executivo** (art. 37, XII, da CF); **C:** incorreta, já que o servidor público da administração direta, autárquica e fundacional investido no mandato de Prefeito será afastado do cargo, emprego ou função, sendo-lhe **facultado** optar pela sua remuneração (art. 38, II, da CF); **D:** correta, nos termos do art. 40, § 2º, da CF; **E:** incorreta, pois o servidor público estável só perderá o cargo em virtude de sentença judicial transitada em julgado; processo administrativo em que lhe seja assegurada ampla defesa; e procedimento de avaliação periódica de desempenho, assegurada ampla defesa (art. 41, § 1º, I a III, da CF). AN
Gabarito "D".

(Investigador – PC/BA – 2018 – VUNESP) Com base na Constituição Federal, assinale a alternativa correta sobre as disposições gerais da Administração Pública.

(A) O prazo de validade dos concursos públicos será de até 2 (dois) anos, prorrogável, por no máximo 2 (duas) vezes, por igual período.

(B) A lei reservará percentual dos cargos e empregos públicos para as pessoas portadoras de deficiência e definirá os critérios de sua admissão.

(C) Por decreto da Administração Pública, serão estabelecidos os casos de contratação por tempo determinado para atender a necessidade temporária de excepcional interesse público.

(D) Os vencimentos dos cargos do Poder Executivo e Judiciário não poderão ser superiores aos pagos pelo Poder Legislativo.

(E) Os acréscimos pecuniários percebidos por servidor público serão computados e acumulados para fins de concessão de acréscimos ulteriores.

A: incorreta, visto o prazo de validade do concurso público será de até dois anos, prorrogável **uma vez**, por igual período (art. 37, III, da CF); **B:** correta, de acordo com o art. 37, inciso VIII, da CF; **C:** incorreta, pois a **lei** estabelecerá os casos de contratação por tempo determinado para atender à necessidade temporária de excepcional interesse público (art. 37, IX, da CF); **D:** incorreta, porque os vencimentos dos cargos do Poder Legislativo e do Poder Judiciário não poderão ser superiores aos pagos pelo Poder Executivo (art. 37, XII, da CF); **E:** incorreta, pois os acréscimos pecuniários percebidos por servidor público **não** serão computados nem acumulados para fins de concessão de acréscimos ulteriores (art. 37, XIV, da CF). **AN**
Gabarito "B".

(Procurador do Município – Prefeitura Fortaleza/CE – CESPE – 2017) De acordo com a jurisprudência dos tribunais superiores, julgue os itens subsecutivos, relativos a servidores públicos.

(1) Os reajustes de vencimentos de servidores municipais podem ser vinculados a índices federais de correção monetária.
(2) Caso um procurador municipal assuma mandato de deputado estadual, ele deve, obrigatoriamente, se afastar de seu cargo efetivo, devendo seu tempo de serviço ser contado para todos os efeitos legais durante o afastamento, exceto para promoção por merecimento.
(3) Havendo previsão no edital que regulamenta o concurso, é legítima a exigência de exame psicotécnico para a habilitação de candidato a cargo público.
(4) É inconstitucional a supressão do auxílio-alimentação em decorrência da aposentadoria do servidor.

1. incorreta. Ver Súmula Vinculante 42/STF: "É inconstitucional a vinculação do reajuste de vencimentos de servidores municipais aos índices federais de correção monetária"; **2.** correta. Art. 38, IV, CF; **3.** incorreta. Ver Súmula Vinculante 44/STF: Só por lei se pode sujeitar a exame psicotécnico a habilitação de candidato a cargo público; **4.** incorreta. Súmula Vinculante 55/STF: O direito ao auxílio-alimentação não se estende aos servidores inativos. **TM**
Gabarito 1E, 2C, 3E, 4E.

(Procurador Municipal – Prefeitura/BH – CESPE – 2017) No que diz respeito à responsabilidade civil do Estado, assinale a opção incorreta.

(A) Como o direito brasileiro adota a teoria do risco integral, a responsabilidade extracontratual do Estado converte-o em segurador universal no caso de danos causados a particulares.
(B) Cabe indenização em decorrência da morte de preso dentro da própria cela, em razão da responsabilidade objetiva do Estado.
(C) O regime publicístico de responsabilidade objetiva, instituído pela CF, não é aplicável subsidiariamente aos danos decorrentes de atos notariais e de registro causados por particulares delegatários do serviço público.
(D) As pessoas jurídicas de direito público e as de direito privado, nas hipóteses de responsabilidade aquiliana, responderão pelo dano causado, desde que exista prova prévia de ter havido culpa ou dolo de seus agentes em atos que atinjam terceiros.

A: incorreta. O direito brasileiro não adota a teoria do risco integral, que não admite excludentes de responsabilidade do Estado. No Brasil vige a Teoria do Risco Administrativo, segundo a qual o Estado responde por atos causados a terceiros, salvo por caso fortuito ou força maior, ou por culpa exclusiva da vítima; **B:** correta. O STF, ao julgar com repercussão geral o RE 580252, fixou a seguinte tese: "Considerando que é dever do Estado, imposto pelo sistema normativo, manter em seus presídios os padrões mínimos de humanidade previstos no ordenamento jurídico, é de sua responsabilidade, nos termos do artigo 37, § 6º, da Constituição, a obrigação de ressarcir os danos, inclusive morais, comprovadamente causados aos detentos em decorrência da falta ou insuficiência das condições legais de encarceramento"; **C:** correta. A Lei 13.286/2016 alterou o art. 22 da Lei 8.935/1994, alterando a responsabilidade antes objetiva para subjetiva. Hoje, notários e oficiais de registro somente respondem quando houver dolo ou culpa, tendo a prescrição sido reduzida para 3 anos; **D:** correta. A responsabilidade civil aquiliana é a extracontratual. Nesse caso, a responsabilidade civil do Estado é subjetiva. De acordo com magistério de Hely Lopes Meirelles, "o que a Constituição distingue é o dano causado pelos agentes da Administração (servidores) dos danos ocasionados por atos de terceiros ou por fenômenos da natureza. Observe-se que o art. 37, § 6º, só atribui responsabilidade objetiva à Administração pelos danos que seus agentes, nessa qualidade, causem a terceiros. Portanto o legislador constituinte só cobriu o risco administrativo da atuação ou inação dos servidores públicos; não responsabilizou objetivamente a Administração por atos predatórios de terceiros, nem por fenômenos naturais que causem danos aos particulares". **TM**
Gabarito "A".

(Procurador Municipal – Prefeitura/BH – CESPE – 2017) A respeito da administração pública, assinale a opção correta.

(A) Um assessor da PGM/BH que, após ocupar exclusivamente cargo em comissão por toda a sua carreira, alcançar os requisitos necessários para se aposentar voluntariamente terá direito a aposentadoria estatutária.
(B) A paridade plena entre servidores ativos e inativos constitui garantia constitucional, de forma que quaisquer vantagens pecuniárias concedidas àqueles se estendem a estes.
(C) De acordo com o STF, apesar da ausência de regulamentação, o direito de greve do servidor público constitui norma autoaplicável, de forma que é proibido qualquer desconto na remuneração do servidor pelos dias não trabalhados.
(D) No Brasil, de acordo com o STF, a regra é a observância do princípio da publicidade, razão pela qual, em *impeachment* de presidente da República, o sigilo do escrutínio é incompatível com a natureza e a gravidade do processo.

A: incorreta. A aposentadoria seguirá as regras do Regime Geral de Previdência; **B:** incorreta. O art. 40, § 8º, foi alterado pela EC 41/2003, que acabou com a paridade entre ativos e inativos; **C:** incorreta. O direito de greve depende de lei regulamentadora, mas o STF entendeu que, na sua ausência, deve-se aplicar a lei de greve da iniciativa privada. Entretanto, não há vedação para o desconto de dias não trabalhados, tendo a hipótese sido considerada legítima pelo STF. Segundo o Supremo, em repercussão geral, o desconto dos dias não trabalhados é possível, desde que não tenha havido acordo para a compensação das horas ou que a greve não tenha sido causada por conduta abusiva do Poder Público (ver RE 693456); **D:** correta. Ao julgar a ADPF 378, Rel. para acórdão Min. Roberto Barroso, o STF entendeu que: "Em uma democracia, a regra é a publicidade das votações. O escrutínio secreto somente pode ter lugar em hipóteses excepcionais e especificamente previstas. Além disso, o sigilo do escrutínio é incompatível com a natureza e a gravidade do processo por crime de responsabilidade. Em processo de tamanha magnitude, que pode levar o Presidente a ser afastado e perder o mandato, é preciso garantir o maior grau de transparência e publicidade possível. Nesse caso, não se pode invocar como justificativa para o voto secreto a necessidade de garantir a liberdade e independência dos congressistas, afastando a possibilidade de ingerências indevidas. Se a votação secreta pode ser capaz de afastar determinadas pressões, ao mesmo tempo, ela enfraquece o controle popular sobre os representantes, em violação aos princípios democrático, representativo e republicano. Por fim, a votação aberta (simbólica) foi adotada para a composição da Comissão Especial no processo de impeachment de Collor, de modo que a manutenção do mesmo rito seguido em 1992 contribui para a segurança jurídica e a previsibilidade do procedimento". **TM**
Gabarito "D".

(Procurador do Estado – PGE/PA – UEPA – 2015) Sobre os Princípios e Disposições Constitucionais Gerais da Administração Pública, é INCORRETO afirmar que:

(A) em atenção aos princípios da impessoalidade e isonomia, que regem a admissão por concurso público, a dispensa do empregado de empresas públicas e sociedades de economia mista que prestam serviços públicos deve ser motivada, consoante entendimento do STF.
(B) o STF firmou o entendimento de que é prescindível a comprovação da má-fé do administrado para a configuração do dever de ressarcimento de valores indevidamente recebidos por erro da administração.
(C) o Direito à informação acerca da folha de pagamento de órgãos e entidades públicas não pode ser obstado, consoante o STF, nem em nome do Direito Fundamental à intimidade ou à vida privada, desde que sejam tomados alguns cuidados para não se revelar CPF, RG e endereço dos servidores.
(D) não é compatível com o regime constitucional de acesso aos cargos públicos a manutenção no cargo, sob fundamento de fato consumado, de candidato não aprovado que nele tomou posse em decorrência de execução provisória de medida liminar ou outro provimento judicial de natureza precária, supervenientemente revogado ou modificado.
(E) a jurisprudência do STF, em relação à greve de servidor público, admite a possibilidade de desconto pelos dias não trabalhados, considerando que a comutatividade inerente à relação laboral entre servidor e Administração Pública justifica o emprego, com os devidos temperamentos, da *ratio* subjacente ao art. 7º da Lei 7.783/1989, segundo o qual, em regra, 'a participação em greve suspende o contrato de trabalho'.

A: correta. Entendimento do STF no RE 589998, Rel. Min. Roberto Barroso: "I – Os empregados públicos não fazem jus à estabilidade prevista no art. 41 da CF, salvo aqueles admitidos em período anterior ao advento da EC nº 19/1998. Precedentes. II – Em atenção, no entanto, aos princípios da impessoalidade e isonomia, que regem a admissão por concurso público, a dispensa do empregado de empresas públicas e sociedades de economia mista que prestam serviços públicos deve ser motivada, assegurando-se, assim, que tais princípios, observados no momento daquela admissão, sejam também respeitados por ocasião da dispensa. III – A motivação do ato de dispensa, assim, visa a resguardar o empregado de uma possível quebra do postulado da impessoalidade por parte do agente estatal investido do poder de demitir"; **B:** incorreta, devendo ser assinalada. De acordo com o Supremo, é imprescindível a comprovação da má-fé do administrado para a configuração do dever de ressarcimento de valores indevidamente recebidos por erro da administração; **C:** correta. O STF suspendeu todas as liminares em sentido contrário, determinando a divulgação dos vencimentos e proventos dos servidores públicos, uma vez que correspondem a "gasto do Poder Público que deve guardar correspondência com a previsão legal, com o teto remuneratório do serviço público e, em termos globais, com as metas de responsabilidade fiscal"; **D:** correta. O STF entende que "1. Não é compatível com o regime constitucional de acesso aos cargos públicos a manutenção no cargo, sob fundamento de fato consumado, de candidato não aprovado que nele tomou posse em decorrência de execução provisória de medida liminar ou outro provimento judicial de natureza precária, supervenientemente revogado ou modificado. 2. Igualmente incabível, em casos tais, invocar o princípio da segurança jurídica ou o da proteção da confiança legítima. É que, por imposição do sistema normativo, a execução provisória das decisões judiciais, fundadas que são em títulos de natureza precária e revogável, se dá, invariavelmente, sob a inteira responsabilidade de quem a requer, sendo certo que a sua revogação acarreta efeito *ex tunc*, circunstâncias que evidenciam sua inaptidão para conferir segurança ou estabilidade à situação jurídica a que se refere" (RE 608482); **E:** correta. O STF apreciou a questão em repercussão geral, tendo decidido que o desconto dos dias parados é possível, a não ser que haja acordo de compensação ou se a greve tenha sido causada por conduta ilegal do Poder Público (ver RE 693456). TM

Gabarito "B".

(Advogado União – AGU – CESPE – 2015) De acordo com o entendimento do STF, julgue o item seguinte, a respeito da administração pública e do servidor público.

(1) Segundo o STF, por força do princípio da presunção da inocência, a administração deve abster-se de registrar, nos assentamentos funcionais do servidor público, fatos que não forem apurados devido à prescrição da pretensão punitiva administrativa antes da instauração do processo disciplinar.

1. correta. Ver MS 23262, Rel. Min. Dias Toffoli: "(...) 2. O princípio da presunção de inocência consiste em pressuposto negativo, o qual refuta a incidência dos efeitos próprios de ato sancionador, administrativo ou judicial, antes do perfazimento ou da conclusão do processo respectivo, com vistas à apuração profunda dos fatos levantados e à realização de juízo certo sobre a ocorrência e a autoria do ilícito imputado ao acusado. 3. É inconstitucional, por afronta ao art. 5º, LVII, da CF/88, o art. 170 da Lei nº 8.112/90, o qual é compreendido como projeção da prática administrativa fundada, em especial, na Formulação nº 36 do antigo DASP, que tinha como finalidade legitimar a utilização dos apontamentos para desabonar a conduta do servidor, a título de maus antecedentes, sem a formação definitiva da culpa". TM

Gabarito 1C.

(Procurador – PGFN – ESAF – 2015) Sobre os servidores públicos, assinale a opção incorreta.

(A) Os vencimentos dos cargos do Poder Legislativo e do Poder Judiciário não poderão ser superiores aos pagos pelo Poder Executivo.
(B) O direito de greve será exercido nos termos e nos limites definidos em lei complementar.
(C) É vedada a vinculação ou equiparação de quaisquer espécies remuneratórias para o efeito de remuneração de pessoal do serviço público.
(D) A administração fazendária e seus servidores fiscais terão, dentro de suas áreas de competência e jurisdição, precedência sobre os demais setores administrativos, na forma da lei.
(E) A lei estabelecerá os casos de contratação por tempo determinado para atender a necessidade temporária de excepcional interesse público.

A: correta. Art. 37, XII, CF; **B:** incorreta, devendo ser assinalada. A Constituição exige lei ordinária para regulamentar o direito de greve; **C:** correta. Art. 37, XIII, CF; **D:** correta. Art. 37, XVIII, CF; **E:** correta. Art. 37, IX, CF. TM

Gabarito "B".

(Procurador do Estado – PGE/RN – FCC – 2014) Lei estadual criou vários cargos em comissão de médico, de livre provimento pelo Secretário de Saúde, para atender a necessidade imediata da população. Segundo a lei, os titulares dos cargos devem exercer suas atividades no âmbito do Sistema Único de Saúde – SUS, prestando seus serviços diretamente aos pacientes necessitados, por prazo indeterminado. A referida lei estadual é:

(A) incompatível com a Constituição Federal, uma vez que os cargos em comissão somente podem ser criados para as atribuições de direção, chefia e assessoramento, a serem preenchidos por servidores de carreira nos casos, condições e percentuais mínimos previstos em lei.
(B) compatível com a Constituição Federal, uma vez que a urgência na prestação do serviço público autoriza a criação de cargos em comissão de livre provimento e exoneração.
(C) compatível com a Constituição Federal, uma vez que cabe ao Estado, por lei complementar, definir os cargos públicos estaduais a serem preenchidos por livre nomeação, observados os princípios constitucionais da Administração pública.
(D) incompatível com a Constituição Federal, uma vez que os cargos privativos de médicos somente podem ser preenchidos através de concurso de provas ou de provas e títulos.
(E) incompatível com a Constituição Federal, uma vez que, para o exercício das atribuições previstas na Lei, deveriam ter sido criadas pelo legislador estadual funções de confiança.

A lei é inconstitucional por força do art. 37, V, da CF. TM

Gabarito "A".

(Procurador do Estado – PGE/RN – FCC – 2014) A Constituição Federal determina que a despesa com pessoal ativo e inativo da União, dos Estados, do Distrito Federal e dos Municípios não poderá exceder os limites estabelecidos em lei complementar. Para o cumprimento desse limite, a Constituição Federal autoriza, dentre outras medidas, que:

(A) sejam reduzidas em 20% as despesas com cargos em comissão, vedada a redução de despesas com funções de confiança, vez que ocupadas por titulares de cargos públicos efetivos.
(B) seja decretada a intervenção federal no Estado infrator, após decisão proferida pelo Superior Tribunal de Justiça dando provimento à representação interventiva, proposta pelo Procurador-Geral da República, para obrigar o Estado a cumprir a referida lei complementar.
(C) seja suspenso o repasse de verbas federais para o Estado infrator, desde que a medida seja previamente autorizada pelo Tribunal de Contas da União, em processo que assegure ao Estado o contraditório e a ampla defesa.
(D) sejam exonerados, durante o prazo fixado na lei complementar referida, servidores estaduais não estáveis.
(E) sejam exonerados servidores estaduais estáveis, nos termos previstos em lei estadual especificamente editada para este fim, observadas as normas gerais da União a respeito da matéria, vedado o pagamento de indenização ao servidor exonerado por este motivo.

A: incorreta. A redução de despesa com funções de confiança também é admitida pela CF, e na mesma proporção de 20% (art. 169, § 3º, I, CF); **B:** incorreta. A hipótese não se encontra no rol do art. 34, V, CF; **C:** incorreta. Não reflete o disposto no art. 169, § 2º, CF; **D:** correta. Art. 169, § 4º, CF; **E:** incorreta. Não reflete o disposto no art. 169, § 4º, CF. TM

Gabarito "D".

(Juiz – TRF 4ª Região – 2016) Assinale a alternativa correta.

(A) Considerando a Constituição Federal – que veda a prisão por dívidas –, é inconstitucional qualquer tentativa do legislador ordinário de tipificar a conduta de retenção de salários pelo empregador.
(B) Os atos de improbidade administrativa importarão na perda dos direitos políticos e da função pública e na obrigação de ressarcimento do erário – que poderá pleitear a indisponibilidade dos bens –, sem prejuízo da ação penal cabível.
(C) O membro do Congresso Nacional que se licencia do mandato para investir-se no cargo de Ministro de Estado não perde os laços que o unem, organicamente, ao Parlamento. Consequentemente, permanece em seu favor a garantia constitucional da prerrogativa de foro em matéria penal.
(D) Desde a expedição de diploma, os membros do Congresso Nacional e o Presidente da República não poderão ser presos, salvo em flagrante de crime inafiançável.
(E) A Constituição Federal não consagrou o princípio da irresponsabilidade penal absoluta do Presidente da República. O Chefe de Estado, nos ilícitos penais praticados *in officio* ou cometidos *propter officium*, poderá, ainda que vigente o mandato presidencial, sofrer a *persecutio criminis*, desde que obtida, previamente, a necessária autorização do Congresso Nacional.

A: incorreta, pois a CF veda a retenção dolosa, conforme art. 7º, X, da CF; **B:** incorreta, pois não ocorre perda de direitos políticos, mas tão somente a suspensão destes (art. 37, §4º, da CF); **C:** correta, na literalidade do art. 56, I, da CF. No mesmo sentido é a jurisprudência do STF: "O membro do Congresso Nacional que se licencia do mandato para investir-se no cargo de Ministro de Estado não perde os laços que o unem, organicamente, ao Parlamento (CF, art. 56, I). Consequentemente, continua a subsistir em seu favor a garantia constitucional da prerrogativa de foro em matéria penal (INQ-QO 777-3/TO, Rel. Min. Moreira Alves, *DJ* 01.10.1993), bem como a faculdade de optar pela remuneração do mandato (CF, art. 56, § 3º). Da mesma forma, ainda que licenciado, cumpre-lhe guardar estrita observância às vedações e incompatibilidades inerentes ao estatuto constitucional do congressista, assim como às exigências ético-jurídicas que a Constituição (CF, art. 55, § 1º) e os regimentos internos das casas legislativas estabelecem como elementos caracterizadores do decoro parlamentar." (MS 25.579/DF); **D:** incorreta, pois afronta o disposto no art. 53, §§ 1º e 2º, da CF; **E:** incorreta, pois ofende o art. 86, da CF, uma vez que não se exige admissão, pelo Parlamento, da acusação criminal contra o Chefe do Poder Executivo quando já não mais possui mandato. Ainda, o art. 86 requer autorização da Câmara dos Deputados, não do Congresso Nacional. AB

Gabarito "C".

(Promotor de Justiça – MPE/RS – 2017) Assinale a alternativa **INCORRETA**, considerando tão somente o que dispõe o artigo 38 da Constituição Federal no que tange ao servidor público da administração direta, autárquica e fundacional, no exercício de mandato eletivo.

(A) Tratando-se de mandato eletivo federal, estadual ou distrital, ficará afastado de seu cargo, emprego ou função, sendo-lhe facultado optar pela remuneração de maior valor.
(B) Investido no mandato de Prefeito, será afastado do cargo, emprego ou função, sendo-lhe facultado optar pela sua remuneração.

(C) Investido no mandato de Vereador, havendo compatibilidade de horários, perceberá as vantagens de seu cargo, emprego ou função, sem prejuízo da remuneração do cargo eletivo, e, não havendo compatibilidade, será aplicada a norma do inciso II do artigo 38.
(D) Em qualquer caso que exija o afastamento para o exercício de mandato eletivo, seu tempo de serviço será contado para todos os efeitos legais, exceto para promoção por merecimento.
(E) Para efeito de benefício previdenciário, no caso de afastamento, os valores serão determinados como se no exercício estivesse.

A: incorreta. O art. 38, I, CF não menciona a opção pela remuneração do cargo público; **B:** correta. Redação do art. 38, II, CF; **C:** correta. Redação do art. 38, III, CF; **D:** correta. Redação do art. 38, IV, CF; **E:** correta. Redação do art. 38, V, CF. TM
Gabarito "A".

(Promotor de Justiça/GO – 2016 – MPE) Tocante à exigência de prévio requerimento administrativo enquanto condição para postular contra a Fazenda Pública em juízo, segundo a jurisprudência dominante do Supremo Tribunal Federal, é incorreto afirmar que:

(A) A outorga de direitos por parte da autoridade administrativa depende de requerimento do interessado, não se caracterizando ameaça ou lesão a direito antes de sua apreciação e indeferimento, ou se excedido o prazo legal para sua análise.
(B) Considerando expressa disposição da legislação adjetiva, a exigência de prévio requerimento administrativo permanece, ainda que o entendimento da Administração for notória e reiteradamente contrário à postulação do administrado.
(C) Na hipótese de pretensão de revisão, restabelecimento ou manutenção de benefício anteriormente concedido pela Administração Pública, estando firmado o entendimento desta pela não admissão do pleito, o pedido poderá ser formulado diretamente em juízo – salvo se depender da análise de matéria de fato ainda não levada ao conhecimento da Administração.
(D) A exigência de prévio requerimento não se confunde com o exaurimento das vias administrativas, estando o administrado autorizado, em pelo transcurso de instância administrativa, a veicular pretensão judicial com idêntico escopo.

A: correta. A questão do "prévio requerimento administrativo" foi controvertida por anos, contrapondo-se duas principais correntes: a primeira afirmava que não se podia exigir requerimento administrativo do benefício previdenciário previamente à propositura da ação judicial em razão do princípio da inafastabilidade da jurisdição (tese do autor). A segunda corrente afirmava que, salvo exceções, haveria necessidade de comprovação do prévio requerimento administrativo para que o autor comprovasse seu interesse de agir, haja vista que sem a negativa da Administração se estaria provocando o Judiciário sem a certeza de que o benefício seria concedido pela via administrativa (tese da Procuradoria Federal que responde pelo INSS). A segunda corrente foi adotada pelo STF. Se não houve apresentação de pedido administrativo não há falar em lesão ou ameaça de lesão, estando ausente a afronta ao princípio da inafastabilidade de jurisdição – art. 5º, XXXV, CF; **B:** incorreta. Ao julgar o caso com repercussão geral, o STF registrou que, no caso de o INSS tiver notório entendimento contrário à concessão do benefício, o prévio requerimento administrativo não é necessário; **C:** correta. A tese do STF sobre a exigência de prévio requerimento administrativo aplica-se aos pedidos de concessão **inicial** de benefícios. Na revisão de benefícios, o INSS já analisara o caso e concedera o benefício naqueles termos, sendo certo que se houver mudança posterior de entendimento do INSS acerca daquele benefício, o segurado poderá contestar a revisão diretamente no Judiciário; **D:** correta. Confira-se a ementa do julgado: "1. A instituição de condições para o regular exercício do direito de ação é compatível com o art. 5º, XXXV, da Constituição. Para se caracterizar a presença de interesse em agir, é preciso haver necessidade de ir a juízo. 2. A concessão de benefícios previdenciários depende de requerimento do interessado, não se caracterizando ameaça ou lesão a direito antes de sua apreciação e indeferimento pelo INSS, ou se excedido o prazo legal para sua análise. É bem de ver, no entanto, que a exigência de prévio requerimento não se confunde com o exaurimento das vias administrativas. 3. A exigência de prévio requerimento administrativo não deve prevalecer quando o entendimento da Administração for notória e reiteradamente contrário à postulação do segurado. 4. Na hipótese de pretensão de revisão, restabelecimento ou manutenção de benefício anteriormente concedido, considerando que o INSS tem o dever legal de conceder a prestação mais vantajosa possível, o pedido poderá ser formulado diretamente em juízo – salvo se depender da análise de matéria de fato ainda não levada ao conhecimento da Administração –, uma vez que, nesses casos, a conduta do INSS já configura o não acolhimento ao menos tácito da pretensão. 5. Tendo em vista a prolongada oscilação jurisprudencial na matéria, inclusive no Supremo Tribunal Federal, deve-se estabelecer uma fórmula de transição para lidar com as ações em curso, nos termos a seguir expostos. 6. Quanto às ações ajuizadas até a conclusão do presente julgamento (03.09.2014), sem que tenha havido prévio requerimento administrativo nas hipóteses em que exigível, será observado o seguinte: (i) caso a ação tenha sido ajuizada no âmbito de Juizado Itinerante, a ausência de anterior pedido administrativo não deverá implicar a extinção do feito; (ii) caso o INSS já tenha apresentado contestação de mérito, está caracterizado o interesse em agir pela resistência à pretensão; (iii) as demais ações que não se enquadrem nos itens (i) e (ii) ficarão sobrestadas, observando-se a sistemática a seguir. 7. Nas ações sobrestadas, o autor será intimado a dar entrada no pedido administrativo em 30 dias, sob pena de extinção do processo. Comprovada a postulação administrativa, o INSS será intimado a se manifestar acerca do pedido em até 90 dias, prazo dentro do qual a Autarquia deverá colher todas as provas eventualmente necessárias e proferir decisão. Se o pedido for acolhido administrativamente ou não puder ter o seu mérito analisado devido a razões imputáveis ao próprio requerente, extingue-se a ação. Do contrário, estará caracterizado o interesse em agir e o feito deverá prosseguir. 8. Em todos os casos acima – itens (i), (ii) e (iii) –, tanto a análise administrativa quanto a judicial deverão levar em conta a data do início da ação como data de entrada do requerimento, para todos os efeitos legais. 9. Recurso extraordinário a que se dá parcial provimento, reformando-se o acórdão recorrido para determinar a baixa dos autos ao juiz de primeiro grau, o qual deverá intimar a autora – que alega ser trabalhadora rural informal – a dar entrada no pedido administrativo em 30 dias, sob pena de extinção. Comprovada a postulação administrativa, o INSS será intimado para que, em 90 dias, colha as provas necessárias e profira decisão administrativa, considerando como data de entrada do requerimento a data do início da ação, para todos os efeitos legais. O resultado será comunicado ao juiz, que apreciará a subsistência ou não do interesse em agir". (STF, RE 631240, Rel. Min. Roberto Barroso, Tribunal Pleno, j. 03/09/2014, DJ 07-11-2014). TM
Gabarito "B".

(Analista Jurídico – TCE/PR – 2016 – CESPE) Com base na Constituição Federal de 1988 e na jurisprudência do STF, assinale a opção correta a respeito do concurso público.

(A) É incabível o controle judicial do resultado alcançado por avaliação psicológica em etapa eliminatória de concurso público, seja por conta da alta carga do exame, seja por força da presunção de legalidade dos atos administrativos ou, ainda, pela vedação à ingerência judicial no mérito administrativo.
(B) As etapas por que passa o concurso público devem ser exaustivamente detalhadas por lei em sentido formal e material.
(C) A competência legislativa para a regulamentação do acesso dos estrangeiros aos cargos públicos é dos estados-membros da Federação, e não da União.
(D) A demonstração do preenchimento da habilitação legal para ingresso em determinado cargo, aí incluídos o diploma em área de formação e o registro no órgão profissional competente, deve ser feita pelo candidato no momento de sua inscrição no concurso público.
(E) É no momento da posse que o candidato deve comprovar o cumprimento do requisito de idade mínima para o cargo, se houver.

A: incorreta. O STF já decidiu, com repercussão geral, que além da necessidade de lei prevendo exame psicológico como requisito para ingresso no serviço público, o exame psicotécnico depende de um grau mínimo de objetividade e de publicidade dos atos em que se desdobra (justamente para possibilitar o controle jurisdicional). Ver: AI 758.533-QO, rel. min. Gilmar Mendes, j. 23.06.2010, Pleno, *DJE* 13.08.2010); **B:** incorreta. "As etapas do concurso prescindem de disposição expressa em lei no sentido formal e material, sendo suficientes a previsão no edital e o nexo de causalidade consideradas as atribuições do cargo" (MS 30.177, rel. min. Marco Aurélio, j. 24.04.2012, 1ª T, *DJE* 17.05.2012); **C:** correta. Em razão de a norma do art. 37, I, da CF não constituir "matéria reservada à competência privativa da União, deve ser de iniciativa dos Estados-membros" (AI 590.663-AgR, rel. min. Eros Grau, j. 15.12.2009, 2ª T, *DJE* 12.02.2010); **D:** incorreta. "A exigência de habilitação para o exercício do cargo objeto do certame dar-se-á no ato da posse e não da inscrição do concurso" (MS 26.668, MS 26.673 e MS 26.810, rel. min. Ricardo Lewandowski, j. 15.04.2009, Pleno, *DJE* 29.05.2009); **E:** incorreta. Apesar de ser no momento da posse, a lei estabeleceu idade mínima de 18 anos para investidura em cargos públicos, tornando errada a parte final da questão ("se houver") (art. 5º, V, da Lei 8.112/90). BV/TM
Gabarito "C".

(Analista Judiciário – TRT/8ª – 2016 – CESPE) A respeito da organização do Estado e da administração pública, assinale a opção correta.

(A) É proibida a adoção de requisitos e critérios diferenciados para a concessão de aposentadoria pelo regime de previdência de caráter contributivo e solidário, ainda que para proteger trabalhadores que exerçam atividades sob condições que prejudiquem a saúde ou a integridade física.
(B) A vedação de acumulação remunerada de cargos públicos aplica-se aos militares, independentemente da compatibilidade de horário e do tipo de atividade profissional exercida, de modo que o militar que tome posse em cargo civil deverá ser transferido para a reserva, nos termos da lei.
(C) A forma de federalismo adotada no Brasil é conhecida como federalismo de segregação e centrífugo, sendo os estados-membros dotados de autogoverno.
(D) Deve o presidente da República decretar a intervenção federal, entre outras hipóteses, quando dois estados tentarem incorporar-se entre si ou desmembrar-se, formando novos estados ou territórios federais.
(E) O prazo de prescrição para a pretensão de condenar réus pela prática de atos de improbidade administrativa que causem prejuízos ao erário é estabelecido pela CF.

A: incorreta. O § 4º do art. 40 da CF de fato determina a proibição da adoção de requisitos e critérios diferenciados para a concessão de aposentadoria aos abrangidos pelo regime de que trata este artigo. Ocorre que o mesmo dispositivo, nos termos definidos em leis complementares, **ressalva algumas hipóteses**, quais sejam: os casos de servidores:

portadores de deficiência, que exerçam atividades de risco e **cujas atividades sejam exercidas sob condições especiais que prejudiquem a saúde ou a integridade física**; **B:** incorreta. De acordo com o art. 142, III, da CF, **o militar da ativa que**, de acordo com a lei, **tomar posse em cargo, emprego ou função pública civil temporária, não eletiva**, ainda que da administração indireta, ressalvada a hipótese prevista no art. 37, inciso XVI, alínea "c", **ficará agregado ao respectivo quadro** e somente poderá, enquanto permanecer nessa situação, ser promovido por antiguidade, contando-se-lhe o tempo de serviço apenas para aquela promoção e transferência para a reserva, sendo depois de dois anos de afastamento, contínuos ou não, transferido para a reserva, nos termos da lei; **C:** correta. Pedro Lenza, em Direito Constitucional Esquematizado, 2015, p. 502, Ed. Saraiva, ensina que: "No **federalismo por agregação**, os Estados independentes ou soberanos resolvem abrir mão de parcela de sua soberania para agregar-se entre si e formar um novo Estado, agora, Federativo, passando a ser, entre si, autônomos. O modelo busca uma maior solidez, tendo em vista a indissolubilidade do vínculo federativo. Como exemplo, podemos citar a formação dos Estados Unidos, da Alemanha e da Suíça. Por sua vez, no **federalismo por desagregação (segregação)**, a Federação surge a partir de determinado Estado unitário que resolve descentralizar-se, 'em obediência a imperativos políticos (salvaguarda das liberdades) e de eficiência'. O **Brasil** é um exemplo de federalismo por desagregação, que surgiu a partir da proclamação da República, materializando-se, o novo modelo, na Constituição de 1891". Ademais, é centrífugo, porque teve origem em um Estado Unitário que se fragmentou "de dentro para fora"; **D:** incorreta. Tal situação não configura hipótese de intervenção federal. Como a regra é a não intervenção, as hipóteses excepcionais vêm previstas em rol taxativo, previsto no art. 34 da CF. Além disso, conforme determina o § 3º do art. 18 da CF, os Estados podem incorporar-se entre si, subdividir-se ou desmembrar-se para se anexarem a outros, ou formarem novos Estados ou Territórios Federais, mediante aprovação da população diretamente interessada, através de plebiscito, e do Congresso Nacional, por lei complementar; **E:** incorreta. O art. 37, § 5º, da CF, estabelece a imprescritibilidade das ações de ressarcimento ao erário. Até o julgamento do RE 669.069, em 03/02/2016, o STF entendia que a ação de improbidade administrativa era imprescritível por força desse dispositivo constitucional. Entretanto, no recurso extraordinário citado decidiu-se, com repercussão geral, ser "prescritível a ação de reparação de danos à Fazenda Pública decorrente de ilícito civil". O tema tem impacto não apenas para o ressarcimento ao erário decorrente de atos de improbidade administrativa, como também para as ações de ressarcimento ao erário (execução fiscal) propostas pela Agência Nacional de Saúde – ANS, contra operadoras de planos de saúde quando seus beneficiários fazem uso do Sistema Único de Saúde – SUS. No caso de improbidade administrativa o tema foi tratado no art. 23 da Lei 8.429/1992 (Lei de Improbidade Administrativa), o qual dispõe que as ações passíveis de levar a efeitos as sanções previstas nesta lei podem ser propostas: I – até cinco anos após o término do exercício de mandato, de cargo em comissão ou de função de confiança; II – dentro do prazo prescricional previsto em lei específica para faltas disciplinares puníveis com demissão a bem do serviço público, nos casos de exercício de cargo efetivo ou emprego; III – até cinco anos da data da apresentação à administração pública da prestação de contas final pelas entidades referidas no parágrafo único do art. 1ª desta Lei. Gabarito "C"

(Analista – Judiciário –TRE/PI – 2016 – CESPE) Acerca das mudanças institucionais que afetaram diretamente a administração pública, como a criação de conselhos e organizações sociais, entre outras entidades, conforme a Constituição Federal de 1988 (CF), assinale a opção correta.

(A) Agências executivas como a Agência Nacional de Saúde Complementar (ANS), a Agência Nacional de Águas (ANA) e a Agência Nacional de Vigilância Sanitária (ANVISA) possuem atribuições de regulação e fiscalização, podendo exercer também atividades de controle econômico.
(B) As organizações sociais, cuja qualificação é concedida pelo Ministério do Desenvolvimento Social e Combate à Fome, são constituídas por pessoas jurídicas de direito público com a finalidade de atender assuntos que correspondam às relações entre o Estado e a sociedade.
(C) As organizações da sociedade civil de interesse público (OSCIP), cuja qualificação é concedida pelo Ministério da Justiça, são constituídas por pessoas jurídicas de direito privado, mediante termo de parceria com o poder público, e visam atender ao princípio da universalização dos serviços.
(D) As agências executivas são compostas por órgãos da administração pública direta que têm como finalidade executar atividades delegadas pelo poder público em função da comprovada capacidade de gestão estratégica nos dois anos de atuação anteriores à delegação.
(E) As agências reguladoras, compostas por autarquias e fundações, são vinculadas ao Poder Executivo e exercem atividades delegadas pelo poder público.

A: incorreta. As agências citadas são **reguladoras**, não **executivas**. As agências reguladoras são autônomas em relação às suas atividades-fim, às suas finalidades, enquanto que as agências executivas detêm maior autonomia em relação apenas às atividades-meio, ou seja, possuem um maior poder de gestão, conferido por meio dos contratos de gestão (art. 37, § 8º, da CF); **B:** incorreta. Podem ser qualificadas como organizações sociais as pessoas jurídicas de direito **privado, sem fins lucrativos**, cujas atividades sejam dirigidas ao ensino, à pesquisa científica, ao desenvolvimento tecnológico, à proteção e preservação do meio ambiente, à cultura e à saúde (art. 1º da Lei 9.637/1998). Além disso, o art. 2º, II, da mesma lei estabelece que o juízo de conveniência e oportunidade da qualificação como "organização social" é do "Ministro ou titular de órgão supervisor ou regulador da área de atividade correspondente ao seu objeto social"; **C:** correta. Arts. 3º, 4º, 5º e 9º, da Lei 9.790/1999; **D:** incorreta. A qualificação de agência executiva é conferida apenas aos órgãos e entidades da Administração Pública **Indireta** (art. 1º do Decreto 2.487/1998); **E:** incorreta. As agências reguladoras, nacionais e estaduais, tem natureza jurídica de "**autarquias especiais**" (não há hipótese de agência reguladora com natureza jurídica de fundação). Gabarito "C"

(DPE/PE – 2015 – CESPE) Julgue os itens que se seguem, relativos aos servidores públicos.

(1) As regras do regime geral da previdência social relativas à aposentadoria especial não são aplicáveis ao servidor público enquanto não houver lei complementar específica que assim o determine.
(2) De acordo com a jurisprudência do STF, o princípio da isonomia não justifica o aumento de vencimento de servidor público por decisão judicial.

1: incorreta, pois, de acordo com a Súmula Vinculante STF 33, "aplicam-se ao servidor público, no que couber, as regras do regime geral da previdência social sobre aposentadoria especial de que trata o artigo 40, § 4º, inciso III da Constituição Federal, até a edição de lei complementar específica"; **2:** correta, pois, de acordo com a Súmula Vinculante STF 37 do STF, "não cabe ao Poder Judiciário, que não tem função legislativa, aumentar vencimentos de servidores públicos sob o fundamento de isonomia". Gabarito 1E, 2C

(Procurador do Estado/PR – 2015 – PUC-PR) Acerca da remuneração dos agentes públicos, é **CORRETO** afirmar:

(A) A iniciativa de lei que fixa os subsídios do governador, do vice-governador e dos secretários de Estado é da Assembleia Legislativa e independe de sanção do governador.
(B) O valor do subsídio mensal do governador é o valor remuneratório máximo para todos os órgãos do Estado, inclusive procuradores e defensores públicos.
(C) É cabível ao Poder Judiciário aumentar vencimentos de servidores públicos sob o fundamento de isonomia.
(D) Por ser direito previsto na Constituição Federal, a revisão geral anual da remuneração e subsídios dos agentes públicos pode se dar por decreto do Poder Executivo e, em sua falta, será cabível a impetração de mandado de injunção.
(E) Há previsão constitucional que autoriza, como medida para redução de despesas de pessoal, perda do cargo de servidores estáveis.

A: incorreta; os arts. 27, § 2º, e 28, § 2º, da CF de fato dispõem que a iniciativa de lei no caso é da Assembleia Legislativa; porém, não há previsão constitucional no sentido de que esse projeto de lei independe de sanção do Chefe do Executivo (art. 49 da CF); **B:** incorreta, pois os procuradores e defensores do Estado têm como teto remuneratório o subsídio dos Desembargadores do Tribunal de Justiça, limitado a 90,25% do subsídio mensal em espécie dos Ministros do STF; **C:** incorreta, pois, de acordo com a Súmula Vinculante STF 37 do STF, "não cabe ao Poder Judiciário, que não tem função legislativa, aumentar vencimentos de servidores públicos sob o fundamento de isonomia"; **D:** incorreta, pois, em virtude do princípio da legalidade, a matéria de ser veiculada por lei; **E:** correta; em caso de descumprimento da Lei de Responsabilidade Fiscal com relação ao limite de despesas com pessoal ativo e inativo, a CF autoriza, após tomada uma série de providências, que se servidores estáveis percam o cargo, observado o disposto no art. 169, § 4º, da CF. Gabarito "E"

(Procurador Distrital – 2014 – CESPE) Acerca da disciplina constitucional e legal referente à composição dos cargos públicos, julgue os seguintes itens.

(1) Em razão do princípio da simetria, a Constituição estadual deve reproduzir a CF em relação à norma que rege a composição do Tribunal de Contas da União.
(2) Caso já ocupe o cargo de deputado distrital, filho de governador do estado torna-se elegível para o mesmo cargo na eleição subsequente.
(3) O governador do DF é inelegível para quaisquer outros cargos, a não ser que renuncie a seu mandato com uma antecedência mínima de seis meses em relação à data do pleito.
(4) Filho de governador de estado é inelegível para qualquer cargo eletivo em âmbito nacional.

1: correto. De fato as regras previstas na CF sobre a organização dos tribunais de contas dos estados e do DF são de observância obrigatória pelos Estados e DF; **2:** correto. A inelegibilidade reflexa, prevista no § 7º do art. 14 da CF, não atinge o parente que já for titular de mandato eletivo e candidato à reeleição. De acordo com tal dispositivo, são inelegíveis, no território de jurisdição do titular, o cônjuge e os parentes consanguíneos ou afins, até o segundo grau ou por adoção, do Presidente da República, de Governador de Estado ou Território, do Distrito Federal, de Prefeito ou de quem os haja substituído dentro dos seis meses anteriores ao pleito, **salvo se já titular de mandato eletivo e candidato à reeleição**; **3:** correto. O art. 14, § 6º, da CF, determina que para concorrerem a outros cargos, o Presidente da República, os Governadores de Estado e do Distrito Federal e os Prefeitos devem **renunciar aos respectivos mandatos até seis meses antes do pleito**; **4:** incorreto. A inelegibilidade neste caso está adstrita ao território de jurisdição do titular. É o que determina o art. 14, § 7º, da CF. Gabarito 1C, 2C, 3C, 4E

11. DIREITO CONSTITUCIONAL

(Procurador do Estado/AC – 2014 – FMP) Com base na jurisprudência do STF, pode-se afirmar que é inconstitucional a fixação de piso salarial nacional para os profissionais da educação escolar pública, tendo em vista o princípio federativo. Do enunciado, pode-se dizer que

(A) a afirmação é totalmente verdadeira.
(B) a afirmação é totalmente falsa.
(C) a afirmação é parcialmente falsa, pois o fundamento utilizado pelo STF não é o princípio federativo, mas a restrição orçamentária imposta pela Lei de Responsabilidade Fiscal.
(D) Nenhuma alternativa anterior é correta.

De acordo com o art. 206, VIII, da CF, o piso salarial profissional nacional para os profissionais da educação escolar pública é um dos princípios que serve de base para o ensino. Além disso, o STF decidiu que: "**Pacto federativo** e repartição de competência. Piso nacional para os professores da educação básica. (...). Perda parcial do objeto desta ação direta de inconstitucionalidade, na medida em que o cronograma de aplicação escalonada do piso de vencimento dos professores da educação básica se exauriu (arts. 3º e 8º da Lei 11.738/2008). **É constitucional a norma geral federal que fixou o piso salarial dos professores do ensino médio** com base no vencimento, e não na remuneração global. Competência da União para dispor sobre normas gerais relativas ao piso de vencimento dos professores da educação básica, de modo a utilizá-lo como mecanismo de fomento ao sistema educacional e de valorização profissional, e não apenas como instrumento de proteção mínima ao trabalhador. É constitucional a norma geral federal que reserva o percentual mínimo de 1/3 da carga horária dos docentes da educação básica para dedicação às atividades extraclasse." (ADI 4.167, Rel. Min. Joaquim Barbosa, julgamento em 27.04.2011, Plenário, *DJE* 24.08.2011.) Vide: ADI 4.167-ED-AgR, rel. min. Joaquim Barbosa, julgamento em 27.02.2013, Plenário, *DJE* 09.10.2013. Gabarito "B".

(Procurador do Município – São Paulo/SP – 2014 – VUNESP) Segundo os parâmetros estabelecidos pela Constituição, o servidor público estável só perderá o cargo

(A) se sofrer condenação criminal por órgão colegiado, independentemente do trânsito em julgado.
(B) se for extinto ou declarada a sua desnecessidade.
(C) mediante procedimento de avaliação periódica de desempenho, na forma de lei complementar, assegurada ampla defesa.
(D) se for investido no cargo de vereador e não houver compatibilidade de horário.
(E) se investido no mandato de Prefeito.

A: incorreta. A perda do cargo em virtude de sentença judicial depende do **trânsito em julgado**. É o que determina o art. 41, § 1º, I, da CF; **B:** incorreta. De acordo com o art. 41, § 3º, da CF, extinto o cargo ou declarada a sua desnecessidade, o servidor estável **ficará em disponibilidade**, com remuneração proporcional ao tempo de serviço, até seu adequado aproveitamento em outro cargo; **C:** correta. Conforme determina o art. 41, § 1º, II, da CF, a perda do cargo do servidor público estável poderá ocorrer mediante processo administrativo em que lhe seja assegurada ampla defesa; **D:** incorreta. Não há perda do cargo nessa hipótese. De acordo com o art. 38, II e III, da CF, o servidor público que for **investido no mandato de Vereador**, havendo compatibilidade de horários, perceberá as vantagens de seu cargo, emprego ou função, sem prejuízo da remuneração do cargo eletivo, e, **não havendo compatibilidade será afastado do cargo**, emprego ou função, sendo-lhe **facultado optar pela sua remuneração. E:** incorreta. Conforme dispõe o art. 38, II, da CF, o servidor público, **investido no mandato de Prefeito, será afastado do cargo**, emprego ou função, sendo-lhe facultado optar pela sua remuneração. Gabarito "C".

(Procurador do Município – São Paulo/SP – 2014 – VUNESP) Procurador do Município, que chamado a opinar, oferece parecer sugerindo a contratação direta, sem licitação, mediante interpretação da lei das licitações. Surge pretensão do Tribunal de Contas do Município em responsabilizar o procurador que entendeu pela contratação direta. Segundo decisão do Supremo Tribunal Federal, no tocante à vinculação ou não dos pareceres jurídicos e da responsabilização do parecerista, é correto afirmar que:

(A) salvo demonstração de culpa ou erro grosseiro, submetida às instâncias administrativo-disciplinares ou jurisdicionais próprias, não cabe a responsabilização do advogado público pelo conteúdo de seu parecer de natureza meramente opinativa.
(B) cabe responsabilização objetiva do advogado público pelo conteúdo de seu parecer.
(C) quando a lei estabelece a obrigação de decidir à luz de parecer, esta manifestação possui natureza jurídica de parecer opinativo.
(D) mesmo em caso de consulta obrigatória, a autoridade pública não se vincula ao parecer.
(E) não há que se falar em parecer vinculante, visto que este efeito só surge das decisões judiciais.

Em relação à responsabilidade do procurador nessa hipótese, o STF já decidiu do seguinte modo: "Controle externo. Auditoria pelo TCU. Responsabilidade de procurador de autarquia por emissão de parecer técnico-jurídico de natureza opinativa. Segurança deferida. Repercussões da natureza jurídico-administrativa do parecer jurídico: (i) **quando a consulta é facultativa, a autoridade não se vincula ao parecer proferido**, sendo que seu poder de decisão não se altera pela manifestação do órgão consultivo; (ii) **quando a consulta é obrigatória, a autoridade administrativa se vincula a emitir o ato tal como submetido à consultoria, com parecer favorável ou contrário, e se pretender praticar ato de forma diversa da apresentada à consultoria, deverá submetê-lo a novo parecer;** (iii) quando a lei estabelece a obrigação de decidir à luz de parecer vinculante, essa manifestação de teor jurídico deixa de ser meramente opinativa e o administrador não poderá decidir senão nos termos da conclusão do parecer ou, então, não decidir. No caso de que cuidam os autos, o parecer emitido pelo impetrante não tinha caráter vinculante. Sua aprovação pelo superior hierárquico não desvirtua sua natureza opinativa, nem o torna parte de ato administrativo posterior do qual possa eventualmente decorrer dano ao erário, mas apenas incorpora sua fundamentação ao ato. Controle externo: É lícito concluir que é abusiva a responsabilização do parecerista à luz de uma alargada relação de causalidade entre seu parecer e o ato administrativo do qual tenha resultado dano ao erário. **Salvo demonstração de culpa ou erro grosseiro, submetida às instâncias administrativo-disciplinares ou jurisdicionais próprias, não cabe a responsabilização do advogado público pelo conteúdo de seu parecer de natureza meramente opinativa.**" (MS 24.631, Rel. Min. Joaquim Barbosa, julgamento em 09.08.2007, Plenário, *DJ* de 01.02.2008). Gabarito "A".

(Advogado do Metrô/SP – 2014 – FCC) Pedrus, servidor público da Administração Direta, foi investido no mandato de Vereador de determinado Município de São Paulo.
Nos termos da Constituição Federal, caso inexista compatibilidade de horários entre o cargo efetivo e o cargo eletivo, Pedrus

(A) ficará afastado do cargo eletivo e receberá obrigatoriamente a remuneração do cargo efetivo.
(B) será afastado do cargo efetivo e receberá obrigatoriamente a remuneração do cargo eletivo.
(C) será afastado do cargo efetivo, podendo optar pela remuneração de quaisquer dos cargos.
(D) será exonerado do cargo efetivo.
(E) perderá o cargo eletivo.

De acordo com o art. 38, III, da CF, o servidor público que for **investido no mandato de Vereador**, havendo compatibilidade de horários, perceberá as vantagens de seu cargo, emprego ou função, sem prejuízo da remuneração do cargo eletivo, e, **não havendo compatibilidade será afastado do cargo**, emprego ou função, sendo-lhe **facultado optar pela sua remuneração**. Gabarito "C".

(Juiz de Direito/MG – 2014) Assinale a alternativa que apresenta **CORRETAMENTE** os princípios constitucionais a que a Administração Pública deverá obedecer na consecução dos seus objetivos.

(A) A administração deverá obedecer ao caráter pessoal do administrador público.
(B) A administração não tem a obrigação de subsumir-se às normas legais pertinentes, desde que o ato alcance a finalidade.
(C) A administração, no exercício do poder, independe da publicidade do ato, desde que alcance a finalidade pretendida.
(D) Os princípios constitucionais definem-se pelo exercício do poder que, na prática do ato, observa os princípios da legalidade, impessoalidade, moralidade, publicidade e eficiência.

A: incorreta. Bem ao contrário, é vedado ao administrador, tendo em conta o *princípio da impessoalidade*, contemplado no art. 37, *caput*, da CF e considerado postulado basilar do direito administrativo, atuar de maneira pessoal, conferindo tratamento desigual às pessoas, desrespeitando a finalidade do ato ou ainda imputando o ato à sua própria pessoa. São três, portanto, como se pode ver, as vertentes deste princípio; **B:** incorreta. Pouco importa se se alcançou a finalidade pretendida; impõe-se, à luz do princípio da legalidade (art. 37, *caput*, da CF), ao administrador que somente faça o que a lei determina ou permite. A atividade administrativa, dessa forma, é considerada sublegal. Segundo Seabra Fagundes, em célebre frase, "administrar é aplicar a lei de ofício"; **C:** incorreta. Também consagrado no art. 37, *caput*, da CF, este basilar princípio do direito administrativo enuncia a necessidade de a administração conferir ampla divulgação dos atos oficiais, para conhecimento de todos e início dos efeitos externos. O fato de o ato alcançar a sua finalidade não exime a administração de obedecer a este princípio; **D:** correta, uma vez que contempla os princípios basilares do direito administrativo, previstos no art. 37, *caput*, da CF. Gabarito "D".

(Promotor de Justiça/AC – 2014 – CESPE) Em relação às regras constitucionais aplicáveis à administração pública e ao entendimento do STF sobre a matéria, assinale a opção correta.

(A) De acordo com o entendimento pacificado do STF, a fixação de limite de idade para a inscrição em concurso público viola o princípio constitucional da igualdade, independentemente da justificativa apresentada.
(B) De acordo com a CF, as parcelas de caráter indenizatório devem ser computadas para efeito do cálculo do teto constitucional da remuneração dos servidores públicos.
(C) A exigência constitucional da realização de concurso público não se aplica ao provimento de vagas no cargo de titular de serventias judiciais nem ao ingresso na atividade notarial e de registro, dado o regime jurídico específico aplicável a essas funções.

(D) Ao servidor ocupante, exclusivamente, de cargo em comissão declarado em lei de livre nomeação e exoneração aplica-se o mesmo regime de previdência dos cargos efetivos.
(E) É constitucionalmente permitido o acúmulo de proventos de aposentadoria de servidor aposentado em cargo efetivo estadual com a remuneração percebida em razão de exercício de cargo em comissão, declarado em lei como de livre nomeação e exoneração.

A: incorreta, uma vez que não reflete o entendimento firmado na Súmula n. 683 do STF: "O limite de idade para a inscrição em concurso público só se legitima em face do art. 7º, XXX, da CF, quando possa ser justificado pela natureza das atribuições do cargo a ser preenchido"; **B:** incorreta, pois não reflete o disposto no art. 37, § 11, da CF; **C:** incorreta, pois contraria o que estabelece o art. 236, § 3º, da CF; **D:** incorreta, pois contraria o que estabelece o art. 40, § 13, da CF; **E:** correta (art. 37, § 10, da CF). Gabarito "E".

10. ORGANIZAÇÃO DO PODER EXECUTIVO

(Procurador Municipal/SP – VUNESP – 2016) Os Municípios são regidos por Leis Orgânicas, que deverão observar determinados preceitos previstos na Constituição Federal. Nesse sentido, em relação ao Poder Executivo Municipal, deverá a Lei Orgânica Municipal prever:
(A) a posse do Prefeito e do Vice-Prefeito até o dia 10 de janeiro do ano subsequente ao da eleição e o julgamento do prefeito pelo Tribunal de Justiça Estadual.
(B) aplicação das regras atinentes à realização de dois turnos de votação, previstas para a Presidência da República, no caso de Municípios com mais de cem mil eleitores.
(C) subsídios do Prefeito, do Vice-Prefeito e dos Secretários Municipais fixados por lei de iniciativa da Câmara Municipal, que não poderão exceder o subsídio mensal, em espécie, dos Ministros do Superior Tribunal de Justiça.
(D) a perda do mandato para o Prefeito que assumir outro cargo ou função na administração pública direta ou indireta, ressalvada a posse em virtude de concurso público e observado o afastamento previsto na Constituição Federal.
(E) como crime de responsabilidade do Prefeito se a Câmara Municipal gastar mais de setenta por cento de sua receita com folha de pagamento, incluído o gasto com o subsídio de seus Vereadores.

A: incorreta, pois a data é de 1º de janeiro (art. 29, III, da CF); **B:** incorreta, pois precisamos de mais de 200 mil eleitores (art. 29, II, da CF); **C:** incorreta, por infração ao art. 29, V, da CF; **D:** correta, pois é o que determina o art. 29, XIV, da CF; **E:** incorreta, pois o crime de responsabilidade será do Presidente da Câmara (ver arts. 29, §§ 1º, 2º e 3º, da CF). Gabarito "D".

(Procurador – IPSMI/SP – VUNESP – 2016) Em caso de vacância do cargo e diante do impedimento (temporário) do Vice, será chamado para governar:
(A) o Presidente do Senado Federal, se o cargo for de Presidente da República.
(B) o Presidente da Câmara dos Deputados, se o cargo for de Presidente da República.
(C) o Presidente do Tribunal de Contas, se o cargo for de Governador do Distrito Federal.
(D) o Presidente do Tribunal de Justiça local, se o cargo for de Prefeito.
(E) o Presidente do Tribunal de Justiça local, se o cargo for de Governador de Estado.

A: incorreta. A ordem de sucessão presidencial, no âmbito federal, vem prevista no art. 80 da CF, de modo que em caso de impedimento do Presidente e do Vice-Presidente, ou vacância dos respectivos cargos, serão sucessivamente chamados ao exercício da Presidência o **Presidente da Câmara dos Deputados, o do Senado Federal e o do Supremo Tribunal Federal**; **B:** correta. É o que determina o mencionado art. 80 da CF; **C:** incorreta. O Presidente da Câmara Legislativa é que seria chamado nessa hipótese; **D:** incorreta. O Presidente da Câmara Municipal é quem deve ocupar o cargo; **E:** incorreta. O Presidente da Assembleia Legislativa é quem deve ocupar o cargo. Gabarito "B".

(Procurador – IPSMI/SP – VUNESP – 2016) O teto do funcionalismo tem como base parâmetros distintos a depender do ente federativo e da esfera de Poder. Assim, conforme previsão constitucional,
(A) no âmbito do Poder Judiciário Estadual, o teto equivale ao subsídio mensal dos Desembargadores do TJ, limitado a 85,75% do subsídio mensal, em espécie, dos Ministros do Supremo Tribunal Federal.
(B) no âmbito do Município, tanto na esfera legislativa como na executiva, o teto equivale ao subsídio do Prefeito.
(C) no âmbito do Poder Legislativo estadual, o teto equivale ao subsídio mensal do Governador de Estado.
(D) os tetos da Magistratura federal e estadual são idênticos, equivalendo a 85,75% do subsídio mensal dos Ministros do Supremo Tribunal Federal.
(E) no âmbito do Poder Legislativo Municipal, o teto equivale ao subsídio mensal dos Vereadores.

A: incorreta, pois a limitação equivale a 90,25% do subsídio mensal, em espécie, dos Ministros do Supremo Tribunal Federal (art. 37, XI, da CF); **B:** correta, pois, no âmbito municipal, o teto é o subsídio do Prefeito; **C:** incorreta, pois o teto equivale ao subsídio mensal dos Deputados Estaduais; **D:** incorreta, pois com a decisão do STF a remuneração dos juízes e desembargadores estaduais poderá alcançar o teto remuneratório praticado na Justiça Federal (ADI 3.854/DF), tendo em vista o caráter nacional do Poder Judiciário; **E:** incorreta, pois equivale ao subsídio do Prefeito. Gabarito "B".

(Procurador Municipal/SP – VUNESP – 2016) Nos termos da Constituição Federal de 1988, os servidores nomeados para cargo de provimento efetivo em virtude de concurso público:
(A) adquirem estabilidade após dois anos de efetivo exercício, mas podem perder o cargo em virtude de processo administrativo em que lhe seja assegurada a ampla defesa.
(B) são estáveis após três anos de efetivo exercício, mas podem perder o cargo em virtude de decisão do Tribunal de Contas.
(C) adquirem estabilidade após cinco anos de efetivo exercício, mas podem perder o cargo em virtude de procedimento de avaliação periódica de desempenho, no qual deve ser assegurada a ampla defesa.
(D) são estáveis após um ano de efetivo exercício, mas podem perder o cargo em virtude de decisão da Justiça Eleitoral transitada em julgado.
(E) são estáveis após três anos de efetivo exercício, todavia podem perder o cargo em virtude de sentença judicial transitada em julgado.

A: incorreta. De acordo com o "caput" do art. 41 da CF, são estáveis após **três** anos de efetivo exercício os servidores nomeados para cargo de provimento efetivo em virtude de concurso público. A segunda parte da alternativa está correta, pois tais servidores podem perder o cargo em virtude de processo administrativo em que lhe seja assegurada a ampla defesa, conforme determina o inciso II do § 1º do art. 41 da CF; **B:** incorreta. Decisão do Tribunal de Contas **não gera perda** do cargo do servidor estável; **C:** incorreta. O **prazo correto é de três anos**, como já mencionado. Por outro lado, o procedimento de avaliação periódica de desempenho, na forma de lei complementar, e desde que assegurada ampla defesa, pode gerar a perda do cargo do servidor estável, como informa o inciso III do § 1º do art. 41 da CF; **D:** incorreta. O prazo está errado e a informação de que a perda do cargo pode advir de decisão da Justiça Eleitoral também; **E:** correta. É o que determinam o "caput" e o inciso I do § 1º do art. 41 da CF. Gabarito "E".

(Procurador do Estado – PGE/MT – FCC – 2016) Considere a seguinte situação hipotética de acordo com a Constituição do Estado de Mato Grosso: O Governador e o Vice-Governador do Estado falecem trágica e simultaneamente em um acidente aéreo, no início do terceiro ano do mandato. Neste caso, vagando os respectivos cargos, serão sucessivamente chamados ao exercício da chefia do Poder Executivo Estadual, o Presidente:
(A) do Tribunal de Justiça e o Presidente da Assembleia Legislativa e far-se-á eleição indireta noventa dias depois de abertas simultaneamente as vagas.
(B) da Assembleia Legislativa, da Câmara Municipal da Capital do Estado e o Presidente do Tribunal de Justiça, e far-se-á eleição direta noventa dias depois de abertas simultaneamente as vagas.
(C) da Assembleia Legislativa e o Presidente do Tribunal de Justiça, cabendo à Assembleia Legislativa realizar eleição indireta para ambos os cargos após o decurso do prazo de trinta dias da vacância, na forma da lei.
(D) da Assembleia Legislativa e o Presidente do Tribunal de Justiça e far-se-á eleição direta noventa dias depois de abertas simultaneamente as vagas.
(E) da Assembleia Legislativa, da Câmara Municipal da Capital do Estado e o Presidente do Tribunal de Justiça, cabendo à Assembleia Legislativa realizar eleição indireta para ambos os cargos após o decurso do prazo de trinta dias da vacância, na forma da lei.

Aplicação, por simetria federativa, da norma dos arts. 80 e 81 da CF. Gabarito "D".

(Procurador do Estado – PGE/RS – Fundatec – 2015) A Constituição do Estado "X" estabelece a possibilidade de o Governador do Estado adotar medida provisória, em caso de relevância e urgência. Tal previsão é:
(A) Constitucional, porque o Poder Constituinte Derivado Decorrente autoriza o Estado a legislar plenamente para atender as suas peculiaridades.
(B) Constitucional, porque o Poder Constituinte Derivado Reformador autoriza o Estado a legislar concorrentemente, dotando-lhe de competência suplementar e supletiva.
(C) Inconstitucional, porque apenas o Presidente da República tem legitimidade ativa para a sua adoção, sendo este o atual entendimento jurisprudencial do STF.
(D) Constitucional, porque o Poder Constituinte Derivado Decorrente confere ao Estado capacidade de auto-organização, mediante a qual

rege-se pela constituição e leis que adotar, observados os princípios da Constituição Federal.

(E) Inconstitucional, porque a adoção de medidas provisórias pelo Governador do Estado está condicionada exclusivamente à hipótese de federalização de graves violações a direitos humanos.

O STF admite a adoção de medida provisória pelo governador de Estado desde que haja previsão na constituição estadual e sejam observados os princípios e limitações impostos pelo modelo estabelecido na CF. O Poder Constituinte Derivado Decorrente é atribuído aos Estados e ao DF para organizarem suas constituições estaduais e a Lei Orgânica do DF (não existe, para a maioria dos doutrinadores, para os Municípios e Territórios). Além disso, condiciona-se ao Poder Constituinte Originário, relacionando-se diretamente com ele. No mais, pelo art. 18 da CF, a União, os Estados-membros, como também os Municípios, são autônomos. Segundo a doutrina, autonomia é a capacidade de auto-organização (cada um dos entes federativos pode elaborar sua própria Constituição), autogoverno (garantia assegurada ao povo de escolher seus próprios dirigentes e de, por meio deles, editar leis) e autoadministração (capacidade assegurada aos Estados de possuir administração própria, faculdade de dar execução às leis vigentes). **TM**
Gabarito "D".

(Procurador do Estado – PGE/PA – UEPA – 2015) Sobre o processo de impeachment e das atribuições e responsabilidades do Presidente da República, do Governador do Estado e de seus respectivos Vices, julgue as afirmativas abaixo.

I. O Estado-membro dispõe de competência para instituir, em sua própria Constituição, cláusulas tipificadoras de crimes de responsabilidade diferentes das previstas nacionalmente.

II. O impeachment do presidente da República será processado e julgado pelo Senado Federal. O Senado formulará a acusação (juízo de pronúncia) e proferirá o julgamento.

III. Em face do disposto no art. 86, § 3º e § 4º, da Constituição da República de 1988, no que se refere à imunidade à prisão cautelar, tem-se que tal imunidade não se aplica aos governadores dos Estados, mas, exclusivamente, ao presidente da República. Porém, o Estado-membro, consoante o STF, desde que em norma constante de sua própria Constituição, pode, validamente, outorgar ao governador a prerrogativa extraordinária da imunidade à prisão em flagrante, à prisão preventiva e à prisão temporária.

IV. Os governadores de Estado, consoante o STF, que dispõem de prerrogativa de foro *ratione muneris,* perante o STJ, estão sujeitos, uma vez obtida a necessária licença da respectiva Assembleia Legislativa, a processo penal condenatório, ainda que as infrações penais a eles imputadas sejam estranhas ao exercício das funções governamentais.

A alternativa que contém todas as afirmativas corretas é:

(A) I, II, III e IV.
(B) I, II e III.
(C) II, III e IV.
(D) III e IV.
(E) II e IV.

I: incorreta. Deve seguir o modelo federal, por simetria federativa. Para o STF, "o Estado-membro não dispõe de competência para instituir, mesmo em sua própria Constituição, cláusulas tipificadoras de ilícitos político-administrativos, ainda mais se as normas estaduais definidoras de tais infrações tiverem por finalidade viabilizar a responsabilização política de agentes e autoridades municipais"; **II:** correta. Ver MS 21623/STF: "O *impeachment* na Constituição de 1988, no que concerne ao presidente da República: autorizada pela Câmara dos Deputados, por 2/3 de seus membros, a instauração do processo (CF, art. 51, I), ou admitida a acusação (CF, art. 86), o Senado Federal processará e julgará o presidente da República nos crimes de responsabilidade. É dizer: o *impeachment* do presidente da República será processado e julgado pelo Senado Federal. O Senado e não mais a Câmara dos Deputados formulará a acusação (juízo de pronúncia) e proferirá o julgamento. CF/1988, art. 51, I; art. 52; art. 86, § 1º, II, § 2º, (MS 21.564-DF). A lei estabelecerá as normas de processo e julgamento. CF, art. 85, parágrafo único. Essas normas estão na Lei 1.079, de 1950, que foi recepcionada, em grande parte, pela CF/1988 (MS 21.564-DF). O *impeachment* e o *due process of law*: a aplicabilidade deste no processo de *impeachment*, observadas as disposições específicas inscritas na Constituição e na lei e a natureza do processo, ou o cunho político do juízo. CF, art. 85, parágrafo único. Lei 1.079, de 1950, recepcionada, em grande parte, pela CF/1988"; **III:** incorreta. Ver ADI 978, Rel. Min. Celso de Mello: "O Estado-membro, ainda que em norma constante de sua própria Constituição, não dispõe de competência para outorgar ao governador a prerrogativa extraordinária da imunidade à prisão em flagrante, à prisão preventiva e à prisão temporária, pois a disciplina dessas modalidades de prisão cautelar submete-se, com exclusividade, ao poder normativo da União Federal, por efeito de expressa reserva constitucional de competência definida pela Carta da República. A norma constante da Constituição estadual – que impede a prisão do governador de Estado antes de sua condenação penal definitiva – não se reveste de validade jurídica e, consequentemente, não pode subsistir em face de sua evidente incompatibilidade com o texto da CF"; **IV:** correta. Ver ADI 1027, Rel. Min. Ilmar Galvão: "Os Governadores de Estado – que dispõem de prerrogativa de foro ratione muneris perante o Superior Tribunal de Justiça (CF, art. 105, I, a) – estão permanentemente sujeitos, uma vez obtida a necessária licença da respectiva Assembleia Legislativa (RE 153.968-BA, Rel. Min. Ilmar Galvao; RE 159.230-PB, Rel. Min.

Sepúlveda Pertence), a processo penal condenatório, ainda que as infrações penais a eles imputadas sejam estranhas ao exercício das funções governamentais. – A imunidade do Chefe de Estado a persecução penal deriva de cláusula constitucional exorbitante do direito comum e, por traduzir consequência derrogatória do postulado republicano, só pode ser outorgada pela própria Constituição Federal". **TM**
Gabarito "E".

(Juiz – TRF 3ª Região – 2016) Em relação ao Presidente da República é incorreto afirmar:

(A) O processo por crime de responsabilidade é levado a efeito pelo Senado Federal, mas sob a presidência do Presidente do Supremo Tribunal Federal/STF.

(B) Os crimes de responsabilidade que lhe forem imputados serão objeto de acusação e processo nos termos da lei que trata da improbidade administrativa.

(C) Ficará suspenso de suas funções se for recebida denúncia criminal ou queixa-crime contra ele pelo Supremo Tribunal Federal/STF.

(D) Após a instauração do processo por crime de responsabilidade, ficará suspenso de suas funções.

A: correta, uma vez que caberá à Câmara dos Deputados autorizar o processamento pelo Senado Federal. Vale lembrar que a sessão, no Senado, será presidida pelo Ministro Presidente do STF (art. 52, parágrafo único, da CF); **B**: incorreta, pois o Presidente da República não responde pela Lei 8.429, mas pelo regramento próprio dos arts. 85 e 86, da CF. Assim, o Presidente da República responderá por crime de responsabilidade, não pela Lei de Improbidade Administrativa. O STF tem entendimento no mesmo sentido: "Improbidade administrativa. Crimes de responsabilidade. Os atos de improbidade administrativa são tipificados como crime de responsabilidade na Lei n° 1.079/1950, delito de caráter político-administrativo. 2. Distinção entre os regimes de responsabilização político-administrativa. O sistema constitucional brasileiro distingue o regime de responsabilidade dos agentes políticos dos demais agentes públicos. A Constituição não admite a concorrência entre dois regimes de responsabilidade político-administrativa para os agentes políticos: o previsto no art. 37, § 4º (regulado pela Lei n° 8.429/1992) e o regime fixado no art. 102, I, "c", (disciplinado pela Lei n° 1.079/1950)". Ver Rcl 2138/DF; **C**: correta, nos termos do art. 86, §1º, inciso I, da CF; **D**: correta. Literalidade do art. 86, §1º, da CF. **AB**
Gabarito "B".

(Juiz – TRF 4ª Região – 2016) Assinale a alternativa **INCORRETA**.

(A) A Constituição permite, expressamente, ao Presidente da República dispor, por decreto, sobre a organização e o funcionamento da Administração Pública Federal quando isso não implicar aumento de despesas ou criação de órgãos públicos.

(B) A soberania nacional, no plano transnacional, funda-se no princípio da independência nacional, efetivada pelo Presidente da República, consoante suas atribuições previstas na Carta de 1988. Nesse enfoque, a extradição não é ato de nenhum Poder do Estado, mas da República Federativa do Brasil, pessoa jurídica de direito público externo, representada na pessoa de seu Chefe de Estado, o Presidente da República.

(C) Está constitucionalmente prevista como competência privativa do Chefe do Poder Executivo Federal, sendo, portanto, indelegável, a de aplicar pena de demissão a servidores públicos federais.

(D) Nos casos de impedimentos do Presidente e do Vice-Presidente da República, ou de vacância dos respectivos cargos, serão sucessivamente chamados ao exercício da Presidência o Presidente da Câmara dos Deputados, o do Senado Federal e o do Supremo Tribunal Federal.

(E) Quando ocorre a dupla vacância dos cargos de Presidente e de Vice-Presidente da República, o sistema constitucional brasileiro admite a eleição, na forma da lei, nos últimos dois anos do período presidencial, para ambos os cargos, pelo Congresso Nacional.

A: correta, pois é a literalidade do art. 84, VI, da CF; **B**: correta. A entrega do extraditando é ato exclusivo do Presidente da República: "No campo da soberania, relativamente à extradição, é assente que o ato de entrega do extraditando é exclusivo, da competência indeclinável do Presidente da República, conforme consagrado na Constituição, nas Leis, nos Tratados e na própria decisão do Egrégio Supremo Tribunal Federal." (Rcl 11.243/República Italiana; **C**: incorreta, pois mesmo sendo de competência do Presidente da República, conforme jurisprudência pacífica do STF, a aplicação da pena de demissão pode ser delegada, por exemplo, ao Ministro de Estado: "Presidente da República: competência para prover cargos públicos (CF, art. 84, XXV, primeira parte), que abrange a de desprovê-los, a qual, portanto é susceptível de delegação a Ministro de Estado (CF, art. 84, parágrafo único)." (MS 25518/DF); **D**: correta, nos termos do art. 80, da CF; **E**: correta. E, inclusive, é a única possibilidade de eleição indireta prevista pela Constituição (art. 80, §1º, da CF). **AB**
Gabarito "C".

(Juiz de Direito – TJM/SP – VUNESP – 2016) Considere o seguinte caso hipotético. Assembleia Legislativa de determinado Estado da Federação aprova projeto de lei, de iniciativa parlamentar, que estabelece o regime jurídico dos servidores públicos daquela unidade federativa. O Governador do Estado sanciona o projeto, que entra em vigor. Tendo em vista as previsões da Constituição Federal que disciplinam o processo legislativo e a jurisprudência do Supremo Tribunal Federal, é correto afirmar que a lei resultante é

(A) constitucional, pois por aplicação do princípio da simetria, a iniciativa do processo legislativo estadual é sempre concorrente, sendo concedida a qualquer membro ou comissão da Assembleia Legislativa, ao Governador Estadual e aos cidadãos.
(B) inconstitucional, por vício formal, já que a matéria é de iniciativa privativa do Governador do Estado, não sendo a sanção do Chefe do Poder Executivo suficiente para afastar tal vício.
(C) constitucional, pois o regime jurídico de servidores públicos estaduais é matéria de iniciativa concorrente do Chefe do Poder Legislativo e do Chefe do Poder Executivo Estaduais.
(D) constitucional, pois embora haja vício formal de iniciativa, já que o projeto de lei seria do Chefe do Poder Executivo Estadual, a sanção é suficiente para sanar esse defeito jurídico.
(E) inconstitucional, pois o regime jurídico dos servidores públicos é uma regulamentação do direito civil e do trabalho, matérias essas de competência privativa da União.

Por todas as alternativas estarem diretamente ligadas ao caso apresentado, vale lembrar que o art. 61, §1º, II, *c*, da CF, determina que tal iniciativa é do Chefe do Poder Executivo e, por assim ser, o ato de sancionar o Projeto de Lei não convalida o vício formal. Logo, a única questão possível de ser assinalada como correta é a letra B. **AB**

Gabarito "B".

(Promotor de Justiça/GO – 2016 – MPE) Em relação ao processo de apuração de crime de responsabilidade cometido por Presidente da República, segundo a jurisprudência dominante do Supremo Tribunal Federal, é correto afirmar que:

(A) Apresentada denúncia contra o Presidente da República por crime de responsabilidade, compete à Câmara dos Deputados exercer juízo de prelibação a respeito do conteúdo da acusação, para o escopo de pesquisar a existência de justa causa necessária à abertura de processo de *impeachment*.
(B) Posto que autorizada a instauração de processo de *impeachment* contra o Presidente da República pela Câmara dos Deputados, ao Senado é defeso negar recebimento à denúncia, que deve necessariamente ser levada a julgamento perante o Plenário da Casa.
(C) A instauração do processo de *impeachment* pelo Senado se dá por deliberação da maioria qualificada de seus membros, a partir de parecer elaborado por Comissão Especial, sendo lícito à própria Mesa do Senado rejeitar sumariamente a denúncia, se manifesta a ausência de justa causa da pretensão punitiva.
(D) A apresentação de defesa prévia não é uma exigência do princípio constitucional da ampla defesa: ela é exceção, e não a regra no processo penal, de tal arte que não é direito subjetivo do Presidente da República o exercício de defesa previamente ao ato do Presidente da Câmara dos Deputados que inicia o rito de *impeachment* naquela Casa.

A: incorreta. Art. 51, I, CF. Ver STF, ADPF 378 MC, Rel. Min. Roberto Barroso" Apresentada denúncia contra o Presidente da República por crime de responsabilidade, compete à Câmara dos Deputados autorizar a instauração de processo (art. 51, I, da CF/1988). A Câmara exerce, assim, um juízo eminentemente político sobre os fatos narrados, que constitui condição para o prosseguimento da denúncia"; **B:** incorreta. Art. 52, I e art. 86, CF. Consta da ementa da ADPF 378, já citada nos comentários ao item I: "Ao Senado compete, privativamente, "processar e julgar" o Presidente (art. 52, I), locução que abrange a realização de um juízo inicial de instauração ou não do processo, isto é, de recebimento ou não da denúncia autorizada pela Câmara"; **C:** incorreta. V. ADPF 378, Rel. Min. Roberto Barroso: "Conclui-se, assim, que a instauração do processo pelo Senado se dá por deliberação da maioria simples de seus membros, a partir de parecer elaborado por Comissão Especial, sendo improcedentes as pretensões do autor da ADPF de (i) possibilitar à própria Mesa do Senado, por decisão irrecorrível, rejeitar sumariamente a denúncia; e (ii) aplicar o quórum de 2/3, exigível para o julgamento final pela Casa Legislativa, a esta etapa inicial do processamento"; **D:** correta. Confira-se, no ponto, a ementa da ADPF 378: "A apresentação de defesa prévia não é uma exigência do princípio constitucional da ampla defesa: ela é exceção, e não a regra no processo penal. Não há, portanto, impedimento para que a primeira oportunidade de apresentação de defesa no processo penal comum se dê após o recebimento da denúncia. No caso dos autos, muito embora não se assegure defesa previamente ao ato do Presidente da Câmara dos Deputados que inicia o rito naquela Casa, colocam-se à disposição do acusado inúmeras oportunidades de manifestação em ampla instrução processual. Não há, assim, violação à garantia da ampla defesa e aos compromissos internacionais assumidos pelo Brasil em tema de direito de defesa. Improcedência do pedido". **TM**

Gabarito "D".

(Promotor de Justiça/SC – 2016 – MPE)

(1) Admitida a acusação contra o Presidente da República, por 2/3 (dois terços) da Câmara dos Deputados, será ele submetido a julgamento perante o Supremo Tribunal Federal, nas infrações penais comuns, ou perante o Senado Federal, nos crimes de responsabilidade. O Presidente ficará suspenso de suas funções: a) nas infrações penais comuns, se recebida a denúncia ou queixa-crime pelo Supremo Tribunal Federal; b) nos crimes de responsabilidade, após a instauração do processo pelo Senado Federal. Se, decorrido o prazo de 90 (noventa) dias, o julgamento não estiver concluído, cessará o afastamento do Presidente, sem prejuízo do regular prosseguimento do processo.

1: incorreta. Não reflete o disposto no art. 86, CF (prazo de 180 dias): "Art. 86. Admitida a acusação contra o Presidente da República, por dois terços da Câmara dos Deputados, será ele submetido a julgamento perante o Supremo Tribunal Federal, nas infrações penais comuns, ou perante o Senado Federal, nos crimes de responsabilidade. § 1º O Presidente ficará suspenso de suas funções: I – nas infrações penais comuns, se recebida a denúncia ou queixa-crime pelo Supremo Tribunal Federal; II – nos crimes de responsabilidade, após a instauração do processo pelo Senado Federal. § 2º Se, decorrido o prazo de cento e oitenta dias, o julgamento não estiver concluído, cessará o afastamento do Presidente, sem prejuízo do regular prosseguimento do processo. § 3º Enquanto não sobrevier sentença condenatória, nas infrações comuns, o Presidente da República não estará sujeito a prisão. § 4º O Presidente da República, na vigência de seu mandato, não pode ser responsabilizado por atos estranhos ao exercício de suas funções". **TM**

Gabarito 1E

(Procurador de Justiça – MPE/GO – 2016) Em relação às medidas provisórias, aponte o item que corresponde à jurisprudência dominante do Supremo Tribunal Federal:

(A) Em processo legislativo de conversão de medida provisória em lei, não é possível a apresentação de emenda parlamentar sem pertinência lógico-temática com o objeto da mesma medida provisória. Sendo esta última espécie normativa de competência exclusiva do Presidente da República, não é permitido ao Poder Legislativo tratar de temas diversos daqueles fixados como relevantes e urgentes, sob pena de enfraquecimento de sua legitimidade democrática.
(B) Por se tratar a medida provisória de espécie normativa marcada pela excepcionalidade, e, por isso mesmo, submetida a amplo controle do Legislativo, é compatível com a Constituição a realização de emenda parlamentar sem relação de pertinência temática com a medida provisória submetida ao crivo da casa legislativa.
(C) O Supremo Tribunal Federal assentou a necessidade de as emendas parlamentares guardarem pertinência temática com a medida provisória sob análise da casa legislativa, mas apenas quando a matéria versada for uma daquelas que, em tese, reclamariam iniciativa exclusiva do Presidente da República no processo legislativo ordinário.
(D) Segundo o Supremo Tribunal Federal, não há possibilidade de emenda parlamentar no processo legislativo de conversão de medida provisória em lei, sob pena de se consagrar o chamado "oportunismo legislativo". Do contrário, o Parlamento, aproveitando o ensejo criado pela medida provisória, introduziria e aprovaria matérias por meio de um processo legislativo de natureza peculiar e de tramitação mais célere.

A: correta. Entendimento firmado pelo STF ao julgar a ADI 5127, Rel. p/acórdão Min. Edson Fachin; **B:** incorreta. Consta da ementa da citada ADI: "1. Viola a Constituição da República, notadamente o princípio democrático e o devido processo legislativo (arts. 1º, *caput*, parágrafo único, 2º, *caput*, 5º, caput, e LIV, CRFB), a prática da inserção, mediante emenda parlamentar no processo legislativo de conversão de medida provisória em lei, de matérias de conteúdo temático estranho ao objeto originário da medida provisória. 2. Em atenção ao princípio da segurança jurídica (arts. 1º e 5º, XXXVI, CRFB), mantém-se hígidas todas as leis de conversão fruto dessa prática promulgadas até a data do presente julgamento, inclusive aquela impugnada nesta ação"; **C:** incorreta. Conforme transcrição nos comentários à letra "b", o Supremo não firmou exceções; **D:** incorreta. Como visto, há a possibilidade de emenda que tenha pertinência temática com a matéria objeto da medida provisória. **TM**

Gabarito "A".

(Promotor de Justiça – MPE/MS – FAPEC – 2015) Sobre as medidas provisórias é **correto** afirmar que:

(A) Podem tratar de instituição de impostos, mas não de majoração de impostos.
(B) Perderão eficácia no prazo de 90 dias se não forem convertidas em lei.
(C) Se não for apreciada em até 60 dias contados de sua publicação, entrará em regime de urgência.
(D) É vedada edição de medidas provisórias sobre matéria relativa a direito processual civil e organização do Ministério Público.
(E) É possível a edição de medida provisória sobre direito eleitoral.

A: incorreta. De acordo com a redação do art. 62, § 2º, CF: "§ 2º Medida provisória que implique instituição ou majoração de impostos, exceto os previstos nos arts. 153, I, II, IV, V, e 154, II, só produzirá efeitos no exercício financeiro seguinte se houver sido convertida em lei até o último dia daquele em que foi editada"; **B:** incorreta. O prazo é de 60 dias, prorrogável uma vez por igual período (art. 62, § 3º, CF); **C:** incorreta. O regime de urgência começa após 45 dias contados da sua publicação (art. 62, § 6º, CF); **D:** correta. A matéria eleitoral não consta do rol de vedações à edição de medidas provisórias (art. 62, I, "a" a "d", CF). **E:** incorreta, é vedada (art. 62, § 1º, I, *a*, da CF). **TM**

Gabarito "D".

(Defensor Público – DPE/RN – 2016 – CESPE) Com relação ao regime constitucional das imunidades parlamentares, assinale a opção correta.

(A) Para que incida a inviolabilidade do vereador, é necessário que suas opiniões, palavras e votos sejam expressos na circunscrição do município em que ele exerça seu mandato, não se exigindo a demonstração de conexão com o efetivo exercício da vereança.
(B) Deputados distritais desfrutam de imunidade formal apenas quanto aos fatos de competência da justiça local.
(C) Não perderá o foro por prerrogativa de função o parlamentar federal que estiver licenciado para exercer cargo de ministro de Estado.
(D) Vereadores não poderão ser presos desde a expedição do diploma, salvo em caso de flagrante de crime inafiançável cometido fora da circunscrição do município em que forem eleitos.
(E) Enquanto deputados federais e senadores compartilham de um regime de imunidades abrangente tanto da chamada inviolabilidade como da imunidade formal, deputados estaduais e vereadores são detentores tão somente da inviolabilidade.

A: Errada. A imunidade material dos vereadores está limitada à circunscrição do município e só existe no exercício do mandato (art. 29, VIII, CF); **B:** Errada. A imunidade formal de deputados refere-se tanto à justiça federal quanto à justiça local; **C:** Correta. Porque o STF é o foro tanto dos parlamentares quanto dos Ministros de Estado para processar e julgar crimes comuns; **D:** Errada. Vereadores só possuem imunidade material, não se lhes aplicando as regras da imunidade formal (art. 29, VIII, CF); **E:** Errada. Deputados (federais, estaduais e distritais) e senadores possuem imunidades material e formal. Vereadores só possuem imunidade material (também chamada de inviolabilidade).
Gabarito "C".

(Juiz de Direito/AM – 2016 – CESPE) Assinale a opção correta acerca do Poder Executivo, considerando o disposto na CF e a doutrina.

(A) Os atos do presidente da República que atentem especialmente contra a probidade na administração, a lei orçamentária e o cumprimento das leis e das decisões judiciais são crimes de responsabilidade classificados como crimes funcionais.
(B) Admitida a acusação contra o presidente da República, por dois terços da Câmara dos Deputados, será ele suspenso de suas funções e submetido a julgamento perante o Senado Federal, nos casos de crimes de responsabilidade.
(C) No texto constitucional, a afirmação de que o Poder Executivo é exercido pelo presidente da República, auxiliado pelos ministros de Estado, indica que a função é compartilhada, caracterizando-se o Poder Executivo como colegial, dependendo o seu chefe da confiança do Congresso Nacional para permanecer no cargo.
(D) Se, decorridos dez dias da data fixada para a posse, o presidente ou o vice-presidente eleitos, salvo motivo de força maior, não tiverem assumido o cargo, este será declarado vago, sendo a declaração de vacância ato político feito pelo TSE.
(E) A competência privativa do presidente da República para nomear os ministros do STF e dos tribunais superiores, o procurador-geral da República, o presidente e os diretores do Banco Central do Brasil é classificada como função básica de chefia do Estado.

A: correta. Art. 85, CF: "São crimes de responsabilidade os atos do Presidente da República que atentem contra a Constituição Federal e, especialmente, contra: I – a existência da União; II – o livre exercício do Poder Legislativo, do Poder Judiciário, do Ministério Público e dos Poderes constitucionais das unidades da Federação; III – o exercício dos direitos políticos, individuais e sociais; IV – a segurança interna do País; V – a probidade na administração; VI – a lei orçamentária; VII – o cumprimento das leis e das decisões judiciais"; **B:** incorreta. A acusação deve ser admitida por 2/3 da Câmara dos Deputados e o julgamento, nos casos de **crimes de responsabilidade**, ocorre perante o Senado Federal, sendo o Presidente da República suspenso apenas após a **instauração do processo** pelo Senado Federal (art. 86, caput e § 1º, II, da CF); **C:** incorreta. No presidencialismo a chefia do Poder Executivo é exercida pelo Presidente, com auxílio dos Ministros de Estado (art. 76, CF). No parlamentarismo, ao contrário, pode-se falar em exercício compartilhado da função executiva, pois o Presidente depende da confiança do Parlamento para permanecer no cargo; **D:** incorreta. O art. 78, parágrafo único, da CF é de eficácia direta e aplicação imediata, não estando sujeito a juízo político pelo TSE; **E:** incorreta. O art. 84, XIV, CF é exemplo de exercício da chefia de Governo (ligada à autonomia), não da chefia de Estado (ligada à soberania). No presidencialismo, o Presidente da República acumula o exercício das duas funções, diferentemente do Parlamentarismo, em que a função de Chefe de Estado é atribuída ao Primeiro-Ministro.
Gabarito "A".

(Magistratura/SC – 2015 – FCC) Segundo o texto constitucional, o indulto

(A) cabe ser concedido pelo Presidente da República, sendo vedada sua aplicação a condenados pelos crimes de tortura, terrorismo, tráfico ilícito de entorpecentes e drogas afins, bem como os definidos como crimes hediondos.
(B) cabe ser concedido pelo Congresso Nacional, com a sanção do Presidente da República, sendo vedada sua aplicação a condenados pelos crimes de tortura, terrorismo, tráfico ilícito de entorpecentes e drogas afins, bem como os definidos como crimes hediondos.
(C) cabe ser concedido, na esfera federal, pelo Presidente da República e, na estadual, pelos Governadores de Estado, sendo vedada sua aplicação a condenados pelos crimes de tortura, terrorismo, tráfico ilícito de entorpecentes e drogas afins, bem como os definidos como crimes hediondos.
(D) diferentemente da comutação de penas, somente cabe ser concedido pelo Presidente da República, sendo vedada sua aplicação a condenados pelos crimes de tortura, racismo, terrorismo, tráfico ilícito de entorpecentes e drogas afins, bem como os definidos como crimes hediondos.
(E) cabe ser concedido pelo Presidente da República, sendo vedada sua aplicação a condenados pelos crimes de tortura, racismo, tráfico ilícito de entorpecentes e drogas afins, bem como os definidos como crimes hediondos.

A: correta (arts. 5º, XLIII, e 84, XII, da CF); **B** e **C:** incorretas, pois é competência do Presidente da República (art. 84, XII, da CF); **D** e **E:** incorretas, pois o racismo não é daqueles crimes que a CF considera insuscetíveis de graça (art. 5º, XLIII, da CF).
Gabarito "A".

(DPE/PE – 2015 – CESPE) Com relação às atribuições do presidente da República, julgue o item a seguir.

(1) A comutação de penas é de competência privativa do presidente da República, com caráter amplamente discricionário, sendo limitada apenas por vedações decorrentes da CF.

1: correta (art. 84, XII, da CF).
Gabarito 1C.

(Procurador do Estado/AC – 2014 – FMP) Compete privativamente ao Chefe do Executivo Federal:

(A) vetar projetos de lei, parcial ou totalmente, sendo, neste último caso, necessária a aquiescência do Vice-Presidente.
(B) decretar o estado de defesa e o estado de sítio, bem como a intervenção federal nos demais entes federados, assim como, se for o caso, nos demais poderes da República, quando necessário à ordem pública.
(C) expedir decretos para a criação de órgãos públicos ou para a extinção de funções ou cargos públicos, ficando seus ocupantes em disponibilidade com remuneração proporcional ao tempo de serviço.
(D) nomear os Ministros do Supremo Tribunal Federal, dependendo previamente de aprovação do Senado Federal, o qual sabatinará o(a) candidato(a) indicado pelo próprio Presidente da República.

A: incorreta. O veto presidencial **não exige a concordância do Vice-Presidente**. De acordo com o art. 66, § 1º, da CF, se o Presidente da República considerar o projeto, no todo ou em parte, inconstitucional ou contrário ao interesse público, vetá-lo-á total ou parcialmente, no prazo de quinze dias úteis, contados da data do recebimento, e comunicará, dentro de quarenta e oito horas, ao Presidente do Senado Federal os motivos do veto; **B:** incorreta. A competência para decretar o estado de sítio, estado de defesa e a intervenção federal, de fato, é privativa do Presidente da República, conforme determina o art. 84, IX e X, da CF. Ocorre que a intervenção federal é medida excepcional, cabível apenas nas hipóteses previstas no art. 34 da CF. **Não pode ser decretada em relação aos poderes da República**, pois isso violaria princípio da separação dos poderes, previsto no art. 2º da CF. Segundo esse dispositivo, são poderes da União, **independentes e harmônicos entre si**, o Legislativo, o Executivo e o Judiciário; **C:** incorreta. De acordo com o art. 84, VI, "a" e "b", da CF, compete privativamente ao Presidente da República dispor, mediante decreto, sobre: a) organização e funcionamento da administração federal, quando **não implicar** aumento de despesa nem **criação ou extinção de órgãos públicos** e b) **extinção de funções ou cargos públicos, quando vagos**; **D:** correta. O art. 101, parágrafo único, da CF determina que os Ministros do Supremo Tribunal Federal sejam **nomeados pelo Presidente da República**, depois de **aprovada a escolha** pela maioria absoluta **do Senado Federal**.
Gabarito "D".

(Procurador Legislativo – Câmara de Vereadores de São Paulo/SP – 2014 – FCC) Segundo a Constituição Federal, os secretários municipais serão remunerados conforme dispuser lei de iniciativa

(A) da Câmara Municipal, podendo prever como parte da remuneração gratificação por tempo de serviço.
(B) da Câmara Municipal, exclusivamente por subsídio fixado em parcela única, vedado o acréscimo de qualquer gratificação, adicional, abono, prêmio, verba de representação ou outra espécie remuneratória.
(C) do Prefeito, exclusivamente por subsídio, não podendo ser superior à remuneração do Prefeito.
(D) do Prefeito, exclusivamente por subsídio fixado em parcela única, vedado o acréscimo de qualquer gratificação, adicional, abono, prêmio, verba de representação ou outra espécie remuneratória.
(E) do Prefeito, podendo prever como parte da remuneração gratificação por tempo de serviço.

A: incorreta. De acordo com o art. 29, V, da CF, os subsídios do Prefeito, do Vice-Prefeito e dos Secretários Municipais devem ser fixados por lei de iniciativa da Câmara Municipal.

Além disso, o art. 39, § 4º, da CF, proíbe o acréscimo de qualquer gratificação, adicional, abono, prêmio, verba de representação ou outra espécie remuneratória; **B:** correta. É o que se extrai da leitura dos mencionados arts. 29, V, e 39, § 4º, ambos da CF; **C, D e D:** incorretas. Diversamente do afirmado nessas alternativas, a lei é de iniciativa da Câmara Municipal. BV

Gabarito "B".

11. ORGANIZAÇÃO DO PODER LEGISLATIVO. PROCESSO LEGISLATIVO

(Defensor Público – DPE/PR – 2017 – FCC) Considerando os vícios no processo legislativo e a inconstitucionalidade decorrente, é correto afirmar:

(A) Embora haja vício formal, quando houver aprovação de lei orçamentária anual com redução unilateral da proposta enviada pela Defensoria Pública em consonância com a Lei de Diretrizes Orçamentária, descabe a pronúncia de inconstitucionalidade da norma pois se trata de lei de efeitos concretos.

(B) Admite-se o controle judicial preventivo de constitucionalidade, quando parlamentar impetra Mandado de Segurança em defesa de suas prerrogativas em decorrência de proposta de emenda à Constituição Federal ou projeto de lei, quando houver vício de inconstitucionalidade formal e material, já que é direito líquido e certo do congressista impedir a tramitação de projetos inconstitucionais.

(C) Segundo entendimento do Supremo Tribunal Federal, é possível a iniciativa parlamentar de proposta de emenda à Constituição Estadual que tenha por objeto a alteração do teto remuneratório naquela unidade da federação, tendo por fundamento o princípio da simetria.

(D) Não há inconstitucionalidade formal por vício de iniciativa de proposta de emenda à Constituição Federal inaugurada por parlamentar que estenda aos profissionais de saúde das Forças Armadas a possibilidade de cumulação de cargo, pois a reserva de iniciativa do Chefe do Poder executivo em dispor sobre regime jurídico de servidores públicos não alcança a emenda constitucional.

(E) Haverá inconstitucionalidade formal por vício de iniciativa sempre que for promulgada emenda à Constituição Federal tratando da organização da Defensoria Pública, de iniciativa parlamentar, quando não houver participação desta instituição na gênese do processo legislativo-constitucional.

A: Errado. O STF fixou tese a respeito do tema no seguinte sentido: "É inconstitucional a redução unilateral pelo Poder Executivo dos orçamentos propostos pelos outros Poderes e por órgãos constitucionalmente autônomos, como o Ministério Público e a Defensoria Pública, na fase de consolidação do projeto de lei orçamentária anual, quando tenham sido elaborados em obediência às leis de diretrizes orçamentárias e enviados conforme o art. 99, § 2º, da CRFB/88, cabendo-lhe apenas pleitear ao Poder Legislativo a redução pretendida, visto que a fase de apreciação legislativa é o momento constitucionalmente correto para o debate de possíveis alterações no Projeto de Lei Orçamentária" (ADI 5287, Relator(a): Min. Luiz Fux, Tribunal Pleno, julgado em 18/05/2016, DJe-194 Divulg 09-09-2016 Public 12-09-2016). **B:** Não se admite, no sistema brasileiro, o controle jurisdicional de constitucionalidade material de projetos de lei. O que se tem admitido é o controle preventivo formal, porque vislumbra a correção de vício concretizado no processo de formação da norma, antes de sua aprovação ou não (MS 34328, Relator(a): Min. Teori Zavascki, julgado em 24/11/2016, publicado em DJe-253 Divulg 28/11/2016 Public 29/11/2016). **C:** Errado. Inicialmente há que se destacar a exigência expressa prevista no art. 25 da CF que determina aos Estados que observem os princípios ali contidos. Adiante, os arts. 61, § 1º e 63, preveem que serão inadimitidos o aumento de despesa nos projetos de iniciativa do Presidente da República, no presente caso, iniciativa do chefe do Executivo. Assim, restou proclamada a vinculação dos Estados-membros ao modelo federal. (ADI 5087 MC, Relator(a): Min. Teori Zavascki, Tribunal Pleno, julgado em 27/08/2014 DJe-223 Divulg 12-11-2014 Public 13-11-2014). **D:** Correto. A reserva de iniciativa do Chefe do Executivo para tratar de regime jurídico de servidores públicos relaciona-se às Leis Ordinárias e Complementares, não havendo restrição às Emendas Constitucionais. **E:** incorreta. Na hipótese ventilada fala-se de Emenda Constitucional. A participação do órgão se dará no caso de Lei Complementar ou Ordinária. TM

Gabarito "D".

(Defensor Público – DPE/PR – 2017 – FCC) Acerca da participação do Poder Executivo no Processo Legislativo,

(A) a medida provisória tem prazo de vigência de sessenta dias, contado da data de sua publicação, o qual pode ser prorrogado automaticamente por igual período caso sua votação não tenha sido finalizada nas duas casas legislativas. Superado o prazo de prorrogação sem a conversão da medida provisória em lei, as relações jurídicas dela decorrentes serão disciplinadas por decreto legislativo editado pelo Congresso Nacional.

(B) o Congresso Nacional pode exercer dois tipos de controle da delegação legislativa: previamente à edição da lei, quando haverá aprovação após análise de emendas parlamentares; e posteriormente, quando poderá sustar a lei se o Presidente da República exorbitar os limites da delegação.

(C) as emendas parlamentares, que são proposições apresentadas como acessórios a projetos e propostas, devem ser apresentadas na fase constitutiva do processo legislativo, havendo retorno para a outra Casa quando ocorrer alteração substancial no projeto de lei, devendo-se respeitar, apenas, a pertinência temática quando se tratar de projetos de iniciativa do Poder Executivo.

(D) segundo a jurisprudência recente do Supremo Tribunal Federal, o processo legislativo de lei de iniciativa exclusiva do Presidente da República, inaugurado pelo Congresso Nacional, poderá ser aproveitado, caso haja sanção.

(E) a promulgação é o ato pelo qual se atesta a existência da lei. O Chefe do Poder Executivo, por meio da promulgação, ordena a aplicação e o cumprimento da lei, exceto nos casos onde houve rejeição do veto, quando a promulgação é tácita pelo Congresso Nacional.

A: Correto. Art. 62, §§ 7º e 11 da CF; **B:** Errado. O Congresso poderá exercer em três ocasiões o controle da atribuição delegada. A primeira delas será na ocasião do exame da solicitação do Executivo quando este identifica a matéria sobre a qual pretende legislar. A segunda ocorrerá após a Resolução autorizadora que terá condições ainda de exigir a "apreciação do projeto pelo Congresso Nacional, que poderá aprová-la ou rejeitá-la. Por fim, após a edição da norma, se julgar que o Executivo extrapolou os limites da delegação (art. 68, § 3º, e art. 49, inc. V, da CF). **C:** incorreta. Tratando de projetos de iniciativa do Poder Executivo, além da necessidade de pertinência temática, não será admitido aumento da despesa prevista (art. 63, I, da CF). **D:** Errado. A legislação brasileira não admite a aplicação do instituto da convalidação. O vício da origem anula todo processo legislativo, ainda que haja ulterior concordância do legitimado a apresentar o projeto. **E:** incorreta. A Promulgação é o ato pelo qual se atesta a vigência da lei, garantindo sua executoriedade. Já a publicação é o ato que confere obrigatoriedade à lei. (art. 66, § 5º, da CF). TM

Gabarito "A".

(Defensor Público – DPE/PR – 2017 – FCC) Considere a seguinte situação hipotética: Senador da República foi condenado definitivamente a uma pena total de 1 ano e 8 meses de reclusão, em regime inicial aberto, pela prática do crime de tráfico de drogas.

Considere as seguintes assertivas:

I. A atual jurisprudência do Supremo Tribunal Federal é no sentido que a perda do mandato do Senador da República condenado depende de deliberação do Senado Federal, ainda que a decisão condenatória tenha imposto, como consequência da pena, a perda do mandato.

II. O foro por prerrogativa de função só alcança os titulares após a diplomação, não se aplicando aos suplentes. Contudo, caso o suplente assuma interinamente o cargo parlamentar, haverá extensão da prerrogativa de foro, ainda que haja retorno do titular.

III. Em obediência ao princípio da simetria, a regra para a perda do mandato de membro do Poder Legislativo Estadual ou Municipal é a mesma aplicável para Senadores da República.

IV. Por se tratar de processo instaurado pela prática de crime comum, é incabível a sustação do processo pela maioria dos membros do Senado Federal, já que a imunidade formal é adstrita à prática de crimes de responsabilidade.

V. Caso o parlamentar se licencie para ocupar outro cargo, haverá afastamento do foro por prerrogativa de função, sem prejuízo dos atos decisórios já praticados.

Está correto o que se afirma APENAS em

(A) II e III.
(B) IV e V.
(C) III e V.
(D) I e II.
(E) I.

I: Correto. Art. 55 § 2º, da CF (≠ AP 694, rel. Min. Rosa Weber, DJE de 31-8-2017); **II:** Errado. Primeiro trecho, correto (art. 53 e parágrafos da CF). Quanto ao suplente, nesta posição ele possui mera expectativa de direito. As prerrogativas inerentes ao cargo (imunidades) estão vinculadas unicamente ao exercício do cargo. **III:** Errado. A regra é aplicável ao legislador estadual (art. 27, § 1º). Quanto ao vereador, caberá apenas a inviolabilidade por suas opiniões, palavras e votos no exercício do mandato (art. 29, VIII). **IV:** Errado. A casa poderá sustar o andamento da ação pelo voto da maioria de seus membros (art. 53 da CF e parágrafos). Quanto à imunidade formal, a restrição se dá em razão dos crimes cometidos após a diplomação. **V:** Errado. Depende do cargo que exercerá e se para tanto deverá renunciar ao seu mandato. Se for necessário renunciar e o novo cargo não possua as mesmas prerrogativas, naturalmente ele passará a responder por seus atos na instância ordinária (1º grau). TM

Gabarito "E".

(Procurador Municipal – Sertãozinho/SP – VUNESP – 2016) A respeito do processo legislativo brasileiro, assinale a alternativa correta.

(A) É constitucional projeto de lei municipal proposto por vereador que disponha sobre o aumento de remuneração de servidor público estatutário vinculado ao Poder Executivo.

(B) O veto do chefe do Poder Executivo deve ser expresso. A exposição da sua motivação, contudo, é dispensada, uma vez que se trata de ato de natureza política.

(C) É possível a edição de medida provisória por parte de Estado-Membro, desde que prevista tal possibilidade expressamente na Constituição Estadual.
(D) É vedada a edição de medidas provisórias sobre matéria relativa a direito penal, processual penal, direito civil e processual civil.
(E) O sistema jurídico brasileiro não contempla hipótese de projeto de lei cuja iniciativa é vinculada.

A: incorreta, nos termos do art. 61, §1º, II, a, da CF, uma vez que é matéria de competência do Chefe do Poder Executivo; B: incorreta, pois o veto deve ser sempre motivado, ao contrário da sanção que pode ser tácita (art. 66, §1º, da CF); C: correta, desde que a Constituição Estadual assim permita e, por evidente, sejam respeitados os limites estabelecidos na Constituição Federal (por respeito à simetria – nesse sentido ver ADI 2391/SC); D: incorreta, pois o veto não abrange o direito civil (art. 62, §1º, I, b, da CF); E: incorreta, tendo em vista, por exemplo, a vinculação nas leis orçamentárias. **AB**
Gabarito "C".

(Procurador – IPSMI/SP – VUNESP – 2016) No processo legislativo,

(A) a iniciativa popular pode ser exercida pela apresentação à Câmara dos Deputados de projeto de lei subscrito por, no mínimo, um por cento do eleitorado nacional, distribuído pelo menos por cinco Estados, com não menos de três décimos por cento dos eleitores de cada um deles.
(B) a Constituição poderá ser emendada mediante proposta de um quarto, no mínimo, dos membros da Câmara dos Deputados ou do Senado Federal.
(C) prorrogar-se-á uma única vez por igual período a vigência de medida provisória que, no prazo de cento e vinte dias, contado de sua publicação, não tiver a sua votação encerrada nas duas Casas do Congresso Nacional.
(D) decorrido o prazo de quinze dias, o silêncio do Presidente da República importará veto.
(E) as leis complementares serão aprovadas por dois terços dos membros do Congresso Nacional.

A: correta. É o que determina o § 2º do art. 61 CF; B: incorreta. De acordo com o art. 60 da CF, a Constituição poderá ser emendada mediante proposta: I – **de um terço**, no mínimo, dos membros da Câmara dos Deputados ou do Senado Federal, II – do Presidente da República e III – de mais da metade das Assembleias Legislativas das unidades da Federação, manifestando-se, cada uma delas, pela maioria relativa de seus membros; C: incorreta. Dispõe o § 7º do art. 62 da CF que prorrogar-se-á uma única vez por igual período a vigência de medida provisória que, no prazo de **sessenta dias**, contado de sua publicação, não tiver a sua votação encerrada nas duas Casas do Congresso Nacional; D: incorreta. Ao contrário, o silêncio importará **sanção tácita** e o prazo para a manifestação presencial é de 15 dias úteis. Determina o art. 66, § 3º, da CF que decorrido o prazo de quinze dias, o silêncio do Presidente da República importará sanção; E: incorreta. O "caput" do art. 69 da CF determina que as leis complementares devem ser aprovadas por **maioria absoluta**. **BV**
Gabarito "A".

(Procurador – IPSMI/SP – VUNESP – 2016) No que tange à separação de poderes, as funções atípicas permitem que:

(A) o Poder Legislativo fiscalize o Poder Executivo.
(B) os Tribunais Superiores aprovem súmula com efeito vinculante para todos os órgãos da Administração.
(C) o Congresso Nacional julgue o Presidente da República nos crimes de responsabilidade.
(D) o Poder Legislativo apure fato determinado e por prazo certo com poderes de investigação próprios de autoridades judiciais.
(E) o Poder Judiciário declare a inconstitucionalidade das leis por meio do controle difuso.

A: incorreta, pois o ato de fiscalizar não se insere num contexto de atividade/função atípica; B: incorreta, uma vez que o ato de aprovar uma súmula com efeito vinculante é atividade típica do Poder Judiciário; C: incorreta, pois o Senado Federal tem a função típica de julgar o Presidente da República nos crimes de responsabilidade (art. 52, I, da CF); D: correta, ainda que o fato do Poder Legislativo atuar mediante uma CPI não seja, por si só, uma função atípica, contudo, quando se utiliza de poderes de investigação que são próprios do Poder Judiciário temos, de fato, o exercício de uma função atípica; E: incorreta, pois é nítida função típica do Poder Judiciário. **AB**
Gabarito "D".

(Procurador – PGFN – ESAF – 2015) A Comissão Parlamentar de Inquérito (CPI) exerce importante papel no ordenamento jurídico brasileiro. A ela a vigente Constituição Federal outorgou poderes que são próprios àqueles historicamente outorgados ao Poder Judiciário. Sobre a CPI, é correto afirmar que:

(A) possui todas as prerrogativas outorgadas ao Judiciário, não se admitindo, por força do princípio da Separação dos Poderes, controle judicial dos seus atos.
(B) segundo entendimento do STF, é ilegítima a rejeição de criação de CPI pelo plenário da Câmara dos Deputados, ainda que por expressa votação majoritária, porquanto a Constituição protege a prerrogativa institucional de investigar, especialmente a dos grupos minoritários que atuam no âmbito dos corpos legislativos.
(C) a criação de CPIs depende da assinatura de 1/3 dos membros da Câmara dos Deputados, ou do Senado, ou da Câmara dos Deputados e do Senado, na hipótese de CPI mista, ou, alternativamente, de ato do Presidente da Câmara ou do Senado.
(D) compete à Justiça Federal no Distrito Federal julgar as ações ajuizadas contra ato de Presidente de CPI, a exemplo de convocação para depor como investigado ou testemunha.
(E) a apuração de fato determinado, tal qual estabelece o art. 58, § 3º, da CF/88, pode ser objeto de especificação após a criação da CPI, vale dizer, ele não necessariamente deve preexistir à criação da Comissão.

A: incorreta. Possui os poderes instrutórios das autoridades judiciais e seus atos estão sujeitos a controle judicial; B: correta. O único requisito para a criação da CPI é a manifestação de um terço dos membros da casa legislativa, sendo ilegítimo o condicionamento da criação da CPI à manifestação do Plenário da Casa, conforme já decidiu o STF; C: incorreta. CPI não pode ser criada por ato do Presidente da Câmara ou do Senado. É criada por assinatura de 1/3 dos membros da Casa Legislativa; D: incorreta. Cabe ao STF julgar a ação contra ato do Presidente da CPI; E: incorreta. Não cabe instauração de CPI genérica. O fato deve ser determinado e certo à época de sua criação. **TM**
Gabarito "B".

(Procurador – PGFN – ESAF – 2015) A Constituição Federal de 1988 (CF/88) atribui, em casos específicos, a iniciativa legislativa a determinada autoridade, órgão ou Poder. Sobre ela (iniciativa para deflagrar o processo legislativo, para formalmente apresentar proposta legislativa), é correto afirmar que:

(A) compete privativamente ao Presidente da República e ao Procurador-Geral da República a iniciativa legislativa sobre a organização, estrutura e aumento salarial da Procuradoria-Geral da República.
(B) a Constituição Federal de 1988 estabelece que compete concomitantemente ao governador de Estado, juntamente com o Procurador-Geral de Justiça, a iniciativa legislativa sobre a Lei Orgânica do Ministério Público estadual.
(C) a Emenda Constitucional n. 45/04, entre outras modificações, alterou o Ato das Disposições Constitucionais Transitórias (ADCT) para autorizar a criação de Varas Municipais, nos municípios com população superior a 500 mil habitantes.
(D) sobre criação de Tribunais Regionais Federais, o Supremo Tribunal Federal (STF) decidiu, em 2013, em sede de medida cautelar em ADI, que sequer a utilização de emenda à Constituição pode atalhar a prerrogativa de iniciativa do Poder competente, de modo que a iniciativa para criar tribunais é do Poder Judiciário, via projeto de lei.
(E) sobre criação de Varas no âmbito da Justiça Estadual, o Supremo Tribunal Federal (STF) decidiu, em 2013, em sede de medida cautelar em ADI, que a Assembleia Legislativa do Estado pode propor a criação dessas Varas, desde que devidamente autorizada pela Constituição do Estado.

A: incorreta. Pelo art. 127, § 2º, CF, a iniciativa legislativa é do próprio Ministério Público; B: incorreta. Essa competência existe por aplicação do princípio da simetria federativa, não estando expressa no texto da Constituição de 1988, como afirma a questão; C: incorreta. Não existe Poder Judiciário Municipal; D: correta. A iniciativa é do Poder Judiciário, não podendo ser exercida sequer por emenda à Constituição, como decidiu o STF; E: incorreta. A competência é privativa do Poder Judiciário. **TM**
Gabarito "D".

(Procurador – PGFN – ESAF – 2015) O Congresso Nacional, por ambas as Casas, aprovou um projeto de lei, posteriormente sancionado, promulgado e publicado. Após entrar em vigor, inúmeras ações foram ajuizadas contra o ato normativo (lei), todas elas sob o argumento de que a lei acolhia evidente excesso de poder legislativo (excesso de poder no exercício da função legislativa, ou simplesmente, como doravante, "excesso de poder legislativo"), sendo incompatível com os fins constitucionalmente previstos. Tomando-se por base esse argumento, assinale a opção correta.

(A) O argumento de excesso de poder legislativo não pode ser objeto de apreciação judicial.
(B) O excesso de poder legislativo deve ser aferido por decisão do Supremo Tribunal Federal.
(C) A doutrina de excesso de poder legislativo não tem amparo no Supremo Tribunal Federal.
(D) Uma das formas de manifestação de excesso de poder legislativo é a inconstitucionalidade substancial.
(E) Não se pode atribuir à Lei Complementar excesso de poder legislativo.

A: Incorreta. O excesso de poder legislativo corresponde a uma inconstitucionalidade material, que pode ser objeto de controle pelo Poder Judiciário; B: Incorreta. Pode ser apreciado por qualquer juiz ou tribunal, inclusive pelo STF; C: Incorreta. Foi reconhecida na Reclamação 19662, Rel. Min. Dias Toffoli; D: Correta. A inconstitucionalidade material (ou substancial) é a consequência do excesso de poder legislativo; E: Incorreta. Pode existir em todas as manifestações de poder legislativo. **TM**
Gabarito "D".

(Procurador – PGFN – ESAF – 2015) Sobre o processo legislativo escolha a opção correta.
(A) O Presidente da República dispõe de prazo de 15 dias para sancionar ou vetar Proposta de Emenda à Constituição.
(B) As limitações de ordem material não atingem a medida provisória.
(C) Se o Presidente da República considerar o projeto, no todo ou em parte, inconstitucional ou contrário ao interesse público, vetá-lo-á total ou parcialmente, no prazo de quinze dias úteis, contados da data do recebimento, e comunicará, dentro de quarenta e oito horas, ao Presidente da Câmara dos Deputados os motivos do veto.
(D) A medida provisória mantém-se integral até que sancionado ou vetado o projeto de lei de conversão que alterou o seu texto original.
(E) No âmbito do Poder Judiciário, a competência para apresentar projeto de lei é exclusiva do Supremo Tribunal Federal.

A: Incorreta. As propostas de emenda à constituição são exercício do Poder Constituinte Derivado e, portanto, não se sujeitam a sanção ou veto do Presidente da República; **B:** Incorreta. Há diversas matérias sobre as quais não se pode editar MP (ver art. 62, § 1º, CF); **C:** Incorreta. A comunicação é feita ao Presidente do Senado Federal (art. 66, § 1º, CF); **D:** Correta. Se antes de expirado o prazo de vigência for aprovada lei de conversão, a medida provisória mantém seus efeitos até a sanção do Presidente da República, ainda que esta ocorra após o prazo constitucional de eficácia da MP; **E:** Incorreta. Os tribunais superiores e os tribunais de justiça também podem apresentar projeto de lei. TM
Gabarito "D".

(Procurador do Estado – PGE/RN – FCC – 2014) Determinada Constituição estadual prevê, dentre as espécies normativas que se sujeitam ao processo legislativo, a lei delegada, com as seguintes características: a) é elaborada pelo Governador do Estado, que deve solicitar a delegação à Assembleia Legislativa; b) a delegação ao Governador se faz por resolução da Assembleia Legislativa, que deve especificar seu conteúdo e os termos de seu exercício; c) a resolução pode determinar que haja apreciação do projeto pela Assembleia Legislativa, caso em que esta o faz em votação única, sendo vedada, no entanto, qualquer emenda; d) não podem ser objeto de delegação os atos de competência exclusiva da Assembleia Legislativa, matéria reservada à lei complementar, nem a legislação sobre: I – organização do Poder Judiciário e do Ministério Público, a carreira e a garantia de seus membros; e II – planos plurianuais, diretrizes orçamentárias e orçamentos.
Consideradas as normas atinentes ao processo legislativo, constantes da Constituição da República, assim como as limitações incidentes sobre o poder de elaboração das Constituições estaduais, a previsão de lei delegada como espécie normativa estadual, nos termos acima especificados, é
(A) incompatível com a Constituição da República, no que se refere às matérias que não podem ser objeto de delegação legislativa, dentre as quais ainda deveria estar prevista a legislação sobre nacionalidade e cidadania.
(B) compatível com a Constituição da República.
(C) incompatível com a Constituição da República, uma vez que a delegação legislativa, sendo excepcional na sistemática constitucional da separação de poderes, somente pode ser admitida na esfera federal, em que prevista expressamente no texto constitucional.
(D) incompatível com a Constituição da República, no que se refere à possibilidade de o órgão legislativo submeter a lei delegada à sua apreciação, uma vez que, em havendo a delegação, o poder de dispor sobre determinada matéria, durante o período da delegação, passa a ser do órgão executivo.
(E) incompatível com a Constituição da República, uma vez que esta exige que a delegação se dê por decreto legislativo, e não por resolução, dado que esta espécie normativa é reservada para a prática de atos com efeitos *interna corporis*, e não externos.

A lei delegada estadual é constitucional por força do princípio da simetria federativa. TM
Gabarito "B".

(Procurador do Estado – PGE/RN – FCC – 2014) Proposta de emenda à Constituição subscrita por 27 Senadores pretende alterar os dispositivos da Constituição relativos à chefia do Poder Executivo federal, bem como à forma de escolha dos Ministros de Estado, para estabelecer que: a) o Poder Executivo será exercido pelo Presidente da República, na qualidade de chefe de Estado, com o auxílio dos Ministros de Estado, dentre os quais caberá ao Primeiro-Ministro a chefia de governo; b) o Primeiro-Ministro será escolhido dentre brasileiros natos, maiores de trinta e cinco anos, integrantes de uma das Casas legislativas, pelo voto da maioria absoluta dos membros do Congresso Nacional; c) o Primeiro-Ministro poderá ser destituído do cargo pelo voto de dois terços dos membros do Congresso Nacional, mediante requerimento de qualquer membro das Casas legislativas, nas hipóteses estabelecidas na Constituição.
Se eventualmente aprovada, a emenda constitucional resultante de proposição com essas características

(A) deveria ser promulgada pelo Presidente do Congresso Nacional e, após publicada, entraria em vigor imediatamente, salvo se a própria emenda dispusesse em sentido contrário.
(B) violaria limite formal ao poder de reforma constitucional, referente à iniciativa para sua propositura.
(C) violaria limite material implícito ao poder de reforma constitucional, referente ao sistema de governo adotado pela Constituição, bem como limite explícito, relativo à separação de poderes.
(D) violaria limite material explícito ao poder de reforma constitucional, relativo à separação de poderes, tão somente no que se refere à escolha do Primeiro Ministro pelo Congresso Nacional.
(E) somente entraria em vigor após ser submetida a plebiscito.

Proposta de emenda à Constituição tendente a abolir as cláusulas pétreas não pode sequer tramitar. Se aprovada, será inconstitucional por violação da separação de poderes (art. 60, § 4º, III, CF). A questão do presidencialismo como limite implícito ao poder de reforma constitucional surgiu após sua confirmação como sistema de governo no plebiscito de 1993. O STF irá analisar a questão no julgamento do MS 22972, Rel. Min. Alexandre de Moraes. TM
Gabarito "C".

(Juiz – TRF 2ª Região – 2017) Assinale a opção correta:
(A) A antinomia entre e lei complementar e lei ordinária se resolve ou com a inconstitucionalidade ou com a inaplicabilidade desta última.
(B) Quando o Presidente da República sanciona o projeto de lei, convalida-se o vício derivado da usurpação de iniciativa, se esta cabia ao executivo.
(C) Cargos públicos do executivo federal apenas podem ser criados e extintos por lei de iniciativa do Presidente da República, mas isso não impede que, sem aumento de despesa, o regime jurídico desses servidores seja disciplinado por lei de iniciativa parlamentar.
(D) No sistema pátrio, não há empecilho constitucional à edição de leis sem caráter geral e abstrato, providas apenas de efeitos concretos e individualizados.
(E) As Comissões Parlamentares de Inquérito podem, no seu mister constitucional e preenchidos os pressupostos, determinar a busca e apreensão domiciliar.

A: incorreta, pois não há hierarquia entre lei ordinária e lei complementar; **B:** incorreta, pois a Súmula 5, do STF, há muito, foi superada pela Corte: "O desrespeito à prerrogativa de iniciar o processo de positivação formal do Direito, gerado pela usurpação do poder sujeito à cláusula de reversa, traduz vício jurídico de gravidade inquestionável, cuja ocorrência reflete típica hipótese de inconstitucionalidade formal, apta a infirmar, de modo irremissível, a própria integridade jurídica do ato legislativo eventualmente editado. Dentro desse contexto – em que se ressalta a imperatividade da vontade subordinante do poder constituinte –, nem mesmo a aquiescência do Chefe do Executivo mediante sanção ao projeto de lei, ainda quando dele seja a prerrogativa usurpada, tem o condão de sanar esse defeito jurídico radical. Por isso mesmo, a tese da convalidação das leis resultantes do procedimento inconstitucional de usurpação – ainda que admitida por esta Corte sob a égide da Constituição de 1946 (Súmula n.º 5) – não mais prevalece, repudiada que foi seja em face do magistério da doutrina (...), seja, ainda, em razão da jurisprudência dos Tribunais, inclusive a desta Corte (...)." (ADI 1197); **C:** incorreta, nos termos do art. 61, §1º, II, c, da CF; **D:** correta. Em que pese a lei, em regra, seja geral e abstrata, perfeitamente possível é a edição de lei de efeitos concretos e individualizados, tal qual a lei no processo de desapropriação, uma medida provisória que trate de créditos extraordinários etc.; **E:** incorreta. CPI não pode expedir mandado de busca e apreensão domiciliar, somente sendo cabível por ordem do Poder Judiciário. AB
Gabarito "D".

(Juiz – TRF 2ª Região – 2017) Leia as assertivas e, ao final, marque a opção correta:
I. A utilização de Medida Provisória para fins de abertura de crédito extraordinário é medida excepcionalíssima, somente admitida pela Constituição para fazer frente a despesas decorrentes de guerra ou comoção interna, observadas as demais regras aplicáveis a tal espécie legislativa.
II. As Medidas Provisórias possuem força de lei e eficácia imediata desde a sua publicação. Após editadas, o Presidente da República não pode meramente cancelá-las e, assim, retirá-las da apreciação do Poder Legislativo, impedindo que este examine plena e integralmente seus efeitos, o que não impede que uma MP revogue outra ainda não convertida em lei.
III. Embora ato normativo provisório, cuja finalidade é ser convertida em lei, a Medida Provisória pode ser objeto de Ação Direta de Inconstitucionalidade ou de Ação Declaratória de Constitucionalidade, sendo certo que, se convertida em lei, é imprescindível o aditamento da inicial, sob pena de extinção do processo de controle abstrato.
(A) Apenas a assertiva I está correta.
(B) Apenas a assertiva II está correta.
(C) Apenas a assertiva III está correta.
(D) Apenas as assertivas II e III estão corretas.
(E) Apenas as assertivas I e II estão corretas.

I: incorreta, pois afronta o art. 167, §3º, da CF, "(...) guerra, comoção interna ou calamidade pública (...)"; **II:** correta. Inclusive assim já julgou o STF na ADI 2984/DF: " Porque possui força de lei e eficácia imediata a partir de sua publicação, a Medida Provisória não pode ser 'retirada' pelo Presidente da República à apreciação do Congresso Nacional. Precedentes. 2. Como qualquer outro ato legislativo, a Medida Provisória é passível de ab-rogação mediante diploma de igual ou superior hierarquia. Precedentes. 3. A revogação da MP por outra MP apenas suspende a eficácia da norma ab-rogada, que voltará a vigorar pelo tempo que lhe reste para apreciação, caso caduque ou seja rejeitada a MP ab-rogante. 4. Consequentemente, o ato revocatório não subtrai ao Congresso Nacional o exame da matéria contida na MP revogada."; **III:** correta, inclusive tendo sido tema da ADI 1588/DF, nos seguintes termos: "A ausência de aditamento da petição inicial, em sede de controle normativo abstrato, gera a extinção anômala do respectivo processo, eis que se revela imprescindível, no caso de reedição da medida provisória impugnada ou na hipótese de sua conversão em lei, que o autor formalmente adite o pedido inicial, em ordem a permitir que se estenda à medida provisória reeditada ou à lei de conversão dela resultante a impugnação originariamente deduzida. Precedentes.". AB
,,Gabarito "D".

(Juiz – TRF 2ª Região – 2017) Quanto ao Legislativo no Brasil, marque a opção correta:

(A) Salvo as hipóteses de votação de Emendas Constitucionais, as deliberações de cada uma das Casas do Congresso Nacional e de suas respectivas Comissões devem ser tomadas pela maioria de votos, desde que presente a maioria de seus membros.
(B) As Propostas de Emendas à Constituição encaminhadas ao Congresso Nacional pelo Presidente da República devem ter sua tramitação iniciada na Câmara dos Deputados, sob pena de incidir em inconstitucionalidade formal.
(C) Às comissões parlamentares de inquérito regularmente criadas são asseguradas, preenchidos os pressupostos, competências para realização de diligências, para requerimento de informações e para afastamento de sigilo fiscal, telefônico e de correspondência dos investigados.
(D) O instituto da iniciativa popular pode ser exercido pela apresentação ao Poder Legislativo Federal de projeto de lei subscrito por não menos do que 2% (dois por cento) do eleitorado nacional, distribuído pelo menos por dez dos Estados, com não menos de 0,3% (três décimos por cento) dos eleitores de cada um deles.
(E) A Constituição prevê como únicos legitimados para a proposição de Emendas à Constituição Federal o Presidente da República, ao menos 1/3 (um terço) de Deputados Federais e ao menos 1/3 (um terço) de Senadores.

A: incorreta, pois a regra é a maioria absoluta dos membros, conforme art. 47, da CF; **B:** incorreta. Na verdade não se trata de Proposta à Emenda Constitucional, mas da Medida Provisória, nos termos do art. 62, §8º, da CF; **C:** correta. Ver art. 58, §3º, da CF, bem como o MS 23452/RJ, do STF. Muito cuidado para não confunda sigilo de dados telefônico com a interceptação telefônica, por exemplo; **D:** incorreta, pois o art. 61, §2º, da CF, determina um por cento do eleitorado nacional, distribuído por cinco Estados (no mínimo), com não menos de três décimos por cento dos eleitores de cada um deles; **E:** incorreta, pois o texto constitucional, art. 60, III, também, faz menção às Assembleias Legislativas. AB
,,Gabarito "C".

(Juiz – TJ-SC – FCC – 2017) De acordo com a jurisprudência do Supremo Tribunal Federal e com as normas da Constituição Federal a respeito das limitações ao Poder Constituinte dos Estados-membros, é admissível que emenda à Constituição estadual:

I. crie Tribunal de Alçada Civil, cuja competência será definida em Lei, desde que a proposta de emenda seja apresentada pelo Tribunal de Justiça do Estado.
II. estabeleça a competência do órgão especial do Tribunal de Justiça para o julgamento de crimes contra a vida praticados por Secretário de Estado.
III. estabeleça a competência do Tribunal de Justiça do Estado para julgar ações diretas de inconstitucionalidade de leis municipais em face da Constituição estadual, ainda que a norma constitucional violada também conste da Constituição Federal e seja de observância obrigatória por todos os entes federados.
IV. preveja a possibilidade de lei estadual complementar autorizar os Municípios a legislar sobre questões específicas das matérias de competência estadual, uma vez que essa disposição encontra simetria com a norma da Constituição Federal que autoriza a União a delegar competências suas aos Estados e Distrito Federal.
V. vede, ressalvada a hipótese de lei delegada, a delegação de competências de um Poder para o outro, uma vez que essa disposição, ainda que não esteja amparada em regra expressa na Constituição Federal, decorre do modelo de separação de poderes nela previsto, que deve ser seguido pelos Estados-membros.

Está correto o que se afirma APENAS em:
(A) I e V.
(B) II, III e V.
(C) III e V.
(D) I e IV.
(E) I, III e IV.

I: incorreta, pois afronta o art. 96, II, *c*, da CF; **II:** incorreta. A súmula vinculante 45 do STF, determina que: "A competência constitucional do Tribunal do Júri prevalece sobre o foro por prerrogativa de função estabelecido exclusivamente pela Constituição Estadual."; **III:** correta, em respeito ao art. 125, §2º, da CF. Em complemento, ver RE 650898/RS; **IV:** incorreta, pois compete ao Município suplementar a legislação estadual e federal no que couber (art. 30, II, da CF); **V:** correta, pois a construção e manutenção da independência e harmonia entre os poderes deve ser também respeitada na Constituição Estadual, ressalvado, por evidente, o caso da lei delegada. AB
,,Gabarito "C".

(Juiz – TJ-SC – FCC – 2017) A União editou Lei federal estabelecendo normas de segurança e mecanismos de fiscalização de atividades que envolvam organismos geneticamente modificados, tendo também prescrito que:

Na comercialização de alimentos e ingredientes alimentares destinados ao consumo humano ou animal que contenham ou sejam produzidos a partir de organismos geneticamente modificados, com presença acima do limite de um por cento do produto, o consumidor deverá ser informado da natureza transgênica desse produto, podendo esse percentual ser reduzido por decisão da Comissão Técnica Nacional de Biossegurança – CTNBio.

O direito do consumidor à informação sobre produto geneticamente modificado foi, posteriormente, disciplinado por Lei estadual que assim dispôs:

Na comercialização de alimentos e ingredientes alimentares destinados ao consumo humano ou animal que contenham ou sejam produzidos a partir de organismos geneticamente modificados, o consumidor deverá ser informado da natureza transgênica desse produto, qualquer que seja sua representação quantitativa nos alimentos e ingredientes alimentares.

Nesse contexto, e considerando o disposto na Constituição Federal e a jurisprudência do Supremo Tribunal Federal, o Estado

(A) não poderia ter legislado na matéria, visto que compete privativamente à União dispor sobre consumo, ainda que esteja no âmbito da competência legislativa concorrente da União, Estados e Distrito Federal matéria relativa à responsabilidade por dano ao consumidor, podendo a norma estadual inconstitucional ser objeto de ação direta de inconstitucionalidade perante o Supremo Tribunal Federal.
(B) não poderia ter editado norma específica na matéria, que se insere no âmbito da competência dos Municípios para suplementar a legislação federal para atender ao interesse local, podendo a norma estadual inconstitucional ser objeto de ação direta de inconstitucionalidade perante o Supremo Tribunal Federal.
(C) poderia ter legislado na matéria, que se insere dentre as competências legislativas concorrentes entre União, Estados e Distrito Federal, cabendo à União a edição de normas gerais e aos Estados e Distrito Federal a edição de normas específicas. No entanto, ainda que se entendesse que o Estado extrapolou sua competência e dispôs indevidamente sobre normas gerais, a norma estadual não poderia ser objeto de ação direta de inconstitucionalidade perante o Supremo Tribunal Federal, uma vez que o ato normativo estadual ofenderia apenas indiretamente a Constituição Federal.
(D) poderia ter legislado na matéria, que se insere dentre as competências legislativas concorrentes entre União, Estados e Distrito Federal, cabendo à União a edição de normas gerais e aos Estados e Distrito Federal a edição de normas específicas. Caso se entenda que o Estado extrapolou sua competência e dispôs indevidamente sobre normas gerais, a norma estadual poderia ser objeto de ação direta de inconstitucionalidade perante o Supremo Tribunal Federal, uma vez que o ato normativo estadual, nessa hipótese, violaria as normas constitucionais que dispõem sobre a repartição de competências entre os entes federados.
(E) poderia ter legislado na matéria, que se insere dentre as competências legislativas concorrentes entre União, Estados e Distrito Federal, cabendo à União a edição de normas gerais e aos Estados e Distrito Federal a edição de normas específicas. No entanto, ainda que se entendesse que o Estado extrapolou sua competência e dispôs indevidamente sobre normas gerais, a norma estadual não poderia ser objeto de ação direta de inconstitucionalidade perante o Supremo Tribunal Federal, mas apenas de arguição de descumprimento de preceito fundamental, por ofensa ao pacto federativo.

A: incorreta, pois compete à União, aos Estados-membros e ao Distrito Federal legislar concorrentemente sobre consumo (art. 24, V, da CF); **B:** incorreta, pois poderia ter legislado uma vez que se insere na competência estadual a edição de norma específica; **C:** incorreta, uma vez que seria plenamente cabível o questionamento perante o STF, via ação direta de inconstitucionalidade, porque o ato normativo estadual afrontaria

a repartição de competências constitucionais; **D:** correta. Uma que a competência concorrente determina a competência da União em legislar sobre normas gerais, sem excluir a competência suplementar do Estado (art. 24, §§1º e 2º, da CF). Ainda, caso o Estado extrapolasse seu limite para tratar do tema, seria sim perfeitamente cabível uma ação direta de inconstitucionalidade com o fundamento de afronta direta à repartição de competência entre os entes federados; **E:** incorreta, pois a norma estadual poderia ser objeto de controle por ação direta de inconstitucionalidade, tanto que assim já ocorreu no STF, nos termos da ADI 3645/PR: "Seja dispondo sobre consumo (CF, art. 24, V), seja sobre proteção e defesa da saúde (CF, art. 24, XII), busca o Diploma estadual impugnado inaugurar regulamentação paralela e explicitamente contraposta à legislação federal vigente. 3. Ocorrência de substituição – e não suplementação – da regras que cuidam das exigências, procedimentos e penalidades relativos à rotulagem informativa de produtos transgênicos por norma estadual que dispôs sobre o tema de maneira igualmente abrangente. Extrapolação, pelo legislador estadual, da autorização constitucional voltada para o preenchimento de lacunas acaso verificadas na legislação federal." AB
Gabarito "D".

(Juiz – TJ-SC – FCC – 2017) De acordo com o sistema de imunidades parlamentares previsto na Constituição Federal,

(A) os deputados federais e estaduais, apesar de gozarem de imunidade processual, podem ser processados penalmente por crime cometido antes da diplomação, não sendo cabível, nesse caso, a sustação do andamento do processo pela respectiva casa legislativa.

(B) os deputados federais, estaduais e os vereadores gozam de imunidade material e de imunidade processual. Em razão da primeira, não podem, desde a expedição do diploma, ser responsabilizados por suas opiniões, palavras e votos proferidos no exercício do mandato e, em razão da segunda, não podem, desde a expedição do diploma, ser presos, salvo em flagrante delito.

(C) os deputados federais, estaduais e os vereadores são invioláveis por suas opiniões, palavras e votos, desde que proferidos no exercício do mandato. No entanto, os deputados estaduais e os vereadores gozam dessa garantia apenas na circunscrição do respectivo ente federativo.

(D) no curso de processo penal os deputados federais, estaduais e vereadores não poderão ser obrigados a depor na qualidade de testemunhas, ainda que a respeito de informações que tenham recebido fora do exercício do mandato.

(E) os deputados federais e estaduais poderão ser presos em razão de pena imposta por sentença transitada em julgado, desde que por prática de crime cometido antes da diplomação, devendo, nesse caso, os autos ser remetidos dentro de vinte e quatro horas à Casa respectiva, para que, pelo voto da maioria de seus membros, resolva sobre a prisão.

A: correto, pois a imunidade processual parlamentar lhe concede a prerrogativa para os crimes cometidos depois da diplomação, não quanto aos anteriores à diplomação (art. 53, §§1º e 3º, da CF); **B:** incorreta, pois os vereadores não gozam da imunidade processual; **C:** incorreta, pois quanto aos vereadores é que a inviolabilidade fica limitada à circunscrição do Município (art. 29, VIII, da CF); **D:** incorreta, pois o texto constitucional menciona os Deputados e Senadores (art. 53, §6º, da CF); **E:** incorreta, pois, caso o crime tenha sido cometido antes da diplomação não há que se falar em imunidade. Ainda, com a sentença transitada em julgado caberá a prisão do parlamentar. AB
Gabarito "A".

(Juiz – TRF 3ª Região – 2016) Examine as seguintes proposições e indique a alternativa correta:

I. As Comissões Parlamentares de Inquérito/CPIs são temporárias e destinadas a apurar fatos determinados; possuem poderes próprios das autoridades judiciárias o que legitima que, apuradas por elas responsabilidades civil ou penal, apliquem sanções aos infratores.

II. A Constituição Federal não estabelece hierarquia entre lei complementar e lei ordinária, nem entre lei federal e lei estadual, tampouco prevê iniciativa popular para emendar a Carta Magna.

III. A inviolabilidade parlamentar por opiniões e palavras acompanha o Deputado Federal ou Senador quando ele é candidato a outro cargo eletivo, imunizando-o de responder por ofensas dirigidas a outras pessoas durante a campanha.

IV. Vagando os cargos de Presidente e de Vice-Presidente da República nos dois primeiros anos do mandato presidencial, será feita eleição direta noventa dias depois de aberta a última vaga.

(A) São corretas as proposições II e IV.
(B) São corretas as proposições I e III.
(C) São corretas as proposições III e IV.
(D) Todas as proposições são incorretas.

I: incorreta, pois a CPI encaminhará suas conclusões ao Ministério Público (art. 58, §3º, da CF); **II:** correta, de fato não há hierarquia, mas âmbitos de competências distintos. Ainda, não há, no texto constitucional, previsão da iniciativa popular para proposta de emenda constitucional; **III:** incorreta, pois a imunidade plena ocorre dentro do Parlamento, mas, fora, relativiza-se e deverá guardar relação pertinente para com a função exercida. Nesse sentido farta é a jurisprudência do STF: "A palavra 'inviolabilidade' significa intocabilidade, intangibilidade do parlamentar quanto ao cometimento de crime ou contravenção. Tal inviolabilidade é de natureza material e decorre da função parlamentar, porque em jogo a representatividade do povo. O art. 53 da CF, com a redação da Emenda 35, não reeditou a ressalva quanto aos crimes contra a honra, prevista no art. 32 da EC 1, de 1969. Assim, é de se distinguir as situações em que as supostas ofensas são proferidas dentro e fora do Parlamento. Somente nessas últimas ofensas irrogadas fora do Parlamento é de se perquirir da chamada 'conexão com o exercício do mandato ou com a condição parlamentar' (Inq 390 e 1.710). Para os pronunciamentos feitos no interior das Casas Legislativas não cabe indagar sobre o conteúdo das ofensas ou a conexão com o mandato, dado que acobertadas com o manto da inviolabilidade. Em tal seara, caberá à própria Casa a que pertencer o parlamentar coibir eventuais excessos no desempenho dessa prerrogativa. No caso, o discurso se deu no plenário da Assembleia Legislativa, estando, portanto, abarcado pela inviolabilidade. Por outro lado, as entrevistas concedidas à imprensa pelo acusado restringiram-se a resumir e comentar a citada manifestação da tribuna, consistindo, por isso, em mera extensão da imunidade material." (Inq 1958/AC); **IV:** correta, nos termos do art. 81, "caput", da CF. AB
Gabarito "A".

(Juiz – TRF 4ª Região – 2016) Dadas as assertivas abaixo, assinale a alternativa correta.

I. É inconstitucional norma local que estabeleça a competência do Tribunal de Contas da União para realizar exame prévio de validade de contratos firmados com o Poder Público.

II. As sociedades de economia mista e as empresas públicas federais estão sujeitas à fiscalização do Tribunal de Contas da União.

III. No âmbito das competências institucionais do Tribunal de Contas da União, aquela consistente em apreciar e emitir parecer prévio sobre as contas prestadas anualmente pelo Presidente da República fica subordinada ao crivo posterior do Congresso Nacional.

IV. A tomada de contas especial, enquanto procedimento administrativo disciplinar, visa ao ressarcimento do dano causado ao erário.

(A) Estão corretas apenas as assertivas I, II e III.
(B) Estão corretas apenas as assertivas I, II e IV.
(C) Estão corretas apenas as assertivas I, III e IV.
(D) Estão corretas apenas as assertivas II, III e IV.
(E) Estão corretas todas as assertivas.

I: correta, pois o art. 71 da Constituição não insere na competência do TCU a aptidão para examinar, previamente, a validade de contratos administrativos celebrados pelo Poder Público. Atividade que se insere no acervo de competência da Função Executiva. Assim, "é inconstitucional norma local que estabeleça a competência do tribunal de contas para realizar exame prévio de validade de contratos firmados com o Poder Público. Ação Direta de Inconstitucionalidade conhecida e julgada procedente. Medida liminar confirmada." (ADI 916); **II:** correta, pois integram a estrutura do Estado e, tão logo, estão sujeitas ao controle, nos termos dos arts. 70 e 71, da CF; **III:** correta, conforme art. 71, I, da CF; **IV:** incorreta, pois a tomada de contas não se confunde com um procedimento administrativo disciplinar, mas um procedimento de defesa da coisa pública (MS 25643). AB
Gabarito "A".

(Juiz de Direito – TJM/SP – VUNESP – 2016) Assinale a alternativa que corretamente discorre sobre as previsões constitucionais acerca do Ministério Público junto ao Tribunal de Contas.

(A) A solução adotada pelo legislador constituinte brasileiro em relação ao Ministério Público junto ao Tribunal de Contas foi cumular esses encargos na figura do membro do Ministério Público Comum, que já conta com garantias de ordem subjetiva.

(B) A Lei Orgânica do Ministério Público junto ao Tribunal de Contas é uma lei complementar de iniciativa do Procurador Geral da República e não da respectiva Corte de Contas em que se dará a atuação, sendo, assim, resguardada a autonomia do órgão.

(C) O poder de autogoverno conferido pela Constituição Federal aos Tribunais de Contas, que fazem instaurar o processo legislativo concernente à sua organização e à sua estruturação interna, não abrange o Ministério Público que neles atua.

(D) As disposições constitucionais pertinentes a direitos, vedações e forma de investidura dos membros do Ministério Público, como instituição, são aplicáveis aos membros do Ministério Público junto aos Tribunais de Contas.

(E) O Ministério Público tem como princípios a unidade e a indivisibilidade, assim, o Ministério Público de Contas integra o Ministério Público da União, juntamente com o Ministério Público Federal; o Ministério Público do Trabalho; o Ministério Público Militar; e o Ministério Público do Distrito Federal e Territórios.

A: incorreta, pois o Ministério Público que atua junto ao Tribunal de Contas não se confunde com o Ministério Público comum (dos Estados ou da União), conforme jurisprudência do STF – ver MS 27.339/DF; **B:** incorreta, pois é caso de lei ordinária – ver ADI 2.378/GO, STF; **C:** incorreta, pois abrange também o Ministério Público junto ao Tribunal de Contas; **D:** correta, nos exatos termos do art. 130, da CF; **E:** incorreta, por ofensa ao art. 128, I, da CF. AB
Gabarito "D".

(Promotor de Justiça – MPE/RS – 2017) Atento ao que preceitua o artigo 51 da Constituição Federal, é **INCORRETO** afirmar que compete privativamente à Câmara dos Deputados

(A) proceder à tomada de contas do Presidente da República, quando não apresentadas ao Congresso Nacional dentro de sessenta dias após a abertura da sessão legislativa.

(B) elaborar seu regimento interno.
(C) eleger membros do Conselho da República, nos termos do artigo 89, inciso VII, da Constituição Federal.
(D) dispor sobre sua organização, funcionamento, polícia, criação, transformação ou extinção dos cargos, empregos e funções de seus serviços, e a iniciativa de lei para fixação da respectiva remuneração, observados os parâmetros estabelecidos na lei de diretrizes orçamentárias.
(E) autorizar, por dois terços de seus membros, a instauração de processo contra o Presidente e o Vice- Presidente da República e os Ministros de Estado, julgando-os nos crimes de responsabilidade.

A: correta. Art. 51, II, CF; B: correta. Art. 51, III, CF; C: correta. Art. 51, V, CF; D: correta. Art. 51, IV, CF; E: incorreta. A primeira parte está correta (art. 51, I, CF), mas a competência para julgamento do Presidente da República e do Vice-Presidente, por crimes de responsabilidade, é do Senado Federal (art. 52, I, CF).
Gabarito "E".

(Promotor de Justiça/SC – 2016 – MPE)

(1) Compete privativamente ao Senado Federal proceder à tomada de contas do Presidente da República, quando não apresentadas ao Congresso Nacional dentro de sessenta dias após a abertura da sessão legislativa.

1: incorreta. Competência privativa da Câmara dos Deputados (art. 51, II, CF).
Gabarito 1E

(Promotor de Justiça/SC – 2016 – MPE)

(1) Os Ministros do Tribunal de Contas da União serão nomeados dentre brasileiros que satisfaçam os seguintes requisitos: a) mais de trinta e cinco e menos de sessenta e cinco anos de idade; b) idoneidade moral e reputação ilibada; c) notórios conhecimentos jurídicos, contábeis, econômicos e financeiros ou de administração pública; d) mais de dez anos de exercício de função ou de efetiva atividade profissional que exija os conhecimentos mencionados no item anterior.

1: correta. Art. 73, § 1º, I a IV, CF.
Gabarito 1C

(Promotor de Justiça/SC – 2016 – MPE)

(1) As comissões parlamentares de inquérito, que terão poderes de investigação próprios das autoridades judiciais, além de outros previstos nos regimentos das respectivas Casas, serão criadas pela Câmara dos Deputados e pelo Senado Federal, em conjunto ou separadamente, mediante requerimento de 1/3 (um terço) de seus membros, para a apuração de fato determinado e por prazo certo, sendo suas conclusões, se for o caso, encaminhadas ao Ministério Público, para que promova a responsabilidade civil ou criminal dos infratores.

1: correta. Reflete a redação do art. 58, § 3º, CF.
Gabarito 1C

(Promotor de Justiça/SC – 2016 – MPE)

(1) Conforme a Constituição Federal, a convocação extraordinária do Congresso Nacional far-se-á: a) pelo Presidente do Senado Federal, em caso de decretação de estado de defesa ou de intervenção federal, de pedido de autorização para a decretação de estado de sítio e para o compromisso e a posse do Presidente e do Vice-Presidente da República; b) pelo Presidente da República, pelos Presidentes da Câmara dos Deputados e do Senado Federal ou a requerimento da maioria dos membros de ambas as Casas, em caso de urgência ou interesse público relevante, em todas essas hipóteses com a aprovação de 2/3 (dois terços) de cada uma das Casas do Congresso Nacional.

1: incorreta. Não reflete a redação do art. 57, § 6º, I e II, CF: "Art. 57. § 6º A convocação extraordinária do Congresso Nacional far-se-á: I – pelo Presidente do Senado Federal, em caso de decretação de estado de defesa ou de intervenção federal, de pedido de autorização para a decretação de estado de sítio e para o compromisso e a posse do Presidente e do Vice-Presidente da República; II – pelo Presidente da República, pelos Presidentes da Câmara dos Deputados e do Senado Federal ou a requerimento da maioria dos membros de ambas as Casas, em caso de urgência ou interesse público relevante, em todas as hipóteses deste inciso com a aprovação da maioria absoluta de cada uma das Casas do Congresso Nacional".
Gabarito 1E

(Procurador de Justiça – MPE/GO – 2016) Assinale a alternativa incorreta:

(A) Ao servidor ocupante, exclusivamente, de cargo em comissão declarado em lei de livre nomeação e exoneração bem como de outro cargo temporário ou de emprego público, aplica-se o regime geral de previdência social.
(B) O Senado Federal compõe-se de representantes dos Estados e do Distrito Federal, eleitos segundo o princípio majoritário, sendo que cada Estado e o Distrito Federal elegerão três Senadores, com mandato de oito anos.
(C) Salvo disposição constitucional em contrário, as deliberações da Câmara dos Deputados e do Senado Federal, inclusive de suas Comissões, serão tomadas por maioria dos votos, presente a maioria absoluta de seus membros.
(D) Compete ao Congresso Nacional dispor sobre o plano plurianual da União, diretrizes orçamentárias, orçamento anual, operações de crédito, dívida pública da União e dos Estados e Distrito Federal, e emissões de curso forçado, dispensada, nestes casos, a sanção do Presidente da República.

A: correta. Art. 40, § 13, CF; B: correta. Art. 46, *caput* e § 1º, CF; C: correta. Art. 47, CF; D: incorreta. Não reflete o disposto no art. 48, II, CF: "Art. 48. Cabe ao Congresso Nacional, com a sanção do Presidente da República, não exigida esta para o especificado nos arts. 49, 51 e 52, dispor sobre todas as matérias de competência da União, especialmente sobre: (...) II – plano plurianual, diretrizes orçamentárias, orçamento anual, operações de crédito, dívida pública e emissões de curso forçado".
Gabarito "D".

(Promotor de Justiça – MPE/MS – FAPEC – 2015) Nos crimes de responsabilidade, processar e julgar os membros do Conselho Nacional do Ministério Público compete:

(A) Ao Supremo Tribunal Federal.
(B) Ao Superior Tribunal de Justiça.
(C) A Câmara dos Deputados.
(D) Ao Senado Federal.
(E) Ao Congresso Nacional.

Art. 52, II, CF.
Gabarito "D".

(Delegado/GO – 2017 – CESPE) Assinale a opção correta a respeito da organização dos poderes e do sistema de freios e contrapesos no direito constitucional pátrio.

(A) Adotada por diversos países, entre eles o Brasil, a ideia de tripartição dos poderes do Estado em segmentos distintos e autônomos entre si – Legislativo, Executivo e Judiciário – foi concebida por Aristóteles.
(B) A atividade legislativa e a de julgar o presidente da República nos crimes de responsabilidade são funções típicas do Poder Legislativo.
(C) Constitui exemplo de mecanismo de freios e contrapesos a possibilidade de rejeição, pelo Congresso Nacional, de medida provisória editada pelo presidente da República.
(D) As expressões poder, função e órgão são sinônimas.
(E) A CF adotou o princípio da indelegabilidade de atribuições de forma absoluta, inexistindo qualquer exceção a essa regra.

Errada a alternativa **A**. Embora Aristóteles tenha vislumbrado o exercício de três funções distintas, a de fazer normas gerais, a de aplicá-las e a de solucionar conflitos quanto sua aplicação, a ideia de tripartição dos poderes do Estado em segmentos distintos e autônomos entre si é de Montesquieu. A alternativa **B** está errada. A atividade legislativa é uma função típica do Poder Legislativo, as a de julgar o presidente da República nos crimes de responsabilidade é atípica (por ser função jurisdicional, típica do Poder Judiciário). Correta a alternativa **C**. Trata-se realmente de um exemplo do mecanismo de freios e contrapesos. Trata-se dos controles recíprocos entre os Poderes e a necessidade de atuação conjunta para a prática de determinados atos. Errada a alternativa **D**. Poder, função e órgão não são expressões sinônimas. O Poder do Estado em verdade é um só, o poder soberano que pertence ao povo e que o exerce diretamente e por seus representantes. Ocorre que para evitar a concentração do poder do Estado nas mãos de uma única pessoa, foram criadas estruturas de Poder, cada qual com uma função típica que a identifica, sem prejuízo do exercício da função do outro Poder, de modo atípico, sempre conforme previsto na Constituição. Cada Poder tem seus órgãos próprios para o exercício das suas funções, exercendo assim as competências que lhes foram atribuídas constitucionalmente. A alternativa **E** está errada. A CF não adotou o princípio da indelegabilidade de atribuições de forma absoluta. Isso porque o próprio constituinte previu hipóteses em que um Poder exerce a função que seria típica do outro, de modo atípico.
Gabarito "C".

11.1. ORGANIZAÇÃO E COMPETÊNCIAS DO SENADO, DA CÂMARA DOS DEPUTADOS E DO CONGRESSO NACIONAL

(Procurador do Estado/SP – 2018 – VUNESP) Ao escrever sobre a relação entre liberdade política, democracia e poder, no Livro XI da obra clássica "O Espírito das Leis", Montesquieu já afirmava: 'Para que não se possa abusar do poder, é preciso que, pela disposição das coisas, o poder limite o poder.". A ideia foi incorporada pela Constituição brasileira de 1988, sendo correto afirmar sobre a independência e harmonia dos Poderes:

(A) a Comissão Parlamentar de Inquérito, enquanto projeção orgânica do Poder Legislativo da União, nada mais é senão a longa manus do próprio Congresso Nacional ou das Casas que o compõem. Assim, as suas decisões que respeitarem aos princípios da colegialidade e da motivação não estarão sujeitas ao controle jurisdicional ou revisão por parte do Poder Judiciário.

(B) compete privativamente à Câmara dos Deputados processar e julgar o Presidente e o Vice-Presidente da República nos crimes de responsabilidade, bem como os Ministros de Estado e os Comandantes da Marinha, do Exército e da Aeronáutica nos crimes da mesma natureza conexos com aqueles.
(C) a decretação da intervenção federal dependerá sempre de prévia solicitação do Poder Legislativo ou do Poder Executivo coacto ou impedido, ou de requisição do Supremo Tribunal Federal, se a coação for exercida contra o Poder Judiciário.
(D) a discussão e votação dos projetos de lei de iniciativa do Presidente da República, do Supremo Tribunal Federal e dos Tribunais Superiores terão início no Senado Federal e cada parte interessada poderá solicitar urgência para apreciação de projetos de sua iniciativa.
(E) cabe ao Congresso Nacional, mediante controle externo, fiscalizar a aplicação de quaisquer recursos repassados pela União mediante convênio, acordo, ajuste a outros instrumentos congêneres, a Estado, ao Distrito Federal ou a Município.

A: incorreta, pois a Comissão Parlamentar de Inquérito, enquanto projeção orgânica do Poder Legislativo da União, nada mais é senão a *longa manus* do próprio Congresso Nacional ou das Casas que o compõem, sujeitando-se, em consequência, em tema de mandado de segurança ou de *habeas corpus*, ao controle jurisdicional originário do Supremo Tribunal Federal. O controle jurisdicional de abusos praticados por comissão parlamentar de inquérito não ofende o princípio da separação de poderes. (MS 23452, Rel. Min. Celso de Mello, Tribunal Pleno, j. em 16-09-1999); **B:** incorreta, visto que compete privativamente ao **Senado Federal** processar e julgar o Presidente e o Vice-Presidente da República nos crimes de responsabilidade e os Ministros de Estado nos crimes da mesma natureza conexos com aqueles (art. 52, I, da CF); **C:** incorreta, porque a decretação da intervenção federal somente dependerá de solicitação do Poder Legislativo ou do Poder Executivo coacto ou impedido, ou de requisição do Supremo Tribunal Federal, para garantir o livre exercício de qualquer dos Poderes nas unidades da Federação (art. 36, I, c/c art. 34, IV, da CF); **D:** incorreta, tendo em vista que a discussão e votação dos projetos de lei de iniciativa do Presidente da República, do Supremo Tribunal Federal e dos Tribunais Superiores terão início na **Câmara dos Deputados** e apenas o Presidente da República poderá solicitar urgência para apreciação de projetos de sua iniciativa (art. 64, *caput* e § 1º, da CF); **E:** correta, pois o controle externo é exercido pelo Congresso Nacional com o auxílio do Tribunal de Contas da União, cabendo-lhe fiscalizar a aplicação de quaisquer recursos repassados pela União mediante convênio, acordo, ajuste ou outros instrumentos congêneres, a Estado, ao Distrito Federal ou a Município (art. 71, *caput* e inciso VI, da CF). **AN**
Gabarito "E".

(Delegado/MS – 2017 – FAPEMS) Sobre o Poder Legislativo, assinale a alternativa correta.

(A) O STF entende ser constitucional a legislação Federal e Estadual que dispõe sobre a prioridade nos procedimentos e providências posteriores a aprovação de relatório de Comissão Parlamentar de Inquérito Federal ou Estadual.
(B) Segundo o STF, Deputado ou Senador quando assume o cargo de Ministro de Estado não carrega o bônus das imunidades parlamentares, mas carrega o ônus de poder perder o mandato por quebra de decoro parlamentar, ainda que tenha praticado atos apenas enquanto Ministro de Estado.
(C) Segundo o STF, a garantia da imunidade material se estende ao congressista, quando, na condição de candidato a qualquer cargo eletivo, vem a ofender, moralmente, a honra de terceira pessoa, inclusive a de outros candidatos, em pronunciamento motivado por finalidade exclusivamente eleitoral, que não guarda nenhuma relação com o exercício das funções congressistas.
(D) Os poderes investigatórios das CPIs compreendem a possibilidade direta de quebra de sigilo bancário, fiscal e de dados, a oitiva de testemunhas, a possibilidade de interceptação telefônica, bem como a realização de perícias necessárias a dilação probatória, sendo vedada a busca e apreensão domiciliar que deve ser obtida através de determinação judicial.
(E) Em discurso na tribuna da Câmara dos Deputados, um deputado federal afirmou que determinado empresário ofereceu vantagem indevida a servidor público, a fim de ser beneficiado em licitação pública. Nessa situação, com o término do mandato, o parlamentar, caso não seja reeleito, poderá ser responsabilizado penalmente em razão do seu discurso.

Errada a alternativa **A**. Por unanimidade, o Plenário do Supremo Tribunal Federal (STF) ao julgar a ADI 3041 declarou a inconstitucionalidade de artigos de Lei gaúcha, que dispõe sobre a prioridade dos procedimentos a serem adotados pelo Ministério Público do Rio Grande do Sul, Tribunal de Contas estadual e por outros órgãos a respeito das conclusões das Comissões Parlamentares de Inquérito (CPI). Correta a alternativa **B**. Nesse sentido o voto do Ministro Celso de Mello na Med. Caut. em Mandado de Segurança 25.579-0 – Distrito Federal – "O Supremo Tribunal Federal, (...), firmou orientação no sentido de que o congressista, quando licenciado para exercer cargo no âmbito do Poder Executivo, perde, temporariamente, durante o período de afastamento do Poder Legislativo, a garantia constitucional da imunidade parlamentar material e formal (...) o fato de os Deputados ou Senadores estarem licenciados não os exonera da necessária observância dos deveres constitucionais (tanto os de caráter ético quanto os de natureza jurídica) inerentes ao próprio estatuto constitucional dos congressistas, que representa um complexo de normas disciplinadoras do regime jurídico a que estão submetidos os membros do Poder Legislativo, nele compreendidas (...) as incompatibilidades negociais (ou contratuais), funcionais, políticas e profissionais definidas no art. 54 da Constituição. Examinada a questão sob tal perspectiva, torna-se lícito reconhecer a possibilidade de perda do mandato legislativo, se e quando o parlamentar, embora exercendo cargo de Ministro de Estado, vier a incidir nas situações de incompatibilidade (CF, art. 54) e naquelas referidas no art. 55 da Lei Fundamental..." Errada a alternativa **C**. "A garantia constitucional da imunidade parlamentar em sentido material (CF, art. 53, *caput*) – destinada a viabilizar a prática independente, pelo membro do Congresso Nacional, do mandato legislativo de que é titular – não se estende ao congressista, quando, na condição de candidato a qualquer cargo eletivo, vem a ofender, moralmente, a honra de terceira pessoa, inclusive a de outros candidatos, em pronunciamento motivado por finalidade exclusivamente eleitoral, que não guarda qualquer conexão com o exercício das funções congressuais." [STF – Inq 1.400 QO, rel. min. Celso de Mello, j. 4-12-2002, P, DJ de 10-10-2003.] = ARE 674.093, rel. min. Gilmar Mendes, decisão monocrática, j. 20-3-2012, DJE de 26-3-2012. Errada a alternativa **D**. Tudo que se afirma está correto com exceção da possibilidade de determinar a interceptação telefônica. Entende o STF que a CPI pode ouvir testemunhas, quebrar alguns sigilos, desde que por ato motivado e quando tal prova for imprescindível – são eles o sigilo fiscal, o bancário, o financeiro e o telefônico (acesso aos dados das ligações telefônicas). Já o sigilo das comunicações telefônicas, disciplinado no artigo 5º, inciso XII, CF está vinculado a uma cláusula de reserva jurisdicional – ou seja – a interceptação telefônica só pode ser determinada por uma autoridade judicial. Ademais, só pode ser determinada nas hipóteses e na forma que a lei estabelecer para fins de investigação criminal ou instrução processual penal. Sendo a CPI uma investigação parlamentar nem mesmo com ordem judicial poderia ser determinada a interceptação para atender a um pedido da CPI. A única forma de utilização pela CPI de uma interceptação telefônica seria como prova emprestada, após ter sido produzida num processo criminal, nos termos da lei e por ordem judicial. Correta a alternativa **E**. A imunidade material significa que pelas opiniões palavras e votos expressos, enquanto a pessoa ocupava o cargo parlamentar, não haverá responsabilização penal ou civil. Trata-se de uma imunidade eterna, ou seja, o parlamentar não responderá por aquilo nestas esferas, podendo apenas sofrer sanção política com a perda do cargo por falta de decoro parlamentar. **LR**
Gabarito "B".

(Analista Judiciário – TRT/8ª – 2016 – CESPE) Acerca da organização dos poderes, assinale a opção correta.

(A) O Senado Federal é composto de representantes dos estados e do Distrito Federal, eleitos pelo princípio proporcional para mandato de oito anos.
(B) As comissões parlamentares de inquérito possuem poderes de investigação próprios das autoridades judiciais e só podem ser criadas pela Câmara dos Deputados e pelo Senado Federal, em conjunto.
(C) Compete ao Senado Federal fiscalizar as contas das empresas supranacionais de cujo capital social a União participe de forma direta, nos termos do tratado constitutivo.
(D) Apenas o vice-presidente da República e o ministro da Justiça devem obrigatoriamente compor tanto o Conselho da República quanto o Conselho de Defesa Nacional, devendo os presidentes da Câmara dos Deputados e do Senado Federal participar da composição de apenas um dos dois.
(E) A CF adota o sistema de freios e contrapesos ou de controle do poder pelo poder ao dispor que, embora independentes, os poderes são harmônicos entre si. O princípio da separação dos poderes é cláusula pétrea.

A: incorreta. Determina o art. Art. 46, *caput* e § 1º, da CF que o Senado Federal compõe-se de representantes dos Estados e do Distrito Federal, eleitos segundo o **princípio majoritário**. Cada Estado e o Distrito Federal elegerão três Senadores, com mandato de oito anos; **B:** incorreta. As CPIs podem ser criadas separadamente também. O § 3º do art. 58 da CF determina que as comissões parlamentares de inquérito, que terão poderes de investigação próprios das autoridades judiciais, além de outros previstos nos regimentos das respectivas Casas, **serão criadas pela Câmara dos Deputados e pelo Senado Federal, em conjunto ou separadamente**, mediante requerimento de um terço de seus membros, para a apuração de fato determinado e por prazo certo, sendo suas conclusões, se for o caso, encaminhadas ao Ministério Público, para que promova a responsabilidade civil ou criminal dos infratores; **C:** incorreta. Tal atribuição é do Congresso Nacional, não do Senado Federal. De acordo com o art. 71, V, da CF, o controle externo, a cargo do Congresso Nacional, será exercido com o auxílio do Tribunal de Contas da União, ao qual compete, dentre outras atribuições, fiscalizar as contas nacionais das empresas supranacionais de cujo capital social a União participe, de forma direta ou indireta, nos termos do tratado constitutivo; **D:** incorreta. Os presidentes da Câmara dos Deputados e do Senado Federal, ao contrário do apresentado, participam da composição dos dois conselhos. É o que determina os arts. 89, II e III, e 91, II e III, ambos da CF; **E:** correta. Determina o art. 2º da CF que são Poderes da União, independentes e harmônicos entre si, o Legislativo, o Executivo e o Judiciário. Além disso, o inciso III do § 4º do art. 60 da CF, trata a separação de poderes como cláusula pétrea. **BV/TM**
Gabarito "E".

(Juiz de Direito/DF – 2016 – CESPE) A respeito do Poder Legislativo, assinale a opção correta.

(A) A convocação extraordinária do Congresso Nacional realizada pelo presidente do Senado Federal, em caso de relevante interesse público, está na margem de sua discricionariedade política, prescindindo-se, assim, de confirmação.
(B) O STF possui entendimento consolidado de que é possível a participação de Assembleia Legislativa na nomeação de dirigentes de autarquias ou fundações públicas.
(C) Conforme entendimento consolidado do STF, o direito contra a autoincriminação, facultando-se o silêncio, deve ser observado pelas Comissões Parlamentares de Inquérito, mas os advogados dos depoentes não podem intervir.
(D) A rejeição ao veto de LC deve ser realizada pelo Senado Federal no prazo máximo de trinta dias da aposição comunicada ao presidente da Casa.
(E) Os trabalhos do Congresso se desenvolvem ao longo da legislatura que compreende período coincidente com o mandato dos senadores.

A: incorreta. A convocação extraordinária pelo Presidente do Senado Federal somente pode ocorrer nas hipóteses listadas no art. 57, § 6º, I, CF, não bastando a invocação genérica de "interesse público": "Art. 57, § 6º: A convocação extraordinária do Congresso Nacional far-se-á: I – pelo Presidente do Senado Federal, em caso de decretação de estado de defesa ou de intervenção federal"; **B:** correta. Trata-se da aplicação por simetria, aos estados-membros, do art. 52, III, "f", da CF, que submete ao crivo do Senado Federal a aprovação prévia dos indicados para ocupar determinados cargos. Por outro lado, o STF também entende que o procedimento **não** pode ser aplicado às empresas públicas e sociedades de economia mista, em razão da natureza jurídica de direito privado; **C:** incorreta. Os intimados podem depor/testemunhar perante as CPIs possuem direito ao silêncio, para não produzir provas contra si mesmo, e de assistência do seu advogado – justamente para decidir quais perguntas devem ser respondidas; **D:** incorreta. O veto é apreciado em **sessão conjunta** da Câmara e do Senado, no prazo de **trinta dias** a contar do recebimento da mensagem de veto, pelo voto da **maioria absoluta** dos Deputados e Senadores. Note que a sessão **não mais ocorre** em escrutínio secreto; **E:** incorreta. Cada legislatura terá a duração de quatro anos (art. 44, parágrafo único, CF) e o mandato dos senadores é de oito anos (art. 46, § 1º, CF). BV/TM
Gabarito "B".

(Juiz de Direito/DF – 2016 – CESPE) Em atenção à organização dos Poderes, assinale a opção correta.

(A) Compete ao governador, recebida a lista tríplice do tribunal, a nomeação de desembargador para o quinto constitucional do Poder Judiciário do DF.
(B) Conforme entendimento do STF, sua competência originária contra atos do CNJ deve ser interpretada de forma restrita e se limita às ações tipicamente constitucionais.
(C) Se o ato questionado é a lista tríplice do quinto constitucional formada por tribunal estadual, é atribuição do CNJ o controle do procedimento, ainda que ocorra após a nomeação e posse do desembargador.
(D) Os ministros de Estado, nos crimes de responsabilidade conexos com os do presidente da República, serão processados e julgados pelo STF.
(E) Conferindo a lei prerrogativas, garantias, vantagens e direitos equivalentes aos dos titulares dos ministérios é de se reconhecer ao ocupante do cargo, para as infrações penais, a prerrogativa de foro no STF.

A: incorreta. A nomeação é realizada pelo Presidente da República, pois cabe à União organizar e manter o Poder Judiciário, o Ministério Público e a Defensoria Pública do **Distrito Federal** (art. 21, XIII, e art. 94, *caput* e parágrafo único, da CF); **B:** correta. Compete ao STF, **originariamente**, processar e julgar mandado de segurança, *habeas corpus*, *habeas data* e mandado de injunção impetrados contra o CNJ, pois, nessas situações, o Conselho qualifica-se como órgão coator com legitimidade passiva (art. 102, I, "d", "q" e "r", CF). Nas demais ações (como nas de rito ordinário, por exemplo), o polo passivo é ocupado pela União, afastando a competência originária do STF; **C:** incorreta. Na hipótese, o controle **não** cabe ao CNJ, pois se trata de procedimento subjetivamente complexo em que o ato final de investidura pertence, exclusivamente, ao Chefe do Poder Executivo (MS 27.033-AgR, rel. min. Celso de Mello, j. 30.06.2015, 2ª T, *DJE* 27.10.2015); **D:** incorreta. É competência do **Senado Federal** julgar Ministros de Estado por crimes de responsabilidade conexos com os crimes de responsabilidade do Presidente da República (art. 52, I, CF); **E:** incorreta. O rol de hipóteses de competência originária do STF é taxativo, não cabendo interpretação ampliativa. BV/TM
Gabarito "B".

(Ministério Público/SP – 2015 – MPE/SP) Assinale a alternativa que contém afirmação incorreta:

(A) Cabe ao Congresso Nacional, com a sanção do Presidente da República, dentre outras matérias da competência da União, dispor sobre concessão de anistia; criação e extinção de Ministérios e órgãos da administração pública.
(B) É da competência exclusiva do Congresso Nacional escolher dois terços dos membros do Tribunal de Contas da União.
(C) Compete privativamente ao Congresso Nacional autorizar, por dois terços de seus membros, a instauração de processo contra o Presidente e o Vice-Presidente da República e os Ministros de Estado.
(D) Compete privativamente ao Senado Federal processar e julgar os Ministros do Supremo Tribunal Federal, os membros do Conselho Nacional de Justiça e do Conselho Nacional do Ministério Público, o Procurador-Geral da República e o Advogado-Geral da União nos crimes de responsabilidade.
(E) O Senado Federal compõe-se de representantes dos Estados e do Distrito Federal, eleitos segundo o princípio majoritário.

A: assertiva correta (art. 48, VIII e XI, da CF); **B:** assertiva correta (art. 49, XIII, da CF); **C:** assertiva incorreta, devendo ser assinalada; essa competência é da Câmara dos Deputados (art. 51, I, da CF), e não do Congresso Nacional; **D:** assertiva correta (art. 52, II, da CF); **E:** assertiva correta (art. 46, *caput*, da CF). BV
Gabarito "C".

(Procurador do Município – São Paulo/SP – 2014 – VUNESP) É da competência exclusiva do Congresso Nacional:

(A) aprovar iniciativas do Poder Executivo referente a atividades nucleares.
(B) eleger membros do Conselho da República.
(C) autorizar operações externas de natureza financeira, de interesse da União, dos Estados, do Distrito Federal, dos Territórios e dos Municípios.
(D) dispor sobre limites globais e condições para concessão de garantia da União em operações de crédito externo e interno.
(E) decretar o estado de defesa e o estado de sítio.

A: correta. Conforme determina o art. 49, XIV, a aprovação de iniciativas do Poder Executivo referentes a atividades nucleares é da competência exclusiva do Congresso Nacional; **B:** incorreta. De acordo com o art. 51, V, da CF, **compete privativamente à Câmara dos Deputados eleger membros do Conselho da República**, nos termos do art. 89, VII, da CF; **C:** incorreta. O art. 52, V, da CF determina a **competência privativa do Senado Federal para autorizar operações externas de natureza financeira**, de interesse da União, dos Estados, do Distrito Federal, dos Territórios e dos Municípios; **D:** incorreta. A disposição sobre limites globais e condições para as operações de crédito externo e interno da União, dos Estados, do Distrito Federal e dos Municípios, de suas autarquias e demais entidades controladas pelo Poder Público federal é da **competência privativa do Senado Federal**, conforme art. 52, VII, da CF; **E:** incorreta. O art. 84, XI, determina a **competência privativa do Presidente** da República para a **decretação do estado de defesa e o estado de sítio**. BV
Gabarito "A".

(Procurador do Município – São Paulo/SP – 2014 – VUNESP) A Lei Orgânica do Município de São Paulo prevê que, no período de recesso, a Câmara poderá ser extraordinariamente convocada

(A) pelo Presidente da Câmara Municipal.
(B) pela Mesa da Câmara Municipal.
(C) pelo maioria relativa dos vereadores.
(D) pelo Prefeito.
(E) por membro ou comissão desde que demonstrada a urgência e autorizada pelo Presidente da Câmara Municipal.

A e B: incorretas. O **Presidente da Câmara Municipal e a Mesa da Câmara Municipal não têm competência para tanto**. Se a convocação for feita pelo legislativo, é necessária que seja feita pela maioria absoluta dos vereadores; **C:** incorreta. Como mencionado, é necessária a **maioria absoluta** dos vereadores; **D:** correta. De acordo com o art. 31 da Lei Orgânica do Município de São Paulo, no período de recesso, a Câmara poderá ser extraordinariamente convocada: I – **pelo Prefeito** e II – **pela maioria absoluta dos Vereadores**; **E:** incorreta. Ainda que demonstrada a urgência, a convocação só pode ser feita pelo prefeito ou pela maioria absoluta dos Vereadores. BV
Gabarito "D".

(Procurador Legislativo – Câmara de Vereadores de São Paulo/SP – 2014 – FCC) Considere determinado Município que tenha Tribunal de Contas Municipal. De acordo com a Constituição Federal, no que toca ao controle externo do Município,

(A) o parecer prévio, emitido pelo Tribunal de Contas do Município a respeito das contas que o Prefeito deve anualmente prestar, só deixará de prevalecer por decisão da maioria dos membros da Câmara Municipal.
(B) cabe ao Tribunal de Contas do Município realizar, por iniciativa própria, inspeções e auditorias de natureza contábil, financeira, orçamentária, operacional e patrimonial, nas unidades administrativas dos Poderes Legislativo e Executivo.
(C) é vedado ao Tribunal de Contas do Município aplicar multa aos responsáveis, em caso de ilegalidade de despesa ou irregularidade de contas, uma vez que esta sanção somente poderá ser imposta pelo Poder Judiciário.
(D) é vedado ao Tribunal de Contas do Município assinar prazo para que o órgão ou entidade vinculada ao Poder Executivo adote as

providências necessárias ao exato cumprimento da lei, ainda que verificada ilegalidade, tendo em vista o princípio da separação de poderes.

(E) é vedado ao Tribunal de Contas do Município sustar, por ilegalidade, a execução de qualquer ato que tenha sido submetido à sua apreciação, visto que a competência deverá ser exercida diretamente pela Câmara dos Vereadores.

A: incorreta. De acordo com o art. 31, § 2º, da CF, o parecer prévio, emitido pelo órgão competente sobre as contas que o Prefeito deve anualmente prestar, só deixará de prevalecer por decisão de **dois terços** dos membros da Câmara Municipal; **B:** correta. As atribuições dos Tribunais de Contas vêm previstas no art. 71 da CF e uma delas é a realização, por iniciativa própria, da Câmara dos Deputados, do Senado Federal, de Comissão técnica ou de inquérito, de inspeções e auditorias de natureza contábil, financeira, orçamentária, operacional e patrimonial, nas unidades administrativas dos Poderes Legislativo, Executivo e Judiciário, e demais entidades referidas no inciso II. Tal regra pode ser aplicada em âmbito municipal; **C:** incorreta. Com fundamento no art. 71, VIII, da CF, é possível que o Tribunal de Contas do Município aplique aos responsáveis, em caso de ilegalidade de despesa ou irregularidade de contas, as sanções previstas em lei, como, por exemplo, **multa** proporcional ao dano causado ao erário; **D:** incorreta. Ao contrário do mencionado, o art. 71, IX da CF **admite** que o Tribunal assine prazo para que o órgão ou entidade adote as providências necessárias ao exato cumprimento da lei, se verificada ilegalidade; **E:** incorreta. De acordo com o art. 71, X, da CF também compete ao Tribunal de Contas **sustar**, se não atendido, a **execução do ato impugnado**, comunicando a decisão à Câmara dos Deputados e ao Senado Federal. Essa regra também pode ser aplicada em âmbito municipal. **BV**
Gabarito "B".

11.2. PRERROGATIVAS E IMUNIDADES PARLAMENTARES

(Delegado/MT – 2017 – CESPE) De acordo com o entendimento dos tribunais superiores, a condenação criminal de um parlamentar federal em sua sentença transitada em julgado resultará na

(A) perda de seus direitos políticos, cabendo à casa legislativa a decisão acerca da manutenção de seu mandato legislativo.
(B) suspensão de seus direitos políticos, mas a perda de seu mandato legislativo dependerá de decisão da Câmara dos Deputados.
(C) suspensão de seus direitos políticos, com a consequente perda automática de seu mandato.
(D) cassação de seus direitos políticos, o que levará também à perda automática de seu mandato legislativo.
(E) perda de seus direitos políticos, o que acarretará a perda automática de seu mandato legislativo.

A condenação criminal transitada em julgado, enquanto durarem seus efeitos é uma hipótese de suspensão dos direitos políticos prevista no artigo 15, CF, o qual veda expressamente a cassação de direitos políticos. Por essa razão estão erradas as alternativas A, D e E. Nos termos do artigo 55, inciso VI, CF, "Perderá o mandato o Deputado ou Senador: (...) VI – que sofrer condenação criminal em sentença transitada em julgado." Dispõe o § 2º deste artigo 55 que "Nos casos dos incisos I, II e VI, a perda do mandato será decidida pela Câmara dos Deputados ou pelo Senado Federal, por maioria absoluta, mediante provocação da respectiva Mesa ou de partido político representado no Congresso Nacional, assegurada ampla defesa.". Embora o STF tenha num determinado momento entendido que a condenação criminal levaria à perda do mandato por declaração da mesa, depois voltou ao seu entendimento original, no sentido de seguir o que está expresso na Constituição Federal. Logo, não sendo a perda automática, errada a alternativa C. Correta a **B**, pois a condenação criminal de um parlamentar federal em sua sentença transitada em julgado resultará na suspensão de seus direitos políticos, mas a perda de seu mandato legislativo dependerá de decisão da Câmara dos Deputados. **LR**
Gabarito "B".

(Delegado/AP – 2017 – FCC) Prefeito e Vereador de determinado Município participaram de congresso nacional sobre reforma política realizado em Município vizinho, no qual manifestaram opiniões divergentes a respeito da conveniência da reeleição para o cargo de Prefeito, ocasião em que se ofenderam mutuamente em público. Se a conduta moralmente ofensiva praticada por eles caracterizar crime comum,

(A) poderá ser responsabilizado penalmente o Prefeito, cabendo ao Tribunal de Justiça processá-lo e julgá-lo, sendo que o Vereador não poderá ser responsabilizado penalmente, por gozar de imunidade parlamentar.
(B) poderá ser responsabilizado penalmente o Prefeito, cabendo ao Tribunal de Justiça processá-lo e julgá-lo durante vigência do mandato, sendo que o Vereador também poderá ser responsabilizado penalmente, uma vez que vereadores, diferentemente de deputados federais, senadores e deputados estaduais, não gozam de imunidade.
(C) poderá ser responsabilizado penalmente o Prefeito, cabendo ao Tribunal de Justiça processá-lo e julgá-lo durante vigência do mandato, sendo que o Vereador também poderá ser responsabilizado penalmente, uma vez que Vereadores não gozam de imunidade parlamentar fora da circunscrição do Município.
(D) poderá ser responsabilizado penalmente o Prefeito apenas após o término do mandato, sendo competente para processá-lo e julgá-lo o órgão judiciário estadual previsto na Constituição do Estado, que não necessariamente deve ser o Tribunal de Justiça, podendo o Vereador também ser responsabilizado penalmente, uma vez que vereadores não gozam de imunidade parlamentar fora da circunscrição do Município.
(E) poderão ser responsabilizados penalmente o Prefeito e o Vereador apenas após o término dos respectivos mandatos, sendo possível, todavia, a responsabilização política de ambos durante o exercício dos mandatos eletivos.

A única correta é a alternativa **C**, conforme estabelecido no artigo 29, incisos VIII e X, CF: "Art. 29. O Município reger-se-á por lei orgânica, votada em dois turnos, com o interstício mínimo de dez dias, e aprovada por dois terços dos membros da Câmara Municipal, que a promulgará, atendidos os princípios estabelecidos nesta Constituição, na Constituição do respectivo Estado e os seguintes preceitos: VIII – inviolabilidade dos Vereadores por suas opiniões, palavras e votos no exercício do mandato e na circunscrição do Município; (...) X – julgamento do Prefeito perante o Tribunal de Justiça". Ao Prefeito, além do foro por prerrogativa de função não é conferida qualquer outra imunidade, razão pela qual poderá ser responsabilizado penalmente. Quanto aos vereadores possuem a imunidade material (não respondem por suas opiniões, palavras e votos no exercício do mandato), mas apenas na circunscrição do Município. **LR**
Gabarito "C".

11.3. COMISSÕES PARLAMENTARES DE INQUÉRITO – CPI

(Investigador – PC/BA – 2018 – VUNESP) Suponha que o Senado Federal decida criar uma Comissão Parlamentar de Inquérito (CPI) para investigação da corrupção no Futebol. Nessa hipótese, é correto afirmar que

(A) se exige, para a criação da CPI, que pelo menos 1/6 (um sexto) dos membros do Senado tenham subscrito o requerimento de instauração.
(B) no âmbito da investigação, se verificada a possibilidade de que o investigado fuja do país, a CPI poderá impor a proibição de ausentar-se do país.
(C) havendo suspeita de que o(s) investigado(s) mantém contato contínuo com organizações criminosas, a CPI poderá determinar interceptação telefônica.
(D) em regra, referida CPI poderá ser criada por prazo indeterminado, em função da necessidade de investigação apropriada da corrupção.
(E) a CPI será inconstitucional, pois o comando constitucional exige a instauração para apuração de fato determinado e não genérico.

A: incorreta, pois o requerimento de instalação da CPI deve conter a assinatura de **1/3 (um terço)** dos membros da Câmara dos Deputados ou Senado Federal (art. 58, § 3º, da CF); B: incorreta, pois a CPI não pode impedir que o cidadão deixe o território nacional e nem determinar apreensão de passaporte; C: incorreta, visto que a CPI não pode determinar interceptação telefônica; D: incorreta, pois a CPI deve ser criada por **prazo certo** (art. 58, § 3º, da CF); E: correta, pois a CPI deve ser criada para apurar **fato determinado**, e não fato genérico (art. 58, § 3º, da CF). **AN**
Gabarito "E".

(Delegado/PE – 2016 – CESPE) No que se refere a CPI, assinale a opção correta.

(A) CPI proposta por cinquenta por cento dos membros da Câmara dos Deputados e do Senado Federal não poderá ser instalada, visto que, conforme exige o texto constitucional, são necessários dois terços dos membros do Congresso Nacional para tanto.
(B) As CPIs, no exercício de suas funções, dispõem de poderes de investigação próprios das autoridades judiciais, tais como os de busca domiciliar, interceptação telefônica e decretação de prisão.
(C) A CF só admite CPIs que funcionem separadamente na Câmara dos Deputados ou no Senado Federal.
(D) Não poderá ser criada CPI que versar sobre tema genérico e indefinido, dada a exigência constitucional de que esse tipo de comissão deva visar à apuração de fato determinado.
(E) As conclusões de determinada CPI deverão ser encaminhadas ao TCU para que este promova a responsabilidade civil ou administrativa dos que forem indicados como infratores.

A: incorreta. O texto constitucional exige que a CPI seja instalada mediante requerimento de um terço dos membros (não cinquenta por cento). Determina o art. 58, § 3º, da CF que as comissões parlamentares de inquérito, que terão poderes de investigação próprios das autoridades judiciais, além de outros previstos nos regimentos das respectivas Casas, **serão criadas pela Câmara dos Deputados e pelo Senado Federal, em conjunto ou separadamente, mediante requerimento de um terço de seus membros**, para a apuração de fato determinado e por prazo certo, sendo suas conclusões, se for o caso, encaminhadas ao Ministério Público, para que promova a responsabilidade civil ou criminal dos infratores; B: incorreta. As CPIs têm poderes típicos das autoridades judiciais, com algumas **exceções**. Há assuntos que estão acobertados pela cláusula de reserva jurisdicional, ou seja, dependem de ordem judicial. Dentre tais proibições, em especial as medidas restritivas de direito, encontra-se as mencionadas na alternativa como decretação de prisão (só em flagrante é que a CPI pode decretar a prisão), interceptação telefônica – art. 5º, XII, da CF – (apenas a quebra do sigilo dos dados telefônicos, ou seja acesso às contas, é que a CPI pode determinar) e busca domiciliar (art. 5, XI, da CF); **C:** incorreta. As CPIs podem ser criadas pelas Casas do Congresso Nacional, em conjunto (CPI mista) ou separadamente, além de também poderem ser criadas nas esferas estadual e municipal; **D:** correta. A CPI não pode ser criada, por exemplo, para investigar, genericamente, a corrupção ocorrida no Brasil. O fato investigado tem que ser determinado, aquele em que é possível verificar seus requisitos essenciais; **E:** incorreta. As conclusões deverão ser **encaminhadas ao Ministério Público**. Vale lembrar que a CPI não promove responsabilidades. Ao final das apurações, ela encaminha seus relatórios conclusivos ao Ministério Público para que este órgão, se entender pertinente, promova a responsabilização civil ou criminal dos investigados.

Gabarito "D".

(Procurador do Estado/PR – 2015 – PUC-PR) Sobre as Comissões Parlamentares de Inquérito (CPIs), na linha com o entendimento do Supremo Tribunal Federal, é **CORRETO** afirmar:

(A) Compete à CPI, e não ao Poder Judiciário, o juízo sobre a restrição à publicidade da sessão da CPI.
(B) Requer-se a aquiescência de, no mínimo, um quinto dos membros da Casa Legislativa para criação da CPI.
(C) Não viola a Constituição Federal a norma inserta em Constituição Estadual que condiciona a criação da CPI à deliberação pelo Plenário da Casa Legislativa.
(D) Devido à separação de poderes e aos *freios e contrapesos*, a CPI poderá convocar magistrado com o fito de investigar ato jurisdicional, ou seja, avaliar as razões de decisão judicial.
(E) Por possuírem poderes de investigação próprios das autoridades judiciais, as CPIs poderão decretar indisponibilidade de bens dos investigados.

A: correta; esse juízo é feito pelo próprio órgão legislativo, conforme decisão proferida pelo STF no MS 24832-MC); **B:** incorreta, pois é necessário requerimento de pelo menos um terço dos membros da casa legislativa (art. 58, § 3º, da CF); **C:** incorreta; a CPI também é instrumento de proteção dos direitos das minorias, já que pode ser instalada com apenas um terço dos membros da casa legislativa (art. 58, § 3º, da CF); dessa forma, eventual negativa de prosseguimento de uma CPI por decisão do plenário da mesma casa legislativa caracterizaria violação a essa importante instrumento da minoria; nesse sentido, vide a decisão do STF proferida no MS 26441/DF; **D:** incorreta, pois, segundo o STF, "Configura constrangimento ilegal, com evidente ofensa ao princípio da separação dos Poderes, a convocação de magistrado a fim de que preste depoimento em razão de decisões de conteúdo jurisdicional atinentes ao fato investigado pela Comissão Parlamentar de Inquérito" (HC 80539 / PA); **E:** incorreta, pois, de acordo com o STF, a CPI é incompetente para decretar a indisponibilidade de bens de particular, pois esta "não é medida de instrução – a cujo âmbito se restringem os poderes de autoridade judicial a elas conferidos no art. 58, § 3º – mas de provimento cautelar de eventual sentença futura, que só pode caber ao Juiz competente para proferi-la" (MS 23480 / RJ).

Gabarito "A".

11.4. PROCESSO LEGISLATIVO

(Delegado – PC/BA – 2018 – VUNESP) A Casa na qual tenha sido concluída a votação de projeto de lei deverá enviá-lo ao Presidente da República que, ao considerar o projeto

(A) no todo ou em parte, inconstitucional ou contrário ao interesse público, vetá-lo-á total ou parcialmente, no prazo de quinze dias úteis, contados da data do recebimento.
(B) inconstitucional, em parte, poderá apor veto parcial, no prazo de quinze dias úteis, abrangendo artigo, parágrafo, inciso, alínea ou expressão verbal.
(C) no todo ou em parte, inconstitucional ou contrário ao interesse público, vetá-lo-á total ou parcialmente, no prazo de trinta dias contados da data do recebimento.
(D) contrário ao interesse público, vetá-lo-á totalmente, não podendo fazê-lo, neste caso, de forma parcial, já que não há como cindir o interesse público.
(E) no todo ou em parte, inconstitucional, vetá-lo-á total ou parcialmente, no prazo de vinte dias contados da data do recebimento.

Segundo o art. 66, § 1º, da CF, se o Presidente da República considerar o projeto, no todo ou em parte, inconstitucional ou contrário ao interesse público, vetá-lo-á total ou parcialmente, no prazo de **quinze dias úteis**, contados da data do recebimento, e comunicará, dentro de **quarenta e oito horas**, ao Presidente do Senado Federal os motivos do veto. Vale ressaltar que o veto parcial somente abrangerá texto integral de artigo, de parágrafo, de inciso ou de alínea (art. 66, § 2º, da CF).

Gabarito "A".

(Delegado/AP – 2017 – FCC) O Presidente da República encaminhou à Câmara dos Deputados projeto de lei fixando o quadro de cargos da Polícia Federal e a respectiva remuneração. A proposta, todavia, foi aprovada com emenda parlamentar que aumentou o número de cargos previsto inicialmente. Descontente com a redação final do projeto, o Presidente da República deixou de sancioná-lo, restituindo-o ao Poder Legislativo. Considerando as disposições da Constituição Federal,

I. a emenda parlamentar foi validamente proposta e aprovada, uma vez que versou sobre a mesma matéria do projeto de lei encaminhado pelo Presidente, titular de iniciativa privativa de leis que criem cargos públicos de policiais federais e que disponham sobre sua remuneração.
II. ao deixar de ser expressamente sancionado pelo Presidente da República, o projeto de lei será tacitamente sancionado decorridos 15 dias úteis.
III. havendo sanção tácita, descabe o ato de promulgação da lei pelo Chefe do Poder Executivo, devendo a lei ser promulgada pelo Presidente do Senado em 48 horas, sendo que se este não o fizer em igual prazo, caberá ao Vice-Presidente do Senado fazê-lo.

Está correto o que se afirma em

(A) I, II e III.
(B) II, apenas.
(C) I e III, apenas.
(D) I, apenas.
(E) II e III, apenas.

A afirmação I está incorreta, pois embora o tema seja pertinente, a criação de cargos aumenta despesa – o que é vedado nos termos do artigo 63, I, CF. Como destacado na ADI 3942, "a iniciativa legislativa reservada não impede que o projeto de lei encaminhado ao parlamento seja objeto de emendas pois, caso isso ocorresse, o legislativo perderia, na prática, a capacidade de legislar. Mas ressaltou que a possibilidade de alterações não é ilimitada, pois há a proibição constitucional em relação ao aumento de despesa e também a exigência de que a emenda parlamentar tenha pertinência com o projeto apresentado". A **II** está correta, pois se o presidente não sanciona expressamente ocorre a sanção tácita, conforme artigo 66, § 3º, CF. Errada a **III**, como se observa no artigo 66, § 7º, CF "Se a lei não for promulgada dentro de quarenta e oito horas pelo Presidente da República, nos casos dos § 3º e § 5º, o Presidente do Senado a promulgará, e, se este não o fizer em igual prazo, caberá ao Vice-Presidente do Senado fazê-lo". Assim a alternativa correta é a B.

Gabarito "B".

(Delegado/PE – 2016 – CESPE) Assinale a opção correta acerca do processo legiferante e das garantias e atribuições do Poder Legislativo.

(A) A criação de ministérios depende de lei, mas a criação de outros órgãos da administração pública pode se dar mediante decreto do chefe do Poder Executivo.
(B) Se um projeto de lei for rejeitado no Congresso Nacional, outro projeto do mesmo teor só poderá ser reapresentado, na mesma sessão legislativa, mediante proposta da maioria absoluta dos membros da Câmara dos Deputados ou do Senado Federal.
(C) Uma medida provisória somente poderá ser reeditada no mesmo ano legislativo se tiver perdido sua eficácia por decurso de prazo, mas não se tiver sido rejeitada.
(D) Somente após a posse, deputados e senadores passam a gozar do foro por prerrogativa de função, quando deverão ser submetidos a julgamento perante o STF.
(E) Os deputados e os senadores gozam de imunidades absolutas, que não podem ser suspensas nem mesmo em hipóteses como a de decretação do estado de defesa ou do estado de sítio.

A: incorreta. De acordo com o art. 48, XI, da CF, é competência do Congresso Nacional, com a sanção do Presidente da República, dispor sobre todas as matérias de competência da União, especialmente sobre criação e extinção de Ministérios e órgãos da administração pública. Sendo assim, **a criação de órgãos da administração pública também depende de lei**; **B:** correta. É o que determina o art. 67 da CF. Menciona tal dispositivo a matéria constante de projeto de lei rejeitado somente poderá constituir objeto de novo projeto, na mesma sessão legislativa, mediante proposta da maioria absoluta dos membros de qualquer das Casas do Congresso Nacional; **C:** incorreta. Conforme determina o art. 62, § 10, da CF, é **proibida a reedição**, na mesma sessão legislativa, **de medida provisória que tenha sido rejeitada** ou que tenha perdido sua eficácia por decurso de prazo; **D:** incorreta. De acordo com o art. 53, § 1º, da CF, os Deputados e Senadores, **desde a expedição do diploma** (ato do Tribunal Superior Eleitoral que valida a candidatura e autoriza a posse), serão submetidos a julgamento perante o Supremo Tribunal Federal; **E:** incorreta. As imunidades não são absolutas. Determina o art. 53, § 8º, da CF que as imunidades de Deputados ou Senadores subsistirão durante o estado de sítio, **só podendo ser suspensas mediante o voto de dois terços dos membros** da Casa respectiva, nos casos de atos praticados fora do recinto do Congresso Nacional, que sejam incompatíveis com a execução da medida.

Gabarito "B".

(Magistratura/GO – 2015 – FCC) O Presidente da República solicita ao Congresso Nacional autorização para legislar sobre a instituição de gratificação de atividades para servidores públicos civis da Administração direta federal. O Congresso edita, então, resolução, autorizando-o a legislar sobre aspectos que especifica da matéria, dentro do prazo de até 4 meses contados de sua publicação. No período estabelecido, o Presidente edita lei delegada, sobre os aspectos cogitados, dispondo que entrará em vigor 180 dias após sua publicação. A lei delegada em questão

(A) atende aos requisitos materiais e procedimentais previstos na Constituição, para fins de delegação legislativa.

(B) é incompatível com a Constituição da República, por versar sobre matéria que, sendo reservada à lei complementar, não poderia ser objeto de delegação.
(C) deveria ter sido submetida à apreciação do Congresso Nacional como projeto de lei, para deliberação em votação única, vedada qualquer emenda.
(D) é incompatível com a Constituição da República, por versar sobre matéria de competência privativa do Congresso Nacional, não passível de delegação.
(E) cabe ser sustada por resolução do Congresso Nacional, por ter o Presidente extrapolado dos limites da delegação legislativa, ao estabelecer *vacatio legis* superior ao prazo da própria delegação.

A: correta, pois está de acordo com o art. 68 da CF; **B:** incorreta, pois essa matéria (instituição de gratificação de atividades para servidores públicos) não é matéria reservada à lei complementar pela CF; **C:** incorreta, pois não há essa exigência na CF, ou seja, a lei será editada diretamente pelo Presidente da República, que, todavia, deve obedecer rigorosamente as especificações que o Congresso der por meio da resolução autorizativa da lei delegada; somente se a resolução mencionada determinar é que haverá necessidade de o projeto elaborado pelo Presidente da República ser submetido a votação única, vedada qualquer emenda; **D:** incorreta, pois o art. 68 da CF regula o instituto da "lei delegada"; **E:** incorreta, pois não há essa restrição na regulamentação da lei delegada. Gabarito "A".

(Magistratura/SC – 2015 – FCC) A medida provisória que, no processo de conversão em lei, for aprovada pelo Congresso Nacional sem alterações,
(A) manter-se-á integralmente em vigor até que seja sancionada ou vetada.
(B) enseja vedação a que nova medida provisória seja editada sobre a mesma matéria por ela disciplinada enquanto estiver pendente de sanção ou veto do Presidente da República.
(C) é passível de ser promulgada diretamente pelo Presidente do Senado Federal, caso o Presidente da República não o faça no prazo de quarenta e oito horas após a sanção ou a rejeição do veto.
(D) não cabe ser submetida à sanção ou veto do Presidente da República, diferentemente do que ocorre com os projetos de lei de iniciativa do Presidente da República aprovados, sem modificações, pelo Congresso Nacional.
(E) cabe ser alterada pelo Presidente da República mediante mensagem aditiva, ensejando seu reexame pelo Congresso Nacional.

A, B, C e E: incorretas, pois os institutos da sanção ou veto são determinados apenas quando aprovado projeto de lei de conversão que altera o texto original da medida provisória (art. 62, § 12, da CF); **D:** correta, pois os institutos da sanção ou veto são determinados apenas quando aprovado projeto de lei de conversão que altera o texto original da medida provisória (art. 62, § 12, da CF). Gabarito "D".

(Procurador do Estado/BA – 2014 – CESPE) Julgue os itens que se seguem, com base nas disposições da Constituição do Estado da Bahia.
(1) O procedimento de emenda constitucional previsto no texto da Constituição baiana obedece ao princípio da simetria.
(2) O governador do estado da Bahia está autorizado a editar medidas provisórias, desde que atendidos os requisitos da relevância e da urgência e observadas as vedações constitucionais de natureza formal e material.

1: correto. As regras que tratam da alteração da Constituição Baiana estão previstas em seu art. 74 e seguem o modelo trazido pela CF, portanto obedecem ao princípio da simetria; **2:** errado. Não há essa autorização na Constituição Baiana, de modo que o Governador não poderá editar medidas provisórias. O STF entende que o Governador do Estado só poderá editar medida provisória se a Constituição do seu respectivo Estado trouxer essa autorização. Além disso, devem ser cumpridos os requisitos trazidos pela CF que são: relevância e urgência. Gabarito 1C, 2E.

(Procurador do Estado/AC – 2014 – FMP) O Governador do Estado pode editar medida provisória em caso de relevância e urgência, desde que a Constituição estadual preveja expressamente a possibilidade e o Parlamento estadual a confirme nos três meses subsequentes à sua edição.
Em relação à tal afirmação, assinale a assertiva correta.
(A) A afirmativa é incorreta, pois somente o Presidente da República tem competência para a edição de medidas provisórias.
(B) A afirmativa é incorreta, pois a Constituição Federal impede a edição de medidas provisórias.
(C) A afirmativa é incorreta, pois a edição de medidas provisórias em âmbito estadual depende do que dispuser a respectiva Constituição Estadual.
(D) A afirmativa é correta.

A: incorreta. Não é somente o Presidente da República que tem competência para edição de medidas provisórias. O STF entende que as medidas provisórias podem ser editadas pelos Governadores, desde que sejam observadas as regras previstas na CF (art. 62) e haja previsão de sua possibilidade nas Constituições Estaduais; **B:** incorreta. Ao contrário do afirmado, a CF admite a edição de medidas provisórias em seu art. 62; **C:** correta. De fato a edição de medidas provisórias em âmbito estadual deve observar, além das regras previstas na CF, as normas dispostas da respectiva Constituição Estadual; **D:** incorreta. Diversamente do mencionado, a alternativa está incorreta. Gabarito "C".

(Procurador do Município – São Paulo/SP – 2014 – VUNESP) Nos termos da Lei Orgânica do Município de São Paulo, o processo legislativo compreende a elaboração de
(A) emendas à Lei Orgânica; leis complementares; leis ordinárias municipais; decretos legislativos.
(B) emendas à Lei Orgânica, leis, leis delegadas, decretos legislativos; resoluções.
(C) emendas à Lei Orgânica; leis complementares; leis; leis delegadas, decretos legislativos; resoluções.
(D) emendas à Lei Orgânica; leis complementares; leis, decretos legislativos; resoluções.
(E) emendas à Lei Orgânica; leis; decretos legislativos; resoluções.

De acordo com o art. 34 da Lei Orgânica do Município de São Paulo, o Processo Legislativo compreende a elaboração de: I – emendas à Lei Orgânica; II – leis; III – decretos legislativos e IV – resoluções. Gabarito "E".

(Procurador do Município – São Paulo/SP – 2014 – VUNESP) A Lei Orgânica do Município de São Paulo pode ser emendada mediante proposta:
(A) de maioria absoluta, no mínimo, dos membros da Câmara Municipal; da mesa da Câmara Municipal; de cidadãos, mediante iniciativa popular assinada por, no mínimo, 1% dos eleitores do Município.
(B) de 1/3, no mínimo, dos membros da Câmara Municipal; do Prefeito; de cidadãos, mediante iniciativa popular assinada por, no mínimo, 1% dos eleitores do Município.
(C) de maioria absoluta, no mínimo, dos membros da Câmara Municipal; da Mesa da Câmara Municipal; de cidadãos, mediante iniciativa popular assinada por, no mínimo, 5% dos eleitores do Município.
(D) de maioria absoluta, no mínimo, dos membros da Câmara Municipal; da mesa da Câmara Municipal; de cidadãos, mediante iniciativa popular assinada por, no mínimo, 0,3% dos eleitores do Município.
(E) de 1/3, no mínimo, dos membros da Câmara Municipal; do Prefeito; de cidadãos, mediante iniciativa popular assinada por, no mínimo, 5% dos eleitores do Município.

Conforme determina o art. 36 da Lei Orgânica do Município de São Paulo, tal norma poderá ser emendada mediante proposta: I – de **1/3 (um terço), no mínimo, dos membros da Câmara Municipal**; II – **do Prefeito**; III – **de cidadãos**, mediante iniciativa popular assinada por, **no mínimo 5% (cinco por cento) dos eleitores do Município**. Gabarito "E".

(Procurador Legislativo – Câmara de Vereadores de São Paulo/SP – 2014 – FCC) O Poder Legislativo de determinado Município aprovou 3 (três) leis de iniciativa de um mesmo vereador, versando sobre as seguintes matérias:

Lei A – Concede aos médicos da rede pública municipal de saúde o direito à licença remunerada por trinta dias, a cada três anos de exercício do cargo ou emprego público.

Lei B – Atribui aos professores da rede pública municipal de ensino o direito à gratificação financeira fixada na mesma lei, caso exerçam cargos ou empregos públicos em locais considerados de difícil acesso.

Lei C – Eleva a alíquota do imposto sobre serviços.

Compatibiliza-se com a Constituição Federal a iniciativa legislativa
(A) das leis A e C.
(B) das leis A e B.
(C) das leis B e C.
(D) da lei A.
(E) da lei C.

O § 1º do art. 60 da CF traz assuntos que são de iniciativa privativa do Presidente da República. Por simetria, nos estados e nos municípios esses projetos de lei devem ser iniciados pelos respectivos chefes do executivo Sendo assim, as leis que: I – fixem ou modifiquem os efetivos das Forças Armadas; II – disponham sobre: a) criação de cargos, funções ou empregos públicos na administração direta ou autárquica ou aumento de sua remuneração; b) organização administrativa e judiciária, matéria tributária e orçamentária, serviços públicos e pessoal da administração dos Territórios; c) **servidores públicos** da União e Territórios, **seu regime jurídico**, provimento de cargos, estabilidade e aposentadoria; d) organização do Ministério Público e da Defensoria Pública da União, bem como normas gerais para a organização do Ministério Público e da Defensoria Pública dos Estados, do Distrito Federal e dos Territórios; e) criação e extinção de Ministérios e órgãos da administração pública, observado o disposto no art. 84, VI. Portanto, apenas o projeto de lei que eleva a alíquota do imposto sobre serviços é que poderia ter sido iniciado por um vereador. Gabarito "E".

(Juiz de Direito/PA – 2014 – VUNESP) Em caso de relevância e urgência, o Presidente da República poderá editar medida provisória, entretanto, é vedada a edição sobre matéria relativa
(A) à cidadania e aos partidos políticos.
(B) à instituição de impostos, mesmo que produza efeitos no exercício financeiro seguinte.
(C) a contratos administrativos e licitações.
(D) à organização da Administração Pública.
(E) à majoração de impostos, mesmo se convertida em lei.

A: correta. Segundo estabelece o art. 62, § 1º, I, a, da CF, "é vedada a edição de medidas provisórias sobre matéria relativa a nacionalidade, cidadania, direitos políticos, partidos políticos (...)"; **B:** incorreta, pois não reflete o disposto no art. 62, § 2º, da CF; **C:** incorreta (restrição não contemplada na CF); **D:** incorreta (restrição não contemplada na CF); **E:** incorreta, pois em desacordo com a regra prevista no art. 62, § 2º, da CF. Gabarito "A".

(Juiz de Direito/RJ – 2014 – VUNESP) No tocante às normas constitucionais referentes ao processo legislativo, assinale a alternativa correta.
(A) São de iniciativa privativa do Presidente da República, entre outras, as leis que disponham sobre organização do Ministério Público e da Defensoria Pública da União, bem como normas gerais para a organização do Ministério Público e da Defensoria Pública dos Estados, do Distrito Federal e dos Territórios.
(B) É vedada a edição de medidas provisórias, entre outras, sobre matéria relativa a: direito eleitoral, direito civil, direito penal, direito processual penal, direito processual civil e organização do Poder Judiciário e do Ministério Público, a carreira e a garantia de seus membros.
(C) Se a medida provisória não for apreciada em até cento e vinte dias contados de sua publicação, entrará em regime de urgência, subsequentemente, em cada uma das Casas do Congresso Nacional, ficando sobrestadas, até que se ultime a votação, todas as demais deliberações legislativas da Casa em que estiver tramitando.
(D) O projeto de lei aprovado por uma Casa será revisto pela outra, em um só turno de discussão e votação, e enviado à sanção ou promulgação, se a Casa revisora o aprovar, ou, se o projeto for emendado ou rejeitado, voltará à Casa iniciadora.

A: correta (art. 61, § 1º, II, d, da CF); **B:** incorreta, na medida em que o art. 62, § 1º, da CF não previu, como matéria cuja veiculação não pode se dar por meio de medida provisória, a atinente a *direito civil*; as demais (direito eleitoral; penal; processual penal; processual civil; e organização do Poder Judiciário e do Ministério Público, a carreira e a garantia de seus membros estão contempladas no rol do dispositivo ao qual nos referimos, não podendo, pois, ser veiculadas por medida provisória; **C:** incorreta, uma vez que o prazo estabelecido no art. 62, § 6º, da CF corresponde a 45 (quarenta e cinco) dias, e não de 120 (cento e vinte), como constou da assertiva; **D:** incorreta, já que, na hipótese de rejeição do projeto de lei, impõe-se o seu arquivamento (e não o seu retorno à Casa onde teve origem o projeto), na forma estatuída no art. 65, caput, da CF. Gabarito "A".

(Promotor de Justiça/MG – 2014) Assinale a alternativa **CORRETA**:
(A) Os Deputados Federais, Estaduais e Distritais, Senadores e Vereadores gozam de imunidade material e imunidade formal.
(B) Os Deputados e Senadores, desde a expedição do diploma, serão submetidos a julgamento perante o Supremo Tribunal Federal. Essa prerrogativa alcança também os suplentes, diplomados ou não, independentemente de terem assumido o cargo, definitiva ou provisoriamente.
(C) As imunidades de Deputados e Senadores subsistirão durante o estado de sítio, só podendo ser suspensas mediante o voto de dois terços dos membros da Casa respectiva, nos casos de atos praticados fora do recinto do Congresso Nacional, que sejam incompatíveis com a execução da medida.
(D) A incorporação às Forças Armadas de Deputados e Senadores, embora militares, dependerá de prévia licença da Casa respectiva, exceto em tempo de guerra.

A: incorreta, na medida em que a imunidade *formal* ou *processual*, assegurada aos parlamentares federais e estaduais, não se estende, por força do art. 29, VIII, da CF, aos vereadores, aos quais somente é garantida a imunidade *material*; **B:** incorreta. Dado que a imunidade decorre do exercício efetivo da função parlamentar, tal prerrogativa não poderá ser estendida aos suplentes. Nesse sentido: STF, Inq. 2.453-Ag-R, rel. Min. Ricardo Lewandowski, j. 17.05.2007; **C:** correta, pois reflete a regra presente no art. 53, § 8º, da CF; **D:** incorreta, pois não corresponde ao que estabelece o art. 53, § 7º, da CF. Ante recente decisão do STF, cabem algumas observações a respeito do foro por prerrogativa de função. No dia 3 de maio de 2018, o Plenário do STF, por maioria de votos, decidiu que o foro por prerrogativa de função de que gozam parlamentares federais (senadores e deputados) se aplica tão somente às infrações penais cometidas no exercício do cargo e em razão das funções a ele relacionadas. Tal decisão foi tomada no julgamento de questão de ordem da ação penal 937, cujo relator é o ministro Luís Roberto Barroso. Com isso, se o crime imputado a senador ou deputado federal é cometido antes da diplomação, o julgamento caberá ao juízo de primeira instância; se for cometido no curso do mandato mas nenhuma relação tiver com o seu exercício, o julgamento também caberá ao juiz de primeira instância (por exemplo: homicídio; roubo; embriaguez ao volante); agora, sendo o delito cometido durante o mandato e havendo relação entre ele e o desempenho da função parlamentar (corrupção passiva, por exemplo), o julgamento deverá realizar-se perante o STF. Uma das primeiras questões que surgiu, entre tantas outras, é se este entendimento que restringe o foro por prerrogativa de função se aplica para outras hipóteses de foro privilegiado ou apenas para os deputados federais e senadores. Segundo o STF, em decisão tomada no julgamento do Inq 4703 QO/DF, ocorrido em 12/06/2018 e da relatoria do ministro Luiz Fux, tal restrição imposta ao foro privilegiado vale também para ministros de Estado. O STJ, por sua vez, ao enfrentar a questão, tendo por base a decisão do STF na AP 937, decidiu que a restrição do foro deve alcançar governadores e conselheiros dos Tribunais de Contas estaduais (AP 866 e AP 857). Lembremos que o art. 105, I, "a", da CF/88 estabelece que compete ao STJ julgar os crimes praticados por governadores de Estado e por conselheiros dos Tribunais de Contas dos Estados. No que concerne aos prefeitos, ainda não há consenso. Há tribunais que, em face da nova interpretação conferida pelo STF ao foro por prerrogativa de função, remeteram os processos contra o chefe do executivo municipal para julgamento pela 1ª instância. Gabarito "C".

(Promotor de Justiça/MG – 2014) Analise as seguintes assertivas relativas ao processo legislativo estabelecido na Constituição da República de 1988:
I. A iniciativa do processo legislativo pode ser concorrente ou geral e reservada ou exclusiva
II. As regras do processo legislativo, em especial as concernentes à iniciativa legislativa, em razão da autonomia dos Estados, Distrito Federal e Municípios, não são de observância obrigatória para esses entes federativos.
III. O processo legislativo previsto no art. 59 compreende a elaboração de decretos legislativos, leis delegadas, resoluções e portarias.
IV. São fases do processo legislativo ordinário: a iniciativa, discussão, votação, sanção ou veto, promulgação e publicação.
Somente está CORRETO o que se afirma em:
(A) I e II;
(B) I e IV;
(C) II e III;
(D) II e IV.

I: correta. É *geral* sempre que o processo legislativo puder ser deflagrado por qualquer das pessoas ou órgãos elencados no art. 61, caput, da CF; diz-se *reservada* quando tal iniciativa couber a órgãos específicos, tal qual a Presidência da República (art. 61, § 1º, da CF); *concorrente*, por sua vez, é aquela em que o processo legislativo é deflagrado por mais de um legitimado. É o caso da iniciativa contemplada no art. 61, § 1º, II, d, c/c o art. 128, § 5º, ambos da CF; por fim, fala-se em iniciativa *exclusiva* quando a legitimidade é conferida a tão somente determinado cargo ou órgão. Exemplo disso é a prerrogativa da Presidência da República (e somente ela) para dar início ao processo legislativo atinente a lei que fixe ou modifique os efetivos das Forças Armadas (art. 61, § 1º, I, CF); **II:** incorreta, dado que, à luz do princípio da simetria, as regras atinentes ao processo legislativo, no âmbito federal, devem ser observadas, no que couber, pelos Estados, Distrito Federal e municípios; **III:** incorreta, uma vez que o art. 59 da CF não contempla, como espécie normativa, a *portaria*; **IV:** correta. De fato, o processo legislativo, que é constituído de atos formais preordenados, compreende: iniciativa para deflagrar o processo legislativo; discussão; votação; sanção ou veto; e, por fim, promulgação e publicação. Gabarito "B".

11.5. FISCALIZAÇÃO CONTÁBIL, FINANCEIRA E ORÇAMENTÁRIA. TRIBUNAIS DE CONTAS

(Juiz de Direito/AM – 2016 – CESPE) Sabendo que o controle externo a cargo do Congresso Nacional é exercido com o auxílio do TCU, assinale a opção correta.
(A) Deverá o TCU sustar, diretamente, a execução de atos e de contratos impugnados, devendo comunicar a decisão à Câmara dos Deputados e ao Senado Federal e solicitar ao Poder Executivo que adote as medidas cabíveis.
(B) O TCU deve encaminhar, mensalmente, ao Congresso Nacional relatório de suas atividades.
(C) O TCU é competente para julgar as contas dos administradores e demais responsáveis por valores públicos da administração direta e indireta, tendo eficácia de título executivo as decisões desse tribunal das quais resulte imputação de débito ou multa.
(D) Compete ao TCU apreciar, para fins de registro, a legalidade dos atos de admissão de pessoal, a qualquer título, na administração direta e indireta, inclusive nomeações para cargo de provimento em comissão, bem como a das concessões de aposentadorias, reformas e pensões.
(E) O TCU fiscalizará as contas nacionais de empresas supranacionais apenas quando houver participação direta da União em seu capital social, nos termos do tratado constitutivo.

A: incorreta. Na hipótese de impugnação de "atos", o TCU fixa prazo para a regularização e, se não atendido, pode sustar diretamente o ato impugnado, comunicando a decisão à

Câmara dos Deputados e ao Senado Federal. No caso de impugnação de "contratos", o ato de sustação será adotado diretamente pelo Congresso Nacional, que solicitará ao Poder Executivo, de imediato, as medidas cabíveis (art. 71, X, XI e §§ 1º e 2º, CF); **B**: incorreta. O envio é trimestral e anual (art. 71, § 4º, CF); **C**: correta. Art. 71, II e 3º, CF: Art. 71. O controle externo, a cargo do Congresso Nacional, será exercido com o auxílio do Tribunal de Contas da União, ao qual compete: (...) II – julgar as contas dos administradores e demais responsáveis por dinheiro, bens e valores públicos da administração direta e indireta, incluídas as fundações e sociedades instituídas e mantidas pelo Poder Público federal, e as contas daqueles que derem causa a perda, extravio ou outra irregularidade de que resulte prejuízo ao erário público; (...) § 3º As decisões do Tribunal de que resulte imputação de débito ou multa terão eficácia de título executivo"; **D**: incorreta. Excetuam-se da regra do art. 71, III, CF, as nomeações para cargo de provimento em comissão; **E**: incorreta. De acordo com o art. 71, V, CF, o TCU fiscalizará as contas nacionais das empresas supranacionais de cujo capital social a União participe, de forma direta ou indireta, nos termos do tratado constitutivo. BV/TM
Gabarito "C".

(Juiz de Direito/DF – 2016 – CESPE) No que se refere ao tema controle interno e externo e seus respectivos órgãos estatais, assinale a opção correta.
(A) Qualquer cidadão ou sindicato é parte legítima para denunciar irregularidades ou ilicitudes ao tribunal de contas.
(B) O controle da atividade administrativa exercido pelo CNJ sujeita todos os órgãos do Poder Judiciário Nacional.
(C) O TCU, mediante controle externo que lhe cabe por competência exclusiva, exerce a fiscalização da atividade contábil, financeira, orçamentária, operacional e patrimonial da União.
(D) Nos processos perante o TCU, em que há apreciação da legalidade do ato de concessão inicial de aposentadoria, é prescindível assegurar-se o contraditório e a ampla defesa, a despeito do decurso de qualquer lapso temporal.
(E) No que tange ao controle interno da administração, é lícito condicionar a admissibilidade de recurso administrativo a prévio depósito.

A: correta. Art. 74, 2º, CF: "§ 2º Qualquer cidadão, partido político, associação ou sindicato é parte legítima para, na forma da lei, denunciar irregularidades ou ilegalidades perante o Tribunal de Contas da União"; **B**: incorreta. O controle da atividade administrativa feito pelo CNJ refere-se a todo o Poder Judiciário, não apenas ao Judiciário nacional (art. 103-B, § 4º, CF c/c art. 92, I a VII, da CF); **C**: incorreta. O controle de tais atividades é exercido pelo TCU em controle **externo**, e também pelo controle **interno** de cada Poder (art. 70, *caput*, CF) – não há exclusividade do TCU; **D**: incorreta. Após o lapso temporal de cinco anos é necessária a observância do contraditório e da ampla defesa, constituindo exceção à Súmula Vinculante 3/STF: "Nos processos perante o TCU asseguram-se o contraditório e a ampla defesa quando da decisão puder resultar anulação ou revogação de ato administrativo que beneficie o interessado, excetuada a apreciação da legalidade do ato de concessão inicial de aposentadoria, reforma e pensão"; **E**: incorreta. Súmula Vinculante 21/STF: "É **inconstitucional** a exigência de depósito ou arrolamento prévios de dinheiro ou bens para admissibilidade de recurso administrativo". BV/TM
Gabarito "A".

(Procurador do Município – Cuiabá/MT – 2014 – FCC) A Constituição do Estado do Mato Grosso, ao dispor sobre a fiscalização contábil, financeira e orçamentária do Estado e entidades da Administração estadual, mediante controle externo, estabelece que
I. será exercida pela Assembleia Legislativa, com auxílio do Tribunal de Contas do Estado (TCE), o qual é integrado por sete Conselheiros, tem sede na Capital, quadro próprio de pessoal e jurisdição em todo o território do Estado.
II. dois dos Conselheiros do TCE serão escolhidos, alternadamente, dentre auditores e membros do Ministério Público junto ao Tribunal, indicados em lista tríplice pelo Tribunal, segundo critérios de antiguidade e merecimento.
III. os Conselheiros do TCE serão nomeados pelo Governador do Estado, com aprovação prévia da Assembleia Legislativa, dentre brasileiros que satisfaçam, entre outros, aos seguintes requisitos: notório conhecimento jurídico, contábil, econômico e financeiro ou de administração pública; e mais de 10 anos de exercício de função ou efetiva atividade profissional que exija os conhecimentos nas áreas mencionadas e, no caso dos auditores e membros do Ministério Público junto ao TCE, 10 anos de efetiva atividade nas respectivas carreiras daquele Tribunal.

É compatível com a disciplina da matéria na Constituição da República o quanto referido em
(A) I, II e III.
(B) I, apenas.
(C) I e II, apenas.
(D) I e III, apenas.
(E) II e III, apenas.

I: correta. De acordo com o art. 49 da Constituição do Estado de Mato Grosso, o Tribunal de Contas do Estado, integrado por **sete Conselheiros**, tem **sede na Capital**, **quadro próprio de pessoal e jurisdição em todo o território estadual**, exercendo, no que couber, as atribuições previstas no art. 46, desta Constituição; **II**: correta. Conforme determina o art. 49, § 2º, I, segunda parte, da Constituição do Estado de Mato Grosso, os Conselheiros do Tribunal de Contas do Estado serão escolhidos: três pelo Governador do Estado, com aprovação da Assembleia Legislativa, sendo uma da sua livre escolha e **dois, alternadamente, dentre auditores e membros do Ministério Público junto ao Tribunal, indicados em lista tríplice** pelo Tribunal, segundo os **critérios de antiguidade e merecimento**; **III**: correta. O art. 49, § 1º, da Constituição do Estado de Mato Grosso, os Conselheiros do Tribunal de Contas serão nomeados pelo Governador do Estado, com aprovação prévia da Assembleia Legislativa, dentre brasileiros que satisfaçam os seguintes requisitos: I – mais de trinta anos e menos de sessenta e cinco anos de idade; II – idoneidade moral e reputação ilibada; III – **notório conhecimento jurídico, contábil, econômico e financeiro ou de administração pública**; IV – **mais de dez anos de exercício de função ou de efetiva atividade profissional** que exija os conhecimentos mencionados no inciso anterior. BV
Gabarito "A".

12. DA ORGANIZAÇÃO DO PODER JUDICIÁRIO

(Investigador – PC/BA – 2018 – VUNESP) Partindo das previsões constantes na Constituição Federal brasileira, assinale a alternativa correta acerca da organização, das competências e dos órgãos do Poder Judiciário.
(A) Compete ao Supremo Tribunal Federal homologar sentenças estrangeiras e conceder exequatur às cartas rogatórias.
(B) Na promoção de entrância para entrância, será obrigatória a promoção do juiz que figure por 3 (três) vezes consecutivas ou 5 (cinco) alternadas em lista de merecimento.
(C) As decisões administrativas dos tribunais serão motivadas e em sessão pública, sendo as disciplinares tomadas pelo voto de 2/3 (dois terços) de seus membros.
(D) É vedado aos magistrados exercer a advocacia no juízo ou tribunal do qual se afastou, antes de decorridos 4 (quatro) anos do afastamento do cargo por aposentadoria ou exoneração.
(E) O Poder Executivo poderá reduzir unilateralmente o orçamento proposto pelo Poder Judiciário, ainda que esse tenha sido elaborado e enviado com observância aos limites, forma e prazo da Lei de Diretrizes Orçamentárias, quando constatada insuficiência de recursos.

A: incorreta, pois compete ao Superior Tribunal de Justiça processar e julgar, originariamente, a homologação de sentenças estrangeiras e a concessão de exequatur às cartas rogatórias (art. 105, I, *i*, da CF); **B**: correta, nos termos do art. 93, II, *a*, da CF; **C**: incorreta, visto que as decisões administrativas dos tribunais serão motivadas e em sessão pública, sendo as disciplinares tomadas pelo voto da **maioria absoluta** de seus membros (art. 93, X, da CF); **D**: incorreta, porque é vedado aos juízes exercer a advocacia no juízo ou tribunal do qual se afastou, antes de decorridos **três anos** do afastamento do cargo por aposentadoria ou exoneração (art. 95, parágrafo único, V, da CF); **E**: incorreta, pois o Poder Executivo somente poderá proceder aos ajustes necessários nas propostas orçamentárias do Poder Judiciário se forem encaminhadas em desacordo com os limites estipulados na lei de diretrizes orçamentárias (art. 99, §§ 1º e 4º, da CF). AN
Gabarito "B".

(Investigador – PC/BA – 2018 – VUNESP) Segundo o disposto pela Constituição Federal, é correto afirmar, sobre o Conselho Nacional de Justiça, que
(A) é composto de 15 (quinze) membros com mandato de 2 (dois) anos, sendo admitida uma única recondução.
(B) deve elaborar, anualmente, relatório estatístico sobre processos e sentenças prolatadas, por unidade da Federação, nos diferentes órgãos do Poder Judiciário.
(C) o Conselho será presidido pelo Vice-Presidente do Supremo Tribunal Federal, e, nas suas ausências e impedimentos, pelo Ministro mais antigo da Corte.
(D) o Ministro mais antigo do Supremo Tribunal Federal exercerá a função de Ministro Corregedor do Conselho Nacional de Justiça e ficará excluído da distribuição de processos no Tribunal.
(E) deve rever, de ofício ou mediante provocação, os processos disciplinares de juízes e membros de tribunais julgados há menos de 5 (cinco) anos.

A: correta, nos termos do art. 103-B, *caput*, da CF; **B**: incorreta, pois o CNJ deve elaborar **semestralmente** relatório estatístico sobre processos e sentenças prolatadas, por unidade da Federação, nos diferentes órgãos do Poder Judiciário (art. 103-B, § 4º, VI, da CF); **C**: incorreta, pois o Conselho será presidido pelo Presidente do Supremo Tribunal Federal e, nas suas ausências e impedimentos, pelo Vice-Presidente do Supremo Tribunal Federal (art. 103-B, § 1º, da CF); **D**: incorreta, porque o Ministro do Superior Tribunal de Justiça exercerá a função de Ministro-Corregedor e ficará excluído da distribuição de processos no Tribunal (art. 103-B, § 5º, da CF); **E**: incorreta, visto que cabe ao CNJ rever, de ofício ou mediante provocação, os processos disciplinares de juízes e membros de tribunais julgados há menos de **um ano** (art. 103-B, § 4º, V, da CF). AN
Gabarito "A".

(Juiz de Direito – TJ/RS – 2018 – VUNESP) Assinale a alternativa que corretamente discorre sobre o Conselho Nacional de Justiça.
(A) O Conselho Nacional de Justiça poderá exercer o controle abstrato de constitucionalidade, declarando, em tese e como questão

principal de eventual procedimento de controle administrativo, a inconstitucionalidade de lei ou ato normativo.
(B) Sem prejuízo da competência disciplinar e correicional dos Tribunais, o Conselho Nacional de Justiça pode avocar processos disciplinares e determinar, dentre outras sanções cabíveis, a perda do cargo de membro do Poder Judiciário.
(C) O fato de o Conselho Nacional de Justiça ser composto por algumas pessoas estranhas ao Poder Judiciário fere a independência desse poder, tanto que o Supremo Tribunal Federal já declarou inconstitucionais os dispositivos que versam sobre a composição do Conselho.
(D) A Constituição Federal determina que a União crie ouvidorias de justiça, que serão competentes para receber reclamações e denúncias contra membros do Poder Judiciário e encaminhá-las aos respectivos Tribunais, mas não diretamente ao Conselho Nacional de Justiça.
(E) O Conselho Nacional de Justiça não tem nenhuma competência sobre o Supremo Tribunal Federal e seus ministros, sendo esse o órgão máximo do Poder Judiciário nacional, a que aquele está sujeito.

A: incorreta, já que o Conselho Nacional de Justiça não possui competência para declarar a inconstitucionalidade de atos estatais (atribuição sujeita à reserva de jurisdição), podendo, todavia, recusar-se a conferir aplicabilidade a normas inconstitucionais, eis que "*há que [se] distinguir entre declaração de inconstitucionalidade e não aplicação de leis inconstitucionais, pois esta é obrigação de qualquer tribunal ou órgão de qualquer dos Poderes do Estado*" (RMS 8.372/CE, Rel. Min. Pedro Chaves, Tribunal Pleno). Insere-se entre as competências constitucionalmente atribuídas ao Conselho Nacional de Justiça a possibilidade de afastar, por inconstitucionalidade, a aplicação de lei aproveitada como base de ato administrativo objeto de controle, determinando aos órgãos submetidos a seu espaço de influência a observância desse entendimento, por ato expresso e formal tomado pela maioria absoluta dos seus membros (Pet 4656/PB, Rel. Min. Cármen Lúcia, Tribunal Pleno, j. em 19.12.2016); **B:** incorreta, já que o CNJ pode avocar processos disciplinares em curso e determinar a remoção, a disponibilidade ou a aposentadoria com subsídios ou proventos proporcionais ao tempo de serviço e aplicar outras sanções administrativas, exceto a perda do cargo de membro do Poder Judiciário (art. 103-B, § 4º, III, da CF); **C:** incorreta, pois o STF já declarou constitucionais os dispositivos que versam sobre a composição do Conselho, asseverando que "*se o instituto que atende pelo nome de quinto constitucional, enquanto integração de membros não pertencentes à carreira da magistratura em órgãos jurisdicionais, encarregados do exercício da função típica do Judiciário, não ofende o princípio da separação e independência dos Poderes, então não pode ofendê-la a fortiori a mera incorporação de terceiros em órgão judiciário carente de competência jurisdicional*" (ADI 3.367, Rel. Min. Cezar Peluso, j. 13-4-2005); **D:** incorreta, uma vez que a Constituição determina que a União crie ouvidorias de justiça com competência para receber reclamações e denúncias de qualquer interessado contra membros ou órgãos do Poder Judiciário, ou contra seus serviços auxiliares, representando diretamente ao Conselho Nacional de Justiça (art. 103-B, § 7º, da CF); **E:** correta, conforme os termos do entendimento firmado pelo STF na ADI 3.367, Rel. Min. Cezar Peluso, j. 13-4-2005.
Gabarito "E".

(**Defensor Público Federal – DPU – 2017 – CESPE**) De acordo com o entendimento do STJ acerca da homologação de sentenças estrangeiras, julgue os itens seguintes.
(1) Pode ser homologada sentença penal estrangeira que determine o perdimento de imóvel situado no Brasil reconhecido como produto de crime de lavagem de dinheiro.
(2) A existência de sentença estrangeira transitada em julgado que verse sobre guarda ou obrigação de alimentos impede a propositura de nova ação de guarda ou de alimentos na justiça brasileira.
(3) O caráter laico do Estado brasileiro impede a homologação de sentenças estrangeiras eclesiásticas de anulação de matrimônio confirmadas pela Santa Sé.

1: Correto. Consta do Informativo n. 586 do STJ de 1 a 31 de julho de 2016. Merece destaque: "a Convenção das Nações Unidas contra o Crime Organizado Transnacional (Convenção de Palermo), promulgada pelo Decreto n. 5.015/2004, dispõe que os estados partes adotarão, na medida em que o seu ordenamento jurídico interno o permita, as medidas necessárias para possibilitar o confisco do produto das infrações previstas naquela convenção ou de bens cujo valor corresponda ao desse produto (art. 12, 1, *a*), sendo o crime de lavagem de dinheiro tipificado na convenção (art. 6º), bem como na legislação brasileira (art. 1º da Lei n. 9.613/1998)" (SEC 10.612-FI, Rel. Min. Laurita Vaz, julgado em 18/5/2016, DJe 28/6/2016). **2:** Errado. A existência de sentença estrangeira transitada em julgado não impede a instauração de ação de guarda e de alimentos perante o Poder Judiciário Brasileiro, pois a sentença de guarda ou de alimentos não é imutável, nos termos do art. 35 do ECA (Informativo n. 548 STJ – Precedentes: SEC 4.830-EX, Corte Especial, DJe 3/10/2013; e SEC 8.451-EX, Corte Especial, DJe 29/5/2013. SEC 6.485-EX, Rel. Min. Gilson Dipp, julgado em 3/9/2014). **3:** Errado: A laicidade do Estado brasileiro não impede o reconhecimento de sentenças eclesiásticas, e não cabe ao STJ analisar o mérito de sentenças estrangeiras. A possibilidade está prevista no Decreto Legislativo 698/2009, que aprovou um acordo assinado entre o Brasil e a Santa Sé, criando o Estatuto Jurídico da Igreja Católica. Depois, esse decreto foi ratificado pelo Decreto Federal 7.107/2010 (SEC 11.962-EX, Rel. Min. Felix Fischer, julgado em 4/11/2015, DJe 25/11/2015).
Gabarito: 1C, 2E, 3E

(**Defensor Público – DPE/SC – 2017 – FCC**) Compete ao Supremo Tribunal Federal, precipuamente, a guarda da Constituição, cabendo-lhe:

I. processar e julgar, originariamente, a homologação de sentenças estrangeiras e a concessão de exequatur às cartas rogatórias.
II. processar e julgar, originariamente, as ações contra o Conselho Nacional de Justiça e contra o Conselho Nacional do Ministério Público.
III. julgar, em recurso ordinário, as causas em que forem partes Estado estrangeiro ou organismo internacional, de um lado, e, do outro, Município ou pessoa residente ou domiciliada no País.
IV. julgar, mediante recurso extraordinário, as causas decididas em única ou última instância, quando a decisão recorrida julgar válida lei local contestada em face de lei federal.

Está correto o que se afirma APENAS em
(A) II e IV.
(B) II e III.
(C) I, II e III.
(D) II, III e IV.
(E) III e IV.

I: Errado. Trata-se de competência do STJ (art. 105, I, alínea "i" da CF). **II:** Correto (art. 102, I, r da CF). **III:** Errado. Trata-se de competência do STJ (art. 105, II, alínea "c" da CF). **IV:** Correto (art. 102, III, alínea "c" da CF).
Gabarito "A".

(**Procurador do Estado – PGE/MT – FCC – 2016**) Sobre o Poder Judiciário, de acordo com a Constituição Federal e a jurisprudência do Supremo Tribunal Federal, considere:

I. Lei Complementar Estadual que instituiu a Lei Orgânica do Poder Judiciário de determinado Estado estabeleceu critérios diversos dos previstos na Lei Orgânica da Magistratura Nacional para desempate na lista de antiguidade da Magistratura Estadual. Trata-se de dispositivo inconstitucional por versar sobre matéria própria do Estatuto da Magistratura, de iniciativa do Supremo Tribunal Federal.
II. A aplicação das normas e princípios previstos para o Poder Judiciário na Constituição Federal de 1988 depende da promulgação do Estatuto da Magistratura.
III. É inconstitucional dispositivo de Lei Complementar de determinado Estado que institui a possibilidade de, mediante prévia inspeção médica e comprovação de idoneidade moral, haver readmissão de Magistrado exonerado, que ingressará nos quadros da Magistratura, assegurada a contagem do tempo de serviço anterior para efeito de disponibilidade, gratificação, adicional e aposentadoria, desde que o interessado não tenha mais de 25 anos de serviço público.
IV. É constitucional a criação por lei estadual de varas especializadas em delitos praticados por organizações criminosas, com previsão de indicação e nomeação de magistrados que ocuparão as referidas varas pelo Presidente do Tribunal de Justiça, com a aprovação do respectivo tribunal, para mandato de 2 anos.

Está correto o que se afirma APENAS em:
(A) I e III.
(B) II e III.
(C) I e IV.
(D) II e IV.
(E) I e II.

I: correta. Ver ADI 4462, Rel. Min. Cármen Lúcia; **II:** incorreta. As normas e princípios da magistratura previstos na CF são de eficácia direta e aplicabilidade imediata; **III:** correta. Violaria os arts. 37, II, da CF e a Lei Orgânica da Magistratura Nacional, conforme já decidido pelo STF; **IV:** incorreta. Conforme julgado na ADI 4414, Rel. Min. Luiz Fux, "os juízes integrantes de Vara especializada criada por Lei estadual devem ser designados com observância dos parâmetros constitucionais de antiguidade e merecimento previstos no art. 93, II e VIII-A, da Constituição da República, sendo inconstitucional, em vista da necessidade de preservação da independência do julgador, previsão normativa segundo a qual a indicação e nomeação dos magistrados que ocuparão a referida Vara será feita pelo Presidente do Tribunal de Justiça, com a aprovação do Tribunal".
Gabarito "A".

(**Procurador do Estado – PGE/MT – FCC – 2016**) O Conselho Nacional de Justiça, nos termos preconizados pela Constituição Federal, é composto de 15 membros, com mandato de dois anos, admitida uma recondução. Dentre os seus componentes haverá necessariamente:
(A) um juiz de Tribunal Regional Federal, indicado pelo Superior Tribunal de Justiça.
(B) dois advogados indicados pelo Presidente da Ordem dos Advogados do Brasil Nacional.
(C) um membro do Ministério Público Federal, escolhido e indicado pelo Procurador-Geral da República.
(D) um juiz do Tribunal Regional do Trabalho, indicado pelo Supremo Tribunal Federal.

(E) dois cidadãos, de notável saber jurídico e reputação ilibada, indicados pelo Presidente do Congresso Nacional.

Art. 103-B. O Conselho Nacional de Justiça compõe-se de 15 (quinze) membros com mandato de 2 (dois) anos, admitida 1 (uma) recondução, sendo: I – o Presidente do Supremo Tribunal Federal; II – um Ministro do Superior Tribunal de Justiça, indicado pelo respectivo tribunal; III – um Ministro do Tribunal Superior do Trabalho, indicado pelo respectivo tribunal; IV – um desembargador de Tribunal de Justiça, indicado pelo Supremo Tribunal Federal; V – um juiz estadual, indicado pelo Supremo Tribunal Federal; VI – um juiz de Tribunal Regional Federal, indicado pelo Superior Tribunal de Justiça; VII – um juiz federal, indicado pelo Superior Tribunal de Justiça; VIII – um juiz de Tribunal Regional do Trabalho, indicado pelo Tribunal Superior do Trabalho; IX – um juiz do trabalho, indicado pelo Tribunal Superior do Trabalho; X – um membro do Ministério Público da União, indicado pelo Procurador-Geral da República; XI – um membro do Ministério Público estadual, escolhido pelo Procurador-Geral da República dentre os nomes indicados pelo órgão competente de cada instituição estadual; XII – dois advogados, indicados pelo Conselho Federal da Ordem dos Advogados do Brasil; XIII – dois cidadãos, de notável saber jurídico e reputação ilibada, indicados um pela Câmara dos Deputados e outro pelo Senado Federal.

Gabarito "A".

(Procurador do Estado – PGE/RS – Fundatec – 2015) A Reclamação Constitucional é fruto de construção jurisprudencial do Supremo Tribunal Federal, com fundamento na teoria dos poderes implícitos, cujo objetivo primordial é proteger a ordem jurídico-constitucional. Atualmente, encontra-se prevista na Constituição Federal de 1988, nos artigos 102, inciso I, alínea *l*, e 105, inciso I, alínea *f*, e seu procedimento disciplinado na Lei nº 8.038/90. Sobre a reclamação constitucional, assinale a alternativa correta.

(A) A reclamação constitucional, na condição de típico sucedâneo da ação rescisória, pode ser ajuizada contra decisão transitada em julgado, principalmente contra decisão que afrontou competência absoluta do STF ou STJ, desde que seja respeitado o prazo decadencial de 2 (dois) anos.

(B) É cabível reclamação constitucional, com fundamento na preservação da competência, contra ato judicial comissivo ou omissivo, que impeça que o STF ou STJ exerça sua competência.

(C) De acordo com orientação firmada pelo STF e pelo STJ, é cabível reclamação constitucional dirigida ao STJ contra sentença proferida por juiz de juizado especial cível, que contrariar entendimento pacífico na jurisprudência do STJ.

(D) Em virtude do objetivo maior de proteção da ordem jurídico-constitucional, mediante preservação da competência e garantia da autoridade das decisões do STF e STJ, é permitida na reclamação constitucional ampla dilação probatória, concedendo às partes todos os poderes processuais necessários para provar os fatos alegados.

(E) O entendimento do STF é no sentido de ser cabível reclamação constitucional contra ato judicial que desobedecer decisão proferida em ação direta de inconstitucionalidade ou ação declaratória de constitucionalidade, em razão do caráter vinculante, salvo nos casos de decisão liminar, uma vez que baseada em cognição sumária e desprovida da autoridade da coisa julgada material.

A: incorreta. Ver Súmula 734 STF; **B:** correta. Conforme bem resumido em notícia do STF, "a Reclamação é cabível em três hipóteses. Uma delas é preservar a competência do STF – quando algum juiz ou tribunal, usurpando a competência estabelecida no artigo 102 da Constituição, processa ou julga ações ou recursos de competência do STF. Outra, é garantir a autoridade das decisões do STF, ou seja, quando decisões monocráticas ou colegiadas do STF são desrespeitadas ou descumpridas por autoridades judiciárias ou administrativas. Também é possível ajuizar Reclamação para garantir a autoridade das súmulas vinculantes: depois de editada uma súmula vinculante pelo Plenário do STF, seu comando vincula ou subordina todas as autoridades judiciárias e administrativas do País. No caso de seu descumprimento, a parte pode ajuizar Reclamação diretamente ao STF. A medida não se aplica, porém, para as súmulas convencionais da jurisprudência dominante do STF; **C:** incorreta. De acordo com a Resolução STJ 03/2016, cabe ao Tribunal de Justiça julgar reclamação para dirimir conflito entre decisão de Turma Recursal Estadual ou do DF e a jurisprudência do STJ; **D:** incorreta. A prova na reclamação, assim como no mandado de segurança, deve estar pré-constituída; **E:** incorreta. A cautelar em ADC tem eficácia vinculante, segundo jurisprudência pacífica do STF.

Gabarito "B".

(Procurador – PGFN – ESAF – 2015) Assinale a opção incorreta.

(A) A Justiça do Trabalho detém competência para julgar as ações de indenização por dano moral ou patrimonial, decorrentes da relação de trabalho e as ações relativas às penalidades administrativas impostas aos empregadores pelos órgãos de fiscalização das relações de trabalho.

(B) Compete à Justiça do Trabalho dirimir controvérsias em torno de representação sindical, transferida da Justiça Comum para a do Trabalho, conforme previsão na Emenda Constitucional n. 45, de 2004, mantendo, por decisão do STF, a competência residual dos TJs e do STJ para apreciar os recursos nessa matéria, quando já proferidas decisões na Justiça Comum antes da promulgação da Emenda em comento.

(C) As decisões tomadas pelo Tribunal Superior do Trabalho são irrecorríveis, salvo: as decisões denegatórias de mandado de segurança, *habeas corpus* ou *habeas data*, cabendo recurso ordinário para o Supremo Tribunal Federal e as decisões que contrariarem a Constituição ou declararem a inconstitucionalidade de lei federal ou tratado, quando caberá recurso extraordinário para o Supremo Tribunal Federal.

(D) A Emenda Constitucional n. 45, de 2004, manteve o Poder Normativo da Justiça do Trabalho como forma de solução dos conflitos coletivos exigindo, previamente, ao ajuizamento do dissídio coletivo de natureza econômica, a comprovação do esgotamento do processo negocial entre empregados e empregadores.

(E) Com a redação da Emenda Constitucional n. 45, de 2004, o Tribunal Superior do Trabalho passou a ser composto por vinte e sete Ministros, escolhidos entre brasileiros, com mais de 35 e menos de 65 anos, nomeados pelo Presidente da República, após a aprovação pela maioria absoluta do Senado Federal, sendo 1/5 entre advogados com mais de dez anos de efetiva atividade profissional e membros do Ministério Público do Trabalho, com mais de dez anos de efetivo exercício, indicados em lista sêxtupla pelos órgãos de representação da respectiva classe.

A: correta. Art. 114, VI e VII, CF; **B:** correta. Art. 114, III, CF; **C:** correta, segundo doutrina de Gilmar Ferreira Mendes; **D:** incorreta, devendo ser assinalada. O esgotamento do processo negocial entre empregados e empregadores não é condição para o ajuizamento de dissídio coletivo; **E:** correta. Art. 111-A, I e II, CF c/c art. 94 da CF.

Gabarito "D".

(Procurador – PGFN – ESAF – 2015) A competência recursal da Suprema Corte dos Estados Unidos é discricionária. Os juízes (*Justices*) que a compõem têm a prerrogativa de aceitar ou não recurso contra decisões de órgãos judiciários inferiores. Elegem o tema que entendem merecer a apreciação do, por assim dizer, "pleno". Essa regra é considerada salutar e responsável pelo número relativamente pequeno de processos que a Suprema Corte norte-americana julga a cada ano, possibilitando mais tempo para julgar, para refletir, o que se traduz em votos mais densos e de melhor qualidade. Sobre esse tema, redução do número de processos julgados pela Corte Máxima, no caso brasileiro, é correto afirmar que:

(A) os ministros do Supremo Tribunal Federal, desde a Constituição de 1946, têm essa prerrogativa, vale dizer, selecionar os recursos que vão ou não julgar, constituindo-se um avanço naquela que é considerada umas das mais democráticas constituições da nossa história.

(B) a Arguição de Preceito Fundamental é o instrumento adequado para fazer esse filtro de recursos ao Supremo Tribunal Federal.

(C) o Brasil não adota esse sistema, todos os recursos interpostos para julgamento pelo Supremo Tribunal Federal serão analisados pelos Ministros daquela Corte, sem exceção.

(D) a Emenda Constitucional n. 45/05 criou mecanismo que se assemelha ao filtro existente na Suprema Corte dos EUA, que, no Brasil, é a repercussão geral, sem a qual o número de recursos no Supremo Tribunal Federal seria ainda maior que o atual.

(E) a discricionariedade no sistema processual constitucional brasileiro verifica-se mediante instrumentos próprios que estão presentes desde a promulgação da Constituição Federal de 1988, especificamente para o Superior Tribunal de Justiça e o Supremo Tribunal Federal, aos quais o texto constitucional outorgou a prerrogativa da discricionariedade recursal a cada um de seus ministros.

A: incorreta. Os ministros do STF não têm competência discricionária para escolher os recursos que irão julgar. Caso obedecidos os requisitos legais, os recursos serão admitidos e julgados; **B:** incorreta. A ADPF é ação constitucional de controle de constitucionalidade, cabível nas hipóteses do art. 102, § 1º e art. 1º da Lei 9.882/1999; **C:** incorreta. Caso não sejam preenchidos os requisitos de admissibilidade, os recursos não serão apreciados; **D:** correta. A repercussão é requisito de admissibilidade do recurso extraordinário (art. 102, § 3º, CF), correspondendo a filtro para o seu processamento, já que o recorrente deverá demonstrar a existência, ou não, de questões relevantes do ponto de vista econômico, político, social ou jurídico, que ultrapassem os interesses subjetivos da causa; **E:** incorreta. Não existe discricionariedade recursal no sistema brasileiro.

Gabarito "D".

(Procurador – PGFN – ESAF – 2015) Como resposta ao 11 de setembro, o governo dos Estados Unidos lançou ampla ofensiva contra o terrorismo, denominada de "Guerra ao Terror". Vários acusados de práticas terroristas ou de apoio foram presos e levados à prisão de Guantánamo Bay, em Cuba. Durante largo espaço de tempo, a condição desses prisioneiros, nacionais ou estrangeiros, restou legalmente indefinida até que a Suprema Corte dos Estados Unidos decidiu que eles poderiam impetrar *habeas corpus* e impugnar judicialmente os motivos para a prisão, ainda que alguns deles não possuíssem nacionalidade norte-americana. A Constituição Federal de 1988 se ocupa do tema, dispondo em alguns momentos sobre guerra e estabelecendo consequências. Tomando-se por base o direito constitucional brasileiro, é correto afirmar que:

(A) em caso de guerra somente o Supremo Tribunal Federal retém competência constitucional para julgar ações contra lesão a direito.
(B) na hipótese de estado de beligerância, a competência originária para dirimir conflitos surgidos em razão desse estado é do Tribunal Regional Federal que tiver jurisdição sobre o órgão militar que tomou a decisão.
(C) na hipótese de lesão a direito individual praticado por ato administrativo de autoridade militar, o juiz natural é o Tribunal Superior Militar, ainda que se trate de lesão a direito de civil.
(D) a Constituição Federal de 1988 autoriza, no Ato das Disposições Constitucionais Transitórias, a criação de Tribunal específico, formado por civis e militares na ativa em posição equiparada ao generalato, com jurisdição para tratar, entre outros temas, de lesão a direito individual ou coletivo, em caso de guerra.
(E) o princípio da inafastabilidade da apreciação pelo Judiciário de lesão ou ameaça a direito autoriza que, mesmo em caso de guerra, o Judiciário mantenha sua jurisdição.

O princípio da inafastabilidade do controle pelo Poder Judiciário (art. 5º, XXXV, CF), que abrange a divisão de competências entre os diversos órgãos do Judiciário (art. 92), não prevê exceções para casos de guerra. TM
Gabarito "E".

(Procurador do Estado – PGE/BA – CESPE – 2014) No que se refere ao Poder Judiciário, julgue os itens seguintes, considerando que STJ se refere ao Superior Tribunal de Justiça.

(1) Os tribunais regionais federais não podem funcionar de forma descentralizada, ressalvada a justiça itinerante.
(2) O tribunal regional eleitoral deve eleger seu vice-presidente entre os juízes federais.
(3) Compete ao STJ processar e julgar, originariamente, o conflito de competência instaurado entre juiz federal e juiz do trabalho.
(4) A função de ministro-corregedor do Conselho Nacional de Justiça deve ser exercida por ministro do STJ.

1. incorreta. Ver art. 107, § 3º, CF; 2. incorreta. Ver art. 120, § 2º, CF. O vice-presidente será um dos seus desembargadores; 3. correta. Art. 105, I, d, CF; 4. correta. Art. 103-B, § 5º, CF. TM
Gabarito 1E, 2E, 3C, 4C

(Procurador do Estado – PGE/RN – FCC – 2014) Lei estadual instituiu adicional de insalubridade em favor de determinados servidores públicos, no valor de dois salários mínimos. A constitucionalidade da lei foi discutida em ação judicial pelo rito ordinário proposta por servidores públicos, na qual foi proferido acórdão pelo Tribunal de Justiça que, confirmando a sentença de primeiro grau, determinou que o valor do adicional fosse convertido para o equivalente em moeda nacional e corrigido monetariamente pelos critérios de cálculo do Tribunal de Justiça, tendo em vista a vedação constitucional de utilização do salário mínimo para fins de cálculo de remuneração. A parte interessada, querendo impugnar o acórdão proferido pelo Tribunal de Justiça, perante o Supremo Tribunal Federal,

(A) não poderá fazê-lo por reclamação constitucional, uma vez que o acórdão não foi proferido pelo órgão plenário ou especial do Tribunal de Justiça.
(B) poderá fazê-lo por reclamação constitucional, desde que atendidos os demais pressupostos legais que a autorizam, tendo em vista que o acórdão violou súmula vinculante que trata da matéria.
(C) poderá fazê-lo por reclamação constitucional, uma vez que presentes seus pressupostos, ainda que o acórdão impugnado tenha transitado em julgado.
(D) não poderá fazê-lo por reclamação constitucional, uma vez que a medida apenas tem cabimento contra ato proferido pela Administração pública que viole diretamente norma constitucional ou súmula vinculante editada pelo Supremo Tribunal Federal.
(E) não poderá fazê-lo por reclamação constitucional, uma vez que o acórdão não foi proferido em sede de mandado de segurança, habeas corpus ou habeas data.

A Reclamação é cabível em três hipóteses. Uma delas é preservar a competência do STF – quando algum juiz ou tribunal, usurpando a competência estabelecida no art. 102 da Constituição, processa ou julga ações ou recursos de competência do STF. Outra, é garantir a autoridade das decisões do STF, ou seja, quando decisões monocráticas ou colegiadas do STF são desrespeitadas ou descumpridas por autoridades judiciárias ou administrativas. Também é possível ajuizar Reclamação para garantir a autoridade das súmulas vinculantes: depois de editada uma súmula vinculante pelo Plenário do STF, seu comando vincula ou subordina todas as autoridades judiciárias e administrativas do país. No caso de seu descumprimento, a parte pode ajuizar Reclamação diretamente ao STF. A medida não se aplica, porém, para as súmulas convencionais da jurisprudência dominante do STF. No caso, a decisão feriu o teor da Súmula Vinculante 4/STF: "Salvo nos casos previstos na Constituição, o salário mínimo não pode ser usado como indexador de base de cálculo de vantagem de servidor público ou de empregado, nem ser substituído por decisão judicial". TM
Gabarito "B".

(Procurador do Estado – PGE/RN – FCC – 2014) O Conselho Nacional de Justiça – CNJ deliberou acolher representação para o fim de avocar processo disciplinar contra juiz de direito, em curso perante o Tribunal de Justiça respectivo. O Tribunal de Justiça entendeu que a decisão do CNJ violou, abusivamente, sua autonomia administrativa por ter avocado o processo disciplinar sem amparo legal e contrariamente à jurisprudência, motivo pelo qual pretende impugná-la pela via do mandado de segurança. A pretensão do Tribunal de Justiça

(A) poderá ser exercida, uma vez que, embora seja permitido avocar processo disciplinar em curso contra juiz, eventual abuso de poder poderá ser objeto de mandado de segurança perante o Superior Tribunal de Justiça, se presentes os requisitos legais.
(B) não encontra amparo constitucional, uma vez que, embora não seja permitido ao CNJ avocar processo disciplinar em curso contra juiz, mas apenas processo disciplinar contra outros servidores do Poder Judiciário, não cabe mandado de segurança contra a decisão do CNJ.
(C) encontra amparo constitucional, uma vez que, embora seja permitido ao CNJ avocar processo disciplinar em curso contra juiz, eventual abuso de poder poderá ser objeto de mandado de segurança perante o Supremo Tribunal Federal, se presentes os requisitos legais.
(D) encontra amparo constitucional, uma vez que não é permitido ao CNJ avocar processo disciplinar em curso contra juiz, mas apenas processo disciplinar contra outros servidores do Poder Judiciário, cabendo a impetração de mandado de segurança perante o Superior Tribunal de Justiça, se presentes os requisitos legais.
(E) encontra amparo constitucional, uma vez que, embora seja permitido ao CNJ avocar processo disciplinar em curso contra juiz, eventual abuso de poder poderá ser objeto de mandado de segurança perante o juiz monocrático competente, se presentes os requisitos legais.

Art. 103-B, § 4º, III, CF: "Art. 103-B, § 4º – Compete ao Conselho o controle da atuação administrativa e financeira do Poder Judiciário e do cumprimento dos deveres funcionais dos juízes, cabendo-lhe, além de outras atribuições que lhe forem conferidas pelo Estatuto da Magistratura: (...) III – receber e conhecer das reclamações contra membros ou órgãos do Poder Judiciário, inclusive contra seus serviços auxiliares, serventias e órgãos prestadores de serviços notariais e de registro que atuem por delegação do poder público ou oficializados, sem prejuízo da competência disciplinar e correicional dos tribunais, podendo avocar processos disciplinares em curso e determinar a remoção, a disponibilidade ou a aposentadoria com subsídios ou proventos proporcionais ao tempo de serviço e aplicar outras sanções administrativas, assegurada ampla defesa". TM
Gabarito "C".

(Juiz – TRF 2ª Região – 2017) Marque a opção correta:

(A) Os Tribunais Regionais Federais (TRFs), em seu mister de realização de controle judicial abstrato de constitucionalidade, ao julgarem ações diretas contra lei em tese devem respeitar a regra da reserva de plenário.
(B) Tanto a Ação Direta de Inconstitucionalidade, quanto a Ação Declaratória de Constitucionalidade, quanto a Arguição de Descumprimento de Preceito Fundamental são exemplos de ações de controle concentrado de constitucionalidade que somente podem ser manejadas contra leis ou atos normativos de caráter abstrato.
(C) A apreciação do aspecto jurisdicional de decisão do magistrado, realizado pelo Conselho Nacional de Justiça, pode levar o órgão a comandar a sua reforma, desde que, oportunamente (sem preclusão), tenha sido interposto o recurso judicial próprio.
(D) A competência para questionamento judicial de atos do Conselho Nacional de Justiça pertence ao Supremo Tribunal Federal, cujos Ministros Presidente, Vice-Presidente e Corregedor ficam impedidos de conhecer da ação, se tiverem participado da sessão em que se praticou o ato questionado.
(E) A técnica de "Inconstitucionalidade parcial sem redução de texto", utilizada pelo STF, corresponde ao reconhecimento de inconstitucionalidade de uma dada interpretação dentre as cabíveis de um mesmo enunciado normativo, excluindo-se do ordenamento jurídico a interpretação incompatível com a Constituição, mas mantendo como viáveis as demais não expressamente excluídas.

A: incorreta, pois o TRF não realiza controle abstrato. Assim, não confunda o STF com o TRF, nem o controle abstrato com o concreto; **B:** incorreta. O próprio STF, na ADI 4048, por exemplo, permitiu o controle nas leis orçamentárias, entendendo ser possível controle concentrado (abstrato) quanto às leis orçamentárias: "CONTROLE ABSTRATO DE CONSTITUCIONALIDADE DE NORMAS ORÇAMENTÁRIAS. REVISÃO DE JURISPRUDÊNCIA. O Supremo Tribunal Federal deve exercer sua função precípua de fiscalização da constitucionalidade das leis e dos atos normativos quando houver um tema ou uma controvérsia constitucional suscitada em abstrato, independente do caráter geral ou específico, concreto ou abstrato de seu objeto. Possibilidade de submissão das normas orçamentárias ao controle abstrato de constitucionalidade.". Além disso, na ADPF, inquestionavelmente, seu objeto não se limita apenas a leis ou atos normativos abstratos; **C**: incorreta, pois o CNJ não tem competência em matéria judicializada, nos moldes do art. 103-B, §4º, da CF; **D**: incorreta, pois não há menção a este impedimento, bem como o Ministro-Corregedor é do Superior Tribunal de Justiça; **E**: correta, tanto que na ADI 3278/SC, o STF solidificou tal entendimento: "Ação direta de inconstitucionalidade a que se dá parcial procedência, para fins de declarar a nulidade do dispositivo, sem redução de texto, de toda e qualquer interpretação do item 02 da Tabela VI da Lei Complementar 156/97, do Estado de Santa Catarina, a qual insira no âmbito de incidência material da hipótese de incidência da taxa em questão a atividade estatal de extração e fornecimento de certidões administrativas para defesa de direitos e esclarecimento de situações de interesse pessoal.". **AB**

Gabarito "E".

(Juiz – TRF 2ª Região – 2017) Sobre as "Súmulas Vinculantes", assinale a opção correta:

(A) A edição de súmula vinculante exige quórum qualificado de 2/3 (dois terços) dos Ministros do STF, sendo requisito ao exercício da competência para editá-las a existência de controvérsia atual entre órgãos do Judiciário, ou entre o Judiciário e a Administração Pública, que acarrete severa insegurança jurídica e relevante multiplicação de processos sobre questão idêntica.

(B) Os únicos legitimados para provocar a edição, o cancelamento ou a revisão de súmula vinculante são as entidades que ostentam legitimidade para provocar o controle de constitucionalidade concentrado.

(C) Em havendo contrariedade à súmula vinculante, seja ela decorrente de ato jurisdicional ou de ato administrativo, qualquer indivíduo prejudicado poderá impugnar o respectivo ato diretamente perante o STF, mediante reclamação, independentemente de esgotar outras medidas prévias.

(D) De acordo com a delimitação de competências para o controle abstrato de constitucionalidade, não é cabível o ajuizamento de Ação Direta de Inconstitucionalidade em face de Súmulas Vinculantes, sendo admissível contra elas o ajuizamento de Arguição de Descumprimento de Preceito Fundamental.

(E) Se Juiz Federal profere certa decisão e, algum tempo depois, é editada súmula vinculante em sentido contrário, pode-se dizer que a decisão do magistrado a afrontou, e é corrigível por reclamação.

A: correta, nos termos do art. 2º, §3º, da Lei 11.471/2006, em conjunto com o art. 103-A, da CF; **B**: incorreta, uma vez que o rol dos legitimados para propor a edição, a revisão ou cancelamento de uma súmula vinculante é mais amplo, nos termos do art. 3º, da Lei 11.471/2006; **C**: incorreta, pois a reclamação caberá às partes ou ao Ministério Público (art. 988, do NCPC). Em complemento, nos termos do art. 7º, §1º, da Lei 11.417/2006, contra omissão ou ato da administração público a utilização da reclamação somente será admitida após o esgotamento das vias administrativas; **D**: incorreta, pois em sede de ADI somente poderá ser discutida a constitucionalidade (ou não) de lei ou ato normativo federal ou estadual, bem como a doutrina majoritária defende não ser possível a utilização desta ação contra o texto de uma súmula vinculante. Quanto à ADPF, também não é meio hábil em face de uma súmula vinculante. Nesse sentido o STF: "A arguição de descumprimento de preceito fundamental não é a via adequada para se obter a interpretação, a revisão ou o cancelamento de súmula vinculante." (ADPF 147/STF); **E**: incorreta, pois é totalmente incabível a utilização de uma reclamação em face do trânsito em julgado da decisão reclamada (art. 988, §5º, do NCPC). **AB**

Gabarito "A".

(Juiz – TRF 2ª Região – 2017) Analise as proposições e, ao final, marque a opção correta:

I. No exercício da jurisdição, como fundamento para apreciação de pedido, o juiz federal pode declarar a inconstitucionalidade de lei, mas não a inconstitucionalidade de emenda constitucional.

II. No sistema brasileiro de controle de constitucionalidade, cabe exclusivamente aos Poderes Legislativo e Executivo a realização de controle preventivo de constitucionalidade da lei, reservando-se ao Judiciário função repressiva.

III. Os direitos e garantias fundamentais enunciados na maioria dos incisos do artigo 5º da Constituição são normas que produzem seus efeitos típicos independentemente da atuação do legislador infraconstitucional.

IV. O direito ao exercício de profissão (inciso XIII do artigo 5º da Constituição) é clássico exemplo de norma cuja eficácia não pode ser contida, conforme amplamente decidido nos vários litígios que envolvem os Conselhos de fiscalização da profissão.

(A) Estão corretas apenas as assertivas I, II e III.
(B) Estão corretas apenas as assertivas II e III.
(C) Está correta apenas a assertiva III.
(D) Estão corretas apenas as assertivas II e IV.
(E) Estão corretas apenas as assertivas III e IV.

I: incorreta, pois no controle difuso é possível que, incidentalmente, o magistrado de 1º grau realize o controle em defesa da Constituição Federal, inclusive sobre emenda constitucional, conforme a possibilidade de existência de emenda constitucional inconstitucional; **II**: incorreta, pois o Poder Judiciário também pode realizar controle preventivo de constitucionalidade, haja vista, dentre outros, o mandado de segurança impetrado, por parlamentar, para garantia e reestabelecimento do devido processo legal. Nesse sentido é a jurisprudência do STF: "CONSTITUCIONAL. PODER LEGISLATIVO: ATOS: CONTROLE JUDICIAL. MANDADO DE SEGURANÇA. PARLAMENTARES. I. – O Supremo Tribunal Federal admite a legitimidade do parlamentar – e somente do parlamentar – para impetrar mandado de segurança com a finalidade de coibir atos praticados no processo de aprovação de lei ou emenda constitucional incompatíveis com disposições constitucionais que disciplinam o processo legislativo" (MS24.667/DF); **III**: correta, pois é a determinação constante do art. 5º, §1º, da CF, caso que não requer a atuação do legislador infraconstitucional (promoção da máxima efetividade da Constituição); **IV**: incorreta, pois trata-se de norma constitucional de eficácia contível ou contida, haja vista, por exemplo, a necessidade de aprovação no Exame de Ordem como um dos requisitos para o exercício da advocacia (art. 8º, da Lei 8.906/1994). **AB**

Gabarito "C".

(Juiz – TJ-SC – FCC – 2017) Ao disciplinar o Poder Judiciário, o Ministério Público, a Advocacia Pública e a Defensoria Pública, a Constituição Federal:

I. garante a todas essas instituições autonomia administrativa e financeira, cabendo-lhes o encaminhamento de suas propostas orçamentárias ao Chefe do Poder Executivo, dentro dos limites estipulados conjuntamente com os demais Poderes na lei de diretrizes orçamentárias.

II. garante a todas essas instituições autonomia administrativa e funcional, a ser exercida nos termos da lei.

III. garante a todas essas instituições a iniciativa legislativa privativa para propor ao Poder Legislativo projeto de lei versando sobre a respectiva organização e funcionamento, observadas as normas da Constituição Federal a esse respeito.

IV. veda ao Poder Executivo realizar ajustes nas propostas orçamentárias encaminhadas pelo Poder Judiciário e pelo Ministério Público, ainda que seja para adequá-las aos limites previstos na Lei de Diretrizes Orçamentárias.

V. veda aos membros do Ministério Público o exercício da advocacia e aos membros da Defensoria Pública o exercício da advocacia fora das atribuições institucionais.

Está correto o que se afirma APENAS em:

(A) I, II e III.
(B) II e IV.
(C) I e V.
(D) V.
(E) III e IV.

I: incorreta, pois a advocacia pública não possui sua iniciativa de proposta orçamentária, mas somente o Poder Judiciário (art. 99, § 1º, da CF), o Ministério Público (art. 127, §3º, da CF) e as Defensorias Públicas dos Estados e da União (art. 134, §§2º e 3º, da CF); **II**: incorreta, pois somente ao Poder Judiciário, ao Ministério Público e às Defensorias foram garantidas suas autonomias administrativas e funcionais; **III**: incorreta, pois o projeto de lei é encaminhado ao Poder Executivo; **IV**: incorreta, pois poderá o Poder Executivo realizar tais ajustes como, por exemplo, garantido no art. 99, §4º, da CF; **V**: correta, pois está na literalidade dos arts. 134, §1º, da CF ("§ 1º Lei complementar organizará a Defensoria Pública da União e do Distrito Federal e dos Territórios e prescreverá normas gerais para sua organização nos Estados, em cargos de carreira, providos, na classe inicial, mediante concurso público de provas e títulos, assegurada a seus integrantes a garantia da inamovibilidade e vedado o exercício da advocacia fora das atribuições institucionais.") e art. 128, §5º, II, b, da CF ("§ 5º Leis complementares da União e dos Estados, cuja iniciativa é facultada aos respectivos Procuradores-Gerais, estabelecerão a organização, as atribuições e o estatuto de cada Ministério Público, observadas, relativamente a seus membros: II – as seguintes vedações: b) exercer a advocacia;"). Todavia, deve-se ressaltar que, excepcionalmente, nos termos do art. 29, §3º, do ADCT, o membro do Ministério Público poderá exercer a advocacia se admitido antes da promulgação da Constituição. Contudo, a banca examinadora manteve o gabarito por se tratar de regra expressamente prevista no texto constitucional. **AB**

Gabarito "D".

(Juiz – TRF 3ª Região – 2016) Em relação ao Poder Judiciário a afirmativa incorreta é:

(A) Aos juízes federais compete processar e julgar todas as causas em que a União, entidade autárquica ou empresa pública federal forem interessadas na condição de autoras, rés, assistentes ou oponentes, bem como a disputa sobre direitos indígenas, e ainda as causas em que Estado estrangeiro ou organismo internacional litiga com Município ou pessoa domiciliada ou residente no Brasil.

(B) O Conselho da Justiça Federal/CJF funciona junta ao Superior Tribunal de Justiça/STJ, exercendo na forma da lei a supervisão administrativa e orçamentária da Justiça Federal e possui poderes correcionais, cujas decisões terão caráter vinculante.

(C) A cláusula constitucional de reserva de plenário não impede que os órgãos fracionários dos Tribunais, ou os seus membros quando decidem monocraticamente, rejeitem a arguição de invalidade dos atos normativos.

(D) Compete ao Superior Tribunal de Justiça/STJ a homologação das sentenças estrangeiras e a concessão do "exequatur" para as cartas rogatórias.

A: incorreta, pois não são todas as causas. Assim, estão excluídas as ações de falência, os acidentes de trabalho e as sujeitas à Justiça Eleitoral e à Justiça do Trabalho, conforme art. 109, I, da CF; **B:** correta, nos termos do art. 105, parágrafo único, II, da CF; **C:** correta, inclusive é a jurisprudência do STF: "A cláusula constitucional de reserva de plenário, insculpida no art. 97 da Constituição Federal, fundada na presunção de constitucionalidade das leis, não impede que os órgãos fracionários ou os membros julgadores dos Tribunais, quando atuem monocraticamente, rejeitem a arguição de invalidade dos atos normativos, conforme consagrada lição da doutrina." (RE 636359 AgR/AP); **D:** correta, pois é o que determina o art. 105, I, *i*, da CF.
Gabarito "A".

(Juiz – TRF 4ª Região – 2016) Dadas as assertivas abaixo, assinale a alternativa correta.

I. O Supremo Tribunal Federal, por ausência de previsão constitucional, não dispõe de competência originária para processar e julgar ação popular promovida contra qualquer órgão ou autoridade da República, mesmo que o ato hostilizado tenha emanado do próprio Presidente da República, ou das Mesas da Câmara dos Deputados ou do Senado Federal, ou ainda de qualquer dos Tribunais Superiores da União.

II. A Súmula Vinculante, a qual só pode ser formada no âmbito do Supremo Tribunal Federal, não vincula, entretanto, o Poder Legislativo quando este exerce atividade jurisdicional *stricto sensu*.

III. Compete ao Supremo Tribunal Federal o controle jurisdicional dos atos de Comissão Parlamentar de Inquérito que envolvam ilegalidade ou ofensa a direitos individuais, na medida em que a Comissão Parlamentar de Inquérito procede como se fosse a Câmara dos Deputados, o Senado Federal ou o Congresso Nacional como um todo.

IV. Não cabe recurso extraordinário contra decisão proferida no processamento de precatórios.

(A) Estão corretas apenas as assertivas I, II e III.
(B) Estão corretas apenas as assertivas I, II e IV.
(C) Estão corretas apenas as assertivas I, III e IV.
(D) Estão corretas apenas as assertivas II, III e IV.
(E) Estão corretas todas as assertivas.

I: correta, pois, no caso da ação popular, a competência será do juízo de 1º grau: "A jurisprudência do Supremo Tribunal Federal – quer sob a égide da vigente Constituição republicana, quer sob o domínio da Carta Política anterior – firmou-se no sentido de reconhecer que não se incluem na esfera de competência originária da Corte Suprema o processo e o julgamento de ações populares constitucionais, ainda que ajuizadas contra atos e/ou omissões do Presidente da República." (Pet 5856); **II:** correta. De fato, a súmula vinculante não vincula o Pleno do STF, pois pode inclusive cancelá-la e, também, não vincula o Poder Legislativo que pode, perfeitamente, legislar contra o enunciado de uma súmula vinculante; **III:** correta. Essa é a jurisprudência pacificada no STF: "Ao Supremo Federal compete exercer, originariamente, o controle jurisdicional sobre atos de comissão parlamentar de inquérito que envolvam ilegalidade ou ofensa a direito individual, desde que a ele compete processar e julgar habeas corpus e mandado de segurança contra atos das Mesas da Câmara dos Deputados e do Senado Federal, art. 102, I, i, da Constituição, e a comissão parlamentar de inquérito procede como se fora a Câmara dos Deputados ou o Senado Federal ou o Congresso Nacional." (HC 71639/RJ); **IV:** correta, conforme súmula 733 do STF.
Gabarito "E".

(Juiz – TRF 4ª Região – 2016) Assinale a alternativa **INCORRETA**.

(A) Segundo o Supremo Tribunal Federal, é incabível o fracionamento do valor de precatório em execução de sentença com o objetivo de efetuar o pagamento das custas processuais por meio de requisição de pequeno valor.
(B) Segundo o Supremo Tribunal Federal, o valor devido entre a data da impetração do mandado de segurança e a implementação da ordem concessiva está sujeito ao regime do precatório ou da requisição de pequeno valor.
(C) O Presidente de Tribunal, no processamento dos precatórios judiciais, exerce função de natureza eminentemente administrativa, por isso suas decisões não se tornam suscetíveis de serem impugnadas por recursos de natureza jurisdicional.
(D) Os débitos de natureza alimentícia que compreendem aqueles decorrentes de salários, vencimentos, proventos, pensões e suas complementações, benefícios previdenciários e indenizações por morte ou por invalidez, fundados em responsabilidade civil, em virtude de sentença judicial transitada em julgado, serão sempre pagos, independentemente da condição subjetiva do titular do crédito, com preferência sobre todos os demais débitos.
(E) É obrigatória a inclusão no orçamento das entidades de direito público de verba necessária ao pagamento de seus débitos, oriundos de sentenças transitadas em julgado, constantes de precatórios judiciários apresentados até 1º de julho, fazendo-se o pagamento até o final do exercício seguinte, quando terão seus valores atualizados monetariamente.

A: correta. Esta é a posição consolidada do STF: "A jurisprudência do Supremo Tribunal Federal firmou-se no sentido de que a execução do pagamento das verbas acessórias não é autônoma, havendo de ser considerado em conjunto com a condenação principal. Deve, portanto, ser respeitado o art. 100, § 4º, da Constituição da República, que veda o fracionamento, a repartição ou a quebra do valor da execução." (RE 544479/RS); **B:** correta. Assim entende a Corte Superior: "CONSTITUCIONAL E PROCESSUAL CIVIL. MANDADO DE SEGURANÇA. SENTENÇA CONCESSIVA. SATISFAÇÃO DO CRÉDITO. OBEDIÊNCIA AO REGIME DE PRECATÓRIO. ART. 100 DA CONSTITUIÇÃO DA REPÚBLICA. PRECEDENTES. 1. A jurisprudência do Supremo Tribunal Federal é consolidada no sentido de que a satisfação de crédito contra a Fazenda Pública decorrente de sentença concessiva de segurança, referente a prestações devidas desde a impetração até o deferimento da ordem, deve seguir a sistemática dos precatórios." (Rcl 14505 AgR/DF); **C:** correta, o STF consolidou entendimento que: "Não se pode perder de perspectiva que a atividade desenvolvida pelo Presidente do Tribunal no processamento dos precatórios decorre do exercício de função eminentemente administrativa. É por isso que se enfatizou, em julgamento realizado pelo Supremo Tribunal Federal, que '...a atribuição do Presidente do Tribunal, ao processar o precatório, não é sequer jurisdicional. É atividade puramente administrativa', pois, consoante foi então ressaltado, a atividade jurisdicional termina com a expedição do precatório." (AI 157166/SP); **D:** incorreta, porque a condição subjetiva do credor pode impor uma outra ordem de preferência, como, por exemplo, no caso do credor com mais de 60 anos ou portador de doença grave (art. 100, §2º, da CF); **E:** correta, conforme art. 100, §5º, da CF.
Gabarito "D".

(Juiz – TJ/RJ – VUNESP – 2016) Os membros do Conselho Nacional de Justiça serão julgados, no caso de crime de responsabilidade, pelo

(A) Pleno do Conselho Nacional de Justiça.
(B) Congresso Nacional.
(C) Supremo Tribunal Federal.
(D) Senado Federal.
(E) Superior Tribunal de Justiça.

De acordo com o art. 52, II, da CF, compete ao Senado Federal, de forma privativa, **processar e julgar** os Ministros do Supremo Tribunal Federal, **os membros do Conselho Nacional de Justiça** e do Conselho Nacional do Ministério Público, o Procurador-Geral da República e o Advogado-Geral da União **nos crimes de responsabilidade**. BV
Gabarito "B".

(Juiz – TJ/RJ – VUNESP – 2016) No que se refere à Súmula Vinculante, é correto afirmar que

(A) o efeito vinculante se estende aos Poderes Legislativo, Executivo e ao Poder Judiciário.
(B) partido político com representação no Congresso Nacional pode interpor reclamação constitucional contra texto ou entendimento de Súmula Vinculante.
(C) o cancelamento de Súmula poderá ser provocado pelo Governador do Estado.
(D) do ato administrativo ou judicial que contrariar súmula vinculante caberá, respectivamente, reclamação e recurso extraordinário.
(E) o Supremo Tribunal Federal poderá propor Súmula Vinculante que tenha por objeto a interpretação constitucional e o Superior Tribunal de Justiça matéria referente a controvérsia atual entre órgãos jurisdicionais.

A: incorreta. O Poder Legislativo, quando exerce a sua função típica de criar normas abstratas e genéricas, não está submetido ao efeito da súmula vinculante. A súmula vinculante, portanto, não atinge a função legislativa, ainda que exercida de forma atípica por outro poder; **B:** incorreta. A reclamação constitucional, dentre outras hipóteses, visa a proteger o disposto em súmula vinculante. De acordo com o § 3º do art. 103-A da CF, do ato administrativo ou decisão judicial que contrariar súmula aplicável ou que indevidamente a aplicar, caberá reclamação ao Supremo Tribunal Federal que, julgando-a procedente, anulará o ato administrativo ou cassará a decisão judicial reclamada, e determinará que outra seja proferida com ou sem a aplicação da súmula, conforme o caso. Por outro lado, para combater a súmula o correto é um pedido de cancelamento ou de revisão que, de fato, pode ser proposto pelo partido político com representação no Congresso Nacional (art. 3º, VII, da Lei 11.417/2006); **C:** correta. De fato, o cancelamento da súmula vinculante pode ser provocado pelo Governador do Estado. Determina o art. 3º da Lei 11.417/2006 (Súmula Vinculante) que são legitimados a propor a edição, a revisão ou o cancelamento de enunciado de súmula vinculante: I – o Presidente da República, II – a Mesa do Senado Federal, III – a Mesa da Câmara dos Deputados, IV – o Procurador-Geral da República, V – o Conselho Federal da Ordem dos Advogados do Brasil, VI – o Defensor Público-Geral da União, VII – partido político com representação no Congresso Nacional, VIII – confederação sindical ou entidade de classe de âmbito nacional, IX – a Mesa de Assembleia Legislativa ou da Câmara Legislativa do Distrito Federal, X – o Governador de Estado ou do Distrito Federal, XI – os Tribunais Superiores, os Tribunais de Justiça de Estados ou do Distrito Federal e Territórios, os Tribunais Regionais Federais, os Tribunais Regionais do Trabalho, os Tribunais Regionais Eleitorais e os Tribunais Militares; **D:** incorreta. Como mencionado, do ato administrativo ou judicial que contrariar súmula vinculante caberá reclamação ao STF; **E:** incorreta. O STJ não pode editar súmula vinculante. Tal competência é dada apenas ao STF. De acordo com o "caput" do art. 103-A, o Supremo Tribunal Federal poderá, de ofício ou por provocação, mediante decisão de dois terços dos seus membros, após reiteradas decisões sobre matéria constitucional, aprovar súmula que, a partir de sua publicação na imprensa oficial, terá efeito vinculante em relação aos demais órgãos do Poder Judiciário e à Administração Pública direta e indireta, nas esferas federal, estadual e municipal, bem como proceder à sua revisão ou cancelamento, na forma estabelecida em lei. BV

Gabarito "C".

(Juiz – TJ/MS – VUNESP – 2015) Nos termos da jurisprudência do Supremo Tribunal Federal, o processo e julgamento do habeas corpus impetrado contra ato ilegal da Turma recursal compete ao

(A) pleno da Turma Recursal composta de 5 juízes em exercício no primeiro grau de jurisdição, reunidos na sede do Tribunal de Justiça.
(B) pleno da Turma Recursal composta de 15 juízes em exercício no primeiro grau de jurisdição, reunidos na sede do Juizado Especial.
(C) Supremo Tribunal Federal.
(D) Tribunal de Justiça dos Estados.
(E) Superior Tribunal de Justiça.

Embora a Súmula 690 do STF mencione a competência como originária do STF, ela está superada. O posicionamento atual é no sentido de que a competência poderá ser do Tribunal de Justiça dos Estados ou do Tribunal Regional Federal. Vejamos: "Quanto ao pedido de análise do aduzido cerceamento de defesa em sede de habeas corpus, ressalto que a Súmula 690/STF não mais prevalece a partir do julgamento pelo Pleno do HC 86834/SP, relatado pelo Rel. Ministro Marco Aurélio (DJ em 9.3.2007), no qual foi consolidado o entendimento de que compete ao Tribunal de Justiça ou ao Tribunal Regional Federal, conforme o caso, julgar habeas corpus impetrado contra ato praticado por integrantes de Turmas Recursais de Juizado Especial." (ARE 676275 AgR, Relator Ministro Gilmar Mendes, Segunda Turma, j. 12.6.2012, DJe 01.8.2012). BV

Gabarito "D".

(Juiz – TJ/MS – VUNESP – 2015) De acordo com o texto constitucional, é correto afirmar que, dentre outras, é competência do Superior Tribunal de Justiça e do Supremo Tribunal Federal, respectivamente, processar e julgar, originariamente:

(A) nos crimes de responsabilidade, os Ministros de Estado; nos crimes comuns, os Governadores dos Estados e do Distrito Federal.
(B) a homologação de sentenças estrangeiras; o litígio entre organismo internacional e o Estado.
(C) habeas data contra atos das Mesas da Câmara dos Deputados; os conflitos de atribuições entre autoridades administrativas e judiciárias da União.
(D) as causas e os conflitos entre a União e os Estados, a União e o Distrito Federal, ou entre uns e outros; nos crimes de responsabilidade, os membros dos Tribunais Regionais Federais.
(E) nas infrações penais comuns, os Deputados Federais; os mandados de segurança contra ato de Ministro de Estado, dos Comandantes da Marinha, do Exército e da Aeronáutica.

A: incorreta. Os Ministros de Estado, nos crimes de responsabilidade, são julgados pelo STF (art. 102, I, c, da CF) e os Governadores dos Estados e do Distrito Federal, nos crimes comuns, pelo STJ (art. 105, a, da CF); **B:** correta. Tais assuntos estão disciplinados nos seguintes dispositivos: art. 105, I, i, da CF (homologação de sentenças estrangeiras – STJ) e art. 102, I, e, da CF (litígio entre organismo internacional e o Estado); **C:** incorreta. O habeas data contra atos das Mesas da Câmara dos Deputados é da competência do STF (102, I, d, da CF). Por outro lado, os conflitos de atribuições entre autoridades administrativas e judiciárias da União são processados e julgados pelo STJ (105, I, g, da CF); **D:** incorreta. As causas e os conflitos entre a União e os Estados, a União e o Distrito Federal, ou entre uns e outros, inclusive as respectivas entidades da administração indireta, são processadas e julgadas pelo STF (art. 102, I, f, da CF). Já os membros dos Tribunais Regionais Federais, nos crimes de responsabilidade, pelo STJ (art. 105, I, a, da CF); **E:** incorreta. Determina o § 1º do art. 53 da CF que os Deputados e Senadores, desde a expedição do diploma, serão submetidos a julgamento perante o Supremo Tribunal Federal. De outro modo, os mandados de segurança contra ato de Ministro de Estado, dos Comandantes da Marinha, do Exército e da Aeronáutica são processados e julgados pelo STJ (art. 105, I, b, da CF). BV

Gabarito "B".

(Promotor de Justiça/SC – 2016 – MPE)

(1) Junto ao Conselho Nacional de Justiça oficiarão o Procurador-Geral da República e o Presidente do Conselho Federal da Ordem dos Advogados do Brasil.

1: correta. Art. 103-B, parágrafo 6º, CF. TM

Gabarito 1C

(Delegado/MT – 2017 – CESPE) No estado de Mato Grosso, Pedro cometeu crime contra a economia popular; Lucas cometeu crime de caráter transnacional contra animal silvestre ameaçado de extinção; e Raí, um agricultor, cometeu crime comum contra índio, no interior de reserva indígena, motivado por disputa sobre direitos indígenas.

Nessa situação hipotética, a justiça comum estadual será competente para processar e julgar

(A) somente Pedro e Raí.
(B) somente Lucas e Raí.
(C) Pedro, Lucas e Raí.
(D) somente Pedro.
(E) somente Pedro e Lucas.

De acordo com a Súmula 498 do STF "Compete à Justiça dos Estados, em ambas as instâncias, o processo e o julgamento dos crimes contra a economia popular". Dessa forma está errada a alternativa **B**. O Plenário do Supremo Tribunal Federal decidiu que compete à Justiça Federal processar e julgar crime ambiental de caráter transnacional que envolva animais silvestres, ameaçados de extinção, espécimes exóticas, ou protegidos por compromissos internacionais assumidos pelo Brasil (Recurso Extraordinário 835558). Assim também erradas as alternativas **C** e **E**. Nos termos do art. 109, inciso XI, CF, aos juízes federais compete processar e julgar a disputa sobre direitos indígenas, errada, portanto, a alternativa **A**. Correta por consequência a alternativa **D**. LR

Gabarito "D".

(Delegado/MT – 2017 – CESPE) Em determinado estado da Federação, um juiz de direito estadual, um promotor de justiça estadual e um procurador do estado cometeram, em momentos distintos, crimes comuns dolosos contra a vida. Não há conexão entre esses crimes. Sabe-se que a Constituição do referido estado prevê que crimes comuns praticados por essas autoridades sejam processados e julgados pelo respectivo tribunal de justiça.

Nessa situação hipotética, segundo o entendimento do STF, será do tribunal do júri a competência para processar e julgar somente o

(A) promotor de justiça.
(B) juiz de direito.
(C) procurador do estado e o promotor de justiça.
(D) promotor de justiça e o juiz de direito.
(E) procurador do estado.

Nos termos da Súmula Vinculante 45 "a competência constitucional do Tribunal do Júri prevalece sobre o foro por prerrogativa de função estabelecido exclusivamente pela Constituição Estadual". Há foro por prerrogativa de função previsto na Constituição Federal para juízes e promotores (Art. 96. Compete privativamente: (...) III – aos Tribunais de Justiça julgar os juízes estaduais e do Distrito Federal e Territórios, bem como os membros do Ministério Público, nos crimes comuns e de responsabilidade, ressalvada a competência da Justiça Eleitoral"). Logo, na situação hipotética, o TJ seria competente para julgar o juiz e o promotor, mas o procurador de estado seria submetido a julgamento pelo Tribunal do Júri. Portanto, correta a alternativa **E**. LR

Gabarito "E".

(Defensor Público – DPE/MT – 2016 – UFMT) Sobre súmula vinculante, é correto afirmar:

(A) Contra ato administrativo ou decisão judicial que contrariar a súmula vinculante, cabe reclamação ao Supremo Tribunal Federal, excluídos outros meios de impugnação.
(B) A aprovação de súmula vinculante depende de prévia provocação dos legitimados para propor ação direta de inconstitucionalidade, em observância ao princípio da inércia da jurisdição.
(C) O Supremo Tribunal Federal poderá aprovar súmula, mediante decisão de três quintos dos seus membros, que, a partir de sua publicação na imprensa oficial, terá efeito vinculante em relação aos demais órgãos do Poder Judiciário e da Administração Pública.
(D) A súmula vinculante passou a ser admitida no sistema jurídico brasileiro com a aprovação da Emenda Constitucional nº 45 de 2004, mas ainda não foi regulamentado por lei o seu processo de revisão ou cancelamento.
(E) A súmula vinculante tem eficácia imediata, mas o Supremo Tribunal Federal, observado o quórum de votação, poderá restringir os seus efeitos ou decidir que só tenha eficácia a partir de outro momento, por razões de segurança jurídica ou de excepcional interesse público.

A: Errada. Art. 7º da Lei 11.417/2006: "Da decisão judicial ou do ato administrativo que contrariar enunciado de súmula vinculante, negar-lhe vigência ou aplicá-lo indevidamente caberá reclamação ao Supremo Tribunal Federal, sem prejuízo dos recursos ou outros meios admissíveis de impugnação"; **B:** Errada. Os legitimados estão previstos no art. 3º, I a XI, da Lei 11.417/2006; **C:** Errada. Art. 2º da Lei 11.417/2006: "O Supremo Tribunal Federal poderá, de ofício ou por provocação, após reiteradas decisões sobre matéria constitucional, editar enunciado de súmula que, a partir de sua publicação na imprensa oficial, terá efeito vinculante em relação aos demais órgãos do Poder Judiciário e à administração pública direta e indireta, nas esferas federal, estadual e municipal, bem como proceder à sua revisão ou cancelamento, na forma prevista nesta Lei"; **D:** Errada. A regulamentação está prevista na Lei 11.417/2006, que traz, dentre outras normas, o procedimento para revisão e cancelamento; **E:** Correta. Art. 4º da Lei 11.417/2006: "A súmula com efeito vinculante tem eficácia imediata, mas o Supremo Tribunal Federal, por decisão de 2/3 (dois terços) dos seus membros, poderá restringir os efeitos vinculantes ou decidir que só tenha eficácia a partir de outro momento, tendo em vista razões de segurança jurídica ou de excepcional interesse público". TM

Gabarito "E".

(Defensor Público – DPE/MT – 2016 – UFMT) Quanto à competência constitucional do Tribunal de Justiça, assinale a afirmativa INCORRETA.

(A) Compete ao Tribunal de Justiça julgar os juízes estaduais e os membros do Ministério Público nos crimes comuns e de responsabilidade, ressalvada a competência da Justiça Eleitoral.
(B) Compete ao Tribunal de Justiça, por maioria de seus membros, promover alteração da organização e da divisão judiciárias.
(C) Compete ao Tribunal de Justiça o julgamento de prefeitos.
(D) Ao Tribunal de Justiça compete o julgamento da representação interventiva para assegurar a observância de princípios indicados na Constituição Estadual, ou para prover a execução de lei, de ordem ou de decisão judicial descumprida por ente municipal.
(E) Ao Tribunal de Justiça compete elaborar sua proposta orçamentária dentro dos limites estipulados conjuntamente com os demais Poderes na lei de diretrizes orçamentárias.

A: Correta. Art. 96, III, CF; **B:** Errada. Art. 96, II, "d" da CF refere que os tribunais de justiça podem propor, mas a competência é do poder legislativo correspondente; **C:** Correta. Art. 29, X, da CF; **D:** Correta. Art. 35, IV, da CF; **E:** Correta. Art. 99, § 1º, da CF.
Gabarito "B".

(Defensor Público – DPE/BA – 2016 – FCC) NÃO compete ao Supremo Tribunal Federal, originariamente processar e julgar:

(A) O mandado de segurança e o *habeas data* contra atos do Presidente da República, das Mesas da Câmara dos Deputados e do Senado Federal, do Tribunal de Contas da União, do Procurador-Geral da República, de Ministro de Estado, dos Comandantes da Marinha, do Exército e da Aeronáutica e do próprio Supremo Tribunal Federal.
(B) Nas infrações penais comuns e nos crimes de responsabilidade, os Ministros de Estado e os Comandantes da Marinha, do Exército e da Aeronáutica, ressalvado o disposto no artigo 52, I, os membros dos Tribunais Superiores, os do Tribunal de Contas da União e os chefes de missão diplomática de caráter permanente.
(C) Nas infrações penais comuns, o Presidente da República, o Vice-Presidente, os membros do Congresso Nacional, seus próprios Ministros e o Procurador-Geral da República.
(D) O *habeas corpus*, quando o coator for Tribunal Superior ou quando o coator ou o paciente for autoridade ou funcionário cujos atos estejam sujeitos diretamente à jurisdição do Supremo Tribunal Federal, ou se trate de crime sujeito à mesma jurisdição em uma única instância.
(E) O mandado de injunção, quando a elaboração da norma regulamentadora for atribuição do Presidente da República, do Congresso Nacional, da Câmara dos Deputados, do Senado Federal, das Mesas de uma dessas Casas Legislativas, do Tribunal de Contas da União, de um dos Tribunais Superiores, ou do próprio Supremo Tribunal Federal.

A: Correta a ser marcada, mas o conteúdo é errado. O art. 102, I, "d", da CF não se refere aos comandantes das forças armadas; **B:** Errada. Art. 102, I, "c", da CF; **C:** Errada. Art. 102, I, "b", da CF; **D:** Errada. Art. 102, I, "i", da CF; **E:** Errada. Art. 102, I, "q", da CF.
Gabarito "A".

(Defensor Público – DPE/ES – 2016 – FCC) São legitimados a propor a edição, a revisão ou o cancelamento de enunciado de súmula vinculante do Supremo Tribunal Federal
I. o Procurador-Geral da República.
II. o Conselho Federal da Ordem dos Advogados do Brasil.
III. o Defensor Público-Geral da União.
IV. o Advogado-Geral da União.
V. a Confederação Sindical ou Entidade de Classe de Âmbito Nacional.
Está correto o que se afirma APENAS em

(A) II, III, IV e V.
(B) I, II, IV e V.
(C) I, III e IV.
(D) I, II e V.
(E) I, II, III e V.

Art. 3º, Lei 11.417/2006. São legitimados para propor a edição, a revisão ou o cancelamento de enunciado de súmula vinculante: I – o Presidente da República; II – a Mesa do Senado Federal; III – a Mesa da Câmara dos Deputados; IV – o Procurador-Geral da República; V – o Conselho Federal da Ordem dos Advogados do Brasil; VI – o Defensor Público-Geral da União; VII – partido político com representação no Congresso Nacional; VIII – confederação sindical ou entidade de classe de âmbito nacional; IX – a Mesa de Assembleia Legislativa ou da Câmara Legislativa do Distrito Federal; X – o Governador de Estado ou do Distrito Federal; XI – os Tribunais Superiores, os Tribunais de Justiça de Estados ou do Distrito Federal e Territórios, os Tribunais Regionais Federais, os Tribunais Regionais do Trabalho, os Tribunais Regionais Eleitorais e os Tribunais Militares.
Gabarito "E".

(Defensor Público – DPE/ES – 2016 – FCC) De acordo com disposição expressa da Constituição Federal de 1988, NÃO compete ao Superior Tribunal de Justiça processar e julgar, originariamente,

(A) nos crimes comuns, os Governadores dos Estados e do Distrito Federal, e, nestes e nos de responsabilidade, os desembargadores dos Tribunais de Justiça dos Estados e do Distrito Federal, os membros dos Tribunais de Contas dos Estados e do Distrito Federal, os dos Tribunais Regionais Federais, dos Tribunais Regionais Eleitorais e do Trabalho, os membros dos Conselhos ou Tribunais de Contas dos Municípios e os do Ministério Público da União que oficiem perante tribunais.
(B) o mandado de injunção, quando a elaboração da norma regulamentadora for atribuição de órgão, entidade ou autoridade federal, da Administração direta ou indireta, excetuados os casos de competência do Supremo Tribunal Federal e dos órgãos da Justiça Militar, da Justiça Eleitoral, da Justiça do Trabalho e da Justiça Federal.
(C) as ações contra o Conselho Nacional do Ministério Público.
(D) a homologação de sentenças estrangeiras e a concessão de *exequatur* às cartas rogatórias.
(E) os conflitos de atribuições entre autoridades administrativas e judiciárias da União, ou entre autoridades judiciárias de um Estado e administrativas de outro ou do Distrito Federal, ou entre as deste e da União.

A: Errada. Compete sim ao STJ: art. 105, I, "a", da CF; **B:** Errada. Competência é sim do STJ: art. 105, I, "h", da CF; **C:** Correta, pois traz a alternativa errada. A competência é do STF. Art. 102, I, "r", da CF; **D:** Errada. A competência é sim do STJ: art. 105, I, "i", da CF; **E:** Errada. A competência é do STJ: art. 105, I, "g", da CF.
Gabarito "C".

(Juiz de Direito/AM – 2016 – CESPE) Considerando a jurisprudência do STF, assinale a opção correta acerca do Poder Judiciário, do STF e das justiças federal, do trabalho e eleitoral.

(A) Caso o número total da composição dos tribunais estaduais, TREs e TRFs não seja divisível por cinco, arredondar-se-á a fração restante (seja superior ou inferior à metade) para o número inteiro seguinte, a fim de alcançar-se a quantidade de vagas destinadas ao quinto constitucional assegurado a advogados e membros do MP.
(B) Se o fundamento da impetração de mandado de segurança for nulidade ocorrida na elaboração da lista tríplice pelos tribunais competentes, o presidente da República não poderá ser considerado autoridade coatora no mandado de segurança impetrado contra ato de sua competência em que ele tenha nomeado magistrado.
(C) A falta ou a insuficiência de fundamentação de prisão preventiva podem ser supridas pela fundamentação constante das informações prestadas em *habeas corpus* ou em acórdão que o denegue ou negue provimento a recurso, o que afasta a causa de nulidade da decisão por descumprimento do disposto na CF acerca da publicidade dos julgamentos.
(D) Não satisfaz a exigência de fundamentação das decisões o ato judicial que apenas faz remissão expressa a manifestações ou peças processuais existentes nos autos, produzidas pelas partes, pelo MP ou por autoridades públicas, cujo teor indique os fundamentos de fato e(ou) de direito que justifiquem a decisão emanada do Poder Judiciário.
(E) A publicidade assegurada constitucionalmente alcança os autos do processo, e não somente as sessões e audiências, razão pela qual padece de inconstitucionalidade disposição normativa que determine abstratamente segredo de justiça em todos os processos em curso perante vara criminal.

A: incorreta. **A regra do quinto constitucional**, prevista no art. 94 da CF, **não é aplicada aos TREs**. De acordo com o § 1º do art. 120 da CF, os TRFs são compostos: I – mediante eleição, pelo voto secreto: a) de dois juízes dentre os desembargadores do Tribunal de Justiça, b) de dois juízes, dentre juízes de direito, escolhidos pelo Tribunal de Justiça; II – de um juiz do Tribunal Regional Federal com sede na Capital do Estado ou no Distrito Federal, ou, não havendo, de juiz federal, escolhido, em qualquer caso, pelo Tribunal Regional Federal respectivo; e III – por nomeação, pelo Presidente da República, de dois juízes dentre seis advogados de notável saber jurídico e idoneidade moral, indicados pelo Tribunal de Justiça; **B:** incorreta. Determina a Súmula 627 do STF que "No mandado de segurança contra a nomeação de magistrado da competência do Presidente da República, este é considerado autoridade coatora, ainda que o fundamento da impetração seja nulidade ocorrida em fase anterior do procedimento"; **C:** incorreta. Não é dessa forma que o Supremo entende, vejamos: "Prisão preventiva: análise dos critérios de idoneidade da sua motivação à luz de jurisprudência do Supremo Tribunal. 1. **fundamentação idônea é requisito de validade do decreto de prisão preventiva**: no julgamento do 'habeas-corpus' que o impugna não cabe às sucessivas instâncias, para denegar a ordem, suprir a sua deficiência originária, mediante achegas de novos motivos por ele não aventados: precedentes." (RTJ 179/1135-1136, Rel. Min. Sepúlveda Pertence); **D:** incorreta. O STF entende que: "**Revela-se legítima e plenamente compatível** com a exigência estampada pelo art. 93, IX, da Constituição da República, a utilização, por magistrados, da técnica da motivação *per relationem*, que se caracteriza pela **remissão que o ato judicial expressamente faz a outras manifestações ou peças processuais existentes nos autos**, mesmo as produzidas pelas partes, pelo Ministério Público ou por autoridades públicas, cujo teor indique os fundamentos de fato e/ou de direito que justifiquem a

decisão emanada do Poder Judiciário. Precedentes. [MS 25.936 ED, rel. min. Celso de Mello, j. 13.06.2007, P, *DJE* de 18.09.2009] = AI 814.640 AgR, rel. min. Ricardo Lewandowski, j. 02.12.2010, 1ª T, *DJE* de 01.02.2011 = HC 92.020, rel. min. Joaquim Barbosa, j. 21.09.2010, 2ª T, *DJE* de 08.11.2010; **E**: correta. Determina o STF que: "A **publicidade** assegurada constitucionalmente (art. 5º, LX, e 93, IX, da CRFB) alcança os autos do processo, e **não somente as sessões e audiências**, razão pela qual padece de inconstitucionalidade disposição normativa que determine abstratamente segredo de justiça em todos os processos em curso perante vara Criminal. [ADI 4.414, rel. min. Luiz Fux, j. 31.05.2012, P, DJE de 17.06.2013] (grifos nossos). BV/TM
Gabarito "E".

(Analista Jurídico – TCE/PR – 2016 – CESPE) De acordo com a jurisprudência do STF, assinale a opção correta acerca da regra do quinto constitucional.

(A) Não afrontará o princípio da simetria a norma que, presente em Constituição estadual, imponha a sabatina, pela assembleia legislativa do estado, do candidato escolhido pelo Poder Executivo a partir de lista tríplice para preenchimento de vaga em tribunal de justiça destinada ao quinto constitucional.

(B) A inobservância, pelo tribunal, da regra do quinto constitucional para preenchimento de sua composição provoca a nulidade de seus julgamentos, por força do princípio do juiz natural.

(C) O juiz de tribunal regional eleitoral ocupante de vaga destinada à advocacia estará impedido de concorrer ao quinto constitucional para preenchimento de vaga no tribunal de justiça de estado também destinada à advocacia.

(D) Os tribunais de justiça possuem a prerrogativa de, fundamentada e objetivamente, devolver a lista sêxtupla encaminhada pela Ordem dos Advogados do Brasil para preenchimento de vaga destinada à advocacia quando faltar a algum dos indicados requisito constitucional para a investidura.

(E) O quinto constitucional que destina parcela das vagas de um tribunal à advocacia não se estende aos tribunais regionais do trabalho.

A: incorreta. De acordo com o Supremo: "**Conflita com a CF** norma da Carta do Estado que junge à aprovação da Assembleia Legislativa a escolha de candidato à vaga do quinto em Tribunal" [ADI 4.150, rel. min. Marco Aurélio, j. 25.02.2015, P, *DJE* de 19.03.2015]; **B**: incorreta. O STF entende de modo diverso: "O quinto constitucional previsto para o provimento de lugares em Tribunal, quando eventualmente não observado, não **gera nulidade do julgado**, máxime em razão da ilegitimidade da parte para questionar os critérios de preenchimento das vagas nos órgãos do Judiciário, mercê da incidência do princípio *pas de nullité* sans grief, consagrado no art. 499 do CPPM (...)" [RE 484.388, rel. p/ o ac. min. Luiz Fux, j. 13.10.2011, P, *DJE* de 13.03.2012]; **C**: incorreta. Ao contrário do mencionado, o STF entende que: "...Os cargos de juiz do TRE, assim como o de desembargador do TJ, possuem os mesmos requisitos para o respectivo preenchimento, a saber: notório saber jurídico e idoneidade moral. Dessa forma, se o impetrante preencha o requisito para atuar no TRE, **nada impede que assuma o cargo no TJ local**. Não há, na legislação vigente, nenhum impedimento a que ocupante do cargo de juiz no TRE na vaga destinada aos advogados no TRE concorra ao cargo de desembargador pelo quinto constitucional no TJ." (MS 32.491, rel. min. Ricardo Lewandowski, julgamento em 19.08.2014, Segunda Turma, *DJE* de 10.10.2014); **D**: correta. É o que entende a Suprema Corte: "Composição do Tribunal de Justiça do Estado de São Paulo. (...) A devolução da lista apresentada pela OAB com clara indicação dos motivos que a suportaram **não viola** decisão desta Suprema Corte que, expressamente, ressalvou essa possibilidade "à falta de requisito constitucional para a investidura, desde que fundada a recusa em razões objetivas, declinadas na motivação da deliberação do órgão competente do colegiado judiciário" (MS 25.624/SP, Rel. Min. Sepúlveda Pertence, *DJ* de 19.12.2006).[Rcl 5.413, rel. min. Menezes Direito, j. 10.04.2008, P, *DJE* de 23.05.2008.]; **E**: incorreta. O STF já decidiu que: "Com a promulgação da EC 45/2004, deu-se a **extensão, aos tribunais do trabalho, da regra do "quinto"** constante do art. 94 da Carta Federal" [ADI 3.490, rel. min. Marco Aurélio, j. 19.12.2005, P, *DJ* de 07.04.2006.] (grifos nossos). BV/TM
Gabarito "D".

(Juiz de Direito/DF – 2016 – CESPE) Compete ao CNJ, instituído pela EC n.º 45/2004 – Reforma do Judiciário,

(A) avocar processos disciplinares em curso contra magistrados, e determinar a aplicação das penas de remoção, disponibilidade, aposentadoria compulsória com subsídios proporcionais ao tempo de serviço, ou a demissão a bem do serviço público.

(B) receber e conhecer das reclamações em desfavor de órgãos prestadores de serviços notariais e de registro, sem prejuízo da competência disciplinar e correicional dos tribunais de justiça.

(C) rever, de ofício ou mediante provocação, processos disciplinares de juízes e membros de tribunais — exceto de integrantes de tribunais superiores — julgados há menos de um ano.

(D) processar e julgar ação penal referente a crime contra a administração pública ou de abuso de autoridade praticado por magistrado.

(E) apreciar e julgar, em grau de recurso, ato jurisdicional prolatado por órgão judicial em flagrante violação de dever funcional.

A: incorreta. As funções do CNJ estão previstas no art. 103-B, § 4º, da CF. O assunto veiculado na alternativa é encontrado na segunda parte do inciso III do § 4º do 103-B da CF. Embora o CNJ possa avocar processos disciplinares em curso e determinar a remoção, a disponibilidade ou a aposentadoria com subsídios ou proventos proporcionais ao tempo de serviço e aplicar outras sanções administrativas, assegurada ampla defesa, ele **não pode aplicar a demissão a bem do serviço público, pois não há fundamento constitucional para tanto**; **B**: correta. É o que determina a primeira parte do inciso III do § 4º do 103-B da CF. Segundo tal norma, compete ao CNJ **receber e conhecer das reclamações contra** membros ou órgãos do Poder Judiciário, inclusive contra seus serviços auxiliares, **serventias e órgãos prestadores de serviços notariais e de registro** que atuem por delegação do poder público ou oficializados, sem prejuízo da competência disciplinar e correicional dos tribunais, podendo avocar processos disciplinares em curso e determinar a remoção, a disponibilidade ou a aposentadoria com subsídios ou proventos proporcionais ao tempo de serviço e aplicar outras sanções administrativas, assegurada ampla defesa; **C**: incorreta. **Não há essa exceção** no texto constitucional. Compete ao CNJ rever, de ofício ou mediante provocação, os processos disciplinares de juízes e membros de tribunais julgados há menos de um ano, conforme determina o inciso V do § 4º do 103-B da CF; **D**: incorreta. O CNJ **não detém função jurisdicional**. Na hipótese trazida pela alternativa, o CNJ apenas representará ao Ministério Público, no caso de crime contra a administração pública ou de abuso de autoridade, conforme determina o inciso IV do § 4º do 103-B da CF; **E**: incorreta. Como mencionado, o CNJ não possui função jurisdicional. O Supremo já decidiu desta maneira diversas vezes: "(...) esta Suprema Corte em distintas ocasiões já afirmou que o CNJ não é dotado de competência jurisdicional, sendo mero órgão administrativo. Assim sendo, a Resolução 135, ao classificar o **CNJ e o Conselho da Justiça Federal de "tribunal"**, ela simplesmente disse – até porque mais não poderia dizer – que as normas que nela se contém aplicam-se também aos referidos órgãos" [ADI 4.638 MC-REF, rel. min. Marco Aurélio, voto do min. Ricardo Lewandowski, j. 08.02.2012, P, *DJE* de 30.10.2014.] BV/TM
Gabarito "B".

(Magistratura/GO – 2015 – FCC) Compete ao Supremo Tribunal Federal e ao Superior Tribunal de Justiça, respectivamente,

(A) processar e julgar, originariamente, a homologação de sentenças estrangeiras e a concessão de *exequatur* às cartas rogatórias; e julgar, em sede de recurso, as causas decididas em única instância, quando a decisão recorrida julgar válido ato de governo local contestado em face de lei federal.

(B) julgar, em grau de recurso, os mandados de segurança decididos em única instância pelos Tribunais Regionais Federais, quando denegatória a decisão; e julgar, em grau de recurso, as causas em que forem partes Estado estrangeiro, de um lado, e, do outro, pessoa residente ou domiciliada no país.

(C) processar e julgar, originariamente, o litígio entre Estado estrangeiro e a União; e julgar, em sede de recurso, as causas decididas em única instância, quando a decisão recorrida julgar válida lei local contestada em face de lei federal.

(D) processar e julgar, originariamente, o *habeas corpus*, quando a autoridade coatora for Ministro de Estado, ressalvada a competência da Justiça Eleitoral; e julgar, em grau de recurso, os mandados de segurança decididos em única instância pelos Tribunais Regionais Federais, quando denegatória a decisão.

(E) julgar, em sede de recurso, as causas decididas em única instância, quando a decisão recorrida julgar válida lei local contestada em face de lei federal; e processar e julgar, originariamente, o *habeas corpus*, quando a autoridade coatora for Ministro de Estado, ressalvada a competência da Justiça Eleitoral.

A: incorreta, pois a primeira é competência do STJ (art. 105, I, "i", da CF) e a segunda, do STF (art. 102, III, "d", da CF); **B**: incorreta, pois a primeira é competência do STJ (art. 105, II, "b", da CF) e não do STF; **C**: incorreta, pois a segunda é competência do STF (art. 102, III, "d", da CF), e não do STJ; **D**: incorreta, pois a primeira é competência do STJ (art. 105, I, "c", da CF); **E**: correta (arts. 102, III, "d", e 105, I, "c", da CF). BV
Gabarito "E".

(Magistratura/SC – 2015 – FCC) A Súmula Vinculante 21 dispõe, em seu verbete, sobre a exigência de depósito ou arrolamento prévios de dinheiro ou bens como requisito de admissibilidade de recurso administrativo. Sua edição, em razão do efeito vinculante que emana do respectivo enunciado

(A) não impõe vedação a que órgão do Poder Judiciário do Estado de Santa Catarina reconheça a constitucionalidade de diploma legal estadual que exija arrolamento prévio de bens como requisito de admissibilidade de recurso administrativo, desde que, no caso, a sentença contemple juízo fundado na inexistência de violação ao contraditório e à ampla defesa.

(B) impõe vedação a que os Poderes Legislativos de Estados e Municípios aprovem novas leis que exijam depósito prévio em dinheiro como requisito de admissibilidade de recurso administrativo.

(C) impõe que os órgãos do Poder Judiciário do Estado de Santa Catarina reconheçam, *incidenter tantum*, nos casos que lhe forem devidamente submetidos, a inconstitucionalidade de lei estadual que exija arrolamento prévio de bens como requisito de admissibilidade de recurso administrativo, ainda que o Supremo Tribunal Federal não tenha decidido sobre a constitucionalidade do referido diploma estadual.

(D) impede que o Supremo Tribunal Federal, em sede de ação direta de inconstitucionalidade, declare a constitucionalidade de lei estadual que exija depósito prévio em dinheiro como requisito de admissibilidade de recurso administrativo.
(E) não obsta que os órgãos do Poder Judiciário do Estado de Santa Catarina reconheçam, *incidenter tantum*, nos casos que lhe forem submetidos após a publicação do verbete, a constitucionalidade de lei estadual que exija arrolamento prévio de bens como requisito de admissibilidade de recurso administrativo, desde que o caso sobre o qual incidiria o diploma legal tenha ocorrido anteriormente à aprovação da Súmula Vinculante 21.

A: incorreta, pois a Súmula Vinculante STF 21 ("é inconstitucional a exigência de depósito ou arrolamento prévios de dinheiro ou bens para admissibilidade de recurso administrativo) **declara a inconstitucionalidade** desse tipo de exigência é **tem força vinculante** "em relação aos demais órgãos do Poder Judiciário e à administração pública direta e indireta, nas esferas federal, estadual e municipal" (art. 103-A, *caput*, da CF), de modo que o Poder Judiciário de Santa Catarina é obrigado sim a reconhecer a inconstitucionalidade nesses casos; **B e D**: incorretas, pois o efeito vinculante da súmula se dá em relação ao Judiciário e à Administração Pública (ou seja, em relação a decisões judiciais e administrativas), nos termos do art. 103-A, *caput*, da CF, e não em relação ao Poder Legislativo, sem prejuízo, claro, que eventual lei nova que venha no sentido contrário da súmula vinculante venha a ser questionada pelas vias próprias, reconhecendo-se em seguida a sua inconstitucionalidade; **C**: correta, nos termos do que determina o art. 103-A, *caput*, da CF; **E**: incorreta, pois impõe que esses órgãos reconheçam a inconstitucionalidade de leis que vão no sentido da súmula vinculante. BV

Gabarito "C".

(Ministério Público/BA – 2015 – CEFET) A respeito da sistemática das súmulas vinculantes esposada na Constituição Federal de 1988, analise os itens a seguir:

I. O Supremo Tribunal Federal poderá, de ofício ou por provocação, mediante decisão de 2/3 (dois terços) dos seus membros, após reiteradas decisões sobre matéria constitucional, aprovar súmula que, a partir de sua publicação na imprensa oficial, terá efeito vinculante em relação aos demais órgãos do Poder Judiciário e à Administração Pública direta e indireta, nas esferas federal, estadual e municipal, bem como proceder à sua revisão ou cancelamento, na forma estabelecida em lei.

II. Sem prejuízo do que vier a ser estabelecido em lei, a aprovação, revisão ou cancelamento de súmula poderá ser provocada por aqueles que podem propor a ação direta de inconstitucionalidade.

III. Do ato administrativo ou decisão judicial que contrariar a súmula aplicável ou que indevidamente a aplicar, caberá reclamação ao Supremo Tribunal Federal que, julgando-a procedente, anulará o ato administrativo ou cassará a decisão judicial reclamada, e determinará que outra seja proferida com ou sem a aplicação da súmula, conforme o caso.

Pode-se AFIRMAR:
(A) Todos os itens são corretos.
(B) Somente os itens I e II são verdadeiros.
(C) Somente os itens I e III são verdadeiros.
(D) Somente os itens II e III são verdadeiros.
(E) Somente o item I é verdadeiro.

I: correta (art. 103-A, *caput*, da CF); **II**: correta (art. 103-A, § 2º, da CF); **III**: correta (art. 103-A, § 3º, da CF). BV

Gabarito "A".

(Ministério Público/BA – 2015 – CEFET) Analise os itens a seguir, levando-se em consideração a jurisprudência sedimentada do Supremo Tribunal Federal e do Superior Tribunal de Justiça:

I. A competência do Tribunal de Justiça para julgar prefeitos restringe-se aos crimes de competência da Justiça Comum Estadual.

II. Nos crimes eleitorais, os prefeitos, no exercício do mandato, serão julgados pelos Tribunais Regionais Eleitorais de seus respectivos estados.

III. Compete à Justiça Federal processar e julgar prefeito municipal por desvio de verba sujeita a prestação de contas perante órgão federal.

Pode-se AFIRMAR:
(A) Somente o item I é verdadeiro.
(B) Somente o item II é verdadeiro.
(C) Somente o item III é verdadeiro.
(D) Somente os itens I e III são verdadeiros.
(E) Todos os itens são corretos.

I: correta (Súmula 702 do STF – "A competência do tribunal de justiça para julgar prefeitos restringe-se aos crimes de competência da justiça comum estadual; nos demais casos, a competência originária caberá ao respectivo tribunal de segundo grau"); **II**: correta (Súmula 702 do STF); **III**: correta (Súmula 702 do STF). BV

Gabarito "E".

(DPE/PE – 2015 – CESPE) Com relação ao Conselho Nacional de Justiça, julgue os seguintes itens.

(1) O Conselho Nacional de Justiça não tem qualquer competência sobre o STF e seus ministros.
(2) Pelo princípio da simetria, os estados-membros poderão instituir, por meio de sua constituição estadual, conselho destinado ao controle da atividade administrativa, financeira ou disciplinar de suas respectivas justiças estaduais.

1: correta, nos termos da decisão tomada na ADI 3.367 (STF), sob o fundamento de que o STF é o órgão máximo do Poder Judiciário e não pode, assim, ficar adstrito ao CNJ; **2**: incorreta, pois o STF entende que falta competência constitucional aos Estados-membros ara tanto (ADI 3.367). BV

Gabarito 1C, 2E.

(DPE/PE – 2015 – CESPE) De acordo com a CF, julgue o próximo item.

(1) Compete, originariamente, ao STF processar e julgar a homologação de sentenças estrangeiras.

1: incorreta, pois compete ao STJ (art. 105, I, "i", da CF). BV

Gabarito 1E.

(Procurador do Estado/PR – 2015 – PUC-PR) A *accountability* do Poder Judiciário fortaleceu-se com o advento do Conselho Nacional de Justiça (CNJ), em 2004. Sobre o órgão e sua competência disciplinar, na esteira da compreensão do Supremo Tribunal Federal, assinale a alternativa **CORRETA**.

(A) O CNJ detém competência subsidiária, mas não originária ou concorrente, para instaurar procedimentos administrativos disciplinares aplicáveis aos magistrados, podendo atuar após a inércia dos Tribunais dos Estados-membros, os quais devem ter sua autonomia preservada.
(B) O CNJ detém competência originária e concorrente para instaurar procedimentos administrativos disciplinares aplicáveis a magistrados.
(C) O CNJ detém competência para analisar, apenas em grau de recurso, os procedimentos administrativos disciplinares aplicáveis aos magistrados e instaurados pelos respectivos Tribunais de Justiça.
(D) O CNJ detém somente competência subsidiária para instaurar procedimentos administrativos disciplinares aplicáveis aos magistrados das Justiças estaduais, mas detém competência originária em relação aos magistrados federais.
(E) O CNJ detém competência para regulamentar a atuação dos Tribunais, mas não para instaurar procedimentos administrativos disciplinares.

A, C, D e E: incorretas, pois o STF entende que a competência do CNJ é concorrente, e não subsidiária, não havendo necessidade de exaurimento da instância administrativa originária para a sua atuação disciplinar (MS 28.620, DJ 08.10.14); **B**: correta (MS 28.620, DJ 08.10.14). BV

Gabarito "B".

(Procurador do Estado/BA – 2014 – CESPE) No que se refere ao Poder Judiciário, julgue os itens seguintes, considerando que STJ se refere ao Superior Tribunal de Justiça.

(1) Os tribunais regionais federais não podem funcionar de forma descentralizada, ressalvada a justiça itinerante.
(2) O tribunal regional eleitoral deve eleger seu vice-presidente entre os juízes federais.
(3) Compete ao STJ processar e julgar, originariamente, o conflito de competência instaurado entre juiz federal e juiz do trabalho.
(4) A função de ministro-corregedor do Conselho Nacional de Justiça deve ser exercida por ministro do STJ.

1: errado. De acordo com o art. 107, § 3º, da CF, os Tribunais Regionais Federais poderão funcionar descentralizadamente, constituindo Câmaras regionais, a fim de assegurar o pleno acesso do jurisdicionado à justiça em todas as fases do processo; **2**: errado. Conforme dispõe o art. 120, § 2º, da CF, o Tribunal Regional Eleitoral elegerá seu Presidente e o Vice-Presidente dentre os desembargadores; **3**: correto. De acordo com o art. 105, I, "d", da CF, compete ao STF o processo e julgamento, de forma originária, dos conflitos de competência entre quaisquer tribunais, ressalvado o disposto no art. 102, I, "o", bem como entre tribunal e juízes a ele não vinculados e entre juízes vinculados a tribunais diversos; **4**: correto. Determina o art. 103-B, § 5º, da CF, que o Ministro do Superior Tribunal de Justiça exercerá a função de Ministro-Corregedor e ficará excluído da distribuição de processos no Tribunal. BV

Gabarito 1E, 2E, 3C, 4C.

(Procurador do Estado/AC – 2014 – FMP) O Supremo Tribunal Federal poderá, de ofício ou por provocação, mediante decisão de dois terços dos seus membros, após reiteradas decisões sobre matéria constitucional, aprovar súmula que, a partir de sua publicação na imprensa oficial, terá efeito vinculante em relação aos demais órgãos do Poder Judiciário e à Administração Pública direta e indireta, na esfera federal.

Em relação à tal afirmação, assinale a assertiva correta.

(A) A afirmativa está correta.
(B) A afirmativa está incorreta, pois o quórum para aprovação de súmula vinculante é de maioria absoluta.
(C) A afirmativa está incorreta, pois o efeito vinculante diz respeito apenas aos órgãos do Poder Judiciário.
(D) Nenhuma das alternativas é verdadeira.

Conforme determina o art. 103-A, *caput*, da CF, o Supremo Tribunal Federal poderá, de ofício ou por provocação, mediante decisão de dois terços dos seus membros, após reiteradas decisões sobre matéria constitucional, aprovar súmula que, a partir de sua publicação na imprensa oficial, terá efeito vinculante em relação aos demais órgãos do Poder Judiciário e à administração pública direta e indireta, **nas esferas federal, estadual e municipal**, bem como proceder à sua revisão ou cancelamento, na forma estabelecida em lei. A alternativa tida como correta é a letra "a", ocorre que, embora não contenha erro material, está incompleta, já que o efeito vinculante tem aplicação à administração pública direta e indireta não apenas na esfera federal, mas também **nos âmbitos estadual e municipal.**
Gabarito "A".

(Procurador do Município – Cuiabá/MT – 2014 – FCC) Considere o teor da Súmula Vinculante 8: *"São inconstitucionais o parágrafo único do artigo 5º do Decreto-Lei 1.569/1977 e os artigos 45 e 46 da Lei 8.212/1991, que tratam de prescrição e decadência de crédito tributário".*
Analise as seguintes afirmações a esse respeito, à luz da disciplina constitucional e legal da matéria:

I. É pressuposto da edição de súmula vinculante que a matéria que esta tenha por objeto diga respeito a normas acerca das quais exista, entre órgãos judiciários ou entre esses e a administração pública, controvérsia que acarrete grave insegurança jurídica e relevante multiplicação de processos sobre idêntica questão.
II. A Súmula Vinculante nº 8 tem, desde sua publicação, efeito vinculante em relação aos demais órgãos do Poder Judiciário e à administração pública direta e indireta, mas, por dizer respeito a normas inseridas na legislação federal, restrito a essa esfera da federação.
III. Se revogada ou modificada a lei em que se fundou a edição da Súmula Vinculante nº 8, o Supremo Tribunal Federal, de ofício ou por provocação, poderá proceder à sua revisão ou cancelamento, conforme o caso.
IV. Contra ato administrativo que aplique os dispositivos legais considerados inconstitucionais a teor da Súmula Vinculante nº 8, caberá reclamação para o Supremo Tribunal Federal, exigindo-se para seu uso, contudo, o esgotamento prévio das vias administrativas.

Está correto o que se afirma APENAS em
(A) II e III.
(B) I, III e IV.
(C) II, III e IV.
(D) I e III.
(E) I, II e IV.

I: correto. Conforme determina o art. 103-A, § 1º, da CF, a súmula vinculante terá por objetivo a validade, a interpretação e a eficácia de normas determinadas, **acerca das quais haja controvérsia atual entre órgãos judiciários ou entre esses e a administração pública que acarrete grave insegurança jurídica e relevante multiplicação de processos sobre questão idêntica**; II: incorreto. O *caput* do art. 103-A da CF determina que a súmula tenha **efeito vinculante em relação** aos demais órgãos do Poder Judiciário e **à administração pública** direta e indireta, **nas esferas federal, estadual e municipal**; III: correto. O mencionado art. 103-A também determina a possibilidade de o STF proceder à revisão ou cancelamento da súmula vinculante, na forma estabelecida em lei (Lei 11.417/2006). Conforme determina o art. 5º da lei citada, **revogada ou modificada a lei** em que se fundou a edição de enunciado de súmula vinculante, o Supremo Tribunal Federal, de ofício ou por provocação, **procederá à sua revisão ou cancelamento**, conforme o caso; IV: correto. De acordo com o art. 7º da Lei 11.417/2006, da decisão judicial ou do ato administrativo que contrariar enunciado de súmula vinculante, negar-lhe vigência ou aplicá-lo indevidamente **caberá reclamação** ao Supremo Tribunal Federal, sem prejuízo dos recursos ou outros meios admissíveis de impugnação. Além disso, o § 1º art. 7º da Lei 11.417/2006 informa que contra omissão ou ato da administração pública, **o uso da reclamação só será admitido após esgotamento das vias administrativas.**
Gabarito "B".

(Procurador Legislativo – Câmara de Vereadores de São Paulo/SP – 2014 – FCC) Considerando o disposto na Constituição Federal, é vedado ao Conselho Nacional de Justiça
(A) recomendar aos Tribunais de Justiça a tomada de providências para o fiel cumprimento de norma específica constante do Estatuto da Magistratura, uma vez que a providência violaria o princípio da autonomia administrativa dos Tribunais.
(B) desconstituir ato administrativo praticado por Tribunal de Justiça em razão de violação à lei, uma vez que a providência apenas poderia ser tomada em sede de controle jurisdicional e não administrativo.
(C) rever processo disciplinar de juiz julgado há dois anos, vez que já ultrapassado o prazo constitucional para tanto.
(D) apreciar a legalidade de ato administrativo praticado por órgão do Poder Judiciário e fixar prazo para que adote providências necessárias ao exato cumprimento da lei, tendo em vista o princípio da autonomia administrativa dos Tribunais.
(E) receber e conhecer de reclamação contra órgãos prestadores de serviços notariais e de registro que atuem por delegação do poder público, uma vez que não integram o Poder Judiciário.

A: incorreta. Ao contrário do mencionado, a recomendação é possível. De acordo com o art. 103-B, § 4º, I, da CF, compete ao CNJ o controle da atuação administrativa e financeira do Poder Judiciário e do cumprimento dos deveres funcionais dos juízes, cabendo-lhe, além de outras atribuições que lhe forem conferidas pelo Estatuto da Magistratura, **zelar** pela **autonomia** do Poder Judiciário e **pelo cumprimento do Estatuto da Magistratura**, podendo expedir atos regulamentares, no âmbito de sua competência, ou **recomendar providências**; B: incorreta. Conforme determina o art. 103-B, § 4º, II, da CF compete ao CNJ zelar pela observância do art. 37 e **apreciar**, de ofício ou mediante provocação, **a legalidade dos atos administrativos** praticados por membros ou órgãos do Poder Judiciário, **podendo desconstituí-los**, revê-los ou fixar prazo para que se adotem as providências necessárias ao exato cumprimento da lei, sem prejuízo da competência do Tribunal de Contas da União; C: correta. Apenas os processos disciplinares de juízes e membros de tribunais **julgados há menos de um ano** é que podem ser revistos, de ofício ou mediante provocação, pelo CNJ. É o que determina o art. 103-B, § 4º, V, da CF; D: incorreta. Como mencionado, é possível essa apreciação, de acordo com o art. 103-B, § 4º, II, da CF; E: incorreta. O art. 103-B, § 4º, III, da CF admite que o CNJ receba e conheça das reclamações contra órgãos prestadores de serviços notariais e de registro que atuem por delegação do poder público ou oficializados, sem prejuízo da competência disciplinar e correicional dos tribunais.
Gabarito "C".

(Advogado do Metrô/SP – 2014 – FCC) Albertus, Juiz do Estado de São Paulo, pretende ingressar com Mandado de Segurança contra determinado Conselheiro do Conselho Nacional de Justiça por entender que, em processo administrativo em curso perante o citado órgão, sofreu grave violação a seu direito líquido e certo. Nos termos da Constituição Federal, o Mandado de Segurança deverá ser impetrado perante o
(A) Tribunal de Justiça de São Paulo.
(B) Superior Tribunal de Justiça.
(C) Tribunal Regional Federal da 3ª Região.
(D) Supremo Tribunal Federal.
(E) Conselho da Justiça Federal.

De acordo com o art. 102, I, "r", da CF, compete ao Supremo Tribunal Federal, precipuamente, a guarda da Constituição, cabendo-lhe processar e julgar, originariamente, as ações contra o Conselho Nacional de Justiça e contra o Conselho Nacional do Ministério Público.
Gabarito "D".

(Advogado da Sabesp/SP – 2014 – FCC) A empresa X, sediada na cidade de São Paulo, ajuizou mandado de segurança perante a Justiça Estadual Paulista contra ato de autoridade da Companhia de Saneamento Básico do Estado de São Paulo – SABESP, objetivando o restabelecimento do serviço de água e esgoto em seu imóvel. Recebida a inicial, o Magistrado Estadual declinou a competência para processar e julgar o mandado de segurança para a Justiça Federal, argumentando que o ato foi praticado por dirigente de pessoa jurídica de direito privado, agindo por delegação do Poder Público Federal. Remetidos os autos à Justiça Federal, o Magistrado suscitou conflito negativo de competência, argumentando ser incompetente para analisar o mandado de segurança, inexistindo ato praticado por autoridade no exercício de função delegada federal.
Neste caso, o julgamento do conflito de competência negativo instaurado caberá ao
(A) Superior Tribunal de Justiça.
(B) Supremo Tribunal Federal.
(C) Tribunal Regional Federal da 3ª Região.
(D) Tribunal de Justiça de São Paulo.
(E) Conselho Nacional de Justiça.

Conforme determina o art. 105, I, "d", da CF, é da competência do Superior Tribunal de Justiça o processo e julgamento, de forma originária, dos conflitos de competência entre quaisquer tribunais, ressalvado o disposto no art. 102, I, "o", bem como entre tribunal e juízes a ele não vinculados e entre juízes vinculados a tribunais diversos.
Gabarito "A".

(Juiz de Direito/CE – 2014 – FCC) Sobre a Emenda Constitucional n. 45, de 30 de dezembro 2004 – Reforma do Poder Judiciário, é correto afirmar:
(A) O Congresso Nacional instalará, imediatamente após a promulgação da Emenda n. 45, comissão especial mista, destinada a elaborar, em cento e oitenta dias, os projetos de lei necessários à regulamentação da matéria nela tratada, bem como promover alterações na legislação federal e estadual objetivando tornar mais amplo o acesso à Justiça e mais célere a prestação jurisdicional.
(B) As atuais súmulas do Supremo Tribunal Federal somente produzirão efeito após sua confirmação por dois terços de seus integrantes e publicação na imprensa oficial.

(C) O Conselho Nacional de Justiça e o Conselho Nacional do Ministério Público foram instalados no prazo constitucional de noventa dias a contar da promulgação da Emenda n. 45.
(D) A indicação ou escolha dos membros do Conselho Nacional de Justiça e do Conselho Nacional do Ministério Público, não efetuadas dentro do prazo constitucional, é confiada pela Emenda n. 45, respectivamente, ao Presidente do Supremo Tribunal Federal e ao Procurador-Geral da República.
(E) Até que entre em vigor o Estatuto da Magistratura, o Conselho Nacional de Justiça, mediante resolução, disciplinará seu funcionamento e definirá as atribuições do Ministro-Corregedor.

A: incorreta, uma vez que não corresponde à redação do art. 7º da EC 45/2004; **B:** incorreta, uma vez que não corresponde à redação do art. 8º da EC 45/2004; **C:** incorreta, uma vez que não corresponde à redação do art. 5º da EC 45/2004; **D:** incorreta, uma vez que não corresponde à redação do art. 5º, § 1º, da EC 45/2004; **E:** correta, pois reflete a regra disposto no art. 5º, § 2º, da EC 45/2004.
Gabarito "E".

(Juiz de Direito/MG – 2014) Assinale a alternativa que apresenta a estrutura **COMPLETA** do Poder Judiciário Brasileiro.
(A) Supremo Tribunal Federal, Tribunais e Juízes Federais e Tribunais e Juízes Militares.
(B) Supremo Tribunal Federal, Superior Tribunal de Justiça e Tribunais Regionais Eleitorais.
(C) Supremo Tribunal Federal, Superior Tribunal de Justiça e Tribunais de Justiça dos Estados e Distrito Federal.
(D) Supremo Tribunal Federal, Superior Tribunal de Justiça, Tribunal Superior do Trabalho, Tribunal Superior Eleitoral, Superior Tribunal Militar, Tribunais de Justiça dos Estados, do Distrito Federal e dos Territórios, Tribunais Regionais Federais, Tribunais Regionais do Trabalho, Tribunais Regionais Eleitorais, Tribunais de Justiça Militar, Juízes de Direito, Juízes Federais, Juízes do Trabalho, Juízes Eleitorais e Juízes Militares.

A alternativa dada como correta, embora contenha órgãos integrantes do Poder Judiciário, deixou de contemplar o Conselho Nacional de Justiça (art. 92, I-A, da CF), introduzido pela EC 45/2004.
Gabarito "D".

(Juiz de Direito/PA – 2014 – VUNESP) Compete ao Supremo Tribunal Federal julgar:
(A) mediante recurso, as causas decididas em única ou última instância, quando a decisão recorrida julgar válida lei local contestada em face de lei federal.
(B) mediante recurso, as causas decididas, em única ou última instância, quando a decisão recorrida julgar ato de governo local contestado em face de lei federal.
(C) originariamente a homologação de sentenças estrangeiras e a concessão de *exequatur* às cartas rogatórias.
(D) ação direta de inconstitucionalidade de lei ou ato normativo municipal.
(E) originariamente os mandados de segurança e os *habeas data* contra ato de Ministro de Estado.

A: correta (art. 102, III, *d*, da CF); **B:** incorreta, já que a competência, neste caso, é do STJ, na forma estatuída no art. 105, III, *b*, da CF; **C:** incorreta, uma vez que se trata de competência do STJ, conforme estabelece o art. 105, I, *i*, da CF; **D:** incorreta, na medida em que não cabe, no sistema de controle de constitucionalidade brasileiro, ação direta em face de lei ou ato normativo municipal. Nesse sentido, ensina Uadi Lammêgo Bulos que "(...) só há duas formas para realizar o controle de constitucionalidade de lei ou ato normativo municipal em face do Texto Federal: pela arguição de descumprimento de preceito fundamental (CF, art. 102, § 1º, c/c a Lei 9.882/1999, art. 1º, parágrafo único, I); e pela fiscalização difusa, exercida, no caso concreto, por qualquer juiz ou tribunal" (*Direito Constitucional ao Alcance de Todos*, 3ª ed., p. 201); **E:** incorreta. É que tal competência pertence ao STJ, e não ao STF (art. 105, I, *b*, da CF).
Gabarito "A".

(Juiz de Direito/PA – 2014 – VUNESP) A inobservância da súmula vinculante em sentença proferida por juiz singular pode ser corrigida mediante
(A) Agravo Especial instituído pela Lei que regulamentou a súmula vinculante.
(B) Arguição de Descumprimento de Preceito Fundamental.
(C) Recurso Extraordinário independentemente de Apelação, conforme previsto pelo texto constitucional.
(D) Correição Parcial dirigida diretamente ao Supremo Tribunal Federal.
(E) Reclamação ao Supremo Tribunal Federal.

Segundo estabelece o art. 103-A, § 3º, da CF, introduzido pela EC 45/2004, "do ato administrativo ou decisão judicial que contrariar a súmula aplicável ou que indevidamente a aplicar, caberá reclamação ao Supremo Tribunal Federal, que, julgando-a procedente, anulará o ato administrativo ou cassará a decisão judicial reclamada, e determinará que outra seja proferida com ou sem a aplicação da súmula, conforme o caso".
Gabarito "E".

(Juiz de Direito/RJ – 2014 – VUNESP) De acordo com o texto constitucional, lei complementar, de iniciativa do Supremo Tribunal Federal, disporá sobre o Estatuto da Magistratura, observados, entre outros, os seguintes princípios:
(A) o ato de remoção, disponibilidade, demissão e aposentadoria do magistrado, por interesse público, fundar-se-á em decisão por voto da maioria absoluta do respectivo tribunal ou do Conselho Nacional de Justiça, assegurada ampla defesa.
(B) um quinto dos lugares dos Tribunais Regionais Federais, dos Tribunais dos Estados, e do Distrito Federal e Territórios será composto de membros do Ministério Público, com mais de dez anos de carreira, e de advogados de notório saber jurídico e de reputação ilibada, com mais de dez anos de efetiva atividade profissional, indicados em lista sêxtupla pelos órgãos de representação das respectivas classes.
(C) todos os julgamentos dos órgãos do Poder Judiciário serão públicos, e fundamentadas todas as decisões, sob pena de nulidade, podendo a lei limitar a presença, em determinados atos, às próprias partes e a seus advogados, ou somente a estes, em casos nos quais a preservação do direito à intimidade do interessado no sigilo não prejudique o interesse da Administração Pública.
(D) nos tribunais com número superior a vinte e cinco julgadores, poderá ser constituído órgão especial, com o mínimo de onze e o máximo de vinte e cinco membros, para o exercício das atribuições administrativas e jurisdicionais delegadas da competência do tribunal pleno, provendo-se metade das vagas por antiguidade, e a outra metade por merecimento.

A: incorreta, uma vez que o art. 93, VIII, da CF não contempla o ato de *demissão*; **B:** correta, pois corresponde à redação do art. 94, *caput*, da CF; **C:** incorreta, pois não corresponde ao teor do art. 93, IX, da CF (interesse *público*, e não da *Administração Pública*); **D:** incorreta, pois não reflete o disposto no art. 93, XI, da CF, que estabelece que as vagas, para o órgão especial, serão providas da seguinte forma: metade por antiguidade e a outra metade *por eleição* (e não *por merecimento*) pelo tribunal pleno.
Gabarito "B".

(Promotor de Justiça/MG – 2014) Assinale a alternativa **CORRETA**:
(A) As decisões administrativas dos tribunais serão motivadas e em sessão pública, sendo as disciplinares tomadas pelo voto da maioria simples de seus membros.
(B) A atividade jurisdicional será ininterrupta, sendo vedado férias coletivas nos juízos e em todos os tribunais do País, funcionando nos dias em que não houver expediente forense normal, juízes em plantão permanente.
(C) A distribuição de processos será imediata, apenas nos juízos de primeiro grau de jurisdição.
(D) Os servidores receberão delegação para a prática de atos de administração e atos de mero expediente sem caráter decisório.

A: incorreta. As decisões disciplinares, diferentemente do que se afirma na proposição, serão tomadas pelo voto da maioria *absoluta* (e não *simples*) dos membros dos tribunais (art. 93, X, da CF); **B:** incorreta, dado que o art. 93, XII, da CF somente contemplou os juízos e tribunais de *segundo grau*, e não *todos* os tribunais; **C:** incorreta, porquanto a distribuição dos processos será imediata em todos os graus de jurisdição (art. 93, XV, da CF); **D:** correta (art. 93, XIV, da CF).
Gabarito "D".

(Promotor de Justiça/AC – 2014 – CESPE) Com relação ao Poder Judiciário, assinale a opção correta.
(A) De acordo com a CF, membro do MPE poderá compor o tribunal regional eleitoral, desde que nomeado pelo presidente da República, devendo atuar pelo prazo mínimo de dois anos e nunca por mais de dois biênios consecutivos.
(B) Desde que haja previsão na constituição estadual, é possível a criação da justiça militar estadual, constituída, em primeiro grau, pelos juízes auditores e, em segundo grau, pelas auditorias militares.
(C) Em casos de crimes dolosos contra a vida, o julgamento de prefeito, de competência da justiça comum estadual, será realizado perante o tribunal de justiça respectivo, dada a previsão constitucional específica, que prevalece sobre a competência geral do tribunal do júri.
(D) As decisões administrativas dos tribunais de justiça em matéria disciplinar devem ser motivadas e podem ser realizadas em sessão secreta por decisão da maioria absoluta de seus membros.
(E) Constituição estadual pode prever representação de inconstitucionalidade de leis ou atos normativos estaduais em face de seu texto, desde que estabeleça a legitimidade exclusiva para o seu oferecimento ao procurador-geral de justiça.

A: incorreta, pois em desacordo com o que preceitua o art. 120, § 1º, da CF, que estabelece as regras concernentes à composição dos tribunais regionais eleitorais; **B:** incorreta (art. 125, § 3º, da CF); **C:** correta. De fato, os prefeitos municipais serão julgados, pela prática de crimes comuns e dolosos contra a vida, pelo Tribunal de Justiça (art. 29,

X, da CF). Pela prática de crimes da esfera federal, o julgamento caberá aos Tribunais Regionais Federais. Agora, se se tratar de crimes de responsabilidade, previstos no Dec.-lei 201/1967, o chefe do executivo municipal será submetido a julgamento pelo Poder Legislativo local. Nesse sentido: Súmula 702, STF: "A competência do Tribunal de Justiça para julgar prefeitos restringe-se aos crimes de competência da Justiça comum estadual; nos demais casos, a competência originária caberá ao respectivo tribunal de segundo grau"; **D**: incorreta, pois contraria o disposto no art. 93, X, da CF, que impõe que as decisões administrativas dos tribunais, aqui as incluídas as atinentes a matéria disciplinar, serão tomadas em sessão pública; **E**: incorreta, nos termos do art. 125, § 2º, da CF. Ante recente decisão do STF, cabem algumas observações a respeito do foro por prerrogativa de função. No dia 3 de maio de 2018, o Plenário do STF, por maioria de votos, decidiu que o foro por prerrogativa de função de que gozam parlamentares federais (senadores e deputados) se aplica tão somente a infrações penais cometidas no exercício do cargo e em razão das funções a ele relacionadas. Tal decisão foi tomada no julgamento de questão de ordem da ação penal 937, cujo relator é o ministro Luís Roberto Barroso. Com isso, se o crime imputado a senador ou deputado federal é cometido antes da diplomação, o julgamento caberá ao juízo de primeira instância; se for cometido no curso do mandado mas nenhuma relação tiver com o seu exercício, o julgamento também caberá ao juiz de primeira instância (por exemplo: homicídio; roubo; embriaguez ao volante); agora, sendo o delito cometido durante o mandato e havendo relação entre ele e o desempenho da função parlamentar (corrupção passiva, por exemplo), o julgamento deverá realizar-se perante o STF. Uma das primeiras questões que surgiu, entre tantas outras, é se este entendimento que restringe o foro por prerrogativa de função se aplica para outras hipóteses de foro privilegiado ou apenas para os deputados federais e senadores. Segundo o STF, em decisão tomada no julgamento do Inq 4703 QO/DF, ocorrido em 12/06/2018 e da relatoria do ministro Luiz Fux, tal restrição imposta ao foro privilegiado vale também para ministros de Estado. O STJ, por sua vez, ao enfrentar a questão, tendo por base a decisão do STF na AP 937, decidiu que a restrição do foro deve alcançar governadores e conselheiros dos Tribunais de Contas estaduais (AP 866 e AP 857). Lembremos que o art. 105, I, "a", da CF/88 estabelece que compete ao STJ julgar os crimes praticados por governadores de Estado e por conselheiros dos Tribunais de Contas dos Estados. No que concerne aos prefeitos, ainda não há consenso. Há tribunais que, em face da nova interpretação conferida pelo STF ao foro por prerrogativa de função, remeteram os processos contra o chefe do executivo municipal para julgamento pela 1ª instância. ED

Gabarito "C".

13. DAS FUNÇÕES ESSENCIAIS À JUSTIÇA

(Delegado – PC/BA – 2018 – VUNESP) A Constituição Federal de 1988 proclama que o advogado é indispensável à administração da Justiça, sendo inviolável por seus atos e manifestações no exercício da profissão, nos limites da lei. Em decorrência de tal previsão constitucional, é correto afirmar que

(A) a garantia da inviolabilidade não abrange manifestações injuriosas, ainda que proferidas no estrito âmbito de discussão da causa.
(B) a garantia da inviolabilidade alcança a relação advogado-cliente, não havendo dano moral em carta de cobrança de honorários que possua expressões ofensivas.
(C) a garantia da inviolabilidade impede processar criminalmente um advogado pela suposta prática de crime de desacato.
(D) o princípio da indispensabilidade determina que somente advogados possam fazer sustentação oral em julgamento no Supremo Tribunal Federal.
(E) o princípio da indispensabilidade possui exceções, como a impetração de habeas corpus e mandado de segurança.

A: incorreta, pois o advogado tem imunidade profissional, não constituindo injúria ou difamação puníveis qualquer manifestação de sua parte, no exercício de sua atividade, em juízo ou fora dele, sem prejuízo das sanções disciplinares perante a OAB, pelos excessos que cometer (art. 7º, § 2º, da Lei 8.906/1994; ADIN 1.127-8); **B**: incorreta, já que a imunidade do advogado não alcança as relações do profissional com o seu próprio cliente. Nessa linha, o seguinte julgado do STF: "*Advogado: imunidade judiciária (CF, art. 133): não compreensão de atos relacionados a questões pessoais. A imunidade do advogado — além de condicionada aos 'limites da lei', o que, obviamente, não dispensa o respeito ao núcleo essencial da garantia da libertas conviciandi — não alcança as relações do profissional com o seu próprio cliente.*" (RE 387.945, rel. min. Sepúlveda Pertence, Primeira Turma, j. em 14-2-2006); **C**: incorreta, visto que o STF declarou a inconstitucionalidade da expressão "ou desacato" contida no § 2º do art. 7º da Lei 8.906/1994, acabando com a imunidade material do advogado em relação a esse crime. "*A imunidade profissional do advogado não compreende o desacato, pois conflita com a autoridade do magistrado na condução da atividade jurisdicional*" (ADI 1127, Rel. Min. Marco Aurélio, Rel. p/ Acórdão: Min. Ricardo Lewandowski, Tribunal Pleno, julgado em 17-05-2006); **D**: correta, de acordo com o art. 124, parágrafo único, do Regimento Interno do Supremo Tribunal Federal e com a jurisprudência daquela Corte que afirma que não cabe a sustentação oral, perante o Supremo Tribunal Federal, por quem não é advogado (HC 63388 QO, Rel.: Min. Octavio Gallotti, Primeira Turma, j. em 25-04-1986); **E**: incorreta, pois a impetração de mandado de segurança não admite exceção ao princípio da indispensabilidade do advogado. AN

Gabarito "D".

(Defensor Público – DPE/SC – 2017 – FCC) A Emenda Constitucional n. 80/2014 representou importante marco no fortalecimento institucional da Defensoria Pública em sede constitucional. Considere as assertivas a seguir:

I. No prazo de dez anos, a União, os Estados e o Distrito Federal deverão contar com defensores públicos em todas as unidades jurisdicionais.
II. O número de defensores públicos na unidade jurisdicional será proporcional à efetiva demanda pelo serviço da Defensoria Pública e à respectiva população.
III. A Emenda Constitucional n. 80/2014 consagrou a autonomia funcional e administrativa e a iniciativa de sua proposta orçamentária das Defensorias Públicas Estaduais e Federal.
IV. Muito embora sua importância em diversos aspectos, a Emenda Constitucional n. 80/2014 deixou de consagrar expressamente a atribuição da Defensoria Pública para promover a defesa dos direitos coletivos das pessoas necessitadas.

A respeito das inovações trazidas pela referida emenda, considerando também o que dispõe o artigo 98 do Ato das Disposições Constitucionais Transitórias – ADCT, está correto o que se afirma APENAS em

(A) III e IV.
(B) II e IV.
(C) I, II e III.
(D) II, III e IV.
(E) II.

I: Errado. No prazo de 8 (oito) anos (art. 98, § 1º, do ADCT). **II**: Certo (art. 98, *caput*, do ADCT). **III**: Errado. A autonomia funcional e administrativa e a iniciativa da proposta orçamentária das Defensorias foram consagradas a partir da Emenda Constitucional n. 45. **IV**: Errado. A EC 8/2014 consagrou expressamente a defesa das pessoas necessitadas (art. 134, *caput*, da CF). TM

Gabarito "E".

(Defensor Público – DPE/SC – 2017 – FCC) A respeito do direito fundamental à assistência jurídica e do regime constitucional da Defensoria Pública na jurisprudência do Supremo Tribunal Federal, considere:

I. O Supremo Tribunal Federal considera hipótese de "estado de coisas inconstitucional" a atribuição de legitimidade ao Ministério Público para o ajuizamento de ação civil *ex delito*, nos termos do artigo 68 do Código de Processo Penal.
II. Em que pese o Supremo Tribunal Federal, no julgamento da ADI 3.943, tenha reconhecido a constitucionalidade da legitimidade atribuída à Defensoria Pública para a propositora de ação civil pública por meio de alteração na Lei n. 7.347/1985, a decisão adotou, na sua fundamentação, o conceito restritivo de necessitado, limitado ao aspecto econômico.
III. É inconstitucional a celebração de qualquer convênio entre a Defensoria Pública e a Ordem dos Advogados do Brasil para a prestação de assistência suplementar nos Estados em que a cobertura da instituição não alcança todas as localidades.
IV. O Supremo Tribunal Federal já admitiu em alguns julgados o controle judicial de políticas públicas atinentes ao serviço público de assistência jurídica, inclusive no sentido de obrigar o Estado a adotar medidas prestacionais voltadas a assegurar a efetivação do direito fundamental à assistência jurídica de titularidade dos indivíduos e grupos sociais necessitados.

Está correto o que se afirma APENAS em

(A) IV.
(B) III e IV.
(C) I e III.
(D) II, III e IV.
(E) I e IV.

I: Errado. O STF considera a atribuição de legitimidade ao Ministério Público para o ajuizamento de ação civil *ex delito* como condição de norma ainda constitucional – que configura um transitório estágio intermediário situado "entre os estados de plena constitucionalidade ou de absoluta inconstitucionalidade e não estado de coisas "inconstitucional" (AI 482332 / SP – STF – Pub. 2.6.2004). **II**: Errado. No julgamento da ADI, o que se definiu foi que a caracterização de pessoas necessitadas é suficiente a justificar a legitimidade da Defensoria Pública para não esvaziar as finalidades de sua origem. Assim, condiciona a atuação da Defensoria Pública à comprovação prévia da pobreza do público-alvo diante de situação justificadora do ajuizamento de ação civil pública. **III**: Errado. O STF julgou inconstitucional (ADI 4163) a norma que obriga o convênio, mas nada impede que o faça espontaneamente sem vinculação de obrigatoriedade. **IV**: Correta. "o Poder Judiciário dispõe de competência para exercer, no caso concreto, controle de legitimidade sobre a omissão do Estado na implementação de políticas públicas cuja efetivação lhe incumbe por efeito de expressa determinação constitucional, sendo certo, ainda, que, ao assim proceder, o órgão judiciário competente estará agindo dentro dos limites de suas atribuições institucionais, sem incidir em ofensa ao princípio da separação de poderes, tal como tem sido reconhecido, por esta Suprema Corte, em sucessivos julgamentos" (RE 367.432-AgR/PR, Rel. Min. EROS GRAU – RE 543.397/PR, Rel. Min. EROS GRAU – RE 556.556/PR, Rel. Min. ELLEN GRACIE, v.g.) TM

Gabarito "A".

(Procurador do Município – Prefeitura Fortaleza/CE – CESPE – 2017) A respeito das funções essenciais à justiça, julgue os itens seguintes à luz da CF.

(1) Aos defensores públicos é garantida a inamovibilidade e vedada a advocacia fora das atribuições institucionais.
(2) Em decorrência do princípio da unidade, membro do MP não pode recorrer de **decisão** proferida na segunda instância se o acórdão coincidir com o que foi preconizado pelo promotor que atuou no primeiro grau de jurisdição.
(3) De acordo com o entendimento do STF, são garantidas ao advogado público independência funcional e inamovibilidade.
(4) O ente federado tanto pode optar pela constituição de defensoria pública quanto firmar convênio exclusivo com a OAB para prestar assistência jurídica integral aos hipossuficientes.

1. Correta. Art. 134, § 1º, CF; 2. incorreta. O princípio da unidade tem natureza administrativa. Significa que os membros do MP estão sob a direção de um único chefe, devendo ser visto como uma única instituição. Não impede que o procurador regional da República discorde do procurador da República que atue em primeira instância; 3. incorreta. A advocacia pública não tem independência funcional e nem garantia de inamovibilidade; 4. incorreta. O ente federado deve organizar sua defensoria pública, sob pena de omissão inconstitucional. TM
Gabarito "1C, 2E, 3E, 4E".

(Procurador do Estado – PGE/RN – FCC – 2014) Lei estadual criou cargos em comissão de assessor jurídico junto aos Gabinetes de Secretários de Estado, de livre provimento por estes, dentre bacharéis em direito com inscrição na Ordem dos Advogados do Brasil. De acordo com a lei, aos titulares dos cargos cabe exercer a consultoria jurídica a respeito da legalidade dos atos administrativos, normativos e contratos de interesse da Secretaria, bem como atuar em juízo em defesa dos atos praticados pelo Secretário. A referida lei é:

(A) incompatível com a Constituição Federal, uma vez que a consultoria jurídica aos Gabinetes de Secretários é atribuição dos Procuradores do Estado, podendo os assessores jurídicos exercer, exclusivamente, a representação judicial do Estado.
(B) compatível com a Constituição Federal, uma vez que os Estados têm autonomia para criar cargos em comissão junto aos Gabinetes dos Secretários de Estado, ainda que para o exercício da consultoria jurídica e da representação judicial de que trata a Lei.
(C) incompatível com a Constituição Federal, uma vez que a consultoria jurídica aos Gabinetes de Secretários e a representação do Estado em juízo são atribuições dos Procuradores do Estado.
(D) incompatível com a Constituição Federal, uma vez que o cargo de assessor jurídico é cargo técnico, devendo ser preenchido mediante concurso público, ainda que não seja exigível seu preenchimento por Procuradores do Estado para o exercício das atribuições previstas na Lei.
(E) incompatível com a Constituição Federal, uma vez que apenas a Constituição Estadual poderia excluir das atribuições da Procuradoria Geral do Estado a assessoria jurídica aos Gabinetes de Secretários.

A: incorreta. A primeira parte é correta e afasta a segunda parte, ou seja, os assessores jurídicos ocupantes exclusivamente de cargo em comissão não podem exercer a representação judicial do Estado; B: incorreta. Os cargos em comissão devem ser criados para direção, chefia ou assessoramento, não lhes cabendo exercer funções ordinárias, como a consultoria jurídica e a representação judicial (que, além disso, é atribuição de membros concursados da procuradoria dos Estados, do DF ou da AGU); C: correta. No âmbito federal, é atribuição da Advocacia-Geral da União; D: Incorreta. O cargo de assessor pode ser criado, desde que para funções de direção, chefia ou assessoramento; E: incorreta. A Constituição estadual não pode contrariar o disposto na Constituição Federal (art. 37, V, CF). TM
Gabarito "C".

(Juiz – TJ/SP – VUNESP – 2015) Proposta Ação Civil Pública pelo representante do Ministério Público, com pedido de alteração da política de transporte urbano do Município, a fim de que recursos sejam direcionados para ampliação das linhas de metrô, forma considerada mais eficiente, sob os aspectos urbanísticos e ambientais, em relação à construção de corredores para ônibus e reparos de vias públicas para veículos, tal pretensão

(A) deve ser deferida judicialmente porque é amparada constitucionalmente e atende ao denominado interesse público primário.
(B) não deve ser deferida sem prévia avaliação técnica e orçamentária, no âmbito do Judiciário (prova pericial), quanto aos impactos da medida.
(C) deve ser parcialmente deferida apenas para os exercícios seguintes, tendo em vista a necessidade de previsão na lei orçamentária anual.
(D) não deve ser deferida judicialmente porque preserva-se a escolha técnica de políticas públicas aos órgãos da Administração.

A: incorreta, pois não deve ser deferida, vez que está no âmbito da discricionariedade da escolha de políticas públicas pela Administração; B: incorreta, pois em que pese a medida judicial deva ser indeferida não guarda correlação com a prova pericial; C: incorreta, pois não há que se vincular com os exercícios seguintes e a lei orçamentária (ADI 789/DF, STF); D: correta, pois está no âmbito da escolha legítima de políticas públicas aos órgãos da Administração.
Gabarito "D".

(Delegado/GO – 2017 – CESPE) No modelo de funcionamento da justiça montado no Brasil, entendeu-se ser indispensável a existência de determinadas funções essenciais à justiça. Nesse sentido, a CF considera como funções essenciais à justiça

(A) o Poder Judiciário, o Ministério Público, a defensoria pública, a advocacia e as polícias civil e militar.
(B) o Ministério Público, a defensoria pública, a advocacia pública, a advocacia e as polícias civil e militar.
(C) o Poder Judiciário e o Ministério Público.
(D) o Ministério Público, a defensoria pública, a advocacia pública e a advocacia.
(E) o Poder Judiciário, o Ministério Público e a defensoria pública.

As funções essenciais à justiça estão disciplinadas na Constituição Federal no Capítulo IV do Título IV – Da Organização dos Poderes. Sendo Seção I – Do Ministério Público, Seção II – Da Advocacia Pública, Seção III – Da Advocacia e Seção IV – Da Defensoria Pública. O Poder judiciário é um dos Poderes e não uma função essencial. As polícias fazem parte da Segurança Pública (artigo 144, CF). Desse modo correta a alternativa D. LR
Gabarito "D".

(Delegado/GO – 2017 – CESPE) À luz da CF, assinale a opção correta a respeito do Ministério Público.

(A) Segundo a CF, são princípios institucionais aplicáveis ao Ministério Público: a unidade, a indivisibilidade, a independência funcional e a inamovibilidade.
(B) Foi com a CF que a atividade do Ministério Público adquiriu o *status* de função essencial à justiça.
(C) O STF, ao tratar das competências e prerrogativas do Ministério Público, estabeleceu o entendimento de que membro desse órgão pode presidir inquérito policial.
(D) A CF descreve as carreiras abrangidas pelo Ministério Público e, entre elas, elenca a do Ministério Público Eleitoral.
(E) A exigência constitucional de que o chefe do Ministério Público da União, procurador-geral da República, pertença à carreira significa que ele, para o exercício do cargo, pode pertencer tanto ao Ministério Público Federal quanto ao estadual.

A alternativa A está errada, pois a inamovibilidade não é um princípio institucional do Ministério Público e sim uma das garantias conferidas a seus membros. Ver artigos 127 e 128, § 5º, inciso I, alínea "b", CF. Correta a alternativa B, pois antes da atual Constituição o Ministério Público era ligado ao Poder Executivo. A alternativa C está errada. Conforme já decidido pelo STF "Na esteira de precedentes desta Corte, malgrado seja defeso ao Ministério Público presidir o inquérito policial propriamente dito, não lhe é vedado, como titular da ação penal, proceder investigações" (RE 449206). Errada a alternativa D. Nos termos do artigo 128, CF "O Ministério Público abrange: I – o Ministério Público da União, que compreende: a) o Ministério Público Federal; b) o Ministério Público do Trabalho; c) o Ministério Público Militar; d) o Ministério Público do Distrito Federal e Territórios; II – os Ministérios Públicos dos Estados." Logo, não está elencado o Ministério Público Eleitoral. A alternativa E está errada. Ele deve pertencer à carreira do Ministério Público da União, ou seja, pode ser do Ministério Público Federal; do Ministério Público do Trabalho; do Ministério Público Militar; ou do Ministério Público do Distrito Federal e Territórios. LR
Gabarito "B".

(Defensor Público – DPE/BA – 2016 – FCC) A Emenda Constitucional 80/2014 reforçou e ampliou de forma significativa o regime jurídico-constitucional da Defensoria Pública, destacando-se a consagração normativa expressa

(A) da autonomia funcional e administrativa da Defensoria Pública dos Estados.
(B) do direito fundamental à assistência jurídica.
(C) da autonomia funcional e administrativa da Defensoria Pública da União e do Distrito Federal.
(D) dos princípios institucionais da unidade, da indivisibilidade e da independência funcional.
(E) da iniciativa de sua proposta orçamentária dentro dos limites estabelecidos na lei de diretrizes orçamentárias e subordinação ao disposto no artigo 99, § 2º, da Constituição Federal de 1988.

Art. 134, § 4º, da CF. TM
Gabarito "D".

(Analista – Judiciário –TRE/PI – 2016 – CESPE) Acerca dos Poderes da República e das funções essenciais à justiça, assinale a opção correta.

(A) Em razão do princípio da separação dos poderes, a súmula vinculante editada pelo STF é efetiva apenas para os órgãos do Poder Judiciário.
(B) Eventual conflito de competência entre um tribunal regional eleitoral e um tribunal regional federal deverá ser revolvido pelo STF.

(C) A Advocacia-Geral da União, por ser órgão do Poder Executivo, não detém competência para representar judicialmente o Poder Judiciário.
(D) De acordo com o STF, as comissões parlamentares de inquérito possuem poderes de investigação próprios das autoridades judiciais, mas não têm competência para determinar a interceptação telefônica.
(E) Convalida o vício de iniciativa a sanção presidencial a projeto de lei de autoria de senador acerca de matéria de iniciativa privativa do presidente da República.

A: incorreta. De acordo com *caput* do art. 103-A da CF, a súmula vinculante terá efeito em relação aos órgãos do Poder Judiciário e **à administração pública direta e indireta, nas esferas federal, estadual e municipal**. Vale lembrar que a súmula não vincula a função legislativa, ainda que exercida de forma atípica; **B**: incorreta. A competência para o julgamento do conflito entre um tribunal regional eleitoral e um tribunal regional federal é resolvida pelo Superior Tribunal de Justiça, conforme determina o art. 105, I, "d", da CF; **C**: incorreta. Determina o *caput* do art. 131 da CF que a **Advocacia-Geral da União** é a instituição que, diretamente ou através de órgão vinculado, **representa a União, judicial e extrajudicialmente**, cabendo-lhe, nos termos da lei complementar que dispuser sobre sua organização e funcionamento, as atividades de **consultoria e assessoramento jurídico do Poder Executivo**. Sendo assim, a AGU representa **judicialmente** os três Poderes da União (Legislativo, Executivo e Judiciário) mas, no âmbito consultivo, assessora apenas o Poder **Executivo**; **D**: correta. De fato, as comissões parlamentares de inquérito – CPIs detém funções típicas das autoridades judiciais, mas há algumas exceções, assuntos que estão acobertados pela cláusula de reserva jurisdicional, ou seja, só podem ser efetivados por ordem judicial. Por exemplo: a CPI não pode determinar a interceptação telefônica, pois, segundo o art. 5º, XII, da CF, somente para fins de investigação criminal ou instrução processual penal é que poderá haver tal diligência. Ressalta-se que o acesso às contas telefônicas (dados telefônicos) não se confunde com quebra de comunicação telefônica (que é a interceptação ou escuta). A primeira se inclui nos poderes da CPI, já a segunda é acobertada pela cláusula de reserva de jurisdição e, portanto, não cabe à CPI determiná-la. De acordo com o § 3º do art. 58 da CF, as CPIs, que **terão poderes de investigação próprios das autoridades judiciais**, além de outros previstos nos regimentos das respectivas Casas, serão criadas pela Câmara dos Deputados e pelo Senado Federal, em conjunto ou separadamente, mediante requerimento de um terço de seus membros, para a apuração de fato determinado e por prazo certo, sendo suas conclusões, se for o caso, encaminhadas ao Ministério Público, para que promova a responsabilidade civil ou criminal dos infratores; **E**: incorreta. O vício de iniciativa não é convalidado por posterior sanção presidencial. O STF já decidiu reiteradas vezes que "**A sanção do projeto de lei não convalida o vício de inconstitucionalidade** resultante da usurpação do poder de iniciativa. A ulterior aquiescência do chefe do Poder Executivo, mediante sanção do projeto de lei, ainda quando dele seja a prerrogativa usurpada, não tem o condão de sanar o vício radical da inconstitucionalidade. Insubsistência da Súmula 5/STF" [ADI 2.867, rel. min. Celso de Mello, j. 03.12.2003, P, *DJ* de 09.02.2007.] = ADI 2.305, rel. min. Cezar Peluso, j. 30.06.2011, P, *DJE* de 05.08.2011. Gabarito "D".

(Ministério Público/BA – 2015 – CEFET) Considere as assertivas abaixo:
I. Tendo em vista que as atribuições insertas no artigo 129 da Constituição Federal de 1988 podem atingir interesses fundamentais, é correto concluir que o rol das funções institucionais do Ministério Público é exaustivo.
II. Cabe, com exclusividade, ao Ministério Público a promoção da ação penal pública.
III. A relevância jurídica do princípio institucional da indivisibilidade do Ministério Público é tamanha que o seu delineamento é dado pela atual Carta Magna. A aplicação deste princípio permite que integrantes de carreiras distintas possam ser substituídos uns pelos outros.
Pode-se AFIRMAR que:
(A) Apenas o item I está correto.
(B) Somente os itens I e III estão corretos.
(C) Todos os itens estão incorretos.
(D) Apenas os itens II e III estão corretos.
(E) Apenas o item III está correto.

I: incorreta (art. 129, IX, da CF); II: incorreta, pois a CF não usa a expressão exclusividade e admite que a lei regule a questão (art. 129, I, da CF), havendo exceção à regra nos arts. 100 do CP e 29 do CPP; III: incorreta, pois tal interpretação feriria o princípio do promotor natural e desconsidera que a indivisibilidade deve ser vista, na verdade, dentro de cada Ministério Público. Gabarito "C".

(Ministério Público/BA – 2015 – CEFET) Marque a alternativa **INCORRETA**:
Compete ao Conselho Nacional do Ministério Público o controle da atuação administrativa e financeira do Ministério Público e do cumprimento dos deveres funcionais de seus membros, cabendo-lhe (Artigo 130-A, § 22 da Constituição Federal de 1988):
(A) Zelar pela autonomia funcional e administrativa do Ministério Público, podendo expedir atos regulamentares, no âmbito de sua competência, ou recomendar providências.
(B) Zelar pela observância do artigo 37 e apreciar, de ofício ou mediante provocação, a legalidade dos atos administrativos praticados por membros ou órgãos do Ministério Público da União e dos Estados, podendo desconstituí-los, revê-los ou fixar prazo para que se adotem as providências necessárias ao exato cumprimento da lei, sem prejuízo da competência dos Tribunais de Contas.
(C) Receber e conhecer das reclamações contra membros ou órgãos do Ministério Público da União ou dos Estados, exceto contra os seus serviços auxiliares, que estão submetidos a regime jurídico disciplinar próprio, sem prejuízo da competência disciplinar e correicional da instituição, podendo avocar processos disciplinares em curso, determinar a remoção, a disponibilidade ou a aposentadoria com subsídios ou proventos proporcionais ao tempo de serviço e aplicar outras sanções administrativas, assegurada ampla defesa.
(D) Rever, de ofício ou mediante provocação, os processos disciplinares de membros do Ministério Público da União ou dos Estados julgados há menos de 1 (um) ano.
(E) Elaborar relatório anual, propondo as providências que julgar necessárias sobre a situação do Ministério Público no País e as atividades do Conselho, o qual deve integrar a mensagem prevista no artigo 84, XI.

A: assertiva correta (art. 130-A, § 2º, I, da CF); **B**: assertiva correta (art. 130-A, § 2º, II, da CF); **C**: assertiva incorreta, devendo ser assinalada; isso porque compete ao CNMP receber e conhecer de reclamações também contra os serviços auxiliares do Ministério Público (art. 130-A, § 2º, III, da CF); **D**: assertiva correta (art. 130-A, § 2º, IV, da CF); **E**: assertiva correta (art. 130-A, § 2º, V, da CF). Gabarito "C".

(DPE/PE – 2015 – CESPE) No que se refere ao tratamento conferido pela CF à DP, julgue os seguintes itens.
(1) A autonomia funcional e administrativa conferida à DP não impede sua vinculação à secretaria de justiça do estado ao qual pertença, caso exista tal previsão na respectiva lei complementar estadual.
(2) Aos defensores públicos empossados após a promulgação da CF é permitido o exercício da advocacia privada, desde que não conflitante com o exercício de suas atribuições institucionais.

1: incorreta, pois o STF entende que a autonomia funcional e administrativa das defensorias foi reforçada pela EC 80/2014 (vide decisão liminar proferida na ADI 5.296, em 22.10.2015), o que impede esse tipo de vinculação; 2: incorreta, pois é vedada a advocacia dos defensores públicos fora das atribuições institucionais (art. 134, § 2º, da CF). Gabarito 1E, 2E.

(Procurador Distrital – 2014 – CESPE) Julgue os itens subsequentes, a respeito das funções essenciais à justiça no DF, com base na disciplina constitucional e legal.
(1) Aplicam-se aos procuradores da CLDF as garantias e os impedimentos dos procuradores do DF.
(2) A PGDF é competente para representar judicialmente a CLDF no que respeita à cobrança judicial de dívida.
(3) A destituição do defensor público geral do DF depende de deliberação da CLDF.
(4) Compete ao governador distrital nomear o procurador-geral do DF, cuja destituição cabe exclusivamente à CLDF.

1: correto. De acordo com o art. 113 da Lei Orgânica do DF, aplicam-se aos Procuradores das Autarquias e Fundações do Distrito Federal e aos Procuradores da Câmara Legislativa do Distrito Federal os mesmos direitos, deveres, garantias, vencimentos, proibições e impedimentos da atividade correcional e de disposições atinentes à carreira de Procurador do Distrito Federal; **2**: correto. Conforme dispõe o art. 111, VII, da Lei Orgânica do DF, dentre as funções institucionais da Procuradoria-Geral do Distrito Federal, no âmbito do Poder Executivo, encontra-se a de efetuar a cobrança judicial da dívida do Distrito Federal. O § 1º do mesmo dispositivo determina que a cobrança judicial da dívida do Distrito Federal a que se refere o inciso VII deste artigo inclui aquela relativa à Câmara Legislativa do Distrito Federal; **3**: correto. Vale lembrar que a Procuradoria da CLDF é responsável pela representação judicial da CLDF, salvo no tocante à cobrança judicial de dívidas que, conforme mencionado, é da competência da PGDF; **4**: errado. De acordo com o art. 60, XX, da Lei Orgânica do DF, compete, privativamente, à Câmara Legislativa do Distrito Federal aprovar previamente a indicação ou destituição do Procurador-Geral do Distrito Federal. O art. 100, XIII, da mesma lei determina que compete ao Governador do Distrito Federal, de forma privativa, nomear e destituir o Procurador-Geral do Distrito Federal, na forma da lei. Sendo assim, é possível concluir que o Governador Distrital é quem destituirá o Procurador-Geral do DF, após aprovação dada pela CLDF. Gabarito 1C, 2C, 3C, 4E.

(Advogado do Metrô/SP – 2014 – FCC) Considere a seguinte situação hipotética: Josival, Procurador-Geral de Justiça de determinado Estado, cometeu grave conduta, o que acarretou sua destituição do cargo. Nos termos da Constituição Federal, a mencionada destituição
(A) deve ser precedida de autorização da maioria absoluta do Poder Legislativo, na forma da lei complementar respectiva.
(B) prescinde de autorização.
(C) deve ser precedida de autorização da maioria absoluta do Congresso Nacional.

(D) deve ser precedida de autorização do Governador do Estado, na forma da lei ordinária respectiva.

(E) deve ser precedida de autorização do Presidente do Tribunal de Justiça, na forma da lei ordinária respectiva.

De acordo com o art. 128, § 4º, da CF, os Procuradores-Gerais nos Estados e no Distrito Federal e Territórios poderão ser destituídos por deliberação da maioria absoluta do Poder Legislativo, na forma da lei complementar respectiva. **BV**

Gabarito "A".

(Promotor de Justiça/MG – 2014) O Conselho Nacional do Ministério Público (CNMP) foi introduzido em nosso ordenamento jurídico pela Emenda Constitucional n. 45, de 8 de dezembro de 2004.

Analise as seguintes assertivas sobre sua composição e atribuições:

I. O Conselho Nacional do Ministério Público é composto por quatorze membros nomeados pelo Presidente da República, depois de aprovada a escolha pela maioria absoluta do Congresso Nacional, para mandato de dois anos, admitida uma recondução.

II. O Conselho Nacional do Ministério Público é presidido pelo Procurador-Geral da República, e o Presidente do Conselho Federal da Ordem dos Advogados oficiará junto ao Conselho.

III. Ao Conselho Nacional do Ministério Público compete rever, de ofício ou mediante provocação, os processos disciplinares de membros do Ministério Público da União ou dos Estados julgados há menos de um ano.

IV. Entre os seus integrantes, estão três membros do Ministério Público dos Estados e três juízes, dois indicados pelo Supremo Tribunal Federal e outro pelo Superior Tribunal de Justiça.

Está INCORRETO o que se afirma em:

(A) I e II;
(B) I e III;
(C) I e IV;
(D) II e IV.

I: incorreta. Isso porque a *aprovação* a que se refere o art. 130-A, *caput*, da CF, introduzido pela Emenda 45/2004, caberá, depois da nomeação pelo presidente da República, ao *Senado* Federal, e não *Congresso* Federal, como consta da assertiva. Ficou clara, aqui, a intenção do examinador de induzir em erro o candidato que não fizesse uma leitura acurada da alternativa; **II**: correta, pois em conformidade com o disposto no art. 130-A, I, e § 4º, da CF; **III**: correta, pois reflete o que estabelece o art. 130-A, § 2º, IV, da CF; **IV**: incorreta, dado que farão parte do CNMP, segundo estabelece o art. 130-A, IV, da CF, somente *dois* juízes (e não *três*), um dos quais indicado pelo STF e o outro, pelo STJ. **ED**

Gabarito "C".

(Promotor de Justiça/AC – 2014 – CESPE) De acordo com as normas constitucionais e o entendimento doutrinário e jurisprudencial referentes ao MP, assinale a opção correta.

(A) Compete ao Conselho Nacional do MP o controle da atuação administrativa, financeira e da independência funcional dos membros do MP, competindo-lhe, entre outras atribuições, a revisão, de ofício ou mediante provocação, de processos disciplinares de membros do MPE julgados há menos de um ano.

(B) Cabe ao STF dirimir conflito negativo de atribuições entre o MPF e o MPE, quando não configurado virtual conflito de jurisdição que, por força da CF, seja da competência do STJ.

(C) Desde que previsto em lei estadual, o membro do MPE pode atuar como procurador do MP junto ao tribunal de contas estadual.

(D) Em decorrência do princípio da simetria, é obrigatória a aprovação, pela assembleia legislativa, de indicado pelo governador, em lista tríplice, ao cargo de procurador-geral de justiça.

(E) Por caber privativamente ao procurador-geral da República o exercício das funções do MP junto ao STF, os membros do MPE não podem propor, de forma autônoma, reclamação perante a suprema corte.

A: incorreta, uma vez que não constitui atribuição do CNMP controlar a independência funcional de seus membros (art. 130-A, CF); **B**: correta. Conferir: "Compete ao Supremo Tribunal Federal dirimir conflito de atribuições entre os Ministérios Públicos Federal e Estadual, quando não configurado virtual conflito de jurisdição que, por força da interpretação analógica do art. 105, I, *d*, da CF, seja da competência do STJ. Com base nesse entendimento, o Tribunal, resolvendo conflito instaurado entre o MP do Estado da Bahia e o Federal, firmou a competência do primeiro para atuação em inquérito que visa apurar crime de roubo (CP, art. 157, § 2º, I). Considerou-se a orientação fixada pelo Supremo no sentido de ser dele a competência para julgar certa matéria diante da inexistência de previsão específica na Constituição Federal a respeito, e emprestou-se maior alcance à alínea *f* do inciso I do art. 102 da CF, ante o fato de estarem envolvidos no conflito órgãos da União e de Estado-membro. Asseverou-se, ademais, a incompetência do Procurador-Geral da República para a solução do conflito, em face da impossibilidade de sua interferência no parquet da unidade federada. Precedentes citados: CJ 5133/RS (*DJU* de 22.05.1970); CJ 5267/GB (DJU de 4.5.70); MS 22042 QO/RR (*DJU* de 24.03.1995). Leia o inteiro teor do voto do relator na seção Transcrições deste Informativo" (Pet 3528/BA, rel. Min. Marco Aurélio, 28.9.2005); **C**: incorreta. Nesse sentido: "Mandado de segurança. Ato do Conselho Nacional do Ministério Público.

Atuação de Procuradores de Justiça nos Tribunais de Contas. Ofensa à Constituição. 1. Está assente na jurisprudência deste Supremo Tribunal Federal que o Ministério Público junto ao Tribunal de Contas possui fisionomia institucional própria, que não se confunde com a do Ministério Público comum, sejam os dos Estados, seja o da União, o que impede a atuação, ainda que transitória, de Procuradores de Justiça nos Tribunais de Contas (cf. ADI 2.884, Relator o Ministro Celso de Mello, DJ de 20.05.2005; ADI 3.192, Relator o Ministro Eros Grau, *DJ* de 18.08.2006). 2. Escorreita a decisão do CNMP que determinou o imediato retorno dos Procuradores de Justiça que oficiavam perante o Tribunal de Contas do Estado do Rio Grande do Sul às suas funções próprias no Ministério Público estadual, não sendo oponíveis os princípios da segurança jurídica e da eficiência, a legislação estadual ou as ditas prerrogativas do Procurador-Geral de Justiça ao modelo institucional definido na própria Constituição 3. Não se pode desqualificar decisão do Conselho Nacional do Ministério Público que, no exercício de suas atribuições constitucionais, identifica situação irregular de atuação de Procuradores de Justiça estaduais junto ao Tribunal de Contas, o que está vedado em julgados desta Corte Suprema. O argumento de que nasceu o exame de representação anônima, considerando a realidade dos autos, não malfere a decisão do colegiado que determinou o retorno dos Procuradores de Justiça às funções próprias do Ministério Público estadual. 4. Denegação da segurança" (MS 27339, Menezes Direito, STF); **D**: incorreta. Conferir: "Ação direta de inconstitucionalidade. Constituição do Estado do Mato Grosso. Competência da assembleia legislativa para aprovar a escolha do procurador-geral de justiça. Inconstitucionalidade. 1. A escolha do Procurador-Geral da República deve ser aprovada pelo Senado (CF, art. 128, § 1º). A nomeação do Procurador-Geral de Justiça dos Estados não está sujeita à aprovação da Assembleia Legislativa. Compete ao Governador nomeá-lo dentre lista tríplice composta de integrantes da carreira (CF, art. 128, § 3º). Não aplicação do princípio da simetria. Precedentes. 2. Dispositivo da Constituição do Estado de Mato Grosso que restringe o alcance do § 3º do art. 128 da CF, ao exigir a aprovação da escolha do Procurador-Geral de Justiça pela Assembleia Legislativa. Ação julgada procedente e declarada a inconstitucionalidade da alínea "c" do inciso XIX do art. 26 da Constituição do Estado de Mato Grosso" (ADI 452, Maurício Corrêa, STF); **E**: incorreta. Nesse sentido: "Reclamação. Execução penal. Restabelecimento dos dias remidos. Contrariedade à Súmula Vinculante n. 9 do Supremo Tribunal Federal. Reconhecida, por maioria, a legitimidade do Ministério Público do Estado de São Paulo para propor reclamação, independentemente de ratificação da inicial pelo Procurador-Geral da República. Decisão reclamada contrária à Súmula Vinculante n. 9 e proferida após a sua publicação. 1. O Supremo Tribunal reconheceu a legitimidade ativa autônoma do Ministério Público estadual para ajuizar reclamação no Supremo Tribunal, sem que se exija a ratificação da inicial pelo Procurador-Geral da República. Precedente: Reclamação n. 7.358. 2. A decisão reclamada foi proferida após a publicação da súmula vinculante n. 9 do Supremo Tribunal, pelo que, nos termos do art. 103-A da Constituição da República, está a ela sujeita. 3. Reclamação julgada procedente" (STF, Cármen Lúcia, 7101). **ED**

Gabarito "B".

14. DEFESA DO ESTADO

(Delegado – PC/BA – 2018 – VUNESP) Assinale a alternativa que corretamente trata do sistema constitucional de crises.

(A) Na hipótese extrema do estado de defesa, quando medidas enérgicas devem ser tomadas para preservar a ordem pública, o preso pode ficar, excepcionalmente, incomunicável.

(B) O Estado de Sítio pode ser defensivo, tendo como pressuposto material a ocorrência de uma comoção grave, cuja repercussão é nacional e que não pode ser debelada com os instrumentos normais de segurança.

(C) Logo que cesse o Estado de Defesa ou o Estado de Sítio, as medidas aplicadas em sua vigência pelo Presidente da República serão relatadas em mensagem ao Supremo Tribunal Federal, pois cumpre ao Judiciário o controle de legalidade dos atos praticados.

(D) Cessado o Estado de Sítio, cessam imediatamente seus efeitos, de modo que os atos coercitivos autorizados em decreto, executados pelos delegados do Presidente da República, são imunes ao controle judicial.

(E) Os pareceres emitidos pelos Conselhos da República e de Defesa Nacional não são vinculantes, cabendo a decretação do estado de defesa ao Presidente da República, que expedirá decreto estabelecendo a duração da medida.

A: incorreta, pois, na vigência do estado de defesa, é vedada a incomunicabilidade do preso (art. 136, § 3º, IV, da CF); **B**: incorreta, porque o estado de sítio defensivo tem como pressuposto material a declaração de estado de guerra ou resposta a agressão armada estrangeira (art. 137, II, da CF); **C**: incorreta, pois logo que cesse o estado de defesa ou o estado de sítio, as medidas aplicadas em sua vigência serão relatadas pelo Presidente da República, em mensagem ao **Congresso Nacional**, com especificação e justificação das providências adotadas, com relação nominal dos atingidos e indicação das restrições aplicadas (art. 141, parágrafo único, da CF); **D**: incorreta, já que, cessado o estado de defesa ou o estado de sítio, cessarão também seus efeitos, sem prejuízo da responsabilidade pelos ilícitos cometidos por seus executores ou agentes (art. 141, *caput*, da CF); **E**: correta, pois o Presidente da República pode, **ouvidos** – não é vinculante – o Conselho da República e o Conselho de Defesa Nacional, **decretar** estado de defesa para preservar ou prontamente restabelecer, em locais restritos e determinados, a ordem pública ou a paz social ameaçadas por grave e iminente instabilidade institucional ou atingidas por calamidades de grandes proporções na natureza. O decreto que instituir o estado de defesa determinará o tempo de sua duração, especificará as áreas a serem abrangidas e indicará as medidas coercitivas a vigorarem (art. 136, caput e § 1º, da CF).

(Investigador – PC/BA – 2018 – VUNESP) Com base nas previsões da Constituição Federal de 1988, é correto afirmar sobre a segurança pública que

(A) às polícias civis, dirigidas por delegados de polícia de carreira, incumbem, ressalvada a competência da União, as funções de polícia judiciária e a apuração de infrações penais, inclusive as militares.
(B) é competência concorrente das polícias federal e civil as funções de polícia judiciária da União.
(C) os servidores policiais serão remunerados exclusivamente por subsídio fixado em parcela única, vedado o acréscimo de qualquer gratificação, adicional, abono, prêmio, verba de representação ou outra espécie remuneratória.
(D) é permitido aos Municípios que detenham a partir de 30 (trinta) mil habitantes a constituição de guardas municipais destinadas à proteção de seus bens, serviços e instalações.
(E) compete à polícia civil exercer, com exclusividade, as funções de polícia judiciária da União.

A: incorreta, visto que às polícias civis, dirigidas por delegados de polícia de carreira, incumbem, ressalvada a competência da União, as funções de polícia judiciária e a apuração de infrações penais, **exceto as militares** (art. 144, § 4º, da CF); **B e E:** incorretas, pois compete à polícia federal exercer, **com exclusividade**, as funções de polícia judiciária da União (art. 144, § 1º, IV, da CF); **C:** correta, de acordo com o art. 144, § 9º, combinado com o art. 39, § 4º, ambos da CF; **D:** incorreta, porque os municípios poderão constituir guardas municipais destinadas à proteção de seus bens, serviços e instalações, independentemente do número de habitantes (art. 144, § 8º, da CF).

(Procurador Municipal – Prefeitura/BH – CESPE – 2017) Com relação ao estado de defesa, assinale a opção correta.

(A) A prisão por crime contra o Estado, determinada pelo executor da medida, será por este comunicada imediatamente ao juiz competente, ficando a autoridade policial dispensada de apresentar o exame de corpo de delito do detido.
(B) O estado de defesa poderá ser instituído por decreto que especifique as áreas a serem abrangidas e as medidas coercitivas a vigorarem, a exemplo de restrições de direitos e ocupação e uso temporário de bens e serviços públicos.
(C) O tempo de duração do estado de defesa não poderá ser prorrogado.
(D) O sigilo de correspondência e de comunicação telefônica permanecem invioláveis na vigência do estado de defesa.

A: incorreta. Não reflete o disposto no art. 136, § 3º, I, da CF, que prevê a possibilidade de o preso requerer exame de corpo de delito; **B:** correta. Art. 136, § 1º, CF; **C:** incorreta. Não reflete o disposto no art. 136, § 2º, que prevê o prazo de 30 dias, podendo ser prorrogado uma única vez; **D:** Incorreta. Podem ser restringidos de acordo com o art. 136, § 1º, I, b e c, CF.

(Procurador do Estado – PGE/RN – FCC – 2014) Considere as afirmativas abaixo sobre a disciplina constitucional da segurança pública.

I. A polícia federal, entre outras finalidades, destina-se a apurar infrações penais contra a ordem política e social ou em detrimento de bens, serviços e interesses da União ou de suas entidades autárquicas e empresas públicas, assim como outras infrações cuja prática tenha repercussão interestadual ou internacional e exija repressão uniforme, segundo se dispuser em lei.
II. Os Municípios poderão constituir guardas municipais destinadas à proteção de seus bens, serviços e instalações, conforme dispuser lei complementar.
III. Ressalvada a competência da União, cujas funções de polícia judiciária são exercidas, com exclusividade, pela polícia federal, incumbem às polícias civis, subordinadas aos Governadores de Estados, Distrito Federal e Territórios e dirigidas por delegados de polícia de carreira, as funções de polícia judiciária e a apuração de infrações penais, exceto as militares.
IV. A segurança viária, exercida para a preservação da ordem pública e da incolumidade das pessoas e do seu patrimônio nas vias públicas, compete, no âmbito dos Estados, do Distrito Federal e dos Municípios, aos respectivos órgãos ou entidades executivos e seus agentes de trânsito, estruturados em carreira, na forma da lei.

Está correto o que se afirma APENAS em:

(A) III.
(B) I, II e III.
(C) I e IV.
(D) I, III e IV.
(E) II e IV.

I: correta. Art. 144, § 1º, I, CF; **II:** incorreta. O art. 144, § 8º, da CF, exige apenas lei ordinária; **cII:** Correta. Art. 144, § 4º, CF; **IV:** correta. Art. 144, § 10, I e II, CF.

(Procurador do Estado – PGE/RN – FCC – 2014) Um cidadão, brasileiro naturalizado, recusa-se a prestar serviço de júri para o qual havia sido convocado, invocando, para tanto, motivo de crença religiosa. Diante da recusa, o juiz competente, com fundamento em previsão expressa do Código de Processo Penal, fixa serviço alternativo a ser cumprido pelo cidadão em questão, consistente no exercício de atividades de caráter administrativo em órgão do Poder Judiciário. Nessa hipótese,

(A) o cidadão não poderia ter exercido objeção de consciência, por se tratar de direito assegurado pela Constituição da República tão somente a brasileiros natos, no pleno gozo de seus direitos políticos.
(B) a previsão do Código de Processo Penal que autoriza a fixação de serviço alternativo é inconstitucional, uma vez que ninguém poderá ser compelido a cumprir qualquer obrigação, ainda que imposta legalmente a todos, quando invocar para tanto motivo de crença religiosa ou de convicção filosófica ou política.
(C) o cidadão estará obrigado ao cumprimento do serviço alternativo, sob pena de cancelamento de sua naturalização por ato do Ministro da Justiça e consequente suspensão dos direitos políticos.
(D) a fixação de serviço alternativo pelo juiz é compatível com a Constituição, uma vez que prevista em lei, não podendo o cidadão recusar-se a seu cumprimento, sob pena de suspensão de seus direitos políticos, enquanto não prestar o serviço imposto.
(E) o cidadão não poderia ter-se recusado à prestação do serviço do júri por motivo de crença religiosa, mas tão somente por motivo de convicção política ou filosófica, devendo ser privado do exercício de seus direitos políticos.

A hipótese trata da escusa de consciência, prevista no art. 143, § 1º, CF: "1º Às Forças Armadas compete, na forma da lei, atribuir serviço alternativo aos que, em tempo de paz, após alistados, alegarem imperativo de consciência, entendendo-se como tal o decorrente de crença religiosa e de convicção filosófica ou política, para se eximirem de atividades de caráter essencialmente militar". Ver também art. 15, IV, CF.

(Promotor de Justiça/GO – 2016 – MPE) No que se refere às funções constitucionalmente conferidas às guardas municipais, indique a assertiva que encontra arrimo na jurisprudência dominante do Supremo Tribunal Federal:

(A) Configura flagrante inconstitucionalidade a previsão, em lei infraconstitucional, de atribuição da guarda municipal para exercer a fiscalização e o controle do trânsito, em qualquer hipótese. A guarda municipal, segundo expressa disposição constitucional, volta-se para a proteção de bens, serviços e equipamentos municipais, não podendo, em razão disso, ter suas atribuições alargadas para questões de trânsito, por absoluta falta de previsão na Constituição Federal.
(B) É constitucional a lei local que confira às guardas municipais o exercício de poder de polícia de trânsito, inclusive com a imposição de sanções administrativas legalmente prevista, observada, sempre, a esfera de atuação do Município, delimitada pelo Código de Trânsito Brasileiro.
(C) Pode a lei local atribuir às aguardas municipais funções de fiscalização do trânsito. O Supremo Tribunal Federal assentou que fiscalizar trânsito constitui atividade nitidamente voltada para a segurança pública, e a sua realização somente poderia ser concretizada pela guarda municipal desde que observada a finalidade constitucional da instituição de proteger bens, serviços e equipamentos municipais.
(D) Por se tratar de matéria de competência legislativa da União, não poderá a lei local conferir às guardas municipais funções de fiscalização do trânsito, ainda que essa atribuição esteja restrita à proteção de bens, serviços e equipamentos municipais.

A questão sobre exercício de poder de polícia pela guarda municipal foi decidida pelo STF nos termos da seguinte ementa, que deve ser estudada com afinco: DIREITO ADMINISTRATIVO. RECURSO EXTRAORDINÁRIO. PODER DE POLÍCIA. IMPOSIÇÃO DE MULTA DE TRÂNSITO. GUARDA MUNICIPAL. CONSTITUCIONALIDADE. 1. Poder de polícia não se confunde com segurança pública. O exercício do primeiro não é prerrogativa exclusiva das entidades policiais, a quem a Constituição outorgou, com exclusividade, no art. 144, apenas as funções de promoção da segurança pública. 2. A fiscalização do trânsito, com aplicação das sanções administrativas legalmente previstas, embora possa se dar ostensivamente, constitui mero exercício de poder de polícia, não havendo, portanto, óbice ao seu exercício por entidades não policiais. 3. O Código de Trânsito Brasileiro, observando os parâmetros constitucionais, estabeleceu a competência comum dos entes da federação para o exercício da fiscalização de trânsito. 4. Dentro de sua esfera de atuação, delimitada pelo CTB, os Municípios podem determinar que o poder de polícia que lhe compete seja exercido pela guarda municipal. 5. O art. 144, §8º, da CF, não impede que a guarda municipal exerça funções adicionais à de proteção dos bens, serviços e instalações do Município. Até mesmo instituições policiais podem cumular funções típicas de segurança pública com exercício de poder de polícia. Entendimento que não foi alterado pelo advento

da EC nº 82/2014. 6. Desprovimento do recurso extraordinário e fixação, em repercussão geral, da seguinte tese: é constitucional a atribuição às guardas municipais do exercício de poder de polícia de trânsito, inclusive para imposição de sanções administrativas legalmente previstas. (RE 658570, Rel. p/ Acórdão Min. Roberto Barroso, Tribunal Pleno, j. 06/08/2015). A: incorreta. Nesse julgado o STF diferenciou poder de polícia das funções de segurança pública, definindo que a polícia de trânsito consiste em poder de polícia e, por isso, pode ser realizada pelas guardas municipais; B: correta. Itens 4 e 6 da ementa acima transcrita; C: incorreta. Ver, especialmente, itens 1 e 4 da ementa acima transcrita; D: incorreta. Ver, especialmente, item 3 da ementa acima. TM
Gabarito "B".

(Promotor de Justiça/SC – 2016 – MPE)

( ) Compete ao Conselho da República pronunciar-se sobre as questões relevantes para a estabilidade das instituições democráticas; estado de defesa; estado de sítio; intervenção federal.

Correto. Reflete a redação do art. 90, I e II, CF. TM
Gabarito "V".

(Promotor de Justiça/SC – 2016 – MPE)

( ) O Presidente da República pode, ouvidos o Conselho da República e o Conselho de Defesa Nacional, decretar estado de defesa para preservar ou prontamente restabelecer, em locais restritos e determinados, a ordem pública ou a paz social ameaçadas por grave e iminente instabilidade institucional ou atingidas por calamidades de grandes proporções na natureza. O decreto que instituir o estado de defesa determinará o tempo de sua duração, que não poderá ser superior 10 (dez) dias, podendo ser renovado, por igual período, sempre que persistirem as razões que justificaram a sua decretação.

Incorreta. Não reflete o disposto no art. 136, caput e parágrafo 1º, CF, que não menciona prazo para duração nem possibilidade de renovação do prazo por igual período: "Art. 136. O Presidente da República pode, ouvidos o Conselho da República e o Conselho de Defesa Nacional, decretar estado de defesa para preservar ou prontamente restabelecer, em locais restritos e determinados, a ordem pública ou a paz social ameaçadas por grave e iminente instabilidade institucional ou atingidas por calamidades de grandes proporções na natureza. § 1º O decreto que instituir o estado de defesa **determinará o tempo de sua duração,** especificará as áreas a serem abrangidas e indicará, nos termos e limites da lei, as medidas coercitivas a vigorarem, dentre as seguintes:". TM
Gabarito "F".

(Promotor de Justiça – MPE/MS – FAPEC – 2015) Por ordem constitucional, a União Federal deverá destinar à Região Centro-Oeste percentuais mínimos dos recursos destinados à irrigação. É **correto** afirmar que:

(A) A União aplicará por 40 (quarenta) anos os recursos, sendo o mínimo de 20% (vinte por cento) na Região Centro-Oeste.
(B) A União aplicará por 25 (vinte e cinco) anos os recursos, sendo o mínimo de 20% (vinte por cento) na Região Centro-Oeste.
(C) A União aplicará por 25 (vinte e cinco) anos os recursos, sendo o mínimo de 50% (cinquenta por cento) na Região Centro-Oeste.
(D) A União aplicará por 30 (trinta) anos os recursos, sendo o mínimo de 50% (cinquenta por cento) na Região Centro-Oeste.
(E) A União aplicará por 40 (quarenta) anos os recursos, sendo o mínimo de 50% (cinquenta por cento) na Região Centro-Oeste.

A questão exige conhecimento sobre o texto do art. 42, *caput* e inciso I, ADCT: "Art. 42. Durante 40 (quarenta) anos, a União aplicará dos recursos destinados à irrigação: I – 20% (vinte por cento) na Região Centro-Oeste; II – 50% (cinquenta por cento) na Região Nordeste, preferencialmente no Semiárido". TM
Gabarito "A".

(Delegado/AP – 2017 – FCC) Ao disciplinar a Defesa do Estado e das Instituições Democráticas, a Constituição Federal prescreve que

(A) o estado de sítio e o estado de defesa podem ser decretados pelo Presidente da República, desde que previamente autorizados pelo Congresso Nacional, por maioria absoluta dos membros de cada Casa Legislativa.
(B) o estado de sítio pode ser decretado para preservar ou prontamente restabelecer, em locais restritos e determinados, a ordem pública ou a paz social ameaçadas por grave e iminente instabilidade institucional ou atingidas por calamidades de grandes proporções na natureza.
(C) o decreto que instituir o estado de defesa deve, dentre outros requisitos, especificar as medidas coercitivas que vigorarão no período de sua vigência, dentre as quais são admissíveis restrições aos direitos de sigilo de correspondência, de sigilo de comunicação telegráfica e telefônica e de reunião.
(D) o estado de sítio é uma limitação circunstancial ao poder constituinte reformador, uma vez que a Constituição Federal não pode ser emendada durante sua vigência, ao contrário do estado de defesa, que não impede a aprovação de emendas constitucionais no período.
(E) o decreto que instituir o estado de sítio deve indicar as garantias constitucionais que ficarão suspensas no período de sua vigência, sendo vedado, contudo, o estabelecimento de restrições relativas à liberdade de imprensa, radiodifusão e televisão.

Errada a alternativa **A**, pois o Estado de Defesa é desde logo decretado pelo Presidente da República e posteriormente analisado pelo Congresso Nacional, sendo que apenas a decretação do Estado de Sítio é que depende de autorização (artigos 136 e 137, CF). O descrito na alternativa **B** está errado pois diz respeito ao Estado de Defesa (artigo136, CF). Perfeita a alternativa **C** que reproduz o artigo 136, § 1º, CF. Ambos os Estados são limites circunstanciais ao poder constituinte reformador (artigo 60, § 1º, CF), logo errada a alternativa **D**.
Também a alternativa **E** está errada, pois conforme artigos 138 e 139, CF são possíveis restrições relativas à liberdade de imprensa, radiodifusão e televisão, na forma da lei. LR
Gabarito "C".

(Delegado/MS – 2017 – FAPEMS) Sobre a segurança pública, à luz da Constituição da República em vigor e dos entendimentos do Supremo Tribunal Federal (STF), assinale a alternativa correta.

(A) No entendimento atual do STF, é constitucional a exigência de dispositivo de Constituição Estadual que exija que o Superintendente da Polícia Civil seja um delegado de polícia integrante da classe final da carreira.
(B) Conforme já pronunciou o STF, é dever do Estado manter em seus presídios os padrões mínimos de humanidade previstos no ordenamento jurídico, sendo de sua responsabilidade, nos termos do artigo 37, § 6º, da Constituição da República, a obrigação de ressarcir os danos, inclusive morais, comprovadamente causados aos detentos em decorrência da falta ou insuficiência das condições legais de encarceramento.
(C) O Distrito Federal tem por peculiaridade que a sua polícia civil e sua polícia militar sejam organizadas e mantidas pela União, nos termos da Constituição da República, e não sejam subordinadas ao Governador do Distrito Federal.
(D) O Estado-membro responsável pela unidade prisional é que deverá pagar a indenização por danos morais ao preso se os padrões mínimos de humanidade previstos no ordenamento jurídico forem descumpridos. Esse pagamento, conforme o STF, pode se dar em pecúnia ou por meio de remição da pena.
(E) O exercício do direito de greve, sob qualquer forma ou modalidade, é vedado aos policiais civis, embora possa ser permitido de forma lícita em situações excepcionais a outros servidores públicos que atuem diretamente na área de segurança pública.

Errada a alternativa **A**. Conforme decidido pelo STF na ADI 3.077 Sergipe "Ausência de vício formal de iniciativa quando a emenda da Constituição estadual adequar critérios de escolha do chefe da Polícia Civil aos parâmetros fixados no art. 144, § 4º, da Constituição da República. Impõe-se, na espécie, interpretação conforme para circunscrever a escolha do Governador do Estado a delegados ou delegadas integrantes da carreira policial, independente do estágio de sua progressão funcional." Correta a alternativa **B**. O Plenário do STF aprovou a seguinte tese, para fim de repercussão geral, "Considerando que é dever do Estado, imposto pelo sistema normativo, manter em seus presídios os padrões mínimos de humanidade previstos no ordenamento jurídico, é de sua responsabilidade, nos termos do artigo 37, parágrafo 6º, da Constituição, a obrigação de ressarcir os danos, inclusive morais, comprovadamente causados aos detentos em decorrência da falta ou insuficiência das condições legais de encarceramento". (Recurso Extraordinário 580252). Errada a alternativa **C**. Vide Lei 6.450/1977, art. 1º, com redação dada pela Lei 12.086, de 2009). "A Polícia Militar do Distrito Federal, instituição permanente, fundamentada nos princípios da hierarquia e disciplina, essencial à segurança pública do Distrito Federal e ainda força auxiliar e reserva do Exército nos casos de convocação ou mobilização, organizada e mantida pela União nos termos do inciso XIV do art. 21 e dos §§ 5º e 6º do art. 144 da Constituição Federal, subordinada ao Governador do Distrito Federal, destina-se à polícia ostensiva e à preservação da ordem pública no Distrito Federal." Errada a alternativa **D**. Na referida decisão proferida pelo STF no Recurso Extraordinário 580252 "houve diferentes posições entre os ministros quanto à reparação a ser adotada, ficando majoritária a indenização em dinheiro e parcela única. A proposta feita pelo ministro Luís Roberto Barroso de substituição da indenização em dinheiro pela remição da pena, com redução dos dias de prisão proporcionalmente ao tempo em situação degradante foi seguida pelos ministros Luiz Fux e Celso de Mello, mas minoritária. Errada a alternativa **E**. Por maioria de votos, o Plenário do Supremo Tribunal Federal reafirmou entendimento no sentido de que é inconstitucional o exercício do direito de greve por parte de policiais civis e demais servidores públicos que atuem diretamente na área de segurança pública (Recurso Extraordinário com Agravo (ARE) 654432, com repercussão geral reconhecida). LR
Gabarito "B".

(Procurador do Município – Cuiabá/MT – 2014 – FCC) Dentre as medidas passíveis de adoção na vigência do estado de sítio decretado em caso de comoção grave de repercussão nacional, NÃO se inclui a possibilidade de

(A) restrições relativas à inviolabilidade da correspondência, ao sigilo das comunicações, à prestação de informações e à liberdade de imprensa, radiodifusão e televisão.
(B) restrição relativa à difusão de pronunciamentos de parlamentares, efetuados em suas Casas legislativas, ainda que tenha sido liberada pela Mesa respectiva.
(C) busca e apreensão em domicílio.

(D) detenção em edifício não destinado a acusados ou condenados por crimes comuns.
(E) suspensão da liberdade de reunião.

A: incorreta. Tais restrições são possíveis, conforme determina o art. 139, III, da CF; **B:** correta. De acordo com o parágrafo único do art. 139 da CF, **não se inclui** nas restrições do inciso III (restrições relativas à inviolabilidade da correspondência, ao sigilo das comunicações, à prestação de informações e à liberdade de imprensa, radiodifusão e televisão, na forma da lei) **a difusão de pronunciamentos de parlamentares efetuados em suas Casas Legislativas**, desde que liberada pela respectiva Mesa; **C:** incorreta. A busca e apreensão em domicílio é uma medida que pode ser utilizada durante a vigência do estado de sítio, que tenha sido decretado com fundamento no art. 137, I, da CF, ou seja, na hipótese de comoção grave de repercussão nacional ou ocorrência de fatos que comprovem a ineficácia de medida tomada durante o estado de defesa; **D:** incorreta. Conforme determina o art. 139, II, da CF, a detenção em edifício não destinado a acusados ou condenados por crimes comuns pode ser feita na vigência de estado de sítio decretado em caso de comoção grave de repercussão nacional; **E:** incorreta. Por fim, a suspensão da liberdade de reunião também pode ser decretada, com fundamento no art. 139, IV, da CF.
Gabarito "B".

(Juiz de Direito/PA – 2014 – VUNESP) Segundo o que estabelece o texto constitucional em relação às forças armadas, é correto afirmar que

(A) o militar, mesmo em serviço ativo, pode estar filiado a partidos políticos, exceto os Comandantes da Marinha, Exército e Aeronáutica.
(B) a sindicalização é direito do militar, sendo vedada a greve.
(C) o oficial condenado na justiça comum, por sentença transitada em julgado, perderá automaticamente o posto e a patente.
(D) o oficial condenado na justiça comum ou militar a pena privativa de liberdade superior a um ano, por sentença transitada em julgado, será submetido a julgamento por Tribunal Militar e só perderá o posto e a patente se for julgado indigno do oficialato ou com ele incompatível.
(E) o oficial condenado na justiça comum ou militar a pena privativa de liberdade superior a dois anos, por sentença transitada em julgado, será submetido a julgamento por Tribunal Militar e só perderá o posto e a patente se for julgado indigno do oficialato ou com ele incompatível.

A: incorreta, pois não corresponde à regra prevista no art. 142, § 3º, V, da CF; **B:** incorreta, pois não corresponde à regra prevista no art. 142, § 3º, IV, da CF; **C:** incorreta, pois não corresponde à regra prevista no art. 142, § 3º, VI, da CF; **D:** incorreta, pois não corresponde à regra prevista no art. 142, § 3º, VII, da CF; **E:** correta, uma vez que reflete o que estabelece o art. 142, § 3º, VII, da CF.
Gabarito "E".

15. TRIBUTAÇÃO E ORÇAMENTO

(Procurador do Município – Prefeitura Fortaleza/CE – CESPE – 2017) Acerca de tributação e finanças públicas, julgue os itens subsequentes, conforme as disposições da CF e a jurisprudência do STF.

(1) As disponibilidades financeiras do município devem ser depositadas em instituições financeiras oficiais, cabendo unicamente à União, mediante lei nacional, definir eventuais exceções a essa regra geral.
(2) Os municípios e o DF têm competência para instituir contribuição para o custeio do serviço de iluminação pública, tributo de caráter *sui generis*, diferente de imposto e de taxa.
(3) A imunidade tributária recíproca que veda à União, aos estados, ao DF e aos municípios instituir impostos sobre o patrimônio, renda ou serviços uns dos outros é cláusula pétrea.

1: correta. Art. 164, § 3º, CF; **2:** correta. Art. 149-A da CF; **3:** correta. A imunidade recíproca está prevista no art. 150, VI, *a* da CF e é considerada cláusula pétrea pelo STF.
Gabarito 1C, 2C, 3C.

(Procurador Municipal – Prefeitura/BH – CESPE – 2017) De acordo com a CF e a jurisprudência dos tribunais superiores, assinale a opção correta, acerca do Sistema Tributário Nacional.

(A) A jurisprudência do STF considera a mora do contribuinte, pontual e isoladamente considerada, fator suficiente para determinar a ponderação da multa moratória.
(B) Aos estados e aos municípios cabe legislar o modo como isenções, incentivos e benefícios fiscais serão concedidos e revogados.
(C) A fazenda pública pode exigir prestação de fiança, garantia real ou fidejussória para a impressão de notas fiscais de contribuintes em débito com o fisco.
(D) A exigência de depósito prévio como requisito de admissibilidade de ação judicial na qual se pretenda discutir a exigibilidade de crédito tributário é inconstitucional.

A: incorreta. Segundo o STF, "a mera alusão à mora, pontual e isoladamente considerada, é insuficiente para estabelecer a relação de calibração e ponderação necessárias entre a gravidade da conduta e o peso da punição. É ônus da parte interessada apontar peculiaridades e idiossincrasias do quadro que permitiriam sustentar a proporcionalidade da pena almejada" (RE 523471); **B:** incorreta. Pelo art. 155, § 2º, XII, *g*, CF, a competência é dos Estados e do DF e deve ser exercida por lei complementar; **C:** incorreta. A exigência foi considerada inconstitucional pelo STF, em repercussão geral (RE 565048); **D:** correta. Texto da Súmula Vinculante 28/STF.
Gabarito "D".

(Procurador Municipal – Prefeitura/BH – CESPE – 2017) Tendo como referência as determinações constitucionais acerca do PPA, da LDO e da LOA, assinale a opção correta.

(A) A implementação do PPA após a aprovação da LOA ocorre por meio da execução dos programas contemplados com dotações.
(B) A regionalização a que se refere o PPA na CF é aplicável apenas no âmbito federal.
(C) O STF admite ADI contra disposições da LDO em razão de seu caráter e efeitos abstratos.
(D) A LDO é o instrumento de planejamento que deve estabelecer as diretrizes relativas aos programas de duração continuada.

A: correta. A implementação do plano plurianual ocorre, ano a ano, pelas Leis Orçamentárias Anuais. Após a elaboração do plano plurianual (diretrizes, objetivos e metas), do estabelecimento das metas e prioridades pela lei de diretrizes orçamentárias e da aprovação da Lei Orçamentária Anual é que ocorre a implementação do PPA, por meio da execução dos programas contemplados com dotações na LOA; **B:** incorreta. O art. 165, § 1º, CF, deve ser observado pelos demais entes por simetria federativa; **C:** incorreta. Não cabe ADI, por constituir lei de efeitos concretos; **D:** incorreta. Programas de duração continuada são previstos no PPA.
Gabarito "A".

(Procurador – SP – VUNESP – 2015) Assinale a alternativa que contempla o dispositivo constitucional que diz respeito ao princípio orçamentário da programação.

(A) A lei de diretrizes orçamentárias compreenderá as metas e prioridades da administração pública federal, incluindo as despesas de capital para o exercício financeiro subsequente, orientará a elaboração da lei orçamentária anual, disporá sobre as alterações na legislação tributária e estabelecerá a política de aplicação das agências financeiras oficiais de fomento.
(B) A lei que instituir o plano plurianual estabelecerá, de forma regionalizada, as diretrizes, objetivos e metas da administração pública federal para as despesas de capital e outras delas decorrentes e para as relativas aos programas de duração continuada.
(C) O projeto de lei orçamentária será acompanhado de demonstrativo regionalizado do efeito, sobre as receitas e despesas, decorrente de isenções, anistias, remissões, subsídios e benefícios de natureza financeira, tributária e creditícia.
(D) A lei orçamentária anual não conterá dispositivo estranho à previsão da receita e à fixação da despesa, não se incluindo na proibição a autorização para abertura de créditos suplementares e contratação de operações de crédito, ainda que por antecipação de receita, nos termos da lei.
(E) Os planos e programas nacionais, regionais e setoriais previstos nesta Constituição serão elaborados em consonância com o plano plurianual e apreciados pelo Congresso Nacional.

A: incorreta, pois não há referência ao princípio da programação (artigo 165, §2º, da CF); **B:** incorreta, pois define o plano plurianual (art. 165, §12, da CF); **C:** incorreta, pois é o caso do princípio da transparência orçamentária (art. 165, § 6º, da CF); **D:** incorreta, pois seria caso do princípio da exclusividade, art. 165, § 8º, da CF; **E:** correta, nos termos do art. 165, §§ 4º e 7º, da CF. Assim o orçamento deve ir além da mera previsão de receitas e despesas para o próximo exercício financeiro, mas, também, trazer a previsão de metas para as necessidades públicas.
Gabarito "E".

(Procurador do Estado – PGE/MT – FCC – 2016) Um Decreto editado pelo Governador de determinado Estado altera o prazo de recolhimento de ICMS, com vigência imediata a partir de sua publicação, no mês de janeiro de 2016. Neste caso, referido decreto, à luz da Constituição Federal, é

(A) incompatível com a Constituição Federal, por ferir o princípio constitucional tributário da legalidade.
(B) incompatível com a Constituição Federal, por ferir o princípio constitucional tributário da anterioridade.
(C) incompatível com a Constituição Federal, por ferir o princípio constitucional tributário da irretroatividade.
(D) compatível com a Constituição Federal, não estando sujeito ao princípio constitucional tributário da anterioridade.
(E) incompatível com a Constituição Federal, por ferir o princípio constitucional tributário da capacidade contributiva.

De acordo com a Súmula Vinculante 50/STF, "Norma legal que altera o prazo de recolhimento de obrigação tributária não se sujeita ao princípio da anterioridade".
Gabarito "D".

(Procurador do Estado – PGE/MT – FCC – 2016) No que concerne às limitações do poder de tributar, à luz da Constituição Federal e da jurisprudência do Supremo Tribunal Federal, considere:

I. O imóvel pertencente a uma determinada instituição de assistência social sem fins lucrativos que atenda aos requisitos da lei está imune ao Imposto sobre a Propriedade Predial e Territorial Urbana – IPTU, ainda que alugado a terceiros, desde que o valor dos aluguéis seja aplicado nas atividades para as quais a instituição foi constituída.
II. Não estão imunes à incidência do Imposto sobre a Propriedade de Veículos Automotores – IPVA veículos de propriedade da Empresa de Correios e Telégrafos, independentemente de serem utilizados no exercício de atividades em regime de exclusividade ou em concorrência com a iniciativa privada.
III. Aplica-se a imunidade tributária para fins de incidência de Imposto sobre a Propriedade Predial e Territorial Urbana – IPTU aos imóveis temporariamente ociosos e sem qualquer utilização pertencentes a um determinado partido político.
IV. A imunidade tributária não abrange os serviços prestados por empresas que fazem a distribuição, o transporte ou a entrega de livros, jornais, periódicos e do papel destinado à sua impressão.

Está correto o que se afirma APENAS em:
(A) I e II.
(B) II, III e IV.
(C) I, II e III.
(D) III e IV.
(E) I, III e IV.

I: correta. Súmula Vinculante 52/STF: "Ainda quando alugado a terceiros, permanece imune ao IPTU o imóvel pertencente a qualquer das entidades referidas pelo art. 150, VI, "c", da Constituição Federal, desde que o valor dos aluguéis seja aplicado nas atividades para as quais tais entidades foram constituídas"; **II:** incorreta. De acordo com o STF, ao julgar a ACO 765/RJ, "a norma do art. 150, VI, "a", da Constituição Federal alcança as empresas públicas prestadoras de serviço público, como é o caso da autora, que não se confunde com as empresas públicas que exercem atividade econômica em sentido estrito. Com isso, impõe-se o reconhecimento da imunidade recíproca prevista na norma supracitada"; **III:** correta. O STF julgou a matéria em repercussão geral (RE 767332), concluindo que "a imunidade tributária, prevista no art. 150, VI, c, da CF/88, aplica-se aos bens imóveis, temporariamente ociosos, de propriedade das instituições de educação e de assistência social sem fins lucrativos que atendam aos requisitos legais"; **IV:** correta. Entendimento do STF ao julgar o RE 530121-AgR.
Gabarito "E".

(Defensor Público – DPE/RN – 2016 – CESPE) Assinale a opção correta acerca do regime constitucional dos gastos públicos.
(A) A existência de prévia autorização legislativa é requisito suficiente para a abertura de crédito suplementar ou especial.
(B) A transposição, o remanejamento ou a transferência de recursos de uma categoria de programação para outra ou de um órgão para outro não depende de prévia autorização legislativa.
(C) A instituição de fundos de qualquer natureza pode ser autorizada por decreto do Poder Executivo, circunstância em que tal ato terá a natureza de decreto autônomo.
(D) Para se iniciar investimento cuja execução ultrapasse um exercício financeiro, basta que esse investimento esteja previsto na LOA do primeiro exercício financeiro de sua execução.
(E) O início de programas e projetos governamentais não será possível sem a inclusão deles na LOA.

A: Errada. O art. 167, V, da CF exige também a indicação dos recursos correspondentes; **B:** Errada. Depende de prévia autorização legislativa, conforme redação do art. 167, VI, da CF; **C:** Errada. Também depende de prévia autorização legislativa. Art. 167, IX, da CF; **D:** Errada. Art. 167, § 1º, da CF: "Nenhum investimento cuja execução ultrapasse um exercício financeiro poderá ser iniciado sem prévia inclusão no plano plurianual, ou sem lei que autorize a inclusão, sob pena de crime de responsabilidade"; **E:** Correta. Art. 167, I, da CF.
Gabarito "E".

(Juiz de Direito/AM – 2016 – CESPE) Acerca da competência tributária no âmbito constitucional, assinale a opção correta.
(A) Aos estados e aos municípios compete regular a maneira como isenções, incentivos e benefícios fiscais serão concedidos e revogados.
(B) Lei estadual poderá prever a possibilidade de concessão de incentivos fiscais a empreendimentos, afastada a necessidade de prévio acordo conjunto entre os estados e o DF.
(C) Além dos tributos previstos expressamente na CF, a União detém competência residual para instituir, por lei complementar, outros impostos, ainda que cumulativos.
(D) É vedada qualquer distinção em razão de ocupação profissional ou função exercida pelos contribuintes, independentemente da denominação jurídica dos rendimentos, títulos ou direitos.
(E) A CF estabelece o limite de 47% do produto da arrecadação do imposto sobre a renda e proventos de qualquer natureza e do imposto sobre produtos industrializados para estados e municípios, por meio dos respectivos fundos de participação.

A: incorreta. Cada ente federado só pode regular isenções, incentivos e benefícios fiscais relativos aos tributos de sua própria competência constitucional (art. 150, § 6º, CF); **B:** incorreta. Isenções, incentivos e benefícios fiscais só podem ser concedidos, por lei complementar, mediante **deliberação** dos Estados e do Distrito Federal (art. 155, § 2º, XII, "g", CF), justamente para evitar a chamada "guerra fiscal" entre os estados; **C:** incorreta. Embora a competência **tributária** residual seja da União (a competência **legislativa** residual é dos Estados), o art. 154, I, CF prescreve que somente **impostos** podem ser criados por competência residual da União, e desde que a) por lei complementar; b) sejam não-cumulativos; e c) não possuam fato gerador ou base de cálculo próprios de outros impostos; **D:** correta. Art. 150, II, CF: "Art. 150. Sem prejuízo de outras garantias asseguradas ao contribuinte, é vedado à União, aos Estados, ao Distrito Federal e aos Municípios: (...) II – instituir tratamento desigual entre contribuintes que se encontrem em situação equivalente, proibida qualquer distinção em razão de ocupação profissional ou função por eles exercida, independentemente da denominação jurídica dos rendimentos, títulos ou direitos"; **E:** incorreta. Art. 159, I, CF. Em relação ao IR e ao IPI, a União entrega o total de 49% do produto da arrecadação, sendo 46% para os fundos constitucionais (FPE – Fundo de Participação dos Estados e do Distrito Federal; e FPM – Fundo de Participação dos Municípios). Tais 46% destinados ao FPE e ao FPM são divididos, por sua vez, da seguinte forma: a) 21,5% para o FPE; b) 22,5% para o FPM; c) 1% também para o FPM, nos primeiros dez dias de julho; e d) 1% também ao FPM, nos primeiros dez dias de dezembro.
Gabarito "D".

(Procurador do Estado/PR – 2015 – PUC-PR) Para aparelhamento da Defensoria Pública, alguns Estados-membros, a exemplo do Estado do Paraná, vêm vinculando, por lei, uma fração da receita das custas e emolumentos das atividades notariais e de registro a fundo daquele órgão. Diante disso, é **CORRETO** afirmar:
(A) Segundo entendimento do Supremo Tribunal Federal, a vinculação das receitas cartoriais viola a Constituição Federal, cujo texto define que as custas e emolumentos serão destinados exclusivamente ao custeio dos serviços afetos às atividades específicas da Justiça.
(B) Segundo o Supremo Tribunal Federal, a vinculação do produto da arrecadação de taxa sobre as atividades notariais e de registro não viola a Constituição Federal, salvo se a receita possuir destinação específica regulada em lei.
(C) O Supremo Tribunal Federal julgou, reiteradamente, que tributos não admitem vinculação com órgão, fundo ou despesa, razão pela qual não pode haver aperfeiçoamento da jurisdição com recursos provenientes de custas e emolumentos.
(D) Para o Supremo Tribunal Federal, será considerada inconstitucional a vinculação se não houver previsão expressa na Constituição do Estado-membro.
(E) O Supremo Tribunal Federal consolidou entendimento de que o produto da arrecadação de taxa sobre as atividades notariais e de registro não está restrito ao reaparelhamento do Poder Judiciário, mas ao aperfeiçoamento da jurisdição e, portanto, não existe inconstitucionalidade.

A: incorreta, pois esse tipo de vinculação de receitas é permitida para o custeio do aperfeiçoamento da jurisdição como um todo, mesmo que não envolva especificamente o Poder Judiciário (ADI 3.028/RN); **B** e **C:** incorretas, pois no caso a receita é de taxa e não de imposto, e somente é vedada a vinculação de receita em matéria de imposto; **D:** incorreta, pois o STF aceitou essa vinculação por meio de lei complementar (ADI 3.028/RN); **E:** correta, nos termos da ADI 3.028/RN.
Gabarito "E".

(Procurador do Município – São Paulo/SP – 2014 – VUNESP) No que tange à repartição das receitas tributárias estabelecidas pelo texto constitucional, é correto afirmar que pertencem aos Municípios:
(A) vinte e cinco por cento do produto da arrecadação do imposto do Estado sobre a propriedade de veículos automotores licenciados em seus territórios.
(B) cinquenta por cento do produto de arrecadação do imposto do Estado sobre operações relativas à circulação de mercadorias e sobre prestação de serviços de transporte interestadual e intermunicipal e de comunicação.
(C) vinte e um inteiros e cinco décimos do produto de arrecadação do imposto do Estado sobre a propriedade de veículos automotores licenciados em seus territórios.
(D) cinquenta por cento sobre as prestações de serviços de transporte interestadual e intermunicipal e de comunicação e não há repartição tributária de impostos estaduais, como o ICMS e o IPVA.
(E) cinquenta por cento do produto da arrecadação do imposto do Estado sobre a propriedade de veículos automotores licenciados em seus territórios.

A: incorreta. De acordo com o art. 158, III, da CF, pertencem aos Municípios **cinquenta por cento** do produto da arrecadação do imposto **do Estado sobre a propriedade de veículos automotores** licenciados em seus territórios; **B:** incorreta. Conforme determina o inciso IV do art. 158 da CF, **vinte e cinco por cento** do produto da arrecadação do **imposto do Estado sobre operações relativas à circulação de mercadorias** e sobre prestações de serviços de transporte interestadual e intermunicipal e de comunicação; **C:** incorreta. Como mencionado, o percentual nesse caso é cinquenta por cento; **D:** incorreta. De acordo com o art. 157, IV, da CF, **pertencem aos Estados e ao Distrito Federal vinte e cinco por cento** do produto da arrecadação do imposto do Estado sobre operações relativas à circulação de mercadorias (ICMS) e sobre prestações de serviços de transporte interestadual e intermunicipal e de comunicação. Além disso, o art. 158, III, da CF, determina que pertence aos Municípios **cinquenta por cento** do produto da arrecadação do imposto **do Estado sobre a propriedade de veículos automotores** (IPVA) licenciados em seus territórios; **E:** correta. É o que determina o art. 158, III, da CF.

Gabarito "E".

(Advogado da Sabesp/SP – 2014 – FCC) Sobre o Sistema Tributário Nacional, de acordo com a Constituição Federal, considere:

I. A vedação para instituição, pela União, Estados e Municípios, de impostos sobre patrimônio, renda ou serviços, um dos outros, não se aplica às autarquias, fundações públicas e sociedades de economia mista.
II. É vedado aos Estados, ao Distrito Federal e aos Municípios estabelecer diferença tributária entre bens e serviços, de qualquer natureza, em razão de sua procedência ou destino.
III. É vedado à União instituir isenções de tributos da competência dos Estados, do Distrito Federal ou dos Municípios.

Está correto o que consta APENAS em
(A) I, II e III.
(B) II e III.
(C) I.
(D) III.
(E) I e II.

I: incorreta. De acordo com o art. 150, § 2º, da CF, a vedação também se aplica às autarquias e às fundações instituídas e mantidas pelo Poder Público, no que se refere ao patrimônio, à renda e aos serviços, vinculados a suas finalidades essenciais ou às delas decorrentes; **II:** correta. De fato o art. 152 da CF determina que os Entes Federativos não possam estabelecer diferença tributária entre bens e serviços, de qualquer natureza, em razão de sua procedência ou destino; **III:** correta. Conforme determina o art. 151, III, da CF, é vedado à União instituir isenções de tributos da competência dos Estados, do Distrito Federal ou dos Municípios.

Gabarito "B".

(Promotor de Justiça/AC – 2014 – CESPE) Considerando as normas constitucionais aplicáveis ao sistema tributário nacional, às finanças públicas e à ordem econômica, assinale a opção correta.

(A) Incorrerá em inconstitucionalidade a lei estadual que criar taxa incidente sobre o patrimônio, renda ou serviços de municípios, visto que, na CF, é prevista, para esse caso, a limitação constitucional ao poder de tributar denominada imunidade recíproca.
(B) Em razão do regime de livre mercado estabelecido na CF, é vedado ao Estado explorar diretamente atividade econômica.
(C) De acordo com a CF, não se pode vincular a receita de impostos estaduais a despesas com manutenção e desenvolvimento do ensino e ações e serviços públicos de saúde.
(D) Os municípios, os estados e o DF poderão instituir imposto para custeio do serviço de iluminação pública, desde que o façam com observância ao princípio da legalidade, da anterioridade e da irretroatividade.
(E) Viola disposição da CF o convênio firmado entre estado e município com o objetivo de realizar transferência voluntária de recursos financeiros para o pagamento de despesas com professores integrantes da rede pública de ensino.

A: incorreta, já que o art. 150, VI, *a*, da CF somente se referiu a imposto; a taxa, também modalidade de tributo, não foi contemplada; **B:** incorreta, na medida em que o art. 173, *caput*, da CF autoriza o Estado a explorar, diretamente, atividade econômica, desde que necessária aos imperativos da segurança nacional ou a relevante interesse coletivo; **C:** incorreta (art. 167, IV, da CF); **D:** incorreta (art. 149-A, CF); **E:** correta, pois em conformidade com a regra presente no art. 167, X, da CF.

Gabarito "E".

16. ORDEM ECONÔMICA E FINANCEIRA

(Juiz de Direito – TJ/RS – 2018 – VUNESP) A Súmula Vinculante nº 49 afirma que a lei municipal que impede a instalação de estabelecimentos comerciais do mesmo ramo em determinada área é
(A) inconstitucional, porque compete privativamente à União legislar sobre atividades financeiras, econômicas e comerciais.
(B) inconstitucional, porque viola o princípio da livre concorrência, previsto como princípio expresso da ordem econômica na Constituição Federal de 1988.
(C) inconstitucional, porque um dos princípios da ordem econômica na Constituição Federal de 1988 é a redução das desigualdades regionais e sociais.
(D) constitucional, porque os Municípios são competentes para legislar sobre assuntos de interesse local conforme prevê o texto da Carta da República.
(E) constitucional, porque no âmbito da ordem econômica da Constituição Federal de 1988, a intervenção do Estado deve coibir o abuso do poder econômico.

A Súmula Vinculante 49 do STF estabelece que ofende o princípio da livre concorrência lei municipal que impede a instalação de estabelecimentos comerciais do mesmo ramo em determinada área. Neste sentido, o precedente representativo dessa súmula vinculante: *1. A CF/1988 assegura o livre exercício de qualquer atividade econômica, independentemente de autorização do poder público, salvo nos casos previstos em lei. 2. Observância de distância mínima da farmácia ou drogaria existente para a instalação de novo estabelecimento no perímetro. [...] Limitação geográfica que induz à concentração capitalista, em detrimento do consumidor, e implica cerceamento do exercício do princípio constitucional da livre concorrência, que é uma manifestação da liberdade de iniciativa econômica privada.* (RE 193.749, Rel. Min. Carlos Velloso, Rel. p/ o ac. Min. Maurício Corrêa, P, j. 4-6-1998).

Gabarito "B".

(Defensor Público – DPE/SC – 2017 – FCC) A respeito do regime jurídico estabelecido para a Ordem Econômica na Constituição Federal de 1988, considere:

I. A lei reprimirá o abuso do poder econômico que vise à dominação dos mercados, à eliminação da concorrência e ao aumento arbitrário dos lucros.
II. Como agente normativo e regulador da atividade econômica, o Estado exercerá, na forma da lei, as funções de fiscalização, incentivo e planejamento, sendo este indicativo para o setor público e determinante para o setor privado.
III. A lei apoiará e estimulará o cooperativismo e outras formas de associativismo.
IV. As empresas públicas e as sociedades de economia mista poderão gozar de privilégios fiscais não extensivos às do setor privado.

Está correto o que se afirma APENAS em
(A) III e IV.
(B) II e III.
(C) I e III.
(D) II, III e IV.
(E) I, II e III.

I: Correto. Art. 173, § 4º, da CF. **II:** Errado. Será indicativo para o setor privado e determinante para o setor público. **III:** Correto. Art. 174, § 2º, da CF. **IV:** Errado. As empresas públicas e as sociedades de economia mista não poderão gozar de privilégios fiscais não extensivos às do setor privado (art. 173, § 2º, da CF).

Gabarito "C".

(Procurador Municipal – Prefeitura/BH – CESPE – 2017) Considerando as disposições constitucionais acerca da ordem econômica e financeira, assinale a opção correta.

(A) Os beneficiários da distribuição de imóveis rurais pela reforma agrária receberão títulos de domínio ou de concessão de uso inegociáveis pelo prazo de dez anos.
(B) Compete ao município, concorrentemente, as funções de fiscalização, incentivo e planejamento, sendo esta última determinante para o setor público e indicativo para o setor privado.
(C) Lei municipal poderá impedir a instalação de estabelecimentos comerciais do mesmo ramo em determinada área.
(D) O Estado favorecerá a organização da atividade garimpeira em OSCIPs que privilegiem a proteção do meio ambiente e a promoção econômico-social dos garimpeiros.

A: correta. Art. 189, CF; **B:** incorreta. As funções de incentivo, fiscalização e planejamento cabem ao Estado como um todo, não apenas aos municípios (art. 174, CF); **C:** incorreta. Súmula Vinculante 49/STF: "Ofende o princípio da livre concorrência lei municipal que impede a instalação de estabelecimentos comerciais do mesmo ramo em determinada área"; **D:** incorreta. Favorecerá sua organização em cooperativas (art. 174, § 3º, CF).

Gabarito "A".

Procurador – SP – VUNESP – 2015) Ressalvados os casos previstos na própria Constituição, a exploração direta de atividade econômica pelo Estado:
(A) não será permitida.
(B) será permitida exclusivamente às empresas públicas da União.
(C) só será permitida às empresas públicas e às sociedades de economia mista em assuntos estratégicos para o desenvolvimento do país.
(D) só será permitida quando necessária aos imperativos da segurança nacional ou a relevante interesse coletivo, conforme definidos em lei.
(E) será permitida desde que as empresas públicas autorizadas a fazê-lo não recebam investimentos estrangeiros.

De acordo com o caput do art. 173 da CF, ressalvados os casos previstos nesta Constituição, a exploração direta de atividade econômica pelo Estado **só será permitida quando necessária aos imperativos da segurança nacional ou a relevante interesse coletivo, conforme definidos em lei.**
Gabarito "D".

(Procurador Municipal – Sertãozinho/SP – VUNESP – 2016) A Constituição Federal, ao regular a Política Urbana, estabelece que:

(A) os imóveis públicos urbanos podem ser objeto de usucapião, desde que respeitados os requisitos legais.

(B) aquele que possuir como sua área urbana de até duzentos e cinquenta metros quadrados, por cinco anos, ininterruptamente e sem oposição, utilizando-a para sua moradia ou de sua família, adquirir-lhe-á o domínio, desde que não seja proprietário de outro imóvel urbano ou rural. Nessa hipótese, esse direito não poderá ser adquirido pelo mesmo possuidor mais de uma vez.

(C) o plano diretor, aprovado pela Câmara Municipal, obrigatório para cidades com mais de dez mil habitantes, é o instrumento básico da política de desenvolvimento e de expansão urbana.

(D) as desapropriações de imóveis urbanos serão feitas preferencialmente com justa indenização em títulos da dívida pública urbana.

(E) não há disposição constitucional expressa relacionando o atendimento da função social da propriedade urbana à ordenação da cidade expressa no plano diretor, eis que o uso de tal instrumento normativo é facultativo.

A: incorreta. Ao contrário do mencionado, o § 3º do art. 183 da CF determina que os imóveis públicos **não serão adquiridos por usucapião**; **B:** correta. É o que informa o "caput" do art. 183 da CF; **C:** incorreta. O § 1º do art. 182 da CF dispõe que o plano diretor, aprovado pela Câmara Municipal, obrigatório para cidades com mais de **vinte mil habitantes**, é o instrumento básico da política de desenvolvimento e de expansão urbana; **D:** incorreta. De acordo com o § 3º do art. 182 da CF, as desapropriações de imóveis urbanos serão feitas com **prévia e justa indenização em dinheiro**; **E:** incorreta. Diversamente, o § 2º do art. 182 da CF determina que a **propriedade urbana cumpre sua função social** quando atende às exigências fundamentais de ordenação da cidade expressas no plano diretor.
Gabarito "B".

(Procurador do Estado – PGE/PA – UEPA – 2015) Sobre a Ordem Econômica é correto afirmar, consoante posição do STF, que:

(A) se a restrição ao direito de construir advinda da limitação administrativa causa aniquilamento da propriedade privada, resulta, em favor do proprietário, o direito à indenização. Todavia, o direito de edificar é relativo, dado que condicionado à função social da propriedade. Se as restrições decorrentes da limitação administrativa preexistiam à aquisição do terreno, assim já do conhecimento dos adquirentes, não podem estes, com base em tais restrições, pedir indenização ao Poder Público.

(B) os privilégios da Fazenda Pública são inextensíveis às sociedades de economia mista que executam atividades em regime de concorrência ou que tenham como objetivo distribuir lucros aos seus acionistas, ressalvada a possibilidade de utilização do sistema de pagamento por precatório de dívidas decorrentes de decisões judiciais.

(C) as empresas governamentais (sociedades de economia mista e empresas públicas) muito embora sejam qualificadas como pessoas jurídicas de direito privado, dispõem dos benefícios processuais inerentes à Fazenda Pública, notadamente da prerrogativa excepcional da ampliação dos prazos recursais.

(D) o quantitativo cobrado dos usuários das redes de água e esgoto é tido como taxa.

(E) é inconstitucional lei que concede passe livre às pessoas portadoras de deficiência, em face de nítida afronta aos princípios da ordem econômica, da isonomia, da livre iniciativa e do direito de propriedade.

A: correta. A alternativa traz o teor da ementa do RE 140.436, Rel. Min. Carlos Velloso; **B:** incorreta. O sistema de precatórios também é privilégio dos entes estatais e da Administração Pública, excluídas as sociedades de economia mista que atuam no regime de concorrência; **C:** incorreta. Embora integrantes da Administração Pública, são pessoas jurídicas de direito privado e não gozam dos benefícios processuais da Fazenda Pública; **D:** incorreta. Tem natureza de tarifa; **E:** incorreta. De acordo com o STF (ADI 2649), "Lei que concede passe livre no sistema de transporte coletivo interestadual aos portadores de deficiência obedece ao princípio da igualdade, na medida em que dá tratamento distinto aos usuários para iguala-los no direito de acesso ao serviço. Empresa prestadora de serviço público não dispõe de ampla liberdade para prestação que lhe foi outorgada, mas sujeita-se a um regime de iniciativa de liberdade regulada nos termos da lei e segundo as necessidades da sociedade".
Gabarito "A".

(Procurador do Estado – PGE/RN – FCC – 2014) A expropriação de propriedades rurais de qualquer região do país em que for identificada a exploração de trabalho escravo, sem qualquer indenização ao proprietário, para destinação à reforma agrária, é medida:

(A) compatível com a Constituição da República, na qual está prevista expressamente, dependente a norma constitucional, no entanto, de lei para produzir os efeitos pretendidos.

(B) incompatível com a Constituição da República, que sujeita a propriedade, nessa hipótese, a desapropriação mediante prévia e justa indenização, em títulos da dívida agrária, com cláusula de preservação do valor real.

(C) incompatível com a Constituição da República, que somente admite a expropriação de propriedades rurais em que são localizadas culturas ilegais de plantas psicotrópicas.

(D) incompatível com a Constituição da República, que determina, nessa hipótese, que a propriedade seja destinada ao assentamento de colonos, para o cultivo de produtos alimentícios e medicamentosos.

(E) compatível com a Constituição da República, embora não esteja nela prevista expressamente, na medida em que a propriedade em que não se observem as disposições que regulam as relações de trabalho descumpre a função social, sujeitando-se à reforma agrária.

Art. 243, CF: "As propriedades rurais e urbanas de qualquer região do País onde forem localizadas culturas ilegais de plantas psicotrópicas ou a exploração de trabalho escravo na forma da lei serão expropriadas e destinadas à reforma agrária e a programas de habitação popular, sem qualquer indenização ao proprietário e sem prejuízo de outras sanções previstas em lei, observado, no que couber, o disposto no art. 5º".
Gabarito "A".

(Procurador do Estado – PGE/RN – FCC – 2014) A Lei Federal nº 6.538/1978 dispõe sobre a prestação dos serviços postais e prescreve em seu artigo 9º:

Art. 9º – São exploradas pela União, em regime de monopólio, as seguintes atividades postais:

I. recebimento, transporte e entrega, no território nacional, e a expedição, para o exterior, de carta e cartão-postal;

II. recebimento, transporte e entrega, no território nacional, e a expedição, para o exterior, de correspondência agrupada;

III. fabricação, emissão de selos e de outras fórmulas de franqueamento postal.

§ 1º – Dependem de prévia e expressa autorização da empresa exploradora do serviço postal:

a) venda de selos e outras fórmulas de franqueamento postal;

b) fabricação, importação e utilização de máquinas de franquear correspondência, bem como de matrizes para estampagem de selo ou carimbo postal.

§ 2º – Não se incluem no regime de monopólio:

a) transporte de carta ou cartão-postal, efetuado entre dependências da mesma pessoa jurídica, em negócios de sua economia, por meios próprios, sem intermediação comercial;

b) transporte e entrega de carta e cartão-postal, executados eventualmente e sem fins lucrativos, na forma definida em regulamento.

Considerando as disposições da Constituição Federal vigente sobre a matéria, bem como a jurisprudência do Supremo Tribunal Federal, o serviço de entrega de carta cujo conteúdo seja não comercial, de interesse específico e pessoal do destinatário, rege-se pelo regime jurídico:

(A) da atividade econômica em sentido estrito, cuja exploração se sujeita aos princípios da livre iniciativa e livre concorrência, podendo ser prestado pela União enquanto necessária aos imperativos da segurança nacional ou a relevante interesse coletivo, conforme definidos em lei.

(B) da atividade econômica sob monopólio da União, cuja exploração deve observar os princípios constitucionais da ordem econômica.

(C) do serviço público, de competência da União, mas pode ser prestado diretamente pela iniciativa privada sob os princípios da livre iniciativa e livre concorrência, nos termos da lei.

(D) do serviço público, de competência da União, não se submetendo aos princípios da livre iniciativa e livre concorrência.

(E) da atividade econômica em sentido estrito, na hipótese de ser explorado por empresa pública federal, mas o regime jurídico será o do serviço público, caso prestado diretamente pela União.

O STF manteve o monopólio dos Correios para entrega de cartas pessoais ao julgar a ADPF 46.
Gabarito "D".

(Juiz – TRF 2ª Região – 2017) Assinale a opção que, corretamente, lista princípios que a Constituição assenta para a ordem econômica:

(A) Soberania nacional, propriedade privada, livre iniciativa e tratamento favorecido a empresas brasileiras de sócios nacionais.

(B) Livre iniciativa, tratamento favorecido a pequenas empresas com sócios nacionais, defesa do meio ambiente, defesa do consumidor e redução das desigualdades sociais.

(C) Soberania nacional, livre concorrência, defesa do meio ambiente, redução das desigualdades regionais e livre iniciativa.

(D) Defesa do consumidor, defesa do meio ambiente, defesa da atuação do estado como agente regulador e produtor na economia, defesa da concorrência, propriedade privada e função social da propriedade.

(E) Soberania nacional, propriedade privada, livre iniciativa e tratamento favorecido a empresas brasileiras de sócios nacionais.

A: incorreta, pois o texto constitucional não menciona sócios nacionais; **B:** incorreta, pela mesma razão da letra A; **C:** correta. Em que pese, tecnicamente, a livre iniciativa ser um fundamento (pela redação constitucional), o STF entende ser um princípio fundamental; **D:** incorreta, pois não há menção, no rol dos princípios do artigo 170, da CF, a defesa da atuação do estado como agente regulador e produtor na economia; **E:** incorreta, pela mesma razão da letra A, inclusive por terem as mesmas redações. AB

Gabarito "C".

(Juiz – TRF 3ª Região – 2016) Ao explorarem diretamente atividade econômica, as empresas públicas e as sociedades de economia mista:

(A) não se sujeitam à exigência de licitação para contratar obras, serviços, compras e alienações, diante da supremacia do interesse público.

(B) sujeitam-se ao regime jurídico das empresas privadas quanto aos direitos e obrigações civis, comerciais, tributários e trabalhistas.

(C) estão impedidas de atuar nas atividades econômicas que são de livre exploração pelo setor privado.

(D) não podem desfrutar de tratamento fiscal mais favorecido que não é estendido ao setor privado, mas em compensação não se sujeitam aos princípios constitucionais que animam a Administração Pública.

A: incorreta, pois mesmo sendo pessoas jurídicas de direito privado possuem a obrigatoriedade de licitar, realizar concurso público, prestar contas ao Tribunal de Contas etc. Sobre o dever de licitar podemos mencionar a Lei 13.303/2016; **B:** correta, nos termos do art. 173, §1º, II, da CF; **C:** incorreta, pois poderão atuar na exploração da atividade econômica sempre que existir relevante interesse coletivo ou segurança nacional (art. 173, da CF); **D:** incorreta, pois estão submetidas aos princípios regentes da Administração Pública (art. 37, "caput", da CF), mas, de fato, não poderão gozar de privilégios fiscais não extensivos às do setor privado (art. 173, §2, da CF). AB

Gabarito "B".

(Promotor de Justiça – MPE/RS – 2017) Nos moldes estabelecidos pelo artigo 174 da Constituição Federal, é **INCORRETO** afirmar que

(A) o Estado, como agente normativo e regulador da atividade econômica, exercerá, na forma da lei, as funções de fiscalização, incentivo e planejamento, sendo este determinante para os setores público e privado.

(B) a lei estabelecerá as diretrizes e bases do planejamento do desenvolvimento nacional equilibrado, o qual incorporará e compatibilizará os planos nacionais e regionais de desenvolvimento.

(C) a lei apoiará e estimulará o cooperativismo e outras formas de associativismo.

(D) o Estado favorecerá a organização da atividade garimpeira em cooperativas, levando em conta a proteção do meio ambiente e a promoção econômico-social dos garimpeiros.

(E) as cooperativas a que se refere o parágrafo 3º do artigo 174 da Constituição da República terão prioridade na autorização ou concessão para pesquisa e lavra dos recursos e jazidas de minerais garimpáveis, nas áreas onde estejam atuando, e naquelas fixadas de acordo com o artigo 21, inciso XXV, da Carta Federal, na forma da lei.

A: correta. O planejamento estatal é apenas indicativo (e não determinante) para o setor privado. V. art. 174, *caput*, CF; B: correta. Art. 74, parágrafo 1º, CF; C: correta. Art. 174, parágrafo 2º, CF; D: correta. Art. 174, parágrafo 3º, CF; E: correta. Art. 174, parágrafo 4º, CF. TM

Gabarito "A".

(Promotor de Justiça/GO – 2016 – MPE) A ordem econômica, fundada na valorização do trabalho humano e na livre iniciativa, tem por fim assegurar a todos existência digna, conforme os ditames da justiça social, sendo pautada pelos seguintes princípios, exceto:

(A) tratamento favorecido para as empresas de pequeno porte instaladas no país, mesmo que tenham sede e administração no exterior.

(B) redução das desigualdades regionais e sociais.

(C) defesa do meio ambiente, inclusive mediante tratamento diferenciado conforme o impacto ambiental dos produtos e serviços e de seus processos de elaboração e prestação.

(D) observância da função social da propriedade.

A questão exige conhecimento sobre o art. 170 da CF: "Art. 170. A ordem econômica, fundada na valorização do trabalho humano e na livre iniciativa, tem por fim assegurar a todos existência digna, conforme os ditames da justiça social, observados os seguintes princípios: I – soberania nacional; II – propriedade privada; III – função social da propriedade; IV – livre concorrência; V – defesa do consumidor; VI – defesa do meio ambiente, inclusive mediante tratamento diferenciado conforme o impacto ambiental dos produtos e serviços e de seus processos de elaboração e prestação; VII – redução das desigualdades regionais e sociais; VIII – busca do pleno emprego; IX – tratamento favorecido para as empresas de pequeno porte constituídas sob as leis brasileiras e que tenham sua sede e administração no País". TM

Gabarito "A".

(Defensor Público – DPE/ES – 2016 – FCC) No tocante ao instituto da usucapião constitucional, ou para fins de moradia, consagrado no capítulo da Política Urbana da Constituição Federal de 1988, conforme dispõe de forma expressa a norma constitucional:

I. Aquele que possuir como sua área urbana de até duzentos e cinquenta metros quadrados, por cinco anos, ininterruptamente e sem oposição, utilizando-a para sua moradia ou de sua família, adquirir-lhe-á o domínio, mesmo que seja proprietário de outro imóvel urbano ou rural.

II. O título de domínio e a concessão de uso serão conferidos ao homem ou à mulher, ou a ambos, desde que comprovado o estado civil de casados.

III. O direito à usucapião para fins de moradia não será reconhecido ao mesmo possuidor mais de uma vez.

IV. Os imóveis públicos não serão adquiridos por usucapião.

Está correto o que se afirma APENAS em

(A) II, III e IV.
(B) III e IV.
(C) I e IV.
(D) I e II.
(E) II e III.

I: Errada. Art. 183, *caput*, da CF: "Aquele que possuir como sua área urbana de até duzentos e cinquenta metros quadrados, por cinco anos, ininterruptamente e sem oposição, utilizando-a para sua moradia ou de sua família, adquirir-lhe-á o domínio, desde que não seja proprietário de outro imóvel urbano ou rural"; **II:** Errada. Art. 183, § 1º, da CF: "O título de domínio e a concessão de uso serão conferidos ao homem ou à mulher, ou a ambos, independentemente do estado civil"; **III:** Correta. Art. 183, § 2º, da CF; **IV:** Correta. Art. 183, § 3º, da CF. TM

Gabarito "B".

(Ministério Público/SP – 2015 – MPE/SP) Nos termos da Constituição Federal:

I. Cabe à lei ordinária dispor sobre conflitos de competência, em matéria tributária, entre a União, os Estados, o Distrito Federal e os Municípios.

II. A ordem econômica nacional tem por finalidade assegurar a todos existência digna, conforme os ditames da justiça social.

III. A ordem econômica nacional deve observar, dentre outros, os princípios de propriedade privada; busca do pleno emprego e tratamento favorecido para as empresas de pequeno e médio porte constituídas sob as leis brasileiras e que tenham sua sede e administração no País.

IV. É assegurado a todos o livre exercício de qualquer atividade econômica, mediante autorização dos órgãos públicos competentes, salvo nos casos previstos em lei.

V. Ressalvados os casos previstos na Constituição, a exploração direta de atividade econômica pelo Estado só será permitida quando necessária aos imperativos da segurança nacional ou a relevante interesse coletivo, conforme definidos em lei.

Está correto apenas o contido em:

(A) I e V.
(B) II, III, IV e V.
(C) II, IV e V.
(D) I, II e IV.
(E) II e V.

I: incorreta, pois compete à lei complementar (e não à lei ordinária) tratar dessa questão (art. 146, I, da CF); **II:** correta (art. 170, *caput*, da CF); **III:** incorreta, pois o tratamento favorecido deve se dar em favor de empresas de pequeno porte, mas não de médio porte (art. 170, IX, da CF); **IV:** incorreta, pois é o contrário; a princípio todos podem exercer atividade econômica independentemente de autorização de órgãos públicos, sendo que a lei pode excepcionar isso, exigindo licenças (art. 170, parágrafo único, da CF); **V:** correta (art. 173, *caput*, da CF). BV

Gabarito "E".

(Ministério Público/SP – 2015 – MPE/SP) De acordo com a Constituição Federal:

I. Nos atos praticados contra a ordem econômica e financeira e contra a economia popular a responsabilidade é individual e exclusiva da pessoa jurídica, nos termos da lei.

II. Nos atos praticados contra a ordem econômica e financeira e contra a economia popular a responsabilidade é pessoal e exclusiva dos dirigentes da pessoa jurídica, nos termos da lei.

III. O plano diretor, aprovado pela Câmara Municipal, obrigatório para cidades com mais de vinte mil habitantes, é o instrumento básico da política de desenvolvimento e de expansão urbana; a propriedade urbana cumpre sua função social quando atende às exigências fundamentais de ordenação da cidade expressas no plano diretor.

IV. A média propriedade rural, assim definida em lei, desde que seu proprietário não possua outra, é insuscetível de desapropriação para fins de reforma agrária.

V. Os imóveis públicos não podem ser adquiridos por usucapião, salvo quando não atenderem às exigências fundamentais de ordenação da cidade expressas no plano diretor.

Está correto apenas o contido em:

(A) III e IV.
(B) II, III e V.
(C) III e V.
(D) II e IV.
(E) I, III e IV.

I: incorreta; de acordo com o art. 173, § 5º, da CF, a responsabilidade da pessoa jurídica se dá sem prejuízo da responsabilidade individual dos dirigentes da pessoa jurídica; **II:** incorreta; de acordo com o art. 173, § 5º, da CF a pessoa jurídica também será responsabilizada; **III:** correta (art. 182, §§ 1º e 2º, da CF); **IV:** correta (art. 185, I, da CF); **V:** incorreta, pois em hipótese alguma os imóveis públicos são suscetíveis de usucapião (arts. 183, § 3º, e 191, parágrafo único, da CF).
Gabarito "A".

(Procurador do Município – Cuiabá/MT – 2014 – FCC) Integra a disciplina constitucional da política de desenvolvimento urbano

(A) a desapropriação por interesse social, para fins de reforma agrária, do imóvel que não esteja cumprindo sua função social, mediante prévia e justa indenização em títulos da dívida agrária, com cláusula de preservação do valor real, resgatáveis no prazo de até vinte anos, a partir do segundo ano de sua emissão.
(B) a obrigatoriedade de todos os Municípios adotarem Plano Diretor, aprovado pela Câmara Municipal, no qual estejam expressas as exigências de ordenação da cidade, em conformidade com as quais se considera que a propriedade urbana cumpre sua função social.
(C) a adoção de parcelamento ou edificação compulsórios, seguidos de instituição de imposto sobre propriedade predial e territorial urbana progressivo no tempo, mediante lei específica, como mecanismos de promoção do adequado aproveitamento de solo urbano não edificado, subutilizado ou não utilizado.
(D) as desapropriações de imóveis urbanos, pelo não cumprimento de sua função social, mediante títulos da dívida pública, de emissão previamente aprovada pela Câmara Municipal, com prazo de resgate de até dez anos, em parcelas anuais, iguais e sucessivas, assegurados o valor real da indenização e os juros legais.
(E) a aquisição, mediante usucapião, do domínio de qualquer área urbana de até 250 metros quadrados, possuída por cinco anos ininterruptos e utilizada como moradia própria ou da família, concedendo-se o título respectivo ao homem ou à mulher, ou a ambos, independentemente do estado civil.

A: incorreta. De acordo com o *caput* do art. 184 da CF, compete à União desapropriar por interesse social, para fins de reforma agrária, o **imóvel rural** que não esteja cumprindo sua função social, mediante prévia e justa indenização em títulos da dívida agrária, com cláusula de preservação do valor real, resgatáveis no prazo de até vinte anos, a partir do segundo ano de sua emissão, e cuja utilização será definida em lei; **B:** incorreta. Não são todos os Municípios que precisam adotar o Plano Diretor. Conforme determina o § 1º do art. 182 da CF, o **plano diretor**, aprovado pela Câmara Municipal, é **obrigatório para cidades com mais de vinte mil habitantes**, constitui o instrumento básico da política de desenvolvimento e de expansão urbana; **C:** correta. O art. 182, 4º, I a III, da CF determina que o Poder Público municipal possa, mediante lei específica para área incluída no plano diretor, **exigir**, nos termos da lei federal, do proprietário do **solo urbano não edificado, subutilizado ou não utilizado, que promova seu adequado aproveitamento**, sob **pena**, sucessivamente, de: **I – parcelamento ou edificação compulsórios**, II – **imposto sobre a propriedade predial e territorial urbana progressivo no tempo** e III – desapropriação com pagamento mediante títulos da dívida pública de emissão previamente aprovada pelo Senado Federal, com prazo de resgate de até dez anos, em parcelas anuais, iguais e sucessivas, assegurados o valor real da indenização e os juros legais; **D:** incorreta. De acordo com o art. 182, 4º, I a III, da CF a desapropriação deve ser feita com pagamento mediante títulos da dívida pública **de emissão previamente aprovada pelo Senado Federal**, com prazo de resgate de até dez anos, em parcelas anuais, iguais e sucessivas, assegurados o valor real da indenização e os juros legais; **E:** incorreta. Conforme determina o art. 183, *caput*, da CF, aquele que possuir como sua área urbana de até duzentos e cinquenta metros quadrados, por cinco anos, ininterruptamente e sem oposição, utilizando-a para sua moradia ou de sua família, adquirir-lhe-á o domínio, **desde que não seja proprietário de outro imóvel urbano ou rural**. Além disso, o § 1º do mesmo artigo determina que o título de domínio e a concessão de uso serão conferidos ao homem ou à mulher, ou a ambos, independentemente do estado civil.
Gabarito "C".

17. ORDEM SOCIAL

(Delegado – PC/BA – 2018 – VUNESP) Acerca da Previdência Social na Constituição Federal de 1988, é correto afirmar que

(A) os gastos havidos com bens, serviços, prestações e administração da previdência não estão submetidos a uma lógica de equilíbrio atuarial, posto que a previdência se presta a auxiliar pessoas necessitadas, como trabalhadores doentes, de idade avançada, entre outras hipóteses.
(B) a previdência privada é admitida, em caráter autônomo, facultativo, contratual e complementar, sendo vedado à União, aos Estados, aos Municípios e ao Distrito Federal assumir a qualidade de patrocinador de tais entidades, mesmo com uma contribuição igual àquela feita pelo segurado.
(C) é constitucional a cobrança de contribuição previdenciária sobre os proventos de aposentadoria e as pensões dos servidores públicos da União, dos Estados, dos Municípios e do Distrito Federal (regime próprio) que superem o limite máximo estabelecido para os benefícios do regime geral de previdência social.
(D) é constitucional que um ente federativo estabeleça, por norma própria (estadual, distrital ou municipal), um tempo mínimo de anos de contribuição na atividade privada, para fins de compensação e obtenção de aposentadoria por um servidor no regime próprio da Administração Pública.
(E) professores que venham a exercer funções de direção de unidade escolar, coordenação e assessoramento pedagógico não farão jus à aposentadoria especial, pois o benefício somente será devido àqueles que comprovem o tempo de efetivo exercício das funções de magistério exclusivamente em sala de aula.

A: incorreta, visto que tanto o regime próprio de previdência social quanto o regime geral de previdência social devem observar critérios que preservem o equilíbrio financeiro e atuarial (arts. 40, *caput*, e 201, *caput*, da CF); **B:** incorreta, pois é **permitido** à União, aos Estados, aos Municípios e ao Distrito Federal assumir a qualidade de patrocinador de entidade de previdência privada, com uma contribuição igual àquela feita pelo segurado (inteligência do art. 202, § 3º, da CF); **C:** correta, de acordo com o § 18 do art. 40 da CF e a jurisprudência do Supremo Tribunal Federal: *"não é inconstitucional o art. 4º, caput, da EC 41, de 19-12-2003, que instituiu contribuição previdenciária sobre os proventos de aposentadoria e as pensões dos servidores públicos da União, dos Estados, do Distrito Federal e dos Municípios, incluídas suas autarquias e fundações"* (ADI 3.105 e ADI 3.128, Rel. p/ o ac. Min. Cezar Peluso, P, j. 18-8-2004); **D:** incorreta, porque é inconstitucional qualquer restrição, por lei local, à contagem recíproca do tempo de contribuição na Administração Pública e na atividade privada para fins de aposentadoria, tal como a exigência de um mínimo de contribuições ao sistema previdenciário. Nesse sentido, o seguinte julgado do STF: *"A imposição de restrições, por legislação local, à contagem recíproca do tempo de contribuição na administração pública e na atividade privada para fins de concessão de aposentadoria viola o art. 202, § 2º, da CF, com redação anterior à EC 20/1998 [atual 201, § 9º, da CF, com redação da EC 20/1998]"* (RE 650.851 QO, Rel. Min. Gilmar Mendes, P, j. 1º-10-2014, Tema 522); **E:** incorreta, pois, de acordo com a jurisprudência do STF, *"para a concessão da aposentadoria especial de que trata o art. 40, § 5º, da Constituição, conta-se o tempo de efetivo exercício, pelo professor, da docência e das atividades de direção de unidade escolar e de coordenação e assessoramento pedagógico, desde que em estabelecimentos de educação infantil ou de ensino fundamental e médio"* (RE 1.039.644 RG, Rel. Min. Alexandre de Moraes, P, j. 13-10-2017, Tema 965).
Gabarito "C".

(Investigador – PC/BA – 2018 – VUNESP) Ao assegurar a proteção constitucional ao meio ambiente, a Constituição Federal de 1988

(A) estabelece que a exploração de recursos minerais independe da recuperação do meio ambiente degradado, já que se trata de atividade necessária.
(B) prevê que as terras devolutas ou arrecadadas pelos Estados, por ações discriminatórias, necessárias à proteção dos ecossistemas naturais podem ser disponíveis por ato discricionário da Administração Pública.
(C) exige, na forma de Decreto do Poder Executivo, para a instalação de obra ou atividade potencialmente causadora de significativa degradação do meio ambiente, estudo prévio de impacto ambiental, a que se dará publicidade.
(D) estabelece que as condutas e atividades consideradas lesivas ao meio ambiente sujeitarão os infratores, pessoas físicas ou jurídicas, a sanções penais e administrativas, independentemente da obrigação de reparar os danos causados.
(E) impõe que as usinas que operem com reator nuclear deverão ter sua localização definida em lei estadual, sem o que não poderão ser instaladas.

A: incorreta, pois aquele que explorar recursos minerais fica obrigado a recuperar o meio ambiente degradado (art. 225, § 2º, da CF); **B:** incorreta, pois são **indisponíveis** as terras devolutas ou arrecadadas pelos Estados, por ações discriminatórias, necessárias à proteção dos ecossistemas naturais (art. 225, § 5º, da CF); **C:** incorreta, porque exige, na forma da lei, para instalação de obra ou atividade potencialmente causadora de significativa degradação do meio ambiente, estudo prévio de impacto ambiental, a que se dará publicidade (art. 225, § 1º, IV, da CF); **D:** correta, nos termos do art. 225, § 3º, da CF; **E:** incorreta, pois as usinas que operem com reator nuclear deverão ter sua localização definida em **lei federal**, sem o que não poderão ser instaladas (art. 225, § 6º, da CF).
Gabarito "D".

(Investigador – PC/BA – 2018 – VUNESP) Segundo a Constituição Federal, assinale a alternativa correta sobre a Ordem Social.

(A) É permitido destinar recursos públicos para auxílios ou subvenções às instituições privadas de saúde com fins lucrativos, com vistas ao interesse público.

(B) É permitida a filiação ao regime geral de previdência social, na qualidade de segurado facultativo, de pessoa participante de regime próprio de previdência.
(C) No âmbito da educação, os Municípios atuarão prioritariamente no ensino fundamental e na educação infantil, e os Estados e Distrito Federal atuarão prioritariamente nos ensinos fundamental e médio.
(D) A União aplicará, anualmente, nunca menos do que 15% (quinze por cento), no mínimo, da receita resultante de impostos, na manutenção e no desenvolvimento do ensino.
(E) A justiça desportiva terá o prazo máximo de 120 (cento e vinte) dias, contados da instauração do processo, para proferir decisão final.

A: incorreta, já que é vedada a destinação de recursos públicos para auxílios ou subvenções às instituições privadas com fins lucrativos (art. 199, § 2º, da CF); **B:** incorreta, visto que é vedada a filiação ao regime geral de previdência social, na qualidade de segurado facultativo, de pessoa participante de regime próprio de previdência (art. 201, § 5º, da CF); **C:** correta, de acordo com o art. 211, §§ 2º e 3º, da CF; **D:** incorreta, pois a União aplicará, anualmente, nunca menos de **18% (dezoito por cento)**, no mínimo, da receita resultante de impostos na manutenção e desenvolvimento do ensino (art. 212, *caput*, da CF); **E:** incorreta, porque a justiça desportiva terá o prazo máximo de **60 dias**, contados da instauração do processo, para proferir decisão final (art. 217, § 2º, da CF). Gabarito "C".

(Procurador do Estado/SP – 2018 – VUNESP) Assinale a alternativa correta a respeito do direito à comunicação social.
(A) Na análise do caso de publicação de biografias não autorizadas, o Supremo Tribunal Federal fixou o entendimento da necessidade de autorização prévia do interessado ou de seu representante legal, uma vez que o caso envolve tensão entre direitos fundamentais da liberdade de expressão, do direito à informação e dos direitos da personalidade (privacidade, imagem e honra).
(B) Os meios de comunicação social eletrônica, independentemente da tecnologia utilizada para a prestação do serviço, deverão observar os princípios constitucionais que regem a produção e a programação das emissoras de rádio e televisão, como dar preferência a finalidades educativas, artísticas, culturais e informativas.
(C) Nenhuma lei poderá conter dispositivo que possa constituir embaraço à plena liberdade de informação jornalística em qualquer veículo de comunicação social, sendo resguardado o sigilo da fonte, em todas as circunstâncias.
(D) Compete ao Congresso Nacional outorgar e renovar concessão, permissão e autorização para o serviço de radiodifusão sonora e de sons e imagens, observado o princípio da complementaridade dos sistemas privado, público e estatal.
(E) É competência comum da União, dos Estados, do Distrito Federal e dos Municípios legislar sobre os meios legais que garantam à pessoa e à família a possibilidade de se defenderem de programas ou programações de rádio e televisão que vinculem propaganda de produtos, práticas e serviços que possam ser nocivos à saúde e ao meio ambiente.

A: incorreta, pois o STF declarou ser **inexigível** autorização de pessoa biografada relativamente a obras biográficas literárias ou audiovisuais, sendo também **desnecessária** autorização de pessoas retratadas como coadjuvantes (ou de seus familiares, em caso de pessoas falecidas ou ausentes) (ADI 4815, Rel. Min. Cármen Lúcia, Tribunal Pleno, j. em 10-06-2015); **B:** correta, de acordo com o art. 222, § 3º, combinado com o art. 221, I, ambos da CF; **C:** incorreta, visto que nenhuma lei conterá dispositivo que possa constituir embaraço à plena liberdade de informação jornalística em qualquer veículo de comunicação social, sendo resguardado o sigilo da fonte, quando necessário ao exercício profissional (art. 220, § 1º, c/c art. 5º, XIV, da CF); **D:** incorreta, haja vista que compete ao **Poder Executivo** outorgar e renovar concessão, permissão e autorização para o serviço de radiodifusão sonora e de sons e imagens, observado o princípio da complementaridade dos sistemas privado, público e estatal (art. 223 da CF); **E:** incorreta, pois compete **privativamente** à União legislar sobre propaganda comercial (art. 22, XXIX, da CF), cabendo à lei federal estabelecer os meios legais que garantam à pessoa e à família a possibilidade de se defenderem de programas ou programações de rádio e televisão que vinculem propaganda de produtos, práticas e serviços que possam ser nocivos à saúde e ao meio ambiente (art. 220, § 3º, II, da CF). Gabarito "B".

(Juiz de Direito – TJ/RS – 2018 – VUNESP) A Constituição Federal de 1988 propicia amparo a alguns grupos sociais vulneráveis, sendo um exemplo disso
(A) a garantia de acesso e locomoção adequados às pessoas portadoras de deficiência, sendo a construção ou adaptação dos logradouros públicos e privados de responsabilidade do Estado.
(B) a proteção especial de crianças e adolescentes órfãos ou abandonados, por meio de acolhimento institucional, que será mantido com os recursos oriundos do salário-família.
(C) a posse permanente, pelos índios, das terras por eles tradicionalmente ocupadas, cabendo-lhes o usufruto exclusivo das riquezas do solo, dos rios e dos lagos nelas existentes.
(D) a garantia de gratuidade nos transportes coletivos às pessoas com idade igual ou superior a 60 (sessenta) anos.
(E) o conceito de família, estabelecido na Carta de 1988, de caráter limitado à comunidade entre ambos os pais com os respectivos filhos, como base da sociedade e destinatária de proteção especial do Estado.

A: incorreta, visto que é responsabilidade do Estado zelar pela construção e adaptação dos logradouros, dos edifícios de uso público e dos veículos de transporte coletivo (art. 244 c/c art. 227, § 2º, ambos da CF); **B:** incorreta, já que o estímulo do Poder Público será efetivado por meio de assistência jurídica, incentivos fiscais e subsídios (art. 227, § 3º, VI, da CF); **C:** correta, pois as terras tradicionalmente ocupadas pelos índios destinam-se a sua *posse permanente*, cabendo-lhes o usufruto exclusivo das riquezas do solo, dos rios e dos lagos nelas existentes (art. 231, § 2º, da CF); **D:** incorreta, porque é garantida a gratuidade dos transportes coletivos urbanos aos maiores de **65 anos** (art. 230, § 2º, da CF); **E:** incorreta, uma vez que o conceito de família, estabelecido na Constituição, abrange também a comunidade formada por qualquer dos pais e seus descendentes (art. 226, § 4º, CF). Gabarito "C".

(Defensor Público Federal – DPU – 2017 – CESPE) Lúcio foi internado em um hospital da rede privada para submeter-se a tratamento médico eletivo a ser realizado pelo SUS. Na unidade hospitalar onde ele foi internado, os quartos individuais superiores são reservados a pacientes particulares, e àqueles que desfrutam do atendimento gratuito são disponibilizados quartos coletivos de nível básico.

Com o intuito de utilizar um quarto individual, por ser mais confortável, Lúcio se prontificou a pagar o valor da diferença entre as modalidades dos quartos, o que foi recusado pelo hospital, que informou ser vedado o uso das acomodações superiores por pacientes atendidos pelo SUS, mesmo mediante pagamento complementar.

Considerando essa situação hipotética, julgue os seguintes itens com base na posição majoritária e atual do STF.
(1) É vedado às instituições privadas com fins lucrativos participarem do SUS, as quais não podem, ainda, oferecer quartos com custos diferentes para pacientes sujeitos ao mesmo procedimento médico.
(2) A vedação à internação de Lúcio em acomodações superiores mediante o pagamento da diferença é constitucional: o atendimento pelo SUS é orientado, entre outros critérios, pela isonomia.

1: Errado. Quanto ao primeiro trecho da assertiva, há de se dizer que as instituições privadas com fins lucrativos poderão participar de forma complementar do SUS, nos termos do art. 199, § 1º, da CF. Em relação ao trecho final, a afirmação merece dupla análise. Tratando de atendimento à paciente do SUS dentro de instituição privada conveniada com o Sistema Público de Saúde, é vedado qualquer tipo de diferenciação, mesmo que não haja nenhum tipo de custo extra à Administração. O STF, ao analisar em Repercussão Geral o tema (RE 581488, Relator(a): Min. Dias Toffoli, Tribunal Pleno, Julgado em 03/12/2015, Acórdão Eletrônico Repercussão Geral – Mérito DJe-065 D. 07-04-2016 PUB. 08-04-2016), fixou entendimento em trecho assim ementado: "(...) 2. O procedimento da "diferença de classes", tal qual o atendimento médico diferenciado, quando praticados no âmbito da rede pública, não apenas subverte a lógica que rege o sistema de seguridade social brasileiro, como também afronta o acesso equânime e universal às ações e serviços para promoção, proteção e recuperação da saúde, violando, ainda, os princípios da igualdade e da dignidade da pessoa humana. Inteligência dos arts. 1º, inciso III; 5º, inciso I; e 196 da Constituição Federal. (...)". Entretanto, evidentemente, na hipótese de assistência particular, dentro de instituição privada, não há que se aplicar os mesmos fundamentos, podendo prevalecer as diretrizes estratégicas visando o lucro do prestador e do paciente particular. **2:** Correto. O STF, fixou tese no julgamento do RE 581488/RS no seguinte sentido: "É constitucional a regra que veda, no âmbito do Sistema Único de Saúde, a internação em acomodações superiores, bem como o atendimento diferenciado por médico do próprio Sistema Único de Saúde, ou por médico conveniado, mediante o pagamento da diferença dos valores correspondentes". Isso porque, nas palavras do Min. Dias Toffoli, relator do RE 581488/RS "O oferecimento de serviços em igualdade de condições a todos foi pensado nesse contexto – nem poderia ter sido diferente, uma vez que possibilitar assistência diferenciada a cidadãos numa mesma situação, dentro de um mesmo sistema, vulneraria a isonomia, também consagrada na Carta Maior, ferindo de morte, em última instância, a própria dignidade humana, erigida a fundamento da República". Gabarito: 1E, 2C.

(Defensor Público – DPE/SC – 2017 – FCC) No que tange à Assistência Social na Constituição Federal de 1988, considere:
I. A assistência social será prestada a quem dela necessitar, mediante contribuição à seguridade social.
II. A assistência social tem por objetivo a garantia de um salário mínimo de benefício mensal à pessoa com deficiência e ao idoso que comprovem não possuir meios de prover à própria manutenção ou de tê-la provida por sua família, conforme dispuser a lei.
III. As ações governamentais na área da assistência social serão organizadas com base na descentralização político-administrativa, cabendo a coordenação e as normas gerais à esfera federal e a coordenação e a execução dos respectivos programas às esferas estadual e municipal, bem como a entidades beneficentes e de assistência social.
IV. É obrigatório aos Estados e ao Distrito Federal vincular a programa de apoio à inclusão e promoção social até cinco décimos por cento de sua receita tributária líquida.

Está correto o que se afirma APENAS em
(A) III e IV.
(B) II e III.
(C) I, II e III.
(D) II, III e IV.
(E) II e IV.

I: Errado. A assistência social será prestada a quem necessitar independentemente de contribuição à seguridade social (art. 203, *caput*, da CF). II: Certo. Art. 203, V, da CF. III: Certo. Art. 204, I, da CF. IV: Errado. É facultado ao Estado (art. 204, Parágrafo Único, da CF). TM
Gabarito "B".

(Defensor Público – DPE/SC – 2017 – FCC) No que tange à Assistência Social na Constituição Federal de 1988, considere:

I. A assistência social será prestada a quem dela necessitar, mediante contribuição à seguridade social.
II. A assistência social tem por objetivo a garantia de um salário mínimo de benefício mensal à pessoa com deficiência e ao idoso que comprovem não possuir meios de prover à própria manutenção ou de tê-la provida por sua família, conforme dispuser a lei.
III. As ações governamentais na área da assistência social serão organizadas com base na descentralização político-administrativa, cabendo a coordenação e as normas gerais à esfera federal e a coordenação e a execução dos respectivos programas às esferas estadual e municipal, bem como a entidades beneficentes e de assistência social.
IV. É obrigatório aos Estados e ao Distrito Federal vincular a programa de apoio à inclusão e promoção social até cinco décimos por cento de sua receita tributária líquida.

Está correto o que se afirma APENAS em
(A) III e IV.
(B) II e III.
(C) I, II e III.
(D) II, II e IV.
(E) II e IV.

I: Errado. A assistência social será prestada a quem necessitar independentemente de contribuição à seguridade social (art. 203, *caput*, da CF). II: Certo. Art. 203, V, da CF. III: Certo. Art. 204, I, da CF. IV: Errado. É facultado ao Estado (art. 204, Parágrafo Único, da CF). TM
Gabarito "B".

(Procurador do Município – Prefeitura Fortaleza/CE – CESPE – 2017) Acerca de assuntos relacionados à disciplina da saúde e da educação na CF, julgue os itens que se seguem.

(1) A rede privada de saúde pode integrar o Sistema Único de Saúde, de forma complementar, por meio de contrato administrativo ou convênio.
(2) É permitida a intervenção do estado nos seus municípios nas situações em que não for aplicado o mínimo exigido da receita municipal nas ações e nos serviços públicos de saúde.
(3) Os municípios devem atuar prioritariamente no ensino fundamental e na educação infantil, ao passo que os estados devem atuar prioritariamente no ensino fundamental e no médio.
(4) Desenvolver políticas públicas para a redução da ocorrência de doenças e a proteção da saúde da população é competência concorrente da União, dos estados, do DF e dos municípios.

1: correta. Art. 199, § 1º, CF; 2: correta. Art. 35, III, CF; 3: 3: correta. Art. 211, §§ 2º e 3º, CF; 4: incorreta. A competência é do Município, ainda que com auxílio da União e dos Estados (art. 30, VII, CF). TM
Gabarito 1C, 2C, 3C, 4E.

(Procurador do Estado – PGE/PA – UEPA – 2015) No que pertine à Ordem Social julgue as afirmativas a seguir:

I. Em relação às demandas judiciais visando efetivar o Direito Fundamental à Saúde, e consoante posição atual do STF, em geral, deverá ser privilegiado o tratamento fornecido pelo SUS em detrimento de opção diversa escolhida pelo paciente, sempre que não for comprovada a ineficácia ou a impropriedade da política de saúde existente.
II. O direito à previdência social, conforme o STF, constitui direito fundamental e, uma vez implementados os pressupostos de sua aquisição, não deve ser afetado pelo decurso do tempo. Como consequência, inexiste prazo decadencial para a concessão inicial do benefício previdenciário. É legítima, todavia, a instituição de prazo decadencial para a revisão de benefício já concedido, com fundamento no princípio da segurança jurídica.
III. É firme a jurisprudência do STF, no sentido de que o aposentado tem direito adquirido ao quantum de seus proventos calculado com base na legislação vigente ao tempo da aposentadoria, mas não aos critérios legais com base em que esse quantum foi estabelecido, pois não há direito adquirido a regime jurídico.
IV. A proteção do Estado à união estável, conforme entendimento do STF, alcança apenas as situações legítimas e nestas não está incluído o concubinato. A titularidade da pensão decorrente do falecimento de servidor público pressupõe vínculo agasalhado pelo ordenamento jurídico, mostrando-se impróprio o implemento de divisão a beneficiar, em detrimento da família, a concubina.

A alternativa que contém todas as afirmativas corretas é:
(A) I, II, III e IV.
(B) I, II e III.
(C) II, III e IV.
(D) I, III e IV.
(E) I, II e IV.

I: correta. Ver STA 175-AgR, Rel. Min. Gilmar Mendes: "podemos concluir que, em geral, deverá ser privilegiado o tratamento fornecido pelo SUS em detrimento de opção diversa escolhida pelo paciente, sempre que não for comprovada a ineficácia ou a impropriedade da política de saúde existente. Essa conclusão não afasta, contudo, a possibilidade de o Poder Judiciário, ou de a própria Administração, decidir que medida diferente da custeada pelo SUS deve ser fornecida a determinada pessoa que, por razões específicas do seu organismo, comprove que o tratamento fornecido não é eficaz no seu caso. Inclusive, como ressaltado pelo próprio Ministro da Saúde na Audiência Pública, há necessidade de revisão periódica dos protocolos existentes e de elaboração de novos protocolos. Assim, não se pode afirmar que os Protocolos Clínicos e Diretrizes Terapêuticas do SUS são inquestionáveis, o que permite sua contestação judicial"; II: correta. Ver RE 946918, Rel. Min. Dias Toffoli: "1. O direito à previdência social constitui direito fundamental e, uma vez implementados os pressupostos de sua aquisição, não deve ser afetado pelo decurso do tempo. Como consequência, inexiste prazo decadencial para a concessão inicial do benefício previdenciário. 2. É legítima, todavia, a instituição de prazo decadencial de dez anos para a revisão de benefício já concedido, com fundamento no princípio da segurança jurídica, no interesse em evitar a eternização dos litígios e na busca de equilíbrio financeiro e atuarial para o sistema previdenciário"; III: correta. Entendimento do STF ao julgar o RE 575089, em repercussão geral. Na ementa consta ainda que: "**I – Inexiste direito adquirido a determinado regime jurídico, razão pela qual não é lícito ao segurado conjugar as vantagens do novo sistema com aquelas aplicáveis ao anterior. III – A superposição de vantagens caracteriza sistema híbrido, incompatível com a sistemática de cálculo dos benefícios previdenciários**"; IV: Incorreta. Embora haja precedentes do STF nesse sentido, esse entendimento deve comportar temperamentos, principalmente diante de relacionamentos longos e com filhos. O caso encontra-se em repercussão geral para julgamento pelo STF. TM
Gabarito "B".

(Procurador do Estado – PGE/BA – CESPE – 2014) Considerando o disposto na Constituição Federal de 1988 (CF) a respeito dos índios, dos idosos e da cultura, julgue os itens a seguir.

(1) A CF assegura a gratuidade dos transportes coletivos urbanos aos maiores de sessenta e cinco anos.
(2) Aplica-se ao Sistema Nacional de Cultura o princípio da complementaridade nos papéis dos agentes culturais.
(3) Os índios detêm o usufruto exclusivo das riquezas do solo, do subsolo, dos rios e dos lagos existentes nas terras por eles tradicionalmente ocupadas.

1: correta. Art. 230, § 2º, CF; 2: correta. Art. 216-A, § 1º, VI, CF; 3: incorreta. O subsolo não está incluído no usufruto exclusivo dos índios previsto pelo art. 231, § 2º, da CF. TM
Gabarito 1C, 2C, 3E.

(Procurador do Estado – PGE/RN – FCC – 2014) Ao legislarem sobre o regime de previdência obrigatória dos servidores públicos titulares de cargos efetivos, os Estados

(A) não podem instituir contribuição previdenciária sobre os proventos de aposentadorias e pensões concedidas pelo regime da previdência oficial obrigatória.
(B) podem estabelecer hipóteses de aposentadoria especial para além daquelas previstas na Constituição Federal.
(C) devem exercer a competência legislativa plena na matéria, visto que inserida dentre suas competências legislativas privativas.
(D) podem prever o pagamento do benefício de aposentadoria integral em valor acima do subsídio pago aos Ministros do Supremo Tribunal Federal.
(E) devem observar, no que couber, os requisitos e critérios fixados para o regime geral de previdência social.

A: incorreta. Os Estados podem instituir contribuição previdenciária de inativos, a exemplo do que ocorre em nível federal (art. 40, "caput", CF); B: incorreta. Devem observar os casos previstos na Constituição Federal (art. 40, § 4º, CF); C: incorreta. A matéria é de competência concorrente entre os entes federados (art. 24, XII, CF); D: incorreta. Devem observar o disposto no art. 37, XI, CF (art. 39, § 11, CF); E: correta. Art. 40, § 12, CF. TM
Gabarito "E".

(Procurador do Estado – PGE/RN – FCC – 2014) Entidade privada com fins lucrativos que pretenda participar do Sistema Único de Saúde – SUS de forma complementar:

(A) não poderá fazê-lo, uma vez que a Administração pública poderá firmar contratos de direito público para este fim apenas com entidades privadas sem fins lucrativos ou com entidades filantrópicas.

(B) poderá fazê-lo, mediante contrato de direito público firmado com a Administração pública, mas a Constituição Federal assegura preferência às entidades filantrópicas e às sem fins lucrativos.
(C) poderá fazê-lo, mediante contrato de direito público firmado com a Administração pública, o qual poderá prever a destinação de recursos públicos para auxílios ou subvenções à entidade.
(D) poderá fazê-lo, independentemente de contrato de direito público firmado com a Administração pública, uma vez que a assistência à saúde é livre à iniciativa privada.
(E) não poderá fazê-lo, uma vez que o SUS é integrado por ações e serviços públicos de saúde, do que se extrai que as entidades privadas dele não podem participar, sequer de forma complementar.

Art. 199, § 1º, CF: "As instituições privadas poderão participar de forma complementar do sistema único de saúde, segundo diretrizes deste, mediante contrato de direito público ou convênio, tendo preferência as entidades filantrópicas e as sem fins lucrativos". Gabarito "B".

(Procurador da República –28º Concurso – 2015 – MPF) Assinale a alternativa incorreta:
(A) As ações afirmativas têm natureza dúplice, pois se prestam, de um lado, a assegurar igualdade de oportunidades e, de outro, a promover o pluralismo e a diversidade nos ambientes em que se instalam;
(B) Os direitos concedidos aos povos indígenas pela Constituição de 1988 têm em conta as suas respectivas tradições culturais, não alcançando indivíduos e grupos indígenas considerados "aculturados", ou seja, que perderam a sua cultura autêntica;
(C) A demarcação de terras indígenas deve ser precedida de trabalho antropológico, que revele a organização social e espacial desses grupos, bem como projete o seu crescimento, de modo a assegurar os direitos das gerações futuras;
(D) A despeito de situada no art. 68 do ADCT, a norma ali inscrita tem propósitos permanentes, é de natureza prospectiva e alcança comunidades situadas no presente.

A: correta. O fundamento das ações afirmativas é promover a igualdade e a diversidade, sendo certo que o STF entende igualdade, nesse caso, como igualdade *material*. Sobre o tema, importante conferir o acórdão da ADC 41, Rel. Min. Roberto Barroso, em cujo julgamento o STF declarou a constitucionalidade da lei que prevê 20% de cotas para negros em concursos públicos; B: incorreta. Sobre o tema, confira-se trecho do artigo de Roberto Lemos dos Santos Filho: "Por vezes é afirmada a inexistência de direito a ser assegurado em razão de o índio estar "aculturado", ou seja, por ele dominar a língua portuguesa e estar amoldado a costumes da sociedade consumista (como uso de telefones celulares, de carros). Isso é um equívoco. A FUNAI estima a existência de 100 a 190 mil índios vivendo fora de aldeias, inclusive em áreas urbanas. Índio não é somente aquele indivíduo que vive nas selvas e sem roupa. Índio é todo indivíduo de origem e ascendência pré-colombiana que se identifica e é identificado como pertencente a um grupo étnico cujas características culturais o distinguem da sociedade e cultura predominantes"; C: correta. Art. 2º do Decreto 1175/96; D: correta. Eis a redação do art. 68, ADCT: "Aos remanescentes das comunidades dos quilombos que estejam ocupando suas terras é reconhecida a propriedade definitiva, devendo o Estado emitir-lhes os títulos respectivos". Gabarito "B".

(Juiz – TRF 3ª Região – 2016) Estabelece o artigo 194 da Constituição Federal que "A seguridade social compreende um conjunto integrado de ações de iniciativa dos Poderes Públicos e da sociedade, destinadas a assegurar os direitos relativos à saúde, à previdência e à assistência social". Assinale a alternativa correta sobre os princípios constitucionais específicos que regem a Seguridade Social:
(A) Universalidade da cobertura e do atendimento pode ser destacada como subjetiva e objetiva e refere-se ao direito dos contribuintes à cobertura das necessidades nas situações socialmente danosas.
(B) Uniformidade e equivalência dos benefícios e serviços às populações urbanas e rurais impõe que, diante de idênticas situações de necessidade, haja diversidade de proteção, em forma de benefícios e serviços.
(C) Seletividade e distributividade na prestação dos benefícios e serviços indica que o sistema de proteção social deve oferecer todas as prestações, sem exceções, a quem delas necessite, para a consecução da igualdade e da justiça social.
(D) Diversidade da base de financiamento refere-se à busca da seguridade social pela pluralidade de recursos, com participação individual e social e decorre do solidarismo social, pelo qual devem ser adotadas técnicas de proteção social e conjugados esforços de todos para a cobertura das contingências sociais.

A: incorreta, pois refere-se a não só os contribuintes, mas todas as pessoas, aos necessitados; B: incorreta, pois o tratamento diferente deverá ocorrer em situações distintas, ou seja, uma relação de compensação de desigualdades materiais, em respeito ao princípio da isonomia na seguridade social (art. 194, parágrafo único, II, da CF); C: incorreta, pois a seletividade acaba por verificar as pessoas que merecem amparo da seguridade social, ou seja, o escolher de situações carentes de auxílio; D: correta. É a pulverização do ônus da seguridade social, nos termos do art. 194, parágrafo único, VI, da CF. Gabarito "D".

(Defensor Público – DPE/MT – 2016 – UFMT) NÃO é objetivo constitucional da Seguridade Social:
(A) Seletividade e distributividade na prestação dos benefícios e serviços.
(B) Universalidade da cobertura e do atendimento.
(C) Caráter democrático e descentralizado da gestão nos órgãos colegiados.
(D) Diversidade dos benefícios e serviços às populações urbanas e rurais.
(E) Equidade na forma de participação no custeio.

Art. 194, parágrafo único, CF: "Compete ao Poder Público, nos termos da lei, organizar a seguridade social, com base nos seguintes objetivos: I – universalidade da cobertura e do atendimento; II – uniformidade e equivalência dos benefícios e serviços às populações urbanas e rurais; III – seletividade e distributividade na prestação dos benefícios e serviços; IV – irredutibilidade do valor dos benefícios; V – equidade na forma de participação no custeio; VI – diversidade da base de financiamento; VII – caráter democrático e descentralizado da administração, mediante gestão quadripartite, com participação dos trabalhadores, dos empregadores, dos aposentados e do Governo nos órgãos colegiados". Gabarito "D".

(Defensor Público – DPE/ES – 2016 – FCC) A respeito do direito fundamental à saúde e da regulamentação das políticas públicas de saúde na Constituição Federal de 1988, considere:
I. A saúde é direito de todos e dever do Estado, garantido mediante políticas sociais e econômicas que visem o acesso prioritário das pessoas necessitadas às ações e serviços para sua promoção, proteção e recuperação.
II. A jurisprudência do Supremo Tribunal Federal e do Superior Tribunal de Justiça é pacífica no sentido de afirmar a existência de responsabilidade solidária entre a União e os Estados no fornecimento de medicamento e tratamento médico, cabendo ao Município apenas responsabilidade subsidiária.
III. As ações e serviços públicos de saúde integram uma rede regionalizada e hierarquizada e constituem um sistema único, tendo por diretriz a descentralização, com direção única em cada esfera de governo.
IV. Ao sistema único de saúde compete participar da formulação da política e da execução das ações de saneamento básico.
Está correto o que se afirma APENAS em
(A) II, III e IV.
(B) I e II.
(C) I e III.
(D) III e IV.
(E) I, III e IV.

I: Errada. Art. 196, *caput*, da CF: "A saúde é direito de todos e dever do Estado, garantido mediante políticas sociais e econômicas que visem à redução do risco de doença e de outros agravos e ao acesso universal e igualitário às ações e serviços para sua promoção, proteção e recuperação"; **II**: Errada. A questão está sendo julgada pelo STF, com pedido de vista nos Recursos Extraordinários 566471 e 657718; **III**: Correta. Art. 198 da CF; **IV**: Correta. Art. 200, IV, da CF. Gabarito "D".

(Juiz de Direito/AM – 2016 – CESPE) Tendo em vista que o direito à vida — valor central do ordenamento jurídico — desdobra-se em direito à existência física e direito a uma vida digna, assinale a opção correta.
(A) O direito à saúde efetiva-se mediante ações distributivas e alocativas relacionadas à promoção, proteção e recuperação da saúde.
(B) Os serviços públicos de saúde integram uma rede regionalizada e hierarquizada, que constitui um sistema único, organizado de forma centralizada.
(C) O STF afastou a possibilidade de o SUS pagar por tratamento diferenciado oferecido a pessoa que comprove necessitar de medida curativa ainda não incorporada ao sistema público, para evitar o chamado efeito multiplicador que o precedente judicial poderia causar.
(D) Constitui direito dos trabalhadores a assistência dos filhos e dependentes desde o nascimento até cinco anos de idade em creches e pré-escolas mediante pagamento de contraprestação fixada em lei.
(E) É dever privativo da União desenvolver políticas públicas que visem à redução de doenças e outros agravos.

A: correta. "Art. 196. A saúde é direito de todos e dever do Estado, garantido mediante políticas sociais e econômicas que visem à redução do risco de doença e de outros agravos e ao acesso universal e igualitário às ações e serviços para sua promoção, proteção e recuperação"; B: incorreta. "Art. 198. As ações e serviços públicos de saúde integram uma rede regionalizada e hierarquizada e constituem um sistema único, organizado de acordo com as seguintes diretrizes: I – descentralização, com direção única em cada esfera de governo; II – atendimento integral, com prioridade para as atividades preventivas, sem prejuízo dos serviços assistenciais; III – participação da comunidade"; C: incorreta. O Plenário do STF já se manifestou em sentido contrário, afirmando a obrigação de o Poder

Público custear tratamentos de alto custo para tratamento de doentes graves. No entanto, a matéria está sendo revisitada pelo Supremo, que reconheceu repercussão geral dos temas referentes ao fornecimento de remédios de alto custo não disponíveis na lista do SUS e de medicamentos não registrados na ANVISA (RE 566.471 e RE 657.718), cujo julgamento conjunto encontra-se suspenso em razão de pedido de vista do Ministro Teori Zavascki; **D:** incorreta. A assistência, no caso, é gratuita (art. 7º, XXV, CF); **E:** incorreta. O dever de prestação de serviços de saúde é do Estado (União, estados-membros e municípios). Ver art. 196, *caput* e §§ 1º e 2º, CF. BV/TM

Gabarito "A".

(Magistratura/GO – 2015 – FCC) Ao estabelecer saúde e educação como direitos de todos e um dever do Estado, a Constituição da República determina que

(A) tanto o ensino quanto a assistência à saúde são livres à iniciativa privada, sendo vedada, contudo, a destinação de recursos públicos para auxílios ou subvenções às instituições privadas.

(B) os entes da federação, na organização de seus sistemas de ensino, definirão formas de colaboração, de modo a assegurar a universalização do ensino obrigatório, assim compreendido o ensino fundamental, dos 4 aos 17 anos, inclusive no que se refere à sua oferta gratuita para todos os que a ele não tiveram acesso na idade própria.

(C) a União aplicará, anualmente, nunca menos de dezoito, e os Estados, o Distrito Federal e os Municípios vinte e cinco por cento, no mínimo, da receita resultante de impostos, compreendida a proveniente de transferências, em ações e serviços públicos de saúde.

(D) os Estados e o Distrito Federal aplicarão, anualmente, em ações de manutenção e desenvolvimento do ensino, recursos mínimos derivados da aplicação de percentuais calculados sobre o produto da arrecadação dos impostos de sua titularidade e dos recursos provenientes da arrecadação de tributos federais que lhe pertencem, deduzidas as parcelas que forem transferidas aos respectivos Municípios.

(E) lei complementar, a ser reavaliada pelo menos a cada cinco anos, estabelecerá os critérios de rateio dos recursos da União vinculados à saúde destinados aos Estados, ao Distrito Federal e aos Municípios, e dos Estados destinados a seus respectivos Municípios, objetivando a progressiva redução das disparidades regionais.

A: incorreta. De acordo com o art. 199, *caput*, da CF, a assistência **à saúde** é livre à iniciativa privada. O § 2º do mesmo dispositivo veda a destinação de recursos públicos para auxílios ou subvenções às instituições privadas **com fins lucrativos; B:** incorreta. Conforme determina o art. 4º, I, da Lei 9.394/1996 (Diretrizes e Bases da Educação), com redação data pela Lei 12.796/2013, o dever do Estado com educação escolar pública será efetivado mediante certas garantias, dentre elas a **educação básica obrigatória** e gratuita dos 4 (quatro) aos 17 (dezesseis) anos de idade, organizada da seguinte forma: **a) pré-escola, b) ensino fundamental e c) ensino médio**. A alternativa faz menção apenas ao ensino fundamental; **C:** incorreta. Determina o art. 212, *caput*, da CF, que a União aplicará, anualmente, nunca menos de dezoito, e os Estados, o Distrito Federal e os Municípios vinte e cinco por cento, no mínimo, da receita resultante de impostos, compreendida a proveniente de transferências, **na manutenção e desenvolvimento do ensino; D:** incorreta. De acordo com o art. 198, § 2º, II, da CF, a União, os Estados, o Distrito Federal e os Municípios aplicarão, anualmente, em ações e serviços públicos de saúde recursos mínimos derivados da aplicação de percentuais calculados sobre; II – **no caso dos Estados e do Distrito Federal**, o produto da arrecadação dos impostos a que se refere o art. 155 (impostos estaduais) e dos montantes de que tratam os arts. 157 (repartição de receitas tributárias) e 159, inciso I, alínea *a* (a União entregará do produto da arrecadação dos impostos sobre renda e proventos de qualquer natureza e sobre produtos industrializados, 49% (quarenta e nove por cento), sendo vinte e um inteiros e cinco décimos por cento ao Fundo de Participação dos Estados e do Distrito Federal, e dez por cento aos Estados e ao Distrito Federal, proporcionalmente ao valor das respectivas exportações de produtos industrializados; **E:** correta. Conforme informa o art. 198, § 3º, II, da CF, lei complementar, que será reavaliada pelo menos a cada cinco anos, estabelecerá os critérios de rateio dos recursos da União vinculados à saúde destinados aos Estados, ao Distrito Federal e aos Municípios, e dos Estados destinados a seus respectivos Municípios, objetivando a progressiva redução das disparidades regionais. BV

Gabarito "E".

(Magistratura/SC – 2015 – FCC) Considere as seguintes afirmativas:

I. O Sistema Nacional de Cultura fundamenta-se no Plano Nacional de Cultura e nas suas diretrizes, estabelecidas na política nacional de cultura, e rege-se, entre outros, pelos princípios da transversalidade das políticas culturais, da diversidade das expressões culturais e da formação de pessoal qualificado para a gestão da cultura em suas múltiplas dimensões.

II. A assistência social é, nos termos da Constituição, direito de todos e dever do Estado, de acesso universal e igualitário, a ser prestada independentemente de contribuição à seguridade social.

III. O Sistema Nacional de Ciência, Tecnologia e Inovação – SNCTI, segundo expressa disposição constitucional, será organizado em regime de colaboração entre entes, tanto públicos quanto privados, com vistas a promover o desenvolvimento científico e tecnológico e a inovação.

IV. É inconstitucional lei que proíba o ensino religioso como disciplina a ser ministrada nos horários normais das escolas públicas de ensino fundamental.

Está correto o que se afirma APENAS em

(A) III e IV.
(B) II e IV.
(C) II e III.
(D) I e IV.
(E) I, II e III.

I: incorreta. De acordo com o art. 216-A, § 1º, da CF, o Sistema Nacional de Cultura fundamenta-se na política nacional de cultura e nas suas diretrizes, estabelecidas no Plano Nacional de Cultura, e rege-se pelos seguintes princípios: I – diversidade das expressões culturais, II – universalização do acesso aos bens e serviços culturais, III – fomento à produção, difusão e circulação de conhecimento e bens culturais, IV – cooperação entre os entes federados, os agentes públicos e privados atuantes na área cultural, V – integração e interação na execução das políticas, programas, projetos e ações desenvolvidas, VI – complementaridade nos papéis dos agentes culturais, VII – **transversalidade das políticas culturais**, VIII – autonomia dos entes federados e das instituições da sociedade civil, IX – transparência e compartilhamento das informações, X – democratização dos processos decisórios com participação e controle social, XI – descentralização articulada e pactuada da gestão, dos recursos e das ações, XII – ampliação progressiva dos recursos contidos nos orçamentos públicos para a cultura; **II:** incorreta. Determina o art. 203 da CF, que a assistência social **será prestada a quem dela necessitar**, independentemente de contribuição à seguridade social, e tem por objetivos: I – a proteção à família, à maternidade, à infância, à adolescência e à velhice, II – o amparo às crianças e adolescentes carentes, III – a promoção da integração ao mercado de trabalho, IV – a habilitação e reabilitação das pessoas portadoras de deficiência e a promoção de sua integração à vida comunitária, V – a garantia de um salário mínimo de benefício mensal à pessoa portadora de deficiência e ao idoso que comprovem não possuir meios de prover à própria manutenção ou de tê-la provida por sua família, conforme dispuser a lei. **III:** correta. Conforme determina o art. 219-B, incluído pela EC 85, de 26 de fevereiro de 2015, o Sistema Nacional de Ciência, Tecnologia e Inovação (SNCTI) será organizado em regime de colaboração entre entes, tanto públicos quanto privados, com vistas a promover o desenvolvimento científico e tecnológico e a inovação; **IV:** correta. De acordo com o art. 210, § 1º, da CF, o **ensino religioso, de matrícula facultativa, constituirá disciplina dos horários normais das escolas públicas de ensino fundamental.** BV

Gabarito "A".

(Ministério Público/SP – 2015 – MPE/SP) Considere as seguintes assertivas, relacionadas à Educação:

I. A educação infantil, em creche e pré-escola, às crianças até 5 (cinco) anos de idade, é obrigatória e gratuita.

II. O acesso ao ensino infantil (creche e pré-escola) constitui direito público subjetivo.

III. A educação básica, obrigatória e gratuita, compreende o ensino infantil (creche e pré-escola) e o ensino fundamental.

IV. Os Estados, os Municípios e o Distrito Federal devem atuar prioritariamente no ensino fundamental e na educação infantil.

V. Os Estados e os Municípios devem atuar prioritariamente no ensino fundamental e médio.

Pode-se afirmar que:

(A) São todas incorretas.
(B) Apenas as assertivas I, II e IV são corretas.
(C) Apenas as assertivas III e V são corretas.
(D) Apenas as assertivas I e II são corretas.
(E) Apenas a assertiva IV é correta.

I: correta. De acordo com o art. 208, IV, da CF, o dever do Estado com a educação será efetivado, dentre outras forma, mediante a garantia de educação infantil, em creche e pré-escola, às crianças até 5 (cinco) anos de idade; **II:** correta. Conforme determina o art. 208, § 1º, da CF, o acesso ao ensino obrigatório e gratuito é direito público subjetivo; **III:** incorreta. De acordo com o art. 208, I, da CF, o dever do Estado com a educação será efetivado, dentre outras forma, mediante a garantia de **educação básica obrigatória e gratuita dos 4 (quatro) aos 17 (dezessete) anos de idade**, assegurada inclusive sua oferta gratuita para todos os que a ela não tiveram acesso na idade própria; **IV:** incorreta. Determina o art. 211, § 3º, da CF que os Estados e o Distrito Federal devem atuar **prioritariamente no ensino fundamental e médio; V:** incorreta. Como mencionado, os Estados **e o Distrito Federal** devem atuar prioritariamente no ensino fundamental e médio. BV

Gabarito "D".

(Procurador do Estado/BA – 2014 – CESPE) Considerando o disposto na Constituição Federal de 1988 (CF) a respeito dos índios, dos idosos e da cultura, julgue os itens a seguir.

(1) A CF assegura a gratuidade dos transportes coletivos urbanos aos maiores de sessenta e cinco anos.

(2) Aplica-se ao Sistema Nacional de Cultura o princípio da complementaridade nos papéis dos agentes culturais.

(3) Os índios detêm o usufruto exclusivo das riquezas do solo, do subsolo, dos rios e dos lagos existentes nas terras por eles tradicionalmente ocupadas.

1: correto. De acordo com o art. 230, § 2º, da CF, aos maiores de sessenta e cinco anos é garantida a gratuidade dos transportes coletivos urbanos; **2:** correto. Dentre os princípios que regem o Sistema Nacional de Cultura, encontra-se o da complementaridade nos papéis dos agentes culturais, conforme determina o art. 216-A, § 1º, VI, da CF (com redação dada pela EC 71/2012); **3:** errado. Conforme dispõe o art. 231, § 2º, da CF, as terras tradicionalmente ocupadas pelos índios destinam-se a sua posse permanente, cabendo-lhes o usufruto exclusivo das riquezas do solo, dos rios e dos lagos nelas existentes. O subsolo não faz parte desse rol. BV

Gabarito 1C, 2C, 3E.

(Procurador Legislativo – Câmara de Vereadores de São Paulo/SP – 2014 – FCC) De acordo com a Constituição Federal, as ações e serviços públicos de saúde integram uma rede regionalizada e constituem um sistema único,

(A) que será financiado unicamente com recursos da seguridade social, advindos da arrecadação das contribuições sociais previstas na Constituição Federal.

(B) do qual as instituições privadas não poderão participar, ainda que de forma complementar.

(C) que será organizado de forma centralizada, sendo dirigido unicamente pela União.

(D) ao qual compete, dentre outras atribuições, participar da produção de medicamentos, equipamentos, imunobiológicos, hemoderivados e outros insumos.

(E) ao qual compete, dentre outras atribuições, controlar e fiscalizar procedimentos, produtos e substâncias de interesse para a saúde, excluída a fiscalização de alimentos para o consumo humano.

A: incorreta. De acordo com o art. 198, § 1º, da CF, o **sistema único de saúde será financiado**, nos termos do art. 195, **com recursos do orçamento da seguridade social, da União, dos Estados, do Distrito Federal** e **dos Municípios, além de outras fontes**; **B:** incorreta. Conforme determina o *caput* do art. 199 da CF, a assistência à saúde é **livre** à iniciativa privada. O § 1º do mesmo dispositivo informa que as **instituições privadas** poderão **participar de forma complementar** do sistema único de saúde, segundo diretrizes deste, mediante contrato de direito público ou convênio, tendo preferência as entidades filantrópicas e as sem fins lucrativos; **C:** incorreta. Ao contrário do mencionado, as ações e serviços públicos de saúde integram uma rede regionalizada e hierarquizada e constituem um sistema único, organizado de forma **descentralizada**, com direção única em cada esfera de governo. É o que determina o art. 198, I, da CF; **D:** correta. O art. 200, I, da CF dispõe que ao sistema único de saúde compete, além de outras atribuições, nos termos da lei, o controle e a fiscalização de procedimentos, produtos e substâncias de interesse para a saúde além da participação na produção de medicamentos, equipamentos, imunobiológicos, hemoderivados e outros insumos; **E:** incorreta. A **fiscalização de alimentos para o consumo humano também é atribuição do sistema único** de saúde, conforme determina o inciso VI do art. 200 da CF. BV

Gabarito "D".

(Advogado da Sabesp/SP – 2014 – FCC) NÃO financiará a seguridade social, nos termos da Contribuição Federal, a contribuição social

(A) do empregador sobre o faturamento.

(B) sobre a receita de concursos e prognósticos.

(C) do importador de bens do exterior.

(D) do empregador sobre a folha de salários.

(E) do trabalhador, inclusive do aposentado pelo regime geral de Previdência Social.

De acordo com o art. 195 da CF, a seguridade social será financiada por toda a sociedade, de forma direta e indireta, nos termos da lei, mediante recursos provenientes dos orçamentos da União, dos Estados, do Distrito Federal e dos Municípios, e das seguintes contribuições sociais: I – do empregador, da empresa e da entidade a ela equiparada na forma da lei, incidentes sobre: a) a folha de salários e demais rendimentos do trabalho pagos ou creditados, a qualquer título, à pessoa física que lhe preste serviço, mesmo sem vínculo empregatício; b) a receita ou o faturamento; c) o lucro; II – do trabalhador e dos demais segurados da previdência social, não incidindo contribuição sobre aposentadoria e pensão concedidas pelo regime geral de previdência social de que trata o art. 201; III – sobre a receita de concursos de prognósticos. IV – do importador de bens ou serviços do exterior, ou de quem a lei a ele equiparar. BV

Gabarito "E".

(Juiz de Direito/RJ – 2014 – VUNESP) Assinale a alternativa que está de acordo com o disposto na Constituição Federal.

(A) Os Municípios atuarão prioritariamente no ensino fundamental e na educação infantil, enquanto os Estados e o Distrito Federal atuarão exclusivamente nos ensinos fundamental e médio.

(B) As pessoas físicas que praticarem condutas e atividades consideradas lesivas ao meio ambiente ficarão sujeitas às respectivas sanções penais e administrativas, e as pessoas jurídicas serão obrigadas, exclusivamente, a reparar os danos causados ao meio ambiente.

(C) As terras tradicionalmente ocupadas pelos índios destinam-se à sua posse permanente, cabendo-lhes o usufruto exclusivo das riquezas do solo, dos rios e dos lagos nelas existentes.

(D) É vedado às universidades e às instituições de pesquisa científica e tecnológica admitir professores, técnicos e cientistas estrangeiros.

A: incorreta. Reza o art. 211, § 2º, da CF que "os Municípios atuarão prioritariamente no ensino fundamental e na educação infantil". Até aqui a proposição está correta. É incorreto, todavia, o que se afirma na segunda parte da assertiva, na medida em que os Estados e o Distrito Federal, por imposição do art. 211, § 3º, da CF, atuarão *prioritariamente* no ensino fundamental e médio, e não *exclusivamente*, como constou da assertiva; **B:** incorreta, uma vez que "as condutas e atividades consideradas lesivas ao meio ambiente sujeitarão os infratores, pessoas físicas ou jurídicas, a sanções penais e administrativas, independentemente da obrigação de reparar os danos causados" (art. 225, § 3º, da CF; art. 3º, Lei 9.605/1998); **C:** correta (art. 231, § 2º, da CF); **D:** incorreta, pois contraria o que estabelece o art. 207, § 1º, da CF, que faculta a contratação, pelas universidades, de professores, técnicos, e cientistas estrangeiros, na forma da lei. ED

Gabarito "C".

(Promotor de Justiça/AC – 2014 – CESPE) No tocante à ordem social, assinale a opção correta.

(A) De acordo com a CF, os municípios devem atuar, no âmbito educacional, prioritariamente, nos ensinos fundamental e médio.

(B) Em razão da proibição constitucional de vinculação de receita de impostos a órgão, fundo ou despesa, não podem os estados vincular a fundo estadual de fomento à cultura percentual de sua receita tributária líquida.

(C) O oferecimento de alimentação escolar no âmbito do ensino médio estadual não constitui dever estatal, estando condicionado à discricionariedade e às prioridades do governo no momento da elaboração da política pública de educação.

(D) É direito público subjetivo das crianças de até cinco anos de idade o atendimento em creches e pré-escolas, exceto nos casos de inexistência de recursos orçamentários.

(E) No âmbito da saúde, existe proibição constitucional para o repasse de recursos públicos para auxílios ou subvenções às instituições privadas com fins lucrativos.

A: incorreta, uma vez que em desconformidade com o que estabelece o art. 211, §§ 2º e 3º, da CF; **B:** incorreta (art. 216, § 6º, da CF); **C:** incorreta, pois contraria a regra presente no art. 208, VII, da CF; **D:** incorreta, visto que o exercício do direito público subjetivo, pelas crianças de até cinco anos, de atendimento em creches e pré-escolas não está condicionado à existência de recursos orçamentários (art. 208, IV, da CF); **E:** correta (art. 199, § 2º, da CF). ED

Gabarito "E".

18. TEMAS COMBINADOS

(Procurador do Estado/SP – 2018 – VUNESP) Segundo a Constituição do Estado de São Paulo, os Poderes Legislativo, Executivo e Judiciário manterão, de forma integrada, sistema de controle interno, sobre o qual é correto afirmar:

(A) ao tomarem conhecimento de qualquer irregularidade, ilegalidade, ou ofensa aos princípios de legalidade, impessoalidade, moralidade, publicidade e eficiência, previstos no artigo 37 da Constituição Federal, dela darão ciência ao Tribunal de Contas do Estado, sob pena de responsabilidade solidária.

(B) são legitimados para propor ação de inconstitucionalidade de lei ou ato normativo estaduais ou municipais, contestados em face da Constituição do Estado de São Paulo ou por omissão de medida necessária para tornar efetiva norma ou princípio desta Constituição, no âmbito de seu interesse.

(C) não há de se falar em forma integrada de sistema de controle interno, conceito inconstitucional, por ferir o princípio da separação dos Poderes e a competência do Tribunal de Contas do Estado.

(D) podem convocar a qualquer momento o Procurador-Geral de Justiça, o Procurador-Geral do Estado e o Defensor Público-Geral para prestar informações a respeito de assuntos previamente fixados, relacionados com a respectiva área.

(E) deverão avaliar as metas previstas no plano plurianual, nas diretrizes orçamentárias e no orçamento anual por meio de inspeções e auditorias de natureza contábil, financeira, orçamentária, operacional e patrimonial, nas unidades administrativas.

A: correta, nos termos do art. 35, § 1º, da Constituição do Estado de São Paulo; **B:** incorreta, pois são legitimados para propor ação direta de inconstitucionalidade de lei ou ato normativo estadual ou municipal, contestado em face da Constituição do Estado de São Paulo, ou por omissão de medida necessária para tornar efetiva norma ou princípio desta Constituição: (i) o Governador do Estado e a Mesa da Assembleia Legislativa; (ii) o Prefeito e a Mesa da Câmara Municipal; (iii) o Procurador-Geral de Justiça; (iv) o Conselho da Seção Estadual da Ordem dos Advogados do Brasil; (v) as entidades sindicais ou de classe, de atuação estadual ou municipal, demonstrando seu interesse jurídico no caso; (vi) os partidos políticos com representação na Assembleia Legislativa, ou, em se tratando de lei ou ato normativo municipais, na respectiva Câmara (art. 90 da Constituição do Estado de SP); **C:** incorreta, pois o art. 74 da Constituição Federal determina que os Poderes Legislativo, Executivo e Judiciário manterão, de forma integrada, sistema de controle interno, o que é reproduzido pelo art. 35 da Constituição do Estado de São

Paulo; **D:** incorreta, porque cabe às Comissões da Assembleia Legislativa convocar o Procurador-Geral de Justiça, o Procurador-Geral do Estado e o Defensor Público Geral para prestar informações a respeito de assuntos previamente fixados, relacionados com a respectiva área (art. 13, § 1º, 4, da Constituição do Estado de SP); **E:** incorreta, pois cabe ao **controle externo** – a cargo da Assembleia Legislativa e exercido com auxílio do Tribunal de Contas do Estado – avaliar a execução das metas previstas no plano plurianual, nas diretrizes orçamentárias e no orçamento anual (art. 33, IV, da Constituição do Estado de SP). Ressalte-se que cabe ao **sistema de controle interno** – a cargo dos Poderes Legislativo, Executivo e Judiciário – avaliar o cumprimento das metas previstas no plano plurianual, a execução dos programas de governo e dos orçamentos do Estado (art. 35, I, da Constituição do Estado de SP).

Gabarito "A".

(Procurador do Estado/SP – 2018 – VUNESP) Segundo a Constituição do Estado de São Paulo, os Poderes Legislativo, Executivo e Judiciário manterão, de forma integrada, sistema de controle interno, sobre o qual é correto afirmar:

(A) ao tomarem conhecimento de qualquer irregularidade, ilegalidade, ou ofensa aos princípios de legalidade, impessoalidade, moralidade, publicidade e eficiência, previstos no artigo 37 da Constituição Federal, dela darão ciência ao Tribunal de Contas do Estado, sob pena de responsabilidade solidária.
(B) são legitimados para propor ação de inconstitucionalidade de lei ou ato normativo estaduais ou municipais, contestados em face da Constituição do Estado de São Paulo ou por omissão de medida necessária para tornar efetiva norma ou princípio desta Constituição, no âmbito de seu interesse.
(C) não há de se falar em forma integrada de sistema de controle interno, conceito inconstitucional, por ferir o princípio da separação dos Poderes e a competência do Tribunal de Contas do Estado.
(D) podem convocar a qualquer momento o Procurador-Geral de Justiça, o Procurador-Geral do Estado e o Defensor Público-Geral para prestar informações a respeito de assuntos previamente fixados, relacionados com a respectiva área.
(E) deverão avaliar as metas previstas no plano plurianual, nas diretrizes orçamentárias e no orçamento anual por meio de inspeções e auditorias de natureza contábil, financeira, orçamentária, operacional e patrimonial, nas unidades administrativas.

A: correta, nos termos do art. 35, § 1º, da Constituição do Estado de São Paulo; **B:** incorreta, pois são legitimados para propor ação direta de inconstitucionalidade de lei ou ato normativo estadual ou municipal, contestado em face da Constituição do Estado de São Paulo, ou por omissão de medida necessária para tornar efetiva norma ou princípio desta Constituição: (i) o Governador do Estado e a Mesa da Assembleia Legislativa; (ii) o Prefeito e a Mesa da Câmara Municipal; (iii) o Procurador-Geral de Justiça; (iv) o Conselho da Seção Estadual da Ordem dos Advogados do Brasil; (v) as entidades sindicais ou de classe, de atuação estadual ou municipal, demonstrando seu interesse jurídico no caso; (vi) os partidos políticos com representação na Assembleia Legislativa, ou, em se tratando de lei ou ato normativo municipais, na respectiva Câmara (art. 90 da Constituição do Estado de SP); **C:** incorreta, pois o art. 74 Constituição Federal determina que os Poderes Legislativo, Executivo e Judiciário manterão, de forma integrada, sistema de controle interno, o que é reproduzido pelo art. 35 da Constituição do Estado de São Paulo; **D:** incorreta, porque cabe às Comissões da Assembleia Legislativa convocar o Procurador-Geral de Justiça, o Procurador-Geral do Estado e o Defensor Público Geral para prestar informações a respeito de assuntos previamente fixados, relacionados com a respectiva área (art. 13, § 1º, 4, da Constituição do Estado de SP); **E:** incorreta, pois cabe ao **controle externo** – a cargo da Assembleia Legislativa e exercido com auxílio do Tribunal de Contas do Estado – avaliar a execução das metas previstas no plano plurianual, nas diretrizes orçamentárias e no orçamento anual (art. 33, IV, da Constituição do Estado de SP). Ressalte-se que cabe ao **sistema de controle interno** – a cargo dos Poderes Legislativo, Executivo e Judiciário – avaliar o cumprimento das metas previstas no plano plurianual, a execução dos programas de governo e dos orçamentos do Estado (art. 35, I, da Constituição do Estado de SP).

Gabarito "A".

(Procurador do Estado/SP – 2018 – VUNESP) Ao Estado de São Paulo cumpre assegurar o bem-estar social, garantindo o pleno acesso aos bens e serviços essenciais ao desenvolvimento individual e coletivo, motivo pelo qual é correto afirmar:

(A) constituem patrimônio cultural estadual os bens de natureza material e imaterial, portadores de referências à identidade, à ação e à memória dos diferentes grupos formadores da sociedade, nos quais não se incluem as criações científicas, artísticas e tecnológicas e os espaços destinados às manifestações artístico-culturais.
(B) o patrimônio físico, cultural e científico dos museus, institutos e centros de pesquisa da Administração direta, indireta e fundacional são inalienáveis e intransferíveis, em qualquer hipótese.
(C) políticas públicas de promoção social, com as ações governamentais e os programas de assistência social, pela sua natureza emergencial e compensatória, em todos os casos, prevalecem sobre a formulação e aplicação de políticas sociais básicas nas áreas de saúde, educação, abastecimento, transporte e alimentação.
(D) a participação do setor privado no Sistema Único de Saúde efetivar-se-á mediante contrato, caso em que não se aplicam as diretrizes e as normas administrativas incidentes sobre a rede pública, com prevalência das regras do direito privado.
(E) o Poder Público organizará o Sistema Estadual de Ensino, abrangendo todos os níveis e modalidades, incluindo a especial, estabelecendo normas gerais de funcionamento para as escolas públicas estaduais e municipais, bem como para as particulares.

A: incorreta, pois constituem patrimônio cultural estadual os bens de natureza material e imaterial, tomados individualmente ou em conjunto, portadores de referências à identidade, à ação e à memória dos diferentes grupos formadores da sociedade nos quais se incluem: as formas de expressão; as criações científicas, artísticas e tecnológicas; as obras, objetos, documentos, edificações e demais espaços destinados às manifestações artístico-culturais; os conjuntos urbanos e sítios de valor histórico, paisagístico, artístico, arqueológico, paleontológico, ecológico e científico. (art. 260 da Constituição do Estado de SP); **B:** incorreta, porque o patrimônio físico, cultural e científico dos museus, institutos e centros de pesquisa da administração direta, indireta e fundacional são inalienáveis e intransferíveis, sem audiência da comunidade científica e aprovação prévia do Poder Legislativo (art. 272 da Constituição do Estado de SP); **C:** incorreta, já que as ações governamentais e os programas de assistência social, pela sua natureza emergencial e compensatória, **não deverão prevalecer** sobre a formulação e aplicação de políticas sociais básicas nas áreas de saúde, educação, abastecimento, transporte e alimentação (art. 233 da Constituição do Estado de SP); **D:** incorreta, pois a participação do setor privado no sistema único de saúde efetivar-se-á **mediante convênio ou contrato de direito público**, aplicando-se as diretrizes do sistema único de saúde e as normas administrativas incidentes sobre o objeto de convênio ou de contrato (art. 220, §§ 4º e 5º, da Constituição do Estado de SP); **E:** correta, de acordo com o art. 239 da Constituição do Estado de São Paulo.

Gabarito "E".

(Procurador do Município – Prefeitura Fortaleza/CE – CESPE – 2017) Acerca dos direitos fundamentais, do regime jurídico aplicável aos prefeitos e do modelo federal brasileiro, julgue os itens que se seguem.

(1) De acordo com o STJ, é exigida prévia autorização do Poder Judiciário para a instauração de inquérito ou procedimento investigatório criminal contra prefeito, já que prefeitos detêm foro por prerrogativa de função e devem ser julgados pelo respectivo tribunal de justiça, TRF ou ter, conforme a natureza da infração imputada.
(2) Não se admite o manejo de reclamação constitucional contra ato administrativo contrário a enunciado de súmula vinculante durante a pendência de recurso interposto na esfera administrativa. Todavia, esgotada a via administrativa e judicializada a matéria, a reclamação constitucional não obstará a interposição dos recursos eventualmente cabíveis e a apresentação de outros meios admissíveis de impugnação.

1: incorreta. O entendimento do STJ dispensa a autorização prévia, no que diverge do entendimento do STF; **2:** correta. Art. 7º, caput e § 1º, da Lei 11.417/2006. TM
Gabarito 1E, 2C

(Procurador do Município – Prefeitura Fortaleza/CE – CESPE – 2017) A respeito das normas constitucionais, do mandado de injunção e dos municípios, julgue os itens subsequentes.

(1) Os municípios não gozam de autonomia para criar novos tribunais, conselhos ou órgãos de contas municipais.
(2) Pessoa jurídica pode impetrar mandado de injunção.
(3) O princípio da legalidade diferencia-se do da reserva legal: o primeiro pressupõe a submissão e o respeito à lei e aos atos normativos em geral; o segundo consiste na necessidade de a regulamentação de determinadas matérias ser feita necessariamente por lei formal.

1: correta. Art. 31, § 4º, CF; **2:** correta. Art. 3º da Lei 13.300: "São legitimados para o mandado de injunção, como impetrantes, as pessoas naturais ou jurídicas que se afirmam titulares dos direitos, das prerrogativas referidos no art. 2º e, como impetrado, o Poder, o órgão ou a autoridade com atribuição para editar a norma regulamentadora"; **3:** correta. De acordo com José Afonso da Silva, "o primeiro (princípio da legalidade) significa a submissão e o respeito à lei, ou a atuação dentro da esfera estabelecida pelo legislador. O segundo (princípio da reserva legal) consiste em estatuir que a regulamentação de determinadas matérias há de fazer-se necessariamente por lei". TM
Gabarito 1C, 2C, 3C

(Advogado União – AGU – CESPE – 2015) Acerca de aspectos diversos relacionados à atuação e às competências dos Poderes Executivo, Legislativo e Judiciário, do presidente da República e da AGU, julgue os itens a seguir.

(1) Caso um processo contra o presidente da República pela prática de crime de responsabilidade fosse instaurado pelo Senado Federal, não seria permitido o exercício do direito de defesa pelo presidente da República no âmbito da Câmara dos Deputados.
(2) Conforme entendimento do STF, compete à justiça federal processar e julgar o crime de redução à condição análoga à de escravo, por ser este um crime contra a organização do trabalho, se for praticado no contexto das relações de trabalho.
(3) Compete à AGU a representação judicial e extrajudicial da União, sendo que o poder de representação do ente federativo central pelo advogado da União decorre da lei e, portanto, dispensa o mandato.
(4) Caso uma lei de iniciativa parlamentar afaste os efeitos de sanções disciplinares aplicadas a servidores públicos que participarem de movimento reivindicatório, tal norma padecerá de vício de iniciativa por estar essa matéria no âmbito da reserva de iniciativa do chefe do Poder Executivo.
(5) O veto do presidente da República a um projeto de lei ordinária insere-se no âmbito do processo legislativo, e as razões para o veto podem ser objeto de controle pelo Poder Judiciário.
(6) No ordenamento jurídico brasileiro, admitem-se a autorização de referendo e a convocação de plebiscito por meio de medida provisória.

1: incorreta. O STF tem entendimento de que o direito de defesa deve ser oportunizado na fase pré-processual, em razão do dano que o próprio processo causa à figura pública do Presidente da República (Ver MS-MC-QO 21564); **2:** correta. Embora constitua crime contra a liberdade individual, a doutrina defende que se trata de crime contra a organização do trabalho, o que atrai a competência da Justiça Federal; **3:** correta. Os advogados públicos possuem procuração "ex lege", não necessitando de procuração para defesa do ente. À AGU compete a representação judicial e extrajudicial da União, sendo que realiza as atividades de consultoria e assessoramento jurídico apenas do Poder Executivo. O Poder Legislativo tem órgão próprio de consultoria, sendo judicialmente representado pela AGU. O Judiciário é judicialmente representado pela AGU; **4:** correta. Matéria reservada à iniciativa do Chefe do Poder Executivo. Ver ADI 1440; **5:** incorreta. Embora a fase de sanção ou veto faça parte do processo legislativo, o STF, ao julgar a ADPF n. 1, entendeu que não se enquadra no conceito de "ato do Poder Público" que justificaria o cabimento da ADPF; **6:** incorreta. Plebiscito e referendo não são convocados por lei, mas por decreto legislativo. Medida provisória tem força de lei, mas não substitui os atos deliberativos do Congresso Nacional, como a edição de um decreto legislativo. Além disso, não cabe MP para dispor sobre direitos políticos. TM
Gabarito 1E, 2C, 3C, 4C, 5E, 6E

(Advogado União – AGU – CESPE – 2015) Com base nas normas constitucionais e na jurisprudência do STF, julgue os itens seguintes.

(1) Situação hipotética: Servidor público, ocupante de cargo efetivo na esfera federal, recebia vantagem decorrente do desempenho de função comissionada por um período de dez anos. O servidor, após ter sido regularmente exonerado do cargo efetivo anterior, assumiu, também na esfera federal, novo cargo público efetivo. Assertiva: Nessa situação, o servidor poderá continuar recebendo a vantagem referente ao cargo anterior, de acordo com o princípio do direito adquirido.
(2) Situação hipotética: Determinado estado e um dos seus municípios estão sendo processados judicialmente em razão de denúncias acerca da má qualidade do serviço de atendimento à saúde prestado à população em um hospital do referido município. Assertiva: Nessa situação, o estado, em sua defesa, poderá alegar que, nesse caso específico, ele não deverá figurar no polo passivo da demanda, já que a responsabilidade pela prestação adequada dos serviços de saúde à população é do município, e, subsidiariamente, da União.
(3) Vice-governador de estado que não tenha sucedido ou substituído o governador durante o mandato não precisará se desincompatibilizar do cargo atual no período de seis meses antes do pleito para concorrer a outro cargo eletivo.

1: incorreta. Houve exoneração do cargo efetivo antes de assumir o novo cargo efetivo, não havendo direito adquirido na hipótese; **2:** incorreta. Os entes respondem em conjunto, haja vista que a saúde é dever do Estado; **3:** correta. Ver Resolução 19491/TSE. TM
Gabarito 1E, 2E, 3C

(Procurador do Estado – PGE/BA – CESPE – 2014) Em relação ao Ato das Disposições Constitucionais Transitórias (ADCT), julgue os itens seguintes.

(1) No ADCT, não há previsão expressa para que o Brasil envide esforços para a formação de um tribunal internacional dos direitos humanos.
(2) O ADCT concedeu anistia àqueles que foram atingidos por atos de exceção, institucionais ou complementares, em decorrência de motivação exclusivamente política.
(3) Segundo o ADCT, a revisão constitucional será feita a cada cinco anos, em sessão bicameral do Congresso Nacional.

1: incorreta. Ver art. 7º do ADCT; **2:** correta. Art. 8º do ADCT; **3:** incorreta. Eis a redação do art. 3º do ADCT: "A revisão constitucional será realizada após cinco anos, contados da promulgação da Constituição, pelo voto da maioria absoluta dos membros do Congresso Nacional, em sessão unicameral". TM
Gabarito 1E, 2C, 3E

(Procurador do Estado – PGE/RN – FCC – 2014) Considere as situações abaixo.

I. Proibição, por lei municipal, da instalação de novo estabelecimento comercial a menos de 500 metros de outro da mesma natureza.
II. Proibição, por atos normativos infralegais, da importação de pneus usados.
III. Exigência, pela Fazenda Pública, de prestação de fiança, garantia real ou fidejussória para a expedição de notas fiscais de contribuintes em débito com o fisco.

São incompatíveis com a Constituição da República, por afronta aos princípios da livre iniciativa e da liberdade de exercício de atividade econômica, as situações descritas em:
(A) I, II e III.
(B) I, apenas.
(C) II, apenas.
(D) I e III, apenas.
(E) II e III, apenas.

I: correta. É incompatível com a Constituição. Ver Súmula Vinculante 49/STF; **II:** incorreta. A proibição é constitucional, conforme julgou o STF na ADPF 101; **III:** correta, sendo incompatível com a Constituição. Ver RE 565048. Lembre-se que a questão pede que sejam assinaladas as condutas que afrontam a CF. TM
Gabarito "D".

(Juiz – TRF 2ª Região – 2017) Analise as proposições e, ao final, marque a opção correta:

I. Quando a Constituição Federal se utiliza da locução "maioria absoluta" para qualificar o *quorum* necessário a certos atos de órgãos Colegiados, equivale dizer que ela exige, para o caso, pelo menos metade dos membros deste Colegiado mais um, ou, como se diz com exata precisão, "metade mais 1".
II. O sistema constitucional, à luz da interpretação que o STF confere à Lei Maior, admite que o Juiz Federal seja competente para apreciar e julgar lides em que há, de um lado, Estado Federado e, de outro, a União Federal.
III. Por força de regra constitucional, caso o Município resolva executar dívida de IPTU de Estado estrangeiro, a Justiça Federal será a competente.

(A) Apenas as assertivas I e II estão corretas.

(B) Apenas as assertivas II e III estão corretas.
(C) Apenas as assertivas I e III estão corretas.
(D) Todas estão corretas.
(E) Apenas a assertiva III está correta.

I: incorreta, pois a maioria absoluta é atingida ao se alcançar o primeiro número inteiro acima da metade do Órgão Colegiado e, não, simplesmente a "metade mais um", tanto que, no STF, a maioria absoluta representa 6 Ministros, não 6,5 ou 7 Ministros; II: correta, nos moldes do art. 109, I, da CF, até porque a questão não mencionou falência, acidente de trabalho, causas da Justiça Eleitoral ou da Justiça do trabalho; III: correta. Literalidade do art. 109, II, da CF. Todavia, tenha cuidado para não confundir competência com imunidade, até porque a questão fala apenas da competência. **Gabarito "B".**

(Juiz – TRF 3ª Região – 2016) Analise as proposições abaixo e assinale a alternativa certa:
I. Sob o aspecto democrático, a titularidade do Poder Constituinte é do Estado, mas é o povo que o exerce.
II. A Constituição nova, ainda que seja silente a respeito, revoga inteiramente a Constituição anterior, fenômeno que decorre da normatização geral.
III. Os direitos e deveres individuais e coletivos estendem-se aos estrangeiros que apenas estão em trânsito pelo Brasil.
IV. Para fins da proteção referida no art. 5º, XI, da Constituição atual, o conceito normativo de "casa" deve ser abrangente, de modo a se estender, em regra, a qualquer compartimento privado onde alguém exerce uma atividade ou profissão.
V. As associações de caráter paramilitar só podem funcionar depois de autorizadas pelo Ministério da Defesa.
(A) Todas as proposições estão corretas.
(B) Apenas a proposição I é incorreta.
(C) As proposições III e IV são incorretas.
(D) As proposições II, III e IV são as corretas.

I: incorreta, a titularidade do Poder é do povo (art. 1º, parágrafo único, da CF); II: correta, pois o novo texto constitucional substitui, por completo, a Constituição anterior. No Brasil, majoritariamente, não aplicamos a teoria da desconstitucionalização; III: correta, é a interpretação sistemática aplicada pelo STF, ao art. 5º, "caput", da CF. Ainda, inconcebível seria o estrangeiro que estivesse de passagem pelo Brasil, um turista, por exemplo, não ter a proteção dos direitos e garantias fundamentais; IV: correta. A interpretação de casa, pelo STF, é extensiva, vez que abrange mais do que o domicílio em si, mas os quartos de hotel, escritórios etc. (RE 251445/GO); V: a CF veda, por completo, toda associação de caráter paramilitar (art. 5º, XVII, da CF). **Gabarito "D".**

(Juiz – TRF 4ª Região – 2016) Assinale a alternativa **INCORRETA**.
(A) Afronta a competência privativa da União para legislar sobre telecomunicações lei estadual que discipline a cobrança de serviços de telefonia.
(B) Temas relacionados ao Estatuto da Magistratura só poderão ser disciplinados por lei complementar de iniciativa exclusiva do Supremo Tribunal Federal.
(C) A destituição do Procurador-Geral da República, por iniciativa do Presidente da República, deverá ser precedida de autorização da maioria absoluta do Senado Federal.
(D) A União, os Estados e o Distrito Federal têm competências concorrentes para legislar, entre outros, sobre proteção ao patrimônio histórico, cultural, artístico, turístico e paisagístico. No âmbito dessa legislação concorrente, a competência da União limita-se a estabelecer normas gerais, a qual não exclui a competência suplementar dos Estados. Inexistindo lei federal sobre normas gerais, os Estados exercerão competência legislativa plena, para atender às suas peculiaridades. Contudo, a superveniência de lei federal sobre normas gerais suspende a eficácia da lei estadual no que lhe for contrário.
(E) O Conselho de Defesa Nacional é o órgão de consulta do Presidente da República nos assuntos relacionados com a soberania nacional e a defesa do Estado Democrático, sendo portanto essenciais à sua composição, como membros natos, o Vice-Presidente da República, o Presidente do Congresso Nacional e o Presidente do Supremo Tribunal Federal.

A: correta, nos termos do art. 22, IV, da CF, bem como da jurisprudência do STF, na ADI 4.369/SP: "Surge conflitante com a Carta da República lei local a dispor sobre a impossibilidade de cobrança de assinatura básica mensal pelas concessionárias de serviços de telecomunicações."; B: correta, pois respeita o art. 93, VI, da CF, bem como os arts. 74 e ss da LOMAN; C: correta. Redação do art. 128, §2º, da CF; D: correta, conforme art. 24, VII, da CF, bem como da literalidade dos §§ 2º, 3º e 4º, todos do mesmo artigo; E: incorreta, pois não é o Conselho de Defesa Nacional, mas o Conselho da República, nos termos do art. 89, da CF. **Gabarito "E".**

(Juiz – TRF 4ª Região – 2016) Assinale a alternativa correta.
De acordo com a Constituição Federal:
(A) Compete privativamente à União legislar sobre direito penal, direito processual penal e direito penitenciário.
(B) A lei considerará a associação para o tráfico ilícito de entorpecentes e drogas afins como crime hediondo.
(C) A lei considerará a prática do racismo, o tráfico ilícito de entorpecentes e drogas afins e a ação de grupos armados contra a ordem constitucional e o estado democrático como crimes imprescritíveis e insuscetíveis de graça ou anistia.
(D) O civilmente identificado não será submetido à identificação criminal, salvo nas hipóteses previstas em lei.
(E) A prisão ilegal será imediatamente relaxada pela autoridade judiciária quando a lei admitir a liberdade provisória, com ou sem fiança.

A: incorreta, a competência para legislar sobre direito penitenciário é concorrente (art. 24, I, da CF); B: incorreta, pois o texto constitucional não faz menção à associação, mas, tão somente, "o tráfico ilícito de entorpecentes e drogas afins", conforme art. 5º, XLIII, da CF; C: incorreta. A prática de racismo não é insuscetível de graça ou anistia, mas inafiançável e imprescritível (art. 5º, XLII, da CF) e, sobre grupos armados civis ou militares, ver art. 5º, XLIV, da CF; D: correta, nos termos do art. 5º, LVIII, da CF; E: incorreta, pois não requer admissão da liberdade provisória com ou sem fiança para conceder o relaxamento da prisão ilegal (art. 5º, LXV, da CF). **Gabarito "D".**

(Juiz de Direito – TJM/SP – VUNESP – 2016) Assinale a alternativa que corretamente examina características dos instrumentos à disposição do direito processual constitucional.
(A) A legitimidade ativa compete ao titular do direito líquido e certo violado, mas o mandado de segurança não é ação personalíssima, visto que o Supremo Tribunal Federal já assentou a possibilidade da habilitação de herdeiros por morte do impetrante.
(B) O inquérito civil constitui procedimento investigatório e será instaurado pelo Ministério Público ou pelos entes federativos, União, Estados, Distrito Federal e Municípios para apurar fato que, em tese, autorize o exercício da tutela de interesses coletivos ou difusos.
(C) Não existindo lacuna que torne inviável o exercício dos direitos e liberdades constitucionais, não há necessidade de mandado de injunção; portanto, o mandado de injunção não pode ser concedido verificando-se a existência de norma anterior à Constituição devidamente recepcionada.
(D) O Supremo Tribunal Federal entende que para o cabimento de ação popular, não basta a ilegalidade do ato administrativo a invalidar, sendo necessária também, cumulativamente, a demonstração de prejuízo material aos cofres públicos.
(E) O Supremo Tribunal Federal já decidiu que a prova do anterior indeferimento do pedido de informação de dados pessoais, previsto na Lei Federal nº 9.507/97, constitui requisito dispensável para que se concretize o interesse de agir no habeas data.

A: incorreta, pois não cabe habilitação dos herdeiros no mandado de segurança, mas deve-se buscar pelas vias ordinárias (RMS 26806/DF, STF); B: incorreta, pois ofende o art. 129, III, da CF; C: correta, pois seria inútil utilizar o mandado de injunção sem a correspondente lesão/ausência que o fundamentaria (MI 144/SP, STF); D: incorreta, pois não há a necessidade de demonstrar o prejuízo material aos cofres públicos (ARE 824781/MT, STF); E: incorreta, pois é requisito indispensável (RHD 22/DF, STF). **Gabarito "C".**

(Procurador da República – 28º Concurso – 2015 – MPF) Assinale a alternativa incorreta:
(A) O caráter ilimitado e incondicionado do poder constituinte originário precisa ser visto com temperamentos, pois esse poder não pode ser entendido sem referência aos valores éticos e culturais de uma comunidade política e tampouco resultar em decisões caprichosas e totalitárias;
(B) A nova Constituição pode afetar ato praticado no passado, no que respeita aos efeitos produzidos a partir de sua vigência, o que significa dizer que as normas do poder constituinte originário são dotadas de eficácia retroativa mínima;
(C) O princípio da identidade ou da não contradição impede que no interior de uma Constituição originária possam surgir normas inconstitucionais, razão por que o STF não conheceu de ADI em que se impugnava dispositivo constitucional que estabelecia a inelegibilidade do analfabeto;
(D) Por força do disposto no art. 125, § 2º, da CF, os Estados não estão legitimados a instituir ação declaratória de constitucionalidade.

A: correta. De acordo com Pedro Lenza, "afastando-se da ideia de onipotência do poder constituinte (...), posiciona-se Canotilho, o qual, sugerindo ser entendimento da doutrina moderna, observa que o *poder constituinte* '... é estruturado e obedece a padrões e modelos de conduta espirituais, culturais, éticos e sociais radicados na consciência jurídica geral da comunidade e, nesta medida, considerados como 'vontade do povo'. Fala, ainda, na necessidade de observância de princípios de justiça (suprapositivos e supralegais) e, também, dos princípios de direito internacional (princípio da independência, princípio da autodeterminação, princípio da observância de direitos humanos – neste último caso de vinculação jurídica, chegando a doutrina a propor uma juridicização e evolução do poder constituinte)"; **B**: correta. A eficácia retroativa mínima só é reconhecida às normas constitucionais em razão do exercício do poder constituinte originário. Com as leis em geral, não há falar em retroatividade (nem mesmo mínima), sob pena de ferir a garantia constitucional do ato jurídico perfeito; **C**: correta. Confira-se a ementa do julgado: "AÇÃO DIRETA DE INCONSTITUCIONALIDADE. ADI. Inadmissibilidade. Art. 14, § 4º, da CF. Norma constitucional originária. Objeto nomológico insuscetível de controle de constitucionalidade. Princípio da unidade hierárquico-normativa e caráter rígido da Constituição brasileira. Doutrina. Precedentes. Carência da ação. Inépcia reconhecida. Indeferimento da petição inicial. Agravo improvido. Não se admite controle concentrado ou difuso de constitucionalidade de normas produzidas pelo poder constituinte originário. (ADI 4097 AgR, Rel. Min. Cezar Peluso, Tribunal Pleno, j. 08/10/2008, DJe 06-11-2008); **D**: incorreta. De acordo com o magistério de Gilmar Mendes, "tendo a Constituição de 1988 autorizado o constituinte estadual a criar a representação de inconstitucionalidade de lei ou ato normativo estadual ou municipal em face da Carta Magna estadual (CF, art. 125, § 2º) e restando evidente que tanto a representação de inconstitucionalidade, no modelo da Emenda nº 16, de 1965, e da Constituição de 1967/69, quanto a ação declaratória de constitucionalidade prevista na Emenda Constitucional nº 3, de 1993, possuem *caráter dúplice ou ambivalente*, parece legítimo concluir que, independentemente de qualquer autorização expressa do legislador constituinte federal, estão os Estados-membros legitimados a instituir a ação declaratória de constitucionalidade. É que, como afirmado, na autorização para que os Estados instituam a representação de inconstitucionalidade, resta implícita a possibilidade de criação da própria ação declaratória de constitucionalidade". Gabarito "D".

(Delegado/AP – 2017 – FCC) Lei municipal atribuiu à Guarda Municipal as funções de Polícia Judiciária e a apuração de infrações penais, com exceção das militares e daquelas sujeitas à competência da União. Contra a referida lei foi ajuizada ação direta de inconstitucionalidade perante o Tribunal de Justiça do Estado, que foi julgada procedente, por maioria absoluta dos membros do Tribunal, sob o fundamento de que a Constituição Federal atribui à polícia civil dos Estados as funções disciplinadas na lei municipal. Nessa situação, a lei municipal

I. não poderia ter sido declarada inconstitucional com fundamento em norma da Constituição Federal, uma vez que ao Tribunal de Justiça compete exercer o controle de constitucionalidade apenas em face da Constituição do Estado.
II. não poderia ter sido declarada inconstitucional, uma vez que não foi atingido o quórum de 2/3 dos membros do Tribunal, quórum esse também exigido para a aprovação de súmulas vinculantes pelo Supremo Tribunal Federal.
III. é incompatível com a Constituição Federal por violar competência atribuída à polícia civil do Estado. Está correto o que se afirma em

(A) I, II e III.
(B) I e III, apenas.
(C) II e III, apenas.
(D) III, apenas.
(E) I, apenas.

Numa leitura rápida a assertiva **I** parece correta. Nesse sentido a seguinte decisão do Supremo Tribunal Federal: "Tendo em conta que o controle concentrado de constitucionalidade no âmbito dos Estados-membros tem como parâmetro a Constituição Estadual, nos termos do § 2º do art. 125 da CF ("Cabe aos Estados a instituição de representação de inconstitucionalidade de leis ou atos normativos estaduais ou municipais em face da Constituição Estadual, vedada a atribuição da legitimação para agir a um único órgão"), o Tribunal julgou procedente o pedido formulado em reclamação ajuizada contra relator do Tribunal de Justiça do Estado de Sergipe que conhecera de ação direta de inconstitucionalidade contra lei do Município de Aracaju em face da CF. Caracterizada, assim, a usurpação da competência do STF para o controle abstrato de constitucionalidade perante a CF, o Tribunal determinou a extinção do processo sem julgamento de mérito cassando a liminar nela concedida – porquanto não se admite a ação direta contra normas municipais em face da Constituição Federal (...)" Rcl 595-SE, rel. Min. Sydney Sanches, 28.8.2002. (RCL-595). Mas apenas numa análise apressada. Isso porque o examinador não associa a assertiva com o enunciado. De fato, o TJ não poderia analisar a lei municipal à luz da Constituição Federal no controle CONCENTRADO de constitucionalidade, ou seja, no julgamento da ação direta de inconstitucionalidade. Mas não é isso que está escrito, mas que "a lei municipal não poderia ter sido declarada inconstitucional com fundamento em norma da Constituição Federal, uma vez que ao Tribunal de Justiça compete exercer o controle de constitucionalidade **apenas** em face da Constituição do Estado." – ora, no controle DIFUSO, num caso concreto, o TJ poderia sim exercer o controle de constitucionalidade em face da Constituição Federal, ou seja, não é APENAS da Estadual. Por isso essa afirmação **I** não está correta. A assertiva **II** está equivocada, pois o quórum para a declaração de inconstitucionalidade no controle concentrado pelo STF é de maioria absoluta (artigo 23, da Lei 9.868/1999 "Efetuado o julgamento, proclamar-se-á a constitucionalidade ou a inconstitucionalidade da disposição ou da norma impugnada se num ou noutro sentido se tiverem manifestado pelo menos seis Ministros, quer se trate de ação direta de inconstitucionalidade ou de ação declaratória de constitucionalidade" – seis Ministros correspondem à maioria absoluta dos onze Ministros. Por fim a última afirmação está perfeita, conforme prevê o artigo 144, § 4º, CF "Às polícias civis, dirigidas por delegados de polícia de carreira, incumbem, ressalvada a competência da União, as funções de polícia judiciária e a apuração de infrações penais, exceto as militares". Gabarito "D".

(Delegado/AP – 2017 – FCC) A Constituição de determinado Estado, ao dispor sobre prerrogativas do Governador, dispõe que
– a Assembleia Legislativa é o órgão competente para processar e julgar o Governador pela prática de crimes de responsabilidade, que deverão ser definidos em lei estadual.
– lei estadual disciplinará as normas de processo e julgamento do Governador por prática de crime de responsabilidade.
– o Tribunal do Júri é competente para julgar o Governador nos crimes dolosos contra a vida.
À luz da Constituição Federal e da jurisprudência do Supremo Tribunal Federal, a Constituição Estadual mencionada CONTRARIA a Constituição Federal ao atribuir

I. à lei estadual a definição dos crimes de responsabilidade do Governador.
II. à lei estadual a definição das normas de processo e julgamento do Governador por prática de crime de responsabilidade.
III. ao Tribunal do Júri a competência para julgar o Governador pela prática de crimes dolosos contra a vida.

Está correto o que se afirma em
(A) I, II e III.
(B) III, apenas.
(C) II e III, apenas.
(D) I e II, apenas.
(E) I e III, apenas.

Todas estão corretas, pois realmente, à luz da Constituição Federal e da jurisprudência do Supremo Tribunal Federal, a Constituição Estadual mencionada contraria a Constituição Federal. Quanto aos itens **I** e **II** destaca-se o artigo 22, inciso I, da CF ("Compete privativamente à União legislar sobre: I – direito (...) penal, processual"). No mesmo sentido a jurisprudência do STF – ver ADI 4.791 e Súmula 722 STF ("São da competência legislativa da União a definição dos crimes de responsabilidade e o estabelecimento das respectivas normas de processo e julgamento"). Quanto ao item **III**, a competência para processar e julgar originariamente os Governadores dos Estados e do Distrito Federal é do Superior Tribunal de Justiça – artigo 105, inciso I, alínea "a", CF. Gabarito "A".

(Defensor Público – DPE/RN – 2016 – CESPE) No que diz respeito à disciplina constitucional da autonomia financeira, aos poderes e aos órgãos públicos, assinale a opção correta.

(A) Lei de iniciativa exclusiva do Poder Executivo poderá restringir a execução orçamentária do Poder Judiciário, mesmo no tocante às despesas amparadas na LDO e na LOA.
(B) Ao elaborar sua proposta orçamentária, deve o MP ater-se aos limites estabelecidos na LDO, não sendo dado ao chefe do Poder Executivo estadual interferir nessa proposta, ressalvada a possibilidade de pleitear a sua redução ao respectivo parlamento.
(C) Por exercer função constitucional autônoma e contar com fisionomia institucional própria, o MP junto aos TCs tem assegurada a garantia institucional da autonomia financeira nos mesmos moldes consagrados ao MP comum.
(D) Em razão do seu caráter de auxiliar do respectivo Poder Legislativo, os TCs estaduais não gozam de autonomia financeira, ficando a sua proposta orçamentária condicionada à proposição daquele poder.
(E) A despeito da autonomia financeira das DPs, sua proposta orçamentária deve estar atrelada à proposta do respectivo Poder Executivo, como uma subdivisão desta, tendo em vista especialmente a circunstância de as DPs, não constituindo um poder autônomo e independente, atuarem no exercício de função executiva.

A: Errada. V. art. 99, § 5º, da CF; **B**: Correta. Art. 127, §§ 3º, 4º e 5º, da CF; **C**: Errada. V. art. 130 da CF; **D**: Errada. Por força dos arts. 73 e 96 da CF, o STF já entendeu que os tribunais de contas possuem as mesmas garantias do Poder Judiciário, o que inclui a autonomia financeira; **E**: Errada. As defensorias públicas possuem autonomia. V. art. 134, § 2º, da CF. Gabarito "B".

(Defensor Público – DPE/RN – 2016 – CESPE) Com relação ao mandado de injunção, ao *habeas data* e à ADPF, assinale a opção correta.

(A) O STF é competente para processar e julgar originariamente o *habeas data* impetrado contra ato de ministro de Estado.
(B) Não se admite a impetração de mandado de injunção coletivo, por ausência de previsão constitucional expressa para tal.
(C) Ato normativo já revogado é passível de impugnação por ADPF.
(D) É cabível a impetração de mandado de injunção coletivo para proceder à revisão geral anual dos vencimentos dos servidores públicos, conforme entendimento do STF.
(E) Quando a sentença conceder o *habeas data*, o recurso interposto em face dessa decisão terá efeito suspensivo e devolutivo.

A: Errada. Competência do STJ: art. 105, I, "b", da CF; **B**: Errada. Há previsão expressa do mandado de injunção coletivo no art. 12 da Lei 13.300/2016; **C**: Correta; **D**: Errada.

Segundo entendimento pacífico do STF; **E**: Errada. O efeito é meramente devolutivo. Art. 15, parágrafo único, da Lei 9.507/1997.

Gabarito "C".

(Delegado/PE – 2016 – CESPE) A respeito das atribuições constitucionais da polícia judiciária e da organização político-administrativa do Estado Federal brasileiro, assinale a opção correta.

(A) Todos os anos, as contas dos municípios devem ficar, durante sessenta dias, à disposição de qualquer contribuinte, para exame e apreciação, o qual poderá questionar a legitimidade dessas contas, nos termos da lei.
(B) O DF, como ente federativo *sui generis*, possui as competências legislativas reservadas aos estados, mas não aos municípios; entretanto, no que se refere ao aspecto tributário, ele possui as mesmas competências que os estados e municípios dispõem.
(C) As polícias civis, dirigidas por delegados de polícia de carreira, exercem as funções de polícia judiciária e de apuração de infrações penais, sejam elas civis ou militares.
(D) Dirigidas por delegados de polícia, as polícias civis subordinam-se aos governadores dos respectivos estados, com exceção da polícia civil do DF, que é organizada e mantida pela União.
(E) Os territórios não são entes federativos; assim, na hipótese de vir a ser criado um território federal, ele não disporá de representação na Câmara dos Deputados nem no Senado Federal.

A: correta. É o que determina o art. 31, § 3º, da CF. Tal dispositivo informa que as contas dos Municípios ficarão, durante sessenta dias, anualmente, à disposição de qualquer contribuinte, para exame e apreciação, o qual poderá questionar-lhes a legitimidade, nos termos da lei; **B**: incorreta. Ao contrário do mencionado, o DF detém competências legislativas estaduais e municipais. O § 1º do art. 32 da CF indica que ao Distrito Federal são atribuídas as competências legislativas reservadas aos Estados e Municípios; **C**: incorreta. O § 4º do art. 144 da CF determina que às polícias civis, dirigidas por delegados de polícia de carreira, incumbem, ressalvada a competência da União, as funções de polícia judiciária e a apuração de infrações penais, **exceto as militares**; **D**: incorreta. De acordo com o art. 144, § 6º, da CF, as polícias militares e corpos de bombeiros militares, forças auxiliares e reserva do Exército, subordinam-se, juntamente com as polícias civis, aos Governadores dos Estados, do Distrito Federal e **dos Territórios**. É da competência da União, conforme determina o art. 21, XIV, da CF, organizar e manter a polícia civil, a polícia militar e o corpo de bombeiros militar do Distrito Federal, bem como prestar assistência financeira ao Distrito Federal para a execução de serviços públicos, por meio de fundo próprio. Mas tais órgãos estão subordinados ao governador do Distrito Federal; **E**: incorreta. Dispõe o art. 45, § 2º, da CF que cada Território elegerá quatro Deputados.

Gabarito "A".

(Delegado/PE – 2016 – CESPE) Considerando os dispositivos constitucionais relativos ao STN e à ordem econômica e financeira, assinale a opção correta.

(A) Como entidades integrantes da administração pública indireta, as empresas públicas e as sociedades de economia mista gozam de privilégios fiscais não extensivos às empresas do setor privado.
(B) Em razão do princípio da anterioridade tributária, a cobrança de tributo não pode ser feita no mesmo exercício financeiro em que fora publicada a norma impositiva tributária.
(C) De acordo com a CF, é vedado à administração tributária, visando aferir a capacidade econômica do contribuinte, identificar, independentemente de ordem judicial, o patrimônio, os rendimentos e as atividades econômicas do contribuinte.
(D) Embora a CF vede a retenção ou qualquer outra restrição à entrega e ao emprego dos recursos atribuídos aos estados, ao DF e aos municípios, neles compreendidos adicionais e acréscimos relativos a impostos, a União e os estados podem condicionar a entrega de recursos.
(E) A CF, ao diferenciar empresas brasileiras de capital nacional de empresas estrangeiras, concede àquelas proteção, benefícios e tratamento preferencial.

A: incorreta. De acordo com o art. 173, § 2º, da CF, as empresas públicas e as sociedades de economia mista **não poderão gozar** de privilégios fiscais não extensivos ao setor privado; **B**: incorreta. Há exceções. Determina o art. 150, III, *b*, da CF que sem prejuízo de outras garantias asseguradas ao contribuinte, é vedado à União, aos Estados, ao Distrito Federal e aos Municípios cobrar tributos no mesmo exercício financeiro em que haja sido publicada a lei que os instituiu ou aumentou. Ocorre que o § 1º do mesmo artigo informa que a vedação do inciso III, *b*, **não se aplica aos tributos** previstos nos arts. 148, I, 153, I, II, IV e V; e 154, II; **C**: incorreta. O princípio da capacidade contributiva, previsto no art. § 1º do art. 145 da CF, determina que, sempre que possível, os impostos terão caráter pessoal e **serão graduados segundo a capacidade econômica do contribuinte**, facultado à administração tributária, especialmente para conferir efetividade a esses objetivos, identificar, respeitados os direitos individuais e nos termos da lei, o patrimônio, os rendimentos e as atividades econômicas do contribuinte; **D**: correta. É o que dispõe o art. 160, parágrafo único, da CF; **E**: incorreta. Não há esse tratamento diferenciado previsto no texto constitucional.

Gabarito "D".

(Juiz de Direito/AM – 2016 – CESPE) À luz da jurisprudência do STF, assinale a opção correta acerca da CF e da Constituição do Estado do Amazonas, dos estados federados, dos princípios constitucionais e das imunidades parlamentares.

(A) Como a regra da CF quanto à iniciativa do chefe do Poder Executivo para projeto a respeito de certas matérias suplanta o tratamento dessas matérias pela assembleia constituinte estadual, é inconstitucional previsão, na Constituição estadual, de escolha do procurador-geral do estado entre integrantes da carreira.
(B) O reconhecimento aos deputados estaduais das imunidades dos congressistas não deriva necessariamente da CF, mas decorre de decisão autônoma do constituinte local, de modo que a imunidade concedida a deputados estaduais é restrita à justiça do estado.
(C) Compreende-se na esfera de autonomia dos estados a concessão de anistia de infrações disciplinares de seus respectivos servidores, podendo concedê-la a assembleia constituinte estadual, principalmente no que se refere às punições impostas sob o regime da Constituição anterior por motivos políticos, medida concedida pela CF.
(D) Os estados organizam-se e regem-se pelas Constituições e leis que adotarem, observados os princípios da CF, sendo, por isso, considerado constitucional o aumento do número de desembargadores pela assembleia constituinte estadual sem prévia proposta do tribunal de justiça.
(E) Os princípios constantes da CF sobre processo legislativo não são de observância obrigatória pelos estados-membros em suas Constituições, mas é vedado ao legislador estadual, como ao federal, dispor sobre as matérias de iniciativa privativa do chefe do Poder Executivo.

A: incorreta. O STF entendeu ser constitucional a previsão, na Constituição do Estado-membro, da escolha do Procurador-Geral do Estado entre os integrantes da carreira (ADI 2.581, rel. p/ o acórdão min. Marco Aurélio, j. 16.08.2007, Pleno, *DJE* 15.08.2008); **B**: incorreta. O regime constitucional das imunidades parlamentares se estende aos deputados estaduais por previsão constitucional expressa (art. 27, § 1º, CF); **C**: correta. O STF entende que a prerrogativa de anistiar decorre da autonomia dos estados, podendo concedê-la a Assembleia Constituinte local, principalmente se a punição disciplinar tiver sido imposta por motivos políticos (ADI 104, rel. min. Sepúlveda Pertence, j. 04.06.2007, Pleno, *DJ* 24.08.2007); **D**: incorreta. A primeira parte está correta (art. 25 da CF), porém desta regra não decorre a segunda parte, que foi considerada inconstitucional por ofender o art. 96, II, "b", da CF, de observância obrigatória pelo poder constituinte derivado estadual, por força do art. 11 do ADCT (ADI 142, rel. min. Ilmar Galvão, j. 19.06.1996, Pleno, *DJ* 06.09.1996); **E**: incorreta. É pacífico o entendimento de que as regras básicas do processo legislativo da União são de observância obrigatória pelos Estados, "por sua implicação com o princípio fundamental da separação e independência dos Poderes". (STF, ADI 774, rel. min. Sepúlveda Pertence, Pleno, *DJ* 26.02.1999).

Gabarito "C".

(Juiz de Direito/AM – 2016 – CESPE) Assinale a opção correta acerca das garantias constitucionais individuais, do funcionamento e atribuições das CPIs e dos chamados remédios constitucionais, considerando a jurisprudência do STF.

(A) Embora as CPIs possuam poderes de investigação próprios das autoridades judiciais, é vedada a CPI criada por assembleia legislativa de estado a quebra de sigilo de dados bancários dos investigados.
(B) Em decorrência de norma constitucional acrescentada pela EC n.º 45/2004, os tratados e convenções internacionais sobre direitos humanos subscritos pelo Brasil antes da promulgação dessa emenda têm status normativo de emenda constitucional.
(C) *Habeas data* serve para assegurar o conhecimento de informações relativas ao impetrante, constantes de registros ou bancos de dados de entidades governamentais ou de caráter público, podendo ser impetrado inclusive por pessoa jurídica nacional ou estrangeira.
(D) *Habeas data* não é garantia constitucional adequada para obtenção de dados concernentes ao pagamento de tributos do próprio contribuinte constantes de sistemas informatizados de apoio à arrecadação dos órgãos da administração fazendária dos entes estatais.
(E) Não se admite que o impetrante desista da ação de mandado de segurança sem aquiescência da autoridade apontada como coatora ou da entidade estatal interessada, após prolação de sentença de mérito.

A: incorreta. Por possuírem poderes próprios das autoridades judiciais, o STF reconhece a possibilidade de quebra de sigilo de dados pelas CPIs, desde que em decisão fundamentada e comprovada a necessidade objetiva da medida. A extensão dessa prerrogativa às CPIs estaduais foi reconhecida na ACO 730-5/RJ, rel. min. Joaquim Barbosa; **B**: incorreta. De acordo com o art. 5º, § 3º, da CF (acrescentado pela EC 45/04), os tratados e convenções internacionais sobre direitos humanos **que forem** aprovados, em cada Casa do Congresso Nacional, em dois turnos, por três quintos

dos votos dos respectivos membros, serão equivalentes às emendas constitucionais. Não houve previsão na EC 45/2004 a respeito da "hierarquia" das normas dos tratados sobre direitos humanos **anteriores** à sua vigência, ainda que aprovados pelo mesmo procedimento das emendas à Constituição. O STF já conferiu a tais tratados (anteriores à EC 45) o caráter de "supralegalidade"; **C:** correta. Art. 5º, LXXII, CF. Além das hipóteses constitucionais de cabimento do *habeas data*, a lei de regência acrescentou a possibilidade do *writ* para "anotação nos assentamentos do interessado, de contestação ou explicação sobre dado verdadeiro, mas justificável, e que esteja sob pendência judicial ou amigável" (art. 7º, III, Lei 9.507/1997). Além disso, o STF entende que a garantia do *habeas data* estende-se às pessoas jurídicas, nacionais ou estrangeiras, por se tratar de direito fundamental; **D:** incorreta. O STF já decidiu, com repercussão geral, que o *habeas data* é garantia adequada para a obtenção de dados referentes ao pagamento de tributos do próprio contribuinte, constantes de sistemas informatizados de apoio à arrecadação dos entes estatais (RE 673.707, rel. min. Luiz Fux, j. 17.06.2015, Pleno, *DJE* 30.09.2015); **E:** incorreta. Em repercussão geral, o STF concluiu ser lícito ao impetrante desistir do mandado de segurança, independentemente de concordância da autoridade impetrada, mesmo após a sentença (RE 669.367, rel. para o acórdão min. Rosa Weber, j. 02.05.2013, Pleno, *DJE* 30.10.2014) BV/TM
Gabarito "C".

(Analista Jurídico –TCE/PA – 2016 – CESPE) No que se refere aos direitos e garantias fundamentais e a outros temas relacionados ao direito constitucional, julgue os próximos itens.

(1) É do Supremo Tribunal Federal a competência para o processo e o julgamento de mandado de injunção coletivo apontando ausência de norma regulamentadora a cargo do Tribunal de Contas da União (TCU) ajuizado por associação de classe devidamente constituída.

(2) Como o *habeas data* não pode ser utilizado por pessoa jurídica, deve ser reconhecida a ilegitimidade ativa na hipótese de pessoa jurídica ajuizar *habeas data* para obter informações de seu interesse constante de dados de determinada entidade governamental.

(3) Considere que, em procedimento de controle administrativo, o Conselho Nacional de Justiça (CNJ) tenha rejeitado pedido do interessado de reconhecimento da ilegalidade de ato praticado por tribunal de justiça e que, inconformado, o interessado tenha impetrado mandado de segurança contra o CNJ no Supremo Tribunal Federal (STF). Nessa situação, conforme o entendimento do STF, a decisão negativa do CNJ não está sujeita a revisão por meio de mandado de segurança impetrado diretamente na Suprema Corte.

1: correta. A competência, de fato, é do STF, conforme determina o art. 102, I, *q*, da CF. Determina tal dispositivo que compete ao Supremo Tribunal Federal o processo e julgamento, de forma originária, do mandado de injunção, **quando a elaboração da norma regulamentadora for atribuição** do Presidente da República, do Congresso Nacional, da Câmara dos Deputados, do Senado Federal, das Mesas de uma dessas Casas Legislativas, **do Tribunal de Contas da União**, de um dos Tribunais Superiores, ou do próprio Supremo Tribunal Federal. Além disso, de acordo com o art. 12, III, da Lei 13.300, de 23 de junho de 2016 (Lei do Mandado de Injunção), o mandado de injunção coletivo pode ser promovido por organização sindical, **entidade de classe ou associação legalmente constituída** e em funcionamento há pelo menos 1 (um) ano, para assegurar o exercício de direitos, liberdades e prerrogativas em favor da totalidade ou de parte de seus membros ou associados, na forma de seus estatutos e desde que pertinentes a suas finalidades, dispensada, para tanto, autorização especial; **2:** errada. Ao contrário do mencionado, o *habeas data* **pode ser impetrado por pessoa jurídica**; **3:** correta. O STF, no julgamento do MS 26676 DF, já decidiu que "**as deliberações negativas do Conselho Nacional de Justiça não estão sujeitas a revisão por meio de mandado de segurança impetrado diretamente no Supremo Tribunal Federal**. II – Para o reconhecimento de eventual nulidade, ainda que absoluta, faz-se necessária a demonstração do prejuízo efetivamente sofrido. III – Mandado de segurança conhecido em parte e, nessa extensão, denegada a ordem" (grifos nossos). TM
Gabarito 1C, 2E, 3C

(Analista Jurídico –TCE/PA – 2016 – CESPE) No que se refere aos poderes da República e ao Tribunal de Contas da União, julgue os itens subsequentes.

(1) Em decorrência das prerrogativas da autonomia e do autogoverno, o TCU detém iniciativa reservada para instaurar processo legislativo destinado a alterar sua organização e funcionamento, sendo formalmente inconstitucional lei de iniciativa parlamentar que disponha sobre a referida matéria.

(2) Segundo o STF, configura hipótese de inconstitucionalidade formal, por vício de iniciativa, a edição de lei de iniciativa parlamentar que estabeleça atribuições para órgãos da administração pública.

1: correta. De acordo com o STF: "Conforme reconhecido pela Constituição de 1988 e por esta Suprema Corte, **gozam as Cortes de Contas do país das prerrogativas da autonomia e do autogoverno, o que inclui, essencialmente, a iniciativa reservada para instaurar processo legislativo que pretenda alterar sua organização e seu funcionamento**, como resulta da interpretação sistemática dos arts. 73, 75 e 96, II, *d*, da CF (...). [ADI 4.418 MC, rel. min. Dias Toffoli, j. 06.10.2010, P, DJE de 15.06.2011.] *Vide:* ADI 1.994, rel. min. Eros Grau, j. 24.05.2006, P, *DJ* de 08.09.2006 (grifos nossos); **2:** correta. Determina o STF que "É **indispensável a iniciativa do chefe do Poder Executivo** (mediante projeto de lei ou mesmo, após a EC 32/2001, por meio de decreto)

na elaboração de normas que de alguma forma remodelem as atribuições de órgão pertencente à estrutura administrativa de determinada unidade da Federação. [ADI 3.254, rel. min. Ellen Gracie, j. 16.11.2005, P, *DJ* de 02.12.2005.] (grifos nossos). TM
Gabarito 1C, 2C

(Analista Jurídico – TCE/PR – 2016 – CESPE) No que concerne ao mandado de segurança, à reclamação e às ações popular, civil pública e de improbidade administrativa, assinale a opção correta de acordo com a legislação e com a jurisprudência dos tribunais superiores.

(A) O cabimento do mandado de segurança depende da presença de direito líquido e certo e, portanto, esse instrumento será inadequado quando a matéria de direito, objeto da ação, for controvertida.

(B) O Superior Tribunal de Justiça possui competência originária para julgar ação popular quando no polo passivo da demanda figurar ministro de Estado.

(C) O Superior Tribunal de Justiça reconhece o direito à propositura de ação de improbidade exclusivamente contra particular, nos casos em que não se possa identificar agente público autor do ato de improbidade.

(D) A reclamação é a medida que poderá ser utilizada para garantir a observância do caráter vinculante de decisão proferida nos incidentes de resolução de demandas repetitivas e de assunção de competência.

(E) O Supremo Tribunal Federal consagrou o entendimento no sentido da indispensabilidade da observância do princípio do contraditório no inquérito civil que fundamente o ajuizamento de ação civil pública.

A: incorreta. Embora a expressão seja "direito líquido e certo", o que deve ser comprovado de plano é o fato. Será dotado de certeza e liquidez aquele fato que contenha prova pré-constituída. Por exemplo, o portador do vírus HIV, que possui um laudo médico confirmando a existência da doença – AIDS –, tem direito líquido e certo a receber a medicação do governo para se manter vivo. Por outro lado, **a controvérsia sobre matéria de direito**, conforme determina a Súmula 625 do STF, **não impede concessão de mandado de segurança**; **B:** incorreta. O STJ não detém competência para julgar ação popular. O entendimento do STF é de que "A competência para julgar ação popular contra ato de qualquer autoridade, até mesmo do presidente da República, é, via de regra, **do juízo competente de primeiro grau**. [AO 859 QO, rel. p/ o ac. min. Maurício Corrêa, j. 11.10.2001, P, *DJ* de 01.08.2003.]; **C:** incorreta. A ação de improbidade administrativa **não pode ser proposta apenas em relação a particulares**. Segundo o STJ: "os particulares não podem ser responsabilizados com base na LIA [Lei de improbidade Administrativa] sem que figure no polo passivo um agente público responsável pelo ato questionado, o que não impede, contudo, o eventual ajuizamento de Ação Civil Pública comum para obter o ressarcimento do Erário" (REsp 896.044/PA, Rel. Min. Herman Benjamin, Segunda Turma, julgado em 16.09.2010, *DJe* 19.04.2011); **D:** correta. Determina o art. 988, IV, do CPC, alterado pela Lei nº 13.256, de 2016, que caberá reclamação da parte interessada ou do Ministério Público, dentre outras hipóteses, para garantir a observância de acórdão proferido em julgamento de incidente de resolução de demandas repetitivas ou de incidente de assunção de competência; **E:** incorreta. Ao contrário do mencionado, de acordo com o STF: "AGRAVO DE INSTRUMENTO. ADMINISTRATIVO. AÇÃO CIVIL PÚBLICA. DEFESA DO PATRIMÔNIO PÚBLICO. LEGITIMIDADE DO MINISTÉRIO PÚBLICO. **DESNECESSIDADE DE OBSERVÂNCIA, NO INQUÉRITO CIVIL, DOS PRINCÍPIOS DO CONTRADITÓRIO E DA AMPLA DEFESA**. PRECEDENTES. AGRAVO AO QUAL SE NEGA SEGUIMENTO" (STF – AI: 790829 RS, Relator: Min. CÁRMEN LÚCIA, Data de Julgamento: 13.06.2011, Data de Publicação: *DJe*-121 DIVULG 24.06.2011 PUBLIC 27.06.2011) (grifos nossos). BV/TM
Gabarito "D"

(Analista – Judiciário –TRE/PI – 2016 – CESPE) A respeito do controle de constitucionalidade, das finanças públicas e da ordem econômica financeira, assinale a opção correta.

(A) De acordo com a CF, a realização de licitação para a prestação de serviços públicos é obrigatória sob o regime de concessão, mas dispensável no caso de permissão.

(B) Em razão da sua natureza meramente administrativa, o TCU não poderá exercer o controle de constitucionalidade incidental de uma lei ou de atos do poder público quando do julgamento de seus processos.

(C) A decisão em sede de ADI, apesar de sua eficácia contra todos e de seu efeito vinculante, não atinge o Poder Legislativo em sua função típica.

(D) Lei Orgânica municipal que receba emenda com previsão para obrigação vedada expressamente pela CF, em razão da pertinência temática, poderá ser objeto de ADI perante o STF.

(E) Ainda que tenha vedado a possibilidade de abertura de crédito extraordinário por medida provisória para atender despesas imprevisíveis e urgentes, a CF previu a possibilidade de tramitação legislativa em regime de urgência.

A: incorreta. De acordo com o *caput* do art. 175 da CF, incumbe ao Poder Público, na forma da lei, diretamente ou sob regime de concessão ou permissão, **sempre por meio de licitação**, a prestação de serviços públicos; **B:** incorreta. Determina a Súmula 347 do STF que o Tribunal de Contas, no exercício de suas atribuições, **pode apreciar a constitucionalidade das leis e dos atos do Poder Público**; **C:** correta. O **efeito vinculante não atinge o Poder Legislativo** na sua função típica, pois, caso contrário, haveria uma petrificação no sistema e as decisões do Supremo, que fossem dotadas de efeito vinculante, impediriam o exercício da função típica do legislativo; **D:** incorreta. Lei de natureza municipal não pode ser questionada no STF por meio de ADI. De acordo com art. 102, I, a, da CF, é da competência do Supremo Tribunal Federal o processo e julgamento, de forma originária, da ação direta de inconstitucionalidade **de lei ou ato normativo federal** ou estadual e a ação declaratória de constitucionalidade de lei ou ato normativo federal; **E:** incorreta. Ao contrário do mencionado, **a CF admite a abertura de crédito extraordinário por meio de medida provisória**, conforme determina os arts. 62, § 1º, I, d, e 167, § 3º, ambos da CF. BV/TM

Gabarito "C"

(Procurador Distrital – 2014 – CESPE) Julgue os itens que se seguem, à luz das disposições constitucionais sobre a repartição de competências, o processo legislativo e a questão federativa.

(1) À CLDF cabe, mediante lei complementar, dispor sobre o plano diretor de ordenamento territorial.
(2) Será considerado formalmente inconstitucional projeto de lei distrital de iniciativa parlamentar que confira aumento de remuneração aos servidores do governo do DF.
(3) A lei que disciplina a organização do Poder Judiciário do DF é de iniciativa privativa do governador distrital.
(4) A CLDF abarca tão somente as competências das assembleias legislativas estaduais.
(5) Compete ao TJDFT julgar o governador do DF nos crimes comuns.

1: correto. De acordo com o art. 75, parágrafo único, VIII, da Lei Orgânica do DF, constituirão leis complementares, entre outras, a lei que disponha sobre o plano diretor de ordenamento territorial do Distrito Federal; **2**: correto. No âmbito federal, o projeto de lei que confira aumento de remuneração aos servidores da administração pública é da competência privativa do Presidente da República (art. 61, § 1º, II, "a", da CF). Sendo assim, no DF tal projeto deve ser iniciado pelo Governador do DF. Essa regra decorre do princípio da simetria ou paralelismo das formas. Por outro lado, se um parlamentar iniciar tal projeto de lei, a norma terá de ser declarada formalmente inconstitucional por vício de iniciativa. Vale lembrar que ainda que o Governador sancione o projeto, o vício persiste, pois a sanção não convalida vício de iniciativa; **3**: errado. De acordo com o art. 21, XIII, da CF, com redação dada pela EC 69/12, a organização e manutenção do Poder Judiciário do DF compete à União; **4**: errado. De acordo com o art. 32, § 1º, da CF, ao Distrito Federal são atribuídas as competências legislativas reservadas aos Estados e Municípios. Além disso, o art. 14 da Lei Orgânica do DF determina que ao Distrito federal sejam atribuídas as competências legislativas reservadas aos Estados e Municípios, cabendo-lhe exercer, em seu território, todas as competências que não lhe sejam vedadas pela Constituição Federal; **5**: incorreto. Determina o art. 105, I, "a", da CF que compete ao Superior Tribunal de Justiça o processo e julgamento, de forma originária, nos crimes comuns, dos Governadores dos Estados e do Distrito Federal, e, nestes e nos de responsabilidade, os desembargadores dos Tribunais de Justiça dos Estados e do Distrito Federal, os membros dos Tribunais de Contas dos Estados e do Distrito Federal, os dos Tribunais Regionais Federais, dos Tribunais Regionais Eleitorais e do Trabalho, os membros dos Conselhos ou Tribunais de Contas dos Municípios e os do Ministério Público da União que oficiem perante tribunais. BV

Gabarito 1C, 2C, 3E, 4E, 5E

12. DIREITO ADMINISTRATIVO

Wander Garcia, Ariane Wady, Flávia Barros, Marcos Destefenni e Vanessa Trigueiros*

1. REGIME JURÍDICO ADMINISTRATIVO E PRINCÍPIOS DO DIREITO ADMINISTRATIVO

(Investigador – PC/BA – 2018 – VUNESP) Um Estado que tributasse desmesuradamente os administrados enriqueceria o Erário, com maior volume de recursos, o que, por outro lado, tornaria a sociedade mais pobre. Tal conduta de exação excessiva viola o princípio pelo qual deve prevalecer

(A) o interesse público secundário.
(B) o interesse público primário.
(C) a supremacia do interesse público.
(D) o interesse público como direito subjetivo.
(E) o direito subjetivo individual.

A: incorreta. O interesse público secundário é aquele que atine ao ente da Administração Pública diretamente; **B:** correta. O interesse público primário diz respeito ao interesse da sociedade como um todo. Essa é a assertiva correta, na medida em que embora se possa supor que a Administração Pública tenha interesse público secundário em tributar seus administrativos desmesuradamente, de modo a arrecadar mais, o interesse público primário, o da sociedade, estaria sendo violado. Em um conflito de interesses entre o interesse público primário e o secundário, o primeiro deve prevalecer; **C:** incorreta. O princípio da supremacia do interesse público sobre o interesse privado tem de ser corretamente entendido, sob pena de levar a interpretações equivocadas, que levantam a hipótese de antagonismo entres ambos. Todos vivemos em sociedade e, para que as necessidades da coletividade possam ser devidamente atendidas, há que se estabelecer na lei certas limitações aos interesses do particular em prol do bem comum. Na verdade, na medida em que todos desejamos viver harmonicamente, a existência do princípio da supremacia do interesse público sobre o privado determina que esse último deva ser sacrificado quando isso atender melhor ao interesse coletivo. Se todos tivessem a liberdade para o exercício irrestrito e não acomodado de seus direitos, por certo teríamos conflitos e caos, razão pela qual esse princípio prega que há um interesse particular em ceder parte de sua esfera de direitos e liberdade, nos termos da lei, para que o interesse público seja atendido; **D:** incorreta. O interesse público corresponde ao conjunto dos interesses que os indivíduos pessoalmente têm, enquanto membros da coletividade. Partindo desse conceito, pode-se dizer que cada indivíduo tem o direito subjetivo à defesa das normas que tratam do interesse público; **E:** incorreta. O direito subjetivo individual consiste na situação jurídica consagrada na norma e que faz de seus sujeitos titulares de poder, obrigações e faculdades. **FB**

Gabarito "B".

(Procurador do Município – Prefeitura Fortaleza/CE – CESPE – 2017) Acerca do direito administrativo, julgue os itens que se seguem.

(1) Considerando os princípios constitucionais explícitos da administração pública, o STF estendeu a vedação da prática do nepotismo às sociedades de economia mista, embora elas sejam pessoas jurídicas de direito privado.

1. correta. Sendo as Sociedades de Economia Mista integrantes da Administração Indireta, são atingidas pela Súmula Vinculante 13, STF, que inclui todas as pessoas jurídicas da Administração Pública Direta e Indireta. **AW**

Gabarito 1C

(Procurador do Estado – PGE/BA – CESPE – 2014) Acerca do regime jurídico-administrativo e dos princípios jurídicos que amparam a administração pública, julgue os itens seguintes.

(1) O atendimento ao princípio da eficiência administrativa autoriza a atuação de servidor público em desconformidade com a regra legal, desde que haja a comprovação do atingimento da eficácia na prestação do serviço público correspondente.

(2) De acordo com a jurisprudência do Supremo Tribunal Federal (STF), a administração pública está obrigada a nomear candidato aprovado em concurso público dentro do número de vagas previsto no edital do certame, ressalvadas situações excepcionais dotadas das características de superveniência, imprevisibilidade e necessidade.

(3) Suponha que o governador de determinado estado tenha atribuído o nome de Nelson Mandela, ex-presidente da África do Sul, a escola pública estadual construída com recursos financeiros repassados mediante convênio com a União. Nesse caso, há violação do princípio da impessoalidade, dada a existência de proibição constitucional à publicidade de obras com nomes de autoridades públicas.

(4) A prerrogativa de presunção de veracidade dos atos da administração pública autoriza a aplicação de penalidade disciplinar a servidor público com base na regra da verdade sabida.

(5) Suponha que, em razão de antiga inimizade política, o prefeito do município X desaproprie área que pertença a Cleide, alegando interesse social na construção de uma escola de primeiro grau. Nessa situação hipotética, a conduta do prefeito caracteriza desvio de poder.

1. incorreta. Nunca é possível o descumprimento da lei para atender outro dispositivo legal ou um princípio. O Poder Público está adstrito ao que determina a lei, por isso não pode descumpri-la (princípio da estrita legalidade); **2.** Correta. Trata-se da súmula 15, do STF, que se coaduna com a seguinte jurisprudência: "Dentro do prazo de validade do concurso, a Administração poderá escolher o momento no qual se realizará a nomeação, mas não poderá dispor sobre a própria nomeação, a qual, de acordo com o edital, passa a constituir um direito do concursando aprovado e, dessa forma, um dever imposto ao poder público. Uma vez publicado o edital do concurso com número específico de vagas, o ato da Administração que declara os candidatos aprovados no certame cria um dever de nomeação para a própria Administração e, portanto, um direito à nomeação titularizado pelo candidato aprovado dentro desse número de vagas." (RE 598099, Relator Ministro Gilmar Mendes, Tribunal Pleno, julgamento em 10.8.2011, DJe de 3.10.2011, com repercussão geral – tema 161)"; **3:** incorreta. Não há afronta ao princípio da impessoalidade, tendo em vista que o ato administrativo não foi realizado com subjetividade, sendo o nome atribuído à escola um nome público, notoriamente reconhecido; **4:** incorreta. O atributo da presunção de legitimidade ou veracidade dos atos administrativos é relativo, ou seja, sempre admite prova em contrário. Por isso, não se admite condenação, nem mesmo qualquer outra decisão, com fundamento nessa regra da "verdade sabida", devendo-se sempre respeito ao princípio do contraditório e ampla defesa (art. 5º, LV, CF); **5:** correta. Houve desvio de finalidade ou de poder, ou seja, o Prefeito atuou contrariamente ao interesse público. **AW**

Gabarito 1E, 2C, 3E, 4E, 5C

1.1. REGIME JURÍDICO ADMINISTRATIVO

(Procurador Municipal – Prefeitura/BH – CESPE – 2017) Considerando as modernas ferramentas de controle do Estado e de promoção da gestão pública eficiente, assinale a opção correta acerca do direito administrativo e da administração pública.

(A) Em função do dever de agir da administração, o agente público omisso poderá ser responsabilizado nos âmbitos civil, penal e administrativo.

(B) O princípio da razoável duração do processo, incluído na emenda constitucional de reforma do Poder Judiciário, não se aplica aos processos administrativos.

(C) Devido ao fato de regular toda a atividade estatal, o direito administrativo aplica-se aos atos típicos dos Poderes Legislativo e Judiciário.

(D) Em sentido objetivo, a administração pública se identifica com as pessoas jurídicas, os órgãos e os agentes públicos e, em sentido subjetivo, com a natureza da função administrativa desempenhada.

A: correta. O art. 125, da Lei 8.112/1990 dispõe que as responsabilidades civil, comercial e administrativas são independentes entre si; **B:** incorreta. O art. 5º, LXXVIII, CF é expresso quanto à aplicação do princípio da razoabilidade também no âmbito administrativo; **C:** incorreta. O direito administrativo só se aplica aos atos atípicos dos demais Poderes, já que os atos típicos, no caso, são os de julgar (Poder Judiciário) e legislar (Poder Legislativo); **D:** incorreta. O conceito está invertido, pois em sentido objetivo a Administração Pública se identifica com a atividade administrativa, enquanto que em sentido subjetivo, com as pessoas, agentes e órgãos públicos. **AW**

Gabarito "A".

---

* Legenda:
AW: Ariane Wady
FB: Flávia Barros
MD: Marcos Destefenni
VT: Vanessa Trigueiros
WG: Wander Garcia

(Promotor de Justiça/SC – 2016 – MPE)

(1) Tocando ao Poder Judiciário atuação precipuamente jurisdicional, não lhe é imposta a observância dos princípios da Administração Pública.

1: errada. O Poder Judiciário atua praticando atos administrativos, ou seja, na função administrativa de forma atípica. E, quando assim age, está submetido integralmente ao Regime Jurídico Administrativo, que se fundamenta nos princípios constitucionais dispostos no art.37, "caput", CF. **AW**
Gabarito 1E

(Delegado/MS – 2017 – FAPEMS) De acordo com o texto a seguir o direito público tem como objetivo primordial o atendimento ao bem-estar coletivo.

[...] em primeiro lugar, as normas de direito público, embora protejam reflexamente o interesse individual, têm o objetivo primordial de atender ao interesse público, ao bem-estar coletivo. Além disso, pode-se dizer que o direito público somente começou a se desenvolver quando, depois de superados o primado do Direito Civil (que durou muitos séculos) e o individualismo que tomou conta dos vários setores da ciência, inclusive a do Direito, substituiu-se a ideia do homem como fim único do direito (própria do individualismo) pelo princípio que hoje serve de fundamento para todo o direito público e que vincula a Administração em todas as suas decisões [...].

DI PIETRO, Maria Sylvia Zaretla. Direito Administrativo. 30.ed. São Paulo: Atlas, 2017, p 96.

Diante disso, as "pedras de toque" do regime jurídico-administrativo são

(A) a supremacia do interesse público sobre o interesse privado e a impessoalidade do interesse público.
(B) a supremacia do interesse público sobre o interesse privado e a indisponibilidade do interesse público.
(C) a indisponibilidade do interesse público e o princípio da legalidade.
(D) a supremacia da ordem pública e o princípio da legalidade.
(E) a supremacia do interesse público e o interesse privado e o princípio da legalidade.

A expressão foi criada por Celso Antonio Bandeira de Melo, para falar dos princípios básicos, mais importantes do Direito administrativo, dos quais todos os demais princípios decorrem, quais sejam: Princípio da supremacia do interesse público e Princípio da indisponibilidade do interesse público. **FB**
Gabarito "B".

(Delegado/MT – 2017 – CESPE) Em março de 2017, o governo de determinado estado da Federação declarou nulo ato que, de boa-fé, havia concedido vantagem pecuniária indevida aos ocupantes de determinado cargo a partir de janeiro de 2011.

Nessa situação hipotética,

(A) o ato de anulação do ato que havia concedido vantagem pecuniária ofendeu diretamente o princípio da proporcionalidade.
(B) o ato de anulação foi legal, pois atendeu a todos os preceitos legais e jurisprudenciais sobre a extinção dos atos administrativos.
(C) o correto seria a revogação do ato, e não a sua anulação.
(D) a declaração de nulidade do ato é nula de pleno direito, pois ocorreu a decadência do direito.
(E) o princípio da autotutela da administração pública protege o ato de anulação determinado pelo governo.

O ato já foi atingido pela previsão legal inserta na Lei 9.784/1999, art. 54, haja vista ter sido concedido em 2011. Art. 54. O direito da Administração de anular os atos administrativos de que decorram efeitos favoráveis para os destinatários decai em cinco anos, contados da data em que foram praticados, salvo comprovada má-fé. **FB**
Gabarito "D".

(Delegado/SP – 2014 – VUNESP) O conceito de Direito Administrativo é peculiar e sintetiza-se no conjunto harmônico de princípios jurídicos que regem os órgãos, os agentes e as atividades públicas tendentes a realizar concreta, direta e imediatamente os fins desejados pelo Estado. A par disso, é fonte primária do Direito Administrativo

(A) a jurisprudência.
(B) os costumes.
(C) os princípios gerais de direito.
(D) a lei, em sentido amplo.
(E) a doutrina.

Dentre as fontes citadas, apenas a lei é fonte primária do Direito. As demais decorrem todas da lei, como é fácil perceber em relação à doutrina e a jurisprudência, lembrando que os costumes e os princípios gerais de direito só podem ser utilizados em caso de lacuna da lei, ou seja, não têm aplicação primária. **WG**
Gabarito "D".

1.2. PRINCÍPIOS DO DIREITO ADMINISTRATIVO

(Juiz – TJ/RJ – VUNESP – 2016) Assinale a alternativa que corretamente discorre sobre os princípios do Direito Administrativo.

(A) As Súmulas 346 e 473 do Supremo Tribunal Federal, que tratam da declaração de nulidade dos atos administrativos pela própria Administração e da revogação destes por motivos de conveniência e oportunidade, demonstram que o Direito Administrativo brasileiro não adotou a autotutela como princípio.
(B) A fim de tutelar o princípio da moralidade administrativa, a Constituição Federal prevê alguns instrumentos processuais, como a Ação Civil Pública, na defesa dos direitos difusos e do patrimônio social, a Ação Popular, que permite anular atos do Poder Público contaminados de imoralidade administrativa, desde que reconhecido o pressuposto da lesividade, da mesma forma como acontece com a Ação de Improbidade Administrativa, que tem como requisito o dano patrimonial ao erário.
(C) O Supremo Tribunal Federal entende que, muito embora pela aplicação do princípio da impessoalidade, a Administração não possa ter em mira este ou aquele indivíduo de forma especial, o sistema de cotas, em que se prevê reserva de vagas pelo critério étnico-social para ingresso em instituições de nível superior, é constitucional e compatível com o princípio da impessoalidade, já que ambos têm por matriz comum o princípio constitucional da igualdade.
(D) O princípio da publicidade possui repercussão infraconstitucional, com regulamentação pela Lei de Acesso à Informação (Lei Federal 12.527/2011) na qual foram contempladas duas formas de publicidade – a transparência ativa e a transparência passiva –, aplicáveis a toda a Administração Direta e Indireta, mas não incidentes às entidades privadas sem fins lucrativos que recebam recursos públicos do orçamento, como ocorre por contrato de gestão.
(E) Pelo princípio da continuidade do serviço público, não podem os serviços públicos ser interrompidos, visto que atendem a necessidades prementes e inadiáveis da coletividade, e, portanto, não é permitida paralisação temporária de atividades, mesmo em se tratando de serviços prestados por concessionários e permissionários, mediante pagamento de tarifa, como fornecimento de energia, ainda que o usuário esteja inadimplente.

A: incorreta. Essas duas súmulas retratam exatamente o princípio da autotutela, ou seja, da possibilidade que o Poder Público tem de anular e revogar os seus próprios atos administrativos sem a interferência do Poder Judiciário. **B:** incorreta. O erro está na Ação de Improbidade, que tem como requisito o ato ímprobo, que pode ou não causar danos ao erário, podendo somente violar princípios, assim como proporcionar o enriquecimento ilícito do agente ímprobo. **C:** correta. A política de cotas é materialização do princípio da igualdade, mais ainda, da igualdade material. **D:** incorreta. O princípio da publicidade é aplicado à toda Administração Pública, assim como às pessoas jurídicas de direito privado que recebem dinheiro público e/ou celebrem contrato de gestão com o Poder Público, já que se sujeitam ao Regime Jurídico Administrativo regido pelo art. 37, "caput", CF. **E:** incorreta. O art. 6º, § 3º, da Lei 8.987/1985 dispõe que é possível a interrupção dos serviços públicos, desde que em hipótese de emergência ou após aviso prévio para assegurar a segurança das instalações; e por inadimplemento do usuário, considerado o interesse da coletividade. **AW**
Gabarito "C".

(Delegado/PE – 2016 – CESPE) Considerando os princípios e fundamentos teóricos do direito administrativo, assinale a opção correta.

(A) As empresas públicas e as sociedades de economia mista, se constituídas como pessoa jurídica de direito privado, não integram a administração indireta.
(B) Desconcentração é a distribuição de competências de uma pessoa física ou jurídica para outra, ao passo que descentralização é a distribuição de competências dentro de uma mesma pessoa jurídica, em razão da sua organização hierárquica.
(C) Em decorrência do princípio da legalidade, é lícito que o poder público faça tudo o que não estiver expressamente proibido pela lei.
(D) A administração pública, em sentido estrito e subjetivo, compreende as pessoas jurídicas, os órgãos e os agentes públicos que exerçam função administrativa.
(E) No Brasil, por não existir o modelo da dualidade de jurisdição do sistema francês, o ingresso de ação judicial no Poder Judiciário para questionar ato do poder público é condicionado ao prévio exaurimento da instância administrativa.

A: incorreta; primeiro porque elas sempre são pessoas jurídicas de direito privado, não havendo outra opção; segundo porque integram a administração indireta; **B:** incorreta, pois houve inversão das definições; ou seja, deu-se o nome de desconcentração ao que é descentralização e vice-versa; **C:** incorreta, pois esse sentido do princípio da legalidade só se aplica ao particular; ao poder público o princípio da legalidade impõe que este faça apenas o que a lei permitir; **D:** correta, pois esse sentido (subjetivo = sujeito) foca nas pessoas, aí incluída as pessoas jurídicas (e, por tabela, seus órgãos) e os agentes

públicos; **E**: incorreta, pois o princípio constitucional da universalidade da jurisdição não condiciona o ingresso de ação judicial ao prévio exaurimento da instância administrativa (art. 5º, XXXV, da CF).
Gabarito "D".

1.3. PRINCÍPIOS ADMINISTRATIVOS EXPRESSOS NA CONSTITUIÇÃO

(Promotor de Justiça/SC – 2016 – MPE)

(1) A existência de nomes, símbolos ou imagens de autoridades ou servidores públicos na divulgação dos atos, programas, obras, serviços e campanhas dos órgãos públicos, desde que respeitado o caráter educativo, informativo ou de orientação social, na forma do § 1º do art. 37 da Constituição, atende ao princípio constitucional da publicidade.

1: errada. O art. 37, § 1º, CF veda a divulgação de nomes, símbolos ou imagens de autoridades para caracterizar a promoção pessoal. Portanto, está correto dizer que, desde que essa divulgação vise ou respeite o caráter educativo, informativo ou de orientação pessoal, será possível essa publicidade, mas o princípio atendido, nesse caso, é o da impessoalidade. Assim, a publicidade encontra o limite na impessoalidade.
Gabarito 1E.

(Advogado União – AGU – CESPE – 2015)

(1) Conforme a doutrina, diferentemente do que ocorre no âmbito do direito privado, os costumes não constituem fonte do direito administrativo, visto que a administração pública deve obediência estrita ao princípio da legalidade.

(2) Situação hipotética: Um secretário municipal removeu determinado assessor em razão de desentendimentos pessoais motivados por ideologia partidária. Assertiva: Nessa situação, o secretário agiu com abuso de poder, na modalidade excesso de poder, já que atos de remoção de servidor não podem ter caráter punitivo.

1. incorreta. Conforme ensina Hely Lopes Meirelles, "No direito administrativo brasileiro o costume exerce ainda influência, em razão da deficiência da legislação. A prática administrativa vem suprindo o texto escrito, e, sedimentada na consciência dos administradores e administrados, a praxe burocrática passa a suprir a lei, ou atua como elemento informativo da doutrina."(Direito Administrativo Brasileiro, 38 ed, p.37);
2: incorreta. O secretário agiu com abuso de poder na modalidade "desvio de poder ou de finalidade", eis que o excesso se configura quando o agente atua alem de sua competência. No caso, houve afronta ao princípio da impessoalidade, havendo atitude contrária ao interesse público, portanto.
Gabarito 1E, 2E.

(Defensor Público – DPE/MT – 2016 – UFMT) Em relação aos princípios constitucionais do direito administrativo brasileiro, numere a coluna da direita de acordo com a da esquerda.

1 – Razoabilidade
2 – Segurança jurídica
3 – Impessoalidade
4 – Finalidade

( ) O princípio em causa é uma faceta da isonomia e sua aplicação concreta está presente em situações diversas previstas no regime jurídico administrativo, a exemplo da exigência de concurso público para provimento de cargos públicos.
( ) Segundo este princípio, a Administração, ao atuar no exercício de discrição, deve adotar a medida que, em cada situação, seja mais prudente e sensata nos limites admitidos pela lei.
( ) Por força deste princípio, as orientações firmadas pela Administração Pública não podem, sem prévia publicidade, ser modificadas em casos concretos para agravar a situação dos administrados ou negar-lhes direitos.
( ) A raiz constitucional deste princípio é encontrada no próprio princípio da legalidade, pois corresponde à aplicação da lei sem desvirtuamentos.

Marque a sequência correta.
(A) 2, 4, 1, 3
(B) 4, 1, 2, 3
(C) 3, 1, 2, 4
(D) 3, 2, 1, 4
(E) 1, 4, 3, 2

A: Incorreta. A Segurança Jurídica (2) não se relaciona diretamente com a Isonomia; **B**: Incorreta. O princípio da Finalidade (4) é o que determina que os atos administrativos busquem a finalidade pública, não sendo o conceito da primeira assertiva, portanto; **C**: Correta, porque a Impessoalidade é princípio que assegura, diretamente, a igualdade, conceituada na primeira assertiva. Mais ainda, o princípio da Segurança Jurídica (2) é, sem sombra de dúvidas, conceituado na assertiva n.3, compondo a ordem correta em cada uma das assertivas; **D**: Incorreta. A razoabilidade é colocada na assertiva 3, que é o conceito expresso de Segurança Jurídica, tornando essa alternativa como incorreta; **E**: Incorreta. O princípio da Finalidade (4) é colocado na definição de Razoabilidade, sendo que todos os demais princípios se encontram invertidos.
Gabarito "C".

(Delegado/BA – 2016.2 – Inaz do Pará) Com o desiderato de cumprir sua função tutelar dos direitos fundamentais o procedimento investigatório deve lastrear-se em princípios. Identifique os princípios insertos nas afirmativas a seguir, correlacionando a alternativa que, respectivamente, os designe: "o agente público agirá no interesse público, sem qualquer possibilidade de promoção pessoal do agente ou da autoridade"; "as decisões no curso da investigação criminal devem se adequar aos valores vigentes na convivência das pessoas" e "a aplicação de recursos deverá avaliar o custo-benefício, buscando a otimização de recursos".

(A) Legalidade, Eficiência e Publicidade.
(B) Eficiência, Moralidade e Publicidade.
(C) Moralidade, Eficiência e Publicidade.
(D) Impessoalidade, Moralidade e Eficiência.
(E) Moralidade, Publicidade e Eficiência.

A frase "o agente público agirá no interesse público, sem qualquer possibilidade de promoção pessoal do agente ou da autoridade" diz respeito ao princípio da impessoalidade, no sentido de que o agente público deve ser impessoal, nunca podendo fazer promoção pessoal de si e ou de outra autoridade. A frase "as decisões no curso da investigação criminal devem se adequar aos valores vigentes na convivência das pessoas" diz respeito ao princípio da moralidade, pois esse princípio impõe a observância da "moral", dos "valores". A frase "a aplicação de recursos deverá avaliar o custo-benefício, buscando a otimização de recursos" diz respeito ao princípio da eficiência, que foi introduzido pela EC 19/1998, no sentido de melhorar os resultados da administração, sendo que uma das maneiras de fazer isso é pela otimização de recursos.
Gabarito "D".

(Analista Jurídico – TCE/PR – 2016 – CESPE) Quando a União firma um convênio com um estado da Federação, a relação jurídica envolve a União e o ente federado e não a União e determinado governador ou outro agente. O governo se alterna periodicamente nos termos da soberania popular, mas o estado federado é permanente. A mudança de comando político não exonera o estado das obrigações assumidas. Nesse sentido, o Supremo Tribunal Federal (STF) tem entendido que a inscrição do nome de estado-membro em cadastro federal de inadimplentes devido a ações e(ou) omissões de gestões anteriores não configura ofensa ao princípio da administração pública denominado princípio do(a)

(A) intranscendência.
(B) contraditório e da ampla defesa.
(C) continuidade do serviço público.
(D) confiança legítima.
(E) moralidade.

A questão diz respeito ao princípio da intranscendência, decorrente do art. 5º, XLV, da CF e pelo qual nenhuma pena passará da pessoa do apenado. Porém, a Administração Pública é impessoal e pouco importa a mudança de "governo" caso um ente público tenha sido apenado, devendo permanecer intacta a apenação. Assim, não há ofensa ao princípio na inscrição do nome de estado-membro em cadastro federal de inadimplentes devido a ações e/ou omissões de gestões anteriores.
Gabarito "A".

(Ministério Público/BA – 2015 – CEFET) Com referência aos princípios administrativos, é **CORRETO** afirmar:

(A) O princípio da proporcionalidade, expressamente previsto na Constituição Federal de 1988, significa que as competências administrativas só podem ser validamente exercidas na extensão e intensidade correspondentes ao que seja realmente demandado para o cumprimento da finalidade de interesse público a que estão atreladas.
(B) Como decorrência do princípio da motivação, todos os atos administrativos devem ser escritos.
(C) O princípio da reserva legal prescreve que a Administração Pública pode fazer tudo aquilo que não é legalmente proibido.
(D) A publicidade dos atos da Administração Pública é excepcionada apenas pela necessidade de proteção da intimidade dos cidadãos.
(E) A Emenda Constitucional 19/1998, conhecida por implementar a "Reforma Administrativa", acrescentou o princípio da eficiência ao texto constitucional.

A: incorreta, pois o princípio da proporcionalidade não se encontra expressamente previsto na CF/1988; ademais, a definição dada na alternativa corresponde ao princípio da finalidade; **B**: incorreta, pois há casos em que atos administrativos são necessariamente verbais ou gestuais, como quando um agente de trânsito, diante de um problema no semáforo, determina que carros parem para dar chance a que outros carros passem; **C**: incorreta, pois esse é o princípio da legalidade para o particular; para a Administração a regra é outra, qual seja, esta pode fazer tudo aquilo que a lei lhe autoriza; **D**: incorreta, pois também se admite o sigilo para o resguardo da segurança da sociedade e do Estado; E: correta (art. 37, *caput*, da CF).
Gabarito "E".

(Promotor de Justiça/MG – 2014) Segundo dispõe o artigo 37, da Constituição Federal, a administração pública direta e indireta de qualquer dos Poderes da União, dos Estados, do Distrito Federal e dos Municípios obedecerá aos princípios de legalidade, impessoalidade, moralidade, publicidade e eficiência.

Assinale a alternativa INCORRETA no que diz respeito às restrições excepcionais ao princípio constitucional da legalidade:

(A) A edição de medidas provisórias.
(B) A expedição de portarias.
(C) A decretação do estado de defesa
(D) A decretação do estado de sítio.

A: assertiva correta, pois a Constituição admite a edição de medidas provisórias, com força de lei (art. 62); **B:** assertiva incorreta, devendo ser assinalada; a portaria não tem o condão de inovar na ordem jurídica, estabelecendo direitos ou deveres não previstos na lei; **C:** assertiva correta, pois a Constituição admite a decretação de estado de defesa, no qual são admitidas certas medidas restritivas de direito além das previstas nas leis correntes (art. 136); **D:** assertiva correta, pois a Constituição admite a decretação de estado de defesa, no qual são admitidas certas medidas restritivas de direito além das previstas nas leis correntes (art. 138). WG
Gabarito "B".

(Delegado/AM) O princípio administrativo que objetiva a igualdade de tratamento que a Administração Pública deve dispensar aos administrados que se encontram em idêntica situação jurídica é o da:

(A) legalidade
(B) moralidade
(C) publicidade
(D) impessoalidade

De fato, uma das facetas do princípio da impessoalidade (art. 37, *caput*, da CF) é a de determinar tratamento isonômico às pessoas. Além disso, o princípio determina que não haja promoção pessoal do agente público e que este respeite o princípio da finalidade. WG
Gabarito "D".

1.4. PRINCÍPIOS ADMINISTRATIVOS EXPRESSOS EM OUTRAS LEIS OU IMPLÍCITOS E PRINCÍPIOS COMBINADOS

(Investigador – PC/BA – 2018 – VUNESP) Se um determinado agente público se vale de uma competência que lhe é legalmente atribuída para praticar um ato válido, mas que possui o único e exclusivo objetivo de prejudicar um desafeto, é correto afirmar que tal conduta feriu o princípio da

(A) finalidade, que impõe aos agentes da Administração o dever de manejar suas competências obedecendo rigorosamente à finalidade de cada qual.
(B) supremacia do interesse público sobre o interesse privado, que é princípio geral de direito inerente a qualquer sociedade.
(C) razoabilidade, pelo qual o Administrador, na atuação discricionária, terá de obedecer a critérios aceitáveis do ponto de vista racional, com o senso normal.
(D) proporcionalidade, já que a Administração não deve tomar medidas supérfluas, excessivas e que passem do estritamente necessário à satisfação do interesse público.
(E) motivação, porque a Administração deve, no mínimo, esclarecer aos cidadãos aos razões pelas quais foram tomadas as decisões.

A: correta. O ato administrativo de que trata a assertiva padece do vício de desvio de finalidade, na medida em que foi praticado para alcançar finalidade diversa da que lhe é propriamente dada pela lei; **B:** incorreta. O princípio da supremacia do interesse público sobre o interesse privado tem de ser corretamente entendido, sob pena de levar a interpretações equivocadas, que levantam à hipótese de antagonismo entres ambos. Todos vivemos em sociedade e, para que as necessidades da coletividade possam ser devidamente atendidas, há que se estabelecer na lei certas limitações aos interesses do particular em prol do bem comum. Na verdade, na medida em que todos desejamos viver harmonicamente, a existência do princípio da supremacia do interesse público sobre o privado determina que esse último deva ser sacrificado quando isso atender melhor ao interesse coletivo. Se todos tivessem a liberdade para o exercício irrestrito e não acomodado de seus direitos, por certo teríamos conflitos e caos, razão pela qual esse princípio prega que há um interesse particular em ceder parte de sua esfera de direitos e liberdade, nos termos da lei, para que o interesse público seja atendido; **C:** incorreta. O princípio da razoabilidade consiste em uma proposição básica e fundamental relacionada à diretriz do senso comum, do bom senso, da prudência e da moderação aplicado ao ramo do Direito; **D:** incorreta. O princípio da proporcionalidade estabelece que deve haver uma relação de proporcionalidade entre os meios empregados e a finalidade a ser alcançada, levando-se em conta as circunstâncias que ensejaram a prática do ato; **E:** incorreta. A motivação integra a formalização do ato, é requisito formalístico dele, transparecendo a causa que deu ensejo à pratica do ato administrativo. FB
Gabarito "A".

(Procurador Municipal – Prefeitura/BH – CESPE – 2017) A respeito dos princípios aplicáveis à administração pública, assinale a opção correta.

(A) Dado o princípio da autotutela, poderá a administração anular a qualquer tempo seus próprios atos, ainda que eles tenham produzido efeitos benéficos a terceiros.
(B) Apesar de expressamente previsto na CF, o princípio da eficiência não é aplicado, por faltar-lhe regulamentação legislativa.
(C) Ao princípio da publicidade corresponde, na esfera do direito subjetivo dos administrados, o direito de petição aos órgãos da administração pública.
(D) O princípio da autoexecutoriedade impõe ao administrador o ônus de adequar o ato sancionatório à infração cometida.

A: incorreta. A Administração poderá anular seus próprios atos, respeitados os direitos de terceiros de boa-fé, conforme disposto na Súmula 473, STF; **B:** incorreta. O princípio da eficiência consta de uma norma de eficácia plena (art. 37, "caput", CF), por isso independe de regulamentação; **C:** correta. O direito de petição (art. 5º, XXXIII e XXXIV, CF) só pode ser exercido se o ato for público, caso contrário, não será possível impugná-lo; **D:** incorreta. O princípio da autoexecutoriedade é o que determina que o administrador pode praticar seus atos independentemente de autorização judicial, não se relacionando à adequação à infração cometida, portanto. AW
Gabarito "C".

(Promotor de Justiça/SC – 2016 – MPE)

(1) O Direito Administrativo, disciplinando as atividades da Administração Pública e sua relação com o indivíduo, norteia-se pelo princípio da supremacia do interesse individual sobre o interesse público, buscando garantir a dignidade da pessoa humana (art. 1º, III, da Constituição) e conter os excessos da atuação estatal frente ao cidadão.

1: errada. O Princípio basilar do Direito Administrativo é o da Supremacia do Interesse Público sobre os interesses dos administrados, estando incorreta a definição, portanto. AW
Gabarito 1E.

(Delegado/MS – 2017 – FAPEMS) Acerca do Princípio da Publicidade e da Lei de Acesso à Informação (Lei n. 12.527/2011), assinale a alternativa correta.

(A) Somente a pessoa diretamente interessada poderá apresentar pedido de acesso às informações por qualquer meio legítimo, sendo que os órgãos e as entidades do poder público devem viabilizar alternativa de encaminhamento de pedidos de acesso por meio de seus sítios oficiais na internet.
(B) Caso a informação solicitada esteja disponível ao público em formato impresso, eletrônico ou em qualquer outro meio de acesso universal, serão informados ao requerente, por escrito, o lugar e a forma pela qual se poderá consultar, obter ou reproduzir a referida informação, procedimento esse que desonerará o órgão ou a entidade pública da obrigação de seu fornecimento direto, ficando a cargo exclusivo do interessado, em quaisquer circunstâncias, prover meios para obter as informações solicitadas.
(C) O serviço de busca e fornecimento da informação é gratuito, salvo nas hipóteses de reprodução de documentos pelo órgão ou pela entidade pública consultada, situação em que poderá ser cobrado exclusivamente o valor necessário ao ressarcimento do custo dos serviços e dos materiais utilizados.
(D) É dever do Estado garantir o direito de acesso à informação, que será franqueada, mediante procedimentos objetivos e ágeis, de forma transparente, clara e em linguagem de fácil compreensão, sendo legítima a negativa, ainda que não fundamentada, quando a informação for classificada como total ou parcialmente sigilosa.
(E) É legítima a publicação, inclusive em sítio eletrônico mantido pela Administração Pública, dos nomes de seus servidores e do valor dos correspondentes aos vencimentos, sendo vedadas informações referentes a vantagens pecuniárias.

A: incorreta. Lei 12.527/2011, art. 10. Qualquer interessado poderá apresentar pedido de acesso a informações aos órgãos e entidades referidos no art. 1º desta Lei, por qualquer meio legítimo, devendo o pedido conter a identificação do requerente e a especificação da informação requerida. **B:** incorreta. Lei 12.527/2011, art. 10, § 6º: Caso a informação solicitada esteja disponível ao público em formato impresso, eletrônico ou em qualquer outro meio de acesso universal, serão informados ao requerente, por escrito, o lugar e a forma pela qual se poderá consultar, obter ou reproduzir a referida informação, procedimento esse que desonerará o órgão ou entidade pública da obrigação de seu fornecimento direto, salvo se o requerente declarar não dispor de meios para realizar por si mesmo tais procedimentos. **C:** correta. Lei 12.527/2011, art. 12. O serviço de busca e fornecimento da informação é gratuito, salvo nas hipóteses de reprodução de documentos pelo órgão ou entidade pública consultada, situação em que poderá ser cobrado exclusivamente o valor necessário ao ressarcimento do custo dos serviços e dos materiais utilizados. **D:** incorreta. Lei 12.527/2011, art. 25. É dever do Estado controlar o acesso e a divulgação de informações sigilosas produzidas por seus órgãos e entidades, assegurando a sua proteção. **E:** incorreta. Não são vedadas as informações relativas a vantagens pecuniárias. FB
Gabarito "C".

(Promotor de Justiça/MG – 2014) Sobre o princípio da boa-fé, no âmbito da administração pública, é INCORRETO afirmar:

(A) O postulado da boa-fé detém presunção *jures tantum*.
(B) É apropriado dizer que os princípios da boa-fé e da segurança jurídica são excludentes.
(C) Com base nos princípios da confiança, lealdade e verdade, que constituem elementos materiais da boa-fé, é possível temperar o princípio da estrita legalidade.
(D) É admissível afirmar que os postulados da boa-fé e da segurança jurídica visam obstar a desconstituição injustificada de atos ou situações jurídicas.

A: assertiva correta, pois a presunção de boa-fé (presunção que o Direito estabelece em relação à conduta das pessoas) é relativa, admitindo prova em contrário, ou seja, admitindo prova que determinada pessoa age de má-fé; **B:** assertiva incorreta, devendo ser assinalada; isso porque o princípio da segurança jurídica tem dois aspectos, o objetivo (ligado à irretroatividade das leis e das novas interpretações) e o subjetivo (ligado ao princípio da proteção à confiança legítima), sendo que o aspecto subjetivo corresponde ao princípio da boa-fé, que não pode, assim, ser considerado excludente do princípio da segurança jurídica. **C e D:** assertivas corretas; isso porque, de acordo com esses princípios, quando o Estado expede um ato conclusivo capaz de gerar confiança no administrado, levando este a praticar determinada conduta no sentido da expectativa criada pelo Estado, este fica adstrito a manter a sua palavra mesmo se o ato for ilegal, salvo má-fé do administrado, mantendo-se o ato tal como foi expedido, daí porque se tem um temperamento ao princípio da legalidade; um exemplo é a situação em que a Administração outorga ao particular permissão de serviço público por 4 anos, sendo que, 2 anos depois, a permissão vem a ser revogada; nesse caso, mesmo havendo previsão legal de que a permissão de serviço público é precária, podendo, assim, ser revogada a qualquer tempo independentemente de indenização, o fato é que o particular recebeu um ato conclusivo (permissão) que gerou a confiança legítima de que seria mantido até o final do período de 4 anos (por conta do prazo específico no documento, da necessidade de 4 anos para amortizações e lucros e da inexistência de má-fé pelo particular), devendo o Estado manter sua promessa, sua palavra, não revogando a permissão antes do tempo. **WG**
Gabarito "B".

(Advogado do INEA/RJ – 2014 – FGV) Acerca do princípio de confiança legítima (Proteção da Confiança) no Direito Administrativo, analise as afirmativas a seguir.

I. É o princípio que exige do administrador um agir conforme a lei, mesmo que isso implique em prejuízo da Administração.
II. É o princípio que deriva da ideia de segurança jurídica e boa-fé objetiva do administrado.
III. É o princípio segundo o qual a Administração Pública não pode mudar de conduta se isso prejudica o administrado, uma vez que é vedado um comportamento contraditório.

Assinale:
(A) se somente as afirmativas II e III estiverem corretas.
(B) se somente as afirmativas I e II estiverem corretas.
(C) se somente a afirmativa III estiver correta.
(D) se somente a afirmativa II estiver correta.
(E) se somente a afirmativa I estiver correta.

I: incorreta, pois o princípio que determinar o agir conforme a lei é o princípio da legalidade; **II:** correta, pois o princípio em questão é o aspecto subjetivo do princípio da segurança jurídica e é protegido também por incidência do princípio da boa-fé objetiva; **III:** incorreta, pois a violação do princípio em questão pode, em alguns casos, ensejar indenização ao prejudicado, quando o ato administrativo que o prejudica não puder ser mantido na ordem jurídica. **WG**
Gabarito "D".

(Delegado/SP – 2014 – VUNESP) Desde antigas eras do Direito, já vingava o brocardo segundo o qual "nem tudo o que é legal é honesto" (*non omne quod licet honestum est*). Aludido pensamento vem a tomar relevo no âmbito do Direito Administrativo principalmente quando se começa a discutir o problema do exame jurisdicional do desvio de poder. Essa temática serve, portanto, de lastro para o desenvolvimento do princípio constitucional administrativo

(A) explícito da moralidade administrativa.
(B) explícito da legalidade.
(C) implícito da supremacia do interesse público sobre o privado.
(D) implícito da finalidade administrativa.
(E) implícito da motivação administrativa.

De fato, "nem tudo que é legal é honesto" ou "nem tudo que é legal é moral". Dessa forma, o princípio da legalidade não é suficiente para prevenir condutas que possam violar o interesse público. Por isso, a CF/1988 estabelece como princípio da Administração Pública o da moralidade administrativa. Um exemplo de aplicação desse princípio foi a edição da Súmula Vinculante STF 13, que, mesmo que não haja lei proibindo a contratação de parente para cargos em comissão, proíbe o nepotismo na Administração Pública, com fundamento no princípio da moralidade administrativa. **WG**
Gabarito "A".

(Promotor de Justiça/PI – 2014 – CESPE) Com relação aos princípios que regem a administração pública, assinale a opção correta.

(A) Constatadas a concessão e a incorporação indevidas de determinada gratificação especial aos proventos de servidor aposentado, deve a administração suprimi-la em respeito ao princípio da autotutela, sendo desnecessária a prévia instauração de procedimento administrativo.
(B) Segundo o entendimento do STF, para que não ocorra violação do princípio da proporcionalidade, devem ser observados três subprincípios: adequação, finalidade e razoabilidade *stricto sensu*.
(C) O princípio da razoabilidade apresenta-se como meio de controle da discricionariedade administrativa, e justifica a possibilidade de correção judicial.
(D) O princípio da segurança jurídica apresenta-se como espécie de limitação ao princípio da legalidade, prescrevendo o ordenamento jurídico o prazo decadencial de cinco anos para a administração anular atos administrativos que favoreçam o administrado, mesmo quando houver de vício de legalidade e comprovada a má-fé.
(E) Ferem os princípios da isonomia e da irredutibilidade dos vencimentos as alterações na composição dos vencimentos dos servidores públicos, mediante a retirada ou modificação da fórmula de cálculo de vantagens, gratificações e adicionais, ainda que não haja redução do valor total da remuneração.

A: incorreta, pois o STF impõe respeito ao contraditório e à ampla defesa no caso (MS 26.085/DF, DJ 13.06.2008); o STF também expressou esse entendimento ao editar a Súmula Vinculante 3; **B:** incorreta, pois os três subprincípios são adequação, necessidade e proporcionalidade em sentido estrito (STF, RE 466.343-1); **C:** correta, valendo salientar que o Judiciário pode controlar não só a legalidade em sentido estrito, como também a moralidade e a razoabilidade; **D:** incorreta, pois o prazo de 5 anos para anulação dos atos existe apenas quando o beneficiário do ato age de boa-fé, sendo que, quando se comprova que o beneficiário age de má-fé, não incide esse prazo (art. 54, *caput*, da Lei 9.784/1999); **E:** incorreta, pois, segundo o STF, desde que mantido montante global da remuneração, não há ofensa aos princípios citados em caso de alterações na composição dos vencimentos dos servidores públicos, não havendo direito adquirido a um determinado regime jurídico-funcional (ARE 678082/DF, DJ 14.09.2012). **WG**
Gabarito "C".

(Ministério Público do Trabalho – 14º) Quanto aos poderes e princípios da Administração Pública.

I. O poder disciplinar da Administração Pública autoriza a aplicação de sanções a particulares não sujeitos à disciplina interna da Administração.
II. O princípio da continuidade do serviço público jamais cede em razão de seu caráter absoluto, não comporta a aplicação do princípio da proporcionalidade e constitui um verdadeiro superprincípio que orienta todo o ordenamento jurídico administrativo.
III. O princípio da motivação dos atos administrativos, embora recomendável em todos os atos que envolvam o exercício de poderes, ao contrário dos atos praticados pelo Judiciário e Ministério Público, não possui previsão nas normas jurídicas de direito administrativo brasileiro.
IV. O princípio da segurança jurídica não se aplica à Administração Pública brasileira, uma vez que ela possui poderes para desconstituir situações jurídicas e aplicar retroativamente nova interpretação da norma administrativa para garantir o atendimento do fim público a que se dirige.

Assinale a opção CORRETA:
(A) apenas as de números I e III são corretas;
(B) apenas as de números II e IV são corretas;
(C) apenas a de número IV é correta;
(D) todas são incorretas;
(E) não respondida.

I: está incorreta, pois o poder disciplinar autoriza a aplicação de sanções apenas em face de *infrações disciplinares*, que só podem ser cometidas por servidores públicos, ou seja, dentro da disciplina interna da Administração; **II:** está incorreta, pois nenhum princípio é absoluto; **III:** incorreta, pois o princípio está previsto no art. 2º da Lei 9.784/1999; **IV:** incorreta; tal princípio se aplica à Administração Pública brasileira, que pode anular atos eivados de ilegalidade ou revogá-los por conveniência ou oportunidade, mas desde que respeitado o direito adquirido (Súmula 473 do STF). Ademais, a Administração não pode aplicar retroativamente nova interpretação da norma administrativa (art. 2º, parágrafo único, XIII, da Lei 9.784/1999). **WG**
Gabarito "D".

2. PODERES DA ADMINISTRAÇÃO PÚBLICA

Para resolver as questões deste item, vale citar as definições de cada poder administrativo apresentadas por Hely Lopes Meirelles, definições estas muito utilizadas em concursos públicos. Confira:

a) poder vinculado – "é aquele que o Direito Positivo – a lei – confere à Administração Pública para a prática de ato de sua competência, determinando os elementos e requisitos necessários à sua formalização";

b) **poder discricionário** – "é o que o Direito concede à Administração, de modo explícito, para a prática de atos administrativos com liberdade na escolha de sua conveniência, oportunidade e conteúdo";
c) **poder hierárquico** – "é o de que dispõe o Executivo para distribuir e escalonar as funções de seus órgãos, ordenar e rever a atuação de seus agentes, estabelecendo a relação de subordinação entre os servidores do seu quadro de pessoal";
d) **poder disciplinar** – "é a faculdade de punir internamente as infrações funcionais dos servidores e demais pessoas sujeitas à disciplina dos órgãos e serviços da Administração";
e) **poder regulamentar** – "é a faculdade de que dispõem os Chefes de Executivo (Presidente da República, Governadores e Prefeitos) de explicar a lei para sua correta execução, ou de expedir decretos autônomos sobre matéria de sua competência ainda não disciplinada por lei";
f) **poder de polícia** – "é a faculdade de que dispõe a Administração Pública para condicionar e restringir o uso e gozo de bens, atividades e direitos individuais, em benefício da coletividade ou do próprio Estado".

(Direito Administrativo Brasileiro, 26ª ed.
São Paulo: Malheiros, p. 109 a 123)

2.1. PODER VINCULADO E DISCRICIONÁRIO

(Delegado/AM) O poder discricionário conferido à Administração Pública, para ser válido, têm que conjugar os seguintes elementos:
(A) capacidade e competência
(B) oportunidade e capacidade
(C) conveniência e oportunidade
(D) competência e conveniência

Poder discricionário é o que o Direito concede à Administração para a prática de atos administrativos com liberdade na escolha de sua conveniência, oportunidade e conteúdo. WG
Gabarito "C".

2.2. PODER DISCIPLINAR

(Investigador – PC/BA – 2018 – VUNESP) Os agentes superiores fiscalizam as atividades dos agentes de nível inferior e, em consequência, possuem o poder de exigir que a conduta destes seja adequada aos mandamentos legais, sob pena de, se tal não ocorrer, serem os infratores sujeitos às respectivas sanções.
Essa passagem trata do poder
(A) vinculado.
(B) de polícia.
(C) regulamentar.
(D) hierárquico.
(E) disciplinar.

A: incorreta. **Poder vinculado** é aquele conferido pela lei à Administração Pública para a prática de ato de sua competência, determinando os elementos e requisitos necessários à sua formalização; **B:** incorreta. **Poder de polícia** consiste na limitação à liberdade e à propriedade do particular, prevista em lei, em prol do bem comum; **C:** incorreta. **Poder regulamentar** é a faculdade de que dispõem os Chefes de Executivo (Presidente da República, Governadores e Prefeitos) de explicar a lei para sua correta execução, ou de expedir decretos autônomos sobre matéria de sua competência ainda não disciplinada por lei; **D:** incorreta. **Poder regulamentar** consiste no dever-poder de que dispõem os Chefes de Executivo (Presidente da República, Governadores e Prefeitos) de explicar a lei para sua correta execução, ou de expedir decretos autônomos sobre matéria de sua competência ainda não disciplinada por lei; **E:** correta. **Poder disciplinar** é a faculdade de punir internamente as infrações funcionais dos servidores e demais pessoas sujeitas à disciplina dos órgãos e serviços da Administração. FB
Gabarito "E".

(Juiz – TJ-SC – FCC – 2017) Sobre o exercício do poder disciplinar da Administração Pública, é correto afirmar que tal poder:
(A) é exercido somente em face de servidores regidos pelas normas estatutárias, não se aplicando aos empregados públicos, regidos pela Consolidação das Leis do Trabalho.
(B) admite a aplicação de sanções de maneira imediata, desde que tenha havido prova inconteste da conduta ou que ela tenha sido presenciada pela autoridade superior do servidor apenado.
(C) é aplicável aos particulares, sempre que estes descumpram normas regulamentares legalmente embasadas, tais como as normas ambientais, sanitárias ou de trânsito.
(D) é extensível a sujeitos que tenham um vínculo de natureza especial com a Administração, sejam ou não servidores públicos.
(E) não contempla, em seu exercício, a possibilidade de afastamentos cautelares de servidores antes que haja o prévio exercício de ampla defesa e contraditório.

A: incorreta. O Poder Disciplinar é o que permite ao administrador punir os seus subordinados quando comprovada a prática de infração funcional, sendo um poder ao qual se submetem todos os agentes públicos (os agentes políticos, os funcionários públicos, empregados públicos, titulares de regime administrativo especial e particulares em colaboração com o Estado), não sendo correto excluir os empregados públicos, portanto; **B:** incorreta. A aplicação de penalidade sempre deve ser precedida de procedimento administrativo ao qual se assegure o contraditório e ampla defesa (art. 5º, LV, CF) e Lei 9.784/1999; **C.** incorreta. O Poder Disciplinar não se aplica aos particulares, sendo de aplicação interna, que auxilia na disciplina interna dos servidores públicos integrantes da estrutura da Administração Publica, e não dos particulares; **D:** correta. Como explicado na alternativa "A", todos os agentes públicos se submetem a esse regime, o que inclui os particulares em colaboração com o Estado, por exemplo, que não são servidores públicos, mas equiparados a tanto, como os agentes honoríficos (mesários, jurados); **E:** incorreta. Há possibilidade de afastamento cautelar do servidor, conforme disposto no art. 147, da Lei 8.112/1990. AW
Gabarito "D".

(Advogado da Fundação Pro Sangue/SP – 2014 – FGV) Dentre as prerrogativas da Administração Pública encontram-se os poderes administrativos. Assinale a alternativa que indica um exemplo de exercício do poder disciplinar.
(A) Aplicação de multa a uma empresa concessionária de serviço público decorrente do contrato.
(B) Aplicação de multa a um motorista que avança o sinal.
(C) Aplicação de multa, em inspeção da ANVISA, a uma farmácia.
(D) Proibição de funcionamento de estabelecimento de *shows* devido a não satisfação de condições de segurança.
(E) Aplicação de multa por violação da legislação ambiental por particular sem vínculo com a administração.

A: correta; trata-se de poder disciplinar, pois diz respeito a uma sanção aplicada junto a uma pessoa que detém um específico vínculo jurídico com a Administração, no caso, um contrato de concessão de serviço público; **B** a **E:** incorretas, pois aqui se tem poder de polícia, pois diz respeito a uma sanção aplicada a pessoas em geral, que não têm vínculos específicos com a Administração. WG
Gabarito "A".

2.3. PODER REGULAMENTAR

(Procurador Municipal – Prefeitura/BH – CESPE – 2017) Em relação aos poderes e deveres da administração pública, assinale a opção correta.
(A) É juridicamente possível que o Poder Executivo, no uso do poder regulamentar, crie obrigações subsidiárias que viabilizem o cumprimento de uma obrigação legal.
(B) De acordo com o STF, ao Estado é facultada a revogação de ato ilegalmente praticado, sendo prescindível o processo administrativo, mesmo que de tal ato já tenham decorrido efeitos concretos.
(C) De acordo com o STF, é possível que os guardas municipais acumulem a função de poder de polícia de trânsito, ainda que fora da circunscrição do município.
(D) Do poder disciplinar decorre a atribuição de revisar atos administrativos de agentes públicos pertencentes às escalas inferiores da administração.

A: incorreta. O poder regulamentar é subsidiário, infralegal. Ele só pode atuar se houver lei, por isso é que, não sendo possível saber pelo enunciado se há lei anterior sobre a obrigação que se pretende regulamentar, não podemos afirmar que está correta a assertiva; **B:** incorreta. Não há prescindibilidade quanto à anulação de um ato ilegal. É dever do Poder Público anular os atos ilegais, havendo, portanto, dois erros, um quanto ao fato de que se trata de anulação, e outro, pelo fato dessa ser obrigatória; **C:** correta. O STF entende ser constitucional a atribuição às guardas municipais do exercício do poder de polícia, conforme RE 658570/MG, sendo que o art. 144, § 8º, CF dispõe que "Os Municípios poderão constituir guardas municipais destinadas à proteção de seus bens, serviços e instalações, conforme dispuser a lei; **D:** incorreta. O poder disciplinar é instrumento do Poder Público para aplicar penalidades. AW
Gabarito "C".

(Procurador do Município – Prefeitura Fortaleza/CE – CESPE – 2017) Acerca do direito administrativo, julgue o item que se segue.
(1) O exercício do poder regulamentar é privativo do chefe do Poder Executivo da União, dos estados, do DF e dos municípios.

1: correta. O poder regulamentar só pode ser exercido pelo Chefe do Poder Executivo, que é o único que pode regulamentar as leis e outros atos normativos infraconstitucionais. O art. 84, VI, CF é um exemplo desse poder e de sua privatividade. AW
Gabarito 1C

(Delegado/GO – 2017 – CESPE)
De acordo com a legislação e a doutrina pertinentes, o poder de polícia administrativa
(A) pode manifestar-se com a edição de atos normativos como decretos do chefe do Poder Executivo para a fiel regulamentação de leis.
(B) é poder de natureza vinculada, uma vez que o administrador não pode valorar a oportunidade e conveniência de sua prática, estabelecer o motivo e escolher seu conteúdo.
(C) pode ser exercido por órgão que também exerça o poder de polícia judiciária.

(D) é de natureza preventiva, não se prestando o seu exercício, portanto, à esfera repressiva.
(E) é poder administrativo que consiste na possibilidade de a administração aplicar punições a agentes públicos que cometam infrações funcionais.

A: incorreta. Trata-se do poder regulamentar. **B:** incorreta. O artigo 78 do Código Tributário Nacional traz uma definição legal do poder de polícia: "considera-se poder de polícia a atividade da administração pública que, limitando ou disciplinando direito, interesse ou liberdade, regula a prática de ato ou abstenção de fato, em razão de interesse público concernente à segurança, à higiene, à ordem, aos costumes, à disciplina da produção e do mercado, ao exercício de atividades econômicas dependentes de concessão ou autorização do poder público, à tranquilidade pública ou ao respeito à propriedade e aos direitos individuais ou coletivos". Note-se que o mencionado artigo define o poder de polícia como atividade da administração pública; contudo, em atenta leitura ao parágrafo único que se segue vemos que o poder de polícia também é considerado regular quando executado por "órgão competente nos limites da lei aplicável, com observância do processo legal e, tratando-se de atividade que a lei tenha como discricionária, sem abuso ou desvio de poder". **C:** correta. O poder de polícia, na forma da Lei, deve ser exercido por toda a Administração Publica. **D:** incorreta. O poder de polícia e exercida tanto de forma preventiva quanto repressiva. **E:** incorreta. A assertiva define o poder disciplinar. FB
Gabarito "C".

(Defensor Público – DPE/MT – 2016 – UFMT) Leia o texto abaixo.

Na Europa ou na América Latina, a atividade reguladora estatal ganhou força a partir da segunda metade do século XX, num quadro relacionado a políticas inspiradas na redefinição do papel do Estado. Implementaram-se programas de desestatização que privilegiaram a atividade privada, em detrimento da atuação direta do Estado em setores diversos, abrangendo áreas relacionadas a serviços considerados de interesse social.

(CARVALHO, C. E. V. de. Regulação de serviços públicos: na perspectiva da constituição econômica brasileira. Belo Horizonte: Editora Del Rey, 2007.)

Assinale a afirmativa relacionada ao sentido social atribuído à atividade regulatória estatal por construção doutrinária.

(A) Os objetivos sociais da atividade reguladora estatal devem ser dissociados de seus objetivos econômicos, a fim de garantir a consecução de interesses que não podem ser atingidos por meio da livre concorrência.
(B) Como agente normativo e regulador da atividade econômica, o Estado exercerá, na forma da lei, as funções de fiscalização, incentivo e planejamento, sendo este indicativo para os setores público e privado.
(C) A disciplina reguladora exercida pelo Estado conduz à maior eficiência produtiva ou alocativa, se comparada às soluções próprias e espontâneas do mercado.
(D) As políticas regulatórias de caráter redistributivo, além dos objetivos econômicos de estímulo à concorrência e à eficiência, visam implementar metas sociais como a universalização do acesso a serviços essenciais.
(E) Quando o Estado não atua diretamente no mercado como produtor de bens e serviços, a regulação funciona como um mecanismo para corrigir falhas de mercado e estabelecer um regime concorrencial.

A: Incorreta. Os objetivos sociais e econômicos devem ser **associados**, conforme previsto nos artigos 3º (redução das desigualdades sociais), art. 170, VII (redução das desigualdades sociais e regionais) e art. 173, todos da Constituição Federal; **B:** Incorreta. O art. 174, CF determina que a atividade regulatória é indicativa para o setor privado, somente, sendo determinante para o setor público; **C:** Incorreta. A atividade regulatória do Estado produz maior eficiência distributiva, e não, produtiva. O fim social da atividade regulatória é a eficiência distributiva; **D:** Correta. Conforme explicado acima o fim social é a distribuição efetiva de serviços em geral o objetivo primordial da atividade regulatória; **E:** Incorreta. Não se busca sempre um modelo ou regime concorrencial de mercado, e sim, a distribuição do serviço uniformemente, por isso está incorreta a assertiva. AW
Gabarito "D".

(Magistratura/GO – 2015 – FCC) O regime jurídico administrativo compreende um conjunto de prerrogativas e sujeições aplicáveis à Administração e expressa-se sob a forma de princípios informativos do Direito Público, bem como pelos poderes outorgados à Administração, entre os quais se insere o poder normativo, que

(A) não se restringe ao poder regulamentar, abarcando também atos originários relativos a matéria de organização administrativa.
(B) permite a edição de atos discricionários, com base em critérios de conveniência e oportunidade e afasta a vinculação a requisitos formais.
(C) autoriza a Administração a impor limites às atividades privadas em prol do interesse público.
(D) é o instrumento pelo qual a Administração disciplina a execução da lei, editando normas que podem inovar em relação ao texto legal para a criação de obrigações aos administrados.
(E) compreende a aplicação de sanções àqueles ligados à Administração por vínculo funcional ou contratual.

A: correta, pois a expressão "poder normativo" é o gênero, que tem como espécies o poder regulamentar, que é o de expedir decretos para a fiel execução da lei, bem como o poder de expedir outros atos normativos, o que pode se dar por meio de instruções normativas, resoluções, portarias etc.; **B:** incorreta, pois todo ato administrativo, mesmo que discricionário, deve obedecer aos requisitos formais estabelecidos em lei; **C e D:** incorretas, pois a atividade administrativa não pode obrigar alguém a fazer ou deixar de fazer alguma coisa; quem tem esse poder é apenas a atividade legislativa, sendo que a atividade administrativa virá num momento seguinte, para verificar se as pessoas estão ou não observando a lei, mas nunca podendo criar as obrigações, inovando na ordem jurídica; **E:** incorreta, pois essa definição é a de *poder disciplinar*, e não de *poder normativo*. WG
Gabarito "A".

(Delegado/AM) A natureza regulamentar da Administração Pública é:
(A) primária
(B) originária
(C) secundária
(D) subsidiária

O poder regulamentar é de natureza *secundária*, pois o regulamento não pode, como regra, inovar *originariamente* na ordem jurídica, devendo apenas explicar a lei, ou seja, agir de modo secundário, para a fiel execução da lei. WG
Gabarito "C".

2.4. PODER DE POLÍCIA

(Procurador do Município – Prefeitura Fortaleza/CE – CESPE – 2017) Acerca do direito administrativo, julgue o item que se segue.

(1) O exercício do poder de polícia reflete o sentido objetivo da administração pública, o qual se refere à própria atividade administrativa exercida pelo Estado.

1: O poder de polícia é um instrumento de atuação do Estado para disciplinar, condicionar e frenar os atos dos administrados, sendo uma atividade típica do Poder Executivo, por isso se insere na classificação objetiva do direito administrativo, qual seja, da atividade administrativa propriamente dita. AW
Gabarito 1C.

(Procurador – IPSMI/SP – VUNESP – 2016) Sobre os poderes administrativos, é correto afirmar que

(A) ocorre excesso de poder quando a atuação do agente busca alcançar finalidade diversa do interesse público.
(B) é constitucional lei que firma ser de competência de entidades privadas o exercício do serviço de fiscalização das profissões regulamentadas.
(C) o poder de polícia permite que a Administração aplique sanções em agentes públicos a ela vinculados quando os servidores incorrem em infrações funcionais.
(D) a concessão de poder a um agente público confere sempre a ele a faculdade de exercê-lo de acordo com o juízo de conveniência e oportunidade.
(E) não é válida a conduta de condicionar a renovação de licença do veículo ao pagamento de multa quando o agente infrator não foi notificado.

A: Incorreta. O excesso de poder é a atuação diversa às regras de competência estabelecidas na lei. O desvio de poder ou de finalidade é que é a busca contrária ao interesse público. **B:** Incorreta. O exercício de fiscalização das profissões regulamentadas é feito por meio de autarquias, pessoas jurídicas de direito público, eis que temos um serviço público (art. 21, XVI, CF) que envolve o exercício do Poder de Polícia, que não admite delegação quanto aos atos executórios, que não podem ser afastados dessas entidades (não tem como fiscalizar o exercício profissional sem deixar de executar as penalidades em casos de sanções). **C:** Incorreta. O Poder de Polícia é externo, aplicando-se aos particulares, e não aos próprios agentes públicos, que devem sofrer sanções disciplinares por meio do Poder Disciplinar. **D:** Incorreta. A delegação de um Poder é sempre vinculada, de forma que o administrador só pode atuar nos limites do que lhe foi delegado e em conformidade com a lei; **E:** Correta. Trata-se da súmula 127, STJ, que assim dispõe: "É ilegal condicionar a renovação da licença de veículo ao pagamento de multa, da qual o infrator não foi notificado". AW
Gabarito "E".

(Procurador do Estado – PGE/MT – FCC – 2016) Sobre o exercício do poder de polícia, no âmbito dos Estados-membros, é correto afirmar:

(A) Viola a competência privativa da União lei estadual que impede a renovação da licença de trânsito em razão do inadimplemento do IPVA.
(B) É lícita a apreensão de mercadorias, quando o contribuinte não recolheu o tributo que deveria ter recolhido previamente à saída do estabelecimento.
(C) É competente a autoridade estadual para apreender e desemplacar veículos que são flagrados no exercício irregular de transporte coletivo intermunicipal.

(D) O Estado pode decretar administrativamente o perdimento de bens apreendidos em decorrência da prática de importação irregular.
(E) É ilícita a apreensão de mercadorias em razão da ausência de documentação fiscal, haja vista o princípio da presunção de boa-fé.

A: incorreta. Trata-se de competência estadual (súmulas 127 e 312, STJ), sendo que esse mesmo Tribunal entendeu que é legítima a retenção de veículo, até que as multas sejam pagas. O Supremo Tribunal Federal já se manifestou a respeito do tema. Em síntese, na Ação Direta de Inconstitucionalidade (ADIN 1.654-7 AP) que questionava inconstitucionalidade por falta de competência legislativa estadual sobre trânsito, de norma do Código Tributário do Amapá que impedia a apreensão do veículo por falta de pagamento do IPVA, apenas não autorizando o licenciamento. Sendo relator o Ministro Maurício Corrêa, a norma estadual não invadiu a competência privativa da União de legislar sobre trânsito, sendo a votação unânime; **B**: incorreta. Há súmula do STF, 323, que assim dispõe: "é inadmissível a apreensão de mercadorias como meio coercitivo para pagamento de tributos"; **C**: correta. É competente a autoridade estadual para apreender e desemplacar veículos que são flagrados no exercício irregular de transporte coletivo intermunicipal. Adi 2751; **D**: incorreta. O estado pode decretar administrativamente o perdimento de bens apreendidos em decorrência de importação irregular; **E**: incorreta. A retenção de mercadoria, até a comprovação da posse legítima daquele que a transporta, não constitui coação imposta em desrespeito ao princípio do devido processo legal tributário (ADI395). FB

Gabarito "C".

(Procurador do Estado – PGE/RS – Fundatec – 2015) Sobre o poder de polícia, assinale a alternativa correta.
(A) O poder de polícia é um poder discricionário por natureza, destinado à defesa da segurança nacional.
(B) A licença é um ato de consentimento administrativo plenamente vinculado por meio do qual se faculta ao particular o exercício de uma atividade.
(C) O poder de polícia consiste na imposição de restrições, condicionamentos e conformações a direitos individuais, mas não a imposição de deveres aos particulares.
(D) O exercício do poder de polícia configura fato gerador do tributo denominado contribuição social.
(E) A delegação de atos de polícia administrativa a particulares é, em regra, admitida no Direito brasileiro.

A: incorreta. O poder de polícia realmente é discricionário, mas não se destina à Segurança Pública, e sim, ao condicionamento de atos dos particulares, adequando-os à finalidade pública; **B**: correta. Esse é o conceito de licença, sendo ato vinculado, ao qual se faculta ao particular o exercício de uma atividade de interesse público; **C**: incorreta. O poder de polícia pode impor deveres aos particulares, como o respeito à sinalização de trânsito, ao respeito ao silêncio, dentre outras; **D**: incorreta. O poder de polícia enseja a cobrança de "taxa de polícia" (art. 145, II, CF); **E**: incorreta. Excepcionalmente é admitida a delegação dos atos de polícia, mas somente quanto à sua execução. AW

Gabarito "B".

(Procurador do Estado – PGE/PA – UEPA – 2015) A respeito da Taxa de Controle, Acompanhamento e Fiscalização das Atividades de Pesquisa, Lavra, Exploração e Aproveitamento de Recursos Minerários – TFRM, é correto afirmar que:
(A) o exercício do poder de polícia conferido ao Estado sobre a atividade de pesquisa, lavra, exploração e aproveitamento dos recursos minerários será exercido pela Secretaria de Estado da Fazenda – SEFA, com o apoio operacional de outros órgãos da Administração Estadual.
(B) são isentos do pagamento da TFRM o microempreendedor individual (MEI), microempresa e a empresa de pequeno porte, com exceção das que realizam a lavra, exploração ou o aproveitamento de minério de ferro.
(C) o Poder Executivo poderá reduzir o valor da TFRM, com o fim de evitar onerosidade excessiva e para atender as peculiaridades inerentes às diversidades do setor minerário.
(D) os contribuintes da TFRM remeterão à Secretaria de Estado de Ciência, Tecnologia e Inovação – SECTI, na forma, prazo e condições estabelecidas em regulamento, informações relativas à apuração e ao pagamento da taxa.
(E) as pessoas, físicas ou jurídicas, obrigadas à inscrição no Cadastro Estadual de Controle, Acompanhamento e Fiscalização das Atividades de Pesquisa, Lavra, Exploração e Aproveitamento de Recursos Minerários – CERM estarão sujeitas ao pagamento de taxa no momento da inscrição, na forma estabelecida na lei.

A: incorreta. O art. 3º, da Lei Estadual 7.591/2011 dispõe que o poder de polícia é exercido pela Secretaria de Estado de Comércio; **B**: incorreta. O art. 4º, da Lei 7.591/2011 dispõe que somente são isentos o microempreendedor individual e a empresa de pequeno porte; **C**: correta. Trata-se do que consta no art. 6º, § 3º, da Lei 7.591/2011, que assim dispõe: "O Poder Executivo poderá reduzir o valor da TFRM definido no caput deste artigo, com o fim de evitar onerosidade excessiva e para atender as peculiaridades inerentes às diversidades do setor minerário"; **D**: incorreta. O art. 10, do referido diploma legislativo, dispõe outro órgão como competente para a prestação dessas informações; **E**: incorreta. O art. 13, parágrafo único, da Lei 7.591/2011 dispõe que: "A inscrição no cadastro não estará sujeita ao pagamento de taxa e terá o prazo e os procedimentos estabelecidos em regulamento." AW

Gabarito "C".

(Procurador – PGFN – ESAF – 2015) Quando o Estado, mediante processo licitatório, contrata uma empresa especializada para fornecer e operar aparelho eletrônico (radar fotográfico) que servirá de suporte à lavratura de autos de infração de trânsito, está
(A) agindo corretamente, pois o poder de polícia, para fins do Código de Trânsito Brasileiro, é delegável.
(B) ferindo o ordenamento jurídico, porque o poder de polícia do Estado é indelegável.
(C) celebrando um contrato de prestação de serviço para atividade de suporte material de fiscalização.
(D) celebrando um contrato de permissão de serviço público para atividade auxiliar da Administração.
(E) celebrando uma contratação integrada, com delegação de competências materiais.

A: incorreta. O poder de polícia não é delegável, exceto quanto aos seus atos de execução material; **B**: incorreta. Esse é um ato de execução material, por isso poderia ser delegado; **C**: correta. Trata-se de um ato de execução material do poder de polícia e pode, portanto, ser delegado; **D**: incorreto. Temos a delegação da execução material de um ato de polícia administrativa; **E**: incorreta. Não temos contratação integrada (contratação de quem realiza o projeto e a execução de um serviço). AW

Gabarito "C".

(Juiz – TRF 3ª Região – 2016) Sobre o poder de polícia, assinale a alternativa incorreta.
(A) Segundo o STF, o art. 144, §8º, da CF ("Os Municípios poderão constituir guardas municipais destinadas à proteção de seus bens, serviços e instalações, conforme dispuser a lei"), não impede que a guarda municipal exerça funções adicionais à de proteção dos bens, serviços e instalações do Município, incluindo o exercício do poder de polícia para fiscalização do trânsito, que não é prerrogativa exclusiva das entidades policiais.
(B) Segundo o STF, a taxa de renovação de licença de funcionamento é constitucional, desde que haja o efetivo exercício do poder de polícia, não bastando para sua demonstração a mera existência de órgão administrativo que possua estrutura e competência para a realização da atividade de fiscalização.
(C) A edição de atos normativos pode caracterizar a atuação de polícia administrativa, por exemplo, quando impõe limitações administrativas ao exercício dos direitos e de atividades individuais.
(D) Atos de polícia administrativa podem ser expedidos no exercício de competência discricionária ou vinculada, conforme o caso.

A: A assertiva está correta. O STF definiu a tese de que é constitucional a atribuição às guardas municipais do exercício do poder de polícia de trânsito, inclusive para a imposição de sanções administrativas legalmente previstas (ex.: multas de trânsito). STF. Plenário. RE 658570/MG, rel. orig. Min. Marco Aurélio, red. p/ o acórdão Min. Roberto Barroso, j. 06.08.2015 (Info 793); **B**: A assertiva está incorreta, e deve ser assinalada, pois o STF entende que "a taxa de renovação de licença de funcionamento é constitucional, desde que haja o efetivo exercício do poder de polícia, *bastando para sua demonstração* a mera existência de órgão administrativo que possua estrutura e competência para a realização da atividade de fiscalização". Portanto, não é necessário o efetivo exercício do poder de polícia para a cobrança da taxa de polícia; **C**: A assertiva está correta. O poder de polícia também se impõe pela edição de atos normativos, limitações administrativas, gerais e abstratas, que condicionam o uso da propriedade e o exercício de direitos em prol da coletividade e bem comum; **D**: A assertiva está correta. O poder de polícia é discricionário, mas quem pode agir com discrição, com liberdade, também poderá agir cumprindo a lei, ou seja, vinculado a ela, de forma que a competência também poderá ser vinculada para o exercício do poder de polícia. AW

Gabarito "B".

(Promotor de Justiça/SC – 2016 – MPE)
(1) É atributo do poder de polícia a autoexecutoriedade, fazendo possível à Administração executar suas próprias decisões, sem necessidade de recorrer ao Poder Judiciário.

1: correta. Um dos atributos do Poder de Polícia é a autoexecutoriedade, sem a qual não teria sentido ao administrador frenar, limitar e condicionar os atos dos administrados para adequá-los ao interesse público. AW

Gabarito 1C

(Delegado/GO – 2017 – CESPE) A respeito dos poderes e deveres da administração, assinale a opção correta, considerando o disposto na CF.
(A) A lei não pode criar instrumentos de fiscalização das finanças públicas, pois tais instrumentos são taxativamente listados na CF.
(B) A eficiência, um dever administrativo, não guarda relação com a realização de supervisão ministerial dos atos praticados por unidades da administração indireta.
(C) O abuso de poder consiste em conduta ilegítima do agente público, caracterizada pela atuação fora dos objetivos explícitos ou implícitos estabelecidos pela lei.

(D) A capacidade de inovar a ordem jurídica e criar obrigações caracteriza o poder regulamentar da administração.
(E) As consequências da condenação pela prática de ato de improbidade administrativa incluem a perda dos direitos políticos e a suspensão da função pública.

A: incorreta. CF, art. 163. Lei complementar disporá sobre: I – finanças públicas; V – fiscalização financeira da administração pública direta e indireta; **B**: incorreta. Os princípios da Administração Publica deverão estar presentes em todos os seus atos. **C**: correta. Abuso de poder é gênero do qual são espécies: excesso de poder, desvio de poder e de finalidade. **D**: incorreta. O poder regulamentar apenas regulamenta normas já existentes, não inova a ordem jurídica. **E**: incorreta. O que se perde é a função publico, sendo os direitos políticos suspensos. FB

Gabarito "C".

(Delegado/PE – 2016 – CESPE) A fiscalização ambiental de determinado estado da Federação verificou que a água utilizada para o consumo dos hóspedes de um hotel era captada de poços artesianos. Como o hotel não tinha a outorga do poder público para extração de água de aquífero subterrâneo, os fiscais lavraram o auto de infração e informaram ao gerente do hotel que lacrariam os poços artesianos, conforme a previsão da legislação estadual. O gerente resistiu à ação dos fiscais, razão pela qual policiais militares compareceram ao local e, diante do impasse, o gerente, acompanhado do advogado do hotel, e os fiscais foram conduzidos à delegacia local. O advogado alegou que os fiscais teriam agido com abuso de autoridade, uma vez que o poder público estadual não teria competência para fiscalizar poços artesianos, e requereu ao delegado de plantão a imediata liberação do gerente e o registro, em boletim de ocorrência, do abuso de poder por parte dos fiscais. A partir dessa situação hipotética, assinale a opção correta, considerando as regras e princípios do direito administrativo.

(A) Agentes de fiscalização não possuem poder de polícia, que é exclusivo dos órgãos de segurança pública. Por essa razão, os fiscais não poderiam entrar no hotel, propriedade privada, sem o acompanhamento dos policiais militares.
(B) A fiscalização estadual agiu corretamente ao aplicar o auto de infração: o hotel não poderia fazer uso de poço artesiano sem a outorga do poder público estadual. Contudo, os fiscais somente poderiam lacrar os poços se dispusessem de ordem judicial, razão pela qual ficou evidente o abuso de poder.
(C) As águas subterrâneas e em depósito são bens públicos da União, razão pela qual a fiscalização estadual não teria competência para atuar no presentecaso.
(D) Os estados membros da Federação possuem domínio das águas subterrâneas e poder de polícia para precaver e prevenir danos ao meio ambiente. Assim, a fiscalização estadual não só tinha o poder, mas também, o dever de autuar.
(E) Não é necessária a outorgado ente público para o simples uso de poço artesiano. Logo, a conduta dos fiscais foi intempestiva e abusiva.

A: incorreta, pois o poder de polícia relacionado à fiscalização de ilícitos administrativos e ambientais é, na verdade, atividade típica de agentes de fiscalização, e não é atividade típica de órgãos de segurança pública, que se direcionam para evitar e investigar outro tipo de ilícito, no caso o ilícito penal; **B**: incorreta, pois a possibilidade de a Administração, por si só, fazer executar suas ordens é comum e basta ler previsão legal ou situação de urgência que impossibilite buscar o Judiciário, que a fiscalização poderá impor materialmente o cumprimento da lei que estiver sendo violada; **C**: incorreta, pois as águas superficiais ou subterrâneas incluem-se entre os bens dos Estados (art. 26, I, da CF); **D**: correta, pois o domínio das águas subterrâneas pelos Estados está previsto no art. 26, I, da CF, e a competência para precaver e previnir danos ambientais está prevista no art. 23, VI, da CF; **E**: incorreta, pois qualquer uso de recursos hídricos superficiais ou subterrâneos de depende de prévia autorização ou licença do órgão público estadual, por se tratar de um bem público pertencente ao Estado (art. 26, I, da CF). WG

Gabarito "D".

(Ministério Público/SP – 2015 – MPE/SP) Assinale a alternativa correta sobre o poder de polícia:
(A) Ele é passível de delegação a particulares.
(B) Tem, como atributos exclusivos, a discricionariedade e a coercibilidade.
(C) Inexiste vedação constitucional para que pessoas administrativas de direito privado possam exercê-lo na sua modalidade fiscalizatória.
(D) Qualifica-se como atividade positiva da Administração.
(E) Os atos a ele inerentes não se sujeitam ao princípio da anterioridade.

A: incorreta, pois o poder de polícia em si não pode ser delegado ao particular, que pode apenas contribuir materialmente para o seu exercício, mas nunca assumir o próprio exercício desse poder; **B**: incorreta, pois outros poderes administrativos podem ter os atributos mencionados; por exemplo, o poder disciplinar envolver certa discricionariedade quando se verifica se dada falta é grave ou não; **C**: correta; de fato não existe vedação constitucional nesse sentido; todavia, conforme mencionado, o exercício de poder de polícia deve se dar por meio do Poder Público, aí incluídas as pessoas jurídicas da Administração Pública Indireta, o que deve recair, em termos mais rigorosos, sobre pessoas jurídicas estatais de direito público, apesar de existir casos de pessoas jurídicas estatais de direito privado exercerem o poder de polícia; **D**: incorreta, pois é numa atividade considerada "negativa", no sentido de ser uma atividade que impõe um "não fazer" para as pessoas; **E**: incorreta; pois não é possível obrigações de não fazer para situações já ocorridas antes da edição da lei que determina essas obrigações, respeitando-se, assim, o princípio da anterioridade. WG

Gabarito "C".

(Juiz de Direito/PA – 2014 – VUNESP) No âmbito do exercício do poder de polícia, é correto afirmar que os meios diretos de coação
(A) não se aplicam à abstenção de fatos por particulares.
(B) serão válidos mesmo quando desproporcionais ou excessivos em relação ao interesse tutelado pela lei.
(C) decorrem da necessidade da Administração sempre precisar se valer de provimentos do Poder Judiciário.
(D) podem ser delegados a pessoas jurídicas de direito público, como autarquias da Administração Indireta.
(E) não podem ser exemplificados pela interdição de uma obra.

A: incorreta, pois há casos em que a Administração tem autoexecutoriedade, podendo compelir diretamente (materialmente) o particular a cumprir o determinado; **B**: incorreta, pois, em qualquer caso, o uso da coação direta deve obedecer à lei e ao princípio da proporcionalidade; **C**: incorreta, pois em situações de grande urgência e impossibilidade de buscar o Judiciário em tempo hábil a acautelar o interesse público, bem como quando a lei expressamente autorizar cabe autoexecutoriedade, ou seja, possibilidade de uso da força sem que haja provimento do Judiciário; **D**: correta, pois pessoas jurídicas de direito público têm legitimação para receber competências relacionadas a atos típicos de Estado; **E**: incorreta, pois a interdição de uma obra do particular é exemplo típico de coação direta estatal exercida sobre este. WG

Gabarito "D".

(Juiz de Direito/RJ – 2014 – VUNESP) No direito administrativo brasileiro, o poder de polícia
(A) é veiculado por meio de atos concretos e específicos, jurídicos ou materiais, sendo vedado o seu exercício por meio de atos normativos de alcance geral.
(B) pode ensejar ao particular, em virtude de seu descumprimento, sanções de ordem penal, podendo responder pelos crimes de resistência, desobediência ou desacato.
(C) não autoriza a aplicação de sanções, tais como demolição de construção, fechamento de estabelecimento ou destruição de objetos, sem a intervenção do Judiciário.
(D) manifesta-se primordialmente de forma repressiva, ficando o exercício da forma preventiva a cargo da polícia judiciária.

A: incorreta, pois o poder de polícia também pode ser exercido por meio de atos normativos, lembrando que a expressão poder de polícia abrange não só as leis e os atos normativos que estabelecem as limitações administrativas, como também a polícia administrativa, voltada precipuamente à fiscalização acerca do seu cumprimento; **B**: correta, pois os crimes mencionados são todos crimes contra a Administração Pública e que podem ocorrer em situações concretas específicas relacionadas ao exercício do poder de polícia; **C**: incorreta, pois esse tipo de coação direta ou material é cabível toda vez que a lei expressamente autorizar ou quando não houver tempo de buscar o Judiciário para acautelar o interesse público que estiver sendo violado; **D**: incorreta, pois o poder de polícia atua tanto preventiva, como repressivamente, lembrando que a polícia judiciária atua em outra frente, qual seja, a investigação de infrações penais. WG

Gabarito "B".

(Advogado do INEA/RJ – 2014 – FGV) Pedro, fiscal sanitário, verificando que as condições sanitárias exigidas pela legislação não vinham sendo cumpridas, autuou a Empresa X, aplicando-lhe uma multa. Não tendo sido apresentada defesa, nem paga a multa nos prazos legalmente estabelecidos, Pedro retornou ao estabelecimento, e sem realizar nova vistoria, até que a penalidade fosse adimplida, lacrou-o. Considerando a situação acima, analise as afirmativas a seguir.

I. O poder de polícia é, em regra, auto-executório, porém a aplicação da multa não o é, somente podendo ser cobrada por meio judicial próprio.
II. A empresa X nada mais pode fazer administrativamente, só podendo pagar a multa para poder reabrir o seu estabelecimento, vez que não exerceu o direito de defesa oportunamente.
III. A multa somente poderia ser mantida, caso Pedro realizasse nova vistoria.

Assinale:
(A) se somente a afirmativa I estiver correta.
(B) se somente a afirmativa II estiver correta.
(C) se somente as afirmativas I e II estiverem corretas.
(D) se somente as afirmativas I e III estiverem corretas.
(E) se todas as afirmativas estiverem corretas.

I: correta, devendo a multa ser cobrada em juízo por meio de execução fiscal; **II**: incorreta, pois a empresa pode, ainda, buscar defender seus direitos em juízo, pois nenhuma lesão ou ameaça de lesão a direito pode ser subtraída da apreciação do Judiciário (art.

5º, XXXV, da CF); **III**: incorreta, pois há presunção de legitimidade nos atos praticados pelo agente público Pedro, não sendo necessário nova vistoria, ressalvados os casos previstos em lei. **WG**
Gabarito "A".

(Delegado/SP – 2014 – VUNESP) Ao exercício do poder de polícia são inerentes certas atividades que podem ser sumariamente divididas em quatro grupos: I – legislação; II – consentimento; III – fiscalização; e IV – sanção. Nessa ordem de ideias, é correto afirmar que o particular
(A) pode exercer apenas as atividades de consentimento e de sanção, por não serem típicas de Estado.
(B) somente pode exercer, por delegação, a atividade de fiscalização, por não ser típica de Estado.
(C) pode exercer, por delegação, as atividades de consentimento e fiscalização, por não serem típicas de Estado.
(D) pode exercer, por delegação, quaisquer das atividades inerentes ao poder de polícia, pois não se traduzem em funções típicas de Estado.
(E) pode exercer, por delegação, o direito de impor, por exemplo, uma multa por infração de trânsito e cobrá-la, inclusive, judicialmente.

A: incorreta, pois a atividade de sanção é típica de Estado; **B**: incorreta, pois o particular também pode exercer a atividade de consentimento, que consiste em verificar se o particular que desempenha determinada atividade ou direito satisfaz os requisitos em lei para tanto; por exemplo, tem-se o caso das autoescolas, que são particulares credenciados para exames que verificam alguns dos requisitos para receber habilitação para dirigir; **C**: correta, pois as atividades de consentimento e de fiscalização (sem sanção) podem ser realizadas pelo particular; **D**: incorreta, pois a edição de leis e a aplicação de sanções são atividades típicas de Estado; **E**: incorreta, pois a aplicação de sanções é atividade típica de Estado. **WG**
Gabarito "C".

2.5. PODERES ADMINISTRATIVOS COMBINADOS

(Advogado União – AGU – CESPE – 2015) Foi editada portaria ministerial que regulamentou, com fundamento direto no princípio constitucional da eficiência, a concessão de gratificação de desempenho aos servidores de determinado ministério.
Com referência a essa situação hipotética e ao poder regulamentar, julgue os próximos itens.
(1) A portaria em questão poderá vir a ser sustada pelo Congresso Nacional, se essa casa entender que o ministro exorbitou de seu poder regulamentar.
(2) As portarias são qualificadas como atos de regulamentação de segundo grau.
(3) Na hipótese considerada, a portaria não ofendeu o princípio da legalidade administrativa, tendo em vista o fenômeno da deslegalização com fundamento na CF.

1: correta. Trata-se do disposto no art. 49, V, CF, ou seja, o Congresso poderia sustar atos normativos que exorbitem do poder regulamentar; **2**: correta. As portarias são atos normativos infralegais e por estarem submetidas à lei, também se denominam de "segundo grau"; **3**: incorreta. Houve violação da hierarquia legal, eis que a portaria é ato administrativo infralegal e não poderia ser editada com fundamento direto no texto constitucional. **AW**
Gabarito 1C, 2C, 3E.

(Procurador do Estado – PGE/BA – CESPE – 2014) Em relação aos poderes administrativos, julgue os itens subsecutivos.
(1) Constitui exemplo de poder de polícia a interdição de restaurante pela autoridade administrativa de vigilância sanitária.
(2) Ao secretário estadual de finanças é permitido delegar, por razões técnicas e econômicas e com fundamento no seu poder hierárquico, parte de sua competência a presidente de empresa pública, desde que o faça por meio de portaria.
(3) A aplicação das penas de perda da função pública e de ressarcimento integral do dano em virtude da prática de ato de improbidade administrativa situa-se no âmbito do poder disciplinar da administração pública.

1: correta. Trata-se da polícia sanitária, que visa a limitar e condicionar essa atividade para preservar a qualidade da alimentação disponibilizada à população em geral; **2**: incorreta. Não é possível essa delegação com fundamento no poder hierárquico, pois a empresa pública não é subordinada ao Ministério, havendo apenas uma relação de controle de legalidade entre aquele e essa; **3**: incorreta. Não temos poder disciplinar nesse caso, e sim, atuação judicial, decorrente de um processo civil de improbidade administrativa. **AW**
Gabarito 1C, 2E, 3E.

(Procurador do Estado – PGE/RN – FCC – 2014) A correlação válida entre os chamados poderes da Administração está em:
(A) O poder disciplinar pode ser decorrente do poder hierárquico, mas também pode projetar efeitos para além das relações travadas *interna corporis*.
(B) O poder hierárquico decorre do poder disciplinar, na medida em que estabelece relação jurídica dentro dos quadros funcionais do poder público.
(C) O poder hierárquico decorre do poder normativo no que se refere à estruturação e criação de secretarias de Estado, na medida em que esse se qualifica como autônomo e originário.
(D) O poder disciplinar permite a aplicação de sanções não previstas em lei, o que o aproxima, quanto aos predicados, do poder normativo.
(E) O poder hierárquico e o poder disciplinar confundem-se quando se trata de relações jurídicas travadas dentro da estrutura da Administração.

A: incorreta. O poder disciplinar é interno e não pode se projetar para além das relações travadas "interna corporis"; **B**: correta. O poder hierárquico é correlato ao disciplinar, já que só pode aplicar penalidade o superior hierárquico, sendo restrito aos quadros internos e funcionais do Poder Público; **C**: incorreta. O poder hierárquico não se relaciona com o poder normativo, porque esse é externo e interno (editar normas internas à estrutura administrativa e gerais, externas, que valem para todos); **D**: incorreta. O poder disciplinar é vinculado quanto às penalidades, ou seja, só pode aplicar as penalidades previstas em lei. Seu aspecto discricionário corresponde ao "quantum" ou dosagem e escolha da penalidade, a depender das circunstâncias do caso concreto; **E**: incorreta. Não há confusão entre os dois poderes, sendo correlatos, um consequência do outro. O disciplinar é consequência do hierárquico, mas um não se confunde com o outro. **AW**
Gabarito "B".

(Juiz – TRF 3ª Região – 2016) O cancro cítrico é doença altamente contagiosa que atinge as diversas variedades de citros, afetando a produtividade e a qualidade da lavoura, levando, inclusive, à morte do vegetal contaminado. A patologia é incurável e demanda, como medida profilática, a erradicação dos vegetais contaminados. Nesses termos, criou-se Campanha Nacional de Erradicação do Cancro Cítrico – CANECC, instaurada por meio da Portaria nº 291/1997 e promovida pelo Ministério da Agricultura, em consonância com o Decreto nº 24.114/34, que prevê a possibilidade de destruição parcial ou tal das lavouras contaminadas ou passíveis de contaminação em condições como essa.
Imaginando-se que determinado proprietário, atingido pelas medidas sanitárias acima indicadas, reivindica indenização, é possível afirmar, com alicerce nesses elementos, que:
(A) Em tese é cabível indenização, tendo em vista que o art. 37, § 6º, da CF/88 consagra a responsabilidade objetiva do Estado, cujo reconhecimento condiciona-se à comprovação dos seguintes requisitos: conduta lesiva imputável a um de seus agentes, dano indenizável e nexo de causalidade entre a conduta impugnada, restando dispensada a configuração de culpa, de excesso ou de abuso do Poder Público.
(B) Em tese não é cabível indenização, tendo em vista que, conforme entendimento jurisprudencial pacífico, em casos como esse, a indenização somente seria devida se comprovado excesso ou abuso do Poder Público.
(C) Embora em tese não seja necessária a comprovação de excesso ou abuso do Poder Público para que seja reconhecido o direito à indenização em casos como esse, a indenização não é cabível porquanto o ato praticado buscou resguardar o interesse público.
(D) Em tese não é cabível indenização, porquanto em nenhuma hipótese o Estado deve reparar danos causados a terceiros quando decorrentes de seu comportamento lícito.

A: incorreta. Não é devida a indenização, pois temos o exercício do poder de polícia, que não é indenizável, exceto de abuso de direito, conforme jurisprudência dominante, a seguir exposta na alternativa B; **B**: correta. Em se tratando de poder de polícia administrativa, que visa a condicionar, limitar e frenar os atos dos administrados em prol do interesse da coletividade, não há que se falar em direito à indenização, exceto se houvesse ato abusivo de direito, conforme a seguir exposto: "ADMINISTRATIVO. ERRADICAÇÃO DE LAVOURAS DE LARANJAIS POR CONTA DE CANCRO CÍTRICO. DESCABIMENTO DA INDENIZAÇÃO. PODER DE POLÍCIA. AUSÊNCIA DE EXCESSO. ESFERA ADMINISTRATIVA. REVISÃO DAS PREMISSAS FIXADAS NA ORIGEM. reexame de prova. IMPOSSIBILIDADE. SÚMULA 7/STJ. 1. O Tribunal a quo, com base na situação fática do caso, decidiu pelo descabimento da indenização pois, além de ser inviável a reparação por condutas decorrentes do poder de polícia, também os atos da administração possuem legitimidade, e caberia à parte interessada comprovar o excesso de Poder da Administração Pública. 2. Rever as premissas do acórdão regional demanda incursão no contexto fático-probatório dos autos, defeso em recurso especial, nos termos do enunciado 7 da Súmula desta Corte de Justiça. Agravo regimental improvido. (AgRg no REsp 1478999/SP, Rel. Min. Humberto Martins, 2ª Turma, j. 12.02.2015, *DJe* 20.02.2015)"; **C**: incorreta. Se ocorrido o abuso ou excesso de direito, logicamente que haveria o dever de indenizar, já que teremos um ato ilícito decorrente do poder de polícia, mas sempre passível de comprovação, ou seja, não se presume o abuso, já que os atos administrativos se presumem legítimos, devendo o particular lesado provar o contrário, sendo esse o erro da assertiva; **D**: incorreta. Há uma hipótese em que seria devida a indenização, qual seja, no caso de abuso de direito por parte do Poder Público, eis que o agente teria ultrapassado os limites de sua competência ou atuado contrariamente ao interesse público. **AW**
Gabarito "B".

(Juiz – TRF 4ª Região – 2016) Assinale a alternativa correta.

Em se tratando de moradia residencial erigida em área de preservação permanente, sem autorização ou licença ambiental, é possível afirmar, segundo a jurisprudência predominante do Superior Tribunal de Justiça, que:

(A) Sua demolição prescinde de ordem judicial, em decorrência da autoexecutoriedade dos atos administrativos.
(B) Sua demolição é vedada, tendo em vista que o direito fundamental à moradia se sobrepõe ao direito à proteção do meio ambiente.
(C) Sua demolição poderá ocorrer se autorizada pelo Poder Judiciário.
(D) Sua demolição só poderá ocorrer se o Poder Público oferecer alternativa de residência aos ocupantes.
(E) Nenhuma das alternativas anteriores está correta.

A: incorreta. Apesar do poder de polícia ser autoexecutório, nos casos de irreversibilidade, como é uma demolição, somente o Poder Judiciário poderá autorizar a sua realização, sendo gravame muito sério aos administrados; **B:** incorreta. Tendo em vista o princípio da supremacia do interesse público sobre o privado, o direito de moradia não se sobrepõe ao interesse público, mas logicamente que se deve respeitar o administrado, que só poderia ser compelido a sair por ordem judicial, já que assegurado o devido processo legal e a ampla defesa (art. 5º, LV, CF); **C:** correta. Como explicado acima, tratando-se de Poder de Polícia, a autoexecutoriedade ficará restrita aos atos restritivos de direitos e de atividades, e não a desfazimento de bens, exceto se houver autorização judicial. Apelação. Ação demolitória. Construção em área de preservação permanente. Irregularidade que não se convalida. 1. O direito de edificar é relativo, não havendo, por isso, direito adquirido à construção irregular dentro de área de preservação ambiental. 2. A matéria concernente ao uso e ocupação do solo possui natureza cogente e impositiva, subordinando os atos de natureza particular e os fatos jurídicos, ainda que continuados por longo período. 3. Impossível reconhecer direito a edificações em local de preservação sob o argumento de que deve a municipalidade garantir moradia aos cidadãos, bem como pelo fato de ter permitido ocupação por longo período. 4. Apelo provido. (TJ-RO – APL: 00064376720118220007 RO 0006437-67.2011.822.0007, Rel.: Desembargador Gilberto Barbosa, 1ª Câmara Especial, publ. 28.10.2015.); **D:** incorreta. O poder público não é obrigado a oferecer compensação pela perda da construção ilegal. A ilegalidade da obra já autoriza o desfazimento da obra, se sob ordem judicial; **E:** incorreta. A alternativa C está correta. Gabarito "C".

(Juiz – TJ/RJ – VUNESP – 2016) Considere a seguinte situação hipotética. Policial Civil do Estado de Rio de Janeiro recebe a pena de demissão por haver emprestado imóvel de sua propriedade para o depósito de dois veículos a pessoa em relação à qual posteriormente se descobriu integrante de quadrilha direcionada a roubos e furtos de carros, que já havia sido condenado a cumprir pena alternativa de prestação de serviços à comunidade pelo crime de falsificação de papéis públicos. Verifica-se que vários inquéritos que tinham tal pessoa como investigada tramitaram na delegacia em que o Policial Civil estava lotado, bem como prisão em flagrante. Sobre a possibilidade de o Policial Civil obter a revisão da pena imposta, buscando sua mitigação, recorrendo às vias judiciais, é correto afirmar que

(A) quando se trata de fatos apurados em processo administrativo, a competência do Poder Judiciário circunscreve-se ao exame da legalidade do ato, dos possíveis vícios de caráter formal ou dos que atentem contra os postulados constitucionais da ampla defesa e do contraditório, assim, deve o Magistrado aguardar o deslinde da questão na seara criminal, para, em seguida, ajuizar demanda para revisão da sanção disciplinar.
(B) a observância dos princípios da proporcionalidade e da razoabilidade, que poderiam ser invocados na aplicação da sanção disciplinar, não se encontra relacionado com a própria legalidade do ato administrativo, de modo que o Supremo Tribunal Federal descarta, *in abstrato*, a possibilidade dessa análise da sanção disciplinar pelo Poder Judiciário.
(C) o Superior Tribunal de Justiça já assentou a possibilidade de a Administração Pública, por razões discricionárias (juízo de conveniência e de oportunidade), deixar de aplicar a pena de demissão, quando induvidosa a ocorrência de motivo previsto na norma que comina tal espécie de sanção, razão pela qual o caso em tela não pode ser objeto de análise pelo Poder Judiciário.
(D) não cabe pleitear a revisão da pena imposta perante o Poder Judiciário, pois o controle jurisdicional deve alcançar todos os aspectos de legalidade dos atos administrativos, não podendo, todavia, estender-se à valoração da conduta que a lei conferiu ao administrador, no caso em tela expressada pela escolha da sanção a ser imposta.
(E) a jurisprudência do Superior Tribunal de Justiça orienta no sentido de que não há que se falar na presença de discricionariedade no exercício do poder disciplinar pela autoridade pública, sobretudo no que tange à imposição de sanção disciplinar, por esse motivo, possível o controle judicial de tais atos administrativos de forma ampla, razão pela qual o Poder Judiciário pode rever a pena aplicada no caso em tela.

A: incorreta. A jurisprudência do STJ entende que o controle jurisdicional dos atos administrativo sempre é possível também quanto aos inquéritos e processos judiciais, podendo ser realizado o controle formal e de conteúdo do ato, conforme se verifica no seguinte julgado:" Em face dos princípios da proporcionalidade, dignidade da pessoa humana e culpabilidade, aplicáveis ao regime jurídico disciplinar, não há juízo de discricionariedade no ato administrativo que impõe sanção disciplinar a Servidor Público, razão pela qual o controle jurisdicional é amplo, de modo a conferir garantia aos servidores públicos contra eventual excesso administrativo, não se limitando, portanto, somente aos aspectos formais do procedimento sancionatório. Precedentes. (RMS 47.677/ES, Rel. Ministro Napoleão Nunes Maia Filho, Primeira Turma, julgado em 15/12/2015, DJe 02/02/2016)". **B:** incorreta. A razoabilidade e proporcionalidade são sinônimos de legalidade. Os princípios da proporcionalidade e razoabilidade são princípios constitucionais implícitos, sendo decorrentes do princípio da legalidade. **C:** incorreta. O Poder Disciplinar é vinculado quanto à aplicabilidade da sanção, ou seja, o administrator não pode se esquivar de aplicar a sanção, desde que regulamente apurado o ato, respeitada a ampla defesa. **D:** incorreta. O Poder Judiciário sempre poderá rever a legalidade e proporcionalidade da sanção aplicada. **E:** correta. O Poder Disciplinar possui o aspecto vinculado, quanto à obrigatoriedade da sanção e o aspecto discricionário, no que diz respeito à quantificação da mesma, e quanto ao aspecto discricionário, para quem o defende (doutrina dominante) também é possível o controle judicial quanto à sua legalidade. Em face dos princípios da proporcionalidade, dignidade da pessoa humana e culpabilidade, aplicáveis ao regime jurídico disciplinar, não há juízo de discricionariedade no ato administrativo que impõe sanção disciplinar a Servidor Público, razão pela qual o controle jurisdicional é amplo, de modo a conferir garantia aos servidores públicos contra eventual excesso administrativo, não se limitando, portanto, somente aos aspectos formais do procedimento sancionatório. Precedentes" – (RMS 47.677/ES, Rel. Napoleão Nunes Maia Filho). Gabarito "E".

(Promotor de Justiça/SC – 2016 – MPE)

(1) A Administração Pública brasileira baseia-se no princípio da hierarquia, que estabelece uma relação de subordinação entre seus órgãos e agentes. Presta-se como instrumento de organização do serviço e meio de responsabilização dos agentes administrativos, impondo ao subalterno o dever de obediência às determinações superiores.

1: correta, esse é o princípio que fundamenta o Poder Hierárquico, que é o instrumento que o Poder Executivo dispõe para distribuir, escalonar as funções de seus órgãos, ordenar e rever a atuação de seus agentes, estabelecendo a relação de subordinação entre os servidores do seu quadro de pessoal. Gabarito 1C

(Delegado/MS – 2017 – FAPEMS) Quanto aos poderes da Administração Pública, assinale a alternativa correta.

(A) O Poder Hierárquico é pressuposto do Poder Disciplinar.
(B) O Poder Hierárquico pode ser exercido pela regulamentação de prática de ato em razão de interesse público concernente à segurança.
(C) O Poder Disciplinar pode ser exercido por meio do disciplinamento de liberdade.
(D) O Poder de Polícia pode ser exercido por meio da expedição de decretos autônomos.
(E) A possibilidade de delegar e avocar atribuições decorre do Poder Disciplinar.

Sendo o poder hierárquico o responsável por escalonar e distribuir as funções dos órgãos e ordenar e rever a atuação dos agentes, acaba por conseguinte se tornando pressuposto do poder disciplinar que é o poder pelo qual pode punir as infrações funcionais dos agentes públicos como também se dirige a outras pessoas que mantêm relação jurídica com a Administração. Gabarito "A".

(Defensor Público – DPE/RN – 2016 – CESPE) Com relação aos poderes da administração pública e aos poderes e deveres dos administradores públicos, assinale a opção correta.

(A) A cobrança de multa constitui exemplo de exceção à autoexecutoriedade do poder de polícia, razão por que o pagamento da multa cobrada não pode se configurar como condição legal para que a administração pública pratique outro ato em favor do interessado.
(B) A autorização administrativa consiste em ato administrativo vinculado e definitivo segundo o qual a administração pública, no exercício do poder de polícia, confere ao interessado consentimento para o desempenho de certa atividade.
(C) O desvio de finalidade é a modalidade de abuso de poder em que o agente público atua fora dos limites de sua competência, invadindo atribuições cometidas a outro agente.
(D) No exercício do poder regulamentar, é conferida à administração pública a prerrogativa de editar atos gerais para complementar a lei, em conformidade com seu conteúdo e limites, não podendo ela, portanto, criar direitos e impor obrigações, salvo as excepcionais hipóteses autorizativas de edição de decreto autônomo.
(E) Decorre do sistema hierárquico existente na administração pública o poder de delegação, segundo o qual pode o superior hierárquico,

de forma irrestrita, transferir atribuições de um órgão a outro no aparelho administrativo.

A: Incorreta. O erro está em afirmar que a cobrança da multa não pode ser feita pela Administração Pública, sendo apenas vedada a essa a sua execução, que se faz por meio de ação judicial de execução fiscal. A cobrança em si pode ser feita, assim como vemos a todo o tempo, pela própria Administração Pública (autoexecutoriedade administrativa); **B:** Incorreta. A autorização é ato administrativo discricionário e precário, sendo esse o erro da assertiva; **C:** Incorreta. O desvio de finalidade é espécie de abuso de poder, mas é definido como atuação do agente contrariamente ao interesse público previsto em lei. O conceito da assertiva é o de excesso de poder; **D:** Correta. O Poder Regulamentar é o que o Chefe do Poder Executivo detém para complementar a lei, sendo esse o limite desse Poder. Há exceções no que diz respeito ao decreto autônomo, que é o infraconstitucional (art. 84, VI, CF), e por isso admite maior generalidade; **E:** Incorreta. O Poder Hierárquico é o de escalonar cargos e funções e órgãos, mas é restrito, limitado a determinadas hipóteses de atos delegáveis (art. 14, § 1º, da Lei 9.784/1999). AW

Gabarito "D".

(Delegado/PE – 2016 – CESPE) Acerca dos poderes e deveres da administração pública, assinale a opção correta.

(A) A autoexecutoriedade é considerada exemplo de abuso de poder: o agente público poderá impor medidas coativas a terceiros somente se autorizado pelo Poder Judiciário.

(B) À administração pública cabe o poder disciplinar para apurar infrações e aplicar penalidades a pessoas sujeitas à disciplina administrativa, mesmo que não sejam servidores públicos.

(C) Poder vinculado é a prerrogativa do poder público para escolher aspectos do ato administrativo com base em critérios de conveniência e oportunidade; não é um poder autônomo, devendo estar associado ao exercício de outro poder.

(D) Faz parte do poder regulamentar estabelecer uma relação de coordenação e subordinação entre os vários órgãos, incluindo o poder de delegar e avocar atribuições.

(E) O dever de prestar contas aos tribunais de contas é específico dos servidores públicos; não é aplicável a dirigente de entidade privada que receba recursos públicos por convênio.

A: incorreta, pois esse é um atributo comum dos atos administrativos e, havendo permissão legal ou situação de urgência em que não se possa aguardar a apreciação pelo Judiciário, esse atributo pode ser aplicado pela Administração; **B:** correta, pois na definição de poder disciplinar está não só a aplicação de penalidades para servidores públicos típicos, como também para outros tipos de agentes públicos, como os tabeliães e registradores; **C:** incorreta, pois a definição em tela está associada ao *poder discricionário* e não ao *poder vinculado*; **D:** incorreta, pois a definição em tela está associada ao *poder hierárquico* e não ao *poder regulamentar*; **E:** incorreta, pois qualquer particular que gerencie recursos públicos por meio de instrumento dessa natureza (que se chamava *convênio* e cujo nome agora é *termo de colaboração* ou *termo de fomento*) tem o dever de prestar contas (art. 70, parágrafo único, da CF). WG

Gabarito "B".

(Delegado/RO – 2014 – FUNCAB) O Supremo Tribunal Federal considerou competente como ente federativo o Município, para impor a bancos a obrigação de instalar portas eletrônicas com detector de metais e travamento e de vidros à prova de balas, por vislumbrar, no tema, questão de interesse local e a segurança do usuário. Quanto a esse poder conferido ao Município, pode-se afirmar que se trata do poder:

(A) hierárquico.
(B) discricionário.
(C) regulamentar.
(D) disciplinar.
(E) de polícia.

Trata-se de poder de polícia, pois a norma se traduz num condicionamento dos interesses individuais aos interesses da coletividade. WG

Gabarito "E".

(Delegado/RO – 2014 – FUNCAB) O Supremo Tribunal Federal considerou competente como ente federativo o Município, para impor a bancos a obrigação de instalar portas eletrônicas com detector de metais e travamento e de vidros à prova de balas, por vislumbrar, no tema, questão de interesse local e a segurança do usuário. Quanto a esse poder conferido ao Município, pode-se afirmar que se trata do poder:

(A) hierárquico.
(B) discricionário.
(C) regulamentar.
(D) disciplinar.
(E) de polícia.

Trata-se de poder de polícia, pois a norma se traduz num condicionamento dos interesses individuais aos interesses da coletividade. WG

Gabarito "E".

3. ATOS ADMINISTRATIVOS

3.1. CONCEITO, PERFEIÇÃO, VALIDADE E EFICÁCIA

(Defensor Público – DPE/PR – 2017 – FCC) Sobre atos administrativos, é correto afirmar:

(A) a delegação e avocação se caracterizam pela excepcionalidade e temporariedade, sendo certo que é proibida avocação nos casos de competência exclusiva.

(B) a renúncia é instituto afeto tanto aos atos restritivos quanto aos ampliativos.

(C) as deliberações e os despachos são espécies da mesma categoria de atos administrativos normativos.

(D) é ilegítima a exigência de depósito prévio para admissibilidade de recurso administrativo; salvo quando se tratar de recurso hierárquico impróprio.

(E) nos processos perante o Tribunal de Contas da União asseguram-se o contraditório e ampla defesa, a qualquer tempo, quando a decisão puder resultar anulação ou revogação de ato administrativo, de qualquer natureza, que beneficie o interessado.

A alternativa apontada como correta é a "a", consoante a disposição do art. 11 da Lei n. 9.784/1999, que assim dispõe: "Art. 11. A competência é irrenunciável e se exerce pelos órgãos administrativos a que foi atribuída como própria, salvo os casos de delegação e avocação legalmente admitidos". No tocante à alternativa "b", até por uma questão de ordem lógica, a renúncia somente é admissível nos atos administrativos ampliativos, em que o administrado recebe algum benefício em função da edição do ato; quanto à assertiva "c", considerados os atos normativos aqueles que emanam atos gerais e abstratos, tendo por objeto a correta aplicação da lei; as deliberações (decisões tomadas por órgãos colegiados) são, de fato, sua espécie – os despachos, contudo, integram a categoria dos atos ordinários da Administração Pública e têm por objeto disciplinar o funcionamento da Administração e a conduta de seus agentes; a exceção prevista na alternativa "d" contraria o teor da Súmula Vinculante n. 21 do STF, que assim dispõe: "É inconstitucional a exigência de depósito ou arrolamento prévios de dinheiro ou bens para admissibilidade de recurso administrativo"; quanto à alternativa "e", ela contraria outra Súmula Vinculante da Suprema Corte, a de n. 03, fixada nos seguintes termos: "Nos processos perante o Tribunal de Contas da União asseguram-se o contraditório e a ampla defesa quando da decisão puder resultar anulação ou revogação de ato administrativo que beneficie o interessado, excetuada a apreciação da legalidade do ato de concessão inicial de aposentadoria, reforma e pensão". AW

Gabarito "A".

(Procurador – IPSMI/SP – VUNESP – 2016) Com base na teoria do ato administrativo, assinale a alternativa correta.

(A) Atos perfeitos são atos que estão em conformidade com o direito e que já exauriram os seus efeitos, tornando-se irretratáveis.

(B) Atos complexos são formados pela manifestação de dois órgãos, sendo o conteúdo do ato definido por um, cabendo ao segundo a verificação de sua legitimidade.

(C) A cassação consiste na extinção do ato administrativo em razão do descumprimento das razões impostas pela Administração ou ilegalidade superveniente imputável ao beneficiário do ato.

(D) A caducidade é a extinção do ato administrativo em virtude da sua incompatibilidade com o seu fundamento de validade no momento da edição.

(E) A revogação é a extinção do ato administrativo quando a situação nele contemplada não mais é tolerada pela nova legislação.

A: Incorreta. Os atos perfeitos são os já "acabados", formados, que percorreram todo o processo para a sua formação, mas não significa que produziram efeitos, eis que podem ser ineficazes. **B:** Incorreta. Os atos complexos são os que dependem da manifestação de vontade de um só órgão, sendo o outro apenas legitimador ou verificador da sua legitimidade. **C:** Correta. A cassação do ato é sua retirada por descumprimento, do seu destinatário, das condições para a sua manutenção, sendo que essas condições são impostas por lei, por isso podem advir da ilegalidade superveniente imputável ao beneficiário. **D:** Incorreta. A caducidade é a retirada do ato administrativo em razão da superveniência de norma jurídica incompatível com a manutenção do ato. **E:** Incorreta. Esse seria o conceito de caducidade. A revogação é a retirada do ato administrativo por motivos de conveniência e oportunidade. AW

Gabarito "C".

(Delegado/MT – 2017 – CESPE) A administração pública de determinado município brasileiro constatou o funcionamento irregular de um estabelecimento que comercializava refeições. Nessa hipótese,

I. se houver tentativa do proprietário para impedir o fechamento do estabelecimento, a administração poderá utilizar-se da força pública, independentemente de decisão liminar.

II. a administração, com a utilização de seus próprios meios, poderá impedir o funcionamento do estabelecimento.

III. a administração estará impedida de utilizar o critério da discricionariedade para impedir o funcionamento do estabelecimento.

IV. a administração deverá utilizar a polícia judiciária para executar o ato de impedir o funcionamento do estabelecimento.

Estão certos apenas os itens
(A) I e II.
(B) I e III.
(C) III e IV.
(D) I, II e IV.
(E) II, III e IV.

I: correta. Trata-se de manifestação do poder de polícia, não podendo o administrado se opor a decisão imposta. II: correta. O exercício do poder de polícia goza de auto executoriedade. III: incorreta. Dentro dos limites legais o ato será realizado pela Administração Pública. IV: incorreta. O ato e auto executório e prescinde de autorização judicial. FB
Gabarito "A".

(Juiz de Direito/MG – 2014) A validade e eficácia do ato administrativo depende da forma como ele é praticado. Assinale a alternativa que define **CORRETAMENTE** o ato administrativo válido e eficaz.
(A) É válido e eficaz o ato administrativo que observe a forma escrita, embora sem qualquer motivação.
(B) É válido e eficaz o ato administrativo, ainda que não tenha observado forma prescrita em lei, embora tenha atingido a sua finalidade.
(C) É válido e eficaz o ato administrativo que se materializa na forma escrita de decreto, portaria ou resolução, independentemente da observância dos critérios legais.
(D) É válido e eficaz o ato administrativo praticado com observância do sujeito, objeto, forma, motivação e finalidade, pois que, como espécie dos atos jurídicos em geral, demanda agente capaz, objeto lícito, forma prescrita em lei, motivação do seu conteúdo e finalidade.

A: incorreta, pois como regra a motivação é formalidade trazida como requisito de validade do ato administrativo; B: incorreta, pois a *forma* é requisito de validade do ato administrativo; C: incorreta, pois o princípio da legalidade (art. 37, *caput*, da CF) impõe que os atos administrativos respeitem o disposto na legislação, sob pena de invalidade; D: correta, pois de fato os requisitos mencionados são essenciais para a validade do ato (art. 2º da Lei 4.717/1965). WG
Gabarito "D".

(Juiz de Direito/MG – 2014) Dentre os atos da administração pública, distinguem-se os que produzem efeitos jurídicos (atos administrativos próprios) e os que não produzem efeitos jurídicos (atos administrativos impróprios). Assinale a alternativa que descreve **CORRETAMENTE** os atos administrativos impróprios.
(A) Os atos preparatórios de um concurso público para ingresso nos quadros do funcionalismo público.
(B) Os atos preparatórios ou acessórios do ato principal, integrantes de um ato complexo.
(C) Os atos materiais de simples execução, como a reforma de um prédio, um trabalho de digitação, a limpeza das vias públicas; os despachos de encaminhamento de papéis e processos; os atos enunciativos ou de conhecimento que apenas atestam ou declaram um direito ou situação, como os atestados, certidões, declarações, informações; atos de opinião, como os pareceres e laudos.
(D) Os atos indispensáveis ao procedimento da licitação para aquisição de bens e serviços.

A: incorreta, pois tais atos produzem efeitos jurídicos; um exemplo é a publicação do edital do concurso, que vincula tanto a Administração, como os inscritos para prestar o concurso; B: incorreta, pois no ato complexo não se fala em atos preparatórios ou acessórios do ato principal, mas na conjugação de vontade de dois ou mais órgãos, com vistas à formação de um ato administrativo só; C: correta, pois tais atos são meros atos materiais, sem prescrição estatal de conduta a provocar efeitos jurídicos; D: incorreta, pois tais atos produzem efeitos jurídicos; um exemplo é a publicação do edital da licitação, que vincula tanto a Administração, como os licitantes. WG
Gabarito "C".

(Advogado da Fundação Pro Sangue/SP – 2014 – FGV) Com relação ao *ato administrativo*, analise as afirmativas a seguir.
I. Ato administrativo e ato da administração pública são sinônimos.
II. O ato administrativo, necessariamente, é disciplinado pelo regime jurídico de direito público.
III. O ato administrativo poderá ser típico ou atípico.
Assinale:
(A) se somente a afirmativa I estiver correta.
(B) se somente a afirmativa III estiver correta.
(C) se somente a afirmativa II estiver correta.
(D) se somente as afirmativas I e II estiverem corretas.
(E) se todas as afirmativas estiverem corretas.

I: incorreta, pois os atos da administração são o gênero, que têm por espécies os atos administrativos (que têm prerrogativas públicas) e os demais atos, que não têm tais prerrogativas, como é o caso de um ato material da Administração ou de um ato regido pelo direito privado; II: correta, pois, em se tratando de ato administrativo (aquele em que a Administração atua com prerrogativas públicas com a finalidade de executar direta e concretamente lei), necessariamente se está diante de um regime de direito público, consagrador dessas prerrogativas e finalidades; III: incorreta, pois, em sendo mesmo um *ato administrativo*, aplica-se o regime de direito público; o que pode ser típico ou atípico é o ato da *administração*, pois este pode ser do tipo ato administrativo (típico) ou regido pelo direito privado (atípico). WG
Gabarito "C".

3.2. REQUISITOS DO ATO ADMINISTRATIVO (ELEMENTOS, PRESSUPOSTOS)

Para resolver as questões sobre os requisitos do ato administrativo, vale a pena trazer alguns elementos doutrinários. Confira:
Requisitos do ato administrativo (são requisitos para que o ato seja válido)

– **Competência:** *é a atribuição legal de cargos, órgãos e entidades.* São vícios de competência os seguintes: a1) usurpação de função: alguém se faz passar por agente público sem o ser, ocasião em que o ato será inexistente; a2) excesso de poder: alguém que é agente público acaba por exceder os limites de sua competência (ex.: fiscal do sossego que multa um bar que visita por falta de higiene); o excesso de poder torna nulo ato, salvo em caso de incompetência relativa, em que o ato é considerado anulável; a3) função de fato: exercida por agente que está irregularmente investido em cargo público, apesar de a situação ter aparência de legalidade; nesse caso, s praticados serão considerados válidos, se houver boa-fé.

– **Objeto:** *é o conteúdo do ato, aquilo que o ato dispõe, decide, enuncia, opina ou modifica na ordem jurídica.* O objeto deve ser lícito, possível e determinável, sob pena de nulidade. Ex.: o objeto de um alvará para construir é a licença.

– **Forma:** *são as formalidades necessárias para a seriedade do ato.* A seriedade do ato impõe a) respeito à forma propriamente dita; b) motivação.

– **Motivo:** *fundamento de fato e de direito que autoriza a expedição do ato.* Ex.: o motivo da interdição de estabelecimento consiste no fato de este não ter licença (motivo de fato) e de a lei proibir o funcionamento sem licença (motivo de direito). Pela Teoria dos Motivos Determinantes, o motivo invocado para a prática do ato condiciona sua validade. Provando-se que o motivo é inexistente, falso ou mal qualificado, o ato será considerado nulo.

– **Finalidade:** *é o bem jurídico objetivado pelo ato.* Ex.: proteger a paz pública, a salubridade, a ordem pública. Cada ato administrativo tem uma finalidade. **Desvio de poder (ou de finalidade):** *ocorre quando um agente exerce uma competência que possuía, mas para alcançar finalidade diversa daquela para a qual foi criada.* Não confunda o excesso de poder (vício de sujeito) com o desvio de poder (vício de finalidade), espécies do gênero abuso de autoridade.

(Investigador – PC/BA – 2018 – VUNESP) Um dos requisitos do ato administrativo é
(A) a competência, pela qual é vedado que um agente público transfira a outro funções que originariamente lhe são atribuídas.
(B) o objeto, elemento pelo qual todo ato administrativo deve estar dirigido ao atendimento de um interesse público.
(C) a finalidade, que se expressa no conteúdo, na alteração no mundo jurídico que o ato administrativo se propõe a processar.
(D) a forma, vigorando no âmbito administrativo o princípio da liberdade das formas, diversamente do que ocorre no campo do direito privado.
(E) o motivo, que consiste na situação de fato ou de direito que gera a vontade do agente público, quando este pratica o ato administrativo.

São requisitos para que um ato administrativo seja considerado válido: competência, objeto, forma, motivo e finalidade. A **competência** *é a atribuição legal de cargos, órgãos e entidades.* São vícios de competência os seguintes: a1) usurpação de função: alguém se faz passar por agente público sem o ser, ocasião em que o ato será inexistente; a2) excesso de poder: alguém que é agente público acaba por exceder os limites de sua competência (ex.: fiscal do sossego que multa um bar que visita por falta de higiene); o excesso de poder torna nulo ato, salvo em caso de incompetência relativa, em que o ato é considerado anulável; a3) função de fato: exercida por agente que está irregularmente investido em cargo público, apesar de a situação ter aparência de legalidade; nesse caso, os praticados serão considerados válidos, se houver boa-fé. O **objeto** é o conteúdo do ato, aquilo que o ato dispõe, decide, enuncia, opina ou modifica na ordem jurídica. O objeto deve ser lícito, possível e determinável, sob pena de nulidade. Ex.: o objeto de um alvará para construir é a licença. A **forma** *são as formalidades necessárias para a seriedade do ato.* A seriedade do ato impõe a) respeito à forma propriamente dita; b) motivação. O **motivo é** *fundamento de fato e de direito que autoriza a expedição do ato.* Ex.: o motivo da interdição de estabelecimento consiste no fato de este não ter licença (motivo de fato) e de a lei proibir o funcionamento sem licença (motivo de direito). Pela *Teoria dos Motivos Determinantes, o motivo invocado para a prática do ato condiciona sua validade.* Provando-se que o motivo é inexistente, falso ou mal qualificado, o ato será considerado nulo. A **finalidade** *é o bem jurídico objetivado pelo ato.* Ex.: proteger a paz pública, a salubridade, a ordem pública. Cada ato administrativo tem uma finalidade. FB
Gabarito "E".

(Advogado União – AGU – CESPE – 2015)
(1) Removido de ofício por interesse da administração, sob a justificativa de carência de servidores em outro setor, determinado servidor constatou que, em verdade, existia excesso de servidores na sua nova unidade de exercício. Nessa situação, o ato, embora seja discricionário, poderá ser invalidado.

1: correta. O ato de remoção teve como motivação a "carência de servidores em outro setor", sendo comprovada, posteriormente, a sua falsidade (da motivação), razão pela qual o ato é nulo, eis que os motivos, quando declarados, vinculam o ato, conforme Teoria dos Motivos Determinantes. AW
Gabarito 1C

(Advogado União – AGU – CESPE – 2015) O titular do Ministério da Ciência, Tecnologia e Inovação redigiu e submeteu à análise de sua consultoria jurídica minuta de despacho pelo indeferimento de pedido da empresa Salus à habilitação em dada política pública governamental. A despeito de não apresentar os fundamentos de fato e de direito para o indeferimento, o despacho em questão invoca como fundamento da negativa uma nota técnica produzida no referido ministério, cuja conclusão exaure matéria coincidente com aquela objeto do pedido da empresa Salus.
A propósito dessa situação hipotética, julgue os itens que se seguem, relativos à forma dos atos administrativos.
(1) O ato em questão — indeferimento de pedido — deve ser prolatado sob a forma de resolução e não de despacho.
(2) Na hipótese considerada, a minuta do ato do ministro apresenta vício de forma em razão da obrigatoriedade de motivação dos atos administrativos que neguem direitos aos interessados.

1: incorreta. As resoluções são atos normativos infralegais e só podem ser emitidos para complementar uma lei, o que não temos no problema, e sim, uma decisão a respeito de uma consultoria jurídica, sendo tipicamente um despacho (**despachos são atos administrativos praticados no curso de um processo administrativo**); 2: incorreta. Houve motivação, sendo essa remissiva a outra ato, denominada, portanto, de motivação "aliunde". AW
Gabarito 1E, 2E

(Defensor Público – DPE/RN – 2016 – CESPE) Acerca da disciplina dos atos administrativos, assinale a opção correta.
(A) Em nome do princípio da inafastabilidade da jurisdição, deve o Poder Judiciário apreciar o mérito do ato administrativo, ainda que sob os aspectos da conveniência e da oportunidade.
(B) Os atos administrativos são dotados dos atributos da veracidade e da legitimidade, havendo presunção absoluta de que foram editados de acordo com a lei e com a verdade dos fatos.
(C) O parecer administrativo é típico ato de conteúdo decisório, razão pela qual, segundo entendimento do STF, há possibilidade de responsabilização do parecerista por eventual prejuízo causado ao erário.
(D) São passíveis de convalidação os atos administrativos que ostentem vícios relativos ao motivo, ao objeto e à finalidade, desde que não haja impugnação do interessado.
(E) Segundo a teoria dos motivos determinantes, mesmo que um ato administrativo seja discricionário, não exigindo, portanto, expressa motivação, se tal motivação for declinada pelo agente público, passa a vinculá-la aos termos em que foi mencionada.

A: Incorreta. O ato administrativo discricionário, que é o praticado conforme critérios de conveniência e oportunidade não pode ter o seu mérito, composto por esses dois elementos, analisado pelo Poder Judiciário. O Poder Judiciário somente pode analisar a legalidade desses atos, não interferindo no poder decisório da Administração Pública, portanto; B: Incorreta. A presunção de legitimidade ou veracidade é relativa, ou seja, admite prova em contrário, sendo esse o erro dessa assertiva; C: Incorreta. Os pareceres são enunciações ou manifestações de órgãos técnicos sobre assuntos submetidos à sua consideração, tendo caráter apenas opinativo, nunca decisório; D: Incorreta. Os atos com vícios na competência (elemento sujeito) ou forma é que admitem convalidação, eis que esses elementos, quando viciados, produziriam nulidade relativa, conforme doutrina dominante, passível de saneamento ou convalidação; E: Correta. Os motivos do ato, quando expostos, transformam-se em motivação, que vinculam o ato. AW
Gabarito "E".

(Defensor Público – DPE/ES – 2016 – FCC) Sobre os elementos do ato administrativo,
(A) desde que atendido o interesse da Administração, fica descaracterizada a figura do desvio de finalidade.
(B) a inexistência do elemento formal não é causa necessária de invalidação do ato, em vista da teoria de instrumentalidade das formas.
(C) a noção de ilicitude do objeto, no direito administrativo, não coincide exatamente com a noção de ilicitude do objeto no âmbito cível.
(D) sujeito do ato é seu destinatário; assim, o solicitante de uma licença é o sujeito desse ato administrativo.
(E) havendo vício relativo ao motivo, haverá, por consequência, desvio de finalidade.

A: Incorreta. O desvio de finalidade ou de poder ocorre quando o agente pratica ato visando fim diverso da regra de competência prevista em lei. Assim, é possível que o interesse da Administração seja atendido, mas não o interesse público, a exemplo de um servidor que desapropria bem imóvel para perseguir um inimigo político, mesmo sabendo que o Poder Público poderá usufruir desse bem; B: Incorreta. A forma é elemento do ato. Sem ela o ato não se forma, sendo exigível e obrigatória a forma escrita, sem a qual o ato é nulo; C: Correta, pois o ato pode ser nulo para o direito administrativo, como na maioria o é, e anulável para o direito civil; D: Incorreta. O sujeito do ato é quem o pratica, e não o seu destinatário; E: Incorreta. O vício de motivo é o vício quanto ao fundamento do ato, ou seja, as razões de fato e/ou de direito que ensejam sua prática, não se confundindo e não influenciando na finalidade do ato (a finalidade pública prevista em regra de competência para a prática do ato). AW
Gabarito "C".

(Juiz de Direito/AM – 2016 – CESPE) Assinale a opção correta com referência aos atos administrativos.
(A) A finalidade reflete o fim mediato dos atos administrativos, enquanto o objeto, o fim imediato, ou seja, o resultado prático que deve ser alcançado.
(B) O silêncio administrativo consubstancia ato administrativo, ainda que não expresse uma manifestação formal de vontade.
(C) Autorização é o ato pelo qual a administração concorda com um ato jurídico já praticado por particular em interesse próprio.
(D) O objeto dos atos administrativos normativos é equivalente ao dos atos administrativos enunciativos.
(E) Motivação e motivo são juridicamente equivalentes.

A: correta, pois traz a exata diferença entre "finalidade" e "objeto"; B: incorreta, pois em Direito Administrativo o silêncio administrativo só produzirá efeito se houver lei expressa determinando isso; C: incorreta, pois a autorização é um ato unilateral, precário e discricionário da Administração, pela qual esta faculta, após pedido do particular, que este use um bem público ou exerça uma atividade; repare que o ato principal é o ato da Administração, pois ele quem produz efeitos jurídicos e outorga direitos, não se tratando de mera concordância da Administração com um ato já perfeito e acabado do particular; D: incorreta, pois os atos normativos prescrevem (determinam) condutas, ao passo que os atos enunciativos apenas atestam uma dada situação de fato ou de direito; E: incorreta, pois a motivação integra a forma e significa a explicação que se dá para a prática de um ato administrativo, ao passo que o motivo é um requisito de validade autônomo do ato administrativo, tratando-se do específico fato que autoriza a prática de um dado ato administrativo. WG
Gabarito "A".

(Ministério Público/SP – 2015 – MPE/SP) Entre as alternativas abaixo apresentadas, aponte aquela que não representa um vício de desvio de poder na atividade administrativa:
(A) A exoneração, de ofício, de ocupante de cargo comissionado ao qual se atribui a prática de falta grave.
(B) A remoção de servidor fundada em justificativa genérica e subjetiva da presença de interesse público.
(C) A remoção desmotivada de servidor concursado, pelo administrador público.
(D) A concessão de alvará à casa de prostituição para funcionamento como discoteca ou danceteria.
(E) A concessão de uso especial para fins de moradia a possuidor que é proprietário de outro imóvel urbano ou rural.

A: correta, pois a exoneração é ato que tem por finalidade tirar alguém de cargo público por variadas razões (já que é livre a exoneração de alguém de cargo em comissão), inclusive se já não há mais confiança no agente público pela prática de uma falta; assim, não há desvio de poder no caso; B e C: incorretas, pois a remoção de um servidor só pode ser a pedido deste ou quando houver interesse público devidamente motivado, nos casos em que a Administração pode fazê-la de ofício; D: incorreta, pois nesse caso está-se ferindo a finalidade da lei que trata de alvarás, já que esta visa, dentre outras práticas, evitar que atividades ilegais sejam autorizadas a funcionar; E: incorreta, pois a finalidade dessa concessão é atender àqueles que são necessitados de moradia, o que não acontece com quem já é proprietário de outro imóvel urbano ou rural. WG
Gabarito "A".

(Procurador do Estado/PR – 2015 – PUC-PR) O STJ proferiu decisão com o seguinte teor: "(...) o administrador vincula-se aos motivos elencados para a prática do ato administrativo. Nesse contexto, há vício de legalidade não apenas quando inexistentes ou inverídicos os motivos suscitados pela administração, mas também quando verificada a falta de congruência entre as razões explicitadas no ato e o resultado nele contido.". (MS 15.290/DF – Rel. Min. Castro Meira. DJe 14.11.2011). É **CORRETO** afirmar que o acórdão tem como fundamento e é consoante à:
(A) Teoria do controle negativo da discricionariedade dos atos administrativos.
(B) Teoria da convalidação e confirmação dos atos administrativos.
(C) Teoria dos motivos determinantes.
(D) Teoria da publicidade dos atos administrativos.
(E) Teoria do controle dos pressupostos de existência dos atos administrativos.

Trata-se da chamada Teoria dos Motivos Determinantes, pela qual o motivo invocado para a prática do ato condiciona sua validade. Dessa forma, provando-se que o motivo é inexistente, falso, mal qualificado ou incongruente, o ato será considerado nulo. **WG**
Gabarito "C".

(Juiz de Direito/RJ – 2014 – VUNESP) Assinale a alternativa que apresenta duas características da competência do ato administrativo.
(A) Hierarquia e finalidade.
(B) Inderrogabilidade e improrrogabilidade.
(C) Limitabilidade e hierarquia.
(D) Imperatividade e finalidade.

A competência administrativa tem quatro características: é irrenunciável (o agente público não pode abrir mão de sua totalidade), inderrogável (o agente público não pode abrir mão de parte dela, apesar de poder delegá-la, temporariamente, nos termos da lei), imprescritível (o agente público, mesmo que não aja quando deveria agir, não deixa de ter a competência) e improrrogável (somente por lei é que se pode atribuir competência a alguém, não sendo possível que um agente público se torne competente pelo simples fato de atuar numa dada competência que não tenha). Dessa forma, somente a alternativa "B" é correta. **WG**
Gabarito "B".

(Procurador do Município – Cuiabá/MT – 2014 – FCC) Motivação *aliunde* é
(A) motivação baseada em afirmações falsas.
(B) sinônimo de motivação *obiter dictum*.
(C) motivação omissa, capaz de gerar a nulidade do ato administrativo.
(D) sinônimo de *ratio decidendi*, nos processos administrativos.
(E) fundamentação por remissão àquela constante em ato precedente.

Motivação *aliunde* é aquela em que o agente público que pratica um ato o motiva usando de manifestações ou pareceres anteriores à prática desse ato, de modo que somente a alternativa "e" está correta. Vale ressaltar que esse tipo de motivação é admitido no Direito Administrativo (art. 50, § 1º, da Lei 9.784/1999). **WG**
Gabarito "E".

(Delegado/RO – 2014 – FUNCAB) Marque a opção correta no tocante à delegação dos atos administrativos.
(A) Retira a competência da autoridade delegante.
(B) A autoridade delegante somente perde a competência temporariamente.
(C) Não retira a competência da autoridade delegante.
(D) A autoridade delegada atuará nas funções delegadas, podendo, inclusive, aumentar as suas atribuições para dar maior eficácia ao ato.
(E) A autoridade delegante pode delegar sem especificar quais as funções a serem exercidas, devendo estas serem presumíveis.

A: incorreta, pois a competência é irrenunciável e a delegação só transfere parte da competência (arts. 11 e 12, *caput*, da Lei 9.784/1999); **B**: incorreta, pois a competência continua de titularidade da autoridade delegante, não sendo adequado dizer que se "perde" a competência, ainda que temporariamente; **C**: correta, lembrando que a competência é irrenunciável (art. 11 da Lei 9.784/1999) ; **D**: incorreta, pois o ato de delegação especificará as matérias e poderes transferidos, bem como os limites da atuação do delegado (art. 14, § 1º, da Lei 9.784/1999), de modo que o delegado deve se ater a esses limites, sob pena de configuração de vício de excesso de poder; **E**: incorreta, pois o ato de delegação especificará as matérias e poderes transferidos (art. 14, § 1º, da Lei 9.784/1999). **WG**
Gabarito "C".

3.3. ATRIBUTOS DO ATO ADMINISTRATIVO

Para resolver as questões sobre os atributos do ato administrativo, vale a pena trazer alguns elementos doutrinários. Confira:
Atributos do ato administrativo (são as qualidades, as prerrogativas dos atos)
– **Presunção de legitimidade** *é a qualidade do ato pela qual este se presume verdadeiro e legal até prova em contrário*; ex.: uma multa aplicada pelo Fisco presume-se verdadeira quanto aos fatos narrados para a sua aplicação e se presume legal quanto ao direito aplicado, a pessoa tida como infratora e o valor aplicado.
– **Imperatividade** *é a qualidade do ato pela qual este pode se impor a terceiros, independentemente de sua concordância*; ex.: uma notificação da fiscalização municipal para que alguém limpe um terreno ainda não objeto de construção, que esteja cheio de mato.
– **Exigibilidade** *é a qualidade do ato pela qual, imposta a obrigação, esta pode ser exigida mediante coação indireta*; ex.: no exemplo anterior, não sendo atendida a notificação, cabe a aplicação de uma multa pela fiscalização, sendo a multa uma forma de coação indireta.
– **Autoexecutoriedade** *é a qualidade pela qual, imposta e exigida a obrigação, esta pode ser implementada mediante coação direta, ou seja, mediante o uso da coação material, da força*; ex.: no exemplo anterior, já tendo sido aplicada a multa, mais uma vez sem êxito, pode a fiscalização municipal ingressar à força no terreno particular, fazer a limpeza e mandar a conta, o que se traduz numa coação direta. A autoexecutoriedade não é a regra. Ela existe quando a lei expressamente autorizar ou quando não houver tempo hábil para requerer a apreciação jurisdicional.
Obs. 1: a expressão autoexecutoriedade também é usada no sentido da qualidade do ato que enseja sua imediata e direta execução pela própria Administração, independentemente de ordem judicial.
Obs. 2: repare que esses atributos não existem normalmente no direito privado; um particular não pode, unilateralmente, valer-se desses atributos; há exceções, em que o particular tem algum desses poderes; mas essas exceções, por serem exceções, confirmam a regra de que os atos administrativos se diferenciam dos atos privados pela ausência nestes, como regra, dos atributos acima mencionados.

(Procurador Municipal – Prefeitura/BH – CESPE – 2017) No que tange a conceitos, requisitos, atributos e classificação dos atos administrativos, assinale a opção correta.
(A) Licença e autorização são atos administrativos que representam o consentimento da administração ao permitir determinada atividade; o alvará é o instrumento que formaliza esses atos.
(B) O ato que decreta o estado de sítio, previsto na CF, é ato de natureza administrativa de competência do presidente da República.
(C) Ainda que submetido ao regime de direito público, nenhum ato praticado por concessionária de serviços públicos pode ser considerado ato administrativo.
(D) O atributo da autoexecutoriedade não impede que o ato administrativo seja apreciado judicialmente e julgado ilegal, com determinação da anulação de seus efeitos; porém, nesses casos, a administração somente responderá caso fique comprovada a culpa.

A: correta. A licença e autorização são veiculadas por meio de um alvará, que é um ato formal de aprovação para a realização de uma atividade (uma ordem do Poder Público para permitir ao particular o exercício de uma atividade); **B**: incorreta. Esse decreto previsto no art. 137, CF tem natureza político-administrativa, eis que é um ato hierarquicamente superior aos demais atos administrativos, por isso está incorreto equiparar aos atos administrativos como um todo; **C**: incorreta.Os atos praticados pelas concessionárias são de direito privado, nunca de direito público, porque são particulares contratados pelo Poder Público, não integrando esse Poder, portanto; **D**: incorreta. No caso de anulação de um ato administrativo pelo Poder Judiciário os efeitos dessa (anulação) incidem, independentemente do ato ser praticado com culpa ou dolo, eis que devem ser respeitados os direitos dos terceiros de boa-fé, conforme disposto na súmula 473, STF. **AW**
Gabarito "A".

(Procurador do Estado – PGE/RS – Fundatec – 2015) Analise as assertivas abaixo:
I. Em razão do princípio da proteção da confiança legítima, um ato administrativo eivado de ilegalidade poderá ser mantido, considerada a boa-fé do administrado, a legitimidade da expectativa induzida pelo comportamento estatal e a irreversibilidade da situação gerada.
II. Salvo comprovada má-fé, o direito de a Administração Pública Federal anular seus próprios atos que geraram benefícios a terceiros caduca em 5 (cinco) anos.
III. De acordo com a Lei do Processo Administrativo Federal, é vedado à Administração Pública aplicar retroativamente nova interpretação de um dispositivo legal.
Quais estão corretas?
(A) Apenas II.
(B) Apenas I e II.
(C) Apenas I e III.
(D) Apenas II e III.
(E) I, II e III.

I: correta, porque os atos administrativos se presumem legítimos, razão pela qual, os administrados confiam que sua realização é fundamentada na legalidade; **II**: correta, conforme disposto no art. 54, da Lei 9.784/1999; **III**: correta. O art. 2º, parágrafo único, XIII, da Lei 9.784/99 dispõe ser vedada a aplicação retroativa de nova interpretação de um dispositivo legal. **AW**
Gabarito "E".

(Juiz – TRF 4ª Região – 2016) Assinale a alternativa correta.
(A) A imperatividade dos atos administrativos admite arbitrariedade da Administração em situações em que a atuação punitiva se imponha.
(B) A presunção de legitimidade dos atos administrativos admite prova em contrário, mas o ônus de provar a ilegitimidade é do particular.
(C) As penas da Lei de Improbidade Administrativa possuem independência das esferas penais, civis e administrativas, mas não podem ser aplicadas cumulativamente.
(D) Na fixação das penas previstas na Lei de Improbidade Administrativa, o juiz levará em conta somente a extensão do dano causado ao Poder Público.

(E) Não estão sujeitos às penalidades da Lei de Improbidade Administrativa os atos de improbidade praticados contra o patrimônio de entidade particular que receba subvenção, benefício ou incentivo fiscal de órgão público.

A: incorreta. Não se admite a arbitrariedade do Poder Público em nenhuma hipótese, sendo caso de abuso de poder, ato ilegal, ilícito por parte do administrador; **B:** correta. A presunção de legitimidade dos atos administrativos é relativa, ou seja, admite prova em contrário e, sabendo que temos o princípio da supremacia do interesse público sobre o privado, logicamente que o ônus da prova se volta ao particular, já que o Poder Público sempre está em posição de superioridade; **C:** incorreta. As penas previstas na Lei de Improbidade podem ser aplicadas cumulativamente, conforme disposto no art. 12, da Lei de Improbidade; **D:** incorreta. O art. 12, da Lei 8.429/1992 determina que as penalidades levarão em conta, quando de suas aplicações, a extensão do dano; **E:** incorreta. Os arts. 1º e 2º da Lei 8.429/1992 são expressos quanto a essas pessoas jurídicas serem sujeitos passivos do ilícito de improbidade administrativa. AW

Gabarito "B".

(Juiz de Direito/DF – 2016 – CESPE) André recebeu auto de infração de trânsito, lavrado presencialmente por policial militar, em razão de conduzir o seu veículo sem cinto de segurança. No prazo legal, apresentou defesa prévia, alegando que houve equívoco na abordagem policial. Considerando essa situação hipotética, assinale a opção correta.

(A) A administração pública deve notificar o policial militar que lavrou o auto de infração para justificar o ato, demonstrando sua condição funcional, seus motivos e aspectos formais, sem os quais a infração será anulada de ofício.
(B) O consentimento expresso do condutor autuado não é exigível, mas há impossibilidade da administração pública impor obrigações ao condutor sem a intervenção do Poder Judiciário.
(C) A penalidade de trânsito deve ser afastada pela autoridade competente, uma vez que a multa aplicada somente poderia ser exigível após ação judicial de cobrança julgada procedente.
(D) Se o condutor não apresentar elementos probatórios convincentes, demonstrando que usava o cinto de segurança na ocasião da abordagem, deve prevalecer o auto de infração lavrado pelo agente público.
(E) A aplicação de multa de trânsito dispensa a existência de lei tipificando-a, razão pela qual é possível que o agente público lavre auto de infração para a conduta que considerar nociva ao tráfego ou à segurança da via.

A: incorreta, pois os atos administrativos têm como um de seus atributos a *presunção de legitimidade*, pela qual se presume, até prova em contrário, que narra fatos verdadeiros e que apresenta decisões legais; portanto, não há que se falar em chamar o policial para justificar o seu ato, pois este se presume verdadeiro e legal até prova em contrário; **B:** incorreta, pois os atos administrativos têm como um de seus atributos a *imperatividade*, pela qual a Administração pode impor obrigações ao particular independentemente de sua concordância e de busca do Judiciário; **C:** incorreta, pois os atos administrativos têm como um de seus atributos a *exigibilidade*, pela qual a Administração pode compelir indiretamente o administrado a cumprir a lei, aplicando e exigindo multas, independentemente da concordância do particular e de busca do Judiciário; **D:** correta, pois a presunção de legitimidade dos atos administrativos é relativa, admitido, portanto, prova em contrário; **E:** incorreta, pois o princípio da legalidade exige lei para que a Administração imponha obrigações aos particulares. WG

Gabarito "D".

(Promotor de Justiça/SC – 2016 – MPE)

(1) É atributo do ato administrativo a presunção de legalidade. Não se exige da Administração, ao editá-lo, a comprovação de que está conforme a lei. A presunção, contudo, é relativa, podendo ser contestada, perante a própria Administração, o Tribunal de Contas, o Poder Judiciário ou o órgão de controle competente.

1: correta. Os atos administrativos gozam, todos, da Presunção de Legitimidade ou Legalidade, pela qual, o ato editado tem presunção relativa de que está em conformidade com o ordenamento jurídico. Isso significa que a prova em contrário sempre é possível e devida, por qualquer pessoa ou órgão de dentro ou de fora da estrutura administrativa. AW

Gabarito 1C

3.4. VINCULAÇÃO E DISCRICIONARIEDADE

(Investigador – PC/BA – 2018 – VUNESP) Os atos discricionários

(A) são equiparados aos atos políticos, não sendo, portanto, possível a sua apreciação pelo Poder Judiciário, mesmo que causem lesão a direitos individuais ou coletivos.
(B) sujeitam-se à apreciação judicial, que será plena, em todos os aspectos, inclusive aqueles submetidos à avaliação de conveniência e oportunidade pelo gestor.
(C) não se prestam ao controle judicial, que não pode apreciar os motivos, ou seja, os fatos que precedem a elaboração do ato, sua ausência ou até mesmo falsidade.
(D) sujeitam-se à apreciação judicial, desde que não se invadam os aspectos reservados à apreciação subjetiva da Administração Pública.

(E) serão submetidos a controle judicial, em regra geral, se pertencerem à categoria de atos interna corporis, ou seja, aqueles derivados de Regimentos do Poder Legislativo.

Atos administrativos discricionários não se confundem com atos arbitrários, isto é, com atos cometidos à margem ou fora da lei. Os atos discricionários são atos administrativos em que há previsão na lei de certa liberdade para que o administrador público, diante do caso concreto, escolha a solução que atinge otimamente o interesse público. Sempre caberá a apreciação judicial sobre a razoabilidade e proporcionalidade do ato, mas não cabe ao Poder Judiciário substituir o administrador e por ele escolher. FB

Gabarito "D".

(Promotor de Justiça/SC – 2016 – MPE)

(1) A discricionariedade normalmente localiza-se no motivo ou no conteúdo do ato administrativo. É discricionário o ato que exonera funcionário ocupante de cargo de provimento em comissão, mas é vinculado aquele que concede aposentadoria do servidor público que atinge a idade de 70 anos.

1: correta. No ato discricionário temos como elementos discricionários o motivo e o objeto (conteúdo do ato). O ato de exoneração de titulares de cargos em comissão, realmente é discricionário, eis que é de livre nomeação e exoneração. No caso de aposentadoria compulsória, sendo obrigatória, o ato é vinculado, ou seja, não admite liberdade de escolha ou opção do administrador. AW

Gabarito 1C

(Delegado/RJ – 2013 – FUNCAB) Em matéria de discricionariedade administrativa, é correto afirmar:

(A) Há discricionariedade quando a norma restringe a autonomia de escolhas da autoridade administrativa.
(B) A intensidade da vinculação e da discricionariedade é variável, havendo graus diversos de autonomia, que variam caso a caso.
(C) Em atenção à Separação de Poderes e à legitimidade democrática dos representantes eleitos, o mérito da escolha administrativa feita no exercício da discricionariedade não está sujeito a controle jurisdicional.
(D) O exercício da discricionariedade consiste na aplicação concreta da lei através da atividade interpretativa do aplicador.
(E) A omissão legislativa também é fonte da discricionariedade, tanto quanto a criação intencional, pela norma, da margem de autonomia para o aplicador.

A: incorreta, pois há discricionariedade quando a norma dá margem de liberdade para a autoridade administrativa; **B:** correta, valendo salientar que é a lei que vai estabelecer o grau de discricionariedade ou a vinculação da competência administrativa; **C:** incorreta, pois o mérito está sujeito a controle jurisdicional, desde que esse controle se limite a avaliar a legalidade do ato, bem como sua razoabilidade e moralidade; **D:** incorreta, pois consiste na aplicação concreta da lei por meio da escolha do comportamento a ser tomado pela Administração nos limites trazidos na lei; **E:** incorreta, pois a omissão legislativa não autoriza o administrador a se valer da discricionariedade, pois este só deve agir nos limites do que dispuser a lei, não podendo agir sob o pretexto de ter recebido uma competência discricionária por uma omissão legislativa. WG

Gabarito "B".

3.5. EXTINÇÃO DOS ATOS ADMINISTRATIVOS

Segue resumo acerca das formas de extinção dos atos administrativos

– **Cumprimento de seus efeitos:** como exemplo, temos a autorização da Prefeitura para que seja feita uma festa na praça de uma cidade. Este ato administrativo se extingue no momento em que a festa termina, uma vez que seus efeitos foram cumpridos.

– **Desaparecimento do sujeito ou do objeto sobre o qual recai o ato:** morte de um servidor público, por exemplo.

– **Contraposição:** *extinção de um ato administrativo pela prática de outro antagônico em relação ao primeiro*. Ex.: com o ato de exoneração do servidor público, o ato de nomeação fica automaticamente extinto.

– **Renúncia:** extinção do ato por vontade do beneficiário deste.

– **Cassação:** *extinção de um ato que beneficia um particular por este não ter cumprido os deveres para dele continuar gozando*. Não se confunde com a revogação – que é a extinção do ato por não ser mais conveniente ao interesse público. Também difere da anulação – que é a extinção do ato por ser nulo. Como exemplo desse tipo de extinção tem-se a permissão para banca de jornal se instalar numa praça, cassada porque seu dono não paga o preço público devido; ou a autorização de porte de arma de fogo, cassada porque o beneficiário é detido ou abordado em estado de embriaguez ou sob efeito de entorpecentes (art. 10, § 2º, do Estatuto do Desarmamento – Lei 10.826/2003).

– **Caducidade.** *Extinção de um ato porque a lei não mais o permite.* Trata-se de extinção por invalidade ou ilegalidade *superveniente*.

Exs.: autorização para condutor de perua praticar sua atividade que se torna caduca por conta de lei posterior não mais permitir tal transporte na cidade; autorizações de porte de arma que caducaram 90 dias após a publicação do Estatuto do Desarmamento, conforme reza seu art. 29.

– **Revogação**. *Extinção de um ato administrativo legal ou de seus efeitos por outro ato administrativo, efetuada somente pela Administração, dada a existência de fato novo que o torne inconveniente ou inoportuno, respeitando-se os efeitos precedentes* (efeito *ex nunc*). Ex.: permissão para a mesma banca de jornal se instalar numa praça, revogada por estar atrapalhando o trânsito de pedestres, dado o aumento populacional, não havendo mais conveniência na sua manutenção.

O **sujeito ativo da revogação** é a *Administração Pública*, por meio da autoridade administrativa competente para o ato, podendo ser seu superior hierárquico. O Poder Judiciário nunca poderá revogar um ato administrativo, já que se limita a apreciar aspectos de legalidade (o que gera a anulação), e não de conveniência, salvo se se tratar de um ato administrativo da Administração Pública dele, como na hipótese em que um provimento do próprio Tribunal é revogado.

Quanto ao tema **objeto da revogação**, tem-se que este recai sobre o ato administrativo ou relação jurídica deste decorrente, salientando-se que o ato administrativo deve ser válido, pois, caso seja inválido, estaremos diante de hipótese que enseja anulação. Importante ressaltar que não é possível revogar um ato administrativo já extinto, dada a falta de utilidade em tal proceder, diferente do que se dá com a anulação de um ato extinto, que, por envolver a retroação de seus efeitos (a invalidação tem efeitos *ex tunc*), é útil e, portanto, possível.

O **fundamento da revogação** *é a mesma regra de competência que habilitou o administrador à prática do ato que está sendo revogado,* devendo-se lembrar que só há que se falar em revogação nas hipóteses de ato discricionário.

Já o **motivo da revogação** é a *inconveniência ou inoportunidade* da manutenção do ato ou da relação jurídica gerada por este. Isto é, o administrador público faz apreciação ulterior e conclui pela necessidade da revogação do ato para atender ao interesse público.

Quanto aos efeitos da revogação, esta suprime o ato ou seus efeitos, mas respeita os efeitos que já transcorreram. Trata-se, portanto, de eficácia *ex nunc*.

Há **limites ao poder de revogar**. São atos irrevogáveis os seguintes atos: os que a lei assim declarar; os atos já exauridos, ou seja, que cumpriram seus efeitos; os atos vinculados, já que não se fala em conveniência ou oportunidade neste tipo de ato, em que o agente só tem uma opção; os meros ou puros atos administrativos (exs.: certidão, voto dentro de uma comissão de servidores); os atos de controle; os atos complexos (praticados por mais de um órgão em conjunto); e atos que geram direitos adquiridos. Os atos gerais ou regulamentares são, por sua natureza, revogáveis a qualquer tempo e em quaisquer circunstâncias, respeitando-se os efeitos produzidos.

– **Anulação (invalidação)**: *extinção do ato administrativo ou de seus efeitos por outro ato administrativo ou por decisão judicial, por motivo de ilegalidade, com efeito retroativo (ex tunc)*. Ex.: anulação da permissão para instalação de banca de jornal em bem público por ter sido conferida sem licitação.

O **sujeito ativo da invalidação** pode ser tanto o *administrador público* como o *juiz*. A Administração Pública poderá invalidar de ofício ou a requerimento do interessado. O Poder Judiciário, por sua vez, só poderá invalidar por provocação ou no bojo de uma lide. A possibilidade de o Poder Judiciário anular atos administrativos decorre do fato de estarmos num Estado de Direito (art. 1º, CF), em que a lei deve ser obedecida por todos, e também por conta do princípio da inafastabilidade da jurisdição ("a lei não poderá excluir da apreciação do Poder Judiciário lesão ou ameaça de lesão a direito" – artigo 5º, XXXV) e da previsão constitucional do mandado de segurança, do "habeas data" e da ação popular.

O **objeto da invalidação** é o ato administrativo inválido ou os efeitos de tal ato (relação jurídica).

Seu **fundamento** é o dever de obediência ao princípio da legalidade. Não se pode conviver com a ilegalidade. Portanto, o ato nulo deve ser invalidado.

O **motivo da invalidação** é a *ilegalidade* do ato e da eventual relação jurídica por ele gerada. Hely Lopes Meirelles diz que o *motivo da anulação* é a *ilegalidade ou ilegitimidade* do ato, diferente do *motivo da revogação*, que é a inconveniência ou inoportunidade.

Quanto ao **prazo** para se efetivar a invalidação, o art. 54 da Lei 9.784/1999 dispõe *"O direito da Administração de anular os atos administrativos de que decorram efeitos favoráveis para os destinatários decai em 5 (cinco) anos, contados da data em que foram praticados, salvo comprovada má-fé"*. Perceba-se que tal disposição só vale para atos administrativos em geral de que decorram efeitos favoráveis ao agente (ex.: permissão, licença) e que tal decadência só aproveita ao particular se este estiver de boa-fé. A regra do art. 54 contém ainda os seguintes parágrafos: § 1º: *"No caso de efeitos patrimoniais contínuos, o prazo de decadência contar-se-á da percepção do primeiro pagamento"*; § 2º: *"Considera-se exercício do direito de anular qualquer medida de autoridade administrativa que importe impugnação à validade do ato"*.

No que concerne aos **efeitos da invalidação**, como o ato nulo já nasce com a sanção de nulidade, a declaração se dá retroativamente, ou seja, com efeito *ex tunc*. Invalidam-se as consequências passadas, presentes e futuras do ato. Do ato ilegal não nascem direitos. A anulação importa no desfazimento do vínculo e no retorno das partes ao estado anterior. Tal regra é atenuada em face dos terceiros de boa-fé. Assim, a anulação de uma nomeação de um agente público surte efeitos em relação a este (que é parte da relação jurídica anulada), mas não em relação aos terceiros que sofreram consequências dos atos por este praticados, desde que tais atos respeitem a lei quanto aos demais aspectos.

(Investigador – PC/BA – 2018 – VUNESP) Se um ato administrativo é praticado com fundamento falso, vale dizer, incompatível com a verdade real, impõe-se a extinção do ato administrativo, por meio da

(A) revogação, que poderá ser praticada pela própria Administração, no exercício da autotutela, ou pelo Poder Judiciário, se devidamente provocado.

(B) anulação, que poderá ser praticada somente pela própria Administração.

(C) revogação, que poderá ser praticada somente pela própria Administração.

(D) anulação, que poderá ser praticada pela própria Administração, no exercício da autotutela, ou pelo Poder Judiciário, se devidamente provocado.

(E) revogação, que poderá ser praticada somente pelo Poder Judiciário.

A: incorreta. A revogação consiste na extinção de um ato administrativo legal ou de seus efeitos por outro ato administrativo. É efetuada somente pela Administração, dada a existência de fato novo que o torne inconveniente ou inoportuno, respeitando-se os efeitos precedentes (efeito "ex nunc"). Veja que a extinção por revogação não ocorre em razão da invalidade do ato, ou seja, de sua ilegalidade; **B:** incorreta. No caso de nulidade de um ato, esse modo de extinção dos atos administrativos pode ser feito tanto pela Administração Pública em exercício de autotutela como pelo Poder Judiciário; **C:** incorreta. Efetivamente, a revogação, por se tratar da extinção de um ato administrativo legal ou de seus efeitos por outro ato administrativo, dada a existência de fato novo que o torne inconveniente ou inoportuno, respeitando-se os efeitos precedentes (efeito "ex nunc"), somente pode ser realizada pela Administração. A "pegadinha" aqui refere-se ao fato de que a questão não trata de ato passível de revogação, mas de ato ilegal que deve ser anulado; **D:** correta. A anulação ou invalidação consiste na extinção do ato administrativo ou de seus efeitos por outro ato administrativo ou por decisão judicial por motivo de ilegalidade, com efeito retroativo ("ex tunc"); **E:** incorreta. A revogação consiste na extinção de um ato administrativo legal ou de seus efeitos por outro ato administrativo, **efetuada somente pela Administração**, dada a existência de fato novo que o torne inconveniente ou inoportuno, respeitando-se os efeitos precedentes (efeito "ex nunc"). FB

Gabarito "D".

(Procurador Municipal – Prefeitura/BH – CESPE – 2017) No que concerne a revogação, anulação e convalidação de ato administrativo, assinale a opção correta.

(A) Assim como ocorre nos negócios jurídicos de direito privado, cabe unicamente à esfera judicial a anulação de ato administrativo.

(B) Independentemente de comprovada má-fé, após o prazo de cinco anos da prática de ato ilegal, operar-se-á a decadência, o que impedirá a sua anulação.

(C) O prazo de decadência do direito de anular ato administrativo de que decorram efeitos patrimoniais será contado a partir da ciência da ilegalidade pela administração.

(D) Um ato administrativo que apresente defeitos sanáveis poderá ser convalidado quando não lesionar o interesse público, não sendo necessário que a administração pública o anule.

A: incorreta. Tanto o Administração quanto o Poder Judiciário poderão anular os atos administrativos, não sendo exclusividade do Poder Judiciário, tendo o princípio da autoexecutoriedade dos atos administrativos; **B:** incorreta. Se comprovada a má-fé, a prescrição não correrá, conforme disposto no art. 54, da Lei 9.784/1999; **C:** incorreta. O prazo inicial para a contagem da decadência é o dia da prática do ato, conforme disposto no art. 54, da Lei 9.784/1999; **D:** correta. Trata-se do disposto no art. 55, da Lei 9.784/1999, que possibilita o saneamento dos atos quando não acarretarem lesão a terceiros, nem ao interesse público. AW

Gabarito "D".

(Procurador Municipal/SP – VUNESP – 2016) Assinale a alternativa que corretamente discorre sobre aspectos concernentes ao ato administrativo.

(A) A Administração pode revogar seus próprios atos, quando eivados de vícios que os tornem ilegais, porque deles não se originam direitos, ou anulá-los, por motivo de conveniência ou de oportunidade, respeitados os direitos adquiridos e ressalvada, em todos os casos, a apreciação judicial.
(B) O vício de finalidade, ou desvio de poder, consiste na omissão ou na observância incompleta ou irregular de formalidades indispensáveis à existência ou à seriedade do ato, que tem apenas a aparência de manifestação regular da Administração, mas não chega a se aperfeiçoar como ato administrativo.
(C) Afirma-se que um ato é discricionário nos casos em que a Administração tem o poder de adotar uma ou outra solução, segundo critérios de oportunidade, de conveniência, de justiça e de equidade, próprios da autoridade, porque não definidos pelo legislador, que deixa certa margem de liberdade de decisão diante do caso concreto.
(D) A atuação da Administração Pública, no exercício da função administrativa, é discricionária quando a lei estabelece a única solução possível diante de determinada situação de fato; ela fixa todos os requisitos, cuja existência a Administração deve limitar-se a constatar, sem qualquer margem de apreciação subjetiva.
(E) O desvio de poder ocorre quando o agente público excede os limites de sua competência; por exemplo, quando a autoridade, competente para aplicar a pena de suspensão, impõe penalidade mais grave, que não é de sua atribuição; ou quando a autoridade policial se excede no uso da força para praticar ato de sua competência.

A: Incorreta. A revogação tem como fundamento critérios de conveniência e oportunidade, e não vício de legalidade. **B:** Incorreta. Temos a descrição de vício de forma, e não de finalidade do ato administrativo (busca do interesse coletivo, da finalidade pública). **C:** Correta. A assertiva descreve bem a possibilidade de adoção de decisões diversas, de análise e julgamento do ato por parte do administrador, sendo esse o conceito de discricionariedade (liberdade de decidir conforme critérios de razoabilidade, proporcionalidade, justiça, equidade, legalidade). **D:** Incorreta. No caso de a lei estabelecer a única solução possível a ser tomada pelo administrador temos hipótese de ato vinculado, onde só é possível a escolha da solução determinada em lei. **E:** Incorreta. A alternativa descreve o abuso de poder, que é gênero e abrange o excesso de poder (atuação além dos limites de competência) e o desvio de poder ou de finalidade (atuação contrária ao interesse público, como no caso de ação desarrazoada, arbitrária), sendo esse o erro, portanto. Gabarito "C".

(Procurador Municipal – Sertãozinho/SP – VUNESP – 2016) Assinale a alternativa que corretamente discorre sobre o ato administrativo.

(A) Em certos atos, denominados vinculados, a lei permite ao agente proceder a uma avaliação de conduta, ponderando os aspectos relativos à conveniência e à oportunidade da prática do ato.
(B) A Administração pode revogar seus próprios atos, quando eivados de vícios que os tornem ilegais, porque deles não se originam direitos, ressalvada, em todos os casos, a apreciação judicial.
(C) É defeso ao Poder Judiciário apreciar o mérito do ato administrativo, cabendo-lhe unicamente examiná-lo sob o aspecto de sua legalidade, isto é, se foi praticado conforme ou contrariamente à lei.
(D) A revogação também pode ser feita pelo Poder Judiciário, mediante provocação dos interessados, que poderão utilizar, para esse fim, as ações ordinárias e especiais previstas na legislação processual.
(E) Anulação é o ato administrativo discricionário pelo qual a Administração extingue um ato válido, por razões de oportunidade e conveniência, respeitando os efeitos já produzidos pelo ato, precisamente pelo fato de ser este válido perante o direito.

A: Incorreta. Nos atos vinculados não há qualquer avaliação de conduta. O administrador só faz o que a lei determina, sem ter liberdade para ponderar nada. **B:** Incorreta. A revogação tem como fundamento a análise de conveniência e oportunidade, e não a legalidade, como afirmada na assertiva. **C:** Correta. O Poder Judiciário poderá apreciar o mérito dos atos administrativos discricionários, mas somente quanto à sua legalidade, ou seja, não pode adentrar no juízo discricionário, na escolha em si da causa e motivo do ato. **D:** Incorreta. O Poder Judiciário nunca pode revogar um ato administrativo discricionário, sendo exclusividade do administrador forma de retirada do ato administrativo. **E:** Incorreta. A anulação é forma de retirada do ato administrativo por ele ser inválido, sem nenhuma análise de sua legalidade, portanto. Gabarito "C".

(Procurador – PGFN – ESAF – 2015) Correlacione as colunas abaixo e, ao final, assinale a opção que contenha a sequência correta para a coluna II.

COLUNA I	COLUNA II
(1) É a extinção do ato administrativo quando o seu beneficiário deixa de cumprir os requisitos que deveria permanecer atendendo.	( ) Caducidade
(2) Ocorre quando uma nova legislação impede a permanência da situação anteriormente consentida pelo poder público.	( ) Contraposição
(3) Ocorre quando um ato, emitido com fundamento em determinada competência, extingue outro ato, anterior, editado com base em competência diversa, ocorrendo a extinção porque os efeitos daquele são opostos aos deste.	( ) Conversão
(4) Consiste, segundo orientação majoritária, em um ato privativo da Administração Pública, mediante o qual ela aproveita um ato nulo de uma determinada espécie, transformando-o, retroativamente em ato válido de outra categoria, pela modificação de enquadramento legal.	( ) Cassação

(A) 1, 3, 4, 2.
(B) 2, 3, 4, 1.
(C) 3, 2, 1, 4.
(D) 1, 3, 2, 4.
(E) 2, 4, 1, 3.

Caducidade ocorre quando há retirada do ato administrativo pela superveniência de norma que o torna ilegal. Contraposição ou derrubada ocorre quando há novo ato, de competência diversa, que torna insubsistente o ato anterior. Cassação é a retirada do ato administrativo pelo descumprimento das condições impostas ao seu destinatário. Conversão ocorre quando há modificação do enquadramento legal do ato, a fim de permitir a sua manutenção no ordenamento jurídico. Gabarito "B".

(Procurador do Estado – PGE/PA – UEPA – 2015) Quanto à validade dos atos administrativos, é correto afirmar que:

I. De acordo com a Súmula 346 do STF é permitido à Administração Pública anular o ato eivado de vício de legalidade.
II. Por motivo de conveniência ou oportunidade, a Administração Pública deverá revogar os atos administrativos, respeitados os direitos adquiridos, e ressalvada, em todos os casos, a apreciação judicial.
III. A Administração Pública detém a prerrogativa de convalidação dos atos anuláveis independente de qualquer situação que estes acarretem.
IV. O direito da Administração de anular os atos administrativos de que decorram efeitos favoráveis para os destinatários decai em cinco anos, contados da data em que foram praticados, salvo comprovada má-fé.

A alternativa que contém todas as afirmativas corretas é:
(A) I e II.
(B) I e IV.
(C) II e IV.
(D) I e III.
(E) I, II e III.

I: correta. A súmula 346, STF assim dispõe: "'A administração pública pode declarar a nulidade dos seus próprios atos' (Súmula 346)"; **II:** incorreta. A revogação dos atos administrativos independe de aprovação ou análise do Poder Judiciário, sendo um ato discricionário; **III:** incorreta. Tanto a Administração Pública quanto o Poder Judiciário detém a prerrogativa de anular atos administrativos, por isso está incorreta a assertiva; **IV:** correta. Trata-se do disposto no art. 54, da Lei 9.784/1999. Gabarito "B".

(Procurador – PGFN – ESAF – 2015) O Prefeito do Município X decidiu construir, defronte à sede da Prefeitura, um monumento em homenagem a seu avô, fundador da universidade local. A obra teria 20 metros e seria esculpida em mármore e aço. A associação de pais de crianças portadoras de necessidades especiais ajuizou ação civil pública para impedir a construção do monumento, sob a alegação de que os recursos envolvidos na aludida homenagem seriam suficientes para a reforma e adaptação de acessibilidade das escolas municipais, de forma a proporcionar o pleno acesso de pessoas com deficiência. Os procuradores do município argumentaram que a construção do monumento visa a preservar a memória da cidade, bem como que a alocação de recursos seria ato discricionário do Prefeito. Diante do relatado e com base na jurisprudência atual sobre o controle jurisdicional da administração pública, assinale a opção correta.

(A) O ato do Prefeito, embora discricionário, é passível de controle pelo Poder Judiciário, a fim de que este avalie a conformidade desse ato com os mandamentos constitucionais.
(B) O Poder Judiciário, se entender pela violação a princípio da administração pública, poderá revogar o ato administrativo expedido pelo Prefeito.

(C) O ato discricionário não é sindicável pelo Poder Judiciário.
(D) Neste caso, o Poder Judiciário poderá decidir pela alteração do projeto e do material a ser utilizado no monumento, de forma a diminuir os custos da obra.
(E) A associação de pais de crianças portadoras de necessidades especiais não tem legitimidade para ajuizar ação civil pública.

A: correta. O ato do Prefeito, mesmo sendo discricionário, tem que ser motivado e só pode ser realizado debaixo dos princípios da indisponibilidade e supremacia do interesse público sobre o privado. Assim, se há um interesse público superior ao que ele, Prefeito, motivou para o seu ato, esse ato é ilegal e passível de controle pelo Poder Judiciário; **B:** incorreta. O Poder Judiciário nunca poderá revogar um ato administrativo, eis que a revogação é privativa do Poder Executivo; **C:** incorreta. O ato discricionário sempre poderá ser avaliado pelo Poder Judiciário, quanto à sua legalidade; **D:** incorreta. O Poder Judiciário não tem poder decisório quanto ao ato e seu mérito, mas somente quanto à sua adequação ao ordenamento jurídico, ou seja, quanto à sua legalidade, proporcionalidade, razoabilidade. Gabarito "A".

(Procurador do Estado – PGE/RN – FCC – 2014) Suponha que o Ministro da Fazenda tenha concedido benefício creditício à empresa privada, sem, contudo, a necessária oitiva de órgão colegiado que detém competência legal para opinar sobre a matéria. Referido ato, considerando as disposições da Lei Federal nº 9.784/1999,
(A) poderá ser anulado ou convalidado, sempre pela autoridade superior, a qual cabe sopesar, independentemente do cumprimento do requisito legal, o interesse público envolvido.
(B) é passível de convalidação, caso suprido o defeito sanável, desde que não acarrete lesão ao interesse público nem prejuízo a terceiros.
(C) deverá ser anulado, se não transcorrido mais de 2 (dois) anos, após o que se presume convalidado.
(D) deverá ser revogado pelo agente prolator, não se admitindo convalidação, eis que esta somente é possível em relação a atos vinculados.
(E) é passível de convalidação apenas pela autoridade superior, de acordo com juízo de conveniência e oportunidade.

A: incorreta. O interesse coletivo não se sobrepõe à Lei, por isso o erro está no fato da assertiva possibilitar a relativização do cumprimento da lei; **B:** correta. Trata-se do disposto no art. 55, da Lei 9.784/1999, que assim dispõe: "Em decisão na qual se evidencie não acarretarem lesão ao interesse público nem prejuízo a terceiros, os atos que apresentarem defeitos sanáveis poderão ser convalidados pela própria Administração."; **C:** incorreta. O prazo prescricional para anulação do ato administrativo é de 5 anos (art. 54, da Lei 9.784/1999); **D:** incorreta. Admite-se a convalidação, conforme explicado na alternativa "B"; **E:** incorreta. Não há exigência da autoridade competente para convalidar o ato, sendo apenas aferível a presença de defeitos sanáveis, e não os critérios de conveniência e oportunidade, como afirmado na assertiva. Gabarito "B".

(Juiz – TRF 4ª Região – 2016) Assinale a alternativa correta.
Acerca da anulação e da revogação do ato administrativo:
(A) Ambas podem ser decretadas pelo Poder Judiciário como instrumento de controle da atividade administrativa.
(B) Ambas dão-se no âmbito da discricionariedade administrativa.
(C) Ambas retroagem à data em que o ato for praticado.
(D) Ambas podem ser realizadas pela autoridade administrativa competente no exercício da autotutela administrativa.
(E) Ambas decorrem da ilegalidade da atuação administrativa.

A: incorreta. A revogação não pode ser decretada pelo Poder Judiciário, sendo ato típico e próprio do Poder Executivo (do administrador público); **B:** incorreta. A anulação não tem como fundamento a discricionariedade administrativa, e sim a análise vinculada da legalidade do ato administrativo; **C:** incorreta. A revogação se opera "ex nunc" (não retroativa) e a anulação "ex tunc" (retroativa); **D:** correta. O Poder Público pode anular e revogar seus próprios atos, independentemente do Poder Judiciário, sendo esse o princípio da autotutela; **E:** incorreta. Somente a anulação decorre da ilegalidade, sendo que a revogação decorre da análise discricionária da conveniência e oportunidade do ato administrativo. Gabarito "D".

(Juiz – TJ/MS – VUNESP – 2015) Determinado servidor público da Administração Pública Estadual requer sua aposentadoria. O pedido tramita regularmente e a aposentadoria é concedida em junho de 2014. Em abril de 2015, durante verificação de rotina, a Administração Pública Estadual constata que a concessão inicial foi indevida, pois o servidor não preenchia os requisitos legais para a aposentadoria. Nesse caso, deve a Administração Pública
(A) manter o ato administrativo da forma como se encontra, pois em decorrência do atributo da presunção de veracidade juris et de jure dos atos administrativos, presumem-se verdadeiros os fatos reconhecidos pela Administração.
(B) emitir ato revogatório de efeitos imediatos, pois o ato administrativo pode ser posto em execução pela própria Administração Pública, sem necessidade de intervenção do Poder Judiciário.
(C) anular o ato independentemente de manifestação do servidor interessado, pois possui a prerrogativa de, por meio de atos unilaterais, impor obrigações a terceiros.
(D) anular o ato administrativo, pois em decorrência do princípio da legalidade, queda afastada a possibilidade de a Administração praticar atos inominados, como o ato viciado em tela.
(E) com base no seu poder de autotutela sobre os próprios atos, anular o ato de concessão inicial da aposentadoria, mediante processo em que sejam assegurados o contraditório e a ampla defesa ao servidor público interessado.

A: incorreta. A presunção de legitimidade dos atos administrativos é sempre relativa, cabendo prova em contrário, sendo necessária a declaração de ilegalidade de todos os atos que se apresentem contrários ao ordenamento jurídico (princípio da legalidade estrita). **B:** incorreta. O ato é ilegal, por isso não se trata de uma revogação, e sim, de anulação do ato de concessão de aposentadoria. **C:** incorreta. A anulação sempre pressupõe o processo administrativo, onde é assegurada a ampla defesa e contraditório. **D:** incorreta. O Poder Público pode praticar "atos administrativo inominados", não sendo esse o caso em questão, e sim, de anulação da concessão da aposentadoria. **E:** correta. O fundamento é a súmula 473, STF, que assim dispõe: "A administração pode anular seus próprios atos, quando eivados de vícios que os tornam ilegais, porque deles não se originam direitos; ou revogá-los, por motivo de conveniência ou oportunidade, respeitados os direitos adquiridos, e ressalvada, em todos os casos, a apreciação judicial". Gabarito "E".

(Promotor de Justiça/SC – 2016 – MPE)
(1) Segundo jurisprudência consolidada do Supremo Tribunal Federal, a Administração pode anular seus próprios atos, quando maculados por defeitos que os façam ilegais, com eficácia, em geral, ex tunc. Pode ainda revogá-los, atenta a pressupostos de conveniência ou oportunidade, sem prejuízo dos direitos adquiridos, com efeitos ex nunc.

1: correta. Trata-se do teor da Súmula 473, STF, que assim dispõe: "A administração pode anular seus próprios atos, quando eivados de vícios que os tornam ilegais, porque deles não se originam direitos; ou revogá-los, por motivo de conveniência ou oportunidade, respeitados os direitos adquiridos, e ressalvada, em todos os casos, a apreciação judicial. Gabarito 1C.

(Promotor de Justiça – MPE/AM – FMP – 2015) Bem se observa a trajetória mais recente dos rumos do Direito Administrativo contemporâneo, especialmente mediante a densificação normativa oriunda dos textos constitucionais democráticos. Levando-se em relevo o movimento de constitucionalização pós-1988 no direito brasileiro, manifestam-se variados contextos dos sentidos de vinculação administrativa orientados pelo conteúdo deontológico da juridicidade, dentre os quais não se poderia incluir
(A) a noção de discricionariedade interpretada como um poder administrativo externo ao próprio ordenamento jurídico fundado na autonomia decorrente da personalização da Administração Pública.
(B) a vinculação da atividade administrativa ocorre perante o Direito, ou seja, em relação ao ordenamento jurídico enquanto expressão normativa dinâmica e plural em unidade de coerência argumentativa balizada pelas matrizes estruturantes da Constituição.
(C) a sistematização dos poderes e deveres da Administração Pública resulta traçada com especial ênfase no sistema de direitos fundamentais e nas normas nucleares tributárias do regime democrático.
(D) a convalidação de um ato administrativo ilegal constitui por vezes um método otimizado de eficácia normativa da Constituição, quando se verifica casuisticamente a prevalência do princípio da proteção da confiança legítima em detrimento da salvaguarda formal da legalidade.
(E) a juridicidade contra a lei aponta no sentido da supremacia da Constituição, segundo parte da doutrina administrativista, inclusive com o respaldo de a Administração Pública deixar de aplicar, de forma auto-executória, uma lei havida como violadora do Texto Maior, independentemente de qualquer pronunciamento judicial prévio.

A: Correta. Se a questão se refere à uma concepção de vinculação ao ordenamento jurídico e a seus valores (deontologia), logicamente fica de fora a discricionariedade, que é a descrita na assertiva A; **B:** Incorreta. Essa assertiva vai de encontro com a vinculação (ato e atividade adstrita ao que determina a lei), por isso está correta e não deve ser a escolhida, já que o enunciado pede a exceção ao modelo constitucional; **C:** Incorreta. A atividade administrativa está vinculada ao que determina a Constituição quanto aos direitos fundamentais e regime constitucional tributário; **D:** Incorreta. A convalidação tenta preservar o ato administrativo no ordenamento jurídico, mesmo que ilegal, de forma que se afasta da vinculação em que todos os elementos do ato administrativo devem ser, exatamente, o que determina a lei; **E:** Incorreta. O Poder Executivo não pode deixar de aplicar uma lei, mesmo que inconstitucional. A exceção se faz em relação ao Chefe do Poder Executivo Federal (Presidente da República), que é o único autorizado pela doutrina e jurisprudência a essa atitude, consistindo num controle posterior ("a posteriori") de constitucionalidade pelo Poder Executivo. Gabarito "A".

(Promotor de Justiça – MPE/MS – FAPEC – 2015) Assinale a assertiva **correta**. O princípio da autotutela da Administração Pública consiste:

(A) Na necessidade da Administração Pública de recorrer ao Poder Judiciário para proteger seus interesses e direitos.
(B) No poder-dever de retirada de atos administrativos por meio da anulação e da revogação.
(C) No poder de tutela administrativa ou supervisão ministerial exercida pela Administração Direta sobre as entidades da Administração Indireta.
(D) Na observância ao princípio da confiança legítima, eis que se exige uma previsibilidade ou calculabilidade emanadas dos atos estatais.
(E) No exercício do poder de polícia administrativo.

A: Incorreta. A autotutela é exatamente o oposto no afirmado essa assertiva, ou seja, trata-se da possibilidade da própria Administração Pública resolver seus conflitos, sem se socorrer ao Poder Judiciário. **B:** Correta. O Poder Público tem a obrigação (dever) de preservar seus atos e atividades em compatibilidade com o ordenamento jurídico, por isso poderá se autotutelar, revogando e anulando seus atos (poder). **C:** Incorreta. A tutela ou supervisão ministerial é apenas um controle de legalidade que a Administração Direta faz em relação à Administração Indireta, mas se constitui em autotutela, sendo mais um controle, uma fiscalização para evitar a anulação ou revogação. **D:** Incorreta. O princípio da confiança legítima é o que determina que os atos administrativos devem ser mantidos, mesmo que ilegais, desde que não causem prejuízos a terceiros, a fim de manter a previsibilidade e antecipação de resultados em relação ao ordenamento jurídico em geral. Por isso, a autotutela, por ser a aptidão e possibilidade que o Poder Público tem de anular e revogar seus atos traria uma contraposição a esse princípio, eis que o desestabiliza. **E:** Incorreta. O Poder de Polícia administrativo é o de frenar os atos de particulares para adequá-los à finalidade pública, por isso não se relaciona, ao menos não diretamente, com o conceito de autotutela (ele é prático, efetivo, enquanto que a autotutela atua no âmbito formal do ato, corrigindo-o, se possível). AW
Gabarito "B".

(Defensor Público – DPE/MT – 2016 – UFMT) É a forma de extinção do ato administrativo que ocorre quando o administrado deixa de cumprir condição necessária para dar continuidade à determinada situação jurídica:

(A) Cassação.
(B) Contraposição.
(C) Caducidade.
(D) Revogação.
(E) Suspensão.

A cassação do ato administrativo é a sua retirada do ordenamento (extinção) por descumprimento de condições impostas para a sua manutenção, funcionando como uma espécie de sanção ao destinatário do ato. AW
Gabarito "A".

(Analista Jurídico – TCE/PR – 2016 – CESPE) A revogação do ato administrativo é a supressão de um ato legítimo e eficaz, seja por oportunidade, seja por conveniência, seja por interesse público; entretanto, o poder de revogar da administração pública não é absoluto, pois há situações insuscetíveis de modificação por parte da administração. Tendo as considerações apresentadas como referência inicial, assinale a opção que apresenta ato suscetível de revogação.

(A) parecer emitido por órgão público consultivo
(B) ato de concessão de licença para exercer determinada profissão, segundo requisitos exigidos na lei
(C) ato de posse de candidato nomeado após aprovação em concurso público
(D) ato administrativo praticado pelo Poder Judiciário
(E) ato de concessão de licença funcional já gozada pelo servidor

A: incorreta, pois um parecer consultivo é uma mera opinião técnica sobre um determinado assunto, não havendo que se falar em revogação dessa opinião; **B:** incorreta, pois a licença é *ato vinculado* e esse tipo de ato; ao contrário do *ato discricionário*, não pode ser revogado; **C:** incorreta, pois a posse é a mera aceitação do cargo pelo candidato, não havendo que se falar em ato administrativo revogável; **D:** correta; os atos administrativos do Poder Judiciário tem o mesmo regime jurídico dos atos administrativos do Poder Executivo, o que inclui a possibilidade de serem revogados nos casos em que a revogação é admitida; **E:** incorreta, pois, se a licença já foi gozada, o ato administrativo em questão já se extinguiu pelo decurso de seus efeitos e, uma vez já extinto, não há que se falar em nova extinção pela revogação, que é uma forma de extinção do ato administrativo. WG
Gabarito "D".

(Analista Jurídico –TCE/PA – 2016 – CESPE) Em relação às formas de anulação de atos ou contratos administrativos e à perda de função pública, julgue os itens a seguir.

(1) Em se tratando de ação de improbidade, a perda da função pública é uma sanção administrativa decorrente de sentença de procedência dos pedidos.
(2) A revogação aplica-se a atos praticados no exercício da competência discricionária.

1: incorreta, pois as sanções não são cumulativas, podendo ser aplicadas isolada ou cumulativamente (art. 12, *caput*, da Lei 8.429/92); **2:** correta, pois a revogação é a extinção do ato pela existência de um motivo novo que o torne inconveniente ou inoportuno, e tal possibilidade só existe quando se trata de um ato discricionário, já que este é o tipo de ato que autoriza que a Administração tenha mais de uma opção, podendo ora praticar o ato, ora não praticar, ora modificá-lo e ora extingui-lo. WG
Gabarito 1E, 2C

(Ministério Público/BA – 2015 – CEFET) No que se refere aos atos e poderes administrativos, é **INCORRETO** afirmar:

(A) Os atos vinculados não são passíveis de revogação.
(B) A cassação do ato administrativo pressupõe a prévia declaração da sua nulidade pela Administração Pública.
(C) Os atos administrativos ilegais dos quais decorram efeitos favoráveis ao administrado deverão ser invalidados no prazo de 5 (cinco) anos, contados da data em que forem praticados, salvo comprovada má-fé.
(D) Denomina-se "extroverso" o poder que tem o Estado de constituir, unilateralmente, obrigações para os administrados.
(E) Na discricionariedade técnica, a Administração Pública tem o poder de fixar juízos de ordem técnica, mediante o emprego de noções e métodos específicos das diversas ciências ou artes.

A: assertiva correta, pois tais atos são aqueles que a lei traz critérios absolutamente objetivos para a sua prática, de modo que não há que se falar em algum fato novo que gere a sua inconveniência futura e consequente revogação; **B:** assertiva incorreta, devendo ser assinalada; a cassação é a extinção de um ato administrativo pelo fato de seu beneficiário não estar cumprindo os requisitos para continuar se beneficiando desse ato; ou seja, o ato administrativo em si é legal (não cabe anulação), mas é extinto por culpa do beneficiário do ato, que deixa de cumprir com a sua parte para a manutenção do ato; **C:** assertiva correta (art. 54, *caput*, da Lei 9.784/1999); **D:** assertiva correta, pois o poder do Estado de constituir unilateralmente obrigações aos administrados denomina-se imperatividade, que também é chamada de poder extroverso; **E:** assertiva correta; a "discricionariedade técnica" se dá quando a solução de alguma controvérsia administrativa exija o conhecimento técnico especializado, como de um engenheiro ou de um médico; por exemplo, havendo dúvida sobre se algum imóvel está ou não em perigo de desabamento, na hipótese de um engenheiro chamado pela Administração para fazer a análise em questão concluir pelo risco de desabamento, em tese esse critério deve ser respeitado, pois no caso a própria Administração fica vinculada à manifestação conclusiva do profissional que tiver exarado seu entendimento técnico sobre a questão; vale conferir o acórdão proferido pelo STJ no REsp 1.171.688-DF, em que se reconheceu que critérios técnicos estabelecidos pela Anatel deveriam ser respeitados "frente ao alto grau de discricionariedade técnica imanente ao tema e em consideração aos princípios da deferência técnico-administrativa, da isonomia e da eficiência". WG
Gabarito "B".

(DPE/PE – 2015 – CESPE) Julgue os item que se segue, a respeito de atos administrativos.

(1) Os atos da administração que apresentarem vício de legalidade deverão ser anulados pela própria administração. No entanto, se de tais atos decorrerem efeitos favoráveis a seus destinatários, o direito da administração de anular esses atos administrativos decairá em cinco anos, contados da data em que forem praticados, salvo se houver comprovada má-fé.

1: correta (arts. 53 e 54, *caput*, da Lei 9.784/1999). WG
Gabarito 1C

(Delegado/SP – 2014 – VUNESP) O ato administrativo

(A) pode ser revogado com fundamento em razões de conveniência e oportunidade, desde que observados os efeitos *ex tunc* dessa extinção do ato.
(B) tem na presunção de legitimidade a autorização para imediata execução e permanece em vigor até prova em contrário.
(C) é revogável pelo Poder Judiciário que é apto a fazer o controle de legalidade, sem ingressar em seu mérito administrativo.
(D) de Secretário de Segurança Pública que determina remoção *ex officio* do Delegado de Polícia, sem motivação, não se sujeita ao controle de juridicidade por conter alta carga de discricionariedade em seu teor.
(E) tem como requisitos a presunção de legitimidade, a autoexecutoriedade, a imperatividade e a exigibilidade.

A: incorreta, pois a revogação tem efeito "ex nunc", ou seja, não retroage; **B:** correta, pois a presunção de legitimidade de fato autoriza a imediata execução do ato e se trata de uma presunção relativa, ou seja, que admite prova em contrário; **C:** incorreta, pois o ato administrativo de uma administração não pode ser revogado pelo Judiciário, que pode apenas anular atos dessa outra administração; **D:** incorreta, pois a motivação é obrigatória no caso e sua não realização enseja a anulação do ato; **E:** incorreta, pois esses são os *atributos* do ato administrativo; os *requisitos* deste são a competência, o objeto, a forma, o motivo e a finalidade. WG
Gabarito "B".

3.6. CONVALIDAÇÃO E CONVERSÃO

(Juiz de Direito – TJ/RS – 2018 – VUNESP) Considerando a disciplina legal e jurisprudencial da invalidação dos atos administrativos e, em especial, o previsto na Lei federal no 9.784/99, a anulação de ato administrativo ampliativo de direitos

(A) decorre do exercício do poder de polícia administrativa a fim de garantir segurança jurídica e estabilidade das relações entre Administração e administrado.

(B) só pode se dar por força de decisão judicial, observados os prazos de prescrição previstos no Código Civil.

(C) decorre do exercício do poder de autotutela administrativa e independe de procedimento em que seja assegurado contraditório e ampla defesa do beneficiário dos efeitos do ato anulável sempre que houver má-fé.

(D) só pode se dar pela Administração Pública, no exercício do poder hierárquico, e não pode alcançar terceiro interessado de boa-fé.

(E) só pode se dar no prazo de até cinco anos, pela própria Administração Pública.

Atos administrativos ampliativos de direitos são aqueles que aumentam a esfera de ação jurídica do administrado. Segundo o artigo 54 da Lei 9.784/1999, "o direito da Administração de anular os atos administrativos **de que decorram efeitos favoráveis para os destinatários** decai em cinco anos, contados da data em que foram praticados, salvo comprovada má-fé" (grifo nosso). **FB**

Gabarito "E"

(Defensor Público – DPE/SC – 2017 – FCC) Os atos administrativos podem ser produzidos em desrespeito às normas jurídicas e, nestes casos, é correto afirmar que

(A) existe, no direito brasileiro, apenas duas formas de convalidação, a ratificação e a reforma.

(B) ainda que o ato tenha sido objeto de impugnação é possível falar-se em convalidação, com o objetivo de aplicar o princípio da eficiência.

(C) à vícios que podem ser sanados e, nestes casos, a convalidação terá efeitos *ex nunc*.

(D) a violação das normas jurídicas causa um vício que só pode ser corrigido com a edição de novo ato, pelo poder Judiciário.

(E) é possível convalidar atos com vício no objeto, ou conteúdo, mas apenas quando se tratar de conteúdo plúrimo.

Embora a doutrina não seja unânime em afirmar quais sejam as formas de convalidação admissíveis no direito brasileiro, sem dúvida existe a "ratificação" (convalidação pela autoridade que praticou o ato), a confirmação (convalidação por autoridade superior àquela que praticou o ato) e o saneamento, que é a convalidação feita por terceiro – logo, a alternativa "a" é incorreta; quanto à alternativa "b", a doutrina é unânime em afirmar que o ato impugnado não pode ser objeto de convalidação; no tocante à alternativa "c", a convalidação terá efeitos "ex tunc", preservando todas as situações jurídicas construídas a partir da edição do ato convalidado; a alternativa "d" contradiz o disposto no art. 55 da Lei n. 9.784/1999, que assim dispõe: "Em decisão na qual se evidencie não acarretarem lesão ao interesse público nem prejuízo a terceiros, os atos que apresentarem defeitos sanáveis poderão ser convalidados pela própria Administração". **AW**

Gabarito "E"

3.7. CLASSIFICAÇÃO DOS ATOS ADMINISTRATIVOS E ATOS EM ESPÉCIE

Antes de verificarmos as questões deste item, vale trazer um resumo das principais espécies de atos administrativos.

Espécies de atos administrativos segundo Hely Lopes Meirelles:

– **Atos normativos** *são aqueles que contêm comando geral da Administração Pública, com o objetivo de executar a lei.* Exs.: regulamentos (da alçada do chefe do Executivo), instruções normativas (da alçada dos Ministros de Estado), regimentos, resoluções etc.

– **Atos ordinatórios** *são aqueles que disciplinam o funcionamento da Administração e a conduta funcional de seus agentes.* Ex.: instruções (são escritas e gerais, destinadas a determinado serviço público), circulares (escritas e de caráter uniforme, direcionadas a determinados servidores), avisos, portarias (expedidas por chefes de órgãos – trazem determinações gerais ou especiais aos subordinados, designam alguns servidores, instauram sindicâncias e processos administrativos etc.), ordens de serviço (determinações especiais ao responsável pelo ato), ofícios (destinados às comunicações escritas entre autoridades) e despacho (contém decisões administrativas).

– **Atos negociais** *são declarações de vontade coincidentes com a pretensão do particular.* Ex.: licença, autorização e protocolo administrativo.

– **Atos enunciativos** *são aqueles que apenas atestam, enunciam situações existentes*. Não há prescrição de conduta por parte da Administração. Ex.: certidões, atestados, apostilas e pareceres.

– **Atos punitivos** *são as sanções aplicadas pela Administração aos servidores públicos e aos particulares.* Ex.: advertência, suspensão e demissão; multa de trânsito.

Confira mais classificações dos atos administrativos:

– **Quanto à liberdade de atuação do agente**

Ato vinculado é *aquele em que a lei tipifica objetiva e claramente a situação em que o agente deve agir e o único comportamento que poderá tomar*. Tanto a situação em que o agente deve agir, como o comportamento que vai tomar são únicos e estão clara e objetivamente definidos na lei, de forma a inexistir qualquer margem de liberdade ou apreciação subjetiva por parte do agente público. Exs.: licença para construir e concessão de aposentadoria.

Ato discricionário é *aquele em que a lei confere margem de liberdade para avaliação da situação em que o agente deve agir ou para escolha do melhor comportamento a ser tomado.*

Seja na situação em que o agente deve agir, seja no comportamento que vai tomar, o agente público terá uma margem de liberdade na escolha do que mais atende ao interesse público. Neste ponto fala-se em mérito administrativo, ou seja, na valoração dos motivos e escolha do comportamento a ser tomado pelo agente.

Vale dizer, o agente público fará apreciação subjetiva, agindo segundo o que entender mais conveniente e oportuno ao interesse público. Reconhece-se a discricionariedade, por exemplo, quando a regra que traz a competência do agente traz conceitos fluídos, como *bem comum, moralidade, ordem pública* etc. Ou ainda quando a lei não traz um motivo que enseja a prática do ato, como, por exemplo, a que permite nomeação para cargo em comissão, de livre provimento e exoneração. Também se está diante de ato discricionário quando há mais de uma opção para o agente quanto ao momento de atuar, a forma do ato (ex.: verbal, gestual ou escrita), sua finalidade ou conteúdo (ex.: advertência, multa ou apreensão).

A discricionariedade sofre alguns temperamentos. Em primeiro lugar é bom lembrar que todo ato discricionário é parcialmente regrado ou vinculado. A competência, por exemplo, é sempre vinculada (Hely Lopes Meirelles entende que *competência, forma e finalidade* são sempre vinculadas, conforme vimos). Ademais, só há discricionariedade nas situações marginais, nas zonas cinzentas. Assim, se algo for patente, como quando, por exemplo, uma dada conduta fira veementemente a moralidade pública (ex.: pessoas fazendo sexo no meio de uma rua), o agente, em que pese estar diante de um conceito fluído, deverá agir reconhecendo a existência de uma situação de imoralidade. Deve-se deixar claro, portanto, que a situação concreta diminui o espectro da discricionariedade (a margem de liberdade) conferida ao agente.

Assim, o Judiciário até pode apreciar um ato discricionário, mas apenas quanto aos aspectos de legalidade, razoabilidade e moralidade, não sendo possível a revisão dos critérios adotados pelo administrador (mérito administrativo), se tirados de dentro da margem de liberdade a ele conferida pelo sistema normativo.

– **Quanto às prerrogativas da administração**

Atos de império são os *praticados no gozo de prerrogativas de autoridade*. Ex.: interdição de um estabelecimento.

Atos de gestão são os *praticados sem uso de prerrogativas públicas, em igualdade com o particular, na administração de bens e serviços*. Ex.: contrato de compra e venda ou de locação de um bem imóvel.

Atos de expediente *são os destinados a dar andamentos aos processos e papéis que tramitam pelas repartições, preparando-os para decisão de mérito a ser proferida pela autoridade*. Ex.: remessa dos autos à autoridade para julgá-lo.

A distinção entre ato de gestão e de império está em desuso, pois era feita para excluir a responsabilidade do Estado pela prática de atos de império, de soberania. Melhor é distingui-los em atos regidos pelo direito público e pelo direito privado.

– **Quanto aos destinatários**

Atos individuais *são os dirigidos a destinatários certos, criando-lhes situação jurídica particular*. Ex.: decreto de desapropriação, nomeação, exoneração, licença, autorização, tombamento.

Atos gerais *são os dirigidos a todas as pessoas que se encontram na mesma situação, tendo finalidade normativa.*

São diferenças entre um e outro as seguintes:

– só ato individual pode ser impugnado individualmente; atos normativos, só por ADIN ou após providência concreta.

– ato normativo prevalece sobre o ato individual

– ato normativo é revogável em qualquer situação; ato individual deve respeitar direito adquirido.

– ato normativo não pode ser impugnado administrativamente, mas só após providência concreta; ato individual pode ser impugnado desde que praticado.

– **Quanto à formação da vontade**

Atos simples: *decorrem de um órgão, seja ele singular ou colegiado.* Ex.: nomeação feita pelo Prefeito; deliberação de um conselho ou de uma comissão.

Atos complexos: *decorrem de dois ou mais órgãos, em que as vontades se fundem para formar um único ato.* Ex.: decreto do Presidente, com referendo de Ministros.

Atos compostos: *decorrem de dois ou mais órgãos, em que vontade de um é instrumental à vontade de outro, que edita o ato principal.* Aqui existem dois atos pelo menos: um principal e um acessório. Exs.: nomeação do Procurador Geral da República, que depende de prévia aprovação pelo Senado; e atos que dependem de aprovação ou homologação. Não se deve confundir *atos compostos* com *atos de um procedimento*, vez que este é composto de vários atos acessórios, com vistas à produção de um ato principal, a decisão.

– **Quanto aos efeitos**

Ato constitutivo *é aquele em que a Administração cria, modifica ou extingue direito ou situação jurídica do administrado.* Ex.: permissão, penalidade, revogação e autorização.

Ato declaratório *é aquele em que a Administração reconhece um direito que já existia.* Ex.: admissão, licença, homologação, isenção e anulação.

Ato enunciativo *é aquele em que a Administração apenas atesta dada situação de fato ou de direito.* Não produz efeitos jurídicos diretos. São juízos de conhecimento ou de opinião. Ex.: certidões, atestados, informações e pareceres.

– **Quanto à situação de terceiros**

Atos internos *são aqueles que produzem efeitos apenas no interior da Administração.* Ex.: pareceres, informações.

Atos externos *são aqueles que produzem efeitos sobre terceiros.* Nesse caso, dependerão de publicidade para terem eficácia. Ex.: admissão, licença.

– **Quanto à estrutura.**

Atos concretos *são aqueles que dispõem para uma única situação, para um caso concreto.* Ex.: exoneração de um agente público.

Atos abstratos *são aqueles que dispõem para reiteradas e infinitas situações, de forma abstrata.* Ex.: regulamento.

Confira **outros atos administrativos, em espécie**:

– **Quanto ao conteúdo:** a) **autorização**: *ato unilateral, discricionário e precário pelo qual se faculta ao particular, em proveito deste, o uso privativo de bem público ou o desempenho de uma atividade, os quais, sem esse consentimento, seriam legalmente proibidos.* Exs.: autorização de uso de praça para festa beneficente; autorização para porte de arma; b) **licença**: *ato administrativo unilateral e vinculado pelo qual a Administração faculta àquele que preencha requisitos legais o exercício de uma atividade.* Ex.: licença para construir; c) **admissão**: *ato unilateral e vinculado pelo qual se reconhece ao particular que preencha requisitos legais o direito de receber serviço público.* Ex.: aluno de escola; paciente em hospital; programa de assistência social; d) **permissão**: *ato administrativo unilateral, discricionário e precário, pelo qual a Administração faculta ao particular a execução de serviço público ou a utilização privativa de bem público, mediante licitação.* Exs.: permissão para perueiro; permissão para uma banca de jornal. Vale lembrar que, por ser precária, pode ser revogada a qualquer momento, sem direito à indenização; e) **concessão**: *ato bilateral e não precário, pelo qual a Administração faculta ao particular a execução de serviço público ou a utilização privativa de bem público, mediante licitação.* Ex.: concessão para empresa de ônibus efetuar transporte remunerado de passageiros. Quanto aos bens públicos, há também a *concessão de direito real de uso*, oponível até ao poder concedente, e a *cessão de uso*, em que se transfere o uso para entes ou órgãos públicos; f) **aprovação**: *ato de controle discricionário*. Vê-se a conveniência do ato controlado. Ex.: aprovação pelo Senado de indicação para Ministro do STF; g) **homologação**: *ato de controle vinculado*. Ex.: homologação de licitação ou de concurso público; h) **parecer**: *ato pelo qual órgãos consultivos da Administração emitem opinião técnica sobre assunto de sua competência.* Podem ser das seguintes espécies: *facultativo* (parecer solicitado se a autoridade quiser); *obrigatório* (autoridade é obrigada a solicitar o parecer, mas não a acatá-lo) e *vinculante* (a autoridade é obrigada a solicitar o parecer e a acatar o seu conteúdo; ex.: parecer médico). Quando um parecer tem o poder de *decidir* um caso, ou seja, quando o parecer é, na verdade, uma decisão, a autoridade que emite esse parecer responde por eventual ilegalidade do ato (ex.: parecer jurídico sobre edital de licitação e minutas de contratos, convênios e ajustes – art. 38 da Lei 8.666/1993).

– **Quanto à forma:** a) **decreto**: é a forma de que se revestem os atos individuais ou gerais, emanados do Chefe do Poder Executivo. Exs.: nomeação e exoneração (atos individuais); regulamentos (atos gerais que têm por objeto proporcionar a fiel execução da lei – art. 84, IV, da CF); b) **resolução e portaria**: são as formas de que se revestem os atos, gerais ou individuais, emanados de autoridades que não sejam o Chefe do Executivo; c) **alvará**: forma pela qual a Administração confere licença ou autorização para a prática de ato ou exercício de atividade sujeita ao poderes de polícia do Estado. Exs.: alvará de construção (instrumento da licença); alvará de porte de arma (instrumento da autorização).

(Juiz de Direito – TJM/SP – VUNESP – 2016) O ato administrativo tem peculiaridades sobre as quais é possível fazer a seguinte afirmação:

(A) se a Administração não se pronuncia quando provocada por um administrado que postula interesse próprio, está-se perante o silêncio administrativo que, apesar de não ser um ato, deverá ser sempre interpretado como deferimento.

(B) os atos vinculados obedecem a uma prévia e objetiva tipificação legal do único comportamento possível da Administração em face de situação igualmente prevista, autorizando sua revogação em caso de ilegalidade.

(C) a autoexecutoriedade do ato administrativo independe de previsão legal, mas obedece estritamente ao princípio da proporcionalidade.

(D) os atos administrativos podem ser classificados como simples ou complexos, a depender do número de destinatários beneficiados com a sua prática.

(E) os motivos e a finalidade indicados na lei, bem como a causa do ato, fornecem as limitações ao exercício de discrição administrativa e, portanto, estão sujeitos ao controle judicial.

A: incorreta. O silêncio administrativo é um fato jurídico e não pode ser interpretado nem como uma permissão, nem como uma proibição ou vedação, não sendo possível ao próprio administrador inferir uma manifestação de vontade a seu critério. O entendimento da doutrina dominante é de que no caso de silêncio deve-se buscar o Poder Judiciário para que esse obrigue ao administrador a proferir sua manifestação de vontade. **B: incorreta.** Os atos administrativos vinculados não podem ser revogados, eis que não emitidos sob nenhuma discricionariedade (sem nenhum juízo de conveniência e oportunidade, portanto). **C: incorreta.** A autoexecutoriedade é a regra de todos os atos administrativos e obedece a todos os princípios que regem a Administração Pública, não só ao princípio da proporcionalidade, portanto. **D: incorreta.** A classificação em atos simples ou complexos tem como fundamento o número de agentes que praticam o ato (o número de manifestação de vontades necessárias para formar o ato), e não o número de destinatários. **E: correta.** Na verdade, todos os elementos do ato administrativos estão sujeitos ao controle judicial, mas o motivo e causa são elementos discricionários, o que está correto e, juntamente com a finalidade, admitem o controle judicial de legalidade. AW

Gabarito "E".

(Juiz – TRF 4ª Região – 2016) Dadas as assertivas abaixo, assinale a alternativa correta.

I. Ofende os princípios da antiguidade e da proporcionalidade a vedação de que, antes de completado período mínimo de três anos, servidor federal dispute remoção para localidades que serão oferecidas a novos concursados.

II. O Tribunal de Contas da União não dispõe, constitucionalmente, de poder para rever decisão judicial transitada em julgado, nem para determinar a suspensão de benefícios garantidos por sentença transitada em julgado, ainda que o direito reconhecido pelo Poder Judiciário não tenha o beneplácito da jurisprudência prevalente no âmbito do Supremo Tribunal Federal.

III. O prazo decadencial para que a Administração anule ou revogue os próprios atos, previsto na Lei nº 9.784/99, que regula o processo administrativo no âmbito da Administração Pública Federal, não se consuma no período compreendido entre a concessão de aposentadoria ou pensão e o posterior julgamento de sua legalidade e registro pelo Tribunal de Contas da União.

(A) Estão corretas apenas as assertivas I e II.
(B) Estão corretas apenas as assertivas I e III.
(C) Estão corretas apenas as assertivas II e III.
(D) Estão corretas todas as assertivas.
(E) Nenhuma assertiva está correta.

A: incorreta. Todas as assertivas estão corretas:
I: há jurisprudência no sentido de ser ilegal o servidor ainda não estável concorrer à remoção de cargo, até porque, fere o princípio da antiguidade em relação aos que já se encontram no serviço público a mais tempo, conforme se verifica a seguir:
"**EMENTA:** AGRAVO DE INSTRUMENTO. ADMINISTRATIVO. CONCURSO DE REMOÇÃO. EXIGÊNCIA DE MÍNIMA DE TRÊS ANOS. ART. 28, § 1º, DA LEI Nº 11.415/2006. 1. A Lei nº 11.415/2006, seguida pela Portaria PGR/MPU nº 424/2013 e pelo Edital nº 3, de 07.02.2014

(item 2.1, 'a'), veda a remoção dos servidores que ainda não tenham completado três anos de exercício na carreira. Desse modo, não havendo servidores com mais de 3 (três) anos de exercício interessados na remoção, as vagas disponibilizadas no edital de remoção serão preenchidas por servidores novos, em preterição aos que já fazem parte do quadro de pessoal do órgão, e portanto, mais antigos, mas que não preencheram dito requisito. 2. A Administração Pública não deve pautar sua conduta apenas no princípio da legalidade, mas também em outros princípios constitucionais de idêntica hierarquia, como os princípios da impessoalidade, da moralidade, da publicidade, da eficiência, da proporcionalidade e da razoabilidade e da segurança jurídica (arts. 1º, 5º e 37, da CF). 3. Na hipótese em que verificada a existência de vagas remanescentes oriundas do certame de remoção, a destinação de tais vagas a candidatos recém aprovados em concurso público, em detrimento de servidores que, não obstante não tenham completado três anos na carreira, são evidentemente mais antigos, fere aos princípios da proporcionalidade e da razoabilidade, que dita que as medidas adotadas pela Administração devem ser aptas e suficientes a cumprir o fim a que se destinam, e com o menor gravame aos administrados para a consecução dessa finalidade. 4. A permissão ao servidor mais antigo, que ainda não atingiu três anos no cargo, à relotação nas vagas remanescentes, além de privilegiar o critério da antiguidade, não macula o interesse público – ao contrário, atende-o em igual ou até mesmo em maior medida. (TRF4, AG 5008625-27.2016.404.0000, TERCEIRA TURMA, Relatora MARIA ISABEL PEZZI KLEIN, juntado aos autos em 13/04/2016)"

II: correta. O **Tribunal** de Contas da União não dispõe, constitucionalmente, de poder para rever **decisão** judicial transitada em julgado (RTJ 193/556-557) nem para determinar a suspensão de benefícios garantidos por sentença revestida da autoridade da coisa julgada (RTJ 194/594), ainda que o direito reconhecido pelo Poder Judiciário não tenha o beneplácito da **jurisprudência** prevalecente no âmbito do **Supremo Tribunal Federal** (MS 23.665/DF, v.g.).

III: correta. Ementa: Pleno, MS 24268/MG, rel. p/ acórdão Min. Gilmar Mendes, DJ 17.09.2004, p. 53). Sendo o ato de concessão da aposentaria um ato complexo, somente se aperfeiçoa após o julgamento pelo Tribunal de Contas, quando correrá o prazo para ser anulado, já que só estará completo, formado, depois dessa última manifestação de vontade. **B:** incorreta, tendo em vista todas estarem corretas; **C:** incorreta, tendo em vista todas as assertivas estarem corretas; **D:** correta. Todas as assertivas estão corretas, conforme explicação acima; **E:** incorreta. Todas as assertivas são corretas.
Gabarito "D".

(Promotor de Justiça – MPE/MS – FAPEC – 2015) Em relação aos atos da Administração, é **correto** afirmar:

(A) Ao praticar atos de gestão, a Administração Pública utiliza a sua supremacia sobre os destinatários.
(B) Não constitui ato político o praticado por Tribunal de Justiça que seleciona, na lista sêxtupla enviada pelo órgão de representação de classe, integrantes da lista tríplice para compor o quinto constitucional.
(C) É suficiente a alegação de que se trata de ato político para se tolher o controle judicial, posto que é vedado ao Poder Judiciário adentrar no exame do mérito do ato administrativo.
(D) O ato praticado por concessionário de serviço público, ainda que no exercício de prerrogativas públicas, não caracteriza ato administrativo.
(E) Os atos administrativos de gestão são os que a Administração Pública pratica sem usar da sua supremacia sobre os destinatários.

A: Incorreta. Os atos de gestão são praticados sem que a Administração utilize sua supremacia sobre os particulares. São atos típicos de administração, assemelhando-se aos atos praticados pelas pessoas privadas. São exemplos de gestão a alienação ou aquisição de bens pela Administração, o aluguel de imóvel de propriedade de uma autarquia. **B:** Incorreta. Trata-se de um ato discricionário e político, que se fundamenta em motivos internos, de interesse do próprio Tribunal, não podendo ser controlado quanto ao seu mérito. **C:** Incorreto. O controle judicial dos atos políticos não é tolhido, e sim, mitigado, eis que ainda pode ser exercido quanto à legalidade dos atos, ficando de fora do controle apenas o seu mérito no que diz respeito aos critérios de conveniência e oportunidade utilizados. **D:** Incorreta. Se utilizada a prerrogativa pública, o ato de concessionário será equiparado a um ato administrativo, inclusive lhe pode ser delegado esse poder ou atributo, como no caso de delegação de Poder de Polícia ou da possibilidade de desapropriação. **E:** Correto. Os atos de gestão, como dito na alternativa A, são atos de administração em que o administrador atua em igualdade com o particular, por isso não se utiliza da Supremacia ou do Poder de Império sobre este.
Gabarito "E".

(Defensor Público – DPE/MT – 2016 – UFMT) No que concerne aos atos administrativos negociais em espécie, analise as assertivas.

I. É o ato administrativo vinculado e unilateral, por meio do qual a Administração faculta ao interessado o desempenho de certa atividade, desde que atendidos os requisitos legais exigidos.
II. É o ato administrativo discricionário e unilateral, por meio do qual a Administração consente na prática de determinada atividade material, tendo, como regra, caráter precário.
III. É o ato unilateral e precário, pelo qual a Administração faculta ao particular a prestação de um serviço público ou defere a utilização especial de determinado bem público.
IV. É o ato administrativo unilateral e vinculado de exame de legalidade de outro ato jurídico já praticado, a fim de conferir exequibilidade ao ato controlado.

As assertivas I, II, III e IV definem respectivamente:
(A) Permissão, concessão, admissão, aprovação.
(B) Licença, autorização, permissão, homologação.
(C) Licença, dispensa, permissão, aprovação.
(D) Admissão, permissão, autorização, homologação.
(E) Concessão, autorização, permissão, ratificação.

A: Incorreta, pois coloca a PERMISSÃO, como ato administrativo vinculando, sendo que é ato discricionário; **B:** Correta, pois a licença (I) é ato administrativo vinculado; a autorização (II), ato discricionário e de consentimento de uma atividade no interesse do particular; a permissão (III) é ato discricionário em que se transfere ao particular a possibilidade de exercer uma atividade no interesse da coletividade, como a prestação de serviços ou utilização de um bem público. E a homologação (IV) é, tipicamente, um ato vinculado de exame da legalidade de outro ato; **C:** Incorreta, porque a licença (I) é um ato geral, não sendo para um determinado "interessado" e a aprovação (IV) é ato discricionário; **D:** Incorreta, porque a admissão (I) é ato discricionário, e a permissão (II) é sempre no interesse da coletividade; a autorização (III), concedida no interesse do particular; **E:** Incorreta, porque a concessão é contrato administrativo (I).
Gabarito "B".

(Defensoria Pública da União – CESPE – 2015) Com relação às espécies de atos administrativos, julgue o item abaixo.

(1) Os atos administrativos negociais são também considerados atos de consentimento, uma vez que são editados a pedido do particular como forma de viabilizar o exercício de determinada atividade ou a utilização de bens públicos.

1: Correto, conforme Hely Lopes Meirelles, 38ªEd, pg.195: "...são atos praticados contendo uma declaração de vontade do Poder Público coincidente com a pretensão do particular, visando à concretização de negócios jurídicos públicos ou à atribuição de certos direitos ou vantagens ao interessado".
Gabarito 1C.

(Delegado/PE – 2016 – CESPE) Acerca dos atos do poder público, assinale a opção correta.

(A) A convalidação implica o refazimento de ato, de modo válido. Em se tratando de atos nulos, os efeitos da convalidação serão retroativos; para atos anuláveis ou inexistentes tais efeitos não poderão retroagir.
(B) A teoria dos motivos determinantes não se aplica aos atos vinculados, mesmo que o gestor tenha adotado como fundamento um fato inexistente.
(C) Atos complexos resultam da manifestação de um único órgão colegiado, em que a vontade de seus membros é heterogênea. Nesse caso, não há identidade de conteúdo nem de fins.
(D) Atos gerais de caráter normativo não são passíveis de revogação, eles podem ser somente anulados.
(E) Atos compostos resultam da manifestação de dois ou mais órgãos, quando a vontade de um é instrumental em relação a do outro. Nesse caso, praticam-se dois atos: um principal e outro acessório.

A: incorreta, pois a convalidação atinge atos anuláveis (e não os nulos e os inexistentes) e é sempre retroativa; **B:** incorreta, pois caso o gestor tenha adotado como fundamento um fato inexistente tem-se a aplicação da teoria em questão, já que a existência do motivo invocado condiciona a validade do ato; **C:** incorreta, pois quando um ato é praticado por apenas um órgão, ainda que colegiado, tem-se o chamado ato simples; **D:** incorreta, pois nada impede a anulação; um exemplo é uma portaria normativa ou um regulamento que venha a ser revogado pela autoridade competente; é algo normal, do dia a dia da Administração; **E:** correta, pois nesse caso se tem o ato composto; já o ato complexo é aquele que decorrem de dois e mais órgãos, mas que formam um ato apenas, não havendo, então, um ato principal e outro ato acessório.
Gabarito "E".

(Juiz de Direito/CE – 2014 – FCC) No tocante às várias espécies de ato administrativo, é correto afirmar:

(A) Certidões são atos constitutivos de situações jurídicas formadas a partir da aplicação de preceitos legais vinculantes.
(B) Homologação é ato unilateral e discricionário, pelo qual o superior confirma a validade de ato praticado por subordinado.
(C) Decretos são atos de caráter geral, emanados pelo Chefe do Poder Executivo.
(D) Alvará é o ato administrativo unilateral e vinculado, pelo qual a Administração faculta àquele que preenche os requisitos legais o exercício de uma atividade.
(E) A permissão de uso qualificada é ato unilateral e discricionário que faculta a utilização privativa de bem público, no qual a Administração autolimita o seu poder de revogar unilateralmente o ato.

A: incorreta, pois certidões são atos enunciativos ou declaratórios; **B:** incorreta, pois a *homologação* é ato de controle, mas do tipo vinculado; sendo que a *aprovação* é que é um ato de controle discricionário; **C:** incorreta, pois o decreto é a forma (não o conteúdo), pelo qual são veiculados tanto atos gerais (como o regulamento) como atos concretos (como o decreto expropriatório de um dado imóvel); **D:** incorreta, pois o alvará é a forma pela qual são veiculados atos que facultam o exercício de direitos, servindo tanto para veicular atos discricionários (como a *autorização*), como para veicular atos vinculados

(como a *licença*); **E:** correta, pois, de fato, a permissão de uso, apesar de ser um ato precário (revogável a qualquer tempo sem qualquer direito em favor do permissionário), quando vem acompanhada de uma autolimitação da Administração do seu poder de revogação unilateral do ato (por exemplo, quando a Administração confere prazo certo para o fim da permissão), tem-se a chamada permissão de uso qualificada, que confere ao permissionário direito de ser indenizado se a Administração decidir pela revogação do ato antes do término do prazo estabelecido na permissão. **WG**
Gabarito "E".

(Juiz de Direito/MG – 2014) Quanto à formação de vontade, os atos administrativos podem ser simples, complexos e compostos. Assinale a alternativa que revela **CORRETAMENTE** o ato administrativo composto.
(A) É o que resulta da manifestação de dois ou mais órgãos, sejam eles singulares ou colegiados, cuja vontade se funde para formar um ato único.
(B) É o que resulta da manifestação de um órgão colegiado.
(C) É o que resulta da manifestação de dois ou mais órgãos, em que a vontade de um é instrumental em relação ao outro que edita o ato principal.
(D) É o que resulta de manifestação de vontades homogêneas, ainda que de entidades públicas distintas.

A: incorreta, pois esse conceito é de *ato complexo*, sendo que no *ato composto* há, no final, dois ou mais atos também; **B:** incorreta, pois aqui temos a presença de um *ato simples*; **C:** correta, pois traz o exato conceito de *ato composto*, em que se tem dois atos, um principal e outro, acessório; **D:** incorreta, pois no *ato composto* há, no final, dois ou mais *atos*, e não apenas um ato, como dá a entender a alternativa. **WG**
Gabarito "C".

(Procurador do Município – Cuiabá/MT – 2014 – FCC) Trata-se de ato administrativo unilateral de natureza discricionária, pelo qual se exerce o controle *a priori* ou *a posteriori* de outro ato administrativo. Estamos nos referindo à
(A) licença.
(B) homologação.
(C) autorização.
(D) aprovação.
(E) admissão.

A: incorreta, pois a licença é ato *vinculado* (e não *discricionário*) e que *faculta* alguém a praticar dada atividade (e não um ato de *controle*); **B:** incorreta, pois a homologação, apesar de ser ato de controle, é ato *vinculado* (e não *discricionário*); **C:** incorreta, pois a autorização tem por objetivo *facultar* alguém a praticar dada atividade (e não servir de ato de controle); **D:** correta, pois, de fato, a aprovação é um ato de controle discricionário; **E:** incorreta, pois a admissão é ato *vinculado* (e não *discricionário*) e que importa em admitir que alguém receba um serviço público (e não servir de ato de *controle*). **WG**
Gabarito "D".

(Procurador do Município – São Paulo/SP – 2014 – VUNESP) A licença
(A) pode ser considerada um ato discricionário.
(B) pode ser negada por motivo de inconveniência ou oportunidade.
(C) destina-se à utilização privativa de bem público.
(D) é um ato bilateral e constitutivo.
(E) difere da autorização por ser um ato declaratório.

A: incorreta, pois a licença é ato unilateral e *vinculado* (e não *discricionário*), pelo qual se faculta a alguém o exercício de uma atividade; **B:** incorreta, pois, em sendo ato vinculado, não há que se falar em conveniência ou oportunidade, próprias dos atos discricionários; **C:** incorreta, pois os atos pelos quais se faculta a alguém a utilização privativa de um bem público são a *autorização*, a *permissão* e a *concessão* de uso de bem público (e não a *licença*); **D:** incorreta, pois a licença é ato *unilateral* (e não *bilateral*) e *vinculado*, pelo qual se faculta a alguém o exercício de uma atividade; **E:** correta, pois, em se tratando de ato vinculado (em que não há discricionariedade para a Administração para deferir ou não o ato, bastando que se cumpram os objetivos requisitos legais para a sua concessão), parte da doutrina entende que se trata de ato declaratório (e não constitutivo, como seria o ato de autorização, em que não se sabe se a Administração vai deferi-lo, constituindo o direito respectivo, por envolver critérios de conveniência e oportunidade. **WG**
Gabarito "E".

3.8. TEMAS COMBINADOS DE ATO ADMINISTRATIVO

(Procurador do Município – Prefeitura Fortaleza/CE – CESPE – 2017) Em cada um do item a seguir é apresentada uma situação hipotética seguida de uma assertiva a ser julgada, a respeito da organização administrativa e dos atos administrativos.
(1) A prefeitura de determinado município brasileiro, suscitada por particulares a se manifestar acerca da construção de um condomínio privado em área de proteção ambiental, absteve-se de emitir parecer. Nessa situação, a obra poderá ser iniciada, pois o silêncio da administração é considerado ato administrativo e produz efeitos jurídicos, independentemente de lei ou decisão judicial.
(2) O prefeito de um município brasileiro delegou determinada competência a um secretário municipal. No exercício da função delegada, o secretário emitiu um ato ilegal. Nessa situação, a responsabilidade pela ilegalidade do ato deverá recair apenas sobre a autoridade delegada.

1: incorreta. O silêncio da Administração não é considerado um ato jurídico, porque não se constitui em manifestação de vontade, por isso não produz efeitos jurídicos; **2:** correta. O art. 14, § 3º, da Lei 9.784/1999 dispõe que o ato delegado é de responsabilidade da autoridade delegada, estando correta a assertiva, portanto. **AW**
Gabarito 1E, 2C.

(Procurador do Estado – PGE/MT – FCC – 2016) A propósito dos atos administrativos,
(A) o lançamento de ofício de um tributo é ato administrativo negocial, vinculado, de natureza autoexecutória e dotado de presunção de legitimidade.
(B) o registro de marcas não é reputado como ato administrativo, visto que não decorre de exercício de competência legal atribuído a autoridades administrativas, mas sim de atuação autorregulatória do setor industrial.
(C) o decreto regulamentar constitui um ato-regra, simples, imperativo e externo.
(D) o decreto de nomeação de uma centena de servidores públicos é qualificado como ato-condição, de caráter geral, ablativo e de efeito ampliativo.
(E) a emissão de uma licença em favor de um particular é ato de outorga, negocial, bilateral e complexo.

A: incorreta. O lançamento de ofício de um tributo é ato administrativo vinculado; **B:** incorreta. O registro de marcas e patentes é um ato administrativo, porque é feito no INPI (Instituto Nacional da Propriedade Industrial), que é uma autarquia; **C:** correta. O Decreto Regulamentar é um ato administrativo que veicula um regulamento, por isso ele veicula "regras" infralegais, sendo imperativo (de observância obrigatória) e externo, porque editado pelo Chefe do Poder Executivo; **D:** incorreta. Esse decreto de nomeação de servidores é um ato individual ou coletivo, não é geral, porque se aplica somente ao servidores que se sujeitaram à nomeação. Também, não é um ato "ablativo", porque esses atos negam condições, o que é contrário à concessão ou designação de servidores; **E:** incorreta. A licença não é um ato administrativo negocial, e sim, um ato vinculado, unilateral e simples, em regra. **AW**
Gabarito "C".

4. ORGANIZAÇÃO ADMINISTRATIVA

4.1. TEMAS GERAIS (ADMINISTRAÇÃO PÚBLICA, ÓRGÃOS E ENTIDADES, DESCENTRALIZAÇÃO E DESCONCENTRAÇÃO, CONTROLE E HIERARQUIA, TEORIA DO ÓRGÃO)

Segue um resumo sobre a parte introdutória do tema Organização da Administração Pública:

O objetivo deste tópico é efetuar uma série de distinções, de grande valia para o estudo sistematizado do tema. A primeira delas tratará da relação entre pessoa jurídica e órgãos estatais.

Pessoas jurídicas estatais *são entidades integrantes da estrutura do Estado e dotadas de personalidade jurídica*, ou seja, de aptidão genérica para contrair direitos e obrigações.

Órgãos públicos *são centros de competência integrantes das pessoas estatais instituídos para o desempenho das funções públicas por meio de agentes públicos*. São, portanto, parte do corpo (pessoa jurídica). Cada órgão é investido de determinada competência, dividida entre seus cargos. Apesar de não terem personalidade jurídica, têm prerrogativas funcionais, o que admite até que interponham mandado de segurança, quando violadas. Tal capacidade processual, todavia, só têm os órgãos independentes e os autônomos. Todo ato de um órgão é imputado diretamente à pessoa jurídica da qual é integrante, assim como todo ato de agente público é imputado diretamente ao órgão à qual pertence (trata-se da chamada "teoria do órgão", que se contrapõe à teoria da representação ou do mandato). Deve-se ressaltar, todavia, que a representação legal da entidade é atribuição de determinados agentes, como o Chefe do Poder Executivo e os Procuradores. Confiram-se algumas classificações dos órgãos públicos, segundo o magistério de Hely Lopes Meirelles:

Quanto à **posição**, podem ser órgãos *independentes* (originários da Constituição e representativos dos Poderes do Estado: Legislativo, Executivo de Judiciário – aqui estão todas as corporações legislativas, chefias de executivo e tribunais, e juízos singulares); *autônomos* (estão na cúpula da Administração, logo abaixo dos órgãos independentes, tendo autonomia administrativa, financeira e técnica, segundo as diretrizes dos órgãos a eles superiores – cá estão os Ministérios, as Secretarias Estaduais e Municipais, a AGU etc.), *superiores* (detêm poder de direção quanto aos assuntos de sua competência, mas sem autonomia administrativa e financeira – ex.: gabinetes, procuradorias judiciais, departamentos, divisões etc.) e *subalternos* (são os que se acham na base da hierarquia entre órgãos, tendo reduzido poder decisório, com atribuições de mera execução – ex.: portarias, seções de expediente).

Quanto à **estrutura**, podem ser *simples* ou *unitários* (constituídos por um só centro de competência) e *compostos* (reúnem outros órgãos menores com atividades-fim idênticas ou atividades auxiliares – ex.: Ministério da Saúde).

Quanto à **atuação funcional**, podem ser *singulares* ou *unipessoais* (atuam por um único agente – ex.: Presidência da República) e *colegiados* ou *pluripessoais* (atuam por manifestação conjunta da vontade de seus membros – ex.: corporações legislativas, tribunais e comissões).

Outra distinção relevante para o estudo da estrutura da Administração Pública é a que se faz entre desconcentração e descentralização. Confira-se.

Desconcentração é a distribuição interna de atividades administrativas, de competências. Ocorre de órgão para órgão da entidade Ex.: competência no âmbito da Prefeitura, que poderia estar totalmente concentrada no órgão Prefeito Municipal, mas que é distribuída internamente aos Secretários de Saúde, Educação etc.

Descentralização é a distribuição externa de atividades administrativas, que passam a ser exercidas por pessoa ou pessoas distintas do Estado. Dá-se de pessoa jurídica para pessoa jurídica como técnica de especialização. Ex.: criação de autarquia para titularizar e executar um dado serviço público, antes de titularidade do ente político que a criou.

Na descentralização **por serviço** a lei atribui ou autoriza que outra pessoa detenha a *titularidade* e a execução do serviço. Depende de lei. Fala-se também em *outorga* do serviço.

Na descentralização **por colaboração** o contrato ou ato unilateral atribui a outra pessoa a *execução* do serviço. Aqui o particular pode colaborar, recebendo a execução do serviço, e não a titularidade. Fala-se também em *delegação* do serviço e o caráter é transitório.

É importante também saber a seguinte distinção.

Administração direta compreende os órgãos integrados no âmbito direto das pessoas políticas (União, Estados, Distrito Federal e Municípios).

Administração indireta compreende as pessoas jurídicas criadas pelo Estado para titularizar e exercer atividades públicas (autarquias e fundações públicas) e para agir na atividade econômica quando necessário (empresas públicas e sociedades de economia mista).

Outra classificação relevante para o estudo do tema em questão é a que segue.

As **pessoas jurídicas de direito público** são os entes políticos e as pessoas jurídicas criadas por estes para exercerem típica atividade administrativa, o que impõe tenham, de um lado, prerrogativas de direito público, e, de outro, restrições de direito público, próprias de quem gere coisa pública.2 Além dos entes políticos (União, Estados, Distrito Federal e Municípios), são pessoas jurídicas de direito público as *autarquias*, *fundações públicas*, *agências reguladoras* e *associações públicas* (consórcios públicos de direito público).

As **pessoas jurídicas de direito privado estatais** são aquelas criadas pelos entes políticos para exercer atividade econômica, devendo ter os mesmos direitos e restrições das demais pessoas jurídica privadas, em que pese terem algumas restrições adicionais, pelo fato de terem sido criadas pelo Estado. São pessoas jurídicas de direito privado estatais as *empresas públicas*, as *sociedades de economia mista*, as *fundações privadas criadas pelo Estado* e os *consórcios públicos de direito privado*.

Também é necessário conhecer a seguinte distinção.

Hierarquia consiste no poder que um órgão superior tem sobre outro inferior, que lhe confere, dentre outras prerrogativas, uma ampla possibilidade de fiscalização dos atos do órgão subordinado.

Controle (tutela ou supervisão ministerial) consiste no poder de fiscalização que a pessoa jurídica política tem sobre a pessoa jurídica que criou, que lhe confere tão somente a possibilidade de submeter a segunda ao cumprimento de seus objetivos globais, nos termos do que dispuser a lei. Ex.: a União não pode anular um ato administrativo de concessão de aposentadoria por parte do INSS (autarquia por ela criada), por não haver hierarquia; mas pode impedir que o INSS passe a comercializar títulos de capitalização, por exemplo, por haver nítido desvio dos objetivos globais para os quais fora criada a autarquia. Aqui não se fala em subordinação, mas em vinculação administrativa.

Por fim, há entidades que, apesar de *não fazerem* parte da Administração Pública Direta e Indireta, colaboram com a Administração Pública e são estudadas no Direito Administrativo. Tais entidades são denominadas *entes de cooperação* ou *entidades paraestatais*. São entidades que não têm fins lucrativos e que colaboram com o Estado em atividades não exclusivas deste. São exemplos de paraestatais as seguintes: a) *entidades do Sistema S* (SESI, SENAI, SENAC etc. – ligadas a categorias profissionais, cobram contribuições parafiscais para o custeio de suas atividades); b) *organizações sociais* (celebram *contrato de gestão* com a Administração); c) *organizações da sociedade civil de interesse público* – OSCIPs (celebram *termo de parceria* com a Administração).

---

2. *Vide* art. 41 do atual Código Civil. O parágrafo único deste artigo faz referência às *pessoas de direito público com estrutura de direito privado*, que serão regidas, no que couber, pelas normas do CC. A referência é quanto às fundações públicas, aplicando-se as normas do CC apenas quando não contrariarem os preceitos de direito público.

(Investigador – PC/BA – 2018 – VUNESP) O conjunto de órgãos que integram as pessoas federativas, aos quais foi atribuída a competência para o exercício, de forma centralizada, das atividades administrativas do Estado denomina-se

(A) Administração Indireta.
(B) Administração Direta.
(C) Fundação Pública.
(D) Sociedade de Economia Mista.
(E) Empresa Pública.

A: incorreta. A Administração Indireta consiste no conjunto de pessoas administrativas que, em relação de tutela com os entes da Administração Pública Direta, têm o objetivo de desempenhar as atividades de forma descentralizada; **B:** correta. A Administração Direta corresponde às pessoas jurídicas de direito público que exercem a atividade administrativa de modo centralizado; **C:** incorreta. Fundação pública é a entidade descentralizada, composta por um patrimônio personalizado que presta atividade não lucrativa de interesse coletivo; **D:** incorreta. É a entidade dotada de personalidade jurídica de direito privado, criada por lei para a exploração de atividade econômica, sob a forma de sociedade anônima, cujas ações com direito a voto pertençam em sua maioria à União, Estado, Distrito Federal ou Município, ou a entidade da Administração Indireta; **E:** incorreta. É a entidade dotada de personalidade jurídica de direito privado, com patrimônio próprio e capital exclusivo da entidade federativa a ele vinculado. FB

Gabarito "B".

(Procurador do Estado/SP – 2018 – VUNESP) Modelo de gestão orientado para práticas gerenciais com foco em resultados e atendimento aos usuários, qualidade de serviços e eficiência de processos com autonomia gerencial, orçamentária e financeira, sem abandonar parâmetros do modelo burocrático pode, em tese, e de acordo com o ordenamento jurídico em vigor, ser adotado por autarquia

(A) observada a autonomia, desde que qualificada como agência executiva, por meio de deliberação da autoridade máxima da autarquia, ratificada pelo Titular da Pasta tutelar, a quem competirá executar controle de finalidade e monitorar o atingimento das metas especificadas no âmbito do programa de ação do ente descentralizado.
(B) mediante celebração de contrato entre o Poder Público, por meio da Pasta tutelar, e o ente descentralizado, que abranja plano de trabalho voltado ao alcance dos objetivos e metas estipulados de comum acordo entre as partes.
(C) de forma autônoma, por meio de seu regimento interno, que deverá estabelecer objetivos estratégicos, metas e indicadores específicos observados os critérios de especialização técnica que justificaram a autorização legal para criação do ente descentralizado.
(D) mediante lei específica que autorize a contratualização de resultados entre o setor regulado e a autarquia que pretenda adotar o modelo gerencial, observada a finalidade de interesse público que justificou a desconcentração técnica no específico setor de atuação do órgão.
(E) mediante celebração de acordo de cooperação técnica, precedido de protocolo de intenções, a serem firmados entre a autarquia em regime especial e a pessoa de direito público interno que autorizou a sua criação, com derrogação em parte do regime jurídico administrativo, nos limites de lei específica.

O artigo 37 § 8º da CF/1988 estabelece a possibilidade de celebração do chamado contrato de gestão, nos seguintes termos: "§ 8º a autonomia gerencial, orçamentária e financeira dos órgãos e entidades da administração direta e indireta poderá ser ampliada mediante contrato, a ser firmado entre seus administradores e o poder público, que tenha por objeto a fixação de metas de desempenho para o órgão ou entidade, cabendo à lei dispor sobre: I – o prazo de duração do contrato; II – os controles e critérios de avaliação de desempenho, direitos, obrigações e responsabilidade dos dirigentes; III – a remuneração do pessoal." FB

Gabarito "B".

(Defensor Público – DPE/SC – 2017 – FCC) A teoria do órgão foi inspirada na Doutrina de Otto Gierke e tem grande aplicabilidade no direito administrativo brasileiro. Com base nesta teoria, é correto afirmar:

(A) A estruturação dos órgãos da Administração se submete ao princípio da reserva legal.
(B) Segundo Celso Antonio Bandeira de Mello, os órgãos seriam caracterizados pela teoria subjetiva, a qual corresponde às unidades funcionais da organização.

(C) A teoria tem aplicação concreta na hipótese da chamada função de fato. Desde que a atividade provenha de um órgão, não tem relevância o fato de ter sido exercida por um agente que não tenha a investidura legítima.
(D) É com base nestes ensinamentos que se discute desconcentração e descentralização, sendo aquela a criação de novas pessoas jurídicas e esta a criação de novos órgãos.
(E) A teoria do órgão se opõe ao princípio da imputação objetiva.

Pela Teoria do Órgão (ou Teoria dos órgãos), os órgãos públicos são centros de competências instituídos por lei para o desempenho de atividades administrativas. Eles representam e executam a vontade da Administração, o que ocorre por intermédio de seus agentes, que expõe, exteriorizam a vontade do Estado – as manifestações de vontade dos agentes são, dessa forma, entendidas como vontades da Administração. A teoria de Otto Gierke é assim denominada em função da analogia realizada pelo autor no tocante à composição dos órgãos estatais e os órgãos do corpo humano – cada órgão humano tem uma função, uma tarefa dentro do todo orgânico, assim como cada ente estatal tem suas competências específicas que, ao final, são uma parcela do que são as competências estatais. Dentro desse entendimento, a assertiva "a" está incorreta porque a estruturação dos órgãos da Administração Pública por intermédio de lei não integra, essencialmente, o conteúdo da doutrina – o que é importante é que as funções de cada órgão estejam perfeitamente definidas; no entendimento de Celso Antonio Bandeira de Mello, já falando sobre a alternativa "b", a busca da diferenciação das funções administrativas tendo em vista o agente que a produz é insatisfatória, haja vista pelo fato de não ser possível identificar correspondência exata entre um dado conjunto orgânico e uma certa função estatal (funções típicas e atípicas); quanto à alternativa "d", ela inverte os conceitos de desconcentração e descentralização; por fim, a Teoria do Órgão é também conhecida por Teoria da Imputação objetiva, em razão da vontade do órgão ser imputada à pessoa jurídica a cuja estrutura pertence. **AW**
Gabarito "C".

(Procurador Municipal – Prefeitura/BH – CESPE – 2017) No que se refere a organização administrativa, administração pública indireta e serviços sociais autônomos, assinale a opção correta.
(A) Por execução indireta de atividade administrativa entende-se a adjudicação de obra ou serviço público a particular por meio de processo licitatório.
(B) É possível a participação estatal em sociedades privadas, com capital minoritário e sob o regime de direito privado.
(C) Desde que preenchidos certos requisitos legais, as sociedades que comercializam planos de saúde poderão ser enquadradas como OSCIPs.
(D) Desconcentração administrativa implica transferência de serviços para outra entidade personalizada.

A: incorreta. O erro dessa assertiva está no fato de que a execução indireta abrange também a execução da obra ou serviço pelas pessoas jurídicas integrantes da Administração Indireta, e não somente aos particulares; **B:** correta. Tratam-se das Sociedades de Economia Mista, que podem explorar atividade econômica, em regime tipicamente privado, conforme dispõe no art. 173, CF; **C:** incorreta. O art. 2º, VI, da Lei 9.790/1999 dispõe ser vedado às OSCIP desenvolver atividades de comercialização de planos de saúde; **D:** incorreta. A desconcentração é a divisão interna da atividade administrativa em órgãos ou departamentos, tendo em vista o cumprimento do princípio da eficiência. **AW**
Gabarito "B".

(Procurador – IPSMI/SP – VUNESP – 2016) A respeito da estruturação da Administração Pública brasileira, assinale a alternativa correta.
(A) As agências executivas possuem natureza de pessoa jurídica de direito privado, diferenciando-se, assim, das autarquias e fundações.
(B) As agências reguladoras são autarquias com regime jurídico especial, dotadas de autonomia reforçada em relação ao ente estatal.
(C) As empresas públicas estão necessariamente revestidas da forma jurídica de sociedade anônima.
(D) Os empregados das empresas estatais estão necessariamente submetidos ao teto remuneratório.
(E) As fundações públicas de direito privado, assim como as autarquias, são criadas por lei.

A: Incorreta. Como não houve especificação sobre as fundações públicas, se pessoas jurídicas de direito público ou privado, está incorreta a questão. **B:** Correta. As Agências Reguladoras realmente são autarquias de regime especial, dotadas de independência e autonomia em relação à Administração Direta, como todas as demais autarquias, mas por terem esse "regime especial", ainda possuem uma atuação fortemente autônoma em relação à pessoa jurídica da Administração Indireta que a criou (por meio de lei). **C:** Incorreta. As empresas públicas são pessoas jurídicas de direito privado e podem adotar quaisquer das formas empresarias previstas em lei. **D:** Incorreto. O art. 37, § 9º, CF determina que somente se submetem ao teto geral as empresas estatais que recebem recursos do Estado para pagamento de despesas com pessoal ou custeio em geral. **E:** Incorreta. As fundações públicas de direito privado são autorizadas à criação por lei (art. 37, XIX, CF). **AW**
Gabarito "B".

(Procurador do Estado – PGE/MT – FCC – 2016) A Lei Estadual nº 7.692, de 1º de julho de 2002, ao tratar da competência e delegação, dispõe:
I. Competência é a fração do poder político autônomo do Estado, conferida pela Constituição ou pela lei como própria e irrenunciável dos órgãos administrativos, salvo os casos de delegação e avocação legalmente admitidos.
II. Um órgão administrativo colegiado poderá, se não houver impedimento legal, delegar suas funções, quando for conveniente, em razão de circunstâncias de índole técnica social, econômica, jurídica ou territorial.
III. A decisão de recursos administrativos não pode ser objeto de delegação.
IV. Após trinta dias de sua publicação o ato de delegação torna-se irrevogável.
Está correto o que se afirma APENAS em
(A) I, II e IV.
(B) II e III.
(C) I, III e IV.
(D) II e IV.
(E) I e III.

I: Correta, conforme disposto no art. 10, da Lei 7.692/2002; **II:** incorreta O art. 11, do referido diploma legal dispõe, que "Um órgão administrativo, através de seu titular poderá, e não houver impedimento legal, delegar parte da sua competência a outros órgãos, quando for conveniente, em razão de circunstâncias de índole técnica social, econômica, jurídica ou territorial. Parágrafo único. O órgão colegiado não pode delegar suas funções, mas apenas a execução material de suas deliberações."; **III:** correta. As decisões de recursos não podem ser delegáveis (art. 12, VI, da Lei 7.692/2002); **IV:** incorreta. O art. 13, da Lei 7692/02 dispõe que: " O ato de delegação e sua revogação deverão ser publicados no Diário Oficial do Estado de Mato Grosso. § 1° O ato de delegação especificará as matérias e poderes transferidos, os limites da atuação do delegado, a duração e os objetivos da delegação, podendo conter ressalva de exercício de atribuição delegada. § 2° O ato de delegação é revogável a qualquer tempo pela autoridade delegante.". **AW**
Gabarito "E".

(Advogado União – AGU – CESPE – 2015) À luz da legislação pertinente à organização administrativa e ao funcionamento da AGU, julgue os seguintes itens.
(1) A Secretaria-Geral de Contencioso é o órgão de direção superior da AGU competente para subsidiar as informações a serem prestadas pelo presidente da República ao STF em mandados de segurança, tendo em vista a sua atribuição de assistência na representação judicial da União perante referido tribunal.
(2) Se a consultoria jurídica junto ao Ministério do Meio Ambiente divergir acerca da interpretação dada pela consultoria jurídica junto ao Ministério do Desenvolvimento Agrário sobre determinada lei, a controvérsia deverá ser dirigida à Secretaria-Geral de Consultoria, órgão de direção superior da AGU competente para orientar e coordenar os trabalhos das consultorias jurídicas no que se refere à uniformização da jurisprudência administrativa e à correta interpretação das leis.
(3) Na hipótese de haver controvérsia extrajudicial entre um órgão municipal e uma autarquia federal, poderá a questão ser dirimida, por meio de conciliação, pela Câmara de Conciliação e Arbitragem da Administração Federal.
(4) Para prevenir litígios nas hipóteses que envolvam interesse público da União, pode o AGU autorizar a assinatura de termo de ajustamento de conduta pela administração pública federal, o qual deve conter, entre outros requisitos, a previsão de multa ou sanção administrativa para o caso de seu descumprimento.

1: incorreta. O art. 8º, II, do Decreto 7.392/2010 dispõe: "I – assistir o Advogado-Geral da União na representação judicial, perante o Supremo Tribunal Federal, dos Ministros de Estado e do Presidente da República, ressalvadas as informações deste último em mandados de segurança e injunção;" **2:** incorreta. A competência não é a Secretaria Geral de Consultoria e sim a Consultoria Geral da União (art. 2º, I, c da LC 73/1993 e art. 2º, II, c, do Decreto 7.392/2010); **3:** correta. Trata-se do disposto no art. 18, III, do Decreto 7392/2010, que assim dispõe: "Art. 18. A Câmara de Conciliação e Arbitragem da Administração Federal compete: (...) III – dirimir, por meio de conciliação, as controvérsias entre órgãos e entidades da Administração Pública Federal, bem como entre esses e a Administração Pública dos Estados, do Distrito Federal; **4:** correta. Trata-se do disposto no art. 4º, V, da Lei 9.649/1997, que possibilita a aplicação da pena de multa pelo descumprimento dos termos de ajustamento de conduta. **AW**
Gabarito 1E, 2E, 3C, 4C.

(Procurador do Estado – PGE/RN – FCC – 2014) Determinada autarquia estadual ofereceu em garantia bens de sua titularidade, para obtenção de financiamento em projeto de desenvolvimento regional com a participação de outras entidades da Administração pública. Referido ato, praticado por dirigente da entidade,
(A) não pode ser revisto pela autoridade prolatora, em face da preclusão, cabendo, contudo, a anulação pela autoridade superior, mediante análise de conveniência e oportunidade.

(B) pode ser impugnado por meio de recurso dirigido ao Chefe do Executivo, independentemente de previsão legal, com base no princípio da hierarquia.
(C) pode ser revisto, de ofício, pela Secretaria de Estado à qual se encontra vinculada a entidade autárquica, em decorrência do princípio da supervisão.
(D) comporta revisão, com base no princípio da tutela, se verificado desvio da finalidade institucional da entidade, nos limites definidos em lei.
(E) comporta controle administrativo apenas em relação ao seu mérito, sendo passível de impugnação pela via judicial para controle das condições de legalidade.

A: incorreta. O erro está no fato de que sempre existe a possibilidade de revisão do ato (arts. 56 e seguintes da Lei 8.987/1995), além de que a anulação é feita em razão de ilegalidade, e não por inconveniência e inoportunidade do ato; **B:** incorreta. O recurso seria dirigido ao superior hierárquico, conforme previsão legal, tendo em vista que vigora o princípio da estrita legalidade, só podendo o administrador atuar conforme e se determinado em lei; **C:** incorreta. Sabendo-se que as autarquias são pessoas jurídicas de direito público e que se submetem ao controle de legalidade ou "tutela" às pessoas jurídicas da Administração Direta representadas pelos Ministérios ou Secretarias, a depender da esfera de suas atuações, a Secretaria será responsável pela análise ou revisão desse ato, controlando sua legalidade, se essa estiver presente; **D:** correta. Como explicado acima, incide o princípio da tutela ou supervisão ministerial, sendo que, comprovada a ilegalidade, a secretaria poderá rever esse ato; **E:** incorreta. O controle é de legalidade, sempre, nunca do mérito do ato, que fica reservado à discrição do administrador.
Gabarito "D".

(Procurador do Estado – PGE/RN – FCC – 2014) Sabe-se que a Administração tem o poder de rever seus próprios atos, observadas algumas condições e requisitos. Esse poder guarda fundamento nos princípios e poderes que informam a Administração pública, destacando-se, quanto à consequência de revisão dos atos,

(A) o poder de tutela, que incide sobre os atos da Administração pública em sentido amplo, permitindo a retirada, em algumas situações, de atos praticados inclusive por entes que integrem a Administração indireta.
(B) o princípio ou poder de autotutela, que incide sobre os atos da Administração, como expressão de controle interno de seus atos.
(C) os princípios da legalidade e da moralidade, inclusive porque estes podem servir de fundamento exclusivo para o ajuizamento de ação popular.
(D) o princípio da eficiência, pois não se pode admitir que um ato eivado de vícios produza efeitos.
(E) o poder de polícia, em sua faceta normativa, que admite o poder de revisão dos atos da Administração pública quando eivados de vícios ou inadequações.

A: incorreta. A tutela ou supervisão ministerial é um controle de legalidade ao qual se submetem as pessoas jurídicas integrantes da Administração Indireta, não sendo "geral", portanto, como afirma a assertiva; **B:** correta. O poder de tutela ou supervisão ministerial, como afirmado acima incide sobre os atos da Administração Indireta, sendo uma espécie de controle interno (que ocorre dentro do âmbito da Administração Pública, por meio dos Ministérios ou Secretarias que integram a Administração Direta); **C:** incorreta. Esses princípios não se relacionam com o que pede o enunciado, ou seja, com o controle dos atos administrativos; **D:** incorreta. O princípio é o da legalidade e por isso enseja correção por meio de supervisão ou tutela; **E:** incorreta. Não há que se falar em poder de polícia, e, sim, de supervisão dos atos administrativos internamente, pelo própria Administração Direta.
Gabarito "B".

(Juiz – TJ-SC – FCC – 2017) Alberto Caeiro foi contratado pelo Conselho Regional de Contabilidade para trabalhar como assistente administrativo naquela entidade, em janeiro de 2016. Em fevereiro do corrente ano, foi dispensado, sem justa causa, da entidade. Alberto ajuizou ação em face da entidade, perante a Justiça Comum Estadual, visando a sua reintegração, sob alegação de que se trata de entidade pertencente à Administração Pública e que seria ilegal a despedida imotivada. Ao apreciar a ação proposta, o Juízo Estadual deve:

(A) aceitar a competência, visto que se trata de entidade autárquica estadual, sendo a relação de trabalho de natureza tipicamente administrativa.
(B) reconhecer a incompetência e remeter a ação para a Justiça do Trabalho, visto que, por se tratar de entidade de direito privado, o vínculo sob exame é regido pelas normas da Consolidação das Leis do Trabalho.
(C) reconhecer a incompetência e remeter a ação para a Justiça Federal, haja vista tratar-se de entidade autárquica federal, sendo o vínculo submetido ao regime jurídico único estatuído na Lei nº 8.112/90.
(D) aceitar a competência, visto que se trata de típico contrato de prestação de serviços, regido pelas normas do Código Civil.
(E) extinguir a ação por impossibilidade jurídica do pedido, pois não cabe ao Judiciário interferir em atos de natureza discricionária, como os que se referem a dispensa de servidores não estáveis.

A: incorreta. Os Conselhos de Classe, exceto a OAB, são todos autarquias, ou seja, pessoas jurídicas de direito público, sendo que, especificamente em relação aos Conselhos de Classe Regionais e Federais, temos a natureza de autarquias federais (Mandado de Segurança 22.643-9-SC, Rel. Min. Moreira Alves), por isso a competência para o julgamento de causas em que essas pessoas jurídicas estejam envolvidas é da Justiça Federal, conforme disposto no art. 109, I, CF (RE 539.224); **B:** incorreta. A regra é de que esses agentes públicos são estatutários, eis que integrantes de pessoas jurídicas de direito público, razão pela qual a competência para o julgamento dessa demanda ainda continua sendo da Justiça Comum Federal. EMENTA: CONSTITUCIONAL. ADMINISTRATIVO. ENTIDADES FISCALIZADORAS DO EXERCÍCIO PROFISSIONAL. CONSELHO FEDERAL DE ODONTOLOGIA: NATUREZA AUTÁRQUICA. Lei 4.234, de 1964, art. 2º. FISCALIZAÇÃO POR PARTE DO TRIBUNAL DE CONTAS DA UNIÃO. I. – Natureza autárquica do Conselho Federal e dos Conselhos Regionais de Odontologia. Obrigatoriedade de prestar contas ao Tribunal de Contas da União. Lei 4.234/64, art. 2º. C.F., art. 70, parágrafo único, art. 71, II. II. – Não conhecimento da ação de mandado de segurança no que toca à recomendação do Tribunal de Contas da União para aplicação da Lei 8.112/90, vencido o Relator e os Ministros Francisco Rezek e Maurício Corrêa. III. – Os servidores do Conselho Federal de Odontologia deverão se submeter ao regime único da Lei 8.112, de 1990: votos vencidos do Relator e dos Ministros Francisco Rezek e Maurício Corrêa. IV. – As contribuições cobradas pelas autarquias responsáveis pela fiscalização do exercício profissional são contribuições parafiscais, contribuições corporativas, com caráter tributário. C.F., art. 149. RE 138.284-CE, Velloso, Plenário, RTJ 143/313. V. – Diárias: impossibilidade de os seus valores superarem os valores fixados pelo Chefe do Poder Executivo, que exerce a direção superior da administração federal (C.F., art. 84, II). VI. – Mandado de Segurança conhecido, em parte, e indeferido na parte conhecida (MS 21797 / RJ – Rel. Min. Carlos Velloso, Pub. 18.05.2001); **C:** correta. Temos uma ação de reintegração ao cargo em face de uma autarquia federal, sendo a competência deslocada para a Justiça Comum Federal, conforme disposto no art. 109, I, CF e MS.21797/RJ, citado acima; **D:** incorreta. O vínculo desses servidores é o estatutário, eis que adotado o regime jurídico único. ADIMC 2135; **E:** incorreta. Há apenas vício de competência absoluta, que pode ser alegada de ofício e assim já decidida pelo próprio juízo.
Gabarito "C".

(Juiz – TJ/SP – VUNESP – 2015) Sobre os consórcios públicos regulados pela Lei 11.107/2005, é incorreto afirmar que

(A) se um consórcio público é inicialmente constituído pela União, dois Estados e cinco Municípios situados no território de um desses Estados e, durante o processo de ratificação do Protocolo de Intenções pelos legislativos, a Assembleia Legislativa de um desses Estados nega a ratificação, esse Consórcio não poderá ser constituído com a participação da União.
(B) o contrato de consórcio deverá prever contribuições financeiras ou econômicas de ente da Federação ao consórcio público, vedada a doação, destinação ou cessão do uso de bens móveis ou imóveis e as transferências ou cessões de direitos.
(C) o Consórcio Público formado por um Estado e vários Municípios, que assume personalidade jurídica de direito público, passa a integrar a administração autárquica concomitantemente de todos os entes federados integrantes de sua composição.
(D) constitui ato de improbidade do agente público delegar a prestação de serviço público a órgão ou pessoa jurídica pertencente a outro ente da Federação por instituto diverso do contrato de programa.

A: correta. Como não há Consórcio Público entre União de Municípios, exceto se dele fizer parte o Estado em que se situa esse Município, o consórcio não poderá existir, eis que o Estado não participará e o Município não poderá se consorciar com a União e vice-versa, ou seja, a União também não poderá participar do consórcio com esse Município (sem o Estado a que pertence). **B:** correta. Trata-se do disposto no art. 1º, § 1º, da Lei 11.107/2005, da Lei dos Consórcios Públicos. **C:** incorreta. Esse consórcio público passará a integrar a Administração Indireta, e não uma autarquia, como consta da alternativa (art. 6º, § 1º, da Lei 11.107/2005). **D:** incorreta. Não há previsão na Lei de Improbidade dessa conduta, não sendo também, o contrato de programa, o contrato celebrado para a delegação do serviço público, e sim, o contrato de consórcio.
Gabarito "A e B".

(Promotor de Justiça/SC – 2016 – MPE)
(1) O Ministério Público de Santa Catarina tem seu Procurador-Geral de Justiça nomeado pelo Governador do Estado e integra a Administração Direta. O princípio da independência funcional, que informa a atuação de seus membros, representa exceção ao vínculo de hierarquia que ocorre entre órgãos administrativos.

1: Errada. O Ministério Público não é pessoa jurídica, nem mesmo integra a organização administrativa. Trata-se de uma instituição autônoma, permanente (art.127, CF), mais ainda, não há hierarquia entre os órgãos da Administração e o Ministério Público enquanto instituição.
Gabarito 1E.

(Promotor de Justiça/SC – 2016 – MPE)
(1) Tem-se a descentralização administrativa quando atividades são distribuídas de um centro para setores periféricos ou de escalões superiores para escalões inferiores dentro da mesma entidade ou da

mesma pessoa jurídica, enquanto na desconcentração administrativa transferem-se atividades a entes dotados de personalidade jurídica própria.

1: errada. A descentralização administrativa realmente ocorre quando há distribuição de atividades, de competência, de poder, do centro para a "periferia", mas para fora da pessoa jurídica que descentraliza, sendo criada ou autorizada a criação de outra pessoa jurídica, que não é subordinada ao Ente centralizado. Isso ocorre com todas as pessoas jurídicas que compõem a Administração Indireta (autarquia, fundações públicas, empresas públicas e sociedades de economia mista, além dos consórcios públicos, quando pessoas jurídicas de direito público). AW
Gabarito 1E

(Delegado/MS – 2017 –- FAPEMS) Leia o texto a seguir.

O direito administrativo constitui uma seção, qualificada por seu conteúdo, da ordem jurídica total, aquela seção que se refere à administração, que regula a administração. Se introduzirmos nesta acepção brevíssima do conceito de direito administrativo o conceito de administração, o que significa como função de determinados órgãos, o direito administrativo se apresenta como aquela fração da ordem jurídica que deve ser aplicada por órgãos administrativos, isto é, órgãos executivos com competência para fixar instruções ou dever de obedecê-las. Se transpusermos a definição do orgânico ao funcional, poder-se-á definir o direito administrativo como conjunto de normas jurídicas que regulam aquela atividade executiva condicionável pelas instruções, ou – aceitando, por certo, que toda a atividade executiva está composta de funções jurídicas –, o conjunto de normas jurídicas que regulam aquelas funções jurídicas determináveis mediante as instruções.

MERKL. Adolf. Teoria general del derecho administrativo. Granada: Cornares, 2004 apud ALMEIDA, Fernando Dias Menezes de. Conceito de direito administrativo. Tomo Direito Administrativo e Constitucional. (PUC-SP), 1. ed., p. 13, 2017

Quanto à administração pública indireta, assinale a alternativa correta.

(A) As fundações públicas de direito privado devem ser criadas por lei específica.
(B) As fundações públicas de direito público devem ser criadas por lei específica.
(C) A imunidade tributária recíproca não se estende às fundações.
(D) As sociedades de economia mista podem revestir-se de qualquer das formas admitidas em direito.
(E) As empresas públicas só podem explorar diretamente atividade econômica, se tal exploração for necessária à segurança nacional ou relevante para o interesse coletivo, na forma de lei complementar.

Art 37 CF, XIX – somente por lei específica poderá ser criada autarquia e autorizada a instituição de empresa pública, de sociedade de economia mista e de fundação, cabendo à lei complementar, neste último caso, definir as áreas de sua atuação. FB
Gabarito "B".

(Defensor Público – DPE/RN – 2016 – CESPE) Com referência à administração pública direta e indireta e à sua organização, assinale a opção correta.

(A) As empresas públicas e a sociedade de economia mista, entidades da administração indireta com natureza jurídica de direito privado, devem constituir-se sob a forma jurídica de sociedade anônima.
(B) Por meio da descentralização, o Estado transfere a titularidade de certas atividades que lhe são próprias a particulares ou a pessoas jurídicas que institui para tal fim.
(C) Segundo a doutrina, pertinente à posição dos órgãos estatais, os órgãos superiores seriam aqueles situados na cúpula da administração, diretamente subordinados à chefia dos órgãos independentes, gozando de autonomia administrativa, técnica e financeira.
(D) Mediante contrato a ser firmado entre administradores e o poder público, tendo por objeto a fixação de metas de desempenho para órgão ou entidade, a autonomia gerencial, orçamentária e financeira dos órgãos e entidades da administração direta e indireta poderá ser ampliada.
(E) Como pessoas jurídicas de direito público instituídas por lei, às quais são transferidas atividades próprias da administração pública, as autarquias se submetem ao controle hierárquico da administração direta.

A: Incorreta. As sociedades de economia mista só podem ter a forma de sociedades anônimas. Já as empresas públicas podem ter qualquer forma societária, sendo esse o erro da assertiva; **B:** Incorreta. Na descentralização há apenas a transferência da execução do serviços (atividade estatal própria) aos particulares, nunca da titularidade, que não pode sair das "mãos" do Estado. A outorga, que é a transferência da titularidade e execução do serviço é admitida a pessoas de direito público integrantes da Administração Indireta, somente; **C:** Incorreta. Conforme Hely Lopes Meirelles, 38ªEd, pg.72: "Órgãos superiores são os que detém poder de direção, controle, decisão e comando dos assuntos de sua competência específica, mas sempre sujeitos à subordinação e ao controle hierárquico de uma chefia mais alta.". Não estão, portanto, na "cúpula" da Administração, sendo inferiores hierárquicos em relação aos órgãos independentes e autônomos; **D:** Correta.

Trata-se do Contrato de Gestão, fundamentado no art. 37, § 8º, CF, celebrado com Agencias Executivas para a ampliação de suas atividades e estabelecimentos de metas e melhor desempenho administrativo; **E:** Incorreta. Não existe hierarquia entre as pessoas jurídicas integrantes da Administração Direta e as da Administração Indireta. Há apenas a denominada "tutela" ou supervisão ministerial, que se trata de um controle de legalidade e finalidade dos objetivos contidos pela lei que as cria ou autoriza suas criações. AW
Gabarito "D".

(Defensoria Pública da União – CESPE – 2015) Acerca da organização da administração pública federal, julgue o item abaixo.

(1) Considera-se desconcentração a transferência, pela administração, da atividade administrativa para outra pessoa, física ou jurídica, integrante do aparelho estatal.

1: incorreta. A desconcentração é a divisão interna de órgãos de pessoas jurídicas, sendo a criação de órgãos e departamentos dentro da própria pessoa jurídica já existente, como a criação de um Ministério na pessoa jurídica União Federal. WG
Gabarito 1E

(Defensoria Pública da União – CESPE – 2015) Julgue os itens a seguir, que tratam da hierarquia e dos poderes da administração pública.

(1) A multa, como sanção resultante do exercício do poder de polícia administrativa, não possui a característica da autoexecutoriedade.
(2) A hierarquia é uma característica encontrada exclusivamente no exercício da função administrativa, que inexiste, portanto, nas funções legislativa e jurisdicional típicas.

1: Correta, tendo em vista que as multas decorrentes do Poder de Polícia devem ser executadas por meio de Ação de Execução fiscal, já que possuem natureza jurídica tributária, conforme disposto no art. 145, II, CF; **2:** Correta, a Hierarquia é a relação de subordinação existente entre os vários órgãos e agentes do Poder Executivo, com distribuição de funções e a gradação da autoridade de cada um. Existe nos demais Poderes, mas apenas quando considerados nas suas funções atípicas, ou seja, quando no exercício da função executiva (própria do Poder Executivo). WG
Gabarito 1C, 2C

(Juiz de Direito/DF – 2016 – CESPE) No que se refere a características e regime jurídico das entidades da administração indireta, assinale a opção correta.

(A) As agências reguladoras são fundações de regime especial, cuja atividade precípua é a regulamentação de serviços e de atividades concedidas, que possuem regime jurídico de direito público, autonomia administrativa e diretores nomeados para o exercício de mandato fixo.
(B) As autarquias são pessoas jurídicas de direito público com autonomia administrativa, beneficiadas pela imunidade recíproca de impostos sobre renda, patrimônio e serviços, cujos bens são passíveis de aquisição por usucapião e cujas contratações são submetidas ao dever constitucional de realização de prévia licitação.
(C) As sociedades de economia mista, cuja criação e cuja extinção são autorizadas por meio de lei específica, possuem personalidade jurídica de direito privado, são constituídas sob a forma de sociedade anônima e aplica-se ao pessoal contratado o regime de direito privado, com empregados submetidos ao regime instituído pela legislação trabalhista.
(D) As empresas públicas, que possuem personalidade jurídica de direito público, são organizadas sob qualquer das formas admitidas em direito, estão sujeitas à exigência constitucional de contratação mediante licitação e têm quadro de pessoal instituído pela legislação trabalhista, cuja contratação condiciona-se a prévia aprovação em concurso público.
(E) As agências executivas são compostas por autarquias, fundações, empresas públicas ou sociedades de economia mista que celebram contrato de gestão com órgãos da administração direta a que estão vinculadas, com vistas ao aprimoramento de sua eficiência no exercício das atividades-fim e à diminuição de despesas.

A: incorreta, pois as agências reguladoras não são fundações sob regime especial, mas autarquias sob regime especial; **B:** incorreta, pois as autarquias, em sendo pessoas de direito público, possuem bens públicos, que por sua vez, não são passíveis de usucapião; **C:** correta, pois está de acordo com os arts. 4º, caput, da Lei 13.303/2016 e 173, § 1º, II, da CF; **D:** incorreta, pois as empresas públicas têm personalidade de direito privado e não de direito público (art. 3º, caput, da Lei 13.303/2016); **E:** incorreta, pois somente autarquias e fundações públicas podem receber o qualificativo de agência executiva (art. 51 da Lei 9.649/1998). WG
Gabarito "C".

(Magistratura/GO – 2015 – FCC) A denominada Administração pública indireta compreende, entre outras entidades,

(A) concessionárias de serviços públicos, que exercem a descentralização de serviços por colaboração.
(B) empresas públicas, sendo a elas equiparadas as fundações instituídas ou mantidas pelo poder público.
(C) sociedades de economia mista, que podem ser prestadoras de serviço público ou exploradoras de atividade econômica.

(D) organizações sociais que celebrem contratos de gestão com a Administração direta.
(E) autarquias, sujeitas ao regime jurídico de direito privado, salvo em matéria de pessoal.

A: incorreta, pois somente faz parte da Administração Pública Indireta as pessoas jurídicas criadas pelo Poder Público, sendo certo que nem toda concessionária de serviço público é uma pessoa jurídica criada pelo Poder Público, valendo citar, por exemplo, uma empresa concessionária de transporte coletivo de uma cidade, que costuma ser uma pessoa jurídica criada por particulares; **B:** incorreta, pois as empresas públicas são da Administração Pública Indireta, mas não são equiparadas às fundações instituídas ou mantidas pelo Poder Púbico, já que as primeiras têm por objeto explorar atividade econômica ou prestar serviço público, e as fundações tem funções de outras naturezas, como exercer atividade típica de Estado (fundação pública de direito público) ou exercer atividade não econômica e não típica de Estado, mas de interesse público (fundação pública de direito público); **C:** correta, pois as sociedades de economia mista são da Administração Pública Indireta e, de fato, são criadas para uma das duas funções mencionadas; **D:** incorreta, pois somente faz parte da Administração Pública Indireta as pessoas jurídicas criadas pelo Poder Público, sendo certo que as organizações sociais não são pessoas jurídicas criadas pelo Estado; **E:** incorreta, pois as autarquias são da Administração Pública Indireta, mas não são pessoas jurídicas de direito privado, mas sim pessoas jurídicas de direito público, já que são criadas para exercer atividade típica do Estado. WG
Gabarito "C".

(Magistratura/RR – 2015 – FCC) Observe as seguintes características:
I. tem como forma obrigatória a de sociedade anônima.
II. são qualificadas como tal por ato do Presidente da República.
III. trata-se de entidade criada diretamente por lei, desnecessário o registro de seus atos constitutivos.
Tais atributos são aplicáveis, respectivamente:
(A) empresas públicas; organizações sociais; autarquias.
(B) sociedades de economia mista; fundações governamentais de direito público; agências executivas.
(C) consórcios públicos; agências reguladoras; serviços sociais autônomos.
(D) sociedades de economia mista; agências executivas; agências reguladoras.
(E) subsidiárias estatais; organizações da sociedade civil de interesse público; empresa pública.

A: incorreta, pois as empresas públicas admitem qualquer forma societária; **B:** incorreta, pois as fundações governamentais de direito público não são qualificadas por ato do Presidente da República, sendo esta qualificação típica das agências executivas, por exemplo; **C:** incorreta, pois os consórcios públicos não são empresas e, portanto, não admitem essa forma societária; ademais, as agências reguladoras não são qualificadas como tal por ato do Presidente da República, mas sim por meio de lei; e os serviços sociais autônomos, como pessoas privadas não estatais, precisam em regra que seus atos constitutivos sejam registrados no registro público competente; **D:** correta, pois de fato as sociedades de economia mista só podem ter por forma societária a S/A; as agências executivas são assim qualificadas por ato do Presidente da República; e as agências reguladoras, por serem uma espécie de autarquia (autarquia especial), são criadas diretamente pela lei; **E:** incorreta; a empresa pública não é criada diretamente pela lei, mas tem a sua autorização criação dada pela lei, de modo que requer ato constitutivo registrado no registro público competente, para a sua criação (art. 37, XIX, da CF). WG
Gabarito "D".

(Ministério Público/SP – 2015 – MPE/SP) Sobre as fundações instituídas e mantidas pelo Poder Público, é correto afirmar que:
(A) estão sujeitas ao controle administrativo e financeiro pelos órgãos da Administração Direta, pelo que são alcançadas pelo instituto da tutela.
(B) podem ser extintas ou transformadas por meio de decreto.
(C) possuem o respaldo da responsabilidade solidária do Estado em razão dos atos que pratica.
(D) não se sujeitam ao controle do Tribunal de Contas e do Ministério Público.
(E) por serem pessoas jurídicas de direito privado, não podem figurar como sujeito passivo de atos de improbidade administrativa.

A: correta, pois a Administração Direta exerce o controle (ou tutela) sobre os entes que criar, inclusive as fundações; **B:** incorreta, pois o que é criado ou autorizado por lei não pode ser extinto por decreto; aliás, nem mesmo um mero órgão estatal pode ser extinto por decreto (art. 84, VI, "a", da CF), quanto mais uma pessoa jurídica estatal; **C:** incorreta, pois a responsabilidade das entidades da Administração Indireta é direta, devendo os prejudicados ingressarem com ação em face da própria fundação; **D:** incorreta, pois estão sujeitas ao controle do Tribunal de Contas (arts. 70, caput, e 71, II, da CF) e do Ministério Público, ao qual compete atuar na defesa da ordem jurídica; **E:** incorreta, pois nem todas as fundações instituídas e mantidas pelo estado são de direito privado, o que vai depender de terem sido criadas para uma atividade típica do estado ou não; ademais, sendo de direito privado ou não, as fundações criadas pelo estado podem ser sujeito passivo de atos de improbidade (art. 1º, caput, da Lei 8.429/1992). WG
Gabarito "A".

(Procurador do Município – Cuiabá/MT – 2014 – FCC) Determinado Município, visando promover prestação mais eficiente de serviço municipal de coleta de lixo domiciliar, edita lei específica, por meio da qual cria empresa pública dedicada ao referido serviço, antes praticado por órgão municipal. No caso, houve
(A) concentração de um serviço *uti possidetis*.
(B) desconcentração de um serviço *uti universi*.
(C) descentralização de um serviço *uti universi*.
(D) descentralização de um serviço *uti singuli*.
(E) desconcentração de um serviço *uti singuli*.

A, B e E: incorretas, pois há, no caso, *descentralização* (e não *concentração* ou *desconcentração*), dada a distribuição externa de incumbências, com a criação de uma nova pessoa jurídica; **C:** incorreta, pois o caso envolve descentralização, mas o serviço de coleta de lixo tem usuários determinados, de modo que é *uti singuli* (e não *uti universi*, com é o serviço de segurança pública, por exemplo, que têm usuários indeterminados); **D:** correta, pois há *descentralização* (distribuição externa de atribuições) e serviço *uti singuli* (que tem usuários determinados). WG
Gabarito "D".

(Procurador do Município – Cuiabá/MT – 2014 – FCC) Observe as seguintes características, no tocante a determinadas entidades da Administração Indireta:
I. sua criação deve ser autorizada por lei específica.
II. a contratação de seus servidores deve ser feita por concurso público, porém, eles não titularizam cargo público e tampouco fazem jus à estabilidade prevista no art. 41 da Constituição Federal de 1988.
III. seus servidores estão sujeitos à proibição de acumulação de cargos, empregos e funções públicas, com as exceções admitidas pela Constituição; porém, nem sempre é aplicável a essas entidades a regra do teto remuneratório.
Estamos nos referindo às
(A) empresas públicas e às sociedades de economia mista.
(B) autarquias e às sociedades de economia mista.
(C) fundações governamentais e às empresas públicas.
(D) sociedades de economia mista e aos consórcios públicos.
(E) agências e às empresas públicas.

A: correta, pois, de fato, empresas pública públicas têm sua criação autorizada por lei específica (art. 37, XIX, da CF), a contratação de empregados está sujeita a concursos públicos para a acessibilidade aos empregos públicos respectivos (art. 37, II, da CF), não há estabilidade para tais empregados por não se enquadrarem nos requisitos do art. 41, caput, da CF e estão sujeitos à vedação de acumulação de cargos empregos ou funções (art. 37, XVII, da CF) e também à regra do teto remuneratório quando se tratar de empresa dependente do Estado (art. 37, § 9º, da CF); **B, D e E:** incorretas, pois nas autarquias, nos consórcios (quando forem de direito público) e nas agências (que sempre são de direito público) a regra é o servidor titularizar cargo público e, portanto, ter direito à estabilidade de que trata o art. 41, caput, da CF; **C:** incorreta, pois os servidores das fundações governamentais estão em qualquer caso vinculados ao teto remuneratório do serviço público, previsto no art. 37, XI, da CF. WG
Gabarito "A".

(Delegado/SP – 2014 – VUNESP) A Administração Pública, em sentido
(A) objetivo, material ou funcional, designa os entes que exercem a atividade administrativa.
(B) amplo, objetivamente considerada, compreende a função política e a função administrativa.
(C) estrito, subjetivamente considerada, compreende tanto os órgãos governamentais, supremos, constitucionais, como também os órgãos administrativos, subordinados e dependentes, aos quais incumbe executar os planos governamentais.
(D) estrito, objetivamente considerada, compreende a função política e a função administrativa.
(E) subjetivo, formal ou orgânico, compreende a própria função administrativa que incumbe, predominantemente, ao Poder Executivo.

A: incorreta, pois os entes que exercem a atividade administrativa dizem respeito à Administração em sentido subjetivo (e não objetivo); **B:** correta, pois traz o exato sentido da Administração Pública em sentido amplo; **C:** incorreta, pois a Administração em sentido estrito compreende apenas a função administrativa, excluindo assim decisões políticas, próprias de órgãos supremos e constitucionais; **D:** incorreta, pois a Administração Pública em sentido estrito compreende apenas a função administrativa; **E:** incorreta, pois a Administração Pública em sentido subjetivo diz respeito aos entes e órgãos administrativos e não à função administrativa. WG
Gabarito "B".

(Delegado/SP – 2014 – VUNESP) Quando o Poder Público, conservando para si a titularidade do serviço público, transfere sua execução à pessoa jurídica de direito privado, previamente existente, ocorre o que se denomina descentralização
(A) autárquica.
(B) por colaboração.
(C) hierárquica.

(D) por subordinação.
(E) heterotópica.

A descentralização é a distribuição externa de atividades administrativas, que passam a ser exercidas por pessoa ou pessoas distintas do Estado. Dá-se de pessoa jurídica para pessoa jurídica como técnica de especialização. Ex.: criação de autarquia para titularizar e executar um dado serviço público, antes de titularidade do ente político que a criou. A descentralização pode ser de duas espécies: a) na descentralização por serviço, a lei atribui ou autoriza que outra pessoa detenha a titularidade e a execução do serviço; repare que é necessária lei; aqui, fala-se em outorga do serviço; b) na descentralização por colaboração, o contrato ou ato unilateral atribui à outra pessoa a execução do serviço; repare que a delegação aqui se dá por contrato, não sendo necessária lei; o particular colabora, recebendo a execução do serviço e não a titularidade deste, que permanece com o Poder Público; aqui, fala-se também em delegação do serviço e o caráter é transitório. O enunciado narra um caso em que a transferência da execução do serviço mantém a titularidade do serviço com o Poder Público, o que caracteriza a descentralização por colaboração. WG
Gabarito "B".

(Delegado/RO – 2014 – FUNCAB) A legitimidade passiva nas ações judiciais em razão de atos praticados por agentes públicos que prestam serviços públicos, se fundamenta na titularidade do dano provocado a terceiros em razão de suas atividades. Com isso, tal legitimidade se refere:
(A) ao órgão que é a unidade de concentração da atividade desempenhada pelo agente público.
(B) ao agente público que diretamente atendeu o administrado em sua demanda.
(C) à procuradoria jurídica do órgão, tendo em vista ser ela a representação judicial do ente político a que pertence o agente público.
(D) à pessoa jurídica de direito público ou de direito privado que presta serviço público a que pertence o órgão.
(E) somente à pessoa jurídica de direito público integrante da Administração Pública indireta, mesmo tendo sido praticado o ato por uma autarquia, considerando a subordinação que existe entre Administração Pública direta e indireta.

A: incorreta, pois o órgão, em regra, não tem capacidade para estar em juízo, mas sim o ente público ao qual pertence o órgão; ou seja, uma ação indenizatória deve ser ajuizada em face, por exemplo, do Estado-membro e não do órgão delegacia de polícia, caso um dano seja causado por ato praticado no âmbito de uma delegacia; B: incorreta, pois, pela Teoria do Órgão, os atos praticados pelos agentes públicos são imputados diretamente ao ente público respectivo, devendo a demanda decorrente de um ato praticado por um agente público ser ajuizada diretamente em face do Estado e não do agente; C: incorreta, pois a procuradoria jurídica é um órgão e este, em regra, não tem capacidade para estar em juízo, mas sim o ente público ao qual pertence o órgão; D: correta, pois somente a pessoa jurídica tem, como regra, capacidade de estar em juízo; exceção se dá em relação ao mandado de segurança, que é ajuizado em face da própria autoridade coatora; E: incorreta, pois a ação deve ser promovida diretamente em face da pessoa jurídica que tiver causado danos a terceiros, seja ela um ente político, seja ela integrante da administração indireta (autarquia ou não), seja ela uma pessoa jurídica não integrante da administração indireta, mas que preste serviço público, como uma empresa de telefonia concessionária desse serviço. WG
Gabarito "D".

4.2. AUTARQUIAS

(Procurador do Estado – PGE/BA – CESPE – 2014) Considerando a necessidade de melhorar a organização da administração pública estadual, o governador da Bahia resolveu criar autarquia para atuar no serviço público de educação e empresa pública para explorar atividade econômica. Com base nessa situação hipotética, julgue os itens que se seguem.
(1) Observados os princípios da administração pública, a empresa pública pode ter regime específico de contratos e licitações, sujeitando-se os atos abusivos praticados no âmbito de tais procedimentos licitatórios ao controle por meio de mandado de segurança.
(2) De acordo com o que dispõe a Lei Complementar nº 34/2009 do estado da Bahia, as atividades do serviço técnico-jurídico de autarquias estaduais devem ser acompanhadas pela Procuradoria Geral do Estado (PGE), com vistas à preservação da uniformidade de orientação, no âmbito da administração pública.
(3) Desde que presentes a relevância e urgência da matéria, a criação da autarquia pode ser autorizada por medida provisória, devendo, nesse caso, ser providenciado o registro do ato constitutivo na junta comercial competente.

1: correta. Tanto é verdade que hoje temos a Lei 13.306/2016, que estabelece um novo regime para essas empresas estatais, específico, a fim de conformá-las com suas atividades específicas de exploração econômica; 2: correta. Trata-se do disposto no art. 23, III, da Lei Complementar 34/2009; 3: incorreta. Somente por lei específica pode ser criada uma autarquia, conforme disposto no art. 37, XIX, CF. AW
Gabarito 1C, 2C, 3E.

(Promotor de Justiça/GO – 2016 – MPE) Por terem personalidade jurídica de direito público e designarem espécie de descentralização por serviços, as autarquias possuem todas as prerrogativas ou poderes decorrentes do regime jurídico administrativo. Feita a afirmação acima, assinale a alternativa incorreta:
(A) A autarquia possui autonomia financeira. Seus recursos, não importa se oriundos de trespasse estatal ou hauridos como produto da atividade que lhe seja afeta, configuram recursos e patrimônio próprios.
(B) a autarquia, como pessoa jurídica pública, usualmente persegue objetivos públicos, sem finalidades lucrativas.
(C) os bens das autarquias são inalienáveis e imprescritíveis, podendo, no entanto, ser adquiridos pela via do usucapião, conforme autoriza o artigo 191 da Constituição da República, bem como o artigo 102 do Código Civil brasileiro.
(D) Os Conselhos de fiscalização profissional, por possuírem natureza jurídica de autarquia corporativa, devem se submeter aos princípios constitucionais concernentes à Administração Pública, inclusive o da exigência de realização de concurso público para contratação de pessoal.

A: Correta. A autarquia é pessoa jurídica independente e autônoma em relação às pessoas jurídicas da Administração Direta que as criou. B: Correta, As autarquias, sendo pessoas jurídicas de direito público, somente podem prestar serviços públicos, não lhes sendo possível o exercício de outra atividade, portanto. C: Incorreta. Os bens das autarquias são bens públicos e podem ser alienados, desde que desafetados e licitados, após autorização legislativa. Também, por serem públicos, não podem ser adquiridos por meio de usucapião. D: Os Conselhos de Fiscalização Profissional são, em regra, autarquias corporativas, havendo exceção em relação à OAB, No entanto, essa assertiva está menos incorreta do que a C, razão pela qual não foi a escolhida pelo gabarito. AW
Gabarito "C".

(Delegado/AP – 2017 – FCC) Uma autarquia municipal criada para prestação de serviços de abastecimento de água
(A) deve obrigatoriamente ter sido instituída por lei e recebido a titularidade do serviço público em questão, o que autoriza a celebração de contrato de concessão à iniciativa privada ou a contratação de consórcio público para delegação da execução do referido serviço.
(B) integra a estrutura da Administração pública indireta municipal e portanto não se submete a todas as normas que regem a administração pública direta, sendo permitido a flexibilização do regime publicista para fins de viabilizar a aplicação do princípio da eficiência.
(C) submete-se ao regime jurídico de direito privado caso venha a celebrar contrato de concessão de serviço público com a Administração pública municipal, ficando suspensa, durante a vigência da avença, a incidência das normas de direito público, a fim de preservar a igualdade na concorrência.
(D) pode ser criada por decreto, mas a delegação da prestação do serviço público prescinde de prévio ato normativo, podendo a autarquia celebrar licitação para contratação de concessão de serviço público ou prestar o serviço diretamente.
(E) possui personalidade jurídica de direito público, mas quando prestadora de serviço público, seu regime jurídico equipara-se ao das empresas públicas e sociedades de economia mista.

DL 200/1967, art. 5º Para os fins desta lei, considera-se: I – Autarquia – o serviço autônomo, criado por lei, com personalidade jurídica, patrimônio e receita próprios, para executar atividades típicas da Administração Pública, que requeiram, para seu melhor funcionamento, gestão administrativa e financeira descentralizada. FB
Gabarito "A".

(Procurador do Município – São Paulo/SP – 2014 – VUNESP) A respeito das autarquias especiais, assinale a alternativa correta.
(A) Suas decisões não são passíveis de apreciação por outros órgãos ou entidades da administração pública.
(B) As autarquias especiais corporativas, como os conselhos de fiscalização profissional, não necessitam contratar mediante concurso público.
(C) Integram a Administração indireta e se submetem a um regime jurídico único e uniforme.
(D) São classificadas de acordo com a natureza de suas competências, podendo desempenhar atribuições além das conferidas por lei.

A: correta, pois tais autarquias especiais têm a chamada autonomia funcional; B: incorreta, pois todo e qualquer ente da Administração Pública, seja ela Direta ou Indireta, deve promover concurso público para admitir pessoal (art. 37, II, da CF); C: incorreta, pois se submetem a um regime jurídico de direito público; D: incorreta, pois o princípio da legalidade, aplicável à Administração Direta e Indireta, não admite que ente público algum atue fora do previsto na lei. WG
Gabarito "A".

(Advogado da Fundação Pro Sangue/SP – 2014 – FGV) Assinale a alternativa que indica pessoa jurídica que *não* possui personalidade jurídica de direito público.
(A) Empresa pública.
(B) Corporação pública.
(C) Autarquia Fundacional.

(D) Consórcio público.
(E) Agência reguladora.

A: correta, pois a empresa pública, assim com a sociedade de economia mista, tem regime de direito privado; **B** a **E:** incorretas, pois todas essas pessoas têm personalidade de direito público, sendo que o consórcio público pode ser de direito privado também, mas como há uma alternativa (que trata da empresa pública) com uma entidade que só pode ser de direito privado, esta deve ser assinalada. WG
Gabarito "A".

(Advogado do INEA/RJ – 2014 – FGV) As alternativas a seguir apresentam características das autarquias, **à exceção de uma**. Assinale-a.
(A) As autarquias têm personalidade de direito público.
(B) As autarquias devem ser criadas por lei.
(C) As autarquias devem possuir bens imprescritíveis.
(D) As autarquias têm seus créditos inscritos em dívida ativa.
(E) As autarquias possuem prazo em dobro para contestar.

Todas as alternativas trazem informação correta sobre as autarquias, salvo a que dispõe que elas possuem prazo em dobro para contestar, pois, em verdade, o prazo para as autarquias *contestarem* é em quádruplo, sendo em dobro apenas o prazo para as autarquias *recorrerem*. WG
Gabarito "E".

4.3. AGÊNCIAS REGULADORAS

(Juiz de Direito – TJ/RS – 2018 – VUNESP) Decisão proferida pelo Conselho Superior de Agência Reguladora estadual, órgão máximo de direção da autarquia, que mantém aplicação de sanção ao concessionário de serviço público por ela regulado em razão do descumprimento de cláusula contratual,
(A) pode ser objeto de recurso administrativo interno, dirigido ao Dirigente Superior da Agência Reguladora.
(B) é ilegal, por desbordar os limites da competência das agências reguladoras, autarquias submetidas ao princípio constitucional da estrita legalidade.
(C) salvo disposição específica em contrário, é irrecorrível no âmbito administrativo, especialmente por se tratar de atividade finalística da agência reguladora.
(D) pode ser objeto de recurso hierárquico, dirigido ao Chefe do Poder Executivo estadual.
(E) é inconstitucional, porque sanções aplicadas ao particular só podem decorrer de lei em sentido estrito e não de contrato de concessão de serviço público, do qual o órgão regulador não é parte.

Essa questão apresenta certo nível de polêmica, pois ela mesma traz a afirmação de que o Conselho Superior de Agência Reguladora é o órgão máximo de direção da autarquia, de modo que suas decisões são irrecorríveis dentro daquela autarquia especial. Caberia, no máximo, um pedido de reconsideração dirigido ao próprio Conselho Superior, que, se o caso, poderá exercer a autotutela; ou ainda, mas já externamente à agência Reguladora, a propositura de um Recurso Hierárquico Impróprio dirigido ao chefe do órgão da Administração Pública Estadual ao qual a agência encontra-se vinculada e submetida ao poder de tutela. No caso em tela, veja que, a princípio, tratando-se de questão de ordem técnica, efetivamente não há mais como recorrer de uma decisão proferida em instância final, de modo que essa decisão é afetada pelo chamado "trânsito em julgado administrativo". Apenas mediante a propositura de ação judicial que questione a razoabilidade ou proporcionalidade da sanção aplicada, ou ainda por meio da tormentosa questão do cabimento ou não de recurso hierárquico impróprio, essa decisão poderia receber uma determinação dirigida ao Conselho Superior da Agência de nova apreciação do caso. FB
Gabarito "C".

(Procurador do Município – Prefeitura Fortaleza/CE – CESPE – 2017) Em cada um do item a seguir é apresentada uma situação hipotética seguida de uma assertiva a ser julgada, a respeito da organização administrativa e dos atos administrativos.
(1) Ao instituir programa para a reforma de presídios federais, o governo federal determinou que fosse criada uma entidade para fiscalizar e controlar a prestação dos serviços de reforma. Nessa situação, tal entidade, devido à sua finalidade e desde que criada mediante lei específica, constituirá uma agência executiva.

1: incorreta. Teríamos a criação de uma Agência Reguladora, que é uma autarquia, criada por lei, para a fiscalização e regulamentação dos serviços públicos. As Agências Executivas são autarquias ou fundações preexistentes, mas que se encontram desatualizadas e recebem essa qualificação para o desenvolvimento de um plano estratégico constante de um contrato de gestão. AW
Gabarito 1E.

(Procurador do Estado – PGE/MT – FCC – 2016) O Estado X pretende criar estrutura administrativa destinada a zelar pelo patrimônio ambiental estadual e atuar no exercício de fiscalização de atividades potencialmente causadoras de dano ao meio ambiente. Sabe-se que tal estrutura terá personalidade jurídica própria e será dirigida por um colegiado, com mandato fixo, sendo que suas decisões de caráter técnico não estarão sujeitas à revisão de mérito pelas autoridades da Administração Direta. Sabe-se também que os bens a ela pertencentes serão considerados bens públicos. Considerando-se as características acima mencionadas, pretende-se criar uma:
(A) agência reguladora, pessoa de direito público, cuja criação se dará diretamente por lei.
(B) agência executiva, órgão diretamente vinculado ao Poder Executivo, cuja criação se dará diretamente por lei.
(C) associação pública, pessoa de direito privado, cuja criação será autorizada por lei e se efetivará com a inscrição de seus atos constitutivos no registro competente.
(D) agência executiva, entidade autárquica de regime especial, estabelecido mediante assinatura de contrato de gestão.
(E) fundação pública, pessoa de direito privado, cuja criação será autorizada por lei e se efetivará com a inscrição de seus atos constitutivos no registro competente.

A: correta. Temos a caracterização de uma autarquia, com patrimônio próprio, integrante da Administração Indireta (com independência administrativa e técnica), com mandato fixo de seus dirigentes (essa já é uma característica que diferencia a Agência Reguladora das demais pessoas jurídicas); **B:** incorreta. Não temos Agência Executiva, porque essa é preexistente e o enunciado diz que será "criada" uma pessoa jurídica"; **C:** incorreta. Temos informação de que a pessoa jurídica será criada, e não "autorizada por lei", por isso está incorreta essa assertiva; **D:** incorreta. Como afirmado na alternativa B, as Agências Executivas são autarquias e fundações públicas pré-existentes, além do mais, não se sujeitam ao regime especial, exclusividade das Agências Reguladoras; **E:** incorreta. Há criação da pessoa jurídica, conforme enunciado, sendo pessoa jurídica de direito público, portanto. AW
Gabarito "A".

(Procurador do Estado – PGE/RS – Fundatec – 2015) Analise as seguintes assertivas acerca da Agência Estadual de Regulação dos Serviços Públicos Delegados do Rio Grande do Sul:
I. A nomeação dos seus dirigentes tem como etapas prévias a indicação do Governador do Estado e a aprovação pela Assembleia Legislativa.
II. Embora nomeados para o cumprimento de um mandato previsto em lei, tal circunstância, segundo o STF, não impede a livre exoneração dos dirigentes da Agência antes do termo final, por decisão da Assembleia Legislativa.
III. Segundo o STF, a exonerabilidade *ad nutum* dos dirigentes da Agência pelo Governador é incompatível com a sua nomeação a termo.

Quais estão corretas?
(A) Apenas I.
(B) Apenas I e II.
(C) Apenas I e III.
(D) Apenas II e III.
(E) I, II e III.

I: correta. Trata-se do disposto no art. 5º, da Lei 9.986/2000 (Lei Geral das Agências Reguladoras); **II:** incorreta. O mandato é fixo e não pode ser interrompido antes por livre exoneração; **III:** correta. Há uma "estabilidade" dos dirigentes durante o período do mandato. AW
Gabarito "C".

(Juiz – TRF 3ª Região – 2016) Dadas as assertivas abaixo, assinale a alternativa correta.
I. As agências reguladoras foram criadas no intuito de regular, em sentido amplo, os serviços públicos, havendo previsão na legislação ordinária delegando à agência reguladora competência para a edição de normas e regulamentos no seu âmbito de atuação.
II. Configura conflito de interesses após o exercício de cargo ou emprego no âmbito do Poder Executivo federal, incluindo o de Diretor em agência reguladora, no período de 6 (seis) meses, contado da data da dispensa, exoneração, destituição, demissão ou aposentadoria, salvo quando expressamente autorizado, conforme o caso, pela Comissão de Ética Pública ou pela Controladoria-Geral da União, prestar, direta ou indiretamente, qualquer tipo de serviço a pessoa física ou jurídica com quem tenha estabelecido relacionamento relevante em razão do exercício do cargo ou emprego.
III. Ausente previsão legal expressa, os Conselheiros e os Diretores somente perderão o mandato em caso de renúncia ou de condenação judicial transitada em julgado.

Estão corretas:
(A) I e II.
(B) I, II e III.
(C) II e III.
(D) Apenas II.

A. correta. Está correta a assertiva I, pois contém a definição doutrinária de agência reguladora, ou seja, trata-se de uma pessoa jurídica de direito público, uma autarquia de regime especial, que foi criada para fiscalizar e regulamentar a prestação de serviços

públicos relacionados à área de suas atuações. A assertiva II também está correta. Trata-se do disposto no art. 8º, §3º, da Lei 9.986/2000, que contém regras para que o ex-dirigente possa ocupar outro cargo ou emprego público, sob pena de carregar as informações ainda privilegiadas para o novo local ("risco de captura"). **B**: incorreta. A assertiva III está incorreta, pois o art. 9º, da Lei 9.986/2000 ainda acrescenta como uma das hipóteses de perda do cargo o processo administrativo disciplinar, conforme assim disposto: "Os Conselheiros e os Diretores somente perderão o mandato em caso de renúncia, de condenação judicial transitada em julgado ou de processo administrativo disciplinar."; **C**: incorreta. A assertiva III está incorreta, conforme acima disposto; **D**: incorreta. Temos duas assertivas corretas: a I e II, conforme explicado acima. AW
Gabarito "A".

(Procurador da República –28º Concurso – 2015 – MPF) É correto afirmar que:

(A) são autarquias especiais as agências reguladoras independentes, as agências de fomento e as universidades.
(B) a OAB é uma autarquia especial, de onde a exigência de concurso público para a admissão dos contratados sob o regime trabalhista, segundo o STF.
(C) a autonomia das autarquias projeta-se no piano financeiro, vedada a transferência de recursos do orçamento do ente que a instituiu.
(D) o Conselho Federal de Medicina exerce poder de polícia.

A: Incorreta. As Universidades são autarquias simplesmente, ou seja, não carregam o adjetivo "especiais", eis que prestam serviços públicos de ensino, sendo regidas por Lei e regime geral aplicável às demais autarquias. **B**: Incorreta. A OAB não é autarquia de regime especial, sendo classificada como um serviço público independente, sendo uma entidade "sui generis", conforme já decidiu o STF na ADI 3026. Os seus servidores não ingressam por concurso público, portanto. **C**: Incorreta. A autonomia das autarquias é administrativa, política e financeira, não havendo vedação para transferência de recursos do orçamento, desde que previsto em lei orçamentária própria. **D**: Correta. Os Conselhos de Classe, como o Conselho Federal de Medicina, são autarquias e, como tais, integram a Administração Pública e possuem Poder de Polícia, como todas as demais pessoas jurídicas que se submetem ao regime jurídico administrativo. AW
Gabarito "D".

(Delegado/RO – 2014 – FUNCAB) Quanto às Agências Reguladoras, pode-se afirmar que:

(A) seus dirigentes têm forma de escolha diferenciada, mitigando o controle político realizado pelo ente federativo que as criou.
(B) são formas de descentralização contratual.
(C) essas entidades possuem dependência técnica para o desempenho de suas atividades.
(D) o recurso interposto por seus administrados é o hierárquico impróprio.
(E) seus atos administrativos normativos são insindicáveis por ter seu fundamento de validade na lei que as criou.

A: correta, pois os dirigentes são indicados pelo Chefe do Executivo, mas devem ser aprovados pelo Senado, se a agência for federal, ou pelo Legislativo local, se a agência for estadual ou municipal; **B**: incorreta, pois são formas de descentralização legal, pois a própria lei cria a agência reguladora e passa a competência para esta; **C**: incorreta, pois essas entidades têm autonomia técnica, que deve ser respeitada pelo ente que as tiver criado; **D**: incorreta, pois o recurso hierárquico impróprio é julgado por ente externo, que não é o que acontece com as agências, que têm autonomia e, portanto, não estão sujeitas recurso contra seus atos a ser apreciado pelo ente político que as tiver criado; **E**: incorreta, pois os atos administrativos normativos das agências, caso estejam em desacordo com a lei que os fundamenta, podem ser objeto ação judicial com vistas à sua invalidação. WG
Gabarito "A".

(Procurador do Município – São Paulo/SP – 2014 – VUNESP) Agência reguladora independente é

(A) Autarquia comum, cujos atos não se sujeitam à revisão por autoridade integrante da Administração direta e não há demissão dos administradores.
(B) Autarquia especial, cujos atos não se sujeitam à revisão por autoridade integrante da Administração direta, mas apenas perante o Poder Judiciário.
(C) Autarquia comum, em que há regime especial de investidura e demissão dos administradores.
(D) Autarquia especial, em que há homogeneidade na configuração do regime jurídico de todas as agências reguladoras.
(E) Autarquia comum, mas configurada em regime de autonomia econômico-financeira, por meio de receitas próprias.

A, C e E: incorretas, pois a agência reguladora independente é uma autarquia *especial* (e não uma autarquia *comum*) e não está sujeita à revisão de seus atos por autoridade da Administração Direta (já que tem autonomia técnica, além da autonomia administrativa e econômico-financeira); **B**: correta, pois a agência reguladora independente tem, de fato, autonomia econômico-financeira; **D**: incorreta, pois apesar de haver lei geral sobre agências reguladoras (Lei 9.986/2000), cada agência tem especificidades em seu regime jurídico trazidas nas leis que criaram cada uma delas. WG
Gabarito "B".

(Magistratura/SC – 2015 – FCC) Nos termos da Súmula Vinculante 27, do Supremo Tribunal Federal, "Compete à Justiça estadual julgar causas entre consumidor e concessionária de serviço público de telefonia, quando a ANATEL não seja litisconsorte passiva necessária, assistente, nem opoente".
Está contida no posicionamento do Tribunal a compreensão de que

(A) a agência reguladora posiciona-se juridicamente em relação ao usuário do serviço público como fornecedora do serviço.
(B) a concessionária de serviço público mantém com a agência reguladora uma relação jurídica caracterizada como de consumo.
(C) é facultativa, a critério da agência reguladora, a sua inserção como parte na relação jurídica caracterizada como de consumo, tendo por objeto o serviço público regulado.
(D) serviço público não pode ser considerado objeto de relação de consumo, estando sujeito ao regime exorbitante característico das relações jurídicas de direito administrativo.
(E) há relação jurídica caracterizada como de consumo entre o usuário e a concessionária de serviço público.

A: incorreta, pois a fornecedora é apenas a concessionária de serviço público, tratando-se a agência reguladora, no caso, mera interveniente, por ser a entidade pública responsável pela regulação e fiscalização da concessão respectiva; **B**: incorreta, pois a relação entre uma e outra é de entidade reguladora e fiscalizadora e entidade regulada e fiscalizada; **C**: incorreta, pois o enunciado da súmula traz inclusive a hipótese de Anatel ser obrigatoriamente chamada em algum tipo de ação, hipótese em que se teria o litisconsórcio necessário; ou seja, o enunciado não obriga que Anatel seja sempre chamada a integrar a lide, mas também não descarta hipótese em que a Anatel será litisconsorte necessário; D: incorreta, pois os serviços concedidos são regulados pelo CDC (art. 22 da Lei 8.078/1990); **E**: correta, nos termos do art. 22 do CDC. WG
Gabarito "E".

(Ministério Público/BA – 2015 – CEFET) Leia atentamente as assertivas abaixo sobre as agências reguladoras e executivas, e assinale apenas a alternativa **CORRETA**:

(A) Os dirigentes das agências reguladoras são demissíveis *ad nutum* pela autoridade máxima do ente da Administração Pública Direta que as instituiu.
(B) As agências reguladoras têm personalidade jurídica própria em decorrência do fenômeno da "desconcentração" dos órgãos da estrutura da União, dos Estados, do Distrito Federal e dos Municípios.
(C) No Brasil, as agências reguladoras surgiram no contexto do Plano Nacional de Desestatização.
(D) Podem ser qualificadas como agências executivas as associações civis que celebrem contrato de gestão com o Ministério supervisor.
(E) No exercício da atividade regulatória, todas as agências reguladoras limitam-se a exigir dos agentes econômicos a estrita observância das leis aprovadas pelo Poder Legislativo.

A: incorreta, pois tais dirigentes das agências reguladoras têm mandato fixo e, portanto, não são demissíveis "ad nutum" pela autoridade máxima do ente da Administração Pública Direta que as instituir; **B**: incorreta, pois o fenômeno que dá personalidade jurídica própria às agências reguladoras é o da descentralização, já que nesse fenômeno se tem a outorga de competências ou atribuições de uma pessoa jurídica para outra, que é justamente o que ocorre quando se cria uma agência reguladora; **C**: correta, tratando-se de plano que é regulado pela Lei 9.491/1997; **D**: incorreta, pois somente as autarquias e as fundações públicas é que podem ser qualificadas como agências executivas (art. 51 da Lei 9.649/1998); **E**: incorreta, pois as agências reguladoras também estabelecem, como o próprio nome diz, "regulações", obedecidos, sempre, os limites legais. WG
Gabarito "C".

4.4. CONSÓRCIOS PÚBLICOS

(Juiz de Direito – TJ/RS – 2018 – VUNESP) Pelas obrigações assumidas por consórcio público:

(A) nos termos da lei, respondem solidariamente os entes públicos consorciados, observadas as disposições do seu estatuto.
(B) responde subsidiariamente o ente público líder do consórcio.
(C) respondem pessoal e subsidiariamente os agentes públicos incumbidos da gestão do consórcio, observadas as disposições do seu estatuto.
(D) respondem subsidiariamente os entes públicos consorciados.
(E) nos termos da lei, respondem pessoal e solidariamente os agentes públicos incumbidos da gestão do consórcio, observadas as disposições do seu estatuto.

A Lei 11.107, de 6 de abril de 2005 estabelece no § 1º do artigo 1º que o consórcio público constituirá uma associação pública ou uma pessoa jurídica de direito privado. Prevê, portanto, a criação de uma nova pessoa jurídica, a qual responderá pelas obrigações assumidas pelo consórcio. A responsabilidade dos demais entes públicos consorciados pelas obrigações assumidas existirá, mas será de natureza subsidiária e, tal como previsto de forma expressa no parágrafo único do art. 10, "os agentes públicos incumbidos da gestão de consórcio não responderão pessoalmente pelas obrigações contraídas pelo consórcio público, mas responderão pelos atos praticados em desconformidade com a lei ou com as disposições dos respectivos estatutos". **FB**

Gabarito "D".

(Procurador do Estado/SP – 2018 – VUNESP) Consórcio público, formado por alguns dos Municípios integrantes de Região Metropolitana e por outros Municípios limítrofes, elaborou plano de outorga onerosa do serviço público de transporte coletivo de passageiros sobre pneus, abrangendo o território do Consórcio. Pretende, agora, abrir licitação para conceder o serviço. Essa pretensão é juridicamente

(A) questionável, porque, de acordo com a jurisprudência do Supremo Tribunal Federal, o planejamento, a gestão e a execução das funções de interesse comum em Regiões Metropolitanas são de competência do Estado e dos Municípios que a integram, conjuntamente.

(B) questionável, porque o consórcio descrito sequer poderia ter sido constituído sem a participação do Estado em cujo território se encontram os Municípios agrupados.

(C) viável, vez que consórcios públicos podem outorgar concessão, permissão ou autorização de serviços públicos, ainda que a delegação desse serviço específico não esteja expressamente prevista no contrato de consórcio público.

(D) viável, porque o consórcio regularmente constituído possui personalidade jurídica própria e é titular, com exclusividade, dos serviços públicos que abrangem a área territorial comum.

(E) viável, porque o desenvolvimento urbano integrado constitui instrumento de governança interfederativa e determina que o planejamento, a gestão e a execução das funções públicas de interesse comum sejam conjuntos.

Quando se trata de Região Metropolitana tem-se uma conurbação, o que torna os interesses interpenetrados, em que não se percebe mais onde termina um Município e começa outra, de modo que o chamado interesse predominantemente local perde espaço para o interesse regional. Segundo o STF na ADI 1.842, faz-se necessário ter uma integração entre os Municípios, Município-Polo e Estado-membro, com o fim de viabilizar a organização, execução e planejamento das funções públicas de interesse comum. O STF esclareceu que deve ser criado um órgão colegiado em cada região metropolitana, de acordo com as peculiaridades de cada regionalidade, com a participação dos interessados (Estado e Municípios), sendo que não pode haver concentração de poder decisório nas mãos de apenas um (poder de homologação), vedado o predomínio absoluto de um ente sobre os demais. Restou clara, portanto, a posição do STF para que não ocorra o prevalecimento ou sobreposição do interesse de um determinado ente federativo sobre a decisão ou interesse dos demais entes da Federação. Ora, não é, portanto, o caso de constituição de um consórcio do qual nem ao menos fazem parte todos os integrantes da região metropolitana, pois nesse caso o interesse de alguns entes estaria se sobrepondo ao de outros. **FB**

Gabarito "A".

(Procurador do Estado – PGE/RN – FCC – 2014) Considere as afirmações abaixo acerca da disciplina legal dos consórcios públicos, na forma prevista na Lei Federal no 11.107/2007.

I. Os consórcios públicos podem ser constituídos como associação pública, integrando a Administração indireta dos entes da federação consorciados, ou como pessoa jurídica de direito privado.

II. O contrato de consórcio público somente pode ser celebrado com a ratificação, mediante lei, do protocolo de intenções anteriormente firmado pelos entes consorciados.

III. Os contratos de rateio firmados no âmbito de consórcios públicos devem, necessariamente, contar com a anuência da União, quando envolverem atuação em regiões metropolitanas.

Está correto o que se afirma APENAS em

(A) III.
(B) I.
(C) I e II.
(D) II.
(E) II e III.

I: correta. Trata-se do disposto no art. 1º, § 1º, da Lei 11.107/2005; II: correta. Trata-se do art. 5º, da Lei 11.107/2005; III: incorreta. Não há disciplina a respeito da obrigatoriedade da União em figurar no contrato de rateio em casos de regiões metropolitanas. **AW**

Gabarito "C".

(Promotor de Justiça – MPE/RS – 2017) Assinale a alternativa correta, em relação aos consórcios públicos disciplinados pela Lei 11.107, de 06 de abril de 2005.

(A) A emissão de documentos de cobrança e as atividades de arrecadação de tarifas e outros preços públicos não se coadunam com as finalidades estabelecidas em lei para os consórcios públicos, razão pela qual estão expressamente vedadas.

(B) O protocolo de intenções deve definir o número de votos que cada ente da Federação consorciado possui na assembleia geral, sendo assegurado 1 (um) voto a cada ente consorciado.

(C) O consórcio público poderá ser concessionário, permissionário ou autorizatário do serviço público, mas não poderá outorgar concessão, permissão ou autorização do serviço público a terceiros.

(D) O consórcio público adquirirá personalidade jurídica de direito público ou de direito privado, integrando, em qualquer caso, a administração indireta de todos os entes da Federação consorciados.

(E) O consórcio público que tenha personalidade jurídica de direito privado não está sujeito à fiscalização contábil, operacional e patrimonial pelo Tribunal de Contas, a quem cabe fiscalizar apenas cada um dos integrantes do consórcio, nos termos do contrato de rateio.

A: incorreta. A assertiva é contrária ao que dispõe o art. 2º, § 2º, da Lei 11.107/2005 determina que os Consórcios Públicos podem emitir "documentos de cobrança e exercer atividades de arrecadação de tarifas e outros preços públicos pela prestação de serviços ou pelo uso ou outorga de uso de bens públicos por eles administrados ou, mediante autorização específica, pelo ente da Federação consorciado. **B:** Correta. É o que determina o art. 4º, § 2º, da Lei dos Consórcios. O Protocolo de Intenções é um termo em que constará todas as cláusulas do futuro contrato para instituição do Consórcio, sendo nele prevista a forma de funcionamento dessa nova pessoa jurídica. **C:** Incorreta. O Consórcio Público é uma nova pessoa jurídica e, quando de direito público, integra a Administração Pública, podendo delegar a prestação de serviços públicos (art. 2º, §3º, da Lei 11.107/2005). **D:** Incorreta. Somente quando for pessoa jurídica de direito público é que integrará a Administração Indireta (art. 6º e § 1º, da Lei 11.107/2005). **E:** Incorreta. Ambos os Consórcios, sejam eles de direito público ou de direito privado, sofrem controle externo pelo Tribunal de Contas (art. 9º, parágrafo único, da Lei 11.107/2005). **AW**

Gabarito "B".

(Magistratura/SC – 2015 – FCC) Um consórcio público de direito público poderá expedir declaração de utilidade ou necessidade pública para fim de desapropriação

PORQUE

a pessoa jurídica em que consiste o consórcio público de direito público integra a administração indireta dos entes federativos consorciados.

Analisando as duas asserções acima, é correto afirmar que

(A) a primeira asserção é uma proposição verdadeira e a segunda asserção é uma proposição falsa.

(B) a primeira asserção é uma proposição falsa e a segunda é uma proposição verdadeira.

(C) as duas asserções são proposições verdadeiras e a segunda é uma justificativa correta da primeira.

(D) as duas asserções são proposições verdadeiras e a segunda não é uma justificativa correta da primeira.

(E) as duas asserções são proposições falsas.

A primeira asserção é falsa porque, em regra, somente os entes políticos podem fazer um decreto expropriatório, sendo que esse tipo de entidade têm autorização legal apenas para a segunda fase da desapropriação, que é a fase executória (art. 3º do Decreto-lei 3.365/1941). A segunda asserção é verdadeira, pois os consórcios públicos integram a administração indireta dos entes consorciados (art. 6º, § 1º, da Lei 11.107/2005). **WG**

Gabarito "B".

(Ministério Público/BA – 2015 – CEFET) Os municípios "A", "B" e "C" firmaram um termo de ajustamento de conduta com o Ministério Público se obrigando a implantar e operar um único aterro sanitário para regularizar a destinação dos resíduos sólidos produzidos pelos seus munícipes. Levando-se em conta a atual legislação brasileira sobre a cooperação entre entes federativos, assinale a alternativa que indica o tipo de ajuste que os municípios citados podem firmar entre si:

(A) Termo de parceria.
(B) Contrato de concessão de serviços públicos.
(C) Concessão administrativa.
(D) Contrato de gestão.
(E) Nenhuma das alternativas anteriores.

Tem-se, no caso, uma cooperação para a gestão associada de um serviço público, o que se deve fazer mediante a instituição de um "consórcio público" na forma do art. 241 da CF, regulamentado pela Lei 11.107/2005, excluindo-se, assim, os institutos mencionados nas demais alternativas. **WG**

Gabarito "E".

(Procurador do Município – São Paulo/SP – 2014 – VUNESP) A respeito de consórcio público, assinale a alternativa correta.

(A) Integrará a administração pública indireta de todos os entes consorciados.
(B) Não está sujeito ao controle do Tribunal de Contas.
(C) Depende de decreto executivo autorizador para sua criação.
(D) Tem por objeto o desenvolvimento de atividade temporária.
(E) Terá suas despesas mantidas por um dos entes associados.

A: correta (art. 6º, § 1º, da Lei 11.107/2005); **B:** incorreta, pois todo ente da Administração Pública está sujeito ao controle do Tribunal de Contas (art. 9º, parágrafo único, da Lei 11.107/2005); **C:** incorreta, pois a criação se dá mediante subscrição de protocolo de intenções entre os entes políticos, com posterior publicação desse protocolo e ratificação do protocolo mediante lei de cada ente (arts. 3º a 6º da Lei 11.107/2005), não havendo necessidade de decreto executivo; **D:** incorreta, pois tem por objeto a gestão associada de serviços públicos, gestão essa que, paralela à necessidade de criação de uma pessoa jurídica para que se tenha um consórcio público, revela que não se trata de união de esforços para atividades temporárias; **E:** incorreta, pois as despesas serão rateadas entre todas as entidades consorciadas, por meio de Contrato de Rateio (art. 8º, *caput*, da Lei 11.107/2005). **WG**

Gabarito "A".

4.5. EMPRESAS ESTATAIS

(Procurador do Estado – PGE/RS – Fundatec – 2015) Assinale a alternativa INCORRETA.

(A) As empresas públicas e sociedades de economia mista são criadas pelo registro de seus atos constitutivos na Junta Comercial, desde que haja autorização dada em lei específica.

(B) A criação de subsidiárias de empresas estatais depende de autorização legislativa específica, a cada nova pessoa jurídica a ser criada.

(C) As empresas públicas podem ser sociedades unipessoais, pertencendo seu capital social a uma única pessoa jurídica de direito público.

(D) As sociedades de economia mista são sempre sociedades anônimas, sujeitas a normas legais especiais.

(E) As empresas públicas e as sociedades de economia mista não estão sujeitas à lei de falências e recuperação judicial.

A: correta. As empresas públicas são pessoas jurídicas de direito privado e criadas conforme as demais empresas do setor, embora necessitem de lei anterior para autorizar suas criações (art. 37, XIX, CF); **B:** correta. O art. 37, XX, CF determina ser necessária lei específica "caso a caso" para a criação de subsidiárias das empresas estatais; **C:** incorreta. As empresas públicas são pessoas jurídicas de direito privado. Elas possuem capital integralmente público e, por isso, não podem ser unipessoais, exceto na hipótese de ser composta por outra pessoa jurídica de direito privado, com capital público; **D:** correta. As sociedades de economia mista são sempre S/As, por isso regidas pela Lei das Sociedades Anônimas. **AW**

Gabarito "C".

(Juiz – TRF 2ª Região – 2017) O Estatuto Jurídico das Empresas Públicas e Sociedades de Economia Mista e suas subsidiárias foi instituído com a Lei nº 13.303, de 30.06.16. Marque a opção correta:

(A) Depende de lei específica a constituição da empresa pública ou de sociedade de economia mista. A lei, desde que presente justificativa plausível, pode delegar ao Executivo a definição do relevante interesse coletivo que justifica a criação do ente e, em tal caso, o fará de modo claro e transparente.

(B) É vedada a participação das entidades da administração indireta no capital das empresas públicas.

(C) A Lei nº 13.303 traz forte preocupação com a governança corporativa e impõe que o Conselho de Administração seja integralmente compostos por membros independentes.

(D) Os membros do Conselho de Administração e os diretores são administradores e submetem-se às normas da Lei nº 6.404/76 (Lei das S.A.).

(E) As empresas públicas e sociedades de economia mista não estão submetidas à disciplina da Lei de Falências e nem às normas da Comissão de Valores Mobiliários.

A: incorreta. A lei que autoriza a criação de empresa pública e sociedade de economia mista já tem, em sua elaboração, o fundamento de que há relevante interesse público para a criação da entidade; **B:** incorreta. O art. 37, XX, CF admite essa possibilidade de criação de subsidiárias, assim como o art. 2º, da Lei 13.303/2016; **C:** incorreta. O Conselho de Administração não é composto integralmente por membros independentes, sendo esse requisito exigido para 25% dos membros (art. 22, da Lei 13.303/2016; **D:** correta. Trata-se do disposto no art. 16, da Lei 13.303/2016, que determina a aplicação da Lei das Sociedades Anônimas quanto aos diretores e administradores; **E:** incorreta. Realmente, essas empresas estatais não se sujeitam à Lei de Falências, mas sim, às normas da Comissão de Valores Mobiliários (art. 2º, §2º e 7º, da Lei 13.303/2016). **AW**

Gabarito "D".

(Delegado/MS – 2017 – FAPEMS) Conforme jurisprudência dos Tribunais Superiores, acerca da Administração Direta e Indireta e das entidades em colaboração com o Estado, é correto afirmar que

(A) a Empresa Brasileira de Correios e Telégrafos (ECT) goza de imunidade tributária recíproca mesmo quando realiza o transporte de bens e mercadorias em concorrência com a iniciativa privada.

(B) o Tribunal de Justiça não detém legitimidade autônoma para impetrar mandado de segurança contra ato do Governador do Estado em defesa de sua autonomia institucional.

(C) não é aplicável o regime dos precatórios às sociedades de economia mista prestadoras de serviço público próprio do Estado, ainda que de natureza não concorrencial.

(D) as entidades paraestatais gozam dos privilégios processuais concedidos à Fazenda Pública.

(E) os serviços sociais autônomos estão sujeitos à observância da regra de concurso público para contratação de seu pessoal.

Por maioria, o Plenário do Supremo Tribunal Federal julgou procedente a Ação Cível Originária (ACO) 879, ajuizada pela Empresa Brasileira de Correios e Telégrafos (ECT) contra a cobrança do imposto sobre a propriedade de veículos automotores (IPVA) no Estado da Paraíba. A decisão reafirma a jurisprudência da Corte sobre a matéria, objeto do Recurso Extraordinário 601392, com repercussão geral reconhecida, no qual se reconheceu a imunidade tributária recíproca sobre todos os serviços dos Correios. A ECT alegava que, na condição de empresa pública à qual foi delegada a prestação de serviços públicos, não explora atividade econômica, cabendo a aplicação do princípio da imunidade recíproca (artigo 150, inciso VI, alínea *a*, da Constituição Federal). Por desempenhar atividades típicas da União, não tem por objeto o lucro e, portanto, não está sujeita ao IPVA. **FB**

Gabarito "A".

4.6. ENTES DE COOPERAÇÃO

(Advogado União – AGU – CESPE – 2015)

(1) No caso de parceria a ser firmada entre a administração pública e organização da sociedade civil, se não houver transferências voluntárias de recursos, deverá ser utilizado o instrumento jurídico estabelecido em lei denominado acordo de cooperação.

1: correta. O art. 2º, VIII-A, da Lei 13.204/2015, dispõe que: "acordo de cooperação: instrumento por meio do qual são formalizadas as parcerias estabelecidas pela administração pública com organizações da sociedade civil para a consecução de finalidades de interesse público e recíproco que não envolvam a transferência de recursos financeiros." **AW**

Gabarito 1C.

(Procurador do Estado – PGE/RN – FCC – 2014) Determinada empresa pública pleiteou à Administração pública a qualificação de organização social para, mediante contrato de gestão, prestar serviços na área da saúde. O pedido:

(A) pode ser indeferido se a empresa tiver fins lucrativos, passível de deferimento no caso de ser filantrópica e a atividade pretendida constar expressamente do objeto social.

(B) deve ser indeferido, tendo em vista que essa qualificação somente se mostra possível para empresas públicas que tenham sido criadas especificamente para esse fim.

(C) pode ser deferido, desde que não haja repasse de verbas públicas para essa pessoa jurídica, em razão de sua natureza jurídica ser de direito privado.

(D) deve ser indeferido, tendo em vista que a qualificação pleiteada somente poderia ser deferida à pessoas jurídicas de direito privado, sem fins lucrativos, que desenvolvessem atividades no setor de saúde.

(E) pode ser deferido se a empresa pública tiver sido constituída sob a forma de sociedade anônima e desde que não seja de capital aberto.

A: incorreta. As Organizações Sociais só podem ser pessoas jurídicas de direito privado ,"de fora" da estrutura administrativa, e sem fins lucrativos, não podendo uma empresa pública, que é integrante da Administração Indireta, sujeitar-se a esse rótulo, portanto; **B:** incorreta. Não podem as empresas públicas sujeitarem-se a essa qualificação, diante da explicação dada acima; **C:** incorreta. Não pode uma pessoa jurídica da Administração Indireta ser uma Organização Social; **D:** correta. Perfeita a assertiva. Somente pessoas jurídicas de direito privado, sem fins lucrativos, que desenvolvem atividades nos setores da saúde, educação, proteção do meio-ambiente e pesquisa tecnológica podem se sujeitar à obtenção desse qualificativo de OS; **E:** incorreta. Nunca pode ser deferido a empresas públicas. **AW**

Gabarito "D".

(Juiz de Direito – TJM/SP – VUNESP – 2016) Há um novo marco regulatório que disciplina a celebração de convênios e acordos de cooperação pela Administração Pública. Extrai-se da Lei 13.019, de 31 de julho de 2014, que

(A) descabe a aplicação de sanções aos parceiros, pois os interesses envolvidos nos planos de trabalho são comuns, não contrapostos.

(B) o termo de colaboração deve ser adotado pela Administração Pública para consecução de planos de trabalho de sua iniciativa, para celebração de parcerias com organizações da sociedade civil que envolvam a transferência de recursos financeiros.

(C) essa lei se aplica também aos convênios celebrados com entidades filantrópicas e sem fins lucrativos, que podem participar de forma complementar do sistema único de saúde, segundo diretrizes deste.

(D) a celebração de termo de colaboração ou de fomento deverá ser sempre precedida de chamamento público voltado a selecionar organizações da sociedade civil que tornem mais eficaz a execução do objeto.

(E) a partir da sua vigência, somente serão celebrados convênios entre entes federados ou pessoas jurídicas a eles vinculadas, não se aplicando a essas parcerias o disposto na Lei 8.666/1993.

A: incorreta. O art. 73 da Lei 13.019/2014 determina sanções à Entidade parceira ou Organização da Sociedade Civil que descumprir o acordo, sanções que variam desde a advertência até a declaração de inidoneidade para praticar outros atos e contratos com o Poder Público. **B:** correta. A Lei 13.019/2014 institui o Termo de Colaboração, disposto no art. 2º, VII, que assim dispõe: "termo de colaboração: instrumento por meio do qual são formalizadas as parcerias estabelecidas pela administração pública com organizações

da sociedade civil para a consecução de finalidades de interesse público e recíproco propostas pela administração pública que envolvam a transferência de recursos financeiro"; **C:** incorreta. Há vedação expressa em relação à impossibilidade de participação das entidades filantrópicas, conforme disposto no art. 3º, IV, da Lei 13.019/2014. **D:** incorreta. O Chamamento Público realmente é sempre realizado para a celebração dos termos de colaboração e fomento, mas visa a garantia ao atendimento de todos os princípios administrativos, assim como os previstos na Lei de Licitações e correlatos (art. 2º, XII, da Lei 13.019/2014). **E:** incorreta. A Lei 8.666/1993 tem aplicação subsidiária, a exemplo de princípios adotados, típicos da Lei de Licitações (art. 2º, XII, Lei 13.019/2014).
Gabarito "B".

(Juiz – TJ/MS – VUNESP – 2015) Considerando a recente decisão do Supremo Tribunal Federal em relação à Lei Federal 9.637/1998, que dispõe sobre a qualificação de entidades como organizações sociais e suas atividades, assinale a alternativa correta.

(A) A atribuição de título jurídico de legitimação da entidade como Organização Social, por meio da qualificação, configura hipótese de credenciamento, na qual deve incidir a licitação pela própria natureza jurídica do ato.
(B) Os contratos a serem celebrados pela Organização Social com terceiros, com recursos públicos, devem ser conduzidos de forma pública, objetiva e impessoal, com observância dos princípios do *caput* do art. 37 da CF, e nos termos de regulamento próprio a ser editado por cada ente federativo contratante.
(C) O afastamento do certame licitatório não exime o administrador público da observância dos princípios constitucionais, de modo que a contratação direta das Organizações Sociais deve observar critérios objetivos e impessoais, com publicidade de forma a permitir o acesso a todos os interessados.
(D) As organizações sociais, por não integrarem o Terceiro Setor, fazem parte do conceito constitucional de Administração Pública, razão pela qual devem se submeter, em suas contratações com terceiros, ao dever de licitar.
(E) Os empregados das Organizações Sociais são equiparados a servidores públicos, por isso que sua remuneração deve ter base em lei, aplicando-se também às Organizações Sociais a exigência de concurso público.

A. incorreta. Não temos o credenciamento, que é ato em que se autoriza que um particular (pessoa física ou jurídica) exerça uma atividade pública, mas uma qualificação pela Lei de uma pessoa jurídica (somente pessoa jurídica) para prestar serviços de interesse público. **B:** incorreta. Os contratos celebrados com as Organizações Sociais são contratos regidos pelo direito privado, mas como são prestadoras de serviços de interesse público, seguem as regras dispostas no art. 37, CF, em relação aos princípios administrativos, mas não há um regulamento próprio para cada Ente Federativo, sendo a Lei 9.637/1998 e esses dispositivos constitucionais, as normas a elas aplicáveis. **C:** correta. As Organizações Sociais recebem recursos do Poder Público, por isso estão submetidas a regras próprias do direito público, como aos princípios constitucionais dispostos no art. 37, "caput", CF. **D:** incorreta. As Organizações Sociais integram o terceiro setor, porque prestam serviços públicos, mas não integram a Administração Pública, estando "ao lado " do Estado, ou seja, são paraestatais. **E:** incorreta. Os empregados das Organizações Sociais são próprios, privados, não equiparados a empregados públicos, nem mesmo quanto à regra da obrigatoriedade dos concursos públicos. Pode haver empregado público cedido pela Administração Pública, mas nesse caso, não serão seus "próprios empregados", e sim, empregados "emprestados".
Gabarito "C".

(Promotor de Justiça – MPE/AM – FMP – 2015) Acerca do contrato de gestão celebrado entre a Administração Pública e as organizações sociais, é possível concluir, em consonância ao entendimento do Supremo Tribunal Federal:

(A) Afigura-se inconstitucional, pela ausência do prévio dever de licitar, a celebração do instrumento de gestão entre a entidade qualificada em concreto, pertencente ao terceiro setor, e o Poder Público.
(B) Por não estarem sujeitas às regras formais do artigo 37 da Constituição da República, de que seria exemplo a exigência da licitação, as organizações sociais, em suas contratações com terceiros fazendo uso de verbas públicas, apenas se submetem aos critérios de finalidade atrelados ao escopo do instrumento celebrado de gestão, com prevalência normativa do regime de direito privado.
(C) As organizações sociais, no seu procedimento de recrutamento e seleção de pessoal, pela sua natureza jurídica de direito privado e por não integrarem os quadros da Administração Pública Indireta, deixam de se submeter aos ditames do Direito Administrativo consubstanciados no texto da Constituição da República.
(D) O convênio do poder público com as organizações sociais deve seguir critérios objetivos, com forte nos princípios constitucionais da publicidade e impessoalidade, afastando-se qualquer interpretação que restrinja o controle de aplicação das verbas públicas pelo Ministério Público e pelo Tribunal de Contas.
(E) O modelo estabelecido pelo texto constitucional para a execução de serviços públicos sociais como saúde, ensino, pesquisa, cultura e preservação do meio ambiente, não prescinde de atuação direta do Estado, com o que se define pela inconstitucionalidade de os serviços sociais serem executados por intermédio de convênios de gestão.

A: Incorreta. O Contrato de Gestão tem o seu fundamento no art.37, § 8º, CF, sendo, portanto, constitucional, sendo as Organizações Sociais, conforme previsão na Lei 9.637/1998, pessoas jurídicas de direito privado sem fins lucrativos, constituídas na forma de fundações ou associações civis para o desenvolvimento de atividade nos setores de ensino, meio ambiente, desenvolvimento tecnológico, pesquisa científica, saúde e cultura. **B:** Incorreta. As Organizações Sociais, uma vez que celebram o Contrato de Gestão com o Poder Público e recebem dinheiro do Estado, inclusive verbas orçamentárias e bens públicos para o desempenho de suas atividades, submetem-se ao regime jurídico administrativo previsto no art.37, e seguintes, da Constituição Federal. **C:** Incorreta. Como explicado acima, por receberem verbas públicas, inclusive servidores públicos podem ser realocados para trabalhar nessas pessoas jurídicas (cessão de servidores), o seu quadro de pessoal possui o regime jurídico administrativo constitucional aplicável, mesmo que de forma mais atenuada. Por exemplo, não é obrigatório o concurso público para a contratação de servidores subalternos, mas o alto escalão é ocupado por agentes públicos estatais, que ingressaram por concurso público em outros órgãos ou pessoas jurídicas, sendo cedidos posteriormente à Organização Social. **D:** Correta. Esse convênio é feito por meio do Contrato de Gestão, que está sujeito ao controle do Tribunal de Contas (art.71, CF), assim como Ministério Público e Congresso Nacional, ou seja, não é exceção à regra do controle dos contratos e atos administrativos em geral, já que se utiliza de orçamento público, servidores, bens públicos, como já explicado acima. **E:** Incorreta. As Organizações Sociais são paraestatais, entes de colaboração e atuam "ao lado do Estado", com autorização constitucional para tanto, não havendo nada de inconstitucional em sua existência e atuação, portanto.
Gabarito "D".

(Defensor Público – DPE/RN – 2016 – CESPE) Acerca dos serviços sociais autônomos, assinale a opção correta.

(A) Segundo entendimento jurisprudencial consolidado no âmbito do STF, os serviços sociais autônomos integrantes do denominado Sistema S estão submetidos à exigência de concurso público para a contratação de pessoal, nos moldes do que prevê a CF para a investidura em cargo ou emprego público.
(B) Por serem destinatários de dinheiro público arrecadado mediante contribuições sociais de interesse corporativo, os serviços sociais autônomos estão sujeitos aos estritos procedimentos e termos estabelecidos na Lei 8.666/1993.
(C) Assim como outras entidades privadas que atuam em parceria com o poder público, como as OSs e as OSCIPs, os serviços sociais autônomos necessitam da celebração de contrato de gestão com o poder público para o recebimento de subvenções públicas.
(D) Serviços sociais autônomos são pessoas jurídicas de direito privado integrantes do elenco das pessoas jurídicas da administração pública indireta e têm como finalidade uma atividade social que representa a prestação de um serviço de utilidade pública em benefício de certos agrupamentos sociais ou profissionais.
(E) Referidos entes de cooperação governamental, destinatários de contribuições parafiscais, estão sujeitos à fiscalização do Estado nos termos e condições estabelecidos na legislação pertinente a cada um.

A: Incorreta. Os Serviços Sociais Autônomos são pessoas jurídicas de direito privado que prestam assistência e ensino a certas categorias profissionais, sendo paraestatais, ou seja, atuam ao lado do Estado, não integrando, portanto, a estrutura da Organização da Administração Pública. Sendo assim, não se sujeitam às regras do art. 37, CF por completo, inclusive quanto à necessidade de concurso para ingresso de seu "quadro de pessoal", que pode ser livremente contratado; **B:** Incorreta. A doutrina e jurisprudência dominantes são unânimes no sentido de não ser necessária a licitação para os Serviços Sociais Autônomos, bastando que prestem contas aos Tribunais de Contas, em relação ao dinheiro estatal que recebem como subvenção e auxílio no desenvolvimento de suas atividades; **C:** Incorreta. Os Serviços Sociais Autônomos são instituídos por lei, não dependendo de Contrato de Gestão, como as Organizações Sociais, nem Termos de Parceria como as OSCIPs; **D:** Incorreta. Os Serviços Sociais Autônomos estão "fora" da estrutura administrativa, sendo paraestatais, ou seja, pessoas jurídicas que atuam "ao lado" do Estado, colaborando com este; **E:** Correta. Perfeita a assertiva, pois os Serviços Sociais Autônomos são denominados "Entes de Cooperação" e recebem dotações orçamentárias e contribuições parafiscais para o desempenho de suas atividades, sendo fiscalizados pelo Poder Público, quanto ao emprego desses recursos.
Gabarito "E".

4.7 TEMAS COMBINADOS DE ORGANIZAÇÃO ADMINISTRATIVA

(Defensor Público – DPE/PR – 2017 – FCC) Em seu sentido subjetivo, o termo Administração pública designa os entes que exercem a atividade administrativa. Desse modo, a Defensoria Pública do Estado do Paraná,

(A) é pessoa jurídica de direito público e possui capacidade processual, podendo ser configurada como autarquia *sui generis* – sociedade

pública de advogados, embora não seja instituição autônoma com sede constitucional.
(B) possui capacidade processual para ingressar com ação para a defesa de suas funções institucionais por expressa previsão legal, embora não seja pessoa jurídica de direito público.
(C) é pessoa jurídica de direito público e possui capacidade processual, podendo, caso haja expressa previsão legal, integrar a pessoa jurídica "Estado do Paraná" por ser instituição autônoma com sede constitucional.
(D) integra a pessoa jurídica de direito publico "Estado do Paraná" e possui capacidade jurídica, sendo representada, em juízo, pela Procuradoria do Estado em toda espécie de processo judicial de seu interesse.
(E) integra a pessoa jurídica de direito publico "Estado do Paraná" e possui capacidade jurídica, sendo representada, em juízo, pela Procuradoria do Estado em toda espécie de processo judicial de seu interesse, exceto ações trabalhistas que tramitarem na Justiça do Trabalho.

A Defensoria Pública é órgão do Poder Executivo, situação que não foi alterada pela EC 45/2004, que, em que pese ter conferido a esta função essencial da Justiça autonomia administrativa e financeira, não a elevou à categoria de pessoa jurídica de direito público interno, como a União, os estados-membros e municípios. Gabarito "B".

(Defensor Público – DPE/PR – 2017 – FCC) Considere o seguinte fato hipotético:
O Estado do Paraná, em decorrência da crise financeira, enfrenta situação de desajuste fiscal, tendo sido excedido o limite prudencial de despesa com gastos de pessoal previsto na Lei de Responsabilidade Fiscal. Considerando enquadrar-se a função de Defensor Público do Paraná no conceito de "atividade exclusiva de Estado", na forma das normas gerais para perda de cargo público por excesso de despesa, para contornar os efeitos da crise, caso atingisse o limite total de gastos com pessoal, a ÚLTIMA providência a ser adotada pela Administração Superior da Defensoria Pública seria a
(A) exoneração de parte dos servidores efetivos do Quadro de Pessoal da Defensoria Pública do Estado do Paraná.
(B) suspensão de todos os repasses de verbas federais ou estaduais aos Estados, ao Distrito Federal e aos Municípios que não observarem os referidos limites.
(C) proibição de alteração de estrutura na carreira que implique aumento de despesa.
(D) redução em pelo menos vinte por cento das despesas com cargos em comissão e funções de confiança da Defensoria Pública do Estado do Paraná.
(E) exoneração dos membros estáveis da Defensoria Pública do Estado do Paraná.

De acordo com o art. 169 da Constituição Federal, com a redação conferida pela Emenda Constitucional n. 19/1998, a despesa com pessoal ativo e inativo da União, dos Estados, do Distrito Federal e dos Municípios não poderá exceder os limites estabelecidos em lei complementar (a Lei Complementar n. 101/2000, a Lei de Responsabilidade Fiscal). Para que os limites estabelecidos na legislação sejam atendidos, como última medida a ser adotada pela Administração Pública (incluindo-se a Defensoria Pública), poderá haver a exoneração dos servidores estáveis (art. 169. § 4º). Gabarito "E".

(Juiz – TRF 2ª Região – 2017) Analise as assertivas e, em seguida, marque a opção correta:
I. Respeitados os parâmetros da Lei nº 9.307/96 ou, quando for o caso, de lei específica, as empresas públicas, as sociedades de economia mista e até as autarquias podem submeter seus litígios à arbitragem. Já a Administração Pública direta não o pode.
II. A arbitragem que envolva a Administração Pública será preferencialmente de direito.
III. A execução de sentença arbitral estrangeira envolvendo sociedade de economia mista e empresas públicas não depende de homologação para ser executada no Brasil.
IV. Para o direito administrativo, não há distinção entre compromisso e cláusula compromissória.
(A) Apenas a assertiva I está correta.
(B) Apenas a assertiva II está correta.
(C) Apenas a assertiva III está correta.
(D) Apenas a assertiva IV está correta.
(E) Todas as assertivas são falsas.

A: incorreta. A assertiva I está incorreta, eis que o art. 1º, §1º, da Lei 9.307/1996 dispõe que a Administração Pública direta e indireta poderá utilizar-se da arbitragem para dirimir conflitos relativos a direitos patrimoniais disponíveis; B: incorreta. A assertiva II está incorreta, pois o art. 1º, §3º, da Lei 9.307/1996 dispõe que a arbitragem que envolva a Administração pública será sempre de direito e respeitará o princípio da publicidade; C: incorreta. O art. 35, da Lei 9.307/1996 dispõe que para ser reconhecida ou executada no Brasil, a sentença arbitral estrangeira está sujeita, unicamente, à homologação do STJ; D: incorreta. A cláusula compromissória é a convenção por meio da qual as partes em um contrato comprometem-se a submeter à arbitragem os litígios que possam vir a surgir, relativamente a tal contrato e o compromisso arbitral é a convenção por meio da qual as partes submetem um litígio à arbitragem de uma ou mais pessoas, podendo ser judicial ou extrajudicial; E: correta. Todas as assertivas estão incorretas. Gabarito "E".

(Procurador do Estado – PGE/MT – FCC – 2016) A estrutura organizacional básica dos órgãos e entidades da Administração Pública Direta e Indireta disposta na Lei Complementar estadual nº 566 de 20 de maio de 2015 é constituída, dentre outros, pelo nível de:
(A) direção superior composto pelo(a) Governador(a), vice-Governador(a) e os titulares das Secretarias de Gestão e de Fazenda.
(B) decisão colegiada que é representado pelos Conselhos Superiores dos órgãos e entidades ou assemelhados e suas unidades de apoio, necessárias ao cumprimento de suas competências legais e funções regimentais.
(C) administração sistêmica que é representado pelas unidades responsáveis por competências de apoio técnico e especializado aos titulares em assuntos de interesse geral do órgão e entidade subordinados ao Núcleo Estratégico estadual.
(D) administração desconcentrada compreendendo as entidades autárquicas, fundacionais, sociedades de economia mista e empresas públicas, com organização fixada em lei e regulamentos próprios, vinculadas aos órgãos centrais.
(E) administração descentralizada que é representado por órgãos e unidades responsáveis pela execução de atividades-fim cujas características exijam organização e funcionamento peculiares, dotadas de relativa autonomia administrativa e financeira, com adequada flexibilidade de ação gerencial.

A: incorreta. O art. 2º, da LC 566/2015 dispõe que o Poder Executivo é exercido pelo Governador e seus Secretários; B: correta. O Art. 5º, LC 566/2015 assim dispõe: "A estrutura organizacional básica dos órgãos e entidades da Administração Pública Direta e Indireta é constituída dos seguintes níveis: I – Nível de Decisão Colegiada – representado pelos Conselhos Superiores dos órgãos e entidades ou assemelhados e suas unidades de apoio, necessárias ao cumprimento de suas competências legais e funções regimentais"; C: incorreta. O art. 5º, V, da LC 566/3015 dispõe que: V – Nível de Administração Sistêmica – compreendendo os órgãos e unidades setoriais prestadores de serviços nas áreas de planejamento, administração e finanças, coordenados, respectivamente, pelas Secretarias de Estado de Planejamento, de Gestão e de Fazenda"; D: incorreta. A Administração desconcentrada é a dividida em órgãos, e não em pessoas jurídicas da Administração Indireta, sendo essa a descentralização; E: incorreta. A descentralização é a criação de novas pessoas jurídicas para a prestação de serviços públicos, por isso não se tratam de órgãos, e, sim, de pessoas jurídicas da Administração Indireta. Gabarito "B".

(Procurador – PGFN – ESAF – 2015) O instrumento adotado pela administração pública em caso de transferências voluntárias de recursos para consecução de planos de trabalho propostos pela administração pública, em regime de mútua cooperação com organizações da sociedade civil, selecionadas por meio de chamamento público, é denominado:
(A) termo de fomento.
(B) contrato de gestão.
(C) concessão patrocinada.
(D) convênio administrativo.
(E) termo de colaboração.

Trata-se do Termo de Colaboração previsto na Lei 13.019/2014, em que a Administração Pública institui uma parceria com as OSCIPs, em para o desenvolvimento de políticas públicas já implementadas pelo governo. Gabarito "E".

5. SERVIDORES PÚBLICOS

5.1. CONCEITO E CLASSIFICAÇÃO

Para resolver as questões deste item, vale lembrar que há três grandes grupos de agentes públicos, que são os seguintes: **a) agentes políticos**, que são os que têm cargo estrutural no âmbito da organização política do País (exs.: chefes do Executivo, secretários estaduais e municipais, vereadores, deputados, senadores, juízes, entre outros); **b) agentes administrativos ou servidores públicos**, que são os que possuem cargo, emprego ou função na Administração Direta e Indireta, compreendendo os empregados públicos e servidores estatutários e temporários (exs.: professor, médico, fiscal, técnico, analista, delegado, procurador etc.); **c) particulares em colaboração com o Poder Público**, que são aqueles que, sem perder a condição de particulares, são chamados a contribuir com o Estado (ex.: *agentes honoríficos*, como os mesários das eleições e os jurados do Tribunal do Júri; *agentes credenciados*, como um advogado contrato para defender um

Município numa ação judicial específica; *agentes delegados*, como o registrador e o tabelião, nos Cartórios). Assim, dentro da expressão *servidores públicos*, não estão contidos os *agentes políticos* e os *particulares em colaboração com o Poder Público*. Para alguns autores, como Maria Sylvia Zanella Di Pietro, os *militares* devem ser considerados uma espécie a mais de servidores públicos. Assim, para essa doutrina, há quatro grandes grupos de agentes públicos: a) agentes políticos; b) servidores públicos; c) militares; d) particulares em colaboração com a Administração.

(Procurador Municipal – Sertãozinho/SP – VUNESP – 2016) Assinale a alternativa que corretamente discorre sobre tema previsto na Lei Complementar Municipal 050/1996, que dispõe sobre o regime jurídico dos servidores públicos civis do Município de Sertãozinho.

(A) Os períodos de licença-prêmio já adquiridos e não gozados pelo servidor efetivo ou comissionado que se aposentar, exonerar-se do cargo, a pedido ou de ofício, não serão convertidos em pecúnia; todavia, se o servidor vier a falecer, serão convertidos em pecúnia, em favor dos beneficiários da pensão.
(B) O servidor poderá participar de congressos, simpósios ou promoções similares, somente no Estado de São Paulo, desde que versem sobre temas ou assuntos referentes aos interesses de sua atuação profissional.
(C) Investido no mandato de Prefeito, o servidor efetivo será afastado do cargo, emprego ou função, sendo-lhe facultado optar pela sua remuneração, não sendo, todavia, o tempo de exercício computado para efeito de benefício previdenciário.
(D) Readaptação é o retorno à atividade de servidor aposentado por invalidez, quando, por junta médica oficial, forem declarados insubsistentes os motivos da aposentadoria.
(E) O concurso público terá validade de até 2 (dois) anos, podendo ser prorrogada uma única vez, por igual período, não sendo aberto novo concurso enquanto houver candidato aprovado em concurso anterior com prazo de validade não expirado.

A: Incorreta. Trata-se de uma questão bem específica, relativa a uma lei municipal que o candidato deverá estudar somente para esse concurso. Porém, como sabemos que a Lei 8.112/1990 é considerada a Lei Geral da Previdência Social, logicamente deve ser seguida em âmbito municipal, por isso é que uma dica para esse tipo de prova é não escolher nenhuma alternativa que pareça estranha ao que determina a lei geral (essa deve ser conhecida por todos). O art. 142, da Lei Complementar 50/2006 determina que a licença prêmio poderá ser convertida em dinheiro, não estando o aposentadoria, nem o falecimento previstos como causa de exclusão dessa conversão, como afirmado na assertiva. **B:** Incorreta. Essa Lei não dispõe a respeito da permissão de participação em Congressos ou Simpósios, havendo apenas referência a esses nos casos de acidente de trabalho, que se configurarão durante a presença do servidor nesses eventos (art. 134, § 2º, III, LC 50/2006). **C:** Incorreta. Essa hipótese consta do art. 38, II e IV, CF, sendo expresso no inciso IV, art. 38, CF a previsão de contagem de prazo de tempo de serviço para todos os fins, exceto para a promoção por merecimento. **D:** Incorreta. Esse é o conceito de reintegração. A readaptação determina: "Art. 24. Readaptação é a investidura do servidor em cargo de atribuições e responsabilidades compatíveis com a limitação que tenha sofrido em sua capacidade física ou mental verificada em inspeção médica; **E:** Correta. Mesmo sem saber nada sobre a referida Lei Complementar Municipal seria possível responder à questão conhecendo o art. 37, III e IV, CF, sendo repetido de forma simétrica (princípio da simetria) nos arts. 25, e seguintes, da LC 50/2006. Gabarito "E".

(Analista – Judiciário –TRE/PI – 2016 – CESPE) A cidade de Parintins, no Amazonas, detém a maior proporção do Brasil de funcionários públicos em relação ao total de trabalhadores formais — lá são 3.971 servidores públicos, que correspondem a 62,71% desse total, considerados apenas os estatutários.

Internet: <http://exame.abril.com.br > (com adaptações).
Tendo o texto acima como referência inicial e supondo que a notícia apresentada tenha sido confirmada por diversos organismos renomados pelo elevado grau assertivo em suas pesquisas e que a realidade apresentada permaneça até o presente, assinale a opção correta acerca de aspectos diversos do direito administrativo.

(A) As contratações de agentes públicos para o exercício de cargo efetivo e permanente no referido município devem ocorrer mediante concurso, cuja validade inicial pode ser de até dois anos, prorrogável, uma vez, por igual período.
(B) A existência do elevado número de servidores públicos é suficiente para concluir que o chefe do Poder Executivo municipal, por utilizar a técnica administrativa da concentração, agiu contrariamente ao princípio da eficiência, estando, pois, sujeito à ação de improbidade, cuja prescrição ocorre no prazo de cinco anos, a contar da abertura do respectivo processo administrativo disciplinar.
(C) O mesário convocado para servir no dia das eleições é considerado servidor público estatutário.
(D) A administração pública, em sentido objetivo, compreende as pessoas jurídicas de direito público e seus agentes.
(E) Com base no entendimento do STF, é correto afirmar que o prefeito de Parintins pode nomear sobrinha para ocupar cargo de confiança em órgão da administração, uma vez que a vedação à nomeação de parentes alcança apenas aqueles em linha reta ou por afinidade.

A: correta (art. 37, II e III, da CF); **B:** incorreta, por vários motivos; primeiro porque o enunciado não diz que esses funcionários todos são municipais, podendo ser também estaduais e federais; segundo porque não se sabe se o Chefe do Executivo Municipal usou mesmo com exagero a técnica administrativa da concentração; terceiro porque essa técnica não é necessariamente causa de inchaço de servidores públicos; quarto porque o prazo prescricional no caso, se houvesse improbidade administrativa, seria de 5 anos contados do término do mandato do Prefeito e não no prazo indicado no enunciado; **C:** incorreta, pois o mesário é considerado particular em colaboração com a Administração; **D:** incorreta, pois o conceito dado no enunciado é de administração pública em sentido objetivo; **E:** incorreta, pois tal nomeação violaria a Súmula Vinculante STF n. 13, já que a sobrinha é parente em 3º grau do Prefeito. Gabarito "A".

(Juiz de Direito/MG – 2014) Os agentes públicos exercem uma função pública como preposto do Estado. Sobre o conceito de agente público, assinale a alternativa **CORRETA**.

(A) Agentes públicos são aqueles que, em decorrência de um vínculo funcional, exercem o poder do Estado.
(B) Agentes públicos são aqueles que, por meio de um mandato eletivo, representam o Estado no exercício da administração pública.
(C) Agentes públicos são todos os que, ainda que transitoriamente, com ou sem remuneração, por eleição, nomeação, designação, contratação ou qualquer forma de investidura ou vínculo, exercem mandato, cargo, emprego ou função nas entidades de direito público.
(D) Agentes públicos são aqueles que, em decorrência de ingresso no serviço público por meio de concurso, detêm função pública que os legitimam na representação do Estado para a prática dos atos da administração.

A: incorreta, pois também são agentes públicos aqueles que têm vínculo político com o Estado, como membros do legislativo e chefes do executivo; **B:** incorreta, pois o conceito ficou muito restrito, já que também são agentes públicos aqueles que têm vínculo funcional com o Estado e também aqueles particulares em colaboração com o Estado; **C:** correta, pois trouxe a definição completa de agentes públicos para efeito de Direito Administrativo em geral; **D:** incorreta, pois também são agentes públicos outros agentes com vínculo funcional que não ingressam mediante concurso público (como aquele investido em cargo em comissão) e também aqueles que têm vínculo político (como deputados e senadores) e que são meros particulares em colaboração com a Administração. Gabarito "C".

(Juiz de Direito/PA – 2014 – VUNESP) Mesário convocado para as eleições gerais de 2014 pode ser classificado como

(A) agente político.
(B) particular em colaboração com a Administração Pública.
(C) servidor público *lato sensu*.
(D) empregado público.
(E) agente público.

O mesário é considerado *Particular em Colaboração com a Administração Pública*, sendo que, entre as subespécies desse grupo, o mesário se enquadra como *Agente Honorífico*. Gabarito "B".

5.2. VÍNCULOS (CARGO, EMPREGO E FUNÇÃO)

(Juiz – TJ-SC – FCC – 2017) Rafael Da Vinci foi nomeado Delegado de Polícia Federal e, ao fim do período de estágio probatório, foi reprovado na avaliação de desempenho e exonerado do cargo. Inconformado, ajuizou ação visando a anular o processo administrativo que culminou em sua exoneração. Nesse ínterim, prestou concurso para Delegado de Polícia Estadual, sendo aprovado e empossado no referido cargo. Sobreveio, então, decisão definitiva na ação judicial por ele ajuizada, anulando o ato expulsório. Neste caso,

(A) por força de efeito *ope judicis*, a nomeação e posse no cargo de Delegado de Polícia Estadual tornam-se, automaticamente, insubsistentes.
(B) trata-se de situação em que haverá a recondução de Rafael no cargo de Delegado da Polícia Federal, gerando a vacância do cargo de Delegado de Polícia Estadual.
(C) a ação proposta deveria ter sido extinta, por falta de interesse de agir, pois ao assumir outro cargo público, Rafael violou o princípio *nemo potest venire contra factum proprium*.
(D) para ser reintegrado no cargo de Delegado de Polícia Federal, Rafael deverá requerer a exoneração do cargo de Delegado de Polícia Estadual.

(E) Rafael deverá ser reintegrado no cargo de Delegado de Polícia Federal, ainda que deseje permanecer no cargo estadual, por força do efeito vinculante da coisa julgada.

A: incorreta. Não há interferência do decidido na sentença de anulação do ato exoneratório com a aprovação e nomeação em outro concurso público, eis que se tratam de cargos independentes, inclusive entre si, vinculados a órgãos diferentes, sem qualquer relação jurídica entre ambos, portanto; **B:** incorreta. A reintegração é instituto próprio do servidor estável, não se aplicando, portanto, ao agente público do enunciado, que não foi aprovado no estágio probatório; **C:** incorreta. O interesse de agir é legítimo, eis que o servidor tem o direito de rever decisão administrativa que discorde. Também não há comportamento contraditório ("venire contra factum proprium"), que, aliás, se aplica às relações contratuais, mas mesmo pensando no vínculo institucional, o servidor pode querer retornar ao cargo inicialmente ocupado e que perdeu por alguma injustiça, tendo prestado outro concurso público, inclusive, somente porque perdeu o cargo anterior, ou seja, para não ficar desempregado; **D:** correta. Sendo cargos inacumuláveis (art. 37, XVI, CF), o servidor deverá escolher um dos cargos, ou ainda, para retornar ao anteriormente ocupado, terá que pedir exoneração do atualmente ocupado; **E:** incorreta. Os cargos são inacumuláveis e, mesmo com a sentença anulatória de sua exoneração, ainda poderá decidir permanecer no novo cargo. A sentença não o obriga a ocupar nenhum dos cargos, sendo uma opção do próprio servidor. Gabarito "D".

(Juiz - TJ/SP - VUNESP - 2015) O regime jurídico dos servidores públicos tem um amplo tratamento na Constituição federal, além de ser disciplinado em lei estatutária de cada ente da federação. Com relação ao regime geral dos servidores públicos, é correto afirmar que

(A) no direito brasileiro é possível que um não servidor público exerça função pública sem que o agente seja ocupante de cargo público em que tenha sido regularmente investido.

(B) um servidor aposentado pelo regime de previdência do setor público somente poderá acumular os proventos com a remuneração de cargo público se o cargo em que se aposentou e aquele posteriormente ocupado forem acumuláveis nos termos da Constituição.

(C) o servidor público estável só pode ser demitido a bem do serviço público após processo administrativo disciplinar em que lhe seja assegurado o amplo direito de defesa exercida por meio de advogado por ele constituído ou dativo.

(D) o servidor aprovado em concurso público, após adquirir estabilidade, só pode deixar de ocupar o cargo no qual foi investido por promoção, exoneração a pedido ou após regular processo administrativo disciplinar ou ainda quando requerer a aposentadoria, preenchidos os requisitos legais.

A: correta. A alternativa descreve a situação de um agente honorífico, por exemplo, como um jurado, um mesário, sendo colaboradores do Estado e equiparados a agentes públicos, sem assim serem. **B:** incorreta. A palavra "somente" é que determina o erro da assertiva, pois além dessa hipótese prevista, ainda há outras duas hipóteses de cumulação da aposentadoria com os cargos em comissão e cargos eletivos, conforme disposto no art. 40, § 11, CF. **C:** incorreta. O art. 41, § 1º, CF dispõe que o servidor estável poderá perder o cargo após processo administrativo, assegurada a ampla defesa, assim como o judicial, após sentença transitada em julgado e em processo de avaliação periódica de desempenho, na forma da lei complementar. Portanto, não há nenhuma exigência de defesa de advogado dativo ou constituído, além de haver outras hipóteses, como anteriormente enumeradas. **D:** incorreta. Há outras hipóteses de perda do cargo público pelo servidor estável, como explicado na alternativa anterior, sendo elas a sentença judicial transitada em julgado e o processo administrativo de avaliação periódica de desempenho, que não constam dessa letra "d". Gabarito "A".

(Juiz de Direito - TJM/SP - VUNESP - 2016) O cargo público é utilizado como instrumento de organização da estrutura administrativa e sujeita-se a regime jurídico de direito público peculiar, a respeito do qual é correto afirmar:

(A) a discricionariedade quanto à investidura do sujeito atribui à autoridade superior uma competência incondicionada para prover e exonerar os cargos em comissão.

(B) a Constituição permite a criação de cargos em comissão com atribuições que apresentem um cunho de confiança diferenciado, os quais poderão ser adotados apenas para funções de direção, chefia e assessoramento.

(C) o provimento de cargo público efetivo é condicionado ao preenchimento de requisitos objetivos, usualmente avaliados mediante concurso público, cujo prazo de validade será de dois anos, descabida a prorrogação.

(D) o nepotismo e o compadrio são práticas violadoras dos mais comezinhos fundamentos do Estado Democrático de Direito e, por isso mesmo, vedadas não só ao Executivo e ao Legislativo, mas também ao Judiciário em relação aos cargos em comissão ou em caráter efetivo.

(E) compete ao Tribunal de Contas apreciar, para fins de registro, a legalidade dos atos de admissão de pessoal, a qualquer título, inclusive a nomeação para cargo em comissão.

A: incorreta. Não há discricionariedade na investidura de todos os cargos públicos. Ela existe nos cargos em comissão, além de que a competência é sempre delimitada pela lei, não sendo incondicionada, mesmo no caso de nomeação de servidores para ocuparem cargos em comissão. **B:** correta. Os cargos em comissão destinados a atribuições de direção, chefia e assessoramento podem ser criados e serem ocupados por servidores de carreira, na forma e percentuais determinados por lei (art. 37, V, CF). **C:** incorreta. Há dois erros nessa assertiva: um no que diz respeito a ser usual o concurso público para preenchimento de cargos efetivos, eis que é obrigatório (art. 37, II, CF) e, outro, no que diz respeito à impossibilidade de prorrogação dos concursos públicos, sendo exatamente o contrário do previsto no art. 37, III, CF. **D:** incorreta. O nepotismo retrata a violação de diversos princípios administrativos, como da moralidade, impessoalidade, legalidade, não sendo esses "comezinhos", e sim, fundamentos do Regime Jurídico Administrativo e do Estado Democrático de Direito. **E:** incorreta. O art. 71, III, CF determina que os cargos em comissão estão excluídos da apreciação pelos Tribunais de Contas. Gabarito "B".

(Promotor de Justiça/SC - 2016 - MPE)

(1) O pessoal das empresas públicas rege-se pela Consolidação das Leis do Trabalho, mas a investidura nos cargos depende de concurso público. Tratando-se de cargo de provimento efetivo, é-lhe assegurada a estabilidade.

1: errada. Os agentes públicos integrantes dos quadros das empresas públicas podem ser estatutários, como os ocupantes de altos cargos de direção, assim como podem ser celetistas ou titulares de regime administrativo especial, no caso de temporários (art.37, IX, CF), por isso está incorreta essa assertiva. Gabarito 1E.

(Promotor de Justiça/SC - 2016 - MPE)

(1) Todo o agente público, qualquer que seja sua categoria ou a natureza do cargo, emprego ou função, é obrigado, na posse, exoneração ou aposentadoria, a declarar seus bens, bem como atualizar anualmente a declaração.

1: correta. Trata-se de exigência constante do art.13, § 5º, da Lei 8.112/1990, assim como art.13, "caput" e § 2º, da Lei 8.429/1992. Gabarito 1C.

(Promotor de Justiça/SC - 2016 - MPE)

(1) As funções de confiança, exercidas exclusivamente por servidores ocupantes de cargos efetivos, e os cargos em comissão, a serem preenchidos por servidores de carreira nos casos, condições e percentuais mínimos previstos em lei, destinam-se apenas às atribuições de direção, chefia e assessoramento.

1: correta. Trata-se do disposto no art.37, V, CF, sendo o fundamento das funções públicas, que se encontram dependentes dos cargos (não há cargo sem função), além dos cargos de confiança, que devem ser preenchidos por servidores de carreira, nos casos de direção, chefia e assessoramento, nos casos determinados em lei. Gabarito 1C.

(Promotor de Justiça/GO - 2016 - MPE) Assinale a alternativa incorreta:

(A) Todo cargo público tem função, posto ser inaceitável que alguém ocupe um lugar na Administração que não tenha a predeterminação das atribuições do servidor.

(B) A expressão emprego público é utilizada para identificar a relação funcional trabalhista, ressaltando-se que o empregado público tem função, mas não ocupa cargo.

(C) É possível a instituição de cargo público com funções aleatórias ou indefinidas, desde que legalmente justificado pelo interesse público.

(D) Quadro funcional consiste no conjunto de carreiras, cargos isolados e funções públicas, remuneradas, integrantes de uma mesma pessoa federativa ou de seus órgãos internos.

A: Correta. Todo cargo público, necessariamente, tem uma função, que é uma atribuição de uma responsabilidade ao servidor que o ocupa (art. 2º, da Lei 8.112/1990). **B:** Correta. O empregado público ocupa emprego público. **C:** Incorreta. O cargo tem nome e designações próprias (arts. 2º e 3º, da Lei 8112/90). **D:** Correta. Este é o conceito de Hely Lopes Meirelles, 38ª Ed, pg. 471: "Quadro é o conjunto de carreiras, cargos isolados e funções gratificadas de um mesmo serviço, órgão ou Poder. O "quadro" pode ser permanente ou provisório, mas sempre estanque, não admitindo acesso de um para outro. Gabarito "C".

(Defensor Público - DPE/ES - 2016 - FCC) O regime jurídico constitucional e legal vigente aplicável às entidades da administração indireta dispõe que

(A) os servidores das fundações criadas pelo Poder Público sempre se vinculam ao regime geral de previdência social.

(B) a remuneração dos empregados das empresas estatais que se dediquem à atividade econômica em sentido estrito não está sujeita ao teto remuneratório constitucional.

(C) as associações públicas não são consideradas entidades da administração indireta, em razão de seu regime especial.

(D) aos dirigentes das agências executivas é assegurado o desempenho de mandato fixo, durante o qual não podem ser exonerados, senão por motivo justo, apurado mediante processo administrativo em que estejam assegurados a ampla defesa e o contraditório.

(E) estão sujeitos ao regime jurídico único os servidores da administração pública direta, das autarquias e fundações públicas.

A: Incorreta. Os servidores das pessoas jurídicas de direito público, como podem ser as fundações públicas, podem ser estatutários, ou seja, regidos por lei específica (estatuto), havendo também os celetistas, vinculados ao Regime Geral de Previdência, sendo esse o sentido do art. 39, CF; **B:** Incorreta. Os servidores públicos das empresas estatais exploradoras de atividade econômica sujeitam-se ao teto geral, no que diz respeito ao montante de valores que tenham recebido da Administração Direta, conforme disposto no art. 37, § 9º, CF; **C:** Incorreta. As associações públicas são pessoas jurídicas de direito público formadas por Entes Políticos, sendo decorrentes de consórcios públicos de direito público (associações multifederadas), conforme art. 1º, § 1º, da Lei 11107/2005; **D:** Incorreta. Os dirigentes das Agências Executivas não possuem mandato, que é próprio dos dirigentes das Agências Reguladoras. Aquelas são pessoas jurídicas de direito privado que recebem uma qualificação ("executivas") da Administração Direta para o desempenho de metas dispostas no contrato de gestão (art. 37, § 8º, CF), sendo que a elas não se aplicam as normas próprias das Agências Reguladoras, que integram a Administração Indireta (autarquias de regime especial); **E:** Correta. A adoção do regime jurídico único pelas pessoas jurídicas de direito público integrantes da Administração Direta e Indireta consta do art. 39, "caput", CF. **AW**

Gabarito "E".

(Ministério Público/BA – 2015 – CEFET) Em relação aos agentes públicos, é **CORRETO** afirmar:
(A) O empregado público sujeito ao regime celetista ocupa cargos do quadro da Administração e contratá-lo depende de prévia aprovação em concurso público.
(B) Ao servidor ocupante, exclusivamente, de cargo em comissão, aplica-se o mesmo regime previdenciário dos servidores públicos estatutários.
(C) Segundo o Supremo Tribunal Federal, o servidor público estatutário tem direito adquirido ao regime jurídico estabelecido na legislação vigente à época da sua nomeação.
(D) De acordo com o Estatuto dos Servidores Públicos do Estado da Bahia (Lei 6.677/1994), a reversão é o retorno do servidor aposentado por invalidez, quando os motivos determinantes da aposentadoria forem declarados insubsistentes por junta médica oficial.
(E) As funções de confiança podem ser exercidas por pessoas estranhas aos quadros da Administração Pública, desde que se destinem apenas às atribuições de direção, chefia e assessoramento e que sejam reservados percentuais mínimos para servidores ocupantes de cargos efetivos.

A: incorreta, pois um empregado público ocupa um "emprego público" e não um "cargo público"; **B:** incorreta, pois a esse servidor aplica-se o regime geral da previdência (art. 40, § 13, da CF); **C:** incorreta, pois, segundo a jurisprudência consolidada do STF, não há direito adquirido a regime jurídico, desde que observada a proteção constitucional à irredutibilidade de vencimentos (vide, por exemplo, o RE n. 597.838-AgR); **D:** correta, da mesma forma que o Estatuto dos Servidores Civis da União também tem essa previsão (art. 25, I, da Lei 8.112/1990); **E:** incorreta, pois essa possibilidade se dá apenas quanto aos "cargos em comissão"; as "funções de confiança" também se destinam às atribuições de direção, chefia e assessoramento, mas devem ser preenchidas exclusivamente por servidores ocupantes de cargo efetivo (art. 37, V, da CF). **WG**

Gabarito "D".

(Ministério Público/SP – 2015 – MPE/SP) Sobre a proibição da prática de nepotismo, é correto afirmar que:
(A) a competência para a iniciativa de lei sobre o nepotismo é privativa do Chefe do Poder Executivo.
(B) a vedação do nepotismo exige a edição de lei formal que coíba a sua prática.
(C) é necessária a prova de vínculo de amizade ou troca de favores entre o nomeante e o nomeado para a caracterização do nepotismo.
(D) a Súmula Vinculante n. 13, do Supremo Tribunal Federal, esgotou todas as possibilidades de configuração de nepotismo na Administração Pública.
(E) ressalvada situação de fraude à lei, a nomeação de parentes para cargos públicos de natureza política não configura nepotismo na Administração Pública.

A: incorreta, pois não há previsão nesse sentido na CF; **B:** incorreta, pois o STF, ao editar a Súmula Vinculante 13, deixou claro que não era necessário lei formal, já que o princípio da moralidade já impunha a vedação dessa prática; **C:** incorreta, pois a regra prevista na Súmula Vinculante STF n. 13 é objetiva e estabelece todos os critérios e graus de parentesco que ensejam a vedação da prática, havendo ou não prova de vínculo de amizade ou troca de favores entre os envolvidos; **D:** incorreta, pois ainda há possibilidade de configuração de nepotismo na nomeação de parente para cargos políticos (como de Secretários Estaduais e Municipais, e Ministros), já que o STF deixou claro que essa nomeação continua possível, e também há de se lembrar dos casos de nepotismo envolvendo contratos administrativos, vez que não há regra clara vedando essa prática; **E:** correta, conforme decisão do STF na Rcl 6650 MC-AgR. **WG**

Gabarito "E".

5.3. PROVIMENTO

(Delegado – PC/BA – 2018 – VUNESP) Servidores da Secretaria da Fazenda pretendem a ascensão do cargo de Técnico, posteriormente reestruturado para Analista Tributário, para o cargo de Agente Fiscal, sob o argumento de que ambos os cargos pertencem à mesma carreira. Tal pretensão é
(A) constitucional, porque constitui mera transposição de servidor concursado de um cargo para outro dentro da mesma pessoa jurídica de direito público.
(B) inconstitucional, porque tal alteração é de competência privativa do chefe do poder executivo e somente pode ocorrer por remoção ou permuta.
(C) constitucional, porque os dois cargos possuem natureza e complexidade semelhantes, e os servidores já foram previamente aprovados em concurso público.
(D) inconstitucional, por constituir modalidade de provimento derivado, que propicia ao servidor a investidura, sem prévia aprovação em concurso público destinado ao seu provimento, em cargo que não integra a carreira na qual foi anteriormente investido.
(E) constitucional, porque a Constituição Federal somente prevê a necessidade de concurso público para ingresso na administração pública e não para transposição, transformação ou ascensão funcional.

O provimento é forma de ocupação do cargo público pelo servidor, ou seja, é uma ato administrativo por meio do qual se dá o preenchimento do cargo público. Ele pode ocorrer de modo originário, por meio da nomeação; ou ainda por meio derivado, via promoção, readaptação, reversão, reintegração, recondução ou aproveitamento. Não é mais aceito pela lei a chamada transferência, na qual o servidor público poderia assumir novo cargo em carreira diversa daquela que havia ingressado mediante concurso porque isso viola o princípio do concurso público instituído constitucionalmente. **FB**

Gabarito "D".

(Investigador – PC/BA – 2018 – VUNESP) Considere o seguinte caso hipotético:
X é aprovado em concurso público da Secretaria Municipal de Educação, para o cargo de agente educador. Devidamente empossado e em efetivo exercício, X termina o curso superior de medicina que estava cursando. Logo em seguida, a Prefeitura Municipal decide aproveitar os servidores que porventura possuam ensino superior e estejam em funções de ensino médio, para tarefas mais complexas e condizentes com o potencial de cada um. Assim promove um processo seletivo interno, destinado a ser preenchido por servidores da Municipalidade que se enquadram nas condições supra. X participa da seleção e é aprovado para o cargo de médico, o qual assume e passa a exercer.
A conduta da hipotética Prefeitura Municipal está
(A) incorreta, pois, embora a seleção interna seja instrumento válido, sua amplitude deve abranger somente os servidores vinculados a um determinado órgão ou ente da Administração, não podendo, portanto, alcançar indistintamente todos os servidores municipais.
(B) correta, pois a Constituição Federal exige a realização de concursos de provas, ou provas e títulos, mas não determina que o concurso deva ser, em todas as hipóteses, de ampla concorrência. Então, a seleção realizada pela Municipalidade, ainda que restrita aos já integrantes da Administração Municipal, equivale a um concurso público.
(C) incorreta, pois é inconstitucional toda modalidade de provimento que propicie ao servidor investir-se, sem prévia aprovação em concurso público destinado ao seu provimento, em cargo que não integra a carreira na qual tenha sido anteriormente investido.
(D) correta, pois a Constituição Federal prevê, como forma de investidura em cargo público, a realização de concurso público juntamente com as seleções internas, buscando que o aperfeiçoamento dos servidores públicos seja incentivado.
(E) incorreta, pois basta o ingresso na seleção interna efetuada pela Prefeitura Municipal para que X incorra em acumulação indevida de cargos, já que a Constituição Federal estabelece, como regra geral, que é vedada a acumulação remunerada de cargos públicos.

É considerada ilícita a chamada transposição de cargos, na medida em que, nos quadros de servidores da Administração **Pública**, direta ou indireta, a passagem de uma carreira para outra só pode ocorrer mediante **concurso público**, conforme comando constitucional expresso no inciso II, do art. 37, da Carta Magna. **FB**

Gabarito "C".

(Defensor Público Federal – DPU – 2017 – CESPE) Jorge, servidor público federal ocupante de cargo de determinada carreira, foi, por meio administrativo, transferido para cargo de carreira diversa. Com referência a essa situação hipotética, julgue os itens subsequentes à luz do entendimento dos tribunais superiores.

(1) O direito da administração pública de anular o referido ato administrativo se sujeita ao prazo decadencial de cinco anos.

(2) A forma de provimento do cargo público na referida situação – transferência para cargo de carreira diversa – foi inconstitucional, por violar o princípio do concurso público; cabe à administração pública, no exercício do poder de autotutela, anular o ato ilegal, respeitado o direito ao contraditório e à ampla defesa.

A discussão sobre o tema é atual. A jurisprudência sobre o tema vem sendo reformulada pelo Superior Tribunal de Justiça, que vem indicando o entendimento de que os dispositivos legais que disciplinam o prazo prescricional da Administração Pública para rever os seus próprios atos têm campo de incidência limitado exclusivamente aos atos passíveis de anulação, excetuando-se, portanto, os casos de nulidade, impossíveis de convalidação, exatamente por resultarem em desrespeito aos preceitos contidos na Constituição Federal – como o de acesso aos cargos públicos mediante concurso público (ex: AgRg no REsp 1392470/AC, Rel. Ministro Herman Benjamin, Segunda Turma, julgado em 07/08/2014, DJe 09/10/2014). O Supremo Tribunal Federal reconheceu repercussão geral em "leading case" que trata da matéria, ainda não julgado (RE n. 817.338/DF. Re. Min. Dias Toffoli). Nestes termos, a assertiva "1" seria errada, e a assertiva "2", verdadeira. **AW**
Gabarito: 1E, 2C

(Procurador do Estado – PGE/PA – UEPA – 2015) Quanto às formas de provimento dos cargos públicos, afirma-se que:
I. A nomeação é considerada forma originária de provimento.
II. A reintegração é a reinvestidura do servidor estável ou não no cargo anteriormente ocupado, ou no cargo resultante de sua transformação, quando invalidada a demissão por decisão judicial.
III. Se o cargo para o qual o servidor venha a ser reintegrado encontre-se provido, o seu eventual ocupante será reconduzido ao cargo de origem, sem direito à indenização ou aproveitado em outro cargo, ou, ainda, posto em disponibilidade.
IV. A reversão se constitui hipótese de retorno à atividade de servidor que se encontrava em disponibilidade.
A alternativa que contém todas as afirmativas corretas é:
(A) I.
(B) I e III.
(C) III.
(D) I e IV.
(E) II e III.

I: correta. A nomeação é forma originária de provimento porque independe de outros cargos anteriormente ocupados pelo servidor, ou seja, pode ser a primeira forma de ocupação de um cargo pelo servidor; II: incorreta. Só é possível a reintegração do servidor estável (art. 28, da Lei 8.112/1990); III: correta. É o que dispõe o art. 28, § 2º, da Lei 8.112/1990; IV: incorreta. A reversão é o retorno do servidor aposentado (por invalidez ou em decorrência do interesse público), conforme disposto no art. 25, da Lei 8.112/1990. **AW**
Gabarito "B".

(Procurador – PGFN – ESAF – 2015) Analise as seguintes situações:
I. Aurélio, servidor público aposentado por invalidez, retornou à ativa após perícia médica constatar a insubsistência dos motivos que levaram à sua aposentação.
II. Dionísio, servidor estável, retornou ao serviço público após a Administração ter constatado a ilegalidade do ato que o demitiu.
III. Clélia, servidora estável, reingressou no serviço público após ter sido colocada em disponibilidade em virtude da extinção do cargo que ocupava.
IV. Porfírio, reprovado no estágio probatório do cargo para o qual foi nomeado, voltou a ocupar cargo que antes titularizava.
Essas hipóteses de provimento derivado são, respectivamente:
(A) (I) aproveitamento; (II) reintegração; (III) reversão; (IV) recondução.
(B) (I) reversão; (II) reintegração; (III) aproveitamento; (IV) recondução.
(C) (I) readmissão; (II) reversão; (III) transposição; (IV) aproveitamento.
(D) (I) reversão; (II) aproveitamento; (III) recondução; (IV) transposição.
(E) (I) readmissão; (II) transposição; (III) reintegração; (IV) aproveitamento.

I: Reversão, conforme disposto no art. 25, da Lei 8.112/1990, sendo o retorno do servidor aposentado por invalidez; II: Reintegração (art. 28, da Lei 8.112/1990), sendo o retorno do servidor estável ao cargo anteriormente ocupado em razão da declaração de nulidade da sua demissão; III: Aproveitamento. Retorno do servidor que se encontra em disponibilidade (art. 30, da Lei 8.112/1990); IV: Recondução. Conforme disposto no art. 29, da Lei 8.112/1990, sendo o retorno do servidor ao cargo anteriormente ocupado. **AW**
Gabarito "B".

(Promotor de Justiça/GO – 2016 – MPE) A regra do concurso público consubstancia norma jurídica realizadora, entre outros, dos princípios da isonomia e da impessoalidade, assegurando a liberdade de oportunidades iguais de acesso ao serviço público. Nesse domínio, segundo a jurisprudência dominante do Superior Tribunal de Justiça, é correto afirmar que:
(A) Admite-se a exigência de aprovação em exame físico para preenchimento de cargo público, desde que claramente previsto em lei e pautado em critérios objetivos, de sorte que a prova de aptidão física pode consistir em etapa eliminatória do concurso, representando condição para a matrícula do candidato no curso de formação profissional.
(B) À vista das prementes necessidades de redução da máquina administrativa e de reorganização das finanças públicas, à Administração Pública é lícito providenciar o recrutamento de servidores por meio de contratação precária para exercer as funções do cargo para o qual ainda existam candidatos aprovados aguardando a nomeação, porquanto a contratação temporária não equivale ao reconhecimento da existência de vaga em aberto.
(C) A homologação final do concurso implica perda do objeto da ação proposta com a finalidade de questionar uma das etapas do certame.
(D) A mera desistência de candidato classificado dentro do número de vagas previsto não rende ensejo à nomeação de candidato inicialmente aprovado em colocação além do número de vagas previstas no edital.

A: Correta. A exigência de teste de aptidão física é legítima quando prevista em lei, guarde relação de pertinência com as atividades a serem desenvolvidas, esteja pautada em critérios objetivos e seja passível de recurso. RMS 044406/MA, Rel. Ministro Sérgio Kukina, Primeira Turma, Julgado em 11/02/2014, DJE 18/02/2014. B: Incorreta. A jurisprudência entende que se há candidatos aprovados, há direito subjetivo a esses, ainda mais se aprovados dentro do número de vagas. demais, conforme ressaltou o Min. Napoleão Nunes Maia em caso idêntico, "a Administração não pode, i.g., providenciar recrutamento de Servidores através de contratação precária para exercer as mesmas funções do cargo para o qual ainda existam candidatos aprovados aguardando a nomeação", e logo adiante conclui, "tal direito subjetivo tem fundamento na constatação da existência de vaga em aberto e da premente necessidade de pessoal apto a prestar o serviço atinente ao cargo em questão" (RMS 29.145/RS, DJe 1º.2.2011). C: Incorreta. Nada, nem nenhum ato administrativo pode evitar o acesso ao Poder Judiciário, que é inafastável (art. 5º, XXXV, CF). D: Incorreta. O STJ e STF já pacificaram o entendimento de que os candidatos aprovados dentro do número de vagas previstos no edital possuem direito subjetivo à nomeação. "O direito à nomeação também se estende ao candidato aprovado fora do número de vagas previstas no edital, mas que passe a figurar entre as vagas em decorrência da desistência de candidatos classificados em colocação superior. Precedentes." (RE 946425 AgR, Relator Ministro Roberto Barroso, Primeira Turma, julgamento em 28.6.2016, DJe de 9.8.2016). **AW**
Gabarito "A".

(Delegado/GO – 2017 – CESPE) Após o término de estágio probatório, a administração reprovou servidor público e editou ato de exoneração, no qual declarou que esta se dera por inassiduidade. Posteriormente, o servidor demonstrou que nunca havia faltado ao serviço ou se atrasado para nele chegar.
Nessa situação hipotética, o ato administrativo de exoneração é
(A) nulo por ausência de finalidade.
(B) anulável por ausência de objeto.
(C) anulável por ausência de forma.
(D) anulável por ausência de motivação.
(E) nulo por ausência de motivo.

E: correta – A realização de um ato administrativo tem de ser motivada e, segundo a teoria dos motivos determinantes, os motivos declarados ao tempo da edição do ato determinam a necessidade da demonstração de sua ocorrência, sob pena de nulidade. No caso em tela, o motivo que enseja a exoneração do servidor ainda em estágio probatório, qual seja, a falta de assiduidade no serviço, não ocorreu, de modo que não poderia servir de fundamento ao ato administrativo de exoneração. **FB**
Gabarito "E".

5.4. VACÂNCIA

(Delegado/PE – 2016 – CESPE) Assinale a opção correta a respeito de servidor público, agente público, empregado público e das normas do regime estatutário e legislação correlata.
(A) O processo administrativo disciplinar somente pode ser instaurado por autoridade detentora de poder de polícia.
(B) Nomeação, promoção e ascensão funcional são formas válidas de provimento de cargo público.
(C) Empregado público é o agente estatal, integrante da administração indireta, que se submete ao regime estatutário.
(D) A vacância de cargo público pode decorrer da exoneração de ofício de servidor, quando não satisfeitas as condições do estágio probatório.
(E) Para os efeitos de configuração de ato de improbidade administrativa, não se considera agente público o empregado de empresa incorporada ao patrimônio público municipal que não seja servidor público.

A: incorreta, pois o processo administrativo disciplinar deve ser instaurado pela autoridade detentora de competência legal para tanto, não se podendo confundir o *poder de polícia* com o *poder disciplinar*; B: incorreta, pois a ascensão funcional não é uma forma de provimento de cargo público; C: incorreta, pois o empregado público se submete ao regime celetista e não ao regime estatutário; vale informar também que há empregados públicos também na administração direta; **D:** correta (arts. 33, I, e 34, parágrafo único, I, da Lei 8.112/1990); **E:** incorreta, pois a Lei de Improbidade considera agente público o empregado mencionado (art. 1º, *caput*, c/c art. 2º, ambos da Lei 8.429/1992). WG

Gabarito "D".

5.5. ACESSIBILIDADE E CONCURSO PÚBLICO

(Promotor de Justiça – MPE/AM – FMP – 2015) Tendo em vista precedente jurisprudencial plenário do Supremo Tribunal Federal e, inclusive, conteúdo de enunciado de súmula vinculante da Suprema Corte brasileira, considere as seguintes assertivas sobre a prática do nepotismo:

I. A vedação ao nepotismo decorre diretamente do artigo 37, *caput*, da Constituição da República, em especial dos princípios da impessoalidade e da moralidade, os quais informam sobremaneira a conduta retilínea e ética a ser exigida da Administração Pública nacional.

II. A aplicação da súmula vinculante pertinente ao tema coíbe a prática de nepotismo para todas as esferas federativas e igualmente para o âmbito dos três poderes, considerando-se vedada, sob a perspectiva do beneficiário conectado à autoridade nomeante, a nomeação de cônjuge, companheiro ou parente em linha reta, colateral ou por afinidade, até o segundo grau, inclusive.

III. A proibição do nepotismo consubstanciada nos precedentes do Supremo Tribunal Federal, inclusive na súmula vinculante em apreço, deve levar em observância o assento constitucional dos cargos políticos, os quais não resultam em tese abrangidos pela envergadura daquela vedação, salvo modulações casuísticas demonstráveis para efeito de se verificar nepotismo cruzado ou fraude à legislação.

Quais das assertivas acima estão corretas?

(A) Apenas a II e III.
(B) Apenas a II.
(C) Apenas a I e III.
(D) Apenas a I e II.
(E) I, II e III.

A: Incorreta. O item II está incorreto, tendo em vista que a súmula vinculante 13, STF proíbe a contratação de parentes na linha colateral de até 3º grau, inclusive. **B:** Incorreta. O item I está correto, pois o nepotismo nada mais é do que a contratação de parentes, de pessoas já conhecidas pelo administrador, por isso viola o princípio da impessoalidade e moralidade administrativas. **C:** Correta. O item I está correto, conforme já explicado, assim como o item III, sendo que há súmula vinculante 13, STF a respeito do tema. **D:** Incorreta. O item II está incorreto. **E:** Incorreta. Somente I e III estão corretos. AW

Gabarito "C".

(Magistratura/GO – 2015 – FCC) As normas constitucionais que delineiam os contornos do regime jurídico dos servidores públicos preconizam a possibilidade de contratação sem prévio concurso público de provas e títulos para

I. empregos públicos, em sociedades de economia mista e empresas públicas que atuem em regime de competição no mercado.
II. cargos em comissão, destinados exclusivamente a funções de chefia, direção e assessoramento.
III. contratações temporárias, limitadas a 20% do quadro permanente efetivo.

Está correto as situações descritas APENAS em

(A) III.
(B) I.
(C) I e II.
(D) II e III.
(E) II.

I: incorreta, pois esses empregos também só podem ser preenchidos mediante concurso público (art. 37, II, da CF); **II:** correta (art. 37, II, da CF); **III:** incorreta, pois apesar de ser correto dizer que não há necessidade de concurso público para as contratações temporárias (art. 37, IX, da CF), a Constituição não traz norma a respeito da limitação dessas contratações a 20% do quadro permanente efetivo. WG

Gabarito "E".

(Magistratura/SC – 2015 – FCC) Considere as seguintes afirmações:

I. Só por lei se pode sujeitar a exame psicotécnico a habilitação de candidato a cargo público.
II. É inconstitucional a vinculação do reajuste de vencimentos de servidores estaduais ou municipais a índices federais de correção monetária.
III. É inconstitucional toda modalidade de provimento que propicie ao servidor investir-se, sem prévia aprovação em concurso público destinado ao seu provimento, em cargo que não integra a carreira na qual anteriormente investido.

Conforme jurisprudência do Supremo Tribunal Federal, está correto o que se afirma em

(A) I e III, apenas.
(B) III, apenas.
(C) I, II e III.
(D) I e II, apenas.
(E) II e III, apenas.

I: correto (Súmula STF 686); **II:** correto (Súmula STF 681); **III:** correto (Súmula STF 685). WG

Gabarito "C".

5.6. EFETIVIDADE, ESTABILIDADE E VITALICIEDADE

(Procurador Municipal – Prefeitura/BH – CESPE – 2017) No que tange aos servidores públicos do Quadro Geral de Pessoal do Município de Belo Horizonte vinculados à administração direta, assinale a opção correta.

(A) Servidor habilitado em concurso público municipal e empossado em cargo de provimento efetivo adquirirá estabilidade no serviço público ao completar dois anos de efetivo exercício.
(B) Sem qualquer prejuízo, poderá o servidor ausentar-se do serviço por oito dias consecutivos em razão do falecimento de irmão.
(C) Posse é a aceitação formal, pelo servidor, dos deveres, das responsabilidades e dos direitos inerentes ao cargo público ou função pública, concretizada com a assinatura do respectivo termo pela autoridade competente e pelo empossado e ocorre no prazo de vinte dias contados do ato de nomeação, prorrogável por igual período, motivadamente e a critério da autoridade competente.
(D) Exercício é o efetivo desempenho, pelo servidor, das atribuições do cargo ou da função pública, sendo de quinze dias o prazo para o servidor empossado em cargo público no município de Belo Horizonte entrar em exercício, contados do ato da posse.

A: Incorreta. O prazo para se adquirir a estabilidade é de 3 anos, conforme disposto no art. 41, CF. Lei Municipal não pode contrariar o disposto em norma constitucional. Somente os titulares de cargos vitalícios é que podem adquirir esse direito em 2 anos (art. 95, CF); **B:** correta. É o que dispõe o art. 97, III, *b*, da Lei 8.112/1990: o prazo da licença "nojo" por falecimento de irmão é de 8 dias, sendo o mesmo nos demais estatutos funcionais de todas as esferas da federação, eis que a Lei 8.112/1990 é uma lei geral e se aplica a todos os demais Entes Políticos; **C:** correta. Trata-se do disposto nos arts. 19 e 20, da Lei 7.169/1996; **D:** incorreta. O prazo é de 10 dias, conforme disposto no art. 24, § 1º, da Lei 7169/96. AW

Gabarito B e C estão corretas.

(Delegado/MS – 2017 – FAPEMS) A Lei n. 8.429/1992, que dispõe sobre as sanções aplicáveis aos agentes públicos nos casos de enriquecimento ilícito no exercício de mandato, cargo, emprego ou função na administração pública direta, indireta ou fundacional, apregoa, mais especificamente, no artigo 2º, que: "Reputa-se agente público, para os efeitos desta lei, todo aquele que exerce, ainda que transitoriamente ou sem remuneração, por eleição, nomeação, designação, contratação ou qualquer outra forma de investidura ou vínculo, mandato, cargo, emprego ou função nas entidades mencionadas no artigo 1º". Destarte, quanto aos agentes públicos, assinale a alternativa correta.

(A) O servidor público efetivo adquirirá estabilidade após três após de efetivo exercício, independentemente de aprovação em avaliação de desempenho.
(B) O candidato aprovado em concurso público para provimento de cargo efetivo, preterido na ordem de nomeação, tem direito subjetivo à nomeação.
(C) Os cargos públicos são acessíveis aos brasileiros e aos estrangeiros, na forma da lei complementar.
(D) Delegados de Polícia são agentes políticos.
(E) As funções de confiança destinam-se apenas às atribuições de direção e chefia.

A: incorreta. Depende de aprovação na avaliação de desempenho. **B:** correta. STF, – Súmula 15 Dentro do prazo de validade do concurso, o candidato aprovado tem direito à nomeação, quando o cargo for preenchido sem observância da classificação. **C:** incorreta. Lei 8.112/1990, art. 5º São requisitos básicos para investidura em cargo público: I – a nacionalidade brasileira. **D:** incorreto. São agentes públicos. **E:** incorreta. Faltou as de assessoramento. CF, art. 37, V, "as funções de confiança, exercidas exclusivamente por servidores ocupantes de cargo efetivo, e os cargos em comissão, a serem preenchidos por servidores de carreira nos casos, condições e percentuais mínimos previstos em lei, destinam-se apenas às atribuições de direção, chefia e assessoramento". FB

Gabarito "B".

(Promotor de Justiça/MG – 2014) No que diz respeito à aquisição de estabilidade e a perda do cargo pelo servidor público, avalie o seguinte:

I. O procedimento de avaliação periódica de desempenho é indispensável, na forma de lei complementar, sendo desnecessária, por isso mesmo, a ampla defesa.
II. A perda do cargo dar-se-á em virtude de sentença judicial, ainda que facultado o aviamento de recursos especial e/ou extraordinário.

III. Invalidada por sentença judicial a demissão do servidor estável, será ele reintegrado, e o eventual ocupante da vaga, se estável, reconduzido ao cargo de origem, sem direito a indenização, aproveitado em outro cargo ou posto em disponibilidade com remuneração proporcional ao tempo de serviço.
IV. Como condição para a obtenção da estabilidade pelo servidor, é obrigatória a avaliação especial de desempenho por comissão instituída para essa finalidade.

É **CORRETO** o que se afirma em:
(A) I e II
(B) II e III
(C) II
(D) III e IV

I: incorreta, pois esse procedimento requer respeito à ampla defesa (art. 41, § 1º, III, da CF); **II:** incorreta, pois a perda do cargo de servidor estável depende ou de processo administrativo disciplinar com ampla defesa ou de sentença judicial transitada em julgado, não sendo suficiente sentença judicial ainda pendente de confirmação pela pendência de recurso especial ou extraordinário (art. 41, § 1º, I e II, da CF); **III:** correta (art. 41, § 2º, da CF); **IV:** correta (art. 41, § 4º, da CF). **WG**
Gabarito "D".

5.7. ACUMULAÇÃO REMUNERADA E AFASTAMENTO

(Juiz de Direito – TJ/RS – 2018 – VUNESP) De acordo com a Constituição Federal, a respeito dos agentes públicos, é correto afirmar que
(A) é vedada a percepção acumulada de proventos de aposentadoria do regime próprio de previdência social ou militar com a remuneração de cargo, emprego ou função pública, inclusive cargo em comissão declarado em lei de livre nomeação e exoneração.
(B) somente os empregados públicos previamente aprovados em concurso público podem adquirir estabilidade após o período de três anos de efetivo exercício.
(C) os cargos, empregos e funções públicas não são acessíveis a estrangeiros, exceto cargo de professor ou pesquisador junto a instituição de ensino.
(D) é vedada a acumulação remunerada de cargos, empregos e funções, exceto quando houver compatibilidade de horários, a de dois empregos em empresa pública, sociedade de economia mista, suas subsidiárias e sociedades controladas, direta ou indiretamente, pelo poder público, observado, em qualquer caso, o limite máximo de remuneração no setor público.
(E) as funções de confiança, exercidas exclusivamente por servidores ocupantes de cargo efetivo, destinam-se apenas às atribuições de direção, chefia e assessoramento.

A: incorreta. A regra na Constituição Federal é a vedação da acumulação remunerada de cargos públicos exceto, quando houver compatibilidade de horários, nos termos do art. 37, XVI: a) a de dois cargos de professor, b) a de um cargo de professor com outro técnico ou científico e c) a de dois cargos ou empregos de privativos de profissionais de saúde, com profissões regulamentadas. Essa proibição, tal como dispõe o art. 37, XVII, "estende-se a empregos e funções e abrange autarquias, fundações, empresas públicas, sociedades de economia mista, suas subsidiárias, e sociedades controladas, direta ou indiretamente, pelo poder público". O art. 40 § 6º da CF/1988, de sua banda, determina que, ressalvadas as aposentadorias decorrentes dos cargos acumuláveis na forma desta Constituição, é vedada a percepção de mais de uma aposentadoria à conta do regime de previdência especial dos servidores. O erro da questão está precisamente em não admitir em qualquer hipótese a percepção acumulada de proventos. A Constituição estabelece as hipóteses em que pode haver o acúmulo de cargos; **B:** incorreta. Após três anos de efetivo exercício são estáveis os servidores nomeados para cargo de provimento efetivo em virtude de concurso público – art. 41 da CF/1988; **C:** incorreta. "Os cargos, empregos e funções públicas são acessíveis aos brasileiros que preencham os requisitos estabelecidos em lei, assim como aos estrangeiros, na forma da lei" – art. 37, I CF/1988; **D:** incorreta. Art. 37, XVII da CF/1988; **E:** correta. Art. 37, V da CF/1988. **FB**
Gabarito "E".

(Procurador do Estado – PGE/MT – FCC – 2016) Godofredo, Alfredo e Manfredo são servidores públicos do Estado do Mato Grosso. Godofredo foi cedido para ter exercício em órgão da Administração Pública municipal. Alfredo está afastado para estudo no Exterior e Manfredo foi eleito para exercício de mandato eletivo. Considerando o que estabelece a Lei Complementar estadual nº 04, de 15 de outubro de 1990,
(A) Godofredo, se estiver em exercício de cargo em comissão de confiança o ônus da remuneração será do órgão cessionário.
(B) Manfredo, se for prefeito ou vereador, ainda que haja compatibilidade de horários, deverá ser afastado do cargo.
(C) Alfredo, neste caso, poderá ficar ausente pelo período máximo de três anos.
(D) Manfredo, se for deputado estadual, e houver compatibilidade de horários, poderá acumular o cargo.
(E) Godofredo, se for servidor do Poder Executivo poderá ter exercício em outro órgão da Administração Pública Estadual por prazo indeterminado.

A: correta, tendo em vista o art. 119, da Lei Complementar 04/1990; **B:** incorreta. O art. 120, LC 04/1990 determina a possibilidade de afastamento do cargo e opção pela melhor remuneração; **C:** incorreta. A ausência poderá ser de, no máximo, 4 anos (art. 121, § 4º, da LC 04/1990); **D:** incorreta. Deverá se afastar do cargo, mesmo havendo compatibilidade de horários no caso de mandato federal, estadual ou distrital (art. 120, LC 04/1990); **E:** incorreta. O exercício em outro órgão depende do tipo de cargo a ser exercido, sendo que para cada caso há uma regra, conforme constam das assertivas "A" e "B". **AW**
Gabarito "A".

(Promotor de Justiça/SC – 2016 – MPE)
(1) Ao servidor público é vedado o exercício cumulativo e remunerado de cargos públicos, exceto, quando houver compatibilidade de horários, o de dois cargos de professor; o de um cargo de professor com outro, técnico ou científico; e o de dois cargos privativos de profissionais da saúde. A proibição de acumular é extensiva a empregos e funções e se limita à Administração Direta, às autarquias e às fundações.

1: errada. O erro está na afirmação de que as limitações em relação à cumulatividade de cargos, empregos e funções somente se aplicam à Administração Direta e autarquias e fundações, eis que também incidem às demais pessoas jurídicas integrantes da Administração Pública Indireta, conforme disposto no art.37, XVII, CF. **AW**
Gabarito 1E.

(DPE/PE – 2015 – CESPE) A respeito dos servidores públicos, julgue os itens subsequentes.
(1) Não é possível a acumulação de um cargo de professor com outro de caráter técnico ou científico se a soma da carga horária ultrapassar o limite de sessenta horas semanais, pois não há, nessa situação, o requisito constitucional da compatibilidade de horários.
(2) Conforme entendimento atual do STF, é dever da administração pública nomear candidato aprovado em concurso público dentro das vagas previstas no edital, em razão do princípio da boa-fé e da proteção da confiança, salvo em situações excepcionais caracterizadas pela necessidade, superveniência e imprevisibilidade.

1: incorreta, pois, de acordo com o STJ, "Havendo compatibilidade de horários, é possível a acumulação de dois cargos públicos privativos de profissionais de saúde, ainda que a soma da carga horária referente àqueles cargos ultrapasse o limite máximo de sessenta horas semanais considerado pelo TCU na apreciação de caso análogo" (AgRg no AREsp 291.919-RJ); **2:** correta; o STF e o STJ passaram a entender também que o candidato aprovado em concurso tem direito de ser nomeado no limite das vagas previstas no respectivo edital, uma vez que a Administração, ao estabelecer o número de vagas, vincula-se a essa escolha e cria expectativa nos candidatos, impondo-se as nomeações respectivas, em respeito aos princípios da boa-fé, razoabilidade, isonomia e segurança jurídica; é bom consignar que o STF até admite que a Administração deixe de nomear os aprovados no limite das vagas do edital se houver ato motivado demonstrando a existência de fato novo que torne inviável a nomeação. Tal ato, todavia, poderá ser controlado pelo Judiciário (STF, RE 227.480). **WG**
Gabarito 1E, 2C.

(Promotor de Justiça/MG – 2014) Assinale a alternativa CORRETA: Ao servidor público da administração direta, autárquica e fundacional, no exercício de mandato eletivo, aplicam-se as seguintes disposições, a saber:
(A) Em qualquer caso que exija o afastamento para o exercício de mandato eletivo, seu tempo de serviço será contado para todos os efeitos legais, exceto para promoção por merecimento.
(B) Investido no mandato de Vereador, não havendo compatibilidade, perceberá as vantagens de seu cargo, emprego ou função, sem prejuízo da remuneração do cargo eletivo.
(C) Investido no mandato de Prefeito, será afastado do cargo, emprego ou função, sendo-lhe obrigado optar pela sua remuneração.
(D) Tratando-se de mandato eletivo federal, estadual ou distrital, facultar-se-á ao servidor o afastamento de seu cargo, emprego ou função.

A: correta (art. 38, IV, da CF); **B:** incorreta, pois, não havendo compatibilidade de horários, o eleito será afastado do cargo e poderá apenas escolher qual remuneração receberá, se a do cargo de onde se afastou ou a de vereador (art. 38, III, da CF); **C:** incorreta, pois o eleito não é obrigado, mas sim terá faculdade de optar pela remuneração (art. 38, II, da CF); **D:** incorreta, pois o eleito ficará necessariamente afastado de seu cargo, emprego ou função (art. 38, I, da CF). **WG**
Gabarito "A".

5.8. REMUNERAÇÃO E SUBSÍDIO

(Defensor Público – DPE/SC – 2017 – FCC) No tema da remuneração dos servidores públicos, o Supremo Tribunal Federal, pela via dos RE 602.043 e RE 612.975, decidiu que
(A) a acumulação de cargos, desde que estes sejam remunerados, isoladamente, em valor superior ao teto constitucional, permite ao servidor escolher a remuneração que lhe apetece.
(B) nos casos autorizados, constitucionalmente, de acumulação de cargos, empregos e funções, a incidência do art. 37, inciso XI, da Constituição Federal, pressupõe consideração de cada um dos vínculos formalizados, afastada a observância do teto remuneratório quanto ao somatório dos ganhos do agente público.

(C) ainda que se trate de vínculos provenientes de diferentes entes federados a incidência do teto será calculada de maneira única.
(D) o teto constitucional é aplicável a todos os servidores públicos, sendo indiferente a acumulação ou não de cargos, empregos ou funções.
(E) somente com autorização judicial é possível a acumulação de vencimentos, hipótese em que haverá a incidência do teto constitucional de maneira global, ou seja, cada indivíduo está submetido ao teto.

No julgamento conjunto dos RE 602.043 e RE 612.975, o STF decidiu que o teto constitucional remuneratório deve ser considerado apenas em relação a cada uma das remunerações nos casos de acúmulo legal de dois cargos públicos, e fixou a seguinte tese de repercussão geral: "Nos casos autorizados constitucionalmente de acumulação de cargos, empregos e funções, a incidência do art. 37, inciso XI, da Constituição Federal pressupõe consideração de cada um dos vínculos formalizados, afastada a observância do teto remuneratório quanto ao somatório dos ganhos do agente público". Nesses termos, a alternativa "a" é incorreta porque nunca caberá ao servidor público "escolher a remuneração que lhe apetece", situação que não se confunde com as hipóteses constitucionais em que é dever do agente público optar por uma ou outra remuneração, em função de vedação de acumulação de vencimentos (como, por exemplo, nas hipóteses do art. 38, inc. II, da Carta Magna); a alternativa "c" também é incorreta, em função de não ser relevante, para os fins da definição do teto constitucional de remuneração, o fato de mais de uma Fazenda Pública remunerar o agente público; a alternativa "d" traz assertiva que contradiz a tese de Repercussão Geral exposta retro; por fim, a possibilidade de acumulação de rendimentos é prevista constitucionalmente, não dependendo de autorização judicial. Gabarito "B".

(Procurador do Município – Prefeitura Fortaleza/CE – CESPE – 2017) Em cada um dos itens a seguir é apresentada uma situação hipotética seguida de uma assertiva a ser julgada, a respeito da organização administrativa e dos atos administrativos.
(1) Em razão de incorporações legais, determinado empregado público recebe uma remuneração que se aproxima do teto salarial constitucional. Nessa situação, conforme o entendimento do STF, a remuneração do servidor poderá ser superior ao teto constitucional se ele receber uma gratificação por cargo de chefia.

1: incorreta. A remuneração do servidor abrange o salário e as vantagens, sendo que as gratificações, no caso, são as vantagens. Por isso, sabendo-se que o art. 37, XI, CF dispõe que a remuneração, incluindo as vantagens dos servidores, não podem exceder ao teto geral, a assertiva se apresenta como incorreta. Gabarito 1E.

(Procurador do Estado/PR – 2015 – PUC-PR) No que diz respeito ao regime brasileiro de servidores públicos, assinale a alternativa **CORRETA**.
(A) O Processo Administrativo Disciplinar – PAD tem o prazo de 140 dias para conclusão e julgamento, que pode ser prorrogado e suspender o prazo prescricional para a aplicação da respectiva sanção administrativa.
(B) O caput do art. 39 da Constituição Federal, com a redação da EC 19/1998 (contratação de servidores por regime diverso do estatutário), teve sua aplicabilidade suspensa pelo STF, ressalvando-se a validade dos atos e contratações anteriormente realizados.
(C) A eventual investidura de servidor público sem prévio concurso pode ser convalidada pelo prazo decadencial do art. 54 da Lei 9.784/1999, desde que comprovada a boa-fé do servidor.
(D) Desde que previsto em lei, o salário mínimo deve ser usado como indexador de base de cálculo das vantagens de servidor público ou de empregado público.
(E) A fixação de vencimentos dos servidores públicos pode ser objeto de convenção coletiva.

A: incorreta; na esfera federal o prazo para concluir um PAD é de 60 dias, contados da data de publicação do ato que constituir a comissão, admitida a sua prorrogação por igual prazo, quando as circunstâncias o exigirem (art. 152 da Lei 8.112/1990); **B**: correta (STF, ADI 2.135-DF); **C**: incorreta, pois só se pode convalidar ato que puder ser repetido sem que o vício permaneça; no caso, renovado o ato, o vício (ausência de concurso público, violando a CF), persiste; **D**: incorreta, pois a Súmula Vinculante STF 4 não admite que lei traga tal previsão; somente a CF pode fazer essa indexação; **E**: incorreta, pois há proibição expressa nesse sentido na Súmula STF 679. Gabarito "B".

5.9. PREVIDÊNCIA DO SERVIDOR: APOSENTADORIA, PENSÃO E OUTROS BENEFÍCIOS

(Defensor Público –DPE/ES – 2016 – FCC) A Constituição Federal estatui, no tocante ao regime próprio de previdência dos servidores públicos titulares de cargo efetivo:
(A) Para o cálculo dos proventos de aposentadoria, por ocasião da sua concessão, serão consideradas as remunerações utilizadas como base para as contribuições do servidor, considerados os sessenta meses que precederam a passagem para a inatividade.
(B) A pensão por morte corresponderá ao valor da totalidade dos proventos do servidor falecido, até o limite máximo estabelecido para os benefícios do regime geral de previdência social, acrescido de setenta e cinco por cento da parcela excedente a este limite, caso aposentado à data do óbito.
(C) O servidor titular de cargo efetivo que vier a ocupar cargo em comissão fica vinculado ao regime geral de previdência, durante o período de exercício do cargo comissionado.
(D) Os regimes de previdência complementar instituídos pelos entes políticos para os titulares de cargo efetivo somente podem ser oferecidos na modalidade de contribuição definida.
(E) Os proventos de aposentadoria e as pensões, por ocasião de sua concessão, não poderão exceder a remuneração do respectivo servidor, no cargo efetivo em que se deu a aposentadoria ou que serviu de referência para a concessão da pensão, ressalvada a hipótese de promoção post mortem.

A: Incorreta. O art. 40, § 3º, CF determina a consideração dos valores da remuneração recebida, nos moldes do que acontece com o Regime Geral de Previdência; **B**: Incorreta. O art. 40, § 7º, CF determina o acréscimo de setenta por cento da parcela que exceda o limite estabelecido no Regime Geral de Previdência; **C**: Incorreta. O servidor titular de cargo efetivo, ocupará função de confiança, continuando regido pelo Regime Estatutário, que também contém regras gerais do Regime Geral (art. 40, § 3º, CF); **D**: Correta, conforme expressamente determinado no art. 40, § 15, CF; **E**: Incorreta. Não há como ser feita uma promoção "post mortem", eis que a promoção é forma de provimento derivado em que se pressupõe o exercício do cargo público efetivo. Gabarito "D".

(Defensor Público –DPE/MT – 2016 – UFMT) Em consonância com as normas gerais vigentes na Constituição Federal de 1988 acerca dos regimes próprios de previdência de servidores públicos efetivos, é correto afirmar:
(A) É garantida pensão por morte aos dependentes calculada com base no valor integral da remuneração do servidor falecido ou dos proventos de aposentadoria, caso aposentado à data do óbito.
(B) É vedada a adoção de requisitos e critérios diferenciados para a concessão de aposentadoria, ressalvados, exclusivamente, os casos de servidores que exerçam atividades de risco ou atividades sob condições especiais que prejudiquem a saúde ou a integridade física.
(C) Os Estados e Municípios poderão fixar, para o valor das aposentadorias e pensões, o limite máximo estabelecido para os benefícios do regime geral de previdência social, desde que instituam por lei regime de previdência complementar para seus servidores, por intermédio de entidades fechadas de natureza pública.
(D) É assegurada a paridade remuneratória entre servidores ativos e inativos, a fim de estender aos inativos os reajustes concedidos aos servidores em atividade.
(E) O limite máximo de remuneração e subsídio fixado na Constituição Federal de 1988 é aplicável aos proventos de inatividade, excepcionados os casos de soma de aposentadorias decorrentes de cargos acumuláveis.

A: Incorreta, pois a pensão por morte pode depender do valor da aposentadoria anterior, se acaso o falecido era aposentado, sendo correspondente ao valor daquela. Se a aposentadoria foi concedida ao servidor que ingressou no serviço público anteriormente à EC 41/2003, ela não será mais integral, ocorrendo o mesmo com a pensão por morte, portanto (art. 40, § 7º, CF); **B**: Incorreta. O art. 40, § 4º, CF, determina que podem ser adotados requisitos e critérios diferenciados para os seguintes casos: aos portadores de deficiência, aos que exerçam atividades de risco e aos cujas atividades sejam exercidas sob condições especiais que prejudiquem a saúde ou a integridade física; **C**: Correta. Trata-se da "letra" do art. 40, § 14, CF; **D**: Incorreta. A paridade foi extinta com a EC41/2003, sendo que o art. 6º dessa Emenda garantiu esse direito aos que ingressaram no serviço público até a data de sua publicação; **E**: Incorreta. Os cargos acumuláveis também estão sujeitos às regras do limite estabelecido pelo Teto Geral (art. 37, XI, CF). Gabarito "C".

(Magistratura/RR – 2015 – FCC) O Governador do Estado de Roraima pretende encaminhar à Assembleia Legislativa Estadual, um projeto de lei para instituir o regime de previdência complementar para os servidores estaduais, nos termos do que dispõe a Constituição Federal, em seu art. 40, § 14. Com base no que dispõem as normas constitucionais sobre esse assunto, deve-se concluir que
(A) somente os servidores celetistas e comissionados poderão ser compelidos a aderir a esse regime, visto que para os servidores titulares de cargo efetivo, a Constituição prevê sua vinculação exclusiva ao regime próprio de previdência do ente político ao qual pertencem.
(B) tal regime se aplica apenas aos servidores vinculados às empresas públicas e sociedades de economia mista, visto que somente essas entidades podem criar os chamados "fundos de pensão" necessários ao custeio desse regime.
(C) apenas os servidores que já estiverem aposentados por ocasião da entrada em vigor da lei que instituir tal regime ficarão a ele

vinculados, sendo que os servidores em exercício permanecerão vinculados ao regime próprio de previdência do Estado.

(D) os servidores titulares de cargo comissionado podem se vincular ao regime de previdência complementar, desde que manifestem de forma expressa a opção de se desvincularem do regime geral de previdência social.

(E) o teto de percepção de proventos equivalente ao limite máximo de benefícios do regime geral de previdência não poderá ser imposto aos servidores que ingressaram na Administração Estadual antes da data de publicação da lei que instituiu o regime de previdência complementar.

A, B e D: incorretas, pois o art. 40, § 14, da CF é claro ao dispor que esse instituto se destina exclusivamente aos "servidores titulares de cargo efetivo", não se aplicando essa específica disposição para servidores celetistas e comissionados, bem como aos servidores das empresas estatais; **C**: incorreta; primeiro porque os servidores já aposentados têm direito adquirido e não podem ser afetados; segundo porque, por expressa e voluntária adesão, o servidor que tiver ingressado no serviço público até a data da publicação do ato de instituição da previdência complementar ficará sujeito a ela (art. 40, § 16, da CF); **E**: correta, nos termos do art. 40, § 16, da CF. **WG**
Gabarito "E".

(Procurador do Estado/PR – 2015 – PUC-PR) Caio é servidor público titular de cargo efetivo do Estado do Paraná nomeado por concurso público em 30.04.1999, mesma data em que iniciou o exercício do cargo. Nunca trabalhou antes desta data. Em 10.05.2013 se invalidou e foi aposentado por invalidez permanente, com fundamento no inciso I do § 1º do art. 40 da Constituição Federal. Considerando o enunciado, é CORRETO afirmar que:

(A) Seu provento de aposentadoria somente será reajustado para preservar seu valor real, não podendo ser revisto na mesma proporção e na mesma data sempre que se modificar a remuneração dos servidores em atividade da carreira a que pertence.

(B) Seu provento de aposentadoria será calculado considerando as remunerações utilizadas como base para as contribuições aos regimes de previdência desde 30.04.1999, inclusive sua última remuneração recebida em atividade.

(C) Seu provento de aposentadoria será revisto na mesma proporção e na mesma data sempre que se modificar a remuneração dos servidores em atividade da carreira a que pertence.

(D) Seu provento de aposentadoria será calculado com base na remuneração do seu cargo, até o limite máximo estabelecido para os benefícios do regime geral de previdência social, acrescido de 70% (setenta por cento) da parcela excedente a este limite.

(E) A aposentadoria por invalidez permanente não pode ser-lhe concedida, porque não é modalidade de benefício previdenciário prevista para os servidores públicos titulares de cargo efetivo.

Os proventos de aposentadoria desse servidor serão revistos na mesma proporção e na mesma data sempre que se modificar a remuneração dos servidores em atividade da carreira a que pertencia, vez que essa regra, a da paridade, era a prevista quando Caio ingressou no serviço público (em 1999), sendo que somente em 2003, pela EC 41/2003, é que a paridade caiu, garantindo-se ao aposentado apenas o direito de reajustamento do benefício na forma da lei (art. 40, § 8º, da CF). **WG**
Gabarito "C".

(Procurador do Estado/PR – 2015 – PUC-PR) Assinale a alternativa CORRETA.

(A) O servidor público não pode fazer a contagem recíproca do tempo de contribuição na administração pública e na atividade privada, rural e urbana para efeito de aposentadoria.

(B) O servidor público titular de cargo efetivo cujo ente empregador tenha instituído regime próprio de previdência social pode se filiar ao Regime Geral de Previdência Social e não ao seu Regime Próprio de Previdência Social.

(C) Os requisitos de idade e tempo de contribuição serão reduzidos em cinco anos para o professor universitário que comprovar exclusivamente tempo de efetivo exercício de magistério.

(D) Cargos públicos acumuláveis na atividade não podem ensejar a cumulação de proventos à custa do mesmo regime de previdência.

(E) Nenhum provento de aposentadoria terá valor mensal inferior ao salário mínimo.

A: incorreta, pois é assegurada a contagem de tempo recíproca (art. 201, § 9º, da CF); **B**: incorreta, pois, havendo regime próprio no ente, o servidor ocupante de cargo efeito é obrigado a participar deste; **C**: incorreta, pois esse benefício é para professores que comprovarem exclusivamente tempo de efetivo exercício no magistério na educação infantil e no ensino fundamental e médio, não valendo para o ensino superior (art. 40, § 5º, da CF); **D**: incorreta, pois se os cargos forem acumuláveis na atividade não há vedação nesse sentido (art. 40, § 6º, da CF); **E**: correta (art. 201, § 2º, da CF). **WG**
Gabarito "E".

(Procurador do Estado/PR – 2015 – PUC-PR) Com relação ao regime próprio de previdência social dos titulares de cargos efetivos, é **CORRETO** afirmar:

(A) Os servidores ocupantes exclusivamente de cargo em comissão declarado em lei de livre nomeação e exoneração se vinculam obrigatoriamente ao regime próprio de previdência social.

(B) Os estados, municípios, Distrito Federal e União não podem ter mais de uma unidade gestora do regime.

(C) Todos os regimes próprios de previdência social são administrados pelo Governo Federal e não se admite a instituição de previdência complementar.

(D) A unidade gestora do regime pode aplicar os recursos previdenciários em títulos públicos estaduais.

(E) A União, os estados e os municípios são obrigados a instituir regime próprio de previdência social para seus servidores.

A: incorreta, pois esses servidores estão vinculados ao regime *geral* da previdência (art. 40, § 13, da CF); **B**: correta (art. 40, § 20, da CF); **C**: incorreta, pois cada ente político terá seu regime próprio (art. 40, § 20, da CF) e devem instituir previdência complementar, caso estabeleçam o teto do regime geral de previdência como limite máximo de seus proventos de aposentadoria e pensões (art. 40, § 14, da CF); **D**: incorreta, pois haveria desvio de finalidade nessa prática; **E**: incorreta, pois não há essa obrigatoriedade na CF, podendo-se adotar o regime geral de previdência para os servidores. **WG**
Gabarito "B".

(Procurador do Município – Cuiabá/MT – 2014 – FCC) O corpo permanente da Constituição Federal, no tocante aos proventos do servidor aposentado pelo regime próprio de previdência,

(A) estabelece que os requisitos de idade e de tempo de contribuição serão reduzidos em cinco anos, para o professor que comprove exclusivamente tempo de efetivo exercício das funções de magistério na educação infantil e no ensino fundamental e médio, com a consequente redução proporcional dos proventos, caso opte por essa aposentadoria especial.

(B) garante aos servidores inativos a extensão de todos e quaisquer benefícios e vantagens concedidos aos servidores em atividade.

(C) determina que, nas hipóteses de aposentadoria com proventos proporcionais, deve-se utilizar como base de cálculo o valor da última remuneração percebida pelo servidor, quando em atividade.

(D) estabelece que os servidores ocupantes, exclusivamente, de cargo em comissão farão jus à aposentadoria complementar, mediante sua expressa adesão a tal regime, sem prejuízo da vinculação ao regime geral de previdência social.

(E) prevê a incidência de contribuição previdenciária nos proventos do inativo portador de doença incapacitante, a qual incidirá apenas sobre as parcelas que superem o dobro do limite máximo estabelecido para os benefícios do regime geral de previdência social.

A: incorreta, pois essa aposentadoria especial não importa em redução proporcional dos proventos (art. 40, § 5º, da CF); **B**: incorreta, pois a lei garante apenas o reajustamento dos benefícios para preservar o seu valor, mas não a extensão aos inativos dos benefícios e vantagens concedidos aos servidores em atividade (art. 40, § 8º, da CF); **C**: incorreta, pois serão consideradas as remunerações utilizadas como base para as contribuições do servidor ao regime de previdência respectivo. (art. 40, § 3º, da CF); **D**: incorreta, pois essa aposentadoria complementar é direito dos servidores ocupantes de cargos efetivos (art. 40, § 14, da CF); E: correta (art. 40, § 21, da CF). **WG**
Gabarito "E".

(Procurador Legislativo – Câmara de Vereadores de São Paulo/SP – 2014 – FCC) Jeferson, servidor administrativo da Câmara Municipal, titular de cargo efetivo, estava de férias na praia, quando sofreu grave acidente ao ser atropelado por uma lancha a motor. Do acidente resultou grave lesão de natureza irreversível e incapacitante, gerando sua aposentadoria por invalidez permanente, a contar do laudo médico oficial, emitido em 23 de setembro de 2013. Sabe-se que, nessa data, Jeferson tinha 45 (quarenta e cinco) anos e que ingressou no serviço público municipal em 15 de dezembro de 1997. Diante da situação acima narrada, deve-se concluir, no tocante aos proventos de Jeferson, que serão

(A) proporcionais; calculados com base na remuneração do cargo efetivo em que se deu a aposentadoria; e assegurada a revisão dos proventos na mesma proporção e na mesma data, sempre que se modificar a remuneração dos servidores em atividade.

(B) integrais; calculados com base nas remunerações utilizadas como base para as contribuições do servidor aos regimes de previdência oficial, calculada a média na forma da lei; e assegurado o reajustamento dos proventos para preservar-lhes, em caráter permanente, o valor real, conforme critérios estabelecidos em lei.

(C) proporcionais; calculados com base nas remunerações utilizadas como base para as contribuições do servidor aos regimes de previdência oficial, calculada a média na forma da lei; e assegurada a revisão dos proventos na mesma proporção e na mesma data, sempre que se modificar a remuneração dos servidores em atividade.

(D) integrais; calculados com base na remuneração do cargo efetivo em que se deu a aposentadoria; e assegurado o reajustamento dos proventos para preservar-lhes, em caráter permanente, o valor real, conforme critérios estabelecidos em lei.
(E) integrais; calculados com base na remuneração do cargo efetivo em que se deu a aposentadoria; e assegurada a revisão dos proventos na mesma proporção e na mesma data, sempre que se modificar a remuneração dos servidores em atividade.

A aposentadoria, no caso, dar-se-á com proventos proporcionais, na forma do art. 40, § 1°, I, da CF. Quanto à questão da revisão dos proventos na mesma proporção e na mesma data dos servidores ativos (que não existe mais para os novos servidores – art. 40, § 8°, da CF), é direito de Jeferson, por ter ingressado no serviço público antes da EC 41/2003, na forma do disposto no art. 7° dessa mesma Emenda Constitucional. Assim, a alternativa "a" é a correta. **WG**
Gabarito "E".

5.10. LICENÇAS

(Procurador do Estado – PGE/MT – FCC – 2016) Considere as seguintes licenças previstas na Lei Complementar estadual n° 555, de 29 de dezembro de 2014:
I. A licença para desempenho de cargo em entidade associativa, representativa de categoria profissional dos militares estaduais, será concedida com ônus para o Estado pelo período do mandato da entidade, mediante solicitação, desde que não ultrapasse o limite de três militares por entidade.
II. Será concedida licença para desempenho de função em fundação, cuja finalidade seja de interesse das Instituições Militares, conforme deliberação do órgão de decisão colegiada da instituição militar estadual.
III. A licença para qualificação consiste no afastamento do militar estadual, com prejuízo de seu subsídio e assegurada a sua efetividade para todos os efeitos da carreira, para frequência em cursos, no país ou exterior, não disponibilizado pela instituição, desde que haja interesse da Administração pública.
IV. Será concedida licença remunerada de cento e oitenta dias para a militar estadual que adotar criança de até doze anos.
Está correto o que se afirma APENAS em:
(A) I e II.
(B) I, II e III.
(C) III e IV.
(D) II e IV.
(E) I, III e IV.

I: correta. Trata-se do disposto no art. 106, da LC estadual 555/2014; **II:** correta. Trata-se do disposto no art. 95, IX, da LC estadual 555/2014; **III:** incorreta. Essa licença para qualificação ocorre sem prejuízo de seu subsídio (art. 108, do referido diploma legal estadual); **IV:** incorreta. O art. 105, LC 555/2014 diferencia as idades do adotando para a concessão da licença em caso de adoção. Será de 180 dias, em casos de bebês de até um ano. **AW**
Gabarito "A".

(Procurador do Estado – PGE/BA – CESPE – 2014) No que concerne às regras aplicáveis aos servidores públicos estaduais da Bahia, estabelecidas na Lei n.° 6.677/1994, julgue o item abaixo.
(1) Para obter licença para tratamento de saúde, o servidor deve submeter-se a inspeção médica, que poderá ser feita por médico do Sistema Único de Saúde (SUS) ou do setor de assistência médica estadual, caso o prazo da licença seja inferior a quinze dias.

1: incorreta. O art. 125, da Lei 6.677/1994 dispõe que é preciso de um Laudo Médico de Medicina Especializada ratificado pela Junta Médica Oficial do Estado. **AW**
Gabarito "1E".

(Advogado da Fundação Pro Sangue/SP – 2014 – FGV) No que tange à *responsabilidade* dos servidores públicos, assinale a afirmativa correta.
(A) A sanção administrativa sempre prescreve em 5 anos.
(B) A sentença penal sempre vincula as demais esferas.
(C) A condenação na esfera civil e administrativa é possível, mesmo havendo absolvição penal.
(D) A falta administrativa constituindo crime, apenas é possível a aplicação da penalidade administrativa no caso de imposição da sanção penal.
(E) A sentença penal nunca vincula as demais esferas.

A: incorreta, pois há casos em que prescreve no prazo de prescrição previsto para o ilícito na esfera penal (art. 142, § 2°, da Lei 8.112/1990); **B:** incorreta, pois somente vincula em caso de absolvição por negativa de autoria ou inexistência material do fato (art. 126 da Lei 8.112/1990); **C:** correta, por conta da independência entre as instâncias civil, penal e administrativa (art. 125 da Lei 8.112/1990), valendo lembrar que apenas a absolvição penal por negativa de autoria ou inexistência material se comunicam para as esferas administrativa e civil (art. 126 da Lei 8.112/1990); **D:** incorreta, por conta da independência entre as instâncias civil, penal e administrativa (art. 125 da Lei 8.112/1990); **E:** incorreta, pois a sentença penal vincula as demais esferas em caso de absolvição por negativa de autoria ou inexistência material do fato (art. 126 da Lei 8.112/1990). **WG**
Gabarito "C".

5.11. DIREITOS, VANTAGENS, DEVERES E PROIBIÇÕES DO SERVIDOR PÚBLICO

(Juiz – TRF 4ª Região – 2016) Dadas as assertivas abaixo, assinale a alternativa correta.
I. O candidato aprovado fora das vagas previstas no edital tem direito subjetivo à nomeação se, após serem preenchidas todas as vagas, surgirem novas vagas durante o prazo de validade do certame.
II. É taxativo o rol de doenças graves na Lei do Regime Jurídico Único para efeito de aposentadoria por invalidez permanente com proventos integrais.
III. O registro imobiliário não é oponível em face da União para afastar o regime dos terrenos de marinha.
(A) Estão corretas apenas as assertivas I e II.
(B) Estão corretas apenas as assertivas I e III.
(C) Estão corretas apenas as assertivas II e III.
(D) Estão corretas todas as assertivas.
(E) Nenhuma assertiva está correta.

A: incorreta. A assertiva I está incorreta. Somente possuem direito subjetivo à nomeação os candidatos aprovados dentro do número de vagas previsto no edital (súmula 511 do STJ); **B:** incorreta. A assertiva I está incorreta, conforme já explicado acima; **C:** correta. RE 656860: Pertence, portanto, ao domínio normativo ordinário a definição das doenças e moléstias que ensejam aposentadoria por invalidez com proventos integrais, cujo rol, segundo a jurisprudência assentada pelo STF, tem natureza taxativa.; **D:** correta. Estão corretos os itens II e III, da questão, sendo que, quanto ao item III, sabemos que os terrenos de marinha são de propriedade da União (art. 20, VII, CF), de forma que o Registro de Imóvel não afasta essa propriedade constitucionalmente deferida ao ente político, conforme dispõe a súmula 496 do STJ; **E:** incorreta. As assertivas II e III estão corretas. **AW**
Gabarito "C".

(Defensor Público – DPE/MT – 2016 – UFMT) Quanto ao servidor público, extinto o cargo ou declarada a sua desnecessidade, após a estabilidade,
(A) ficará em disponibilidade, com remuneração proporcional ao tempo de serviço, sendo vedado seu aproveitamento em outro cargo público.
(B) será exonerado *ad nutum*, sem direito à remuneração.
(C) será obrigatoriamente exonerado, sendo-lhe garantidos os direitos inerentes ao cargo.
(D) será obrigatoriamente demitido, sendo-lhe garantidos os direitos inerentes ao cargo.
(E) ficará em disponibilidade, com remuneração proporcional ao tempo de serviço, até seu adequado aproveitamento em outro cargo público.

A: Incorreta, pois o servidor ficará em disponibilidade até o seu aproveitamento em outro cargo (art. 41, § 3°, CF); **B:** Incorreta, porque a Constituição Federal prevê que o servidor ficará em disponibilidade (art. 41, § 3°); **C:** Incorreta, conforme explicado nas duas respostas anteriores; **D:** Incorreta, pois o servidor não é demitido, havendo previsão constitucional expressa para que fique aguardando em disponibilidade (art. 41, § 3°); **E:** Correta, sendo exatamente o previsto no art. 41, § 3°, CF. **AW**
Gabarito "E".

(Juiz de Direito/DF – 2016 – CESPE) São direitos sociais atribuídos pela CF aos servidores públicos estatutários
(A) o fundo de garantia por tempo de serviço.
(B) a remuneração do serviço extraordinário superior, no mínimo, em cinquenta por cento do valor normal.
(C) a participação, desvinculada da remuneração, nos lucros ou resultados e, excepcionalmente, a participação na gestão da organização pública.
(D) a proibição de distinção entre trabalho manual, técnico e intelectual ou entre os profissionais respectivos.
(E) o piso salarial proporcional à extensão e à complexidade do trabalho.

O artigo 39, § 3°, da CF estabelece os casos em que são estendidos aos servidores públicos direitos sociais dos demais trabalhadores e a única alternativa que traz um desses direitos estendidos é a que trata da remuneração do serviço extraordinário (hora extra) com no mínimo 50% do valor normal. **WG**
Gabarito "B".

5.12. INFRAÇÕES E PROCESSOS DISCIPLINARES. COMUNICABILIDADE DE INSTÂNCIAS

(Escrevente – TJ/SP – 2018 – VUNESP) Arceus Cipriano foi processado criminalmente sob a acusação de cometimento de crime contra a administração pública e pelos mesmos fatos também foi demitido do cargo público que ocupava. Contudo, na seara criminal, logrou êxito em comprovar que não foi o autor dos fatos, tendo sido absolvido por esse fundamento, na instância criminal. Diante disso, assinale a alternativa correta, nos termos do Estatuto dos Funcionários Públicos Civis do Estado de São Paulo.

(A) A demissão é nula porque a Administração Pública não deveria ter processado administrativamente Arceus e proferido decisão demissória antes do trânsito em julgado da sentença no processo criminal.
(B) Arceus poderá pedir o desarquivamento e a revisão da decisão administrativa que o demitiu, utilizando como documento novo a sentença absolutória proferida no processo criminal.
(C) Arceus terá direito à reintegração ao serviço público, no cargo que ocupava e com todos os direitos e vantagens devidas, mediante simples comprovação do trânsito em julgado da decisão absolutória no juízo criminal.
(D) Se a absolvição criminal ocorreu depois do prazo de interposição do recurso da decisão demissória proferida no processo administrativo, não será possível Arceus valer-se da sentença criminal para buscar a anulação da demissão.
(E) Como a responsabilidade administrativa é independente da civil e da criminal, a absolvição de Arceus Cipriano na justiça criminal em nada altera decisão proferida na esfera administrativa.

"Será reintegrado ao serviço público, no cargo que ocupava e com todos os direitos e vantagens devidas, o servidor absolvido pela Justiça, mediante simples comprovação do trânsito em julgado de decisão que negue a existência de sua autoria ou do fato que deu origem à sua demissão" – art. 250 § 2º da Lei 10.261/1968. **FB**
Gabarito "C".

(Escrevente – TJ/SP – 2018 – VUNESP) Consoante o Estatuto dos Funcionários Públicos Civis do Estado de São Paulo, será aplicada a pena de demissão nos casos de
(A) aplicação indevida de dinheiros públicos.
(B) prática de insubordinação grave.
(C) exercício de advocacia administrativa.
(D) pedir, por empréstimo, dinheiro ou quaisquer valores a pessoas que tratem de interesses ou o tenham na repartição, ou estejam sujeitos à sua fiscalização.
(E) prática, em serviço, de ofensas físicas contra funcionários ou particulares.

A: correta. Art. 256, IV da Lei 10.261/1968; **B: incorreta.** Trata-se, nesse caso, de pena de demissão a bem do serviço público, tal como previsto no art. 257, IV da Lei 10.261/1968; **C: incorreta.** Trata-se, nesse caso, de pena de demissão a bem do serviço público, tal como previsto no art. 257, IX da Lei 10.261/1968; **D: incorreta.** Trata-se, nesse caso, de pena de demissão a bem do serviço público, tal como previsto no art. 257, VIII da Lei 10.261/1968; **E: incorreta.** Trata-se, nesse caso, de pena de demissão a bem do serviço público, tal como previsto no art. 257, V da Lei 10.261/1968. **FB**
Gabarito "A".

(Procurador Municipal/SP – VUNESP – 2016) O servidor público se sujeita à responsabilidade civil, penal e administrativa decorrente do exercício do cargo, emprego ou função. A respeito da responsabilidade do servidor público, é correto afirmar que
(A) não há, com relação ao ilícito administrativo, a mesma tipicidade que caracteriza o ilícito penal, sendo que a maior parte das infrações não é definida com precisão, limitando-se a lei, em regra, a usar termos mais amplos, como falta de cumprimento dos deveres ou procedimento irregular.
(B) quando o servidor causa dano à terceiro, o Estado responde subjetivamente perante o terceiro, ou seja, é necessária a comprovação de dolo ou culpa, podendo, posteriormente, a Administração, em direito de regresso, efetuar descontos nos vencimentos do servidor.
(C) mesmo que o servidor seja condenado na esfera criminal, o juízo cível e a autoridade administrativa podem decidir de forma contrária, não obstante a sentença absolutória no juízo criminal tenha categoricamente reconhecido a inexistência material do fato.
(D) o servidor público civil demitido por ato administrativo, se absolvido pela Justiça em ação penal, por falta de provas, em relação ao ato que deu causa à demissão, será reintegrado ao serviço público, com todos os direitos adquiridos.
(E) em caso de crime de que resulte prejuízo para a Fazenda Pública ou enriquecimento ilícito do servidor, ele ficará sujeito a sequestro e perdimento de bens, sem necessidade de intervenção do Poder Judiciário, na forma da Lei Federal 8.429/2012.

A: Correta. A responsabilidade administrativa dos servidores públicos se encontra disposto nos arts. 127, e seguintes, da Lei 8.112/1990, havendo apenas previsão de condutas punidas com demissão (art. 132, da Lei 8.112/1990) e, mesmo assim, de forma genérica, bem diferente do que ocorre no Código Penal em relação aos crimes. **B: Incorreta.** O Estado responde objetivamente por danos que o Estado, por meio de seus agentes, causar a terceiros (art. 37, § 6º, CF). **C: Incorreta.** Se houver condenação na esfera penal, que é mais ampla de todas, vincula-se às demais esferas, de forma que a absolvição penal só exclui a punição administrativa se for fundamentada na ausência dos fatos e sua autoria (art. 127, da Lei 8.112/1990). **D: Incorreta.** A absolvição penal por ausência de provas não isenta o servidor de pena administrativa (art. 127, da Lei 8.112/1990). **E: Incorreta.** A ação de improbidade é ação civil, judicial, sendo esse o erro da alternativa. **AW**
Gabarito "A".

(Procurador do Estado – PGE/MT – FCC – 2016) A Lei Complementar nº 04/90 (Estatuto dos Servidores Públicos do Estado do Mato Grosso) dispõe, acerca da responsabilidade dos servidores e do processo disciplinar, que:
(A) é falta disciplinar criticar atos do Poder Público, ainda que a crítica seja formulada em trabalho doutrinário assinado pelo servidor.
(B) não é aplicável a pena de destituição a servidor titular de cargo efetivo que ocupa transitoriamente cargo comissionado.
(C) viola os deveres funcionais ser sócio ou acionista de empresa privada, atividade que é considerada incompatível com o exercício funcional.
(D) o servidor que se recusar a ser submetido à inspeção médica determinada pela autoridade competente não pode ser punido pela recusa, mas terá os seus vencimentos retidos até cumprir a determinação.
(E) para defender o indiciado revel, a autoridade instauradora do processo disciplinar designará como defensor-dativo um servidor portador de diploma de nível superior.

A: incorreta. O art. 144, V, da LC 04/1990 dispõe que "é proibido ao servidor referir-se de modo depreciativo ou desrespeitoso, às autoridades públicas ou aos atos do Poder Público, mediante manifestação escrita ou oral."; **B: correta.** Não temos essa penalidade prevista na LC 04/1990, por isso ela não pode ser aplicada; **C: incorreta** O art. 144, X, da LC 04/1990 admite ao servidor ser sócio ou acionista; **D: incorreta.** O servidor pode ser punido com suspensão de até 15 dias (art. 157, § 1º, da LC 04/1990); **E: incorreta.** Para defender o indiciado revel, a autoridade instauradora do processo disciplinar designará como defensor-dativo um servidor público de cargo de nível igual ou superior ao do indiciado, conforme disposto no art. 191, §2º, da LC 04/1990. **AW**
Gabarito "B".

(Procurador do Estado – PGE/RS – Fundatec – 2015) Assinale a alternativa INCORRETA.
(A) A absolvição do servidor público na esfera penal, por falta de provas, não impede a sua punição, em sede administrativa, pelos mesmos fatos.
(B) A condenação do servidor público na esfera penal vincula a Administração Pública, quanto à autoria e à materialidade dos fatos, para fins de aplicação da sanção administrativa.
(C) A absolvição do servidor público, por atipicidade do fato, não impede a sua punição, em sede administrativa, pelo mesmo fato.
(D) A absolvição do servidor público, por estar provado que o réu não concorreu para a infração penal, não impede a sua punição, em sede administrativa, pelo mesmo fato.
(E) Pela falta residual, não compreendida na sentença absolutória criminal, é admissível a punição administrativa do servidor público.

A: correta. A absolvição por falta de provas em processo penal não comunica ao processo administrativo (não faz coisa julgada no processo administrativo), conforme disposto no art. 126, da Lei 8.112/1990; **B: correta.** Há vinculação no caso de absolvição por inexistência do fato e autoria (art. 126, da Lei 8.112/1990); **C: correta.** Somente a inexistência do fato é que exclui a responsabilidade administrativa; **D: incorreta.** No caso de prova de ausência de autoria no processo penal, há comunicabilidade das instâncias; **E: correta.** A ausência de provas no processo penal realmente comunica ao processo administrativo. **AW**
Gabarito "D".

(Procurador do Estado – PGE/PA – UEPA – 2015) Quanto ao regime disciplinar do servidor público e processo administrativo, afirma-se que:
I. É punido com demissão a ofensa física praticada em serviço por servidor a outro servidor ou a particular, ainda que em legítima defesa.
II. As penalidades de advertência e de suspensão terão seus registros cancelados após o decurso de 5 anos de efetivo exercício.
III. O cancelamento da penalidade aplicada não surtirá efeitos retroativos.
IV. A revelação de segredo por servidor do qual se apropriou em razão do cargo é falta punida por demissão.
A alternativa que contém todas as afirmativas corretas é:
(A) I e IV.
(B) II e III.
(C) III e IV.
(D) II e IV.
(E) I, II, III e IV.

I: correta. O art. 132, VII, da Lei 8.112/1990 é expresso quanto à aplicação da penalidade de demissão em caso de prática de ofensa física pelo servidor; **II: incorreta.** O art. 131, da Lei 8.112/1990 prescreve que as penalidades de suspensão e advertência terão seus registros cancelados em 3 ou 5 anos de efetivo exercício; **III: correta.** Trata-se do disposto no art. 132. IX, da Lei 8.112/1990. **AW**
Gabarito "C".

(Procurador do Estado – PGE/PA – UEPA – 2015) Quanto ao Processo Administrativo Disciplinar, é correto afirmar que:
(A) a autoridade que tiver ciência de irregularidade no serviço público é obrigada a promover a sua apuração imediata, mediante sindicância ou processo administrativo disciplinar, assegurada ao acusado ampla defesa.

(B) as denúncias anônimas sobre irregularidades no serviço público serão objeto de apuração por processo administrativo disciplinar para fins de se resguardar o Poder Público de qualquer dano.
(C) da sindicância poderá resultar aplicação de penalidade de advertência ou suspensão de até 60 (sessenta) dias.
(D) o processo disciplinar poderá ser conduzido por comissão composta de três servidores estáveis ou não, sendo que neste último caso apenas quando não houver outro servidor estável no órgão, ocupante de cargo efetivo superior ou do mesmo nível que o acusado.
(E) o depoimento prestado pelas testemunhas no Processo Administrativo Disciplinar será feito oralmente ou poderá ser trazido em termo a ser anexado aos autos.

A: correta. Temos o conceito de poder disciplinar, em que há um aspecto vinculado, que determina à autoridade ciente da infração funcional, o dever de dar andamento à sua apuração; **B:** incorreta. Não se admite denúncia anônima (art. 144, da Lei 8.112/1990); **C:** incorreta. Da sindicância somente poderá resultar a aplicação das penalidades de advertência e suspensão de até 30 dias (art. 145, da Lei 8.112/1990); **D:** incorreta. Somente servidores estáveis podem ocupar essa comissão processante (art. 133, da Lei 812/90); **E:** incorreta. Não é lícito ao depoente realizar o depoimento por escrito (art. 158, da Lei 8.112/1990). Gabarito "A".

(Juiz – TRF 2ª Região – 2017) Entre as opções abaixo, apenas uma, nos termos da Lei nº 8.112/90, NÃO é causa de demissão do servidor público. Assinale-a:
(A) Inassiduidade habitual.
(B) Coagir subordinado, no sentido de filiar-se a partido político.
(C) Proceder de forma desidiosa.
(D) Receber presente ou vantagem de qualquer espécie, em razão de suas atribuições.
(E) Participar de gerência ou administração de sociedade.

A: incorreta. Há previsão dessa conduta no art. 132, III, da Lei 8.112/1990; **B:** correta. Não há previsão dessa conduta pela lei, de forma que ela é atípica para esse tipo de penalidade; **C:** incorreta. Há previsão dessa conduta no art. 132, XIII, da Lei 8.112/1990; **D:** incorreta. Há previsão da conduta no art. 132, XIII, da Lei 8.112/1990; **E:** incorreta. Há previsão da conduta no art. 132, XIII, da Lei 8.112/1990. Gabarito "B".

(Juiz – TRF 4ª Região – 2016) Dadas as assertivas abaixo, assinale a alternativa correta.
I. O candidato aprovado fora das vagas previstas no edital tem direito subjetivo à nomeação se, após serem preenchidas todas as vagas, surgirem novas vagas durante o prazo de validade do certame.
II. É taxativo o rol de doenças graves na Lei do Regime Jurídico Único para efeito de aposentadoria por invalidez permanente com proventos integrais.
III. O registro imobiliário não é oponível em face da União para afastar o regime dos terrenos de marinha.
(A) Estão corretas apenas as assertivas I e II.
(B) Estão corretas apenas as assertivas I e III.
(C) Estão corretas apenas as assertivas II e III.
(D) Estão corretas todas as assertivas.
(E) Nenhuma assertiva está correta.

A: incorreta. A assertiva I está incorreta. Somente possuem direito subjetivo à nomeação os candidatos aprovados dentro do número de vagas previsto no edital (súmula 511 do STJ); **B:** incorreta. A assertiva I está incorreta, conforme já explicado acima; **C:** correta. RE 656860: Pertence, portanto, ao domínio normativo ordinário a definição das doenças e moléstias que enseajam aposentadoria por invalidez com proventos integrais, cujo rol, segundo a jurisprudência assentada pelo STF, tem natureza taxativa.; D: correta. Estão corretos os itens II e III, da questão, sendo que, quanto ao item III, sabemos que os terrenos de marinha são de propriedade da União (art. 20, VII, CF), de forma que o Registro de Imóvel não afasta essa propriedade constitucionalmente deferida ao ente político, conforme dispõe a súmula 496 do STJ; **E:** incorreta. As assertivas II e III estão corretas. Gabarito "C".

(Juiz – TRF 4ª Região – 2016) Dadas as assertivas abaixo, assinale a alternativa correta. Sobre o processo administrativo-disciplinar no âmbito federal:
I. A portaria de instauração do processo administrativo-disciplinar prescinde de minuciosa descrição dos fatos imputados, sendo certo que a exposição pormenorizada dos acontecimentos se mostra necessária somente quando do indiciamento do servidor.
II. O prazo prescricional interrompido com a abertura do processo administrativo- disciplinar voltará a correr por inteiro após o decurso do prazo legal para o encerramento do procedimento.
III. Instaurado o competente processo administrativo-disciplinar, fica superado o exame de eventuais irregularidades ocorridas durante a sindicância.
IV. A autoridade administrativa pode aplicar a pena de demissão quando em processo administrativo-disciplinar, é apurada a prática de ato de improbidade por servidor público, tendo em vista a independência das instâncias civil, penal e administrativa.

(A) Estão corretas apenas as assertivas I e II.
(B) Estão corretas apenas as assertivas II e III.
(C) Estão corretas apenas as assertivas I, III e IV.
(D) Estão corretas apenas as assertivas II, III e IV.
(E) Estão corretas todas as assertivas.

A: incorreta. Temos como corretas as assertivas I, II, III e IV, conforme análise a seguir: **I:** correta. A portaria de instauração do processo disciplinar prescinde de minuciosa descrição dos fatos imputados, sendo certo que a exposição pormenorizada dos acontecimentos se mostra necessária somente quando do indiciamento do servidor (MS 17053/DF; RMS 34473/MS); **II:** correta. O prazo prescricional interrompido com a abertura do Processo Administrativo Disciplinar – PAD voltará a correr por inteiro após 140 dias, uma vez que esse é o prazo legal para o encerramento do procedimento (MS 15859/DF); **III:** correta. Instaurado o competente processo administrativo disciplinar, fica superado o exame de eventuais irregularidades ocorridas durante a sindicância. Precedentes: RMS 37871/SC, Rel. Min. Herman Benjamin, 2ª Turma, j. 07.03.2013, DJe 20.03.2013; MC 21602/ES (decisão monocrática), Rel. Min. Benedito Gonçalves, j. 03.09.2013, DJe 09.09.2013; **IV:** correta: A autoridade administrativa pode aplicar a pena de demissão quando em processo administrativo disciplinar é apurada a prática de ato de improbidade por servidor público, tendo em vista a independência das instâncias civil, penal e administrativa (art. 12, da Lei 8.429/1992 e arts. 125 e 126, da Lei 8.112/1990).
B: incorreta. Todas as assertivas são corretas; **C:** incorreta. Todas as assertivas são corretas; **D:** incorreta. Todas as assertivas são corretas; **E:** correta. Todas as assertivas são corretas. Gabarito "E".

(Delegado/GO – 2017 – CESPE) Com base no disposto na Lei n. 9.784/1999, assinale a opção correta, considerando o entendimento dos tribunais superiores e da doutrina sobre o processo administrativo.
(A) Os processos de prestação de contas são exemplo de processos administrativos de outorga, cuja finalidade é autorizar o exercício de determinado direito individual.
(B) O Supremo Tribunal Federal entende que não é necessária a observância do devido processo legal para a anulação de ato administrativo que tenha repercutido no campo dos interesses individuais.
(C) Por ser a ampla defesa um princípio do processo administrativo, a administração não poderá definir a maneira como se realizará seu exercício, definindo, por exemplo, o local de vista aos autos.
(D) A competência processante de órgão da administração pode ser delegada, em parte, a outro órgão, ainda que não subordinado hierarquicamente ao órgão delegante, desde que haja conveniência, razão e inexista impedimento legal.
(E) Conforme o Supremo Tribunal Federal, é obrigatória a representação por advogado para o exercício do direito à recorribilidade de decisão proferida em processo administrativo.

A: incorreta. Os processos de prestação de contas são típicos processos administrativo de expediente. Os processos de outorga visam a concessão de direitos perante a administração. **B:** incorreta. O devido processo legal é condição a qualquer ato administrativo. **C:** incorreta. Lei 9.784/1999, art. 22. Os atos do processo administrativo não dependem de forma determinada senão quando a lei expressamente a exigir. Art. 25. Os atos do processo devem realizar-se preferencialmente na sede do órgão, cientificando-se o interessado se outro for o local de realização. **D:** correta. Lei 9.784/1999, art. 12. Um órgão administrativo e seu titular poderão, se não houver impedimento legal, delegar parte da sua competência a outros órgãos ou titulares, ainda que estes não lhe sejam hierarquicamente subordinados, quando for conveniente, em razão de circunstâncias de índole técnica, social, econômica, jurídica ou territorial. **E:** incorreta. STF, – Súmula Vinculante 5: – A falta de defesa técnica por advogado no processo administrativo disciplinar não ofende a Constituição. Gabarito "D".

(Delegado/GO – 2017 – CESPE) No que se refere ao processo administrativo disciplinar (PAD), assinale a opção correta.
(A) A CF recepcionou o instituto da verdade sabida, viabilizando a sua aplicação no PAD.
(B) O Supremo Tribunal Federal entende ser ilegal a instauração de sindicância para apurar a ocorrência de irregularidade no serviço público a partir de delação anônima.
(C) Conforme o Supremo Tribunal Federal, militar, ainda que reformado, submete-se à hierarquia e à disciplina, estando, consequentemente, sujeito à pena disciplinar.
(D) Os princípios da ampla defesa e do contraditório no PAD não são absolutos, podendo haver indeferimento de pedidos impertinentes ou protelatórios.
(E) Uma sindicância preparatória só pode servir de subsídio para uma sindicância contraditória, mas não para um PAD.

A: incorreta. A constituição federal, art. 5º, LVII, conceitua o princípio da presunção da inocência na esfera penal, que e acompanhado na esfera administrativa. Lei 9.784/1999, art. 2º A Administração Pública obedecerá, dentre outros, aos princípios da legalidade, finalidade, motivação, razoabilidade, proporcionalidade, moralidade, ampla defesa, contraditório, segurança jurídica, interesse público e eficiência. **B:** incorreta. HC 97197 – STF – As autoridades públicas não podem iniciar qualquer medida de persecução (penal ou disciplinar), apoiando-se, unicamente, para tal fim, em peças apócrifas ou em escritos anônimos. É por essa razão que o escrito anônimo não autoriza, desde que isoladamente considerado, a imediata instauração de "persecutio criminis". – Peças apócrifas não podem ser formalmente incorporadas a procedimentos instaurados pelo Estado, salvo quando forem produzidas pelo acusado ou, ainda, quando constituírem, elas próprias, o corpo de delito (como sucede com bilhetes de resgate no crime de extorsão mediante sequestro, ou como ocorre com cartas que evidenciem a prática de crimes contra a honra, ou que corporifiquem o delito de ameaça ou que materializem o "crimen falsi", p. ex.). – **Nada impede, contudo, que o Poder Público, provocado por delação anônima ("disque--denúncia", p. ex.), adote medidas informais destinadas a apurar, previamente, em averiguação sumária, "com prudência e discrição", a possível ocorrência de eventual situação de ilicitude** penal, desde que o faça com o objetivo de conferir a verossimilhança dos fatos nela denunciados, em ordem a promover, então, em caso positivo, a formal instauração da "persecutio criminis", mantendo-se, assim, completa desvinculação desse procedimento estatal em relação às peças apócrifas. **C**: incorreta. Em que pese o militar reformado estar sujeito a hierarquia e disciplina, ele não mais se submete às penas disciplinares. Vejamos o que diz a Súmula 56 STF – Militar reformado não está sujeito à pena disciplinar. **D**: correta. Os princípios da ampla defesa e do contraditório não são absolutos, razão pela qual o indeferimento de pedidos protelatórios ou impertinentes não os fere. Lei 9.784/1999 – Art. 38, § 2º Somente poderão ser recusadas, mediante decisão fundamentada, as provas propostas pelos interessados quando sejam ilícitas, impertinentes, desnecessárias ou protelatórias. **E**: incorreta. A sindicância pode em qualquer dos casos dar origem ao PAD, sem, no entanto, ser suficiente para sua decisão. FB

Gabarito "D".

(Defensor Público – DPE/ES – 2016 – FCC) A Lei Federal 4.898/1965 disciplina a responsabilidade em caso de abuso de autoridade. Tal diploma estatui que:

(A) O processo administrativo para apurar abuso de autoridade deve ser sobrestado para o fim de aguardar a decisão da ação penal que apura a mesma conduta.
(B) Quando o abuso for cometido por agente de autoridade policial, civil ou militar, de qualquer categoria, poderá ser cominada a pena autônoma ou acessória, de não poder o acusado exercer funções de natureza policial ou militar no município da culpa, por prazo de um a cinco anos.
(C) Dentre as sanções penais que podem ser aplicadas está a perda do cargo e a inabilitação para o exercício de qualquer outra função pública por prazo de até oito anos.
(D) Constitui abuso de autoridade qualquer atentado ao exercício dos direitos sociais.
(E) Considera-se autoridade, para os efeitos da referida lei, apenas quem exerce cargo, emprego ou função pública, de natureza civil, ou militar, de natureza permanente.

A: Incorreta. O processo não poderá ser sobrestado, conforme disposto no art.7º, § 3º, da Lei 4.898/1965; **B**: Correta. Conforme disposto no art. 6º, § 5º, da Lei 4.898/1965 (letra de lei); **C**: Incorreta. A inabilitação para o exercício de outra função é por até 3 anos (art. 6º, § 3º, "c", da Lei 4.898/1965); **D**: Incorreta. Os direitos sociais não são "alvo" da conduta de abuso de autoridade, conforme dispõe o art. 3º, da Lei 4.898/1965; **E**: Incorreta. É considerada autoridade, mesmo o que, transitoriedade, exerce função pública (art. 5º, da Lei 4.898/1965). AW

Gabarito "B".

(Magistratura/RR – 2015 – FCC) Após responder a processo administrativo disciplinar, o servidor Marcos Santana sofreu pena de suspensão de suas funções por 30 (trinta) dias, com consequente perda vencimental e reflexos nos seus direitos funcionais. Passados mais de dez anos desde a aplicação da penalidade, ocorre o falecimento de Marcos. Na ocasião, um colega de Marcos, em crise de consciência, confessa que a principal prova documental juntada nos autos do processo disciplinar foi por ele forjada, com a finalidade de prejudicar o colega, de quem era desafeto. Em vista do sucedido, é correto concluir que

(A) em vista do falecimento do servidor e do transcurso do tempo, somente será possível a anulação da punição por ação judicial, a ser proposta pelo representante do espólio.
(B) com o falecimento do servidor, tornou-se irreversível a punição, em vista do esgotamento dos efeitos do ato administrativo (teoria do fato consumado).
(C) embora o falecimento não impeça a anulação da punição, o prazo para anulação dos atos da Administração é quinquenal, o que impossibilita a revisão da punição, seja na esfera administrativa, seja no âmbito judicial.
(D) ainda é possível a revisão administrativa da aplicação da sanção, que poderá ser realizada *ex officio* ou mediante requerimento de qualquer pessoa da família do servidor.
(E) em vista do transcurso do prazo para anulação dos atos administrativos, que é decenal, tornou-se irreversível o ato administrativo; todavia, o espólio do servidor poderá ajuizar ação de indenização em relação ao colega que provocou sua punição.

A: incorreta, pois a revisão é um pedido administrativo (arts. 174 e ss. da Lei 8.112/1990, na esfera federal); **B, C e E**: incorretas, pois a revisão pode ser pedida a qualquer tempo, inclusive em caso de falecimento do servidor (arts. 174, *caput* e § 1º., da Lei 8.112/1990, na esfera federal); **D**: correta (art. 174, *caput* e § 1º, da Lei 8.112/1990, na esfera federal). WG

Gabarito "D".

(Juiz de Direito/PA – 2014 – VUNESP) A falta de defesa técnica por advogado no processo administrativo disciplinar

(A) não ofende a Constituição.
(B) gera nulidade sanável pela devolução dos prazos.
(C) é causa de nulidade que depende de prova do prejuízo para reconhecimento.
(D) é causa de nulidade absoluta.
(E) pode ensejar a anulação na via judicial.

A: correta, conforme dispõe a Súmula Vinculante STF n. 5; **B a E**: incorretas, pois, conforme se viu, a Súmula Vinculante STF n. 5 prescreve que a falta de defesa técnica por advogado no processo disciplinar não ofende a Constituição, não havendo que se falar em nulidade ou anulação dos atos do processo disciplinar respectivo. WG

Gabarito "A".

(Promotor de Justiça/PI – 2014 – CESPE) Acerca do entendimento do STJ sobre o processo administrativo disciplinar, assinale a opção correta.

(A) Não é obrigatória a intimação do interessado para apresentar alegações finais após o relatório final de processo administrativo disciplinar.
(B) Não é possível a utilização, em processo administrativo disciplinar, de prova emprestada produzida validamente em processo criminal, enquanto não houver o trânsito em julgado da sentença penal condenatória.
(C) No processo administrativo disciplinar, quando o relatório da comissão processante for contrário às provas dos autos, não se admite que a autoridade julgadora decida em sentido diverso do indicado nas conclusões da referida comissão, mesmo que o faça motivadamente.
(D) Considere que se constate que servidor não ocupante de cargo efetivo tenha-se valido do cargo comissionado para indicar o irmão para contratação por empresa recebedora de verbas públicas. Nessa situação, a penalidade de destituição do servidor do cargo em comissão só será cabível caso se comprove dano ao erário ou proveito pecuniário.
(E) Caso seja ajuizada ação penal destinada a apurar criminalmente os mesmos fatos investigados administrativamente, deve haver a imediata paralisação do curso do processo administrativo disciplinar.

A: correta, pois não há previsão legal nesse sentido (MS 18.090-DF, *DJ* 08.05.2013); **B**: incorreta, pois o STJ admite a utilização dessa prova, em processo disciplinar, na qualidade de "prova emprestada", caso tenha sido produzida em ação penal, e desde que devidamente autorizada pelo juízo criminal e com a observância das diretrizes da Lei 9.296/1996 (MS 16.146, j. 22.05.2013); **C**: incorreta, pois, desde que o faça motivadamente, a autoridade não fica vinculada ao relatório da comissão processante; **D**: incorreta, pois aqui se tem violação aos arts. 117, IX, e 132, XIII, da Lei 8.112/1990, sujeito a demissão no caso de servidor ocupante de cargo público (art. 132, IV, da Lei 8.112/1990) e a destituição do cargo em comissão no caso de servidor ocupante deste (art. 135, *caput*, da Lei 8.112/1990); **E**: incorreta, pois as instâncias em questão são independentes entre si (art. 125 da Lei 8.112/1990). WG

Gabarito "A".

(Procurador do Estado/AC – 2014 – FMP) Com relação ao processo administrativo disciplinar, assinale a afirmativa **CORRETA**.

(A) Não há impedimento à aplicação de sanção disciplinar administrativa antes do trânsito em julgado da ação penal.
(B) A falta de defesa técnica, por advogado, no processo administrativo disciplinar ofende a Constituição.
(C) Por ser procedimento de averiguação administrativa, não está sujeito ao contraditório, mas segue o formalismo moderado.
(D) Sendo aplicável o formalismo moderado, a notificação de instauração não precisa conter todos os tipos de infração em tese cometidas.

A: correta, pois as instâncias administrativa e penal são independentes; **B**: incorreta, pois a Súmula Vinculante STF n. 5 prescreve que a falta de defesa técnica por advogado no processo disciplinar não ofende a Constituição; **C**: incorreta, pois o contraditório e a ampla defesa são direitos do servidor em qualquer tipo de processo administrativo em que houver algum tipo de imputação de conduta em seu desfavor, com exceção do que se dá no inquérito civil (de atribuição do Ministério Público), que é um mero procedimento de apuração dos fatos para possível ajuizamento de ação civil pública ou ação por improbidade administrativa; **D**: incorreta, pois é necessário a notificação do servidor com a especificação dos fatos a ele imputados (art. 161, *caput*, da Lei 8.112/1990). WG

Gabarito "A".

(Procurador do Município – Cuiabá/MT – 2014 – FCC) Mauro e André, ambos servidores públicos, foram citados em processo administrativo disciplinar e, concomitantemente, denunciados em ação penal, sob suspeita de terem se apropriado de computador da repartição em que trabalhavam. Conforme consta na Portaria do processo disciplinar e na denúncia, ambos teriam atuado em conluio, ingressando na repartição pública durante determinado final de semana, ocasião em que subtraíram o referido computador, o qual foi encontrado, horas depois da subtração, na residência de André. No processo penal, ambos foram absolvidos: Mauro, pois ficou comprovado que no final de semana em questão estava em férias, em localidade distante de seu local de trabalho e não poderia ter participado por qualquer forma da conduta delituosa; André, porque ficou comprovada a intenção de utilizar-se do equipamento apenas no final de semana, para elaborar trabalho escolar, pretendendo devolvê-lo em seguida, configurando assim o chamado "peculato de uso", figura atípica para a responsabilização criminal. Diante de tal situação, conclui-se que a decisão proferida no processo penal

(A) levará à extinção imediata do processo administrativo, sem necessidade de emissão de decisão administrativa acerca da conduta dos servidores.
(B) conduzirá à absolvição de Mauro no processo administrativo; não sendo possível dizer o mesmo em relação a André.
(C) conduzirá à absolvição de André no processo administrativo; não sendo possível dizer o mesmo em relação a Mauro.
(D) é absolutamente irrelevante para a decisão do processo administrativo, haja vista a chamada incomunicabilidade das instâncias.
(E) vincula a autoridade administrativa, que deve absolver ambos os servidores.

Quanto a Mauro, como foi absolvido na esfera penal por negativa de autoria (e não por mera falta de provas), essa decisão se comunicará à esfera administrativa, de modo que será absolvido nesta esfera também (art. 126 da Lei 8.112/1990). Já quanto a André, responderá normalmente na esfera administrativa recebendo a punição adequada ao fato praticado, que, sendo ou não crime, traduz-se em violação de seus deveres funcionais, ensejando punição disciplinar. Gabarito "B".

(Procurador Legislativo – Câmara de Vereadores de São Paulo/SP – 2014 – FCC) Analise as seguintes afirmações, acerca do exercício do poder disciplinar pela Administração:

I. O afastamento preventivo do servidor público e a chamada "verdade sabida" não são admitidos após a Constituição Federal de 1988, pois tais institutos violam os princípios da presunção de inocência, da ampla defesa e do contraditório, nela consagrados.
II. A anulação de ato punitivo anterior, produzido com vício de legalidade, e a aplicação de outra punição, mais gravosa, não constitui *bis in idem*.
III. A renúncia formal ao direito de defesa, pelo acusado, dispensa a constituição de defensor dativo no processo administrativo disciplinar.

Está correto o que se afirma APENAS em

(A) I e II.
(B) II.
(C) III.
(D) I e III.
(E) II e III.

I: incorreta; a verdade sabida de fato (em que se punia o servidor sem respeito ao contraditório, quando a própria autoridade disciplinar presenciava a infração disciplinar) não é admitida pela atual Constituição, mas o afastamento preventivo do servidor, como providência cautelar, é admitido sim; II: correta, pois, por uma questão de lógica, não há "bis in idem" se a punição anterior é anulada (ou seja, cancelada); III: incorreta; há vários estatutos de servidor, como o do Município de São Paulo, que impõem que se o servidor não constituir advogado ser-lhe-á dado um defensor dativo, que, no Município de São Paulo, é um procurador municipal (art. 212, parágrafo único, da Lei Municipal 8.989/1979); vale ressaltar, todavia, que essa regra não existe em todos os estatutos de servidor e, nesses casos, a ausência de defensor não ofenderá a Constituição, nos termos da Súmula Vinculante STF 5. Gabarito "B".

(Delegado/SP – 2014 – VUNESP) Sócrates, antigo servidor de uma autarquia, sofreu um processo administrativo disciplinar cujo resultado, ao final, lhe custou a perda do próprio cargo público. Durante o processo, foi possível ao servidor informar o julgador dos fatos, manifestar-se sobre as evidências trazidas contra si e, inclusive, ter consideradas suas manifestações nos autos. A despeito disso, alegou o servidor que, no trâmite do processo, não foi assistido por advogado regularmente constituído para a defesa. Em tais condições, a falta de defesa técnica por advogado no processo administrativo disciplinar, por si só,

(A) importa nulidade do processo administrativo disciplinar por constituir flagrante cerceamento de defesa.
(B) não importa nulidade de processo administrativo disciplinar, desde que seus atos sejam reaproveitados em novo procedimento, desta vez assistido o acusado por defensor dativo.
(C) importa nulidade da decisão por violar o princípio da ampla defesa assegurado a todos litigantes em processo judicial ou administrativo pelo art. 5º, inciso LV, da Constituição Federal.
(D) importa nulidade do processo administrativo disciplinar, pois a Lei Estadual do Processo Administrativo (Lei 10.177/1998) prevê a essencialidade do defensor habilitado para o cumprimento do devido processo legal.
(E) não ofende a constituição, ainda mais no presente caso em que a parte reconhecidamente se defendeu nos autos.

Segundo a Súmula Vinculante STF n. 5, a falta de defesa técnica por advogado no processo administrativo disciplinar não ofende a Constituição. Assim, a alternativa "e" está correta. Gabarito "E".

(Delegado/SP – 2014 – VUNESP) De acordo com o Estatuto dos Funcionários Públicos Civis do Estado de São Paulo (Lei 10.261/1968), será aplicada a pena de demissão, a bem do serviço público, ao funcionário que

(A) for ineficiente no serviço.
(B) receber presentes de qualquer espécie, por intermédio de outrem, em razão de suas funções.
(C) abandonar o cargo por mais de 30 dias consecutivos.
(D) se ausentar do serviço, sem causa justificável, por mais de 45 dias, interpoladamente, em 01 ano.
(E) aplicar indevidamente dinheiros ou recursos públicos.

A: incorreta, pois esse caso é de demissão simples (art. 256, III); B: correta (art. 257, VII); C: incorreta, pois esse caso é de demissão simples (art. 256, I e § 1º); D: incorreta, pois esse caso é de demissão simples (art. 256, V); E: incorreta, pois esse caso é de demissão simples (art. 256, IV). Gabarito "B".

5.13. IMPROBIDADE ADMINISTRATIVA

(Escrevente – TJ/SP – 2018 – VUNESP) Constitui ato de improbidade administrativa que atenta contra os princípios da administração pública qualquer ação ou omissão que viole os deveres de honestidade, imparcialidade, legalidade, e lealdade às instituições, e notadamente,

(A) perceber vantagem econômica para intermediar a liberação ou aplicação de verba pública de qualquer natureza.
(B) liberar verba pública sem a estrita observância às normas pertinentes ou influir, de qualquer forma, para a sua aplicação irregular.
(C) permitir, facilitar ou concorrer para que terceiro se enriqueça ilicitamente.
(D) revelar fato ou circunstância de que tem ciência em razão das atribuições e que deva permanecer em segredo.
(E) agir negligentemente na arrecadação de tributo ou renda, bem como no que diz respeito à conservação do patrimônio público.

A: incorreta. Art. 9º, IX da Lei 8.429/1992; B: incorreta. Art. 10, XI da Lei 8.429/1992; C: incorreta. Art. 10, XII da Lei 8.429/1992; D: correta. Art. 11, III da Lei 8.429/1992; E: incorreta. Art. 10, X da Lei 8.429/1992. Gabarito "D".

(Escrevente – TJ/SP – 2018 – VUNESP) Em consonância com a Lei de Improbidade, assinale a alternativa correta.

(A) O cidadão, no gozo de seus direitos políticos, tem exclusividade para representar à autoridade administrativa competente a fim de que seja instaurada investigação destinada a apurar a prática de ato de improbidade.
(B) Estando a petição inicial em devida forma, o juiz mandará autuá-la e ordenará a notificação do requerido, para oferecer manifestação por escrito, que poderá ser instruída com documentos e justificações, dentro do prazo de quinze dias.
(C) O Ministério Público ou qualquer cidadão no gozo de seus direitos políticos pode ingressar com ação de improbidade administrativa.
(D) Havendo fundados indícios de responsabilidade, a comissão processante poderá requerer em juízo a decretação do sequestro dos bens do agente ou terceiro que tenha enriquecido ilicitamente ou causado dano ao patrimônio público.
(E) A perda da função pública e a suspensão dos direitos políticos do condenado por ato de improbidade efetivam-se com a publicação da condenação por ato de improbidade em segunda instância.

A: incorreta. A "pegadinha" da questão está na expressão exclusividade, na medida em que o art. 14 da Lei 8.429/1992 estabelece que "qualquer pessoa poderá representar à autoridade administrativa competente para que seja instaurada investigação destinada à apurar a prática do ato de improbidade"; B: correta. Art. 17, § 7º da Lei 8.429/1992; C: incorreta. O art. 17 da Lei 8.429/1992 dá a legitimidade ativa *ad causam* da ação de improbidade administrativa apenas ao Ministério Público ou à pessoa jurídica interessada; D: incorreta. O art. 16 da Lei 8.429/1992 fala que "havendo fundados indícios de responsabilidade, a comissão representará **ao Ministério Público ou à procuradoria do órgão** para que requeira ao juízo competente a decretação do sequestro dos bens do agente ou terceiro que tenha enriquecido ilicitamente ou causado dano ao patrimônio público"; E: incorreta. "A perda da função pública e a suspensão dos direitos políticos só se efetivam com o trânsito em julgado da sentença condenatória – artigo 20 da Lei 8.429/1992". Gabarito "B".

(Escrevente – TJ/SP – 2018 – VUNESP) Constitui ato de improbidade administrativa importando enriquecimento ilícito auferir qualquer tipo de vantagem patrimonial indevida em razão do exercício de cargo, mandato, função, emprego ou atividade nas entidades mencionadas no artigo 1o da Lei de Improbidade a seguinte hipótese:

(A) permitir ou concorrer para que pessoa física ou jurídica privada utilize bens, rendas, verbas ou valores integrantes do acervo patrimonial das entidades públicas protegidas por esta Lei, sem observância das formalidades legais ou regulamentares aplicáveis à espécie.
(B) realizar operação financeira sem observância das normas legais e regulamentares ou aceitar garantia insuficiente ou inidônea.
(C) ordenar ou permitir a realização de despesas não autorizadas em lei ou regulamento.
(D) aceitar emprego, comissão ou exercer atividade de consultoria ou assessoramento para pessoa física ou jurídica que tenha interesse suscetível de ser atingido ou amparado por ação ou omissão decorrente das atribuições do agente público, durante a atividade.
(E) permitir ou facilitar a aquisição, permuta ou locação de bem ou serviço por preço superior ao de mercado.

A: incorreta – art. 10, XVII da Lei 8.429/1992; **B:** incorreta. Art. 10, VI da Lei 8.429/1992; **C:** incorreta. Art. 10, IX da Lei 8.429/1992; **D:** correta. Art. 9º, VIII da Lei 8.429/1992; **E:** incorreta. Art. 10, IV da Lei 8.429/1992. FB
Gabarito "D".

(Investigador – PC/BA – 2018 – VUNESP) Considere a seguinte situação hipotética: João e Maria trabalham no Departamento Estadual de Trânsito – DETRAN de algum Estado-membro da Federação Brasileira. Maria trabalha no balcão, no atendimento ao público, enquanto José trabalha com processos e tem acesso ao sistema de dados, fazendo inclusões e alterações de informações, como a pontuação da Carteira Nacional de Habilitação. João e Maria conversam e decidem atuar ilicitamente. Se algum cidadão se apresentasse querendo dar baixa em sua pontuação indevidamente, sem preencher os requisitos legais, Maria afirmaria que conseguiria fazer isso, mediante o pagamento de R$ 500,00. Se o cidadão concordasse com essa prática, Maria passaria o pedido a João, que faria a alteração no sistema, dando a baixa na pontuação, dividindo, os dois, o resultado da prática ilícita. Certo dia, José, na qualidade de cidadão, solicita a Maria que diminua seus pontos, que já haviam atingido a quantia de 62. Maria impõe a condição do pagamento ilegal e José aceita. José retorna com o dinheiro e, quando vai entregá-lo a Maria, é flagrado pela Corregedoria do DETRAN. No que tange à responsabilização pela Lei de Improbidade Administrativa, é correto afirmar que poderá(ão) responder no polo passivo da demanda:

(A) João e Maria, na qualidade de agentes públicos, e José, porque, mesmo não sendo agente público, concorreu para a prática do ato de improbidade.
(B) João e Maria, pois a Lei de Improbidade Administrativa atinge somente agentes públicos, ainda que em sentido amplo.
(C) Maria, pois José não responde por não pertencer aos quadros da Administração, e João não havia recebido sua parte, portanto não se poderia caracterizar enriquecimento ilícito.
(D) Maria e José, porque, mesmo não sendo José funcionário público, ele participou ativamente da ilicitude, inclusive tomando a iniciativa da prática ímproba e instigando Maria a se beneficiar da proposta; João não recebeu nenhuma vantagem, então não responde.
(E) João e Maria, na qualidade de agentes públicos; José poderá ser demandado, todavia, subsidiariamente, por ação própria, apenas para ressarcir o Erário pelo dano causado, caso João e Maria sejam condenados a ressarcir os cofres públicos.

Tanto João e Maria como também José cometeram ato de improbidade administrativa, nos termos do art. 1º c/c 3º da Lei 8.429/1992. Com efeito, a lei diz que responde por ato de improbidade administrativa tanto o agente público, servidor ou não, como também, no que couber, aquele que, mesmo não sendo agente público, induza ou concorra para a prática do ato de improbidade ou dele se beneficie sob qualquer forma direta ou indireta. FB
Gabarito "A".

(Investigador – PC/BA – 2018 – VUNESP) A Lei no 8.429/92 estabelece que constitui ato de improbidade administrativa, importando enriquecimento ilícito, auferir qualquer tipo de vantagem patrimonial indevida em razão do exercício de cargo. Sabendo-se que Josué (empresário) concorreu com Gilson (funcionário público federal) para a prática de ato de improbidade administrativa, enriquecendo-se ambos ilicitamente, é correto afirmar que as disposições da Lei no 8.429/92

(A) não são aplicáveis a Josué, pois este não é agente público.
(B) são aplicáveis a Josué, inclusive com previsão de causa de aumento de pena por ser agente estranho à Administração Pública.
(C) são aplicáveis a Josué, no que couber, mesmo não sendo agente público, pois concorreu com Gilson para prática de ato de improbidade, todavia não atingem, de maneira alguma, seus sucessores.
(D) são aplicáveis a Josué, no que couber, mesmo não sendo agente público, pois concorreu com Gilson para prática de ato de improbidade, observando-se que, em razão do enriquecimento ilícito, podem ser atingidos seus sucessores até o limite do valor da herança.
(E) são aplicáveis a Josué, no que couber, mesmo não sendo agente público, pois concorreu com Gilson para prática de ato de improbidade, observando-se que, em razão do enriquecimento ilícito, podem ser atingidos seus sucessores independentemente do limite do valor da herança.

A: incorreta. A Lei 8.429/1992 aplica-se também àquele que, mesmo não sendo agente público, induza ou concorra para a prática do ato de improbidade ou dele se beneficie sob qualquer forma direta ou indireta – art. 3º da Lei 8.429/1992; **B:** incorreta. Não há previsão legal nesse sentido; **C:** incorreta. Aplica-se ao terceiro que não é agente público e a seus sucessores, até o limite do valor da herança; **D:** correta. Art. 3º c/c 8º da Lei 8.429/1992; **E:** incorreta. Aplica-se ao terceiro que não é agente público e a seus sucessores, até o limite do valor da herança – art. 8º da Lei 8.429/1992. FB
Gabarito "D".

(Procurador Municipal – Prefeitura/BH – CESPE – 2017) De acordo com o disposto na Lei de Improbidade Administrativa — Lei nº 8.429/1992 —, assinale a opção correta.

(A) A efetivação da perda da função pública, penalidade prevista na lei em apreço, independe do trânsito em julgado da sentença condenatória.
(B) A configuração dos atos de improbidade administrativa que importem em enriquecimento ilícito, causem prejuízo ao erário ou atentem contra os princípios da administração pública depende da existência do dolo do agente.
(C) O sucessor do agente que causou lesão ao patrimônio público ou que enriqueceu ilicitamente responderá às cominações da lei em questão até o limite do valor da sua herança.
(D) O responsável por ato de improbidade está sujeito, na hipótese de cometimento de ato que implique enriquecimento ilícito, à perda dos bens ou dos valores acrescidos ilicitamente ao seu patrimônio, ao ressarcimento integral do dano e à perda dos direitos políticos.

A: incorreta. A perda da função pública e suspensão dos direitos políticos dependem do trânsito em julgado da sentença condenatória, conforme disposto no art. 20, da Lei 8.429/1992; **B:** incorreta. O dolo só é necessário no ato de improbidade que cause prejuízo ao erário (art. 10, da Lei 8.429/1992; **C:** correta. Trata-se do disposto no art. 8º, da Lei 8.429/1992; **D:** incorreta. Conforme disposto no art. 12, I, da Lei 8.429/1992, o ressarcimento integral do dano só incidirá (a pena), quando houver esse dano comprovado. AW
Gabarito "C".

(Procurador Municipal – Sertãozinho/SP – VUNESP – 2016) Dentre os crimes de responsabilidade dos Prefeitos Municipais previstos no Decreto-lei 201/1967, sujeitos ao julgamento do Poder Judiciário, independentemente do pronunciamento da Câmara dos Vereadores, está prevista a conduta de

(A) impedir o exame de livros, folhas de pagamento e demais documentos que devam constar dos arquivos da Prefeitura, bem como a verificação de obras e serviços municipais.
(B) desatender, sem motivo justo, as convocações ou os pedidos de informações da Câmara, quando feitos a tempo e em forma regular.
(C) descumprir o orçamento aprovado para o exercício financeiro, praticando, contra expressa disposição de lei, ato de sua competência ou omitindo-se na sua prática.
(D) negar execução a lei federal, estadual ou municipal, ou deixar de cumprir ordem judicial, sem dar o motivo da recusa ou da impossibilidade, por escrito, à autoridade competente.
(E) retardar a publicação ou deixar de publicar as leis e atos sujeitos a essa formalidade, deixando de apresentar à Câmara, no devido tempo, e em forma regular, a proposta orçamentária.

A: Incorreta. Trata-se de uma infração político-administrativa prevista no art. 4º, II, do Decreto-lei 201/1967, sendo de competência da Câmara dos Vereadores o seu julgamento. **B:** Incorreta. Também temos hipótese de infração político-administrativa de competência da Câmara dos Vereadores (art. 4º, III, do Decreto-lei 201/1967). **C:** Incorreta. O mesmo se diz dessa assertiva, que consta do art. 4º, VI, do Decreto-lei 201/1967. **D:** Correta. Nesse caso, temos expressa a competência do Poder Judiciário, que assim dispõe: "Art. 1º São crimes de responsabilidade dos Prefeitos Municipal, sujeitos ao julgamento do Poder Judiciário, independentemente do pronunciamento da Câmara dos Vereadores: XIV – Negar execução a lei federal, estadual ou municipal, ou deixar de cumprir ordem judicial, sem dar o motivo da recusa ou da impossibilidade, por escrito, à autoridade competente; **E:** Incorreta. Trata-se de infração administrativa de competência do Poder Judiciário (art. 4º, IV, do Decreto-lei 201/1967. AW
Gabarito "D".

(Procurador do Estado – PGE/MT – FCC – 2016) No tocante às regras para aplicação das penalidades previstas na Lei Complementar estadual nº 207, de 29 de dezembro de 2004, considere:

I. O comportamento e os antecedentes funcionais do servidor devem ser considerados para a dosagem da sanção administrativa.
II. Haver o transgressor confessado espontaneamente a falta perante a autoridade sindicante ou processante, de modo a facilitar a apuração daquela é circunstância que atenua a pena.
III. Haver o transgressor procurado diminuir as consequências da falta, ou haver reparado o dano, ainda que após a aplicação da pena, são circunstâncias que atenuam a pena.
IV. A relevância dos serviços prestados e a reincidência são circunstâncias que agravam a pena.

Está correto o que consta APENAS em:
(A) I e II.
(B) II e III.
(C) III e IV.
(D) II e IV.
(E) I e III.

I: correta. Trata-se do disposto no art. 10, da LC 207/2004; **II:** correta. A confissão espontânea é atenuante para fins de aplicação da pena ao servidor (art. 11, II, LC 207/2011); **III:** incorreta. A reparação do dano tem que ser antes da aplicação da pena para esta ser atenuada (art. 11, I, da LC 207/2011); **IV:** incorreta. O art. 11, IV, da LC 207/2011 admite como atenuante serviços prestados pelo infrator. Gabarito "A".

(Procurador do Município – Prefeitura Fortaleza/CE – CESPE – 2017) A respeito de bens públicos e responsabilidade civil do Estado, julgue o próximo item.

(1) Se, após um inquérito civil público, o MP ajuizar ação de improbidade contra agente público por ofensa ao princípio constitucional da publicidade, o agente público responderá objetivamente pelos atos praticados, conforme o entendimento do STJ.

1: incorreta. Os agentes públicos só respondem pelos atos de improbidade que violarem os princípios administrativos (art. 11 da Lei 8.429/1992), de forma subjetiva, ou seja, se provado o dolo ou culpa do agente (REsp 1654542 SE 2017/0033113-6). Gabarito "1E".

(Procurador do Município – Prefeitura Fortaleza/CE – CESPE – 2017) Um servidor da Procuradoria-Geral do Município de Fortaleza, ocupante exclusivamente de cargo em comissão, foi preso em flagrante, em operação da Polícia Federal, por fraudar licitação para favorecer determinada empresa.

Com referência a essa situação hipotética, julgue os itens subsequentes tendo como fundamento o controle da administração pública e as disposições da Lei de Improbidade Administrativa e da Lei Municipal nº 6.794/1990, que dispõe sobre o Estatuto dos Servidores do Município de Fortaleza.

(1) Mesmo que o servidor mencionado colabore com as investigações e ressarça o erário, não poderá haver acordo ou transação judicial em sede de ação de improbidade administrativa.
(2) Segundo o entendimento do STJ, caso o referido servidor faleça durante a ação de improbidade administrativa, a obrigação de reparar o erário será imediatamente extinta, dado o caráter personalíssimo desse tipo de sanção.
(3) No caso de ajuizamento de ação penal, o processo administrativo disciplinar ficará suspenso até o trânsito em julgado do processo na esfera criminal.
(4) Nesse caso, a sentença criminal absolutória transitada em julgado que negar a autoria vinculará, necessariamente, a esfera administrativa.
(5) Caso o referido servidor seja demitido por decisão de processo administrativo disciplinar, poderá o Poder Judiciário revogar esse ato administrativo se ficar comprovado o cerceamento de defesa, ainda que exista recurso administrativo pendente de decisão.

1: correta. Não há mais possibilidade de transação em Ação Civil Pública de Improbidade Administrativa (art. 17, § 1º, da Lei 8.429/1992), sendo essa revogada pela perda da eficácia da MP 703/15; **2:** incorreta. A Ação de Improbidade Administrativa corre também contra os herdeiros, que são legitimados passivos, conforme disposto no art. 8º, da Lei 8.429/1992; **3:** incorreta. As esferas administrativa, cível e penal são independentes entre si (art. 125 da Lei 8.112/1990), por isso é que não é necessário aguardar o processo criminal, sendo somente afastada a responsabilidade administrativa se houver absolvição por inexistência do fato ou sua autoria, por isso, somente nesses casos é que seria prudente suspender o processo administrativo disciplinar, mas como o problema não traz essa informação, a resposta mais genérica é pena desnecessidade dessa suspensão; **4:** correta. É o que dispõe o art. 126 da Lei 8.112/1990; **5:** incorreta. O Poder Judiciário poderá anular o ato administrativo por cerceamento de defesa, já que ilegal. Não pode revogar o ato administrativo, porque a revogação é própria e exclusiva do Poder Executivo. Gabarito "1C, 2E, 3E, 4C, 5E".

(Procurador – IPSMI/SP – VUNESP – 2016) Com base na Lei 8.429/1992, assinale a alternativa correta.
(A) O sucessor daquele que causar lesão ao patrimônio público ou se enriquecer ilicitamente está sujeito às cominações da lei de improbidade administrativa até o limite do valor da herança.
(B) Qualquer eleitor poderá representar à autoridade administrativa competente para que seja instaurada investigação destinada a apurar a prática de ato de improbidade.
(C) A legitimidade ativa para ajuizamento de ação de improbidade administrativa é exclusiva do Ministério Público.
(D) Constitui ato de improbidade administrativa que causa lesão ao erário frustrar a licitude de concurso público.
(E) Será punido com a pena de suspensão, sem prejuízo de outras sanções cabíveis, o agente público que se recusar a prestar declaração dos bens, dentro do prazo determinado, ou que a prestar falsa.

A: Correta. O sucessor responde até o limite da herança pelos danos que o ato ímprobo causar ao Estado, conforme disposto no art. 8º, da Lei 8.429/1992. **B:** Incorreta. Qualquer pessoa poderá representar à autoridade administrativa competente contra ato de improbidade (art. 14, da Lei de Improbidade Administrativa). **C:** Incorreta. Tanto o Ministério Público quanto a pessoa jurídica interessada podem propor Ação de Improbidade Administrativa (art. 17, da Lei 8.429/1992). **D:** Incorreta. Trata-se de ato de improbidade que viola os princípios administrativos (art. 11, V, da Lei 8.429/1992). **E:** Incorreta. Não há especificação de que se refere essa "suspensão", eis que a Lei de Improbidade prevê a suspensão dos direitos políticos (art. 12 da Lei 8.429/1992). Gabarito "A".

(Procurador – IPSMI/SP – VUNESP – 2016) Com base na Lei 8.429/1992, assinale a alternativa correta.
(A) O sucessor daquele que causar lesão ao patrimônio público ou se enriquecer ilicitamente está sujeito às cominações da lei de improbidade administrativa até o limite do valor da herança.
(B) Qualquer eleitor poderá representar à autoridade administrativa competente para que seja instaurada investigação destinada a apurar a prática de ato de improbidade.
(C) A legitimidade ativa para ajuizamento de ação de improbidade administrativa é exclusiva do Ministério Público.
(D) Constitui ato de improbidade administrativa que causa lesão ao erário frustrar a licitude de concurso público.
(E) Será punido com a pena de suspensão, sem prejuízo de outras sanções cabíveis, o agente público que se recusar a prestar declaração dos bens, dentro do prazo determinado, ou que a prestar falsa.

A: Correta. O sucessor responde até o limite da herança pelos danos que o ato ímprobo causar ao Estado, conforme disposto no art. 8º, da Lei 8.429/1992. **B:** Incorreta. Qualquer pessoa poderá representar à autoridade administrativa competente contra ato de improbidade (art. 14, da Lei de Improbidade Administrativa). **C:** Incorreta. Tanto o Ministério Público quanto a pessoa jurídica interessada podem propor Ação de Improbidade Administrativa (art. 17, da Lei 8.429/1992). **D:** Incorreta. Trata-se de ato de improbidade que viola os princípios administrativos (art. 11, V, da Lei 8.429/1992). **E:** Incorreta. Não há especificação de que se refere essa "suspensão", eis que a Lei de Improbidade prevê a suspensão dos direitos políticos (art. 12 da Lei 8.429/1992). Gabarito "A".

(Procurador Municipal/SP – VUNESP – 2016) Assinale a alternativa que corretamente discorre sobre previsões relativas à improbidade administrativa, previstas na Lei Federal 8.429/1992.
(A) Revelar fato ou circunstância de que tem ciência em razão das atribuições e que deva permanecer em segredo constitui ato de improbidade que importa enriquecimento ilícito ou causa dano ao erário.
(B) Não estão sujeitos às penalidades da Lei Federal 8.429/1992, os atos de improbidade praticados contra o patrimônio de entidade que receba subvenção, benefício ou incentivo, fiscal ou creditício, de órgão público.
(C) As disposições da Lei Federal 8.429/1992 são aplicáveis, no que couber, àquele que, mesmo não sendo agente público, induza ou concorra para a prática do ato de improbidade ou dele se beneficie sob qualquer forma direta ou indireta.
(D) Exercer atividade de consultoria ou assessoramento para pessoa jurídica que tenha interesse suscetível de ser atingido ou amparado por ação ou omissão decorrente das atribuições do agente público, durante a atividade, é ato de improbidade administrativa que causa dano ao erário.
(E) Independentemente das sanções penais, civis e administrativas previstas na legislação específica, o responsável pelo ato de improbidade fica sujeito às cominações da Lei Federal 8.429/1992, que deverão ser aplicadas sempre de forma cumulativa, mas graduadas de acordo com a gravidade do fato.

A: Incorreta. Trata-se de ato de improbidade contrário aos princípios administrativos (art. 11, VII, da Lei 8.429/1992), sendo outro tipo de improbidade. **B:** Incorreta. As entidades que recebem subvenção, benefício ou incentivo fiscal ou creditício de órgão público são sujeitos passivos de ato de improbidade, conforme dispõe o artigo 1º, parágrafo único, da Lei 8.429/1992. **C:** Correta. Perfeita alternativa. Trata-se do disposto no art. 3º, da Lei de Improbidade Administrativa, que pune o "coautor" do ato ímprobo, mesmo que não seja um servidor público. **D:** Incorreta. Essa conduta não encontra um tipo de improbidade específico, mas como viola o princípio da impessoalidade, poderia ser enquadrada no art. 11, da Lei 8.429/1992, eis que o rol nele constante não é taxativo, e sim, exaustivo (admite a inclusão de outras condutas). **E:** Incorreta. O art. 12, "caput", da Lei 8.429/1992 é expresso quanto à possibilidade de as penalidades serem impostas isolada ou cumulativamente. AW

Gabarito "C".

(Procurador – SP – VUNESP – 2015) Duas vezes por semana, o Procurador-Geral da Câmara Municipal de Caieiras realiza curso de pós-graduação em direito, que ocorre em instituição de ensino superior localizada no Município de São Paulo. Para seu deslocamento, que atinge mais de 500 quilômetros por mês, utiliza-se de motorista que é servidor efetivo da Câmara Municipal, bem como de veículo pertencente ao Legislativo Municipal, devidamente abastecido com recursos públicos. A conduta do Procurador-Geral é

(A) ilícita, pois é ato de improbidade perceber vantagem econômica direta ou indireta em decorrência do regular exercício de suas atribuições, pelo uso do veículo somente, pois o Procurador-Geral pode exigir do motorista a prestação de serviço.

(B) lícita, pois somente são atos de improbidade as condutas que causem prejuízo ao erário e, no caso em tela, independentemente do uso pelo Procurador-Geral, o veículo já é bem público e o servidor integrante dos quadros da Câmara Municipal.

(C) ilícita, já que a conduta do Procurador-Geral reúne os três requisitos cumulativos para a caracterização do ato de improbidade: enriquecimento ilícito, dano ao erário e violação de princípios da Administração Pública.

(D) lícita, pois os atos de improbidade administrativa não alcançam o benefício indireto decorrente de utilização de bens e/ou do trabalho de servidores públicos, não havendo, nesse caso, enriquecimento ilícito.

(E) ilícita, pois é ato de improbidade administrativa usar, em proveito próprio, bens, rendas, verbas ou valores integrantes do acervo patrimonial do Município, bem como utilizar, em serviço particular, o trabalho de servidor público.

A: Incorreta. O ato é ilícito, mas não o de receber vantagem econômica, e sim, de uso de veículo, sendo ato de improbidade que causa enriquecimento ilícito previsto no art. 9º, IV, da Lei 8.429/1992. **B:** Incorreta. O ato é ilícito. Não há nada no enunciado que comprove que o servidor obteve esse benefício regularmente, além de não haver interesse público para utilização de um carro oficial (há, pelo contrário, interesse próprio). **C:** Incorreta. O ato de improbidade pode ser um dos previstos no art. 9º, 10 e 11, da Lei 8.429/1992. No caso, temos ato de improbidade que importa em enriquecimento ilícito. **D:** Incorreta. Como dito acima, o ato é ilícito. Há interesse particular sendo patrocinado por bem público. **E:** Correta. Há ato de improbidade previsto no art. 9º, IV, da Lei 8.429/1992. AW

Gabarito "E".

(Procurador do Estado – PGE/RS – Fundatec – 2015) A condenação por ato de improbidade administrativa:

(A) Importará na suspensão dos direitos políticos, na perda da função pública, na indisponibilidade dos bens e no ressarcimento ao erário, na forma e gradação previstas em lei, sem prejuízo da ação penal cabível, inexistindo foro privilegiado.

(B) Dependerá de sentença criminal transitada em julgado, com observância ao foro privilegiado de autoridades e ex-autoridades públicas.

(C) Importará na suspensão dos direitos políticos, na perda da função pública, na indisponibilidade dos bens e no ressarcimento ao erário, na forma e gradação previstas em lei, com prejuízo da ação penal cabível, inexistindo foro privilegiado.

(D) Dependerá de sentença criminal transitada em julgado, com observância ao foro privilegiado de autoridades públicas em efetivo exercício do cargo.

(E) Importará na suspensão dos direitos políticos, na perda da função pública, na indisponibilidade dos bens e no ressarcimento ao erário, na forma e gradação previstas em lei, com prejuízo da ação penal cabível, observando-se o foro privilegiado de autoridades públicas em efetivo exercício do cargo.

A: correta. Trata-se do disposto no art.12, da Lei de Improbidade Administrativa e do entendimento jurisprudencial de que as Ações de Improbidade correm em primeira instância (Recl.6254, STF); **B:** incorreta. A Lei de Improbidade é lei que condena atos por ilícitos civis, não admite outras condenações advindas de outras instâncias (art. 12, "caput", da Lei 8.429/1992); **C:** incorreta. Não há prejuízo da ação penal cabível, conforme disposto no art. 12, "caput", da Lei 8.429/1992; **D:** incorreta. Não há foro privilegiado em Ação de Improbidade Administrativa (STF, Recl. 6254); **E:** incorreta. Não há prejuízo da ação penal cabível (art. 12, "caput", da Lei 8.429/1992). AW

Gabarito "A".

(Procurador do Estado – PGE/PA – UEPA – 2015) A respeito do dever de probidade na atuação dos agentes públicos e a ação de improbidade, afirma-se que:

I. Os agentes públicos devem atuar nos processos administrativos segundo padrões éticos de probidade, decoro e boa-fé.

II. Os atos de improbidade administrativa importarão a suspensão dos direitos de cidadão, a perda da função pública, a indisponibilidade dos bens e o ressarcimento ao erário, na forma e gradação previstas em lei, sem prejuízo da ação penal cabível.

III. Por meio do dever de probidade, impõe-se aos agentes públicos a necessidade de que suas atuações se conformem não apenas com a legalidade, mas que: 1. Não importem em enriquecimento sem causa do agente público; 2. Não causem prejuízo ao Erário e 3. Não violem quaisquer dos princípios da Administração Pública.

IV. A ação de improbidade tem natureza criminal.

A alternativa que contém todas as afirmativas corretas é:

(A) I, II, III e IV.
(B) I e IV.
(C) I e III.
(D) II e III.
(E) II e IV.

I: correta. Esse é o preceito que decorre do princípio da moralidade (art. 37, "caput", CF); **II:** incorreta. Temos a suspensão dos direitos políticos dos agentes públicos, e não do cidadão (art. 37, § 4º, CF); **III:** correta. Essas são as modalidades previstas nos arts. 9º, 10 e 11, da Lei 8.429/1992; **IV:** incorreta. A Ação de Improbidade tem natureza jurídica cível. AW

Gabarito "C".

(Juiz – TRF 2ª Região – 2017) O Ministério Público Federal (MPF) ajuizou ação de improbidade administrativa em face de dois agentes públicos, por alegada ordenação de despesa não prevista em lei (art. 10, IX, da Lei nº 8.429/92), com potencial prejuízo à União. Não houve prévio inquérito civil e a ação foi aforada imediatamente após ter o MPF recebido documentos e decisão preliminar proferida pelo Tribunal de Contas da União (TCU), em tomada de contas. Assinale a opção correta:

(A) O inquérito civil visa à coleta de elementos idôneos a propiciar suporte ao ajuizamento da ação de improbidade, sendo necessária a sua prévia realização como condição de procedibilidade da ação.

(B) A falta de inquérito civil e mesmo de quaisquer outros elementos que deem suporte à postulação é suprida, no sistema da Lei 8.429/92, pela obrigatória notificação prévia dos demandados, que farão defesa prévia antes do recebimento da própria inicial.

(C) No caso, posterior decisão do TCU que aponte a regularidade dos atos que ordenaram as despesas tornará sem objeto a ação.

(D) A pessoa jurídica prejudicada pelo ato de improbidade administrativa (no caso, a União) pode ingressar nos autos, mesmo após o decurso do prazo relativo à juntada da contestação, para apresentar argumentos favoráveis à condenação dos autores dos atos acoimados de ímprobos.

(E) Comprovado que os atos não têm suporte legal, estará caracterizada a improbidade administrativa.

A: incorreta. Não há previsão legal para a instauração de inquérito civil para o ajuizamento de ação de improbidade administrativa (art. 17, e seguintes, da Lei 8.429/1992); **B:** incorreta. Como não há previsão para a instauração de inquérito civil, não há que se falar em suprimento deste ato; **C:** incorreta. O art. 21, II, da Lei 8.429/1992 é expresso quanto à total independência da aprovação ou rejeição das contas pelos Tribunais de Contas para aplicação das penalidades prevista pela lei; **D:** correta. A pessoa jurídica interessada, quando não for autora poderá atuar ao lado do autor, no caso, o Ministério Público, conforme disposto no art. 17, §3º, da Lei 8.429/1992, que remete à aplicação do art. 6º, da Lei 4.717/1965; **E:** incorreta. Os atos de improbidade são os tipificados nos arts. 9º, 10 e 11, da Lei 8.429/1992, não havendo ato ímprobo sem descrição ou tipificação legal. AW

Gabarito "D".

(Juiz – TRF 3ª Região – 2016) Nos termos da Lei nº 8.429/1992 (Lei da Improbidade Administrativa) é correto afirmar que à pessoa condenada por ter realizado operação financeira sem observância das normas legais e regulamentares, podem ser aplicadas, dentre outras, as seguintes cominações:

(A) Perda da função pública; suspensão dos direitos políticos de oito a dez anos e proibição de contratar com o Poder Público ou receber benefícios ou incentivos fiscais ou creditícios, direta ou indiretamente, ainda que por intermédio de pessoa jurídica da qual seja sócio majoritário, pelo prazo de dez anos.

(B) Perda da função pública; suspensão dos direitos políticos de cinco a oito anos e proibição de contratar com o Poder Público ou receber benefícios ou incentivos fiscais ou creditícios, direta ou indiretamente, ainda que por intermédio de pessoa jurídica da qual seja sócio majoritário, pelo prazo de cinco anos.

(C) Perda da função pública; suspensão dos direitos políticos de três a cinco anos e proibição de contratar com o Poder Público ou receber benefícios ou incentivos fiscais ou creditícios, direta ou indiretamente, ainda que por intermédio de pessoa jurídica da qual seja sócio majoritário, pelo prazo de três anos.

(D) Perda da função pública; suspensão dos direitos políticos de cinco a dez anos e proibição de contratar com o Poder Público ou receber benefícios ou incentivos fiscais ou creditícios, direta ou indiretamente, ainda que por intermédio de pessoa jurídica da qual seja sócio majoritário, pelo prazo de dez anos.

A: incorreta. Nesse caso temos a incidência do art. 10, V, da Lei 8.429/1992 (ato de improbidade que causa prejuízo ao erário), sendo hipótese de aplicação do art. 12, II, da Lei 8.429/1992, portanto; **B:** correta. Trata-se do disposto no art. 12, II, da Lei 8.429/1992, no caso de ato de improbidade que causa prejuízo ao erário, punido com as penalidades elencadas na assertiva; **C:** incorreta. Essas são penalidades previstas para o ato de improbidade que violar os princípios administrativos, por isso está incorreta (art. 12, III, da Lei de Improbidade Administrativa); **D:** incorreta. Essas são penalidades previstas para ao ato de improbidade que causam dano ao erário (art. 10, III, da Lei 8.429/1992). AW

Gabarito "B".

(Juiz – TRF 4ª Região – 2016) Assinale a alternativa correta.

(A) A responsabilização do agente público por ato de improbidade administrativa que cause lesão ao erário exige regime jurídico estatutário, mas o exercício da atividade pode ser decorrente de concurso público ou cargo em comissão.
(B) Todo ato de improbidade administrativa que cause lesão ao erário exige dolo do agente e perda patrimonial pública.
(C) Constitui ato de improbidade administrativa o enriquecimento ilícito por perceber vantagem econômica para intermediar a liberação ou a aplicação de verba pública, desde que haja prejuízo ao Poder Público igual ou superior a essa vantagem.
(D) Deixar de prestar contas quando esteja obrigado a fazê-lo constitui ato de improbidade administrativa por atentar contra os princípios da Administração Pública.
(E) Permitir que se utilizem, em obra ou serviço particular, veículos, equipamentos ou material da Administração Pública caracteriza ato de improbidade administrativa, independentemente de causar prejuízo ao erário.

A: incorreta. Todos os agentes públicos são sujeitos ativos do delito de improbidade administrativa (art. 2º, da Lei 8.429/1992), sob qualquer vínculo com o Poder Público, portanto; **B:** incorreta. O ato de improbidade descrito no art. 10, da Lei 8.429/1992 (ato de improbidade que causa enriquecimento ilícito) admite a forma culposa, sendo incorreta a assertiva, portanto; **C:** incorreta. Trata-se de ato de improbidade que causa enriquecimento ilícito (art. 9º, IX, da Lei 8.429/1992) por isso independe de prejuízo ao erário; **D:** correta. Trata-se do disposto no art. 11, XX, da Lei 8.429/1992; **E:** incorreta. Trata-se de ato de improbidade que causa prejuízo ao erário previsto no art. 10, XIII, da Lei 8.429/1992, portanto, exige o prejuízo ao erário. AW

Gabarito "D".

(Juiz – TRF 4ª Região – 2016) Dadas as assertivas abaixo, assinale a alternativa correta.

I. Sem que haja dano efetivo ao patrimônio público, ou enriquecimento ilícito do réu, é inviável a constatação de ter ocorrido ato de improbidade administrativa.
II. A utilização de provas emprestadas não é possível na ação de improbidade administrativa.
III. A indisponibilidade de bens pode ser decretada na ação de improbidade administrativa, independentemente da comprovação de que o réu esteja dilapidando seu patrimônio ou na iminência de fazê-lo.

(A) Está correta apenas a assertiva III.
(B) Estão corretas apenas as assertivas I e II.
(C) Estão corretas apenas as assertivas II e III.
(D) Estão corretas todas as assertivas.
(E) Nenhuma assertiva está correta.

A: incorreta. Temos ainda o tipo de improbidade previsto no art. 11, da Lei 8.429/1992, que é o ato de improbidade que viola os princípios, por isso, mesmo que a conduta não seja tipificada nos arts 9º e 10 (ato que causa enriquecimento ilícito ou dano ao erário), é possível que o ato seja violador de um princípio. Quanto à assertiva II, o erro está no fato de que há ampla dilação probatória na ação de improbidade administrativa, sendo aplicados os dispositivos do Código de Processo de Civil de forma subsidiária (arts.17 e seguintes, da Lei 8.429/1992). Por fim, quanto a assertiva III, está correta, tendo em vista a inexigência de prova dos ilícitos, sendo que a declaração de indisponibilidade é feita para assegurar o ressarcimento ao erário ou para penalizar o agente improbo, mas sendo medida cautelar, independe de prova robusta sobre possível dilapidação do patrimônio público; **B:** incorreta. Somente a assertiva III está correta, conforme explicado acima; **C:** incorreta: Somente a assertiva III está correta; **D:** incorreta. Há uma alternativa correta, qual seja, a III; **E:** incorreta. Temos uma assertiva correta, sendo a III. AW

Gabarito "A".

(Juiz de Direito – TJM/SP – VUNESP – 2016) A Lei 8.429, de 2 de junho de 1992, prescreve como ato de improbidade administrativa, que atenta contra os princípios da Administração Pública, qualquer ação ou omissão que viole os deveres de honestidade, imparcialidade, legalidade, lealdade às instituições e, notadamente:

(A) produzir bens ou explorar matéria-prima pertencentes à União sem autorização legal.
(B) adquirir, distribuir e revender derivados de petróleo, em desacordo com as normas estabelecidas na forma da lei.
(C) deixar de cumprir a exigência de requisitos de acessibilidade previstos na legislação.
(D) omitir informação ou prestar declaração falsa às autoridades fazendárias.
(E) divulgar informação falsa ou prejudicialmente incompleta sobre instituição financeira.

A: incorreta. O enunciado se refere ao tipo de improbidade previsto no art. 11, da Lei 8.429/1992, sendo o ato de improbidade que viola os princípios administrativos. Essa conduta não consta como um ato ímprobo. **B:** incorreta. Também não temos ato de improbidade que viola princípios administrativos, nem outro tipo previsto em lei. **C:** correta. Trata-se de ato de improbidade previsto no art. 11, IX, da Lei 8.429/1992, introduzido pela Lei 13.146/2015 (Estatuto da Pessoa Com Deficiência). **D:** incorreta. Teríamos ato de improbidade de enriquecimento ilícito (art. 10, X, da Lei 8.429/1992). **E:** incorreta. Temos um crime contra a Ordem Tributária (Lei 8.137/19bn90). AW

Gabarito "C".

(Juiz – TJ/RJ – VUNESP – 2016) Assinale a alternativa que corretamente discorre sobre aspectos da improbidade administrativa.

(A) O entendimento do Superior Tribunal de Justiça é que a indisponibilidade de bens em ação de improbidade administrativa é possível antes do recebimento da petição inicial, mas depende da comprovação de início de dilapidação patrimonial, tendo em vista que o *periculum in mora* está no desaparecimento de bens que poderiam ser utilizados para pagamento de futura indenização.
(B) Não se pode confundir improbidade com simples ilegalidade, por isso, a jurisprudência do Superior Tribunal de Justiça considera indispensável, para caracterização de improbidade, que a conduta do agente seja dolosa, para a tipificação das condutas descritas como enriquecimento ilícito ou como atentatórias a princípios da Administração Pública, ou pelo menos eivada de culpa grave, nas hipóteses descritas como causadoras de dano ao erário.
(C) Considerando que as pessoas jurídicas não podem ser beneficiadas por atos ímprobos, não sendo condenadas por sua prática, é de se concluir que, de forma correlata, que não podem figurar no polo passivo de uma demanda de improbidade, que deverá voltar-se contra seus sócios.
(D) Há que se reconhecer a ocorrência de *bis in idem* e, por consequência, de ilegitimidade passiva do ex-vereador para responder pela prática de atos de improbidade administrativa, de forma a estear a extinção do processo sem julgamento do mérito, pois o julgamento de vereadores é exclusivamente político.
(E) Na Lei de Improbidade consta previsão expressa de formação de litisconsórcio entre o suposto autor do ato de improbidade e eventuais beneficiários, assim, havendo relação jurídica entre as partes do polo passivo, é obrigado o magistrado a decidir de modo uniforme a demanda.

A: incorreta. É possível a decretação da indisponibilidade de bens em ação de improbidade administrativa independentemente da demonstração do risco de dilapidação do patrimônio do demandado. Isso porque, na indisponibilidade prevista no artigo 7º da Lei 8.429/1992, não se vislumbra uma típica tutela de urgência, mas uma tutela de evidência, já que o "periculum in mora" não é oriundo da intenção do agente dilapidar seu patrimônio visando frustrar a reparação do dano, e, sim, da gravidade dos fatos e do montante do prejuízo causado ao erário, o que atinge toda a coletividade. Por ser uma tutela sumária fundada em evidência, a medida constritiva não possui caráter sancionador nem antecipa a culpabilidade do agente, sendo reversível o provimento judicial que a deferir. Ressalte-se que a decretação da indisponibilidade de bens, mesmo sendo desnecessária a demonstração do "periculum in mora", não é medida automática, devendo ser adequadamente fundamentada pelo magistrado, sob pena de nulidade" (voto do Min. Mauro Campbell Marques). STJ, REsp 1.366.721/BA, rel. Min. Og Fernandes, j. 26.02.14, em recurso repetitivo). **B:** correta. Configuração dos atos de improbidade administrativa previstos no art. 10 da Lei de Improbidade Administrativa (atos de improbidade administrativa que causam prejuízo ao erário), à luz da atual jurisprudência do STJ, exige a presença do efetivo dano ao erário (critério objetivo) e, ao menos, culpa, o mesmo não ocorrendo com os tipos previstos nos arts. 9º e 11 da mesma Lei (enriquecimento ilícito e atos de improbidade administrativa que atentam contra os princípios da administração pública), os quais se prendem ao elemento volitivo do agente (critério subjetivo), exigindo-se o dolo. (...) AgRg no AREsp 374.913/BA, Segunda Turma, Rel. Min. Og Fernandes, publicado em 11.04.2014. **C:** incorreta. O erro está em afirmar que pessoas jurídicas não podem ser beneficiadas por ato de improbidade, pois, mesmo sendo um ato praticado por um agente público ou particular em concurso com aquele, poderá favorecer uma pessoa jurídica a celebrar contratos, obter vantagens fiscais etc. **D:** incorreta. Os vereadores não estão excluídos da aplicação da Lei de Improbidade Administrativa, sendo esse um entendimento relacionado a agentes políticos que respondem por crime de responsabilidade previsto na Constituição Federal, como é o Presidente da República. **E:** incorreta. Não há essa previsão legal na Lei de Improbidade Administrativa. AW

Gabarito "B".

(Juiz – TJ/MS – VUNESP – 2015) Quanto à ação de improbidade administrativa, assinale a alternativa correta.

(A) A defesa prévia ocorre após o recebimento da petição inicial, com a citação do réu, mas antes da contestação.
(B) É possível o ajuizamento da ação em face exclusivamente de particular, sem a presença de agente público no polo passivo.
(C) A sentença que concluir pela carência ou pela improcedência de ação de improbidade administrativa está sujeita ao reexame necessário.
(D) Da decisão que rejeitar a petição inicial caberá agravo de instrumento.
(E) A ação poderá ser rejeitada se houver prova hábil, de plano, da improcedência da ação.

A: incorreta. A defesa prévia ocorre antes da citação, conforme disposto no art. 17, § 7º, da Lei 8.429/1992. **B:** incorreta. A Ação de Improbidade deve ser proposta em face do agente, sendo que no caso do particular que praticar ato de improbidade, como ele sempre é coautor com o agente (art. 3º, da Lei 8.429/1992), com ele deve estar, conforme decidiu o STJ: "particular que induza ou concorra para a prática do ato de improbidade ou dele se beneficie, direta ou indiretamente, não pode figurar, sozinho, no polo passivo de ação de improbidade administrativa. Particulares não podem ser responsabilizados com base na LIA sem que figure no polo passivo um agente público responsável pelo ato questionado (Recurso Especial 896.044 – PA). Esse o entendimento do STJ"; **C:** incorreta. As hipóteses de reexame necessário são sempre taxativas (art. 496, CPC) e como nesse caso não há previsão legal, devemos entender que ele não é necessário. **D:** incorreta. O art. 17, § 10, da Lei 8.429/1992 determina que no caso do Agravo de Instrumento a decisão que *receber* a petição inicial, não a que *rejeitá-la*. **E:** correta. O art. 17, § 8º, da Lei 8.429/1992 assim determina quanto à improcedência da demandada e sua rejeição. Gabarito "E".

(Juiz – TJ/MS – VUNESP – 2015) Na ação de improbidade administrativa proposta pelo Ministério Público,

(A) da decisão que receber a petição inicial, não caberá agravo de instrumento.
(B) é permitida a transação, acordo ou conciliação no transcorrer da demanda.
(C) caso tenha havido sequestro de bens, a ação deve ser proposta dentro de 60 (sessenta) dias da efetivação da medida cautelar.
(D) a Fazenda Pública, quando for o caso, promoverá as ações necessárias à complementação do ressarcimento do patrimônio público.
(E) a pessoa jurídica de direito público interessada, se não intervir no processo como parte, atuará obrigatoriamente, como fiscal da lei, sob pena de nulidade.

A: incorreta. O art. 17, § 10, da Lei 8.429/1992 determina caber o Agravo de Instrumento. **B:** incorreta. Não é permitida transação na Ação de Improbidade Administrativa (art. 17, § 1º, da Lei 8.429/1992). **C:** incorreta. O prazo para o ajuizamento da ação principal (de Improbidade) é de 30 dias (art. 17, "caput", da Lei 8.429/1992). **D:** correta. Trata-se do disposto no art. 17, § 2º da Lei 8.429/1992 que prevê essa possibilidade da Fazenda promover ações necessárias à complementação do erário. **E:** incorreta. Quem atua como fiscal da lei é o Ministério Público (art. 17, § 4º, da Lei 8.429/1992). Gabarito "D".

(Promotor de Justiça – MPE/RS – 2017) Com relação às regras da Lei de Improbidade Administrativa (Lei 8.429, de 02 de junho de 1992), assinale a alternativa correta.

(A) Estando a inicial em devida forma, o juiz mandará autuá-la e ordenará a notificação do requerido, para oferecer manifestação por escrito, que poderá ser instruída com documentos e justificações, dentro do prazo de quinze dias.
(B) Tendo em vista a independência das ações, a propositura da ação de improbidade administrativa não traz a prevenção em relação a outras ações intentadas posteriormente, que tenham por fim discutir o mesmo objeto.
(C) Tendo em vista a indisponibilidade do interesse público, o juiz não poderá extinguir o processo, sem resolução de mérito, se reconhecer a inadequação da ação de improbidade administrativa, devendo buscar todas as provas e ultimar o processo com sentença de mérito.
(D) A ação de improbidade administrativa é de autoria exclusiva do Ministério Público, cabendo à pessoa jurídica de direito público ou de direito privado prestadora de serviço público, obrigatoriamente, a contestação do feito.
(E) As ações destinadas a levar a efeito as sanções por ato de improbidade administrativa podem ser propostas em até 5 (cinco) anos, contados da data em que o ato de improbidade administrativa foi praticado.

A: Correta. Trata-se do art.17, § 7º, da Lei 8.429/1992. **B:** Incorreta. Há sim, prevenção da jurisdição para as demais ações com o mesmo objeto, conforme disposto no art.17, § 5º, da Lei de Improbidade. **C:** Incorreta. O juiz poderá extinguir o processo sem julgamento de mérito, conforme disposto no art.17, § 11 da Lei 8.429/1992. **D:** Incorreta. A pessoa jurídica lesada ou interessada poderá também ser autora da ação civil de improbidade administrativa, conforme disposto no art.17, da Lei 8.429/1992. **E:** Incorreta. O prazo é fixo, sendo de 5 anos para os titulares de cargos ou função de confiança e mandato eletivo e o prazo previsto para aplicação das penalidades administrativas (funcionais) para os titulares de cargo efetivo, conforme disposto no art. 23 da Lei 8.429/1992. Gabarito "A".

(Promotor de Justiça/GO – 2016 – MPE) Assinale a alternativa incorreta:

(A) Será competente a Justiça Comum Estadual para o processamento e julgamento de ação civil por ato de improbidade administrativa que tenha por objeto o mau uso de verbas federais transferidas e incorporadas ao patrimônio público municipal, salvo se a União manifestar interesse na causa.
(B) O agente público condenado pela Justiça Eleitoral ao pagamento de multa não estará sujeito às sanções da Lei 8.429/1992 pelo ato de improbidade decorrente da mesma conduta, uma vez que dentre estas sanções está prevista o pagamento de multa civil.
(C) É cabível a condenação do agente público por ato de improbidade administrativa que importe enriquecimento ilícito, ainda que não reste configurado o dano ao erário, ficando excluída, nessa hipótese, a possibilidade de aplicação da pena de ressarcimento ao erário.
(D) Constitui ato de improbidade administrativa atentatório aos princípios da Administração Pública a tortura de preso custodiado em delegacia.

A: Correta. Há súmula do STJ nesse sentido (Súmula 209), assim como jurisprudência já consolidada a respeito. Súmula 209/STJ: "Compete à Justiça Estadual processar e julgar prefeito por desvio de verba transferida e incorporada ao patrimônio municipal." Sobre o tema, os seguintes precedentes desta Corte Superior: "Processo civil – Conflito de competência – Ação de prestação de contas de verbas recebidas em virtude de acordo firmado entre o Município e o Ministério da Educação – Competência da Justiça Estadual. 1. A ação de prestação de contas de verbas recebidas em virtude de acordo firmado entre o Município e o Ministério da Educação deve ser processada e julgada pela Justiça Comum estadual, haja vista que os recursos já se incorporaram ao patrimônio da Municipalidade. Inaplicabilidade da Súmula 208/STJ. 2. Conflito conhecido para declarar competente o Juízo de Direito da 3ª Vara Cível de Palmeira dos Índios – AL, o suscitado. (CC 64.869/AL, 1ª Seção, Rel. Min. Eliana Calmon, DJ de 12.2.2007). **B.** Incorreta. A aplicação da Lei de Improbidade não impede a aplicação de outras normas de outras instâncias. A penalidade por infração à Lei 8.429/1992 é cumulativa a outras penalidades, conforme dispõe o art.12, do mesmo diploma legal, razão pela qual a multa imposta pela Justiça Eleitoral pode ser cumulada ou não com a multa ou outras penalidades previstas na Lei de Improbidade Administrativa ((AgRg no AREsp 606.352-SP, Rel. Min. Assusete Magalhães, julgado em 15/12/2015, DJe 10/2/2016 – Info 576). **C.** Correta. O art.12, I, da Lei 8.429/1992 é prova de que o ato de improbidade que causa enriquecimento ilícito pode ou não causar danos ao erário, eis que o ressarcimento do dano é penalidade que só deve ser aplicada, se houver o dano (o dano é facultativo). **D.** Correta. A jurisprudência já se posicionou nesse sentido (STJ. 1ª Seção. REsp 1.177.910-SE, Rel. Ministro Herman Benjamin, julgado em 26/8/2015– Info 577), de forma que a tortura de preso é ato que atenta contra os princípios da legalidade e moralidade. Gabarito "B".

(Promotor de Justiça/GO – 2016 – MPE) Com base na Lei de Improbidade Administrativa, assinale a alternativa correta:

(A) A conduta do agente público de retardar, indevidamente, ato de ofício, somente é considerado ato de improbidade administrativa se houver dolo ou causar efetivo prejuízo aos cofres públicos.
(B) Para configuração dos atos de improbidade administrativa que importam enriquecimento ilícito, é indispensável a prova do dolo do agente e independe de lesão ao erário.
(C) A conduta do agente público que deixa de prestar contas quando esteja obrigado a fazê-lo configura ato de improbidade administrativa que importa em enriquecimento ilícito.
(D) O herdeiro do agente que causar lesão ao patrimônio público ou se enriquecer ilicitamente não estará sujeito às cominações da Lei de Improbidade Administrativa, mas responderá integralmente pelo dano causado ao erário.

A: Incorreta, tendo em vista ser ato que viola princípios administrativos (art.11, II, da Lei 8429/1992), que só pode ser punido a título de dolo, mas independe de dano ao erário (art.12, III). **B:** Correta. O art. 9º, da Lei 8.429/1992 só é punido a título de dolo, mas independe de lesão ao erário, sendo que esse dano só é exigido, quando houver (art.12, I, da Lei 8.429/1992). **C:** Incorreta. Trata-se de ato de improbidade que viola princípios (art. 11, VI, da Lei 8.429/1992). **D:** Incorreta. O ato de improbidade se transmite aos herdeiros quanto ao ressarcimento ao erário, ou seja, quanto ao cumprimento da penalidade de ressarcimento ao erário. (art. 8º, da Lei 8.429/1992). Gabarito "B".

(Procurador da República –28º Concurso – 2015 – MPF) Um levantamento realizado por Procuradoria Regional Eleitoral em um dos Tribunais Regionais Federais constatou que, nos últimos oito anos, nas condenações por improbidade administrativa (Lei 8.429/1992), não havia sido aplicada a sanção de suspensão dos direitos políticos. Veja as seguintes afirmações e, ao final, assinale a alternativa certa:

I. As sanções previstas na Lei 8.429/1992 não precisam ser aplicadas cumulativamente, todas elas, cabendo ao juiz ou tribunal escolher quais aplicar.

II. A suspensão de direitos políticos prevista na Lei 8.429/1992 corresponde apenas as condutas dolosas.
III. Nem toda condenação por improbidade administrativa acarreta inelegibilidade.
IV. Improbidade administrativa, assim como crime de responsabilidade, estão previstos em situações de descumprimento a preceitos de responsabilidade fiscal (Lei Complementar 101/2000).

(A) Apenas as afirmações I, II e III estão corretas.
(B) Apenas as afirmações II, III e IV estão corretas.
(C) Apenas as afirmações I, III e IV estão corretas.
(D) Apenas as afirmações I, II e IV estão corretas.

A: Incorreta. O item II está INCORRETO, eis que as sanções, todas, podem ser aplicadas a todos os tipos previstos na Lei de Improbidade Administrativa. Assim, a suspensão dos direitos políticos se encontra prevista em todos os incisos do art.12, da Lei 8.429/1992, tanto para condutas dolosas quanto para as culposas. **B:** Incorreta. Mais uma vez, a assertiva II está incorreta, conforme comentário acima. **C:** correta. Estão corretas as assertivas I, III e IV. O item I está correto, porque o art.12, da Lei 8.429/1992 é expresso ao dispor que as penalidades podem ser aplicadas cumulativa ou isoladamente. O item III, porque a pena de suspensão dos direitos políticos, que acarreta a inelegibilidade, pode ou não ser aplicada, a depender do caso a ser avaliado individualmente pelo Poder Judiciário. E o item IV, porque a Lei de Responsabilidade Fiscal prevê diversos atos que também configuram violação da Lei 8.429/1992, principalmente nos atos de irresponsabilidade de gastos, a exemplo da violação do art. 42, da Lei de Responsabilidade Fiscal, que também configura violação de princípios administrativos. **D:** Incorreta. Mais uma vez, a assertiva II está incorreta, conforme comentário acima. Gabarito "C".

(Promotor de Justiça – MPE/MS – FAPEC – 2015) É **correto** afirmar que a ação de improbidade administrativa só pode ser intentada:
(A) Privativamente pelo Ministério Público.
(B) Pela pessoa física em pleno gozo dos direitos políticos (cidadão) e pelo Ministério Público.
(C) Pelo *Parquet* e pela Defensoria Pública.
(D) Pelo Ministério Público e a pessoa jurídica interessada.
(E) Pela Defensoria Pública, pela Procuradoria do Estado e pelo Ministério Público.

A: Incorreta. O art.17 da Lei 8.429/1992 determina que também é legitimado para a propositura da ação civil pública de improbidade a pessoa jurídica interessada. **B:** Incorreta. Pessoas físicas não podem ser autoras na ação de improbidade administrativa. **C:** Incorreta. A Defensoria Pública não é legitimada pela Lei de Improbidade. **D:** Correta. Trata-se do disposto no art.17 da Lei 8.429/1992. **E:** Incorreta. Somente a pessoa jurídica interessada e o Ministério Público são legitimados à ação de improbidade. Gabarito "D".

(Promotor de Justiça/GO – 2016 – MPE) Segundo entendimento jurisprudencial do Superior Tribunal de Justiça, a respeito da Lei de Improbidade Administrativa (Lei Federal 8.429/1992), assinale a alternativa incorreta:
(A) os bens de família não podem ser objeto de medida de indisponibilidade prevista na Lei de Improbidade Administrativa, uma vez que há apenas a limitação de eventual alienação do bem.
(B) nas ações de improbidade administrativa, não há obrigatoriedade de formação de litisconsórcio passivo necessário entre o agente público e os terceiros beneficiados com o ato ímprobo.
(C) ainda que se trate de ato de improbidade administrativa que implique em violação dos princípios da administração pública, é cabível a medida cautelar de indisponibilidade dos bens do art. 7º da Lei 8.429/1992.
(D) os Agentes Políticos sujeitos a crime de responsabilidade, ressalvados os atos ímprobos cometidos pelo Presidente da República (art. 86 da CF) e pelos Ministros do Supremo Tribunal Federal, não são imunes às sanções por ato de improbidade previstas no art. 37, § 4º da CF.

A: Incorreta. Há jurisprudência do STJ a respeito REsp 1461882/PA, Rel. Ministro Sérgio Kukina, Primeira TURMA, julgado em 05/03/2015, DJe 12/03/2015) no sentido de que o bem de família não impede a cautelar de indisponibilidade para assegurar o ressarcimento ao erário, eis que apenas é vedada a sua alienação, não afetada com a cautelar, portanto. **B:** Correta. O litisconsórcio é facultativo, nesse caso, sendo as responsabilizações independentes (AgRg no REsp 1421144/PB, Rel. Ministro Benedito Gonçalves, Primeira Turma, julgado em 26/05/2015, DJe 10/06/2015); **C:** Correta. A cautelar de indisponibilidade de bens pode ser aplicada a todos os tipos de improbidade administrativa, eis que o ressarcimento do dano pode ser necessário em qualquer das condutas ilícitas, inclusive a violação de princípios conforme previsto no art.12, III, da Lei de Improbidade.(AgRg no REsp 1311013/RO, Rel. Ministro Humberto Martins, Segunda Turma, julgado em 04/12/2012, DJe 13/12/2012; AgRg no REsp 1299936/RJ, Rel. Ministro Mauro Campbell Marques, Segunda Turma, julgado em 18/04/2013, DJe 23/04/2013; REsp 957766/PR, Rel. Ministro Luiz Fux, Primeira Turma, julgado em 09/03/2010, DJe 23/03/2010). **D:** correta. O Entendimento do STF (Reclamação 2138) é de que somente os Ministros de Estado e o Presidente da República, que estão sujeitos a regramento próprio previsto no art.87, CF, é que não se submetem à Lei de Improbidade. Temos também, jurisprudência do STJ a respeito ((REsp 1191613/MG, Rel. Ministro Benedito Gonçalves, Primeira Turma, julgado em 19/03/2015, DJe 17/04/2015). Gabarito "A".

(Promotor de Justiça – MPE/MS – FAPEC – 2015) O Prefeito pode incorrer em improbidade administrativa, em face da Lei 8.429/92, quando:
I. Não rever a lei que instituir o Plano Diretor Municipal, pelo menos a cada dez anos, onde a houver.
II. No processo de elaboração do Plano Diretor e na fiscalização de sua implementação, deixar de garantir, juntamente com o Poder Legislativo Municipal, a promoção de audiências públicas e debates com a participação da população e de associações representativas dos vários seguimentos da comunidade.
III. Negar publicidade quanto aos documentos e informações produzidos no processo de elaboração do Plano Diretor Municipal.
IV. Negar acesso de qualquer interessado aos documentos e informações produzidos no referido processo.
V. Expedir licenças ou autorização de construção sem a elaboração de estudo prévio de impacto de vizinhança (EIV).
Assinale a alternativa correta:
(A) As assertivas contempladas nos itens I, II, III e IV, estão corretas.
(B) Somente as opções I e II estão corretas.
(C) Só a alternativa V está correta.
(D) Todas as afirmações estão corretas.
(E) Somente as opções constantes dos itens II e V estão corretas.

A: Correta. Todas as condutas previstas nos itens I, II, III e IV estão previstas no art. 52 da Lei 10.257/2001 (Estatuto da Cidade) como atos que, se ocorridos, tipificam a conduta de improbidade administrativa do Prefeito. No caso do item V, não há improbidade porque o Estudo de Impacto de Vizinhança não é obrigatório para a expedição de licenças ou autorizações de construção. Na verdade, o art.36, do Estatuto da Cidade determina que lei municipal é que deve determinar quais obras dependem desse estudo, o que demonstra a sua facultatividade. **B:** Incorreta. As assertivas III e IV também estão corretas, conforme explicado acima. **C:** Incorreta. A assertiva V está incorreta, pois o Estudo de Impacto de Vizinhança não é obrigatório para a concessão das licenças para construção (art.36, da Lei 10257/2001). **D:** incorreta. O item V está incorreto, conforme explicado acima. **E:** Incorreta. O item V está incorreto. Gabarito "A".

(Delegado/AP – 2017 – FCC) Um servidor público foi processado por ato de improbidade por ter se locupletado ilicitamente em razão do exercício do cargo de diretor de empresa estatal. Durante o processo restou demonstrada a culpa do servidor, tendo a ação sido julgada procedente. Não obstante, pouco tempo depois da condenação judicial definitiva, o servidor veio a falecer. No que diz respeito ao impacto desse fato na ação de improbidade e no ressarcimento dos cofres públicos,
(A) deverá ser extinta, em razão da extinção da punibilidade decorrente do falecimento do autor, cuja condenação é personalíssima.
(B) a responsabilidade pelo ressarcimento aos cofres públicos persiste para os herdeiros do servidor público, respeitado o limite da herança.
(C) a ação prossegue regularmente, tendo em vista que já havia sentença condenatória contra o servidor, substituindo-o por outro representante da estatal para representa-lo judicialmente.
(D) a ação pode prosseguir até o trânsito em julgado, não sendo possível, no entanto, transmitir aos herdeiros nenhuma responsabilidade decorrente de atos do antecessor, dada a natureza personalíssima.
(E) no caso de se tratar de ato de improbidade doloso, a responsabilidade pela devolução dos valores correspondentes ao enriquecimento ilícito passa aos herdeiros, enquanto que em se tratando de ato de improbidade sob a modalidade culposa, inexiste previsão legal para tanto.

B: correta – Lei 8.429/1992, art. 8º O sucessor daquele que causar lesão ao patrimônio público ou se enriquecer ilicitamente está sujeito às cominações desta lei até o limite do valor da herança. Gabarito "B".

(Delegado/MS – 2017 – FAPEMS) Leia o texto a seguir.
[...] a improbidade não está superposta à moralidade, tratando-se de um conceito mais amplo que abarca não só componentes morais com também os demais princípios regentes da atividade estatal, o que não deixa de estar em harmonia com suas raízes etimológicas. Justifica-se, pois, sob a epígrafe do agente público de boa qualidade somente podem estar aqueles que atuem em harmonia com as normas a que estão sujeitos, o que alcança as regras e os princípios.
GARCIA, Emerson; ALVES, Rogério Pacheco. Improbidade Administrativa. 6. ed. Rio de Janeiro: Lumen Júris, 2011, p. 125.
Acerca das sanções pela prática de ato de improbidade administrativa, segundo a lei vigente, é correto afirmar que
(A) as ações voltadas ao ressarcimento do erário por danos decorrentes de atos de improbidade administrativa prescrevem em cinco anos após o término do exercício de mandato, de cargo em comissão ou de função de confiança.
(B) a prática de ato de improbidade administrativa decorrente de concessão ou aplicação indevida de benefício financeiro ou tributário é

punida, também, com multa civil de até três vezes o valor do benefício financeiro ou tributário concedido.
(C) a prática de ato de improbidade administrativa que importe enriquecimento ilícito é punida, também, com a proibição de contratar com o Poder Público ou receber benefícios ou incentivos fiscais ou creditícios, direta ou indiretamente, ainda que por intermédio de pessoa jurídica da qual seja sócio majoritário, pelo prazo de cinco anos.
(D) os prefeitos municipais não se submetem à Lei de Improbidade Administrativa, mas, sim, ao Decreto-Lei n. 201/1967.
(E) a prática de ato de improbidade administrativa que causem prejuízos ao erário é punida, também, com a proibição de contratar com o Poder Público ou receber benefícios ou incentivos fiscais ou creditícios, direta ou indiretamente, ainda que por intermédio de pessoa jurídica da qual seja sócio majoritário, pelo prazo de dez anos.

A: incorreta. A prescrição prevista na LIA, não trata das ações de ressarcimento ao erário. **B:** Correta. Lei 8.429/1992, art. 12, IV – na hipótese prevista no art. 10-A, perda da função pública, suspensão dos direitos políticos de 5 (cinco) a 8 (oito) anos e multa civil de até 3 (três) vezes o valor do benefício financeiro ou tributário concedido. **C:** incorreta. São dez anos. Lei 8.429/1992, art. 12, I – na hipótese do art. 9º, perda dos bens ou valores acrescidos ilicitamente ao patrimônio, ressarcimento integral do dano, quando houver, perda da função pública, suspensão dos direitos políticos de oito a dez anos, pagamento de multa civil de até três vezes o valor do acréscimo patrimonial e proibição de contratar com o Poder Público ou receber benefícios ou incentivos fiscais ou creditícios, direta ou indiretamente, ainda que por intermédio de pessoa jurídica da qual seja sócio majoritário, pelo prazo de dez anos. **D:** incorreta. Lei 8.429/1992, art. 1º Os atos de improbidade praticados por qualquer agente público, servidor ou não, contra a administração direta, indireta ou fundacional de qualquer dos Poderes da União, dos Estados, do Distrito Federal, dos Municípios, de Território, de empresa incorporada ao patrimônio público ou de entidade para cuja criação ou custeio o erário haja concorrido ou concorra com mais de cinquenta por cento do patrimônio ou da receita anual, serão punidos na forma desta lei. **E:** Correta. Lei 8.429/1992, art. 12, I – na hipótese do art. 9º, perda dos bens ou valores acrescidos ilicitamente ao patrimônio, ressarcimento integral do dano, quando houver, perda da função pública, suspensão dos direitos políticos de oito a dez anos, pagamento de multa civil de até três vezes o valor do acréscimo patrimonial e proibição de contratar com o Poder Público ou receber benefícios ou incentivos fiscais ou creditícios, direta ou indiretamente, ainda que por intermédio de pessoa jurídica da qual seja sócio majoritário, pelo prazo de dez anos. Gabarito "Anulada".

(Delegado/MT – 2017 – CESPE) De acordo com o entendimento do STJ, no curso da ação de improbidade administrativa, a decretação da indisponibilidade de bens do réu dependerá da
(A) constatação da inexistência de meios de prestação de caução.
(B) presença de fortes indícios da prática do ato imputado.
(C) prova de dilapidação do patrimônio.
(D) presença do *periculum in mora* concreto.
(E) prova da impossibilidade de recuperação do patrimônio público.

Ministro Mauro Campbell Marques, em trechos de seu voto: "as medidas cautelares, em regra, como tutelas emergenciais, exigem, para a sua concessão, o cumprimento de dois requisitos: o *fumus boni juris* (plausibilidade do direito alegado) e o *periculum in mora* (fundado receio de que a outra parte, antes do julgamento da lide, cause ao seu direito lesão grave ou de difícil reparação). (...) No entanto, no caso da medida cautelar de indisponibilidade, prevista no art. 7º da LIA, não se vislumbra uma típica tutela de urgência, como descrito acima, mas sim uma tutela de evidência, uma vez que o *periculum in mora* não é oriundo da intenção do agente dilapidar seu patrimônio, e sim da gravidade dos fatos e do montante do prejuízo causado ao erário, o que atinge toda a coletividade. O próprio legislador dispensa a demonstração do perigo de dano, em vista da redação imperativa da Constituição Federal (art. 37, § 4º) e da própria Lei de Improbidade (art. 7º).(...)O *periculum in mora*, em verdade, milita em favor da sociedade, representada pelo requerente da medida de bloqueio de bens, porquanto esta Corte Superior já apontou pelo entendimento segundo o qual, em casos de indisponibilidade patrimonial por imputação de conduta ímproba lesiva ao erário, esse requisito é implícito ao comando normativo do art. 7º da Lei n. 8.429/1992. (...). Gabarito "B".

(Delegado/GO – 2017 – CESPE) Se uma pessoa, maior e capaz, representar contra um delegado de polícia por ato de improbidade sabendo que ele é inocente, a sua conduta poderá ser considerada, conforme o disposto na Lei n.º 8.429/1992,
(A) crime, estando essa pessoa sujeita a detenção e multa.
(B) ilícito administrativo, por atipicidade penal da conduta.
(C) contravenção penal.
(D) crime, estando essa pessoa sujeita apenas a multa.
(E) crime, estando essa pessoa sujeita a reclusão e multa.

Trata-se do ilícito penal de denunciação caluniosa. Artigo 339 CP: "Dar causa à instauração de investigação policial, de processo judicial, instauração de investigação administrativa, inquérito civil ou ação de improbidade administrativa contra alguém, imputando-lhe crime de que o sabe inocente:" Pena: Reclusão, de 2 a 8 anos, e multa. Gabarito "A".

(Delegado/GO – 2017 – CESPE) Em relação à improbidade administrativa, assinale a opção correta.
(A) A ação de improbidade administrativa apresenta prazo de proposição decenal, qualquer que seja a tipicidade do ilícito praticado pelo agente público.
(B) Se servidor público estável for condenado em ação de improbidade administrativa por uso de maquinário da administração em seu sítio particular, poderá ser-lhe aplicada pena de suspensão dos direitos políticos por período de cinco a oito anos.
(C) O particular que praticar ato que enseje desvio de verbas públicas, sozinho ou em conluio com agente público, responderá, nos termos da Lei de Improbidade Administrativa, desde que tenha obtido alguma vantagem pessoal.
(D) Enriquecimento ilícito configura ato de improbidade administrativa se o autor auferir vantagem patrimonial indevida em razão do cargo, mandato, função, emprego ou atividade, mesmo que de forma culposa.
(E) Caso um servidor público federal estável, de forma deliberada, sem justificativa e reiterada, deixar de praticar ato de ofício, poderá ser-lhe aplicada multa civil de até cem vezes o valor da sua remuneração, conforme a gravidade do fato.

A: incorreta. Lei 8.429/1992, art. 23, – I – até cinco anos após o término do exercício de mandato, de cargo em comissão ou de função de confiança; II – dentro do prazo prescricional previsto em lei específica para faltas disciplinares puníveis com demissão a bem do serviço público, nos casos de exercício de cargo efetivo ou emprego. III – até cinco anos da data da apresentação à administração pública da prestação de contas final pelas entidades referidas no parágrafo único do art. 1º desta Lei. **B:** incorreta. Trata-se da hipótese prevista no art. 9º, inciso IV, da Lei 8.492/1992. art. 12, da mesma Lei, indica como penas – I – na hipótese do art. 9º, perda dos bens ou valores acrescidos ilicitamente ao patrimônio, ressarcimento integral do dano, quando houver, perda da função pública, suspensão dos direitos políticos **de oito a dez anos**, pagamento de multa civil de até três vezes o valor do acréscimo patrimonial e proibição de contratar com o Poder Público ou receber benefícios ou incentivos fiscais ou creditícios, direta ou indiretamente, ainda que por intermédio de pessoa jurídica da qual seja sócio majoritário, pelo prazo de dez anos; **C:** incorreta. Lei 8.492/1992, art. 3º As disposições desta lei são aplicáveis, no que couber, àquele que, mesmo não sendo agente público, induza ou concorra para a prática do ato de improbidade ou dele se beneficie sob qualquer forma direta ou indireta. **D:** incorreta. Não admite a forma culposa. Art. 9º Constitui ato de improbidade administrativa importando enriquecimento ilícito auferir qualquer tipo de vantagem patrimonial indevida em razão do exercício de cargo, mandato, função, emprego ou atividade nas entidades mencionadas no art. 1º desta lei. **E:** correta. Lei 8.492/1992, art. 11. Constitui ato de improbidade administrativa que atenta contra os princípios da administração pública qualquer ação ou omissão que viole os deveres de honestidade, imparcialidade, legalidade, e lealdade às instituições, e notadamente: II – retardar ou deixar de praticar, indevidamente, ato de ofício. Tendo como penas – Art. 12, da mesma Lei – III – na hipótese do art. 11, ressarcimento integral do dano, se houver, perda da função pública, suspensão dos direitos políticos de três a cinco anos, pagamento de multa civil de até cem vezes o valor da remuneração percebida pelo agente e proibição de contratar com o Poder Público ou receber benefícios ou incentivos fiscais ou creditícios, direta ou indiretamente, ainda que por intermédio de pessoa jurídica da qual seja sócio majoritário, pelo prazo de três anos. Gabarito "E".

(Defensor Público –DPE/MT – 2016 – UFMT) Em consonância com o disposto na Lei 8.429/1992 e com o entendimento do Superior Tribunal de Justiça (STJ) acerca de improbidade administrativa, marque V para as afirmativas verdadeiras e F para as falsas.
( ) O STJ tem admitido a aplicabilidade da Lei 8.429/1992 aos agentes políticos, com fundamento na inocorrência de duplo regime sancionatório, uma vez que não há coincidência de sanções entre o crime de responsabilidade e a prática de ato ímprobo.
( ) É admitida pelo STJ a conversão da pena de perda da função pública prevista na Lei 8.429/1992 em cassação de aposentadoria, desde que a ação de improbidade administrativa tenha sido proposta antes da concessão do benefício ao agente ímprobo.
( ) Na ação de improbidade administrativa proposta pelo Ministério Público, a entidade interessada pode figurar como litisconsorte ativo, em razão da natureza concorrente e disjuntiva da legitimação.
( ) A jurisprudência do STJ não admite a aplicação de excludentes de ilicitude e culpabilidade do direito penal no âmbito da ação de improbidade administrativa, em virtude da natureza distinta da ação e da absoluta falta de previsão de tais excludentes na Lei 8.429/1992.
Assinale a sequência correta.
(A) F, V, F, V
(B) V, V, F, V
(C) F, F, V, V
(D) V, V, V, F
(E) V, F, V, F

1. Correta, tendo em vista que o STJ já se posicionou em diversos julgados (Recl 2790/SC, Rel. Min. Teori Zavascki e Resp 1034511/CE, Min, Eliana Calmon; **2.** Incorreta, pois não temos a pena de cassação de aposentadoria prevista no art. 12, da Lei de Improbidade, não sendo possível essa conversão, conforme entende também o STJ, exceto a aplicação independente das sanções, se decorrente de processo administrativo, no caso da cassação de aposentadoria, por exemplo (RMS 219225-GO); **3.** Correta, tendo em vista o art. 17, § 3º, da Lei 8.429/1992 determinar a aplicação da Lei 4717/1965 (Lei da Ação Popular), que admite o litisconsórcio facultativo da pessoa jurídica interessada com o Ministério Público; **4.** Incorreta. O art. 12 da Lei 8.429/1992 prevê a independência das instâncias administrativas, civil e penal, o que significa que cada uma pode decidir livremente, conforme suas próprias normas, mas quando se exclui uma tipicidade do ato, não há óbice legal ou jurisprudencial para que se avalie a sua exclusão, também nas demais esferas do direito, conforme decidiu o STF, quanto ao reconhecimento do estado de necessidade na Ação de Improbidade no Resp. 1123876/DF. Gabarito "E".

(Defensoria Pública da União – CESPE – 2015) Em relação a improbidade administrativa e responsabilidade civil do servidor público federal, julgue os itens subsequentes.

(1) O rol de condutas tipificadas como atos de improbidade administrativa constante na Lei de Improbidade (Lei 8.429/1992) é taxativo.

(2) A responsabilidade civil do servidor público pela prática, no exercício de suas funções, de ato que acarrete prejuízo ao erário ou a terceiros pode decorrer tanto de ato omissivo quanto de ato comissivo, doloso ou culposo.

1: Incorreta, tendo em vista que os artigos 9º, 10 e 11, da Lei 8.429/1992 são expressos no sentido de que as condutas por eles descritas são exemplificativas. A prova disso é que no final do "caput" de cada um desses dispositivos temos a expressão "notadamente", demonstrando que há possibilidade de previsão de outras condutas; **2:** Correta, tendo em vista ser letra expressa do disposto no art. 10, "caput", da Lei 8429/1992. Gabarito 1E, 2C

(Procurador do Estado/AM – 2016 – CESPE) Por ter realizado contratação direta sem suporte legal, determinado agente público é réu em ação civil pública por improbidade administrativa, sob o argumento de violação ao princípio de obrigatoriedade de licitação, tendo-lhe sido imputado ato de improbidade previsto no art. 11 da Lei de Improbidade Administrativa (violação aos princípios da administração pública). A respeito dessa situação hipotética, julgue o item subsecutivo.

(1) Para que haja condenação, deverá ser comprovado o elemento subjetivo de dolo, mas não há necessidade de que seja dolo específico, bastando para tal o dolo genérico de atentar contra os princípios da administração pública.

1: correta, pois é pacífico na jurisprudência que essa modalidade de improbidade administrativa do art. 11 da Lei 8.429/1992 exige o elemento subjetivo dolo, mas basta o dolo genérico (STJ, REsp 765.212/AC, j. em 02.03.2010). Gabarito 1C

(Procurador do Estado/PR – 2015 – PUC-PR) Em vista da Lei de Improbidade Administrativa (Lei 8.429/1992), é **CORRETO** afirmar que:

(A) A improbidade exige a prova da efetiva lesão ao erário.
(B) Os tipos previstos nos artigos 9º e 11 da Lei de Improbidade (enriquecimento ilícito e atos que atentem contra os princípios da Administração Pública) exigem a prova da culpa do agente.
(C) Os tipos previstos no art. 10 da Lei de Improbidade (prejuízo ao erário) exigem a prova do dolo na conduta do agente.
(D) O acordo de leniência previsto na Lei de Improbidade pode ser feito com todos os que manifestem o seu interesse em cooperar na apuração do ato ilícito.
(E) A improbidade é ilegalidade qualificada pelo elemento subjetivo da conduta do agente (dolo ou culpa).

A: incorreta, pois há modalidades de licitação (enriquecimento ilícito do agente – art. 9º; e violação a princípios da Administração – art. 11) que não exigem lesão ao erário; ademais o art. 21, I, da Lei 8.429/1992 afasta essa exigência; **B:** incorreta, pois esses tipos só se configuram se houver dolo do agente público; **C:** incorreta, pois esse tipo se configura havendo culpa ou dolo do agente, como se verifica do art. 10, *caput*, da Lei 8.429/1992; **D:** incorreta; a Lei 8.429/1992 não prevê acordo de leniência (art. 17, § 1º, da Lei 8.429/1992); esse acordo é previsto na Lei Anticorrupção (arts. 16 e 17 da Lei 12.846/2013), para as pessoas jurídicas, lembrando que a aplicação da Lei 12.846/2013 não afeta os processos de responsabilização previstos na Lei de Improbidade (Lei 8.429/1992); **E:** correta, conforme conceito que a doutrina em geral dá a esse instituto. Gabarito "E".

O prefeito de determinado município firmou contrato de aluguel de milhares de computadores para as escolas municipais. A contratação foi feita sem licitação, sob o argumento de que a fornecedora dos computadores é uma organização social sem fins lucrativos. Posteriormente, o tribunal de contas do estado detectou que o aluguel anual de cada máquina custava o dobro do valor de um computador novo, tendo o MP estadual, por seu turno, descoberto que os dirigentes da organização social mantêm relação direta com donos de empresa de material de informática à qual pertencem os computadores alugados. A quebra do sigilo bancário da organização social demonstrou que os pagamentos recebidos do município eram repassados à referida empresa.

(Magistratura/BA – 2012 – CESPE) Com base na situação hipotética acima e no disposto na Lei 8.429/1992 (lei que trata da improbidade administrativa), assinale a opção correta.

(A) O disposto nessa lei não se aplica a prefeitos, agentes políticos que se submetem ao regime do Decreto-Lei n. 201/1967 (crime de responsabilidade).
(B) De acordo com a referida lei, na hipótese de o prefeito morrer, seus sucessores hereditários estarão sujeitos às cominações legais até o limite do valor da herança.
(C) Embora imoral e antiética, a conduta do prefeito não tem repercussão na esfera administrativa, visto que se restringe à violação de princípios.
(D) O prazo prescricional para se processar o prefeito pela prática de ato de improbidade administrativa é de cinco anos, contados da data do fato.
(E) O MP poderá ajuizar ação de improbidade contra o prefeito, mas nada poderá fazer em relação aos dirigentes da organização social ou aos donos da empresa de informática, visto que a referida lei alcança apenas os ocupantes de cargos públicos.

A: incorreta. No tocante aos sujeitos ativos do ato de improbidade, o STF fixou entendimento de que os agentes políticos que respondam por crime de responsabilidade (exs.: Presidente, Ministros de Estado, desembargadores, entre outros) não estão sujeitos à incidência da Lei 8.429/1992 (RE 579.799, DJ 19.12.2008), dada a similitude das sanções nas duas esferas. Todavia, o STF não incluiu os Prefeitos nesse rol, apesar destes responderem por crime de responsabilidade (Rcl 6034, DJ 29.08.2008). De qualquer forma, é bom ficar de olho no tema (submissão do Prefeito à Lei 8.429/1992, que foi reconhecido como de repercussão geral pelo STF no início de 2013 (ARE 683.235), podendo haver mudança de entendimento a qualquer momento; **B:** correta (art. 8º da Lei 8.429/1992); **C:** incorreta, pois não houve simples violação a princípios, o que, de resto, também ensejaria responsabilização; houve também prejuízo ao erário, configurando a modalidade de improbidade prevista no art. 10, V e VIII, da Lei 8.429/1992; **D:** incorreta, pois o prazo é de 5 anos, contados do término do mandato (art. 23, I, da Lei 8.429/1992); **E:** incorreta, pois, além do Prefeito, é possível acionar os dirigentes da organização social também, por se tratar de agente de entidade que recebe recursos estatais (art. 1º, parágrafo único, c/c art. 2º, ambos da Lei 8.429/1992), bem como se tratar de pessoas que concorreram para a prática do ato (art. 3º da Lei 8.429/1992); no mais, outros beneficiários do ato também poderão ser acionados (art. 3º, parte final, da Lei 8.429/1992). Gabarito "B".

(Magistratura/BA – 2012 – CESPE) Ainda com base na situação hipotética apresentada, assinale a opção correta.

(A) De acordo com a lei que dispõe sobre a improbidade administrativa, o agente público que se recusar a apresentar suas declarações de bens ao órgão ou ente a que esteja vinculado será punido com pena de suspensão.
(B) De acordo com o que dispõe a Lei 8.429/1992, se o prefeito adquirir, no exercício do mandato, bens cujos valores sejam desproporcionais a sua evolução patrimonial ou renda, estará configurada hipótese de improbidade administrativa.
(C) Pelo princípio da especialidade, a responsabilização civil e criminal dos envolvidos dar-se-á exclusivamente conforme as cominações da Lei 8.666/1993 (Lei de Licitações).
(D) Após o transcurso do prazo prescricional para o ajuizamento de ação por improbidade, os prejuízos causados ao município não poderão mais ser cobrados.
(E) Caso os envolvidos efetuem o ressarcimento dos prejuízos causados aos cofres públicos até o recebimento da ação, esta será automaticamente extinta.

A: incorreta, pois será punido com a pena de demissão a bem do serviço público e não com mera pena de suspensão (art. 13, § 3º, da Lei 8.429/1992); **B:** correta (art. 9º, VII, da Lei 8.429/1992); **C:** incorreta, pois a responsabilização civil também levará em conta as disposições da Lei 8.429/1992; **D:** incorreta, pois as sanções de improbidade administrativa (art. 12 da Lei 8.429/1992) prescrevem (art. 23 da Lei 8.429/1992), mas a pretensão de ressarcimento ao erário, não (art. 37, § 5º, da CF; STF, MS 26.210, DJ 10.10.2008); **E:** incorreta, pois esse fato não tem o condão de excluir as demais cominações previstas na Lei 8.429/1992; aliás, as sanções são independentes entre si (art. 12, *caput*, da Lei 8.429/1992). Gabarito "B".

(Promotor de Justiça/SP – 2013 – PGMP) Considera-se ato de improbidade administrativa, para cuja caracterização é exigido exclusivamente o dolo do agente, as seguintes condutas:

I. Adquirir, para si ou para outrem, no exercício de mandato, cargo, emprego ou função pública, bens de qualquer natureza cujo valor seja desproporcional à evolução do patrimônio ou à renda do agente público.
II. Permitir ou facilitar a aquisição, permuta ou locação de bem ou serviço por preço superior ao de mercado.
III. Revelar fato ou circunstância de que tem ciência em razão das atribuições e que deva permanecer em segredo.

IV. Celebrar contrato de rateio de consórcio público sem suficiente e prévia dotação orçamentária, ou sem observar as formalidades previstas na lei.
V. Retardar ou deixar de praticar, indevidamente, ato de ofício.
Está CORRETO o que se afirma apenas nos itens
(A) I, IV e V.
(B) II e III.
(C) I e III.
(D) II e IV.
(E) I, III e V.

I: correta, pois se trata de ato de improbidade administrativa importando enriquecimento ilícito, por meio de ação dolosa, previsto no art. 9.º, VII, da Lei 8.429/1992; II: incorreta, pois se trata de ato de improbidade administrativa que causa lesão ao erário, configurando-se por meio de ação ou omissão, dolosa ou culposa, previsto no art. 10, V, da Lei 8.429/1992; III: correta, pois se trata de ato de improbidade administrativa que atenta contra os princípios da administração pública, por meio de ação dolosa, previsto no art. 11, III, da Lei 8.429/1992; IV: incorreta, pois se trata de ato de improbidade administrativa que causa lesão ao erário, configurando-se por meio de ação ou omissão, dolosa ou culposa, previsto no art. 10, XV, da Lei 8.429/1992; V: correta, pois se trata de ato de improbidade administrativa que atenta contra os princípios da administração pública, por meio de ação dolosa, previsto no art. 11, II, da Lei 8.429/1992. (VT)
Gabarito "E".

(Ministério Público/TO – 2012 – CESPE) Constitui ato de improbidade administrativa, importando enriquecimento ilícito
(A) revelar fato de que se tenha conhecimento em função do cargo ou função ocupada, que deveria permanecer em segredo.
(B) receber, para si ou para outrem, bem móvel ou imóvel ou qualquer outra vantagem econômica a título de comissão, percentagem ou gratificações de quem tenha interesse direto ou indireto que possa ser atingido por ação ou omissão decorrente das atribuições de agente público.
(C) retardar ou deixar de praticar, indevidamente, ato de ofício.
(D) deixar de prestar contas quando esteja obrigado a fazê-lo.
(E) deixar de atender o contribuinte de forma célere, cordata e imparcial.

A: incorreta, pois, no caso, trata-se de ato que atenta contra os princípios da administração pública (LIA, art. 11, III); B: correta, pois assim estabelece o art. 9º, I, da LIA; C: incorreta, pois se trata de ato que atenta contra os princípios da administração pública (LIA, art. 11, II); D: incorreta, pois a conduta descrita também configura ato que atenta contra os princípios da administração pública (LIA, art. 11, VI); E: incorreta, pois, no caso, não há enriquecimento ilícito por parte do agente público. MD
Gabarito "B".

(Ministério Público/TO – 2012 – CESPE) A respeito da disciplina jurídica relativa aos atos de improbidade administrativa, assinale a opção correta.
(A) A Lei de Improbidade Administrativa não é aplicável a prefeito, presidente da República, ministros de Estado, ministros do STF e ao procurador-geral da República.
(B) O agente público que prestar falsa declaração de bens estará sujeito à pena de demissão, a bem do serviço público, sem prejuízo de outras sanções cabíveis.
(C) Segundo a jurisprudência do STJ, é indispensável a presença de dolo específico para a configuração de ato de improbidade por atentado aos princípios da administração pública.
(D) Prescreve em dois anos após o término do exercício de mandato, de cargo em comissão ou de função de confiança a ação destinada a levar a efeito as sanções previstas na Lei de Improbidade Administrativa.
(E) Nas ações submetidas ao rito da Lei de Improbidade Administrativa, a falta de notificação do acusado para apresentar defesa prévia constitui motivo para a decretação da nulidade absoluta do feito.

A: incorreta, pois a LIA é aplicável a prefeito. No que diz respeito ao Presidente da República e aos Ministros de Estado, o STF entende que há mecanismo de responsabilização específica, isto é, estão regidos por normas especiais de responsabilidade (CF, art. 102, I, "c"; Lei 1.079/1950), conforme se decidiu na Reclamação 2.138/DF; B: correta, pois é o que estabelece o art. 13, § 3º da LIA; C: incorreta, pois a jurisprudência fala na suficiência do "dolo genérico": "A caracterização de improbidade censurada pelo art. 11 da Lei 8.429/1992 dispensa a comprovação de intenção específica de violar princípios administrativos, sendo suficiente o dolo genérico. Precedentes do STJ" (REsp 1.229.779/MG, DJe 05.09.2011); D: incorreta, pois a prescrição ocorre em cinco anos (art. 23, I, da LIA); E: incorreta, pois a nulidade, no caso, é relativa. Conforme noticiou o Informativo n. 441 do STJ, "a falta da notificação prevista no art. 17, § 7º, da citada lei não invalida os atos processuais ulteriores, salvo se ocorrer efetivo prejuízo". MD
Gabarito "B".

(Ministério Público/PI – 2012 – CESPE) De acordo com o que dispõe a Lei 8.429/1992, são atos de improbidade administrativa que atentam contra os princípios da administração pública
(A) perceber o agente público vantagem econômica, direta ou indireta, para facilitar a alienação, permuta ou locação de bem público ou o fornecimento de serviço por ente estatal por preço inferior ao valor de mercado, bem como receber, para si ou para outrem, dinheiro, bem móvel ou imóvel, ou qualquer outra vantagem econômica, direta ou indireta, a título de comissão, porcentagem, gratificação ou presente de quem tenha interesse, direto ou indireto, que possa ser atingido ou amparado por ação ou omissão decorrente das atribuições do agente público.
(B) adquirir o agente público, para si ou para outrem, no exercício de mandato, cargo, emprego ou função pública, bens de qualquer natureza cujo valor seja desproporcional à evolução de seu patrimônio ou renda, bem como aceitar emprego, comissão ou exercer atividade de consultoria ou assessoramento para pessoa física ou jurídica que tenha interesse suscetível de ser atingido ou amparado por ação ou omissão decorrente das atribuições do agente público, durante a atividade.
(C) permitir ou facilitar o agente público a aquisição, permuta ou locação de bem ou serviço por preço superior ao de mercado e realizar operação financeira sem observância das normas legais e regulamentares ou aceitar garantia insuficiente ou inidônea.
(D) conceder o agente público benefício administrativo ou fiscal sem a observância das formalidades legais ou regulamentares aplicáveis à espécie bem como frustrar a licitude de processo licitatório ou dispensá-lo indevidamente.
(E) negar o agente público publicidade aos atos oficiais, frustrar a licitude de concurso público e deixar de prestar contas quando esteja obrigado a fazê-lo.

A: incorreta, pois, no caso, trata-se de ato de improbidade que importa enriquecimento ilícito (LIA, art. 9º, I e III); B: incorreta, pois a hipótese também é de ato de improbidade que importa enriquecimento ilícito (LIA, art. 9º, VII); C: incorreta, pois a hipótese é de ato de improbidade que causa prejuízo ao erário (LIA, art. 10, IV e VI); D: incorreta, pois as condutas mencionadas configuram ato de improbidade que causa prejuízo ao erário (LIA, art. 10, VII e VIII); E: correta, pois assim dispõe o art. 11, incisos IV, V e VI, da LIA. MD
Gabarito "E".

(Ministério Público/SC – 2012) Analise as assertivas a seguir.
I. No desempenho de suas atividades o agente público deve focar-se ao elemento moral de sua conduta e aos fins buscados, porque a moralidade está umbilicalmente ligada com o interesse público não por vontade da norma constitucional, mas por constituir pressuposto intrínseco da validade do ato administrativo.
II. À configuração do ato de improbidade, qualquer que seja o tipo específico de ofensa, será imprescindível penetrar o domínio da vontade do agente público, não bastando o dolo *in re ipsa* ou a culpa, quando cabível.
III. Para os fins da Lei 8.429/1992 é indiferente que a vantagem econômica indevida, que constituiu o fruto do enriquecimento ilícito do agente público ou terceiro, seja obtida por prestação positiva ou negativa.
IV. O conceito de enriquecimento ilícito, nos termos do art. 9º "*caput*" da LIA, conceitua caracterizar o enriquecimento ilícito o auferimento de vantagem econômica indevida em razão do exercício de qualquer função pública, sendo irrelevante que o agente público pratique ato lícito ou ilícito.
V. O art. 9º, inciso VII (norma residual), da Lei 8.429/1992, busca punir o comportamento do agente público que, não possuindo qualquer outra fonte de renda que não aquela de seu vínculo, amealha bens ou valores (mobiliários ou imobiliários) incompatíveis ou desproporcionais com a evolução de seu patrimônio ou renda. A inidoneidade financeira (presumida na norma) gera a ilicitude do enriquecimento, contudo, ajuizada a respectiva ação, inviável será a inversão do ônus da prova.
(A) Apenas as assertivas I, III e IV estão corretas.
(B) Apenas as assertivas II, III e IV estão corretas.
(C) Apenas as assertivas I, IV e V estão corretas.
(D) Apenas as assertivas I e III estão corretas.
(E) Todas as assertivas estão corretas.

I: correta, pois assim impõe o princípio da moralidade administrativa; II: incorreta, pois há casos em que o ato de improbidade decorre de culpa no sentido estrito. Com efeito, o ato de improbidade que causa prejuízo ao erário pode ser praticado a título de dolo ou culpa. Além disso, a jurisprudência fala na suficiência do "dolo genérico" para caracterizar o ato de improbidade: "A caracterização de improbidade censurada pelo art. 11 da Lei 8.429/1992 dispensa a comprovação de intenção específica de violar princípios administrativos, sendo suficiente o dolo genérico. Precedentes do STJ" (REsp 1.229.779/MG, DJe 05.09.2011); III: correta, pois o ato de improbidade pode ser praticado por ação ou por omissão. Por exemplo, o art. 9º da LIA, em seu inciso X, pune a conduta do agente que recebe vantagem econômica de qualquer natureza, direta ou indiretamente, para omitir ato de ofício; IV: correta, pois a LIA, especialmente em seu art. 9º, impede que o agente receba qualquer vantagem econômica, direta ou indireta. Também não exige que a vantagem seja decorrente da prática de ato ilícito, pois o fato de receber presente de quem tenha interesse, direto ou indireto, que possa ser atingido ou amparado por ação ou omissão decorrente das atribuições do agente público, já configura a improbidade (art. 9º, I, da LIA); **V:** incorreta, pois a afirmativa II está incorreta. **WG**

Gabarito "A".

(Ministério Público/SC – 2012) Analise as assertivas a seguir.

I. À caracterização da conduta do agente público que aceitar emprego ou comissão de pessoa física ou jurídica que tenha interesse suscetível de ser atingido ou amparado por ação ou omissão decorrente das atribuições daquele, durante a atividade, é indispensável que o agente público tenha satisfeito efetivamente o interesse privado, não bastando a potencialidade desse interesse que precisa ser amparado ou atingido.

II. O enriquecimento indevido pela prática de ato de improbidade a que alude o art. 9º, inciso XII, da LIA, já está presumido pela própria norma, uma vez que trata-se de hipótese típica de prestação negativa em razão de o agente público poupar o que normalmente gastaria se utilizasse bens, rendas, verbas ou valores de seu acervo patrimonial.

III. Para a configuração de ato de improbidade administrativa com lesão ao erário a que alude o art. 10, da Lei 8.429/1992, por dolo ou culpa, a ilicitude (imoralidade) é traço essencial à lesividade por força de presunção legal absoluta. Combate-se, em regra, o enriquecimento ilícito do particular. Lesão sem repercussão patrimonial não configura essa espécie de improbidade e os incisos do referido artigo refletem hipóteses de lesividade presumida.

IV. Na ação civil pública inviável a cumulação de provimentos típicos e atípicos.

V. O critério da potencialidade para a produção do dano gerado pelo ato pode servir como indicador da presença da improbidade na ilegalidade, desde que por algum meio esteja demonstrado o elemento subjetivo do tipo previsto ano art. 11, da Lei 8.429/1992.

(A) Apenas as assertivas I, II e IV estão corretas.
(B) Apenas as assertivas I, IV e V estão corretas.
(C) Apenas as assertivas II, III e V estão corretas.
(D) Apenas as assertivas II e III estão corretas.
(E) Todas as assertivas estão corretas.

I: incorreta, pois, para a caracterização do ato de improbidade, não se exige a satisfação, efetiva, do interesse privado. A simples conduta de aceitar o emprego ou a comissão já é suficiente para a caracterização do ato ilícito; **II:** correta. Da leitura do art. 12, I, da LIA, que pune o ato de improbidade que importa enriquecimento ilícito, já se constata que não é necessário o efetivo dano ao patrimônio público. Tanto que o legislador determina a aplicação, na hipótese do art. 9º do mesmo diploma legal, do ressarcimento integral do dano, quando houver. Assim, no caso do art. 9º, inciso XII, o legislador presume o enriquecimento pelo simples uso, em proveito próprio, de bens integrantes do acervo patrimonial público configura o ato de improbidade; **III:** correta, pois, conforme evidencia o art. 12, II, da LIA, na hipótese do art. 10, é aplicável a pena de ressarcimento integral do dano, o que revela que a ocorrência do dano é necessária à configuração desse tipo de ato de improbidade administrativa. Todavia, tal afirmação não afasta a possibilidade de que o dano seja presumido. Como observa Emerson Garcia (**Improbidade administrativa**. 6. ed. Rio de Janeiro: Lumen Juris, 2011. p. 309), "é importante frisar que a noção de dano não se encontra adstrita à necessidade de demonstração da diminuição patrimonial, sendo inúmeras as hipóteses de lesividade presumida previstas na legislação"; **IV:** incorreta, pois, conforme Marcos Destefenni (**Manual do processo civil individual e coletivo**, 2ª ed., São Paulo: Saraiva, 2013, no prelo), "Embora a ação tenha vocação punitiva, nada impede a formulação de outros pedidos em sede de ação de improbidade, inclusive de anulação do ato impugnado. Nesse sentido o pronunciamento do STJ no julgamento do REsp 757.595/MG: "É cabível a propositura de ação civil pública que tenha como fundamento a prática de ato de improbidade administrativa, tendo em vista a natureza difusa do interesse tutelado. Também mostra-se lícita a cumulação de pedidos de natureza condenatória, declaratória e constitutiva nesta ação, porque sustentada nas disposições da Lei 8.429/1992. A cumulação de pedidos em ação civil pública calcada na Lei de Improbidade é adotada no ordenamento jurídico, nos termos assentados por esta Corte, *verbis*: 1. O Ministério Público é parte legítima para ajuizar ação civil pública que vise aplicar as sanções previstas na Lei de Improbidade Administrativa. 2. A ação civil pública é meio processual adequado para buscar a responsabilização do agente público nos termos da Lei de Improbidade Administrativa, sendo também possível a cumulação de pedidos"; **V:** correta, pois o ato de improbidade previsto no art. 11 da LIA exige a demonstração do dolo. Trata-se da punição de ato que atenta contra os princípios aplicáveis à administração pública, de tal forma que não há exigência de lesão ao erário. **WG**

Gabarito "C".

(Ministério Público/SC – 2012) Analise as assertivas a seguir.

I. Pelos mesmos fatos, a absolvição na esfera criminal não projeta efeitos na área cível da improbidade administrativa, em razão da incomunicabilidade de instâncias.

II. O princípio do não locupletamento indevido repousa na regra de equidade que proíbe que uma pessoa se enriqueça às custas do dano, do trabalho ou atividade de outrem, sem a vontade deste ou do direito. O enriquecimento que atinge a moral pública é o injusto, fruto de uma ilicitude.

III. O art. 10, da Lei 8.429/1992 visa proteger o patrimônio (de natureza econômico ou não) das entidades mencionadas no art. 1º da mesma lei. O uso da palavra erário deve-se atribuir a função de elemento designativo dos sujeitos passivos do ato de improbidade e, por sua vez, o vocábulo perda patrimonial, descrito logo a seguir no *caput* da norma, abarca toda e qualquer lesão ao patrimônio público (sentido amplo).

IV. A prática de ato de improbidade "visando fim proibido em lei ou regulamento ou diverso daquele previsto na regra de competência", prevista no inciso I, do art. 11, da LIA, nítida hipótese de desvio de finalidade, encampa formas de violação ao princípio da eficiência.

V. Tratando-se de ação civil pública que busque sanção para perdimento de bens resultantes de enriquecimento ilícito e reparação dos danos, a medida de indisponibilidade de bens poderá atingir aqueles adquiridos mesmo antes da prática do ato de improbidade, sendo imprescindível a coexistência de causa e efeito entre este e a aquisição do(s) bem(s).

(A) Apenas as assertivas III e IV estão corretas.
(B) Apenas as assertivas II, III e IV estão corretas.
(C) Apenas as assertivas II, IV e V estão corretas.
(D) Apenas as assertivas I e V estão corretas.
(E) Todas as assertivas estão corretas.

I: incorreta, pois a independência entre as instâncias (cível e penal) não é absoluta, tanto que a condenação criminal torna certa a obrigação de reparar o dano. Além disso, a sentença penal condenatória transitada em julgado é título executivo judicial na esfera cível. Nesse contexto, a absolvição criminal pode produzir efeitos na esfera cível, impedindo o ajuizamento da ação de improbidade. Por exemplo, se o réu for absolvido na esfera criminal sob o fundamento de estar provada a inexistência do fato (art. 386, I, do CPP); **II:** correta. A assertiva reúne trechos das definições de Emerson Garcia (**Improbidade administrativa**. 6. ed. Rio de Janeiro: Lumen Juris, 2011. p. 284 e 287); **III:** correta, pois o conceito de patrimônio público é bastante amplo, não se restringindo aos bens de valor econômico-financeiro; **IV:** correta, pois, como ensina Emerson Garcia (*Improbidade administrativa*. 6. ed. Rio de Janeiro: Lumen Juris, 2011. p. 318), "são formas específicas de violação ao princípio da eficiência, a prática de atos visando fim proibido em lei (inc. I) e a indevida omissão na prática de atos que exigiam a atuação de ofício do agente (inc. II)"; **V:** incorreta. A frase está correta quando afirma a possibilidade de a medida de indisponibilidade recair sobre bens adquiridos antes do ato ilícito. De acordo com a 2ª Turma do STJ (AgRg no REsp 937085/PR, *DJe* 17.09.2012), "a jurisprudência do STJ conclui pela possibilidade de a indisponibilidade recair sobre bens adquiridos antes do fato descrito na inicial, pois o sequestro ou a indisponibilidade dá-se como garantia de futura execução em caso de constatação do ato ímprobo; assim, irrelevante se a indisponibilidade recaiu sobre bens anteriores ou posteriores ao ato acoimado de ímprobo. Precedentes: AgRg no Ag 1.423.420/BA, Rel. Min. Benedito Gonçalves, 1 Turma, *DJe* 28.10.2011; e REsp 1.078.640/ES, Rel. Min. Luiz Fux, 1 Turma, *DJe* 23.03.2010". Está incorreta, todavia, quando afirma que é indispensável a causa e efeito entre o ato ilícito e a aquisição do(s) bem(s). Afinal, a medida existe para garantir a integral reparação do dano. **WG**

Gabarito "B".

(Defensor Público/RO – 2012 – CESPE) Assinale a opção correta a respeito da improbidade administrativa.

(A) Comprovado ato de improbidade que cause prejuízo ao erário, o agente público acusado do ato poderá ser condenado a pena de suspensão dos direitos políticos pelo prazo de até dez anos.
(B) Segundo a doutrina majoritária, a probidade administrativa tem natureza de direito individual homogêneo.
(C) O sujeito passivo de ato de improbidade administrativa restringe-se à pessoa jurídica de direito público atingida pelo ato.
(D) Pratica ato de improbidade administrativa o agente público que adquire, para si ou para outrem, no exercício do cargo ou função pública, bens cujo valor seja desproporcional à evolução do respectivo patrimônio ou renda.
(E) Não restando configurado prejuízo financeiro para o ente público e, portanto, ausente a lesão ao patrimônio público, não há de se falar em eventual ato de improbidade administrativa.

A: incorreta, pois a suspensão dos direitos políticos, no caso, é regulada pelo art. 12, II, da Lei 8.429/1992, que estabelece o prazo de 5 a 8 anos para a sua fixação; **B:** incorreta, pois é um direito difuso, autorizando, assim, a atuação irrestrita do Ministério Público; **C:** incorreta, pois também são sujeitos passivos desse ato as entidades mencionadas pelo art. 1.º, *caput* e § único, da Lei 8.429/1992, tais como as demais entidades da administração indireta que não forem de direito público (sociedades de economia mista, empresas públicas, consórcios públicos de direito privado e fundações governamentais de direito privado), as empresas incorporadas ao patrimônio público, as entidades para cuja criação ou custeio o erário haja concorrido ou concorra com mais de 50% do patrimônio ou receita anual e também as entidades que recebam subvenção, benefício ou incentivo, fiscal ou creditício, na forma do dispositivo citado; **D:** correta (art. 9.º, VII, da Lei 8.429/1992); **E:** incorreta, pois as modalidades enriquecimento ilícito (art. 9.º da Lei 8.429/1992) e ofensa a princípios (art. 11 da Lei 8.429/1992) não reclamam prejuízo ao erário para se configurar; ademais, o art. 21, I, da Lei 8.429/1992 dispõe que a aplicação das sanções da Lei 8.429/1992 independem da ocorrência de danos ao erário. **MD**

Gabarito "D".

(Procurador do Município/Cubatão-SP – 2012 – VUNESP) Rolando da Silva, funcionário público, e Tibério Vacâncio, motorista de taxi, foram flagrados praticando conduta em conluio, com o objetivo de perceber vantagem econômica para intermediar a liberação de verba pública da Prefeitura do Município onde Rolando exerce suas funções. Considerando que restaram devidamente comprovadas a participação e a culpa de ambos na referida prática delituosa, pode-se afirmar, com base na Lei 8.429/1992, que

(A) Rolando, por ser funcionário público, é o único que ficará sujeito às penalidades da Lei de Improbidade Administrativa.
(B) Tibério, por não exercer função no serviço público, ficará sujeito às penas da Lei 8.429/1992 somente se ele causou prejuízo ao erário.
(C) Rolando e Tibério ficarão sujeitos às penas da Lei de Improbidade administrativa, enquanto que o primeiro, por ser funcionário público, deve ainda sofrer sanções penais, civis e administrativas previstas na legislação específica, e o segundo, por ser particular, não ficará sujeito a essas penas.
(D) em razão da conduta praticada, ambos ficarão sujeitos, entre outras penas, à perda dos bens ou valores acrescidos ilicitamente ao patrimônio e à suspensão dos direitos políticos de oito a dez anos.
(E) nenhum dos dois estará sujeito às sanções da Lei 8.429/1992, já que a conduta praticada por eles não está prevista como ato de Improbidade Administrativa, ficando sujeito, porém, às sanções penais, civis e administrativas previstas na legislação específica.

A: incorreta, pois a Lei de Improbidade Administrativa também se aplica a quem, mesmo não sendo agente público, seja beneficiário do ato ou induza ou concorra para a prática do ato de improbidade (art. 3º da Lei 8.429/1992); **B:** incorreta, pois a aplicação da Lei 8.429/1992 independe da efetiva ocorrência de dano ao erário (art. 21, I); **C:** incorreta, pois o fato de Tibério ser particular não o livra de responsabilização nas esferas penal e civil; **D:** correta, pois, em se tratando da prática de ato de improbidade na modalidade enriquecimento ilícito, aplica-se as sanções previstas no art. 12, I, da Lei 8.429/1992, que, de fato, sujeita os responsáveis às sanções mencionadas na alternativa, sem prejuízo de outras; **E:** incorreta, pois a conduta praticada configura ato de improbidade na modalidade enriquecimento ilícito do agente, tipificando mais precisamente a situação descrita no inciso IX do art. 9º da Lei 8.429/1992. Gabarito "D".

(Procurador do Município/Sorocaba-SP – 2012 – VUNESP) Quanto ao sujeito ativo que pode vir a ser responsabilizado por improbidade administrativa, indique a alternativa correta.

(A) Responde o terceiro que, mesmo não sendo agente público, induza ou concorra para a prática do ato, ou dele se beneficie de forma direta ou indireta.
(B) A lei de improbidade administrativa considera como sujeito ativo apenas o agente público, mesmo que não tenha se beneficiado diretamente.
(C) Não se enquadra como responsável o agente público que presta serviços à Administração sem vínculo empregatício.
(D) Os membros da Magistratura e do Ministério Público não se enquadram como sujeitos ativos, por fazerem parte de órgãos com independência funcional.
(E) Os juízes não se sujeitam à aplicação da Lei de Improbidade Administrativa por possuírem cargo de vitaliciedade.

A: correta (art. 3º da Lei 8.429/1992); **B:** incorreta, pois o terceiro, mesmo não sendo agente público, que induz ou concorra para a prática do ato, ou dele se beneficie, também pode ser sujeito ativo do ato de improbidade administrativa (art. 3º da Lei 8.429/1992); **C:** incorreta, pois se reputa agente público, para os efeitos da Lei de Improbidade, todo aquele que exerce, ainda que transitoriamente ou sem remuneração, por eleição, nomeação, designação, contratação ou *qualquer outra forma de* investidura ou *vínculo*, mandato, cargo, emprego ou função nas entidades mencionadas no art. 1º da Lei; assim, mesmo que o vínculo não seja empregatício, quem exerce função em qualquer das entidades mencionadas no art. 1º da Lei 8.429/1992 é considerado agente público para fins de aplicação da Lei de Improbidade; **D** e **E:** incorretas, pois não há essa discriminação no art. 2º da Lei 8.429/1992; todavia, é bom lembrar que agentes políticos que respondam por crimes de responsabilidade não estão sujeitos à Lei de Improbidade, para que não haja um *bis in idem*, salvo o Prefeito, que, segundo o STF, continua respondendo junto à Lei 8.429/1992. Gabarito "A".

(Advogado da União/AGU – CESPE – 2012) Julgue o seguinte item.

(1) É necessária a comprovação de enriquecimento ilícito ou da efetiva ocorrência de dano ao patrimônio público para a tipificação de ato de improbidade administrativa que atente contra os princípios da administração pública.

1: incorreta, pois a modalidade mencionada, prevista no art. 11 da Lei 8.429/1992, é absolutamente independente das modalidades relacionadas ao enriquecimento ilícito (art. 9º) e ao dano ao erário (art. 10). Gabarito 1E.

(Cartório/RJ – 2012) A respeito da moralidade na Administração Pública, analise as assertivas abaixo.

I. Responde nos termos da Lei de Improbidade as pessoas que, mesmo não sendo agentes públicos, induzam ou concorram para a prática do ato de improbidade ou dele se beneficie sob qualquer forma direta ou indireta.
II. Para os fins de aplicação da Lei de Improbidade, reputa-se agente público todo aquele que exerce, por eleição, nomeação, designação, contratação ou qualquer outra forma de investidura ou vínculo, mandato, cargo, emprego ou função nas entidades da administração direta, indireta ou fundacional, salvo se transitoriamente ou sem remuneração.
III. A responsabilidade pela lesão ao patrimônio público não se estende a herdeiros.

É correto o que se afirma em:
(A) I, apenas.
(B) II, apenas.
(C) III, apenas.
(D) I e III, apenas.
(E) I, II e III.

I: correta (art. 3.º da Lei 8.429/1992); **II:** incorreta, pois mesmo que aquele que exerce qualquer das funções mencionadas o faça transitoriamente ou sem remuneração, ter-se-á um agente público para fins de aplicação da Lei de Improbidade (art. 2.º da Lei 8.429/1992); **III:** incorreta, pois o sucessor daquele que causar lesão ao patrimônio público ou se enriquecer ilicitamente está sujeito às cominações da Lei de Improbidade até o limite do valor da herança (art. 8.º da Lei 8.429/1992). Gabarito "A".

(Cartório/SC – 2012) A respeito da Lei de Improbidade Administrativa, pode-se afirmar:

I. Todos os agentes públicos respondem nos termos da Lei de Improbidade Administrativa, exceto os agentes políticos que exercem mandato eletivo junto aos parlamentos, já que estes detêm fórum privilegiado para responder pelos crimes de responsabilidade.
II. As sanções e o ressarcimento de danos ao erário prescrevem em cinco anos após o término do exercício de mandato, de cargo em comissão ou de função de confiança e, dentro do prazo prescricional previsto em lei específica para faltas disciplinares puníveis com demissão a bem do serviço público, nos casos de exercício de cargo efetivo ou emprego.
III. Segundo disposição legal presente na Lei de Improbidade Administrativa, os atos de improbidade administrativa dividem-se em atos que importam em enriquecimento ilícito, resultam em prejuízo ao erário e atentam contra os princípios da administração pública. Para restar o agente público sancionado por infração às condutas vedadas, a lei de improbidade exige genericamente que ele tenha agido com dolo e que tenha havido prejuízo ao erário.
IV. Nos termos da lei de improbidade, independentemente da conduta praticada pelo agente público ou por aqueles que não sendo agentes são porém a eles assemelhados nos termos da referida lei, independentemente das sanções penais, civis e administrativas previstas na legislação específica, está o responsável pelo ato de improbidade sujeito às cominações, que podem ser aplicadas isolada ou cumulativamente, de acordo com a gravidade do fato, constituindo-se elas de perda dos bens ou valores acrescidos ilicitamente ao patrimônio, ressarcimento integral do dano, quando houver, perda da função pública, suspensão dos direitos políticos de oito a dez anos, pagamento de multa civil de até três vezes o valor do acréscimo, proibição de receber benefícios ou incentivos fiscais ou creditícios, direta ou indiretamente, ainda que por intermédio de pessoa jurídica da qual seja sócio majoritário, pelo prazo de dez anos.

(A) Somente a proposição I está correta.
(B) Somente a proposição III está correta.
(C) Somente as proposições III e IV estão corretas.
(D) Somente a proposição II está correta.
(E) Nenhuma proposição está correta.

I: incorreta; todos os agentes públicos se submetem à Lei de Improbidade, exceto os agentes políticos que respondem por crime de responsabilidade (salvo o Prefeito), o que abarca não só os parlamentares, mas também outros agentes políticos como Presidente da República, Governador, Ministros etc.; **II:** incorreta, pois as sanções em geral, de fato, estão submetidas ao prazo prescricional mencionado (art. 23 da Lei 8.429/1992); porém, a pretensão de ressarcimento ao erário é imprescritível (art. 37, § 5.º, da CF); **III:** incorreta, pois não é necessário que haja prejuízo ao erário para se configurar um ato de improbidade administrativa (art. 21, I, da Lei 8.429/1992); no mais, quanto ao elemento subjetivo é exigido o dolo nas modalidades dos arts. 9.º e 11 (enriquecimento ilícito e violação a princípios), mas basta ato culposo em sentido estrito (ou dolo) para a configuração da improbidade na modalidade do art. 10 (prejuízo ao erário); **IV:** incorreta, pois, de acordo com a modalidade de improbidade, os prazos e critérios de suspensão

de direitos políticos, pagamento de multa civil e proibição de contratar, variam, o que se dá nos termos dos incisos I, II e III do art. 12 da Lei 8.429/1992. **WG**
Gabarito "E".

(Magistratura do Trabalho – 4ª Região – 2012) São passíveis de enquadramento nas disposições previstas na Lei de improbidade administrativa

(A) os atos praticados pelos agentes públicos, exclusivamente.
(B) os atos praticados por agentes públicos, incluindo os agentes políticos e excluídos os particulares que atuam em colaboração com a Administração.
(C) os atos praticados por agentes públicos ou terceiro que induza ou concorra para a prática do ato ou dele se beneficie.
(D) os atos praticados contra o patrimônio de entidade pública ou privada que receba recursos públicos, desde que em montante superior a 50% do capital ou patrimônio.
(E) apenas os atos que ensejem prejuízo ao erário, incluindo aqueles praticados em face das entidades integrantes da Administração indireta.

A: incorreta, pois os atos praticados por terceiros beneficiários de atos ímprobos e por pessoas que induzam ou concorram para a prática de ato de improbidade também são passíveis de enquadramento na Lei 8.429/1992 (art. 3º desta); **B:** incorreta, pois os particulares que colaboram com a Administração, como os mesários e jurados, também estão contidos no conceito de agente público do art. 2º da Lei 8.429/1992 e os agentes públicos, ao contrário, quando já respondem por crimes de responsabilidade, não estão sujeitos à aplicação da Lei 8.429/1992, salvo o Prefeito; **C:** correta (art. 3º da Lei 8.429/1992); **D:** incorreta, pois também são passíveis de enquadramento nas disposições da Lei de Improbidade os atos praticados contra o patrimônio das entidades mencionadas, mesmo que esta recebe recursos públicos que componham montante inferior a 50% do patrimônio ou receita (art. 1º, parágrafo único, da Lei 8.429/1992); **E:** incorreta, pois essa é apenas uma das modalidades de ato de improbidade (art. 10 da Lei 8.429/1992), sendo que as demais modalidades são enriquecimento ilícito do agente (art. 9º) e violação a princípios administrativos (art. 11 da Lei 8.429/1992). **WG**
Gabarito "C".

(Magistratura do Trabalho – 23ª Região – 2012) Quanto ao ato de improbidade administrativa que atenta contra os princípios da administração pública, nos termos da Lei 8.429/1992, analise as proposições a seguir e a assinale a alternativa correta.

I. a prática de ato que visa fim proibido em lei ou regulamento ou fim diverso daquele previsto na regra de competência.
II. retardar ou deixar de praticar, indevidamente, ato de ofício.
III. revelar fato ou circunstância de que tem ciência em razão das atribuições e que deva permanecer em segredo.
IV. permitir ou facilitar a alienação, permuta ou locação de bem integrante do patrimônio de quaisquer das entidades referidas no art. 1º da lei, ou ainda a prestação de serviço por parte delas, por preço inferior ao de mercado.
V. revelar ou permitir que chegue ao conhecimento de terceiro, antes da respectiva divulgação oficial, teor de medida política ou econômica capaz de afetar o preço de mercadoria, bem ou serviço.

(A) Todas as proposições caracterizam ato de improbidade administrativa que atenta contra os princípios da administração pública.
(B) Somente as proposições constantes dos itens I, II e V caracterizam ato de improbidade administrativa que atenta contra os princípios da administração pública.
(C) Somente as proposições constantes dos itens II, III e V caracterizam ato de improbidade administrativa que atenta contra os princípios da administração pública.
(D) Somente as proposições constantes dos itens I, II, III e V caracterizam ato de improbidade administrativa que atenta contra os princípios da administração pública.
(E) Somente as proposições constantes dos itens I, II e III caracterizam ato de improbidade administrativa que atenta contra os princípios da administração pública.

Os itens I, II, III e V trazem hipóteses de improbidade administrativa que atenta contra os princípios da administração pública (art. 11, I a III e VII, da Lei 8.429/1992). E o item IV traz hipótese de improbidade administrativa que causa prejuízo ao erário (art. 10, IV, da Lei 8.429/1992). **WG**
Gabarito "D".

(Analista – TRT/6ª – 2012 – FCC) De acordo com a Lei 8.429/1992, os atos de improbidade administrativa

(A) que causem enriquecimento ilícito ou lesão ao patrimônio público ensejam a possibilidade de obter a indisponibilidade de bens do indiciado.
(B) somente podem ser considerados lesivos ao patrimônio público quando decorrentes de conduta dolosa do agente.
(C) permitem a aplicação de sanções pecuniárias apenas na hipótese de ensejarem enriquecimento ilícito.
(D) que atentem contra os princípios da Administração pública pressupõem, como sujeito ativo, agente público.
(E) que ensejam lesão ao patrimônio público pressupõem o enriquecimento ilícito pelo agente público.

A: correta (art. 7º da Lei 8.429/1992); **B:** incorreta, pois a modalidade de improbidade prevista no art. 10 da Lei 8.429/1992 se configura mediando conduta culposa em sentido estrito também; **C:** incorreta, pois nos demais casos também cabem sanções pecuniárias, como o ressarcimento integral do dano e a multa civil (art. 12, II e III, da Lei 8.429/1992); **D:** incorreta, pois também pode ser sujeito ativo do ato de improbidade a pessoa que, mesmo não sendo agente público, *induza* ou *concorra* para a prática do ato ou dele se *beneficie* de forma direta ou indireta (art. 3º da Lei 8.429/1992); **E:** incorreta, pois a modalidade referente à lesão ao patrimônio público (art. 10 da Lei 8.429/1992) não traz como elemento indispensável para a sua configuração o enriquecimento ilícito do agente público, elemento esse próprio da modalidade do art. 9º da Lei 8.429/1992. **WG**
Gabarito "A".

(Advogado do INEA/RJ – 2014 – FGV) João, prefeito do município Y, realiza contrato com Marcos, que não possui qualquer cargo ou função pública. O MP, entendendo que João foi negligente e que tal contrato importou em enriquecimento ilícito de João e Marcos, por terem recebido vantagem patrimonial indevida, propõe uma Ação de Improbidade Administrativa. Considerando a situação narrada e o disposto na Lei 8.429/1992, assinale a afirmativa correta.

(A) A conduta poderá ser punida se o Ministério Público comprovar que houve dano ao erário.
(B) João deve ser réu na ação, mas Marcos não, vez que não é agente público.
(C) A referida conduta não poder ser punida, vez que somente a conduta dolosa pode importar em improbidade administrativa.
(D) A referida conduta deve ser punida, uma vez que qualquer conduta culposa, que importe em enriquecimento ilícito, pode ser punida por improbidade administrativa.
(E) O Ministério Público deverá comprovar o dano ao erário, sem o qual a Ação de improbidade não tem como prosperar.

A: correta; no caso, não havendo enriquecimento ilícito do próprio agente público (no caso, João), nem havendo conduta dolosa (indispensável para configurar a modalidade em questão), a configurar a modalidade do art. 9º da Lei 8.429/1992, demonstrando o prejuízo ao erário, ter-se-á configurada a modalidade do art. 10 da Lei 8.429/1992, que se efetiva não só por condutas dolosas, mas também por condutas culposas; **B:** incorreta, pois a Lei 8.429/1992 também se aplica aos beneficiários do ato de improbidade (art. 3º); **C:** incorreta, pois a modalidade prevista no art. 10 da Lei 8.429/1992 se configura mediante conduta dolosa ou culposa; **D:** incorreta, pois somente por conduta dolosa é que se configura a modalidade do art. 9º (e do art. 11 também) da Lei 8.429/1992; **E:** incorreta, pois nas modalidades dos arts. 9º e 11 da Lei 8.429/1992 não é necessário prejuízo ao erário, sem contar que o art. 21, I, da Lei 8.429/1992 dispõe que a aplicação desta lei independe da efetiva ocorrência de dano ao patrimônio público. **WG**
Gabarito "A".

(Magistratura/SC – 2015 – FCC) Existe certa polêmica entre os juristas quanto à constitucionalidade da "multa civil", prevista como espécie de sanção cabível por ato de improbidade administrativa, no art. 12 da Lei 8.429/1992.
No entanto, já houve oportunidade de manifestação do Supremo Tribunal Federal sobre a matéria, tal como se passou no RE 598588 AgR, assim ementado: "AGRAVOS REGIMENTAIS NO RECURSO EXTRAORDINÁRIO. IMPROBIDADE ADMINISTRATIVA. MULTA CIVIL. ARTIGO 12, III, DA LEI 8.429/1992. As sanções civis impostas pelo artigo 12 da Lei 8.429/1992 aos atos de improbidade administrativa estão em sintonia com os princípios constitucionais que regem a Administração Pública. Agravos regimentais a que se nega provimento".
Independentemente do entendimento jurisprudencial sobre essa polêmica, são argumentos adequadamente pertinentes a ela:

(A) A situação de bis in idem caracterizada pela simultânea previsão de indisponibilidade dos bens e de multa civil, como sanções por ato de improbidade administrativa.
(B) A incompatibilidade de sanção civil com ação de improbidade administrativa, dado, justamente, tratar-se de relação jurídica administrativa.
(C) A não previsão da multa civil dentre as sanções arroladas no dispositivo constitucional que trata da improbidade administrativa.
(D) A natureza administrativa, e não jurisdicional, da ação de improbidade administrativa.
(E) A situação de bis in idem caracterizada pela simultânea previsão de ressarcimento ao erário e de multa civil, como sanções por ato de improbidade administrativa.

A: incorreta, pois as naturezas das duas consequências jurídicas são diferentes, sendo a primeira destinada a servir de cautelar para proteger bens tendo em vista futura execução de sentença, e a segunda destinada a reprimir a prática de atos de improbidade; **B e D:** incorretas, pois a própria CF, em seu art. 37, § 6º, prescreve sanções administrativas, políticas e civis para quem praticar ato de improbidade administrativa, tornando o ilícito de improbidade multifacetário; **C:** correta, pois, de fato, o art. 37, § 4º, da CF, não traz a

multa civil como sanção para a prática de ato de improbidade administrativa; **E:** incorreta, pois as naturezas das duas consequências jurídicas são diferentes, sendo a primeira destinada a recompor o patrimônio público, e a segunda destinada a reprimir a prática de atos de improbidade. **WG**
Gabarito "C".

(Magistratura/CE – 2012 – CESPE) À luz da Lei 8.429/1992, que trata da improbidade administrativa, assinale a opção correta.

(A) A instauração de processo judicial por ato de improbidade obsta a instauração de processo administrativo para apurar fato de idêntico teor enquanto aquele não for concluído.
(B) Constitui ato de improbidade administrativa que causa lesão ao erário qualquer ação ou omissão que enseje perda patrimonial, desvio ou dilapidação dos bens e haveres públicos, mas apenas se configurado o dolo do agente.
(C) Os atos de improbidade que importem enriquecimento ilícito, que causem lesão ao erário ou que atentem contra os princípios da administração pública causam a perda ou a suspensão dos direitos políticos, por período que varia de cinco a dez anos.
(D) Entre as medidas de natureza cautelar que, previstas nessa lei, só podem ser decretadas judicialmente incluem-se a indisponibilidade dos bens, o bloqueio de contas bancárias e o afastamento do agente do exercício do cargo, emprego ou função.
(E) Tanto a perda da função pública quanto a suspensão dos direitos políticos pela prática de ato de improbidade só se efetivam com o trânsito em julgado da sentença condenatória.

A: incorreta, pois as sanções de improbidade são independentes das sanções administrativas (art. 12 da Lei 8.429/1992); **B:** incorreta, pois a modalidade de improbidade trazida na alternativa é a prevista no art. 10 da Lei 8.429/1992 (prejuízo ao erário), modalidade essa que se configura por conduta dolosa ou culposa (EREsp 875.163/RS), e não só por conduta dolosa; as outras duas modalidades – enriquecimento ilícito (art.9º da Lei 8.429/1992) e violação a princípio administrativo (art. 11 da Lei 8.429/1992) –é que só se configuram mediante conduta dolosa; **C:** incorreta, pois tais atos causam a suspensão (e não a perda) dos direitos políticos, e o prazo varia de 3 a 10 anos (art. 12, I a III, da Lei 8.429/1992); **D:** incorreta, pois a indisponibilidade (art. 7º da Lei 8.429/1992) e o afastamento do agente (art. 20, parágrafo único, da Lei 8.429/1992) estão previstos, mas o bloqueio de contas, não, o que não quer dizer que não se possa ingressar com pedido cautelar nesse sentido, com base no poder geral de cautela; **E:** correta (art. 20, *caput*, da Lei 8.429/1992). **WG**
Gabarito "E".

(Promotor de Justiça/SP – 2013 – PGMP) Analise as seguintes afirmações, à luz da Lei 8.429/1992 (Lei de Improbidade Administrativa):

I. Dentre outros, estão sujeitos às penalidades previstas na Lei 8.429/1992 os atos de improbidade praticados contra o patrimônio de entidade para cuja criação ou custeio o erário haja concorrido ou concorra com menos de cinquenta por cento do patrimônio ou da receita anual, limitando-se, nestes casos, a sanção patrimonial à repercussão do ilícito sobre a contribuição dos cofres públicos.
II. A condição para a posse e o exercício do cargo do agente público, consistente na entrega de declaração de bens e valores que compõem o seu patrimônio privado, deve compreender imóveis, móveis, semoventes, dinheiro, títulos, ações, e qualquer outra espécie de bens e valores patrimoniais, localizados no País ou no exterior, e, quando for o caso, abrangerá os bens e valores patrimoniais do cônjuge ou companheiro, dos filhos, dispensadas da relação os bens de outras pessoas, ainda que vivam sob a dependência econômica do declarante, bem como os objetos e utensílios de uso doméstico.
III. Apurada em regular inquérito civil a prática de ato de improbidade administrativa consistente em perceber o agente público vantagem econômica direta para facilitar a alienação, permuta ou locação de bem público, em determinadas circunstâncias é possível ao Promotor de Justiça a propositura de ação apenas para postular o ressarcimento do dano.
IV. Independentemente das sanções penais, civis e administrativas previstas na legislação específica, o responsável pelo ato de improbidade administrativa está sujeito às cominações previstas no respectivo diploma, às quais devem ser aplicadas cumulativamente.
V. Quando proposta pelo Ministério Público é imprescindível a instauração de inquérito civil para ulterior propositura de ação por ato de improbidade administrativa.

Está CORRETO o que se afirma somente nos itens:
(A) I, II e III.
(B) I, III e IV.
(C) II, III e V.
(D) I e III.
(E) II e IV.

I: correta (art. 1.º, parágrafo único, da Lei 8.429/1992); **II:** incorreta, pois os objetos e utensílios de uso doméstico ficam excluídos da declaração de bens (art. 13, § 1.º, da Lei 8.429/1992); **III:** correta, pois o responsável pelo ato de improbidade está sujeito às penalidades previstas no art. 12 da Lei 8.429/1992, dentre elas o ressarcimento integral do dano, que pode estar ou não cumulado com outra sanção; **IV:** incorreta, pois as sanções podem ser aplicadas isolada ou cumulativamente, de acordo com a gravidade do fato (art. 12 da Lei 8.429/1992); **V:** incorreta, pois não é necessária a instauração de inquérito civil para a propositura da ação, desde que a inicial esteja instruída com documentos ou justificação que contenham indícios suficientes da existência do ato de improbidade (art. 17, § 6.º, da Lei 8.429/1992). **VT**
Gabarito "D".

(Promotor de Justiça/SP – 2013 – PGMP) Considere as seguintes afirmações, à luz da Lei 8.429/1992 (Lei de Improbidade Administrativa):

I. Na ação proposta pelo Ministério Público, quando couber, é facultado a qualquer cidadão habilitar-se como litisconsorte ativo ou assistente do autor.
II. A jurisprudência majoritária no STJ se faz no sentido que não há formação de litisconsórcio passivo necessário entre o agente público réu e pessoas participantes ou beneficiárias de fraudes e irregularidades nas ações civis públicas movidas para o fim de apurar e punir atos de improbidade administrativa.
III. A ação principal, quando precedida de procedimento cautelar de sequestro, terá o rito ordinário, e será proposta pelo Ministério Público ou pela pessoa jurídica interessada, no prazo de trinta dias da efetivação da medida cautelar.
IV. Na Lei de Improbidade Administrativa é vedado, na respectiva ação, que se promova transação, acordo ou conciliação.
V. A aplicação das sanções previstas na Lei de Improbidade Administrativa independe da efetiva ocorrência do dano, salvo quanto à multa civil, e da aprovação ou rejeição das contas pelo órgão de controle interno ou pelo Tribunal ou Conselho de Contas.

Está CORRETO apenas o que se afirma nos itens:
(A) I e III.
(B) II, III e IV.
(C) III, IV e V.
(D) I, III e IV.
(E) I, II, III e IV.

I: incorreta, pois somente é admissível que pessoa jurídica de direito público ou de direito privado, cujo ato seja objeto de impugnação, abstenha-se de contestar o pedido, ou atue ao lado do autor, desde que isso se afigure útil ao interesse público (art. 17, § 3.º, da Lei 8.429/1992). Assim, não há previsão legal na lei de improbidade administrativa a respeito da habilitação do cidadão como litisconsorte ou assistente do autor da ação, como ocorre com a lei da ação popular, nos termos do art. 6.º, § 5.º, da Lei 4.717/1965; **II:** correta, pois, de fato, consoante entendimento consolidado do STJ, não existe litisconsórcio passivo necessário entre o agente público e terceiro que tenha concorrido para a prática do ato tido como ímprobo (STJ, REsp 783.823-GO; REsp 704.757-RS; REsp 737.978-MG; Informativo 384); **III:** correta (art. 17, *caput*, da Lei 8.429/1992); **IV:** correta (art. 17, § 1.º, da Lei 8.429/1992); **V:** incorreta, pois a aplicação das sanções previstas na lei de improbidade administrativa independe da efetiva ocorrência de dano ao patrimônio público, salvo quanto à pena de ressarcimento, bem como da aprovação ou rejeição das contas pelo órgão de controle interno ou pelo Tribunal ou Conselho de Contas (art. 21, I e II, da Lei 8.429/1992). **VT**
Gabarito "B".

(Ministério Público/SC – 2012) Analise as assertivas a seguir.

I. O prefeito afastado do cargo por medida judicial cautelar em ação de improbidade administrativa, terá seus direitos políticos assegurados (votar e ser votado), estando legitimado a exercer a representatividade popular do cargo que concorreu posteriormente, caso eleito.
II. A multa prevista no art. 12, e seus incisos, da Lei 8.429/1992, de caráter inibitório, não está ligada a uma relação de equilíbrio com o dano causado, sendo o montante deste sempre inferior ao da multa.
III. Para a posição doutrinária e jurisprudencial que admite a aplicação não cumulativa das sanções do art. 12, incisos I, II e III da LIA, tal entendimento, longe de ofender o equilíbrio constitucional dos poderes e levar ao arbítrio judicial, viabilizará a interpretação conforme a Constituição Cidadã e minimizará a dissonância existente entre a tutela dos direitos fundamentais e a severidade das sanções cominadas.
IV. A prescrição para o agente detentor de mandato de Prefeito que tenha praticado ato de improbidade no primeiro ano de mandato começará a fluir, mesmo em caso de reeleição, a partir do término do último mandato outorgado ao agente, posto a unicidade à sua atividade e a temporariedade do vínculo a que alude o inciso I, do art. 23, da LIA
V. As condutas do art. 11, da LIA, isoladamente, não geram a perda de bens.

(A) Apenas as assertivas I, II, III e IV estão corretas.
(B) Apenas as assertivas II, III e IV estão corretas.

(C) Apenas as assertivas I, II, IV e V estão corretas.
(D) Apenas as assertivas II, III e V estão corretas.
(E) Todas as assertivas estão corretas.

I: correta, pois a medida cautelar não fulmina os direitos políticos. Nos termos do art. 20 da LIA, *a perda da função pública e a suspensão dos direitos políticos só se efetivam com o trânsito em julgado da sentença condenatória*. O texto retrata lição de Emerson Garcia (**Improbidade administrativa**. 6. ed. Rio de Janeiro: Lumen Juris, 2011. p. 556); **II:** correta, pois conforme à lição de Emerson Garcia (**Improbidade administrativa**. 6. ed. Rio de Janeiro: Lumen Juris, 2011. p. 582): "Considerando a previsão autônoma de ressarcimento do dano, não há que se falar em caráter indenizatório da multa. Ela não se encontra alicerçada em uma relação de equilíbrio com o dano causado, que é valorado unicamente para fins de fixação do montante da multa, a qual sempre atingirá patamares superiores aos do dano". De fato, o valor da multa será de até duas vezes o valor do dano (LIA, art. 12, II); **III:** correta, pois é a exata lição de Emerson Garcia (**Improbidade administrativa**. 6. ed. Rio de Janeiro: Lumen Juris, 2011. p. 601); **IV:** correta, pois o prazo será contado do término do segundo mandato, tendo em vista a continuidade do governo. A segunda Turma do STJ, conforme o Informativo 0406, decidiu que, no caso de reeleição, o prazo prescricional deve ser contado a partir do fim do segundo mandato: "A Lei de Improbidade associa, no art. 23, I, o início da contagem do prazo prescricional ao término de vínculo temporário, entre os quais o exercício de mandato eletivo. De acordo com a justificativa da PEC de que resultou a EC 16/1997, a reeleição, embora não prorrogue simplesmente o mandato, importa em fator de continuidade da gestão administrativa. Portanto, o vínculo com a Administração, sob o ponto de vista material, em caso de reeleição, não se desfaz no dia 31 de dezembro do último ano do primeiro mandato para se refazer no dia 1º de janeiro do ano inicial do segundo mandato. Em razão disso, o prazo prescricional deve ser contado a partir do fim do segundo mandato. O administrador, além de detentor do dever de consecução do interesse público, guiado pela moralidade – e por ela limitado –, é o responsável, perante o povo, pelos atos que, em sua gestão, em um ou dois mandatos, extrapolem tais parâmetros. A estabilidade da estrutura administrativa e a previsão de programas de execução duradoura possibilitam, com a reeleição, a satisfação, de forma mais concisa e eficiente, do interesse público. No entanto, o bem público é de titularidade do povo, a quem o administrador deve prestar contas. E se, por dois mandatos seguidos, pôde usufruir de uma estrutura mais bem planejada e de programas de governo mais consistentes, colhendo frutos ao longo dos dois mandatos – principalmente, no decorrer do segundo, quando os resultados concretos realmente aparecem – deve responder inexoravelmente perante o titular da res publica por todos os atos praticados durante os oito anos de gestão administrativa, independente da data de sua realização. REsp 1.107.833-SP, Rel. Min. Mauro Campbell Marques, julgado em 08.09.2009"; **V:** correta, pois a sanção mencionada não é prevista pelo art. 12, III, da LIA. Ou seja, não é prevista no caso de ato de improbidade que atenta contra os princípios aplicáveis à administração pública (LIA, art. 11). **WG**

Gabarito "E".

(Ministério Público/SC – 2012) Analise as assertivas a seguir.

I. A sanção da perda da função pública decorrente do reconhecimento judicial da prática de ato de improbidade, tem cunho constitutivo negativo e atingirá tanto o cargo efetivo do agente como comissionado por ele ocupado, seja no mesmo ou em outro órgão ou entidade estatal, inclusive em nível de governo diferente daquele em que praticou o ato ímprobo.

II. O Aposentado que vier a praticar ato de improbidade no exercício de nova função pública, após condenação com sanção de perda da função pública, no momento próprio de sua execução, perderá o vínculo desta função e também terá cassada a aposentadoria.

III. A suspensão dos direitos políticos aplicada ao agente por ato ímprobo anterior, mas no momento em que tiver exercendo mandato eletivo vier a transitar em julgado a decisão, será ele (agente) afastado do cargo para o qual foi eleito.

IV. Cuidando-se da prática de atos ímprobos contra bens e interesses estaduais ou municipais, a atribuição para a instauração de Inquérito Civil ou Procedimento Preparatório é do Promotor de Justiça ou do Procurador-Geral de Justiça, conforme o caso concreto.

V. A ação civil pública de responsabilidade por ato de improbidade administrativa (Lei 8.429/1992), admite a interposição de medida cautelar de sequestro especial, contudo imprescindível os requisitos do art. 813, do CPC e que sobre o(s) bem(s) haja litigiosidade.

(A) Apenas as assertivas III e V estão corretas.
(B) Apenas as assertivas II, III e IV estão corretas.
(C) Apenas as assertivas I, IV e V estão corretas.
(D) Apenas as assertivas I, III e IV estão corretas.
(E) Todas as assertivas estão corretas.

I: correta. Nesse sentido a lição de Emerson Garcia (**Improbidade administrativa**. 6. ed. Rio de Janeiro: Lumen Juris, 2011. p. 556); **II:** incorreta, pois, como ensina Emerson Garcia (**Improbidade administrativa**. 6. ed. Rio de Janeiro: Lumen Juris, 2011. p. 557-558), "esse entendimento termina por colidir com o caráter contributivo dos benefícios previdenciários, o que confere um *plus* ao seu fundamento existencial que não o mero exercício da função pública, e com a ausência de previsão expressa na Lei 8.429/1992"; **III:** correta, pois, como ensina Emerson Garcia (**Improbidade administrativa**. 6. ed. Rio de Janeiro: Lumen Juris, 2011. p. 556), "ainda que o agente exerça duas ou mais atribuições, de origem eletiva ou contratual, ou uma função distinta daquela que exerce por ocasião do ilícito, o provimento jurisdicional haverá de alcançar todas, determinando a completa extinção das relações existentes entre o agente e o Poder Público"; **IV:** correta, pois a competência é da Justiça Estadual. Assim, a atribuição é do MP Estadual. Por isso, o inquérito será instaurado pelo Promotor de Justiça ou, excepcionalmente, pelo Procurador-Geral de Justiça. Ocorre que determinadas autoridades são investigadas pelo Procurador-Geral de Justiça, de acordo com a previsão na Lei Orgânica do Ministério Público. Por exemplo, quando o ato investigado envolve o Governador do Estado, a atribuição é do chefe da instituição; **V:** incorreta, pois, no caso das medidas de indisponibilidade ou de sequestro de bens, por ato de improbidade administrativa, o *periculum in mora* é presumido: "Administrativo e processual civil. Ação civil pública. Improbidade administrativa. Liminar. Indisponibilidade de bens. *Periculum in mora* presumido. A concessão da medida de indisponibilidade não está condicionada à comprovação de que os réus estejam dilapidando seu patrimônio, ou na iminência de fazê-lo, tendo em vista que o *periculum in mora* está implícito no comando legal. Assim deve ser a interpretação da lei, porque a dilapidação é ato instantâneo que impede a atuação eficaz e acautelatória do Poder Judiciário. Precedentes: Edcl no REsp 1.211.986/MT, Rel. Min. Herman Benjamin, 2ª Turma, *DJe* 09.06.2011; REsp 1.244.028/RS, Rel. Min. Mauro Campbell Marques, Segunda Turma, *DJe* 02.09.2011; Edcl no REsp 1.205.119/MT, Rel. Min. Mauro Campbell Marques, 2ª Turma, *DJe* 08.02.2011; REsp 1.190.846/PI, Rel. Min. Castro Meira, Segunda Turma, *DJe* 10.02.2011; REsp 967.841/PA, Rel. Min. Mauro Campbell Marques, Segunda Turma, *DJe* 08.10.2010; REsp 1.203.133/MT, Rel. Min. Castro Meira, Segunda Turma, *DJe* 28.10.2010; REsp 1.199.329/MT, Rel. Min. Mauro Campbell Marques, Segunda Turma, *DJe* 08.10.2010; REsp 1.177.290/MT, Rel. Min. Herman Benjamin, Segunda Turma, *DJe* 01.07.2010; REsp 1.177.128/MT, Rel. Min. Herman Benjamin, 2ª Turma, *DJe* 16.09.2010; REsp 1.135.548/PR, Rel. Ministra Eliana Calmon, Segunda Turma, *DJe* 22.06.2010; REsp 1.134.638/MT, Relator Ministra Eliana Calmon, 2ª Turma, *DJe* 23.11.2009; REsp 1.098.824/SC, Rel. Ministra Eliana Calmon, Segunda Turma, *DJe* 04.08.2009". **WG**

Gabarito "D".

(Ministério Público/SP – 2012 – VUNESP) Com relação à Lei de Improbidade Administrativa (Lei 8.429/1992), é correto afirmar:

(A) As ações de improbidade administrativa até o valor de 60 salários-mínimos serão processadas nos Juizados Especiais da Fazenda Pública (Lei 12.153/2009).

(B) O ressarcimento integral do dano será possível apenas se a lesão ao patrimônio público ocorrer por ação dolosa do agente público.

(C) O sucessor daquele que se enriquecer ilicitamente, por ato de improbidade administrativa, está sujeito às cominações da lei de improbidade pelo total da vantagem patrimonial indevida, ainda que esse ultrapasse o valor da herança.

(D) Caberá à autoridade administrativa responsável pelo inquérito representar ao Ministério Público para indisponibilidade dos bens do indiciado.

(E) As penalidades previstas na Lei 8.429/1992 se aplicadas cumulativamente excluirão outras sanções civis ou administrativas previstas em legislação específica.

A: incorreta, pois, nos termos do art. 2º, § 1º, I, da Lei 12.153/2009, não se incluem na competência do Juizado Especial da Fazenda Pública as ações de improbidade administrativa; **B:** incorreta, pois o ato de improbidade que causa prejuízo ao erário pode ser punido a título de dolo ou culpa (LIA, art. 10); **C:** incorreta, pois *o sucessor daquele que causar lesão ao patrimônio público ou se enriquecer ilicitamente está sujeito às cominações desta lei até o limite do valor da herança* (art. 8º da LIA); **D:** correta, pois o que estabelece o art. 16 da LIA; **E:** incorreta, pois as penalidades previstas na LIA não excluem as demais sanções civis ou administrativas (LIA, art. 12, *caput*). **WG**

Gabarito "D".

(Ministério Público/GO – 2012) Em relação à tutela da probidade administrativa é incorreto afirmar:

(A) em face do princípio da congruência ficará o Juiz vinculado ao pedido formulado pelo autor da ação de improbidade administrativa, não podendo condenar o agente ímprobo à sanção não contida no pedido inicial;

(B) em face do princípio da congruência, em relação à causa de pedir haverá vinculação entre a inicial e a prestação jurisdicional, não podendo o Juiz aplicar uma sanção por fato não descrito pelo autor da ação de improbidade administrativa;

(C) de acordo com a Súmula 208 do STJ compete à Justiça Federal processar e julgar agente político por desvio de verba sujeita a prestação de contas perante órgão federal;

(D) a multa civil prevista no artigo 12 da Lei 8.429/1992 será destinada ao sujeito passivo do ato de improbidade e não ao Fundo de Defesa dos Direitos Difusos previsto no artigo 13 da Lei 7.347/1985.

A: incorreta, devendo ser assinalada, pois a jurisprudência do STJ permite ao juiz dar aos fatos definição jurídica diversa daquela apontada pelo autor, na inicial. O STJ no julgamento do REsp 842.428/ES, afirmou que "não infringe o princípio da congruência a decisão judicial que enquadra o ato de improbidade em dispositivo diverso do indicado na inicial, eis que deve a defesa ater-se aos fatos e não à capitulação legal"; **B:** correta, pois o juiz não pode considerar fato que não tenha sido imputado ao réu; **C:** correta. É o teor da súmula; vale salientar que, apesar de a Súmula 208 do STJ se referir aos prefeitos, a competência também se estende a outros agentes políticos nos casos de verba desviada sujeita a prestação de contas perante a Justiça Federal; **D:** correta, pois há regra específica, no sentido da assertiva, no art. 18 da LI**A:** *A sentença que julgar procedente ação civil*

de reparação de dano ou decretar a perda dos bens havidos ilicitamente determinará o pagamento ou a reversão dos bens, conforme o caso, em favor da pessoa jurídica prejudicada pelo ilícito. MD
Gabarito "A".

(Delegado/AM) Dentre as sanções impostas a quem pratica ato de improbidade administrativa, destaca-se a seguinte:
(A) proibição de comerciar.
(B) supressão das férias vincendas.
(C) declaração de insolvência civil.
(D) suspensão dos direitos públicos.

A: incorreta, pois a sanção correta é de "proibição de contratar com o Poder Público ou receber benefícios ou incentivos fiscais ou creditícios, direta ou indiretamente, ainda que por intermédio de pessoa jurídica da qual seja sócio majoritário" por um dado período de tempo (art. 12 da Lei 8.429/1992; **B** e **C:** incorretas, pois não existem tais previsões no art. 12 da Lei 8.429/1992; **D:** correta, nos termos do art. 12 da Lei 8.429/1992. WG
Gabarito "D".

(Advogado da União/AGU – CESPE – 2012) Julgue o seguinte item.
(1) Autorizada a cumulação do pedido condenatório e do de ressarcimento em ação por improbidade administrativa, a rejeição do pedido condenatório por prescrição não obsta o prosseguimento da demanda relativa ao pedido de ressarcimento, que é imprescritível.

1: correta, pois, de fato, o STF, com fundamento no art. 37, § 5º, da CF, vem entendendo que é imprescritível a pretensão de ressarcimento ao erário pela prática de ato ilícito (inclusive o ilícito "improbidade administrativa), conforme se verifica no MS 26.210. WG
Gabarito 1C

(Magistratura do Trabalho – 23ª Região – 2012) Quanto às penas aplicáveis aos atos de improbidade administrativa, nos termos da Lei 8.429/1992, analise as proposições abaixo e indique a alternativa correta:
I. perda da função pública, suspensão dos direitos políticos, pagamento de multa civil, proibição de contratar com o Poder Público ou receber benefícios ou incentivos fiscais ou creditícios são cominações comuns aos atos de improbidade que importam em enriquecimento ilícito, são prejudiciais ao erário e que atentam contra os princípios da Administração Pública.
II. a cominação de ressarcimento de danos havidos somente se aplica ao responsável por atos de improbidade administrativa que causam prejuízo ao erário.
III. As cominações previstas na lei para o responsável pelo ato de improbidade devem ser aplicadas cumulativamente, sempre de acordo com a gravidade do fato e sem prejuízo das Sanções penais, civis é administrativas previstas na legislação específica.
IV. a recusa do agente público em prestar declaração dos bens, dentro do prazo determinado, ou a prestação falsa é punida com demissão a bem do serviço público, sem prejuízo de outras sanções cabíveis.
V. A perda da função pública e a suspensão dos direitos políticos só se efetivam com o trânsito em julgado da sentença condenatória.
(A) Todas as proposições estão corretas
(B) Somente as proposições constantes dos itens I, II e V estão corretas e as demais estão incorretas
(C) Somente as proposições constantes dos itens II, III e V estão corretas e as demais estão incorretas.
(D) Somente as proposições constantes dos itens I, IV e V estão corretas e as demais estão incorretas.
(E) Somente as proposições constantes dos itens I, II e III estão corretas e as demais estão incorretas.

I: correta (art. 12 da Lei 8.429/1992); **II:** incorreta, pois também pode se dar nas outras duas modalidades, como se pode ver do art. 12, I e III, da Lei 8.429/1992; **III:** incorreta, pois podem ser aplicadas isolada ou cumulativamente (art. 12, *caput*, da Lei 8.429/1992); **IV:** correta (art. 13, § 3º, da Lei 8.429/1992); **V:** correta (art. 20, *caput*, da Lei 8.429/1992). WG
Gabarito "D".

(Analista – TRT/11ª – 2012 – FCC) No curso de determinada ação de improbidade administrativa, um dos réus vem a falecer, razão pela qual é chamado a intervir na lide, seu único sucessor Felipe, empresário do ramo hoteleiro. Ao final da demanda, todos os réus são condenados pela prática de ato ímprobo previsto no artigo 11, da Lei 8.429/1992 (violação aos princípios da Administração Pública), sendo-lhes impostas as seguintes sanções: ressarcimento integral do dano, perda da função pública e suspensão dos direitos políticos por cinco anos. Nesse caso, Felipe"
(A) responderá apenas pelo ressarcimento do dano, devendo arcar, obrigatoriamente, com a reposição integral do prejuízo causado ao erário.
(B) estará sujeito à suspensão dos direitos políticos e ao ressarcimento integral do dano.
(C) não está sujeito às cominações previstas na Lei de Improbidade Administrativa.
(D) estará sujeito às três sanções impostas.
(E) responderá apenas pelo ressarcimento do dano, até o limite do valor da herança.

A: incorreta, pois o sucessor (Felipe) só tem que arcar com a reposição do prejuízo ao erário até o limite do valor da herança (art. 8º da Lei 8.429/1992); **B** e **D:** incorreta, pois o sucessor não está sujeito às sanções personalíssimas aplicadas ao agente ímprobo, como é o caso da perda da função pública e da suspensão dos direitos políticos; **C:** incorreta, pois, como se viu, o sucessor está sujeito às cominações pecuniárias previstas na Lei 8.429/1992 (art. 8º); **E:** correta (art. 8º da Lei 8.429/1992). WG
Gabarito "E".

(Procurador do Município/São José dos Campos-SP – 2012 – VUNESP) Recebida pela Procuradoria do Município a representação da Comissão Processante dando conhecimento da existência de procedimento administrativo em que há fundados indícios de responsabilidade de agente público por ato de improbidade, o Procurador
(A) representará ao órgão do Ministério Público, que é o legitimado ativo, para ingressar com a ação cautelar de arresto ou de sequestro, segundo o caso concreto, de bens do agente ou de terceiro que tenha enriquecido ilicitamente ou causado dano ao patrimônio público.
(B) ingressará com ação cautelar de sequestro de bens do agente ou de terceiro que tenha enriquecido ilicitamente ou causado dano ao patrimônio público.
(C) ingressará com a ação de improbidade administrativa no prazo de trinta dias, pleiteando a designação de audiência para tentativa de transação, acordo ou conciliação, visando a diminuir a litigiosidade e a solucionar com rapidez a questão.
(D) dará conhecimento à autoridade competente, visando a afastar o agente do exercício do cargo, emprego ou função, com prejuízo de sua remuneração, quando a medida se fizer necessária à instrução processual.
(E) ajuizará, em litisconsórcio ativo necessário, com o órgão do Ministério Público, ação de improbidade, que tramitará pelo rito especial.

Segundo o art. 16 da Lei 8.429/1992, a Comissão, nesse caso, representará ao Ministério ou à Procuradoria do órgão "para que requeira em juízo competente a decretação do sequestro dos bens do agente ou terceiro que tenha enriquecido ilicitamente ou causado dano ao patrimônio público". Dessa forma, a alternativa correta é a "b". WG
Gabarito "B".

(Defensor Público –DPE/RN – 2016 – CESPE) Considerando os termos da responsabilidade administrativa, civil e criminal dos agentes públicos e a disciplina da improbidade administrativa, assinale a opção correta.
(A) O sistema punitivo na esfera administrativa se assemelha ao da esfera criminal, na medida em que as condutas são tipificadas com precisão, sendo cominadas sanções específicas para cada conduta infracional prevista.
(B) Se estiver em tramitação ação de improbidade contra servidor público pela prática de ato de improbidade administrativa, haverá que se aguardar o trânsito em julgado de referida ação para que seja editado ato de demissão oriundo de procedimento administrativo disciplinar.
(C) Segundo entendimento jurisprudencial já pacificado no âmbito do STJ, eventual prescrição das sanções decorrentes dos atos de improbidade administrativa não impede o prosseguimento de ação judicial visando ao ressarcimento dos danos causados ao erário, tendo em vista a imprescritibilidade de referida ação.
(D) É inadmissível, na aplicação da Lei 8.429/1992, a responsabilização objetiva do agente público por ato de improbidade administrativa, exceto em relação aos atos de improbidade que causem lesão ao erário.
(E) À luz da jurisprudência do STJ, em nome do princípio constitucional da vedação do anonimato, será nulo o processo administrativo disciplinar instaurado com fundamento em denúncia anônima.

A: Incorreta. A Lei de Improbidade determina condutas exaustivas, ou seja, não há uma taxatividade na enumeração das condutas nos artigos 9º, 10 e 11, da Lei 8.429/1992; **B:** Incorreta. As instâncias administrativas, cíveis e criminais são independentes, podendo o servidor ser demitido por meio do processo administrativo disciplinar, antes da sentença de improbidade, por exemplo (art. 12, da Lei 8.429/1992); **C:** Correta. Há entendimento já pacificado (STJ Resp 1.089492) de que há prescrição dos atos de improbidade, conforme também dispõe o art. 23, da Lei 8.429/1992, não havendo o mesmo para as Ações de Ressarcimento decorrentes do ato ímprobo (art. 37, § 5º, CF). O ressarcimento do dano é independente dos ilícitos de improbidade, de forma que a Ação poderá continuar quanto ao ressarcimento, mesmo reconhecida a prescrição quanto ao ato de improbidade; **D:** Incorreta. Exige-se o dolo ou culpa para a existência do Ato de Improbidade que causa dano ao erário, conforme "caput", art. 10, da Lei 8.429/1992; **E:** Incorreta. O STF e STJ tem entendido que é possível a instauração de processo administrativo decorrente de denúncia anônima, desde que seja feita apuração prévia. (RMS 29198/DF e MS10419/DF). AW
Gabarito "C".

(Analista Judiciário – TRT/8ª – 2016 – CESPE) Maria praticou ato de improbidade administrativa em 5/3/2010, por violar os princípios da administração pública, sem ter causado dano ao erário, enquanto ainda ocupava exclusivamente cargo em comissão na administração direta da União. Depois da notícia do fato pela imprensa, em 6/3/2015, Maria foi exonerada do cargo em comissão e do serviço público. Com referência a essa situação hipotética, assinale a opção correta com base na Lei n.º 8.429/1992 (Lei de Improbidade Administrativa).

(A) A titularidade da ação civil por ato de improbidade administrativa, no caso, é exclusiva do Ministério Público Federal.
(B) A eventual aprovação das contas de Maria, como gestora pública, pelo Tribunal de Contas da União afasta a possibilidade de propositura da ação de improbidade administrativa.
(C) Antes do recebimento da ação de improbidade, o juiz competente deverá notificar Maria para apresentar defesa prévia, no prazo de quinze dias, e poderá rejeitar liminarmente a ação, se estiver convencido da inexistência da improbidade, da improcedência da ação ou da inadequação da via eleita.
(D) A eventual condenação de Maria por ato de improbidade administrativa não impede nova investidura em cargo público estadual ou municipal, dentro do prazo de suspensão dos direitos políticos.
(E) Na data da exoneração de Maria, já estava prescrita a pretensão condenatória por ato de improbidade administrativa, pois o ato ilícito fora cometido havia mais de cinco anos.

A: incorreta, pois a pessoa jurídica interessada (no caso, a União) também tem legitimidade ativa para a ação de improbidade (art. 17, *caput*, da Lei 8.429/92); **B:** incorreta, pois a aplicação das sanções da Lei de Improbidade independe da aprovação ou rejeição de contas pelo órgão de controle interno ou pelo Tribunal de Contas (art. 21, II, da Lei 8.429/92); **C:** correta, nos termos do art. 17, §§ 7º e 8º, da Lei 8.429/92; **D:** incorreta, pois o gozo dos direitos políticos costuma ser requisito para o ingresso no serviço público também nos outros entes políticos, como o é na esfera da União (art. 5º, II, da Lei 8.112/90); **E:** incorreta, pois, quando o servidor que comete ato de improbidade detinha cargo em comissão, o prazo de 5 anos para aplicação das sanções da Lei de Improbidade é contado da data do término do exercício do cargo (art. 23, I, da Lei 8.429/92), que se deu apenas em 2015, sendo que a questão é do ano de 2016. WG
Gabarito "C".

(Ministério Público/SP – 2015 – MPE/SP) Aponte a alternativa correta:
(A) No processo administrativo, o afastamento temporário do agente público ao qual se atribui a prática de ato de improbidade, pela autoridade competente, está subordinado à prévia audiência do imputado.
(B) Para a decretação judicial da indisponibilidade de bens do agente público, suspeito de enriquecimento ilícito ou de ter causado danos ao patrimônio público, é imprescindível a individualização dos bens pelo Ministério Público.
(C) A indisponibilidade de bens nas ações de improbidade administrativa é medida que exige a comprovação de efetiva dilapidação patrimonial de parte do demandado.
(D) Nas ações por improbidade administrativa, a indisponibilidade de bens, requerida pelo Ministério Público, não alcança o bem de família do demandado.
(E) Nas ações por improbidade administrativa, a indisponibilidade de bens, requerida pelo Ministério Público, não atinge os proventos de aposentadoria do demandado.

A: incorreta, pois o contraditório pode ser diferido em situações de grande urgência; **B e C:** incorretas; o STJ também entende que a decretação desta medida prescinde da individualização dos bens na petição inicial e requer apenas o *fumus boni juris*, estando o *periculum in mora* implícito na lei (REsp 1.177.290/MT); **D:** incorreta, pois o STJ entende que tal medida pode alcançar bens adquiridos anteriormente à prática do ato de improbidade (REsp 839936/PR), mesmo que se tratem de bem de família (REsp 806.301/PR); **E:** correta, pois se sequer cabe a penhora desses bens, não há que se falar em possibilidade de indisponibilidade deles (REsp 1461892/BA, DJe 06.04.2015); de qualquer forma, com a entrada em vigor do Novo CPC, que admite penhora de vencimentos e proventos acima de 50 salários mínimos mensais (art. 833, § 2º, da Lei 13.105/2015), a jurisprudência passará a admitir a penhora de proventos nesses casos. WG
Gabarito "E".

(Procurador do Estado/PR – 2015 – PUC-PR) Sobre as hipóteses de tutela frente à lesão do patrimônio público pela prática de ato ilícito por parte de agente público, assinale a alternativa CORRETA.
(A) A prática do ato não enseja a impetração de mandado de segurança coletivo, pois não haveria direito líquido e certo no caso.
(B) A propositura de ação popular seria insuficiente por não proporcionar a reparação do dano.
(C) Diferentes órgãos do Judiciário serão competentes para apreciar a ação popular e a ação de improbidade administrativa.
(D) A ação de improbidade administrativa, considerada espécie de ação civil pública, pode ser utilizada para reparação do dano e punição do agente.
(E) Somente o mandado de segurança coletivo pode ser usado para suspender a eficácia do ato imediatamente, via decisão liminar.

A: incorreta, pois, preenchidos os demais requisitos para o mandado de segurança coletivo, não há vedação para esse instrumento nesse caso; **B:** incorreta, pois a ação popular é destinada não só à anulação do ato lesivo, como também ao ressarcimento do erário; **C:** incorreta, pois as duas ações têm a mesma competência, já que não há foro por prerrogativa de função em nenhuma das duas ações; **D:** correta, pois dentre as consequências previstas na Lei 8.429/1992 estão a reparação do dano e diversas punições, tais como multa civil, suspensão dos direitos políticos, perda do cargo etc. (art. 12); **E:** incorreta, pois também cabe liminar na ação popular, na ação por improbidade administrativa e numa ação civil pública sem pedido relacionado a sanções de improbidade administrativa. WG
Gabarito "D".

(Ministério Público/SC – 2012) Analise as assertivas a seguir.
I. A medida cautelar de protesto poderá ser proposta pelo Órgão do Ministério Público para evitar iminente ocorrência de prescrição.
II. Havendo sido proposta pelo Ministério Público ação civil pública por ato de improbidade administrativa e concorrentemente ajuizada ação popular pelo legitimado, ambas abarcando os mesmos fatos e também com recebimento da inicial, poderá ocorrer a continência e, quando do julgamento, será apreciado por primeiro o(s) pedido(s) da ação popular e, após, o(s) daquela.
III. O procedimento do processo da ação de responsabilidade civil por ato de improbidade administrativa é híbrido, iniciando-se com base nas regras processuais estabelecidas pela legislação especial (Lei 8.429/1992), passando para o rito ordinário estabelecido pelo Código de Processo Civil e, em situações específicas para o ato, a respectiva regra do Código de Processo Penal.
IV. Em ação de improbidade administrativa as partes poderão interpor recurso da sentença independentemente do preparo, nos moldes do art. 18, da Lei 7.347/1985. Julgado procedente o pedido, as sanções de perda da função pública e de suspensão dos direitos políticos do(s) demandado(s) só podem ser executadas após o trânsito em julgado da decisão.
V. A sentença de procedência prolatada em ação civil de responsabilidade por ato de improbidade administrativa poderá conter sanções de cunho declaratório, constitutivo e condenatório. No tocante ao seu cumprimento e preenchidos os requisitos em específico, na parte constitutiva e declaratória, o magistrado determinará o cumprimento mediante expedição de ofícios mandamentais. Contudo, na parte relacionada com a(s) sanção(es) de cunho condenatório, necessário se faz, para seu cumprimento, a adoção das medidas específicas do Código de Processo Civil.

(A) Apenas as assertivas I, II e IV estão corretas.
(B) Apenas as assertivas II, IV e V estão corretas.
(C) Apenas as assertivas I, III e V estão corretas.
(D) Apenas as assertivas III e V estão corretas.
(E) todas as assertivas estão corretas.

I: correta, pois, como restou consignado pelo STJ, "é possível a interrupção do prazo de prescrição de ação coletiva na hipótese de ajuizamento de ação cautelar de protesto, conforme jurisprudência do STJ" (AgRg no Ag 1.240.680/RS, 6ª Turma, DJe 18.05.2011); **II:** incorreta, pois, quando houver continência e a ação continente tiver sido proposta anteriormente, no processo relativo à ação contida será proferida sentença sem resolução de mérito, caso contrário, as ações serão necessariamente reunidas" (art. 57 do Novo CPC) **III:** correta, pois a ação de improbidade apresenta regras procedimentais específicas, especialmente pela previsão de uma fase preliminar, anterior ao recebimento da inicial, quando o réu pode apresentar defesa prévia. Ultrapassada a fase preliminar, o rito será ordinário. Ademais, estabelece o art. 17, § 12, da LIA, que: *Aplica-se aos depoimentos ou inquirições realizadas nos processos regidos por esta Lei o disposto no art. 221, caput e § 1º, do Código de Processo Penal*; **IV:** incorreta, pois o benefício do art. 18 da LACP não é aplicável a ambas as partes, como consta do enunciado. O réu, ao contrário do autor da ação civil pública, não goza do benefício da isenção de custas e honorários. Como proclamou a 1ª Turma do STJ, "a previsão legal contida na primeira parte do artigo 18 da Lei 7.347/1985 ("Nas ações de que trata esta lei, não haverá adiantamento de custas, emolumentos, honorários periciais e qualquer outras despesas") aplica-se exclusivamente à parte autora da ação civil pública. Precedentes" (REsp 885.071/SP); **V:** correta, pois a possibilidade de sentenças declaratória, condenatória e constitutiva decorre da permitida cumulação de pedidos na ação coletiva. Nesse sentido o pronunciamento do STJ no julgamento do REsp 757.595/MG: "É cabível a propositura de ação civil pública que tenha como fundamento a prática de ato de improbidade administrativa, tendo em vista a natureza difusa do interesse tutelado. Também mostra-se lícita a cumulação de pedidos de natureza condenatória, declaratória e constitutiva nesta ação, porque sustentada nas disposições da Lei 8.429/1992. A cumulação de pedidos em ação civil pública calcada na Lei de Improbidade é adotada no ordenamento jurídico, nos termos assentados por esta Corte, *verbis*: 1. O Ministério Público é parte legítima para ajuizar ação civil pública que vise aplicar as sanções previstas na Lei de Improbidade Administrativa. 2. A ação civil pública é meio processual adequado para buscar a responsabilização do agente público nos termos da Lei de Improbidade Administrativa, sendo também possível a cumulação de pedidos". O cumprimento dos provimentos declaratório e constitutivo se faz por aquilo que Dinamarco chama de *execução imprópria*, isto é, execução pela expedição de ofícios. Os provimentos condenatórios são efetivados pelas regras do cumprimento de sentença. WG
Gabarito "C".

(Ministério Público/GO – 2012) Nos termos da Lei 8.429/1992 é correto afirmar:
(A) a ação civil de improbidade administrativa poderá ser proposta pelo Ministério Público, pela pessoa jurídica interessada e por associação civil constituída há pelo menos 1 (um) ano nos termos da lei civil, desde que inclua, entre suas finalidades institucionais, a proteção do patrimônio público;
(B) poderá ser determinado o afastamento do agente público do exercício do cargo, emprego ou função, sem prejuízo da remuneração, pelo prazo máximo de 60 dias;
(C) a perda da função pública e a suspensão dos direitos políticos comportam execução provisória antes do trânsito em julgado da sentença, desde que recebido o recurso de apelação apenas no efeito devolutivo;
(D) de acordo com o artigo 17, § 7º, da Lei 8.429/1992, antes de receber a inicial o juiz ordenará a notificação do requerido para oferecer manifestação por escrito no prazo de 15 dias, caracterizando a exigência legal, verdadeiro juízo de prelibação na ação civil de improbidade administrativa.

A: incorreta, pois predomina o entendimento no sentido de que a legitimidade ativa é restrita ao MP e à pessoa jurídica interessada. As associações não têm legitimidade; **B:** incorreta, pois a lei não fixa prazo máximo para o afastamento. Cabe ao juiz a fixação; **C:** incorreta, pois, nos termos do art. 20 da LIA (Lei 8.429/1992), *a perda da função pública e a suspensão dos direitos políticos só se efetivam com o trânsito em julgado da sentença condenatória*; **D:** correta, pois o rito da ação de improbidade administrativa, que é considerada uma espécie de ação civil pública, prevê uma fase preliminar, de defesa prévia, que antecede o recebimento da inicial. Por isso, a doutrina fala que a ação de improbidade só será deflagrada se houver justa causa: suporte probatório mínimo e indícios da autoria. **MD**
Gabarito "D".

(Ministério Público/GO – 2012) Em relação à tutela da probidade administrativa, considere as seguintes proposições:
I. Por intervenção processual móvel entende-se o poder conferido à pessoa jurídica de assumir no processo de improbidade administrativa, a posição que melhor convier ao interesse público, refutando ou concordando com as alegações do Ministério Público;
II. Na defesa preliminar prevista na Lei 8429/1992 poderá o requerido alegar somente questões preliminares, sendo-lhe vedado apresentar defesa de mérito, pois, referida lei não prevê a possibilidade do juiz, de plano, julgar a improcedência do pedido;
III. De acordo com a posição majoritária do STJ, a presença da pessoa jurídica de direito público é essencial para a existência e validade do processo de improbidade administrativa, pois, em caso de procedência do pedido de ressarcimento do dano, este será destinado ao ente de direito público lesado e não ao Fundo de Defesa dos Direitos Difusos. Trata-se de hipótese de litisconsórcio ativo obrigatório, motivo pelo qual a falta de cientificação do ente público constitui nulidade insanável;
IV. Embora a doutrina divirja sobre a possibilidade de utilização da interceptação telefônica como prova emprestada em processo de improbidade administrativa, há decisões do STF admitindo sua utilização em processo administrativo disciplinar e no próprio campo da improbidade administrativa desde que observadas certas condições e requisitos.
(A) apenas os itens I e III estão corretos;
(B) todos os itens estão corretos;
(C) apenas o item III está incorreto;
(D) os itens II e III estão incorretos.

I: correta, pois a possibilidade de migrar de polo existe tanto na ação popular, quanto na ação de improbidade administrativa. O art. 17, § 3º, da LIA, assim enuncia: *No caso de a ação principal ter sido proposta pelo Ministério Público, aplica-se, no que couber, o disposto no § 3º do art. 6º da Lei 4.717, de 29 de junho de 1965*; **II:** incorreta, pois, na sua literalidade, o § 8º do art. 17 da LIA prevê o não recebimento da inicial por razões de mérito, como a inexistência do ato de improbidade ou a improcedência da ação; **III:** incorreta, pois o STJ entende que o litisconsórcio, em ação de improbidade, não é necessário, sobretudo no polo ativo. A pessoa jurídica, se não for autora, poderá migrar para o polo ativo. Poderá, todavia, permanecer no polo passivo, contestando a ação; **IV:** correta, pois o STF admite a utilização de prova emprestada, consistente em interceptação telefônica, em sede de procedimento administrativo disciplinar e no campo da improbidade administrativa: "Prova licitamente obtida por meio de interceptação telefônica realizada com autorização judicial para instruir investigação criminal pode ser utilizada em processo administrativo disciplinar. Inexistência de comprovação de cerceamento de defesa em razão do indeferimento de produção de provas avaliadas como prescindíveis pela administração pública em decisão devidamente fundamentada. Punição no âmbito administrativo com fundamento na prática de improbidade administrativa Independe de provimento judicial que reconheça a conduta de improbidade administrativa. Independência entre as instâncias da improbidade administrativa e administrativa. Nego provimento ao recurso ordinário". (RMS 24.194/DF). **MD**
Gabarito "D".

(Ministério Público/PI – 2012 – CESPE) A respeito da atuação do MP em matéria de improbidade administrativa, assinale a opção correta com base na jurisprudência.
(A) É absolutamente vedada a condenação do MP ao pagamento de honorários advocatícios em ACP.
(B) Não se admite que o MP utilize a denominada prova emprestada em ACP cujo objeto seja ato de improbidade administrativa.
(C) É imprescritível a ACP que tenha por objeto o ressarcimento de danos causados ao erário por atos de improbidade administrativa.
(D) O critério para fixar a competência para a ACP por ato de improbidade administrativa proposta pelo MP é o do domicílio do réu, e não o do local do dano.
(E) O MP não pode instaurar inquérito civil contra magistrado, com o fim de apurar a prática de ato de improbidade a este atribuída.

A: incorreta, pois o MP poderá ser condenado, segundo o STJ, no caso de má-fé: "Processual civil. Agravo regimental. Ação civil pública. Honorários advocatícios. Ministério Público autor e vencedor. 1. 'Posiciona-se o STJ no sentido de que, em sede de ação civil pública, a condenação do Ministério Público ao pagamento de honorários advocatícios somente é cabível na hipótese de comprovada e inequívoca má-fé do *Parquet*. Dentro de absoluta simetria de tratamento e à luz da interpretação sistemática do ordenamento, não pode o parquet beneficiar-se de honorários, quando for vencedor na ação civil pública' (EREsp 895.530/PR, Rel. Min. Eliana Calmon, *DJe* 18.12.2009). 2. Agravo regimental não provido". (AgRg no REsp 1.320.333/RJ, 2ª Turma, *DJe* 04.02.2013); **B:** incorreta, pois, como se vê do Informativo 440 do STJ, é possível a utilização de prova emprestada em sede de ação de improbidade: "Na ação de responsabilidade por ato de improbidade administrativa, utilizou-se prova emprestada constante de inquérito civil público consistente de laudo pericial produzido administrativamente, sem a observância de contraditório e ampla defesa. Conforme precedentes, essa circunstância, por si só, não é capaz de nulificar a prova, pois se deve contrapô-la às demais postas nos autos. Sucede que esses outros elementos, com ênfase na prova testemunhal (genérica e sem convicção), não conduzem à conclusão de que possa haver prática de ato de improbidade pelos réus, solução também adotada pelo tribunal *a quo*, que não pode ser revista pelo STJ (Súmula 7 do STJ). Precedentes citados: REsp 849.841-MG, *DJ* 11.09.2007, e HC 141.249-SP, *DJe* 03.05.2010. REsp 1.189.192-GO, Rel. Min. Eliana Calmon, julgado em 22.06.2010."; **C:** correta, pois a pretensão de ressarcimento ao erário, decorrente de ato de improbidade administrativa, é imprescritível, nos termos do art. 37, § 5º, da Constituição Federal. Conforme se vê no Informativo 0454, o STJ tem ratificado a conclusão no sentido de que é imprescritível a pretensão de ressarcimento ao erário: "Na espécie, o tribunal *a quo* entendeu que, remanescendo, em ação civil pública por ato de improbidade administrativa, o pleito ressarcitório, este, por ser imprescritível, pode ser buscado em ação autônoma. É pacífico no STJ que as sanções previstas no art. 12 e incisos da Lei 8.429/1992 prescrevem em cinco anos, o que não ocorre na reparação do dano ao erário por ser imprescritível a pretensão ressarcitória nos termos do art. 37, § 5º, da CF/1988. Assim, quando autorizada a cumulação do pedido condenatório e do ressarcitório em ação por improbidade administrativa, a rejeição do pedido condenatório abarcado pela prescrição não impede o prosseguimento da demanda quanto ao segundo pedido em razão de sua imprescritibilidade. Com essas considerações, a Turma deu provimento ao recurso do MPF para determinar o prosseguimento da ação civil pública por ato de improbidade no que se refere ao pleito de ressarcimento de danos ao erário. Precedentes citados: AgRg no REsp 1.038.103-SP, *DJe* 04.05.2009; REsp 1.067.561-AM, *DJe* 27.02.2009; REsp 801.846-AM, *DJe* 12.02.2009; REsp 902.166-SP, *DJe* 04.05.2009, e REsp 1.107.833-SP, *DJe* 18.09.2009. REsp 1.089.492-RO, Rel. Min. Luiz Fux, julgado em 04.11.2010"; **D:** incorreta, pois a ação de improbidade, por ser ação coletiva, deve ser proposta no foro do local do dano ou onde o ato foi praticado, se não houve dano; **E:** incorreta, pois os magistrados também estão sujeitos à Lei 8.429/1992. **MD**
Gabarito "C".

(Ministério Público/BA – 2015 – CEFET) Assinale a alternativa **CORRETA**:
(A) A pretensão de reparação do prejuízo causado ao erário pelo agente ímprobo ocupante de mandato eletivo prescreve em 5 (cinco) anos, contados da data da prática do ato de improbidade.
(B) Segundo a atual jurisprudência do Superior Tribunal de Justiça, a decretação da indisponibilidade de bens em ação de improbidade administrativa depende da comprovação de que o réu esteja dilapidando o próprio patrimônio ou na iminência de fazê-lo.
(C) As sanções legalmente previstas pela prática de atos de improbidade administrativa devem ser sempre aplicadas cumulativamente.
(D) O prazo prescricional da ação de improbidade será o mesmo prazo previsto na lei específica por faltas disciplinares puníveis com demissão a bem do serviço público, nos casos de exercício de cargo efetivo ou emprego.
(E) A prescrição intercorrente nas ações de improbidade decorre de previsão legal expressa.

A: incorreta, pois a pretensão de reparação de danos no caso é imprescritível (art. 37, § 5º, da CF); **B:** incorreta, pois O STJ entende que a decretação dessa medida requer apenas o *fumus boni juris*, estando o *periculum in mora* (que ocorre, dentre outros, nos casos mencionados na alternativa), implícito na lei (REsp 1.177.290/MT); **C:** incorreta, pois o caput do art. 12 da Lei 8.429/1992 é claro ao dispor que tais sanções podem ser aplicadas isolada ou cumulativamente; **D:** correta (art. 23, II, da Lei 8.429/1992); **E:** incorreta, pois não há previsão nesse sentido na Lei 8.429/1992. **WG**
Gabarito "D".

(Ministério Público/MT – 2012 – UFMT) Pedro, servidor público estadual, exclusivamente comissionado, praticou ato de improbidade administrativa em 30 de junho de 2000. Em razão desse fato, Pedro foi exonerado, deixando de manter vínculo com o Estado em 30 de março de 2001. Após apuração do fato por meio de inquérito civil público, o Ministério Público Estadual promoveu Ação de Responsabilização por Ato de Improbidade Administrativa em 30 de janeiro de 2006. No entanto, a citação do réu só ocorreu no dia 30 de novembro de 2006, razão pela qual a defesa de Pedro alegou a ocorrência da prescrição quinquenal.
A respeito da situação acima, pode-se afirmar:

(A) A pretensão do Estado em punir o servidor pela prática de ato de improbidade administrativa foi fulminada pela prescrição, pois entre a data de sua exoneração e a data da efetiva citação transcorreu prazo superior a cinco anos, remanescendo a possibilidade de ressarcimento de eventual dano ao erário.
(B) Não sobreveio a prescrição quinquenal, pois o prazo para sua ocorrência foi interrompido com a propositura da ação, não havendo que se falar em perda da pretensão de punir o ex-servidor em razão do transcurso de prazo superior a cinco anos, pois o prazo é contado da data da exoneração do réu até a data da propositura da ação.
(C) A pretensão do Estado em punir o servidor pela prática de ato de improbidade administrativa foi fulminada pela prescrição, pois entre a data da prática do ato de improbidade e a data da promoção da Ação de Responsabilização por Ato de Improbidade Administrativa transcorreu prazo superior a cinco anos, remanescendo a possibilidade de ressarcimento de eventual dano ao erário.
(D) Não ocorreu a prescrição, pois o ex-servidor era exclusivamente comissionado, razão pela qual não se aplica à sua situação o prazo estipulado no artigo 23 da Lei 8.429/1992, mas tão somente o artigo 205 do Código Civil, que estabelece o prazo prescricional geral em 10 anos.
(E) A Ação de Responsabilização por Ato de Improbidade Administrativa foi proposta após o transcurso do prazo decadencial de cinco anos, eis que conta-se tal prazo da data do fato praticado pelo ex-servidor até a data da propositura da ação, remanescendo para o Estado a possibilidade de buscar ressarcimento de eventual dano ao erário.

A: incorreta, pois não ocorreu a prescrição, considerando a interrupção ocorrida com a propositura da ação, conforme exposto na alternativa seguinte; **B:** correta, pois, nos termos do art. 240 § 1º, do Novo CPC, a citação válida interrompe a prescrição. De lembrar que o § 1º do citado dispositivo legal determina que *a interrupção da prescrição retroagirá à data da propositura da ação*; **C:** incorreta, pelas razões anteriores; **D:** incorreta, pois o prazo prescricional é regido pelo art. 23 da LIA. Sendo comissionado, incide o disposto no inciso I do citado artigo, segundo o qual a prescrição ocorre até cinco anos após o término do exercício da função de confiança; **E:** incorreta, pelas razões expostas nas alternativas anteriores. Gabarito "B".

(Defensor Público/AC – 2012 – CESPE) Antônio tomou posse, em seu primeiro mandato como prefeito municipal, em 01/01/2009 e, embora tenha cometido ato de improbidade administrativa enquanto comandava a prefeitura, pretende candidatar-se para o mesmo cargo no pleito de 2012.
Nessa situação hipotética, admitindo-se que Antônio seja reeleito e que sua posse para o segundo mandato ocorra em 1/1/2013, a contagem do prazo prescricional para o ajuizamento de ação de improbidade administrativa contra o ato praticado por Antônio na vigência de seu primeiro mandato se inicia

(A) a partir do término do segundo mandato.
(B) na data da posse do segundo mandato.
(C) após cento e oitenta dias da data de posse do segundo mandato.
(D) a partir do término do primeiro mandato.
(E) na data da posse do primeiro mandato.

O art. 23, I, da Lei 8.429/1992 estabelece que o prazo será contado a partir do término do exercício do mandato. No caso, havendo continuidade na Administração por conta de um segundo mandato, o prazo prescricional somente se inicia ao fim do segundo mandato. Aliás, objetivo da lei em fazer iniciar o prazo prescricional apenas após o fim do mandato, é garantir que haja maior possibilidade de se descobrir atos ímprobos, muitas vezes feitos de forma escondida, sendo que, enquanto o agente público está no cargo, fica difícil, em boa parte das vezes, verificar-se a ocorrência de ilícitos. No caso, somente ao cabo do segundo mandato é que se atenderá a essa preocupação da lei, o que impõe que o prazo prescricional se inicie do término do segundo mandato. Gabarito "A".

(Promotor de Justiça/AC – 2014 – CESPE) A respeito dos agentes públicos e da improbidade administrativa, assinale a opção correta.

(A) A regra da aposentadoria compulsória por idade aplica-se ao servidor público que ocupe exclusivamente cargo em comissão.
(B) Segundo entendimento do STJ, não configura ato de improbidade administrativa a conduta de professor da rede pública de ensino que, aproveitando-se dessa condição, assedie sexualmente seus alunos.
(C) Os candidatos com a deficiência denominada pé torto congênito bilateral não têm direito a concorrer às vagas em concurso público reservadas às pessoas com deficiência, pois, segundo o STJ, tal anomalia constitui mero problema estético, que não produz dificuldade para o desempenho de funções.
(D) Caso se determine, no edital de concurso, que as comunicações com os candidatos devam ocorrer unicamente por meio da imprensa oficial, é possível exigir que o candidato acompanhe diariamente, no diário oficial, qualquer referência ao seu nome durante a vigência do concurso.
(E) Ao servidor público é garantido o direito ao recebimento de auxílio-alimentação no período de férias.

A: incorreta, pois, segundo o STJ, "Os servidores comissionados, mesmo no período anterior à EC 20/1998, não se submetem à regra da aposentadoria compulsória aos setenta anos de idade." (RMS 36950 / RO); **B:** incorreta, pois, como noticiou o Informativo 0523 do STJ: "Direito administrativo. Improbidade administrativa por violação aos princípios da administração pública. Configura ato de improbidade administrativa a conduta de professor da rede pública de ensino que, aproveitando-se dessa condição, assedie sexualmente seus alunos. Isso porque essa conduta atenta contra os princípios da administração pública, subsumindo-se ao disposto no art. 11 da Lei 8.429/1992. REsp 1.255.120-SC, Rel. Min. Humberto Martins, j. 21.05.2013"; **C:** incorreta, pois o STJ já decidiu que pé torto congênito bilateral caracteriza deficiência física nos moldes do Dec. 3.298/1999, alterado pelo Dec. 5.296/2004 (Ag 1420359); **D:** incorreta, pois "a jurisprudência do STJ compreende que esse procedimento viola o princípio da razoabilidade, sendo inviável exigir que o candidato acompanhe diariamente, com leitura atenta, as publicações oficiais. (RMS 33.077/DF, relator Ministro Mauro Campbell Marques, Segunda Turma, j. 22.02.2011, DJe 04.03.2011)." (AgRg no REsp 1399539 / PB); **E:** correta, pois "A jurisprudência desta Corte firmou entendimento no sentido de que os servidores públicos fazem jus ao recebimento do auxílio-alimentação durante o período de férias e licenças" (AgRg no REsp 1211687 / RJ). Gabarito "E".

(Cartório/DF – 2014 – CESPE) Em relação a improbidade administrativa e a proteção e a defesa do usuário de serviço público, assinale a opção correta.

(A) A aplicação, ao gestor público, das penalidades decorrentes da pratica de ato de improbidade administrativa depende da comprovação da ocorrência de dano ao erário e da não aprovação da prestação de contas pelo respectivo tribunal de contas.
(B) Para fins de aplicação das sanções de improbidade administrativa, não se considera agente público o servidor contratado por necessidade temporária de excepcional interesse público, dada a inexistência de vinculo estatutário deste com a administração pública.
(C) A participação do usuário de serviço público na administração pública direta e indireta e garantida pela CF, devendo a lei regulamentar mecanismos de aferição da qualidade do serviço como reclamações, serviços de atendimento do usuário e avaliação periódica, externa e interna.
(D) No que diz respeito a responsabilidade pela pratica de ato de improbidade administrativa, não vigora o princípio da individualidade da pena, podendo o sucessor daquele que causar lesão ao patrimônio público ou enriquecer ilicitamente estar sujeito as cominações da lei além do limite do valor da herança.
(E) O direito de acesso a informação dos usuários de serviço público aplica-se apenas aos casos de prestação direta do serviço pela administração pública.

A: incorreta, pois o art. 21 da Lei 8.429/1992 determina o contrário; **B:** incorreta, pois o conceito de agente público é bastante amplo, no que diz respeito à responsabilidade por improbidade administrativa (vide art. 2º da Lei 8.429/1992); **C:** correta, pois assim estabelece o art. 37, § 3º, da CF; **D:** incorreta, pois, além de ser necessária a individualização da sanção, a responsabilidade se limita ao valor da herança (art. 8º da Lei 8.429/1992); **E:** incorreta, pois o art. 37, § 3º, da CF, estabelece que a lei disciplinará as formas de participação do usuário na administração pública direta e indireta. Gabarito "C".

(Cartório/DF – 2014 – CESPE) Assinale a opção correta no que se refere à improbidade administrativa e à proteção e defesa do usuário de serviço público.

(A) De acordo com o princípio da continuidade do serviço público, a concessionária não poderá interromper o serviço, mesmo nos casos em que haja interesse da coletividade e inadimplemento do usuário.
(B) Tratando-se de prefeito, as ações de ressarcimento em virtude da prática de atos de improbidade administrativa prescrevem até cinco anos após o término do exercício do mandato.
(C) A aplicação da pena de multa e de ressarcimento integral do dano em virtude da prática de ato de improbidade administrativa exemplifica o exercício do poder de polícia da administração pública.
(D) O MP, a pessoa jurídica de direito público interessada e as associações são os únicos legitimados a ingressar com a ação principal no Poder Judiciário para a responsabilização por ato de improbidade administrativa.

(E) Desde que observadas as restrições estabelecidas constitucionalmente, é assegurado o direito de acesso dos usuários de serviço público aos respectivos registros administrativos e às informações sobre atos de governo.

A: incorreta, pois, conforme já decidiu o STJ: "O princípio da continuidade do serviço público assegurado pelo art. 22 do CDC deve ser obtemperado, ante a exegese do art. 6º, § 3º, II, da Lei 8.987/1995 que prevê a possibilidade de interrupção do fornecimento de energia elétrica quando, após aviso, permanecer inadimplente o usuário, considerado o interesse da coletividade. Precedentes." (REsp 805113 / RS); **B:** incorreta, pois a pretensão de ressarcimento ao erário, em decorrência de ato de improbidade administrativa, é imprescritível. O fundamento da imprescritibilidade é constitucional (art. 37, § 5º); **C:** incorreta, pois a responsabilidade, no caso, é civil e só pode ser aplicada por órgão jurisdicional (reserva de jurisdição). Assim, não decorre do poder de polícia; **D:** incorreta, pois as associações não são legitimadas à propositura da ação de improbidade (vide art. 17, *caput*, da Lei 8.429/1992); **E:** correta, pois assim estabelece o art. 37, § 3º, da CF. **WG**

Gabarito "E".

(Cartório/ES – 2013 – CESPE) No que se refere a improbidade administrativa, assinale a opção correta.

(A) Será punido com pena de demissão, a bem do serviço público, sem prejuízo de outras sanções, o agente público que se recusar a prestar declaração de seus bens dentro do prazo determinado.
(B) Qualquer pessoa poderá representar a autoridade administrativa competente, ainda que anonimamente, pedido de instauração de investigação de ato de improbidade.
(C) Para a caracterização de ato de improbidade administrativa, é imprescindível o dolo, ainda que genérico.
(D) A gravidade dos ilícitos imputados ao agente público e a existência de robustos indícios contra ele justificam o seu afastamento do exercício do cargo, por via administrativa, desde que determinado pela autoridade administrativa competente.
(E) Não poderá haver a imposição de pena ao agente público pela pratica de ato de improbidade que cause dano ao erário se o tribunal de contas tiver aprovado suas contas.

A: correta, pois assim estabelece o art. 13, § 3º, da Lei 8.429/1992; **B:** incorreta, pois, nos termos do art. 14, § 1º, da Lei 8.429/1992, a representação conterá a qualificação do representante, sob pena de rejeição; **C:** incorreta, pois, embora a exigência de conduta dolosa seja a regra, o ato de improbidade que causa prejuízo ao erário (art. 10 da Lei 8.429/1992) pode ser praticado culposamente; **D:** incorreta, pois, conforme o art. 20, parágrafo único, a autoridade judicial ou administrativa competente poderá determinar o afastamento do agente público. Porém, poderá fazê-lo quando a medida se fizer necessária à instrução processual; **E:** incorreta, pois, nos termos do art. 21, II, da Lei 8.429/1992, a aplicação das sanções independe da aprovação ou rejeição das contas pelo órgão de controle interno ou pelo Tribunal ou Conselho de Contas. **WG**

Gabarito "A".

(Cartório/ES – 2013 – CESPE) O MP ajuizou ação civil por improbidade administrativa contra prefeito e contador, devido à contratação deste por aquele, sem a realização de prévia licitação. O MP registrou que ambos foram condenados criminalmente pela prática do ato doloso de fraude à licitação, tipificado no art. 90 da Lei 8.666/1993, com decisão já transitada em julgado, reconhecendo, contudo, que os serviços foram efetivamente prestados e pagos em conformidade com a média do mercado. O MP caracterizou os atos de improbidade como atentatórios aos princípios da administração pública. Os pedidos foram julgados procedentes e foi acolhida a tipificação proposta pelo MP.

Com base nessa situação, assinale a opção correta à luz da jurisprudência dos tribunais superiores.

(A) O MP é parte ilegítima para a propositura da referida ação, uma vez que o próprio município tem o dever de zelar por seu patrimônio, sendo a parte legitima para a propositura da ação de improbidade descrita.
(B) Para a condenação de réu por ato de improbidade na modalidade sob análise, basta a configuração do dolo genérico de praticar conduta que atente contra os princípios da administração pública.
(C) É cabível a ação civil pública por improbidade contra o prefeito, conforme recente entendimento do STF.
(D) Caso seja imposta multa cível e os réus faleçam antes de pagá-la, a obrigação de pagar transmite-se aos sucessores dos réus, até o limite do valor da herança.
(E) A ação não poderá tramitar no primeiro grau de jurisdição, haja vista o privilégio de foro dos prefeitos.

A: incorreta, pois o MP tem legitimidade para ajuizar a ação, conforme o art. 17 da Lei 8.429/1992, a Súmula n. 329 do STJ ("O Ministério Público tem legitimidade para propor ação civil pública em defesa do patrimônio público") e o art. 129, III, da CF; **B:** incorreta, pois, conforme a advertência da 1ª Turma do STJ, no julgamento do AgRg no AREsp 324640 / RO: "Este Tribunal Superior tem reiteradamente se manifestado no sentido de que "o elemento subjetivo, necessário à configuração de improbidade administrativa censurada nos termos do art. 11 da Lei 8.429/1992, é o dolo genérico de realizar conduta que atente contra os princípios da Administração Pública, não se exigindo a presença de dolo específico" (REsp 951.389/SC, Rel. Ministro Herman Benjamin, Primeira Seção, DJe 04.05.2011)"; **C:** incorreta, pois o STF já entendeu, recentemente, inexistir dolo em caso como este: "Ação Penal. Ex-prefeito municipal. Atual deputado federal. Dispensa irregular de licitação (art. 89, *caput*, da Lei 8.666/1993). Dolo. Ausência. Atipicidade. Ação penal improcedente. 1. A questão submetida ao presente julgamento diz respeito à existência de substrato probatório mínimo que autorize a deflagração da ação penal contra os denunciados, levando-se em consideração o preenchimento dos requisitos do art. 41 do Código de Processo Penal, não incidindo qualquer uma das hipóteses do art. 395 do mesmo diploma legal. 2. As imputações feitas na denúncia aos ora denunciados foram de, na condição de prefeito municipal e de secretária de economia e finanças do município, haverem acolhido indevidamente a inexigibilidade de procedimento licitatório para a contratação de serviços em favor da Prefeitura Municipal de Santos/SP. 3. Não se verifica a existência de indícios de vontade livre e conscientemente dirigida por parte dos denunciados de superarem a necessidade de realização da licitação. Pressupõe o tipo, além do necessário dolo simples (vontade consciente e livre de contratar independentemente da realização de prévio procedimento licitatório), a intenção de produzir um prejuízo aos cofres públicos por meio do afastamento indevido da licitação. 4. A incidência da norma que se extrai do art. 89, *caput*, da Lei 8.666/1993 depende da presença de um claro elemento subjetivo do agente político: a vontade livre e consciente (dolo) de lesar o Erário, pois é assim que se garante a necessária distinção entre atos próprios do cotidiano político-administrativo e atos que revelam o cometimento de ilícitos penais. A ausência de indícios da presença do dolo específico do delito, com o reconhecimento de atipicidade da conduta dos agentes denunciados, já foi reconhecida pela Suprema Corte (Inq. 2.646/RN, Tribunal Pleno, Relator o Ministro Ayres Britto, DJe de 07.05.2010). 5. Denúncia rejeitada. Ação penal julgada improcedente." (Inq 2616 / SP); **D:** incorreta, pois a responsabilidade do sucessor restringe-se aos atos de improbidade que causam lesão ou que importam enriquecimento ilícito. Assim dispõe o art. 8º da Lei 8.429/1992: "O sucessor daquele que causar lesão ao patrimônio público ou se enriquecer ilicitamente está sujeito às cominações desta lei até o limite do valor da herança"; **E:** incorreta, pois, como já decidiu o STJ, "'A ação de improbidade administrativa deve ser processada e julgada nas instâncias ordinárias, ainda que proposta contra agente político que tenha foro privilegiado no âmbito penal e nos crimes de responsabilidade' (AgRg na Rcl 12.514/ MT, Rel. Ministro ARI PARGENDLER, CORTE ESPECIAL, julgado em 16.09.2013, DJe 26.09.2013)." (AIA 45 / AM). No mesmo sentido o STF: "Reclamação – Ação civil por improbidade administrativa – Competência de magistrado de primeiro grau, quer se cuide de ocupante de cargo público, quer se trate, como na espécie, de titular de mandato eletivo (prefeito municipal) ainda no exercício das respectivas funções – Recurso de agravo improvido. – O Supremo Tribunal Federal tem advertido que, tratando-se de ação civil por improbidade administrativa (Lei 8.429/1992), mostra-se irrelevante, para efeito de definição da competência originária dos Tribunais, que se cuide de ocupante de cargo público ou de titular de mandato eletivo ainda no exercício das respectivas funções, pois a ação civil em questão deverá ser ajuizada perante magistrado de primeiro grau. Precedentes." (Rcl 2766 AgR / RN). **WG**

Gabarito "B".

(Cartório/PI – 2013 – CESPE) Em relação a serviços públicos, improbidade administrativa e responsabilidade civil do Estado, assinale a opção correta.

(A) A responsabilidade do tabelião, conforme entendimento do STJ, é objetiva pelos danos resultantes de sua atividade notarial e de registro, exercida por delegação.
(B) De acordo com o STF, os serviços públicos notariais e de registros públicos são funções próprias do Estado, delegadas as pessoas naturais ou a empresa constituída para tal finalidade específica, sob a fiscalização do Poder Executivo, com auxílio do Poder Judiciário.
(C) Segundo o STJ, os agentes públicos respondem objetivamente pelos atos de improbidade administrativa, todavia, quando da aplicação de eventual penalidade, deverão ser observadas a natureza e a gravidade da infração.
(D) Existe a possibilidade de acordo ou transação em sede de ação de improbidade administrativa, desde que o agente público realize o ressarcimento ao erário antes da sentença.
(E) Ao contrário das permissões, ato para o qual não se exige prévio procedimento licitatório, exige-se, em regra, a realização de licitação para as concessões para a prestação de serviços públicos.

A: correta, pois, de acordo com a 2ª Turma do STJ, "a jurisprudência do Superior Tribunal de Justiça tem assentado que o exercício de atividade notarial delegada (art. 236, § 1º, da CF/1988) deve se dar por conta e risco do delegatário, de modo que é do notário a responsabilidade objetiva por danos resultantes dessa atividade delegada (art. 22 da Lei 8.935/1994), cabendo ao Estado apenas a responsabilidade subsidiária. Precedentes do STJ e do STF (AgRg no AREsp 474524 / PE, DJe 18.06.2014); **B:** incorreta, pois no julgamento da ADI 3151 / MT, o STF (Pleno) consignou que "a sua delegação somente pode recair sobre pessoa natural, e não sobre uma empresa ou pessoa mercantil"; **C:** incorreta, pois, a Lei 8.429/1992 enuncia a responsabilidade subjetiva, o que é ratificado pela jurisprudência; D: incorreta, pois há vedação expressa à realização de acordo (art. 17, § 1º da Lei 8.429/1992); **E:** incorreta, pois, como advertiu a 2ª Turma do STJ, no julgamento do AgRg no AREsp 481094 / RJ, "a Lei 8.666/1993, que regulamenta o art. 37, XXI, da Carta Magna, instituindo normas para licitações e contratos da Administração Pública, em seu art. 2º, afirma que as obras, serviços, inclusive de publicidade, compras, alienações, concessões, permissões e locações da Administração Pública, quando contratadas com terceiros, serão necessariamente precedidas de licitação, ressalvadas as hipóteses previstas nesta Lei. Assim, a exigibilidade da licitação é proveniente da Constituição Federal, devendo a legislação infraconstitucional ser compatibilizada com os

preceitos insculpidos nos arts. 37, XXI, e 175 da Carta República, não podendo admitir-se um longo lapso temporal, com respaldo no art. 42, § 2º, da Lei 8.987/1995, uma vez que o comando constitucional deve ser plenamente cumprido. Precedente: ADI 3521, Relator(a): Min. Eros Grau, Tribunal Pleno, j. 28.09.2006, *DJ* 16.03.2007". WG
Gabarito "A".

(Cartório/PI – 2013 – CESPE) À luz da legislação de regência e da jurisprudência do STJ, assinale a opção correta no que se refere a improbidade administrativa e responsabilidade civil do Estado e dos delegados de serviço público.

(A) Em se tratando de ações de improbidade administrativa, o deferimento, pelo magistrado, da medida cautelar de indisponibilidade de bens depende da comprovação de que o réu esteja dilapidando ou esteja na iminência de dilapidar seu patrimônio.

(B) É imprescritível a ação de indenização contra a fazenda pública fundada na responsabilidade civil extracontratual do Estado.

(C) A Lei de Improbidade Administrativa contém rol exemplificativo dos atos de improbidade administrativa que atentam contra os princípios da administração pública.

(D) Conforme entendimento jurisprudencial, o agente que perceber vantagem econômica direta para facilitar a alienação de bem público responderá pela prática de ato de improbidade independentemente de estar presente em sua conduta o elemento subjetivo, isto é, o dolo.

(E) De acordo com a jurisprudência recente, os notários e registradores devem responder direta e objetivamente pelos danos causados a terceiros em decorrência da prática dos atos da serventia, não havendo responsabilidade solidária do ente estatal.

A: incorreta, pois, no caso das medidas de indisponibilidade ou de sequestro de bens, por ato de improbidade administrativa, o *periculum in mora* é presumido: "Administrativo e processual civil. Ação civil pública. Improbidade administrativa. Liminar. Indisponibilidade de bens. *Periculum in mora* presumido. A concessão da medida de indisponibilidade não está condicionada à comprovação de que os réus estejam dilapidando seu patrimônio, ou na iminência de fazê-lo, tendo em vista que o periculum in mora está implícito no comando legal. Assim deve ser a interpretação da lei, porque a dilapidação é ato instantâneo que impede a atuação eficaz e acautelatória do Poder Judiciário. Precedentes: EdcI no REsp 1.211.986/MT, Rel. Ministro Herman Benjamin, Segunda Turma, *DJe* 09.06.2011; REsp 1.244.028/RS, Rel. Ministro Mauro Campbell Marques, Segunda Turma, *DJe* 02.09.2011; EdcI no REsp 1.205.119/MT, Rel. Ministro Mauro Campbell Marques, Segunda Turma, *DJe* 08.02.2011; REsp 1.190.846/PI, Rel. Ministro Castro Meira, Segunda Turma, *DJe* 10.02.2011; REsp 967.841/PA, Rel. Ministro Mauro Campbell Marques, Segunda Turma, *DJe* 08.10.2010; REsp 1.203.133/MT, Rel. Ministro Castro Meira, Segunda Turma, *DJe* 28.10.2010; REsp 1.199.329/MT, Rel. Ministro Mauro Campbell Marques, Segunda Turma, *DJe* 08.10.2010; REsp 1.177.290/MT, Rel. Ministro Herman Benjamin, Segunda Turma, *DJe* 01.07.2010; REsp 1.177.128/MT, Rel. Ministro Herman Benjamin, Segunda Turma, *DJe* 16.09.2010; REsp 1.135.548/PR, Rel. Ministra Eliana Calmon, Segunda Turma, *DJe* 22.06.2010; REsp 1.134.638/MT, Relator Ministra Eliana Calmon, Segunda Turma, *DJe* 23.11.2009; REsp 1.098.824/SC, Rel. Ministra Eliana Calmon, Segunda Turma, *DJe* 04.08.2009"; B: incorreta, pois: "A Primeira Seção do Superior Tribunal de Justiça, no julgamento do REsp 1.251.993/PR, de relatoria do Min. Mauro Campbell Marques, submetido ao rito do art. 543-C do CPC, firmou entendimento no sentido de que é de cinco anos o prazo prescricional para o ajuizamento de ação indenizatória contra a Fazenda Pública." (STJ, AgRg no AREsp 198078 / RJ); C: correta, pois, de fato, a palavra "notadamente" evidencia o caráter exemplificativo. Ademais, existem princípios previstos na Constituição Federal cuja violação também configura improbidade; D: incorreta, pois resta configurado, no caso, o ato de improbidade que importa enriquecimento ilícito, definido no art. 9º, III, da Lei 8.429/1992. A responsabilidade pelo mencionado ato de improbidade administrativa é subjetiva, e mais do que isso, exige o dolo. A questão é pacífica no STJ; E: correta, pois, como proclamou a 2ª Turma do STJ, "a jurisprudência do Superior Tribunal de Justiça tem assentado que o exercício de atividade notarial delegada (art. 236, § 1º, da CF/1988) deve se dar por conta e risco do delegatário, de modo que é do notário a responsabilidade objetiva por danos resultantes dessa atividade delegada (art. 22 da Lei 8.935/1994), cabendo ao Estado apenas a responsabilidade subsidiária. Precedentes do STJ e do STF (AgRg no AREsp 474524 / PE, *DJe* 18.06.2014). A banca examinadora indicou como alternativa correta a "E". Todavia, a alternativa "C" também está correta. WG
Gabarito "E".

(Cartório/RR – 2013 – CESPE) A pedido do juiz da comarca, um oficial registrador de determinado município transferiu a propriedade de um imóvel, mesmo havendo gravame sobre o bem. Os beneficiários desse ato foram o próprio juiz, vendedor do imóvel, e um corretor de imóveis, que pretendia transferir o imóvel para um cliente. Após investigação do MP, a fraude foi constatada e o registro, anulado. A corregedoria do tribunal de justiça instaurou procedimento disciplinar contra o juiz e o oficial registrador.
Considerando a situação acima, assinale a opção correta à luz da Lei 8.429/1992 (Lei de Improbidade Administrativa).

(A) O corretor de imóveis não pode ser sujeito passivo da ação de improbidade administrativa.

(B) A perda da função pública, a multa e a suspensão dos direitos políticos, sanções previstas na referida lei, aplicam-se independentemente da efetiva ocorrência de dano ao patrimônio público.

(C) As sanções cominadas pela referida lei são sempre supletivas e subsidiárias à responsabilização dos agentes nas esferas cível e criminal.

(D) O oficial registrador não se sujeita às sanções previstas na referida lei, uma vez que seu contrato de trabalho é regido pelo regime previsto na Consolidação das Leis do Trabalho.

(E) O juiz somente poderá perder o cargo por força de decisão judicial transitada em julgado na esfera criminal.

A: incorreta, pois a Lei de Improbidade Administrativa também pode atingir os beneficiários do ato (Lei 8.429/1992, art. 3º); B: correta, pois assim determina o art. 21, I, da Lei 8.429/1992; C: incorreta, pois há autonomia e independência entre as instâncias (civil, penal e administrativa); D: incorreta, pois há, no caso, prestação de serviços públicos por delegação; E: incorreta, pois a perda da função pública é sanção aplicável no caso de improbidade administrativa (art. 12 da Lei 8.429/1992). WG
Gabarito "B".

(Magistratura/PE – 2013 – FCC) Nos termos da Lei Federal 8.429/1992,

(A) reputa-se agente público, para os efeitos daquela lei, todo aquele que exerce, necessariamente de modo permanente e remunerado, por eleição, nomeação, designação, contratação ou qualquer outra forma de investidura ou vínculo, mandato, cargo, emprego ou função nas entidades da Administração direta ou indireta.

(B) suas disposições são aplicáveis, no que couber, àquele que, mesmo não sendo agente público, induza ou concorra para a prática do ato de improbidade ou dele se beneficie sob qualquer forma direta ou indireta.

(C) os agentes públicos são obrigados a velar pela estrita observância dos princípios de legalidade, impessoalidade, moralidade e publicidade no trato dos assuntos que lhe são afetos, exceto se ocupantes de cargo ou emprego que não exija formação superior.

(D) ocorrendo lesão ao patrimônio público por ação ou omissão, desde que dolosa, do agente ou de terceiro, dar-se-á o integral ressarcimento do dano.

(E) no caso de enriquecimento ilícito, perderá o agente público ou terceiro beneficiário o quíntuplo dos bens ou valores acrescidos ao seu patrimônio.

A: incorreta, pois pode ser um exercício transitório (e não só permanente) e não remunerado (e não só remunerado), nos termos do art. 2º da Lei 8.429/1992; B: correta, nos exatos termos do art. 3º da Lei 8.429/1992; C: incorreta, pois todos os agentes públicos devem observar esses princípios, inclusive os ocupantes de cargo ou emprego que não exija formação superior (art. 4º da Lei 8.429/1992); D: incorreta, pois tal consequência pode se dar tanto por conduta dolosa, como por conduta culposa (art. 5º da Lei 8.429/1992); E: incorreta, pois o art. 6º da Lei 8.429/1992 simplesmente dispõe que o agente público ou o terceiro beneficiário perderá os bens ou valores acrescidos ao seu patrimônio, não havendo disposição no sentido de que a perda será multiplicada por cinco, sem prejuízo, por óbvio, da aplicação das outras sanções previstas no art. 12 da Lei 8.429/1992, inclusive a multa civil. WG
Gabarito "B".

(Ministério Público/GO – 2012) Acerca da disciplina dada pela Lei 8.429/1992 às sanções aplicáveis aos agentes públicos que praticarem atos de improbidade administrativa, é incorreto afirmar:

(A) A ação para aplicação de sanções aos agentes públicos que praticarem atos de improbidade administrativa e a ação de ressarcimento prescrevem em cinco anos após findo o exercício de mandato, de cargo em comissão ou de função de confiança e dentro do prazo prescricional previsto em lei específica para faltas disciplinares puníveis com demissão a bem do serviço público, nos casos de exercício de cargo efetivo ou emprego.

(B) O responsável por ato de improbidade administrativa que importa enriquecimento ilícito está sujeito à perda dos bens ou valores acrescidos ilicitamente ao patrimônio, ressarcimento integral do dano, quando houver, perda da função pública, suspensão dos direitos políticos de oito a dez anos, pagamento de multa civil de até três vezes o valor do acréscimo patrimonial e proibição de contratar com o Poder Público ou receber benefícios ou incentivos fiscais ou creditícios, direta ou indiretamente, ainda que por intermédio de pessoa jurídica da qual seja sócio majoritário, pelo prazo de dez anos.

(C) Constitui ato de improbidade administrativa importando enriquecimento ilícito aceitar promessa de vantagem econômica de qualquer natureza, direta ou indireta, para tolerar a exploração ou a prática de jogos de azar, de lenocínio, de narcotráfico, de contrabando, de usura ou de qualquer outra atividade ilícita.

(D) A ação de responsabilização por prática de ato de improbidade administrativa segue o rito ordinário, com a ressalva de que, autuada a inicial, o requerido será notificado para oferecer manifestação por escrito, dentro do prazo de quinze dias, sendo que somente após cumprida essa formalidade o juiz, em decisão fundamentada, deliberará sobre a rejeição da ação ou recebimento da inicial, para só então, neste último caso, proceder à citação do réu para contestação.

A: incorreta, devendo ser assinalada, pois a pretensão de ressarcimento ao erário, decorrente de ato de improbidade administrativa, é imprescritível, nos termos do art. 37, § 5º, da CF. Conforme se vê no Informativo 0454, o STJ tem ratificado a conclusão no sentido de que é imprescritível a pretensão de ressarcimento ao erário: "Na espécie, o tribunal *a quo* entendeu que, remanescendo, em ação civil pública por ato de improbidade administrativa, o pleito ressarcitório, este, por ser imprescritível, pode ser buscado em ação autônoma. É pacífico no STJ que as sanções previstas no art. 12 e incisos da Lei 8.429/1992 prescrevem em cinco anos, o que não ocorre com a reparação do dano ao erário por ser imprescritível a pretensão ressarcitória nos termos do art. 37, § 5º, da CF/1988. Assim, quando autorizada a cumulação do pedido condenatório e do ressarcitório em ação por improbidade administrativa, a rejeição do pedido condenatório abarcado pela prescrição não impede o prosseguimento da demanda quanto ao segundo pedido em razão de sua imprescritibilidade. Com essas considerações, a Turma deu provimento ao recurso do MPF para determinar o prosseguimento da ação civil pública por ato de improbidade no que se refere ao pleito de ressarcimento de danos ao erário. Precedentes citados: AgRg no REsp 1.038.103-SP, *DJe* 04.05.2009; REsp 1.067.561-AM, *DJe* 27.02.2009; REsp 801.846-AM, *DJe* 12.02.2009; REsp 902.166-SP, *DJe* 04.05.2009, e REsp 1.107.833-SP, *DJe* 18.09.2009. REsp 1.089.492-RO, Rel. Min. Luiz Fux, julgado em 04.11.2010"; **B:** correta, pois assim estabelece o art. 12, I, da LIA; **C:** correta, pois é o que dispõe o art. 9º, V, da LIA; **D:** correta, pois a ação de improbidade administrativa, espécie de ação civil pública, tem rito diferenciado. A principal peculiaridade está apontada na assertiva e decorre do previsto no art. 17, § 7º, da LIA. MD

Gabarito "A".

(Delegado de Polícia/GO – 2013 – UEG) De acordo com a Lei de Improbidade Administrativa, nº 8.429/1992,

(A) a aplicação de multa ao agente público pelo Tribunal de Contas impede o ajuizamento de ação civil por improbidade.
(B) ao responsável pelo ato de improbidade não se aplicam as sanções do artigo 12, se, pelo mesmo fato, tiver respondido no âmbito penal.
(C) estão descritas, exemplificativamente, as violações aos princípios da Administração, as condutas que lesam o Erário e as condutas que importam em enriquecimento ilícito.
(D) as cominações previstas devem ser aplicadas cumulativamente, pois a maior ou menor gravidade do fato não interfere na aplicação das cominações.

A: incorreta, pois a aplicação das sanções previstas no art. 12 da Lei 8.429/1992 independe de outras sanções administrativas previstas na legislação específica (art. 12, "*caput*", da Lei 8.429/1992); **B:** incorreta, pois as sanções penais previstas em lei específica também são independentes das sanções previstas na Lei 8.429/1992 (art. 12 da Lei 8.429/1992); **C:** correta, pois o próprio art. 9º da Lei 8.429/1992, que trata dessa modalidade de improbidade, traz um tipo bastante aberto em seu "*caput*", para, depois, usando a expressão "e notadamente", exemplificar situações que configuram esse tipo maior; assim, os incisos do art. 9º da Lei 8.429/1992 trazem descrições de meros exemplos de improbidade, sendo possível que outras situações não descritas no inciso, mas que se enquadram no tipo mais aberto do "*caput*" do dispositivo, também configurem ato de improbidade administrativa; **D:** incorreta, pois o "*caput*" do art. 12 é claro no sentido de que as sanções de improbidade podem ser aplicadas cumulativa ou isoladamente. WG

Gabarito "C".

(Procurador/DF – 2013 – CESPE) Julgue os próximos itens, referentes à improbidade administrativa.

(1) O prazo para a proposição da ação de improbidade administrativa visando o ressarcimento dos danos causados pelo agente público é de cinco anos, a contar do término do exercício de mandato, de cargo em concurso ou de função de confiança por esse agente.
(2) O ato de improbidade, que, em si, não constitui crime, caracteriza-se como um ilícito de natureza civil e política.

1: errada, pois a pretensão de ressarcimento ao erário é imprescritível, nos termos do art. 37, § 5º, da CF; **2:** certa, de fato, o ato de improbidade que não constitui crime é considerado um ilícito de natureza civil (no sentido de não penal, já que há sanções civis em sentido estrito, como ressarcimento ao erário e multa civil, e administrativas, como proibição de contratar com o Poder Público e a perda do cargo) e política (suspensão dos direitos políticos). WG

Gabarito 1E, 2C.

5.14. TEMAS COMBINADOS DE SERVIDOR PÚBLICO

(Defensor Público – DPE/PR – 2017 – FCC) Sobre o tema Agentes Públicos,

(A) é aplicável a regra da aposentadoria compulsória por idade também aos servidores públicos que ocupem exclusivamente cargo em comissão, segundo o Superior Tribunal de Justiça.
(B) o desconto em folha de pagamento de servidor público, referente a ressarcimento ao erário, depende de prévia autorização dele ou de prévio procedimento administrativo que lhe assegure a ampla defesa e contraditório, segundo o Superior Tribunal de Justiça.
(C) é inconstitucional a "cláusula de barreira" inserida em edital de concurso público, segundo o Supremo Tribunal Federal.
(D) a extinção da punibilidade pela prescrição de determinada infração administrativa será registrada nos assentamentos funcionais apenas para impedir novamente o mesmo benefício no prazo de cinco anos, segundo o Superior Tribunal de Justiça.
(E) os institutos da estabilidade e do estágio probatório, após alteração promovida pela Emenda Constitucional n. 19/1998, estão desvinculados, tendo em vista a possibilidade de prorrogação do estágio probatório.

No tocante à assertiva "a", a jurisprudência do STJ é pacificada no sentido contrário à assertiva. O STF firmou tese de Repercussão Geral sobre o tema, que assim dispõe: "1 – Os servidores ocupantes de cargo exclusivamente em comissão não se submetem à regra da aposentadoria compulsória prevista no artigo 40, parágrafo 1º, inciso II, da Constituição Federal, a qual atinge apenas os ocupantes de cargo de provimento efetivo, inexistindo também qualquer idade limite para fins de nomeação a cargo em comissão. 2 – Ressalvados impedimentos de ordem infraconstitucional, não há óbice constitucional a que o servidor efetivo aposentado compulsoriamente permaneça no cargo comissionado que já desempenhava ou a que seja nomeado para cargo de livre nomeação e exoneração, uma vez que não se trata de continuidade ou criação de vínculo efetivo com a Administração" (RE 786540, Rel Min. Dias Tóffoli); a alternativa "b", correta, conta com vários precedentes no STJ: REsp 651.081-RJ, DJ 6/6/2005, e RMS 23.892-MS, DJ 13/8/2007, AgRg no REsp 1.116.855-RJ, j. em 17/6/2010; Quanto à assertiva "c", o STF firmou entendimento de que as regras restritivas em editais de certames, sejam elas eliminatórias ou de barreira, desde que fundadas em critérios objetivos relacionados ao desempenho dos candidatos, concretizam o princípio da igualdade e da impessoalidade no âmbito dos concursos públicos, estando em perfeita consonância com os interesses protegidos pela Constituição (STF. Plenário. RE 635739/AL, Rel. Min. Gilmar Mendes, julgado em 19/02/2014); no tocante à alternativa "d", o STJ já teve a oportunidade de aplicar a decisão do STF que declarou inconstitucional o art. 170 da Lei n. 8.112/1990. Como exemplo de decisão do STJ, a proferida no MS 21.598-DF, Rel. Min. Og Fernandes, julgado em 10/6/2015, DJe 19/6/2015. O julgamento do STF ocorreu no MS 23262/ DF, Rel. Min. Dias Toffoli, jul: 23/04/2014, Tribunal Pleno, DJe 29-10-2014; por fim, quanto à alternativa "e", o atual entendimento do STJ, consoante a também atual orientação do STF, é a de que "o prazo de estágio probatório dos servidores públicos deve observar a alteração promovida pela EC n. 19/1998, que aumentou para três anos o prazo para aquisição da estabilidade no serviço público, visto que, apesar de esses institutos jurídicos (estágio probatório e estabilidade) serem distintos entre si, de fato, não há como dissociá-los, ambos estão pragmaticamente ligados" (MS 12.523-DF, Rel. Min. Felix Fischer, julgado em 22/4/2009). AW

Gabarito "B".

(Juiz – TRF 4ª Região – 2016) Dadas as assertivas abaixo, assinale a alternativa correta.

I. Servidores de empresas públicas e sociedades de economia mista admitidos por concurso público não gozam da estabilidade preconizada no art. 41 da Constituição Federal de 1988, mas sua demissão deve ser sempre motivada.
II. É vedada a incorporação de quintos aos vencimentos de magistrados decorrente de exercício de função comissionada em cargo público ocorrido em data anterior ao ingresso na magistratura.
III. É legítima a publicação, inclusive em sítio eletrônico mantido pela Administração Pública, dos nomes de seus servidores e dos valores dos correspondentes vencimentos e vantagens pecuniárias.
IV. Cabe ao Tribunal de Contas da União apreciar a legalidade formal e material de processos de concessão inicial de aposentadoria, reforma e pensão, desde que assegure o contraditório e a ampla defesa, especialmente quando da decisão puder resultar anulação ou revogação de ato administrativo que beneficie o servidor interessado e seus dependentes.

(A) Estão corretas apenas as assertivas I e II.
(B) Estão corretas apenas as assertivas II e III.
(C) Estão corretas apenas as assertivas III e IV.
(D) Estão corretas apenas as assertivas I, II e III.
(E) Estão corretas apenas as assertivas II, III e IV.

A: incorreta, porque temos três assertivas corretas; **I:** correta. Os servidores das empresas estatais, são, em geral, empregados públicos, por isso não adquirem estabilidade, mas suas demissões devem ser motivadas, conforme RE 589.998. **II:** correta, porque o STF decidiu, no RE 587.371, que não havendo direito adquirido a regime jurídico, tudo o que foi acrescido anteriormente, referente a outro regime jurídico entre o servidor e o Poder Público, fica restrito ao cargo anterior, não se transferindo ao atual. **III:** correta. Trata-se do princípio da publicidade e impessoalidade, sendo assim decidido no ARE 652777. **C:** incorreta. A assertiva IV está incorreta, eis que em desconformidade com o disposto na súmula vinculante 3 do STF; **D:** incorreta. As assertivas I, II e III estão corretas; **E:** incorreta. Estão corretas as assertivas I, II e III, apenas. AW

Gabarito "D".

(Juiz – TRF 4ª Região – 2016) Assinale a alternativa **INCORRETA**.

(A) Os candidatos em concurso público não têm direito à prova de 2ª (segunda) chamada, nos testes de aptidão física, em razão de circunstâncias pessoais, ainda que de caráter fisiológico ou de força maior, salvo contrária disposição editalícia.

(B) É constitucional a regra denominada "cláusula de barreira", inserida em edital de concurso público, que limita o número de candidatos participantes de cada fase da disputa, com o intuito de selecionar apenas os concorrentes mais bem classificados para prosseguir no certame.
(C) É possível a exigência de teste psicotécnico como condição de ingresso no serviço público, desde que haja lei emanada do Poder Legislativo competente e previsão no edital regulamentador do certame.
(D) É possível a fixação de limite etário para a inscrição em concurso público para ingresso na carreira de policial, desde que a referida discriminação seja estabelecida por lei e justificada pela natureza das atribuições do cargo a preencher.
(E) É nula e sem efeitos jurídicos válidos a contratação de pessoal pela Administração Pública sem observância de prévia aprovação em concurso público, salvo as hipóteses excepcionadas pela própria Constituição, ressalvado o direito às verbas indenizatórias, sob pena de enriquecimento ilícito do Estado à custa dos serviços efetivamente prestados pelo trabalhador.

A: incorreta. A assertiva está correta, conforme entendimento do STF (RE 630.773/DF): "Com efeito, no julgamento do Recurso Extraordinário 630.773/DF, sob o regime de repercussão geral, a corte suprema firmou o entendimento de que inexiste direito constitucional à remarcação de provas em razões de circunstâncias pessoais dos candidatos", afirmou o ministro."; **B:** incorreta. A assertiva está correta, tendo em vista o seguinte entendimento do STF: "(RE) 635739, com repercussão geral, interposto pelo Estado de Alagoas contra acórdão do Tribunal de Justiça estadual (TJ-AL), que declarou a inconstitucionalidade de norma de edital que previa a eliminação de candidato que, mesmo tendo obtido nota mínima suficiente para aprovação, não foi incluído entre os candidatos correspondentes ao dobro do número de vagas oferecidas."; **C:** incorreta. A assertiva está correta, pois o STJ e STF (súmula 686) entendem ser constitucional a exigência do exame psicotécnico, desde que haja lei autorizando, e não somente o edital; **D:** incorreta. A assertiva está correta, tendo em vista o disposto na súmula 683, STF; **E:** incorreta. A assertiva está incorreta. Sabemos que há cargos públicos que podem ser preenchidos sem concurso público, como os cargos em comissão, além dos temporários (art. 37. IX, CF), conforme se verifica na ementa abaixo: "RECLAMAÇÃO TRABALHISTA – REGIME DE CONTRATAÇÃO TEMPORÁRIA DE EXCEPCIONAL INTERESSE PÚBLICO (ART. 37, IX, DA CF/88) – Pretensão inicial voltada ao reconhecimento de vínculo trabalhista com a Administração Indireta Municipal e à percepção de verbas trabalhistas – Impossibilidade – É nula a contratação de pessoal pela Administração Pública sem a observância de prévia aprovação em concurso público, razão pela qual não gera quaisquer efeitos jurídicos válidos em relação aos empregados eventualmente contratados, ressalvados os direitos à percepção dos salários referentes ao período trabalhado e, nos termos do art. 19 -A da Lei 8.036/1990, ao levantamento dos depósitos efetuados no Fundo de Garantia do Tempo de Serviço – FGTS (Informativo nº 756 do STF) – A contratação por prazo determinado para atender à necessidade temporária de excepcional interesse público é regida pelo regime jurídico-administrativo e não pelo celetista – A prorrogação do contrato temporário da requerente por período superior a prevista na legislação local foi viciada e, portanto, nula, todavia este fato não implica em conferir à contratada o regime celetista, por prazo indeterminado – Ausência de previsão legal que encampe os pedidos deduzidos em Juízo – O disposto no § 3º, do artigo 39, da Constituição Federal é expresso ao indicar que os direitos ali elencados aplicam-se exclusivamente aos servidores ocupantes de cargo público, o que não é o caso dos contratados por tempo determinado para atender a necessidade temporária de excepcional interesse público – Sentença improcedência mantida. Recurso da autora não provido, com observação quanto a eventual saldo residual de FGTS. Encontrado em: 4ª Câmara de Direito Público 31.07.2015. Apelação APL 00195651120148260405 SP 0019565 TJSP.

Gabarito "E".

(Analista Jurídico –TCE/PA – 2016 – CESPE) Com base no disposto nas súmulas do Supremo Tribunal Federal relativas a direito administrativo, julgue os itens subsequentes.

(1) Tratando-se de processo administrativo disciplinar, se o acusado não tiver advogado, deve ser providenciado um *ad hoc* para formulação da sua defesa técnica, sob pena de nulidade do procedimento, por cerceamento de defesa.
(2) Insere-se na esfera de poder discricionário da administração pública a decisão de incluir o exame psicotécnico como fase de concurso para provimento de cargos públicos, o que pode ser feito mediante previsão em edital.

1: incorreta, pois a Súmula Vinculante STF n. 5 dispõe que a falta de defesa técnica por advogado no processo disciplinar não ofende a Constituição; **2:** incorreta, pois todo e qualquer requisito para ingresso de novos servidores nos quadros públicos depende de expressa previsão legal, nos termos do art. 37, I, da CF; ademais, a Súmula 686 do STF dispõe que só por lei se pode sujeitar a exame psicotécnico a habilitação de candidato a cargo público; nesse sentido é também a Súmula Vinculante STF n. 44: "Só por lei se pode sujeitar a exame psicotécnico a habilitação de candidato a cargo público".

Gabarito 1E, 2E.

6. BENS PÚBLICOS

6.1. CONCEITO E CLASSIFICAÇÃO

(Procurador Municipal – Prefeitura/BH – CESPE – 2017) Com relação aos bens públicos, assinale a opção correta.
(A) Bens dominicais são os de domínio privado do Estado, não afetados a finalidade pública e passíveis de alienação ou de conversão em bens de uso comum ou especial, mediante observância de procedimento previsto em lei.
(B) Consideram-se bens de domínio público os bens localizados no município de Belo Horizonte afetados para destinação específica precedida de concessão mediante contrato de direito público, remunerada ou gratuita, ou a título e direito resolúvel.
(C) O uso especial de bem público, por se tratar de ato precário, unilateral e discricionário, será remunerado e dependerá sempre de licitação, qualquer que seja sua finalidade econômica.
(D) As áreas indígenas são bens pertencentes à comunidade indígena, à qual cabem o uso, o gozo e a fruição das terras que tradicionalmente ocupa para manter e preservar suas tradições, tornando-se insubsistentes pretensões possessórias ou dominiais de particulares relacionados à sua ocupação.

A: incorreta. O erro dessa assertiva está no fato de que os bens dominais constituem patrimônio disponível do Poder Público, por isso, para que sejam alienados, não precisam ser convertidos em outras categorias de bens; **B:** incorreta. O domínio público é expressão própria para designar todos os bens públicos, sejam os bens integrantes do patrimônio próprio do Estado (domínio patrimonial), sejam os integrantes do patrimônio de interesse público, coletivo (domínio eminente), por isso está errado delimitar esses bens como sendo somente os localizados em um Município e afetados; **C:** incorreta. A autorização de uso é ato discricionário, unilateral e precário, sem licitação, sendo ato informal, portanto; **D:** correta. Trata-se do teor do art. 231, § 1º, CF, sendo reprodução deste dispositivo.

Gabarito "D".

(Procurador – IPSMI/SP – VUNESP – 2016) A respeito dos bens públicos, assinale a alternativa correta.
(A) Os bens dominicais, por não estarem afetados a finalidade pública, estão sujeitos à prescrição aquisitiva.
(B) Os bens públicos podem ser onerados com garantia real, eis que tais garantias possuem o condão de reduzir os riscos das relações travadas entre Administração e agentes privados.
(C) Os bens de todas as empresas estatais são considerados bens públicos, uma vez que tais pessoas jurídicas compõem a Administração indireta.
(D) O domínio eminente é a prerrogativa decorrente da soberania que autoriza o Estado a intervir em todos os bens localizados em seu território.
(E) A alienação de bens públicos imóveis pressupõe a sua desafetação, existência de justificada motivação, autorização legislativa, avaliação prévia e realização de licitação na modalidade tomada de preços.

A: Incorreta. Nenhum bem público está sujeito à prescrição aquisitiva ou à aquisição por meio de usucapião, conforme disposto no art. 183, § 3º, CF. **B:** Incorreta. Como os bens públicos sofrem restrições quanto à alienabilidade, não podem ser onerados, assim como a execução contra a Fazenda Pública é feita por meio de um procedimento próprio, específico (art. 100, CF), por meio de precatórios, por isso a impossibilidade de oneração desses bens. **C:** Incorreta. Somente os bens públicos das pessoas jurídicas de direito público e as de direito privado que tenham uma destinação pública é que são considerados públicos. **D:** Correta. Esse é o conceito de domínio eminente, ou seja, o domínio que o Estado possui sobre todos os bens que estão sobre o seu território, cujas destinações também são de sua competência. **E:** Incorreta. O erro está na modalidade licitatória, que sempre é a concorrência (art. 17, I, da Lei 8.666/1993).

Gabarito "D".

(Procurador Municipal – Sertãozinho/SP – VUNESP – 2016) Em relação às classificações existentes dos bens públicos, cemitérios públicos, aeroportos e mercados podem ser classificados como
(A) bens de domínio público de uso comum.
(B) bens de domínio público de uso especial.
(C) bens de domínio privado do Estado.
(D) bens dominicais da Administração.
(E) bens de uso comum do povo e de uso especial.

A: Incorreta. Todos esses bens possuem destinação específica, não sendo de "uso comum do povo", como são as praças, ruas, por exemplo. **B:** Correta. Temos bens com destinações específicas, de uso especial, portanto. **C:** Incorreta. No caso, todos são bens públicos e o domínio é público também, ou seja, a propriedade. **D:** Incorreta. Os bens dominais são os que não possuem destinação específica, por isso são alienáveis. No caso, temos bens de uso especial do povo, com finalidades específicas, por isso excluída essa alternativa. **E:** Incorreta. Como afirmado acima, temos apenas bens de uso especial.

Gabarito "B".

(Delegado/MS – 2017 – FAPEMS) O artigo 98, do Código Civil em vigor, dispõe que "são públicos os bens do domínio nacional pertencentes às pessoas jurídicas de direito público interno; todos os outros são particulares, seja qual for a pessoa a que pertencerem". No que se refere a bens públicos, assinale a alternativa correta

(A) Os bens dominicais são disponíveis.
(B) Os bens de uso especial do povo encontram-se à disposição da coletividade, desnecessária a autorização para seu uso.
(C) Os bens públicos podem ser adquiridos por usucapião.
(D) A permissão de uso de bem público é ato bilateral, discricionário e precário.
(E) Os bens públicos podem ser hipotecados.

A: correta. Código Civil – Lei 10.406/2001, art. 101. Os bens públicos dominicais podem ser alienados, observadas as exigências da lei. **B:** incorreta. Código Civil – Lei 10.406/2001, art. 99. São bens públicos: I – os de uso comum do povo, tais como rios, mares, estradas, ruas e praças; II – os de uso especial, tais como edifícios ou terrenos destinados a serviço ou estabelecimento da administração federal, estadual, territorial ou municipal, inclusive os de suas autarquias; inexistindo bens de uso especial do povo. **C:** incorreta. Código Civil – Lei 10.406/2001, art. 102. Os bens públicos não estão sujeitos a usucapião. **D:** incorreta. Código Civil – Lei 10.406/2001, art. 103. O uso comum dos bens públicos pode ser gratuito ou retribuído, conforme for estabelecido legalmente pela entidade a cuja administração pertencerem. **E:** incorreta. Código Civil – Lei 10.406/2001, art. 100. Os bens públicos de uso comum do povo e os de uso especial são inalienáveis, enquanto conservarem a sua qualificação, na forma que a lei determinar.
Gabarito "A".

(Delegado/MT – 2017 – CESPE) O prédio onde funciona a delegacia de polícia de determinado município é de propriedade do respectivo estado da Federação.
Nessa situação hipotética,
(A) a desafetação do prédio resultará em sua reversão para bem de uso comum.
(B) se for abandonado, o prédio poderá ser objeto de usucapião, desde que *pro misero*.
(C) o prédio poderá ser adquirido por terceiros.
(D) o prédio poderá ser objeto de hipoteca legal.
(E) o prédio está na categoria de bem dominical.

A: incorreta. Não se permite desafetação de bem de uso especial. **B:** incorreta. Não se admite em nenhum caso o usucapião. STF, Súmula 340: Desde a vigência do Código Civil, os bens dominicais, como os demais bens públicos, não podem ser adquiridos por usucapião. **C:** correta. Se o bem se tonar dominical pode ser alienado, ou seja, se perder a destinação original. **D:** incorreta. Por ser bem de origem publica, não poderá sofrer hipoteca. **E:** incorreta. Trata-se de bem de uso especial.
Gabarito "C".

(Juiz de Direito/DF – 2016 – CESPE) Acerca dos bens públicos, assinale a opção correta.
(A) Os bens privados do Estado, que não se submetem ao regime jurídico de direito público, são aqueles adquiridos de particulares por meio de contrato de direito privado.
(B) Bens dominicais são aqueles que podem ser utilizados por todos os indivíduos nas mesmas condições, por determinação de lei ou pela própria natureza do bem.
(C) Os bens de uso especial do Estado são as coisas, móveis ou imóveis, corpóreas ou não, que a administração utiliza para a realização de suas atividades e finalidades.
(D) Os bens de uso comum não integram o patrimônio do Estado, constituindo coisas que não pertencem ao ente público ou a qualquer particular, não sendo passíveis, portanto, de aquisição por pessoa física ou jurídica.
(E) Os bens dominicais são aqueles pertencentes ao Estado e afetados a uma finalidade específica da administração pública.

A: incorreta, pois os bens privados do Estado são aqueles adquiridos pelo próprio Estado, mas que não são afetados a qualquer utilidade de interesse público; são os chamados bens dominicais (art. 99, III, do CC); **B** e **E:** incorretas, pois esses bens são os que não têm qualquer destinação de interesse público, tratando-se de mero patrimônio estatal (art. 99, III, do CC); **C:** correta (art. 99, II, do CC); **D:** incorreta, pois tais bens pertencem, sim, ao Estado e têm como destinação pública o uso comum do povo (arts. 99, *caput* e I, e 103, ambos do CC).
Gabarito "C".

(Magistratura/SC – 2015 – FCC) Pela perspectiva tão somente das definições constantes do direito positivo brasileiro, consideram-se "bens públicos" os pertencentes a
(A) um estado, mas não os pertencentes a um território.
(B) um município, mas não os pertencentes a uma autarquia.
(C) uma sociedade de economia mista, mas não os pertencentes ao distrito federal.
(D) uma fundação pública, mas não os pertencentes a uma autarquia.
(E) uma associação pública, mas não os pertencentes a uma empresa pública.

A, B, C e D: incorretas, pois bens públicos são todas aquelas pertencentes a pessoas jurídicas de direito público (art. 98 do CC) e os territórios, quando existem, e as autarquias são pessoas jurídicas de direito público; vale mencionar que as sociedades de economia mista não pessoas jurídicas de direito público e, portanto, seus bens, em regra, não são bens públicos; **E:** correta, vez que uma associação pública é uma pessoa jurídica de direito público e, portanto, seus bens são públicos (art. 98 do CC), ao passo que uma empresa pública não é pessoa jurídica de direito público, portanto, seus bens em regra são privados.
Gabarito "E".

(Procurador do Estado/AC – 2014 – FMP) X é um pescador e percorreu os Estados do Amazonas e do Acre, ambos banhados pelo Rio Tarauacá, seguindo a trilha de suas águas. Um dia, em Rio Branco, questionou o colega sobre aspectos referentes ao lindo rio que banha os dois Estados. De acordo com as informações acima e a classificação dos bens públicos, é **CORRETO** afirmar que
(A) é um bem de uso comum do povo, sem dono porque as águas não são passíveis de apropriação.
(B) é um bem de uso comum do povo, de propriedade da União.
(C) é um bem de uso especial do Estado do Acre, onde está a sua nascente.
(D) é um bem de uso comum do povo, de propriedade do Estado onde predominar o seu álveo.

Rios são considerados bens de uso comum do povo (art. 99, I, do CC). E rios que banhem mais de um Estado são considerados bens da União (art. 20, III, da CF). Assim, apenas a alternativa "b" está correta.
Gabarito "B".

(Advogado da Fundação Pro Sangue/SP – 2014 – FGV) No que concerne aos bens integrantes do patrimônio do Estado, analise as afirmativas a seguir.
I. Os bens dominicais são integrantes do domínio privado do Estado e disponíveis.
II. Os bens de uso especial são bens do domínio público do Estado e indisponíveis.
III. Todos os bens do Estado e os do patrimônio público são indisponíveis.
Assinale:
(A) se somente a afirmativa I estiver correta.
(B) se somente a afirmativa II estiver correta.
(C) se somente a afirmativa III estiver correta.
(D) se somente as afirmativas I e II estiverem corretas.
(E) se somente as afirmativas I e III estiverem corretas.

I: correta, pois são bens sobre os quais os Estado só detém a propriedade, não havendo destinação (afetação) alguma; por conta disso, a lei considera tais bens alienáveis (disponíveis); **II:** correta, pois os bens de uso especial são afetados (tem destinação pública), daí porque são bens do domínio público do Estado e indisponíveis; **III:** incorreta, pois os bens estatais dominicais são disponíveis (alienáveis).
Gabarito "D".

(Procurador da República – 26º) Assinale o item verdadeiro:
(A) Os bens de uso comum do povo são, por suas características e destinação, titularizados pelas pessoas políticas, não podendo ser geridos por pessoas da administração pública indireta.
(B) As terras tradicionalmente ocupadas por indígenas são bens de uso comum do povo, inalienáveis, imprescritíveis e indisponíveis, só podendo ter sua destinação alterada mediante autorização prévia do Congresso Nacional.
(C) Os terrenos de marinha são bens dominicais, podendo ser, nessa condição, objeto de ocupação por particulares, mediante pagamento de prestação anual calculada com base no valor do domínio pleno do bem.
(D) Os bens públicos de uso especial destinam-se à prestação de serviços públicos ou à satisfação de necessidades internas da Administração, não podendo ser em qualquer hipótese consumidos por particulares.

A: incorreta, pois pessoas jurídicas de direito público da Administração Pública Indireta também podem titularizar esse tipo de bem; **B:** incorreta, pois, apesar de tais terras serem inalienáveis, imprescritíveis e indisponíveis, têm *uso especial*, já que se destinam a sua posse permanente e ao usufruto exclusivo das riquezas dos solos, dos rios e dos lagos nelas existentes, não havendo, assim, que se falar em *bens de uso comum do povo*, que são bens destinados ao uso indistinto de todos; **C:** correta; de fato, tais bens são considerados dominicais, o que permite a ocupação mencionada; tal situação só não se dará no caso em que um terreno de marinha esteja situado justamente na parte da praia, já que esta, como se sabe, é bem de uso comum do povo; **D:** incorreta, pois eventualmente os particulares irão se beneficiar do uso de tais bens, mormente quanto aos bens de uso especial destinados à prestação de serviços públicos.
Gabarito "C".

6.2. REGIME JURÍDICO (CARACTERÍSTICAS)

(Procurador do Município – Prefeitura Fortaleza/CE – CESPE – 2017) A respeito de bens públicos e responsabilidade civil do Estado, julgue o próximo item.

(1) Situação hipotética: Determinado município brasileiro construiu um hospital público em parte de um terreno onde se localiza um condomínio particular. Assertiva: Nessa situação, segundo a doutrina dominante, obedecidos os requisitos legais, o município poderá adquirir o bem por usucapião.

1: correta. O Poder Público poderá usucapir como o particular, só não podendo os imóveis públicos serem adquiridos por usucapião (art. 183, § 3º, CF). AW
Gabarito 1C

(Procurador do Município – Prefeitura Fortaleza/CE – CESPE – 2017) A respeito de bens públicos e responsabilidade civil do Estado, julgue o próximo item.

(1) Situação hipotética: A associação de moradores de determinado bairro de uma capital brasileira decidiu realizar os bailes de carnaval em uma praça pública da cidade. Assertiva: Nessa situação, a referida associação poderá fazer uso da praça pública, independentemente de autorização, mediante prévio aviso à autoridade competente.

1: incorreta. O uso de bens públicos depende de prévia autorização do Poder Público. A autorização é ato discricionário, unilateral e precário, por isso, o particular deverá solicitá-la à Prefeitura, que poderá ou não autorizá-la, conforme sua discrição (sua decisão "interna" enquanto pessoa jurídica administradora desses bens públicos). AW
Gabarito 1E

(Procurador do Estado – PGE/MT – FCC – 2016) Acerca do regime jurídico dos bens públicos, é correto afirmar:

(A) Os bens de uso especial, dada a sua condição de inalienabilidade, não podem ser objeto de concessão de uso.
(B) Chama-se desafetação o processo pelo qual um bem de uso comum do povo é convertido em bem de uso especial.
(C) A investidura é hipótese legal de alienação de bens imóveis em que é dispensada a realização do procedimento licitatório.
(D) Os bens pertencentes ao Fundo Garantidor de Parcerias Público-Privadas (Lei Federal nº 11.079/2004), embora possam ser oferecidos em garantia dos créditos do parceiro privado, mantém a qualidade de bens públicos.
(E) Os bens pertencentes às empresas pública são públicos, diferentemente dos bens pertencentes às sociedades de economia mista.

A: incorreta. Os bens de uso especial, desde que desafetados, podem ser vendidos e podem ser objeto de concessão de uso; **B: incorreta.** A desafetação ocorre quando um bem de uso comum do povo ou de uso especial é transformado em bem dominial. No caso da assertiva, temos afetação; **C: correta,** conforme disposto no art. 17, § 3º, da Lei 8.666/1993; **D: incorreta.** O FGP (Fundo Garantidor das Parcerias) é formado por dinheiro ou valores advindos do Poder Público e do privado; **E: incorreta.** Os bens pertencentes às sociedades de economia mista são 50% públicos. AW
Gabarito "C".

(Advogado União – AGU – CESPE – 2015) Acerca dos serviços públicos e dos bens públicos, julgue os itens a seguir.

(1) De acordo com a doutrina dominante, caso uma universidade tenha sido construída sobre parte de uma propriedade particular, a União, assim como ocorre com os particulares, poderá adquirir o referido bem imóvel por meio da usucapião, desde que sejam obedecidos os requisitos legais.
(2) Se o Ministério da Saúde adquirir um grande lote de medicamentos para combater uma epidemia de dengue, essa aquisição, no que se refere ao critério, será classificada como serviço coletivo devido ao fato de esses medicamentos se destinarem a um número indeterminado de pessoas.
(3) Situação hipotética: Durante a realização de obras resultantes de uma PPP firmada entre a União e determinada construtora, para a duplicação de uma rodovia federal, parte do asfalto foi destruída por uma forte tempestade. Assertiva: Nessa situação, independentemente de o referido problema ter decorrido de fato imprevisível, o Estado deverá solidarizar-se com os prejuízos sofridos pela empresa responsável pela obra.
(4) Situação hipotética: A União decidiu construir um novo prédio para a Procuradoria-Regional da União da 2ª Região para receber os novos advogados da União. No entanto, foi constatado que a única área disponível, no centro do Rio de Janeiro, para a realização da referida obra estava ocupada por uma praça pública. Assertiva: Nessa situação, não há possibilidade de desafetação da área disponível por se tratar de um bem de uso comum do povo, razão por que a administração deverá procurar por um bem dominical.

1: correta. Todos os entes políticos podem usucapir, sendo vedado aos bens públicos, somente, serem usucapidos, conforme disposto no art. 183, §3º, CF; **2: incorreta.** Não temos esse critério de "serviço coletivo" elencado na Lei 8.666/1993, sendo apenas os critérios de julgamento ou tipos os de melhor preço, melhor lance ou oferta, melhor técnica e técnica e preço (art. 45, § 1º); **3: correta.** Nas Parcerias Público-Privadas há repartição de riscos e prejuízos, conforme disposto no art. 4º, VI, da Lei 11.079/2005; **4: incorreta.** As praças são bens de uso comum do povo, mas podem ser desafetadas para tornarem-se bens de uso especial e, aí sim, serem destinadas a uma finalidade específica como a construção da Procuradoria. AW
Gabarito "1C, 2E, 3C, 4E".

(Juiz – TJ/SP – VUNESP – 2015) Sobre os bens públicos, é correta a seguinte assertiva:

(A) só se sujeitam ao regime de bens públicos aqueles bens que pertençam a pessoa jurídica de direito público.
(B) é vedado o uso privativo de bem público de uso comum por particular, salvo se a lei expressamente autorizar.
(C) a afetação de bens ao uso comum pode decorrer de ato de vontade de um particular.
(D) bens públicos de uso comum são aqueles abertos à fruição de todo cidadão, de modo incondicionado e gratuito.

A: incorreta. Os bens públicos também são os pertencentes às pessoas jurídicas de direito privado prestadoras de serviços públicos, eis que afetados pela atividade estatal. **B: incorreta.** O bem de uso comum do povo pode ter uma utilização privativa se houver um ato administrativo de "autorização de uso" para tanto, como no caso das calçadas autorizadas para uso privativo de bares e bancas de jornais. **C: correta.** O raciocínio do examinador foi o seguinte: A afetação de bens de uso comum pode decorrer de um ato de particular, como a doação de um terreno que passará a ser uma praça pública. No entanto, esse entendimento é controvertido, eis que o particular pode doar o bem ao Poder Público, mas somente esse é que poderá afetá-lo a uma destinação pública determinada, mesmo sabendo que a afetação e desafetação é um fato jurídico. Essa seria a alternativa menos errada, por isso a que deveria ter sido escolhida pelo examinador. **D: incorreta.** Os bens de uso comum podem ter seu uso remunerado, como as estradas, em que se pagam os pedágios ao concessionário. AW
Gabarito "C".

(DPE/PE – 2015 – CESPE) Com relação aos bens públicos, julgue o item abaixo.

(1) É juridicamente impossível a prescrição aquisitiva de imóvel público rural por meio de usucapião constitucional *pro labore*.

1: correta, pois não é cabe usucapião em bem público, seja ele urbano (art. 182, § 3º, da CF), seja ele rural (art. 191, parágrafo único, da CF). WG
Gabarito 1C

(Juiz de Direito/MG – 2014) Na classificação dos bens públicos, distinguem-se os bens de uso comum do povo e os bens dominicais. Assinale a alternativa que destaca a **DIFERENÇA** entre os bens de uso comum do povo e os bens dominicais.

(A) O que diferencia os bens de uso comum do povo dos bens dominicais é o fato de que, embora ambos integrarem o patrimônio do Estado, os dominicais são aqueles de destinação específica.
(B) A diferença está no fato de que os bens de uso comum se destinam à utilização da coletividade e da própria administração pública, enquanto que os dominicais são bens sem qualquer destinação específica, não integrando a classe dos primeiros, nem à dos bens de uso especial.
(C) A diferença pode ser identificada no fato de os bens dominicais servirem para a instalação das repartições essenciais à atividade estatal, enquanto que os de uso comum não se prestam a tal finalidade.
(D) A diferença pode ser identificada no fato de os bens de uso comum do povo não poderem ser utilizados pelo poder público.

A: incorreta, pois os bens dominicais são aqueles que não têm destinação específica, diferentemente dos bens de uso comum do povo que são afetados (destinados) ao uso indistinto das pessoas; além disso, os bens dominicais são alienáveis (art. 101 do CC), diferentemente dos bens de uso comum do povo, que são inalienáveis (art. 100 do CC); **B: correta,** nos termos dos art. 99, I, II e III, do CC; **C: incorreta,** pois os bens que servem à instalação das repartições públicas são os bens de *uso especial* (e não os bens de *uso comum do povo*); **D: incorreta,** pois o poder público também pode usar os bens de uso comum do povo, como quando um veículo do Estado trafega por uma rua. WG
Gabarito "B".

6.3. ALIENAÇÃO DOS BENS PÚBLICOS

(Ministério Público/MS – 2013 – FADEMS) Em se tratando de alienação de imóvel da administração pública, havendo interesse público justificado, serão observadas as seguintes providências e normas:

(A) Será precedida de avaliação, e de autorização do Poder Executivo para órgãos da administração direta e entidades autárquicas e fundacionais.
(B) Se for para todos, inclusive as entidades paraestatais, dependerá de avaliação prévia, e via de regra, de licitação na modalidade de leilão.
(C) Dependerá de avaliação prévia e licitação, na modalidade de tomada de preços, se a venda se dirigir a outro órgão ou entidade da administração pública, de qualquer esfera de governo.

(D) Será dispensável a avaliação prévia e a licitação, na modalidade de leilão, se se tratar de permuta por outro imóvel que atenda aos requisitos do inciso X, do artigo 24 da Lei 8.666/1993.
(E) Será precedida de avaliação, e de autorização do Poder Legislativo para órgãos da administração direta e entidades autárquicas e fundacionais.

A: incorreta, pois é necessário autorização do Poder Legislativo e não do Executivo (art. 17, I, da Lei 8.666/1993); **B:** incorreta, pois, via de regra, a licitação se dará na modalidade concorrência (art. 17, I, da Lei 8.666/1993); **C:** incorreta, pois, se a venda se dirigir a outro órgão ou entidade da administração pública, a licitação é dispensada (art. 17, I, "e", da Lei 8.666/1993); **D:** incorreta, pois será dispensada a concorrência (e não o leilão) no caso mencionado (art. 17, I, "c", da Lei 8.666/1993); **E:** correta (art. 17, I, da Lei 8.666/1993). WG
Gabarito "E".

(Advogado – Petrobrás – 2012 – CESGRANRIO) A alienação de bens imóveis pertencentes a empresas públicas e sociedades de economia mista federais depende da observância dos seguintes requisitos, EXCETO
(A) avaliação prévia
(B) existência de interesse público devidamente justificado
(C) autorização legislativa
(D) licitação na modalidade concorrência, ressalvadas as hipóteses de licitação dispensada
(E) habilitação mediante a comprovação do recolhimento da quantia correspondente a 5% da avaliação

Os bens das empresas estatais não são bens públicos. Assim, são alienáveis, não sendo necessária a autorização legislativa. Porém, essas entidades estão sujeitas à Lei 8.666/1993, de modo que os demais requisitos devem ser cumpridos (existência de justificativa, avaliação prévia, licitação na modalidade concorrência e garantia), nos termos dos arts. 17, caput e I, e 18, ambos da Lei 8.666/1993. WG
Gabarito "C".

6.4. USO DOS BENS PÚBLICOS

Juiz – TJ-SC – FCC – 2017) A propósito do uso dos bens públicos pelos particulares, é correto afirmar que:
(A) as concessões de uso, dada a sua natureza contratual, não admitem a modalidade gratuita.
(B) o concessionário de uso de bem público exerce posse *ad interdicta*, mas não exerce posse *ad usucapionem*.
(C) a autorização de uso, por sua natureza precária, não admite a fixação de prazo de utilização do bem público.
(D) a Medida Provisória nº 2.220/2001 garante àquele que possuiu como seu, por cinco anos, ininterruptamente e sem oposição, até duzentos e cinquenta metros quadrados de imóvel público situado em área urbana, utilizando-o para fins comerciais e respeitado o marco temporal ali estabelecido, o direito à concessão de uso especial.
(E) a permissão de uso, por sua natureza discricionária, não depende de realização de prévia licitação.

A: incorreta. A concessão de uso de bem público pode ser onerosa ou gratuita, e sempre é precedida de autorização legal e, geralmente, por licitação. **B:** correta. Os bens públicos não são passíveis de aquisição por meio de usucapião (art. 183, §3º, CF), por isso, o concessionário tem a proteção de sua posse contra terceiros, mas não a adquire por meio da passagem do tempo (prescrição aquisitiva), nem perde a mesma posse em função dos mesmos motivos; **C:** incorreta. A autorização de uso realmente é precária, mas não há vedação para o estabelecimento de um prazo para o exercício de uma atividade (ela se destina ao desempenho de uma atividade sobre um bem público) vinculada ao bem público, sendo livre às partes essa determinação; **D:** incorreta. A Medida Provisória 2220/2001 criou o instituto da concessão de uso especial para fins de moradia, não se aplicando à utilização comercial, portanto; **E:** incorreta. A permissão sempre é precedida de licitação, seja de uso, seja de serviços públicos (art. 2º, IV, da Lei 8.987/1995). AW
Gabarito "B".

(Analista Jurídico – TCE/PR – 2016 – CESPE) Determinado órgão da administração pública pretende disponibilizar, mediante contrato por prazo determinado, uma área do prédio de sua sede — um bem público — para um particular instalar refeitório destinado aos servidores desse órgão. Nessa situação, de acordo com a doutrina pertinente, o instituto legalmente adequado para se disponibilizar o uso privativo do bem público por particular é a
(A) concessão de uso.
(B) cessão de uso.
(C) autorização de uso.
(D) concessão de direito real de uso.
(E) permissão de uso.

A: correta, pois esta tem natureza contratual e o investimento necessário para instalar um refeitório impõe que se proteja o particular concessionário com um instrumento com essa natureza, que lhe assegurará uma indenização na hipótese de a administração revogar o contrato antes do prazo; **B:** incorreta, pois esse nome em geral é utilizado para passagem de um bem de um ente para outro da Administração Pública; **C:** incorreta, pois esse instituto é utilizado para uso muitíssimo curto de um bem público por um particular; um exemplo é uma autorização para alguém instalar uma barraquinha para vender bebidas numa festa em uma rua pública durante um final de semana; **D:** incorreta, pois não é necessário estabelecer um direito real em favor do particular num caso desses, bastando uma concessão comum, que já o protege caso a Administração queira revogar a concessão antes do término de seu prazo; **E:** incorreta, pois a permissão é um ato unilateral e, a qualquer tempo, revogável, não tendo natureza contratual, o que não é compatível com o investimento necessário para instalar um refeitório, que impõe que se proteja o particular interessado com um instrumento contratual, como é a concessão, garantindo-lhe uma indenização no caso de a administração revogar o contrato antes do prazo. WG
Gabarito "A".

(Magistratura/GO – 2015 – FCC) Suponha que determinada empresa privada promotora de eventos pretenda utilizar um imóvel público, atualmente sem destinação e cuja propriedade foi adquirida pelo Estado por meio de adjudicação levada a efeito em processo de execução fiscal, para a instalação de um centro de convenções com a finalidade de realizar feiras agropecuárias. Considerando o regime jurídico a que se sujeitam os bens públicos, a utilização do imóvel pelo referido particular, em caráter exclusivo, poderá se dar mediante
(A) cessão de uso, que pressupõe a transferência do domínio e se dá, necessariamente, a título oneroso.
(B) permissão de uso, em caráter discricionário e precário em razão do interesse no uso beneficiar exclusivamente o particular.
(C) autorização de uso, sem prazo determinado e revogável mediante indenização ao particular.
(D) permissão qualificada, onerosa e precedida de licitação, que não admite indenização ao particular no caso de revogação a critério da Administração.
(E) concessão de uso, precedida de licitação, com prazo determinado, com direito do particular a indenização caso rescindida antes do termo final.

A: incorreta, pois na cessão de uso não há transferência de propriedade, mas apenas uma concessão ou permissão temporárias ao particular; **B:** incorreta, pois a permissão de uso de bem público é um instituto que beneficia o particular e o Poder Público também; apenas a autorização de uso de bem público é que beneficia exclusivamente o particular; **C:** incorreta, pois a autorização de uso de bem público é precária, de modo que não caberá indenização ao particular quando é revogada; **D:** incorreta, pois a permissão qualificada, que é aquela que a Administração acaba por conferir prazo em favor do permissionário (em tese deve evitar fazer isso, pois a permissão em geral é por prazo não determinado e pode ser revogada sem indenização a qualquer tempo), se por ventura for extinta antes do prazo combinado, enseja indenização em favor do permissionário, pela expectativa gerada neste; **E:** correta; em primeiro lugar a concessão de uso é o instrumento adequado, pois a instalação de centro de convenções requer alto investimento e isso não se coadunaria com autorizações ou permissões, que são precárias e revogáveis a qualquer tempo, o que geraria insegurança jurídica e econômica para o concessionário fazer os devidos investimentos; em segundo lugar, a caracterização da concessão de uso está correta, pois, de fato, esta é precedida de licitação tem prazo determinado e, caso revogada antes do termo final, enseja indenização em favor do concessionário. WG
Gabarito "E".

(Promotor de Justiça/PI – 2014 – CESPE) No que se refere aos bens públicos, assinale a opção correta.
(A) Nas hipóteses em que a alienação de bens públicos imóveis depender da realização de procedimento licitatório, em regra, a modalidade será o leilão.
(B) Admite-se a aquisição, por usucapião, de bem público imóvel submetido a regime de aforamento, desde que a ação seja ajuizada em face de pessoa jurídica de direito público e do foreiro.
(C) A concessão de direito real de uso de bem público pode ser outorgada por prazo indeterminado, não sendo transmissível por ato *inter vivos* ou *causa mortis*.
(D) São bens públicos as florestas, naturais ou plantadas, localizadas nos entes públicos e nas entidades da administração indireta, excetuadas as que estejam sob o domínio das sociedades de economia mista.
(E) Como forma de compatibilizar o direito de reunião, previsto na CF, e o direito da coletividade de utilizar livremente dos bens públicos de uso comum, a administração, previamente comunicada a respeito do fato, pode negar autorização para a utilização de determinado bem público de uso comum, ainda que a finalidade da reunião seja pacífica, desde que o faça por meio de decisão fundamentada e disponibilize aos interessados outros locais públicos.

A: incorreta, pois em matéria de alienação de imóveis públicos, a regra é a realização de concorrência e a exceção é a possibilidade de realização de leilão (arts. 23, § 3º, e 19, III, da Lei 8.666/1993); **B:** incorreta, pois os bens públicos não são passíveis de usucapião (art. 102 do CC); **C:** incorreta, pois pode ser transferida por ato *inter vivos* (art. 7º, § 4º, do Dec.-lei 271/1967); **D:** incorreta, pois bens públicos são os pertencentes às pessoas jurídicas de direito público (art. 98 do CC), sendo que os demais são privados; assim, bens de outras entidades da administração indireta que sejam pessoas jurídicas de direito privado, como é o caso das empresas públicas, são também bens privados; ou seja,

são bens privados, ainda que sejam florestas, não só bens das sociedades de economia mista, como também os bens das empresas públicas; **E**: correta; o direito em questão não é absoluto, de modo que é possível, em circunstâncias excepcionais e devidamente motivadas, a providência mencionada na questão; aliás, a própria Constituição já traz uma exceção, ao dispor que esse direito cede se for frustrar outra reunião anteriormente convocada para o mesmo local (art. 5º, XVI, da CF). **WG**
„Gabarito "E".

(Procurador do Estado/AC – 2014 – FMP) Numa grande área situada no Município de Sena Madureira – AC, de propriedade do Estado do Acre, um conjunto de pessoas sem moradia se estabeleceu, há mais de vinte anos, de forma pacífica, dividindo a área em frações que não excedem 250 m² atribuídas aos ocupantes que não tivessem nenhum outro imóvel. Preocupado com a insegurança jurídica, o Presidente da Associação de Moradores, que hoje também forma uma próspera Cooperativa de Extrativismo Sustentável, foi procurar uma solução na PGE-AC. Qual dentre as soluções abaixo é a **CORRETA**?

(A) É viável, em princípio, a concessão de uso especial para fins de moradia.
(B) É inviável a regularização, uma vez que os bens públicos são *res extra patrimonium nostrum*.
(C) É viável, em princípio, a usucapião extraordinária, uma vez que estão presentes o tempo, o ânimo e a posse.
(D) É inviável a regularização da atribuição de poderes sobre quaisquer áreas públicas sem licitação, pois ofenderia a Lei 8.666/1993.

A: correta (art. 2º, *caput* e § 3º, da Medida Provisória 2.220/2001); **B** e **D**: incorretas, pois, no caso, cabe aplicação do instituto da concessão de uso especial para fins de moradia, prevista na Medida Provisória 2.220/2001; **C**: incorreta, pois não cabe usucapião em bem público (art. 183, § 3º, da CF). **WG**
„Gabarito "A".

6.5. BENS PÚBLICOS EM ESPÉCIE

(Juiz – TRF 3ª Região – 2016) Dadas as assertivas abaixo, assinale a alternativa correta. São bens da União:

I. O mar territorial, entendido como uma faixa de doze milhas marítimas de largura, medidas a partir da linha de baixa-mar do litoral continental e insular, tal como indicada nas cartas náuticas de grande escala, reconhecidas oficialmente no Brasil.
II. Os recursos naturais da plataforma continental, entendida como o subsolo das áreas submarinas que se estendem além do seu mar territorial, em toda a extensão do prolongamento natural de seu território terrestre, até o bordo exterior da margem continental, ou até uma distância de cento e cinquenta milhas marítimas das linhas de base, a partir das quais se mede a largura do mar territorial, nos casos em que o bordo exterior da margem continental não atinja essa distância.
III. Os recursos naturais da zona econômica exclusiva, entendida como uma faixa que se estende das doze às duzentas milhas marítimas, contadas a partir das linhas de base que servem para medir a largura do mar territorial.

Estão corretas:
(A) I, II e III.
(B) I e III.
(C) II e III.
(D) Apenas III.

A: incorreta. A assertiva II está incorreta. A plataforma continental se estende a 200 milhas da linha base, conforme art. 11, da Lei 8.617/1993, sendo o seguinte conceito: "Compreende-se como **plataforma continental** o prolongamento natural das terras continentais ou insulares, por baixo das águas do mar, em extensão variável, com profundidade de até 200 milhas das linhas de base, a partir das quais se mede a largura do mar territorial."; **B**: correta. A assertiva I está correta, sendo a definição do mar territorial, conforme dispõe o art. 1º da Lei 8.617/1993: "O mar territorial brasileiro compreende uma faixa de doze milhas marítima de largura, medidas a partir da linha de baixa-mar do litoral continental e insular, tal como indicada nas cartas náuticas de grande escala, reconhecidas oficialmente no Brasil". O mesmo se diz sobre a assertiva III, sobre a zona econômica exclusiva, conforme disposto no art. 6º da Lei 8.617/1993: "A zona econômica exclusiva brasileira compreende uma faixa que se estende das doze às duzentas milhas marítimas, contadas a partir das linhas de base que servem para medir a largura do mar territorial."; **C**: incorreta. A assertiva II está incorreta, conforme explicado na assertiva A; **D**: incorreta. Temos duas assertivas corretas: a I e a III, conforme explicado na letra B. AW
„Gabarito "B".

(Defensor Público – DPE/BA – 2016 – FCC) Segundo o Código Civil de 2002, os bens públicos são

I. inalienáveis, os dominicais.
II. alienáveis, desde que haja prévia justificativa e autorização do Poder Legislativo.
III. inalienáveis, os de uso comum, enquanto conservar a sua qualificação; e inalienáveis os bens dominicais, observadas as determinações legais.
IV. alienáveis, os bens dominicais, observadas as determinações legais.
V. inalienáveis, os bens públicos de uso comum do povo na forma que a lei determinar.

Está correto o que se afirma APENAS em
(A) I, II e III.
(B) I, III e IV.
(C) II e IV.
(D) IV e V.
(E) I, II e V.

A: Incorreta, pois somente são alienáveis os bens dominicais (art. 99, III, CC); **B**: Incorreta, pois na assertiva III há erro quanto à inalienabilidade dos bens dominicais, que são sempre alienáveis; **C**: Incorreta. Na assertiva II, não são todos os bens públicos que são inalienáveis, mas sim, os de uso comum e especial, enquanto permanecer a destinação pública; **D**: Correta, sendo exatamente o conceito dos bens dominicais e de uso comum do povo; **E**: Incorreta, porque estai incorretas as assertivas I, II e III, conforme explicado acima. **AW**
„Gabarito "D".

(Juiz de Direito/CE – 2014 – FCC) Acerca dos bens públicos, é correto afirmar:

(A) A imprescritibilidade é característica dos bens públicos de uso comum e de uso especial, sendo usucapíveis os bens pertencentes ao patrimônio disponível das entidades de direito público.
(B) As terras devolutas indispensáveis à preservação ambiental constituem, nos termos do art. 225, *caput*, da Constituição Federal, bem de uso comum do povo.
(C) Os bens pertencentes aos Conselhos Federais e Regionais de Fiscalização são bens públicos, insusceptíveis de constrição judicial para pagamentos de dívidas dessas entidades.
(D) Os bens das representações diplomáticas dos Estados estrangeiros e de Organismos Internacionais são considerados bens públicos, para fins de proteção legal.
(E) Os imóveis pertencentes à Petrobrás, sociedade de economia mista federal, são considerados bens públicos, desde que situados no Território Nacional.

A: incorreta, pois a imprescritibilidade é característica que diz respeito a todos os bens públicos, já que a própria Constituição Federal, sem trazer exceções, impede a usucapião em relação aos bens públicos (arts. 183, § 3º, 191, parágrafo único); **B**: incorreta, pois as terras devolutas são consideradas bens dominicais; **C**: correta, pois tais conselhos são considerados serviços públicos essenciais, de modo que seus bens são considerados impenhoráveis; **D**: incorreta, pois os bens dos estados estrangeiros e dos organismos internacionais são impenhoráveis, mas não por serem bens públicos (já que não são), mas por terem imunidade diplomática contra a penhora; **E**: incorreta, pois os bens das pessoas jurídicas de direito privado são bens privados (art. 98 do CC). **WG**
„Gabarito "C".

(Procurador Legislativo – Câmara de Vereadores de São Paulo/SP – 2014 – FCC) Uma empresa concessionária de gás encanado, ao realizar perfurações no subterrâneo de uma rua, situada em área urbana, descobre um veio aurífero. O veio descoberto pertence

(A) à União, pois as jazidas, em lavra ou não, constituem propriedade distinta da do solo, para efeito de exploração ou aproveitamento.
(B) ao Município, pois situado em logradouro urbano municipal, seguindo a regra pela qual a propriedade do solo abrange a do espaço aéreo e subsolo correspondentes, em altura e profundidade úteis ao seu exercício.
(C) à empresa concessionária e ao Município, em iguais partes, em virtude de constituir aquisição originária por achado de tesouro, regulada pelo Código Civil.
(D) ao Estado-Membro, pois o serviço concedido é de titularidade estadual e a descoberta se deu em decorrência de tal atividade, seguindo a regra *accessorium sequitur summ principale*.
(E) aos trabalhadores que realizaram a descoberta e à empresa concessionária, em iguais partes, em aplicação analógica da legislação sobre garimpo, que determina a partilha da exploração entre garimpeiros e concessionários da lavra.

De acordo com o art. 176 da CF, "As jazidas, em lavra ou não, e demais recursos minerais e os potenciais de energia hidráulica constituem propriedade distinta da do solo, para efeito de exploração ou aproveitamento, e pertencem à União, garantida ao concessionário a propriedade do produto da lavra". Assim, o valor descoberto pertence à União, estando correta apenas a alternativa "a". **WG**
„Gabarito "A".

6.6. TEMAS COMBINADOS DE BENS PÚBLICOS

(Defensoria Pública da União – CESPE – 2015) No que tange às limitações administrativas da propriedade e aos bens públicos, julgue os itens seguintes.

(1) São bens públicos de uso comum do povo aqueles especialmente afetados aos serviços públicos, como, por exemplo, aeroportos, escolas e hospitais públicos.

(2) As limitações administrativas são determinações de caráter geral por meio das quais o poder público impõe a determinados proprietários obrigações de caráter negativo, mas não positivo, que condicionam a propriedade ao atendimento de sua função social.

1: Incorreta, pois os bens de uso comum do povo são os de destinação geral, de uso da coletividade como um todo, sem discriminação de usuários ou ordem especial para sua função. O conceito acima é o de bem de uso especial; **2:** Incorreta, as limitações administrativa são determinações de caráter geral que se impõem a uma coletividade, a proprietários indeterminados, e não determinados como afirmado na assertiva. **WG**

Gabarito 1E, 2E

7. INTERVENÇÃO DO ESTADO NA PROPRIEDADE

7.1. DESAPROPRIAÇÃO

(Delegado – PC/BA – 2018 – VUNESP) O direito do proprietário de exigir que na desapropriação se inclua a parte restante do bem expropriado, que se tornou inútil ou de difícil utilização, é denominado de
(A) Retrocessão.
(B) Desapropriação indireta.
(C) Direito de extensão.
(D) Indenização de benfeitorias.
(E) Direito de acrescer.

A: incorreta. A retrocessão consiste no direito real que possui o proprietário de, diante do desvio de finalidade na destinação dada ao bem desapropriado (tredestinação) reavê-lo – art. 519 do Código Civil; **B:** incorreta. Desapropriação indireta, também conhecida como apossamento administrativo, ocorre nas situações em que o Estado ilicitamente invade o bem privado sem respeitar o procedimentos administrativos ou judiciais previstos na legislação atinente à desapropriação; **C:** correta. Direito de extensão consiste na possibilidade de o proprietário de imóvel parcialmente desapropriado que comprovar que o restante do bem ficou esvaziado de conteúdo econômico ou inaproveitado de exigir judicialmente que essa parte remanescente também seja expropriada; **D:** incorreta. A indenização de benfeitorias refere-se ao pagamento, para a configuração da chamada "justa indenização" pelas benfeitorias feitas no bem expropriado. Caso as benfeitorias tenham sido construídas antes da publicação do decreto que declara o imóvel de utilidade pública, a indenização deverá compreender todas as benfeitorias. Entretanto, caso as benfeitorias tenham sido edificadas após a publicação do decreto desapropriatório, o panorama pode sofrer algumas alterações, de acordo com o artigo 26, § 1º, do Decreto-Lei 3.365/1941. No que se refere às benfeitorias necessárias, que são aquelas obras necessárias para conservar a coisa ou evitar que ela se deteriore, nada muda e serão sempre indenizadas. As benfeitorias úteis, edificadas para aumentar ou facilitar o uso da coisa, só serão indenizadas se o Poder Público expropriante autorizar a construção; enquanto que as benfeitorias voluptuárias, utilizadas para mera recreação, sem aumentar o uso habitual do imóvel e independente do valor, não serão indenizadas. Destarte, tratando-se de benfeitorias edificadas antes da publicação do decreto desapropriatório, será nomeado perito judicial no curso do processo judicial (art. 14, Decreto-Lei 3.365/1941) para avaliar o bem, incluindo as benfeitorias, cujo valor da indenização será fixado em laudo pericial. Mas trata-se de tema polêmico, cujo entendimento judicial pode variar caso a caso; **E:** incorreta. Direito de acrescer é matéria de direito sucessório, e ocorre no momento em que vários herdeiros, pela mesma cláusula testamentária, em partes não determinadas, ficam com a parte que caberia a outro coerdeiro (herdeiro que juntamente com outros é chamado a concorrer a sucessão) pelo fato deste não puder ou não quiser aceitá-la. **FB**

Gabarito "C"

(Defensor Público Federal – DPU – 2017 – CESPE) Julgue os itens que se seguem, referentes à intervenção do Estado na propriedade.

(1) Dado o princípio da hierarquia federativa, estados e municípios não podem instituir servidões administrativas e proceder a desapropriações de bens públicos pertencentes à União.

(2) Na desapropriação indireta, por força da afetação do bem ao domínio público, ao proprietário prejudicado só resta pleitear indenização pelos prejuízos advindos da perda da propriedade, acrescidos de juros moratórios e compensatórios, incidindo os últimos a partir da data da efetiva ocupação do bem.

Nos termos da Lei de Desapropriações (Decreto-Lei n. 3.365/1941), "os bens do domínio dos Estados, Municípios, Distrito Federal e Territórios poderão ser desapropriados pela União, e os dos Municípios pelos Estados, mas, em qualquer caso, ao ato deverá preceder autorização legislativa" (art. 2º, § 2º). No mesmo diploma, o art. 40 determina que "o expropriante poderá constituir servidões, mediante indenização, na forma desta lei". A discussão sobre a hierarquia entre os entes federados poderia ser aventada em abstrato, mas, sem dúvida, a regra da Lei de Desapropriações é vigente; quanto à assertiva "2", a indenização é devida, especialmente considerando que o ato expropriatório configura verdadeiro esbulho praticado pelo Poder Público. Quanto à fixação do prazo inicial para a contagem dos juros compensatórios, a Súmula 69 do Superior Tribunal de Justiça estabelece que "na desapropriação direta, os juros compensatórios são devidos desde a antecipada imissão na posse e, na desapropriação indireta, a partir da efetiva ocupação do imóvel". **AW**

Gabarito: 1C, 2C

(Procurador Municipal – Prefeitura/BH – CESPE – 2017) Com relação à intervenção do Estado na propriedade, assinale a opção correta.
(A) Compete à União, aos estados e ao DF legislar, de forma concorrente, sobre desapropriação, estando a competência da União limitada ao estabelecimento de normas gerais.
(B) Expropriação ou confisco consiste na supressão punitiva de propriedade privada pelo Estado, a qual dispensa pagamento de indenização e incide sobre propriedade urbana ou rural onde haja cultura ilegal de psicotrópico ou ocorra exploração de trabalho escravo.
(C) Servidão administrativa é a modalidade de intervenção que impõe obrigações de caráter geral a proprietários indeterminados, em benefício do interesse geral abstratamente considerado, e afeta o caráter absoluto do direito de propriedade.
(D) Requisição é a modalidade de intervenção do Estado supressiva de domínio, incidente sobre bens móveis e imóveis, públicos ou privados, e, em regra, sem posterior indenização.

A: incorreta. Conforme dispõe o art. 22, III, CF, trata-se de competência privativa da União legislar sobre desapropriação, e não concorrente; **B:** correta. Trata-se da desapropriação – pena prevista no art. 243, CF; **C:** incorreta. Na servidão não há imposição de uma obrigação geral e sim, de uma submissão de um imóvel dominante a outro serviente, ou, no caso da servidão administrativa, de um serviço ou obra em relação a um bem público; **D:** incorreta. A requisição administrativa determina indenização ulterior, se houver dano, conforme disposto no art. 5º, XXV, CF. **AW**

Gabarito "B"

(Procurador – IPSMI/SP – VUNESP – 2016) Sobre o instituto da desapropriação, assinale a alternativa correta.
(A) O direito de extensão é o direito de o expropriado exigir a devolução do bem desapropriado que não foi utilizado pelo Poder Público para atender o interesse público.
(B) A desapropriação por zona abrange a área contígua necessária ao desenvolvimento de obras públicas e as zonas que valorizarem extraordinariamente em decorrência da realização do serviço.
(C) Pode o expropriado discutir em sua defesa apresentada em sede de ação de desapropriação qualquer matéria, em respeito ao princípio do devido processo legal.
(D) A indenização em todas as modalidades de desapropriação deve sempre ser prévia, justa e em dinheiro.
(E) Os bens expropriados, uma vez incorporados à Fazenda Pública, podem ser objeto de reivindicação quando comprovada a nulidade do processo de desapropriação.

A: Incorreta. O direito de extensão é o direito que o expropriado tem de exigir que seja expropriado uma parte do bem que, caso não o seja, não mais terá utilidade econômica para ele, sendo previsto no art. 12, do revogado Decreto 4.956/2003. **B:** Correta. Perfeita a definição, sendo a previsto no art. 4º, do Decreto-lei 3.365/1941, que assim dispõe: "Art. 4º A desapropriação poderá abranger a área contígua necessária ao desenvolvimento da obra a que se destina, e as zonas que se valorizarem extraordinariamente, em consequência da realização do serviço. Em qualquer caso, a declaração de utilidade pública deverá compreendê-las, mencionando-se quais as indispensáveis à continuação da obra e as que se destinam à revenda". **C:** Incorreta. No processo de desapropriação somente é possível a discussão do preço e de requisitos formais do processo, sendo defesa qualquer outra matéria (art. 20, do Decreto-lei 3.365/1941) **D:** Incorreta. Há casos, como na desapropriação por interesse social para fins de reforma agrária em que o pagamento se dá em títulos da dívida pública ou da dívida agrária (art. 182 e 184, CF). **E:** Incorreta. Uma vez incorporados ao patrimônio público, os bens expropriados não podem mais ser reivindicados, devendo o expropriado ingressar com ação de retrocessão, que é indenizatória. **AW**

Gabarito "B"

(Procurador Municipal – Sertãozinho/SP – VUNESP – 2016) Assinale a alternativa que corretamente discorre sobre o instituto da desapropriação.
(A) O procedimento da desapropriação compreende duas fases: a declaratória e a executória, abrangendo, esta última, uma fase administrativa e uma judicial.
(B) Na fase executória da desapropriação, o poder público declara a utilidade pública ou o interesse social do bem para fins de desapropriação.
(C) A declaração expropriatória pode ser feita pelo Poder Executivo, por meio de decreto, não podendo fazê-lo, todavia, o Legislativo, por meio de lei.
(D) A declaração de utilidade pública ou interesse social é suficiente para transferir o bem para o patrimônio público, incidindo compulsoriamente sobre o proprietário.
(E) A desapropriação deverá efetivar-se mediante acordo ou intentar-se judicialmente dentro de dez anos, findos os quais esta caducará.

A: Correta. Essa assertiva nada mais é do que a explicação de como acontece a desapropriação. Inicia-se com o decreto expropriatório, que a declara, para depois de emitida a sentença, ser executada. No caso de acordo, ela poderá ser resolvida apenas administrativamente, por isso a fase executorial pode ser administrativa ou judicial. **B:** Incorreta. Na fase executória o Poder Público executa o que foi declarado no decreto expropriatório (primeiro vem a declaração e depois a execução). **C:** Incorreta. A desapropriação pode se dar por decreto ou por lei (arts. 1º e 8º, do Decreto-Lei 3.365/1941). **D:** Incorreta. O bem só será transmitido ao Poder Público após a sentença ou acordo extrajudicial (art. 10, do Decreto-Lei 3365/1941). **E:** Incorreta. O prazo para a efetivação da desapropriação é de 5 anos a partir da expedição do Decreto, conforme disposto no art. 10, do Decreto-Lei 3.365/1941.

Gabarito "A".

(Procurador do Estado – PGE/PA – UEPA – 2015) Sobre Desapropriação, julgue as afirmativas abaixo.

I. Não obstante a declaração de utilidade pública ou de interesse social seja atividade administrativa afeta ao Poder Executivo, o art. 8 do Decreto-lei n. 3.365/41 autoriza o Poder Legislativo a tomar a iniciativa da desapropriação cumprindo, neste caso, ao Executivo, praticar os atos necessários à sua efetivação.

II. É lícito ao proprietário construir no bem declarado de utilidade pública ou de interesse social. Portanto o valor das eventuais construções que venham a ser realizadas será incluído no valor da indenização quando a desapropriação for efetivada.

III. Somente é lícito discutir no âmbito da ação de desapropriação o valor a ser pago a título de indenização e eventuais incidentes da própria ação de desapropriação. Outros aspectos relativos à desapropriação que podem resultar na anulação do processo, como o desvio de finalidade, devem ser levados à apreciação judicial por meio de ação rescisória, consoante previsto no Decreto-lei n. 3. 365/41.

IV. É legítimo ao poder público expropriante solicitar, em casos de urgência, a imissão provisória na posse do bem, o que poderá ser feita após despacho nesse sentido pelo juízo do feito, independentemente da citação do réu, mediante o depósito da quantia arbitrada de conformidade legal.

A alternativa que contém todas as afirmativas corretas é:
(A) I e II.
(B) I e III.
(C) I, II e IV.
(D) I e IV.
(E) II e III.

I: correta. Trata-se do disposto no art. 8º, do Decreto-Lei 33.65/1941, que legitima o Poder Legislativo a expropriar; **II:** incorreta. Não são todos os tipos de benfeitorias que são indenizáveis, mas somente as necessárias e, quanto às úteis, quando autorizadas pelo expropriante; **III:** incorreta. Somente se admite a discussão do valor e de vícios formais do processo na ação de desapropriação, conforme disposto no art. 20, do Decreto-lei 33.65/1941; **IV:** correta. Trata-se do disposto no art. 15, do Decreto-lei 33.65/1941.

Gabarito "D".

(Advogado União – AGU – CESPE – 2015) Julgue os próximos itens, referentes à utilização dos bens públicos e à desapropriação.

(1) De acordo com o STJ, ao contrário do que ocorre nos casos de desapropriação para fins de reforma agrária, é vedada a imissão provisória na posse de terreno pelo poder público em casos de desapropriação para utilidade pública.

(2) Se os membros de uma comunidade desejarem fechar uma rua para realizar uma festa comemorativa do aniversário de seu bairro, será necessário obter da administração pública uma permissão de uso.

1: O art. 15, § 1º, do Decreto-Lei 3.365/1941 dispõe que é possível a imissão provisória nos casos de desapropriação para utilidade pública; **2:** incorreta. Para realizar uma "festa", os membros dessa comunidade devem obter uma autorização de uso de bem público, que é ato unilateral, discricionário e precário, pelo qual o Poder Público concede o uso do bem no interesse do particular;

Gabarito "1E, 2E".

(Advogado União – AGU – CESPE – 2015)

(1) Segundo o entendimento do STJ, ao contrário do que ocorre em desapropriação para fins de reforma agrária, é irregular, nos casos de desapropriação por utilidade pública, a imissão provisória na posse pelo poder público.

1: incorreta. O STJ, súmula 652, entende que é constitucional a imissão provisória da posse na desapropriação para fins de reforma agrária, sendo o que determina o art. 15, § 1º, do Decreto-Lei 3.365/1941.

Gabarito "1E".

(Procurador do Estado – PGE/BA – CESPE – 2014) No que se refere aos atos administrativos, julgue os itens subsequentes.

(1) Caso um governador resolva desapropriar determinado imóvel particular com o objetivo de construir uma creche para a educação infantil e, posteriormente, com fundamento no interesse público e em situação de urgência, mude a destinação do imóvel para a construção de um hospital público, o ato deve ser anulado, por configurar tredestinação ilícita.

(2) Os atos enunciativos, como as certidões, por adquirirem os seus efeitos por lei, e não pela atuação administrativa, não são passíveis de revogação, ainda que por razões de conveniência e oportunidade.

(3) Incorre em vício de forma a edição, pelo chefe do Executivo, de portaria por meio da qual se declare de utilidade pública um imóvel, para fins de desapropriação, quando a lei exigir decreto.

(4) O ato de exoneração do ocupante de cargo em comissão deve ser fundamentado, sob pena de invalidade por violação do elemento obrigatório a todo ato administrativo: o motivo.

1: incorreta. Nesse caso, não temos mudança de finalidade pública, por isso o ato é ilícito, sendo realmente hipótese de tredestinação lícita; **2:** correta. As certidões são atos vinculados, porque apenas certificam o que já consta de uma lei, por isso não admitem revogação.; **3:** correta, tendo em vista que viola a forma do ato o fato de ele ser um tipo diferente do que exige a lei; **4:** incorreta. O ato de exoneração de servidor comissionado é livre, não necessitando de motivação. Pode ser motivado, mas a lei não exige esse requisito para a validade do ato.

Gabarito 1E, 2C, 3C, 4E.

(Juiz – TRF 2ª Região – 2017) Analise as assertivas e, depois, assinale a opção correta:

I. Ocorre o apossamento administrativo de propriedade privada sem regular desapropriação, mas a área foi afetada para destinação apta a ensejar a expropriação. No caso, é quinquenal o prazo prescricional para o proprietário postular indenização, em face da Administração Pública, pela perda da propriedade.

II. No âmbito da desapropriação por interesse social, intentada a ação, o proprietário pode discutir, em seu bojo, o preço ofertado e a presença ou não dos pressupostos para a declaração de interesse social, mas não a conveniência e a oportunidade da declaração de interesse social.

III. Não há que se subtrair do Judiciário a apreciação de lesão a direito, de modo que a conveniência e a oportunidade da declaração de interesse social podem ser debatidas no bojo da expropriatória.

(A) Apenas a assertiva I é correta.
(B) Apenas a assertiva II é correta.
(C) Apenas a assertiva III é correta.
(D) Todas as assertivas são falsas.
(E) Apenas as assertivas I e II estão corretas.

A: incorreta. A assertiva I está incorreta porque no caso de desapropriação indireta, o prazo é de 20 anos, conforme súmula 119 do STJ; **B:** incorreta. Na Ação de desapropriação só é possível discutir o preço e os vícios formais do processo, não sendo aceita a discussão sobre o seu fundamento, portanto (art. 20, Decreto-Lei 3.365/1941); **C:** incorreta. A assertiva III está incorreta, porque como dito acima, só é admitida a discussão do valor e de vícios processuais na ação expropriatória, nunca o mérito do decreto expropriatório em si; **D:** correta. Todas as assertivas são falsas, conforme explicação acima; **E:** incorreta. As assertivas I e II são falsas, conforme explicação nos itens A e B.

Gabarito "D".

(Juiz – TRF 2ª Região – 2017) Sobre Desapropriação, marque a assertiva correta:

(A) Decretada a utilidade pública do bem a ser expropriado, e desde que passado o prazo legal para o acordo administrativo, ficam as autoridades administrativas autorizadas a penetrar nos prédios compreendidos na declaração.

(B) O decreto de utilidade pública marca o início do prazo de caducidade da ação de desapropriação indireta.

(C) A declaração de utilidade pública marca o início do prazo prescricional da ação de desapropriação indireta.

(D) O decreto de utilidade pública implica vedação de licenciamento de obra no bem objeto do ato expropriatório.

(E) A expedição do Decreto de utilidade pública marca o início de prazo quinquenal findo o qual, não havendo acordo e não intentada a ação, o ato caducará.

A: incorreta. O direito de penetrar no imóvel expropriado se inicia a partir da expedição do Decreto, conforme disposto no art. 7º, do Decreto-Lei 3.365/1941; **B:** incorreta. O prazo para a ação de desapropriação indireta se inicia a partir do apossamento administrativo, ou seja, do esbulho possessório, que independe de decreto, eis que é um ato ilícito; **C:** incorreta. O decreto expropriatório é um ato administrativo que legitima o processo expropriatório, tornando-o lícito. No caso da desapropriação indireta, temos um esbulho possessório por parte do Poder Público, que se apossa da propriedade, sem decreto, sem ordem judicial, enfim, ilicitamente, forçando o particular a requerer a desapropriação indireta. Por isso, se há decreto, não há que se falar em desapropriação ou prazo para desapropriação indireta; **D:** incorreta. O decreto não impede que o proprietário realize obras, inclusive de conservação do bem, o que constará do valor da indenização, por isso é possível o licenciamento da obra, como consta da assertiva; **E:** correta, tendo em vista que o decreto tem um prazo de caducidade, que é de 5 anos após a sua expedição (art. 10, do Decreto-lei 3.365/1941.

Gabarito "E".

(Juiz – TJ/SP – VUNESP – 2015) O instituto da desapropriação, no direito brasileiro, é regido por norma editada por decreto-lei na década de 40 e recepcionada pela Constituição Federal de 1988, com algumas alterações pontuais procedidas por legislação posterior. Sobre o instituto da desapropriação, é correto afirmar que

(A) só é possível a expropriação de bens imóveis com prévia indenização em dinheiro ou, em algumas hipóteses, em títulos públicos com

vencimento em prazo de, no máximo, cinco anos.
(B) a desapropriação exige que os bens expropriados sejam destinados a uma finalidade ou utilidade públicas, incorporando-se ao patrimônio público, vedada a sua posterior alienação em favor de particulares.
(C) na desapropriação de bem imóvel, a declaração de utilidade pública deve especificar o bem dela objeto e se circunscrever àquela área necessária àquela finalidade, vedada sob pena de nulidade do ato expropriatório a inclusão de área lindeira para futura alienação e captura da valorização imobiliária pelo poder público.
(D) a prática dos atos necessários à desapropriação pode ser exercida por particulares mediante delegação pelo poder público à iniciativa privada.

A: incorreta. O prazo de resgate é de 10 ou 15 anos, conforme disposto nos arts. 182 e 184, CF. **B:** incorreta. Uma vez incorporado ao patrimônio público, os bens são públicos e podem ser alienados, desde que seguidas as regras do art. 17 e seguintes, da Lei 8.666/1993. **C:** incorreta. É possível o exercício do "direito de extensão" (art. 4º, do Decreto-lei 3.365/1941) para abranger área maior do que a constante no decreto expropriatório, se isso for interessante ao Poder Público. **D:** correta. O poder de desapropriar pode ser delegado a particulares, como concessionários e permissionários, desde que previsto no ato de delegação (art. 18, XII, da Lei 8.987/1995). AW
Gabarito "D".

(Juiz – TJ/MS – VUNESP – 2015) Assinale a alternativa que corretamente discorre sobre o instituto da desapropriação, tendo em vista a jurisprudência do Supremo Tribunal Federal e do Superior Tribunal de Justiça.
(A) Nas ações de desapropriação não se incluem no cálculo da verba advocatícia as parcelas relativas aos juros compensatórios e moratórios.
(B) Em desapropriação, é devida a correção monetária até a data do efetivo pagamento da indenização, devendo proceder-se à atualização do cálculo uma única vez.
(C) Os juros compensatórios, na desapropriação indireta, incidem a partir da citação, calculados sobre o valor da indenização, corrigido monetariamente.
(D) Na desapropriação, direta ou indireta, a taxa dos juros compensatórios é de 12% (doze por cento) ao ano.
(E) A base de cálculo dos honorários de advogado em desapropriação é o valor da causa corrigido monetariamente.

A: incorreta. Temos a súmula 378, STF, que assim dispõe: "Na indenização por desapropriação incluem-se honorários do advogado do expropriado". **B:** incorreta. No caso, temos aplicação da súmula 67, STJ que entende que: "Na desapropriação, cabe a atualização monetária, ainda que por mais de uma vez, independe do decurso de prazo superior a um ano entre o cálculo e o efetivo pagamento da indenização". **C:** incorreta. Os juros compensatórios incidem para remunerar ou indenizar a perda antecipada da propriedade, por isso o STJ (súmula 114) entende que incidem a partir da ocupação, no caso de desapropriação indireta. **D:** correta. A súmula 618, STF dispõe que: "Na desapropriação, direta ou indireta, a taxa dos juros compensatórios é de 12% (doze por cento) ao ano". **E:** incorreta. Como a questão pede a jurisprudência, temos também a súmula 617, STJ, que assim dispõe: "A base de cálculo dos honorários de advogado em desapropriação é a diferença entre a oferta e a indenização, corrigidas ambas monetariamente". AW
Gabarito "D".

Promotor de Justiça/SC – 2016 – MPE)
(1) Denomina-se desapropriação indireta o apossamento total ou parcial de um bem, pelo poder público, sem consentimento do proprietário ou sem o devido processo legal.

1: correta. A desapropriação indireta é uma forma de esbulho possessório causada pelo Poder Público que se apodera de imóvel do particular sem a devida Ação expropriatória, gerando ao mesmo o direito à indenização. AW
Gabarito 1C.

(Promotor de Justiça/GO – 2016 – MPE) Tocante às limitações legais e constitucionais ao direito de propriedade, segundo a jurisprudência do Superior Tribunal de Justiça, é incorreto afirmar que:
(A) A indenização pela cobertura vegetal, de forma destacada da terra nua, está condicionada à efetiva comprovação da exploração econômica lícita dos recursos vegetais.
(B) Não enseja indenização ao proprietário do solo a desapropriação de jazidas de substâncias minerais (areia, pedregulho e 'rachão'), de emprego imediato na construção civil, sem concessão, autorização ou licenciamento para serem exploradas pelo expropriado.
(C) Na desapropriação para instituir servidão administrativa são devidos os juros compensatórios pela limitação de uso da propriedade.
(D) O desvio de finalidade que leva à retrocessão é o simples descumprimento dos objetivos que justificaram a desapropriação, sendo indiferente, para que o expropriado tenha direito à devolução do imóvel, que o Poder Público dê ao bem destinação que não atenda ao interesse público.

A: Incorreta. O item está correto, tendo em vista que não é necessária a prova de produtividade econômica para gerar direito à indenização, conforme a seguinte jurisprudência: Administrativo. Agravo regimental no recurso especial. Desapropriação para fins de reforma agrária. Cobertura vegetal. Indenização em separado. Inexistência de exploração econômica regular. Agravo regimental não provido. 1. Nos termos da jurisprudência do Superior Tribunal de Justiça, "*A indenização pela cobertura vegetal, de forma destacada da terra nua, está condicionada à efetiva comprovação da exploração econômica lícita dos recursos vegetais*" (EREsp 251.315/SP, Rel. Min. Hamilton Carvalhido, Primeira Seção, DJe 18/6/10). **B:** Incorreta. A assertiva se encontra correta, conforme entendimento do STJ ((REsp 41.122/SP, Rel. Min. Demócrito Reinaldo, 1ª Turma, DJ de 20/2/95). **C:** Incorreta. A assertiva está correta, conforme Súmula 56, STJ. **D:** Correta. O enunciado pede a incorreta, havendo erro nessa assertiva, eis que somente se houver tredestinação ilícita, que é a em que o Poder Público concede ao bem uma finalidade que não seja pública, haverá a retrocessão, ou seja, o retorno do bem ao patrimônio público ou pagamento da indenização devida. No caso de mudança de destinação do bem, mas que ainda conserve a finalidade pública deste, o entendimento da doutrina e jurisprudência é no sentido de que não há direito a ação de retrocessão. ((STJ, REsp 1025801). AW
Gabarito "D".

(Promotor de Justiça – MPE/AM – FMP – 2015) Sobre a desapropriação indireta, assinale a alternativa correta.
(A) A jurisprudência dos tribunais superiores consolidou o critério segundo o qual não incidem juros para compensar o que o desapropriado deixou de ganhar com a perda antecipada do imóvel, tampouco para ressarci-lo pelo impedimento do uso e gozo econômico do imóvel.
(B) A ação de desapropriação indireta é de natureza indenizatória, de cunho patrimonial, que a vincula ao denominado interesse público primário, cuja titularidade é atribuída à Fazenda Pública.
(C) Em regra, a ação de indenização por desapropriação indireta não pressupõe automática intervenção do Ministério Público.
(D) É de quinze anos o prazo prescricional aplicável nas ações de desapropriação indireta.
(E) Trata-se de um ato administrativo pelo qual o Estado se apropria de bem particular, sem a observância dos requisitos constitucionais da declaração e da indenização prévia.

A: Incorreta. Há incidência de juros compensatórios, a partir da perda da propriedade, conforme disposto no art.15-A, § 3º, do Decreto-lei 3.365/1941). **B:** Incorreta. O STJ (Súmula 119) entende que a Ação de Desapropriação Indireta tem natureza real. **C:** Correta. O entendimento do STJ é no sentido de não ser obrigatória a intervenção do Ministério Público de forma automática, exceto se se tratar de reforma agrária, danos ao meio ambiente e improbidade administrativa (REsp 652.621-RJ, Rel. Min. Eliana Calmon, julgado em 7/6/2005; AgRg no AREsp 211911/RJ, Rel. Ministro Herman Benjamin, Segunda Turma, Julgado em 11/03/2014,DJE 19/03/2014, REsp 506226/DF, Rel. Ministro Humberto Martins, Primeira Seção, Julgado em 24/04/2013,DJE 05/06/2013). **D:** Incorreta. O prazo prescricional segue a seguinte regra: "20 anos –> aplicável para todas as ações de desapropriação indireta ajuizadas antes da vigência do Código Civil de 2002 (que se deu em 11/01/2003); 10 anos –> aplicável para as ações de desapropriação indireta ajuizadas após a vigência do Código Civil de 2002. Nesse caso, contudo, seria necessário também observar a aplicabilidade da norma de transição do art. 2.028 do CC/02, segundo o qual serão os da lei anterior os prazos, quando reduzidos por este Código, e se, na data de sua entrada em vigor, já houver transcorrido mais da metade do tempo." **E:** Incorreta. Trata-se de um apossamento administrativo, de um esbulho, sendo um fato administrativo, portanto. AW
Gabarito "C".

(Promotor de Justiça – MPE/MS – FAPEC – 2015) É **correto** afirmar em relação à desapropriação de imóveis que:
(A) A desapropriação em nenhuma hipótese pode se dar sem justa indenização.
(B) Os concessionários de serviços públicos poderão promover desapropriações mediante autorização expressa em lei ou contrato.
(C) A desapropriação por utilidade pública deverá efetivar-se mediante acordo ou intentar-se judicialmente, dentro de dois anos, contados da data da expedição do respectivo decreto, e findos os quais este caducará.
(D) A denominada "desapropriação indireta", muito comum em nosso país, é uma espécie de desapropriação de fato, permitida pela legislação brasileira, indenizável em até cinco anos.
(E) Havendo interesse público predominante, os Estados poderão desapropriar bens públicos federais, e os Municípios poderão desapropriar os Estaduais.

A: Incorreta, No caso de expropriação por cultivo de plantas psicotrópicas, não há indenização (art.243, CF). **B:** Correta. Trata-se da permissão constante do art. 31, VI, da Lei 8.987/1995. **C:** Incorreta. O prazo do decreto é de 5 anos, conforme disposto no art. 10, do Decreto-lei 3.365/1941, após qual, ele caducará. **D:** Incorreta. O prazo para indenização é de 10 anos, seguindo-se a regra da prescrição do Código Civil de 2002. O que aconteceu foi que o STJ (Informativo 523 e Súmula 119) determinou ser aplicável o seguinte raciocínio: 1.o prazo será de **20 anos** –> aplicável para todas as ações de desapropriação indireta ajuizadas antes da vigência do Código Civil de 2002. **10 anos** –> aplicável para as ações de desapropriação indireta ajuizadas após a vigência do Código Civil de 2002. Nesse caso, contudo, seria necessário também observar a aplicabilidade da norma de transição do **art. 2.028 do CC/02**, segundo o qual *serão os da lei anterior*

os prazos, quando reduzidos por este Código, e se, na data de sua entrada em vigor, já houver transcorrido mais da metade do tempo. **E:** Incorreta. A regra é de que a União pode desapropriar bens dos Estados e Municípios e os Estados os do Município, sendo a este somente possível desapropriar bens de particulares (art. 2º, § 2º, do Decreto-lei 3.365/1941). AW
Gabarito "B".

(Delegado/MS – 2017 – FAPEMS) Acerca do instituto Desapropriação, uma das formas de aquisição de bens pelo Poder Público, assinale a alternativa correta.

(A) A propriedade produtiva poderá ser objeto de desapropriação para fins de reforma agrária.
(B) É possível a desistência da desapropriação pela Administração Pública, a qualquer tempo, mesmo após o trânsito em julgado, desde que ainda não tenha havido o pagamento integral do preço e o imóvel possa ser devolvido sem alteração substancial que impeça que seja utilizado como antes.
(C) Onde forem localizadas culturas ilegais de plantas psicotrópicas ou a exploração de trabalho escravo na forma da lei será expropriado e destinado à reforma agrária e a programas de habitação popular, sem qualquer indenização ao proprietário e sem prejuízo de outras sanções previstas em lei, cuja expropriação irá recair, apenas, sobre a parcela do imóvel em que tenha ocorrido o cultivo ilegal ou a utilização de trabalho escravo.
(D) A União, os Estados, o Distrito Federal e os Municípios poderão desapropriar, por interesse social, para fins de reforma agrária, o imóvel rural que não esteja cumprindo sua função social, mediante prévia e justa indenização em títulos da dívida agrária, com cláusula de preservação do valor real, resgatáveis no prazo de até vinte anos a partir do segundo ano de sua emissão, e cuja utilização será definida em lei, porém, as benfeitorias úteis e necessárias serão indenizadas em dinheiro.
(E) Na ação de desapropriação por utilidade pública, a citação do proprietário do imóvel desapropriado não dispensa a do respectivo cônjuge.

A: incorreta. Lei 8.629/1993, art. 2º A propriedade rural que não cumprir a função social prevista no art. 9º é passível de desapropriação, nos termos desta lei, respeitados os dispositivos constitucionais. **B:** correta. Sendo a desistência da desapropriação direito do expropriante, o ônus da prova da existência de fato impeditivo do seu exercício (impossibilidade de restauração do imóvel ao estado anterior) é do expropriado. Acórdão recorrido que não estabeleceu a existência de prova da impossibilidade da devolução do imóvel às suas condições originais. Não incidência da súmula 7/STJ. **C:** incorreta. CF, art. 243. As propriedades rurais e urbanas de qualquer região do País onde forem localizadas culturas ilegais de plantas psicotrópicas ou a exploração de trabalho escravo serão expropriadas e destinadas à reforma agrária e a programas de habitação popular, sem qualquer indenização ao proprietário e sem prejuízo de outras sanções previstas em lei, observado, no que couber, o disposto no art. 5º. **D:** incorreta. Somente compete a União. Lei 8.629/1993, art. 2º, § 1º Compete à União desapropriar por interesse social, para fins de reforma agrária, o imóvel rural que não esteja cumprindo sua função social. Art. 5º A desapropriação por interesse social, aplicável ao imóvel rural que não cumpra sua função social, importa prévia e justa indenização em títulos da dívida agrária. § 1º As benfeitorias úteis e necessárias serão indenizadas em dinheiro. **E:** incorreta. Decreto 3365/1941, Art. 16. A citação far-se-á por mandado na pessoa do proprietário dos bens; a do marido dispensa a dá mulher; a de um sócio, ou administrador, a dos demais, quando o bem pertencer a sociedade; a do administrador da coisa no caso de condomínio, exceto o de edifício de apartamento constituído cada um propriedade autônoma, a dos demais condôminos e a do inventariante, e, se não houver, a do cônjuge, herdeiro, ou legatário, detentor da herança, a dos demais interessados, quando o bem pertencer a espólio FB
Gabarito "B".

(Defensor Público – DPE/BA – 2016 – FCC) A chamada "desapropriação para política urbana" é uma espécie de desapropriação de competência dos municípios, conforme artigo 182 da Constituição Federal de 1998 e a Lei 10.257 de 2001. São condições para a utilização do instrumento de desapropriação nessa modalidade:

(A) Especificação no plano diretor da área em que o imóvel está inscrito, lei municipal autorizando tal medida, e que o proprietário não atenda às medidas anteriores que a lei determina.
(B) O ato administrativo reconhecendo a utilidade e necessidade pública e o interesse social naquele imóvel.
(C) O ato administrativo reconhecendo a utilidade e necessidade pública, o interesse social naquele imóvel e o pagamento de indenização prévia, justa e em dinheiro.
(D) Especificação no plano diretor da área em que o imóvel está inscrito, lei federal autorizando tal medida, o pagamento de indenização prévia, justa e em dinheiro.
(E) O ato administrativo reconhecendo a utilidade e necessidade pública, o interesse social naquele imóvel, especificação no plano diretor da área em que o imóvel está inscrito, o pagamento de indenização prévia, justa e em dinheiro.

A: Correta. O art. 182, § 4º, III, CF determina a desapropriação de imóvel para fins de política urbana, desde que exista lei específica, que a área esteja incluída no plano diretor e somente após tentadas as hipóteses previstas nos incisos I e II, do mesmo dispositivo, quais sejam, o parcelamento ou edificação compulsórios, o IPTU progressivo no tempo e, por fim, chega-se à expropriação do bem; **B:** Incorreta. A desapropriação para fins de política urbana só se dá com a finalidade de cumprir o interesse social; **C:** Incorreta, porque além de não haver aferição da necessidade e utilidade pública, como dito acima, ainda a indenização é feita por meio de títulos da dívida pública (art. 182, § 4º, III, CF); **D:** Incorreta. Essa assertiva contém todos os erros das demais, como o ato administrativo de utilidade pública, que não é necessário, a indenização, que não é prévia, nem em dinheiro, e sim, em títulos da dívida pública. AW
Gabarito "A".

(DPE/PE – 2015 – CESPE) Julgue o item abaixo, com relação à intervenção do Estado na propriedade.

(1) Salvo as impossibilidades jurídicas e materiais, mediante declaração de utilidade pública, formalizada por meio de decreto do chefe do Poder Executivo, todos os bens podem ser desapropriados pelos entes que compõem a Federação. Poderá também o Poder Legislativo tomar a iniciativa da desapropriação.

1: correta; a afirmativa fez as devidas ressalvas (jurídicas e materiais) e, assim, está correta; quanto ao legislativo, admite-se que tome iniciativa da desapropriação; apesar de não ser usual, o Legislativo, como representante do povo, pode declarar um dado bem como de interesse para desapropriação. WG
Gabarito 1C

(Juiz de Direito/CE – 2014 – FCC) O Decreto-Lei 3.365, de 21 de junho de 1941, estatui que

(A) caso a desapropriação seja de bem avaliado em montante inferior a 60 (sessenta) salários mínimos, será competente para conhecê-la o Juizado Especial da Fazenda Pública ou, caso haja interesse da Administração Federal, o Juizado Cível Federal.
(B) a alegação de urgência obrigará o expropriante a requerer a imissão provisória dentro do prazo de 120 (cento e vinte) dias, podendo ser renovada uma única vez.
(C) a desapropriação do solo implica necessariamente a desapropriação do subsolo.
(D) somente os juízes que tiverem garantia de vitaliciedade podem atuar nos processos de desapropriação, porém, a jurisprudência dominante considera que tal exigência, em relação aos juízes substitutos, foi revogada pela Lei Orgânica da Magistratura (Lei Complementar nº 35/1979).
(E) a declaração de utilidade pública para fins de desapropriação obsta a concessão de licença para construir no imóvel objeto da declaração.

A: incorreta, pois as ações de desapropriação não se incluem na competência do Juizado Especial da Fazenda Pública (art. 2º, §. 1º, I, da Lei 12.153/2009), nem do Juizado Especial Federal (art. 3º, § 1º, I, da Lei 10.259/2001); **B:** incorreta, pois esse prazo é improrrogável (art. 15, § 2º, do Dec.-Lei 3.365/1941); **C:** incorreta, pois o art. 2º, § 1º, do Dec.-lei 3.365/1941 faz a devida distinção; **D:** correta; de acordo com STJ, "Com a nova redação que a Lei Complementar nº 37, de 1979, deu ao artigo 22, § 2º, da Lei Complementar nº 35/1979, os juízes substitutos, que ainda não hajam adquirido a vitaliciedade, passaram a poder praticar todos os atos reservados aos juízes vitalícios, inclusive o conhecimento dos processos de desapropriação" (REsp 41.922/PR); **E:** incorreta, pois a Súmula 23 do STF autoriza a concessão da licença – "verificados os pressupostos legais para o licenciamento da obra, não o impede a declaração de utilidade pública para desapropriação do imóvel, mas o valor da obra não se incluirá na indenização, quando a desapropriação for efetiva". WG
Gabarito "D".

(Juiz de Direito/PA – 2014 – VUNESP) Assinale a alternativa que corretamente discorre acerca da desapropriação indireta.

(A) É um esbulho possessório praticado pelo Estado, que invade área privada sem contraditório ou indenização.
(B) Em nenhuma hipótese o tombamento ambiental acarretará desapropriação indireta.
(C) É uma espécie de desapropriação de fato, permitida expressamente pela legislação.
(D) Para realizar a desapropriação indireta basta afetar o bem particular ao fim público.
(E) O proprietário poderá sempre solicitar em juízo que o Poder Público restitua a coisa.

A: correta, pois, de fato, é um apossamento feito pelo Estado sem observância das normas que tratam da desapropriação; **B:** incorreta, pois se um tombamento ambiental de um bem particular trouxer tamanha restrição ao uso do bem particular que esvazie o conteúdo patrimonial do bem, o particular terá direito de ingressar com ação indenizatória por desapropriação indireta, vez que esta (a desapropriação indireta) terá de fato acontecido nessa hipótese; **C:** incorreta, pois a legislação não permite que se atue dessa maneira; assim, mesmo que o Estado tenha direito de ficar com o imóvel após esse tipo de invasão e utilização do bem em finalidade pública, os responsáveis por esse ato ilegal deverão ser responsabilizados; **D:** incorreta, pois é necessário que o Estado esteja efetivamente utilizando o bem em destinação de interesse público; **E:** incorreta, pois, uma vez que o

Estado esteja utilizando efetivamente um bem de um particular em destinação de interesse público, este não poderá ingressar com ação de reintegração de posse, tendo direito apenas de ingressar com ação indenizatória por desapropriação indireta, no qual será devidamente indenizado pelo valor de mercado do bem e demais consectários legais, permanecendo o poder público com proprietário do bem. **WG**

Gabarito "A".

(Promotor de Justiça/PI – 2014 – CESPE) O prefeito de determinado município realizou a desapropriação de um imóvel para fins de implantação de um parque ecológico, tendo a prefeitura instalado posteriormente, na área expropriada, um conjunto habitacional popular. Nesse caso hipotético,

(A) como a área expropriada não foi utilizada para a implantação do parque ecológico, cabe indenização dos expropriados por perdas e danos sofridos, desde que devidamente comprovados.
(B) não houve desvio de finalidade, dado o atendimento do interesse público, estando configurada a tredestinação lícita.
(C) embora tenha ocorrido desvio de finalidade, o bem expropriado foi incorporado ao patrimônio público, o que torna inviável a retrocessão, cabendo, entretanto, indenização por perdas e danos.
(D) houve desvio de finalidade, dado o descumprimento dos objetivos que justificaram a desapropriação, cabendo a retrocessão.
(E) houve desvio de finalidade, devendo ser decretada a nulidade do ato expropriatório com a reintegração dos expropriados na posse do imóvel e indenização em lucros cessantes.

A: incorreta, pois se a mudança de finalidade da desapropriação se dá para outra finalidade que também é de interesse público, essa mudança é considerada lícita, o que a doutrina e a jurisprudência denominam tredestinação lícita; **B:** correta, pois, preservada a atuação em prol do interesse público, o ato deve ser mantido, configurando o instituto da tredestinação lícita; **C** a **E:** incorretas, pois o ato da Administração é considerado regular (tredestinação lícita) e não cabe qualquer indenização em favor do expropriado ou pedido de anulação do ato. **WG**

Gabarito "B".

(Procurador do Estado/AC – 2014 – FMP) Na construção de um trecho da Rodovia Interoceânica foi utilizada área pertencente a particular. Uma vez que não teria sido efetivado o procedimento desapropriatório, a hipótese seria de desapropriação indireta, na qual o prazo prescricional é de:

(A) 3 anos.
(B) 5 anos.
(C) 10 anos.
(D) 15 anos.

O prazo prescricional para ingressar com a ação de indenização por desapropriação indireta, nos termos da Súmula 119 do STJ, é de 20 anos. O fundamento da súmula é que esse é o prazo para a usucapião extraordinária de bens imóveis, sob a égide do antigo Código Civil (arts. 550 e 551). Todavia, no atual Código Civil, o prazo da usucapião extraordinária é de 15 anos, como regra, e de 10 anos, quando o possuidor houver estabelecido no imóvel sua moradia habitual, ou nele realizado obras ou serviços de caráter produtivo, conforme o art. 1.238 do CC. Assim, como no caso em tela houve no imóvel invadido realização de obras ou serviços de caráter produtivo (construção de trecho de uma rodovia), o prazo prescricional é de 10 anos. **WG**

Gabarito "C".

(Procurador da República – 26º) Com relação ao tema desapropriação, analise os itens abaixo e responda em seguida:

I. O princípio do justo preço possui caráter ambivalente, pois, de um lado, assegura ao expropriado a percepção de indenização compatível com o valor do bem objeto da desapropriação, recompondo seu patrimônio; de outro lado, impede que o particular receba, a título de indenização, valor superior aos parâmetros do mercado, impedindo enriquecimento sem causa.
II. Bens públicos municipais e estaduais podem ser desapropriados pela União, desde que haja prévia autorização legislativa.
III. Na desapropriação por interesse social para fins de reforma agrária, a ação deve ser proposta no prazo de dois anos, a contar da publicação do decreto declaratório, sob pena de caducidade do ato,
IV. Configura-se desapropriação indireta mediante a incorporação do bem ao patrimônio público sem o devido processo legal; em tal hipótese, o bem expropriado não pode ser objeto de reivindicação.

(A) Todos os itens são verdadeiros.
(B) Somente o item I é falso.
(C) Somente os itens III e IV são falsos.
(D) Somente os itens I e II são verdadeiros.

I: correta, pois traz o exato sentido da ideia de justo preço; **II:** correta (art. 2º, § 2º, do Dec.-lei 3.365/1941); **III:** correta (art. 3º da Lei Complementar 76/1993); **V:** correta, pois a desapropriação indireta é justamente o irregular apossamento de bem ao patrimônio público com utilização em atividade de interesse público; nesse caso, não se pode reivindicar a área do Poder Público, devendo particular ingressar com ação indenizatória por desapropriação indireta. **WG**

Gabarito "A".

7.2. REQUISIÇÃO DE BENS E SERVIÇOS

(Delegado/GO – 2017 – CESPE) Um policial andava pela rua quando presenciou um assalto. Ao ver o assaltante fugir, o policial parou um carro, identificou-se ao motorista, entrou no carro e pediu que ele perseguisse o criminoso.

Nessa situação, conforme a CF e a doutrina pertinente, tem-se um exemplo típico da modalidade de intervenção do Estado na propriedade privada denominada

(A) limitação administrativa, cabendo indenização ao proprietário, se houver dano ao bem deste.
(B) requisição administrativa, cabendo indenização ao proprietário, se houver dano ao bem deste.
(C) desapropriação, não cabendo indenização ao proprietário, independentemente de dano ao bem deste.
(D) servidão administrativa, não cabendo indenização ao proprietário, independentemente de dano ao bem deste.
(E) ocupação temporária, não cabendo indenização ao proprietário, mesmo que haja dano ao bem deste.

Para o Prof. Hely Lopes, requisição é a utilização coativa de bens ou serviços particulares pelo Poder Público por ato de execução imediata e direta da autoridade requisitante e indenização ulterior, para atendimento de necessidades coletivas urgentes e transitórias. No mesmo sentido CF, art. 5º, XXV – No caso de iminente perigo público, a autoridade competente poderá usar de propriedade particular, assegurado ao proprietário indenização ulterior, se houver dano. **FB**

Gabarito "B".

(Juiz de Direito/AM – 2016 – CESPE) A CF, em seu artigo 5.º, XXII, garante o direito de propriedade; no inciso XXIII do mesmo artigo, condiciona o exercício desse direito ao atendimento da função social. Acerca da intervenção do Estado na propriedade privada, assinale a opção correta.

(A) A ocupação temporária é direito real, uma vez que só incide sobre a propriedade imóvel.
(B) A limitação administrativa enseja ao pagamento de indenização em favor dos proprietários.
(C) As modalidades de intervenção supressiva incluem a desapropriação e a ocupação temporária.
(D) A requisição é modalidade de intervenção em que o Estado utiliza propriedade particular no caso de perigo público iminente.
(E) É exemplo de servidão administrativa a utilização temporária de terrenos particulares contíguos a estradas em construção ou em reforma, para, por exemplo, a alocação transitória de máquinas de asfalto.

A: incorreta, pois nem toda ocupação que se faz de um imóvel consiste em direito real, já que os direitos reais são tipificados expressamente pela lei e a ocupação temporária não é considerada um direito real, diferentemente da servidão administrativa por exemplo; **B:** incorreta, pois a limitação administrativa é um ato geral e indeterminado, que apenas delimita o direito das pessoas, não ensejando assim direito a indenização; **C:** incorreta, pois a ocupação temporária, como o próprio nome diz, não importa em supressão do direito do proprietário da coisa sobre esta; **D:** correta, sendo que o nome inteiro é requisição administrativa e o Estado deve pagar indenização ao particular, posteriormente ao uso da coisa, se este tiver prejuízo; **E:** incorreta, pois no caso tem-se o instituto autônomo da ocupação temporária, que não se confunde com servidão administrativa, já que a última é direito real e tem caráter duradouro. **WG**

Gabarito "D".

7.3. SERVIDÃO ADMINISTRATIVA

(Procurador do Município – Prefeitura Fortaleza/CE – CESPE – 2017) Acerca do direito administrativo, julgue o item que se segue.

(1) A possibilidade de realização de obras para a passagem de cabos de energia elétrica sobre uma propriedade privada, a fim de beneficiar determinado bairro, expressa a concepção do regime jurídico-administrativo, o qual dá prerrogativas à administração para agir em prol da coletividade, ainda que contra os direitos individuais.

1: correta. Temos hipótese de servidão administrativa, conceituada como o "direito real de gozo, de natureza pública, instituído sobre imóvel de propriedade alheia, com base em lei, por entidade ou por seus delegados, em face de um serviço público ou de um bem afetado a fim de utilidade pública. **AW**

Gabarito 1C

(Juiz – TRF 4ª Região – 2016) Assinale a alternativa que corretamente completa, pela ordem, a seguinte afirmação:

As ferrovias são assentadas sobre _____ que é margeada por uma _____ cuja natureza jurídica (desta última) é de _____.

(A) faixa de domínio – área *non aedificandi* – limitação administrativa.
(B) área *non aedificandi* – faixa de domínio – servidão administrativa.
(C) faixa de domínio – área *non aedificandi* – servidão administrativa.
(D) área *non aedificandi* – faixa de domínio – limitação administrativa.

(E) Nenhuma das alternativas anteriores está correta.

A: correta. As ferrovias, sendo uma obra pública construída para a prestação de um serviço público devem ser localizadas em área própria, do domínio do Poder Público, por isso sobre a "faixa de domínio". As margens da ferrovia podem ser áreas "non aedificandi" ou faixas de domínio, desde que as edificações não interfiram no funcionamento da ferrovia. E, quanto a se tratar de uma limitação administrativa, está correto, pois a Lei Geral deverá limitar e condicionar essa região, estabelecendo normas de possível edificação ou de impossível edificação e o que é ou não é permitido; **B:** incorreta. O erro está na última opção, quanto à servidão administrativa, pois essa ocorre quando há sujeição de um bem a outro bem, ou seja, uma subordinação de um bem ou coisa (como na servidão de passagem de aquedutos) em relação a outro bem, o que não temos na situação. Temos uma limitação geral, feita por lei, em que os proprietários lindeiros à ferrovia deverão se sujeitar às normas de edificação e ocupação para que o serviço seja prestado com segurança e eficiência; **C:** incorreta. O mesmo erro da assertiva anterior, pois temos uma limitação administrativa, e não uma servidão administrativa; **D:** incorreta. No primeiro "espaço" não podemos ter uma área "non aedificandi" (não edificável), pois como seria construída a ferrovia?; **E:** incorreta. A assertiva A está correta, conforme explicação dada. **Gabarito "A".**

(Analista Judiciário – TRT/8ª – 2016 – CESPE) Assinale a opção que indica a modalidade interventiva do Estado na propriedade que tenha como características natureza jurídica de direito real, incidência sobre bem imóvel, caráter de definitividade, indenização prévia e condicionada à existência de prejuízo e constituição mediante acordo ou decisão judicial.
(A) requisição
(B) tombamento
(C) servidão administrativa
(D) ocupação temporária
(E) desapropriação

A: incorreta, pois a requisição é *temporária*, pode incidir sobre imóvel ou *móvel*, não constitui direito real, é constituída por *ato administrativo* e a indenização, quando cabível, é *ulterior* (posterior); **B:** incorreta, pois o tombamento pode incidir sobre imóvel ou móvel, só em casos excepcionais enseja indenização e em geral é constituído por ato administrativo; **C:** correta, pois a servidão tem todas as características apontadas no enunciado, em especial o fato de que é direito real incidente apenas sobre imóvel, o que vai diferenciá-la da desapropriação, pois esta recai tanto sobre imóvel, como sobre bem móvel; **D:** incorreta, pois esta é temporária e é constituída por ato administrativo; **E:** incorreta, pois a desapropriação recai tanto sobre imóvel, como sobre bem móvel. **Gabarito "C".**

(Ministério Público/SP – 2015 – MPE/SP) Sobre a servidão administrativa, é correto afirmar que ela:
(A) impõe uma obrigação de fazer.
(B) representa uma obrigação pessoal.
(C) alcança toda uma categoria abstrata de bens.
(D) constitui direito real de uso sobre coisa alheia, em favor de entidade pública ou delegada, com finalidade pública.
(E) retira a propriedade do particular.

A: incorreta, pois a servidão administrativa impõe uma obrigação de suportar (um "pati"); **B:** incorreta, pois se trata de uma obrigação de natureza *real*; **C:** incorreta, pois atinge pessoas e situações determinadas, diferentemente da limitação administrativa, que atinge pessoas e situações indeterminadas; **D:** correta, pois esse é o conceito de servidão administrativa; **E:** incorreta, pois, diferentemente da desapropriação, que retira a propriedade do particular, a servidão administrativa sobre um bem de um particular não retira a propriedade deste, mas apenas impõe que o particular tenha de suportar aquele gravame feito em prol do interesse público. **Gabarito "D".**

(Advogado do INEA/RJ – 2014 – FGV) A União realizou o tombamento de uma casa por considerá-la patrimônio histórico-cultural. Considerando a referida situação, assinale a afirmativa correta.
(A) O tombamento poderá ser anulado por decisão judicial que entenda que o bem não é digno de ser tombado.
(B) O proprietário tem a obrigação de conservar o bem, devendo obter autorização até para pintá-lo.
(C) O tombamento retira do comércio o referido bem.
(D) O tombamento somente será considerado realizado após a publicação da decisão judicial que fixar a devida indenização.
(E) A competência para legislar sobre tombamento é privativa da União.

A: incorreta, pois não cabe ao Judiciário invadir o mérito administrativo da decisão técnica pelo tombamento, cabendo anulação apenas em caso de violação dos procedimentos e requisitos estabelecidos na lei; **B:** correta (art. 17, *caput*, do Dec.-lei 25/1937); **C:** incorreta, pois tal consequência só se dá quanto aos bens públicos que vêm a ser tombados (art. 11, *caput*, do Dec.-lei 25/1937), não ocorrendo quanto aos bens privados tombados, que continuam podendo ser alienados; **D:** incorreta, pois o tombamento independe de decisão judicial, decorrendo de decisão administrativa inscrita em um dos Livros do Tombo (art. 1º, § 1º, do Dec.-lei 25/37); **E:** incorreta, pois não há essa previsão no art. 22 da CF, que trata das competências privativas da União para legislar. **Gabarito "B".**

7.4. TOMBAMENTO

(Juiz de Direito – TJ/RS – 2018 – VUNESP) A respeito do tombamento, é correto afirmar que
(A) o Supremo Tribunal Federal já afirmou que a hierarquia verticalizada dos entes federados prevista expressamente na Lei de Desapropriação (Decreto-lei no 3.365/41) não se estende ao tombamento, não havendo vedação a que Estado possa tombar bem da União, tampouco que Município possa tombar bem estadual ou federal.
(B) se constitui mediante decreto expedido pelo Poder Legislativo Federal, Estadual, Distrital ou Municipal, reconhecendo o valor histórico, artístico, paisagístico, turístico, cultural ou científico de um bem ou bens, individual ou coletivamente considerados, culminando com ato administrativo de registro em livro próprio.
(C) se recair sobre bem particular, sua instituição pelo Poder Público, em regra, admite pagamento de indenização por limitação de uso da propriedade.
(D) se recair sobre bem público, poderá ser provisório ou definitivo, conforme a fase do procedimento administrativo, que se conclui com a inscrição do bem no competente Livro do Tombo.
(E) se recair sobre bem público, poderá se dar de ofício pela autoridade competente e a prévia notificação do ente proprietário constitui condição de validade do ato administrativo de tombamento.

A: correta. No Agravo Regimental na Ação Civil Originária 1.208 MS, de relatoria do Ministro Gilmar Mendes, restou claro o entendimento da Corte no sentido de que o princípio da hierarquia verticalizada previsto no Decreto-Lei 3.365/1941 não se aplica ao tombamento, tanto porque não existe qualquer previsão expressa estabelecendo a hierarquização do tombamento, como pelo fato de que o tombamento não implica em transferência da propriedade, de modo que inexistente a limitação constante no art. 1º § 2º do DL 3.365/1941; **B:** incorreta. O tombamento é efetivado mediante procedimento administrativo e é no livro do tombo que são registrados todos os bens de interesse histórico, artístico ou cultural. Pode ser objeto de decreto, mas emanado do Poder Executivo, seguindo-se o procedimento administrativo em que é garantido o contraditório e a ampla defesa; **C:** incorreta. Como regra, o tombamento é intervenção do Estado na propriedade do tipo limitação administrativa, que não gera direito à indenização, pois não configura efetivo prejuízo ao proprietário. A indenização só será cabível quando ensejar esvaziamento do valor econômico do bem, configurando uma verdadeira desapropriação indireta; **D:** incorreta. Como o tombamento não retira a propriedade, na verdade é irrelevante se proprietário do bem é o poder público ou não, mas o Decreto-Lei 25/1937 estabelece que o tombamento de bens de entes federativos se faz de ofício e mediante notificação do ente público envolvido. Ao final do procedimento, deve ser realizada a transcrição no registro do imóvel; **E:** incorreta. Como o tombamento não retira a propriedade, na verdade é irrelevante se proprietário do bem é o poder público ou não, mas o Decreto-Lei 25/1937 estabelece que o tombamento de bens de entes federativos se faz de ofício e mediante notificação do ente público envolvido. **Gabarito "A".**

(Procurador do Estado/SP – 2018 – VUNESP) Município expediu notificação ao Estado a fim de comunicar a inscrição, pelo Prefeito, no livro do tombo próprio, de bem imóvel de valor histórico, de propriedade estadual e situado no território municipal. O ato municipal de tombamento, de acordo com a jurisprudência do Supremo Tribunal Federal, é
(A) ilegal, porque o ato de tombamento é de competência do Chefe do Poder Executivo de cada ente da Federação, após aprovação do ato por meio de lei específica.
(B) lícito e produz efeitos a partir do recebimento da notificação pelo Estado proprietário do bem.
(C) lícito, porém provisório, condicionada a produção de efeitos à autorização do Poder Legislativo por lei específica de efeitos concretos.
(D) ilegal, porque o tombamento de bem público é de competência exclusiva do Serviço do Patrimônio Histórico e Artístico Nacional.
(E) ilegal, nos termos do artigo 2o, § 2o, do Decreto-Lei no 3.365/41 (Desapropriação), aplicável ao caso descrito por analogia, que dispõe que bens de domínio dos Estados poderão ser desapropriados apenas pela União.

Como o tombamento não retira a propriedade, na verdade é irrelevante se proprietário do bem é o poder público ou não, mas o Decreto-Lei 25/1937 estabelece que o tombamento de bens de entes federativos se faz de ofício e mediante notificação do ente público envolvido. O tombamento pode ser realizado por quaisquer dos entes e não existe a hierarquia verticalizada prevista para as desapropriações. Deveras, no Agravo Regimental na Ação Civil Originária 1.208 MS, de relatoria do Ministro Gilmar Mendes, restou claro o entendimento da Corte no sentido de que o princípio da hierarquia verticalizada prevista no Decreto-Lei 3.365/1941 não se aplica ao tombamento, tanto porque não existe qualquer previsão expressa estabelecendo a hierarquização do tombamento, como pelo fato de que o tombamento não implica em transferência da propriedade, de modo que inexistente a limitação constante no art. 1º, § 2º do DL 3.365/1941. **Gabarito "B".**

(Defensor Público – DPE/SC – 2017 – FCC) O tombamento é um instituto do direito administrativo brasileiro, sendo que a seu respeito é correto concluir que

(A) o Poder Judiciário é o que tem a missão de desfazer o tombamento, quando for o caso.
(B) o bem tombado é bem que pode ser livremente transacionado, não aplicando-se ao Estado o direito de preferência.
(C) o tombamento será considerado provisório ou definitivo, conforme esteja o respectivo processo iniciado pela notificação ou concluído pela inscrição dos bens.
(D) o tombamento pode ser voluntário ou compulsório, naquele o agente consente com o tombamento, neste o instituto depende de intervenção judicial.
(E) não há tombamento instituído pelo texto constitucional.

O tombamento é ato administrativo, que pode ser desfeito em função de reavaliação, pelos órgãos de preservação, da condição de importância do bem tombado para o patrimônio histórico, artístico, paisagístico ou natural. Sem dúvida o Poder Judiciário pode realizar essa análise, sindicando a legalidade do ato de tombamento, mas não é agente exclusivo – dessa forma, a alternativa "a" está incorreta; quanto à alternativa "b", é importante destacar que o art. 1.072, I, do novo Código de Processo Civil (Lei n. 13.105/2015) revogou o art. 22 do Decreto-Lei n. 25, de 30 de novembro de 1937, que regulava o direito de preferência do Poder Público quanto aos bens tombados. Em que pese tal condição, contudo, ainda é possível dizer que não há uma absoluta liberdade de transação para os bens tombados, em função de restrições ainda vigentes, por exemplo, quanto a remessa do bem tombado ao exterior; na alternativa "d", o equívoco reside na alegada necessidade de declaração judicial de tombamento compulsório – o ato é administrativo, como já asseverado; quanto à alternativa "e", a Constituição Federal, no art. 216, § 5º, declara que "ficam tombados todos os documentos e os sítios detentores de reminiscências históricas dos antigos quilombos". AW
Gabarito "C".

(Procurador do Estado – PGE/MT – FCC – 2016) O tombamento, regido no âmbito federal pelo Decreto-lei nº 25/37, é uma das formas admitidas pelo direito brasileiro de intervenção na propriedade. A propósito de tal instituto,

(A) não é aplicável aos bens públicos, pois incide somente sobre propriedades de particulares.
(B) toda e qualquer obra de origem estrangeira está imune ao tombamento, por não pertencer ao patrimônio histórico e artístico nacional.
(C) não mais subsiste no direito vigente o direito de preferência, previsto no texto original do Decreto-lei nº 25/37 e estatuído em favor da União, dos Estados e Municípios.
(D) uma vez efetuado o tombamento definitivo, ele é de caráter perpétuo, somente podendo ser cancelado em caso de perecimento do bem protegido.
(E) a alienação do bem imóvel tombado depende de prévia anuência do órgão protetivo que procedeu à inscrição do bem no respectivo livro de tombo.

A: incorreta. O tombamento ocorre tanto sobre bens público quanto sobre bens particulares (art. 5º, do Decreto-lei 25/1937); **B:** incorreta. O art. 3º, do Decreto-lei 25/1937 não exclui todas as obras estrangeiras, havendo restrições, somente; **C:** correta. O direito de preferência foi revogado pela Lei 13.015/2015; **D:** incorreta. O art. 19, § 2º, do Decreto-lei 25/1937 dispõe que o tombamento pode ser cancelado, por isso ele não é perpétuo; **E:** incorreta. O art. 13, § 1º, do Decreto-lei 25/1937 dispõe que: "No caso de transferência de propriedade dos bens de que trata êste artigo, deverá o adquirente, dentro do prazo de trinta dias, sob pena de multa de dez por cento sôbre o respectivo valor, fazê-la constar do registro, ainda que se trate de transmissão judicial ou causa mortis." Portanto, não é necessária autorização de "órgão protetivo". AW
Gabarito "C".

(Juiz – TRF 3ª Região – 2016) Dadas as assertivas abaixo, assinale a alternativa correta, nos termos do Decreto-lei nº 25/37.

I. O tombamento provisório possui caráter preventivo e assemelha-se ao definitivo quanto às limitações incidentes sobre a utilização do bem tutelado.
II. Sem prévia autorização do Serviço do Patrimônio Histórico e Artístico Nacional, não se poderá, na vizinhança da coisa tombada, fazer construção que lhe impeça ou reduza a visibilidade, nem nela colocar anúncios ou cartazes, sob pena de destruição da coisa, com imposição de multa.
III. Com prévia autorização especial do Serviço do Patrimônio Histórico e Artístico Nacional, as coisas tombadas poderão ser mutiladas, vedado em todos os casos sua demolição ou destruição.

Estão corretas:
(A) apenas I e II.
(B) I, II e III.
(C) apenas I.
(D) apenas II e III.

A: incorreta. A assertiva II é incorreta, pois o tombamento protege o bem tombado, e não os imóveis da vizinhança, nem mesmo o entorno, de forma que nenhuma restrição se faz às modificações dessas regiões; **B:** incorreta. As assertivas II e III contem erros. A II, já explicada acima. A III, porque afirma que as coisas tombadas podem ser mutiladas, o que é o mesmo que "destruídas", por isso é que está incorreta. O bem tombado não pode ser modificado, exceto para preservar suas características iniciais; **C:** correta. Apenas a assertiva I está correta, pois o tombamento provisório ou cautelar, ou seja, ele visa a proteger preventivamente o bem que está ameaçado de ser demolido, modificado, danificado, mas já produz efeitos a partir de sua publicação, conforme disposto nos arts. 10, 17 e 18, do Decreto-Lei 25/1937 (Lei do Tombamento); **D:** incorreta. As assertivas II e III são incorretas, conforme explicado acima. AW
Gabarito "C".

(Juiz de Direito/DF – 2016 – CESPE) Assinale a opção correta, segundo a qual a modalidade de intervenção na propriedade privada sujeita o bem, cuja conservação seja de interesse público, por sua importância histórica, artística, arqueológica, bibliográfica ou etnológica, a restrições parciais, mediante procedimento administrativo.

(A) tombamento
(B) ocupação temporária
(C) servidão administrativa
(D) limitação administrativa
(E) desapropriação

A: correta, tratando-se do tombamento, cujas regras estão previstas no Decreto-lei 25/37; **B:** incorreta, pois nesta apenas se tem o interesse do poder público em fazer uso de um imóvel particular enquanto realiza uma obra pública vizinha a esse imóvel; **C:** incorreta, pois o objetivo da servidão é ligado em geral à prestação de um serviço público, e não à defesa do patrimônio cultural; ademais, a servidão se constitui por acordo ou ação judicial, e não por procedimento administrativo; **D:** incorreta, pois a limitação administrativa é ato geral e atinge pessoas indeterminadas, ao passo que o tombamento recai sobre bem específico; **E:** incorreta, pois o objetivo da desapropriação é a aquisição de um bem e o do tombamento apenas a conservação de um bem de interesse cultural; ademais, a desapropriação se constitui por acordo ou ação judicial, e não por procedimento administrativo. WG
Gabarito "A".

7.5. LIMITAÇÃO ADMINISTRATIVA

(Procurador do Estado – PGE/RS – Fundatec – 2015) Assinale a alternativa correta.

(A) As limitações administrativas são restrições à propriedade de caráter geral que, como regra, geram o dever de indenizar o proprietário.
(B) As servidões administrativas são restrições à propriedade de caráter concreto, podendo gerar o dever de indenizar o proprietário em caso de dano comprovado.
(C) Nos tombamentos que resultam em esvaziamento do conteúdo econômico do direito de propriedade, a jurisprudência não reconhece o dever de indenizar o proprietário, pois não há transferência do bem ao Estado.
(D) As requisições de bens fungíveis se equiparam às desapropriações no que se refere ao requisito da prévia e justa indenização em dinheiro.
(E) Os imóveis expropriados já definitivamente incorporados ao domínio público, ainda quando afetados a um serviço público, podem ser objeto de reivindicação.

A: incorreta. As limitações administrativas não geram dever de indenizar; **B:** correta. Perfeita a definição, sendo as servidões administrativas sujeições materiais do Poder Público em relação aos particulares, que só geram o dever de indenizar se houver dano; **C:** incorreta. Os Tribunal de Justiça tem reconhecido o direito à indenização (Resp 220983), em caso de esvaziamento do conteúdo econômico decorrente do tombamento, ou seja, quando o imóvel perde o valor que teria antes do tombamento; **D:** incorreta. As requisições só geram direito à indenização se houver dano (art. 5º, XXV, CF); **E:** incorreta. Se incorporados ao patrimônio público, ainda mais afetados à prestação de um serviço público, não podem mais sair desse domínio, gerando apenas o direito à indenização ao expropriado lesado. AW
Gabarito "B".

(Delegado/MT – 2017 – CESPE) Enquanto uma rodovia municipal era reformada, o município responsável utilizou, como meio de apoio à execução das obras, parte de um terreno de particular.

Nessa hipótese, houve o que se denomina

(A) servidão administrativa.
(B) limitação administrativa.
(C) intervenção administrativa supressiva.
(D) ocupação temporária.
(E) requisição administrativa.

Trata-se de ocupação temporária, haja vista ter sido utilizado o espaço apenas como apoio e nesse sentido: Hely Lopes (*apud* Alexandrino, 2013, p. 1013) conceitua: "ocupação temporária ou provisória é a utilidade transitória, remunerada ou gratuita, de bens particulares pelo Poder Público, para a execução de obras, serviços ou atividades públicas ou de interesse público". FB
Gabarito "D".

7.6. CONCESSÃO DE USO ESPECIAL PARA FINS DE MORADIA

(Defensor Público –DPE/ES – 2016 – FCC) Disciplinada na Medida Provisória 2.220/2001, a concessão de uso especial para fins de moradia

(A) é espécie de ato administrativo discricionário, não sujeito à obtenção pela via judicial.
(B) pode ser concedida àquele que, até 30 de junho de 2001, possuiu como seu, por cinco anos, ininterruptamente e sem oposição, até duzentos e cinquenta metros quadrados de imóvel público situado em área urbana, utilizando-o para fins comerciais.
(C) constitui direito que não está sujeito a transmissão por sucessão causa mortis.
(D) será conferida de forma gratuita ao homem ou à mulher, ou a ambos, independentemente do estado civil.
(E) beneficia todo aquele que, até 30 de junho de 2001, possuiu como seu, por no mínimo dez anos, ininterruptamente e sem oposição, até duzentos e cinquenta metros quadrados de imóvel público situado em área urbana, utilizando-o para sua moradia ou de sua família.

A: Incorreta. A concessão de uso especial para fins de moradia consta da Medida Provisória 2.220/2001, sendo revogados os dispositivos do Estatuto da Cidade (Lei 10.257/2001), nos arts.10 a 15, que o disciplinavam. Trata-se de ato vinculado, quando cumpridos os requisitos legais, sendo facultada a sua concessão pela via judicial; **B:** Incorreta. Só cabe quando o imóvel tiver a destinação de moradia; **C:** Incorreta. Esse direito é passível de sucessão "causa mortis", inclusive contando-se o tempo do antigo possuidor (art. 1°, § 3°, da MP 2.2.220/2001); **D:** Correta, conforme disposto no art. 1°, da MP 2.022/2001; **E:** Incorreta. O prazo é de posse até 22 de dezembro de 2016 (houve modificação pela MP 759/2016) sendo o tempo para aquisição de 5 anos ininterruptos (art. 1°, MP 2.220/2001).
Gabarito "D".

7.7. TEMAS COMBINADOS DE INTERVENÇÃO NA PROPRIEDADE

(Promotor de Justiça/GO – 2016 – MPE) A respeito da intervenção do Estado na propriedade privada, assinale a alternativa correta:

(A) Os Estados-membros e os Municípios, em situações excepcionais, devidamente justificadas, dispõem do poder de desapropriar imóveis rurais, por interesse social, para efeito de reforma agrária, especialmente quando para fins de implementação de projetos de assentamento rural ou de estabelecimento de colônias agrícolas.
(B) As coisas tombadas, que pertençam à União, aos Estados ou aos Municípios, podem ser alienadas a particulares, desde que autorizado judicialmente.
(C) A coisa tombada não poderá sair do país, senão por curto prazo, sem transferência de domínio e para fim de intercâmbio cultural, a juízo do Conselho Consultivo do Serviço do Patrimônio Histórico e Artístico Nacional.
(D) requisição é a modalidade de intervenção estatal na propriedade, através da qual o Estado utiliza, transitoriamente, imóveis privados, como meio de apoio à execução de obras e serviços públicos.

A: incorreta. A competência para desapropriação para fins de reforma agrária é privativa da União (art.184, CF). **B:** Incorreta. O tombamento não impede a alienação do bem, desde que persista a restrição quanto à conservação do mesmo, por isso independe de autorização judicial. **C:** Correta. Há previsão expressa no art.14, da Decreto-lei 25/1937. **D:** Incorreta. A requisição administrativa tem como fundamento da necessidade urgente de utilização de bens móveis ou imóveis de particulares em razão de catástrofes ou calamidades públicas (emergências), conforme art.5°, XXV, CF.
Gabarito "C".

(Defensor Público – DPE/RN – 2016 – CESPE) Acerca da intervenção do Estado na propriedade, assinale a opção correta.

(A) Limitações administrativas são determinações de caráter individual por meio das quais o poder público impõe aos proprietários determinadas obrigações, positivas, negativas ou permissivas, com o fim de condicionar as propriedades ao atendimento da função social.
(B) Compete à União e aos estados desapropriar por interesse social, para fins de reforma agrária, mediante prévia e justa indenização em títulos da dívida agrária, o imóvel rural que não estiver cumprindo a sua função social.
(C) Segundo entendimento do STF, a desapropriação-confisco, prevista no art. 243 da CF, incide sobre a totalidade da propriedade em que forem cultivadas plantas psicotrópicas, e não apenas sobre a área efetivamente plantada.
(D) A servidão administrativa instituída por acordo com o proprietário do imóvel, ao contrário daquela instituída por sentença judicial, prescinde da declaração de utilidade pública do poder público.
(E) A instituição de requisição administrativa, quando recair sobre bens imóveis, não dispensa o prévio e necessário registro na matrícula do imóvel.

A: Incorreta. Limitações administrativas são determinações de caráter geral, feitas por meio de lei; **B:** Incorreta. A desapropriação por interesse social para fins de reforma agrária é privativa da União (art. 184, CF); **C:** Correta. Esse é o entendimento do STF, que considerou que "gleba" constante do art. 243, CF deve ser entendida como "propriedade" (RE 54.3974/MG, rel. Min. Eros Grau); **D:** Incorreta. Na servidão administrativa não existe a figura do "decreto ou declaração de utilidade pública", mesmo que seja promovida judicialmente, sendo esse o erro da assertiva; **E:** Incorreta. Não há necessidade de registro do imóvel, sendo a requisição um ato emergencial, conforme disposto no art. 5°, XXV, CF.
Gabarito "C".

(Defensor Público – DPE/ES – 2016 – FCC) A propósito da intervenção do Estado na propriedade, a Constituição Federal dispõe que

(A) a pequena propriedade rural, assim definida em lei, desde que trabalhada pela família, não será objeto de desapropriação.
(B) no caso de iminente perigo público, a autoridade competente poderá usar de propriedade particular, assegurada ao proprietário indenização ulterior, se houver dano ou lucros cessantes.
(C) compete exclusivamente à União desapropriar por interesse social, para fins de reforma agrária, o imóvel rural que não esteja cumprindo sua função social, mediante prévia e justa indenização em títulos da dívida agrária.
(D) o confisco decorrente da cultura ilegal de plantas psicotrópicas e pela exploração de trabalho escravo aplica-se somente às propriedades rurais.
(E) a descoberta de jazida de recursos minerais em terrenos particulares implica na imediata desapropriação de tais recursos, sendo o proprietário compensado por meio de participação na exploração da lavra.

A: Incorreta. O art. 185, CF determina que é insuscetível de desapropriação a pequena e média propriedade, conforme definida em lei, desde que seu proprietário não possua outra, não havendo essa condição de "trabalho da família"; **B:** Incorreta. Não há previsão para o pagamento de lucros cessantes na requisição administrativa (art. 5°, XXV, CF); **C:** Correta. Trata-se do conceito de desapropriação por interesse social para fins de reforma agrária, constante do art. 184, CF; **D:** Incorreta. O art. 243 CF possibilita a expropriação-sanção pelo cultivo de plantas psicotrópicas tanto à propriedade urbana, quanto à propriedade rural; **E:** Incorreta. O art. 176, CF determina que as jazidas e recursos minerais constituem propriedade independente do solo, sendo da União, possibilitando a exploração por meio de contrato de concessão.
Gabarito "C".

(Procurador do Estado/AM – 2016 – CESPE) Acerca da intervenção do Estado no direito de propriedade, julgue os itens subsequentes.

(1) A limitação administrativa é instituída pela administração pública sobre determinado imóvel privado, para atendimento do interesse público, sem operar transferência de domínio, nem de posse, nem do uso total do bem a terceiros ou ao poder público.
(2) Tendo o direito de propriedade garantia constitucional, ao Estado só é lícito desapropriar mediante indenização prévia e se a propriedade não estiver cumprindo sua função social.
(3) A desapropriação para fins de reforma agrária, prevista na CF, incide sobre imóveis rurais que não estejam cumprindo sua função social, sendo o expropriante exclusivamente a União Federal, e a indenização paga por meio de títulos, e não em dinheiro.
(4) O tombamento pode ocorrer no âmbito federal, estadual ou municipal, sendo um de seus principais efeitos a impossibilidade de modificação do bem. Ele pode, ainda, acarretar restrições quanto à destinação e à alienabilidade do bem.

1: incorreta, pois a limitação administrativa é de caráter geral e indeterminado, e sobre determinado imóvel; **2:** incorreta, pois, além da desapropriação por *interesse social* (para cumprimento da função social da propriedade), também é possível desapropriar em caso de *necessidade ou utilidade pública* (vide o inciso XXIV do art. 5° da CF); **3:** correta (art. 184, *caput*, da CF); **4:** correta, pois de acordo com o disposto no Decreto-lei 25/1937.
Gabarito 1E, 2E, 3C, 4C.

(Promotor de Justiça/MG – 2014) Relativamente ao tratamento que a Constituição Federal conferiu às restrições do Estado sobre a propriedade privada, é INCORRETO afirmar:

(A) O Poder Público, com a colaboração da comunidade, promoverá e protegerá o patrimônio cultural brasileiro, por meio de inventários, registros, vigilância, tombamento e desapropriação, e de outras formas de acautelamento e preservação.
(B) Estão tombados todos os documentos e os sítios detentores de reminiscências históricas dos antigos quilombos.
(C) O decreto que garantir tratamento especial à propriedade produtiva também fixará normas para o cumprimento dos requisitos relativos à sua função social.

(D) São isentas de impostos federais, estaduais e municipais as operações de transferência de imóveis desapropriados para fins de reforma agrária.

A: assertiva correta (art. 216, § 3º, da CF); **B:** assertiva correta (art. 216, § 5º, da CF); **C:** assertiva incorreta, devendo ser assinalada; tal regulação deve se dar por "lei" e não por "decreto" (art. 185, parágrafo único, da CF); **D:** assertiva correta (art. 184, § 5º, da CF). WG
Gabarito "C".

(Procurador Legislativo – Câmara de Vereadores de São Paulo/SP – 2014 – FCC) Analise a seguinte situação hipotética:

Em razão da realização de evento desportivo de âmbito mundial, foi editada Lei Federal determinando que, durante o período de realização da referida competição, os terrenos vagos de propriedade particular situados no raio de 3 (três) quilômetros dos estádios que sediam a competição, sejam colocados à disposição das respectivas Municipalidades-sedes, para fins de instalação de equipamentos necessários à segurança e comodidade dos frequentadores dos eventos do campeonato, como postos de policiamento e sanitários coletivos, assegurando-se indenização aos respectivos proprietários, com base em critérios estabelecidos na referida legislação.

Em vista do relato, deve-se concluir que está sendo utilizado o instituto da

(A) desapropriação pro tempore.
(B) servidão administrativa.
(C) permissão de uso.
(D) ocupação temporária.
(E) locação compulsória.

Essa situação enquadra-se no instituto da ocupação temporária, prevista no art. 36 do Dec.-lei 3.365/1941: "É permitida a ocupação temporária, que será indenizada, afinal, por ação própria, de terrenos não edificados, vizinhos às obras e necessários à sua realização. O expropriante prestará caução, quando exigida". WG
Gabarito "D".

8. RESPONSABILIDADE DO ESTADO

8.1. EVOLUÇÃO HISTÓRICA E TEORIAS

(Procurador do Município – Prefeitura Fortaleza/CE – CESPE – 2017) Acerca do direito administrativo, julgue o item que se segue.

(1) A regulação das relações jurídicas entre agentes públicos, entidades e órgãos estatais cabe ao direito administrativo, ao passo que a regulação das relações entre Estado e sociedade compete aos ramos do direito privado, que regulam, por exemplo, as ações judiciais de responsabilização civil do Estado.

1: incorreta. As relações entre o Estado e a sociedade competem tanto ao direito privado quanto ao direito público. Por exemplo, no caso de responsabilidade civil do Estado, as normas de direito público é que a fundamentam (art. 37, §6º, CF), enquanto em casos como um contrato típico de locação, mesmo que celebrado pelo Estado, teríamos normas de direito privado regendo-o. AW
Gabarito 1E.

8.2. MODALIDADES DE RESPONSABILIDADE (OBJETIVA E SUBJETIVA). REQUISITOS DA RESPONSABILIDADE OBJETIVA

(Procurador do Estado/SP – 2018 – VUNESP) Empresa de ônibus permissionária de serviço público de transporte coletivo intermunicipal de passageiros envolveu-se em acidente de trânsito em rodovia estadual explorada por concessionária, tendo um de seus veículos, durante a prestação do serviço de transporte, colidido com automóvel particular, provocando danos materiais e o falecimento de um dos ocupantes do carro. De acordo com a jurisprudência do Supremo Tribunal Federal,

(A) a concessionária de rodovia estadual será objetivamente responsabilizada pelos danos provocados em razão do acidente, em decorrência da aplicação da teoria da faute du service.
(B) o Estado titular dos serviços públicos de transporte coletivo de passageiros e da rodovia em que ocorrido o acidente será objetivamente responsável pelos danos causados, ainda que se comprove culpa concorrente da vítima que conduzia o automóvel particular.
(C) a permissionária do serviço público de transporte coletivo de passageiros poderá ser responsabilizada pelos danos provocados em razão do acidente, desde que comprovada ocorrência de dolo ou culpa do motorista do veículo coletivo, porque as vítimas não são usuárias do serviço público por ela prestado.
(D) a concessionária de rodovia estadual será objetivamente responsabilizada pelos danos provocados pelo acidente, em decorrência da aplicação da teoria do risco administrativo.
(E) a permissionária do serviço público de transporte coletivo de passageiros poderá ser objetivamente responsabilizada pelos danos provocados em razão do acidente, ainda que as vítimas não sejam usuárias do serviço por ela prestado.

Em repercussão geral foi reconhecida a responsabilidade objetiva das concessionárias pelos danos causados a terceiros não usuários. Eis o julgado que consolidou esse entendimento: EMENTA: CONSTITUCIONAL. RESPONSABILIDADE DO ESTADO. ART. 37, § 6º, DA CONSTITUIÇÃO. PESSOAS JURÍDICAS DE DIREITO PRIVADO PRESTADORAS DE SERVIÇO PÚBLICO. CONCESSIONÁRIO OU PERMISSIONÁRIO DO SERVIÇO DE TRANSPORTE COLETIVO. RESPONSABILIDADE OBJETIVA EM RELAÇÃO A TERCEIROS NÃO-USUÁRIOS DO SERVIÇO. RECURSO DESPROVIDO. I – A responsabilidade civil das pessoas jurídicas de direito privado prestadoras de serviço público é objetiva relativamente a terceiros usuários *e não usuários do serviço*, segundo decorre do art. 37, § 6º, da Constituição Federal. II – A inequívoca presença do nexo de causalidade entre o ato administrativo e o dano causado ao terceiro não-usuário do serviço público, é condição suficiente para estabelecer a responsabilidade objetiva da pessoa jurídica de direito privado. III – Recurso extraordinário desprovido **(RE 591874 / MS, Relator: Min. Ricardo Lewandowski, j. 26-08-2009, Tribunal Pleno)**. FB
Gabarito "E".

(Procurador do Município – Prefeitura Fortaleza/CE – CESPE – 2017) A respeito de bens públicos e responsabilidade civil do Estado, julgue o próximo item.

Situação hipotética: Um veículo particular, ao transpassar indevidamente um sinal vermelho, colidiu com veículo oficial da Procuradoria-Geral do Município de Fortaleza, que trafegava na contramão. Assertiva: Nessa situação, não existe a responsabilização integral do Estado, pois a culpa concorrente atenua o *quantum* indenizatório.

1: correta. Havendo culpa recíproca ou concorrente, essa deve ser utilizada como excludente de responsabilidade civil ou, no mínimo, como atenuante. AW
Gabarito 1C.

(Procurador – IPSMI/SP – VUNESP – 2016) A respeito da responsabilidade civil do Estado, é correto afirmar que

(A) a responsabilidade civil das concessionárias por danos causados a terceiros na execução de serviços públicos é subjetiva, ante a inexistência de relação contratual entre as partes.
(B) a prescrição da pretensão de responsabilidade civil por danos extracontratuais em face do Estado prescreve no prazo de 3 (três) anos, conforme entendimento consolidado pelo Superior Tribunal de Justiça.
(C) são pressupostos para a responsabilização extracontratual do Estado a existência de conduta culposa ou dolosa de agente público, dano e nexo causal.
(D) a responsabilidade civil objetiva para o Estado, prevista na Constituição Federal, aplica-se indistintamente às suas relações contratuais e extracontratuais.
(E) são causas excludentes do nexo de causalidade o fato exclusivo da vítima, o fato de terceiro e o caso fortuito e força maior.

A: Incorreta. As concessionárias possuem relação contratual com o Poder Público (contrato de concessão) e a responsabilidade que assume em relação aos serviços que prestam é objetiva (art. 37, § 6º, CF e art. 25, da Lei 8.987/1995). **B: Incorreta.** O prazo de prescrição dessas ações é de 5 anos, conforme Decreto-lei 20.910/1932. **C.** Incorreta. Como a regra é a responsabilidade objetiva do Estado (art. 37, § 6º, CF), os requisitos para a sua incidência são: conduta, resultado e nexo causal, independentemente do elemento subjetivo (dolo ou culpa). **D:** Incorreta. A responsabilidade objetiva só se aplica às relações jurídicas extracontratuais, sendo que há casos em que há responsabilidade subjetiva prevista em contrato. **E:** Correta. Realmente, as causas excludentes de responsabilidade objetiva do Estado são: caso fortuito, força maior, culpa exclusiva da vítima ou de terceiro. AW
Gabarito "E".

(Procurador Municipal – Sertãozinho/SP – VUNESP – 2016) Indivíduo adquire veículo caminhão de particular e efetua normalmente o devido registro junto ao Departamento Estadual de Trânsito de São Paulo – DETRAN-SP. Quinze dias após a aquisição, ao trafegar em rodovia, seu par é parado para fiscalização, verifica-se que o veículo caminhão havia sido furtado um mês antes da aquisição e, por consequência, o bem é apreendido. O indivíduo ajuíza ação de indenização contra o Estado de São Paulo. Considerando a forma como a responsabilidade civil do Estado é prevista no ordenamento pátrio, é correto afirmar que a ação do indivíduo deve ser julgada

(A) improcedente, pois embora tenha havido falha no registro estatal que não continha a informação sobre o furto, não há nexo de causalidade entre o ato perpetrado pelo órgão estadual e os danos experimentados pelo autor.
(B) procedente, pois a responsabilidade civil do Estado é objetiva, sendo assim, o Estado é civilmente responsável pelos danos que seus agentes, nessa qualidade, venham a causar a terceiros.
(C) parcialmente procedente, pois a culpa é concorrente, do Estado, que não manteve os devidos registros, e do indivíduo que adquiriu o veículo sem tomar as devidas cautelas quanto à verificação da origem do veículo.

(D) improcedente, pois a responsabilidade civil do Estado na Constituição Federal de 1988 é subjetiva, tendo como pressupostos que a conduta praticada seja contrária ao direito e haja inobservância de dever legal.
(E) procedente, pois resta demonstrada a culpa, na modalidade omissiva, do Estado, ao deixar de manter os cadastros devidamente atualizados, com a informação de que o veículo havia sido furtado.

A: Correta. Na verdade, essa questão não contém os dados suficientes para a resposta, porque não se sabe se o comprador do veículo tomou as cautelas necessárias no ato da compra, como a vistoria prévia, verificação de documentos etc., além de não ser possível inferir as condições do veículo. Há jurisprudência do STJ (abaixo relacionada) no sentido de ser improcedente a demanda por ausência de comprovação do nexo causal entre o dano e a ação ou omissão estatal, mas nada impede de ser, ao menos, reconhecida a responsabilidade parcial, como determina a alternativa B. "Administrativo. Recurso especial. Provimento. Vistoria de veículo. Regularidade. Posterior verificação de irregularidade. Responsabilidade objetiva do estado. Ausência de nexo de causalidade. 1. O Estado não pode ser responsabilizado por ato criminoso de terceiros ou pela culpa do adquirente de veículo de procedência duvidosa, quando a Administração não concorreu com ação ou omissão para a prática do ato ilícito, não respondendo pelos danos deste decorrentes. 2.A regularidade da situação de veículo, atestada em vistoria do órgão de trânsito, não é suficiente para firmar a responsabilidade objetiva do Estado, quando se tratar de veículo furtado, posteriormente apreendido. É irrelevante se a tradição ocorreu antes ou depois da vistoria. 3. Agravo regimental não provido. AgRg no REsp 1299803 / RS Agravo Regimental no Recurso Especial 2012/0003157-0. Processual civil. Administrativo. Agravo regimental no agravo em recurso especial. Argumentos insuficientes para desconstituir a decisão atacada. Venda de veículo com chassi adulterado. Responsabilidade civil do departamento de trânsito que não verificou a adulteração quando da aprovação do decalque. Acórdão recorrido contrário à jurisprudência firmada nesta corte. Recurso improvido. I – É pacífico o entendimento no Superior Tribunal de Justiça segundo o qual, nos casos em que o Departamento de Trânsito – Detran efetuou o registro do veículo e posteriormente constatou-se a ocorrência de adulteração do chassi, deve-se afastar a responsabilidade civil objetiva decorrente da apreensão e perda do bem, ante a inexistência de nexo de causalidade entre a conduta estatal e o ato ilícito praticado por terceiro. II – No caso, o Tribunal de origem entendeu pela configuração da responsabilidade do Detran. III – O recurso especial merece prosperar quando o acórdão recorrido encontra-se em confronto com a jurisprudência dessa Corte. IV – A Agravante não apresenta, no regimental, argumentos suficientes para desconstituir a decisão agravada. V – Agravo Regimental improvido. AgRg no AREsp 424218 / MS Agravo Regimental No Agravo Em Recurso Especial 2013/0367723-6. **B:** Incorreta. Como explicado acima, há ausência de comprovação de nexo causal entre a Ação eo resultado, por isso estaria incorreta essa questão. Os requisitos para a incidência da responsabilidade objetiva do Estado são: Ação ou omissão estatal, o dano e o nexo causal entre a Ação e o dano. Ausente um desses, a responsabilidade não incide, portanto. **C:** Incorreta. Como o enunciado não oferece elementos para sabermos se houve negligência da vítima, não é possível concluir pela sua culpa concorrente. **D:** Incorreta. A Constituição Federal, art. 37, § 6º, adotou a teoria da Responsabilidade Objetiva do Estado, e não subjetiva, que é adotada em nosso ordenamento jurídico em leis infraconstitucionais, como o próprio Código Civil (art. 926). **E:** Incorreta. O examinador entendeu que não há elementos suficientes para saber se houve alguma adulteração do veículo que pudesse levar o Estado a conceder o registro, por isso a responsabilidade continua sendo objetiva, sem necessidade de comprovação de culpa do Estado e sem a incidência de excludentes de responsabilidade civil, portanto. Gabarito "A".

(Procurador do Estado – PGE/PA – UEPA – 2015) Quanto à responsabilização da Fazenda Pública por danos causados por seus agentes, é correto afirmar que:

I. Nos termos do art. 1-C, da Lei nº. 9494/1997, com a redação dada pela MP nº. 2.180/2001, o prazo prescricional para a propositura das ações de indenizações por danos causados por agentes de pessoas jurídicas de direito público e de pessoas jurídicas de direito privado prestadoras de serviços públicos é de três anos.
II. O termo inicial para a propositura da ação de indenização contra o Estado, conforme dispõe o art. 1 do Decreto n. 20.910/1932, é a data do ato ou fato que deu origem à ação de indenização.
III. O prazo prescricional de todo e qualquer direito ou ação contra a Fazenda Pública federal, estadual ou municipal, seja qual for a sua natureza, prescreve em cinco anos nos termos do Decreto n. 20.910/1932, com exceção das ações indenizatórias que de acordo com o Código Civil prescrevem em 3 (três) anos.
IV. A prescrição em favor da Fazenda Pública recomeça a correr por dois anos e meio, a partir do ato interruptivo, mas não fica reduzida aquém de cinco anos, embora o titular do direito a interrompa durante a primeira metade do prazo.

Após análise das assertivas acima, conclui-se que:
(A) Existe apenas 1 assertiva correta.
(B) Existem apenas 2 assertivas corretas.
(C) Existem apenas 3 assertivas corretas.
(D) Todas estão corretas.
(E) Todas estão incorretas.

I: incorreta. O prazo é de 5 anos, conforme disposto no art. 1º, da Lei 9.494/1997; **II:** correta. Também encontra fundamento no art. 1º, II, da Lei 9.494/1999, que assim dispõe: "O termo inicial para a propositura da ação de indenização contra o Estado, conforme dispõe o art. 1º do Decreto n. 20.910/1932, é a data do ato ou fato que deu origem à ação de indenização"; **III:** incorreta. O prazo prescricional de todo e qualquer direito ou ação contra a Fazenda Pública federal, estadual ou municipal, seja qual for a sua natureza, prescreve em cinco anos nos termos do Decreto 20.910/1932, com exceção das ações indenizatórias que, de acordo com o Código Civil, prescrevem em 3 (três) anos; **IV:** correta. A súmula 383, STF dispõe que: "A prescrição em favor da Fazenda Pública recomeça a correr por dois anos e meio, a partir do ato interruptivo, mas não fica reduzida aquém de cinco anos, embora o titular do direito a interrompa durante a primeira metade do prazo." Gabarito "B".

(Advogado União – AGU – CESPE – 2015) Com relação ao controle da administração pública e à responsabilidade patrimonial do Estado, julgue os seguintes itens.

(1) Situação hipotética: Um veículo oficial da AGU, conduzido por servidor desse órgão público, passou por um semáforo com sinal vermelho e colidiu com um veículo particular que trafegava pela contramão. Assertiva: Nessa situação, como o Brasil adota a teoria da responsabilidade objetiva, existirá uma responsabilização indenizatória integral do Estado, visto que, na esfera administrativa, a culpa concorrente elide apenas parcialmente a responsabilização do servidor.

1: incorreta. No caso, havendo culpa concorrente da vítima, a responsabilidade deverá ser atenuada. Gabarito 1E.

(Procurador do Estado – PGE/BA – CESPE – 2014) Suponha que viatura da polícia civil colida com veículo particular que tenha ultrapassado cruzamento no sinal vermelho e o fato ocasione sérios danos à saúde do condutor do veículo particular. Considerando essa situação hipotética e a responsabilidade civil da administração pública, julgue os itens subsequentes.

(1) No caso, a ação de indenização por danos materiais contra o Estado prescreverá em vinte anos.
(2) Sendo a culpa exclusiva da vítima, não se configura a responsabilidade civil do Estado, que é objetiva e embasada na teoria do risco administrativo.

1: incorreta. A ação prescreverá em 5 anos, tendo em vista o art. 1º, do Decreto-Lei 20.910/1932; **2:** correta. A culpa exclusiva da vítima é excludente de responsabilidade civil do Estado, pois rompe com o nexo causal entre a ação e o resultado, excluindo, também, a responsabilidade do Estado. Gabarito 1E, 2C.

(Procurador do Estado – PGE/RN – FCC – 2014) O Estado foi condenado judicialmente a indenizar cidadã por danos sofridos em razão da omissão de socorro em hospital da rede pública, eis que o hospital negou-se a realizar parto iminente alegando falta de leito disponível. Diante de tal condenação, entende-se que o Estado poderá exercer direito de regresso em face do servidor que negou a internação:

(A) desde que comprove conduta omissiva ou comissiva dolosa, afastada a responsabilidade no caso de culpa decorrente do exercício de sua atividade profissional.
(B) com base na responsabilidade objetiva do mesmo, bastando a comprovação do nexo de causalidade entre a atuação do servidor e o dano.
(C) com base na responsabilidade subjetiva do mesmo, que decorre automaticamente da condenação do Estado, salvo se comprovadas, pelo servidor, causas excludentes de responsabilidade.
(D) independentemente da comprovação de dolo ou culpa, desde que constatado descumprimento de dever funcional.
(E) com base na responsabilidade subjetiva do servidor, condicionada à comprovação de dolo ou culpa.

A: incorreta. Tanto o dolo quanto a culpa ensejam a responsabilidade subjetiva do servidor, possibilitando a ação de regresso do hospital condenado; **B:** incorreta. É preciso a comprovação da culpa ou do dolo do agente, eis que se trata de responsabilidade subjetiva por omissão do Estado; **C:** incorreta. A responsabilização só existirá se comprovado o dolo ou culpa na "falta do serviço", sendo hipótese de responsabilidade subjetiva do Estado, portanto; **D:** incorreta. Temos caso de omissão estatal, que enseja a responsabilidade subjetiva do Estado, por isso é necessária a comprovação de dolo e culpa do servidor que atuou em seu nome; **E:** correta. Perfeita. Trata-se de omissão do serviço, na responsabilidade pela "falta do serviço", que é subjetiva, com necessidade de comprovação de dolo ou culpa. Gabarito "E".

(Juiz – TRF 2ª Região – 2017) Em 2014, conhecido assaltante e homicida foge do presídio federal. O inquérito administrativo que apurou o evento resulta em punição de dois servidores e mudança de padrões de segurança. Já o foragido mantém-se quieto até 2016, quando se une a outro meliante. Os dois invadem casa, roubam e matam pai de família, na frente da esposa. A dupla de meliantes foge. Por conta da falha de segurança no presídio, a viúva aciona a União Federal, pedindo ressarcimento consistente em pensão alimentícia, danos morais, despesas de funeral e luto, além de reparação do custo de psiquiatra. Assinale a resposta adequada à orientação dominante na doutrina e nos Tribunais Superiores:

(A) O pedido é improcedente.
(B) A procedência do pedido de pensão depende da prova da dependência econômica da autora para com o falecido. Já o dano moral ocorre in re ipsa.
(C) No caso, o dano moral ocorre in re ipsa e a verba de luto e funeral deve ser arbitrada mesmo se não provados os gastos, já que essas despesas sempre existem, em eventos assim.
(D) A compensação por dano moral procede, mas, ainda que se provem gastos com psiquiatra, estes estão fora do desdobramento normal do evento, que apenas abarca os danos diretos e imediatos.
(E) No caso, as verbas de luto e funeral dependem de prova, não podendo ser meramente arbitradas. A dependência econômica da esposa é presumida e a eventual pensão deve ser limitada à idade de sobrevida provável da vítima.

A: correta. O entendimento da doutrina e jurisprudência dominantes são no sentido de que só há responsabilidade civil do Estado em caso de fuga de preso do presídio no caso do ato ilícito do fugitivo ser direto e imediato em relação à sua fuga, ou seja, teria que ter sido praticado logo após a fuga, e não 2 anos após essa. O STJ tem entendimento já pacificado a respeito (REsp. 858.511); **B:** incorreta. O dano moral não é presumido ("in re ipsa"), e sim comprovado. O dano moral só é presumido excepcionalmente, como no caso de inscrição do nome do inadimplente em cadastro próprio para tanto (Resp 718618); **C:** incorreta. Como dito acima, o dano moral só é considerado "in re ipsa" em hipóteses excepcionais, e não se enquadra nessa o enunciado acima; **D:** incorreta. O dano moral só pode ser procedente se comprovado, da mesma forma que os danos materiais e, adotada a tese de que o dano foi decorrente direto e imediato da fuga do preso do presídio, ambos devem estar sujeitos à dilação probatória; **E:** incorreta. A dependência econômica da esposa não é presumida, sendo que essa presunção só existe em relação aos incapazes e filhos menores, ou seja, os que realmente dependem do falecido, eis que não possuem capacidade econômica e de trabalho.

Gabarito "A".

(Juiz – TRF 3ª Região – 2016) Dadas as assertivas abaixo, assinale a alternativa incorreta.

(A) Em regra, em casos de suicídio de preso dentro do estabelecimento prisional, embora configurada responsabilidade objetiva do Estado, não há dever de indenizar já que o dano decorre de culpa exclusiva da vítima.
(B) A responsabilidade por danos ao meio ambiente, decorrentes da atividade ou do empreendimento, independe da demonstração da ilicitude do ato.
(C) A violência praticada por aluno em face de outro aluno dentro de escola pública é hipótese que implica responsabilidade objetiva do Estado e seu respectivo dever de indenizar.
(D) Doutrina e jurisprudência divergem sobre a possibilidade de acionamento do servidor público diretamente pelo terceiro prejudicado ("per saltum"), havendo precedentes das Cortes Superiores em ambos os sentidos.

A: A assertiva é incorreta e deve ser assinalada, eis que no caso de suicídio de preso temos a responsabilidade objetiva do Estado, por "culpa in vigilando", ou seja, em razão do preso estar sob guarda do Estado, caso em que ele sempre responde, independentemente de dolo ou culpa; **B:** A assertiva é correta, eis que temos hipótese de responsabilidade objetiva, ou seja, independentemente de dolo ou culpa. Mesmo no caso de o ato ser lícito ato e houver dano ao meio ambiente, incidirá a responsabilidade por tal ato (art. 37, §6º, CF); **C:** A assertiva está correta. O Estado, da mesma forma que responde por danos em relação aos presos, responde em relação aos alunos das escolas públicas, eis que possui dever de guarda destes, sendo objetiva a sua responsabilidade com fundamento no art. 37, §6º, CF; **D:** A assertiva está correta. Há entendimento dominante de que o Estado é que deve ser acionado diretamente, sendo o agente apenas responsável em sede de regresso. No entanto, há os que pensam de forma contrária, por isso divergentes os entendimentos dos Tribunais a respeito, conforme segue: "...o STF tem julgado reconhecendo que podem ser legitimados passivos na demanda o Estado E o agente público (RE 720275/SC , Rel. Min. Dias Toffoli, j. 10.12.201220122013)."

Gabarito "A".

(Juiz – TRF 3ª Região – 2016) Dadas as assertivas abaixo, assinale a alternativa correta.

(A) As empresas públicas, pessoas jurídicas de direito privado, são submetidas à responsabilidade civil objetiva, independentemente de seu objeto.
(B) A pessoa jurídica prestadora de serviços públicos se sujeita à responsabilidade civil objetiva, ainda que estes sejam prestados por concessionárias e permissionárias e ainda que o dano seja causado a usuário ou terceiro.
(C) A responsabilidade civil por danos nucleares é integral, podendo ser afastada em casos extremos de força maior.
(D) Segundo precedentes do STJ, o roubo em face do Estado, mediante uso de arma de fogo, é fato de terceiro que, em regra, não é equiparável à força maior, razão pela qual não afasta a responsabilidade objetiva do Estado, caso verificados danos a terceiros.

A: incorreta. As empresas públicas e sociedades de economia mista só se submetem à regra do art. 37, §6º, CF se prestadoras de serviços públicos. Se exploradoras de atividades econômicas (art. 173, CF), seguem o regime do Código Civil, ou seja, só respondem objetivamente se a atividade por elas exercida for de risco (art. 926, e seguintes, CC); **B:** correta. Esse é o entendimento atual do STF, que reconhece que tanto em relação aos usuários, quanto aos "não usuários" a responsabilidade é objetiva. RESPONSABILIDADE CIVIL OBJETIVA. EXCLUSÃO. MOTIVO DE FORÇA MAIOR. 1. A empresa de Correios é de natureza pública federal, criada pelo Decreto-lei n. 509/69, prestadora de serviços postais sob regime de privilégio, cuja harmonia com a Constituição Federal, em parte, foi reconhecida pelo Supremo Tribunal Federal, no julgamento da ADPF n. 46/DF, julgada em 5.8.2009, relator para acórdão Ministro Eros Grau. Os Correios são, a um só tempo, empresa pública prestadora de serviço público em sentido estrito, e agente inserido no mercado, desempenhando, neste caso, típica atividade econômica e se sujeitando ao regime de direito privado. 2. Destarte, o caso dos autos revela o exercício de atividade econômica típica, consubstanciada na prestação de serviço de "recebimento/coleta, transporte e entrega domiciliar aos destinatários em âmbito nacional" de "fitas de vídeo e/ou material promocional relativo a elas", por isso que os Correios se sujeitam à responsabilidade civil própria das transportadoras de carga, as quais estão isentas de indenizar o dano causado na hipótese de força maior, cuja extensão conceitual abarca a ocorrência de roubo das mercadorias transportadas. 3. A força maior deve ser entendida, atualmente, como espécie do gênero fortuito externo, do qual faz parte também a culpa exclusiva de terceiros, os quais se contrapõem ao chamado fortuito interno. O roubo, mediante uso de arma de fogo, em regra é fato de terceiro equiparável a força maior, que deve excluir o dever de indenizar, mesmo no sistema de responsabilidade civil objetiva. 4. Com o julgamento do REsp. 435.865/RJ, pela Segunda Seção, ficou pacificado na jurisprudência do STJ que, se não for demonstrado que a transportadora não adotou as cautelas que razoavelmente dela se poderia esperar, o roubo de carga constitui motivo de força maior a isentar a sua responsabilidade. 5. Recurso especial provido. (REsp 976.564/SP, Rel. Min. Luis Felipe Salomão, 4ª Turma, j. 20.09.2012, DJe 23.10.2012); **C:** incorreta. No caso de danos nucleares, a doutrina dominante entende que se trata de responsabilidade civil do Estado sob modalidade de "risco integral", ou seja, não admite nenhuma hipótese de exclusão do nexo causal; **D:** incorreta. O roubo é considerado como uma "força maior" capaz de romper com o "nexo causal" e, portanto, com a responsabilidade civil do Estado, conforme se verifica a seguir: RESPONSABILIDADE CIVIL OBJETIVA. EXCLUSÃO. MOTIVO DE FORÇA MAIOR. 1. A empresa de Correios é de natureza pública federal, criada pelo Decreto-lei n. 509/69, prestadora de serviços postais sob regime de privilégio, cuja harmonia com a Constituição Federal, em parte, foi reconhecida pelo Supremo Tribunal Federal, no julgamento da ADPF n. 46/DF, julgada em 5.8.2009, relator para acórdão Ministro Eros Grau. Os Correios são, a um só tempo, empresa pública prestadora de serviço público em sentido estrito, e agente inserido no mercado, desempenhando, neste caso, típica atividade econômica e se sujeitando ao regime de direito privado. 2. Destarte, o caso dos autos revela o exercício de atividade econômica típica, consubstanciada na prestação de serviço de "recebimento/coleta, transporte e entrega domiciliar aos destinatários em âmbito nacional" de "fitas de vídeo e/ou material promocional relativo a elas", por isso que os Correios se sujeitam à responsabilidade civil própria das transportadoras de carga, as quais estão isentas de indenizar o dano causado na hipótese de força maior, cuja extensão conceitual abarca a ocorrência de roubo das mercadorias transportadas. 3. A força maior deve ser entendida, atualmente, como espécie do gênero fortuito externo, do qual faz parte também a culpa exclusiva de terceiros, os quais se contrapõem ao chamado fortuito interno. O roubo, mediante uso de arma de fogo, em regra é fato de terceiro equiparável a força maior, que deve excluir o dever de indenizar, mesmo no sistema de responsabilidade civil objetiva. 4. Com o julgamento do REsp. 435.865/RJ, pela Segunda Seção, ficou pacificado na jurisprudência do STJ que, se não for demonstrado que a transportadora não adotou as cautelas que razoavelmente dela se poderia esperar, o roubo de carga constitui motivo de força maior a isentar a sua responsabilidade. 5. Recurso especial provido. (REsp 976.564/SP, Rel. Min. Luis Felipe Salomão, 4ª Turma, j. 20.09., DJe 23.10.2012)

Gabarito "B".

(Juiz – TJ/RJ – VUNESP – 2016) Considere a seguinte situação hipotética. Integrantes de movimento popular invadiram imóvel rural pertencente à empresa X, localizada no Município São Fidélis, Estado do Rio de Janeiro. Os integrantes do movimento permaneceram no local, embora a empresa X tenha tomado todas as providências judiciais cabíveis a fim de obter a reintegração de posse, até mesmo com pedido de intervenção federal deferido pelo Tribunal de Justiça do Estado do Rio de Janeiro, em virtude do descumprimento, por parte da Polícia Militar Estadual, de requisição de força policial, judicialmente determinada. Decide a Empresa X ajuizar ação de indenização em face do Estado do Rio de Janeiro.

A respeito deste caso, é correto afirmar que

(A) cabe o julgamento pela procedência da demanda da Empresa X, em razão da adoção da teoria do risco integral no ordenamento jurídico brasileiro, sendo dispensável o estabelecimento de liame entre a conduta do Poder Público e o resultado danoso causado.
(B) é possível julgar a ação procedente, com a condenação do Estado do Rio de Janeiro, pela atual adoção da teoria do risco social, segundo a qual o foco da responsabilidade civil é a vítima, e não o autor do dano, de modo que a reparação estaria a cargo de toda a coletividade, dando ensejo ao que se denomina de socialização dos riscos.

(C) é necessário que seja decretada a improcedência da demanda, pois o Estado-Membro, no caso, o Rio de Janeiro, não pode ser responsabilizado pela ausência de força policial para reintegração, já que o ato antecedente, de realizar a reforma agrária, era de competência da União.

(D) a ação indenizatória poderá ser julgada procedente para imputar ao Estado a responsabilidade pelos danos causados pela ação coletiva de terceiros, desde que comprovada a omissão culposa do Poder Público, como ocorreu no caso em tela.

(E) não poderá ser julgada procedente a ação proposta pela Empresa X, tendo em vista que desde a Constituição de 1946, o Brasil adota a teoria do risco administrativo, cabendo indenização por danos aos quais os agentes públicos tiverem dado causa por ação dolosa.

A: incorreta, nosso ordenamento jurídico adotou a Teoria do Risco Administrativo, e não a do Risco Integral no que diz respeito à responsabilidade civil do Estado. B: incorreta. O risco social não é considerado um risco específico para gerar o dever do Estado Indenizar. C: incorreta. O Estado foi omisso em pacificar a demanda, não havendo que se discutir a competência para desapropriação, portanto. D: correta. Na verdade, hoje temos entendimento do STF de que tanto a Ação quanto a Omissão do Poder Público deve ser hipótese de responsabilidade objetiva (Não cabe ao intérprete estabelecer distinções onde o texto constitucional não o fez. Se a CF/1988 previu a responsabilidade objetiva do Estado, não pode o intérprete dizer que essa regra não vale para os casos de omissão. Dessa forma, a responsabilidade objetiva do Estado engloba tanto os atos comissivos como os omissivos, desde que demonstrado o nexo causal entre o dano e a omissão específica do Poder Público. (...) A jurisprudência da Corte firmou-se no sentido de que as pessoas jurídicas de direito público respondem objetivamente pelos danos que causarem a terceiros, com fundamento no art. 37, § 6º, da Constituição Federal, tanto por atos comissivos quanto por atos omissivos, desde que demonstrado o nexo causal entre o dano e a omissão do Poder Público. (...) STF. 2ª Turma. ARE 897890 AgR, Rel. Min. Dias Toffoli, julgado em 22/09/2015. No mesmo sentido: STF. 2ª Turma. RE 677283 AgR, Rel. Min. Gilmar Mendes, julgado em 17/04/2012). No entanto, a doutrina dominante ainda diferencia a omissão, como sendo hipótese de responsabilidade subjetiva, com culpa e a Ação, como sendo hipótese de responsabilidade objetiva, razão pela qual a assertiva está correta. E: incorreta. Realmente, nosso ordenamento jurídico adota a Teoria do Risco Administrativo, sendo admitidas as excludentes de responsabilidade civil, mas independentemente da comprovação de dolo ou culpa. **Gabarito "D".**

(Juiz de Direito – TJM/SP – VUNESP – 2016) A respeito da responsabilidade civil da Administração, é possível afirmar que

(A) os órgãos e entidades públicas respondem diretamente pelos danos causados em decorrência da divulgação não autorizada ou utilização indevida de informações sigilosas ou informações pessoais, cabendo a apuração de responsabilidade funcional nos casos de dolo ou culpa.

(B) em caso de morte de torcedor em briga de torcidas, dentro do estádio de futebol, haverá o dever de indenizar, ainda que demonstrada a culpa exclusiva da vítima.

(C) por ser objetiva a responsabilidade do Estado, deve este responder pelos danos causados por policial militar que, em dia de folga, atropela pedestre com seu veículo, pois o agente público não se despe dessa qualidade em função do regime de trabalho policial.

(D) o Estado tem o dever de indenizar a família de trabalhador assassinado na rua por um assaltante, em virtude de falha na prestação do serviço de segurança pública, que é individualmente assegurado aos cidadãos.

(E) em caso de cumprimento de mandado de reintegração de posse, quando foram utilizados os meios necessários à execução da ordem, haverá responsabilidade em relação aos danos causados pelos esbulhadores à propriedade privada, pois é objetiva a responsabilidade da Administração.

A: correta. O art. 34, da Lei de Acesso à Informação (Lei 12.257/2011) dispõe exatamente da forma como consta da assertiva A, havendo responsabilidade civil dos órgãos e entidades públicas que causarem danos em decorrência da divulgação não autorizada de informações sigilosas ou pessoais. B: incorreta. Os arts. 3º e 14 da Lei 10.671/2003 (Estatuto do Torcedor) determinam ser hipótese de responsabilidade decorrente da relação de consumo, do Estádio, e não, de responsabilidade Estatal fundamentada no art. 37, § 6º, CF. C: incorreta. Em dia de folga o miliar não responde como agente público. Isso só acontece se estiver exercendo sua função ou se estiver agindo em atividade relacionada ao exercício funcional. D: incorreta. O erro dessa assertiva está na afirmação de que o serviço de segurança pública é individualmente assegurado ao cidadão, eis que se trata de serviço geral, "uti universi". E: incorreta. Temos caso de responsabilidade subjetiva, que deverá ser apurada na relação individual, entre o esbulhado e o Poder Público. **Gabarito "A".**

(Promotor de Justiça – MPE/AM – FMP – 2015) Em se tratando da responsabilidade civil extracontratual do Estado, assinale a alternativa correta.

(A) O Estado é responsável pelos atos ou omissões de seus agentes, de qualquer nível hierárquico, independentemente de terem agido ou não no âmbito de suas competências.

(B) O dispositivo constitucional pertinente ao tema não demanda que o agente público tenha agido no exercício de suas funções, mas na qualidade de agente público.

(C) Os entes federativos respondem apenas subsidiariamente pelas obrigações das pessoas jurídicas de direito público e de direito privado prestadoras de serviço público que instituírem.

(D) A responsabilidade imputável às pessoas jurídicas de direito privado prestadoras de serviços públicos será objetiva como regra, apenas convertida em modalidade subjetiva se alcançar danos aos terceiros não usuários do serviço contemplado.

(E) Prevalece na jurisprudência do STF o entendimento segundo o qual haverá de se conceder ao lesado a possibilidade de ajuizar ação diretamente contra o Estado, contra o agente causador do dano, ou contra ambos.

A: Incorreta. Só há responsabilidade civil do Estado se houver atividade estatal, ou seja, se o agente público estiver agindo como agente, no exercício de suas competências ou, mesmo que fora delas, representando o Estado. B: Correta. Como explicado acima, basta que o agente esteja atuando em nome do Estado para que esse responda. C: Incorreta. Os Entes Federativos não respondem subsidiariamente apenas pelas pessoas jurídicas de direito público ou privado que instituírem, mas também, pelas que autorizarem a instituição, que é o que acontece com as pessoas jurídicas de direito privado (art.37, XIX, CF). D: Incorreta. O entendimento dominante atual é de que a responsabilidade do Estado é objetiva, seja em relação aos usuários, seja em relação aos não usuários de serviços públicos, não havendo mais que se fazer essa diferenciação (princípio da isonomia). "...No mérito, salientando não ter ficado evidenciado, nas instâncias ordinárias, que o acidente fatal que vitimara o ciclista ocorrera por culpa exclusiva deste ou em razão de força maior, reputou-se comprovado o nexo de causalidade entre o ato administrativo e o dano causado ao terceiro não usuário do serviço público, e julgou-se tal condição suficiente para estabelecer a responsabilidade objetiva da pessoa jurídica de direito privado, nos termos do art. 37, § 6º, da CF ("As pessoas jurídicas de direito público e as de direito privado prestadoras de serviços públicos responderão pelos danos que seus agentes, nessa qualidade, causarem a terceiros, assegurado o direito de regresso contra o responsável nos casos de dolo ou culpa"). Asseverou-se que não se poderia interpretar restritivamente o alcance do art. 37, § 6º, da CF, sobretudo porque a Constituição, interpretada à luz do princípio da isonomia, não permite que se faça qualquer distinção entre os chamados "terceiros", ou seja, entre usuários e não usuários do serviço público, haja vista que todos eles, de igual modo, podem sofrer dano em razão da ação administrativa do Estado, seja ela realizada diretamente, seja por meio de pessoa jurídica de direito privado. Observou-se, ainda, que o entendimento de que apenas os terceiros usuários do serviço gozariam de proteção constitucional decorrente da responsabilidade objetiva do Estado, por terem o direito subjetivo de receber um serviço adequado, contrapor-se-ia à própria natureza do serviço público, que, por definição, tem caráter geral, estendendo-se, indistintamente, a todos os cidadãos, beneficiários diretos ou indiretos da ação estatal. Vencido o Min. Marco Aurélio que dava provimento ao recurso por não vislumbrar nexo de causalidade entre a atividade administrativa e o dano em questão". Precedentes citados: RE 262651/SP (DJU de 6.5.2005); RE 459749/PE (julgamento não concluído em virtude da superveniência de acordo entre as partes). RE 591874/MS, rel. Min. Ricardo Lewandowski, 26.8.2009. (RE-591874). E: Incorreta. O entendimento dominante é de que o servidor não pode ser acionado diretamente, eis que a responsabilidade é do Estado, havendo apenas responsabilidade do servidor ou agente público em sede de ação de regresso. Essa é a chamada "Dupla Garantia", reconhecida no RE 327.904, Relator(a): Min. Carlos Britto, Primeira Turma, julgado em 15/08/2006, DJ 08-09-2006). **Gabarito "B".**

(Analista Judiciário – TRT/8ª – 2016 – CESPE) Marcos, motorista de um ônibus de transporte público de passageiros de determinado município, ao conduzir o veículo, por sua culpa, atropelou e matou João. A família da vítima ingressou com uma ação de indenização contra o município e a concessionária de transporte público municipal, que administra o serviço. Citada, a concessionária municipal denunciou à lide Marcos, por entender que ele deveria ser responsabilizado, já que fora o causador do dano. O município alegou ilegitimidade passiva e ausência de responsabilidade no caso. A respeito dessa situação hipotética, assinale a opção correta conforme o entendimento doutrinário e jurisprudencial relativamente à responsabilidade civil do Estado.

(A) A denunciação à lide, no caso, não será obrigatória para se garantir o direito de regresso da concessionária contra Marcos.

(B) A culpa exclusiva ou concorrente da vítima afasta a responsabilidade civil objetiva da concessionária.

(C) A reparação civil do dano pelo município sujeita-se ao prazo prescricional de vinte anos.

(D) A responsabilidade civil da concessionária, na hipótese, será subjetiva, pois João não era usuário do serviço público de transporte coletivo.

(E) A responsabilidade civil do município, no caso, será objetiva, primária e solidária.

A: correta, pois a jurisprudência já se pacificou no sentido de que a denunciação à lide não é obrigatória para se garantir o direito de regresso da concessionária de serviço público em face de seu funcionário; B: incorreta, pois a culpa concorrente da vítima não afasta a responsabilidade objetiva da concessionária; C: incorreta, pois o prazo prescricional

para reparação civil em face do município é de 5 anos; **D:** incorreta, pois o STF pacificou o entendimento no sentido de que a responsabilidade do prestador de serviço público é objetiva tanto em favor do usuário do serviço quanto em favor do não usuário do serviço vítima de dano pela prestação do serviço público; **E:** incorreta, pois a responsabilidade do Município é subsidiária, devendo-se acionar a empresa concessionária e, caso esta não possa suportar o pagamento da indenização, o município deverá assumir esse pagamento. WG
Gabarito "A".

(Procurador do Estado/AM – 2016 – CESPE) Um motorista alcoolizado abalroou por trás viatura da polícia militar que estava regularmente estacionada. Do acidente resultaram lesões em cidadão que estava retido dentro do compartimento traseiro do veículo. Esse cidadão então ajuizou ação de indenização por danos materiais contra o Estado, alegando responsabilidade objetiva. O procurador responsável pela contestação deixou de alegar culpa exclusiva de terceiro e não solicitou denunciação da lide. O corregedor determinou a apuração da responsabilidade do procurador, por entender que houve negligência na elaboração da defesa, por acreditar que seria útil à defesa do poder público alegar culpa exclusiva de terceiro na geração do acidente. Considerando essa situação hipotética, julgue os próximos itens.

(1) Foi correto o corregedor quanto ao entendimento de que seria útil à defesa do poder público alegar culpa exclusiva de terceiro na geração do acidente, uma vez que, provada, ela pode excluir ou atenuar o valor da indenização.
(2) O procurador poderá defender-se pessoalmente, advogando em causa própria, se contra ele for instaurado processo administrativo disciplinar. Outras categorias de servidores, contudo, necessitariam contratar advogado, imprescindível para o exercício da ampla defesa no processo administrativo disciplinar.
(3) Diante da ausência de denunciação da lide, ficou prejudicado o direito de regresso do Estado contra o motorista causador do acidente.

1: correta, pois a culpa exclusiva de terceiro pode excluir a responsabilidade do Estado, de modo que o procurador foi desidioso ao não alegá-la diante de um caso em que o terceiro abalroou por trás e ainda estava alcoolizado; **2:** incorreta, pois, segundo a Sumula Vinculante STF 5, a falta de defesa técnica por advogado no processo disciplinar não ofende a Constituição; **3:** incorreta, pois o direito de regresso continua podendo ser exercido pelo Estado por haver previsão constitucional a esse respeito (art. 37, § 6º, da CF), não podendo uma lei processual eliminar esse direito do Estado se este não denunciar da lide seu agente público na própria ação promovida pela vítima em face do Estado. WG
Gabarito 1C, 2E, 3E

(Ministério Público/BA – 2015 – CEFET) Assinale a alternativa **CORRETA**, após aferir a veracidade das sentenças abaixo acerca da responsabilidade civil do Estado.

I. A atual jurisprudência do Superior Tribunal de Justiça assentou-se no sentido de que o prazo prescricional da pretensão de reparação civil deduzida contra a Fazenda Pública é de 5 (cinco) anos.
II. Segundo a doutrina pátria majoritária, em regra, a responsabilidade civil objetiva do Estado é do tipo "risco integral".
III. Haverá responsabilidade estatal quando o agente público causador do dano indenizável estiver no exercício das suas funções ou, ao menos, se esteja conduzindo a pretexto de exercê-las.
IV. Segundo a teoria da "falta do serviço", a vítima tem o ônus de comprovar a conduta culposa do agente público causador do dano.
V. Os entes da Administração Pública direta são solidariamente responsáveis pelos danos causados pelas concessionárias de serviço público por eles contratadas.

A alternativa que contém a sequência **CORRETA**, de cima para baixo, considerando V para verdadeiro e F para falso, é:
(A) VVFVV.
(B) VFVFF.
(C) FFVFF.
(D) FVFVV.
(E) VFVFV.

I: verdadeiro; o STJ, em decisão proferida em recurso repetitivo, firmou-se no sentido de que a prescrição contra a Fazenda Pública é quinquenal, mesmo em ações indenizatórias, uma vez que é regida pelo Decreto. 20.910/1932 (REsp 1251993/PR, *DJe* 19.12.2012); **II:** falso; em regra, a responsabilidade objetiva do Estado é do tipo "risco administrativo", vez que admite excludentes de responsabilidade estatal, ao contrário da responsabilidade do tipo "risco integral", que não admite qualquer tipo de excludente de responsabilidade estatal; **III:** verdadeiro, pois o art. 37, § 6º, da CF, que estabelece a responsabilidade objetiva estatal, é claro no sentido de que essa regra deve ser observada quando o agente público, "nessa qualidade", causar dano a terceiro, o que inclui tanto quando o agente "estiver no exercício de suas funções", como quando o agente "esteja conduzindo a pretexto de exercê-la", já que nos dois casos se coloca na qualidade de agente público; **IV:** falso, pois a chamada "falta do serviço" se caracteriza toda vez que se demonstrar que um serviço público foi "mal prestado", "prestado tardiamente" ou "não prestado quando deveria ser", o que prescinde da demonstração de que um agente público agiu culposamente; **V:** falso, pois a responsabilidade do Estado, no caso, é subsidiária em relação à da concessionária de serviço público; assim, se uma empresa de ônibus concessionária de serviço público atropela alguém na rua, esta deve ser acionada diretamente (e não o Poder Público, já que este não responde solidariamente no caso), podendo o Poder Público ser acionado subsidiariamente apenas no caso de a empresa de ônibus não puder responder por falta de patrimônio passível de execução judicial. WG
Gabarito "B".

(Ministério Público/SP – 2015 – MPE/SP) Assinale a alternativa que contém afirmação incorreta:
(A) A responsabilidade civil do Estado pela integridade física dos detentos tem natureza objetiva.
(B) Tem cunho subjetivo a responsabilidade civil do Estado pela prestação de serviço médico-hospitalar na rede pública, quando a mesma é delegada a terceiro.
(C) Não é obrigatória a denunciação à lide de empresa contratada pela Administração para prestar serviço de conservação de rodovias nas ações de indenização baseadas na responsabilidade civil objetiva do Estado.
(D) É quinquenal o prazo de prescrição para a propositura de ação de indenização por ilícito extracontratual contra a Fazenda Pública.
(E) O termo inicial do prazo prescricional para o ajuizamento de ação de indenização contra ato do Estado ocorre no momento em que constatada a lesão e os seus efeitos, conforme o princípio da *actio nata*.

A: assertiva correta, pois, em que pese estar-se diante de uma omissão estatal, tem-se no caso uma atividade estatal de risco, impondo a aplicação da teoria do risco administrativo, que enseja a responsabilidade objetiva; **B:** assertiva incorreta, devendo ser assinalada; isso porque, em havendo delegação da prestação de serviços a terceiro, este responde diretamente e o Poder Público responde apenas subsidiariamente; **C:** assertiva correta; pois não existe previsão legal nesse sentido; aliás, ocorrendo um acidente numa rodovia concedida quem deve ser acionado é o concessionário de serviço público, que responde diretamente e objetivamente pelo dano; o Poder Público não deve ser acionado a princípio, pois sua responsabilidade é subsidiária; **D:** assertiva correta, nos termos do Decreto 20.910/1932 e conforme vem decidindo o STJ (Resp 1.251.993/PR); **E:** assertiva correta, pois assim vem decidindo o STJ: "Esta Corte Superior possui entendimento no sentido de que o termo inicial do prazo prescricional para o ajuizamento de ação de indenização contra ato do Estado ocorre no momento em que constatada a lesão e os seus efeitos, conforme o princípio da *actio nata*" (AgRg no REsp 1506636/SC, *DJe* 03.09.2015). WG
Gabarito "B".

(Juiz de Direito/PA – 2014 – VUNESP) O Supremo Tribunal Federal já decidiu, em matéria de responsabilidade estatal, que
(A) os danos praticados pelo agente público, ainda que fora do exercício da função pública, são imputáveis subjetivamente ao Estado.
(B) os atos tipicamente jurisdicionais, dentre eles incluídos o erro judicial, não produzem direito à indenização.
(C) poderá ser indenizada a vítima que demonstre especial e anormal prejuízo decorrente de norma declarada inconstitucional pelo próprio Supremo Tribunal Federal.
(D) os atos administrativos praticados por órgãos do Poder Legislativo e do Poder Judiciário, por conta de sua atipicidade, geram responsabilidade subjetiva.
(E) em princípio, o Estado possui responsabilidade subjetiva pelos atos jurisdicionais.

A: incorreta, pois a responsabilidade do Estado decorrente de ato de agente seu é objetiva (art. 37, p. 6º, da CF); **B:** incorreta, pois o Estado responde excepcionalmente por atos tipicamente jurisdicionais, nos seguintes casos: a) de erro judiciário, que é aquele reconhecido em revisão criminal ou o decorrente de prisão de alguém além do tempo permitido; b) quando o juiz responder pessoalmente por dolo, fraude, recusa, omissão ou retardamento injustificado de providências de seu ofício, nos termos do art. 133 do CPC/1973 (art. 143 do NCPC); c) de erro grave (ex: prisão de alguém sem qualquer envolvimento com o fato criminoso – vide o caso do "Bar Bodega" no Informativo 570 do STF); **C:** correta, pois o Estado responde excepcionalmente por atos legislativos, nos seguintes casos: a) se uma lei declarada inconstitucional causa danos especiais e anormais ao particular; b) se lei de efeito concreto causar dano anormal e especial a uma pessoa em particular (ex: criação de Parque Florestal em área privada); **D:** incorreta, pois *atos administrativos* que causarem danos a terceiros, mesmo que praticados pela Administração Pública dos Poderes Judiciário e Legislativo, ensejam responsabilização objetiva na forma do art. 37, § 6º, da CF; **E:** correta, pois as hipóteses que ensejam a responsabilidade do Estado por ato jurisdicional (erro judiciário, dolo/fraude de juiz ou erro grave) são todas, em última análise, hipóteses que envolvem culpa ou dolo, ou seja, elementos subjetivos. WG
Gabarito "C".

(Promotor de Justiça/PI – 2014 – CESPE) Acerca da responsabilidade civil do Estado, assinale a opção correta.
(A) Para que se configure a responsabilidade civil objetiva do Estado, o dano deve ser causado por agente público, não abrangendo a regra a categoria dos agentes políticos.
(B) Embora seja cabível a responsabilidade do Estado por atos praticados pelo Poder Judiciário, em relação a atos judiciais que não

impliquem exercício de função jurisdicional, não é cabível responsabilização estatal.
(C) Segundo a CF, a responsabilidade civil do Estado abrange prejuízos causados pelas pessoas jurídicas de direito público e as de direito privado que integram a administração pública indireta, não abarcando atos danosos praticados pelas concessionárias de serviço público.
(D) Segundo entendimento do STJ, é imprescritível a pretensão de recebimento de indenização por dano moral decorrente de atos de tortura ocorridos durante o regime militar de exceção.
(E) De acordo com a jurisprudência do STJ, é objetiva a responsabilidade civil do Estado nas hipóteses de omissão, devendo-se demonstrar a presença concomitante do dano e do nexo de causalidade entre o evento danoso e o comportamento ilícito do poder público.

A: incorreta, pois a regra inclui os agentes políticos, que são espécies de agentes públicos; **B:** incorreta, pois os atos jurisdicionais geram responsabilidade civil estatal, ainda que em casos excepcionais, como em caso de erro judiciário; **C:** incorreta, pois o texto do art. 37, § 6º, da CF abarca a responsabilidade das pessoas jurídicas prestadoras de serviço público (ou seja, concessionárias de serviço público); **D:** correta (STJ, AgRg no REsp 1.424.680/SP, DJ 09.04.2014); **E:** incorreta, pois a questão da responsabilidade objetiva do Estado por condutas omissivas é ainda controversa, havendo decisões pela responsabilidade subjetiva no caso e também pela responsabilidade objetiva. Gabarito "D".

(Procurador do Município – Cuiabá/MT – 2014 – FCC) No tocante à responsabilidade dos entes estatais, é correto afirmar:
(A) A atual jurisprudência do STF entende que a responsabilidade objetiva somente se aplica em favor de usuários de serviços públicos e não de terceiros que não ostentem tal condição.
(B) A responsabilidade aquiliana não se aplica ao Estado, visto que se trata de modalidade típica do direito civil.
(C) Sempre que editada lei de efeitos concretos haverá a responsabilização do ente estatal que exerceu a atividade legislativa.
(D) A licitude da atuação estatal não elide a sua responsabilização, quando houver injusta distribuição dos ônus da atividade administrativa.
(E) A chamada teoria da culpa do serviço inaugura a fase de responsabilização objetiva, na evolução da responsabilidade estatal.

A: incorreta, pois o STF passou a entender que a expressão "terceiros", contida no dispositivo constitucional citado, inclui os terceiros não usuários do serviço público (STF, RE 591874); **B:** incorreta, pois há hipóteses em que o Estado responde subjetivamente, como nos casos de omissão estatal; **C:** incorreta, pois tal responsabilidade só advirá no caso se tal lei causar dano especial e anormal ao particular que sofrer os seus efeitos; **D:** correta, de modo que o Estado responde inclusive por ato lícito que tiver praticado, caso esse ato tenha causado dano especial e anormal ao particular, situação que revela injusta distribuição dos ônus da atividade administrativa; **E:** incorreta, pois tal teoria ainda está na fase de responsabilização subjetiva do Estado, ainda que focada em aspectos mais objetivos (apuração da existência ou não de serviço defeituoso) do que a simples culpa de um agente estatal. Gabarito "D".

(Advogado da Sabesp/SP – 2014 – FCC) Analise a seguinte assertiva: *Desastres ocasionados por chuvas, tais como, enchentes, inundações e destruições, excluem a responsabilidade estatal*. A assertiva em questão
(A) não está correta, pois inexiste excludente da responsabilidade estatal, sendo hipótese de responsabilidade subjetiva.
(B) está correta, não comportando exceção.
(C) não está correta, pois, em regra, o Estado responde diante de fatos decorrentes da natureza.
(D) está correta, mas se for comprovado que o Estado omitiu-se no dever de realizar certos serviços, ele responderá pelos danos.
(E). não está correta, pois o Estado sempre responde objetivamente.

Tais desastres, em tese, excluem a responsabilidade estatal, tratando-se de caso fortuito ou de força maior excludente do nexo de causalidade. Porém, se o Estado se omitiu em realizar certos serviços e tal omissão tenha contribuído para a potencialização dos efeitos desses desastres, o Estado responderá, de modo que a alternativa "d" está correta. Gabarito "D".

(Advogado da Fundação Pro Sangue/SP – 2014 – FGV) No que concerne à *Responsabilidade civil do Estado*, analise as afirmativas a seguir.
I. A teoria do risco administrativo se aplica para responsabilizar o Estado por atos legislativos e judiciais próprios.
II. No caso de falta do serviço aplica-se pacificamente a teoria do risco administrativo na responsabilidade civil do Estado
III. O risco administrativo é pacificamente aceito na disciplina dos atos comissivos do Estado que causam danos.
Assinale:
(A) se somente a afirmativa I estiver correta.
(B) se somente a afirmativa III estiver correta.
(C) se somente as afirmativas I e II estiverem corretas.
(D) se somente as afirmativas I e III estiverem corretas.
(E) se todas as afirmativas estiverem corretas.

I: incorreta, pois, em regra, tais atos não ensejam indenização, que somente será exigível em casos específicos, como de lei inconstitucional e erro judiciário; **II:** incorreta, pois a ausência de serviço (omissão) enseja responsabilidade subjetiva como regra; **III:** correta, pois é pacífico que nas condutas comissivas do Estado a responsabilidade é objetiva (art. 37, § 6º, da CF). Gabarito "B".

(Advogado do INEA/RJ – 2014 – FGV) O Juiz diretor do Fórum da Comarca X determinou a demolição de uma casa, pensando ser de propriedade do Estado, para que, em seguida, fosse expandido o referido Fórum. Diante do ocorrido, o proprietário da casa resolve ingressar com ação de responsabilidade civil em face do Estado Y. Considerando a referida hipótese, assinale a afirmativa correta.
(A) O proprietário, neste caso, terá que comprovar a culpa, vez que o caso é de responsabilidade civil por ato judicial.
(B) O proprietário, neste caso, terá que comprovar a culpa ou o dolo, vez que o caso é de responsabilidade civil por ato judicial.
(C) O proprietário, neste caso, terá que comprovar o dolo, vez que o caso é de responsabilidade civil por ato judicial.
(D) O proprietário, neste caso, terá que comprovar a culpa ou o dolo, vez que o caso é de responsabilidade civil por ato omissivo, já que o Juiz desconhecia que o bem não pertencia ao Estado.
(E) O proprietário, neste caso, não terá que comprovar a culpa, nem o dolo, vez que o caso é de responsabilidade civil por ato comissivo.

A a D: incorretas, pois aqui se tem ato administrativo do juiz (e não ato judicial), de modo que o Estado responde objetivamente; **E:** correta, pois aqui se tem ato *administrativo* (comissivo) do juiz (e não ato *judicial*), de modo que o Estado responde objetivamente, sem necessidade de comprovação de culpa ou dolo do juiz. Gabarito "E".

8.3. RESPONSABILIDADE DO AGENTE PÚBLICO, AÇÃO DE REGRESSO E DENUNCIAÇÃO DA LIDE

(Advogado União – AGU – CESPE – 2015) No que se refere à responsabilidade do parecerista pelas manifestações exaradas, julgue o próximo item.
(1) Situação hipotética: Determinado ministério, com base em parecer opinativo emitido pela sua consultoria jurídica, decidiu adquirir alguns equipamentos de informática. No entanto, durante o processo de compra dos equipamentos, foi constatada, após correição, ilegalidade consistente no superfaturamento dos preços dos referidos equipamentos. Assertiva: Nessa situação, de acordo com o entendimento do STF, ainda que não seja comprovada a má-fé do advogado da União, ele será solidariamente responsável com a autoridade que produziu o ato final.

1: incorreta. Conforme STF (STF, MS 24.631), os pareceres são apenas opinativos e, ainda que seja comprovada a má-fé do parecerista, ele não responde com a autoridade final do ato, sendo essa, integralmente responsável pelo uso do seu conteúdo. Gabarito 1E.

(Delegado/AP – 2017 – FCC) Uma determinada viatura oficial estadual, enquanto em diligência, chocou-se contra o muro de uma escola municipal, derrubando- o parcialmente, bem como o poste de transmissão de energia existente na calçada, que estava em péssimo estado de conservação, assim como os transformadores e demais equipamentos lá instalados. Foram apurados danos materiais de grande monta, não só em razão da necessidade de reconstrução do muro, mas também porque foi constatado que muitos aparelhos elétricos e eletrônicos deixaram de funcionar a partir de então, tais como geladeiras, computadores e copiadoras. Relevante apurar, para solucionar a responsabilidade do ente estatal,
(A) se o condutor da viatura empregou toda a diligência e prudência necessárias para afastar negligência, bem como se estava devidamente capacitado para o desempenho de suas funções, a fim de verificar eventual ocorrência de imperícia.
(B) a origem dos recursos que possibilitaram a aquisição dos materiais elétricos e eletrônicos, para comprovar se o Município efetivamente sofreu prejuízos qualificáveis como indenizáveis para fins de configuração de responsabilidade civil.
(C) apenas o valor dos danos materiais constatados, tendo em vista que se trata de responsabilidade objetiva, modalidade que, para sua configuração, dispensa qualquer outro requisito.
(D) o nexo de causalidade entre a colisão causada pela viatura estadual e os danos emergentes sofridos, para demonstrar que decorreram do acidente e não de outras causas e viabilizar a apuração correta da indenização, prescindindo, no entanto, de prova de culpa do condutor.

(E) a propriedade do imóvel onde funcionava a escola, tendo em vista que caso se trate de bem público estadual cedido à municipalidade para implantação da escola, descabe qualquer indenização, seja pelo muro, seja pelos danos nos aparelhos elétricos, uma vez que o funcionamento da própria unidade depende do ente estadual.

Trata-se da aplicação da Teoria do Risco Administrativo, segundo Maria Sylvia Zanella Di Pietro, para que seja efetivamente caracterizada a responsabilidade do Estado prevista constitucionalmente no art. 37, § 6º há de se exigir a ocorrência dos elementos: 1. Que se trate de pessoa jurídica de direito público ou de direito privado prestadora de serviços públicos; (...), 2. Que essas entidades prestem serviços públicos, o que exclui as entidades da administração indireta que executem atividade econômica de natureza privada; (...)3. Que haja um dano causado a terceiro em decorrência da prestação se serviço público; (...) 4. Que o dano causado por agente das aludidas pessoas jurídicas, o que abrange todas as categorias, de agentes políticos, administrativos ou particulares em colaboração com a Administração, sem interessar o título sob o qual prestam o serviço; 5. Que o agente, ao causar o dano, aja nessa qualidade; (...)" (destaques no original). FB
Gabarito "D".

(Delegado/MT – 2017 – CESPE) Um delegado de polícia, ao tentar evitar ato de violência contra um idoso, disparou, contra o ofensor, vários tiros com revólver de propriedade da polícia. Por erro de mira, o delegado causou a morte de um transeunte.

Nessa situação hipotética, a responsabilidade civil do Estado
(A) dependerá da prova de culpa in eligendo.
(B) dependerá de o delegado estar, no momento da ocorrência, de serviço.
(C) dependerá da prova de ter havido excesso por parte do delegado.
(D) existirá se ficar provado o nexo de causalidade entre o dano e a ação.
(E) será excluída se o idoso tiver dado causa ao crime.

Art. 37, § 6º As pessoas jurídicas de direito público e as de direito privado prestadoras de serviços públicos responderão pelos danos que seus agentes, nessa qualidade, causarem a terceiros, assegurado o direito de regresso contra o responsável nos casos de dolo ou culpa. FB
Gabarito "D".

(Defensor Público – DPE/ES – 2016 – FCC) Aristides da Silva era operário e, a pretexto de sua participação em grupo político considerado subversivo, foi preso e torturado por agentes policiais estaduais, no ano de 1976. Somente em 2016 procurou a Defensoria Pública, visando ajuizar ação indenizatória em face do Estado, para pleitear os danos materiais e morais decorrentes do episódio, que lhe causou sequelas físicas e psicológicas. Em vista de tal situação, é correto concluir que a pretensão em tela
(A) não está prescrita, mas há litisconsórcio necessário, devendo ser ajuizada também em relação aos agentes públicos causadores do dano, haja vista a necessidade de garantir-se o direito de regresso do Estado.
(B) é imprescritível, podendo ser ajuizada ação de reparação a qualquer momento.
(C) já se encontra prescrita, no tocante aos danos materiais, sendo imprescritível a pretensão aos danos morais.
(D) já se encontra inteiramente prescrita, em vista dos efeitos da chamada Lei de Anistia (Lei Federal 6.683/1979).
(E) já se encontra prescrita, por força do Decreto no 20.910/1932, devendo ter sido ajuizada ação de reparação no prazo de cinco anos a partir da vigência da Constituição Federal de 1988.

A: Incorreta. Não há litisconsórcio entre o Estado e seus agentes. A responsabilidade civil prevista no art. 37, § 6º, CF é objetiva e do Estado. Em relação ao agente somente cabe ação de regresso, a ser ajuizada pelo Estado; B: Correta. A Ação de Responsabilidade Civil do Estado é imprescritível, conforme disposto no art. 37, § 5º, CF, que ressalva as Ações de Ressarcimento; C: Incorreta, tendo em vista o mesmo argumento acima citado; D: Incorreta. Não ocorre a prescrição, conforme explicado no item B; E: Incorreta. Não há aplicação do Decreto 20.910/1932, que somente se refere à prescrição das dívidas passivas do Estado, não prevalecendo, portanto, sobre a regra constitucional prevista no art. 37, § 5º, CF. AW
Gabarito "B".

(Magistratura/GO – 2015 – FCC) Suponha que um servidor público tenha cometido erro na alimentação do sistema informatizado de distribuição de ações judiciais, o que levou a constar, equivocadamente, a existência de antecedente criminal para determinado cidadão. Essa situação gerou prejuízos concretos para o cidadão, que foi preterido em processo de seleção para emprego de vigilante e também obrigado a desocupar o quarto na pensão onde residia. Diante dessa situação, referido cidadão
(A) possui direito de obter indenização do servidor pelos prejuízos suportados, independentemente de comprovação de dolo ou culpa, em caráter subsidiário à responsabilidade objetiva do Estado.
(B) possui direito de obter do Estado a indenização pelos danos materiais e morais sofridos, condicionado à comprovação da culpa in elegendo ou in vigilando da Administração.
(C) poderá acionar judicial ou administrativamente o servidor que cometeu a falha, o qual possui responsabilidade objetiva pelos prejuízos comprovados.
(D) possui direito de ser indenizado pelo Estado pelos prejuízos decorrentes da conduta do servidor público, independentemente da comprovação de dolo ou culpa deste.
(E) poderá demandar, administrativa ou judicialmente, o Estado e o servidor, que possuem responsabilidade pelos danos causados por ação ou omissão, respondendo o Estado em caráter subsidiário em relação ao servidor.

A, C e E: incorretas; primeiro porque o STF não admite que se ingresse com ação indenizatória diretamente contra o agente público por atos praticados por esse no âmbito de sua atuação nessa qualidade, seja de forma subsidiária ou, devendo o interessado acionar diretamente o Estado e mais nada poderá fazer; segundo porque os agentes públicos respondem por atos praticados nessa qualidade (em ação regressiva do Estado) apenas quanto atuar com culpa ou dolo; B: incorreta, pois a responsabilidade do Estado é objetiva (art. 37, § 6º, da CF), não dependendo, portanto, de comprovação de culpa ou dolo; D: correta, pois a responsabilidade do Estado é objetiva (art. 37, § 6º, da CF), não dependendo portanto de comprovação de culpa ou dolo. WG
Gabarito "D".

(Procurador do Município – São Paulo/SP – 2014 – VUNESP) Considerando o servidor público que teve seu ato de aposentadoria publicado, mas que não teve conhecimento e continua trabalhando, causando dano a terceiros, no que diz respeito à responsabilidade civil da Administração, assinale a alternativa correta.
(A) Não há responsabilidade por não ser o autor mais servidor público.
(B) Não há responsabilidade, pois se trata de usurpação de função.
(C) Há responsabilidade, por manter o servidor aparência de agente público de fato.
(D) Há responsabilidade, uma vez que é servidor enquanto não deixar o cargo.
(E) Há responsabilidade, por equivaler à teoria da culpa anônima por falta de serviço.

Há responsabilidade estatal, aplicando-se a teoria da aparência, já que o servidor atua em situação de aparência de legalidade, não se tendo como exigir que o prejudicado tivesse ciência de que não se tratava de um agente público de direito, mas sim de um mero agente público de fato. WG
Gabarito "C".

8.4. RESPONSABILIDADE DAS CONCESSIONÁRIAS DE SERVIÇO PÚBLICO

(Procurador do Município – Prefeitura Fortaleza/CE – CESPE – 2017) A respeito de bens públicos e responsabilidade civil do Estado, julgue os próximos itens.
(1) De acordo com o entendimento do STF, empresa concessionária de serviço público de transporte responde objetivamente pelos danos causados à família de vítima de atropelamento provocado por motorista de ônibus da empresa.

1: correta. Está correta a assertiva, porque as concessionárias estão incluídas no disposto no art. 37, § 6º, CF, além do que determina o art. 25, da Lei 8.987/1995. AW
Gabarito 1C.

(Procurador do Estado – PGE/RN – FCC – 2014) Uma determinada concessionária de serviços públicos ferroviários experimentou relevantes e significativos prejuízos em razão de grave deslizamento de parte de um morro próximo à malha ferroviária, em razão das fortes chuvas ocorridas na região. Além dos prejuízos pela destruição de bens da concessionária e de particulares, houve interrupção dos serviços por período superior a 30 (trinta) dias. Em razão desse incidente
(A) o poder público será responsabilizado pelos prejuízos experimentados pela concessionária, tendo em vista que em se tratando de força-maior, aplica-se a responsabilidade civil na modalidade objetiva pura.
(B) a concessionária pode demandar o poder público em juízo, para ressarcimento dos prejuízos causados e pelos lucros cessantes, desde que comprove a culpa dos agentes responsáveis pelas obras de contenção de encostas, tendo em vista que em se tratando de hipótese de força-maior, aplica-se a responsabilidade civil na modalidade subjetiva.
(C) o poder público não pode ser responsabilizado, tendo em vista que a ocorrência de força-maior supera eventual ocorrência de negligência nas obras e atividades de prevenção de acidentes.
(D) a concessionária poderá demandar o poder público para fins de responsabilidade civil na modalidade objetiva, em razão da natureza da atividade prestada, relevante e essencial.
(E) o poder público poderá ser responsabilizado a indenizar os bens dos particulares caso se demonstre a ocorrência de culpa do serviço,

ou seja, de que o acidente poderia ter sido evitado caso tivessem sido adotadas as prevenções cabíveis.

A: incorreta. A Teoria Objetiva pura é adotada pelo Direito Penal, e não pelo direito administrativo. Também, quem responde pelos danos decorrentes da prestação do serviço público é o concessionário, que assume a prestação do serviço por sua "conta e risco" (art. 25, da Lei 8.987/1995), e não o Poder Público (poder concedente); **B:** incorreta. A concessionária assume o risco e responsabilidade pela prestação do serviço de forma integral (art. 25, da Lei 8.987/1995), por isso não pode ela se voltar contra o Poder Público para ressarcimento em decorrência dos danos causados em decorrência da prestação do serviço público; **C:** incorreta. A concessionária é que responde pelos danos causados em decorrência da prestação do serviço público, conforme disposto no art. 25, da Lei 8.987/1995; **D:** incorreta. Mais uma vez, a concessionária responde integralmente pelos danos e não tem o direito de regresso em face do Estado. O Estado está representado pela concessionária na prestação do serviço público (art. 37, § 6º, CF), **E:** correta. O Poder Público aqui enunciado é o Estado ou quem lhe faça as vezes, conforme disposto no art. 37, § 6º, CF, respondendo em caso de serviço que não funcionou, funcionou mal ou funcionou tardiamente, ou seja, em caso de culpa pela "falta do serviço". AW

Gabarito "E".

8.5. RESPONSABILIDADE POR ATOS LEGISLATIVOS E JUDICIAIS

(Juiz de Direito/DF – 2016 – CESPE) Acerca da responsabilidade do Estado na doutrina pátria e na jurisprudência do STF, assinale a opção correta.

(A) A responsabilidade civil do Estado por atos legislativos incide nos mesmos termos da responsabilidade da administração pública, bastando que o ato legislativo produza danos ao lesado para que surja o dever de indenizar.

(B) O servidor público responderá por atos dolosos e culposos que causem danos ao administrado, e essa responsabilidade será apurada regressivamente em litígio que envolva o servidor e o ente público ao qual está vinculado, em caso de obrigação do Estado de ressarcir o dano causado ao lesado.

(C) O Estado responde, pelos atos jurisdicionais, nos casos de condenação errônea do jurisdicionado em processo criminal, prisão por prazo superior ao previsto no título condenatório, prisão preventiva seguida de posterior absolvição em processo criminal e dolo do magistrado na prática de ato jurisdicional danoso à parte.

(D) A responsabilidade objetiva do Estado, pela teoria do risco administrativo, indica ser suficiente a concorrência da conduta do agente público, do dano ao terceiro e do nexo de causalidade, não havendo causas excludentes da responsabilidade estatal.

(E) A responsabilidade do Estado pelos danos decorrentes de atos de seus agentes independente de culpa, exceto nos casos de culpa dativa do preposto do ente público.

A: incorreta, pois os atos legislativos apenas *delimitam* os direitos das pessoas, e não *tiram* os direitos destas; somente um ato legislativo de efeito concreto e que ferisse o princípio da igualdade e um ato legislativo inconstitucional são capazes de gerar indenização em favor do particular; **B:** correta, pois tratado corretamente da questão à luz do art. 37, § 6º, da CF; **C:** incorreta, pois o Estado somente responde por atos judiciais em caso de prisão além do tempo e de erro judiciário, sendo que este só se reconhece em revisão criminal em casos extremos de gravíssimo e patente erro jurisdicional, o que não se vem reconhecendo no simples fato de alguém ser preso preventivamente e depois absolvido; **D:** incorreta, pois a responsabilidade estatal pelo *risco administrativo* (diferentemente da responsabilidade estatal pelo *risco integral*) admite, sim, excludentes de responsabilidade; **E:** incorreta, pois a responsabilidade do Estado pelos atos de seus agentes independe de culpa em qualquer caso, pois é objetiva (art. 37, § 6º, da CF). WG

Gabarito "B".

9. LICITAÇÃO

9.1. CONCEITO, OBJETIVOS E PRINCÍPIOS

(Procurador – IPSMI/SP – VUNESP – 2016) Sobre as licitações públicas, é correto afirmar que

(A) as compras, sempre que possível, deverão ser subdivididas em tantas parcelas quantas necessárias para aproveitar as peculiaridades do mercado. Dessa forma, a divisibilidade do objeto deverá ser considerada para definir o objeto do futuro contrato, podendo acarretar a dispensa ou inexigibilidade da licitação.

(B) a licitação dispensada possui como características ter as suas hipóteses de realização previstas em rol não exaustivo, em semelhança ao que ocorre com as hipóteses de inexigibilidade de licitação.

(C) podem participar da tomada de preços os interessados devidamente cadastrados ou que atenderem a todas as condições exigidas para o cadastramento até o quinto dia anterior à data do recebimento das propostas, observada a necessária qualificação.

(D) segundo a Lei 8.666/1993, não poderá participar, direta ou indiretamente, da licitação ou da execução de obra ou serviço e do fornecimento de bens a eles necessários o autor do projeto, básico ou executivo, pessoa física ou jurídica.

(E) a legislação contempla a possibilidade de realização de contratação direta no caso de licitação deserta, que se caracteriza quando existem licitantes presentes no certame, mas todos são inabilitados ou desclassificados.

A: Incorreta. O art. 8º, da Lei 8.666/1993 dispõe que: "A execução das obras e dos serviços deve programar-se, sempre, em sua totalidade, previstos seus custos atual e final e considerados os prazos de sua execução". **B:** Incorreta. O rol das hipóteses de licitação dispensada é taxativo, sendo esse o erro da assertiva. **C:** Incorreta. Não podem participar da licitação o autor do projeto básico ou executivo, pessoa física ou jurídica (art. 9º, I, da Lei 8.666/1993); **D:** Correta. Trata-se do oposto da alternativa C, sendo correta, portanto (art. 9º, I, da Lei 8.666/1993). **E:** Incorreta. A licitação deserta é caso de dispensa de licitação disposta no art. 24, V, da Lei 8.666/1993, mas ocorre quando não há interessados e o procedimento não pode ser novamente realizado sem prejuízo do interesse público, não sendo hipótese de inabilitação ou desclassificação dos licitantes, portanto. AW

Gabarito "D".

(Advogado União – AGU – CESPE – 2015)

(1) Situação hipotética: A Procuradoria-Geral do Município de Fortaleza decidiu ceder espaço de suas dependências para a instalação de lanchonete que atendesse aos procuradores, aos servidores e ao público em geral. Assertiva: Nessa situação, por se tratar de ato regido pelo direito privado, não será necessária a realização de processo licitatório para a cessão de uso pelo particular a ser contratado.

1: Incorreta. A Procuradoria é um órgão público (art. 131, CF), por isso necessita realizar licitação para as suas contratações, cessões, como essa da lanchonete, conforme disposto no art. 37, XXI, CF, estando incorreta a assertiva, portanto. AW

Gabarito 1E.

(Procurador do Estado – PGE/RN – FCC – 2014) Uma autarquia estadual que presta serviços no setor de transportes promoveu regular licitação para contratação de obras de recapeamento de pistas de rolamento das rodovias que explora. Transcorrido o procedimento de licitação nos termos legais, sagrou-se vencedora uma empresa, estando o procedimento em fase de homologação do resultado. Considerando que a Administração pretende concluir a contratação em face de comprovada necessidade do objeto,

(A) a autoridade competente possui discricionariedade em medida suficiente para rediscussão das condições e objeto da licitação antes da fase da homologação, a fim de ajustar a futura contratação às necessidades da Administração, o que também configura expressão do poder exorbitante e do caráter mutável do contrato administrativo.

(B) a autoridade competente possui pouca margem de apreciação quanto à conveniência e oportunidade para homologar o certame, na medida em que lhe resta o exame de compatibilidade do resultado com os preços e demais indicadores objetivos constantes do processo, havendo autores que indicam, inclusive, ser dever da autoridade fazê-lo.

(C) diante de eventual incompatibilidade entre os preços praticados no mercado e o resultado, resta à autoridade competente o cancelamento da licitação, ainda que exista probabilidade de indenização do vencedor.

(D) não se admite controle na esfera do Judiciário antes da conclusão da fase de homologação e adjudicação, tendo em vista que somente após esses atos é que a licitação é considerada concluída e, portanto, hábil a projetar efeitos dos vícios de ilegalidade que a permearem.

(E) somente poderá haver revogação do certame por razões de conveniência e oportunidade após as fases de homologação e adjudicação do objeto se houver indenização para o vencedor.

A: incorreta. A autoridade não tem essa discricionariedade, eis que o procedimento já está quase que encerrado. O que poderia ser feito é anular ou revogar o procedimento ou um ato do procedimento (art. 49, da Lei 8.666/1993), mas não rediscutir condições previamente constantes do edital, o que afrontaria o princípio da igualdade dos licitantes; **B:** correta. Nessa fase de homologação, apenas se verifica a legalidade do procedimento, utilização de critérios discricionários; **C:** incorreta. O preço poderá ser reajustado ou revisado (art. 58 e seguintes, da Lei 8.666/1993), não havendo na Lei de Licitações previsão para o cancelamento do procedimento; **D:** incorreta. O controle judicial é sempre possível, eis que inafastável a jurisdição (art. 5º, XXXV, CF), sendo sempre possível anular ou revogar o procedimento (art. 49, da Lei 8.666/1993); **E:** incorreta. A revogação poderá ocorrer em qualquer fase do procedimento licitatório (art. 49, da Lei 8.666/1993), desde que por motivos supervenientes e comprovado o interesse público. AW

Gabarito "B".

(Juiz – TRF 2ª Região – 2017) Sociedade empresária pretende participar de licitação de obra pública (sob a égide da Lei nº 8.666/93) e ingressa em juízo alegando violação aos princípios da legalidade e da competitividade, questionando as seguintes cláusulas do edital:

I. exigência, na fase de habilitação, no item relativo à qualificação técnica, de que o vínculo profissional do responsável técnico que integra o quadro permanente do licitante seja exclusivamente celetista;

II. exigência, na fase de habilitação, no item relativo à qualificação econômico-financeira, que a garantia da proposta, no valor de 5% (cinco por cento) do valor estimado do objeto da contratação, seja apresentada em data anterior à realização da licitação;

III. exigência, na fase de habilitação, no item relativo à qualificação técnica, da comprovação da propriedade das máquinas e equipamentos essenciais para a execução do objeto.

Procedem os questionamentos em relação:

(A) A todos os itens.
(B) Apenas ao item I.
(C) Apenas aos itens I e II.
(D) Apenas aos itens II e III.
(E) Apenas ao item III.

A: correta. Todos os itens se encontram corretos, conforme a seguir exposto: **I:** A lei não exige que seja celetista, apenas que integre o quadro permanente da empresa. Art. 30, § 1º da Lei 8.666/1993 "I – capacitação técnico-profissional: comprovação do licitante de possuir em seu quadro permanente, na data prevista para entrega da proposta, profissional de nível superior ou outro devidamente reconhecido pela entidade competente, detentor de atestado de responsabilidade técnica por execução de obra ou serviço de características semelhantes..."**II:** Para a qualificação econômico-financeira, a garantia limita-se a 1% do valor estimado do objeto de licitação. Art. 31, III da Lei 8.666/1993. **III:** A lei só exige declaração formal de disponibilidade, vedada as exigências de propriedade e de localização prévia. Art. 30, § 6º da Lei 8.666/1993. **B:** incorreta. O item I, II e III estão corretos; **C:** incorreta. Os itens I, II e III estão corretos; **D:** incorreta. Todos os itens se encontram corretos, conforme explicação na letra "A"; **E:** incorreta. Todos os itens se encontram corretos, conforme acima explicado. Gabarito "A".

(Juiz – TJ/SP – VUNESP – 2015) Sobre o dever constitucional da Administração Pública realizar licitação para contratar obras, serviços, compras e alienações, bem como para delegar a prestação de serviços públicos por meio de concessão ou permissão, é correto afirmar que

(A) respeitadas as modalidades de licitação previstas na lei geral editada pelo Congresso Nacional, Estados e Municípios podem estabelecer modalidades licitatórias adicionais para a Administração Pública no seu âmbito federativo.

(B) a licitação se presta a assegurar à Administração a obtenção da proposta economicamente mais barata e a garantir condições e oportunidades idênticas a todos os particulares interessados.

(C) a Constituição prevê a existência de uma única lei contendo normas gerais para todos os entes e órgãos públicos de qualquer ente da Federação.

(D) é possível que a licitação seja utilizada para a consecução de pautas de políticas públicas que conflitem com os princípios da economicidade e da isonomia.

A: incorreta. Não é possível aos Estados e Municípios preverem outras modalidades de licitação, eis que se trata de competência privativa da União (art. 22, XXVII, CF). **B:** incorreta. A licitação visa garantir a proposta mais vantajosa, e não necessariamente, a mais barata ao Poder Público (art. 3º, da Lei 8.666/1993) **C:** incorreta. A Constituição Federal não prevê uma única Lei para veicular a matéria (art. 37, XXI, CF). **D:** correta. Infelizmente, a licitação pode ser mal utilizada, pois antes de realizada, passa por uma decisão política na escolha do seu objeto (o serviço, a obra, a política pública a ser realizada). Gabarito "D".

(Promotor de Justiça/SC – 2016 – MPE)

(1) É permitida a participação de engenheiro do quadro de pessoal da Administração na execução de obra ou serviço contratado com base na Lei 8.666, de 1993, na qualidade de consultor técnico.

1: errada, O art.9º, III, da Lei 8.666/1993 proíbe a participação de servidor público no processo de concorrência. Gabarito 1E.

(Promotor de Justiça – MPE/MS – FAPEC – 2015) Assinale a alternativa **correta**. O princípio da competitividade é peculiar à licitação, pois a competição favorece a obtenção da melhor proposta. Se à licitação comparecer apenas um interessado, o licitante deverá:

(A) Anular o edital e torná-lo mais claro para que outros interessados apareçam e haja competição.

(B) Republicar o edital, até que novos interessados se habilitem e haja competição.

(C) Cancelar a etapa da habilitação e examinar desde logo a proposta com vistas à contratação imediata do único interessado.

(D) Apurar a habilitação normalmente e, se considerado habilitado o interessado, a proposta deverá ser examinada como se outros disputantes houvesse.

(E) Apurar a habilitação normalmente e, em seguida, considerar automaticamente válida a proposta por ser a única apresentada.

A: Incorreta. Nesse caso temos hipótese de ilegalidade, que enseja a anulação. **B:** Incorreta. Não há previsão para a hipótese de republicação de edital na Lei 8.666/1993 **C:** Incorreta. Não se trata de contratação direta, por isso não é possível "pular" atos do processo licitatório. **D:** Correta. Apesar dessa assertiva ter sido colocada como correta, sendo esse o posicionamento de Celso Antônio Bandeira de Mello, para o qual: "Se à licitação comparecer apenas um interessado deve-se apurar sua habilitação normalmente. Se habilitado, sua proposta será examinada tal como ocorreria se outros disputantes houvesse. Não há óbice algum a que lhe seja adjudicado o objeto da licitação, em sendo regular sua proposta, pelo fato de inexistirem outros interessados. O mesmo ocorrerá se vários comparecerem, mas apenas um for habilitado", há muita controvérsia doutrinária e jurisprudencial a respeito, inclusive o STJ entende que se deve revogar a licitação, eis que não há interesse público para a contratação de um licitante que não pode ser comparado com outros, não sendo o caso de contratação mais vantajosa para o Poder Público.(Falta de competitividade que se vislumbra pela só participação de duas empresas, com ofertas em valor bem aproximado ao limite máximo estabelecido" (RMS 23.402/PR, 2ª Turma, Rel. Min. Eliana Calmon, DJe de 2.4.2008)". (STJ – RMS: 23360 PR 2006/0269845-7, Relator: Ministra Denise Arruda, Data de Julgamento: 18/11/2008, T1 – Primeira Turma, Data de Publicação: DJe 17/12/2008). **E:** Incorreta. Não se poderia, tendo sido escolhido seguir o procedimento, deixar de cumprir um ou outro ato do mesmo. OBS: Acreditamos não existir resposta correta nessa questão, pois o entendimento mais razoável seria o de revogar o processo licitatório, pelos motivos acima expostos. Gabarito "D".

(Delegado/BA – 2016.1 – Inaz do Pará) A licitação destina-se a garantir a observância do princípio constitucional da isonomia e a selecionar a proposta mais vantajosa para a Administração e será processada e julgada em estrita conformidade com os princípios básicos da legalidade, da impessoalidade, da moralidade, da igualdade, da publicidade, da eficiência, da probidade administrativa, da vinculação ao instrumento convocatório, do julgamento objetivo e dos que lhe são correlatos. Em relação aos princípios, assinale a alternativa correta:

(A) De acordo com o princípio da Vinculação ao Instrumento Convocatório, o administrador deve observar critérios objetivos para o julgamento das propostas.

(B) Segundo o princípio da Adjudicação Compulsória, o objeto da licitação deverá ser entregue em favor do licitante vencedor que atender todas as exigências do Edital.

(C) O princípio da Ampla Competitividade visa promover à participação, dando condições ao menor número de licitantes possível.

(D) O princípio da Isonomia é condição dispensável da existência de competição.

(E) Apenas a Administração Pública fica adstrita ao edital, segundo o princípio da Vinculação ao Instrumento Convocatório.

A: incorreta, pois o *princípio da vinculação ao instrumento convocatório* dispõe que se deve obedecer na licitação e no contrato o disposto no edital da licitação; já o princípio de que impõe observância à objetividade na apreciação das propostas tem o nome de *princípio do julgamento objetivo*; **B:** correta, nos termos do arts. 38, VII, e 43, VI, ambos da Lei 8.666/1993; **C:** incorreta, pois a ideia é dar condições ao *maior* número (e não ao *menor* número) de licitantes possível; **D:** incorreta, pois esse princípio é essencial para que haja verdadeira competitividade e está expresso no art. 3º, *caput*, da Lei 8.666/1993; **E:** incorreta, pois a vinculação ao instrumento convocatório se dá em relação aos licitantes também. Gabarito "B".

(Delegado/BA – 2016.1 – Inaz do Pará) Sobre Licitações, não é correto afirmar que:

(A) Licitação é o procedimento administrativo composto de atos sequenciais, ordenados e interdependentes, mediante os quais a Administração Pública seleciona a proposta mais vantajosa para o contrato de seu interesse, devendo ser conduzida em estrita conformidade com a lei, com os princípios constitucionais e aqueles que lhes são correlatos.

(B) As contratações de obras e serviços, inclusive os de publicidade, compras, alienações, concessões e locações, bem como a outorga de permissões pela Administração Pública Estadual, serão obrigatoriamente precedidas de licitação, ressalvados unicamente os casos previstos em lei.

(C) É vedado aos agentes públicos admitir, prever, incluir ou tolerar, nos atos de convocação, cláusulas ou condições que comprometam, restrinjam ou frustrem o caráter competitivo da licitação e estabeleçam preferências ou distinções em razão da naturalidade, da sede ou domicílio dos licitantes, ou de qualquer outra circunstância impertinente ou irrelevante para o objeto específico do contrato.

(D) O procedimento da licitação será iniciado com a publicação do aviso de licitação e disponibilização do edital.

(E) Os membros da comissão de licitação responderão solidariamente por todos os atos praticados pela mesma, salvo se houver posição individual divergente, que deverá ser devidamente fundamentada e registrada na ata da reunião na qual tiver sido tomada a decisão.

A: assertiva correta, pois traz correta definição de licitação; **B:** assertiva correta (art. 37, XXI, da CF); C: assertiva correta (art. 3º, § 1º, da Lei 8.666/1993); **D:** assertiva incorreta, devendo ser assinalada; de acordo com o art. 38, *caput*, da Lei 8.666/1993,"procedimento

da licitação será iniciado com a abertura de processo administrativo, devidamente autuado, protocolado e numerado, contendo a autorização respectiva, a indicação sucinta de seu objeto e do recurso próprio para a despesa, e ao qual serão juntados oportunamente"; a providência transcrita na alternativa diz respeito ao início da fase externa da licitação, e não da fase interna; **E:** assertiva correta (art. 51, § 3º, da Lei 8.666/1993). WG
"Gabarito "D"."

(Procurador do Município – Cuiabá/MT – 2014 – FCC) A Administração Municipal pretende realizar contrato de obra pública, precedido de licitação na modalidade tomada de preços, nos termos da Lei Federal nº 8.666/93. Neste caso, NÃO é requisito obrigatório para a abertura da licitação a

(A) previsão de recursos orçamentários que assegurem o pagamento das obrigações a serem executadas no exercício financeiro em curso, de acordo com o respectivo cronograma.
(B) previsão de prestação de garantia pelo contratado.
(C) aprovação da minuta de edital por assessoria jurídica da Administração.
(D) aprovação de projeto básico pela autoridade competente.
(E) existência de orçamento detalhado em planilhas que expressem a composição de todos os custos unitários da contratação.

A: incorreta, pois esse é um requisito legal (art. 7º, § 2º, III, da Lei 8.666/1993); **B:** correta, pois esse de fato não é um requisito legal para a simples abertura de um edital de licitação, sendo requisito que pode ser exigido apenas para que o interessado apresente proposta na licitação ou quando o vencedor do certame celebre o contrato com a Administração; **C:** incorreta, pois esse é um requisito legal (art. 38, parágrafo único, da Lei 8.666/1993); **D:** incorreta, pois esse é um requisito legal (art. 7º, § 2º, I, da Lei 8.666/1993); **E:** incorreta, pois esse é um requisito legal (art. 7º, § 2º, II, da Lei 8.666/1993). WG
"Gabarito "B"."

(Ministério Público do Trabalho – 16º) Considerada a Lei de Licitações e contratos da Administração Pública, assinale a alternativa INCORRETA:

(A) As empresas públicas e as sociedades de economia mista estão subordinadas ao regime das licitações e contratos administrativos;
(B) A Lei assegura preferência, em primeiro lugar, aos bens e serviços produzidos ou prestados por empresas brasileiras, como critério de desempate em havendo igualdade de condições;
(C) Como regra geral, qualquer cidadão pode acompanhar o desenvolvimento do processo licitatório;
(D) A licitação, salvo quanto ao conteúdo das propostas e até a respectiva abertura, não será sigilosa;
(E) Não respondida.

A: correta (art. 1º, parágrafo único, da Lei 8.666/1993); **B:** assertiva incorreta, devendo ser assinalada. A preferência, em primeiro lugar, aos bens e serviços produzidos no Brasil; prestados por empresas brasileiras está em segundo lugar (art. 3º, § 2º, da Lei 8.666/1993); **C:** correta (art. 4º da Lei 8.666/1993); **D:** correta (art. 3º, § 3º, da Lei 8.666/1993). WG
"Gabarito "B"."

9.2. CONTRATAÇÃO DIRETA (LICITAÇÃO DISPENSADA, DISPENSA DE LICITAÇÃO E INEXIGIBILIDADE DE LICITAÇÃO)

(Juiz de Direito – TJ/RS – 2018 – VUNESP) Um determinado ente da federação, na execução de sua política para o agronegócio, pretende contratar pessoa jurídica que exerce atividade de pesquisa, de reconhecida capacidade tecnológica no setor, com vistas ao desenvolvimento de produto hábil a controlar de forma imediata, eficiente e sustentável (não poluente), pragas que estão atacando as plantações de uma determinada espécie frutífera típica daquela localidade. O valor estimado da contratação é de R$ 55.000.000,00 (cinquenta e cinco milhões de reais). Considerando que os padrões de desempenho e qualidade da contratação envolvem especificações não usuais no mercado, bem como que a pesquisa de preços realizada não localizou a existência de solução similar, essa contratação

(A) poderá se dar de forma direta somente se a pessoa jurídica contratada for fundação que, regimental ou estatutariamente, tenha por finalidade apoiar órgão da Administração Pública direta e indireta, nos termos da lei
(B) poderá se dar de forma direta, mediante dispensa de licitação, desde que o objeto da contratação, segundo critérios técnicos constantes do processo administrativo correlato, caracterize produto para pesquisa e desenvolvimento, nos termos da lei.
(C) deverá ser precedida de audiência pública e subsequente licitação, na modalidade concorrência, nos termos da lei.
(D) deverá ser precedida de licitação, na modalidade pregão.
(E) deverá ser precedida de concurso para seleção do melhor projeto.

A alternativa B trata de hipótese de dispensa de licitação prevista no art. 24, XXI da Lei 8.666/1993, relativa à contratação para a aquisição ou contratação de produto para pesquisa e desenvolvimento. Note que a assertiva expressamente fala que o objeto a ser contratado não é usual no mercado (o que torna impraticável o pregão) e a realização de concurso ou da concorrência é dispensada pela existência da previsão legal acima mencionada. FB
"Gabarito "B"."

(Procurador Municipal/SP – VUNESP – 2016) A Prefeitura Municipal de Rosana pretende contratar artistas para a realização de um espetáculo no aniversário da cidade. Para realizar tal contratação, os agentes públicos responsáveis pela organização do show

(A) devem realizar a licitação, pelo princípio da obrigatoriedade da licitação, que impõe que todos façam realizar o procedimento antes de contratarem obras e serviços, não estando a contratação de artistas dentre as hipóteses que não se compatibilizam com o rito do processo licitatório.
(B) podem realizar a contratação direta, por caracterizar-se pela circunstância de que, em tese, poderia o procedimento ser realizado, mas que, pela particularidade do caso, decidiu o legislador não torná-lo obrigatório em relação aos artistas.
(C) devem realizar a licitação, pela modalidade de pregão, já que os serviços artísticos são comuns, com exceção daqueles serviços prestados por artistas que possuam notória fama nacional, para os quais a licitação é dispensada.
(D) podem realizar a contratação direta, por dispensa de licitação, por previsão expressa da Lei Federal 8.666/1993, que considera que a arte é personalíssima, não se podendo sujeitar a fatores objetivos de avaliação, requisito dos procedimentos licitatórios.
(E) podem realizar a contratação direta, por inexigibilidade de licitação, por previsão expressa da Lei Federal 8.666/1993, que impõe apenas como requisito que o artista contratado seja consagrado pela crítica ou pelo público.

A: Incorreta. No caso, temos a incidência do art. 25, III, da Lei 8.666/1993, que é hipótese de licitação inexigível. **B:** Incorreta. Quando há previsão para a inexigibilidade de licitação o administrador não tem a opção de não realizar o certame, como seria no caso de licitação dispensável, em que há essa discricionariedade. Embora as hipóteses de inexigibilidades não sejam taxativas, quando configuradas, devem ser aplicadas. **C:** Incorreta. Trata-se de licitação inexigível. **D:** Incorreta. Não é caso de dispensa, e sim, de inexigibilidade prevista no art. 25, III, da Lei 8.666/1993. **E:** Correta. Temos casos de contratação direta por aplicação do art. 25, III, da Lei 8.666/1993 (inexigibilidade de procedimento licitatório). AW
"Gabarito "E"."

(Procurador Municipal – Sertãozinho/SP – VUNESP – 2016) Considere a seguinte situação hipotética. A Prefeitura Municipal de Sertãozinho contrata diretamente, mediante dispensa de licitação, o Banco do Brasil para a prestação de serviços bancários, para explorar com exclusividade a folha de pagamento dos servidores públicos municipais. Tal conduta da municipalidade deve ser considerada, à luz dos preceitos do controle externo e interno da Administração,

(A) incorreta, pois o Banco do Brasil é empresa pública controlada pela União, sendo permitido pela Lei Federal 8.666/1993 que a dispensa seja apenas para contratação das pessoas jurídicas de direito privado vinculadas ao ente federativo contratante.
(B) correta, tendo em vista que a contratação de serviços bancários para a Municipalidade envolve alta complexidade tecnológica e dados bancários sigilosos, o que permite a dispensa de licitação.
(C) incorreta, porque a hipótese seria de inexigibilidade de licitação para a contratação de serviços técnicos enumerados na lei, de natureza singular, com profissionais ou empresas de notória especialização.
(D) correta, pois a dispensa da licitação pode ocorrer para a aquisição de serviços prestados por órgão ou entidade que integre a Administração Pública e que tenha sido criado para esse fim específico.
(E) incorreta, pois o objeto é passível de certame licitatório tendo em vista a possibilidade de competição, sendo consequência da contratação direta tirar da Administração a possibilidade da contratação na forma mais vantajosa.

A: Incorreta. Há outras hipóteses de dispensa de licitação, conforme disposto no art. 24, da Lei 8.666/1993, não sendo somente a contratação de pessoas jurídicas de direito privado vinculadas ao ente contratante. **B:** Incorreta. Esse é um serviço licitável, que não se encontra nas hipóteses taxativas dispostas no art. 24, da Lei 8.666/1993, ou seja, não pode ser dispensado. **C:** Incorreta. Também não temos hipótese de inexigibilidade, eis que não se trata de um serviço que exige notória especialização nem que seja fornecido por empresa ou empresário exclusivo. **D:** Incorreta. O Banco do Brasil não é empresa criada para esse fim específico de exploração de folha de pagamento de funcionários, por isso não se enquadra em hipótese de licitação dispensável. **E:** Correta. Não sendo hipótese de dispensa e inexigibilidade de licitação, a licitação é exigível e preserva os princípios da Administração Pública e da Lei 8.666/1993. AW
"Gabarito "E"."

(Juiz - TRF 2ª Região – 2017) Dispensa e inexigibilidade de licitação são figuras distintas. Assinale a opção na qual, no sistema da Lei nº 8.666/93, as hipóteses caracterizam inexigibilidade de licitação:

(A) Contratação de artista consagrado pela crítica especializada e pela opinião pública e contratação de equipamento que só possa ser fornecido por produtor exclusivo.

(B) Casos de intervenção da União no domínio econômico, para regular preços e casos de calamidade pública qualificados pela urgência e necessidade de atendimento da situação.
(C) Casos de guerra ou de grave perturbação da ordem e casos de calamidade pública qualificados pela urgência e necessidade de atendimento da situação.
(D) Casos de compras de gêneros perecíveis, no tempo necessário para a realização de licitação, com base no preço do dia e casos de intervenção da União no domínio econômico, para regular preços.
(E) Contratação de artista consagrado pela crítica especializada e pela opinião pública e contratação em momento de grave perturbação da ordem pública.

A: correta. Trata-se do disposto no art. 25, I e II, da Lei 8.666/1993. **B:** incorreta. Temos caso de licitação dispensável (art. 24, IV e VI, da Lei 8.666/1993); **C:** incorreta. Também é hipótese de licitação dispensável (art. 24, III, da Lei 8.666/1993); **D:** incorreta. Outra hipótese de licitação dispensável (art. 24, VI e XII, da Lei 8.666/1993); **E:** incorreta. A contratação em momento de grave perturbação da ordem pública é hipótese de licitação dispensável (art. 24, III, da Lei 8.666/1993). Gabarito "A".

(Juiz – TRF 3ª Região – 2016) Considerando as assertivas abaixo sobre licitações, assinale a alternativa correta:
I. Configura hipótese de dispensa de licitação a alienação de bens imóveis residenciais construídos da Administração Pública, gratuita ou onerosa, aforamento, concessão de direito real de uso, locação ou permissão de uso, destinados ou efetivamente utilizados no âmbito de programas habitacionais ou de regularização fundiária de interesse social desenvolvidos por órgãos ou entidades da administração pública.
II. Configura hipótese de dispensa de licitação os casos de emergência ou de calamidade pública, quando caracterizada urgência de atendimento de situação que possa ocasionar prejuízo ou comprometer a segurança de pessoas, obras, serviços, equipamentos e outros bens, públicos ou particulares, e somente para os bens necessários ao atendimento da situação emergencial ou calamitosa e para as parcelas de obras e serviços que possam ser concluídas no prazo máximo de 180 (cento e oitenta) dias consecutivos e ininterruptos, contados da celebração do contrato, vedada a prorrogação dos respectivos contratos.
III. Configura hipótese de inexigibilidade de licitação quando houver inviabilidade de competição, em especial, para aquisição de materiais, equipamentos, ou gêneros que só possam ser fornecidos por produtor, empresa ou representante comercial exclusivo, vedada a preferência de marca, devendo a comprovação de exclusividade ser feita através de atestado fornecido pelo órgão de registro do comércio do local em que se realizaria a licitação ou a obra ou o serviço, pelo Sindicato, Federação ou Confederação Patronal, ou, ainda, pelas entidades equivalentes, bem como para a contratação de serviços técnicos, dentre outros, de elaboração de estudos técnicos, planejamentos e projetos básicos ou executivos e de pareceres, perícias e avaliações em geral, desde que de natureza singular, com profissionais ou empresas de notória especialização, vedada a inexigibilidade para serviços de publicidade e divulgação.

Estão corretas:
(A) I e II.
(B) I, II e III.
(C) I e III.
(D) II e III.

A: incorreta. A assertiva II está incorreta, pois o art. 24, IV, da Lei 8.666/1993 dispõe que os 180 dias devem ser contados a partir da ocorrência da emergência ou calamidade, e não da celebração do contrato, como consta do enunciado. "Art. 24, IV – nos casos de emergência ou de calamidade pública, quando caracterizada urgência de atendimento de situação que possa ocasionar prejuízo ou comprometer a segurança de pessoas, obras, serviços, equipamentos e outros bens, públicos ou particulares, e somente para os bens necessários ao atendimento da situação emergencial ou calamitosa e para as parcelas de obras e serviços que possam ser concluídas no prazo máximo de 180 (cento e oitenta) dias consecutivos e ininterruptos, contados da ocorrência da emergência ou calamidade, vedada a prorrogação dos respectivos contratos."; **B:** incorreta: A assertiva II está incorreta, conforme acima exposto; **C:** correta. A assertiva I está correta, pois conforme disposto no art. 17, I, f, da Lei 8.666/1993: "a alienação gratuita ou onerosa, aforamento, concessão de direito real de uso, locação ou permissão de uso de bens imóveis residenciais construídos, destinados ou efetivamente utilizados no âmbito de programas habitacionais ou de regularização fundiária de interesse social desenvolvidos por órgãos ou entidades da administração pública;". Também é hipótese de dispensa de licitação, no caso, temos a licitação dispensada. Também, a assertiva III está em conformidade com o disposto no art. 25, I, da Lei 8.666/1993, que assim dispõe: são hipóteses de inexigibilidade "a aquisição de materiais, equipamentos, ou gêneros que só possam ser fornecidos por produtor, empresa ou representante comercial exclusivo, vedada a preferência de marca, devendo a comprovação de exclusividade ser feita através de atestado fornecido pelo órgão de registro do comércio do local em que se realizaria a licitação ou a obra ou o serviço, pelo Sindicato, Federação ou Confederação Patronal, ou, ainda, pelas entidades equivalentes."; **D:** incorreta. A assertiva II é incorreta, pois contraria o art. 24, IV, da Lei 8.666/1993, como explicado na alternativa A. Gabarito "C".

(Promotor de Justiça/SC – 2016 – MPE)
(1) É dispensável a licitação para a compra de imóvel destinado ao atendimento das finalidades precípuas da administração, cujas necessidades de instalação e localização condicionem a sua escolha, desde que o preço seja compatível com o valor de mercado, segundo avaliação prévia.

1: correta. Trata-se de hipótese taxativa disposta no art.24, X, da Lei 8.666/1993. Gabarito 1C.

(Promotor de Justiça/SC – 2016 – MPE)
(1) A dispensa de licitação refere-se aos casos em que há ensejo à competitividade, sendo viável efetuar licitação, mas a lei faculta sua não realização. Suas hipóteses são taxativamente previstas pela norma. Na inexigibilidade, a competição é impossível, sendo exemplificativo o rol de situações contido na lei.

1: correta. Na licitação dispensável, temos um rol taxativo disposto no art. 24 da Lei 8.666/1993, sendo a competição possível, mas dispensável, a depender do interesse público, desde que incidente as hipóteses do referido dispositivo. Já na inexigibilidade de licitação, temos um rol exemplificativo (art. 25 da Lei 8.666/1993), havendo hipóteses de inviabilidade de competição pela existência de fornecedor exclusivo, artista único, objeto singular, e assim por diante. Gabarito 1C.

(Procurador da República –28º Concurso – 2015 – MPF) Qual alternativa contém situações de dispensa de licitação?
(A) 1. a Administração Pública adquiriu, pelo preço do dia, frutas para merenda escolar, no tempo necessário para a realização do processo licitatório correspondente; 2. houve necessidade de a Administração Pública estadual regular preços extorsivos.
(B) 1. a Administração Pública municipal, para promover a cultura popular, contratou com empresário exclusivo de consagrado repentista uma apresentação em praça pública; 2. a Administração Pública Federal contratou serviços técnicos especializados para a área de inteligência, quando a revelação da localização, necessidade, característica do objeto, especificação ou quantidade poderia colocar em risco objetivos da segurança nacional, tendo sido consultado o Conselho de Defesa Nacional.
(C) 1. a Administração Pública Federal contratou a Telebrás para os serviços de telecomunicação necessários para a realização das competições da Copa do Mundo de Futebol FIFA 2014; 2. um museu público contratou o restauro de uma peça histórica certificada como autêntica.
(D) 1. a Administração Pública municipal contratou auditor financeiro de notória especialização para um serviço de natureza singular; 2. a Administração Pública municipal comprou equipamento fornecido exclusivamente por determinada empresa, conforme certificado pelo órgão de registro do comércio do local em que se realizaria a licitação.

A: Incorreta. A competência para regulação de preços é da Administração Federal, sendo hipótese de licitação dispensável disposta no art. 24, VI, da Lei 8.666/1993. **B:** Incorreta. A contratação de profissional ou empresário exclusivo ou de setor artístico é hipótese de inexigibilidade (art. 25, I e III, da Lei 8.666/1993). **C:** Correta. A Telebrás é uma sociedade de economia mista, integrante da Administração Pública e foi criada antes de 1993 (art. 24, VIII, da Lei 8.666/1993), assim como a contratação do museu se enquadra na hipótese de aquisição de obras de arte de certificação autenticada (art. 24, XV, da Lei 8.666/1993). **D:** Incorreta. A contratação de profissional especializado é hipótese de inexigibilidade de licitação (art. 25, III , da Lei 8.666/1993). Gabarito "C".

(Defensor Público – DPE/BA – 2016 – FCC) No âmbito da Administração Pública, questionou-se a possibilidade de se dispensar licitação para a compra de materiais para a manutenção de fogão industrial. Isso seria juridicamente possível se
(A) houvesse aquisição de materiais que só pudessem ser fornecidos por empresa ou representante comercial exclusivo, vedada a preferência de marca, devendo a comprovação de exclusividade ser feita através de atestado fornecido pelo órgão de registro do comércio do local em que se realizaria a licitação.
(B) a aquisição desses componentes ou peças de origem nacional ou estrangeira fosse necessária à manutenção desse equipamento durante o período de garantia técnica, junto ao fornecedor original, sendo essa condição de exclusividade indispensável para a vigência da garantia.
(C) a contratação desse serviço técnico resultasse em restauro para bem de valor histórico, de natureza singular, com profissionais ou empresas de notória especialização.

(D) houvesse autorização do setor municipal responsável pela autorização e liberação da dispensa de licitação.
(E) não houvesse no mercado quantidade suficiente de fornecedores, o que impossibilitaria a competição.

A: Incorreta, porque a licitação dispensável (art. 24, da Lei 8.666/1993) não prevê essa hipótese, sendo o rol taxativo. Trata-se de hipótese de licitação inexigível prevista no art. 25, I, da Lei 8.666/1993; **B:** Correta, tendo em vista ser a única hipótese de licitação dispensável prevista no art. 24, XVII, da Lei 8.666/1993; **C:** Incorreta, porque se trata de hipótese de inexigibilidade de licitação (art. 25, II, da Lei 8.666/1993); **D:** Incorreta, pois não há necessidade desse ato autorizatório; **E:** Incorreta, sendo hipótese de licitação deserta (art. 24, V, da Lei 8.666/1993).
Gabarito "B".

(Delegado/PE – 2016 – CESPE) Com base nas regras e princípios relativos à licitação pública e aos contratos administrativos, assinale a opção correta.
(A) É inexigível a licitação para aquisição de materiais, equipamentos, ou gêneros de determinada marca, quando essa só possa ser fornecida por representante comercial exclusivo.
(B) Na contratação direta de serviço de engenharia por dispensa ou inexigibilidade de licitação, se o valor da contratação for inferior a R$ 150.000,00, o instrumento de contrato não será obrigatório.
(C) De acordo com a Lei 10.520/2002 (modalidade de licitação denominada pregão, para aquisição de bens e serviços comuns), se a licitação for feita na modalidade de pregão, será obrigatória a exigência de garantia de proposta para a aquisição de serviços comuns.
(D) Admite-se a participação de bolsas de mercadorias para o apoio técnico e operacional ao pregão, desde que sejam constituídas na forma de cooperativas.
(E) É dispensável a licitação para a contratação de instituição que promoverá a recuperação social de presos. Para esse fim, o poder público pode contratar pessoa jurídica com ou sem fim lucrativo, desde que a instituição seja de inquestionável reputação ético-profissional.

A: incorreta, pois o caso só seria de inexigibilidade caso não houvesse "preferência de marca" (art. 25, I, da Lei 8.666/1993); **B:** correta; o instrumento de contrato só é obrigatório nas dispensas e inexigibilidades que se encaixariam em casos de tomada de preços e concorrência (art. 62, caput, da Lei 8.666/1993); no caso em tela temos uma dispensa ou inexigibilidade que se enquadra num caso de convite, pois esta modalidade é usada para a contratação de serviços de engenharia de até R$ 150.000,00 (art. 23, I, "a", da Lei 8.666/1993); **C:** incorreta, pois na modalidade pregão é vedada a exigência de garantia de proposta (art. 5º, I, da Lei 10.520/2002); **D:** incorreta, pois nesse caso não se exige que tais bolsas sejam constituídas na forma de cooperativa, mas sim que estejam organizadas na forma de "sociedades civis sem fins lucrativos e com a participação plural de corretoras que operem sistemas eletrônicos unificados de pregões" (art. 2º, §§ 2º e 3º, da Lei 10.520/2002); **E:** incorreta, pois é necessário que a instituição não tenha fins lucrativos (art. 24, XIII, da Lei 8.666/1993).
Gabarito "B".

(Ministério Público/BA – 2015 – CEFET) Sobre as licitações públicas, é CORRETO afirmar:
(A) Nas licitações do tipo "melhor técnica", a classificação dos proponentes far-se-á de acordo com a média ponderada das valorizações das propostas técnicas e de preço, de acordo com os pesos preestabelecidos no instrumento convocatório.
(B) E dispensável a licitação para contratar serviços de publicidade e divulgação, em virtude da impossibilidade de julgamento das propostas com base em critérios objetivos.
(C) E inexigível a licitação na hipótese de não ter havido interessados em participar do procedimento licitatório anterior, desde que a Administração demonstre, justificadamente, a inexistência de prejuízo para os cofres públicos.
(D) A Lei 8.666/1993 proíbe que um ente licitante adote o registro cadastral de fornecedores de uma outra entidade da Administração Pública.
(E) A denominada "equalização das propostas" implica, nas licitações internacionais, que as propostas apresentadas por licitantes estrangeiros serão acrescidas dos gravames consequentes dos mesmos tributos que oneram exclusivamente os licitantes brasileiros quanto à operação final de venda.

A: incorreta, pois esse critério de classificação é o da licitação do tipo "melhor técnica e preço" (art. 46, § 2º, II, da Lei 8.666/1993); **B:** incorreta, pois não há previsão legal de licitação dispensável no caso (art. 24 da ei 8.666/1993), sem contar que há proibição de se inexigir licitação no caso (art. 25, II, da Lei 8.666/1993); **C:** incorreta, pois esse caso não é de inexigibilidade, mas de dispensa de licitação (art. 24, V, da Lei 8.666/1993); **D:** incorreta, pois é possível que uma ata de registro de preços feita por um ente federativo seja utilizada por outro; na esfera da União, confira a respeito o art. 22 do Decreto 7.892/2013 e art. 34, § 2º, da Lei 8.666/1993; **E:** correta (arts. 40, IX, e 42, § 4º, ambos da Lei 8.666/1993).
Gabarito "E".

(Ministério Público/SP – 2015 – MPE/SP) Aponte a alternativa correta:
(A) É meramente exemplificativo o rol dos casos de dispensa ou inexigibilidade de licitação prevista na lei respectiva.
(B) A alienação de bens imóveis depende de autorização legislativa para órgãos da Administração Direta e entidades autárquicas e fundacionais e, para todos, inclusive as entidades paraestatais, depende de avaliação prévia.
(C) Em face da natureza singular do serviço, a contratação de escritório de advocacia para acompanhamento das causas trabalhistas do Município enquadra-se no conceito de notória especialização, o que torna inexigível a licitação.
(D) O chamado fracionamento de despesas constitui prática legal e permite a dispensa da licitação, nos casos de comprovada necessidade da Administração Pública.
(E) A Câmara Municipal pode contratar diretamente, sem a devida licitação, o fornecimento ou suprimento de serviços de telefonia com empresa especializada.

A: incorreta, pois o rol de dispensa de licitação é absolutamente taxativo; já o de inexigibilidade, por conta da cláusula aberta prevista no art. 25 da Lei 8.666/1993, pode-se dizer que o rol de inexigibilidades previsto nos inciso I a III desse dispositivo é exemplificativo, mas qualquer caso de inexigibilidade terá de se enquadrar ao menos na cláusula aberta prevista no caput do art. 25 citado; **B:** correta (art. 17, I, da Lei 8.666/1993); **C:** incorreta, pois a contratação sem licitação por "serviço singular" depende de o serviço que se pretende realizar seja realmente singular, o que não acontece com o serviço de defesa em ação trabalhista, que é um serviço corriqueiro, comum, que pode ser feito pelos órgãos de representação judicial da Administração (art. 25, II, da Lei 8.666/1993); **D:** incorreta, pois o fracionamento para enquadramento em hipótese de licitação dispensável é expressamente vedado pelos incisos I (parte final) e II (parte final) do art. 24 da Lei 8.666/1993; **E:** incorreta, pois esse tipo de serviço é prestado por inúmeras empresas, não havendo justificativa alguma para a não realização de licitação no caso.
Gabarito "B".

(Juiz de Direito/RJ – 2014 – VUNESP) No caso de contratação a ser feita por sociedade de economia mista com suas subsidiárias e controladas, para a aquisição ou alienação de bens, prestação ou obtenção de serviços, nos termos da Lei 8.666/1993, é correto afirmar que
(A) a licitação deverá, obrigatoriamente, ser realizada na modalidade de tomada de preços.
(B) a contratação deve ser feita por meio de licitação, necessariamente, quando o valor do bem ou do serviço for superior a oito mil reais.
(C) é dispensável a licitação, desde que o preço contratado seja compatível com o praticado no mercado.
(D) é inexigível a licitação, independentemente do preço da contratação do bem ou do serviço.

A: incorreta, pois a Lei 8.666/1993 prevê hipótese de dispensa de licitação para o caso (art. 24, XXIII), desde que o preço contrato seja compatível com o praticado no mercado, e, para os casos em que o administrador deva ou queira fazer licitação, a lei não prevê obrigatoriedade de uso da modalidade tomada de preços; **B:** incorreta, pois há caso de dispensa de licitação, que independe do valor do bem ou do serviço (art. 24, XXIII, da Lei 8.666/1993); **C:** correta (art. 24, XXIII, da Lei 8.666/1993); **D:** incorreta, pois o caso não é de inexigibilidade (art. 25 da Lei 8.666/1993), mas de dispensa de licitação (art. 24, XXIII, da Lei 8.666/1993).
Gabarito "C".

(Advogado da Sabesp/SP – 2014 – FCC) Considere as seguintes hipóteses:
I. Para o fornecimento de bens e serviços, produzidos ou prestados no País, que envolvam, cumulativamente, alta complexidade tecnológica e defesa nacional, mediante parecer de comissão especialmente designada pela autoridade máxima do órgão.
II. Para a contratação de serviços técnicos de treinamento e aperfeiçoamento de pessoal, de natureza singular, com profissionais ou empresas de notória especialização, vedada a inexigibilidade para serviços de publicidade e divulgação.
III. Na celebração de contrato de programa com ente da Federação ou com entidade de sua administração indireta, para a prestação de serviços públicos de forma associada nos termos do autorizado em contrato de consórcio público ou em convênio de cooperação.
IV. Para a celebração de contratos de prestação de serviços com as organizações sociais, qualificadas no âmbito das respectivas esferas de governo, para atividades contempladas no contrato de gestão.

Nos termos da Lei 8.666/93, é dispensável a licitação no que consta APENAS em
(A) I, II e IV.
(B) III e IV.
(C) I e II.
(D) II e III.
(E) I, III e IV.

I: correta (art. 24, XXVIII, da Lei 8.666/1993); **II:** incorreta, pois esse caso seria de inexigibilidade e não de dispensa de licitação (art. 25, II, da Lei 8.666/1993); **III:** correta (art. 24, XXVI, da Lei 8.666/1993); **IV:** correta (art. 24, XXIV, da Lei 8.666/1993).
Gabarito "E".

(Delegado/RO – 2014 – FUNCAB) Sobre licitações e contratos administrativos, é correto afirmar:

(A) O princípio da inalienabilidade que afeta os bens públicos é relativo, na medida que a alienação de bens imóveis da Administração Pública deve ser precedida de licitação em qualquer de suas modalidades.
(B) Salvo quando necessária a modificação do valor contratual em decorrência de acréscimo ou diminuição quantitativa de seu objeto, em havendo alteração unilateral do contrato que aumente os encargos do contratado, a Administração deverá restabelecer, por aditamento, o equilíbrio econômico-financeiro inicial.
(C) É dispensável a licitação quando houver inviabilidade de competição, sendo necessária a justificação da situação, mediante processo de dispensa em que se deve fazer presente, dentre outros elementos, a justificativa do preço.
(D) É dispensada a licitação para a alienação de bens móveis da Administração Pública quando se tratar de permuta entre órgãos ou entidades da administração.
(E) Nos termos do art. 65, da Lei n° 8.666/1993, a Administração pode alterar unilateralmente os contratos administrativos, desde que não haja modificação no projeto e nas especificações técnicas contratadas, caso em que se faz necessária nova licitação.

A: incorreta, pois há casos de licitação dispensada para a alienação de imóveis (art. 17, I, da Lei 8.666/1993); **B:** incorreta, pois a alternativa não poderia conter o "salvo quando necessária (...) de seu objetivo", já que nesse caso também prevalece a regra que determina o restabelecimento do equilíbrio contratual (art. 65, § 6º, da Lei 8.666/1993); **C:** incorreta, pois quando houver "inviabilidade de competição", o caso é de *inexigibilidade* de licitação (art. 25, caput, da Lei 8.666/1993), e não de *dispensa* de licitação; **D:** correta (art. 17, II, "b", da Lei 8.666/1993); **E:** incorreta, pois a Administração pode alterar unilateralmente os contratos inclusive quando "houver modificação do projeto ou das especificações, para melhor adequação técnica aos seus objetivos" (art. 65, I, "a", da Lei 8.666/1993). **WG**
Gabarito "D".

(Delegado/SP – 2014 – VUNESP) Uma determinada empresa estatal veio a alienar imóvel público desafetado a entidade de serviço social autônomo e, para tanto, se valeu de hipótese legal de licitação dispensada prevista no art. 17, I, "e", da Lei 8.666/1993 (venda a outro órgão ou entidade da administração pública, de qualquer esfera de governo). Partindo-se de tais pressupostos, é correto afirmar que essa venda é

(A) ilegal, pois a negociação não fora precedida por licitação na modalidade de leilão.
(B) ilegal, pois a negociação não fora precedida por licitação na modalidade tomada de preços.
(C) legal, porque os serviços sociais autônomos integram a Administração Pública indireta, fazendo jus à dispensa de licitação.
(D) ilegal, porque a hipótese de dispensa de licitação não se faz presente no caso.
(E) legal, porque havendo desafetação do patrimônio público, era permitido à estatal vendê-lo diretamente à entidade integrante do sistema "S" que presta serviço de interesse público.

A e B: incorretas, pois a regra é a utilização de concorrência (e não leilão ou tomada de preços) para a alienação de imóveis (art. 23, § 3º, da Lei 8.666/1993); **C e E:** incorretas, pois os serviços sociais autônomos não fazem parte da Administração Pública Indireta, tratando-se de pessoas jurídicas de direito privado não estatais, não incidindo a hipótese de dispensa de licitação mencionada; **D:** correta, pois como os serviços sociais autônomos não fazem parte da Administração Pública Indireta, tratando-se de pessoas jurídicas de direito privado não estatais, não incide a dispensa em questão. **WG**
Gabarito "D".

9.3. MODALIDADES DE LICITAÇÃO E REGISTRO DE PREÇOS

(Procurador Municipal/SP – VUNESP – 2016) O Regime Diferenciado de Contratações Públicas (RDC), instituído pela Lei Federal 12.462/2011, poderia ser utilizado pela Prefeitura Municipal de Rosana para licitar

(A) obras e serviços de engenharia necessários à construção de uma Unidade Básica de Saúde e de uma Unidade de Pronto Atendimento, no Município de Rosana e que integrarão o Sistema Único de Saúde – SUS.
(B) obras de infraestrutura e de contratação de serviços para o Aeroporto Usina Porto Primavera, pois o Município de Rosana está localizado a menos de 350 quilômetros da cidade de São Paulo, que será sede de jogos de futebol nas Olimpíadas 2016.
(C) obras de infraestrutura de pavimentação de vias e microdrenagem, de iluminação pública ou de melhoria da mobilidade urbana, integrantes ou não do Programa de Aceleração do Crescimento – PAC.
(D) obras e serviços de engenharia para construção, ampliação e reforma de unidades de atendimento socioeducativo e de unidades de acolhimento institucional de crianças e adolescentes em situação de risco.
(E) aquisição de uniformes e armamentos para a Guarda Municipal de Rosana, como ações de segurança pública, desde que, no entanto, os recursos utilizados sejam federais, repassados pela Secretaria Nacional de Segurança Pública – SENASP.

A: Correta, Trata-se de hipótese expressamente prevista no art. 1º, da Lei 12.462/2011. Vale lembrar, que o RDC só pode ser adotado nas hipóteses previstas em lei. **B:** Incorreta. Os aeroportos devem estar "...das capitais dos Estados da Federação distantes até 350 km (trezentos e cinquenta quilômetros) das cidades sedes dos mundiais...". Não é o caso de Municípios, portanto (art. 1º, III, da Lei 12.462/2011). **C:** Incorreta. A iluminação pública não está prevista de forma específica para a adoção do RDC, exceto se estivesse prevista no Programa de Aceleração do Crescimento –PAC (art. 1º, da Lei 12.462/2011). **D:** Incorreta. Não há menção ao atendimento de crianças em situação de risco (art. 1º, IV, da Lei 12.462/2011). **E.** Incorreta. Importante saber que o RDC só pode ser adotado nas hipóteses legalmente previstas no art. 1º, da Lei 12.462/2011, por isso, nesse caso, não havendo previsão legal, não se pode adotar esse regime de contratação diferenciado. **AW**
Gabarito "A".

(Procurador Municipal/SP – VUNESP – 2016) A fase externa do pregão será iniciada com a convocação dos interessados e observará as regras estabelecidas pela Lei 10.520/2002. Acerca do assunto, é correto afirmar que

(A) o prazo fixado para a apresentação das propostas, contado a partir da publicação do aviso, não será inferior a 5 dias úteis.
(B) no curso da sessão, o autor da oferta de valor mais baixo e os das ofertas com preços até 10% superiores àquela serão imediatamente desclassificados em razão das ofertas serem consideradas inexequíveis.
(C) se a oferta não for aceitável ou se o licitante desatender às exigências habilitatórias, o pregoeiro examinará as ofertas subsequentes e a qualificação dos licitantes, na ordem de classificação, e assim, sucessivamente, até a apuração de uma que atenda ao edital, sendo o respectivo licitante declarado vencedor, caso em que o pregoeiro poderá negociar diretamente com o proponente para que seja obtido preço melhor.
(D) examinada a proposta classificada em primeiro lugar, quanto ao objeto e valor, caberá ao pregoeiro declará-la como vencedora independentemente de motivação a respeito de sua aceitabilidade, posto que atingida a finalidade do pregão.
(E) declarado o vencedor, qualquer licitante poderá manifestar imediata e motivadamente a intenção de recorrer, quando lhe será concedido o prazo de 8 dias para apresentação das razões do recurso, ficando os demais licitantes intimados para, em igual número de dias, apresentar contrarrazões.

A: Incorreta. O prazo é de 8 dias úteis, conforme disposto no art. 4º, V, da Lei 10.520/2002. **B:** Incorreta. O art. 4º, VIII, da Lei 10.520/2002 dispõe que: "o curso da sessão, o autor da oferta de valor mais baixo e os das ofertas com preços até 10% (dez por cento) superiores àquela poderão fazer novos lances verbais e sucessivos, até a proclamação do vencedor; **C:** Correta. Trata-se do disposto no art. 4º, XVI, da Lei 10.520/2002, que determina que: "se a oferta não for aceitável ou se o licitante desatender às exigências habilitatórias, o pregoeiro examinará as ofertas subsequentes e a qualificação dos licitantes, na ordem de classificação, e assim sucessivamente, até a apuração de uma que atenda ao edital, sendo o respectivo licitante declarado vencedor"; **D:** Incorreta. Após o pregoeiro declarar o vencedor, passará a análise de sua aceitabilidade (art. 4º, XI, da Lei 10.520/2002), ou seja, analisará os requisitos da sua habilitação. **E:** Incorreta. O prazo para recurso é de 3 dias, conforme disposto no art. 4º, XVIII, da Lei 10.520/2002. **AW**
Gabarito "C".

(Procurador do Estado – PGE/MT – FCC – 2016) A Diretoria Regional de Educação pretende realizar licitação para aquisição de uniforme escolar destinado ao uso de dez mil alunos pertencentes à rede local de ensino, sendo que o preço estimado da contratação equivale a quinhentos mil reais. Nessa hipótese, a Diretoria:

(A) não pode adotar o pregão, pois esta modalidade licitatória só pode ser utilizada quando o valor estimado da contratação for igual ou inferior a oitenta mil reais.
(B) deve dividir a compra em quatro ou mais lotes, possibilitando assim o uso de modalidade convite, para propiciar maior celeridade e competitividade na contratação.
(C) pode utilizar o pregão presencial, mas não o pregão eletrônico, modalidade licitatória que somente é empregada pelas entidades e órgãos da Administração Pública Federal.
(D) deverá obrigatoriamente utilizar a concorrência-pregão, compatível com a aquisição de bens considerados comuns, mas cujo valor estimado da contratação exceda o valor da tomada de preços.
(E) pode utilizar a modalidade licitatória tomada de preço ou, se entender mais conveniente, adotar a concorrência.

A: Incorreta. Sendo um bem comum, poderia ser adotado o pregão (art. 1º, da Lei 10.520/2002); **B:** incorreta. O art. 23, § 2º, da Lei 8.666/1993 dispõe que cada etapa ou parcela resultante da divisão deverá adotar um procedimento distinto; **C:** incorreta. Não há vedação para a realização de pregão eletrônico para as hipóteses em que também é Possível o pregão presencial (Lei 10.520/2002); **D:** incorreta. Ou se adota o pregão ou a concorrência, inclusive para cada etapa em que houver o parcelamento da obra, da compra (art. 23, §2º, da Lei 8.666/1993); **E:** correta. Trata-se do disposto no art. 23, §§ 2º e 3º, da Lei 8.666/1993.

(Advogado União – AGU – CESPE – 2015)

(1) Situação hipotética: Pretendendo contratar determinado serviço por intermédio da modalidade convite, a administração convidou para a disputa cinco empresas, entre as quais apenas uma demonstrou interesse apresentando proposta. Assertiva: Nessa situação, a administração poderá prosseguir com o certame, desde que devidamente justificado.

1: correta, tendo em vista o disposto no art. 22, § 7º, da Lei 8.666/1993, que possibilita o prosseguimento do certame, desde que justificado o ato. Gabarito 1C

(Procurador do Município – Prefeitura Fortaleza/CE – CESPE – 2017) Acerca da intervenção do Estado na propriedade, das licitações e dos contratos administrativos, julgue os seguintes itens.

(1) Caso, em decorrência de uma operação da Polícia Federal, venha a ser apreendida grande quantidade de equipamentos com entrada ilegal no país, a administração poderá realizar leilão para a venda desses produtos.

1: correta. Trata-se do disposto no art. 22, § 5º, da Lei 8.666/1993, que dispõe sobre ser hipótese de Leilão para "produtos apreendidos legalmente ou penhorados". Gabarito 1C

(Procurador do Estado – PGE/RS – Fundatec – 2015) Sobre o regime jurídico das licitações, assinale a alternativa correta.

(A) A licitação tem por objetivos selecionar a proposta mais vantajosa para a Administração, respeitar o princípio da isonomia e promover o desenvolvimento nacional sustentável.

(B) As modalidades de licitação podem ser combinadas ou fundidas, conforme critérios discricionários da Administração Pública.

(C) O pregão é a modalidade de licitação destinada à contratação de bens e serviços de pequeno valor, nos termos da lei.

(D) O concurso é a modalidade de licitação destinada à seleção de servidores públicos.

(E) O leilão é a modalidade de licitação destinada à venda de ações de empresas estatais em bolsa de valores.

A: correta. Perfeito o conceito, sendo o disposto nos arts. 1º a 3º, da Lei 8.666/1993; **B:** incorreta. As modalidades licitatórias (art. 22, da Lei 8.666/1993) são taxativas e não podem ser mescladas entre si, já que os critérios para suas escolhas são muito específicos; **C:** incorreta. O pregão é modalidade de licitação determinada pelo objeto (bens e serviços comuns), e não em relação ao valor; **D:** incorreta. A modalidade "concurso" prevista na Lei 8.666/1993 visa à contratação de trabalhos técnicos, científicos ou artísticos (art. 22, § 4º, da Lei 8.666/1993), e não se confunde com o concurso público para a contratação de servidores públicos; **E:** incorreta.Incorreta. O Leilão é modalidade de licitação destinada a venda de bens móveis inserviveis para a administração ou de produtos legalmente apreendidos ou penhorados (art. 22, § 5º, da Lei 8.666/1993). Gabarito "A".

(Procurador – PGFN – ESAF – 2015) A empresa pública federal X, necessitando de um grande número de computadores e impressoras para uso cotidiano de seus empregados, resolveu adquiri-los por meio de certame licitatório. O valor de referência estipulado para a aquisição foi de R$ 2.000.000,00 (dois milhões de reais). A modalidade de licitação a ser utilizada é:

(A) obrigatoriamente pregão.
(B) obrigatoriamente concorrência.
(C) concorrência, pregão ou Regime Diferenciado de Contratação, conforme opção discricionária do gestor.
(D) quaisquer das modalidades de licitação existentes, cabendo ao gestor justificar a sua escolha nos autos.
(E) concorrência ou pregão, conforme opção discricionária do gestor.

A: correta. Tratando-se de um bem comum, a resposta correta é a letra A, pois temos o pregão como modalidade licitatória própria para essa situação, independentemente do preço (Lei 10.520/2002); **B:** incorreta. Temos caso específico de pregão, por ser escolha em razão do objeto (bem comum); **C:** incorreta. O Regime Diferenciado de Contratação só pode ser adotado em hipóteses específicas, excluindo-se os bens comum dessas; **D:** incorreta. A escolha da modalidade de licitação é vinculada; **E:** incorreta. Tratando-se de escolha vinculada ao tipo de objeto (bem comum), o administrador não tem qualquer discricionariedade. Gabarito "A".

(Advogado União – AGU – CESPE – 2015) A propósito das licitações, dos contratos, dos convênios e do sistema de registro de preços, julgue os itens a seguir com base nas orientações normativas da AGU.

(1) Na hipótese de nulidade de contrato entre a União e determinada empresa, a despesa sem cobertura contratual deverá ser reconhecida pela União como obrigação de indenizar a contratada pelo que esta houver executado até a data em que a nulidade do contrato for declarada e por outros prejuízos regularmente comprovados, sem prejuízo da apuração da responsabilidade de quem der causa à nulidade.

(2) Se, em procedimento licitatório na modalidade convite deflagrado pela União, não se apresentarem interessados, e se esse procedimento não puder ser repetido sem prejuízo para a administração, ele poderá ser dispensado, mantidas, nesse caso, todas as condições preestabelecidas.

(3) Se a União, por intermédio de determinado órgão federal situado em um estado da Federação, celebrar convênio cuja execução envolva a alocação de créditos de leis orçamentárias subsequentes, a consequente indicação do crédito orçamentário do respectivo empenho para atender aos exercícios posteriores dispensará a elaboração de termo aditivo, bem como a prévia aprovação pela consultoria jurídica da União no mencionado estado.

(4) Na licitação para registro de preços, a indicação da dotação orçamentária é exigível apenas antes da assinatura do contrato, sendo o prazo de validade da ata de registro de preços de, no máximo, um ano, no qual devem ser computadas as eventuais prorrogações, que terão de ser devidamente justificadas e autorizadas pela autoridade superior, devendo a proposta continuar sendo mais vantajosa.

1: correta. Trata-se do disposto no art. 49, § 1º, da Lei 8.666/1993, que assim dispõe: "A anulação do procedimento licitatório por motivo de ilegalidade não gera obrigação de indenizar, ressalvado o disposto no parágrafo único do art. 59 desta Lei."; **2:** incorreta. O procedimento será dispensável (art. 24, V, da Lei 8666/93), e não dispensado; **3:** correta. Trata-se da Orientação Normativa 40/2014, do AGU, que assim dispõe: "nos convênios cuja execução envolva a alocação de créditos de leis orçamentárias subsequentes, a indicação do crédito orçamentário e do respectivo empenho para atender à despesa relativa aos exercícios posteriores poderá ser formalizada, relativamente a cada exercício, por meio e apostila, tal medida dispensa o prévio exame e aprovação pela assessoria jurídica."; **4:** correta. Trata-se do disposto no art. 15, da Lei 8.666/1993, inclusive quanto à validade de 1 ano (art. 15, § 1º). Gabarito 1C, 2E, 3C, 4C

(Juiz de Direito – TJM/SP – VUNESP – 2016) Em matéria de licitação, é correto afirmar:

(A) o Regime Diferenciado de Contratações Públicas (RDC) é aplicável à realização de qualquer obra, serviço ou ação de vulto elevado, bastando que a opção pelo RDC conste expressamente do instrumento convocatório, com a finalidade de afastar a aplicabilidade das regras da Lei 8.666/1993.

(B) a alienação de bens imóveis da Administração Pública dependerá sempre de autorização legislativa, avaliação e licitação na modalidade concorrência.

(C) para a realização de obras, prestação de serviços ou aquisição de bens com recursos provenientes de financiamento ou doação oriundos de agência oficial de cooperação estrangeira, poderão ser admitidas normas e procedimentos daquelas entidades que não conflitem com o princípio do julgamento objetivo.

(D) para aquisição de bens e serviços comuns, assim considerados aqueles cujos padrões de desempenho e qualidade possam ser objetivamente definidos pelo edital, por meio de especificações usuais no mercado, poderá ser adotada a licitação na modalidade de pregão, desde que o valor estimado não exceda o limite para a tomada de preços.

(E) o registro de preços é um sistema utilizado pelo Poder Público para aquisição de bens e serviços, em que os interessados concordam em manter os preços registrados pelo órgão gerenciador. A existência de preços registrados obriga a Administração a firmar as contratações que deles poderão advir, pelo prazo de um ano.

A: incorreta. Há hipóteses restritivas em relação à possibilidade de adoção do Regime Diferenciado de Contratações Públicas (RDC), conforme previsto na Lei 12.462/2011, art. 1º. **B:** incorreta. O art. 17, I, da Lei 8.666/1993 determina a necessidade de autorização legislativa somente para bens imóveis da Administração Direta, autarquias e fundações. **C:** correta. Trata-se do disposto no art. 42, § 5º, da Lei 8.666/1993, quanto à concorrência de âmbito internacional, que prevê a possibilidade de utilização da Lei de Licitações juntamente com acordos e convenções aprovados pelo Congresso Nacional e normas de organismos financeiros. **D:** incorreta. O Pregão independe de limite de preços, sendo importante o tipo do objeto, que é o comum, conforme disposto na Lei 10.520/2002. **E:** incorreta. O Sistema de Registro de Preços não depende da concordância da vontade dos interessados e não obriga a Administração ao contratar com os preços registrados, conforme disposto no § 4º, art. 15, da Lei 8.666/1993. Gabarito "C".

(Promotor de Justiça/SC – 2016 – MPE)

(1) O pregão é a modalidade de licitação adotada para aquisição de bens e serviços comuns. Entendem-se como tais aqueles que podem ser fornecidos por interessados devidamente cadastrados ou que atenderem a todas as condições exigidas para cadastramento até o terceiro dia anterior à data do recebimento das propostas, observada a necessária qualificação.

1: errada. O pregão realmente é modalidade de licitação adotada para aquisição de bens e serviços comuns, mas independe de cadastramento prévio, sendo esse um requisito da modalidade Convite (art. 22, § 3º, da Lei 8.666/1993). **AW**

Gabarito 1E

(Promotor de Justiça/GO – 2016 – MPE) Em relação às modalidades licitatórias e a seus respectivos procedimentos e características, informe o item incorreto:

(A) Embora o art. 22, § 8º, da Lei 8.666/1993 vede a criação de outras modalidades licitatórias ou a combinação daquelas referidas no mesmo artigo, a mesma Lei 8.666/1993 não esgotou a competência da União para legislar sobre normas gerais. Por essa razão, segundo a doutrina, nada impede que o legislador crie novas modalidades licitatórias por meio de outra lei, com natureza de normas gerais.
(B) No pregão, para o julgamento e classificação das propostas, será adotado o critério de menor preço, com exceção das contratações de serviços de engenharia de baixa complexidade, para as quais o pregão deverá observar, obrigatoriamente, o critério "melhor técnica e preço".
(C) Vedou-se expressamente a utilização do pregão para as locações imobiliárias.
(D) Quando o critério para a escolha da modalidade licitatória for a natureza do objeto, sendo, portanto, indiferente o valor, é possível a utilização do pregão, do concurso e do leilão.

A: Incorreta. A assertive está correta.A Lei de Licitações (Lei 8.666/1993) é uma Lei Geral e proíbe que ela mesma crie outras modalidades de licitação. No entanto, outras leis gerais criaram outras modalidades de licitação, como a Lei do Pregão (Lei 10.520/2002) e Lei da Anatel (Lei 8.472/1997), que criou a "consulta". **B:** Correta. A assertiva está incorreta. O pregão somente se destina a contratação de bens e serviços comuns, não sendo possível ter como objeto serviços de engenharia. **C:** Incorreta. A assertiva está correta, conforme art. 1º da Lei 10.520/2002. **D:** Incorreta. A assertiva está correta. Todas essas modalidades de licitação admitem como critério o da natureza do objeto. **AW**

Gabarito "B"

(Delegado/BA – 2016.1 – Inaz do Pará) Sobre as modalidades e tipos de licitação, é correto afirmar que:

(A) Concorrência é a modalidade de licitação que se faz pelo chamamento universal de quaisquer interessados que comprovem possuir os requisitos mínimos de qualificação exigidos no edital para execução do seu objeto.
(B) Convite é a modalidade de licitação entre interessados do ramo pertinente ao seu objeto, cadastrados ou não, escolhidos e convidados em número máximo de 03 (três) pela unidade administrativa.
(C) Tomada de preços é a modalidade de licitação destinada a aquisição de bens e serviços comuns, qualquer que seja o valor estimado da contratação.
(D) É facultado ao agente público realizar licitações simultâneas ou sucessivas que ensejem a mudança da modalidade licitatória pertinente.
(E) O pregão presencial é a modalidade de licitação em que a disputa é feita por meio da utilização de recursos de tecnologia da informação.

A: correta (art. 22, § 1º, da Lei 8.666/1993); **B:** incorreta, porque o convite deve ser feito para no *mínimo* três pessoas e não para no *máximo* três convidados (art. 22, § 3º, da Lei 8.666/1993); **C:** incorreta, pois essa regra diz respeito ao pregão (art. 1º, *caput*, da Lei 10.520/2002) e não tomada de preços, que, de um lado, não restringe seu objeto a bens e serviços comuns, mas, de outro lado, traz limitações em seu valor (art. 23, I, "b", e II, "b", da Lei 8.666/1993); **D:** incorreta, pois isso seria fraude à lei, sendo coibido também por regras como a do § 5º do art. 23 da Lei 8.666/1993; **E:** incorreta, pois nesse caso tem-se o chamado *pregão eletrônico*. **WG**

Gabarito "A"

(Ministério Público/SP – 2015 – MPE/SP) Nos termos da Lei 8.666/1993 (Lei de Licitações):

I. As normas de licitações e contratos devem privilegiar o tratamento diferenciado e favorecido às microempresas e empresas de pequeno porte na forma da lei.
II. A licitação não será sigilosa, sendo públicos e acessíveis ao público os atos de seu procedimento, salvo quanto ao conteúdo das propostas, até a respectiva abertura.
III. São modalidades de licitação: a) concorrência; b) tomada de preços; c) convite; d) praça; e) leilão.
IV. Praça é a modalidade de licitação entre quaisquer interessados para a venda de bens imóveis inservíveis para a administração, a quem oferecer o maior lance, igual ou superior ao valor da avaliação.
V. Leilão é a modalidade de licitação entre quaisquer interessados para a venda de bens móveis inservíveis para a administração ou de produtos legalmente apreendidos ou penhorados, a quem oferecer o maior lance, igual ou superior ao valor da avaliação.

Está correto apenas o contido em:
(A) I e II.
(B) II.
(C) II, III, IV e V.
(D) I, III, IV e V.
(E) Todos os itens estão corretos.

I: correta (arts. 170, IX, e 179, ambos da CF); **II:** correta (art. 3º, § 3º, da Lei 8.666/1993); **III:** incorreta, pois a "praça" não é uma modalidade de licitação; a questão poderia ter se referido também às modalidades "concurso" e "pregão"; **IV:** incorreta, pois a "praça" não é uma modalidade de licitação; **V:** incorreta, pois o leilão também se destina à "alienação de bens imóveis prevista no art. 19 da Lei 8.666/1993 (art. 22, § 5º, da Lei 8.666/1993). **WG**

Gabarito "A"

(Procurador do Estado/AC – 2014 – FMP) Visando à elaboração de uma estátua representativa dos geoglifos do Acre, foi elaborado um concurso para a seleção da melhor obra de arte. Sobre a forma de seleção e contratação, é **CORRETO** afirmar que

(A) a modalidade mais adequada no caso é o pregão, uma vez que a agilidade e o caráter impessoal da contratação impõem a modalidade.
(B) não há como efetivar concurso público para a prestação de trabalho temporário, devendo ser contratado algum artista em caráter precário.
(C) a modalidade de licitação escolhida é adequada em razão do caráter personalíssimo do serviço.
(D) a modalidade do leilão é a que melhor se afeiçoa com a compra de obras de arte.

A, B e D: incorretas, pois o caso é de realização de certame licitatório na modalidade concurso, já que se tem hipótese de escolha de trabalho artístico (art. 22, § 4º, da Lei 8.666/1993); **C:** correta, devendo ser realizada a licitação na modalidade concurso (art. 22, § 4º, da Lei 8.666/1993). **WG**

Gabarito "C"

(Procurador do Município – São Paulo/SP – 2014 – VUNESP) Caracteriza o pregão:

(A) objeto comum, disponível no mercado a qualquer tempo, cuja configuração e características são padronizadas pela própria atividade empresarial.
(B) podem participar somente os sujeitos previamente inscritos em cadastro público, o que torna a licitação sumária e mais rápida.
(C) os proponentes ficam vinculados por sua proposta até que outra, mais elevada, seja formulada.
(D) modalidade de licitação mais simplificada para aquisição de bens e serviços cujo valor é limitado, nos termos da lei.
(E) utilização de recursos eletrônicos de informação para aceitação de propostas e lances em sessão presencial apenas para candidatos previamente cadastrados.

A: correta (art. 1º, *caput* e parágrafo único, da Lei 10.520/2002); **B:** incorreta, pois essa exigência é típica da *tomada de preços* e não existe no *pregão*; **C:** incorreta, pois mesmo que outro licitante faça proposta mais elevada (na verdade, deveria estar escrito "melhor proposta", pois no pregão se busca o menor preço), o licitante com pior proposta continua vinculado com sua proposta, pois é possível que o licitante que tiver feito a melhor proposta venha a ser inabilitado (lembre-se que no pregão há inversão de fases e primeiro analisa--se as propostas e depois a documentação de habilitação), hipótese em que o licitante com proposta inferior subsequente estará vinculado à sua proposta, sem prejuízo de o pregoeiro buscar uma melhoria dessa proposta na chamada "fase de negociação"; **D:** incorreta, pois não há limitação de valor para a utilização do pregão; E: incorreta, pois o pregão eletrônico também é cabível e, nesse caso, o procedimento não é presencial. **WG**

Gabarito "A"

(Advogado do Metrô/SP – 2014 – FCC) A Administração Pública pretende alienar inúmeros bens imóveis provenientes de ação judicial movida contra ex-banqueiro. Nesse caso, o procedimento licitatório adequado é

(A) pregão.
(B) leilão.
(C) registro de preços.
(D) tomada de preços.
(E) convite.

A alienação de bens imóveis estatais, de regra, deve se dar mediante licitação na modalidade concorrência (art. 23, § 3º, da Lei 8.666/1993), mas também é cabível a utilização do leilão quando se tratar de imóveis adquiridos mediante procedimento judicial (ou de dação em pagamento), que foi justamente o caso trazido no enunciado dessa questão (art. 19, III, da Lei 8.666/1993). **WG**

Gabarito "B"

(Advogado do INEA/RJ – 2014 – FGV) O Estado X, pretendendo adquirir computadores para equipar uma determinada secretaria, resolve realizar licitação na modalidade pregão. Considerando a referida hipótese, assinale a afirmativa correta.

(A) O pregão terá que ser adotado pela Administração Pública sempre que adquirir bens e serviços comuns.

(B) O órgão que receberá as propostas é a Comissão de Licitação.
(C) O prazo para apresentação das propostas no pregão será de no máximo oito dias, em vista da celeridade.
(D) O julgamento da habilitação somente ocorrerá após o julgamento das propostas.
(E) O interessado, para participar da licitação, deverá comprar o edital de licitação.

A: incorreta, pois a Administração "poderá" (e não "deverá") usar o pregão no caso (art. 1º, caput, da Lei 10.520/2002); **B:** incorreta, pois no pregão não há "comissão de licitação", mas sim "pregoeiro" e sua "equipe de apoio" (art. 3º, IV, da Lei 10.520/2002); **C:** incorreta, pois o prazo *mínimo* (e não *máximo*) é que é de 8 dias, lembrando que são dias *úteis* (e não *corridos*), nos termos do art. 4º, V, da Lei 10.520/2002; **D:** correta (art. 4º, XII, da Lei 10.520/2002); **E:** incorreta, pois é vedada a exigência de aquisição do edital pelos licitantes, como condição para participação do certame (art. 5º, II, da Lei 10.520/2002). WG
Gabarito "D".

9.4. FASES DA LICITAÇÃO

(Procurador Municipal – Sertãozinho/SP – VUNESP – 2016) No pregão, encerrada a etapa competitiva e ordenadas as ofertas, o pregoeiro procederá à abertura do invólucro contendo os documentos de habilitação do licitante que apresentou a melhor proposta, para verificação do atendimento das condições fixadas no edital. Considerando-se o procedimento dessa modalidade licitatória, nos termos da Lei 10.520/2002, essa regra é de ser observada na fase
(A) preparatória.
(B) interna.
(C) externa.
(D) conclusiva.
(E) contratual.

A: Incorreta. Trata-se de fase externa, conforme disposto no art. 4º, XII, da Lei 10.520/2002. **B:** Incorreta. Temos a fase externa, e não interna ou preparatória, nesse caso. **C:** Correta. Após a preparação do procedimento, passa-se a chamada dos interessados e julgamento das propostas até a habilitação dos aprovados, sendo essa a fase externa (art. 4º, da Lei 10.520/2002). **D:** Incorreta. Não há que se falar em fase conclusiva no Pregão **E:** Incorreta. Não há fase contratual no pregão, que se limita em fase interna e externa. AW
Gabarito "C".

(Delegado/GO – 2017 – CESPE) Determinado órgão público pretende dar publicidade a um instrumento convocatório com objetivo de comprar armas de fogo do tipo pistola, de calibre 380, usualmente vendidas no mercado brasileiro. O valor orçado da aquisição dos produtos é de R$ 700.000. Nessa situação, a compra poderá ser efetuada mediante licitação na modalidade
(A) tomada de preço do tipo técnica e preço.
(B) concorrência do tipo melhor técnica.
(C) concorrência do tipo técnica e preço.
(D) pregão do tipo menor preço.
(E) tomada de preços do tipo menor preço.

Lei 10.520/2002, art. 1º Para aquisição de bens e serviços comuns, poderá ser adotada a licitação na modalidade de pregão, que será regida por esta Lei. Parágrafo único. Consideram-se bens e serviços comuns, para os fins e efeitos deste artigo, aqueles cujos padrões de desempenho e qualidade possam ser objetivamente definidos pelo edital, por meio de especificações usuais no mercado. FB
Gabarito "D".

9.5. TIPOS DE LICITAÇÃO (MENOR PREÇO, MELHOR TÉCNICA E TÉCNICA/PREÇO E MAIOR LANCE)

(Juiz – TRF 3ª Região – 2016) Com base na assertiva abaixo, assinale a alternativa correta:
Determinado ente da Administração Pública Federal realizou licitação para contratação de serviços de assistência técnica de informática, no valor estimado de R$ 600.000,00 (seiscentos mil reais). Para tanto, (i) optou por realizar a licitação na modalidade tomada de preços. No curso dessa licitação, além da participação de interessados devidamente cadastrados, (ii) foi deferida a participação da empresa interessada X, que atendeu todas as condições exigidas para cadastramento no quarto dia anterior à data do recebimento das propostas, observada a necessária qualificação. (iii) O tipo da tomada de preços escolhida foi a de "melhor técnica" e o resumo do edital foi publicado no Diário Oficial da União com antecedência de 35 dias até o recebimento das propostas.
(A) (i) A escolha pela tomada de preços é regular, mas o ente licitante também poderia ter optado pela concorrência; (ii) a participação de X deveria ter sido indeferida, pois não foi observado o prazo legal; (iii) a antecedência da publicação observou ao prazo legal mínimo.
(B) (i) A escolha pela tomada de preços é regular, mas o ente licitante também poderia ter optado pela concorrência; (ii) a participação de X deveria ter sido deferida, pois ela atendeu ao prazo legal; (iii) a antecedência da publicação observou ao prazo legal mínimo.
(C) (i) A escolha pela tomada de preços é irregular; (ii) a participação de X deveria ter sido indeferida, pois não foi observado o prazo legal; (iii) a antecedência da publicação não observou ao prazo legal mínimo.
(D) (i) A escolha pela tomada de preços é irregular; (ii) a participação de X deveria ter sido deferida, pois foi observado o prazo legal; (iii) a antecedência da publicação observou ao prazo legal mínimo.

A: incorreta. O prazo legal foi respeito, que é, no mínimo, de 3 dias anteriores ao recebimento das propostas, sendo feito nos 4 dias anteriores, portanto, correto. A antecedência da publicação do edital também está correta, eis que é de 15 dias (art. 21, II, *b*, da Lei 8.666/1993); **B:** correta. Tudo está correto na assertiva: o limite do valor para a modalidade tomada de preços (até 650 mil), conforme art. 23, II, *b*, da Lei 8.666/1993, sendo que poderia ter sido escolhida a concorrência, que é modalidade subsidiária (art. 23, §4º, da Lei 8.666/1993), assim como a publicação do edital cumpriu o prazo o legal disposto no art. 21, II, *b*, da Lei 8.666/1993; **C:** incorreta. A escolha pela tomada de preços é correta, tendo em vista o limite de valor ser de até R$ 650 mil, conforme disposto no art. 23, II, *b*, da Lei 8.666/1993; **D:** incorreta. Como dito acima, nem é preciso analisar o resto da assertiva, pois o valor já é adequado para a tomada de preço, que é de até R$ 650 mil (art. 23, II, *b*, da Lei 8.666/1993). AW
Gabarito "B".

(Delegado/MT – 2017 – CESPE) Configura hipótese de inexigibilidade de licitação a
(A) prestação de serviço de natureza singular para a divulgação de campanha educacional dirigida à população.
(B) aquisição de serviço de informática prestado por empresa pública que tenha sido criada para esse fim específico.
(C) aquisição de gêneros perecíveis, enquanto durar o processo licitatório correspondente, desde que realizada com base no preço do dia.
(D) aquisição de armamento de determinada marca, desde que justificada a escolha por motivos de segurança pública.
(E) contratação, por intermédio de empresário exclusivo, de cantor consagrado pela crítica especializada.

Lei 8.666/1993, art. 25. É inexigível a licitação quando houver inviabilidade de competição, em especial: III – para contratação de profissional de qualquer setor artístico, diretamente ou através de empresário exclusivo, desde que consagrado pela crítica especializada ou pela opinião pública. FB
Gabarito "E".

(Defensor Público – DPE/MT – 2016 – UFMT) Em matéria de licitação pública, assinale a afirmativa INCORRETA.
(A) Nas licitações do tipo melhor técnica, a classificação dos proponentes far-se-á de acordo com a média ponderada das valorizações das propostas técnicas e de preço, de acordo com os pesos preestabelecidos no instrumento convocatório.
(B) A promoção do desenvolvimento nacional sustentável é um dos três pilares das licitações públicas, ao lado do princípio constitucional da isonomia e da seleção da proposta mais vantajosa para a Administração.
(C) Nas licitações, será assegurada, como critério de desempate da proposta comercial, preferência de contratação para as microempresas e empresas de pequeno porte.
(D) Nas hipóteses de inexigibilidade e dispensa de licitação, se comprovado superfaturamento, respondem solidariamente pelo dano causado à Fazenda Pública o fornecedor ou o prestador de serviços e o agente público responsável, sem prejuízo de outras sanções legais cabíveis.
(E) A documentação exigida nas fases de habilitação jurídica e econômico-financeira poderá ser dispensada, no todo ou em parte, nos casos de convite, concurso, fornecimento de bens para pronta entrega e leilão.

A: Incorreta, porque no tipo "melhor técnica", o julgamento se dá em razão da escolha do melhor licitante quanto à técnica, sendo que o preço é utilizado subsidiariamente, e não, para fazer uma "média ponderada", como afirmado na alternativa (art. 46, § 1º, II, da Lei 8.666/1993); Essa é a resposta do gabarito, que pede para marcar a INCORRETA; **B:** Correta, conforme disposto no art. 3º, da Lei 8.666/1993 ("letra de lei"); **C:** Correta, conforme disposto no art. 3º, § 14, da Lei 8.666/1993 ("letra de lei"); **D:** Correta, conforme disposto no art. 25, § 2º, da Lei 8.666/1993 (letra de lei); **E:** Correta, sendo o estabelecido no art. 32, § 3º, da Lei 8.666/1993. AW
Gabarito "A".

(Juiz de Direito/CE – 2014 – FCC) No que tange ao julgamento das licitações, a Lei Federal nº 8.666, de 21 de junho de 1993,
(A) exige, para contratação de bens e serviços de informática, a adoção do tipo de licitação "melhor técnica", permitido o emprego de outro tipo de licitação nos casos indicados em decreto do Poder Executivo.
(B) admite a utilização de critério sigiloso em licitações, quando houver possibilidade de comprometimento da segurança nacional, nos casos estabelecidos em decreto do Presidente da República, ouvido o Conselho de Defesa Nacional.

(C) admite que haja fase de julgamento por lances verbais, somente nas modalidades concorrência e tomada de preço.
(D) considera inexequíveis, no caso de licitações de menor preço para compras, as propostas cujos valores sejam inferiores a 70% (setenta por cento) do valor orçado pela Administração.
(E) não permite a desistência de proposta após a fase de habilitação, salvo por motivo justo decorrente de fato superveniente e aceito pela Comissão de Licitação.

A: incorreta, pois a lei determina, no caso, a adoção do tipo de licitação "melhor técnica e preço" (e não "melhor técnica"), conforme art. 45, § 4º, da Lei 8.666/1993; B: incorreta, pois a lei veda o sigilo (salvo do conteúdo das propostas, até a abertura dos envelopes respectivos), conforme arts. 3º, § 3º, e 44, § 1º, ambos da Lei 8.666/1993; C: incorreta, pois a Lei 8.666/1993 não prevê lances verbais, apesar de outras leis o fazerem, como a Lei do Pregão (Lei 10.520/2002 – art. 4º, VIII e IX); D: incorreta, pois a Lei 8.666/1993 considera inexequíveis as propostas cujos valores forem inferiores a 70% dos menores valores indicados nas alíneas "a" e "b" do § 1º do art. 48 quando se tratar de licitações de menor preço para "obras" e "serviços de engenharia" (art. 48, § 1º), não havendo regra tão objetiva quando se tratar de licitações de menor preço para "compras" (art. 48, II); E: correta (art. 43, § 6º, da Lei 8.666/1993). WG

Gabarito "E."

9.6. REVOGAÇÃO E ANULAÇÃO DA LICITAÇÃO

(Magistratura/GO – 2015 – FCC) Suponha que o Estado de Goiás tenha instaurado um procedimento licitatório para a contratação de obra de grande vulto e, ao final do certame, já tendo conhecimento do vencedor, considerou prudente não prosseguir com a contratação haja vista que a empresa que apresentou a melhor proposta teve envolvimento comprovado em investigações em curso para apuração de fraudes em outras licitações no Estado e superfaturamento de contratos. Diante deste cenário, com base nas disposições da Lei 8.666/1993,

(A) deverá desclassificar a empresa vencedora, caso o resultado da licitação já tenha sido homologado, podendo contratar diretamente a execução das obras, observada a compatibilidade de preços com os praticados no mercado.
(B) poderá revogar a licitação, por razões de interesse público, decorrente de fato superveniente devidamente comprovado, pertinente e suficiente para justificar tal conduta.
(C) deverá anular a licitação, por ilegalidade, de ofício ou por provocação de terceiros, mediante parecer escrito e devidamente fundamentado.
(D) poderá desconsiderar a proposta apresentada pelo licitante vencedor e adjudicar o objeto ao segundo colocado, por decisão fundamentada da comissão de licitação.
(E) poderá deixar de contratar a empresa vencedora, desde que ainda não tenha adjudicado o objeto da licitação, independentemente desta ter sido formalmente apenada com suspensão ou declaração de inidoneidade.

A: incorreta, pois a desclassificação é instituto aplicável nas hipóteses em que há problema na proposta comercial apresentada pelo licitante (exs.: a proposta não se refere ao item licitado; ou a proposta é inexequível; ou a proposta está vinculada a proposta de outro licitante etc.); B: correta, pois, no caso, em virtude da prudência administrativa, há fortes razões de interesse público para a revogação da licitação, já que não é possível anulá-la (pois não há ilegalidade alguma no certame, pelo fato de o investigado não ter sido ainda punido administrativamente com uma pena de inidoneidade para participar de certames licitatórios), nem é prudente contratar o investigado, diante do quadro probatório que demonstra ter agido com fraude em outras licitações e contratos; C: incorreta, pois somente se anula uma licitação se esta for ilegal e, no caso narrado, não se vislumbra ilegalidade em qualquer ato licitatório, tratando-se de problema relacionado ao licitante; seria caso de anular a licitação caso o licitante com problema já estivesse impedido formalmente de participar de licitações e, mesmo assim, tivesse sido habilitado para as próximas fases do certamente, o que não é o caso, pois o enunciado apenas afirma que o licitante está envolvido em investigações relacionadas a fraudes, não havendo indicação de que j[á fora punido administrativamente com uma pena de suspensão ou inidoneidade para participar de certames licitatórios; D: incorreta, pois, não havendo indicação no enunciado da questão de que o licitante investigado já fora punido administrativamente com a pena de suspensão ou inidoneidade para participar de certames licitatórios, não se pode excluí-lo do certame por esse motivo; E: incorreta, pois mesmo que o objeto tenha sido adjudicado, a Administração não obrigada a contratar, podendo, mesmo nessa fase, revogar o certame. WG

Gabarito "B".

9.7. TEMAS COMBINADOS E OUTROS TEMAS

(Procurador do Estado/SP – 2018 – VUNESP) Após regular licitação, empresa foi contratada pelo Poder Público para execução de obra de engenharia sob o regime da contratação integrada. Iniciada a execução do ajuste, a empresa apresentou requerimento de aditamento contratual para repactuação dos termos ajustados ao argumento de que teria direito ao reequilíbrio econômico-financeiro e prorrogação do prazo de vigência do contrato em razão da necessidade de modificação do projeto básico para adequação técnica decorrente de fatos preexistentes, porém por ela constatados após a elaboração da proposta apresentada no certame. Nesse caso, o Poder Público deverá

(A) deferir o requerimento, ainda que se verifique que o erro do anteprojeto decorreu de falha da empresa contratada, sob pena de enriquecimento sem causa, firmando-se o termo aditivo.
(B) deferir o requerimento, desde que comprovado, pela área técnica que os fatos são supervenientes e, embora previsíveis, de consequências incalculáveis, firmando-se o termo aditivo.
(C) deferir o requerimento se a área técnica competente do ente contratante atestar que a álea indicada pela contratada é extraordinária e extracontratual, quantificando adequadamente o valor a ser reequilibrado, realizando-se apostilamento.
(D) indeferir o requerimento, eis que não se trata, na hipótese, de caso fortuito ou força maior.
(E) indeferir o requerimento, porque o regime de contratação integrada não admite, em nenhuma hipótese, prorrogação do prazo de vigência do contrato, devendo o pleito resolver-se, se o caso, em procedimento de apuração e reparação de danos, efetuando-se apostilamento.

O chamado regime de contratação integrada nas licitações de obras e serviços de engenharia encontra previsão na Lei 12.462/2011, que disciplina o Regime Diferenciado de Contratações Públicas. A contratação integrada compreende a elaboração e o desenvolvimento dos projetos básico e executivo, a execução de obras e serviços de engenharia, a montagem, a realização de testes, a pré-operação e todas as demais operações necessárias e suficientes para a entrega final do objeto. Justamente pelo fato de que o contrato é responsável também pelo projeto básico, temos no art. 9º § 4º da Lei 12.462/2011 que: § 4º Nas hipóteses em que for adotada a contratação integrada, é vedada a celebração de termos aditivos aos contratos firmados, exceto nos seguintes casos: I – para recomposição do equilíbrio econômico-financeiro decorrente de caso fortuito ou força maior; e II – por necessidade de alteração do projeto ou das especificações para melhor adequação técnica aos objetivos da contratação, a pedido da administração pública, desde que não decorrentes de erros ou omissões por parte do contratado, observados os limites previstos no § 1º do art. 65 da Lei 8.666, de 21 de junho de 1993. No caso em tela, não se tratando de pedido da Administração Pública, nem de caso fortuito ou força maior, não cabe o termo aditivo. FB

Gabarito "D".

(Escrevente – TJ/SP – 2018 – VUNESP) Nos termos da Lei no 8.429/1992, é correta a seguinte afirmação:

(A) Esta Lei se aplica apenas aos funcionários públicos que pratiquem ato lesivo ao erário da administração direta, indireta ou fundacional de qualquer dos Poderes da União, dos Estados ou do Distrito Federal.
(B) Se a lesão ao patrimônio decorrer de ação ou omissão culposa do agente ou do terceiro, não se fará necessário o integral ressarcimento do dano.
(C) Para os fins desta Lei, não se reputa agente público aquele que, por designação, exerça função de confiança junto a órgão da administração direta ou indireta, sem recebimento de remuneração.
(D) O sucessor daquele que causar lesão ao patrimônio público ou enriquecer ilicitamente em razão do serviço público não se sujeita às cominações desta Lei, ainda que o falecido tenha deixado herança.
(E) As disposições desta Lei poderão ser aplicadas àquele que, mesmo não sendo agente público, induza ou concorra para a prática do ato de improbidade ou dele se beneficie sob qualquer forma direta ou indireta.

A: incorreta. A lei se aplica a qualquer agente público, bem como àquele que, mesmo não sendo agente público, induz, concorre para o ato de improbidade ou dele se beneficia sob qualquer forma direta ou indireta – art. 3º da Lei 8.429/1992; B: incorreta. "Ocorrendo lesão ao patrimônio público por ação ou omissão, dolosa ou culposa, do agente ou de terceiro, dar-se-á o integral ressarcimento do dano" – art. 5º da Lei 8.429/1992; C: incorreta. "Reputa-se agente público, para os efeitos desta lei, todo aquele que exerce, ainda que transitoriamente ou sem remuneração, por eleição, nomeação, designação, contratação ou qualquer outra forma de investidura ou vínculo, mandato, cargo, emprego ou função nas entidades mencionadas no artigo anterior" – art. 2º da Lei 8.429/1992; D: incorreta. A responsabilidade do sucessor vai até os limites do valor da herança – art. 8º da Lei 8.429/1992; E: correta. Art. 3º da Lei 8.429/1992. FB

Gabarito "E".

(Defensor Público – DPE/PR – 2017 – FCC) Sobre o tema licitações, é correto afirmar:
(A) O sistema de registro de preços e a chamada "licitação carona" são institutos que não decorrem expressamente da previsão na Lei de Licitações, mas derivam do princípio administrativo explícito da publicidade.
(B) As microempresas e empresas de pequeno porte poderão participar do procedimento licitatório sem necessitar comprovar previamente a qualificação técnica, por força da finalidade relacionada ao desenvol-

vimento nacional, entretanto uma vez declarada vencedora, deverá apresentar comprovar sua qualificação em até 48 horas.

(C) As microempresas e empresas de pequeno porte poderão participar do procedimento licitatórios sem necessitar comprovar previamente a qualificação técnica, por força da finalidade relacionada ao desenvolvimento nacional, entretanto uma vez declarada vencedora, deverá comprovar sua qualificação em até 5 dias úteis.

(D) É compatível com as finalidades licitatórias a preferência para aquisição de produtos manufaturados e serviços nacionais que obedeçam às normas técnicas brasileiras em detrimento de produtos e serviços estrangeiros, desde que obedecidos os limites legais definidos pelo Poder Executivo Federal.

(E) Conforme a Lei de Licitações, sempre que os candidatos forem inabilitados ou desclassificados – instituto da licitação fracassada – se autorizará a imediata contratação direta.

No tocante à alternativa "a" o sistema de registro de preços vem expressamente previsto no art. 15 da Lei n. 8.666/1993; no tocante às alternativas "b" e "c", a lei prevê que a comprovação da regularidade fiscal das microempresas e empresas de pequeno porte pode ser realizada no momento da assinatura do contrato – nos termos do art. 42 da Lei Complementar n. 123/2006, " Nas licitações públicas, a comprovação de regularidade fiscal e trabalhista das microempresas e das empresas de pequeno porte somente será exigida para efeito de assinatura do contrato". A comprovação da qualificação técnica não goza deste favor; a alternativa "d" encontra suporte no art. 3º, § 5º da Lei n. 8.666/1993; no tocante ao item "e", a hipótese de dispensa de licitação prevista no inciso V do art. 24 da Lei de Licitações é a de esta ser possível "quando não acudirem interessados à licitação anterior e esta, justificadamente, não puder ser repetida sem prejuízo para a Administração, mantidas, neste caso, todas as condições preestabelecidas". AW

Gabarito "D".

(Procurador do Estado – PGE/MT – FCC – 2016) Acerca da prestação de garantias para execução contratual, no âmbito das licitações e contratos administrativos, a Lei nº 8.666/93 estabelece:

(A) Nas obras, serviços e fornecimentos de grande vulto envolvendo alta complexidade técnica e riscos financeiros consideráveis, demonstrados por meio de parecer tecnicamente aprovado pela autoridade competente, o limite de garantia poderá ser elevado para até quinze por cento do valor do contrato.

(B) Nos casos de contratos que importem na entrega de bens pela Administração, dos quais o contratado ficará depositário, ao valor da garantia deverá ser acrescido o valor desses bens.

(C) É vedada a exigência de garantia por ocasião da participação na licitação, devendo a comprovação da qualificação econômico-financeira ser limitada a exigência de capital mínimo ou de patrimônio líquido mínimo.

(D) Dentre as modalidades de garantia admitidas na lei, estão o penhor, a hipoteca e a anticrese.

(E) A substituição da garantia é hipótese de alteração unilateral do contrato administrativo.

A: incorreta. Nos casos de contratos de grande vulto, a garantia pode ser aumentada em até 10% do valor do contrato, conforme disposto no art. 56, § 3º, da Lei 8.666/1993; B: correta. Trata-se do disposto no art. 56, § 5º, da Lei 8.666/1993; C: incorreta. É facultada a exigência de garantia, sendo, geralmente, uma cláusula geral do contrato administrativo (art. 56, da Lei 8.666/1993); D: incorreta. Essas garantias são típicas do direito privado. As garantias exigidas e previstas na Lei de Licitações são: seguro-garantia, fiança bancária e caução (art. 56, § 1º, da Lei 8.666/1993); E: incorreta. A substituição de garantia é feita por acordo entre as partes, conforme disposto no art. 65, II, a, da Lei 8.666/1993. AW

Gabarito "B".

(Procurador Municipal/SP – VUNESP – 2016) Em pregão realizado pela Prefeitura Municipal de Rosana, que tem por objeto a contratação de serviços de limpeza do prédio no qual se localizam os órgãos e as unidades municipais, a proposta de menor valor passa a ser examinada em relação a sua aceitabilidade. Nesse momento, verifica o pregoeiro que o valor da melhor proposta ainda é muito superior ao preço estimado pela Administração Pública na elaboração do edital. A despeito das tentativas de negociação direta, efetuadas pelo pregoeiro, a empresa que apresentou a melhor proposta não diminui o valor apresentado. Nessa hipótese, deverá o pregoeiro

(A) revogar a licitação por razões de interesse público decorrente de fato superveniente devidamente comprovado, pertinente e suficiente para justificar tal conduta, consistente na existência de propostas aceitáveis.

(B) examinar as ofertas subsequentes e a qualificação dos licitantes, na ordem de classificação, e assim sucessivamente, até a apuração de uma que atenda ao edital, sendo o respectivo licitante declarado vencedor.

(C) desclassificar todas as propostas, porque superiores ao referencial, e fixar aos licitantes o prazo de dez dias úteis para a apresentação de outras propostas com valores inferiores e que possam passar pelo crivo da aceitabilidade.

(D) declarar todos os licitantes impedidos de licitar e contratar com a União, os Estados, o Distrito Federal ou os Municípios, sem prejuízo das multas previstas em edital, pois todos agiram de má-fé a apresentar propostas 70% superiores ao referencial.

(E) inabilitar o licitante e lhe conceder o prazo de 3 (três) dias para apresentação de razões do recurso, ficando os demais licitantes desde logo intimados para apresentar contrarrazões em igual número de dias.

A: Incorreta. Não há fato superveniente, e sim, preços incompatíveis com o Mercado ou com o interesse público, por isso não se trata de hipótese de revogação da licitação. B: Correta. O art. 4º, XVI, da Lei 10.520/2002 dispõe que: "se a oferta não for aceitável ou se o licitante desatender às exigências habilitatórias, o pregoeiro examinará as ofertas subsequentes e a qualificação dos licitantes, na ordem de classificação, e assim sucessivamente, até a apuração de uma que atenda ao edital, sendo o respectivo licitante declarado vencedor;" C: Incorreta. Na Lei do Pregão temos a forma de solucionar esse problema, ou seja, apenas há tentativa de negociação ou de escolha entre os demais licitantes para que possa haver uma contratação eficaz e que cumpra o interesse público. D: Incorreta. Não existe essa previsão de declaração de impedimento nesse caso de valores altos ou inabilitação, e sim, nos casos de fraude e crimes, que não temos descritos no enunciado. E: Incorreta. Como consta da alternativa B, há previsão expressa na Lei do Pregão da forma de solucionar essa situação em que os preços estão altos pela empresa escolhida em primeiro plano. AW

Gabarito "B".

(Procurador Municipal/SP – VUNESP – 2016) Nas contratações de obras, serviços e compras, segundo a disciplina da Lei 8.666/1993, a autoridade competente, em cada caso e desde que previsto no instrumento convocatório, poderá exigir que seja prestada garantia não excedente a 5% do valor do contrato. Contudo, tratando-se de obras, serviços e fornecimentos de grande vulto envolvendo alta complexidade técnica e riscos financeiros consideráveis, demonstrados por meio de parecer tecnicamente aprovado pela referida autoridade, esse limite poderá ser elevado para

(A) 50%.
(B) 30%.
(C) 20%.
(D) 15%.
(E) 10%.

A correta é a alternativa E, com fundamento no art. 56, §§ 2º e 3º, da Lei 8.666/1993, que determina o aumento da garantia para 10% no caso de obras, serviços e fornecimentos de grande vulto. AW

Gabarito "E".

(Procurador do Estado – PGE/PA – UEPA – 2015) A respeito de licitação, é correto afirmar que:

I. Cabe mandado de segurança contra ato praticado em licitação promovida por sociedade de economia mista ou empresa pública.

II. Segundo a Lei n. 8666/93, art. 23, § 1º é regra geral a realização de licitação por lote único na qual a proposta dos licitantes engloba toda a execução do objeto.

III. Na modalidade de licitação por Convite, em não se obtendo o número legal mínimo de três propostas aptas à seleção, impõe-se a repetição do ato, com a convocação de outros possíveis interessados, ressalvados algumas hipóteses como a de limitação do mercado.

IV. A contratação de instituição sem fins lucrativos, com dispensa de licitação, com fulcro no art. 24, inciso XIII, da Lei nº 8.666/93, é admitida mesmo inexistente o nexo efetivo entre o mencionado dispositivo, a natureza da instituição e o objeto contratado.

A alternativa que contém todas as afirmativas corretas é:

(A) I e II.
(B) I e III.
(C) II e IV.
(D) II e III.
(E) I, II, III e IV.

I: correta. O Mandado de Segurança é possível, pois temos caso de ato de autoridade pública praticado com abuso de poder ou ilegalidade (art. 1º, da Lei 12.06/2009); II: incorreta. O art. 23, da Lei 8.666/1993 dispõe exatamente o contrário, ou seja, busca-se a realização do procedimento da forma mais eficiente Possível, podendo ser realizada em "As obras, serviços e compras efetuadas pela Administração serão divididas em tantas parcelas quantas se comprovarem técnica e economicamente viáveis"; III: correta. Trata-se do disposto expressamente no art. 22, § 3º, da Lei 8.666/1993. AW

Gabarito "B".

(Procurador – PGFN – ESAF – 2015) A respeito dos contratos administrativos e das penalidades que podem ser aplicadas aos contratados e tendo em mente a jurisprudência do STJ, analise as afirmativas abaixo, classificando-as em verdadeiras (V) ou falsas (F). Ao final, assinale a opção que contenha a sequência correta.

( ) A penalidade de suspensão temporária de participação em licitação e impedimento de contratar, independentemente da modalidade lici-

tatória, só alcança os órgãos e entidades administrativos do próprio ente federado que aplicou a sanção, ao passo que a declaração de inidoneidade para licitar ou contratar abrangeria toda a Administração Pública, em todos os níveis.
( ) As sanções de declaração de inidoneidade para licitar ou contratar e de suspensão do direito de licitar e contratar possuem efeito rescisório automático.
( ) A declaração de inidoneidade para licitar ou contratar com a Administração Pública é sanção de competência exclusiva de ministro de Estado, de secretário estadual ou de secretário municipal, conforme o caso.
( ) A ausência de abertura de prazo para oferecimento de defesa final sobre a possível aplicação da pena de inidoneidade para licitar ou contratar com a Administração Pública acarreta nulidade no processo administrativo a partir desse momento processual.
(A) V, F, F, V.
(B) F, V, V, F.
(C) V, V, F, F.
(D) F, V, F, V.
(E) F, F, V, V.

1: falsa, Essa penalidade se estende a todos os entes, conforme STJ, Resp 174.274; **2:** falsa. O entendimento da jurisprudência dominante é de que essas sanções não possuem efeitos automáticos, ou seja, se o licitante penalizado estiver prestando algum serviço ou estiver em andamento em algum processo licitatório, poderá continuar, pois a penalidade se aplica a partir dos "demais" ou "próximos" procedimentos. MS 14.002/DF; **3:** verdadeira. Trata-se do disposto no art. 87, § 3º, da Lei 8.666/1993; **4:** verdadeira. Também temos o mesmo fundamento legal da assertiva anterior e o MS 17.431/12. Gabarito "E".

(Procurador do Estado – PGE/BA – CESPE – 2014) Considerando as regras aplicáveis às licitações e aos contratos administrativos, julgue os itens que se seguem.
(1) Desde que o preço contratado seja compatível com o praticado no mercado, é possível a dispensa de licitação para a aquisição, por secretaria estadual de planejamento, de bens produzidos por autarquia estadual que tenha sido criada para esse fim específico em data anterior à vigência da Lei n.º 8.666/1993.\ (2) Secretário estadual de saúde pretende construir hospital para atuar no âmbito do SUS. No caso, pode realizar licitação no regime diferenciado de contratação e utilizar a empreitada por preço global.

1: correta. Trata-se do disposto no art. 23, VIII, da Lei 8.666/1993; **2:** correta. A Lei 12462/12, art. 1º, V, enumera as ações de saúde relativas ao SUS como eletivas ao Regime Diferenciado de Contratação Pública. Gabarito 1C, 2C

(Procurador do Estado – PGE/RN – FCC – 2014) O Poder Público desapropriou vários imóveis objetivando a construção de um grande complexo hospitalar. Contudo, antes de iniciar a licitação para a contratação das obras, verificou que os recursos orçamentários disponíveis não seriam suficientes para fazer frente ao empreendimento, desistindo, assim, da sua execução. Considerando a disciplina legal aplicável,
(A) somente poderá alienar os imóveis aos expropriados ou seus sucessores, por valor estabelecido em avaliação atualizada, que não poderá superar o montante pago a título de indenização, incluindo os juros moratórios e compensatórios.
(B) não poderá dar aos imóveis desapropriados destinação diversa daquela prevista na declaração de utilidade pública, estando obrigado a aliená-los para recuperar os recursos orçamentários despendidos com o pagamento das indenizações.
(C) poderá alienar os imóveis, mediante procedimento licitatório, independentemente de oferecimento prévio aos expropriados, desde que já tenha pago a integralidade das indenizações devidas.
(D) poderá alienar os imóveis ou exigir dos expropriados a restituição do valor já recebido a título de indenização, com a correspondente devolução do imóvel, expurgando-se os juros compensatórios.
(E) poderá alienar onerosamente os imóveis por meio de procedimento licitatório, na hipótese de não vislumbrar utilidade pública para os mesmos, devendo, obrigatoriamente oferecê-los previamente aos respectivos expropriados para aquisição pelo valor atual dos bens.

A: incorreta. O Poder Público poderá mudar a destinação do imóvel, desde que lícita, ou seja, desde que exista o interesse público. No caso, não há dinheiro para executar a obra, razão pela qual poderá ser alienado o imóvel, seguindo-se as regras gerais da Lei 8.666/1993; **B:** incorreta. Poderá, sim, dar destinação diversa aos imóveis expropriados, desde que ocorra a mudança da finalidade licitamente, sendo também denominada de "tredestinação lícita"; **C:** incorreta. Mesmo não havendo o pagamento da integralidade da indenização, é possível a venda dos imóveis, justificada pelo interesse público; **D:** incorreta. Não se pode exigir o dinheiro de volta dos expropriados, eis que o imóvel já foi incorporado ao patrimônio público, podendo o Poder Público aliená-los, se comprovado o interesse público (art. 35, do Decreto-Lei 3.365/1941); **E:** correta. A jurisprudência entende ser devido o direito de preferência ao expropriado, conforme se verifica abaixo: APELAÇÃO – AÇÃO DE RETROCESSÃO – DESAPROPRIAÇÃO – DESVIO DE FINALIDADE – SENTENÇA MANTIDA. A retrocessão importa em **direito** de **preferência** do **expropriado** em reaver o bem, ao qual não foi dado o destino que motivara a desapropriação. Restando evidenciado que o réu não deu ao imóvel **expropriado** o destino determinado do decreto expropriatório, cabível a retrocessão (TJ-MG – Apelação Cível AC 10024069935948001 MG, publ. **11/06/2014).** Gabarito "E".

(Procurador do Estado – PGE/RN – FCC – 2014) Em procedimento licitatório instaurado para contratação de fornecimento de trens para a ampliação do serviço de transporte metropolitano de passageiros prestado por entidade integrante da Administração indireta, referida entidade entendeu pertinente admitir a participação dos licitantes em consórcios. De acordo com as disposições da Lei nº 8.666/1993,
(A) a previsão somente é admitida em caráter excepcional, por razões de interesse público devidamente justificadas, vedado o somatório de quantitativos dos consorciados para efeito de qualificação econômico-financeira.
(B) somente existe tal possibilidade se a licitação for instaurada na modalidade concorrência.
(C) essa prática é vedada, pois reduz o caráter competitivo da licitação, somente sendo admissível se a licitação for de âmbito internacional, com a obrigatoriedade de a liderança do consórcio recair sobre empresa brasileira.
(D) essa previsão somente é possível em se tratando de parceria público-privada, devendo o consórcio vencedor constituir sociedade de propósito específico antes da assinatura do contrato.
(E) tal previsão é admissível, importando a responsabilidade solidária dos consorciados pelos atos praticados em consórcio, tanto na fase de licitação quanto de execução do contrato.

A: incorreta. O art. 33, da Lei 8.666/1993 admite a participação de consórcios nos processos licitatórios, sendo casos específicos, realmente, mas admite-se a somatória dos quantitativos dos consorciados para efeito de qualificação econômico-financeira (art. 33, III, da Lei 8.666/1993); **B:** incorreta. Qualquer modalidade admite a participação de consórcios públicos; **C:** incorreta. O art. 33, da Lei 8.666/1993 admite a participação dos consórcios, assim como regulamenta a forma de suas participações; **D:** incorreta. Não há previsão legal expressa na Lei das PPPs (Lei 11.079/2004) para a participação dos consórcios de empresas; **E:** correta. Trata-se do disposto no art. 33, V, da Lei 8.666/1993. Gabarito "3".

Procurador do Estado – PGE/RN – FCC – 2014) A Administração estadual pretende contratar a construção de uma unidade hospitalar para atendimento da população carente. Em razão da urgência, pretende que o privado contratado, além de se responsabilizar por todas as fases da obra, promova não só a edificação, mas também entregue a obra guarnecida de todos os equipamentos e instalações necessários ao pronto atendimento da população. Considerando que a gestão da unidade hospitalar será entregue a uma organização social com respeitado histórico de boa administração no setor, para a contratação da obra
(A) deverá licitar, com base no regime diferenciado de contratações, uma empreitada integral, que poderá abranger inclusive a elaboração de projetos pelo mesmo contratado.
(B) deverá licitar uma empreitada por preço global, com base na Lei que introduziu o regime diferenciado de contratações, a fim de garantir a celeridade necessária.
(C) deverá licitar uma parceria público-privada, sob a modalidade de concessão administrativa.
(D) poderá licitar uma parceria público-privada, sob a modalidade de concessão administrativa ou concessão patrocinada.
(E) poderá licitar qualquer das modalidades de parceria público-privada, das previstas no regime diferenciado de contratações ou na Lei nº 8.666/93, contanto que demonstre a vantajosidade econômico-financeira da opção feita.

A: correta. O art. 1º, V, da Lei 12.462/2012, dispõe que cabe a adoção do Regime Diferenciado de Contratação para as hipóteses de obras e serviços de engenharia no âmbito do Sistema Único de Saúde. Portanto, seria o caso da assertiva, inclusive com a possibilidade de apresentação do projeto executivo pelo mesmo contratado (art. 36, § 2º, da Lei 12.462/2012); **B:** incorreta. Não há elementos no enunciado para saber se o pagamento será único para a execução da obra e do serviço a um único contratado, caso em que poderia ser adotado o regime de empreitada global; **C:** incorreta. Não temos contratação de um parceiro privado prevista no enunciado, que deixa claro que caberá o Regime Diferenciado de Contratação; **D:** incorreta. O enunciado fala em "regime de urgência", deixando claro que se pretende ser rápido, célere, por isso a adoção do Regime Diferenciado de Contratação; **E:** incorreta. Como há previsão expressa no art. 1º, V, da Lei 12.462/2012 em relação a realização de obras em serviços hospitalares, fica claro que, ainda buscando-se a celeridade do procedimento, o correto seria adotar o Regime Diferenciado de Contratação. Gabarito "A".

(Juiz – TJ-SC – FCC – 2017) A empresa Canário & Sabiá Construções Ltda. foi contratada, após regular procedimento licitatório, para contrato de obra pública, consistente na construção de um edifício destinado ao uso de órgão estadual. Todavia, executada metade da obra contratada, a empresa simplesmente abandonou a execução, sem justo motivo, inadimplindo também as obrigações trabalhistas e previdenciárias relativas ao mês em curso. Após regular processo administrativo, o Diretor do órgão estadual rescinde o contrato e aplica à empresa a pena de declaração de inidoneidade para licitar ou contratar com a Administração Pública.
Diante de tal circunstância, é correto concluir que:
(A) a penalidade em questão foi aplicada por autoridade incompetente.
(B) a Administração contratante responderá solidariamente pelas dívidas trabalhistas remanescentes da execução contratual.
(C) a rescisão do contrato em questão provocará, por consequência, a rescisão imediata de todos os demais contratos celebrados pela empresa com o ente contratante.
(D) a Administração contratante não responde pelos encargos previdenciários decorrentes da execução do contrato, visto que são de responsabilidade exclusiva da empresa contratada.
(E) é necessária a realização de novo processo licitatório para a conclusão da obra.

A: correta. A penalidade de inidoneidade para licitar está prevista no art. 87, da Lei 8.666/1993, sendo que, especificamente em relação à penalidade de declaração de inidoneidade para licitar, temos o §3º, art. 87 determinando ser de competência do Ministro de Estado, do Secretário Estadual ou Municipal; **B:** incorreta. O contratado é o responsável pelas dívidas trabalhistas decorrentes da execução contratual, conforme disposto no art. 71, da Lei 8.666/1993; **C:** incorreta. Na Lei 8.666/1993 (arts. 77 e seguintes) não há previsão legal para a rescisão vinculada dos demais eventuais contratos celebrados por ambas as partes (poder concedente e concessionário). Havendo o cumprimento das cláusulas contratuais e interesse público, logicamente que os demais contratos podem continuar vigentes; **D:** incorreta. Somente há solidariedade entre contratante e contratado em relação às dívidas previdenciárias (art. 71, §2º, da Lei 8.666/1993); **E:** incorreta. Temos hipótese de licitação dispensável, conforme disposto no art. 24, XI, da Lei 8.666/1993. Gabarito "A".

(Juiz – TRF 3ª Região – 2016) Em determinado edital de licitação referente a serviços de engenharia de grande porte constou uma norma que exige, como requisito para os interessados, a comprovação de experiência anterior em obra similar à licitada. Sobre a referida imposição, em conformidade com o entendimento das Cortes Superiores, é possível afirmar que:
(A) Trata-se de imposição inviável, já que desagasalhada de expressa previsão legal e porquanto frustra o direito à livre concorrência, até mesmo diante da conclusão de que os interessados podem demonstrar capacidade técnica a despeito de experiência anterior.
(B) Trata-se de imposição viável, mas que deve ser abrandada de modo a se admitir que os interessados comprovem, por outros meios claros e incontroversos, a capacidade técnica para realização da obra.
(C) Trata-se de imposição viável, porquanto se agasalha no propósito de permitir à Administração Pública a avaliação da capacidade técnica dos interessados, nos exatos termos do prescrito no inciso II do art. 30 da Lei n. 8.666/93.
(D) Embora a ampliação do universo de participantes não possa ser implementada indiscriminadamente, de modo a comprometer a segurança dos contratos, a previsão é inviável porquanto evidentemente desproporcional.

A: incorreta. Há dispositivo legal que fundamenta a possibilidade de exigência de experiência anterior em obra ou trabalho similar, qual seja, o art. 30, II, da Lei 8.666/1993, por isso está incorreta a assertiva; **B:** incorreta. Não há necessidade de "abrandamento" da exigência, que é mera referência como acontece com a contratação de pessoas em qualquer empresa do setor privado ou público, não havendo afronta a nenhum princípio constitucional, portanto; **C:** correta. Reforçando a aplicação do art. 30, II, da Lei 8.666/1993, temos o seguinte: "*Não fere a igualdade entre os licitantes, tampouco a ampla competitividade entre eles, o condicionamento editalício referente à experiência prévia dos concorrentes no âmbito do objeto licitado, a pretexto de demonstração de qualificação técnica, nos termos do art. 30, inciso II, da Lei n. 8.666/93*" (REsp 1.257.886/PE, Rel. Ministro Mauro Campbell Marques, 2ª Turma, DJe 11.11.2011); **D:** incorreta. A previsão é viável e se adéqua aos princípios da eficiência, igualdade, moralidade, legalidade, inclusive, eis que fundamentada no art. 30, II, *d* da Lei 8.666/1993. Gabarito "C".

(Delegado/MT – 2017 – CESPE) O delegado de polícia de determinado município solicitou o aditamento do valor, a ampliação do objeto e a prorrogação de contrato administrativo regulado pela Lei de Licitações e Contratos que tem por objeto a prestação de serviços educacionais a serem executados de forma contínua: curso de língua inglesa ministrado aos policiais lotados na sua delegacia.
Nessa situação hipotética,
(A) a possibilidade de prorrogação do contrato administrativo dependerá de seu tempo de vigência.
(B) se a vigência do contrato estiver encerrada, a sua prorrogação, nos termos requeridos pelo delegado de polícia, será considerada um novo contrato.
(C) se ficar comprovada a economicidade, a ampliação do objeto poderá incluir outras línguas estrangeiras.
(D) ficará dispensada a análise de condições mais vantajosas do ponto de vista econômico, por já ter sido feita essa análise na etapa da licitação.
(E) se o aditamento do valor ultrapassar o limite legal, o contrato de prestação de serviços será considerado um novo contrato.

Lei 8.666/1993, art. 57, II – à prestação de serviços a serem executados de forma contínua, que poderão ter a sua duração prorrogada por iguais e sucessivos períodos com vistas à obtenção de preços e condições mais vantajosas para a administração, limitada a sessenta meses; § 1º Os prazos de início de etapas de execução, de conclusão e de entrega admitem prorrogação, mantidas as demais cláusulas do contrato e assegurada a manutenção de seu equilíbrio econômico-financeiro, desde que ocorra algum dos seguintes motivos, devidamente autuados em processo: I – alteração do projeto ou especificações, pela Administração. Gabarito "A".

(Delegado/AP – 2017 – FCC) Realizada a contratação de obras de construção de um viaduto pela Administração municipal, regida pela Lei n. 8.666/1993, adveio, no curso da execução do contrato, a necessidade da contratada executar alguns serviços e utilizar técnicas que não estavam originalmente descritas, em decorrência de intercorrências que surgiram quando do início das perfurações. Alega a contratada que faria jus ao recebimento de correspondente remuneração pelo acréscimo de serviços e despesas, em relação ao que a contratante
(A) deve discordar, tendo em vista que as alterações ocorridas estão inseridas no risco do contrato, cuja repartição foi obrigatoriamente prevista na matriz que integrou o instrumento original.
(B) deve discordar no caso de conseguir demonstrar que o valor do reajuste contratual será suficiente para cobrir as novas despesas, afastando a caracterização de prejuízo por parte da contratada.
(C) pode concordar com o aditamento contratual para majoração quantitativa do contrato, em razão do acréscimo do valor, limitado ao percentual de 50%, parâmetro incidente para os casos de consenso entre as partes.
(D) deve concordar com o reequilíbrio econômico-financeiro do contrato, limitado a 25% de acréscimo do valor original do contrato, percentual que incide sobre qualquer majoração contratual em desfavor do poder público.
(E) pode concordar com o estabelecimento de ressarcimento correspondente, diante da imprevisibilidade, caso fique conclusivamente comprovada a ocorrência de desequilíbrio econômico-financeiro em razão dos serviços executados.

Lei 8.666/1993, art. 65. Os contratos regidos por esta Lei poderão ser alterados, com as devidas justificativas, nos seguintes casos: II – por acordo das partes: d) para restabelecer a relação que as partes pactuaram inicialmente entre os encargos do contratado e a retribuição da administração para a justa remuneração da obra, serviço ou fornecimento, objetivando a manutenção do equilíbrio econômico-financeiro inicial do contrato, na hipótese de sobrevirem fatos imprevisíveis, ou previsíveis porém de consequências incalculáveis, retardadores ou impeditivos da execução do ajustado, ou, ainda, em caso de força maior, caso fortuito ou fato do príncipe, configurando álea econômica extraordinária e extracontratual. Gabarito "E".

(Defensor Público – DPE/RN – 2016 – CESPE) No que concerne às licitações e aos contratos administrativos, assinale a opção correta com base na legislação e na doutrina.
(A) Em nome do princípio *pacta sunt servanda*, é vedado à administração modificar, sem prévia concordância do contratado, o contrato administrativo de concessão de serviço público.
(B) Segundo o instituto da encampação, ao término do contrato de concessão de serviços públicos, dá-se a incorporação dos bens da concessionária ao patrimônio do concedente, independentemente de indenização.
(C) Configura hipótese de licitação dispensável a contratação de profissionais do setor artístico consagrados pela crítica especializada.
(D) O pregão é a modalidade de licitação restrita ao âmbito da União Federal e destinada à aquisição de bens e à contratação de serviços comuns.
(E) A homologação da licitação não obsta a que a administração pública possa anulá-la, por ilegalidade, ou revogá-la, por motivos de interesse público superveniente.

A: Incorreta. Há possibilidade de alteração unilateral do contrato pelo Poder Público, em determinadas circunstâncias, conforme dispõe o art. 65, I, da Lei 8.666/1993; **B:** Incorreta. O art. 37, da Lei 8.987/1995 determina que a encampação deva ser precedida de indenização, sendo esse o erro da assertiva; **C:** Incorreta. Essa é uma hipótese de licitação inexigível (art. 25, III, da Lei 8.666/1993); **D:** Incorreta. O pregão pode ser utili-

zado por todos os Entes Federativos, sendo a Lei 10.520/2002 uma Lei Geral, portanto; **E:** Correta. A ilegalidade e a superveniência de motivos que ensejam a revogação de um procedimento, como é a licitação sempre podem ser reconhecidos. A homologação atesta a legitimidade dos atos do procedimento, mas ela não é absoluta, podendo ser questionada, assim como os atos do procedimento por ela avaliados, isso tanto pelo Poder Judiciário (quanto à legalidade), quanto pela própria Administração Pública (quanto à legalidade e conveniência e oportunidade). **AW**
Gabarito "E".

(Defensor Público –DPE/BA – 2016 – FCC) João, Defensor Público estadual, ao analisar os contratos com a administração pública, verificou a falta de um dos elementos formais do contrato. Segundo a Lei 8.666 de 1993, por determinação do artigo 55, esses elementos são:

I. o crédito pelo qual correrá a despesa, com a indicação da classificação funcional programática e da categoria econômica.
II. a cláusula de subcontratação unilateral *ad nutum*.
III. a vinculação ao edital de licitação ou ao termo que a dispensou ou a inexigiu, ao convite e à proposta do licitante vencedor.
IV. o preço e as condições de pagamento, os critérios, data-base e periodicidade do reajustamento de preços, os critérios de atualização monetária entre a data do adimplemento das obrigações e a do efetivo pagamento.

Está correto o que se afirma APENAS em
(A) I, II e IV.
(B) I e II.
(C) II e III.
(D) III e IV.
(E) I, III e IV.

A: Incorreta, porque a assertiva II é a única que não consta como exigência formal disposta nos artigos 55, bem como arts. 60 a 64, da Lei 8.666/1993; **B:** Incorreta, conforme explicado acima. A assertiva II está incorreta, somente; **C:** Incorreta, porque a assertiva II não contem previsão de lei (essa cláusula de subcontratação "ad nutum"); **D:** Incorreta, porque a assertiva I também está correta (art. 55, V, da Lei 8.666/1993); **E:** Correta, tendo em vista que as assertivas I, III e IV constam das cláusulas necessárias dispostas no art. 55, da Lei 8.666/1993, estando tudo em conformidade com os arts. 60 a 64, da Lei de Licitações. **AW**
Gabarito "E".

(Promotor de Justiça/PI – 2014 – CESPE) No que concerne à licitação e aos contratos administrativos, assinale a opção correta.

(A) A penalidade de suspensão e a de declaração de inidoneidade, em caso de irregularidades na execução do contrato administrativo, aplicadas pela União não produzem efeitos perante estado da Federação.
(B) Para fim de habilitação nas licitações, a administração pública não deve exigir dos licitantes a apresentação de certidão de quitação de obrigações fiscais, mas a mera prova de sua regularidade.
(C) No que se refere à documentação relativa à qualificação econômico-financeira para compras para entrega futura e execução de obras e serviços, a administração não pode exigir das licitantes capital social mínimo, patrimônio líquido mínimo ou garantias que assegurem o adimplemento do contrato a ser celebrado.
(D) Segundo entendimento do STJ, deve-se reconhecer a nulidade, em processo licitatório, do julgamento de recurso administrativo por autoridade incompetente, ainda que tenha havido posterior homologação do certame pela autoridade competente.
(E) A CF autoriza a gestão associada de serviços públicos por meio de convênios, mas não a transferência total ou parcial de serviços, de pessoal e de bens essenciais à continuidade dos serviços transferidos.

A: incorreta; o art. 6º, XI e XII, da Lei 8.666/1993 traz as definições, para efeito da aplicação dessa lei, de "Administração Pública" (que abrange toda a Administração Direta e Indireta, de todas as esferas federativas) e de "Administração" (que diz respeito ao órgão ou entidade que atua no caso concreto); já o art. 87, III e IV, da Lei 8.666/1993 estabelece que a sanção de suspensão temporária de participação da licitação diz respeito à "Administração" e a sanção de inidoneidade para licitar ou contratar diz respeito à "Administração Pública"; assim, parte da doutrina entende que a penalidade de suspensão produz efeito apenas ao ente concreto que a tiver aplicado (no caso, a União) e a penalidade de declaração de inidoneidade produz efeito em relação à Administração Pública de todos os entes federativos; porém, o STJ tem decidido que as duas sanções se aplicam às diferentes esferas federativas (STJ, MS 19.657/DF, *DJ* 14.08.2013), entendimento com o qual concordamos, considerando a interpretação teleológica dos dispositivos à luz do princípio da moralidade administrativa; **B:** correta, estando de acordo com a Súmula TCU 283 ("Para fim de habilitação, a Administração Pública não deve exigir dos licitantes a apresentação de certidão de quitação de obrigações fiscais, e sim prova de sua regularidade"); **C:** incorreta, pois a Administração pode fazer essas exigências, conforme o art. 31, § 2º, da Lei 8.666/1993); **D:** incorreta, pois o STJ entendeu que "O vício na competência poderá ser convalidado desde que não se trate de competência exclusiva, o que não é o caso dos autos. Logo, não há falar em nulidade do procedimento licitatório ante o saneamento do vício com a homologação" (Resp 1.348.472/RS, *DJ* 28.05.2013); **E:** incorreta, pois o art. 241 da CF autoriza a gestão associada de serviços públicos por meio de convênios, inclusive com transferência total ou parcial de encargos, serviços, pessoal e bens essenciais à continuidade dos serviços transferidos. **WG**
Gabarito "B".

10. CONTRATOS ADMINISTRATIVOS

10.1. CONCEITO, CARACTERÍSTICAS PRINCIPAIS, FORMALIZAÇÃO E CLÁUSULAS CONTRATUAIS NECESSÁRIAS

(Defensor Público – DPE/SC – 2017 – FCC) A respeito do contrato administrativo, é correto afirmar:

(A) Sua celebração é "intuitu personae" porque o contratado é, em tese, o que melhor comprovou condições de contratar com a Administração, fato que limita a subcontratação.
(B) O fato do príncipe, quando constatado, garante ao contratante a rescisão contratual sem direito à indenização.
(C) O equilíbrio econômico e financeiro é uma garantia exclusiva do contratado para com o contratante.
(D) Em decorrência da posição privilegiada da Administração não se aplica ao contrato administrativo a comutatividade.
(E) O contrato administrativo possui cláusulas exorbitantes que concede à administração poderes inerentes a um contrato civil.

No tocante à alternativa "b", é preciso relembrar que o chamado "Fato do Príncipe" é a determinação estatal imprevisível, da mesma esfera de governo que celebrou o contrato, que não se relaciona diretamente com o ajuste, mas que onera reflexa e substancialmente a sua execução. Nesta hipótese, a Lei n. 8.666/1993 prevê a possibilidade de acordo entre as partes para que seja reestabelecida a relação inicialmente pactuada (art. 65, II, "d"); quanto à alternativa "c", é preciso relembrar que a manutenção do equilíbrio econômico-financeiro dos contratos administrativos significa que a alteração de um dos polos da equação econômico-financeira contratada deve corresponder a alteração equivalente no outro polo, operando tanto em favor do particular, como em favor da Administração; no tocante à alternativa "d", a comutatividade é a característica contratual que estabelece compensações recíprocas e equivalentes para as partes, incidente, à evidência, também aos contratos administrativos; por fim, as denominadas "cláusulas exorbitantes", apontadas na alternativa "e", são aquelas que caracterizam o regime contratual específico celebrado entre a Administração Pública e particulares, e que informam prerrogativas ao Poder Público que não são encontradas nos contratos celebrados sob o regime da lei civil. **AW**
Gabarito "A".

(Advogado União – AGU – CESPE – 2015)
(1) Conforme a doutrina, a União pode firmar contrato de concessão com empresa privada, com prazo indeterminado, para, por exemplo, a construção e manutenção de rodovia federal com posterior cobrança de pedágio.

1: incorreta. Os contratos administrativos sempre devem ser por prazo determinado (art. 37, § 3º, da Lei 8.666/1993), sendo esse o erro da assertiva. **AW**
Gabarito 1E.

(Procurador do Estado – PGE/PA – UEPA – 2015) Quanto aos Contratos da Administração Pública, afirma-se que:

I. É cláusula necessária em todo contrato as que estabeleçam a vinculação ao edital de licitação ou ao termo que a dispensou ou a inexigiu, ao convite e à proposta do licitante vendedor.
II. É cláusula necessária dos Contratos celebrados pela Administração Pública com pessoas físicas ou jurídicas aquela que declare competente o foro da sede da Administração para dirimir qualquer questão contratual.
III. É regra geral que a duração dos contratos não fique adstrita à vigência dos respectivos créditos orçamentários.
IV. É vedado contrato com prazo de vigência indeterminado.

A alternativa que contém todas as afirmativas corretas é:
(A) I e II.
(B) I e III.
(C) I e IV.
(D) I, II e IV.
(E) I, II, III e IV.

I: correta. O art. 55, XI, da Lei 8.666/1993 é expresso quanto a essa exigência; **II:** correta. O art. 55, § 2º, da Lei 8.666/1993 dispõe sobre essa exigência; **III:** incorreta. Os contratos administrativos sempre devem respeitar a vigência dos respectivos créditos orçamentários (art. 57, "caput", da Lei 8.666/1993); **IV:** correta. O art. 57, § 3º, da Lei 8.666/1993 dispõe ser vedado contratos com prazo de vigência indeterminado. **AW**
Gabarito "D".

(Procurador – PGFN – ESAF – 2015) A respeito das transferências de recursos da União, mediante convênios e contratos de repasse, analise as afirmativas abaixo, classificando-as em verdadeiras (V) ou falsas (F) para, ao final, assinalar a opção que contenha a sequência correta.
( ) Nos convênios e contratos de repasse firmados com entidade privada

sem fins lucrativos, a inadimplência desta em relação aos encargos trabalhistas, fiscais e comerciais transfere à Administração Pública a responsabilidade por seu pagamento.
( ) Para o caso de ressarcimento de despesas entre órgãos ou entidades da Administração Pública federal, poderá ser dispensada a formalização de termo de execução descentralizada.
( ) A omissão no dever de prestar contas por parte de entidades privadas sem fins lucrativos gera impeditivos para a celebração de convênios e contratos de repasse entre a União e a referida entidade omissa.
( ) O Decreto n. 6.170/2007 prevê a realização de licitação obrigatória anteriormente à celebração do convênio ou contrato de repasse com entidades privadas sem fins lucrativos.

(A) F, F, V, V.
(B) F, V, V, V.
(C) V, V, V, V.
(D) F, V, V, F.
(E) V, F, V, F.

1: falsa. Nos contratos administrativos em geral, não temos responsabilidade subsidiária, nem solidária do Poder Público contratante com o contratado (art. 25, da Lei 8.987/1995), sendo de responsabilidade integral do ente contratado ou conveniado pelo encargos trabalhistas, fiscais e comerciais; **2**: verdadeira. Trata-se do disposto no art. 1º, III, da Lei 8.180/2013, que assim dispõe: "termo de execução descentralizada – instrumento por meio do qual é ajustada a descentralização de crédito entre órgãos e/ou entidades integrantes dos Orçamentos Fiscal e da Seguridade Social da União, para execução de ações de interesse da unidade orçamentária descentralizadora e consecução do objeto previsto no programa de trabalho, respeitada fielmente a classificação funcional programática"; **3**: verdadeira. Trata-se do disposto no art. 2º, V, a, do Decreto 6.170/2007; **4**: falsa. Não há essa previsão no referido decreto, sendo dispensável a licitação, portanto. Gabarito "D".

(Juiz – TRF 2ª Região – 2017) Sobre o equilíbrio econômico-financeiro das concessões comuns, patrocinadas e administrativas reguladas nas Leis nº 8.987/1995 e nº 11.079/04, é correto afirmar que:

(A) A tarifa do serviço público deve ser fixada pelo Poder Concedente no edital, com o objetivo de viabilizar a sua modicidade e universalização do serviço.
(B) A cobrança da tarifa, desde que fixada em Decreto, pode ser condicionada à existência de serviço público alternativo e gratuito para o usuário.
(C) As tarifas poderão ser diferenciadas em razão das características técnicas e dos custos específicos provenientes do atendimento aos distintos segmentos de usuários.
(D) A taxa interna de retorno prevista no plano de negócios apresentado pelo licitante vencedor deve ser assegurada anualmente como único mecanismo de manutenção do equilíbrio econômico-financeiro do contrato.
(E) A taxa interna de retorno prevista no plano de negócios apresentado pelo licitante vencedor serve como parâmetro de aferição do equilíbrio econômico-financeiro do contrato, desde que previamente atestada pelo Tribunal de Contas do Poder Concedente.

A: incorreta. A tarifa depende das condições da proposta, edital e do determinado no contrato, conforme disposto no art. 9º, da Lei 9.784/1999; **B**: incorreta. A cobrança da tarifa, se houver previsão em lei, e não em decreto, poderá ser condicionada à existência de serviço público alternativo e gratuito, conforme disposto no art. 9º, §1º, da Lei 9.784/1999; **C**: correta. Trata-se do disposto no art. 13, da Lei 8.987/1995; **D**: incorreta. Não há previsão legal para essa "taxa interna de retorno", sendo prevista a revisão das cláusulas contratuais para a manutenção do equilíbrio econômico financeiro, apenas (art. 9º, §2º, da Lei 8.987/1995); **E**: incorreta. O mesmo se diz em relação a essa alternativa, ou seja, não há que se falar em "taxa interna de retorno", e sim, de um equilíbrio econômico financeiro, a ser mantido durante toda a vigência do contrato. Gabarito "C".

(Juiz – TJ/RJ – VUNESP - 2016) Assinale a alternativa que corretamente discorre sobre aspectos do contrato administrativo.

(A) São cláusulas necessárias em todo contrato as que estabeleçam a obrigação do contratado de manter, durante toda a execução do contrato, em compatibilidade com as obrigações por ele assumidas, todas as condições de habilitação e qualificação exigidas na licitação.
(B) A declaração de nulidade do contrato administrativo opera retroativamente impedindo os efeitos jurídicos que ele, ordinariamente, deveria produzir, além de desconstituir os já produzidos, exonerando a Administração do dever de indenizar o contratado pelo que este houver executado até a data em que a nulidade for declarada.
(C) Caberá ao Poder Público contratante optar por uma das seguintes modalidades de garantia: caução em dinheiro; caução em títulos da dívida pública, emitidos conforme definido pelo Banco Central do Brasil; seguro-garantia; fiança bancária.
(D) A duração dos contratos fica adstrita à vigência dos respectivos créditos orçamentários, podendo, no caso de aluguel de equipamentos e utilização de programas de informática, a duração estender-se pelo prazo de até 60 (sessenta) meses após o início da vigência do contrato.
(E) Os contratos administrativos são regidos pela Lei Federal 8.666/1993, regulando-se pelas suas cláusulas e pelos preceitos de direito público, não podendo haver aplicação supletiva dos princípios da teoria geral dos contratos, nem das disposições de direito privado.

A. correta. Trata-se do art. 55, XIII, da Lei 8.666/1993. **B**. incorreta. A nulidade do contrato gera o dever de indenizar referente a tudo o que foi realizado até a declaração de nulidade do contrato, conforme disposto no art. 59, parágrafo único, da Lei 8.666/1993. **C**. incorreta. O art. 56, § 1º, da Lei 8.666/1993 determina que caberá ao contratado optar por uma dessas garantias. **D**. incorreta. O prazo é de 48 meses, conforme disposto no art. 57, da Lei 8.666/1993. **E**. incorreta. Há aplicação supletiva do princípio da teoria geral dos contratos, conforme disposto no art. 54, da Lei 8.666/1993. Gabarito "A".

(Promotor de Justiça – MPE/AM – FMP – 2015) Em se tratando das sanções a serem aplicadas pela Administração Pública ao particular motivadas pela inexecução total ou parcial do contrato administrativo, enquanto desdobramento concreto das denominadas cláusulas exorbitantes, considere as afirmativas a seguir:

I. A aplicação das penalidades faculta ao contratado a quem se imputa a inexecução total ou parcial do pacto o exercício de defesa no prazo de cinco dias da abertura de vista no respectivo processo.
II. A penalidade de multa (artigo 87, inciso II, da Lei 8.666/1993), a partir do postulado da proporcionalidade, além da hipótese de poder ser imposta isoladamente, somente poderá ser aplicada na companhia da sanção relativa à suspensão temporária de participação em certames licitatórios e impedimento de contratar com a entidade administrativa (artigo 87, inciso III, da Lei 8.666/1993).
III. As penalidades do artigo 87 da Lei 8.666/1993 relacionadas à suspensão de licitar e à declaração de inidoneidade, de acordo com o critério hermenêutico predominante do Superior Tribunal de Justiça, são de abrangência nacional, não ficando restritas à esfera do ente contratante a quem se atribui a prerrogativa de aplicar tais sanções.

Quais das assertivas acima estão corretas?

(A) Apenas a III.
(B) Apenas a I e II.
(C) Apenas a I e III.
(D) Apenas a II.
(E) Nenhuma.

A: Correta. A assertiva III está correta. A jurisprudência do STJ entende o seguinte: "A punição prevista no inciso III do artigo 87 da Lei 8.666/1993 não produz efeitos somente em relação ao órgão ou ente federativo que determinou a punição, mas a toda a Administração Pública, pois, caso contrário, permitir-se-ia que empresa suspensa contratasse novamente durante o período de suspensão, tirando desta a eficácia necessária." (REsp 174.247/SP, 2ª T., rel. Min. Castro Meira, DJ de 22.11.2004). "Não há como o município, órgão da Administração Pública, aceitar a participação em licitação de empresa suspensa temporariamente por órgão funcional estadual." (REsp 151.167/RJ, 2ª T., rel. Min. Francisco Peçanha Martins, j. em 25.02.2003, DJ de 14.04.2003). Portanto, a punição e seus efeitos são bem abrangentes, conforme determina a assertiva. **B**: Incorreta. O item I está incorreto, pois apesar do interessado é uma faculdade, realmente, mas o prazo é de 5 dias úteis, e não 5 dias, somente. **C**: Incorreta. O item I está incorreto. **D**: Incorreta. O item II está incorreto. A multa pode ser cumulada com as demais penalidades, conforme disposto no art. 87, § 2º, da Lei 8.666/1993. Gabarito "A".

(Promotor de Justiça – MPE/MS – FAPEC – 2015) Em relação aos contratos administrativos é **incorreto** afirmar:

(A) Em situação de normalidade, se a Administração não pagar a parcela vencida em determinado mês, após trinta dias da data, está o contratado autorizado a paralisar o serviço objeto do contrato, alegando em seu favor a exceção de contrato não cumprido.
(B) O instituto previsto na legislação sobre contrato administrativo, referente à formalização da variação do valor contratual, decorrente de reajuste de preços previstos no contrato, que não caracteriza sua alteração, denomina-se "apostila".
(C) De acordo com a legislação pertinente, há situações em que os contratos administrativos podem ser rescindidos unilateralmente, mesmo que o contratado esteja cumprindo fielmente as suas obrigações.
(D) Na hipótese de inexecução de contrato administrativo, a suspensão provisória ou temporária do direito de participar de licitação e impedimento de contratar é aplicada se o contratado prejudicar a execução do contrato dolosamente.
(E) Em caso de se verificar atraso nos pagamentos devidos pela Administração, somente se este superar o prazo de noventa dias, em situação de normalidade, poderá o contratado optar pela suspensão da execução do contrato ou pela sua rescisão.

A: Incorreta. O prazo que o particular tem que esperar para rescindir o contrato ou pedir a sua suspensão é de 90 dias, conforme disposto no art. 78, XV, da Lei 8.666/1993. **B:** Correta. Trata-se do disposto no art.65, § 8º, da Lei 8.666/1993. O apostilamento deriva-se de apostila, que nada mais é do que fazer anotação ou registro administrativo no próprio termo de contrato ou nos demais instrumentos hábeis que o substituem. Assim sendo, podemos conceituar o apostilamento como sendo "a anotação ou registro administrativo, que pode ser realizado no verso do próprio termo de contrato, ou por termo ato separado, juntado aos autos do processo administrativo respectivo". O ato administrativo pelo qual se materializa o apostilamento é a apostila. O apostilamento pode ser utilizado nos seguintes casos: Variação do valor contratual decorrente de reajuste previsto no contrato; Compensações ou penalizações financeiras decorrentes das condições de pagamento; Empenho de dotações orçamentárias suplementares até o limite do seu valor corrigido. (http://www.esaf.fazenda.gov.br/institucional/centros-regionais/sao-paulo/arquivos/apostilamento.pdf). **C.** Correta. O art.58, II, da Lei 8.666/1993 permite a rescisão unilateral do contrato, sendo essa uma cláusula exorbitante que decorre do princípio da Supremacia do Interesse público sobre o Privado. **D:** Correta. O art. 88, I, da Lei 8.666/1993 enfatiza a possibilidade da aplicação dessa pena em caso de dolo nos delitos de fraude ao Fisco. **E:** Correta. Trata-se do disposto no art.78, XV, da Lei 8.666/1993. Gabarito "A".

(Magistratura/SC – 2015 – FCC) Existe no direito brasileiro, especialmente no âmbito da doutrina, imprecisão na compreensão conceitual do dito "contrato administrativo". Com efeito, o direito positivo brasileiro não é expresso ao cuidar da matéria, nem mesmo o faz de modo nacionalmente unificado. Quando muito, encontram-se exemplos de tratamento da noção de contrato, no direito positivo, com o sentido pragmático de fixação de entendimento necessário para a aplicação de determinada Lei. É o que se passa, por exemplo, com a Lei 8.666/1993:

"Para os fins desta Lei, considera-se contrato todo e qualquer ajuste entre órgãos ou entidades da Administração Pública e particulares, em que haja um acordo de vontades para a formação de vínculo e a estipulação de obrigações recíprocas, ..."

Conhecendo o espírito da Lei 8.666/1993, assim se completa corretamente a definição de contrato apresentada acima:

(A) ... observados estritamente os tipos contratuais fixados por esta Lei".
(B) ... não sendo admissível contrato celebrado pela Administração e predominantemente regido pelo direito privado".
(C) ... devendo tais contratos, salvo exceções legalmente previstas, ser regidos pelos princípios gerais aplicáveis aos contratos privados".
(D) ... seja qual for a denominação utilizada".
(E) ... excluídas as relações jurídicas em que as partes possuam interesses convergentes".

A definição em tela encontra-se no art. 2º, parágrafo único, da Lei 8.666/1993, e o complemento adequado é o seguinte: '...seja qual for a denominação utilizada". Isso se dá porque no Direito Administrativo, mais do que o nome jurídico que se dá a um ajuste, vale mesmo o regime jurídico que ele deve obedecer. Por exemplo, no passado várias administrações municipais chamavam de "permissão" o ajuste feito com empresas de ônibus locais, quando na verdade deveriam dar "concessão", vez que um serviço dessa natureza não pode ser delegado ao particular por meio de um instrumento jurídico tão precário como a permissão. Pois bem. Mesmo usando esse nome nos ajustes, os municípios que eram questionados judicialmente por essas delegatárias de transporte coletivo acabavam por perder as demandas respectivas, com o Judiciário reconhecendo que se tratava de "concessão" (e não de "permissão") justamente porque no Direito Administrativo não importa a "denominação utilizada", mas sim o regime jurídico que deve ser aplicado ao caso. WG
Gabarito "D".

(DPE/PE – 2015 – CESPE) Com relação aos contratos administrativos, julgue o item a seguir.

(1) De acordo com a Lei 8.666/1993, o contrato administrativo deve ser escrito, sendo nulo e de nenhum efeito todo contrato verbal celebrado com a administração pública.

1: incorreta, pois a Lei 8.666/1993 admite, excepcionalmente, o contrato administrativo verbal (art. 60, parágrafo único). WG
Gabarito 1E

(Procurador do Estado/PR – 2015 – PUC-PR) A respeito do regime brasileiro dos contratos administrativos, é **CORRETO** afirmar que:

(A) O reajuste contratual se identifica com a revisão contratual, pois as expressões são sinônimas e possuem os mesmos pressupostos fáticos e normativos.
(B) A Administração Pública não celebra apenas contratos administrativos, mas também tem legitimidade para pactuar contratos de direito privado.
(C) As "cláusulas exorbitantes" são sintetizadas na prerrogativa da Administração Pública de impor unilateralmente sanções administrativas pecuniárias.
(D) A regra de exceção de contrato não cumprido (*exceptio non adimplet contractus*) é absoluta e inaplicável aos contratos administrativos.
(E) O contrato administrativo exclui a necessidade de existir acordo de vontades entre as partes contratantes, vez que a Administração Pública deve obediência ao interesse público, além de ser detentora do *ius variandi*.

A: incorreta; o reajuste é a atualização monetária em contratos de trato sucessivo, feita a cada 12 meses. Ele difere da revisão, pois esta decorre de evento extraordinário, ao passo que o reajuste decorre de evento ordinário; **B:** correta; são exemplos de contratos privados firmados pela Administração os de financiamento, seguro e locação (art. 62, § 3º, I, da Lei 8.666/1993); **C:** incorreta, pois também são cláusulas exorbitantes as prerrogativas da Administração de, unilateralmente, e nos termos da lei, modificar, rescindir e fiscalizar os contratos administrativos, além de aplicar outros tipos de sanções (art. 58 da Lei 8.666/1993); **D:** incorreta, pois o contratado, na execução do ajuste, não pode deixar de cumprir suas obrigações por suspensão do contrato de até 120 dias, bem como por atraso no seu pagamento por até 90 dias; vale dizer: a exceção de contrato não cumprido não pode ser alegada pelo particular em tais condições, em que pese poder ser alegada pelo Poder Público, se a culpa é do particular; **E:** incorreta, pois esse acordo existe ao menos em dois momentos, quais sejam, quando o particular faz proposta em certame licitatório e, vencedor, a Administração o chama para celebrar o contrato; e quando o particular e a Administração resolvem, nos termos da lei, efetuar o distrato de um contrato administrativo. WG
Gabarito "B".

(Promotor de Justiça/MG – 2014) A respeito dos contratos administrativos, considere as seguintes afirmativas:

I. Admitem a existência ou o estabelecimento de prerrogativas especiais em prol da administração pública.
II. Admitem sua extinção unilateral nos casos admitidos em lei.
III. A garantia do contratado ao equilíbrio econômico-financeiro do contrato administrativo não pode ser afetado nem mesmo por força de lei.
IV. Somente o prazo de entrega do contrato administrativo admite prorrogação e, mesmo assim, quando expressamente justificada e autorizada.

É CORRETO o que se assevera apenas em:

(A) I e IV
(B) II e IV
(C) I, II e III
(D) II, III e IV

I: correta, tratando-se das chamadas cláusulas exorbitantes, exemplificadas no art. 58 da Lei 8.666/1993; **II:** correta (art. 58, II, da Lei 8.666/1993); **III:** correta, pois essa garantia está na própria Constituição, quando dispõe "mantidas as condições efetivas da proposta"; **IV:** incorreta, pois também admitem prorrogação os prazos de início de etapas de execução e de conclusão, sempre condicionados a que ocorra algum dos motivos expressamente previstos no art. 57, § 1º, da Lei 8.666/1993. WG
Gabarito "C".

(Advogado da Fundação Pro Sangue/SP – 2014 – FGV) As alternativas a seguir apresentam exemplos de contratos administrativos, à **exceção de uma**. Assinale-a.

(A) Fornecimento.
(B) Prestação de serviços.
(C) Concessão.
(D) Obra pública.
(E) Convênios.

A a D: incorretas, pois todos os exemplos são de contratos administrativos (art. 2º, *caput*, da Lei 8.666/1993); **E:** correta, pois os contratos administrativos não se confundem com os convênios, pois, no primeiro, há obrigações recíprocas (um quer uma coisa ou serviço e o outro quer uma remuneração em dinheiro), ao passo que no segundo há interesses comuns (os convenentes querem desenvolver um projeto comum, dividindo tarefas), estabelecendo-se uma parceria para unir esforços no cumprimento desse interesse comum. WG
Gabarito "E".

(Delegado/SP – 2014 – VUNESP) Poder Público firma com entidades públicas ou privadas uma associação visando ao atingimento de interesses comuns, caracterizado o ajuste de vontades por (i) interesses não conflitantes; (ii) mútua colaboração entre os partícipes do acordo; (iii) pagamentos voltados integralmente para a consecução do objetivo expresso no instrumento e não como remuneração. Trata-se de

(A) concessão.
(B) consórcio.
(C) consórcio público.
(D) convênio.
(E) parceria público-privada.

Trata-se do conceito de convênio com entidade assistencial, que agora tem regulamentação nova (Lei 13.019/2014), que aboliu o termo convênio para essa relação, que passa a ter o nome de termo de colaboração ou termo de fomento, sendo que a expressão convênio só poderá ser usada agora para acertos entre entes políticos. WG
Gabarito "D".

10.2. ALTERAÇÃO DOS CONTRATOS

(Delegado – PC/BA – 2018 – VUNESP) Após publicar edital de licitação a fim de contratar empresa para a construção de uma delegacia policial, a autoridade administrativa verifica a existência de um erro na descrição do projeto básico, que afeta, de maneira significativa e inquestionável, a estimativa de custos dos licitantes e a formulação das propostas a serem apresentadas. Nesse caso, a autoridade deverá

(A) anular a licitação, pois não é possível modificar um edital já publicado, devendo iniciar um novo procedimento licitatório.

(B) alterar o edital, divulgando a modificação pela mesma forma que se deu o texto original, reabrindo o prazo inicialmente estabelecido para a apresentação das propostas.

(C) alterar o edital, divulgando a modificação por meio eletrônico em razão do princípio da eficiência, mantendo o prazo inicialmente estabelecido para a apresentação das propostas.

(D) revogar a licitação, modificar o edital e, após, retomar o procedimento licitatório, com a publicação das modificações efetuadas e a reabertura do prazo para apresentação das propostas.

(E) alterar o edital, publicando a modificação no Diário Oficial, mantendo o prazo inicialmente estabelecido para a apresentação das propostas.

A Lei 8.666/1993 possibilita alterações qualitativas nos contratos administrativos quando houver necessidade de adequação do projeto ou de especificações; e quantitativas, quando se fizer necessário o acréscimo da quantidade do objeto contratado (art. 65, I, "a" e "b"). As modificações contratuais demandam: a) justificativa da existência de um fato posterior à licitação ou conhecido posteriormente a ela, que tenha mudado as condições contratuais; b) respeito aos direitos do contratado, sintetizados na manutenção da equação econômico-financeira; c) formalização por termo aditivo; d) não desnaturação do objeto por meio da mera inserção no contexto da contratação de objetos novos, omitidos por conta de falhas ou defeitos de planejamento2; e e) respeito aos limites estabelecidos no art. 65, § 1º. Há a necessidade, ademais, de a Administração avaliar a capacidade do particular em executar o objeto mediante as novas especificações. Por essa razão, ainda que a alteração possa ocorrer de forma unilateral, a depender das modificações pretendidas, torna-se indispensável consultar o particular para confirmar a sua qualificação técnica para executar a parcela decorrente da modificação. **FB**

Gabarito "B".

(Juiz de Direito – TJ/RS – 2018 – VUNESP) Um determinado Estado celebrou contrato, precedido de licitação, com a empresa RS Ltda., tendo por objeto a execução de reforma de edifício público. Durante a execução do contrato, sobreveio determinação legal para adaptação do imóvel, de forma a torná-lo acessível às pessoas com deficiência, havendo necessidade de modificar o projeto licitado. Ao adequar o projeto, o Estado constatou aumento do valor orçado em R$ 5.000.000,00 (cinco milhões de reais), montante equivalente a 50% do valor original do contrato. Nesse caso, é correto afirmar que o contrato deverá ser

(A) rescindido amigavelmente, por motivo de força maior caracterizada pela verificação técnica de inaplicabilidade dos termos contratuais originários, sendo devidas ao contratado as parcelas da obra já executadas até a data da rescisão, além de pagamento do custo de desmobilização.

(B) modificado para reajustar os preços previstos de acordo com o novo projeto adaptado, já que, nos termos da lei, o contratado é obrigado a aceitar o acréscimo na obra de reforma até o limite de 50% do valor original ajustado.

(C) modificado para adequação técnica do projeto e correspondente restabelecimento do equilíbrio econômico financeiro inicial ajustado.

(D) revogado por razão de interesse público decorrente de fato superveniente devidamente comprovado, sendo devida indenização ao contratado, além do pagamento pelas parcelas já executadas.

(E) rescindido unilateralmente pelo Estado, em razão da superveniência de fato novo, a justificar relicitação do projeto adequado, sendo devidas ao contratado as parcelas da obra já executadas.

No caso narrado na alternativa C não há que se falar em rescisão contratual, pois não se tem a situação de fim do contrato em razão da vontade unilateral do Estado (rescisão unilateral), por vontade das partes (amigável), mediante decisão judicial ou por situação alheia à vontade das partes (caso fortuito ou força maior). Tão somente se tem a necessidade de adequar um projeto às novas exigências de garantia de acessibilidade. Trata-se de hipótese prevista no art. 65, I, "a", que prevê a possibilidade de alteração unilateral do contrato "quando houver modificação do projeto ou das especificações, para melhor adequação técnica aos seus objetivos", dentro do acréscimo de 50% autorizados no §1º do art. 65 da Lei 8.666/1993. Logicamente, haverá a necessidade de reequilíbrio econômico financeiro do contrato para fazer frente a esse acréscimo autorizado pela lei. **FB**

Gabarito "C".

(Procurador – IPSMI/SP – VUNESP – 2016) Sobre os contratos administrativos, assinale a alternativa correta.

(A) Em regra, a vigência dos contratos ficará restrita à vigência dos respectivos créditos orçamentários.

(B) Por se tratar de garantia do contratado, a invocação do equilíbrio econômico-financeiro não pode ser realizada pela Administração para revisar o contrato administrativo.

(C) O fato do príncipe é o fato praticado pela Administração que repercute direta e exclusivamente sobre o contrato administrativo.

(D) É permitido a qualquer licitante o conhecimento dos termos do contrato e do respectivo processo licitatório e, a qualquer interessado, a obtenção de cópia autenticada de forma gratuita.

(E) O Supremo Tribunal Federal considerou inconstitucional o dispositivo da Lei 8.666/1993 que veda a responsabilização da Administração em caso de inadimplemento pelo contratado de encargos trabalhistas.

A: Correta. Trata-se do disposto no art. 57, "caput", da Lei 8.666/1993. **B:** Incorreta. O Poder Público sempre poderá rever os preços e alterar os contratos administrativos, inclusive de forma unilateral (art. 57, § 1º e 58, II, da Lei 8.666/1993). **C:** Incorreta. O Fato do Príncipe é uma ação estatal sem relação direta com o contrato que nele repercute, mas de forma indireta, como o clássico exemplo da alíquota de imposto majorada, que altera o equilíbrio econômico financeiro incialmente estabelecido pelos contratantes. **D:** Incorreta. Não existe previsão para obtenção de cópia autenticada gratuita na Lei de Licitações, que é a Lei que regulamenta os contratos administrativos, sendo incorreta a questão. **E:** Incorreta. Na verdade, houve o reconhecimento da constitucionalidade do dispositivo da Lei 8.666/1993, art. 71, § 1º, sobre a vedação da responsabilidade da Administração no caso de inadimplemento do contratado por dívidas trabalhistas, conforme se verifica a seguir: ADC 16/DF (24/11/2010). Ementa: Responsabilidade Contratual. Subsidiária. Contrato com a administração pública. Inadimplência negocial do outro contraente. Transferência consequente e automática dos seus encargos trabalhistas, fiscais e comerciais, resultantes da execução do contrato, à administração. Impossibilidade jurídica. Consequência proibida pelo art., 71, § 1º, da Lei federal 8.666/1993. Constitucionalidade reconhecida dessa norma. Ação direta de constitucionalidade julgada, nesse sentido, procedente. Voto vencido. É constitucional a norma inscrita no art. 71, § 1º, da Lei federal 8.666, de 26 de junho de 1993, com a redação dada pela Lei 9.032, de 1995. **AW**

Gabarito "A".

(Procurador – SP – VUNESP – 2015) Considerando que, no âmbito dos contratos firmados com a Administração, deve prevalecer a supremacia do interesse público, admite(m)-se, como cláusula exorbitante,

(A) a faculdade de exigir garantia nos contratos de obras, serviços e compras, cuja modalidade será escolhida pela Administração Pública contratante, dentre aquelas previstas em lei.

(B) a modificação dos contratos pela Administração Pública, unilateralmente, para melhor adequação às finalidades de interesse público, respeitados os direitos do contratado.

(C) a rescisão unilateral por inadimplemento, por culpa comprovada do contratado ou da Administração Pública, que derem causa ao cumprimento irregular das cláusulas contratuais.

(D) o acompanhamento e a fiscalização por um representante da Administração, servidor público especialmente designado, que não poderá ser terceiro contratado.

(E) a aplicação da exceção de contrato não cumprido, pelo contratado que poderá interromper a execução dos serviços se a Administração Pública contratante restar inadimplente.

A: Incorreta. Uma cláusula exorbitante é a que "exorbita ao direito privado", ou seja, que estabelece regras alheias aos demais contratos. No caso, temos todas as previstas no art. 58, da Lei 8.666/1993, onde não há nenhuma faculdade, e sim, imposições de rescisões unilaterais, de alterações unilaterais etc. **B:** Correta. Perfeito. Trata-se do disposto no art. 58, I, da Lei 8.666/1993. **C:** Incorreta. A rescisão é unilateral, mas as hipóteses são de descumprimento de cláusulas e condições pelo contratado, e não pelo Poder Público. **D:** Incorreta. Não há especificação de quem acompanhará a fiscalização, podendo ser uma autoridade designada (art. 78, VII, da Lei 8.666/1993). **E:** Incorreta. Sendo uma cláusula exorbitante, não há que se falar em prerrogativas do contratado, e sim, do Poder Público. **AW**

Gabarito "B".

(Procurador do Estado – PGE/RN – FCC – 2014) Considere as afirmações abaixo que se prestam a descrever as prerrogativas da Administração pública, quanto atua na condição de contratante para aquisição de bens ou serviços e execução de obras, consubstanciadas nas denominadas cláusulas exorbitantes do contrato administrativo, derrogatórias do regime contratual de direito privado.

I. Possibilidade de rescisão unilateral, pela Administração, por razões de interesse público, de alta relevância e amplo conhecimento, justificadas e exaradas, no processo correspondente, pela autoridade máxima da esfera administrativa a que se encontra subordinado o contratante.

II. Possibilidade de modificação unilateral pela Administração, para alteração da equação econômico-financeira original.

III. Proibição da suspensão, pelo contratado, do cumprimento de suas obrigações contratuais, mesmo na hipótese de atraso nos pagamentos devidos pela Administração contratante, salvo se o atraso for superior a 90 dias e não seja verificada situação de guerra,

grave perturbação da ordem interna ou calamidade pública.
Está correto o que se afirma APENAS em:
(A) II.
(B) I e III.
(C) I.
(D) III.
(E) I e II.

I: correta. Trata-se do disposto no art. 58, II, da Lei 8.666/1993; **II:** incorreta. Temos a aplicação do art. 58, II, da Lei 8.666/1993, que exige o respeito dos direitos dos contratados; **II:** correta. Trata-se da relativização da cláusula da "exceptio non adimpleti contractus" prevista no art. 78, XV, da Lei 8.666/1993. Gabarito "B".

(Procurador do Estado – PGE/RN – FCC – 2014) Determinado ente federado celebrou regular contrato de concessão do serviço público de exploração de rodovia precedida de obra pública. O contrato, nos moldes do que prevê a Lei nº 8.987/1997, delegou o serviço público para ser executado pela concessionária por sua conta e risco. Ocorre que durante as obras de implantação da rodovia, a concessionária identificou a existência de contaminação do solo em trecho significativo do perímetro indicado pelo poder concedente. Foi necessário, assim, longo trabalho de identificação do agente contaminante e complexa e vultosa descontaminação. Considerando-se que o perímetro da rodovia foi indicado pelo poder concedente, bem como que a responsabilidade pelo passivo ambiental pela execução da obra foi atribuído para a concessionária,

(A) a responsabilidade pela descontaminação incumbe à concessionária, que pode, no entanto, invocar os atrasos no cronograma e os vultosos prejuízos comprovados para pleitear o reequilíbrio econômico-financeiro do contrato, na hipótese de intercorrência não passível de identificação anterior pelos licitantes.
(B) cabe integral responsabilidade à concessionária, tendo em vista que o regime da chamada concessão comum não admite superveniências que conduzam a lógica do reequilíbrio econômico-financeiro do contrato.
(C) diante da ausência de previsibilidade do evento, impõe-se a repartição dos riscos, em igual proporção, lógica que rege os contratos de concessão comum.
(D) a responsabilidade pela descontaminação incumbe integralmente ao poder concedente, na medida em que foi responsável pela escolha da área e em razão de não haver previsão expressa no contrato, o que desloca o ônus para o ente público contratante.
(E) os custos e prejuízos experimentados devem ser integralmente repassados à tarifa, após o início da operação, como expressão do direito subjetivo da concessionária ao reequilíbrio econômico-financeiro do contrato.

A: Correta. Trata-se de uma "sujeição imprevista" (são problemas de ordem material, que oneram ou dificultam a realização de uma obra contratada, sendo desconhecidas de quando da celebração do contrato) que autoriza a revisão do contrato (art. 65, II, *d*, da Lei 8.666/1993) para o restabelecimento do equilíbrio econômico-financeiro; **B:** incorreta. Como explicado acima, aplica-se ao caso a Teoria da Imprevisão, que garante a manutenção do equilíbrio econômico-financeiro do contrato; **C:** incorreta. Conforme disposto no art. 65, II, *d*, da Lei 8.666/1993, é possível a revisão do contrato para aplicar a Teoria da Imprevisão pela superveniência de causa desconhecida que alterou o equilíbrio econômico-financeiro do contrato; **D:** incorreta. O ônus é do contratado, que poderá pedir a revisão do contrato; **E:** incorreta. Os custos devem ser revisados, podendo ser repassados ao usuário, mas também suportados pelo contratado. Gabarito "A".

(Procurador do Estado – PGE/RN – FCC – 2014) Foi instaurada licitação para contratação de obras de construção de uma ponte intermunicipal. Após homologação do certame e adjudicação do objeto ao vencedor, adveio medida econômica que ensejou alta nos juros cobrados pelo mercado para financiamentos de projetos de infraestrutura. Antes da assinatura do contrato, a contratada apresentou proposta de redução da garantia em 2%, a fim de conseguir baixar seus custos de financiamento e preservar a taxa de retorno interno de seus investimentos. A proposta, lembrando que o vencedor tem intenção de assinar o contrato,

(A) não pode ser acatada, a não ser que se comprove que nenhum dos classificados teria condição de manter a proposta originalmente vencedora.
(B) não pode ser acatada pela Administração pública, sob pena de violação ao princípio da vinculação ao instrumento convocatório, tendo em vista que a variação das taxas de juros constitui evento previsível e, portanto, configura álea ordinária.
(C) pode ser acatada pela Administração pública, seguida de aditamento do contrato para introduzir a alteração pretendida por se tratar de álea ordinária.
(D) deve ser acatada pela Administração pública para fins de preservação do equilíbrio econômico-financeiro do contrato, vez que o contratado foi onerado por motivo alheio à sua vontade.
(E) pode ser acatada pela Administração pública caso se comprove que a alteração pretendida pela contratada continuaria a qualificar sua proposta como mais vantajosa.

A: incorreta. Trata-se da aplicação da Teoria da Imprevisão, pois ocorreu um "Fato do Príncipe" ("alea" econômica, que alterou o equilíbrio contratual inicialmente estabelecido), sendo possível a revisão do contrato, conforme disposto no art. 65, II, *d*, da Lei 8.666/1993; **B:** incorreta. A garantia contratual não pode ser superior a 5% do valor do contrato e pode ser exigida, a critério da autoridade competente (art. 56, e § 2º da Lei 8.666/1993), de forma que poderá ser "negociada", ainda mais ocorrendo uma "alea" imprevisível; **C:** incorreta. Trata-se de uma "alea" extraordinária, sendo esse o erro da assertiva; **D:** incorreta. Como já explicado, temos a ocorrência do "Fato do Príncipe", que alterou o equilíbrio econômico-financeiro estabelecido originariamente entre as partes, por isso pode o Poder Público reduzir o porcentual dado em garantia, seguindo-se o disposto no art. 56 "caput" e § 2º, da Lei 8.666/1993, assim como art. 65, II, *d*, do mesmo diploma legal; **E:** incorreta. A proposta já foi escolhida. O procedimento já concluído, sendo apenas necessária adequação do contrato para que continue havendo o equilíbrio contratual. Gabarito "D".

(Juiz – TRF 4ª Região – 2016) Dadas as assertivas abaixo, assinale a alternativa correta.

I. A Administração pode unilateralmente modificar o contrato administrativo, para melhor adequá-lo às finalidades de interesse público, desde que respeitados os direitos do contratado.
II. É dispensável a licitação quando não acudirem interessados à licitação anterior e esta, justificadamente, não puder ser repetida sem prejuízo para a Administração.
III. Nos empreendimentos executados e explorados sob o regime de concessão, é vedado incluir no objeto da licitação a obtenção de recursos financeiros para a sua execução.

(A) Está correta apenas a assertiva I.
(B) Está correta apenas a assertiva II.
(C) Estão corretas apenas as assertivas I e II.
(D) Estão corretas todas as assertivas.
(E) Nenhuma assertiva está correta.

A: correta. O art. 58, I, da Lei 8.666/1993 é expresso quanto à essa possibilidade; **B:** incorreta. Temos duas assertivas corretas: a I (conforme acima explicado) e a assertiva II, que se fundamenta no art. 24, V, da Lei 8.666/1993, sendo hipótese de licitação deserta; **C:** correta. As assertivas I e II estão corretas, sendo a primeira porque se trata de uma cláusula exorbitante prevista no art. 58, I, da Lei 8.666/1993 e, a segunda, porque se trata de hipótese de licitação deserta prevista no art. 24, V, da Lei 8.666/1993; **D:** incorreta. A assertiva III está incorreta, pois é possível a inclusão do objeto da licitação, a obtenção de recursos financeiros para a sua execução, mesmo que de forma excepcional, conforme disposto no art. 7º, §3º, da Lei 8.666/1993; **E:** incorreta. As assertivas I e II estão corretas. Gabarito "C".

(Ministério Público/BA – 2015 – CEFET) Acerca dos contratos administrativos, é CORRETO afirmar:

(A) O contratado é obrigado a aceitar, nas mesmas condições contratuais, os acréscimos que se fizerem no caso particular de reforma de edifício ou de equipamento, até o limite de 50% (cinquenta por cento) do valor inicial atualizado do contrato.
(B) Nos contratos privados da Administração Pública, dos quais são exemplos o contrato de seguro, de financiamento e de locação, não há a incidência de cláusulas de privilégio.
(C) As cláusulas de reajuste dos contratos administrativos podem ser unilateralmente alteradas pela Administração Pública, desde que demonstrado o interesse público.
(D) No exercício do controle externo, o Tribunal de Contas da União poderá determinar a imediata sustação de contrato administrativo ante suspeitas fundadas de irregularidades, comunicando, posteriormente, sua decisão ao Congresso Nacional.
(E) No contrato de concessão de serviço público, a concessionária poderá interromper os serviços contratados, independentemente de autorização judicial, após 90 (noventa) dias de atraso dos pagamentos devidos pelo ente concedente.

A: correta (art. 65, § 1º, da Lei 8.666/1993); **B:** incorreta; em que pese tais contratos serem típicos da esfera privada, a Lei 8.666/1993 determina que as cláusulas exorbitantes constantes do art. 58 da lei sejam aplicadas a esses contratos "no que couber", de modo que é incorreto dizer que não há incidência alguma de cláusulas de privilégio nesse tipo de contrato (art. 62, § 3º, I, da Lei 8.666/1993); **C:** incorreta, pois, de acordo com o art. 58, § 1º, da Lei 8.666/1993, "as cláusulas econômico-financeiras e monetárias dos contratos administrativos não poderão ser alteradas sem prévia concordância do contratado."; **D:** incorreta, pois, os tribunais de contas podem sustar meros atos administrativos na forma mencionada (art. 71, X, da CF), mas não podem fazer o mesmo em relação a contratos administrativos, os quais só poderão ser sustados pelo Legislativo (art. 71, § 1º, da CF); **E:** incorreta; em primeiro lugar, vale lembrar que esse tipo de contrato é remunerado e geral por tarifas e não por pagamentos do ente concedente (art. 9º e ss. da Lei 8.897/1995); no mais, não há previsão na Lei 8.987/1995 de interrupção de serviços contratados por falta de pagamentos pelo Poder Público (diferentemente do que acontece em simples

contratos de prestação de serviço regidos pela Lei 8.666/93); ao contrário, em caso de descumprimento contratual pelo ente concedente, a Lei 8.987/1995 determina que o concessionário ingresse com ação judicial, impedindo que a concessionária interrompa ou paralise o serviço até que sobrevenha decisão judicial com trânsito em julgado. **WG**
Gabarito "A".

10.3. EXECUÇÃO DO CONTRATO

(Delegado – PC/BA – 2018 – VUNESP) Executado o contrato, o recebimento provisório do objeto poderá ser dispensado quando se tratar de

(A) serviços profissionais.
(B) gêneros não perecíveis e alimentação processada.
(C) aquisição de equipamentos de grande vulto.
(D) obras e serviços compostos de aparelhos, equipamentos e instalações.
(E) locação de equipamentos.

A: correta. É o que expressamente prevê o art. 74, II da Lei 8.666/1993; **B**: incorreta. A "pegadinha" da questão está no fato de que a lei dispensa o recebimento provisório no caso de "gêneros perecíveis e alimentação **preparada**" – artigo 74, I da Lei 8.666/1993; **C**: incorreta. Não há qualquer previsão legal nesse sentido; **D**: incorreta. Art. 74, III da Lei 8.666/1993; **E**: incorreta. Não há qualquer previsão legal nesse sentido. **FB**
Gabarito "A".

(Delegado – PC/BA – 2018 – VUNESP) O direito do proprietário de exigir que na desapropriação se inclua a parte restante do bem expropriado, que se tornou inútil ou de difícil utilização, é denominado de

(A) Retrocessão.
(B) Desapropriação indireta.
(C) Direito de extensão.
(D) Indenização de benfeitorias.
(E) Direito de acrescer.

A: incorreta. A retrocessão consiste no direito real que possui o proprietário de, diante do desvio de finalidade na destinação dada ao bem desapropriado (tredestinação) reavê-lo – art. 519 do Código Civil; **B**: incorreta. Desapropriação indireta, também conhecida como apossamento administrativo, ocorre nas situações em que o Estado ilicitamente invade o bem privado sem respeitar o procedimentos administrativos ou judiciais previstos na legislação atinente à desapropriação; **C**: correta. Direito de extensão consiste na possibilidade de o proprietário de imóvel parcialmente desapropriado que comprovar que o restante do bem ficou esvaziado de conteúdo econômico ou inaproveitado de exigir judicialmente que essa parte remanescente também seja expropriada; **D**: incorreta. A indenização de benfeitorias refere-se ao pagamento, para a configuração da chamada "justa indenização" pelas benfeitorias feitas no bem expropriado. Caso as benfeitorias tenham sido construídas antes da publicação do decreto que declara o imóvel de utilidade pública, a indenização deverá compreender todas as benfeitorias. Entretanto, caso as benfeitorias tenham sido edificadas após a publicação do decreto desapropriatório, o panorama pode sofrer algumas alterações, de acordo com o artigo 26, § 1º, do Decreto-Lei 3.365/1941. No que se refere às benfeitorias necessárias, que são aquelas obras necessárias para conservar a coisa ou evitar que ela se deteriore, nada muda e serão sempre indenizadas. As benfeitorias úteis, edificadas para aumentar ou facilitar o uso da coisa, só serão indenizadas se o Poder Público expropriante autorizar a construção; enquanto que as benfeitorias voluptuárias, utilizadas para mera recreação, sem aumentar o uso habitual do imóvel e independente do valor, não serão indenizadas. Destarte, tratando-se de benfeitorias edificadas antes da publicação do decreto desapropriatório, será nomeado perito judicial no curso do processo judicial (art. 14, Decreto-Lei 3.365/1941) para avaliar o bem, incluindo as benfeitorias, cujo valor da indenização será fixado em laudo pericial. Mas trata-se de tema polêmico, cujo entendimento judicial pode variar caso a caso; **E**: incorreta. Direito de acrescer é matéria de direito sucessório, e ocorre no momento em que vários herdeiros, pela mesma cláusula testamentária, em partes não determinadas, ficam com a parte que caberia a outro coerdeiro (herdeiro que juntamente com outros é chamado a concorrer a sucessão) pelo fato deste não puder ou não quiser aceitá-la. **FB**
Gabarito "C".

(Procurador do Estado – PGE/RS – Fundatec – 2015) Nos contratos administrativos, o fato do príncipe:

(A) enseja reequilíbrio econômico-financeiro do contrato somente quando originário do mesmo ente federativo contratante.
(B) enseja indenização ao contratado por meio de providência adotada ao final do contrato.
(C) enseja reequilíbrio econômico-financeiro do contrato por meio de providência concomitante ou adotada logo em seguida a sua ocorrência.
(D) não enseja direito à indenização em virtude da validade jurídica da medida adotada.
(E) não enseja direito à indenização ou reequilíbrio econômico-financeiro do contrato, tendo em vista que não existe direito adquirido oponível a atos futuros do Poder Público.

A: incorreta. O "fato do príncipe" é uma determinação geral estatal que atinge a todos, inclusive os contratantes, por isso não tem restrições quanto ao Ente Federativo do qual se origina; **B**: incorreta. O "fato do príncipe" enseja indenização ao contratado durante a execução do contrato, a fim de que ele retorne ao seu equilíbrio econômico-financeiro; **C**: correta. Trata-se do disposto no art. 65, II, *b*, da Lei 8.666/1993, que dispõe sobre a alteração e ajuste contratual, durante o seu prazo de execução, no caso de incidência de quaisquer fatos decorrentes da "teoria da imprevisão", ou do "fato do príncipe"; **D**: incorreta. Qualquer alteração contratual, sem culpa do contratado, enseja indenização, conforme disposto nos arts. 65 a 79, da Lei 8.666/1993; **E**: incorreta. Há direito à indenização, eis que se trata de uma alteração sem culpa do contratado (art. 65, § 6º, da Lei 8.666/1993). **AW**
Gabarito "C".

(Magistratura/RR – 2015 – FCC) Observe o seguinte artigo da Lei 8.666/1993, parcialmente transcrito abaixo:
"Art. 87. Pela inexecução total ou parcial do contrato a Administração poderá, garantida a prévia defesa, aplicar ao contratado as seguintes sanções:
I. advertência;
II. multa, na forma prevista no instrumento convocatório ou no contrato;
III. suspensão temporária de participação em licitação e impedimento de contratar com a Administração (*omissis*);
IV. declaração de inidoneidade para licitar ou contratar com a Administração pública (*omissis*)."
No tocante às sanções administrativas previstas pela Lei 8.666/1993, é correto afirmar que

(A) a multa pode ser aplicada cumulativamente com quaisquer das outras sanções mencionadas no art. 87.
(B) o art. 87 estabelece uma ordem de aplicação gradual das sanções, que deve ser estritamente observada, em razão do princípio da proporcionalidade.
(C) tais sanções somente podem ser aplicadas no curso da relação contratual, sendo que eventual extinção do contrato torna extinto o *jus puniendi* da Administração.
(D) as sanções previstas no art. 87 são aplicáveis apenas aos sujeitos que celebraram contrato com a Administração, não havendo possibilidade de aplicação a outros sujeitos, não compreendidos na relação contratual.
(E) a declaração de inidoneidade para licitar ou contratar com a Administração pública produzirá efeitos pelo prazo máximo de 5 (cinco) anos, após o que, o particular será reabilitado, desde que tenha promovido o ressarcimento integral dos prejuízos resultantes da infração.

A: correta (art. 87, § 2º, da Lei 8.666/1993); **B**: incorreta, pois o art. 87 não estabelece uma ordem para aplicação dessas penalidades; o edital, sim, deverá estabelecer quando (e que *quantum*, no caso da multa) cada sanção deve ser aplicada, obedecendo, ele sim, o princípio da proporcionalidade; **C**: incorreta, pois não há essa limitação no texto legal; aliás, não é raro descobrir-se alguma irregularidade grave praticada por um contratado apenas após o término do contrato, o que impõe que penalidades sejam aplicadas; **D**: incorreta, pois também é cabível a aplicação das sanções previstas nos incisos III e IV do art. 87 para outras empresas ou profissionais que incidirem nas hipóteses previstas no art. 88 da Lei 8.666/93; **E**: incorreta, pois a reabilitação poderá se dar no prazo de 2 anos de sua aplicação. **WG**
Gabarito "A".

(Ministério Público/SP – 2015 – MPE/SP) Sobre as sanções administrativas previstas na Lei n. 8.666/1993, marque a assertiva correta:

(A) Dependem de sentença judicial a aplicação das sanções previstas na Lei n. 8.666/1993, pela Administração Pública, em caso de irregularidades do particular na execução do contrato.
(B) A multa de mora por atraso injustificado na execução do contrato será descontada da garantia prestada pelo contratado, independentemente de processo administrativo.
(C) A lei não permite a cumulação da multa de mora com a multa pela inexecução total ou parcial do contrato administrativo.
(D) A declaração de inidoneidade para licitar ou contratar com a Administração Pública é de competência exclusiva do Ministro de Estado, do Secretário Estadual ou Municipal, conforme o caso, e cabe pedido de reconsideração no prazo de 10 dias úteis da intimação do ato.
(E) A suspensão temporária de participação em licitação e o impedimento de contratar com a Administração competem exclusivamente ao Ministro de Estado, ao Secretário Estadual ou Municipal, conforme o caso, e cabe pedido de reconsideração no prazo de 10 dias úteis da intimação do ato.

A: incorreta, pois a Administração é quem tem competência para aplicar tais sanções (art. 87, *caput*, da Lei 8.666/1993); **B**: incorreta, pois é necessário regular processo administrativo para que essa medida de retenção da multa seja tomada (art. 86, § 2º, da Lei 8.666/1993); **C**: incorreta, pois a primeira tem finalidade compensatória da Administração e a segunda tem finalidade punitiva; **D**: correta (art. 87, § 3º, da Lei 8.666/1993); **E**: incorreta, pois essas características não são da *suspensão temporária de participação em licitação e impedimento de contratar com esta*, mas sim da sanção de declaração de inidoneidade para licitar ou contratar com a Administração (art. 87, § 3º, da Lei 8.666/1993). **WG**
Gabarito "D".

10.4. EXTINÇÃO DO CONTRATO

(Magistratura/PE – 2013 – FCC) Nos termos da Lei 8.666/1993, quando a rescisão do contrato administrativo se der por ocorrência de caso fortuito ou de força maior, regularmente comprovada, impeditiva da execução do contrato e sem que haja culpa do contratado, terá o contratado alguns direitos de cunho patrimonial. Entre eles NÃO figura o de

(A) recebimento de multa compensatória, calculada em razão do escoamento do prazo contratual.
(B) devolução de garantia.
(C) ser ressarcido dos prejuízos regularmente comprovados que houver sofrido.
(D) pagamentos devidos pela execução do contrato até a data da rescisão.
(E) pagamento do custo da desmobilização.

O art. 79, § 2º, da Lei 8.666/1993 prevê todos os direitos mencionados nas alternativas, salvo o "recebimento de multa compensatória, calculada em razão do escoamento do prazo contratual", daí porque a alternativa "A" é a correta. **WG**
Gabarito "A".

(Delegado de Polícia/GO – 2013 – UEG) De acordo com a Lei 8.666/1993, que prevê sanções administrativas pela inexecução total ou parcial do contrato,

(A) a suspensão temporária de participação em licitação e impedimento para contratar com a Administração poderão durar até 3 (três) anos.
(B) as sanções de advertência, impedimento de contratar e a sanção de declaração de inidoneidade poderão ser aplicadas juntamente com a multa.
(C) a sanção da multa poderá ser instituída pela Administração, e o valor será livremente estipulado pelo administrador tão logo ocorra a prática lesiva ao ajuste.
(D) a aplicação da sanção de advertência poderá ser realizada independentemente da abertura de oportunidade para apresentação de defesa prévia.

A: incorreta, pois a suspensão temporária de participação em licitação e o impedimento para contratar com a Administração não podem superar o prazo de 2 anos (art. 87, III, da Lei 8.666/1993); **B:** correta (art. 87, I, III e IV, respectivamente, c/c com art. 87, § 2º, da Lei 8.666/1993); **C:** incorreta, pois a multa será aplicada de acordo com os critérios previstos no instrumento convocatório ou no contrato, não sendo possível que esses critérios sejam criados depois pela Administração; **D:** incorreta, pois é garantida a defesa prévia (art. 87, § 2º, da Lei 8.666/1993) na aplicação das sanções previstas no art. 87 da Lei 8.666/1993, que inclui a sanção de advertência (art. 87, *caput* e I, da Lei 8.666/1993). **WG**
Gabarito "B".

10.5. TEMAS COMBINADOS DE CONTRATOS ADMINISTRATIVOS

(Procurador Municipal – Prefeitura/BH – CESPE – 2017) No que concerne aos contratos de repasse, assinale a opção correta de acordo com as normas vigentes.

(A) Dispositivo da Portaria Interministerial CGU/MF/MP nº 507/2011 veda, expressamente, a celebração de convênios com órgãos e entidades da administração pública direta e indireta dos estados, do DF e dos municípios cujo valor seja inferior a R$ 100 mil.
(B) As disposições constantes da Portaria Interministerial CGU/MF/MP nº 507/2011 impedem que órgãos e entidades da administração pública federal deem preferência às transferências voluntárias para estados e municípios que desenvolvam ações por intermédio de consórcio público constituído de acordo com o disposto na Lei nº 11.107/2005.
(C) Nos casos de celebração de convênio com consórcio, as exigências legais aplicáveis aos entes da administração pública indireta não se estendem aos estados e aos municípios, na qualidade de entes consorciados.
(D) É vedado aos estados, ao DF e aos municípios executar objeto de convênio celebrado com a União por meio de consórcio público mesmo que esteja associado.

A: correta, tendo em vista o disposto no art. 10, I, da Portaria Interministerial CGU/MP/MPF 507/11; **B:** incorreta. O art. 13, da Portaria Interministerial determina que "Os órgãos e entidades da Administração Pública Federal darão preferência às transferências voluntárias para Estados, Distrito Federal e Municípios cujas ações sejam desenvolvidas por intermédio de consórcios públicos, constituídos segundo o disposto na Lei nº 11.107, de 2005."; **C:** incorreta. O art. 2º, II, da referida Portaria Interministerial não exclui esses convênios das exigências legais; **D:** incorreta. Se houver associação do Estado em que se situa o Município, é possível o consórcio entre a União e o Município (art. 1º, § 2º, da Lei 11.107/05). **AW**
Gabarito "A".

(Procurador do Estado – PGE/MT – FCC – 2016) A Administração Pública adota várias modalidades de ajustes administrativos para poder executar suas tarefas. Nesse sentido, segundo a legislação vigente,

(A) o contrato de parceria público-privada não é compatível com a cobrança de tarifas dos usuários do serviço público, sendo suportado exclusivamente pela contrapartida do parceiro público.
(B) é denominado contrato de gestão o ajuste celebrado com as organizações da sociedade civil de interesse público, visando à formação de vínculo de cooperação entre as partes, para o fomento e a execução das atividades de interesse público.
(C) o regime de empreitada integral, também denominado de *turn key*, não é admissível, conforme entendimento do Tribunal de Contas da União, por impedir o adequado controle do dispêndio de recursos públicos.
(D) o chamado contrato de programa é o contrato administrativo em que a Administração defere a terceiro a incumbência de orientar e superintender a execução de obra ou serviço, mediante pagamento de importância proporcional ao seu custo total.
(E) é denominado contrato de rateio o ajuste celebrado, em cada exercício financeiro, entre entes participantes de consórcio público, para fins de alocação de recursos necessários ao desempenho das atividades do consórcio.

A: incorreta. O contrato de Parceria Público-Privada pressupõe a cobrança de tarifas dos usuários e uma contraprestação do parceiro público (art. 2º, da Lei 11.019/2004); **B:** incorreta. Para as OSCIP temos os termos de parceria. Os contratos de gestão são celebrados pelas Agências Executivas (art. 37, § 8º, CF); **C:** incorreta. O art. 10, da Lei 8.666/1993 admite integralmente esse regime; **D:** incorreta. O contrato de programa é realizado pelos entes consorciados (art. 13, § 1º, II, da Lei 11.107/2005), sendo o contrato pelo qual se estabelece "os procedimentos que garantam a transparência da gestão econômica e financeira de cada serviço em relação a cada um de seus titulares"; **E:** correta. Perfeito. Trata-se do disposto no art. 8º, § 1º, da Lei 11.107/2005). **AW**
Gabarito "E".

(Juiz – TJ/SP – VUNESP – 2015) Sobre os Contratos Administrativos, é correto afirmar:

(A) na licitação na modalidade de pregão, regulada pela Lei 10.520/2002, apenas após o encerramento da etapa competitiva o pregoeiro verificará a documentação do licitante vencedor, quando então deverá verificar sua habilitação jurídica, fiscal, técnica, econômica e a validade de sua garantia de proposta.
(B) a contratação integrada compreende a elaboração e o desenvolvimento dos projetos básico e executivo, a execução de obras e serviços de engenharia, a montagem, a realização de testes, a pré-operação e todas as demais operações necessárias e suficientes para a entrega final do objeto.
(C) ressalvada a hipótese de contratação integrada nos demais regimes de execução é proibida a participação do autor do projeto básico como consultor ou técnico, nas funções de fiscalização, supervisão ou gerenciamento, na licitação de obra ou serviço ou na sua execução.
(D) a Ata de Registro de preços constitui modalidade de licitação para contratações cujo orçamento estimado não alcance o valor que obriga a adoção da modalidade concorrência.

A: incorreta. Realmente, somente depois da fase de julgamento das propostas é que o licitante vencedor irá verificar a habilitação jurídica, fiscal, mas não a técnica, por exemplo, que já deve ser antecipada na análise do julgamento das propostas (art. 4º, X, da Lei 10.520/2002). O critério de julgamento do pregão é o de menor preço, mas junto a ele também há avaliação da técnica, por isso está incorreta a assertiva. **B:** correta. Trata-se de um regime de execução indireta a ser preferencialmente adotado nas licitações e contratações de obras e serviços de engenharia jungidas ao Regime Diferenciado de Contratações Públicas (RDC), instituído pela Lei 12.462/2011 (art. 8º, V e § 1º) como forma de ampliar a eficiência administrativa, inclusive na perspectiva de maior economicidade, estimulando a competição entre os licitantes. De modo pontual, o regime de execução em testilha confia ao contratado a elaboração e o desenvolvimento dos projetos básico e executivo, a execução de obras e serviços de engenharia, a montagem, a realização de testes, a pré-operação e todas as demais operações necessárias e suficientes para a entrega final do objeto (§ 1º do art. 9º da precitada Lei 12.462/2011). **C:** incorreta. Também no Regime Diferenciado de Contratação é vedada a participação do autor do projeto básico como consultor ou técnico, conforme disposto no art. 36, I, da Lei 12.462/2011. **D:** incorreta. A Ata de Registro de Preços não é modalidade de licitação, sendo apenas um documento em que o Poder Público se compromete para futuras contratações em relação aos preços, fornecedores, órgãos participantes e condições a serem praticadas, conforme consta do Registro de Preços (art. 15 da Lei 8.666/1993). **AW**
Gabarito "B".

11. SERVIÇOS PÚBLICOS

11.1. CONCEITO, CARACTERÍSTICAS PRINCIPAIS, CLASSIFICAÇÃO E PRINCÍPIOS

(Investigador – PC/BA – 2018 – VUNESP) Os serviços públicos que, por sua natureza ou pelo fato de assim dispor o ordenamento jurídico, comportam ser executados pelo Estado ou por particulares colaboradores, são classificados como

(A) coletivos.
(B) singulares.
(C) delegáveis.
(D) indelegáveis.
(E) sociais.

A: incorreta. Serviços públicos coletivos, também conhecidos como serviços públicos "uti universi" ou gerais, são aqueles em que a Administração Pública presta sem ter usuários determinados, para atender à coletividade me geral. É o caso do calçamento, da polícia, etc. Satisfazem indiscriminadamente a população; **B:** incorreta. Serviços públicos singulares, "uti singuli" ou individuais são os que têm usuários determinados e utilização particular e mensurável para cada destinatário, como os serviços de água, energia elétrica, etc.; **C:** correta. São os serviços públicos passíveis de delegação ou outorga por parte do Estado, ou seja, para os quais a lei não determina a execução do serviço público pelo Estado; **D:** incorreta. Serviços públicos indelegáveis são aqueles que, a par de serem de titularidade do Estado, por previsão legal não podem ter sua execução outorgada a outro ente público ou delegada a particular; **E:** incorreta. São serviços que visam a atender necessidades essenciais da coletividade em que há atuação da iniciativa privada ao lado da atuação do Estado.
Gabarito "C".

(Procurador do Estado – PGE/RN – FCC – 2014) De acordo com a Constituição Federal, determinada atividade, quando erigida à condição de serviço público,

(A) somente admite a exploração por particular nas hipóteses explicitadas na própria Constituição como serviços públicos não exclusivos.
(B) torna imperativa a sua prestação direta pelo poder público.
(C) afasta a possibilidade de exploração econômica por particulares, salvo em caráter complementar ou subsidiário ao poder público.
(D) constitui obrigação do poder público, que pode prestá-la diretamente ou sob o regime de concessão ou permissão a particulares.
(E) sujeita-se ao regime de direito público, que proíbe a exploração com intuito lucrativo.

A: incorreta. Não há na Constituição Federal a conceituação do que vem a ser serviço público exclusivo (art. 175, CF); **B:** incorreta. O art. 175, CF, admite a prestação de forma direta ou indireta dos serviços públicos; **C:** incorreta. As atividades econômicas só são restringidas ao Poder Público, ou seja, só pode ele as explorar nas hipóteses previstas no art. 173, CF; **D:** correta. Perfeita a assertiva, sendo exatamente o disposto no art. 175, CF; **E:** incorreta. É possível a exploração de atividade econômica pelo Estado, quando imperativo a segurança nacional ou relevante interesse coletivo (art. 173, CF).
Gabarito "D".

(Promotor de Justiça/SC – 2016 – MPE)

(1) Ao Poder Público incumbe a prestação dos serviços públicos, diretamente ou sob regime de concessão, sempre através de licitação.

1: errada. O Poder Público pode prestar serviços públicos de forma direta ou indireta, sendo que nesse caso, pode fazer por meio de concessão e permissão de serviços públicos, conforme disposto no art.175, CF.
Gabarito 1E.

(Delegado/MS – 2017 – FAPEMS) À luz da legislação em vigor e da jurisprudência dos tribunais superiores, acerca do serviço público e dos contratos administrativos, assinale a alternativa correta.

(A) Aplica-se aos contratos administrativos o instituto da *exceptio non adimpjeti contractus* tal qual aplicável no Direito Civil.
(B) Diante de situação motivada por razões de ordem técnica, ainda que não emergencial, é possível a interrupção do serviço público, dispensado, neste caso, o prévio aviso.
(C) A divulgação da suspensão no fornecimento de serviço de energia elétrica por meio de emissoras de rádio, dias antes da interrupção, satisfaz a exigência de aviso prévio.
(D) O exercício do direito de greve exercido por policiais civis é hipótese cabível de descontinuidade da execução de serviço público por eles executado.
(E) Reversão é o instituto por meio do qual a Administração Pública poderá por fim a uma delegação de serviço público por ela transferido a outrem, por razões de interesse público.

A: incorreta. Não se aplica, uma vez que a própria Lei 8.666/1993, art. 78, XV, prevê a impossibilidade de descumprimento do contrato, até 90 dias de inadimplência pela Administração Publica, ainda que o prazo de pagamento contratual seja inferior. **B:** incorreta. Fere o princípio da continuidade do serviço público, também conhecido como princípio da permanência. **C:** correta. Lei 8.987/1995, art. 6º Toda concessão ou permissão pressupõe a prestação de serviço adequado ao pleno atendimento dos usuários, conforme estabelecido nesta Lei, nas normas pertinentes e no respectivo contrato. § 3º Não se caracteriza como descontinuidade do serviço a sua interrupção em situação de emergência ou após prévio aviso, quando: I – motivada por razões de ordem técnica ou de segurança das instalações; e, II – por inadimplemento do usuário, considerado o interesse da coletividade. e ainda Informativo 598 do STJ, que aduz: "É válida a interrupção do serviço público por razões de ordem técnica se houve prévio aviso por meio da rádio"**D:** incorreta. O atual entendimento da Suprema Corte garante, de um lado, a efetividade do direito de greve dos servidores estatutários, e, de outro lado, a continuidade dos serviços públicos por meio da aplicação analógica do art. 11 da Lei nº 7.783/1989, que exige a prestação dos serviços indispensáveis ao atendimento das necessidades inadiáveis da comunidade durante a greve. **E:** incorreta.A assertiva definiu a emcampação, sendo a Reversão e uma das formas previstas de provimento em cargo público. Lei 8.112/1990, art. 8º.
Gabarito "C".

(Delegado/AP – 2017 – FCC) Em uma área de expansão urbana determinado Município está providenciando a instalação de equipamentos públicos, a fim de que o crescimento populacional se dê de forma ordenada e sustentável. Durante a construção de uma unidade escolar, apurou-se que não seria possível executar a solução de esgoto originalmente idealizada, que contempla um emissário de esgoto, mostrando-se necessária a identificação de outra alternativa pela Administração pública. Dentre as possíveis, pode o Município em questão

(A) promover, demonstrada a viabilidade técnica, a instalação de emissário de esgoto para ligação com o sistema já existente, utilizando-se, para tanto, da instituição de uma servidão administrativa.
(B) realizar uma licitação específica para elaboração e execução de projeto de instalação do emissário de esgoto, independentemente do valor, dado seu caráter emergencial.
(C) lançar mão da requisição administrativa, para imediata imissão na posse do terreno necessário para implementação das obras, diferindo-se a indenização devida.
(D) desapropriar judicialmente a faixa de terreno necessária à implementação do emissário de esgoto, tendo em vista que o ajuizamento da ação já autoriza a imissão na posse do terreno objeto da demanda.
(E) instituir uma servidão de passagem, sob o regime do código civil, tendo em vista que dispensa a anuência do dono do terreno e de prévia indenização, apurando-se o valor devido após a instalação do equipamento, que indicará o nível de restrição ao uso da propriedade.

Trata-se de exemplo típico de utilização de servidão administrativa e nesse sentido Maria Sylvia Zanella di Pietro conceitua servidão administrativa como sendo "o direito real de gozo, de natureza pública, instituído sobre imóvel de propriedade alheia, com base em lei, por entidade pública ou por seus delegados, em face de um serviço público ou de um bem afetado a fim de utilidade pública".
Gabarito "A".

(Magistratura/RR – 2015 – FCC) Observe a seguinte notícia, do Informativo do STF 777:
"PSV: remuneração do serviço de iluminação pública (Enunciado 41 da Súmula Vinculante) – O Plenário acolheu proposta de edição de enunciado de súmula vinculante com o seguinte teor: 'O serviço de iluminação pública não pode ser remunerado mediante taxa'. Assim, tornou vinculante o conteúdo do Verbete 670 da Súmula do STF". A vedação mencionada justifica-se porque

(A) trata-se de serviço *uti universi*, devendo ser custeado por impostos ou pela instituição de contribuição específica para seu custeio, pelos municípios.
(B) se trata de *uti singuli*, porém de natureza indelegável, devendo por essa razão ser custeado exclusivamente por impostos.
(C) caso seja delegada sua prestação ao particular, a remuneração se dará por tarifa, e não por taxa.
(D) o serviço de iluminação pública não admite prestação sob nenhum tipo de concessão e, portanto, seria incabível a remuneração de um concessionário privado por meio da cobrança do usuário.
(E) embora se trate de serviço público indivisível, o seu custeio já está embutido nos preços públicos pagos aos concessionários de fornecimento de energia elétrica, conforme disposições contratuais padronizadas pela ANEEL.

A: correta; a taxa é tributo cabível pelo exercício do poder de polícia ou pelo exercício de um serviço público divisível, o que não acontece em relação ao serviço de iluminação pública, que não é divisível (*uti singuli*), mas sim indivisível (*uti universi*); **B:** incorreta, pois, como se viu, o serviço em questão é *uti universi*, podendo, vale ressaltar, ser custeado por contribuição específica; **C:** incorreta, pois a pergunta quer saber porque há vedação da cobrança de taxa no caso e a resposta, diferentemente do que a alternativa propõe, não guarda qualquer relação com o instituto da tarifa, mas sim com o problema de ser o serviço indivisível; de qualquer forma, se houvesse delegação do serviço ao particular, a tarifa também não poderia ser cobrada ante a ausência de divisibilidade do serviço; **D:** incorreta, pois não há vedação constitucional ou legal a que esse serviço seja delegado; todavia, pela ausência de divisibilidade do serviço, estaria comprometida a cobrança pela via da tarifa, sem prejuízo que o serviço fosse cobrado do usuário, pelo Poder Público, via instituição de contribuição específica; **E**: incorreta, pois o custeio de serviço não está embutido nos preços públicos pagos aos concessionários de energia elétrica, que sequer são os responsáveis por esse serviço, que fica a cargo dos Municípios em geral.

(Ministério Público/SP – 2015 – MPE/SP) No tocante ao serviço público, correto é afirmar que:
(A) o Estado detém titularidade exclusiva sobre os serviços de saúde, de educação, de previdência social e de assistência social.
(B) os serviços de saúde, de educação, de previdência social e de assistência social deverão ser prestados exclusivamente por meio de concessão, permissão ou autorização.
(C) os serviços de radiodifusão sonora ou de sons e imagens deverão ser prestados exclusivamente por meio de concessão, permissão ou autorização.
(D) os serviços de telecomunicações não podem ser prestados por concessão, permissão ou autorização.
(E) a União detém o monopólio sobre os serviços da Loteria Federal e da Loteria Esportiva.

A: incorreta; a *assistência à saúde* é permitida à iniciativa privada, na forma do previsto no art. 199 da CF, assim como a *previdência privada* (art. 202 da CF), a *assistência social* (art. 204, I, parte final, da CF) e a *educação* (art. 209 da CF); **B**: incorreta; na educação em geral, basta uma autorização (art. 209, II, da CF); na saúde, a autorização sequer é exigida, mas a atividade é fiscalizada; **C**: incorreta, pois tais serviços também poderão ser presados diretamente pelo Estado (art. 21, XII, "a", da CF); **D**: incorreta, pois podem ser prestados nessa modalidade (art. 21, XI, da CF); **E**: correta, valendo salientar que o particular que promover jogos de azar ou loteria sem autorização legal comete contravenção penal (arts. 50 e ss. do Decreto-lei 3.688/1941).

(DPE/PE – 2015 – CESPE) Com base na jurisprudência do STJ, julgue os item seguinte.
(1) Segundo o entendimento jurisprudencial dominante no STJ relativo ao princípio da continuidade dos serviços públicos, não é legítimo, ainda que cumpridos os requisitos legais, o corte de fornecimento de serviços públicos essenciais, em caso de estar inadimplente pessoa jurídica de direito público prestadora de serviços indispensáveis à população.

1: correta (STJ, REsp 848.784-RJ).

(Promotor de Justiça/MG – 2014) De acordo com a Constituição Federal, existem atividades e/ou serviços sobre os quais o Estado não possui titularidade exclusiva; assim, independente de tratarem de um dever do Estado, é permitido que particulares os executem, desde que observada a legislação aplicável, a EXCEÇÃO de:
I. Saúde.
II. Previdência social.
III. Educação.
IV. Defesa nacional.
Está(ão) CORRETO(S) o(s) inciso(s):
(A) I e II
(B) II e IV
(C) III
(D) IV

A atividade de defesa nacional é privativa do Estado. Já as atividades de saúde, previdência social e educação podem ser executadas pelo particular, que, todavia, devem respeitar regime especial regulado pelo Estado, que inclui inclusive certas autorizações para o exercício dessas atividades.

11.2. AUTORIZAÇÃO E PERMISSÃO DE SERVIÇO PÚBLICO

(Procurador Municipal/SP – VUNESP – 2016) O ato administrativo unilateral, discricionário e precário, gratuito ou oneroso, pelo qual a Administração Pública faculta a utilização privativa de bem público, para fins de interesse público, é a definição de
(A) autorização.
(B) concessão.
(C) retrocessão.
(D) permissão.
(E) tredestinação.

A: Incorreta. Na autorização temos um ato administrativo unilateral, discricionário e precário, mas em que o Poder Público faculta o exercício de uma atividade do bem ou uso, no interesse do particular, e não no interesse público, como consta do enunciado. **B**: Incorreta. A concessão é um contrato administrativo, e não um ato administrativo, como descrito no enunciado. **C**: Incorreta. A retrocessão é o retorno do bem ao ex-proprietário por motivos de ilegalidade no cumprimento do decreto expropriatório. **D**: Correta. Na permissão temos exatamente a definição do enunciado: um ato administrativo unilateral, discricionário e precário em que há transferência de serviço ou uso de bem ou realização de obra, no interesse do Poder Público. **E**: Incorreta. A tredestinação é a alteração da finalidade do bem expropriado constante do ato expropriatório, não sendo ato administrativo, e sim, um fato administrativo.

11.3. CONCESSÃO DE SERVIÇO PÚBLICO

(Procurador do Estado – PGE/MT – FCC – 2016) No tocante aos aspectos econômicos e tarifários das concessões de serviço público, a Lei nº 8.987/95 dispõe:
(A) Na contratação das concessões de serviços públicos, deve haver a repartição objetiva dos riscos entre as partes.
(B) O inadimplemento do usuário não é circunstância justificável para a interrupção na prestação dos serviços públicos.
(C) A cobrança de pedágios em rodovias públicas somente é possível por meio do oferecimento de via alternativa e gratuita para o usuário.
(D) Os contratos poderão prever mecanismos de revisão das tarifas, a fim de manter-se o equilíbrio econômico-financeiro, vedada a revisão em período inferior a um ano.
(E) A alteração das alíquotas do imposto de renda não é causa que justifique pedido de revisão tarifária pela concessionária.

A: incorreta. O contratado assume a prestação de serviços por sua conta e risco, conforme disposto no art. 2º, II, da Lei 8.987/1995; **B**: incorreta. A inadimplência do usuário pode levar à interrupção do serviço, desde que com prévio aviso do Poder Concedente (art. 6º, § 3º, da Lei 8.987/1995); **C**: incorreta. A cobrança de pedágio é a tarifa cobrado pelo uso do serviço público, sendo uma alternativa do poder concedente a disponibilização de outras fontes alternativas (art. 11, da Lei 8.987/1995); **D**: incorreta. Não há prazo mínimo para revisão contratual, sendo essa possível sempre que ocorrerem causas imprevisíveis ou previsíveis, mas que onerem uma das partes e alterem o equilíbrio econômico-financeiro. (art. 58, I, da Lei 8.666/1993); **E**: correta. Trata-se de "fato do príncipe", que enseja a revisão das cláusulas contratuais para que seja mantido o equilíbrio econômico-financeiro, sendo que esse pode ser mantido de outra forma, sem alteração de tarifas, por exemplo, e sim, com diluição de prazos, com aporte maior pelo Poder Público, dentre outras formas.

(Procurador do Estado – PGE/PA – UEPA – 2015) Sobre concessão e permissão da prestação de serviços públicos, considerando-se o disposto pela Lei nº8.987/1995 é INCORRETO afirmar que:
(A) toda concessão ou permissão pressupõe a prestação de serviço adequado ao pleno atendimento dos usuários, conforme estabelecido na Lei n. 8.987/1995, nas normas pertinentes e no respectivo contrato.
(B) dentre os direitos e obrigações dos usuários dos serviços públicos prestados em regime de concessão e permissão está o de o usuário receber do poder concedente e da concessionária informações para a defesa de interesses individuais e coletivos.
(C) a concessão de serviço público não precedida de execução de obra pública não será objeto de prévia licitação.
(D) dentre as cláusulas essenciais do contrato de concessão de serviço público está aquela referente aos direitos e deveres dos usuários para obtenção e utilização do serviço.
(E) extingue-se a concessão por encampação.

A: correta. A Lei 8.987/1995, art. 6º, dispõe exatamente o que consta dessa assertiva quanto ao serviço adequado e pleno atendimento aos usuários; **B**: correta. Trata-se do disposto no art. 7º, II, da Lei 8.987/1995; **C**: incorreta. Toda concessão, seja ela precedida ou não da execução de obra, deve ser previamente licitada (art. 2º, II, da Lei 8.987/1995); **D**: correta. Trata-se do disposto no art. 23, V, da Lei 8.987/1995; **E**: correta. Sim, realmente, uma das formas de extinção da concessão é a encampação (art. 35, II, da Lei 8.987/1995).

(Procurador do Estado – PGE/BA – CESPE – 2014) Em relação aos bens públicos, julgue o item seguinte.
(1) Para a utilização de espaço de prédio de autarquia para o funcionamento de restaurante que atenda aos servidores públicos, é obrigatória a realização de licitação e a autorização de uso de bem público.

1: incorreta. No caso, a autarquia deve realizar licitação para contratação de um prestador desse serviço, sendo um contrato de concessão, e não de autorização de uso de bem público (essa é ato administrativo, que prescinde de licitação, e sempre no interesse do particular).

(Procurador do Estado – PGE/RN – FCC – 2014) Um consórcio contratado pela Administração pública com base na Lei nº 8.666/1993, para realização de prestação de serviços de interesse público subcontratou parte do objeto. Considerando que o edital da licitação tenha regulado adequadamente a questão das subcontratações,

(A) a subcontratação não pode envolver parcela do objeto que guarde pertinência direta com habilitação técnica específica, sem a qual não teria o consórcio logrado êxito na contratação.
(B) é necessário que a empresa subcontratada apresente os mesmos requisitos exigidos para a habilitação técnica da empresa vencedora.
(C) a empresa ou as empresas subcontratadas deverão passar a integrar o consórcio vencedor da licitação, a fim de garantir o cumprimento do objeto do certame.
(D) a subcontratação pode envolver parcela fundamental do objeto, sem limite de percentual, caso se trate de empresa que integre o setor principal atendido pelo consórcio e que estivesse em condições de se habilitar tecnicamente.
(E) a subcontratação é faculdade do contratado, que define, justificadamente, o percentual passível de ser executado por terceiros, desde que integrantes do mesmo segmento técnico produtivo.

A: correta. Trata-se do disposto no art. 72, da Lei 8.666/1993, que admite a subcontratação de parcela do contrato, nunca a subcontração integral; **B:** incorreta. Não há exigência das mesmas habilidades técnicas para subconceder o serviço, já que ela corre por conta e risco do subconcedente (art. 26, da Lei 8.987/1993); **C:** incorreta. Não há contrato entre o poder concedente e o subcontratado, por isso o subcontrato não integra o consórcio originalmente contratado pelo poder concedente; **D:** incorreta. Há limite de "parcela" do contrato, não podendo ser relativo ao objeto principal do contrato, mas, sim, de partes dele (art. 72, da Lei 8.666/1993); **E:** incorreta. Não há uma porcentagem específica, havendo apenas previsão de que seja subcontratado parcela do contrato (art. 72, da Lei 8.666/1993). Gabarito "A".

(Juiz – TRF 2ª Região – 2017) Sobre o equilíbrio econômico-financeiro das concessões comuns, patrocinadas e administrativas reguladas nas Leis nº 8.987/1995 e nº 11.079/04, é correto afirmar que:
(A) A tarifa do serviço público deve ser fixada pelo Poder Concedente no edital, com o objetivo de viabilizar a sua modicidade e universalização do serviço.
(B) A cobrança da tarifa, desde que fixada em Decreto, pode ser condicionada à existência de serviço público alternativo e gratuito para o usuário.
(C) As tarifas poderão ser diferenciadas em razão das características técnicas e dos custos específicos provenientes do atendimento aos distintos segmentos de usuários.
(D) A taxa interna de retorno prevista no plano de negócios apresentado pelo licitante vencedor deve ser assegurada anualmente como único mecanismo de manutenção do equilíbrio econômico-financeiro do contrato.
(E) A taxa interna de retorno prevista no plano de negócios apresentado pelo licitante vencedor serve como parâmetro de aferição do equilíbrio econômico-financeiro do contrato, desde que previamente atestada pelo Tribunal de Contas do Poder Concedente.

A: incorreta. A tarifa depende das condições da proposta, edital e do determinado no contrato, conforme disposto no art. 9º, da Lei 9.784/1999; **B:** incorreta. A cobrança da tarifa, se houver previsão em lei, e não em decreto, poderá ser condicionada à existência de serviço público alternativo e gratuito, conforme disposto no art. 9º, §1º, da Lei 9.784/1999; **C:** correta. Trata-se do disposto no art. 13, da Lei 8.987/1995; **D:** incorreta. Não há previsão legal para essa "taxa interna de retorno", sendo prevista a revisão das cláusulas contratuais para a manutenção do equilíbrio econômico financeiro, apenas (art. 9º, §2º, da Lei 8.987/1995; **E:** incorreta. O mesmo se diz em relação à essa alternativa, ou seja, não há que se falar em "taxa interna de retorno", e sim, de um equilíbrio econômico financeiro, a ser mantido durante toda a vigência do contrato. Gabarito "C".

(Juiz – TJ/SC – FCC – 2017) Ao regular os aspectos remuneratórios do contrato de concessão de serviços públicos a Lei nº 8.987/1995 dispõe que:
(A) se assim estabelecer o edital de licitação, mediante juízo discricionário da Administração concedente, a cobrança de tarifa será condicionada à existência de serviço público alternativo e gratuito para o usuário.
(B) a majoração ou diminuição do imposto de renda, após a apresentação da proposta, implicará a revisão da tarifa, para mais ou para menos, conforme o caso.
(C) o concessionário de serviços públicos poderá explorar projetos associados à concessão, previstos no edital de licitação, com vistas a favorecer a modicidade tarifária.
(D) em vista do princípio da isonomia, não pode haver diferenciação de tarifas com base em segmentação de usuários.
(E) as chamadas fontes alternativas de receita, dada a incerteza na realização das receitas, não são consideradas na aferição do inicial equilíbrio econômico-financeiro do contrato.

A: incorreta. A cobrança de tarifa só será condicionada à existência de serviço alternativo e gratuito ao usuário no caso de expressa previsão em lei, conforme disposto no art. 9º, §1º, da Lei 8.987/1995; **B:** incorreta. O art. 9º, §3º, da Lei 8.987/1995 ressalva (excluindo) os impostos sobre a renda quanto à suas interferências no valor da tarifa e sua revisão; **C:** correta. Trata-se do disposto expressamente no art. 11, da Lei 8.987/1995. **D:** incorreta. O art. 13, da Lei 8.987/1994 admite que haja tratamento diferenciado em razão da segmentação dos usuários. **E:** incorreta. O art. 11, parágrafo único, da Lei 8.987/1995 dispõe que as fontes alternativas "serão obrigatoriamente consideradas para a aferição do inicial equilíbrio econômico-financeiro do contrato.". Gabarito "C".

(Juiz – TJ/RJ – VUNESP – 2016) O acordo firmado entre a Administração Pública e pessoa do setor privado com o objetivo de implantação ou gestão de serviços públicos, com eventual execução de obras ou fornecimento de bens, mediante financiamento do contratado, contraprestação pecuniária do Poder Público e compartilhamento dos riscos e dos ganhos entre os pactuantes, é denominado
(A) termo de fomento.
(B) termo de colaboração.
(C) contrato de parceria público-privada.
(D) contrato de concessão comum.
(E) contrato de gestão.

A: incorreta. O termo de fomento representa o instrumento por meio do qual são formalizadas as parcerias estabelecidas pela administração pública com as Organizações da Sociedade Civil para a consecução de finalidades de interesse público e recíproco propostas pelas Organizações da Sociedade Civil, que envolvam a transferência de recursos financeiros. A assertiva não especifica com quem será celebrada a parceria, por isso o termo de fomento deve ser excluído. **B:** incorreta. Mais uma vez, o Termo de Colaboração só se aplica às OSC (Organizações da Sociedade Civil), regidas pela Lei 13.019/2014, não sendo dada essa informação pela assertiva. **C:** correta. Temos um contrato de concessão patrocinada, ou seja, uma Parceria Público-Privada visando a realização de obra ou prestação de serviços públicos com contraprestação do Poder Público adicionalmente a tarifas dos usuários. **D:** incorreta. Na concessão comum não temos a contraprestação do Poder Público. **E:** incorreta. O contrato de gestão é o previsto no art. 37, § 8º, CF, com a finalidade de fixar metas e desempenho para as Organizações Sociais. Gabarito "C".

(Delegado/AP – 2017 – FCC) Uma autarquia municipal criada para prestação de serviços de abastecimento de água
(A) deve obrigatoriamente ter sido instituída por lei e recebido a titularidade do serviço público em questão, o que autoriza a celebração de contrato de concessão à iniciativa privada ou a contratação de consórcio público para delegação da execução do referido serviço.
(B) integra a estrutura da Administração pública indireta municipal e portanto não se submete a todas as normas que regem a administração pública direta, sendo permitido a flexibilização do regime publicista para fins de viabilizar a aplicação do princípio da eficiência.
(C) submete-se ao regime jurídico de direito privado caso venha a celebrar contrato de concessão de serviço público com a Administração pública municipal, ficando suspensa, durante a vigência da avença, a incidência das normas de direito público, a fim de preservar a igualdade na concorrência.
(D) pode ser criada por decreto, mas a delegação da prestação do serviço público prescinde de prévio ato normativo, podendo a autarquia celebrar licitação para contratação de concessão de serviço público ou prestar o serviço diretamente.
(E) possui personalidade jurídica de direito público, mas quando prestadora de serviço público, seu regime jurídico equipara-se ao das empresas públicas e sociedades de economia mista.

DL 200/1967, art. 5º Para os fins desta lei, considera-se: I – Autarquia – o serviço autônomo, criado por lei, com personalidade jurídica, patrimônio e receita próprios, para executar atividades típicas da Administração Pública, que requeiram, para seu melhor funcionamento, gestão administrativa e financeira descentralizada. Gabarito "A".

(Defensor Público – DPE/RN – 2016 – CESPE) A respeito da prestação de serviço público por concessionárias ou permissionárias, assinale a opção correta.
(A) Ainda que motivada por situação de emergência, ou após aviso prévio, por motivos de ordem técnica ou de segurança das instalações, a interrupção no fornecimento de serviços públicos fere o princípio da continuidade dos serviços públicos.
(B) Tratando-se de obrigação *propter rem*, conforme entendimento do STJ, o corte no fornecimento de serviços públicos essenciais por débitos de usuário anterior é legítimo.
(C) Em nome do princípio da isonomia na prestação dos serviços públicos, é legítimo o corte no fornecimento de serviços públicos essenciais, quando se tratar de unidade prestadora de serviços de interesse público da coletividade.
(D) De acordo com entendimento do STF, é objetiva a responsabilidade das pessoas jurídicas de direito privado prestadoras de serviço público, em se tratando de danos causados a terceiros não usuários desse serviço.
(E) Segundo entendimento jurisprudencial do STJ, é legítimo o corte no fornecimento de serviços públicos essenciais quando o usuário

for inadimplente quanto a débitos vencidos pretéritos, desde que precedido de prévia notificação do usuário.

A: Incorreta, pois o art. 6º, § 3º, da Lei 8.987/1995 dispõe que não se caracteriza descontinuidade do serviço a sua interrupção por motivos de urgência e após aviso prévio; **B:** Incorreta. O STJ entende que se trata de uma obrigação pessoal o de pagar pela prestação desses serviços públicos, e não real ou "propter rem" (AgReg 1382326/SP); **C:** Incorreta. Somente é legítima a interrupção da prestação do serviços nas duas hipóteses do art. 6º, da Lei 8.987/1995 (razões de segurança das instalações ou ordem técnica e por inadimplemento, considerado o interesse da coletividade); **D:** Correta. Esse é um entendimento modificado pelo STF, que igualou os usuários aos não usuários, de forma que se o dano ocorrer contra ambos, a responsabilidade será objetiva do Estado, sendo essa a mais ampla e irrestrita, conforme prevê o art. 37, § 6º, CF (RE 262.651/1 e 591.874/2); **E:** Incorreta. O art. 6º, § 6º, II, da Lei 8.987/1995 exige o interesse da coletividade para que o corte do serviço seja legítimo, mais ainda, não admite a suspensão às pessoas jurídicas e órgãos públicos, conforme se verifica no Ag Reg no Ag Reg 152296/12. **AW**
Gabarito "D".

(Defensor Público – DPE/ES – 2016 – FCC) A Lei Federal 8.987/1995, que dispõe sobre o regime de concessão e permissão da prestação de serviços públicos (...)

(A) obriga as concessionárias de serviços públicos, de direito público e privado, nos Estados e no Distrito Federal, a oferecer ao consumidor e ao usuário, dentro do mês de vencimento, o mínimo de seis datas opcionais para escolherem os dias de vencimento de seus débitos.
(B) não se aplica no âmbito estadual, visto que se trata de lei destinada apenas a regular a concessão e permissão de serviços públicos pela União.
(C) veda a prestação delegada de serviços públicos por pessoas físicas, admitindo seja feita somente por pessoas jurídicas e consórcios de empresas que demonstrem capacidade para seu desempenho, por sua conta e risco.
(D) admite que seja utilizada a modalidade pregão para escolha do delegatário na concessão de serviços públicos, bem como na concessão de serviços públicos precedida da execução de obra pública.
(E) estabelece como única fonte de receitas das concessões e permissões de serviços públicos a tarifa fixada pelo preço da proposta vencedora da licitação e preservada pelas regras de revisão previstas nessa lei, no edital e no contrato.

A: Correta, tendo em vista o art. 7º-A, da Lei 8.987/1995; **B:** Incorreta, pois a Lei 8.987/1995 é norma geral e também se aplica a todos os demais Entes federativos (art. 1º e parágrafo único, da Lei 8.987/1995; **C:** Incorreta, sendo possível à pessoa física ser permissionária de serviços públicos (art. 2º. IV, da Lei 8.987/1995); **D:** Incorreta eis que somente é possível a utilização da modalidade concorrência (art. 2º, II e III, da Lei 8.987/1995); **E:** Incorreta. Há possibilidade de previsão de fontes alternativas e complementares às tarifas, conforme disposto no art. 11, da Lei 8.987/1995. **AW**
Gabarito "A".

(Delegado/PE – 2016 – CESPE) Tendo como referência a legislação aplicável ao regime de concessão e permissão de serviços públicos e às parcerias público-privadas, assinale a opção correta.

(A) De acordo com a Lei 8.987/1995, as permissões de serviço público feitas mediante licitação não podem ser formalizadas por contrato de adesão.
(B) Em relação à parceria público-privada, entende-se por concessão administrativa o contrato de prestação de serviços de que a administração pública seja a usuária direta ou indireta, ainda que envolva execução de obra ou fornecimento e instalação de bens.
(C) As agências reguladoras não podem promover licitações que tenham por objeto a concessão de serviço público do objeto por ela regulado.
(D) É vedada a celebração de contrato de parceria público-privada cujo período de prestação do serviço seja superior a cinco anos.
(E) Por meio da concessão, o poder público delega a prestação de serviço público a concessionário que demonstre capacidade para seu desempenho, sendo esse serviço realizado por conta e risco do poder concedente.

A: incorreta, pois a Lei 8.987/1995 utiliza expressamente a expressão "contrato de adesão" para esse caso (art. 18, XVI); **B:** correta (art. 2º, § 2º, da Lei 11.079/2004); **C:** incorreta, pois essa é uma das principais competências das agências reguladoras, como no exemplo da ANATEL (arts. 19, VI, e 88 da Lei 9.472/1997); **D:** incorreta; é justamente o contrário; uma parceria público-privada só poderá existir se envolver prestação de serviço igual ou superior a cinco anos (art. 2º, § 4º, II, da Lei 11.079/2004); **E:** incorreta, pois o serviço é realizado por conta e risco do concessionário (pessoa jurídica ou consórcio de empresas) e não do poder concedente (art. 2º, II, da Lei 8.987/1995). **WG**
Gabarito "B".

(Analista Jurídico – TCE/PR – 2016 – CESPE) Após prévio e regular certame licitatório, um estado da Federação celebrou contrato de concessão de serviço público. No decorrer da execução do contrato, a administração, após a concessão do direito de ampla defesa, verificou que a empresa concessionária paralisou o serviço contratado sem motivo justificável. Nessa situação hipotética, com respaldo na Lei n.º 8.987/1995, o ente federativo poderá extinguir o contrato mediante o instituto da

(A) rescisão.
(B) reversão.
(C) encampação.
(D) anulação.
(E) caducidade.

A: incorreta, pois no caso incide especificamente o instituto da *caducidade*, nos termos do art. 38, § 1º, III, da Lei 8.987/95; **B:** incorreta, pois a reversão não é propriamente uma hipótese de extinção da concessão, mas, sim, o *efeito* da extinção da concessão consistente no retorno ao poder concedente dos bens utilizados na prestação do serviço público; **C:** incorreta, pois a encampação se dá quando o poder concedente deseja retomar o serviço público por motivo de interesse público (não relacionado a faltas contratuais da concessionária), nos termos do art. 37 da Lei 8.987/95; **D:** incorreta, pois a anulação se dá quando o ato de concessão da licitação é ilegal, o que não acontece no caso trazido no enunciado; **E:** correta (art. 38, § 1º, III, da Lei 8.987/95). **WG**
Gabarito "E".

(Analista Judiciário – TRT/8ª – 2016 – CESPE) A modalidade de extinção da concessão fundada na perda, pela concessionária de serviços públicos, das condições econômicas, técnicas ou operacionais para manter a adequada prestação do serviço concedido denomina-se

(A) encampação.
(B) caducidade.
(C) anulação.
(D) revogação.
(E) rescisão.

A: incorreta, pois a encampação se dá quando o poder concedente deseja retomar o serviço público por motivo de interesse público (não relacionado às faltas contratuais da concessionária), nos termos do art. 37 da Lei 8.987/95; **B:** correta (art. 38, § 1º, IV, da Lei 8.987/95); **C:** incorreta, pois a anulação se dá quando o ato de concessão da licitação é ilegal, o que não acontece no caso trazido no enunciado; **D:** incorreta, pois esse instituto não é aplicado em matéria de concessão de serviço público, sendo que o instituto que mais se aproxima da revogação na concessão é o da encampação (art. 37 da Lei 8.987/95); **E:** incorreta, pois no caso incide especificamente o instituto da caducidade, nos termos do art. 38, § 1º, IV, da Lei 8.987/95. **WG**
Gabarito "B".

(Magistratura/GO – 2015 – FCC) Suponha que em determinada rodovia estadual, objeto de concessão, o reajuste de pedágio, aplicado em conformidade com o regramento estabelecido no contrato de concessão, tenha causado forte insatisfação da população, que passou a exigir do Poder Concedente a revogação do aumento. O Poder Concedente, pretendendo acolher o pleito da população, poderá, com base na legislação que rege a matéria,

(A) retomar o serviço por motivo de interesse público, mediante encampação, condicionada a autorização legislativa específica e após prévio pagamento da indenização prevista legalmente.
(B) reduzir unilateralmente o valor do pedágio, estando a concessionária obrigada a suportar a redução da receita tarifária, por se tratar de fato do príncipe.
(C) retomar a rodovia, mediante declaração de caducidade da concessão, indenizando a concessionária pelos investimentos não amortizados.
(D) decretar a intervenção na concessão, indenizando a concessionária pelos lucros cessantes correspondentes ao prazo restante da concessão.
(E) alterar a equação econômico-financeira do contrato, concedendo subsídio à concessionária para compensar a redução da receita tarifária.

A: correta (art. 37 da Lei 8.987/1995); **B:** incorreta, pois a concessionária tem direito de ver mantido o equilíbrio econômico-financeiro do contrato (art. 9º, § 2º, da Lei 8.987/1995); **C:** incorreta, pois a caducidade é a extinção da concessão pela inexecução do contrato pela concessionária (art. 38, *caput*, da Lei 8.987/1995), o que não aconteceu no caso; **D:** incorreta, pois a intervenção do concedente se dá para garantir a adequação do serviço, o que não é o caso, pois não há elementos no sentido de que o serviço não está sendo prestado corretamente, ensejando medida tão drástica como a intervenção (art. 32 da Lei 8.987/1995); **E:** incorreta, pois esse tipo de medida deveria estar prevista no edital de licitação (art. 11 da Lei 8.987/1995). **WG**
Gabarito "A".

(Juiz de Direito/PA – 2014 – VUNESP) Sobre a concessão de serviços públicos, é correto afirmar que

(A) a responsabilidade do concessionário por prejuízos causados a terceiros será objetiva, nos termos da Constituição Federal.
(B) o concessionário corre os riscos normais do empreendimento, não havendo, nesse caso, direito à manutenção do equilíbrio econômico-financeiro do contrato.
(C) em caso de encampação pelo Poder Público, não poderá o poder concedente incorporar os bens do concessionário que eram necessários ao serviço.

(D) o Poder Público poderá rescindir o contrato por motivo de interesse público, pois são transferidos ao concessionário a execução e a titularidade do serviço.
(E) o usuário não poderá exigir judicialmente o cumprimento da obrigação pelo concessionário.

A: correta (art. 37, § 6º, da CF); **B:** incorreta, pois a Lei 8.987/1995 assegura o direito à manutenção do equilíbrio econômico-financeiro do contrato (art. 9º, §§. 2º e 4º, da Lei 8.987/1995); **C:** incorreta, pois a lei prevê a reversão dos bens ao Poder Público nesse caso (art. 35, § 1º, da Lei 8.987/1995); **D:** incorreta, pois, apesar de caber a extinção do contrato por motivo de interesse público pela chamada encampação (art. 37 da Lei 8.987/1995), o concessionário não recebe a titularidade do serviço público (que fica mantida com o Poder Concedente), mas apenas a execução do serviço; **E:** incorreta, pois os usuários podem sim exigir judicialmente o cumprimento de seus direitos pela concessionária.
Gabarito "A".

(Juiz de Direito/RJ – 2014 – VUNESP) A propósito da concessão de serviços públicos, assinale a alternativa correta.
(A) A concessionária poderá contratar com terceiros o desenvolvimento de atividades inerentes, acessórias ou complementares ao serviço concedido, sendo, entretanto, expressamente vedada a subconcessão do serviço.
(B) Incumbe ao poder concedente zelar pela boa qualidade do serviço, receber, apurar e solucionar queixas e reclamações dos usuários, que serão cientificados, em até trinta dias, das providências tomadas.
(C) A alteração de alíquota do imposto sobre a renda, após a apresentação da proposta de concessão, quando comprovado seu impacto, implicará a revisão da tarifa, para mais ou para menos, conforme o caso.
(D) As disputas decorrentes ou relacionadas ao contrato de concessão não poderão ser resolvidas por meio do emprego de mecanismos privados, devendo ser submetidas ao Poder Judiciário brasileiro.

A: incorreta, a primeira parte do texto está correta (art. 25, § 1º, da Lei 8.987/1995), mas a segunda não, já que a lei admite subconcessão (art. 26 da Lei 8.987/1995); **B:** correta (art. 29, VII, da Lei 8.987/1995); **C:** incorreta (art. 9º, § 3º, da Lei 8.987/1995); **D:** incorreta (art. 23-A da Lei 8.987/1995).
Gabarito "B".

11.4. PARCERIAS PÚBLICO-PRIVADAS (PPP)

(Procurador do Estado – PGE/RS – Fundatec – 2015) Sobre as parcerias público-privadas, assinale a alternativa INCORRETA.
(A) A concessão patrocinada é uma concessão de serviços públicos e/ou obras públicas em que, adicionalmente à tarifa cobrada dos usuários, há uma contraprestação pecuniária do parceiro público ao parceiro privado.
(B) As concessões administrativas regem-se pela Lei nº 11.079/04, aplicando-se-lhes, adicionalmente, todas as disposições da Lei nº 8.987/95.
(C) Os contratos de parceria público-privada têm como uma de suas características a repartição objetiva dos riscos entre as partes.
(D) Os contratos de parceria público-privada têm prazo de vigência não inferior a 5 (cinco) anos e não superior a 35 (trinta e cinco) anos, incluindo eventual prorrogação.
(E) O Fundo Garantidor das Parcerias Público- Privadas tem natureza privada, sendo penhoráveis os bens de seu patrimônio.

A: incorreta. Trata-se do disposto no art. 2º, § 1º, da Lei 11.079/2004; **B:** incorreta. As concessões administrativas regem-se pelas Lei 11.079/2004, mas a lei geral 8.987/1995 apenas se aplica subsidiariamente; **C:** correta. Trata-se de um dos objetivos das Parcerias Público-Privadas disposto no art. 4º, VI, da Lei 11.079/2004; **D:** correta. Há previsão expressa nesse sentido no art. 5º, I, da Lei 11.079/04. E. Correta, tendo em vista o disposto no art.16, §5º, da Lei 11079/04.
Gabarito "B".

(Procurador do Estado – PGE/PA – UEPA – 2015) Acerca da Parceria Público-Privada no âmbito da Administração Pública, é correto afirmar que:
(A) a parceria público-privada é o contrato administrativo de permissão, na modalidade patrocinada ou administrativa.
(B) é vedada a celebração de contrato de parceria público-privada cujo período de prestação de serviço seja superior a 5 (cinco) anos.
(C) não será necessário observar na contratação da parceria público-privada a repartição objetiva de riscos entre as partes contratantes.
(D) a disponibilização do serviço objeto do contrato de Parceria público-privada não será obrigatoriamente precedida da contraprestação da Administração Pública.
(E) as obrigações pecuniárias contraídas pela Administração Pública em contrato de parceria público-privada poderão ser garantidas mediante a contratação de seguro-garantia com as companhias seguradoras que não sejam controladas pelo Poder Público.

A: incorreta. A Parceria Público-Privada é contrato de concessão (art. 2º, da Lei 11.079/2004), podendo ser concessão administrativa ou patrocinada; **B:** incorreta. O que é vedado é o contrato inferior a 5 anos (art. 2º, § 4º, II, da Lei 11.079/2004); **C:** incorreta. A Parceria Público-Privada pressupõe a repartição objetiva de riscos entre as partes (art. 4º, VI, da Lei 11.079/2004); **D:** incorreta. A contraprestação é precedida da disponibilização dos serviços, conforme disposto no art. 7º, da Lei 11.079/2005; **E:** correta. Trata-se do disposto no art. 8º, III, da Lei 11.079/2005.
A resposta correta é a letra E, mas a questão foi anulada pela Banca.
Gabarito "ANULADA".

(Procurador – PGFN – ESAF – 2015) Acerca das parcerias público privadas, assinale a opção correta.
(A) A transferência do controle da sociedade de propósito específico independe da autorização da Administração Pública.
(B) A contratação das parcerias público privadas será sempre precedida de licitação na modalidade de concorrência, conforme regulado pela Lei n.11.079/2004.
(C) É obrigatória a existência de cláusula editalícia que contemple a previsão de garantias da contraprestação do parceiro público a serem concedidas ao parceiro privado.
(D) Assim como ocorre para os contratos administrativos em geral, nas parcerias público privadas os autores ou responsáveis economicamente pelos projetos básico ou executivo não podem participar, direta ou indiretamente, da licitação ou da execução de obras ou serviços.
(E) Nas parcerias público privadas firmadas no âmbito da União, é o órgão gestor das parcerias público privadas federais quem realiza as respectivas licitações.

A: incorreta. Depende de autorização da Administração Pública a transferência do controle da Sociedade de Propósito Específico (art. 9º, § 1º, da Lei 11.079/2004; **B:** correta. Trata-se do disposto no art. 1º, da Lei 11.079/2004; **C:** incorreta. Essa cláusula é contratual, sendo própria do conceito das Parcerias essa contraprestação; **D:** incorreta. Não existe essa vedação na Lei das PPPs, que é própria da Lei de Licitações; **E:** incorreta. São os respectivos Ministério e Agências Reguladoras da área da PPP que realizam as licitações (art. 15, da Lei 11079/04).
Gabarito "B".

(Procurador do Estado – PGE/RN – FCC – 2014) Determinado Estado da Federação pretende licitar a construção e a gestão de uma unidade prisional feminina, a primeira a ser edificada com essa finalidade específica, o que motivou a preocupação com o atingimento dos padrões internacionais de segurança e ressocialização. Assim, a modelagem idealizada foi uma concessão administrativa, na qual alguns serviços seriam prestados pelo parceiro privado. A propósito desse modelo e dos serviços objeto de delegação:
(A) não é adequado, tendo em vista que somente seria possível lançar mão de uma parceria público-privada na hipótese da totalidade dos serviços abrangidos pela unidade poder ser delegada ao particular, somente sendo possível promover a contratação de obra pública com base na Lei nº 8.666/1993.
(B) é possível contratar a edificação da unidade prisional, mas o modelo de concessão administrativa não é adequado, na medida em que não há serviços públicos a serem delegados.
(C) pode ser adequado o modelo proposto, partindo da premissa de que são delegáveis os ciclos de consentimento e fiscalização do poder de polícia, reservando-se ao poder concedente as atividades pertinentes ao ciclo de imposição de ordem ou normatização e ao ciclo de sancionamento.
(D) é adequado o modelo proposto, considerando que alguns ciclos do poder de polícia são delegáveis, à exceção do ciclo normativo, não se adequando, contudo, o conceito da concessão administrativa, que pressupõe retribuição financeira pelo usuário do serviço, o que inexiste no presente caso.
(E) é adequado o modelo proposto, caso parte dos serviços públicos seja remunerada à proporção do número de detentas usuárias do serviço, bem como se a delegação pretendida se restringir às atividades de sancionamento.

A: incorreta. O modelo de parceria é adequado, sendo o Poder Público o único usuário do serviço, no caso de uma concessão administrativa (art. 2º, § 2º, da Lei 11.079/2004); **B:** incorreta. Há serviço público a ser delegado, qual seja, a construção e gestão da unidade prisional; **C:** c1orreta. O modelo é adequado, sendo apenas indelegáveis os atos de polícia em si, quais sejam, os de aplicação de penas e edição de normas disciplinadoras desse serviço; **D:** incorreta. Trata-se de concessão administrativa (art. 2º, § 2º, da Lei 11.079/2004), eis que o Poder Público é o único usuário do serviço; **E:** incorreta. O sancionamento não pode ser delegado, porque o poder de polícia é indelegável, salvo quanto aos atos executórios, sendo também hipótese de concessão administrativa, conforme explicado na alternativa "A".
Gabarito "C".

(Procurador do Estado – PGE/RN – FCC – 2014) A União pretende apoiar Estados e Municípios em projetos de mobilidade urbana, em especial expansão e modernização de transportes sobre trilhos. Nesse sentido, como forma de alavancar os investimentos necessários, pretende fomentar a utilização de Parcerias Público-Privadas, eis que:

(A) propiciam a construção da infraestrutura e a prestação de serviços aos usuários, que podem ser contratados em conjunto ou separadamente, no primeiro caso mediante concessão administrativa e no segundo, mediante concessão patrocinada.
(B) as despesas decorrentes dessa modalidade contratual não impactam o limite de endividamento público e permitem o comprometimento anual da receita corrente líquida, observado o limite de 10%.
(C) tais contratos, quando celebrados na modalidade concessão administrativa, permitem a complementação dos pagamentos públicos com a receita tarifária obtida pelo concessionário mediante a prestação de serviços ao usuário.
(D) a Administração contratante apenas efetua o pagamento da contraprestação pecuniária relativa à parcela fruível dos serviços objeto do contrato, após sua efetiva disponibilização.
(E) viabilizam a utilização da capacidade de financiamento do setor privado para a construção de obras de grande vulto, mediante o oferecimento de garantias de pagamento pelo Poder Público, incidente sobre a arrecadação de impostos.

A: incorreta. Tanto a infraestrutura quanto a prestação dos serviços devem ser contratados pela mesma modalidade de Parceria Público-Privada, não havendo como adotar uma para cada hipótese do mesmo contrato administrativo; **B:** incorreta. O art. 22, da Lei 11.079/2004 dispõe que o limite para comprometimento anual das despesas correntes líquidas é de 1%, e não de 10%, como consta da alternativa; **C:** incorreta. Não há complementação dos pagamentos públicos no caso de parceria sob modalidade de concessão administrativa, eis que o Poder Público é o único usuário do serviço; **D:** correta. Trata-se do art. 7º, da Lei 11.079/2004; **E:** incorreta. As garantias não incidem sobre a arrecadação de impostos, e, sim, das receitas, conforme disposto no art. 8º, I, da Lei 11.079/2004. Gabarito "D".

(Juiz – TRF 2ª Região – 2017) A Lei nº 13.334, de 13.09.16, cria o Programa de Parceria de Investimentos, visando a ampliar e fortalecer a interação entre o Estado e a iniciativa privada, com medidas de desestatização. Analise as proposições e, depois, marque a opção correta:

I. O Programa de Parceria de Investimentos se limita às concessões patrocinada e administrativa;
II. O Programa de Parceria de Investimentos cria dever para os órgãos, entidades e autoridades estatais envolvidas no empreendimento de atuar em conjunto e em caráter prioritário para promover todos os atos e processos administrativos necessários à sua estruturação, liberação e execução;
III. O Programa de Parceria de Investimentos não pode ser aplicado aos empreendimentos empresariais privados;
IV. O Programa de Parceria de Investimentos obriga que as licitações para escolha dos futuros parceiros sejam internacionais, com o fim de atrair novos operadores econômicos para o setor de infraestrutura brasileiro;
V. O Programa de Parceria de Investimentos tem, dentre outros objetivos, assegurar a estabilidade e a segurança jurídica, com a garantia da mínima intervenção nos negócios e investimentos;

(A) Estão corretas apenas as assertivas II e III.
(B) Estão corretas apenas as assertivas I e IV.
(C) Estão corretas apenas as assertivas III e V.
(D) Estão corretas apenas as assertivas II e V.
(E) Estão corretas apenas as assertivas I e II.

A: incorreta. A assertiva III está incorreta, conforme disposto no art. 21, da Lei 13.334/2016, eis que permite a aplicação aos empreendimentos privados; **B:** incorreta. As assertivas I e IV estão incorretas. Art. 1º § 2º (Lei 13.334/2016): Para os fins desta Lei, consideram-se contratos de parceria a concessão comum, a concessão patrocinada, a concessão administrativa, a concessão regida por legislação setorial, a permissão de serviço público, o arrendamento de bem público, a concessão de direito real e os outros negócios público-privados que, em função de seu caráter estratégico e de sua complexidade, especificidade, volume de investimentos, longo prazo, riscos ou incertezas envolvidos, adotem estrutura jurídica semelhante. A assertiva IV também é incorreta, eis que não há previsão legal para atração de novos parceiros internacionais; **C:** incorreta. A assertiva III está incorreta, conforme disposto no art. 21, da Lei 13.334/2016, eis que permite a aplicação aos empreendimentos privados; **D:** correta. A assertiva II está correta, tendo em vista o disposto no art. 17. (Lei 13.334/2016): "Os órgãos, entidades e autoridades estatais, inclusive as autônomas e independentes, da União, dos Estados, do Distrito Federal e dos Municípios, com competências de cujo exercício dependa a viabilização de empreendimento do PPI, têm o dever de atuar, em conjunto e com eficiência, para que sejam concluídos, de forma uniforme, econômica e em prazo compatível com o caráter prioritário nacional do empreendimento, todos os processos e atos administrativos necessários à sua estruturação, liberação e execução.". Assim como a assertiva V, conforme disposto no art. 2º, da Lei 13.334/2016, que assim dispõe: "São objetivos do PPI: IV – assegurar a estabilidade e a segurança jurídica, com a garantia da mínima intervenção nos negócios e investimentos."; **E:** incorreta. Conforme explicado acima, as duas assertivas se encontram incorretas. Gabarito "D".

(Juiz – TRF 2ª Região – 2017) Sobre o equilíbrio econômico-financeiro das concessões comuns, patrocinadas e administrativas reguladas nas Leis nº 8.987/1995 e n° 11.079/04, é correto afirmar que:

(A) A tarifa do serviço público deve ser fixada pelo Poder Concedente no edital, com o objetivo de viabilizar a sua modicidade e universalização do serviço.
(B) A cobrança da tarifa, desde que fixada em Decreto, pode ser condicionada à existência de serviço público alternativo e gratuito para o usuário.
(C) As tarifas poderão ser diferenciadas em razão das características técnicas e dos custos específicos provenientes do atendimento aos distintos segmentos de usuários.
(D) A taxa interna de retorno prevista no plano de negócios apresentado pelo licitante vencedor deve ser assegurada anualmente como único mecanismo de manutenção do equilíbrio econômico-financeiro do contrato.
(E) A taxa interna de retorno prevista no plano de negócios apresentado pelo licitante vencedor serve como parâmetro de aferição do equilíbrio econômico-financeiro do contrato, desde que previamente atestada pelo Tribunal de Contas do Poder Concedente.

A: incorreta. A tarifa depende das condições da proposta, edital e do determinado no contrato, conforme disposto no art. 9º, da Lei 9.784/1999; **B:** incorreta. A cobrança da tarifa, se houver previsão em lei, e não em decreto, poderá ser condicionada à existência de serviço público alternativo e gratuito, conforme disposto no art. 9º, §1º, da Lei 9.784/1999; **C:** correta. Trata-se do disposto no art. 13, da Lei 8.987/1995; **D:** incorreta. Não há previsão legal para essa "taxa interna de retorno", sendo prevista a revisão das cláusulas contratuais para a manutenção do equilíbrio econômico financeiro, apenas (art. 9º, §2º, da Lei 8.987/1995); **E:** incorreta. O mesmo se diz em relação à essa alternativa, ou seja, não há que se falar em "taxa interna de retorno", e, sim, de um equilíbrio econômico financeiro, a ser mantido durante toda a vigência do contrato. Gabarito "C".

(Juiz – TRF 3ª Região – 2016) Dadas as assertivas abaixo, assinale a alternativa correta no que concerne à contratação de parceria público-privada no âmbito da administração pública.

I. Concessão patrocinada é o contrato de prestação de serviços de que a Administração Pública seja a usuária direta ou indireta, ainda que envolva execução de obra ou fornecimento e instalação de bens.
II. Concessão administrativa é a concessão de serviços públicos ou de obras públicas de que trata a Lei nº 8.987, de 13 de fevereiro de 1995, quando envolver, adicionalmente à tarifa cobrada dos usuários contraprestação pecuniária do parceiro público ao parceiro privado.
III. As cláusulas dos contratos de parceria público-privada deverão prever, dentre outros, o prazo de vigência do contrato, compatível com a amortização dos investimentos realizados, não inferior a 5 (cinco), nem superior a 35 (trinta e cinco) anos, incluindo eventual prorrogação.

Estão corretas:
(A) I, II e III.
(B) Apenas I.
(C) Apenas II.
(D) Apenas III.

A: incorreta. Na concessão patrocinada o poder público não é usuário do serviço, e sim o particular (art. 2º, §1º, da Lei 11.079/2004, estando incorreto o item I. Quanto ao item II, também há erro, pois não há cobrança de tarifas dos usuários, eis que o usuário é o próprio poder público (art. 2º, §1º, da Lei 11.079/2004); **B:** incorreta. A assertiva I contém erro, conforme explicado acima; **C:** incorreta. A assertiva II também contém erro, conforme explicado na letra "A"; **D:** correta. A assertiva III está correta. Trata-se do disposto no art. 5º da Lei 11.079/2004, que assim dispõe: " As cláusulas dos contratos de parceria público-privada atenderão ao disposto no art. 23 da Lei nº 8.987, de 13 de fevereiro de 1995, no que couber, devendo também prever: I – o prazo de vigência do contrato, compatível com a amortização dos investimentos realizados, não inferior a 5 (cinco), nem superior a 35 (trinta e cinco) anos, incluindo eventual prorrogação". Gabarito "D".

(Juiz – TJ/SP – VUNESP – 2015) Quanto às parcerias público-privadas em sentido estrito, é correto afirmar que

(A) é vedado que numa PPP o particular receba recursos públicos a qualquer título que não seja o de financiamento por instituição financeira, antes de iniciar a prestação dos serviços objeto da PPP.
(B) a contratação de parcerias público-privadas será precedida de licitação devendo o contrato ser adjudicado à empresa ou ao consórcio de empresas que se sagrou vencedor do certame, vedado que o objeto da parceria seja cometido a pessoa jurídica distinta dos adjudicatários.

(C) se inclui entre as cláusulas necessárias dos contratos de PPP a que contenha as penalidades aplicáveis à Administração Pública.
(D) elas só podem ter por objeto a prestação de serviços públicos divisíveis de que a Administração seja usuária direta ou indireta, ainda que envolva a execução de obra.

A: incorreta. O art. 10, IV, da Lei 11.079/2004 determina como requisito a estimativa do recebimento de recursos públicos para a execução do contrato de parceria. **B:** incorreta. O vencedor pode ser inabilitado, eis que a fase de habilitação é posterior a de julgamento (inversão das fases) e por isso, mesmo ele sendo vencedor, é possível ao Poder Público ter que adjudicar o objeto ao segundo ou terceiro colados, até chegar-se a um que tenha condições de boa proposta e habilitação, conforme disposto no art. 13 da Lei 11.079/2004. **C:** correta. Trata-se de exigência constante do art. 5º, II, da Lei 11.079/1950. **D:** incorreta. O objeto do contrato de parceria pode ser serviço ou obra, não havendo especificação quanto a esses. **Gabarito "C".**

(Promotor de Justiça – MPE/MS – FAPEC – 2015) É **correto** afirmar que constitui característica própria das parcerias público privadas:
(A) A possibilidade de dispensa de licitação.
(B) A celebração de contrato por prazo indeterminado.
(C) Ausência de compartilhamento de risco do parceiro público com o parceiro privado.
(D) No procedimento licitatório instaurado para selecionar o parceiro privado, o julgamento das propostas poderá anteceder à habilitação, além de se prever a possibilidade de oferecimento de lances em viva voz.
(E) É dispensável a criação de uma "sociedade de propósito específico".

A: Incorreta. Porém, o art. 24, XXXIV, da Lei 8.666/1993 assim dispõe : "... em parcerias que envolvam transferência de tecnologia de produtos estratégicos para o Sistema Único de Saúde – SUS, nos termos do inciso XXXII deste artigo, e que tenha sido criada para esse fim específico em data anterior à vigência desta Lei, desde que o preço contratado seja compatível com o praticado no mercado". Desta forma, as Parcerias Público-Privadas podem, sim, ser objeto de licitação dispensável. **B:** Incorreta. As Parcerias Público-Privadas são modalidades de concessão, sendo contratos administrativos e, por isso, sempre celebrados por prazo determinado (art.5º da Lei 11.079/2004). **C:** Incorreta. É pressuposto de uma Parceria a divisão de riscos entre os parceiros público e o privado, conforme dispõe o art. 4º, VI, da Lei 11.079/2004. **D:** Correta. Trata-se do disposto no art. 13 da Lei 11.079/2004, que prevê essa possibilidade de inversão das fases de habilitação e julgamento e de lances orais, assim como proclamação do resultado oralmente. **E:** Incorreta. A Sociedade de Propósito Específico é constituída para gerir a Parceria Público-Privada, sendo obrigatória (art. 9º da Lei 11.079/2004). **Gabarito "D".**

(Magistratura/SC – 2015 – FCC) Um estado, aplicando a Lei 11.079/2004 (conhecida como lei das parcerias público-privadas), pretende publicar edital de pregão para a celebração de contrato de concessão administrativa, a vigorar por 10 anos, renováveis por igual período, tendo por objeto a execução de obra pública consistente na nova sede administrativa para o governo. Considerando apenas esses elementos do edital, bem como o regime traçado pela referida lei para as concessões administrativas, um procurador do estado emitiu parecer apontando ilegalidade no tocante aos seguintes elementos:
I. aplicação, pelo estado, da Lei 11.079/2004.
II. modalidade de licitação escolhida.
III. prazo do futuro contrato.
IV. objeto do futuro contrato.
Tem razão o procurador no tocante ao que afirmou em
(A) I e IV, apenas.
(B) I, II, III e IV.
(C) II e IV, apenas.
(D) I e III, apenas.
(E) II e III, apenas.

I: incorreta, pois não tem razão o procurador, já que caberia sim a concessão administrativa no caso, aplicando-se a Lei 11.079/2004, já que se tem prazo não inferior a 5 anos, certamente se tem um contrato com valor não inferior R$ 20 milhões (já que se trata da sede administrativa de um governo estadual, que se presume de enorme porte) e não há tarifas dos usuários, de modo que a concessão administrativa é adequada (art. 2º, §§. 2º e 4º, da Lei 11.079/2004); **II:** correta, pois tem razão o procurador, já que, numa PPP, a modalidade licitatória é a concorrência (art. 10, caput, da Lei 11.079/2004); **III:** incorreta, pois não tem razão o procurador, já que uma PPP não pode ter prazo inferior a 5 anos (art. 2º, § 4º, II, da Lei 11.079/2004); **IV:** correta, pois o procurador tem razão no sentido que o objeto de uma PPP não pode ser só a construção de uma obra pública (art. 2º, § 4º, III, da Lei 11.079/2004), sendo certo que caberia a PPP se o objeto do futuro contrato envolvesse também a gestão dos prédios construídos. **Gabarito "C".**

(Procurador do Estado/PR – 2015 – PUC-PR) Sobre as parcerias público-privadas (Lei 11.079/2004 – Lei de PPP), é **CORRETO** afirmar que:
(A) São contratos de parcerias público-privadas as concessões patrocinadas, as concessões administrativas e as concessões comuns.
(B) A elaboração do projeto executivo pode ser delegada ao parceiro privado, mas não a do projeto básico, que deve integrar o instrumento convocatório da licitação.
(C) O aporte de recursos do parceiro público para o parceiro privado exige a prévia execução das obras, a respectiva medição e o início da prestação do serviço.
(D) A concessão administrativa é o contrato de concessão de serviços públicos ou de obras públicas quando envolver, adicionalmente à tarifa cobrada dos usuários, a contraprestação pecuniária do parceiro público ao parceiro privado.
(E) A obrigação de constituir sociedade de propósito específico para implantar e gerir o objeto da parceria público-privada tem como fonte a Lei de PPP.

A: incorreta, pois somente as duas primeiras são parcerias público privadas (art. 2º, caput, da Lei 11.079/2004); as concessões comuns são reguladas pela Lei 8.987/1995 e são destinadas aos casos em que as tarifas pagas pelos usuários do serviço são suficientes para remunerar a empresa concessionária; **B:** incorreta; as disposições da Lei 8.987/1995 aplicam-se no que couber às parcerias público-privadas, sendo que, dentre as disposições previstas na primeira lei está a que permite que o edital de licitação para uma concessão traga apenas "elementos" para a construção de um projeto básico pelo concessionário; assim, é incorreto dizer que apenas o projeto executivo pode ser delegado para o parceiro privado numa PPP, pois o projeto básico também pode ser delegado, desde que se obedeça aos elementos mínimos previstos no edital de licitação; **C:** incorreta, pois a Lei 11.079/2004 prevê que possa haver aportes do parceiro público ao parceiro privado na fase de investimentos do projeto (art. 5º, XI); **D:** incorreta, pois essa definição é de concessão patrocinada (art. 2º, § 1º, da Lei 11.079/2004)) e não de concessão administrativa; **E:** correta (art. 9º da Lei 11.079/2004). **Gabarito "E".**

(Delegado/SP – 2014 – VUNESP) O prefeito de determinada cidade elabora projeto de celebração de uma parceria público-privada, que tem (i) valor de contrato equivalente a quinze milhões de reais; por um (ii) prazo de cinco anos; tendo por (iii) objeto único da prestação a execução de obra pública. De acordo com a Lei de Parceria Público-Privada (Lei 11.079/2004), o projeto
(A) pode ser levado adiante, desde que seja aumentado o prazo de prestação para seis anos, estando corretos os demais parâmetros.
(B) pode ser levado adiante, desde que o objeto único desse contrato possa ser modificado para "fornecimento de mão de obra", pois os demais parâmetros estão corretos para o tipo de contratação almejada.
(C) não pode vingar, pois o valor do contrato não atinge ao mínimo permitido, e a finalidade "execução de obra pública" também é vedada para esse tipo de contratação.
(D) não pode vingar, pois a despeito de as demais condições dele estarem adequadas, o valor da obra é inferior ao mínimo estabelecido na Lei para esse tipo de contratação.
(E) pode ser levado adiante, pois todas as condições se encontram dentro dos parâmetros legais de observação obrigatória para esse tipo de contratação.

A: incorreta, pois a PPP não pode ser inferior a 5 anos, mas se a parceria for igual ou superior a 5 anos haverá cumprimento do requisito trazido no art. 2º, § 4º, II, da Lei 11.079/2004; **B:** incorreta, pois é vedada a celebração de PPP para parcerias de valor inferior a R$ 20 milhões (art. 2º, § 4º, I, da Lei 11.079/2004), lembrando que também não incide o regime da PPP na parceria que tenha como objeto único o fornecimento de mão de obra, o fornecimento e instalação de equipamentos ou a execução de obra pública (art. 2º, § 4º, III, da Lei 11.079/2004); **C:** correta (art. 2º, § 4º, I e III, da Lei 11.079/2004); **D** e **E:** incorretas, pois, como se viu, há problema também no valor da parceria e no seu objeto. **Gabarito "C".**

12. PROCESSO ADMINISTRATIVO

(Escrevente – TJ/SP – 2018 – VUNESP) De acordo com a Lei no 10.261/1968, no que concerne aos recursos no processo administrativo, é correta a seguinte afirmação:
(A) Não cabe pedido de reconsideração de decisão tomada pelo Governador do Estado em única instância.
(B) O recurso será apresentado ao superior hierárquico da autoridade que aplicou a pena, que, em 15 (quinze) dias, de forma motivada, deve manter a decisão ou reformá-la.
(C) Os recursos não têm efeito suspensivo; e os que forem providos darão lugar às retificações necessárias, retroagindo seus efeitos à data do ato punitivo.
(D) O prazo para recorrer é de 15 (quinze) dias, contados da publicação da decisão impugnada no Diário Oficial do Estado ou da intimação do procurador do servidor, se for o caso.
(E) O recurso não poderá ser apreciado pela autoridade competente se incorretamente denominado ou endereçado.

A: incorreta. Art. 313 da Lei 10.261/1968; **B:** incorreta. O recurso será sempre dirigido à autoridade que aplicou a pena – art. 312 § 3º da Lei 10.261/1968; **C:** correta. Art. 314 da Lei 10.261/1968; **D:** incorreta. O prazo é de 30 dias, contados da publicação da decisão impugnada no Diário Oficial do Estado ou da intimação do procurador do servidor, se for o caso; **E:** incorreta. O recurso será apreciado pela autoridade competente ainda que incorretamente denominado ou endereçado – art. 312, § 5º da Lei 10.261/1968. FB
Gabarito "C".

(Procurador do Estado/SP – 2018 – VUNESP) Oito anos após a publicação da decisão em processo administrativo de caráter ampliativo de direitos, o Poder Público estadual identificou, de ofício, vício procedimental do qual não decorreu prejuízo às partes envolvidas, nem a terceiros de boa-fé. Deverá a autoridade competente, observadas as disposições da Lei Estadual nº 10.177/98 (Lei de Processo Administrativo do Estado de São Paulo),

(A) revogar, motivadamente, o ato viciado, com efeito ex nunc, regulando-se as relações jurídicas produzidas durante a vigência do ato.
(B) ajuizar ação declaratória de nulidade do ato administrativo, eis que ultrapassado o prazo decadencial quinquenal aplicável ao caso para exercício do poder de autotutela.
(C) convalidar, motivadamente, o ato viciado que não causou prejuízo à Administração ou a terceiros, tampouco foi objeto de impugnação.
(D) assegurando ampla defesa e contraditório aos particulares interessados, proceder à anulação do ato viciado, em respeito ao princípio da legalidade, sendo certo que o ato de anulação deverá produzir efeitos ex nunc.
(E) assegurando ampla defesa e contraditório dos particulares interessados, declarar nulo o ato viciado, em respeito aos princípios da juridicidade, impessoalidade e moralidade, sendo certo que o ato declaratório produzirá efeitos ex tunc.

Uma vez que o prazo de oito anos ainda não inviabilizou a convalidação (que deve ocorrer em até 10 anos), estabelece o art. 11 da Lei 10.177/1998 que: "a Administração poderá convalidar seus atos inválidos, quando a invalidade decorrer de vício de competência ou de ordem formal, desde que: I – na hipótese de vício de competência, a convalidação seja feita pela autoridade titulada para a prática do ato, e não se trate de competência indelegável; II – na hipótese de vício formal, este possa ser suprido de modo eficaz. § 1º – Não será admitida a convalidação quando dela resultar prejuízo à Administração ou a terceiros ou quando se tratar de ato impugnado. §.º – A convalidação será sempre formalizada por ato motivado". FB
Gabarito "C".

(Juiz – TJ-SC – FCC – 2017) Acerca dos prazos prescricionais em matérias referentes à atividade administrativa, segundo a jurisprudência dominante do:
(A) STJ, é aplicável o prazo constante do Decreto nº 20.910/32 para que autarquia concessionária de serviços públicos ajuíze execução fiscal visando a cobrança de débitos decorrentes do inadimplemento de tarifas.
(B) STF, as ações de reparação de danos decorrentes de acidente de trânsito, cometido em prejuízo do patrimônio da Administração Pública, são imprescritíveis.
(C) STJ, no tocante à ação para pleitear danos morais decorrentes de prática de tortura ocorrida durante o regime militar, deve-se adotar a prescrição vintenária, sendo o termo inicial a vigência da Constituição Federal de 1988.
(D) STF, considera-se prescrito o *jus puniendi* no caso de transcurso do prazo legal assinalado para conclusão procedimento de processo administrativo disciplinar.
(E) STJ, aplica-se o prazo prescricional estabelecido no Código Civil para as ações de repetição de indébito referentes a tarifas cobradas por empresas concessionárias de serviços públicos.

A: incorreta. No caso das concessionárias de serviços públicos, o prazo prescricional a ser seguido é o previsto pelo Código Civil, sendo uma empresa particular, sem privilégios tributários, financeiros e processuais; **B:** incorreta. No Recurso Extraordinário (RE) 669069, o STF decidiu que há prescrição em danos à Fazenda Pública decorrentes de ilícito civil. A imprescritibilidade só incide no caso de danos ao erário causado por improbidade administrativa. **C:** incorreta. O STJ decidiu serem imprescritíveis as ações dessa natureza, eis que se tratam de violação de um direito fundamental, conforme se verifica do seguinte julgado: ADMINISTRATIVO E PROCESSUAL CIVIL. RECURSO ESPECIAL. ANISTIADO POLÍTICO. OFENSA AO ART. 535 DO CPC. INOCORRÊNCIA. RESPONSABILIDADE CIVIL DO ESTADO. PERSEGUIÇÃO POLÍTICA OCORRIDA DURANTE O REGIME MILITAR INSTAURADO EM 1964. PRAZO PRESCRICIONAL. INAPLICABILIDADE DO ART. 1º DO DECRETO 20.910/32. VIOLAÇÃO DE DIREITOS HUMANOS FUNDAMENTAIS. IMPRESCRITIBILIDADE. PRECEDENTES. ART. 16 DA LEI Nº 10.559/02. REPARAÇÃO ECONÔMICA NO ÂMBITO ADMINISTRATIVO QUE NÃO INIBE A REIVINDICAÇÃO DE DANOS MORAIS PELO ANISTIADO NA VIA JUDICIAL. JUROS E CORREÇÃO INCIDENTES SOBRE O VALOR DA CONDENAÇÃO. APLICABILIDADE DO ART. 1º- F DA LEI Nº 9.494/97 COM A REDAÇÃO DADA PELA LEI Nº 11.960/09. RECURSO DA UNIÃO PARCIALMENTE ACOLHIDO.
1. Não ocorre ofensa ao art. 535 do CPC, quando a Corte de origem dirime, fundamentadamente, as questões que lhe são submetidas, apreciando integralmente a controvérsia posta nos autos

2. Conforme jurisprudência do STJ, "a prescrição quinquenal, disposta no art. 1º do Decreto 20.910/1932, não se aplica aos danos decorrentes de violação de direitos fundamentais, os quais são imprescritíveis, principalmente quando ocorreram durante o Regime Militar, época em que os jurisdicionados não podiam deduzir a contento suas pretensões" (AgRg no AREsp 302.979/PR, Rel. Ministro Castro Meira, Segunda Turma, DJe 5/6/2013).
3. Mesmo tendo conquistado na via administrativa a reparação econômica de que trata a Lei nº 10.559/02, e nada obstante a pontual restrição posta em seu art. 16 (dirigida, antes e unicamente, à Administração e não à Jurisdição), inexistirá óbice a que o anistiado, embora com base no mesmo episódio político mas porque simultaneamente lesivo à sua personalidade, possa reivindicar e alcançar, na esfera judicial, a condenação da União também à compensação pecuniária por danos morais.
4. Nas hipóteses de condenação imposta à Fazenda Pública, como regra geral, a atualização monetária e a compensação da mora devem observar os critérios previstos no art. 1º-F da Lei n.º 9.494/97, com a redação dada pela Lei n.º 11.960/09. Acolhimento, nesse específico ponto, da insurgência da União.
5. Recurso especial a que se dá parcial provimento.
(REsp 1485260/PR, Rel. Min. Sérgio Kukina, 1ª T., j. 05.04.2016, DJe 19.04.2016)
D: incorreta. A Jurisprudência dominante é no sentido de não haver nulidade do procedimento por descumprimento do prazo para termino da sindicância, conforme se verifica a seguir:
MANDADO DE SEGURANÇA – Servidor Público -Impetração objetivando a anulação de pena de demissão -Segurança concedida – Inadmissibilidade – Portaria que lastreou a penalidade com base nos fatos contidos nos autos que apurou a infração – **Extrapolação do prazo para conclusão da sindicância** e do processo administrativo que não conduz à nulidade dos procedimentos – Precedentes do Superior Tribunal de Justiça e desta Corte -Manutenção da penalidade aplicada ao servidor – Recurso provido.
E: correta. Tratando-se de uma concessionária de serviços públicos, empresa particular, que segue as regras de direito privado, não há que se falar em prazos privilegiados ou diferenciados, próprio das empresas estatais. Esse entendimento se confirma com a súmula 412 do STJ. AW
Gabarito "E".

(Juiz – TRF 2ª Região – 2017) Analise as assertivas e, ao final, marque a opção correta.
I. No recurso administrativo, a *reformatio in pejus* é inconstitucional, por violar o princípio da especialidade e da segregação das funções;
II. Das decisões administrativas cabe recurso, em regra, apenas nos aspectos que se referem à legalidade do decidido, e a admissibilidade de que o recurso reveja o mérito (conveniência e oportunidade) depende de explícita previsão legal, pena de afronta à competência dos agentes públicos, previamente definida em lei;
III. É inconstitucional a exigência de depósito em dinheiro, ou arrolamento de bem, para admissibilidade de recurso administrativo; é admissível, porém, a exigência de fiança ou outra caução.
(A) Apenas a assertiva II está correta.
(B) Todas as assertivas são erradas.
(C) Apenas a assertiva III é correta.
(D) Apenas as assertivas I e III são corretas.
(E) Todas as assertivas são corretas.

A: incorreta. A assertiva II é incorreta, pois os recursos administrativos admitem revisão do mérito e do aspecto formal do ato, sem restrições (art. 56, da Lei 9.784/1999); **B:** correta. Todas as assertivas estão erradas. A assertiva I, porque o recurso administrativo admite a "reformatio in pejus" (art. 64, parágrafo único, da Lei 9.784/1999); e II, porque os recursos admitem revisão formal e material do ato (art. 56, da Lei 9.784/1999). Quanto à III, é possível a exigência de caução, conforme disposto no art. 56, §2º, da Lei 9.784/1999; **C:** incorreta. A assertiva III está incorreta, em razão do art. 56, §2º, da Lei 9.784/1999 admitir a possibilidade de exigência de caução se prevista em lei; **D:** incorreta. Assertiva I, porque o recurso administrativo admite a "reformatio in pejus" (art. 64, parágrafo único, da Lei 9.784/1999); e II, porque os recursos admitem revisão formal e material do ato (art. 56, da Lei 9.784/1999); **E:** incorreta. Todas as assertivas estão incorretas. AW
Gabarito "B".

(Juiz – TRF 4ª Região – 2016) Dadas as assertivas abaixo, assinale a alternativa correta.
I. Impedida a parte de participar de concorrência pública por ato imputável à Administração, é devida indenização, com base na Teoria da Perda de uma Chance, equivalente ao benefício que teria auferido se vencedor no certame.
II. Segundo a Teoria dos Motivos Determinantes, quando a Administração motiva o ato, mesmo que a lei não exija motivação, ele só será válido se os motivos forem verdadeiros.
III. Havendo alteração da situação de fato ou de direito após o trânsito em julgado de decisão judicial concessiva de vantagem funcional, a Administração pode unilateralmente suprimir tal vantagem, sem necessidade de processo judicial ou administrativo.
(A) Está correta apenas a assertiva II.
(B) Estão corretas apenas as assertivas I e II.
(C) Estão corretas apenas as assertivas II e III.
(D) Estão corretas todas as assertivas.
(E) Nenhuma assertiva está correta.

A: correta. Trata-se do que determina a "Teoria dos Motivos Determinantes", pela qual, uma vez motivado o ato, ele o vincula. Sendo inválidos os motivos, o ato será inválido, assim como, sendo válidos os motivos, o ato subsiste válido; **B:** incorreta. A assertiva I está incorreta, pois pela Teoria da Perda de Uma Chance, é necessário que um ato ilícito ou abusivo de direito tenha evitado outrem de obter um resultado pretendido, dados que não constam do enunciado, que apenas diz "ato imputável à Administração", mas seria um ato ilícito? Mais também, o fato de que o prejudicado foi impedido de participar de uma concorrência, fato que não é certo de que seria escolhido, por isso essa Teoria fica ainda mais fragilizada, eis que exige que aquela chance que se alega perdida pela vítima seria muito provável de se alcançar se não fosse a conduta do agente que violou a expectativa. O improvável ou quase certo devem ser descartados; **C:** incorreta: Como dito acima, o item II está correto, mas o III, incorreto, já que, mediante coisa julgada, o Poder Público não pode deixar de cumprir uma obrigação. Para tanto, só lhe resta a Ação Rescisória; **D:** incorreta. Somente a assertiva II está correta; **E:** incorreta. A assertiva II está correta.
Gabarito "A".

(Juiz – TRF 3ª Região – 2016) Dadas as assertivas abaixo, assinale a alternativa incorreta.

(A) O STJ tem entendimento no sentido de que, quanto ao pedido administrativo de restituição e demais processos administrativos tributários, não tem aplicação a Lei nº 9.784/99, razão pela qual deve ser aplicado o prazo de 360 (trezentos e sessenta) dias para que seja proferida decisão administrativa, a contar do protocolo dos respectivos pedidos.

(B) O STJ tem entendimento no sentido de que, uma vez que a legislação do Programa de Recuperação Fiscal – Refis (Lei nº 9.964/00) tem previsão específica no sentido de que a notificação da exclusão do devedor ocorrerá por meio do Diário Oficial e da Internet, não tem aplicação, no caso, a disposição contida no art. 26, § 3º da Lei nº 9.784/99 ("A intimação pode ser efetuada por ciência no processo, por via postal com aviso de recebimento, por telegrama ou outro meio que assegure a certeza da ciência do interessado.").

(C) O STJ tem entendimento no sentido de que a regra contida no art. 54 da Lei 9.784/99, que impede a Administração de anular atos administrativos dos quais decorram efeitos favoráveis para os destinatários, quando já ultrapassado o prazo de 5 (cinco) anos, não pode ser imposta ao Poder Legislativo, que, por meio de lei nova, altera o regime jurídico dos servidores.

(D) O STJ tem entendimento no sentido de que, no tocante à incidência da decadência prevista no art. 54 da Lei nº 9.784/1999, não cabe à Administração proceder à revisão do ato de aposentadoria de servidor público federal quando transcorrido, entre a data da aposentação e a da decisão do TCU que julgou no sentido de sua ilegalidade, lapso temporal superior a 5 (cinco) anos.

A: A assertiva está correta, eis que em conformidade com o entendimento jurisprudencial de que a Lei 9.784/1999 é lei geral e afastada, portanto, da aplicação da lei especial Lei 11.457/2007, conforme se verifica abaixo: TRIBUTÁRIO. CONSTITUCIONAL. RECURSO ESPECIAL REPRESENTATIVO DE CONTROVÉRSIA. ART. 543-C, DO CPC. DURAÇÃO RAZOÁVEL DO PROCESSO. PROCESSO ADMINISTRATIVO FISCAL FEDERAL. PEDIDO ADMINISTRATIVO DE RESTITUIÇÃO. PRAZO PARA DECISÃO DA ADMINISTRAÇÃO PÚBLICA. APLICAÇÃO DA LEI 9.784/99. IMPOSSIBILIDADE. NORMA GERAL. LEI DO PROCESSO ADMINISTRATIVO FISCAL. DECRETO 70.235/72. ART. 24 DA LEI 11.457/07. NORMA DE NATUREZA PROCESSUAL. APLICAÇÃO IMEDIATA. VIOLAÇÃO DO ART. 535 DO CPC NÃO CONFIGURADA. 1. A duração razoável dos processos foi erigida como cláusula pétrea e direito fundamental pela Emenda Constitucional 45, de 2004, que acresceu ao art. 5º, o inciso LXXVIII, in verbis: "a todos, no âmbito judicial e administrativo, são assegurados a razoável duração do processo e os meios que garantam a celeridade de sua tramitação." 2. A conclusão de processo administrativo em prazo razoável é corolário dos princípios da eficiência, da moralidade e da razoabilidade. (Precedentes: MS 13.584/DF, Rel. Min. Jorge Mussi, 3ª Seção, j. 13.05.2009, DJe 26.06.2009; REsp 1091042/SC, Rel. Min. Eliana Calmon, 1ª Seção, j. 06.08.2009, DJe 21.08.2009; MS 13.545/DF, Rel. Min. Maria Thereza de Assis Moura, 3ª Seção, j. 29.10.2008, DJe 07.11.2008; REsp 690.819/RS, Rel. Min. José Delgado, 1ª Turma, j. 22.02.2005, DJ 19.12.2005) 3. **O processo administrativo tributário encontra-se regulado pelo Decreto 70.235/72 – Lei do Processo Administrativo Fiscal -, o que afasta a aplicação da Lei 9.784/99, ainda que ausente, na lei específica, mandamento legal relativo à fixação de prazo razoável para a análise e decisão das petições, defesas e recursos administrativos do contribuinte.** (...) 7. Destarte, **tanto para os requerimentos efetuados anteriormente à vigência da Lei 11.457/07, quanto aos pedidos protocolados após o advento do referido diploma legislativo, o prazo aplicável é de 360 dias a partir do protocolo dos pedidos** (art. 24 da Lei 11.457/07). (...); (STJ – REsp: 1138206 RS 2009/0084733-0, Rel. Min. Luiz Fux, j. 09.08.2010, 1ª Seção, DJe 01.09.2010); **B:** A assertiva é correta. O STJ tem entendimento no sentido de que, uma vez que a legislação do Programa de Recuperação Fiscal – Refis (Lei 9.964/2000) tem previsão específica no sentido de que a notificação da exclusão do devedor ocorrerá por meio do Diário Oficial e da Internet, não tem aplicação, no caso, a disposição contida no art. 26, § 3º da Lei 9.784/1999 ("A intimação pode ser efetuada por ciência no processo, por via postal com aviso de recebimento, por telegrama ou outro meio que assegure a certeza da ciência do interessado.").; **C:** A assertiva não contém erro. O regime jurídico dos servidores não gera direito adquirido, por isso é que também não se aplica o prazo decadencial para anulá-lo (súmula 27 do STF); **D:** A assertiva está errada e deve ser assinalada. Temos um ato complexo (aposentação), que só produz efeitos após a decisão do Tribunal de Contas, por isso o prazo decadencial só se inicia após sua análise, não havendo que se falar em prazo decadencial anteriormente à manifestação do Tribunal de Contas, portanto. "IMPOSSIBILIDADE. **REVISÃO** DO **ATO** DE **APOSENTADORIA PELA ADMINISTRAÇÃO. ATO** COMPLEXO. PRAZO DECADENCIAL QUE SE INICIA COM A MANIFESTAÇÃO DO TRIBUNAL DE CONTAS. AGRAVO CONHECIDO E NÃO PROVIDO. (....) Com efeito, somente a partir da manifestação da Corte de Contas aferindo a legalidade do ato, para fins de registro, tem início a fluência do prazo decadencial de 5 (cinco) anos previsto no art. 54 da Lei 9.784/99, para que a **Administração** Pública reveja o **ato** de concessão de **aposentadoria** (cf . AgRg no REsp 1512546/PR, Rel. Min. Herman Benjamin, 2ª Turma, DJe 21.05.2015; AgRg no AgRg no AREsp 177.309/RS, Rel. Min Napoleão Nunes Maia Filho, 1ª Turma, DJe 23.02.2015).
Gabarito "D".

(Delegado/PE – 2016 – CESPE) A permissão da empresa Alfa, permissionária de serviços públicos de transporte coletivo de passageiros, conforme contrato de delegação firmado com o governo estadual, foi unilateralmente revogada pelo poder público, por motivos de oportunidade e conveniência. A empresa interpôs pedido de reconsideração junto ao Departamento de Regulação de Transporte Coletivo, órgão da Secretaria Estadual de Transportes, responsável pelos contratos de permissão de transporte coletivo. O pedido foi indeferido por Caio, diretor do referido departamento, que alegou a existência de interesse público na revogação. Diante desse indeferimento, a empresa interpôs recurso administrativo. Caio manteve a decisão anterior e encaminhou o recurso ao secretário de transportes, autoridade hierarquicamente superior. Semanas após, Caio foi nomeado secretário estadual de transportes e, nessa qualidade, conheceu do recurso administrativo e negou-lhe provimento, mantendo a decisão recorrida. Com referência a essa situação hipotética, assinale a opção correta.

(A) O fato de Caio não ter reconsiderado a sua decisão não equivale a julgamento de recurso. Assim, houve uma única decisão administrativa em sede de recurso administrativo, sendo irrelevante que a autoridade julgadora tenha emitido uma decisão anterior sobre a questão.

(B) O recurso administrativo deveria ter sido apreciado por autoridade hierarquicamente superior e diferente daquela que decidira anteriormente o pedido de reconsideração. Como Caio estava impedido de julgar o recurso administrativo, há de se concluir que a decisão do recurso foi nula.

(C) No caso em tela, haveria a suspeição de Caio, razão pela qual ele não poderia julgar o recurso administrativo. Dessa forma, Caio deveria anular a decisão sobre o recurso e delegar a algum subordinado seu a competência para o julgamento.

(D) A permissão de serviço público é feita a título precário e, por esse motivo, a empresa permissionária não tem direito a recorrer administrativamente do ato administrativo que revogou a sua permissão.

(E) Em razão do princípio da intranscendência subjetiva, é juridicamente possível que uma mesma pessoa decida sobre o pedido de reconsideração e o recurso administrativo, uma vez que, legalmente, eles foram decididos por autoridades administrativas distintas.

A: incorreta, pois a autoridade julgadora inicial não pode julgar o recurso, pois a lei determina que o recurso seja julgado sempre a uma autoridade diversa e superior à autoridade julgadora inicial, regra que não pode ser ignorada mesmo que a autoridade julgadora inicial tenha sido promovida (art. 56, § 3º, da Lei 9.784/1999); **B:** correta (art. 56, § 3º, da Lei 9.784/1999); **C:** incorreta, pois não poderia participar do julgamento do recurso em função do disposto no art. 56, § 3º, da Lei 9.784/1999; **D:** incorreta; primeiro porque a permissão concedida em situação que reclama grandes investimentos do permissionário não é uma permissão qualquer (precária) e sim uma permissão qualificada, que tem regime jurídico mais rigoroso, aproximado de uma concessão; segundo que recorrer é um direito de qualquer um prejudicado diretamente pela decisão, sendo incorreto dizer que alguém nessas condições não tem direito de recorrer; **E:** incorreta, pois o princípio da intranscendência não tem relação alguma com essa questão, mas sim com o fato de que a punição a alguém não pode ser estendida a outra pessoa que não tenha cometido o ilícito.
Gabarito "B".

(Juiz de Direito/AM – 2016 – CESPE) Conforme a Lei n.º 9.784/1999, que trata dos atos administrativos, são indelegáveis

(A) a edição de atos normativos e as matérias de competência exclusiva do órgão.

(B) a elaboração de ofícios e a avaliação de recursos administrativos.

(C) a decisão de recursos administrativos e as matérias de competência privativa de autoridade.

(D) a revisão de atos administrativos e a edição de atos normativos.

(E) as matérias de competência exclusiva e a publicação de edital.

A: correta (art. 13, I e III, da Lei 9.784/99); **B:** incorreta; **C:** incorreta, pois a decisão de recursos é indelegável (art. 13, II, da Lei 9.784/99), mas as matérias de competência privativa da autoridade são delegáveis; não se deve confundir competência *privativa* (delegável), com competência *exclusiva* (indelegável, nos termos do art. 13, III, da Lei 9.784/99); **D:** incorreta, pois apenas a *edição de atos normativos* é indelegável (art. 13, I,

da Lei 9.784/99); a *revisão* de *atos administrativos*, não; **E:** incorreta, pois as matérias de competência exclusiva são indelegáveis (art. 13, III, da Lei 9.784/99), mas a publicação de edital não.
Gabarito "A".

(Analista Jurídico – TCE/PR – 2016 – CESPE) Acerca do recurso administrativo e tendo como base as disposições da Lei n.º 9.784/1999, assinale a opção correta.

(A) O recurso não será conhecido quando interposto em órgão incompetente, mas, nesse caso, terá de ser indicada ao recorrente a autoridade competente, sendo-lhe devolvido o prazo para recurso.
(B) É de trinta dias o prazo para a interposição de recurso administrativo, contado a partir da divulgação da decisão recorrida em diário oficial.
(C) O recurso administrativo terá, como regra geral, efeitos devolutivo e suspensivo.
(D) Contra as decisões administrativas cabe recurso que verse sobre a legalidade, mas não sobre o mérito administrativo.
(E) O recurso administrativo tramitará por uma única instância administrativa, devendo ser interposto à autoridade superior àquela que tiver proferido a decisão.

A: correta (art. 63, § 1º, da Lei 9.784/99); **B:** incorreta, pois o prazo é de 10 dias (salvo disposição legal específica) e é contado da ciência ou divulgação oficial da decisão recorrida (art. 59, *caput*, da Lei 9.784/99); **C:** incorreta, pois em regra só terá efeito devolutivo (art. 61, *caput*, da Lei 9.784/99); **D:** incorreta, pois o recurso pode versar tanto sobre a legalidade, como sobre o mérito administrativo, sendo que, quanto a este último aspecto, a própria lei prevê que a autoridade competente para julgar o recurso pode modificar ou revogar a decisão recorrida (art. 64, *caput*, da Lei 9.784/99); **E:** incorreta, pois o recurso administrativo tramitará no máximo por três instâncias administrativas, salvo disposição legal diversa.
Gabarito "A".

(Analista Judiciário – TRT/8ª – 2016 – CESPE) Acerca dos atos administrativos e do processo administrativo, assinale a opção correta conforme a Lei n.º 9.784/1999.

(A) O direito da administração de anular os seus próprios atos decai em cinco anos, ainda que constatada a má-fé do destinatário do ato.
(B) A convalidação dos atos administrativos que apresentem defeitos sanáveis pode ser feita pela administração, desde que esses atos não acarretem lesão ao interesse público ou prejuízo a terceiros.
(C) O ato de exoneração do servidor público ocupante de cargo em comissão e os atos administrativos que decidam recursos administrativos dispensam motivação.
(D) A competência para a edição de atos normativos poderá ser delegada.
(E) A revogação do ato administrativo ocorre nas hipóteses de ilegalidade, devendo retroagir com efeitos *ex tunc* para desconstituir as relações jurídicas criadas com base no ato revogado.

A: incorreta, pois, em caso de má-fé do destinatário do ato, este não se beneficia desse curto prazo de 5 anos (art. 54, *caput*, da Lei 9.784/99); **B:** correta (art. 55 da Lei 9.784/99); **C:** incorreta, pois os atos administrativos que decidem recursos devem ser motivados (art. 50, V, da Lei 9.784/99); **D:** incorreta, pois não pode ser objeto de delegação a edição de atos de caráter normativo (art. 13, I, da Lei 9.784/99); **E:** incorreta, pois a definição dada é de *anulação*, e não de *revogação*, já que esta se dá no caso de *inconveniência* ou *inoportunidade* (e não de *ilegalidade*), não havendo retroação de efeitos (*ex nunc*).
Gabarito "B".

(Procurador do Estado/PR – 2015 – PUC-PR) Em vista da Lei 9.784/1999 (Lei Federal de Processo Administrativo), é **CORRETO** afirmar que:

(A) A Lei 9.784/1999 abriga não só temas de Direito Administrativo processual, mas também trata de assuntos relativos ao Direito Administrativo material.
(B) Nos termos da Lei 9.784/1999, a atividade probatória depende da iniciativa do particular interessado.
(C) Nos termos da Lei 9.784/1999, as defesas diretas e indiretas devem ser apreciadas simultaneamente, quando do julgamento final do processo.
(D) A Lei 9.784/1999 instalou o princípio da concentração dos recursos, que deverão ser julgados simultaneamente, mas em momento anterior à decisão final.
(E) Os legitimados a instalar e/ou participar do processo administrativo da Lei 9.784/1999 são apenas aqueles que vierem a ser diretamente afetados pela decisão a ser proferida.

A: correta, valendo trazer como exemplos de direito material o art. 2º da Lei 9.784/1999 e como exemplo de direito processual a maior parte das regras dos arts. 5º e ss. da mesma lei; **B:** incorreta, pois a atividade probatória realiza-se "de ofício ou mediante impulso do órgão responsável pelo processo, sem prejuízo do direito dos interessados de propor atuações probatórias" (art. 29, *caput*, da Lei 9.784/1999); **C:** incorreta, pois não há previsão na Lei 9.784/1999 de que as defesas diretas e indiretas devam ser apreciadas simultaneamente quando do julgamento final do processo; aliás, recomenda-se que temas de defesa prejudiciais ao andamento do processo, como a alegação de suspeição, sejam apreciados logo no início deste; **D:** incorreta, pois é logicamente impossível recorrer

de uma decisão antes dessa decisão ter sido tomada; **E:** incorreta, pois também são legitimados organizações e associações de defesa de interesses coletivos e difusos (art. 9º, III e IV, da Lei 9.784/1999).
Gabarito "A".

(Procurador do Estado/PR – 2015 – PUC-PR) Sobre a estruturação da competência dos órgãos e entidades da Administração Pública brasileira, é CORRETO afirmar que:

(A) A delegação de competência é forma de descentralização por meio da qual um órgão administrativo, superior ou equivalente na escala hierárquica, transfere a outro órgão (subordinado ou não) parcela de sua competência.
(B) Não podem ser objeto de delegação os atos normativos, a decisão em recursos administrativos e as matérias de competência exclusiva.
(C) A avocação de competência pode ser compreendida como a possibilidade de o superior hierárquico trazer para si a apreciação de determinada matéria, originariamente atribuída à competência privativa do órgão (ou agente) a si subordinado, mas que este abdicou do exercício.
(D) A avocação de competência é ato discricionário da administração, ao passo que a delegação é ato vinculado.
(E) O ato de delegação não é revogável, mas pode ser anulado pela autoridade superior (desde que obedecido o devido processo legal).

A: incorreta, pois a distribuição interna de competências diz respeito à *desconcentração* e não à *descentralização*; **B:** correta (art. 13 da Lei 9.784/1999); **C:** incorreta, pois a competência não pode ser abdica, renunciada (art. 11 da Lei 9.784/1999) e, havendo avocação, esta não pode ser definitiva, mas sempre temporária (art. 15 da Lei 9.784/1999); **D:** incorreta, pois tanto a avocação como a delegação são atos discricionários da administração; **E:** incorreta, pois o ato de delegação é revogável a qualquer tempo pela autoridade delegante (art. 14, § 2º, da Lei 9.784/1999).
Gabarito "B".

(Promotor de Justiça/PI – 2014 – CESPE) A respeito do processo administrativo e dos institutos da delegação e avocação de competência administrativa, assinale a opção correta.

(A) Não se exige que o ato de delegação, que deve especificar as matérias e poderes transferidos, bem como sua revogação sejam publicados no meio oficial.
(B) Nos processos administrativos, devem-se observar, entre outros, os critérios de atendimento a fins de interesse geral, permitida a renúncia parcial de competências, independentemente de autorização em lei.
(C) A delegação e a avocação de competência são atos ligados ao poder de polícia administrativo.
(D) A delegação de competência administrativa pode ser realizada ainda que não haja subordinação hierárquica.
(E) Inexistindo competência legal específica, o processo administrativo deverá ser iniciado perante a autoridade de maior grau hierárquico de decisão.

A: incorreta, pois o ato de delegação deve sim especificar as matérias e os poderes transferidos (art. 14, § 1º, da Lei 9.784/1999); além disso, sua revogação deve ser publicada em diário oficial (art. 14, *caput*, da Lei 9.784/1999); **B:** incorreta, pois a alternativa repete o texto que está na lei, mas, no final, deveria constar "salvo autorização em lei" e não "independentemente de autorização em lei" (art. 2o, parágrafo único, II, da Lei 9.784/1999); **C:** incorreta, pois a delegação e a avocação de competências são institutos que se aplicam às competências em geral, e não ao determinadas competências específicas, como a citada; uma vez obedecidos os requisitos para a aplicação desses institutos (vide arts. 11 a 15 da Lei 9.784/1999), eles estarão disponíveis, independentemente de se tratarem de atos ligados à polícia administrativa ou não; **D:** correta, pois a delegação da competência pode se dar em favor de órgãos ou titulares, ainda que estes não estejam hierarquicamente subordinados (art. 12, *caput*, da Lei 9.784/1999); **E:** incorreta, pois, nesse caso, o processo administrativo deverá ser iniciado perante a autoridade de "menor" grau hierárquico para decidir (art. 17 da Lei 9.784/1999).
Gabarito "D".

(Procurador do Estado/AC – 2014 – FMP) Dentre os princípios informadores do processo administrativo, é INCORRETO incluir o princípio da

(A) revisibilidade.
(B) reversibilidade.
(C) verdade material.
(D) oficialidade.

Todos os princípios mencionados nas alternativas são informadores do processo administrativo, salvo o da reversibilidade, que sequer é um princípio processual.
Gabarito "B".

(Delegado/SP – 2014 – VUNESP) De acordo com a Lei Estadual do Processo Administrativo (Lei 10.177/1998), uma vez requerida a expedição de certidão de autos de procedimento em poder da Administração, a autoridade competente deverá apreciar o requerimento em 05 dias

(A) corridos e determinará a expedição em prazo não inferior a 05 dias úteis.

(B) corridos e determinará a expedição em prazo não superior a 05 dias corridos.
(C) úteis e determinará a expedição em prazo não inferior a 05 dias úteis.
(D) corridos e determinará a expedição em prazo não inferior a 05 dias corridos.
(E) úteis e determinará a expedição em prazo não superior a 05 dias úteis.

Segundo o art. 74 da Lei 10.177/1998, o requerimento será apreciado pela autoridade competente em 5 dias úteis, que determinará a expedição da certidão em prazo não superior a 5 dias úteis. **WG**

Gabarito "E".

13. CONTROLE DA ADMINISTRAÇÃO PÚBLICA

13.1. CONTROLE INTERNO

(Procurador Municipal – Prefeitura/BH – CESPE – 2017) No que concerne aos mecanismos de controle no âmbito da administração pública, assinale a opção correta.

(A) É vedado aos administrados providenciar sanatórias de atos administrativos para sua convalidação, de modo a participar de ações de controle da administração pública, uma vez que as ações de controle são prerrogativa exclusiva dos agentes públicos.
(B) O controle dos atos administrativos tem por objetivo confirmar, rever ou alterar comportamentos administrativos, exigindo-se o esgotamento da via administrativa para se recorrer ao Poder Judiciário.
(C) Em decorrência do poder de autotutela da administração, verificada a prática de ato discricionário por agente incompetente, a autoridade competente estará obrigada a convalidá-lo.
(D) No sistema de administração pública adotado no Brasil, o ato administrativo é revisado por quem o praticou, não havendo proibição quanto à revisão ser realizada por superior hierárquico ou órgão integrante de estrutura hierárquica inerente à organização administrativa.

A: correta. Realmente, quem tem o atributo da autoexecutoriedade dos atos administrativos é o próprio Poder Público. O particular pode provocar o administrador para que ele anule, revogue ou realize o saneamento dos atos administrativos, mas não pode, ele mesmo, realizar esses atos de controle; **B:** incorreta. Não é necessário o esgotamento da via administrativa para se recorrer ao Poder Judiciário, eis que a jurisdição é Inafastável (art. 5º, XXXV, CF), sendo esse também o entendimento da jurisprudência dominante (TJ-MA- Agravo de Instrumento 26331999, 14/08/2001); **C:** correta. Os vícios de forma e competência são sanáveis (WEIDA ZANCANER, *Da Convalidação e da Invalidação dos Atos Administrativos*. 3ª ed., São Paulo: Malheiros, 2012, p. 85); **D:** incorreta. O art. 56, § 1º, da Lei 9.784/1999 dispõe que o recurso é dirigido à autoridade que proferiu o ato que, se não reconsiderar, encaminhará à autoridade competente. Portanto, o superior hierárquico pode, sim, realizar a revisão do processo. **AW**

Gabarito "A".

(Procurador do Estado – PGE/MT – FCC – 2016) A Lei nº 9.784/99 (Lei Federal de Processos Administrativos) estabelece que:

(A) é admitida a participação de terceiros no processo administrativo.
(B) é faculdade do administrado fazer-se assistir por advogado, exceto nos processos disciplinares em que a defesa técnica é obrigatória.
(C) é expressamente vedada a apresentação de requerimento formulado de maneira oral pelo interessado, em vista do princípio da segurança jurídica.
(D) a condução do processo administrativo é absolutamente indelegável.
(E) é admitida a avocação temporária de competência atribuída a órgão hierarquicamente superior.

A: correta. Trata-se do disposto no art. 31, da Lei 9.784/1999; **B:** incorreta. A súmula vinculante 5, STF assim dispõe: "A falta de defesa técnica por advogado no processo administrativo disciplinar não ofende a Constituição."; **C:** incorreta. O art. 6º, da Lei 9.784/1999 admite requerimento oral da parte interessada; **D:** incorreta. É possível a delegação, conforme disposto nos arts. 12 e seguintes, da Lei 9.784/1999; **E:** incorreta. A avocação é sempre da autoridade inferior para a superior (art. 15, da Lei 9.784/1999). **AW**

Gabarito "A".

(Procurador Municipal – Prefeitura/BH – CESPE – 2017) No que diz respeito ao processo administrativo, a suas características e à disciplina legal prevista na Lei nº 9.784/1999, assinale a opção correta.

(A) A configuração da má-fé do administrado independe de prova no processo administrativo.
(B) Segundo o STF, não haverá nulidade se a apreciação de recurso administrativo for feita pela mesma autoridade que tiver decidido a questão no processo administrativo.
(C) Ainda que a pretensão do administrado seja contrária a posição notoriamente conhecida do órgão administrativo, sem o prévio requerimento administrativo, falta-lhe interesse para postular diretamente no Poder Judiciário.
(D) Não ofende a garantia do devido processo legal decisão da administração que indefere a produção de provas consideradas não pertinentes pelo administrador.

A: incorreta. A má-fé nunca se presume. O que se presume é a legitimidade dos atos administrativos que, inclusive, é relativa. Por isso, a má-fé deve sempre ser comprovada. (art. 54, da Lei 9.784/1999); **B:** incorreta. O art. 18, II, da Lei 9.784/1099 veda a participação de autoridade já atuante no processo em eventual recurso, ou seja, que tenha atuado no processo de alguma forma, sendo também já decidido nesse sentido no STF (**RMS 26029/DF, rel. Min. Cármen Lúcia, 11.3.2014. (RMS-26029)**); **C:** incorreta. Não é necessário o esgotamento da via administrativa para que se ingresse em juízo, havendo muita jurisprudência a respeito, como o RE 631240; **D:** correta. A assertiva está em conformidade com o disposto no art. 38, § 2º, da Lei 9.784/1999, que assim dispõe: "Somente poderão ser recusadas, mediante decisão fundamentada, **as provas propostas pelos interessados quando sejam ilícitas, impertinentes, desnecessárias ou protelatórias.**" **AW**

Gabarito "D".

(Procurador do Município – Prefeitura Fortaleza/CE – CESPE – 2017) Com relação a processo administrativo, poderes da administração e serviços públicos, julgue o item subsecutivo.

(1) Nos termos da jurisprudência do STF, caso um particular interponha recurso administrativo contra uma multa de trânsito, por se tratar do exercício do poder de polícia pela administração, a admissibilidade do recurso administrativo dependerá de depósito prévio a ser efetuado pelo administrado.

1: incorreta. A Súmula Vinculante 21, STF dispõe sobre a desnecessidade de depósito prévio para recorrer administrativamente. **AW**

Gabarito 1E.

(Procurador do Município – Prefeitura Fortaleza/CE – CESPE – 2017) Com relação a processo administrativo, poderes da administração e serviços públicos, julgue os itens subsecutivos.

(1) No processo administrativo, vige o princípio do formalismo moderado, rechaçando-se o excessivo rigor na tramitação dos procedimentos, para que se evite que a forma seja tomada como um fim em si mesma, ou seja, desligada da verdadeira finalidade do processo.

1: correta. O princípio do formalismo moderado é também chamado de informalismo, ou seja, trata-se de princípio que busca as formas simples, no máximo, moderadas, a fim de que o conteúdo prevaleça sobre o aspecto formal dos atos e procedimentos administrativos. **AW**

Gabarito 1C.

(Procurador Municipal – Sertãozinho/SP – VUNESP – 2016) Julgar as contas dos administradores e demais responsáveis por dinheiros, bens e valores públicos da Administração direta e indireta, incluídas as fundações e sociedades instituídas e mantidas pelo Poder Público, e as contas daqueles que derem causa a perda, extravio ou outra irregularidade de que resulte prejuízo ao erário público é competência constitucionalmente atribuída ao

(A) Poder Judiciário de âmbito Estadual, aos juízes vinculados ao Tribunal de Justiça do respectivo Estado.
(B) Poder Judiciário de âmbito Federal, aos juízes vinculados ao Tribunal Regional Federal daquela Região.
(C) Tribunal de Contas que atue no âmbito daquele ente federativo.
(D) sistema de controle interno de cada Poder.
(E) controle externo a cargo do Poder Legislativo, que será exercido com o auxílio do Ministério Público.

A: Incorreta. O julgamento de contas do Poder Público cabe ao Tribunal de Contas, sendo essa competência expressa no art. 71, II, CF, e que é repetido por simetria nas Constituições Estaduais e Leis Orgânicas Municipais, em relação aos Tribunais e Conselhos de Contas Municipais. Trata-se, portanto, de competência dos Tribunais de Contas e não do Poder Judiciário. **B:** Incorreta. Vale aqui o mesmo argumento da alternativa A. **C:** Correta, conforme disposto no art. 71, II, CF, aplicado de forma simétrica aos Municípios. **D:** Incorreta. Nesse caso, temos um controle externo, feito pelo Congresso e auxiliado pelos Tribunais de Contas (art. 71, CF). **E:** Incorreta. O sistema é de controle externo e com auxílio dos Tribunais de Contas (art. 71, "caput", CF). **AW**

Gabarito "C".

(Procurador – SP – VUNESP – 2015) Unidade da Prefeitura Municipal de Caieiras realiza licitação e contrata empresa privada para a prestação de determinado serviço. Auditoria do Tribunal de Contas do Estado de São Paulo verifica que o pagamento realizado à empresa contratada foi 40% (quarenta por cento) maior do que o devido, considerando a despesa ilegal. Como consequência de tal constatação em controle externo, poderá o Tribunal de Contas

(A) determinar ao Prefeito Municipal que afaste, de imediato, os responsáveis de suas funções, enquanto o Tribunal de Contas realiza o processo disciplinar.
(B) aplicar aos responsáveis as sanções previstas em lei, que estabelecerá, entre outras cominações, multa proporcional ao dano causado ao erário.
(C) informar a Câmara Municipal, para que delibere a respeito, juntamente com as informações anuais prestadas sobre a fiscalização orçamentária, contábil e financeira.

(D) encaminhar as informações, em forma de denúncia, para que a Câmara Municipal apure a responsabilidade dos servidores municipais que deram causa à irregularidade.
(E) rejeitar as contas do Prefeito Municipal, encaminhando as informações ao Ministério Público Estadual, para propositura de ação de improbidade contra o Prefeito Municipal.

A: Incorreta. O Tribunal de contas não é competente para instauração de processo disciplinar. Ele é Tribunal administrativo, que julga contas do Poder Público (arts. 71, e seguintes, CF). **B:** Correta. Haverá aplicação de sanção administrativa (art. 71, VIII, CF), sem que isso seja um processo disciplinar, que é de competência do órgão ou pessoa jurídica a qual pertence o servidor. **C:** Incorreta. O Tribunal de Contas pode representar ao Poder competente sobre irregularidades ou abusos apurados, conforme disposto no art. 71, XI, CF, sendo a representação à Prefeitura de Caieiras, portanto. **D:** Incorreta. Como explicado acima, o art. 71, XI, CF dispõe sobre a representação ao Poder competente, no caso, à Prefeitura Municipal de Caieiras. **E:** Incorreta. Não há dados na questão sobre quem realizou o ato, por isso não há como responsabilizar o Prefeito. Gabarito "B".

(Procurador do Estado – PGE/RS – Fundatec - 2015) De acordo com a Lei do Processo Administrativo Federal, é correto afirmar que:

(A) A *reformatio in pejus* é vedada nos processos administrativos em geral.
(B) A *reformatio in pejus* é permitida nas revisões de processos administrativos sancionadores.
(C) A *reformatio in pejus* é permitida desde que respeitado o contraditório, não sendo admitida nas revisões de processos administrativos sancionadores.
(D) A *reformatio in pejus* é admitida em razão do princípio da supremacia do interesse público.
(E) A *reformatio in pejus* é admitida em razão do princípio da autotutela administrativa, independentemente da matéria envolvida.

A: incorreta. A "reformatio in pejus" é possível em caso de recurso, conforme disposto no art. 64, parágrafo único, da Lei 8.666/1993; **B:** incorreta. No caso de revisão do processo (art. 65, parágrafo único, da Lei 8.666/1993), não se admite a "reformatio in pejus"; **C:** correta. O art. 64, parágrafo único, da Lei 8.666/1993 determina que é possível a "reformatio in pejus", desde que respeitado o contraditório à parte sobre a qual recair a decisão mais gravosa; **D:** incorreta. Como "a reformatio in pejus" se aplica tanto ao Poder Público quanto ao contratado, não há que se falar em aplicação do princípio da supremacia, já que ambos estão sujeitos a ela; **E:** incorreta. Não há autotutela, porque estamos falando em recurso, ou seja, em atuação voluntária de cada parte. Gabarito "C".

(Procurador do Estado – PGE/MT – FCC – 2016) João Pedro pretende arrolar testemunhas em processo administrativo disciplinar regulado pela Lei Complementar estadual nº 207, de 29 de dezembro de 2004. Em consulta ao seu advogado, é informado de que:

I. poderá arrolar até dez testemunhas.
II. a testemunha arrolada não poderá eximir-se de depor, salvo se for ascendente, descendente, cônjuge, ainda que separado legalmente, irmão, sogro, cunhado, pai, mãe ou filho adotivo do acusado, exceto quando não for possível, de outro modo, obter-se informações dos fatos e suas circunstâncias, considerando-o como informante.
III. residindo a testemunha em município diverso da sede da Comissão Processante, sua inquirição poderá ser deprecada às unidades mais próximas do local de sua residência, sendo vedado à Comissão Processante ouvir o denunciante ou as testemunhas no respectivo município de residência.
IV. são proibidas de depor as pessoas que, em razão de função, ministério, ofício ou profissão, devam guardar segredo, a menos que, desobrigadas pela parte interessada, queiram dar seu testemunho.

Está correto o que se afirma APENAS em:
(A) I e II.
(B) I, II e III.
(C) III e IV.
(D) II e IV.
(E) I, III e IV.

I: incorreta. Podem ser arroladas até 5 testemunhas (art. 51, V, da LC 207/2004); **II:** correta. Trata-se do disposto no art. 86, da LC 207/2004; **III:** incorreta. O art. 87, da LC 207/2004 assim dispõe: "Residindo a testemunha em município diverso da sede da Comissão Processante, sua inquirição poderá ser deprecada às unidades mais próximas do local de sua residência, devendo constar na precatória os quesitos a serem respondidos pela testemunha"; **IV:** correta. Temos o disposto no art. 85, § 5º, da LC 207/2004: "5º São proibidas de depor as pessoas que, em razão de função, ministério, ofício ou profissão, devam guardar segredo, a menos que, desobrigadas pela parte interessada, queiram dar seu testemunho." Gabarito "D".

(Promotor de Justiça/GO – 2016 – MPE) A respeito do tema Processo Administrativo, assinale a alternativa correta:

(A) O princípio da razoável duração do processo consiste em expressão que contempla conceito jurídico indeterminado, conferindo, ao administrado, parâmetros subjetivos que identifiquem com clareza os momentos próprios de nascimento e perecimento do direito objetivo.
(B) O Silêncio Administrativo equipara-se a ato administrativo, posto que constitui manifestação implícita de vontade do ente estatal.
(C) Sob o aspecto formal ou orgânico, o conceito de Administração Pública refere-se à natureza da atividade exercida, ou seja, ao complexo de atividades concretas, diretas, imediatas e contínuas desempenhadas precipuamente pelo Poder Executivo.
(D) São características típicas do parecer administrativo a concretude, a tecnicidade, a anterioridade e a imparcialidade.

A: Incorreta. Esse princípio se destina ao legislador, havendo parâmetros objetivos que identificam os momentos do nascimento e perecimento do direito objetivo, eis que temos, a prescrição e decadência, por exemplo, para identificar o perecimento da proteção ou do direito em si. **B:** Incorreta. O silêncio administrativo não é considerado uma manifestação de vontade. Pelo contrário, para o direito administrativo, sendo o mesmo adotado quanto aos atos jurídicos em geral, ainda mais sabendo que somente se pode fazer o que a lei determina (princípio da estrita legalidade), o que exclui de efeitos a ausência de manifestação do Poder Público. **C:** Incorreta. Os conceitos estão trocados. Sob o aspecto formal ou orgânico, a Administração Pública é conceituada como um conjunto de órgãos, entidades e agentes públicos. Já sob o aspecto material ou objetivo, é que temos a Administração como uma atividade. Gabarito "D".

(Juiz de Direito/MG – 2014) O controle administrativo da administração pública tem dois pilares de sustentação. Partindo-se dessa premissa, assinale a alternativa que define **CORRETAMENTE** o controle administrativo.

(A) O controle é exercido mediante a observância do princípio da legalidade, que consiste no fato de que a função administrativa há de ser desenvolvida somente na conformidade com a lei, independentemente do estabelecimento das diretrizes traçadas pelo administrador.
(B) O controle é exercido pelo administrador, com observância das diretrizes, metas, prioridades e planejamento por ele estabelecidos, independentemente do que a lei fixar.
(C) O controle é exercido independente do que a lei ou as diretrizes, metas, prioridades e planejamento fixarem.
(D) O controle é exercido com a observância dos pilares do princípio da legalidade e das políticas administrativas fixadas pelas diretrizes, metas, prioridades e planejamento, a fim de que a atividade administrativa possa desenvolver-se na forma mais eficiente e rápida possível.

O controle administrativo da administração pública tem dois pilares de sustentação: a) observância do princípio da legalidade; b) observância das políticas administrativas fixadas pelas diretrizes, metas, prioridades e planejamento, a fim de que a atividade administrativa possa desenvolver-se na forma mais eficiente e rápida possível. Assim, apenas a alternativa "d" está correta. Gabarito "D".

13.2. CONTROLE DO LEGISLATIVO E DO TRIBUNAL DE CONTAS

(Investigador – PC/BA – 2018 – VUNESP) Segundo a Constituição Federal, a fiscalização contábil, financeira, orçamentária, operacional e patrimonial da Administração Direta e Indireta, quanto à legalidade, legitimidade, economicidade, aplicação das subvenções e renúncia de receitas, será efetuada, no âmbito federal, pelo

(A) controle externo, realizado pelo Congresso Nacional, com o auxílio do Supremo Tribunal Federal.
(B) controle interno, que deverá remeter suas conclusões para análise e ratificação do Tribunal de Contas da União.
(C) controle externo, realizado pelo Tribunal de Contas da União, com o auxílio do Congresso Nacional.
(D) controle interno de cada Poder, o que dispensa a necessidade de existência de um controle externo.
(E) controle externo, realizado pelo Congresso Nacional, com o auxílio do Tribunal de Contas da União.

Correta a alternativa E, nos termos do ar. 71 da CF/1988. Gabarito "E".

(Juiz de Direito – TJ/RS – 2018 – VUNESP) Um Município, ao promover a reintegração de posse de área pública, observando os requisitos previstos em lei municipal, cadastrou as famílias que ocupavam irregularmente a área, a fim de conceder-lhes auxílio aluguel provisório. Nos termos do artigo 3o da Lei municipal, o valor do benefício é de R$ 300,00 (trezentos reais) por família, a ser transferido pelo período estimado de 24 (vinte e quatro) meses, prorrogáveis a critério do Chefe do Poder Executivo municipal. Associação das famílias instaladas na localidade, contudo, impetrou Mandado de Segurança e, liminarmente, pleiteou que o Município fosse compelido a efetuar pagamento de, pelo menos, R$ 500,00 (quinhentos reais) por família, valor que supostamente equivaleria ao valor médio de aluguel residencial em área próxima àquela objeto da reintegração. Nesse caso, à associação dos ocupantes da área pública

(A) não assiste razão porque, no caso, não é possível afirmar a existência de ilegalidade na atuação em concreto do Município.
(B) assiste razão, porque ao preestabelecer valor fixo a título de aluguel social, a lei municipal é inconstitucional por ferir os princípios da razoabilidade e proporcionalidade.
(C) assiste razão, devendo ser judicialmente garantida efetividade ao direito constitucional à moradia, independentemente da comprovação da veracidade e razoabilidade do valor do benefício pleiteado na ação mandamental.
(D) não assiste razão porque, de acordo com o princípio da separação dos poderes, não compete ao Poder Judiciário examinar a constitucionalidade de lei municipal produto do exercício de competência discricionária típica dos Poderes Executivo e Legislativo.
(E) não assiste razão porque a decisão quanto ao pagamento de benefício assistencial e respectivo valor deve decorrer de decisão do Poder Executivo municipal, fundada em critérios orçamentários, limitados pela reserva do possível, os quais não cabe ao Poder Judiciário perscrutar.

A questão tem como enfoque principal o tema dos limites de apreciação dos atos administrativos e legislativos pelo Poder Judiciário. Deveras, embora o Poder Judiciário possa analisar se uma determinada lei ou ainda uma ato administrativo fere ou não o ordenamento jurídico como um todo, em especial em cotejo quanto ao que dispõe a Constituição e os princípios de direito, não pode ele substituir o legislador e determinar o *quantum* a ser pago a título de auxílio aluguel, pois isso seria invadir competência que não lhe cabe. FB
Gabarito "A".

(Procurador do Estado – PGE/MT – FCC – 2016) O Tribunal de Contas do Estado exerce relevante atividade visando à observância dos princípios administrativos na condução dos negócios e na gestão do patrimônio público. No exercício de suas funções, o Tribunal de Contas do Estado:

(A) pode determinar o exame e o bloqueio de bens, contas bancárias e aplicações financeiras dos acusados nos processos de tomada de contas.
(B) produz atos administrativos com força de título executivo.
(C) não possui jurisdição sobre os municípios, que estão sob controle externo dos Tribunais de Contas municipais.
(D) julga as contas do Governador do Estado, sendo sua decisão sujeita ao referendo pela Assembleia Legislativa.
(E) tem o poder de sustar imediatamente atos ou contratos considerados ilegais, caso o órgão ou entidade, previamente notificados, não providenciem sua correção.

A: incorreta. Em junho de 2017 o STF decidiu ser constitucional o bloqueio de bens e contas bancárias pelo Tribunal de Contas, com fundamento no art. 70, VIII, CF. No entanto, na época em foi aplicada a prova, o STF proferiu decisão contrária a essa possibilidade dos Tribunais de Contas, no MS34357; **B:** correta. Realmente, conforme disposto no art. 71, §3º, CF, as decisões dos Tribunais de Contas possuem força de título executivo; **C:** incorreta. Os Tribunais de Contas possuem "jurisdição" estadual e federal, se da União, e também municipal, se municipais ou estaduais, onde não houver Tribunal de Contas Municipais; **D:** incorreta. Não está sujeito ao referendo do Poder Legislativo (art.71, II, CF); **E:** incorreta. O art. 71, X, CF determina a sustação do ato só é feita se não atendido o que for solicitado. AW
Gabarito "B".

(Advogado União – AGU – CESPE – 2015)
(1) Em consonância com o entendimento do STF, os serviços sociais autônomos estão sujeitos ao controle finalístico do TCU no que se refere à aplicação de recursos públicos recebidos.

1: correta. Os Serviços Sociais autônomos devem prestar contas aos Tribunais de Contas, conforme entendimento do STF no RE 789874. AW
Gabarito 1C

(Procurador do Estado – PGE/BA – CESPE – 2014) Com relação ao processo administrativo, regulamentado na Lei Estadual nº 12.209/2011, julgue os itens que se seguem.
(1) Não cabe revisão dos processos administrativos sancionatórios, após a decisão da autoridade julgadora, dada a ocorrência de coisa julgada administrativa.
(2) Não são passíveis de questionamento por via recursal os atos administrativos de mero expediente.

1: incorreta. Não temos coisa julgada administrativa. O nosso ordenamento jurídico adotou o sistema de jurisdição una, em que somente o Poder Judiciário pode decidir com força de "coisa julgada"; **2:** correta. Os atos administrativos de mero expediente não possuem cunho decisório algum. Eles somente dão andamento a um procedimento, ao dia a dia administrativo, por isso não há interesse na interposição de recursos contra esses atos. AW
Gabarito "E, 2C

(Procurador do Estado/AM – 2016 – CESPE) Acerca do controle administrativo interno e externo, julgue os itens a seguir.
(1) As comissões parlamentares de inquérito são instrumentos de controle externo destinados a investigar fato determinado em prazo determinado, mas desprovidos de poder condenatório.
(2) A CF atribui ao TCU a competência para a apreciação dos atos de concessão e renovação de concessão de emissoras de rádio e televisão.
(3) O controle administrativo interno é cabível apenas em relação a atividades de natureza administrativa, mesmo quando exercido no âmbito dos Poderes Legislativo e Judiciário.
(4) O CNJ é órgão externo de controle administrativo, financeiro e disciplinar do Poder Judiciário.

1: Correta. Há previsão expressa dos poderes e competências das CPIs, no art. 58, § 3º, CF. **2:** Errada. A competência é do Congresso Nacional (art. 49, XII, CF). **3:** Correta. O controle interno é feito no âmbito de cada Poder. **4:** Errada. O Conselho Nacional de Justiça é órgão do Poder Judiciário (art. 92, I-A, CF). AW
Gabarito 1C, 2E, 3C, 4E

(Delegado/MT – 2017 – CESPE) A fiscalização exercida pelo TCU na prestação de contas de convênio celebrado entre a União e determinado município, com o objetivo de apoiar projeto de educação sexual voltada para o adolescente, insere-se no âmbito do controle
(A) provocado.
(B) meritório.
(C) subordinado.
(D) prévio.
(E) vinculado.

Trata-se de ato vinculado. CF, art. 71. O controle externo, a cargo do Congresso Nacional, será exercido com o auxílio do Tribunal de Contas da União, ao qual compete: II – julgar as contas dos administradores e demais responsáveis por dinheiros, bens e valores públicos da administração direta e indireta, incluídas as fundações e sociedades instituídas e mantidas pelo Poder Público federal, e as contas daqueles que derem causa a perda, extravio ou outra irregularidade de que resulte prejuízo ao erário público. FB
Gabarito "E".

(Defensor Público – DPE/RN – 2016 – CESPE) Tendo em vista que, relativamente aos mecanismos de controle da administração pública, a própria CF dispõe que os Poderes Legislativo, Executivo e Judiciário manterão, integradamente, sistemas de controle interno em suas respectivas esferas, assinale a opção que apresenta exemplo de meio de controle interno da administração pública.
(A) Fiscalização realizada por órgão de controladoria da União sobre a execução de determinado programa de governo no âmbito da administração pública federal.
(B) Controle do Poder Judiciário sobre os atos do Poder Executivo em ações judiciais.
(C) Sustação, pelo Congresso Nacional, de atos do Poder Executivo que exorbitem do poder regulamentar.
(D) Julgamento das contas dos administradores e dos demais responsáveis por dinheiro, bens e valores públicos da administração direta e indireta realizado pelos TCs.
(E) Ação popular proposta por cidadão visando à anulação de determinado ato praticado pelo Poder Executivo municipal, considerado lesivo ao patrimônio público.

A: Correta. O controle feito por um órgão do mesmo Poder (Executivo) é interno, tratando-se de Supervisão Ministerial a ele, estando correta a assertiva; **B:** Incorreta. O Poder Judiciário realiza controle "externo", sendo um Poder autônomo ao Poder Executivo; **C:** Incorreta. O Controle de Poder Legislativo é "externo", pelos mesmos motivos acima citados; **D:** Incorreta. Externo é o controle que se realiza por um Poder ou órgão constitucional independente funcionalmente sobre a atividade administrativa de outro Poder estranho à Administração responsável pelo ato controlado, como o feito pelos Tribunais de Contas (Tribunal independente e autônomo); **E:** Incorreta. A Ação Popular é decorrente de controle judicial, que é externo ao Poder Executivo. AW
Gabarito "A".

(Defensor Público – DPE/MT – 2016 – UFMT) Quanto ao controle externo da Administração Pública, assinale a afirmativa INCORRETA.
(A) Compete ao Poder Legislativo sustar os atos normativos do Poder Executivo que exorbitem do poder regulamentar.
(B) Compete às Comissões Permanentes do Poder Legislativo, em função da matéria de suas respectivas competências, receber petições, reclamações, representações ou queixas de qualquer pessoa contra atos ou omissões das entidades públicas.
(C) A Comissão Parlamentar de Inquérito pode solicitar ao Tribunal de Contas a realização de inspeções e auditorias de natureza contábil, financeira, orçamentária, operacional e patrimonial, nas unidades administrativas dos Poderes Legislativo, Executivo e Judiciário.
(D) Compete aos Tribunais de Contas apreciar, para fins de registro, a legalidade dos atos de admissão de pessoal, excluídas as contrata-

ções temporárias e as nomeações para cargos em comissão, bem como os atos de concessão de aposentadorias, reformas e pensões.
(E) A sustação de atos administrativos impugnados pelos Tribunais de Contas somente ocorrerá depois de decorrido e não atendido o prazo assinalado para que o órgão ou entidade controlada adote as providências necessárias para sanar a ilegalidade.

A: Correta, conforme disposto no art. 49, V, CF; **B:** Correta, sendo o rol de atividades das Comissões Permanentes disposto no art. 58, § 2º, CF; **C:** Correta, sendo o que previsto no art. 58, § 3º, CF, no que se refere aos seus poderes investigatórios "próprios das autoridades judiciais"; **D:** Incorreta. A análise dos Tribunais de Constas não é feita apenas para "fins de registro", e sim, para apreciar e emitir parecer, inclusive, sobre as constas do Poder Público, assim como nomeações de servidores, eis que delas decorrem gastos públicos; **E:** Correto, tendo em vista o disposto no art. 71, X, CF no que diz respeito à possibilidade de correção do ato. **AW**
Gabarito "D".

(DPE/PE – 2015 – CESPE) No que se refere ao controle da administração pública, julgue o seguinte item.
(1) Por ser um órgão constitucional autônomo, a DP não está sujeita a controle interno de suas funções administrativas.

1: incorreta, pois todos os entes públicos estão sujeitos ao controle interno (art. 74, *caput*, da CF). **WG**
Gabarito 1E.

13.3. CONTROLE PELO JUDICIÁRIO

(Delegado/AP – 2017 – FCC) O controle exercido pelo Poder Judiciário sobre a Administração pública pode incidir sobre atos e contratos de diversas naturezas. Quando o objeto do controle exercido é um contrato de parceria público-privada, deverá analisar se
(A) o objeto do contrato é aderente à legislação que rege às parcerias público privadas, que somente admite a conjugação de obras e serviços quando se tratar da modalidade patrocinada.
(B) o prazo do contrato não excede o limite de 25 anos, o mesmo previsto para as concessões comuns, a fim de não ofender o princípio de quebra da isonomia e violação da licitação, inclusive para inclusão de novos serviços e violação do princípio licitatório.
(C) houve estimativa de previsão de recursos orçamentário-financeiros para toda a vigência contratual e a efetiva demonstração de existência de recursos para os dois exercícios seguintes à celebração da avença.
(D) a tarifa estabelecida pela contratada, independentemente da modalidade do contrato, observou o princípio da modicidade e se há contraprestação a ser paga pelo Poder Público e sua respectiva garantia.
(E) o início do pagamento da contraprestação está condicionado a disponibilização do serviço pelo parceiro privado, admitindo-se a previsão da possibilidade de fracionamento proporcional à parcela de serviço prestada.

Lei 11.079/2004, art. 7º A contraprestação da Administração Pública será obrigatoriamente precedida da disponibilização do serviço objeto do contrato de parceria público-privada. § 1º É facultado à administração pública, nos termos do contrato, efetuar o pagamento da contraprestação relativa a parcela fruível do serviço objeto do contrato de parceria público-privada. **FB**
Gabarito "E".

(Magistratura/RR – 2015 – FCC) Acerca da prescrição nas relações envolvendo a Administração pública, o Decreto 20.910, de 6 de janeiro de 1932 estatui: "Art. 1º As dívidas passivas da União, dos Estados e dos Municípios, bem assim todo e qualquer direito ou ação contra a Fazenda federal, estadual ou municipal, seja qual for a sua natureza, prescrevem em cinco anos contados da data do ato ou fato do qual se originarem."
Considerando-se que tal disposição veio a ser complementada pela edição de outros dispositivos legais acerca do assunto, é correto afirmar que a norma ali veiculada
(A) não foi recepcionada pela Constituição Federal de 1988, uma vez que norma veiculada por ato do Poder Executivo não possui força legal.
(B) não se aplica aos entes da Administração Indireta que se dedicam ao desempenho de atividade econômica em sentido estrito, nas relações que estabelecem no exercício de tais atividades.
(C) é aplicável somente às relações entre a Administração pública e os servidores públicos, sendo que nas relações jurídicas envolvendo particulares, aplicam-se as normas sobre prescrição do Código Civil de 2002, que derrogou parcialmente tal diploma.
(D) não é aplicável aos entes autárquicos e fundacionais, visto que não mencionados no texto normativo.
(E) permite que a Administração pública adquira, por usucapião, bem de propriedade de particular, desde que o apossamento administrativo se dê por prazo igual ou superior a cinco anos.

A: incorreta, pois, à época, esse tipo de decreto tinha força de lei, daí porque foi recepcionado; **B:** correta, pois os entes citados não podem ser considerados "Fazenda Pública", expressão que diz respeito aos entes de natureza pública; **C:** incorreta, pois essa norma vale tanto para pretensões de servidores em relação ao Poder Público, como para pretensões de particulares para o mesmo Poder, o que se observa pelo texto, que é claro ao dispor que a regra abarca "todo e qualquer direito ou ação contra a Fazenda"; **D:** incorreta, pois os entes citados (autarquias e fundações) podem ser considerados "Fazenda Pública", expressão que diz respeito aos entes de natureza pública; **E:** incorreta, pois quando o Poder Público invade uma área particular e a ela dá uma finalidade pública (apossamento administrativo) há aquisição imediata da propriedade, não sendo necessário o transcurso do prazo de 5 anos, tratando-se da chamada desapropriação indireta, cabendo ao particular apenas ingressar com uma ação indenizatória em face do Poder Público. **WG**
Gabarito "B".

(Magistratura/SC – 2015 – FCC) A Constituição Federal, no art. 37, § 5º, assim dispõe: "A lei estabelecerá os prazos de prescrição para ilícitos praticados por qualquer agente, servidor ou não, que causem prejuízos ao erário, ressalvadas as respectivas ações de ressarcimento". Em julgamento de 2 de agosto de 2013, o Plenário do Supremo Tribunal Federal, ao apreciar o recurso extraordinário 669.069, admitiu sua repercussão geral, afirmando: "Apresenta repercussão geral o recurso extraordinário no qual se discute o alcance da imprescritibilidade da pretensão de ressarcimento ao erário prevista no artigo 37, § 5º, da Constituição Federal". Assim decidindo, o Tribunal reconheceu

(A) não haver imprescritibilidade das ações judiciais que visam a reparar prejuízos ao erário.
(B) haver a imprescritibilidade apenas das ações de improbidade administrativa que visem ao ressarcimento ao erário.
(C) haver a imprescritibilidade de quaisquer ações judiciais que visem ao ressarcimento ao erário.
(D) que a imprescritibilidade das ações judiciais que visem ao ressarcimento ao erário tem efeitos *erga omnes*, não atingindo apenas os servidores públicos.
(E) haver divergência relevante sobre a interpretação do dispositivo constitucional em questão, quanto ao alcance da imprescritibilidade das ações judiciais que visem a reparar prejuízos ao erário.

A a D: incorretas, pois o STF apenas reconheceu que há divergência relevante sobre a interpretação desse dispositivo, ou seja, quanto a prescritibilidade ou não das ações de ressarcimento quando houver dano ao erário, determinando que a questão fosse julgada definitivamente pelo Excelso Pretório, sem que a decisão mencionada tivesse entrado no mérito da questão; **E:** correta, pois o STF apenas reconheceu que há a divergência mencionada, justificando que a questão fosse julgada definitivamente pelo Excelso Pretório, sem que a decisão mencionada tivesse entrado no mérito da questão. **WG**
Gabarito "E".

(Juiz de Direito/MG – 2014) O direito brasileiro adota o sistema da unidade de jurisdição. Assinale a alternativa que apresenta a definição CORRETA da competência do judiciário brasileiro, quando provocado, no exame do controle dos atos da administração pública.
(A) Em razão do princípio constitucional que orienta que "a lei não excluirá da apreciação do Poder Judiciário lesão ou ameaça a direito" (Art. 5º, XXXV da CF/1988), poderá o juiz examinar, além do aspecto legal do ato, também o mérito administrativo, sem que isso importe em ofensa à independência dos poderes.
(B) No exercício do controle jurisdicional do ato administrativo, o juiz deve analisar os critérios de conveniência e oportunidade na sua realização.
(C) No controle jurisdicional do ato administrativo, deve o juiz, além de examinar a motivação e a finalidade, decidir sobre o mérito administrativo.
(D) O controle judicial dos atos da administração pública é exclusivamente o da legalidade, não podendo o juiz, em qualquer hipótese, adentrar o mérito administrativo, apreciando a conveniência e oportunidade do ato.

A a C: incorretas, pois o juiz só pode apreciar a legalidade, a razoabilidade e a moralidade do ato administrativo, sendo que a margem de liberdade que sobrar após essa apreciação (o mérito, ou a conveniência ou oportunidade) é intangível; **D:** correta, valendo salientar que a alternativa traz a expressão legalidade em sentido amplo, abrangendo o respeito à legalidade em sentido estrito e também à razoabilidade e à moralidade. **WG**
Gabarito "D".

13.4. TEMAS COMBINADOS DE CONTROLE DA ADMINISTRAÇÃO

(Advogado da Fundação Pro Sangue/SP – 2014 – FGV) A Administração Pública possui uma série de mecanismos de controle. No que tange a essa temática, assinale a afirmativa correta.
(A) O Poder Executivo é o único que exerce controle interno.
(B) O Poder Judiciário poderá exercer controle interno sobre os demais poderes.

(C) O Poder Legislativo exerce controle interno e externo.
(D) O controle judicial poderá ser sempre exercido de ofício.
(E) Com exceção do poder executivo, os demais poderes não poderão exercer controle interno fazendo uso da autotutela.

A: incorreta, pois o controle interno ocorre na Administração Pública não só do Poder Executivo, como também dos Poderes Legislativo e Judiciário; **B:** incorreta, pois o Judiciário exerce o controle externo sobre os demais poderes e o controle interno quanto à sua própria Administração; **C:** correta, pois exerce o controle interno de sua própria Administração e o controle externo da Administração do Poder Executivo; **D:** incorreta, pois, por conta do princípio da inércia jurisdicional, o controle judicial depende de provocação; **E:** incorreta, pois os demais poderes podem exercer o controle interno fazendo uso da autotutela; por exemplo, um órgão do Legislativo que tiver celebrado um contrato administrativo com uma empresa de limpeza da casa legislativa pode anular esse contrato (controle interno) sem ter que buscar o Judiciário, valendo-se da autotutela. **WG**

Gabarito "C".

14. LEI DE ACESSO À INFORMAÇÃO – TRANSPARÊNCIA

(Procurador – SP – VUNESP – 2015) Assinale a alternativa que corretamente discorra sobre aspectos da Lei Federal 12.527/2011 (Lei de Acesso à Informação).

(A) A Câmara Municipal de Caieiras não se submete à Lei de Acesso à Informação, pois a Lei Federal 12.527/2011 somente é aplicável aos órgãos do Poder Executivo de todos os níveis da Federação.
(B) Não são passíveis de classificação as informações cuja divulgação ou acesso irrestrito possam oferecer elevado risco à estabilidade financeira, econômica ou monetária do País.
(C) A Lei de Acesso à Informação tem como diretrizes, entre outras, a observância da publicidade como preceito geral e do sigilo como exceção, bem como a divulgação de informações de interesse público, independentemente de solicitações.
(D) O acesso a informações públicas será assegurado mediante gestão transparente da informação, não sendo, no entanto, necessária a criação de serviço específico de informações ao cidadão.
(E) O órgão ou entidade pública deverá autorizar ou conceder o acesso imediato à informação disponível; não sendo possível conceder o acesso imediato, o órgão ou entidade que receber o pedido deverá atendê-lo no prazo de 30 (trinta) dias.

A: Incorreta. O art. 1º, parágrafo único, I, da Lei 12.527/2011 dispõe que a lei se aplica a órgãos de todos os Poderes, o que inclui a Câmara Municipal, que é órgão do Poder Legislativo. **B:** Incorreta. O art. 23, IV, da Lei 12.527/2011 determina que essa é um tipo de informação a ser classificada. **C:** Correta. Perfeita a assertiva, eis que é "letra da lei", conforme disposto no art. 3º, da Lei 12.527/2011. **D:** Incorreta. O art. 9º, I, da Lei 12.527/2011 determina a criação de serviço específico ao cidadão. **E:** Incorreta. O prazo é não superior a 20 dias para o órgão agir, caso não seja possível o acesso imediato da informação. **AW**

Gabarito "C".

(Procurador – PGFN – ESAF – 2015) A respeito da Lei n. 12.527/2011, conhecida como Lei de Acesso à Informação, analise as afirmativas abaixo, classificando-as em verdadeiras (V) ou falsas (F). Ao final, assinale a opção que contenha a sequência correta.
( ) Trata-se de uma lei que contém normas gerais e, sob este aspecto, de caráter nacional.
( ) A referida lei consagra o que se convencionou chamar de transparência ativa.
( ) A informação em poder dos órgãos e entidades públicas pode ser classificada como ultrassecreta, secreta ou reservada, quando a restrição temporária ou permanente de acesso ao seu conteúdo for imprescindível à segurança da sociedade ou do Estado.
( ) Externados os motivos e demonstrado o interesse do solicitante, qualquer interessado pode apresentar pedido de acesso a informações aos órgãos e entidades sujeitos à Lei nº 12.527/2011.
(A) V, V, V, F.
(B) V, F, V, F.
(C) F, V, F, V.
(D) V, V, V, V.
(E) V, V, F, F.

1: verdadeira. Trata-se de lei geral, que regulamenta os arts. 5º, XXXIII, art. 37, § 3º, II e art. 216, CF; **2:** verdadeira. O conceito de transparência ativa é o dever que as pessoas jurídicas integrantes da Administração Pública possuem de divulgar, independentemente de requerimento, informações de caráter geral e de interesse público; **3:** falsa. O art. 4º, III, da Lei de Acesso à Informação dispõe que essa restrição é sempre temporária; **4:** falsa. O art. 10, § 3º, do referido diploma legal determina ser vedada exigência quanto ao motivo que ensejou o pedido de informação. **AW**

Gabarito "E".

(Juiz – TJ-SC – FCC – 2017) A Lei de Acesso à Informação Pública – Lei Federal nº 12.527/2011:
(A) não se aplica a todos os entes da Administração Pública, visto que é incompatível com o regime das empresas públicas e sociedades de economia mista, regidas por lei própria (Lei Federal nº 13.303/2016).
(B) postula que, segundo o princípio *acessorium sequitur principale*, quando não for autorizado acesso integral à informação por ser ela parcialmente sigilosa, as demais partes tornam-se também de acesso restrito.
(C) aponta como dever dos órgãos e entidades públicas promover a divulgação de informações de interesse coletivo ou geral por eles produzidas ou custodiadas, por sítio oficial na internet; todavia, os Municípios de menos de cem mil habitantes estão dispensados da exigência.
(D) prevê prazo de trinta dias, prorrogável justificadamente por mais 20 (vinte) dias, para que seja disponibilizada informação requerida pelo cidadão.
(E) cria hipótese de responsabilidade objetiva pela divulgação indevida de informações, sendo que tal responsabilidade também é aplicável aos particulares que, em virtude de vínculo com órgão ou entidade pública, tenham acesso a informações sigilosas.

A: incorreta. Os arts. 1º, 2º e 3º, da Lei 12.527/2011 são expressos quanto à sua aplicabilidade a todas as entidades da Administração Pública direta, indireta e particulares que recebam subvenção do Poder Público; **B:** incorreta. O art. 7º, §2º, da Lei 12.527/2011 dispõe que: "Quando não for autorizado acesso integral à informação por ser ela parcialmente sigilosa, é assegurado o acesso à parte não sigilosa por meio de certidão, extrato ou cópia com ocultação da parte sob sigilo"; **C:** incorreta. O erro está quanto aos Municípios dispensados da divulgação das informações, sendo esses os de até 10 mil habitantes, e não 100 mil, como consta da assertiva (art. 8º, §4º, da Lei 12.527/2011); **D:** incorreta. O prazo é de 20 dias, prorrogáveis por mais 10 dias, conforme disposto no art. 11 e §2º, da Lei 12.527/2011; **E:** correta. Os arts. 32 e seguintes, da Lei 12.527/2011 são muito claros quanto à responsabilidade dos agentes que não respeitarem as regras de divulgação de informações do Poder Público, sendo as penas aplicáveis tanto aos agentes quanto aos particulares que possuem vínculo com o Poder Público (arts. 1º a 3º, do referido diploma legal). **AW**

Gabarito "E".

(Magistratura/SC – 2015 – FCC) Vigora no Brasil, disciplinando o direito constitucional de acesso à informação, a Lei 12.527/2011. É ideia ESTRANHA ao regime dessa lei a
(A) criação, pelo acesso à informação classificada como sigilosa, da obrigação para aquele que a obteve de resguardar o sigilo.
(B) possibilidade de que qualquer interessado possa apresentar pedido de acesso a informações aos órgãos e entidades competentes, devendo o pedido conter a identificação do requerente, a especificação da informação requerida e os motivos determinantes da solicitação de informações de interesse público.
(C) inclusão, no sentido de acesso à informação, do direito de obter informação produzida ou custodiada por pessoa física ou entidade privada decorrente de qualquer vínculo com seus órgãos ou entidades, mesmo que esse vínculo já tenha cessado.
(D) observância da publicidade como preceito geral e do sigilo como exceção.
(E) classificação da informação sigilosa, em regra geral, segundo os seguintes critérios: ultrassecreta – 25 anos; secreta – 15 anos; e reservada – 5 anos.

A: incorreta, pois não é estranho ao regime dessa lei (art. 25, § 2º, da Lei 12.527/2011); **B:** correta, pois é estranho ao regime dessa lei, já que art. 10, § 3º da Lei 12.527/2011 vedada a exigência relativa ao motivo determinante da solicitação de interesse público; **C:** incorreta, pois não é estranho ao regime dessa lei (art. 7º, III, da Lei 12.527/2011); **D:** incorreta, pois não é estranho ao regime dessa lei (art. 3º, I, da Lei 12.527/2011); **E:** incorreta, pois não é estranho ao regime dessa lei (art. 24, § 1º, da Lei 12.527/2011). **WG**

Gabarito "B".

(Procurador Legislativo – Câmara de Vereadores de São Paulo/SP – 2014 – FCC) A Lei de Acesso à Informação – Lei Federal nº 12.527/2011 – exige a divulgação *sponte propria*, pelos órgãos públicos, de informações de interesse coletivo ou geral por eles produzidas ou custodiadas, o que vem sendo denominado de "transparência ativa". O art. 8º da Lei estabelece um rol de informações que obrigatoriamente devem ser divulgadas, independentemente de requerimento. Dentre as informações mencionadas nesse rol, NÃO consta:
(A) registros das despesas.
(B) registros de quaisquer repasses ou transferências de recursos financeiros.
(C) respostas a perguntas mais frequentes da sociedade.
(D) informações concernentes a procedimentos licitatórios, inclusive os respectivos editais e resultados, bem como a todos os contratos celebrados.

(E) informações sobre os procedimentos disciplinares instaurados, concluídos e punições aplicadas a agentes públicos.

A: incorreta, pois consta nesse rol (art. 8º, § 1º, III, da Lei 12.527/2011); **B:** incorreta, pois consta nesse rol (art. 8º, § 1º, II, da Lei 12.527/2011); **C:** incorreta, pois consta nesse rol (art. 8º, § 1º, VI, da Lei 12.527/2011); **D:** incorreta, pois consta nesse rol (art. 8º, § 1º, IV, da Lei 12.527/2011); **E:** correta, pois não consta nesse rol, na Lei 12.527/2011. WG
Gabarito "E".

(Delegado/SP – 2014 – VUNESP) A respeito da Lei de Acesso à Informação (Lei 12.527/2011), é correto afirmar que

(A) nos municípios em que não se exige a veiculação pela internet, as informações referentes à execução orçamentária e financeira devem ser disponibilizadas à população e renovadas, ao menos semestralmente.
(B) nas cidades com mais de 10 mil habitantes, os órgãos e entidades públicas devem promover pela internet o acesso a informações de interesse coletivo por eles produzidas ou custodiadas.
(C) qualquer interessado pode requerer informações aos órgãos e entidades públicas, assegurado, independentemente de justificação, o anonimato do requerente.
(D) o prazo máximo de restrição de acesso à informação considerada "ultrassecreta" não pode ultrapassar a 01 (um) ano.
(E) somente o Presidente da República pode classificar uma informação como sendo "ultrassecreta".

A: incorreta, pois, nesses casos, é obrigatória a divulgação das respectivas informações em tempo real (art. 8º, § 4º); **B:** correta (art. 8º, § 4º); **C:** incorreta, pois a lei exige identificação do requerente (art. 10, *caput*), mas não é possível exigir motivação do interessado quando este buscar informações de interesse público (art. 10, § 3º); **D:** incorreta, pois o prazo nesse caso é de 25 anos (art. 24, § 1º, I); **E:** incorreta, pois outras autoridades, como Vice-Presidente da República, Ministros de Estado também podem classificar uma informação como sendo "ultrassecreta" (art. 27, I). WG
Gabarito "B".

15. LEI ANTICORRUPÇÃO

(Juiz de Direito – TJM/SP – VUNESP – 2016) Com base na Lei Anticorrupção, é correto afirmar que

(A) na esfera administrativa, serão aplicadas às pessoas jurídicas consideradas responsáveis pelos atos lesivos, multa de até 20% (vinte por cento) do faturamento bruto do último exercício anterior ao da instauração do processo administrativo, em substituição à obrigação de reparar os danos.
(B) a Advocacia Geral da União – AGU é o órgão competente para celebrar os acordos de leniência no âmbito do Poder Executivo federal, bem como no caso de atos lesivos praticados contra a Administração Pública estrangeira.
(C) constitui ato lesivo à Administração Pública, nacional ou estrangeira, aquele praticado por sociedade empresária que, comprovadamente, utilizar-se de interposta pessoa física ou jurídica para ocultar ou dissimular seus reais interesses ou a identidade dos beneficiários dos atos praticados.
(D) a responsabilização da pessoa jurídica exclui a responsabilidade individual de seus dirigentes ou administradores, exceto em relação aos ilícitos penais, pelos quais responderão na medida da sua culpabilidade.
(E) as pessoas jurídicas serão responsabilizadas objetivamente, nos âmbitos administrativo, civil e criminal, pelos atos lesivos previstos nessa Lei, praticados em seu interesse ou benefício, exclusivo ou não.

A: incorreta. O art. 6º, I, § 3º, da Lei 12.846/2013 determina multa de 0,1% a 20% do faturamento bruto, e não somente de 20%, como determina a assertiva. **B:** incorreta. O art. 16, § 10, da Lei Anticorrupção determina ser competência da Controladoria Geral da União a celebração de acordos de leniência. **C:** correta. O art. 5º, III, da Lei 12.846/2013 determina que: "Constituem atos lesivos à administração pública, nacional ou estrangeira, para os fins desta Lei (...) III – comprovadamente, utilizar-se de interposta pessoa física ou jurídica para ocultar ou dissimular seus reais interesses ou a identidade dos beneficiários dos atos praticados. **D:** incorreta. A responsabilização de pessoa jurídica não exclui a responsabilidade de seus dirigentes (art. 3º, da Lei Anticorrupção). **E:** incorreta. A responsabilidade é objetiva somente no âmbito administrativo e civil (art. 2º, da Lei 12.846/2013). AW
Gabarito "C".

(Juiz – TJ/RJ – VUNESP – 2016) Considere a seguinte situação hipotética. Empresa privada V acaba de vencer pregão para fornecimento de câmeras de videomonitoramento para colocação em todas as viaturas das polícias civil e militar do Estado do Rio de Janeiro. Um dos sócios da Empresa V procura o Secretário Estadual de Segurança Pública e lhe propõe que faça um aditivo de 25% ao valor do contrato. Em troca, a empresa V repassaria 5% de tudo que fosse pago a título do aditivo ao Secretário Estadual. Diante da oferta, o Secretário dá voz de prisão ao sócio da Empresa V e aciona a autoridade policial, para lavratura do flagrante. Tomadas as medidas criminais cabíveis, em relação à aplicação da Lei Federal 12.846/2013 – Lei Anticorrupção, é correto afirmar que

(A) a responsabilidade administrativa é cumulada com a judicial, assim, o Estado do Rio de Janeiro, por meio da respectiva Advocacia Pública, o Ministério Público, ou ainda, a Controladoria Geral da União, poderá ajuizar a ação de responsabilização judicial, que observará o rito da Ação Civil Pública, culminando com a sanção dentre outras, da dissolução da pessoa jurídica "Empresa V".
(B) considerando a necessidade de identificação dos envolvidos na infração, e a obtenção de informações e documentos que comprovem o ilícito no Processo Administrativo de Responsabilização, o Secretário Estadual poderá celebrar acordo de leniência com a "Empresa V" para que esta colabore efetivamente com as investigações, e se isto ocorrer, a Administração poderá eximir a pessoa jurídica (Empresa V) da obrigação de reparar integralmente o dano causado.
(C) a oferta de vantagem indevida a agente público é suficiente para caracterizar ato lesivo à Administração Pública, passível de responsabilização objetiva administrativa da pessoa jurídica "Empresa V", sendo aplicável, como sanção no âmbito do Processo Administrativo de Responsabilização, a proibição de receber incentivos, subsídios, subvenções, doações ou empréstimos de órgãos ou entidades públicas e de instituições financeiras públicas ou controladas pelo poder público, pelo prazo mínimo de 1 (um) e máximo de 5 (cinco) anos.
(D) a mera oferta de vantagem indevida a agente público não é suficiente para caracterizar ato lesivo à Administração Pública, passível de responsabilização objetiva administrativa da pessoa jurídica "Empresa V", sendo necessário que, no caso concreto, ao menos houvesse assinatura do aditivo contratual, a fim de que pudesse ser imposta à "Empresa V", como sanção administrativa, a suspensão ou interdição parcial de suas atividades.
(E) a oferta de vantagem indevida a agente público é suficiente para caracterizar ato lesivo à Administração Pública, passível de responsabilização objetiva administrativa da pessoa jurídica "Empresa V", sendo aplicáveis, como sanções no âmbito do Processo Administrativo de Responsabilização, multa de 0,1% a 20% do faturamento bruto do último exercício anterior ao da instauração do processo administrativo, excluídos os tributos, a qual nunca será inferior à vantagem auferida, quando for possível sua estimação, e publicação extraordinária da decisão condenatória.

A: incorreta. A Controladoria Geral a União não é legitimada para propor ação judicial, conforme disposto no art. 19, da Lei Anticorrupção, sendo o Ministério Público e Advocacia Pública. **B:** incorreta. O acordo de leniência não exime a pessoa jurídica de reparar o dano, conforme disposto no art. 16, § 3º, da Lei 12.846/2013. **C:** incorreta. O art. art. 19, IV, da Lei Anticorrupção determina que a sanção de proibição de receber incentivos, subsídios e subvenções do Poder Público é uma penalidade judicial, e não administrativa, como consta da assertiva. **D:** incorreta. A interdição das atividades da empresa é uma sanção judicial, e não administrativa, como afirmado na assertiva e a mera oferta de vantagem indevida é suficiente para caracterizar o delito. **E:** correta. Trata-se do disposto no art. 6º, quanto à sanção administrativa, e no art. 19, quanto à sanção judicial, ambos da Lei 12.846/2013. AW
Gabarito "E".

(Juiz – TJ/MS – VUNESP – 2015) Suponha a seguinte situação hipotética: grupo de empresários, interessados em obra de grande vulto, cuja licitação será realizada pelo Estado do Mato Grosso do Sul, decidem realizar ajuste prévio dos valores a serem ofertados no certame, combinando que a empresa A deverá ser a vencedora, com proposta de menor valor, e que as demais empresas (B, C e D) deverão apresentar propostas de maior valor. Os empresários combinam, ainda, que a empresa A subcontrate as empresas B, C e D. Os empresários ajustados resolvem, ainda, cooptar servidor público estadual, a fim de que ele facilite a realização da fraude. O servidor aceita cooperar com o grupo de empresas, fornecendo informações sigilosas que beneficiam esse grupo de empresários, em detrimento dos demais licitantes, mediante oferecimento de vantagem pecuniária. A empresa A se sagra vencedora do certame. No entanto, antes da homologação do resultado da licitação, por meio do controle interno da Secretaria que estava realizando o certame, a fraude é descoberta. Nesse caso, é correto afirmar, considerando as sanções possíveis em nosso ordenamento jurídico-administrativo, que

(A) as empresas e os empresários não podem ser punidos por tentativa no âmbito da Lei Anticorrupção (Lei Federal 12.846/2013); as empresas, os empresários e o agente público não podem ser punidos por ato de improbidade tentado; o agente público pode ser, no entanto, punido por falta disciplinar da Lei Federal 12.527/2011, a Lei de Acesso à Informação, por divulgação indevida de informações sigilosas, pelas quais deveria zelar.

(B) as empresas podem ser punidas pelo mero oferecimento de vantagem a servidor público estadual para frustrar licitação, pois tal conduta está prevista como ato ilícito na Lei Anticorrupção; os empresários não podem ser punidos no âmbito da Lei Federal 8.429/1992, porque particular não pode ser sujeito de ato de improbidade; o agente público pode ser punido no âmbito da Lei Federal 8.429/1992, por sua simples aquiescência com o ilícito.
(C) as empresas podem ser punidas por ato lesivo à Administração Pública Estadual, pelo oferecimento de vantagem a servidor público estadual, nos termos da Lei 12.846/; os empresários e o agente público podem responder por ato de improbidade administrativa, pois a jurisprudência do Superior Tribunal de Justiça admite como punível a tentativa de improbidade administrativa, que não se realiza por motivo alheio à conduta do agente, porque caracteriza ofensa a princípios da Administração Pública.
(D) as empresas, os empresários e o agente público não responderão por atos ilícitos que caracterizem improbidade administrativa, previstos na Lei Federal 8.429/1992, nem ato lesivo à Administração Pública, nos termos da Lei Federal 12.846/2013, pois não é prevista, nesses casos, sanção ou pena para a tentativa de frustrar o caráter competitivo de certame licitatório.
(E) os empresários e o agente público podem ser punidos por tentativa de ato de improbidade, pois a jurisprudência do Superior Tribunal de Justiça admite como punível a tentativa de improbidade administrativa, que não se realiza por motivo alheio à conduta do agente, porque caracteriza ofensa a princípios da Administração Pública, mas as empresas não podem ser punidas no âmbito da Lei Anticorrupção, pois o mero oferecimento de vantagem ilícita a servidor não é ato ilícito previsto pela Lei Federal 12.846/2013.

A: incorreta. O ato de improbidade administrativa admite tentativa, conforme se verifica pelo seguinte entendimento do STJ: "STJ, 2ª Turma, REsp 1014161 (17/09/2010): É punível a tentativa de improbidade administrativa nos casos em que as condutas não se realizam por motivos alheios ao agente, haja vista a ocorrência de ofensa aos princípios da Administração Pública"; **B:** incorreta. Os empresários podem ser punidos por improbidade administrativa, conforme disposto no art. 3º da Lei 8.429/1992. **C:** correta. Perfeita assertiva, eis que a Lei Anticorrupção permite a punição de pessoas físicas ou jurídicas que praticarem atos de corrupção com lesão ao erário, assim como tanto os empresários quanto agentes públicos podem ser punidos pela Lei de Improbidade (uma não exclui a outra), conforme disposto nos arts. 3º, da Lei 8.429/1992 e arts. 1º a 3º, da Lei 12.846/2013. **D:** incorreta. Conforme já explicado acima, tanto empresários quanto agentes respondem por improbidade administrativa (arts. 1º a 3º, da Lei 8.429/1992). **E:** incorreta. O erro está na segunda parte da assertiva, porque as empresas são sujeitos ativos para a Lei Anticorrupção (arts. 1º a 3º, da Lei 8.429/1992). Gabarito "C".

(Juiz – TJ/SP – VUNESP – 2015) À luz da Lei 12.846/2013, denominada Lei Anticorrupção (LAC), é correta a afirmação constante em qual das alternativas a seguir?
(A) Com base na LAC, podem ser aplicadas na esfera administrativa as sanções de multa, publicação extraordinária da decisão condenatória e declaração de inidoneidade da pessoa jurídica envolvida nos ilícitos.
(B) As punições previstas na LAC somente poderão ser aplicadas após regular processo administrativo, no âmbito do qual seja possível o exercício da ampla defesa com todos os meios e recursos a ela inerentes, e conduzido por comissão integrada por, no mínimo, dois servidores estáveis.
(C) A competência para instauração e julgamento do processo administrativo de responsabilização por atos de corrupção pelos envolvidos caberá à autoridade máxima de cada órgão ou ente público do respectivo poder, vedada a delegação desta competência.
(D) A autoridade máxima do órgão ou entidade pública, com a anuência do Ministério Público, poderá celebrar acordo de leniência com as pessoas físicas ou jurídicas responsáveis por atos de corrupção desde que esta identifique os demais envolvidos na infração, forneça com celeridade provas e documentos, seja a primeira a se manifestar e cesse completamente seu envolvimento.

A: incorreta. A declaração de inidoneidade não é uma penalidade prevista pela Lei 12.846/2013. **B:** correta. Trata-se de princípio constitucional da ampla defesa e contraditório, disposto no art. 5º, LV, CF, que se materializa pela Lei Anticorrupção. **C:** incorreta. O art. 8º, § 1º, da Lei 12.846/2013 prevê a possibilidade de delegação dessa atividade. **D:** incorreta. Não há previsão de anuência do Ministério Público para a celebração do acordo de Leniência. Gabarito "B".

(Procurador da República –28º Concurso – 2015 – MPF) A empresa privada brasileira FALKATRU S/A, que tem negócios no exterior, envolveu-se em corrupção, apesar de aplicar efetivamente um rigoroso código de ética e de conduta, e de haver instituído procedimentos internos de integridade, que incentivam a denúncia de irregularidades, além de submeter-se a auditorias periódicas. A empresa, interessada em vender seu principal produto ao governo de outro país, enviou um representante para oferecer propina a servidores do ministério das relações exteriores do Brasil que lá desempenhavam suas funções, a fim de que influenciassem as autoridades locais a fraudar a licitação para a compra do produto. O representante também estava instruído a oferecer dinheiro diretamente as autoridades locais. De acordo com a legislação anticorrupção brasileira, analise as seguintes afirmações:

I. Caso fique comprovado o indevido pagamento pela empresa, mas não se consiga provar a identidade ou a participação da pessoa suspeita de atuar como representante, não será possível a responsabilização administrativa da empresa.
II. A lei brasileira anticorrupção aplica-se aos atos lesivos praticados por pessoa jurídica brasileira, ainda que cometidos no exterior, desde que seja contra a administração pública brasileira.
III. O Ministério Público deve valer-se de ação civil pública para obter a responsabilização na via administrativa pelos atos lesivos, nos termos da lei brasileira anticorrupção.
IV. Se o acordo de leniência for frustrado e restar comprovada a corrupção, e irrelevante, para a responsabilização administrativa da empresa, a existência do código de ética, dos procedimentos internos de integridade e das auditorias.

Assinale a alternativa certa:
(A) estao corretas apenas as afirmativas I e III.
(B) estao corretas apenas as afirmativas II e III.
(C) estao corretas apenas as afirmativas II e IV.
(D) Nenhuma afirmativa está correta.

A: Incorreta. O item I e III são incorretos. Em relação ao item I, temos o art. 1º, Lei 12.846/2013, que determina que a responsabilidade é objetiva da pessoa jurídica, independentemente da comprovação de elemento subjetivo do agente, portanto. Mais ainda, o art. 3º, § 1º, do mesmo diploma legal, é expresso quanto à independência das responsabilidades dos sócios e agentes em relação à pessoa jurídica. Quanto ao item III, não há previsão para uma Ação Civil Pública, e sim, da utilização do rito desta Ação, conforme disposto no art. 21, da Lei 12.846/2013 (Lei Anticorrupção). **B:** Incorreta. A Lei Anticorrupção se aplica às empresas brasileiras, ainda que o ato seja cometido no exterior e contra a Administração estrangeira, estando incorreto o item II. **C:** Incorreto. O item IV também está incorreto, porque os códigos de ética e procedimentos internos, como de auditoria, são relevantes, inclusive, para atenuação da pena, conforme disposto no art. 7º, VIII, da Lei 12.846/2013. Gabarito "D".

(Ministério Público/BA – 2015 – CEFET) Em relação à Lei 12.846/2013, que dispõe sobre a responsabilização administrativa e civil das pessoas jurídicas pela prática de atos contra a Administração Pública nacional, ou estrangeira, é CORRETO afirmar que:
(A) A responsabilização das pessoas jurídicas por atos de corrupção é objetiva no âmbito administrativo e subjetiva na esfera cível.
(B) As sociedades controladoras, controladas, coligadas ou, no âmbito do respectivo contrato, as consorciadas serão solidariamente responsáveis pela prática dos atos previstos na Lei n. 12.846/2013, restringindo-se tal responsabilidade à obrigação de pagamento de multa e à reparação integral do dano causado.
(C) O acordo de leniência poderá ser celebrado entre a autoridade máxima de cada órgão ou entidade pública e as pessoas jurídicas responsáveis pelas práticas dos atos lesivos previstos na Lei n. 12.846/2013, e não implica reconhecimento da culpa pela pessoa jurídica infratora.
(D) A pena de dissolução da pessoa jurídica poderá ser aplicada no bojo do processo administrativo, desde que imposta pela autoridade máxima dos Poderes Executivo, Legislativo e Judiciário, sendo assegurados os direitos à ampla defesa e ao contraditório.
(E) Apenas o Ministério Público detém a legitimidade para promover a responsabilidade da pessoa jurídica em juízo.

A: incorreta; a Lei Anticorrupção (Lei 12.846/2013) estabelece responsabilidade objetiva de pessoas jurídicas pela prática de atos contra a Administração Pública, nacional e estrangeira, tanto na esfera civil, como na esfera administrativa; **B:** correta (art. 4º, § 2º, da Lei 12.846/2013); **C:** incorreta, pois o acordo tem como requisito que a pessoa jurídica admita sua participação no ilícito (art. 16, § 1º, III, da Lei 12.846/2013); **D:** incorreta, pois essa pena depende de ajuizamento de ação para ser aplicada, ou seja, somente o Judiciário pode determinar a dissolução da pessoa jurídica por infração à Lei 12.846/2013 (art. 19, III); **E:** incorreta, pois também tem os entes políticos (União, Estados, DF e Municípios), por meio das respectivas advocacias públicas e órgãos de representação judicial (art. 19, caput, da Lei 12.846/13). Gabarito "B".

(Procurador do Estado/PR – 2015 – PUC-PR) De acordo com a Lei 12.846/2013 (Lei Anticorrupção), que dispõe sobre a responsabilização administrativa e civil de pessoas jurídicas, é **CORRETO** afirmar que:
(A) A sanção por multa não poderá exceder o valor total do serviço contratado ou previsto no contrato celebrado com a Administração Pública.

(B) A aplicação da sanção oriunda dos atos lesivos à Administração Pública depende da prova da culpa ou dolo da pessoa jurídica envolvida e/ou de seus diretores e/ou gestores.
(C) A Lei Anticorrupção se aplica a atos lesivos à Administração Pública brasileira, desde que atentem contra o patrimônio público federal, estadual, distrital e/ou municipal (Administração direta e indireta).
(D) A Lei Anticorrupção aplica-se a sociedades não personificadas, independentemente de sua forma de organização ou do respectivo modelo societário.
(E) O acordo de leniência pode ser feito com todos os que manifestem o seu interesse em cooperar na apuração do ato ilícito, além de poder isentar as respectivas pessoas jurídicas das sanções jurídicas previstas na Lei Anticorrupção.

A: incorreta, pois não há limitação nesse sentido na Lei 12.846/2013 (vide o art. 6º, I e § 4º, dessa lei); **B:** incorreta, pois a responsabilidade administrativa (e civil também) da pessoa jurídica é objetiva (art. 2º da Lei 12.846/2013) e independe da responsabilização individual das pessoas de seus dirigentes ou administradores (art. 3º, § 1º, da Lei 12.846/13); **C:** incorreta, pois essa lei se aplica também aos atos lesivos às administrações públicas estrangeiras (art. 1º, *caput*, da Lei 12.846/2013); **D:** correta (art. 1º, parágrafo único, da Lei 12.846/2013); **E:** incorreta, pois esse acordo é feito apenas com aquelas pessoas jurídicas responsáveis pela prática de atos previstos nessa lei e, quanto às sanções, poderá isentar a pessoa jurídica sim, salvo quanto à multa que será reduzida em até 2/3 de seu valor, mas não será isentada (art. 16, *caput* e § 2º, da Lei 12.846/2013). **WG**
Gabarito "D".

(Procurador do Estado – PGE/MT – FCC – 2016) Descobriu-se, por meio de denúncia de um ex-funcionário, acompanhada de farta documentação (recibos, transferências bancárias, anotações manuscritas etc.) que a empresa X participou de esquema para fraudar licitações no âmbito da Administração Estadual. A referida empresa se propôs a celebrar acordo de leniência e colaborar nas investigações, permitindo a identificação de outras empresas envolvidas e fornecendo provas capazes de acelerar a apuração do ilícito. Diante da situação mencionada, conclui-se:

(A) Ao celebrar o acordo de leniência, a Administração Pública poderá isentar a empresa das penalidades previstas na Lei de Licitações e Contratos (Lei nº 8.666/93).
(B) A empresa, por tais atividades, pode ser responsabilizada concomitantemente no âmbito civil, administrativo e penal, em vista da independência de tais esferas.
(C) Se a referida empresa cumprir os termos do acordo de leniência e se dispuser a reparar o dano e pagar a multa correspondente, não sofrerá as penas da Lei de Improbidade (Lei Federal nº 8.429/92).
(D) Outras empresas do mesmo grupo econômico não se beneficiam do acordo, que tem caráter *intuitu personae*.
(E) A celebração e o cumprimento do acordo de leniência pela pessoa jurídica afastam a responsabilidade pessoal dos seus dirigentes e administradores no âmbito civil e administrativo.

A: correta. Trata-se do disposto no art. 17, da Lei 12.846/2013, que possibilita à Administração Pública celebrar acordo de leniência com a pessoa jurídica responsável pela prática de ilícitos previstos na Lei 8.666/1993; **B:** incorreta. O art. 30, da Lei 12.846/2013 dispõe que as sanções previstas na lei não afetam os processos de responsabilização decorrentes do ato de improbidade administrativa; **C:** incorreta. Como consta da assertiva acima, as penas são independentes, ou seja, o fato de não haver responsabilidade pela Lei de combate à Corrupção não impede que a Lei de Improbidade incida; **D:** incorreta. Todas as empresas que integram o mesmo grupo econômico se beneficiam do acordo de leniência (art. 16, § 5º, da Lei 12.846/2013); **E:** incorreta. O art. 3º, da Lei 12.846/2013 dispõe que: "A responsabilização da pessoa jurídica não exclui a responsabilidade individual de seus dirigentes ou administradores ou de qualquer pessoa natural, autora, coautora ou partícipe do ato ilícito". **AW**
Gabarito "A".

(Procurador do Estado – PGE/RS – Fundatec – 2015) De acordo com a Lei nº 12.846/13, que dispõe sobre a responsabilização administrativa e civil de pessoas jurídicas pela prática de atos contra a administração pública, é correto afirmar que:

(A) A responsabilidade administrativa e civil das pessoas jurídicas por atos lesivos à Administração Pública é sempre subjetiva.
(B) Os dirigentes ou administradores só serão responsabilizados na medida da sua culpabilidade.
(C) A existência de mecanismos e procedimentos internos de integridade, auditoria e incentivo à denúncia de irregularidades, e a aplicação efetiva de códigos de ética e de conduta no âmbito da pessoa jurídica, excluem a sua responsabilidade nos âmbitos civil e administrativo.
(D) Dentre as sanções aplicáveis pela Administração Pública às pessoas jurídicas estão a suspensão ou interdição parcial de suas atividades, e a sua dissolução compulsória.
(E) As infrações nela previstas são imprescritíveis.

A: incorreta. O art. 1º, da Lei 12.846/2013 dispõe sobre a responsabilidade objetiva das empresas em caso de corrupção; **B:** correta. Trata-se do art. 3º, § 2º, da Lei 12.846/2013; **C:** incorreta. O art. 7º, VIII, da Lei 12.846/2013 dispõe que serão levados em consideração esses mecanismos, o que não significa que será excluída a responsabilidade; **D:** incorreta. O Poder Judiciário é que aplica as sanções previstas nessa Lei, e não a Administração Pública (art. 19, da Lei 12.846/2013); **E:** incorreta. O art. 25, da Lei 12.846/2013 determina o prazo prescricional de 5 anos para a punição das infrações previstas nessa lei. **AW**
Gabarito "B".

(Promotor de Justiça/GO – 2016 – MPE) Em relação a Lei de Improbidade Administrativa e a Lei Anticorrupção, analise a alternativa correta:

(A) A lei anticorrupção tem por objeto a responsabilidade civil das pessoas físicas envolvidas em atos de corrupção contra a administração pública nacional ou estrangeira
(B) Para caracterização do ato de improbidade administrativa exige-se o envolvimento da administração pública direta ou indireta, de um lado, e de pelo menos um agente público, de outro, sendo desnecessário a comprovação de culpa tendo em vista que a responsabilidade é objetiva.
(C) A lei anticorrupção inovou ao introduzir a *compliance*, ou seja, mecanismos e procedimentos internos de integridade, auditoria e incentivo à denúncia de irregularidades e aplicação efetiva de códigos de ética e de conduta no âmbito da pessoa jurídica.
(D) A lei de improbidade administrativa prevê expressamente o acordo de leniência para uso no âmbito administrativo para fins de isenção de sanções e multas, exigindo, a participação do Ministério Público.

A: Incorreta. A Lei Anticorrupção tem como sujeito ativo as pessoas jurídicas, somente, conforme dispõe seu art. 1º. **B:** Incorreta. Os atos de improbidade só podem ser dolosos ou culposos, não havendo previsão para responsabilidade objetiva nessa lei. **C:** Correta. O art. 7º, VII, da Lei 12.846/2013, é um grande exemplo da punição do compliance com auxílio da própria pessoa jurídica a que pertence o funcionário para combater os atos de corrupção. **D:** Incorreta. O acordo de Leniência está previsto na Lei 12.846/2013 (Lei Anticorrupção), e não na Lei de Improbidade Administrativa. **AW**
Gabarito "C".

16. OUTROS TEMAS E TEMAS COMBINADOS DE DIREITO ADMINISTRATIVO

(Procurador do Estado/SP – 2018 – VUNESP) Ajuste a ser celebrado entre o Poder Público e associação privada sem fins lucrativos, com sede no exterior e escritório de representação em Brasília, tendo por objeto a conjugação de esforços entre os partícipes com vistas à realização de encontro para, por meio de palestras e workshops, difundir conhecimento e promover a troca de experiências em políticas públicas voltadas às áreas sociais, sem previsão de transferência de recursos públicos, porém com previsão de cessão de espaço em imóvel público para realização do evento denomina-se

(A) termo de parceria, submetido ao regime jurídico previsto na Lei Federal no 9.790/99 e Lei Estadual no 11.598/2003 (Lei das Organizações da Sociedade Civil de Interesse Público – OSCIPs), desde que o escritório no Brasil da entidade seja qualificada como Organização da Sociedade Civil de Interesse Público.
(B) acordo de cooperação, submetido ao regime jurídico previsto na Lei Federal no 13.019/2014 (Lei das Parcerias Voluntárias com Organizações da Sociedade Civil – OSCs).
(C) convênio, submetido ao regime jurídico previsto na Lei Federal no 8.666/93 (Lei de Licitações e Contratos).
(D) contrato, submetido ao regime jurídico previsto na Lei Federal no 8.666/93 (Lei de Licitações e Contratos).
(E) termo de fomento, submetido ao regime jurídico previsto na Lei Federal no 13.019/2014 (Lei das Parcerias Voluntárias com Organizações da Sociedade Civil – OSCs).

A Lei 13.019, de 31 de julho de 2014, estabelece o regime jurídico das parcerias entre a Administração Pública e as organizações da sociedade civil, em regime de mútua cooperação, para a consecução de finalidades de interesse público e recíproco, mediante a execução de atividades ou de projetos previamente estabelecidos em planos de trabalho inseridos em termos de colaboração, em termos de fomento ou em **acordos de cooperação.** Segundo o art. 2º, VIII-A da Lei 13.019/2014, acordo de cooperação é instrumento por meio do qual são formalizadas as parcerias estabelecidas pela Administração Pública com organizações da sociedade civil para a consecução de finalidades de interesse público e recíproco que não envolvam a transferência de recursos financeiros. **FB**
Gabarito "B".

(Defensor Público Federal – DPU – 2017 – CESPE) Com referência à organização administrativa, ao controle dos atos da administração pública e ao entendimento jurisprudencial acerca da responsabilidade civil do Estado, julgue os itens a seguir.

(1) É objetiva a responsabilidade das pessoas jurídicas de direito privado prestadoras de serviços públicos em relação a terceiros, usuários ou não do serviço, podendo, ainda, o poder concedente responder subsidiariamente quando o concessionário causar prejuízos e não possuir meios de arcar com indenizações.

(2) Como decorrência da hierarquia existente no âmbito da administração pública, o órgão superior detém o poder de avocar atribuições de competência exclusiva de órgão a ele subordinado.

(3) O controle judicial dos atos administrativos discricionários restringe-se ao aspecto da legalidade, estando, portanto, impedido o Poder Judiciário de apreciar motivação declinada expressamente pela autoridade administrativa.

A assertiva "1" é consoante a jurisprudência sobre o tema. Como exemplo, RE 591.874/MS, Rel. Ministro Ricardo Lewandowski, Tribunal Pleno, julgado em 26.08.2009, DJ 17.09.2009, que determina ser responsabilidade civil das pessoas jurídicas de direito privado prestadoras de serviço público objetiva relativamente a terceiros usuários e não usuários do serviço, segundo decorre do art. 37, § 6º, da Constituição Federal. A assertiva "2" contraria texto expresso da Lei n. 9.784/1999, que regula o processo administrativo no âmbito da Administração Pública Federal – em seu art. 11, aquele diploma legal exige que a competência para avocação de processos esteja expressamente prevista em lei. No tocante à assertiva "3", a Teoria dos Motivos Determinantes autoriza a análise da motivação dos atos administrativos discricionários, sendo inválido o ato praticado em desvio de finalidade. **Gabarito: 1C, 2E, 3E**

(Defensor Público Federal – DPU – 2017 – CESPE) Considerando o entendimento do STJ acerca do procedimento administrativo, da responsabilidade funcional dos servidores públicos e da improbidade administrativa, julgue os seguintes itens.

(1) Em procedimento disciplinar por ato de improbidade administrativa, somente depois de ocorrido o trânsito em julgado administrativo será cabível a aplicação da penalidade de demissão.

(2) Em ação de improbidade administrativa por ato que cause prejuízo ao erário, a decretação da indisponibilidade dos bens do acusado pode ocorrer antes do recebimento da petição inicial, desde que fique efetivamente demonstrado o risco de dilapidação de seu patrimônio.

(3) É possível a instauração de procedimento administrativo disciplinar com base em denúncia anônima.

Quanto à assertiva "1", o entendimento do STJ sobre o tema é de que a execução dos efeitos materiais de penalidade imposta ao servidor público não depende do trânsito em julgado da decisão administrativa já que, em regra, o julgamento de recurso interposto na esfera administrativa não possui efeito suspensivo, conforme previsto no art. 109 da Lei n. 8.112/1990 (Ex: 1ª Seção. MS 19.488-DF, Rel. Min. Mauro Campbell Marques, julgado em 25/3/2015; 3ª Seção. MS 14.425/DF, Rel. Min. Nefi Cordeiro, julgado em 24/09/2014); no tocante à assertiva "2", o Recurso Especial Repetitivo n. 1.366.721/BA, Rel. Min. Napoleão Nunes Maia Filho, R.P/Acórdão Min. Og Fernandes, publicado em 19.09.2014, firmou o entendimento de que o "periculum in mora" para a decretação da medida cautelar de indisponibilidade de bens em ação de improbidade administrativa é presumido; quanto à assertiva "3", em que pese o art. 14 da Lei de Improbidade Administrativa exigir a identificação do denunciante, o Superior Tribunal de Justiça fixou entendimento favorável à abertura de processo administrativo baseado em denúncia anônima, desde que com apuração prévia dessa, conforme os precedentes: MS 10.419/DF; MS 7.415/DF e REsp 867.666/DF. **Gabarito: 1E, 2E, 3C**

(Defensor Público – DPE/PR – 2017 – FCC) Conforme o estudo da responsabilidade civil do estado e dos agentes públicos,

(A) na hipótese de dano causado a particular por agente público no exercício de sua função, os tribunais superiores assentaram a possibilidade de ajuizamento pelo lesado de ação de reparação de danos diretamente contra o autor do fato, devendo nesse caso, ser perquirida apenas a conduta, nexo causal e os prejuízos.

(B) na hipótese de posse em cargo público determinada por decisão transitada em julgado, em regra, não fará jus o servidor aos salários que deixou de receber, mas apenas à equitativa compensação, sob o fundamento de que deveria ter sido investido em momento anterior.

(C) constitui caso de concorrência de culpa o suicídio de detento ocorrido dentro de estabelecimento prisional do estado, devendo haver redução proporcional do valor da indenização.

(D) afastada a responsabilidade criminal do servidor por inexistência daquele fato ou de sua autoria, restará automaticamente repelida a responsabilidade administrativa.

(E) aplica-se o prazo prescricional quinquenal previsto no Decreto n. 20.910/1932 às ações indenizatórias ajuizadas contra Fazenda Pública, afastando-se a incidência do prazo trienal previsto no Código Civil em razão do critério da especialidade normativa.

No tocante à alternativa "a", existe um aparente dissídio entre o STF e o STJ. Segundo a mais recente orientação da Suprema Corte, aplica-se a Teoria da Dupla Garantia: a primeira para o particular que terá assegurada a responsabilidade objetiva, não necessitando comprovar dolo ou culpa do autor do dano; a segunda para o servidor, que somente responderá perante o ente estatal (nesse sentido, RE 327.904, Rel. Min. Carlos Britto, Primeira Turma, julgado em 15/08/2006, DJ 08-09-2006). O STJ, por sua vez, no julgamento do REsp 1.325.862-PR, Rel. Min. Luis Felipe Salomão, julgado em 5/9/2013, manifestou entendimento de que "a avaliação quanto ao ajuizamento da ação contra o agente público ou contra o Estado deve ser decisão do suposto lesado. Se, por um lado, o particular abre mão do sistema de responsabilidade objetiva do Estado, por outro também não se sujeita ao regime de precatórios, os quais, como é de cursivo conhecimento, não são rigorosamente adimplidos em algumas unidades da Federação. Posto isso, o servidor público possui legitimidade passiva para responder, diretamente, pelo dano gerado por atos praticados no exercício de sua função pública, sendo que, evidentemente, o dolo ou culpa, a ilicitude ou a própria existência de dano indenizável são questões meritórias. Precedente citado: REsp 731.746-SE, Quarta Turma, DJe 4/5/2009". Em um concurso de Defensoria Pública, adotar o entendimento que dá maior amplitude de possibilidades de pedido de indenização ao hipossuficiente lesado parece ser a melhor opção, e o entendimento esposado pelo examinador nesta questão (considerando a assertiva incorreta) demonstra isso; no tocante à assertiva "b", o STF fixou tese em Repercussão Geral de que "na hipótese de posse em cargo público determinada por decisão judicial, o servidor não faz jus à indenização sob fundamento de que deveria ter sido investido em momento anterior, salvo situação de arbitrariedade flagrante". (RE 724347, Rel. Min. Marco Aurélio, Rel. p/ Acórdão: Min. Roberto Barroso, j. 26/02/2015, Tribunal Pleno, DJe 13-05-2015); no tocante à alternativa "c", o STF fixou Tese de Repercussão Geral nos seguintes termos: "Em caso de inobservância de seu dever específico de proteção previsto no artigo 5º, inciso XLIX, da Constituição Federal, o Estado é responsável pela morte de detento". No julgamento (RE 841526/ RS, Rel. Min. Luiz Fux, j. 30/03/2016, Tribunal Pleno, DJe 01-08-2016), o Min. Luiz Fux esclareceu que "se o Estado tem o dever de custódia, tem também o dever de zelar pela integridade física do preso. Tanto no homicídio quanto no suicídio há responsabilidade Civil do Estado"; quanto à alternativa "d", a jurisprudência admite que, afastada a responsabilidade criminal de servidor por inexistência do fato ou negativa de sua autoria, também ficará afastada a responsabilidade administrativa, exceto se verificada falta disciplinar residual, não abrangida pela sentença penal absolutória. Neste sentido, a Súmula 18 do STF estabelece que "Pela falta residual, não compreendida na absolvição pelo juízo criminal, é admissível a punição administrativa do servidor público"; a alternativa "e", correta, é consoante jurisprudência consolidada do STJ que, através de sua Primeira Seção, de maneira unânime, diante do REsp 1.251.993/PR, submetido ao regime dos recursos repetitivos, reafirmou que o prazo prescricional de 5 (cinco) anos previsto no art. 1º. do Decreto 20.910/1932 deve ser aplicado à ação indenizatória ajuizada contra a Fazenda Pública seja ela federal, estadual ou municipal (REsp 1251993/PR, Rel. Min. Mauro Campbell Marques, Primeira Seção, julgado em 12/12/2012, DJe 19/12/2012). **Gabarito: "E".**

(Defensor Público – DPE/PR – 2017 – FCC) Sobre Agentes Públicos e Princípios e Regime Jurídico Administrativo, é correto afirmar:

(A) O princípio da impessoalidade destina-se a proteger simultaneamente o interesse público e o interesse privado, pautando-se pela igualdade de tratamento a todos administrados, independentemente de quaisquer preferências pessoais.

(B) São entes da Administração Indireta as autarquias, as fundações públicas, as empresas públicas, as sociedades de economia mista, e as subsidiárias destas duas últimas. As subsidiárias não dependem de autorização legislativa justamente por integrarem a Administração Pública Indireta.

(C) As contas bancárias de entes públicos que contenham recursos de origem pública prescindem de autorização específica para fins do exercício do controle externo.

(D) Os atos punitivos são os atos por meio dos quais o Poder Público aplica sanções por infrações administrativas pelos servidores públicos. Trata-se de exercício de Poder de Polícia com base na hierarquia.

(E) A licença não é classificada como ato negocial, pois se trata de ato vinculado, concedida desde que cumpridos os requisitos objetivamente definidos em lei.

No tocante ao item "a", entende-se que o princípio da impessoalidade se destina a proteger o interesse público, evitando as apontadas discriminações advindas de preferências pessoais; no tocante à assertiva "b", é texto expresso da Constituição Federal (art. 37, inc. XX) que, no tocante às entidades da Administração Indireta, depende de autorização legislativa, em cada caso, a criação de subsidiárias. É importante destacar que o STF já afirmou ser "dispensável a autorização legislativa para a criação de empresas subsidiárias, desde que haja previsão para esse fim na própria lei que instituiu a empresa de economia mista matriz, tendo em vista que a lei criadora é a própria medida autorizadora" (ADI 1.649-UF, rel. Maurício Corrêa, j. em 24/03/2004); a alternativa "d" está incorreta, pois a hipótese trata de utilização do denominado Poder Disciplinar da Administração Pública; no tocante à alternativa "e", por fim, cumpre lembrar que a doutrina entende o ato administrativo negocial como aquele que contém uma declaração de vontade do Poder Público coincidente com a pretensão do particular, visando à concretização de negócios jurídicos públicos ou à atribuição de certos direitos ou vantagens ao interessado. Desta forma, a licença se caracteriza como ato administrativo negocial, independentemente de ser um ato administrativo vinculado. **Gabarito: "C".**

(Promotor de Justiça/GO – 2016 – MPE) A respeito do Mandado de Segurança, assinale a alternativa incorreta:

(A) Será decretada a perempção ou caducidade da medida liminar *ex officio* ou a requerimento do Ministério Público quando, negada a medida liminar, o impetrante criar obstáculos à normal tramitação do Mandado de Segurança ou deixar de promover, por mais de 15 (quinze) dias úteis, os atos e as diligências que lhe cumprirem.

(B) A teoria da encampação no mandado de segurança tem aplicabilidade nas hipóteses em que atendidos os seguintes pressupostos: subordinação hierárquica entre a autoridade efetivamente coatora e a apontada na petição inicial, discussão do mérito nas informações e ausência de modificação da competência.
(C) O Mandado de Segurança deve ser extinto, sem resolução do mérito, no caso de ocorrer o falecimento do impetrante, por não ser permitido que os herdeiros se habilitem
(D) Não será concedida medida liminar que tenha por objeto a compensação de créditos tributários, a entrega de mercadorias e bens provenientes do exterior, a reclassificação ou equiparação de servidores públicos e a concessão de aumento ou a extensão de vantagens ou pagamento de qualquer natureza.

A: Correta. A assertiva está incorreta, conforme disposto no art. 8º, da Lei 12.016/2009, sendo o prazo de 3 dias úteis. **B:** Incorreta. A assertiva está correta, cabendo encampação exatamente quando presentes os critérios citados na assertiva. Há jurisprudência a respeito, conforme MS 015114-DF. **C:** Incorreta. Assertiva está correta, pois não se admite sucessão de partes nas Ações Mandamentais, diante seu caráter personalíssimo. **D:** Incorreta, A assertiva está correta, conforme art. 7º, § 2º, da Lei 12.016/2009.

Gabarito "A".

13. DIREITO TRIBUTÁRIO

Fernando Castellani, Henrique Subi e Robinson Barreirinhas*

1. COMPETÊNCIA TRIBUTÁRIA

(Procurador do Estado/SP – 2018 – VUNESP) Estado AB cria imposto sobre o valor das operações internas de circulação de mercadorias que ultrapassar o preço nacional médio do mesmo produto, conforme divulgado pela Administração Tributária local. Considerada a situação hipotética apresentada, e com base na Constituição Federal, assinale a alternativa correta.
(A) O imposto é inconstitucional porque o Estado AB não tem competência residual para instituir tributos.
(B) O imposto é constitucional por ser de competência tributária especial dos Estados para criar tributos com a finalidade de corrigir distorções concorrenciais, tendo como fato gerador e base de cálculo o desequilíbrio e o respectivo valor.
(C) O imposto é constitucional, pois decorre da competência tributária residual do Estado para prevenir distorções concorrenciais, tendo por base de cálculo o valor do desequilíbrio concorrencial.
(D) O imposto é inconstitucional porque, embora o Estado AB possa instituir tributo para corrigir distorções concorrenciais, a base de cálculo do novo tributo é própria do ICMS.
(E) O imposto é inconstitucional porque, embora o Estado AB possa instituir tributo para corrigir distorções concorrenciais, está baseado em pauta fiscal, vedada pela Constituição Federal.

A: correta, sendo esta a melhor alternativa, por trazer interpretação razoável da situação e por exclusão das demais. De fato, somente a União pode instituir imposto não previsto expressamente na Constituição Federal, o que se denomina competência residual – art. 154, I, da CF. Entretanto, considerando-se que o tributo é definido por seu fato gerador e por sua base de cálculo (art. 4º do CTN), é razoável também a interpretação no sentido de que a questão descreve simplesmente o ICMS (cujo fato gerador é a circulação de mercadorias – art. 155, II, da CF), ou uma espécie de adicional ao ICMS incidente sobre as operações internas, majorando o valor originariamente cobrado (aparentemente, trata-se de uma alíquota adicional sobre o valor da mercadoria que ultrapassar determinado montante). Considerando que o Estado tem competência para fixar as alíquotas de ICMS, desde que respeite eventual teto fixado pelo Senado (art. 155, § 2º, b, da CF), talvez seja defensável a exação discutida, a depender de maiores detalhes não trazidos na questão, muito embora seja discutível a existência de progressividade do ICMS em relação ao valor da mercadoria; **B:** incorreta, pois é reservada à lei complementar federal o estabelecimento de critérios especiais de tributação, com o objetivo de prevenir desequilíbrios da concorrência, sem prejuízo da competência da União, por lei, estabelecer normas de igual objetivo – art. 146-A da CF; **C:** incorreta, pois somente a União detém a chamada competência residual – art. 154, I, da CF; **D** e **E:** incorretas, conforme comentários anteriores. Gabarito "A".

(Procurador Municipal – Sertãozinho/SP – VUNESP – 2016) Os municípios podem, exercendo a opção que lhes permite a Constituição Federal, cobrar e fiscalizar um imposto pertencente à competência impositiva de outro ente tributante, caso em que terão direito a totalidade do produto da arrecadação. Trata-se do imposto sobre
(A) a transmissão *inter vivos*, a qualquer título, por ato oneroso, de bens imóveis, por natureza ou acessão física.
(B) transmissão 6 e doação, de quaisquer bens ou direitos.
(C) propriedade territorial rural.
(D) produtos industrializados.
(E) propriedade de veículos automotores.

O único caso de alteração de sujeição passiva de imposto é a do ITR federal, que pode ser fiscalizado e cobrado pelos Municípios que assim optarem, na forma da lei, desde que não implique redução do imposto ou qualquer outra forma de renúncia fiscal – art. 153, § 4º, III, da CF. Todos os outros impostos são fiscalizados e cobrados pelo próprio ente competente, ou seja, pelo ente a quem foi conferida a competência tributária pela Constituição Federal. Por essa razão, a alternativa "C" é a correta. Gabarito "C".

(Procurador – SP – VUNESP – 2015) É imposto que não incide sobre a transmissão de bens ou direitos incorporados ao patrimônio de pessoa jurídica em realização de capital, nem sobre a transmissão de bens ou direitos decorrente de fusão, incorporação, cisão ou extinção de pessoa jurídica, salvo se, nesses casos, a atividade preponderante do adquirente for a compra e venda desses bens ou direitos, a locação de bens imóveis ou arrendamento mercantil. Trata-se do imposto cuja competência impositiva pertence
(A) à União, exclusivamente.
(B) à União, privativamente.
(C) aos Estados.
(D) aos Municípios.
(E) aos Estados e ao Distrito Federal.

A assertiva descreve as imunidades relativas ao ITBI municipal, nos termos do art. 156, § 2º, I, da CF. Por essa razão, a alternativa "D" é a correta, lembrando que não apenas os Municípios, mas também o Distrito Federal possui competência para instituir e cobrar o ITBI – art. 147, *in fine*, da CF. Gabarito "D".

(Procurador – PGFN – ESAF – 2015) Sobre a competência tributária prevista no CTN, assinale a opção incorreta.
(A) Os tributos cuja receita seja distribuída, no todo ou em parte, a outras pessoas jurídicas de direito público pertencem à competência legislativa daquela a que tenham sido atribuídos.
(B) A competência tributária, salvo exceções, é indelegável, podendo a atribuição das funções de arrecadar ou fiscalizar tributos, ou de executar leis, serviços, atos ou decisões administrativas em matéria tributária, ser conferida de uma pessoa jurídica de direito público a outra.
(C) A atribuição da função de arrecadar ou fiscalizar tributos, conferida por uma pessoa jurídica de direito público a outra, pode ser revogada, a qualquer tempo e unilateralmente, pela pessoa que a tenha conferido.
(D) A atribuição das funções de arrecadar tributos pode ser cometida a pessoas jurídicas de direito privado.
(E) A atribuição das funções de executar leis, serviços, atos ou decisões administrativas em matéria tributária, conferida por uma pessoa jurídica de direito público a outra, também confere as garantias e os privilégios processuais que competem à pessoa jurídica de direito público que a cometeu.

A: correta, nos termos do art. 6º, parágrafo único, do CTN; **B:** incorreta, pois não há exceção à indelegabilidade da competência tributária, entendida como competência legislativa plena – arts. 6º e 7º do CTN; **C:** correta, conforme art. 7º, § 2º, do CTN; **D:** correta, conforme art. 7º, § 3º, do CTN; **E:** correta – art. 7º, § 1º, do CTN. Gabarito "B".

(Juiz – TJ-SC – FCC – 2017) A respeito da competência legislativa sobre normas gerais em matéria tributária:
(A) Trata-se de competência concorrente da União, Estados, Distrito Federal e Municípios.
(B) Trata-se de competência exclusiva da União.
(C) É afastada pelo exercício da competência plena dos entes tributantes quanto aos seus respectivos tributos.
(D) Pode ser exercida por lei ordinária, desde que comprovada a relevância e urgência da matéria.
(E) Não tem relevância alguma para o imposto de transmissão *causa mortis* e doação de bens ou direitos.

A: incorreta, pois cabe à lei complementar federal estabelecer normas gerais em matéria tributária, conforme o art. 146, III, da CF, observado o art. 24, § 1º, da CF; **B:** correta, conforme comentário anterior; **C:** incorreta, pois somente a União, por lei complementar, pode estabelecer normas gerais, ressalvada a hipótese de omissão (se o Congresso Nacional não legisla, Estados e Municípios podem regular a matéria, enquanto perdurar a omissão – arts. 24, § 3º, e 30, II, da CF); **D:** incorreta, conforme comentários anteriores; **E:** incorreta, pois havendo normas gerais federais em relação a esse imposto (hoje há omissão da União), as normas estaduais e distritais atualmente vigentes deixam de ter eficácia – art. 24, § 4º, da CF. Gabarito "B".

---

* Legenda:
 FC: Fernando Castellani
 HS: Henrique Subi
 RB: **Robinson S. Barreirinhas**

(Juiz – TJ/SP – VUNESP – 2015) Considerando o disposto no art. 24 da Constituição Federal, ao tratar da competência concorrente da União, Estados e Municípios, em matéria tributária, é correto afirmar que

(A) a norma jurídica editada por um ente federativo no âmbito de sua competência tributária exige que os demais entes federativos respeitem sua incidência, dentro dos respectivos limites geográficos estaduais.
(B) a lei geral federal prevalece em relação às leis estaduais e estas prevalecem em relação às leis municipais, nos termos das Constituições Estaduais.
(C) a competência residual tributária quanto aos impostos é da União, observado o disposto no art. 154, I, da Constituição Federal.
(D) na ausência de normas gerais federais, os Estados têm competência para legislar em matéria tributária, e, na ausência de leis federais e estaduais, os Municípios têm a referida competência, o que se denomina competência concorrente cumulativa.

A: incorreta, pois, em princípio, as normas tributárias de cada ente aplicam-se apenas nos seus respectivos territórios. Para que haja extraterritorialidade, ou seja, para que a norma de um ente político seja aplicada no território de outro, exige-se convênio ou norma nacional – art. 102 do CTN; B: incorreta, pois não há essa hierarquia. Em relação a Estados e Municípios, apenas as normas gerais, de caráter nacional, produzidas pelo Congresso Nacional são aplicáveis, nos termos do art. 24, § 1º, da CF; C: correta, conforme o art. 154, I, da CF. Os demais entes podem apenas instituir os tributos expressamente e taxativamente indicados na Constituição Federal; D: incorreta, pois a competência dos Estados e Municípios, em caso de ausência de normas nacionais, é denominada competência suplementar (alguns se referem a suplementar supletiva, nesse caso) – arts. 24, § 3º, e 30, II, da CF. RB
Gabarito "C".

(Juiz – TJ/SP – VUNESP – 2015) Na hipótese da União, mediante tratado internacional, abrir mão de tributos de competência de Estados e Municípios, nos termos do decidido pelo Supremo Tribunal Federal (RE 229096), é correto afirmar que

(A) se caracteriza a denominada isenção heterônoma, vedada nos termos do art. 151, III, da Constituição Federal.
(B) se caracteriza violação ao princípio federativo, objeto de cláusula pétrea, nos termos do art. 60, § 4º, I, da Constituição Federal.
(C) o tratado é válido desde que acompanhado de medidas de "compensação tributária" em favor dos Estados e Municípios prejudicados.
(D) se insere a medida na competência privativa do Presidente da República, sujeita a referendo do Congresso Nacional, com prevalência dos tratados em relação à legislação tributária interna.

No julgamento do RE 229.096/RS, o STF fixou o entendimento de que os tratados, como atos do Estado Federal Brasileiro, pessoa jurídica de direito público internacional, não se confundem com os da União (ente federado, como os Estados, Distrito Federal e Municípios), sendo possível a concessão de benefícios fiscais relativos a tributos estaduais e municipais. Não se trata, nessa hipótese, de isenção heterônoma, vedada pelo art. 151, III, da CF. Por essa razão, a alternativa "D" é a correta. RB
Gabarito "D".

(Delegado/GO – 2017 – CESPE) O estado de Goiás instituiu, por lei ordinária, um departamento de fiscalização de postos de gasolina com objetivo de aferir permanentemente as condições de segurança e vigilância de tais locais, estabelecendo um licenciamento especial e anual para o funcionamento de tais estabelecimentos e instituindo uma taxa anual de R$ 1.000 a ser paga pelos empresários, relacionada a tal atividade estatal.

A respeito dessa situação hipotética, assinale a opção correta.

(A) A instituição do departamento de fiscalização de postos de gasolina como órgão competente com funcionamento regular é suficiente para caracterizar o exercício efetivo do poder de polícia.
(B) É desnecessária, para justificar a cobrança de taxa, a criação de órgão específico para o desempenho das atividades de fiscalização de postos de gasolina, por se tratar de competências inerentes às autoridades de segurança pública.
(C) Para observar o princípio da capacidade contributiva, a taxa deveria ter correspondência com o valor venal do imóvel a ser fiscalizado, sendo inconstitucional a cobrança de valor fixo por estabelecimento.
(D) A taxa em questão é inconstitucional, já que a segurança pública é um dever do Estado, constituindo um serviço indivisível, a ser mantido apenas por impostos, o que torna incabível a cobrança de taxa.
(E) Por ter caráter contraprestacional, a taxa só será devida caso o departamento de fiscalização de postos de gasolina faça visitas periódicas aos estabelecimentos, certificando-se do cumprimento das normas de segurança e vigilância de tais locais, de acordo com a legislação.

A: correta, sendo que o STF considera suficiente para comprovação do efetivo exercício do poder de polícia e, portanto, validade da taxa correspondente, a existência de órgão e estrutura competente para a fiscalização – RE 588.322/RO. Note que a Súmula 157/STJ foi cancelada; B: incorreta, pois, embora seja possível em determinadas hipóteses, não compete especificamente às autoridades de segurança pública a fiscalização de estabelecimentos empresariais, no que se refere às suas condições de segurança, aos riscos de acidentes. É importante destacar, entretanto, que o STF entende que "a existência do órgão administrativo não é condição para o reconhecimento da constitucionalidade da cobrança da taxa de localização e fiscalização, mas constitui um dos elementos admitidos para se inferir o efetivo exercício do poder de polícia, exigido constitucionalmente" – RE 588.322/RO; C: incorreta, pois a cobrança de taxa pelo exercício do poder de polícia a valores fixos é admitida pelo STF – ver RE 685.213 AgR/RS; D: incorreta, conforme comentários anteriores, já que não se trata de segurança pública em sentido estrito; E: incorreta, conforme comentário à primeira alternativa, bastando a existência de órgão e estrutura competente para a fiscalização, para se comprovar o efetivo exercício do poder de polícia e, portanto, a validade da taxa. RB
Gabarito "A".

(Defensor Público – DPE/MT – 2016 – UFMT) Em relação às contribuições previstas na Constituição Federal de 1988, marque V para as afirmativas verdadeiras e F para as falsas.

( ) Há previsão constitucional de incidência da contribuição de intervenção no domínio econômico sobre importação e exportação de bens e serviços.
( ) A contribuição social do salário-educação, recolhida pelas empresas na forma da lei, é destinada às entidades privadas de serviço social e de formação profissional vinculadas ao sistema sindical.
( ) Os Estados, o Distrito Federal e os Municípios instituirão contribuição, cobrada de seus servidores efetivos, para o custeio, em benefício destes, de regime próprio de previdência, cuja alíquota não será inferior à da contribuição dos servidores titulares de cargos efetivos da União.
( ) Segundo o entendimento do Supremo Tribunal Federal, a instituição de contribuição sobre base de cálculo própria de imposto não configura bitributação.

Assinale a sequência correta.
(A) F, V, F, V
(B) F, F, V, V
(C) V, F, V, F
(D) F, F, V, F
(E) V, V, F, V

1ª: falsa, pois há previsão expressa de incidência de contribuição de intervenção no domínio econômico (CIDE) sobre a importação (art. 149, § 2º, II), mas não sobre a exportação. A rigor, há expressa imunidade, ou seja, é impossível a incidência da CIDE sobre receitas decorrentes de exportação – art. 149, § 2º, I, da CF. Interessante destacar que o STF interpreta estritamente essa imunidade, considerando possível, por exemplo, a incidência de contribuição sobre o lucro decorrente das atividades de exportação (a imunidade é sobre a receita decorrente de exportação, apenas) – ver RE 579.961ED/RJ; 2ª: falsa, pois a *receita* do salário educação é dividida entre União (que a arrecada), Estados, DF e Municípios; 3ª: verdadeira, nos termos do art. 149, § 1º, da CF; 4ª: verdadeira – ver RE 228.321/RS. RB
Gabarito "B".

(Juiz de Direito/AM – 2016 – CESPE) Execução fiscal de IPTU ajuizada por determinado município do estado do Amazonas foi extinta, sem julgamento de mérito, por juiz de primeiro grau, com base na lei de regência.

Acerca dessa situação hipotética, assinale a opção correta.

(A) De acordo com a CF, é concorrente a competência entre município e estado-membro para a instituição do IPTU. Assim, na hipótese em apreço, o magistrado poderia fundamentar sua decisão na lei estadual ou na municipal.
(B) O estado tem competência para legislar sobre a matéria; portanto, pode o juiz ter-se baseado em legislação estadual para interromper a execução fiscal.
(C) A previsão constitucional da autonomia dos entes federados não abrange a hipótese, uma vez que se trata de município do próprio estado-membro.
(D) Conforme a CF, é do município a competência para instituir o IPTU; só o ente que tem competência para instituir o tributo tem competência para legislar sobre a matéria.
(E) A instituição de lei estadual referente ao IPTU é constitucional e aplica-se aos tributos e às execuções fiscais em curso no âmbito do estado e de seus municípios.

A: incorreta, pois a competência tributária, como competência legislativa (art. 6º do CTN), é sempre exclusiva e indelegável, significando que um ente político jamais poderá legislar sobre tributo de competência de outro. No caso do IPTU, somente a lei do Município ou do Distrito Federal em que localizado o imóvel pode ser aplicada; B e C: incorretas, conforme comentário anterior; D: correta, conforme comentários anteriores; E: incorreta, conforme comentários anteriores. RB
Gabarito "D".

(Analista Jurídico – TCE/PR – 2016 – CESPE) A Constituição Federal de 1988 (CF) atribui competência aos entes federados para instituir e criar tributos. À luz da legislação constitucional e infraconstitucional, assinale a opção correta, a respeito do instituto da competência tributária.

(A) Ao contrário da capacidade tributária ativa, a competência tributária é delegável apenas às pessoas jurídicas de direito público.
(B) A instituição do imposto sobre grandes fortunas é de competência da União, mediante lei complementar.
(C) Conforme a CF, compete aos municípios instituir imposto sobre a propriedade de veículos automotores.
(D) Cabe aos estados a instituição do imposto sobre serviços de qualquer natureza.
(E) A União pode instituir imposto extraordinário na iminência ou no caso de guerra externa, desde que o faça mediante lei complementar.

A: incorreta, pois a competência tributária, como competência legislativa (art. 6º do CTN), é sempre exclusiva e indelegável, significando que um ente político jamais poderá legislar sobre tributo da competência de outro; **B:** correta, nos termos do art. 153, VII, da CF. Interessante notar que o dispositivo indica "nos termos de lei complementar", havendo discussão se todos os aspectos do tributo devem ser definidos por lei complementar, ou apenas seu fato gerador; **C:** incorreta, pois o IPVA é da competência dos Estados e do DF, conforme art. 155, III, da CF; **D:** incorreta, pois essa competência é dos Municípios e do DF, nos termos do art. 156, III, da CF; **E:** incorreta, pois o imposto extraordinário pode ser instituído por simples lei ordinária – art. 154, II, da CF. Gabarito "B".

(Procurador do Estado/AM – 2016 – CESPE) Considerando os limites ao exercício do poder de tributar, julgue o item seguinte.

(1) A capacidade tributária ativa difere da competência tributária, podendo ser delegada a outras pessoas jurídicas de direito público. Nesse caso, a delegação envolverá a transferência legal dos poderes de cobrança, arrecadação e fiscalização.

1: correta. A competência tributária, como competência legislativa (art. 6º do CTN), é sempre exclusiva e indelegável, significando que um ente político jamais poderá legislar sobre tributo da competência de outro. Já a capacidade tributária ativa refere-se à possibilidade de ocupar o polo ativo da obrigação tributária (cobrar o tributo) e pode ser delegada por lei, nos termos do art. 7º do CTN. Gabarito 1C.

(Magistratura/GO – 2015 – FCC) Considere as seguintes afirmativas:
I. A competência tributária pode ser deslocada para outro ente diante da inércia na instituição do tributo pelo ente político originalmente competente.
II. A competência se distingue da capacidade tributária ativa porque esta está relacionada à instituição do tributo e aquela à cobrança do tributo.
III. A competência tributária é fixada pela Constituição da República.
IV. A imunidade tributária significa ausência de competência do ente para instituir tributo na situação definida pela norma constitucional imunizante.
V. A competência tributária pode ser delegada por lei a outro ente político, hipótese em que se torna também o titular da capacidade tributária ativa.

Está correto o que se afirma APENAS em
(A) III e IV.
(B) I, II e III.
(C) III, IV e V.
(D) I e II.
(E) IV e V.

I: incorreta, pois a competência tributária é privativa, indelegável, incaducável, irrenunciável, inalterável e facultativa – art. 7º do CTN; **II:** incorreta, pois competência tributária é a competência para legislar acerca de determinado tributo (art. 6º do CTN), enquanto a capacidade tributária ativa é qualidade daquele ente que ocupa o polo ativo da relação jurídica tributária, quem exige o tributo (essa pode ser delegada por lei a outro ente, distinto daquele que detém a competência tributária) – art. 7º do CTN; **III:** correta, pois somente a CF fixa competências para legislar sobre tributos; **IV:** correta, sendo essa uma definição adequada de imunidade, qual seja a delimitação negativa da competência tributária pela Constituição Federal; **V:** incorreta, pois a competência tributária é indelegável, somente podendo ser atribuída pela Constituição Federal. Gabarito "A".

(Procurador Distrital – 2014 – CESPE) Julgue o seguinte item.

(1) É inconstitucional a isenção de tributo estadual fundada em tratado internacional ratificado pelo presidente da República.

1: Errada. Afastando ou ao menos reduzindo muito o debate doutrinário e jurisprudencial a respeito do assunto, o STF decidiu que "a cláusula de vedação inscrita no art. 151, III, da CF/1988 – que proíbe a concessão de isenções tributárias heterônomas – é inoponível ao Estado Federal brasileiro (vale dizer, à República Federativa do Brasil), incidindo, unicamente, no plano das relações institucionais domésticas que se estabelecem entre as pessoas políticas de direito público interno. (...) Nada impede, portanto, que o Estado Federal brasileiro celebre tratados internacionais que veiculem cláusulas de exoneração tributária em matéria de tributos locais (como o ISS, p. ex.)" (RE 543.943 AgR/PR). Gabarito 1E.

2. PRINCÍPIOS

(Procurados do Município – Prefeitura Fortaleza/CE – CESPE – 2017) A respeito das limitações constitucionais ao poder de tributar, julgue os itens que se seguem, de acordo com a interpretação do STF.

(1) O princípio da progressividade exige a graduação positiva do ônus tributário em relação à capacidade contributiva do sujeito passivo, não se aplicando, todavia, aos impostos reais, uma vez que, em se tratando desses tributos, é impossível a aferição dos elementos pessoais do contribuinte.
(2) A alteração de alíquotas do imposto de exportação não se submete à reserva constitucional de lei tributária, tornando-se admissível a atribuição dessa prerrogativa a órgão integrante do Poder Executivo.
(3) O princípio da anterioridade do exercício, cláusula pétrea do sistema constitucional, obsta a eficácia imediata de norma tributária que institua ou majore tributo existente, o que não impede a eficácia, no mesmo exercício, de norma que reduza desconto para pagamento de tributo ou que altere o prazo legal de recolhimento do crédito.
(4) O princípio da isonomia pressupõe a comparação entre sujeitos, o que, em matéria tributária, é efetivado pelo princípio da capacidade contributiva em seu aspecto subjetivo.

1: Incorreta, pois o STF admite a progressividade de alíquotas conforme o valor da base de cálculo para impostos reais (relativos a propriedade e posse ou sua transmissão), como ITR, IPTU (a partir da EC 29/2000 – Súmula 668/STF) e, mais recentemente, ITMCD (RE 562.045/RS – repercussão geral). **2:** correta, nos termos do art. 153, § 1º, da CF, tendo o STF admitido que a competência para alteração das alíquotas desses impostos por ato infralegal não é privativa do Presidente da República, podendo ser atribuída a órgão do Executivo – ver RE 570.680/RS. **3:** correta, pois o STF entende que redução de desconto ou alteração do prazo para recolhimento não implica majoração do tributo sujeita à anterioridade – ver ADI 4.016MC/PR e Súmula Vinculante 50/STF. **4:** correta, pois a isonomia refere-se à comparação de sujeitos com base em algum critério. Esse critério, na seara tributária, é a capacidade contributiva dos contribuintes – art. 145, § 1º, da CF. Gabarito 1E, 2C, 3C, 4C.

(Procurador do Estado – PGE/MT – FCC – 2016) Tendo em vista calamidade pública, regularmente decretada pelo Governador do Estado, e a necessidade de elevação dos níveis de arrecadação de Imposto sobre operações relativas à circulação de mercadorias e prestações de serviços de transporte interestadual e intermunicipal e de comunicação – ICMS, Imposto sobre a propriedade de veículos automotores – IPVA e Imposto sobre transmissão *causa mortis* e doação – ITD, é INCORRETA a adoção da seguinte medida:

(A) aumento do ICMS sobre bens supérfluos, mediante lei estadual, para vigência após decorridos noventa dias da edição da lei correspondente.
(B) revisão, mediante os atos infralegais pertinentes, das margens de valor adicionado utilizadas para o cálculo do ICMS devido no regime de antecipação tributária, para vigência imediata.
(C) aumento, por meio de lei editada no mês de julho do ano corrente, das bases de cálculo do IPVA, para vigência no ano seguinte ao de sua edição.
(D) antecipação dos prazos de recolhimento dos impostos estaduais, para vigência imediata.
(E) elevação, por meio de lei, das alíquotas do ITD aplicáveis a partir dos fatos geradores ocorridos durante o ano-calendário 2017, respeitando-se o prazo mínimo de noventa dias contados da edição da lei.

A: incorreta, pois a majoração do ICMS, embora possa se referir a bens supérfluos (seletividade – art. 155, § 2º, III, da CF), deve sujeitar-se também ao princípio da anterioridade anual, não apenas à anterioridade nonagesimal. A assertiva somente estaria correta se a lei fosse publicada nos últimos 90 dias do ano (porque então a noventena seria mais favorável aos contribuintes); **B:** correta, pois, embora haja muita discussão, entende-se majoritariamente que os cálculos necessários para fixação do tributo na sistemática da antecipação tributária (que é gênero, do qual a substituição tributária "para frente" é espécie) baseiem-se em critérios definidos por atos infralegais – ver RMS 17.303/SE; **C:** correta, sendo interessante lembrar que a majoração da base de cálculo do IPVA sujeita-se apenas à anterioridade anual, não à nonagesimal – art. 150, § 1º, da CF; **D:** correta, pois a antecipação do prazo para recolhimento não implica majoração do tributo sujeita à anterioridade – Súmula Vinculante 50/STF; **E:** correta, lembrando que a questão foi feita no ano de 2016, ou seja, a cobrança apenas em 2017 respeita a anterioridade anual – art. 150, III, *b*, da CF. Gabarito "A".

(Procurador do Estado – PGE/MT – FCC – 2016) Considere o seguinte princípio constitucional:
"Art. 152 É vedado aos Estados, ao Distrito Federal e aos Municípios estabelecer diferença tributária entre bens e serviços, de qualquer natureza, em razão de sua procedência ou destino."

Os Estados e o Distrito Federal estão impedidos de

(A) cobrar o ICMS sobre a entrada de mercadorias oriundas de determinado país, em operação de importação, mas desonerar por completo esse imposto na saída de mercadorias tendo como destinatário o mesmo país.
(B) exigir o ICMS pelas alíquotas interestaduais variáveis conforme o Estado de destino dos bens ou serviços, diferentemente das alíquotas praticadas às operações internas.
(C) instituir isenções ou alíquotas diferenciadas do ITD tendo como fator de discriminação o domicílio do respectivo donatário dos bens doados.
(D) estabelecer a não incidência do ITD sobre doações de imóveis situados em outras Unidades da Federação.
(E) exigir o ICMS por alíquotas diferenciadas para mercadorias ou serviços diferentes.

A: incorreta, até porque as exportações são mesmo imunes ao ICMS – art. 155, § 2º, X, *a*, da CF, enquanto as importações são tributáveis – art. 155, § 2º, IX, *a*, da CF; **B:** incorreta, pois as alíquotas interestaduais, menores que as internas, previstas no art. 155, § 2º, VII, são fixadas pelo órgão legislativo paritário da República, o Senado Federal (todos os Estados e DF têm a mesma representatividade), sem que isso possa ser considerada distinção vedada pela CF – art. 155, § 2º, IV, da CF; **C:** correta, pois essa distinção feita unilateralmente por determinado Estado ou pelo DF implicaria ofensa ao princípio federativo e violação ao disposto no art. 152 da CF; **D:** incorreta, pois essa norma seria inócua, já que os Estados e o DF somente têm competência para tributar as doações de imóveis localizados em seus respectivos territórios – art. 155, § 1º, I, da CF; **E:** incorreta, pois não há qualquer distinção em relação à origem ou ao destino das mercadorias ou serviços, mas sim quanto às suas próprias características, o que é admitido nos termos do art. 155, § 2º, III, da CF, inclusive.

Gabarito "C".

(Procurador Municipal – Sertãozinho/SP – VUNESP – 2016) Determina a Constituição Federal a vedação à cobrança de tributos no mesmo exercício financeiro e antes de decorridos noventa dias da data em que haja sido publicada a lei que os instituiu ou aumentou. O prazo de noventa dias, contudo, não se aplica quando se tratar de lei que fixe a base de cálculo do imposto sobre
(A) produtos industrializados.
(B) propriedade predial e territorial urbana.
(C) operações relativas à circulação de mercadorias e prestação de serviços de transporte intermunicipal e interestadual e de comunicação.
(D) transmissão *causa mortis* e doação de quaisquer bens ou direitos.
(E) transmissão *inter vivos*, por ato oneroso, de bens imóveis.

Há exceção ao princípio da anterioridade nonagesimal em relação a (i) empréstimo compulsório para atender a despesas extraordinárias decorrentes de calamidade pública ou de guerra externa ou sua iminência (art. 148, I, *in fine*, da CF), (ii) imposto de importação (art. 150, § 1º, da CF), (iii) imposto de exportação (art. 150, § 1º, da CF), (iv) IR (art. 150, § 1º, da CF), (v) IOF (art. 150, § 1º, da CF), (vi) impostos extraordinários na iminência ou no caso de guerra externa (art. 150, § 1º, da CF), (vi) fixação da base de cálculo do IPVA (art. 150, § 1º, da CF) e (vii) fixação da base de cálculo do IPTU (art. 150, § 1º, da CF). Por essa razão, a alternativa "B" é a correta.

Gabarito "B".

(Procurador do Estado – PGE/RS – Fundatec – 2015) Quanto aos princípios da legalidade e da anterioridade tributária, analise as assertivas abaixo:
I. O princípio da legalidade tributária aplica-se a todos os tributos, mas se admite a alteração da alíquota de certos impostos federais, de caráter extrafiscal, desde que sejam atendidas as condições e os limites estabelecidos em lei.
II. Reserva absoluta de lei tributária designa a exigência de que a Administração Tributária se paute rigorosamente pelos ditames legais, não adotando condutas contrárias à legislação tributária.
III. A anterioridade de exercício e a nonagesimal são aplicáveis a todos os tributos, de forma cumulativa, excetuadas hipóteses previstas taxativamente no texto constitucional.
IV. Majoração de alíquota do ICMS, determinada por lei publicada em 1º de novembro de um ano, pode ser aplicada em 1º de janeiro do ano subsequente.
Após a análise, pode-se dizer que:
(A) Está correta apenas a assertiva I.
(B) Estão corretas apenas as assertivas I e II.
(C) Estão corretas apenas as assertivas I e II.
(D) Estão corretas apenas as assertivas II e III.
(E) Todas as assertivas estão corretas.

I: correta, conforme o art. 153, § 1º, da CF. Interessante lembrar que há também uma contribuição, a CIDE sobre combustíveis, que pode ter suas alíquotas reduzidas e restabelecidas por norma infralegal – art. 177, § 4º, I, *b*, da CF; **II:** discutível. Há referência à reserva absoluta de lei para informar que a incidência e as condutas da administração devem ser previstas em lei (Vittorio Cassone). Entretanto, o mais comum é referir-se à reserva absoluta da lei em sentido formal referindo-se à exigência de lei para veicular determinadas matérias, não se admitindo delegação ao Executivo – ver ADI 3.462MC/PA;

III: correta, conforme o art. 150, III, *b* e *c*, e § 1º, da CF; **IV:** incorreta, pois a majoração do ICMS sujeita-se cumulativamente à anterioridade anual e à nonagesimal – art. 150, III, *c*, da CF.

Gabarito "C".

(Advogado União – AGU – CESPE – 2015) Acerca dos princípios constitucionais tributários, julgue os itens subsequentes.
(1) Pela aplicação do princípio da anterioridade tributária, quaisquer modificações na base de cálculo ou na alíquota dos tributos terão sua eficácia suspensa até o primeiro dia do exercício financeiro seguinte à publicação da lei que promoveu a alteração.
(2) O princípio da isonomia tributária impõe que o tributo incida sobre as atividades lícitas e, igualmente, sobre as atividades ilícitas, de modo a se consagrar a regra da interpretação objetiva do fato gerador. Dessa forma, é legítima a cobrança de IPTU sobre imóvel construído irregularmente, em área *non aedificandi*, não significando tal cobrança de tributo concordância do poder público com a ocupação irregular.
(3) Conforme o princípio da irretroatividade da lei tributária, não se admite a cobrança de tributos em relação a fatos geradores ocorridos em período anterior à vigência da lei que os instituiu ou aumentou. Entretanto, o Código Tributário Nacional admite a aplicação retroativa de lei que estabeleça penalidade menos severa que a prevista na norma vigente ao tempo da prática do ato a que se refere, desde que não tenha havido julgamento definitivo.
(4) O princípio da vedação à utilização de tributo com efeito de confisco, previsto expressamente na CF, aplica-se igualmente às multas tributárias, de modo a limitar, conforme jurisprudência pacífica do STF, o poder do Estado na instituição e cobrança de penalidades.
(5) De acordo com o princípio da legalidade, fica vedada a criação ou a majoração de tributos, bem como a cominação de penalidades em caso de violação da legislação tributária, salvo por meio de lei.

1: Incorreta, pois apenas as modificações que importem criação ou majoração do tributo sujeitam-se à anterioridade anual, além da anterioridade nonagesimal – art. 150, III, *b* e *c*, da CF. **2:** Correta, nos termos do art. 118, I, do CTN, referindo-se ao *non olet*. Ocorrendo o fato gerador (ser proprietário de imóvel, no caso) há incidência e cobrança do tributo, não sendo relevante, para a tributação, a regularidade desse imóvel, como ele foi adquirido ou construído etc. **3:** Correta, referindo-se à aplicação retroativa da *lex mitior* – art. 106, I, do CTN. **4:** Correta, sendo essa a interpretação dada pelo STF ao disposto no art. 150, IV, da CF. **5:** Correta, nos termos do art. 97, I, II e V, do CTN. A rigor, qualquer obrigação compulsória exige lei (ninguém é obrigado a fazer ou deixar de fazer algo, senão em virtude de lei).

Gabarito 1E, 2C, 3C, 4C, 5C.

(Procurador – PGFN – ESAF – 2015) A Lei que diminui o prazo de recolhimento de tributo
(A) submete-se ao princípio da anterioridade nonagesimal.
(B) somente se aplica no exercício financeiro seguinte àquele em que foi publicada.
(C) não se submete ao princípio da anterioridade.
(D) somente se aplica no exercício financeiro seguinte ao da data de sua vigência.
(E) somente gera efeitos normativos 30 (trinta) dias após a data da sua publicação.

A: incorreta, pois a anterioridade refere-se apenas à instituição ou à majoração de tributos, o que não é o caso da redução do prazo de recolhimento, conforme entendimento do STF – Súmula Vinculante 50/STF; **B** e **D:** incorretas, conforme comentário anterior; **C:** correta, conforme comentário à primeira alternativa; **E:** incorreta, até porque não há anterioridade de 30 dias.

Gabarito "C".

(Procurador do Estado – PGE/RN – FCC – 2014) Em relação ao princípio constitucional da anterioridade, é correto afirmar:
(A) A prorrogação, por meio de lei complementar, do termo inicial para que contribuintes se beneficiem do creditamento amplo de ICMS relativo às aquisições de materiais de uso e consumo deve ser formalizada com o mínimo de 90 dias antes do término do ano-calendário para que possa surtir efeito a partir de 1º de Janeiro do ano-calendário seguinte.
(B) Por sua natureza de remuneração de serviços públicos, a instituição ou majoração das taxas não está sujeita à aplicação do princípio da anterioridade.
(C) A elevação de alíquota de tributo pela própria Constituição Federal ou Emenda à Constituição prescinde da observância do princípio da anterioridade.
(D) A edição de lei que prorroga a aplicação de lei temporária que prevê a aplicação de alíquota majorada de ICMS não está sujeita ao princípio da anterioridade.
(E) A exigência de tributo uma vez revogada uma isenção está sujeita ao princípio da anterioridade.

A: incorreta, pois apenas as modificações que importem criação ou majoração do tributo sujeitam-se à anterioridade anual, além da anterioridade nonagesimal – art. 150, III, *b* e *c*, da CF; **B:** incorreta, pois o princípio da anterioridade aplica-se a todos os tributos, com as exceções taxativamente descritas na CF; **C:** incorreta, pois a anterioridade é considerada cláusula pétrea, devendo ser observada pelo constituinte derivado – ver ADI 939/DF; **D:** correta, pois não se trata de criação ou majoração de tributo – ver RE 584.100/SP; **E:** incorreta, à luz da jurisprudência do STF, que deu origem à Súmula 615, pois a isenção implica afastamento da norma que determinava a exclusão do crédito tributário, o que não se confunde com criação ou majoração de tributo. Pelo texto do CTN, apenas a revogação de isenção dos impostos sobre patrimônio (ITR, IPVA, IPTU) e renda (IR) tem efeitos diferidos para o exercício seguinte ao da publicação da lei – art. 104, III, do CTN. Entretanto, é importante acompanhar a evolução jurisprudencial, pois há precedente do STF afirmando o princípio da anterioridade em caso de majoração indireta do tributo por meio de revogação de benefício fiscal – ver RE 564.225AgR/RS. RB

Gabarito "D".

(Promotor de Justiça – MPE/RS – 2017) Considerando o regramento constitucional sobre limitações do poder de tributar, é **INCORRETO** afirmar que é vedado:

(A) à União, aos Estados, ao Distrito Federal e aos Municípios instituir tratamento desigual entre contribuintes que se encontrem em situação equivalente, proibida qualquer distinção em razão de ocupação profissional ou função por eles exercida, independentemente da denominação jurídica dos rendimentos, títulos ou direitos.

(B) à União, aos Estados, ao Distrito Federal e aos Municípios instituir impostos sobre fonogramas e videofonogramas musicais produzidos no Brasil contendo obras musicais ou literomusicais de autores brasileiros e/ou obras em geral interpretadas por artistas brasileiros, bem como os suportes materiais ou arquivos digitais que os contenham, salvo na etapa de replicação industrial de mídias ópticas de leitura a laser.

(C) à União, aos Estados, ao Distrito Federal e aos Municípios estabelecer limitações ao tráfego de pessoas ou bens, por meio de tributos interestaduais ou intermunicipais, ressalvada a cobrança de pedágio pela utilização de vias conservadas pelo Poder Público.

(D) à União tributar a renda das obrigações da dívida pública dos Estados, do Distrito Federal e dos Municípios, bem como a remuneração e os proventos dos respectivos agentes públicos, ainda que em níveis inferiores aos que fixar para suas obrigações e para seus agentes.

(E) aos Estados, ao Distrito Federal e aos Municípios estabelecer diferença tributária entre bens e serviços, de qualquer natureza, em razão de sua procedência ou destino.

A: correta, sendo esse o princípio da isonomia, conforme o art. 150, II, da CF; **B:** correta, conforme a imunidade prevista no art. 150, VI, *e*, da CF; **C:** correta, conforme a limitação constitucional prevista no art. 150, V, da CF; **D:** incorreta, pois a vedação de tributação da renda e dos proventos dos agentes públicos refere-se apenas à cobrança em níveis superiores aos fixados para as obrigações da própria União e para seus agentes, conforme o art. 151, II, da CF; **E:** correta, nos termos do art. 152 da CF. RB

Gabarito "D".

(Promotor de Justiça/GO – 2016 – MPE) Em relação ao princípio da isonomia tributária, informe o item incorreto:

(A) A legislação tributária brasileira não acolheu os postulados da cláusula *pecunia non olet*.

(B) O princípio da igualdade tributária recebe também a denominação de princípio da proibição dos privilégios odiosos.

(C) Com base no princípio da isonomia tributária, e tendo como fato gerador a propriedade de bem imóvel, seria lícita, por exemplo, a cobrança de tributo de proprietário de bem imóvel localizado ilegalmente em área de preservação ambiental.

(D) Caso o negócio jurídico tenha sua nulidade decretada pelo Poder Judiciário, não haverá obrigação de restituição do tributo quando o mesmo negócio já tiver produzido os seus efeitos.

A: incorreta, pois a análise da incidência tributária restringe-se ao estudo do fato gerador tal como definido à luz da legislação aplicável, nos termos dos arts. 4º e 118 do CTN, sendo irrelevantes aspectos como a denominação, características formais, destinação legal do produto da arrecadação, validade jurídica dos atos praticados, efeitos dos fatos ocorridos, ilícitos anteriores à situação que configura esse fato gerador etc.; **B:** correta, pois o princípio da igualdade refere-se exatamente à impossibilidade de tratamento diferenciado àqueles que se encontrem na mesma situação; **C:** correta, pois o fato gerador do imposto é a propriedade do imóvel, sendo irrelevante a irregularidade ambiental ou urbanística relativa à construção; **D:** correta, pois, tendo o negócio jurídico que configure fato gerador de tributo nos termos da lei correspondente produzido seus efeitos, terá havido a incidência e surgida a obrigação tributária, nos termos do art. 116, I, do CTN. RB

Gabarito "A".

(Promotor de Justiça/SC – 2016 – MPE)

(1) Pelo princípio da não surpresa do contribuinte, nos termos da Constituição Federal, são adotadas as seguintes fórmulas: a) princípio da anterioridade anual ou anterioridade de exercício, determina que União, Estados, Distrito Federal e Municípios não cobrem tributos no mesmo exercício financeiro em que tenha sido publicada a lei que aumenta ou institui tributo; b) princípio da anualidade, caracterizada pela inclusão da lei tributária material na lei do orçamento ou ânua; e c) princípio da anterioridade nonagesimal, segundo o qual é vedado à União, Estados, Distrito Federal e Municípios cobrar tributos antes de decorridos noventa dias da data em que haja sido publicada a lei que os aumentou ou instituiu.

1: falsa, pois o item "b" é incorreto. Não subsiste no sistema tributário brasileiro atual o princípio da anualidade, pois a validade da tributação e da cobrança do tributo independe da previsão de sua receita na lei orçamentária anual – ver o art. 150 da CF. RB

Gabarito 1E.

(Promotor de Justiça/SC – 2016 – MPE)

(1) A Constituição Federal permite aos Estados, ao Distrito Federal e aos Municípios, mediante lei complementar, estabelecer diferença tributária entre bens e serviços, de qualquer natureza, em razão de sua procedência ou destino.

1: falsa, pois isso é vedado expressamente pelo art. 152 da CF. RB

Gabarito 1E.

(Juiz – TRF 4ª Região – 2016) Assinale a alternativa **INCORRETA**.

(A) Segundo entendimento da doutrina e do Supremo Tribunal Federal, a proibição do efeito confiscatório da exação tributária não está estabelecida em critérios objetivos, e a sua aplicação depende da análise da razoabilidade, da proporcionalidade e da moderação.

(B) É vedado instituir imposto sobre livros, jornais, periódicos e o papel destinado à sua impressão, mesmo quando a comercialização destes seja realizada por pessoa jurídica com o objetivo de auferir lucros com a atividade.

(C) As isenções, anistias e remissões de tributos podem ser instituídas mediante decreto, dispensada a edição de lei em sentido estrito.

(D) É autorizado por lei atribuir a sujeito passivo da obrigação tributária a responsabilidade pelo pagamento do tributo, ainda que o fato gerador não tenha ocorrido, fenômeno este denominado substituição tributária.

(E) É vedado à União, aos Estados e aos Municípios instituírem impostos sobre templos de qualquer culto.

A: correta – ver ARE 831.377 AgR/MG; **B:** correta –ver RE 206.774/RS. A propósito, o STF pacificou o entendimento no sentido de que a imunidade "aplica-se ao livro eletrônico (e-book), inclusive aos suportes exclusivamente utilizados para fixá-lo" (Tese de repercussão geral 593/STF), e "alcança componentes eletrônicos destinados, exclusivamente, a integrar unidade didática com fascículos" (Tese de repercussão geral 259/STF); **C:** incorreta, pois benefícios fiscais somente podem ser concedidos por lei específica, nos termos do art. 150, § 6º, da CF; **D:** correta, conforme o art. 150, § 7º, da CF; **E:** correta, pois há imunidade nesse caso – art. 150, VI, *b*, da CF. RB

Gabarito "C".

(Juiz– TRF 3ª Região – 2016) O princípio da anterioridade genérica significa que:

(A) as pessoas políticas não podem cobrar tributos levando em conta fatos geradores ocorridos antes do início da vigência da lei que os instituiu ou aumentou.

(B) as pessoas políticas não podem exigir tributos no mesmo exercício financeiro em que foi publicada a lei que os instituiu ou aumentou.

(C) as pessoas políticas não podem exigir ou majorar tributos antes de decorridos três meses da entrada em vigor da lei que os instituiu ou aumentou.

(D) as pessoas políticas não podem exigir tributos sem que haja prévia autorização orçamentária para a cobrança deles em cada exercício financeiro.

A: incorreta, pois a assertiva descreve o princípio da irretroatividade – art. 150, III, *a*, da CF; **B:** correta definição da anterioridade anual – art. 150, III, *b*, da CF; **C:** incorreta, pois isso é algo próximo do princípio da anterioridade nonagesimal que, a rigor, refere-se a 90 dias, não exatamente três meses, além de serem contados a partir da publicação, não da entrada em vigor – art. 150, III, *c*, da CF; **D:** incorreta, pois esse antigo princípio na anualidade não foi recepcionado pela atual Constituição Federal. RB

Gabarito "B".

(Delegado/GO – 2017 – CESPE) Sabendo que, por disposição constitucional expressa, em regra, os princípios tributários e as limitações ao poder de tributar não se aplicam de forma idêntica a todas as espécies tributárias, assinale a opção correta a respeito da aplicação desses institutos.

(A) Apenas aos impostos estaduais aplica-se o princípio que proíbe o estabelecimento de diferença tributária entre bens e serviços de qualquer natureza em razão de sua procedência ou seu destino.

(B) A aplicação do princípio da não vinculação de receita a despesa específica é limitada aos impostos.

(C) Em regra, o princípio da anterioridade do exercício aplica-se da mesma forma aos impostos e às contribuições sociais da seguridade social.

(D) O princípio da capacidade contributiva aplica-se sempre e necessariamente aos impostos.
(E) O princípio da anterioridade do exercício atinge, de forma ampla, as hipóteses de empréstimos compulsórios previstas no texto constitucional.

A: incorreta, pois essa vedação aplica-se a todos os tributos (não apenas a impostos) estaduais e municipais (não apenas estaduais) – art. 152 da CF; **B:** correta, nos termos do art. 167, IV, CF, lembrando que o dispositivo traz exceções à vedação de vinculação da receita dos impostos; **C:** incorreta, pois, diferentemente da generalidade dos tributos, as contribuições sociais sujeitam-se apenas à anterioridade nonagesimal, não à anual – art. 195, § 6º, da CF; **D:** incorreta, considerando que a gradação conforme a capacidade econômica a que se refere o art. 145, § 1º, da CF é por muitos interpretada como diretriz da capacidade contributiva e, mais especificamente, possibilidade de progressividade de alíquotas (variação das alíquotas conforme a base de cálculo). Assim, não é possível dizer que essa diretriz se aplica sempre e necessariamente aos impostos, já que o STF já afastou a progressividade em relação a alguns deles (ITBI e IPTU antes da EC 29/2000); **E:** incorreta, pois a anterioridade anual não se aplica aos empréstimos compulsórios instituídos para tender a despesas extraordinárias – art. 148, I, c/c art. 150, § 1º, da CF.
Gabarito "B".

(Delegado/GO – 2017 – CESPE) Instrução normativa expedida em dezembro de 2015 pelo secretário de Fazenda do Estado de Goiás estabeleceu que, para ter acesso ao sistema de informática de emissão de nota fiscal, relativa ao ICMS, o contribuinte deve estar em dia com suas obrigações tributárias estaduais. Em janeiro de 2016, a empresa Alfa Ltda., com pagamento de tributos em atraso, requereu acesso ao sistema e teve o seu pedido indeferido.

Nessa situação hipotética,

(A) ainda que a emissão de notas fiscais seja obrigação acessória, o princípio da legalidade estrita, vigente no direito tributário, impõe que tais deveres sejam previstos por lei ordinária, sendo inválida a restrição estabelecida por instrução normativa.
(B) o ICMS é tributo sujeito à anterioridade nonagesimal, de modo que, embora válida a instrução normativa, o indeferimento é ato insubsistente, por ter aplicado a instrução normativa antes do prazo constitucional.
(C) a interdição de emissão de notas fiscais é meio indireto de cobrança do tributo, já que inibe a continuidade da atividade profissional do contribuinte, o que torna a instrução normativa em questão inválida.
(D) o ICMS não é tributo sujeito à anterioridade nonagesimal, de modo que o indeferimento é válido.
(E) a emissão de notas fiscais é obrigação acessória, podendo ser regulada por ato infralegal, sendo válida a restrição estabelecida.

A: incorreta, pois o CTN prevê a necessidade de legislação tributária (o que não se restringe a leis) para a instituição de obrigações acessórias – arts. 96, 113, § 2º e 115 do CTN. Entretanto, há bastante discussão doutrinária e jurisprudencial a respeito – ver ACO 1.098 AgR-TA/MG-STF, RMS 20.587/MG-STJ e REsp 838.143/PR-STJ; **B:** incorreta, pois a anterioridade refere-se à instituição ou à majoração de tributos (obrigação principal), apenas – art. 150, III, *b* e *c*, da CF; **C:** correta, sendo essa jurisprudência do STF, que veda inclusive a exigência de fiança ou outra garantia como pressuposto para emissão de notas fiscais – ver RE 565.048/RS-repercussão geral; **D:** incorreta, conforme comentário à alternativa "B"; **E:** incorreta, conforme comentário à alternativa "C".
Gabarito "C".

(Defensoria Pública da União – CESPE – 2015) A respeito das limitações ao poder de tributar e da competência tributária, julgue os itens que se seguem.

(1) Se, devido a necessidade urgente, a União instituir empréstimo compulsório para custear um investimento público de relevante interesse nacional em determinada data, nesse caso, devido ao princípio da anterioridade, a aplicação do referido tributo só poderá ocorrer no início do exercício fiscal subsequente.
(2) A União pode instituir uma contribuição social cobrada do empregador e incidente sobre as aplicações financeiras da empresa, desde que se submeta ao princípio da anterioridade nonagesimal.

1: correta, pois o empréstimo compulsório instituído no caso de investimento público de caráter urgente e de relevante interesse nacional (art. 148, II, da CF) sujeita-se ao princípio da anterioridade como os tributos em geral. Apenas o empréstimo compulsório instituído para atender a despesa extraordinária (art. 148, I, da CF) é exceção à anterioridade anual e à nonagesimal – art. 150, § 1º, da CF; **2:** correta, pois a União pode instituir outras contribuições sociais além daquelas expressamente previstas no art. 195 da CF, desde que observe as condições de seus §§ 4º (não pode repetir fato gerador ou base de cálculo de outra já existente) e 6º (deve observar a anterioridade nonagesimal).
Gabarito 1C, 2C.

(Juiz de Direito/AM – 2016 – CESPE) Por decreto do prefeito, de agosto de 2014, o município de Manaus atualizou a base de cálculo do IPTU e sua planta de valores imobiliários, para a cobrança do tributo em 2015. Na atualização, foi usada como referência a taxa SELIC para títulos federais, índice oficial para cálculo dos encargos pela mora dos tributos federais.

Nessa situação hipotética,

(A) o ato é válido, pois, tendo o decreto sido editado no ano de 2014 para surtir efeitos em 2015, foi observado o princípio da anterioridade.
(B) o ato é inválido, pois apenas lei municipal poderia indicar a SELIC como índice de correção monetária no município.
(C) o ato é inválido, por implicar acréscimo real, e não mera correção.
(D) o ato é válido, pois sendo o IPTU um tributo extrafiscal, a ele não se aplica o princípio da legalidade.
(E) o ato é válido, pois a taxa SELIC é índice oficial, não constituindo a sua aplicação, para correção da base de cálculo do IPTU, majoração de tributo.

Para resolver essa questão, é essencial termos duas informações: i) a simples atualização monetária do tributo, ou seja, a correção do valor dentro dos limites da inflação no período, pode ser feita por norma infralegal, enquanto o aumento real, acima da inflação, depende de lei – veja a Súmula 160/STJ; e ii) a SELIC corresponde à taxa de juros básica do governo federal, ou seja, não é simples correção monetária, mas implica, em regra, aumento real, remuneração do capital acima da inflação. **A:** incorreta, pois aumento real (pela taxa Selic) exige lei; **B:** incorreta, pois a Selic não é índice de correção monetária (embora a lei municipal possa majorar o IPTU utilizando como referência esse índice, desde que respeitado o valor real dos imóveis); **C:** correta, conforme comentários anteriores; **D** e **E:** incorretas, conforme comentários anteriores.
Gabarito "C".

(Analista Jurídico –TCE/PA – 2016 – CESPE) Em relação às limitações constitucionais ao poder de tributar e à atual jurisprudência do Supremo Tribunal Federal, julgue o item seguinte.

(1) Qualificado como garantia individual do contribuinte e, por conseguinte, como cláusula pétrea da Constituição Federal de 1988, o princípio da anterioridade não se aplica à norma jurídica que altera o prazo de recolhimento da obrigação tributária.

1: correta, pois não há sujeição à anterioridade, conforme a Súmula Vinculante 50/STF.
Gabarito 1C.

(Procurador da República – 26º) Produtos importados de países signatários do GATT (acordo geral de tarifas e comércio). Quanto ao imposto sobre circulação de mercadorias e serviços ICMS, é certo afirmar que:

(A) a isenção de tributo estadual prevista em tratado internacional firmado pela União, caracteriza-se como isenção heterônoma vedada pela Constituição Federal;
(B) a isenção de tributo estadual prevista em tratado internacional firmado pela União não se caracteriza como isenção heterônoma.
(C) é cabível a isenção inserida em tratado internacional de ICMS firmado pela União relativa a mercadorias importadas de país signatário do GATT mesmo não sendo isento o similar nacional;
(D) a isenção, no caso, somente prevalece para os impostos de competência da União.

A: incorreta, pois o STF permite que tratados internacionais, apesar de firmados por atos do Chefe do Executivo Federal, versem sobre tributos estaduais e municipais (STF, AgRg no AI 449.469, 1ª T., j. 17.04.2012, rel. Min. Dias Toffoli, *DJe* 11.05.2012); **B:** correta, pois a Constituição Federal veda, expressamente, isenções heterônomas, assim consideradas as isenções dadas por ente diferente do competente, contudo, o STF permite tal prática, apenas nos tratados internacionais (STF, AgRg no AI 449.469); **C:** incorreta, pois isso viola o princípio da isonomia (CF, art. 150, II); **D:** incorreta, pois isso implicaria em aniquilar o campo dos tratados internacionais.
Gabarito "B".

(Procurador da República – 26º) É correto afirmar quanto ao imposto sobre produtos industrializados (IPI) que:

(A) Submete-se ao princípio da anterioridade mitigada, a nonagesimal;
(B) Sendo um tributo de finalidade destacadamente extrafiscal, a ele não se aplica o princípio da anterioridade tributária;
(C) À vista da seletividade de que se reveste, de forma que suas alíquotas devem ser fixadas de acordo com a essencialidade do produto, está autorizado o Poder Executivo a alterar a sua base de cálculo e as suas alíquotas, atendidas as condições e observados os limites fixados em lei;
(D) Os princípios da não cumulatividade e da seletividade que o informam ensejam direito de crédito presumido de IPI para o contribuinte adquirente de insumos não tributados ou sujeitos à alíquota zero.

A: correta, pois há previsão constitucional expressa de não sujeição ao exercício financeiro (CF, art. 150, § 1º); **B:** incorreta, pois sujeita-se à anterioridade de 90 dias (CF, art. 150, III, *c* e 150, § 1º); **C:** incorreta, pois a Constituição Federal somente permite que o Poder Executivo altere as alíquotas do IPI, jamais sua base de cálculo (CF, art. 153, § 1º); **D:** incorreta, pois para tal situação ocorrer é preciso previsão expressa em lei. O STF pacificou o entendimento de que, em regra, a entrada de produto não tributado, isento ou sujeito à alíquota zero **não** permite creditamento de IPI em favor do adquirente (ver RE 398.365/RS – repercussão geral).
Gabarito "A".

3. IMUNIDADES

(Juiz de Direito – TJ/RS – 2018 – VUNESP) O governo estadual quer fomentar as áreas de lazer e turismo do Estado com a construção de um complexo multiuso com arena coberta que comporte a realização de shows e outros eventos de lazer, além de um aquário. Para tanto, pretende conceder à iniciativa privada a realização das obras de construção do complexo, que deverá ser levantado em área pública predefinida, e sua posterior exploração pelo prazo de 30 (trinta anos). O concessionário será remunerado exclusivamente pelas receitas advindas da exploração econômica do novo equipamento, inclusive acessórias. Para que o projeto tenha viabilidade econômica, está prevista a possibilidade de construção de restaurantes, de um centro comercial, de pelo menos um hotel dentro da área do novo complexo, além da cobrança de ingresso para visitação do aquário e dos eventos e shows que vierem a ser realizados na nova arena. Há previsão de pagamento de outorga para o Estado em razão da concessão.
Em relação à cobrança do IPTU pelo município onde se situa a área do complexo, é correto afirmar que

(A) por se tratar de área pública estadual, o Município não poderá cobrar IPTU em nenhuma hipótese, em razão da imunidade recíproca, prevista no artigo 150, inciso VI, 'a' da Constituição Federal de 1988.
(B) a cobrança do IPTU é indevida porque o concessionário não exerce nenhum direito de propriedade sobre o imóvel, sendo mero detentor de posse precária e desdobrada, decorrente de direito pessoal, fundada em contrato de cessão de uso, não podendo ser considerado contribuinte do imposto.
(C) apesar de o imóvel ser de propriedade do Estado, o Município poderá cobrar IPTU se não restar comprovado que a outorga paga pelo concessionário ao Estado pela concessão foi integralmente revertida para a realização de atividades de caráter eminentemente público.
(D) apesar do imóvel ser de propriedade do Estado, o Município poderá cobrar IPTU porque a área foi cedida a pessoa jurídica de direito privado para a realização de atividades com fins lucrativos, sendo o concessionário o contribuinte do imposto.
(E) a cobrança do IPTU é indevida porque o imóvel é público, sendo irrelevante para a caracterização do fato gerador a finalidade que o Estado dá ao imóvel.

A: incorreta, pois o STF reconhece a incidência do IPTU quando há cessão da área para exploração de empreendimento privado – ver temas de repercussão geral 385 ("A imunidade recíproca, prevista no art. 150, VI, a, da Constituição não se estende a empresa privada arrendatária de imóvel público, quando seja ela exploradora de atividade econômica com fins lucrativos. Nessa hipótese é constitucional a cobrança do IPTU pelo Município") e 437 ("Incide o IPTU, considerado imóvel de pessoa jurídica de direito público cedido a pessoa jurídica de direito privado, devedora do tributo"); **B:** incorreta, conforme comentário anterior; **C:** incorreta, pois a cobrança depende apenas da exploração econômica com finalidade lucrativa, conforme comentário anterior; **D:** correta, conforme comentários anteriores; **E:** incorreta, conforme comentários anteriores. RB
Gabarito "D".

(Procurador do Estado – PGE/RS – Fundatec – 2015) Quanto às imunidades tributárias, analise as assertivas abaixo:
I. Segundo a doutrina e a jurisprudência majoritárias, quando a Constituição da República diz que certas entidades são "isentas" e determina que tributos "não incidam" sobre certos fatos ou pessoas, o que está a fazer não é consagrar isenções e não incidências, mas verdadeiras imunidades.
II. Os Estados são imunes frente a contribuições previdenciárias, dada a imunidade tributária recíproca.
III. Segundo a jurisprudência do STF, as imunidades não se aplicam às entidades destinatárias quando estas sejam contribuintes de fato, mas não de direito.
IV. A imunidade das entidades beneficentes de assistência social deve, segundo a jurisprudência do STF, ser regulamentada inteiramente por lei complementar, por força do art. 146, inciso II, da Constituição Federal de 1988, visto se tratar de regulamentação de limitação constitucional ao poder de tributar.
Após a análise, pode-se dizer que:
(A) Está correta apenas a assertiva I.
(B) Está correta apenas a assertiva III.
(C) Estão corretas apenas as assertivas I e III.
(D) Estão corretas apenas as assertivas II e III.
(E) Está incorreta apenas a assertiva IV.

I: correta, pois sempre que a Constituição Federal afasta a tributação em relação a determinadas pessoas ou situações há imunidade, independentemente dos termos utilizados; **II:** incorreta, pois a imunidade recíproca refere-se apenas a impostos – art. 150, VI, a, da CF – ver tese de repercussão geral 342/STF "A imunidade tributária subjetiva aplica-se a seus beneficiários na posição de contribuinte de direito, mas não na de simples contribuinte de fato, sendo irrelevante para a verificação da existência do beneplácito constitucional a repercussão econômica do tributo envolvido"; **III:** correta, pois a imunidade não aproveita ao contribuinte de direito, por exemplo, os alienantes de bens (ICMS) ou prestadores de serviços (ISS) ao poder público – ver RE 864.471AgR/BA; **IV:** incorreta, pois admitem-se normas regulamentadoras de aspectos instrumentais da imunidade por outros veículos normativos – ver RMS 275.521AgR/DF, como decretos. RB
Gabarito "C".

(Procurador do Estado – PGE/BA – CESPE – 2014) Com relação à imunidade, julgue os itens que se seguem.
(1) A imunidade tributária recíproca não é extensiva às empresas públicas.
(2) As taxas são alcançadas pelas imunidades constitucionais previstas para as entidades de educação.

1: Incorreta, pois o STF reconhece a imunidade em favor dos Correios e da Infraero, por exemplo, em relação a atividades públicas em sentido estrito, executadas sem intuito lucrativo, que não indiquem capacidade contributiva – RE 601.392/PR. Por outro lado, atente para a tese de repercussão geral 385/STF "A imunidade recíproca, prevista no art. 150, VI, a, da Constituição não se estende a empresa privada arrendatária de imóvel público, quando seja ela exploradora de atividade econômica com fins lucrativos. Nessa hipótese é constitucional a cobrança do IPTU pelo Município" e tese de repercussão geral 437/STF "Incide o IPTU, considerado imóvel de pessoa jurídica de direito público cedido a pessoa jurídica de direito privado, devedora do tributo"; **2:** Incorreta, pois a imunidade do art. 150, VI, c, da CF refere-se apenas a impostos. RB
Gabarito 1E, 2E.

(Promotor de Justiça – MPE/RS – 2017) Relativamente às imunidades tributárias, é **INCORRETO** afirmar que é vedado
(A) aos entes federados cobrar tributos em relação a fatos geradores ocorridos antes do início da vigência da lei que os houver instituído ou aumentado.
(B) à União instituir imposto sobre a renda dos Estados, do Distrito Federal e dos Municípios.
(C) à União instituir isenções de tributos de competência dos Estados, do Distrito Federal e dos Municípios.
(D) à União cobrar imposto sobre produtos industrializados no mesmo exercício financeiro em que haja sido publicada a lei que o instituiu ou aumentou.
(E) aos entes federados estabelecer limitações ao tráfego de pessoas ou bens, por meio de tributos interestaduais ou intermunicipais, ressalvada a cobrança de pedágio pela utilização de vias conservadas pelo Poder Público.

A: correta, pois há essa vedação, apesar de ela se referir ao princípio da irretroatividade, e não da imunidade – art. 150, III, a, da CF; **B:** correta, pois é imunidade recíproca – art. 150, VI, a, da CF. Por outro lado, atente para a tese de repercussão geral 385/STF "A imunidade recíproca, prevista no art. 150, VI, a, da Constituição não se estende a empresa privada arrendatária de imóvel público, quando seja ela exploradora de atividade econômica com fins lucrativos. Nessa hipótese é constitucional a cobrança do IPTU pelo Município" e tese de repercussão geral 437/STF "Incide o IPTU, considerado imóvel de pessoa jurídica de direito público cedido a pessoa jurídica de direito privado, devedora do tributo"; **C:** correta, pois a competência tributária é sempre exclusiva do ente político a quem foi deferida pela CF – art. 151, III, da CF; **D:** incorreta, pois o IPI é exceção ao princípio da anterioridade anual, sujeitando-se apenas à anterioridade nonagesimal – art. 150, § 1º, da CF; **E:** correta, conforme o art. 152 da CF. RB
Gabarito "D".

(Procurador do Estado/AM – 2016 – CESPE) Considerando os limites ao exercício do poder de tributar, julgue os itens seguintes.
(1) A imunidade recíproca beneficia sociedades de economia mista que prestem serviços públicos estatais essenciais e exclusivos, como, por exemplo, o serviço de saneamento básico, ainda que tais serviços sejam remunerados por tarifas.
(2) As limitações ao poder de tributar são normas de restrição da competência tributária taxativamente previstas na CF.

1: correta, pois é esse o entendimento do STF, apesar da literalidade do art. 150, VI, a e de seu § 2º, da CF, que se referem apenas aos entes políticos e suas entidades de direito público (autarquias e fundações públicas) – ver ACO 2.730AgR/DF; **2:** incorreta, pois as limitações previstas no texto constitucional não excluem outras garantias asseguradas aos contribuintes, como previsto expressamente no art. 150, caput, da CF. RB
Gabarito 1C, 2E.

(Juiz– TRF 2ª Região – 2017) Leia as proposições e, ao final, assinale a opção correta:
I. Instituição de educação, beneficiária de imunidade tributária, faz jus a exigir o afastamento do IPI incidente sobre o automóvel que ela vai adquirir e usar exclusivamente em suas atividades.
II. Instituição de educação, beneficiária de imunidade tributária, que tem certo imóvel alugado, cuja renda reverte em benefício de suas finalidades, não está sujeita a pagar IPTU sobre este seu bem, dado em locação.

III. A imunidade constitucional recíproca abrange os entes integrantes da administração indireta de cada unidade federada.

(A) Apenas as assertivas I e II estão corretas.
(B) Apenas as assertivas II e III estão corretas.
(C) Apenas a assertiva II está correta.
(D) Todas as assertivas são equivocadas.
(E) Apenas a assertiva I está correta.

I: incorreta, pois a imunidade da adquirente, que é contribuinte de fato apenas, não beneficia o fabricante do automóvel, que é o contribuinte de direito. Ver a tese de repercussão geral 342/STF "A imunidade tributária subjetiva aplica-se a seus beneficiários na posição de contribuinte de direito, mas não na de simples contribuinte de fato, sendo irrelevante para a verificação da existência do beneplácito constitucional a repercussão econômica do tributo envolvido"; II: correta – Súmula Vinculante 52 do STF; III: incorreta, pois abrange, em princípio, apenas as entidades de direito público da Administração indireta (fundações públicas e autarquias). O STF, entretanto, entende que a Empresa de Correios e Telégrafos (ECT) e a Empresa Brasileira de Infraestrutura Aeroportuária (Infraero) são imunes em relação a atividades públicas em sentido estrito, executadas sem intuito lucrativo, que não indiquem capacidade contributiva – RE 601.392/PR. Por outro lado, atente para a tese de repercussão geral 385/STF "A imunidade recíproca, prevista no art. 150, VI, a, da Constituição não se estende a empresa privada arrendatária de imóvel público, quando seja ela exploradora de atividade econômica com fins lucrativos. Nessa hipótese é constitucional a cobrança do IPTU pelo Município" e tese de repercussão geral 437/STF "Incide o IPTU, considerado imóvel de pessoa jurídica de direito público cedido a pessoa jurídica de direito privado, devedora do tributo." RB

Gabarito "C".

(Juiz– TRF 3ª Região – 2016) Considere as seguintes afirmações e assinale a alternativa correta:

I. As multas fiscais também são alcançadas pelo princípio da não confiscatoriedade.
II. As medidas provisórias podem instituir ou majorar tributos para os quais não é exigida lei complementar.
III. O IPI (imposto sobre produtos industrializados) não incide sobre produtos industrializados destinados à exportação.
IV. A imunidade recíproca prevista para as pessoas políticas alcança empresas públicas e sociedades de economia mista delegatárias de serviços públicos que atuam em regime de monopólio.

(A) Todas as afirmações são erradas.
(B) As afirmações II e III são erradas.
(C) Todas as afirmações são verdadeiras.
(D) A afirmação IV é a única verdadeira.

I: correta – ver ARE 938.538 AgR/ES; II: correta – art. 62, § 1º, III, da CF; III: correta, pois há imunidade nesse caso – art. 153, § 3º, III, da CF; IV: correta, tendo sido esse um dos fundamentos que levaram o STF a estender a imunidade tributária aos Correios, embora, posteriormente, o entendimento tenha sido aplicado também em relação a atividades em relação às quais não há exclusividade – ver ACO 811 AgR ED. Os precedentes mais recentes indicam que a Empresa de Correios e Telégrafos (ECT) e a Empresa Brasileira de Infraestrutura Aeroportuária (Infraero) são imunes em relação a atividades públicas em sentido estrito, executadas sem intuito lucrativo, que não indiquem capacidade contributiva – RE 601.392/PR. RB

Gabarito "C".

(Juiz– TJ/SP – VUNESP – 2015) Na disciplina das isenções, imunidades e hipóteses de não incidência, é correto afirmar que

(A) quem pode isentar também pode conceder imunidade.
(B) quem pode tributar pode isentar.
(C) alíquota zero e isenção são expressões juridicamente equivalentes.
(D) não incidência é situação juridicamente distinta de imunidade e de não competência.

A: incorreta, pois imunidade é concedida exclusivamente pela Constituição Federal. Já a isenção é concedida por meio de lei de cada ente tributante; B: correta, pois a isenção é dada por quem tem competência tributária em relação ao respectivo tributo, sempre por meio de lei; C: incorreta, pois alíquota zero simplesmente anula o valor do crédito tributário, o que, em relação a determinados tributos federais, pode inclusive ser feito por norma infralegal (lembre-se que há algumas poucas exceções ao princípio da legalidade em relação a determinadas alíquotas de tributos federais – II, IE, IPI, IOF e da CIDE sobre combustíveis). Já isenção exclui o crédito tributário (afasta a incidência, para os autores mais modernos) e somente pode ser concedida por lei do ente tributante; D: discutível. Por ser conceito fixado pela negativa, não incidência é algo absolutamente amplo, podendo ser compreendido como tudo que não é incidência, o que inclui imunidade e inexistência de competência tributária, daí porque a alternativa também foi considerada correta. Importante destacar, entretanto, que muitos utilizam o termo "não incidência" para se referir a algo distinto da imunidade (é norma constitucional que afasta a competência tributária), atinente a situações absolutamente fora do âmbito de competência concedida pela Constituição a determinado ente competente. Por exemplo, o Estado tem competência para tributar a propriedade de veículos automotores (IPVA), sendo que não pode tributar veículo de propriedade de um Município por expressa vedação constitucional (imunidade recíproca), muito menos a propriedade de um cavalo, que não é sequer veículo automotor (este último é o caso da não incidência). RB

Gabarito "B e D".

(Juiz - TJ/MS – VUNESP – 2015) O Sistema Tributário Nacional veda a cobrança de impostos sobre fonogramas e videofonogramas musicais produzidos no Brasil contendo obras musicais ou literomusicais de autores brasileiros e/ou obras em geral interpretadas por artistas brasileiros bem como os suportes materiais ou arquivos digitais que os contenham, salvo na etapa de replicação industrial de mídias ópticas de leitura a laser. Referida vedação implica em modalidade de

(A) exclusão do crédito tributário.
(B) anistia especial.
(C) isenção específica.
(D) limitação ao poder de tributar.
(E) compensação tributária.

Sempre que a Constituição Federal afasta a competência tributária, ou seja, fixa regra afastando a possibilidade de tributação relativa a determinada pessoa ou objeto, independentemente da terminologia utilizada, estaremos diante de uma imunidade, espécie de limitação constitucional ao poder de tributar. **A**: incorreta, pois isso é isenção ou anistia, dada sempre por lei do ente tributante – art. 175 do CTN; **B e C**: incorretas, pois isenção e anistia são modalidades de exclusão do crédito tributário, sempre concedidas por lei de cada ente tributante – art. 175 do CTN; **D**: correta, pois trata-se de imunidade, que é uma limitação constitucional ao poder de tributar, delimitação negativa da competência tributária, conforme a seção da Constituição Federal em que se insere seu art. 150; **E**: incorreta, pois compensação é modalidade de extinção do crédito tributário, regulada por lei de cada ente tributante – art. 156, II, do CTN. RB

Gabarito "D".

(Defensoria Pública da União – CESPE – 2015) A respeito das limitações ao poder de tributar e da competência tributária, julgue os itens que se seguem.

(1) A União tem competência para instituir o imposto territorial rural, o qual terá como fato gerador a propriedade, o domínio útil ou a posse de imóvel por natureza, como definido na lei civil, localizado fora da zona urbana do município, todavia não poderá esse imposto incidir sobre pequenas glebas rurais exploradas pelo proprietário que não possua outro imóvel, tratando-se, nesse caso, de uma imunidade específica.

(2) A imunidade tributária recíproca entre os entes tributantes veda à União, aos estados, ao DF e aos municípios instituir impostos sobre o consumo, patrimônio e renda uns dos outros.

1: correta, pois essa competência tributária e respectiva imunidade é prevista no art. 153, VI, e § 4º, II, da CF; 2: incorreta, pois a imunidade recíproca refere-se expressamente ao patrimônio, renda e serviços uns dos outros, apenas – art. 150, VI, a, da CF. O STF entende que quando um ente imune adquire uma mercadoria, por exemplo, o vendedor (contribuinte de direito) não se exime do recolhimento do ICMS e do IPI, ainda que encargo recaia sobre o adquirente imune (contribuinte de fato) – ver RE 864.471AgR/BA. RB

Gabarito 1C, 2E.

(Defensor Público –DPE/MT – 2016 – UFMT) Quanto às imunidades tributárias, analise as assertivas abaixo.

I. A extensão da imunidade recíproca às empresas estatais prestadoras de serviços públicos, por construção pretoriana do Supremo Tribunal Federal, refere-se tão somente aos impostos incidentes sobre o patrimônio, a renda e os serviços.
II. A norma constitucional que favorece as entidades beneficentes de assistência social em relação à cobrança de contribuições sociais – não obstante referir-se impropriamente à isenção de contribuição para a seguridade social – contemplou tais entidades com o favor constitucional da imunidade tributária, desde que por elas preenchidos os requisitos fixados em lei complementar.
III. A imunidade tributária torna indevida a incidência de IPVA (Imposto sobre a Propriedade de Veículos Automotores) sobre os veículos pertencentes às entidades sindicais de trabalhadores e de empregadores, desde que sejam utilizados para atender a suas finalidades essenciais.
IV. Os livros, jornais, periódicos e o papel destinado a sua impressão gozam de imunidade objetiva em relação ao ICMS (Imposto sobre Circulação de Mercadorias e Serviços).

Estão corretas as assertivas

(A) I, II e IV, apenas.
(B) II, III e IV, apenas.
(C) I e IV, apenas.
(D) I, II e III, apenas.
(E) III e IV, apenas.

I: correta, ao interpretar o art. 150, VI, a, da CF, que se refere expressamente a patrimônio, renda e serviços – ver ACO 811AgR-AD/DF; II: considerada incorreta pela banca examinadora, mas discordamos do gabarito oficial, pois o afastamento da tributação pela contribuição social é imunidade, ainda que o texto constitucional utilize o termo isenção, como no art. 195, § 7º, da CF – ver RE 636.941/RS: "expressão 'isenção' utilizada no art. 195, § 7º, CF/1988, tem o conteúdo de verdadeira imunidade". A regulamentação da imunidade, limitação do poder de tributar, é sempre por lei complementar federal – art. 146, II, da CF – Tese de repercussão geral 32/STF: "Os requisitos para o gozo de imunidade

não de estar previstos em lei complementar."; **III:** incorreta, pois a imunidade do art. 150, VI, *c*, da CF refere-se apenas a sindicatos de trabalhadores, não de empregadores (embora sejam comuns isenções previstas em leis); **IV:** correta, pois a imunidade prevista no art. 150, VI, *d*, refere-se estritamente à produção e à comercialização desses bens, não se estendendo ao sujeito que realiza essas atividades, daí porque considerada objetiva (refere-se ao objeto – livros, periódicos etc. –, não ao sujeito – quem aufere renda, por exemplo) – ver RE 628.122/SP.
Gabarito "C".

(Delegado/PE – 2016 – CESPE) Considerando-se que uma autarquia federal estabelecida em determinado município receba pagamentos de tarifas pelos serviços prestados a seus usuários, é correto afirmar, em respeito às imunidades recíprocas, que essa autarquia

(A) deverá contribuir somente sobre os tributos relativos ao patrimônio.
(B) está isenta apenas dos tributos federais e municipais.
(C) está isenta apenas do pagamento do IPTU.
(D) está isenta de qualquer tributo, seja ele federal, estadual ou municipal.
(E) deverá contribuir sobre tributos relativos ao patrimônio, renda e serviços.

A: incorreta, pois as autarquias são imunes aos impostos federais, estaduais e municipais (imunidade recíproca), no que se refere ao patrimônio, à renda e aos serviços, vinculados a suas finalidades essenciais ou às delas decorrentes – art. 150, § 2º, da CF; **B, C e D:** incorretas, pois se trata de imunidade, não isenção, e de impostos, não de qualquer tributo – art. 150, § 2º, da CF; **E:** incorreta. Em princípio, não há imunidade recíproca das autarquias no caso de contraprestação ou pagamento de preços ou tarifas pelo usuário (art. 150, § 3º, da CF), razão pela qual poder-se-ia defender que a alternativa "E" seria correta. Entretanto, o STF fixou entendimento de que as autarquias que prestam serviço público remunerado por tarifa estão abrangidas pela imunidade recíproca – ver RE 741938 AgR/MG. Por essa razão, não há alternativa correta e a questão foi anulada.
Gabarito: Anulada

(Analista Jurídico –TCE/PA – 2016 – CESPE) Em relação às limitações constitucionais ao poder de tributar e à atual jurisprudência do Supremo Tribunal Federal, julgue o item seguinte.

(1) A imunidade das entidades de assistência social sem fins lucrativos abrange seu patrimônio, sua renda e seus serviços. Assim, não incide o imposto sobre a propriedade predial e territorial urbana sobre imóvel de sua propriedade alugado a terceiros, ainda que os aluguéis não sejam revertidos a sua finalidade essencial.

1: incorreta, pois, nos termos da Súmula Vinculante 52/STF, ainda quando alugado a terceiros, permanece imune ao IPTU o imóvel pertencente a qualquer das entidades referidas pelo art. 150, VI, *c*, da Constituição Federal, desde que o valor dos aluguéis seja aplicado nas atividades para as quais tais entidades foram constituídas. Ver também a tese de repercussão geral 693/STF "A imunidade tributária prevista no art. 150, VI, c, da CF/88 aplica-se aos bens imóveis, temporariamente ociosos, de propriedade das instituições de educação e de assistência social sem fins lucrativos que atendam os requisitos legais."
Gabarito 1E

(Magistratura/RR – 2015 – FCC) Mary, Juan, Cristina e François são quatro amigos que tinham, originariamente, as respectivas nacionalidades: americana, mexicana, brasileira e canadense. Eles acabaram de se graduar em música, na *Juilliard School*, de Nova Iorque.

Em 2010, os quatro músicos decidiram passar o carnaval no Brasil. Os estrangeiros se encantaram com a terra, com o povo e, principalmente, com a variedade de sons da música brasileira.

Juan gostou tanto que, em 2011, naturalizou-se brasileiro. François, por sua vez, conseguiu visto de residência permanente no Brasil já em 2012.

Em 2014, Mary produziu, em Belo Horizonte, um CD com canções sertanejas de Marcelo & Marcelinho, autores gaúchos, que interpretaram as canções de sua autoria; Juan produziu, no Rio de Janeiro, um DVD com melodias do cancioneiro indígena da Amazônia; Cristina produziu, na Argentina, um CD com letras e músicas de sua criação e, por fim, François produziu, em São Paulo, um CD instrumental com melodias folclóricas medievais de autores franceses.

Com base nas informações acima e no que dispõe a Constituição Federal a respeito das limitações ao poder de tributar, o ICMS NÃO incide sobre as operações de comercialização, no território nacional, do

I. CD produzido por Cristina.
II. CD produzido por Mary.
III. DVD produzido por Juan.
IV. CD produzido por François.
Está correto o que se afirma APENAS em

(A) I, II e IV.
(B) I e IV.
(C) II e III.
(D) II e IV.
(E) III e IV.

Nos termos do art. 150, VI, *e*, da CF, há imunidade para fonogramas e videofonogramas musicais produzidos no Brasil contendo obras musicais ou literomusicais de autores brasileiros e/ou obras em geral interpretadas por artistas brasileiros bem como os suportes materiais ou arquivos digitais que os contenham, salvo na etapa de replicação industrial de mídias ópticas de leitura a laser. Assim, são imunes as obras de autoria de brasileiros ou interpretadas por brasileiros, desde que produzidas no Brasil. No caso, apenas aquelas produzidas por Mary e Juan, portanto, são abrangidas pela imunidade, de modo que a alternativa "C" é a correta.
Gabarito "C".

(Defensor/PA – 2015 – FMP) Assinale a alternativa CORRETA.

(A) Segundo entendimento do Supremo Tribunal Federal (STF), a imunidade tributária dos templos de qualquer culto alcança as lojas maçônicas.
(B) A imunidade tributária endereçada aos livros e periódicos não alcança, no entendimento do STF, álbuns de figurinhas.
(C) A imunidade tributária recíproca não alcança o Imposto sobre operações relativas à Circulação de Mercadorias e sobre a prestação de Serviços de Transporte interestadual e intermunicipal e de comunicação (ICMS) que incide no transporte de bens e mercadorias realizado pela Empresa Brasileira de Correios e Telégrafos (ECT) porque, na esteira do entendimento do STF, tal atividade tem fins lucrativos, não merecendo tratamento tributário privilegiado.
(D) Têm imunidade tributária fonogramas e videofonogramas musicais produzidos no Brasil contendo obras musicais ou literomusicais de autores brasileiros e/ou obras em geral, interpretadas por artistas brasileiros, bem como os suportes materiais ou arquivos digitais que os contenham, salvo na etapa de replicação industrial de mídias ópticas de leitura a laser.
(E) Não têm imunidade tributária recíproca as autarquias e fundações instituídas e mantidas pelo Poder Público no que se refere ao patrimônio, à renda e aos serviços vinculados às suas finalidades essenciais.

A: incorreta, pois o STF afasta a imunidade nesse caso – ver ARE 790.299 AgR/SP; **B:** incorreta, pois o STF reconhece a imunidade nesse caso – ver RE 656.203 AgR/SP; **C:** incorreta, pois o STF reconhece a imunidade em favor da ECT também nesses casos – ver ACO 1.331 AgR/GO. O STF entende que a Empresa de Correios e Telégrafos (ECT) e a Empresa Brasileira de Infraestrutura Aeroportuária (Infraero) são imunes em relação a atividades públicas em sentido estrito, executadas sem intuito lucrativo, que não indiquem capacidade contributiva – RE 601.392/PR; **D:** correta, nos termos do art. 150, VI, e, da CF; **E:** incorreta, pois a imunidade recíproca abrange esses entes da administração indireta de natureza pública – art. 150, § 2º, da CF.
Gabarito "D".

(Procurador do Estado/PR – 2015 – PUC-PR) Sobre as imunidades tributárias, à luz da jurisprudência do Supremo Tribunal Federal, assinale a alternativa **CORRETA**.

(A) É vedada a instituição, por meio de Emenda à Constituição, de novas hipóteses de imunidades tributárias.
(B) Não incide Imposto de Importação sobre as operações de importação de bens realizadas por Estado da Federação, salvo nos casos em que restar comprovada violação ao princípio da neutralidade concorrencial do Estado.
(C) A imunidade tributária recíproca exonera o sucessor, desde que Ente Público integrante da Administração Direta, das obrigações tributárias relativas aos fatos jurídicos tributários ocorridos antes da sucessão.
(D) Não incide o ICMS sobre o serviço de transporte de bens e mercadorias realizado pelas franqueadas da Empresa Brasileira de Correios e Telégrafos – ECT.
(E) A Constituição Federal de 1988 contém hipóteses de imunidades de impostos e contribuições, mas não de taxas.

A: incorreta, pois não há violação de cláusula pétrea nesse caso; **B:** correta, nos termos do art. 150, VI, a, da CF; **C:** imprecisa. Há imunidade, nesse caso, mas não por conta da sucessão, apenas pelo fato de que o ente público integrante da administração direta é a própria administração direta, ou algum órgão dela talvez (aparentemente houve erro e a examinadora quis se referir a ente da administração indireta); **D:** incorreta, pois a imunidade não aproveita às franqueadas da ECT – ver RE 773.992/BA; **E:** incorreta, pois a CF prevê casos de imunidade em relação a taxas – art. 5º, XXXIV, LXXIV, LXXVI e LXXVII.
Gabarito "B".

(Procurador Distrital – 2014 – CESPE) Considerando que uma autarquia federal que não vise à exploração da atividade econômica e não cobre tarifa ou preço por serviços prestados tenha adquirido um prédio para instalação de sua administração no DF, julgue os itens que se seguem, relativos a essa situação hipotética, à competência tributária e às regras de limitação dessa competência.

(1) Caso o prédio em questão seja vendido para uma pessoa física, essa operação ficará sujeita ao pagamento de ITBI, uma vez que a limitação do poder de tributar não mais se aplicará.

(2) O DF pode instituir contribuições parafiscais, inclusive destinadas à intervenção no domínio econômico, desde que o faça por lei complementar.
(3) O DF pode conceder remissão de ICMS a empresários, de forma autônoma e independente de autorização de qualquer órgão federal, dado que a CF lhe garantiu competência plena.
(4) Na hipótese considerada, o DF não poderá cobrar IPTU do prédio da autarquia federal em razão do princípio da uniformidade.

1: correta, pois a imunidade tributária não beneficia o particular adquirente do imóvel, contribuinte do ITBI – art. 150, § 3º, in fine, da CF/1988 e Súmula 75 do STF; 2: incorreta, pois a competência tributária relativa a contribuições é exclusiva da União, com exceção da contribuição devida pelos servidores públicos para suportar o regime previdenciário próprio – art. 149 da CF/1988; 3: incorreta, pois os benefícios fiscais dependem de deliberação dos Estados e do DF (por meio de convênio do CONFAZ), nos termos do art. 155, § 2º, XII, g, da CF/1988; 4: incorreta, pois, embora não seja possível a cobrança do IPTU, a razão para isso é a imunidade recíproca, não o princípio da uniformidade – art. 150, VI, a, e § 2º, da CF/1988. Gabarito 1C, 2E, 3E, 4E

4. DEFINIÇÃO DE TRIBUTO E ESPÉCIES TRIBUTÁRIAS

(Juiz de Direito – TJ/RS – 2018 – VUNESP) O prefeito do Município X pretende instituir uma taxa para custear o serviço de coleta, remoção e destinação do lixo doméstico produzido no Município. A taxa será calculada em função da frequência da realização da coleta, remoção e destinação dos dejetos e da área construída do imóvel ou da testada do terreno.

Acerca dessa taxa, é correto afirmar que ela é

(A) ilegal, porque a coleta, remoção e destinação do lixo doméstico não podem ser considerados como serviço público específico e divisível.
(B) ilegal, porque sua base de cálculo utiliza elemento idêntico ao do IPTU, qual seja, a metragem da área construída ou a testada do imóvel.
(C) legal se houver equivalência razoável entre o valor cobrado do contribuinte e o custo individual do serviço que lhe é prestado.
(D) ilegal, porque não possui correspondência precisa com o valor despendido na prestação do serviço.
(E) legal, porque foi instituída em razão do exercício regular de poder de polícia, concernente à atividade da Administração Pública que regula ato de interesse público referente à higiene.

A: incorreta, pois o serviços é específico e divisível (= prestado *uti singuli*), o que permite a cobrança de taxa – ver Súmula Vinculante 19/STF; B: incorreta, pois a base de cálculo do IPTU é o valor do imóvel, não sua área, aplicando-se o entendimento consolidado na Súmula 29/STF "É constitucional a adoção, no cálculo do valor da taxa, de um ou mais elementos da base de cálculo própria de determinado imposto, desde que não haja integral identidade entre uma base e outra"; C: correta, conforme comentários anteriores e o princípio pelo qual a taxa cobrada deve ter relação com o custo do serviço prestado; D: incorreta, pois essa correlação precisa não é exigida, até porque impossível, na prática; E: incorreta, pois a taxa descrita refere-se à prestação de serviço público específico e divisível, não ao exercício do poder de polícia. Gabarito "C"

(Defensor Público Federal – DPU – 2017 – CESPE) A respeito das espécies tributárias existentes no sistema tributário brasileiro, julgue os itens que se seguem.

(1) No cálculo do valor de determinada taxa, pode haver elementos da base de cálculo de algum imposto, desde que não haja total identidade entre uma base e outra.(RB)

1: correta, nos termos da Súmula Vinculante 29/STF. Gabarito 1C

(Procurados do Município – Prefeitura Fortaleza/CE – CESPE – 2017) No que se refere à teoria do tributo e das espécies tributárias, julgue os itens seguintes.

(1) A identificação do fato gerador é elemento suficiente para a classificação do tributo nas espécies tributárias existentes no ordenamento jurídico: impostos, taxas, contribuições de melhoria, contribuições e empréstimos compulsórios.
(2) O imposto é espécie tributária caracterizada por indicar fato ou situação fática relativa ao próprio contribuinte no aspecto material de sua hipótese de incidência.
(3) O fato gerador da contribuição de iluminação pública é a prestação de serviço público, específico e divisível, colocado à disposição do contribuinte mediante atividade administrativa em efetivo funcionamento.
(4) A relação jurídica tributária, que tem caráter obrigacional, decorre da manifestação volitiva do contribuinte em repartir coletivamente o ônus estatal.
(5) No que concerne à atividade de cobrança de tributo, não se admite avaliação do mérito administrativo pelo agente público, uma vez que o motivo e o objeto da atividade administrativa fiscal são plenamente vinculados.

1: Incorreta, pois, embora o fato gerador seja o elemento essencial para a classificação dos tributos listados no CTN (arts. 4º e 5º), ou seja, impostos, taxas e contribuições de melhoria, as outras duas espécies, previstas na Constituição Federal (contribuições especiais e empréstimos compulsórios) são definidos por sua finalidade – arts. 148, 149 e 149-A da CF. 2: Correta, já que o fato gerador do imposto é desvinculado de qualquer atividade estatal específica voltada ao contribuinte (art. 16 do CTN), considerando também que deve relacionar-se com a capacidade contributiva do contribuinte – art. 145, I, da CF. 3: Incorreta, pois a assertiva descreve taxa, inviável no caso de serviço indivisível, como é o caso da iluminação pública – art. 77 do CTN. A rigor, a CF não descreve o fato gerador dessa contribuição, mas apenas sua finalidade, qual seja custeio desse serviço – art. 149-A da CF. 4: Incorreta, pois a vontade do contribuinte é irrelevante para o surgimento da obrigação tributária, que é sempre compulsória, decorrente da lei (*ex lege*) – art. 3º do CTN. 5: Correta, não havendo discricionariedade na cobrança, sendo a atividade fiscal vinculada e obrigatória, sob pena de responsabilidade funcional – arts. 3º e 142, parágrafo único, do CTN. Gabarito 1E, 2C, 3E, 4E, 5C

(Procurador – PGFN – ESAF – 2015) A contribuição para o custeio do serviço de iluminação pública pode ser instituída

(A) por Estados, Municípios e Distrito Federal.
(B) como imposto adicional na fatura de consumo de energia elétrica.
(C) mediante a utilização de elemento próprio da mesma base de cálculo de imposto.
(D) somente por Lei Complementar.
(E) para cobrir despesas de iluminação dos edifícios públicos próprios.

A: incorreta, pois a competência é exclusiva dos municípios e DF – art. 149-A da CF; B: incorreta, pois contribuição não se confunde com imposto – art. 16 do CTN; C: correta, já que não há vedação à repetição de fato gerador ou base de cálculo, considerando que a CF não descreve o fato gerador da contribuição, mas apenas sua finalidade, qual seja custeio desse serviço – art. 149-A da CF. A rigor, a Constituição indica que a base de cálculo pode ser a mesma do ICMS ao definir que a contribuição pode ser cobrada na fatura de consumo de energia elétrica – ver RE 573.675/SC. Gabarito "C"

(Procurador do Estado – PGE/RN – FCC – 2014) De acordo com a Constituição Federal, é INCORRETO afirmar:

(A) As exigências aplicáveis à instituição de impostos não compreendidos na competência tributária da União também são aplicáveis à instituição de outras contribuições sociais destinadas ao custeio da Seguridade Social além das previstas nos incisos I a IV do art. 195 da Constituição Federal.
(B) É possível a instituição de contribuição de melhoria relativa à valorização imobiliária decorrente de obra pública realizada pela União, Estados, Distrito Federal e Municípios.
(C) A instituição de taxas por parte dos Estados pressupõe o exercício efetivo do poder de polícia ou a utilização, efetiva ou potencial de serviços públicos específicos e divisíveis, prestados ao contribuinte ou postos à sua disposição.
(D) A cobrança de ICMS sobre as importações de bens realizadas por pessoas físicas e por prestadores de serviços não contribuintes habituais do ICMS passou a ser possível em tese com a promulgação da Emenda Constitucional 33/2001, mas o exercício efetivo da respectiva competência permaneceu condicionado à prévia edição de lei complementar e leis estaduais aplicáveis.
(E) Embora seja inconstitucional a cobrança de taxas de iluminação pública, por não se tratar de serviço específico e divisível, a Emenda Constitucional no 39/2002, outorgou à União, Estados e Municípios a competência para a instituição de contribuição destinada ao custeio do serviço de iluminação pública.

A: correta, conforme art. 195, § 4º, da CF; B: correta, pois a competência é comum a todos os entes políticos – art. 145, III, da CF e art. 81 do CTN; C: correta, conforme art. 145, II, da CF e art. 77 do CTN; D: correta, já que a redação do art. 155, § 2º, IX, *a*, da CF, com a redação dada pela EC 33/2001, não afasta a necessidade de a competência tributária dos Estados e do DF ser exercida por meio de leis próprias, que prevejam a incidência nessas importações; E: incorreta – art. 149-A da CF. Gabarito "E"

(Procurador do Estado – PGE/RN – FCC – 2014) Com base no disposto na Constituição Federal considere as afirmações abaixo.

I. Serviços públicos cuja exploração seja concedida a particulares por meio da concessão de serviços públicos prevista na Lei 8.987/1995, ou de parceria público-privada, regida pela Lei 11.079/2005, passam a ser remunerados por tarifas, e não por taxas.
II. O exercício do direito de petição aos Poderes Públicos em defesa de direitos ou contra ilegalidade ou abuso de poder é protegido por meio de imunidade específica que impede a cobrança de taxas.
III. A redução do valor cobrado pelas taxas de serviços públicos poderá ser deferida por meio de decreto regulamentar.

Está correto o que se afirma APENAS em

(A) II e III.
(B) I.
(C) II.
(D) III.

(E) I e II.

I: correta – art. 175, parágrafo único, III, da CF; II: correta – art. 5º, XXXIV, a, da CF; III: incorreta, pois, embora o art. 150, I, da CF refira-se apenas a exigência e majoração de tributos ao tratar do princípio da legalidade, também os benefícios fiscais exigem lei para serem concedidos – art. 150, § 6º, da CF. RB

Gabarito "E".

(Procurador da República –28º Concurso – 2015 – MPF) Dispõe o art. 149, § 2º, inc. I, da Constituição da República:
"art. 149
(...)
§ 2º as contribuições sociais e de intervenção no domínio econômico de que trata o caput deste artigo:
I. NÃO INCIDIRÃO SOBRE AS RECEITAS DECORRENTES DE EXPORTAÇÃO."
Ante este texto, é exato afirmar no tocante às Contribuições para o Financiamento da Seguridade Social-COFINS e Programa de Integração Social-PIS:

(A) A expressão contida nos dispositivos da Lei Magna referidos "receitas decorrentes de exportação" não autorizaria interpretação extensiva em ordem a alcançar receita decorrente de variação cambial positiva em operação de exportação;
(B) A imunidade prevista no art. 149, § 2º, inc. I, retrotranscritos, somente tutela as receitas decorrentes das operações de exportação de forma a não abranger o lucro das empresas exportadoras, isso porque se trata de imunidade objetiva;
(C) A imunidade de que tratam os preceitos constitucionais referidos ampara as empresas exportadoras no que se refere ao seu lucro, a vista de se tratar de imunidade subjetiva;
(D) Na cláusula "receitas decorrentes de exportação" inserem-se receitas das variações cambiais ativas de sorte a suprimir o alcance da competência impositiva federal.

A: incorreta, pois o STF reconhece a imunidade do art. 149, § 2º, I, da CF em relação à receita decorrente da variação cambial positiva obtida nas operações de exportação de produtos – ver RE 627.815/PR; B: discutível, pois o STF de fato afasta a imunidade em relação ao lucro das empresas exportadoras, distinguindo-o das receitas, e o Min. Gilmar Mendes, por exemplo, adota como um dos fundamentos o fato de se tratar de imunidade objetiva – ver o RE 474.132/SC; C: incorreta, conforme comentário à alternativa "B"; D: correta, conforme comentário à alternativa "A". RB

Gabarito "D".

(Juiz– TJ-SC – FCC – 2017) Município X cobra taxa por coleta de lixo urbano, feita por empresa contratada pela Administração municipal. O tributo é calculado sobre o valor, atribuído por lei municipal, da frente para a via pública do imóvel em que se dará a coleta, medida em metros lineares. O tributo é julgado inconstitucional. A taxa não pode ser cobrada porque:

(A) a base de cálculo é semelhante ao valor venal do imóvel, base de cálculo do IPTU.
(B) a base de cálculo não é apropriada para prestação de serviços, prestando-se, somente, para o caso de taxa por exercício de poder de polícia.
(C) o serviço público é prestado por particular contratado, sendo, portanto, caso de cobrança de preço público diretamente pelo contratado.
(D) o serviço é, por natureza, indivisível, tendo em vista a impossibilidade de pesar o lixo no momento da coleta.
(E) a base de cálculo não tem pertinência com o serviço prestado ou posto à disposição.

A base de cálculo de qualquer tributo deve dimensionar seu fato gerador. No caso das taxas pela prestação de serviço, deve ter relação com esse serviço prestado, admitindo-se a adoção de um ou mais elementos próprios da base de cálculo de imposto, desde que não haja identidade entre eles – Súmula Vinculante 29 do STF.
A: incorreta, pois o valor venal se refere ao preço de mercado do imóvel, não à metragem da frente; B: incorreta, pois não se pode afirmar que a metragem da frente do imóvel é adequada para base de cálculo de taxa de fiscalização, exceto se tiver relação direta com essa atividade; C: incorreta, pois a cobrança direta somente ocorreria no caso de concessão do serviço público (haveria, em tese, cobrança de tarifa a ser paga pelo usuário do serviço – absolutamente incomum no caso de coleta de lixo), não de simples contratação de empresa para prestação do serviço; D: incorreta, pois o serviço é específico e divisível, admitindo cobrança de taxa – Súmula Vinculante 19 do STF; E: correta, conforme comentários iniciais. RB

Gabarito "E".

(Juiz– TJ-SC – FCC – 2017) As contribuições sociais para a seguridade social:

(A) estão entre as competências comuns da União, Estados, Distrito Federal e Municípios.
(B) incidem exclusivamente sobre os valores pagos a segurados empregados e avulsos.
(C) não podem, em hipótese alguma, se desvincular do orçamento da previdência social.
(D) não incidem sobre gorjetas pagas ao segurado.
(E) só incidem sobre o lucro líquido apurado conforme a legislação do Imposto de Renda.

A: incorreta, pois há competência exclusiva da União – art. 149, "caput", da CF; B: incorreta, pois podem incidir sobre receitas e lucro do empregador, por exemplo, além de todos os outros casos listados nos incisos do art. 195, "caput", da CF; C: incorreta, pois as receitas das contribuições sociais são fontes de recursos para a seguridade social, que abrange não apenas a previdência, mas também a saúde e a assistência social – art. 194 da CF; D: incorreta, pois as gorjetas são consideradas remuneração direta, sujeitas à contribuição social – art. 22, I, da Lei 8.212/91; E: incorreta, conforme comentários à alternativa "B". RB

Gabarito "A".

(Juiz– TRF 3ª Região – 2016) Aponte a alternativa correta:

(A) Contribuições de melhoria são tributos vinculados à prestação ou à disposição de serviços públicos fruíveis pelo contribuinte.
(B) Pagando um imposto o contribuinte pode exigir do Poder Público uma contraprestação individual e específica.
(C) Em caso de relevante interesse público, os Estados e o DF podem instituir contribuições de intervenção no domínio econômico.
(D) A tarifa pública e o preço público não se submetem ao regime jurídico tributário porque sua natureza é contratual.

A: incorreta, pois a assertiva descreve as taxas pela prestação de serviço público. As contribuições de melhoria incidem sobre a valorização imobiliária decorrente de obra pública – art. 145 da CF; B: incorreta, pois o imposto é definido exatamente pela desvinculação de qualquer atividade estatal específica relativa ao contribuinte – art. 16 do CTN; C: incorreta, pois a competência para instituir CIDE é exclusiva da União – art. 149 da CF; D: correta, pois não há compulsoriedade que caracteriza os tributos – ver Súmula 545 do STF, lembrando que o princípio da anualidade não foi recepcionado pela Constituição atual. RB

Gabarito "D".

(Juiz– TRF 3ª Região – 2016) Assinale a alternativa incorreta:

(A) Tratando-se de serviço indivisível e inespecífico, a iluminação pública não pode ser remunerada mediante taxa.
(B) Cabe ao Poder Judiciário, em prestígio da isonomia, estender tratamento tributário benéfico já previsto em lei, para contribuinte não contemplado no texto legal.
(C) As contribuições sociais e as contribuições de intervenção no domínio econômico não incidirão sobre receitas decorrentes de exportação.
(D) É possível a adoção, no cálculo do valor de uma taxa, de um ou mais elementos da base de cálculo de um imposto, desde que não ocorra integral identidade entre uma base e outra.

A: correta, pois não é possível a cobrança de taxa, muito embora pareça-nos que é serviço específico, ainda que certamente não seja divisível (para haver taxação, é preciso que o serviço seja ao mesmo tempo divisível e específico, nos termos do art. 79, II e III, do CTN); B: incorreta, pois os benefícios fiscais devem ser interpretados estritamente, ou, nas palavras do CTN, literalmente, não sendo admitida interpretação extensiva – art. 111 do CTN; C: correta, pois há imunidade nesses casos – art. 149, § 2º, I, da CF; D: correta, conforme Súmula Vinculante 29 do STF. RB

Gabarito "B".

(Analista Jurídico – TCE/PR – 2016 – CESPE) A respeito das taxas cobradas pela União, pelos estados, pelo Distrito Federal ou pelos municípios, do poder de polícia e dos serviços públicos, assinale a opção correta.

(A) A utilização potencial de serviço público não poderá ser considerada fato gerador das taxas.
(B) O regular exercício do poder de polícia trata dos atos do poder público que a lei tenha definido como vinculados.
(C) Os serviços públicos específicos são aqueles suscetíveis de utilização, separadamente, por cada um dos seus usuários.
(D) As taxas podem ser calculadas em função do capital das empresas.
(E) O poder de polícia pode ser definido como a atividade da administração pública que, limitando ou disciplinando direito, interesse ou liberdade, regula a prática de ato ou abstenção de fato, em razão de interesse público.

A: incorreta, pois isso é possível, nos termos dos arts. 77, caput, e 79, I, b, do CTN; B: incorreta, pois exercício do poder de polícia não se refere a todos os atos vinculados, mas apenas àqueles atinentes à fiscalização (no que se refere à matéria tributária). O lançamento tributário, por exemplo, é ato vinculado, mas não se refere especificamente ao exercício do poder de polícia; C: incorreta, pois essa é a definição de divisibilidade, e não de especificidade – art. 79, III, do CTN; D: incorreta, nos termos do art. 77, parágrafo único, do CTN. A base de cálculo da taxa deve refletir o custo do serviço prestado ou do exercício do poder de polícia; E: correta, nos termos do art. 78 do CTN. RB

Gabarito "E".

(Procurador do Estado/AM – 2016 – CESPE) Considerando os limites ao exercício do poder de tributar, julgue o item seguinte.

(1) Para fins de cobrança, as penalidades pecuniárias impostas ao contribuinte em virtude do descumprimento de obrigações acessórias são equiparadas à obrigação tributária principal, visto que ambas constituem obrigação de dar.

1: correta, pois, de fato, ambos, tributo e penalidade pecuniária, são objeto da obrigação tributária principal, que abrange, portanto, as prestação pecuniárias, obrigações de dar dinheiro ao fisco – art. 113, § 1º, do CTN.
Gabarito 1C

(Magistratura/SC – 2015 – FCC) Autoridades brasileiras constataram que as relações internacionais com determinado país vizinho começaram a se deteriorar velozmente, e todas as medidas diplomáticas ao alcance de nossas autoridades foram inúteis para reverter o quadro que apontava para a eclosão de guerra iminente. Em razão disso, o País teve de começar a tomar medidas defensivas, visando a aparelhar as forças armadas brasileiras de modo a que pudessem defender o território nacional e sua população. Os ministérios das áreas competentes constataram que seria necessário incrementar a arrecadação de tributos em, pelo menos, 20%, para fazer face às despesas extraordinárias que essa situação estava ocasionando. Com base na situação hipotética descrita e nas regras da Constituição Federal,

(A) a União poderá instituir, mediante lei, tanto empréstimos compulsórios para atender a despesas extraordinárias, decorrentes de guerra externa ou sua iminência, como impostos extraordinários, sendo estes últimos apenas no caso de guerra externa deflagrada.

(B) a União, não tendo despesas extraordinárias a atender, poderá instituir, na iminência de guerra externa, mediante lei complementar, empréstimo compulsório, que deverá ser cobrado, observados os princípios da anterioridade e da noventena (anterioridade nonagesimal).

(C) os Estados e os Municípios, por meio de lei, poderão instituir contribuições de beligerância, a serem lançadas e cobradas na fase pré-conflito, para custear as despesas necessárias à adaptação da infraestrutura urbana das cidades que fazem fronteira com a potência estrangeira hostil.

(D) a União, tendo ou não tendo despesas extraordinárias a atender, poderá instituir, na iminência de guerra externa, mediante lei, impostos extraordinários, dispensada a observância dos princípios da anterioridade e da noventena (anterioridade nonagesimal).

(E) a União, os Estados e os Municípios, na iminência de guerra externa, poderão, por meio de lei, instituir, respectivamente, adicionais do ITR, do IPVA e do IPTU sobre a propriedade de bens de estrangeiros residentes no Brasil, nacionais da potência estrangeira hostil.

A: incorreta, pois tanto o empréstimo compulsório como o imposto extraordinário podem ser instituídos com a iminência da guerra externa – arts. 148, I e 154, II da CF; **B:** incorreta, pois um dos pressupostos do empréstimo compulsório é atender as despesas extraordinárias que deram ensejo à sua instituição. Ademais, nesse caso não se aplica a anterioridade anual – art. 148, I, da CF; **C:** incorreta, pois somente a União detém competência para instituir tributos relacionados à guerra, conforme comentários anteriores; **D:** essa é a melhor alternativa pois, diferentemente do que ocorre em relação ao empréstimo compulsório previsto no art. 148, I, a Constituição Federal ao se referir ao imposto extraordinário não indica expressamente a existência de despesa para sua instituição. Entretanto, na prática, embora os impostos em geral não tenham vinculação com atividade estatal específica (art. 16 do CTN), seria bastante questionável a criação desse imposto do art. 154, II, da CF se não houvesse despesa extraordinária a atender; **E:** incorreta, conforme comentário à alternativa "C".
Gabarito "D".

(Defensor/PA – 2015 – FMP) Assinale a alternativa INCORRETA.

(A) As taxas podem ser cobradas em razão do exercício do poder de polícia e da utilização efetiva ou potencial de um serviço público, enquanto os preços públicos podem ser cobrados em face de um serviço público de utilização efetiva.

(B) Contribuições sociais e taxas têm como traço comum a previsão necessária na hipótese de incidência respectiva de contraprestação estatal endereçada de modo direto e efetivo ao sujeito passivo.

(C) Impostos e taxas podem ser instituídos, observadas as normas constitucionais, por todos os entes da Federação.

(D) A contribuição de melhoria é tributo contraprestacional, visto que pressuposto para a sua cobrança é a existência de obra pública da qual decorra a valorização de imóveis.

(E) As Contribuições de Intervenção no Domínio Econômico podem ser instituídas, de modo exclusivo, pela União Federal.

A: assertiva correta, conforme art. 145, II, da CF e art. 77 do CTN; **B:** assertiva incorreta, devendo ser assinalada, pois as contribuições são definidas por sua finalidade, não por seus respectivos fatos geradores, apesar do disposto no art. 4º do CTN; **C:** assertiva correta, pois todos os entes políticos detêm competência tributária; **D:** assertiva correta, nos termos do art. 145, III, da CF e do art. 81 do CTN; **E:** correta, nos termos do art. 149 da CF.
Gabarito "B".

(Defensor Público/RO – 2012 – CESPE) Assinale a opção correta acerca da instituição de tributos.

(A) É válida a cobrança, pelo município, de contribuição de melhoria que estabeleça como base de cálculo a valorização dos imóveis.

(B) As universidades públicas podem instituir taxa de matrícula com o objetivo de custear programa de assistência a alunos carentes.

(C) É legítimo o estabelecimento, pelo município, de taxa de renovação anual de licença para localização, instalação e funcionamento de estabelecimento comercial, para custear o poder de polícia para tal fim instituído.

(D) É válida a cobrança, pela União, de taxa de fiscalização de atividade poluidora, ainda que não exercida, de fato, qualquer fiscalização, ingressando o tributo nos cofres públicos como se imposto fosse, dada sua competência residual.

(E) É legal a instituição de taxa municipal para custear a limpeza dos logradouros públicos, já que tal serviço é específico, divisível e possível de ser vinculado a cada contribuinte.

A: incorreta, pois a base de cálculo deve quantificar o fato gerador, no caso a valorização imobiliária decorrente da obra pública (não qualquer valorização imobiliária decorrente da dinâmica do mercado, por exemplo) – art. 145, III, da CF e art. 81 do CTN; **B:** incorreta, pois somente os entes políticos (União, Estados, Distrito Federal e Municípios) detêm competência tributária, ou seja, somente eles podem instituir tributos por meio de lei; **C:** correta, pois trata-se de típica taxa pelo exercício do poder de polícia – art. 78 do CTN. A possibilidade de cobrança no caso de renovação anual da licença foi validada pelo Judiciário, desde que haja estrutura para a fiscalização – o STJ afastou a antiga Súmula 157; **D:** incorreta, pois a cobrança da taxa depende da efetiva ocorrência de seu fato gerador, no caso a efetiva fiscalização. Não é razoável falar em exercício da competência residual, embora o nome do tributo ("taxa de fiscalização de atividade poluidora") seja irrelevante – art. 4º, I, do CTN. Isso porque, para que fosse imposto, o fato gerador deveria ser desvinculado de qualquer atividade estatal específica e, além de ser instituído por lei complementar (isso não é informado), não poderia haver "bis in idem" ou bitributação em relação a outros impostos – art. 154, I, da CF; **E:** incorreta, pois não é possível identificar os usuários ou quantificar o serviço fruído por cada um deles, de modo que se trata de serviço indivisível (prestado "uti universi"), não passível de taxação – art. 145, II, da CF e art. 77 do CTN.
Gabarito "C".

(Procurador Distrital – 2014 – CESPE) Devido à necessidade de atender às despesas extraordinárias decorrentes de calamidade pública, o DF promulgou lei instituindo empréstimo compulsório incidente sobre a transmissão de bens incorporados ao patrimônio de pessoa jurídica em realização de capital.

Com base nessa situação hipotética, julgue os itens subsequentes.

(1) Os contribuintes atingidos com a exação poderão fazer uso da ação declaratória de inexistência de obrigação tributária para a suspensão do crédito tributário, admitindo-se a possibilidade de antecipação de tutela judicial ou do depósito integral e em dinheiro.

(2) Se, em lugar do empréstimo compulsório, o DF instituísse, em idêntica situação, a incidência de ITBI, tal tributação seria adequada do ponto de vista constitucional.

(3) O MP poderá propor ação civil pública para a defesa de interesses individuais homogêneos dos contribuintes atingidos com a exação, argumentando a inconstitucionalidade *incidenter tantum* do ato normativo.

De início, é bom lembrar que somente a União pode instituir empréstimo compulsório (é competência exclusiva), sendo claramente inconstitucional a exação pelo DF – art. 148 da CF/1988. **1:** correta, sendo viável essa medida para suspensão da exigibilidade e, ao final, decretação da nulidade; **2:** incorreta, pois há imunidade nessa hipótese de transmissão de bens imóveis para realização de capital, em regra – art. 156, § 2º, I, da CF/1988; **3:** incorreta, sendo vedada a ACP para discutir estritamente tributação – art. 1º, parágrafo único, da Lei 7.347/1985.
Gabarito 1C, 2E, 3E

5. LEGISLAÇÃO TRIBUTÁRIA – FONTES

(Juiz de Direito – TJ/RS – 2018 – VUNESP) Assinale a alternativa correta em relação à legislação tributária.

(A) A atualização do valor monetário da base de cálculo do tributo somente pode ser estabelecida por lei, uma vez que implica na sua majoração.

(B) As práticas reiteradamente observadas pelas autoridades administrativas não são consideradas como normas complementares em matéria tributária, pois não possuem conteúdo normativo.

(C) A redução de tributo somente pode ser estabelecida por lei, já sua extinção poderá ser veiculada por decreto ou ato normativo expedido pela autoridade administrativa competente.

(D) Os tratados e as convenções internacionais são normas complementares das leis nacionais, não podendo revogar ou modificar a legislação tributária interna.

(E) As decisões dos órgãos singulares ou coletivos de jurisdição administrativa podem ter eficácia normativa, desde que lei lhes atribua tal efeito.

A: incorreta, pois a simples correção monetária não implica majoração real do tributo, de modo que dispensa lei – art. 97, § 2º, do CTN e Súmula 160/STJ; **B:** incorreta, pois essas práticas reiteradas são consideradas normas complementares, nos termos do art. 100, III, do CTN; **C:** incorreta, pois a redução ou extinção do tributo segue o princípio da legalidade, exigindo veiculação por lei – art. 97, I e II, do CTN; **D:** incorreta, pois as convenções internacionais podem revogar e modificar a legislação tributária interna – art. 98 do CTN; **E:** correta, conforme art. 100, II, do CTN.

(Procurador – SP – VUNESP – 2015) Tratando-se de legislação tributária, é correto afirmar que os atos normativos expedidos pelas autoridades administrativas

(A) são normas complementares.
(B) são fontes principais do Direito Tributário.
(C) têm força de lei.
(D) equiparam-se às leis para fins de instituição de tributos.
(E) podem estabelecer hipóteses de dispensa ou redução de penalidades.

A: correta, conforme o art. 100, I, do CTN; **B:** incorreta, pois as normas complementares, como diz o nome, complementam as leis, os tratados, as convenções internacionais e os decretos – art. 100, *caput*, do CTN; **C:** incorreta, conforme comentários anteriores; **D:** incorreta, pois as normas complementares não substituem a lei como veículo apto a veicular normas instituidoras de tributo – art. 97, I, do CTN; **E:** incorreta, pois essas são matérias reservadas à lei, que não pode ser substituída por norma complementar – art. 97, VI, do CTN.

Gabarito "A".

(Promotor de Justiça/SC – 2016 – MPE)

(1) A Constituição Federal reserva à lei complementar federal aptidão para dispor sobre decadência em matéria tributária, de forma que será inconstitucional a norma Estadual, Distrital ou Municipal, mesmo que trate exclusivamente de espécie de tributo da própria competência tributária, que estabelecer hipótese de decadência do crédito tributário não prevista em lei complementar federal.

1: verdadeira, pois somente lei complementar federal pode tratar de decadência tributária – art. 146, III, *b*, da CF.

Gabarito 1C

(Promotor de Justiça/SC – 2016 – MPE)

(1) A jurisprudência firmada no âmbito do STF e do STJ, no sentido da legitimidade de isenção tributária concedida por meio de Tratado do qual a República Federativa do Brasil é signatária, na hipótese em que contempla com esse favor o similar nacional e subscrito pelo Presidente da República Federativa do Brasil na qualidade de Chefe de Estado, aplica-se inclusive a tributos de competência Estadual e Municipal, o que descaracteriza a existência de uma isenção heterônoma, vedada pelo art. 151, III, da CF.

1: verdadeira. No julgamento do RE 229.096/RS, o STF fixou o entendimento de que os tratados, como atos do Estado Federal Brasileiro, pessoa jurídica de direito público internacional, não se confundem com os da União (ente federado, como os Estados, Distrito Federal e Municípios), sendo possível a concessão de benefícios fiscais relativos a tributos estaduais e municipais. Não se trata, nessa hipótese, de isenção heterônoma vedada pelo art. 151, III, da CF.

Gabarito 1C

(Juiz substituto – TRF 3ª Região – 2016) Só podem ser instituídos por meio de lei complementar:

(A) o empréstimo compulsório e o imposto extraordinário.
(B) a contribuição de intervenção no domínio econômico e o empréstimo compulsório.
(C) o imposto sobre grandes fortunas e as contribuições de interesse de categorias profissionais ou econômicas.
(D) o empréstimo compulsório e o imposto residual.

Em regra, basta lei ordinária para instituir tributos. Excepcionalmente, a Constituição Federal exige lei complementar para determinados tributos de competência da União: empréstimo compulsório, imposto da competência residual, outras contribuições sociais não previstas expressamente na Constituição, imposto sobre grandes fortunas. Interessante lembrar que quando a CF exige lei complementar não há possibilidade de utilização de medida provisória em substituição. Interessante lembramos, por exemplo, a tese de repercussão geral 227/STF: "A contribuição destinada ao Serviço Brasileiro de Apoio às Micro e Pequenas Empresas – Sebrae possui natureza de contribuição de intervenção no domínio econômico e não necessita de edição de lei complementar para ser instituída." Por essas razões, a alternativa "D" é a correta.

Gabarito "D".

(Defensoria Pública da União – CESPE – 2015) Julgue os seguintes itens com base nas normas gerais de direito tributário.

(1) Os costumes, como as práticas reiteradamente observadas pelas autoridades administrativas, não são expressamente citados entre as fontes destinadas a colmatar lacunas na legislação tributária; eles são, sim, considerados normas complementares das leis, dos tratados e convenções internacionais e dos decretos.

1: correta, pois o CTN não se refere às práticas reiteradas como ferramentas para integração da legislação tributária (preenchimento de lacunas – art. 108 do CTN), mas sim como normas complementares – art. 100, III, do CTN.

Gabarito 1C

(Juiz de Direito/AM – 2016 – CESPE) Lei ordinária do município de Manaus, promulgada em 20/3/2012, estabeleceu isenção de IPTU para as associações de apoio a deficientes físicos. Em 20/4/2012, parecer aprovado pelo prefeito com efeitos normativos da procuradoria do município, ao interpretar tal isenção, dando início a uma prática reiterada da administração, estendeu-a às associações de apoio a portadores de doença mentais. Tendo novo prefeito tomado posse, a procuradoria do município elaborou, em 20/4/2013, novo parecer pugnando pela ilegalidade da extensão da isenção, em reconsideração do parecer anterior.

Com base nessa situação hipotética, assinale a opção correta.

(A) Confirmada a ilegalidade do primeiro parecer, as autoridades tributárias estão obrigadas a lançar o tributo, corrigido monetariamente, acrescido de juros e multas, em decorrência do princípio da legalidade.
(B) A ilegalidade do parecer decorre da previsão de que a lei tributária concessiva de isenções deve ser interpretada restritivamente.
(C) Dado o primeiro parecer, de efeitos normativos, as associações de apoio a doentes mentais deverão pagar apenas o valor principal do tributo corrigido monetariamente e acrescido das multas.
(D) O primeiro parecer era ilegal porque a lei tributária concessiva de isenções deve ser interpretada literalmente.
(E) Dada a reconsideração da isenção, as associações de apoio a doentes mentais deverão pagar o valor principal do tributo corrigido monetariamente e acrescido de juros, uma vez que o parecer com efeitos normativos tem o efeito de excluir multas.

A: incorreta, pois, no caso de erro de direito, ou seja, erro na interpretação da norma tributária, a posterior mudança de entendimento (correção dessa interpretação) somente pode ser aplicada aos lançamentos relativos a fatos geradores posteriores a essa mudança, nos termos do art. 146 do CTN – ver também o art. 23 da Lei de Introdução às Normas do Direito Brasileiro – LINDB. Outra interpretação possível é de que, por ser indisponível, o tributo relativo aos fatos anteriores deve ser cobrado, mas sem juros ou multas, já que esses acréscimos são afastados nos casos em que o contribuinte seguiu normas complementares do ente tributante (entre elas estão as práticas reiteradas da autoridade fiscal), nos termos do art. 100, parágrafo único, do CTN; **B:** inadequada, já que o CTN dispõe que a interpretação deve ser literal (não usa o termo restritivamente), de modo que a alternativa "D" é a melhor – art. 111 do CTN; **C:** incorreta, pois a multa é inexigível, conforme comentário à primeira alternativa; **D:** essa é a melhor alternativa, conforme comentários anteriores; **E:** incorreta, pois os juros tampouco são exigíveis, conforme comentário à primeira alternativa.

Gabarito "D".

(Procurador do Estado/AM – 2016 – CESPE) Considerando os limites ao exercício do poder de tributar, julgue o item seguinte.

(1) Os convênios firmados pelos estados para dispor a respeito de isenções do ICMS são qualificados como normas complementares, pois não inovam o ordenamento jurídico.

1: incorreta, pois, embora convênios sejam mesmo normas complementares, nos termos do art. 100, IV, do CTN, a razão para essa classificação é outra, já que eles podem inovar no ordenamento jurídico, fixando, por exemplo, isenções de ICMS (ver art. 155, § 2º, XII, *g*, da CF).

Gabarito 1E

6. VIGÊNCIA, APLICAÇÃO, INTERPRETAÇÃO E INTEGRAÇÃO

(Procurador do Estado/SP – 2018 – VUNESP) Após a ocorrência do fato gerador, inovação legislativa amplia os poderes de investigação da Administração Tributária. Nessa circunstância, de acordo com o Código Tributário Nacional, é correto afirmar:

(A) a autoridade poderá aplicar amplamente a lei nova, inclusive para alterar o lançamento, até a extinção do crédito tributário.
(B) a autoridade poderá aplicar os novos critérios de apuração exclusivamente em casos de lançamento por homologação.
(C) a lei nova apenas poderá ser aplicada pela autoridade se, e somente se, seus critérios resultarem em benefício para o contribuinte.
(D) a autoridade competente não poderá aplicar a lei nova ao fato gerador pretérito, ocorrido anteriormente à sua vigência.
(E) a lei nova será aplicada pela autoridade competente na apuração do crédito tributário respectivo até a finalização do lançamento.

A: incorreta, pois, embora a norma posterior que amplie os poderes de investigação aplique-se a fatos geradores pretéritos para fins de lançamento, não se admite a alteração do lançamento já efetuado – art. 144, § 1º, e 145 do CTN; **B:** incorreta, pois não há restrição em relação à modalidade de lançamento – art. 144, § 1º, do CTN; **C:** incorreta, pois não há essa limitação – art. 144, § 1º, do CTN; **D:** incorreta, conforme comentários anteriores; **E:** correta, conforme o art. 144, § 1º, do CTN.

Gabarito "E".

(Procurados do Município – Prefeitura Fortaleza/CE – CESPE – 2017) Considerando as disposições do CTN a respeito de legislação tributária, vigência, aplicação, interpretação e integração, julgue os itens subsequentes.

(1) A interpretação da legislação tributária a partir dos princípios gerais de direito privado é realizada para identificar o conceito, o conteúdo e o alcance dos institutos de direito privado, determinando, assim, a definição dos respectivos efeitos tributários.

(2) As práticas reiteradamente observadas pelas autoridades administrativas são normas complementares consuetudinárias de direito tributário. Assim, na hipótese de a norma ser considerada ilegal, não é possível caracterizar como infracional a conduta do contribuinte que observa tal norma, em razão do princípio da proteção da confiança e da boa-fé objetiva.

(3) Admite-se a aplicação retroativa de norma tributária interpretativa e de norma tributária mais benéfica sobre penalidades tributárias, mesmo diante de ato amparado pela imutabilidade da coisa julgada.

(4) É vedada a adoção de métodos de interpretação ou qualquer princípio de hermenêutica que amplie o alcance da norma tributária que outorga isenção.

1: Incorreta, pois os princípios gerais de direito privado não são utilizados para definição dos efeitos tributários dos institutos, conceitos e formas analisados – art. 109 do CTN. 2: Correta, conforme o art. 100, III, e parágrafo único, do CTN. 3: Incorreta, pois a retroatividade dessas normas não modifica a coisa julgada, protegida por disposição constitucional e legal – art. 5º, XXXVI, da CF e art. 106, II, do CTN. 4: Incorreta, pois a norma isentiva é sempre interpretada de modo estrito ou, na terminologia do CTN, literalmente – art. 111, II, do CTN. Gabarito 1E, 2C, 3E, 4E

(Procurador – PGFN – ESAF – 2015) Assinale a opção correta sobre Interpretação e Integração da Legislação Tributária.

(A) Os princípios gerais de direito privado não podem ser utilizados para pesquisa da definição, do conteúdo e do alcance de seus institutos, conceitos e formas utilizados pela legislação tributária.

(B) A lei tributária pode alterar a definição, o conteúdo e o alcance de institutos, conceitos e formas de direito privado.

(C) Interpreta-se da maneira mais favorável ao acusado a legislação tributária que define infrações ou comine penalidades.

(D) Somente a Constituição Federal, as Constituições dos Estados, ou as Leis Orgânicas do Distrito Federal ou dos Municípios podem alterar a definição, o conteúdo e o alcance de institutos, conceitos e formas de direito privado.

(E) Salvo disposição expressa, interpreta-se literalmente a legislação tributária que disponha sobre parcelamento, ainda quando prevista em contrato, é sempre decorrente de lei e não extingue o crédito tributário.

A: incorreta, pois podem e devem ser utilizados, vedada apenas a utilização desses princípios do direito privado para definição dos efeitos tributários dos institutos, conceitos e formas analisados – art. 109 do CTN; B: correta, sendo possível a modificação, exceto em relação aos institutos, conceitos e formas de direito privado utilizados, expressa ou implicitamente, pela Constituição para definir ou limitar competências tributárias – art. 110 do CTN; C: incorreta, pois essa interpretação mais favorável é excepcional, apenas em caso de dúvida quanto (i) à capitulação legal do fato, (ii) à natureza ou às circunstâncias materiais do fato, (iii) à natureza ou extensão dos seus efeitos, (iii) à autoria, imputabilidade, ou punibilidade ou (iv) à natureza da penalidade aplicável, ou à sua graduação – art. 112 do CTN; D: incorreta, sendo viável a modificação pela lei tributária (inclusive por lei ordinária dos entes tributantes) da definição, do conteúdo e do alcance dos institutos, conceitos e formas, exceto quando esses institutos, conceitos e formas forem utilizados, expressa ou implicitamente, pela Constituição para definir ou limitar competências tributárias – art. 110 do CTN; E: incorreta, pois há inclusive erro gramatical na assertiva, pois a oração iniciada por "ainda quando prevista (...)" não se refere claramente ao restante do parágrafo. Se a referência for ao parcelamento, como modalidade de suspensão do crédito tributário deve estar regulada por lei, não por contrato. Gabarito "B".

(Procurador – PGFN – ESAF – 2015) Os convênios sobre matéria tributária

(A) entram em vigor na data neles prevista.
(B) entram em vigor no primeiro dia do exercício seguinte ao da sua publicação.
(C) entram em vigor na data da sua publicação.
(D) entram em vigor 30 (trinta) dias após a data da sua publicação.
(E) entram em vigor após homologados pelo Congresso Nacional.

Nos termos do art. 103, III, do CTN, os convênios entram em vigor na data neles previstas, de modo que a alternativa "A" é a correta. Ou seja, não há, a rigor, norma subsidiária no CTN. Gabarito "A".

(Promotor de Justiça/SC – 2016 – MPE)

(1) Nos termos do Código Tributário Nacional, é correto afirmar que a legislação tributária dos Estados, do Distrito Federal e dos Municípios vigora, no País, fora dos respectivos territórios, nos limites em que lhe reconheçam extraterritorialidade os convênios de que participem, ou do que disponham esta ou outras leis de normas gerais expedidas unicamente pela União.

1: verdadeiro, conforme o art. 102 do CTN. Gabarito 1C

(Analista Jurídico – TCE/PR – 2016 – CESPE) A respeito do que prevê o Código Tributário Nacional sobre a vigência, a aplicação, a interpretação e a integração da legislação tributária, assinale a opção correta.

(A) Deverá ser interpretada de forma literal a legislação tributária que dispuser sobre outorga de isenção.

(B) No caso de dúvida quanto à natureza da penalidade aplicável, ou à sua gradação, a lei tributária deverá ser interpretada da forma mais favorável ao fisco.

(C) A legislação tributária não se aplica imediatamente aos fatos geradores pendentes.

(D) É inadmissível, em qualquer hipótese, a aplicação da lei a ato ou fato pretérito.

(E) Havendo lacuna da lei tributária, a autoridade competente deverá utilizar a analogia, os princípios gerais do direito tributário, os princípios gerais do direito público e os costumes, nessa ordem.

A: correta, nos termos do art. 111 do CTN; B: incorreta, pois a interpretação, nesta hipótese, deve ser a mais favorável ao infrator – art. 112, IV, do CTN; C: incorreta, pois se aplica a legislação imediatamente neste caso, nos termos do art. 105, do CTN; D: incorreta, pois há hipóteses de aplicação da lei a ato ou fato pretérito, nos termos do art. 106, do CTN; E: incorreta, pois não se aplicam os costumes, mas, sim, a equidade – art. 108 do CTN. Gabarito "A".

(Magistratura/RR – 2015 – FCC) O Código Tributário Nacional estabelece que, em caso de dúvida quanto à natureza ou às circunstâncias materiais do fato, ou à natureza ou extensão dos seus efeitos, deverá ser interpretada da maneira mais favorável ao acusado, a lei tributária que

(A) outorga isenções.
(B) cria obrigações acessórias para o sujeito passivo.
(C) define o fato gerador do tributo.
(D) define infrações.
(E) fixa percentuais de juros de mora.

Nos termos do art. 112 do CTN, a lei tributária que define infrações, ou lhe comina penalidades, interpreta-se da maneira mais favorável ao acusado, em caso de dúvida quanto: (i) à capitulação legal do fato; (ii) à natureza ou às circunstâncias materiais do fato, ou à natureza ou extensão dos seus efeitos; (iii) à autoria, imputabilidade, ou punibilidade; e (iv) à natureza da penalidade aplicável, ou à sua graduação. Por essa razão, a alternativa "D" é a correta. Gabarito "D".

7. FATO GERADOR E OBRIGAÇÃO TRIBUTÁRIA

(Juiz de Direito – TJ/RS – 2018 – VUNESP) Sobre a disciplina do fato gerador trazida pelo Código Tributário Nacional, é correto afirmar que

(A) a autoridade administrativa não poderá desconsiderar atos ou negócios jurídicos praticados com a finalidade de dissimular a ocorrência do fato gerador do tributo ou a natureza dos elementos constitutivos da obrigação tributária, salvo nos casos expressos em lei.

(B) se tratando de situação de fato, salvo disposição de lei em contrário, considera-se ocorrido o fato gerador e existentes os seus efeitos desde o momento em que se verifiquem as circunstâncias materiais necessárias a que produza os efeitos que normalmente lhe são próprios.

(C) fato gerador da obrigação acessória é qualquer situação definida em lei como necessária e suficiente à sua ocorrência.

(D) a definição legal do fato gerador é interpretada considerando-se a validade jurídica dos atos efetivamente praticados pelos contribuintes, responsáveis ou terceiros, bem como da natureza do seu objeto ou dos seus efeitos.

(E) se tratando de atos ou negócios jurídicos sujeitos a condição suspensiva, considera-se ocorrido o fato gerador e existentes os seus efeitos desde o momento da prática do ato ou da celebração do negócio.

A: incorreta, pois a autoridade administrativa pode desconsiderar tais atos ou negócios jurídicos, conforme a norma antielisão do art. 116, parágrafo único, do CTN; B: correta, conforme art. 116, I, do CTN; C: incorreta, pois o art. 115 do CTN não se refere à lei, mas apenas à legislação tributária (abrange não apenas leis, mas também normas infralegais); D: incorreta, pois a validade jurídica dos atos, sua natureza, objeto ou seus efeitos são irrelevantes, nos termos do art. 118 do CTN; E: incorreta, pois, nesse caso, considera-se ocorrido o fato gerador desde o momento da ocorrência da condição suspensiva – art. 117, I, do CTN. Gabarito "B".

(Procuradosdo Município – Prefeitura Fortaleza/CE – CESPE – 2017) Julgue o seguinte item, a respeito de obrigação tributária e crédito tributário.

(1) O CTN qualifica como obrigação tributária principal aquela que tem por objeto uma prestação pecuniária, distinguindo-a da obrigação tributária acessória, cujo objeto abrange as condutas positivas e negativas exigidas do sujeito passivo em prol dos interesses da administração tributária e as penalidades decorrentes do descumprimento desses deveres instrumentais.

1: Incorreta, pois as penalidades pecuniárias (= multas) aplicadas pelo descumprimento dos deveres instrumentais são objeto da obrigação principal. Toda prestação tributária pecuniária (= em dinheiro), seja tributo ou penalidade, é objeto da obrigação principal – art. 113, § 1º, do CTN.

Gabarito 1E

(Procurador do Estado – PGE/MT – FCC – 2016) A obrigação tributária acessória, relativamente a um determinado evento que constitua, em tese, fato gerador de um imposto,

(A) não poderá ser instituída, em relação a um mesmo fato jurídico, por mais de uma pessoa política distinta.
(B) não pode ser exigida de quem é imune ao pagamento do imposto.
(C) pode ser exigida de quem é isento do imposto.
(D) poderá ser exigida de quaisquer pessoas designadas pela lei tributária que disponham de informação sobre os bens, serviços, rendas ou patrimônio de terceiros, independentemente de cargo, ofício, função, ministério, atividade ou profissão por aqueles exercidas.
(E) não é exigível no caso de não incidência tributária, pois inexiste interesse da arrecadação ou fiscalização tributárias a justificar a imposição acessória.

A: incorreta, pois não há bitributação em relação a obrigações acessórias. Assim, o fisco municipal e o fisco federal podem, concomitantemente, exigir dados relativos a determinado imóvel para determinar se o tributo devido é o IPTU ou o ITR, por exemplo; **B:** incorreta, pois a imunidade e os benefícios fiscais em geral não afastam necessariamente as obrigações acessórias. Uma entidade imune deve fornecer dados de sua atividade financeira ao fisco federal, por exemplo, para que este possa verificar se preenche mesmo os requisitos para a imunidade em relação ao imposto de renda – art. 194, parágrafo único, do CTN; **C:** correta, conforme comentário anterior – art. 194, parágrafo único, do CTN; **D:** incorreta, pois o dever de prestar informações ao fisco não se aplica a fatos sobre os quais o informante esteja legalmente obrigado a observar segredo em razão de cargo, ofício, função, ministério, atividade ou profissão – art. 197, parágrafo único, do CTN.

Gabarito "C"

(Procurador – PGFN – ESAF – 2015) Assinale a opção correta acerca da obrigação tributária.

(A) A autoridade fiscal pode exigir, por instrução normativa específica, a regularidade fiscal do sócio para efeito de inscrição de sociedade comercial no cadastro fiscal.
(B) As obrigações acessórias dependem da obrigação principal.
(C) Pessoa jurídica em pleno gozo de benefício fiscal não pode ser obrigada, por simples portaria, a consolidar e apresentar resultados mensais como condição para continuidade da fruição do benefício.
(D) O descumprimento de obrigação acessória pode gerar penalidade pecuniária que não se confunde com a obrigação principal, razão pela qual nesta não se converte.
(E) A imunidade das pessoas físicas ou jurídicas não abrange as obrigações tributárias acessórias.

A: incorreta, pois a pessoa do sócio não se confunde com a da sociedade. A rigor, em princípio, nem mesmo a regularidade fiscal da contribuinte é pressuposto para sua inscrição fiscal, sob pena de ofensa aos princípios que garantem a livre atividade empresarial – ver Súmulas 70, 323 e 547 do STF; **B:** incorreta, pois no âmbito tributário as obrigações acessórias subsistem inclusive quando não há obrigação principal – ver art. 194, parágrafo único, do CTN, entre outros; **C:** incorreta, pois a imunidade e os benefícios fiscais em geral não afastam necessariamente as obrigações acessórias – art. 194, parágrafo único, do CTN; **D:** incorreta, pois toda prestação tributária pecuniária (= em dinheiro), seja tributo ou penalidade, é objeto da obrigação principal – art. 113, § 1º, do CTN. **E:** correta, até porque o cumprimento das obrigações acessórias (escrituração contábil, fornecimento de informações etc.) permite aferir se determinadas entidades realmente preenchem os requisitos para a imunidade – art. 14, III, do CTN.

Gabarito "E"

(Procurador do Estado – PGE/BA – CESPE – 2014) De acordo com determinada norma tributária, a venda de mercadoria gera a necessidade de registro contábil e do pagamento do tributo devido. A respeito desse tema, julgue os itens seguintes.

(1) O tributo não pago converte-se imediatamente em obrigação principal.
(2) O registro da referida venda é uma obrigação tributária, mas não o fato gerador do tributo.
(3) O pagamento do tributo extingue toda obrigação tributária existente, incluindo-se a necessidade de registro contábil.
(4) Suponha que aquele que esteja diretamente vinculado ao fato gerador não realize o registro, mas pague o tributo. Nessa situação, caso seja aplicada pena pecuniária pelo descumprimento da obrigação referente ao registro contábil, por meio de lançamento tributário definitivo, fica constituído o crédito tributário.
(5) O sujeito passivo diretamente ligado com o fato gerador é denominado responsável tributário.

1: Incorreta, pois o tributo não pago já é objeto da obrigação principal – art. 113, § 1º, do CTN. O descumprimento de qualquer obrigação tributária, seja principal (= pecuniária) ou acessória (= não pecuniária) pode, se houver previsão legal, fazer surgir uma nova obrigação principal, cujo objeto é a multa por esse descumprimento – art. 113, § 3º, do CTN. **2:** Correta. O dever de registrar a venda não é pecuniário, ou seja, não implica dever de recolher dinheiro ao fisco, de modo que é obrigação tributária acessória. O fato gerador do tributo é a situação prevista em lei que faz surgir o dever de recolhimento do valor correspondente ao fisco que, no caso, é a circulação de mercadoria decorrente da venda realizada. **3:** Incorreta, pois a obrigação acessória subsiste independentemente da obrigação principal. Os registros contábeis e as documentações fiscais devem ser emitidos e mantidos pelos contribuintes para que o fisco possa, durante o prazo decadencial e prescricional, verificar a regularidade da constituição do crédito e de seu recolhimento – art. 195, parágrafo único, do CTN. **4:** O gabarito oficial entendeu como correta, mas é discutível. A rigor, em se tratando de ICMS sobre vendas de mercadorias, há declarações dos contribuintes que constituem o crédito tributário e são pressupostos para emissão da guia e recolhimento do valor correspondente – Súmula 436/STJ. Caso o contribuinte simplesmente recolha determinado valor aos cofres do fisco, sem referência a nenhuma declaração de crédito tributário, parece necessário efetivo lançamento por parte do fisco, que não se confunde com a simples aplicação de multa pela falta de registro contábil. É preciso que a autoridade fiscal efetivamente identifique o fato gerador, o contribuinte, quantifique o valor do tributo e notifique para que realize o pagamento – art. 142 do CTN. Dito de outra forma, a constituição do crédito tributário à multa pelo descumprimento da obrigação acessória não se confunde com a constituição do crédito relativo ao tributo devido, muito embora, na prática, seja esperado que o fiscal realize ambos os lançamentos no momento da autuação. **5:** Incorreta, pois essa é a definição do contribuinte, que tem relação pessoal e direta com o fato gerador – art. 121, parágrafo único, I, do CTN.

Gabarito 1E, 2C, 3E, 4C, 5E

(Promotor de Justiça – MPE/RS – 2017) Em relação ao fato gerador da obrigação tributária, assinale a alternativa correta.

(A) A definição legal do fato gerador é interpretada levando-se em consideração a validade dos atos jurídicos efetivamente praticados pelos contribuintes, responsáveis ou terceiros.
(B) Os atos e negócios jurídicos praticados sob condição suspensiva ou resolutória não configurarão fato gerador.
(C) Somente autoridade judicial poderá desconsiderar atos ou negócios jurídicos praticados com a finalidade de dissimular a ocorrência do fato gerador do tributo.
(D) A obrigação acessória jamais se converterá em obrigação principal no âmbito tributário.
(E) Salvo disposição de lei em contrário, considera-se ocorrido o fato gerador, em se tratando de situação jurídica, desde o momento em que esteja definitivamente constituída, nos termos de direito aplicável.

A: incorreta, pois é o oposto, sendo irrelevante a validade dos atos efetivamente praticados, conforme o art. 118, I, do CTN; **B:** incorreta, pois podem configurar fatos geradores de tributos, conforme o art. 117 do CTN; **C:** incorreta, pois a autoridade administrativa pode fazê-los, nos termos do art. 116, parágrafo único, do CTN; **D:** imprecisa, pois o descumprimento da obrigação acessória, como ilícito que é, pode fazer surgir uma obrigação principal (obrigação de recolher multa), sendo que o art. 113, § 3º, do CTN utiliza o verbo converter para se referir a isso;

Gabarito "E"

(Procurador do Estado/AM – 2016 – CESPE) Considerando os limites ao exercício do poder de tributar, julgue o item seguinte.

(1) Para fins de cobrança, as penalidades pecuniárias impostas ao contribuinte em virtude do descumprimento de obrigações acessórias são equiparadas à obrigação tributária principal, visto que ambas constituem obrigação de dar.

1: correta, pois toda obrigação tributária que tenha como objeto prestação de dar dinheiro (= prestação pecuniária) é classificada como obrigação principal, como é o caso da multa por descumprimento de obrigação acessória – art. 113, § 3º, do CTN.

Gabarito 1C

(Procurador do Estado/BA – 2014 – CESPE) De acordo com determinada norma tributária, a venda de mercadoria gera a necessidade de registro contábil e do pagamento do tributo devido. A respeito desse tema, julgue os itens seguintes.

(1) O tributo não pago converte-se imediatamente em obrigação principal.
(2) O registro da referida venda é uma obrigação tributária, mas não o fato gerador do tributo.
(3) O pagamento do tributo extingue toda obrigação tributária existente, incluindo-se a necessidade de registro contábil.
(4) Suponha que aquele que esteja diretamente vinculado ao fato gerador não realize o registro, mas pague o tributo. Nessa situação, caso

seja aplicada pena pecuniária pelo descumprimento da obrigação referente ao registro contábil, por meio de lançamento tributário definitivo, fica constituído o crédito tributário.

(5) O sujeito passivo diretamente ligado com o fato gerador é denominado responsável tributário.

1: incorreta, pois o tributo já é objeto de obrigação principal – art. 113, § 1º, do CTN. O não pagamento gera penalidade pecuniária, que também é objeto de obrigação principal; **2:** correta, pois o registro da venda é uma obrigação acessória, não sendo, evidentemente, fato gerador de tributo (não é a ocorrência do registro da venda que faz surgir a obrigação de recolher tributo); **3:** incorreta, pois a extinção da obrigação principal (pagar o tributo) não prejudica a obrigação acessória, que subsiste (continua existindo a obrigação de escriturar a venda); **4:** correta, pois o descumprimento da obrigação acessória (falta do registro) faz surgir uma penalidade pecuniária (multa), que é objeto de obrigação principal com o respectivo crédito tributário (embora seja comum utilizar, na prática, o termo autuação, nesse caso, em vez de lançamento); **5:** incorreta, pois o sujeito passivo diretamente ligado ao fato gerador é o contribuinte – art. 121, parágrafo único, I, do CTN. Gabarito 1E, 2C, 3E, 4C, 5E

8. LANÇAMENTO E CRÉDITO TRIBUTÁRIO

(Juiz de Direito – TJ/RS – 2018 – VUNESP) Acerca do lançamento tributário, é correto afirmar que

(A) a retificação da declaração por iniciativa do próprio declarante, quando vise a reduzir ou a excluir tributo, só é admissível mediante comprovação do erro em que se funde e antes de notificado o lançamento.

(B) salvo disposição de lei em contrário, quando o valor tributário esteja expresso em moeda estrangeira, no lançamento far-se-á sua conversão em moeda nacional ao câmbio do dia em que este ato for realizado.

(C) é vedado à autoridade administrativa responsável pela revisão da declaração retificar de ofício os erros nela contidos e apuráveis pelo seu exame.

(D) a modificação introduzida, de ofício ou em consequência de decisão administrativa ou judicial, nos critérios jurídicos adotados pela autoridade administrativa no exercício do lançamento, alcança os fatos geradores ocorridos anteriormente à sua introdução, desde que relacionados ao mesmo sujeito passivo.

(E) não se aplica ao lançamento a legislação que, posteriormente à ocorrência do fato gerador da obrigação, tenha ampliado os poderes de investigação das autoridades administrativas, ou outorgado ao crédito maiores garantias ou privilégios, exceto, neste último caso, para o efeito de atribuir responsabilidade tributária a terceiros.

A: correta, conforme o art. 147, § 1º, do CTN; **B:** incorreta, pois adota-se o câmbio da data de ocorrência do fato gerador – art. 143 do CTN; **C:** incorreta, pois é possível a correção de ofício, nesse caso – art. 147, § 2º, do CTN; **D:** incorreta, pois é inviável a retroatividade nesse caso – art. 146 do CTN; **E:** incorreta, pois essa legislação aplica-se a fatos pretéritos, com as limitações previstas no art. 144, § 1º, do CTN. Gabarito "A".

(Delegado – PC/BA – 2018 – VUNESP) O artigo 144 do Código Tributário Nacional dispõe que o lançamento se reporta à data da ocorrência do fato gerador da obrigação, regendo-se pela lei então vigente, ainda que posteriormente modificada ou revogada. O Código Tributário Nacional excepciona essa regra, admitindo a aplicação da legislação tributária que, posteriormente à ocorrência do fato gerador da obrigação,

(A) interprete expressamente ato ou fato pretérito quanto à aplicação de penalidade à infração dos dispositivos interpretados.

(B) institua novos critérios de apuração ou processos de fiscalização, ampliando os poderes de investigação das autoridades administrativas.

(C) outorgue ao crédito maiores garantias ou privilégios para o efeito de atribuir responsabilidade tributária a terceiros.

(D) altere os critérios jurídicos adotados pela autoridade administrativa no exercício do lançamento.

(E) deixe de definir ato definitivamente julgado como infração.

A: incorreta, pois, embora a lei expressamente interpretativa aplique-se a ato ou fato pretérito, isso não ocorre para aplicação de penalidade por infração dos dispositivos interpretados – art. 106, I, do CTN; **B:** correta – art. 144, § 1º, do CTN; **C:** incorreta, pois a retroatividade é vedada nesse caso – art. 144, § 1º, do CTN; **D:** incorreta, pois a alteração dos critérios jurídicos somente se aplica a fatos posteriores – art. 146 do CTN Ver também o art. 23 da Lei de Introdução às Normas do Direito Brasileiro – LINDB; **E:** incorreta, pois o ato definitivamente julgado não pode ser modificado – art. 106, II, do CTN. Gabarito "B".

(Procurador do Estado – PGE/MT – FCC – 2016) Considere:

I. A modalidade de lançamento a ser aplicada pelo fisco por ocasião da constituição do crédito tributário é a que impõe o menor ônus ao contribuinte, inclusive quanto às opções fiscais relativas a regimes de apuração, créditos presumidos ou outorgados e demais benefícios fiscais que o contribuinte porventura não tenha aproveitado.

II. A modalidade de lançamento por declaração é aquela na qual o contribuinte, tendo efetivado o cálculo e recolhimento do tributo devido com base na legislação, apresenta à autoridade fazendária a declaração dos valores correspondentes à base de cálculo, alíquota, tributo devido e recolhimento efetuado.

III. O pagamento antecipado efetivado pelo contribuinte poderá ser efetuado mediante guia de recolhimentos, compensação ou depósito judicial.

IV. O lançamento de ofício é o formalizado quando a autoridade fazendária identifica diferenças no crédito tributário constituído espontaneamente pelo contribuinte.

Está correto o que se afirma APENAS em

(A) IV.
(B) II e III.
(C) III e IV.
(D) I.
(E) I e II.

I: incorreta, pois a modalidade de lançamento (ofício, homologação ou declaração) é determinada pela legislação tributária, inexistindo discricionariedade – art. 142 do CTN; **II:** incorreta, pois no lançamento por declaração o fisco recebe as informações do contribuinte, calcula o tributo devido e notifica-o a recolher – art. 147 do CTN; **III:** incorreta, pois a compensação depende de lei autorizativa específica para servir como modalidade de extinção de crédito (art. 170 do CTN) e o depósito judicial apenas suspende sua exigibilidade (não corresponde a pagamento – art. 151, II, do CTN); **IV:** correta, sendo essa uma hipótese que dá ensejo ao lançamento de ofício – art. 149, V, do CTN. Gabarito "A".

(Procurador – SP – VUNESP – 2015) Nos termos do Código Tributário Nacional, o lançamento por homologação, que ocorre quanto aos tributos cuja legislação atribua ao sujeito passivo o dever de antecipar o pagamento sem prévio exame da autoridade administrativa, opera-se pelo ato em que a referida autoridade, tomando conhecimento da atividade assim exercida pelo obrigado, expressamente a homologa. Se a lei não fixar prazo à homologação, será ele de cinco anos. Expirado esse prazo sem que a Fazenda Pública se tenha pronunciado, considera-se homologado o lançamento e definitivamente extinto o crédito, salvo se comprovada a ocorrência de dolo, fraude ou simulação. Referido prazo conta-se

(A) da constituição do crédito tributário.
(B) do primeiro dia do exercício seguinte àquele em que o lançamento poderia ter sido efetivado.
(C) da ocorrência do fato gerador.
(D) da notificação para pagamento.
(E) do mesmo dia do ano seguinte àquele em que o lançamento poderia ter sido efetivado.

Nos termos do art. 150, § 4º, do CTN, o prazo quinquenal em que se dá a homologação tácita é contado da ocorrência do fato gerador, de modo que a alternativa "C" é a correta. Gabarito "C".

(Promotor de Justiça/GO – 2016 – MPE) Com amparo nas lições doutrinárias referentes ao crédito tributário, informe a assertiva incorreta:

(A) É possível afirmar que a obrigação tributária possui autonomia perante o crédito tributário.

(B) O lançamento não é o instrumento correto para se alcançar a exigibilidade das sanções decorrentes do descumprimento da obrigação tributária.

(C) Com o lançamento, permite-se a aferição do an debeatur e do quantum debeatur.

(D) Não obstante certa dissensão na doutrina, o Código Tributário Nacional dispõe, literalmente, que o lançamento é procedimento administrativo.

A: correta, pois a obrigação tributária nasce automaticamente com a ocorrência do fato gerador, conforme a linha doutrinária adotada pelo legislador do CTN, enquanto o crédito tributário surge somente do ato que constituí o crédito tributário (= lançamento) – arts. 113 e 142 do CTN; **B:** incorreta, pois o lançamento constitui o crédito tributário, que pode se referir ao tributo ou à penalidade pecuniária (ambos objeto da obrigação tributária principal) – art. 113, § 1º, do CTN; **C:** correta, pois essa é primordialmente a função do lançamento, atestar a ocorrência do fato gerador e o surgimento da obrigação tributária (an debeatur) e calcular seu montante (quantum debeatur) – art. 142 do CTN; **D:** correta, conforme o art. 142 do CTN. Gabarito "B".

(Procurador da República – 28º Concurso – 2015 – MPF) Aponte a opção VERDADEIRA:

(A) A obrigação tributária acessória é instituída mediante lei ou ato normativo de igual hierarquia à vista do princípio constitucional de que ninguém será obrigado a fazer ou deixar de fazer alguma coisa senão em virtude de lei (CF, art. 5º, II);

(B) O fato gerador de um tributo deve recair necessariamente sobre uma das tradicionais bases econômicas de tributação, tais como renda, patrimônio e consumo;

(C) São tributos lançados por declaração: no âmbito federal, Imposto de Importação sobre Bagagem Acompanhada e, no plano municipal, Imposto sobre a Transmissão de Bens Imóveis – ITBI;

(D) Tributo cujo lançamento se dá por homologação, com o seu pagamento, a extinção definitiva do crédito tributário fica submetida à condição suspensiva.

A: incorreta, pois, embora haja entendimento nesse sentido, majoritariamente se admite a instituição de obrigação acessória por ato normativo infralegal (decreto, por exemplo). Há precedentes em que se admite amplamente essa possibilidade de ato infralegal instituir obrigação acessória (ver RMS 20.587/MG-STJ), há outros em que se admite, desde que haja previsão legal genérica que autorize a instituição por ato infralegal (ver REsp 838.143/PR-STJ), mas há também precedentes em que alguns Ministros adotaram como fundamento da sua decisão a inviabilidade de se instituir tais obrigações por ato normativo infralegal (ver manifestação do Min. Marco Aurélio no julgamento da ACO 1.098AgR/MG-STF – outros acompanharam o resultado, mas por entender que o ato infralegal infringiu os limites da lei autorizadora); **B**: incorreta, embora economicamente seja discutível a afirmação. A rigor, há incidência sobre situações que apenas indiretamente atingem renda, patrimônio ou consumo, caso das contribuições sobre faturamento, por exemplo; **C**: discutível. No caso do II, é defensável o gabarito, pois o viajante apresenta uma declaração ao fisco aduaneiro (declaração eletrônica de bens de viajantes – e-DBV) para posterior cálculo e pagamento do imposto. Entretanto, no caso do ITBI, a resposta depende do Município, já que cada um tem competência para legislar sobre o imposto em seu território, havendo muitos que adotam o lançamento por homologação. De qualquer forma, essa é a melhor alternativa, por exclusão das demais; **D**: incorreta, pois o CTN refere-se à condição resolutória, nos termos do art. 150, § 1º, do CTN. **RB**

Gabarito "C".

(Juiz– TRF 3ª Região – 2016) O lançamento tributário:

(A) reporta-se à data da ocorrência do fato gerador da obrigação e é regido pela lei vigente, mesmo que venha a ser revogada ou modificada.

(B) constitui a obrigação tributária e torna-se imutável após a notificação válida do sujeito passivo.

(C) é inibido por decisão judicial que suspende a exigibilidade do crédito tributário.

(D) identifica o sujeito passivo, verifica a ocorrência do fato gerador, calcula o montante do tributo devido e estabelece os critérios para a revisão "de ofício" do crédito decorrente.

A: correta, conforme art. 144 do CTN; **B**: incorreta, pois o lançamento constitui o crédito tributário, nos termos do art. 142 do CTN (não a obrigação, que surge com o fato gerador) e, ademais, pode ser excepcionalmente modificado após a notificação, nos termos do art. 145 do CTN; **C**: incorreta, pois a suspensão do crédito antes de sua constituição (caso de liminar concedida antes do lançamento, por exemplo) não impede que o fisco realize esse lançamento, inclusive para impedir a decadência, cujo prazo não se suspende; **D**: incorreta, pois os critérios para revisão de ofício não são estabelecidos pelo lançamento – art. 142 do CTN. **RB**

Gabarito "A".

(Delegado/PE – 2016 – CESPE) Considerando que lançamento é o procedimento pelo qual a autoridade administrativa constitui o crédito tributário, assinale a opção correta.

(A) A revisão do lançamento só poderá ser iniciada enquanto não tiver sido extinto o direito da fazenda pública.

(B) O ato de lançamento é corretamente classificado como um ato discricionário.

(C) Os erros contidos na declaração do sujeito passivo não poderão ser retificados de ofício pela autoridade administrativa responsável.

(D) Após a regular notificação do sujeito passivo, o lançamento não poderá ser alterado.

(E) Salvo disposição legal em contrário, o lançamento realizado em moeda estrangeira terá a sua conversão para moeda nacional com base no câmbio do dia do pagamento do tributo.

A: correta, nos termos do art. 149, parágrafo único, do CTN; **B**: incorreta, pois o lançamento é ato vinculado, sob pena de responsabilidade funcional, ou seja, não há avaliação de conveniência ou oportunidade por parte da autoridade competente – art. 142, parágrafo único, do CTN; **C**: incorreta, pois os erros contidos na declaração e apuráveis pelo seu exame serão retificados de ofício pela autoridade administrativa a que competir a revisão daquela – art. 147, § 2º, do CTN; **D**: incorreta, pois o lançamento pode ser alterado após a notificação do sujeito passivo nos casos de (i) impugnação do sujeito passivo, (ii) recurso de ofício e (iii) iniciativa de ofício da autoridade administrativa, nos casos previstos no art. 149 do CTN – art. 145 do CTN; **E**: incorreta, pois o câmbio a ser adotado para a conversão é aquele do dia da ocorrência do fato gerador da obrigação tributária – art. 143 do CTN. **RB**

Gabarito "A".

(Magistratura/GO – 2015 – FCC) Segundo o Código Tributário Nacional é possível a revisão do lançamento com a consequente modificação do crédito tributário, de ofício pela autoridade administrativa. Neste caso,

(A) é situação específica da modalidade de lançamento por homologação, quando o sujeito passivo já fez o pagamento antecipado, prestou as declarações necessárias e o Fisco vai homologar ou não o pagamento.

(B) somente é possível a revisão do lançamento na modalidade de lançamento de ofício.

(C) o lançamento somente pode ser revisto de ofício enquanto não extinto o direito da Fazenda Pública.

(D) admite-se apenas a revisão de ofício nas hipóteses de lançamento por declaração, quando se comprove que houve dolo, fraude ou simulação.

(E) se o lançamento foi de ofício não cabe sua revisão pela autoridade administrativa, tendo em vista que a mesma já exerceu seu direito à fiscalização do fato gerador.

A: incorreta, pois a homologação pela autoridade não se confunde com revisão do lançamento – art. 149 do CTN; **B**: incorreta, pois a autoridade pode rever o lançamento anteriormente realizado por qualquer modalidade – art. 149 do CTN; **C**: correta, conforme o art. 149, parágrafo único, do CTN; **D** e **E**: incorretas, conforme comentário à alternativa "B". **RB**

Gabarito "C".

9. SUJEIÇÃO PASSIVA, CAPACIDADE E DOMICÍLIO

(Juiz de Direito – TJ/RS – 2018 – VUNESP) De acordo com as disposições constantes do Código Tributário Nacional acerca da responsabilidade por infrações à legislação tributária, é correto afirmar que

(A) a denúncia espontânea pode ser apresentada após o início de qualquer procedimento administrativo ou medida de fiscalização, relacionados com a infração, desde que seja acompanhada pelo pagamento do tributo devido e dos juros de mora.

(B) a responsabilidade por infração à legislação tributária não é excluída pela denúncia espontânea da infração se esta for conceituada por lei como crime ou contravenção.

(C) os pais podem ser responsabilizados por infrações tributárias cometidas por seus filhos menores quando essas infrações forem conceituadas por lei como crimes ou contravenções.

(D) salvo disposição de lei em contrário, a responsabilidade por infrações da legislação tributária depende da intenção do agente ou do responsável e da efetividade, natureza e extensão dos efeitos do ato.

(E) a responsabilidade é pessoal dos diretores, gerentes ou representantes de pessoas jurídicas de direito privado quanto às infrações à legislação tributária praticadas pela empresa, quando decorram direta e exclusivamente de dolo específico contra a empresa.

A: incorreta, pois a denúncia espontânea deve ser anterior ao início de qualquer procedimento ou medida de fiscalização relacionada com a infração – art. 138, parágrafo único, do CTN; **B**: incorreta, pois não há essa limitação – art. 138 do CTN; **C**: incorreta, pois a responsabilidade dos pais, nesse caso, restringe-se, no que se refere às penalidades, àquelas de caráter moratório – art. 134, parágrafo único, do CTN; **D**: incorreta, pois a responsabilidade por infração tributária não depende disso – art. 136 do CTN; **E**: correta – art. 137, III, c, do CTN. **RB**

Gabarito "E".

(Procurador do Estado/SP – 2018 – VUNESP) Assinale a alternativa correta sobre a sucessão tributária, conforme o Código Tributário Nacional.

(A) É excluída em casos de impostos que tenham por fato gerador a propriedade.

(B) É tipo de sanção por ato ilícito do sucessor.

(C) Não se aplica à pessoa jurídica resultante de fusão, pois esta é nova em relação às sociedades fundidas.

(D) É responsabilidade que se aplica a fatos geradores ocorridos até a data do ato ou fato de que decorre a sucessão.

(E) É responsabilidade que se aplica exclusivamente aos créditos tributários definitivamente constituídos à data do ato ou fato de que decorre a sucessão.

A: incorreta, pois não há essa limitação. Pelo contrário, há norma específica para sucessão em relação a tributos imobiliários – art. 130 do CTN; **B**: incorreta, pois a responsabilidade é modalidade de sujeição passiva, não espécie de sanção. Embora em alguns casos (nem sempre) a responsabilidade surja por conta do descumprimento da lei pelo responsável (v.g. art. 135 do CTN), isso não é característica da responsabilidade por sucessão; **C**: incorreta, pois a empresa resultante da fusão é responsável por sucessão, em relação aos tributos das sociedades originais – art. 132 do CTN; **D**: correta – art. 129 do CTN; **E**: incorreta, pois a responsabilidade por sucessão se refere aos fato geradores anteriores à sucessão – art. 129 do CTN. **RB**

Gabarito "D".

(Delegado – PC/BA – 2018 – VUNESP) Havendo a incorporação de uma pessoa jurídica de direito privado por outra, os tributos e as multas devidos pela pessoa jurídica incorporada até o ato de incorporação são de responsabilidade

(A) da pessoa jurídica que resultar da incorporação, por sucessão.

(B) do alienante, por direito próprio.

(C) dos sócios da sociedade incorporada, por transferência.

(D) da pessoa jurídica incorporada, por direito próprio.

(E) dos sócios da pessoa jurídica que resultar da incorporação, por transferência.

Nos termos do art. 132 do CTN, a pessoa jurídica de direito privado que resultar de fusão, transformação ou incorporação de outra ou em outra é responsável pelos tributos devidos até a data do ato pelas pessoas jurídicas de direito privado fusionadas, transformadas ou incorporadas. Por essa razão, a alternativa "A" é a correta. **RB**
Gabarito "A".

(Defensor Público Federal – DPU – 2017 – CESPE) A respeito das normas gerais de direito tributário, julgue os seguintes itens.

(1) O administrador judicial será responsável solidário pelo pagamento dos tributos quando for impossível o cumprimento da obrigação principal pela massa falida. **RB**

1: correta, sendo hipótese de responsabilidade prevista no art. 134, V, do CTN.
Gabarito 1C

(Procurador do Município – Prefeitura Fortaleza/CE – CESPE – 2017) Considerando os dispositivos do CTN e a jurisprudência do STJ em relação ao ato administrativo do lançamento e à atividade desenvolvida para a constituição do crédito tributário, julgue o próximo item.

(1) Admite-se a concessão do benefício da denúncia espontânea na hipótese de o contribuinte, depois de apresentar declaração parcial do crédito tributário e realizar o respectivo pagamento, retificar a própria declaração e efetuar o pagamento complementar, antes de qualquer iniciativa da administração tributária.

1: Correta, pois há denúncia espontânea desde que o valor recolhido não tenha sido declarado ao fisco anteriormente – ver Súmula 360/STJ. **RB**
Gabarito 1C

(Procurador do Município – Prefeitura Fortaleza/CE – CESPE – 2017) Julgue os seguintes itens, a respeito de obrigação tributária e crédito tributário.

(1) O sujeito passivo da obrigação principal denomina-se contribuinte quando, dada sua vinculação ao fato gerador, sua sujeição decorre expressamente de determinação legal, ainda que não tenha relação pessoal e direta com a ocorrência de tal fato.

(2) Quanto aos seus efeitos, a responsabilidade tributária pode ser solidária, subsidiária ou pessoal. Sendo pessoal, inexistem coobrigados, mas terceira pessoa que detém a condição de único sujeito passivo responsável pelo cumprimento da obrigação tributária.

(3) A substituição tributária progressiva, modalidade de responsabilidade tributária por transferência, ocorre quando a obrigação de pagar é adiada para momento posterior ao fato jurídico tributário.

1: Incorreta, pois o contribuinte é definido como sujeito passivo que tem relação pessoal e direta com a situação que corresponda ao fato gerador do tributo – art. 121, parágrafo único, I, do CTN. **2:** Correta, sendo definição adequada dessas espécies de responsabilidade – art. 128 do CTN. **3:** Incorreta, pois a substituição tributária "para frente", como o nome diz, é espécie de responsabilidade por substituição (a obrigação já surge como responsável no polo passivo), não por transferência (a obrigação surge com o contribuinte no polo passivo e, posteriormente, o responsável passa a ocupar esse polo). Ademais, na substituição "para frente" ou progressiva o recolhimento do tributo é antecipado em relação à ocorrência do fato gerador, não adiado – art. 150, § 7º, da CF. **RB**
Gabarito 1E, 2C, 3E

(Procurador do Estado – PGE/MT – FCC – 2016) A pessoa jurídica DAMALINDA, dedicada ao varejo de vestuários, é composta por dois sócios, um dos quais assumiu a administração da empresa conforme previsto em seus atos constitutivos. Em razão de dificuldades financeiras, essa empresa passou a interromper os recolhimentos do ICMS, visando a obter recursos para o pagamento de seus empregados e fornecedores. Não obstante a inadimplência, a empresa continuou a declarar o valor mensalmente devido. Após certo período de tempo, a atividade se revelou efetivamente inviável, e o administrador optou por encerrar suas atividades e fechou todas as lojas, leiloando em um *site* de internet todo o saldo de estoques. A decisão deste administrador

I. foi acertada, pois se a empresa estava em dificuldades não haveria motivo para continuar com as atividades e incrementar ainda mais seu passivo tributário.

II. foi incorreta, pois ao simplesmente fechar as portas das lojas ficou caracterizada a dissolução irregular, o que poderá justificar o futuro redirecionamento de execuções fiscais à pessoa física dos sócios.

III. foi incorreta, pois o administrador poderia ter recorrido a remédios legais para a proteção de empresas em dificuldade, tais como a recuperação de empresas e a falência, ao invés de simplesmente encerrar suas atividades sem a comunicação aos órgãos administrativos competentes.

IV. não alterou a situação legal do outro sócio no tocante à respectiva responsabilidade pelo crédito tributário, uma vez que todos os sócios respondem pelos débitos fiscais da sociedade.

Está correto o que se afirma APENAS em

(A) I e IV.
(B) II e III.
(C) II.
(D) III.
(E) IV.

I: incorreta pelo aspecto jurídico-tributário, já que o fechamento das portas sem baixa nos registros empresariais e fiscais implica dissolução irregular e responsabilidade do sócio administrador pelos tributos inadimplidos – art. 135, III, do CTN e Súmula 435/STJ; **II:** correta, lembrando que somente o sócio administrador pode ser responsabilizado, conforme comentário anterior; **III:** correta, sendo em tese viável a recuperação ou pedido de falência – Lei 11.101/2005; **IV:** incorreta, pois somente o sócio administrador pode ser responsabilizado, por ter atuado na gestão da empresa – art. 135, III, do CTN. **RB**
Gabarito "B".

(Procurador – IPSMI/SP – VUNESP – 2016) Segundo o Código Tributário Nacional (CTN), a pessoa natural ou jurídica de direito privado que adquirir de outra, por qualquer título, fundo de comércio ou estabelecimento empresarial, e continuar a respectiva exploração, sob a mesma ou outra razão social ou sob firma ou nome individual, responde pelos tributos relativos ao fundo ou estabelecimento adquirido, devidos até à data do ato:

(A) integralmente, se o alienante cessar a exploração do comércio, indústria ou atividade.

(B) solidariamente com o alienante, se este prosseguir na exploração ou iniciar dentro de seis meses a contar da data da alienação, nova atividade no mesmo ou em outro ramo de comércio, indústria ou profissão.

(C) integralmente, se o alienante prosseguir na exploração ou iniciar dentro de seis meses a contar da data da alienação, nova atividade no mesmo ou em outro ramo de comércio, indústria ou profissão.

(D) subsidiariamente com o alienante, se este prosseguir na exploração ou iniciar dentro de três meses a contar da data da alienação, nova atividade no mesmo ou em outro ramo de comércio, indústria ou profissão.

(E) solidariamente, se o alienante cessar a exploração do comércio, indústria ou atividade, mesmo na hipótese de alienação judicial em processo de falência.

A: correta, nos termos do art. 133, I, do CTN; **B:** incorreta, pois o adquirente responderá apenas subsidiariamente, nesse caso – art. 133, II, do CTN; **C:** incorreta, conforme comentário à alternativa anterior; **D:** incorreta, pois o prazo é de seis meses para o alienante iniciar nova atividade – art. 133, II, do CTN; **E:** incorreta, pois o adquirente responde integralmente, conforme a terminologia do art. 133, I, do CTN e, mais importante, não há essa responsabilidade em caso de alienação em processo de falência, conforme o § 1º desse artigo, com a exceção do § 2º. **RB**
Gabarito "A".

(Procurador do Estado – PGE/RS – Fundatec – 2015) Quanto à responsabilidade tributária, analise as assertivas abaixo:

I. A infração ao dever legal de recolher tempestivamente os tributos enseja a responsabilização pessoal dos sócios-gerentes.

II. A dissolução irregular da empresa enseja a responsabilização pessoal daqueles que, no momento da dissolução, atuavam efetivamente na condição de sócios-gerentes.

III. Em alienação de estabelecimento comercial ocorrida em processo de falência, o adquirente responde pelos tributos, relativos ao estabelecimento adquirido, devidos até a data do ato, de forma integral ou subsidiária, se for parente em linha reta do devedor falido.

IV. O adquirente é pessoalmente responsável pelos tributos relativos aos bens adquiridos.

Após a análise, pode-se dizer que:

(A) Estão corretas apenas as assertivas I e II.
(B) Estão corretas apenas as assertivas II e III.
(C) Estão corretas apenas as assertivas III e IV.
(D) Estão corretas apenas as assertivas II, III e IV.
(E) Todas as assertivas estão corretas.

I: incorreta, sendo pacífico que o simples inadimplemento não implica responsabilidade dos gestores das empresas – art. 135 do CTN e Súmula 430/STJ; **II:** correta – art. 135, III, do CTN e Súmula 435/STJ; **III:** correta, pois o parentesco implica afastamento do disposto no art. 133, § 1º, I, do CTN, de acordo com seu § 2º, II; **IV:** correta – art. 131, I, do CTN. **RB**
Gabarito "D".

(Advogado União – AGU – CESPE – 2015) Por dispositivo legal expresso, a obrigação de recolhimento de determinado imposto foi atribuída a pessoa diversa da do contribuinte, devendo esse pagamento ser feito antecipadamente, em momento prévio à ocorrência do fato gerador, previsto para ocorrer no futuro.

Com relação a essa situação, julgue os itens seguintes.

(1) Não ocorrendo o fato gerador, o contribuinte substituído terá direito à restituição do valor do imposto pago. Porém, ocorrendo o fato gerador com base de cálculo inferior à prevista, não será obrigatória a restituição da diferença paga a maior, conforme jurisprudência do STF.

(2) Na situação considerada, trata-se do instituto denominado substituição tributária progressiva, que tem previsão expressa relativa ao ICMS.

1: Atenção, essa assertiva era correta conforme a jurisprudência do STF à época desse concurso. Entretanto, em 2016 houve alteração da jurisprudência da Suprema Corte, determinando a devolução de tributo recolhido também em caso de operação realizada em valor menor do que o estimado – RE 593.849/MG-repercussão geral. **2:** Correta, art. 150, § 7º, da CF. **RB**

Gabarito 1C, 2C

(Procurador – PGFN – ESAF – 2015) Não tem capacidade ou sujeição tributária passiva
(A) o menor impúbere.
(B) o louco de todo gênero.
(C) o interdito.
(D) o ente despersonalizado.
(E) a pessoa alheia ao fato gerador, mas obrigada pela Administração Tributária ao pagamento de tributo ou penalidade pecuniária.

A, B, C e D: incorretas, pois a capacidade tributária independe da capacidade civil – art. 126 do CTN; **E:** correta, pois somente a lei pode fixar a sujeição passiva. Ademais, o sujeito passivo deve ter alguma relação com o fato gerador, seja direta (contribuinte) ou indireta (responsável). **RB**

Gabarito "E".

(Procurador do Estado – PGE/BA – CESPE – 2014) Suponha que determinado empresário tenha adquirido o imóvel de um estabelecimento comercial completamente vazio e tenha dado continuidade à exploração, sob outra razão social, do mesmo ramo do comércio, e que os alienantes tenham prosseguido na exploração da atividade a partir do quinto mês após a alienação. Considerando essa situação hipotética e aspectos gerais da sucessão empresarial, julgue os itens que se seguem.

(1) Os créditos ainda não constituídos até a data do ato da sucessão empresarial, ainda que se refiram a obrigações tributárias surgidas até aquela data, não podem ser imputados aos adquirentes.
(2) O alienante deixa de ser responsável pelos tributos devidos até a data do ato de sucessão empresarial, passando a responsabilidade a ser integral do adquirente.
(3) O adquirente responde solidariamente pelos tributos devidos até a data do ato de sucessão empresarial.
(4) O alienante continua responsável pelos tributos devidos até a data do ato de sucessão empresarial, podendo a dívida integral ser cobrada do adquirente, observando-se o benefício de ordem.
(5) A sucessão empresarial é uma forma de responsabilidade tributária por transferência, haja vista que a obrigação tributária nasce com o contribuinte, mas é transferida ao responsável.
(6) No caso do tributo de ICMS, a substituição tributária para trás corresponde a uma espécie de responsabilidade de terceiros por transferência.

1: Incorreta, pois o adquirente responde pelos tributos devidos pelo alienante até a aquisição do imóvel componente do estabelecimento comercial, ainda que o crédito correspondente seja constituído posteriormente – art. 133 do CTN. **2:** Incorreta, pois, como o alienante prosseguiu na atividade empresarial no prazo de 6 meses após a alienação, a responsabilidade do adquirente é apenas subsidiária – art. 133, II, do CTN. **3:** Discutível, mas é incorreta pela literalidade do art. 133 do CTN, que se refere à responsabilidade integral do adquirente. A rigor, não nos parece que o art. 133, I, do CTN afaste a obrigação em relação ao contribuinte do tributo (alienante do bem componente do estabelecimento empresarial), apenas impede que o adquirente oponha-se à cobrança pelo argumento da subsidiariedade de sua responsabilidade. **4:** Correta, conforme o art. 133, II, do CTN. **5:** Correta, sendo adequada definição da responsabilidade por transferência. **6:** Incorreta, pois a substituição tributária, como indica o nome, é espécie de responsabilidade por substituição (a obrigação surge com o responsável já no polo passivo), não por transferência (a obrigação surge com o contribuinte no polo passivo e, posteriormente, o responsável passa a ocupar esse polo). **RB**

Gabarito 1E, 2E, 3E, 4C, 5C, 6E

(Procurador do Estado – PGE/RN – FCC – 2014) A antecipação dos efeitos do fato gerador
(A) tem cabimento nas hipóteses de fato gerador pretérito.
(B) está expressamente autorizada na Constituição Federal.
(C) trata-se de substituição tributária para trás.
(D) acontece nos tributos sujeitos a lançamento por homologação, quando ocorre o pagamento antecipado.
(E) não é reconhecida pelo direito pátrio, pois só existirá crédito tributário a partir do momento em que ocorrer o fato gerador.

A: incorreta, pois se o fato gerador é pretérito (passado), é porque já aconteceu, evidentemente, não sendo lógico falar em antecipação de seus efeitos; **B:** correta, é a substituição tributária "para frente" – art. 150, § 7º, da CF; **C:** incorreta, pois a antecipação refere-se à substituição tributária "para frente" ou progressiva; **D:** incorreta, pois a simples antecipação de pagamento não é, necessariamente, substituição tributária, que pressupõe responsabilidade de terceiro distinto do contribuinte; **E:** incorreta, conforme comentários anteriores. **RB**

Gabarito "B".

(Procurador do Estado – PGE/RN – FCC – 2014) Segundo o Código Tributário Nacional, a denúncia espontânea
(A) impede a constituição do crédito tributário relativamente aos juros de mora e à multa moratória.
(B) é causa de extinção do crédito tributário.
(C) tem lugar antes de qualquer procedimento administrativo ou medida de fiscalização relacionados com a infração.
(D) alcança a obrigação principal e a obrigação acessória, acarretando a exclusão do crédito tributário.
(E) só pode ser realizada nos tributos sujeitos a lançamento por homologação, desde que não tenha havido apresentação de declaração, quando exigida.

A: incorreta, pois a denúncia espontânea pressupõe o pagamento integral do tributo, acrescido de juros, afastando apenas as multas – art. 138 do CTN; **B:** incorreta, pois a extinção se dá pelo pagamento do tributo, não especificamente pela denúncia espontânea, que é característica e efeito do pagamento feito nas condições do art. 138 do CTN; **C:** correta – art. 138 do CTN; **D:** incorreta, pois a denúncia espontânea refere-se a pagamento de tributo, não a obrigações acessórias – art. 138 do CTN; **E:** incorreta, pois não há limitação em relação à modalidade de lançamento. É possível, em tese, denúncia espontânea em relação a tributo lançado de ofício a menor, por falta de informações do contribuinte, por exemplo. No caso dos tributos lançados por homologação, é interessante lembrar que, de fato, se houver declaração prévia do débito, inexiste denúncia espontânea, conforme a Súmula 360/STJ. **RB**

Gabarito "C".

(Procurador do Estado/AM – 2016 – CESPE) Considerando os limites ao exercício do poder de tributar, o item seguinte.
(1) A capacidade tributária ativa difere da competência tributária, podendo ser delegada a outras pessoas jurídicas de direito público. Nesse caso, a delegação envolverá a transferência legal dos poderes de cobrança, arrecadação e fiscalização.

1: correta, conforme o art. 7º do CTN. **RB**

Gabarito 1C

(Procurador do Estado/AM – 2016 – CESPE) Considerando o desenvolvimento da relação jurídica tributária, julgue o próximo item.
(1) A responsabilização tributária do sócio-administrador que, ao promover a dissolução irregular da pessoa jurídica, cometa ato ilícito no exercício da administração da sociedade dependerá da constatação do momento da ocorrência do fato gerador da obrigação tributária.

1: essa questão foi anulada por conta da discussão no âmbito das duas Turmas de Direito Público do STJ. A "Segunda Turma do STJ entende que, se o motivo da responsabilidade tributária é a infração à lei consubstanciada pela dissolução irregular da empresa (art. 135, III, do CTN), é irrelevante para efeito de redirecionamento da Execução Fiscal ao sócio-gerente ou ao administrador a análise da época de ocorrência do fato gerador ou do vencimento da exação" (REsp 1.655.048/RJ) – ver também a Súmula 435/STJ. Já a Primeira Turma tem precedentes no sentido de que "atribuição de responsabilidade pessoal prevista no art. 135, III, do CTN, ainda que em razão da dissolução irregular da sociedade empresária, exige a contemporaneidade da gerência com o momento da ocorrência do fato gerador do tributo não adimplido, visto que a responsabilidade atribuída ao sócio deriva, especificamente, do inadimplemento ocasionado pelos atos de gerência abusivos e/ou ilegais" (AREsp 838.948/SC). O estudante deve acompanhar os julgamentos do STJ pois, em algum momento, a Primeira Seção deverá pacificar o assunto naquela Corte. **RB**

Gabarito Anulada

(Promotor de Justiça/SC – 2016 – MPE)
(1) No que se refere à responsabilidade tributária, a lei pode atribuir de modo expresso a responsabilidade pelo crédito tributário a terceira pessoa, vinculada ao fato gerador da respectiva obrigação, excluindo até mesmo a responsabilidade do contribuinte ou atribuindo-a a este em caráter supletivo do cumprimento total ou parcial da referida obrigação; sendo ainda, que ela tanto pode advir da prática de atos ilícitos como também da realização de atos lícitos, nos termos da lei tributária.

1: verdadeiro, nos termos do art. 128 do CTN. É importante destacar que, embora o tributo jamais decorra de fato ilícito (art. 3º do CTN), a responsabilidade tributária pode (por exemplo, no caso do art. 135 do CTN). **RB**

Gabarito 1C

(Juiz– TRF 2ª Região – 2017) Em 2014, empresa do setor de alimentos adquire estabelecimento comercial de outra e passa, ali, a exercer a mesma atividade da alienante. A pessoa jurídica alienante deixa de existir e seus antigos sócios passam a atuar em outros ramos. Dois anos depois, é lavrado auto de infração em razão do não recolhimento de Imposto de Renda (IRPJ), acrescido de penalidade, tudo relativo ao ano base 2012. Assinale a opção correta:
(A) Apenas a alienante, cuja operação concretizou o fato gerador do tributo devido, responde diretamente pelo tributo e pela penalidade. Seus sócios gerentes podem responder, comprovado o encerramento irregular da pessoa jurídica.
(B) A adquirente do estabelecimento responde diretamente pelo tributo e pela penalidade.

(C) Alienante e adquirente respondem, na proporção de suas culpas, pelos tributos e penalidades devidos.
(D) O tributo pode ser exigido diretamente da adquirente, e a penalidade é integralmente devida apenas pela alienante e seus antigos sócios, estes independentemente da dissolução irregular.
(E) Apenas a alienante é devedora do tributo e da penalidade. A adquirente é responsável subsidiária, e bem assim os sócios da alienante, independentemente da dissolução irregular.

A: incorreta, pois a aquisição de estabelecimento, com continuidade da atividade do alienante pelo adquirente, implica responsabilidade tributária deste último, que é exclusiva, caso o alienante deixe de atuar na atividade empresarial, nos termos do art. 133 do CTN; **B:** correta, conforme comentário anterior; **C:** incorreta, pois não há repartição de responsabilidade pelo critério da culpa; **D:** incorreta, pois a responsabilidade do adquirente é por todo o crédito, o que inclui tributos e penalidades pecuniárias; **E:** incorreta, conforme comentários anteriores. Gabarito "B".

(Juiz– TRF 2ª Região – 2017) Entidade autárquica federal adquire imóvel. Mais tarde, não se comprovando o recolhimento da taxa de coleta de lixo, de período anterior à alienação, surge dúvida sobre a eventual responsabilidade da autarquia em honrar tal débito. Sobre essa eventual responsabilidade, pode-se afirmar que:
(A) Ela não existe, tendo em conta se tratar de autarquia.
(B) A responsabilidade é subsidiária.
(C) A responsabilidade é solidária.
(D) A responsabilidade é regressiva.
(E) A responsabilidade é autônoma, e apenas existe se o lixo foi recolhido.

A: incorreta, pois a imunidade recíproca, ainda que se estenda às autarquias, refere-se apenas a impostos, não a taxas – art. 150, VI, *a*, da CF; **B:** incorreta, pois a responsabilidade prevista no art. 130 do CTN não é subsidiária; **C:** essa é a melhor alternativa. Entretanto, não é pacífico o entendimento quanto a ser solidária a responsabilidade do art. 130 do CTN, sendo que muitos defendem ser exclusiva do adquirente, já que o dispositivo afirma que os créditos subrogam-se na pessoa desses adquirentes. Ademais, também é questionável se a taxa de lixo pode ser classificada como taxa pela prestação de serviços referentes ao imóvel adquirido, conforme dispõe o art. 130, "caput", do CTN. De qualquer forma, como dito, esta é a melhor alternativa, por exclusão das demais; **D:** incorreta, pois não há previsão de responsabilidade tributária regressiva; **E:** incorreta, conforme comentários anteriores e pelo fato de que a taxa será devida desde que os serviços estejam à disposição dos ocupantes do imóvel – art. 79, I, *b*, do CTN. Gabarito "C".

(Juiz – TRF 4ª Região – 2016) Assinale a alternativa **INCORRETA**.
(A) A substituição tributária pode ocorrer como antecipação de pagamento a fato gerador futuro (progressiva), como também pela modalidade de diferimento, ocasião em que a responsabilidade pelo pagamento é transferida ao responsável tributário de fase futura da incidência do tributo.
(B) Segundo predominante entendimento do Supremo Tribunal Federal, não cabe restituição do tributo recolhido quando o fato gerador ocorrer a menor, mas apenas quando este não se realizar, na hipótese de substituição tributária progressiva.
(C) As contribuições destinadas ao Programa de Integração Social (PIS) e ao financiamento da seguridade social (Cofins) incidentes sobre a receita advinda de venda de mercadorias podem estar sujeitas ao regime de substituição tributária.
(D) A substituição tributária desobriga o contribuinte substituído de prestar obrigações acessórias aos órgãos de controle e fiscalização.
(E) É imprescindível a edição de lei em sentido estrito para o estabelecimento da substituição tributária.

A: correta, descrevendo adequadamente a substituição tributária "para frente" e a "para trás" – ver art. 150, § 7º, da CF; **B:** ATENÇÃO. Essa assertiva era correta, à luz da jurisprudência dominante quando desse concurso público. Ocorre que em outubro de 2016 o Pleno do STF modificou esse entendimento, fixando nova tese no RE 593.849/MG em repercussão geral, reconhecendo o direito à restituição também no caso de o fato gerador ocorrer por valor inferior ao presumido no caso da substituição tributária "para frente"; **C:** correta, conforme o art. 150, § 7º, da CF; **D:** incorreta, pois a responsabilidade tributária não afasta, em regra, as obrigações acessórias; **E:** correta, pois trata-se de instituição de sujeição passiva, o que exige necessariamente lei – art. 97, III, do CTN. Gabarito "D".

(Juiz – TRF 3ª Região – 2016) Considere a denúncia espontânea (art. 138 do CTN) e assinale a alternativa incorreta:
(A) Não se aplica aos tributos sujeitos a lançamento por homologação regularmente declarados, mas que são pagos a destempo.
(B) Só se considera espontânea a denúncia apresentada antes de qualquer medida de fiscalização relacionada com a infração fiscal.
(C) Aplica-se ao caso em que o contribuinte devedor confessa a dívida e obtém o parcelamento do débito tributário.
(D) Exclui a exigência da multa, mas não evita a incidência dos juros moratórios e da correção monetária do débito confessado.

A: correta, conforme entendimento jurisprudencial – Súmula 360 do STJ; **B:** correta – art. 138, parágrafo único, do CTN; **C:** incorreta, pois há denúncia espontânea somente no caso de pagamento integral do tributo, acrescido de juros, conforme art. 138 do CTN – ver REsp 1.102.577/DF – repetitivo; **D:** correta – art. 138 do CTN. Gabarito "C".

(Juiz – TJ/SP – VUNESP – 2015) Comerciante utiliza notas fiscais de compras de mercadorias para aproveitamento dos respectivos créditos de ICMS e, posteriormente, a empresa fornecedora daqueles bens tem suas atividades encerradas, e reconhecidas pelo Fisco como inidôneas as notas fiscais por ela emitidas. Diante de tal situação,
(A) nos termos do art. 136 do CTN, a responsabilidade por infrações tributárias independe da intenção do agente, logo, no caso, irrelevante a boa ou má-fé dos envolvidos nas operações.
(B) a boa-fé do comerciante não impede que seja apurada a veracidade daquelas transações comerciais que originaram as notas fiscais declaradas inidôneas.
(C) a boa-fé do comerciante que utilizou aquelas notas fiscais declaradas inidôneas impede que seja autuado pelo Fisco.
(D) a má-fé do emitente das notas fiscais contamina as operações subsequentes, invalidando-as e autorizando a autuação.

A: incorreta, pois, nos termos da Súmula 509/STJ, é lícito ao comerciante de boa-fé aproveitar os créditos de ICMS decorrentes de nota fiscal posteriormente declarada inidônea, quando demonstrada a veracidade da compra e venda; **B:** correta, conforme o disposto na Súmula 509/STJ; **C:** incorreta, conforme comentário à alternativa anterior; **D:** incorreta, conforme disposto na Súmula 509/STJ. Gabarito "B".

(Juiz – TJ/SP – VUNESP – 2015) Quando a legislação tributária estabelece que é responsável pelo recolhimento do tributo terceira pessoa, vinculada ao mesmo fato gerador ocorrido, estamos diante da situação denominada
(A) reponsabilidade *stricto sensu*, "por transferência".
(B) solidariedade passiva tributária por imposição legal.
(C) substituição tributária "para frente".
(D) substituição tributária "para trás".

Discordamos do gabarito, pois a questão é bastante genérica, sendo discutíveis todas as alternativas, não sendo razoável apontar uma melhor que as outras. **A:** discutível. Considera-se responsabilidade por transferência aquela que ocorre depois da ocorrência do fato gerador, por conta de situação posterior que faz outra pessoa ocupar o polo passivo da obrigação tributária. Ainda assim, todo responsável tributário tem, em regra, vinculação com o fato gerador, nos termos do art. 128 do CTN, ainda que seja vinculação indireta (se fosse direta, seria contribuinte); **B:** discutível. A solidariedade natural é a que decorre diretamente do fato gerador, quando mais de uma pessoa tem interesse na situação que o constitua, conforme o art. 124, I, do CTN. A solidariedade legal, do art. 124, II, do CTN, entretanto, pode se referir a terceiro com vínculo, ainda que indireto, com o fato gerador. Finalmente, há casos de responsabilidade, com terceiros vinculados ao fato gerador, portanto (art. 128 do CTN), em que não há solidariedade; **C e D:** toda substituição tributária é espécie de responsabilidade tributária, e a responsabilidade refere-se, em regra, a terceira pessoa vinculada ao fato gerador, nos termos do art. 128 do CTN. Gabarito "D".

(Juiz – TJ/MS – VUNESP – 2015) De acordo com as disposições do Código Tributário Nacional, é correto afirmar que
(A) o sujeito passivo da obrigação principal diz-se responsável quando tenha relação pessoal e direita com o fato gerador.
(B) a responsabilidade por infrações da legislação tributária, salvo disposição de lei em contrário, independe da intenção do agente ou do responsável e da efetividade, natureza e extensão dos efeitos do ato.
(C) a solidariedade passiva tributária comporta benefício de ordem.
(D) a obrigação acessória é sempre dependente da prévia existência da obrigação principal.
(E) a capacidade tributária passiva depende de estar a pessoa jurídica regularmente constituída.

A: incorreta, pois essa é a definição de contribuinte, não de responsável – art. 121, parágrafo único, II, do CTN; **B:** correta, conforme o art. 136 do CTN; **C:** incorreta, pois não comporta benefício de ordem – art. 124, parágrafo único, do CTN; **D:** incorreta, pois a obrigação acessória, em direito tributário, não acompanha necessariamente alguma obrigação principal – art. 113 do CTN; **E:** incorreta, pois a capacidade tributária independe da regular constituição da pessoa jurídica – art. 126, III, do CTN. Gabarito "B".

(Delegado/GO – 2017 – CESPE) São responsáveis pelos créditos tributários relativos a obrigação de terceiros, quando não for possível exigir-lhes o cumprimento da obrigação principal, independentemente de terem agido com excesso de poderes ou em desacordo com a lei, estatuto ou contrato social,
(A) os empregados.
(B) os diretores de pessoa jurídica.
(C) os representantes legais de pessoas jurídicas de direito privado.
(D) os administradores de bens de terceiros.

(E) os mandatários.

A, B, C e E: incorretas, pois essas pessoas somente serão responsáveis pelos créditos relativos a obrigações de terceiros nos casos de atos praticados com excesso de poderes ou infração de lei, contrato social ou estatutos, conforme art. 135 do CTN; **D:** correta, sendo a única alternativa que indica caso de responsabilidade do art. 134 do CTN, em que não se exige excesso de poderes ou infração de lei, contrato social ou estatutos como pressuposto. Gabarito "D".

(Delegado/GO – 2017 – CESPE) Ricardo, com quinze anos de idade, traficou entorpecentes por três meses, obtendo uma renda de R$ 20.000. Informado pela autoridade competente, um auditor da Receita Federal do Brasil efetuou lançamento contra o menor.

Tendo como referência essa situação hipotética, assinale a opção correta.

(A) O tráfico de entorpecente é ato ilícito, sendo responsáveis pelos prejuízos dele decorrentes, nos termos da lei civil, os pais de Ricardo, que deverão recolher o tributo a título de sanção cível.
(B) A capacidade tributária independe da capacidade civil, de modo que é correto o lançamento contra o menor que, no caso, percebeu remuneração que pode ser considerada renda.
(C) O tráfico de entorpecente é atividade que gera proveito econômico, o que justifica torná-lo fato gerador de tributo, não podendo, no entanto, Ricardo, por ser incapaz, sofrer lançamento, devendo a renda percebida ser imputada aos seus pais.
(D) O tráfico de entorpecente, por ser crime, não pode ser objeto de tributação, pois o pagamento de imposto em tal hipótese significaria que o Estado estaria chancelando uma atividade ilícita, sendo, portanto, insubsistente o lançamento.
(E) Ricardo, por ser incapaz, não pode sofrer lançamento, não constituindo renda eventuais ganhos econômicos que ele venha a ter.

A: incorreta, pois, embora possa haver responsabilidade dos pais pelo recolhimento do tributo, nos termos do art. 134, I, do CTN, isso não tem relação alguma com eventual responsabilidade tributária por prejuízos causados pelo menor, decorrendo estritamente da legislação tributária; **B:** correta, nos termos dos arts. 118, I, e 126, I, do CTN; **C:** incorreta, pois a capacidade tributária passiva independe da capacidade civil da pessoa natural – art. 126, I, do CTN; **D:** incorreta, pois o que se está tributando é a renda auferida, não sendo relevante para a tributação, em princípio, a forma como essa renda foi auferida – princípio do *non olet* – art. 118, I, do CTN – ver HC 77.530/RS-STF; **E:** incorreta, conforme comentários anteriores. Gabarito "B".

(Delegado/PE – 2016 – CESPE) A respeito de responsabilidade tributária, assinale a opção correta.

(A) Nem mesmo as pessoas que possuem interesse comum na situação que constitui o fato gerador da obrigação principal serão solidariamente obrigadas.
(B) Um dos efeitos da solidariedade tributária é que a interrupção da prescrição, a favor ou contra um dos obrigados, favorece ou prejudica os demais.
(C) As pessoas que são solidariamente obrigadas por expressa determinação legal devem respeitar o benefício de ordem.
(D) O pagamento efetuado por um dos obrigados não aproveita os demais.
(E) O responsável tributário, também denominado sujeito passivo indireto, corresponde àquele que, apesar de não ser o contribuinte, possui obrigação decorrente de convenção entre as partes.

A: incorreta, pois há solidariedade dessas pessoas, nos termos do art. 124, I, do CTN; **B:** correta, conforme o art. 125, III, do CTN; **C:** incorreta, pois a solidariedade tributária não comporta benefício de ordem – art. 124, parágrafo único, do CTN; **D:** incorreta, pois um dos efeitos da solidariedade tributária é exatamente que o pagamento efetuado por um dos obrigados aproveita aos demais – art. 125, I, do CTN; **E:** incorreta, pois a responsabilidade tributária decorre sempre da lei, jamais de convenção entre as partes – arts. 121, parágrafo único, II, e 123 do CTN. Gabarito "B".

(Procurador do Estado/AM – 2016 – CESPE) Considerando o desenvolvimento da relação jurídica tributária, julgue o próximo item.

(1) A responsabilização tributária do sócio-administrador que, ao promover a dissolução irregular da pessoa jurídica, cometa ato ilícito no exercício da administração da sociedade dependerá da constatação do momento da ocorrência do fato gerador da obrigação tributária.

1: embora seja incontroverso que a dissolução irregular da sociedade é ilícito apto a gerar a responsabilidade tributária do art. 135, III, do CTN, conforme a Súmula 435/STJ, à época do exame não havia entendimento pacífico quanto à exigência de que o fato gerador seja contemporâneo ao exercício da gerência pelo sócio a ser responsabilizado. Há precedentes do STJ nos dois sentidos. A Primeira Turma tende a exigir essa contemporaneidade (ver AREsp 838.948/SC), enquanto a Segunda Turma tende a afastar essa premissa (ver AgRg no AREsp 615.303/RS). Por essa razão, a questão foi anulada. O estudante deve estar atento à evolução jurisprudencial, pois certamente haverá pacificação da questão pela Primeira Seção do STJ, composta pelos ministros da Primeira e da Segunda Turmas. Gabarito 1 ANULADA.

(Magistratura/GO – 2015 – FCC) A atribuição ao sujeito passivo de obrigação tributária da condição de responsável pelo pagamento de imposto cujo fato gerador deva ocorrer posteriormente

(A) pode acontecer, nos termos da lei, na hipótese em que o empregador faz a retenção na fonte do IRPF de seu empregado.
(B) é inadmissível, uma vez que a obrigação tributária surge apenas após a ocorrência do fato gerador.
(C) pode acontecer, nos termos da lei, na hipótese de recolhimento antecipado de ICMS pelo fabricante de veículos automotores relativamente à futura revenda dos mesmos pelas concessionárias.
(D) trata-se da substituição tributária para trás, cujo fundamento é previsto expressamente na Constituição da República.
(E) pode acontecer, nos termos da lei, quando o tomador do serviço faz a retenção na fonte do ISSQN devido pelo prestador do serviço por ocasião do pagamento pelo serviço prestado.

A: incorreta, pois, nesse caso, o fato gerador é concomitante à retenção pela fonte; **B:** incorreta, pois a substituição tributária "para frente" é expressamente prevista no art. 150, § 7º, da CF; **C:** correta, sendo esse exemplo da substituição tributária "para frente"; **D:** incorreta, pois a substituição tributária "para trás" é espécie de diferimento do recolhimento do imposto, que não se confunde com a antecipação que ocorre na substituição "para frente"; **E:** incorreta, pois é o mesmo caso comentado na alternativa "A". Gabarito "C".

(Magistratura/GO – 2015 – FCC) A responsabilidade tributária

(A) é atribuída expressamente por lei à terceira pessoa, que não praticou o fato gerador, mas que está a ele vinculado, podendo ser exclusiva ou supletiva à obrigação do contribuinte.
(B) é atribuída ao sujeito passivo da obrigação tributária que pratica o fato gerador.
(C) é do contribuinte quando a lei lhe impõe esta obrigação, mesmo que não pratique o fato gerador.
(D) pode ser atribuída a terceiro estranho ao fato gerador através de contrato particular firmado entre o contribuinte e terceiro.
(E) independe de qualquer vínculo jurídico entre o terceiro e o contribuinte, bastando que haja expressa disposição legal ou convenção entre as partes.

A: correta, nos termos do art. 128 do CTN; **B:** incorreta, pois o sujeito passivo que pratica o fato gerador é o próprio contribuinte – art. 121, parágrafo único, I, do CTN; **C:** incorreta, pois esse é o responsável tributário – art. 121, parágrafo único, II, do CTN; **D:** incorreta, pois a sujeição passiva é sempre fixada por lei, jamais por acordo privado – art. 123 do CTN; **E:** incorreta, conforme comentário à alternativa "D". Gabarito "A".

(Procurador Distrital – 2014 – CESPE) Paulo e Jorge, residentes em Goiânia – GO e sem endereço fixo no DF, iniciaram um negócio de vendas de veículos em uma sala no DF para moradores tanto do DF quanto de outros estados, sendo as operações comerciais todas feitas a pedido de clientes que deixavam seus veículos para venda. Após denúncia, o fisco do DF constatou que as operações de venda dos veículos estavam sendo feitas sem o pagamento do respectivo tributo e que não havia inscrição no cadastro fiscal de qualquer sociedade empresária para a realização de tais operações.

Considerando a situação hipotética acima apresentada, julgue os seguintes itens.

(1) O domicílio tributário de Paulo e Jorge será em Goiânia – GO, uma vez que eles não possuem residência no DF.
(2) A espécie de tributo gerado em função da operação, inclusive da venda de veículos para pessoas de fora do DF, é o ICMS, dada a existência efetiva de circulação de mercadorias.
(3) Entre Paulo e Jorge haverá solidariedade que não comporta o benefício de ordem, podendo qualquer deles ser cobrado pelo valor integral do tributo, em função de se tratar de interesse comum na situação que constitua o fato gerador.
(4) Paulo e Jorge são responsáveis tributários em razão da infração, visto que eles não podem ser considerados contribuintes ou sujeitos passivos diretos.

1: incorreta, pois, nesse caso, considera-se domicílio o lugar da situação dos bens ou da ocorrência dos atos ou fatos que deram origem à obrigação, ou seja, no DF – art. 127, § 1º, do CTN; **2:** correta – art. 155, II, da CF/1988. Há também incidência de tributos decorrentes da renda auferida, do faturamento e do lucro (IR, CSLL, COFINS); **3:** correta (art. 124, I, e parágrafo único do CTN); **4:** incorreta, pois ambos têm relação pessoal e direta com o fato gerador (venda dos veículos), de modo que são contribuintes – art. 121, parágrafo único, I, do CTN. Gabarito 1E, 2C, 3C, 4E.

(Procurador do Estado/BA – 2014 – CESPE) Suponha que determinado empresário tenha adquirido o imóvel de um estabelecimento comercial completamente vazio e tenha dado continuidade à exploração, sob outra razão social, do mesmo ramo do comércio, e que os alienantes tenham prosseguido na exploração da atividade a partir do quinto mês após a alienação. Considerando essa situação hipotética e aspectos gerais da sucessão empresarial, julgue os itens que se seguem.

(1) Os créditos ainda não constituídos até a data do ato da sucessão empresarial, ainda que se refiram a obrigações tributárias surgidas até aquela data, não podem ser imputados aos adquirentes.
(2) O alienante deixa de ser responsável pelos tributos devidos até a data do ato de sucessão empresarial, passando a responsabilidade a ser integral do adquirente.
(3) O adquirente responde solidariamente pelos tributos devidos até a data do ato de sucessão empresarial.
(4) O alienante continua responsável pelos tributos devidos até a data do ato de sucessão empresarial, podendo a dívida integral ser cobrada do adquirente, observando-se o benefício de ordem.
(5) A sucessão empresarial é uma forma de responsabilidade tributária por transferência, haja vista que a obrigação tributária nasce com o contribuinte, mas é transferida ao responsável.
(6) No caso do tributo de ICMS, a substituição tributária para trás corresponde a uma espécie de responsabilidade de terceiros por transferência.

Ao continuar a exploração da mesma atividade, o adquirente do estabelecimento torna-se responsável pelos tributos deixados pelo antigo contribuinte (quem explorava o estabelecimento antes). A responsabilidade do adquirente, no caso, é subsidiária, pois o alienante prosseguiu na exploração no período de 6 meses contados da alienação – art. 133, caput e II, do CTN. 1: incorreta, conforme comentário inicial; 2: incorreta, conforme comentário inicial; 3: incorreta, pois a responsabilidade é subsidiária, conforme comentário inicial; 4: correta, pois a responsabilidade do adquirente é subsidiária, ou seja, há benefício de ordem, devendo ser cobrado primeiro o alienante; 5: correta. Há essa distinção entre responsabilidade por substituição e responsabilidade por transferência. Na responsabilidade por substituição, a obrigação já surge em relação ao responsável, pois a lei exclui a figura do contribuinte (caso da substituição "para frente", da substituição "para trás" e da retenção na fonte). Na responsabilidade por transferência, a obrigação tributária surge em relação ao contribuinte, mas, por conta de evento posterior ao fato gerador, outra pessoa passa a ocupar o polo passivo (basicamente, os casos previstos no CTN são de transferência); 6: incorreta, pois, como o nome diz, trata-se de responsabilidade por substituição. RB

Gabarito 1E, 2E, 3E, 4C, 5C, 6E

10. SUSPENSÃO, EXTINÇÃO E EXCLUSÃO DO CRÉDITO

10.1. SUSPENSÃO

Veja a seguinte tabela para estudar e memorizar as causas de suspensão, extinção e exclusão do crédito tributário:

Suspensão	Extinção	Exclusão
– a moratória	– pagamento	– a isenção
– o depósito do seu montante integral	– a compensação	– a anistia
– as reclamações e os recursos, nos termos das leis reguladoras do processo tributário administrativo	– a transação	
– a concessão de medida liminar em mandado de segurança	– remissão	
– a concessão de medida liminar ou de tutela antecipada, em outras espécies de ação judicial	– a prescrição e a decadência	
– o parcelamento	– a conversão de depósito em renda	
	– o pagamento antecipado e a homologação do lançamento nos termos do disposto no artigo 150 e seus §§ 1º e 4º	
	– a consignação em pagamento, nos termos do disposto no § 2º do artigo 164	
	– a decisão administrativa irreformável, assim entendida a definitiva na órbita administrativa, que não mais possa ser objeto de ação anulatória	
	– a decisão judicial passada em julgado	
	– a dação em pagamento em bens imóveis, na forma e condições estabelecidas em lei	

(Juiz de Direito – TJ/RS – 2018 – VUNESP) A Empresa X possui vultoso montante de débitos tributários de ICMS e necessita saneá-los para dar prosseguimento ao seu pedido de recuperação judicial. Não dispondo do montante integral para a quitação dos valores à vista, a empresa X pretende parcelar o montante devido à Fazenda Estadual.

Considerando as disposições do Código Tributário Nacional sobre o parcelamento, é correto afirmar que

(A) em razão da indisponibilidade do interesse público, não há possibilidade de se prever condições especiais de parcelamento para débitos tributários de empresas que estejam em processo de recuperação judicial.
(B) por se tratar de devedor em recuperação judicial, ele poderá se valer de condições especiais de parcelamento dos seus créditos tributários, na forma e condição estabelecida em lei complementar.
(C) o parcelamento para empresas que se encontram em processo de recuperação judicial abrange apenas os débitos inscritos em dívida ativa e deve observar a forma e condição estabelecidas em lei complementar.
(D) salvo disposição de lei em contrário, o parcelamento do crédito tributário do devedor em processo de recuperação judicial exclui a incidência de multas e juros.
(E) a inexistência da lei específica para empresas em recuperação judicial importa na aplicação das leis gerais de parcelamento do ente da Federação ao devedor que se encontre nessa situação, não podendo, nesse caso, ser o prazo de parcelamento inferior ao concedido pela lei federal específica.

A: incorreta, pois o art. 155-A, § 3º, do CTN, prevê expressamente que lei específica disporá sobre as condições de parcelamento dos créditos tributários do devedor em recuperação judicial; **B:** incorreta, pois não se exige lei complementar – art. 155-A, § 3º, do CTN; **C:** incorreta, pois não há limitação para dívidas inscritas e não se exige lei complementar – art. 155-A, § 3º, do CTN; **D:** incorreta, pois não há essa exclusão, salvo disposição de lei em contrário – art. 155-A, § 1º, do CTN; **E:** correta – art. 155-A, § 4º, do CTN. RB

Gabarito "E".

(Juiz de Direito – TJ/RS – 2018 – VUNESP) Considerando as disposições do Código Tributário Nacional acerca do pagamento, é correto afirmar que

(A) quando a legislação tributária não dispuser a respeito, o pagamento é efetuado no local indicado pelo sujeito ativo.
(B) a existência de consulta formulada pelo devedor, dentro do prazo legal para pagamento, não afasta a incidência de juros de mora e penalidades cabíveis nem a aplicação de quaisquer medidas de garantia previstas na legislação tributária caso o tributo não seja integralmente pago no seu vencimento.
(C) a importância de crédito tributário pode ser consignada judicialmente pelo sujeito passivo na hipótese de recusa de recebimento, ou subordinação deste ao pagamento de outro tributo ou de penalidade, ou ao cumprimento de obrigação acessória.
(D) o pagamento do tributo deve ser realizado em moeda corrente, podendo, nos casos expressamente previstos em lei, ser realizado por meio de cheque ou vale postal.
(E) quando a legislação tributária não fixar o tempo do pagamento, o vencimento do crédito ocorre quinze dias depois da data em que se considera o sujeito passivo notificado do lançamento.

A: incorreta, pois, nos termos do art. 159 do CTN, quando a legislação tributária não dispuser a respeito, o pagamento é efetuado na repartição competente do domicílio do sujeito passivo; **B:** incorreta, pois a consulta formulada dentro do prazo de pagamento afasta o cômputo de juros moratórios e penalidades – art. 161, § 2º, do CTN; **C:** correta – art. 164, I e II, do CTN; **D:** incorreta, pois o pagamento pode ser sempre realizado por moeda corrente, cheque ou vale postal, embora a extinção do crédito dependa do resgate do cheque pelo banco – art. 162, I e § 2º, do CTN; **E:** incorreta, pois, se a lei não prever prazo para pagamento, ele será de 30 dias após a notificação de lançamento – art. 160 do CTN. RB

Gabarito "C".

(Procurador do Estado/SP – 2018 – VUNESP) No que diz respeito à isenção, conforme o Código Tributário Nacional, é correto afirmar:

(A) é causa excludente do crédito tributário, mas não dispensa o cumprimento das obrigações acessórias dependentes da obrigação principal cujo crédito tenha sido excluído.
(B) é causa extintiva do crédito tributário, sendo extensiva às taxas e contribuições que tenham por fato gerador o mesmo fato jurídico relevante do crédito tributário extinto.
(C) é causa excludente do crédito tributário e pode ser livremente suprimida, mesmo quando concedida sob condição onerosa.
(D) é causa extintiva do crédito tributário e depende, em qualquer hipótese, de despacho, genérico ou particular, de autoridade administrativa competente para a verificação.
(E) é causa excludente do crédito tributário e só pode ser concedida em caráter geral, nos termos da lei, pela isonomia tributária, mas deve sofrer, em qualquer caso, restrições temporais por meio de regulamento.

A: correta – art. 175, I e parágrafo único, do CTN; **B e D:** incorretas, pois a isenção é modalidade de exclusão do crédito tributário, não de extinção – art. 175, I, do CTN; **C:** incorreta, pois a isenção concedida por prazo certo e em função de determinadas condições não pode ser suprimida em prejuízo do contribuinte que preencheu os requisitos para sua fruição – art. 178 do CTN; **E:** incorreta, pois a isenção pode ser concedida em caráter específico – art. 179 do CTN.

Gabarito "A".

(Procurador do Estado/SP – 2018 – VUNESP) Lei estadual confere benefício fiscal previamente aprovado pelos Estados e pelo Distrito Federal, nos termos do art. 155, parágrafo 2o, XII, letra g, da Constituição Federal. O benefício é de redução de base de cálculo do ICMS para operações internas com produtos de limpeza, de forma que a carga final do imposto fica reduzida a 50% da incidência normal. A empresa Delta usufrui do benefício em todas as suas operações internas, pois comercializa exclusivamente produtos de limpeza. Não há, na legislação tributária, qualquer outra previsão de benefício que Delta possa usufruir. Todas as operações interestaduais de Delta sofrem tributação normal do imposto. Todos os seus fornecedores estão estabelecidos na mesma unidade da federação que Delta e nenhum deles goza de benefício fiscal.
Considerada essa situação hipotética, a empresa Delta

(A) não deve anular os créditos do imposto, relativamente às aquisições de produtos objeto de posteriores operações internas e interestaduais, pois goza de benefício fiscal.
(B) deve anular integralmente o crédito do imposto pago na aquisição de produtos destinados a operações internas, desde que, no mesmo período de apuração, tenha operações interestaduais, pois estas são integralmente tributadas.
(C) deve anular parcialmente os créditos do imposto incidente em todas as aquisições de produtos, desconsiderando a incidência de benefícios nas operações posteriores, por força do regime periódico de apuração a que se sujeita o ICMS.
(D) deve anular integralmente o crédito do imposto incidente em todas as aquisições de bens revendidos, independentemente de redução de base de cálculo, com fundamento na não cumulatividade do imposto.
(E) deve anular parcialmente o crédito do imposto, relativamente aos bens adquiridos para posteriores operações beneficiadas, na mesma proporção da redução da base de cálculo, pois tal benefício corresponde à isenção parcial.

Nos termos do tema 299 de repercussão geral do STF, a redução da base de cálculo de ICMS equivale à isenção parcial, o que acarreta a anulação proporcional de crédito relativo às operações anteriores, salvo disposição em lei estadual em sentido contrário. Por essa razão, a alternativa "E" é a correta.

Gabarito "E".

(Defensor Público Federal – DPU – 2017 – CESPE) Acerca da suspensão e da extinção do crédito tributário, julgue os itens a seguir à luz do CTN.

(1) Nas hipóteses de suspensão da exigibilidade do crédito tributário, fica dispensado o cumprimento das obrigações acessórias dependentes da obrigação principal que for suspensa.
(2) É possível a suspensão da exigibilidade do crédito tributário em decorrência da concessão de medida liminar em mandado de segurança.
(3) Por meio do instituto da transação tributária, é possível a suspensão do crédito tributário em benefício do contribuinte.

1: incorreta, pois a suspensão do crédito não dispensa o cumprimento das obrigações acessórias dependentes da obrigação principal atinentes a esse crédito, conforme dispõe o art. 151, parágrafo único, do CTN; **2:** correta, pois liminar em mandado de segurança é modalidade de suspensão do crédito tributário – art. 151, IV, do CTN; **3:** incorreta, pois a transação é modalidade de extinção do crédito, não de suspensão – art. 156, III, do CTN.

Gabarito: 1E, 2C, 3E.

Determinado contribuinte solicitou parcelamento de dívida logo após a lavratura do auto de infração pelo Fisco contra ele, no qual lhe fora imputada fraude em razão de práticas fiscais que acarretaram a supressão de tributos.

(Procurador do Estado – PGE/BA – CESPE – 2014) Com base nessa situação hipotética, julgue os itens subsequentes.

(1) O pedido de parcelamento gera o benefício da espontaneidade para o contribuinte, que se verá livre das multas aplicadas pelo descumprimento das normas tributárias, especialmente aquela correspondente à fraude praticada.
(2) Na situação apresentada, o parcelamento gera a suspensão da obrigação tributária.
(3) Nesse caso, o parcelamento tem o mesmo efeito sobre o crédito tributário que o pedido de compensação.
(4) O parcelamento requerido pelo contribuinte deve ser negado, uma vez que a prática de fraude na relação com o Fisco impede a concessão de parcelamento, de acordo com o Código Tributário Nacional.

1: Incorreta, pois somente o pagamento integral implica denúncia espontânea, nos termos do art. 138 do CTN. **2:** Incorreta, à luz do disposto no art. 154, parágrafo único, c/c art. 155-A, § 2º, do CTN, que afasta a possibilidade de parcelamento e moratória em caso de dolo, fraude ou simulação. **3:** Incorreta, pois o parcelamento é modalidade de suspensão do crédito, enquanto a compensação é modalidade de extinção – arts. 151 e 156 do CTN. **4:** Correta, à luz do disposto no art. 154, parágrafo único, c/c art. 155-A, § 2º, do CTN, que afasta a possibilidade de parcelamento e moratória em caso de dolo, fraude ou simulação.

Gabarito: 1E, 2E, 3E, 4C.

(Procurador do Estado – PGE/RN – FCC – 2014) Das modalidades de suspensão da exigibilidade do crédito tributário, é correto afirmar:

(A) a decisão judicial transitada em julgado é causa de suspensão da exigência do crédito tributário.
(B) o oferecimento de fiança bancária para garantia de débitos objeto de ação de execução fiscal assegura a emissão da Certidão Positiva de Débitos com Efeitos de Negativa.
(C) a lei que concede a moratória pode ser determinada em relação a determinada região do território da pessoa jurídica de direito público, ou a determinada classe ou categoria de sujeitos passivos.
(D) a Consignação em Pagamento tem o efeito de depósito judicial para o fim de suspender a exigibilidade do crédito tributário.
(E) em virtude da compensação devidamente autorizada por lei, o Fisco não poderá exigir a cobrança do crédito tributário objeto da compensação até a ulterior homologação da compensação.

A: incorreta, pois é extinção; **B:** incorreta, pois não se trata de suspensão, apenas, como diz o texto, garantia do débito que garante a emissão da certidão com efeito de negativa por força do art. 206 do CTN; **C:** correta, conforme o art. 152, parágrafo único, do CTN; **D:** incorreta, pois a consignação refere-se ao valor que o consignante se propõe a pagar (que pode ser inferior ao exigido pelo fisco) e pode implicar depósito em ação com mais de um ente político no polo passivo, não se confundindo com o depósito judicial em favor do fisco, nem, portanto, implicando suspensão da exigibilidade do crédito – art. 164, § 1º, do CTN; **E:** incorreta, pois enquanto não houver extinção do crédito por compensação validamente realizada ele continua exigível e deve ser cobrado.

Gabarito "C".

(Juiz – TJ/SP – VUNESP – 2015) Diante do disposto nos artigos 173 e 174 do Código Tributário Nacional, fixando, respectivamente, prazo de cinco anos para constituição do crédito tributário e igual prazo para cobrança do crédito tributário, é correto afirmar que

(A) a prescrição intercorrente pode ser reconhecida nos períodos decorridos até a constituição do crédito tributário ou após iniciada a cobrança, contados os prazos separadamente.
(B) nos casos de tributos sujeitos a lançamentos por homologação, diante do pagamento do valor declarado e ausente fraude ou simulação, a prescrição do crédito tributário é de cinco anos, contados do fato jurídico tributado.
(C) a Fazenda tem dez anos (regra cinco mais cinco) para obter seu crédito tributário.
(D) a Fazenda tem cinco anos para obter seu crédito tributário.

Discordamos do gabarito. Parece-nos que a "D" é a melhor alternativa. **A:** incorreta, pois a prescrição intercorrente refere-se a período no curso da execução fiscal – art. 40 da Lei 6.830/1980. Antes da constituição do crédito não há falar em prescrição, mas sim apenas em prazo decadencial; **B:** correta pelo gabarito oficial, mas acreditamos estar incorreta. Se o contribuinte declarou e pagou, não há falar em prazo prescricional, já que não há o que se cobrar. Se houve declaração de valor menor ao devido, com pagamento do total declarado, a homologação tácita (art. 150, § 4º, do CTN) extingue o direito de o fisco lançar o montante não declarado, o que significa decadência do direito de lançar, não prescrição do direito de cobrar. Ademais, em relação a eventual montante do crédito declarado, mas não pago, o prazo prescricional é contado do vencimento do tributo ou da declaração, se posterior – ver REsp 1.120.295/SP-repetitivo; **C:** incorreta, pois o prazo é de apenas cinco anos, não prevalecendo a tese do 5 mais 5 (o fisco defendia que o prazo decadencial quinquenal para lançar era contado a partir da homologação tácita (que ocorre cinco anos após o fato gerador, mas o STF afastou tal entendimento); **D:** incorreta, mas acreditamos ser essa a melhor alternativa. Se por "obter" o crédito refere-se a cobrar o montante correspondente, o prazo prescricional é mesmo, em regra, de cinco anos – art. 174 do CTN. RB

Gabarito "B".

(Magistratura/RR – 2015 – FCC) Em uma situação hipotética, um comerciante, contribuinte do ICMS (imposto lançado por homologação), com estabelecimento localizado na cidade de Rorainópolis/RR, promoveu saída de mercadoria tributada, sem emitir o devido documento fiscal, com o intuito comprovado de reduzir o montante do imposto a pagar naquele período de apuração.

Tendo apurado esses fatos durante o regular desenvolvimento de processo de fiscalização, o fisco estadual de Roraima efetuou o lançamento de ofício desse imposto, bem como aplicou a penalidade cabível pela infração cometida, tendo intimado o contribuinte da prática desses atos administrativos poucos dias depois da data da saída da mercadoria.

No prazo cominado pela legislação do processo administrativo tributário estadual de Roraima para apresentação de impugnação (reclamação) contra os atos praticados pelo fisco, o contribuinte ofereceu seus argumentos de defesa.

O referido processo administrativo tributário tramitou durante dois anos, por todas as instâncias administrativas possíveis, e a decisão final, irrecorrível na esfera administrativa, manteve a exigência fiscal fazendária, tendo sido o contribuinte intimado a pagar o crédito tributário constituído, com os devidos acréscimos legais, no prazo previsto na legislação do processo administrativo tributário estadual.

Considerando as informações constantes do enunciado acima, e a disciplina do Código Tributário Nacional a esse respeito,

(A) verifica-se que o prazo prescricional teve início somente após a conclusão do processo administrativo tributário referido no enunciado.
(B) e sendo o ICMS um tributo lançado por homologação, o fisco não poderia ter promovido o seu lançamento de ofício.
(C) e sendo a penalidade um tributo lançado por homologação, o fisco não poderia ter promovido o seu lançamento de ofício.
(D) verifica-se que, entre a data em que o documento fiscal deixou de ser emitido e a data em que o contribuinte foi intimado da efetuação do lançamento de ofício, transcorreu prazo prescricional inferior a cinco anos.
(E) verifica-se que o prazo para a homologação tácita da atividade de lançamento do imposto, por decurso de prazo, aplicável à situação deste contribuinte, teve início a partir da data da ocorrência do fato gerador.

A: correta. Pode-se dizer que o prazo teria começado com a notificação do lançamento, mas ficou suspenso durante o trâmite administrativo (coincidindo com o período de suspensão da exigibilidade do crédito tributário, conforme a *actio nata*), iniciando-se com a decisão definitiva – art. 151, III, do CTN; **B:** incorreta, pois o fisco pode rever o lançamento independentemente da modalidade da constituição do crédito – art. 149 do CTN; **C:** incorreta, pois a penalidade não se confunde com tributo – art. 3º do CTN; **D:** incorreta, conforme comentário à alternativa "A"; **E:** incorreta, pois não há falar em lançamento por homologação, nesse caso, pois não houve pagamento. RB

Gabarito "A".

(Procurador do Estado/BA – 2014 – CESPE) Determinado contribuinte solicitou parcelamento de dívida logo após a lavratura do auto de infração pelo Fisco contra ele, no qual lhe fora imputada fraude em razão de práticas fiscais que acarretaram a supressão de tributos.

Com base nessa situação hipotética, julgue os itens subsequentes.

(1) O pedido de parcelamento gera o benefício da espontaneidade para o contribuinte, que se verá livre das multas aplicadas pelo descumprimento das normas tributárias, especialmente aquela correspondente à fraude praticada.
(2) Na situação apresentada, o parcelamento gera a suspensão da obrigação tributária.
(3) Nesse caso, o parcelamento tem o mesmo efeito sobre o crédito tributário que o pedido de compensação.
(4) O parcelamento requerido pelo contribuinte deve ser negado, uma vez que a prática de fraude na relação com o Fisco impede a concessão de parcelamento, de acordo com o Código Tributário Nacional.

1: incorreta, pois não há espontaneidade após autuação fiscal – art. 138, parágrafo único, do CTN; **2:** incorreta, pois a simples solicitação de parcelamento não implica suspensão (é preciso que seja deferido o parcelamento). Ademais, a fraude afasta, em princípio, a possibilidade de moratória (parcelamento é espécie de moratória) – art. 154, parágrafo único e art. 155-A, § 2º, do CTN; **3:** incorreta, pois compensação é modalidade de extinção do crédito, enquanto o parcelamento apenas suspende sua exigibilidade; **4:** adequada, pois é isso que dispõe o art. 154, parágrafo único c/c o art. 155-A, § 2º, do CTN. Na prática, porém, é comum que as leis de parcelamento não excluam a possibilidade de adesão por quem tenha cometido fraude. RB

Gabarito 1E, 2E, 3E, 4C.

10.2. EXTINÇÃO

(Procurador Municipal/SP – VUNESP – 2016) Assinale a alternativa correta acerca do pagamento como modalidade de extinção do crédito tributário.

(A) Quando parcial, importa em presunção de pagamento das prestações em que se decomponha.
(B) Quando a legislação tributária não dispuser a respeito, deve ser efetuado na repartição competente do domicílio do sujeito ativo.
(C) Se existirem, simultaneamente, dois ou mais débitos vencidos do mesmo sujeito passivo para com a mesma pessoa jurídica de direito público, relativos ao mesmo ou a diferentes tributos ou provenientes de penalidade pecuniária ou juros de mora, a autoridade administrativa competente para receber o pagamento determinará a respectiva imputação, em primeiro lugar, aos débitos decorrentes de responsabilidade tributária e, em segundo lugar, por obrigação própria.
(D) Se o pagamento for efetuado em estampilha, nos casos previstos em lei, a perda ou destruição da estampilha, ou o erro no pagamento por esta modalidade, não dão direito a restituição, salvo nos casos expressamente previstos na legislação tributária, ou naqueles em que o erro seja imputável à autoridade administrativa.
(E) A importância do crédito tributário pode ser consignada judicialmente pelo sujeito passivo, em caso de exigência, por mais de uma pessoa jurídica por tributo idêntico sobre o mesmo fato gerador, caso em que poderá versar, inclusive, sobre a anulação do lançamento do crédito exigido.

A: incorreta, pois não há essa presunção – art. 158, I, do CTN; **B:** incorreta, pois o pagamento é efetuado, em regra, na repartição competente do domicílio do sujeito passivo – art. 159 do CTN; **C:** incorreta, pois a ordem de imputação é dos débitos por obrigação própria em primeiro lugar, nos termos do art. 163, I, do CTN; **D:** correta, conforme dispõe o art. 162, § 4º, do CTN; **E:** incorreta, pois a discussão na ação consignatória não se refere à anulação do lançamento (objeto de ação anulatória), podendo versar apenas sobre o crédito que o consignante se propõe a pagar – art. 164, III, do CTN e art. 547 do CPC. RB

Gabarito "D".

(Procurador – SP – VUNESP – 2015) É causa que suspende a exigibilidade do crédito tributário a

(A) concessão de liminar em mandado de segurança.
(B) conversão do depósito em renda.
(C) consignação em pagamento.
(D) decisão administrativa irreformável.
(E) decisão judicial passada em julgado.

A: correta – art. 151, IV, do CTN; **B, C, D e E:** incorretas, pois são modalidades de extinção do crédito tributário, nos termos do art. 156 do CTN. RB

Gabarito "A".

(Procurador – SP – VUNESP – 2015) O instituto de Direito Tributário que abrange exclusivamente as infrações cometidas anteriormente à vigência da lei que o concede denomina-se

(A) Remissão e extingue o crédito correspondente.
(B) Remissão e suspende o crédito correspondente.
(C) Remissão e exclui o crédito correspondente.
(D) Anistia e exclui o crédito correspondente.
(E) Anistia e suspende o crédito correspondente.

A: incorreta, pois remissão refere-se a todo o crédito tributário (tributo e ou penalidade pecuniária) – art. 172 do CTN; **B:** incorreta, conforme o comentário anterior, lembrando que remissão é modalidade de extinção do crédito, não de suspensão; **C:** incorreta, conforme comentários anteriores; **D:** correta, pois a anistia refere-se apenas a infrações e é modalidade de exclusão do crédito tributário – art. 180 do CTN; **E:** incorreta, pois anistia é modalidade de exclusão do crédito, não de suspensão – art. 180 do CTN. RB

Gabarito "D".

(Procurador do Estado – PGE/RS – Fundatec – 2015) Quanto à decadência e à prescrição tributárias, analise as assertivas abaixo:

I. O direito de pleitear a restituição do indébito extingue-se com o decurso do prazo de 5 (cinco) anos, contados da data do pagamento, ressalvada a hipótese de reforma, anulação, revogação ou rescisão de decisão condenatória.
II. O parcelamento do débito tributário implica a interrupção da prescrição da pretensão fazendária à sua cobrança.
III. A ação anulatória da decisão administrativa que denegar a restituição prescreve em 5 (cinco) anos.
IV. O direito de a Fazenda Pública constituir o crédito tributário extingue-se após 5 (cinco) anos, contados da data em que se

tornar definitiva a decisão que houver anulado, por vício material, o lançamento anteriormente efetuado.

Após a análise, pode-se dizer que:

(A) Estão corretas apenas as assertivas I e II.
(B) Estão corretas apenas as assertivas I, II e III.
(C) Estão corretas apenas as assertivas I, II e IV.
(D) Estão corretas apenas as assertivas II, III e IV.
(E) Todas as assertivas estão corretas.

I: correta – art. 168 do CTN; **II:** correta, pois toda suspensão da exigibilidade do crédito tributário implica também suspensão do prazo prescricional para cobrança, por conta da *actio nata* (prazo prescricional para cobrança não corre enquanto o credor não pode exigir o pagamento); **III:** incorreta, pois há suspensão, não interrupção; **IV:** incorreta, pois essa contagem excepcionalíssima do prazo decadencial (único caso em que há interrupção) pressupõe vício formal, não material – art. 173, II, do CTN. Gabarito "A".

(Advogado União – AGU – CESPE – 2015) Carlos ajuizou, em 2006, ação contra Paulo, na qual pleiteou indenização por danos materiais e morais. Após sentença transitada em julgado, ele obteve julgamento de procedência total dos pedidos formulados, razão pela qual recebeu, a título de indenização por danos morais, o valor de R$ 50.000, sendo R$ 20.000 a título de danos morais próprios e R$ 30.000 a título de danos estéticos. Pelos danos materiais, Carlos recebeu R$ 30.000, dos quais R$ 10.000 correspondem a danos emergentes e R$ 20.000 a lucros cessantes. No tempo devido, ele declarou os valores recebidos e efetuou o recolhimento do imposto de renda correspondente.

Com referência a essa situação hipotética, julgue os itens a seguir.

(1) Por ser tributo sujeito ao autolançamento, não será admitida a repetição de indébito, podendo o valor pago a maior ser utilizado pelo contribuinte em futura compensação com outros créditos tributários.
(2) A extinção do crédito tributário ocorrerá cinco anos após o pagamento realizado por Carlos, quando ocorre a homologação tácita da declaração e do pagamento realizado, visto que o imposto de renda é espécie tributária sujeita a lançamento por homologação.
(3) O prazo para a propositura de ação de repetição de indébito será de cinco anos a partir do primeiro dia do exercício seguinte à extinção do crédito tributário.

1: Incorreta, pois o tributo indevidamente recolhido pode sempre ser repetido, independentemente de prévio protesto, desde que dentro do prazo prescricional – art. 165 do CTN. **2:** Incorreta, pois a extinção se dá com o pagamento do tributo – art. 156, VII, do CTN e art. 3º da LC 118/2005. **3:** Incorreta, pois o início do prazo prescricional é a data do pagamento indevido – art. 168, I, do CTN e art. 3º da LC 118/2005. Gabarito 1E, 2E, 3E.

(Procurador do Estado – PGE/RN – FCC – 2014) Uma lei estadual que autorize o Procurador do Estado a não ingressar com Execução Fiscal para cobrança de créditos tributários inferiores a um determinado valor, renunciando portanto a esta receita, está prevendo hipótese de

(A) extinção do crédito tributário, na modalidade transação.
(B) suspensão da exigibilidade do crédito tributário, na modalidade moratória específica.
(C) exclusão do crédito tributário, na modalidade isenção em caráter específico.
(D) extinção do crédito tributário, na modalidade remissão.
(E) suspensão da exigibilidade do crédito tributário, na modalidade anistia.

É importante destacar que o não ingresso com execução fiscal não implica necessariamente renúncia, já que há meios alternativos de cobrança (administrativa, protesto, transação etc.). Caso efetivamente essa lei tenha determinado renúncia ao valor, trata-se de perdão do crédito e, portanto, remissão, que é modalidade de extinção do crédito, de modo que a alternativa "D" é a correta. Gabarito "D".

(Procurador do Estado/AM – 2016 – CESPE) Considerando o desenvolvimento da relação jurídica tributária, julgue os próximos itens.

(1) No caso de tributo sujeito a lançamento por homologação com indicação legal de termo de pagamento, o prazo prescricional para a propositura da execução fiscal conta-se da data estipulada como vencimento para a quitação do crédito declarado e inadimplido.
(2) A compensação é modalidade de extinção do crédito tributário que, se tiver por objeto tributo contestado judicialmente, somente se concretizará após a formação da coisa julgada a favor do contribuinte.

1: correta, considerando que (i) o tributo declarado e não pago já tem seu crédito constituído, conforme a Súmula 436/STJ, e que (ii) o prazo prescricional se inicia a partir do momento em que o Fisco pode exigir o tributo, ou seja, a partir da inadimplência (*actio nata*); **2:** correta, conforme o art. 170-A do CTN e Súmula 212/STJ. Gabarito 1C, 2C.

(Promotor de Justiça/SC – 2016 – MPE)

(1) O Superior Tribunal de Justiça assentou entendimento de que se tratando de tributos sujeitos ao lançamento por homologação, na hipótese do contribuinte não efetuar a antecipação do pagamento, o poder-dever da Fazenda Pública de efetuar o lançamento de ofício substitutivo deve obedecer ao prazo decadencial previsto no art. 150, § 4º, do CTN, em regra, de cinco anos, a contar da ocorrência do fato gerador. Ainda em relação a tributos sujeitos a lançamento por homologação, para o caso do pagamento (insuficiente ou parcial) do tributo ter sido antecipado pelo contribuinte, o termo inicial do prazo decadencial é o primeiro dia do exercício seguinte àquele em que o lançamento de ofício poderia ter sido efetuado.

1: falsa. No caso de não pagamento, o prazo decadencial para o lançamento de ofício é contado exclusivamente na forma do art. 173, I, do CTN, conforme a Súmula 555/STJ. No caso de pagamento a menor, desde que não haja dolo ou fraude, o prazo é o do art. 150, § 4º, do CTN – ver REsp 1.650.765/PE. Gabarito 1E.

(Defensor Público – DPE/ES – 2016 – FCC) A prescrição e a decadência são fenômenos que atingem o crédito tributário e, neste sentido, impedem o Estado de abastecer os cofres públicos. A respeito dos dois institutos, é correto afirmar:

(A) O prazo para constituição do crédito tributário é decadencial e conta da data em que se tornar definitiva a decisão que houver anulado, por vício formal, o lançamento anteriormente efetuado.
(B) Somente atos judiciais, entre eles o protesto, interrompem o prazo prescricional.
(C) A prescrição se interrompe com a efetiva citação pessoal do executado.
(D) A constituição em mora é indiferente para fins do prazo prescricional.
(E) Tanto a prescrição quanto a decadência são hipóteses de exclusão do crédito tributário.

A: correta, pois é mesmo decadencial o prazo e, embora não seja comum, existe possibilidade de contagem a partir da data em que se tornar definitiva essa decisão, nos termos do art. 173, II, do CTN; **B:** incorreta, pois há atos extrajudiciais que interrompem a prescrição, desde que importem em reconhecimento do débito pelo devedor, conforme o art. 174, parágrafo único, IV, do CTN; **C:** incorreta, art. 174, parágrafo único, I, do CTN; **D:** incorreta, art. 174, parágrafo único, III, do CTN, **E:** incorreta, são hipóteses de extinção (art. 156, V, do CTN). Gabarito "A".

(Defensor Público – DPE/MT – 2016 – UFMT) NÃO é causa extintiva do crédito tributário:

(A) Depósito do seu montante integral.
(B) Consignação em pagamento.
(C) Remissão.
(D) Transação.
(E) Compensação.

A: essa alternativa deve ser indicada, pois o depósito é modalidade de suspensão do crédito, nos termos do art. 151, II, do CTN; **B, C, D** e **E:** essas alternativas indicam modalidade de extinção do crédito, nos termos do art. 156 do CTN. Gabarito "A".

(Delegado/PE – 2016 – CESPE) A repetição do indébito tributário refere-se à possibilidade de o contribuinte requerer às autoridades fazendárias a devolução de valores pagos indevidamente a título de tributo. A respeito desse assunto, assinale a opção correta.

(A) Os juros moratórios na repetição do indébito tributário são devidos a partir da data do fato gerador.
(B) Prescreve em dois anos a ação anulatória da decisão administrativa que denegar a restituição.
(C) Na repetição do indébito tributário, a correção monetária incide desde a data do fato gerador.
(D) O direito do sujeito passivo à restituição total ou parcial do tributo depende necessariamente de prévio protesto.
(E) O direito de pleitear a restituição extingue-se após dois anos do pagamento espontâneo do tributo.

A: incorreta, pois a regra geral fixada pelo art. 167, parágrafo único, do CTN prevê que os juros são calculados a partir do trânsito em julgado da decisão que determinar a devolução; **B:** correta, nos termos do art. 169 do CTN; **C:** incorreta, pois a correção monetária deve manter o valor real do montante recolhido indevidamente, de modo que é calculado a partir do pagamento indevido; **D:** incorreta, pois a repetição de tributo indevidamente recolhido independe de prévio protesto – art. 165, *caput*, do CTN; **E:** incorreta, pois o prazo prescricional para a repetição do indébito tributário é, em regra, de 5 (cinco) anos contados do pagamento indevido – art. 168 do CTN. Gabarito "B".

(Delegado/PE – 2016 – CESPE) No que diz respeito aos institutos da prescrição e da decadência, assinale a opção correta.

(A) A prescrição e a decadência estão previstas no CTN como formas de exclusão do crédito tributário.
(B) O direito de ação para a cobrança do crédito tributário decai em cinco anos, contados da data da sua constituição definitiva.
(C) O protesto judicial é uma forma de interrupção da prescrição.
(D) O direito de a fazenda pública constituir o crédito tributário prescreve após cinco anos, contados do primeiro dia do exercício seguinte àquele em que o lançamento poderia ter sido efetuado.
(E) As normas gerais sobre prescrição e decadência na matéria tributária devem ser estabelecidas por meio de lei ordinária.

A: incorreta, pois prescrição e decadência são modalidades de extinção do crédito tributário, nos termos do art. 156 do CTN; **B:** incorreta, pois o prazo para a cobrança é prescricional, e não decadencial – art. 174 do CTN; **C:** correta, nos termos do art. 174, parágrafo único, II, do CTN; **D:** incorreta, pois o prazo para constituir o crédito tributário é decadencial, não prescricional – art. 173 do CTN; **E:** incorreta, pois essas normas gerais devem ser veiculadas por lei complementar federal – art. 146, III, *b*, da CF. RB
Gabarito "C".

(Delegado/PE – 2016 – CESPE) De acordo com as disposições do CTN, é causa de extinção da exigibilidade do crédito tributário

(A) a consignação em pagamento.
(B) as reclamações e os recursos, nos termos das leis reguladoras do processo tributário administrativo.
(C) a concessão de medida liminar ou de tutela antecipada, em outras espécies de ação judicial.
(D) o parcelamento.
(E) a concessão de medida liminar em mandado de segurança.

A: correta – art. 156, VIII, do CTN; **B, C, D e E:** incorretas, pois reclamações e recursos, liminares, tutelas antecipadas e parcelamento são modalidades de suspensão do crédito tributário, não de extinção – art. 151 do CTN. Esse tipo de questão, que exige conhecimento decorado das modalidades de suspensão, extinção e exclusão do crédito tributário, é extremamente comum, de modo que o candidato deve memorizá-las. RB
Gabarito "A".

(Juiz de Direito/AM – 2016 – CESPE) A indústria R S.A., que havia declarado regularmente, mas não havia pagado ICMS no valor de R$ 100.000, ciente de iminente fiscalização, já que havia recebido a visita de auditor fiscal, que, no entanto, não lavrou termo algum, decidiu fazer denúncia espontânea de sua inadimplência, tendo feito acompanhá-la de pedido de parcelamento no qual incluiu o principal e os juros de mora, com o objetivo de ser eximida da multa de mora e de outras penalidades.

Nessa situação hipotética,

(A) a visita do auditor fiscal constitui início de ação fiscal, o que exclui a denúncia espontânea.
(B) a eventual homologação da denúncia espontânea pela autoridade não surtiria efeitos sobre a multa de mora, que permaneceria devida.
(C) para obter os efeitos da denúncia espontânea, o contribuinte deveria anexar a seu requerimento o comprovante do pagamento da primeira parcela do parcelamento, não sendo o mero pedido de parcelamento meio idôneo a dar suporte aos efeitos da denúncia espontânea.
(D) não é cabível denúncia espontânea, pois trata-se de tributo por homologação com declaração regular e pagamento a destempo.
(E) o parcelamento é modalidade de pagamento do crédito tributário, por implicar novação, de modo que a denúncia espontânea acompanhada de pedido de parcelamento do principal e dos juros exclui a responsabilidade por infrações.

A: incorreta, pois, a rigor, a exclusão da denúncia espontânea já havia ocorrido com a declaração do débito realizada pelo contribuinte, sem o correspondente recolhimento, conforme a Súmula 360/STJ; **B:** incorreta, pois não há denúncia espontânea, conforme comentário anterior; **C:** incorreta, pois somente o pagamento integral do tributo e dos juros configuraria a denúncia espontânea e afastaria a multa – art. 138 do CTN; **D:** correta, conforme comentários anteriores; **E:** incorreta, pois o parcelamento apenas suspende a exigibilidade do crédito, não o extinguindo – art. 151, VI, do CTN. RB
Gabarito "D".

(Procurador do Estado/AM – 2016 – CESPE) Considerando o desenvolvimento da relação jurídica tributária, julgue o próximo item.

(1) A compensação é modalidade de extinção do crédito tributário que, se tiver por objeto tributo contestado judicialmente, somente se concretizará após a formação da coisa julgada a favor do contribuinte.

1: correta, conforme arts. 156, II, e 170-A, do CTN.
Gabarito 1C

(Magistratura/SC – 2015 – FCC) Lukas, domiciliado em cidade do interior catarinense, é proprietário de imóvel residencial, que valia, em 2012, R$ 200.000,00. Em 2013, esse imóvel passou a valer R$ 240.000,00, em razão da obra pública realizada pela Prefeitura Municipal, e que resultou na referida valorização. A Prefeitura Municipal instituiu, lançou e cobrou contribuição de melhoria dos contribuintes que, como Lukas, tiveram suas propriedades valorizadas. O mesmo Município catarinense, a seu turno, com base em lei municipal, lançou e cobrou, em 2013, a taxa decorrente da prestação de serviço público de recolhimento de lixo domiciliar, tendo como fato gerador o recolhimento do lixo produzido individualmente, nos imóveis residenciais localizados naquele Município. O Município catarinense lançou e cobrou essa taxa de Lukas, em relação ao mesmo imóvel acima referido. Neste ano de 2015, Lukas recebeu uma excelente oferta pelo seu imóvel e está pensando em vendê-lo. Ocorre, porém, que não pagou a contribuição de melhoria lançada pela municipalidade, nem a taxa lançada pelo Município. Em razão disso, com base nas regras de responsabilidade por sucessão estabelecidas no CTN,

(A) tanto o crédito tributário relativo à contribuição de melhoria, como o relativo à taxa, se sub-rogarão na pessoa do adquirente, na proporção de 50% do valor lançado.
(B) o crédito tributário relativo à contribuição de melhoria não se sub-rogará na pessoa do adquirente, mas o relativo à taxa sim, salvo se constar do título aquisitivo a sua quitação.
(C) tanto o crédito tributário relativo à contribuição de melhoria, como o relativo à taxa, se sub-rogarão na pessoa do adquirente, salvo se constar do título aquisitivo a sua quitação.
(D) nem o crédito tributário relativo à contribuição de melhoria, nem o relativo à taxa, se sub-rogará na pessoa do adquirente.
(E) o crédito tributário relativo à contribuição de melhoria se sub-rogará na pessoa do adquirente, salvo se constar do título aquisitivo a sua quitação, mas o relativo à taxa não.

A: incorreta, pois a sub-rogação é pelo valor total, exceto se contar prova da quitação no título de transferência do imóvel – art. 130 do CTN; **B:** incorreta, pois todos os impostos cujo fato gerador seja a propriedade, o domínio útil ou a posse de bens imóveis, e bem assim os relativos a taxas pela prestação de serviços referentes a tais bens, ou a contribuições de melhoria, sub-rogam-se na pessoa dos respectivos adquirentes – art. 130 do CTN; **C:** correta, conforme comentários anteriores; **D:** incorreta, conforme comentários anteriores; **E:** incorreta, conforme comentários anteriores. RB
Gabarito "C".

(Procurador do Estado/PR – 2015 – PUC-PR) Sobre a prescrição e a decadência em matéria tributária, assinale a alternativa **CORRETA**.

(A) A suspensão da exigibilidade do crédito tributário na via judicial não impossibilita a Fazenda Pública de proceder à regular constituição do crédito tributário com vistas a prevenir a decadência do direito de lançar.
(B) Declarado e não pago o tributo sujeito a lançamento por homologação, tem-se como início do prazo decadencial de 05 (cinco) anos o dia do vencimento da obrigação.
(C) O protesto de certidão de dívida ativa é causa interruptiva da prescrição tributária.
(D) O termo inicial da prescrição tributária é a data da constituição definitiva do crédito, que se dá, nos casos de lançamento de ofício, no primeiro dia do exercício financeiro seguinte ao do lançamento.
(E) O direito de a Fazenda Pública constituir o crédito tributário extingue-se após 05 (cinco) anos, contados da data em que se tornar definitiva a decisão que houver anulado, por vício material, o lançamento anteriormente efetuado.

A: correta, sendo esse o entendimento do Judiciário. Caso uma liminar seja concedida em favor do contribuinte antes da constituição do crédito, isso não impede o fisco de realizar o lançamento evitando assim a decadência, mas o crédito fica desde então com a exigibilidade suspensa, o que, por sua vez, impede o transcurso do prazo prescricional – ver REsp 575.991/SP; **B:** incorreta, pois o tributo declarado e não pago pode desde então ser inscrito e cobrado judicialmente, ou seja, o respectivo crédito já está constituído, de modo que flui o prazo prescricional para a cobrança – ver AgRg no AResp 650.031/RJ-STJ; **C:** incorreta, pois a inscrição não interrompe ou suspende a prescrição, sendo inaplicável o disposto no art. 2º, § 3º, da Lei 6.830/1980 à prescrição de créditos de natureza tributária, pois a matéria (prescrição tributária) deve ser veiculada por lei complementar federal (art. 146, III, *b*, da CF) – art. 174 do CTN – ver AgRg no Ag 1.054.859/SP; **D:** incorreta, pois o prazo prescricional se inicia com a constituição definitiva do crédito, nos termos do art. 174, do CTN. A rigor, pelo princípio da *actio nata*, o prazo se inicia a partir do momento em que o crédito pode ser efetivamente exigido pelo fisco, ou seja, a partir do vencimento do tributo após a notificação ou da entrega da declaração pelo contribuinte (no caso de tributos lançados por homologação em que há declaração pelo contribuinte), a data que for posterior – ver AgRg no REsp 1.519.117/RS; **E:** incorreta, pois a contagem a partir da anulação do lançamento anterior ocorre apenas no caso de vício formal – art. 173, II, do CTN. RB
Gabarito "A".

(Procurador Distrital – 2014 – CESPE) Determinado contribuinte praticou fraude nas suas declarações feitas ao fisco e, com isso, conseguiu suprimir tributo de ICMS do erário público no mês de novembro de 2008. O fisco conseguiu constatar tal supressão apenas em dezembro de 2013, tendo lavrado o respectivo auto de infração.

Com relação a essa situação hipotética, julgue os itens seguintes, que tratam de lançamento, decadência e prescrição.

(1) No caso descrito, houve decadência no direito do fisco de lançar o tributo, pois a verificação ocorreu após cinco anos da data do fato gerador.
(2) A prescrição ocorreu em virtude de o contribuinte já ter realizado o lançamento e o Estado não ter efetivado sua cobrança judicial.

1: incorreta, pois, no caso de fraude, não há homologação tácita do lançamento após 5 anos contados do fato gerador – art. 150, § 4º, *in fine*, do CTN (é preciso lembrar que o ICMS é lançado por homologação, em regra). No caso de fraude, aplica-se a contagem do art. 173, I, do CTN, para o lançamento de ofício pelo fisco, ou seja, a decadência ocorre apenas 5 anos contados do primeiro dia do exercício seguinte àquele em que o lançamento poderia ter sido realizado (o prazo terminou apenas em 01.01.2014, no caso); **2:** incorreta, pois a prescrição refere-se ao direito de cobrar o tributo após o lançamento, e não de constituir o crédito pelo lançamento. Assim, a prescrição quinquenal iniciou-se em dezembro de 2013 (ou na data do vencimento, após o lançamento e notificação) e termina apenas em dezembro de 2018 (ou cinco anos após o vencimento, pressupondo o prévio lançamento e notificação) – ver AgRg no REsp 1.398.316/PE em relação à contagem do prazo prescricional, considerando a *actio nata* (o prazo somente se inicia a partir do momento em que o Fisco poderia cobrar, mas omitiu-se, ou seja, somente após o vencimento, em regra). RB

Gabarito 1E, 2E

10.3. EXCLUSÃO

(Procurador do Estado – PGE/MT – FCC – 2016) O perdão parcial de multa pecuniária regularmente constituída mediante o lançamento de ofício do qual o contribuinte tenha sido devidamente notificado, em decorrência da adesão voluntária, por parte do contribuinte, a um "programa de regularização fiscal" criado por lei, consiste em:

(A) suspensão da exigibilidade do crédito tributário, na modalidade parcelamento com desconto.
(B) exclusão do crédito tributário, na modalidade remissão de débitos.
(C) exclusão do crédito tributário, na modalidade parcelamento de débitos.
(D) exclusão do crédito tributário, na modalidade anistia.
(E) extinção do crédito mediante desconto condicional.

O perdão de penalidade pecuniária, exclusivamente, é modalidade de exclusão do crédito tributário, especificamente a anistia (art. 180 do CTN), de modo que a alternativa "D" é a correta. O perdão de todo o crédito, incluindo o próprio tributo, é modalidade de extinção, especificamente a remissão. RB

Gabarito "D".

(Procurador – PGFN – ESAF – 2015) Assinale a opção correta.

(A) A anistia não abrange, exclusivamente, as infrações cometidas anteriormente à vigência da lei que a concede.
(B) A isenção somente se aplica aos tributos instituídos posteriormente à sua concessão.
(C) A anistia pode ser concedida por ato discricionário da autoridade tributária.
(D) A transação na esfera tributária pode ter como finalidade prevenir litígio.
(E) A isenção, ainda quando prevista em contrato, é sempre decorrente de lei e não extingue o crédito tributário.

A: incorreta, pois a anistia abrange apenas as infrações anteriores à vigência da lei – art. 180 do CTN; **B:** incorreta, pois a isenção refere-se a fatos posteriores à lei a instituir, não aos tributos instituídos (= criados) posteriormente – art. 176 do CTN; **C:** incorreta, até porque não há discricionariedade na atividade fiscal – art. 142 do CTN; **D:** incorreta, pois a transação é sempre terminativa de litígio na seara tributária, não preventiva – art. 171 do CTN; **E:** correta, tratando-se de modalidade de exclusão do crédito – art. 176 do CTN. RB

Gabarito "E".

(Procurador do Estado – PGE/MT – FCC – 2016) Constituem modalidades de suspensão da exigibilidade, exclusão e de extinção do crédito tributário, respectivamente,

(A) a moratória, a isenção condicional e o parcelamento.
(B) a remissão, a anistia e o pagamento.
(C) o depósito do montante integral, a liminar em mandado de segurança e a novação.
(D) a isenção condicional, o fato gerador enquanto pendente condição suspensiva e o parcelamento.
(E) a impugnação administrativa, a isenção condicional e a conversão de depósito em renda.

Esse tipo de questão exige decorar as modalidades de suspensão, extinção e exclusão do crédito tributário e é muito comum em concursos públicos.
A: incorreta, pois parcelamento é modalidade de suspensão do crédito; **B:** incorreta, pois remissão é extinção; **C:** incorreta, pois liminar é suspensão e novação não é modalidade de extinção, exclusão ou suspensão; **D:** incorreta, pois isenção é exclusão, fato gerador não é modalidade alguma e parcelamento é suspensão; **E:** correta – arts. 151, 156 e 175 do CTN. RB

Gabarito "E".

(Promotor de Justiça/SC – 2016 – MPE)

(1) A isenção é sempre decorrente de lei e exclui o crédito tributário, ou seja, surge a obrigação tributária, mas o respectivo crédito não será exigível. A não incidência decorre da ausência de subsunção do fato à norma tributária impositiva, e por isso, independe de previsão legal, equivalendo a todas as situações de fato não contempladas pela regra jurídica da tributação. A imunidade é uma delimitação negativa da competência tributária, é uma dispensa constitucional ou legal que confere aos beneficiários direito público subjetivo de não serem tributados, caracterizando-se uma hipótese qualificada de não incidência. Já a alíquota zero representa uma solução temporária no sentido de excluir o ônus da tributação sobre certos produtos, porém, sem isentá-los.

1: falsa, por conta de erro no que se refere à imunidade que, de fato, é delimitação negativa da competência tributária, mas sempre veiculada por norma constitucional (até porque somente a Constituição Federal fixa regras de competência tributária), jamais por norma legal. Ademais, há casos de imunidade que beneficiam também sujeitos de direito privado. No mais, a assertiva é verdadeira e bastante didática. RB

Gabarito 1E

(Juiz – TRF 4ª Região – 2016) Assinale a alternativa correta.

Quanto ao crédito tributário em geral, bem como relativamente à sua constituição, às suas garantias e aos seus privilégios:

(A) Não caracteriza denúncia espontânea a hipótese em que o contribuinte, mesmo após efetuar a declaração parcial do débito tributário, acompanhado do respectivo pagamento integral, venha a retificá-la antes de qualquer procedimento da Administração Tributária, noticiando a existência de diferença a maior, cuja quitação se dá concomitantemente.
(B) A isenção pode ser restrita a determinada região do território da entidade tributante, em função de condições a ela peculiares.
(C) Na dicção do Código Tributário Nacional, são causas de exclusão do crédito tributário: anistia, isenção e remição.
(D) A exclusão do crédito tributário dispensa o cumprimento das obrigações acessórias dependentes da obrigação principal cujo crédito seja excluído, ou dela consequente.
(E) A propositura de ação anulatória de débito tributário pela Fazenda Pública, municipal ou estadual, ou de embargos à execução fiscal, nos termos da orientação jurisprudencial do Superior Tribunal de Justiça, por si só, não autoriza a expedição de certidão positiva com efeitos de negativa por parte da Administração Tributária Federal, sendo necessário, para tanto, o depósito integral do montante devido ou a existência de outra causa de suspensão da exigibilidade do crédito tributário prevista, expressamente, no Código Tributário Nacional, ou, no caso de embargos à execução, de garantia do juízo.

A: incorreta, pois há denúncia espontânea nesse caso, desde que o débito recolhido posteriormente não tenha sido previamente declarado – Súmula 360 do STJ; **B:** correta, conforme art. 176, parágrafo único, do CTN; **C:** incorreta, pois as únicas modalidades de exclusão do crédito são a isenção e a anistia – art. 175 do CTN; **D:** incorreta, pois a exclusão do crédito não afasta as obrigações acessórias – art. 175, parágrafo único, do CTN; **E:** incorreta, pois a Fazenda Pública na condição de contribuinte ou executada não precisa garantir o juízo para conseguir o efeito suspensivo, no caso de anulatória ou embargos à execução, já que seus bens são impenhoráveis – REsp 1.123306/SP-repetitivo. RB

Gabarito "B".

(Juiz – TRF 3ª Região – 2016) São causas da exclusão do crédito tributário:

(A) isenção e anistia.
(B) imunidade e remissão.
(C) transação e compensação.
(D) decadência e novação.

As duas únicas modalidades de exclusão do crédito tributário são a isenção e a anistia, de modo que a alternativa "A" é a correta – art. 175 do CTN. RB

Gabarito "A".

(Defensoria Pública da União – CESPE – 2015) Julgue os seguintes itens com base nas normas gerais de direito tributário.

(1) A moratória e a concessão de medida liminar em mandado de segurança são casos de suspensão do crédito tributário, ao passo que a anistia e a isenção são casos de extinção do crédito tributário.
(2) Caso determinado contribuinte tenha dois ou mais débitos tributários vencidos com a União, estes deverão ser cobrados na seguinte ordem de precedência: impostos, taxas e contribuição de melhoria.

1: incorreta, pois anistia e isenção são as duas modalidades de exclusão do crédito tributário, conforme o art. 175 do CTN; **2:** incorreta, pois a imputação ao pagamento se dará, em relação a essas espécies tributárias, na seguinte ordem, conforme o art. 163, II, do CTN, (i) contribuições de melhoria, (ii) taxas e por último (iii) impostos. RB

Gabarito 1E, 2E

11. IMPOSTOS E CONTRIBUIÇÕES EM ESPÉCIE
11.1. IPI

(Procurador – PGFN – ESAF – 2015) Não é fato gerador do Imposto sobre Produtos Industrializados – IPI:

(A) o conserto, a restauração e o recondicionamento de produtos usados para comércio.
(B) a confecção de vestuário, por encomenda direta do consumidor ou usuário, em oficina do confeccionador.
(C) a operação efetuada fora do estabelecimento industrial.
(D) o reparo de produtos com defeito de fabricação, mediante substituição de partes e peças, mesmo quando a operação for remunerada.
(E) o preparo de produto, por encomenda direta do consumidor ou usuário, desde que na residência do preparador.

A: incorreta, pois incide IPI nesse caso – art. 43, VII, *a*, do Regulamento do IPI – Decreto 7.212/2010; **B:** correta, pois não se considera industrialização, conforme o art. 5º, IV, do RIPI; **C:** incorreta, pois somente quando resultar em edificações, instalações e complexos industriais listados no art. 5º, VIII, do RIPI é que as operações efetuadas fora do estabelecimento industrial não se sujeitam ao IPI; **D:** incorreta, pois somente se o reparo for realizado gratuitamente, em virtude de garantia dada pelo fabricante, é que não incide o IPI – art. 5º, XII, do RIPI; **E:** incorreta, pois não incide IPI apenas se o trabalho profissional for preponderante nesse caso – art. 5º, V, do RIPI.
Gabarito "B".

(Magistratura/SC – 2015 – FCC) Wagner, pequeno empresário, domiciliado na cidade de Mafra/SC, desejando ampliar seus negócios, pensou em transformar seu estabelecimento comercial em estabelecimento industrial. Sua preocupação era ter de pagar um imposto que até então lhe era desconhecido: o IPI. Para melhor conhecer esse imposto, conversou com alguns amigos que também eram proprietários de indústria e cada um deles lhe passou as informações que tinham sobre esse imposto. Disseram-lhe, por exemplo, que a competência para instituir esse imposto está prevista na Constituição Federal e que, de acordo com o texto constitucional, o IPI

I. é imposto não cumulativo, compensando-se o que é devido em cada operação com o montante cobrado nas anteriores, pelo mesmo ou outro Estado ou pelo Distrito Federal.
II. tem seu impacto reduzido sobre a aquisição de bens de capital pelo contribuinte do imposto, na forma estabelecida em Regulamento.
III. pode ter suas alíquotas interestaduais alteradas por meio de Resolução do Senado Federal.
IV. é imposto seletivo, em função da essencialidade do produto, mas não o é em função do porte do estabelecimento industrial que promove seu fato gerador.

Está correto o que se afirma em
(A) IV, apenas.
(B) I, apenas.
(C) I, II, III e IV.
(D) I e III, apenas.
(E) II e IV, apenas.

I: incorreta, pois o IPI é cobrado pela União exclusivamente; **II:** incorreta, pois a redução de impacto nesse caso deve ser regulada por lei – art. 153, § 3º, IV, da CF; **III:** incorreta, pois a regulação pelo IPI é por lei federal, sem previsão de resoluções do Senado; **IV:** correta, conforme o art. 153, § 3º, I, da CF.
Gabarito "A".

11.2. IR

(Procurador – PGFN – ESAF – 2015) Estão obrigadas à apuração do lucro real as pessoas jurídicas, exceto aquelas:

(A) cuja receita total no ano-calendário anterior seja superior ao limite de R$ 78.000.000,00 (setenta e oito milhões de reais) ou proporcional ao número de meses do período, quando inferior a 12 (doze) meses.
(B) cujas atividades sejam de empresas de seguros privados.
(C) que, autorizadas pela legislação tributária, usufruam de benefícios fiscais relativos à isenção ou redução do imposto.
(D) que tiverem lucros, rendimentos ou ganhos de capital oriundos do exterior.
(E) que, no decorrer do ano-calendário, não tenham efetuado pagamento mensal pelo regime de estimativa.

A: incorreta, pois as pessoas jurídicas com receita total superior a R$ 78 milhões são obrigadas a apurar o lucro real, conforme art. 14, I, da Lei 9.718/1998, com a redação dada pela Lei 12.814/2013. Importante que o estudante acompanhe a evolução legislativa, pois são comuns atualizações desses valores ao longo do tempo, como se percebe pela leitura do art. 246, I, do Regulamento do Imposto de Renda – RIR – Decreto 3.000/1999; **B:** incorreta, pois empresas de seguro privado devem apurar o lucro real – art. 246, II, do RIR; **C:** incorreta, pois essas pessoas jurídicas devem apurar o lucro real – art. 246, IV, do RIR; **D:** incorreta, pois devem também apurar o lucro real – art. 246, III, do RIR; **E:** correta, pois somente no caso de recolhimento pelo regime de estimativa é que se impõe a apuração do lucro real – art. 246, V, do RIR.
Gabarito "E".

(Procurador – PGFN – ESAF – 2015) São isentos ou não se sujeitam ao imposto sobre a renda os seguintes rendimentos originários do trabalho e assemelhados, exceto:

(A) até 50% (cinquenta por cento) dos rendimentos de transporte de passageiros.
(B) 75% (setenta e cinco por cento) dos rendimentos do trabalho assalariado recebidos, em moeda estrangeira, por servidores de autarquias ou repartições do Governo brasileiro no exterior.
(C) até 90% (noventa por cento) dos rendimentos de transporte de carga e serviços com trator, máquina de terraplenagem, colheitadeira e assemelhados.
(D) salário-família.
(E) rendimentos pagos a pessoa física não residente no Brasil, por autarquias ou repartições do Governo brasileiro situadas fora do território nacional e que correspondam a serviços prestados a esses órgãos.

A: incorreta, pois são tributáveis até 60% do rendimento total decorrente de transporte de passageiros – art. 47, II, do RIR; **B:** correta – art. 44 do RIR; **C:** correta, conforme o art. 9º, parágrafo único, da Lei 7.713/1988 com a alteração pela Lei 12.794/2013 – o estudante deve atentar para as modificações legais, nem sempre refletidas no RIR (que é decreto consolidador das leis relativas ao IR); **D:** correta – art. 39, XLI, do RIR; **E:** correta – art. 687 do RIR.
Gabarito "A".

(Procurador – PGFN – ESAF – 2015) Sobre o Imposto sobre a Renda das Pessoas Jurídicas – IRPJ, assinale a opção correta.

(A) Considera-se lucro real a soma do lucro operacional e das participações.
(B) Considera-se lucro real a soma dos resultados não operacionais e das participações.
(C) Considera-se lucro real o lucro líquido apurado num exercício financeiro.
(D) O lucro real não pode ser obtido por arbitramento.
(E) O lucro arbitrado é uma forma de tributação simplificada para determinação da base de cálculo do imposto de renda das pessoas jurídicas que não estiverem obrigadas, no ano – calendário, à apuração do lucro real.

A: incorreta, pois lucro real é o lucro líquido do período de apuração ajustado pelas adições, exclusões ou compensações prescritas ou autorizadas – art. 247 do RIR. A soma do lucro operacional e das participações, e também dos resultados não operacionais, compõe o cômputo do lucro líquido – art. 248 do RIR; **B:** incorreta, conforme comentário anterior; **C:** incorreta, conforme comentário à primeira alternativa; **D:** correta, pois arbitramento é outra forma de apuração do lucro para fins de tributação – art. 530 do RIR; **E:** incorreta, pois o lucro arbitrado é aplicável quando houver omissões ou erros listados no art. 530 do RIR, que impossibilitem a apuração do lucro real.
Gabarito "D".

(Juiz – TRF 4ª Região – 2016) Dadas as assertivas abaixo, assinale a alternativa correta.

I. O Imposto de Renda Pessoa Jurídica, na forma da legislação vigente, possui base de cálculo diferente para cada método de tributação, podendo ser por meio de apuração por lucro real, lucro presumido ou arbitramento, sendo, em todos os casos, incidente a mesma alíquota.
II. O contribuinte tem livre escolha do método de tributação do Imposto de Renda Pessoa Jurídica – lucro real, lucro presumido e arbitramento –, independentemente do ramo de atividade e faturamento da pessoa jurídica.
III. A Autoridade Fiscal, por meio do devido processo administrativo, possui prerrogativa de proceder ao arbitramento do lucro de determinada pessoa jurídica quando não dispuser de elementos fidedignos nos registros contábeis e nas obrigações acessórias de responsabilidade do contribuinte.
IV. O Imposto de Renda de Pessoa Jurídica é tributo sujeito ao lançamento por homologação, cabendo à Autoridade Fiscal proceder ao lançamento de ofício na hipótese de declaração a menor pelo contribuinte.
V. É vedado às pessoas jurídicas utilizarem prejuízo fiscal acumulado para a compensação com débitos de Imposto de Renda de Pessoa Jurídica próprio.

(A) Estão corretas apenas as assertivas I e III.
(B) Estão corretas apenas as assertivas II e IV.
(C) Estão corretas apenas as assertivas II e V.
(D) Estão corretas apenas as assertivas III e IV.
(E) Nenhuma assertiva está correta.

I: discutível. Além das três modalidades clássicas de apuração (lucro real, presumido e arbitrado), muitas empresas recolhem o IRPJ pela sistemática do Simples Nacional. Nos três primeiros casos (lucro real, presumido e arbitrado) pode se afirmar que a base de cálculo é sempre o lucro, mudando apenas a forma de apuração desse lucro – art. 219 do Regulamento do Imposto de Renda – RIR (Decreto 3.000/99). Na prática, entretanto, o lucro é efetivamente apurado apenas na sistemática de lucro real. Nas demais, como o lucro é presumido ou arbitrado a partir de um percentual fixo do faturamento, é essa, na prática, a base de cálculo adotada (fração do faturamento). No caso do Simples Nacional, a base de cálculo é mesmo o faturamento, por expressa disposição legal – art. 18 da LC 123/2006. As alíquotas são as mesmas para o lucro real, presumido e arbitrado (15% e adicional de 10%) – art. 228 do RIR. No caso do Simples Nacional, há tabelas com alíquotas variáveis conforme a atividade e o faturamento da contribuinte; **II:** incorreta, pois o lucro presumido não pode ser adotado por pessoas jurídicas que faturem acima do limite mínimo, nem em relação a determinadas atividades – art. 516 do RIR; **III:** correta, definindo adequadamente a sistemática do lucro arbitrado quando adotada pelo fisco – art. 530 do RIR; **IV:** correta, sendo essa a sistemática para todos os tributos lançados por homologação – art. 149, V, do CTN; **V:** incorreta, pois é permitida a compensação, limitada a determinado percentual do lucro líquido no período (30% – limite inaplicável no caso de atividade rural) – arts. 509 e 512 do RIR. Gabarito "D".

(Procurador da República –28º Concurso – 2015 – MPF) Imposto de renda incidente sobre recebimento, em atraso, de diferença vencimental decorrente de discussão judicial em torno do próprio direito ao pagamento. Dito isto, e certo afirmar que:

(A) O imposto de renda deve ser apurado consoante o regime de competência, sob pena de violação dos princípios da legalidade, da isonomia e da capacidade contributiva;

(B) É lícito à Fazenda Nacional reter o imposto de renda sobre o valor integral, eis que o fato gerador surge com a disponibilidade do recebimento da verba atrasada;

(C) A incidência de imposto de renda sobre verbas recebidas cumuladamente deve observar o regime de caixa, a vista dos rendimentos efetivamente percebidos;

(D) A retenção, pela Fazenda Nacional, do imposto de renda de forma integral somente tem cabimento sobre a parcela dos juros moratórios, que são calculados a final.

A: correta, significando que o pagamento feito hoje deve ser considerado à luz da situação do contribuinte à época em que era originalmente devido, calculando-se eventual imposto de renda dessa forma – ver REsp 1.118.429/SP-repetitivo; **B e C:** incorretas, conforme comentários à alternativa "A"; **D:** incorreta, pois (i) quem faz a retenção do IR é a fonte pagadora, que nem sempre é a Fazenda Nacional e (ii) é possível a retenção em relação a todo o pagamento, observado o comentário feito em relação à alternativa "A". Interessante lembrar que o STJ entende que incide IR sobre juros moratórios que tenham natureza de lucros cessantes, desde que não haja norma isentiva – ver REsp 1.138.695/SC. Gabarito "A".

(Defensoria Pública da União – CESPE – 2015) Julgue o seguinte item com base nas normas gerais de direito tributário.

(1) O imposto de renda é informado pelos critérios da generalidade, universalidade e progressividade. No que tange ao imposto de renda da pessoa física, a progressividade é mitigada, pois há uma faixa de isenção e apenas quatro alíquotas.

1: discutível, razão pela qual foi anulada. Pode até se debater a efetiva progressividade do nosso IRPF, mas o fato de haver uma faixa de isenção e apenas quatro alíquotas (na tabela geral do IRPF, lembrando que há incidências exclusivas na fonte com uma única alíquota) não significa necessariamente negação da progressividade. Isso porque não se aplica cada faixa com exclusividade para cada contribuinte, a depender de sua renda. Dois contribuintes que tenham rendas diferentes, mesmo que dentro da mesma faixa de alíquota máxima, terão alíquotas médias distintas. Vale dizer, como as faixas são aplicadas concomitantemente para o mesmo contribuinte (consulte a tabela prática para cálculo do IRPF para entender bem), a pessoa que tenha a renda maior, nesse exemplo, terá uma alíquota média (resultado da divisão do imposto devido pela base de cálculo) superior que a do outro contribuinte. Gabarito Anulada.

11.3. ITR

(Procurador Municipal – Prefeitura/BH – CESPE – 2017) Em determinado município, uma associação de produtores rurais solicitou que o prefeito editasse lei afastando a incidência do ITR para os munícipes que tivessem idade igual ou superior a sessenta e cinco anos e fossem proprietários de pequenas glebas rurais, assim entendidas as propriedades de dimensão inferior a trezentos hectares. O prefeito, favorável ao pedido, decidiu consultar a procuradoria municipal acerca da viabilidade jurídica dessa norma.

Com relação a essa situação hipotética, assinale a opção correta de acordo com as normas constitucionais e a legislação tributária vigente.

(A) O ITR é um imposto da União e, por conseguinte, é vedado atribuir aos municípios, que não detêm competência para legislar sobre essa matéria, a responsabilidade por sua fiscalização.

(B) Cabe ao município a competência legislativa sobre o ITR, podendo ele instituir hipóteses de isenção e de não incidência.

(C) O ITR é um imposto de competência da União, não podendo o município reduzi-lo ou adotar qualquer renúncia fiscal.

(D) A CF prevê a imunidade fiscal para os proprietários de pequenas glebas rurais que tenham idade igual ou superior a sessenta e cinco anos.

A: incorreta, pois o ITR, apesar de ser tributo federal, admite peculiarmente a fiscalização e cobrança pelos municípios, nos termos do art. 153, § 4º, III, da CF; **B:** incorreta, pois a competência tributária, entendida como competência para legislar sobre o tributo, é indelegável e, no caso do ITR, de titularidade exclusiva da União – art. 153, VI, da CF; **C:** correta – art. 153, § 4º, III, *in fine*, da CF; **D:** incorreta, pois não há imunidade em relação à idade dos proprietários – art. 153, § 4º, II, da CF. Gabarito "C".

(Procurador Municipal/SP – VUNESP – 2016) Caso determinado município opte, na forma da lei, por fiscalizar e cobrar o Imposto Territorial Rural, desde que não implique redução do imposto ou qualquer outra forma de renúncia fiscal, é correto afirmar que

(A) não poderá fazê-lo, por invadir competência federal constitucionalmente prevista.

(B) poderá fazê-lo, somente se a União delegar sua competência legislativa a fim de que o município publique lei instituindo o imposto em seu âmbito territorial.

(C) não poderá fazê-lo, salvo se a União renunciar expressamente à competência que possui.

(D) poderá fazê-lo, se a União autorizar, e desde que o município lhe repasse 50% da receita que arrecadar.

(E) poderá fazê-lo, caso em que terá direito à totalidade dos valores que a título do imposto arrecadar.

A: incorreta, pois o ITR federal pode ser fiscalizado e cobrado pelos Municípios que assim optarem, na forma da lei, desde que não implique redução do imposto ou qualquer outra forma de renúncia fiscal – art. 153, § 4º, III, da CF; **B:** incorreta, pois a previsão do art. 153, § 4º, III, da CF não implica transmissão da competência para legislar sobre o ITR, lembrando que toda competência tributária é indelegável; **C:** incorreta, conforme comentários anteriores; **D:** incorreta, pois, nessa hipótese do art. 153, § 4º, III, da CF, o Município ficará com 100% do valor arrecadado – art. 158, II, *in fine*, da CF; **E:** correta, nos termos dos arts. 153, § 4º, III, e 158, II, *in fine*, da CF, citados nos comentários anteriores. Gabarito "E".

11.4 IOF

(Procurador – PGFN – ESAF – 2015) São contribuintes do Imposto sobre Operações de Crédito, Câmbio e Seguro, ou relativas a Títulos e Valores Mobiliários (IOF):

(A) o mutuante, nas operações de crédito.

(B) os alienantes de títulos e valores mobiliários.

(C) os titulares dos contratos, nas operações relativas a contratos derivativos.

(D) os titulares de conta-corrente, nas hipóteses de lançamento e transmissão de valores.

(E) as instituições financeiras e demais instituições autorizadas a funcionar pelo Banco Central do Brasil, nas operações relativas a aquisição, resgate, cessão ou repactuação de títulos e valores mobiliários em que o valor do pagamento para a liquidação seja superior a 95% (noventa e cinco por cento) do valor inicial da operação.

A: incorreta, pois na operação de crédito os contribuintes são as pessoas físicas ou jurídicas tomadoras de crédito – art. 4º do Regulamento do IOF – RIOF – Decreto 6.306/2007; **B:** incorreta, pois na alienação de títulos e valores, contribuintes são os adquirentes ou as instituições financeiras – art. 26 do RIOF; **C:** correta – art. 32-C, § 6º, do RIOF; **D:** incorreta, pois os titulares de contas-correntes não são contribuintes em relação a essas atividades – art. 2º, do RIOF; **E:** incorreta, pois o limite é inferior (não superior) a 95% do valor inicial da operação – arts. 26, II e 28, I e IV, do RIOF. Gabarito "C".

(Juiz – TRF 3ª Região – 2016) O IOF (imposto sobre operações de crédito, câmbio e seguro, ou relativas a títulos ou valores mobiliários):

(A) tem predominante função extrafiscal e não se submete à anterioridade tributária; o Poder Executivo pode manejar as suas alíquotas para ajustá-lo a objetivos de política monetária indicando o que almeja alcançar com a mudança de alíquota.

(B) incide na operação financeira de levantamento de depósitos judiciais destinados a suspender a exigibilidade do crédito tributário ou a garantir a instância executiva.

(C) pode ser exigido nas operações financeiras dos Estados, DF e Municípios, porque essa tributação não é limitada pela imunidade constitucional recíproca.

(D) pode incidir sobre qualquer operação financeira, desde que seja observado o princípio da estrita legalidade, porque as operações enumeradas no CTN são exemplificativas.

A: correta, conforme os arts. 153, V e § 1º, e 150, § 1º, da CF; **B:** incorreta, pois não se trata de operação de crédito, câmbio, seguro ou relativa a títulos ou valores mobiliários, que são as situações que dão ensejo à incidência do IOF – art. 153, V, da CF e art. 63 do CTN – ver REsp 103.897/SP; **C**: incorreta, pois é imposto que impacta na renda e no patrimônio, afastado, portanto, pela imunidade recíproca – art. 150, VI, *a*, da CF; **D**: incorreta, pois compete à lei complementar federal fixar o fato gerador do imposto, nos termos do art. 146, III, *a*, da CF, de modo que a delimitação do art. 63 do CTN é taxativa. **RB**

Gabarito "A".

11.5. ICMS

(Procurador do Estado/SP – 2018 – VUNESP) Tendo em mente as disposições constitucionais sobre a fixação de alíquotas do ICMS, assinale a alternativa correta.

(A) A alíquota do ICMS aplicável às operações ou prestações interestaduais, que destinem a bens ou serviços a consumidor final, é aquela do Estado de origem.
(B) A alíquota do ICMS aplicável às operações ou prestações interestaduais é a do Estado de destino, somente no caso em que o adquirente for contribuinte do imposto.
(C) As alíquotas internas máximas do ICMS não podem ser fixadas pelo Senado Federal em hipótese alguma.
(D) O ICMS pode ter alíquotas mínimas para operações internas fixadas pelo Senado Federal.
(E) A alíquota do ICMS incidente em operações de exportação não pode ser fixada pelo Senado Federal.

A: incorreta, pois, após a EC 87/2015, mesmo as operações interestaduais destinadas ao consumidor final sujeitam-se à alíquota interestadual, cabendo ao Estado de destino a diferença entre a alíquota interestadual (menor) e a interna (maior), nos termos do art. 155, § 2º, VII, da CF; **B**: incorreta, pois a alíquota será sempre a interestadual – art. 155, § 2º, VII, da CF; **C**: incorreta, pois é facultado ao Senado fixar alíquotas internas máximas, para resolver conflito específico que envolva interesse de Estados, mediante resolução de iniciativa da maioria absoluta e aprovada por dois terços de seus membros – art. 155, § 2º, V, *b*, da CF; **D**: correta, nos termos do art. 155, § 2º, V, *a*, da CF; **E**: correta, embora seja prevista essa competência do Senado no art. 155, § 2º, IV, *in fine*, da CF. Isso porque atualmente há imunidade em relação a todas as exportações, ou seja, não existe alíquota de ICMS para exportação – art. 155, § 2º, X, *a*, da CF.

Gabarito "D".

OBS.: discordamos do gabarito oficial, pois a alternativa "E" também é correta.

(Defensor Público Federal – DPU – 2017 – CESPE) A respeito das espécies tributárias existentes no sistema tributário brasileiro, julgue os itens que se seguem.

(1) A isenção ou não incidência do ICMS acarretará a anulação do crédito relativo às operações anteriores, salvo se houver determinação legal em contrário.

1: correta, nos termos do art. 155, § 2º, II, *b*, da CF. Ver também a tese de repercussão geral 299/STF: "A redução da base de cálculo de ICMS equivale à isenção parcial, o que acarreta a anulação proporcional de crédito relativo às operações anteriores, salvo disposição em lei estadual em sentido contrário." **RB**

Gabarito 1C

(Procurador do Município – Prefeitura Fortaleza/CE – CESPE – 2017) Julgue os itens a seguir, em relação aos impostos discriminados na CF.

(1) O sujeito passivo do ICMS não pode, ainda que de boa-fé, aproveitar os créditos decorrentes de nota fiscal posteriormente declarada inidônea e emitida em virtude de efetiva concretização do negócio jurídico de compra e venda.
(2) O aspecto material da hipótese de incidência do imposto sobre serviços de qualquer natureza consiste na obrigação de fazer em prol de terceiro, mediante remuneração, quando essa obrigação é objeto de relação jurídica de direito privado. A prestação por delegatário e remunerada pelo usuário de serviços públicos não se submete à incidência dessa espécie tributária devido a interesse público subjacente.
(3) O princípio da seletividade aplica-se impositivamente ao IPI e facultativamente ao ICMS em função da essencialidade dos produtos, das mercadorias e dos serviços, de modo a assegurar a concretização da isonomia no âmbito da tributação do consumo.

1: Incorreta, pois o aproveitamento do crédito somente é vedado se a declaração de inidoneidade for anterior à operação, ou se não for demonstrada a veracidade da compra e venda – Súmula 509/STJ. **2**: Incorreta, pois a cobrança de tarifa pelo delegatário de serviço público não implica imunidade, nem, portanto, afasta a incidência do ISS – art. 150, § 3º, da CF. **3**: Correta – arts. 153, § 3º, I, e 155, § 2º, III, da CF. **RB**

Gabarito 1E, 2E, 3C

(Procurador Municipal – Prefeitura/BH – CESPE – 2017) Depois de ter sido regularmente contratada pelo município de Belo Horizonte – MG para o fornecimento de equipamentos médicos de fabricação estrangeira a hospitais municipais, a empresa Alfa, importadora de bens e mercadorias, tornou-se, nos termos do contrato administrativo celebrado com o município, a responsável pela importação e pelo pagamento de todos os tributos exigíveis por ocasião do desembaraço aduaneiro. Tendo os equipamentos ficado retidos na aduana em razão do não recolhimento do ICMS incidente sobre as mercadorias, a Alfa alegou que o imposto deveria ser recolhido pelo município de Belo Horizonte, destinatário final dos produtos. Entendeu a empresa que o ICMS não faz parte do desembaraço aduaneiro, visto que o fato gerador ainda não teria ocorrido e não decorreria do ato de importação, ou seja, o referido imposto somente seria devido no momento da entrada dos bens no estabelecimento do destinatário final.

Considerando as regras de direito tributário, assinale a opção correta, a respeito dessa situação hipotética.

(A) É devida a retenção aduaneira, pois o ICMS não poderia ser cobrado de quem não é contribuinte habitual do imposto.
(B) Na entrada de mercadoria importada do exterior, é legítima a cobrança do ICMS por ocasião do desembaraço aduaneiro.
(C) Como os bens não serão comercializados, o ICMS não é devido, pois inexiste o fato gerador do tributo.
(D) O ICMS não é devido, dada a imunidade tributária. Nesse caso, somente pode ser exigido o imposto sobre a importação, sendo vedada a bitributação.

A: incorreta, pois a incidência e cobrança do ICMS na importação independe de habitualidade – art. 155, § 2º, IX, *a*, da CF; **B**: correta – art. 155, § 2º, IX, *a*, da CF e art. 12, IX, da LC 87/1996; **C**: incorreta, pois a importação é fato gerador do ICMS – art. 155, § 2º, IX, *a*, da CF; **D**: incorreta, pois contribuinte de direito é a empresa Alfa, que promove a importação e não é imune. **RB**

Gabarito "B".

(Procurador do Estado – PGE/MT – FCC – 2016) O princípio da não cumulatividade é

(A) um atributo exclusivo do ICMS e do IPI.
(B) princípio de tributação por meio do qual se pretende evitar a assim chamada "tributação em cascata" que onera as sucessivas operações e prestações com bens e serviços sujeitos a determinado tributo.
(C) técnica de tributação aplicável também aos impostos reais, tais como o ITR e o IPTU.
(D) suscetível apenas de interpretação restritiva e literal, à medida que institui um benefício fiscal ao contribuinte.
(E) um instrumento de transferência de riqueza indireta entre as Unidades da Federação inserido no pacto federativo, à medida que o crédito de ICMS a ser suportado pela Unidade da Federação de destino dos bens e serviços está limitado ao valor do imposto efetivamente recolhido em favor do Estado de origem.

A: incorreta, pois a legislação atinente a outros tributos também prevê a não cumulatividade, caso da Cofins e da contribuição para o PIS/Pasep; **B**: correta, caracterizando adequadamente a não cumulatividade; **C**: incorreta, pois é possível a não cumulatividade, em princípio, no caso de tributos que incidem sobre cadeias de produção, comercialização e consumo de bens e serviços; **D**: incorreta, pois não se trata de benefício fiscal (art. 111 do CTN), mas sistemática de tributação; **E**: incorreta, pois não há transferência de riqueza entre os entes federados, embora haja de fato muita discussão por conta da distribuição das receitas incidentes sobre operações interestaduais – art. 155, § 2º, IV e VII, da CF, este último inciso com a redação dada pela EC 87/2015. **RB**

Gabarito "B".

(Procurador do Estado – PGE/MT – FCC – 2016) No que concerne ao Imposto sobre operações relativas à circulação de mercadorias e prestações de serviços de transporte interestadual e intermunicipal e de comunicação – ICMS, considere:

I. O ICMS incide sobre operações relativas à circulação de mercadorias, inclusive sobre operações de transferência de propriedade de estabelecimento contribuinte.
II. Armazém-geral, embora prestador de serviços sujeito ao Imposto Municipal sobre Serviços de Qualquer Natureza, é insuscetível de ser colocado na condição de sujeito passivo do ICMS.
III. Convênio que autorize a isenção do ICMS sobre o fornecimento de bens e mercadorias destinados à operação de serviços de transporte metroferroviário de passageiros, inclusive por meio de Veículo Leve sobre Trilhos, dá amparo legal à concessão de isenção do ICMS sobre a energia elétrica destinada à alimentação dos trens do VLT.
IV. A base de cálculo, para fins de substituição tributária, em relação às operações ou prestações subsequentes, será obtida pelo somatório das parcelas seguintes: (i) valor da operação ou prestação própria realizada pelo substituto tributário ou pelo substituto intermediário; (ii) montante dos valores de seguro, de frete e de outros encargos cobrados ou transferíveis aos adquirentes ou tomadores de serviço, (iii) margem de valor agregado, inclusive lucro, relativa às operações ou prestações subsequentes.

Está correto o que se afirma APENAS em

(A) I e II.
(B) II e III.

(C) I.
(D) III e IV.
(E) IV.

I: incorreta, pois não há circulação de mercadoria nessa hipótese – art. 3º, VI, da LC 87/1996; **II:** incorreta, pois o armazém-geral será contribuinte do ICMS caso promova circulação de mercadoria – art. 4º da LC 87/1996; **III:** correta, pois incide ICMS sobre o fornecimento de energia elétrica, que é insumo para a atividade de transporte metroferroviário de passageiros; **IV:** correta – art. 8º, II, da LC 87/1996. RB
Gabarito "D".

(Procurador do Estado – PGE/RS – Fundatec – 2015) Quanto à regulamentação constitucional do ICMS, analise as assertivas abaixo:

I. As alíquotas das operações interestaduais são fixadas pelo Senado Federal, por resolução.
II. Salvo determinação em contrário da legislação, a isenção, na operação de venda, acarretará a anulação do crédito relativo às operações anteriores.
III. Consoante a dicção constitucional, o ICMS terá de ser seletivo, em função da essencialidade das mercadorias e dos serviços.
IV. As exportações são imunes e acarretam a anulação do crédito relativo às operações anteriores, salvo determinação em contrário da legislação.

Após a análise, pode-se dizer que:
(A) Está correta apenas a assertiva I.
(B) Está correta apenas a assertiva II.
(C) Estão corretas apenas as assertivas I e II.
(D) Estão corretas apenas as assertivas I, II e III.
(E) Todas as assertivas estão corretas.

I: correta, art. 155, § 2º, IV, da CF; **II:** correta. art. 155, § 2º, II, b, da CF. Ver também a tese de repercussão geral 299/STF: "A redução da base de cálculo de ICMS equivale à isenção parcial, o que acarreta a anulação proporcional de crédito relativo às operações anteriores, salvo disposição em lei estadual em sentido contrário"; **III:** incorreta, pois o ICMS poderá (é possibilidade, não imposição) ser seletivo – art. 155, § 2º, III, da CF. Diferente do IPI, que deve ser seletivo, por imposição constitucional – art. 153, § 3º, I, da CF; **IV:** incorreta, pois a Constituição prevê expressamente a manutenção e o aproveitamento do crédito relativo às operações anteriores – art. 155, § 2º, X, a, da CF. RB
Gabarito "C".

(Procurador do Estado – PGE/BA – CESPE – 2014) A respeito da concessão, pelos entes da Federação, de benefício fiscal em relação ao ICMS, julgue os itens subsecutivos.

(1) Não há obrigatoriedade de a concessão de benefícios fiscais ser feita por lei complementar estadual.
(2) Consideram-se benefícios fiscais as imunidades previstas na CF.
(3) De acordo com a CF, cabe a lei complementar regular a forma como, mediante deliberação dos estados e do DF, isenções, incentivos e benefícios fiscais serão concedidos e revogados.
(4) Sendo o ICMS um tributo estadual, a concessão de benefícios fiscais a ele relacionada deve ser feita por meio de atos administrativos normativos, como decretos.
(5) Por ser um tributo de importância nacional, o ICMS só pode ser concedido pelos entes da Federação mediante autorização do Senado Federal, ao qual cabe, inclusive, prescrever suas alíquotas em determinados casos.

1: Correta, bastando lei ordinária, que é a regra para todos os tributos, lembrando que, no caso do ICMS, é necessária autorização por convênio interestadual – art. 155, § 2º, XII, g, da CF e LC 24/1975. **2:** Incorreta, embora seja uma questão semântica e de costume na terminologia adotada. Imunidades são normas constitucionais que afastam a competência tributária. Benefício fiscal é expressão normalmente utilizada para isenções, redução de tributos, perdões etc. concedidos pela lei de cada ente – art. 150, § 6º, da CF. **3:** Correta – art. 155, § 2º, XII, g, da CF e LC 24/1975. **4:** Incorreta, pois a CF exige regulação nacional da matéria, para evitar a chamada guerra fiscal, de modo que a concessão de benefícios fiscais relativos ao ICMS é regulada por lei complementar federal (LC 24/1975) e depende de convênios interestaduais. **5:** Incorreta, pois a instituição do ICMS é feita por lei ordinária de cada Estado e do DF, cabendo ao Senado fixar determinadas alíquotas e limites, conforme art. 155, § 2º, IV e V, da CF. RB
Gabarito 1C, 2E, 3C, 4E, 5E.

(Procurador do Estado – PGE/RN – FCC – 2014) Sobre a base de cálculo do ICMS, é correto afirmar:

(A) Será o valor da prestação no Estado de origem, em relação à utilização, por contribuinte, de serviço cuja prestação se tenha iniciado em outro Estado e não esteja vinculada à operação ou prestação subsequente.
(B) Embora persistam divergências doutrinárias e jurisprudenciais sobre a incidência, ou não, do ICMS nas transferências entre estabelecimentos de mesma titularidade, prevê a legislação complementar que o ICMS será calculado sobre o valor de venda a consumidor final na operação mais recente nas operações de transferências interestaduais entre estabelecimentos de mesma titularidade.
(C) Compreenderá o montante do imposto sobre produtos industrializados nas importações e também quando a operação interna ou interestadual realizada entre contribuintes configure fato gerador dos dois impostos.
(D) Poderá ser livremente reduzida pela Unidade da Federação mediante a edição de lei.
(E) Compreenderá o valor de venda das mercadorias, excluída a parcela de serviços cobrada pelo fornecedor a título de frete, seguro, instalação e montagem.

A: correta, conforme art. 13, IX, da LC 87/1996; **B:** incorreta, inexistindo disposição expressa relacionada a estabelecimentos de mesma titularidade nas operações interestaduais – art. 13, § 5º, da LC 87/1996; **C:** incorreta, pois quando a operação configurar fato gerador dos dois impostos, o IPI não comporá a base de cálculo do ICMS – art. 155, § 2º, XI, da CF; **D:** incorreta, pois a base de cálculo dos impostos previstos na CF é definida por lei complementar federal – art. 146, III, a, da CF e art. 13 da LC 87/1996; **E:** incorreta, pois juros, seguros e fretes compõem a base de cálculo do ICMS – art. 13, § 1º, II, da LC 87/1996. RB
Gabarito "A".

(Procurador do Estado – PGE/RN – FCC – 2014) Por meio do Convênio ICMS 94/2012 os Estados e o Distrito Federal foram autorizados a instituir a isenção de ICMS sobre operações com bens e mercadorias destinados à implantação de projetos de mobilidade urbana de passageiros relativos ao modal metroferroviário. No Estado de São Paulo, a isenção foi incorporada à legislação estadual por meio dos Decretos 58.492/2012, o qual prevê a isenção para as operações internas de mercadorias em geral destinadas à manutenção de trens, locomotivas e vagões, e 58.491/2012, o qual prevê a isenção para as operações internas de trens, locomotivas e vagões destinadas às redes de transportes sobre trilhos de passageiros. Empresa situada no Rio Grande do Norte sente-se prejudicada com a restrição, pois ao adquirir tais mercadorias de fornecedores paulistas, não será beneficiada com a isenção fiscal. A limitação da isenção fiscal às operações internas é:

I. Constitucional, o ente federativo pode conceder isenções limitando-se apenas às operações realizadas em seu território.
II. Inconstitucional, pois por meio da restrição às operações internas, o Estado de São Paulo estabeleceu diferença tributária entre bens em razão de sua procedência e destino.
III. Constitucional, pois é admitido que União, Estados e Municípios instituam incentivos fiscais que não sejam uniformes ao território nacional com o objetivo de promover o equilíbrio do desenvolvimento socioeconômico entre as diferentes Regiões do País.

Está correto o que se afirma APENAS em
(A) II e III.
(B) I.
(C) II.
(D) III.
(E) I e III.

Questão problemática, considerando que o STJ entende que até que a legislação de determinado Estado seja eventualmente declarada inconstitucional pelo STF, ela deverá ser observada pelos demais entes federados. A legislação paulista é vigente, sendo arriscado falar em inconstitucionalidade.
De qualquer forma, o Decreto Estadual de SP 58.491/2012, que trata de trem, locomotiva ou vagão, abrange operações internas e interestaduais, não havendo falar em distinção, nem, portanto, eventual inconstitucionalidade.
O Decreto Estadual de SP 58.492/2012, que trata de matéria-prima, materiais etc., efetivamente restringe-se a operações internas, o que pode ser considerado inconstitucional, por distinguir operações em relação ao destino da mercadoria – art. 152 da CF. Com essas observações, a melhor alternativa é a "C", pois descreve como inconstitucional o benefício fiscal concedido por SP com prejuízo para o RN. RB
Gabarito "C".

(Procurador do Estado – PGE/RN – FCC – 2014) O regime de substituição tributária com antecipação dos efeitos do fato gerador do ICMS

(A) poderá ser aplicado nas operações com consumidor final e nas operações com insumos destinados à industrialização por parte do respectivo adquirente.
(B) nas operações internas, depende de lei especificando as mercadorias ou serviços sujeitos ao regime, e disciplinando a respectiva base de cálculo.
(C) nas operações interestaduais, depende de Protocolo entre os Estados envolvidos, e de previsão em lei do Estado de Origem.
(D) é inconstitucional, pois representa a cobrança sobre fato gerador futuro e incerto.
(E) não é aplicável às operações realizadas com consumidor final.

A: discutível. Em regra, não há substituição tributária em operações com consumidor final, pois não há fato gerador futuro, cujos efeitos possam ser antecipados (o consumidor final não realizará operação posterior). É possível, entretanto, haver substituição tributária em relação às operações interestaduais, em que há obrigação do adquirente contribuinte, mesmo que seja consumidor final, recolher o diferencial de alíquota, conforme o art.

155, § 2º, VIII, a, da CF. Nesse caso, é possível falar em substituição se a lei imputar ao contribuinte na origem o dever de antecipar o recolhimento do diferencial que seria devido pelo adquirente em outro Estado ou DF. De qualquer forma, mesmo nesse caso não há fato gerador futuro, sendo inviável falar na substituição com antecipação dos efeitos do fato gerador, prevista no art. 150, § 7º, da CF. Esse entendimento, de que a antecipação do diferencial de alíquota (interna e interestadual) foi adotado pelo STJ no julgamento do RMS 17.511/SE. Entretanto, é importante que o aluno acompanhe a evolução jurisprudencial, em especial o julgamento da matéria em repercussão geral pelo Supremo; **B**: correta, observando o disposto no art. 8º da LC 87/1996; **C**: incorreta, pois depende de acordo específico entre os Estados interessados – art. 9º da LC 87/1996; **D**: incorreta, até porque é prevista expressamente pelo art. 150, § 7º, da CF; **E**: discutível, conforme comentário à primeira alternativa. RB

Gabarito "B".

(Procurador do Estado – PGE/RN – FCC – 2014) Tendo sido reconhecida a inconstitucionalidade da cobrança do ICMS sobre os serviços de transporte aéreo de passageiros, as empresas do setor passaram a pleitear o reconhecimento do indébito tributário. A restituição do ICMS deverá ser deferida:

I. Caso as empresas continuem em operação normal, vedada a restituição àquelas empresas que interromperam suas operações por qualquer razão.

II. Apenas se a companhia aérea ajuizou ação judicial individual pleiteando o reconhecimento da inexigibilidade do ICMS sobre a prestação de serviços de transporte aéreo de passageiros.

III. Caso as empresas aéreas apresentem comprovação de que não transferiram aos passageiros os encargos relativos ao ICMS.

Está correto o que se afirma APENAS em

(A) II e III.
(B) I.
(C) II.
(D) III.
(E) I e II.

I: incorreta, já que não há esse pressuposto para repetição de indébito tributário – art. 165 do CTN; **II**: incorreta, pois é possível o pedido administrativo de restituição – art. 169 do CTN; **III**: correta, devendo a peticionária demonstrar que assumiu o ônus econômico do indébito – art. 166 do CTN. RB

Gabarito "D".

(Promotor de Justiça/GO – 2016 – MPE) Entre as alternativas abaixo, segundo jurisprudência do Supremo Tribunal Federal, indique a incorreta:

(A) Não bastasse a ordem natural das coisas, o arcabouço jurídico-constitucional inviabiliza a tomada de valor alusivo a certo tributo como base de incidência de outro.

(B) A apropriação de créditos de ICMS na aquisição de mercadorias tem suporte na técnica da não cumulatividade, a fim de evitar que a sua incidência em cascata onere demasiadamente a atividade econômica e gere distorções concorrenciais.

(C) O ICMS incidente na aquisição decorrente de operação interestadual e por meio não presencial (internet, telemarketing, showroom) por consumidor final não contribuinte do tributo não pode ter regime jurídico fixado por Estados-membros não favorecidos.

(D) A Constituição define que o estado destinatário será o sujeito ativo do ICMS nas operações interestaduais aos consumidores finais que não forem contribuintes desse imposto.

A: correta, já que não faria mesmo sentido calcular o valor do tributo com base de cálculo de outro. De qualquer forma, a CF é expressa em relação à impossibilidade de taxa com base de cálculo de imposto, por exemplo (art. 145, § 2º) e de repetição de fatos geradores e bases de cálculo no caso de exercício da competência residual pela União (art. 154, I). Ver também a Súmula Vinculante 29/STF; **B**: correta, sendo essa a razão para a sistemática da não cumulatividade – ver 155, § 2º, I, da CF; **C**: correta, conforme entendimento do STF – ver ADI 4.628/DF; **D**: incorreta, pois, a partir da EC 87/2015, toda operação interestadual para consumidor final, contribuinte ou não do imposto, localizado em outro Estado, sujeita-se à alíquota interestadual e caberá ao Estado de localização do destinatário o imposto correspondente à diferença entre a alíquota interna do Estado destinatário e a alíquota interestadual. Antes disso havia distinção entre o adquirente que era contribuinte (sujeito à alíquota interestadual) e o que não era contribuinte (sujeito somente à alíquota interna do Estado de origem). É importante também destacar que há uma regra de transição em relação à destinação do produto da arrecadação, nos termos do art. 99 do ADCT. RB

Gabarito "D".

(Procurador do Estado/AM – 2016 – CESPE) Considerando os limites ao exercício do poder de tributar, julgue o item seguinte.

(1) Os convênios firmados pelos estados para dispor a respeito de isenções do ICMS são qualificados como normas complementares, pois não inovam o ordenamento jurídico.

1: incorreta, pois, embora os convênios sejam normas complementares, nos termos do art. 100, IV, do CTN, inovam no ordenamento jurídico. RB

Gabarito 1E.

(Procurador da República – 28º Concurso – 2015 – MPF) O ICMS incidente na aquisição decorrente de operação interestadual e por meio não presencial (internet, telemarketing, showroom) por consumidor final não contribuinte do tributo:

(A) Pode ter regime jurídico fixado por Estados-membros não favorecidos, se previsto em Protocolos adotados para regulamentar a prestação de assistência mútua no campo da fiscalização do tributo e permuta de informações, nos termos do art. 199 do Código Tributário Nacional;

(B) Tem sua cobrança sujeita, no caso de consumidor final não contribuinte do tributo, à alíquota interna da unidade federada de origem, sob pena de ocorrência de bitributação;

(C) Em nenhuma hipótese a aplicação da alíquota interestadual é cabível quando presente sujeito passivo da relação tributária, que se afigura como consumidor final;

(D) Os Estados-membros, diante de um cenário que lhes seja desfavorável, detêm competência constitucional para instituir novas regras de cobrança de ICMS, sem confronto com o princípio da repartição constitucional estabelecida.

Atenção: a partir da EC 87/2015, toda operação interestadual para consumidor final, contribuinte ou não do imposto, localizado em outro Estado, sujeita-se à alíquota interestadual e caberá ao Estado de localização do destinatário o imposto correspondente à diferença entre a alíquota interna do Estado destinatário e a alíquota interestadual. Antes disso havia distinção entre o adquirente que era contribuinte (sujeito à alíquota interestadual) e o que não era contribuinte (sujeito somente à alíquota interna do Estado de origem). É importante também destacar que há regra de transição em relação à destinação do produto da arrecadação, nos termos do art. 99 do ADCT. RB

Gabarito "B".

(Juiz – TJ-SC – FCC – 2017) A base de cálculo do ICMS devido por operações subsequentes, em regime de substituição tributária,

(A) só pode ser fixada pela Administração Tributária conforme os preços únicos ou máximos previamente determinados por autoridade competente para regulação de mercados.

(B) será fixada pela soma dos valores relativos à entrada do bem ou recebimento do serviço, incluídos frete, seguro e encargos, com a margem de valor agregado, inclusive lucro, das operações ou prestações subsequentes.

(C) será obrigatoriamente fixada por preço final a consumidor sugerido pelo substituto tributário, em caso de inexistência de preços únicos ou máximos fixados por autoridade competente para regulação de mercados.

(D) só poderá ser fixada pela Administração Tributária por meio de pesquisas de preços finais praticados em mercado.

(E) não pode utilizar os levantamentos de preço praticados em mercado para a determinação da margem de valor agregado nas operações subsequentes.

A: incorreta, pois o art. 8º, II, da LC 87/1996 dispõe sobre a determinação da base de cálculo do ICMS-ST "para frente"; **B**: correta, conforme o 8º, II, da LC 87/1996; **C, D e E**: incorretas, conforme comentário à alternativa "B". RB

Gabarito "B".

(Juiz de Direito/AM – 2016 – CESPE) Lei ordinária estadual do estado do Amazonas instituiu o regime de substituição tributária do ICMS na fabricação de alimentos congelados, ficando a entidade industrial responsável pelo tributo devido pelo varejista nas vendas ao consumidor final.

A indústria de congelados G Ltda. recolheu o valor devido por suas operações e pelas operações do varejista, sendo o tributo correspondente a esta última etapa equivalente a R$ 0,50. Em razão de prolongada falta de luz, o supermercado S Ltda. perdeu metade de seu estoque de alimentos congelados, tendo sido, ainda, obrigado a vender o restante do estoque por metade do valor arbitrado, como base de cálculo da substituição.

Considerando essa situação hipotética, assinale a opção correta acerca da substituição tributária.

(A) Como o fato gerador não ocorreu ou ocorreu com valor menor que o presumido, é permitido ao supermercado S pleitear a restituição do valor pago a maior, de modo que tanto as vendas frustradas como as vendas com desconto lhe gerarão crédito, já que se trata de substituição tributária subsequente.

(B) Por se tratar de substituição tributária subsequente, a inocorrência do fato gerador ou a sua ocorrência com valor menor que o presumido, permite à indústria G pleitear a restituição do valor pago a maior, de modo que tanto as vendas frustradas como as em que houve desconto lhe gerarão crédito.

(C) Como em caso de substituição tributária subsequente, apenas a inocorrência do fato gerador permite ao substituto, a indústria G, pleitear a restituição do valor pago a maior, não podendo pleitear a restituição para os casos em que houve desconto.

(D) Lei que trate de substituição tributária atribui a responsabilidade pelo crédito tributário a terceira pessoa, vinculada ao fato gerador da respectiva obrigação, não podendo criar fatos geradores presumidos, sob pena de tornar inválida a substituição tributária subsequente, como ocorre na situação apresentada.

(E) Por se tratar de substituição tributária subsequente, apenas a inocorrência absoluta do fato gerador permitiria ao supermercado S, o substituído, pleitear a restituição do valor pago a maior, não sendo possível pleitear-se a restituição para os casos de desconto.

ATENÇÃO. O gabarito desta questão está alinhado à jurisprudência dominante à época desse concurso público. O STF entendia que a substituição tributária para a frente gerava presunção absoluta, de forma que, se ocorrida a operação, independente do valor, não haveria direito à restituição, assim como não haveria dever de complementação (STF, RE 266.602-5/MG, Pleno, j. 14.09.2006, rel. Min. Ellen Gracie, *DJ* 02.02.2007). Ocorre que em outubro de 2016 o Pleno do STF modificou esse entendimento, fixando nova tese no RE 593.849/MG em repercussão geral, reconhecendo o direito à restituição também no caso de o fato gerador ocorrer por valor inferior ao presumido e que servirá de base de cálculo para o tributo recolhido na sistemática de substituição tributária "para frente" **A** e **B**: incorretas, pois, na época do concurso o STF entendia que não há restituição no caso de ocorrência do fato gerador com valor a menor; **C**: incorreta, pois é o substituído, que arcou com o pagamento indevido, quem pode pleitear a restituição; **D**: incorreta, pois a substituição tributária para frente ou subsequente é constitucional, nos termos do art. 150, § 7º, da CF; **E**: correta à luz da jurisprudência então dominante, conforme comentários anteriores. RB

Gabarito "E".

(Analista Jurídico –TCE/PA – 2016 – CESPE) No que concerne ao ICMS e às disposições constitucionais pertinentes à concessão de exonerações fiscais, julgue o item subsecutivo.

(1) A concessão de isenções, incentivos e benefícios fiscais pelos estados depende de prévia aprovação de convênio interestadual, o que abrange a concessão de diferimento no pagamento de débitos de imposto sobre operações relativas à circulação de mercadorias e prestação de serviço de transporte interestadual e intermunicipal e de comunicação, ainda que inexista redução do valor devido.

1: incorreta, pois o mero diferimento do pagamento, sem redução do valor devido, não configura benefício a exigir convênio interestadual, conforme entendimento do STF – ver ADI 4.481/PR. RB

Gabarito 1E

(Procurador do Estado/AM – 2016 – CESPE) Em relação às espécies tributárias e às características dessas espécies, julgue os itens que se seguem.

(1) Aplica-se o princípio da tributação na origem e no destino em caso de comercialização de mercadoria por contribuinte do ICMS localizado em estado diverso do estado do consumidor final, o que enseja a repartição do crédito tributário mediante o sistema de alíquotas interestaduais e internas.

1: incorreta, pois o STF fixou o entendimento no sentido de que as alíquotas do ITCMD podem ser progressivas (RE 562.045, com repercussão geral); **2**: correta. É muito importante sabermos que até a EC 87/2015 havia distinção entre contribuintes e não contribuintes do ICMS na aquisição interestadual de mercadorias e serviços. A alíquota interestadual (menor que a interna) aplicava-se apenas no caso de adquirentes contribuintes do imposto. Para os não contribuintes, aplicava-se apenas a alíquota interna do Estado (ou DF) de origem, mais alta que a interestadual, não ficando qualquer diferença a ser cobrada pelo Estado (ou DF) de destino. Esta questão foi formulada nesse contexto anterior, e assim seguem os nossos comentários. Não se esqueça, mais uma vez, de que isso mudou com a EC 87/2015. Hoje todas as operações interestaduais, inclusive para destinatário não contribuinte do ICMS, sujeitam-se à alíquota interestadual. Essa alteração ocorreu por conta do forte pleito dos Estados majoritariamente adquirentes de mercadorias, não fornecedores, que acabavam sendo prejudicados pelas vendas interestaduais diretas a consumidores localizados em seus territórios, situação bastante comum nas vendas pela internet, por exemplo. A partir dessa nova sistemática, o Estado (ou DF) de origem fica com o valor referente à alíquota interestadual e o Estado (ou DF) de destino fica com a diferença entre sua alíquota interna e a interestadual. Também é muito importante saber que essa modificação trazida pela EC 87/2015, em relação às vendas para não contribuintes localizados em outros Estados (ou DF), será gradual, conforme o art. 99 do ADCT, ficando concluída apenas em 2019. RB

Gabarito 1C

(Magistratura/RR – 2015 – FCC) Os representantes dos 26 Estados brasileiros, bem como o Distrito Federal, foram convocados para reunião do CONFAZ, na cidade de Boa Vista/RR, com a finalidade de promover a celebração de um convênio que permitiria concessão de isenção do ICMS relativa a determinadas operações internas com mercadorias. Esse convênio era de interesse único e exclusivo do Estado de Roraima. Outras questões, de natureza interna do CONFAZ, também foram objeto de deliberação.

A essa reunião, presidida por representante do Governo federal, deixaram de comparecer os representantes dos Estados do Amazonas, da Bahia, de Goiás, do Rio Grande do Norte e de Santa Catarina.

Todos os representantes presentes votaram pela aprovação do convênio que permitia a concessão da isenção pretendida pelo Estado de Roraima.

O Estado de Goiás, embora ausente da reunião, publicou decreto, no décimo dia subsequente ao da publicação do convênio no Diário Oficial da União, por meio do qual rejeitou o convênio firmado em Boa Vista.

Considerando a disciplina estabelecida na Lei Complementar 24/7195 a respeito da celebração de convênios, é correto afirmar que

(A) a isenção pleiteada pelo Estado de Roraima foi concedida, pois o referido convênio foi ratificado.

(B) as regras desta Lei Complementar também se aplicam à concessão de créditos presumidos do ICMS e à redução de base de cálculo desse imposto.

(C) as deliberações dessa reunião não produziram efeitos, pelo simples fato de que cinco unidades federadas deixaram de comparecer a ela.

(D) a rejeição do convênio pelo Estado de Goiás não impediu sua aprovação, na medida em que mais de quatro quintos das unidades federadas o ratificaram.

(E) este convênio é inconstitucional, porque é vedado celebrar convênios que disponham que a aplicação de suas cláusulas seja limitada a uma ou a algumas Unidades da Federação.

A: incorreta, pois o convênio é considerado rejeitado se não for expressa ou tacitamente ratificado por todos os Estados e pelo Distrito Federal no prazo de 15 dias da publicação – art. 4º, § 2º, da LC 24/1975; **B**: correta, nos termos do art. 1º, parágrafo único, I e III, da LC 24/1975; **C**: incorreta, pois a deliberação é válida desde que todas as Unidades da Federação tenham sido convocadas e o quórum de maioria das Unidades Federadas tenha sido observado – art. 2º, *caput* e § 1º, da LC 24/1975; **D**: incorreta, conforme comentários anteriores. De fato, a aprovação pela unanimidade das Unidades que compareceram à sessão garante a concessão do benefício, desde que posteriormente ratificada pela totalidade das Unidades – art. 2º, § 2º, da LC 24/1975; **E**: incorreta, pois é possível a concessão de benefício para apenas uma ou algumas Unidades da Federação – art. 1º da LC 24/1975. RB

Gabarito "B".

(Magistratura/RR – 2015 – FCC) O ICMS é imposto de competência estadual. Não obstante isso, a Constituição Federal estabelece que determinadas matérias deverão ser disciplinadas por meio de lei complementar federal. Assim, dentre as matérias que devem ser necessariamente disciplinadas por meio de lei complementar, encontram-se:

(A) A disciplina relativa à substituição tributária; a regulação da forma como, mediante deliberação dos Estados e do Distrito Federal, isenções, incentivos e benefícios fiscais serão concedidos e revogados; a fixação de suas alíquotas, observados os limites estabelecidos pela Constituição Federal.

(B) A fixação de sua base de cálculo, de modo que o montante do imposto a integre, também na importação do exterior de bem, mercadoria ou serviço; a definição de seus contribuintes; a disciplina do regime de compensação do imposto.

(C) A fixação, para efeito de sua cobrança e definição do estabelecimento responsável, do local das operações relativas à circulação de mercadorias e das prestações de serviços; a fixação de sua base de cálculo; a fixação das datas e prazos para o seu pagamento.

(D) Previsão dos casos de manutenção de crédito, relativamente à remessa para outro Estado e exportação para o exterior, de serviços e de mercadorias; a fixação do percentual de juros de mora incidentes sobre o crédito tributário não pago na data fixada na legislação; a definição das infrações e as respectivas cominações de penalidades para as infrações à sua legislação.

(E) A fixação das alíquotas interestaduais; a fixação das regras de fiscalização do responsável por substituição tributária, nas operações e prestações interestaduais; a disciplina do regime de compensação do imposto.

A: incorreta, pois a fixação das alíquotas do ICMS não depende de lei complementar federal – art. 155, § 2º, XII, da CF; **B**: correta, nos termos do art. 155, § 2º, XII, da CF; **C**: incorreta, pois datas e prazos para pagamento não são matéria reservada a lei complementar federal; **D**: incorreta, pois a fixação do percentual dos juros de mora e a previsão de penalidades tampouco são matérias reservadas a lei complementar; **E**: incorreta, pois a fixação das alíquotas interestaduais se dá por resolução do Senado, não por lei complementar – art. 155, § 2º, IV, da CF. Ademais, as regras de fiscalização podem ser veiculadas por normas de cada Estado e do Distrito Federal. RB

Gabarito "B".

(Magistratura/SC – 2015 – FCC) Um determinado contribuinte do ICMS emitiu dois documentos fiscais referentes a operações tributadas, indicando valores diferentes nas respectivas vias, deixando, com isso, de submeter essas operações, parcialmente, à incidência do imposto. O primeiro documento, referente à saída de mercadorias em operações internas, sujeitas à alíquota de 17%, indicava, em sua primeira via, um valor de operação equivalente a R$ 100.000,00, mas, na via fixa, destinada à escrituração, apuração e pagamento do imposto, registrou-se a importância de R$ 10.000,00, como sendo o valor da operação. O segundo documento, também referente à saída de mercadorias em operações internas, sujeitas à alíquota de 17%, indicava, em sua primeira via, um valor de operação equivalente a R$ 500.000,00, mas, na via fixa, destinada à escrituração, apuração e pagamento do imposto, registrou-se a importância de R$ 50.000,00, como sendo o valor da operação. Em ambos os casos, a base de cálculo do ICMS era o próprio valor da operação. Foram lavradas duas notificações fiscais, uma para cada situação, por meio das quais se reclamou a diferença de imposto sonegado e a penalidade pecuniária, equivalente a 100% do imposto sonegado. O contribuinte optou por discutir os referidos lançamentos diretamente na esfera judicial. Os processos não tramitaram conjuntamente. O primeiro processo, referente à infração cometida em 2012, foi sentenciado em primeira instância, em março de 2014, enquanto que o segundo foi sentenciado em novembro de 2014. O referido Estado, por meio de lei ordinária publicada em junho de 2014, cujos efeitos se produziram de imediato, promoveu alteração na penalidade aplicável a esse tipo de infração, que passou a ser apenada com multa equivalente a 60% do valor da operação. Na data de publicação dessa lei, em nenhum dos dois processos havia decisão judicial transitada em julgado. Nenhuma das duas penalidades cominadas para essa infração foi considerada inconstitucional por qualquer motivo. Com base nos dados fornecidos e nas normas do Código Tributário Nacional acerca da aplicação da legislação tributária, a penalidade pecuniária prevista no novo texto legal

(A) será aplicada, automaticamente, à segunda situação infracional, mas não à primeira.
(B) não será aplicada a nenhuma das duas situações infracionais.
(C) será aplicada, automaticamente, a ambas as situações infracionais.
(D) será aplicada à primeira situação infracional, se o contribuinte tiver apresentado recurso, mas não se aplica à segunda situação infracional.
(E) será aplicada, automaticamente, à primeira situação infracional, mas não à segunda.

Divergência em relação ao gabarito oficial Entendemos que a penalidade mais benéfica é aplicável a ambos os casos, nos termos do art. 106, II, c, do CTN, de modo que a alternativa "C" é a correta. O gabarito oficial provavelmente se baseia no entendimento de que os benefícios fiscais não aproveitam a quem cometeu crimes, ou simplesmente agiu fraudulentamente, como é caso – ver arts. 154, parágrafo único e 180, I, do CTN, por exemplo. No entanto, pelo contexto, entendemos que a penalidade que foi abrandada refere-se exatamente à essa conduta ilícita descrita, de modo que aplica-se o disposto no art. 106, II, c, do CTN. RB
Gabarito "B".

(Defensor/PA – 2015 – FMP) Assinale a alternativa CORRETA.
(A) Segundo entendimento do STF não incide o ICMS sobre a importação de mercadorias por pessoas jurídicas não contribuintes do mencionado imposto, mesmo no período posterior à Emenda Constitucional 33/2001, ainda que haja a respectiva modificação na legislação complementar e estadual contemplando tal incidência.
(B) O Imposto sobre Transmissão *causa mortis* e doação, de quaisquer bens ou direitos não pode ser progressivo, na esteira do atual entendimento do STF.
(C) Conforme decisão do STF, em sede de repercussão geral, é constitucional a exigência do estorno proporcional dos créditos fiscais do ICMS pela entrada de mercadorias cuja saída do estabelecimento ocorra com base de cálculo reduzida.
(D) Na esteira da jurisprudência do Superior Tribunal de Justiça, devem ser incluídos na base de cálculo do ICMS os descontos incondicionais concedidos nas operações mercantis.
(E) É inconstitucional, de acordo com o entendimento do STF, a legislação estadual instituidora do Imposto sobre a Propriedade de Veículos Automotores, considerando a inexistência de legislação complementar.

A: incorreta, pois há incidência do ICMS, independentemente de o importador ser contribuinte habitual do imposto, o que ficou expresso no texto do art. 155, § 2º, IX, a, da CF; B: incorreta, pois o STF entende que o ITCMD pode ter alíquotas progressivas conforme o valor da base de cálculo – ver RE 562.045/RS; C: correta, pois essa foi a interpretação do a STF em relação ao art. 155, § 2º, II, b, da CF; D: incorreta, pois os descontos incondicionais não compõem o valor da mercadoria ou do serviço, nem, portanto, a base de cálculo do ICMS – Súmula 457 do STJ e art. 13, § 1º, II, a, da LC 87/1996; E: incorreta, pois a omissão do Congresso Nacional não afasta a competência tributária estadual, sendo que cada Estado e o Distrito Federal supre a lacuna nos termos do art. 24, § 3º, da CF. RB
Gabarito "C".

(Procurador do Estado/PR – 2015 – PUC-PR) O Imposto sobre operações relativas à circulação de mercadorias e sobre prestações de serviços de transporte interestadual e intermunicipal e de comunicação – ICMS é o tributo com o maior número de dispositivos positivados no texto da Constituição. Trata-se, ademais disso, da maior fonte de recursos para os diversos Estados da Federação. Em âmbito nacional, o ICMS é regido pela Lei Complementar 87, de 13.09.1996. No Estado do Paraná, é a Lei Estadual 11.580, de 14.11.1996, que dispõe sobre o tributo. Sobre o assunto, assinale a alternativa **CORRETA**

(A) Para fins tributários, a jurisprudência tem equiparado os serviços de telecomunicação à indústria, admitindo o creditamento de ICMS decorrente da entrada de energia elétrica consumida pela empresa, vez que essencial ao desempenho de suas atividades.
(B) O legislador complementar adotou o regime de crédito financeiro, segundo o qual admite-se o creditamento incondicionado do ICMS decorrente da entrada de mercadorias destinadas ao ativo permanente da empresa.
(C) A inclusão do montante do imposto na sua própria base de cálculo (ICMS por dentro) viola a Constituição Federal de 1988.
(D) Por força de imunidade tributária específica, não incide ICMS sobre a operação de compra e venda de álcool combustível celebrada entre uma distribuidora sediada no Estado do Paraná e um posto de combustível situado no Estado de Santa Catarina.
(E) Nas operações de arrendamento mercantil financeiro internacional, incide o ICMS a partir da entrada da mercadoria no território nacional, independentemente do exercício efetivo da opção de compra.

A: correta, tendo sido essa a interpretação dada pelo STJ – ver REsp 1.201.635/MG; B: incorreta, pois o creditamento nesse caso é restringido nos termos do art. 20, § 5º, da LC 87/1996; C: incorreta, pois isso é previsto expressamente pelo art. 155, § 2º, XII, i, da CF; D: incorreta, pois a imunidade do art. 155, § 2º, X, b, da CF restringe-se a combustíveis derivados de petróleo; E: incorreta, pois o STF afastou a incidência nesse caso – ver RE 226.899/SP. RB
Gabarito "A".

(Procurador do Estado/PR – 2015 – PUC-PR) A Lei Complementar n. 24, de 7 de janeiro de 1975, regula a forma como, mediante deliberação dos Estados e do Distrito Federal, isenções, incentivos e benefícios fiscais referentes ao ICMS serão concedidos e revogados. O diploma legal em comento confere efetividade à norma constante do art. 155, § 2º, XII, g, da Constituição de 1988 e tem por objetivo mitigar os efeitos da guerra fiscal entre os Estados. Sobre as isenções, incentivos e benefícios fiscais referentes ao ICMS, assinale a alternativa CORRETA.

(A) O regime de substituição tributária para trás (diferimento) enquadra-se na categoria dos benefícios fiscais, logo, deve ser objeto de convênio do Confaz.
(B) Surge inconstitucional lei do Estado que, para mitigar pronunciamento do STF, implica, quanto ao recolhimento do tributo, dispensa de acessórios – juros e multa de mora – e parcelamento, sem prévia autorização do Confaz.
(C) É válido dispositivo de lei que confere ao Chefe do Poder Executivo do Ente Federativo o direito de conceder unilateralmente incentivos fiscais sempre que outro Estado proceder dessa maneira.
(D) A isenção do ICMS incidente sobre operações de aquisição de energia elétrica por entidade religiosa viola a Constituição quando realizada sem autorização do Confaz.
(E) Se Estado diverso concede benefícios fiscais de ICMS sem observância das regras da LC 24/1975 e sem autorização do Confaz, cabe ao Estado lesado o estorno do tributo porventura suprimido pela empresa beneficiária do benefício indevido.

A: incorreta, pois entende-se que o simples diferimento (adiamento) do recolhimento não implica isenção, benefício ou incentivo fiscal nos termos do art. 155, § 2º, XII, g, da CF; B: correta, conforme o art. 155, § 2º, XII, g, da CF; C: incorreta, pois qualquer benefício fiscal deve ser aprovado pela unanimidade das Unidades Federadas, nos termos do art. 155, § 2º, XII, g, da CF e do art. 2º, § 2º da LC 24/1975; D: correta, conforme comentário à alternativa anterior; E: incorreta, pois o Judiciário tem entendido que é necessária demanda judicial para isso. RB
Gabarito "B".

(Procurador do Estado/BA – 2014 – CESPE) A respeito da concessão, pelos entes da Federação, de benefício fiscal em relação ao ICMS, julgue os itens subsecutivos.

(1) Não há obrigatoriedade de a concessão de benefícios fiscais ser feita por lei complementar estadual.
(2) Consideram-se benefícios fiscais as imunidades previstas na CF.
(3) De acordo com a CF, cabe a lei complementar regular a forma como, mediante deliberação dos estados e do DF, isenções, incentivos e benefícios fiscais serão concedidos e revogados.
(4) Sendo o ICMS um tributo estadual, a concessão de benefícios fiscais a ele relacionada deve ser feita por meio de atos administrativos normativos, como decretos.
(5) Por ser um tributo de importância nacional, o ICMS só pode ser concedido pelos entes da Federação mediante autorização do Senado Federal, ao qual cabe, inclusive, prescrever suas alíquotas em determinados casos.

1: correta, pois a concessão de benefícios fiscais se dá, em regra, por lei ordinária do ente tributante. No caso do ICMS, é importante lembrar que os benefícios fiscais dependem de deliberação dos Estados e do DF (Confaz) – art. 155, § 2º, XII, g, da CF/1988; **2:** incorreta, pois imunidade é regra constitucional que afasta a competência tributária, enquanto benefícios fiscais são concedidos pelo entre tributante competente (pressupõem, portanto, a existência de competência tributária); **3:** correta (art. 155, § 2º, XII, g, da CF/1988); **4:** incorreta, conforme comentário à primeira assertiva; **5:** incorreta, pois depende da deliberação do Confaz – art. 155, § 2º, XII, g, da CF/1988, não do Senado.
Gabarito 1C, 2E, 3C, 4E, 5E

Procurador Distrital – 2014 – CESPE) Julgue o seguinte item.

(1) Conforme jurisprudência do STJ, admite-se, no processo administrativo, a fixação da base de cálculo do ICMS no valor da mercadoria submetido ao regime de pauta fiscal.

1: Incorreta, conforme a Súmula 431 do STJ.
Gabarito 1E

11.6. ITCMD

(Procurador do Estado/SP – 2018 – VUNESP) Consideradas as disposições da Constituição Federal e da Lei Paulista no 10.705, de 2000, sobre o Imposto sobre a Transmissão Causa Mortis e Doações – ITCMD – assinale a alternativa correta.

(A) É contribuinte do ITCMD, em caso de doação, o donatário residente no Estado de São Paulo.
(B) Compete ao Estado de domicílio do de cujus o ITCMD incidente na transmissão causa mortis de bens imóveis.
(C) Em caso de imóveis, o ITCMD incide somente por transmissão causa mortis, e, em caso de outros bens e direitos, o imposto incide sobre a transmissão a qualquer título.
(D) A instituição do ITCMD pelos Estados depende de lei complementar federal que regule os aspectos específicos da incidência em qualquer hipótese de transmissão ou de qualquer bem, independentemente da situação do contribuinte ou responsável.
(E) A doação com encargos não se sujeita à incidência do ITCMD.

A: correta – art. 155, § 1º, II, da CF e art. 7º, III, da Lei SP 10.705/2000; **B:** incorreta, pois, no caso da incidência *causa mortis*, o ITCMD é devido no local onde se processar o inventário ou o arrolamento, no caso de bens móveis, ou no local do bem imóvel – art. 155, § 1º, I e II, da CF; **C:** incorreta, pois incide o ITCMD também na doação de bens imóveis – art. 155, I, da CF; **D:** incorreta, pois o art. 155, § 1º, III, da CF prevê regulação da competência para instituição apenas nos casos em que (i) o doador tiver domicílio ou residência no exterior e em que (ii) *de cujus* possuía bens, era residente ou domiciliado ou teve o seu inventário processado no exterior; **E:** incorreta, pois toda doação se sujeita ao ITCMD – art. 155, I, da CF.
Gabarito "A".

(Procurador do Estado – PGE/MT – FCC – 2016) O imposto de transmissão *causa mortis* e doação de quaisquer bens ou direitos, de competência estadual,

(A) incide sobre a transmissão de bens, realizada entre pessoas jurídicas, em decorrência da transferência da propriedade de bem imóvel em virtude de aumento de capital aprovada pelos órgãos societários das pessoas jurídicas envolvidas.
(B) onera atos jurídicos relativos à constituição de garantias reais sobre imóveis.
(C) será devido em favor do Estado do Mato Grosso, em relação às doações de dinheiro, sempre que o donatário estiver domiciliado nessa Unidade da Federação, ou no Distrito Federal.
(D) não incidirá sobre as transmissões ou doações em que figurarem como herdeiros, legatários ou donatários, os partidos políticos e suas fundações, respeitados os requisitos de lei.
(E) tem lançamento apenas na modalidade "por declaração".

A: incorreta, pois o ITCMD não incide sobre transmissões onerosas, como é o caso da transmissão para aumento de capital – art. 155, I, da CF. Ademais, há imunidade em relação ao ITBI municipal, exceto na hipótese descrita no art. 156, § 2º, I, da CF; **B:** incorreta, pois não há doação ou transmissão *causa mortis*, nessa hipótese; **C:** incorreta, pois o ITCMD incidente sobre doações de bens móveis, títulos e créditos é devido ao ente federado onde domiciliado o doador – art. 155, § 1º, II, da CF; **D:** correta, nos termos do art. 5º, I, c, da Lei Estadual do MT 7.850/2002. Note que há norma nacional que defina o sujeito passivo do ITCMD, de modo que cabe a cada Estado regular a matéria – art. 146, III, a, e art. 24, § 3º, da CF. Assim, não se pode afirmar que há imunidade, nesse caso, pois se a lei de determinado Estado aponta o doador como contribuinte (o que é muito comum), incide o ITCMD nas transmissões em favor de entidades imunes (como partidos políticos), exceto claro se o doador também for imune. No caso do MT, entretanto, a lei estadual afasta expressamente essa incidência nas doações em transmissões para partidos políticos e suas fundações, o que exigiria conhecimento específico do candidato.
Gabarito "D".

(Procurador do Estado – PGE/RS – Fundatec – 2015) Quanto ao ITCD, analise as assertivas abaixo, considerando o entendimento jurisprudencial:

I. Pode ser progressivo.
II. Sua alíquota máxima, fixada pelo Senado Federal, é de 8%.
III. É cobrado, no Estado do Rio Grande do Sul, com base nas alíquotas de 3% e 4%, aplicáveis, respectivamente, para a sucessão *causa mortis* e para as doações.
IV. Calcula-se sobre o saldo credor da promessa de compra e venda de imóvel, no momento da abertura da sucessão do promitente vendedor.

Após a análise, pode-se dizer que:

(A) Estão corretas apenas as assertivas I e II.
(B) Estão corretas apenas as assertivas I e III.
(C) Estão corretas apenas as assertivas II e III.
(D) Estão corretas apenas as assertivas I, II e IV.
(E) Todas as assertivas estão corretas.

I: correta, conforme a atual jurisprudência do STF – ver RE 562.045/RS – repercussão geral; **II:** correta – Resolução do Senado Federal 9/1992; **III:** incorreta, pois segundo a legislação estadual do RS, as alíquotas do ITCMD variam de 0 a 6% – art. 18 da Lei Estadual do RS 8.821/1989. É importante que o estudante acompanhe a legislação específica de cada Estado exigida nos editais de concurso, inclusive em relação a possíveis alterações.
Gabarito "D".

(Procurador do Estado – PGE/PA – UEPA – 2015) A respeito do Imposto Sobre a Transmissão Causa Mortis e Doações (ITCMD) no Estado do Pará, julgue as afirmativas abaixo.

I. O imposto tem como fatos geradores a transmissão de bens ou direitos decorrentes da sucessão hereditária e a transmissão, através de doações, com ou sem encargos, a qualquer título, de bens e direitos.
II. Nas transmissões "Causa Mortis", há apenas um fato gerador, independentemente de quantos sejam os herdeiros ou legatários.
III. O ITCMD incidente sobre bem objeto de transmissão localizado em território paraense será devido ao Estado do Pará, desde que a transmissão não provenha de sucessão aberta no estrangeiro.
IV. Os impostos devidos sobre a transmissão "Causa Mortis" ou doação relativos a bens móveis, títulos e créditos competem ao Estado do Pará, quando nele se processar o inventário ou arrolamento, ou nele estiver domiciliado o *de cujus* ou doador.

A alternativa que contém todas as afirmativas corretas é:

(A) I e II
(B) I e IV
(C) II e IV
(D) II e III
(E) I e III

I: correta – art. 155, I, da CF; **II:** incorreta, pois nas transmissões *causa mortis*, ocorrem tantos fatos geradores distintos quantos sejam os herdeiros ou legatários – art. 35, parágrafo único, do CTN; **III:** incorreta, pois no caso de bens móveis, títulos e créditos, o ITCMD é devido ao Estado ou ao DF onde se processar o inventário ou o arrolamento ou onde tiver domicílio o doador – art. 155, § 1º, II, da CF; **IV:** correta, conforme comentário anterior.
Gabarito "B".

(Procurador do Estado – PGE/RN – FCC – 2014) Segundo o Código Tributário Nacional, a definição legal do fato gerador é interpretada abstraindo-se da validade jurídica dos atos efetivamente praticados, da natureza do seu objeto e seus efeitos, bem como dos efeitos dos fatos efetivamente ocorridos. Diante disso,

(A) o recolhimento de ITCD incidente sobre doação de bem imóvel em fraude contra credores é válido, mesmo diante de anulação do negócio jurídico por decisão judicial irrecorrível.
(B) somente os negócios juridicamente válidos podem ser definidos como fato gerador de tributos.
(C) a hipótese de incidência pode ter em seu aspecto material fatos ilícitos, desde que compatíveis com a regra-matriz de incidência prevista na Constituição Federal.
(D) somente os negócios jurídicos com agente capaz, objeto lícito e forma prevista ou não proibida em lei serão fatos geradores de tributos.
(E) a circulação de mercadoria objeto de contrabando não pode ser fato gerador do ICMS, tendo em vista que o objeto do negócio, qual seja, a mercadoria, é ilícita.

A: correta, sendo essa a interpretação dada pelo fisco ao art. 118, I, do CTN; **B:** incorreta, pois a validade jurídica dos negócios não é, em princípio, relevante para aferição da ocorrência do fato gerador – art. 118 do CTN; **C:** incorreta, pois a hipótese de incidência, como previsão legal, geral e abstrata do fato gerador não pode definir situação ilícita como fato gerador do tributo – art. 3º do CTN. O que não impede que uma situação de fato ilícita implique incidência do imposto. Por exemplo, auferir renda é fato lícito, abstratamente considerado, e previsto na hipótese de incidência do imposto de renda. Traficante de drogas realiza atos ilícitos, mas ao auferir renda, deve recolher o imposto correspondente; **D:** incorreta, pois a capacidade civil do agente é irrelevante para a sujeição passiva (art. 126 do CTN), assim como a licitude ou forma dos atos efetivamente praticados (art. 118 do CTN); **E:** incorreta, pois a circulação de mercadoria em si, que é fato gerador do

ICMS, é lícita, sendo irrelevante a validade jurídica dos atos efetivamente praticados pelos contribuintes – art. 118 do CTN.
Gabarito "A".

(Procurador do Estado – PGE/RN – FCC – 2014) Em relação ao Imposto sobre Transmissão *Causa Mortis* e Doação, de quaisquer bens ou direitos:

(A) terá suas alíquotas máximas reguladas por Convênio entre os Estados e o Distrito Federal.
(B) na doação de bens imóveis, compete ao Estado onde tiver domicílio o doador.
(C) terá suas alíquotas mínimas fixadas por Resolução do Congresso Nacional.
(D) na doação de bens móveis, a competência para a sua instituição deverá ser regulada por lei complementar no caso em que o donatário tenha domicílio no exterior.
(E) incidirá sobre doações realizadas por pessoas jurídicas.

A: incorreta, pois as alíquotas máximas do ITCMD devem ser fixadas pelo Senado Federal – art. 155, § 1º, IV, da CF; **B:** incorreta, pois o ITCMD relativo a imóvel é devido ao Estado ou ao DF onde localizado o bem – art. 155, § 1º, II, da CF; **C:** incorreta, pois somente as alíquotas máximas são determinadas, e pelo Senado Federal, conforme comentário à primeira alternativa; **D:** incorreta, pois a lei complementar deverá regular o caso de doador no exterior, não donatário. Caso o doador esteja no Brasil, o ITCMD será devido ao Estado ou DF em que ele estiver domiciliado – art. 155, § 1º, II, da CF; **E:** correta, considerando que a doação feita por qualquer pessoa, natural ou jurídica, sujeita-se ao ITCMD, exceto evidentemente em caso de imunidade ou benefício fiscal que lhe aproveite.
Gabarito "E".

(Procurador do Estado/AM – 2016 – CESPE) Em relação às espécies tributárias e às características dessas espécies, julgue os itens que se seguem.

(1) É inconstitucional a fixação de alíquota progressiva para o ITCMD.
(2) Aplica-se o princípio da tributação na origem e no destino em caso de comercialização de mercadoria por contribuinte do ICMS localizado em estado diverso do estado do consumidor final, o que enseja a repartição do crédito tributário mediante o sistema de alíquotas interestaduais e internas.

1: incorreta, pois o STF fixou o entendimento no sentido de que é possível alíquotas de ITCMD progressivas (conforme o valor, não pelo grau de parentesco) – ver RE 562.045/RS; **2:** correta. A partir da EC 87/2015, toda operação interestadual para consumidor final, contribuinte ou não do imposto, localizado em outro Estado, sujeita-se à alíquota interestadual e caberá ao Estado de localização do destinatário o imposto correspondente à diferença entre a alíquota interna do Estado destinatário e a alíquota interestadual.
Gabarito 1E, 2C.

(Procurador da República –28º Concurso – 2015 – MPF) Lei estadual estabelece progressividade de alíquota do imposto sobre transmissão *causa mortis* e doação de bens e direitos (ITCMD). Neste caso, segundo o Supremo Tribunal Federal:

(A) É incabível a progressividade de alíquotas porquanto é restrita aos tributos taxativamente elencados na vigente Constituição Federal;
(B) A progressividade prevista na cobrança viola o princípio da capacidade contributiva;
(C) É cabível a cobrança do referido imposto de forma progressiva com vistas a assegurar a aferição da capacidade econômica do contribuinte;
(D) A progressividade na cobrança do imposto infringe o constitucional princípio da igualdade material tributária.

O STF fixou o entendimento no sentido de que é possível alíquotas de ITCMD progressivas (conforme o valor, não pelo grau de parentesco) – ver RE 562.045/RS. Por essa razão, a alternativa "C" é a correta.
Gabarito "C".

(Procurador do Estado/AM – 2016 – CESPE) Em relação às espécies tributárias e às características dessas espécies, julgue os itens que se seguem.

(1) É inconstitucional a fixação de alíquota progressiva para o ITCMD.

1: incorreta, pois o STF fixou o entendimento no sentido de que as alíquotas do ITCMD podem ser progressivas (RE 562.045, com repercussão geral).
Gabarito 1E.

(Magistratura/RR – 2015 – FCC) Sérgio, viúvo, faleceu em 2012, tendo deixado dois filhos como herdeiros: um maior de idade e outro menor de idade.
No momento de seu falecimento, o valor total dos bens deixados por Sérgio (todos eles bens móveis) era de R$ 1.500.000,00.
Nesse mesmo momento, o valor de suas dívidas, inclusive tributárias, perfazia o montante de R$ 300.000,00.
Em seu testamento, deixou como legado, para seu sobrinho Carlos, menor de idade, com 8 anos completos, a importância de R$ 120.000,00, e deixou para Madalena, sua sobrinha e irmã de Carlos, com 21 anos completos, a importância de R$ 100.000,00.
Camilo, tutor de Carlos, aceitou a herança em nome do menino, mas como este não possuía recurso financeiro algum para liquidar o crédito tributário em questão, deixou-se de efetivar o pagamento do ITCMD incidente sobre essa transmissão *causa mortis*.
Madalena aceitou a herança, mas não pagou o ITCMD devido, por puro esquecimento.
De acordo com a lei do Estado federado que tinha titularidade ativa para instituir o ITCMD sobre essas transmissões hipotéticas, "o contribuinte do ITCMD é o herdeiro a qualquer título".
Considerando os fatos acima narrados e o que o Código Tributário Nacional dispõe a respeito de sujeição passiva e capacidade tributária,

(A) Carlos não pode ser contribuinte do ITCMD relativo ao legado que recebeu, por ser menor de idade, ainda que lei estadual tenha disposto que o herdeiro a qualquer título é o contribuinte na transmissão *causa mortis*.
(B) Camilo não pode ser responsabilizado pelo pagamento do ITCMD devido sobre o legado recebido por Carlos, pois não agiu com dolo.
(C) o espólio é responsável pelas dívidas tributárias do *de cujus*, incorridas anteriormente ao seu óbito.
(D) Madalena, por ser irmã de Carlos, e maior de idade, é contribuinte tanto em relação ao ITCMD devido pelo legado que recebeu, como em relação ao ITCMD devido pelo legado recebido por seu irmão.
(E) o espólio, na qualidade de responsável por sucessão, é contribuinte do ITCMD devido pelos legatários e pelos herdeiros legais menores de idade.

A: incorreta, pois a capacidade tributária independe da capacidade civil – art. 126, I, do CTN; **B:** incorreta, a configuração de dolo não é relevante para a responsabilidade prevista no art. 134, II, do CTN; **C:** correta, nos termos do art. 131, III, do CTN; **D:** incorreta, pois o fato de Madalena ser irmã de Carlos não faz dela responsável tributário por inexistir vinculação, ainda que indireta, com o fato gerador – art. 128 do CTN; **E:** incorreta, pois o espólio responde apenas pelos tributos devidos pelo *de cujus*, e não os devidos pelos herdeiros – art. 131, III, do CTN.
Gabarito "C".

(Magistratura/RR – 2015 – FCC) José, viúvo, domiciliado em Alto Alegre/RR, doou, em 2012, a seu filho mais velho, Pedro, a importância de R$ 50.000,00, que mantinha depositada em uma caderneta de poupança aberta em agência bancária da cidade de Belém/PA. Nesse mesmo ano, doou a seu filho caçula, Paulo, um terreno de sua propriedade, localizado na cidade de Oriximiná/PA, no valor de R$ 60.000,00.
Em 2014, José veio a falecer, deixando como herdeiros os seus três filhos: Pedro, Mercedes e Paulo.
O processo judicial de inventário dos bens deixados por seu falecimento correu na cidade de Alto Alegre/RR, onde ainda estava domiciliado no momento de sua morte.
Em seu testamento, José deixou para Mercedes um terreno, no valor de R$ 200.000,00, localizado no centro da cidade de Manaus/AM, e deixou para Pedro a importância de R$ 55.000,00, depositada em caderneta de poupança mantida em agência bancária da cidade de Palmas/TO. O restante dos bens deixados, no valor total de R$ 1.800.000,00, todos eles móveis e não incluídos no testamento de José, foram divididos igualmente entre os três filhos, cabendo a cada um deles a importância de R$ 600.000,00.
Com base nos fatos acima narrados e nas regras constantes da Constituição Federal, o sujeito ativo do ITCMD incidente sobre a transmissão

I. *causa mortis*, da caderneta de poupança deixada por testamento a Pedro, é o Estado de Roraima.
II. por doação, a Pedro, dos R$ 50.000,00, é o Estado de Roraima.
III. *causa mortis*, do terreno deixado por testamento a Mercedes, é o Estado do Amazonas.
IV. *causa mortis*, dos demais bens móveis que não foram incluídos no testamento, é o Estado de Roraima.
V. por doação, a Paulo, do terreno localizado na cidade de Oriximiná, é o Estado do Pará.

Está correto o que se afirma em
(A) I, II, III, IV e V.
(B) I, II e IV, apenas.
(C) II e V, apenas.
(D) III, IV e V, apenas.
(E) III e V, apenas.

I: correta, pois o ITCMD no caso de transmissão *causa mortis* de bens móveis é devido ao Estado ou ao Distrito Federal onde se processar o inventário ou arrolamento – art. 155, § 1º, II, da CF; **II:** correta, pois o ITCMD no caso de transmissão por doação de bens móveis é devido ao Estado ou ao Distrito Federal onde domiciliado o doador – art. 155, § 1º, II, da CF; **III:** correta, pois o ITCMD relativo a transmissão de bens imóveis, seja por doação ou *causa mortis*, é sempre devido ao Estado ou Distrito Federal onde localizado esse imóvel – art. 155, § 1º, I, da CF; **IV:** correta, conforme comentário a "I"; **V:** correta, conforme comentário a "III".
Gabarito "A".

(Magistratura/SC – 2015 – FCC) Klaus, viúvo, domiciliado em Blumenau/SC, faleceu em 2013 e deixou bens no valor de R$ 1.800.000,00 a seus quatro filhos: Augusto, Maria, Marcos e Teresa. Augusto, domiciliado em Chapecó/SC, em pagamento de seu quinhão, recebeu o terreno localizado em Maringá/PR. Maria, domiciliada em Belo Horizonte/MG, renunciou a seu quinhão a favor de sua irmã, Teresa. Marcos, domiciliado em São Paulo/SP, em pagamento de seu quinhão, recebeu o montante depositado na conta-corrente que Klaus mantinha em São Paulo e com o imóvel localizado à beira-mar, em Torres/RS. A Teresa, domiciliada em Campo Grande/MS, em pagamento de seu quinhão, couberam os bens móveis deixados pelo falecido. Marcos renunciou ao imóvel localizado em Torres a favor de sua irmã, Teresa. O processo judicial de arrolamento dos bens deixados por Klaus correu em Blumenau/SC. Considerando as informações acima e a disciplina estabelecida na Constituição Federal acerca da sujeição ativa do ITCMD, compete ao Estado de

(A) São Paulo o imposto sobre a renúncia de Marcus em relação ao terreno recebido, pois essa renúncia caracteriza doação e o doador está domiciliado em São Paulo.
(B) Santa Catarina o imposto incidente sobre a transmissão *causa mortis* do terreno recebido por Augusto.
(C) Santa Catarina o imposto incidente sobre a transmissão *causa mortis* de todos os bens deixados por falecimento de Klaus.
(D) Mato Grosso do Sul, Estado de domicílio de Teresa, o imposto incidente sobre a transmissão *causa mortis* dos bens móveis recebidos por ela.
(E) Minas Gerais o imposto incidente sobre a transmissão *inter vivos*, não onerosa, de bens móveis integrantes do quinhão recebido por Teresa, em razão da renúncia efetivada por Maria.

A: incorreta, pois o ITCMD relativo a transmissão de bens imóveis, seja por doação ou *causa mortis*, é sempre devido ao Estado ou Distrito Federal onde localizado esse imóvel, no caso, ao Estado do RS – art. 155, § 1º, I, da CF. Importante destacar que, no mais, a assertiva está correta. A renúncia de Marcos não foi pura (ou abdicativa), ou seja, ele simplesmente não desistiu da herança, hipótese em que não incidiria o ITCMD em relação a ele. Sua renúncia foi translativa, pelo que ele indicou quem deveria receber a herança em seu lugar (ou seja, é como se ele tivesse aceitado a herança e depois doado o bem), caso em que o ITCMD incide sobre as duas transmissões, na forma da lei estadual; **B:** incorreta, conforme comentário à alternativa "A", de modo que o ITCMD nesse caso é devido ao Paraná, onde localizado o imóvel; **C:** incorreta, pois em relação aos imóveis o ITCMD será devido ao Estado onde localizado cada um deles, conforme comentários anteriores; **D:** incorreta, pois, em relação aos bens móveis, o ITCMD é devido aos Estados em que localizados os doadores (no caso, a SP o ITCMD relativo à doação de Maria, considerando que seriam bens móveis). Em relação aos bens imóveis, conforme comentários anteriores, o ITCMD é devido ao Estado em que localizado (no caso, ao RS em relação ao imóvel doado por Marcos); **E:** correta, pois o ITCMD sobre doação é devido ao local de domicílio do doador, no caso, ao Estado de MG – art. 155, § 1º, II, da CF. Gabarito "E".

(Procurador do Estado/PR – 2015 – PUC-PR) Nos termos da Constituição Federal de 1988, compete aos Estados e ao Distrito Federal instituir impostos sobre transmissão causa mortis e doação, de quaisquer bens ou direitos – ITCMD (CF/88, art. 155, I). No Estado do Paraná, o ITCMD é regido pela Lei n. 8.927/1988. Sobre o assunto, assinale a alternativa CORRETA.

(A) No Estado do Paraná, é dispensado o pagamento do ITCMD incidente sobre o excesso de partilha decorrente de divórcio.
(B) O termo a quo do prazo decadencial para lançamento do ITCMD causa mortis, tratando-se de processo de inventário, é o primeiro dia do exercício financeiro seguinte ao da homologação judicial do cálculo do referido inventário.
(C) A previsão de alíquotas progressivas do ITCMD afronta a Constituição Federal de 1988.
(D) Nas doações com reserva do usufruto ou na sua instituição gratuita a favor de terceiros realizadas no Estado do Paraná, o valor dos direitos reais do usufruto, uso ou habitação, vitalício e temporário, será igual a um terço do valor total do bem, correspondendo o valor restante à sua propriedade separada daqueles direitos.
(E) Em se tratando de processo de arrolamento sumário, a discussão relativa à correção de valores recolhidos a título de ITCMD deve se dar no curso da referida ação judicial.

A: incorreta, pois não há isenção fixada pela lei estadual para o caso. É importante destacar que quando um dos cônjuges recebe na partilha mais do que lhe seria devido em decorrência do regime de casamento e demais normas civilistas, há desigualdade, ou excesso, sendo devido o imposto de transmissão sobre o respectivo montante, seja essa transmissão onerosa de imóveis (ITBI municipal) ou não onerosa de bens móveis ou imóveis (ITCMD estadual) – ver Súmula 116/STF; **B:** correta, nos termos do art. 173, I, do CTN, lembrando que somente após a homologação judicial do cálculo é que o Estado poderia realizar o lançamento e cobrar o imposto respectivo; **C:** incorreta, pois o STF entende que o ITCMD pode ter alíquotas progressivas conforme o valor da base de cálculo – ver RE 562.045/RS; **D:** incorreta, conforme a legislação Estadual. Embora o CTN refira-se ao valor dos bens como base de cálculo do imposto (art. 37, § 4º), é comum as leis estaduais definirem parcela do valor total como base no caso de transmissão de direitos reais outros que não o de propriedade, ou em que a transmissão de propriedade não é plena; **E:** incorreta, pois essa possibilidade de discussão no procedimento sumário de arrolamento é afastada pela jurisprudência, com base na legislação processual – ver AgRg no AREsp 270.270/SP. Gabarito "B".

11.7. IPVA

(Procurador do Estado/SP – 2018 – VUNESP) Consideradas as disposições da Constituição Federal e da Lei Paulista no 13.296, de 2008, sobre o Imposto sobre a Propriedade de Veículos Automotores – IPVA, é correto afirmar:

(A) o adquirente de veículo usado, com IPVA inadimplido, é responsável, exclusivamente, pelo débito relativo ao exercício em que ocorrer a compra e venda.
(B) considera-se ocorrido o fato gerador do IPVA no dia 1o de janeiro de cada ano para veículos usados e na data da primeira aquisição pelo consumidor para veículos novos.
(C) a incorporação de veículo novo ao ativo permanente do fabricante do bem não é fato gerador do IPVA, por não implicar transferência de propriedade.
(D) o recolhimento do IPVA incidente na aquisição de veículo novo fica diferido para o dia 1o de janeiro subsequente à aquisição.
(E) a base de cálculo do IPVA é o valor de mercado do veículo, usado ou novo, conforme fixado por autoridade no lançamento.

A: incorreta, pois o adquirente do veículo é responsável por sucessão em relação aos débitos deixados pelo alienante – art. 131, I, do CTN; **B:** correta. Embora o candidato precise conhecer a lei estadual para ter certeza sobre o momento de incidência do IPVA (já que se trata de tributo com fato gerador continuado, que se renova a cada ano), o usual é a incidência na data da primeira aquisição por consumidor final e em 1º de janeiro dos exercícios subsequentes – art. 3º, I e II, da Lei SP 13.296/2008; **C:** incorreta, até porque a legislação estadual não prevê incidência em desfavor do fabricante antes da aquisição pelo consumidor final. Quando o veículo é incorporado ao ativo permanente do fabricante significa que não será vendido novo para consumidor final, de modo que incide o IPVA, na forma da legislação estadual (é como se o fabricante fosse o consumidor final, na qualidade de usuário do veículo) – art. 3º, IV, da Lei SP 13.296/2008; **D:** incorreta, pois o IPVA incide na data da primeira aquisição do veículo novo por consumidor final – art. 3º, II, da Lei SP 13.296/2008; **E:** incorreta, pois, no caso do veículo novo vendido a consumidor final, por exemplo, a base de cálculo é o valor constante no documento fiscal – art. 7º, II, da Lei SP 13.296/2008. Gabarito "B".

(Procurador do Estado – PGE/PA – UEPA – 2015) A respeito do Imposto sobre a Propriedade de Veículos Automotores (IPVA) no Estado do Pará, é correto afirmar que:

(A) o imposto sobre a propriedade de veículo terrestre será devido ao Estado do Pará, quando aqui se localizar o domicílio do proprietário.
(B) o imposto incide apenas sobre a propriedade de veículo aéreo e terrestre.
(C) somente no caso de veículos de propriedade das pessoas portadoras de deficiência física haverá isenção do imposto.
(D) ainda que ocorra perda total do veículo por furto, roubo ou sinistro, a Secretaria Executiva da Fazenda não poderá dispensar o pagamento do imposto.
(E) será exigível, nos casos de transferência, novo pagamento do imposto sobre a propriedade do veículo, ainda que já solvido no mesmo exercício, em outra Unidade da Federação.

A: correto, pois a sujeição ativa do IPVA é determinada pelo local de licenciamento do veículo (art. 158, III, da CF), que deve corresponder ao domicílio do proprietário (art. 120 do Código de Trânsito Brasileiro); **B:** incorreta, pois o STF fixou entendimento de que o IPVA incide apenas sobre a propriedade de veículos terrestres – ver RE 255.111/SP; **C:** incorreta, pois há diversas outras isenções na legislação estadual do Pará – art. 3º da Lei Estadual do Pará 6.017/1996; **D:** incorreta, pois será dispensado o pagamento do IPVA em caso de perda total do veículo por furto, roubo ou sinistro – art. 6º da Lei Estadual do Pará 6.017/1996; **E:** incorreta, pois a legislação do Pará afasta a cobrança nesse caso – art. 17 da Lei Estadual do Pará 6.017/1996. Gabarito "A".

(Procurador do Estado – PGE/RN – FCC – 2014) Analise os itens abaixo.

I. O IPVA é um imposto de competência dos Estados e do Distrito Federal, mas pode ser instituído pelos Municípios na ausência de legislação estadual.
II. As alíquotas mínimas para o IPVA são fixadas por Resolução do Senado Federal.
III. O IPVA pode ter alíquotas diferenciadas em função do tipo e da utilização dos veículos.
IV. O IPVA pode ter alíquotas progressivas em razão do valor venal do veículo, conforme disposição expressa na Constituição Federal.

Está correto o que se afirma APENAS em

(A) II e IV.

(B) I e II.
(C) II e III.
(D) III e IV.
(E) I e III.

I: incorreta, pois a competência, ou seja, a atribuição para legislar sobre determinado tributo, é indelegável – art. 7º do CTN; **II:** correta – art. 155, § 6º, I, da CF; **III:** correta – art. 155, § 6º, II, da CF; **IV:** incorreta, pois a CF não prevê expressamente a progressividade do IPVA – art. 155, § 6º, da CF. RB
Gabarito "C".

(Defensor Público/RO – 2012 – CESPE) No que diz respeito ao imposto sobre a propriedade de veículos automotores (IPVA), assinale a opção correta consoante a CF e a jurisprudência.
(A) É legítima a cobrança do IPVA com base de cálculo em tabela de preço estabelecida pela FIPE, desde que exista lei autorizando a secretaria de fazenda a adotar os meios necessários para a atualização do valor venal dos veículos automotores.
(B) Cabem ao município a instituição e a cobrança do IPVA dos veículos registrados em sua circunscrição.
(C) Somente mediante convênio celebrado entre os entes tributantes, é possível conceder benefício fiscal relativo ao IPVA.
(D) Em caso de arrendamento mercantil, o arrendante é responsável solidário para o adimplemento da obrigação tributária.
(E) Dada a inexistência de restrição constitucional à incidência de IPVA sobre os automóveis, é legítima a incidência desse imposto sobre as embarcações e aeronaves regularmente registradas no ente político instituidor da exação, porquanto ambas são movidas por propulsão própria.

A: adequada, pois a adoção da tabela de preços médios dos veículos produzido pela FIPE é amplamente adotada pelos Estados, para tributação dos veículos, sem que o Judiciário tenha afastado a prática, embora a condicionante no final da assertiva possa indicar a incorreção. Note que no caso do IPTU, outro tributo sobre a propriedade, a jurisprudência é pacífica no sentido de que o valor venal do bem (sua base de cálculo) deve ser expressamente fixado por lei; **B:** incorreta, pois a competência tributária relativa ao IPVA é exclusiva do Estado e do Distrito Federal; **C:** incorreta, pois o Estado e o Distrito Federal podem conceder autonomamente benefícios fiscais relativos ao IPVA de sua competência. A exigência de convênio interestadual refere-se ao ICMS; **D:** adequada, pois o arrendante ou arrendador é o proprietário do automóvel, muito embora a sujeição passiva relativa ao IPVA seja fixada pela lei de cada Estado e do Distrito Federal, já que não há norma nacional; **E:** incorreta, pois o STF afastou essa possibilidade, restringindo o IPVA aos veículos automotores terrestres. RB
Gabarito Oficial: "D" – Nosso Gabarito "A" e "D".

(Procurador do Estado/PR – 2015 – PUC-PR) Nos termos do art. 155, III, da Constituição de 1988, compete aos Estados e ao Distrito Federal instituir o Imposto sobre a Propriedade de Veículos Automotores – IPVA. No Estado do Paraná, o IPVA é regido pela Lei n. 14.260, de 23 de dezembro de 2003. Sobre o IPVA, assinale a alternativa CORRETA.
(A) O IPVA terá alíquotas mínimas e máximas fixadas pelo Senado Federal.
(B) No Estado do Paraná, o IPVA incide sobre a propriedade de automóveis e lanchas, mas não de aeronaves, ainda que de pequeno porte.
(C) O IPVA poderá ter alíquotas diferenciadas em função da marca e da utilização.
(D) No Estado do Paraná, considera-se ocorrido o fato gerador do IPVA, tratando-se de veículo automotor usado, transferido de outra unidade federada, no primeiro dia do ano subsequente.
(E) No Estado do Paraná, o lançamento do IPVA dar-se-á anualmente por declaração.

A: incorreta, pois compete ao Senado apenas a fixação das alíquotas mínimas do IPVA, não as máximas – art. 155, § 6º, I, da CF; **B:** incorreta, pois a legislação dos Estados, em regra, preveem a incidência do IPVA também sobre embarcações e aeronaves, embora essa possibilidade seja afastada pelo STF – ver RE 525.382 AgR/SP; **C:** incorreta, pois a distinção não se pode dar em razão da marca do veículo, mas apenas em razão do tipo e utilização – art. 155, § 6º, II, da CF; **D:** correta, conforme a lei estadual, lembrando que cada Estado rege a matéria (aspectos do fato gerador, inclusive o temporal) de maneira plena, já que inexiste norma nacional sobre o imposto (não há para o IPVA a lei complementar prevista no art. 146, III, a, da CF; **E:** incorreta, pois, em regra, o lançamento do IPVA é feito de ofício, conforme a legislação de cada Estado (é assim, no PR). RB
Gabarito "D".

11.8. ISS

(Procurador do Estado/SP – 2018 – VUNESP) Empresa Alfa, com estabelecimento único no Município de Diadema, contrata a empresa Beta, com estabelecimento único no Município de São Bernardo do Campo, para a demolição de edifício localizado no Município de São Caetano do Sul. Consideradas as regras sobre o aspecto espacial do Imposto Sobre Serviços de Qualquer Natureza – ISSQN, conforme a Lei Complementar Federal no 116, de 2003, é correto afirmar que o ISSQN será devido

(A) para o Município de São Caetano do Sul, local da prestação do serviço, se, e somente se, o prestador do serviço lá estiver inscrito.
(B) para o Município de Diadema, local do estabelecimento tomador do serviço, se, e somente se, houver previsão na lei municipal de responsabilização do tomador do serviço.
(C) para o Município de São Caetano do Sul, local da prestação do serviço.
(D) para o Município de Diadema, local do estabelecimento tomador do serviço.
(E) para o Município de São Bernardo do Campo, local do estabelecimento prestador do serviço.

No caso de demolição, o ISS é devido no local onde está a construção a ser demolida (= local da prestação do serviço), ou seja, no Município de São Caetano do Sul – art. 3º, IV, da LC 116/2003. Por essa razão, a alternativa "C" é a correta. RB
Gabarito "C".

(Promotor de Justiça/SC – 2016 – MPE)
(1) Segundo orientação fixada no STF, é constitucional a incidência de ISSQN – Imposto sobre Serviços de Qualquer Natureza, quando devidamente previsto em legislação tributária municipal, sobre os serviços de registros públicos, cartorários e notariais, prestados na forma do art. 236 da CF por delegação do poder público, posto que a atividade em questão não se encontra ao abrigo da imunidade recíproca (art. 150, VI, 'a', da CF), uma vez que o serviço está compreendido em exceção constitucional, que afasta o benefício quanto às atividades desenvolvidas com intuito lucrativo.

1: verdadeiro, conforme ADI 3.089/DF. RB
Gabarito 1C

(Juiz – TJ/SP – VUNESP – 2015) Na cobrança do ISSQN sobre serviços bancários, é correto afirmar, com base nos atuais julgamentos do STJ, que
(A) a lista de serviços previstos na legislação é taxativa e não admite outras inclusões.
(B) a lista de serviços previstos na legislação é taxativa, porém, admite leitura extensiva para serviços idênticos embora com denominações distintas.
(C) a lista de serviços previstos na legislação é exemplificativa, logo, admite outras inclusões.
(D) a lista de serviços previstos na legislação para a atividade bancária tem tratamento específico porque os serviços bancários têm natureza genérica, sujeitos, portanto, como regra, ao pagamento daquele tributo.

A: imprecisa, pois, apesar de a lista ser taxativa, admite interpretação extensiva para serviços congêneres – ver REsp 1.111.234/PR-repetitivo; **B:** correta, conforme comentário anterior; **C:** incorreta, pois a lista é taxativa, conforme comentários anteriores; **D:** incorreta, pois somente os serviços bancários listados taxativamente podem ser tributados pelos municípios, observada a possibilidade de interpretação extensiva dos serviços congêneres, como já dito. RB
Gabarito "B".

11.9. IPTU

(Procurador do Município – Prefeitura Fortaleza/CE – CESPE – 2017) Considerando os dispositivos do CTN e a jurisprudência do STJ em relação ao ato administrativo do lançamento e à atividade desenvolvida para a constituição do crédito tributário, julgue os próximos itens.
(1) Considera-se válida e regular a notificação do lançamento de ofício do imposto predial e territorial urbano por meio de envio de carnê ou da publicação de calendário de pagamento juntamente com as instruções para o cumprimento da obrigação tributária.
(2) A declaração prestada pelo contribuinte nos tributos sujeitos a lançamento por homologação não constitui o crédito tributário, pois está sujeita a condição suspensiva de ulterior homologação pela administração tributária.
(3) Não havendo prévia instauração de processo administrativo fiscal, será nulo o lançamento do imposto sobre transmissão de bens imóveis e de direitos a eles relativos no caso de existir divergência entre a base de cálculo declarada pelo contribuinte e o valor arbitrado pela administração tributária.

1: Correta, Súmula 397/STJ. **2:** Incorreta, pois a declaração equivale ao lançamento – Súmula 436/STJ. **3:** Correta, pois o arbitramento previsto pelo art. 148 do CTN, em caso de as declarações prestadas não merecerem fé, exige processo administrativo regular. RB
Gabarito 1C, 2E, 3C

(Juiz – TJ/SP – VUNESP – 2015) O Supremo Tribunal Federal, no julgamento do ARE 639632 AgR/MS, ao analisar a questão relativa à cobrança progressiva do IPTU estabeleceu alguns parâmetros e, de acordo com tal julgamento, é correto afirmar que

(A) a parafiscalidade é o fenômeno por meio do qual se busca a concretização da função social da propriedade.
(B) é inconstitucional o regime de alíquotas progressivas do IPTU com base no valor venal do imóvel.
(C) a progressividade extrafiscal também tem previsão normativa no Estatuto da Cidade.
(D) os pressupostos e condições para aplicação da progressividade extrafiscal e da progressividade fiscal devem ser os mesmos.

A: incorreta, pois a assertiva se refere à progressividade extrafiscal do IPTU, conforme citado precedente do STF. Parafiscalidade ocorre quando o tributo é cobrado por sujeito ativo delegado (outro, que não o ente competente), na forma da lei, que fica com o produto da arrecadação para realização de suas atividades; **B:** incorreta, pois é constitucional a progressividade fiscal, conforme o art. 156, § 1º, I, da CF (a Súmula 668/STF refere-se ao período anterior à EC 29/2000); **C:** correta – art. 182, § 4º, II, da CF e art. 7º do Estatuto da Cidade; **D:** incorreta, pois a progressividade extrafiscal é baseada na função social da propriedade, enquanto a progressividade fiscal refere-se à capacidade contributiva – ver o ARE 639.632 AgR/MS.
Gabarito "C".

(Defensor Público – DPE/MT – 2016 – UFMT) No tocante à aplicação da progressividade no tempo ao imposto sobre a propriedade territorial urbana (IPTU), é correto afirmar:

(A) A progressividade urbanística do IPTU é compreendida como modalidade de tributação excessiva com efeito semelhante ao confiscatório, uma vez que sua finalidade precípua é retirar a propriedade imobiliária do particular para transferi-la ao Poder Público Municipal.
(B) É medida com função nitidamente fiscal, pois visa aumentar a arrecadação do Município mediante aumento progressivo das alíquotas do IPTU.
(C) A instituição da progressividade no tempo confere ao IPTU uma função extrafiscal para obtenção de certas metas que prevalecem sobre os fins meramente arrecadatórios de recursos monetários.
(D) A cobrança progressiva no tempo do IPTU está relacionada com a função social da propriedade, razão pela qual atinge os proprietários de imóveis com menos tempo de utilização.
(E) A progressividade urbanística do IPTU pode ser afastada quando o uso inadequado do imóvel for justificado pela falta de recursos financeiros de seu proprietário.

A: incorreta, pois a finalidade da progressividade no tempo é induzir o contribuinte a utilizar adequadamente seu imóvel, sendo expressamente prevista no art. 182, § 4º, II, da CF; **B:** incorreta, pois não há preponderância da função arrecadatória (= fiscal), mas sim extrafiscal, servindo como ferramenta para a política urbanística das cidades; **C:** correta, conforme comentários anteriores; **D:** incorreta, pois não há relação direta com o tempo de utilização, mas sim a adequada utilização do imóvel, conforme as diretrizes do plano diretor – art. 182, §§ 2º e 4º, II, da CF; **E:** incorreta, pois não há essa possibilidade prevista no art. 182 da CF, sendo que art. 7º, § 3º do Estatuto da Cidade (Lei 10.257/2001) veda expressamente a concessão de isenções ou anistias em relação a essa tributação progressiva.
Gabarito "C".

(Magistratura/GO – 2015 – FCC) O IPTU,

(A) não pode ter alíquotas progressivas porque se trata de imposto real, não se submetendo ao princípio da capacidade contributiva.
(B) é um imposto exclusivamente proporcional, de acordo com o valor venal do imóvel.
(C) admite progressividade extrafiscal, denominada no tempo, que varia de acordo com o valor venal do imóvel.
(D) têm que ter alíquotas progressivas em razão da localização e da destinação do imóvel, submetendo-se ao princípio da capacidade contributiva.
(E) poderá ter alíquotas progressivas em razão do valor venal do imóvel ou no tempo, e seletivas de acordo com a localização e o uso do imóvel, conforme o caso.

A: incorreta, pois a possibilidade de progressividade do IPTU é expressamente prevista pelos arts. 156, § 1º, I, (em relação ao valor do imóvel) e 182, § 4º, II, (no tempo) da CF, e aceita pelo STF (inclusive a progressividade em relação ao valor do imóvel, após a EC 29/2000 – ver Súmula 668/STF); **B:** incorreta, pois pode haver progressividade, conforme comentário anterior; **C:** incorreta, pois essa progressividade extrafiscal varia no tempo, conforme o art. 182, § 4º, II, da CF e do art. 7º do Estatuto da Cidade (Lei 10.257/2001); **D:** incorreta, pois a CF prevê apenas a possibilidade (não imposição) de que as alíquotas sejam diferentes em razão da localização e uso do imóvel – art. 156, § 1º, II, da CF; **E:** correta, conforme comentários anteriores e art. 156, § 1º, da CF.
Gabarito "E".

(Procurador Distrital – 2014 – CESPE) Decreto distrital X estipulou alíquota de IPTU em 0,3% para imóveis edificados com fins exclusivamente residenciais. Posteriormente, em razão da valorização do mercado imobiliário, foi editado o decreto distrital Y, que majorou o valor venal dos imóveis e alterou a alíquota de IPTU para 0,5%.
Com base nessa situação hipotética, julgue os itens seguintes.

(1) A hipótese em questão se refere a imposto cobrado com base em aspectos subjetivos do contribuinte, isto é, com base em elementos que dimensionam sua capacidade econômica para contribuir.
(2) Se a alteração da base de cálculo do IPTU em apreço decorresse de simples atualização monetária do valor venal do imóvel, não haveria infringência ao princípio da reserva legal.

1: correta. Discordamos do gabarito oficial. O IPTU, como todo tributo, deve levar em consideração a capacidade econômica do contribuinte – art. 145, § 1º, da CF/1988. Este gabarito da CESPE adota entendimento no sentido de que somente os chamados impostos pessoais (IR, por exemplo) seriam sensíveis à capacidade econômica, ou talvez por entender que a capacidade contributiva depende da análise da totalidade da carga tributária suportada pelo contribuinte (posicionamento do STF em casos específicos – ver ADI 2.010-MC/DF), e isso não seria possível em relação ao IPTU. Ocorre que, recentemente, o STF decidiu que "todos os impostos estão sujeitos ao princípio da capacidade contributiva, mesmo os que não tenham caráter pessoal" (voto do Min. Eros Grau no RE 562.045/RS – repercussão geral, em que o STF ratificou a progressividade do ITCMD); **2:** correta, pois a alteração da base de cálculo acima da inflação (= aumento real) ou a modificação da alíquota somente podem ser realizadas por lei, jamais por decreto – ver Súmula 160 do STJ.
Gabarito 1C, 2C.

11.10. ITBI

(Procurador Municipal/SP – VUNESP – 2016) José, sócio da Sociedade Alvorada Editora Ltda., para fins de integralização do capital social referente às suas cotas, transferiu para a sociedade um imóvel no valor de R$ 200.000,00. No que respeita à referida transmissão, é correto afirmar que

(A) incidirá o imposto sobre a transmissão de bens e direitos a eles relativos, cuja competência é estadual.
(B) incidirá o imposto sobre a transmissão de bens imóveis, em razão da onerosidade da operação, cuja competência é municipal.
(C) não incidirá o imposto sobre a transmissão de bens imóveis, de competência municipal, caso haja lei isentante específica que assim autorize.
(D) não incidirá o imposto sobre transmissão de bens imóveis, de competência municipal, pois a atividade da sociedade não se enquadra nas exceções constitucionais para as quais a exação é permitida.
(E) incidirá o imposto sobre a transmissão do bem imóvel, de competência municipal, a ser calculado sobre o valor venal do bem, e o imposto sobre a transmissão de bens, de competência estadual, cuja base de cálculo será o valor dos direitos que decorrem do bem.

A: incorreta, pois, em princípio, essa transmissão é objeto de imunidade – art. 156, § 2º, I, da CF; **B:** incorreta, conforme comentário anterior; **C:** incorreta, pois há imunidade, em regra, sendo incabível lei isentiva nesse caso (somente pode isentar quem tem competência para tributar, o que não ocorre em caso de imunidade); **D:** correta, lembrando que há exceções a essa imunidade, previstas no próprio art. 156, § 2º, I, da CF; **E:** incorreta, salientando que não existe, no direito brasileiro, bitributação, com incidência de impostos estaduais e municipais em relação a um mesmo fato gerador.
Gabarito "D".

(Magistratura/GO – 2015 – FCC) Sobre o ITBI é correto afirmar que

(A) não incide sobre a promessa de compra e venda de bem imóvel.
(B) incide sobre a transmissão, a qualquer título, da propriedade de bens imóveis, por natureza ou acessão física.
(C) não incide sobre a cessão de direitos relativos à transmissão de bens imóveis por ato *inter vivos*, a título oneroso.
(D) é um imposto de competência municipal e do Distrito Federal, sendo devido ao Município do domicílio do comprador, titular da respectiva capacidade contributiva.
(E) não incide sobre a cessão de direitos reais de garantia sobre o bem imóvel.

A: incorreta. A rigor, a Constituição, em seu art. 156, II, prevê a incidência do ITBI sobre a transmissão de direitos reais sobre os imóveis (caso do direito do promitente comprador – art. 1.225, VII, do CC), de modo que as legislações municipais em regra trazem essa previsão. Entretanto, essa incidência é afastada pelo Judiciário, daí porque a assertiva é considerada incorreta – ver AgRg no AREsp 659.008/RJ. Ademais, o gabarito está correto também porque não há dúvida quanto ao acerto da alternativa "E"; **B:** incorreta, pois o ITBI incide apenas nas transmissões onerosas, não gratuitas, *inter vivos* – art. 156 II, da CF; **C:** incorreta, conforme comentário anterior; **D:** incorreta, pois o ITBI é sempre devido ao município ou ao Distrito Federal onde localizado o imóvel – art. 156 § 2º, II, da CF; **E:** correta, pois essa exclusão é expressamente prevista no art. 156, II, da CF.
Gabarito "E".

12. TEMAS COMBINADOS DE IMPOSTOS E CONTRIBUIÇÕES

(Procurador Municipal – Prefeitura/BH – CESPE – 2017) No que se refere às normas constitucionais aplicáveis aos tributos de competência municipal, assinale a opção correta.

(A) É possível a instituição de ISSQN sobre a prestação de serviços de transporte intermunicipal, desde que observada a alíquota máxima relativa a operações intermunicipais prevista em lei complementar.
(B) No caso de subutilização do solo urbano, poderá o poder público municipal, mediante lei específica para a área incluída no plano diretor, exigir a incidência de IPTU progressivo no tempo.
(C) Lei editada após a Emenda Constitucional 29/2000 deverá ser declarada inconstitucional caso institua cobrança de IPTU com alíquotas diferentes em razão da localização do imóvel.
(D) A cobrança do imposto municipal devido por transmissão de bens imóveis por ato *inter vivos*, a título oneroso, compete ao município do domicílio tributário do alienante.

A: incorreta, pois a tributação do transporte intermunicipal é da competência exclusiva dos Estados e DF – art. 155, II, da CF; B: correta – art. 182, § 4º, da CF; C: incorreta, pois a partir da EC 29/2000 a Constituição passou a prever expressamente a progressividade do IPTU em relação ao valor do bem, passando a ser acolhida pelo STF – art. 156, § 1º, I, da CF e Súmula 668/STF; D: incorreta, pois o ITBI é devido ao município ou DF onde localizado o imóvel – art. 156, § 2º, II, da CF.
"Gabarito "B"."

(Procurador Municipal – Sertãozinho/SP – VUNESP – 2016) No que respeita aos impostos de competência municipal, é correto afirmar que

(A) o imposto sobre a propriedade predial e territorial urbana poderá ser progressivo em razão do valor do imóvel.
(B) o imposto sobre a propriedade predial e territorial urbana não poderá ter alíquotas diferentes de acordo com o uso do imóvel.
(C) caberá ao Poder Legislativo Municipal, por meio de decreto legislativo, fixar as alíquotas máximas e mínimas do imposto sobre serviços de qualquer natureza, não compreendidos na competência impositiva dos Estados.
(D) se tratando de transmissão de bens ou direitos quando incorporados ao patrimônio de pessoa jurídica em realização de capital, incidirá, em qualquer caso, o imposto sobre a transmissão *inter vivos*.
(E) a forma e as condições como isenções, incentivos e benefícios fiscais, relativas ao imposto sobre serviços de qualquer natureza, será regulada por Resolução do Senado Federal.

A: correta, conforme o art. 156, § 1º, I, da CF (a Súmula 668/STF refere-se ao período anterior à EC 29/2000); B: incorreta, pois é possível essa diferenciação – art. 156, § 1º, II, da CF; C: incorreta, pois somente lei complementar federal pode fixar as alíquota mínima e máxima do ISS – art. 156, § 3º, I, da CF, lembrando que havia regra transitória no art. 88, I, do ADCT, hoje substituída pelo art. 8º-A da LC 116/2003; D: incorreta, pois há imunidade, nos termos do art. 156, § 2º, I, da CF; E: incorreta, pois a matéria é veiculada por lei complementar federal – art. 156, § 3º, III, da CF.
"Gabarito "A"."

(Procurador da República – 28º Concurso – 2015 – MPF) Assinale, dentre as opções abaixo, aquela considerada correta:

(A) A imunidade do IPTU deferida as autarquias goza da presunção de que os imóveis se destinam aos seus fins institucionais;
(B) A contribuição destinada ao custeio do serviço de iluminação pública consiste num tributo que, embora *sui generis*, confunde-se com um imposto pelo seu caráter impositivo;
(C) A contribuição destinada ao custeio do serviço de iluminação pública caracteriza-se como taxa eis que presente a exigibilidade da contraprestação de um serviço ao contribuinte;
(D) Em nenhuma hipótese incide o ICMS sobre operações de importação de mercadorias, sob o regime de arrendamento mercantil internacional.

A: correta, sendo prerrogativa do fisco avaliar essa destinação – art. 150, § 2º, da CF; B: incorreta, pois o imposto tem por fato gerador uma situação desvinculada de qualquer atuação estatal específica voltada ao contribuinte, o que não é o caso da iluminação pública cujo custeio é atendido pela contribuição citada – art. 16 do CTN; C: incorreta, pois o serviço de iluminação pública não é específico e divisível, de modo que não pode ensejar taxa. Ademais, o tributo do art. 149-A da CF é definido por sua destinação, o que é característica das contribuições especiais; D: incorreta, pois o STF admite a incidência do ICMS no caso de antecipação da opção da compra, em que configura a transferência de titularidade do bem – ver RE 540.829/SP.
"Gabarito "A"."

(Procurador da República – 28º Concurso – 2015 – MPF) Indique a opção correta:

(A) A base de cálculo do Imposto Territorial Rural – ITR é o valor da terra nua tributável, que é o valor do imóvel excluídos os valores relativos a construções, instalações e benfeitorias, culturas permanentes e temporárias, pastagens e florestas plantadas;
(B) A tributação do lucro líquido de uma empresa pelo Imposto sobre a Renda das Pessoas Jurídicas – IRPJ e pela Contribuição Social sobre o Lucro Líquido – CSLL, instituída pela União Federal, configura dupla imposição vedada porque decorrente do mesmo fato gerador;
(C) Estabelecimento prestador de serviços está situado em determinado município, mas a efetiva prestação do serviço ocorre em outro município, e ambos se consideram competentes para a cobrança do ISS. Nesse quadro, exsurge um conflito aparente de competência, que se resolve com a interferência do Conselho Nacional de Política Fazendária CONFAZ.
(D) O art. 150, IV, da Constituição Federal estabelece o não confisco como princípio a ser aplicado aos tributos, vale dizer, a restrição não se aplica às multas tributárias.

A: correta, conforme o art. 29 do CTN e o art. 33 do Regulamento do ITR (Decreto 4.382/2002); B: incorreta, pois não há *bis in idem* inconstitucional pela incidência do imposto (IR) e da contribuição (CSLL) – ver RE 138.284/CE; C: incorreta, pois o CONFAZ é formado por representantes dos Estados e do DF que deliberam sobre o ICMS – art. 155, § 2º, XII, *g*, da CF; D: incorreta, pois o STF entende que o princípio do não confisco refere-se também às penalidades pecuniárias – ver RE 523.471AgR/MG.
"Gabarito "A"."

(Juiz – TRF 4ª Região – 2016) Assinale a alternativa correta.

(A) O imposto sobre produtos industrializados, segundo a Constituição Federal, será seletivo, em função da essencialidade do produto, não cumulativo, compensando-se o que for devido em cada operação com o montante cobrado nas anteriores, salvo em relação às empresas optantes pelo lucro presumido, e não incidirá sobre produtos industrializados destinados ao exterior.
(B) O imposto sobre a propriedade territorial rural será progressivo, terá suas alíquotas fixadas de forma a desestimular a manutenção de propriedades improdutivas, não incidirá sobre pequenas glebas rurais, definidas em lei, quando as explore o proprietário que não possua outro imóvel e será fiscalizado e cobrado pelos Municípios que assim optarem, na forma da lei, desde que não implique redução do imposto ou qualquer outra forma de renúncia fiscal.
(C) A instituição de imposto inominado, de competência residual da União, poderá ocorrer mediante lei complementar ou ordinária, desde que seja não cumulativo e não tenha fato gerador ou base de cálculo próprios dos discriminados na Constituição Federal.
(D) A União, na iminência ou nos casos de guerra externa ou de grave comoção intestina, poderá instituir impostos extraordinários, compreendidos ou não em sua competência tributária, os quais serão suprimidos, gradativamente, cessadas as causas de sua criação.
(E) Todas as alternativas anteriores estão incorretas.

A: incorreta, pois não há essa ressalva em relação a empresas optantes pelo lucro presumido, que, é bom lembrar, refere-se ao imposto de renda, não ao IPI – art. 153, § 3º, da CF; B: correta, conforme o art. 153, § 4º, da CF; C: incorreta, pois o imposto da competência residual somente pode ser instituído por lei complementar federal – art. 154, I, da CF; D: incorreta, pois o imposto extraordinário somente pode ser instituído em caso de guerra externa ou sua iminência, não no caso de comoção interna – art. 154, II, da CF; E: incorreta, pois a alternativa "B" é correta.
"Gabarito "B"."

(Juiz – TJ/SP – VUNESP – 2015) Na Arguição de Inconstitucionalidade 0056693-19.2014, o Órgão Especial do Tribunal de Justiça do Estado de São Paulo, ao analisar legislação do Município de São Paulo, fixando a base de cálculo do Imposto sobre Transmissão de Bens Imóveis (ITBI), concluiu que

(A) a base de cálculo do ITBI a ser considerada pelo contribuinte é aquela periodicamente apurada pelo órgão municipal competente.
(B) compete ao contribuinte impugnar, caso discorde da cobrança, o valor indicado como base de cálculo do ITBI pela Municipalidade, presumido como correto.
(C) é válido instituir como base de cálculo do ITBI o valor pelo qual o bem ou direito é negociado à vista.
(D) o contribuinte deve recolher o ITBI e o IPTU adotando como base de cálculo o valor venal de referência.

A: incorreta, pois a base de cálculo do ITBI é o valor venal, ou seja, o valor de mercado; B: incorreta, pois o TJ-SP determinou que o valor apurado periodicamente pela Prefeitura serve apenas como parâmetro para verificação do preço declarado pelo contribuinte; C: correta, pois foi esse o entendimento do TJ-SP, afastando o argumento do contribuinte, de que dever-se-ia adotar a mesma base de cálculo do IPTU (em regra, bem inferior ao valor de mercado); D: incorreta, pois o valor venal de referência é aquele adotado como parâmetro pela Prefeitura para fiscalização o ITBI. A base de cálculo do IPTU, que não se confunde com o ITBI, conforme entendimento não apenas do TJ-SP, mas também do STJ, é o valor venal apurado pela planta genérica de valores (fixada em lei).
"Gabarito "C"."

(Magistratura/RR – 2015 – FCC) Autoridades judiciais, estaduais e federais, conforme o caso, exercendo jurisdição no Estado de Roraima, e tendo de proferir decisões em cinco processos judiciais distintos, pronunciaram-se das seguintes maneiras:

I. A cota parte dos Municípios do Estado de Roraima, na arrecadação do ITCMD, não é de 25%, mas de 50%.
II. O Imposto de Renda está sujeito ao princípio da anterioridade, mas não ao princípio da noventena (anterioridade nonagesimal).
III. A substituição tributária com retenção antecipada de imposto não tem previsão na Constituição Federal.
IV. A instituição, pelos Estados e pelo Distrito Federal, da contribuição para o custeio do serviço de iluminação pública está sujeita ao princípio da irretroatividade, mas não ao da anterioridade.
V. A majoração da base de cálculo do IPVA não está sujeita ao princípio da noventena (anterioridade nonagesimal), mas a majoração de sua alíquota está.

Com base no que dispõe a Constituição Federal acerca dessa matéria, as autoridades judiciais decidiram corretamente em relação às situações descritas nos itens:

(A) I, II, III e IV, apenas.
(B) I, II, III, IV e V.
(C) I e IV, apenas.
(D) II, III e IV, apenas.
(E) II e V, apenas.

I: incorreta, em conformidade com a legislação local, lembrando que não há norma constitucional ou nacional relativa à repartição dos recursos do ITCMD. O ICMS é que tem 25% de sua receita entregue pelo Estado aos Municípios, conforme o art. 158, IV, da CF; **II:** correta, conforme o art. 150, § 1º, da CF; **III:** incorreta, pois a chamada substituição tributária "para frente" é expressamente prevista no art. 150, § 7º, da CF; **IV:** incorreta, pois essa contribuição é de competência dos Municípios e do Distrito Federal, não dos Estados. Ademais, sujeita-se ao princípio da anterioridade também – art. 149-A da CF; **V:** correta, conforme o art. 150, § 1º, da CF. Gabarito "E".

(Procurador da República – 26º) Cobrança de contribuição sindical rural patronal. Identidade de base de cálculo e sujeição passiva com o imposto territorial rural – ITR. Nesse caso, de simultânea cobrança da contribuição e do ITR, pode-se dizer que:

(A) É inexigível a cobrança da contribuição por incidir o art. 154, I da Carta Magna;
(B) É indevida a cobrança da contribuição porquanto haveria bitributação;
(C) Tratando-se de contribuição, a Constituição não proíbe a coincidência da sua base de cálculo com a do imposto, o que é vedado relativamente às taxas;
(D) Mesmo as contribuições criadas na forma do § 4º, do art. 195, da Constituição Federal, podem ter fato gerador e base de cálculo próprios das contribuições existentes, quando a União obedece à regra da competência residual.

O ITR e a contribuição rural são tributos diferentes, não havendo, com isso, irregularidade na definição das bases similares ou idênticas. Isso ocorre pelo fato da Constituição Federal não definir expressamente os fatos geradores das contribuições especiais, especialmente as corporativas. **A:** incorreta, pois não se trata de imposto residual, mas contribuição (CF, art. 195); **B:** incorreta, pois são tributos diversos, tributados pela mesma pessoa jurídica de direito público (União); **C:** correta, pois se trata do expresso entendimento da doutrina; **D:** incorreta, pois no caso das contribuições residuais, aplica-se a necessidade de fato gerador distinto (CF, art. 195, § 4º). Gabarito "C".

13. GARANTIAS E PRIVILÉGIOS DO CRÉDITO

(Procurador – IPSMI/SP – VUNESP – 2016) De acordo com o Código Tributário Nacional (CTN), presume-se fraudulenta a alienação ou oneração de bens ou rendas, ou seu começo, por sujeito passivo em débito para com a Fazenda Pública, por crédito tributário

(A) regularmente inscrito como dívida ativa.
(B) devidamente constituído, mesmo que não inscrito na dívida ativa.
(C) em fase de constituição, mesmo que não inscrito na dívida ativa.
(D) regularmente inscrito como dívida ativa em fase de execução.
(E) não pago na data do seu vencimento.

Nos termos do art. 185 do CTN, presume-se fraudulenta a alienação ou oneração de bens ou rendas, ou seu começo, por sujeito passivo em débito para com a Fazenda Pública, por crédito tributário regularmente inscrito como dívida ativa. Por essa razão, a alternativa "A" é a correta. Gabarito "A".

(Procurador do Estado – PGE/RS – Fundatec – 2015) Quanto às garantias e privilégios do crédito tributário, analise as assertivas abaixo:

I. A totalidade dos bens e das rendas do sujeito passivo responde pelo pagamento do crédito tributário, inclusive os bens gravados por ônus real e declarados, pela lei civil, relativa e absolutamente impenhoráveis.
II. Presume-se fraudulenta a alienação ou oneração de bens por sujeito passivo em débito para com a Fazenda Pública, desde o momento em que o contribuinte é notificado do lançamento de ofício.
III. O crédito tributário prefere a qualquer outro, ressalvados apenas os decorrentes da legislação do trabalho ou do acidente do trabalho.
IV. Na falência, o crédito tributário não prefere aos créditos hipotecários, se não for ultrapassado o valor do bem gravado.

Após a análise, pode-se dizer que:

(A) Está correta apenas a assertiva I.
(B) Está correta apenas a assertiva II.
(C) Estão corretas apenas as assertivas II e III.
(D) Estão corretas apenas as assertivas III e IV.
(E) Todas as assertivas estão corretas.

I: incorreta, pois os bens e rendas que a lei declare absolutamente impenhoráveis não respondem pelo pagamento do crédito tributário; **II:** incorreta, pois a presunção de fraude se inicia com a inscrição do crédito em dívida ativa – art. 185 do CTN; **III:** correta – art. 186 do CTN; **IV:** correta – art. 186, parágrafo único, I, do CTN. Gabarito "D".

(Juiz – TJ/RJ – VUNESP – 2016) No tocante às garantias e privilégios do crédito tributário, é correto afirmar que

(A) a extinção das obrigações do falido requer prova de quitação de todos os tributos.
(B) a natureza das garantias atribuídas ao crédito tributário altera a natureza deste e a da obrigação tributária a que corresponda.
(C) responde pelo crédito tributário a totalidade dos bens e das rendas, de qualquer origem ou natureza, do sujeito passivo, excetuados os gravados com cláusula de impenhorabilidade.
(D) a multa tributária, no processo falimentar, prefere apenas aos créditos quirografários.
(E) na falência, o crédito tributário prefere aos créditos extraconcursais e aos créditos com garantia real.

A: correta, conforme o art. 191 do CTN; **B:** incorreta, pois a natureza das garantias atribuídas ao crédito tributário não altera a natureza deste e a da obrigação tributária a que corresponda – art. 183, parágrafo único, do CTN; **C:** incorreta, pois mesmo os bens e renda gravados com cláusula de impenhorabilidade respondem pelo pagamento do crédito tributário, excluídos unicamente os bens e rendas que a lei declare absolutamente impenhoráveis – art. 184 do CTN; **D:** incorreta, pois, na falência, a multa tributária prefere apenas aos créditos subordinados – art. 186, parágrafo único, III, do CTN; **E:** incorreta, pois é o oposto, já que o crédito tributário não prefere aos créditos extraconcursais ou às importâncias passíveis de restituição, nos termos da lei falimentar, nem aos créditos com garantia real, no limite do valor do bem gravado – art. 186, parágrafo único, I, do CTN. Gabarito "A".

(Defensor Público – DPE/MT – 2016 – UFMT) Sobre as garantias e privilégios atribuídos aos créditos tributários, assinale a afirmativa INCORRETA.

(A) O crédito tributário prefere a qualquer outro, seja qual for sua natureza ou o tempo de sua constituição, ressalvados os créditos decorrentes da legislação do trabalho ou do acidente do trabalho.
(B) Na falência, o crédito tributário não prefere ao crédito com garantia real, até o limite do valor do bem gravado.
(C) No concurso de preferências entre pessoas jurídicas de direito público, há uma ordem estabelecida entre as entidades políticas, segundo a esfera governamental (federal, estadual/distrital, municipal), mas entre a entidade política e suas autarquias a preferência é conjunta e sujeita a rateio.
(D) Presume-se fraudulenta a alienação ou oneração de bens ou rendas, ou seu começo, por sujeito passivo em débito para com a Fazenda Pública, por crédito tributário regularmente inscrito como dívida ativa.
(E) A natureza das garantias atribuídas ao crédito tributário não altera a natureza deste nem a da obrigação tributária a que corresponda.

A: correta, nos termos do art. 186, *caput*, do CTN; **B:** correta, nos termos do art. 186, parágrafo único, I, *in fine*, do CTN; **C:** incorreta, pois o art. 187, parágrafo único do CTN não prevê sequer o rateio com as autarquias, enquanto o art. 29, parágrafo único, da Lei 6.830/1980, ao dispor sobre o rateio conjunto e pro rata, se refere ao concurso de preferência entre os entes políticos, não entre o ente político e suas autarquias; **D:** correta, conforme o art. 185 do CTN; **E:** correta, conforme o art. 140 do CTN. Gabarito "C".

Veja a seguinte tabela com a ordem de classificação dos créditos na falência (art. 83 da LF):

Ordem de classificação dos créditos na falência (art. 83 da LF)
1º – os créditos derivados da legislação do trabalho, limitados a 150 (cento e cinquenta) salários-mínimos por credor, os decorrentes de acidentes de trabalho. Também os créditos equiparados a trabalhistas, como os relativos ao FGTS (art. 2º, § 3º, da Lei 8.844/1994) e os devidos ao representante comercial (art. 44 da Lei 4.886/1965)
2º – créditos com garantia real até o limite do valor do bem gravado (será considerado como valor do bem objeto de garantia real a importância efetivamente arrecadada com sua venda, ou, no caso de alienação em bloco, o valor de avaliação do bem individualmente considerado)
3º – créditos tributários, independentemente da sua natureza e tempo de constituição, excetuadas as multas tributárias
4º – com privilégio especial (= os previstos no art. 964 da Lei 10.406/2002; os assim definidos em outras leis civis e comerciais, salvo disposição contrária da LF; e aqueles a cujos titulares a lei confira o direito de retenção sobre a coisa dada em garantia)
5º – créditos com privilégio geral (= os previstos no art. 965 da Lei n 10.406/2002; os previstos no parágrafo único do art. 67 da LF; e os assim definidos em outras leis civis e comerciais, salvo disposição contrária da LF)
6º – créditos quirografários (= aqueles não previstos nos demais incisos do art. 83 da LF; os saldos dos créditos não cobertos pelo produto da alienação dos bens vinculados ao seu pagamento; e os saldos dos créditos derivados da legislação do trabalho que excederem o limite estabelecido no inciso I do *caput* do art. 83 da LF). Ademais, os créditos trabalhistas cedidos a terceiros serão considerados quirografários
7º – as multas contratuais e as penas pecuniárias por infração das leis penais ou administrativas, inclusive as multas tributárias
8º – créditos subordinados (= os assim previstos em lei ou em contrato; e os créditos dos sócios e dos administradores sem vínculo empregatício)
Lembre-se que os créditos extraconcursais (= basicamente os surgidos no curso do processo falimentar, que não entram no concurso de credores) são pagos com precedência sobre todos esses anteriormente mencionados, na ordem prevista no art. 84 da LF: **(i)** remunerações devidas ao administrador judicial e seus auxiliares, e créditos derivados da legislação do trabalho ou decorrentes de acidentes de trabalho relativos a serviços prestados após a decretação da falência; **(ii)** quantias fornecidas à massa pelos credores; **(iii)** despesas com arrecadação, administração, realização do ativo e distribuição do seu produto, bem como custas do processo de falência; **(iv)** custas judiciais relativas às ações e execuções em que a massa falida tenha sido vencida; e **(v)** obrigações resultantes de atos jurídicos válidos praticados durante a recuperação judicial, nos termos do art. 67 da LF, ou após a decretação da falência, e tributos relativos a fatos geradores ocorridos após a decretação da falência, respeitada a ordem estabelecida no art. 83 da LF.

(Procurador Distrital – 2014 – CESPE) A falência da empresa Brinquedos Feliz Ltda. (BFL) foi decretada em julho de 2013. Antes disso, já havia duas execuções fiscais propostas pelo DF contra ela, cobrando, além do principal, juros e multa em decorrência do inadimplemento em suas obrigações tributárias. A primeira delas, com bens penhorados antes da falência. A outra, não. O juiz autorizou o prosseguimento das atividades da BFL, levando em conta estar se aproximando a época do Natal e o fato de a empresa ter ainda grande estoque de brinquedos, grande quantidade, já paga, que fora objeto de importação. Para guardar os brinquedos importados, o administrador, em razão de incêndio em depósito próprio da BFL, teve de alugar, com autorização judicial, um galpão, por R$ 1.000,00 mensais de aluguel. A venda dos brinquedos gerou novos créditos tributários.

Considerando essa situação hipotética, julgue os seguintes itens.

(1) O valor das multas moratórias decorrentes do não pagamento dos créditos tributários anteriores à falência não poderá ser incluído no quadro geral de credores.

(2) A execução fiscal com bens penhorados deve prosseguir, com a alienação dos bens penhorados e a posterior entrega à massa falida do respectivo produto, para rateio entre os credores.

(3) Com relação à execução como não conta com bens penhorados, o DF deve proceder à penhora no rosto dos autos da falência.

(4) Os créditos tributários originados do prosseguimento da atividade da BFL terão preferência em relação aos créditos decorrentes do aluguel do galpão utilizado para o depósito de brinquedos.

1: incorreta, pois as multas são exigíveis na falência, embora prefiram apenas aos créditos subordinados – art. 186, parágrafo único, III, do CTN e art. 83, VII, *in fine*, da Lei de Recuperações e Falências – LF (Lei 11.101/2005); **2:** correta, pois a execução fiscal não é prejudicada pela ação de falência, embora os valores arrecadados devam ser levados ao concurso de credores da massa – art. 187, do CTN e art. 83 da LF; **3:** correta, pois o Fisco concorre eventualmente com outros credores da massa – art. 186, parágrafo único, III, do CTN e art. 83 da LF; **4:** correta. Embora ambos seja extraconcursais, os créditos relativos à administração do ativo (caso do aluguel do galpão para guardar os brinquedos) preferem aos dos tributos relativos a fatos geradores posteriores à quebra – art. 84, V, da LF.

14. ADMINISTRAÇÃO TRIBUTÁRIA, FISCALIZAÇÃO

(Juiz de Direito – TJ/RS – 2018 – VUNESP) Um cidadão protocola pedido administrativo junto à Secretaria da Fazenda do Município X, pleiteando acesso à lista dos 50 maiores devedores do Município, considerando apenas os débitos inscritos em dívida ativa.

A autoridade competente da Secretaria da Fazenda, com base na legislação tributária vigente, deve

(A) deferir o pedido, porque não há vedação legal à divulgação de informações relativas às inscrições na Dívida Ativa da Fazenda Pública.
(B) indeferir o pedido, porque a divulgação desses dados somente é permitida quando houver solicitação de autoridade administrativa no interesse da Administração Pública, desde que comprovada a instauração regular de processo administrativo com o objetivo de investigar o sujeito passivo a que se refere a informação, por prática de infração administrativa.
(C) indeferir o pedido, porque essas informações foram obtidas pela Fazenda Pública em razão do ofício sobre a situação econômica ou financeira do sujeito passivo e sobre a natureza e o estado de seus negócios ou atividades.
(D) deferir o pedido, desde que a entrega das informações seja realizada pessoalmente ao solicitante, mediante recibo, que formalize a transferência dos dados solicitados e assegure a preservação do seu sigilo.
(E) indeferir o pedido, porque a divulgação de informações sobre inscrição de débito em dívida ativa da Fazenda Pública somente pode ser realizada ante a requisição de autoridade judiciária no interesse da justiça.

A: correta – art. 198, § 3º, II, do CTN; **B, C e E:** incorreta, pois não é vedada a divulgação de informações relativas a inscrições na dívida ativa – art. 198, § 3º, II, do CTN; **D:** incorreta, pois não há essa restrição ou exigência, inexistindo óbice à divulgação, conforme comentário anterior.

(Defensor Público Federal – DPU – 2017 – CESPE) A respeito das normas gerais de direito tributário, julgue os seguintes itens.

(1) A fluência de juros de mora de dívida ativa regularmente inscrita exclui a liquidez do crédito.

1: incorreta, sendo isso expressamente afastado pelo art. 201, parágrafo único, do CTN

(Procurador – PGFN – ESAF – 2015) Estão submetidas a sigilo fiscal as informações relativas a:

(A) representações fiscais para fins penais.
(B) inscrições na Dívida Ativa da Fazenda Pública.
(C) parcelamento ou moratória.
(D) bens, negócios ou atividades do contribuinte ou de terceiros.
(E) dados cadastrais do contribuinte.

A, B e C: incorretas, pois não é vedada a divulgação de informações nessa hipótese – art. 198, § 3º, I, II e III, do CTN; **D:** correta, pois é vedada a divulgação de informação obtida em razão do ofício sobre a situação econômica ou financeira do sujeito passivo ou de terceiros e sobre a natureza e o estado de seus negócios ou atividades – art. 198 do CTN; **E:** incorreta, pois não há previsão de sigilo em relação a dados cadastrais que não revelem a situação econômica ou financeira do sujeito passivo ou sobre seus negócios e atividades, conforme comentário anterior. Interessante lembrarmos a tese de repercussão geral 225/STF "O art. 6º da Lei Complementar 105/01 não ofende o direito ao sigilo bancário, pois realiza a igualdade em relação aos cidadãos, por meio do princípio da capacidade contributiva, bem como estabelece requisitos objetivos e o translado do dever de sigilo da esfera bancária para a fiscal".

(Procurador do Estado – PGE/PA – UEPA – 2015) A respeito de julgamento sem apreciação de mérito, desistência e recurso de ofício no processo administrativo-tributário no Estado do Pará, julgue as afirmativas abaixo.

I. A impugnação do auto de infração será indeferida, sem apreciação do mérito, quando o pedido questionar a constitucionalidade da legislação tributária.
II. O pagamento não implica desistência da impugnação administrativa.
III. A autoridade julgadora de primeira instância recorrerá de ofício, com efeito suspensivo, ao Tribunal Administrativo de Recursos Fazendários, quando proferir decisão contrária à Fazenda Pública, no todo ou em parte, podendo deixar de fazê-lo quando a decisão se referir exclusivamente a obrigação acessória.
IV. O recurso de ofício devolve, no todo, o conhecimento do feito ao Tribunal Administrativo de Recursos Fazendários.

A alternativa que contém todas as afirmativas corretas é:
(A) I e II
(B) I e IV
(C) II e IV
(D) II e III
(E) I e III

I: correta – art. 26, III, da Lei Estadual do PA 6.182/1998; II: incorreta, pois o pagamento implica desistência da impugnação – art. 26, parágrafo único da Lei Estadual do PA 6.182/1998; III: correta – art. 30 da Lei Estadual do PA 6.182/1998; IV: incorreta, pois o recurso de ofício devolve o conhecimento apenas em relação à parte recorrida – art. 31 da Lei Estadual do PA 6.182/1998.
Gabarito "E".

(Procurador do Estado – PGE/PA – UEPA – 2015) A respeito da defesa do contribuinte no processo administrativo-tributário no Estado do Pará, é correto afirmar que:
(A) a juntada de documentos após a impugnação será permitida, desde que demonstrada a ocorrência de qualquer das condições legais de afastamento da preclusão.
(B) a impugnação a auto de infração apresentada fora do prazo legal de trinta dias não será encaminhada ao órgão de julgamento administrativo.
(C) considerar-se-á impugnada toda a matéria pertinente ao auto de infração, ainda que não tenha sido expressamente contestada pelo impugnante.
(D) o tributo declarado periodicamente pelo sujeito passivo e seus respectivos acréscimos legais poderão ser objeto de impugnação.
(E) a intervenção do sujeito passivo no processo administrativo tributário se faz unicamente por intermédio de procurador devidamente habilitado.

A: correta – art. 21, § 3º, da Lei Estadual do PA 6.182/1998; B: incorreta, pois mesmo quando apresentada fora do prazo, a impugnação é recebida e encaminhada ao órgão de julgamento – art. 19, parágrafo único, da Lei Estadual do PA 6.182/1998; C: incorreta, pois a matéria não contestada expressamente não será considerada impugnada – art. 21, § 4º, da Lei Estadual do PA 6.182/1998; D: incorreta, pois não se admite impugnação nesse caso – art. 23 da Lei Estadual do PA 6.182/1998; E: incorreta, pois admite-se também a intervenção pessoal do sujeito passivo – art. 22 da Lei Estadual do PA 6.182/1998.
Gabarito "A".

(Procurador do Estado – PGE/PA – UEPA – 2015) A respeito do processo administrativo-tributário no Estado do Pará, julgue as afirmativas abaixo.
I. O início do procedimento administrativo tendente à imposição tributária exclui, por período indeterminado, a espontaneidade do sujeito passivo em relação às infrações anteriores.
II. Na hipótese de fiscalização em profundidade, o início da ação fiscal dar-se-á após a entrega dos documentos solicitados pela autoridade competente.
III. O Processo Administrativo Tributário disposto na Lei Estadual 6.182/1998 aplica-se, também, em relação aos Tributos e Contribuições do Simples Nacional.
IV. As incorreções ou omissões do auto de infração acarretarão, em qualquer hipótese, a sua nulidade.
A alternativa que contém todas as afirmativas corretas é
(A) I e II
(B) I e IV
(C) II e IV
(D) II e III
(E) I e III

I: incorreta, pois a espontaneidade se restabelecerá pelo prazo de trinta dias, para eliminar irregularidades relativas ao cumprimento de obrigação pertinente ao imposto, caso a fiscalização não se conclua no prazo de cento e oitenta dias, contados da data em que ocorrer o recebimento pela autoridade fiscal de todas as informações e documentos solicitados ao contribuinte – art. 11, § 3º, da Lei Estadual do PA 6.182/1998; II: correta – art. 11, § 2º, da Lei Estadual do PA 6.182/1998; III: correta – art. 11-A da Lei Estadual do PA 6.182/1998; IV: incorreta, pois não haverá nulidade quando o auto de infração contiver elementos suficientes para determinar com segurança a natureza da infração e a pessoa do infrator.
Gabarito "D".

(Procurador do Estado – PGE/PA – UEPA – 2015) A respeito do Tribunal Administrativo de Recursos Fazendários do Estado do Pará, é correto afirmar que:
(A) o Tribunal Administrativo de Recursos Fazendários compõe-se de seis Conselheiros Relatores e doze Suplentes, escolhidos entre pessoas graduadas em curso de nível superior, preferencialmente em Ciências Jurídicas e Sociais, de reconhecida experiência em assuntos tributários, sendo que metade desses Conselheiros serão representantes da Fazenda Estadual e os demais representantes dos contribuintes.
(B) os Conselheiros Titulares e Suplentes terão mandato de dois anos, sendo permitida a recondução.
(C) o Plenário, presidido pelo Secretário de Estado da Fazenda, será composto pelos Conselheiros integrantes das Câmaras Permanentes de Julgamento.
(D) junto a cada Câmara de Julgamento, atuarão dois Procuradores do Estado, com direito a voto.
(E) os Procuradores do Estado serão indicados pelo Secretário de Estado da Fazenda e designados por ato do Chefe do Poder Executivo.

A: incorreta, pois são oito conselheiros relatores e dezesseis suplentes – art. 76 da Lei Estadual do PA 6.182/1998; B: correta – art. 76, § 1º da Lei Estadual do PA 6.182/1998; C: incorreta, pois o Pleno é dirigido pelo Presidente do Tribunal – art. 77, § 4º, da Lei Estadual do PA 6.182/1998; D: incorreta, pois os procuradores não têm direito a voto – art. 86 da Lei Estadual do PA 6.182/1998; E: incorreta, pois os procuradores são indicados pelo Procurador Geral do Estado – art. 86, § 2º, da Lei Estadual do PA 6.182/1998.
Gabarito "B".

(Procurador do Estado – PGE/PA – UEPA – 2015) A respeito do Código de Direitos, Garantias e obrigações do Contribuinte do Estado do Pará, julgue as afirmativas abaixo.
I. Para efeito do disposto no Código, contribuinte é a pessoa física ou jurídica que a lei obriga ao cumprimento de obrigação tributária e que, independentemente de estar inscrita como tal, pratique ações que se enquadrem como fato gerador de tributos de competência do Estado.
II. O Código tem entre seus objetivos assegurar a adequada e eficaz prestação de serviços gratuitos de orientação aos contribuintes.
III. A apresentação de ordem de serviço nas ações fiscais é um direito do contribuinte, inclusive nos casos de controle do trânsito de mercadorias, flagrantes e irregularidades constatadas pelo fisco, nas correspondentes ações fiscais continuadas nas empresas.
IV. Na hipótese de recusa da exibição de mercadorias, informações, livros, documentos, impressos, papéis, programas de computador e arquivos magnéticos de documentos fiscais, a fiscalização não poderá lacrar os móveis ou depósitos em que possivelmente eles estejam, devendo solicitar, de imediato, à autoridade administrativa a que estiver subordinada as providências necessárias para que se faça a exibição judicial.
A alternativa que contém todas as afirmativas corretas é:
(A) II e III
(B) I e II
(C) II e IV
(D) I e III
(E) III e IV

I: correta – art. 3º da Lei Complementar Estadual do PA 58/2006; II: correta, art. 2º, III, da Lei Complementar Estadual do PA 58/2006; III: incorreta, pois a apresentação de ordem de serviço é dispensada nos casos de controle do trânsito de mercadorias, flagrantes e irregularidades constatadas pelo fisco, nas correspondentes ações fiscais continuadas nas empresas, inclusive – art. 4º, VI, da Lei Complementar Estadual do PA 58/2006; IV: incorreta, pois a fiscalização pode lacrar os móveis ou depósitos nesses casos – art. 12, § 1º, da Lei Complementar Estadual do PA 58/2006.
Gabarito "B".

(Juiz substituto – TRF 2ª Região – 2017) À luz do entendimento dominante dos Tribunais Superiores, aprecie as afirmativas e, ao final, marque a opção correta:
I. A inscrição de multas impostas pelo Tribunal de Contas da União (TCU) na dívida ativa da União é opcional.
II. Inscrita em dívida ativa, a multa pode ser cobrada judicialmente pelo Ministério Público, seja o que atua junto ao Tribunal de Contas ou não.
III. Quando o TCU aplica multa a gestor estadual ou municipal, o beneficiário é a União Federal, e não o Estado ou o Município.
(A) Apenas as assertivas I e II estão corretas.
(B) Apenas as assertivas II e III estão corretas.
(C) Apenas as assertivas I e III estão corretas.
(D) Apenas a assertiva II está correta.
(E) Todas as assertivas estão corretas.

I: correta – ver ARE 823.347RG/MA-STF e REsp 1.390.993/RJ-STJ; II: incorreta, pois a cobrança é feita pela Advocacia Pública da União ou do respectivo Estado ou município – ver REsp 1.658.236/RS; III: correta – ver EAg 1.138.822/RS.
Gabarito "C".

(Magistratura/SC – 2015 – FCC) Rubens, agente do fisco de Santa Catarina, compareceu ao estabelecimento de Supermercado Rio Itajaí Ltda., localizado na cidade de Itajaí e, depois de identificar-se funcionalmente aos encarregados diretos da empresa presentes no local, intimou-os a franquear-lhe acesso às dependências internas do estabelecimento, com base no que dispõe o § 3º do art. 69 do Regulamento do ICMS de Santa Catarina, que assim dispõe:

"Art. 69 – ... ... § 3º – Os agentes do fisco terão acesso às dependências internas do estabelecimento, mediante a apresentação de sua identidade funcional aos encarregados diretos presentes no local."

Os referidos encarregados da empresa, embora cientes de sua obrigação de dar acesso às dependências internas do estabelecimento ao agente do fisco, negaram-se a fazê-lo, mas de modo bastante cordial. Diante de tal situação, Rubens

(A) não poderá requisitar auxílio de autoridade policial estadual, se não demonstrar que foi vítima de desacato no exercício de suas funções.

(B) poderá requisitar auxílio de autoridade policial estadual, com a finalidade de auxiliá-lo na efetivação da referida medida prevista na legislação tributária.

(C) nada poderá fazer, enquanto não for expedida ordem judicial expressa para que os encarregados da empresa cumpram a determinação contida no Regulamento do ICMS estadual.

(D) só poderá requisitar auxílio de autoridade policial estadual, se demonstrar que a negativa dos encarregados da empresa configura fato definido em lei como crime.

(E) deverá solicitar, necessariamente, a expedição de ordem judicial determinando à autoridade policial estadual que lhe preste auxílio no sentido de dar cumprimento ao disposto no Regulamento do ICMS estadual.

A: incorreta, pois o auxílio de força policial à fiscalização independe da configuração de crime, bastando o embaraço – art. 200 do CTN; **B:** correta, conforme comentário anterior; **C:** incorreta, pois o auxílio da força policial para tornar efetiva a fiscalização independe de ordem judicial – art. 200 do CTN; **D:** incorreta, conforme comentário à alternativa "A"; **E:** incorreta, conforme comentário à alternativa "C". RB

Gabarito "B".

(Procurador Distrital – 2014 – CESPE) Considerando que o agente da autoridade da administração tributária lavre auto de infração e apreensão, com retenção de bens, contra determinada empresa, julgue os seguintes itens.

(1) Conforme entendimento do STF, na hipótese narrada, a lavratura de auto de infração e apreensão, com retenção de bens, configura meio coercitivo admissível para a cobrança de tributo.

(2) Ainda que a administração tributária não efetive o ato de lançamento da penalidade e cobrança do tributo, a empresa não poderá questionar a legalidade da apreensão de seus bens.

1: incorreta, pois, nos termos da Súmula 323 do STF, é inadmissível a apreensão de mercadorias como meio coercitivo para pagamento de tributos; **2:** incorreta, pois se tratando de ato coator ilegal, pode ele ser impugnado por mandado de segurança, por exemplo. RB

Gabarito 1E, 2E

15. DÍVIDA ATIVA, INSCRIÇÃO, CERTIDÕES

(Procurador do Município – Prefeitura Fortaleza/CE – CESPE – 2017) Julgue os seguintes itens, a respeito de obrigação tributária e crédito tributário.

(1) Caso o contribuinte tenha créditos inscritos em dívida ativa integralmente garantidos por penhora ou créditos com a exigibilidade suspensa, é admitido que lhe seja expedida certidão de regularidade fiscal.

(2) A inscrição do crédito tributário em dívida ativa é condição para a extração de título executivo extrajudicial que viabilize a propositura da ação de execução fiscal, bem como se revela como marco temporal para a presunção de fraude à execução.

1: Correta – art. 206 do CTN. **2:** Correta – arts. 185 e 201 do CTN. RB

Gabarito 1C, 2C

(Procurador – SP – VUNESP – 2015) Assinale a alternativa correta no que respeita à Dívida Ativa Tributária.

(A) Constitui Dívida Ativa tributária a proveniente de crédito público de qualquer natureza, depois de esgotado o prazo fixado por decisão proferida em processo regular.

(B) A fluência de juros de mora, relativamente à Dívida Ativa, exclui a liquidez do crédito.

(C) A omissão de quaisquer dos requisitos exigidos para o termo de inscrição da Dívida Ativa, ou o erro a eles relativo são causas de nulidade da inscrição e do processo dela decorrente, mas a nulidade poderá ser sanada, mediante correção da certidão nula, até decisão de segunda instância.

(D) A dívida regularmente inscrita goza de presunção absoluta de certeza e liquidez e tem o efeito de prova pré-constituída.

(E) A presunção de certeza e liquidez da dívida regularmente inscrita é relativa e pode ser ilidida por prova inequívoca, a cargo do sujeito passivo ou do terceiro a que aproveite.

A: incorreta, pois a dívida ativa tributária, como diz o nome, é constituída por créditos de natureza tributária apenas – art. 201 do CTN; **B:** incorreta, pois é o oposto, sendo que a fluência de juros de mora não exclui, para os efeitos do art. 201 do CTN, a liquidez do crédito (conforme seu parágrafo único); **C:** incorreta, pois a correção pode ser feita apenas até a decisão de primeira instância – art. 203 do CTN; **D:** incorreta, pois a presunção é relativa e pode ser ilidida por prova inequívoca, a cargo do sujeito passivo ou do terceiro a que aproveite – art. 204, parágrafo único, do CTN. **E:** correta, conforme comentários à alternativa anterior. RB

Gabarito "E".

(Procurador do Estado – PGE/RN – FCC – 2014) Contribuinte faz pagamento de crédito tributário mediante cheque, que não é pago por insuficiência de fundos. Neste caso, o Fisco deverá

(A) propor ação ordinária de cobrança, pois o crédito foi extinto com o pagamento, se o cheque estiver prescrito.

(B) promover a execução do cheque.

(C) protestar o cheque.

(D) inscrever o débito em Dívida Ativa.

(E) realizar o lançamento do crédito tributário e notificar o contribuinte a pagar.

A: incorreta, pois o crédito pago por cheque somente se considera extinto com o resgate pelo sacado (= compensação pelo banco) – art. 162, § 2º, do CTN; **B:** incorreta, pois desnecessário. A inscrição do crédito em dívida ativa constitui o título executivo para a execução fiscal – art. 201 do CTN; **C:** incorreta, pois desnecessário, conforme comentário anterior; **D:** correta, conforme comentários anteriores; **E:** incorreta, pois se o contribuinte se propôs a pagar o débito com o cheque, presume-se que já houve constituição do crédito tributário, ou seja, não há mais falar em lançamento – art. 142 do CTN e Súmula 436/STJ. RB

Gabarito "D".

16. REPARTIÇÃO DE RECEITAS

(Juiz – TJ-SC – FCC – 2017) As participações dos Municípios na arrecadação do ICMS são fixadas conforme os seguintes parâmetros:

(A) Lei estadual disporá livremente sobre os critérios aplicáveis para o cálculo das parcelas devidas aos Municípios, desde que respeitadas as desigualdades regionais.

(B) São calculadas, integralmente, pelo valor adicionado nas operações relativas às prestações de serviços e circulação de mercadorias ocorridas nos territórios municipais.

(C) São determinadas pelos valores adicionados nas operações relativas às prestações de serviços e circulação de mercadorias ocorridas nos territórios municipais e por outros critérios fixados em lei estadual.

(D) São fixadas pelos Estados conforme critérios definidos por Resolução do Senado Federal, atentando para as desigualdades regionais e locais.

(E) São calculadas sobre 1/3 do tributo efetivamente arrecadado, conforme a população local, áreas de preservação permanente, áreas alagadas para produção de energia elétrica e levando em conta o desenvolvimento regional.

A: incorreta, pois a Constituição Federal determina que três quartos, no mínimo, dos 25% de ICMS que pertence aos municípios serão distribuídos pelo critério do valor adicionado em cada território – art. 158, parágrafo único, da CF; **B:** incorreta, pois até um quarto desse percentual de 25% pode ser distribuído por outros critérios, conforme leis estaduais – art. 158, parágrafo único, II, da CF; **C:** correta, conforme comentários anteriores – ver também a LC 63/1990; **D:** incorreta, conforme comentários anteriores e LC 63/1990; **E:** incorreta, inclusive porque o percentual destinado aos municípios é de 25% do ICMS arrecadado. RB

Gabarito "C".

(Juiz s – TRF 2ª Região – 2017) Acerca da repartição constitucional de receitas tributárias, marque a opção correta:

(A) Pertence aos Estados e ao Distrito Federal metade do produto da arrecadação do imposto da União sobre renda e proventos de qualquer natureza, incidente na fonte, sobre rendimentos pagos por eles, a qualquer título.

(B) A União entregará parcela do produto da arrecadação dos impostos sobre renda e proventos de qualquer natureza (IR) e sobre produtos industrializados (IPI) diretamente ao Fundo de Participação dos Municípios no primeiro decêndio do mês de julho de cada ano.

(C) A União entregará parcela do produto da arrecadação da CIDE-combustíveis sobre imposto de renda e proventos de qualquer natureza diretamente ao Fundo de Participação dos Municípios.

(D) A União entregará parcela da arrecadação do imposto sobre produtos industrializados (IPI) diretamente aos Municípios, proporcionalmente ao valor das respectivas exportações de produtos industrializados ocorridas em seus territórios.

(E) A União entregará diretamente aos Estados das Regiões Norte, Nordeste e Centro-Oeste parcela do produto da arrecadação dos impostos sobre renda e proventos de qualquer natureza (IR) e sobre produtos industrializados (IPI), de acordo com os planos regionais de desenvolvimento.

A: incorreta, pois a integralidade do IR retido na fonte nessa hipótese fica com Estados e Distrito Federal – art. 157, I, da CF; **B:** correta, pois, de fato, 1% do produto da arrecadação é entregue ao fundo de participação dos municípios no primeiro decêndio de julho de cada ano – art. 159, I, e, da CF. Entretanto, é importante lembrar que as transferências em geral aos fundos de participação são mensais, conforme o art. 4º da LC 62/89; **C:** incorreta, por duas razões. Em primeiro lugar, parece que houve algum erro involuntário na redação da assertiva, já que a CIDE não incide, evidentemente, sobre o IR. Ademais, parcela da CIDE é entregue pela União aos Estados e estes, posteriormente, transferem fração disso aos respectivos municípios – art. 159, III e § 4º, da CF; **D:** incorreta, pois essa parcela será entregue pela União aos Estados, que, em seguida, transferem percentual aos respectivos municípios – art. 159, II e § 3º, da CF; **E:** incorreta, pois as transferências ocorrem por meio de suas instituições financeiras de caráter regional, conforme o art. 159, I, c, da CF. Atenção: a partir da EC 84/2014, o percentual do IPI e do IR a ser repassado pela União na forma do art. 159, I, da CF, foi majorado de 48% para 49%. RB

Gabarito "B".

(Magistratura/SC – 2015 – FCC) Por expressa determinação constitucional, pertencem aos Municípios 25% do produto da arrecadação do ICMS. É a chamada *quota-parte* municipal sobre o produto da arrecadação do ICMS. O Estado de Santa Catarina concedeu empréstimo a vários Municípios localizados em seu território, sob condição de que o valor emprestado fosse pago no prazo máximo de 24 meses. Findo o referido prazo, a maior parte dos Municípios manteve-se inadimplente. Como consequência dessa inadimplência, o Estado editou norma que condicionou a entrega da quota-parte municipal sobre o produto da arrecadação do ICMS ao pagamento dos referidos créditos vencidos e não pagos. Diante do condicionamento criado pelo Estado, os Municípios catarinenses entraram em juízo, pedindo a declaração de inconstitucionalidade da norma que implementou a referida condição, e alegaram, paralelamente, que deixaram de pagar os referidos empréstimos recebidos, como forma de protesto contra o governo estadual, que editara lei, segundo a qual, três quintos da quota-parte municipal sobre o produto da arrecadação do ICMS seriam creditados de acordo com aquela lei. Os Municípios devedores sentiram-se prejudicados pelos termos dessa nova lei. Com base nos fatos hipotéticos narrados acima e na disciplina da Constituição Federal acerca dessa questão, o Estado de Santa Catarina

(A) não poderia ter editado lei ordinária dispondo sobre a forma de creditamento de fração alguma da quota-parte municipal sobre o produto da arrecadação do ICMS, pois essa matéria é reservada à disciplina de lei complementar federal.

(B) não poderia ter editado norma que condicionasse a entrega de recursos provenientes da quota-parte municipal sobre o produto da arrecadação do ICMS, ao pagamento dos créditos de que era titular.

(C) poderia ter editado lei ordinária que dispusesse sobre a forma de creditamento da quota-parte municipal sobre o produto da arrecadação do ICMS, na proporção de até um quarto do valor da referida quota-parte.

(D) poderia ter editado lei ordinária que dispusesse sobre a forma de creditamento da quota-parte municipal sobre o produto da arrecadação do ICMS, na proporção de até metade do valor da referida quota-parte.

(E) não poderia ter editado norma visando reter os recursos provenientes da quota-parte municipal sobre o produto da arrecadação do ICMS, mas poderia tê-la editado para o fim de restringir emprego desses recursos a determinados fins.

A: incorreta, pois o Estado pode condicionar a entrega dos recursos do ICMS ao pagamento de seus créditos, conforme a norma excepcional do art. 160, parágrafo único, I, da CF; **B:** incorreta, conforme comentário anterior; **C:** essa é a melhor alternativa, embora ela e a "D" não sejam muito claras. A assertiva se refere ao fato de que apenas 25% dos recursos do ICMS são repassados aos municípios, nos termos do art. 158, IV, da CF; **D:** incorreta, conforme comentário anterior; **E:** incorreta, pois não há possibilidade de restrição ao repasse de recursos com base nos fins a que serão destinados – art. 160 da CF. Observação importante: a rigor, o Estado de Santa Catarina não poderia realizar esse empréstimo aos Municípios, pois isso é expressamente vedado pelo art. 35 da Lei de Responsabilidade Fiscal. RB

Gabarito "C".

17. AÇÕES TRIBUTÁRIAS

(Procurador do Estado/SP – 2018 – VUNESP) Em execução fiscal, Antônio, sócio-gerente de empresa contribuinte encerrada de forma irregular, é responsabilizado, nos termos do art. 135, III, do Código Tributário Nacional, por crédito tributário, cujo fato gerador ocorrera quatro anos antes da citação pessoal de Antônio. Como defesa, Antônio aduz, em exceção de pré-executividade, que o inadimplemento do crédito tributário exequendo não decorreu de fato que lhe pudesse ser imputado.

Com base na jurisprudência do Superior Tribunal de Justiça, é correto afirmar que a exceção de pré-executividade

(A) é cabível para excluir o sócio, pois a execução fiscal fora ajuizada contra a empresa contribuinte, sendo inviável a responsabilização posterior ao ajuizamento.

(B) não é cabível, pois, em se tratando de matéria de defesa do sócio responsabilizado, pode ser aduzida somente por meio de recurso contra o despacho que o incluiu no polo passivo da execução.

(C) é cabível, pois, em se tratando de responsabilidade do sócio, todos os fundamentos do responsabilizado podem ser apreciados de ofício pelo juiz.

(D) é cabível, desde que o crédito exequendo tenha sido constituído de ofício, circunstância em que a ausência de culpa do responsável pode ser alegada por qualquer meio processual.

(E) não é cabível, pois tem por causa matéria de fato, insuscetível de conhecimento de ofício pelo juiz, demandando prova que não pode ser produzida pelo meio processual utilizado.

A: incorreta, pois a responsabilidade do gestor é possível, no caso de dissolução irregular da sociedade, que implica violação da lei – art. 135, III, do CTN, conforme Súmula 435/STJ; **B:** incorreta, pois é viável a apresentação de embargos à execução pelo sócio executado; **C:** incorreta, pois a exceção de pré-executividade é admissível na execução fiscal somente em relação às matérias conhecíveis de ofício que não demandem dilação probatória – Súmula 393/STJ; **D:** incorreta, conforme comentário anterior; **E:** correta, conforme Súmula 393/STJ. RB

Gabarito "E".

(Defensor Público Federal – DPU – 2017 – CESPE) A respeito das normas gerais de direito tributário, julgue os seguintes itens.

(1) A efetividade de medida liminar para suspender a exigibilidade de créditos tributários está condicionada ao exaurimento das instâncias administrativas para a anulação dos autos de infração pertinentes, visto que, nessa situação, não cabe ao Poder Judiciário analisar o mérito administrativo.

1: incorreta, pois não é necessário o exaurimento das vias administrativas para discussão de matéria tributária em juízo – art. 5º, XXXV, da CF. RB

Gabarito: 1E

(Procurador do Município – Prefeitura Fortaleza/CE – CESPE – 2017) Com base nos institutos e nas normas que regem o processo judicial tributário, bem como na jurisprudência do STJ, julgue os itens subsecutivos.

(1) A garantia integral do crédito tributário é condição específica de procedibilidade para os embargos à execução fiscal, ensejando a extinção liminar da ação quando constatada a insuficiência da constrição judicial.

(2) O efeito da medida cautelar fiscal é a indisponibilidade patrimonial do sujeito passivo em consequência de crédito tributário constituído, ainda que não definitivamente, uma vez que pode ser proposta durante a fase administrativa de impugnação do lançamento.

1: Incorreta, pois o STJ admite embargos em caso de insuficiência da penhora, devendo haver intimação do devedor para que reforce a garantia, admitindo até mesmo o conhecimento dos embargos quando comprovada a insuficiência patrimonial do devedor – REsp 1.127.815/SP-repetitivo. **2:** Correta – art. 1º da Lei 8.397/1992. RB

Gabarito: 1E, 2C

(Procurador Municipal – Prefeitura/BH – CESPE – 2017) A respeito da execução fiscal e do processo judicial tributário, assinale a opção correta.

(A) No caso de a ação de consignação em pagamento ser julgada procedente, a importância consignada não poderá ser convertida em renda.

(B) Em caso de óbito do devedor, a execução fiscal somente poderá ser promovida contra o cônjuge ou os descendentes em linha reta, não podendo ser proposta contra os demais sucessores.

(C) O executado pode oferecer seguro-garantia como forma de garantia da execução fiscal, devendo o seguro abranger o valor da dívida, multa de mora, juros e encargos indicados na certidão de dívida ativa.

(D) A propositura, pelo contribuinte, de ação de repetição do indébito não implicará renúncia ao poder de recorrer na esfera administrativa acerca da mesma questão.

A: incorreta, pois o julgamento pela procedência da consignação implica conversão do valor depositado em renda do fisco – art. 164, § 2º, do CTN; **B:** incorreta, pois, como em qualquer execução, poderá ser promovida contra o espólio e sucessores, até o limite dos valores deixados pelo falecido; **C:** correta – art. 9º, II, da Lei 6.830/1980; **D:** incorreta, pois a propositura da ação implica desistência de eventual recurso administrativo – art. 38, parágrafo único, da Lei 6.830/1980. RB

Gabarito "C".

(Procurador Municipal – Sertãozinho/SP – VUNESP 2016) Assinale a alternativa que estiver em consonância com as disposições da lei que rege o procedimento da execução fiscal.

(A) Em sede de execução fiscal, a penhora deve obedecer estritamente à ordem estabelecida em lei, não podendo recair sobre plantações.

(B) A garantia da execução, por meio de depósito em dinheiro, fiança bancária ou seguro garantia, produz os mesmos efeitos da penhora.

(C) Em garantia da execução não se admite a indicação à penhora de bens oferecidos por terceiros.

(D) O executado ausente do país será citado por Carta Rogatória endereçada ao Juízo do lugar onde se encontre.
(E) Sendo embargada a execução e não sendo rejeitados os embargos, a Fazenda Pública poderá adjudicar os bens penhorados, antes do leilão, pelo preço da avaliação.

A: incorreta, pois é possível que a penhora recaia, excepcionalmente, sobre plantações – art. 11, § 1º, da Lei de Execuções Fiscais – LEF (Lei 6.830/1980); **B:** correta – art. 9º da LEF; **C:** incorreta, pois isso é possível, conforme o art. 9º, IV, da LEF, sendo que essa indicação deve ser aceita pela fazenda pública; **D:** incorreta, pois o ausente do país será citado por edital – art. 8º, § 1º, da LEF; **E:** incorreta, pois somente cabe adjudicação antes do leilão se a execução não for embargada ou se os embargos forem rejeitados – art. 24, I, da LEF.
Gabarito "B".

(Procurador Municipal – Sertãozinho/SP – VUNESP – 2016) Acerca da ação cautelar fiscal, é correto afirmar que
(A) para concessão da medida cautelar é dispensável, em qualquer caso, a prova literal da constituição do crédito fiscal, haja vista que a ação pode ser promovida ainda que referido crédito não esteja constituído.
(B) a decretação da medida cautelar produzirá, de imediato, a indisponibilidade dos bens do requerido, caso em que, tratando-se de pessoa jurídica, referida indisponibilidade recairá somente sobre os bens do acionista controlador, não se estendendo aos bens do ativo permanente.
(C) a medida cautelar, em razão da urgência, será requerida a qualquer juízo, inclusive ao da falência, que se tornará competente para processar a execução fiscal.
(D) estando a execução judicial da Dívida Ativa da Fazenda Pública em tribunal, a medida cautelar será requerida ao relator do recurso.
(E) da decisão que concede liminarmente a medida cautelar cabe apelação no prazo de 15 dias, contados da intimação do requerido.

A: incorreta, pois, em regra, exige-se prova literal da constituição do crédito – art. 3º da Lei 8.397/1992 (os casos excepcionais de cautelar antes do lançamento são os previstos no art. 1º, parágrafo único, da mesma lei); **B:** incorreta, pois é o oposto. Na hipótese de pessoa jurídica, a indisponibilidade recairá, em regra, somente sobre os bens do ativo permanente, com as exceções do art. 4º, §§ 1º e 2º, da Lei 8.397/1992; **C:** incorreta, pois a competência jurisdicional para a cautelar fiscal é a mesma da execução fiscal – art. 5º da Lei 8.397/1992; **D:** correta, conforme o art. 5º, parágrafo único, da Lei 8.397/1992; **E:** incorreta, pois da decisão que concede liminarmente a cautelar cabe agravo de instrumento – art. 7º, parágrafo único, da Lei 8.397/1992.
Gabarito "D".

(Procurador Municipal/SP – VUNESP – 2016) O requerimento da medida cautelar fiscal independe da prévia constituição do crédito tributário quando o devedor
(A) sem domicílio certo, intenta ausentar-se ou alienar bens que possui ou deixa de pagar a obrigação no prazo fixado.
(B) tendo domicílio certo, ausenta-se ou tenta se ausentar, visando elidir o adimplemento da obrigação.
(C) notificado pela Fazenda Pública para que proceda ao recolhimento do crédito fiscal põe ou tenta por seus bens em nome de terceiros.
(D) caindo em insolvência, aliena ou tenta alienar bens.
(E) contrai ou tenta contrair dívidas que comprometam a liquidez do seu patrimônio.

Os casos excepcionais de cabimento de cautelar fiscal antes da constituição do crédito tributário são quando o devedor, (i) notificado pela Fazenda Pública para que proceda ao recolhimento do crédito fiscal põe ou tenta por seus bens em nome de terceiros e (ii) aliena bens ou direitos sem proceder à devida comunicação ao órgão da Fazenda Pública competente, quando exigível em virtude de lei – art. 2º, V, *b*, e VII, c/c art. 1º, parágrafo único, da Lei 8.397/1992. Por essa razão, a alternativa "C" é a correta.
Gabarito "C".

(Procurador – IPSMI/SP – VUNESP – 2016) Acerca da Ação Cautelar Fiscal, assinale a alternativa correta.
(A) Para a concessão da medida cautelar fiscal não é essencial a prova literal da constituição do crédito tributário.
(B) A decretação da medida cautelar fiscal não produzirá, de imediato, a indisponibilidade dos bens do requerido, até o limite da satisfação da obrigação.
(C) O juiz concederá liminarmente a medida cautelar fiscal, desde que a Fazenda Pública apresente justificação prévia ou preste caução.
(D) O requerido será citado para, no prazo de cinco dias, contestar o pedido, indicando as provas que pretenda produzir.
(E) A medida cautelar fiscal conserva a sua eficácia no prazo de sessenta dias, contados da data em que a exigência se tornar irrecorrível na esfera administrativa e na pendência do processo de execução judicial da Dívida Ativa, mas pode, a qualquer tempo, ser revogada ou modificada.

A: incorreta, pois, em regra, exige-se prova literal da constituição do crédito – art. 3º da Lei 8.397/1992 (os casos excepcionais de cautelar antes do lançamento são os previstos no art. 1º, parágrafo único, da mesma lei); **B:** incorreta, pois é exatamente o oposto, sendo esse o principal efeito da cautelar concedida – art. 4º da Lei 8.397/1992; **C:** incorreta, pois é o oposto. O Juiz concederá liminarmente a medida cautelar fiscal, dispensada a Fazenda Pública de justificação prévia e de prestação de caução – art. 7º da Lei 8.397/1992; **D:** incorreta, pois o prazo para contestação é de 15 dias – art. 8º da Lei 8.397/1992; **E:** correta, conforme os arts. 11 e 12 da Lei 8.397/1992.
Gabarito "E".

(Procurador – IPSMI/SP – VUNESP – 2016) No processo de execução fiscal,
(A) será admitida a reconvenção, a compensação e as exceções, inclusive as de suspeição, incompetência e impedimentos, que serão arguidas como matéria preliminar e serão processadas e julgadas com os embargos.
(B) recebidos os embargos, o Juiz mandará intimar a Fazenda para impugná-los no prazo de 60 (sessenta) dias, designando, em seguida, audiência de instrução e julgamento.
(C) não sendo embargada ou sendo rejeitados os embargos, no caso de garantia prestada por terceiro, será este intimado, sob pena de contra ele prosseguir a execução nos próprios autos, para, no prazo de 15 (quinze) dias, remir o bem, se a garantia for real.
(D) a Fazenda Pública não poderá adjudicar os bens penhorados antes do leilão, pelo preço da avaliação, se a execução não for embargada ou se rejeitados os embargos.
(E) se da decisão que ordenar o arquivamento tiver decorrido o prazo prescricional, o juiz, independentemente da manifestação da Fazenda Pública, deverá, de ofício, reconhecer a prescrição intercorrente e decretá-la de imediato.

A: incorreta, pois não será admitida reconvenção, nem compensação, e as exceções, salvo as de suspeição, incompetência e impedimentos, serão arguidas como matéria preliminar e serão processadas e julgadas com os embargos – art. 16, § 3º, da LEF; **B:** incorreta, pois o prazo para impugnação dos embargos é de 30 dias – art. 17 da LEF; **C:** correta, conforme o art. 19, I, da LEF; **D:** incorreta, pois é o oposto, cabendo adjudicação antes do leilão se a execução não for embargada ou se os embargos forem rejeitados – art. 24, I, da LEF; **E:** incorreta, pois o juiz deverá ouvir a Fazenda Pública antes de reconhecer de ofício a prescrição, exceto no caso de cobranças judiciais cujo valor seja inferior ao mínimo fixado por ato do Ministro de Estado da Fazenda – art. 40, §§ 4º e 5º, da LEF.
Gabarito "C".

(Procurador do Estado – PGE/MT – FCC – 2016) Sobre o processo civil tributário, considere:

I. O Estado é parte legítima para figurar no polo passivo das ações propostas por servidores públicos estaduais que visam ao reconhecimento do direito à isenção ou à repetição do indébito relativo ao imposto de renda retido na fonte.
II. O contribuinte pode optar por receber, por meio de precatório ou por compensação, o indébito tributário certificado por sentença declaratória transitada em julgado.
III. O consumidor tem legitimidade para propor ação declaratória cumulada com repetição de indébito que busca afastar, no tocante ao fornecimento de energia elétrica, a incidência do ICMS sobre a demanda contratada e não utilizada.
IV. O depósito prévio previsto no art. 38, da LEF – Lei de Execução Fiscal, constitui condição de procedibilidade da ação anulatória de débito fiscal.

Está correto o que se afirma APENAS em
(A) I, II e IV.
(B) III e IV.
(C) I e IV.
(D) II e III.
(E) I, II e III.

I: correta – REsp 989.419/RS-repetitivo; **II:** correta – REsp 1.114.404/MG-repetitivo; **III:** correta – REsp 1.299.303/SC-repetitivo; **IV:** incorreta, pois a jurisprudência afastou o depósito prévio como pressuposto para a ação anulatória – Súmula Vinculante 28/STF.
Gabarito "E".

(Procurador do Estado – PGE/MT – FCC – 2016) Segundo a jurisprudência dominante no Superior Tribunal de Justiça a respeito das execuções fiscais,
(A) o fluxo do prazo prescricional em ação de execução fiscal somente se interrompe pela citação pessoal válida.
(B) deve ser reconhecida a prescrição intercorrente caso o processo fique paralisado por mais de cinco anos após a decisão que determinou o arquivamento da execução fiscal em razão do pequeno valor do débito executado, sem baixa na distribuição, uma vez que não há suspensão do prazo prescricional.
(C) deve ser reconhecida a prescrição intercorrente caso o processo de execução fiscal fique paralisado por cinco anos sem a localização de bens penhoráveis.

(D) é cabível a citação por edital quando, na execução fiscal, não se obteve êxito na citação postal, independentemente de diligências ou certidões levadas a efeito pelo oficial de justiça.
(E) a interrupção do prazo prescricional, para fins de execução fiscal, se dá pelo despacho do juiz que ordena a citação, de modo que este será o termo *a quo*.

A: incorreta, pois a citação retroage à data da propositura da ação para efeitos de interrupção da prescrição, na forma do art. 802, parágrafo único, do NCPC, quando a demora na citação é imputada exclusivamente ao Poder Judiciário, nos termos da Súmula 106/STJ – REsp 1.120.295/SP-repetitivo; **B:** correta – REsp 1.102.554/MG-repetitivo; **C:** incorreta, pois é necessário suspender-se o processo por um ano antes de se iniciar a contagem do prazo de prescrição intercorrente – Súmula 314/STJ; **D:** incorreta, pois a citação por edital se dá apenas após esgotadas as tentativas de citação pelas modalidades previstas no art. 8º da Lei 6.830/1980, quais sejam pelo correio e por oficial de justiça – Súmula 414/STJ; **E:** incorreta, conforme comentário à primeira alternativa. Note que, apesar de o art. 174, parágrafo único, I, do CTN se referir ao despacho do juiz que ordena a citação como causa interruptiva da prescrição, a jurisprudência reconhece que, ajuizada a ação no prazo quinquenal, a demora da citação por culpa do Judiciário não prejudica o credor. RB

Gabarito "B".

(Procurador do Estado – PGE/RS – Fundatec – 2015) Quanto ao entendimento jurisprudencial em matéria tributária, assinale a alternativa correta.
(A) Proposta ação anulatória pela Fazenda Estadual, esta fará jus à expedição da certidão positiva com efeitos de negativa apenas naquelas hipóteses em que a expedição seria cabível se a ação fosse ajuizada pelo contribuinte.
(B) Declarado e não pago o tributo, é legítima a recusa de expedição da certidão negativa de débito, independentemente de lançamento de ofício ou de inscrição em dívida ativa.
(C) A fiança bancária é equiparável ao depósito integral do débito exequendo para fins de suspensão da exigibilidade do crédito tributário, nos termos do art. 151, do CTN.
(D) A sentença declaratória que reconhece o direito do contribuinte à compensação tributária não constitui título executivo para a repetição do indébito.
(E) É cabível a cobrança de crédito tributário constituído por documento de confissão de dívida tributária, mesmo que o documento tenha sido assinado após a ocorrência da decadência.

A: incorreta, pois o simples ajuizamento da anulatória ou de embargos à execução pela fazenda pública, quando devedora, suspende a exigibilidade do crédito, permitindo a extração da certidão positiva com efeito de negativa, considerando a impenhorabilidade de seu patrimônio – ver REsp 1.180.697/MG; **B:** correta, pois a declaração do débito pelo contribuinte constitui o crédito, sendo desnecessário lançamento pelo fisco, permitindo a imediata inscrição em dívida ativa em caso de inadimplemento – Súmula 436/STJ; **C:** incorreta, pois a fiança bancária não suspende a exigibilidade do crédito, conforme o art. 151 do CTN, embora permita a emissão de certidão positiva com efeito de negativa ao garantir o crédito em execução fiscal – art. 206 do CTN; **D:** incorreta, pois o STJ admite a execução a partir da sentença declaratória, como opção à compensação – REsp 1.114.404/MG-repetitivo; **E:** incorreta, pois a decadência extingue o crédito tributário, não subsistindo qualquer débito a ser confessado (não há obrigação natural relativa ao tributo extinto) – art. 156, V, do CTN. RB

Gabarito "B".

(Procurador – PGFN – ESAF – 2015) (Procurador – PGFN – ESAF – 2015) De acordo com a Lei de Execução Fiscal:
(A) o prazo para substituição da certidão de dívida ativa caduca na data de citação do executado.
(B) a dívida ativa executada, exclusivamente tributária, abrange atualização monetária, juros e multa; a dívida não tributária não se sujeita ao rito especial da Lei 6.830/80.
(C) os embargos na execução fiscal independem de garantia da execução e, em regra, não têm efeito suspensivo, salvo comprovação, pelo executado, de risco de dano irreparável ou de difícil reparação, por aplicação subsidiária do CPC.
(D) a citação deve ser feita obrigatoriamente por oficial de justiça.
(E) a intimação da penhora é feita por publicação na imprensa oficial do ato de juntada do termo ou auto de penhora, sendo também admitida a intimação pessoal ou por via postal.

A: incorreta, pois é possível a substituição da CDA até a decisão de primeira instância – art. 2º, § 8º, da Lei 6.830/1980; **B:** incorreta, pois a execução fiscal cabe para dívidas tributárias e não tributárias, desde que inscritas em dívida ativa – art. 2º, § 2º, da Lei 6.830/1980; **C:** incorreta, pois é indispensável a garantia do juízo como pressuposto aos embargos – art. 16, § 1º, da Lei 6.830/1980; **D:** incorreta, pois a citação pode ser feita pelos modos previstos no art. 8º da Lei 6.830/1980, em regra por via postal; **E:** correta – art. 12 da Lei 6.830/1980. RB

Gabarito "E".

(Procurador – PGFN – ESAF – 2015) Sobre a Execução Fiscal, é correto afirmar:
(A) a substituição da penhora pelo executado, por bens de valor equivalente ao constrito, não depende de anuência da Fazenda Pública.
(B) efetuado o pagamento integral da dívida executada, a penhora não poderá ser liberada se houver outra execução pendente.
(C) a execução fiscal é meio idôneo para a cobrança judicial de dívida que teve origem em fraude relacionada com a concessão de benefício previdenciário.
(D) a pendência de recurso administrativo não inviabiliza o ajuizamento da execução fiscal.
(E) o despacho do juiz que ordena a citação interrompe a prescrição, gerando efeitos a partir da sua prolação.

A: incorreta, pois, sem anuência da fazenda o juiz deferirá ao executado apenas a substituição da penhora por depósito em dinheiro, fiança bancária ou seguro garantia – art. 15, I, da Lei 6.830/1980; **B:** correta – art. 53, § 2º, da Lei 8.212/1991, ver REsp 1.319.171/SC; **C:** incorreta, sendo adequada ação de cobrança por enriquecimento ilícito para apuração da responsabilidade civil – REsp 1.350.804/PR-repetitivo; **D:** incorreta, pois a pendência de recurso administrativo em que se questiona o crédito tributário suspende sua exigibilidade, o que inviabiliza o ajuizamento da execução fiscal – art. 151 do CTN; **E:** incorreta, pois a citação retroage à data da propositura da ação para efeitos de interrupção da prescrição, na forma do art. 219, § 1º, do CPC, quando a demora na citação é imputada exclusivamente ao Poder Judiciário, nos termos da Súmula 106/STJ – REsp 1.120.295/SP-repetitivo. Note que, apesar de o art. 174, parágrafo único, I, do CTN se referir ao despacho do juiz que ordena a citação como causa interruptiva ad prescrição, a jurisprudência reconhece que, ajuizada a ação no prazo quinquenal, a demora da citação por culpa do Judiciário não prejudica o credor. RB

Gabarito "B".

(Procurador – PGFN – ESAF – 2015) Sobre a medida cautelar fiscal, assinale a opção incorreta.
(A) Independe da prévia constituição do crédito tributário quando o devedor, caindo em insolvência, aliena ou tenta alienar bens.
(B) Produz, de imediato, a indisponibilidade dos bens do requerido, até o limite da satisfação da obrigação.
(C) O prazo de contestação é de 15 (quinze) dias.
(D) A sentença proferida na medida cautelar fiscal não faz coisa julgada, relativamente à execução judicial da Dívida Ativa da Fazenda Pública, salvo se acolhida a alegação de qualquer modalidade de extinção da pretensão deduzida.
(E) Pode ser requerida contra o sujeito passivo de crédito tributário ou não tributário.

A: incorreta, sendo possível cautelar fiscal, nesse caso, apenas após o lançamento – art. 2º, III, da Lei 8.397/1992. Os casos excepcionais, em que é possível cautelar fiscal antes do lançamento são apenas os indicados no art. 2º, V, *b*, e VII, da Lei 8.397/1992, conforme seu art. 1º, parágrafo único; **B:** correta, conforme art. 4º da Lei 8.397/1992; **C:** correta – art. 8º da Lei 8.397/1992; **D:** correta, nos termos do art. 16 da Lei 8.397/1992; **E:** correta – art. 2º da Lei 8.397/1992. RB

Gabarito "A".

(Procurador do Estado – PGE/RN – FCC – 2014) A medida cautelar fiscal
(A) é ação de iniciativa do contribuinte visando a suspensão da exigibilidade do crédito tributário a partir da concessão da liminar.
(B) somente pode ser preparatória da execução fiscal.
(C) é ação voltada para o arrolamento de bens de devedor tributário ou não tributário, desde que o débito ultrapasse o limite de seu patrimônio conhecido.
(D) tem lugar apenas quando o devedor pratica atos que caracterizam fraude à execução, como forma de suspender os efeitos das alienações levadas a efeito.
(E) decretada produz, de imediato, a indisponibilidade dos bens do requerido, até o limite da satisfação da obrigação.

A: incorreta, pois é ação de iniciativa do fisco para garantia do recebimento do crédito tributário – art. 2º da Lei 8.397/1992; **B:** incorreta, pois pode também ser proposta após o início da execução fiscal – art. 1º da Lei 8.397/1992; **C:** incorreta, pois a hipótese de débito superior a 30% do patrimônio conhecido do devedor é apenas uma das que dão ensejo à cautelar fiscal – art. 2º da Lei 8.397/1992; **D:** incorreta, pois há diversas outras hipóteses que permitem o ajuizamento da cautelar fiscal – art. 2º da Lei 8.397/1992; **E:** correta – art. 4º da Lei 8.397/1992. RB

Gabarito "E".

(Procurador do Estado – PGE/RN – FCC – 2014) Julgada procedente e transitada em julgada a sentença declaratória em ação para repetição do indébito, o contribuinte
(A) terá que fazer obrigatoriamente a compensação com débitos devidos ao mesmo ente.
(B) recebe imediatamente os valores pagos indevidamente, com juros e correção monetária.
(C) terá que fazer execução contra a Fazenda Pública para receber por meio de precatório, obrigatoriamente.
(D) terá o prazo de dois anos, a contar da decisão, para cobrar o valor pago indevidamente.
(E) poderá optar entre fazer compensação ou receber por meio de precatório.

A: incorreta, pois o STJ admite que é opção do contribuinte credor executar seu crédito, mesmo em se tratando de sentença declaratória, para recebê-lo por precatório ou requisição de pequeno valor, ou então realizar a compensação – REsp 1.114.404/MG-repetitivo; **B:** incorreta, pois no caso de execução, o credor se sujeita ao regime dos precatórios ou das requisições de pequeno valor; **C:** incorreta, conforme comentários anteriores; **D:** incorreta, pois, em princípio, o prazo para cobrança de créditos contra a fazenda pública é de cinco anos – Decreto 20.910/1932; **E:** correta, conforme comentário à primeira alternativa. **Gabarito "E".**

(Procurador do Estado – PGE/RN – FCC – 2014) Sujeito passivo em débito com a Fazenda Pública Estadual deixou de realizar o pagamento de um determinado tributo por entender que o mesmo é inconstitucional. Considerando que o prazo para impugnação administrativa do lançamento já transcorreu, para evitar ter o crédito cobrado judicialmente por meio de execução fiscal deverá

(A) obter uma liminar em sede de mandado de segurança repressivo, desde que tenha sido o mesmo impetrado no prazo legal, como forma de suspender a exigibilidade do crédito.
(B) declarar a moratória, através de procedimento administrativo próprio, que é causa de suspensão da exigibilidade do crédito tributário.
(C) fazer o depósito do montante integral do crédito e formular consulta administrativa.
(D) propor ação declaratória de inexistência de obrigação tributária, pois a partir da citação válida da Fazenda Pública o crédito tem sua exigibilidade suspensa.
(E) fazer a consignação judicial em pagamento do crédito tributário, pois a partir do depósito o crédito tem sua exigibilidade suspensa.

A: correta, sendo possível o MS repressivo, em que se pede que o fisco se abstenha de exigir o tributo inconstitucional – art. 151, IV, do CTN; **B:** incorreta, pois a moratória é benefício fiscal que pressupõe lei concessiva – art. 151, I, do CTN; **C:** incorreta, pois a consulta, com efeito do art. 161 § 2º, do CTN, deve ser realizada antes do vencimento; **D:** incorreta, pois a suspensão da exigibilidade não se dá com o simples ajuizamento da ação ordinária, sendo necessária antecipação de tutela ou depósito integral em dinheiro – art. 151, II e V, do CTN; **E:** incorreta, pois somente o depósito integral do valor cobrado suspende a exigibilidade, enquanto a consignatória restringe-se ao montante que o contribuinte alega ser devido – art. 164, § 1º, do CTN. **Gabarito "A".**

(Procurador do Estado/AM – 2016 – CESPE) Considerando o desenvolvimento da relação jurídica tributária, julgue os próximos itens.

(1) Em decorrência do princípio tributário da autonomia dos estabelecimentos, não se admite a penhora de depósitos de titularidade das filiais de uma pessoa jurídica que possua débitos tributários lançados contra a sua matriz.
(2) A medida cautelar fiscal objetiva a indisponibilidade do patrimônio do sujeito passivo da relação jurídica tributária e tem seu cabimento vinculado à preclusão administrativa da decisão definitiva proferida no processo administrativo fiscal instaurado a requerimento do contribuinte.
(3) A penhora de bem ou de direito que promova a satisfação integral do crédito tributário assegurará ao sujeito passivo da relação jurídica tributária o direito de obter certidão positiva com os mesmos efeitos da certidão negativa.

1: incorreta, pois a filial não tem personalidade jurídica distinta da matriz, sendo que seu patrimônio se confunde com o daquela, admitindo-se a penhora – ver AgRg no REsp 1.469.455/SC; **2:** incorreta, pois a cautelar fiscal pode ser anterior ao término do procedimento administrativo fiscal – ver art. 11 da Lei 8.397/1992; **3:** correta, nos termos do art. 206 do CTN. **Gabarito 1E, 2E, 3C.**

(Promotor de Justiça/SC – 2016 – MPE)

(1) O Superior Tribunal de Justiça assentou entendimento de que a execução fiscal pode incidir contra o devedor ou contra o responsável tributário, não sendo necessário que conste o nome deste na certidão de dívida ativa. Contudo, constando o nome do sócio-gerente como corresponsável tributário na CDA – Certidão de Dívida Ativa, cabe a ele o ônus de provar a ausência dos requisitos do art. 135 do CTN, ou seja, que não houve a prática de atos "com excesso de poderes ou infração de lei, contrato social ou estatutos", independentemente se a ação executiva foi proposta contra a pessoa jurídica e contra o sócio ou somente contra aquela, tendo em vista que a CDA goza de presunção relativa de liquidez e certeza.

1: verdadeira, refletindo a jurisprudência pacífica do STJ – ver REsp 1.104.900/ES-repetitivo. **Gabarito 1C.**

(Juiz – TRF 2ª Região – 2017) Ao ser citado, sócio de empresa percebe que ele, pessoa física, figura no polo passivo de execução fiscal. Ao buscar informações, verifica que, embora seu nome conste da certidão de dívida ativa que fundamenta a execução, o débito é oriundo de valores relativos ao Imposto de Renda de Pessoa Jurídica, declarados mas não pagos, da sociedade da qual é sócio-administrador e que, originariamente, figurava sozinha no polo passivo. O empresário, após aferir que não houve prescrição nem decadência, opõe exceção de pré-executividade, sem garantir o juízo, alegando exclusivamente a sua ilegitimidade passiva. Deve o Juiz:

(A) Acatar a exceção e extinguir a execução relativamente ao empresário, já que a simples falta de pagamento do tributo (devidamente declarado) não acarreta a responsabilidade subsidiária do sócio.
(B) Rejeitar a exceção, já que o nome do sócio consta da certidão da dívida, daí que cabe ao empresário o ônus de provar que não agiu com excesso de poderes ou infração à lei, ao contrato social ou ao estatuto da empresa, dilação incompatível com a via eleita.
(C) Acatar a exceção e excluir o empresário do polo passivo, determinando que a Fazenda, caso queira executar também o sócio administrador, proceda na forma estabelecida pelo Código de Processo Civil, de modo a instaurar o incidente de desconsideração da personalidade jurídica.
(D) Intimar o excipiente para, nos termos da Lei de Execuções Fiscais (Lei nº 6.830/80), garantir o juízo, sob pena de rejeição da exceção.
(E) O cancelamento de débito cujo montante seja inferior ao dos respectivos custos de cobrança não é considerado, pela Lei de Responsabilidade Fiscal, como renúncia de receita.

A: incorreta, pois a inclusão do nome do sócio na CDA impõe a ele o ônus de provar que não tem responsabilidade tributária, o que não pode ser feito em exceção de pré-executividade (que não admite dilação probatória) – ver REsp 1.104.900/ES-repetitivo; **B:** correta, conforme comentário anterior; **C e D:** incorretas, conforme comentário anterior; **E:** incorreta, pois, embora de fato o art. 14 da LRF dispense as providências devidas em caso de renúncia de receita para essa hipótese de cancelamento de pequenos débitos, isso não tem qualquer relação com a providência que o juiz deve tomar na situação descrita. **Gabarito "B".**

(Juiz– TRF 4ª Região – 2016) Dadas as assertivas abaixo, assinale a alternativa correta. Sobre a medida cautelar fiscal:

I. É incabível a propositura de medida cautelar fiscal sem a constituição definitiva do crédito tributário.
II. A medida cautelar fiscal é asseguratória apenas do crédito tributário, sendo os demais créditos públicos garantidos por outros instrumentos processuais.
III. Excepcionalmente, o Superior Tribunal de Justiça admite a decretação de indisponibilidade de bens de pessoa jurídica, ainda que estes não constituam o seu ativo permanente quando não forem localizados no patrimônio do devedor bens que possam garantir a execução fiscal.

(A) Está correta apenas a assertiva II.
(B) Está correta apenas a assertiva III.
(C) Estão corretas apenas as assertivas I e II.
(D) Estão corretas apenas as assertivas I e III.
(E) Estão corretas todas as assertivas.

I: incorreta, pois há hipótese excepcional de cautelar fiscal antes da constituição do crédito – arts. 1º, parágrafo único, e 2º, V, b, e VII, da Lei 8.397/92; **II:** incorreta, pois qualquer crédito inscrito pode ser garantido por cautelar fiscal – art. 1º da Lei 8.397/92; **III:** correta – ver REsp 1.377.507/SP-repetitivo. **Gabarito "B".**

(Juiz – TJ/SP – VUNESP – 2015) O art. 655-A do Código de Processo Civil ainda em vigor e o art. 11 da Lei 6.830/1980 indicam o dinheiro, em espécie ou depósito, como preferencial para penhora; de outra parte, o art. 620 do Código de Processo Civil ainda vigente e o art. 185-A do Código Tributário Nacional recomendam, respectivamente, que a execução se faça "pelo modo menos gravoso ao credor" e que, se o devedor não pagar ou indicar bens, deverá ser decretada a indisponibilidade de seus bens e direitos. Diante de tais disposições, o Superior Tribunal de Justiça tem concluído que

(A) o Juiz deve verificar, inicialmente, se foram esgotadas as diligências para localização de bens do devedor antes de determinar a penhora on-line.
(B) a penhora de dinheiro em espécie ou depósitos judiciais só é possível após expressa e fundamentada justificativa da Fazenda.
(C) indicados bens não poderá ser efetivada a denominada penhora on-line.
(D) não pago o valor devido nem indicados bens à penhora, o bloqueio de ativos financeiros do devedor é medida que prescinde de outras diligências prévias por parte do credor.

Nos termos do julgado pelo STJ no REsp 1.141.990/PR-repetitivo, "a partir da vigência da Lei 11.382/2006, os depósitos e as aplicações em instituições financeiras passaram a ser considerados bens preferenciais na ordem da penhora, equiparando-se a dinheiro em espécie (artigo 655, I, do CPC), tornando-se prescindível o exaurimento de diligências extrajudiciais a fim de se autorizar a penhora on-line (artigo 655-A, do CPC)." Por essa razão, a alternativa "D" é a correta. **Gabarito "D".**

(Juiz – TJ/MS – VUNESP – 2015) Quanto à ação civil pública, afirma-se que

(A) em caso de desistência infundada ou abandono da ação por associação legitimada, o Ministério Público assumirá a titularidade ativa, de forma exclusiva.
(B) os órgãos públicos legitimados poderão tomar dos interessados compromisso de ajustamento de sua conduta às exigências legais, mediante comunicações, que terá eficácia de título executivo judicial.
(C) admitir-se-á o litisconsórcio necessário entre os Ministérios Públicos da União e dos Estados na defesa dos interesses difusos e individuais.
(D) o Ministério Público, se não intervier no processo como parte, atuará de forma facultativa como fiscal da lei.
(E) o requisito da pré-constituição poderá ser dispensado pelo juiz, quando haja manifesto interesse social evidenciado pela dimensão ou característica do dano, ou pela relevância do bem jurídico a ser protegido.

A: incorreta, pois não há exclusividade da titularidade do MP, nessa hipótese – art. 5º, § 3º, da Lei das Ações Civis Públicas – LACP (Lei 7.347/1985); **B:** incorreta, pois os TAC têm eficácia de título executivo extrajudicial – art. 5º, § 6º, da LACP; **C:** incorreta, pois esse litisconsórcio é facultativo – art. 5º, § 5º, da LACP; **D:** incorreta, pois a atuação do MP como fiscal da lei é obrigatória, não facultativa, nessa hipótese – art. 5º, § 1º, da LACP; **E:** correta, conforme o art. 5º, § 4º, da LACP. Gabarito "E".

(Juiz de Direito/AM – 2016 – CESPE) A indústria de armamentos A, considerando-se detentora de créditos fiscais do ICMS originados do uso de projéteis balísticos em testes de qualidade de seus produtos, visando obter a convalidação de compensação tributária realizada em sua contabilidade e declarada nos formulários próprios às autoridades tributárias, impetrou mandado de segurança preventivo contra possível ato do secretário executivo da Receita da Secretaria de Fazenda do Estado do Amazonas. Acerca do cabimento, da adequação e dos efeitos de tal ação em relação às autoridades administrativas, assinale a opção correta.

(A) A pretensão de obter créditos fiscais de ICMS pela utilização de projéteis balísticos em testes é incabível, já que, para que um produto intermediário gere créditos, é indispensável que ele integre o produto final.
(B) Embora o mandado de segurança em matéria de compensação tributária tenha efeitos condenatórios, é admissível sua utilização para convalidar compensação efetivada pelo contribuinte.
(C) É possível a convalidação de compensação efetivada pelo contribuinte, uma vez que é cabível a dilação probatória em mandado de segurança.
(D) O mandado de segurança preventivo em matéria de compensação tributária tem efeitos meramente declaratórios, de modo que é compatível com a convalidação de compensação efetivada pelo contribuinte.
(E) É cabível a declaração de compensação via mandamental, não podendo, todavia, o Poder Judiciário impor entraves para que a administração tributária apure a liquidez e certeza dos créditos apontados pelo contribuinte nas suas declarações e contabilidade.

A: incorreta, pois se admite creditamento em relação a bens consumidos no processo industrial – art. 20 da LC 87/1996; **B:** incorreta, pois o mandado de segurança é utilizado, nessa hipótese, para declarar o direito à compensação tributária, conforme a Súmula 213/STJ; **C:** incorreta, pois não cabe mandado de segurança para convalidar compensação já realizada pelo contribuinte – Súmula 460/STJ; **D:** incorreta, conforme comentários anteriores; **E:** correta, conforme comentários anteriores e jurisprudência pacífica – ver também a Súmula 212/STJ. Gabarito "E".

(Juiz de Direito/AM – 2016 – CESPE) A empresa J Ltda. impetrou, em 20/7/2014, mandado de segurança para obter certidão negativa de débitos tributários na Fazenda do Estado do Amazonas. Ao seu nome estavam vinculados três débitos: um primeiro, já com decisão de primeira instância, pendente de intimação, mantendo o lançamento; um segundo, de ICMS, em relação ao qual o contribuinte alegou decadência, tendo o fato gerador ocorrido em 20/6/2009, com declaração e pagamento parcial do tributo à época, sem que tivesse ocorrido até a data da impetração qualquer lançamento; e um terceiro, em fase de execução judicial, com penhora determinada, e não realizada, sobre o faturamento.
Nessa situação hipotética,

(A) ocorrida a penhora sobre o faturamento, seria possível a expedição da certidão negativa, de acordo com o CTN.
(B) não havia possibilidade de expedição de certidão negativa, mas apenas de certidão positiva com efeitos de negativa.
(C) a expedição da certidão cabível estava condicionada ao depósito integral do terceiro débito discutido.
(D) não havia ocorrido a decadência do segundo débito, pois o início da contagem do prazo de decadência era 1.º/1/2010, por força de dispositivo do CTN.
(E) a prolação de decisão pela Secretaria de Fazenda do Estado do Amazonas cessou a suspensão da exigibilidade do crédito tributário que permitiria a expedição da certidão cabível.

A: incorreta, pois permanece a exigibilidade em relação ao primeiro débito, o que impede a emissão da certidão negativa; **B:** incorreta, pois, para a emissão da certidão positiva com efeito de negativa, seria necessário suspender a exigibilidade de todos os créditos existentes; **C:** essa é a melhor alternativa, pois a expedição da certidão positiva com efeito de negativa pressupõe a suspensão da exigibilidade de todos os créditos, inclusive do terceiro; **D:** incorreta, pois, como houve pagamento, ainda que parcial, ocorreu a homologação tácita após 5 anos contados do fato gerador, nos termos do art. 150, § 4º, do CTN; **E:** incorreta, pois, se não há mais suspensão, é porque o crédito é exigível e, portanto, impede a expedição da certidão. Gabarito "C".

(Procurador do Estado/AM – 2016 – CESPE) Considerando o desenvolvimento da relação jurídica tributária, julgue os próximos itens.

(1) Em decorrência do princípio tributário da autonomia dos estabelecimentos, não se admite a penhora de depósitos de titularidade das filiais de uma pessoa jurídica que possua débitos tributários lançados contra a sua matriz.
(2) No caso de tributo sujeito a lançamento por homologação com indicação legal de termo de pagamento, o prazo prescricional para a propositura da execução fiscal conta-se da data estipulada como vencimento para a quitação do crédito declarado e inadimplido.
(3) A medida cautelar fiscal objetiva a indisponibilidade do patrimônio do sujeito passivo da relação jurídica tributária e tem seu cabimento vinculado à preclusão administrativa da decisão definitiva proferida no processo administrativo fiscal instaurado a requerimento do contribuinte.
(4) A penhora de bem ou de direito que promova a satisfação integral do crédito tributário assegurará ao sujeito passivo da relação jurídica tributária o direito de obter certidão positiva com os mesmos efeitos da certidão negativa.

1: incorreta, pois todos os estabelecimento respondem pelo débito tributário, pois há apenas uma pessoa jurídica (e contribuinte, portanto) proprietária de todos eles. No caso do ICMS, por exemplo, há norma específica nesse sentido – art. 11, § 3º, IV, da LC 87/1996; **2:** correta, segundo o princípio da *actio nata*: o prazo prescricional inicia-se no momento em que o credor pode cobrar o débito, ou seja, a partir do início do inadimplemento; **3:** incorreta, pois basta a constituição do crédito e a ocorrência das hipóteses previstas no art. 2º da Lei 8.397/1992 (a rigor, há casos em que até mesmo antes da constituição do crédito é possível o ajuizamento da cautelar fiscal – art. 1º, parágrafo único, da mesma Lei); **4:** correta – ver REsp 1.479.276/MG. Gabarito 1E, 2C, 3E, 4C.

(Magistratura/GO – 2015 – FCC) A prescrição intercorrente:

(A) Não se aplica à prescrição em matéria tributária, diante da supremacia do interesse público sobre o particular.
(B) Pode se operar durante o curso da execução fiscal, se o executado não for localizado ou não forem encontrados bens suficientes para garantir a execução.
(C) Pode ser reconhecida em sede de qualquer ação de iniciativa do contribuinte, como o mandado de segurança, por exemplo.
(D) Ocorre decorridos 5 anos da propositura de ação para anular o crédito tributário, se não houver sido prolatada sentença, ainda que passível de recurso.
(E) Tem seu curso interrompido com a propositura de medida cautelar fiscal.

A: incorreta, havendo prescrição intercorrente, nos termos do art. 40, § 4º, da Lei 6.830/1980 e da Súmula 314/STJ; **B:** correta, conforme o art. 40, § 4º, da Lei 6.830/1980 e a Súmula 314/STJ; **C:** incorreta, pois a prescrição intercorrente refere-se à execução fiscal, conforme comentários anteriores; **D:** incorreta, conforme comentários anteriores; **E:** incorreta, pois não há previsão de interrupção, nesse caso. Gabarito "B".

(Magistratura/GO – 2015 – FCC) Estando o crédito tributário objeto de execução fiscal prescrito, é correto afirmar que

(A) estando em curso a execução fiscal, somente se admite o reconhecimento da prescrição intercorrente.
(B) somente poderá ser reconhecida a prescrição pelo juiz se a parte a arguir em sede de Embargos à Execução.
(C) se o crédito já é objeto de execução fiscal não poderá mais ser extinto pela prescrição, pois esta é a perda do direito de cobrar o crédito tributário.
(D) pode ser reconhecida de ofício de pelo juiz, extinguindo-se a execução fiscal.
(E) depende de prévia oitiva da Fazenda Pública, após prévia e necessária provocação do executado.

A: incorreta, pois a prescrição do art. 174 do CTN, modalidade de extinção do crédito tributário, pode ser reconhecida pelo juízo a qualquer tempo, independentemente da prescrição intercorrente; **B:** incorreta, pois a prescrição pode ser reconhecida de ofício

– ver AgRg no AREsp 547.167/SC; **C:** incorreta, pois há prescrição intercorrente, nos termos do art. 40, § 4º, da Lei 6.830/1980 e da Súmula 314/STJ; **D:** correta, conforme comentário da alternativa "B"; **E:** incorreta, pois a prescrição pode ser conhecida de ofício, conforme comentários anteriores, embora a decretação da prescrição deva ser precedida de oitiva da Fazenda, nos termos do art. 40, § 4º, da Lei 6.830/1980. RB

Gabarito "D".

(Defensor/PA – 2015 – FMP) A empresa ER Ltda. teve contra si lavrado auto de lançamento pela prática de infração tributária consistente na apropriação de créditos fiscais falsos do ICMS com o intuito de reduzir o valor a pagar do mencionado tributo, em conduta de evidente sonegação fiscal. A apropriação indevida dos créditos ocorreu durante todo o ano de 2011 e o lançamento foi lavrado em 30.12.2012. Não tendo efetuado o pagamento do crédito tributário, teve contra si ajuizada ação de execução fiscal em 03.03.2013. Para efetuar a citação da empresa, o Sr. Oficial de Justiça compareceu ao endereço que havia sido informado à Fazenda Pública como domicílio fiscal, e verificou que as atividades haviam sido encerradas. A Fazenda Pública não foi comunicada de qualquer alteração de endereço da sede da empresa. Em consulta à Junta Comercial, verificou-se que não havia sido providenciado o encerramento regular da empresa e, ainda, que, nos termos do contrato social, o sócio-gerente era o Sr. Esperto Rápido. Foi postulada a responsabilização pessoal do mencionado sócio na execução fiscal. Citado, nomeou à penhora bens imóveis no valor da dívida. A penhora foi realizada em 10.05.2013. O sócio-gerente foi intimado da referida penhora em 20.05.2013, e ofertou embargos à execução em 15.06.2013, alegando ser parte ilegítima para responder pela dívida da empresa.

Assinale a alternativa CORRETA, considerando o entendimento do STJ, o CTN e a Lei 6.830/1980.

(A) Os embargos à execução devem ser acolhidos, visto que o inadimplemento da obrigação tributária, por si só, não gera a responsabilidade solidária do sócio-gerente.

(B) Os embargos à execução devem ser desacolhidos, visto que ajuizados fora do prazo previsto em lei.

(C) Os embargos à execução devem ser desacolhidos, visto que se presume dissolvida irregularmente empresa que deixa de funcionar no seu domicílio fiscal, sem comunicação aos órgãos competentes, legitimando o redirecionamento da execução fiscal para o sócio-gerente.

(D) Os embargos à execução devem ser desacolhidos, visto que a alegação de ilegitimidade para responder à execução fiscal não pode ser feita em sede de embargos à execução.

(E) Os embargos à execução devem ser acolhidos, porque ocorreu decadência do direito de a Fazenda lavrar auto de lançamento contra a empresa, matéria que pode ser conhecida de ofício.

A: incorreta, pois a dissolução irregular da empresa implica responsabilidade do gestor, conforme a Súmula 435/STJ e art. 135, III, do CTN; **B:** incorreta, pois o prazo de embargos, no caso, é de 30 dias contados da intimação da penhora – art. 16, III, da Lei 6.830/1980; **C:** correta, sendo esse o conteúdo da Súmula 435/STJ; **D:** incorreta, pois não há vedação a isso; **E:** incorreta, pois a decadência é de 5 anos, contados na forma do art. 173, I, do CTN. RB

Gabarito "C".

(Procurador do Estado/PR – 2015 – PUC-PR) Em execução fiscal de dívida ativa superior a R$ 100.000,00 (cem mil reais), a Procuradoria-Geral do Estado do Paraná conseguiu ver penhorados, via BacenJud, apenas R$ 85.000,00 (oitenta e cinco mil reais), constantes das contas bancárias do executado. Sobre a situação hipotética discriminada acima, bem como sobre os processos de execução fiscal e embargos à execução fiscal, assinale a alternativa **CORRETA**.

(A) Nos processos de execução fiscal, opostos embargos pelo devedor, os atos que importem levantamento de depósito pela Fazenda Pública só poderão ser realizados após o trânsito em julgado da decisão a ela favorável.

(B) A penhora, em execução fiscal, deve se limitar ao montante que o executado entende como devido.

(C) Conforme entendimento mais recente do Superior Tribunal de Justiça, são admissíveis os embargos antes de garantida a execução nos casos em que o embargante for beneficiário da assistência judiciária gratuita.

(D) A insuficiência da penhora impede a admissão dos embargos à execução fiscal.

(E) Não é admissível a utilização de embargos à execução fiscal com o objetivo de ver declarada extinta a execução fiscal em razão de compensação já deferida e homologada definitivamente na via administrativa.

A: correta, considerando como "levantamento" a efetiva conversão do depósito em renda. A rigor, é preciso lembrar que os Estados têm acesso aos depósitos nesses casos, de imediato, nos termos da LC 151/2015; **B:** incorreta, pois a penhora se dá pelo valor executado pelo Fisco; **C:** incorreta, pois o STJ não dispensa a garantia do juízo como pressuposto para os embargos à execução fiscal, inclusive no caso de justiça gratuita – ver REsp 1.437.078/RS e REsp 1.272.827/PE-Repetitivo; **D:** incorreta, pois o Judiciário aceita embargos no caso de penhora insuficiente – ver AgRg no AREsp 548.507/PE; **E:** incorreta, pois a extinção do crédito por qualquer modalidade pode ser arguida em embargos à execução fiscal. RB

Gabarito "A".

(Procurador Distrital – 2014 – CESPE) O DF propôs ação de execução, fundada em crédito fiscal, contra a empresa Pedro e Paulo Artigos Esportivos Ltda. (PPAE). Pedro detinha 80% das quotas sociais e Paulo, sócio-gerente, 20%. Não encontrados bens suficientes da sociedade para a garantia do débito, o DF pediu a penhora de bens de Paulo, fundado no fato de que, na qualidade de sócio-gerente, ele não recolhera o valor do tributo que estava sendo cobrado da PPAE. Deferida a penhora, não foram encontrados bens de Paulo, sendo, então, pedida a penhora de bens de Pedro, com fundamento no fato de ele ser o sócio majoritário. O DF pediu, ainda, a penhora de lucros apurados e que seriam cabíveis à PPAE em razão de ela ser sócia da PPM Material Elétrico Ltda. Contra tal pedido, a PPAE apresentou impugnação, sustentando que, embora tivesse sido apurado lucro no balanço anual, a sociedade, antes mesmo de citada na execução, decidira reinvestir os lucros na própria atividade, razão pela qual não seria cabível a penhora requerida. Este último fato foi devidamente provado.

Com base na situação hipotética acima descrita, julgue os itens subsecutivos.

(1) O juiz deve rejeitar o fundamento exposto pelo DF em sua argumentação e, em consequência, indeferir a penhora dos bens de Pedro.

(2) O juiz deve indeferir, com base no argumento exposto pela PPAE, a penhora dos lucros que lhe seriam cabíveis em razão de ela ser sócia da PPM Material Elétrico Ltda.

(3) A decisão do juiz de deferir, com fundamento no argumento exposto, a penhora dos bens de Paulo foi correta, configurando a desconsideração da personalidade jurídica da sociedade.

1: correta, pois o fato de ser sócio majoritário não implica responsabilidade tributária; **2:** discutível. De fato, não há mais lucro a ser distribuído que poderia, em tese, ser penhorado, mas sim patrimônio ou mesmo capital social majorado da PPM Material Elétrico Ltda. É possível discutir, entretanto, a presunção de fraude contra a fazenda, se considerarmos que houve oneração ou alienação do bem penhorável (reinvestimento do lucro na própria atividade) após a inscrição em dívida ativa, o que seria inoponível contra o fisco (poderia haver a penhora) – art. 185 do CTN; **3:** incorreta, pois o simples inadimplemento da obrigação tributária pela sociedade não implica responsabilidade do sócio-gerente – Súmula 430 do STJ. RB

Gabarito 1C, 2C, 3E.

18. PROCESSO ADMINISTRATIVO FISCAL

(Ministério Público/PI – 2012 – CESPE) Assinale a opção correta com relação ao processo administrativo tributário.

(A) O depósito prévio é condição de admissibilidade para a interposição de recurso administrativo no âmbito desse processo.

(B) A consulta acerca desse processo consiste na formulação de questionamento de cunho informal, dada a inexistência de disciplina legal que regule tal procedimento.

(C) O referido processo, embora considerado, sob o ponto de vista formal, de natureza jurisdicional, constitui atividade desenvolvida no âmbito do processo administrativo fiscal.

(D) Tal processo consiste em atividade, sempre vinculada, desenvolvida pela autoridade da administração tributária, conforme determinação extraída do próprio conceito de tributo.

(E) Esse processo administrativo destina-se, em sentido amplo, à criação de tributos, conforme determinação e exigência do crédito tributário.

A: incorreto, pois a exigibilidade prévia de depósito compromete o princípio da ampla defesa (CTF, Súmula Vinculante 21); **B:** incorreto, pois o processo de consulta é procedimento formal (Decreto 70.235/64, art. 46 e CTN, art. 161, § 2º); **C:** incorreto, pois não tem natureza jurisdicional; **D:** correto, pois o processo administrativo fiscal constitui etapa do procedimento constitutivo do crédito, em sentido amplo, devendo ser desenvolvido nos exatos termos da lei; **E:** incorreto, pois o processo administrativo tem por objetivo realizar a revisão de lançamento, seja para mantê-lo, seja para anulá-lo. FC

Gabarito "D".

(Procurador do Estado/MG – FUMARC – 2012) Assinale, dentre as alternativas abaixo, no âmbito do processo administrativo de Minas Gerais, nos termos do Decreto Estadual nº 44.747/2008/RPTA, a hipótese que possibilita recurso:

(A) A declaração de deserção do recurso de Revisão;

(B) Questões de saneamento não contidas na reclamação;

(C) A decisão proferida pela Câmara Especial;

(D) Cancelamento ou majoração de multa isolada conforme estabelecido em lei;

(E) Sobre incidente processual.

O processo administrativo, inclusive no âmbito tributário, é regulado pela legislação de cada ente político. O candidato deve observar, portanto, aquela atinente ao cargo que pleiteia, atentando às exigências do edital. Pela análise do art. 163, II, do Decreto 44.747/2008, verifica-se que a alternativa "D" é a correta. RB

Gabarito "D".

19. MICROEMPRESAS – ME E EMPRESAS DE PEQUENO PORTE – EPP

(Procurador do Estado/AM – 2016 – CESPE) Considerando o desenvolvimento da relação jurídica tributária, julgue o próximo item.

(1) Admite-se a extinção de microempresa e de empresa de pequeno porte mediante baixa de seus atos constitutivos, independentemente de comprovação de sua regularidade fiscal; nesse caso, será subsidiária a responsabilidade dos titulares, dos sócios e dos administradores no período da ocorrência dos respectivos fatos geradores.

1: incorreta, pois a responsabilidade dos empresários, titulares, sócios e administradores é solidária, nos termos do art. 9º, § 5º, da LC 123/2006. A propósito, interessante destacar a tese de repercussão geral 363/STF: "É constitucional o art. 17, V, da Lei Complementar 123/2006, que veda a adesão ao Simples Nacional à microempresa ou à empresa de pequeno porte que possua débito com o Instituto Nacional do Seguro Social – INSS ou com as Fazendas Públicas Federal, Estadual ou Municipal, cuja exigibilidade não esteja suspensa." RB

Gabarito 1E

(Juiz – TJ-SC – FCC – 2017) De acordo com o Regime Especial Unificado de Arrecadação de Tributos e Contribuições devidos pelas Microempresas e Empresas de Pequeno Porte – Simples Nacional –, instituído pela Lei Complementar nº 123/2006,

(A) a contribuição previdenciária patronal devida pela empresa optante pelo sistema simplificado está, para qualquer atividade, embutida na alíquota única aplicável ao contribuinte.

(B) o Imposto Sobre Serviços devido pela empresa optante pelo sistema simplificado é sempre calculado pela alíquota fixa de 5% e assim somado à alíquota aplicável ao contribuinte.

(C) será regular a opção pela tributação simplificada feita por microempresa ou empresa de pequeno porte incorporadora de imóveis e locadora de imóveis próprios.

(D) a contratante de serviços de vigilância prestados por empresa com opção regular pelo regime simplificado deverá reter a contribuição previdenciária patronal, quando dos pagamentos à contratada.

(E) a prestação de serviços advocatícios veda a opção pelo regime simplificado de tributação, por se tratar de serviços regulados por lei especial.

A: incorreta, pois há hipótese em que a CPP não está abrangida pelo Simples Nacional – art. 13, VI, da LC 123/2006; **B:** incorreta, pois as alíquotas variam do piso de 2% até o teto de 5%, conforme as tabelas e faixas de faturamento da LC 123/2006; **C:** incorreta, pois são casos de vedação de ingresso no Simples Nacional – art. 17, XIV e XV, da LC 123/2006; **D:** correta, conforme o art. 18, § 5º-C, VI, da LC 123/2006; **E:** incorreta, pois é possível o ingresso no Simples Nacional, conforme art. 18, § 5º-C, VII, da LC 123/2006, incluído pela LC 147/2014. RB

Gabarito "D".

(Procurador do Estado/AM – 2016 – CESPE) Considerando o desenvolvimento da relação jurídica tributária, julgue o próximo item.

(1) Admite-se a extinção de microempresa e de empresa de pequeno porte mediante baixa de seus atos constitutivos, independentemente de comprovação de sua regularidade fiscal; nesse caso, será subsidiária a responsabilidade dos titulares, dos sócios e dos administradores no período da ocorrência dos respectivos fatos geradores.

1: incorreta, pois a responsabilidade dos empresários, titulares, sócios e administradores é solidária nesse caso – art. 9º, § 5º, da LC 123/2006. RB

Gabarito 1E

(Magistratura/RR – 2015 – FCC) Jonas, funcionário de empresa de assessoria comercial e tributária localizada em Caracaraí/RR, foi consultado por um de seus clientes a respeito da possibilidade de enquadrar sua empresa no SIMPLES NACIONAL. Jonas, depois de analisar cuidadosamente as indagações que lhe foram feitas, forneceu as seguintes respostas:

I. A pessoa jurídica, que tenha sócio domiciliado no exterior, não poderá se beneficiar do tratamento jurídico diferenciado previsto na Lei Complementar 123/2006, mesmo que a receita bruta global não ultrapasse o limite de R$ 360.000,00.

II. É considerada microempresa, a empresa individual de responsabilidade limitada que aufira, em cada ano-calendário, receita bruta igual ou inferior a R$ 360.000,00.

III. O Simples Nacional implica o recolhimento mensal de vários impostos, mediante documento único de arrecadação, dentre os quais se encontram o IPI, o IRPJ e o ISS.

IV. Mediante adesão expressa da União, dos Estados e dos Municípios à disciplina estabelecida pelo Comitê Gestor do Simples Nacional, o recolhimento anual do ITR, do IPVA e do IPTU poderá ser feito mediante documento único de arrecadação.

V. A pessoa jurídica, cujo sócio participe com mais de 10% do capital de outra empresa não beneficiada pela Lei Complementar 123/2006, não poderá se beneficiar do tratamento jurídico diferenciado previsto na referida Lei Complementar, mesmo que a receita bruta global não ultrapasse o limite de R$ 3.600.000,00.

Com base na Lei Complementar 123/2006, está correto o que foi afirmado por Jonas em

(A) I, II, III, IV e V.
(B) I, III, IV e V, apenas.
(C) I e IV, apenas.
(D) II e III, apenas.
(E) II, IV e V, apenas.

I: incorreta, pois embora essa pessoa jurídica não possa ingressar no sistema simplificado de recolhimento de tributos (Simples Nacional), nos termos do art. 17, II, da LC 123/2006, isso não impede que ela usufrua de outros benefícios dessa lei, já que pode ser enquadrada como micro empresa, nos termos do art. 3º da LC 123/2006; **II:** correta, nos termos do art. 3º, I, da LC 123/2006; **III:** correta, conforme o art. 13 da LC 123/2006; **IV:** incorreta, pois o recolhimento só pode ser feito dessa forma, conforme o arts. 13 e 21, I, da LC 123/2006; V: incorreta, pois a vedação se aplica apenas se a receita global das pessoas jurídicas ultrapasse o limite mencionado – art. 3º, § 4º, IV, da LC 123/2006. RB

Gabarito "D".

20. CRIMES TRIBUTÁRIOS

(Delegado/GO – 2017 – CESPE) Se resultar em supressão ou redução de tributo, configurará crime contra a ordem tributária a conduta consistente em

(A) utilizar programa de processamento de dados que disponibilize ao sujeito passivo informação diversa daquela fornecida à fazenda pública.
(B) negar-se a fornecer nota fiscal relativa a venda de mercadoria ou a venda de serviço.
(C) exigir para si porcentagem sobre a parcela dedutível de imposto como incentivo fiscal.
(D) aplicar incentivo fiscal em desacordo com o estatuído.
(E) deixar de pagar benefício a segurado quando valores já tiverem sido reembolsados à empresa pela previdência social.

A, C e D: corretas, embora haja dubiedade. Não é necessária a supressão ou redução de tributo para a configuração de crime, nesses casos, conforme art. 2º, V, III e IV, respectivamente, da Lei 8.137/1990. Mas, se houver supressão ou redução do tributo, não se afastam os crimes previstos nesses dispositivos, evidentemente. As assertivas estariam claramente incorretas se houvesse a palavra "apenas" no início delas; **B:** incorreta, pois a tipificação só ocorre se essa emissão de nota for obrigatória, nos termos da legislação tributária – art. 1º, V, da Lei 8.137/1990; **E:** incorreta. A configuração de crime previsto no art. 168-A, § 1º, III, do CP não implica redução ou supressão de tributo, mas simplesmente falta de pagamento de valores ao segurado. RB

Gabarito Anulada

(Procurador do Estado/BA – 2014 – CESPE) Suponha que um contribuinte, de forma consciente e voluntária, tenha deixado de realizar determinada obrigação acessória, o que lhe tenha possibilitado a supressão de tributo sem que o fisco tomasse conhecimento da prática ilícita. Em face dessa situação hipotética, julgue os itens seguintes.

(1) Segundo a Lei 8.137/1990, para que os ilícitos tributários sejam puníveis na esfera penal, exige-se a comprovação de dolo ou culpa do agente.
(2) Por ter praticado elisão fiscal, que constitui ilícito administrativo-tributário, o referido contribuinte só poderá ser punido na esfera administrativa.
(3) O contribuinte praticou ilícito, estando, portanto, sujeito à punição pelos ilícitos administrativo e penal praticados.

1: incorreta, pois não há previsão da modalidade culposa – arts. 1º e 2º da Lei 8.137/1990; **2:** incorreta, pois pode haver o crime tipificado pelo art. 1º, I, ou pelo art. 2º, I, da Lei 8.137/1990; **3:** correta, sujeitando-se tanto à penalidade pecuniária prevista na legislação tributária, como à pena criminal correspondente. RB

Gabarito 1E, 2E, 3C

21. TEMAS COMBINADOS E OUTRAS MATÉRIAS

(Delegado – PC/BA – 2018 – VUNESP) Os representantes legais de uma determinada empresa tiveram instaurado contra si inquérito policial para apurar a suposta prática dos crimes previstos nos artigos 1o, I e II, da Lei no 8.137/90, porque teriam omitido da folha de pagamento da empresa e de documento de informações previstos pela legislação previdenciária, segurados empregados e contribuintes individuais, não recolhendo as respectivas contribuições previdenciárias no período de 10/2014 a 1/2017. Houve a realização de lançamento de ofício pelos agentes fiscais. Inconformados, os representantes legais ajuizaram ação anulatória do lançamento tributário, realizando o depósito integral do montante exigido pelo Fisco. O depósito do montante integral do crédito tributário

(A) é causa de suspensão da exigibilidade do crédito tributário, que equivale ao pagamento do débito, extinguindo a punibilidade dos crimes.
(B) é causa de extinção do crédito tributário e, por conseguinte, de extinção da punibilidade dos crimes.
(C) é causa de exclusão do crédito tributário, que corresponde ao pagamento, extinguindo a punibilidade dos crimes tributários.
(D) é causa de suspensão da exigibilidade do crédito tributário, não sendo suficiente para extinguir a punibilidade dos crimes tributários, porque não equivale ao pagamento do débito.
(E) é causa de exclusão da exigibilidade do crédito tributário, não sendo suficiente para extinguir a punibilidade dos crimes tributários, por não produzir os mesmos efeitos da moratória.

A: incorreta, pois a suspensão da exigibilidade do crédito não se confunde com sua extinção (pagamento é modalidade de extinção do crédito) – arts. 151 e 156 do CTN; **B, C e E:** incorretas, pois o depósito integral em dinheiro é modalidade de suspensão do crédito tributário – art. 151, II, do CTN; **D:** correta, conforme comentários anteriores, já que somente o pagamento integral do débito extingue a punibilidade – art. 83, § 4º, da Lei 9.430/1996. Gabarito "D".

(Procurador Municipal – Prefeitura/BH – CESPE – 2017) Com base nas disposições do CTN, assinale a opção correta.

(A) A autoridade administrativa não poderá alterar de ofício o lançamento já notificado ao sujeito passivo, mesmo em caso de comprovada falsidade de elemento de declaração obrigatória.
(B) Uma taxa pode ser calculada em função do capital social da empresa contribuinte.
(C) Em caso de inobservância, pelo responsável, da legislação tributária, a obrigação principal será convertida em obrigação acessória.
(D) Interpreta-se a definição legal de fato gerador abstraindo-se da validade jurídica dos atos efetivamente praticados pelos contribuintes, pois para a incidência do tributo, não é relevante a regularidade jurídica dos atos.

A: incorreta, pois é possível a alteração de ofício nessa hipótese – arts. 145, III, e 149, IV, do CTN; **B:** incorreta, pois isso é vedado expressamente pelo art. 77, parágrafo único, do CTN; **C:** incorreta, pois a inobservância de qualquer obrigação tributária (principal ou acessória) pode implicar aplicação de penalidade pecuniária (= multa), desde que prevista em lei, que é objeto de uma nova obrigação tributária principal – art. 113, § 3º, do CTN; **D:** correta – art. 118, I, do CTN. Gabarito "D".

(Procurador Municipal – Prefeitura/BH – CESPE – 2017) Considerando as limitações constitucionais ao poder de tributar, assinale a opção correta.

(A) Não poderá ser cobrado ICMS, por um estado ou pelo DF, sobre operações que destinem petróleo a outros entes federados, ressalvada a cobrança sobre lubrificantes e combustíveis líquidos e gasosos derivados daquele produto.
(B) Medida provisória que instituir ou majorar taxas só produzirá efeitos no exercício financeiro seguinte ao da sua edição.
(C) A União pode instituir empréstimos compulsórios para atender a despesas extraordinárias decorrentes de calamidade pública, desde que o faça mediante lei complementar.
(D) Os entes federativos não podem cobrar taxas e impostos que incidam sobre a venda ou sobre o patrimônio dos demais entes da Federação.

A: incorreta, pois a CF afasta a incidência do ICMS não apenas nas operações interestaduais de petróleo, mas também de lubrificantes e combustíveis líquidos e gasosos dele derivados – art. 155, § 2º, X, b, da CF. É importante lembrar que há a ressalva do art. 155, § 2º, XII, h, da CF, prevendo incidência monofásica, hipótese em que não se aplica a imunidade do inciso X, b, desse dispositivo; **B:** discutível. O gabarito oficial indicou a alternativa como incorreta porque o art. 62, § 2º, da CF refere-se apenas a impostos ao dispor que a MP que implique instituição ou majoração do tributo só produzirá efeitos no exercício financeiro seguinte se houver sido convertida em lei até o último dia daquele em que foi editada. Mas isso significa que, no caso de impostos, é preciso converter a MP em lei até o final do exercício, e no que eventual taxa criada ou majorada por MP não tenha que observar o princípio da anterioridade anual – art. 150, III, b, da CF. No caso de taxa criada ou majorada por MP, essa instituição ou majoração valerá no início do exercício seguinte (observada também a noventena – art. 150, III, c, da CF), mesmo que não seja convertida em lei até o final do exercício; **C:** correta – art. 148, I, da CF; **D:** incorreta, pois é possível, em tese, cobrança de imposto sobre venda, se houver exploração de atividade econômica, conforme jurisprudência e art. 150, § 3º, da CF. Talvez o gabarito oficial tenha indicado como incorreta por conta da referência a taxas, já que o art. 150, VI, a, se refere expressamente apenas a impostos, mas não existem taxas sobre vendas ou patrimônio, de modo que os entes federados não poderiam mesmo cobrá-las de quem quer que seja. Gabarito "C".

(Procurador Municipal – Prefeitura/BH – CESPE – 2017) Tendo por base os conceitos presentes na legislação tributária, assinale a opção correta.

(A) Presume-se fraudulenta a alienação de bens por sujeito passivo em débito com a fazenda pública, ainda que ele tenha reservado bens ou rendas que sejam suficientes para o pagamento total da dívida inscrita.
(B) Contribuinte é o sujeito passivo da obrigação principal, ao passo que responsável é o sujeito passivo apenas da obrigação acessória.
(C) Decadência é uma modalidade de extinção do crédito tributário; prescrição, uma modalidade de suspensão desse crédito.
(D) A isenção exclui o crédito tributário, mas não dispensa o cumprimento das obrigações acessórias dependentes da obrigação principal cujo crédito tenha sido excluído.

A: incorreta, pois se houve reserva de bens ou rendas suficientes, não há fraude – art. 185, parágrafo único, do CTN; **B:** incorreta. Contribuinte é o sujeito passivo que tem relação pessoal e direta com o fato gerador, enquanto o responsável tem apenas relação indireta com o fato gerador – art. 121, parágrafo único, do CTN; **C:** incorreta, pois tanto decadência como prescrição são modalidades de extinção do crédito tributário – art. 156, V, do CTN; **D:** correta – art. 175, parágrafo único, do CTN. Gabarito "D".

(Procurador Municipal – Prefeitura/BH – CESPE – 2017) No que concerne aos ilícitos tributários e aos crimes contra a ordem tributária, assinale a opção correta.

(A) No caso de crime contra a ordem tributária, o coautor que, por confissão espontânea, revelar a trama delituosa à autoridade judicial terá direito à extinção da punibilidade, condicionada ao pagamento do tributo.
(B) Em caso de dúvida quanto às circunstâncias materiais do fato, a lei tributária que trata de infrações e penalidades será interpretada da maneira mais favorável ao fisco.
(C) Havendo omissão na apresentação de declaração exigida em lei, o inventariante responderá solidariamente pelas infrações tributárias imputáveis ao espólio, excluídas as penalidades de caráter moratório.
(D) A denúncia espontânea exclui a responsabilidade do agente que comete infração tributária, desde que esse ato seja anterior ao início de qualquer procedimento administrativo ou medida de fiscalização relacionada com a infração.

A: incorreta, pois o benefício ao coautor que confessa crime contra a ordem tributária é de redução da pena de um a dois terços – art. 16, parágrafo único, da Lei 8.137/1990; **B:** incorreta, pois adota-se a interpretação mais favorável ao acusado, nesse caso – art. 112, II, do CTN; **C:** incorreta, pois a responsabilidade do inventariante, no caso do art. 134, IV, do CTN é subsidiária (apesar de o dispositivo se referir a solidariedade) e se restringe, em relação à penalidades, às de caráter moratório – parágrafo único desse dispositivo; **D:** correta – art. 138 do CTN. Gabarito "D".

(Procurador do Estado – PGE/RS – Fundatec – 2015) Quanto ao entendimento jurisprudencial em matéria tributária, assinale a alternativa INCORRETA.

(A) Nota fiscal declarada inidônea não autoriza o aproveitamento dos créditos de ICMS, mesmo que o comerciante esteja de boa-fé e demonstre a veracidade da compra e venda.
(B) A reunião de execuções fiscais contra o mesmo devedor constitui faculdade do Juiz.
(C) Os descontos incondicionais nas operações mercantis não se incluem na base de cálculo do ICMS.
(D) O ICMS incide sobre o valor da venda a prazo constante da nota fiscal.
(E) Em execução fiscal, a prescrição ocorrida antes da propositura da ação pode ser decretada de ofício.

A: incorreta, pois é lícito ao comerciante de boa-fé aproveitar os créditos de ICMS decorrentes de nota fiscal posteriormente declarada inidônea, quando demonstrada a veracidade da compra e venda – Súmula 509/STJ; **B:** correta – Súmula 515/STJ; **C:** correta – art. 13, § 1º, II, a, da LC 87/1996; **D:** correta – art. 13, I, da LC 87/1996, Súmula 395/STJ; **E:** correta – Súmula 409/STJ. Gabarito "A".

(Procurador do Estado – PGE/PA – UEPA – 2015) A respeito do Sistema Constitucional Tributário, é correto afirmar que:

(A) a Constituição Federal remete à lei complementar a definição de tratamento diferenciado e favorecido para as microempresas e para as empresas de pequeno porte, inclusive regimes especiais ou simplificados no caso do ICMS.

(B) a lei que definir tratamento diferenciado e favorecido para as microempresas e para as empresas de pequeno porte poderá, também, instituir um regime único de arrecadação de impostos e contribuições da União, dos Estados, do Distrito Federal e dos Municípios, o qual será obrigatório para o contribuinte.

(C) a União, os Estados, o Distrito Federal e os Municípios poderão instituir contribuições sociais, de intervenção no domínio econômico e de interesse das categorias profissionais ou econômicas, como instrumento de suas atuações nas respectivas áreas.

(D) as contribuições sociais e de intervenção no domínio econômico não incidirão sobre as receitas decorrentes de exportação e sobre a importação de produtos estrangeiros e serviços.

(E) os Municípios e o Distrito Federal poderão instituir contribuição, na forma das respectivas leis, para o custeio de iluminação e limpeza pública.

A: correta – art. 146, III, *d*, da CF; **B:** incorreta, pois o regime único de arrecadação é opcional para o contribuinte – art. 146, parágrafo único, I, da CF; **C:** incorreta, pois essas contribuições são da competência exclusiva da União – art. 149 da CF; **D:** incorreta, pois essas contribuições incidirão sobre a importação de produtos e serviços – art. 149, § 2º, II, da CF; **E:** incorreta, pois a contribuição de competência dos municípios e DF refere-se apenas ao custeio da iluminação pública – art. 149-A da CF. RB
Gabarito "A".

(Procurador do Estado – PGE/BA – CESPE – 2014) Suponha que um contribuinte, de forma consciente e voluntária, tenha deixado de realizar determinada obrigação acessória, o que lhe tenha possibilitado a supressão de tributo sem que o fisco tomasse conhecimento da prática ilícita. Em face dessa situação hipotética, julgue os itens seguintes.

(1) Segundo a Lei 8.137/1990, para que os ilícitos tributários sejam puníveis na esfera penal, exige-se a comprovação de dolo ou culpa do agente.

(2) Por ter praticado elisão fiscal, que constitui ilícito administrativo-tributário, o referido contribuinte só poderá ser punido na esfera administrativa.

(3) O contribuinte praticou ilícito, estando, portanto, sujeito à punição pelos ilícitos administrativo e penal praticados.

1: Incorreta, pois não há previsão de modalidade culposa para os ilícitos tributários dessa lei – art. 18, parágrafo único, do CP. **2:** Incorreta, pois há tipificação penal na lei dos crimes contra a ordem tributária – art. 1º, I da Lei 8.137/1990. **3:** Correta, conforme comentários anteriores. RB
Gabarito 1E, 2E, 3C

(Juiz – TJ-SC – FCC – 2017) Tendo em conta as normas gerais de Direito Tributário, é INCORRETO afirmar:

(A) A legislação tributária aplica-se imediatamente aos fatos geradores pendentes e futuros.

(B) A obrigação principal surge com a ocorrência do fato gerador e tem por objeto o pagamento de tributo ou penalidade pecuniária, extinguindo-se com o crédito dela decorrente.

(C) O lançamento por homologação não admite homologação tácita.

(D) A denúncia espontânea acompanhada, quando o caso, de pagamento do tributo devido com consectários cabíveis, exclui a responsabilidade por infração.

(E) O parcelamento suspende a exigibilidade do crédito tributário.

A: correta – art. 105 do CTN; **B:** correta – art. 113, § 1º, do CTN; **C:** incorreta, pois há homologação tácita que, inclusive, ocorre na quase totalidade das vezes (há pouquíssimos casos de homologação efetiva) – art. 150, § 4º, do CTN; **D:** correta – art. 138 do CTN; **E:** correta – art. 151, VI, do CTN. RB
Gabarito "C".

(Juiz– TRF 2ª Região – 2017) Assinale a opção correta:

(A) Denomina-se capacidade tributária ativa a aptidão do Estado para instituir tributos, que é indelegável.

(B) Para acabar com eventual "guerra fiscal", a União Federal pode, mediante lei complementar, permitir que os Estados estabeleçam diferença de tratamento tributário em razão da procedência ou destino de bens e serviços.

(C) As chamadas contribuições parafiscais podem ser, em regra, instituídas por lei ordinária.

(D) Denomina-se salvaguarda tributária a situação na qual o sujeito detentor da competência tributária não é o mesmo sujeito que foi investido da capacidade ativa tributária.

(E) As contribuições especiais são aquelas que têm função regulatória de mercado e nelas o ente que instituiu o tributo é o destinatário dos recursos arrecadados.

A: incorreta, pois essa é a definição de competência tributária (capacidade para legislar sobre tributos), sendo que capacidade tributária ativa refere-se a ocupar o polo ativo da obrigação tributária, ser credor da obrigação, o que pode der delegado por lei – art. 7º do CTN; **B:** incorreta, pois isso é vedado expressamente pelo art. 152 da CF; **C:** correta, pois basta lei ordinária, como é a regra para a generalidade dos tributos – art. 149 da CF. Somente excepcionalmente a Constituição Federal exige lei complementar para determinados tributos de competência da União: empréstimo compulsório, imposto da competência residual, outras contribuições sociais não previstas expressamente na Constituição, imposto sobre grandes fortunas; **D:** incorreta, pois salvaguardas referem-se a medidas de proteção aplicáveis a determinados mercados – Decreto 1.488/95. A assertiva refere-se à sujeição ativa delegada por lei; **E:** incorreta, pois contribuições especiais é expressão normalmente adotada para indicar o gênero, que abarca as diversas espécies indicadas no art. 149 da CF, inclusive as contribuições de intervenção no domínio econômico e as parafiscais em favor de determinadas entidades. RB
Gabarito "C".

(Juiz – TRF 4ª Região – 2016) Das alternativas abaixo, assinale a que NÃO está de acordo com a jurisprudência do Superior Tribunal de Justiça.

(A) Não incide contribuição social previdenciária sobre o adicional de férias, tanto na hipótese de férias gozadas quanto na hipótese de férias não gozadas.

(B) A decadência, em sede tributária, é forma de extinção do crédito tributário. Sendo assim, uma vez extinto o direito, não pode ser reavivado por qualquer sistemática de lançamento ou autolançamento, seja ela via documento de confissão de dívida, declaração de débitos, parcelamento, ou de outra espécie qualquer (DCTF, GIA, DCOMP, GFIP, etc.).

(C) Não incide o Imposto sobre Produtos Industrializados (IPI) na revenda pelo estabelecimento importador quando esse produto importado não sofrer qualquer processo de industrialização.

(D) A isenção do Imposto de Renda decorrente de doença grave pode ser deferida independentemente de laudo pericial oficial, bastando a existência de provas suficientes nos autos.

(E) O termo inicial do prazo prescricional para o Fisco exercer a pretensão de cobrança judicial do crédito tributário declarado, mas não pago, é a data do vencimento da obrigação tributária expressamente reconhecida.

A: correta – ver REsp 1.230.957/RS-repetitivo; **B:** correta – ver REsp 1.355.947/SP-repetitivo; **C:** incorreta, pois o STJ reconhece a incidência nessas revendas, mesmo quando não há industrialização no Brasil – ver EREsp 1.403.532/SC-repetitivo; **D:** correta – ver AREsp 968.384/SP; **E:** correta, conforme a *actio nata* – ver REsp 1.120.295/SP-repetitivo. RB
Gabarito "C".

(Juiz – TRF 4ª Região – 2016) Dadas as assertivas abaixo, assinale a alternativa correta.

I. Segundo entendimento sumulado do Supremo Tribunal Federal, norma legal que altera o prazo de recolhimento da obrigação tributária não se sujeita ao princípio da anterioridade.

II. Segundo entendimento sumulado do Superior Tribunal de Justiça, na repetição do indébito tributário, a correção monetária incide a partir do pagamento indevido, e os juros moratórios, somente após o trânsito em julgado da sentença.

III. Segundo entendimento do Superior Tribunal de Justiça, o Imposto de Renda Pessoa Jurídica e a Contribuição Social sobre o Lucro Líquido não incidem sobre o lucro inflacionário.

IV. Segundo entendimento sumulado do Superior Tribunal de Justiça, não incide o imposto sobre operações financeiras nos depósitos judiciais.

(A) Está correta apenas a assertiva III.
(B) Estão corretas apenas as assertivas I e IV.
(C) Estão corretas apenas as assertivas II e IV.
(D) Estão corretas apenas as assertivas I, II e III.
(E) Estão corretas todas as assertivas.

I: correta – ver Súmula Vinculante 50 do STF; **II:** correta – Súmulas 162 e 188 do STJ; **III:** correta – ver AgRg no REsp 1.452.725/AL; **IV:** correta – ver REsp 103.897/SP. RB
Gabarito "E".

(Juiz – TRF 3ª Região – 2016) Dadas as assertivas abaixo, assinale a alternativa incorreta.

(A) Segundo o STJ, o prazo prescricional para a cobrança da taxa de ocupação de terrenos de marinha é de cinco ou dez anos, a depender do período considerado, uma vez que os débitos posteriores a 1998 são submetidos ao prazo decenal, à luz do que dispõe a Lei nº 9.636/98, e os anteriores à citada lei, em face da ausência de previsão normativa específica, se subsomem ao prazo encartado no art. 1º do Decreto-Lei 20.910/1932.

(B) A Lei Complementar 118, de 9 de fevereiro de 2005 alterou o art. 174 do CTN para atribuir ao despacho do juiz que ordenar a citação o efeito interruptivo da prescrição nas ações para cobrança de crédito tributário. Nesses termos, consubstanciando norma processual, a referida Lei Complementar é aplicada imediatamente aos processos em curso anteriormente à sua vigência, desde que o despacho que ordenar a citação seja anterior à sua entrada em vigor, sob pena de retroação da novel legislação.

(C) O Codex Processual, no § 1º, do artigo 219, estabelece que a interrupção da prescrição, pela citação, retroage à data da propositura da ação, o que, na seara tributária, após as alterações promovidas pela Lei Complementar nº 118/2005, conduz ao entendimento de que o marco interruptivo atinente à prolação do despacho que ordena a citação do executado retroage à data do ajuizamento do feito executivo, a qual deve ser empreendida no prazo prescricional.

(D) Com relação ao prazo prescricional aplicável à execução fiscal para a cobrança de dívida ativa não tributária relativa à operação de crédito rural transferida à União por força da Medida Provisória nº 2.196- 3/2001, o STJ fixou o entendimento de que ao crédito rural cujo contrato tenha sido celebrado sob a égide do Código Civil de 1916, aplica-se o prazo prescricional de 20 (vinte) anos (prescrição das ações pessoais – direito pessoal de crédito), a contar da data do vencimento, para que dentro dele (observado o disposto no art. 2º, §3º da LEF) sejam feitos a inscrição e o ajuizamento da respectiva execução fiscal, sem embargo da norma de transição prevista no art. 2.028 do CC/2002, sendo que para o crédito rural cujo contrato tenha sido celebrado sob a égide do Código Civil de 2002, aplica-se o prazo prescricional de 5 (cinco) anos (prescrição da pretensão para a cobrança de dívidas líquidas constantes de instrumento público ou particular), a contar da data do vencimento, consoante o disposto no art. 206, §5º, I, do CC/2002, para que dentro dele (observado o disposto no art. 2º, §3º da LEF) sejam feitos a inscrição em dívida ativa e o ajuizamento da respectiva execução fiscal.

A: incorreta, pois o prazo é sempre de cinco anos – ver REsp 1.133.696/PE-repetitivo; **B:** incorreta, pois a norma somente se aplica aos despachos posteriores à entrada em vigor – ver REsp. 999.901/RS. É interessante notar que a assertiva é incorreta até por questão gramatical, pois não faz sentido dizer que o despacho deve ser anterior à entrada em vigor, sob pena de retroação da norma (o despacho anterior implicaria necessariamente retroatividade da norma); **C:** correta – ver REsp. 999.901/RS; **D:** correta – ver REsp 1.373.292/PE-repetitivo. Gabarito "A" e "B".

(Juiz – TRF 3ª Região – 2016) Com relação à jurisprudência dominante, assinale a alternativa correta:

(A) STF: isenções tributárias, como favor fiscal que são, podem ser livremente suprimidas mesmo se concedidas sob condição onerosa.

(B) STJ: na execução fiscal é necessária a instrução da petição inicial com o demonstrativo do cálculo do débito, para assegurar a ampla defesa do contribuinte.

(C) STJ: no caso de sucessão empresarial, a responsabilidade da sucessora abrange os tributos e as multas moratórias devidas pela sucedida referentes aos fatos geradores ocorridos até a sucessão, mas não as multas punitivas dado o caráter pessoal delas.

(D) STF: a norma legal que altera o prazo de recolhimento da obrigação tributária não se sujeita ao princípio da anterioridade.

A: incorreta, pois quando concedidas sob condição onerosa e por prazo certo as isenções não podem ser livremente suprimidas – ver AI 861.261AgR/MG-STF; **B:** incorreta, pois é desnecessária a instrução com o demonstrativo – Súmula 559 do STJ; **C:** incorreta, pois abrange todas as multas, inclusive as punitivas – Súmula 554 do STJ; **D:** correta – ver Súmula Vinculante 50 do STF. Gabarito "D".

(Juiz – TJ/RJ – VUNESP – 2016) Com base em súmula do Supremo Tribunal Federal, é correto afirmar que

(A) norma legal que altera o prazo de recolhimento de obrigação tributária não se sujeita ao princípio da anterioridade.

(B) falsificar ou alterar nota fiscal, fatura, duplicata, nota de venda, ou qualquer outro documento relativo à operação tributável tipifica crime material contra a ordem tributária, mesmo antes do lançamento definitivo do tributo.

(C) é constitucional a incidência do Imposto sobre Serviços de Qualquer Natureza – ISS sobre operações de locação de bens móveis, haja vista expressa previsão em lei específica.

(D) é inconstitucional a adoção, no cálculo do valor de taxa, de um ou mais elementos da base de cálculo própria de determinado imposto, ainda que não haja integral identidade entre uma base e outra.

(E) se mostra constitucional a exigência de depósito ou arrolamento prévio de dinheiro ou bens para admissibilidade de recurso administrativo.

A: correta, conforme a Súmula Vinculante 50/STF; **B:** incorreta, pois a tipificação do crime material não se dá antes do lançamento definitivo do tributo – Súmula Vinculante 24/STF; **C:** incorreta, pois essa incidência foi declarada inconstitucional – Súmula Vinculante 31/STF; **D:** incorreta, pois o STF entendeu constitucional a adoção, no cálculo do valor de taxa, de um ou mais elementos da base de cálculo própria de determinado imposto, desde que não haja integral identidade entre uma base e outra – Súmula Vinculante 29/STF; **E:** incorreta, pois é inconstitucional tal exigência – Súmula Vinculante 21/STF. Gabarito "A".

(Juiz – TJ/RJ – VUNESP – 2016) Promover a gestão do Sistema Nacional integrado de Informações Econômico-Fiscais – SINIEF para a coleta, elaboração e distribuição de dados básicos essenciais à formulação de políticas econômico-fiscais e ao aperfeiçoamento permanente das administrações tributárias é matéria que, dentre outras, compete

(A) à Secretaria de Administração Fazendária.
(B) à Casa Civil.
(C) à Receita Federal.
(D) ao Ministério da Economia.
(E) ao Conselho Nacional de Política Fazendária.

Trata-se de competência do Conselho Nacional de Política Fazendária (Confaz), conforme distribuições de competência feitas periodicamente por ato do Executivo Federal – art. 55, IV, do Decreto 9.003/2017 (esse tipo de decreto autônomo é comumente revogado e substituído por outro, mas essa competência do Confaz mantém-se há tempos). Por essa razão, a alternativa "E" é a correta. Gabarito "C".

(Juiz – TJ/RJ – VUNESP – 2016) É correto afirmar que a

(A) lei pode autorizar que a autoridade administrativa conceda, por despacho fundamentado, remissão total ou parcial do crédito tributário objetivando a terminação de litígio e consequente exclusão do crédito correspondente.

(B) responsabilidade dos pais pelos tributos devidos por seus filhos menores é de caráter pessoal.

(C) competência tributária está inserida no âmbito da competência legislativa plena.

(D) isenção, que é sempre decorrente de lei, não pode ser restrita a determinada região do território da entidade tributante, em função de condições a ela peculiares, por ofensa ao princípio da isonomia.

(E) o objeto da obrigação principal é o pagamento do tributo, enquanto que o da acessória é o pagamento da penalidade pecuniária.

A: incorreta, pois a remissão é perdão do crédito – art. 172 do CTN. A modalidade de extinção que se presta a terminação de litígios é a transação – art. 171 do CTN; **B:** incorreta, pois a responsabilidade é, nesse caso, subsidiária, nos termos do art. 134, I, do CTN. Ela passa a ser pessoal (terminologia do CTN) apenas em caso de ilegalidade praticada pelo pai, nos termos do art. 135, I, do CTN; **C:** correta, embora, a rigor, seja a competência legislativa plena que está compreendida na competência tributária, conforme a terminologia do art. 6º do CTN; **D:** incorreta, pois a isenção pode ser restrita a determinada região do território da entidade tributante, em função de condições a ela peculiares, por expressa previsão do art. 176, parágrafo único, do CTN; **E:** incorreta, pois toda prestação pecuniária, seja tributo ou penalidade, é objeto da obrigação tributária principal – art. 113, § 1º, do CTN. Gabarito "C".

(Delegado/PE – 2016 – CESPE) A respeito da execução fiscal, assinale a opção correta.

(A) É admissível, nos embargos à execução fiscal, compensar os valores do imposto de renda retidos indevidamente na fonte com os valores restituídos apurados na declaração anual.

(B) A penhora não poderá recair, em nenhuma hipótese, sobre estabelecimento comercial, industrial ou agrícola.

(C) A dívida ativa regularmente inscrita goza de presunção absoluta de certeza e liquidez.

(D) A produção de provas pela fazenda pública depende de requerimento na petição inicial.

(E) Os embargos do devedor na fase de execução fiscal prescindem de garantia à execução.

A: correta, pois a proibição de alegação de compensação como matéria de defesa nos embargos à execução fiscal (art. 16, § 3º, da Lei 6.830/1980) não se aplica aos casos em que essa compensação ocorreu antes do ajuizamento da execução, na forma admitida por lei do próprio ente tributante, conforme jurisprudência pacífica do STJ – ver REsp 1.008.343/SP-repetitivo; **B:** incorreta, pois a penhora pode recair excepcionalmente sobre estabelecimento comercial, industrial ou agrícola, bem como em plantações ou edifícios em construção – art. 11, § 1º, da Lei 6.830/1980; **C:** incorreta, pois a presunção é relativa, podendo ser ilidida por prova inequívoca, a cargo do sujeito passivo ou do terceiro a que aproveite – art. 204, parágrafo único, do CTN; **D:** incorreta, pois a produção de provas pela Fazenda Pública independe de requerimento na petição inicial – art. 6º, § 3º, da Lei 6.830/1980; **E:** incorreta, pois a garantia da execução fiscal é imprescindível para a apresentação de embargos pelo devedor, nos termos do art. 16, § 1º, do CTN, que não foi afastado pelo atual CPC, conforme jurisprudência pacífica do STJ – ver REsp 1.272.827/PE-repetitivo. Gabarito "A".

(Delegado/PE – 2016 – CESPE) Tendo como referência o disposto no CTN, assinale a opção correta.

(A) A capacidade tributária passiva é plena e independe da capacidade civil.

(B) Não haverá incidência tributária sobre atividades ilícitas.

(C) A obrigação tributária principal nasce com o lançamento do fato gerador.

(D) Fato gerador corresponde ao momento abstrato previsto em lei que habilita o início da relação jurídico-tributária.

(E) A denominação do tributo e a destinação legal do produto de sua arrecadação são essenciais para qualificá-lo.

A: correta – art. 126 do CTN; **B:** incorreta, pois a licitude das atividades são, em princípio, irrelevantes para a incidência tributária (princípio do *non olet*) – art. 118 do CTN; **C:** incorreta, pois, nos termos do CTN, a obrigação tributária surge imediatamente com a ocorrência do fato gerador – art. 113, § 1º, do CTN. É o crédito tributário que surge apenas com o lançamento tributário – art. 142 do CTN; **D:** discutível. Há diversas linhas doutrinárias que utilizam expressões distintas para se referir a duas realidades: (i) a previsão geral e abstrata do fato gerador, sua descrição feita pela lei (= hipótese de incidência, fato gerador em abstrato etc.) e (ii) a efetiva ocorrência do evento previsto na lei, que faz surgir a obrigação tributária (= fato jurídico tributário, fato gerador em concreto etc.). Note que a alternativa "D" se refere à previsão abstrata. Embora boa parte da doutrina utilize a expressão "fato gerador" exclusivamente para se referir à efetiva ocorrência do evento na vida real (por esse entendimento, a alternativa "D" seria incorreta), o CTN a utiliza nos dois sentidos. Por exemplo, o art. 114 do CTN se refere a "fato gerador" como o evento que ocorre na vida real (fato gerador em concreto) e que corresponde à descrição legal. Já no art. 4º, como outro exemplo, o CTN utiliza a expressão "fato gerador" para se referir à descrição legal, ou seja, à previsão geral e abstrata do evento que faz surgir a relação jurídica obrigacional tributária (entendimento pelo qual a alternativa "D" seria correta); **E:** incorreta, pois a denominação e a destinação legal do produto da arrecadação são irrelevantes para qualificar a natureza jurídica específica do tributo – art. 4º do CTN. **RB**

Gabarito "A".

(Delegado/PE – 2016 – CESPE) No que diz respeito ao STN, assinale a opção correta.

(A) Sempre que for possível, os impostos terão caráter pessoal, facultado à administração tributária identificar o patrimônio, os rendimentos e as atividades econômicas do contribuinte.

(B) O imposto sobre produtos industrializados (IPI), além de ser não cumulativo, será progressivo em função da essencialidade do produto.

(C) Lei complementar que estabelece normas gerais em matéria tributária não pode instituir um regime único de arrecadação dos impostos e das contribuições da União, dos estados, do DF e dos municípios.

(D) Compete à União e aos estados federados instituir contribuições sociais que sejam de interesse das categorias profissionais.

(E) As contribuições sociais e as contribuições de intervenção no domínio econômico poderão ter alíquotas *ad valorem* ou específicas: as primeiras têm por base a unidade de medida adotada; as segundas, o faturamento, a receita bruta ou o valor da operação.

A: correta, nos termos do art. 145, § 1º, da CF; **B:** incorreta, pois as alíquotas do IPI não são progressivas (ou seja, não variam conforme o valor da base de cálculo), mas sim seletivas conforme a essencialidade do produto – art. 153, § 3º, I, da CF; **C:** incorreta, pois não apenas é possível instituir por lei complementar regime único de arrecadação dos impostos e contribuições da União, dos Estados, do Distrito Federal e dos Municípios, como isso já foi feito pela LC 123/2006 (Simples Nacional); **D:** incorreta, pois a competência para instituir contribuições de interesse de categorias profissionais é privativa da União – art. 149, *caput*, da CF; **E:** incorreta, pois as definições das alíquotas estão invertidas. As alíquotas *ad valorem* têm por base o faturamento, a receita bruta ou o valor da operação e, no caso de importação, o valor aduaneiro. Já as alíquotas específicas têm por base a unidade de medida adotada – art. 149, § 2º, III, da CF. **RB**

Gabarito "A".

(Juiz de Direito/AM – 2016 – CESPE) Considerando que a fazenda pública deve observar os princípios constitucionais para a legítima cobrança de tributos, assinale a opção correta com base na jurisprudência do STF.

(A) Para o STF, é constitucional a apreensão de mercadorias como forma de obrigar o devedor a pagar os tributos devidos.

(B) A exigência, pela fazenda pública, de prestação de fiança para a impressão de notas fiscais de contribuintes em débito com o fisco viola as garantias do livre exercício do trabalho, ofício ou profissão, da atividade econômica e do devido processo legal.

(C) É constitucional a exigência de depósito prévio como requisito de admissibilidade de ação judicial na qual se pretenda discutir a exigibilidade de crédito tributário.

(D) A imunidade tributária dos impostos sobre a renda não alcança as empresas públicas prestadoras de serviços públicos.

(E) Norma local que condicione a concessão de regime especial de tributação à apresentação de certidão negativa de débitos tributários não constitui meio indireto de cobrança de tributo.

A: incorreta, pois, nos termos da Súmula 323/STF, é inadmissível a apreensão de mercadorias como meio coercitivo para pagamento de tributos; **B:** correta, conforme Súmula 547/STF; **C:** incorreta, conforme Súmula Vinculante 21/STF; **D:** incorreta, pois o STF reconhece a imunidade em casos específicos, como da ECT e da Infraero – ver RE 601.392/PR; **E:** incorreta, pois o STF entende que isso é meio indireto de cobrança e ofende o princípio da livre atividade econômica – ver AI 798.210 AgR/MG. **RB**

Gabarito "B".

(Analista Jurídico – TCE/PR – 2016 – CESPE) À luz da jurisprudência do STF, assinale a opção correta acerca das limitações ao poder de tributar.

(A) As anuidades exigidas pelos conselhos profissionais, embora ostentem natureza tributária, não se submetem ao princípio da legalidade estrita, podendo sua cobrança ser prevista apenas em ato normativo.

(B) Os emolumentos cartorários, por serem destituídos de natureza tributária, podem ser instituídos por atos normativos emanados dos tribunais de justiça dos estados, não se submetendo ao princípio da legalidade estrita.

(C) A definição do vencimento das obrigações tributárias não se submete ao princípio da legalidade estrita, podendo ocorrer por decreto do Poder Executivo.

(D) É constitucional a concessão de isenções com base na ocupação profissional do contribuinte.

(E) O estabelecimento das hipóteses de imunidade tributária é reservado a lei complementar.

A: incorreta, pois, sendo tributo, essas contribuições sujeitam-se ao princípio da legalidade – ver AI 768.577 AgR/SC; **B:** incorreta, pois os emolumentos são taxas, sujeitos, portanto, ao princípio da legalidade – ver ADI 1.378 MC/ES; **C:** correta, conforme entendimento pacífico do Judiciário – ver RE 294.543 AgR/SP; **D:** incorreta, pois tais isenções são inconstitucionais – ver ADI 4.276/MT; **E:** incorreta, pois imunidade é matéria que somente pode ser veiculada por norma constitucional, por delimitar negativamente a competência tributária. Cabe a lei complementar apenas regulamentar essa limitação constitucional ao poder de tributar, nos termos do art. 146, II, da CF – Tese de repercussão geral 32/STF: "Os requisitos para o gozo de imunidade hão de estar previstos em lei complementar." **RB**

Gabarito "C".

(Analista Jurídico – TCE/PR – 2016 – CESPE) Assinale a opção correta, acerca do poder de tributar e de suas limitações.

(A) A proibição de que União, estados, Distrito Federal e municípios instituam impostos sobre templos de qualquer culto é exemplo do instituto da isenção.

(B) A imunidade recíproca não atinge os impostos sobre a renda dos entes federados.

(C) É vedado à União conceder incentivos que visem à promoção do equilíbrio socioeconômico a determinadas áreas do país.

(D) É vedado aos estados, ao Distrito Federal e aos municípios estabelecer diferença tributária de qualquer natureza entre bens e serviços em razão de sua procedência ou destino.

(E) A União possui a prerrogativa de cobrar tributos relativos a fatos geradores ocorridos antes do início da vigência da lei que os houver instituído ou aumentado.

A: incorreta, pois se trata de imunidade, norma que delimita negativamente a competência tributária, limitação ao poder de tributar e, portanto, matéria reservada à Constituição Federal – art. 150, VI, b, da CF; **B:** incorreta, pois a imunidade recíproca afasta a possibilidade de cobrança de imposto sobre a renda dos entes federados, o que violaria de morte o princípio federativo – art. 150, VI, a, da CF; **C:** incorreta, pois isso é possível, nos termos do art. 151, I, *in fine*, da CF; **D:** correta, nos termos do art. 152 da CF; **E:** incorreta, pois é vedada a retroatividade – art. 150, III, a, da CF. **RB**

Gabarito "D".

(Analista Jurídico – TCE/PR – 2016 – CESPE) No que se refere a obrigação tributária, assinale a opção correta.

(A) Fato gerador da obrigação acessória é a situação definida em lei como necessária e suficiente à sua ocorrência.

(B) A pessoa jurídica de direito privado que adquira outro estabelecimento comercial não responderá pelos tributos do estabelecimento adquirido, ainda que a alienação se dê em processo de falência ou recuperação judicial.

(C) No que se refere a infrações que têm como elementar o dolo específico, a responsabilidade do agente é pessoal.

(D) O sujeito ativo da obrigação tributária pode ser a pessoa jurídica de direito privado titular da competência para exigir o seu cumprimento.

(E) Os atos ou negócios jurídicos condicionais reputam-se perfeitos e acabados se suspensiva a condição desde o momento da prática do ato.

A: incorreta, pois essa é, literalmente, a definição de fato gerador da obrigação principal, nos termos do art. 114 do CTN. O fato gerador da obrigação acessória é definido como qualquer situação que, na forma da legislação aplicável, impõe a prática ou a abstenção de ato que não configure obrigação principal – art. 115 do CTN; **B:** incorreta, pois, em regra, o adquirente responde pelos débitos, nos termos do art. 133 do CTN; **C:** correta, nos termos do art. 137, II, do CTN; **D:** incorreta, conforme a literalidade do art. 7º do CTN, que prevê sujeição ativa apenas para entidades de direito público. Entretanto, admite-se que há exceção, como no caso de cobrança de taxa (emolumento) pelo tabelião (que é pessoa natural, privada portanto); **E:** incorreta, pois, no caso de condição suspensiva, o fato gerador considera-se perfeito e acabado desde o momento do seu implemento (da condição) – art. 117, I, do CTN. **RB**

Gabarito "C".

(Analista Jurídico – TCE/PR – 2016 – CESPE) Considerando a matéria tributária definida na CF, assinale a opção correta.

(A) É facultado ao Poder Executivo, respeitados as condições e os limites legais, alterar as alíquotas do imposto sobre produtos industrializados.
(B) Dado o princípio da isonomia, os impostos não podem ter caráter pessoal.
(C) As limitações constitucionais ao poder de tributar podem ser reguladas por lei ordinária.
(D) As contribuições de intervenção no domínio econômico não incidem sobre as receitas decorrentes de importação.
(E) O imposto sobre a propriedade territorial rural será progressivo e não incidirá sobre pequenas glebas rurais exploradas pelo proprietário, mesmo que ele possua outro imóvel.

A: correta, nos termos do art. 153, § 1º, da CF; **B:** incorreta, pois, em regra, sempre que possível, os impostos terão caráter pessoal e serão graduados segundo a capacidade econômica do contribuinte – art. 145, § 1º, da CF; **C:** incorreta, pois se trata de matéria reservada a lei complementar federal – art. 146, II, da CF – Tese de repercussão geral 32/STF: "Os requisitos para o gozo de imunidade hão de estar previstos em lei complementar"; **D:** incorreta, a imunidade, no caso, refere-se às receitas decorrentes de exportação, não de importação – art. 149, § 2º, I, da CF; **E:** incorreta, pois a imunidade prevista no art. 153, § 4º, II, da CF refere-se às pequenas glebas rurais, desde que o proprietário não possua outro imóvel. Gabarito "A".

(Analista Jurídico – TCE/PR – 2016 – CESPE) Acerca da seguridade social, que compreende um conjunto integrado de ações de iniciativa dos poderes públicos e da sociedade, assinale a opção correta.

(A) Conforme jurisprudência do STF, em atenção ao princípio constitucional da universalidade do custeio, o aposentado que retorna às atividades laborais deve arcar com o custeio da seguridade social.
(B) A seguridade social é um conceito universal que visa assegurar direitos relativos à saúde, à assistência e à previdência, independentemente de contribuição do beneficiário.
(C) Para o STF, decorrem do princípio da irredutibilidade do valor dos benefícios tanto a garantia da manutenção de seu valor nominal quanto a impossibilidade de perda de seu poder aquisitivo.
(D) Segundo entendimento do STF, insere-se no rol de benefícios da seguridade social o direito do idoso à gratuidade de transporte coletivo urbano.
(E) Conforme a jurisprudência do STF, a União tem competência para instituir contribuições para custeio da seguridade social, e os estados e municípios para fazê-lo nas áreas de previdência e saúde.

A: correta – ver RE 631.792/PR; **B:** incorreta, pois a previdência tem caráter contributivo – art. 201 da CF; **C:** incorreta, pois o STF entende que "o reajustamento de tais benefícios, para adequar-se à exigência constitucional de preservação de seu quantum, deverá conformar-se aos critérios exclusivamente definidos em lei" – RE 322.348 AgR/SC; **D:** incorreta, pois o STF reconhece o direito nos termos do art. 230 da CF, que não se refere à seguridade social – ver ADI 3.768/DF; **E:** incorreta, pois a competência para instituir contribuições sociais para custeio da seguridade social (que abrange previdência, assistência e saúde) é exclusiva da União – art. 149 da CF. Gabarito "A".

(Juiz de Direito/DF – 2016 – CESPE) De acordo com a jurisprudência sumulada do STF acerca da legislação tributária, assinale a opção correta.

(A) O serviço de iluminação pública não pode ser remunerado mediante taxa.
(B) O princípio da anterioridade sujeita norma legal que altera o prazo de recolhimento de obrigação tributária.
(C) A lei poderá estabelecer alíquotas progressivas para o imposto de transmissão *inter vivos* de bens imóveis (ITBI) com base no valor venal do imóvel.
(D) A ação penal por crime de sonegação fiscal é pública e condicionada, devendo ser comprovada a existência de inscrição na dívida ativa.
(E) A adoção, no cálculo do valor de taxa, de um ou mais elementos da base de cálculo própria de determinado imposto pode ser feita, mesmo em caso de identidade integral entre uma base e outra.

A: correta – Súmula Vinculante 41/STF; **B:** incorreta, pois não há sujeição à anterioridade – Súmula Vinculante 50/STF; **C:** incorreta, considerando que a questão se refere à jurisprudência sumulada do STF. A Suprema Corte vinha entendendo que os impostos reais em geral não poderiam ter alíquotas progressivas em relação ao valor da base de cálculo, considerando inexistir expressa previsão constitucional, daí a Súmula 656/STF relativa ao ITBI municipal. Ocorre que posteriormente a Suprema Corte reviu a questão especificamente em relação ao ITCMD estadual, reconhecendo que o imposto pode ser progressivo, atendendo, assim, ao princípio da capacidade contributiva (RE 562.045/RS – Repercussão Geral). Entretanto, até o momento esse novo entendimento não foi aplicado ao ITBI municipal, daí porque a alternativa é considerada incorreta; **D:** incorreta, pois a ação é pública incondicionada, conforme a Súmula 609/STF; **E:** incorreta, pois, se houver integral identidade das bases, há inconstitucionalidade, conforme a Súmula Vinculante 29/STF. Gabarito "A".

(Juiz de Direito/DF – 2016 – CESPE) No tocante à legislação tributária vigente, assinale a opção correta.

(A) O juiz só concederá, em sede de liminar, a medida cautelar fiscal após justificação prévia e prestação de caução pela Fazenda Pública.
(B) A supressão ou redução de tributo por meio da conduta de negar ou deixar de fornecer, quando obrigatório, nota fiscal ou documento equivalente, relativo a venda de mercadoria ou prestação de serviço, efetivamente realizada, ou de fornecê-la em desacordo com a legislação, não configura crime contra a ordem tributária, dado que a administração dispõe do processo de execução fiscal para cobrar tais valores.
(C) O DF não está sujeito às disposições da Lei de Responsabilidade Fiscal.
(D) O juiz da Vara de Fazenda Pública poderá conceder medida cautelar fiscal, mesmo que não exista, nos autos, prova literal da constituição do crédito fiscal.
(E) A microempresa ou a empresa de pequeno porte que tenha sócio domiciliado no exterior não poderá recolher os impostos e as contribuições na forma prevista no Simples Nacional.

A: incorreta, pois a concessão de liminar independe de justificação prévia ou de prestação de caução pela Fazenda, conforme art. 7º da Lei 8.397/1992; **B:** incorreta, pois há tipificação penal, nos termos do art. 1º, V, da Lei 8.137/1990; **C:** incorreta, pois todos os entes políticos sujeitam-se à LRF – ver art. 1º, § 2º, da LC 101/2000; **D:** incorreta, pois a prova literal da constituição do crédito é essencial para a concessão da cautelar fiscal, nos termos do art. 3º, I, da Lei 8.397/1992; **E:** correta, conforme a vedação do art. 17, II, da LC 123/2006. Gabarito "E".

(Juiz de Direito/DF – 2016 – CESPE) A respeito das normas do Código Tributário Nacional (CTN), assinale a opção correta.

(A) A conversão de depósito em renda é causa de suspensão do crédito tributário.
(B) Os dispositivos de lei relativos à instituição de imposto sobre o patrimônio ou a renda passam a vigorar noventa dias após a publicação da lei.
(C) O estabelecimento de diferença tributária entre bens de qualquer natureza, em razão de sua procedência ou de seu destino, é proibido aos estados, ao DF e aos municípios.
(D) A capacidade tributária passiva depende da capacidade civil das pessoas naturais.
(E) A contribuição de melhoria apresenta, como limite total, a despesa realizada e, como limite individual, o dobro do acréscimo de valor que resultar da obra pública para cada imóvel beneficiado.

A: incorreta, pois a conversão do depósito em renda é modalidade de extinção do crédito tributário, não de suspensão – art. 156, VI, do CTN; **B:** incorreta, pois há sujeição à anterioridade anual, em regra, conforme o art. 104 do CTN; **C:** correta, pois há vedação constitucional nesse sentido – art. 152 da CF; **D:** correta, nos termos do art. 126, I, do CTN; **E:** incorreta, pois o limite individual é exatamente o acréscimo de valor que da obra resultar para cada imóvel beneficiado – art. 81 do CTN. Gabarito "C".

(Defensor/PA – 2015 – FMP) Examine as assertivas abaixo e, após, assinale a alternativa CORRETA, considerando o Código Tributário Nacional:

I. O ajuizamento de ação anulatória de auto de lançamento suspende a exigibilidade do crédito tributário.
II. A pessoa jurídica que adquirir de outra, estabelecimento comercial, e continuar a exploração do mesmo objeto social, não responde pelos tributos devidos até a data da aquisição, caso tal aquisição tenha ocorrido no âmbito de alienação judicial em processo de falência.
III. A observância, pelo sujeito passivo, das normas complementares, exclui a imposição de penalidades, a cobrança de juros de mora e a atualização monetária da base de cálculo do tributo.
IV. A denúncia espontânea da infração tributária pode ocorrer até dez dias após a notificação do sujeito passivo da lavratura do auto de lançamento.
V. Não se aplica ao lançamento a legislação que, posteriormente à ocorrência do fato gerador, tenha ampliado os poderes de investigação das autoridades administrativas.
VI. Sempre que dispensado o cumprimento da obrigação principal, será dispensado, igualmente, o cumprimento de obrigação acessória.

(A) Apenas as assertivas I e II estão corretas.
(B) Apenas as assertivas II e III estão corretas.
(C) Apenas as assertivas III e IV estão corretas.
(D) Apenas as assertivas IV e V estão corretas.
(E) Apenas as assertivas V e VI estão corretas.

I: incorreta, pois o simples ajuizamento da ação não suspende a exigibilidade do crédito. Seria necessário depósito judicial integral ou concessão de tutela antecipada, por exemplo, que são modalidades de suspensão do crédito – art. 151, II e V, do CTN; **II:** correta, nos termos do art. 133, § 1º, I, do CTN; **III:** correta, nos termos do art. 100, parágrafo único, do CTN; **IV:** incorreta, pois a denúncia espontânea somente existe antes do início de qualquer atividade fiscalizatória relativa à infração em questão – art. 138, parágrafo único, do CTN; **V:** incorreta, pois a legislação se aplica a fatos anteriores, nesse caso – art. 144, § 1º, do CTN; **VI:** incorreta, pois a dispensa da obrigação principal não afasta a obrigação acessória – arts. 151, parágrafo único e 175, parágrafo único, do CTN, entre outros.

(Procurador do Estado/PR – 2015 – PUC-PR) Entende-se por sanções políticas tributárias as restrições não razoáveis ou desproporcionais ao exercício de atividade econômica ou profissional lícita, utilizadas como meio de indução ou coação a pagamento de tributos. Sobre as sanções políticas tributárias, assinale a alternativa **CORRETA**.

(A) O protesto de certidão de dívida ativa, nos termos da jurisprudência mais recente do Superior Tribunal de Justiça, configura sanção política.
(B) A exigência de Certidão Negativa de Débitos Tributários – CND como requisito prévio à participação em licitações é exemplo de sanção política.
(C) De acordo com entendimento pacífico do Superior Tribunal de Justiça, a Fazenda Pública tem legitimidade e interesse para requerer a falência da empresa insolvente devedora de tributos.
(D) A retenção de mercadoria pelo tempo estritamente necessário à lavratura do auto de infração não configura sanção política.
(E) Segundo recente entendimento do Supremo Tribunal Federal, não se admite o cancelamento da inscrição da empresa no cadastro de contribuintes de determinado imposto em razão de dívidas tributárias, ainda que comprovados intuito deliberado de não pagar o imposto e violação à livre concorrência.

A: incorreta, pois o STJ admite a medida – ver REsp 1.374.259/MT; **B:** incorreta, pois a medida prevista no art. 205 do CTN e no art. 29 da Lei 8.666/1993 é plenamente admitida pela jurisprudência; **C:** incorreta, pois o STJ entende que não há interesse da Fazenda nesse caso – ver REsp 363.206/MG; **D:** correta, podendo reter a mercadoria apenas o tempo necessário para a lavratura – ver Súmula 323/STF, ADI 395/SP e RE 633.239/RS; **E:** incorreta, sendo precedente paradigmático do STF relativo à indústria de cigarros – ver RE 550.769/RJ.

(Procurador da República – 26º) Ante a higidez como característica inerente ao sistema tributário nacional é correto asseverar que:

(A) A Constituição é que cria os tributos;
(B) No texto constitucional, dentre as diferentes maneiras por meio das quais o legislador constituinte outorga competência tributária pode-se distinguir aquela exercida mediante a exclusiva identificação do aspecto material da hipótese de incidência do tributo;
(C) A destinação do produto da arrecadação sempre se encontra presente na outorga da competência, validando o tributo,
(D) A Constituição Federal não menciona expressamente, em hipótese alguma, o contribuinte do tributo,

A: incorreta, pois a Constituição Federal não cria qualquer tributo, limitando-se a distribuir competências tributárias; **B:** correta, pois a regra geral de atribuição de competências, pela Constituição Federal, se baseia na definição de fatos geradores possíveis (a título de exemplo, CF, arts. 145, 153, 155, 156 etc.); **C:** incorreta, pois em alguns tributos, como nos impostos, a destinação não faz parte da norma de competência, existindo, inclusive, vedação de destinação específica (CF, art. 167, IV); **D:** incorreta, pois em diversas oportunidades a Constituição Federal indica o contribuinte natural do tributo pela indicação do fato gerador.

(Procurador da República – 26º) Indique, dentre os enunciados abaixo, a alternativa correta:

(A) Pode ser instituída, por unidade da Federação, contribuição de seus servidores, de modo compulsório, para custeio de serviços assistenciais à saúde porquanto se insere na exceção prevista no art. 149, § 1º, da Constituição Federal;
(B) Não incide o Imposto sobre a Propriedade Predial e Territorial Urbana – IPTU sobre imóvel desapropriado e declarado de utilidade pública pelo Estado, utilizado por sociedade de economia mista prestadora de serviço público por acobertado pela imunidade de que trata a alínea "a", inciso VI, do art. 150, da Lei Magna;
(C) Para caracterização da denúncia espontânea, com benefício da exclusão de multa, é necessário o recolhimento integral do tributo devido, acrescido dos juros e da correção monetária, antes de constituído definitivamente o crédito tributário;
(D) Para caracterização da denúncia espontânea, com o benefício que esse instituto propicia, basta o recolhimento integral do tributo devido, acrescido dos juros e da correção monetária, a qualquer tempo, mas antes da proposição de execução fiscal.

A: incorreta, pois a exceção refere-se, exclusivamente, às contribuições previdenciárias, cobradas dos funcionários públicos, para custeio do regime previdenciário próprio (CF, art. 149, §1º); **B:** correta, pois nos termos de entendimento jurisprudencial a imunidade recíproca se estende às empresas públicas e sociedades de economia mista prestadoras de serviços públicos, em regime de monopólio (STF, AgRg no RE 399.307/MG, 2ª T., j. 16.03.2010, rel. Min. Joaquim Barbosa, DJe 30.04.2010); **C:** incorreta, pois o benefício da denúncia espontânea pode ser usado até o limite do início de procedimento de fiscalização em face do contribuinte, mediante notificação de início de medida de fiscalização (CTN, art. 138, parágrafo único); **D:** incorreta, pois o momento final para aproveitamento do benefício ocorre com a notificação de medida de fiscalização.

14. DIREITO FINANCEIRO

Henrique Subi e Robinson Barreirinhas*

1. PRINCÍPIOS E NORMAS GERAIS

Veja a seguinte tabela com os mais importantes princípios orçamentários, para estudo e memorização:

Princípios orçamentários	
Anualidade	A lei orçamentária é anual (LOA), de modo que suas dotações orçamentárias referem-se a um único exercício financeiro – art. 165, § 5º, da CF
Universalidade	A LOA inclui todas as despesas e receitas do exercício – arts. 3º e 4º da Lei 4.320/1964
Unidade	A LOA refere-se a um único ato normativo, compreendendo os orçamentos fiscal, de investimento e da seguridade social – art. 165, § 5º, da CF e art. 1º da Lei 4.320/1964. Ademais, cada esfera de governo (União, Estados, DF e Municípios) terá uma única LOA para cada exercício, o que também é indicado como princípio da unidade
Exclusividade	A LOA não conterá dispositivo estranho à previsão da receita e à fixação da despesa, admitindo-se a autorização para abertura de créditos suplementares e para contratação de operações de crédito – art. 165, § 8º, da CF
Equilíbrio	Deve haver equilíbrio entre a previsão de receitas e a autorização de despesas, o que deve também ser observado na execução orçamentária. Isso não impede a realização de superávits – ver art. 48, b, da Lei 4.320/1964 e art. 31, § 1º, II, da LRF (LC 101/2000)
Especificação, especialização ou discriminação	Deve haver previsão pormenorizada de receitas e despesas, não cabendo dotações globais ou ilimitadas – art. 167, VII, da CF e art. 5º da Lei 4.320/1964
Unidade de tesouraria	As receitas devem ser recolhidas em caixa único, sendo vedada qualquer fragmentação para criação de caixas especiais – art. 56 da Lei 4.320/1964
Não afetação ou não vinculação da receita dos impostos	É vedada a vinculação de receita de impostos a órgão, fundo ou despesa, com as exceções previstas no art. 167, IV, da CF

(Procurador do Estado/SP – 2018 – VUNESP) Entre os princípios que informam o orçamento público, insere-se o da discriminação ou especificação que, em essência, veda a fixação de dotações genéricas ou inespecíficas, o que não impede, contudo, que a Lei Orçamentária anual contenha

(A) dotações destinadas a despesas de pessoal e custeio em geral, fixadas de forma global para órgãos ou entidades, passíveis de aditamento nos limites estabelecidos no decreto de execução orçamentária editado pelo Chefe do Executivo.
(B) dotações de caráter meramente indicativo, dependendo, para sua quantificação, do atingimento dos percentuais de arrecadação estabelecidos no anexo de metas fiscais que integra a Lei de Diretrizes Orçamentárias.
(C) reserva de contingência para fazer frente a passivos contingentes e outros riscos fiscais imprevistos, em montante fixado pela Lei de Diretrizes Orçamentárias, estabelecido em percentual da receita corrente líquida.
(D) dotações atreladas a programas ou ações previstos no Plano Plurianual passíveis de remanejamento, no âmbito do mesmo programa, para outras despesas de capital ou custeio, mediante ato do Chefe do Executivo.
(E) dotações sem valor nominal, quando suportadas por receita de operações de crédito, contraídas junto a instituição financeira internacional ou organismo multilateral, referenciadas à cotação de moeda estrangeira.

A: incorreta, pois, nos termos do art. 5º da Lei 4.320/1964, a LOA não consignará dotações globais destinadas a atender indiferentemente a despesas de pessoal, material, serviços de terceiros, transferências ou quaisquer outras; **B, D e E**: incorretas, pois, conforme o princípio da especificação, especialização ou discriminação, deve haver previsão pormenorizada de receitas e despesas, não cabendo dotações globais ou ilimitadas – art. 167, VII, da CF e art. 5º da Lei 4.320/1964; **C**: correta, pois a reserva de contingência não implica dotação genérica ou inespecífica, sendo regulamentada pelo art. 5º, III, da LRF. **RB**

Gabarito "C"

(Procurador do Município – Prefeitura Fortaleza/CE – CESPE – 2017) Com fundamento na disciplina que regula o direito financeiro e nas normas sobre orçamento constantes na CF, julgue os itens a seguir.

(1) A adoção do federalismo cooperativo equilibrado pela CF visa à redução das desigualdades regionais.
(2) Na LDO será estabelecida a política de aplicação a ser executada pelas agências oficiais de fomento.
(3) Constitui ofensa à competência reservada ao chefe do Poder Executivo a iniciativa parlamentar que prevê, na LDO, a inclusão de desconto no imposto sobre a propriedade de veículos automotores, em caso de pagamento antecipado.
(4) No que diz respeito ao direito financeiro, a CF pode ser classificada como semirrígida, uma vez que restringe a regulação de certos temas de finanças públicas a lei complementar e deixa outros à disciplina de lei ordinária.

1: correta. Sobre o tema, veja-se a lição de Heleno Taveira Torres (*in* **Constituição financeira e o federalismo financeiro cooperativo equilibrado brasileiro**. Revista Fórum de Direito Financeiro e Econômico – RFDFE I Belo Horizonte, ano 3, n. 5, p. 25-54, mar./ago. 2014): "De fato, uma das grandes contribuições da Constituição de 1988 foi efetivamente esta: implantar um federalismo de equilíbrio, na correlação entre fortalecimento da União para planejamento e ordenação das políticas públicas e aprimoramento das competências das unidades periféricas, para criar um sistema que não prioriza extremos, mas que alcança no equilíbrio suas melhores virtudes a serem concretizadas. Na atualidade, pelo grau de complexidade que as demandas coletivas encarregam aos Estados nacionais, a tendência é a ampliação da cooperação entre as unidades federadas e a entidade central, sob a égide do princípio da solidariedade que acompanha os laços federativos. No Brasil, ao tempo que a própria superestrutura constitucional vê-se definida para cumprir esse desiderato de cooperação permanente, equilibra-se desde a Constituição, como bem lembra Gilberto Bercovici, 'a descentralização federal com os imperativos da integração econômica nacional'"; **2**: Correta, nos termos do art. 165, §2º, parte final, da CF; **3**: incorreta. A posição do STF esposada na medida cautelar da ADI 2392 é que não há reserva de iniciativa do chefe do Poder Executivo nesse caso (Informativo 222 do STF); **4**: incorreta. Constituição semirrígida é aquela na qual uma parte deve ser alterada por processo legislativo mais longo e com quórum qualificado, enquanto outras partes podem ser alteradas por leis ordinárias. A CF de 1988 é rígida, tanto na parte política quanto na parte financeira. **HS**

Gabarito 1C, 2C, 3E, 4E

(Procurador do Município – Prefeitura Fortaleza/CE – CESPE – 2017) Dado o princípio da universalidade, o orçamento deve conter todas as receitas e despesas da União, de qualquer natureza, procedência ou destino, incluída a dos fundos dos empréstimos e dos subsídios. Tal princípio é de grande importância para o direito financeiro e se concretiza na norma do art. 165, § 5º, da CF e em diversas constituições modernas.

A respeito do orçamento público na CF e dos princípios orçamentários vigentes no ordenamento jurídico brasileiro, julgue os itens que se seguem.

(1) Embora o princípio da responsabilidade fiscal tenha adquirido grande relevância no ordenamento jurídico brasileiro, seu descumprimento não gera responsabilidade penal.

---

* Legenda:
HS: Henrique Subi
RB: Robinson Barreirinhas

(2) Em consonância com a ideia de orçamento-programa, a diretriz de controle incluída na Lei n.º 4.320/1964 abrange a eficiência, a eficácia e a efetividade das ações governamentais.
(3) De acordo com o entendimento do STF, a destinação de determinado percentual da receita de ICMS ao financiamento de programa habitacional ofende a vedação constitucional de vincular receita de impostos a órgão, fundo ou despesa.
(4) Decorre do princípio da unidade do orçamento a vedação à inclusão, no orçamento, de qualquer dispositivo de lei material que não verse sobre previsão de receita ou autorização de despesa.

1: incorreta. O capítulo IV do Código Penal – Dos Crimes Contra as Finanças Públicas (art. 359-A e seguintes) – é todo destinado à criminalização de condutas ofensivas aos preceitos da Lei de Responsabilidade Fiscal; **2:** correta. Enquanto no orçamento tradicional (ou clássico) o controle é voltado à honestidade dos agentes públicos e a legalidade estrita no cumprimento do orçamento, no orçamento-programa os órgãos de controle devem atentar mais para os resultados obtidos pela gestão pública; **3:** correta, nos termos do julgado no RE 183.906/SP.; **4:** incorreta. A assertiva traduz o princípio da exclusividade. Pelo princípio da unidade orçamentária, ainda que veiculado por três diplomas normativos (PPA, LDO e LOA), o orçamento é considerado único para um dado exercício financeiro e deve ser assim analisado. HS
Gabarito 1E, 2C, 3C, 4E

(Procurador Municipal – Prefeitura/BH – CESPE – 2017) Assinale a opção correta de acordo com as normas de direito financeiro constantes na CF.
(A) O descumprimento do limite de despesas com pessoal impõe como medida derradeira a demissão de servidores estáveis, com a consequente extinção dos seus respectivos cargos públicos, cuja recriação poderá ocorrer imediatamente após a recondução da despesa ao limite.
(B) A LDO estabelecerá, de forma regionalizada, as diretrizes, os objetivos e as metas da administração pública federal para as despesas de capital e de outras delas decorrentes e para as relativas aos programas de duração continuada.
(C) O controle externo é atividade precípua do tribunal de contas, não lhe incumbindo, todavia, as atividades de controle interno, que são exclusivas dos Poderes Executivo, Legislativo e Judiciário.
(D) A abertura de crédito extraordinário somente será admitida para atender a despesas imprevisíveis e urgentes.

A: incorreta. É vedada a criação de cargo, emprego ou função com as mesmas ou assemelhadas atribuições pelo prazo de quatro anos (art. 169, § 6º, da CF); **B:** incorreta. Tal conteúdo pertine ao plano plurianual. A LDO compreende as metas e prioridades da Administração Pública federal, incluindo as despesas de capital para o exercício financeiro subsequente, orienta a elaboração da LOA, dispõe sobre alterações na legislação tributária e estabelece a política de aplicação das agências financeiras oficiais de fomento (art. 165, §§ 1º e 2º, da CF); **C:** incorreta. O controle externo compete ao Poder Legislativo, que o executará com o auxílio do Tribunal de Contas (art. 71 da CF); **D:** correta, nos termos do art. 167, § 3º, da CF. HS
Gabarito "D".

(Procurador do Estado – PGE/RS – Fundatec – 2015) Quanto à regulação constitucional das finanças públicas, analise as assertivas abaixo:
I. As disponibilidades de caixa dos Estados e das empresas por eles controladas serão depositadas em instituições financeiras oficiais, ressalvados os casos previstos em lei.
II. É permitida a vinculação de receitas do ICMS para a prestação de garantia ou contragarantia à União e para pagamento de débitos para com esta.
III. É vedada a realização de operações de créditos que excedam o montante das despesas de capital, ressalvadas as autorizadas mediante créditos suplementares ou especiais com finalidade precisa, aprovados pelo Poder Legislativo por maioria absoluta.
IV. Não se admite a transferência de recursos de uma categoria de programação para outra ou de um órgão para outro, sem prévia autorização legislativa.

Após a análise, pode-se dizer que:
(A) Estão corretas apenas as assertivas I e II.
(B) Estão corretas apenas as assertivas I e III.
(C) Estão corretas apenas as assertivas II e III.
(D) Estão corretas apenas as assertivas I, II e IV.
(E) Todas as assertivas estão corretas.

I: correta, nos termos do art. 164, § 3º, da CF; **II:** correta, nos termos do art. 167, § 4º, da CF; **III:** correta, nos termos do art. 167, III, da CF; **IV:** correta, nos termos do art. 167, VI, da CF. HS
Gabarito "E".

(Juiz – TJ-SC – FCC – 2017) Tendo em vista princípios de direito financeiro, é correto afirmar:
(A) O princípio do equilíbrio orçamentário significa que despesas e receitas projetadas devem se manter em níveis compatíveis umas frente às outras, vedando, portanto, a realização de *superávits*.
(B) O princípio da unidade de tesouraria determina que todas as receitas sejam recolhidas a conta única, vedada a criação de caixas especiais, à exceção dos fundos de despesa.
(C) A anualidade determina que as dotações orçamentárias do exercício seguinte sejam fixadas conforme exercício anterior.
(D) O orçamento especial da previdência social é a única exceção ao princípio na universalidade.
(E) É permitida a vinculação de receita de impostos a órgão ou fundo, exclusivamente, para a despesas com educação.

A: incorreta, pois o equilíbrio orçamentário não impede a realização de *superávits* – art. 48, b, da Lei 4.320/64 e art. 31, § 1º, II, da LRF; **B:** correta – art. 56 da Lei 4.320/64; **C:** incorreta, pois não há essa imposição de identidade das dotações de um ano em relação ao anterior. A anualidade se refere ao período em que aplicável cada lei orçamentária – art. 165, § 5º, da CF; **D:** incorreta, lembrando que a lei orçamentária anual compreende, além do orçamento fiscal do ente político, o orçamento de investimento de empresas estatais e o orçamento da seguridade social, nos termos do art. 165, § 5º, da CF; **E:** incorreta, pois há outras hipóteses em que se admite a vinculação excepcional da receita de impostos – art. 167, IV, da CF. Interessante anotar que essas exceções constitucionais que acabam criando vinculações de receitas a despesas e fundos específicos acabaram, com o tempo, criando entraves à execução orçamentária. Por conta disso, há anos o constituinte derivado criou a figura da desvinculação "temporária" de receitas da União, a chamada DRU, que vem sendo sucessivamente reeditada por emendas constitucionais, atualmente na redação do art. 76 do ADCT (hoje desvinculação 30% da receita da União, nos termos e com as exceções lá previstas).
Por pressão de Estados e Municípios, que sempre pleitearam sua própria "DRU", atualmente vige figura semelhante para eles, nos termos do art. 76-A do ADCT, também desvinculando 30% de suas receitas, com as exceções lá listadas. RB
Gabarito "B".

(Procurador do Estado/AM – 2016 – CESPE) Considerando as disposições constitucionais pertinentes a finanças e orçamento, julgue os seguintes itens.
(1) Dado o modo como está constitucionalmente enunciado, o princípio da exclusividade não impede que a lei orçamentária anual do Estado contenha autorização para que o Poder Executivo realize operações de crédito.
(2) A competência legislativa municipal suplementar não se estende ao direito financeiro, uma vez que o constituinte, ao tratar da competência concorrente para legislar sobre tal matéria, não contemplou os municípios.

1: correta, pois, nos termos do art. 165, § 8º, da CF, a Lei Orçamentária Anual – LOA não conterá dispositivo estranho à previsão da receita e à fixação da despesa, não se incluindo na proibição a autorização para abertura de créditos suplementares e contratação de operações de crédito, ainda que por antecipação de receita, nos termos da lei; **2:** incorreta, pois os municípios podem e devem legislar sobre matéria financeira, dentro do exercício de suas competências locais, em especial publicando a Lei Orçamentária Anual – LOA, a Lei de Diretrizes Orçamentárias – LDO, o Plano Plurianual – PPA e demais normas complementares – arts. 30, I e II, e 165 da CF. RB
Gabarito 1C, 4E

(Procurador da República –28º Concurso – 2015 – MPF) Assinale a alternativa correta:
(A) O desvio na realização de gastos públicos costuma ocorrer mediante, dentre outros expedientes, contingenciamento de despesas;
(B) Constitui princípio absoluto previsto no Estatuto Político Fundamental a não vinculação de receita de impostos;
(C) O princípio da responsabilidade na gestão fiscal proíbe, em qualquer hipótese, renúncia tributária;
(D) A instituição de fundos, à vista da circunstância de emergência, pode ocorrer por intermédio de lei ordinária.

A: discutível. O contingenciamento de despesas é obrigação legal dos gestores públicos, nos termos do art. 9º da LRF, não constando ser expediente para desvio na realização do gasto público, pelo menos não usualmente. Os desvios atinentes a gastos ocorrem, em geral, nos procedimentos de contratação e recebimento dos bens e serviços, por conta de direcionamentos, propina e vantagens indevidas. Entretanto, como a assertiva se refere a "dentre outros expedientes", de maneira absolutamente genérica e aberta, é possível que o contingenciamento tenha sido utilizado para algum desvio; **B:** incorreta, pois o próprio art. 167, IV, ao vedar a vinculação, dispõe sobre as exceções; **C:** incorreta, pois é possível a renúncia de receitas públicas, desde que atendidos os requisitos do art. 14 da LRF; **D:** imprecisa. Todo fundo orçamentário, e não apenas em caso de emergência, depende de autorização legal, e a lei é ordinária, em regra – art. 167, IX, da CF e art. 74 da Lei 4.320/1964. RB
Gabarito "A".

2. LEI DE DIRETRIZES ORÇAMENTÁRIAS – LDO E PLANO PLURIANUAL – PPA

(Promotor de Justiça – MPE/RS – 2017) À luz da Lei 4.320, de 17 de março de 1964, **NÃO** integrará ou acompanhará a Lei Orçamentária Anual:
(A) autorização para a alienação de bem imóvel.
(B) sumário geral da receita por fontes.
(C) quadro discriminativo da receita por fontes.

(D) quadro das dotações por órgãos do Governo.
(E) quadro demonstrativo da receita.

A: correta, pois realmente essa matéria é estranha à LOA e não pode dela constar, por força do princípio da exclusividade – art. 2º da Lei 4.320/1964; **B, C, D e E:** incorretas, pois integram ou acompanham a LOA, nos termos do art. 2º, da Lei 4.320/1964.
Gabarito "A".

(Procurador do Estado/AM – 2016 – CESPE) Considerando as disposições constitucionais pertinentes a finanças e orçamento, julgue o seguinte item.

(1) De acordo com a CF, o presidente da República não pode propor alterações ao projeto de lei orçamentária em relação a matéria cuja votação já tenha se iniciado na comissão mista permanente competente para emitir parecer no âmbito do Congresso Nacional.

1: correta, conforme o art. 166, § 5º, da CF.
Gabarito 1C.

(Procurador do Estado/AM – 2016 – CESPE) À luz da legislação e da doutrina em matéria de responsabilidade fiscal, julgue os itens a seguir.

(1) A LDO, tal como o parecer prévio do tribunal de contas estadual sobre as contas do governador, são instrumentos de transparência da gestão fiscal.
(2) Ainda que não haja vedação na LDO, é proibida a abertura de crédito adicional para destinar recursos à cobertura, direta ou indireta, de necessidades de pessoas físicas, ainda que por meio de lei específica.

1: correta. A LDO, ao indicar as metas e prioridades da administração, além dos demais elementos do art. 165, § 2º, da CF, é evidente instrumento de transparência, ao permitir a visualização do planejamento estatal de maneira clara. O parecer prévio do tribunal de contas dá publicidade à auditoria do órgão técnico competente, sendo também, nesse sentido, instrumento essencial de transparência – arts. 71, I, e 75 da CF; **2:** incorreta, pois é possível a destinação de recursos públicos para pessoas físicas, desde que autorizada por lei específica e atendidas as demais disposições do art. 26 da LRF.
Gabarito 1C, 2E.

(Promotor de Justiça – MPE/AM – FMP – 2015) Tendo por base a Lei de Orçamento (Lei 4.320/1964) e suas modificações, considere as assertivas abaixo:

I. É lícito ao Poder Público, para atender aos serviços de assistência social, médica e educacional, oferecer subvenções sociais de suplementação a recursos de origem privada, ao invés de aplicar diretamente os recursos nesses serviços, se assim se revelar mais econômico.
II. É possível o orçamento prever subvenções econômicas, na forma de bonificações, a produtores de determinados gêneros e materiais relevantes.
III. A Lei de Orçamento denomina Restos a Pagar as despesas não pagas até o dia 31 de dezembro.
IV. Segundo a Lei de Orçamento, Dívida Ativa Tributária é aquela referente aos débitos ativos do Poder Público.

Quais das assertivas acima estão corretas?
(A) Apenas a I e II.
(B) Apenas a II e III.
(C) Apenas a II e IV.
(D) Apenas a II, III e IV.
(E) Apenas a I, II e III.

I: correta, desde que, no caso de assistência à saúde, a entidade não tenha fins lucrativos – art. 199, § 1º, da CF e art. 12, § 3º, da Lei 4.320/1964; **II:** correta, conforme o art. 12, § 3º, II, da Lei 4.320/1964; **III:** correta, são as despesas empenhadas e não pagas até o final do exercício, conforme o art. 36 da Lei 4.320/1964; **IV:** incorreta, pois dívida ativa refere-se à inscrição de todos os créditos em favor da Fazenda Pública, em contraposição à dívida passiva, que engloba as obrigações da fazenda em favor de terceiros – art. 39 da Lei 4.320/1964.
Gabarito "E".

(Procurador do Estado/PR – 2015 – PUC-PR) Assinale a alternativa CORRETA em relação às leis orçamentárias.

(A) A Lei de Diretrizes Orçamentárias – LDO estabelece, de forma regionalizada, as diretrizes, objetivos e metas da Administração Pública federal para as despesas de capital e outras delas decorrentes e para aquelas relativas aos programas de duração continuada.
(B) O Plano Plurianual compreende as metas e prioridades da Administração Pública federal, incluindo as despesas de capital para o exercício financeiro subsequente, orientando a elaboração da lei orçamentária anual e, também, dispondo acerca das alterações na legislação tributária e estabelecendo a política de aplicação das agências financeiras oficiais de fomento.
(C) As leis de iniciativa do Poder Executivo deverão estabelecer o plano plurianual, as diretrizes orçamentárias e os orçamentos anuais, afora a competência reservada à lei complementar para dispor sobre os orçamentos.
(D) A Lei Orçamentária Anual – LOA compreende o orçamento fiscal (relativo a receita e despesa) de todos os poderes da União, seus fundos, órgãos e entidades da administração direta e indireta, exceto fundações instituídas e mantidas pelo Poder Público.
(E) A iniciativa das leis orçamentárias é atribuída aos Poderes Executivo e Legislativo dos entes federativos.

A: incorreta, pois essa é a definição do Plano Plurianual – PPA, conforme o art. 165, § 1º, da CF; **B:** incorreta, pois essa é a definição da Lei de Diretrizes Orçamentárias – LDO, nos termos do art. 165, § 2º, da CF; **C:** correta, nos termos do art. 165, I a III, e § 9º, da CF; **D:** incorreta, pois a LOA abrange as fundações instituídas e mantidas pelo Poder Público – art. 165, § 5º, I, da CF; **E:** incorreta, pois a iniciativa das leis orçamentárias é exclusiva do Executivo – art. 165, *caput*, da CF.
Gabarito "C".

3. LEI ORÇAMENTÁRIA ANUAL – LOA

(Procurador Municipal – Sertãozinho/SP – VUNESP – 2016) Assinale a assertiva correta no que se refere à gestão patrimonial, segundo a regência da Lei de Responsabilidade Fiscal.

(A) As disponibilidades de caixa dos regimes de previdência social, geral e próprio dos servidores públicos, ainda que vinculados a fundos específicos a que se refere a Constituição Federal, ficarão depositadas em conta conjunta das demais disponibilidades e aplicadas nas condições de mercado, com observância dos limites e condições de proteção e prudência financeira.
(B) As disponibilidades de caixa dos regimes de previdência social, geral e próprio dos servidores públicos, ainda que vinculados a fundos específicos a que se refere a Constituição Federal, poderão ser aplicadas em títulos da dívida pública estadual e municipal, bem como em ações e outros papéis relativos às empresas controladas pelo respectivo ente da Federação.
(C) É permitida a aplicação da receita de capital derivada da alienação de bens e direitos que integram o patrimônio público para o financiamento de despesa corrente, salvo se destinada por lei aos regimes de previdência social, geral e próprio dos servidores públicos.
(D) É anulável o ato de desapropriação de imóvel urbano expedido sem o atendimento do que dispõe a respeito a Constituição Federal, ou prévio depósito judicial do valor da indenização.
(E) A empresa controlada que firmar contrato de gestão em que se estabeleçam objetivos e metas de desempenho, na forma da lei, disporá de autonomia gerencial, orçamentária e financeira, sem prejuízo do disposto na Constituição Federal no que respeita ao orçamento de investimento compreendido na lei orçamentária anual.

A: incorreta, pois as disponibilidades de caixa dos regimes de previdência social, geral e próprio dos servidores públicos, ainda que vinculadas a fundos específicos, ficarão depositadas em conta separada das demais disponibilidades de cada ente e aplicadas nas condições de mercado, com observância dos limites e condições de proteção e prudência financeira – art. 43, § 1º, da LRF; **B:** incorreta, pois é vedada a aplicação dessas disponibilidades em títulos da dívida pública estadual e municipal, bem como em ações e outros papéis relativos às empresas controladas pelo respectivo ente da Federação – art. 43, § 2º, I, da LRF; **C:** incorreta, pois é o oposto. É vedada a aplicação da receita de capital derivada da alienação de bens e direitos que integram o patrimônio público para o financiamento de despesa corrente, salvo se destinada por lei aos regimes de previdência social, geral e próprio dos servidores públicos – art. 44 da LRF; **D:** incorreta, pois o ato de desapropriação é, nesse caso, nulo de pleno direito, não simplesmente anulável – art. 46 da LRF; **E:** correta, conforme o art. 47 da LRF.
Gabarito "E".

(Procurador – SP – VUNESP – 2015) A entrega de recursos correntes ou de capital a outro ente da federação, a título de cooperação, auxílio ou assistência financeira, que não decorra de determinação constitucional, legal ou os destinados ao Sistema Único de Saúde, entende-se, de acordo com a Lei Complementar 101/2000, por transferência

(A) onerosa.
(B) graciosa.
(C) voluntária.
(D) liberatória.
(E) subsidiária.

A assertiva reflete exatamente o disposto no art. 25 da LRF, que define transferências voluntárias, de modo que a alternativa "C" é a correta.
Gabarito "C".

(Procurador – SP – VUNESP – 2015) Determina a Lei Complementar 101/2000 que o Poder Executivo da União promoverá, até o dia trinta de junho, a consolidação, nacional e por esfera de governo, das contas dos entes da Federação relativas ao exercício anterior, e a sua divulgação, inclusive por meio eletrônico de acesso ao público. Nesse sentido, é correto afirmar que os municípios encaminharão suas contas ao Poder Executivo da União até trinta de

(A) dezembro.
(B) janeiro.

(C) março.
(D) abril.
(E) maio.

Os prazos fixados pelo art. 51, § 1º, da LRF para encaminhamento das contas pelos Estados e Municípios ao Executivo Federal, para consolidação nacional das contas, é até 31 de maio (para Estados) e 30 de abril (para Municípios, com cópia para o Executivo do respectivo Estado). Por essa razão, a alternativa "D" é a correta. **RB**
Gabarito "D".

(Juiz – TJ/RJ – VUNESP – 2016) O orçamento fiscal referente aos Poderes da União, seus fundos, órgãos e entidades da Administração direta e indireta, inclusive fundações instituídas e mantidas pelo Poder Público está compreendido na lei

(A) do plano diretor.
(B) do orçamento anual.
(C) de diretrizes orçamentárias.
(D) de responsabilidade fiscal.
(E) orgânica.

A: incorreta, considerando que o plano diretor se refere a normas urbanísticas – art. 182, § 1º, da CF; **B:** correta, conforme o art. 165, § 5º, I, da CF; **C:** incorreta, pois a LDO compreende as metas e prioridades da administração pública federal, incluindo as despesas de capital para o exercício financeiro subsequente, orienta a elaboração da lei orçamentária anual, dispõe sobre as alterações na legislação tributária e estabelece a política de aplicação das agências financeiras oficiais de fomento – art. 165, § 2º, da CF; **D:** incorreta, pois a LRF é norma nacional, não compreende especificamente os orçamentos anuais, que estão em leis de cada ente político brasileiro; **E:** incorreta, pois a lei orgânica é a norma maior dos Municípios e Distrito Federal, não dispondo especificamente dos orçamentos anuais de cada ente – arts. 29 e 32 da CF. **RB**
Gabarito "B".

(Procurador do Estado/PR – 2015 – PUC-PR) Assinale a resposta **CORRETA** acerca dos princípios orçamentários.

(A) Em relação ao princípio da universalidade, o objetivo do legislador constituinte foi o de possibilitar que as leis orçamentárias contenham previsões absolutamente estranhas ao direito financeiro, tal como temas afetos ao direito privado.
(B) O princípio da exclusividade estabelece a necessidade de todas as receitas e despesas estarem previstas na Lei Orçamentária Anual – LOA.
(C) Ainda que não contemplado expressamente pela Constituição Federal de 1988, o princípio do equilíbrio orçamentário apresenta-se como uma exigência relativa às contas públicas, que deverão apresentar o mesmo montante quando se trata de estimar as receitas e as despesas.
(D) Pelo princípio da programação, o orçamento deve conter apenas as estimativas para as receitas e despesas do próximo exercício financeiro, sem a previsão de metas e objetivos relacionados à realização das necessidades públicas.
(E) Presente na Constituição Federal de modo expresso, o princípio da anualidade orçamentária significa que os orçamentos valerão para um único exercício financeiro, que, atualmente, compreende o intervalo entre 1º de janeiro e 31 de dezembro de cada ano.

A: incorreta, pois o princípio da universalidade indica que a LOA inclui todas as despesas e receitas do exercício – arts. 3º e 4º da Lei 4.320/1964; **B:** incorreta, pois o princípio da exclusividade indica que a LOA não conterá dispositivo estranho à previsão da receita e à fixação da despesa, admitindo-se a autorização para abertura de créditos suplementares e para contratação de operações de crédito – art. 165, § 8º, da CF; **C:** correta. De fato, deve haver equilíbrio entre a previsão de receitas e a autorização de despesas, o que deve também ser observado na execução orçamentária. Isso não impede a realização de superávits – ver art. 48, b, da Lei 4.320/1964 e art. 31, § 1º, II, da LRF; **D:** incorreta, pois a LOA dispõe sobre as receitas e despesas do próprio exercício, de forma a evidenciar a política econômica financeira e o programa de trabalho do Governo – art. 2º da Lei 4.320/1964; **E:** discutível. Embora o gabarito oficial indique esta alternativa como incorreta (de fato, a alternativa "C" é inquestionavelmente correta), embora a Constituição não utilize expressamente a expressão "princípio da anualidade", e embora a definição de exercício financeiro seja dada pelo art. 34 da Lei 4.320/1964, é certo que a própria denominação da LOA indica sua limitação temporal ao período de um ano – art. 165, III, da CF. **RB**
Gabarito "C".

4. LEI DE RESPONSABILIDADE FISCAL – LRF

(Procurador do Estado – PGE/RS – Fundatec - 2015) Quanto à receita pública, analise as assertivas abaixo:

I. É vedada a vinculação de receita de impostos e taxas a órgão, fundo ou despesa.
II. Receita pública derivada é aquela advinda da gestão patrimonial do Poder Público e da prestação de serviços públicos.
III. À luz da definição legal, os recursos angariados com operações de crédito não constituem receita, por terem correspondência no passivo.
IV. A definição de renúncia de receita trazida pela Lei de Responsabilidade Fiscal compreende as isenções em caráter geral e específico.

Após a análise, pode-se dizer que:

(A) Está correta apenas a assertiva I.
(B) Está correta apenas a assertiva II.
(C) Estão corretas apenas as assertivas II e III.
(D) Todas as assertivas estão corretas.
(E) Todas as assertivas estão incorretas.

I: incorreta, pois não há vedação à vinculação das receitas de taxas, apenas de impostos – art. 167, IV, da CF; **II:** incorreta, pois a assertiva descreve as receitas originárias. As receitas derivadas são aquelas decorrentes do poder estatal, exigidas compulsoriamente dos cidadãos por força de lei (tributos, penalidades pecuniárias); **III:** incorreta, pois são receitas de capital – art. 11, § 4º, da Lei 4.320/1964; **IV:** incorreta, pois as isenções de caráter geral não são consideradas renúncia de receita, nos termos do art. 14, § 1º, da LRF. **RB**
Gabarito "E".

(Juiz – TRF 2ª Região – 2017) À luz da Lei Complementar nº 101/2000 (Lei de Responsabilidade Fiscal – LRF), assinale a opção correta:

(A) É vedado a Estados e Municípios – e permitido à União Federal – conceder garantia em operações de crédito externas.
(B) Em regra, instituição financeira que contrate operação de crédito com ente da Federação fica dispensada de exigir comprovação de que a operação atende às condições e limites estabelecidos na Lei de Responsabilidade Fiscal.
(C) A Caixa Econômica Federal, em razão da proibição de operação de crédito entre instituição financeira estatal e o ente da Federação que a controla, está impedida de adquirir títulos da dívida de emissão da União Federal.
(D) O Banco Central do Brasil está impedido de comprar diretamente títulos emitidos pela União, salvo para refinanciar a dívida mobiliária federal que estiver vencendo na sua carteira.
(E) É absolutamente vedado ao Tesouro Nacional adquirir títulos da dívida pública federal existentes na carteira do Banco Central do Brasil.

A: incorreta, pois Estados e Municípios também podem conceder garantias, observadas as normas do art. 40 da LRF; **B:** incorreta, pois em regra há essa obrigação, nos termos do art. 33 da LRF; **C:** incorreta, pois a vedação desse tipo de operação de crédito não impede a aquisição de títulos da dívida emitidos pela União – art. 36, parágrafo único, da LRF; **D:** correta – art. 39, § 2º, da LRF; **E:** incorreta, pois há possibilidade de adquirir títulos para reduzir a dívida mobiliária – art. 39, § 4º, da LRF. **RB**
Gabarito "D".

(Procurador do Estado/AM – 2016 – CESPE) À luz da legislação e da doutrina em matéria de responsabilidade fiscal, julgue os itens a seguir.

(1) É vedada a aplicação das disponibilidades de caixa do regime próprio de previdência dos servidores públicos estaduais em ações e outros papéis relativos às empresas controladas pelo estado, mas não em títulos da dívida pública estadual.
(2) Salvo disposição de lei estadual em contrário, o estado deve depositar as suas disponibilidades de caixa em instituições financeiras oficiais.

1: incorreta, pois é vedada a aplicação também em títulos da dívida pública estadual – art. 43, § 2º, da LRF; **2:** incorreta, pois a ressalva pode ser feita por lei federal, não estadual – art. 164, § 3º, da CF. **RB**
Gabarito 1E, 2E.

(Promotor de Justiça – MPE/AM – FMP – 2015) Assinale a alternativa correta em relação à Lei de Responsabilidade Fiscal (LC 101/2000):

(A) A Lei de Responsabilidade Fiscal (LC 101/2000) aplica-se somente à União, mas contém regra que obriga aos Estados e Municípios editarem suas próprias leis de controle fiscal.
(B) O Ministério Público, por gozar de independência, não tem seus gastos incluídos nos percentuais definidos na Lei de Responsabilidade Fiscal.
(C) No dizer da referida lei, entende-se por empresa controlada aquela que mantém sob estrito controle de responsabilidade fiscal as suas despesas.
(D) A Lei de Responsabilidade Fiscal admite a substituição de servidores e empregados públicos por contratos de terceirização de mão de obra, desde que considerados estes na despesa total com pessoal.
(E) Na LC 101/2000, é nos limites percentuais referentes ao Poder Executivo que estão incluídas as despesas com pessoal do Tribunal de Contas do Estado, por ser este órgão auxiliar daquele Poder.

A: incorreta, pois a LRF se aplica a todos os entes políticos, englobando todos os poderes, além de fundos, autárquicas, fundações e empresas estatais dependentes – art. 1º, §§ 2º e 3º da LRF; **B:** incorreta, pois o MP sujeita-se também à LRF – art. 1º, § 3º, I, a, da LRF; **C:** incorreta, pois controlada é a sociedade cuja maioria do capital social com direito a voto pertença, direta ou indiretamente, a ente da Federação – art. 2º, II, da LRF; **D:** correta, nos termos do art. 18, § 1º, da LRF, lembrando que a disposição é estritamente orçamentária, ou seja, não afasta a possibilidade de questionamento dos contratos de terceirização de mão de obra à luz de outras disposições constitucionais e legais (o que é muito comum, já que pode haver indevida burla ao concurso público), apenas que, havendo tal despesa, ela deve ser contabilizada adequadamente; **E**: incorreta, pois os limites de pessoal dos tribunais de contas estão incluídos nas do Poder Legislativo, a que estão ligados – art. 20 da LRF.

Gabarito "D".

(Promotor de Justiça – MPE/AM – FMP – 2015) Considere as assertivas abaixo:

I. Ainda que baseado em análise política e conveniência administrativa, não é possível ao administrador público de ente federado deixar de instituir tributo cuja competência esteja prevista na Constituição.

II. A isenção tributária não configura renúncia fiscal, quando inexistente, anteriormente à sua instituição, a atividade ou unidade produtiva favorecida, pois não se renuncia ao que não existe.

III. A fim de evitar favorecimentos, o débito do contribuinte não pode ser cancelado em hipótese alguma, ainda que seu montante seja inferior aos custos de cobrança.

IV. Em qualquer fase da execução de suas decisões, é lícito ao Tribunal de Contas do Estado autorizar o pagamento parcelado do débito.

Quais das assertivas acima estão corretas?

(A) Apenas a I.
(B) Apenas a II e III.
(C) Apenas a II.
(D) Apenas a I e IV.
(E) Apenas a IV.

I: adequada, pois, embora seja possível na prática, isso implica irresponsabilidade fiscal, nos termos do art. 11 da LRF, com sanção específica no caso de inobservância em relação aos impostos; **II**: incorreta, pois isenção é considerada renúncia fiscal em relação ao orçamento presente e futuro, ou seja, às receitas que deixaram de ser realizadas futuramente, embora, se não houver previsão de redução efetiva da receita não haverá necessidade de medidas de compensação, facilitando a aprovação do benefício – art. 14 da LRF; **III**: incorreta, pois a LRF prevê expressamente essas possibilidades – art. 14, § 3º, II, da LRF; **IV**: correta, a depender da normatização aplicável a cada tribunal de contas.

Gabarito "D".

5. RECEITAS

(Procurador do Estado/SP – 2018 – VUNESP) Considere que o Estado necessite auferir receitas extraordinárias a fim de compensar a frustração da receita orçamentária estimada com a arrecadação de impostos. Nesse sentido, adotou, como alternativa, a alienação de imóveis e de ações representativas do controle acionário detido em sociedade de economia mista. De acordo com as disposições constitucionais e legais aplicáveis,

(A) o produto de tais alienações é de livre destinação orçamentária, porém constitui receita equiparável àquela obtida com operação de crédito, sendo tal produto considerado no cômputo do limite de endividamento do Estado.

(B) a receita obtida com a alienação das ações, considerada proveniente de ativos mobiliários, configura excesso de arrecadação e pode ser destinada à abertura de créditos adicionais, especiais ou suplementares, para suportar despesas de capital ou custeio em geral.

(C) o produto obtido com tais alienações somente poderá ser aplicado em despesas de capital, admitindo-se a aplicação em despesas correntes apenas se houver destinação por lei aos regimes de previdência social, geral ou próprio, dos servidores públicos.

(D) o Estado deverá aplicar a receita obtida com tais alienações no custeio de pessoal, incluindo inativos, despesas estas que, pelo seu caráter alimentar, possuem precedência em relação às despesas de capital.

(E) apenas a receita obtida com a alienação de imóveis sujeita-se à denominada "regra de ouro", que determina sua aplicação exclusivamente em despesas de capital, sendo as demais, inclusive as decorrentes de operações de crédito, de livre destinação orçamentária.

A: incorreta, sendo inviável, em princípio, alienar patrimônio público para suprir deficiência de receitas correntes. Isso porque há regra de preservação de patrimônio que veda a aplicação da receita de capital derivada da alienação de bens e direitos que integram o patrimônio público para o financiamento de despesa corrente, salvo se destinada por lei aos regimes de previdência social, geral e próprio dos servidores públicos – art. 44 da LRF; **B**: incorreta, pois se trata de receita de capital, decorrente de alienação de patrimônio (conversão em espécie de bens e direitos), o que limita a destinação de seus recursos a despesas de capital, conforme o art. 44 da LRF; **C**: correta, conforme o art. 44 da LRF; **D**: incorreta, pois é inviável despender tais recursos com despesas correntes, exceto no caso previsto no art. 44 da LRF (exceto se destinados por lei aos regimes próprios de previdência dos servidores); **E**: incorreta, pois essa "regra de ouro" refere-se a toda receita de capital derivada de alienação de bens e direitos que integram o patrimônio público, não apenas imóveis – art. 44 da LRF. Interessante notar que a expressão "regra de ouro" é muito utilizada em sentido distinto, em relação à limitação do art. 167, III, da CF (vedação de operações de crédito em montante que exceda as despesas de capital).

Gabarito "C".

(Procurador do Estado – PGE/PA – UEPA – 2015) À luz da Lei de Responsabilidade Fiscal, não é hipótese de renúncia de receita:

I. o diferimento de obrigação tributária
II. a concessão de crédito presumido
III. a modificação da base de cálculo
IV. a concessão de Regime Especial de Tributação

A alternativa que contém todas afirmativas corretas é:

(A) I.
(B) II e III.
(C) III e IV.
(D) IV.
(E) I e IV.

O art. 14, § 1º, da LRF considera renúncia de receita: anistia, remissão, subsídio, **crédito presumido**, concessão de isenção em caráter não geral, alteração de alíquota ou **modificação de base de cálculo** que implique redução discriminada de tributos e contribuições.

Gabarito "E".

(Procurador – SP – VUNESP – 2015) Nos termos da Lei Geral do Orçamento, a amortização de empréstimos concedidos encontra-se esquematizada como receita

(A) de capital.
(B) derivada.
(C) patrimonial.
(D) empresarial.
(E) diversa.

A amortização de empréstimos concedidos é receita de capital, nos termos do art. 11, § 4º, da Lei 4.320/1964, de modo que a alternativa "A" é a correta.

Gabarito "A".

(Procurador – SP – VUNESP – 2015) O produto de receitas especificadas que, por lei, vinculam-se à realização de determinados objetivos ou serviços, facultada a adoção de normas peculiares de aplicação, constitui, segundo a Lei 4.320/1964,

(A) reserva especial.
(B) reserva extraordinária.
(C) reserva adicional.
(D) fundo especial.
(E) fundo de reserva.

A assertiva reflete exatamente o disposto no art. 71 da Lei 4.320/1964, que define o fundo especial, de modo que a alternativa "D" é a correta.

Gabarito "D".

(Juiz – TRF 2ª Região – 2017) Sobre a renúncia de receitas na Lei de Responsabilidade Fiscal (Lei Complementar nº 101/2000), assinale a opção correta:

(A) A legalidade da concessão de benefício de natureza tributária da qual decorra renúncia de receita estará garantida, sob o ponto de vista da Lei Complementar nº 101, desde que esteja acompanhada de estimativa do impacto orçamentário-financeiro no exercício em que deva iniciar sua vigência e nos dois seguintes.

(B) A redução nas alíquotas do imposto de produtos industrializados (IPI), em razão de seu impacto sobre a arrecadação federal, submete-se aos requisitos para renúncia de receitas estabelecidos pela Lei de Responsabilidade Fiscal.

(C) Quando o ato de concessão ou ampliação do incentivo ou benefício do qual decorra renúncia de receita estiver condicionado à implementação de medidas de compensação, o benefício só entrará em vigor 90 (noventa) dias após implementadas tais medidas.

(D) É facultativo o exercício da competência tributária pelos entes federados, razão pela qual o ente que não instituir todos os impostos de sua competência pode, nos termos da Lei de Responsabilidade Fiscal, continuar a receber transferências obrigatórias e voluntárias.

(E) O cancelamento de débito cujo montante seja inferior ao dos respectivos custos de cobrança não é considerado, pela Lei de Responsabilidade Fiscal, como renúncia de receita.

A: incorreta, pois não basta a estimativa de impacto, sendo necessário o atendimento às disposições da LDO e a pelo menos uma das condições listadas nos incisos do art. 14 da LRF; **B**: incorreta, pois a alteração das alíquotas dos impostos de carga fortemente extrafiscal listados no art. 14, § 3º, I, da LRF é dispensada das medidas para renúncia de receita estabelecidas nesse artigo; **C**: incorreta, pois o benefício entra em vigor assim que implementadas as medidas – art. 14, § 2º, da LRF; **D**: incorreta, pois a LRF traz sanção para o ente que não instituir e cobrar efetivamente os impostos de sua competência, que é a vedação de transferências voluntárias, nos termos do art. 11, parágrafo único, da LRF, com a exceção do art. 25, § 3º, da mesma lei; **E**: correta – art. 14, § 3º, II, da LRF.

Gabarito "E".

(Procurador do Estado/AM – 2016 – CESPE) Acerca de receita e despesa públicas no direito financeiro brasileiro, julgue o próximo item.

(1) A receita oriunda da privatização de empresa pública estadual não pode ser utilizada em obras de conservação de imóveis pertencen-

tes ao estado-membro, mas não há óbice à sua utilização para a aquisição de imóvel necessário à realização de obra pública.

1: correta, pois é vedada a aplicação da receita de capital derivada da alienação de bens e direitos que integram o patrimônio público para o financiamento de despesa corrente, salvo se destinada por lei aos regimes de previdência social, geral e próprio dos servidores públicos – art. 44 da LRF. **RB**

Gabarito 1C

(Procurador do Estado/PR – 2015 – PUC-PR) Conforme disciplina normativa da renúncia de receita pública decorrente da Lei de Responsabilidade Fiscal – LRF (Lei Complementar n. 101/2000), é CORRETO afirmar:

(A) Em regra, a Administração Pública está autorizada a conceder ilimitadamente renúncias e, assim, provocar a redução das receitas públicas.
(B) A estimativa de impacto orçamentário-financeiro da perda da receita e o atendimento ao disposto pela Lei de Diretrizes Orçamentárias – LDO são requisitos desnecessários em duas situações em termos de renúncia de receita, quais sejam: as alterações de alíquotas dos impostos extrafiscais por ato do Poder Executivo e o cancelamento de débito cujo montante seja inferior ao dos respectivos custos de cobrança.
(C) Quanto aos benefícios de natureza fiscal ou tributária, a renúncia de receita compreende a isenção em caráter geral, compensação, remição, transação, subsídio, crédito presumido, alteração de alíquota ou modificação de base de cálculo que implique redução discriminada de tributos ou contribuições, e outros benefícios que correspondam a tratamento diferenciado.
(D) Para que uma renúncia de receita seja considerada autorizada e de acordo com os patamares de responsabilidade na gestão do dinheiro público, é necessário que o ato legal do qual decorra a renúncia, ainda que não atenda ao disposto na Lei de Diretrizes Orçamentários – LDO, esteja acompanhado de uma estimativa do impacto orçamentário-financeiro da perda da receita.
(E) O ordenador da renúncia não pode optar por medidas de compensação, pelo aumento de receita, proveniente do aumento ou instituição de tributos, objetivando garantir que não haverá perda de receita.

A: incorreta, pois há severas condições para que haja renúncia de receitas, cuja observância é requisito para a responsabilidade na gestão fiscal – arts. 1º, § 1º e 14 da LRF; **B:** correta, nos termos do art. 14, § 3º, da LRF; **C:** incorreta, pois não são consideradas renúncia de receita isenções concedidas em caráter geral (somente a concedida em caráter não geral é que é renúncia), compensação, remição (a remissão, ou seja, perdão, é que é) ou transação – art. 14, § 1º, da LRF; **D:** incorreta, pois a renúncia sempre deverá atender ao disposto na LDO – art. 14, caput, da LRF; **E:** incorreta, pois isso é possível – art. 14, II, da LRF. **RB**

Gabarito "B".

(Procurador do Estado/PR – 2015 – PUC-PR) Com relação às receitas públicas, assinale a alternativa CORRETA.

(A) O federalismo brasileiro contempla as denominadas receitas transferidas, que correspondem àquelas arrecadadas por determinado ente da Federação, pela competência que lhe é atribuída, e compartilhadas com os demais.
(B) Em sentido amplo, as receitas públicas consistem em recursos financeiros obtidos pelo Estado em caráter transitório e que representem um aumento de seu patrimônio.
(C) Quanto à sua periodicidade, as receitas públicas classificam-se como extraordinárias, quando integram o fluxo de previsão normal, e ordinárias, quando eventuais, não tendo previsibilidade com prazo ou período que se repete.
(D) Os tributos são receitas originárias, pois têm origem no patrimônio alheio, numa relação de imposição entre Estado e particulares; as receitas derivadas são aquelas obtidas a partir da exploração dos bens ou recursos do próprio Estado, qualificando uma relação de coordenação entre particulares e a Administração Pública.
(E) A exemplo dos depósitos, cauções, fianças, indenizações, empréstimos e empréstimo compulsório, as entradas provisórias são receitas públicas correntes.

A: correta, definindo adequadamente as receitas tributárias transferidas – arts. 157 e ss. da CF; **B:** incorreta, pois a definição clássica de receita pública, conforme Aliomar Baleeiro, é de entrada que, integrando-se ao patrimônio público sem quaisquer reservas, condições ou correspondência no passivo, vem acrescer o seu vulto, como elemento novo e positivo (= entrada definitiva); **C:** incorreta, pois é o oposto, sendo as extraordinárias eventuais e as ordinárias aquelas de previsão normal; **D:** incorreta, pois é o oposto. As originárias decorrem da exploração dos bens e direitos do Estado, e as derivadas decorrem do poder estatal; **E:** incorreta, pois, segundo a definição clássica já citada, essas entradas provisórias nem sequer são consideradas receitas públicas. Ademais, as receitas correntes são indicadas no art. 11, § 1º, da Lei 4.320/1964. **RB**

Gabarito "A".

Veja a seguinte tabela, com a classificação das receitas por diversos critérios:

Classificações da Receita Pública			
Critério	**Espécies**	**Definição**	**Exemplos**
Previsão orçamentária	Orçamentária	Prevista (ou deveria) no orçamento	Tributos, transferências
	Extraorçamentária	À margem do orçamento	Depósitos, cauções, consignações, fianças, superávit, restos a pagar, operações de ARO
Origem	Originária	Decorre da exploração do patrimônio estatal e da prestação de serviço em regime privado	Recebimento de aluguel, preço pela venda de imóvel ou veículo da administração, juros em aplicações financeiras
	Derivada	Decorre da imposição legal	Tributos, multas
	Transferida	Auferida por outra entidade política e transferida para quem vai utilizá-la	Advinda dos Fundos de Participação dos Estados e dos Municípios
Regularidade	Ordinária	Usual, comum	Tributos
	Extraordinária	Esporádica, eventual	Doações, preço pela venda de bem, imposto extraordinário
Categoria econômica	Corrente	Listagem no art. 11, § 1º, da Lei 4.320/1964 – muito próximo das receitas ordinárias	Tributos, transferências correntes
	De Capital	Listagem no art. 11, § 2º, da Lei 4.320/1964 – muito próximo das receitas extraordinárias	Decorrente de operação de crédito (empréstimo), preço pela alienação de bens, transferências de capital

Veja a seguinte tabela, para estudo e memorização da classificação das receitas por categorias econômicas – art. 11, § 4º, da Lei 4.320/1964:

RECEITAS	Correntes	Receita tributária (Impostos, Taxas, Contribuições de melhoria) Receita de contribuições Receita patrimonial Receita agropecuária Receita industrial Receita de serviços Transferências correntes Outras receitas correntes
	de Capital	Operações de crédito Alienação de bens Amortização de empréstimos Transferências de capital Outras receitas de capital

6. DESPESAS

(Procurador do Estado/SP – 2018 – VUNESP) Considere que tenha sido instituído, por lei específica, um fundo especial de despesa com a finalidade de dar suporte ao exercício do poder de polícia a cargo de determinado órgão público, vinculando ao referido fundo a receita proveniente da cobrança de taxas pela fiscalização e licenciamento das atividades correspondentes. Ao final do exercício, verificou-se que a receita vinculada efetivamente arrecadada superou as despesas incorridas pelo fundo para a consecução das suas finalidades no mesmo período.
Considerando a legislação de regência, notadamente as disposições da Lei Federal no 4.320/64,

(A) as receitas que sobejarem às despesas incorridas pelo fundo no curso do exercício orçamentário poderão ser destinadas a outros fundos de despesa ou investimento, mediante decreto do Chefe do Executivo.
(B) o saldo positivo do fundo, apurado em balanço, será transferido para o exercício seguinte, a crédito do mesmo fundo, salvo se a lei que o instituiu contiver disposição em contrário.
(C) as receitas que não tenham sido utilizadas em empenhos de despesas do fundo pertencem ao Tesouro por força do princípio da não afetação, que veda a vinculação de impostos e taxas a despesas específicas.
(D) é vedada a transferência de saldo financeiro do fundo para o exercício subsequente àquele em que as receitas correspondentes tenham sido arrecadadas por força do princípio da anualidade.
(E) o saldo financeiro verificado ao final do exercício poderá ser utilizado, pelo próprio fundo ou pelo Tesouro, como fonte para abertura de créditos adicionais especiais, independentemente de autorização legislativa.

A: incorreta, pois o fundo implica vinculação de determinadas receitas a determinadas despesas, nos termos da lei que o institui, ainda que em exercícios distintos, de modo que o saldo positivo apurado em um balanço será, salvo disposição legal em contrário, transferido ao exercício seguinte, a crédito do mesmo fundo, nos termos do art. 73 da Lei 4.320/1964; **B:** correta, correspondendo ao disposto no art. 73 da Lei 4.320/1964; **C e D:** incorretas, conforme comentários anteriores; **E:** incorreta, pois, salvo disposição de lei em contrário, o saldo positivo em um exercício é levado a crédito do mesmo fundo no exercício seguinte, mantida assim a destinação definida pela lei desse fundo – art. 73 da Lei 4.320/1964.
Gabarito "B".

(Procurador do Estado/SP – 2018 – VUNESP) A Lei de Responsabilidade Fiscal (Lei Complementar no 101, de 2000) detalha os requisitos e as condições para geração de despesa pública, introduzindo tratamento específico para as denominadas "despesas obrigatórias de caráter continuado",

(A) que ensejam a obrigação legal de execução para o ente por um período superior a dois exercícios e cujos atos de criação condicionam-se à comprovação de não comprometimento das metas de resultados fiscais, salvo para aquelas destinadas ao serviço da dívida ou revisão geral anual dos servidores.
(B) classificadas como necessariamente despesas de capital, ainda que destinadas ao custeio dos serviços decorrentes da infraestrutura a que estejam atreladas, devendo ser suportadas com aumento permanente de receitas ou redução de despesas em montante correspondente.
(C) consistentes na somatória das despesas com a folha de pagamentos do pessoal ativo e inativo do ente federado, incluindo as empresas dependentes, sujeitando-se à observância de limites máximos de comprometimento em relação à receita corrente líquida.
(D) que decorrem de vinculações constitucionais, sendo, pelo seu caráter não discricionário, excluídas do cômputo de superávit ou déficit orçamentário dos exercícios correspondentes.
(E) assim entendidas apenas as decorrentes de programas ou ações inseridas no Plano Plurianual e que se projetam por mais de 5 (cinco) anos, dispensando previsão específica na Lei Orçamentária Anual.

A: correta, conforme a definição do art. 17, *caput*, da LRF, e regras dos seus §§ 2º e 6º; **B:** incorreta, até porque as despesas obrigatórias de caráter continuado são, em princípio, despesas correntes (como salários e benefícios, por exemplo) – art. 17, *caput*, da LRF; **C:** incorreta, pois as despesas obrigatórias de caráter continuado são todas aquelas despesas correntes derivadas de lei, medida provisória ou ato administrativo que fixem para o ente a obrigação legal de sua execução por um período superior a dois exercícios, não se limitando a despesas com pessoal – art. 17 da LRF; **D:** incorreta, pois são também aquelas derivadas de lei, medida provisória ou ato administrativo normativo – art. 17 da LRF; **E:** incorreta, conforme comentários anteriores.
Gabarito "A".

(Procurador Municipal – Prefeitura/BH – CESPE – 2017) A respeito do regime normativo das despesas constante na CF e na legislação complementar em matéria financeira, assinale a opção correta.

(A) A subvenção econômica em empresa pública pode ser realizada para o aumento de seu capital social, devendo estar contemplada em lei específica, com expressa inclusão da despesa no orçamento fiscal.
(B) A expansão quantitativa do atendimento e dos serviços de saúde e assistência social prestados pelo município deve ser compensada pelo aumento permanente de receita ou pela redução de outra despesa de custeio.
(C) As subvenções sociais e econômicas são transferências realizadas a pessoas jurídicas públicas ou privadas para cobrir despesas de custeio.
(D) Qualificada como despesa de capital obrigatória, a despesa de pessoal é dotada de caráter continuado.

A: incorreta. A subvenção econômica se limita a cobrir déficits de manutenção (art. 18 da Lei 4.320/1964); **B:** incorreta. O art. 17, § 2º, da LRF não limita a redução de despesas àquelas classificadas como "de custeio", podendo ser de qualquer natureza; **C:** correta, nos termos do art. 12, §§ 2º e 3º, da Lei 4.320/1964; **D:** incorreta. A despesa de pessoal é classificada como despesa corrente, especificamente uma despesa de custeio.
Gabarito "C".

(Procurador Municipal – Sertãozinho/SP – VUNESP – 2016) São despesas correntes, segundo a Lei Geral do Orçamento,

(A) as de custeio.
(B) os investimentos.
(C) as inversões financeiras.
(D) as transferências de capital.
(E) as operações de crédito.

A: correta – art. 12, § 1º, da Lei 4.320/1964; **B, C, D e E:** incorretas, pois são despesas de capital, nos termos do art. 12, §§ 4º, 5º e 6º, da Lei 4.320/1964.
Gabarito "A".

(Procurador Municipal – Sertãozinho/SP – VUNESP – 2016) Segundo determinação da Lei 4.320/1964, é aplicável aos casos de despesas expressamente definidos em lei e consiste na entrega de numerário a servidor, sempre precedida de empenho na dotação própria para o fim de realizar despesas, que não possam subordinar-se ao processo normal de aplicação, o regime de

(A) dispêndio de numerário.
(B) vinculação de numerário.
(C) adiantamento.
(D) credenciamento.
(E) inclusão.

A assertiva reflete exatamente o disposto no art. 68 da Lei 4.320/1964, que descreve o regime de adiantamento, de modo que a alternativa "C" é a correta.
Gabarito "C".

(Procurador Municipal – Sertãozinho/SP – VUNESP – 2016) A Lei 9.394/1996 institui as Diretrizes e Bases da Educação Nacional. Sobre a distribuição dos recursos financeiros para manutenção da educação nacional, dentro do disposto nessa legislação, é correto afirmar que

(A) a União aplicará, anualmente, nunca menos de dezoito, e os Estados, o Distrito Federal e os Municípios, vinte e cinco por cento, ou o que consta nas respectivas Constituições ou Leis Orgânicas, da receita resultante de impostos, compreendidas as transferências constitucionais, na manutenção e desenvolvimento do ensino público.
(B) considerar-se-ão como de manutenção e desenvolvimento do ensino as despesas realizadas com vistas à consecução dos objetivos básicos das instituições educacionais de todos os níveis, compreendendo, dentre outras, as que se destinam à subvenção a instituições públicas ou privadas de caráter assistencial, desportivo ou cultural.

(C) cabe exclusivamente à União estabelecer padrão mínimo de oportunidades educacionais para o ensino fundamental, baseado no cálculo do custo mínimo por aluno, capaz de assegurar ensino de qualidade.
(D) os recursos públicos serão destinados às escolas públicas, não podendo ser dirigidos a escolas comunitárias, confessionais ou filantrópicas, independentemente de sua finalidade.
(E) concessão de bolsas de estudo a alunos de escolas públicas e privadas não se constitui como despesa de manutenção e desenvolvimento do ensino.

A: correta, nos termos do art. 69 da Lei 9.394/1996. É importantíssimo lembrar que a EC 95/2016 (decorrente da "PEC do Teto dos gastos públicos") instituiu o Novo Regime Fiscal no âmbito dos Orçamentos Fiscal e da Seguridade Social da União, que vigorará por 20 anos. Em relação às ações e serviços públicos de saúde e desenvolvimento do ensino, haverá fixação de patamares mínimos de despesa a partir de 2018 correspondentes aos valores calculados para as aplicações mínimas do exercício imediatamente anterior, corrigidos na forma estabelecida pelo inciso II do § 1º do art. 107 do ADCT [IPCA]; **B:** incorreta, pois o art. 71, II, da Lei 9.394/1996 exclui expressamente da contabilização como despesas de manutenção e desenvolvimento do ensino as realizadas com subvenção a instituições públicas ou privadas de caráter assistencial, desportivo ou cultural; **C:** incorreta, pois compete à União em colaboração com Estados, DF e Municípios, nos termos do art. 74 da Lei 9.394/1996; **D:** incorreta, pois é possível a destinação de recursos públicos a escolas comunitárias, confessionais ou filantrópicas, desde que atendidos os requisitos do art. 77 da Lei 9.394/1996; **E:** incorreta, nos termos do art. 70, VI, da Lei 9.394/1996.
Gabarito "A".

(Procurador Municipal/SP – VUNESP – 2016) De acordo com a Lei Complementar 101/2000, considera- -se obrigatória de caráter continuado a despesa corrente derivada de lei, medida provisória ou ato administrativo normativo que fixem para o ente a obrigação legal de sua execução por um período superior a dois exercícios. Para fins da referida lei, a prorrogação de despesa criada por prazo determinado considera-se
(A) não autorizada.
(B) aumento de despesa.
(C) prorrogação atípica.
(D) prorrogação sistêmica.
(E) investimento.

Nos termos do art. 17, § 7º, da LRF, a prorrogação da despesa criada por prazo determinado é considerada aumento de despesa, de modo que a alternativa "B" é a correta.
Gabarito "B".

(Procurador Municipal/SP – VUNESP – 2016) Os restos a pagar, excluídos os serviços da dívida; os serviços das dívidas a pagar; os depósitos e os débitos da tesouraria, de acordo com a Lei Geral do Orçamento, estão compreendidos
(A) no refinanciamento da dívida.
(B) na dívida flutuante.
(C) nos investimentos.
(D) na contraprestação de garantia.
(E) no risco futuro.

Nos termos do art. 92, I, da Lei 4.320/1964, a dívida flutuante compreende (i) os restos a pagar, excluídos os serviços da dívida, (ii) os serviços da dívida a pagar, (iii) os depósitos e (iv) os débitos de tesouraria, de modo que a alternativa "B" é a correta.
Gabarito "B".

(Procurador do Estado – PGE/PA – UEPA – 2015) A respeito da classificação das Despesas Públicas, julgue as afirmativas abaixo.
I. A Lei Complementar nº 101/2000 ("Lei de Responsabilidade Fiscal") classifica as despesas em correntes e de capital.
II. As despesas correntes abrangem as de custeio, transferências e inversões financeiras.
III. Dentre as despesas de capital, incluem-se os investimentos.
IV. As despesas de custeio incluem as dotações destinadas a atender a obras de conservação de bens imóveis.
A alternativa que contém todas afirmativas corretas é:
(A) I e IV.
(B) II e III.
(C) III e IV.
(D) II e IV.
(E) I e II.

I: incorreta. Não é a LRF, mas sim a Lei 4.320/1964 que faz essa classificação; **II:** incorreta. Inversões financeiras são despesas de capital (art. 12 da Lei 4.320/1964); **III:** correta, nos termos do art. 12 da Lei 4.320/1964; **IV:** correta, nos termos do art. 12, § 1º, da Lei 4.320/1964.
Gabarito "C".

(Procurador do Estado/AM – 2016 – CESPE) Acerca de receita e despesa públicas no direito financeiro brasileiro, julgue os próximos itens.
(1) Não tem natureza jurisdicional, mas sim administrativa, o ato do presidente de tribunal de justiça que solicita ao Poder Executivo a realização de despesa com obrigação decorrente de sentença judicial condenatória proferida contra o Estado.
(2) O Poder Executivo do estado-membro se submete legalmente ao limite prudencial para despesas com pessoal, que é de 95% da soma das receitas arrecadadas no mês em referência e nos onze anteriores, excluídas as duplicidades.
(3) Classifica-se como subvenção social a destinação de recursos públicos para cobrir despesas de custeio de instituições de caráter assistencial ou cultural.
(4) Ao servidor público que já figure como responsável por um adiantamento é vedada a realização de novo suprimento de fundos.

1: correta, referindo-se ao ofício requisitório (precatório), conforme pacífico na jurisprudência; **2:** incorreta, pois atinge-se o limite prudencial quando a despesa com pessoal atinge 95% do limite estabelecido nos arts. 19 e 20 da LRF, conforme o art. 22 da mesma lei; **3:** foi anulada porque a frase está incompleta. Subvenções sociais são transferências destinadas a cobrir despesas de custeio de instituições públicas ou privadas de caráter assistencial ou cultural, sem finalidade lucrativa; **4:** incorreta, pois o limite são dois adiantamentos – art. 69 da Lei 4.320/1964.
Atenção: a EC 95/2016 (decorrente da "PEC do Teto dos gastos públicos") instituiu o Novo Regime Fiscal no âmbito dos Orçamentos Fiscal e da Seguridade Social da União, que vigorará por 20 anos, basicamente limitando a despesa de cada ano ao limite do exercício anterior, corrigido pelo IPCA (há regra específica para o exercício de 2017) – art. 107, § 1º, II, do ADCT.
Em relação às ações e serviços públicos de saúde e desenvolvimento do ensino, foram fixados patamares mínimos de despesa a partir de 2018 correspondentes aos valores calculados para as aplicações mínimas do exercício imediatamente anterior, corrigidos na forma estabelecida pelo inciso II do § 1º do art. 107 do ADCT [IPCA].
Gabarito 1C, 2E, 3Anulada, 4E.

(Procurador do Estado/PR – 2015 – PUC-PR) O Secretário Estadual de Saúde pretende adotar as seguintes medidas: (*i*) execução de obras de recuperação em um hospital estadual mantido integralmente com recursos públicos; (*ii*) uso de recursos da saúde para garantir a merenda escolar em toda a rede estadual de ensino; (*iii*) curso de aperfeiçoamento em gestão de saúde pública para pessoal de saúde do SUS; (*iv*) pagamento de aposentadoria dos servidores da saúde; (*v*) execução de um projeto ambiental para controle de vetores de doenças transmissíveis, cuja incidência recrudesce no verão. Contudo, ele pretende qualificar essas medidas como despesas com ações e serviços públicos de saúde para fins de aplicação dos recursos mínimos anuais do piso, conforme fixação percentual constitucional e legal.
Com base no texto acima e considerando a legislação vigente, assinale a afirmativa CORRETA.
(A) O manejo ambiental vinculado diretamente ao controle de vetores de doenças pode ser computado como despesa com ações e serviços de saúde para fins de aplicação dos recursos mínimos anuais.
(B) Consideram-se, sem ressalvas, os gastos com merenda escolar como despesas em ações e serviços públicos de saúde, uma vez que a alimentação é considerada um determinante e condicionante da saúde, essencial para o desenvolvimento psicofísico da criança e do adolescente.
(C) Gastos com a recuperação de hospital mantido integralmente com recursos do Estado não poderão ser considerados como despesas em ações e serviços públicos de saúde para fins de aplicação de recursos mínimos, pois o investimento na rede física do SUS está excluído das hipóteses legais.
(D) O pagamento de aposentadoria dos servidores da saúde pode ser computado como despesa com ações e serviços de saúde para fins de aplicação de recursos mínimos, pois a atuação desses servidores é imprescindível aos serviços terapêuticos e administrativos do SUS.
(E) O curso de aperfeiçoamento em saúde pública destinado a pessoal de saúde do SUS não pode ser considerado como despesa em ações e serviços de saúde para fins de aplicação dos recursos mínimos, pois sua finalidade é educacional e não visa proporcionar assistência terapêutica ao cidadão.

A: correta, conforme o art. 3º, VIII, da LC 141/2012; **B:** incorreta, pois merenda escolar e programas de alimentação são expressamente excluídos do conceito, nos termos do art. 4º, IV, da LC 141/2012; **C:** incorreta, pois essa é despesa com saúde, nos termos do art. 3º, IX, da LC 141/2012; **D:** incorreta, pois somente o pagamento de pessoal ativo pode ser considerado despesa com saúde – arts. 3º, X, e 4º, I, da LC 141/2012; **E:** incorreta, pois o curso de aperfeiçoamento pode ser considerado despesa com saúde – art. 3º, III, da LC 141/2012.
Gabarito "A".

(Procurador do Estado/PR – 2015 – PUC-PR) Quanto à despesa pública, é **CORRETO** afirmar que:
(A) É pressuposto de toda e qualquer despesa pública apenas a indicação da fonte respectiva de financiamento, sendo facultativa a autorização do Poder Legislativo.
(B) As despesas públicas de capital não resultam em contrapartida econômica ou patrimonial para o Estado, sendo a despesa realizada unicamente visando à manutenção de uma estrutura já formada e estabelecida.

(C) Em se tratando de despesas com pessoal, a União não pode gastar mais do que 50% de sua receita corrente líquida, enquanto que os estados, Distrito Federal e municípios ficarão limitados a 60% das respectivas receitas correntes líquidas.
(D) As despesas correntes são aquelas cujo resultado será o aumento do patrimônio público e, assim, da capacidade produtiva como um todo, comportando investimentos, transferências de capital e inversões financeiras.
(E) No que se refere à segurança, saúde e educação, verifica-se a existência de despesas públicas constitucionalmente obrigatórias, e tais determinações devem ser consideradas por ocasião da elaboração do orçamento, sob pena de inconstitucionalidade.

A: incorreta, pois toda despesa deve ser precedida de empenho, ou seja, pressupõe dotação orçamentária, que é autorização legislativa para a despesa – art. 167, II, da CF e art. 60 da Lei 4.320/1964. Ademais, exige-se também estimativa de impacto orçamentário-financeiro, dentre outras medidas – arts. 16 e 17 da LRF; **B:** incorreta, sendo que a aquisição de um bem imóvel, por exemplo, é despesa de capital – art. 12, § 5º, I, da Lei 4.320/1964; **C:** correta, nos termos do art. 19 da LRF; **D:** incorreta, pois essa é uma definição para as despesas de capital – art. 12 da Lei 4.320/1964; **E:** incorreta, pois não há despesa constitucionalmente obrigatória referente à segurança, diferentemente do que ocorre em relação a saúde e educação. RB
Gabarito "C".

Veja a seguinte tabela com as fases da realização da despesa

Fases da realização das despesas
1º – Empenho: art. 60 da Lei 4.320/1964
2º – Contratação na forma da Lei 8.666/1993
3º – O serviço é realizado ou o bem é entregue
4º – Liquidação da despesa: art. 63 da Lei 4.320/1964
5º – Ordem de pagamento: art. 64 da Lei 4.320/1964
6º – Entrega do dinheiro ao contratado: art. 65 da Lei 4.320/1964

Veja as seguintes tabelas, para estudo e memorização da discriminação da despesa por elementos, conforme as categorias econômicas – art. 13 da Lei 4.320/1964:

DESPESAS CORRENTES	Despesas de Custeio	Pessoa Civil Pessoal Militar Material de Consumo Serviços de Terceiros Encargos Diversos
	Transferências Correntes	Subvenções Sociais Subvenções Econômicas Inativos Pensionistas Salário-Família e Abono Familiar Juros da Dívida Pública Contribuições de Previdência Social Diversas Transferências Correntes
DESPESAS DE CAPITAL	Investimentos	– Obras Públicas – Serviços em Regime de Programação Especial – Equipamentos e Instalações – Material Permanente – Participação em Constituição ou Aumento de Capital de Empresas ou Entidades Industriais ou Agrícolas
	Inversões Financeiras	– Aquisição de Imóveis – Participação em Constituição ou Aumento de Capital de Empresas ou Entidades Comerciais ou Financeiras – Aquisição de Títulos Representativos de Capital de Empresa em Funcionamento – Constituição de Fundos Rotativos – Concessão de Empréstimos – Diversas Inversões Financeiras
	Transferências de Capital	– Amortização da Dívida Pública – Auxílios para Obras Públicas – Auxílios para Equipamentos e Instalações – Auxílios para Inversões Financeiras – Outras Contribuições

7. DESPESAS COM PESSOAL

(Procurador Municipal – Prefeitura/BH – CESPE – 2017) Se determinado ente federativo ultrapassar o limite prudencial de despesa com pessoal, ser-lhe-á:
(A) vedada a contratação de pessoal para a reposição de servidores aposentados da área de segurança.
(B) vedada a contratação de hora extra, ainda que decorrente de situações necessárias ao atendimento do princípio da continuidade do serviço público.
(C) permitida a adequação da despesa total com pessoal mediante a redução dos vencimentos pagos aos ocupantes de cargos e funções.
(D) permitida a contratação de operações de crédito para a redução das despesas com pessoal.

A: incorreta. Reposição de servidores das áreas de educação, saúde e segurança permanecem autorizadas (art. 22, parágrafo único, IV, da Lei de Responsabilidade Fiscal); **B:** incorreta. O cumprimento de tais princípios constitui exceção à proibição de pagamento de horas extras (art. 22, parágrafo único, V, da Lei de Responsabilidade Fiscal); **C:** incorreta. É inconstitucional a redução nominal dos vencimentos; **D:** correta. O limite prudencial não obsta a realização de operações de crédito. HS
Gabarito "D".

Para estudo e memorização, veja a seguinte tabela com os limites para despesas com pessoal em relação à receita corrente líquida de cada ente político, com a repartição entre Executivo, Legislativo e Judiciário (arts. 19 e 20 da LRF):

Limites para despesas com pessoal % sobre a receita corrente líquida		
União	50%	2,5% para o Legislativo, incluindo o Tribunal de Contas da União
		6% para o Judiciário
		40,9% para o Executivo
		0,6% para o Ministério Público da União
Estados e Distrito Federal	60%	3% para o Legislativo, incluindo o Tribunal de Contas Estadual
		6% para o Judiciário
		49% para o Executivo
		2% para o Ministério Público Estadual
Municípios	60%	6% para o Legislativo, incluindo o Tribunal de Contas Municipal, quando houver
		54% para o Executivo.

8. EXECUÇÃO ORÇAMENTÁRIA, CRÉDITOS ADICIONAIS

Veja a seguinte tabela, para estudo e memorização dos créditos adicionais – art. 41 da Lei 4.320/1964 e art. 167, § 3º, da CF:

Créditos Adicionais		
Suplementares	Destinados a reforço de dotação orçamentária já existente	– autorizados por lei e abertos por decreto executivo – dependem da existência de recursos disponíveis para ocorrer a despesa
Especiais	Destinados a despesas para as quais não haja dotação orçamentária específica	
Extraordinários	Para atender a despesas imprevisíveis e urgentes, como as decorrentes de guerra, comoção interna ou calamidade pública	– abertos por decreto do Executivo, que deles dará imediato conhecimento ao Legislativo (o art. 167, § 3º, da CF faz referência à medida provisória – art. 62 da CF)

(Procurador do Estado/SP – 2018 – VUNESP) A Emenda Constitucional nº 86, de 2015, introduziu o conceito de execução equitativa das emendas individuais ao projeto de Lei Orçamentária Anual. Para tanto, estabeleceu o limite percentual de 1,2% da receita corrente líquida,

(A) no qual se inserem também as programações oriundas de despesas discricionárias incluídas pelo Chefe do Poder Executivo, igualmente não afetadas por contingenciamento na hipótese do não atingimento da meta de resultado fiscal prevista na Lei de Diretrizes Orçamentárias.
(B) cuja liberação financeira não pode ser obstada pelo Poder Executivo, salvo quando a execução da programação orçamentária correspondente for destinada a outros entes federados que estejam inadimplentes, ainda que temporariamente.
(C) destinado integralmente a ações e serviços públicos de saúde, vedada a aplicação em despesas de pessoal ou encargos sociais, admitindo-se o cômputo das programações correspondentes no cálculo do percentual mínimo de aplicação em saúde fixado na Constituição Federal.
(D) havendo precedência da liberação financeira para as programações decorrentes das emendas inseridas em tal limite em relação àquelas destinadas a despesas discricionárias, sendo apenas estas últimas atingidas por limitações de empenho decorrentes de frustração da previsão de receita de impostos.
(E) com obrigatoriedade da execução orçamentária e financeira das programações decorrentes, salvo impedimentos de ordem técnica, comportando redução, até a mesma proporção incidente sobre o conjunto das despesas discricionárias, na hipótese de não cumprimento da meta de resultado fiscal estabelecida na Lei de Diretrizes Orçamentárias.

A: incorreta, pois as despesas discricionárias incluídas na LOA por iniciativa do Executivo não se confundem com emendas individuais reguladas pelo art. 166, § 9º, da CF, e estão sujeitas ao contingenciamento previsto no art. 9º da LRF. Importante lembrar que mesmo as emendas do art. 166, § 9º, da CF sujeitam-se a contingenciamento parcial e proporcional, nos termos do § 17 desse mesmo artigo; **B:** incorreta, pois quando a transferência obrigatória da União para execução das emendas individuais (até o limite de 1,2% da RCL do exercício anterior) for destinada a outros entes federados, essas transferência não estará condicionada à adimplência desse ente beneficiado – art. 166, § 13º, da CF; **C:** incorreta, pois as emendas individuais reguladas pelo art. 166, § 9º, da CF não se restringem a ações e serviços públicos de saúde, necessariamente; **D:** incorreta, pois mesmo as emendas do art. 166, § 9º, da CF sujeitam-se a contingenciamento parcial e proporcional, nos termos do § 17 desse mesmo artigo; **E:** correta, conforme o art. 166, §§ 9º, 11 e 17 da CF. RB
Gabarito "E".

(Procurador Municipal – Prefeitura/BH – CESPE – 2017) No que tange à execução orçamentária, assinale a opção correta.
(A) É vedada a realização de despesa sem prévio empenho, admitindo-se, todavia, a sua realização por estimativa de despesas submetidas a parcelamento.
(B) Para a manutenção do equilíbrio entre a receita arrecadada e a despesa realizada, o Poder Executivo aprovará durante o exercício um quadro de cotas trimestrais da despesa que cada unidade orçamentária fica autorizada a utilizar.
(C) O saldo positivo do fundo especial apurado em balanço será transferido para o exercício seguinte, sem vinculação prévia a nenhuma despesa ou categoria de programação.
(D) Com fundamento na lei orçamentária, o Poder Executivo fixará cotas trimestrais de despesa para assegurar o equilíbrio da execução orçamentária, desconsiderando-se, para essa finalidade, os créditos adicionais aprovados pelo Poder Legislativo.

A: incorreta. O art. 60 da Lei 4.320/1964 admite apenas exceções previstas em lei específica; **B:** correta, nos termos do art. 47 da Lei 4.320/1964; **C:** incorreta. A transferência será feita a crédito do mesmo fundo, ou seja, deve ser a ele vinculada (art. 73 da Lei 4.320/1964); **D:** incorreta. O art. 49 da Lei 4.320/1964 determina que os créditos adicionais e operações extraorçamentárias sejam computados nas cotas trimestrais. HS
Gabarito "B".

Veja a seguinte tabela, para estudo e memorização dos créditos adicionais – art. 41 da Lei 4.320/1964 e art. 167, § 3º, da CF:

Créditos Adicionais		
Suplementares	Destinados a reforço de dotação orçamentária já existente	– autorizados por lei e abertos por decreto executivo
Especiais	Destinados a despesas para as quais não haja dotação orçamentária específica	– depende da existência de recursos disponíveis para ocorrer a despesa
Extraordinários	Para atender a despesas imprevisíveis e urgentes, como as decorrentes de guerra, comoção interna ou calamidade pública	– abertos por decreto do Executivo, que deles dará imediato conhecimento ao Legislativo

ATENÇÃO: No âmbito federal, a LOA de 2015 (a exemplo de anos anteriores) previu outro requisito para a abertura do crédito adicional suplementar pelo Executivo (além do previsto no art. 43 da Lei 4.320/1964), qual seja o cumprimento da meta de superávit primário. O Senado Federal entendeu que a ex-Presidente Dilma Rousseff não observou tal requisito, sendo esse um dos fundamentos para seu afastamento.

9. OPERAÇÕES DE CRÉDITO, DÍVIDA PÚBLICA

(Procurador Municipal – Sertãozinho/SP – VUNESP – 2016) Acerca da contratação das operações de crédito, conforme disciplina a Lei Complementar 101/2000, o ente da Federação interessado, deverá formalizar seu pleito fundamentando-o em parecer de seus órgãos técnicos e jurídicos, demonstrando a relação custo-benefício, o interesse econômico e social da operação e o atendimento das condições previstas na Lei de Responsabilidade Fiscal, dentre as quais, quando se tratar de operação de crédito externo, autorização específica do
(A) Presidente da República.
(B) Ministro da Fazenda.
(C) Senado Federal.
(D) Ministério das Relações Exteriores.
(E) Banco Central do Brasil.

Nos termos do art. 52, V, da CF, compete privativamente ao Senado Federal autorizar operações externas de natureza financeira, de interesse da União, dos Estados, do Distrito Federal, dos Territórios e dos Municípios. Nesse sentido, dispõe o art. 32, § 1º, IV, da LRF. Por essas razões, a alternativa "C" é a correta. RB
Gabarito "C".

(Procurador do Estado – PGE/RS – Fundatec – 2015) Quanto à dívida pública e às operações de crédito, analise as assertivas abaixo:
I. Os precatórios judiciais não pagos durante a execução do orçamento em que houverem sido incluídos integram a dívida consolidada, para fins de aplicação dos limites estabelecidos na Lei de Responsabilidade Fiscal.
II. A dívida pública consolidada ou fundada abrange as obrigações financeiras para amortização em prazo superior a 12 (doze) meses.
III. Instituição financeira controlada pelo Estado não pode conceder-lhe empréstimo e adquirir, no mercado, títulos da dívida pública para atender investimento de seus clientes.
IV. A instituição financeira que contratar operações de crédito com Estado da Federação deverá exigir comprovação de que a operação atende às condições e aos limites estabelecidos na Lei de Responsabilidade Fiscal, exceto quando relativa à dívida mobiliária ou à externa.

Após a análise, pode-se dizer que:
(A) Estão corretas apenas as assertivas I e II.
(B) Estão corretas apenas as assertivas II e III.
(C) Estão corretas apenas as assertivas I, II e IV.
(D) Todas as assertivas estão corretas.
(E) Todas as assertivas estão incorretas.

I: correta, nos termos do art. 30, § 7º, da LRF; **II:** correta, nos termos do art. 29, I, da LRF; **III:** incorreta. A proibição de conceder empréstimos não abrange a aquisição de títulos da dívida pública para atender a investimentos de clientes (art. 36, parágrafo único, da LRF); **IV:** correta, nos termos do art. 33 da LRF. HS
Gabarito "C".

(Ministério Público/SP – 2015 – MPE/SP) Nos termos da Lei Complementar 101/2000 (Lei de Responsabilidade Fiscal):
I. É vedada a realização de operação de crédito diretamente entre um ente da Federação e outro.
II. É vedado o recebimento antecipado de valores de empresa em que o Poder Público detenha, direta ou indiretamente, a maioria do capital social com direito a voto, salvo lucros e dividendos, na forma da legislação.
III. São permitidas as operações entre instituição financeira estatal e outro ente da Federação, inclusive suas entidades da administração indireta, que não se destinem a: a) financiar, direta ou indiretamente, despesas correntes; b) refinanciar dívidas não contraídas junto à própria instituição concedente.
IV. É proibida a operação de crédito entre uma instituição financeira estatal e o ente da Federação que a controle, na qualidade de beneficiário do empréstimo.
V. É permitido à instituição financeira controlada adquirir, no mercado, títulos da dívida pública para atender investimento de seus clientes, ou títulos da dívida de emissão da União para aplicação de recursos próprios.

Está correto apenas o contido em:

(A) I, II e IV.
(B) I, II, III e IV.
(C) I, II, III e V.
(D) II, III e IV.
(E) Todos os itens estão corretos.

I: correta, nos termos do art. 35 da LRF; **II:** correta, nos termos do art. 37, II, da LRF; **III:** correta, nos termos do art. 35, § 1º, da LRF; **IV:** correta, nos termos do art. 36 da LRF; **V:** correta, nos termos do art. 36, parágrafo único, da LRF.
ATENÇÃO: operações de créditos, para fins de apuração da responsabilidade fiscal, não são apenas empréstimos bancários tradicionais. Há diversas operações equiparadas, nos termos dos arts. 29, III, e 37 da LRF, entre outros, que são basicamente hipóteses de antecipação de recursos para o poder público, que fica obrigado a restituí-los no futuro (por exemplo, aquisição financiada de bens, recebimento antecipado de valores provenientes da venda a termo de bens e serviços, captação de recursos a título de antecipação de receita de tributo ou contribuição cujo fato gerador ainda não tenha ocorrido etc.).
É importante destacar as vedações de operações de crédito entre entes da Federação, além das operações entre instituição financeira estatal em favor do ente que a controle, previstas nos arts. 35 e 36 da LRF. O Senado Federal, ao julgar o impedimento da ex-Presidente Dilma Rousseff, entendeu que ela violou essa última vedação (art. 36) ao atrasar repasses para o Banco do Brasil. Como a instituição financeira antecipou recursos para particulares, isso foi equiparado a operação de crédito em favor da União, controladora do banco, as chamadas pedaladas fiscais. Gabarito "E".

10. PRECATÓRIOS

(Procurador do Município – Prefeitura Fortaleza/CE – CESPE – 2017) Julgue os itens subsequentes, a respeito de regime constitucional dos precatórios, crédito público e dívida ativa.

(1) De acordo com o entendimento dos tribunais superiores, o valor de benefício previdenciário concedido mediante fraude inclui-se na categoria de dívida ativa não tributária.
(2) De acordo com o STF, não configura violação ao princípio da isonomia a incidência, sobre os precatórios, de juros moratórios corrigidos pelo índice de remuneração da caderneta de poupança.
(3) Integram a dívida pública consolidada as operações de crédito de prazo inferior a doze meses e cujas receitas tenham sido contabilizadas no orçamento.

1: incorreta. A jurisprudência do STJ exclui o pagamento de benefício mediante fraude do conceito de dívida ativa, determinando a prévia propositura de ação de conhecimento para a obtenção de um título executivo (AgRg no AREsp 225.034); **2:** incorreta. O STF vê ofensa ao princípio da isonomia nessa hipótese: "A quantificação dos juros moratórios relativos a débitos fazendários inscritos em precatórios segundo o índice de remuneração da caderneta de poupança vulnera o princípio constitucional da isonomia (CF, art. 5º, "caput") ao incidir sobre débitos estatais de natureza tributária, pela discriminação em detrimento da parte processual privada que, salvo expressa determinação em contrário, responde pelos juros da mora tributária à taxa de 1% ao mês em favor do Estado (*ex vi* do art. 161, § 1º, CTN)" (ADI 4425); **3:** correta, nos termos do art. 29, § 3º, da Lei de Responsabilidade Fiscal. Gabarito 1E, 2E, 3C

(Procurador do Estado/PR – 2015 – PUC-PR) Quanto ao regime jurídico de pagamento dos débitos das Fazendas Públicas por meio dos precatórios, assinale a alternativa **CORRETA**.

(A) Diante de uma sentença judicial transitada em julgado, o juiz da execução requisita ao Poder Executivo a inclusão, no orçamento público, de verba necessária ao pagamento do débito.
(B) As solicitações dos juízes de Primeiro Grau recebidas no Tribunal até 30 de junho deverão ser incluídas no orçamento público do exercício corrente, devendo o depósito judicial das quantias ser efetuado até o final desse ano.
(C) Após a liberação das verbas, o chefe do Poder Executivo determinará o pagamento dos precatórios, observadas as preferências constitucionais independentemente da ordem cronológica de recebimento das solicitações, aplicando-se esse regime também aos créditos de pequeno valor.
(D) A compensação de ofício entre precatórios e débitos tributários do credor é inconstitucional porque, além de conceder benefícios processuais à Fazenda Pública, desrespeita a coisa julgada e o princípio da separação dos poderes, pois o Estado possui outros meios eficazes para a cobrança de seus créditos.
(E) Não ofende o princípio da isonomia a regra instituída pela Emenda Constitucional n. 62/2009, que instituiu a preferência de pagamento de precatórios alimentares para titulares com 60 anos ou mais na data da respectiva expedição.

A: incorreta, pois a requisição é feita pelo Presidente do Tribunal – art. 100, §§ 5º e 6º, da CF; **B:** incorreta, pois os precatórios apresentados até 1º de julho deverão ter seus valores incluídos no orçamento do exercício seguinte, quando deverão ser pagos – art. 100, § 5º, da CF; **C:** incorreta, pois é o Presidente do Tribunal quem determina o pagamento – art. 100, § 6º, da CF; **D:** correta, tendo sido essa a interpretação dada pelo Supremo Tribunal Federal ao declarar inconstitucional os §§ 9º e 10, do art. 100, da CF – ver ADIns 4.357 e 4.425; **E:** incorreta, pois o Supremo Tribunal Federal entendeu inconstitucional a parte do § 2º, do art. 100 da CF que se refere a "na data de expedição do precatório" – ver ADIns 4.357 e 4.425. Gabarito "D".

11. CONTROLE, FISCALIZAÇÃO, TRIBUNAIS DE CONTAS

(Procurador da República –28º Concurso – 2015 – MPF) Indique a opção considerada exata:

(A) Para assegurar o controle orçamentário, a Lei Magna adota mecanismos de rigorosa fiscalização cuja atuação obedecerá estritamente aos princípios da legalidade e da economicidade;
(B) Somente a União e as entidades da administração direta e indireta, no âmbito federal, se submetem aos atos fiscalizatórios;
(C) O que caracteriza o sistema de controle interno é o princípio da hierarquia que impõe as autoridades superiores o dever de exercer controle sobre os atos de seus subalternos, encampando ou revendo os atos por eles praticados, notadamente em tema de execução orçamentária;
(D) A Carta da República prevê apenas os mecanismos de controle interno e de controle externo.

A: discutível. A assertiva é bastante subjetiva ao utilizar o termo "rigorosa", mas, de fato, há previsão de amplo controle interno e externo da administração pública, observando os princípios da legalidade e da economicidade, entre outros – art. 70 da CF; **B:** incorreta, pois sujeitam-se a controle todos os entes políticos e toda pessoa, física ou jurídica, que utilize, arrecade, guarde, gerencie ou administre dinheiros, bens e valores públicos, nos termos do art. 70, parágrafo único, da CF; **C:** correta, pois, no controle interno há muitas vezes relação com o princípio da hierarquia, o que não ocorre no controle externo. Entretanto, o controle interno é mais amplo e com características mais complexas que a simples hierarquia. As controladorias, por exemplo, exercem controle interno sem necessariamente haver hierarquia em relação às áreas auditadas – art. 74 da CF; **D:** incorreta, pois entende-se que a CF em seu art. 74, § 2º, previu o controle privado, embora a atuação do cidadão ou entidade privada redunde em denunciar a irregularidade ao tribunal de contas, que auxilia o legislativo no controle externo. Gabarito "C".

(Promotor de Justiça – MPE/AM – FMP – 2015) Em relação às regras de prestação de contas dos administradores públicos, considere as assertivas abaixo:

I. Cabe ao Tribunal de Contas do Estado, de forma independente, o julgamento final das contas anuais oferecidas pelo Governador do Estado sobre sua gestão.
II. O Governador do Estado e Prefeitos Municipais devem enviar diretamente ao Poder Legislativo a prestação de contas de sua gestão, após a organização interna dos demonstrativos pelo Tribunal de Contas Estado.
III. O Tribunal de Contas do Estado elabora parecer sobre as contas da gestão do Governador do Estado e as envia ao Poder Legislativo, a quem caberá o julgamento final destas.
IV. A conclusão do parecer do Tribunal de Contas Estado, aprovando ou desaprovando as contas, é vinculante para todos os demais poderes, devido à sua independência.

Quais das assertivas acima estão corretas?

(A) Apenas a I.
(B) Apenas a II.
(C) Apenas a I e IV.
(D) Apenas a III.
(E) Apenas a IV.

I: incorreta, pois o tribunal de contas apenas elabora parecer prévio que subsidiará o julgamento pela assembleia legislativa – arts. 49, IX, 71, I, e 75 da CF; **II:** incorreta, pois o chefe do executivo envia as contas para parecer prévio do tribunal de contas – art. 71, I, da CF e 56 da LRF; **III:** correta, conforme comentários anteriores; **IV:** incorreta, conforme comentários anteriores. Gabarito "D".

(Promotor de Justiça – MPE/AM – FMP – 2015) Considere as assertivas abaixo:

I. No Estado do Amazonas, as contas do Governador devem ser apresentadas, de forma concomitante, ao Tribunal de Contas do Estado e à Assembleia Legislativa, no prazo de até 60 dias após a abertura da sessão legislativa.
II. Os responsáveis pelos controles internos dos Poderes do Estado do Amazonas têm o dever de informar diretamente ao Tribunal de Contas do Estado sobre qualquer ilegalidade ou irregularidade de que tome conhecimento, sob pena de responder solidariamente pelo dano.
III. A Certidão de Dívida Ativa configura título executivo extraído pelo próprio credor, gozando por isso de presunção absoluta.

IV. Na fiscalização de atos e contratos, é lícito ao Tribunal de Contas do Estado realizar inspeções "in loco", mesmo de ofício.

Quais das assertivas acima estão corretas?

(A) Apenas a I, II e IV.
(B) Apenas a II e III.
(C) Apenas a II e IV.
(D) Apenas a I e II.
(E) Apenas a II, III e IV.

I: correta, conforme o art. 84, XXIV, da CF e o art. 54, XVI, da Constituição do Estado do Amazonas; **II:** correta, conforme o art. 74, § 1º, da CF; **III:** incorreta, pois a presunção é relativa, nos termos do art. 204, parágrafo único, do CTN; **IV:** correta, sendo essa providência essencial no trabalho de auditoria. RB
Gabarito "A".

(Procurador do Estado/PR – 2015 – PUC-PR) Em se tratando de controle da atividade financeira do Estado, assinale a alternativa CORRETA.

(A) O controle interno é sempre subsequente em relação à legalidade dos atos praticados, permitindo-se saber exatamente a que se destinou a despesa pública e seu fundamento legal.
(B) Em se tratando de controle externo, o Tribunal de Contas é órgão auxiliar dos três poderes, mas embutido no Poder Executivo, não podendo a matéria por ele julgada ser revista perante o Poder Judiciário, sob pena de ofensa à coisa julgada.
(C) Apesar de não ter previsão constitucional, o controle externo consiste no sistema integrado de fiscalização dos Três Poderes, na missão de autotutela à legalidade e da eficácia da gestão financeira.
(D) No que diz respeito ao controle exercido sobre as contas, o Tribunal de Contas tem a incumbência de julgar as contas dos administradores e demais responsáveis por dinheiros, bens e valores públicos da administração direta e indireta, mas não as contas daqueles que derem causa a perda, extravio ou outra irregularidade de que resulte prejuízo ao Erário Público.
(E) O conteúdo dos controles sobre despesas públicas concentra-se em torno dos princípios da legalidade, da legitimidade e da economicidade, inclusive quanto à aplicação das subvenções e renúncia de receitas

A: incorreta, pois o controle interno é também realizado concomitantemente à prática dos atos – art. 74 da CF; **B:** incorreta, pois o Tribunal de Contas é órgão auxiliar do Legislativo – art. 71 da CF; **C:** incorreta, pois há previsão constitucional expressa – art. 71 da CF; **D:** incorreta, pois os que causam perda, extravio ou irregularidade de que resulte prejuízo ao erário também se sujeitam ao controle externo – art. 71, II, da CF; **E:** correta, conforme o art. 70 da CF. RB
Gabarito "E".

12. OUTROS TEMAS E COMBINADOS

(Procurador do Estado/SP – 2018 – VUNESP) A disciplina legal relativa às instituições que integram o Sistema Financeiro Nacional contempla vedação à realização de operações de crédito por instituições financeiras com a parte relacionada,

(A) aplicável apenas quando a contraparte também seja caracterizada como instituição financeira, pública ou privada, incluindo agências de fomento, cooperativas de crédito e bancos de desenvolvimento, salvo para prestação de garantia, na modalidade aval ou fiança.
(B) incidente apenas quando a instituição esteja submetida à intervenção do Banco Central ou sob Regime de Administração Especial Temporária – RAET, podendo ser excepcionada se comprovado o seu caráter equitativo e a efetiva necessidade para o cumprimento das obrigações perante credores.
(C) admitindo exceção apenas para instituições financeiras públicas e desde que adotados critérios específicos para classificação de riscos para fins de constituição de provisão para perdas prováveis e baixa como prejuízo, observadas as normas de contabilidade pública.
(D) abrangendo, inclusive, pessoas jurídicas nas quais a instituição exerça controle operacional efetivo, independentemente de participação societária, bem como as que possuírem diretor ou membro de conselho de administração em comum.
(E) exceto se celebradas com observância de condições compatíveis com as de mercado, ainda que com benefícios adicionais ou diferenciados comparativamente às operações deferidas aos demais clientes de mesmo perfil das respectivas instituições.

A: incorreta, pois o conceito de parte relacionada à instituição financeira, para fins de vedação de operações de crédito, é bastante amplo, abrangendo controladores pessoas físicas ou jurídicas, diretores, membros de órgãos estatutários, pessoas físicas com participação societária qualificada etc. – art. 34, § 3º, da Lei 4.595/1964; **B:** incorreta, pois não há essa limitação – art. 34 da Lei 4.595/1964; **C:** incorreta, pois há diversas exceções, listadas no § 4º do art. 34 da Lei 4.595/1964; **D:** correta – art. 34, § 3º, V, c, e d, da Lei 4.595/1964; **E:** incorreta, pois, se houver benefícios adicionais ou diferenciados comparativamente às operações deferidas aos demais clientes de mesmo perfil das respectivas instituições, a operação com parte relacionada é vedada – art. 34, § 4º, I, in fine, da Lei 4.595/1964. RB
Gabarito "D".

(Procurador do Estado/SP – 2018 – VUNESP) A exploração direta de atividade econômica pelo Estado, nos limites delineados pela Constituição da República,

(A) sujeita-se às disposições da legislação antitruste relativas à prevenção e à repressão às infrações contra a ordem econômica, mesmo quando exercida em regime de monopólio legal.
(B) atende a imperativos da segurança nacional ou relevante interesse público, ensejando, assim, regime tributário essencialmente diverso do que se aplica aos agentes privados que atuem no mesmo mercado competitivo.
(C) sujeita-se apenas ao controle setorial, próprio das agências reguladoras, de forma simétrica ao aplicável aos agentes privados, somente incidindo a legislação antitruste quando atue em regime de monopólio legal ou natural.
(D) não autoriza a atuação em regime de competição concorrencial com agentes privados, mas apenas em caráter subsidiário, quando verificadas falhas de mercado, de molde a corrigi-las ou mitigá-las.
(E) não se submete ao controle instituído pela legislação antitruste, eis que tal controle é voltado exclusivamente a agentes privados que explorem atividade econômica sujeita à livre iniciativa.

A: correta, nos termos do art. 173, § 1º, II, da CF; **B:** incorreta, pois a exploração direta de atividade econômica pelo Estado, por meio de empresas públicas, sociedades de economia mista e suas subsidiárias, sujeita-se ao regime jurídico próprio das empresas privadas, inclusive quanto aos direitos e obrigações civis, comerciais, trabalhistas e tributários, sendo que não poderão gozar de privilégios fiscais não extensivos às do setor privado – art. 173, § 1º, II, e § 2º, da CF; **C:** incorreta, conforme comentários anteriores; **D:** incorreta, pois, em regra, a atuação direta do Estado se dará em igualdade de condições com os concorrentes privados – art. 173 da CF; **E:** incorreta, conforme comentários anteriores. RB
Gabarito "A".

(Procurador do Município – Prefeitura Fortaleza/CE – CESPE – 2017) A respeito de endividamento e de receita e despesa públicas, julgue os itens seguintes.

(1) De acordo com a LRF, é vedada a realização de transferência voluntária ao ente federativo que exceder o limite da despesa total com pessoal no primeiro quadrimestre do último ano do mandato do titular do Poder Executivo, mas não é vedada a contratação de operação de crédito.
(2) O ingresso de recursos derivados de empréstimos não se inclui na contabilidade da receita pública, embora seja incluído no orçamento anual.
(3) Os gastos com contratos de terceirização de mão de obra incluem-se no cálculo do limite de despesas com pessoal e são contabilizados como pagamentos aos ocupantes de cargos, funções ou empregos públicos.
(4) Não é exigível prévia dotação orçamentária para a concessão de vantagem ou aumento de remuneração em recomposição salarial orientada pela reposição do poder aquisitivo em virtude da inflação.

1: incorreta. É vedada a contratação de crédito neste caso (art. 23, §§ 3º e 4º, da LRF); **2:** correta. Trata-se de meros ingressos, visto que tais verbas não se incorporam ao patrimônio do ente público, porém devem integrar o orçamento anual, por força do princípio da universalidade orçamentária; **3:** incorreta. São contabilizados como "Outras Despesas de Pessoal" (art. 18, § 1º, da LRF); **4:** correta, conforme decidido pelo STF no ARE 644.940 AgR. HS
Gabarito 1E, 2C, 3E, 4C.

(Procurador Municipal – Prefeitura/BH – CESPE – 2017) A respeito das condutas do chefe do Poder Executivo no último ano de mandato, assinale a opção correta à luz do disposto na legislação pertinente.

(A) No último mês do mandato, ao prefeito municipal é vedada a realização de empenho em valor superior ao duodécimo da despesa consignada na LOA, mesmo na hipótese de despesas extraordinárias decorrentes de calamidade pública.
(B) É proibida a assunção pelo chefe do Poder Executivo, nos últimos oito meses do mandato, de obrigação de despesa cuja execução orçamentária não possa ser cumprida integralmente nesse período, ainda que assegurada disponibilidade de caixa para o pagamento em parcelas com vencimento no exercício seguinte.
(C) É nulo de pleno direito o ato do qual resulte aumento de despesa com pessoal expedido nos cento e oitenta dias anteriores ao final do mandato eletivo.
(D) Ultrapassado o limite da dívida consolidada do ente federativo ao final do primeiro quadrimestre do último ano de seu mandato, o chefe do Poder Executivo deverá reduzir em um quarto o excedente no quadrimestre subsequente, podendo, para tanto, realizar operação de crédito por antecipação de receita.

A: incorreta. A calamidade pública excepciona a proibição de empenhos superiores a 1/12 do orçamento no último mês do mandato (art. 59, §§ 1º e 3º, da Lei 4.320/1964); **B:** incorreta. Assegurada a disponibilidade de caixa, é possível a assunção de despesas para cumprimento no exercício seguinte (art. 42 da LRF); **C:** correta, nos termos do art. 21, parágrafo único, da LRF; **D:** incorreta. É vedada a realização de operação de crédito por antecipação de receita neste cenário (art. 31, §§ 1º e 3º, da LRF). HS

Gabarito "C".

(Procurador – SP – VUNESP – 2015) Nas demonstrações do Balanço Patrimonial, segundo as determinações da Lei Geral do Orçamento, os bens, créditos e valores, cuja mobilização ou alienação dependa de autorização legislativa, estão compreendidos no

(A) Ativo Financeiro.
(B) Ativo Permanente.
(C) Saldo Patrimonial.
(D) Saldo de Compensação.
(E) Passivo Permanente.

Nos termos do art. 105, § 2º, da Lei 4.320/1964, o ativo permanente compreenderá os bens, créditos e valores, cuja mobilização ou alienação dependa de autorização legislativa, de modo que a alternativa "B" é a correta. RB

Gabarito "B".

(Promotor de Justiça – MPE/RS – 2017) Em relação ao tratamento constitucional dado aos Municípios, é correto afirmar que

(A) o Município reger-se-á por lei orgânica, votada em dois turnos, com o interstício mínimo de dez dias, e aprovada por dois terços dos membros da Câmara Municipal, sendo após promulgada e publicada pelo Prefeito Municipal.
(B) o subsídio dos Prefeitos e Secretários Municipais será fixado pelas respectivas Câmaras Municipais em cada legislatura para a subsequente, observado o que dispõe a Constituição Federal, respeitados os critérios estabelecidos na respectiva Lei Orgânica.
(C) a Câmara Municipal não gastará mais de cinquenta por cento de sua receita com folha de pagamento, incluído o gasto com o subsídio de seus Vereadores, nos municípios que tenham mais de 300.000 (trezentos mil) habitantes.
(D) o controle externo da Câmara Municipal será exercido com o auxílio exclusivo dos Tribunais de Contas do Município ou dos Conselhos ou Tribunais de Contas dos Municípios, onde houver.
(E) as proibições e incompatibilidades, no exercício da vereança, são similares, no que couber, ao disposto na Constituição Federal para os membros do Congresso Nacional e na Constituição do respectivo Estado para os membros da Assembleia Legislativa.

A: incorreta, pois a lei orgânica do município é promulgada e publicada pela própria Câmara dos Vereadores – art. 29 da CF; **B:** incorreta, pois a referência a aprovação em uma legislatura para a subsequente foi excluída do art. 29, V, da CF pela EC 19/1998; **C:** incorreta, pois o limite é de 70%, nos termos do art. 29-A, § 1º, da CF; **D:** incorreta, pois, em regra, o órgão auxiliar que emitirá o parecer prévio é o tribunal de contas do Estado, exceto se no município houver tribunal de contas próprio – art. 31, § 1º, da CF; **E:** correta, conforme o art. 29, IX, da CF. RB

Gabarito "E".

(Procurador do Estado/AM – 2016 – CESPE) À luz da legislação e da doutrina em matéria de responsabilidade fiscal, julgue os itens a seguir.

(1) O fato de o estado-membro não poder celebrar operação de crédito com a União não obsta que ele aplique suas disponibilidades em títulos da dívida federal.
(2) Em operação de crédito firmada por um estado da Federação junto a banco estrangeiro com a garantia da União, esta pode exigir do ente mutuário, a título de contragarantia, a vinculação de receitas provenientes de transferências constitucionais, mas não de receitas tributárias diretamente arrecadadas, porquanto elas são indispensáveis ao funcionamento da administração estadual.

1: correta – art. 35, § 2º, da LRF; **2:** incorreta, pois a prestação de contragarantia à União permite a vinculação da receita de tributo, inclusive de impostos, conforme o art. 167, § 4º, da CF. RB

Gabarito 2C, 6E.

(Procurador do Estado/AM – 2016 – CESPE) Considerando as disposições constitucionais pertinentes a finanças e orçamento, julgue o seguinte item.

(1) Ao tratar do direito financeiro, o constituinte de 1988 nominou de Sistema Financeiro Nacional o capítulo que reúne as normas que regem o que a doutrina denomina sistema financeiro público.

1: incorreta, pois o capítulo que concentra as normas constitucionais atinentes às finanças públicas é denominado "Das Finanças Públicas" – art. 163 e seguintes da CF. O capítulo denominado "Do Sistema Financeiro Nacional" refere-se ao art. 192 da CF. RB

Gabarito 3E.

(Promotor de Justiça – MPE/AM – FMP – 2015) Considere as assertivas abaixo:

I. Contas iliquidáveis são aquelas que, por culpa do administrador público responsável, não se tem como chegar a uma conclusão sobre sua regularidade.
II. As receitas tributárias transferidas pelos Estados aos Municípios, por ordem constitucional, não entram no cômputo da Receita Corrente Líquida do Estado.
III. O espaço temporal dentro do qual o orçamento é executado chama-se exercício orçamentário.

Quais das assertivas acima estão corretas?

(A) Apenas a I e II.
(B) Apenas a II e III.
(C) Apenas a II.
(D) Apenas a I, II e III.
(E) Apenas a I.

I: incorreta, pois contas iliquidáveis são aquelas cujo julgamento de mérito é materialmente impossível por conta de caso fortuito ou de força maior, comprovadamente alheio à vontade do responsável – art. 20 da Lei 8.443/1992; **II:** correta, conforme o art. 2º, IV, b, da LRF; **III:** incorreta, pois a expressão utilizada é "exercício financeiro" – art. 34 da Lei 4.320/1964. RB

Gabarito "C".

(Promotor de Justiça – MPE/AM – FMP – 2015) Em relação aos precatórios, considere as assertivas abaixo:

I. A Constituição Federal prevê que os pagamentos do poder público, oriundos de ação judicial, sejam feitos através dos precatórios, e que estes sigam rígida ordem cronológica de apresentação, não admitindo qualquer exceção ou mesmo classificação.
II. Além dos precatórios, existem outros meios não usuais de pagamento dos débitos do poder público oriundos de ação judicial, como é o caso do empenho.
III. Os precatórios devem ser apresentados até 1º de julho de cada ano, para pagamento até o final do ano seguinte.
IV. Caso o precatório não seja quitado até o final do prazo legal, por razões de força maior, outro deve obrigatoriamente ser extraído para substituí-lo, por razões de organização orçamentária.

Quais das assertivas acima estão corretas?

(A) Apenas a I e II.
(B) Apenas a III.
(C) Apenas a II e IV.
(D) Apenas a I e III.
(E) Apenas a II e III.

I: incorreta, pois, apesar da regra do art. 100, *caput*, da CF, há diversas exceções em seus parágrafos, como para débitos de natureza alimentar, idosos, portadores de deficiência, pequenos valores etc.; **II:** incorreta, pois o empenho não decorre de ação judicial, sendo fase do procedimento normal de realização de qualquer despesa pública – art. 58 da Lei 4.320/1964; **III:** correta, conforme o art. 100, § 5º, da CF; **IV:** incorreta, pois o precatório, que a rigor é uma ordem judicial comunicada ao executivo, não perde a validade por conta do final do exercício. RB

Gabarito "B".

(Juiz – TRF 4ª Região – 2016) Assinale a alternativa **INCORRETA**.

Acerca do orçamento público, tendo em conta as disposições constitucionais:

(A) As emendas individuais ao projeto de lei orçamentária serão aprovadas no limite de 1,2% (um inteiro e dois décimos por cento) da receita corrente líquida prevista no projeto encaminhado pelo Poder Executivo, sendo que a metade desse percentual será destinada a ações e serviços públicos de saúde.
(B) As programações orçamentárias previstas nas emendas individuais ao projeto de lei orçamentária não serão de execução obrigatória nos casos dos impedimentos de ordem técnica.
(C) Constitui crime de responsabilidade a realização de investimento cuja execução ultrapasse um exercício financeiro sem prévia inclusão no plano plurianual, ou sem lei que autorize a inclusão.
(D) A transposição, o remanejamento ou a transferência de recursos de uma categoria de programação para outra poderão ser admitidos, no âmbito das atividades de ciência, tecnologia e inovação, com o objetivo de viabilizar os resultados de projetos restritos a essas funções, mediante ato do Poder Executivo, desde que haja prévia autorização legislativa.
(E) Os recursos correspondentes às dotações orçamentárias, compreendidos os créditos suplementares e especiais, destinados aos órgãos dos Poderes Legislativo e Judiciário, do Ministério Público e da Defensoria Pública, ser-lhes-ão entregues até o dia 20 de cada mês, em duodécimos, na forma da lei complementar.

A: correta – art. 166, § 9º, da CF; **B:** correta – art. 166, § 12, da CF. É importante destacar, entretanto, que a EC 86/2015 tornou o orçamento impositivo em relação às emendas individuais ao projeto de lei orçamentária, até o limite de 1,2% da receita corrente líquida realizada no exercício anterior, nos termos do art. 166, §§ 9º a 12 da CF; **C:** correta, conforme o art. 167, § 1º, da LRF; **D:** incorreta, pois essa é exceção à regra do art. 167, VI, da CF, admitindo-se a transposição, o remanejamento ou a transferência sem prévia autorização legislativa – art. 167, § 5º, da CF; **E:** correta, conforme o art. 168 da CF. RB

Gabarito "D".

(Procurador do Estado/PR – 2015 – PUC-PR) Quanto ao federalismo fiscal no Brasil, tem-se por **CORRETA** a seguinte alternativa:

(A) Há repartição de competências apenas entre a União e os estados, ainda que os municípios possam instituir e arrecadar tributos de sua competência, além de aplicar suas rendas, sem prejuízo de prestar contas e publicar balancetes nos prazos estabelecidos pela lei.

(B) A Constituição Federal de 1988 assegura a repartição direta da receita arrecadada, excluídos os fundos, por transferência direta propriamente dita no caso do Imposto sobre a Renda – IR e, da mesma forma, por retenção dos próprios entes beneficiários das transferências para o Imposto Territorial Rural – ITR, o Imposto sobre Operações Financeiras – IOF/Ouro, os Impostos de competência residual e o Imposto sobre Propriedade de Veículos Automotores – IPVA.

(C) As transferências tributárias constitucionais da União para estados e municípios classificam-se em transferências indiretas, ocorrendo o repasse de parte da arrecadação de uma pessoa competente para efetuar a arrecadação para outra, e, também, transferências diretas, por meio da formação de fundos especiais.

(D) Não há possibilidade de utilização de medidas de intervenção federal para proteção das unidades federativas.

(E) Os fundos públicos são destinados a contribuir com a redistribuição dos impostos arrecadados ou promover a gestão eficiente do patrimônio público, configurando destaques patrimoniais dos entes públicos, desprovidos de personalidade jurídica e vinculados à realização de finalidades previamente determinadas pela Constituição ou pelas leis.

A: incorreta, pois há repartição de receitas com os Municípios e o Distrito Federal também – arts. 157 a 159 da CF; **B:** incorreta. O IR é transferido por meio dos fundos estaduais e municipais (art. 159, I, da CF) e também retido diretamente pelos entes beneficiados (arts. 157, I e 158, I, da CF). O ITR tem parcela de sua receita transferida para o Município ou o Município pode cobrar e ficar com a totalidade (art. 158 da CF). O IOF ouro tem o total da sua receita transferida para Estados, DF e Municípios, na forma do art. 153, § 5º, da CF. O imposto residual e o IPVA também têm receitas transferidas, nos termos dos arts. 157, II, e 158, III, da CF; **C:** incorreta, pois há inversão nas definições. A transferência por meio de fundos é indireta; **D:** incorreta, pois há intervenção federal no caso do art. 34, V, b, da CF; **E:** correta – art. 161, II, da CF. RB

Gabarito "E".

15. DIREITO ECONÔMICO

Henrique Subi e Robinson Barreirinhas

1. ORDEM ECONÔMICA NA CONSTITUIÇÃO. MODELOS ECONÔMICOS

(Procurador – PGFN – ESAF – 2015) No concernente à intervenção do Estado no domínio econômico, indique a opção incorreta.

(A) Segundo entendimento do Supremo Tribunal Federal, o serviço postal não consubstancia atividade econômica em sentido estrito, porquanto se trata de exclusividade na prestação de serviços, denotando, assim, situação de privilégio.
(B) Na intervenção por absorção ou participação o Estado atua como agente econômico.
(C) O Estado, por meio da intervenção por direção, utiliza-se de comandos imperativos que, se forem descumpridos, sujeitam o infrator a sanções negativas.
(D) A exploração de atividade econômica pelas empresas públicas e sociedades de economia mista constitui intervenção estatal indireta no domínio econômico.
(E) A atividade econômica em sentido amplo é gênero que compreende duas espécies, o serviço público e a atividade econômica em sentido estrito.

A: correta. O STF reconheceu que a atividade econômica em sentido amplo é gênero que compreende duas espécies: a atividade econômica em sentido estrito e o serviço público, este último sendo o caso do serviço postal. Ademais, monopólio refere-se à atividade econômica em sentido estrito. No caso do serviço postal (que é serviço público, não atividade econômica em sentido estrito), a exclusividade na prestação é situação de privilégio, que não se confunde com o monopólio – ADPF 46/DF, relatada pelo Ministro Eros Grau; **B: correta.** José Afonso da Silva classifica a intervenção estatal no domínio econômico em (i) *participação*, ou exploração direta da atividade econômica, como agente econômico e (ii) *intervenção* em sentido estrito, como agente normativo e regulador da atividade econômica. A intervenção em sentido estrito (agente normativo e regulador) compreende as funções de *fiscalização, incentivo* e *planejamento*. Eros Grau se refere a três espécies de intervenção: (i) direta por absorção ou participação, atuando em determinado setor da atividade econômica, em regime de monopólio (absorção) ou não (participação), (ii) indireta por direção, quando atua na economia por meio de instrumentos normativos de pressão e (iii) indireta por indução, que se refere à normatização e à regulação, com estímulos e desestímulos a determinadas condutas, conforme as leis que regem os mercados; **C: correta**, sendo a intervenção por direção aquela que se dá por normas de observância compulsória; **D: incorreta**, pois se trata de intervenção direta por participação (quando o Estado atua paralelamente aos particulares, empreendendo atividades econômicas) ou por absorção (por meio de empresa pública ou sociedade de economia mista, como agente econômico monopolista) – arts. 173 e 176 da CF; **E: correta**, conforme a jurisprudência do STF citada anteriormente. RB
Gabarito "D".

(Juiz - TRF 4ª Região – 2016) Assinale a alternativa correta.
Sobre os princípios e as normas que regem a atividade econômica no Estado brasileiro:

(A) A livre-iniciativa, erigida à condição de fundamento da República Federativa do Brasil, permite que qualquer pessoa exerça livremente qualquer atividade econômica, dependendo, em qualquer hipótese, de prévia autorização de órgãos públicos.
(B) Tendo em vista o elevado potencial para geração de emprego e de renda para o país, a Constituição Federal conferiu tratamento favorecido para as empresas de pequeno porte constituídas sob as leis brasileiras, independentemente do local em que tenham sua sede e sua administração.
(C) Consoante o texto constitucional, a ordem econômica se edificará sob o fundamento da livre-iniciativa, de cunho predominantemente capitalista, conferindo a todos o direito de se lançar ao mercado de produção e bens, por sua conta e risco, não competindo ao Estado brasileiro a regularização e a normalização das atividades econômicas.
(D) De acordo com o Supremo Tribunal Federal, implica violação ao princípio da livre-concorrência a atuação em regime de privilégio da Empresa Brasileira de Correios e Telégrafos na prestação dos serviços que lhe incumbem.
(E) Não obstante constituam monopólio da União a pesquisa e a lavra das jazidas de petróleo e gás natural, é lícita a contratação de empresas privadas para a realização dessas atividades.

A: incorreta. A prévia autorização de órgãos públicos será exigida somente quando a lei assim disser (art. 170, parágrafo único, da CF); **B: incorreta.** Para terem acesso ao tratamento favorecido, as ME's e EPP's devem ter também sua sede e administração no país (art. 170, IX, da CF); **C: incorreta.** O Estado é o agente normativo e regulador da atividade econômica, devendo exercer atividades de fiscalização, incentivo e planejamento (art. 174 da CF); **D: incorreta.** Na ADPF 46, o STF consolidou o entendimento de que o monopólio dos Correios decorre da Constituição Federal, não se afigurando, portanto, ilícito; **E: correta**, nos termos do art. 177, §1º, da CF. HS
Gabarito "E".

(Procurador da República – 28º Concurso – 2015 – MPF) Considerando a competência constitucional para legislar e os princípios de direito econômico e do consumidor, analise as hipóteses abaixo e marque a correta:

(A) É constitucional lei estadual que proíbe o corte no fornecimento de energia elétrica por falta de pagamento sem prévio comunicado ao usuário.
(B) É inconstitucional lei estadual que fixa o tempo máximo de espera na fila de banco.
(C) É inconstitucional lei estadual que permite a comercialização de artigos de conveniência em farmácias e drogarias.
(D) É constitucional lei estadual que trata da comercialização de produtos em recipientes ou embalagens reutilizáveis, permitindo que sejam preenchidos por produtos de marcas concorrentes.

A: incorreta. A disposição é inconstitucional (STF, ADI 3729/SP); **B: considerada incorreta pelo gabarito oficial, porém deve ser lida com ressalvas.** O STF sacramentou a constitucionalidade das leis **municipais** que disponham sobre o tempo de espera nas filas (RE 610.221 RG, j. 29/04/2010), nada dispondo sobre a competência legislativa estadual; **C: incorreta.** A constitucionalidade da lei autorizativa da atividade foi reconhecida no julgamento da ADI 4954/AC; **D: correta**, nos termos do julgado na ADI 2818/RJ. HS
Gabarito "D".

(Advogado da Sabesp/SP – 2014 – FCC) Sobre a Ordem Econômica e Financeira, nos termos preconizados pela Constituição Federal e os princípios gerais da atividade econômica,

(A) como agente normativo e regulador da atividade econômica, o Estado exercerá, na forma da lei, as funções de fiscalização, incentivo e planejamento, sendo este determinante para o setor público e indicativo para o setor privado.
(B) o Poder Executivo Municipal, Estadual ou Federal, por meio de Decreto, estabelecerá o estatuto jurídico da sociedade de economia mista que explore atividade econômica de produção ou comercialização de bens ou de prestação de serviços.
(C) o estatuto jurídico da sociedade de economia mista disporá sobre a sujeição da sociedade ao regime jurídico próprio das empresas privadas quanto aos direitos e obrigações civis e comerciais e as obrigações trabalhistas e tributárias serão reguladas pelo regime jurídico de direito público.
(D) admite-se, em qualquer hipótese, a exploração direta de atividade econômica pelo Estado.
(E) o atendimento de requisição de documento ou informação de natureza comercial, feita por autoridade administrativa ou judiciária estrangeira, a pessoa física ou jurídica residente ou domiciliada no País independe de autorização do Poder competente.

A: correta, nos termos do art. 174, *caput*, da CF; **B: incorreta.** Tal medida é reservada à lei (art. 173, § 1º, da CF); **C: incorreta.** Aplicam-se às sociedades de economia mista as normas próprias do setor privado para suas obrigações civis, comerciais, trabalhistas e tributárias (art. 173, § 1º, II, da CF); **D: incorreta.** A exploração direta da atividade econômica pelo Estado é medida excepcional, autorizada somente em caso de imperativos de

---

* **Henrique Subi** comentou as questões referentes à advocacia das empresas estatais, autarquias e agências reguladoras, do concurso de Procurador/DF/13 e as demais questões dos concursos de Magistratura Federal e Ministério Público Federal, **Robinson S. Barreirinhas** comentou as demais questões dos concursos de Procuradoria e as questões dos seguintes concursos federais: MAGFED/3ªR./10, MAGFED/3ª/XIII, MAGFED/4ª/10, MAGFED/5ª/11.

segurança nacional ou relevante interesse coletivo (art. 173, *caput*, da CF); **E:** incorreta. A autorização da autoridade é exigida pelo art. 181 da CF.

Gabarito "A".

(Procurador/DF - 2013 - CESPE) Julgue os itens que se seguem, em consonância com as normas constitucionais sobre direito econômico.

(1) Se decidir criar uma indústria bélica que, conforme definido em lei, se enquadre como necessária à segurança nacional, mas que não se caracterize como de relevante interesse coletivo, o Estado não encontrará permissão constitucional para tanto.
(2) Compete exclusivamente à União instituir contribuições de intervenção no domínio econômico, as quais podem incidir, por exemplo, sobre as receitas decorrentes da exportação ou sobre os valores pagos nas importações.
(3) Sob o aspecto doutrinário, o Estado pode ser considerado um dos sujeitos econômicos, pois também desenvolve atividade econômica.
(4) O proprietário de determinado terreno em cujo subsolo haja uma jazida de manganês que esteja sendo legalmente explorada por um terceiro, concessionário, não deterá a propriedade da jazida nem do produto da lavra, que pertencerão, ambos, à União.
(5) Uma lei que conceda proteção especial temporária para que uma empresa brasileira desenvolva atividades consideradas estratégicas para a defesa nacional somente estará de acordo com as atuais regras constitucionais caso essa empresa seja classificada como de capital nacional.
(6) Quando, por meio de instrumentos de planejamento público, a União, no exercício de sua função reguladora da atividade econômica, planeja e destina, por meio da LOA, recursos para a construção de determinada obra, tal intervenção assume, em conformidade com a ordem constitucional, caráter determinante.

1: incorreta, pois essa é hipótese que permite excepcionalmente a exploração direta de atividade econômica pelo Estado (quando necessária aos imperativos da segurança nacional ou a relevante interesse coletivo, conforme definidos em lei) – art. 173 da CF/1988; **2:** incorreta, pois, embora a competência tributária para instituição da CIDE seja realmente da União, ela não pode incidir sobre receitas de exportação, conforme o art. 149, § 2º, I, da CF/1988; **3:** correta, conforme o art. 173 da CF/1988, entre outros; **4:** incorreta, pois, embora a propriedade da jazida seja da União, o concessionário tem garantida a propriedade do produto da lavra – art. 176 da CF/1988; **5:** incorreta, pois essa possibilidade de proteção e benefícios especiais, originariamente prevista pelo art. 171, § 1º, I, da CF/1988, foi revogada pela EC 6/1995; **6:** correta, pois, nos termos do art. 174 da CF, o exercício das funções de fiscalização, incentivo e planejamento do Estado, como agente normativo e regulador da atividade econômica, é **determinante** para o setor público (e apenas indicativo para o setor privado). Interessante notar, pelo aspecto estritamente financeiro e orçamentário, que a previsão dos recursos na LOA para a realização da obra é apenas autorizativa, não impositiva para o Estado, ou seja, ele pode deixar de realizá-la, desde que fundamentadamente.

Gabarito 1E, 2E, 3C, 4E, 5E, 6C

(Advogado da União/AGU – CESPE – 2012) Com base na ordem constitucional econômica, julgue os itens subsequentes.

(1) As empresas públicas e as sociedades de economia mista, dadas as suas especificidades, beneficiam-se de determinados privilégios fiscais não atribuídos às empresas privadas.
(2) Com exceção dos casos especificados em lei, toda pessoa dispõe de liberdade para exercer qualquer atividade econômica, independentemente de autorização concedida por órgãos públicos.
(3) Como forma de estímulo à atração de investimentos de capital estrangeiro, a CF veda a regulação da remessa de lucros.

1: incorreta. É expressamente vedada a concessão de privilégios fiscais às empresas públicas e sociedades de economia mista não extensíveis ao setor privado (art. 173, § 2º, da CF); **2:** correta, nos termos do art. 170, parágrafo único, da CF); **3:** incorreta. O estímulo aos investimentos estrangeiros depende diretamente da regulação da remessa de lucros ao exterior, cuja elaboração é autorizada pelo art. 172 da CF.

Gabarito 1E, 2C, 3E

2. INTERVENÇÃO DO ESTADO NO DOMÍNIO ECONÔMICO

(Juiz de Direito/CE – 2014 – FCC) A Lei Delegada 4, de 26 de setembro de 1962, estabelece diversas medidas de intervenção no domínio econômico para assegurar a livre distribuição de produtos necessários ao consumo do povo. NÃO é medida autorizada pela referida lei

(A) a aplicação de multa àquele que sonegar gêneros ou mercadorias, recusar vendê-los ou os retiver para fins de especulação.
(B) a compra, armazenamento, distribuição e venda de tecidos e calçados de uso popular.
(C) o tabelamento de preços máximos de mercadorias e serviços essenciais.
(D) a desapropriação de animais de serviço ou destinados à reprodução.
(E) o racionamento de serviços essenciais e dos bens arrolados na lei, em casos de guerra, calamidade ou necessidade pública.

A: assertiva correta, nos termos do art. 11, "b", da Lei Delegada 4/1962; **B:** assertiva correta, nos termos do art. 2º, I, "d", da Lei Delegada 4/1962; **C:** assertiva correta, nos termos do art. 2º, II, "d", da Lei Delegada 4/1962; **D:** assertiva incorreta, devendo ser assinalada. O art. 2º, § 2º, da Lei Delegada 4/1962 expressamente proíbe a desapropriação de tais animais; **E:** assertiva correta, nos termos do art. 6º, V, da Lei Delegada nº 4/1962.

Gabarito "D".

(Juiz de Direito/PA – 2014 – VUNESP) No que se refere à possibilidade da Intervenção do Estado na economia, disciplinada pela Constituição Federal de 1988, é correto afirmar que

(A) em hipótese alguma é permitida a exploração direta da atividade econômica pelo Estado, pois essa atividade é inerente à iniciativa privada.
(B) a intervenção estatal na economia pode ocorrer como agente econômico e como agente normativo regulador.
(C) como agente normativo e regulador da atividade econômica, o Estado exercerá, na forma da lei, as funções de fiscalização, incentivo e planejamento, sendo este determinante para o setor público e privado.
(D) as empresas públicas e as sociedades de economia mista poderão gozar de privilégios fiscais não extensíveis às do setor privado.
(E) só é permitido ao Estado a atuação como agente de incentivo e planejamento.

A: incorreta. Excepcionalmente pode o Estado intervir no domínio econômico mediante exploração direta de atividades econômicas, em caso de imperativos de segurança nacional ou de relevante interesse coletivo (art. 173 da CF); **B:** correta, nos termos do art. 174, primeira parte, da CF; **C:** incorreta. O planejamento é determinante somente para o setor público, sendo meramente indicativo para o setor privado (art. 174, *in fine*, da CF); **D:** incorreta. É vedada a criação de privilégios fiscais às empresas públicas e às sociedades de economia mista que não se estendam ao setor privado, porque o Estado, ao explorar diretamente atividade econômica, atua, em regra, em regime de livre concorrência com as empresas privadas (art. 173, § 2º, da CF); **E:** incorreta. O Estado pode atuar também como agente econômico propriamente dito (exemplo: criação de uma empresa pública para o exercício de atividade econômica) ou como agente normativo regulador (exemplo: com a criação de uma agência reguladora).

Gabarito "B".

(Promotor de Justiça/DF – 2013) Quanto à exploração da atividade econômica pelo Estado, é **INCORRETO** dizer:

(A) A exploração direta de atividade econômica pelo Estado somente será permitida quando necessária aos imperativos da segurança nacional ou a relevante interesse coletivo, conforme definidos em lei, ressalvados, obviamente, casos previstos na Constituição.
(B) Os privilégios da Fazenda Pública são inextensíveis às sociedades de economia mista que executam atividades em regime de concorrência ou que tenham como objetivo distribuir lucros.
(C) À Empresa Brasileira de Correios e Telégrafos, empresa pública, equiparada à Fazenda Pública, é aplicável a regra da impenhorabilidade de bens, rendas e serviços.
(D) Nas sociedades de economia mista, a constituição e o funcionamento dos conselhos de administração e fiscal há de observar a participação de acionistas minoritários.
(E) Não viola a reserva de lei para dispor sobre norma de direito comercial voltada à organização e estruturação das empresas públicas e das sociedades de economia mista norma constitucional estadual que estabelece número de vagas, nos órgãos de administração das pessoas jurídicas, para ser preenchidas por representantes dos empregados.

A: assertiva correta, nos termos do art. 173 da CF; **B:** assertiva correta, nos termos do art. 173, § 2º, da CF; **C:** assertiva correta, conforme decidido pelo STF no RE 220906/DF; **D:** assertiva correta, nos termos dos arts. 239 e 240 da Lei 6.404/1976 (Lei das Sociedades por Ações); **E:** assertiva incorreta, devendo ser assinalada. Para o STF, há violação da reserva de lei federal para dispor sobre normas de direito comercial nesse caso, conforme julgado na ADI 238/RJ.

Gabarito "E".

(Promotor de Justiça/DF – 2013) Ainda dentro do tema, assinale a **INCORRETA**:

(A) O regime de monopólio, ressalvadas as hipóteses previstas no art. 21, XXIII, da Constituição, é incompatível com as regras dos arts. 170 e 173 da Constituição, razão por que, eventuais normas legais que dispunham sobre tal concessão, sob a égide da Constituição pretérita não foram recebidas pela atual Lei Maior.
(B) O regime das empresas concessionárias de serviços públicos deve ser estabelecido por meio de lei.
(C) A atividade garimpeira será exercida sempre levando em conta a promoção econômico-social dos garimpeiros.
(D) São princípios que regem a ordem econômica: soberania nacional, propriedade privada, livre concorrência.

(E) A defesa do consumidor insere-se dentre os princípios gerais da atividade econômica.

A: incorreta, devendo ser assinalada. O STF julgou constitucional, e, portanto, recepcionado, o regime de monopólio das atividades postais pela Empresa Brasileira de Correios e Telégrafos instituído pela Lei 6.538/1978, não previsto expressamente pela Constituição. Para o Supremo, a natureza pública do serviço afasta qualquer ofensa aos princípios da livre-iniciativa e livre concorrência (ADPF 46/DF); **B:** correta, nos termos do art. 173, § 1º, da CF; **C:** correta, nos termos do art. 174, § 3º, da CF; **D:** correta, nos termos do art. 170, I, II e IV, da CF; **E:** correta, nos termos do art. 170, V, da CF.
Gabarito "A".

(Defensoria/DF – 2013 – CESPE) Acerca da intervenção do Estado na propriedade e no domínio econômico, julgue os próximos itens.

(1) Os juros compensatórios, que podem ser cumulados com os moratórios, incidem tanto sobre a desapropriação direta quanto sobre a indireta, sendo calculados sobre o valor da indenização, com a devida correção monetária; entretanto, independem da produtividade do imóvel, pois decorrem da perda antecipada da posse.

(2) A requisição administrativa é ato unilateral e autoexecutórios por meio do qual o Estado, em caso de iminente perigo público, utiliza bem móvel ou imóvel. Esse instituto administrativo, a exemplo da desapropriação, não incide sobre serviços.

(3) A desapropriação é forma originária de aquisição de propriedade que libera o bem de qualquer ônus que sobre ele incida, ou seja, se o bem estiver gravado com algum encargo, será repassado para o poder público sem nenhum ônus, não havendo, inclusive, a incidência de imposto sobre esse tipo de operação de transferência de imóveis. Entretanto, segundo o STJ, incidirá imposto de renda sobre verba recebida pelo proprietário a título de indenização decorrente de desapropriação.

1: correta, nos termos das Súmulas 12, 69, 70 e 102 do STJ; **2:** incorreta. A doutrina administrativista é uníssona no sentido de que é possível a requisição administrativa de serviços; **3:** incorreta. Não há incidência de imposto de renda sobre o valor da indenização em caso de desapropriação, porque o ato não gera qualquer ganho de capital para o particular (STJ, REsp 1116460/SP, DJ 01.02.2010).
Gabarito 1C, 2E, 3E

(Advogado da União/AGU – CESPE – 2012) Com relação à intervenção do Estado no domínio econômico, julgue os próximos itens.

(1) A CF prevê áreas em que a exploração direta de atividade econômica pela União é feita por meio de monopólio.

(2) A atuação do Estado como agente normativo e regulador da atividade econômica compreende, entre outras funções, a de planejamento, que é determinante tanto para o setor público quanto para o setor privado.

1: correta. Estas atividades estão previstas no art. 177 da CF; **2:** incorreta. O planejamento é determinante apenas para o setor público, sendo indicativo para o setor privado (art. 174 da CF).
Gabarito 1C, 2E

3. SISTEMA BRASILEIRO DE DEFESA DA CONCORRÊNCIA – SBDC. LEI ANTITRUSTE

(Juiz – TRF 2ª Região – 2017) A rede "Pães e Amor Ltda", com faturamento bruto, no ano anterior, de R$ 15.000.000,00 (quinze milhões de reais), pretende adquirir dois outros estabelecimentos, com faturamento anual, somado, de um terço da cifra anterior. Em documentos escritos, os sócios expressam plano para, em até um ano, dominarem o mercado de padarias de dois bairros e, em até 5 anos, dominarem 50% do mercado da cidade, com base em estratégias de barateamento de custos, diminuição de preços, atendimento domiciliar e melhor gestão global. À luz de tais dados, assinale a opção correta:

(A) É necessária a aprovação da aquisição dos estabelecimentos pelo Conselho Administrativo de Defesa Econômica (CADE);

(B) Não é necessária a aprovação da aquisição dos estabelecimentos, bastando mera comunicação ao Conselho Administrativo de Defesa Econômica, cuja ausência configura infração à ordem econômica, passível de multa.

(C) A falta de comunicação à autarquia não é ilícito, mas os documentos que expressam a intenção de dominar o mercado de bairros e, depois, 50% do mercado da cidade, indicam infração à ordem econômica e à concorrência.

(D) Ainda que não haja comunicação e que os documentos escritos venham a público, não há, no descrito, infração à ordem econômica ou à concorrência.

(E) É o concerto de condutas, da compra dos estabelecimentos (caso não seja comunicada) à intenção de dominar mercado relevante, que caracteriza a infração à ordem econômica e submete a rede de padaria às sanções da Lei nº 12.529/2011 (Lei de Defesa da Concorrência).

A: incorreta. O valor do faturamento bruto anual dos grupos envolvidos na operação não atinge o mínimo estabelecido pelo art. 88 da Lei Antitruste; **B:** incorreta. Não havendo obrigatoriedade de análise pelo CADE, não há também qualquer obrigação de notificação; **C:** incorreta. A mera dominação de mercado relevante, em si, não caracteriza infração à ordem econômica, tendo em vista que pode resultar de processos naturais (art. 36, §1º, da Lei Antitruste); **D:** correta, conforme comentário à alternativa anterior; **E:** incorreta. Não há obrigação de comunicação e, além disso, a intenção de dominar mercado relevante por razões naturais (maior eficiência) e benéfica aos consumidores (diminuição de preços, atendimento domiciliar etc.) faz incidir a já citada exceção prevista no art. 36, §1º, da Lei Antitruste. HS
Gabarito "D".

(Juiz – TRF 2ª Região – 2017) Quanto ao acordo de leniência no âmbito Conselho Administrativo de Defesa Econômica – CADE, marque a opção correta:

(A) O acordo de leniência pode resultar em redução da pena, mas não em extinção da punibilidade da sanção administrativa a ser imposta à pessoa jurídica colaboradora.

(B) É inviável o acordo de leniência se a autoridade administrativa já dispõe de prova sobre a ocorrência da infração investigada.

(C) A pessoa jurídica que pretenda qualificar-se para o acordo não pode ser a líder da conduta infracional a ser revelada.

(D) A pessoa jurídica que pretenda qualificar-se deve ser a primeira a fazê-lo com relação à infração noticiada ou sob investigação.

(E) O acordo pode resultar em extinção da pena administrativa, mas não em extinção da punibilidade relativa a crime contra a ordem econômica.

A: incorreta. É possível a extinção da punibilidade, a critério do TADE (art. 86 da Lei Antitruste); **B:** incorreta, pois ainda há espaço para o acordo que resulte em identificação dos demais envolvidos (art. 86, I, da Lei Antitruste; **C:** incorreta. Não há qualquer limitação neste sentido para o acordo de leniência; **D:** correta, nos termos do art. 86, §1º, I, da Lei Antitruste; **E:** incorreta. A extinção da punibilidade do crime está prevista no art. 87, parágrafo único, da Lei Antitruste a partir do cumprimento do acordo de leniência pelo acusado. HS
Gabarito "D".

(Juiz – TRF 3ª Região – 2016) A Lei nº 12.529, de 30.11.2011, Lei de Defesa da Concorrência – LDC, estrutura o Sistema Brasileiro de Defesa da Concorrência – SBDC, integrado pelo Conselho Administrativo de Defesa Econômica – CADE. Assim, sobre as assertivas que se seguem, assinale a alternativa correta:

I. A prática usualmente denominada "gun jumping" (expressão em inglês que significa "queimar a largada"), conhecida na literatura e jurisprudência estrangeiras, consiste na consumação de atos de concentração econômica, antes da decisão final da autoridade antitruste. A LDC prevê que o controle dos atos de concentração, quando cabíveis, será realizado previamente pelo CADE em 240 (duzentos e quarenta) dias, prorrogáveis, a fim de preservar a livre iniciativa e a concorrência.

II. O critério de submissão dos atos de concentração ao CADE decorre da aferição, cumulativamente, do faturamento bruto anual e do volume de negócios total no País dos grupos envolvidos, apurados no ano anterior à operação.

III. São considerados atos de concentração econômica, pela LDC, as operações nas quais: i) duas ou mais empresas anteriormente independentes se fundem; ii) uma ou mais empresas adquirem, direta ou indiretamente, por compra ou permuta de ações, quotas, títulos ou valores mobiliários conversíveis em ações, ou ativos, tangíveis ou intangíveis, por via contratual ou por qualquer outro meio ou forma, o controle ou partes de uma ou outras empresas; iii) uma ou mais empresas incorporam outra ou outras empresas; ou iv) duas ou mais empresas celebram contrato associativo, consórcio ou joint venture, exceto quando destinados às licitações promovidas pela Administração Pública direta e indireta.

IV. Para fins de evitar o risco de aplicação de multa pecuniária de até R$60.000.000,00 (sessenta milhões de reais), dentre outras consequências, as partes envolvidas em um ato de concentração deverão manter as suas estruturas físicas e as condições competitivas inalteradas até a avaliação final do CADE.

(A) Estão corretas apenas as assertivas I e IV.
(B) Estão corretas apenas as assertivas II e IV.
(C) Estão corretas apenas as assertivas I e III.
(D) Todas as assertivas estão corretas.

I: correta, nos termos do art. 88, §§2º e 9º, da Lei Antitruste; **II:** incorreta. O critério é alternativo: faturamento bruto anual OU volume de negócios no país (art. 88, I e II, da Lei Antitruste); **III:** correta, nos termos do art. 90, I a IV, da Lei Antitruste; **IV:** considerada incorreta pelo gabarito oficial. Entendemos que a alternativa está correta, o que anularia a questão. Nos termos do art. 147, §2º, do Regimento Interno do CADE: "*As partes deverão manter as estruturas físicas e as condições competitivas inalteradas até a apreciação final* *do Cade, sendo vedadas, inclusive, quaisquer transferências de ativos e qualquer tipo de influência de uma parte sobre a outra, bem como a troca de informações concorrencialmente sensíveis que não seja estritamente necessária para a celebração do instrumento formal que vincule as partes".*

Gabarito "C".

(Procurador da República – 28º Concurso – 2015 – MPF) A Lei 12.529/2011, que estrutura o sistema brasileiro da concorrência, inovou o direito antitruste brasileiro ao prever que:

(A) O conceito de mercado relevante para verificação do abuso de poder econômico passou a ser definido objetivamente pela dimensão geográfica e territorial onde o produto ou serviço é vendido ou prestado.

(B) Serão submetidos ao Conselho Administrativo de Defesa Econômica – CADE os atos de concentração econômica entre grupos que detenham conjuntamente mais de 30% do mercado e faturamento bruto anual mínimo de R$ 100 milhões registrados no último balanço.

(C) O controle dos atos de concentração será prévio, impedindo a criação de fatos consumados que gerem dificuldades econômicas e sociais para o desfazimento do negócio e a sua reversão.

(D) Não há prazo preclusivo para o controle do ato de concentração pelo Conselho Administrativo de Defesa Economica – CADE, possibilitando a análise minuciosa de todas as variáveis e condicionantes da operação.

A: incorreta. Não havia na lei anterior e ainda não há um conceito objetivo de mercado relevante; **B:** incorreta. São submetidos ao CADE os atos de concentração econômica nos quais um dos grupos tenha obtido faturamento anual de R$ 400.000.000,00 ou mais e pelo menos um outro grupo tenha obtido faturamento igual ou superior a R$ 30.000.000,00 no ano anterior (art. 88 da Lei 12.529/2011); **C:** correta. Trata-se da função preventiva da atuação do CADE, visando a evitar danos irreversíveis à concorrência e aos consumidores; **D:** incorreta. O processo deve ser encerrado no prazo de 240 dias (art. 88, § 2º, da Lei 12.529/2011).

Gabarito "C".

(Procurador da República – 28º Concurso – 2015 – MPF) Com base na Lei 12.529/2011, que regula os procedimentos administrativos para prevenção, apuração e repressão de infração à ordem econômica no sistema brasileiro de defesa da concorrência, é correto afirmar que:

(A) O acordo de leniência é celebrado pelo presidente do Tribunal Administrativo de Defesa Econômica com todas as empresas ou pessoas jurídicas que possam colaborar com as investigações de infrações à ordem econômica;

(B) A Agência Reguladora poderá recorrer ao Tribunal Administrativo de Defesa Econômica contra a decisão da Superintendência-Geral do CADE que aprovar ato de concentração entre empresas que atuem no seu mercado regulado;

(C) No processo administrativo instaurado para prevenção, apuração e repressão de infração à ordem econômica, somente se admite a intervenção de terceiros titulares de direitos ou interesses que possam ser afetados pela decisão a ser adotada;

(D) O acordo de leniência não impede o oferecimento de denúncia criminal com relação ao agente beneficiário da leniência e nem suspende o curso do prazo prescricional dos crimes contra à ordem econômica e dos demais crimes relacionados à pratica de cartel.

A: incorreta. O acordo de leniência é celebrado junto à Superintendência-Geral (art. 86 da Lei 12.529/2011); **B:** correta, nos termos do art. 65, I, da Lei 12.529/2011; **C:** incorreta. Também está autorizada a intervenção daqueles legitimados à propositura de ação civil pública (art. 50, II, da Lei 12.529/2011); **D:** incorreta. Enquanto vigente o acordo de leniência, fica suspensa a prescrição da pretensão punitiva por crime contra a ordem econômica e formação de cartel, além de impedido o oferecimento de denúncia (art. 87 da Lei 12.529/2011).

Gabarito "B".

(Procurador/DF - 2013 - CESPE) Relativamente à defesa da concorrência no ordenamento jurídico brasileiro, julgue os itens que se seguem.

(1) Praticará infração da ordem econômica a empresa de serviços de comunicação por televisão que exigir do promotor de determinado evento a exclusividade para a divulgação de publicidade desse evento.

(2) Se determinada empresa infringir a ordem econômica, caberá ao Conselho Administrativo de Defesa Econômica (CADE) decidir pela existência ou não da infração, cabendo ao Poder Judiciário a aplicação das penalidades previstas em lei.

(3) A empresa que, mesmo sem culpa, praticar ato que tenha por objetivo produzir aumento arbitrário de seus lucros cometerá uma infração da ordem econômica.

1: correta, pois se trata de conduta que caracteriza infração da ordem econômica – art. 36, § 3º, VI, da Lei Antitruste – LAT (Lei 12.529/2011); **2:** incorreta, pois compete ao próprio Tribunal Administrativo de Defesa Econômica do CADE aplicar as penalidades atinentes às infrações à ordem econômica – art. 9º, II, da LAT; **3:** correta, pois se trata de ato que constitui infração da ordem econômica, independentemente de culpa, ainda que os efeitos não sejam alcançados – art. 36, III, da LAT.

Gabarito 1C, 2E, 3C.

(Procurador da República – 26º) Sobre a concentração econômica e o abuso de poder econômico é correto afirmar que:

(A) O monopólio natural no setor de infraestrutura com alto custo de produção representa prejuízo aos agentes econômicos e custos elevados para os consumidores e por isso, é combalido pelo sistema brasileiro de defesa da concorrência:

(B) O monopsônio ocorre quando existe um grande comprador de determinada mercadoria, em geral matéria-prima, e o preço é determinado em grande medida por ele e não pelo vendedor;

(C) O cartel se caracteriza pela celebração de acordo vertical entre agentes econômicos que desenvolvem suas atividades em mercados relevantes diversos, mas complementares

(D) De acordo com a Lei 12.529/11, a possibilidade de impor preços não equitativos ao mercado é uma das características da posição dominante. Entretanto, apenas constitui infração à ordem econômica a fixação artificial do preço acima do custo, por ser prejudicial ao consumidor, a fixação do preço abaixo do custo, *a contrario sensu* não pode ser considerada infração à ordem econômica.

A: incorreta. O monopólio natural ocorre quando uma só empresa consegue ofertar um produto ou serviço a um mercado inteiro com custos e preços menores do que se houvesse vários fornecedores. São exemplos a distribuição de água e de energia elétrica. Esse monopólio, por suas características, é totalmente lícito, porque é uma consequência natural de determinados mercados e é benéfico aos consumidores; **B:** correta. Monopsônio é o equivalente do monopólio, porém sob o prisma do consumidor. Trata-se de mercado onde existe apenas um grande comprador de determinado produto, o que lhe dá grande poder econômico para determinar as condições de oferta do bem; **C:** incorreta. O cartel é considerado uma concentração **horizontal**, na qual diversos fornecedores antes concorrentes celebram acordos para ajustar preços e condições de oferta sobre seus produtos, lesando a concorrência e os consumidores; **D:** incorreta. A parte final da alternativa está invertida. A infração à ordem econômica decorre da fixação de preços **abaixo** do preço de custo, prática conhecida como *dumping* (art. 36, § 3º, XV, da Lei Antitruste).

Gabarito "B".

4. DIREITO ECONÔMICO INTERNACIONAL

(Procurador – PGFN – ESAF – 2015) Sobre a Ordem Econômica Internacional e Regional, assinale a opção correta.

(A) A Organização Mundial de Comércio foi constituída na Conferência de Bretton Woods, em 1994, após negociações formuladas na denominada "Rodada Uruguai".

(B) O MERCOSUL não possui personalidade jurídica de direito internacional e, por essa razão, suas decisões necessitam do consenso de todos os países membros.

(C) O Protocolo de Brasília é o que atualmente regula a solução de conflitos dentro do MERCOSUL.

(D) A República Federativa do Brasil subscreveu o acordo de compras governamentais (GPA) proposto pela OMC, o que estabelece que, na contratação pública de bens e serviços feita por um país signatário, os oriundos dos demais estados celebrantes não receberão tratamento menos favorável do que os nacionais.

(E) Considera-se prática de *dumping* a introdução de um produto no mercado doméstico brasileiro, inclusive sob as modalidades de *drawback*, a um preço de exportação inferior ao seu valor normal, considerando-se como valor normal o preço do produto similar, em operações comerciais normais, destinado ao consumo no mercado interno do país exportador.

A: incorreta, pois a OMC surgiu com o Acordo de Marraquexe, em 1994; **B:** incorreta, pois o Mercosul possui personalidade jurídica de direito internacional, conforme o art. 8º, III, do Protocolo de Ouro Preto, promulgado pelo Decreto 1.901/1996; **C:** incorreta, pois aplica-se o Protocolo de Olivos, promulgado pelo Decreto 4.982/2004; **D:** incorreta, pois o Brasil, como a maior parte dos países em desenvolvimento, não é signatário do GPA; **E:** correta, pois há *dumping* quando determinado produto é exportado por preço inferior ao que é normalmente praticado no mercado doméstico (pode, ou não, decorrer de subsídio concedido pelo país exportador) – art. 2º, 1, do Acordo *Antidumping*, promulgado pelo Decreto 93.941/1987.

Gabarito "E".

(Advogado da União/AGU – CESPE – 2012) Julgue os itens a seguir, relativos ao MERCOSUL.

(1) O MERCOSUL não é uma organização supranacional, razão pela qual as normas emanadas dos seus órgãos não têm caráter obrigatório nem aplicação direta; para ter eficácia, elas devem ser incorporadas formalmente no ordenamento jurídico dos Estados-membros.

(2) Visando à solução de controvérsias no âmbito do MERCOSUL, os particulares podem peticionar diretamente ao Tribunal Arbitral *Ad Hoc* e ao Tribunal Permanente de Revisão.
(3) Cabe ao Conselho do MERCOSUL, órgão superior composto pelos ministros das Relações Exteriores e os da Economia dos Estados--partes, conduzir a política do processo de integração e tomar decisões destinadas a assegurar o cumprimento dos objetivos e prazos estabelecidos para a constituição definitiva do MERCOSUL.

1: correta. Organizações supranacionais são aquelas nas quais os países membros abrem mão de parcela de sua soberania e entregam-na a órgãos criados e administrados em conjunto, garantindo soluções comuns às questões econômicas e judiciais de interesse do bloco. Não é o caso do MERCOSUL, porque ele ainda se encontra no âmbito das decisões intergovernamentais, ou seja, das reuniões dos membros do bloco econômico exsurgem apenas novos tratados internacionais que, dada sua natureza, dependem de incorporação ao ordenamento jurídico interno de cada país para terem eficácia; **2:** incorreta. O Tribunal Arbitral Ad Hoc e o Tribunal Permanente de Revisão são acessíveis somente aos Estados-partes (arts. 9º, 17 e 23 do Protocolo de Olivos). Os particulares devem formalizar suas reclamações ante a Seção Nacional do Grupo Mercado Comum de seu país (art. 40 do Protocolo de Olivos); **3:** correta, nos termos dos arts. 3º e 4º do Protocolo Adicional ao Tratado de Assunção.

Gabarito 1C, 2E, 3C

(Procurador da República – 26º) Com relação ao Mercado Comum do Sul – MERCOSUL é correto afirmar que:
(A) Trata-se de um acordo de união aduaneira para a constituição de um mercado econômico regional formado por cinco países-membros com direto a voto (Brasil, Argentina, Paraguai, Uruguai e Chile) e ainda cinco países associados com direito a voz (Bolívia, Venezuela, Colômbia, Equador e Peru), que aguardam a aprovação do Conselho do Mercado Comum para se tornarem membros plenos;
(B) Por se tratar de um agrupamento regional formado por Estados soberanos, sem unidade monetária ou política, o MERCOSUL não possui personalidade jurídica de direito internacional e, por consequência, não pode realizar acordos comerciais com países estranhos aos seus membros plenos e associados;
(C) Ele está fundado na reciprocidade de direitos e obrigações entre os Estados-partes e no compromisso de harmonizar suas legislações para coordenar as políticas macroeconômicas de comércio exterior, agrícola, industrial, fiscal, monetária, cambial, de serviços, alfandegária, de transportes e comunicações;
(D) O Tratado de Assunção, que começou a vigorar em 2004 e atualmente regula o mecanismo de solução de controvérsias entre os países-membros prevê que os litígios sejam examinados pelo Tribunal Arbitral Permanente de Revisão do MERCOSUL, que é formado pelos Ministros das Relações Exteriores dos cinco países-membros com direito a voto.

A: incorreta. O Chile é um Estado associado ao MERCOSUL desde 1996, mas ainda não se considera membro pleno por não ter direito a voto. Além disso, em 2012 a Venezuela tornou-se um membro pleno do bloco e a Bolívia aguarda apenas a internalização aos ordenamentos jurídicos nacionais de seu Protocolo de Adesão para tornar-se o sexto membro com direito a voto; **B:** incorreta. O art. 34 do Protocolo Adicional ao Tratado de Assunção Sobre a Estrutura Institucional do Mercosul – Protocolo de Ouro Preto (Decreto 1.901/1996) – dota o bloco de personalidade jurídica de direito internacional; **C:** correta, nos termos do art. 1º do Tratado de Assunção para a Constituição de um Mercado Comum; **D:** incorreta. O Tribunal Permanente de Revisão – TPR – foi criado pelo Protocolo de Olivos, em 2002, promulgado no Brasil por meio do Decreto 4.982/2004, e é formado por cinco árbitros, designados cada um por um dos Estados-partes.

Gabarito "C"

5. QUESTÕES COMBINADAS E OUTROS TEMAS

(Advogado União – AGU – CESPE – 2015) Em relação à Lei Antitruste e às infrações contra a ordem econômica nela previstas, julgue os itens subsequentes.
(1) Dominar mercado relevante, para efeito de infração prevista na lei em questão, corresponde ao fato de um agente econômico conquistar o mercado mediante processo natural, fundado na maior eficiência em relação a seus competidores.
(2) Para que se configure a infração de exercer de forma abusiva posição dominante, há que se provar o dolo na prática da conduta.
(3) O fato de empresas coligadas do mesmo grupo econômico acordarem ou combinarem os preços dos seus produtos caracteriza a prática de infração contra a ordem econômica.
(4) Empresa que arbitrariamente aumentar seus lucros, mesmo que não tenha concorrente no mercado, praticará infração contra a ordem econômica.

1: Incorreta, pois a conquista de mercado resultante de processo natural fundado na maior eficiência de agente econômico em relação a seus competidores não caracteriza o ilícito de dominação de mercado relevante, por expressa determinação legal – art. 36, § 1º, da Lei Antitruste – LAT (Lei 12.529/2011). **2:** Incorreta, pois os atos que configuram infração à ordem econômica independem de culpa – art. 36, *caput*, da LAT. **3:** Incorreta, pois o ilícito se refere a combinar preços *com concorrente* – art. 36, § 3º, I, da LAT. **4:** Correta, conforme art. 36, III, da LAT.

Gabarito 1E, 2E, 3E, 4C

(Procurador – PGFN – ESAF – 2015) Sobre as disposições normativas pertinentes à livre-iniciativa e à livre concorrência, assinale a opção que retrata a jurisprudência corrente sobre a matéria.
(A) Não ofende o princípio da livre concorrência lei municipal que impede a instalação de estabelecimentos comerciais do mesmo ramo em determinada área.
(B) É válida cláusula inserida em estatuto de cooperativa de trabalho que impõe exclusividade aos médicos cooperados, de modo que não possam atender por nenhum outro plano de saúde.
(C) Lei municipal não pode fixar horário de funcionamento para o comércio.
(D) Não há inconstitucionalidade em norma legal federal que conceda passe livre às pessoas portadoras de deficiência no sistema de transporte coletivo interestadual.
(E) A exigência, pela Fazenda Pública, de prestação de fiança para a impressão de notas fiscais de contribuintes em débito com o Fisco não ofende o primado da livre atividade econômica.

A: incorreta, pois a jurisprudência sumulada pelo STF reconhece ser inconstitucional essa proibição por ofensa ao princípio da livre concorrência – Súmula Vinculante 49/STF. **B:** incorreta, sendo pacífico o entendimento do STJ pela invalidade dessa cláusula de exclusividade – ver EREsp 191.080/SP; **C:** incorreta, pois o STF pacificou o entendimento quanto à competência do município para fixar o horário de funcionamento de estabelecimento comercial – Súmula Vinculante 38/STF; **D:** correta, conforme entendimento do STF – ver ADI 2.649/DF; **E:** incorreta, pois o STF entende inconstitucional a exigência de fiança para expedição de notas fiscais, por se tratar de indevida sanção política – ver RE 565.048/RS.

Gabarito "D"

(Procurador – PGFN – ESAF – 2015) A respeito do Sistema Brasileiro de Defesa da Concorrência, assinale a opção incorreta.
(A) O Conselho Administrativo de Defesa Econômica é constituído pelos seguintes órgãos: Tribunal Administrativo de Defesa Econômica, Superintendência-Geral e Departamento de Estudos Econômicos.
(B) Funcionará junto ao Conselho Administrativo de Defesa Econômica, Procuradoria Federal Especializada, competindo-lhe promover a execução judicial de suas decisões e julgados.
(C) Compete à Secretaria de Acompanhamento Econômico propor a revisão de leis, que afetem ou possam afetar a concorrência nos diversos setores econômicos do País.
(D) Constituem infração da ordem econômica, independentemente de culpa: dominar mercado relevante de bens ou serviços, assim como exercer posição dominante.
(E) O Conselho Administrativo de Defesa Econômica poderá celebrar acordo de leniência, com a extinção da ação punitiva da administração pública ou a redução de 1 (um) a 2/3 (dois terços) da penalidade aplicável.

A: correta, conforme art. 5º da LAT; **B:** correta – art. 15, III, da LAT; **C:** correta, nos termos do art. 19, VI, da LAT; **D:** incorreta, pois o exercício de posição dominante somente é infração da ordem econômica se ocorre de forma abusiva – art. 36, IV, da LAT; **E:** correta, conforme art. 86 da LAT.

Gabarito "D"

(Juiz – TRF 4ª Região – 2016) Assinale a alternativa correta.
Acerca dos institutos de Direito Econômico e Concorrencial:
(A) A Lei nº 12.529/2011 (Lei Antitruste) aplica-se quando os atos de concentração econômica realizados no exterior produzam ou possam produzir efeitos significativos no mercado interno brasileiro.
(B) Admite-se a possibilidade de restrições ao comércio internacional com o fito de proteger o comércio doméstico somente quando consumado o prejuízo frente às importações, por meio de medidas de salvaguarda.
(C) A dominação de mercado relevante de bens ou serviços constitui infração contra ordem econômica apenas quando comprovada a culpa do agente ativo.
(D) As empresas públicas prestadoras de serviços públicos que atuam diretamente na atividade econômica não podem gozar de privilégios fiscais não extensivos às do setor privado, haja vista a manifesta afronta ao princípio da livre-concorrência.
(E) A prática de truste consiste na associação entre empresas do mesmo ramo de produção com objetivo de dominar o mercado e disciplinar a concorrência, implicando prejuízo da economia por impedir o acesso do consumidor à livre-concorrência.

A: considerada como correta pelo gabarito oficial, mas passível de críticas. Afinal, o art. 2º da Lei Antitruste não exige que os resultados em território nacional sejam "significativos"; **B:** incorreta. As medidas de salvaguarda podem ser aplicadas preventivamente, a partir da ameaça de prejuízo grave aos agentes econômicos nacionais (art. 2.1 do Acordo de Salvaguardas); **C:** incorreta. A responsabilidade por infrações à ordem econômica é objetiva (independe de dolo ou culpa) e também se configura independentemente da obtenção do resultado (art. 36 da Lei Antitruste); **D:** incorreta. As empresas públicas prestadoras de serviços públicos gozam de todos os privilégios fiscais. A proibição constitucional se aplica às empresas estatais que exercem atividade econômica (STF, RE 596.729 AgR); **E:** incorreta. A alternativa traz o conceito de cartel. Ocorre truste com a concentração vertical do mercado, a partir da incorporação ou fusão de empresas. **HS**

Gabarito "A".

(Procurador da República – 28º Concurso – 2015 – MPF) As agências reguladoras foram criadas com a finalidade de normatizar os mercados econômicos e equilibrar as relações entre os agentes. Com fundamento na lei, na doutrina especializada e na jurisprudência do Supremo Tribunal Federal pode-se afirmar que:

(A) A independência das agências reguladoras é mitigada pelo controle de juridicidade prévio exercido pelas suas procuradorias, que são vinculadas à Advocacia-Geral da União; pela possibilidade de reexame "*a posteriori*" de seus atos pelo Poder Judiciário; pela vinculação de seu poder normativo à lei; e, pelo controle financeiro realizado pelo Tribunal de Contas;

(B) A autonomia financeira e administrativa das agências se caracterizam pela liberdade de gestão, sendo-lhes permitido arrecadar receitas próprias e organizar suas despesas, sem ingerência dos Poderes Executivo ou Legislativo nos aspectos financeiros e contábeis das despesas relativas às atividades meio e fim;

(C) O sistema constitucional brasileiro não adota o princípio da deslegalização. Nesse sentido, o Supremo Tribunal Federal declarou inconstitucional o poder normativo delegado às Agências reguladoras, impedindo-as de editar atos que normatizem obrigações a serem observadas pelos entes que compõem o mercado regulado;

(D) No plano Federal as agências reguladoras estão previstas no texto constitucional e foram constituídas como autarquias, integrantes da administração direta, vinculadas a Presidência da República, com subordinação hierárquica entre elas e o Ministério competente para tratar da respectiva atividade.

A: correta. A despeito de gozarem de maior autonomia do que as autarquias comuns, os atos das agências reguladoras sujeitam-se a controle de legalidade interno e externo, além do controle econômico-financeiro exercido pelos Tribunais de Contas; **B:** incorreta. Por serem pessoas jurídicas de direito público, o orçamento da União, no caso das agências reguladoras federais, por exemplo, deve abranger as receitas e despesas das autarquias em regime especial (art. 165, § 5º, da CF); **C:** incorreta. A constitucionalidade do poder normativo das agências reguladoras foi declarada pelo STF no julgamento da ADI 1668-MC/DF; **D:** incorreta. As agências reguladoras são autarquias em regime especial, entidades da Administração Pública Indireta. **HS**

Gabarito "A".

(Procurador da República – 26º) A atual Constituição Federal elegeu como preceitos fundamentais da ordem econômica a valorização do trabalho humano, a livre concorrência, a existência digna e a justiça social. Com base nos citados preceitos, e nos princípios elencados nos incisos I a IX do artigo 170 da Carta Magna, é correto afirmar que:

(A) É inconstitucional lei que concede passe livre às pessoas portadoras de deficiências, por afronta aos princípios da ordem econômica, da livre-iniciativa e do direito de propriedade;

(B) É inconstitucional o conjunto de normas de comércio exterior que proíbe a importação de pneumáticos usados por afronta ao princípio do livre exercício da atividade econômica;

(C) É inconstitucional o privilégio da exclusividade no envio de objeto postal de uni remetente para endereço final e determinado concedido à Empresa Brasileira de Correios e Telégrafos – ECT, por afronta ao princípio da livre concorrência;

(D) É inconstitucional Lei Municipal que impede a instalação de estabelecimentos comerciais do mesmo ramo em determinada área, por afronta ao princípio da livre concorrência.

A: incorreta. O STF, no julgamento da ADI 2649/DF, DJ 17.10.2008, afastou a alegação de inconstitucionalidade da Lei nº 8.899/1994, que concede o direito de passe livre às pessoas portadoras de deficiência, afirmando que ela é "parte das políticas públicas para inserir os portadores de necessidades especiais na sociedade e objetiva a igualdade de oportunidades e humanização das relações sociais", além de atender à Convenção sobre os Direitos das Pessoas com Deficiência, assinada pelo Brasil em 2007, ratificada em 01 de agosto de 2008 e aprovada pelo Decreto Legislativo 186, de 09 de julho de 2008; **B:** incorreta. No julgamento da STA 118 AgR, DJ 29.02.2008, o STF sacramentou o entendimento de que é constitucional a proibição de importação de pneumáticos usados por conta da "grave lesão à ordem pública, diante do manifesto e inafastável interesse público à saúde e ao meio ambiente ecologicamente equilibrado", que prevalece sobre o direito ao livre exercício de atividade econômica; **C:** incorreta. O STF entendeu que o privilégio de exclusividade dos Correios, na atividade de envio de objeto postal para endereço final e determinado, é constitucional, por se tratar de serviço público (ADPF 46, DJ 26.02.2010); **D:** correta, nos termos da Súmula 646 do STF ("Ofende o princípio da livre concorrência lei municipal que impede a instalação de estabelecimentos comerciais do mesmo ramo em determinada área").

Gabarito "D".

(Procurador da República – 26º) Com fundamento nos artigos 176 e 20, VIII e IX, da Constituição Federal, que se referem aos potenciais de energia hidráulica e aos recursos minerais, é correto afirmar que:

(A) O particular pode desenvolver trabalhos de pesquisa de jazidas mineral ou fóssil em terra de sua propriedade, mediante autorização por alvará de pesquisa do Departamento Nacional de Produção Mineral – DNPM;

(B) O particular proprietário da terra não pode se opor à pesquisa mineralógica em seu subsolo e, se apurada a existência da jazida, fará jus a concessão da lavra sem prazo determinado, que poderá ser cedida ou transferida, total ou parcialmente, por contrato particular entre as partes;

(C) A pesquisa e a lavra das riquezas minerais em terras indígenas só podem ser efetivadas com autorização do Ministério de Minas e Energia, após a oitiva da Fundação Nacional do Índio – FUNAI;

(D) Compete ao Ministério da Defesa deliberar de forma vinculante e terminativa sobre a preservação e exploração dos recursos naturais na faixa de fronteiras.

A: correta, nos termos do art. 2º, II, do Decreto-lei 227/1967 (Código de Mineração); **B:** incorreta. Nos termos do art. 176, § 3º, da CF, a autorização de pesquisa será sempre concedida por prazo determinado e não poderá ser cedida ou transferida, total ou parcialmente, sem prévia anuência do poder concedente; **C:** incorreta. A autorização deve ser concedida pelo Congresso Nacional, ouvidas as comunidades afetadas (art. 231, § 3º, da CF); **D:** incorreta. A decisão compete ao Ministério das Minas e Energia, observados, contudo, os critérios e condições estabelecidas em lei específica (art. 38, parágrafo único, do Código de Mineração).

Gabarito "A".

16. DIREITO PREVIDENCIÁRIO

Henrique Subi, Hermes Arrais Alencar e Robinson Barreirinhas

1. PRINCÍPIOS E NORMAS GERAIS

(Defensor Público Federal – DPU – 2017 – CESPE) Acerca da seguridade social no Brasil, de sua evolução histórica e de seus princípios, julgue os itens a seguir.

(1) A Lei Eloy Chaves, de 1923, foi um marco na legislação previdenciária no Brasil, pois unificou os diversos institutos de aposentadoria e criou o INPS.

(2) Dado o princípio da universalidade de cobertura, a seguridade social tem abrangência limitada àqueles segurados que contribuem para o sistema.

1: incorreta, pois, embora a Lei Eloy Chaves (Decreto-Legislativo 4.682/1923) seja considerada por muitos o marco da previdência social no Brasil, ela não unificou institutos, nem criou o INPS. Na sistemática da Lei Eloy Chaves, eram criadas caixas de aposentadorias e pensões, de natureza privada, em cada uma das empresas de estrada de ferro para os respectivos empregados. Havia contribuições pelos trabalhadores ferroviários e pelos usuários de transportes. O Estado não participava do custeio ou da administração do sistema; **2:** incorreta, pois, pelo princípio da solidariedade, há benefícios concedidos e serviços prestados independentemente de contribuições, especialmente no âmbito da assistência social e da saúde – arts. 196 e 203 da CF, entre outros. HS

Gabarito: 1E, 2E

(Procurador do Estado – PGE/MT – FCC – 2016) A Constituição Federal do Brasil e a legislação infraconstitucional que dispõe sobre planos de benefícios e custeio da previdência social preveem, como princípio básico da seguridade social,

(A) uniformidade e equivalência dos benefícios entre as populações urbanas e rurais, podendo haver diferenciação entre os serviços dessas populações criada por meio de lei complementar com objetivo de adequar os serviços às características regionais de cada atividade.

(B) universalidade na prestação dos benefícios e serviços, considerado o caráter seletivo e distributivo na cobertura e no atendimento.

(C) preexistência do custeio em relação ao benefício ou serviço para que haja previsão anterior da fonte de recursos que financiará a criação ou ampliação de qualquer benefício ou serviço da previdência pública.

(D) caráter democrático e descentralizado da administração, mediante gestão conjunta tripartite da comunidade, composta de representantes do governo, dos trabalhadores e dos empresários nos órgãos colegiados.

(E) solidariedade, também denominado universalidade de cobertura, que prevê não haver um único tipo de benefício ou serviço, mas diversos, que são concedidos e mantidos de forma seletiva observando a necessidade de cada contribuinte.

A: incorreta. O art. 194, parágrafo único, II, da CF não prevê qualquer exceção ao princípio; **B:** incorreta. Os objetos estão invertidos: universalidade de cobertura e atendimento e seletividade e distributividade na prestação dos benefícios e serviços (art. 194, parágrafo único, I e III, da CF); **C:** correta, nos termos do art. 195, § 5º, da CF; **D:** incorreta. A gestão da seguridade social é quadripartite, pois conta também com a participação dos aposentados (art. 194, parágrafo único, VII, da CF); **E:** incorreta. O princípio da solidariedade impõe que todos aqueles que exerçam atividade remunerada contribuam para a seguridade social não só para a fruição de seus próprios benefícios, mas também porque ela mantém serviços públicos essenciais à dignidade humana (saúde e assistência social, por exemplo). HS

Gabarito: "C".

(Procurador do Estado – PGE/RN – FCC – 2014) Considere as afirmativas abaixo sobre o sistema de seguridade social previsto na Constituição Federal de 1988.

I. Seguridade social compreende um conjunto integrado de ações de iniciativa do poder público e da sociedade, destinado a garantir um elenco essencial de direitos sociais, que compreende as áreas da saúde, assistência social, previdência social e educação básica.

II. Tendo em vista o objetivo da universalidade da cobertura e do atendimento, princípio vetor do sistema de seguridade social brasileiro, contexto no qual está inserida a previdência social, todo aquele que seja alcançada por um risco social terá direito a benefícios previdenciários, levando-se em conta apenas a efetiva existência de necessidade social.

III. Seguridade social se compõe das áreas de saúde, assistência social e previdência social. A saúde e a assistência se direcionam ao cidadão hipossuficiente, enquanto que a previdência apenas a trabalhadores que contribuem para o sistema previdenciário.

IV. O princípio da uniformidade e equivalência entre as prestações devidas às populações urbana e rural decorre do princípio da isonomia e, por isso mesmo, não impede a existência de regras diferenciadas de acesso a benefícios previdenciários pela população rural.

Está correto o que se afirma APENAS em:

(A) IV.
(B) I e III.
(C) I.
(D) III.
(E) II e III.

I: incorreta. A seguridade social não compreende a educação básica em seu bojo (art. 194 da CF); **II:** incorreta. A previdência social é de caráter contributivo, ou seja, somente tem acesso aos benefícios previdenciários quem pagar o tributo conhecido como contribuição previdenciária (art. 201 da CF); **III:** incorreta. A saúde é direito de todos, não só dos hipossuficientes (art. 196 da CF); **IV:** correta. Vale frisar apenas que a diferenciação deve ser feita pela própria Constituição, como o faz para a aposentadoria por idade (art. 201, § 7º, II, da CF). HS

Gabarito: "A".

(Juiz – TRF 4ª Região – 2016) Assinale a alternativa correta.

Com base nos conceitos e nos princípios informadores da Previdência Social:

(A) O Regime Geral da Previdência Social deverá observar critérios que preservem o equilíbrio financeiro e atuarial, bem como possuir caráter contributivo e filiação obrigatória.

(B) O caráter democrático e descentralizado da administração da Previdência Social garante participação dos empregadores, dos aposentados e do Governo nos órgãos colegiados, conformando a denominada gestão tripartite.

(C) É assegurado o reajustamento dos benefícios previdenciários para preservar-lhes, em caráter permanente, o valor real, conforme critérios definidos em decreto anual do Presidente da República.

(D) A Previdência Social, organizada sob a forma do regime geral, atenderá, exclusivamente, nos termos da lei, à cobertura dos eventos de doença, morte e idade avançada.

(E) É vedada a adoção de requisitos e critérios diferenciados para a concessão de qualquer aposentadoria no Regime Geral da Previdência Social, por força do princípio da equivalência e da uniformidade dos benefícios.

A: correta, nos termos do art. 201, "caput", da CF; **B:** incorreta. A gestão será quadripartite, acolhendo também representante dos trabalhadores (art. 194, parágrafo único, VII, da CF); **C:** incorreta. Os critérios de reajuste dos benefícios devem ser definidos em lei (art. 201, §4º, da CF); **D:** incorreta. O rol do art. 201, dentro do qual se localizam os eventos doença, morte e idade avançada, contempla outras tantas contingências e não é exaustivo, sendo permitida sua ampliação (art. 201, §5º, da CF); **E:** incorreta, porque, excepcionalmente, é

---

* **Henrique Subi** comentou as questões dos concursos do Ministério Público, das demais questões dos concursos de Magistratura Federal e Ministério Público Federal, das provas dos concursos referentes à advocacia das empresas estatais, autarquias e agências reguladoras e dos seguintes concursos: Analista TCE/PA/2016, Analista TCE/PR/2016, Procurador do Estado 2016, DPE/RN/2016 e DPE/ES/2016, DPU 2015, DPE/PE – 2015 – CESPE , Defensor/PA – 2015 – FMP, Procurador do Município – São Paulo/ SP – 2014 – VUNESP, Procurador do Município – Cuiabá/MT – 2014 – FCC, Magistratura do Trabalho – 2ª Região – 2014, Magistratura do Trabalho – 3ª Região – 2014, Analista – TRT/2ª – 2014 – FCC, Analista – TRT/16ª – 2014 – FCC, Delegado/PA – 2013 – UEPA, Defensoria/DF – 2013 – CESPE, Procurador do Estado do DF/13, GO/2010, MG/12, MT/11, PR/11 e RS/2010 e Sorocaba/12; **Hermes Arrais Alencar** comentou as questões dos concursos trabalhistas e **Robinson S. Barreirinhas** comentou as questões dos concursos de Defensoria, Delegado e as demais questões dos concursos de Procuradoria e dos seguintes concursos federais: MAGFED/3ªR./2010, MAGFED/3ª/XIII, MAGFED/4ª/2010, MAGFED/5ª/11.

aceita a existência de critérios diferentes em caso de atividades insalubres ou perigosas ou para pessoas portadoras de deficiência (art. 201, §1º, da CF). HS

Gabarito "A".

(Defensor Público – DPE/ES – 2016 – FCC) No Brasil, após a Constituição de 1988, houve uma profunda mudança na forma de disciplinar a seguridade social, um panorama normativo que compreende a

(A) previdência que contará apenas com a contribuição dos a ela vinculados, a saúde que contará com o esforço da sociedade e a assistência social que é fruto do esforço do terceiro setor.

(B) aposentadoria a todos que atingirem 60 anos de idade, se homens e 50 anos de idade, se mulheres, a saúde aos vinculados ao INSS e a assistência aos hipossuficientes.

(C) previdência aos contribuintes, a saúde para todos e a assistência social a quem dela necessitar.

(D) saúde de todos, apenas no que se restringe ao atendimento básico, a previdência paga a todos que não tiverem emprego e a assistência social, que é um atendimento multidisciplinar, desde que não importe no pagamento de qualquer valor em moeda.

(E) previdência como modelo contributivo e filiação facultativa, a assistência social como programa dirigido a todos, como é, também, a saúde.

A: incorreta. A Constituição estabeleceu o princípio da diversidade da base de financiamento da seguridade social (art. 194, VI, da CF), de forma que a previdência, a saúde e a assistência social são mantidas por contribuições oriundas das empresas, dos segurados, das receitas de concursos de prognósticos e das importações (art. 195 da CF); **B:** incorreta. A aposentadoria por idade se dará aos 65 anos de idade, se homem, e 60, se mulher, reduzidos patamares em cinco anos somente para os trabalhadores rurais (art. 201, § 7º, II, da CF). A saúde é direito de **todos** e dever do estado (art. 196 da CF), portanto acessível a qualquer pessoa, mesmo que não vinculada ao INSS; **C:** correta, nos termos dos arts. 196 (saúde), 201 (previdência) e 203 (assistência) da CF; **D:** incorreta. A garantia de acesso à saúde é plena, não se restringindo ao atendimento básico. A previdência é paga a todos aqueles que por ela contribuírem (art. 201 da CF). Por fim, é totalmente possível o pagamento de benefícios de assistência social em moeda, como, por exemplo, aquele previsto no art. 203, V, da CF; **E:** incorreta. A filiação à previdência é obrigatória (art. 201 da CF) e a assistência será prestada somente a quem dela necessitar (art. 203 da CF).

Gabarito "C".

(Analista Jurídico –TCE/PA – 2016 – CESPE) Acerca do regime geral e dos regimes especiais de previdência social, julgue os itens seguintes.

(1) É competência privativa da União legislar sobre previdência social, sendo, portanto, vedado aos estados e ao Distrito Federal legislar sobre essa matéria.

(2) O prefeito municipal que não esteja vinculado a regime próprio de previdência social é segurado obrigatório do regime geral de previdência social.

1: incorreta. A competência legislativa é concorrente (art. 24, XII, da CF), sendo que os Estados e o DF a exercem regulamentando a previdência social de seus servidores públicos efetivos; **2:** correta, nos termos do art. 12, I, "j", da Lei nº 8.212/1991.

Gabarito 1E, 2C.

(Procurador do Estado/AM – 2016 – CESPE) A respeito do surgimento e da evolução da seguridade social, julgue os itens a seguir.

(1) No Brasil, iniciou-se o regime próprio de previdência dos servidores públicos com o advento da Lei Eloy Chaves, em 1923, que determinou a criação das caixas de aposentadorias e pensões para os ferroviários.

(2) A Constituição Mexicana de 1917 e a Constituição de Weimar de 1919, ao constitucionalizar um conjunto de direitos sociais, colocando-os no mesmo plano dos direitos civis, marcaram o início da fase de consolidação da seguridade social.

1: incorreta. A Lei Eloy Chaves, na verdade, é um marco histórico da previdência como um todo no Brasil, não só dos regimes próprios. A partir dela a previdência se tornou efetivamente social, porque custeada por diversos setores da sociedade; **2:** correta. As duas constituições mencionadas foram efetivamente aquelas que deram início ao modelo de seguridade social criada e mantida pelo Estado.

Gabarito 1E, 2C.

(Procurador do Município – São Paulo/SP – 2014 – VUNESP) Considerando-se os princípios e diretrizes que regem a Seguridade Social, é correto afirmar que

(A) os princípios e diretrizes da Saúde se estendem à esfera da Previdência Social.

(B) o direito à saúde é garantido a todos, independentemente da qualidade de contribuintes da previdência social.

(C) a base de financiamento da seguridade social é composta por contribuição dos segurados e, no caso de empregados, dos empregadores.

(D) a seguridade social compreende um conjunto de ações destinado a assegurar o direito da sociedade à saúde e à previdência social.

(E) a universalidade da cobertura e do atendimento garante o direito de toda a população aos benefícios da previdência social.

A: incorreta. A questão é um tanto maldosa, porque induz o candidato a pensar nos **objetivos** da seguridade social previstos no parágrafo único do art. 194 da CF, os quais são aplicáveis às três esferas da seguridade (saúde, previdência social e assistência social). As **diretrizes** da Saúde estão previstas no art. 198 da CF e lhe são próprias, não se estendendo às demais esferas: descentralização, com direção única em cada esfera de governo; atendimento integral, com prioridade para as atividades preventivas, sem prejuízo dos serviços assistenciais; e participação da comunidade; **B:** correta, nos termos do art. 196 da CF, que dispõe que a saúde é direito de **todos**, sem fazer qualquer ressalva; **C:** incorreta. A contribuição social da empresa e entidades a ela equiparadas incidente sobre a folha de salários abrange a remuneração paga a qualquer pessoa física que lhe preste serviço, seja ela empregada ou contribuinte individual; **D:** incorreta. Faltou mencionar a assistência social (art. 194 da CF); **E:** incorreta. A universalidade da cobertura e do atendimento, objetivo da seguridade social previsto no art. 194, parágrafo único, I, da CF, deve ser interpretada à luz das regras incidentes sobre cada esfera da seguridade. No caso da previdência social, ela (a universalidade) será garantida a todos aqueles que **contribuírem** para o RGPS, nos termos do art. 201 da CF.

Gabarito "B".

(Magistratura do Trabalho – 2ª Região – 2014) Em relação ao tratamento constitucional da seguridade e da previdência social, aponte a alternativa correta:

(A) A seguridade social se rege pelo princípio democrático, consubstanciado na descentralização de sua administração, mediante gestão tripartite, com participação dos trabalhadores, empregadores e governo nos órgãos colegiados.

(B) A previdência social se constitui no conjunto de ações do Poder Público e da sociedade que assegura os direitos relativos à saúde, à seguridade social e à assistência social.

(C) São princípios da previdência e da seguridade social a universalidade do atendimento, a seletividade e distributividade na prestação dos serviços e a diversidade da base de financiamento.

(D) A seguridade será financiada observando-se o princípio da equidade e abrangerá, entre outros, os lucros, os rendimentos do trabalho pagos ou creditados a qualquer título à pessoa física que preste serviço e aposentadoria concedida pelo regime geral de previdência.

(E) A previdência social atenderá, nos termos da lei e de forma universal, entre outros, os eventos de doença, proteção à maternidade, em especial ao nascituro, invalidez, auxílio reclusão, morte e idade avançada.

A: incorreta. A gestão será **quadripartite**. A assertiva deixou de mencionar a participação dos aposentados (art. 194, parágrafo único, VII, da CF); **B:** incorreta. É necessária extrema atenção nesse caso, porque a alternativa simplesmente inverte o gênero "seguridade social" com a espécie "previdência social" (art. 194 da CF); **C:** correta, nos termos do art. 194, parágrafo único, I, III e VI, respectivamente, da CF; **D:** incorreta. A aposentadoria concedida pelo RGPS é imune a contribuições sociais (art. 195, II, *in fine*, da CF); **E:** incorreta. A previdência social não contempla o nascituro, ao menos não expressamente. O art. 201, II, da CF estabelece a proteção à maternidade, especialmente à **gestante**.

Gabarito "C".

(Delegado/PA – 2013 – UEPA) Sobre o financiamento da seguridade social, assinale a afirmativa correta.

(A) A seguridade social será financiada por toda a sociedade, de forma direta e indireta, nos termos da lei, mediante recursos provenientes dos orçamentos da União, dos Estados, do Distrito Federal e dos Municípios, e de contribuições sociais como a do o empregador, da empresa e da entidade a ela equiparada na forma da lei, incidentes sobre: a) a folha de salários e demais rendimentos do trabalho pagos ou creditados, a qualquer título, à pessoa física que lhe preste serviço, desde que com vínculo empregatício; b) a receita ou o faturamento; c) o lucro.

(B) Nenhum benefício ou serviço da seguridade social poderá ser criado, majorado ou estendido sem a correspondente fonte de custeio total, a não ser que seja autorizado pelo chefe do Poder Executivo, que tem legitimidade para propor o projeto de lei orçamentária.

(C) A proposta de orçamento da seguridade social será elaborada de forma integrada pelos órgãos responsáveis pela saúde, previdência social e assistência social, considerando o disposto na lei de diretrizes orçamentárias, devendo ser unificada a gestão dos recursos apenas pela área da assistência social.

(D) É vedada a utilização, sem autorização legislativa específica, de recursos dos orçamentos fiscal e da seguridade social para suprir necessidade ou cobrir déficit de empresas, fundações e fundos.

(E) A previdência social será organizada sob a forma de regime geral, de caráter contributivo e de filiação obrigatória, observados critérios que preservem o equilíbrio financeiro e atuarial, e atenderá, nos termos da lei, a proteção à maternidade, especialmente à gestante, a proteção ao trabalhador em situação de desemprego involuntário; salário-família e auxílio-reclusão para os dependentes dos segurados de qualquer renda.

A: incorreta. A contribuição social das empresas incidente sobre a folha de pagamento atinge a totalidade dos valores pagos ou creditados a pessoas físicas que lhe prestem serviço, tenham elas vínculo empregatício ou não (art. 195, I, "a", da Constituição Federal); **B**: incorreta. Não há exceções para a regra da previsão do custeio de novos benefícios (art. 195, § 5º, da CF); **C**: incorreta. A gestão dos recursos é individualizada entre cada uma das áreas que compõem a seguridade social (art. 195, § 2º, *in fine*, da CF); **D**: correta, nos termos do art. 167, VIII, da CF; **E**: incorreta. O salário-família e o auxílio-reclusão são pagos apenas, respectivamente, aos segurados e dependentes de **baixa** renda (art. 201, IV, da CF).

Gabarito "D".

(Delegado/PA – 2013 – UEPA) Assinale a alternativa correta sobre o regime de previdência social:

(A) É facultada a adoção de requisitos e critérios diferenciados para a concessão de aposentadoria aos beneficiários do regime geral de previdência social, ressalvados os casos de atividades exercidas sob condições especiais que prejudiquem a saúde ou a integridade física e quando se tratar de segurados portadores de deficiência, nos termos definidos em lei complementar.

(B) O regime de previdência privada, de caráter complementar e organizado de forma autônoma em relação ao regime geral de previdência social, será obrigatório, baseado na constituição de reservas que garantam o benefício contratado, e regulado por lei complementar.

(C) É vedada a filiação ao regime geral de previdência social, na qualidade de segurado facultativo, de pessoa participante de regime próprio de previdência.

(D) Os Estados não podem legislar sobre previdência social, uma vez que se trata de competência privativa da União.

(E) A previdência social será organizada sob a forma de regime geral, de caráter contributivo e de filiação facultativa, observados critérios que preservem o equilíbrio financeiro e atuarial.

A: incorreta. É **vedada** a adoção de critérios diferenciados, salvo nas hipóteses narradas na alternativa (art. 201, § 1º, da CF); **B**: incorreta. O regime de previdência privada é **facultativo** (art. 202, *caput*, da CF); **C**: correta, nos termos do art. 201, § 5º, da CF; **D**: incorreta. A competência em questão é **concorrente**, cabendo aos Estados legislar sobre seu regime **próprio** de previdência (art. 24, XII, da CF); **E**: incorreta. A filiação ao regime geral de previdência social é **obrigatória** em caso de exercício de atividade remunerada (art. 201 da CF).

Gabarito "C".

(Magistratura do Trabalho – 3ª Região – 2014) São princípios e diretrizes da Seguridade Social, EXCETO:

(A) Universalidade da cobertura e do atendimento.
(B) Seletividade e distributividade na prestação dos benefícios e serviços.
(C) Unidade da base de financiamento.
(D) Equidade na forma de participação no custeio.
(E) Irredutibilidade do valor dos benefícios.

Todas as alternativas representam objetivos constitucionais da seguridade social (art. 194, parágrafo único, I, III, V e IV, respectivamente), com exceção da letra "C", que deve ser assinalada. Na verdade, inciso VI do mencionado dispositivo prevê a **diversidade** da base de financiamento, justamente para evitar a dependência da seguridade social em relação a uma única fonte de custeio.

Gabarito "C".

(Defensor Público/AM – 2013 – FCC) Conforme dispõe a Constituição da República Federativa do Brasil, compete ao Poder Público, nos termos da lei, organizar a seguridade social, com base no objetivo de

(A) universalidade da cobertura e singularidade no atendimento.
(B) unidade na base do financiamento e custeio.
(C) equidade na forma de participação no custeio.
(D) centralização na administração, com direção única em todas as esferas de governo.
(E) diversidade dos benefícios e serviços às populações urbanas e rurais, em razão das suas peculiaridades.

A: incorreta, pois há o objetivo da universalidade do atendimento, não da singularidade – art. 194, parágrafo único, I, da CF; **B**: incorreta, pois há o objetivo da diversidade da base de financiamento e da equidade na forma de participação no custeio – art. 194, parágrafo único, V e VI, da CF; **C**: correta, conforme comentário à alternativa anterior; **D**: incorreta, pois há o objetivo do caráter democrático e descentralizado da administração, mediante gestão quadripartite, com participação dos trabalhadores, dos empregadores, dos aposentados e do Governo nos órgãos colegiados – art. 194, parágrafo único, VII, da CF; **E**: incorreta, pois há o objetivo da uniformidade e equivalência dos benefícios e serviços às populações urbanas e rurais – art. 194, parágrafo único, II, da CF.

Gabarito "C".

(Defensor Público/AM – 2013 – FCC) A seguridade social compreende um conjunto integrado de ações de iniciativa dos Poderes Públicos e da sociedade, destinados a assegurar os direitos relativos à saúde, à previdência e à assistência social. Nesta seara, nos termos das previsões constitucionais, é correto afirmar que

(A) a proposta de orçamento da seguridade social será elaborada de forma centralizada e não integrada, não sendo assegurada a cada área a gestão de seus recursos, visto que devem ser observadas as peculiaridades e necessidades de cada área.

(B) as receitas dos Estados, do Distrito Federal e dos Municípios destinadas à seguridade social constarão dos respectivos orçamentos, não integrando o orçamento da União.

(C) os recursos do orçamento da seguridade social previstos na Constituição Federal não financiarão o sistema único de saúde, bem como as ações governamentais na área de assistência social não serão realizadas com tais recursos, mas apenas por meio de outras fontes arrecadatórias.

(D) a previdência social será organizada sob a forma de regime geral, de caráter contributivo e de filiação obrigatória, observados critérios que preservem o equilíbrio financeiro atuarial, razão pela qual não atenderá a proteção ao trabalhador em situação de desemprego involuntário.

(E) não constitui atribuição do sistema único de saúde participar da formulação da política e da execução das ações de saneamento básico.

A: incorreta, pois a proposta de orçamento da seguridade social será elaborada de forma integrada pelos órgãos responsáveis pela saúde, previdência social e assistência social, tendo em vista as metas e prioridades estabelecidas na lei de diretrizes orçamentárias, assegurada a cada área a gestão de seus recursos – art. 195, § 2º, da CF; **B**: correta, pois reflete o disposto no art. 195, § 1º, da CF; **C**: incorreta, pois o sistema único de saúde e as ações governamentais na área da assistência social serão realizadas com recursos do orçamento da seguridade social, além de outras fontes, nos termos dos arts. 198, § 1º, e 204, *caput*, da CF; **D**: incorreta, pois, embora a parte inicial da assertiva reflita efetivamente a forma de organização da previdência social, nos termos do art. 201, *caput*, da CF, seu inciso III garante expressamente a proteção ao trabalhador em situação de desemprego involuntário; **E**: incorreta, pois isso compete também ao sistema único de saúde, nos termos do art. 200, IV, da CF.

Gabarito "B".

(Defensor Público/TO – 2013 – CESPE) Considerando o conceito, a organização e os princípios da seguridade social no Brasil, assinale a opção correta.

(A) Apesar de ser regida pelo princípio da universalidade da cobertura e do atendimento, a seguridade social só é acessível a brasileiros que residem no país.

(B) A assistência social atende os hipossuficientes, por meio da concessão de benefícios, independentemente de contribuição.

(C) No Brasil, a seguridade social é caracterizada por uma administração democrática e descentralizada, mediante gestão quadripartite, com participação, nos órgãos colegiados, dos trabalhadores, empregadores, pensionistas e do governo.

(D) O princípio da uniformidade e equivalência dos benefícios e serviços às populações urbanas e rurais sempre norteou a seguridade social brasileira, e, desde a criação da previdência social no país, não há discriminação entre trabalhadores urbanos e rurais.

(E) Para que o usuário possa usufruir dos serviços públicos de saúde será necessária a contribuição mensal ao SUS.

A: incorreta, pois há diversas hipóteses de beneficiários domiciliados no exterior e estrangeiros domiciliados no Brasil – v.g. art. 11, I, c e e, do Plano de Benefícios da Previdência Social – PBPS (Lei 8.213/1991); **B**: correta, pois a assistência social não tem caráter contributivo, ou seja, será prestada a quem dela necessitar, independentemente de contribuição à seguridade social – art. 203, *caput*, da CF; **C**: incorreta, pois os aposentados, não os pensionistas, participam da gestão quadripartite – art. 194, parágrafo único, VII, da CF; **D**: incorreta, pois essa é inovação do art. 194, parágrafo único, II, da CF de 1988; **E**: incorreta, pois a saúde não tem caráter contributivo, é direito de todos – art. 196 da CF.

Gabarito "B".

(Defensor Público/ES – 2012 – CESPE) No tocante a seguridade social, julgue os itens subsequentes.

(1) Segundo a jurisprudência do STF, as novas contribuições para a seguridade social (contribuições residuais), apesar de só poderem ser criadas mediante lei complementar, poderão ter base de cálculo e fato gerador próprios de impostos, mas não das contribuições existentes.

(2) Contando com a participação de representantes da sociedade civil e do governo, o Conselho Nacional de Previdência Social, órgão superior de deliberação colegiada, é exemplo do caráter democrático e descentralizado da administração da seguridade social no Brasil.

(3) A publicação, em 1954, do Decreto 35.448, que aprovou o Regulamento Geral dos Institutos de Aposentadorias e Pensões, e considerada, pela doutrina majoritária, o marco inicial da previdência social brasileira.

1: correta – ver RE 258.470/RS; **2**: correta, nos termos do art. 194, parágrafo único, VII, da CF e art. 3º do PBPS; **3**: incorreta, pois a Lei Eloy Chaves (Decreto-Legislativo 4.682/1923) é considerada por muitos o marco da previdência social no Brasil, embora não tenha sido a primeira. Antes dela, citamos o Regulamento 737/1850, o Decreto 2.711/1860, o Decreto 9.912-A/1888, o Decreto 3.397/1888, como alguns exemplos.

Gabarito 1C, 2C, 3E.

(Defensor Público/AC – 2012 – CESPE) Assinale a opção correta no que se refere à seguridade social.

(A) A seguridade social compreende um conjunto de ações de proteção social custeado pelo Estado, conforme suas limitações orçamentárias, e organizado com base, entre outros objetivos, na irredutibilidade do valor das contribuições.
(B) A previdência social estrutura-se como um sistema não contributivo, sendo os recursos para o financiamento de suas ações provenientes da arrecadação de tributos pelos entes estatais.
(C) A dimensão subjetiva da universalidade de cobertura e atendimento do seguro social, relacionada às situações de risco social, adquire não apenas caráter reparador, mas também preventivo.
(D) O princípio da equidade, que fundamenta a forma de participação no custeio da seguridade social, está associado aos princípios da capacidade contributiva e da isonomia fiscal.
(E) São considerados direitos fundamentais de primeira geração ou dimensão os relativos à saúde, à previdência e à assistência social.

A: incorreta, pois a seguridade social não é custeada apenas pelo Estado, mas por toda a sociedade, nos termos do art. 195 da CF e tem, entre seus objetivos, a irredutibilidade do valor dos benefícios, não das contribuições – art. 194, parágrafo único, IV, da CF; **B:** incorreta, pois a previdência social tem caráter contributivo – art. 201, caput, da CF; **C:** incorreta, pois a dimensão subjetiva da universalidade refere-se às pessoas alcançadas pela seguridade social, sendo que o caráter preventivo e reparador é mais próximo ao aspecto objetivo da universalidade, ou seja, dos benefícios da seguridade social; **D:** assertiva correta – art. 194, parágrafo único, V, da CF; **E:** incorreta, pois os direitos sociais são identificados como de segunda geração ou dimensão dos direitos humanos fundamentais.
Gabarito "D".

(Defensor Público/RO – 2012 – CESPE) Com relação aos princípios e objetivos que norteiam a seguridade social no Brasil, assinale a opção correta.

(A) Com relação à seletividade e distributividade na prestação dos benefícios e serviços, o legislador ordinário deve escolher os eventos que serão cobertos pela previdência social, levando em conta as possibilidades econômicas dos segurados.
(B) As populações urbanas e rurais devem receber tratamento uniforme e equivalente com relação aos benefícios e serviços, de forma a reparar injustiça histórica com os trabalhadores rurais, porém, devido à reduzida capacidade de contribuição desses trabalhadores, a concessão dos benefícios deve exigir um maior período de carência.
(C) A irredutibilidade do valor dos benefícios tem como escopo garantir que a renda dos benefícios previdenciários preserve seu valor real segundo critérios estabelecidos por lei, sem qualquer vinculação ao salário mínimo, dada a vedação de sua vinculação para qualquer fim.
(D) No que concerne à diversidade da base de financiamento, a seguridade social deve ser financiada por toda a sociedade, de forma direta, mediante contribuições provenientes do trabalhador, da empresa e da entidade a ela equiparada, da União e dos demais segurados e aposentados da previdência social e, ainda, das contribuições sobre a receita de concursos de prognósticos.
(E) O custeio da seguridade social deve ser equânime, dadas as possibilidades de cada um. Lei complementar garante às empresas o repasse do custo da contribuição aos preços praticados no mercado.

A: incorreta. A seletividade refere-se à seleção (realizada pelo legislador) das necessidades básicas que serão atendidas pela seguridade social. Distributividade refere-se à justiça social advinda da distribuição solidária de recursos (dos que mais têm aos que mais necessitam); **B:** incorreta, pois os períodos de carência observam o objetivo de uniformidade e equivalência dos benefícios e serviços às populações urbanas e rurais – art. 194, parágrafo único, II, da CF e art. 25 do PBPS; **C:** assertiva correta (arts. 7º, IV, in fine e 194, parágrafo único, IV, da CF); **D:** incorreta, pois não incide contribuição previdenciária sobre as aposentadorias e pensões pagas no regime geral de previdência social (ou seja, aposentados e pensionistas não contribuem direta e imediatamente, em princípio, para o financiamento da seguridade social) – art. 195, II, in fine, da CF; **E:** incorreta, pois não há essa garantia de repasse por lei complementar.
Gabarito "C".

(Delegado/PA – 2012 – MSCONCURSOS) Acerca da seguridade social, assinale a alternativa correta:

(A) O caráter democrático e descentralizado da administração da seguridade social se dá mediante gestão tripartite, com participação dos trabalhadores, dos empregadores e dos aposentados nos órgãos colegiados.
(B) A seguridade social será financiada por toda a sociedade, de forma direta e indireta, nos termos da lei, mediante recursos provenientes dos orçamentos da União, dos Estados e dos Municípios
(C) As receitas dos Estados, do Distrito Federal e dos Municípios destinadas à seguridade social constarão dos respectivos orçamentos, integrando, assim, o orçamento da União.
(D) A proposta de orçamento da seguridade social será elaborada de forma integrada pelos órgãos responsáveis pela saúde, previdência social e assistência social, tendo em vista as metas e prioridades estabelecidas na lei de diretrizes orçamentárias, assegurada a cada área a gestão de seus recursos.
(E) A previdência social compreende um conjunto integrado de ações de iniciativa dos Poderes Públicos e da sociedade, destinadas a assegurar os direitos relativos à saúde e à assistência social.

A: incorreta, pois a seguridade social possui gestão quadripartite, com participação dos trabalhadores, dos empregadores, dos aposentados e do Governo nos órgãos colegiados – art. 194, VII, da CF; **B:** incorreta. Essa alternativa foi considerada incorreta pelo gabarito oficial, porém, a questão é discutível, por ser incompleta. A rigor, o art. 195 da CF prevê financiamento também por recursos provenientes do orçamento do Distrito Federal e de determinadas contribuições sociais; **C:** incorreta, pois cada ente político tem seu próprio orçamento, que não integra o de outro – art. 165 e ss. da CF; **D:** correta, pois reproduz o art. 195, § 2º, da CF; **E:** incorreta, pois a assertiva refere-se à seguridade social, nos termos do art. 194 da CF. A previdência é uma das vertentes da seguridade social, ao lado da assistência social e da saúde (ou seja, assistência e saúde não estão compreendidas na previdência, mas sim na seguridade social).
Gabarito "D".

(Procurador/DF – 2013 – CESPE) Acerca da seguridade social, julgue os itens a seguir.

(1) Caso a declaração de inconstitucionalidade de textos normativos que estabelecessem distinção entre as alíquotas recolhidas, a título de contribuição social, das instituições financeiras e aquelas oriundas das empresas jurídicas em geral tivesse como consequência normativa a equiparação dos percentuais ou a sua supressão, tal pretensão não poderia ser acolhida em juízo, por impossibilidade jurídica do pedido, uma vez que o Poder Judiciário não pode atuar como legislador positivo nem conceder isenções tributárias.
(2) Uma norma legal que apenas altere o prazo de recolhimento das contribuições sociais destinadas à previdência social não se sujeitará ao princípio da anterioridade.
(3) Conforme jurisprudência do STF fundamentada no princípio da seletividade, operações e bens relacionados à saúde são imunes à tributação.

1: correta, pois essa é a jurisprudência dominante – ver RE 631.641 AgR/RS do STF; **2:** correta, pois é pacífico o entendimento no sentido de que a simples alteração do prazo de recolhimento dos tributos não implica majoração, nem, portanto, sujeita-se ao princípio da anterioridade – Súmula 669 do STF; **3:** incorreta, pois o STF afastou essa tese – ver RE 429.306/PR.
Gabarito 1C, 2C, 3E.

(Advogado da União/AGU – CESPE – 2012) Com base na jurisprudência do STF, julgue os itens a seguir, acerca da seguridade social.

(1) Apesar de a Emenda Constitucional 20/1998 ter estabelecido um limite máximo para o valor dos benefícios do RGPS, esse teto não se aplica ao salário-maternidade da segurada empregada, devendo o valor do benefício, nesse caso, corresponder à integralidade da remuneração da empregada, e cabendo à previdência social o seu pagamento, salvo no tocante à prorrogação por sessenta dias da licença-maternidade, cujo pagamento ficará a cargo do empregador.
(2) Em face do princípio constitucional da irredutibilidade do valor dos benefícios previdenciários, a aplicação de novos critérios de cálculo mais benéficos estabelecidos em lei deve ser automaticamente estendida a todos os benefícios cuja concessão tenha corrido sob regime legal anterior.
(3) Como o direito à proteção da seguridade social, no Brasil, é garantido apenas aos segurados de um dos regimes previdenciários previstos em lei, o indivíduo que não contribui para nenhum desses regimes não faz jus à referida proteção.

1: incorreta. O salário-maternidade não se submete ao teto dos demais benefícios do RGPS, porém encontra também um limite máximo previsto no art. 248 da CF, segundo o qual nenhum benefício pago à conta do Tesouro Nacional será maior que o valor do subsídio dos Ministros do Supremo Tribunal Federal; **2:** incorreta. A situação narrada não se relaciona com o princípio da irredutibilidade dos benefícios. Segundo esse preceptivo, os benefícios não podem ter seus valores reduzidos (irredutibilidade nominal) e devem ser reajustados anualmente de forma a preservar-lhes o poder aquisitivo (irredutibilidade real). Além disso, não há a aludida extensão automática dos benefícios, porque nenhum deles poderá ser criado, majorado ou estendido sem a previsão da respectiva fonte de custeio total (art. 195, § 5º, da CF); **3:** incorreta. A seguridade social é o gênero que reúne três espécies de serviço público: saúde, previdência social e assistência social. Dentre eles, apenas a previdência social tem caráter contributivo, de forma que as outras duas esferas da seguridade (saúde e assistência social) serão prestadas independentemente de pagamento de contribuições.
Gabarito 1E, 2E, 3E.

(Advogado – CEF – 2012 – CESGRANRIO) O princípio da solidariedade é um princípio securitário de suma importância, pois

(A) permite que qualquer pessoa possa participar da proteção social patrocinada pelo Estado.

(B) permite a participação da sociedade na organização e no gerenciamento da seguridade social, mediante gestão quadripartite, com a participação de trabalhadores, empregadores, aposentados e governo.
(C) permite a proteção coletiva, na qual as pequenas contribuições individuais geram recursos suficientes para a criação de um manto protetor sobre todos, viabilizando a concessão de prestações previdenciárias em decorrência de eventos preestabelecidos.
(D) impede a insegurança do sistema previdenciário, pois a sua base de financiamento deve ser a mais variada possível, de modo que as oscilações setoriais não venham a comprometer a arrecadação de contribuições.
(E) impede a redução do valor do benefício pago, a fim de evitar o prejuízo aos beneficiários da Previdência Social.

A: incorreta, pois a assertiva refere-se ao princípio da universalidade de atendimento; **B:** incorreta, pois a assertiva refere-se ao caráter democrático da gestão da seguridade social; **C:** correta. Com efeito, o princípio da solidariedade baseia-se no fato daqueles que detêm maior capacidade econômica contribuírem para o custeio da seguridade social, que buscará auxiliar aqueles que, por razões permanentes ou transitórias, não puderem suprir a própria sobrevivência; **D:** incorreta. A assertiva está relacionada com o princípio da diversidade da base de financiamento; **E:** incorreta, pois refere-se ao princípio da irredutibilidade dos benefícios.
Gabarito "C".

2. CUSTEIO

(Procurador – PGFN – ESAF – 2015) Segundo a legislação e a jurisprudência dos tribunais superiores, integra o salário-de-contribuição:
(A) o auxílio-creche.
(B) o aviso-prévio indenizado.
(C) o vale transporte pago em pecúnia ao empregado.
(D) a verba paga a título de incentivo à demissão.
(E) a verba paga pelo empregador ao pai nos primeiros cinco dias após o nascimento do filho (salário-paternidade).

A, C e D: incorretas. Tais verbas não integram o salário de contribuição nos termos do art. 28, § 9º, *s, f* e *e5*, da Lei 8.212/1991; **B:** incorreta. O STJ decidiu que o aviso prévio indenizado não é base de cálculo de contribuição previdenciária (REsp 1.230.957); **E:** correta. No mesmo julgamento, o STJ consolidou o entendimento que, da mesma forma que ocorre com o salário-maternidade, a verba paga ao pai durante o afastamento de 5 dias após o nascimento do filho deve sofrer a incidência da contribuição previdenciária. HS
Gabarito "E".

(Juiz – TRF 4ª Região – 2016) Assinale a alternativa correta.
(A) O tempo de contribuição ou de serviço contado por um sistema para concessão de aposentadoria poderá ser aproveitado para outro sistema, desde que anterior à edição da Lei Federal nº 8.213/91.
(B) Na contagem do tempo de contribuição ou de serviço regulado pela Lei nº 8.213/91, não será admitida a contagem em dobro ou em outras condições especiais, exceto se comprovado o duplo recolhimento das contribuições.
(C) Atualmente, o exercente de mandato eletivo federal é considerado segurado obrigatório do Regime Geral da Previdência Social, independentemente de ser vinculado a regime próprio.
(D) A compensação financeira entre os regimes de previdência será feita ao sistema que o interessado estiver vinculado ao requerer o benefício pelos demais sistemas, em relação aos respectivos tempos de contribuição ou de serviço, conforme dispuser o regulamento.
(E) O tempo de serviço militar, inclusive voluntário, desde que seja posterior à filiação ao Regime Geral de Previdência Social e não tenha sido contado para inatividade remunerada nas Forças Armadas ou aposentadoria no serviço público, poderá ser aproveitado na aposentadoria pelo Regime Geral de Previdência Social.

A: incorreta. O aproveitamento para este fim é proibido pelo art. 96, III, da Lei 8.213/191; **B:** incorreta. Não está prevista qualquer exceção no RGPS (art. 96, I, da Lei 8.213/1991); **C:** incorreta. Somente será considerado segurado obrigatório do RGPS, na qualidade de empregado, o exercente de mandato eletivo que não esteja vinculado a regime próprio de previdência, conforme art. 11, I, *h*, da Lei 8.213/1991; **D:** correta, nos termos do art. 94, §1º, da Lei 8.213/1991; **E:** incorreta. O tempo de serviço militar é contado **ainda que** anterior à filiação ao RGPS (art. 55, I, da Lei 8.213/1991). HS
Gabarito "D".

(Procurador do Estado/AM – 2016 – CESPE) Acerca do custeio da seguridade social, julgue o item que se segue.
(1) O fato gerador das contribuições destinadas ao custeio da seguridade social, calculadas com base na remuneração, ocorre na data do pagamento dessas contribuições.

1: incorreta. O fato gerador é a prestação do trabalho, independentemente do efetivo pagamento da remuneração. Em outras palavras, se a pessoa física prestou o serviço, deverá ser recolhida a contribuição respectiva, ainda que, por qualquer razão, ela não venha a receber. Note a redação, por exemplo, do art. 22, I, da Lei 8.212/1991: "(...) total das remunerações pagas, devidas ou creditadas a qualquer título (...)".
Gabarito 1E.

(DPE/PE – 2015 – CESPE) Rita foi contratada para trabalhar na residência de Zuleica, em atividade sem fins lucrativos, mediante o recebimento de um salário mínimo por mês.
Nessa situação hipotética, a contribuição destinada à seguridade social a cargo de
(1) Rita será de 8% sobre o valor de um salário mínimo.
(2) Zuleica será de 20% sobre o total das remunerações pagas, devidas ou creditadas, a qualquer título, no decorrer do mês, à segurada.

1: correta. Rita é empregada doméstica, portanto à sua contribuição se aplica a mesma tabela de alíquotas do segurado empregado (8%, 9% ou 11%). Perceba que a questão não exigiu que o candidato soubesse exatamente os patamares de cada alíquota, pois disse que Rita foi contratada por um salário mínimo. Logo, sua contribuição só pode ser de 8% sobre o salário de contribuição (art. 20 do PCSS); **2:** incorreta. A alíquota da contribuição do empregador doméstico é 12% (art. 24 do PCSS).
Gabarito 1C, 2E.

(Analista – TRT/2ª – 2014 – FCC) Segundo a chamada regra constitucional da contrapartida:
(A) nenhuma contribuição previdenciária é devida sem que tenha havido efetiva prestação de trabalho pelo segurado.
(B) nenhuma contribuição patronal é devida sem que o segurado tenha trazido regular prova de sua documentação pessoal ao empregador.
(C) nenhum benefício ou serviço da seguridade social pode ser criado, majorado ou estendido sem a correspondente fonte de custeio total.
(D) nenhuma contribuição de seguridade social pode ser exigida antes de 90 dias da data de publicação da lei que a houver instituído ou diminuído.
(E) nenhum benefício previdenciário ou assistencial pode ser deferido sem que tenha havido prova das contribuições previdenciárias exigidas a título de carência.

A doutrina denomina "regra da contrapartida" a obrigação de que nenhum benefício previdenciário seja criado, aumentado ou estendido sem a previsão da respectiva fonte de custeio total (art. 195, § 5º, da CF).
Gabarito "C".

(Procurador do Município – Cuiabá/MT – 2014 – FCC) É INCORRETO afirmar em relação ao Plano de Custeio da Seguridade Social:
(A) A contribuição a cargo da empresa, destinada à Seguridade Social é de 20% (vinte por cento) sobre o total das remunerações pagas, devidas ou creditadas a qualquer título, durante o mês, aos segurados empregados e trabalhadores avulsos que lhe prestem serviços normativa.
(B) A contribuição do empregado doméstico destinada à Seguridade Social é de 9% (nove por cento) calculada mediante a aplicação da correspondente alíquota sobre o seu salário de contribuição mensal.
(C) A contribuição do empregador doméstico é de 12% (doze por cento) do salário de contribuição do empregado doméstico a seu serviço.
(D) Caberá à entidade promotora do espetáculo a responsabilidade de efetuar o desconto de 5% (cinco por cento) da receita bruta decorrente dos espetáculos desportivos e o respectivo recolhimento, no prazo de até dois dias úteis após a realização do evento.
(E) A alíquota de contribuição dos segurados contribuinte individual e facultativo será de 20% (vinte por cento) sobre o respectivo salário de contribuição.

A: assertiva correta, nos termos do art. 22, I, da Lei 8.212/1991; **B:** assertiva incorreta, devendo ser assinalada. A alíquota da contribuição do empregado doméstico é progressiva, nos mesmos moldes do segurado empregado (8%, 9% ou 11%, a depender do salário de contribuição), conforme dispõe o art. 20 da Lei 8.212/1991; **C:** assertiva correta, nos termos do art. 24 da Lei 8.212/1991; **D:** assertiva correta, nos termos do art. 22, § 7º, da Lei 8.212/1991; **E:** assertiva correta, nos termos do art. 21 da Lei 8.212/1991.
Gabarito "B".

(Defensoria/DF – 2013 – CESPE) Relativamente às fontes de custeio da seguridade social, julgue o item abaixo.
(1) A seguridade social tem como únicas fontes de custeio, além dos recursos advindos dos orçamentos da União, dos estados, do DF e dos municípios, as contribuições do empregador e do trabalhador.

1: incorreta. O art. 195 da CF prevê também o custeio advindo das receitas dos concursos de prognósticos e do importador de bens ou serviços ou de quem a lei a ele equiparar (incisos III e IV).
Gabarito 1E.

(Magistratura do Trabalho – 3ª Região – 2014) A partir da disposição literal do art. 28 da Lei 8.212/1991, é correto afirmar que não integram o salário de contribuição, EXCETO:
(A) As parcelas recebidas a título de incentivo à demissão.
(B) Os valores recebidos em decorrência da cessão de direitos autorais.

(C) As diárias para viagens, desde que não excedam a 50% da remuneração mensal.
(D) O aviso prévio indenizado.
(E) As ajudas de custo e o adicional mensal recebidos pelo aeronauta nos termos da Lei n. 5.929, de 30 de outubro de 1973.

A, B, C e E: assertivas corretas, nos termos do art. 28, § 9º, "e" – item 5, "v", "h" e "b", respectivamente, da Lei 8.212/1991; D: incorreta, devendo ser assinalada. Com efeito, o aviso prévio indenizado não era considerado salário de contribuição. Isso mudou com a edição do Dec. 6.727/2009, que revogou a exclusão prevista no art. 214, § 9º, V, "f", do RPS (Dec. 3.048/1999). A partir de então, mesmo sob fortes críticas doutrinárias, o aviso prévio indenizado passou a ser considerado salário de contribuição e incide sobre seu valor, portanto, a contribuição previdenciária do segurado.
Gabarito "D".

(Defensor Público/AM – 2013 – FCC) Em relação à Organização e Custeio da Seguridade Social, analise as afirmações abaixo.

I. As propostas orçamentárias anuais ou plurianuais da Seguridade Social serão elaboradas por comissão integrada por 3 (três) representantes, sendo 1 (um) de cada área: saúde, previdência social e assistência social.
II. A contribuição do empregado doméstico, bem como a do trabalhador avulso é de 12% (doze por cento) do seu salário de contribuição mensal.
III. A União não é responsável pela cobertura de eventuais insuficiências financeiras da Seguridade Social, quando decorrentes do pagamento de benefícios de prestação continuada da Previdência Social, por falta de previsão da Lei Orçamentária Anual.
IV. Constitui receita da Seguridade Social 40% (quarenta por cento) do resultado dos leilões dos bens apreendidos pelo Departamento da Receita Federal.
V. Caberá à entidade promotora do espetáculo a responsabilidade de efetuar o desconto de cinco por cento da receita bruta decorrente dos espetáculos desportivos e o respectivo recolhimento ao INSS, no prazo de até dois dias úteis após a realização do evento.

Está correto o que se afirma APENAS em
(A) I, II e III.
(B) I, III e V.
(C) II, III e IV.
(D) II, IV e V.
(E) I, IV e V.

I: correta, nos termos do art. 8º do Plano de Custeio da Seguridade Social – PCSS (Lei 8.212/1991); II: incorreta, pois as alíquotas variam de 8% a 11% – art. 20 do PCSS; III: incorreta, pois há essa responsabilidade da União – art. 16, parágrafo único, do PCSS; IV: correta (art. 27, VII, do PCSS); V: correta (art. 22, § 7º, do PCSS).
Gabarito "E".

(Defensor Público/AC – 2012 – CESPE) Assinale a opção correta com relação ao custeio da seguridade social.
(A) Os produtores rurais integrantes de consórcio simplificado de produtores rurais são responsáveis subsidiários em relação às obrigações previdenciárias.
(B) O limite mínimo do salário de contribuição do menor aprendiz corresponde à sua remuneração mínima definida em lei.
(C) Integram o salário de contribuição os valores recebidos em decorrência da cessão de direitos autorais e a importância recebida a título de bolsa de aprendizagem assegurada a adolescentes até quatorze anos de idade.
(D) A alíquota de contribuição do segurado facultativo é de 30% sobre o respectivo salário de contribuição.
(E) Constitui receita da seguridade social a renda bruta proveniente dos concursos de prognósticos.

A: incorreta, pois a responsabilidade dos produtores rurais é solidária, no caso, não subsidiária – art. 25-A, § 3º, do PCSS; B: correta, nos termos do art. 28, § 4º, do PCSS; C: incorreta, pois essas verbas não integram o salário de contribuição – art. 28, § 9º, u e v, do PCSS; D: incorreta, pois a alíquota é de 20% – art. 21 do PCSS; E: incorreta, pois a receita da seguridade social corresponde à renda líquida dos concursos de prognósticos, excetuando-se os valores destinados ao Programa de Crédito Educativo, nos termos do art. 26 do PCSS.
Gabarito "B".

(Procurador/DF – 2013 – CESPE) Acerca da seguridade social, julgue os itens a seguir.
(1) A inclusão do cônjuge, pelo servidor público, como seu dependente para fins previdenciários independe da indicação de fonte de custeio.
(2) O legislador comum, fora das hipóteses expressamente indicadas na CF, pode valer-se da progressividade na definição das alíquotas pertinentes à contribuição de seguridade social devida por servidores públicos em atividade, uma vez que a previsão constitucional das referidas hipóteses não é taxativa.

1: correta, pois esse é direito legalmente garantido. O que exige indicação prévia da fonte de custeio total é a criação de um novo benefício – art. 195, § 5º, da CF; 2: incorreta, pois o STF tem interpretação restritiva do disposto no art. 145, § 1º, da CF, restringindo a progressividade aos impostos de caráter pessoal e às hipóteses expressas no texto constitucional – ver Súmula 668/STF.
Gabarito 1C, 2E.

(Procurador/DF – 2013 – CESPE) Acerca de institutos diversos de direito previdenciário, julgue o item subsequente.
(1) Lei ordinária poderá determinar que sócios das empresas por cotas de responsabilidade limitada respondam, solidariamente, com seus bens pessoais, pelos débitos junto à seguridade social, uma vez que não se trata de matéria reservada a lei complementar.

1: incorreta, pois o STF fixou entendimento de que não é possível lei ordinária criar essa responsabilidade solidária, fora dos parâmetros fixados pela lei complementar (art. 135, III, do CTN, especificamente), julgando inconstitucional o disposto no art. 13 da Lei 8.620/1993 – ver RE 562.276/PR.
Gabarito 1E.

(Procurador do Estado/MG – FUMARC – 2012) Assinale a alternativa que completa corretamente a seguinte frase:
"Não integram o salário-de-contribuição nos termos da Lei 8.212, de 24 de julho de 1991, EXCETO _____."
(A) o salário maternidade;
(B) as importâncias recebidas a título de férias indenizadas e respectivo adicional constitucional;
(C) os proventos de aposentadoria por tempo de contribuição;
(D) as importâncias recebidas a título de licença-prêmio indenizada;
(E) o abono do Programa de Integração Social-PIS e do Programa de Assistência ao Servidor Público-PASEP.

A única alternativa que contempla verba recebida pelo trabalhador que integra o salário-de-contribuição, nos termos do art. 28, § 9º, "a", do PCSS, é o salário-maternidade.
Gabarito "A".

3. SEGURADOS DA PREVIDÊNCIA E DEPENDENTES

(Defensor Público Federal – DPU – 2017 – CESPE) A respeito da condição de segurados e dependentes no RGPS e da fonte de custeio desse regime, julgue os itens subsequentes.
(1) Em caso de morte do segurado seringueiro recrutado para a produção de borracha na região amazônica durante a Segunda Guerra Mundial, sua pensão especial vitalícia poderá ser transferida aos seus dependentes reconhecidamente carentes.
(2) O princípio da equidade na forma de participação no custeio do RGPS não veda a existência de alíquotas de contribuições diferenciadas entre empregadores nem entre empregados.
(3) Para efeito de concessão de benefício aos dependentes, a dependência econômica dos genitores do segurado é considerada presumida.
(4) O segurado aposentado pelo RGPS que passar a auferir renda na condição de trabalhador autônomo será segurado obrigatório em relação a essa atividade e participará do custeio da seguridade social.

1: correta, nos termos do art. 54 do ADCT; 2: correta – ver, analogamente, o RE 231.673 AgR/MG; 3: incorreta, pois a dependência dos genitores não é presumida, devendo ser comprovada – art. 16, § 4º, do Plano de Benefícios da Previdência Social – PBPS (Lei 8.213/1991); 4: correta, conforme o art. 11, § 3º, do PBPS. HS
Gabarito 1C, 2C, 3E, 4C.

(Procurador do Estado – PGE/RN – FCC – 2014) Quanto aos beneficiários do Regime Geral de Previdência Social – RGPS, considere:
I. Os dependentes preferenciais são aqueles que se encontram na primeira classe de dependentes, que prefere a todas as outras e compreende as figuras do cônjuge, companheiro(a) e filho(a) menor de 18 anos, não emancipado(a) ou inválido(a).
II. Os segurados obrigatórios são aqueles beneficiários que exercem algum tipo de atividade profissional remunerada, ou seja, os diversos tipos de trabalhadores, inclusive servidores públicos que não participem de regime próprio de previdência social.
III. Os dependentes do RGPS são aqueles beneficiários que se vinculam à Previdência por manterem com o segurado laços de família e dependência econômica, conforme prescrito em lei, o que caracteriza seu vínculo como acessório, pois exerce direitos em nome do segurado.
IV. Cônjuge separado judicialmente ou divorciado, com direito a alimentos, preserva a condição de dependente do segurado do RGPS, e eventualmente concorre, em condições de igualdade, com companheira do segurado.

Está correto o que se afirma em:
(A) II e IV, apenas.

(B) I e III, apenas.
(C) III e IV, apenas.
(D) I, II, III e IV.
(E) II e III, apenas.

I: incorreta. O filho é dependente de 1ª classe até os 21 anos de idade, ou inválido, ou que tenha deficiência intelectual ou mental, ou deficiência grave (art. 16, I, da PBPS); II: correta, nos termos do art. 11, I, g, da PBPS; III: incorreta. Os direitos do dependente são autônomos, podendo ser exercidos independentemente de qualquer ação do segurado (veja-se, por exemplo, a pensão por morte, na qual o segurado, inclusive, já faleceu e é o dependente que requer o benefício); IV: correta, nos termos do art. 16, § 1º, e 17. I, do Decreto 3.048/1999. HS

Gabarito "A".

(Juiz – TRF 3ª Região – 2016) Assinale a alternativa incorreta:
(A) Os segurados facultativos são aqueles que não exercem atividade remunerada, enquadrada por lei como obrigatória, tenham idade mínima de 16 (dezesseis) anos, não se enquadrem em regime próprio e decidam contribuir para o Regime Geral da Previdência Social.
(B) São segurados obrigatórios da Previdência Social aqueles que exercem atividade remunerada, os quais são divididos nas seguintes classes: empregado, empregado doméstico, trabalhador avulso, contribuinte individual, segurado especial, bolsista e estagiário prestadores de serviços à empresa, nos termos da Lei 11.788/2008.
(C) O período de graça é o prazo em que a pessoa mantém a qualidade de segurado, embora não esteja vertendo contribuições, podendo ou não ter limite, nos termos da lei, e conservando todos os seus direitos perante a previdência social.
(D) É beneficiário do Regime Geral da Previdência Social, na condição de dependente do segurado, o irmão não emancipado, de qualquer condição, menor de 21 (vinte e um) anos ou inválido ou que tenha deficiência intelectual ou mental ou deficiência grave.

A: correta, nos termos dos arts. 11 do Decreto 3.048/1999 e 201, §5º, da CF; B: incorreta, devendo ser assinalada. O bolsista e o estagiário são segurados facultativos (art. 11, VII, do Decreto 3.048/1999); C: correta, nos termos do art. 15 da Lei 8.213/1991. O termo "período de graça" não é adotado pela lei, tendo sido cunhado pela doutrina; D: correta, nos termos do art. 16, III, da Lei 8.213/1991. HS

Gabarito "B".

(Defensor/PA – 2015 – FMP) De acordo com a Lei 8.212/1991, poderá contribuir facultativamente à Previdência Social, além de contribuir obrigatoriamente à Seguridade Social, o:
(A) exercente de mandato eletivo federal, estadual ou municipal, desde que não vinculado a regime próprio de previdência social.
(B) ministro de confissão religiosa e o membro de instituto de vida consagrada, de congregação ou de ordem religiosa.
(C) segurado que presta serviço de natureza urbana ou rural, em caráter eventual, a uma ou mais empresas, sem relação de emprego.
(D) brasileiro civil que trabalha no exterior para organismo oficial internacional do qual o Brasil é membro efetivo, ainda que lá domiciliado e contratado, salvo quando coberto por regime próprio de previdência social.
(E) segurado especial.

O art. 12 da Lei 8.212/1991 (Plano de Custeio da Seguridade Social – PCSS) afasta a possibilidade do segurado obrigatório contribuir também como facultativo para o RGPS. A única exceção nesses casos é o **segurado especial**, que pode fazer as duas contribuições (obrigatória e facultativa), nos termos do art. 25, §1º, do PCSS.

Gabarito "E".

(Defensor/PA – 2015 – FMP) Entre as pessoas abaixo indicadas, a Lei **8.213/1991** presume a dependência econômica:
(A) do companheiro ou companheira que mantenha união estável com o segurado.
(B) dos pais do segurado que com ele residam e que tenham mais de 70 anos de idade e não recebam benefício previdenciário de qualquer regime.
(C) do enteado e do menor tutelado que residam com o segurado.
(D) dos irmãos do segurado que com ele residam, não emancipados, menores de 21 anos ou inválidos.
(E) de qualquer pessoa inválida que resida com o segurado e que seja por ele mantida.

A dependência econômica é presumida para os dependentes de 1ª classe, assim denominadas as pessoas previstas no art. 16, I, da Lei 8.213/1991 (Plano de Benefícios da Previdência Social – PBPS): o cônjuge, a companheira, o companheiro e o filho não emancipado, de qualquer condição, menor de 21 ano ou inválido ou que tenha deficiência. Todos os demais dependentes devem comprovar sua dependência econômica junto ao segurado (art. 16, § 4º, do PBPS).

Gabarito "A".

(Analista – TRT/2ª – 2014 – FCC) São beneficiários dos segurados no regime geral, na condição de dependentes,
(A) o fundo de amparo ao trabalhador, se não houver nenhum herdeiro necessário.
(B) o cônjuge, a companheira, o companheiro e o filho não emancipado menor de 21 anos ou inválido.
(C) os pais e avós do segurado, como ascendentes.
(D) as pessoas designadas pelo segurado, desde que não haja cônjuges ou filhos.
(E) os tios e primos de sangue do segurado, se forem pessoas com deficiência.

A: incorreta. Não há qualquer previsão legal nesse sentido; B: correta, nos termos do art. 16, I, do PBPS; C: incorreta. Apenas os pais são considerados dependentes (art. 16, II, do PBPS); D: incorreta. Não há qualquer previsão legal nesse sentido; E: incorreta. Os únicos parentes colaterais previstos como dependentes são os irmãos, desde que menores de 21 anos ou inválido ou portador de deficiência (art. 16, III, do PBPS).

Gabarito "B".

(Procurador do Município – Cuiabá/MT – 2014 – FCC) Considere os seguintes itens:
I. benefício de pensão por morte, auxílio-acidente ou auxílio-reclusão, cujo valor não supere o do menor benefício de prestação continuada da Previdência Social;
II. exercício de mandato eletivo de dirigente sindical de organização da categoria de trabalhadores rurais;
III. exercício de mandato de vereador do Município em que desenvolve a atividade rural ou de dirigente de cooperativa rural constituída, exclusivamente, por segurados especiais;
IV. atividade artesanal desenvolvida com matéria-prima produzida pelo respectivo grupo familiar, podendo ser utilizada matéria-prima de outra origem, desde que a renda mensal obtida na atividade não exceda ao menor benefício de prestação continuada da Previdência Social.

Não é segurado especial da Previdência Social o membro de grupo familiar que possuir outra fonte de rendimento, EXCETO se decorrente de:
(A) III e IV, apenas.
(B) I, II, III e IV.
(C) I, II e IV, apenas.
(D) I, II e III, apenas.
(E) II, III e IV, apenas.

Todas as fontes de rendimento estão listadas no art. 11, § 9º, I, IV, V e VII, respectivamente, da Lei 8.213/1991 como possíveis de serem recebidas pelo segurado especial sem retirar-lhe essa condição.

Gabarito "B".

(Defensoria/DF – 2013 – CESPE) Acerca do RGPS, julgue os itens a seguir.
(1) Considere a seguinte situação hipotética. Em julho de 2011, depois de pagar ininterruptamente por mais de dez anos contribuições mensais à previdência social, Maria foi demitida da empresa onde trabalhava como balconista, e, desde então, ela não recolheu contribuições para a previdência social. Em face dessa situação hipotética, é correto afirmar que, em março de 2013, Maria ainda mantinha a qualidade de segurada.
(2) De acordo com o disposto na Lei 8.213/1991, filho maior de vinte e um anos de idade não portador de invalidez ou qualquer deficiência mantém a condição de dependente do segurado do RGPS até completar vinte e quatro anos, desde que seja estudante universitário.
(3) É presumida a dependência econômica do filho com mais de dezoito anos e menos de vinte e um anos de idade em relação ao segurado da previdência social, não sendo necessária a comprovação dessa dependência para que ele se torne do RGPS na condição de dependente do segurado.
(4) É segurado obrigatório da previdência social o estrangeiro domiciliado e contratado no Brasil para trabalhar como empregado em sucursal de empresa nacional no exterior.
(5) Aquele que exerça, concomitantemente, duas atividades remuneradas sujeitas ao RGPS e obrigatoriamente filiado ao referido regime em relação a cada uma delas.

1: correta. Caso o segurado já tenha contribuído com mais de 120 contribuições mensais para o RGPS, seu período de graça, durante o qual mantém a qualidade de segurado independentemente do pagamento das contribuição, será de 24 meses (art. 15, § 1º, da Lei 8.213/1991; **2**: incorreta. Além de tal direito não encontrar previsão legal, a jurisprudência do STJ é uníssona em recusar o pagamento do benefício nessas condições, ratificando que o benefício se extingue quando o filho não inválido atingir 21 anos de idade, nos termos do art. 16, I, da Lei 8.213/1991; **3**: correta, nos termos do art. 16, § 4º, da Lei 8.213/1991; **4**: correta. É considerado segurado empregado (art. 11, I, "c", da Lei 8.213/1991; **5**: correta, nos termos o art. 11, § 2º da Lei 8.213/1991.

Gabarito: 1C, 2E, 3C, 4C, 5C

(Defensor Público/AM – 2013 – FCC) Conforme previsão contida no Plano de Benefícios da Previdência Social – Lei 8.213/1991 – mantém a qualidade de segurado, independente de contribuições,

(A) quem está no gozo de benefício, limitado ao prazo máximo de 24 (vinte e quatro) meses.
(B) até 6 (seis) meses após o licenciamento, o segurado incorporado às Forças Armadas para prestar o serviço militar.
(C) até 24 (vinte e quatro) meses após o livramento, o segurado retido ou recluso.
(D) até 6 (seis) meses após a cessação das contribuições, o segurado facultativo.
(E) até 18 (dezoito) meses após cessar a segregação, o segurado acometido de doença de segregação compulsória.

A: incorreta, pois quem está em gozo de benefício mantém a qualidade de segurado independentemente de contribuições sem limite de prazo – art. 15, I, do Plano de Benefícios da Previdência Social – PBPS (Lei 8.213/1991); **B:** incorreta, pois o prazo, no caso, é de até 3 meses após o licenciamento – art. 15, V, do PBPS; **C:** incorreta, pois o prazo, no caso, é de até 12 meses após o livramento – art. 15, IV, do PBPS; **D:** correta, nos termos do art. 15, VI, do PBPS; **E:** incorreta, pois o prazo, no caso, é de até 12 meses após cessar a segregação – art. 15, III, do PBPS.
Gabarito "D".

(Defensor Público/ES – 2012 – CESPE) No que se refere aos regimes previdenciários, julgue o próximo item.

(1) É considerado segurado empregado da previdência social o brasileiro civil que trabalha para a União, no exterior, em organismos oficiais brasileiros ou internacionais dos quais o Brasil seja membro efetivo, ainda que domiciliado e contratado fora do Brasil, salvo se segurado na forma da legislação do país do domicílio.

1: correta, pois reflete exatamente o disposto no art. 11, I, e, do PBPS.
Gabarito 1C

(Defensor Público/TO – 2013 – CESPE) Acerca das normas que regulam os segurados e dependentes do RGPS, assinale a opção correta.

(A) O defensor público estadual que assumir cargo de ministro de Estado, será considerado, durante o período em que exercer o cargo em comissão, segurado obrigatório do RGPS, ficando temporariamente excluído do regime próprio de origem.
(B) Apesar de não poder ser dependente, a pessoa jurídica, por contribuir para a previdência social, é considerada beneficiário na qualidade de segurado obrigatório.
(C) O segurado que exerça mais de uma atividade abrangida pelo RGPS deve filiar-se como segurado obrigatório em relação a cada uma dessas atividades, não sendo possível, entretanto, que ostente, ao mesmo tempo, a qualidade de dependente.
(D) Considere que uma empresa, durante as festividades de final de ano, contrate, pelo período de dois meses, trabalhadores para atender ao aumento extraordinário de serviço. Nessa situação, esses trabalhadores temporários serão filiados obrigatórios do RGPS na qualidade de segurado empregado.
(E) Deputado federal será sempre filiado obrigatório do RGPS, na condição de segurado empregado.

A: incorreta, pois os servidores efetivos amparados por regime próprio de previdência social são excluídos do regime geral – art. 12 do PBPS (Lei 8.213/1991); **B:** incorreta, pois somente pessoas físicas (= naturais, não pessoas jurídicas) são beneficiárias do regime geral de previdência social – RGPS – arts. 11 e 16 do PBPS; **C:** incorreta, pois não há vedação para que seja também dependente – art. 11, § 2º, do PBPS; **D:** correta, nos termos do art. 11, I, b, do PBPS; **E:** incorreta, pois, caso o deputado seja servidor efetivo vinculado a regime próprio de previdência social, não será filiado ao RGPS – art. 11, I, h, *in fine*, do PBPS.
Gabarito "D".

(Defensor Público/AC – 2012 – CESPE) É segurado obrigatório da previdência social, como empregado,

(A) o trabalhador que presta serviço de natureza rural a diversas empresas sem vínculo empregatício.
(B) a pessoa física que presta serviço de natureza eventual, no âmbito residencial da pessoa que contrate o serviço, em atividades sem fins lucrativos.
(C) a pessoa física que presta, em caráter eventual, serviço de natureza rural a empresa.
(D) o membro de instituto de vida consagrada, de congregação ou de ordem religiosa.
(E) o servidor público federal ocupante de cargo em comissão, sem vínculo efetivo com a União.

A e C: incorretas, pois somente o trabalhador rural que presta serviço à empresa em caráter não eventual, sob sua subordinação e mediante remuneração é que será considerado segurado obrigatório na condição de empregado – art. 11, I, a, do PBPS; **B:** incorreta, pois será considerado segurado obrigatório na condição de empregado doméstico somente aquele que presta serviço de natureza contínua (não eventual) a pessoa ou família, no âmbito residencial desta, em atividades sem fins lucrativos – art. 11, II, do PBPS; **D:** incorreta, pois esse membro é segurado obrigatório na condição de contribuinte individual – art. 11, V, c, do PBPS; **E:** correta, nos termos do art. 11, I, g, do PBPS.
Gabarito "E".

(Defensor Público/RO – 2012 – CESPE) A CF, ao determinar os objetivos que devem nortear a seguridade social, estabelece a uniformidade e equivalência dos benefícios e serviços às populações urbanas e rurais, excluindo, a partir de então, a situação de discriminação em que se encontravam os trabalhadores rurais com relação à previdência social, notadamente os que trabalham por conta própria e(ou) com auxílio de seu grupo familiar. Dadas as especificidades desses trabalhadores, a legislação previdenciária instituiu um novo tipo de segurado obrigatório para o RGPS: o segurado especial. Com relação a esse segurado, assinale a opção correta.

(A) O exercício de mandato eletivo de dirigente sindical de organização da categoria de trabalhadores rurais descaracteriza a condição de segurado especial caso o referido dirigente obtenha, por meio dessa atividade, ajuda de custo.
(B) Diferentemente do que ocorre com a segurada contribuinte individual, para a segurada especial, o período de carência considerado para a concessão do salário-maternidade é igual a dez meses de efetivo exercício de atividade rural anteriores ao parto ou à adoção, ainda que de forma descontínua.
(C) Entende-se como regime de economia familiar a atividade em que o trabalho dos membros da família seja indispensável à própria subsistência e ao desenvolvimento socioeconômico do núcleo familiar e seja exercido em condições de mútua dependência e colaboração, mesmo com a utilização de empregados permanentes.
(D) É considerado segurado especial o produtor, seja ele proprietário, usufrutuário, possuidor, assentado, parceiro ou meeiro outorgado, comodatário ou arrendatário rural, e o empregado rural que explore atividade agropecuária em área contínua, ou não.
(E) A esposa ou companheira do trabalhador rural, mesmo que não trabalhe diretamente nas atividades rurais exercidas pelos demais membros do grupo familiar, é considerada segurada especial.

A: incorreta, pois o dirigente sindical mantém, durante o exercício do mandato eletivo, o mesmo enquadramento no regime geral de previdência social – RGPS de antes da investidura – art. 11, § 4º, do PBPS; **B:** correta, nos termos do art. 39, parágrafo único, do PBPS; **C:** incorreta, pois a utilização de empregados permanentes descaracteriza o regime de economia familiar – art. 11, § 1º, do PBPS; **D:** incorreta, pois o empregado rural não é segurado especial, mas sim segurado obrigatório na condição de empregado – art. 11, I, a, e VII, a, do PBPS; **E:** incorreta, pois somente o cônjuge ou companheiro que comprovadamente trabalhe com o grupo familiar será considerado segurado especial – art. 11, VII, c, do PBPS.
Gabarito "B".

(Delegado/PA – 2012 – MSCONCURSOS) O segurado facultativo, que não esteja em gozo de benefício, mantém a qualidade de segurado, independentemente de contribuições, até _____ meses após a cessação das contribuições. Assinale a alternativa que completa corretamente a lacuna acima, nos termos da Lei 8.213/1991.

(A) 3 (três).
(B) 6 (seis).
(C) 9 (nove).
(D) 10 (dez).
(E) 12 (doze).

Nos termos do art. 15, VI, da Lei (Lei 8.213/1991), o segurado facultativo mantém por 6 meses a qualidade de segurado, independentemente de contribuições, após a cessação das contribuições.
Gabarito "B".

Veja as seguintes tabelas, com os segurados obrigatórios do RGPS e os dependentes:

Segurados obrigatórios do RGPS – art. 11 do PBPS	
Empregado	– aquele que presta serviço de natureza urbana ou rural à empresa, em caráter não eventual, sob sua subordinação e mediante remuneração, inclusive como diretor empregado; – aquele que, contratado por empresa de trabalho temporário, definida em legislação específica, presta serviço para atender a necessidade transitória de substituição de pessoal regular e permanente ou a acréscimo extraordinário de serviços de outras empresas; – o brasileiro ou o estrangeiro domiciliado e contratado no Brasil para trabalhar como empregado em sucursal ou agência de empresa nacional no exterior; – aquele que presta serviço no Brasil a missão diplomática ou a repartição consular de carreira estrangeira e a órgãos a elas subordinados, ou a membros dessas missões e repartições, excluídos o não brasileiro sem residência permanente no Brasil e o brasileiro amparado pela legislação previdenciária do país da respectiva missão diplomática ou repartição consular; – o brasileiro civil que trabalha para a União, no exterior, em organismos oficiais brasileiros ou internacionais dos quais o Brasil seja membro efetivo, ainda que lá domiciliado e contratado, salvo se segurado na forma da legislação vigente do país do domicílio; – o brasileiro ou estrangeiro domiciliado e contratado no Brasil para trabalhar como empregado em empresa domiciliada no exterior, cuja maioria do capital votante pertença a empresa brasileira de capital nacional; – o servidor público ocupante de cargo em comissão, sem vínculo efetivo com a União, Autarquias, inclusive em regime especial, e Fundações Públicas Federais; – o exercente de mandato eletivo federal, estadual ou municipal, desde que não vinculado a regime próprio de previdência social; – o empregado de organismo oficial internacional ou estrangeiro em funcionamento no Brasil, salvo quando coberto por regime próprio de previdência social;
Empregado doméstico	– aquele que presta serviço de natureza contínua a pessoa ou família, no âmbito residencial desta, em atividades sem fins lucrativos;
Contribuinte individual	– a pessoa física, proprietária ou não, que explora atividade agropecuária, a qualquer título, em caráter permanente ou temporário, em área superior a 4 (quatro) módulos fiscais; ou, quando em área igual ou inferior a 4 (quatro) módulos fiscais ou atividade pesqueira, com auxílio de empregados ou por intermédio de prepostos; ou ainda nas hipóteses dos §§ 9º e 10 deste artigo; – a pessoa física, proprietária ou não, que explora atividade de extração mineral – garimpo, em caráter permanente ou temporário, diretamente ou por intermédio de prepostos, com ou sem o auxílio de empregados, utilizados a qualquer título, ainda que de forma não contínua; – o ministro de confissão religiosa e o membro de instituto de vida consagrada, de congregação ou de ordem religiosa; – o brasileiro civil que trabalha no exterior para organismo oficial internacional do qual o Brasil é membro efetivo, ainda que lá domiciliado e contratado, salvo quando coberto por regime próprio de previdência social; – o titular de firma individual urbana ou rural, o diretor não empregado e o membro de conselho de administração de sociedade anônima, o sócio solidário, o sócio de indústria, o sócio gerente e o sócio cotista que recebam remuneração decorrente de seu trabalho em empresa urbana ou rural, e o associado eleito para cargo de direção em cooperativa, associação ou entidade de qualquer natureza ou finalidade, bem como o síndico ou administrador eleito para exercer atividade de direção condominial, desde que recebam remuneração; – quem presta serviço de natureza urbana ou rural, em caráter eventual, a uma ou mais empresas, sem relação de emprego; – a pessoa física que exerce, por conta própria, atividade econômica de natureza urbana, com fins lucrativos ou não;
Trabalhador avulso	– quem presta, a diversas empresas, sem vínculo empregatício, serviço de natureza urbana ou rural definidos no Regulamento;
Segurado especial	– como segurado especial: a pessoa física residente no imóvel rural ou em aglomerado urbano ou rural próximo a ele que, individualmente ou em regime de economia familiar, ainda que com o auxílio eventual de terceiros, exerça as atividades de produtor ou pescador, ou seja cônjuge, companheiro, filho ou equiparado, conforme o art. 11, VII, do PBPS.

Dependentes no RGPS – art. 16 do PBPS – a primeira classe com dependente exclui as seguintes

– o cônjuge, a companheira, o companheiro e o filho não emancipado, de qualquer condição, menor de 21 (vinte e um) anos ou inválido ou que tenha deficiência intelectual ou mental que o torne absoluta ou relativamente incapaz, assim declarado judicialmente. A dependência econômica desses é presumida, a dos demais deve ser comprovada – § 3º. O enteado e o menor tutelado equiparam-se a filho, mediante declaração do segurado, e desde que comprovada a dependência econômica – § 2º;
– os pais;
– o irmão não emancipado, de qualquer condição, menor de 21 (vinte e um) anos ou inválido ou que tenha deficiência intelectual ou mental ou deficiência grave.

4. BENEFÍCIOS PREVIDENCIÁRIOS

(Defensor Público Federal – DPU – 2017 – CESPE) Cada um dos itens seguintes, acerca de benefícios previdenciários, apresenta uma situação hipotética, seguida de uma assertiva a ser julgada.

(1) Carlos, contribuinte da previdência social por quatorze meses na condição de segurado empregado, faleceu vítima de latrocínio, deixando viúva a sua companheira de vinte e três anos de idade. Nessa situação, a companheira terá direito a receber o benefício da pensão por morte por um período de quatro meses.

(2) Em maio de 2015, Antônio, ao completar cinquenta e nove anos de idade e trinta e cinco anos de contribuição para a previdência social na condição de contribuinte individual, deixou de contribuir e não requereu o benefício da aposentadoria por tempo de contribuição. Nessa situação, o direito de Antônio pleitear o benefício da aposentadoria e os proveitos econômicos dela decorrentes prescreverá em cinco anos a contar da data em que ele completou os trinta e cinco anos de contribuição.

(3) Jânio, microempreendedor individual, tem uma única empregada. Ela se encontra grávida e em tempo de receber o benefício do salário-maternidade. Nessa situação, o benefício será pago diretamente pela previdência social.

(4) Raul nunca havia contribuído para o RGPS. No entanto, após uma semana do início de atividade laboral em determinado emprego, um acidente de trabalho o tornou incapaz e insuscetível de reabilitação. Nessa situação, Raul não faz jus ao benefício da aposentadoria por invalidez porque não cumpriu o tempo de carência exigido.

1: correta. Atualmente, há regras para cessação da pensão por morte em desfavor do cônjuge ou companheiro, considerando o tempo de contribuição e a idade do beneficiário na data do óbito do segurado. No caso de ter havido menos que 18 contribuições mensais, como descrito na assertiva, o benefício cessa em 4 meses – art. 77, § 2º, V, b, do PBPS; **2:** incorreta, pois, ao completar 35 anos de contribuição, Antônio adquiriu o direito à aposentadoria (art. 201, § 7º, I, da CF), que não fica prejudicado com a perda de segurado, nos termos do art. 102, § 1º, do PBPS; **3:** correta, pois o salário-maternidade devido à empregada do microempreendedor individual será pago diretamente pela Previdência Social, conforme o art. 72, § 3º, do PBPS; **4:** incorreta, pois a aposentadoria por invalidez independe de carência para sua concessão – art. 26, II, do PBPS. HS
Gabarito: 1C, 2E, 3C, 4E

(Procurador do Estado – PGE/MT – FCC – 2016) Quanto ao benefício de aposentadoria, dentre as normas reguladoras previdenciárias, consta que:

(A) a concessão da aposentadora por invalidez em caso de doença profissional ou do trabalho no Regime Geral da Previdência Social depende de carência de doze contribuições mensais.

(B) o valor da aposentadoria por invalidez no Regime Geral da Previdência Social do segurado que necessitar da assistência permanente de outra pessoa será acrescido de 30% até que o valor da aposentadoria atinja o limite máximo legal.

(C) a aposentadoria por idade no Regime Próprio da Previdência Social será devida ao segurado que, cumprida a carência de 180 contribuições mensais, completar 65 anos de idade, se homem, e 60 se mulher, reduzidos em cinco anos para os que exerçam atividades rurais, exceto os empresários e os professores de qualquer nível ou natureza.

(D) a aposentadoria especial no Regime Geral de Previdência Social será devida, uma vez cumprida a carência exigida nesta Lei, ao segurado que tiver trabalhado sujeito a condições especiais que prejudiquem a saúde ou a integridade física, durante 15, 20 ou 25 anos, conforme dispuser a lei.

(E) os servidores abrangidos pelo regime de previdência própria previsto na Constituição Federal serão aposentados por invalidez permanente, sendo os proventos proporcionais ao tempo de contribuição, ainda que decorrente de acidente em serviço, moléstia profissional ou doença grave, contagiosa ou incurável.

A: incorreta. No caso de doença profissional ou do trabalho, fica afastada a exigência de carência na aposentadoria por invalidez (art. 26, II, da Lei 8.213/1991); **B:** incorreta. O acréscimo será de 25% e não fica sujeito ao teto dos benefícios do RGPS (art. 45 da Lei 8.213/1991). Vale destacar que, no julgamento pelo rito dos recursos repetitivos do REsp 1.720.805, em agosto de 2018, o STJ entendeu cabível o pagamento do adicional para todo aposentado que necessite de acompanhamento e cuidados permanentes de outra pessoa, independentemente do tipo de aposentadoria; **C:** incorreta. A redução é benefício previsto para a aposentadoria por idade concedida para o Regime Geral, não sendo aplicável aos regimes próprios (art. 40, § 1º, III, da CF); **D:** correta, nos termos do art. 57 da Lei 8.213/1991; **E:** incorreta. Nos casos mencionados, o valor da aposentadoria será integral (art. 40, § 1º, I, parte final, da CF). HS

Gabarito "D".

(Procurador do Estado – PGE/MT – FCC – 2016) A Lei nº 8.213/91 que regulamenta as prestações e os benefícios da Previdência Social estabelece que

(A) a aposentadoria por tempo de serviço, o abono de permanência em serviço, os pecúlios e a reabilitação profissional são benefícios exclusivos do segurado e não se estendem aos seus dependentes.

(B) somente poderão se beneficiar do auxílio-acidente os segurados na qualidade de empregado, incluindo o doméstico, trabalhador avulso e segurado especial.

(C) o auxílio-doença será devido a todos os segurados a contar do 16º dia do afastamento da atividade, independentemente de carência e consistirá numa renda mensal correspondente a 80% do salário-de-benefício.

(D) a pensão por morte será devida ao conjunto dos dependentes do segurado que falecer, aposentado ou não, a contar da data do óbito ou da decisão judicial, no caso de morte presumida e o valor mensal será de 91% do valor da aposentadoria que o segurado recebia ou daquela a que teria direito se estivesse aposentado por invalidez.

(E) é vedado o recebimento conjunto do seguro-desemprego com pensão por morte e auxílio-acidente, assim como não é permitido o recebimento conjunto de salário maternidade e pensão por morte.

A: incorreta. O abono de permanência em serviço e os pecúlios não mais subsistem no RGPS, além de a reabilitação profissional ser serviço colocado à disposição também dos dependentes (art. 18 da PBPS); **B:** correta, nos termos do art. 18, § 1º, da PBPS; **C:** incorreta. O início do benefício no 16º dia de afastamento aplica-se somente ao empregado – quanto aos demais, é devido desde o início da incapacidade laborativa (art. 60 da PBPS). Além disso, sua renda mensal inicial equivale a 91% do salário de contribuição (art. 61 da PBPS); **D:** incorreta. O valor mensal da pensão equivale a 100% do valor da aposentadoria que o segurado recebia ou ao valor da aposentadoria por invalidez que teria direito, se estivesse na atividade (art. 75 da PBPS); **E:** incorreta. Tais benefícios são plenamente cumuláveis (art. 124, "caput" e parágrafo único, da PBPS). HS

Gabarito "B".

(Procurador do Estado – PGE/RS – Fundatec – 2015) À luz da Constituição da República Federativa do Brasil, assinale a alternativa INCORRETA.

(A) Incide contribuição, com percentual igual ao estabelecido para os servidores titulares de cargos efetivos, sobre os proventos de aposentadorias e pensões concedidas pelos regimes próprios de previdência dos servidores públicos que superem o limite máximo estabelecido para os benefícios do regime geral de previdência social.

(B) É vedada a filiação ao regime geral de previdência social, na qualidade de segurado facultativo, de pessoa participante de regime próprio de previdência.

(C) Os requisitos de idade e de tempo de contribuição para obtenção de aposentadoria voluntária pelas regras permanentes (artigo 40, § 1º, inciso III, alínea a, da Constituição da República Federativa do Brasil) serão reduzidos em 5 (cinco) anos para o professor que comprove tempo de efetivo exercício das funções de magistério na educação infantil e no ensino fundamental, médio e superior.

(D) É assegurada, para efeito de aposentadoria, a contagem recíproca do tempo de contribuição na administração pública e na atividade privada, rural e urbana, mediante compensação financeira entre os diversos regimes de previdência social, segundo critérios fixados em lei.

(E) É vedada a adoção de requisitos e critérios diferenciados para a concessão de aposentadoria aos abrangidos pelos regimes próprios de previdência dos servidores públicos, ressalvados, nos termos definidos em leis complementares, os casos de servidores portadores de deficiência, ou que exerçam atividades de risco ou cujas atividades sejam exercidas sob condições especiais que prejudiquem a saúde ou a integridade física.

A: correta, nos termos do art. 40, § 18, da CF; **B:** correta, nos termos do art. 201, § 5º, da CF; **C:** incorreta, devendo ser assinalada. Apenas o requisito de tempo de contribuição é reduzido para os professores (art. 201, § 8º, da CF); **D:** correta, nos termos do art. 201, § 9º, da CF; **E:** correta, nos termos do art. 201, § 1º, da CF. HS

Gabarito "C".

(Procurador do Estado – PGE/MT – FCC – 2016) Em relação ao tempo de contribuição, considere:

I. O tempo de contribuição já considerado para concessão de qualquer aposentadoria prevista no Regulamento da Previdência Social ou por outro regime de previdência social.

II. O período de contribuição efetuada por segurado depois de ter deixado de exercer atividade remunerada que o enquadrava como segurado obrigatório da previdência social.

III. O tempo de exercício de mandato eletivo federal, estadual, distrital ou municipal, desde que tenha havido contribuição em época própria e não tenha sido contado para efeito de aposentadoria por outro regime de previdência social.

IV. O período em que o segurado esteve recebendo auxílio-doença ou aposentadoria por invalidez, entre períodos de atividade.

Segundo as normas previdenciárias, será considerado como tempo de contribuição o que consta APENAS em:

(A) I e II.
(B) I e IV.
(C) II e III.
(D) III e IV.
(E) II, III e IV.

Apenas a assertiva I está incorreta, porque não se encontra no rol do art. 55 da PBPS junto com as demais (incisos V, IV e II, respectivamente). HS

Gabarito "E".

(Procurador do Estado – PGE/RN – FCC – 2014) Sobre os elementos que compõem o cálculo do benefício do Regime Geral de Previdência Social, prescreve a legislação atualmente em vigor.

(A) O valor da renda mensal inicial do benefício será obtido a partir da multiplicação do salário de benefício pelo percentual de cálculo definido por lei e reajustado periodicamente, nas mesmas datas e pelos mesmos índices de reajustamento definidos na política de valorização do salário-mínimo.

(B) O salário de benefício compreende a média aritmética simples dos maiores salários de contribuição, correspondentes à 80% de todo o período contributivo, limitado a julho de 1994, multiplicado pelo fator previdenciário no caso dos benefícios que têm a função de substituir o rendimento do trabalho.

(C) O salário de benefício compreende a média aritmética simples dos maiores salários de contribuição, correspondentes à 80% de todo o período contributivo, limitado a julho de 1994, multiplicado pelo fator previdenciário apenas no caso das aposentadorias por tempo de contribuição e por idade, e neste último caso somente se mais favorável ao segurado.

(D) O salário de benefício compreende a média aritmética simples dos maiores salários de contribuição, correspondentes à 100% de todo o período contributivo, limitado a julho de 1994, multiplicado pelo fator previdenciário apenas no caso das aposentadorias por tempo de contribuição e por idade, neste último caso somente se mais favorável ao segurado.

(E) O fator previdenciário consiste num coeficiente de cálculo, aplicado obrigatoriamente na apuração do salário de benefício dos benefícios previdenciários que tenham a função de substituir o salário de contribuição ou o rendimento do trabalhador, composto pelas variáveis tempo de contribuição, idade e expectativa de sobrevida.

A: incorreta. Os benefícios previdenciários são reajustados pelo INPC/IBGE (art. 41-A da PBPS); **B:** incorreta. O fator previdenciário incide unicamente na aposentadoria por tempo de contribuição (obrigatória ou facultativamente) e por idade (sempre facultativamente), não se relacionando com a substituição dos rendimentos do trabalho; **C:** correta. Importante frisar que a questão foi elaborada antes da vigência da Lei 13.183/2015, que tornou facultativa a aplicação do fator previdenciário na aposentadoria por tempo de contribuição do segurado que atender ao requisito conhecido como "85/95" (art. 29-C da PBPS); **D** e **E:** incorretas, conforme comentários anteriores. HS

Gabarito "C".

(Juiz – TRF 2ª Região – 2017) Relativamente às pensões por morte do Regime Geral de Previdência Social (Lei nº 8.213/1991), assinale a opção correta:

(A) A jurisprudência dominante admite estender a pensão até os 24 anos de idade do beneficiário, desde que ele demonstre a necessidade e a sua condição de estudante universitário.

(B) A jurisprudência dominante aponta que o cônjuge divorciado, que recebia pensão alimentícia, concorrerá à pensão por morte com o coeficiente do benefício limitado ao percentual ou ao valor dos alimentos que recebia do falecido.

(C) O valor da pensão terá o coeficiente de 100% da aposentadoria que o segurado recebia ou a que teria direito se estivesse aposentado por invalidez, ainda que tenha havido óbito do instituidor em época em que a legislação vigente fixava o coeficiente em 80%.

(D) A mãe do segurado, quando idosa e na falta de beneficiários de classe anterior, faz jus à pensão derivada da morte do filho, sendo presumida a dependência econômica.
(E) O indivíduo maior, ainda que efetivamente inválido, não faz jus a receber a pensão decorrente do falecimento de seu irmão em concomitância com o filho menor deste, que já a recebe.

A: incorreta. A jurisprudência do STJ se assentou no sentido de que não é possível a extensão do benefício, por faltar previsão legal e em face da proibição constitucional de que se o faça sem a respectiva fonte de custeio (STJ, AgRg no AREsp 68.457); **B:** incorreta. A jurisprudência do STJ aponta que o cônjuge divorciado deve concorrer em igualdade de condições com os demais dependentes (STJ, REsp 887.271); **C:** incorreta. Aplica-se ao caso o brocardo *tempus regit actum,* sendo o coeficiente da renda mensal inicial obtido na legislação vigente à data do óbito (STJ, REsp 1.059.099); **D:** incorreta. Os dependentes de segunda classe devem comprovar a dependência econômica para terem acesso aos benefícios previdenciários (art. 16, §4º, da Lei n 8.213/1991); **E:** correta. A existência de dependentes de classe superior (no caso, o filho – 1ª classe) impede o recebimento do benefício por dependentes de classes inferiores (no caso, o irmão inválido – 3ª classe), nos termos do art. 16, §1º, da Lei 8.213/91.

Gabarito "E".

(Juiz – TRF 2ª Região – 2017) Quanto ao Regime Geral de Previdência (RGPS) é correto afirmar:
(A) É possível a cumulação entre o auxílio-acidente e o auxílio-doença decorrentes do mesmo fato gerador incapacitante, pois o primeiro é benefício complementar da renda e, ademais, a vedação não é expressa no rol taxativo da Lei nº 8.213/1991.
(B) O tempo em que o segurado do RGPS recebe auxílio-doença não é computado como tempo de contribuição.
(C) A prestação relativa à pensão por morte independe de carência.
(D) Reconhecida a incapacidade parcial para o trabalho, o Juiz não pode conceder a aposentadoria por invalidez, mas sim o auxílio-doença.
(E) Após perdida a qualidade de segurado, em caso de lesão incapacitante, o beneficiário do RGPS precisa contribuir durante 6 meses, no mínimo, para fazer jus ao auxílio-doença.

A: incorreta. Os benefícios são inacumuláveis porque o art. 86, §2º, da Lei 8.213/91 determina que o auxílio-acidente comece a ser pago no dia seguinte ao da cessação do auxílio-doença. Além disso, os benefícios têm requisitos diversos: o auxílio-doença é devido em caso de incapacidade **total** e temporária para o exercício do trabalho habitual, ao passo que o auxílio-acidente é devido em caso da consolidação de lesões que **reduzam** a capacidade de trabalho; **B:** incorreta. O art. 55, II, da Lei 8.213/1991 garante a contagem de tempo de serviço no período em que o segurado esteve em gozo de auxílio-doença ou aposentadoria por invalidez; **C:** correta, nos termos do art. 26, I, da Lei 8.213/1991; **D:** O auxílio-doença é pago somente em caso de incapacidade **total** e temporária (porém maior que 15 dias) para o exercício das funções **habituais** do segurado. No caso em exame, deve ser concedido o auxílio-acidente ou a reabilitação profissional; **E:** incorreta. "Lesão incapacitante" é aquela prevista em portaria conjunta do Ministério da Saúde e da Previdência Social, as quais, nos termos do art. 26, II, da Lei 8.213/1991, independem de carência.

Gabarito "C".

(Juiz – TRF 3ª Região – 2016) Assinale a alternativa correta, acerca do cálculo do valor dos benefícios:
(A) O cálculo do valor dos benefícios de prestação continuada da Previdência Social corresponde à média dos 36 últimos salários-de-contribuição, corrigidos monetariamente mês a mês, de modo a preservar o seu valor real.
(B) O salário-de-benefício corresponde à renda mensal inicial dos benefícios pagos pela Previdência Social e é apurado por meio da aplicação da fórmula denominada Fator Previdenciário, não podendo ser inferior a um salário mínimo, nem superior ao limite máximo do salário-de-contribuição.
(C) A Lei 9.876/99 instituiu o Fator Previdenciário que passou a incidir no cálculo das aposentadorias por tempo de contribuição e por idade, ampliando o período de apuração dos salários-de-contribuição e agregando a expectativa de sobrevida e a idade do segurado no momento da aposentadoria.
(D) Período Básico de Cálculo – PBC é o período contributivo dos segurados filiados ao Regime Geral da Previdência Social, considerado para o cálculo do valor de todos os benefícios previdenciários, com exceção apenas do salário-maternidade.

A: incorreta. Os benefícios de prestação continuada da previdência social são calculados a partir da grandeza conhecida como salário de benefício, encontrado pela média aritmética simples dos 80% maiores contribuições do segurado desde 1994, corrigidos monetariamente (art. 29 da Lei 8.213/1991 e art. 3º da Lei 9.876/1999); **C:** correta, nos termos do art. 5º da Lei 9.876/1999 e respectivo anexo; **D:** incorreta. Além do salário-maternidade, também o salário-família é pago em parcela fixa, não se valendo do conceito de salário-de[benefício.

Gabarito "C".

(Juiz – TRF 3ª Região – 2016) Sobre o benefício de auxílio-doença, é correto afirmar que:
(A) É devido ao segurado empregado que ficar incapacitado, temporariamente, para o seu trabalho, desde que cumprido o período de carência, devendo ser pago o seu salário integral pela empresa, durante os 30 (trinta) primeiros dias consecutivos ao do afastamento da atividade por motivo de doença.
(B) Para o segurado empregado, o benefício de auxílio-doença tem início no 16º dia da incapacidade, se requerido até 30 (trinta) dias do afastamento do trabalho.
(C) A progressão ou o agravamento da doença ou da lesão invocada como causa para a incapacidade devem ser anteriores à filiação do segurado ao Regime Geral de Previdência Social, para que seja devido o benefício de auxílio-doença.
(D) Cumpridos os requisitos legais, a concessão do auxílio-doença é devido a todos os segurados a partir da data do início da incapacidade.

A: incorreta. O salário será pago pela empresa ao segurado nos primeiros 15 dias de afastamento (art. 60, §3º, da Lei 8.213/1991); **B:** correta, nos termos do art. 60 da Lei 8.213/1991; **C:** incorreta. As doenças e lesões pré-existentes, em regra, excluem o direito ao auxílio-doença, **salvo se** a incapacidade decorrer de agravamento dessas lesões causado pelo exercício do trabalho (art. 59, parágrafo único, da Lei 8.213/1991); **D:** incorreta. Para o segurado empregado, o benefício é devido somente a partir do 16º dia de afastamento (art. 60 da Lei 8.213/1991).

Gabarito "B".

(Juiz – TRF 3ª Região – 2016) Assinale a alternativa correta:
(A) O abono anual corresponde ao valor integral da prestação mensal e é devido a todos os beneficiários de prestação continuada do Sistema de Seguridade Social, sendo, apenas, proporcional ao número de meses da percepção do benefício, caso tenha percebido menos de 12 parcelas no ano.
(B) O valor dos benefícios em manutenção será reajustado, anualmente, na mesma data do reajuste do salário mínimo, *pro rata*, de acordo com suas respectivas datas de início ou do último reajustamento, e pelos mesmos índices.
(C) Não há ofensa aos princípios constitucionais da irredutibilidade e da preservação do valor real dos benefícios, a aplicação de reajustes com base nos critérios estabelecidos em lei.
(D) O primeiro pagamento do benefício será efetuado até trinta dias após a data da apresentação, pelo segurado, da documentação necessária à sua concessão.

A: incorreta. O abono anual é pago somente aos beneficiários em gozo de auxílio-doença, auxílio-acidente, aposentadoria, pensão por morte ou auxílio-reclusão. Além disso, seu valor é equivalente ao benefício pago no mês de dezembro do respectivo ano (art. 40 da Lei 8.213/1991); **B:** incorreta. O índice de reajustamento do benefício previdenciário é o INPC/IBGE (art. 41-A da Lei 8.213/1991), não se vinculando ao reajuste do salário mínimo, exceto, obviamente, quando o próprio benefício for no valor de um salário mínimo; **C:** correta, nos termos da jurisprudência do STJ (*v.g.,* AgRg no REsp 1.019.510); **D:** incorreta. O prazo é de 45 dias (art. 174 do Decreto 3.048/1999).

Gabarito "C".

(Juiz – TRF 4ª Região – 2016) Assinale a alternativa correta.
Em relação aos benefícios previdenciários do Regime Geral de Previdência Social:
(A) Para fins previdenciários, a qualidade de dependente do companheiro ou companheira com o segurado ou a segurada está condicionada à comprovação da efetiva dependência econômica.
(B) A concessão da pensão por morte é regida pela lei vigente ao tempo da solicitação do benefício.
(C) O cálculo do fator previdenciário incide nas aposentadorias especial e por invalidez.
(D) É assegurada aposentadoria por idade ao segurado que completar 65 (sessenta e cinco) anos de idade, se homem, e 60 (sessenta) anos, se mulher, observada a carência exigida na Lei nº 8.213/91.
(E) A aposentadoria especial somente será devida ao segurado que tiver trabalhado em condições especiais que prejudiquem a saúde ou a integridade física durante 25 (vinte e cinco) anos e desde que cumprida a carência exigida na Lei nº 8.213/91.

A: incorreta. Como dependentes de primeira classe, o(a) companheiro(a) têm a dependência econômica presumida (art. 16, I e §4º, da Lei 8.213/1991); **B:** incorreta. O marco é a data do óbito (STJ, REsp 1.059.099); **C:** incorreta. O fator previdenciário incide, facultativamente, na aposentadoria por idade e, obrigatoriamente, na aposentadoria por tempo de contribuição, exceto se o tempo de contribuição e a idade do segurado somados forem maior que 95, se homem, ou 85, se mulher, caso em que também será facultativo (art. 29-C da Lei 8.213/1991); **D:** correta, nos termos do art. 48 da Lei 8.213/1991; **E:** incorreta. A aposentadoria especial é devida também após 15 ou 20 anos de contribuição, a depender do grau de insalubridade ou periculosidade (art. 57 da Lei 8.213/1991).

Gabarito "D".

(Juiz – TRF 4ª Região – 2016) Assinale a alternativa correta.

Em relação ao auxílio-doença no Regime Geral de Previdência Social:

(A) O benefício será devido ao segurado que, havendo cumprido, quando for o caso, o período de carência exigido em lei, ficar incapacitado para sua atividade laboral por, no mínimo, 30 (trinta) dias.
(B) Quando requerido por segurado afastado da atividade laboral por mais de 30 (trinta) dias, será devido a contar do 31º dia de afastamento do trabalho.
(C) Quando decorrente de acidente de trabalho, consistirá em uma renda mensal correspondente a 100% do salário de benefício.
(D) Será devido ao segurado que se filiar ao Regime Geral de Previdência Social já portador da doença, independentemente de a incapacidade decorrer de agravamento da lesão, desde que recolhidas as contribuições vencidas no prazo de 60 (sessenta) dias.
(E) O segurado em gozo desse benefício, insusceptível de recuperação para sua atividade habitual, deverá submeter-se a processo de reabilitação profissional para o exercício de outra atividade, mantendo a percepção do auxílio-doença até que seja considerado habilitado para o desempenho de atividade que lhe garanta a subsistência ou, quando considerado não recuperável, for aposentado por invalidez.

A: incorreta. O benefício é devido já a partir do 16º dia de afastamento (arts. 59 e 60 da Lei 8.213/1991); **B:** incorreta, nos mesmos termos do comentário à alternativa anterior; **C:** incorreta. A renda mensal inicial é sempre de 91% do salário de benefício (art. 61 da Lei 8.213/91); **D:** incorreta. Doenças pré-existentes afastam o direito ao auxílio-doença, salvo se forem agravadas pelo exercício do trabalho (art. 59, parágrafo único, da Lei 8.213/91); **E:** correta, nos termos do art. 62 da Lei 8.213/1991. HS

Gabarito "E".

(Juiz – TRF 4ª Região – 2016) Assinale a alternativa correta.

No plano do Regime Geral de Previdência Social:

(A) A empresa que pagar o salário-maternidade devido à gestante empregada será ressarcida pelo Instituto Nacional do Seguro Social, mediante apresentação de cobrança anual relativa a todos os benefícios da espécie pagos.
(B) O auxílio-reclusão será devido aos dependentes do segurado recolhido à prisão, desde que não tenha condenação definitiva, não receba remuneração da empresa nem esteja em gozo de auxílio-doença ou aposentadoria.
(C) A aposentadoria por idade será devida ao trabalhador rural que, exercendo atividade exclusivamente rural, cumprir a carência exigida em lei e completar 65 (sessenta e cinco) anos de idade, se homem, e 60 (sessenta), se mulher.
(D) A renda mensal da aposentadoria por tempo de serviço da mulher corresponderá a 70% do salário de benefício aos 25 (vinte e cinco) anos de serviço, mais 6%, para cada ano novo completo de atividade, até o máximo de 100% do salário de benefício aos 30 (trinta) anos de serviço, cumprida a carência exigida na lei.
(E) O aposentado por invalidez que necessitar de assistência permanente de outra pessoa terá direito ao acréscimo de 25% no benefício, até o limite máximo legal da aposentadoria do Regime Geral de Previdência Social, e terá esse valor incorporado à pensão.

A: incorreta. A empresa deverá compensar os valores pagos com o montante devido pela sua própria contribuição previdenciária (art. 94 do Decreto 3.048/1999); **B:** incorreta. O auxílio-reclusão é devido mesmo em caso de condenação definitiva, desde que o segurado esteja recolhido à prisão em regime fechado ou semiaberto (art. 116, §5º, do Decreto 3.048/1999); **C:** incorreta. A aposentadoria por idade do trabalhador rural é reduzida em 5 anos, sendo concedida aos 60 anos de idade para o homem e aos 55 anos de idade para a mulher (art. 48, §1º, da Lei 8.213/1991); **D:** considerada como correta pelo gabarito oficial, por força do disposto no art. 53, I, da Lei 8.213/1991. A questão, porém, não é pacífica na doutrina, vez que parte entende que tal dispositivo foi revogado pela Emenda Constitucional 20/1998, que, ao dar nova redação ao art. 201, §7º, da CF, determinou que a aposentadoria por tempo de contribuição para a mulher só é assegurada após cumpridos 30 anos de contribuição; **E:** incorreta. O acréscimo de que trata a alternativa pode superar o teto dos benefícios do RGPS e não se incorpora ao valor da pensão por morte (art. 45, parágrafo único, a e c, da Lei 8.213/1991). Vale destacar que, no julgamento pelo rito dos recursos repetitivos do REsp 1.720.805, em agosto de 2018, o STJ entendeu cabível o pagamento do adicional para todo aposentado que necessite de acompanhamento e cuidados permanentes de outra pessoa, independentemente do tipo de aposentadoria. HS

Gabarito "D".

(Delegado/MS – 2017 – FAPEMS) A respeito do Tempo de Serviço, de acordo com a Lei Complementar n. 114, de 19 de dezembro de 2005 (Lei Orgânica da Polícia Civil do Estado de Mato Grosso do Sul), será considerado efetivo exercício o afastamento do policial civil no exercício do respectivo cargo, em virtude de

(A) licença por motivo de doença em pessoas da família; cônjuge, filhos, pai, mãe ou irmão, na forma da lei.
(B) missão ou estudo no exterior ou em qualquer parte do território nacional, quando o afastamento houver sido autorizado pelo Diretor-Geral da Polícia Civil.
(C) casamento ou luto, até dez dias.
(D) até cinco faltas, durante o mês, por motivo de doença devidamente comprovada mediante atestado médico.
(E) exercício de função do governo por designação do Delegado-Geral ou do Diretor-Geral da Polícia Civil.

A: correta, nos termos do art. 108, IX, da Lei Complementar Estadual 114/2005; **B:** incorreta. A autorização cabe ao Governador (art. 108, VI, da Lei Complementar Estadual 114/2005); **C:** incorreta. A licença-gala e a licença-nojo são de oito dias (art. 108, II, da Lei Complementar Estadual 114/2005); **D:** incorreta. O limite é de três faltas (art. 108, X, da Lei Complementar Estadual 114/2005); **E:** incorreta. Apenas o exercício de mandato eletivo será considerado como de efetivo exercício (art. 108, XI, da Lei Complementar Estadual 114/2005). HS

Gabarito "A".

(Delegado/MT – 2017 – CESPE) Ana e Pedro são policiais civis do estado de Mato Grosso.

Ambos possuem vinte e cinco anos de contribuição para o respectivo instituto de previdência e quinze anos de efetivo exercício em cargo de natureza estritamente policial.

Nessa situação hipotética, conforme a Lei Complementar Estadual n. 401/2010 e suas alterações, a aposentadoria voluntária poderá ser concedida

(A) somente a Ana, independentemente da idade que ela tiver.
(B) somente a Ana, desde que ela tenha pelo menos cinquenta anos de idade.
(C) a Ana e a Pedro, desde que cada um deles tenha pelo menos cinquenta e cinco anos de idade.
(D) a Ana e a Pedro, desde que cada um deles tenha pelo menos cinquenta anos de idade.
(E) a Ana e a Pedro, independentemente da idade que cada um deles tenha.

Nos termos do art. 2º da Lei Complementar Estadual n. 401/2010, o policial civil mato-grossense, do sexo masculino, pode se aposentar voluntariamente contando 30 anos de contribuição, com pelo menos 20 anos de efetivo exercício em cargo de natureza estritamente policial, independentemente da idade. Logo, Pedro ainda não pode solicitar sua aposentadoria. Por outro lado, para a policial civil do sexo feminino, os requisitos são de 25 anos de contribuição, dos quais no mínimo 15 em cargo de natureza estritamente policial (art. 2º, parágrafo único, do mesmo diploma legal). Sendo assim, Ana poderá se aposentar. HS

Gabarito "A".

(Delegado/GO – 2017 – CESPE) Considere que os motivos determinantes da aposentadoria de determinado funcionário aposentado por invalidez tenham sido considerados insubsistentes e, como havia vaga, ele tenha retornado à atividade. Conforme a Lei Estadual n. 10.460/1988, essa situação configura hipótese de

(A) readmissão.
(B) recondução.
(C) reversão.
(D) aproveitamento.
(E) reintegração.

O instituto descrito no enunciado é a reversão, nos termos do art. 124 da Lei Estadual 10.460/1988. HS

Gabarito "C".

(Defensoria Pública da União – CESPE – 2015) Em relação à aposentadoria especial e à carência na aposentadoria urbana por idade, julgue o item subsecutivos.

(1) Conforme entendimento do STF, o direito à aposentadoria especial pressupõe a efetiva exposição do trabalhador a agente nocivo à sua saúde, de modo que, se o equipamento de proteção individual for realmente capaz de neutralizar a nocividade, não haverá respaldo à concessão constitucional de aposentadoria especial.

1: correta, nos termos da tese fixada no julgamento do ARE 664.335/SC, com repercussão geral reconhecida.

Gabarito 1C.

(Defensoria Pública da União – CESPE – 2015) Acerca da carência, dos períodos de graça e da condição de segurado, julgue os itens a seguir.

(1) O salário-maternidade pago à segurada empregada, à segurada doméstica e à segurada avulsa, o auxílio-reclusão e o salário-família prescindem de carência.
(2) A lei prevê que o período de graça do segurado obrigatório seja acrescido de doze meses no caso de ele estar desempregado, exigindo-se, em todo caso, conforme entendimento do STJ e da Turma Nacional de Uniformização (TNU), que essa situação seja comprovada por registro no órgão próprio do MTE.
(3) Em regra, mantém a qualidade de segurado por até doze meses, independentemente de contribuições, o segurado empregado, o avulso, o doméstico e o facultativo.

1: correta, nos termos do art. 26, I e VI, da Lei 8.213/1991; **2:** incorreta. A jurisprudência do STJ está pacificada no sentido de que o desemprego pode ser comprovado por outros meios desde o julgamento da Pet 7.115/PR, rel. Min. Napoleão Nunes Maia Filho, j. 06/04/2010); **3:** incorreta. O período de graça do segurado facultativo é de 06 meses (art. 15, VI, da Lei 8.213/1991).
Gabarito 1C, 2E, 3E

(Defensoria Pública da União – CESPE – 2015) A respeito dos benefícios e serviços do RGPS, julgue os próximos itens.

(1) É vedada a cumulação da pensão por morte de trabalhador rural com o benefício da aposentadoria por invalidez, uma vez que ambos os casos apresentam pressupostos fáticos e fatos geradores análogos.
(2) A lei vigente veda a cumulação de auxílio-acidente com aposentadoria.
(3) O contribuinte individual que trabalhe por conta própria – sem vinculação a pessoa jurídica, portanto – e o segurado facultativo que optarem pelo regime simplificado de recolhimento – com arrecadação baseada na alíquota de 11% – não terão direito a aposentar-se por tempo de contribuição.
(4) O fator previdenciário só incidirá na aposentadoria por idade quando a sua aplicação for mais vantajosa ao segurado.
(5) Para o professor que comprove exclusivamente tempo de efetivo exercício das funções de magistério na educação infantil e no ensino fundamental e médio, os requisitos de idade e de tempo de contribuição, quando se tratar de aposentadoria por idade, serão reduzidos em cinco anos.

1: incorreta. A proibição de cumulação de benefícios deve estar expressa em lei, e não se encontra dentre elas o recebimento conjunto de aposentadoria com pensão por morte; 2: correta, nos termos do art. 86, § 1º, da Lei 8.213/1991; 3: correta, nos termos do art. 21, § 3º, da Lei 8.212/1991; 4: correta, nos termos do art. 7º da Lei 9.876/1999; 5: incorreta. O professor goza de tempo especial unicamente para fins de aposentadoria por tempo de contribuição (art. 56 da Lei 8.213/1999 e art. 201, § 8º, da CF).
Gabarito 1E, 2C, 3C, 4C, 5E

(Procurador do Estado/AM – 2016 – CESPE) No tocante às recentes alterações impostas aos benefícios previdenciários, julgue os itens seguintes.

(1) Constatada — em processo judicial em que tenham sido assegurados o contraditório e a ampla defesa — simulação ou fraude no casamento ou na união estável com a finalidade de obter benefício previdenciário, o cônjuge, ou o(a) companheiro(a) supérstite, perderá o direito à pensão por morte.
(2) O segurado que preencher as condições para a percepção da aposentadoria por tempo de contribuição integral poderá optar pela não incidência do fator previdenciário no cálculo da renda mensal inicial se o total resultante da soma de sua idade e de seu tempo de contribuição alcançar os limites mínimos indicados em lei.
(3) O auxílio-doença será devido ao segurado empregado a partir do trigésimo dia de seu afastamento da atividade laboral.

1: correta, nos termos do art. 74, §2º, da Lei 8.213/1991; **2:** correta, nos termos do art. 29-C da Lei 8.213/1991. Trata-se da regra que ficou conhecida como 85/95; **3:** incorreta. O auxílio-doença é devido a partir do 16º dia de afastamento. Nos primeiros 15 dias, cabe à empresa pagar a remuneração do segurado (art. 60 da Lei 8.213/1991).
Gabarito 1C, 2C, 3E

(Defensor/PA – 2015 – FMP) Após a promulgação da EC 20, de 15 de dezembro de 1998, pode-se afirmar que:
I. a única aposentadoria possível ao homem será quando comprovada a carência exigida em lei e 35 anos de contribuição.
II. a única aposentadoria possível à mulher será quando comprovada a carência exigida em lei e 30 anos de contribuição.
III. será possível a aposentadoria por tempo de contribuição, seja integral ou proporcional, se o segurado, além do tempo de serviço, 30 anos a mulher e 35 anos o homem, acrescentar 20% sobre o tempo que faltava para completar os 30 e 35 anos, respectivamente, em 15.12.1998.
IV. será possível a aposentadoria proporcional ao segurado do sexo masculino quando, contando com a carência na forma da lei, possuir 53 anos de idade, 30 anos de contribuição e um período adicional de contribuição equivalente a 40% sobre o tempo que lhe faltava para atingir trinta anos de serviço em 15.12.1998.
V. que será possível a aposentadoria proporcional à segurada quando, contando com a carência exigida na lei, possuir 48 anos de idade, 25 anos de contribuição e um período adicional de contribuição equivalente a 40% sobre o tempo que lhe faltava para atingir 25 anos de serviço em 15.12.1998.

Indique a alternativa CORRETA:
(A) Apenas as assertivas I e II estão corretas.
(B) Apenas a assertiva III está correta.
(C) Apenas as assertivas III e IV estão corretas.
(D) Apenas as assertivas III e V estão corretas.
(E) Apenas as assertivas IV e V estão corretas.

I e II: incorretas. A previdência social brasileira também prevê a aposentadoria por idade (cumprida a carência, aos 60 anos de idade para o homem e 55 para a mulher), a aposentadoria por invalidez (cumprida a carência, se o caso, quando o segurado tornar-se permanentemente inválido para o exercício de qualquer atividade). Além disso, a própria Emenda Constitucional 20/1998 previu uma série de regras de transição para os segurados já filiados ao RGPS no momento de sua publicação com valores proporcionais; **III:** incorreta. Além do tempo de contribuição e do adicional de 20%, é necessário que o segurado conte, no mínimo, 53 anos de idade, se homem, ou 48 anos, se mulher (art. 9º, I e II, da Emenda Constitucional 20/1998); **IV e V:** corretas, nos termos do art. 9º, § 1º, I, da Emenda Constitucional 20/1998.
Gabarito "E"

(DPE/PE – 2015 – CESPE) Julgue o item abaixo, relativo a regimes previdenciários.

(1) Segundo a legislação, é vedado ao segurado receber mais de uma aposentadoria do RGPS. Entretanto, não há impedimento a que o segurado receba aposentadoria por idade desse regime e aposentadoria por tempo de contribuição do serviço público.

1: correta. A cumulação de benefícios oriundos de fontes previdenciárias diferentes (RGPS, regime próprio dos servidores públicos ou previdência privada) é permitida.
Gabarito 1C

(Analista – TRT/2ª – 2014 – FCC) A renda mensal inicial do auxílio-doença, no regime geral, consistirá num percentual, aplicado sobre o salário de benefício do segurado, correspondente a
(A) 80%.
(B) 50%.
(C) 100%, menos o valor da alíquota cabível de contribuição previdenciária.
(D) 91%.
(E) 70%, mais 1% a cada grupo de 12 contribuições vertidas ao sistema, limitado a 100%.

A renda mensal inicial do auxílio-doença é 91% do salário de benefício (art. 61 do PBPS).
Gabarito "D"

(Analista – TRT/16ª – 2014 – FCC) Paulo, após filiar-se ao Regime Geral de Previdência Social, foi acometido de doença especificada em lista elaborada pelos Ministérios da Saúde e do Trabalho e da Previdência Social, de acordo com os critérios de deformação. Paulo, então, requereu à Previdência, o auxílio-doença. Referido benefício será concedido
(A) respeitada a carência de 10 (dez) contribuições mensais.
(B) respeitada a carência de 12 (doze) contribuições mensais.
(C) respeitada a carência de 180 (cento e oitenta) contribuições mensais.
(D) independente de carência.
(E) respeitado o período de carência correspondente ao número de contribuições realizadas a partir do momento em que a doença foi adquirida.

Caso a doença determinante do afastamento esteja prevista na lista mencionada, a concessão do auxílio-doença e da aposentadoria por invalidez independerá de carência (art. 26, II, do PBPS). Anote-se o equívoco do enunciado ao mencionar o Ministério do Trabalho como coautor da lista: nos termos do dispositivo legal citado, ela é elaborada pelos Ministérios da Saúde e da Previdência e Assistência Social.
Gabarito "D"

(Analista – TRT/16ª – 2014 – FCC) Airton, filiado ao Regime Geral de Previdência Social, recebeu durante o ano auxílio-reclusão. Dessa forma, a ele o abono anual
(A) é devido, calculado, no que couber, da mesma forma que o Descanso Semanal Remunerado dos trabalhadores, tendo por base o valor médio da renda mensal do benefício do mês de dezembro do referido ano.
(B) não é devido, pois o mesmo cabe apenas a quem recebeu, durante o ano, auxílio-doença e aposentadoria.
(C) é devido, calculado, no que couber, da mesma forma que o Descanso Semanal Remunerado dos trabalhadores, tendo por base o valor da hora mensal trabalhada.
(D) não é devido, pois o mesmo cabe apenas a quem recebeu, durante o ano, aposentadoria.
(E) é devido, calculado, no que couber, da mesma forma que a Gratificação de Natal dos trabalhadores, tendo por base o valor da renda mensal do benefício do mês de dezembro do referido ano.

O abono anual (que é o nome técnico do "13º salário" daqueles que se encontram no gozo de benefícios previdenciários) é devido àquele que recebeu auxílio-reclusão ao longo do ano, nos termos do art. 40, *caput* e parágrafo único, do PBPS.
Gabarito "E"

(Procurador do Município – Cuiabá/MT – 2014 – FCC) Em relação à habilitação e à reabilitação profissional, é INCORRETO afirmar:
(A) O Brasil ratificou a Convenção sobre os Direitos das pessoas com Deficiência (Convenção de Nova York, 2007), adotada pela ONU

(Organização das Nações Unidas), bem como seu Protocolo Facultativo, a qual se incorporou ao ordenamento jurídico nacional com status de emenda constitucional.

(B) O Ministério do Trabalho e da Previdência Social deverá gerar estatísticas sobre o total de empregados e as vagas preenchidas por reabilitados e deficientes habilitados, fornecendo-as, quando solicitadas, aos sindicatos ou entidades representativas dos empregados.

(C) A dispensa de trabalhador reabilitado ou de deficiente habilitado ao final de contrato por prazo determinado de mais de 90 (noventa) dias, e a imotivada, no contrato por prazo indeterminado, só poderá ocorrer após a contratação de substituto de condição semelhante.

(D) A empresa com 100 (cem) ou mais empregados está obrigada a preencher de 2% (dois por cento) a 5% (cinco por cento) dos seus cargos com beneficiários reabilitados ou pessoas portadoras de deficiência, habilitadas, na seguinte proporção: de 201 a 500 –3%; de 501 a 1.000 – 4%; de 1.001 em diante 5%.

(E) As empresas filantrópicas e sem fins lucrativos cujas atividades estão voltadas para serviços de atendimento a portadores de deficiência não são obrigadas a cumprir a cota legal de trabalhadores com deficiência, podendo fazê-lo voluntariamente.

A: assertiva correta. A aprovação pelo Congresso Nacional com o quórum exigido pelo art. 5º, § 3º, da CF foi veiculada pelo Decreto Legislativo 186/2008 e a ratificação da Convenção foi objeto do Dec. 6.949/2009; **B:** assertiva correta, nos termos do art. 93, § 2º, da Lei 8.213/1991; **C:** assertiva correta, nos termos do art. 93, § 1º, da Lei 8.213/1991; **D:** assertiva correta, nos termos do art. 93, caput, da Lei 8.213/1991; **E:** assertiva incorreta, devendo ser assinalada. Não está prevista qualquer exceção à obrigação legal de contratação de deficientes imposta pelo art. 93 da Lei 8.213/1991.
Gabarito "E".

(Magistratura do Trabalho – 3ª Região – 2014) A partir do disposto no art. 26 da Lei 8.213/1991, é correto afirmar que são benefícios previdenciários que independem de prazo de carência, EXCETO:

(A) Aposentadoria por invalidez.
(B) Auxílio-doença nos casos de acidente de qualquer natureza ou causa e de doença profissional ou do trabalho.
(C) Salário-maternidade para as seguradas empregada, trabalhadora avulsa e empregada doméstica.
(D) Auxílio-reclusão.
(E) Pensão por morte.

A: assertiva incorreta, devendo ser assinalada. Em regra, a aposentadoria por invalidez tem carência de 12 contribuições mensais (art. 25, I, da Lei 8.213/1991). Será ela dispensada nos mesmos casos do auxílio-doença (art. 26, II, da mesma Lei). Como a alternativa, contudo, não menciona tais exceções, deve ser tida como errada; **B, C, D e E:** assertivas corretas, nos termos do art. 26, II, VI e I, respectivamente, da Lei 8.213/1991.
Gabarito "A".

(Defensor Público/TO – 2013 – CESPE) Acerca das normas que regulam os benefícios e as prestações do RGPS, assinale a opção correta.

(A) Considere que Joana, casada com Marcos, segurado do RGPS, receba proventos relativos a aposentadoria por tempo de contribuição. Nessa situação, com a morte do esposo, Joana não poderá, de acordo com a lei, passar a receber cumulativamente a pensão por morte, devendo optar pelo benefício mais vantajoso.

(B) Suponha que um segurado, em virtude de condenação pelo cometimento de crime, tenha sido recolhido à prisão para início do cumprimento de pena em regime fechado e solicitado auxílio-reclusão. Nessa situação, segundo a jurisprudência do STF, é necessária a comprovação de situação de necessidade, devendo-se utilizar como parâmetro a renda dos dependentes, sendo irrelevante a renda auferida pelo segurado preso.

(C) O salário maternidade da segurada empregada consistirá sempre em renda mensal equivalente à sua remuneração integral.

(D) O prazo para o primeiro pagamento do benefício da previdência social é estipulado em até quarenta e cinco dias contados da data da apresentação, pelo segurado, da documentação necessária à concessão do benefício.

(E) O retorno do aposentado à atividade exercida não prejudica o recebimento de sua aposentadoria, que, em qualquer caso, será mantida no seu valor integral.

A: incorreta, pois não há vedação à cumulação da aposentadoria com a pensão deixada pelo cônjuge – art. 124 do Plano de Benefícios da Previdência Social – PBPS (Lei 8.213/1991); **B:** incorreta, pois o STF fixou o entendimento no sentido de que a renda do segurado preso é a que deve ser utilizada como parâmetro para a concessão do benefício, e não a de seus dependentes – ver AI 767.352 AgR/SC e art. 80 do PBPS; **C:** incorreta, pois, embora a regra seja essa (art. 72 do PBPS), em caso de salário variável, o benefício será igual à média dos últimos 6 meses de trabalho, apurada conforme a lei salarial ou dissídio da categoria (note que o erro da assertiva está na palavra "sempre") – art. 393 da CLT;

D: correta, conforme o art. 41-A, § 5º, do PBPS; **E:** incorreta, pois o aposentado por invalidez que retornar voluntariamente à atividade terá sua aposentadoria automaticamente cancelada, a partir da data do retorno – art. 46 do PBPS.
Gabarito "D".

(Procurador/DF – 2013 – CESPE) Julgue os itens seguintes, que versam sobre a previdência social.

(1) A renúncia à aposentadoria pelo RGPS, para fins de aproveitamento do tempo de contribuição e concessão de novo benefício, seja no mesmo regime, seja em regime diverso, não importa em devolução dos valores percebidos, pois, enquanto perdurar a aposentadoria pelo RGPS, os pagamentos de natureza alimentar serão indiscutivelmente devidos.

(2) Conforme a jurisprudência do STJ, no âmbito do RGPS, o termo inicial do auxílio-acidente será o dia seguinte ao da cessação do auxílio-doença.

(3) Ressalvada a revisão prevista em lei, os proventos da inatividade regulam-se pela lei vigente ao tempo em que o militar, ou o servidor civil, tiver reunido os requisitos necessários, inclusive a apresentação do requerimento, quando a inatividade for voluntária.

(4) O tratamento dado pelo STF à adesão do interessado a plano de previdência privada não se limita à liberdade de associação, pois, em razão do equilíbrio financeiro-atuarial do sistema, não é permitida a desfiliação mediante a simples vontade unilateral do interessado.

1: correta, pois essa é a jurisprudência fixada pelo STJ para a hipótese de "desaposentação" – REsp 1.334.488/SC (repetitivo); **2:** correta, conforme entendimento pacífico do STJ – ver AgRg REsp 1.336.437/SP; **3:** incorreta, pois a apresentação do requerimento, para a hipótese em que a inatividade for voluntária, não é relevante para a definição da lei aplicável, conforme alteração da Súmula 359 do STF; **4:** incorreta, pois, em razão da liberdade de associação, garante-se o direito de desfiliação, conforme jurisprudência do STF – ver RE 482.207 AgR/PR.
Gabarito 1C, 2C, 3E, 4E.

(Procurador do Estado/MG – FUMARC – 2012) Com relação ao regime geral de previdência social assinale a proposição INCORRETA:

(A) Período de carência é o número mínimo de contribuições mensais indispensáveis para que o beneficiário faça jus ao benefício, consideradas a partir do transcurso do primeiro dia dos meses de suas competências;

(B) o salário-de-benefício para a aposentadoria por idade e para a aposentadoria por tempo de contribuição consiste na média aritmética simples dos maiores salários-de-contribuição correspondentes a oitenta por cento de todo o período contributivo, multiplicada pelo fator previdenciário;

(C) a concessão da aposentadoria por invalidez decorrente de acidente de qualquer natureza, inclusive de acidente do trabalho, depende do período de carência de 12 (doze) contribuições mensais;

(D) o salário-de-benefício para a aposentadoria por invalidez consiste na média aritmética simples dos maiores salários-de-contribuição correspondentes a oitenta por cento de todo o período contributivo, sem a incidência do fator previdenciário;

(E) independe de carência a concessão da pensão por morte, do auxílio-reclusão, do salário-família, do auxílio-acidente e do salário maternidade para as seguradas empregadas, trabalhadora avulsa e empregada doméstica.

A: correta, nos termos do art. 24 do PBPS; **B:** correta, nos termos do art. 29, I, do PBPS; **C:** incorreta, devendo ser assinalada. A invalidez decorrente de acidentes de qualquer natureza, inclusive acidentes de trabalho, é exceção à necessidade de comprovação de carência para a concessão da aposentadoria por invalidez (art. 26, II, do PBPS); **D:** correta, conforme art. 29, II, do PBPS; **E:** correta, nos termos do art. 26, I e VI, do PBPS.
Gabarito "C".

(Advogado da União/AGU – CESPE – 2012) À luz da jurisprudência do STF e do STJ, julgue o item seguinte, relativos ao RGPS.

(1) A concessão de pensão por morte, auxílio-reclusão e salário-família independe de carência.

1: correta. Tanto a jurisprudência quanto a própria legislação previdenciária já afasta a necessidade de cumprimento de carência para os benefícios mencionados. Aproveite o ensejo para relembrar os períodos de carência previstos para cada benefício previdenciário:

Benefício	Carência	Exceções
Aposentadoria por tempo de contribuição	180 contribuições	Não há
Aposentadoria por idade	180 contribuições	Não há

Aposentadoria por invalidez	12 contribuições	Doenças graves previstas em ato normativo do Ministério da Previdência e Assistência Social
Aposentadoria especial	180 contribuições	Não há
Auxílio-doença	12 contribuições	Doenças graves previstas em ato normativo do Ministério da Previdência e Assistência Social
Salário-família	Não há	Não há
Salário-maternidade	10 contribuições mensais	Segurada empregada, empregada doméstica e trabalhadora avulsa
Auxílio-acidente	Não há	Não há
Pensão por morte	Não há	Não há
Auxílio-reclusão	Não há	Não há

Gabarito 1C

(Advogado – CEF – 2012 – CESGRANRIO) Eduardo foi admitido por uma empresa como estoquista, em 18.09.2007. Suas atividades eram: controlar a recepção dos materiais, confrontando tipo e quantidades com os dados contidos nas requisições, certificar a correspondência entre o material recebido e o solicitado e dispor os materiais relacionados nos pedidos, separando-os de acordo com as especificações e quantidades. Após anos de trabalho, Eduardo passou a sentir fortes dores na coluna e, em pouco tempo, não conseguia mais fazer movimentos de flexão e extensão da coluna. Após a realização de exame médico pericial, constatou-se que o empregado estava inapto para o trabalho e impossibilitado de reabilitação. Considerando-se os fatos apresentados acima, qual dos benefícios previdenciários será concedido a Eduardo?

(A) Aposentadoria especial
(B) Aposentadoria por invalidez
(C) Auxílio-doença
(D) Auxílio-acidente
(E) Salário-família

A: incorreta. A aposentadoria especial é destinada àqueles que se dedicaram a trabalho perigoso ou insalubre, de forma não ocasional nem intermitente, durante o tempo fixado em lei; **B:** correta. A aposentadoria por invalidez é o benefício previdenciário destinado aos segurados acometidos de incapacidade total e permanente para qualquer trabalho ou função, sem expectativa de reabilitação segundo os peritos oficiais. Vale lembrar que, mesmo nesse quadro, o beneficiário deve submeter-se a novas perícias a cada dois anos para atestar a permanência da incapacidade; **C:** incorreta. O auxílio-doença é pago em caso de incapacidade total e temporária para o exercício das atividades habitualmente exercidas pelo segurado a partir do 16º dia de afastamento; **D:** incorreta. Auxílio-acidente é o benefício previdenciário pago em caso de consolidação de lesões que diminuam a capacidade laborativa do segurado; **E:** incorreta. O salário-família é garantido ao segurado de baixa renda que possua filhos menores de 14 anos ou inválidos de qualquer idade.

Gabarito "B".

Veja as seguintes tabelas, para estudo e memorização dos períodos de carência e das prestações que independem de carência:

Períodos de Carência – art. 25 do PBPS	
– auxílio-doença e aposentadoria por invalidez	12 contribuições mensais
– aposentadoria por idade, aposentadoria por tempo de serviço e aposentadoria especial	180 contribuições mensais
– salário-maternidade para contribuintes individuais, seguradas especiais e facultativas	10 contribuições mensais. Em caso de antecipação do parto, o período é reduzido em número de contribuições equivalentes ao número de meses em que o parto foi antecipado. A segurada especial deve apenas comprovar atividade rural nos 12 meses anteriores ao início do benefício – art. 39, parágrafo único, do PBPS

Independem de Carência – art. 26 do PBPS

– pensão por morte, auxílio-reclusão, salário-família e auxílio-acidente;
– auxílio-doença e aposentadoria por invalidez;
– aposentadoria por idade ou por invalidez, auxílio-doença, auxílio-reclusão, pensão para o segurado especial, no valor de um salário-mínimo, desde que comprove o exercício de atividade rural, ainda que de forma descontínua, no período, imediatamente anterior ao requerimento do benefício, igual ao número de meses correspondentes à carência do benefício requerido;
– serviço social;
– reabilitação profissional;
– salário-maternidade para as seguradas empregada, trabalhadora avulsa e empregada doméstica.

(Ministério Público do Trabalho – 14º) O auxílio-acidente atualmente tem natureza:
(A) complementar;
(B) suplementar;
(C) indenizatória;
(D) salarial;
(E) não respondida.

A resposta encontra-se expressa no art. 86 da Lei 8.213/1991, que afirma natureza "indenizatória", de modo a ser correta a letra "C". As demais letras não guardam pertinência com a legislação previdenciária.

Gabarito "C".

5. PREVIDÊNCIA DOS SERVIDORES PÚBLICOS

(Procurador do Estado/SP - 2018 - VUNESP) Ao longo da vida, Maria Tereza teve alguns vínculos funcionais com o Estado de São Paulo. Agora, pretendendo obter aposentadoria no âmbito do Regime Geral de Previdência Social – RGPS, a ex-servidora solicitou ao Regime Próprio de Previdência Social (RPPS) paulista **a emissão de Certidão de Tempo de Contribuição (CTC)** para fins de averbação no Instituto Nacional do Seguro Social – INSS. A CTC a ser homologada pela SPPREV deverá contemplar o período

(A) de 01.01.2010 a 31.12.2010, em que Maria Tereza exerceu atividade docente na rede de ensino público estadual, em virtude de contratação por tempo determinado realizada com fundamento na Lei Complementar Estadual no 1.093/2009.
(B) de 01.01.1994 a 31.12.1996, em que Maria Tereza exerceu função-atividade em virtude de contratação para execução de determinada obra, nos termos do art. 1o, III, da Lei Estadual no 500/1974.
(C) de 01.01.1999 a 31.12.2002, em que Maria Tereza exerceu a função de escrevente de cartório extrajudicial, inclusive o interstício em que esteve afastada de suas atividades para promover campanha eleitoral.
(D) de 01.01.1980 a 31.12.1987, em que Maria Tereza exerceu cargo efetivo, inclusive o interstício de licença para tratar de interesses particulares, no qual recolheu as contribuições previdenciárias devidas ao Instituto de Previdência do Estado de São Paulo – IPESP.
(E) de 01.01.2011 a 31.12.2017, em que Maria Tereza **exerceu cargo efetivo**, inclusive o interstício de licença para tratar de interesses particulares, **no qual recolheu contribuições previdenciárias para a São Paulo Previdência** – SPPREV.

Trata-se de questão que envolve o direito constitucional previsto no art. 201, § 9º, que assim preceitua: "Para efeito de aposentadoria, é assegurada a contagem recíproca do tempo de contribuição na administração pública e na atividade privada, rural e urbana, hipótese em que os diversos regimes de previdência social se compensarão financeiramente, segundo critérios estabelecidos em lei."
A: incorreta. Do art. 20 da Lei Complementar Estadual 1.093/2009 consta: "O contratado na forma do disposto nesta lei complementar ficará vinculado ao Regime Geral de Previdência Social, nos termos da legislação federal". Desta feita, o tempo contributivo já integra o Regime Geral; **B:** incorreta. Do art. 1º, inciso III, da Lei 500, de 1974, consta: "III - para a execução de determinada obra, serviços de campo ou trabalhos rurais, todos de natureza transitória, ou ainda, a critério da Administração, para execução de serviços decorrentes de convênios." Do art. 3º observa-se que "Os servidores de que tratam os incisos I e II do artigo 1º reger-se-ão pelas normas desta lei, aplicando-se aos de que trata o inciso III as normas da legislação trabalhista." Assim, com relação ao inciso III o labor já se encontra inserido no âmbito do Regime Geral. Nesse exato diapasão preconiza a Lei Complementar Estadual 1.010/2007, que no art. 2º assevera: "São segurados do RPPS e do RPPM do Estado de São Paulo, administrados pela SPPREV: (...) "§ 2º - Por terem sido admitidos para o exercício de função permanente, inclusive de natureza técnica, e nos termos do disposto no inciso I deste artigo, são titulares de cargos efetivos os servidores ativos e inativos que, até a data da publicação desta lei, tenham sido admitidos com fundamento nos incisos I e II do artigo 1º da Lei nº 500, de 13 de novembro de 1974.". Excluídos, mais uma vez os contratados na forma do inciso III do art. 1º da Lei 500, de 1974. Desta feita, o tempo contributivo já integra o Regime Geral; **C:** incorreta. Em conformidade com o art. 40 da Lei 8.935, de 1994, (CAPÍTULO IX, Da Seguridade Social) "os notários, oficiais de registro, escreventes e auxiliares são vinculados à previdência social, de âmbito federal,

e têm assegurada a contagem recíproca de tempo de serviço em sistemas diversos." São integrantes do Regime Geral de Previdência Social. Desta feita, o tempo contributivo já integra o RGPS; **D**: incorreta. Trata-se de período anterior à CF/88, época na qual parte dos servidores públicos integrava o regime de previdência geral. A alternativa não traz maiores especificações e no cotejo entre as alternativas observa-se que o item "E" está absolutamente correto; **E**: correta. A Lei 10.261/1968 (Estatuto dos Servidores de SP) determina, em seu art. 202: "Depois de 5 (cinco) anos de exercício, o funcionário poderá obter licença, sem vencimento ou remuneração, para tratar de interesses particulares, pelo prazo máximo de 2 (dois) anos." Já a Lei Complementar Estadual 1.012/2007 determina, em seu art. 12, § 1º: "Será assegurada ao servidor licenciado ou afastado sem remuneração a manutenção da vinculação ao regime próprio de previdência social do Estado, mediante o recolhimento mensal da respectiva contribuição, assim como da contribuição patronal prevista na legislação aplicável, observando-se os mesmos percentuais e incidente sobre a remuneração total do cargo a que faz jus no exercício de suas atribuições, computando-se, para esse efeito, inclusive, as vantagens pessoais." Desse modo, ainda que afastada, Maria, ao contribuir para o RPPS, direcionando as contribuições à SPPREV (órgão gestor único do regime próprio de previdência em SP), manteve o vínculo com o Regime Próprio. Ademais, exerceu cargo efetivo, contribuindo para o Regime Próprio de Previdência (art. 2º da Lei 1.010/2007). Portanto, de 01.01.2011 a 31.12.2017, somente contribuiu para o RPPS, podendo requerer a emissão da Certidão de Tempo de Contribuição (CTC) para fins de averbação no Instituto Nacional do Seguro Social – INSS, ou seja, averbar o tempo de contribuição do Regime Próprio no RGPS. HA

Gabarito "E".

(Procurador do Estado/SP - 2018 - VUNESP) De acordo com o ordenamento jurídico em vigor, em especial a legislação paulista, o servidor público

(A) ocupante de cargo efetivo não fica jungido a quaisquer deveres previstos no Estatuto dos Funcionários Públicos quando não estiver no exercício de suas funções.

(B) ocupante de cargo em comissão legará pensão por morte calculada nos termos do artigo 40 da Constituição Federal, desde que vinculado ao Regime Próprio de Previdência Social.

(C) ocupante de cargo efetivo poderá obter licença por motivo de doença do cônjuge e de parentes de até segundo grau, sem remuneração e limitada ao prazo máximo de seis meses.

(D) estável faz jus a adicional por tempo de serviço após cada período de cinco anos de exercício, desde que ininterrupto.

(E) ocupante de cargo efetivo, após noventa dias decorridos da apresentação do pedido de aposentadoria voluntária, poderá cessar o exercício da função pública se obtiver autorização fundamentada de sua chefia.

A: incorreta. A Lei 10.261, de 28 de outubro de 1968, dispõe sobre o Estatuto dos Funcionários Públicos Civis do Estado, e traz, no art. 241, a seguinte regra: "São deveres do funcionário: Art. XIV - proceder na vida pública e privada na forma que dignifique a função pública)"; **B**: correta. Observe-se que é excluído do Regime Próprio de Previdência Social o servidor ocupante "exclusivamente" de cargo em comissão (CF, art. 40, § 13). Tratando-se de servidor público titular de cargo efetivo, ainda que ocupe cargo em comissão (direção, chefia e assessoramento), aplica-se o regramento previsto no art. 40 da CF; **C**: incorreta. A Lei 10.261, de 28 de outubro de 1968, dispõe sobre o Estatuto dos Funcionários Públicos Civis do Estado, e no art. 199 prevê: "A licença de que trata este artigo será concedida com vencimento ou remuneração até 1 (um) mês e com os seguintes descontos: I - de 1/3 (um terço), quando exceder a 1 (um) mês até 3 (três); II - de 2/3 (dois terços), quando exceder a 3 (três) até 6 (seis); III - sem vencimento ou remuneração do sétimo ao vigésimo mês.); **D**: Incorreta. A Lei 10.261, de 28 de outubro de 1968, dispõe sobre o Estatuto dos Funcionários Públicos Civis do Estado, e prevê, no art. 127: "O funcionário terá direito, após cada período de 5 (cinco) anos, contínuos, ou não, à percepção de adicional por tempo de serviço, calculado à razão de 5% (cinco por cento) sobre o vencimento ou remuneração, a que se incorpora para todos os efeitos.)"; **E**: incorreta. A Lei 10.261, de 28 de outubro de 1968, dispõe sobre o Estatuto dos Funcionários Públicos Civis do Estado, **e no art. 228 prevê que a a**posentadoria voluntária somente produzirá efeito a partir da publicação do ato no Diário Oficial. HA

Gabarito "B".

(Procurador do Estado/SP - 2018 - VUNESP) Ana Maria, titular de cargo efetivo, foi eleita vereadora do Município de São José do Rio Preto. Assim que soube do fato, o órgão de recursos humanos a que se vincula solicitou à Consultoria Jurídica orientações sobre a situação funcional da servidora caso viesse a assumir o mandato eletivo. O Procurador do Estado instado a responder à consulta poderá apresentar, sem risco de incorrer em equívoco, os seguintes esclarecimentos acerca da situação:

(A) caso haja compatibilidade de horários, a servidora fará jus à percepção das vantagens do seu cargo, sem prejuízo da remuneração do mandato eletivo e, caso não haja compatibilidade de horários, fará jus ao afastamento do cargo efetivo, com a faculdade de optar pela melhor remuneração. O tempo de afastamento do cargo efetivo para exercício de mandato eletivo será computado para todos os efeitos legais, exceto para promoção por merecimento.

(B) a servidora deverá afastar-se do cargo efetivo para exercer o mandato eletivo, com a faculdade de optar pela melhor remuneração. O tempo de afastamento do cargo efetivo para exercício de mandato eletivo será computado para todos os efeitos legais, exceto para adicionais temporais e promoção por merecimento.

(C) a servidora deverá afastar-se do cargo efetivo para exercer o mandato eletivo, fazendo jus apenas à remuneração deste. O tempo de afastamento do cargo efetivo para exercício de mandato eletivo será computado para todos os efeitos legais, exceto para promoção por merecimento.

(D) caso haja compatibilidade de horários, a servidora fará jus à percepção das vantagens do seu cargo, sem prejuízo da remuneração do mandato eletivo e, caso não haja compatibilidade de horários, fará jus ao afastamento do cargo efetivo, com a faculdade de optar pela melhor remuneração. O tempo de afastamento do cargo efetivo para exercício de mandato eletivo será computado para todos os efeitos legais, exceto para adicionais temporais e promoção por merecimento.

(E) a servidora deverá afastar-se do cargo efetivo para exercer o mandato eletivo, com a faculdade de optar pela melhor remuneração. O tempo de afastamento do cargo efetivo para exercício de mandato eletivo não será computado para fins de obtenção de quaisquer vantagens funcionais.

Art. 38 da CF/88: Ao servidor público da administração direta, autárquica e fundacional, no exercício de mandato eletivo, aplicam-se as seguintes disposições: I - tratando-se de mandato eletivo federal, estadual ou distrital, ficará afastado de seu cargo, emprego ou função; II - investido no mandato de Prefeito, será afastado do cargo, emprego ou função, sendo-lhe facultado optar pela sua remuneração; III - investido no mandato de Vereador, havendo compatibilidade de horários, perceberá as vantagens de seu cargo, emprego ou função, sem prejuízo da remuneração do cargo eletivo, e, não havendo compatibilidade, será aplicada a norma do inciso anterior; IV - em qualquer caso que exija o afastamento para o exercício de mandato eletivo, seu tempo de serviço será contado para todos os efeitos legais, exceto para promoção por merecimento; V - para efeito de benefício previdenciário, no caso de afastamento, os valores serão determinados como se no exercício estivesse. HA

Gabarito "A".

(Procurador do Estado/SP - 2018 - VUNESP) Assinale a alternativa correta.

(A) Os servidores ocupantes de cargos em comissão são regidos pela Consolidação das Leis do Trabalho (CLT) e vinculados ao Regime Geral de Previdência Social.

(B) A instituição de regime jurídico único implica a existência de ente gestor único do Regime Próprio de Previdência Social.

(C) Embora o Estado de São Paulo tenha instituído regime jurídico único, seus servidores podem estar vinculados ao Regime Próprio de Previdência Social ou ao Regime Geral de Previdência Social.

(D) Os servidores ocupantes exclusivamente de cargo em comissão mantêm vínculo com o Regime Geral de Previdência Social.

(E) A instituição de regime jurídico único implica a existência de regime previdenciário único.

A: incorreta. Os servidores ocupantes de cargos em comissão e titulares de cargo efetivo são integrantes de Regime Próprio de Previdência Social, ao passo que os servidores ocupantes exclusivamente de cargo em comissão são filiados obrigatoriamente ao RGPS; **B**: incorreta. "Gestor" único. A CF, art. 40, § 20, estabelece que fica vedada a existência de mais de um regime próprio de previdência social para os servidores titulares de cargos efetivos, e de mais de uma "unidade gestora" do respectivo regime em cada ente estatal, "ressalvado" o disposto no art. 142, § 3º, X (Forças Armadas); **C**: Incorreta. Há no Estado de São Paulo Regime Próprio de Previdência Social, de tal sorte que os servidores públicos titulares de cargos efetivos ficam necessariamente vinculados ao RPPS, conforme determina o art. 40 da CF; **D**: Correta. CF, art. 40, § 13: "Ao servidor ocupante, exclusivamente, de cargo em comissão declarado em lei de livre nomeação e exoneração bem como de outro cargo temporário ou de emprego público, aplica-se o regime geral de previdência social."; **E**: Incorreta. Do art. 40, § 13, da CF, observa-se que no ente público estadual há prestadores de serviços filiados ao RGPS. HA

Gabarito "D".

(Procurador do Estado/SP - 2018 - VUNESP) Maria de Oliveira efetuou inscrição definitiva na Ordem dos Advogados do Brasil logo após sua colação de grau, no início de 1987. Vocacionada ao exercício da advocacia pública, optou por dedicar-se exclusivamente aos estudos para o concurso da Procuradoria Geral do Estado de São Paulo, tendo sido aprovada no concurso de 1993, ano em que tomou posse e iniciou o exercício do cargo. Ultrapassados 25 anos de efetivo exercício do cargo de Procuradora do Estado de São Paulo, Maria de Oliveira, que hoje tem 56 anos, solicitou aposentadoria com lastro no artigo 3º da Emenda Constitucional no 47/2005. No mesmo instante, ciente de que lei estadual vigente quando de sua posse assegurava aos Procuradores do Estado o cômputo do tempo de inscrição na OAB como tempo de serviço público para todos os efeitos, apresentou certidão emitida por tal entidade ao setor de recursos humanos, requerendo a contagem do período como tempo de contribuição. Examinando o pleito, é possível concluir que a Procuradora do Estado de São Paulo

(A) não faz jus à aposentadoria requerida, pois apenas solicitou averbação do tempo de inscrição na Ordem dos Advogados do Brasil em seus assentamentos funcionais após a vigência da Emenda

Constitucional no 20/1998, que veda a contagem de tempo de contribuição ficto.
(B) não faz jus à aposentadoria requerida, pois a EC no 20/1998, ao eleger o sistema de capitalização para financiamento do Regime Próprio de Previdência Social, vedou a contagem de tempo ficto.
(C) não faz jus à aposentadoria requerida, pois apenas passou a recolher contribuições previdenciárias para fins de aposentadoria quando de sua posse.
(D) faz jus à aposentadoria requerida, pois o cômputo do período de inscrição na Ordem dos Advogados do Brasil como tempo de contribuição não caracteriza contagem de tempo ficto.
(E) faz jus à aposentadoria requerida, pois o artigo 4o da Emenda Constitucional no 20/1998 consagrou o direito adquirido à qualificação jurídica do tempo.

O servidor público da União, dos Estados, do Distrito Federal e dos Municípios, incluídas suas autarquias e fundações, que tenha ingressado no serviço público até a data da publicação da EC 20, em 16 de dezembro de 1998, poderá aposentar-se com proventos integrais (totalidade da remuneração que aufere), e com direito à paridade dos proventos com a remuneração dos servidores da ativa, desde que preencha, cumulativamente, as seguintes condições:
"I) trinta e cinco (35) anos de tempo de contribuição, se homem, e trinta (30) anos de tempo de contribuição, se mulher;
II) vinte e cinco (25) anos de efetivo exercício no serviço público, quinze (15) anos de carreira e cinco (5) anos no cargo em que se der a aposentadoria;
III) idade mínima resultante da redução, relativamente aos limites do art. 40, § 1º, inciso III, alínea 'a', da Constituição Federal, de um ano de idade para cada ano de contribuição que exceder a condição prevista no inciso I acima referido".
Por essa regra de transição, **alcançável apenas pelos servidores públicos que ingressaram no funcionalismo até 16 de dezembro de 1998** (data da publicação da EC 20), é franqueada a aposentação com **idade inferior à prevista no corpo permanente** da CF (art. 40, § 1º, III).
O art. 40, § 1º, III, da CF, após a EC 20/1998, passou a exigir a idade mínima de 60 anos de idade para os homens e 55 anos de idade para as mulheres, e tempo de contribuição de 35 anos, se homem, e 30 anos, se mulher. Para cada ano trabalhado além dos 35 anos exigíveis, se homem, ou dos 30 anos, se mulher, a regra da EC 47 autoriza a redução, em igual número de anos.
Assim, considerado o período de 1987 a 1993, que, nos termos da lei estadual vigente quando de sua posse, assegurava aos Procuradores do Estado o cômputo do tempo de inscrição na OAB como tempo de serviço público para todos os efeitos, combinado com o art. 4º da EC 20/98 (observado o disposto no art. 40, § 10, da Constituição Federal, o tempo de serviço considerado pela legislação vigente para efeito de aposentadoria, cumprido até que a lei discipline a matéria, será contado como tempo de contribuição), tem-se o total de 31 anos até 2018, nestes inclusos 25 anos de efetivo exercício no serviço público. De observar que com relação ao requisito etário, já possui 56 anos de idade. Assim, satisfeitos os requisitos para aposentadoria. Diante desse contexto, a única alternativa a ser assinalada é a letra "E". HA
Gabarito "E".

(Procurador do Estado/SP - 2018 - VUNESP) Patrícia Medeiros, titular de cargo efetivo, ciente de que determinada gratificação não integrará, em sua totalidade, a base de cálculo dos proventos de aposentadoria a que fará jus com fundamento no artigo 6o da EC nº41/2003, apresenta requerimento à Administração solicitando que referida vantagem deixe de compor a base de cálculo da contribuição previdenciária. Instada a examinar o pleito, a Procuradoria Geral do Estado corretamente apresentará parecer jurídico recomendando
(A) o indeferimento do pedido, eis que, conforme jurisprudência do Supremo Tribunal Federal, não se exige correlação perfeita entre base de contribuição e benefício previdenciário.
(B) a inadmissibilidade do pedido, por falta de interesse de agir, pois na aposentadoria com lastro no artigo 6o da EC no 41/2003 o valor dos proventos espelha exatamente a última folha de pagamento do servidor no cargo efetivo, de maneira que todas as vantagens por ele percebidas no momento da aposentação serão integralmente carreadas à inatividade.
(C) o indeferimento do pedido, pois desde o advento da Lei Federal no 10.887/2004 o cálculo das aposentadorias é realizado considerando-se a média aritmética simples das maiores remunerações.
(D) o deferimento do pedido com fundamento no princípio contributivo, que segundo tese de repercussão geral fixada pelo Supremo Tribunal Federal obsta a incidência de contribuições sobre valores que não serão considerados no cálculo dos proventos.
(E) o deferimento do pedido, pois a incidência de contribuição previdenciária sobre parcela que não integrará a base de cálculo dos proventos, segundo tese de repercussão geral fixada pelo Supremo Tribunal Federal, gera enriquecimento sem causa do Estado.

A: Correta. A jurisprudência do STF é pela necessidade de correlação entre base de contribuição e benefício previdenciário, de modo a não permitir a incidência de contribuição sobre o adicional de férias (RE-AgR 545317/DF – DISTRITO FEDERAL. AG. REG. NO RECURSO EXTRAORDINÁRIO. Relator(a): Min. GILMAR MENDES. Julgamento: 19-2-2008.

Entendimento da TNU mantido por acórdão da 1ª Seção do STJ na PET n. 7.522/SE, Rel. Min. Hamilton Carvalhido, DJ 18-5-2010) por se tratar de verba de natureza indenizatória que não integra o cálculo dos proventos de aposentadoria. Entretanto, não exige o STF a "perfeita" correlação, de modo que sobre o décimo terceiro salário do servidor público há incidência de contribuição previdenciária (Súmula 688 STF: É legítima a incidência da contribuição previdenciária sobre o 13º salário), mas não integra o cálculo dos proventos de aposentadoria, pois do contrário seria *bis in idem*, haja vista que após aposentado o servidor público perceberá 13 parcelas durante o ano a título de proventos; **B:** Incorreta, uma vez que, como esclarecido na alternativa "A", sobre o décimo terceiro salário há incidência de contribuição previdenciária, mas este não é considerado no cálculo de apuração dos proventos de aposentadoria (art. 40, §12, CF/88 e Lei 8.212/1991, art. 28, § 7º: "O décimo-terceiro salário (gratificação natalina) integra o salário-de-contribuição, exceto para o cálculo de benefício, na forma estabelecida em regulamento)."; **C:** incorreta. A aposentadoria com fundamento no art. 6º da EC 41/2003 assegura proventos integrais que corresponderão à totalidade da remuneração do servidor público no cargo efetivo em que se der a aposentadoria; **D:** incorreta. Como esclarecido na alternativa "A", sobre o décimo terceiro salário há incidência de contribuição previdenciária, mas este não é considerado no cálculo de apuração dos proventos de aposentadoria (art. 40, §12, CF/88 e Lei 8.212/1991, art. 28, § 7º: "O décimo-terceiro salário (gratificação natalina) integra o salário-de-contribuição, exceto para o cálculo de benefício, na forma estabelecida em regulamento)."; **E:** Incorreta. Sobre décimo terceiro salário há incidência de contribuição previdenciária, mas este não é considerado no cálculo de apuração dos proventos de aposentadoria (art. 40, §12, CF/88 e Lei 8.212/ 1991, art. 28, § 7º: "O décimo-terceiro salário (gratificação natalina) integra o salário-de-contribuição, exceto para o cálculo de benefício, na forma estabelecida em regulamento)". HA
Gabarito "A".

(Procurador do Estado/SP - 2018 - VUNESP) Policial Militar do Estado de São Paulo que completou 24 (vinte e quatro) meses de agregação por invalidez foi reformado. Nessas circunstâncias, é correta a seguinte afirmação:
(A) caso constatado que o militar inativo passou a exercer atividade privada, na condição de empregado, a SPPREV deverá, imediatamente, cassar o ato de reforma e determinar sua reversão para o serviço ativo.
(B) nesse caso, o militar foi reformado ex officio, mas a reforma também pode ser processada a pedido.
(C) o ato de transferência do militar para a inatividade é de competência do Comandante Geral da Polícia Militar do Estado de São Paulo.
(D) nesse caso, a reforma será aperfeiçoada com vencimentos e vantagens integrais aos do posto ou graduação.
(E) com a reforma, extinguiu-se o vínculo entre a Polícia Militar e o inativo, que a partir de então passou a estar vinculado somente à São Paulo Previdência.

A Lei complementar estadual.305/2017, que alterou o Decreto-lei 260/1970 de SP, estabelece que: Art. 2º - Ficam acrescentados ao Decreto-lei nº 260, de 29 de maio de 1970, os seguintes dispositivos: III - artigo 26-A: "Artigo 26-A - O militar transferido para a reserva a pedido poderá ser designado para exercer funções administrativas, técnicas ou especializadas, enquanto não atingir a idade-limite de permanência na reserva. § 1º - É vedada a designação de que trata este artigo, de militar promovido ao posto superior quando de sua passagem para a reserva se não houver, em seu Quadro de origem, o respectivo posto. § 2º - O militar da reserva designado terá as mesmas prerrogativas e deveres do militar do serviço ativo em igual situação hierárquica, fazendo jus, enquanto perdurar sua designação, a: 1. férias; e 2. abono, equivalente ao valor da sua contribuição previdenciária e do padrão do respectivo posto ou graduação. § 3º - Além da avaliação médica e de aptidão física prevista no § 2º do artigo 26, o Comandante Geral definirá critérios disciplinares e técnicos para a designação de militar da reserva nos termos deste artigo."
Diante da normatização legal, a alternativa "C" é a correta: o ato de transferência do militar para a inatividade é de competência do Comandante Geral da Polícia Militar do Estado de São Paulo. HA
Gabarito "C".

(Procurador do Estado – PGE/RS – Fundatec – 2015) João Paulo ingressou no serviço público em 16 de dezembro de 2009, provido no cargo efetivo de Procurador do Estado do Rio Grande do Sul. Considerando as atuais regras de aposentadoria da Constituição da República Federativa do Brasil, ele poderá requerer aposentadoria voluntária com proventos proporcionais ao tempo de contribuição quando preencher cumulativamente as seguintes condições:
(A) 60 (sessenta) anos de idade, 10 (dez) anos de efetivo exercício no serviço público e 5 (cinco) anos no cargo efetivo em que se dará a aposentadoria.
(B) 65 (sessenta e cinco) anos de idade, 10 (dez) anos de efetivo exercício no serviço público e 5 (cinco) anos no cargo efetivo em que se dará a aposentadoria.
(C) 60 (sessenta) anos de idade, 15 (quinze) anos de efetivo exercício no serviço público e 5 (cinco) anos no cargo efetivo em que se dará a aposentadoria.
(D) 65 (sessenta e cinco) anos de idade, 15 (quinze) anos de efetivo exercício no serviço público e 10 (dez) anos no cargo efetivo em que se dará a aposentadoria.
(E) 60 (sessenta) anos de idade, 15 (quinze) anos de efetivo exercício

no serviço público e 10 (dez) anos no cargo efetivo em que se dará a aposentadoria.

Note que o enunciado questiona sobre o direito de João Paulo de se aposentar com proventos **proporcionais** ao tempo de contribuição. Nesse caso, basta que ele cumpra os requisitos gerais de qualquer aposentadoria em regime próprio de previdência – 10 anos de serviço público, dos quais 5 anos no cargo em que se dará a aposentadoria (art. 40, III, da CF), além do requisito da idade mínima de 65 anos (porque homem) previsto no art. 40, III, *b*, da CF. **HS**

Gabarito "B".

(Procurador do Estado – PGE/RS – Fundatec – 2015) Analise, à luz do ordenamento constitucional brasileiro, as seguintes assertivas:

I. O servidor da União, dos Estados, do Distrito Federal e dos Municípios, incluídas suas autarquias e fundações, que tenha ingressado no serviço público até a data de publicação da Emenda Constitucional nº 70/12 e que tenha se aposentado ou venha a se aposentar por invalidez permanente, com fundamento no inciso I do § 1º do art. 40 da Constituição Federal de 1988, tem direito a proventos de aposentadoria calculados com base na remuneração do cargo efetivo em que se der a aposentadoria, na forma da lei, mas não faz jus à paridade de seu benefício com a remuneração dos servidores em atividade.

II. A integralidade, garantia constitucional que assegura ao servidor inativo a revisão de seus proventos na mesma data e na mesma proporção em que houver modificação da remuneração dos servidores em atividade e também a extensão de quaisquer benefícios ou vantagens posteriormente concedidos aos servidores em atividade, beneficia todos os servidores inativados após a vigência da Emenda Constitucional nº 41/03.

III. Lei disporá sobre a concessão do benefício de pensão por morte, no âmbito dos regimes próprios de previdência, que será igual ao valor da totalidade dos proventos do servidor falecido, até o limite máximo estabelecido para os benefícios do regime geral de previdência social, acrescentado de setenta por cento da parcela excedente a este limite, caso aposentado o servidor na data do óbito.

Quais estão corretas?
(A) Apenas I.
(B) Apenas II.
(C) Apenas III.
(D) Apenas I e II.
(E) Apenas I e III.

I: incorreta. A Emenda Constitucional 70/2012 criou o benefício da paridade para os aposentador por invalidez (art. 1º da mencionada Emenda); **II:** incorreta. O art. 7º da Emenda Constitucional 41/2003 estabelece o benefício da paridade para os benefícios de prestação continuada em vigor na data de publicação da emenda; **III:** correta, nos termos do art. 201, § 7º, I, da CF. **HS**

Gabarito "C".

(Juiz – TRF 2ª Região – 2017) Quanto ao regime de Previdência Social do servidor público federal, marque a opção correta:

(A) O servidor licenciado do cargo, sem direito à remuneração, para servir em organismo internacional do qual o Brasil é membro efetivo, e que contribua para outro regime de previdência social no exterior, mantém o seu vínculo com o regime do Plano de Seguridade Social do Servidor Público enquanto durar a licença.
(B) Ao servidor licenciado sem remuneração não é permitida a manutenção da vinculação ao regime do Plano de Seguridade Social do Servidor Público. Eventual recolhimento mensal da respectiva contribuição, ainda que no mesmo percentual devido pelos servidores em atividade, apenas se permite para efeito de filiação ao Regime Geral de Previdência (RGPS).
(C) Cessa a licença-gestante, de pleno direito, no caso de natimorto. Se for o caso, mediante laudo de junta médica, ela será convertida em licença saúde.
(D) O direito de requerer e, assim, obter a pensão por morte prescreve em cinco anos, contados do óbito ou da sua ciência.
(E) É vedada a possibilidade de cumular a pensão por morte instituída pelo falecido cônjuge com nova pensão por morte, caso o atual cônjuge faleça.

A: incorreta. No caso mencionado, é suspenso o vínculo com o Regime Próprio de Previdência, nos termos do art. 183, §2º, da Lei 8.112/1990; **B:** incorreta. Tal direito é previsto no art. 183, §3º, da Lei 8.112/1990; **C:** incorreta. A licença-gestante, no caso de natimorto, é de 30 dias (art. 207, §3º, da Lei 8.112/1990); **D:** incorreta. A pensão pode ser requerida a qualquer tempo, prescrevendo somente as prestações devidas há mais de 5 anos (art. 219 da Lei 8.112/1990); **E:** correta, nos termos do art. 225 da Lei 8.112/1990. **HS**

Gabarito "E".

(Procurador do Estado – PGE/PR – PUC – 2015) Sobre a alíquota de contribuição previdenciária descontada da remuneração do servidor público titular de cargo efetivo, é **CORRETO** afirmar que:

(A) O servidor público não pode sofrer qualquer desconto em sua remuneração, a título de contribuição previdenciária.
(B) Não há limite mínimo para o desconto.
(C) Não pode ser inferior a 8,8% (oito e oito décimos por cento).
(D) Não pode ser inferior a 11% (onze por cento).
(E) Admite-se a progressividade da alíquota de acordo com o valor da remuneração do servidor.

O servidor público exerce atividade remunerada e, como tal, é segurado obrigatório da previdência. A única diferença é que, tendo sido criado em sua esfera de governo um regime próprio de previdência social, é para este que contribuirá e não para o RGPS. Com o intuito de evitar tratamentos desiguais a trabalhadores em situação equivalente, o art. 149, § 1º, da CF determina que a alíquota cobrada nos regimes próprios de Estados e Municípios não poderá ser menor do que aquela cobrada pela União de seus servidores, atualmente 11%. **HS**

Gabarito "D".

(Procurador do Estado – PGE/PR – PUC – 2015) Com relação ao regime próprio de previdência social dos titulares de cargos efetivos, é **CORRETO** afirmar:

(A) Os servidores ocupantes exclusivamente de cargo em comissão declarado em lei de livre nomeação e exoneração se vinculam obrigatoriamente ao regime próprio de previdência social.
(B) Os estados, municípios, Distrito Federal e União não podem ter mais de uma unidade gestora do regime.
(C) Todos os regimes próprios de previdência social são administrados pelo Governo Federal e não se admite a instituição de previdência complementar.
(D) A unidade gestora do regime pode aplicar os recursos previdenciários em títulos públicos estaduais.
(E) A União, os estados e os municípios são obrigados a instituir regime próprio de previdência social para seus servidores.

A: incorreta. O regime próprio de previdência é acessível somente aos servidores ocupantes de cargo efetivo (art. 40 da CF). Aqueles que ocupam exclusivamente cargo em comissão são segurados obrigatórios do RGPS na qualidade de empregados (art. 11, I, *g*, da PBPS); **B:** correta, nos termos do art. 40, § 20, da CF; **C:** incorreta. Cada unidade federada deverá organizar e manter seu regime próprio (art. 40, "caput", da CF) e fica facultada a criação de fundo complementar de previdência (art. 40, § 14, da CF); **D:** incorreta. O art. 6º, VI, da Lei 9.717/1998 veda tal prática, autorizando excepcionalmente a aplicação de recursos em títulos públicos federais; **E:** incorreta. Não se trata de uma obrigação, mas de uma recomendação constitucional. Não sendo criado o regime, os servidores ocupantes de cargo efetivo serão filiados ao RGPS. **HS**

Gabarito "B".

(Procurador do Estado – PGE/PR – PUC – 2015) Assinale a alternativa **CORRETA**.
(A) As contribuições previdenciárias e os recursos vinculados ao Fundo Previdenciário da União, dos estados, do Distrito Federal e dos municípios e as contribuições do pessoal ativo, inativo e pensionistas poderão ser destinadas ao pagamento de benefícios previdenciários dos respectivos regimes e benefícios de assistência à saúde.
(B) Aos servidores públicos titulares de cargo efetivo é assegurado regime de previdência de caráter contributivo e solidário, mediante contribuição do respectivo ente público, dos servidores ativos, inativos e pensionistas, observados critérios que preservem o equilíbrio financeiro e atuarial.
(C) O regime de previdência complementar será instituído por lei de iniciativa do Presidente da Assembleia Legislativa do Estado do Paraná.
(D) O Regime Próprio de Previdência Social do Estado do Paraná será financiado com a contribuição previdenciária dos servidores públicos titulares de cargo efetivo na alíquota de 8,8% (oito e oito décimos por cento).
(E) Não incide contribuição previdenciária sobre a gratificação natalina dos servidores públicos titulares de cargo efetivo do Estado do Paraná.

A: incorreta. As contribuições previdenciárias e os recursos vinculados podem ser usados somente para o pagamento de benefícios previdenciários (art. 1º, III, da Lei 9.717/1998); **B:** correta, nos termos do art. 40 da CF; **C:** incorreta. A iniciativa da lei é do Poder Executivo (art. 40, § 15, da CF); **D:** incorreta. O art. 149, § 1º, da CF determina que a alíquota cobrada nos regimes próprios de Estados e Municípios não poderá ser menor do que aquela cobrada pela União de seus servidores, atualmente 11%; **E:** incorreta. A gratificação natalina é base de cálculo da contribuição previdenciária, não se computando, contudo, para a apuração do valor dos benefícios. **HS**

Gabarito "B".

(Procurador do Estado – PGE/PR – PUC – 2015) Assinale a alternativa **CORRETA**.
(A) O servidor público não pode fazer a contagem recíproca do tempo de contribuição na administração pública e na atividade privada, rural e urbana para efeito de aposentadoria.

(B) O servidor público titular de cargo efetivo cujo ente empregador tenha instituído regime próprio de previdência social pode se filiar ao Regime Geral de Previdência Social e não ao seu Regime Próprio de Previdência Social.
(C) Os requisitos de idade e tempo de contribuição serão reduzidos em cinco anos para o professor universitário que comprovar exclusivamente tempo de efetivo exercício de magistério.
(D) Cargos públicos acumuláveis na atividade não podem ensejar a cumulação de proventos à custa do mesmo regime de previdência.
(E) Nenhum provento de aposentadoria terá valor mensal inferior ao salário-mínimo.

A: incorreta. O direito à contagem recíproca do tempo de contribuição está assegurado no art. 94 da PBPS; **B**: incorreta. Não se trata de opção do servidor: tendo sido criado o regime próprio, a ele estará vinculado; **C**: incorreta. A redução de tempo de contribuição não se aplica ao professor universitário, somente àquele integralmente dedicado ao magistério infantil, fundamental e médio (art. 40, § 5º, da CF); **D**: incorreta. Se os cargos públicos são acumuláveis, os respectivos proventos de aposentadoria também o são (art. 40, § 6º, da CF); **E**: correta, nos termos do art. 201, § 2º, da CF, aplicável aos servidores inativos por analogia. HS
Gabarito "E".

(Procurador do Estado – PGE/PR – PUC – 2015) A partir da Emenda Constitucional nº 20, de 15 de dezembro de 1998, as exigências constitucionais para a concessão de aposentadoria dos servidores públicos sofreram diversas alterações. Podemos afirmar que desde a Emenda Constitucional 20/1998 até os dias de hoje, considerando também o contido nas Emendas Constitucionais nº 41, de 19 de dezembro de 2003, nº 47, de 05 de julho de 2005 e nº 70, de 29 de março de 2012, os requisitos para a concessão de aposentadoria para os servidores públicos titulares de cargo efetivo foram alterados substancialmente, sendo acrescentados requisitos não previstos na Constituição de 1988, em sua redação originária.

Com base no enunciado, para que a aposentadoria de um servidor público titular de cargo efetivo do Estado do Paraná possa ser concedida, é CORRETO afirmar que:

(A) Devem ser verificados requisitos como idade, tempo de contribuição, tempo de efetivo exercício no serviço público, tempo de carreira, tempo no cargo efetivo em que se dará a aposentadoria e data de ingresso no serviço público.
(B) Somente deve ser verificado o tempo de serviço e a idade do servidor.
(C) Somente deve ser verificado o tempo de contribuição e a idade do servidor.
(D) A data de ingresso no serviço público não interfere para a concessão da aposentadoria.
(E) O tempo no cargo em que se dará a aposentadoria não interfere para a concessão da aposentadoria.

A única alternativa que pode ser dada como correta, por exclusão das demais, é a letra "A", mas mesmo assim é passível de críticas. Nos termos do art. 40 da CF, para a concessão de aposentadoria **por tempo de contribuição ou por idade** (aqui o primeiro problema da questão: ela fala genericamente de "aposentadoria", mas as alternativas não tratam das espécies "por invalidez" e "compulsória"), é necessário que o servidor tenha 10 anos de serviço público efetivo (tempo de efetivo exercício no serviço público), 5 anos no cargo em que se dará a aposentadoria (tempo no cargo efetivo em que se dará a aposentadoria), 35 anos de contribuição para o homem ou 30 anos para a mulher (tempo de contribuição) e 60 anos de idade para o homem ou 55 anos para a mulher (idade). Além disso, a data do ingresso no serviço público é relevante, na medida em que determina o regime jurídico em que se encaixa o servidor (conforme as Emendas Constitucionais citadas no enunciado). Note, então, que em nenhum lugar se estabelece o "tempo de carreira", constante na letra "A", como requisito da aposentadoria. Por tal razão, entendemos que a questão deveria ter sido anulada. HS
Gabarito "A".

(Procurador do Estado – PGE/PR – PUC – 2015) Caio é servidor público titular de cargo efetivo do Estado do Paraná nomeado por concurso público em 30.04.1999, mesma data em que iniciou o exercício do cargo. Nunca trabalhou antes desta data. Em 10.05.2013 se invalidou e foi aposentado por invalidez permanente, com fundamento no inciso I do § 1º do art. 40 da Constituição Federal. Considerando o enunciado, é CORRETO afirmar que:

(A) Seu provento de aposentadoria somente será reajustado para preservar seu valor real, não podendo ser revisto na mesma proporção e na mesma data sempre que se modificar a remuneração dos servidores em atividade da carreira a que pertencia.
(B) Seu provento de aposentadoria será calculado considerando as remunerações utilizadas como base para as contribuições aos regimes de previdência desde 30.04.1999, inclusive sua última remuneração recebida em atividade.
(C) Seu provento de aposentadoria será revisto na mesma proporção e na mesma data sempre que se modificar a remuneração dos servidores em atividade da carreira a que pertencia.

(D) Seu provento de aposentadoria será calculado com base na remuneração do seu cargo, até o limite máximo estabelecido para os benefícios do regime geral de previdência social, acrescido de 70% (setenta por cento) da parcela excedente a este limite.
(E) A aposentadoria por invalidez permanente não pode ser-lhe concedida, porque não é modalidade de benefício previdenciário prevista para os servidores públicos titulares de cargo efetivo.

A e **C**: incorreta e correta, respectivamente. Para os servidores em exercício antes da entrada em vigor da Emenda Constitucional 41/2003, é assegurado o direito à paridade (arts. 6º-A e 7º da Emenda Constitucional 41/2003); **B** e **D**: incorretas. A base de cálculo será a remuneração do cargo efetivo que ocupava no momento da aposentadoria (art. 6º-A da Emenda Constitucional 41/2003); **E**: incorreta. O direito à aposentadoria por invalidez consta do art. 40, § 1º, I, da CF. HS
Gabarito "C".

(Procurador do Estado – PGE/RN – FCC – 2014) Sobre o regime de previdência social dos servidores públicos, é correto afirmar:

(A) Servidor público ocupante de cargo efetivo que ingressar no serviço público, após a introdução de previdência complementar de servidores públicos, continuará pertencendo a regime próprio de previdência social, mas com possibilidade de limitação de seus proventos de aposentadoria ao limite teto do Regime Geral de Previdência Social.
(B) Servidor público ocupante de cargo efetivo que ingressar no serviço público, após a introdução de previdência complementar de servidores públicos, continuará pertencendo a regime próprio de previdência social, mas poderá também optar por contribuir para aquele fundo complementar ou para o Regime Geral de Previdência Social, na condição de segurado facultativo.
(C) Servidor público ocupante de cargo efetivo que ingressar no serviço público, após a introdução de previdência complementar de servidores públicos, não mais continuará pertencendo a regime próprio de previdência social, pois estará compulsoriamente vinculado a esse novo modelo de previdência privada.
(D) Servidor público ocupante de cargo efetivo que ingressar no serviço público, após a introdução de previdência complementar de servidores públicos, terá a faculdade de escolher entre continuar pertencendo a regime próprio de previdência social ou aderir ao novo fundo previdenciário, que poderá pagar prestações superiores ao limite teto do Regime Geral de Previdência Social.
(E) Servidor público ocupante de cargo efetivo que ingressar no serviço público, após a introdução de previdência complementar de servidores públicos, continuará pertencendo a regime próprio de previdência social, com limitação de seus proventos de aposentadoria ao limite teto do Regime Geral de Previdência Social, podendo complementar sua aposentadoria, com garantia de proventos iguais ao do cargo em que se aposentar, caso faça a adesão, mediante contrato, ao respectivo fundo previdenciário.

Nos termos do art. 40, §§ 14 e 16, da CF, as pessoas que ingressarem no serviço público após a criação do fundo de previdência complementar não terão opção e deverão ser submetidas às eventuais regras de limitação do valor dos benefícios ao teto do RGPS criadas no respectivo ente público. Vale frisar que o fundo de previdência complementar não desnatura a relação do servidor com seu regime próprio de previdência. HS
Gabarito "A".

(Analista Jurídico –TCE/PA – 2016 – CESPE) Em cada um dos itens a seguir é apresentada uma situação hipotética seguida de uma assertiva a ser julgada a respeito do regime próprio de previdência social dos servidores públicos.

(1) **Situação hipotética:** Cássia, que nunca tinha contribuído para qualquer regime de previdência social, ingressou, em janeiro de 2016, no serviço público do estado do Pará por meio de concurso público, aos sessenta anos de idade. **Assertiva:** Nessa situação, ao completar setenta anos de idade, Cássia deverá aposentar-se compulsoriamente pelo regime de previdência social dos servidores do estado do Pará, com vencimentos proporcionais ao tempo de serviço.
(2) **Situação hipotética:** Artur ingressou no serviço público federal, por meio de concurso público, para o exercício de cargo técnico que lhe exigia quarenta horas de dedicação semanal. Após a aprovação em outro concurso público federal para o exercício do magistério, Artur passou a exercer os dois cargos públicos concomitantemente, sem que um interferisse no outro. **Assertiva:** Nessa situação, Artur terá direito ao recebimento de duas aposentadorias por tempo de contribuição concedidas pelo regime próprio de previdência social dos servidores públicos federais.

1: incorreta. A aposentadoria compulsória passou a ser aos 75 anos de idade a partir da Lei Complementar 152/2015, com exceção dos Ministros de Tribunais Superiores, em relação aos quais a alteração decorreu diretamente da Emenda Constitucional 88/2015; **2:** correta. Como os cargos são cumuláveis na atividade (art. 37, XVI, "b", da CF), os proventos de aposentadoria também o são (art. 40, § 6º, da CF).
Gabarito 1E, 2C

(Analista Jurídico –TCE/PA – 2016 – CESPE) Com relação ao regime próprio de previdência social dos servidores públicos, julgue o item subsequente.

(1) A aposentadoria por invalidez permanente é devida ao conjunto de beneficiários do regime próprio de previdência social, incluídos os dependentes do segurado, que forem considerados definitivamente incapacitados para o desempenho de função ou cargo público, por deficiência física, mental ou fisiológica.

1: incorreta. A aposentadoria por invalidez, assim como qualquer outra aposentadoria, é concedida somente ao segurado, não aos seus dependentes.
Gabarito 1E

(Analista Jurídico – TCE/PR – 2016 – CESPE) O regime próprio de previdência social (RPPS) é o regime de previdência estabelecido para os servidores de cargo efetivo no âmbito da União, dos estados, do Distrito Federal e dos municípios. A respeito do RPPS, assinale a opção correta.

(A) Se determinado município deixa de instituir o seu RPPS, seus servidores efetivos vinculam-se ao RPPS do estado.
(B) Impôs o STF que o julgamento, pelo Tribunal de Contas, da ilegalidade de aposentadoria pelo RPPS importa a devolução dos valores recebidos, ainda que configurada a boa-fé.
(C) Conforme o entendimento do STF, a vedação constitucional à percepção de mais de uma aposentadoria à conta do RPPS não se estende à percepção de duas pensões por morte em favor dos dependentes do servidor falecido.
(D) A Constituição Federal de 1988 admite a incidência de contribuição previdenciária sobre a totalidade do benefício percebido por aposentado por invalidez pelo RPPS.
(E) Pode-se instituir contribuição previdenciária sobre aposentadorias e pensões por meio de lei estadual, independentemente de previsão na Constituição do estado.

A: incorreta. Se inexistente o regime próprio em determinada unidade da federação, os servidores serão vinculados ao RGPS (art. 9º, I, "j", do Decreto 3.048/1999); **B:** incorreta. A devolução será determinada somente se comprovada a má-fé do segurado (STF, MS 26.085/DF); **C:** incorreta. A jurisprudência do STF equipara, para fins da citada vedação, os benefícios de aposentadoria e pensão por morte (STF, RE 584.388/SC); **D:** incorreta. Incidirá contribuição previdenciária sobre o benefício pago pelo RPPS somente naquilo que exceder o teto do regime geral (art. 201, § 18, da CF); **E:** correta, porque tal autorização decorre dos arts. 24, XII, e 149, § 1º, da CF.
Gabarito "E".

(Analista Jurídico – TCE/PR – 2016 – CESPE) O § 9.º do art. 201 da Constituição Federal de 1988, que estabelece um sistema geral de compensação, deve ser interpretado à luz dos princípios da solidariedade e da contributividade, que regem o atual sistema previdenciário brasileiro. Acerca da contagem recíproca de tempo de contribuição e compensação financeira, assinale a opção correta.

(A) Lei estadual que assegure, para fins de aposentadoria, a contagem recíproca do tempo de contribuição na administração pública e na atividade privada pode restringir a contagem do tempo de serviço privado ao limite de dez anos, nos termos do entendimento do STF.
(B) Conforme o STF, admite-se, para fins de aposentadoria no serviço público, a contagem recíproca do tempo de serviço rural, ainda que não tenham sido recolhidas as contribuições previdenciárias correspondentes, por se tratar de atividade de natureza especial.
(C) O benefício resultante da contagem recíproca de tempo de contribuição será concedido e pago pelo regime de previdência com o qual o segurado tenha contribuído o maior número de vezes.
(D) A compensação financeira visa auxiliar o regime instituidor do benefício e é devida pelo regime de origem, que compartilha a obrigação de manutenção do benefício, considerando-se o tempo de contribuição do segurado para o referido regime.
(E) No caso de servidor egresso do RGPS pretender aposentar-se pelo RPPS, atendidas as normas legais vigentes, só será considerado, para fins de cálculo da compensação financeira devida ao RGPS, o valor da renda mensal que o servidor faria jus no RPPS, multiplicado pelo percentual correspondente ao tempo de contribuição ao RGPS no tempo total de contribuição.

A: incorreta. Tal restrição ofende o art. 202, §2º, da Carta Magna (STF, ADI 1798/BA); **B:** incorreta. Para que seja considerado o período de atividade rural, é necessário que se comprove o efetivo recolhimento das contribuições (STF, MS 33.482 AgR/DF); **C:** incorreta. O benefício é pago pelo regime instituidor, assim entendido aquele no qual o segurado tenha obtido o direito à aposentadoria ou pensão dela decorrente (art. 2º, II, da Lei 9.796/1999); **D:** correta, nos termos do art. 3º e seus parágrafos da Lei 9.796/1999; **E:** incorreta. O valor da compensação será a renda mensal inicial no RPPS ou o valor do benefício caso fosse pago pelo RGPS, o que for menor (art. 4º, §3º, da Lei 9.796/1999).
Gabarito "D".

(Defensor/PA – 2015 – FMP) Aos servidores públicos vinculados a Regime Próprio de Previdência Social até 31.12.2003, a Emenda Constitucional 70, de 29 de março de 2012, assegurou o direito à:

(A) aposentadoria por invalidez permanente, independente da causa da invalidez, com proventos integrais e reajustes na mesma proporção e na mesma data, sempre que se modificar a remuneração dos servidores em atividade.
(B) aposentadoria por invalidez permanente, independente da causa da invalidez, com proventos integrais e reajustes de forma a preservar--lhes, em caráter permanente, o valor real conforme critérios estabelecidos em lei.
(C) aposentadoria por invalidez permanente, com proventos apurados de acordo com a média aritmética simples dos maiores salários de contribuição correspondentes a 80% (oitenta por cento) de todo o período contributivo, e reajustes na mesma proporção e na mesma data, sempre que se modificar a remuneração dos servidores em atividade.
(D) aposentadoria por invalidez permanente, quando decorrente de acidente em serviço, moléstia profissional ou doença grave, contagiosa ou incurável, na forma da lei, com proventos integrais e reajustes na mesma proporção e na mesma data, sempre que se modificar a remuneração dos servidores em atividade.
(E) aposentadoria compulsória e à aposentadoria por invalidez permanente, quando decorrente de acidente em serviço, moléstia profissional ou doença grave, contagiosa ou incurável, na forma da lei, com proventos integrais e reajustes na mesma proporção e na mesma data, sempre que se modificar a remuneração dos servidores em atividade.

A Emenda Constitucional 70/2012 inseriu o art. 6º-A na Emenda Constitucional 41/2003 para assegurar ao servidor público que já tivesse ingressado no serviço público até a data da publicação desta última Emenda (dia 31.12.2003) o direito à aposentadoria por invalidez permanente em caso de acidente em serviço, moléstia profissional ou doença grave, contagiosa ou incurável, com o chamado "benefício da paridade" – o reajuste do valor do benefício deve seguir os mesmos índices e nas mesmas datas em que se alterem os vencimentos dos servidores em atividade no mesmo cargo em que se deu a aposentadoria.
Gabarito "D".

(Analista – TRT/2ª – 2014 – FCC) Uma vez criados por lei do ente federativo, vinculam-se aos regimes próprios de previdência social os servidores

(A) requisitados para o serviço eleitoral pela Justiça respectiva.
(B) empregados temporários na Administração direta e indireta da União.
(C) ocupantes exclusivamente de cargos comissionados da União, Estados e Municípios da Administração direta.
(D) ocupantes de cargos efetivos de autarquias da União, Estados e Municípios.
(E) empregados de empresas públicas da União, Estados e Municípios.

Os regimes próprios de previdência social são exclusivos dos servidores públicos ocupantes de cargos efetivos da Administração Direta e das autarquias e fundações das três esferas de governo (art. 40 da CF). Os demais agentes públicos vinculam-se ao RGPS na condição de empregados (art. 12, I, do PCSS).
Gabarito "D".

(Analista – TRT/2ª – 2014 – FCC) Sobre os proventos de aposentadoria e pensão dos servidores públicos vinculados a regimes próprios de previdência social,

(A) incidem contribuições previdenciárias, independentemente de quaisquer valores de referência do regime geral.
(B) incide ordinariamente contribuição sobre o valor que supere o teto do regime geral, em percentual igual ao que incide sobre a remuneração dos servidores em atividade.
(C) não podem incidir contribuições sociais.
(D) incide ordinariamente contribuição sobre o valor que supere o dobro do teto do regime geral.
(E) incide contribuição sobre o valor que supere o teto do regime geral, quando o beneficiário for portador de doença incapacitante.

O art. 40, § 18, da CF determina a incidência de contribuição previdenciária sobre os benefícios pagos pelos regimes próprios de previdência social sobre a parcela que exceder o valor do teto do RGPS pela mesma alíquota aplicável aos servidores em atividade. Registre-se a exceção prevista no § 21 do mesmo artigo, que aumenta para o dobro do teto do RGPS a não incidência da contribuição para pessoas portadoras de doenças incapacitantes.
Gabarito "B".

(Analista – TRT/2ª – 2014 – FCC) Para efeito de aposentadoria perante o regime próprio, o tempo de contribuição regularmente feito pelo segurado no regime geral

(A) não poderá ser computado, senão mediante aplicação do chamado fator previdenciário.
(B) não poderá ser computado, a menos que haja reciprocidade prevista, facultativamente, na legislação do respectivo ente político.
(C) poderá ser computado, hipótese em que os diversos regimes previdenciários se compensarão financeiramente.

(D) poderá ser computado, mediante pedido de restituição, pelo segurado, das contribuições vertidas e posterior recolhimento indenizatório perante o regime instituidor do benefício.

(E) estará assegurado apenas perante o regime dos servidores públicos da União, por se tratar de contribuições recolhidas a uma autarquia federal.

O art. 40, § 9º, da CF determina que seja computado o tempo de contribuição ao RGPS do segurado de regime próprio, hipótese em que os regimes previdenciários se compensarão financeiramente.

Gabarito "C".

(Defensor Público/ES – 2012 – CESPE) No que se refere aos regimes previdenciários, julgue os próximos itens.

(1) O tempo de contribuição para o RGPS, na qualidade de trabalhador rural, pode ser aproveitado para a obtenção de aposentadoria no serviço publico pelo RPPS. Nessa hipótese, os regimes de previdência social se compensarão financeiramente, segundo critérios estabelecidos em lei.

(2) Servidor público estadual que ocupe cargo efetivo no Poder Executivo do estado do Espírito Santo, além do cargo de professor em escola particular, mesmo sendo obrigado a contribuir tanto para o RPPS do estado quanto para o RGPS, só poderá se aposentar pelo regime próprio do estado.

1: correta, pois a contagem recíproca do tempo de contribuição é prevista no art. 201, § 9º, da CF e no art. 94 do PBPS; 2: incorreta, pois é possível a cumulação de aposentadorias de regimes distintos, desde que cumpridos os requisitos para cada uma delas. A rigor, é possível a cumulação inclusive no regime próprio dos servidores, excepcionalmente, desde que aposentadorias decorrentes de cargos acumuláveis na forma da Constituição – art. 40, § 6º, da CF, ver AgRg no REsp 1.335.066/RN-STJ.

Gabarito 1C, 2E

(Defensor Público/AM – 2013 – FCC) Hermes, funcionário público civil do Estado do Amazonas em atividade, após manter união estável com Afrodite durante doze anos, por desentendimentos recíprocos veio a se separar. Afrodite, após a separação não contraiu matrimônio ou outra união estável. Nessa hipótese, na situação de ex-companheira de Hermes, Afrodite será beneficiária do Programa de Previdência instituído pela Lei Complementar do Estado do Amazonas 30, de 27 de dezembro de 2001?

(A) Sim, na qualidade de segurada, desde que comprovada a efetiva relação de dependência econômica.

(B) Não, uma vez que a separação rompeu a relação econômica de dependência.

(C) Sim, na condição de dependente do segurado, desde que credora de alimentos.

(D) Não, visto que será beneficiário apenas o cônjuge ou companheiro(a) enquanto perdurar o casamento ou a união estável.

(E) Sim, desde que o segurado não possua pais vivos, visto que após a separação os pais passam a ser automaticamente inscritos em substituição à ex-companheira.

O regime próprio de previdência dos servidores públicos é regulado pela legislação de cada ente. No caso do Amazonas, o art. 2º, II, a, da LC 30/2001 garante a condição de segurado ao ex-cônjuge, desde que credor de alimentos, o que parece ser o caso de Afrodite. A alternativa "C" é a correta, até por exclusão das demais, conforme os comentários iniciais.

Gabarito "C".

(Procurador do Estado/MG – FUMARC – 2012) Sobre o custeio do regime próprio de previdência social dos servidores públicos, assinale a alternativa correta:

(A) considerando que o § 12, do art. 40, da Constituição da República Federativa do Brasil dispõe que o regime de previdência dos servidores públicos titulares de cargo efetivo observará, no que couber, os requisitos e critérios fixados para o regime geral de previdência social e nesse é assegurado ao aposentado imunidade tributária, conforme art. 195, II, da Constituição da República Federativa do Brasil de 1988, conclui-se que os servidores públicos aposentados têm direito adquirido aos proventos e, portanto, a contribuição previdenciária não incide sobre os mesmos, segundo entendimento do Supremo Tribunal Federal;

(B) os Estados instituirão contribuição cobrada de seus servidores, para o custeio, em benefício destes, do regime previdenciário de que trata o art. 40, da Constituição da República Federativa do Brasil de 1988 cuja alíquota será no máximo 11% sobre a remuneração do servidor no cargo efetivo;

(C) as contribuições previdenciárias dos Estados somente poderão ser utilizadas para pagamento de benefícios previdenciários dos respectivos regimes, sem ressalvas;

(D) a contribuição da União, dos Estados, do Distrito Federal e dos Municípios, incluídas suas autarquias e fundações, aos regimes próprios de previdência social a que estejam vinculados seus servidores não poderá ser inferior ao valor da contribuição do servidor ativo, nem superior ao dobro desta contribuição;

(E) a base de cálculo da contribuição dos servidores públicos titulares de cargos efetivos pertencentes ao regime próprio de previdência social, da União, Estados, Municípios e Distrito Federal é definida pela Lei 10.887/2004, em seu art. 4º, § 1º.

A: incorreta. Desde a Emenda Constitucional 41/2003 incide contribuição previdenciária sobre o valor de aposentadorias e pensões concedidas pelos regimes próprios de previdência social que ultrapassar o teto do RGPS (art. 40, § 18, da CF). A constitucionalidade da Emenda foi questionada no STF, que, no julgamento da ADI 3128, referendou a possibilidade de exação tributária sobre os proventos de aposentadorias e pensões dos servidores públicos; **B:** incorreta. A CF não estabelece patamar máximo para a alíquota da contribuição previdenciária dos Estados, DF e Municípios, apenas proíbe que ela seja menor do que aquela cobrada pela União (art. 149, § 1º, da CF); **C:** incorreta. É possível a utilização dos recursos para fazer frente a despesas administrativas dos fundos de previdência (art. 1º, III, da Lei 9.717/1998); **D:** correta, nos termos do art. 2º da Lei 9.717/1998; **E:** incorreta. O mencionado preceptivo legal define apenas a base de cálculo da contribuição dos servidores federais.

Gabarito "D".

(Procurador do Município/Sorocaba-SP – 2012 – VUNESP) Conforme estabelece a Constituição da República sobre os servidores públicos civis, a lei disporá sobre a concessão do benefício de pensão por morte, que será igual ao valor da totalidade

(A) dos proventos do servidor falecido, até o limite máximo estabelecido para os benefícios do regime geral de previdência social, acrescido de setenta por cento da parcela excedente a este limite, caso aposentado à data do óbito.

(B) dos proventos do servidor falecido, até o limite máximo estabelecido para os benefícios do regime geral de previdência social, acrescido de sessenta por cento da parcela excedente a este limite, caso aposentado à data do óbito.

(C) da remuneração do servidor no cargo efetivo em que se deu o falecimento, até o limite máximo estabelecido para os benefícios do regime geral de previdência social, acrescido de trinta por cento da parcela excedente a este limite, caso em atividade na data do óbito.

(D) da remuneração do servidor no cargo efetivo em que se deu o falecimento, até o limite máximo estabelecido para os benefícios do regime geral de previdência social, acrescido de cinquenta por cento da parcela excedente a este limite, caso em atividade na data do óbito.

(E) da remuneração do servidor no cargo efetivo em que se deu o falecimento, até o limite máximo estabelecido para os benefícios do regime geral de previdência social, acrescido de sessenta por cento da parcela excedente a este limite, caso em atividade na data do óbito.

O art. 40, § 7º, da CF fixa o valor da pensão por morte nos regimes próprios de previdência de acordo com a situação do servidor na data do óbito. Em resumo, a renda mensal será igual àquilo que o servidor recebia (seja em atividade ou aposentado) se não ultrapassar o teto do RGPS. Se ultrapassar, limita-se o valor ao teto do RGPS e acrescenta-se 70% do que exceder esse limite.

Gabarito "A".

(Advogado da União/AGU – CESPE – 2012) Com base na lei que instituiu o regime de previdência complementar para os servidores públicos federais, julgue os itens subsequentes.

(1) O limite máximo estabelecido para os benefícios do RGPS deve ser aplicado às aposentadorias e pensões de todos os servidores públicos federais que ingressem no serviço público a partir do início da vigência do regime de previdência complementar, inclusos os detentores de cargo comissionado.

(2) Os servidores públicos aposentados devem ser automaticamente inseridos no novo regime de previdência complementar.

1: incorreta. Os servidores ocupantes de cargo em comissão não se sujeitam ao regime de previdência complementar criado pela Lei 12.618/2012, porque não são admitidos no regime próprio de previdência dos servidores públicos. Os ocupantes de cargos comissionados são vinculados ao RGPS na qualidade de empregados (art. 12, I, "g", da Lei 8.212/1991); 2: incorreta. O regime de previdência complementar é aplicado obrigatoriamente apenas àqueles que ingressarem em cargo público efetivo após a vigência da Lei 12.618/2012. Para quem já é aposentado, o novo sistema é opcional (art. 1º, § 1º, da Lei 12.618/2012).

Gabarito 1E, 2E

6. PREVIDÊNCIA PRIVADA COMPLEMENTAR

(Advogado União – AGU – CESPE – 2015) Julgue os itens a seguir, relativos à previdência privada e às EFPCs.

(1) Situação hipotética: A Fundação Previx, caracterizada como EFPC, é patrocinada por empresa pública. O patrimônio dessa fundação é segregado do patrimônio da referida empresa pública, de modo que o custeio dos planos de benefícios ofertados pela fundação constitui

responsabilidade da patrocinadora e dos participantes, incluindo os assistidos. Assertiva: Nessa situação, os resultados deficitários deverão ser equacionados por participantes e assistidos, porque se veda à patrocinadora pública qualquer contribuição para o custeio distinta da contribuição ordinária.

(2) Na relação de previdência complementar administrada por uma EFPC, incide o princípio da paridade contributiva. Nesse sentido, a contribuição de empresa patrocinadora deve ser idêntica à contribuição dos participantes — regra do meio-a-meio.

(3) Situação hipotética: Determinado empregado aderiu ao plano de benefícios de previdência privada ofertado pela empresa pública Alfa e administrado pela entidade fechada Previbeta. Após dez anos de contribuições, esse empregado resolveu deixar de contribuir para a previdência privada. Assertiva: Nessa situação, conforme entendimento do STF, embora seja constitucionalmente garantido o direito de esse empregado optar por aderir a plano de previdência privada, após o ingresso nesse sistema, não há possibilidade de ele se desvincular sem o consentimento das demais partes envolvidas — participantes e patrocinadores —, estando, ainda, a retirada de patrocínio condicionada a autorização do órgão fiscalizador.

(4) Cabe ao Conselho Nacional de Previdência Complementar regular o regime de previdência complementar operado pelas entidades fechadas de previdência complementar, ao passo que compete à Superintendência Nacional de Previdência Complementar fiscalizar e supervisionar as atividades desenvolvidas por essas mesmas entidades.

(5) As normas para concessão de benefícios pelo regime de previdência privada, independentemente de a gestão do plano de benefícios ser realizada por entidade fechada ou aberta, impõem a necessidade de vinculação ao RGPS.

1: incorreta. O art. 21 da Lei Complementar 109/2001 determina que o resultado deficitário seja equacionado por patrocinadores, participantes e assistidos; **2:** incorreta. Não há obrigação de que a contribuição do patrocinador seja idêntica à do participante. O que o art. 6º da Lei Complementar 108/2001 determina é que ela nunca será maior – ou seja, é um limite máximo, não uma obrigação; **3:** incorreta. O STF tem entendimento consolidado no sentido de que é garantido ao segurado o direito de desvinculação do regime de previdência privada (RE 482.207 AgR); **4:** correta, nos termos dos arts. 1º e 13 da Lei 12.154/2009; **5:** incorreta. O regime de previdência privada é autônomo (art. 202 da CF), de forma que os benefícios por ele criados e pagos não se vinculam ao RGPS.
Gabarito 1E, 2E, 3E, 4C, 5E

(Procurador do Estado/AM – 2016 – CESPE) No que se refere à previdência complementar, julgue o próximo item.

(1) A previdência complementar privada é de caráter facultativo, possui natureza jurídica contratual sui generis e é organizada de forma autônoma relativamente ao regime geral de previdência social.

1: correta. A assertiva aponta com perfeição as características doutrinárias da previdência complementar.
Gabarito 1C

(Defensor Público/ES – 2012 – CESPE) No que concerne a previdência complementar, julgue os itens subsecutivos.

(1) O ente federativo que instituir previdência complementar pública poderá fazer aporte de recursos à respectiva entidade, mas sua contribuição normal não poderá exceder a do segurado.

(2) Embora a filiação a plano de previdência complementar seja facultativa, se o empregado se filiar a um plano constituído pela empresa para a qual trabalhe, os benefícios contratados passarão a integrar seu contrato de trabalho.

1: correta, nos termos do art. 202, § 3º, in fine, c/c o art. 40, § 15, da CF; **2:** incorreta, pois as contribuições do empregador, os benefícios e as condições contratuais previstos nos estatutos, regulamentos e planos de benefícios das entidades de previdência complementar não integram o contrato de trabalho dos participantes, assim como, à exceção dos benefícios concedidos, não integram a remuneração dos participantes – art. 68 da LC 109/2001.
Gabarito 1C, 2E

(Defensor Público/AC – 2012 – CESPE) Em cada opção abaixo, é apresentada uma situação hipotética acerca da contagem recíproca de tempo de contribuição e compensação financeira, seguida de uma assertiva a ser julgada.

Assinale a opção em que a assertiva está correta.

(A) Um DP prestes a se aposentar requereu averbação de tempo de serviço rural para fins de aposentadoria no RPPS. Nessa situação, reconhecido e averbado o referido tempo de serviço rural, impõe-se ao DP o dever de indenizar a previdência social, para dar ensejo à compensação entre o RGPS e o RPPS, cujas fontes de custeio são apartadas.

(B) Paula é DP e professora em faculdade particular, estando, dessa forma, vinculada ao RPPS e ao RGPS, contribuindo para ambos. Nessa situação, caso as atividades sejam desempenhadas de forma concomitante, Paula poderá efetuar a contagem recíproca de tempo de serviço para fins de aposentadoria.

(C) Gabriel, após lograr aprovação em concurso público para DP, averbou, no RPPS, os anos em que contribuiu para o RGPS como advogado em escritório particular. Nessa situação, preenchidos os requisitos de idade e contribuição para que possa se aposentar voluntariamente, Gabriel deverá, ainda, cumprir dez anos ininterruptos no cargo efetivo em que se dará a referida aposentadoria.

(D) Um advogado contribuiu por determinado tempo como contribuinte individual no RGPS e, posteriormente, tomou posse como DPE, em virtude de aprovação em concurso público. Nessa situação, o advogado poderá computar o tempo de contribuição anterior ao Instituto Nacional do Seguro Social no RPPS do estado ao qual estiver vinculado, sendo-lhe vedado, contudo, o inverso.

(E) Rodrigo trabalhou, durante muitos anos, em determinada empresa privada, exercendo atividades especiais, sob condições insalubres. Nessa situação, caso passe em concurso público, Rodrigo terá direito à contagem diferenciada do tempo trabalhado sob as referidas condições, no período em que esteve filiado ao RGPS, quando da transferência para o RPPS dos servidores públicos.

A: correta, pois, embora seja possível o reconhecimento e a averbação do tempo de serviço rural sem comprovação das contribuições (período anterior à Lei 8.213/1991) para fins de aposentadoria no RGPS (art. 55, § 2º, do PBPS), o mesmo não vale para a contagem recíproca em regime distinto (no regime próprio dos servidores), caso em que o interessado deve indenizar a Previdência Social – ver AgRg no REsp 544.873/RS-STJ; **B:** correta, porém discordamos do gabarito oficial. A jurisprudência mais recente do STJ admite que a "norma previdenciária não cria óbice à percepção de duas aposentadorias em regimes distintos, quando os tempos de serviços realizados em atividades concomitantes sejam computados em cada sistema de previdência, havendo a respectiva contribuição para cada um deles" (AgRg no REsp 1.335.066/RN); **C:** incorreta, pois exige-se tempo mínimo de dez anos de efetivo exercício no serviço público e cinco anos (não 10) no cargo efetivo em que se dará a aposentadoria – art. 40, § 1º, III, da CF; **D:** incorreta, pois a possibilidade de contagem e compensação é recíproca, ou seja, o inverso também vale – art. 201, § 9º, da CF; **E:** incorreta, pois não há previsão dessa contagem recíproca diferenciada – art. 201, § 9º, da CF.
Gabarito "A"

(Advogado da União/AGU – CESPE – 2012) Considerando a jurisprudência do STF e do STJ, julgue os próximos itens, referentes à previdência privada.

(1) A CF prevê, como garantia do equilíbrio atuarial e financeiro, a possibilidade de, em caso de insuficiência financeira, a administração pública aportar recursos a entidades de previdência privada.

(2) Não poderá recair penhora sobre o saldo de depósito em fundo de previdência privada em nome de diretor de empresa falida suspeito de gestão fraudulenta, dado o nítido caráter alimentar de tal verba, advinda da remuneração mensal do diretor, especialmente se os referidos valores tiverem sido depositados antes de seu ingresso na diretoria da empresa.

1: incorreta. O aporte de recursos públicos para as entidades de previdência privada é proibido pelo art. 202, § 3º, da CF, salvo na qualidade de patrocinador; **2:** incorreta. A questão foi analisada no bojo do REsp 1.121.719 pelo STJ, que entendeu que o depósito em fundo de previdência privada não tem caráter alimentar, porque se assemelha a uma poupança, isto é, são valores que ficam depositados por longo prazo apenas para utilização futura pelo beneficiário.
Gabarito 1E, 2E

7. ACIDENTES, DOENÇAS DO TRABALHO

(Procurador do Estado/AM – 2016 – CESPE) A respeito do acidente de trabalho e das ações judiciais em matéria previdenciária, julgue os itens subsequentes.

(1) De acordo com a jurisprudência do STJ, a posterior reforma de decisão judicial que, tendo antecipado a tutela pleiteada, tiver possibilitado o imediato gozo do benefício previdenciário obrigará o autor da ação a devolver os valores indevidamente recebidos.

(2) Nos casos de acidente de trabalho, competirá à justiça comum estadual a apreciação das ações regressivas propostas pelo INSS contra as empresas negligentes.

(3) Nos termos do entendimento do STJ, nas demandas ajuizadas pelo INSS contra o empregador do segurado falecido em acidente laboral nas quais se vise o ressarcimento dos valores decorrentes do pagamento da pensão por morte, o termo a quo da prescrição quinquenal será a data do acidente.

1: correta. Tal tese foi sedimentada no REsp 1.401.560/MT, julgado pelo rito dos recursos repetitivos; **2:** incorreta. A competência é da Justiça Federal diante da presença de autarquia federal no polo ativo da ação (art. 109, I, da CF); **3:** incorreta. O termo inicial da prescrição é a data do pagamento do benefício previdenciário (STJ, REsp 1.499.511/RN).
Gabarito 1C, 2E, 3E

(Procurador do Município – Cuiabá/MT – 2014 – FCC) Considere os seguintes itens:

I. doença degenerativa;
II. doença inerente a grupo etário;
III. doença que não produz incapacidade laborativa;

IV. doença comum adquirida por segurado habitante de região em que ela se desenvolve, salvo comprovação de que é resultante de exposição ou contato direto determinado pela natureza do trabalho.

NÃO são consideradas como doença do trabalho, APENAS
(A) I e IV.
(B) I e II.
(C) I, II e III.
(D) II e III.
(E) II, III e IV.

I, II e III: não são consideradas doença do trabalho por força do art. 20, § 1º, "a", "b" e "c", da Lei 8.213/1991; **IV:** é considerada doença do trabalho. O art. 20, § 1º, "d", da Lei 8.213/1991 exclui apenas a doença **endêmica** nas condições narradas.
Gabarito "C".

(Magistratura do Trabalho – 3ª Região – 2014) As doenças ou eventos abaixo relacionados são considerados acidente de trabalho ou são a ele equiparados, nos termos dos arts. 20 e 21 da Lei 8.213/1991, EXCETO:
(A) A doença profissional, assim entendida a produzida ou desencadeada pelo exercício do trabalho peculiar a determinada atividade e constante da respectiva relação elaborada pelo Ministério do Trabalho e da Previdência Social.
(B) A doença proveniente de contaminação acidental do empregado no exercício de sua atividade.
(C) A doença do trabalho, assim entendida a adquirida ou desencadeada em função de condições especiais em que o trabalho é realizado e com ele se relacione diretamente, constante da respectiva relação elaborada pelo Ministério do Trabalho e da Previdência Social.
(D) O acidente sofrido pelo segurado no local e no horário do trabalho, em consequência de ato de pessoa privada do uso da razão.
(E) A doença endêmica adquirida por segurado habitante de região em que ela se desenvolva.

A, B, C e D: assertivas corretas, nos termos dos arts. 20, I, art. 21, III, arts. 20, II, e art. 21, II, "d", respectivamente, da Lei nº 8.213/1991; **E:** assertiva incorreta, devendo ser assinalada. A doença endêmica contraída nessas condições não é considerada acidente de trabalho por exclusão expressa prevista no art. 20, § 1º, "d", da Lei 8.213/1991.
Gabarito "E".

(Defensor Público/ES – 2012 – CESPE) No que se refere aos regimes previdenciários, julgue os próximos itens.
(1) No caso de empregada de determinada empresa morrer, em seu local de trabalho, em decorrência de queimaduras sofridas durante um incêndio ocorrido no seu horário de trabalho, a empresa será obrigada a comunicar o acidente à previdência social até o 1º dia útil seguinte ao da ocorrência, ainda que o incêndio não tenha sido intencional.
(2) Caso um segurado empregado, em seu primeiro dia no emprego, em virtude de acidente, se torne definitivamente incapaz para o trabalho, ele terá direito a aposentadoria por invalidez, ainda que não tenha recolhido nenhuma contribuição para o RGPS, mas somente poderá exercer tal direito após o gozo de auxílio-doença prévio durante o período mínimo de quinze dias.

1: incorreta, pois, em caso de morte, a comunicação deve ser imediata – art. 22, *caput*, do PBPS; **2:** incorreta, pois o benefício da aposentadoria por invalidez já pode ser concedido a partir da data do requerimento, se a entrada tiver sido dada mais de 30 dias após o afastamento – art. 43, § 1º, *a*, do PBPS. De fato, não há carência para a aposentadoria por invalidez em caso de acidente – art. 26, II, do PBPS e art. 30, III, do Regulamento da Previdência Social – RPS (Decreto 3.048/1999).
Gabarito 1E, 2E.

8. ASSISTÊNCIA SOCIAL E SAÚDE

(Procurador do Estado – PGE/RS – Fundatec – 2015) Analise as seguintes assertivas sobre a seguridade social, em face da Constituição da República Federativa do Brasil:
I. A assistência social deve ser prestada a quem dela necessite, independentemente de contribuição, e tem como um de seus objetivos a promoção da integração ao mercado do trabalho.
II. O sistema especial de inclusão previdenciária para os trabalhadores de baixa renda ou sem renda própria que se dediquem exclusivamente ao trabalho doméstico no âmbito de sua residência, desde que pertencentes a famílias de baixa renda, terá alíquotas e carências inferiores às vigentes para os demais segurados do regime geral de previdência social.
III. É livre a participação direta ou indireta de empresas ou capitais estrangeiros na assistência à saúde no país.

Quais estão corretas?
(A) Apenas I.
(B) Apenas II.
(C) Apenas III.
(D) Apenas I e II.
(E) Apenas I e III.

I: correta, nos termos do art. 203, III, da CF; **II:** correta, nos termos do art. 201, § 13, da CF; **III:** incorreta. É vedada a participação de estrangeiros na assistência à saúde, salvo nos casos previstos em lei (art. 199, § 3º, da CF).
Gabarito "D".

(Juiz – TRF 3ª Região – 2016) Quanto à assistência à saúde, é correto afirmar:
(A) É um direito de acesso universal e igualitário às ações e aos serviços de saúde e de atendimento integral, com preferência para as atividades preventivas, sendo devido pelo Estado complementarmente aos serviços privados, podendo ser executado diretamente pelo Poder Público ou por intermédio de terceiros, pessoas físicas ou jurídicas.
(B) As ações e os serviços públicos de saúde integram uma rede regionalizada e hierarquizada, constituída na forma de um sistema único de saúde, financiado com recursos do orçamento da seguridade social e da União, não podendo, no caso da União, a receita líquida do respectivo exercício financeiro ser inferior a 15% (quinze por cento).
(C) A Agência Nacional de Saúde Suplementar – ANS é autarquia especial, vinculada ao Ministério da Saúde, com funções de regular, normatizar, controlar e fiscalizar as medidas sanitárias, cabendo aos Estados e Municípios e à rede privada a prestação dos serviços de saúde e vigilância sanitária em todo o território nacional.
(D) Entende-se por vigilância sanitária um conjunto de ações capaz de eliminar, diminuir ou prevenir riscos à saúde e de intervir nos problemas sanitários decorrentes do meio ambiente, da produção e circulação de bens e da prestação de serviços de interesse da saúde.

A: incorreta. O serviço de saúde é público, titularizado pelo Estado (art. 196 da CF), sendo, não obstante, livre o seu exercício pela iniciativa privada (art. 199 da CF); **B:** incorreta. O financiamento do serviço de saúde é oriundo também dos orçamentos dos Estados, do Distrito Federal, dos Municípios e outras fontes (art. 198, §1º, da CF); **C:** incorreta. A ANS atua sobre a assistência suplementar à saúde (art. 1º da Lei 9.961/2000), assim entendido o serviço prestado por entidades privadas com finalidade de garantir assistência médica, hospitalar ou odontológica ("planos de saúde"). A competência para fiscalização sanitária é da Agência Nacional de Vigilância Sanitária – ANVISA; **D:** correta, nos termos do art. 6º, §1º, da Lei nº 8.080/1990.
Gabarito "D".

(Juiz – TRF 3ª Região – 2016) Considerando as assertivas abaixo, assinale a alternativa correta:
I. São diretrizes para a organização das ações governamentais na área da assistência social: a descentralização político-administrativa e a participação da população, por meio de organizações representativas.
II. A assistência social será prestada a quem dela necessitar, independentemente de contribuição, para subsistência da pessoa necessitada, portadora de deficiência e do idoso, cabendo à família do beneficiário contribuir com valor mensal correspondente a ¼ do salário mínimo *per capita*, nos termos da lei.
III. A renda mensal vitalícia, o benefício de prestação continuada, o auxílio-natalidade e os benefícios eventuais, previstos no artigo 22 da Lei Orgânica da Assistência Social – LOAS, são benefícios concedidos independentemente de requerimento e contribuição da pessoa necessitada e prestados com recursos do orçamento da seguridade social, como encargo de toda a sociedade, de forma direta ou indireta.
IV. O benefício de prestação continuada não pode ser acumulado pelo beneficiário com qualquer outro no âmbito da seguridade social ou de outro regime, excepcionados apenas o de assistência médica e da pensão especial de natureza indenizatória, não sendo também computados os rendimentos decorrentes de estágio supervisionado e de aprendizagem, para os fins de cumprimento do requisito da renda familiar mínima.

(A) As assertivas I e IV estão corretas.
(B) As assertivas I e III estão corretas.
(C) Apenas a assertiva III está incorreta.
(D) Apenas a assertiva I está correta.

I: correta, nos termos do art. 5º, I e II, da Lei 8.742/1993; **II:** incorreta. A afirmativa mistura o conceito de assistência social, prestada a quem dela necessitar, independente de contribuição (art. 203, "caput", da CF) com o **benefício de prestação continuada de assistência social**, previsto no art. 203, V, da CF e regulamentado pelos arts. 20 e seguintes da Lei 8.742/1993; **III:** incorreta. Todos eles dependem de requerimento do interessado; **IV:** correta, nos termos do art. 20, §§4º e 9º, da Lei 8.742/1993.
Gabarito "A".

(Defensor Público – DPE/ES – 2016 – FCC) A respeito do Benefício de Prestação Continuada – BPC, que tem natureza assistencial, é correto afirmar:
(A) A condição de acolhimento em instituições de longa permanência prejudica o direito do idoso ou da pessoa com deficiência ao benefício de prestação continuada.

(B) A família é composta pelo requerente, o cônjuge ou companheiro, os pais e, na ausência de um deles, a madrasta ou o padrasto, os irmãos solteiros, os filhos e enteados solteiros e os menores tutelados, ainda que residam e sejam domiciliados em locais diversos.
(C) Considera-se incapaz de prover a manutenção da pessoa com deficiência ou idosa com 65 anos ou mais a família cuja renda mensal per capita seja inferior a um terço do salário-mínimo.
(D) O benefício não pode ser acumulado, pelo beneficiário, com qualquer outro no âmbito da seguridade social ou de outro regime.
(E) É devido à pessoa com deficiência ou idosa com 65 anos ou mais que comprove não possuir meios de prover a própria manutenção nem de tê-la provida por sua família.

A: incorreta. O acolhimento em instituição não afasta o direito ao benefício (art. 20, § 5º, da Lei 8.742/1993); **B:** incorreta. Para fins de caracterização da família, é condição de que todos residam sob o mesmo teto (art. 20, § 1º, da Lei 8.742/1993); **C:** incorreta. O limite considerado pelo art. 20, § 3º, da Lei 8.742/1993 é de um quarto do salário mínimo; **D:** incorreta. A alternativa traz a regra, mas não contempla a exceção dos benefícios de assistência médica e da pensão especial de natureza indenizatória (art. 20, § 4º, parte final, da Lei 8.742/1993); **E:** correta, nos termos do art. 20, caput, da Lei 8.742/1993.
Gabarito "E".

(Defensor Público – DPE/RN – 2016 – CESPE) Em consonância com o entendimento do STJ, assinale a opção correta no que concerne à LOAS.
(A) A aposentadoria no valor de um salário-mínimo percebida por idoso integrante do grupo familiar deve ser incluída no cálculo da renda familiar per capita, para fins de apuração da condição de miserabilidade, a qual constitui requisito para a concessão do benefício assistencial previsto na LOAS.
(B) O direito à concessão do benefício assistencial da LOAS pode ser exercido a qualquer tempo, não havendo prescrição do fundo de direito quando a autarquia previdenciária nega a concessão do benefício na via administrativa.
(C) Caso questione em juízo o cancelamento unilateral de benefício previdenciário de pessoa hipossuficiente, a DP não agirá em consonância com a jurisprudência sobre o tema, pois, constatada a irregularidade na concessão do benefício, a autarquia previdenciária não estará obrigada a conceder a oportunidade para o exercício do contraditório e da ampla defesa.
(D) A DP, ao questionar judicialmente o indeferimento da concessão do benefício de prestação continuada a pessoa com deficiência hipossuficiente, deve comprovar, por outros meios, que essa pessoa não tem condições de prover a própria manutenção, já que a comprovação da renda per capita inferior a um quarto do salário mínimo não é suficiente para presumir a miserabilidade.
(E) Caso o salário de contribuição de um segurado supere o valor legalmente fixado como critério de baixa renda, eventual ação judicial movida pela DP para a obtenção do auxílio-reclusão não terá êxito, pois a jurisprudência não admite, para a concessão do referido benefício, que o julgador flexibilize o critério econômico para o deferimento do benefício.

A: incorreta. A jurisprudência, tanto do STJ (REsp 1.226.027/PR), quanto do STF (RE 580.963/MT), sedimentou-se no sentido oposto – ou seja, o benefício previdenciário nestas condições não deve ser considerado para apuração da miserabilidade; **B:** correta, nos termos do quanto assentado no julgado do AgRg no AREsp 336.322/PE; **C:** incorreta. O INSS está obrigado a observar o contraditório, a ampla defesa e o devido processo legal no âmbito administrativo antes de cancelar unilateralmente o benefício (REsp 1.429.976/CE, j. 18/02/2014); **D:** incorreta. A presunção de miserabilidade em caso de renda familiar per capita inferior a um quarto do salário mínimo é absoluta, conforme assentado no REsp 1.112.557/MG, j. 20/11/2009); **E:** incorreta. A jurisprudência do STJ admite a flexibilização do critério econômico para o auxílio-reclusão. Veja-se o trecho a seguir: "À semelhança do entendimento firmado por esta Corte, no julgamento do Recurso Especial 1.112.557/MG, Representativo da Controvérsia, onde se reconheceu a possibilidade de flexibilização do critério econômico definido legalmente para a concessão do Benefício Assistencial de Prestação Continuada, previsto na LOAS, é possível a concessão do auxílio-reclusão quando o caso concreto revela a necessidade de proteção social, permitindo ao Julgador a flexibilização do critério econômico para deferimento do benefício, ainda que o salário de contribuição do segurado supere o valor legalmente fixado como critério de baixa renda." (STJ, AgRg no REsp 1.523.797/RS, j. 01/10/2015).
Gabarito "B".

Veja a tabela seguinte, para estudo e memorização dos objetivos da assistência social:

Objetivos da Assistência Social – art. 203 da CF
– a proteção à família, à maternidade, à infância, à adolescência e à velhice
– o amparo às crianças e adolescentes carentes
– a promoção da integração ao mercado de trabalho
– a habilitação e reabilitação das pessoas portadoras de deficiência e a promoção de sua integração à vida comunitária
– a garantia de um salário-mínimo de benefício mensal à pessoa portadora de deficiência e ao idoso que comprovem não possuir meios de prover à própria manutenção ou de tê-la provida por sua família, conforme dispuser a lei

9. AÇÕES PREVIDENCIÁRIAS

(Juiz – TRF 4ª Região – 2016) Assinale a alternativa correta.
Relativamente ao julgamento do Supremo Tribunal Federal, em repercussão geral (RE 631.240/MG), que assentou entendimento sobre o interesse de agir e o prévio requerimento administrativo de benefício previdenciário:
(A) A falta de prévio requerimento administrativo de concessão de benefício deve implicar a extinção do processo judicial com resolução de mérito.
(B) Nas ações já ajuizadas no âmbito de Juizado Itinerante, a falta do prévio requerimento administrativo implicará a extinção do feito sem julgamento de mérito.
(C) Nas ações judiciais, mesmo que o Instituto Nacional do Seguro Social tenha apresentado contestação de mérito, aplica-se a extinção do feito sem resolução de mérito, em face da ausência de prévio requerimento administrativo.
(D) Nas ações em que estiver ausente o prévio requerimento administrativo, o feito será baixado em diligência ao Juízo de primeiro grau, onde permanecerá sobrestado, a fim de intimar o autor a dar entrada no pedido em até 30 dias, sob pena de extinção do processo por falta de interesse de agir.
(E) Nos casos em que estiver ausente o prévio requerimento administrativo e, baixado o feito em diligência, o interessado comprovar a postulação administrativa e o Instituto Nacional do Seguro Social, após intimação judicial, manifestar-se e indeferir o benefício, estará caracterizado o interesse de agir, e o feito deverá prosseguir, retornando ao Tribunal Regional Federal para julgamento.

A: incorreta. A extinção se dá sem resolução do mérito, porque falta interesse de agir, uma das condições da ação; **B:** incorreta. As ações ajuizadas em âmbito de Juizado Itinerante antes da decisão mencionada foram excepcionadas, não se lhes aplicando a extinção do processo; **C:** incorreta. Entendeu o STF que, se o INSS apresentou contestação, ficou demonstrada a resistência à pretensão do segurado e, consequentemente, o interesse de agir; **D:** correta, nos exatos termos constantes do acórdão; **E:** incorreta. No caso concreto examinado, coube ao Juiz de 1º grau apreciar a subsistência ou não do interesse de agir.
Gabarito "D".

(Magistratura do Trabalho – 3ª Região – 2014) Nos exatos termos do art. 43, §§ 1º e 2º, da Lei 8.212/1991, com a redação dada pela Lei 11.941/2009, é correto afirmar que o recolhimento das contribuições previdenciárias decorrentes de condenação pela Justiça do Trabalho se opera:
(A) Pelo regime de caixa, levando em conta a data do pagamento das parcelas da condenação.
(B) Pelo regime de competência, levando em conta a data da prestação de serviços.
(C) Por sistema modulado, ou seja, pelo regime de caixa até a data de vigência da lei supracitada e pelo regime de competência a partir de então.
(D) Por sistema modulado, ou seja, pelo regime de competência até a data de vigência da lei supracitada e pelo regime de caixa a partir de então.
(E) Pelo regime híbrido, observando-se o regime de competência quanto às contribuições referentes ao período de vigência do contrato de trabalho e o regime de caixa quanto às contribuições incidentes sobre as parcelas da condenação.

O § 3º do art. 43 da Lei 8.212/1991, que não está mencionado no enunciado, determina que a contribuição seja apurada mês a mês tendo como referência o período da prestação do serviço. O § 2º do mesmo dispositivo assevera que o fato gerador da contribuição é a data da prestação do serviço. Isso significa que os tributos decorrentes de sentença trabalhista serão recolhidos pelo **regime de competência**, ou seja, apura-se o valor devido com base nas regras vigentes no mês em que se prestou o serviço, ainda que tenham sido alteradas posteriormente.

Gabarito "B".

(Defensor Público/RO – 2012 – CESPE) Maria de Fátima, empregada de confecção de roupas, após 15 anos de prestação de serviços ajuizou, em razão de acidente de trabalho de que fora vítima, dado que a empresa não adotou medidas legais de segurança no trabalho, ação judicial no juizado especial federal com o objetivo de reverter decisão do INSS que lhe negara a concessão de auxílio-doença por não ter ela cumprido o período de carência exigido para o benefício.

Considerando essa situação hipotética, assinale a opção correta à luz da legislação previdenciária.

(A) O pedido de benefício por Maria de Fátima não obedeceu a requisito fundamental estabelecido pela legislação previdenciária para a concessão do auxílio-doença, qual seja, a comprovação da qualidade de segurado; por essa razão, a ação deve ser extinta sem julgamento do mérito.
(B) Maria de Fátima deveria ter ajuizado sua ação perante a justiça do trabalho, dado que, na condição de responsável pela ocorrência do acidente de trabalho – pois não adotou as medidas legais de segurança e saúde no trabalho –, a empresa deve arcar com o pagamento do auxílio-doença.
(C) Apresenta-se correta a decisão do INSS, dado que o cumprimento de carência é requisito fundamental para que os segurados façam jus aos benefícios por incapacidade previstos no RGPS.
(D) O juizado especial federal não tem competência para processar e julgar a ação ajuizada por Maria de Fátima, visto que os litígios e medidas cautelares relativos a acidentes do trabalho são da competência da justiça estadual.
(E) A ação ajuizada por Maria de Fátima deverá ser extinta sem julgamento do mérito, uma vez que ela deveria ter esgotado o procedimento administrativo recorrendo contra a decisão do INSS junto ao Conselho de Recursos da Previdência Social.

Nos termos da Súmula 15 do STJ, compete à justiça estadual julgar os litígios decorrentes de acidentes do trabalho, de modo que a ação foi ajuizada por Maria de Fátima no foro inadequado e a alternativa "D" é a correta.

Gabarito "D".

10. TEMAS COMBINADOS

(Procurador do Estado – PGE/MT – FCC – 2016) Quanto aos regimes de previdência social previstos na Constituição Federal do Brasil, é correto afirmar:

(A) No Regime Próprio da Previdência Social é vedada a adoção de requisitos e critérios diferenciados para a concessão de aposentadoria, ressalvados exclusivamente os casos de atividades exercidas sob condições especiais que prejudiquem a saúde ou a integridade física, definidos em lei complementar.
(B) Os beneficiários do Regime Geral da Previdência Social serão aposentados compulsoriamente, aos setenta e cinco anos de idade, com proventos proporcionais ao tempo de contribuição.
(C) É permitido o aporte de recursos a entidade de previdência privada pela União, Estados, Distrito Federal e Municípios na qualidade de patrocinador, situação na qual a sua contribuição normal poderá exceder em até 50% a do segurado.
(D) O Regime de Previdência Privada terá caráter complementar e será organizado de forma vinculada ao Regime Geral de Previdência Social, observando o aspecto contributivo, a filiação obrigatória, e a preservação do equilíbrio financeiro e atuarial.
(E) A compensação financeira entre os regimes recompõe o equilíbrio atuarial dos regimes de previdência, havendo permissivo constitucional para que, em caso de aposentadoria, seja assegurada a contagem recíproca do tempo de contribuição na Administração pública e na atividade privada, rural e urbana.

A: incorreta. A única ressalva para a concessão de aposentadoria com requisitos diferenciados é para os portadores de deficiência e aqueles que laborem em condições insalubres ou perigosas (art. 40, § 4º, da CF); **B:** incorreta. Tal previsão é aplicável somente aos Regimes Próprios de Previdência (art. 40, § 1º, II, da CF); **C:** incorreta. A contribuição das pessoas jurídicas de direito público como patrocinadoras da entidade de previdência complementar nunca poderá superar a do segurado (art. 202, §3º, da CF); **D:** incorreta. O sistema de previdência complementar é facultativo e baseado na constituição de reservas que garantam o benefício contratado (art. 202, "caput", da CF); **E:** correta, nos termos do art. 201, § 9º, da CF.

Gabarito "E".

(Advogado União – AGU – CESPE – 2015) No que diz respeito à seguridade social, julgue os itens a seguir.

(1) As diretrizes que fundamentam a organização da assistência social são a descentralização político-administrativa para os estados, o Distrito Federal e os municípios, e comando único em cada esfera de governo; a participação da população, mediante organizações representativas, na formulação das políticas e no controle das ações; e a prevalência da responsabilidade do Estado na condução da política de assistência social.
(2) De acordo com a CF, a gestão administrativa da seguridade social deve ser tripartite, ou seja, formada por trabalhadores, empregadores e governo.
(3) Conforme a jurisprudência do STF, a irredutibilidade do valor dos benefícios é garantida constitucionalmente, seja para assegurar o valor nominal, seja para assegurar o valor real dos benefícios, independentemente dos critérios de reajuste fixados pelo legislador ordinário.
(4) De acordo com entendimento do STF, o princípio da preexistência do custeio em relação ao benefício ou serviço aplica-se à seguridade social financiada por toda sociedade, estendendo-se às entidades de previdência privada.

1: correta, nos termos do art. 5º da Lei 8.742/1993; **2:** incorreta. A gestão da seguridade social será quadripartite, garantida também a participação dos aposentados (art. 194, parágrafo único, VII, da CF); **3:** incorreta. Segundo o STF, a irredutibilidade do valor dos benefícios aplica-se unicamente ao seu valor nominal. O que assegura a preservação do valor real é o princípio insculpido no art. 201, § 4º, da CF, que tem natureza distinta. Além disso, o reajuste seguirá critérios definidos em lei ordinária (STF, RE 263.252/PR); **4:** incorreta. O STF tem jurisprudência consolidada no sentido de que o princípio da previsão do custeio dos benefícios e serviços da seguridade social não se aplica à previdência privada (RE 583.687 AgR).HS

Gabarito 1C, 2E, 3E, 4E.

(Advogado União – AGU – CESPE – 2015) Acerca do RGPS, julgue os itens subsequentes.

(1) Conforme entendimento do STJ, síndico de condomínio que receber remuneração pelo exercício dessa atividade será enquadrado como contribuinte individual do RGPS, ao passo que o síndico isento da taxa condominial, por não ser remunerado diretamente, não será considerado contribuinte do RGPS.
(2) De acordo com jurisprudência do STF, devido ao fato de os serviços de registros públicos, cartorários ou notariais serem exercidos em caráter privado, os oficiais de registro de imóveis, para os fins do RGPS, devem ser classificados na categoria de contribuinte individual.
(3) Desde que tenha sido intercalado com o exercício de atividade laborativa, o período em que o segurado se beneficiar de auxílio-doença deverá ser considerado para fins de cômputo de carência e para o cálculo do tempo de contribuição na concessão de aposentadoria por invalidez, conforme entendimento do STF.
(4) Situação hipotética: Ricardo, segurado facultativo do RGPS, havia recolhido dez contribuições mensais quando, devido a problemas financeiros, teve de deixar de recolher novas contribuições durante nove meses. Após se restabelecer financeiramente, Ricardo voltou a contribuir, mas, após quatro meses de contribuição, ele foi acometido por uma doença que o incapacitou para o trabalho durante vinte dias. Assertiva: Nessa situação, embora a doença de Ricardo exija carência para o gozo do benefício de auxílio-doença, este perceberá o referido auxílio devido ao fato de ter readquirido a qualidade de segurado a partir do recolhimento de um terço do número de contribuições exigidas para o gozo do auxílio-doença.
(5) Conforme entendimento do STF, não há incidência de contribuição previdenciária nos benefícios do RGPS, incluído o salário-maternidade.
(6) Situação hipotética: Howard, cidadão norte-americano, domiciliado no Brasil, foi aqui contratado pela empresa brasileira X, para trabalhar, por tempo indeterminado, em sua filial situada no Canadá. A maior parte do capital votante dessa filial canadense é da empresa X, constituída sob as leis brasileiras e com sede e administração no Brasil. Assertiva: Nessa situação, Howard deverá estar, necessariamente, vinculado ao RGPS como segurado empregado.

1: incorreta. O STJ firmou entendimento de que a remuneração indireta do síndico, mediante a isenção da taxa condominial, coloca-o como segurado obrigatório da previdência social (REsp 411.832/RS); **2:** correta, conforme julgado pelo STF no AI 667.424 ED; **3:** correta, conforme julgado pelo STF no RE 583.834; **4:** incorreta. Trata-se de questão de extrema "decoreba" e feita para incidir o candidato a erro, espécie que desejamos seja abolida dos concursos públicos o quanto antes. Realmente, ao contribuir por mais 4 meses depois de perder a qualidade de segurado, período que equivale a um terço dos 12 meses exigidos como carência do auxílio-doença, Ricardo teria direito ao benefício. Contudo, o benefício é devido ao segurado que ficar incapacitado para seu trabalho habitual por mais 15 dias **consecutivos**. A ausência deste adjetivo torna errada a assertiva, porque ela diz apenas "vinte dias", não especificando se foram consecutivos; **5:** incorreta. O salário-maternidade é exceção à regra segundo a qual não incide contribuição sobre benefício previdenciário (STF, RE 621.476 ED); **6:** Correta, nos termos do art. 11, I, c, da PBPS.

(Procurador – PGFN – ESAF – 2015) Assinale a opção correta.

(A) A condição de segurado especial não subsiste se o trabalhador que exerce atividade rural em regime de economia familiar é beneficiário de programa assistencial oficial do governo.
(B) A jurisprudência do Superior Tribunal de Justiça considera que é ilegal a retenção de 11% sobre os valores brutos das faturas dos contratos de prestação de serviço pelas empresas tomadoras, uma vez que a Lei n. 9.711/98 acabou criando novo tributo sem atender aos ditames legais e constitucionais.
(C) Integra o valor do salário-de-contribuição a quantia paga pela pessoa jurídica a programa de previdência complementar fechado, disponível apenas aos seus gerentes e diretores.
(D) O prazo prescricional para cobrança de contribuições previdenciárias após a edição da Emenda Constitucional n. 08/77 passou a ser de vinte anos, o que perdurou até o início da vigência da Lei n. 8.212/91, que o alterou para dez anos.
(E) Como não pode exercer atividade de comércio, o segurado especial da Previdência Social não é obrigado a recolher nenhuma contribuição sobre a receita da venda de artigos de artesanato elaborados com matéria-prima produzida pelo respectivo grupo familiar.

A: incorreta. Mesmo nessa situação, subsistirá a condição de segurado especial (art. 11, § 8°, IV, da PBPS); **B:** incorreta. O STJ reputou que não houve criação de novo tributo, mas sim nova sistemática de arrecadação, sendo, por isso, legítima a retenção (REsp 892.301/SP); **C:** correta, nos termos do art. 28, § 9°, p, da Lei 8.212/1991; **D:** incorreta. O STF reconheceu a inconstitucionalidade do prazo prescricional estabelecido pela Lei 8.212/1991, por ser o tema afeto a Lei Complementar (Súmula Vinculante 8); **E:** incorreta. A venda de artigos de artesanato não desnatura o segurado especial, sendo a receita desta comercialização justamente a base de cálculo de sua contribuição (art. 30, XII, a, da Lei 8.212/1991).
Gabarito "C".

(Procurador – PGFN – ESAF – 2015) Assinale a opção correta.

(A) Segundo a Constituição Federal, a pessoa jurídica em débito com o sistema da seguridade social poderá, excepcionalmente e nos termos da lei, contratar com o poder público, desde que confesse o débito e firme termo de compromisso de não reiterar a prática da conduta.
(B) Em recente julgamento, o Supremo Tribunal Federal concluiu que, até a edição de lei complementar que garanta o necessário tratamento diferenciado às cooperativas, para que não prospere estado de inconstitucionalidade por omissão, a elas deve ser estendido o regime de isenção previsto para entidades beneficentes de assistência social, garantindo-se assim a continuidade dos seus relevantes serviços.
(C) A Constituição Federal de 1988 veda a incidência de contribuição previdenciária sobre o rendimento derivado de participação nos lucros da empresa, como forma de estimular a construção de uma sociedade justa e solidária.
(D) Os regimes próprios de previdência social dos servidores públicos da União, dos Estados, do Distrito Federal e dos Municípios, dos militares dos Estados e do Distrito Federal não poderão conceder benefícios distintos dos previstos no Regime Geral de Previdência Social, salvo disposição em contrário da Constituição Federal.
(E) É objetivo constitucional da seguridade social a unicidade da base de financiamento.

A: incorreta. Não há qualquer exceção à proibição em comento (art. 195, § 3°, da CF); **B:** incorreta. O STF afirma que o tratamento tributário diferenciado ao ato cooperativo não se confunde com os tributos dos quais as cooperativas possam ser contribuintes e, por isso, não há falar em imunidade não incidência (RE 599.362); **C:** incorreta. Não há tal vedação constitucional. É o art. 28, § 9°, j, da Lei 8.212/1991 que afasta a incidência da contribuição, mas desde que a PLR seja paga nos termos da lei; **D:** correta, nos termos do art. 5° da Lei 9.717/1998; **E:** incorreta. O art. 194, parágrafo único, VI, da CF traça como objetivo da seguridade social a diversidade da base de financiamento.
Gabarito "D".

(Procurador – PGFN – ESAF – 2015) Assinale a opção incorreta.

(A) Nos contratos de cessão de mão de obra, a responsabilidade do tomador do serviço pelas contribuições previdenciárias é solidária, não comportando benefício de ordem.
(B) Os recursos do FPE e do FPM poderão ser utilizados para quitação, total ou parcial, de débitos relativos às contribuições previdenciárias.
(C) A declaração de débito apresentada pelo devedor (GFIP) dispensa a formalização de procedimento administrativo pelo Fisco, com vista a constituir definitivamente o crédito tributário de contribuições previdenciárias.
(D) O não cumprimento da obrigação acessória de entregar a guia de recolhimento do FGTS e de informações à Previdência Social (GFIP), por si só, já impede a expedição de certidão negativa de débitos em favor do contribuinte.
(E) É possível a emissão de certidão negativa de débito em favor do Município, na hipótese em que existente dívida previdenciária sob a responsabilidade da respectiva Câmara Municipal, pois esta última constitui órgão autônomo em relação ao Município.

A: correta, nos termos do julgado pelo STJ no AgRg no REsp 1.213.709/SC; **B:** correta, nos termos do art. 1° da Lei 12.810/2013; **C:** correta, nos termos do julgado pelo STJ no AgRg no AREsp 313.928/RN; **D:** dada como correta pelo gabarito oficial, com o que discordamos. O entendimento do STJ é no sentido contrário, ou seja, de que a ausência de entrega da GFIP, por si só, não obsta a emissão de CND, competindo ao Fisco promover, antes, o lançamento de ofício da multa (STJ, REsp 1.183.944 e 1.074.307). Logo, a assertiva é incorreta e a questão deveria ter sido anulada; **E:** incorreta, devendo ser assinalada segundo o gabarito oficial. O STJ tem entendimento consolidado no sentido de que a Câmara Municipal é órgão integrante do Município, de sorte que não se lhe assegura a emissão da certidão de regularidade previdenciária nessa hipótese (REsp 1.408.562/SE).
Gabarito "E".

(Juiz – TRF 2ª Região – 2017) Marque a opção que está de acordo com a atual disciplina constitucional relativa ao Regime Geral de Previdência (RGPS):

(A) A gratificação natalina dos aposentados e pensionistas terá por base a média dos valores dos proventos ao longo do ano.
(B) Quando se trata de aposentadoria por tempo de contribuição, a Constituição confere tratamento diferenciado a homens e mulheres, mas os requisitos etários se igualam quando se trata de aposentadoria exclusivamente por idade.
(C) A Constituição confere benesse aos professores, inclusive aos do ensino médio e superior, deferindo-lhes redução de 5 (cinco anos) do tempo de contribuição.
(D) A par dos casos previstos na própria Constituição, é vedada a adoção de requisitos e critérios diferenciados para a concessão de aposentadoria aos beneficiários do regime de previdência social, ressalvados os casos de atividades exercidas sob condições especiais que prejudiquem a saúde ou a integridade física e quando se tratar de segurados portadores de deficiência, nos termos definidos em lei complementar.
(E) A falta de referência, na atual Constituição, à importância de o regime de previdência preservar o equilíbrio atuarial e financeiro é um dos principais fatores do que hoje se chama de falência do sistema.

A: incorreta. A base de cálculo da gratificação natalina dos aposentados e pensionistas do RGPS é o valor do benefício em dezembro do respectivo ano (art. 201, §6°, da CF); **B:** incorreta. Mesmo na aposentadoria por idade, os requisitos são diferentes: 65 anos para o homem e 60 para a mulher, reduzidos em cinco anos para os trabalhadores rurais (art. 201, §7°, II, da CF); **C:** incorreta. Aos professores do ensino superior não é conferida a redução no tempo de contribuição para aposentadoria (art. 201, §8°, da CF); **D:** correta, nos termos do art. 201, §1°, da CF; **E:** incorreta. O princípio da manutenção do equilíbrio atuarial e financeiro está previsto expressamente no art. 201, "caput", da CF.
Gabarito "D".

(Juiz – TRF 2ª Região – 2017) Analise as assertivas e, ao final, marque a opção correta:

I. É permitida a filiação ao regime geral de previdência social, na qualidade de segurado facultativo, à pessoa participante de regime próprio de previdência.
II. Quando o óbito do segurado, casado há mais de 2 (dois) anos, ocorre depois de vertidas mais de 18 (dezoito) contribuições mensais, a pensão em favor da viúva, que conta 35 anos de idade, será devida por prazo indeterminado.
III. Nos pedidos de benefício de prestação continuada regulados pela Lei n° 8.742/93 (LOAS), para adequada valoração dos fatores ambientais, sociais, econômicos e pessoais que impactam a participação da pessoa com deficiência na sociedade é necessária a avaliação por assistente social ou outras providências aptas a revelar a efetiva condição vivida pelo requerente no meio social.

(A) Apenas as assertivas II e III estão corretas.
(B) Apenas a assertiva III está correta.
(C) Todas estão corretas.
(D) Apenas as assertivas I e II estão corretas.
(E) Apenas as assertivas I e III estão corretas.

I: incorreta. É proibida a filiação como facultativo nesse caso (art. 201, §5°, da CF); **II:** incorreta. Nesse caso, o benefício será pago por 15 anos (art. 77, §2°, V, c, item 4, da Lei n. 8.213/91); **III:** correta, nos termos do art. 20, §6°, da Lei 8.742/1993.
Gabarito "B".

(Juiz – TRF 3ª Região – 2016) Assinale a alternativa correta:

(A) Ao segurado que completou 35 anos de serviço, se homem, ou 30 anos, se mulher, e optou por continuar em atividade é assegurado, se mais vantajoso, o direito à aposentadoria, nas mesmas condições legais da data do cumprimento dos requisitos necessários à concessão do benefício.
(B) Deve ser dirimido pelo Tribunal Regional Federal o conflito de competência entre juízos estadual e federal, instalado na ação em que se discute benefício decorrente de acidente do trabalho.
(C) A suspensão do pagamento do benefício previdenciário concedido mediante fraude não configura ofensa ao devido processo legal, devendo ser expedida a notificação de ciência ao segurado ou beneficiário, para conhecimento e apresentação de defesa.
(D) No âmbito da competência delegada, prevista no artigo 109, §3º, da Constituição da República, as causas de natureza previdenciária cujo valor não ultrapasse 60 (sessenta) salários mínimos serão processadas e julgadas nos juizados especiais estaduais.

A: correta, nos termos do art. 122 da Lei 8.213/1991; **B:** incorreta. A jurisprudência é assente no sentido de que a competência para julgar causas relativas a acidentes de trabalho é da Justiça Estadual (Súmula 15 do STJ); **C:** incorreta. O benefício somente pode ser suspenso **após** a notificação do beneficiário e julgamento administrativo de sua defesa, se apresentada (art. 11 da Lei 10.666/2003); **D:** incorreta. Serão processadas na Justiça Estadual somente as ações de natureza previdenciária se na comarca não estiver instalado o Juizado Especial Federal (art. 109, §3º, primeira parte, e art. 3º, §3º, da Lei nº 10.259/2001). Gabarito "A".

(Juiz – TRF 4ª Região – 2016) Assinale a alternativa correta.

(A) O benefício Pensão por Morte no Regime Geral de Previdência Social é devido, desde a data do requerimento, ao conjunto de dependentes do segurado que falecer aposentado ou não, quando requerido até 30 (trinta) dias do óbito.
(B) O princípio da universalidade, adotado no Brasil, garante acesso à Previdência Social, independentemente de qualquer condição, a todas as pessoas residentes no país, inclusive estrangeiros.
(C) A Constituição Federal autoriza a instituição de regime de previdência privada facultativo, de caráter complementar e organizado de forma autônoma em relação ao Regime Geral da Previdência Social, regulado por lei complementar e baseado na constituição de reservas que garantam o benefício contratado.
(D) A filiação obrigatória do segurado à Previdência Social decorre do exercício de atividade remunerada e depende de ato específico de registro perante o Instituto Nacional do Seguro Social.
(E) Para fins previdenciários, no ambiente residencial em que o empregado doméstico presta serviços, podem ser exercidas atividades com ou sem fins lucrativos.

A: incorreta. O benefício será devido desde a data do requerimento se solicitado mais de 90 dias depois do óbito (art. 74, II, da Lei 8.213/1991); **B:** incorreta. A previdência social tem caráter contributivo, ou seja, é acessível somente àqueles que pagam as contribuições previdenciárias (art. 201, "caput", da CF); **C:** correta, nos termos do art. 202 da CF; **D:** incorreta. Havendo o exercício de atividade remunerada, o trabalhador deve arcar com as respectivas contribuições previdenciárias, que têm natureza tributária. Obviamente, se não se inscrever no INSS, não terá como fazê-lo. Contudo, isso não obsta seja tratado como inadimplente, ou seja, caso verificado o exercício do trabalho, será cobrado das contribuições acrescidas de correção monetária, multa e juros; **E:** incorreta. O empregado doméstico se caracteriza somente em atividades sem fins lucrativos no âmbito residencial (art. 11, II, da Lei 8.213/1991). Gabarito "C".

(Analista Jurídico – TCE/PR – 2016 – CESPE) Com relação ao regime geral de previdência social (RGPS), assinale a opção correta, de acordo com a jurisprudência dos tribunais superiores.

(A) Conforme entendimento do STF, aquele que, embora exerça atividades laborais consideradas nocivas à saúde, utilize equipamento de proteção que anula completamente a nocividade durante o desempenho de tais atividades não fará jus à percepção de aposentadoria especial.
(B) Servidora pública ocupante de cargo efetivo no estado do Paraná pode filiar-se ao RGPS como segurado facultativo.
(C) Aquele que preenche os requisitos legais para a concessão de benefício previdenciário adquire um direito fundamental, inexistindo prazo decadencial para a concessão ou a revisão de benefícios.
(D) Para a concessão do benefício de auxílio-reclusão, deve-se considerar a renda da unidade familiar, já que o destinatário do benefício são os dependentes do segurado recluso.
(E) Nos termos da jurisprudência do STJ, não tem direito à percepção de benefício de pensão por morte o cônjuge do falecido que, apesar de possuir os requisitos para aposentadoria antes do óbito, tenha perdido a qualidade de segurado.

A: correta, nos termos do ARE 664.335/SC, donde se extrai a tese consagrada: "o direito à aposentadoria especial pressupõe a efetiva exposição do trabalhador a agente nocivo à sua saúde, de modo que, se o EPI for realmente capaz de neutralizar a nocividade, não haverá respaldo constitucional à aposentadoria especial"; **B:** incorreta. É vedada a filiação ao RGPS como segurado facultativo de pessoa integrante de regime próprio de previdência (art. 201, §5º, da CF); **C:** incorreta. Realmente não há prazo para a concessão do benefício, que pode ser pedido a qualquer tempo a partir da obtenção do direito, mas há prazo decadencial de 10 anos para solicitar a revisão do benefício (art. 103 da Lei 8.213/1991); **D:** incorreta. A despeito de realmente ser um benefício pago aos dependentes (art. 18, II, "b", da Lei 8.213/1991), a análise do requisito da "baixa renda" envolve somente o segurado, não importando o total da renda familiar (art. 116 do Decreto 3.048/1999); **E:** incorreta. A jurisprudência do STJ se firmou em sentido contrário, ou seja, caso completos os requisitos para aposentadoria do segurado, ainda que venha a perder essa qualidade, seus dependentes farão jus à pensão por morte (STJ, AgRg no REsp 839.312/SP). Gabarito "A".

(Defensor/PA – 2015 – FMP) A Lei Orgânica da Assistência Social (Lei 8.742/1993) estabelece, entre outros, como princípio:

(A) a universalidade de participação nos planos previdenciários.
(B) a igualdade de direitos no acesso ao atendimento, sem discriminação de qualquer natureza, garantindo-se equivalência às populações urbanas e rurais.
(C) a uniformidade e equivalência dos benefícios e serviços às populações urbanas e rurais;
(D) a seletividade e distributividade na prestação dos benefícios.
(E) o caráter democrático e descentralizado da gestão administrativa, com a participação do governo e da comunidade.

Os princípios da assistência social estão previstos no art. 4º da Lei 8.742/1993: supremacia do atendimento às necessidades sociais sobre as exigências da rentabilidade econômica; universalização dos direitos sociais, a fim de tornar o destinatário da ação assistencial alcançável pelas demais políticas públicas; respeito à dignidade do cidadão, à sua autonomia e ao seu direito a benefícios e serviços de qualidade, bem como à convivência familiar e comunitária, vedando-se qualquer comprovação vexatória de necessidade; igualdade de direitos no acesso ao atendimento, sem discriminação de qualquer natureza, garantindo-se equivalência às populações urbanas e rurais; e divulgação ampla dos benefícios, serviços, programas e projetos assistenciais, bem como dos recursos oferecidos pelo Poder Público e dos critérios para sua concessão. Correta, portanto, a alternativa "B". As demais referem-se a princípios e objetivos da **previdência social**, e não da **assistência social**. Gabarito "B".

(Analista – TRT/2ª – 2014 – FCC) As ações e serviços públicos de saúde constituem um sistema único, organizado de acordo com diretrizes determinadas. Dentre elas, está

(A) o caráter contributivo e de filiação obrigatória.
(B) a promoção da integração ao mercado de trabalho.
(C) a centralização, com direção única no Governo Federal.
(D) a observância de critérios que preservem o equilíbrio financeiro e atuarial.
(E) o atendimento integral, com prioridade para as atividades preventivas.

A: incorreta. Essas são características da Previdência Social (art. 201 da CF); **B:** incorreta. É diretriz da Assistência Social (art. 203, III, da CF); **C:** incorreta. O Sistema Único de Saúde é descentralizado, com direção única em cada esfera de governo (art. 198, I, da CF); **D:** incorreta. É diretriz da Previdência Social (art. 201 da CF); **E:** correta, nos termos do art. 198, II, da CF. Gabarito "E".

(Analista – TRT/16ª – 2014 – FCC) Terá direito ao recebimento de um salário mínimo mensal, conforme dispuser a lei,

(A) a pessoa com deficiência e o idoso que comprovem não possuir meios de prover à própria manutenção ou de tê-la provida por sua família, desde que contribuam à seguridade social.
(B) a pessoa com deficiência e o idoso que comprovem não possuir meios de prover à própria manutenção ou de tê-la provida por sua família, independentemente de contribuição à seguridade social.
(C) apenas a pessoa com deficiência, que comprove não possuir meios de prover à própria manutenção ou de tê-la provida por sua família, desde que contribua à seguridade social.
(D) apenas o idoso, que comprove não possuir meios de prover à própria manutenção ou de tê-la provida por sua família, desde que contribua à seguridade social.
(E) apenas a pessoa com deficiência, que comprove não possuir meios de prover à própria manutenção, mesmo que sua família possa provê-la, independentemente de contribuição à seguridade social.

A questão tratada do chamado "benefício de prestação continuada", ou BPC, previsto no art. 20 da Lei 8.742/1993 (Lei Orgânica da Assistência Social). Ele é garantido à pessoa com deficiência ou ao idoso com mais de 65 anos que não tenha condições de prover a própria subsistência ou de tê-la provida por sua família, independentemente de contribuições à seguridade social (porque se trata de benefício da **assistência e não da previdência social**). Considera-se incapaz de prover a própria subsistência a pessoa cuja renda mensal familiar *per capita* seja inferior a um quarto do salário mínimo. Gabarito "B".

(Defensoria/DF – 2013 – CESPE) Julgue os itens a seguir, relativos a seguridade social e a acidente do trabalho.

(1) Entre os objetivos em que se baseia a organização da seguridade social no Brasil inclui-se o caráter democrático e descentralizado da administração, mediante gestão tripartite, com participação dos trabalhadores, dos empregadores e do governo nos órgãos colegiados.

(2) De acordo com a Lei 8.213/1991, que dispõe sobre os planos de benefícios da previdência social, equipara-se ao acidente do trabalho o acidente sofrido pelo segurado do RGPS no local e no horário do trabalho, em consequência de ato de agressão praticado por terceiro.

(3) Caso um segurado do RGPS, conduzindo veículo de sua propriedade, sofra acidente de trânsito ao deslocar-se de sua residência para seu local de trabalho, esse acidente não se equipararia a acidente do trabalho.

(4) Nos termos da CF, a seguridade social compreende um conjunto integrado de ações de iniciativa dos poderes públicos e da sociedade destinadas a assegurar, exclusivamente, os direitos relativos a previdência e a assistência social.

1: incorreta. A gestão será **quadripartite**. A assertiva deixou de mencionar a participação dos aposentados (art. 194, parágrafo único, VII, da CF); **2:** correta, nos termos do art. 21, II, "a", da Lei 8.213/1991; **3:** incorreta. Tal acidente equipara-se ao do trabalho por força do art. 21, IV, "d", da Lei 8.213/1991; **4:** incorreta. Faltou mencionar a saúde (art. 194 da CF).
Gabarito 1E; 2C; 3E; 4E.

(Magistratura do Trabalho – 2ª Região – 2014) Quanto ao seguro desemprego, aponte a alternativa **correta**:

(A) Tem por objetivos a assistência temporária do trabalhador desempregado, a qualificação profissional e a preservação do emprego.
(B) O trabalhador comprovadamente resgatado de regime forçado ou da condição análoga à escravidão terá direito a 6 (seis) parcelas de seguro-desemprego, no valor de 1 (um) salário mínimo, sendo vedado o recebimento do mesmo benefício, em situação similar, nos 12 (doze) meses seguintes à percepção da última parcela.
(C) O Fundo de Amparo ao Trabalhador (FAT) é destinado ao custeio do seguro desemprego, do abono salarial e de programas de qualificação profissional, sendo gerido por Conselho Deliberativo composto por membros indicados pelos Ministérios do Trabalho e Emprego, Previdência Social e Desenvolvimento Social e Combate à Fome.
(D) É assegurado o recebimento de abono salarial ao trabalhador que receba até 2 (dois) salários mínimos médios de remuneração mensal e que tenham exercido atividade remunerada no período mínimo de 3 (três) meses no ano base de empregador que contribua para o Programa de Integração Social (PIS).
(E) O trabalhador empregado poderá receber bolsa de qualificação profissional, desde que tenha o contrato suspenso para participação em curso previsto em Acordo ou Convenção Coletiva com essa finalidade.

A: incorreta. Nos termos do art. 2º da Lei 7.998/1990, o seguro-desemprego tem por finalidade: I – prover assistência financeira temporária ao trabalhador desempregado em virtude de dispensa sem justa causa, inclusive a indireta, e ao trabalhador comprovadamente resgatado de regime de trabalho forçado ou da condição análoga à de escravo; e II – auxiliar os trabalhadores na busca ou preservação do emprego, promovendo, para tanto, ações integradas de orientação, recolocação e qualificação profissional; **B:** incorreta. O trabalhador resgatado dessas condições tem direito a **três** parcelas do seguro-desemprego (art. 2º-C da Lei 7.998/1990); **C:** incorreta. Além de contar com representantes dos trabalhadores e empregadores, o CODEFAT é composto por representantes dos Ministérios do Trabalho, Fazenda, Previdência Social, Agricultura, Desenvolvimento Agrário e do BNDES (art. 1º do Decreto 6.827/2009); **D:** incorreta. O abono salarial é garantido àqueles que exerceram atividade remunerada por pelo menos **30 dias** no ano-base (art. 9º, I, da Lei 7.998/1990); **E:** correta, nos termos do art. 2º-A, da Lei 7.998/1990.
Gabarito "E".

(Defensor Público/AC – 2012 – CESPE) Acerca do RGPS, assinale a opção correta.

(A) O valor do salário de benefício não pode exceder em cinco vezes o limite máximo estabelecido para o salário de contribuição na data de concessão do benefício.
(B) Considera-se beneficiário do RGPS, na condição de dependente do segurado, irmão com menos de vinte e um anos de idade, ainda que emancipado.
(C) Compete ao dependente promover sua inscrição na previdência social quando do requerimento do benefício a que estiver habilitado.
(D) Constitui infração administrativa o não cumprimento, pela empresa, das normas de segurança e higiene do trabalho.
(E) A doença degenerativa e a inerente a grupo etário, desde que produzam incapacidade laborativa, são consideradas doenças do trabalho.

A: incorreta, pois nenhum benefício reajustado poderá exceder o limite máximo do salário de benefício na data do reajustamento, respeitados os direitos adquiridos – art. 41-A, § 1º, do Plano de Benefícios da Previdência Social – PBPS (Lei 8.213/1991); **B:** incorreta, pois apenas o irmão não emancipado menor de 21 anos ou inválido ou que tenha deficiência intelectual ou mental ou deficiência grave é considerado segurado – arts. 16, III, e 77, § 2º, II, do PBPS; **C:** correta, pois reflete o disposto no art. 17, § 1º, do PBPS; **D:** incorreta, pois o art. 19, § 2º, do PBPS refere-se a contravenção penal; **E:** incorreta, pois não são consideradas doenças do trabalho, excluídas expressamente pelo art. 20, § 1º, a e b, do PBPS.
Gabarito "C".

(Defensor Público/RO – 2012 – CESPE) A respeito do direito previdenciário, assinale a opção correta.

(A) Segundo entendimento do STF, com o fim da paridade entre ativos e inativos, quaisquer vantagens pecuniárias decorrentes de reposicionamento de servidores ativos na carreira não mais se estendem aos inativos.
(B) Para efeito dos benefícios previstos no RGPS ou no serviço público, é assegurada a contagem recíproca do tempo de contribuição na atividade privada, rural e urbana, e do tempo de contribuição ou de serviço na administração pública; entretanto, os diferentes sistemas de previdência social não se compensarão financeiramente.
(C) Nos termos da legislação vigente, caso a soma do tempo de serviço da trabalhadora segurada na previdência social ultrapasse trinta anos e a do trabalhador segurado, trinta e cinco anos, o excesso poderá ser considerado para todos os efeitos legais.
(D) O constituinte derivado vedou, por meio de emenda constitucional, todas as exceções anteriormente previstas para a percepção de mais de uma aposentadoria à conta do regime público de previdência social.
(E) Com a instituição do novo regime de previdência complementar dos servidores públicos federais titulares de cargo efetivo, instituído pela Lei 12.618/2012, o servidor público que ingressou no serviço público em data anterior à vigência do referido normativo, terá o prazo de doze meses para optar pelo novo regime de previdência, e poderá realizar eventual retratação no prazo de cinco anos.

A: correta, pois essa é a jurisprudência do STF – ver AI 796.527 AgR/RJ; **B:** incorreta, pois há compensação financeira na contagem recíproca – art. 201, § 9º, da CF; **C:** incorreta, pois o excesso não será considerado para qualquer efeito – art. 98 do PBPS (Lei 8.213/1991); **D:** incorreta, pois é possível a cumulação inclusive no regime próprio dos servidores, excepcionalmente, desde que aposentadorias decorrentes de cargos acumuláveis na forma da Constituição – art. 40, § 6º, da CF; **E:** incorreta, pois o prazo para a opção é de 24 meses, sendo irrevogável e irretratável – art. 3º, §§ 7º e 8º, da Lei 12.618/2012.
Gabarito "A".

(Procurador/DF – 2013 – CESPE) Acerca de institutos diversos de direito previdenciário, julgue o item subsequente.

(1) Nas hipóteses em que o ilícito administrativo praticado por servidor, nessa condição, dê ensejo à cassação de aposentadoria e também seja capitulado como crime, a prescrição da pretensão punitiva da administração terá como baliza temporal a pena em concreto, aplicada no âmbito criminal, devendo ser observados os prazos prescricionais do CP.

1: correta, nos termos do art. 142, § 2º, da Lei 8.112/1990 – ver também RMS 32.285/RS do STJ.
Gabarito 1C.

17. DIREITO ELEITORAL

Flávia Moraes Barros, Robinson Barreirinhas e Savio Chalita

1. PRINCÍPIOS, DIREITOS POLÍTICOS, ELEGIBILIDADE E ALISTAMENTO ELEITORAL

(Delegado – PC/BA – 2018 – VUNESP) No que tange à justificação do não comparecimento à eleição, prevê a Justiça Eleitoral que será cancelada a inscrição do eleitor que se abstiver de votar em três eleições consecutivas,

(A) salvo se houver apresentado justificativa para a falta ou efetuado o pagamento da multa, ficando excluídos do cancelamento os eleitores que, por prerrogativa constitucional, não estejam obrigados ao exercício do voto e cuja idade não ultrapasse os oitenta anos.

(B) salvo se houver apresentado justificativa para a falta ou efetuado o pagamento da multa, ficando aqueles cuja idade ultrapasse os oitenta anos sujeitos à regra especial de prova de vida anual.

(C) salvo se houver apresentado justificativa para a falta ou efetuado o pagamento da multa, ficando excluídos do cancelamento os eleitores que, por prerrogativa constitucional, não estejam obrigados ao exercício do voto e cuja idade não ultrapasse os dezessete anos.

(D) salvo se houver apresentado justificativa para a falta, efetuado o pagamento da multa e comparecido perante a Zona Eleitoral em que está alistado para, pessoalmente, fazer o requerimento de reativação do alistamento eleitoral.

(E) salvo se houver apresentado justificativa para a falta ou efetuado o pagamento da multa, não ficando excluída, entretanto, a inscrição dos que não sejam obrigados ao exercício de voto, como, por exemplo, os maiores de setenta anos, de qualquer idade.

A única assertiva correta é encontrado na letra **E**. Isto diante do que dispõe o § 6º, art. 80 da Resolução TSE 21.538/2003. No referido dispositivo é indicado que será cancelada a inscrição do eleitor que se abstiver de votar em três eleições consecutivas, salvo se houver apresentado justificativa para a falta ou efetuado o pagamento de multa, ficando excluídos do cancelamento os eleitores que, por prerrogativa constitucional, não estejam obrigados ao exercício do voto. Neste último caso, dentre aqueles que não estão obrigados a votar, importa a análise do art. 14, § 1º, II, b, Constituição Federal, que dispõe ser facultativo o exercício do voto aos maiores de 70 anos. **SC**
Gabarito: "E".

(Delegado – PC/BA – 2018 – VUNESP) É correto afirmar que a Resolução TSE no 21.538/2003 prevê que

(A) o número de inscrição do eleitor poderá contar com até 12 (doze) dígitos, sendo que os dígitos nas posições nove e dez corresponderão ao Estado da Federação de origem, sendo a Bahia representada pelo código 05.

(B) o eleitor poderá escolher local de votação pertencente a uma zona eleitoral diversa daquela em que tem domicílio, desde que fundamente seu pedido, com circunstâncias como residência de parentes na zona eleitoral em que pretende votar.

(C) o brasileiro nato que não se alistar até os 18 anos ou o naturalizado que não se alistar até um ano depois de adquirida a nacionalidade brasileira incorrerá em multa imposta pelo juiz eleitoral e cobrada no ato da inscrição.

(D) os homônimos consistem no agrupamento pelo batimento de duas ou mais inscrições ou registros que apresentem dados iguais ou semelhantes, segundo critérios previamente definidos pelo Tribunal Superior Eleitoral.

(E) para fins de alistamento, o certificado de quitação do serviço militar não é considerado documento hábil a comprovar a nacionalidade brasileira, sendo, todavia, aceita a carteira emitida pelos órgãos criados por lei federal, controladores do exercício profissional.

A: correta. Conforme art. 12, parágrafo único, alínea b, item 05. Questão que, na percepção deste autor, é lamentável! Não se verifica conhecimento algum do candidato. De qualquer forma, a fundamentação é puramente legal, não havendo maiores explicações a não ser remeter à leitura do dispositivo; **B:** incorreta, já que a Resolução em destaque, em seu art. 9, § 2º, dispõe exatamente que no momento de preenchimento do RAE, qual seja, o requerimento de alistamento eleitoral, deverá indicar sua preferência sobre local de votação entre os estabelecidos para a zona eleitoral. Por outro lado, a Resolução TSE 21407/2003, dispõe expressamente quanto à impossibilidade de o eleitor escolher local de votação pertencente à zona eleitoral diversa daquela em que tem domicílio; **C:** incorreta. O art. 15 da Resolução em destaque indica que a multa será imposta ao brasileiro nato que não se alistar até 19 anos (e não 18); **D:** incorreta. O art. 83 da Resolução em destaque, especificamente em seu inciso III, dispõe que "Homônimos – aqueles, excetuados os gêmeos, que possuam dados iguais ou semelhantes, segundo critérios previamente definidos pelo Tribunal Superior Eleitoral, e que figurem em uma mesma duplicidade ou pluralidade (coincidência)."; **E:** incorreta, já que o art. 13 da referida Resolução indica quais são os documentos hábeis a se comprovar a nacionalidade brasileira: a) carteira de identidade ou carteira emitida pelos órgãos criados por lei federal, controladores do exercício profissional; b) certificado de quitação do serviço militar; c) certidão de nascimento ou casamento, extraída do Registro Civil; d) instrumento público do qual se infira, por direito, ter o requerente a idade mínima de 16 anos e do qual constem, também, os demais elementos necessários à sua qualificação. **SC**
Gabarito: "A".

(Defensor Público Federal – DPU – 2017 – CESPE) Acerca dos princípios do direito eleitoral e dos direitos políticos, julgue os itens a seguir.

(1) Uma vez que o direito de ser votado integra o rol dos direitos e garantias individuais e que estes, por força constitucional, não podem ser abolidos, as condições de elegibilidade não podem ser objeto de proposta de emenda à CF.

(2) De acordo com a CF, a República Federativa do Brasil constitui-se em Estado democrático de direito, o que estabelece a prevalência inequívoca do princípio da constitucionalidade.

(3) No texto constitucional, os direitos políticos estão vinculados ao exercício da soberania popular, restritos, portanto, aos direitos de votar e de ser votado.

1: Incorreta. A CF/1988 adota o chamado sufrágio universal, ou seja, a consideração de requisitos mínimos a serem considerados como exigência ao exercício dos direitos políticos. As condições de elegibilidade são exemplos da ideia de requisitos mínimos, além do que vem trata no próprio texto constitucional dentre os direitos e garantias fundamentais; **2:** Correta, uma vez que o princípio da constitucionalidade relaciona-se com o dever do legislador de submeter-se ao texto constitucional. A afirmação de que o Brasil constitui-se em estado democrático de direito ainda nos acena quanto às características do neoconstitucionalismo ("democrático"), colocando a Constituição no centro de todo o sistema e irradiano valores. **3:** Incorreta. O parágrafo único, art. 1º, CF, dispõe que "Todo o poder emana do povo, que o exerce por meio de representantes eleitos ou diretamente, nos termos desta Constituição". Por seu turno, o art. 14, incisos I a III, CF, informa ao trazer formas de exercício direto dos direitos políticos: sufrágio universal, voto, referendo, plebiscito, iniciativa popular. Portanto, o conceito de exercício da soberania popular é mais amplo que tão somente votar e ser votado, abrangendo a participação do cidadão de maneira direta através dos mecanismos de consulta (plebiscito e referendo) e também atuando quanto à elaboração/contribuição/apoiamento às leis de iniciativa popular. **SC**
Gabarito: 1E, 2C, 3E

(Defensor Público Federal – DPU – 2017 – CESPE) Julgue os seguintes itens, acerca das regras relativas ao processo eleitoral previstas na legislação competente.

(1) As sanções previstas na lei para o caso de condutas vedadas nas campanhas eleitorais atingem exclusivamente os agentes públicos responsáveis por elas.

(2) Para concorrer a determinada eleição, o candidato deve possuir domicílio eleitoral na respectiva circunscrição pelo prazo mínimo de seis meses antes da realização do pleito.

(3) Para a realização da prestação de contas pelo sistema simplificado, a legislação considera o critério do montante de recursos financeiros utilizados na campanha e, no caso das eleições para prefeitos e vereadores, a quantidade de eleitores do município.

1: Incorreta. Uma vez que as sanções podem ser aplicadas também a candidatos que venham a se beneficiar dessas condutas. Tal conclusão se faz pela leitura do art. 73, Lei das Eleições ("São proibidas aos agentes públicos, servidores ou não, as seguintes condutas tendentes a afetar a igualdade de oportunidades entre candidatos nos pleitos eleitorais (...)") e o correspondente § 4º, que assevera que " O descumprimento do disposto neste artigo acarretará a suspensão imediata da conduta vedada, quando for o caso, e sujeitará os responsáveis a multa no valor de cinco a cem mil UFIR.". Por complemento, o § 8º, "Aplicam-se as sanções do § 4º aos agentes públicos responsáveis pelas condutas vedadas e aos partidos, coligações e candidatos que delas se beneficiarem". **2:** Incorreta, original-

---

* Legenda:
FB: Flávia Moraes Barros
RB: Robinson Barreirinhas
SC: Sávio Chalita

mente essa questão teve como indicação de gabarito ERRADA. No entanto, em razão da Lei 13.488/2017, posterior a aplicação da prova em comento, verifica-se que atualmente tanto o prazo de domicílio eleitoral como de filiação deferida pelo partido político será de 6 meses anteriores ao pleito. **3**: Correta. De fato a legislação utiliza o critério relativo ao montante de recursos financeiros (valor máximo de R$20.000,00). Também correta quanto a afirmação envolvendo as eleições municipais, já que é exatamente o critério. Nas eleições municipais (prefeito e vereadores) o número de eleitores será o ponto analisado. Vejamos quanto ao que dispõe especificamente a Lei das Eleições (Lei9.504/1997):
"Art. 28. A prestação de contas será feita:
(...)
§ 9º A Justiça Eleitoral <u>adotará sistema simplificado de prestação de contas para candidatos que apresentarem movimentação financeira correspondente a, no máximo, R$ 20.000,00 (vinte mil reais),</u> atualizados monetariamente, a cada eleição, pelo Índice Nacional de Preços ao Consumidor – INPC da Fundação Instituto Brasileiro de Geografia e Estatística – IBGE ou por índice que o substituir. (Incluído pela Lei n. 13.165, de 2015)
(...)
§ 11. <u>Nas eleições para Prefeito e Vereador de Municípios com menos de cinquenta mil eleitores,</u> a prestação de contas será feita sempre pelo sistema simplificado a que se referem os §§ 9º e 10." (Incluído pela Lei nº 13.165, de 2015).
Gabarito: 1E, 2E, 3C

(Procurador de Justiça – MPE/GO – 2016) Em relação aos direitos políticos, aponte a assertiva incorreta:

(A) A jurisprudência do TSE vem se firmando no sentido de que membro do Ministério Público que ingressou na Instituição depois da Constituição Federal de 1988, porém antes da Emenda Constitucional n. 45/2004 (que estendeu ao *parquet* as mesmas regras de inelegibilidade destinadas aos magistrados), possui direito adquirido à candidatura.

(B) Para aqueles que ingressaram na carreira do Ministério Público antes do advento da Constituição Federal de 1988, é permitida a candidatura a cargos eletivos, desde que tenham optado pelo regime anterior, sempre respeitados os prazos de desincompatibilização. A referida opção, quanto aos membros do Ministério Público dos Estados, pode ser feita a qualquer tempo.

(C) A suspensão dos direitos políticos decorrente de condenação criminal transitada em julgado continua válida mesmo que a pena privativa de liberdade seja substituída por uma pena restritiva de direitos, visto que não é o recolhimento ao cárcere o motivo dessa mesma suspensão, mas sim o juízo de reprovabilidade estampado na condenação.

(D) O término da suspensão dos direitos políticos decorrente de condenação criminal transitada em julgado independe de reabilitação, ou seja, para cessar essa causa de suspensão, basta o cumprimento ou a extinção da pena.

A: Correta, "Só podem se candidatar os membros do MP que ingressaram antes da CF, respeitados os prazos de desincompatibilização. O membro que ingressou após a CF deverá abandonar definitivamente o cargo" (Ac. de 13.10.2011 na Cta 150889, rel. Min. Gilson Dipp; no mesmo sentido o Ac. de 21.9.2006 no RO 993, rel. Min. Cesar Asfor Rocha.); **B**: Incorreta, já que "A escolha pelo regime anterior, no caso no MP estadual, é formalizável a qualquer tempo (Ac. de 12.12.2006 no ARO 1.070)."; **C**: Incorreta, já que "a pena restritiva de direito e a prestação de serviços à comunidade não afastam a incidência do art. 15, III, da Constituição Federal, enquanto durarem os efeitos da condenação" (AgR-REspe 29.939/SC, PSESS em 13.10.2008, rel. Min. Joaquim Barbosa); no mesmo sentido: RE 601.182; **D**: Incorreta, conforme dispõe a Súmula TSE, 9: "A suspensão de direitos políticos decorrente de condenação criminal transitada em julgado cessa com o cumprimento ou a extinção da pena, independente de reabilitação ou de prova de reparação de danos."
Gabarito "A".

(Procurador da República – PGR – 2015) Nas eleições de 2012, prefeito de certo município foi condenado por conduta vedada a agente público, porque realizou publicidade institucional dentro do período de três meses anteriores a data do pleito. Neste caso:

(A) A condenação implicará, cumulativamente, a aplicação de multa e cassação do registro ou do diploma e, por incidência da Lei Complementar 64/1990, com redação da Lei Complementar 135/2010, o juiz deve declarar na sentença que o prefeito ficará inelegível por oito anos;

(B) A condenação poderá se limitar a aplicação de multa, quando a cassação do registro ou do diploma se revele desproporcional a infração cometida, incidindo, porém, a inelegibilidade prevista na Lei Complementar 64/1990, com redação da Lei Complementar 135/2010;

(C) O processamento da representação por conduta vedada segue o rito do art. 22 da Lei Complementar 64/1990, razão por que só poderá o prefeito ser condenado, caso se comprove a potencialidade lesiva da conduta;

(D) O prefeito poderá ser condenado apenas a sanção de multa e, nessa hipótese, não haverá qualquer repercussão sobre sua elegibilidade.

Considerando as peculiaridades da questão, a explicação será feita de forma conjunta para as alternativas apresentadas. Nesta questão, importante a análise da Lei 9.504/1997 em conjunto com a LC 64/90, que trata das hipóteses infraconstitucionais de inelegibilidades. Quanto ao último diploma mencionado, cabe verificar o disposto no art. 1º, I, *j*, ou seja, *"j) os que forem condenados, em decisão transitada em julgado ou proferida por órgão colegiado da Justiça Eleitoral, por corrupção eleitoral, por captação ilícita de sufrágio, por doação, captação ou gastos ilícitos de recursos de campanha ou por conduta vedada aos agentes públicos em campanhas eleitorais que impliquem cassação do registro ou do diploma, pelo prazo de 8 (oito) anos a contar da eleição"*. Assim, considerando o trecho em destaque, a inelegibilidade apenas ocorrerá se o juiz decidir por aplicar a cassação do registro do diploma. Se a única pena imposta foi a de caráter pecuniário (multa), não haverá situação ensejadora da inelegibilidade do candidato.
Gabarito "D".

(Promotor de Justiça – MPE/MS – FAPEC – 2015) Assinale a alternativa **correta**:

(A) São condições de elegibilidade: o domicílio eleitoral na circunscrição, o pleno exercício dos direitos políticos, a filiação partidária e a idade mínima de 18 anos para Deputado Estadual.

(B) Para que um partido político possa participar das eleições, é preciso que "até seis meses antes do pleito tenha registrado seu estatuto no Tribunal Regional Eleitoral", e ainda, "tenha até a data da convenção órgão de direção constituído na circunscrição, de acordo com o respectivo estatuto".

(C) Cada partido ou coligação deverá reservar o mínimo de 30% e o máximo de 70% para candidatura de cada sexo.

(D) A mulher passou a ter o direito de votar no Brasil pela Constituição Federal de 1946.

(E) A impugnação das inelegibilidades legais absolutas poderá ser feita por qualquer candidato, partido político, e pelo Ministério Público, vedada tal iniciativa a coligação.

A: Incorreta. Uma vez que a idade mínima imposta para os que pretendam concorrer ao cargo de Deputado estadual é possuir 21 anos de idade. Importante mencionar que, com a Lei 13.165/2013 houve alteração no momento de aferição desta condição de elegibilidade (idade), nos seguintes termos: art. 11, § 2º, da Lei 9.504/1997: "A idade mínima constitucionalmente estabelecida como condição de elegibilidade é verificada tendo por referência a data da posse, salvo quando fixada em dezoito anos, hipótese em que será aferida na data-limite para o pedido de registro". Assim, considerando que atualmente o único cargo onde se impõe a idade mínima de 18 anos é a de vereador, para todos os demais a aferição terá como base a data da posse. Para a de vereador, também considerando o atual regramento eleitoral, terá como data de aferição o dia 15.08 do ano eleitoral; **B**: Atenção. Originalmente esta alternativa era indicada como INCORRETA. No entanto, em razão da nova redação trazida ao art. 4º, Lei das Eleições "Poderá participar das eleições o partido que, até seis meses antes do pleito, tenha registrado seu estatuto no Tribunal Superior Eleitoral, conforme o disposto em lei, e tenha, até a data da convenção, órgão de direção constituído na circunscrição, de acordo com o respectivo estatuto", passa a ser considerada correta. (Redação dada pela Lei nº 13.488, de 2017 – Reforma de 2017); **C**: Correta, em total consonância com o que dispõe o art. 10, § 3º, Lei 9.504/1997; **D**: Incorreta. A Constituição de 1934 trouxe de maneira expressa que seriam considerados eleitores "os brasileiros de um ou de outro sexo, maiores de 18 anos", que se alistassem na forma da lei (art. 108, CF/1934). Não obstante, importante destacar que apenas para os homens o voto era obrigatório, sendo que para as mulheres apenas seria se exercesse função pública remunerada (art. 109, CF/1934); **E**: Incorreta, já que há legitimidade conferida às coligações partidárias, como bem indica o *caput* do art. 22, LC 64/1990 "Qualquer partido político, coligação, candidato ou Ministério Público Eleitoral poderá representar à Justiça Eleitoral, diretamente ao Corregedor-Geral ou Regional, relatando fatos e indicando provas, indícios e circunstâncias e pedir abertura de investigação judicial para apurar uso indevido, desvio ou abuso do poder econômico ou do poder de autoridade, ou utilização indevida de veículos ou meios de comunicação social, em benefício de candidato ou de partido político, obedecido o seguinte rito".
Gabarito "C". e "B". (atualizado)

(Procurador da República – PGR – 2015) Condenação a suspensão dos direitos políticos em razão de improbidade administrativa por ofensa a princípios da administração pública, de acordo com a jurisprudência do Tribunal Superior Eleitoral,

(A) implica inelegibilidade por oito anos;

(B) não gera inelegibilidade, por não se tratar de hipótese de lesão ao patrimônio público e enriquecimento ilícito;

(C) não gera, por si mesma, a inelegibilidade, que pode, todavia, ser apurada em Ação de Impugnação de Mandato Eletivo;

(D) gerará inelegibilidade se houver expressa menção na decisão condenatória.

É unânime na jurisprudência do Tribunal Superior Eleitoral o entendimento de que para que configure hipótese de inelegibilidade é necessário que o ato de improbidade seja DOLOSO e importe ENRIQUECIMENTO ILÍCITO e PREJUÍZO ao erário. Colacionamos, para fins de estudos, decisão acerca da temática. *Eleição 2014. Inelegibilidade. LC 64/1990, art. 1º, I, l. Registro de candidatura. Deferimento. 1. A incidência da cláusula de inelegibilidade prevista no art. 1º, I, l, da LC 64/1990, pressupõe a existência de decisão judicial transitada em julgado ou proferida por órgão colegiado, por ato doloso de improbidade administrativa que importe lesão ao patrimônio público e enriquecimento ilícito. Não compete à Justiça Eleitoral, em processo de registro de candidatura, alterar as premissas fixadas pela Justiça Comum quanto à caracterização do dolo. Precedentes. 2. No caso em exame, o decisum condenatório assentou apenas a culpa in vigilando, razão pela qual está ausente o elemento subjetivo preconizado pela referida hipótese de*

inelegibilidade. [...]" (Ac. de 17.12.2014 no ED-RO 237384, rel. Min. Luciana Lóssio, red. designado Min. Dias Toffoli.). SC
Gabarito "B".

(Juiz – TJ-SC – FCC – 2017) Para concorrer às eleições, o candidato deverá possuir, entre outras condições,

(A) domicílio eleitoral na respectiva circunscrição pelo prazo de, pelo menos, um ano antes do pleito e estar com a filiação deferida pelo partido no mesmo prazo.
(B) domicílio eleitoral na respectiva circunscrição pelo prazo de, pelo menos, um ano antes do pleito, ressalvado o caso de transferência ou remoção de servidor público ou de membro de sua família.
(C) filiação deferida pelo partido no mínimo um ano antes da data da eleição, caso o estatuto partidário não estabeleça prazo inferior.
(D) domicílio eleitoral na respectiva circunscrição pelo prazo de, pelo menos, seis meses antes do pleito e estar com a filiação deferida pelo partido no mesmo prazo.
(E) domicílio eleitoral na respectiva circunscrição pelo prazo de, pelo menos, um ano antes do pleito, e estar com a filiação deferida pelo partido no mínimo seis meses antes da data da eleição.

A questão trata das condições de elegibilidade, assunto recorrente em todas as provas da magistratura, uma vez que caberá ao leitor, futuro magistrado, decidir sobre os pedidos de registro de candidatura (e também decidir sobre as Ações de Impugnação ao Registro de Candidatura) nas eleições municipais. Sobre o tema, leitura obrigatória do art. 14,§ 3º, CF. Vejamos as alternativas pontualmente:
A: incorreta, já que a filiação partidária deverá ter uma anterioridade mínima de 6 meses anteriores ao pleito. Quanto ao domicílio eleitoral, a reforma de 2017 (Lei 13.488/2017), que alterou o conteúdo do art. 9º, Lei das Eleições, a dispor que "Para concorrer às eleições, o candidato deverá possuir domicílio eleitoral na respectiva circunscrição pelo prazo de seis meses e estar com a filiação deferida pelo partido no mesmo prazo"; **B:** incorreta. Como mencionado na alternativa anterior, a filiação e também o domicílio eleitoral deverão ser comprovado demonstrando uma anterioridade mínima de 6 meses anteriores ao pleito. Cabe destacar, também, que o art. 18 da Resolução TSE 21.538/2003 assim dispõe:
*Art. 18. A transferência do eleitor só será admitida se satisfeitas as seguintes exigências:
I – recebimento do pedido no cartório eleitoral do novo domicílio no prazo estabelecido pela legislação vigente;
II – transcurso de, pelo menos, um ano do alistamento ou da última transferência;
III – residência mínima de três meses no novo domicílio, declarada, sob as penas da lei, pelo próprio eleitor;
IV – prova de quitação com a Justiça Eleitoral
§ 1º O disposto nos incisos II e III não se aplica à transferência de título eleitoral de servidor público civil, militar, autárquico, ou de membro de sua família, por motivo de remoção ou transferência*
C: incorreta, uma vez que o art. 20 da Lei dos Partidos Políticos autoriza que a agremiação crie prazo superior e jamais inferior ao estabelecido em lei. Ou seja, ao menos 6 meses deve ser considerado. Se o partido estabelecer 1 ano, estará dentro do que permite o já dito art. 20; **D:** incorreta, pelos mesmos fundamentos da assertiva A; **E:** Atenção! Alternativa que, originalmente, veio indicada como correta pelo gabarito oficial. No entanto, em razão das alterações legislativas observadas no art. 9º, Lei das Eleições (reforma trazida pela Lei 13.488/2017) o prazo mínimo de filiação e domicílio eleitoral passam a ser de 6 meses da data do pleito. SC
Gabarito original "E". Após atualização, "D".

(Juiz de Direito – TJ/RJ – VUNESP – 2016) Assinale a alternativa que corretamente discorre sobre o sistema eleitoral e/ou o registro dos candidatos.

(A) Qualquer cidadão no gozo de seus direitos políticos é parte legítima para dar notícia de inelegibilidade ao Juiz Eleitoral, mediante petição fundamentada, no prazo de 5 dias contados da publicação do edital relativo ao pedido de registro, conferindo ao eleitor legitimidade para impugnar pedido de registro de candidatura.
(B) Os membros da aliança somente podem coligar-se entre si, porquanto não lhes é facultado unirem-se a agremiações estranhas à coligação majoritária. Assim, é necessário que o consórcio formado para a eleição proporcional seja composto pelos mesmos partidos da majoritária.
(C) Ao Juízo ou Tribunal Eleitoral não é dado conhecer *ex officio* de todas as questões nele envolvidas, nomeadamente as pertinentes à ausência de condição de elegibilidade, às causas de inelegibilidade e ao atendimento de determinados pressupostos formais atinentes ao pedido de registro.
(D) No sistema majoritário, a distribuição de cadeiras entre as legendas é feita em função da votação que obtiverem, pois nesse sistema impõe-se que cada partido com representação na Casa Legislativa receba certo número mínimo de votos para que seus candidatos sejam eleitos.
(E) O quociente eleitoral é instrumento do sistema proporcional, sendo determinado dividindo-se o número de votos válidos apurados pelo de lugares a preencher em cada circunscrição eleitoral, desprezada a fração se igual ou inferior a meio, equivalente a um, se superior.

A: incorreta, uma vez que não há legitimidade ao cidadão para a situação ilustrada. A legitimidade para a impugnação em tela é reservada a candidato, partido político, coligação ou Ministério Público (art. 3º, LC 64/1990). **B:** Atenção, alternativa desatualizada. Com a EC 97/17 foi dada nova redação ao §1º, art. 17, CF, que passa a dispor que "É assegurada aos partidos políticos autonomia para definir sua estrutura interna e estabelecer regras sobre escolha, formação e duração de seus órgãos permanentes e provisórios e sobre sua organização e funcionamento e para adotar os critérios de escolha e o regime de suas coligações nas eleições majoritárias, vedada a sua celebração nas eleições proporcionais, sem obrigatoriedade de vinculação entre as candidaturas em âmbito nacional, estadual, distrital ou municipal, devendo seus estatutos estabelecer normas de disciplina e fidelidade partidária". Assim, não é mais possível que seja realizada coligação em eleições que sejam apuradas pelo sistema proporcional. **C:** incorreta, sendo entendimento consolidado (vide ED-REspe 1062/BA, Rel. Min. Laurita Vaz, DJe de 19/2/2014), bem como expresso diretamente no art. 7º, parágrafo único da LC 64/1990 "O Juiz, ou Tribunal, formará sua convicção pela livre apreciação da prova, atendendo aos fatos e às circunstâncias constantes dos autos, ainda que não alegados pelas partes, mencionando, na decisão, os que motivaram seu convencimento". **D:** incorreta, vez que no sistema majoritário é necessário maioria de votos para que seja o candidato vencedor. Em eleições com mais de 200 mil eleitores, a aferição se dará sob a perspectiva da maioria absoluta dos votos para o candidato ser eleito no primeiro turno. No segundo só é necessário a maioria dos votos válidos. **E:** correta, com fundamento no art. 106, Código Eleitoral. SC
Gabarito "E".

(Juiz de Direito – TJ/MS – VUNESP – 2015) Nos pedidos de registro de candidatos a eleições municipais, o Juiz Eleitoral apresentará a sentença em cartório

(A) (7) sete dias após a conclusão dos autos, passando a correr da publicação no Diário Oficial da União o prazo de (24) vinte e quatro horas para interposição de recurso para o Tribunal Regional Eleitoral.
(B) (3) três dias após a conclusão dos autos, passando a correr deste momento o prazo de (3) três dias para interposição de recurso para o Tribunal Regional Eleitoral.
(C) (7) sete dias após a conclusão dos autos, passando a correr da publicação no Diário Oficial da União o prazo de (7) sete dias para interposição de recurso para o Tribunal Superior Eleitoral.
(D) (3) três dias após a conclusão dos autos, passando a correr deste momento o prazo de (7) sete dias para interposição de recurso para o Tribunal Regional Eleitoral.
(E) (7) sete dias após a conclusão dos autos, passando a correr da publicação no Diário Oficial da União o prazo de (2) dois dias para interposição de recurso para o Tribunal Superior Eleitoral.

A única alternativa correta encontra-se na assertiva B. O fundamento está no art. 8º, LC 64/1990 ao dispor que "Nos pedidos de registro de candidatos a eleições municipais, o Juiz Eleitoral apresentará a sentença em cartório 3 (três) dias após a conclusão dos autos, passando a correr deste momento o prazo de 3 (três) dias para a interposição de recurso para o Tribunal Regional Eleitoral. SC
Gabarito "B".

(Juiz de Direito – TJ/MS – VUNESP – 2015) Nos termos da interpretação do Tribunal Superior Eleitoral, referente ao alistamento eleitoral, não podem alistar-se

(A) os alunos das escolas militares de ensino superior para formação de oficiais.
(B) os analfabetos.
(C) os conscritos, durante o serviço militar obrigatório.
(D) os índios não integrados.
(E) os que não saibam exprimir-se na língua nacional.

A única alternativa correta é encontrada na assertiva C. Os militares conscritos (durante o cumprimento do serviço militar obrigatório) são considerados inalistáveis e inelegíveis (inteligência do art. 14, §§ 2º e 4º, CF). Importa mencionar, também, que aquele que estiver prestando serviço alternativo ao obrigatório, também será considerado conscrito para estes fins (ou seja, inalistável e inelegível). Por fim, o serviço militar obrigatório apenas é imposto aos brasileiros homens. SC
Gabarito "C".

(Juiz de Direito – TJ/SP – VUNESP – 2015) O sistema eleitoral brasileiro atual tem como característica:

(A) voto majoritário para o Executivo e o Senado, tendo como resultante o denominado Presidencialismo de coalização.
(B) voto majoritário para o Executivo e o Senado, tendo como resultante o atual modelo de financiamento das campanhas.
(C) voto proporcional com lista fechada para as eleições majoritárias e proporcionais, o que submete o eleitor às escolhas das lideranças partidárias.
(D) voto proporcional com listas abertas para as eleições aos cargos do Legislativo, o que assegura maior participação a grupos minoritários no âmbito partidário.

O gabarito indicado pela organizadora foi a letra D. No entanto, é necessário fazer as inúmeras ressalvas. No Brasil temos dois sistemas de apuração de eleição: Sistema majoritário e proporcional. No primeiro caso, Sistema majoritário, é utilizado na apuração de eleições para os cargos de chefia do executivo (presidente da república, governador e prefeitos, com seus respectivos vices) e para o de Senador e suplentes. O Sistema proporcional é utilizado para os cargos de vereadores e deputados (estadual, federal e distrital). Apenas por este argumento, a alternativa D estaria completamente equivocada. Assim, dentre as alternativas apresentadas, nenhuma traz em seu bojo inteira fidedignidade

com o ordenamento e realidade brasileira. Vejamos cada uma das assertivas: **A**: correta quanto ao apontamento dos sistemas de apuração de eleições e seus respectivos cargos. Quanto o denominado "presidencialismo de coalizão", a ideia sugere a união de um Sistema político presidencialista e também a existência de coalizações partidária. Não é possível admitir que seja consequência do Sistema majoritário, como sugere a assertiva. **B**: O mesmo raciocínio se aplica aqui. Também não podemos admitir que o atual modelo de financiamento de campanhas advenha do Sistema de apuração de votos para os cargos indicados. **C**: No Brasil não temos votação por listas fechadas, apenas abertas. **D**: Não fosse a indicação de que há a adoção de votos proporcionais para os cargos legislativos, ou se ao menos houvesse a ressalva para o cargo de senador, a assertiva estaria correta.
Gabarito "D".

(Juiz de Direito – TJ/SP – VUNESP – 2015) A busca das condições de relativa "igualdade" na disputa eleitoral autoriza a disciplina da propaganda eleitoral, condição que inclui

(A) limitações à propaganda eleitoral em relação ao rádio e à televisão durante o período de campanha eleitoral.
(B) proibição de veiculação de programas e material jornalísticos descrevendo fatos "positivos" ou "negativos" a respeito de candidatos durante o período de campanha eleitoral.
(C) o controle prévio do conteúdo do material apresentado pelos Partidos e coligações para divulgação na campanha eleitoral.
(D) vedação de manifestações individuais nas "redes sociais" no período de campanha eleitoral.

A: correta, evitando-se assim o abuso do poder político e econômico por parte de campanhas que tenham a seu favor tais circunstâncias. Assim, a propaganda eleitoral realizada em sede de divulgação em rádios e tvs, obedecem à orientação indicada na Lei 9.504/1997. **B**: incorreta, já que é inerente à campanha eleitoral a divulgação de tais peças jornalísticas, responsabilizando-se o candidato pelo conteúdo (Art. 43 e seguintes da Lei 9.504/1997); **C**: incorreta, uma vez que não existe o controle prévio, mas sim a responsabilização do emissor pelo conteúdo das peças utilizadas (art. 41, § 2º, Lei .9504/1997); **D**: incorreta, vez que é livre a manifestação individual do eleitor, impondo-se tão somente limites no dia das eleições (vide art. 39-A, Lei 9.504/1997).
Gabarito "A".

(Delegado/MT – 2017 – CESPE) Desde quinze dias antes de uma eleição municipal, salvo em caso de flagrante delito, nenhuma autoridade poderá prender ou deter

(A) delegado de partido.
(B) fiscal de partido.
(C) candidato.
(D) eleitor.
(E) membro de mesa receptora.

A única assertiva que apresenta resposta correta está na letra C. Isto porque o art. 236, § 1º, Código Eleitora, dispõe que "Nenhuma autoridade poderá, desde 5 (cinco) dias antes e até 48 (quarenta e oito) horas depois do encerramento da eleição, prender ou deter qualquer eleitor, salvo em flagrante delito ou em virtude de sentença criminal condenatória por crime inafiançável, ou, ainda, por desrespeito a salvo-conduto.
§ 1º Os membros das Mesas Receptoras e os Fiscais de partido, durante o exercício de suas funções, não poderão ser detidos ou presos, salvo o caso de flagrante delito; da mesma garantia gozarão os candidatos desde 15 (quinze) dias antes da eleição.
Assim, podemos compilar:

a) **delegado de partido e fiscal de partido** durante o exercício de suas funções, não poderão ser, detidos ou presos, salvo o caso de **flagrante delito**
c) **candidatos** não poderão ser, detidos ou presos, salvo o caso de flagrante delito; os candidatos desde **15 (quinze) dias** antes da eleição.
d) **eleitores** não poderão ser, detidos ou presos, desde **5 (cinco) dias antes e até 48 (quarenta e oito) horas depois** do encerramento da eleição
e) **membro de mesa receptora**, durante o exercício de suas funções, não poderão ser, detidos ou presos, **salvo o caso de flagrante delito.**

Gabarito "C".

(Delegado/GO – 2017 – CESPE) Em ano eleitoral, na convenção estadual do partido Pdy, a direção apresentou proposta de coligação e relação de candidatos a deputado federal.
Com referência a essa situação hipotética, cada uma das próximas opções apresenta uma situação também hipotética, seguida de uma assertiva a ser julgada, de acordo com o que prescreve a Lei n. 9.504/1997, que estabelece normas para as eleições. Assinale a opção que apresenta a assertiva correta.

(A) A lista de candidatos a deputado federal do Pdy conta dois candidatos que enfrentam processos, ainda não concluídos, de expulsão do partido. Nessa situação, os nomes desses dois candidatos devem ser substituídos, pois a lei prevê o imediato cancelamento do registro de candidatos submetidos a processo de expulsão do partido a que pertençam.
(B) Dos componentes da lista de candidatos do Pdy, 50% deles são do sexo feminino. Nessa situação, de acordo com a lei em apreço, a lista deverá ser recomposta, de forma a conter, no máximo, 30% de candidatos desse sexo e 70%, no mínimo, de candidatos do sexo masculino.
(C) O Pdy estadual deliberou coligar-se com outros dois partidos, em afronta direta às diretrizes estatutárias do órgão de direção nacional do Pdy. Nessa situação, o diretório nacional do Pdy poderá, nos termos do estatuto do partido, anular a referida deliberação feita em convenção estadual e os atos dela decorrentes.
(D) Na convenção, ficou decidido que seriam apresentados vinte e um candidatos para concorrer às quatorze vagas de deputado federal reservadas para o estado. Nessa situação, o número de candidatos a ser apresentado pelo partido ou pela coligação deveria corresponder a 200% das respectivas vagas, ou seja, vinte e oito candidatos.
(E) A lista de candidatos a deputado federal do Pdy inclui um candidato que somente completará vinte e um anos de idade no dia seis de outubro, um dia após a data das eleições. Nessa situação, esse candidato terá de ser substituído por outro candidato que complete a idade mínima de vinte e um anos até a data do certame eleitoral.

Atenção! Questão desatualizada em razão da EC 97/17 que alterou o art. 17, CF. Não mais é permitida a coligação para eleições onde o sistema de apuração se dê pelo sistema proporcional, apenas no majoritário. Ainda assim, no caso das eleições majoritárias, não haverá obrigatoriedade de verticalização das coligações (ou seja, é possível que as coligações sejam diferentes em cada nível de eleição – presidencial, governo do estado/distrito e municipal). Por esta razão, não teríamos alternativa correta no presente caso. De qualquer forma, para fins de estudos, este autor optou por manter as fundamentações fins de esclarecimento e análise:
A: Incorreta. Uma vez que o art. 14, Lei das Eleições, dispõe que "estão sujeitos ao cancelamento do registro os candidatos que, **até a data da eleição, forem expulsos do partido,** em processo no qual seja assegurada ampla defesa e sejam observadas as normas estatutárias. Parágrafo único. O cancelamento do registro do candidato será decretado pela Justiça Eleitoral, após solicitação do partido". **B**: Incorreta. Pois a legislação eleitoral, art. 10, § 3º, Lei das Eleições, impõe que haja uma proporção entre 30% e 70% entre cada sexo (independentemente se 30% de homem ou mulher, e o mesmo aos 70%). Vejamos: "§ 3º Do número de vagas resultante das regras previstas neste artigo, cada partido ou coligação preencherá o mínimo de 30% (trinta por cento) e o máximo de 70% (setenta por cento) para candidaturas de cada sexo. (Redação dada pela Lei n. 12.034, de 2009)". **C**: Correta, conforme autoriza o art. 7º, § 2º, Lei das Eleições. "§ 2º Se a convenção partidária de nível inferior se opuser, na deliberação sobre coligações, às diretrizes legitimamente estabelecidas pelo órgão de direção nacional, nos termos do respectivo estatuto, poderá esse órgão anular a deliberação e os atos dela decorrentes". **D**: Incorreta, vez que há estampada no art. 10, Lei das Eleições, em sentido contrário. Vejamos: "Art. 10. Cada **partido ou coligação** poderá registrar candidatos para a Câmara dos Deputados, a Câmara Legislativa, as Assembleias Legislativas e as Câmaras Municipais no total de até 150% (cento e cinquenta por cento) do número de lugares a preencher, salvo: I – nas unidades da Federação em que o número de lugares a preencher para a Câmara dos Deputados não exceder a doze, nas quais cada partido ou coligação poderá registrar candidatos a **Deputado Federal e a Deputado Estadual ou Distrital no total de até 200% (duzentos por cento) das respectivas vagas;** II – nos Municípios de até cem mil eleitores, nos quais cada coligação poderá registrar candidatos no total de até 200% (duzentos por cento) do número de lugares a preencher. (Incluído pela Lei nº 13.165, de 2015)". **E**: Incorreta, já que o § 2º, art. 11, Lei das Eleições, estabelece que "a idade mínima constitucionalmente estabelecida como condição de elegibilidade é verificada tendo **por referência a data da posse, salvo quando fixada em dezoito anos, hipótese em que será aferida na data-limite para o pedido de registro**. (Redação dada pela Lei nº 13.165, de 2015)".

> Para Lembrar:
> As idades mínimas constitucionalmente previstas como condições de elegibilidade são (art. 14, § 3º, VI, CF):
> a) 35 anos para Presidente e Vice-Presidente da República e Senador;
> b) 30 anos para Governador e Vice-Governador de Estado e do Distrito Federal;
> c) 21 anos para Deputado Federal, Deputado Estadual ou Distrital, Prefeito, Vice-Prefeito e juiz de paz;
> d) 18 anos para Vereador.

Gabarito "C".

(Delegado/GO – 2017 – CESPE) A respeito de alistamento eleitoral, assinale a opção correta à luz da CF e da Lei n. 4.737/1965, que instituiu o Código Eleitoral.

(A) O eleitor que não votar e não se justificar estará sujeito ao pagamento de multa, ao impedimento de inscrever-se em concurso público e à prestação de serviços comunitários.
(B) Todos os militares são alistáveis.
(C) A CF recepcionou as disposições da Lei n. 4.737/1965 relativas à elegibilidade e ao alistamento eleitoral dos analfabetos.

(D) Uma das condições para o alistamento eleitoral é que o eleitor saiba se exprimir na língua nacional.
(E) Será cancelada a inscrição do eleitor que não votar em três eleições consecutivas, com ou sem justificativa.

A: Incorreta, já que pela redação do art. 7º, § 1º, do CE, dispõe que não contempla o impedimento de prestar serviço à comunidade. **B:** Incorreta, já que não são todos os militares alistáveis (não o são os conscritos). O art. 14, § 8º, CF, estabelece como o assunto deverá ser tratado quando na situação dos militares: I – se contar menos de dez anos de serviço, deverá afastar-se da atividade; II – se contar mais de dez anos de serviço, será agregado pela autoridade superior e, se eleito, passará automaticamente, no ato da diplomação, para a inatividade. **C:** Incorreta, já que a CF não recepcionou o dispositivo do Código Eleitoral relativo a considerar os analfabetos inalistáveis, vez que, pela CF/1988, os analfabetos serão alistáveis facultativos mas inelegíveis (art. 5º, I, CE e art. 14, § 1º, II, a, CF). **D:** Gabarito indica assertiva como CORRETA, conforme art. 5º, II, Código Eleitoral. No entanto, a banca anulou a questão sob o fundamento de que referido dispositivo não foi recepcionado pela CF/88. **E:** Incorreta, já que pela redação do § 3º, art. 7º, Código Eleitoral, havendo justificativa, não há cancelamento. Gabarito Anulada

(Delegado/GO - 2017 - CESPE) Em cada uma das próximas opções, é apresentada uma situação hipotética, seguida de uma assertiva a ser julgada conforme a Lei n. 9.096/1995. Assinale a opção que apresenta a assertiva correta.

(A) Um grupo de eleitores encaminhou pedido de registro do estatuto do partido político Y (PY) ao Tribunal Superior Eleitoral (TSE). Nessa situação, o TSE somente poderá deferir o registro depois de publicadas as normas que regerão o PY, devido ao fato de os partidos políticos serem pessoas jurídicas de direito público sujeitas ao princípio da publicidade.
(B) O partido político W (PW) estabeleceu em seu estatuto que somente poderiam concorrer a cargos eletivos os candidatos que tivessem mais de dois anos de filiação partidária. Nessa situação, os filiados do PW deverão cumprir o estabelecido na referida determinação estatutária, uma vez que é facultado aos partidos estabelecer prazos de filiação superiores aos previstos em lei.
(C) O partido político Z (PZ) requereu o registro do seu estatuto no Tribunal Superior Eleitoral (TSE), tendo juntado ao pedido documentos comprobatórios de apoiamento de eleitores, todos filiados a partidos políticos e com representantes das diversas unidades da Federação, inclusive do DF. Nessa situação, o TSE deverá deferir o pedido de registro do estatuto do PZ em caráter nacional.
(D) Um deputado federal pretende desfiliar-se do partido político A, em razão da criação do partido político B, ao qual ele pretende filiar-se. Nessa situação, é possível a troca de partido sem perda do cargo parlamentar, pois a criação de um novo partido político é justa causa para desfiliação partidária.
(E) Um eleitor, já filiado ao partido político X, filiou-se também a outro partido. Tal situação caracteriza dupla filiação, e ambas as filiações serão consideradas nulas para todos os efeitos legais.

A: Incorreta, pois o art. 1º, LOPP, assim dispõe: "Art. 1º O partido político, pessoa jurídica de **direito privado**, destina-se a assegurar, no interesse do regime democrático, a autenticidade do sistema representativo e a defender os direitos fundamentais definidos na Constituição Federal. Parágrafo único. O partido político não se equipara às entidades paraestatais". **B:** Correta, já que o art. 20, LOPP, dispõe que é facultado ao partido político estabelecer, em seu estatuto, prazos de filiação partidária superiores aos previstos nesta Lei, com vistas a candidatura a cargos eletivos. **C:** Incorreta, já que contraria a redação do art. 7º, § 1º, LOPP, ao dispor que "só é admitido o registro do estatuto de partido político que tenha caráter nacional, considerando-se como tal aquele que comprove, no período de dois anos, **o apoiamento de eleitores não filiados a partido político (também necessário)**, correspondente a, pelo menos, 0,5% (cinco décimos por cento) dos votos dados na última eleição geral para a Câmara dos Deputados, não computados os votos em branco e os nulos, distribuídos por um terço, ou mais, dos Estados, com um mínimo de 0,1% (um décimo por cento) do eleitorado que haja votado em cada um deles." **D:** Incorreta. Pois o art. 22-A, LOPP, alterado pela Lei 13.165/2015, estabelece as situações de justa causa para a desfiliação. Trata-se de rol taxativo. Vejamos: I – mudança substancial ou desvio reiterado do programa partidário; II – grave discriminação política pessoal; III – mudança de partido efetuada durante o período de trinta dias que antecede o prazo de filiação exigido em lei para concorrer à eleição, majoritária ou proporcional, ao término do mandato vigente. **E:** Incorreta, pois o parágrafo único do art. 22, LOPP, dispõe que havendo coexistência de filiações partidárias, **prevalecerá a mais recente**, devendo a Justiça Eleitoral determinar o cancelamento das demais. Gabarito "B".

(Delegado/GO - 2017 - CESPE) A respeito do alistamento eleitoral, assinale a opção correta à luz da Resolução TSE n. 21.538/2003.

(A) Apesar da facultatividade do alistamento eleitoral do analfabeto, a partir do momento em que se alfabetizar, o indivíduo deverá requerer a sua inscrição eleitoral, mas, por se tratar de ato extemporâneo, ficará sujeito a multa eleitoral.
(B) Contra decisão que indeferir pedido de inscrição eleitoral caberá recurso, a ser interposto mediante a anuência de delegado de partido político.
(C) Aplica-se multa ao brasileiro nato que não se alistar até os dezenove anos de idade, caso ele não requeira a sua inscrição eleitoral até o centésimo quinquagésimo primeiro dia anterior à eleição subsequente à data em que completar citada idade.
(D) A carteira de identidade e a certidão de nascimento são os únicos documentos válidos para fins de comprovação da nacionalidade no ato de alistamento eleitoral.
(E) A justiça eleitoral deverá, após a apresentação dos documentos pelo eleitor, preencher ou digitar o requerimento de alistamento eleitoral, indicando o local de votação, determinado automaticamente, sem direito de escolha, conforme o domicílio do eleitor.

A: Incorreta, já que o art. 16 e parágrafo único, Resolução TSE 21538/2003, estabelece que o alistamento eleitoral do analfabeto é facultativo (Constituição Federal, art. 14, § 1º, II, a), mas se o analfabeto se alfabetizar, deverá requerer sua inscrição eleitoral, **não ficando sujeito à multa prevista no art. 15** (Código Eleitoral, art. 8º). **B:** Incorreta, vez que o § 1º, art. 17, Resolução TSE 21538/2003, dispõe que "do despacho que indeferir o requerimento de inscrição, caberá recurso interposto pelo alistando no prazo de cinco dias e, do que o deferir, poderá recorrer qualquer delegado de partido político no prazo de dez dias, contados da colocação da respectiva listagem à disposição dos partidos, o que deverá ocorrer nos dias 1º e 15 de cada mês, ou no primeiro dia útil seguinte, ainda que tenham sido exibidas ao alistando antes dessas datas e mesmo que os partidos não as consultem (Lei n. 6.996/1982, art. 7º). **C:** Correta, em plena consonância com o art. 15, Resolução TSE 21538/2003: "Art. 15. O brasileiro nato que não se alistar até os 19 anos ou o naturalizado que não se alistar até um ano depois de adquirida a nacionalidade brasileira incorrerá em multa imposta pelo juiz eleitoral e cobrada no ato da inscrição. Parágrafo único. Não se aplicará a pena ao não alistado que requerer sua inscrição eleitoral até o centésimo quinquagésimo primeiro dia anterior à eleição subsequente à data em que completar 19 anos (Código Eleitoral, art. 8º c.c. a Lei n. 9.504/97, art. 91)"; **D:** Incorreta. Pois o art. 13 da Resolução TSE 21.538/2003 indica quais são os documentos que servirão a este fim. São eles: a) carteira de identidade ou carteira emitida pelos órgãos criados por lei federal, controladores do exercício profissional; b) certificado de quitação do serviço militar; c) certidão de nascimento ou casamento, extraída do Registro Civil; d) instrumento público do qual se infira, por direito, ter o requerente a idade mínima de 16 anos e do qual constem, também, os demais elementos necessários à sua qualificação. **E:** Incorreta. Uma vez que o § 2º, art. 9º, Resolução 21.538/2003, dispõe que no momento da formalização do pedido, o requerente manifestará sua preferência sobre local de votação, entre os estabelecidos para a zona eleitoral. Gabarito "C".

(Juiz de Direito/DF - 2016 - CESPE) Com relação a princípios e garantias do direito eleitoral, dos sistemas eleitorais, dos partidos políticos e dos direitos políticos, assinale a opção correta.

(A) O princípio da anualidade não é uma cláusula pétrea e pode ser suprimido por EC.
(B) A Cidadania e o Pluralismo Político são objetivos fundamentais da República Federativa do Brasil.
(C) O pluralismo político é expressão sinônima de diversidade partidária.
(D) São garantias que regem a disciplina dos partidos políticos: a liberdade partidária externa, a liberdade partidária interna, a subvenção pública e a intervenção estatal mínima.
(E) O sistema majoritário brasileiro é unívoco.

A: incorreta, uma vez que, por ocasião do julgamento do RE 633.703, rel. min. Gilmar Mendes (j. 23.03.2011, DJe de 18.11.2011), ficou decidido que "*o pleno exercício de direitos políticos por seus titulares (eleitores, candidatos e partidos) é assegurado pela Constituição por meio de um sistema de normas que conformam o que se poderia denominar de devido processo legal eleitoral. Na medida em que estabelecem as garantias fundamentais para a efetividade dos direitos políticos, essas regras também compõem o rol das normas denominadas cláusulas pétreas e, por isso, estão imunes a qualquer reforma que vise a aboli-las. O art. 16 da Constituição, ao submeter a alteração legal do processo eleitoral à regra da anualidade, constitui uma garantia fundamental para o pleno exercício de direitos políticos*"; **B:** incorreta, uma vez que são fundamentos (art. 1º, CF), e não objetivos (art. 3º, CF); **C:** incorreta, uma vez que a ideia de pluralismo político atrela-se à liberdade de manifestação de pensamento, de expressão, de diversidade quanto a pontos de vista políticos e sociológicos. Diferente, portanto, do pluralismo partidário, que estabelece uma amplitude quanto à existência de partidos políticos; **D:** correta, pois se coaduna com o que estabelece o art. 17 da CF e arts. 1º, 2º e 3º da Lei dos Partidos Políticos; **E:** incorreta. Cabe, de início, esclarecer que "unívoco" está associado à ideia de "único sentido", "único significado". Com essa premissa, podemos afirmar que é uma assertiva equivocada, uma vez que observamos situações em que o sentido de majoritário está atrelado a uma maioria qualificada (necessidade de obtenção, pelo candidato ao cargo de Presidente ou Governador, de 50% + 1 dos votos válidos para que seja eleito em primeiro turno. O mesmo para o caso de municípios com mais de 200 mil eleitores. Fundamento no art. 2º, §1º, Lei das Eleições). Gabarito "D".

(Juiz de Direito/DF – 2016 – CESPE) Com relação a princípios e garantias do direito eleitoral, dos sistemas eleitorais, dos partidos políticos e dos direitos políticos, assinale a opção correta.

(A) O princípio da anualidade não é uma cláusula pétrea e pode ser suprimido por EC.
(B) A Cidadania e o Pluralismo Político são objetivos fundamentais da República Federativa do Brasil.
(C) O pluralismo político é expressão sinônima de diversidade partidária.
(D) São garantias que regem a disciplina dos partidos políticos: a liberdade partidária externa, a liberdade partidária interna, a subvenção pública e a intervenção estatal mínima.
(E) O sistema majoritário brasileiro é unívoco.

A: incorreta, uma vez que, por ocasião do julgamento do RE 633.703, rel. min. Gilmar Mendes (j. 23.03.2011, DJe de 18.11.2011), ficou decidido que "*o pleno exercício de direitos políticos por seus titulares (eleitores, candidatos e partidos) é assegurado pela Constituição por meio de um sistema de normas que conformam o que se poderia denominar de devido processo legal eleitoral. Na medida em que estabelecem as garantias fundamentais para a efetividade dos direitos políticos, essas regras também compõem o rol das normas denominadas cláusulas pétreas e, por isso, estão imunes a qualquer reforma que vise a aboli-las. O art. 16 da Constituição, ao submeter a alteração legal do processo eleitoral à regra da anualidade, constitui uma garantia fundamental para o pleno exercício de direitos políticos*"; **B:** incorreta, uma vez que são fundamentos (art. 1°, CF), e não objetivos (art. 3°, CF); **C:** incorreta, uma vez que a ideia de pluralismo político atrela-se à liberdade de manifestação de pensamento, de expressão, de diversidade quanto a pontos de vista políticos e sociológicos. Diferente, por-tanto, do pluralismo partidário, que estabelece uma amplitude quanto à existência de partidos políticos; **D:** correta, pois se coaduna com o que estabelece o art. 17 da CF e arts. 1°, 2° e 3° da Lei dos Partidos Políticos; **E:** incorreta. Cabe, de início, esclarecer que "unívoco" está associado à ideia de "único sentido", "único significado". Com essa premissa, podemos afirmar que é uma assertiva equivocada, uma vez que observamos situações em que o sentido de majoritário está atrelado a uma maioria qualificada (necessidade de obtenção, pelo candidato ao cargo de Presidente ou Governador, de 50% + 1 dos votos válidos para que seja eleito em primeiro turno. O mesmo para o caso de municípios com mais de 200 mil eleitores. Fundamento no art. 2°, §1°, Lei das Eleições). **SC**
Gabarito "D".

(Analista – Judiciário – TRE/PI – 2016 – CESPE) À luz do disposto no CE, assinale a opção correta a respeito do registro de candidatos.

(A) Qualquer candidato pode solicitar o cancelamento do registro de seu nome, bastando comunicar verbalmente sua decisão na junta eleitoral.
(B) A escolha de candidatos deve ser concluída um ano antes das eleições e aprovada nas convenções partidárias a serem realizadas no mesmo período.
(C) É permitido o registro de um mesmo candidato para mais de um cargo na mesma circunscrição.
(D) O registro de candidatos a governador, vice-governador, prefeito, vice-prefeito, vereadores e juiz de paz é feito no tribunal regional eleitoral.
(E) Para se candidatar a cargo eletivo, o militar que tiver menos de cinco anos de serviço deverá ser excluído do serviço ativo.

A: incorreta, já que o parágrafo único do art. 14 estabelece que o cancelamento do registro do candidato deverá ser decretado pela Justiça Eleitoral, após solicitação do partido; **B:** incorreta, pois o art. 8° da Lei das Eleições estabelece que a escolha dos candidatos pelos partidos e a deliberação sobre coligações deverão ser feitas no período de 20 de julho a 5 de agosto do ano em que se realizarem as eleições, lavrando-se a respectiva ata em livro aberto, rubricado pela Justiça Eleitoral, publicada em vinte e quatro horas em qualquer meio de comunicação; **C:** incorreta, já que a candidatura, no Brasil, é para um único cargo. Durante o ano de 2015, juntamente com inúmeras outras alterações intituladas "reforma eleitoral", havia a possibilidade da candidatura para múltiplos cargos, permitindo, caso eleito para todos, optar por qual intentasse verdadeiramente assumir. A proposta não foi aprovada (dado apenas para constar como curiosidade); **D:** incorreta, uma vez que o registro de candidatura para o cargo de prefeito, vice-prefeito e vereadores é feito perante o juiz eleitoral da circunscrição eleitoral, conforme art. 89, III, Código Eleitoral; **E:** correta, com fundamento no art. 14, §8°, Constituição Federal. **SC**
Gabarito "E".

(Juiz de Direito/AM – 2016 – CESPE) Assinale a opção correta acerca dos impedimentos eleitorais previstos na legislação vigente.

(A) O pré-candidato que for sobrinho de governador de estado em exercício não poderá se candidatar a governador do mesmo estado no próximo pleito.
(B) Não poderá se candidatar a governador pré-candidato condenado em primeira instância por crime contra o patrimônio público e que o recurso por ele interposto não tenha sido apreciado judicialmente até a data da convenção.
(C) Pré-candidato a deputado federal filiado ao partido há apenas cinco meses antes da convenção não poderá se candidatar, ainda que tenha domicílio eleitoral no estado há mais de um ano.
(D) Não poderá se candidatar a deputado federal pré-candidato que possuir domicílio eleitoral no estado há menos de um ano, ainda que seja filiado ao partido há mais de um ano.
(E) Pré-candidato a deputado federal que não tiver completado vinte e um anos de idade até a data da convenção realizada pelo seu partido não poderá se candidatar: ele não atingiu a idade mínima exigida pela CF.

A: incorreta, uma vez que a relação de parentesco mantida entre o "sobrinho" e o "tio" é de terceiro grau. O §7° do art. 14 da CF, que trata das hipóteses constitucionais de inelegibilidade, indica que "*São inelegíveis, no território de jurisdição do titular, o cônjuge e os parentes consanguíneos ou afins*, até o segundo grau *ou por adoção, do Presidente da República, de Governador de Estado ou Território, do Distrito Federal, de Prefeito ou de quem os haja substituído dentro dos seis meses anteriores ao pleito, salvo se já titular de mandato eletivo e candidato à reeleição.*"; **B:** incorreta, uma vez que o art. 1°, I, e, LC 64/1990 dispõe que haverá necessidade de que tal condenação, a ponto de gerar a inelegibilidade, deverá ocorrer por sentença transitada em julgado ou por órgão colegiado. Assim, não estaria abrangida a condenação em primeira instância, a menos que transitada em julgado (o que não é o caso da questão); **C:** incorreta, pois o enunciado diz que a filiação se deu 5 meses antes da convenção (que, conforme o art. 8°, Lei das Eleições, deverá ser feita no período de 20 de julho a 5 de agosto do ano em que se realizarem as eleições). Assim, considerando que as eleições se dão no primeiro domingo de outubro, e que ao tempo delas o hipotético candidato já alcançaria pelo menos 7 meses de filiação, restam cumpridas as condições de elegibilidade quanto ao prazo de filiação (6 meses antes do pleito, não da convenção) e domicílio eleitoral (1 ano), conforme art. 9°, Lei das Eleições ("*Art. 9° Para concorrer às eleições, o candidato deverá possuir domicílio eleitoral na respectiva circunscrição pelo prazo de, pelo menos, um ano antes do pleito, e estar com a filiação deferida pelo partido no mínimo seis meses antes da data da eleição. (Redação dada pela Lei n° 13.165, de 2015)*"); **D:** Atenção! Originalmente esta era a alternativa correta. No entanto, em razão das alterações trazidas pela Lei 13.488/17, modificando-se o conteúdo do art. 9, Lei das Eleições, o prazo mínimo a ser comprovado de domicílio eleitoral é de 6 meses. ; **E:** incorreta. Cabe destacar que a reforma eleitoral de 2015, em especial a Lei 13.165/2015, alterou a redação do §2°, art. 11, Lei das Eleições, para dispor que "A idade mínima constitucionalmente estabelecida como condição de elegibilidade é verificada tendo por referência a data da posse, salvo quando fixada em dezoito anos, hipótese em que será aferida na data-limite para o pedido de registro". Ou seja, considerando a atual redação do art. 14, §3°, VI, d, Constituição Federal, apenas para o cargo de vereador é exigida a idade mínima de 18 anos. Assim, para o cargo de Deputado, com a exigência de 21 anos, temos a aferição de idade tendo-se em vista a data da posse e não a data limite de registro da candidatura. **SC**
Gabarito "D". Atenção, questão desatualizada. Todas as alternativas estão incorretas.

(Magistratura/GO – 2015 – FCC) Considere as seguintes afirmativas:

I. Convocado o plebiscito, o projeto legislativo ou medida administrativa não efetivada, cujas matérias constituam objeto da consulta popular, terá sustada sua tramitação, até que o resultado das urnas seja proclamado.
II. O plebiscito, convocado nos termos da legislação, requer, para ser aprovado, maioria absoluta, de acordo com o resultado homologado pelo Tribunal Superior Eleitoral.
III. Aprovado o ato convocatório de plebiscito, o Presidente do Congresso Nacional dará ciência ao Chefe do Poder Executivo, a quem competirá assegurar a gratuidade nos meios de comunicação de massa concessionários de serviço público, aos partidos políticos e às frentes suprapartidárias organizadas pela sociedade civil em torno da matéria em questão, para a divulgação de seus postulados referentes ao tema sob consulta.
IV. É vedado rejeitar projeto de lei de iniciativa popular por vício de forma, cabendo à Câmara dos Deputados, por seu órgão competente, providenciar a correção de eventuais impropriedades de técnica legislativa ou de redação.

Está correto o que se afirma APENAS em

(A) I e IV.
(B) I e II.
(C) I e III.
(D) III e IV.
(E) II e III.

I: correta, uma vez que trata-se a assertiva de reprodução do art. 9° da Lei 9.709/1998, lei que regulamenta a execução do disposto nos incs. I, II e III do art. 14 da CF (Lei do Plebiscito e Referendo); **II:** incorreta, uma vez que por atenção ao que dispõe o art. 10 da referida Lei 9.709/1998 será necessária a aprovação por maioria simples; **III:** incorreta, uma vez que será dada ciência à Justiça Eleitoral, e não como sugere a assertiva, tudo conforme dicção do art. 8°, IV, da Lei 9.709/1998; **IV:** correta, conforme dicção do art. 13, § 2°, da Lei 9.709/1998. Desta forma, a alternativa A é que apresenta as assertivas corretas. **SC**
Gabarito "A".

(Magistratura/SC – 2015 – FCC) Considere as seguintes afirmativas:

I. O cancelamento da aquisição da nacionalidade brasileira mediante naturalização por sentença transitada em julgado constitui óbice à filiação em partido político.
II. Desde que encontre permissivo expresso no estatuto partidário, é cabível a filiação a partido político de menor de dezesseis anos.
III. A inelegibilidade não constitui óbice à filiação partidária.

IV. Para concorrer a cargo eletivo, o candidato deve ter, no mínimo, dois anos de filiação no respectivo partido político.

Está correto o que se afirma APENAS em

(A) II e III.
(B) I e III.
(C) I e II.
(D) III e IV.
(E) II e IV.

I: correta, uma vez que o indivíduo teve sua naturalização cancelada e consequentemente houve perda de seus direitos políticos (lembrando que este um dos casos considerados exceção neste tema, já que é vedada a cassação de direitos políticos conforme o art. 15 da CF), com base no que impõe o art. 15, I, da CF. Assim, na condição de estrangeiro não poderá alistar-se como eleitor junto a justiça eleitoral (art. 14, § 2º, da CF) ou mesmo filiar-se junto às agremiações políticas (art. 16 da LPP). Atenção especial deve ser tomada quando o enunciado trouxer informações de que o indivíduo estrangeiro é português residente no Brasil e satisfaz as condições impostas pelo Tratado da Amizade (Dec. 3.927/2001), situação onde será considerada a possibilidade de exercício dos direitos políticos do estrangeiro (apenas deste português, nestas condições); II: incorreta, uma vez que apenas poderá filiar-se a partido político aquele que estiver no pleno gozo dos seus direitos políticos (art. 16 da LPP). Desta forma, o menor de 16 anos sequer poderá alistar-se na condição de direito prerrogativa (não obrigatoriedade). Atenção aos amigos concurseiros neste ponto! É de conhecimento que alguns estatutos partidários trazem em seu bojo tal possibilidade. Muito embora a doutrina vem admitindo a figura do Estatuto Partidário como fonte do direito eleitoral (já que dispõe acerca de assunto como a fidelidade partidária) jamais será capaz de sobrepor-se à legislação ordinária; III: correta, sendo plena a dicção da Resolução TSE 23.117/2009 que dispõe em seu art. 1º que "*Somente poderá filiar-se a partido o eleitor que estiver no pleno gozo de seus direitos políticos (Lei 9.096/1995, art. 16), ressalvada a possibilidade de filiação do eleitor considerado inelegível (Ac.-TSE 12.371, de 27.08.1992, 23.351, de 23.09.2004 e 22.014, de 18.10.2004).*"; IV: incorreta, uma vez que não é de dois anos o prazo de prévia filiação partidária para concorrer ao pleito eleitoral. No entanto, importante esclarecimento acerca da reforma eleitoral estabelecida pela Lei 13.165/2015 e a resposta correta a esta assertiva: Antes da reforma eleitoral de 2015 o prazo para filiação partidária era o de 1 ano, podendo o estatuto da agremiação prever prazo superior desde que tal exigência não ocorresse em ano eleitoral. No entanto, com a entrada em vigor da Lei 13.165/2015 o prazo exigido pelo art. 9º da Lei das Eleições passa a ser de 6 (seis) meses considerando o deferimento da hipotética filiação. Embora exista tal atualização nesta assertiva, não compromete o gabarito oficial. Portanto, a alternativa B é a única que compreende o conjunto de assertivas corretas. Gabarito "B".

(Ministério Público/BA – 2015 – CEFET) Levando-se em consideração a Lei 9.096/1995, notadamente no que dispõe acerca da temática da fidelidade e da disciplina partidárias, assinale a alternativa **INCORRETA**:

(A) O estatuto do partido poderá estabelecer, além das medidas disciplinares básicas de caráter partidário, normas sobre penalidades, inclusive com desligamento temporário da bancada, suspensão do direito de voto nas reuniões internas ou perda de todas as prerrogativas, cargos e funções que exerça em decorrência da representação e da proporção partidária, na respectiva Casa Legislativa, ao parlamentar que se opuser, pela atitude ou pelo voto, às diretrizes legitimamente estabelecidas pelos órgãos partidários.
(B) Na Casa Legislativa, o integrante da bancada de partido deve subordinar sua ação parlamentar aos princípios doutrinários e programáticos e às diretrizes estabelecidas pelos órgãos de direção partidários, na forma do estatuto.
(C) A responsabilidade por violação dos deveres partidários deve ser apurada e punida pelo órgão competente, na conformidade do que disponha o estatuto de cada partido.
(D) Filiado algum pode sofrer medida disciplinar ou punição por conduta que não esteja tipificada no estatuto do partido político.
(E) Não perde automaticamente a função ou cargo que exerça, na respectiva Casa Legislativa, em virtude da proporção partidária, o parlamentar que deixar o partido sob cuja legenda tenha sido eleito.

A: assertiva correta, uma vez que o art. 25 da LPP, dispõe que o estatuto da agremiação poderá estabelecer, além das medidas disciplinares básicas de caráter partidário, normas sobre penalidades, inclusive com desligamento temporário da bancada, suspensão do direito de voto nas reuniões internas ou perda de todas as prerrogativas, cargos e funções que exerça em decorrência da representação e da proporção partidária, na respectiva Casa Legislativa, ao parlamentar que se opuser, pela atitude ou pelo voto, às diretrizes legitimamente estabelecidas pelos órgãos partidários. Importante atentar-se ao dispositivo indicado, pois vem sendo objeto de inúmeros questionamentos em concursos, inclusive em fases orais dos concursos de magistratura estaduais (vide 186º concurso da Magistratura/SP – Vunesp – 2015); B: assertiva correta, em conformidade com o art. 24 da LPP; C: assertiva correta, em atenção ao que dispõe o art. 23 da LPP; D: assertiva correta, no exato termo do que preceitua o § 1º do art. 23 da LPP; E: assertiva incorreta, devendo ser assinalada. O art. 26 da LPP, dispõe que perderá automaticamente a função ou cargo que exerça, na respectiva Casa Legislativa, em virtude da proporção partidária, o parlamentar que deixar o partido sob cuja legenda tenha sido eleito. Gabarito "E".

(Ministério Público/SP – 2015 – MPE/SP) Assinale a alternativa correta:

(A) O voto apresenta, exclusivamente, as seguintes características: personalidade, liberdade e periodicidade.
(B) Não há previsão, no direito brasileiro, de voto indireto.
(C) A Justiça Eleitoral exerce funções administrativas, normativas, consultivas e jurisdicionais.
(D) As decisões proferidas por Tribunais Regionais Eleitorais não são passíveis de recurso se envolverem denegação de ordem de *habeas corpus*.
(E) Todas as alternativas estão incorretas.

A: incorreta. De fato, as características apresentadas são corretas, no entanto não em caráter exclusivo, uma vez que há outras tão importantes como: sigilo, igual valor, exercício obrigatório (sufrágio). Portanto, alternativa incorreta por delimitar o tema (Se não houvesse o "exclusivamente", poderíamos considerá-la correta); B: incorreta. Podemos indicar como exemplo do voto indireto a situação de vacância do cargo de Presidente da República (impossibilidade do titular e vice) que, caso ocorra no segundo biênio do mandato eletivo, resultará em eleições indiretas pelo Congresso Nacional, conforme art. 81, § 1º, da CF. Ver também art. 2º do CE. Portanto, alternativa errada; C: correta. É possível verificar funções administrativas (a própria realização das eleições, plebiscitos e de referendos, por exemplo), normativas (Resoluções TSE e TREs), consultivas (Consultas feitas aos Tribunais) e jurisdicionais (Ações e Recursos Eleitorais). Portanto, alternativa correta; D: incorreta, vide art. 22 e 276, II, *b*, ambos do CE; E: incorreta. Considerando que a alternativa C está correta, por óbvio, a alternativa E não pode subsistir. Gabarito "C".

(Analista – TRE/GO – 2015 – CESPE) A respeito dos direitos políticos e da composição dos órgãos da justiça eleitoral, julgue os seguintes itens.

(1) Conforme a jurisprudência do Supremo Tribunal Federal, dada a necessidade de resguardar a segurança jurídica, as decisões do Tribunal Superior Eleitoral que, no curso de pleito eleitoral, impliquem mudança de jurisprudência não terão aplicabilidade imediata a caso concreto, de modo que somente terão eficácia sobre outros casos, no pleito eleitoral subsequente.

(2) Nos termos da jurisprudência do Supremo Tribunal Federal, o cidadão que exercer dois mandatos consecutivos como prefeito de determinado município ficará inelegível para cargo da mesma natureza em qualquer outro município da Federação.

1: correto. Trata-se da aplicação do princípio da anualidade eleitoral (art. 16 da CF). A jurisprudência dos tribunais que tenderem, a partir de suas decisões, a alterar o processo eleitoral deverá obedecer o prazo mínimo de antecedência de um ano anterior às eleições. Era necessário conhecimento da jurisprudência do STF acerca de julgamento relacionado ao assunto, quando no RE 637485/20134, assim decidiu "(...) Mudança da jurisprudência em matéria eleitoral. Segurança jurídica. (...) II. Mudança da jurisprudência em matéria eleitoral. Segurança jurídica. Anterioridade eleitoral. Necessidade de ajuste dos efeitos da decisão. Mudanças radicais na interpretação da Constituição devem ser acompanhadas da devida e cuidadosa reflexão sobre suas consequências, tendo em vista o postulado da segurança jurídica. Mudanças na jurisprudência eleitoral, portanto, têm efeitos normativos diretos sobre os pleitos eleitorais, com sérias repercussões sobre os direitos fundamentais dos cidadãos (eleitores e candidatos) e partidos políticos. No âmbito eleitoral, a segurança jurídica assume a sua face de princípio da confiança para proteger a estabilização das expectativas de todos aqueles que de alguma forma participam dos prélios eleitorais. A importância fundamental do princípio da segurança jurídica para o regular transcurso dos processos eleitorais está plasmada no princípio da anterioridade eleitoral positivado no art. 16 da Constituição. O Supremo Tribunal Federal fixou a interpretação desse artigo 16, entendendo-o como uma garantia constitucional (1) do devido processo legal eleitoral, (2) da igualdade de chances e (3) das minorias (RE 633.703). Em razão do caráter especialmente peculiar dos atos judiciais emanados do Tribunal Superior Eleitoral, os quais têm normativamente todo o processo eleitoral, é razoável concluir que a Constituição também alberga uma norma, ainda que implícita, que traduz o postulado da segurança jurídica como princípio da anterioridade ou anualidade em relação à alteração da jurisprudência do TSE. *Assim, as decisões do Tribunal Superior Eleitoral que, no curso do pleito eleitoral (ou logo após o seu encerramento), impliquem mudança de jurisprudência (e dessa forma repercutam sobre a segurança jurídica), não têm aplicabilidade imediata ao caso concreto e somente terão eficácia sobre outros casos no pleito eleitoral posterior*. III. Repercussão Geral."

2: anulada. Muito embora a assertiva seja correta, uma vez que dispõe acerca do "prefeito itinerante", a organizadora anulou a questão pois não havia expresso a ressalva de que esta vedação apenas alcançaria aquele mandato pretendido como subsequente ao último exercido. Quanto a vedação ao que se chama "prefeito itinerante", interessante notar a jurisprudência do STF, sob relatoria do Min. Gilmar Mendes RE: 637485. Vejamos excertos: "Recurso extraordinário. Repercussão geral. Reeleição. Prefeito. Interpretação do art. 14, § 5º, da Constituição. Mudança da jurisprudência em matéria eleitoral. Segurança jurídica. I. Reeleição. Municípios. Interpretação do art. 14, § 5º, da Constituição. Prefeito. Proibição de terceira eleição em cargo da mesma natureza, ainda que em município diverso. O instituto da reeleição tem fundamento não somente no postulado da continuidade administrativa, mas também no princípio republicano, que impede a perpetuação de uma mesma pessoa ou grupo no poder. O princípio republicano condiciona a interpretação e a aplicação do próprio comando da norma constitucional, de modo que a reeleição é permitida por apenas uma única vez. Esse princípio impede a terceira eleição não apenas no mesmo município, mas em relação a qualquer outro município da federação. Entendimento contrário tornaria possível a figura do denominado "prefeito itinerante" ou do "prefeito

profissional", o que claramente é incompatível com esse princípio, que também traduz um postulado de temporariedade/alternância do exercício do poder. Portanto, ambos os princípios – continuidade administrativa e republicanismo – condicionam a interpretação e a aplicação teleológicas do art. 14, § 5º, da Constituição. O cidadão que exerce dois mandatos consecutivos como prefeito de determinado município fica inelegível para o cargo da mesma natureza em qualquer outro município da federação. (STF, RE: 637485 RJ, Relator: Min. Gilmar Mendes, Data de Julgamento: 01.08.2012, Tribunal Pleno, Data de Publicação: Acórdão Eletrônico DJe 20.05.2013, Public 21.05.2013) SC
Gabarito 1C, 2 anulada

(Analista – TRE/GO – 2015 – CESPE) Julgue os itens subsequentes, relativos a alistamento e domicílio eleitoral.

(1) Segundo a jurisprudência do Tribunal Superior Eleitoral, o domicílio eleitoral não se confunde, necessariamente, com o domicílio civil. A circunstância de o eleitor residir em determinado município não constitui obstáculo para que ele concorra, como candidato, a cargo eletivo em outra localidade, se nela for inscrito e mantiver vínculos políticos e econômicos.

(2) O alistamento eleitoral e o voto são facultativos para analfabetos, portadores de necessidades especiais, maiores de setenta anos de idade e para os maiores de dezesseis e menores de dezoito anos de idade.

1: correta. Para melhor esclarecer, reproduzimos trecho da obra Manual Completo de Direito Eleitoral (Chalita, 2014. p. 44): "No **domicílio civil** (art. 70 e ss. do CC) observamos o lugar em que a pessoa natural estabelece sua residência com a intenção manifesta de permanecer, centralizar sua vida, fixar suas atividades e negócios. Ou seja, há um evidente e latente ânimo de permanência. Na situação da pessoa natural possuir várias residências onde alternadamente viva, será considerado como seu domicílio qualquer uma das localidades onde mantenha residência. Já no **domicílio eleitoral** (art. 42, parágrafo único, do CE), não há tanta "rigidez" na conceituação, uma vez que se trata do lugar da residência ou moradia do cidadão. Não é exigido um ânimo de permanência, como no trazido pelo art. 70 do CC. Na situação do cidadão possuir mais de uma residência, onde alternadamente viva, obviamente também será assim considerado seu domicílio qualquer delas. Prova do domicílio eleitoral será feito pelo próprio Título Eleitoral do cidadão"; **2:** errada. Conforme dicção do § 1º do art. 14 da CF, o alistamento eleitoral e o voto são obrigatórios para os maiores de dezoito anos e facultativo para os analfabetos, aos maiores de setenta anos e maiores de dezesseis e menores de dezoito anos. Não há qualquer menção aos portadores de necessidades especiais. Importante esclarecer que àqueles que possuem grande dificuldade na locomoção por necessidades especiais diversas poderão solicitar ao juiz eleitoral competente que declare a dificuldade por meio da FASE 396 em seu título eleitoral, onde restará registrado "DIFICULDADE". Assim, não haverá necessidade de justificar a ausência quando diante do pleito eleitoral. Também poderá ser entregue, pelo juízo eleitoral competente, uma certidão de quitação eleitoral sem prazo determinado de validade. SC
Gabarito 1C, 2E

(Ministério Público/BA – 2015 – CEFET) Acerca das condições de elegibilidade, marque a alternativa CORRETA:

(A) Nem todo inalistável é inelegível, mas todo inelegível é inalistável.
(B) A dissolução da sociedade ou do vínculo conjugal, no curso do mandato, não afasta a inelegibilidade prevista no § 7º do artigo 14 da Constituição Federal (artigo 14. A soberania popular será exercida pelo sufrágio universal e pelo voto direto e secreto, com valor igual para todos, e, nos termos da lei, mediante: (...) § 7º São inelegíveis, no território de jurisdição do titular, o cônjuge e os parentes consanguíneos ou afins, até o segundo grau ou por adoção, do Presidente da República, de Governador de Estado ou Território, do Distrito Federal, de Prefeito ou de quem os haja substituído dentro dos seis meses anteriores ao pleito, salvo se já titular de mandato eletivo e candidato à reeleição).
(C) A prática de ato de improbidade administrativa é causa de perda dos direitos políticos.
(D) Todos os que tiverem feito alistamento eleitoral serão elegíveis.
(E) A condenação criminal transitada em julgado, enquanto durarem seus efeitos, gera a perda dos direitos políticos.

A: incorreta, uma vez que o alistamento eleitoral é condição de elegibilidade prevista no art. 14, § 3º, III, da CF. Deste modo, aquele que for considerado inalistável à luz da Constituição Federal, será considerado inelegível (art. 14, § 4º, da CF); **B:** correta, pois trata-se da dicção da Súmula Vinculante 18, que impõe "A dissolução da sociedade ou do vínculo conjugal, no curso do mandato, não afasta a inelegibilidade prevista no § 7º do artigo 14 da Constituição Federal"; **C:** incorreta, uma vez que o art. 37, § 4º, da CF "Os atos de improbidade administrativa importarão a suspensão dos direitos políticos, a perda da função pública, a indisponibilidade dos bens e o ressarcimento ao erário, na forma e gradação previstas em lei, sem prejuízo da ação penal cabível"; **D:** incorreta, uma vez que existem outras condições de elegibilidade dispostas na Constituição Federal, especificamente no art. 14, § 3º, I a VI); **E:** incorreta, já que a condenação criminal transitada em julgado é causa de suspensão dos direitos políticos. A perda dos direitos políticos é situação que apenas ocorrerá nas hipóteses do art. 15 da CF. SC
Gabarito "B".

(Juiz de Direito/CE – 2014 – FCC) Considere as seguintes afirmativas:

I. A filiação partidária somente é permitida ao eleitor que se encontre em pleno gozo de seus direitos políticos, sendo cabível ainda que esteja inelegível, segundo decisão proferida pela Justiça Eleitoral.
II. É vedado o cancelamento da filiação partidária em caso de superveniente perda dos direitos políticos do filiado, salvo expressa disposição estatutária em sentido contrário.
III. Havendo coexistência de filiações partidárias, prevalecerá a mais recente, devendo a Justiça Eleitoral determinar o cancelamento das demais.
IV. Configurado caso de dupla filiação do eleitor, ambos os vínculos partidários devem ser considerados nulos para todos os efeitos.

Está correto o que é afirmado APENAS em

(A) II e IV.
(B) I, II e IV.
(C) I e IV.
(D) I e III.
(E) II e III.

I: correta, uma vez que assim dispõe o art. 16 da Lei 9.096/1995 e art. 1º da Res.-TSE 23.117, de 20.08.2009, que autoriza ao inelegível a possibilidade de filiação partidária; **II:** incorreta, uma vez que tal possibilidade encontra guarida no disposto do inciso II, art. 22 da Lei 9.096/1995; **III:** correta, em atenção a nova disposição trazida pela minirreforma eleitoral, Lei 12.891/2013, que alterou a redação do parágrafo único do art. 22 da Lei 9.096/1995. **IV:** incorreta, pelas mesmas razões da alternativa anterior, vez que com a minirreforma eleitoral a questão passou a ser tratada de modo a manter-se a filiação mais recente, evitando a perda de uma das condições de elegibilidade do cidadão. SC
Gabarito "D".

(Juiz de Direito/RJ – 2014 – VUNESP) É correto afirmar que

(A) são inelegíveis os que forem condenados, em decisão transitada em julgado pela Justiça Eleitoral, por corrupção eleitoral, por captação ilícita de sufrágio, por doação, captação ou gastos ilícitos de recursos de campanha ou por conduta vedada aos agentes públicos em campanhas eleitorais que impliquem cassação do registro ou do diploma, pelo prazo de seis anos a contar da eleição.
(B) para caracterização da captação ilícita de sufrágio é desnecessário o pedido explícito de votos, bastando a evidência do dolo consistente no especial fim de agir.
(C) o Corregedor Regional Eleitoral é o competente para apreciar as ações de investigação judicial eleitoral por abuso do poder econômico ou político, em detrimento da liberdade do voto, tanto nas eleições municipais como nas gerais.
(D) o recurso impetrado contra decisões terminativas de ação de investigação judicial eleitoral será recebido nos efeitos suspensivo e devolutivo pelo juízo de origem.

A: incorreta, uma vez que o art. 1º, I, j, LC 64/1990 dispõe que o prazo será o de oito anos após o cumprimento de pena; **B:** correta, conforme disposto no art. 41-A, § 1º, Lei das Eleições; **C:** incorreta, uma vez que nas eleições municipais o juiz eleitoral servirá como Corregedor, conforme leitura do art. 24, LC 64/1990; **D:** incorreta, pois o art. 257 do Código Eleitoral diz que "os recursos eleitorais não terão efeito suspensivo". SC
Gabarito "B".

(Promotor de Justiça/PI – 2014 – CESPE) Assinale a opção correta acerca dos princípios constitucionais relativos aos direitos políticos.

(A) O alistamento eleitoral e o voto são facultativos para os analfabetos, os maiores de sessenta e cinco anos e os maiores de dezesseis e menores de dezoito anos de idade.
(B) O alistamento eleitoral e o voto são facultativos para os estrangeiros de qualquer nacionalidade, residentes no Brasil por período superior a quinze anos ininterruptos e sem condenação penal.
(C) O pleno exercício dos direitos políticos e o domicílio eleitoral na circunscrição pelo prazo mínimo de um ano antes do registro da candidatura são condições de elegibilidade.
(D) O militar alistável é elegível e, contando menos de dez anos de serviço, deve ser agregado pela autoridade superior; se eleito, passará, automaticamente, no ato da diplomação, para a inatividade.
(E) A soberania popular é exercida pelo sufrágio universal e pelo voto direto e secreto, com valor igual para todos, e, nos termos da lei, mediante plebiscito, referendo e iniciativa popular.

A: incorreta, pois o voto será facultativo aos maiores de setenta anos, sendo esta a única afirmação errônea na assertiva, conforme se depreende na leitura do art. 14, § 1º, II, b, CF; **B:** incorreta, uma vez que os estrangeiros não podem se alistar por determinação expressa do art. 14, § 2º, CF. Destaque especial ao caso dos portugueses residentes há mais de três anos no Brasil, que em razão do Tratado da Amizade (vide Dec. 3.927/2001), ou seja, havendo reciprocidade de tratamento aos brasileiros residentes em Portugal, poderão exercer no Brasil seus direitos políticos ativos e passivos (portanto, poderá se inscrever como eleitor), observadas apenas as restrições de concorrer a cargos privativos de brasileiros natos; **C:** incorreta, pois a exigência de anterioridade anual será contado tendo-se em referência a data das eleições a que se pretende concorrer, e não a do Pedido

de Registro de Candidatura; **D**: incorreta, uma vez que o art. 14, § 8º, I, CF, dispõe que o militar alistável é elegível, sendo que, se contar menos de dez anos de serviço, deverá afastar-se da atividade. Apenas será agregado aquele que contar com mais de dez anos de serviço, art. 14, § 8º, II, CF; **E**: correta, conforme dispõe o *caput* do art. 14, CF.
Gabarito "E".

(Procurador Legislativo – Câmara de Vereadores de São Paulo/SP – 2014 – FCC) A idade mínima de trinta anos na data do pleito eleitoral é condição de elegibilidade para, dentre outros, o cargo de

(A) Vice-Governador de Estado.
(B) Deputado Federal.
(C) Deputado Estadual.
(D) Prefeito Municipal.
(E) Vereador.

De fato a única resposta correta é encontrada na alternativa A. O art. 14, § 3º, VI, CF, dispõe sobre as idades mínimas as serem obedecidas aos pretendentes a concorrer a cargos eletivos públicos, como condição de elegibilidade a ser aferida tendo-se como perspectiva a data da posse do candidato. São elas: a) trinta e cinco anos para Presidente e Vice-Presidente da República e Senador; b) trinta anos para Governador e Vice-Governador de Estado e do Distrito Federal; c) vinte e um anos para Deputado Federal, Deputado Estadual ou Distrital, Prefeito, Vice-Prefeito e juiz de paz; d) dezoito anos para Vereador.
Gabarito "A".

(Procurador da República – 26.º) A suspensão dos direitos políticos em virtude de condenação criminal transitada em julgado:

(A) só ocorre quando a sentença condenatória expressamente a declarar, não constituindo seu efeito automático;
(B) para cessar depende do cumprimento da pena, da declaração da reabilitação do condenado e, quando for o caso, da comprovação da reparação dos danos causados à vítima;
(C) não ocorre quando a sentença condenatória aplicar exclusivamente pena de multa;
(D) perdura durante o período de prova da suspensão condicional da pena.

O art. 15, III, da CF dispõe que a condenação criminal transitada em julgado determina a suspensão de direitos políticos enquanto perdurarem seus efeitos. A doutrina atenta para o fato da expressão genérica "condenação criminal" contida no dispositivo, de modo que não importa a natureza da pena aplicada, pois em qualquer caso os direitos políticos ficarão suspensos até o findar daqueles efeitos. Desta sorte, irrelevante que o réu seja beneficiado pelo *sursis* (art. 77 do CP), vez que ainda assim estaríamos diante dos efeitos condenatórios, ainda que suspensos em razão do benefício. Importante alertar para possível confusão quanto à esta temática: o art. 15, III, CF faz referência à suspensão de direitos políticos, ou seja, impossibilidade de exercer direitos políticos ativos (votar, responder às consultas de plebiscito e referendo, subscrever lei de iniciativa popular) e também direitos políticos passivos (ser candidato). Para que a suspensão opere é necessário TRÂNSITO EM JULGADO da decisão condenatória, pouco importando se proferida por juiz de primeiro grau ou órgão colegiado. Por outro lado, temos as inelegibilidades constitucionais (Art. 14, §5º ao 8º, CF) e infraconstitucionais (LC 64/90 e as alterações trazidas pela LC 135/10- Lei da Ficha Limpa). Dentre as hipóteses de inelegibilidade infraconstitucional, o art. 1º, I, e, relaciona extensa relação de crimes que, havendo condenação COM TRÂNSITO EM JULGADO **ou** PROFERIDA POR ÓRGÃO COLEGIADO, ensejará reconhecer a inelegibilidade. Ou seja, para a suspensão de direitos políticos é necessário o trânsito em julgado, não havendo flexão ou exceção. Para que haja a inelegibilidade fruto de condenação criminal deverá ocorrer o trânsito em julgado **ou** a condenação (originária ou por via recursal) por órgão colegiado, não impondo-se o trânsito em julgado neste caso. , . Assim, a alternativa D é a única correta.
Gabarito "D".

2. INELEGIBILIDADE

(Promotor de Justiça – MPE/AM – FMP – 2015) Assinale a alternativa correta.

(A) O servidor público municipal não necessita afastar-se das funções para concorrer a Deputado Federal.
(B) O senador, por ser eleito pelo sistema majoritário e ter mandato de oito anos, só pode concorrer a uma reeleição.
(C) O militar da ativa, em razão do impedimento constitucional (art. 142, § 3º, V, da CF) de se filiar a partidos políticos, é, por isso, inelegível, por não preencher uma das condições de elegibilidade, qual seja, a filiação partidária.
(D) Na atual Constituição Federal não há qualquer restrição para o alistamento e o voto do militar.
(E) A Constituição Federal não permite que lei ordinária estabeleça casos de inelegibilidade.

A: Incorreta, já que a necessidade de desincompatibilização vem expressamente prevista no art. 1º, II, alínea *l*, LC 64/1990; **B**: Incorreta, pois inexiste limite de reeleição ao cargo de senador da república; **C**: Incorreta. Para os militares na ativa, há disposições específicas a serem analisadas. O militar da ativa com mais de 10 anos de serviço, para que possa disputar uma eleição deve ser escolhido em convenção partidária. A partir deste resultado positivo, será considerado filiado ao partido. O art. 14, § 8º, CF, assim dispõe: *"§ 8º O militar alistável é elegível, atendidas as seguintes condições: I – se contar menos de dez anos de serviço, deverá afastar-se da atividade; II – se contar mais de dez anos de serviço, será agregado pela autoridade superior e, se eleito, passará automaticamente, no ato da diplomação, para a inatividade."*; **D**: Incorreta, uma vez que há vedação expressa para o alistamento e voto do militar durante o período de serviço obrigatório (art. 14, § 2º, CF); **E**: Correta, pois o art. 14, § 9º, CF, norma constitucional de eficácia limitada, impõe a criação de Lei Complementar prevendo hipóteses de inelegibilidades.
Gabarito "E".

(Juiz de Direito – TJ/MS – VUNESP – 2015) No que se refere à denominada "Lei da Ficha Limpa", é correto afirmar que são inelegíveis

(A) os que forem condenados, em decisão proferida por qualquer órgão judicial, desde a condenação até o transcurso do prazo de 3 (três) anos após o cumprimento da pena pelos crimes contra a administração da justiça.
(B) os que forem condenados, em decisão transitada em julgado ou proferida por órgão judicial colegiado, desde a condenação até o transcurso do prazo de 8 (oito) anos após o cumprimento da pena pelos crimes contra o patrimônio privado, o sistema financeiro, o mercado de capitais e os previstos na lei que regula a falência.
(C) os que forem condenados, em decisão transitada em julgado ou proferida por órgão judicial colegiado, desde a condenação até o transcurso do prazo de 3 (três) anos após o trânsito em julgado pelos crimes contra a administração da justiça eleitoral.
(D) os que forem condenados, em decisão transitada em julgado ou proferida por órgão judicial colegiado, desde a condenação até o transcurso do prazo de 8 (oito) anos após trânsito em julgado pelos crimes contra a família.
(E) os que forem condenados, em decisão transitada em julgado ou proferida por órgão judicial colegiado, desde a condenação até o transcurso do prazo de 4 (quatro) anos após o trânsito em julgado pelos crimes eleitorais, para os quais a lei comine pena de multa.

A: incorreta. Isto porque a LC 135/2010 (Lei da Ficha Limpa) trouxe a majoração da inelegibilidade para 8 anos (e não três). Outra, pois não é em razão de decisão proferida por qualquer órgão judicial, mas deve existir o trânsito em julgado ou decisão colegiada; **B**: correta, conforme redação trazida pelo art. 1º, I, e, item 2 da LC 64/1990, com as alterações da LC 135/2010; **C**: incorreta, pois não existem cominações de inelegibilidade pelo prazo de 3 anos que tenham subsistido às alterações da LC 135/2010, que de maneira objetiva, majorou para 8 anos as hipóteses anteriores naquele prazo; **D**: incorreta, pois não existe hipótese de inelegibilidade que apresente tal circunstância; **E**: incorreta, seja pelo prazo indicado, seja pelo fato de que em razão de trânsito em julgado de sentença condenatória por crimes eleitorais apenas haverá inelegibilidade se a lei cominar, ao crime, pena privativa de liberdade (art. 1º, I, e, item 4, LC 64/1990).
Gabarito "B".

(Magistratura/GO – 2015 – FCC) NÃO são inelegíveis para

(A) qualquer cargo, os membros do Congresso Nacional, das Assembleias Legislativas, da Câmara Legislativa e das Câmaras Municipais, que hajam perdido os respectivos mandatos por conduta incompatível com o decoro parlamentar, para as eleições que se realizarem durante o período remanescente do mandato para o qual foram eleitos e nos oito anos subsequentes ao término da legislatura.
(B) os cargos de Presidente e Vice-Presidente da República, os que tenham, dentro dos quatro meses anteriores ao pleito, ocupado cargo ou função de direção, administração ou representação em entidades representativas de classe, mantidas, total ou parcialmente, por contribuições impostas pelo Poder Público ou com recursos arrecadados e repassados pela Previdência Social.
(C) qualquer cargo, os que, sem ter exercido cargo na administração pública direta, indireta ou fundacional, tenham contra si julgamento procedente pela Justiça Eleitoral, em decisão transitada em julgado, proferida em sede de recurso contra expedição de diploma, que reconheça ter havido abuso do poder econômico, para a eleição na qual concorrem ou tenham sido diplomados, bem como para as que se realizarem nos oito anos seguintes.
(D) qualquer cargo, os que, em estabelecimentos de crédito, financiamento ou seguro, que tenham sido ou estejam sendo objeto de processo de liquidação judicial ou extrajudicial, hajam exercido, nos doze meses anteriores à respectiva decretação, cargo ou função de direção, administração ou representação, enquanto não forem exonerados de qualquer responsabilidade.
(E) qualquer cargo, os inalistáveis e os analfabetos.

A: incorreta, uma vez que a assertiva aponta uma hipótese infraconstitucional de inelegibilidade prevista no art. 1º, I, *b*, da LC da 64/1990; **B**: incorreta, uma vez que a hipótese também encontra-se estabelecida no art. 1º, II, *g*, da LC 64/1990; **C**: correta, pois a assertiva não estabelece a hipótese de inelegibilidade, sendo que em análise de "correção" da assertiva, poderíamos considerar o art. 1º, I, *d*, da LC 64/1990, que dispõe que serão inelegíveis, para qualquer cargo, os que tenham contra sua pessoa representação julgada procedente pela Justiça Eleitoral, em decisão transitada em julgado ou proferida por órgão colegiado em processo de apuração de abuso do poder econômico ou político, para a eleição na qual concorrem ou tenham sido diplomados, bem como para as que se

realizem nos oito anos seguintes. A assertiva faz menção à decisão proferida em sede de recurso contra a expedição de diploma, além de ter feito inserir a condição de "não ter exercido cargo na administração pública direta, indireta ou fundacional"; **D:** incorreta, uma vez que a assertiva alerta para uma hipótese de inelegibilidade, conforme art. 1º, I, *i*, da LC 64/1990; **E:** incorreta, uma vez que a assertiva trata da inelegibilidade prevista no art. 1º, I, *a*, da LC 64/1990. SC
"Gabarito "C"."

(Juiz de Direito/MG – 2014) A crescente conscientização da sociedade em ser obedecido o princípio da moralidade nas relações jurídicas de qualquer natureza, notadamente em face da compra de votos para a eleição aos cargos do Executivo e do Legislativo, fez nascer, por meio de um projeto de iniciativa popular, apoiado no Artigo 61, § 2º, da Constituição Federal, com mais de 1 milhão de assinaturas, o Artigo 41-A da Lei Federal no 9.504, de 30.09.1997.
Em face desse dispositivo legal, analise as afirmativas seguintes.

I. À luz da jurisprudência dominante do Tribunal Superior Eleitoral, pode-se afirmar que, para a caracterização da infração ao Artigo 41-A da Lei 9.504/1997, é desnecessário que o ato de compra de votos tenha sido praticado diretamente pelo candidato, mostrando-se suficiente que, evidenciado o benefício, haja participado de qualquer forma ou com ele consentido.

II. A captação ilícita de sufrágio é apurada por meio de representação processada de acordo com o Artigo 22, incisos I a XIII, da Lei Complementar 64/1990, que não se confunde com a ação de investigação judicial eleitoral, nem com a ação de impugnação de mandato eletivo, pois não implica a declaração de inelegibilidade, mas apenas a cassação do registro ou do diploma.

III. O Artigo 41-A revogou o Artigo 299 do Código Eleitoral. Logo, alguns fatos tais como dar, oferecer, prometer ou entregar ao eleitor com o fim de obter o voto não podem mais tipificar o crime eleitoral do Artigo 299, em face da infração eleitoral do Artigo 41-A da Lei das Eleições.

IV. Na hipótese de abuso do poder econômico, o requisito da potencialidade deve ser apreciado em função da seriedade e da gravidade da conduta imputada, à vista das particularidades do caso, não devendo tal análise basear-se em eventual número de votos decorrentes do abuso, ou mesmo em diferença de votação, embora essa avaliação possa merecer criterioso exame em cada situação concreta.

A partir da análise, conclui-se que estão CORRETAS.
(A) I, III e IV apenas.
(B) I, II e III apenas.
(C) I, II e IV apenas.
(D) II, III e IV apenas.

I: correta, em conformidade com a jurisprudência seguinte: "Conforme já pacificado no âmbito desta Corte superior, para a caracterização da infração ao art. 41-A da Lei das Eleições, é desnecessário que o ato tenha sido praticado diretamente pelo candidato, mostrando-se suficiente que, evidenciado o benefício, haja dele participado de qualquer forma ou com ele consentido. (...)". (Ac. de 22.04.2008 no AAG 7.515, rel. Min. Caputo Bastos; no mesmo sentido do Ac. de 08.11.2007 no ARESPE 28.061, rel. Min. Marcelo Ribeiro.)"; **II:** correta. Como referência, apontamos a jurisprudência seguinte: "ADI 3592. Ação direta de inconstitucionalidade. Art. 41-A da Lei 9.504/1997. Captação de sufrágio. (...) 3. A captação ilícita de sufrágio é apurada por meio de representação processada de acordo com o art. 22, incisos I a XIII, da LC 64/1990, que não se confunde com a ação de investigação judicial eleitoral, nem com a ação de impugnação de mandato eletivo, pois não implica a declaração de inelegibilidade, mas apenas a cassação do registro ou do diploma. (...) 5. Ação direta de inconstitucionalidade julgada improcedente"; **III:** incorreta, uma vez que o art. art. 41-A, Lei das Eleições, não revogou o art. 299, CE, constituindo consecutivamente uma sanção de natureza civil e criminal, de forma a desencorajar o oferecimento de benefícios e vantagens em troca de votos; **IV:** correta, sendo indicada a leitura da jurisprudência seguinte: ""Recurso contra expedição de diploma. Captação ilícita de sufrágio. Abuso do poder econômico. Cassação de diploma. Candidata ao cargo de deputado federal. (...) 3. Na hipótese de abuso do poder econômico, o requisito da potencialidade deve ser apreciado em função da seriedade e da gravidade da conduta imputada, à vista das particularidades do caso, não devendo tal análise basear-se em eventual número de votos decorrentes do abuso, ou mesmo em diferença de votação, embora essa avaliação possa merecer criterioso exame em cada situação concreta. Recurso a que se dá provimento para cassar o diploma da recorrida." (Ac. de 24.8.2010 no RCED 755, rel. Min. Arnaldo Versiani.)". SC
"Gabarito "C"."

(Promotor de Justiça/PI – 2014 – CESPE) Considere que, no exercício do mandato de senador, Ivo seja escolhido pela coligação integrada por seu partido para disputar o cargo de prefeito no ano de 2016. Em face dessa situação, assinale a opção correta à luz das disposições constitucionais e da legislação eleitoral hoje em vigor.

(A) Se o pedido de registro da candidatura for indeferido e o partido renunciar ao direito de preferência, Ivo poderá ser substituído por filiado a qualquer partido integrante da coligação em até dez dias contados da notificação da decisão judicial.

(B) O pedido de registro da candidatura de Ivo deve ser apresentado pela coligação ao juiz eleitoral até às 18 horas do nonagésimo dia anterior à data marcada para a eleição.

(C) Na hipótese de o partido ou coligação não requerer o registro de Ivo, ele mesmo pode fazê-lo perante o TRE, observado o prazo máximo de 48 horas seguintes à publicação da lista dos candidatos pela justiça eleitoral.

(D) A impugnação ao pedido de registro de candidatura de Ivo pode ser feita por candidato, partido político, coligação, MP, ou qualquer eleitor, em petição fundamentada.

(E) Se o pedido de registro da candidatura for indeferido, Ivo poderá efetuar atos relativos à campanha eleitoral, e seu nome poderá ser mantido na urna eletrônica, ficando a validade dos votos a ele atribuídos condicionada a registro válido de substituto.

A: correta, nos exatos termos do que dispõe o art. 13, §§ 1º e 2º da Lei 9.504/1997, Lei das Eleições; **B:** incorreta, já que o art. 11, Lei das Eleições, dispõe que os partidos e coligações solicitarão à Justiça Eleitoral o registro de seus candidatos até as dezenove horas do dia 15 de agosto do ano em que se realizarem as eleições; **C:** incorreta, uma vez que na hipótese de o partido ou coligação não requerer o registro de seus candidatos, estes poderão fazê-lo *perante a Justiça Eleitoral*, observado o prazo máximo de quarenta e oito horas seguintes à publicação da lista dos candidatos pela Justiça Eleitoral, conforme dispõe o art. 11, § 4º, Lei das Eleições; **D:** incorreta, pois o art. 3º, LC 64/1990, dispõe que caberá a qualquer candidato, a partido político, coligação ou ao Ministério Público, no prazo de 5 (cinco) dias, contados da publicação do pedido de registro do candidato, impugná-lo em petição fundamentada; **E:** incorreta, uma vez que Ivo só poderá agir desta forma caso tenha recorrido (Embargos ou Recurso Especial ao Tribunal Superior Eleitoral), estando, portanto, dentro do que dispõe o art. 16-A, Lei das Eleições, ao disciplinar que o candidato cujo registro esteja *sub judice* poderá efetuar todos os atos relativos à campanha eleitoral, inclusive utilizar o horário eleitoral gratuito no rádio e na televisão e ter seu nome mantido na urna eletrônica enquanto estiver sob essa condição, ficando a validade dos votos a ele atribuídos condicionada ao deferimento de seu registro por instância superior. SC
"Gabarito "A"."

(Procurador Legislativo – Câmara de Vereadores de São Paulo/SP – 2014 – FCC) O Vice-Governador que não substituiu o Governador, nem o sucedeu nos seis meses anteriores ao pleito, para candidatar-se a Vice-Governador
(A) deverá afastar-se do cargo até seis meses antes do pleito.
(B) não estará sujeito ao prazo de desincompatibilização.
(C) deverá afastar-se do cargo até cinco meses antes do pleito.
(D) deverá afastar-se do cargo até quatro meses antes do pleito.
(E) deverá afastar-se do cargo até três meses antes do pleito.

De fato a alternativa B é única correta, uma vez que o vice-governador não veio a substituir o titular nos seis meses anteriores ao pleito, não incorrendo a hipótese de inelegibilidade disposta no art. 14, § 5º, CF, dispondo que o Presidente da República, os Governadores de Estado e do Distrito Federal, os Prefeitos e quem os houver sucedido, ou substituído no curso dos mandatos poderão ser reeleitos para um único período subsequente. SC
"Gabarito "B"."

3. PARTIDOS POLÍTICOS, CANDIDATOS

(Juiz de Direito – TJ/RS – 2018 – VUNESP) Com o advento da Emenda Constitucional nº 97/2017, a partir das eleições de 2020, a celebração de coligações será
(A) vedada nas eleições proporcionais, atingindo, assim, a proibição, os cargos de Vereador, Deputado Estadual, Deputado Federal e Deputado Distrital.
(B) permitida para as eleições majoritárias, ou seja, em relação aos cargos de Vereador, Deputado Estadual, Deputado Federal e Deputado Distrital.
(C) permitida para as eleições proporcionais, ou seja, em relação aos cargos de Prefeito, Governador, Senador e Presidente da República.
(D) vedada em qualquer hipótese, atingindo tanto as eleições majoritárias quanto as proporcionais.
(E) vedada nas eleições majoritárias, atingindo, assim, a proibição, os cargos de Prefeito, Governador, Senador e Presidente da República.

A única alternativa correta é apresentada pela letra A. Isto porque a EC 97/2017 trouxe disposição de que é assegurado aos partidos políticos autonomia para adotar os critérios de escolha e o regime de suas coligações nas eleições majoritárias, vedada a sua celebração nas eleições proporcionais, sem obrigatoriedade de vinculação entre as candidaturas em âmbito nacional, estadual, distrital ou municipal. O texto da EC 97/2017, em seu art. 2º, indica, de forma expressa, que a vedação de celebração de coligações nas eleições proporcionais apenas será aplicada a partir das eleições de 2020. Para esta questão, o candidato ainda deveria conhecer os cargos considerados "proporcionais" ou "majoritários". Na verdade as expressões são relacionadas ao sistema de apuração de votos, e não aos cargos propriamente. Explico melhor: temos em nosso ordenamento dois sistemas de apuração dos votos durante uma eleição. O primeiro, majoritário, será aplicado aos cargos de chefia do Executivo (Presidente e vice, Governador e vice, Prefeito e vice) e para o Senador e suplente. Neste sistema, será considerado eleito aquele que obtiver maioria dos votos. Em municípios com menos de 200.000 eleitores e nas eleições

17. DIREITO ELEITORAL

para Senador, basta a maioria simples dos votos em único turno. Para municípios com mais de 200.000 eleitores ou nas eleições para Presidente ou Governador, somente se resolverá em primeiro turno caso o candidato obtenha mais de 50% dos votos válidos (ou seja, 50%+1). Não alcançando esta proporção, a eleição se resolverá em segundo turno. Nesta ocasião (do segundo turno), será eleito o candidato com maior votação (maioria simples). Por outro lado, temos o sistema de apuração proporcional, aplicável aos cargos do Legislativo, com exceção ao cargo de Senador. Ou seja: Deputados federais, distritais, estaduais e vereadores. Neste sistema, é analisado o quociente eleitoral e partidário para fins de se verificar a distribuição de vagas. SC

Gabarito "A".

(Juiz – TJ-SC – FCC – 2017) A incorporação de partido político:

(A) somente é cabível em relação a partidos políticos que tenham obtido registro definitivo do Tribunal Superior Eleitoral há, pelo menos, 5 (cinco) anos.

(B) exige que os órgãos nacionais de deliberação dos partidos políticos envolvidos na incorporação aprovem, em reunião conjunta, por maioria absoluta, novos estatutos e programas, bem como elejam novo órgão de direção nacional ao qual caberá promover o registro da incorporação.

(C) não implica eleição de novo órgão de direção nacional, mantendo-se o mandato e a composição do órgão de direção nacional da agremiação partidária incorporadora.

(D) condiciona a existência legal da nova agremiação partidária ao registro, no Ofício Civil competente da Capital Federal, dos novos estatutos e programas, cujo requerimento deve ser acompanhado das atas das decisões dos órgãos competentes.

(E) não autoriza a soma dos votos obtidos na última eleição geral para a Câmara dos Deputados pelos partidos incorporados, para efeito da distribuição dos recursos do Fundo Partidário e do acesso gratuito ao rádio e à televisão.

A: correta, com fundamento no §9°, art. 29, Lei dos Partidos Políticos, que, a partir da Lei 13.165/2015, passou a estabelecer que "somente será admitida a fusão ou incorporação de partidos políticos que hajam obtido o registro definitivo do Tribunal Superior Eleitoral há, pelo menos, 5 (cinco) anos". Assim, há uma vedação à criação de partidos políticos que nascem destinados a serem verdadeiramente "loteados a outros"; **B:** incorreta, já que o §2°, art. 29, Lei dos Partidos Políticos estabelece que " No caso de incorporação, observada a lei civil, caberá ao partido incorporando deliberar por maioria absoluta de votos, em seu órgão nacional de deliberação, sobre a adoção do estatuto e do programa de outra agremiação"; **C:** incorreta. O art. 29, §1°, II, Lei dos Partidos Políticos dispõe que "- os órgãos nacionais de deliberação dos partidos em processo de fusão votarão em reunião conjunta, por maioria absoluta, os projetos, e elegerão o órgão de direção nacional que promoverá o registro do novo partido."; **D:** incorreta, já que esta regra disposta na assertiva D diz respeito à situação a ser observado no caso de fusão. Trata-se de reprodução do quanto disposto no §4°, art. 29, Lei dos Partidos Políticos; **E:** incorreta, já que a autorização é expressa pelo §7°, art. 29, Lei dos Partidos Políticos. SC

Gabarito "A".

(Juiz – TJ-SC – FCC – 2017) Nos termos da Constituição Federal, a Câmara dos Deputados compõe-se de representantes do povo, eleitos, pelo sistema proporcional. Tal sistema eleitoral:

(A) determina, segundo o Código Eleitoral, que as vagas não preenchidas segundo o quociente partidário serão distribuídas aos partidos com o maior número de votos remanescentes, ou seja, aqueles que restaram em face do cálculo do quociente partidário.

(B) determina, segundo o Código Eleitoral, a eleição dos candidatos que tenham obtido votos em número igual ou superior a 10% (dez por cento) do quociente eleitoral, tantos quantos o respectivo quociente partidário indicar, na ordem da votação nominal que cada um tenha recebido.

(C) impede, segundo a legislação eleitoral, que o voto conferido a candidato de determinado partido seja considerado para a eleição de candidato de partido diverso, ainda que coligado.

(D) determina, segundo o Código Eleitoral, a eleição dos candidatos que tenham obtido votos em número igual ou superior ao quociente eleitoral, na ordem da votação nominal que cada um tenha recebido.

(E) descabe ser aplicado à eleição de Vereadores, em virtude de a Constituição Federal atualmente estabelecer limite máximo de Vereadores para cada Município em função do número de habitantes, afastando a proporcionalidade da representação que originariamente vigorava.

A: incorreta, uma vez que os arts. 109 e 110 do Código Eleitoral estabelecem tratativa diferente. Atenção especial deve ser dada a estes dispositivos (objetivamente o art. 109, CE), uma vez que sofreu alterações pela Lei 13.165/2015 (Reforma de 2015). Vejamos: *Art. 109. Os lugares não preenchidos com a aplicação dos quocientes partidários e em razão da exigência de votação nominal mínima a que se refere o art. 108 serão distribuídos de acordo com as seguintes regras:*
I – dividir-se-á o número de votos válidos atribuídos a cada partido ou coligação pelo número de lugares definido para o partido pelo cálculo do quociente partidário do art. 107, mais um, cabendo ao partido ou coligação que apresentar a maior média um dos lugares a preencher, desde que tenha candidato que atenda à exigência de votação nominal mínima;
II – repetir-se-á a operação para cada um dos lugares a preencher;

III – quando não houver mais partidos ou coligações com candidatos que atendam às duas exigências do inciso I, as cadeiras serão distribuídas aos partidos que apresentem as maiores médias. § 1° O preenchimento dos lugares com que cada partido ou coligação for contemplado far-se-á segundo a ordem de votação recebida por seus candidatos.
§ 2° Poderão concorrer à distribuição dos lugares todos os partidos e coligações que participaram do pleito (Lei 13.488/2017)
Art. 110. Em caso de empate, haver-se-á por eleito o candidato mais idoso.
B: correta. Fundamento está no art. 108, CE. Destaca-se que esta disposição é também fruto de alterações inserida pela Lei 13.165/2015, portanto, deve o candidato possuir atenção redobrada. Importante mencionar, também, que esta quota de 10% (temos sustentado em sala a denominação "cláusula de barreira no Sistema proporcional") não será observada quando na situação de chamamento dos suplentes a ocuparem cargos vagos, mas tão somente para esta aferição de resultado das eleições; **C:** incorreta, isto porque o cálculo do quociente partidário inclui a consideração da unidade apresentada pela coligação. Ou seja, os partidos poderão (não há obrigatoriedade) coligar-se para uma eleição. Havendo coligação, toda a apuração será considerada tendo-se por base o partido político individualmente (quando não coligado) ou a própria coligação (quando houver associação entre as agremiações). Art. 107, CE; **D:** incorreta, uma vez que é necessário observar o cumprimento de 10% do quociente eleitoral, conforme dito na assertiva B, relativamente à cláusula de barreira do Sistema eleitoral; **E:** incorreta, já que o sistema proporcional de apuração dos votos será utilizado para as eleições para cargos do legislativo, sendo a única exceção o cargo de senador, onde a apuração se dá pelo sistema majoritário. SC

Gabarito "B".

(Juiz de Direito – TJ/SP – VUNESP – 2015) A liberdade e a autonomia partidária, asseguradas na lei e na Constituição Federal, permitem que os partidos políticos

(A) editem normas estatutárias definindo competência deliberativa exclusiva à presidência nacional do Partido, por conta de seu caráter nacional.

(B) estabeleçam normas estatutárias relativas a penalidades, suspensão de direito de voto ou perda de prerrogativas quanto aos seus filiados, por conta de suas condutas e votos.

(C) outorguem aos seus órgãos diretivos competência para escolha dos candidatos, independentemente de prévia fixação das regras de escolha em seu Estatuto.

(D) estabeleçam previsão estatutária que fixe sua imunidade ao controle judicial, em se tratando de competência interna *corporis*.

A: incorreta, uma vez que o art. 15, IV, Lei dos Partidos Políticos, estabelece que o Partido Político, através de seu Estatuto, deve conter normas sobre "modo como se organiza e administra, com a definição de sua estrutura geral e identificação, composição e competências dos órgãos partidários nos níveis municipal, estadual e nacional, duração dos mandatos e processo de eleição dos seus membros". **B:** correta, conforme *caput* do cart. 25, Lei dos Partidos Políticos. **C:** incorreta, pois em contrariedade do art. 15, VI, Lei dos Partidos Políticos "O Estatuto do partido deve conter, entre outras, normas sobre: VI – condições e forma de escolha de seus candidatos a cargos e funções eletivas". **D:** incorreta, uma vez que autonomia dos partidos políticos, indicado pelo art. 17, CF, não prevê disposições acerca de imunidade ao controle judicial. SC

Gabarito "B".

(Juiz de Direito – TJ/SP – VUNESP – 2015) O art. 22 da Lei 9.096/1995, com a redação da Lei 12.891/2013, estabelece como hipótese de cancelamento imediato de filiação partidária, entre outras:

(A) a filiação a outro partido, desde que comunicado o fato ao partido para cancelamento da filiação anterior.

(B) a expulsão do partido nos casos de posicionamentos contrários à liderança partidária, desde que consultados os filiados.

(C) a filiação a outro partido, comunicado o fato ao Juiz da respectiva zona eleitoral, prevalecendo a filiação mais recente em caso de coexistência de filiações.

(D) a perda dos direitos políticos diante de condenação, em decisão proferida por órgão colegiado, por ato de improbidade decorrente de dolo.

O art. 22, Lei dos Partidos Políticos, indica como situações ensejadoras de cancelamento imediato da desfiliação partidária: *"I – morte; II – perda dos direitos políticos; III – expulsão; IV – outras formas previstas no estatuto, com comunicação obrigatória ao atingido no prazo de quarenta e oito horas da decisão. V – filiação a outro partido, desde que a pessoa comunique o fato ao juiz da respectiva Zona Eleitoral."*. Cabe destacar que a reforma de 2015 (Lei 12.891/2013), alterou o parágrafo único do art. 22, Lei dos Partidos Políticos, para dispor que na ocorrência de pluri ou dupla filiação partidária, serão desconsideradas as filiações anteriores e será mantida apenas a mais recente. SC

Gabarito "C".

(Promotor de Justiça – MPE/RS – 2017) Considerando a Lei 9.096/1995, que dispõe sobre partidos políticos, assinale a alternativa correta.

(A) Após registrar seu estatuto no Cartório competente do Registro Civil das Pessoas Jurídicas, na Capital Federal, o partido político está apto a participar do processo eleitoral, receber recursos do Fundo Partidário e ter acesso gratuito ao rádio e à televisão.

(B) É vedado ao partido político estabelecer, em seu estatuto, prazos de filiação partidária superiores aos previstos na Lei 9.096/1995, com vistas à candidatura a cargos eletivos.

(C) Quem se filia a outro partido deve fazer comunicação ao partido ao qual era originalmente filiado e ao juiz de sua respectiva Zona Eleitoral, para cancelar sua filiação anterior; se não o fizer no dia imediato ao da nova filiação, fica configurada dupla filiação, sendo ambas consideradas nulas para todos os efeitos.
(D) A perda dos direitos políticos não implica o cancelamento imediato da filiação partidária.
(E) A desaprovação da prestação anual de contas do partido não enseja sanção alguma que o impeça de participar do processo eleitoral.

A: Incorreta. A EC 97/17 criou a chamada cláusula de barreira (ou de desempenho) ao dispor que os partidos somente terão acesso aos recursos do Fundo Partidário e ao tempo de propaganda gratuita no rádio e na televisão se alcançarem algumas condições. São elas: I – obtiverem, nas eleições para a Câmara dos Deputados, no mínimo, 3% (três por cento) dos votos válidos, distribuídos em pelo menos um terço das unidades da Federação, com um mínimo de 2% (dois por cento) dos votos válidos em cada uma delas; ou II – tiverem elegido pelo menos quinze Deputados Federais distribuídos em pelo menos um terço das unidades da Federação. (art. 17, §3°, CF); **B:** Incorreta. O partido político pode criar prazo superior. A vedação, por via contrária, está para fixação de prazo inferior (art. 20, Lei dos Partidos Políticos); **C:** Incorreta. Após a entrada em vigor da Lei 12.891/2013, havendo coexistência de filiações partidárias, prevalecerá a mais recente, devendo a Justiça Eleitoral determinar o cancelamento das demais; **D:** Incorreta, uma vez que o art. 22, II, Lei dos Partidos Políticos estabelece ser uma das formas de cancelamento da filiação partidária; **E:** Correta, conforme § 5° do art. 32 da Lei dos Partidos Políticos. SC
Gabarito "E".

(Procurador da República – PGR – 2015) O fundo partidário e composto por
(A) recursos exclusivamente públicos, vindos do Tesouro Nacional;
(B) recursos públicos e privados, excluídas multas e penalidades aplicadas pela Justiça Eleitoral;
(C) doações privadas e multas e penalidades aplicadas pela Justiça Eleitoral;
(D) recursos públicos, doações privadas, multas e penalidades aplicadas pela Justiça Eleitoral.

A alternativa D é a única correta, em atenção ao conteúdo normativo do art. 38, Lei dos Partidos Políticos (Lei 9.096/1995), vejamos: Art. 38. O Fundo Especial de Assistência Financeira aos Partidos Políticos (Fundo Partidário) é constituído por: I – multas e penalidades pecuniárias aplicadas nos termos do Código Eleitoral e leis conexas; II – recursos financeiros que lhe forem destinados por lei, em caráter permanente ou eventual; III – doações de pessoa física ou jurídica, efetuadas por intermédio de depósitos bancários diretamente na conta do Fundo Partidário; IV – dotações orçamentárias da União em valor nunca inferior, cada ano, ao número de eleitores inscritos em 31 de dezembro do ano anterior ao da proposta orçamentária, multiplicados por trinta e cinco centavos de real, em valores de agosto de 1995." SC
Gabarito "D".

(Analista – Judiciário –TRE/PI – 2016 – CESPE) Com base no disposto na Lei n.º 9.504/1997, assinale a opção correta.
(A) Nas eleições proporcionais, são computados como válidos todos os votos registrados pelas mesas receptoras.
(B) As eleições para governador, vice-governador, prefeito, vice-prefeito e vereador realizam-se simultaneamente, no primeiro domingo de outubro do ano de eleições estaduais.
(C) Nas eleições proporcionais, consideram-se válidos os votos dados a candidatos regularmente inscritos e às legendas partidárias.
(D) Será considerado eleito o candidato a governador que obtiver a maioria absoluta de votos, computados os votos brancos e nulos.
(E) Caso candidato a prefeito desista de concorrer à eleição municipal antes do segundo turno, deverá o juiz eleitoral cancelar imediatamente o pleito, devendo convocar novas eleições para o ano seguinte.

A: incorreta, já que são computados tão somente os votos válidos, ou seja, todos os votos colhidos pelas mesas receptoras, exceto os nulos e brancos; **B:** incorreta, uma vez que as eleições para governador e vice ocorrerão juntamente com as de Presidente e Vice (da República), Deputados e Senadores. As eleições municipais abrangerão tão somente a escolha de representantes para o cargo de prefeito municipal e vereadores; **C:** correta. Para que o voto seja "excluído" da contabilização, somente se for nulo ou em branco. O voto em legenda é válido; **D:** incorreta, pois, para a apuração do resultado das eleições, será necessária a adoção do paradigma dos votos válidos, ou seja, total de votos obtidos com exclusão dos nulos e brancos; **E:** incorreta, uma vez que o art. 2° da Lei das Eleições estabelece que se, antes de realizado o segundo turno, ocorrer morte, desistência ou impedimento legal de candidato, convocar-se-á, dentre os remanescentes, o de maior votação. SC
Gabarito "C".

(Juiz de Direito/AM – 2016 – CESPE) Considerando que, em um estado da Federação com direito a eleger vinte deputados federais, um partido político regularmente inscrito participará das eleições sem estar coligado a nenhum outro, assinale a opção que apresenta uma quantidade correta de candidatos que poderão concorrer ao cargo de deputado(a) federal pelo referido partido.
(A) vinte homens – vinte mulheres
(B) nove homens – vinte e uma mulheres
(C) vinte homens – duas mulheres
(D) vinte e dois homens – oito mulheres
(E) trinta homens – dez mulheres

A única alternativa correta é a trazida pela assertiva "B", uma vez que, em atenção ao §3° do art. 10 da Lei das Eleições, considerando o número possível ao registro de candidaturas, cada partido ou coligação preencherá o mínimo de 30% (trinta por cento) e o máximo de 70% (setenta por cento) para candidaturas de cada sexo. SC
Gabarito "B".

(Juiz de Direito/AM – 2016 – CESPE) De acordo com as normas que regulam o funcionamento dos partidos políticos no Brasil,
(A) não há restrições à fusão ou incorporação de partidos políticos que tenham obtido o registro definitivo do TSE.
(B) as mudanças de filiação partidária não são consideradas para efeito da distribuição dos recursos do fundo partidário entre os partidos políticos.
(C) o desvio reiterado do programa partidário, a grave discriminação política pessoal e a filiação a novo partido são consideradas justas causas de desfiliação de detentores de mandato eletivo.
(D) o apoiamento de eleitores filiados a determinado partido político pode ser computado para fins de registro do estatuto de um novo partido político.
(E) o tempo de propaganda partidária gratuita no rádio e na televisão é distribuído entre os partidos proporcionalmente aos votos obtidos na eleição mais recente para deputado federal.

A: incorreta, uma vez que o §9° do art. 29 da Lei dos Partidos Políticos estabelece que somente será admitida a fusão ou incorporação de partidos políticos que hajam obtido o registro definitivo do Tribunal Superior Eleitoral há, pelo menos, 5 (cinco) anos; **B:** correta, com fundamento no parágrafo único do art. 41 da Lei dos Partidos Políticos, que estabelece que, para efeito do disposto no inciso II (divisão do fundo partidário), serão desconsideradas as mudanças de filiação partidária em quaisquer hipóteses; **C:** incorreta, uma vez que o parágrafo único do art. 22-A da Lei dos Partidos Políticos, inserido pela Lei 13.165/15, estabelece como JUSTA CAUSA: I – mudança substancial ou desvio reiterado do programa partidário; II – grave discriminação política pessoal; III – mudança de partido efetuada durante o período de trinta dias que antecede o prazo de filiação exigido em lei para concorrer à eleição, majoritária ou proporcional, ao término do mandato vigente. Ou seja, a mudança de partido pelo simples fato da criação de um novo partido não está mais contemplada como autorizativo legal à exceção da fidelidade partidária; **D:** incorreta, já que o §1° do art. 7° da Lei dos Partidos Políticos é claro ao estabelecer que o apoiamento deve ser realizado por cidadãos não filiados a outros partidos; **E:** incorreta, uma vez que, pela leitura do art. 49 da Lei dos Partidos Políticos, depreende-se que a divisão do tempo reservado para propaganda partidária é correspondente ao número de cadeiras ocupadas (representação no congresso) e não aos votos obtidos. SC
Gabarito "B".

(Magistratura/GO – 2015 – FCC) O funcionamento parlamentar dos partidos políticos
(A) que ainda não tenham obtido registro junto à Justiça Eleitoral constitui questão que não cabe ao Tribunal Superior Eleitoral responder em sede de consulta.
(B) é assegurado, em todas as Casas Legislativas para as quais tenha elegido representante, aos partidos que, em cada eleição para a Câmara dos Deputados, tenham obtido o apoio de, no mínimo, cinco por cento dos votos apurados, não computados os brancos e os nulos, distribuídos em, pelo menos, um terço dos Estados, com um mínimo de dois por cento do total de cada um deles.
(C) não admite, em face da autonomia assegurada às agremiações partidárias, a formação de alianças e blocos parlamentares, pois devem atuar por intermédio de suas próprias bancadas e constituir suas lideranças entre seus representantes.
(D) cabe ser disciplinado pelos regimentos das respectivas Casas Legislativas, sendo matéria vedada às disposições dos estatutos partidários.
(E) cabe ser disciplinado pelos estatutos partidários, sendo matéria vedada às disposições dos regimentos internos das respectivas Casas Legislativas.

A: correta. Para responder a esta questão necessário o conhecimento de jurisprudência do TSE conferida no Resp. 22.132 "Consulta. Partido político. Funcionamento parlamentar. Matéria não eleitoral. Não conhecimento. O TSE não responde consulta envolvendo questão relativa ao funcionamento dos partidos políticos"; **B:** incorreta, já que a cláusula de barreira foi julgada inconstitucional pelo STF em oportunidade do julgamento das ADIs 1351 e 1354. Importante mencionar que a atual composição do TSE, especificamente o presidente Min. Dias Toffoli, defende a criação de uma nova cláusula de barreira para a contenção da criação de novos partidos políticos, atualmente em número de 33 (sendo 28 com representatividade no Congresso Nacional). Destaca-se, em caráter de atualização destes comentários, que a EC 97/17 criou a chamada cláusula de barreira (ou de desempenho) ao dispor que os partidos somente terão acesso aos recursos do Fundo Partidário e ao tempo de propaganda gratuita no rádio e na televisão se alcançarem algumas condições. São elas: I – obtiverem, nas eleições para a Câmara dos Deputados, no mínimo, 3%

(três por cento) dos votos válidos, distribuídos em pelo menos um terço das unidades da Federação, com um mínimo de 2% (dois por cento) dos votos válidos em cada uma delas; ou II – tiverem elegido pelo menos quinze Deputados Federais distribuídos em pelo menos um terço das unidades da Federação. (art. 17, §3º, CF); **C:** incorreta, pois em confronto com o que dispõe o art. 12 Lei dos Partidos Políticos, acerca do funcionamento parlamentar; **D:** incorreta, como mencionado na assertiva anterior, trata-se de afronta ao que dispõe o art. 12 da LPP; **E:** incorreta, uma vez que assim autoriza o já citado art. 12 da LPP, em sua parte final. SC
Gabarito "A".

(Juiz de Direito/MG – 2014) Sobre os partidos políticos, assinale a alternativa **INCORRETA**.

(A) O § 2º do Artigo 17 da Constituição Federal dispõe que os partidos políticos, após adquirirem personalidade jurídica, na forma da lei civil, registrarão seus estatutos no Tribunal Superior Eleitoral. Logo, o registro do estatuto no Tribunal Superior Eleitoral é condição *sine qua non* para que se considere criado um partido político para fins eleitorais.
(B) É assegurada aos partidos políticos a autonomia para definir sua estrutura interna, organização e funcionamento e para adotar os critérios de escolha e o regime de suas coligações eleitorais.
(C) O partido político funciona, nas casas legislativas, por intermédio de uma bancada, que deve constituir suas lideranças de acordo com o estatuto do partido, as disposições regimentais das respectivas casas e as normas da Lei dos Partidos Políticos.
(D) É autorizada a utilização pelos partidos políticos de organização paramilitar.

A: assertiva correta, nos exatos termos do art. 17, § 2º, CF; **B:** assertiva correta, conforme disposto no art. 17, § 1º, CF; **C:** assertiva correta, conforme o art. 12, Lei 9.096/1995; **D:** assertiva incorreta, devendo ser assinalada, por vedação expressa contida no § 4º do art. 17 da CF, é vedada a utilização pelos partidos políticos de organização paramilitar. SC
Gabarito "D".

(Promotor de Justiça/PI – 2014 – CESPE) Assinale a opção correta com relação aos partidos políticos.

(A) A responsabilidade, inclusive civil e trabalhista, cabe solidariamente ao órgão partidário municipal, estadual ou nacional que tiver dado causa a descumprimento da obrigação, a violação de direito, a dano a outrem ou a qualquer ato ilícito.
(B) A sanção de suspensão do repasse de novas quotas do fundo partidário, por desaprovação total da prestação de contas de partido, não pode ser aplicada por meio de desconto, do valor a ser repassado, da importância apontada como irregular.
(C) É assegurada aos partidos políticos autonomia para adotar os critérios de escolha e o regime de suas coligações eleitorais, sem obrigatoriedade de vinculação entre as candidaturas em âmbito nacional, estadual, distrital ou municipal.
(D) Os órgãos de direção nacional, estadual e municipal do partido político podem receber doações de pessoas físicas e jurídicas, inclusive entidades de classe ou sindicais, para constituição de seus fundos.
(E) A personalidade jurídica é adquirida, nos termos da lei civil, após o registro do estatuto do partido político no TSE.

A: incorreta, uma vez que o art. 15-A da Lei dos Partidos Políticos dispõe que a responsabilidade, inclusive civil e trabalhista, cabe exclusivamente ao órgão partidário municipal, estadual ou nacional que tiver dado causa ao não cumprimento da obrigação, à violação de direito, a dano a outrem ou a qualquer ato ilícito, excluída a solidariedade de outros órgãos de direção partidária; **B:** incorreta, uma vez que o art. 37, § 3º da Lei dos Partidos Políticos dispõe que a sanção por desaprovação das contas deverá ser aplicada de forma proporcional e razoável, pelo período de 1 (um) mês a 12 (doze) meses e o pagamento deverá ser feito por meio de desconto nos futuros repasses de cotas do Fundo Partidário, desde que a prestação de contas seja julgada, pelo juízo ou tribunal competente, em até 5 (cinco) anos de sua apresentação; **C:** correta, nos exatos termos do disposto no *caput* e parágrafo único do art. 3º da Lei dos Partidos Políticos. Cabe destacar que com a EC 97/17 foi dada nova redação ao §1º, art. 17, CF, que passa a dispor que "É assegurada aos partidos políticos autonomia para definir sua estrutura interna e estabelecer regras sobre escolha, formação e duração de seus órgãos permanentes e provisórios e sobre sua organização e funcionamento e para adotar os critérios de escolha e o regime de suas coligações nas eleições majoritárias, vedada a sua celebração nas eleições proporcionais, sem obrigatoriedade de vinculação entre as candidaturas em âmbito nacional, estadual, distrital ou municipal, devendo seus estatutos estabelecer normas de disciplina e fidelidade partidária". Assim, não é mais possível que seja realizada coligação em eleições que sejam apuradas pelo sistema proporcional.; **D:** incorreta, uma vez que há o proibitivo expresso do art. 31, IV, Lei dos Partidos Políticos que veda ao partido receber, direta ou indiretamente, sob qualquer forma ou pretexto, contribuição ou auxílio pecuniário ou estimável em dinheiro, inclusive através de publicidade de qualquer espécie, procedente, dentre outros, de entidade de classe ou sindical; **E:** incorreta. A personalidade jurídica do partido político é adquirida com o registro junto ao Registro Civil das Pessoas Jurídicas, da Capital Federal, conforme depreende-se da leitura dos arts. 7º e 8º, Lei dos Partidos Políticos. SC
Gabarito "C".

(Procurador da República – 26.º) Quanto aos partidos políticos correto afirmar que:

(A) apenas tem direito a cotas do fundo partidário e à propaganda partidária gratuita no rádio e na televisão o partido que, em cada eleição para a Câmara dos Deputados obtenha o apoio de, no mínimo, cinco por cento dos votos apurados, não computados os brancos e os nulos, distribuídos em, pelo menos, um terço dos Estados, com um mínimo de dois por cento do total de cada um deles;
(B) não sendo os partidos pessoas jurídicas de direito público não cabe mandado de segurança contra os atos de seus representantes ou de seus órgãos;
(C) na propaganda partidária gratuita no rádio e na televisão os partidos poderão difundir seus programas partidários, divulgar a sua posição em relação a temas político-comunitários, bem como divulgar a propaganda de seus candidatos a cargos eletivos;
(D) poderão estabelecer em seus estatutos, com vista a candidatura a cargos eletivos, prazos de filiação partidária superiores aos previstos na lei.

A: incorreta, pois o art. 7.º, § 2º, da Lei 9.096/1995 dispõe que somente o partido que tenha registrado seu estatuto no Tribunal Superior Eleitoral pode participar do processo eleitoral, receber recursos do Fundo Partidário e ter acesso gratuito ao rádio e à televisão, sendo esta a única condição prevista na Lei 9.096/1995; **B:** incorreta, vez que a Lei 12.016/2009 dispõe em seu art. 1º que conceder-se-á mandado de segurança para proteger direito líquido e certo, não amparado por *habeas corpus* ou habeas data, sempre que, ilegalmente ou com abuso de poder, qualquer pessoa física ou jurídica sofrer violação ou houver justo receio de sofrê-la por parte de autoridade, seja de que categoria for e sejam quais forem as funções que exerça. O, § 1º do referido artigo complementa ao definir que equiparam-se às autoridades, para os efeitos da referida Lei, os representantes ou órgãos de partidos políticos; **C:** incorreta, vez que a veiculação de propaganda de seus candidatos a cargos eletivos encontra expressa vedação no art. 45, § 1º, II, da Lei 9.096/1995, vez que a propaganda partidária não se confunde com a eleitoral, possuindo cada qual um regramento próprio; **D:** correta, conforme dispõe o art. 20 da Lei 9.096/1995. SC
Gabarito "D".

4. ELEIÇÕES, VOTOS, APURAÇÃO, QUOCIENTES ELEITORAL E PARTIDÁRIO

(Magistratura/GO – 2015 – FCC) Iniciados os trabalhos de votação, caso ocorra, em determinada seção eleitoral, falha na urna que impeça a continuidade da votação eletrônica antes que o segundo eleitor conclua seu voto, esgotados os procedimentos de contingência previstos na legislação

(A) será considerado nulo o voto do segundo eleitor, entregando-se-lhe o comprovante de votação, com o registro dessa ocorrência na ata.
(B) deverá o segundo eleitor iniciar novamente o processo de votação, em outra urna ou em cédulas, considerando-se insubsistentes os votos para os cargos por ele sufragados na urna danificada, mantida a votação do primeiro eleitor.
(C) deverá o primeiro eleitor votar novamente, em outra urna ou em cédulas, sendo o voto sufragado na urna danificada considerado insubsistente.
(D) caberá à Mesa Receptora de Votos dispensar a presença do primeiro eleitor logo após verificar o adequado armazenamento de seu voto no cartão de memória da urna danificada, bem como a viabilidade de sua transmissão.
(E) deverá o segundo eleitor retomar o processo de votação, em outra urna ou em cédulas, assinalando votos somente para os cargos por ele não sufragados na urna danificada, mantida a votação do primeiro eleitor.

A única alternativa correta encontra-se esclarecida na alternativa C. O § 2º do art. 96 da Resolução TSE 23.399/2014 dispõe que "*art. 96. Para garantir o uso do sistema eletrônico, além do previsto no artigo anterior, poderá ser realizada carga de urna de seção, obedecendo, no que couber, o disposto nos artigos 65 e 74 desta resolução, desde que não tenha ocorrido votação naquela seção. § 2º Na hipótese de ocorrer falha na urna que impeça a continuidade da votação eletrônica antes que o segundo eleitor conclua seu voto, esgotadas as possibilidades previstas no artigo anterior, deverá o primeiro eleitor votar novamente, em outra urna ou em cédulas, sendo o voto sufragado na urna danificada considerado insubsistente*". SC
Gabarito "C".

(Magistratura/RR – 2015 – FCC) Entre os atos preparatórios à votação, destaca-se a constituição das Mesas Receptoras de Votos. Segundo a disciplina normativa que rege sua composição

(A) admite-se a participação, como integrantes da mesma Mesa, de eleitores que tenham relação de parentesco.
(B) a nomeação dos membros da Mesa deve recair preferencialmente sobre eleitores da própria seção eleitoral e, dentre estes, sobre diplomados em escola superior, professores e serventuários da Justiça.

(C) é cabível sua redução numérica, mediante dispensa devidamente concedida pelo Tribunal Regional Eleitoral competente, para, no mínimo, dois membros.
(D) devem ser nomeados, para cada Mesa, um presidente, um primeiro e um segundo mesários, três secretários e dois suplentes.
(E) admite-se a participação, como mesários, de eleitores menores de dezoito anos, diversamente do que permitido para Mesas Receptoras de Justificativas.

A: incorreta. O § 1º do art. 120 do CE, dispõe que não podem ser nomeados presidentes e mesários: I – os candidatos e seus parentes ainda que por afinidade, até o segundo grau, inclusive, e bem assim o cônjuge; II – os membros de diretórios de partidos desde que exerça função executiva; III – as autoridades e agentes policiais, bem como os funcionários no desempenho de cargos de confiança do Executivo; IV – os que pertencerem ao serviço eleitoral; **B:** correta, conforme redação trazida pelo § 2º do art. 120 do CE, ao dispor que os mesários serão nomeados, de preferência entre os eleitores da própria seção, e, dentre estes, os diplomados em escola superior, os professores e os serventuários da Justiça; **C:** incorreta, pois a redução para dois membros só pode ocorrer quanto na mesa receptora de justificativa, conforme § 1º do art. 9º, Resolução TSE 23.399/2014; **D:** incorreta. Conforme o art. 120 do CE, constituem a mesa receptora um presidente, um primeiro e um segundo mesários, dois secretários e um suplente, nomeados pelo juiz eleitoral sessenta dias antes da eleição, em audiência pública, anunciado pelo menos com cinco dias de antecedência; **E:** incorreta, uma vez que o art. 63, § 2º, da Lei das Eleições, dispõe que não podem ser nomeados presidentes e mesários os menores de dezoito anos. SC
Gabarito "B".

(Magistratura/RR – 2015 – FCC) A disciplina normativa que rege o sistema proporcional de eleição determina que:

(A) Os lugares não preenchidos com a aplicação dos quocientes partidários serão distribuídos mediante a observância do sistema de maiores médias, sendo que, em caso de empate nas médias, prevalecerá o candidato mais idoso.
(B) Em caso de empate entre candidatos da mesma coligação, será eleito o candidato da legenda partidária com maior votação dentro da própria coligação.
(C) Na ocorrência de vaga, não havendo suplente para preenchê-la, far-se-á eleição, salvo se faltarem menos de nove meses para findar o período de mandato.
(D) Se nenhum partido político ou coligação alcançar o quociente eleitoral, serão eleitos, até o preenchimento de todos os lugares, os candidatos mais votados.
(E) O quociente eleitoral de cada circunscrição será divulgado pelos respectivos Tribunais Regionais Eleitorais previamente à realização do pleito eleitoral.

A: incorreta, uma vez que o art. 109 do CE, disciplina a forma que se dará a divisão de lugares não preenchidos com a aplicação dos quocientes partidários, devendo ser observadas as regras dos incisos, sendo elas: "I – dividir-se-á o número de votos válidos atribuídos a cada Partido ou coligação de Partidos pelo número de lugares por ele obtido, mais um, cabendo ao Partido ou coligação que apresentar a maior média um dos lugares a preencher; II – repetir-se-á a operação para a distribuição de cada um dos lugares. § 1º O preenchimento dos lugares com que cada Partido ou coligação for contemplado far-se-á segundo a ordem de votação recebida pelos seus candidatos.§ 2º Só poderão concorrer à distribuição dos lugares os Partidos e coligações que tiverem obtido quociente eleitoral."; **B:** incorreta, uma vez que o art. 110 do CE, esclarece que em caso de empate, haver-se-á por eleito o candidato mais idoso; **C:** incorreta, já que o art. 113, o Código Eleitoral dispõe que na ocorrência de vaga, não havendo suplente para preenchê-la, far-se-á eleição, salvo se faltarem menos de nove meses para findar o período de mandato; **D:** correta, em atenção à dicção do art. 111 do CE; **E:** incorreta, uma vez que não há como ser estabelecido o quociente antes da realização do pleito. Dispõe o art. 106 do CE que se determina o quociente eleitoral dividindo-se o número de votos válidos apurados pelo de lugares a preencher em cada circunscrição eleitoral, desprezada a fração se igual ou inferior a meio, equivalente a um, se superior. SC
Gabarito "D".

(Magistratura/SC – 2015 – FCC) Conforme o regime legal que dispõe sobre o sistema de representação proporcional, as cadeiras não preenchidas com a aplicação dos quocientes partidários serão distribuídas mediante a observância do sistema de maiores médias. Nesse caso,

(A) divide-se o número de votos válidos atribuídos a cada partido ou coligação pelo número de vagas por ele obtido, mais um, cabendo ao partido ou coligação que apresentar a maior média as demais cadeiras a preencher.
(B) as cadeiras não preenchidas são atribuídas aos partidos ou coligações com o maior número de votos residuais, considerados aqueles não utilizados para a definição das vagas mediante a aplicação dos quocientes partidários.
(C) havendo empate nas médias, prevalece o partido ou coligação com maior votação.
(D) havendo empate nas médias, prevalece o candidato mais idoso.
(E) divide-se o número de votos válidos atribuídos a cada partido ou coligação pelo número de vagas por ele obtido, cabendo ao partido ou coligação que apresentar a maior média mais uma das cadeiras a preencher.

A única alternativa que apresenta assertiva correta está na letra C. Vide Res.-TSE 16.844/1990 e Jurisprudência Ac.-TSE 11.778/1994 e 2.895/2001: no caso de empate na média entre dois ou mais partidos ou coligações, considerar-se-á o partido ou coligação com maior votação, não se aplicando o art. 110 do CE. Ac.-TSE 2.845/2001: no caso de empate na média e no número de votos, deve ser usado como terceiro critério de desempate o número de votos nominais. SC
Gabarito "C".

(Juiz de Direito/MG – 2014) O sistema eleitoral é o conjunto de técnicas e procedimentos que se empregam na realização das eleições, destinados a organizar a representação do povo no território nacional, sendo que, no Brasil, se adota o sistema majoritário e o proporcional.
Considerando o sistema eleitoral brasileiro, assinale a alternativa INCORRETA.

(A) O sistema majoritário é aquele em que são eleitos os candidatos que tiverem o maior número de votos para o cargo disputado.
(B) No sistema majoritário deve-se observar, para os cargos de presidente, governador e prefeitos de municípios com mais de duzentos mil eleitores, que é necessária a obtenção da maioria absoluta de votos, não computados os em branco e os nulos, no 1º turno, sob pena de se realizar o 2º turno com os dois candidatos mais votados.
(C) O sistema proporcional é utilizado para os cargos de várias vagas, como os de senadores.
(D) O sistema proporcional objetiva distribuir proporcionalmente as vagas entre os partidos políticos que participam da disputa e, com isso, viabilizar a representação de todos os setores da sociedade no parlamento.

A: assertiva correta, "pelo sistema majoritário, o candidato que receber a maioria – absoluta ou relativa – dos votos válidos é considerado vencedor do certame" (GOMES, José Jairo. Direito eleitoral. 8. ed. São Paulo: Atlas, 2012. p.110); **B:** assertiva correta, conforme verificamos nos artigos 28, *caput*, 29, II, 32, § 2º, 46 e 77, § 2º, todos da CF; **C:** assertiva incorreta, devendo ser assinalada, uma vez para o cargo de Senador será utilizado o sistema majoritário na apuração dos votos, conforme art. 83, Código Eleitoral; **D:** assertiva correta, nos dizeres do ilustre José Jairo Gomes, o "sistema proporcional foi concebido para refletir os diversos pensamentos e tendências existentes no meio social. Visa distribuir entre as múltiplas entidades políticas as vagas existentes na Casas Legislativas, tornando equânime a disputa pelo poder e, principalmente, ensejando a representação de grupos minoritários." (Idem, p. 111-112). SC
Gabarito "C".

(Juiz de Direito/MG – 2014) Sobre os direitos políticos, assinale a alternativa **INCORRETA**.

(A) Direitos políticos são as prerrogativas e os deveres inerentes à cidadania. Englobam o direito de participar direta ou indiretamente do governo, da organização e do funcionamento do Estado.
(B) A soberania popular será exercida pelo sufrágio universal e pelo voto direto e secreto, com valor igual para todos.
(C) A Constituição Federal declara que, no Brasil, o alistamento eleitoral e o voto são obrigatórios para os maiores de 18 anos e facultativos para os analfabetos, os maiores de 70 anos e os maiores de 16 e menores de 18 anos.
(D) É certo afirmar que a cassação do direito político é permitida e se equipara à perda e à suspensão dos direitos políticos.

A: assertiva correta. Direitos políticos consubstanciam-se, objetivamente, no direito-prerrogativa e direito-dever inerente à cidadania. Quanto a direito-prerrogativa entendemos a faculdade do cidadão em candidatar-se a cargos eletivos bem como as hipóteses em que sua participação efetiva e ativa (votar) é facultada pela própria Constituição Federal (art. 14, § 1º, II, CF). Quanto a direito-dever, entendemos os casos em que o voto (direitos políticos ativos) é obrigatório (art. 14, § 1º, I, CF); **B:** assertiva correta, nos exatos termos que dispõe o art. 14, *caput*, CF; **C:** assertiva correta, conforme disposto no art. 14, § 1º, I, II, CF; **D:** assertiva incorreta, devendo ser assinalada, vez que cassação e suspensão de direitos políticos são institutos distintos. O ordenamento pátrio não admite a cassação dos direitos políticos (art. 15, *caput*, CF), muito embora preveja situações onde se dará a suspensão e perda dos direitos políticos (art. 15, *in fine*, CF), como no caso de I – cancelamento da naturalização por sentença transitada em julgado; II – incapacidade civil absoluta; III – condenação criminal transitada em julgado, enquanto durarem seus efeitos; IV – recusa de cumprir obrigação a todos imposta ou prestação alternativa, nos termos do art. 5º, VIII; V – improbidade administrativa, nos termos do art. 37, § 4º. SC
Gabarito "D".

(Magistratura/RR – 2015 – FCC) Nos termos da legislação que disciplina a apuração dos votos:

(A) O Relatório Geral de Apuração, apresentado ao Tribunal Regional Eleitoral, conterá, entre outros dados, o quociente eleitoral, os quocientes partidários, a distribuição das sobras, os votos de cada partido político, coligação e candidato nas eleições majoritária e proporcional, bem como as seções anuladas e as não apuradas, os motivos e a quantidade de votos anulados ou não apurados.

(B) O Relatório Geral de Apuração, apresentado à Comissão Apuradora, ficará na Secretaria do Tribunal Regional Eleitoral, pelo prazo de cinco dias, para exame pelos partidos políticos e coligações interessados, que poderão examinar, também, os documentos nos quais foi baseado, inclusive arquivo ou relatório gerado pelo sistema de votação ou totalização.
(C) Constitui crime, punível com reclusão, de cinco a doze anos, obter acesso a sistema de tratamento automático de dados usado pelo serviço eleitoral, a fim de alterar a apuração de votos.
(D) Cabe a cada Tribunal Regional Eleitoral, até a véspera das eleições, constituir, com cinco de seus membros, presidida por um deles, uma Comissão Apuradora.
(E) Os boletins de urna deverão conter, entre outros dados, o código de identificação da urna, a votação individual de cada eleitor, a soma geral dos votos e a quantidade de eleitores aptos.

A: correta, conforme dicção do art. 199, § 5º, do CE; **B:** incorreta, pois o art. 199, § 5º, do CE, o relatório será apresentado ao Tribunal Regional Eleitoral e não à Comissão apuradora. O prazo será de 3 e não 5 dias. Não há no texto legal a expressão "inclusive arquivo ou relatório"; **C:** incorreta, uma vez que o art. 72, I, da Lei das Eleições dispõe que "Constituem crimes, puníveis com reclusão, de cinco a **dez anos**: I – obter acesso a sistema de tratamento automático de dados usado pelo serviço eleitoral, a fim de alterar a apuração ou a **contagem de votos** (...)"; **D:** incorreta, uma vez que o *caput* do art. 199 do CE dispõe que "antes de iniciar a apuração o Tribunal Regional constituirá com três de seus membros, presidida por um destes, uma Comissão apuradora; **E:** incorreta, pois conforme o art. 179, II, do CE: "Concluída a contagem dos votos a Junta ou turma deverá: (...); II – expedir boletim contendo o resultado da respectiva seção, no qual serão consignados o número de votantes, a votação individual de cada candidato, os votos de cada legenda partidária, os votos nulos e os em branco, bem como recursos, se houver". SC
Gabarito "A".

(Juiz de Direito/MG - 2014) Sobre a apuração das eleições, assinale a alternativa **INCORRETA**.
(A) A apuração compete às Juntas Eleitorais, no tocante às eleições realizadas na zona sob sua jurisdição; aos Tribunais Regionais, a referente às eleições para governador, vice-governador, senador, deputado federal e estadual, de acordo com os resultados parciais enviados pelas Juntas Eleitorais; ao Tribunal Superior Eleitoral nas eleições para presidente e vice-presidente da República, pelos resultados parciais remetidos pelos Tribunais Regionais.
(B) Podem e devem fiscalizar a apuração os partidos políticos e coligações, por meio de seus fiscais e delegados, devidamente credenciados, os candidatos, que são fiscais natos, e o Ministério Público, fiscal da lei eleitoral sempre.
(C) À medida que os votos forem sendo apurados, poderão os fiscais e delegados de partido, assim como os candidatos, apresentar impugnações que serão decididas de plano pela Junta. Todavia, ainda que não tenha havido impugnação perante a Junta Eleitoral, no ato da apuração, contra as nulidades arguidas, poderão os interessados apresentar recursos.
(D) A lei indica a competência para proceder à publicação dos resultados finais dos pleitos, a saber: nas eleições municipais, é da Junta Eleitoral; nas eleições gerais, do TRE, e, nas eleições presidenciais, do TSE.

A: assertiva correta, com fundamento trazido pelos arts. 40, I, 30, VII, e 22, I, todos do CE; **B:** assertiva correta, o art. 71, Lei das Eleições, dispõe que cumpre aos partidos e coligações, por seus fiscais e delegados devidamente credenciados, e aos candidatos, proceder à instrução dos recursos interpostos contra a apuração, juntando, para tanto, cópia do boletim relativo à urna impugnada. Quanto ao Ministério Público, o poder fiscalizatório vem fundamentado no art. 127, CF, art. 72, LOMP; **C:** assertiva incorreta, devendo ser assinalada, com inteligência do art. 171, CE, que dispõe que não será admitido recurso contra a apuração, se não tiver havido impugnação perante a Junta, no ato apuração, contra as nulidades arguidas; **D:** assertiva correta, especificamente trazidos pelos arts. 40, I, CE; 30, VII, e art. 22, I, todos do CE. SC
Gabarito "C".

5. PROPAGANDA ELEITORAL E RESTRIÇÕES NO PERÍODO ELEITORAL

(Juiz de Direito - TJ/RS - 2018 - VUNESP) Acerca do uso da internet em campanhas eleitorais, disciplinado por modificações introduzidas na Lei Federal nº 9.504/1997, é correto afirmar que
(A) a menção à pretensa candidatura, a exaltação das qualidades pessoais dos pré-candidatos e a divulgação de posicionamento pessoal sobre questões políticas, inclusive nas redes sociais, configuram propaganda eleitoral antecipada.
(B) o poder de polícia da Justiça Eleitoral se restringe às providências necessárias para inibir práticas ilegais, sendo, portanto, possível a censura prévia sobre o teor dos programas a serem exibidos na internet.
(C) o candidato poderá divulgar sua candidatura em sítios de pessoas jurídicas sem fins lucrativos, desde que o espaço seja fornecido gratuitamente.
(D) nenhuma pessoa jurídica de direito privado, com fins lucrativos, poderá doar ou ceder o cadastro eletrônico de seus clientes em favor de candidatos, partidos ou coligações.
(E) a propaganda eleitoral na internet é permitida quando se tratar, por exemplo, de menções em redes sociais, cujo conteúdo seja gerado por candidatos, partidos, coligações ou qualquer pessoa natural, sem contratação de impulsionamento de conteúdos.

A: incorreta. O art. 36-A, Lei 9.504/1997, com as alterações trazidas pela Lei 13.165/2017, dispõe exatamente o contrário da assertiva, informando que tais condutas descritas não configuram a propaganda antecipada; **B:** incorreta. O art. 41, § 2º, Lei 9.504/1997 disciplina exatamente que neste conceito de poder de polícia é vedada a censura prévia sobre o teor dos programas a serem exibidos na televisão, no rádio ou na internet; **C:** incorreta, já que o art. 57-C, § 1º, I, Lei 9.504/1997 dispõe expressamente acerca da vedação de propaganda, ainda que gratuita, em sites de pessoas jurídicas com ou sem fins lucrativos; **D:** incorreta. A assertiva faz menção ao disposto no art. 57-E, Lei 9.504/1997, que por sua vez, ao tratar das vedações, indica que estas serão direcionadas às pessoas relacionadas no art. 24, da mesma Lei. Neste último dispositivo, apenas consta a pessoa de direito privado "IV- Entidade de direito privado que receba, na condição de beneficiária, contribuição compulsória em virtude de disposição legal"; **E.** correta. No entanto esta questão pode causar grande dúvida no candidato pela possibilidade de interpretação variada. Perceba: O art. 57-B, Lei 9.504/1997, dispõe que a propaganda eleitoral na internet poderá ser realizada, dentre outras formas, "IV- por meio de blogs, redes sociais, sítios de mensagens instantâneas e aplicações de internet assemelhadas cujo conteúdo seja gerado ou editado por: a) candidatos, partidos ou coligações; ou b) qualquer pessoa natural, desde que não contrate impulsionamento de conteúdos." A informação de que a contratação de impulsionamento é vedada deve ser aplicada tão somente à alínea "a", ou seja, às pessoas naturais. A assertiva E relaciona as hipóteses em texto contínuo, deixando dúvida sobre a vedação de impulsionamento ser aplicado a todas as pessoas relacionadas ou apenas às pessoas naturais. No entanto, considerando que há aqui uma reprodução do texto legal, o intento é destacar que apenas às pessoas naturais não se permitirá o impulsionamento. Na visão deste autor, abordagem extremamente desnecessária, por levar candidatos à erro, sem apurar, de fato, se conhece a norma. SC
Gabarito "E".

(Juiz de Direito - TJ/RJ - VUNESP - 2016) Assinale a alternativa que corretamente discorre sobre aspectos da propaganda eleitoral.
(A) A exaltação das realizações pessoais de determinada pessoa que já foi candidata a mandato eletivo, que se confunde com a ação política a ser desenvolvida e que traduz a ideia de que seja ela a pessoa mais apta para o exercício da função pública, é circunstância que não configura a prática de propaganda eleitoral, nem desvirtuamento do instituto.
(B) O candidato que exerce a profissão de cantor não pode permanecer exercendo-a em período eleitoral, mesmo que essa atividade não tenha como finalidade a animação de comício ou reunião eleitoral e que não haja nenhuma alusão à candidatura ou à campanha eleitoral, ainda que em caráter subliminar.
(C) A participação de filiados a partidos políticos ou de pré-candidatos em entrevistas, programas, encontros ou debates no rádio, na televisão e na internet, inclusive com a exposição de plataformas e projetos políticos, ainda que sem pedido explícito de voto, caracteriza propaganda eleitoral antecipada vedada.
(D) A realização de prévias partidárias e sua transmissão ao vivo por emissoras de rádio e de televisão, a divulgação dos nomes dos filiados que participarão da disputa e a realização de debates entre os pré-candidatos, não configuram propaganda eleitoral antecipada.
(E) Entende-se como ato de propaganda eleitoral aquele que leva ao conhecimento geral, ainda que de forma dissimulada, a candidatura, mesmo que apenas postulada, a ação política que se pretende desenvolver ou razões que induzam a concluir que o beneficiário é o mais apto ao exercício de função pública.

A: incorreta, "Eleições 2010. Desvirtuamento da propaganda partidária. Causa de pedir. Realização de propaganda eleitoral extemporânea. Pedido. Multa. Condenação. 4. Na espécie, tem-se que a exaltação das realizações pessoais da recorrente se confunde com a ação política a ser desenvolvida, o que traduz a ideia de que seja ela a pessoa mais apta para o exercício da função pública, circunstância que configura a prática de propaganda eleitoral. Precedentes". (Ac. de 12.5.2011 no R-Rp nº 222623, rel. Min. Nancy Andrighi)". **B:** incorreta, "Consulta. Candidato. Cantor. Exercício da profissão em período eleitoral. 1. O candidato que exerce a profissão de cantor pode permanecer exercendo-a em período eleitoral, desde que não tenha como finalidade a animação de comício ou reunião eleitoral e que não haja nenhuma alusão à candidatura ou à campanha eleitoral, ainda em caráter subliminar. 2. Eventuais excessos podem ensejar a configuração de abuso do poder econômico, punível na forma do art. 22 da Lei Complementar 64/90, ou mesmo outras sanções cabíveis. [...]."(Res. 23.251, de 15.4.2010, rel. Min. Arnaldo Versiani). **C:** incorreta, em atenção à disciplina no art. 36-A Lei das eleições e jurisprudência: "Propaganda eleitoral antecipada. O TSE já firmou entendimento no sentido de que, nos termos do art. 36-A da Lei das Eleições, não caracteriza propaganda eleitoral extemporânea a participação de filiados a partidos políticos em entrevistas ou programas de rádio, inclusive com a exposição de

plataformas e projetos políticos, desde que não haja pedido de votos, devendo a emissora conferir-lhes tratamento isonômico. Precedentes: R-Rp 1679-80, rel. Min. Joelson Dias, DJE de 17.2.2011; R-Rp 1655-52, relª. Minª. Nancy Andrighi, PSESS em 5.8.2010" (Ac. de 21.11.2013 no AgR-REspe 6083, Rel. Henrique Neves da Silva); **D**: incorreta, O artigo 36-A da Lei 9.504/1997 dispõe que "Não configuram propaganda eleitoral antecipada, desde que não envolvam pedido explícito de voto, a menção à pretensa candidatura, a exaltação das qualidades pessoais dos pré-candidatos e os seguintes atos, que poderão ter cobertura dos meios de comunicação social, inclusive via internet: III – a realização de prévias partidárias e a respectiva distribuição de material informativo, a divulgação dos nomes dos filiados que participarão da disputa e a realização de debates entre os pré-candidatos; § 1º. É vedada a transmissão ao vivo por emissoras de rádio e de televisão das prévias partidárias, sem prejuízo da cobertura dos meios de comunicação social"; **E**: correta, o fundamento está no art. 36-A ao estabelecer que todas as situações que não configurarão propaganda antecipada. Complementarmente a isto, cabe destacar posição jurisprudencial sobre o tema: "Propaganda eleitoral antecipada. Art. 36-A da Lei 9.504/97 [...] 1. O TSE já assentou o entendimento de que propaganda eleitoral é aquela que leva ao conhecimento geral, ainda que de forma dissimulada, a candidatura, mesmo que apenas postulada, a ação política que se pretende desenvolver ou razões que induzam a concluir que o beneficiário é o mais apto ao exercício de função pública. 2. Verifico que as premissas fáticas delineadas na instância a quo demonstram a ocorrência de propaganda eleitoral extemporânea, haja vista a alusão expressa feita em relação ao apoio à candidatura da beneficiária, não tendo havido, desse modo, violação ao artigo 36-A da Lei 9.504/97". (Ac. de 20.3.2014 no AgR-REspe 16734, Rel. Laurita Vaz)". SC
Gabarito "E".

(Juiz de Direito – TJ/MS – VUNESP – 2015) No que se refere à propaganda eleitoral na Imprensa, é correto afirmar que são permitidas,

(A) até a antevéspera das eleições, a divulgação paga, na imprensa escrita, e a reprodução na internet do jornal impresso, de até 10 (dez) anúncios de propaganda eleitoral, por veículo, em datas diversas, para cada candidato, no espaço máximo, por edição, de 1/8 (um oitavo) de página de jornal padrão e de 1/4 (um quarto) de página de revista ou tabloide.

(B) até a antevéspera das eleições, a divulgação paga, na imprensa escrita, e a reprodução na internet do jornal impresso, de até 12 (doze) anúncios de propaganda eleitoral, por veículo, em datas diversas, para cada partido, no espaço máximo, por edição, de 1/6 (um sexto) de página de jornal padrão e de 1/3 (um terço) de página de revista ou tabloide.

(C) até o dia das eleições, a divulgação paga, na imprensa escrita, e a reprodução na internet do jornal impresso, de até 7 (sete) anúncios de propaganda eleitoral, por veículo, em datas diversas, para cada partido, no espaço máximo, por edição, de 1/8 (um oitavo) de página de jornal padrão e de 1/4 (um quarto) de página de revista ou tabloide.

(D) até o dia das eleições, a divulgação paga, na imprensa escrita, e a reprodução na internet do jornal impresso, de até 5 (cinco) anúncios de propaganda eleitoral, por veículo, em datas diversas, para cada candidato, no espaço máximo, por edição, de 1/8 (um oitavo) de página de jornal padrão e de 1/4 (um quarto) de página de revista ou tabloide.

(E) até o dia das eleições, a divulgação paga, na imprensa escrita, e a reprodução na internet do jornal impresso, de até 12 (doze) anúncios de propaganda eleitoral, por veículo, em datas diversas, para cada partido, no espaço máximo, por edição, de 1/6 (um sexto) de página de jornal padrão e de 1/3 (um terço) de página de revista ou tabloide.

No sentir deste autor, uma questão que, sem dúvida, não avalia a preparação do candidato nos conteúdos mais pertinentes, mas tão somente exige nítida memorização do dispositivo legal. Peca a banca, mais uma vez, em não abordar questões com o devido respeito aos concurseiros. A única alternativa correta é representada pela assertiva A, uma vez que relaciona-se com o conteúdo do art. 43 da Lei das Eleições, a saber: "Art. 43. São permitidas, até a antevéspera das eleições, a divulgação paga, na imprensa escrita, e a reprodução na internet do jornal impresso, de até 10 (dez) anúncios de propaganda eleitoral, por veículo, em datas diversas, para cada candidato, no espaço máximo, por edição, de 1/8 (um oitavo) de página de jornal padrão e de 1/4 (um quarto) de página de revista ou tabloide.". SC
Gabarito "A".

(Magistratura/RR – 2015 – FCC) Considere as seguintes afirmativas:

I. Na propaganda para eleição proporcional, cada partido usará, obrigatoriamente, sob o nome da coligação, todas as legendas partidárias que a integram.

II. Na propaganda para eleição majoritária, a coligação usará sob sua denominação, as legendas de todos os partidos que a integram, sob pena de multa.

III. Não constitui propaganda eleitoral antecipada a realização de encontros, seminários ou congressos, em ambiente fechado e a expensas dos partidos políticos, para tratar da organização dos processos eleitorais, discussão de políticas públicas, planos de governo ou alianças partidárias visando às eleições.

IV. Não é vedado, na campanha eleitoral, o oferecimento pelo candidato de café e lanche durante reunião com eleitores na sede do respectivo comitê eleitoral.

Está correto o que se afirma APENAS em

(A) II e IV.
(B) I e III.
(C) I e II.
(D) III e IV.
(E) II e III.

I: incorreta, uma vez que o art. 6º, § 2º, segunda parte, da Lei das Eleições estabelece que cada partido usará apenas sua legenda sob o nome da coligação; II: incorreta, uma vez que não existe a previsão de multa ante o descumprimento da obrigatoriedade trazida pelo art. 6º, § 2º, primeira parte, da Lei das Eleições; III: correta, em perfeita harmonia com o que dispõe o art. 36-A, II, da Lei das Eleições; IV: correta, conforme jurisprudência "conduta vedada – cafés e lanches em reuniões com eleitores – alcance do § 6º do artigo 39 da Lei 9.504/1997. O preceito do § 6º do art. 39 da Lei 9.504/1997 não alcança o fornecimento de pequeno lanche – café da manhã e caldos – em reunião de cidadãos, visando a sensibilizá-los quanto a candidaturas" (Ac. de 28.10.2010 no RO 1859, rel. Min. Marco Aurélio.) SC
Gabarito "D".

(Promotor de Justiça – MPE/AM – FMP – 2015) Em matéria de propaganda eleitoral, considere as seguintes assertivas:

I. É permitida a veiculação de propaganda paga na imprensa escrita, com limite do número de anúncios por veículo de comunicação.

II. É permitida a propaganda mediante *outdoors*, desde que não excedam a 4m².

III. É permitida a veiculação de propaganda no interior de lojas e ginásios, desde que seja propriedade privada e para a qual não haja qualquer tipo de pagamento.

IV. É proibida a apresentação, mesmo que não remunerada, de artistas com a finalidade de animar comício.

Quais das assertivas acima estão corretas?

(A) Apenas a I e II.
(B) Apenas a I e IV.
(C) Apenas a II e III.
(D) Apenas a I e III.
(E) Apenas a III e IV.

I: Correta, de acordo as regras estabelecidas no art. 43, Lei das Eleições; II: Incorreta, por expressa vedação do art. 39, § 8º, Lei das Eleições; III: Incorreta, uma vez que há expressa vedação de propaganda eleitoral em locais considerados bens de uso comum, ainda que privados, conforme art. 37, § 4º, Lei das Eleições; IV: Correta, conforme art. 39, § 7º, Lei das Eleições. SC
Gabarito "B".

(Ministério Público/BA – 2015 – CEFET) Dez dias antes da data das eleições municipais, um candidato a prefeito pediu a um amigo comerciante que afixasse uma placa com propaganda eleitoral no interior do centro comercial deste último, o mais frequentado pelos eleitores da comuna. Considerando essa situação-problema e a legislação em vigor, assinale a alternativa **CORRETA**:

(A) A propaganda eleitoral será lícita, desde que as dimensões da placa não ultrapassem 4 (quatro) metros quadrados.
(B) O comerciante poderá cobrar uma remuneração do candidato pela propaganda eleitoral no centro comercial.
(C) Não haverá ilegalidade na propaganda se ela for objeto de um contrato escrito firmado entre o candidato e o comerciante.
(D) A propaganda será lícita, desde que realizada mediante prévia autorização da Justiça Eleitoral.
(E) A propaganda eleitoral nos moldes solicitados pelo candidato é vedada pela legislação.

A única assertiva correta é a prevista na alternativa E, uma vez que o § 4º do art. 37 da Lei das Eleições, define que "*bens de uso comum, para fins eleitorais, são os assim definidos pela Lei no 10.406, de 10 de janeiro de 2002 – Código Civil e também aqueles a que a população em geral tem acesso, tais como cinemas, clubes, lojas, centros comerciais, templos, ginásios, estádios, ainda que de propriedade privada*". Assim, muito embora se trate de um estabelecimento privado, a proibição recairá com base neste dispositivo que expressamente prevê lojas e centros comerciais. Importante mencionar que não há violação ao direito de expressão ao posicionamento político do proprietário do estabelecimento, sendo que poderá agir neste sentido de outras formas. SC
Gabarito "E".

(Analista – TRE/GO – 2015 – CESPE) Julgue os itens a seguir, a respeito da propaganda eleitoral e das condutas vedadas aos agentes públicos.

(1) No período compreendido entre os três meses que antecedem o pleito e a posse dos eleitos, é vedado aos agentes públicos nomear ou exonerar de ofício servidor público na circunscrição do pleito, mesmo que ele seja ocupante de cargo em comissão.

(2) Como regra geral, considera-se propaganda eleitoral extemporânea a manifestação veiculada nos três meses anteriores ao pleito que

divulgue a candidatura e os motivos pelos quais o candidato seria o mais apto para o exercício da função pública. Contudo, não se considera propaganda antecipada a manifestação e o posicionamento pessoal sobre questões políticas nas redes sociais.

1: incorreta, uma vez que a proibição do art. 73, V, *a*, da Lei das Eleições, dispõe que são proibidas aos agentes públicos, servidores ou não, as seguintes condutas tendentes a afetar a igualdade de oportunidades entre candidatos nos pleitos eleitorais nomear, contratar ou de qualquer forma admitir, demitir sem justa causa, suprimir ou readaptar vantagens ou por outros meios dificultar ou impedir o exercício funcional e, ainda, *ex officio*, remover, transferir **ou exonerar servidor público**, na circunscrição do pleito, nos três meses que o antecedem e até a posse dos eleitos, sob pena de nulidade de pleno direito, **ressalvados**, dentre outros, a **nomeação ou exoneração de cargos em comissão e designação ou dispensa de funções de confiança; 2:** incorreta, neste ponto merece atenção especial a nova dicção legislativa inaugurada pela Reforma Eleitoral de 2015, o art. 36 estabelece que a propaganda eleitoral será permitida, somente, após o dia 15 de agosto do ano da eleição (Reforma Eleitoral de 2015, Lei 13.165/2015). SC
Gabarito 1E, 2E

(Juiz de Direito/CE – 2014 – FCC) Considere as seguintes afirmativas:

I. É vedada, no período de campanha eleitoral, a realização de enquetes relacionadas ao processo eleitoral.

II. Entre as informações que devem ser registradas, para conhecimento público, junto à Justiça Eleitoral pelas entidades e empresas que realizarem pesquisas de opinião pública relativas às eleições ou aos candidatos encontram-se as seguintes: quem contratou a pesquisa, questionário completo aplicado ou a ser aplicado, nome de quem pagou pela realização do trabalho e cópia da respectiva nota fiscal.

III. É vedada a divulgação de pesquisas eleitorais por qualquer meio de comunicação, a partir do décimo quinto dia que antecede a data da eleição até as dezoito horas do dia do pleito.

IV. Não configura crime a irregularidade comprovada nos dados publicados em pesquisas eleitorais, ensejando, porém, a obrigatoriedade de veiculação dos dados corretos no mesmo espaço, local, horário, página, caracteres e outros elementos de destaque, de acordo com o veículo usado.

Está correto o que é afirmado APENAS em

(A) II e IV.
(B) I, II e III.
(C) I e II.
(D) I e IV.
(E) II e III.

I: correta, conforme art. 33, § 5º da Lei das Eleições; **II:** correta, conforme incisos constantes no *caput* do art. 33 da Lei das Eleições; **III:** incorreta, uma vez que referido dispositivo, contido no art. 35-A, Lei das Eleições, foi considerado inconstitucional através da ADIN 3.741-2; **IV:** incorreta, uma vez que tal conduta é tipifica pelo § 2º do art. 34 da Lei das Eleições, independentemente se oriunda de irregularidades quaisquer. SC
Gabarito "C".

(Juiz de Direito/MG – 2014) Sobre a propaganda política e suas modalidades, assinale a alternativa **INCORRETA**.

(A) Não se permite nos programas partidários a divulgação de propaganda de candidatos a cargos eletivos, defesa de interesses pessoais e defesa de interesse de outros partidos.
(B) De acordo com o Artigo 44 da Lei das Eleições, "a propaganda no rádio e na televisão restringe-se ao horário eleitoral gratuito".
(C) No campo legal, pode-se constatar que há quatro espécies de propaganda: propaganda permitida em lei, propaganda vedada na lei, propaganda não prevista em lei e propaganda exigida pela lei.
(D) A divulgação fraudulenta de pesquisa não é crime eleitoral, caracterizando, apenas, infração administrativa.

A: assertiva originalmente correta, uma vez que cabia à propaganda partidária a divulgação de ideias e do próprio programa da agremiação. Vinha regulamentada nos arts. 45 a 49 da Lei Orgânica dos Partidos Políticos, § 2º art. 36 da Lei 9.504/1997 e Resolução TSE 20.034/1997. Ocorre que a reforma de 2017 (Lei 13.487/2017) acabou com a propaganda partidária no rádio e televisão a partir da revogação dos artigos respectivos (artigos 45 ao 49 e parágrafo único do art. 52, Lei dos Partidos Políticos). Cabe destacar, por oportuno, que a propaganda partidária é apenas uma das formas de propaganda política. As demais formas permanecem existentes. Para fins de contextualização e localização no assunto, a seguinte indicação: Propaganda Política: a) propaganda partidária; b) propaganda intrapartidária; c) propaganda institucional; d) propaganda eleitoral. **B:** assertiva correta, uma vez que o art. 44 da Lei das Eleições dispõe que a propaganda eleitoral no rádio e na televisão restringe-se ao horário gratuito definido nesta Lei, vedada a veiculação de propaganda paga; **C:** assertiva correta, sendo também encontrada a divisão de classificações como propaganda partidária, intrapartidária, institucional, eleitoral; **D:** assertiva incorreta, devendo ser assinalada, conforme dispõe o art. 33, § 4º, da Lei 9.504/1997 ao dizer que a divulgação de pesquisa fraudulenta constitui crime, punível com detenção de seis meses a um ano e multa no valor de cinquenta mil a cem mil UFIR. SC
Gabarito "D".

(Juiz de Direito/PA – 2014 – VUNESP) É correto afirmar que

(A) a divulgação de propaganda eleitoral paga na imprensa escrita, bem como sua reprodução na internet por jornal impresso, é permitida até a véspera das eleições.
(B) o uso de símbolos, frases ou imagens, associadas ou semelhantes às empregadas por órgão de governo, empresa pública ou sociedade de economia mista na propaganda eleitoral constitui crime eleitoral punível com até dois anos de reclusão e multa de cem mil UFIR.
(C) qualquer candidato estará proibido de comparecer a inaugurações de obras públicas nos dois meses que precedem o pleito, exceto se gestores das referidas obras desde o início do projeto executivo.
(D) a propaganda eleitoral somente é permitida após o dia 5 de julho do ano da eleição, ressalvada a possibilidade de realização de propaganda intrapartidária com vista à indicação do nome do postulante à candidatura a cargo eletivo na quinzena anterior à escolha pelo partido, vedado o uso de rádio, televisão e *outdoor*.
(E) as representações contra as condutas vedadas que caracterizam captação de sufrágio podem ser ajuizadas até o momento da posse.

A: incorreta, uma vez que com mais propriedade o art. 43, Lei das Eleições, dispõe que são permitidas, até a antevéspera das eleições, a divulgação paga, na imprensa escrita, e a reprodução na internet do jornal impresso, de até 10 (dez) anúncios de propaganda eleitoral, por veículo, em datas diversas, para cada candidato, no espaço máximo, por edição, de 1/8 (um oitavo) de página de jornal padrão e de 1/4 (um quarto) de página de revista ou tabloide; **B:** incorreta, uma vez que o art. 40, Lei das Eleições, preceitua secundariamente ser punível com detenção, de seis meses a um ano, com a alternativa de prestação de serviços à comunidade pelo mesmo período, e multa no valor de dez mil a vinte mil UFIR, aqueles que incorrem no tipo descrito; **C:** incorreta, vez que a proibição abarca os três meses antecedentes ao pleito, como preceitua o art. 77, Lei das Eleições; **D:** correta, à época em que a questão foi elaborada, com fundamento no art. 36, § 1º, Lei das Eleições. Atualmente, a propaganda só é permitida a partir do dia 15 de agosto do ano da eleição; **E:** incorreta, já que o art. 73, § 12, Lei das Eleições, dispõe que a representação em razão de condutas vedadas de agentes públicos durante o período eleitoral observará o rito do art. 22 da LC 64/1990, e poderá ser ajuizada até a data da diplomação, e não da posse. SC
Gabarito "D".

(Promotor de Justiça/MG – 2014) Com relação às seguintes alternativas:

I. Não serão consideradas propaganda antecipada e poderão ter cobertura dos meios de comunicação social, inclusive via internet, a manifestação e o posicionamento pessoal sobre questões políticas nas redes sociais.

II. Nos bens cujo uso dependa de cessão ou permissão do Poder Público, ou que a ele pertençam, e nos de uso comum, inclusive postes de iluminação pública e sinalização de tráfego, viadutos, passarelas, pontes, paradas de ônibus e outros equipamentos urbanos, é vedada a veiculação de propaganda de qualquer natureza, inclusive pichação, inscrição a tinta, fixação de placas, estandartes, faixas, cavaletes e assemelhados.

III. A veiculação de propaganda eleitoral em bens particulares deve ser espontânea e gratuita, sendo vedado qualquer tipo de pagamento em troca de espaço para esta finalidade.

IV. Sem a prova de que votou na última eleição, pagou a respectiva multa ou de que se justificou devidamente, em regra, não poderá o eleitor obter passaporte ou mesmo a carteira de identidade.

É CORRETO somente o que se afirma em:

(A) I e III.
(B) I e II.
(C) I, II e III.
(D) I, II, III e IV.

I: correta, conforme transcrição encontrada no art. 36-A, V, Lei das Eleições; **II:** correta, conforme art. 37, Lei das Eleições; **III:** correta, pois se trata de transcrição do disposto no art. 37, § 8º, Lei das Eleições; **IV:** incorreta, pois a disposição de impossibilidade de obter passaporte e carteira de identidade é expressa, dentre outras hipóteses prevista no art. 7º, § 1º, Código Eleitoral. O termo "em regra", tornou a assertiva incorreta. SC
Gabarito "C".

(Procurador Legislativo – Câmara de Vereadores de São Paulo/SP – 2014 – FCC) Considera-se propaganda eleitoral irregular a

(A) a distribuição de folhetos editados sob a responsabilidade do candidato.
(B) colocação de bonecos móveis ao longo das vias públicas, sem dificultar o trânsito de pessoas e veículos.
(C) a distribuição de folhetos editados sob a responsabilidade do partido ou coligação.
(D) colocação de bandeiras móveis ao longo das vias públicas, sem dificultar o trânsito de pessoas e veículos.
(E) a colocação de faixas em árvores e jardins localizados em áreas públicas, mesmo que não lhes cause dano.

A: incorreta, uma vez que não há irregularidade nesta forma de propaganda, conforme dispõe o art. 38 da Lei das Eleições ao dizer que "Independe da obtenção de licença municipal e de autorização da Justiça Eleitoral a veiculação de propaganda eleitoral pela distribuição de folhetos, adesivos, volantes e outros impressos, os quais devem ser editados sob a responsabilidade do partido, coligação ou candidato"; **B:** incorreta, uma vez que neste caso não há qualquer irregularidade, já que autorizado pelo art. 37, § 6º, Lei das Eleições. No entanto, importantíssima ponderação deve ser observada: A minirreforma eleitoral, Lei 12.891/2013, alterou a redação do citado dispositivo, passando a não mais permitir a utilização de boneco. Não obstante, mantivemos a assertiva como se tratando de uma propaganda regular tanto pelo fato de que as minirreforma eleitoral apenas aplicar-se-á às eleições de 2016, quanto pelo fato da Resolução TSE 23.404/2014 dispor em seu art. 11, § 4º que é permitida a colocação de cavaletes, bonecos, cartazes, mesas para distribuição de material de campanha e bandeiras ao longo das vias públicas, desde que móveis e que não dificultem o bom andamento do trânsito de pessoas e veículos. Para todos efeitos, esta forma de propaganda tornar-se-á irregular para o pleito de 2016; **C:** incorreta, pois não há qualquer irregularidade, pelos mesmos fundamentos da assertiva A, já que a responsabilidade pelos impressos (santinhos) será do partido, candidato ou coligação; **D:** incorreta, vez que se trata de um mecanismo de propaganda eleitoral permitido expressamente pelo art. 37, § 6º, Lei das Eleições; **E:** correta, uma vez que expressamente vedado pelo art. 37, 5º, Lei das Eleições, ao dispor que nas árvores e nos jardins localizados em áreas públicas, bem como em muros, cercas e tapumes divisórios, não é permitida a colocação de propaganda eleitoral de qualquer natureza, mesmo que não lhes cause dano, também confirmado pela Resolução TSE 23.404/2014, especificamente no art. 11, § 3º. SC
Gabarito "E".

(Procurador Legislativo – Câmara de Vereadores de São Paulo/SP – 2014 – FCC) A respeito da propaganda eleitoral da internet, considere:

I. sítio do candidato, com endereço eletrônico comunicado à Justiça Eleitoral e hospedado, direta ou indiretamente, em provedor de serviço de internet estabelecido no País.

II. mensagem eletrônica para endereços cadastrados gratuitamente pelo candidato, partido ou coligação.

III. matéria paga, com custo e respectivo pagamento devidamente lançados na prestação de contas do candidato, do partido ou da coligação.

IV. blogs, redes sociais, sítios de mensagens instantâneas e assemelhados, cujo conteúdo seja gerado ou editado por candidatos, partidos ou coligações ou de iniciativa de qualquer pessoa natural.

É permitida a propaganda eleitoral veiculada pela internet, dentre outras, da forma indicada APENAS em

(A) III e IV.
(B) I, III e IV.
(C) II e III.
(D) I, II e IV.
(E) I, II e III.

I: correta, com fundamento no art. 57-B, I, Lei das Eleições; **II:** correta, conforme art. 57-B, III, Lei das Eleições; **III:** incorreta, já que o art. 57-C, Lei das Eleições, veda expressamente a veiculação de qualquer tipo de propaganda eleitoral paga; **IV:** correta, conforme art. 57-B, IV, Lei das Eleições. Atenção! Questão desatualizada em razão da Reforma de 2017. A reforma de 2017 (Lei 13.488/17) dispôs sobre a POSSIBILIDADE de impulsionamento de posts em redes sociais a ser realizado por candidato, partido ou coligação. A intenção destes impulsionamento é garantir que o candidato apareça em destaque na timeline dos usuários daquela rede social. Também considera-se impulsionamento o anúncio pago para que o nome de determinado candidato apareça com destaque em pesquisas realizados em buscadores (Google, por exemplo). Estes impulsionamentos somente podem ser utilizados para destacar aspectos positivos do candidato ou do partido. Não é possível para a realização de críticas ou comentários depreciativos em direcionamento aos adversários políticos. Estes impulsionamentos são considerados gastos eleitorais (art. 26, XV, Lei das Eleições) e são vedados no dia das eleições (inciso IV, § 5º do art. 39 da Lei nº 9.504/97) SC
Gabarito "D".

6. PRESTAÇÃO DE CONTAS, DESPESAS, ARRECADAÇÃO, FINANCIAMENTO DE CAMPANHA

(Juiz de Direito – TJ/RS – 2018 – VUNESP) Considere a seguinte situação hipotética: Candidato X declara na prestação de contas de sua campanha um gasto com combustíveis e lubrificantes no valor de R$ 10.000,00, cuja receita, no entanto, não foi declarada. Verifica-se, também, a omissão de despesas relevantes para a divulgação e distribuição de material de campanha. É instaurada uma Representação por captação e gastos ilícitos eleitorais (Lei Federal nº 9.504/1997), que será julgada procedente se

(A) comprovada a relevância jurídica dos atos praticados pelo candidato em face do pleito eleitoral, independente se o candidato agiu de boa ou má-fé ou se as fontes são lícitas ou ilícitas.

(B) comprovado que as fontes não declaradas são ilícitas e que o candidato agiu de má-fé na obtenção dos recursos.

(C) provada a potencialidade do dano causado em face do resultado eleitoral, ou seja, desde que comprovado que os ilícitos realmente poderiam desequilibrar o pleito eleitoral.

(D) provado que o candidato agiu de má-fé na obtenção dos recursos, não importando se as fontes não declaradas são lícitas ou ilícitas.

(E) comprovado o dando causado em face do resultado eleitoral, ou seja, desde que o candidato que praticou os ilícitos seja eleito.

A: correta. Nesta questão é necessário prévio conhecimento jurisprudencial e doutrinário sobre alguns temas e conceitos. O TSE entende que a representação do art. 30-A da Lei 9.504/1997 não dependerá necessariamente da potencialidade lesiva da conduta, mas, sim, é considerada a relevância jurídica. Por sua vez, tal situação está associada ao princípio da razoabilidade. Leitura indicada: TSE. RO 712.330/MT, rel. Min. Dias Toffoli, julgado em 11.04.2014; **B:** incorreta, já que não é exigida a ilicitude da origem, bastando que não sejam declaradas; **C:** incorreta, pelos mesmos fundamentos trazidos na assertiva A; **D:** incorreta, basta que haja a omissão, não importando análise quanto à má-fé na obtenção dos recursos; **E:** incorreta, pelos mesmos fundamentos trazidos nos comentários da assertiva A. SC
Gabarito "A".

(Procurador da República – PGR – 2015) Rejeitadas as contas de candidato majoritário por irregularidades graves,

(A) ele não poderá ser diplomado;
(B) a diplomação ficará suspensa até que as omissões na prestação de contas sejam supridas;
(C) ser-lhe-á aplicada multa proporcional ao importe das irregularidades;
(D) não haverá aplicação de qualquer medida ou sanção, exceto eventual proposição de representação do artigo 30-A da Lei 9.504/1997.

A rejeição de contas, por si só, não ensejará a perda do mandato eletivo. No entanto a exceção existe na situação da representação do art. 30-A, Lei das Eleições, ao estabelecer que "Qualquer partido político ou coligação poderá representar à Justiça Eleitoral, no prazo de 15 (quinze) dias da diplomação, relatando fatos e indicando provas, e pedir a abertura de investigação judicial para apurar condutas em desacordo com as normas desta Lei, relativas à arrecadação e gastos de recursos. ". No mesmo sentido "Ac.-TSE, de 29.4.2014, no AgR-AI 74432: a só reprovação das contas não implica a aplicação automática das sanções deste artigo. Ac.-TSE, de 23.8.2012, no AgR-REspe 10893: a desaprovação das contas não constitui óbice à quitação eleitoral, mas pode fundamentar representação cuja procedência enseja cassação do diploma e inelegibilidade por oito anos". SC
Gabarito "D".

7. COMPETÊNCIA E ORGANIZAÇÃO DA JUSTIÇA ELEITORAL

(Juiz de Direito – TJ/RS – 2018 – VUNESP) A Justiça Eleitoral, diferentemente dos demais órgãos judiciais, pode exercer a função consultiva que

(A) ocorre de ofício ou mediante provocação por órgão nacional, estadual ou municipal de partido político, ou pelo Procurador Geral da República.

(B) se realiza por meio do Tribunal Superior Eleitoral, dos Tribunais Regionais Eleitorais e dos Juízes Eleitorais.

(C) consiste em preparar, organizar e administrar todo o processo eleitoral, desde a fase do alistamento até a diplomação dos eleitos.

(D) consiste em responder, fundamentalmente, mas sem força vinculante, a consultas em matéria eleitoral, por meio do Tribunal Superior Eleitoral e dos Tribunais Regionais Eleitorais.

(E) resulta na expedição de instruções para fiel execução da lei eleitoral, ouvidos, previamente, os delegados ou representantes dos partidos políticos.

A: incorreta. A função consultiva não traz a possibilidade de atuação de ofício pela justiça eleitoral; **B:** incorreta. Dentre os órgãos da Justiça Eleitoral relacionados na assertiva, não há competência consultiva aos juízes eleitorais; **C:** incorreta. A situação enquadra-se na função normativa da Justiça Eleitoral, que é justamente quanto à competência de editar resoluções para fiel execução das leis eleitorais (parágrafo único, art. 1º e art. 23, XI, ambos do Código Eleitoral); **D:** correta. A Justiça Eleitoral possui esta característica, distinguindo-se de outros órgãos do Poder Judiciário. À esta especializada cabem as funções de natureza jurisdicional, administrativa, normativa e consultiva. Quanto à última, temos que o art. 23, XII e art. 30, VIII, ambos do Código Eleitoral, dispõem respectivamente que caberá ao TSE e aos TREs responder, sobre matéria eleitoral, às consultas que lhe forem feitas em tese por autoridade com jurisdição, federal ou órgão nacional de partido político. No caso dos TREs, basta que sejam autoridades públicas ou partidos políticos (no TSE, devem tais legitimados ser de natureza federal ou nacional); **E:** incorreta. A assertiva trata da função normativa da Justiça Eleitoral, não a consultiva (art. 1º e 23, XI, Código Eleitoral). SC
Gabarito "D".

(Delegado – PC/BA – 2018 – VUNESP) De acordo com o previsto na Lei Federal no 4.737/1965 (Código Eleitoral), as juntas eleitorais

(A) têm como atribuição apurar, no prazo de 2 (dois) dias, as eleições realizadas nas zonas eleitorais sob sua jurisdição.

(B) possuem, em sua composição, 2 (dois) ou 4 (quatro) cidadãos de notória idoneidade, sendo que tais cidadãos não poderão ser autoridades ou agentes policiais, nem funcionários no desempenho de cargos de confiança do Executivo.

(C) são competentes para expedir títulos eleitorais, conceder transferência de eleitores e determinar a inscrição ou exclusão de eleitores.

(D) serão sempre presididas por um juiz eleitoral, não podendo haver mais de uma junta por Zona Eleitoral.
(E) não mais são competentes para expedir os diplomas nas eleições municipais, desde o advento do voto eletrônico em substituição ao voto manual.

A: incorreta, uma vez que o prazo de apuração, trazido pelo art. 40, I, Código Eleitoral, é de 10 dias após as eleições; **B:** correta. O art. 36, § 3º, Código Eleitoral, estabelece as vedações para a composição da Junta Eleitoral (que de fato será formada por um juiz presidente e 2 ou 4 cidadãos de notória idoneidade). Dentre as vedações, está a contida no inciso III do referido dispositivo: "as autoridades e agentes policiais, bem como os funcionários no desempenho de cargos de confiança do Executivo"; **C:** incorreta, vez que essas são competências atribuídas aos juízes eleitorais (art. 35, VIII, IX, Código Eleitoral); **D:** incorreta. Já que não necessariamente será presidida por um juiz eleitoral. Atenção, sempre será juiz de direito, mas não se impõe que seja eleitoral (art. 36, *caput* e art. 37, ambos do Código Eleitoral). Por outro lado, a assertiva também é incorreta ao limitar uma junta eleitoral por zona, já que o número delas estará condicionado ao número de juízes de direito (que irão compor como presidente), por inteligência do já citado art. 37, Código Eleitoral; **E:** incorreta, já que há expedição de diplomas nas eleições municipais, conforme art. 40, IV, Código Eleitoral. Gabarito "B".

(Juiz – TJ-SC – FCC – 2017) O Código Eleitoral impede de servir como juízes nos Tribunais Eleitorais, ou como juiz eleitoral, o cônjuge ou o parente consanguíneo ou afim, até o segundo grau, de candidato a cargo eletivo registrado na circunscrição. Esse impedimento alcança:
(A) do início da campanha eleitoral até a apuração final da eleição.
(B) apenas os feitos decorrentes do processo eleitoral em que seja interessado o respectivo candidato ou o partido político em que está filiado.
(C) do início da campanha eleitoral até a apuração final da eleição e os feitos decorrentes do processo eleitoral em que seja interessado o respectivo candidato.
(D) da homologação da respectiva convenção partidária até a diplomação e os feitos decorrentes do processo eleitoral.
(E) da homologação da respectiva convenção partidária até a apuração final da eleição.

A única alternativa correta vem apresentada na assertiva D. Isto porque o art. 14, §3º do Código Eleitoral assim dispõe:
Art. 14. Os Juízes dos Tribunais Eleitorais, salvo motivo justificado, servirão obrigatoriamente por dois anos, e nunca por mais de dois biênios consecutivos.
§ 3º Da homologação da respectiva convenção partidária até a diplomação e nos feitos decorrentes do processo eleitoral, não poderão servir como juízes nos Tribunais Eleitorais, ou como juiz eleitoral, o cônjuge ou o parente consanguíneo ou afim, até o segundo grau, de candidato a cargo eletivo registrado na circunscrição. Gabarito "D".

(Juiz de Direito – TJ/MS – VUNESP – 2015) Compete ao Tribunal Superior Eleitoral processar e julgar originariamente a ação rescisória
(A) nos casos de abuso do poder econômico, corrupção ou fraude eleitoral, desde que intentada dentro de quinze dias contados da data da diplomação, possibilitando-se o exercício do mandato até o seu trânsito em julgado.
(B) nos casos de inelegibilidade e abuso do poder político e econômico, desde que intentada dentro de cento e oitenta dias de decisão irrecorrível, possibilitando-se o exercício do mandato até o julgamento.
(C) nos casos de inelegibilidade e fraude eleitoral, desde que intentada dentro de cento e oitenta dias de decisão irrecorrível, possibilitando-se o exercício do mandato até o seu trânsito em julgado.
(D) nos casos de inelegibilidade, desde que intentada dentro de cento e vinte dias de decisão irrecorrível, possibilitando-se o exercício do mandato até o seu trânsito em julgado.
(E) nos casos de captação ilícita de sufrágio, desde que intentada dentro de cento e vinte dias da diplomação, possibilitando-se o exercício do mandato até o seu trânsito em julgado.

A: incorreta. O enunciado busca confundir o examinando a partir da troca de excertos legais. No caso, o excerto faz menção à Ação de Impugnação de Mandato Eletivo (§ 10 do art. 14, CF), enquanto por entendimento do enunciado relativamente quanto a competência, o correto estaria contido no art. 22, I, *j*, Código Eleitoral (Compete originalmente ao Tribunal Superior Eleitoral "a ação rescisória, nos casos de inelegibilidade, desde que intentada dentro de cento e vinte dias de decisão irrecorrível, possibilitando-se o exercício do mandato eletivo até o seu trânsito em julgado"). **B:** incorreta, pois o prazo para interposição da AIME (Ação de Impugnação de Mandato Eletivo), será de até 15 dias após a diplomação do candidato eleito (§ 10 do art. 14, CF). Será necessário o trânsito em julgado para que haja a cassação da chapa eventualmente alvo da AIME. **C:** incorreta, pelo mesmo fundamento da assertiva anterior, já que o prazo é de 15 dias e também o candidato somente será cassado após o trânsito em julgado. **D:** correta, conforme competência disposta no art. 22, I, *j*, Código Eleitoral "Art. 22. Compete ao Tribunal Superior: I – processar e julgar originariamente: j) a ação rescisória, nos casos de inelegibilidade, desde que intentada dentro do prazo de cento e vinte dias de decisão irrecorrível, possibilitando-se o exercício do mandato eletivo até o seu trânsito em julgado"; **E:** incorreta, uma vez que de maneira perniciosa a organizadora reproduziu o dispositivo do art. 22, I, *j*, Código Eleitoral (conforme assertiva anterior), buscando confundir o candidato. Gabarito "D".

(Juiz de Direito – TJ/SP – VUNESP – 2015) A Justiça Eleitoral, no exercício de suas atribuições legais e constitucionais, não pode
(A) emitir opiniões, respondendo a consultas partidárias a respeito de situações apresentadas.
(B) apreciar deliberações dos órgãos máximos partidários em relação a questões eleitorais envolvendo os seus membros, diante da autonomia dos Partidos.
(C) estabelecer, por meio do juiz da respectiva zona eleitoral, regras municipais diferenciadas para propaganda eleitoral, por conta das peculiaridades locais, observada a competência legislativa municipal.
(D) emitir resoluções com caráter normativo secundário, relativas ao processo eleitoral diante do princípio da reserva legal.

A: incorreta, já que trata-se de uma das funções impostas aos Tribunais Eleitorais (Art. 23, XII e art. 30, VIII, Código Eleitoral). Destaca-se que as consultas poderão ser feitas por partido político ou autoridade pública, sempre em caráter genérico (não pode ser quanto a caso concreto). A resposta destas consultas não gera efeito vinculante (natureza doutrinária). **B:** incorreta, vejamos o entendimento jurisprudencial a respeito: *"Registro individual. Candidatura. Indicação prévia. Convenção partidária. Não homologação. Violação ao estatuto do partido. Matéria interna corporis. Reflexo no processo eleitoral. Competência da Justiça Eleitoral. É competência da Justiça Eleitoral analisar controvérsias sobre questões internas das agremiações partidárias quando houver reflexo direto no processo eleitoral, sem que esse controle jurisdicional interfira na autonomia das agremiações partidárias, garantido pelo art. 17, § 1º, da CF."* (Ac. de 20.9.2006 no REspe 26.412, rel. Min. Cesar Asfor Rocha.). **C:** correta, conforme art. 22, I, e parágrafo único, Constituição Federal. **D:** incorreta, uma vez que, conforme fundamentado na assertiva A, as respostas dadas às consultas feitas terão efeito interpretativo (natureza doutrinária) e não normativo. Gabarito "C".

(Promotor de Justiça – MPE/BA – CEFET – 2015) Analise os itens a seguir, levando-se em consideração a jurisprudência sedimentada do Supremo Tribunal Federal e do Superior Tribunal de Justiça:
I. A competência do Tribunal de Justiça para julgar prefeitos restringe-se aos crimes de competência da Justiça Comum Estadual.
II. Nos crimes eleitorais, os prefeitos, no exercício do mandato, serão julgados pelos Tribunais Regionais Eleitorais de seus respectivos estados.
III. Compete à Justiça Federal processar e julgar prefeito municipal por desvio de verba sujeita a prestação de contas perante órgão federal.

Pode-se AFIRMAR:
(A) Somente o item I é verdadeiro.
(B) Somente o item II é verdadeiro.
(C) Somente o item III é verdadeiro.
(D) Somente os itens I e III são verdadeiros.
(E) Todos os itens são corretos.

A: Correta, Súmula 702 do STF; **B:** Correta, também pela aplicação da Súmula 702 do STF; **C:** Correta, Súmula 208, STJ. Gabarito "E".

(Procurador da República – PGR – 2015) O candidato a deputado federal que, ao longo da campanha, praticou captação ilícita de sufrágio, em sendo eleito, será, em matéria criminal, processado e julgado por essa prática
(A) no juízo eleitoral, por não se aplicar, no ambiente eleitoral, a competência por prerrogativa de função;
(B) no Tribunal Regional Eleitoral do Estado onde ocorreu o registro da candidatura;
(C) no Tribunal Superior Eleitoral;
(D) no Supremo Tribunal Federal.

Muito embora o enunciado tenha sido omisso quanto à diplomação, mas tão somente tratou de informar que o candidato foi eleito, trata-se de crime eleitoral (ou seja, crime comum), e, portanto, a reflexão aponta para o art. 102, I, *b*, CF, que estabelece ser de competência do STF processar e julgar originariamente membros do Congresso Nacional nas infrações penais comuns. Como endosso, "Cabe ao Supremo Tribunal Federal processar e julgar membros do Congresso Nacional por crimes comuns, os quais alcançam os crimes eleitorais" (STF, Inquérito nº 1872, publicado em 20/04/2007). Gabarito "D".

(Promotor de Justiça – MPE/MS – FAPEC – 2015) Dispõe o artigo 219, *caput*, do Código Eleitoral que: "Na aplicação da lei eleitoral, o Juiz atenderá sempre aos fins e resultados a que ela se dirige, abstendo-se de pronunciar nulidade sem demonstração de prejuízo". Assim, em determinado pleito eletivo municipal, o Ministério Público Eleitoral, não foi intimado pessoalmente para intervir em procedimento de recontagem de votos julgado e homologado pelo juízo eleitoral. Qual a solução **correta**, em caso de recurso?

(A) Enviam-se os autos para a comarca de origem, intimando-se o Ministério Público Eleitoral "a posteriori", sanando-se a irregularidade, eis que não houve prejuízo à recontagem dos votos, tendo o pleito eleitoral atingido plenamente a sua finalidade.
(B) Por se tratar de órgão eleitoral, a não intervenção do Ministério Público, torna anulável a decisão da primeira instância, pela qual se deu a recontagem dos votos, sem a participação do *Parquet*, na qualidade de "custos legis".
(C) É nulo o processo no qual o Ministério Público Eleitoral não tenha sido intimado pessoalmente, na qualidade de fiscal da lei, devendo os autos ser enviados à origem para o novo julgamento.
(D) Não há falar-se em nulidade do processo de recontagem dos votos, se as partes interessadas aceitaram o novo resultado, que não causou qualquer prejuízo às candidaturas concorrentes, posto que dirimidas todas as controvérsias suscitadas em regular contraditório.
(E) A atuação do *Parquet* Eleitoral constitui ato administrativo discricionário, restando certo que a não intimação do órgão Ministerial, não acarreta nulidade, em procedimento desta natureza, visto que cabe ao Juiz Eleitoral determinar ou não, de ofício, a intervenção do Ministério Público.

Em recente julgado do TSE acerca do tema, explicações objetivas, as quais colacionamos: Recurso eleitoral. Execução fiscal. Exceção de pré-executividade. Cabimento. Matérias cognoscíveis de ofício e que não demandem dilação probatória. Falta de intimação do Ministério Público Eleitoral. Nulidade. Ausência de trânsito em julgado. Inexigibilidade dos títulos executivos. Condenação da união em honorários advocatícios. Possibilidade. Recurso eleitoral conhecido e desprovido. Reconhecimento de ofício da ausência do trânsito em julgado. 1. É matéria pacífica na doutrina e na jurisprudência o cabimento da objeção (exceção) de pré-executividade em execução fiscal como meio de defesa, desde que sejam arguidas matérias cognoscíveis de ofício ou haja prova pré-constituída (Súmula 393 do STJ), observando, contudo, que a sentença que decide o incidente, jamais pode ter o condão de alcançar as decisões lançadas nos autos das representações de origem, como se pudesse a exceção de pré-executividade assumir as vestes de ação rescisória. 2. Uma das missões institucionais do Ministério Público é a proteção da normalidade e da legitimidade de todo o processo eleitoral para a salvaguarda do regime democrático, de forma que a sua intervenção nos feitos eleitorais é indisponível. Deve-se dar, ao menos, a oportunidade de se manifestar. 3. A falta de intimação do Ministério Público Eleitoral, nos termos do art. 14, § 3°, da Resolução TSE 23.367, importa no reconhecimento da ausência do trânsito em julgado nos autos das representações, devendo os respectivos processos retornarem ao status quo ante à nulidade reconhecida. 4. É pacífico no STJ o cabimento do arbitramento de honorários advocatícios contra a Fazenda Pública quando acolhida exceção de pré-executividade e extinta a execução fiscal por ela manejada. (Precedentes: Resp 201001742416, Min. Castro Meira, 14/02/2011; Resp 200701015288, Min. Luiz Fux, 03/11/2010; AgReg 201000820833, Min. Hamilton Carvalhido, 04/10/2010) 5. Recurso Eleitoral conhecido e desprovido. Reconhecimento de ofício da ausência do trânsito em julgado das representações. (06/11/2015 – TSE – Agravo de Instrumento : AI 3927220136090050 Uruaçu/GO 144582015). **Gabarito "C".**

(Promotor de Justiça – MPE/AM – FMP – 2015) Sobre o Ministério Público Eleitoral, considere as seguintes assertivas:
I. A filiação a partido político impede o exercício de funções eleitorais por membro do Ministério Público, cessando tal impedimento com o cancelamento da filiação.
II. O Procurador-Geral Eleitoral pode designar membros do Ministério Público dos Estados para oficiar perante os Tribunais Regionais Eleitorais naqueles Estados onde não há Procuradores Regionais da República.
III. O Ministério Público Eleitoral tem legitimidade para impugnar pedido de registro de candidatura e, para tanto, dispõe do mesmo prazo previsto para os candidatos, partidos políticos e coligações.
IV. O Ministério Público Eleitoral não pode requisitar a instauração de inquérito policial por infração penal eleitoral; somente a Justiça pode fazê-lo.
Quais das assertivas acima estão corretas?
(A) Apenas a III.
(B) Apenas a I e III.
(C) Apenas a I e II.
(D) Apenas a III e IV.
(E) Apenas a II, III e IV.

I. Incorreta. Assim dispõe o art. 3°, § 2°, LC 64/1990 "Não poderá impugnar o registro de candidato o representante do Ministério Público que, nos 4 (quatro) anos anteriores, tenha disputado cargo eletivo, integrado diretório de partido ou exercido atividade político-partidária."; **II.** Incorreta, por força do parágrafo único, art. 18, Código Eleitoral. "O Procurador Geral poderá designar outros membros do Ministério Público da União, com exercício no Distrito Federal, e sem prejuízo das respectivas funções, para auxiliá-lo junto ao Tribunal Superior Eleitoral, onde não poderão ter assento". Também, o art. 27, § 4°, mesmo diploma, "Mediante prévia autorização do Procurador Geral, podendo os Procuradores Regionais requisitar, para auxiliá-los nas suas funções, membros do Ministério Público local, não tendo estes, porém, assento nas sessões do Tribunal"; **III.** Correta, por força do art. 3°, LC 64/1990; **IV.** Incorreta. O TSE, através da Resolução 23.396/2013, estabeleceu sobre o inquérito policial para apurar crimes eleitorais somente poderá ser instaurado se houver uma determinação da Justiça Eleitoral (art. 8°). O STF, ao apreciar medida cautelar, decidiu que esse dispositivo é INCONSTITUCIONAL por dispor sobre norma de direito processual e por violar prerrogativa constitucional do Ministério Público prevista no art. 129, VIII, da CF/88. STF. Plenário. ADI 5104 MC/DF, Rel. Min. Roberto Barroso, julgado em 21/5/2014 (Info 747). **Gabarito "A".**

(Promotor de Justiça – MPE/AM – FMP – 2015) Sobre a Justiça Eleitoral, considere as seguintes assertivas:
I. A Ordem dos Advogados do Brasil participa do procedimento de indicação de advogados para composição do Tribunal Superior Eleitoral e dos Tribunais Regionais Eleitorais.
II. A jurisdição eleitoral de primeiro grau não pode ser exercida por juízes federais.
III. Por ser inerente à Justiça Eleitoral, a função consultiva pode ser exercida pelos Juízes Eleitorais.
IV. Conquanto investido de poder de polícia, não tem legitimidade o Juiz Eleitoral para, de ofício, instaurar procedimento com a finalidade de impor multa pela veiculação de propaganda eleitoral em desacordo com a Lei 9.504/1997.
Quais das assertivas acima estão corretas?
(A) Apenas a II.
(B) Apenas a I e II.
(C) Apenas a III e IV
(D) Apenas a II e IV.
(E) Apenas a I, II e IV.

I: Incorreta, pois conforme art. 119, II, CF, a escolha de advogados (dois) para compor o TSE se dará por nomeação do Presidente da República dentre seis advogados de notável saber jurídico e idoneidade moral, indicados pelo Supremo Tribunal Federal; **II:** Correta, uma vez que funcionará como juiz eleitoral o juiz da comarca local; **III:** Incorreta, pois a função consultiva apenas será exercida pelos Tribunais (art. 23, XII, e art. 30, VIII, Código Eleitoral); **IV:** Correta, conforme redação da Súmula 18, TSE. **Gabarito "D".**

(Analista – Judiciário –TRE/PI – 2016 – CESPE) Com base nas disposições do CE, assinale a opção correta.
(A) Os diplomados em escolas superiores, professores e serventuários da justiça não podem ser nomeados mesários na própria seção eleitoral.
(B) Cabe ao presidente do tribunal regional eleitoral ou da junta eleitoral entregar a cada candidato eleito o diploma assinado, assim como um diploma para cada suplente.
(C) Será considerada nula a votação de eleitor que comparecer a zona eleitoral portando identidade falsa e votar em lugar do eleitor chamado.
(D) O processo eleitoral realizado no estrangeiro subordina-se direta e exclusivamente ao Tribunal Superior Eleitoral.
(E) As seções eleitorais das capitais podem ter no máximo quinhentos eleitores, organizados pelos pedidos de inscrição.

A: incorreta, pois não há expressa vedação no rol apresentado pelo §1° do art. 120 do Código Eleitoral; **B:** correta, conforme art. 215 do Código Eleitoral; **C:** incorreta, pois se trata de hipótese de votação anulável (e não nula), conforme art. 221, III, *c*, Código Eleitoral; **D:** incorreta, uma vez que o art. 232 do Código Eleitoral estabelece que todo processo eleitoral realizado no estrangeiro fica diretamente subordinado ao Tribunal Regional do Distrito Federal; **E:** incorreta, já que o art. 117 do Código Eleitoral, ao tratar do tema, estabelece que as seções eleitorais não terão mais de 400 (quatrocentos) eleitores nas capitais e de 300 (trezentos) nas demais localidades, nem menos de 50 (cinquenta) eleitores. **Gabarito "B".**

(Analista – Judiciário – TRE/PI – 2016 – CESPE) Com base no que dispõe o Código Eleitoral (CE), assinale a opção correta.
(A) As juntas eleitorais serão compostas por seis membros: um juiz de direito, um promotor de justiça, dois advogados, dois cidadãos de notória idoneidade.
(B) Agentes policiais e funcionários no desempenho de cargos de confiança do Executivo podem ser nomeados membros das juntas, escrutinadores ou auxiliares.
(C) O partido político pode indicar um membro de seu diretório para servir como escrivão eleitoral nas zonas eleitorais.
(D) Ocorrendo falta ou impedimento do escrivão eleitoral, o juiz, de ofício, determinará sua substituição pelo diretor da junta eleitoral.
(E) Cabe ao presidente do tribunal regional eleitoral aprovar e nomear, no prazo de sessenta dias antes das eleições, os membros das juntas eleitorais.

A: incorreta, uma vez que a composição da junta eleitoral é tratada no art. 36 do Código Eleitoral, estabelecendo que as juntas eleitorais serão compostas de um juiz de direito, que será o presidente, e de 2 (dois) ou 4 (quatro) cidadãos de notória idoneidade; **B:** incorreta, pois se encontram nos proibitivos de comporem a junta eleitoral, especificamente nos incisos do §3° do art. 36 do Código Eleitoral; **C:** incorreta, em razão da expressa vedação do art. 366 do Código Eleitoral, que estabelece que os funcionários de qualquer órgão da Justiça Eleitoral não poderão pertencer a diretório de partido político ou exercer qualquer atividade partidária, sob pena de demissão; **D:** incorreta, já que o §2º do art. 32 do Código Eleitoral dispõe que, nesses casos, o escrivão eleitoral será substituído na forma prevista pela lei de organização judiciária local, nada dispondo, o Código, quanto a regras específicas; **E:** correta, conforme §1º do art. 36 do Código Eleitoral. Gabarito "E".

(Defensoria Pública da União – CESPE – 2015) Julgue os seguintes itens, relativos à competência em matéria criminal eleitoral.

(1) A competência da justiça eleitoral em matéria criminal segue a simetria constitucional para os agentes que possuam foro por prerrogativa da função, não alcançando os crimes políticos.

(2) Se houver a prática de crimes comuns conexos com delitos de natureza eleitoral, terá de haver necessária separação de processos, de acordo com preceito expresso do Código Eleitoral, não se aplicando a regra geral do CPP, por se tratar de norma subsidiária ou supletiva.

1: Certo, com fundamento no Art. 109, IV, da CF/1988, que assim dispõe: "Aos juízes federais compete processar e julgar: (...) IV – os crimes políticos e as infrações penais praticadas em detrimento de bens, serviços ou interesse da União ou de suas entidades autárquicas ou empresas públicas, excluídas as contravenções e ressalvada a competência da Justiça Militar e da Justiça Eleitoral"; **2:** Errado. Verifiquemos em etapas: a) Conexão entre crime de natureza federal com crime eleitoral, propriamente, temos como consequência a separação obrigatória. A jurisprudência acena neste sentido: competência. Conflito negativo. – A conexão e a continência entre crime eleitoral e crime da competência da Justiça Federal não importa unidade de processo e julgamento. (STJ, CC 19478 / PR, rel. Min. Fontes de Alencar). b) A Conexão de crime de natureza estadual com crime eleitoral, propriamente, resultará na unidade de processo e julgamento, sendo que a justiça eleitoral, especializada, possui a força atrativa. Fundamento encontra respaldo no art. 78, IV, do CPP e o art. 35, II, do Código Eleitoral. Ou seja, apenas haverá a separação se o crime for de natureza federal comum, sendo que na hipótese de crime comum de competência estadual a solução será a atração por conexão. Gabarito 1C, 2E

(Magistratura/RR – 2015 – FCC) Considere as seguintes afirmativas:

I. O Presidente e o Vice-Presidente do Tribunal Superior Eleitoral são eleitos dentre os Ministros do Supremo Tribunal Federal, e o Corregedor Eleitoral dentre os demais membros da Corte.

II. Não podem integrar o Tribunal Superior Eleitoral cidadãos que tenham entre si parentesco, ainda que por afinidade, até o quarto grau, seja o vínculo legítimo ou ilegítimo, excluindo-se neste caso o que tiver sido escolhido por último.

III. Os provimentos emanados da Corregedoria-Geral da Justiça Eleitoral vinculam os Corregedores Regionais, que lhes devem dar imediato e preciso cumprimento.

IV. Os juízes afastados por motivo de licença de suas funções na Justiça Comum não ficam automaticamente afastados da Justiça Eleitoral no mesmo período.

Está correto o que se afirma APENAS em
(A) III e IV.
(B) I e III.
(C) I e II.
(D) II e IV.
(E) II e III.

I: incorreta, pois o Presidente e o Vice-Presidente serão escolhidos dentre os membros do STF, enquanto o corregedor será um dos desembargadores do STJ, tudo conforme o art. 119, parágrafo único, da CF; **II:** correta, nos exatos termos do art. 16, § 1º, do CE; **III:** correta, nos exatos termos do art. 17, § 3º, do CE; **IV:** incorreta, pois conforme o § 2º do art. 14 do CE, sendo "os juízes afastados por motivo de licença, férias e licença especial, de suas funções na Justiça comum, ficarão automaticamente afastados da Justiça Eleitoral pelo tempo correspondente (...).". Desta forma, a alternativa que representa as assertivas correta é a da letra E (II e III estão corretas). Gabarito "E".

(Juiz de Direito/CE – 2014 – FCC) Os Tribunais Regionais Eleitorais, em sua composição, contarão com

(A) dois juízes nomeados pelo Presidente da República, selecionados entre advogados com mais de dez anos de efetiva atividade profissional, indicados em lista sêxtupla pelo respectivo órgão de representação classista ao Tribunal de Justiça respectivo, que, por sua vez, formará lista tríplice e a encaminhará à apreciação presidencial.

(B) três juízes nomeados pelo Presidente da República dentre seis advogados de notável saber jurídico e idoneidade moral, indicados pelo Tribunal de Justiça do Estado, ainda que não contem com mais de dez anos de efetiva atividade profissional.

(C) dois juízes nomeados pelo Presidente da República dentre seis advogados de notável saber jurídico e idoneidade moral, indicados pelo Tribunal de Justiça do Estado, desde que contem com mais de dez anos de efetiva atividade profissional.

(D) dois juízes escolhidos, dentre os juízes de direito, pelo Tribunal Superior Eleitoral.

(E) um juiz integrante do Tribunal Regional Federal com sede na Capital do Estado ou no Distrito Federal, sendo vedada a escolha de juiz federal para exercer, ainda que supletivamente, o cargo.

A: incorreta. Muito embora estejamos diante do quinto constitucional, disposto pelo art. 94, CF (leitura do artigo recomendada), já é pacífico o entendimento de que a OAB (entendida aqui como o órgão representativo de classe, como descrito na parte final do caput do art. 94), não faz parte do processo de elaboração da lista sêxtupla a ser enviada ao Tribunal de Justiça correspondente de cada estado, isto porque o quinto constitucional reservado à advocacia, no caso da justiça eleitoral (do TRE, propriamente) será regulado pelo art. 120, § 1º. III, CF, que dispõe que serão nomeados dois juízes, por nomeação do Presidente da República, dentre seis advogados de notável saber jurídico e idoneidade moral, indicados pelo Tribunal de Justiça; **B:** incorreta, uma vez que o art. 120, § 1º, III, dispõe que o Presidente da República nomeará dois juízes dentre aqueles seis indicados pelo Tribunal de Justiça de cada Estado; **C:** correta, pois a assertiva atenta ao disposto no art. 120, § 1º, III, CF, além da já pacífica e sólida posição jurisprudencial acerca do tempo mínimo de dez anos de atividade profissional: "Matéria eleitoral. Organização do Poder Judiciário. Preenchimento de vaga de juiz substituto da classe dos advogados. Regra geral. Art. 120, § 1º, III, CF. Prazo de dez anos de exercício da atividade profissional. TRE. Art. 120, § 1º, III, CF. Encaminhamento de lista tríplice. A Constituição silenciou-se, tão somente, em relação aos advogados indicados para a Justiça eleitoral. Nada há, porém, no âmbito dessa justiça, que possa justificar disciplina diferente na espécie. Omissão constitucional que não se converte em 'silêncio eloquente'." (RMS 24.334, 2.ª T., j. 31.05.2005, rel. Min. Gilmar Mendes, DJ 26.08.2005.)". Outros casos é possível verificar na seguinte jurisprudência: RMS 24.232,2.ª T., j. 29.11.2205, rel. Min. Joaquim Barbosa, DJ 26.05.2006; RMS 23.123, Pleno, j. 15.12.1999, rel. Min. Nelson Jobim, DJ 12.03.2004; **D:** incorreta, pois inexiste a previsão legal de escolha de Ministros do TSE para compor o corpo de julgadores do TRE; **E:** incorreta, uma vez que o art. 120, § 1º, II, CF, dispõe que o TRE será composto, dentre outras formações, por um juiz do Tribunal Regional Federal com sede na Capital do Estado ou no Distrito Federal, ou, não havendo, de juiz federal, escolhido, em qualquer caso, pelo Tribunal Regional Federal respectivo. Gabarito "C".

(Juiz de Direito/PA – 2014 – VUNESP) Os Tribunais Regionais Eleitorais são compostos por

(A) três juízes dentre os desembargadores; um juiz dentre juízes de direito; um juiz federal escolhido pelo Tribunal Regional Federal com sede na Capital do Estado ou no Distrito Federal e por dois juízes dentre seis advogados de notável saber jurídico e idoneidade moral, indicado pelo Tribunal de Justiça e nomeado pelo Presidente da República.

(B) dois juízes dentre os desembargadores; dois juízes dentre juízes de direito; um juiz federal escolhido pelo Tribunal Regional Federal com sede na Capital do Estado ou no Distrito Federal e por dois juízes dentre seis advogados de notável saber jurídico e idoneidade moral, indicado pelo Tribunal de Justiça e nomeado pelo Presidente da República.

(C) dois juízes dentre os desembargadores; um juiz dentre juízes de direito; dois juízes federais escolhidos pelo Tribunal Regional Federal com sede na Capital do Estado ou no Distrito Federal e por dois juízes dentre seis advogados de notável saber jurídico e idoneidade moral, indicado pelo Tribunal de Justiça e nomeado pelo Presidente da República.

(D) um juiz dentre os desembargadores; três juízes dentre juízes de direito; um juiz federal escolhido pelo Tribunal Regional Federal com sede na Capital do Estado ou no Distrito Federal e por dois juízes dentre seis advogados de notável saber jurídico e idoneidade moral, indicado pelo Tribunal de Justiça e nomeado pelo Presidente da República.

(E) dois juízes dentre os desembargadores; dois juízes dentre juízes de direito; dois juízes federais escolhidos pelo Tribunal Regional Federal com sede na Capital do Estado ou no Distrito Federal e por um juiz dentre seis advogados de notável saber jurídico e idoneidade moral, indicado pelo Tribunal de Justiça e nomeado pelo Presidente da República.

A alternativa B é a única que apresenta a resposta correta, vez que reproduz na integridade o disposto pelo art. 25 do Código Eleitoral ao dizer que os Tribunais Regionais Eleitorais compor-se-ão- mediante eleição, pelo voto secreto: a) de dois juízes, dentre os desembargadores do Tribunal de Justiça; b) de dois juízes de direito, escolhidos pelo Tribunal de Justiça; II – do juiz federal e, havendo mais de um, do que for escolhido pelo Tribunal Federal de Recursos; III – por nomeação do Presidente da República de dois dentre seis cidadãos de notável saber jurídico e idoneidade moral, indicados pelo Tribunal de Justiça. Vide também o art. 120, § 1º, da CF. Gabarito "B".

(Procurador Legislativo – Câmara de Vereadores de São Paulo/SP – 2014 – FCC) A respeito da Justiça Eleitoral, é correto afirmar que

(A) o Presidente do Tribunal Superior Eleitoral será o Ministro do Supremo Tribunal Federal mais antigo.

(B) os Juízes de Direito que integram os Tribunais Regionais serão nomeados pelo Presidente da República.

(C) os Juízes dos Tribunais Regionais servirão por quatro anos, vedada a recondução.
(D) dela fazem parte as Juntas Eleitorais, posto que exercem jurisdição eleitoral.
(E) são irrecorríveis as decisões do Tribunal Superior Eleitoral que denegarem *habeas corpus* ou mandado de segurança.

A: incorreta, vez que o parágrafo único do art. 119, CF, dispõe que o Tribunal Superior Eleitoral elegerá seu Presidente e o Vice-Presidente dentre os Ministros do Supremo Tribunal Federal, não havendo critério de antiguidade, como sugerido pela assertiva; **B:** incorreta, uma vez que o art. 120, § 1º, b, CF, dispõe que os juízes de Direito serão escolhidos pelo Tribunal de Justiça do estado; **C:** incorreta, uma vez que o mandato será de dois anos, permitida única recondução, conforme art. 121, § 2º, CF; **D:** correta, vez que o art. 118, CF, dispõe que compõem a Justiça Eleitoral: I – o Tribunal Superior Eleitoral; II – os Tribunais Regionais Eleitorais; III – os Juízes Eleitorais; IV – as Juntas Eleitorais; **E:** incorreta, pois o art. 281, CE, dispõe que são irrecorríveis as decisões do Tribunal Superior, salvo as que declararem a invalidade de lei ou ato contrário à Constituição Federal e as denegatórias de "habeas corpus" ou mandado de segurança, das quais caberá recurso ordinário para o Supremo Tribunal Federal, interposto no prazo de 3 (três) dias.

8. AÇÕES, RECURSOS, IMPUGNAÇÕES

(Juiz de Direito – TJ/RJ – VUNESP – 2016) Considere a seguinte situação hipotética. Candidato João obteve o segundo lugar na eleição para Prefeito no Município de Cantagalo e ajuizou Ação de Investigação Judicial Eleitoral em face dos vencedores do pleito, o candidato José, e Maria, que com ele compunha a chapa. Na ação, João alegou que os eleitos ofereceram empregos nas empresas de propriedade de terceiro, Antônio, irmão de Maria, eleita Vice-Prefeita, em troca de votos. A instrução processual comprovou os fatos, com robustas provas de que houve efetivamente a promessa de emprego em troca de votos. Diante desse caso, é correto afirmar que a Ação de Investigação Judicial Eleitoral

(A) deve ser julgada procedente, pois restou comprovada a promessa de emprego em troca de voto, o que caracteriza abuso de poder econômico na eleição municipal, com a consequente cassação do diploma do Prefeito José e da Vice-Prefeita Maria.
(B) deve ser extinta sem resolução de mérito, pois o candidato que foi eleito em segundo lugar não possui legitimidade para propor essa ação, que pode ser proposta somente por partido político, coligação, ou pelo Ministério Público Eleitoral.
(C) deve ser julgada improcedente, pois a oferta de emprego não pode ser considerada abuso de poder econômico, já que o pagamento eventualmente efetuado será uma contraprestação do trabalho, e, para caracterizar o abuso de poder econômico, é necessário que o valor ofertado esteja nas contas a serem prestadas pelo candidato.
(D) deve ser julgada improcedente, pois embora tenha sido comprovada a oferta de empregos em troca de votos, como a empresa pertence a Antônio, terceiro estranho ao pleito, que não é candidato, não se caracteriza abuso de poder econômico.
(E) pode ser julgada procedente, com a sanção de inelegibilidade para as eleições a se realizar nos 8 (oito) anos subsequentes à eleição em que se verificaram os fatos, não havendo, todavia, cassação dos diplomas de José e Maria, se já estiverem no exercício do mandato.

A: correta, vez que de fato a narrativa indica para situação considerada abuso de poder econômico em âmbito do que se tratou no enunciado. **B:** incorreta. Qualquer partido político, coligação, candidato ou Ministério Público Eleitoral poderá representar à Justiça Eleitoral, diretamente ao Corregedor-Geral ou Regional, relatando fatos e indicando provas, indícios e circunstâncias e pedir abertura de investigação judicial para apurar uso indevido, desvio ou abuso do poder econômico ou do poder de autoridade, ou utilização indevida de veículos ou meios de comunicação social, em benefício de candidato ou de partido político. Inteligência do art. 22, XIV – Lei Complementar 64/1990. **C:** incorreta. O abuso de poder econômico irá se configurar na doação dos bens/vantagens aos eleitores, vez que desequilibrará o pleito eleitoral (interferindo diretamente no resultado). Assim, temos afetada a normalidade e legitimidade no pleito eleitoral. **D:** incorreta, uma vez que o abuso de poder também poderá ser comprovado caso um estranho ao pleito, mesmo não sendo candidato ou partido político, desde que comprovado que sua participação contribuiu ao fato considerado abusivo. **E:** incorreta. Qualquer partido político, coligação, candidato ou Ministério Público Eleitoral poderá representar à Justiça Eleitoral, diretamente ao Corregedor-Geral ou Regional, relatando fatos e indicando provas, indícios e circunstâncias e pedir abertura de investigação judicial para apurar uso indevido, desvio ou abuso do poder econômico ou do poder de autoridade, ou utilização indevida de veículos ou meios de comunicação social, em benefício de candidato ou de partido político, obedecido o seguinte rito: – julgada procedente a representação, ainda que após a proclamação dos eleitos, o Tribunal declarará a inelegibilidade do representado e de quantos hajam contribuído para a prática do ato, cominando-lhes sanção de inelegibilidade para as eleições a se realizarem nos 8 (oito) anos subsequentes à eleição em que se verificou, além da cassação do registro ou diploma do candidato diretamente beneficiado pela interferência do poder econômico ou pelo desvio ou abuso do poder de autoridade ou dos meios de comunicação (...) Art. 22, XIV – Lei Complementar 64/1990.

(Juiz de Direito/DF – 2016 – CESPE) A respeito do direito processual eleitoral, das ações eleitorais e dos respectivos recursos, assinale a opção correta.

(A) O ajuizamento de ação eleitoral para punir a doação acima do limite legal deve ocorrer até cento e vinte dias a partir da eleição, sob pena de prescrição.
(B) A LC que regulamenta a perda de cargo para os casos de troca de partido sem justa causa não se aplica às eleições majoritárias e a defesa de mérito pode apontar motivos diversos daqueles exemplificativamente estabelecidos na legislação de regência.
(C) Dentre as hipóteses de cabimento do recurso inominado, previstas no Código Eleitoral, tendo por destinatário o TRE, não se inserem os atos e as resoluções emanadas dos juízes e das juntas eleitorais em primeiro grau de jurisdição.
(D) É cabível recurso extraordinário de decisão do TRE proferida contra disposição expressa da CF.
(E) O tribunal formará sua convicção pela livre apreciação dos fatos públicos e notórios, dos indícios e presunções e da prova produzida, atentando para circunstâncias ou fatos, ainda que não indicados ou alegados pelas partes, mas que preservem o interesse público de lisura eleitoral.

A: incorreta, uma vez que o prazo é de 180 dias, conforme art. 32 da Lei das Eleições; **B:** incorreta, uma vez que não há LC tratando sobre o assunto, mas, sim, a Resolução TSE 22.610/07, que estabelece, em seu art. 13, que o procedimento ali previsto aplica-se tanto aos cargos majoritários como também aos proporcionais; **C:** incorreta, pois o art. 264 do Código Eleitoral estabeleceu que caberá para os Tribunais Regionais e para o Tribunal Superior, dentro de 3 (três) dias, recurso contra atos, resoluções ou despachos dos respectivos presidentes; **D:** incorreta, uma vez que caberá o Recurso Especial, com fundamento no art. 276, I, a, Código Eleitoral; **E:** correta, com base no expresso texto do art. 23, LC 64/90.

(Promotor de Justiça – MPE/RS – 2017) Relativamente à ação de investigação judicial eleitoral (AIJE), prevista no art. 22 da Lei Complementar 64/1990, assinale a alternativa correta.

(A) O diretório municipal de um partido político não possui legitimidade ativa para a representação visando à abertura da AIJE de candidato a prefeito, quando não está participando da eleição.
(B) Candidato a vereador possui legitimidade para ajuizar AIJE contra candidato a prefeito, desde que ambos pertençam à mesma circunscrição eleitoral.
(C) Pessoas jurídicas podem figurar no polo passivo da demanda, nos casos em que tiverem contribuído para a prática do ato.
(D) Na demanda em que se postula a cassação do registro ou diploma, não há litisconsórcio passivo necessário entre os integrantes da chapa majoritária, quando o ato ilícito foi praticado apenas pelo titular, sem a participação do candidato a vice.
(E) O prazo final para ajuizamento da AIJE é de 15 (quinze) dias contados da diplomação do eleito, conforme jurisprudência majoritária do Tribunal Superior Eleitoral.

A: Incorreta, uma vez que o *caput* do art. 22 não faz esta ressalva, bastando que o partido político esteja regularmente registrado junto ao cartório competente e TSE; **B:** Correta, pois está autorizado pelo *caput* do art. 22; **C:** Incorreta, "Ac.-TSE 373/2005, 782/2004 e 717/2003: ilegitimidade de pessoa jurídica para figurar no polo passivo da investigação judicial eleitoral.; **D:** Incorreta, Súmula TSE 38: "Nas ações que visem à cassação de registro, diploma ou mandato, há litisconsórcio passivo necessário entre o titular e o respectivo vice da chapa majoritária."; **E:** Incorreta, "Ação de investigação judicial. Prazo para a propositura. Ação proposta após a diplomação do candidato eleito. Decadência consumada. Extinção do processo. A ação de investigação judicial do art. 22 da Lei Complementar 64/1990 pode ser ajuizada até a data da diplomação." (Acórdão 628, proferido nos autos da Representação 628, Relator o e. Ministro Sálvio de Figueiredo Teixeira, julgado em 17/12/02).

(Promotor de Justiça – MPE/AM – FMP – 2015) Em relação às condutas vedadas previstas no art. 73 da Lei 9.504/1997, é correto afirmar que

(A) só respondem pela violação os candidatos que sejam agentes políticos.
(B) o bem jurídico tutelado é o princípio da igualdade entre os candidatos.
(C) tutelam a normalidade e legitimidade das eleições. Por isso é necessário prova de que a conduta desequilibrou o pleito.
(D) podem levar à cassação do registro, mas não do diploma do candidato beneficiado.
(E) a legitimidade para propositura da representação, nas eleições municipais, é do Ministério Público Eleitoral, dos candidatos, dos partidos políticos ou coligações e de qualquer eleitor da circunscrição eleitoral.

A: As vedações alcançam todos os agentes públicos, servidores ou não, como estabelece o *caput* do art. 73, Lei das Eleições; **B:** Correta. O *caput* do art. 73 dispõe que o objetivo das vedações é justamente afastar condutas "tendentes a afetar a igualdade de oportunidades entre candidatos nos pleitos eleitorais; **C:** incorreta, bastando que sejam tendentes a afetar

a normalidade do pleito (Art. 73); **D**: Incorreta, uma vez que é aplicável o procedimento do art. 22, LC 64/1990, sujeitando-se a cassação do registro ou do diploma; **E**: Incorreta, pois ao aplicar o procedimento do art. 22 LC 64/1990, a legitimidade estará estabelecida para "Qualquer partido político, coligação, candidato ou Ministério Público Eleitora". SC
Gabarito "B".

(Promotor de Justiça – MPE/MS – FAPEC – 2015) É **correto** afirmar que os recursos eleitorais, segundo o Código Eleitoral:
(A) Possuem efeito suspensivo.
(B) Possuem efeitos devolutivo e suspensivo.
(C) Não possuem efeitos devolutivo, nem suspensivo, porque ocorre a preclusão do prazo recursal, em regra, em dois dias.
(D) Não possuem efeito suspensivo.
(E) Os recursos parciais entre os quais não se incluam os que versam sobre matéria referente aos registros de candidatos, interpostos para os Tribunais Regionais Eleitorais e para o Tribunal Superior Eleitoral não produzem efeitos, se ocorrida a diplomação dos candidatos eleitos, ainda que houver recurso pendente de decisão em outra instância.

Com todo respeito à banca, questão mal formulada e que pode ter prejudicado inúmeros candidatos. O gabarito oficial indica como resposta correta a alternativa B. No entanto, a alternativa D também se mostra correta. Vejamos: o art. 257, CE, indica expressamente que os recursos eleitorais não terão efeitos suspensivos (o que torna a alternativa D correta). No entanto, o §2º do mesmo dispositivo indica que "O recurso ordinário interposto contra decisão proferida por juiz eleitoral ou por Tribunal Regional Eleitoral que resulte em cassação de registro, afastamento do titular ou perda do mandato eletivo será recebido pelo Tribunal competente com efeito suspensivo." Portanto, considerando o texto seco do enunciado, duas são as respostas que poderiam ser consideradas corretas neste caso. SC
Gabarito "B".

(Procurador da República – PGR – 2015) O ministério público eleitoral propôs ação de investigação judicial eleitoral em que imputou prática de abuso de poder econômico a candidato a deputado federal, nas eleições de 2014. Julgado improcedente o pedido formulado na inicial,
(A) caberá recurso especial para o Tribunal Superior Eleitoral, porque não houve cassação do registro ou do diploma; negado seguimento ao recurso, caberá agravo para o Tribunal Superior Eleitoral;
(B) cabe recurso ordinário, mas o presidente do tribunal de origem deverá exercer o juízo de admissibilidade, caso em que, negado seguimento ao recurso, caberá agravo para o Tribunal Superior Eleitoral:
(C) cabe recurso ordinário, mas o presidente do tribunal de origem deverá encaminhar diretamente o recurso ao Tribunal Superior Eleitoral, sem exercer juízo de admissibilidade;
(D) nenhuma das respostas anteriores.

O art. 121, § 4º, CF, dispõe que das decisões dos Tribunais Regionais Eleitorais somente caberá recurso quando "III – versarem sobre inelegibilidade ou expedição de diplomas nas eleições federais ou estaduais". Em complemento, nossa jurisprudência assim acena: "Representação. Art. 30-A da Lei 9.504/1997. Candidato. Ilegitimidade ativa. 1. Se o feito versa sobre inelegibilidade, ou envolve eventual possibilidade de cassação de diploma ou mandato atinente a eleições federais ou estaduais, a hipótese recursal contra a decisão dos Tribunais Regionais Eleitorais é sempre de recurso ordinário, seja o acórdão regional pela procedência ou improcedência do pedido, ou mesmo que se tenha acolhido preliminar com a consequente extinção do processo. [...]"(Ac. de 19.3.2009 no RO 1.498, rel. Min. Arnaldo Versiani). SC
Gabarito "C".

(Analista – Judiciário –TRE/PI – 2016 – CESPE) Assinale a opção correta de acordo com o disposto no CE.
(A) O recurso deverá ser interposto no quinto dia da publicação do ato, da resolução ou do despacho.

(B) Os embargos de declaração devem ser interpostos no prazo de três dias da data de publicação do acórdão, quando este gerar dúvida ou contradição.
(C) O eleitor que desejar impetrar o recurso contra expedição de diploma deverá estar ciente de que o único argumento aceito será o de falta de condição de elegibilidade.
(D) A propaganda eleitoral é de responsabilidade dos partidos e candidatos e por eles paga, sendo os excessos cometidos pelos candidatos de responsabilidade exclusiva dos partidos políticos, independentemente da legenda partidária.
(E) Os recursos eleitorais têm efeito suspensivo, podendo a execução de um acórdão ser feita imediatamente, mediante comunicação por escrito, em qualquer meio, a critério do presidente do tribunal regional eleitoral.

A: incorreta. Conforme §1º do art. 121 do Código Eleitoral, o prazo será de 3 dias; **B**: correta, com fundamento no §1º do art. 275 do Código Eleitoral, em petição dirigida ao juiz ou relator, com a indicação do ponto que lhes deu causa; **C**: incorreta, pois, conforme o art. 262 do Código Eleitoral, o recurso contra expedição de diploma caberá somente nos casos de inelegibilidade superveniente ou de natureza constitucional e de falta de condição de elegibilidade; **D**: incorreta, pois, pela inteligência do art. 241 e parágrafo único do Código Eleitoral, "Toda propaganda eleitoral será realizada sob a responsabilidade dos partidos e por eles paga, imputando-lhes solidariedade nos excessos praticados pelos seus candidatos e adeptos. Parágrafo único. A solidariedade prevista neste artigo é restrita aos candidatos e aos respectivos partidos, não alcançando outros partidos, mesmo quando integrantes de uma mesma coligação."; **E**: incorreta, pois o art. 257 do Código Eleitoral estabelece taxativamente que os recursos eleitorais não possuem efeito suspensivo. SC
Gabarito "B".

(Juiz de Direito/MG – 2014) Analise as afirmativas seguintes.
I. São fontes formais que moldam o perfil da ação de impugnação de mandato eletivo: a Constituição da República, no Artigo 14, §§ 10 e 11; as leis específicas, as Resoluções do TSE e a jurisprudência.
II. Uma das hipóteses de cabimento da ação de impugnação de mandato eletivo é a de abuso de poder econômico.
III. No caso da ação de impugnação de mandato eletivo, em razão da matéria tratada na demanda, a competência é da justiça comum.
IV. O procedimento adotado para a ação de impugnação de mandato eletivo é o previsto na Lei Complementar 64/1990, em seus Arts. 3º e seguintes.
A partir da análise, conclui-se que estão CORRETAS.
(A) I e III apenas.
(B) II e III apenas.
(C) I, II e IV apenas.
(D) III e IV apenas.

I: correta. A Ação de Impugnação de Mandato Eletivo está prevista no art. 14, §§ 10 e 11, da CF, sendo que sua propositura deverá ocorrer até 15 dias após a diplomação; **II**: correta, já que o Tribunal Superior Eleitoral passou a compreender pela possibilidade de abuso de poder econômico entrelaçado ao abuso de poder político: "Se o abuso de poder político consistir em conduta configuradora de abuso de poder econômico ou corrupção (entendida essa no sentido coloquial e não tecnicamente penal), é possível o manejo da ação de impugnação de mandato eletivo (REsp 28.040-BA, rel. Min. Carlos Britto, DJ 01.07.2008)" (AC TSE 28.581, Rel. Min. Felix Fischer, j. 21.08.2008); **III**: incorreta, uma vez que a competência para o processamento e julgamento da AIME, prevista no art. 2º da LC 64/1990, é da Justiça Eleitoral; **IV**: correta, uma vez que a Res. 21.634/2004 dispõe que o rito aplicável à AIME é o previsto na LC 64/1990, o mesmo referente à AIRC. SC
Gabarito "C".

Veja a seguinte tabela resumida com as principais ações cíveis eleitorais e os recursos cabíveis:

Principais Ações Cíveis Eleitorais e Recursos		
	Cabimento – observações	Prazo
Ação de Impugnação de Registro de Candidatura – AIRC Art. 3º da Lei da Inelegibilidade – LI (LC 64/1990)	– Para impugnar registro de candidatura – Rito do próprio art. 3º e seguintes da Lei da Inelegibilidade – LI (LC 64/1990) – Súmula 11/TSE: no processo de registro de candidatos, o partido que não o impugnou não tem legitimidade para recorrer da sentença que o deferiu, salvo se se cuidar de matéria constitucional	5 dias da publicação do pedido de registro

Ação de Investigação Judicial Eleitoral – AIJE Art. 22 da LI	– Declaração de inelegibilidade por uso indevido, desvio ou abuso do poder econômico ou do poder de autoridade, ou utilização indevida de veículos ou meios de comunicação social, em benefício de candidato ou de partido político – Rito do próprio art. 22 da LI – A legitimidade ativa para a representação é de qualquer partido político, coligação, candidato ou Ministério Público Eleitoral – Se for julgada procedente antes das eleições, há cassação do registro do candidato diretamente beneficiado. Se for julgada procedente após as eleições, o MP poderá ajuizar AIME e/ou RCED	Entre o registro da candidatura e a diplomação
Ação de Impugnação de Mandato Eletivo – AIME Art. 14, § 10, da CF	– Casos de abuso do poder econômico, corrupção ou fraude – Rito da LI, mas a cassação de mandato tem efeito imediato (não se aplica o art. 15 da Lei de Inelegibilidade) – A AIME deve ser instruída com provas de abuso do poder econômico, corrupção ou fraude, mas o TSE tem entendimento de que não se trata de prova pré-constituída, sendo exigidos apenas indícios idôneos do cometimento desses ilícitos – ver RESPE 16.257/PE-TSE	Em até 15 dias da diplomação
Recurso contra a Expedição de Diploma – RCED Art. 262 do CE	– Casos de inelegibilidade ou incompatibilidade de candidato; errônea interpretação da Lei quanto à aplicação do sistema de representação proporcional; erro de direito ou de fato na apuração final, quanto à determinação do quociente eleitoral ou partidário, contagem de votos e classificação de candidato, ou a sua contemplação sob determinada legenda; concessão ou denegação do diploma em manifesta contradição com a prova dos autos, nas hipóteses do art. 222 do CE e do art. 41-A da LE – Não há requisito de prova pré-constituída – ver RCED 767/SP-TSE	3 dias contados da diplomação
Representação Arts. 30-A, 41-A, 73 a 77 da LE	Casos de: – ilícitos na arrecadação e nos gastos de campanha (art. 30-A da LE) – captação de sufrágio (compra de voto – art. 41-A da LE) – condutas vedadas a agentes públicos em campanhas (arts. 73 a 77 da LE) – Rito ordinário eleitoral (art. 22 da LI), ou rito sumário do art. 96 da LE para o caso das condutas vedadas – A demonstração da potencialidade lesiva é exigida apenas para a prova do abuso do poder econômico, mas não para a comprovação de captação ilícita de sufrágio (= compra de votos) – ver RCED 774/SP-TSE e RO 1.461/GO	– até 15 dias da diplomação, no caso de ilícitos na arrecadação e nos gastos de campanha – até a diplomação, no caso de captação ilícita de sufrágio – até a eleição, no caso das condutas vedadas – recursos contra a decisão em 3 dias
Ação Rescisória Eleitoral Art. 22, I, *j*, do CE	– Casos de inelegibilidade – Proposta no TSE – Possibilita-se o exercício do mandato eletivo até o seu trânsito em julgado	120 dias da decisão irrecorrível
Direito de resposta Art. 58 da LE	Casos de candidato, partido ou coligação atingidos, ainda que de forma indireta, por conceito, imagem ou afirmação caluniosa, difamatória, injuriosa ou sabidamente inverídica, difundidos por qualquer veículo de comunicação social	– 24 horas, horário eleitoral gratuito – 48 horas, programação normal de rádio e televisão – 72 horas, órgão de imprensa escrita – Recurso em 24 horas da publicação em cartório ou sessão
Recursos Inominados –Art. 96, § 4º, da LE –Art. 8º da LI –Arts. 29, II, e 265, c/c art. 169 do CE	Contra decisões de juízes e juízes auxiliares, atos e decisões das juntas eleitorais, e decisões em *habeas corpus* ou mandado de segurança	– 24 horas (art. 96, § 8º, da LE) da publicação em cartório ou sessão – 3 dias da publicação em cartório (art. 8º da LI)
Recurso Especial Art. 276, I, do CE	Contra decisões dos TREs proferidas contra expressa disposição de lei; ou quando ocorrer divergência na interpretação de Lei entre dois ou mais tribunais eleitorais.	3 dias da publicação da decisão
Recurso Extraordinário contra decisão do TSE Art. 281 do CE	Violação à Constituição Federal	3 dias – art. 12 da Lei 6.055/1974, ver AI 616.654 AgR/SP-STF.
Agravo de Instrumento Arts. 279 e 282 do CE	Denegação de Resp. ou de RE	3 dias para peticionar mais 3 dias para formar o instrumento
Recurso ordinário para o TSE ou para o STF Arts. 276, II, e 281 do CE	Julgamentos originários dos TREs (sobre expedição de diplomas nas eleições federais e estaduais ou relativos a HC ou MS) ou do TSE	3 dias da publicação da decisão ou da sessão da diplomação

(Procurador da República – 26.º) Assinale a ação eleitoral que pode ser ajuizada após a data da diplomação dos eleitos:
(A) ação de investigação judicial eleitoral por uso indevido dos meios de comunicação;
(B) ação por captação ou gasto ilícito de recurso para fins eleitorais;
(C) ação por captação ilícita de sufrágio;
(D) ação por conduta vedada a agentes públicos.

De fato a alternativa B é a única correta, pois se consubstancia ao que dispõe o art. 14, § § 10 e 11, da CF, por se tratar, as condutas descritas, como abuso do poder econômico pelo candidato. SC
Gabarito "B".

9. DAS CONDUTAS VEDADAS AOS AGENTES PÚBLICOS

(Juiz – TJ-SC – FCC – 2017) No ano em que se realizar eleição, fica proibida a distribuição gratuita de bens, valores ou benefícios por parte da Administração pública, EXCETO em casos de:
(A) estado de emergência, de intervenção federal ou de programas sociais autorizados em lei e já em execução orçamentária desde o primeiro semestre do ano eleitoral, mesmo que executados por entidade nominalmente vinculada a candidato ou por esse mantida.
(B) calamidade pública, de intervenção federal ou de programas sociais autorizados em lei e já em execução orçamentária desde o primeiro mês do ano eleitoral, vedada, no entanto, a execução de tais programas por entidade nominalmente vinculada a candidato ou por esse mantida.
(C) calamidade pública, de estado de emergência ou de programas sociais autorizados em lei e já em execução orçamentária no exercício anterior, vedada, no entanto, a execução de tais programas por entidade nominalmente vinculada a candidato ou por esse mantida.
(D) estado de emergência, de calamidade pública ou de programas sociais autorizados em lei e já em execução orçamentária desde o primeiro semestre do ano eleitoral, vedada, no entanto, a execução de tais programas por entidade nominalmente vinculada a candidato ou por esse mantida.
(E) calamidade pública, de intervenção federal ou de programas sociais autorizados em lei e já em execução orçamentária no exercício anterior, mesmo que executados por entidade nominalmente vinculada a candidato ou por esse mantida.

A única alternativa correta vem representada pela assertiva C, pois em plena consonância com o que estabelece o art. 73, §10, Lei das Eleições. O tema das condutas vedadas aos agentes públicos em campanhas eleitorais (art. 73 e seguintes da Lei das Eleições) é de extrema relevância para a carreira da magistratura, isto porque os colegas leitores (futuros magistrados!) que estiverem atuando nas comarcas com a cumulação de serviços eleitorais estarão diante de situações constantes ali descritas durante as eleições municipais. SC
Gabarito "C".

(Promotor de Justiça/PI – 2014 – CESPE) Assinale a opção correta com base no que dispõe a legislação eleitoral acerca das condutas dos agentes públicos durante a campanha.
(A) É permitido o uso, pelo candidato a reeleição de prefeito da residência oficial para a realização de contatos, encontros e reuniões pertinentes à própria campanha, desde que tenham caráter de ato público.
(B) É proibido ceder ou usar, em benefício de candidato, partido político ou coligação, bens móveis ou imóveis pertencentes à administração direta ou indireta da União, dos estados, do DF e dos municípios para a realização de convenção partidária.
(C) É proibida a cessão de servidor público licenciado da administração direta ou indireta federal, estadual ou municipal do Poder Executivo a comitês de campanha eleitoral de candidato, partido político ou coligação.
(D) São permitidas, até três meses antes do pleito, a nomeação ou exoneração de cargos em comissão, a nomeação para cargos do Poder Judiciário, do MP e dos órgãos da Presidência da República e a nomeação dos aprovados em concursos públicos homologados.
(E) É proibido fazer pronunciamento em cadeia de rádio e televisão, fora do horário eleitoral gratuito, nos três meses antes do pleito, salvo quando, a critério da Presidência da República, tratar-se de matéria urgente, relevante e característica das funções de governo.

A: incorreta, já que a ressalva da parte final do § 2º do art. 73, Lei das Eleições, é de que não tenham caráter de ato público; B: incorreta, já que o art. 73, I, Lei das Eleições, traz a ressalva de cessão ou uso de bens pertencentes à administração pública, qual seja, justamente para a utilização em convenções partidárias; C: incorreta, já que o art. 73, III, Lei das Eleições, prevê expressamente a exceção aos casos em que o servidor ou empregado estiver licenciado; D: correta, conforme art. 73, V, c, Lei das Eleições; E: incorreta, já que o art. 73, VI, c, Lei das Eleições, dispõe que a critério da Justiça Eleitoral haverá exceção à proibição quando tratar-se de matéria urgente, relevante e característica das funções de governo. SC
Gabarito "D".

10. CRIMES ELEITORAIS

(Juiz de Direito – TJ/RJ – VUNESP – 2016) Considere a seguinte situação hipotética. Candidato a Deputado Estadual do Rio de Janeiro, Joaquim está fazendo sua campanha nas ruas da Capital e para diante de uma casa em obras, para abordar a pessoa que está lá trabalhando, para falar de suas propostas e pedir seu voto. Antônio, o proprietário do imóvel, que lá está trabalhando, diz para Joaquim que votaria nele, caso ele lhe fornecesse 5 (cinco) sacos de cimento. No dia seguinte, preposto de Joaquim entrega os sacos de cimento solicitados, sendo os fatos presenciados por vizinho de Antônio, que comunica o ocorrido ao juízo eleitoral, o que acarreta a instauração de inquérito. No curso do inquérito, apura-se que Antônio possui condenação criminal transitada em julgado e atualmente encontra-se em período de prova de *sursis*.
A respeito de tais fatos, é correto afirmar que
(A) o fato não pode ser considerado crime, pois a entrega foi realizada por pessoa outra que não Joaquim, o candidato, sendo que a corrupção ativa eleitoral não pode ser praticada por qualquer pessoa, ou seja, a conduta de entrega da vantagem não pode ser praticada por uma pessoa que possui interesses em ver um candidato ser eleito.
(B) se exige, para a configuração do ilícito penal, que o corruptor eleitoral passivo seja pessoa apta a votar e como Antônio está com os direitos políticos suspensos, em razão de condenação criminal transitada em julgado, não havendo que se falar em violação à liberdade do voto, motivo pelo qual a conduta de Joaquim é atípica.
(C) o tipo penal previsto no Código Eleitoral, conhecido como corrupção eleitoral, prevê como condutas típicas prometer ou oferecer, para outrem, dinheiro ou qualquer outra vantagem para obter voto, sendo, portanto, atípica a conduta de Joaquim, que apenas entregou o que foi solicitado por Antônio.
(D) Joaquim e Antônio cometeram o crime de corrupção eleitoral, que para sua tipificação necessita que estejam presentes as modalidades ativa e passiva, ou seja, de que haja oferta e a correspondente aceitação de vantagem econômica, com bilateralidade.
(E) a conduta de Joaquim configura ilícito penal, pois a corrupção eleitoral ativa independe da corrupção eleitoral passiva, bastando para a caracterização do crime a conduta típica de dar vantagem, independentemente até mesmo da aceitação da vantagem pelo sujeito passivo, no caso, Antônio.

Para análise das alternativas, importante destacar o conteúdo do art. 299, Código Eleitoral: Art. 299. Dar, oferecer, prometer, solicitar ou receber, para si ou para outrem, dinheiro, dádiva, ou qualquer outra vantagem, para obter ou dar voto e para conseguir ou prometer abstenção, ainda que a oferta não seja aceita: Pena – reclusão até quatro anos e pagamento de cinco a quinze dias-multa.
A: incorreta, uma vez que a justificativa encontra espaço na atipicidade da conduta de Antônio. O fato de uma Terceira pessoa realizar a entrega, não é o que afasta a tipicidade, mas sim o fato de Antônio estar com os direitos políticos suspensos. **B:** correta. A conduta descrita é atípica (crime impossível por absoluta impropriedade do objeto, vez que Antônio estava com seus direitos políticos suspensos na ocasião – condenação criminal transitada em julgado – art. 15, III, CF). Cabe destacar que a *sursi* penal impõe verificar que há suspensão dos direitos políticos (há pena). Em outra situação, que muitos examinandos acabaram por confundir, a *sursi* processual, não existe pena (é concedida no curso do processo, e não ao final). **C:** incorreta. O art. 299 indica como primeiro verbo "dar", portanto, a conduta de Joaquim encontra perfeito enquadramento. **D:** incorreta, o crime previsto no art. 299, Código Eleitoral é crime formal, pouco importando o resultado. **E:** incorreta, uma vez que Antônio, pelo fato de estar com os direitos políticos suspensos, jamais poderia garantir voto ou abstenção em favor do interesse de Joaquim. Tal circunstância torna a conduta atípica, mesmo que desprezível quanto ao seu intento. SC
Gabarito "B".

(Procurador da República – PGR – 2015) Professor que concorreu a vereador no ano de 2012, no mês de maio da eleição, realiza reunião com seus alunos do último ano do ensino médio e lhes promete financiar a formatura, desde que lhe deem o voto. A conduta do professor caracteriza:
(A) Crime de corrupção eleitoral e captação ilícita de sufrágio;
(B) Captação ilícita de sufrágio, sem prejuízo de configurar abuso de poder econômico;
(C) Crime de corrupção eleitoral;
(D) Captação ilícita de sufrágio.

A descrição do enunciado está condita no art. 299, Código Eleitoral "Art. 299. Dar, oferecer, prometer, solicitar ou receber, para si ou para outrem, dinheiro, dádiva, ou qualquer outra vantagem, para obter ou dar voto e para conseguir ou prometer abstenção, ainda que a oferta não seja aceita: Pena – reclusão até quatro anos e pagamento de cinco a quinze dias-multa". SC
Gabarito "C".

(Promotor de Justiça – MPE/AM – FMP – 2015) Considere as seguintes alternativas sobre crimes eleitorais:

I. É incabível ação penal privada subsidiária no âmbito da Justiça Eleitoral.
II. Prefeito Municipal acusado da prática de crime eleitoral é julgado pelo Tribunal Regional Eleitoral.
III. A contratação e o fornecimento de transporte para comparecimento em comício configura o crime de transporte irregular de eleitores previsto na Lei 6.091/1974.
IV. O crime de corrupção eleitoral (art. 299 do Cód. Eleitoral), na sua modalidade ativa, pode ser praticado por pessoa que não seja candidato.

Quais das assertivas acima estão corretas?

(A) Apenas a I e II.
(B) Apenas a II e III.
(C) Apenas a II e IV.
(D) Apenas a I, III e IV.
(E) Apenas a II, III e IV.

I: Incorreta, pois diante da inércia do Ministério Público (titular das ações penais públicas incondicionadas), haverá possibilidade de oferta subsidiária pelo ofendido; **II:** Correta, o prefeito municipal deverá ser julgado pelo TRE, por se tratar de crime eleitoral e pela prerrogativa de foro prevista no art. 84, Código de Processo Penal. Neste sentido, a jurisprudência do TSE: "Competência. Crime eleitoral praticado por prefeito. Nexo de causalidade. A existência de nexo de causalidade, considerado o exercício de mandato e o crime, é conducente, de início, à atuação do Tribunal Regional Eleitoral. Competência. Crime eleitoral praticado por prefeito. Nexo de causalidade. Cassação do mandato. Com a cassação do mandato, tem-se o afastamento da prerrogativa de foro no que voltada à proteção do cargo, e não do cidadão. Inconstitucionalidade do § 1º do art. 84 do Código de Processo Penal, com a redação imprimida pela Lei 10.628/2002 – ADI 2.797, relator Ministro Sepúlveda Pertence, julgamento de 15.9.2005" (Ac. nº 519, de 15.9.2005, rel. Min. Marco Aurélio)"; **III:** Incorreta, uma vez que o crime de transporte irregular tem como foco o fornecimento gratuito de transporte, em dias de eleição, a eleitores residentes nas zonas rurais, não os comícios. Impossibilidade de alargar o tipo penal, **IV:** Correta. O preceito primário da norma indica "Dar, oferecer, prometer, solicitar ou receber, para si ou para outrem". Assim, o benefício não necessariamente precisa ser ao próprio candidato, podendo ser a "outrem" (terceira pessoa). **SC**

Gabarito "C".

(Defensoria Pública da União – CESPE – 2015) Em relação aos crimes eleitorais, julgue os itens que se seguem.

(1) Considere a seguinte situação hipotética. Zoroastro – servidor público municipal da cidade de Juazeiro – BA, onde exerce permanentemente suas funções na secretaria de assistência social – mora e reside com a família nesse mesmo município, no qual é conhecido por sua militância em defesa das pessoas mais necessitadas economicamente. Com o objetivo de candidatar-se a vereador na cidade de Petrolina – PE, Zoroastro declarou perante a justiça eleitoral desse estado da Federação possuir domicílio eleitoral nesta cidade. Nessa situação hipotética, houve crime impossível pela ineficácia absoluta do meio, decorrente da qualificação do declarante apresentada perante a justiça eleitoral e do domicílio necessário do servidor público, já que, a partir dessas informações, seria plenamente possível ao órgão eleitoral constatar a inverdade da declaração feita por Zoroastro. Além disso, seriam imprescindíveis, para a configuração do crime, a existência de dolo específico e a comprovação da materialidade.

(2) Considere a seguinte situação hipotética. Nas vésperas de certa eleição, foram divulgadas informações pela imprensa, pelo rádio e pela televisão, na propaganda eleitoral, acerca de fatos inverídicos, porém de natureza favorável ao candidato Marivaldo, capazes de exercerem influência positiva na avaliação dele perante o eleitorado, mas que não ofenderam, denegriram ou distorceram a imagem de adversários políticos de Marivaldo. Nessa situação hipotética, o fato foi penalmente atípico, ainda que enganosa a propaganda, pois esta não ofendeu, denegriu ou distorceu a imagem de adversários políticos de Marivaldo; além disso, para a caracterização de delito, seria obrigatória a demonstração concreta de danos causados pela referida divulgação de informações.

1: Errado, uma vez que não há, no caso em tela, a figura do CRIME IMPOSSÍVEL, mas sim a circunstância de um fato atípico. Isto porque o domicílio eleitoral guarda conceito mais amplo do que o domicílio civil, como bem aponta recente julgado, refletindo sólido posicionamento de nosso Tribunal Superior Eleitoral. Recurso especial. Transferência de domicílio eleitoral. Vínculo político. Suficiência. Provimento. 1. A jurisprudência desta Corte se fixou no sentido de que a demonstração do vínculo político é suficiente, por si só, para atrair o domicílio eleitoral, cujo conceito é mais elástico que o domicílio no Direito Civil (AgR-AI 7286/PB, Rel. Min. Nancy Andrighi, DJE de 14.3.2013). 2. Recurso especial provido. (Recurso Especial Eleitoral 8551, Acórdão de 08/04/2014, Relator(a) Min. Luciana Christina Guimarães Lóssio, Publicação: DJE – Diário de justiça eletrônico, Tomo 83, Data 07/05/2014, Página 38). Desta forma, Zoroastro poderá sim possuir domicílio eleitoral em Petrolina-PE, desde que comprove o vínculo com a localidade, que no caso, poderá ser o simples fato de possuir um imóvel na localidade. **2:** Errada, o fundamento pode ser encontrado no art. 323 do Código Eleitoral, qual seja o dispositivo: "Art. 323: Divulgar, na propaganda, fatos que sabe inverídicos, em relação a partidos ou candidatos e capazes de exercerem influência perante o eleitorado: Pena – detenção de dois meses a um ano, ou pagamento de 120 a 150 dias-multa. Parágrafo único. A pena é agravada se o crime é cometido pela imprensa, rádio ou televisão". Perceba-se que o tipo penal fala em fatos inverídicos capazes de exercerem influência perante o eleitorado. Independe se favorável ou não aos candidatos ou partidos. **SC**

Gabarito 1E, 2E

(Defensoria Pública da União – CESPE – 2015) Julgue os itens subsequentes, acerca do processo penal eleitoral.

(1) O interrogatório do réu, ainda que não contemplado de forma expressa no rito estabelecido no processo penal eleitoral, deve ser realizado ao final da instrução, consoante orientação firmada pelo STF.

(2) Admite-se a absolvição sumária no processo penal eleitoral, ainda que esta não se encontre prevista de forma expressa no aludido procedimento, conforme inteligência do STF.

1: correta. Com fundamento na jurisprudência solidificada de nosso Tribunal, ainda que vigente o princípio da especialidade normativa, por se tratar de processo que regulará de forma mais benéfica, dever-se-á observar o rito do processo penal, ainda que o texto especial seja aplicado (pela especialidade). Ou seja, se a alteração do processo penal, que modificou de forma a beneficiar de qualquer maneira o réu, deverá ela ser aplicada e não a norma tratada em especialidade. Vide o julgado: "Crime eleitoral. Procedimento penal definido pelo próprio Código Eleitoral (*lex specialis*). Pretendida observância do novo iter procedimental estabelecido pela reforma processual penal de 2008, que introduziu alterações no CPP (*lex generalis*). (...) Nova ordem ritual que, por revelar-se mais favorável ao acusado (CPP, arts. 396 e 396-A, na redação dada pela Lei 11.719/2008), deveria reger o procedimento penal, não obstante disciplinado em legislação especial, nos casos de crime eleitoral. Plausibilidade jurídica dessa postulação. (...) a previsão do contraditório prévio a que se referem os arts. 396 e 396-A do CPP, mais do que simples exigência legal, traduz indisponível garantia de índole jurídico-constitucional assegurada aos denunciados, de tal modo que a observância desse rito procedimental configura instrumento de clara limitação ao poder persecutório do Estado, ainda mais se se considerar que, nessa resposta prévia – que compõe fase processual insuprimível (CPP, art. 396-A, § 2º) –, torna-se lícita a formulação, nela, de todas as razões, de fato ou de direito, inclusive aquelas pertinentes ao mérito da causa, reputadas essenciais ao pleno exercício da defesa pelo acusado (...)." (HC 107.795-MC, rel. Min. Celso de Mello, decisão monocrática, julgamento em 28.10.2011, DJE de 7-11-2011). **2:** correta. Em consonância Jurisprudência do STF, "O rito instituído pela Lei nº 11.719/08, que alterou o Código de Processo Penal, aplica-se, no primeiro grau de jurisdição, em matéria eleitoral. 2. Recebida a denúncia, em primeira instância, antes o réu ter sido diplomado como deputado federal e apresentada a resposta à acusação, compete ao Supremo Tribunal Federal, em face do deslocamento de competência, examinar, em questão de ordem, eventuais nulidades suscitadas **e a possibilidade de absolvição sumária (art. 397 CPP)**, mesmo que o rito passe a ser o da Lei 8.038/90." (AP 933 QO, Relator(a): Min. DIAS TOFFOLI, Segunda Turma, julgado em 06/10/2015, ACÓRDÃO ELETRÔNICO DJe-020 DIVULG 02-02-2016 PUBLIC 03-02-2016). No mesmo sentido, o TSE "Recurso especial eleitoral. Falsidade ideológica eleitoral. Prequestionamento da matéria em embargos de declaração. Recebimento do recurso. Possibilidade. Precedentes. **Absolvição sumária**. Exceção à regra. Necessidade de comprovação de algum dos requisitos do art. 397 do Código de Processo Penal. Art. 350 do Código Eleitoral. Alegação de ausência de elemento subjetivo e de abuso de poder econômico. Conveniência de se prosseguir com a atividade instrutória. Aprovação da prestação de contas. Independência das esferas cível-eleitoral e penal. Irrelevância para o prosseguimento da ação penal. Precedente. Recurso ao qual se nega provimento. (Recurso Especial Eleitoral nº 144566, Acórdão de 08/09/2011, Relator(a) Min. CÁRMEN LÚCIA ANTUNES ROCHA, Publicação: DJE – Diário da Justiça Eletrônico, Tomo 211, Data 08/11/2011, Página 14). **SC**

Gabarito 1C, 2C

(Ministério Público/SP – 2015 – MPE/SP) Havendo concurso entre infração penal eleitoral e crime sujeito à competência da Justiça Federal, é lícito afirmar que:

(A) a Justiça Eleitoral, por ser especial, será competente para o processo e julgamento das duas infrações.
(B) a Justiça Federal exerce a *vis attractiva* e, portanto, será competente para o julgamento das duas infrações, desde que a pena cominada ao crime de sua competência seja mais grave.
(C) ocorrerá a separação obrigatória dos processos.
(D) a separação dos processos será facultativa, nos termos do artigo 80 do Código de Processo Penal.
(E) poderão ser julgadas tanto pela Justiça Federal como pela Justiça Eleitoral, sujeitando-se apenas à prevenção.

A organizadora indicou como correta a alternativa apresentada na alternativa C, e apontamos como fundamento: o art. 108 da CF. Vejamos um excerto e destaque: "Art. 108 da CF. Compete aos Tribunais Regionais Federais: I – processar e julgar, originariamente: a) os juízes federais da área de sua jurisdição, incluídos os da Justiça Militar e da Justiça do Trabalho, nos crimes comuns e de responsabilidade, e os membros do Ministério Público da União, **ressalvada a competência da Justiça Eleitoral**"; "Art. 109. Aos juízes federais compete processar e julgar: IV – os crimes políticos e as **infrações penais** praticadas em detrimento de bens, serviços ou interesse da União ou de suas entidades autárquicas ou empresas públicas, **excluídas as contravenções e ressalvada a competência da Justiça Militar e da Justiça Eleitoral**; Também, a jurisprudência em complemento: "Competência. Conflito negativo. – A conexão e a continência entre crime eleitoral e crime da competência da Justiça Federal não importa unidade de processo e julgamento. (STJ, CC 19478 / PR, rel. Min. Fontes de Alencar". Outro entendimento, e o adotado por este autor, é de que a interpretação com os dispositivos do art. 109, IV, da CF c.c art. 35, II, do CE, e art. 78, IV, do CPP, a alternativa correta seria a apresentada na letra A, considerando a inexistência de informação acerca de eventual competência originária do Tribunal Superior e Tribunais Regionais.

Gabarito "C".

(Analista – TRE/GO – 2015 – CESPE) No que concerne a crimes eleitorais e processo penal eleitoral, julgue os itens que se seguem.

(1) No processo eleitoral, ao contrário do que ocorre no rito ordinário, é inadmissível o oferecimento de queixa-crime em ação penal privada subsidiária, ainda que o Ministério Público não tenha oferecido denúncia, requerido diligências ou solicitado o arquivamento do inquérito policial.

(2) O crime de corrupção eleitoral configura-se com a mera promessa de vantagem, mesmo que de caráter geral e posta como um benefício à coletividade, não se exigindo, portanto, dolo específico consistente na obtenção de voto de determinados eleitores ou na promessa de abstenção.

1: incorreta. A ação penal privada subsidiária vem tratada na Constituição Federal, especificamente no art. 5º, LIX. Considerando, portanto, se tratar de um direito fundamental (e assim dizemos, de eficácia plena), não caberá à legislação infraconstitucional (no caso qualquer que venha a regular o processo eleitoral, como sugere a assertiva) limitar o quanto disposto. Interessante Jurisprudência àqueles que intentem aprofundamento: Ac. de 14.8.2003, no REsp 21295, rel. Min. Fernando Neves e, mais recente, Ac. de 24.2.2011 no ED-AI 181917, rel. Min. Arnaldo Versiani; **2:** incorreta, uma vez que o crime de corrupção eleitoral, tipificado no art. 299 do CE, demanda dolo específico, qual seja o de obter ou dar voto, ou ainda prometer abstenção do ato. No mesmo segmento, Jurisprudência do TSE: *"para a configuração do crime descrito no art. 299 do CE, é necessário o dolo específico que exige o tipo penal, qual seja, a finalidade de obter ou dar voto ou prometer abstenção"* (REsp 25.388).

Gabarito 1E, 2E.

(Juiz de Direito/PA – 2014 – VUNESP) Quanto aos crimes eleitorais, é correto afirmar que

(A) quando o Código Eleitoral não indicar grau mínimo da pena, será ela de seis meses a de detenção e um ano a de reclusão.

(B) o crime de corrupção eleitoral, previsto pelo art. 299 do Código Eleitoral, é delito formal, exige o dolo específico e admite a forma tentada.

(C) responde por crime culposo o agente que causar dano físico involuntário em equipamento usado na votação ou na totalização de votos ou a suas partes.

(D) se devem aplicar as regras gerais do Código Penal para aplicação das atenuantes e agravantes em crimes eleitorais, conforme disposição do Código Eleitoral.

(E) a pena prevista para o crime de falsificação ou alteração de documento particular para fins eleitorais é de um a cinco anos de reclusão e pagamento de 10 a 360 dias-multa.

A: incorreta, vez que o art. 284, CE, dispõe que inexistindo previsão do grau mínimo, entende-se que será ele de quinze dias para a pena de detenção e de um ano para a de reclusão; **B:** o gabarito indica a alternativa B como correta, fundamentando-se no disposto do art. 299, parte final, CE: "Dar, oferecer, prometer, solicitar ou receber, para si ou para outrem, dinheiro, dádiva, ou qualquer outra vantagem, para obter ou dar voto e para conseguir ou prometer abstenção, **ainda que a oferta não seja aceita**". No entanto, importa mencionar posicionamento jurisprudencial já adotado pelo TSE: "O crime de corrupção eleitoral, por ser crime formal, não admite a forma tentada, sendo o resultado mero exaurimento da conduta criminosa" (Ac.-TSE, de 27.11.2007, no Ag n. 8.905.); **C:** incorreta, uma vez que o art. 331, CE, mencionado pela assertiva, não admite a modalidade culposa; **D:** incorreta, uma vez que a regra específica está contida no art. 285, CE, ao dispor que quando a lei determina a agravação ou atenuação da pena sem mencionar o "quantum", deve o juiz fixá-lo entre um quinto e um terço, guardados os limites da pena cominada ao crime; **E:** incorreta, uma vez que o art. 348, CE, dispõe que para o crime em questão a pena será de reclusão de dois a seis anos e pagamento de 15 a 30 dias-multa.

Gabarito "B".

(Promotor de Justiça/PI – 2014 – CESPE) Diva, prefeita candidata à reeleição, foi denunciada por ter difamado e injuriado Helen, candidata opositora, durante a propaganda eleitoral gratuita veiculada na mídia, tendo-lhe imputado fato ofensivo à sua reputação de servidora pública. Em face dessa situação hipotética, assinale a opção correta à luz das disposições constitucionais e da legislação eleitoral.

(A) O juiz pode deixar de aplicar pena caso Helen, de forma reprovável, tenha provocado diretamente os crimes, assim como no caso de extorsão imediata que consista em outros crimes da mesma espécie.

(B) Se o promotor de justiça eleitoral promover o arquivamento, o juiz poderá encaminhar os autos ao procurador regional eleitoral, que deverá designar outro promotor para oferecer a denúncia.

(C) Se a denúncia for recebida por juiz eleitoral, Diva poderá invocar, em seu favor, como matéria de defesa, a incompetência do juízo, tese que tem sido acolhida pela justiça eleitoral, ao fundamento de que crime cometido por prefeito deve ser julgado pelo tribunal de justiça.

(D) A exceção da verdade é admitida para ambos os fatos, na medida em que Helen é servidora pública e a ofensa foi relativa ao exercício das funções de agente público.

(E) Verificadas as infrações penais, o MP tem prazo de dez dias para oferecer denúncia, independentemente de representação, uma vez que os crimes eleitorais são de ação pública.

A: incorreta, uma vez que as circunstâncias apresentadas pela alternativa não se enquadram no permissivo para este mesmo sentido, só se aplica ao crime de injúria, e não ao de difamação, conforme se verifica na leitura dos incisos I e II, § 1º, art. 326, Código Eleitoral; **B:** incorreta, uma vez que o art. 357, § 1º, Código Eleitoral, dispõe que neste caso o Procurador Regional Eleitoral oferecerá a denúncia, designará outro Promotor para oferecê-la, ou insistirá no pedido de arquivamento, ao qual só então estará o juiz obrigado a atender; **C:** incorreta, pois Diva deverá ser julgada pelo TRE, por se tratar de crime eleitoral e pela prerrogativa de foro prevista no art. 84, Código de Processo Penal. Neste sentido, a jurisprudência do TSE: "Competência. Crime eleitoral praticado por prefeito. Nexo de causalidade. A existência de nexo de causalidade, considerado o exercício de mandato e o crime, é conducente, de início, à atuação do Tribunal Regional Eleitoral. Competência. Crime eleitoral praticado por prefeito. Nexo de causalidade. Cassação do mandato. Com a cassação do mandato, tem-se o afastamento da prerrogativa de foro voltada à proteção do cargo, e não do cidadão. Inconstitucionalidade do § 1º do art. 84 do Código de Processo Penal, com a redação imprimida pela Lei 10.628/2002 – ADI 2.797, relator Ministro Sepúlveda Pertence, julgamento de 15.9.2005." (Ac. 519, de 15.9.2005, rel. Min. Marco Aurélio.)"; **D:** incorreta, uma vez que a exceção de verdade apenas é admitida no crime de difamação. Expressamente, dispõe o art. 325, parágrafo único, Código Eleitoral, que a exceção da verdade somente se admite se ofendido é funcionário público e a ofensa é relativa ao exercício de suas funções; **E:** correta, vez que assim disciplinado pelo art. 357 do Código Eleitoral.

Gabarito "E".

11. TEMAS COMBINADOS E OUTRAS MATÉRIAS

(Juiz de Direito – TJ/MS – VUNESP – 2015) O direito brasileiro adota o sistema eleitoral proporcional, sendo correto afirmar que determina-se o quociente eleitoral dividindo-se o número de

(A) votos válidos dados sob a mesma legenda ou coligação de legendas e os brancos pelo de lugares a preencher em cada circunscrição eleitoral, desprezada a fração se igual ou inferior a um quinto, equivalente a um, se superior.

(B) votos, incluindo os brancos e nulos, apurados pelo de lugares a preencher em cada circunscrição eleitoral, desprezada a fração se igual ou inferior a um quarto, equivalente a um, se superior.

(C) votos válidos dados sob a mesma legenda ou coligação de legendas e pelo de lugares a preencher em cada circunscrição eleitoral, desprezada a fração se igual ou inferior a um quarto, equivalente a um, se superior.

(D) votos válidos dados sob a mesma legenda ou coligação de legendas pelo de lugares a preencher em cada circunscrição eleitoral, desprezada a fração.

(E) votos válidos apurados pelo de lugares a preencher em cada circunscrição eleitoral, desprezada a fração se igual ou inferior a meio, equivalente a um, se superior.

A única alternativa correta é a apresentada na assertiva E, uma vez que o art. 106, Código Eleitoral, restou inteiramente registrado. Vejamos: "Art. 106. Determina-se o quociente eleitoral dividindo-se o número de votos válidos apurados pelo de lugares a preencher em cada circunscrição eleitoral, desprezada a fração se igual ou inferior a meio, equivalente a um, se superior.."

Gabarito "E".

(Promotor de Justiça – MPE/AM – FMP – 2015) Em relação à infração de captação ilícita de sufrágio (art. 41-A da Lei 9.504/1997), é correto afirmar que

(A) a representação pela prática da conduta pode ser proposta antes do pedido de registro da candidatura.

(B) a representação só pode ser proposta após o pedido de registro da candidatura, mas referir-se a fatos praticados antes do pedido de registro.

(C) a representação pode buscar a cassação do registro, mas não do diploma, uma vez que para este há o Recurso Contra a Expedição de Diploma.

(D) para sua caracterização é necessário que haja pedido explícito de votos e que a conduta seja levada a efeito pelo próprio candidato.

(E) como tutela à liberdade de voto, à vontade do eleitor, não se exige, para sua configuração, que o fato imputado cause desequilíbrio nas eleições.

A e B: Incorretas, em atenção ao que dispõe o art. 41-A, § 3º, Lei das eleições, a representação poderá ser proposta até a data da diplomação, e não do pedido de registro de candidatura; **C:** Incorreta. O *caput* do art. 41-A, Lei das Eleições, dispõe sobre a cassação do registro ou do diploma; **D:** Incorreta, vez que o § 1º, art. 41-A, Lei das Eleições estabelece que " Para a caracterização da conduta ilícita, é desnecessário o pedido explícito de votos, bastando a evidência do dolo, consistente no especial fim de agir."; **E:** Correta, conforme §1º, art. 41-A, Lei das Eleições. SC

Gabarito "E".

(Juiz de Direito/MG – 2014) Analise as afirmativas seguintes.

I. Independente e próprio, com autonomia científica e didática, o Direito Eleitoral está encarregado de regulamentar os direitos políticos dos cidadãos e o processo eleitoral, cujo conjunto de normas destina-se a assegurar a organização e o exercício de direitos políticos, especialmente os que envolvam votar e ser votado.
II. A Lei Eleitoral é exclusivamente federal por força do Artigo 22, I, da Constituição Federal, podendo, no entanto, os Estados e Municípios disporem de regras de cunho eleitoral supletivamente.
III. As Medidas Provisórias podem conter disposições com conteúdo eleitoral.
IV. Vigora no Direito Eleitoral o princípio da anterioridade, ou seja, embora em vigor na data de sua publicação, a lei somente será aplicada se a eleição acontecer após um ano da data de sua vigência.

A partir da análise, conclui-se que estão CORRETAS.
(A) I e II apenas.
(B) I e III apenas.
(C) II e III apenas.
(D) I e IV apenas.

I: correta, "Direito Eleitoral é o ramo do Direito Público cujo objeto são os institutos, as normas e os procedimentos regularizadores dos direitos políticos. Normatiza o exercício do sufrágio com vistas à concretização da soberania popular" (GOMES, José Jairo. *Direito eleitoral*. 8. ed. São Paulo: Atlas, 2012. P.19.); **II:** incorreta, conforme parágrafo único do art. 22, CF "lei complementar poderá autorizar os Estados a legislar sobre questões específicas das matérias relacionadas neste artigo""; **III:** incorreta, conforme art. 62, § 1º, *a*, CF, que veda a edição de Medidas Provisórias que versem sobre direitos eleitoral, entre outros assuntos; **IV:** correta, uma vez que trata-se do princípio da anterioridade da lei eleitoral, transcrita pelo art. 16, CF, que dispõe que a lei que alterar o processo eleitoral entrará em vigor na data de sua publicação, não se aplicando à eleição que ocorra até um ano da data de sua vigência. SC

Gabarito "D".

(Juiz de Direito/MG – 2014) Sobre a Justiça Eleitoral e o Ministério Público Eleitoral, assinale a alternativa **INCORRETA**.

(A) A Justiça Eleitoral Brasileira não possui um quadro exclusivo de magistrados, sendo que sua composição é constituída por juízes e advogados de diferentes áreas do direito.
(B) O Tribunal Superior Eleitoral é composto, no mínimo, de sete membros, escolhidos mediante eleição, pelo voto secreto, sendo três juízes dentre os Ministros do Supremo Tribunal Federal, dois juízes dentre os Ministros do Superior Tribunal de Justiça e dois juízes da classe dos advogados.
(C) São órgãos da Justiça Eleitoral o Tribunal Superior Eleitoral, os Tribunais Regionais Eleitorais, os Juízes Eleitorais e as Juntas Eleitorais.
(D) Há previsão expressa na Constituição Federal em vigor sobre a organização do Ministério Público junto à Justiça Eleitoral.

A: assertiva correta, trata-se de "uma justiça especial, não possuindo corpo permanente, mas sim, exercício de mandato por seus membros. Seus órgãos estão previstos nos arts. 92, V e 118, da CF (...)" (CHALITA, Savio. *Manual completo de direito eleitoral*. São Paulo: Foco, 2014. p.98); **B:** assertiva correta, conforme disposição contido no art. 119 e ss. da CF; **C:** assertiva correta, conforme disposto pelo art. 118, CF; **D:** assertiva incorreta, devendo ser assinalada, pois inexiste na Constituição Federal a previsão expressa quanto a organização do Ministério Público Eleitoral. O art. 127 dispõe que o Ministério Público é instituição permanente, essencial à função jurisdicional do Estado, incumbindo-lhe a defesa da ordem jurídica, do regime democrático e dos interesses sociais e individuais indisponíveis. Neste passo, compreendemos a função essencial no desempenho de suas funções, que serão melhor esclarecidas na LOMP (Lei Orgânica do Ministério Público). SC

Gabarito "D".

(Juiz de Direito/MG – 2014) Analise as afirmativas seguintes.

I. O Direito Eleitoral tem sua legislação criminal própria, deslocada do Direito Penal comum, constante do Código Eleitoral, na legislação penal eleitoral extravagante e nas leis eleitorais especiais.
II. No processo e julgamento dos crimes eleitorais e dos comuns que lhe forem conexos, assim como nos recursos e na execução que lhes digam respeito, aplicar-se-á, como lei subsidiária ou supletiva, o Código de Processo Penal.
III. É possível, para as infrações penais eleitorais cuja pena não seja superior a dois anos, a adoção da transação e da suspensão condicional do processo, salvo para os crimes que contam com um sistema punitivo especial, entre eles aqueles a cuja pena privativa de liberdade se cumula a cassação do registro se o responsável for candidato, a exemplo do tipificado no Artigo 334 do Código Eleitoral.
IV. É correto afirmar que, para os efeitos penais do Código Eleitoral, não se pode considerar como membros e funcionários da Justiça Eleitoral aqueles requisitados pela Justiça Eleitoral.

É correto afirmar que, para os efeitos penais do Código Eleitoral, não se pode considerar como membros e funcionários da Justiça Eleitoral aqueles requisitados pela Justiça Eleitoral.

A partir da análise, conclui-se que estão CORRETAS.
(A) I e IV apenas.
(B) II, III e IV apenas.
(C) I, II e III apenas.
(D) III e IV apenas.

I: correta, vez que os crimes descritos na legislação eleitoral, de maneira ampla, contemplam uma tutela específica e distinta daquela encarada no Código Penal. Relevante destaque se dá aos crimes contra honra (Calúnia, injúria e difamação), com tratamentos distintos entre Código Penal e Código Eleitoral. No caso do último, verificamos, inclusive, se tratar de uma ação de natureza pública (ou seja, pública incondicionada à representação ou requisição – art. 355, Código Eleitoral), ao contrário do que se estabelece na legislação penal; **II:** correta, nos exatos termos do que disciplina o art. 364 do Código Eleitoral; **III:** correta, neste sentido, buscamos lições de Julio Fabbrini Mirabete "Não fazendo art. 89 da Lei 9.099/1995 qualquer restrição, mas, ao contrário, referindo-se o diploma legal aos crimes abrangidos ou não por ele, não inclui apenas os crimes de competência da Justiça Ordinária, mas também da Justiça Especial. Trata-se de novo instituto a que a lei não fazia restrição em sua abrangência, permitindo sua aplicação na Justiça Militar e na Justiça Eleitoral (...)" (MIRABETE, Julio Fabbrini. *Juizados Especiais Criminais*. 4. ed. São Paulo: Atlas, 2000. p. 251); **IV:** incorreta, já que o art. 283, IV, CE, dispõe que aqueles que forem requisitados pela justiça eleitoral serão considerados membros e funcionários da Justiça Eleitoral para fins penais. SC

Gabarito "C".

(Juiz de Direito/PA – 2014 – VUNESP) Assinale a alternativa correta.

(A) Compete aos Tribunais Regionais Eleitorais decidirem e conhecerem as arguições de inelegibilidade, quando se tratar de candidato a Governador e Vice-Governador de Estado e do Distrito Federal, Deputado Estadual e Deputado Distrital e Prefeito e Vice-Prefeito.
(B) São casos de perda dos direitos políticos: o cancelamento da naturalização por sentença transitada em julgado, a recusa em cumprir prestação alternativa estipulada na escusa de consciência e a condenação criminal proferida por órgão colegiado.
(C) A ação de impugnação de mandato tramitará em segredo de justiça, respondendo o autor, na forma da lei, se temerária ou de manifesta má-fé.
(D) O eleitor inscrito em Zona Eleitoral do Brasil, maior de 18 anos e até 70 anos, que se encontrar em trânsito no exterior na data do pleito, terá o prazo de 90 dias para justificar sua ausência em cada turno das eleições em que deixou de exercer o sufrágio, ou até 60 dias contados da data do retorno ao Brasil.
(E) São privativos de brasileiro nato os cargos de Presidente e Vice-Presidente da República; de Presidente da Câmara dos Deputados; de Presidente do Senado Federal; de Ministro do Supremo Tribunal Federal; da carreira diplomática; de oficial das Forças Armadas; de Ministro de Estado da Defesa e de Governadores de Estado.

A: incorreta, uma vez que a competência para julgar e processar arguições de inelegibilidade no caso de eleições para prefeito e vice será o Juiz eleitoral, nos termos do que dispõe o art. 2º, parágrafo único, III, LC 64/1990; **B:** incorreta, uma vez que a condenação criminal é causa de suspensão dos direitos políticos, art. 15, III, bem como a escusa de consciência, art. 15, IV, todas da CF; **C:** correta, conforme dispõe o art. 14, § 11, CF; **D:** incorreta, uma vez que o prazo é estabelecido no art. 80 e § 1º da Resolução TSE 21.538/2003, sendo de 60 dias (quando estiver em território nacional) e de 30 dias contados do seu ingresso no país (quando, na data do pleito, se encontrar no exterior); **E:** incorreta, uma vez que o cargo de Governador do Estado não está contemplado no rol específico do art. 12, § 3º, CF que dispõe ser privativos de brasileiro nato os cargos de I – de Presidente e Vice-Presidente da República; II – de Presidente da Câmara dos Deputados; III – de Presidente do Senado Federal; IV – de Ministro do Supremo Tribunal Federal; V – da carreira diplomática; VI – de oficial das Forças Armadas e VII – de Ministro de Estado da Defesa. SC

Gabarito "C".

(Juiz de Direito/RJ – 2014 – VUNESP) Assinale a alternativa correta.

(A) A capacidade eleitoral ativa consiste nos direitos políticos do cidadão de votar e ser votado.
(B) O Tribunal Superior Eleitoral, os Tribunais Regionais Eleitorais e os Juízes Eleitorais detêm atribuição para responder consultas eleitorais, desde que elaboradas por autoridade pública, candidato ou partido político, e de questões em tese.
(C) A competência para que dois partidos discutam determinada pretensão na via judicial é exclusiva da Justiça Eleitoral pela natureza da causa.

(D) São aplicáveis aos indígenas integrados, reconhecidos nos termos da legislação especial, as exigências impostas para o alistamento eleitoral.

A: incorreta. Capacidade eleitoral ativa corresponde a capacidade do cidadão exercer ativamente os seus direitos políticos, especificamente, o ato de votar. Diz-se Capacidade eleitoral passiva o exercício daqueles que se dispõem a serem votados na ocasião do pleito eleitoral; **B:** incorreta, vez que apenas o TSE e TRE podem responder a consultas, nos termos do que dispõem os art. 23, XII e art. 30, VIII, ambos do Código Eleitoral; **C:** incorreta, uma vez que a competência da Justiça Eleitoral se exaure com a diplomação (vide jurisprudência: STJ- CC: 92675 MG 2007/0301863-8, rel. Min. Benedito Gonçalves, j. 11.03.2009). No entanto, não é possível afirmar com precisão quanto à veracidade da assertiva, vez que não se destaca qual o objeto do litígio entre as agremiações; **D:** correta, uma vez que o art. 4º, III, Estatuto do Índio, Lei 6.001/1973, dispõe que os índios poderão ser considerados Integrados quando incorporados à comunhão nacional e reconhecidos no pleno exercício dos direitos civis, ainda que conservem usos, costumes e tradições característicos da sua cultura. Deste modo, os integrados terão direitos políticos na mesma razão que qualquer outro brasileiro (Vide Resolução TSE 20.806). **SC**

Gabarito "D".

(Juiz de Direito/RJ – 2014 – VUNESP) Assinale a alternativa correta.

(A) É permitida a locação de espaço privado para propaganda de campanha eleitoral desde que o valor da locação, o nome e o número do cadastro de pessoas físicas do locador constem da prestação de contas como gasto de campanha.
(B) A propaganda eleitoral tempestiva de candidato a cargo eletivo é aquela permitida somente a partir da respectiva escolha pela convenção.
(C) Sempre que o Código Eleitoral não indicar grau mínimo será ele de quinze dias para a pena de detenção e de um ano para a de reclusão.
(D) Quando o Código Eleitoral não especificar o *quantum* da atenuante ou agravante da pena, deve o juiz fixá-las entre um sexto e dois terços.

A: incorreta, em atenção ao que disciplina o art. 37,§ 8º, Lei das Eleições; **B:** incorreta, pois a propaganda eleitoral (presumindo já a ocorrência das convenções partidárias para escolha de candidatos/coligações) apenas ocorrerão a partir de 15 de agosto do ano eleitoral, como indica o art. 36, Lei das Eleições; **C:** correta, conforme disciplina o art. 284 do Código Eleitoral; **D:** incorreta, uma vez que o art. 285, Código Eleitoral, dispõe que quando a lei determina a agravação ou atenuação da pena sem mencionar o "quantum", deve o juiz fixá-lo entre um quinto e um terço, guardados os limites da pena cominada ao crime. **SC**

Gabarito "C".

(Promotor de Justiça/MG – 2014) Quanto às afirmações que se seguem:

I. O Presidente da República, os Governadores de Estado e do Distrito Federal, os Prefeitos e quem os houver sucedido ou substituído no curso dos mandatos poderão ser reeleitos para um único período subsequente.
II. O Tribunal Superior Eleitoral elegerá seu Presidente, o Vice-Presidente e o Corregedor Eleitoral dentre os Ministros do Supremo Tribunal Federal.
III. São inelegíveis, para qualquer cargo, os que forem condenados, em decisão transitada em julgado ou proferida por órgão judicial colegiado, desde a condenação até o transcurso do prazo de 8 (oito) anos após o cumprimento da pena, por crimes de ação penal privada.
IV. Nas árvores e nos jardins localizados em áreas públicas, bem como em muros, cercas e tapumes divisórios, não é permitida a colocação de propaganda eleitoral de qualquer natureza, mesmo que não lhes cause dano.

É INCORRETO o que se afirma em:

(A) I e II.
(B) II e III.
(C) II e IV.
(D) III e IV.

I: correta, nos termos do art. 14, § 5º, CF; **II:** incorreta, já que o art. 17 do Código Eleitoral dispõe que o Tribunal Superior Eleitoral elegerá para seu presidente um dos ministros do Supremo Tribunal Federal, cabendo ao outro a vice-presidência, e para Corregedor Geral da Justiça Eleitoral um dos seus membros; **III:** incorreta, já que o rol do art. 1º, I, *e*, LC 64/1990 é exaustivo, não contemplando a hipótese trazida pela assertiva (crimes de ação penal privada). **IV:** correta, conforme art. 37, § 5º, Lei das Eleições. **SC**

Gabarito "B".

(Procurador Legislativo – Câmara de Vereadores de São Paulo/SP – 2014 – FCC) No dia da eleição, a propaganda de boca de urna

(A) só é proibida se realizada de forma acintosa e inconveniente.
(B) é permitida, desde que a cem metros dos locais de votação.
(C) é permitida, desde que a duzentos metros do local de votação.
(D) só é proibida se realizada por grupo de pessoas.
(E) é proibida e constitui crime, de acordo com a legislação em vigor.

A alternativa E é a única correta, já que o art. 39, § 5º, II, Lei das Eleições, tipifica a conduta conhecida como "boca de urna", não havendo qualquer exceção. **SC**

Gabarito "E".

(Procurador da República – 26.º) Assinale a alternativa correta:

(A) as Instruções expedidas pelo Tribunal Superior Eleitoral regulamentadoras da Lei eleitoral só poderão ser aplicadas à eleição que ocorra após um ano da data da publicação da Resolução que as veicular;
(B) a resposta dada pelo Tribunal Superior Eleitoral à consulta formulada por órgão nacional de partido político relativamente a caso concreto vincula as decisões de todas as instâncias da Justiça Eleitoral;
(C) nos processos judiciais eleitorais não são cobradas custas judiciais e é incabível a condenação em honorários de sucumbência;
(D) no processo judicial eleitoral o princípio dispositivo é atenuado em virtude do poder de polícia atribuído aos juízes eleitorais pelo qual lhes é facultado instaurar de ofício determinadas ações, tais como a ação de investigação judicial eleitoral e a ação por captação ilícita de sufrágio, cabendo ao Ministério Público Eleitoral assumir o polo ativo desses feitos.

De fato a única alternativa correta é encontrada na assertiva C, vez que em consonância com a jurisprudência pacificada neste sentido "Recurso especial. Honorários advocatícios. A condenação em honorários advocatícios, em razão de sucumbência, apresenta-se incabível em feitos eleitorais. Precedente: Acórdão 13.101, de 06.03.1997. Recurso especial conhecido e provido. (Recurso especial eleitoral 12.783, Acórdão 12783 de 25.03.1997, Rel. Min. Paulo Roberto Saraiva da Costa Leite)". **SC**

Gabarito "C".

18. DIREITO URBANÍSTICO

Ana Paula Garcia, Henrique Subi, José Antonio Apparecido Junior e Wander Garcia*

1. NORMAS CONSTITUCIONAIS

(Procurador do Município – Cuiabá/MT – 2014 – FCC) Segundo a Constituição Federal, compete ao Município

(A) planejar e promover a defesa permanente contra as calamidades públicas, especialmente as secas e as inundações.
(B) promover, no que couber, adequado ordenamento territorial, mediante planejamento e controle do uso, do parcelamento e da ocupação do solo urbano.
(C) instituir diretrizes para o desenvolvimento urbano, inclusive habitação, saneamento básico e transportes urbanos.
(D) estabelecer as áreas e as condições para o exercício da atividade de garimpagem, em forma associativa.
(E) permitir que forças estrangeiras transitem por seu território ou nele permaneçam temporariamente.

A, C e D: incorretas. Tais competências são da União (art. 21, XVIII, XX, XXV, respectivamente, da CF); **B:** correta, nos termos do art. 30, VIII, da CF; **E:** incorreta. Tal competência é do Presidente da República (art. 84, XXII, da CF) após autorização do Congresso Nacional (art. 49, II, da Constituição Federal).
Gabarito "B".

(Procurador do Município – Cuiabá/MT – 2014 – FCC) A propriedade urbana cumpre sua função social quando atende

(A) à exploração que favoreça o bem-estar dos proprietários e dos trabalhadores.
(B) ao aproveitamento racional e adequado.
(C) à utilização adequada dos recursos naturais disponíveis e preservação do meio ambiente.
(D) às disposições que regulamentam o trabalho.
(E) às exigências fundamentais de ordenação da cidade expressas no plano diretor.

A, B, C e D: incorretas. Todas essas características se aplicam à função social da propriedade **rural** (art. 186 da CF); **E:** correta, nos termos do art. 39 do Estatuto da Cidade.
Gabarito "E".

(Ministério Público/MT – 2012 – UFMT) Quanto à discriminação constitucional das competências urbanísticas, a Constituição Federal de 1988

(A) elenca como competência comum da União, dos Estados, do Distrito Federal e dos Municípios a defesa permanente contra calamidades públicas, especialmente as secas e as inundações.
(B) atribui competência privativa à União para instituir regiões metropolitanas, aglomerações urbanas e microrregiões constituídas por Municípios limítrofes, para o planejamento, a organização e a execução de funções públicas de interesse comum.
(C) atribui competência privativa à União para legislar sobre responsabilidade por dano a bens e direitos de valor artístico, estético, histórico, turístico e paisagístico.
(D) estabelece como competência privativa dos Estados e do Distrito Federal a criação, organização ou supressão de distritos.
(E) fixa a competência comum da União, dos Estados, do Distrito Federal e dos Municípios para promover a construção de moradias e a melhoria das condições habitacionais e de saneamento básico.

A: incorreta. Tal competência é exclusiva da União (art. 21, XVIII, da CF); **B:** incorreta. Tal competência é atribuída aos Estados (art. 25, § 3º, da CF); **C:** incorreta. Tal competência é concorrente com os Estados e Distrito Federal (art. 24, VIII, da CF); **D:** incorreta. Tal competência é entregue privativamente aos Municípios (art. 30, IV, da CF); **E:** correta, nos termos do art. 23, IX, da CF.
Gabarito "E".

(Procurador do Município/São José dos Campos-SP – 2012 – VUNESP) Com base nos instrumentos de política urbana, assinale a alternativa correta.

(A) A Política de Desenvolvimento Urbano é executada pelo Poder Público Municipal, conforme diretrizes fixadas em lei, e tem por objetivo ordenar o pleno desenvolvimento das funções sociais da cidade e garantir o bem-estar de seus habitantes.
(B) O Plano Diretor, aprovado pela Câmara Municipal, para as cidades com mais de quinze mil habitantes, é instrumento básico da política de desenvolvimento e de expansão urbana.
(C) A propriedade urbana cumpre sua função social quando atende às exigências fundamentais de ordenação da cidade estabelecida na Lei de Diretrizes e Bases.
(D) Os imóveis públicos são passíveis de usucapião.
(E) A desapropriação de imóveis urbanos é feita com indenização em título da dívida pública.

A: correta (art. 182, *caput*, da CF); **B:** incorreta, pois o plano diretor, aprovado pela Câmara Municipal, obrigatório para cidades com mais de vinte mil habitantes, é o instrumento básico da política de desenvolvimento e de expansão urbana (art. 182, § 1º, da CF); **C:** incorreta, pois a propriedade urbana cumpre sua função social quando atende às exigências fundamentais de ordenação da cidade expressas no plano diretor (art. 182, § 2º, da CF); **D:** incorreta, pois os imóveis públicos não serão adquiridos por usucapião (art. 183, § 3º, da CF); **E:** incorreta, pois as desapropriações de imóveis urbanos serão feitas com prévia e justa indenização em dinheiro (art. 182, § 3º, da CF).
Gabarito "A".

2. PARCELAMENTO DO SOLO URBANO

(Promotor de Justiça – MPE/RS – 2017) Assinale com **V** (verdadeiro) ou com **F** (falso) as seguintes afirmações sobre o tema do parcelamento do solo urbano, na forma da Lei 6.766, de 19 de dezembro de 1979, com suas posteriores alterações legislativas.

( ) Os lotes terão área mínima de 125m² (cento e vinte e cinco metros quadrados) e frente mínima de 5 (cinco) metros, salvo quando o loteamento se destinar à urbanização específica ou edificação de conjuntos habitacionais de interesse social, previamente aprovados pelos órgãos públicos competentes.
( ) Não será permitido o parcelamento do solo em terrenos com declividade igual ou superior a 35% (trinta e cinco por cento), salvo se atendidas exigências específicas das autoridades competentes.
( ) A Prefeitura Municipal, ou o Distrito Federal quando for o caso, se desatendida pelo loteador a notificação, poderá regularizar loteamento ou desmembramento não autorizado ou executado sem observância das determinações do ato administrativo de licença, para evitar lesão aos seus padrões de desenvolvimento urbano e na defesa dos direitos dos adquirentes de lotes.
( ) São irretratáveis os compromissos de compra e venda, cessões e promessas de cessão, os que atribuam direito a adjudicação compulsória e, estando registrados, confiram direito real oponível a terceiros.

A sequência correta de preenchimento dos parênteses, de cima para baixo, é

(A) F – V – F – F.
(B) F – V – F – V.
(C) V – V – F – F.
(D) V – F – V – V.
(E) V – F – V – F.

Primeiro enunciado: verdadeiro, nos termos do art. 4º, II, da Lei 6.766/1979; **Segundo enunciado:** falso. A declividade máxima permitida será de 30%, salvo se atendidas as exigências específicas das autoridades competentes (art. 3º, parágrafo único, III da Lei n. 6.766/1979); **Terceiro enunciado:** verdadeiro, nos termos do art. 40, "caput", da Lei 6.766/1979; **Quarto enunciado:** verdadeiro, nos termos do art. 25 da Lei 6.766/1979.
Gabarito "D".

(Promotor de Justiça/GO – 2016 – MPE) No tocante à Lei Federal 6.766/1979 (Lei do Parcelamento do Solo), assinale a alternativa falsa:

(A) os espaços livres de uso comum, as vias e praças, as áreas destinadas a edifícios públicos e outros equipamentos urbanos, constantes do projeto e do memorial descritivo, não poderão ter sua destinação

---

* José Antonio Apparecido Junior comentou as questões de Procurador do Estado 2016 e Juiz de Direito 2016. As questões dos concursos do Ministério Público Estadual, da Magistratura Estadual, Procurador do Município – Cuiabá/MT – 2014 – FCC, Procurador do Município – São Paulo/SP – 2014 – VUNESP, Advogado da Sabesp/SP – 2014 – FCC, Defensoria/SP – 2013 – FCC, Cartório/RR – 2013 – CESPE foram comentadas por Henrique Subi. As demais, por Ana Paula Garcia e Wander Garcia

alterada pelo loteador, desde a aprovação do loteamento, salvo as hipóteses de caducidade da licença ou desistência do loteador, sendo, neste caso, observadas as exigências legais.
(B) A existência de protestos, de ações pessoais ou de ações penais, exceto as referentes a crime contra o patrimônio e contra a administração, não impedirá o registro do loteamento se o requerente comprovar que esses protestos ou ações não poderão prejudicar os adquirentes dos lotes. Se o oficial do registro de imóveis julgar insuficiente a comprovação feita, suscitará a dúvida perante o juiz competente.
(C) a infraestrutura básica dos parcelamentos situados nas zonas habitacionais declaradas por lei como de interesse social (ZHIS) consistirá, no mínimo, dentre outros requisitos, solução para o esgotamento sanitário e para energia elétrica pública e domiciliar.
(D) a lei municipal definirá os prazos para que um projeto de parcelamento apresentado seja aprovado ou rejeitado e para que as obras executadas sejam aceitas ou recusadas e, transcorridos os prazos sem a manifestação do Poder Público, o projeto será considerado rejeitado ou as obras recusadas, assegurada a indenização para eventuais danos derivados da omissão.

A: verdadeira, nos termos do art. 17 da Lei 6.766/1979; **B:** verdadeira, nos termos do art. 18, § 2º, da Lei 6.766/1979; **C:** falsa. A infraestrutura básica dos parcelamentos situados nas zonas habitacionais declaradas por lei como de interesse social (ZHIS) consistirá, no mínimo, de vias de circulação, escoamento das águas pluviais, rede para o abastecimento de água potável e soluções para o esgotamento sanitário e para a energia elétrica domiciliar (art. 2º, § 6º, da Lei 6.766/1979); **D:** verdadeira, nos termos do art. 16, "caput" e § 1º da Lei 6.766/1979. Gabarito "C".

(Promotor de Justiça – MPE/AM – FMP – 2015) De acordo com a Lei do Parcelamento do Solo Urbano, Lei 6.766/1979, é correto afirmar:
(A) O desmembramento ou desdobro, enquanto forma de parcelamento do solo urbano, pressupõe a subdivisão da gleba em lotes destinados à edificação, com o aproveitamento das vias existentes.
(B) Constitui infraestrutura básica dos loteamentos os equipamentos urbanos de escoamento das águas pluviais, esgotamento sanitário, abastecimento de água potável, energia elétrica domiciliar e vias de circulação.
(C) A legislação municipal definirá, para cada zona em que se divida o território do Município, os usos permitidos e os índices urbanísticos de parcelamento e ocupação do solo, que poderão prever redução da área mínima dos lotes, dos coeficientes máximos de aproveitamento e das faixas *non aedificandi*.
(D) Constitui crime contra a Administração Pública dar início, de qualquer modo, ou efetuar loteamento ou desmembramento do solo para fins urbanos, ainda que em zona rural, sem observância das determinações constantes do ato administrativo da licença.
(E) Verificado que o parcelamento não se acha registrado ou regularmente executado, somente o adquirente do lote pode, suspendendo o pagamento das prestações restantes, notificar o loteador para suprir a falta.

A: incorreta. De acordo com o art. 2º, § 2º da Lei 6.766/1979, considera-se desmembramento a subdivisão de gleba em lotes destinados à edificação, com aproveitamento do sistema viário existente, desde que não implique na abertura de novas vias e logradouros públicos, nem no prolongamento, modificação ou ampliação dos já existentes. O desmembramento não pressupõe a subdivisão das glebas ou lotes, e sim as promove; **B:** incorreta. Nos termos do art. 2º, § 5º da Lei 6.766/1979, a infraestrutura básica dos parcelamentos é constituída pelos equipamentos urbanos de escoamento das águas pluviais, iluminação pública, esgotamento sanitário, abastecimento de água potável, energia elétrica pública e domiciliar e vias de circulação; **C:** incorreta. Nos termos do art. 4º, § 1º da Lei 6.766/1979, a legislação municipal definirá, para cada zona em que se divida o território do Município, os usos permitidos e os índices urbanísticos de parcelamento e ocupação do solo, que incluirão, obrigatoriamente, as áreas mínimas e máximas de lotes e os coeficientes máximos de aproveitamento; **D:** correta, nos termos do art. 50 da Lei n. 6.766/1979; **E:** incorreta. Nos termos do art. 38, "caput", da Lei n. 6.766/1979, verificado que o loteamento ou desmembramento não se acha registrado ou regularmente executado ou notificado pela Prefeitura Municipal, ou pelo Distrito Federal quando for o caso, deverá o adquirente do lote suspender o pagamento das prestações restantes e notificar o loteador para suprir a falta. Gabarito "D".

(Ministério Público/SP – 2015 – MPE/SP) À luz da Lei 6.766/1979 (Lei de Parcelamento do Solo Urbano), assinale a alternativa que contém afirmação incorreta:
(A) Em caso de rescisão por inadimplemento do adquirente, as benfeitorias necessárias ou úteis por ele levadas a efeito no imóvel deverão ser indenizadas, salvo disposição contratual em contrário.
(B) É vedado vender ou prometer vender parcela de loteamento ou desmembramento não registrado.
(C) O loteador, ainda que já tenha vendido todos os lotes, ou os vizinhos, são partes legítimas para promover ação destinada a impedir construção em desacordo com restrições legais ou contratuais.
(D) Os compromissos de compra e venda, as cessões e as promessas de cessão valerão como título para o registro da propriedade do lote adquirido, quando acompanhados da respectiva prova de quitação.
(E) Será nula de pleno direito a cláusula de rescisão de contrato por inadimplemento do adquirente, quando o loteamento não estiver regularmente inscrito.

A: assertiva incorreta, devendo ser assinalada. O art. 34 da Lei 6.766/1979 determina o pagamento da indenização nesses casos, sendo **desconsiderada** qualquer disposição contratual em sentido contrário; **B:** assertiva correta, nos termos do art. 37 da Lei 6.766/1979; **C:** assertiva correta, nos termos do art. 45 da Lei 6.766/1979; **D:** assertiva correta, nos termos do art. 26, § 6º, da Lei 6.766/1979; **E:** assertiva correta, nos termos do art. 39 da Lei 6.766/1979. Gabarito "A".

(Promotor de Justiça/GO – 2013) A Promotoria de Justiça de Tutela do Meio Ambiente de Goiânia possui diversos Inquéritos Civis que apuram a existência de loteamentos clandestinos e irregulares. A este respeito, é correto afirmar:
(A) somente será admitido o parcelamento do solo para fins urbanos em zonas rurais ou de urbanização específica, desde que não se trate de terrenos alagadiços e sujeitos a inundação nem de terrenos que tenham sido aterrados com material nocivo à saúde pública, como por exemplo os provenientes dos serviços de saúde e material radioativo.
(B) desmembramento é a subdivisão de gleba em lotes destinados a edificação, com aproveitamento do sistema viário existente e com a abertura de novas vias e logradouros públicos.
(C) a implantação da infraestrutura básica necessária compete ao loteador, que tem duas opções: iniciar a execução das obras e concluí-las antes da comercialização dos lotes ou apresentar um cronograma de implantação de infraestrutura básica, com a duração máxima de quatro anos, acompanhado de competente instrumento de garantia para a execução das obras.
(D) aprovado o projeto de loteamento ou de desmembramento, o loteador deverá submetê-lo ao Registro Imobiliário dentro do prazo de um ano, sob pena de caducidade da aprovação.

A: incorreta. O art. 3º da Lei 6.766/1979 somente autoriza o parcelamento de solo para fins urbanos em áreas **urbanas, de expansão urbana ou de urbanização específica**, não estando autorizado, portanto, para zonas rurais; **B:** incorreta. A abertura de novas vias e logradouros públicos é própria do instituto do loteamento, não sendo autorizada no desmembramento (art. 2º, § 2º, da Lei 6.766/1979); **C:** correta, nos termos do art. 18, V, da Lei 6.766/1979; **D:** incorreta. O prazo conferido é de 180 dias (art. 18, *caput*, da Lei 6.766/1979). Gabarito "C".

(Cartório/RR – 2013 – CESPE) Com base no que dispõe a Lei do Parcelamento Urbano, assinale a opção correta.
(A) É desnecessária a oitiva do MP no procedimento previsto em lei para a efetivação do registro do loteamento.
(B) As vias e as praças, os espaços livres e as áreas destinadas a edifícios públicos e outros equipamentos urbanos constantes do projeto e do memorial descritivo passam a integrar o domínio do poder público a partir da data do requerimento administrativo, possuindo o registro do loteamento efeitos *ex tunc*.
(C) Considera-se desmembramento a subdivisão de gleba em lotes destinados à edificação, com aproveitamento do sistema viário existente, desde que isso não implique abertura de novas vias e logradouros públicos nem prolongamento, modificação ou ampliação dos já existentes.
(D) Admite-se excepcionalmente, o parcelamento do solo em terrenos alagadiços e sujeitos a inundações antes de tomadas as providências para assegurar o escoamento das águas.
(E) Entre os requisitos exigidos para a criação de loteamentos, inclui-se a necessidade de que os lotes tenham área mínima de 300 m² e frente mínima de 15 m, salvo quando o loteamento se destinar à urbanização específica ou à edificação de conjuntos habitacionais de interesse social previamente aprovados pelos órgãos públicos competentes.

A: incorreta. A oitiva do MP é indispensável no procedimento de registro (art. 19, § 2º, da Lei 6.766/1979); **B:** incorreta. Tais bens integrarão o patrimônio do Município desde a data de registro do loteamento (art. 22 da Lei 6.766/1979); **C:** correta, nos termos do art. 2º, § 2º, da Lei 6.766/979; **D:** incorreta. Não se aceitará o parcelamento do solo nessas condições em nenhuma hipótese (art. 3º, parágrafo único, I, da Lei 6.766/1979); **E:** incorreta. A área mínima do lote é de 125m2 e frente mínima de 5m (art. 4º, II, da Lei 6.766/1979). Gabarito "C".

(Ministério Público/SP – 2013 – PGMP) Assinale a alternativa INCORRETA. Segundo a Lei n. 6.766, de 19 de dezembro de 1979, que dispõe sobre o Parcelamento do Solo Urbano e dá outras Providências,

(A) a infraestrutura básica dos parcelamentos é constituída pelos equipamentos urbanos de escoamento das águas pluviais, iluminação pública, esgotamento sanitário, abastecimento de água potável, energia elétrica pública e domiciliar e vias de circulação.
(B) considera-se loteamento a subdivisão de gleba em lotes destinados a edificação, com abertura de novas vias de circulação, de logradouros públicos ou prolongamento, modificação ou ampliação das vias existentes.
(C) considera-se desmembramento a subdivisão de gleba em lotes destinados à edificação, com aproveitamento do sistema viário existente, desde que não implique na abertura de novas vias e logradouros públicos, nem no prolongamento, modificação ou ampliação dos já existentes.
(D) considera-se lote o terreno cujas dimensões atendam aos índices urbanísticos definidos pelo plano diretor ou lei municipal para a zona em que se situe, bem como às diretrizes especificadas pelo loteador no que diz respeito à sua destinação.
(E) somente será admitido o parcelamento do solo para fins urbanos em zonas urbanas, de expansão urbana ou de urbanização específica, assim definidas pelo plano diretor ou aprovadas por lei municipal.

A: assertiva correta (art. 2º, § 5º, da Lei 6.766/1979); **B:** assertiva correta (art. 2º, § 1º, da Lei 6.766/1979); **C:** assertiva correta (art. 2º, § 2º, da Lei 6.766/1979); **D:** assertiva incorreta, devendo a alternativa ser assinalada (art. 2º, § 4º, da Lei 6.766/1979); considera-se lote "o terreno servido de infraestrutura básica cujas dimensões atendam aos índices urbanísticos definidos pelo plano diretor ou lei municipal para a zona em que se situe", tratando-se de definição que se completa exclusivamente com leis ("plano diretor" ou "lei municipal") e não com especificações dadas pelo loteador no que diz respeito à sua destinação; **E:** assertiva correta (art. 3º, caput, da Lei 6.766/1979).
Gabarito "D".

(Ministério Público/GO – 2012) Quanto ao parcelamento do solo urbano, é incorreto afirmar:

(A) a infraestrutura básica dos parcelamentos é constituída pelos equipamentos urbanos de escoamento das águas pluviais, iluminação pública, esgotamento sanitário, abastecimento de água potável, energia elétrica pública e domiciliar e vias de circulação;
(B) quanto à implantação da infraestrutura básica, o loteador tem duas opções: 1) iniciar a execução das obras e concluí-las antes da comercialização dos lotes; ou, 2) apresentar um cronograma de implantação de infraestrutura básica, com a duração máxima de quatro anos, acompanhado de competente instrumento de garantia para a execução das obras;
(C) de acordo com a Lei 6.766/1979, a diferença básica entre loteamento e desmembramento é que, neste, aproveita-se o sistema viário existente, não ocorrendo abertura de novas vias e logradouros públicos, nem no prolongamento, modificação ou ampliação dos já existentes;
(D) loteamento clandestino é aquele que possui aprovação do Poder Público, registrado ou não, mas que o loteador não providenciou sua execução ou a execução se deu em desconformidade com o ato de aprovação ou as normas aplicáveis. O loteamento é irregular quando não possui a aprovação do poder público e/ou o registro no Cartório de Registro de Imóveis competente, resultando inviabilizada a matrícula e individualização dos respectivos lotes.

A: correta, nos termos do art. 2º, § 5º, da Lei 6.766/1979; **B:** correta, nos termos do art. 9º da Lei 6.766/1979; **C:** correta, nos termos do art. 2º, §§ 1º e 2º, da Lei 6.766/1979; **D:** incorreta, devendo ser assinalada. Os conceitos de loteamento irregular e clandestino estão invertidos.
Gabarito "D".

(Ministério Público/MT – 2012 – UFMT) Em relação à lei Lehmann, assinale a afirmativa correta.

(A) Os proprietários podem fixar limitações urbanísticas distintas daquelas fixadas em lei, mas estas não podem ser mais restritivas.
(B) O proprietário não pode fixar restrições urbanísticas, porque, em atenção ao princípio constitucional da legalidade, apenas lei em sentido formal pode impor condicionamentos aos particulares.
(C) Os proprietários não podem fixar restrições urbanísticas com o poder de atingir terceiros, uma vez que as convenções somente podem valer entre as partes envolvidas.
(D) Os proprietários podem fixar limitações urbanísticas que podem, inclusive, ser superiores e mais restritivas do que as que foram fixadas pela legislação.
(E) As convenções entre particulares apenas podem ser fixadas quando houver lacunas na legislação.

Observação inicial: Lei Lehmann é como é conhecida a Lei 6.766/1979, que regula o parcelamento do solo urbano, em homenagem a seu autor, o Senador Otto Cyrillo Lehmann. É possível a instituição pelo particular de maiores limitações de natureza urbanística à propriedade, restringindo ainda mais o uso dessa. O que se proíbe é o abrandamento das regulamentações estabelecidas em lei, diante do caráter cogente do mencionado diploma (art. 26, VII, da Lei 6.766/1979). Vale dizer, ainda, que por se tratar de obrigações *propter rem*, elas alcançam terceiros que não tenham participado da celebração do contrato original.
Gabarito "D".

(Ministério Público/SC – 2012) Analise as seguintes assertivas:

I. O parcelamento do solo urbano poderá ser feito mediante loteamento ou desmembramento. Considera-se loteamento a subdivisão do terreno, servido de infraestrutura básica cujas dimensões atendam aos índices urbanísticos definidos pelo plano diretor ou lei municipal para a zona em que se situe. Considera-se desmembramento a subdivisão de gleba em partes destinadas a edificação, com abertura de novas vias de circulação, de logradouros públicos ou prolongamento, modificação ou ampliação das vias existentes.
II. Segundo o disposto na Lei n. 6.766/1979, aprovado o projeto de loteamento ou de desmembramento, o loteador deverá submetê-lo ao registro imobiliário dentro de 180 (cento e oitenta) dias, sob pena de caducidade da aprovação, que deverá estar acompanhado de diversos documentos, dentre eles: o título de propriedade do imóvel. Este título também é documento indispensável para os casos de parcelamento popular, destinado às classes de menor renda, em imóvel declarado de utilidade pública, com processo de desapropriação judicial em curso e imissão provisória na posse, promovido pela União, pelo Estado ou Distrito Federal, pelo Município ou, eventualmente, por suas entidades delegadas, autorizadas por lei a implantar projetos de habitação.
III. Nos termos do disposto na lei que regulamenta o parcelamento do solo urbano (Lei n. 6.766/1979), o registro do loteamento poderá ser cancelado: a) por decisão judicial; b) a requerimento do loteador, com anuência da Prefeitura, ou do Distrito Federal quando for o caso, enquanto nenhum lote houver sido objeto de contrato; c) a requerimento conjunto do loteador e de todos os adquirentes de lotes, com anuência da Prefeitura, ou do Distrito Federal quando for o caso, e do Estado.
IV. Os bens móveis e imóveis adquiridos por um ou por ambos os conviventes, na constância da união estável e a título oneroso, são considerados fruto do trabalho e da colaboração comum, passando a pertencer a ambos, em condomínio e em partes iguais. Segundo o disposto na Lei n. 9.278/1996, a referida presunção de meação dos conviventes é estendida para as hipóteses de aquisição patrimonial com o produto de bens obtidos anteriormente ao início da união.
V. O direito à participação da sucessão do(a) companheiro(a), disposto na Lei n. 8.971/1994, decorre das seguintes condições, a saber: a) o(a) companheiro(a) sobrevivente terá direito enquanto não constituir nova união, ao usufruto de quarta parte dos bens do de cujus, se houver filhos ou comuns; b) o(a) companheiro(a) sobrevivente terá direito, enquanto não constituir nova união, ao usufruto da metade dos bens do de cujus, se não houver filhos, embora sobrevivam ascendentes; c) na falta de descendentes e de ascendentes, o(a) companheiro(a) sobrevivente terá direito à totalidade da herança. Registra-se, que quando os bens deixados pelo(a) autor(a) da herança resultarem de atividade em que haja colaboração do(a) companheiro(a), terá o sobrevivente direito à metade dos bens.

(A) Apenas as assertivas II, III e IV estão corretas.
(B) Apenas as assertivas I e V estão corretas.
(C) Apenas as assertivas III e V estão corretas.
(D) Apenas as assertivas I e IV estão corretas.
(E) Todas as assertivas estão corretas.

I: incorreta. O conceito de desmembramento está errado. Para que ele se caracterize, não pode haver a abertura de novas vias e logradouros públicos ou prolongamento, modificação ou ampliação dos já existentes (art. 2º, § 2º, da Lei 6.766/1979); **II:** incorreta. O título é dispensado em caso de parcelamento popular, nos termos do art. 18, § 4º, da Lei 6.766/1979; **III:** correta, nos termos do art. 23 da Lei 6.766/1979; **IV:** incorreta. Dispõe o art. 5º, § 1º, da Lei 9.278/1996 que a presunção cessa em caso de a aquisição ser realizada com produto de bens adquiridos anteriormente à união estável; **V:** correta, nos termos dos arts. 2º e 3º da Lei 8.971/1994. Saliente-se, apenas, que para a doutrina majoritária essa lei foi revogada pelo Código Civil.
Gabarito "C".

(Procurador do Município/São José dos Campos-SP – 2012 – VUNESP) De acordo com termos da Lei Federal nº 6.766, de 19.12.1979, é correto afirmar que

(A) lote é o terreno desprovido de infraestrutura básica cujas dimensões atendam, no mínimo, os índices urbanísticos definidos pelo Plano Diretor ou lei municipal para a zona em que se situe.
(B) desmembramento é a subdivisão de gleba em lotes destinados a edificação, com aproveitamento do sistema viário existente que

implique na abertura de novas vias e logradouros públicos e prolongamento, modificação ou ampliação dos já existentes.
(C) loteamento é a subdivisão de gleba em lotes destinados à edificação, com abertura de novas vias de circulação, de logradouros públicos ou prolongamento, modificação ou ampliação das vias existentes.
(D) é requisito urbanístico para o loteamento que os lotes tenham área mínima de 105 m² (cento e cinco metros quadrados) e frente mínima de 5 (cinco) metros, salvo quando o loteamento se destinar a urbanização específica ou edificação de conjuntos habitacionais de interesse social, previamente aprovados pelos órgãos públicos competentes.
(E) não se permite o parcelamento do solo em terreno com declividade igual ou superior a 20% (vinte por cento), salvo se atendidas exigências específicas das autoridades competentes.

A: incorreta, pois considera-se lote o terreno servido de infraestrutura básica cujas dimensões atendam aos índices urbanísticos definidos pelo plano diretor ou lei municipal para a zona em que se situe (art. 2º, § 4º, da Lei 6.766/1979); **B:** incorreta, pois considera-se desmembramento a subdivisão de gleba em lotes destinados a edificação, com aproveitamento do sistema viário existente, desde que não implique na abertura de novas vias e logradouros públicos, nem no prolongamento, modificação ou ampliação dos já existentes (art. 2º, § 2º, da Lei 6.766/1979); **C:** correta, pois a afirmativa reflete o disposto no art. 2º, § 1º, da Lei 6.766/1979; **D:** incorreta, pois a área mínima para o loteamento é de 125m² (art. 4º, II, da Lei 6.766/1979); **E:** incorreta, pois não se permite o parcelamento do solo em terreno com declividade igual ou superior a 30% (art. 3º, par. único, III, da Lei 6.766/1979).
Gabarito "C".

3. ESTATUTO DAS CIDADES E INSTRUMENTOS DA POLÍTICA URBANA

(Procurador do Município – Prefeitura Fortaleza/CE – CESPE – 2017) Tendo como referência as normas do direito urbanístico, com destaque para as aplicáveis ao plano diretor, julgue os itens que se seguem.
(1) Apenas lei em sentido estrito pode limitar o direito de construir.
(2) O cumprimento da função social de propriedade urbana é verificado pelo atendimento às exigências fundamentais de ordenação da cidade, as quais são expressas no plano diretor, quando existir.

1: Errada. Nada obsta a que a regulamentação do direito de construir seja feita por normas infralegais, prática bastante comum nos Municípios. **2:** Certa, nos termos do art. 182, § 2º, da CF.
Gabarito 1E, 2C

(Procurador Municipal – Prefeitura/BH – CESPE – 2017) Determinado município, para executar seu planejamento urbanístico, com a valorização de espaços históricos e a otimização de meios de transporte coletivo, desapropriou imóveis que vinham sendo usados de forma incompatível com a previsão do plano diretor.
Nessa situação,
(A) os cálculos dos valores das indenizações pelas desapropriações devem ser regulamentados pelo Estatuto da Cidade.
(B) promovida a readequação do uso, não poderá haver alienação dos bens desapropriados a outros particulares.
(C) o município utilizou um instituto jurídico de política urbana, com repercussão sobre o caráter perpétuo do direito de propriedade.
(D) as desapropriações fundamentaram-se exclusivamente no requisito do interesse social.

A: incorreta. A indenização nesse caso será paga em títulos da dívida pública, por força do art. 182, § 4º, III, da CF; **B:** incorreta. O art. 8º, § 5º, do Estatuto da Cidade autoriza a alienação a terceiros para o adequado aproveitamento do imóvel; **C:** correta, nos termos do art. 4º, V, do Estatuto da Cidade; **D:** incorreta. A desapropriação por descumprimento das diretrizes traçadas no Plano Diretor tem natureza de sanção administrativa.
Gabarito "C".

(Procurador Municipal – Prefeitura/BH – CESPE – 2017) O Estatuto da Cidade
(A) tipifica novas condutas que poderão caracterizar improbidade administrativa na execução da política urbana.
(B) não dispõe sobre plano diretor, o qual é lei reservada à competência municipal.
(C) regulamenta a forma de realização de consultas públicas como instrumento de gestão democrática das cidades.
(D) inclui, de forma taxativa, a lista dos instrumentos para a execução da política urbana.

A: correta, nos termos do art. 52 do Estatuto da Cidade; **B:** incorreta. O capítulo III do Estatuto da Cidade (arts. 39 e seguintes) é totalmente dedicado a regras gerais para elaboração do plano diretor; **C:** incorreta. O art. 44 do Estatuto da Cidade entrega tal competência à legislação local; **D:** incorreta. O caput do art. 4º do Estatuto da Cidade deixa claro que seu rol é exemplificativo, ao dizer que serão utilizados, "dentre outros instrumentos", aqueles que prevê.
Gabarito "A".

(Procurador Municipal – Prefeitura/BH – CESPE – 2017) Tendo como referência as disposições constitucionais relativas ao direito urbanístico, assinale a opção correta.
(A) A usucapião pró-moradia não será reconhecida ao mesmo possuidor mais de uma vez nem é admissível em relação a imóvel público.
(B) O plano diretor é obrigatório para todas as cidades brasileiras, uma vez que a propriedade urbana cumpre sua função social somente quando atende às regras nele estabelecidas.
(C) Compete concorrentemente ao município, ao estado e à União a promoção do adequado ordenamento territorial.
(D) Proprietário de solo urbano que, descumprindo o planejamento urbanístico, não promover seu adequado aproveitamento, poderá ser penalizado, sucessivamente, com: IPTU progressivo, parcelamento ou edificação em caráter compulsório e desapropriação-sanção.

A: correta, nos termos do art. 183, §§2º e 3º, da CF; **B:** incorreta. O plano diretor é obrigatório somente para os Municípios com mais de 20.000 habitantes (art. 182, §1º, da CF); **C:** incorreta. A competência é exclusiva do Município (art. 30, VIII, da CF); **D:** incorreta. O parcelamento ou edificação compulsórios serão aplicados antes do IPTU progressivo (art. 182, §4º, da CF).
Gabarito "A".

Pedro é proprietário de um imóvel situado em município com mais de cinquenta mil habitantes. Sua propriedade é próxima da zona costeira, o que o obriga a cumprir algumas limitações administrativas municipais impostas pelo município no que tange à proteção ambiental da zona costeira.

(Procurador – SP – VUNESP – 2015) O Estatuto da Cidade traz alguns instrumentos da política urbana, dentre eles o planejamento municipal, no qual se inclui, em especial:
(A) Plano de desenvolvimento econômico e assistencial.
(B) Limitação sócio-administrativa.
(C) Tombamento de móveis ou de mobiliário urbano.
(D) Instituição de zonas especiais de unidades de conservação.
(E) Gestão orçamentária participativa.

Nos termos do art. 4º, III da Lei 10.257/2001, o planejamento municipal é instrumento de política urbana, e, em especial, além da gestão orçamentária e participativa (alínea "f" do apontado inciso III), são seus instrumentos específicos o plano diretor; a disciplina do parcelamento, do uso e da ocupação do solo; o zoneamento ambiental; o plano plurianual; as diretrizes orçamentárias e orçamento anual; os planos, programas e projetos setoriais; e os planos de desenvolvimento econômico e social.
Gabarito "E".

(Procurador do Estado – PGE/BA – CESPE – 2014) Considerando essa situação hipotética, as normas aplicáveis e a jurisprudência, julgue os itens a seguir em relação à política urbana.
(1) Apesar de o plano diretor não ser obrigatório ao município, este deve mapear as áreas suscetíveis à ocorrência de deslizamentos de grande impacto e de inundações bruscas.
(2) A limitação administrativa imposta pelo município para a proteção ambiental da zona costeira gera direito de indenização a Pedro em face de eventual limitação do seu direito de explorar economicamente sua propriedade.
(3) Caso Pedro obtenha autorização administrativa para explorar um camping em sua propriedade, não cabe o encerramento da atividade comercial em face de dano ambiental decorrente da disposição de resíduos na zona costeira.
(4) Exemplifica a aplicação do princípio do desenvolvimento sustentável a garantia a que Pedro possa construir um hotel na zona costeira para fomentar a economia da região e promover empregos, relativizando-se as limitações administrativas ambientais.

1: Errada. O Plano Diretor é obrigatório para Municípios com mais de 20.000 habitantes (art. 182, § 1º, da CF). **2:** Errada. O cumprimento de limitações administrativas ao direito de propriedade não gera dever de indenizar por parte do Poder Público, diante da função social propriedade expressa no art. 5º, XXIII, da CF. **3:** Errada. A autorização administrativa não elide os deveres e responsabilidade sobre o meio ambiente, sendo plenamente aplicáveis as sanções previstas em lei, inclusive a cassação da licença. **4:** Errada. O princípio do desenvolvimento sustentável determina que: "*O desenvolvimento que procura satisfazer as necessidades da geração atual, sem comprometer a capacidade das gerações futuras de satisfazerem as suas próprias necessidades, significa possibilitar que as pessoas, agora e no futuro, atinjam um nível satisfatório de desenvolvimento social e econômico e de realização humana e cultural, fazendo, ao mesmo tempo, um uso razoável dos recursos da terra e preservando as espécies e os habitats naturais.*" (Relatório Brundtland). Ou seja, ele é voltado para a manutenção dos recursos naturais, não para o fomento da economia.
Gabarito 1E, 2E, 3E, 4E

(Procurador Municipal/SP – VUNESP – 2016) O direito de preempção confere ao Poder Público Municipal preferência para aquisição de imóvel urbano objeto de alienação onerosa entre particulares, de acordo com a Lei 10.257/2001, que regulamenta os arts. 182 e 183 da CF/1988, traçando as diretrizes da Política Urbana Nacional. Assim, é correto afirmar que

(A) tal direito será exercido pelo Poder Público para fins de constituição de reserva de capital.
(B) a lei estadual, baseada no plano diretor de cada município, delimitará as áreas em que incidirá o direito de preempção e fixará prazo de vigência, não superior a cinco anos, renovável a partir de um ano após o decurso do prazo inicial de vigência.
(C) o direito de preempção fica assegurado durante o prazo de vigência fixado em legislação municipal, independentemente do número de alienações referentes ao mesmo imóvel.
(D) a alienação processada em condições diversas da proposta apresentada será considerada anulável.
(E) o proprietário deverá notificar ao Município sua intenção de alienar o imóvel, para que qualquer ente público, no prazo máximo de trinta dias, manifeste por escrito seu interesse em comprá-lo.

A: incorreta. O art. 26 da Lei 10.257/2001 estabelece que o direito de preempção será utilizado nas hipóteses em que o Poder Público necessitar de áreas para regularização fundiária, execução de programas e projetos habitacionais de interesse social, constituição de reserva fundiária, ordenamento e direcionamento da expansão urbana, implantação de equipamentos urbanos e comunitários, criação de espaços públicos de lazer e áreas verdes, criação de unidades de conservação ou proteção de outras áreas de interesse ambiental e proteção de áreas de interesse histórico, cultural ou paisagístico; **B.** incorreta. A competência para a edição de tal lei é municipal, nos termos expressos do art. 25, § 1°, da Lei 10.257/2001; **C.** correta, conforme previsão expressa do § 2° do art. 25 da Lei 10.257/2001; **D.** incorreta. De acordo com o art. 27, § 5° da Lei 10.257/2001, a alienação processada em condições diversas da proposta apresentada é nula de pleno direito; **E.** incorreta. Nos termos do "caput" do art. 27 da Lei 10.257/2001, quem tem a prerrogativa de manifestar-se no prazo assinalado é o Município. Gabarito "C".

(Promotor de Justiça – MPE/RS – 2017) Considerando o Estatuto da Cidade (Lei 10.257, de 10 de julho de 2001), assinale a alternativa correta.

(A) Compete ao Município promover, por iniciativa própria e em conjunto com o Estado e outros Municípios, programas de construção de moradias e melhoria das condições habitacionais, de saneamento básico, das calçadas, dos passeios públicos e demais espaços de uso público.
(B) Lei estadual específica poderá determinar o parcelamento, a edificação ou a utilização compulsórios do solo urbano não edificado, subutilizado ou não utilizado, para área incluída no plano diretor, devendo fixar as condições e os prazos para implementação da referida obrigação.
(C) Em caso de descumprimento das condições e dos prazos previstos para parcelamento ou edificação compulsórios, o Município procederá à aplicação do imposto sobre a propriedade predial e territorial urbana (IPTU) progressivo no tempo, mediante a majoração da alíquota pelo prazo de 10 (dez) anos consecutivos.
(D) Decorridos cinco anos de cobrança do IPTU progressivo sem que o proprietário tenha cumprido a obrigação de parcelamento, edificação ou utilização compulsórios, o Município poderá proceder à desapropriação do imóvel, com pagamento em títulos da dívida pública previamente aprovados pelo Senado Federal e com prazo de resgate em até 10 (dez) anos, em prestações anuais, iguais e sucessivas, assegurados o valor real da indenização e juros legais de 6% (seis por cento) ao ano.
(E) Aquele que possuir como sua área ou edificação urbana de até duzentos e cinquenta metros quadrados, por cinco anos, ininterruptamente e sem oposição, utilizando-a para sua moradia ou de sua família, adquirir-lhe-á o domínio, desde que não seja proprietário de outro imóvel urbano ou rural, sendo que em caso de possuidor casado, o título será conferido necessariamente ao cônjuge varão.

A: incorreta. O Estatuto da Cidade confere a competência assinalada à União, por iniciativa própria ou em conjunto com os Estados, o Distrito Federal e os Municípios (art. 3°, III, da Lei 10.257/2001); **B:** incorreta. Tal competência é atribuída aos Municípios (art. 5°, "caput", da Lei 10.257/2001); **C:** incorreta. O prazo de majoração da alíquota é de 5 anos consecutivos (art. 7°, "caput" da Lei n. 10.257/2001); **D:** correta, nos termos do art. 8°, "caput" e § 1°, da Lei 10.257/2001; **E:** incorreta. O título de domínio será conferido ao homem ou à mulher, ou a ambos, independentemente do estado civil, nos termos do art. 9°, § 1°, da Lei 10.257/2001. Gabarito "D".

(Promotor de Justiça – MPE/RS – 2017) Assinale com **V** (verdadeiro) ou com **F** (falso) as seguintes afirmações sobre o conteúdo do Estatuto da Cidade (Lei10.257, de 10 de julho de 2001, com suas posteriores alterações legislativas).

( ) O direito de superfície não pode ser transferido a terceiros, sendo vedada por lei qualquer previsão contratual nesse sentido.
( ) O superficiário responderá integralmente pelos encargos e tributos que incidirem sobre a propriedade superficiária, arcando, ainda, proporcionalmente à sua parcela de ocupação efetiva, com os encargos e tributos sobre a área objeto da concessão do direito de superfície, sendo vedada disposição em contrário no contrato respectivo.
( ) Em empreendimentos de pequeno porte, a elaboração do estudo prévio de impacto de vizinhança (EIV) substitui a elaboração e a aprovação de estudo prévio de impacto ambiental (EIA).
( ) O plano diretor é obrigatório para cidades integrantes de áreas de especial interesse turístico.

A sequência correta de preenchimento dos parênteses, de cima para baixo, é

(A) F – V – F – F.
(B) F – F – F – V.
(C) V – V – F – F.
(D) V – F – V – V.
(E) V – F – V – F.

Primeiro enunciado: falso. O direito de superfície pode ser transferido a terceiros, obedecidos os termos do contrato respectivo, nos termos do art. 21, § 4° da Lei n. 10.257/2001, e aos herdeiros do superficiário, com a sua morte, nos termos do art. 21, § 5° da Lei n. 10.257/2001; **Segundo enunciado:** falso. O superficiário, de fato, responderá integralmente pelos encargos e tributos que incidirem sobre a propriedade superficiária, arcando, ainda, proporcionalmente à sua parcela de ocupação efetiva, com os encargos e tributos sobre a área objeto da concessão do direito de superfície, podendo tais condições, contudo, serem excepcionadas pelo respectivo contrato (art. 21, § 3°, da Lei 10.257/2001); **Terceiro enunciado:** falso. Nos termos do art. 38 da Lei 10.257/2001, a elaboração do EIV não substitui a elaboração e a aprovação de EIA, requeridas nos termos da legislação ambiental. É importante notar que o EIV e o EIA têm funções diversas: em empreendimentos de pequeno porte, normalmente o EIA não é exigível (o que poderia levar à equivocada conclusão de que o EIV "substitui" aquele instrumento), e, em grandes empreendimentos que exigem EIA (como, normalmente, as operações urbanas consorciadas), é possível que intervenções pontuais demandem a confecção de um EIV; **Quarto enunciado:** verdadeiro, nos termos do art. 41, IV, da Lei 10.257/2001. Gabarito "B".

(Procurador da República –28° Concurso – 2015 – MPF) Qual das alternativas abaixo e correta?

(A) Consórcios públicos são instrumentos de desenvolvimento urbano integrado de regiões metropolitanas e de aglomerações urbanas.
(B) O direito de superfície de terreno urbano não abrange o direito de utilizar o subsolo.
(C) Terras tradicionalmente ocupadas por índios situadas em município podem estar sujeitas ao IPTU.
(D) À União não cabe promover programas de construção de moradias urbanas.

A: correta, nos termos do art. 9°, VI, da Lei 13.089/2015 (Estatuto da Metrópole); **B:** incorreta. Nos termos do art. 21, § 1°, da Lei 10.257/2001 (Estatuto da Cidade), o direito de superfície abrange o direito de utilizar o solo, o subsolo ou o espaço aéreo relativo ao terreno, na forma estabelecida no contrato respectivo, atendida a legislação urbanística; **C:** incorreta. Nos termos do art. 20, XI, da Constituição Federal, são bens da União as terras tradicionalmente ocupadas pelos índios, estando, portanto, alcançadas pela imunidade tributária prevista no art. 150, VI, "a" da Carta Magna (vedação à União, aos Estados, ao Distrito Federal e aos Municípios de instituir impostos sobre o patrimônio, renda ou serviços, uns dos outros); **D:** incorreta. O Estatuto da Cidade confere a competência assinalada à União, por iniciativa própria ou em conjunto com os Estados, o Distrito Federal e os Municípios (art. 3°, III, da Lei 10.257/2001). Gabarito "A".

(Promotor de Justiça – MPE/AM – FMP – 2015) Em relação à política de desenvolvimento urbano, inaugurada no artigo 182 da Constituição Federal de 1988, cujas diretrizes gerais vêm fixadas pela Lei 10.257/2001, considere as seguintes assertivas:

I. O Plano Diretor disciplina a função social da propriedade e busca ordenar a cidade, sendo o instrumento básico, a englobar exclusivamente a área urbana, da política de desenvolvimento urbano e de expansão urbana.
II. O Plano Diretor é o instrumento de planejamento obrigatório caso o Poder Público municipal pretenda utilizar o parcelamento ou edificações compulsórios, o IPTU progressivo no tempo e a desapropriação com pagamento de títulos da dívida pública de emissão previamente aprovada pelo Senado Federal, com prazo de resgate de até dez anos, em parcelas anuais, iguais e sucessivas, assegurados o valor real da indenização e os juros legais.
III. Municípios que queiram ampliar seu perímetro urbano para o uso residencial, após 2001, deverão contemplar nos projetos áreas para habitação de interesse social por meio de demarcação de zonas especiais de interesse social.

Quais das assertivas acima estão corretas?

(A) I, II e III.
(B) Apenas a I e II.

(C) Apenas a II e III.
(D) Apenas a I.
(E) Apenas a II.

I: incorreta. Nos termos do art. 40, § 2º da Lei 10.257/2001 (Estatuto da Cidade), o plano diretor deverá englobar o território do Município como um todo; **II**: correta. A sistemática prevista nos arts. 5º a 8º da Lei n. 10.257/2001 (Estatuto da Cidade), determina que as áreas sujeitas a utilização de tais instrumentos jurídico-urbanísticos estejam definidas no plano diretor; **III**: correta, nos termos do gabarito oficial. É importante apontar que o texto da Lei 10.257/2001 traz o seguinte texto: "Art. 42-B. Os Municípios que pretendam ampliar o seu perímetro urbano após a data de publicação desta Lei deverão elaborar projeto específico que contenha, no mínimo" [...]. A referência ao ano de 2001, trazida na questão, parece referir ao ano da edição do Estatuto da Cidade, mas a inserção do art. 42-B ocorreu por intermédio da Lei n. 12.608/2012. **JA**
Gabarito "C".

(Promotor de Justiça – MPE/MS – FAPEC – 2015) Sobre Direito Urbanístico, assinale a alternativa **incorreta**:

(A) O Ministério Público tem legitimação ativa *ad causam* para promover ação civil pública destinada à defesa dos interesses difusos e coletivos, incluindo aqueles decorrentes de projetos referentes ao parcelamento do solo urbano.
(B) É inconstitucional a lei municipal que tenha estabelecido, antes da Emenda Constitucional 29/2000 (CF), alíquotas progressivas para o IPTU, salvo se destinada a assegurar o cumprimento da função social da propriedade urbana.
(C) Decorridos 5 (cinco) anos da cobrança do IPTU progressivo sem que o proprietário tenha cumprido a obrigação do parcelamento, edificação ou utilização, o Município poderá proceder à desapropriação do imóvel, com pagamento em títulos da dívida pública.
(D) O Estudo de Impacto de Vizinhança (EIV), previsto no Estatuto da Cidade, que busca contemplar os efeitos positivos e negativos do empreendimento ou a atividade quanto à qualidade de vida da população residente na área e suas proximidades a ser implantado em área urbana, substitui a elaboração e a aprovação de Estudo Prévio de Impacto Ambiental (EIA), requeridas nos termos da legislação ambiental.
(E) O plano diretor, aprovado por lei municipal, é o instrumento básico da política de desenvolvimento e expansão urbana e deve ser revisto, pelo menos, a cada 10 (dez) anos.

A: correta, nos termos do art. 129, III, da Constituição Federal e do art. 1º, inc. VI, da Lei n. 7.347/1987; **B**: correta, nos termos do julgamento do Pleno do Supremo Tribunal Federal no Tema 155 de Repercussão Geral (AI 712.743 QO-RG, Rel. Min. Ellen Gracie, DJe de 8/5/2009); **C**: verdadeiro, nos termos do art. 8º da Lei 10.257/2001 (Estatuto da Cidade); **D**: incorreta. Nos termos do art. 38 da Lei 10.257/2001 (Estatuto da Cidade), a elaboração do EIV não substitui a elaboração e a aprovação de estudo prévio de impacto ambiental (EIA), requeridas nos termos da legislação ambiental; **E**: correta, nos termos do art. 39 e 40, § 3º, da Lei 10.257/2001 (Estatuto da Cidade). **JA**
Gabarito "D".

(Procurador do Estado/AM – 2016 – CESPE) Com relação a meio ambiente cultural e ao Estatuto da Cidade (Lei 10.257/2001), julgue os próximos itens.

(1) Em cidades com população igual ou superior a vinte mil habitantes, é obrigatória a elaboração de um plano diretor e de um plano de transporte urbano integrado.
(2) Na CF, constam bens do patrimônio cultural brasileiro e alguns instrumentos para sua proteção, tais como o inventário e a desapropriação.

1: incorreta. A Lei 10.257/2001 exige, em seu art. 41, a confecção de plano diretor para cidades com mais de vinte mil habitantes; integrantes de regiões metropolitanas e aglomerações urbanas (definidas por lei estadual); onde o Poder Público municipal pretenda utilizar os instrumentos previstos no § 4o do art. 182 da Constituição Federal (compulsório aproveitamento do solo do solo urbano não edificado, subutilizado ou não utilizado); integrantes de áreas de especial interesse turístico (definidas nos termos da Lei n. 6513/1977); inseridas na área de influência de empreendimentos ou atividades com significativo impacto ambiental de âmbito regional ou nacional e incluídas no cadastro nacional de Municípios com áreas suscetíveis à ocorrência de deslizamentos de grande impacto, inundações bruscas ou processos geológicos ou hidrológicos correlatos. O plano de transporte público integrado é obrigatório, nos termos do Estatuto da Cidade, para municípios com mais de 500.000 habitantes, garantida sua compatibilidade com o plano diretor (art. 41, § 2º); **2**: correta. O art. 216 da Constituição Federal tem a seguinte dicção: "Constituem patrimônio cultural brasileiro os bens de natureza material e imaterial, tomados individualmente ou em conjunto, portadores de referência à identidade, à ação, à memória dos diferentes grupos formadores da sociedade brasileira, nos quais se incluem: I – as formas de expressão; II – os modos de criar, fazer e viver; III – as criações científicas, artísticas e tecnológicas; IV – as obras, objetos, documentos, edificações e demais espaços destinados às manifestações artístico-culturais; V – os conjuntos urbanos e sítios de valor histórico, paisagístico, artístico, arqueológico, paleontológico, ecológico e científico." O rol é exemplificativo, podendo ser incluídos identificados como patrimônio cultural brasileiro outros bens, desde que atendidas às características expostas no "caput". O § 1º traz outro rol, desta feita de instrumentos para a proteção e preservação deste patrimônio: inventários, registros, vigilância, tombamento e desapropriação, e de outras formas de acautelamento e preservação. Esta tarefa, ainda de acordo com a Carta Magna, é tarefa a ser realizada pelo Poder Público com a colaboração da comunidade.
Gabarito 1E, 2C.

(Juiz de Direito/MG – 2014) Com relação ao Estatuto da Cidade (Lei 10.257/2001), analise as afirmativas seguintes.

I. Ainda que adstrito ao princípio da legalidade, o IPTU (Imposto sobre a Propriedade Predial e Territorial Urbana) pode ser utilizado como instrumento de política urbanística, visando à promoção do adequado aproveitamento do imóvel urbano não edificado, subutilizado ou não utilizado.
II. O Prefeito incorre em improbidade administrativa quando deixar de promover, no prazo de cinco anos, o adequado aproveitamento do imóvel incorporado ao patrimônio público por meio da desapropriação fundada no descumprimento, pelo proprietário, da obrigação de parcelamento, edificação ou utilização do imóvel.
III. Mesmo quando originário de concessão onerosa, o direito de superfície não pode ser transferido a terceiros, nem mesmo aos herdeiros do superficiário, por ocasião de sua morte.
IV. Com o advento do Estatuto da Cidade, restou vedada a ampliação do perímetro urbano dos municípios, como salvaguarda do patrimônio ambiental.

A partir da análise, conclui-se que estão **CORRETAS**.

(A) II e III apenas.
(B) I e II apenas.
(C) I e III apenas.
(D) II e IV apenas.

I: correta. O art. 4º, IV, "a", do Estatuto da Cidade expressamente coloca o IPTU como um instrumento tributário da política urbanística. Mais adiante, no art. 7º, a lei estabelece sua progressividade no tempo para desestimular a existência de imóveis urbanos não edificados, subutilizados ou não utilizados; **II**: correta, nos termos do art. 52, II, do Estatuto da Cidade; **III**: incorreta. O direito de superfície pode ser transferido a terceiros em qualquer caso (art. 21, § 4º, do Estatuto da Cidade), bem como transmite-se aos herdeiros em caso de morte do superficiário (art. 21, § 5º, do Estatuto da Cidade); **IV**: incorreta. A ampliação do perímetro urbano é possível, desde que decorra da elaboração de um projeto específico que atenda às condições mínimas estabelecidas no art. 42-B do Estatuto da Cidade.
Gabarito "B".

(Juiz de Direito/PA – 2014 – VUNESP) A concessão de uso especial para fins de moradia é uma forma de gestão dos bens públicos, que poderá ser concedida àquele que, até 30 de junho de 2001, possuiu imóvel urbano, de até duzentos e cinquenta metros quadrados, como seu, por cinco anos, ininterruptamente e sem oposição. Sobre tal instituto, é correto afirmar que

(A) se o imóvel for de interesse da preservação ambiental, o Poder Público procederá à desocupação do local e ao pagamento de aluguel social pelo prazo de 6 (seis) meses.
(B) o direito de concessão de uso especial para fins de moradia é personalíssimo, portanto, não é transferível por ato *inter vivos* ou *causa mortis*.
(C) o herdeiro legítimo continua, de pleno direito, na posse de seu antecessor, desde que já resida no imóvel por ocasião da abertura da sucessão.
(D) caso a ocupação acarrete risco à vida ou à saúde dos ocupantes, o Poder Público não garantirá ao possuidor o exercício desse direito nesse ou em outro imóvel público.
(E) o título de concessão de uso especial para fins de moradia será obtido pela via judicial, não cabendo análise na esfera administrativa.

A: incorreta. Nesse caso, cabe ao Poder Público garantir o direito à concessão de uso especial em outro local, sem qualquer cobrança (art. 5º, III, da Medida Provisória 2.220/2001); **B**: incorreta. O art. 7º da Medida Provisória 2.220/2001 atesta justamente o inverso: o direito de concessão de uso especial para fins de moradia é transferível a terceiros tanto por ato *inter vivos* como *causa mortis*; **C**: correta, nos termos do art. 1º, § 3º, da Medida Provisória 2.220/2001; **D**: incorreta. O art. 4º da Medida Provisória 2.220/2001 garante o direito à concessão de uso especial em outro local na hipótese da ocupação original acarretar risco à vida ou à saúde dos ocupantes; **E**: incorreta. Inicialmente, o pedido deve ser feito na via administrativa. Em caso de recusa ou omissão do Poder Público, poderá o interessado pleiteá-lo na via judicial (art. 6º da Medida Provisória 2.220/2001).
Gabarito "C".

(Juiz de Direito/RJ – 2014 – VUNESP) São instrumentos da política urbana:

(A) o plano nacional de ordenação do território e de desenvolvimento econômico e social e, no âmbito do planejamento municipal, em especial o plano diretor e o zoneamento ambiental, excluindo-se os planos, programas e projetos setoriais.
(B) o parcelamento, a edificação ou a utilização compulsórios do solo não edificado, subutilizado ou não utilizado, a depender de decreto municipal para área incluída no plano diretor.
(C) o imposto sobre a propriedade predial e territorial urbana – IPTU e a contribuição de melhoria, configurados como institutos tributários e financeiros.

(D) o plano nacional de ordenação do território e de desenvolvimento econômico e social e, no âmbito municipal, em especial o plano diretor, excluindo-se a concessão de direito real de uso de imóveis públicos que não poderá ser contratada coletivamente.

A: incorreta. Os planos, programas e projetos setoriais são instrumentos da política urbana consagrados no art. 4º, III, "g", do Estatuto da Cidade; **B:** incorreta. A medida deve ser veiculada por lei específica, não por decreto (art. 5º do Estatuto da Cidade); **C:** correta, nos termos do art. 4º, IV, "a" e "b", do Estatuto da Cidade; **D:** incorreta. A concessão do direito real de uso está prevista como instrumento da política urbana no art. 4º, V, "g", e regulamentada pelo art. 48, ambos do Estatuto da Cidade.

Gabarito "C".

(Promotor de Justiça/ES – 2013 – VUNESP) O Estatuto da Cidade, Lei 10.257/2001, enuncia que

(A) se considera subutilizado o imóvel cujo aproveitamento não esteja em consonância com o estipulado no zoneamento ambiental, estabelecido na lei orgânica de cada município e registrado no cartório de registro de imóveis.
(B) a desapropriação será a primeira medida a ser tomada pelo Poder Público municipal quando identificar territórios que não cumprem sua função social.
(C) o plano diretor deve estabelecer as condições a serem observadas para a outorga onerosa do direito de construir e de alteração de uso, sendo que os recursos auferidos serão aplicados na construção de habitações populares.
(D) o direito de superfície é aquele que pode ser concedido pelo proprietário urbano a outrem, por tempo determinado ou indeterminado, mediante escritura pública registrada no cartório de registro de imóveis.
(E) o plano diretor é um instrumento de planejamento regional, necessário ao planejamento de regiões metropolitanas, aglomerações urbanas e microrregiões.

A: incorreta. Segundo o art. 5º, § 1º, I, do Estatuto da Cidade, considera-se subutilizado o imóvel cujo aproveitamento seja inferior ao mínimo definido no plano diretor ou em legislação dele decorrente; **B:** incorreta. Identificado o descumprimento da função social da propriedade, deve o Poder Público, inicialmente, se valer de outros instrumentos previstos no Estatuto da Cidade, na seguinte ordem: parcelamento, edificação ou utilização compulsórios; IPTU progressivo no tempo e, só então, se tais medidas não forem suficientes, procederá à desapropriação (art. 8º do Estatuto da Cidade); **C:** incorreta. Nos termos do art. 31 do Estatuto da Cidade, os recursos auferidos com a outorga onerosa do direito de construir serão utilizados para regularização fundiária, execução de programas e projetos habitacionais de interesse social, constituição de reserva fundiária, ordenamento e direcionamento da expansão urbana, implantação de equipamentos urbanos e comunitários, criação de espaços públicos de lazer e áreas verdes, criação de unidades de conservação ou proteção de outras áreas de interesse ambiental e proteção de áreas de interesse histórico, cultural e paisagístico; **D:** correta, nos termos do art. 21 do Estatuto da Cidade; **E:** incorreta. O plano diretor é um instrumento de planejamento municipal (art. 4º, III, "a", do Estatuto da Cidade), que não se confunde com o planejamento regional previsto para a ordenação das regiões metropolitanas, aglomerações urbanas e microrregiões (art. 4º, II, do Estatuto da Cidade).

Gabarito "D".

(Promotor de Justiça/MG – 2013) É *INCORRETO* afirmar-se:

(A) Constam como instrumentos jurídicos e políticos que objetivam atender aos fins visados pelo Estatuto da Cidade, entre outros, os institutos das servidões e limitações administrativas, do tombamento de imóveis ou de mobiliário urbano, da utilização compulsória, da transferência do direito de construir e o da assistência técnica e jurídica gratuita para as comunidades e grupos sociais menos favorecidos.
(B) A política urbana, prevista constitucionalmente nos artigos 182 e 183 da Constituição da República, tem por objetivo ordenar o pleno desenvolvimento das funções econômicas da cidade e da propriedade urbana.
(C) Lei municipal definirá os empreendimentos e atividades, privados ou públicos, em área urbana que dependerão de elaboração de estudo prévio de impacto de vizinhança (EIV) para se obter licenças ou autorizações de construção, ampliação ou funcionamento a cargo do Poder Público municipal.
(D) O plano diretor, instrumento básico da política de desenvolvimento e expansão urbana, é obrigatório para as cidades com mais de vinte mil habitantes. O mesmo acontece para as integrantes de regiões metropolitanas e aglomerações urbanas e para as cidades onde o Poder Público municipal pretenda exigir, nos termos da lei federal, do proprietário do solo urbano não edificado, subutilizado ou não utilizado, que promova seu adequado aproveitamento, sob pena de parcelamento ou edificação compulsória, IPTU progressivo no tempo ou desapropriação com pagamento mediante títulos da dívida pública. Essa obrigação é também válida para aquelas integrantes de áreas de especial interesse turístico ou que estejam inseridas na área de influência de empreendimentos ou atividades com significativo impacto ambiental de âmbito regional ou nacional.

A: assertiva correta, nos termos do art. 4º, V, do Estatuto da Cidade; **B:** assertiva incorreta, devendo ser assinalada. A ordem constitucional da política urbana visa a garantir o pleno desenvolvimento da função **social** da cidade e da propriedade urbana (art. 182 da CF); **C:** assertiva correta, nos termos do art. 36 do Estatuto da Cidade; **D:** assertiva correta, nos termos dos arts. 5º, 7º, 8º e 41, todos do Estatuto da Cidade.

Gabarito "B".

(Procurador do Município – Cuiabá/MT – 2014 – FCC) O plano diretor

(A) fixará áreas nas quais o direito de construir será exercido acima do coeficiente de aproveitamento básico adotado, mediante doação de área equivalente para a criação de áreas verdes no território do município.
(B) fixará áreas nas quais o direito de construir será exercido acima do coeficiente de aproveitamento básico adotado, mediante contrapartida a ser prestada pelo beneficiário.
(C) fixará áreas nas quais o direito de construir será exercido acima do coeficiente de aproveitamento básico adotado, sem que haja qualquer contrapartida a ser prestada pelo beneficiário.
(D) fixará áreas nas quais o direito de construir será exercido acima do coeficiente de aproveitamento básico adotado, podendo-se exigir, a critério da administração pública, contrapartida a ser prestada pelo beneficiário.
(E) poderá fixar áreas nas quais o direito de construir poderá ser exercido acima do coeficiente de aproveitamento básico adotado, mediante contrapartida a ser prestada pelo beneficiário.

Nos termos do art. 28 do Estatuto da Cidade, cabe ao Plano Diretor indicar áreas nas quais será autorizada a construção acima do coeficiente de aproveitamento básico, desde que haja contraprestação do beneficiário. É o que a lei chama de outorga onerosa do direito de construir.

Gabarito "E".

(Procurador do Município – São Paulo/SP – 2014 – VUNESP) Decorridos cinco anos de cobrança do IPTU progressivo sem que o proprietário tenha cumprido a obrigação de parcelamento, edificação ou utilização, o Município poderá proceder à desapropriação do imóvel com pagamento em títulos da dívida pública, em relação à qual se estabeleceu que

(A) o aproveitamento do imóvel poderá ser efetivado diretamente pelo Poder Público ou por meio de permissão a terceiros, dispensando-se, nesse caso, procedimento licitatório.
(B) o Município procederá ao aproveitamento do imóvel no prazo mínimo de quatro anos, contado a partir da sua afetação ao patrimônio público.
(C) o valor real da indenização não computará expectativas de ganhos, lucros cessantes e juros compensatórios.
(D) os títulos da dívida pública terão poder liberatório para pagamento de tributos.
(E) os títulos da dívida pública terão aprovação prévia pela Câmara de Deputados e serão resgatados no prazo de até cinco anos, em prestações anuais, iguais e sucessivas.

A: incorreta. Para a concessão de permissão a terceiros é obrigatória a licitação (art. 8º, § 5º, do Estatuto da Cidade); **B:** incorreta. O prazo concedido ao município é de no máximo cinco anos (art. 8º, § 4º, do Estatuto da Cidade); **C:** correta, nos termos do art. 8º, § 2º, II, do Estatuto da Cidade; **D:** incorreta. O art. 8º, § 3º, do Estatuto da Cidade impõe a ausência de poder liberatório para pagamento de tributos aos títulos da dívida pública dados em pagamento na indenização; **E:** incorreta. O prazo de pagamento na desapropriação-sanção é de até 10 anos (art. 8º, § 1º, do Estatuto da Cidade).

Gabarito "C".

(Procurador do Município – São Paulo/SP – 2014 – VUNESP) Acerca do direito de concessão de uso especial para fins de moradia, a Medida Provisória 2.220/2001, estabelece que:

(A) é intransferível.
(B) sua extinção dá-se no caso do concessionário adquirir a propriedade, sendo despicienda a averbação no cartório de registro de imóveis.
(C) em caso de ação judicial, a concessão respectiva poderá ser declarada por sentença arbitral.
(D) a Administração Pública terá o prazo máximo de 18 meses para decidir acerca do pedido do título de concessão respectivo.
(E) o título de concessão será obtido pela via administrativa perante o órgão competente da Administração Pública ou, em caso de recusa ou omissão deste, pela via judicial.

A: incorreta. O art. 7º da Medida Provisória 2.220/2001 atesta justamente o inverso: o direito de concessão de uso especial para fins de moradia é transferível a terceiros tanto por ato *inter vivos* como *causa mortis*; **B:** incorreta. É obrigatória sua averbação no registro de imóveis (art. 8º, parágrafo único, da Medida Provisória 2.220/2001); **C:** incorreta. Havendo ação judicial, o direito será declarado necessariamente pelo juiz, mediante sentença (art. 6º, § 3º, da Medida Provisória 2.220/2001); **D:** incorreta. O prazo máximo concedido pela legislação é de doze meses (art. 6º, § 1º, da Medida Provisória 2.220/2001); **E:** correta, nos termos do art. 6º, *caput*, da Medida Provisória 2.220/2001.

Gabarito "E".

(Procurador do Município – São Paulo/SP – 2014 – VUNESP) As diretrizes gerais da política urbana são, nos termos do Estatuto da Cidade (Lei 10.257/2001), dentre outras:

(A) Garantia do direito a cidades sustentáveis, entendido como o direito à terra rural, à moradia e ao saneamento básico.

(B) Cooperação entre os governos, a iniciativa privada e os demais setores da sociedade no processo de urbanização, em atendimento ao interesse social.

(C) Ordenação e controle do uso do solo, de forma a minimizar a proximidade de usos incompatíveis ou inoportunos.

(D) Integração entre as atividades urbanas e semiurbanas, objetivando o desenvolvimento macroeconômico do município.

(E) Regularização fundiária e urbanização de áreas ocupadas por pessoas hipossuficientes mediante o estabelecimento de normas gerais de urbanização e uso do solo.

A: incorreta. A garantia do direito a cidades sustentáveis compreende, naturalmente, o direito à terra **urbana** (art. 2º, I, do Estatuto da Cidade); **B:** correta, nos termos do art. 2º, III, do Estatuto da Cidade; **C:** incorreta. A diretriz geral pretende **evitar**, não só minimizar, tal proximidade (art. 2º, VI, "b", do Estatuto da Cidade); **D:** incorreta. Quer o art. 2º, VII, do Estatuto da Cidade a integração entre as atividades urbanas e **rurais**, objetivando o desenvolvimento **socioeconômico** do Município; **E:** incorreta. A medida há de ser tomada para áreas ocupadas por pessoas de baixa renda (art. 2º, XIV, do Estatuto da Cidade). É de se perguntar, de toda forma, se as pessoas de baixa renda não são hipossuficientes na opinião da banca examinadora. Gabarito "B".

(Advogado da Sabesp/SP – 2014 – FCC) Aquele que possuir, como sua, área ou edificação urbana de, até duzentos e cinquenta metros quadrados, por cinco anos, ininterruptamente e sem oposição, utilizando-a para sua moradia ou de sua família, adquirir-lhe-á o domínio, desde que não seja proprietário de outro imóvel urbano ou rural. Trata-se da denominada *usucapião especial de imóvel urbano*. A propósito do tema,

(A) na pendência da ação de usucapião especial urbana, ficarão sobrestadas quaisquer outras ações possessórias que venham a ser propostas relativamente ao imóvel usucapiendo, exceto as ações petitórias.

(B) o direito narrado poderá ser reconhecido ao mesmo possuidor mais de uma vez.

(C) o herdeiro legítimo do possuidor continua, de pleno direito, a posse de seu antecessor, ainda que não resida no imóvel por ocasião da abertura da sucessão.

(D) é parte legítima para a propositura da ação de usucapião especial urbana, dentre outros, o possuidor, isoladamente ou em litisconsórcio originário ou superveniente.

(E) na ação judicial de usucapião especial de imóvel urbano, o rito processual a ser observado é o ordinário.

A: incorreta. Também as ações petitórias ficam suspensas na pendência da ação de usucapião (art. 11 do Estatuto da Cidade); **B:** incorreta. É vedado o reconhecimento da usucapião especial urbana mais de uma vez ao mesmo possuidor (art. 9º, § 2º, do Estatuto da Cidade); **C:** incorreta. A residência no imóvel é condição para que o herdeiro possa continuar a posse de seu antecessor para fins de usucapião especial urbana (art. 9º, § 3º, do Estatuto da Cidade); **D:** correta, nos termos do art. 12, I, do Estatuto da Cidade; **E:** incorreta. A ação tramitará pelo rito sumário (art. 14 do Estatuto da Cidade). Gabarito "D".

(Magistratura/BA – 2012 – CESPE) Em relação à política urbana, assinale a opção correta.

(A) O zoneamento ambiental, instrumento da PNMA para grandes espaços econômico-ecológicos, não se aplica ao âmbito urbano.

(B) No âmbito municipal, o estudo ambiental cabível é o estudo de impacto de vizinhança, que substitui a elaboração e a aprovação de estudo de impacto ambiental.

(C) O plano diretor é obrigatório para cidades com mais de 20 mil habitantes e para aquelas que integrem áreas de especial interesse turístico, entre outras situações definidas em lei.

(D) O Estatuto da Cidade é norma federal que fixa diretrizes gerais para a política de desenvolvimento urbano, cuja execução, conforme repartição constitucional de competências, cabe aos estados.

(E) A lei que instituir o plano diretor, instrumento básico da política de desenvolvimento e de expansão urbana, só poderá ser revista depois de decorridos cinco anos da sua promulgação, a fim de evitar pressões de especulação imobiliária.

A: incorreta (art. 4º, III, "c", da Lei 10.257/2001); **B:** incorreta, pois o estudo de impacto de vizinhança não substitui a elaboração e a aprovação de estudo prévio de impacto ambiental (EIA), requeridos nos termos da legislação ambiental (art. 38 da Lei 10.257/2001; **C:** correta (art. 41, I e IV, da Lei 10.257/2001); **D:** incorreta, pois a maior parte das competências trazidas pela Lei 10.257/2001 incumbe aos Municípios e não aos Estados a execução das diretrizes fixadas no Estatuto da Cidade; **E:** incorreta, pois a regra é outra, qual seja, "a lei que instituir o plano diretor deverá ser revista, pelo menos, a cada dez anos" (art. 40, § 3º, da Lei 10.257/2001). Gabarito "C".

(Magistratura/CE – 2012 – CESPE) De acordo com o Estatuto das Cidades, as diretrizes da política urbana incluem

(A) a garantia do direito a cidades sustentáveis e a cooperação entre os governos, iniciativa privada e demais setores da sociedade no processo de urbanização, em atendimento do interesse social.

(B) a garantia de acessibilidade aos equipamentos urbanos e a gestão democrática por meio da atividade parlamentar.

(C) a cooperação entre o governo, a iniciativa privada e as organizações não governamentais no atendimento do interesse social e a gestão integrada do sistema de gerenciamento de trânsito nos municípios com população igual ou superior a quinhentos mil habitantes.

(D) a gestão descentralizada dos recursos hídricos e o planejamento integrado do sistema de esgotamento sanitário.

(E) a cooperação intermunicipal no processo de elaboração do zoneamento industrial e o plano de manejo de parques, praças e áreas verdes dos espaços urbanos.

As diretrizes gerais da política urbana visam a ordenar o pleno desenvolvimento das funções sociais da cidade e da propriedade urbana e estão previstas no art. 2º da Lei 10.257/2001 (Estatuto das Cidades), cuja leitura dos dezesseis incisos é fortemente recomendada. A alternativa "A" é a única que contempla somente disposições previstas no mencionado artigo legal, devendo, pois, ser assinalada. Gabarito "A".

(Magistratura/CE – 2012 – CESPE) O Estatuto da Cidade prevê como institutos jurídicos e políticos da política urbana

(A) a contribuição de melhoria e o tombamento de imóveis.

(B) a preempção e o plano de desenvolvimento econômico e social.

(C) a desapropriação e a instituição de unidades de conservação.

(D) o direito de superfície e a gestão orçamentária participativa.

(E) o IPTU e a concessão do direito real de uso.

O art. 4º do Estatuto das Cidades prevê uma série de instrumentos colocados à disposição do Poder Público para alcançar os objetivos nele previstos. Dentre eles, elenca aqueles classificados como "instrumentos jurídicos e políticos", onde se incluem o tombamento, a preempção, a desapropriação, a instituição de unidades de conservação, o direito de superfície e a concessão de direito real de uso. Correta, portanto, a alternativa "C". Gabarito "C".

(Magistratura/PA – 2012 – CESPE) Considerando que o município A, com 30.000 habitantes e sem plano diretor, decida utilizar instrumentos de política urbana previstos no Estatuto da Cidade ao detectar que diversos imóveis localizados em seu perímetro urbano não são utilizados, o que configura claro desrespeito à função social de propriedade, assinale a opção correta, com base no que dispõem a CF e o Estatuto da Cidade.

(A) O Estatuto da Cidade não prevê instrumentos que auxiliem a melhoria da qualidade de vida urbana, razão por que deve o município, ao elaborar o seu plano diretor, incluir um item específico a esse respeito.

(B) O referido município deve elaborar plano diretor.

(C) O plano diretor, instrumento básico da política de desenvolvimento urbano, deve ser revisto a cada vinte anos.

(D) A edificação compulsória poderá ser determinada pelo município imediatamente.

(E) Poderá ser determinado o parcelamento do solo urbano subutilizado, independentemente de notificação do proprietário pelo Poder Executivo municipal.

A: incorreta. O art. 4º do Estatuto das Cidades prevê uma série de instrumentos colocados à disposição do Poder Público para alcançar os objetivos nele previstos; **B:** correta. Nos termos do art. 41, I, do Estatuto das Cidades, a elaboração do plano diretor é obrigatória para municípios com mais de 20 mil habitantes; **C:** incorreta. O art. 40, § 3º, do Estatuto das Cidades determina a revisão do plano diretor a cada 10 anos; **D:** incorreta. A edificação compulsória deve ser prevista em lei municipal, a qual estabelecerá prazo não inferior a um ano para protocolo do projeto na Prefeitura após a notificação e dois anos para início das obras após aprovação do projeto (art. 5º, § 4º, I e II, do Estatuto das Cidades); **E:** incorreta. A notificação é obrigatória para a validade da medida (art. 5º, § 2º, do Estatuto das Cidades). Gabarito "B".

(Ministério Público/MT – 2012 – UFMT) Sobre o direito de preempção regulado no Estatuto da Cidade, é correto afirmar:

(A) Exige que todos os particulares notifiquem previamente o município para que o exerça, uma vez que na hipótese, deve ser considerado o princípio da prevalência do interesse público sobre o particular.

(B) Assegura que o poder público municipal possa proteger imóveis de interesse cultural desde que estes se encontrem localizados na área de abrangência que tenha sido definida em lei, e que tenham sido consideradas as diretrizes fixadas no respectivo plano diretor.

(C) O município poderá exercê-lo perante os particulares visando à criação de parque municipal, desde que tenha origem em declaração de utilidade pública da área, assegurando-lhe o direito à indenização prévia e em dinheiro.

(D) Sujeita os proprietários que possuírem imóveis nas áreas que tenham sido reconhecidas por decreto de interesse público, e assegura que o município, após notificado para exercê-lo, faça-o em até cinco anos.
(E) Condiciona que os proprietários que detenham imóveis nas áreas assim reconhecidas em lei notifiquem previamente o poder público municipal para que o exerça no prazo de cinco anos.

A: incorreta. Apenas o proprietário é obrigado a notificar o Município sobre seu interesse em alienar o imóvel (art. 27 do Estatuto das Cidades); B: correta, nos termos dos arts. 25 e 26, VII, do Estatuto das Cidades; C: incorreta. É possível a invocação do direito de preempção para a construção de parque municipal (art. 26, VI, do Estatuto das Cidades), mas esse independe de declaração anterior de utilidade pública; D: incorreta. Lei municipal estabelecerá as áreas onde o Município poderá exercer seu direito de preempção e o prazo para tanto é de 30 dias contados da notificação (art. 27 do Estatuto das Cidades); E: incorreta. Mais uma vez, anote-se que o prazo para que o Município exerça o direito de preempção é de 30 dias (art. 27 do Estatuto das Cidades).
Gabarito "B".

(Ministério Público/MT – 2012 – UFMT) Sobre a função socioambiental da propriedade, é correto afirmar:
(A) O uso nocivo da propriedade é vedado por leis especiais, mas não possui previsão expressa no Código Civil de 2002.
(B) O uso compulsório do imóvel é obrigação que pode ser imposta ao proprietário sempre que, por meio de ato administrativo, o poder público considere que o imóvel é subutilizado.
(C) O uso compulsório do imóvel constitui um dos instrumentos que permitem viabilizar o atendimento da função socioambiental da propriedade.
(D) O Código Civil apenas exige o cumprimento de uma função social, mas não define uma função ambiental, matéria que foi objeto de regulação por leis especiais.
(E) A edificação compulsória, o IPTU progressivo e o parcelamento compulsório são instrumentos que viabilizam o atendimento da função socioambiental da propriedade, não sendo possível, entretanto, que o proprietário seja obrigado a utilizar o imóvel já edificado.

A: incorreta. O uso nocivo da propriedade foi abordado pelo Código Civil sob o título "Do Uso Anormal da Propriedade" (arts. 1.277 a 1.281); B: incorreta. A subutilização do imóvel deve seguir os requisitos especificados no plano diretor, que deve ser publicado por lei ordinária municipal; C: correta, nos termos do art. 182, § 4º, da CF; D: incorreta. A rigor, a função ambiental da propriedade não foi ainda regulamentada por nenhuma lei especial; E: incorreta. A utilização compulsória está expressamente prevista como instrumento do cumprimento da função social da propriedade no art. 5º do Estatuto das Cidades.
Gabarito "C".

(Ministério Público/MT – 2012 – UFMT) À luz da matéria urbanística, assinale a assertiva INCORRETA.
(A) É o Plano Diretor do município que estabelece quando uma propriedade urbana cumpre a sua função social.
(B) A realização de Estudo de Impacto Ambiental para determinado empreendimento supre a necessidade de realização do Estudo de Impacto de Vizinhança.
(C) Os planos diretores são obrigatórios para todas as cidades onde o Poder Público municipal pretenda utilizar os instrumentos do parcelamento ou edificação compulsórios, IPTU progressivo no tempo e desapropriação com pagamento de títulos, inclusive para aquelas com menos de vinte mil habitantes.
(D) A instituição de Zonas Especiais de Interesse Social (ZEIS) permite a aplicação de normas especiais de uso e ocupação do solo para fins de regularização fundiária de áreas urbanas ocupadas em desconformidade com a legislação de parcelamento, uso e ocupação do solo e de edificações.
(E) O art. 145, inciso II, da Constituição Federal prevê o instituto da contribuição de melhoria que nada mais é do que o retrato do princípio urbanístico da "afetação das mais-valias ao custo da urbanificação" concretizado no Código Tributário Nacional (arts. 81 e 82) e no Estatuto da Cidade (art. 2º, IX; art. 4º, IV, "b").

A: correta, nos termos do art. 39 do Estatuto das Cidades; B: incorreta, devendo ser assinalada. Trata-se de documentos com objetivos e requisitos distintos, que não se confundem ou substituem. Nos termos do art. 38 do Estatuto da Cidade, o EIV será elaborado independentemente da apresentação do EIA; C: correta. Tais medidas coercitivas somente poderão ser utilizadas se estiverem previstas no plano diretor (art. 41, I e III, do Estatuto das Cidades); D: correta, por transpor sem qualquer equívoco o conceito de zonas especiais de interesse social; E: correta. A contribuição de melhoria é realmente reflexo do princípio da afetação das mais-valias ao custo da urbanificação, ao lado do princípio da vedação ao enriquecimento sem causa.
Gabarito "B".

(Ministério Público/MT – 2012 – UFMT) Leia atentamente a situação abaixo descrita.
"A) possui um lote em área urbana. Na época em que ele adquiriu o imóvel encontrava-se em vigência lei municipal de uso e ocupação do solo que estabelecia um determinado coeficiente de construção. Passado um ano, ele resolveu construir no lote, quando, então, teve indeferido o seu pedido de licença para edificar sob o argumento de que nova lei municipal de uso e ocupação do solo havia restringido o coeficiente de construção do terreno pela metade. No entanto, o seu vizinho ³B´, utilizando-se de planta de construção similar, iniciou a edificação no seu respectivo lote, de acordo com licença para construir outorgada pelo poder público municipal antes da vigência da nova lei municipal, muito embora não tenha se valido de todas as possibilidades construtivas vigentes na lei anterior.
Sobre essa situação, analise as assertivas.

I. Assiste a "A" o direito de construir com base nos coeficientes previstos na legislação de uso e ocupação do solo vigente quando ele adquiriu o terreno e que lhe ensejava utilização mais ampla, pois a legislação superveniente não pode produzir efeitos retroativos e atingir direito adquirido de edificar no lote de acordo com as condições legais existentes quando da sua aquisição.
II. Assiste a "B" o direito de construir com base nos coeficientes previstos na legislação de uso e ocupação do solo vigente quando da obtenção da licença para edificar e que lhe ensejava utilização mais ampla do lote.
III. Como ainda não houve a conclusão da obra e em respeito ao princípio da função social da propriedade urbana, "B" terá que ajustar a respectiva planta aos padrões da nova lei municipal de uso e ocupação do solo, obtendo nova licença de construção.
IV. A revogação da licença para construir outorgada a "B", com base na nova lei de uso e ocupação do solo, equivale à desapropriação de direito, obrigando o poder público municipal a indenizar o proprietário.

Estão corretas as assertivas:
(A) I e III.
(B) II e IV.
(C) I e IV.
(D) II e III.
(E) III e IV.

As quatro assertivas versam, basicamente, sobre o momento de aferição do direito conferido pela licença para construir. Essa é ato administrativo que, como qualquer outro, não pode afastar-se da legalidade estrita. Assim, será concedido conforme a lei vigente no momento do pedido, não havendo qualquer espécie de direito adquirido intangível por conta exclusivamente da compra do terreno. Isso torna incorreta a afirmação I e correta a II. Após a concessão da licença, temos um exemplo de ato jurídico perfeito, esse sim protegido diretamente pela CF (art. 5º, XXXVI) e pela Lei de Introdução às Normas do Direito Brasileiro (art. 6º). Nessa situação, não é possível exigir qualquer alteração na obra iniciada por "B" ou mesmo a supressão da licença, sob pena de inconstitucionalidade e ilegalidade do ato. Incorreta, destarte, a afirmação III e correta a IV.
Gabarito "B".

(Ministério Público/RR – 2012 – CESPE) Com base nas regras e princípios relativos ao uso da propriedade urbana em prol do bem coletivo e do equilíbrio ambiental, assinale a opção correta.
(A) A propriedade urbana cumpre sua função social quando atende às exigências fundamentais de ordenação da cidade listadas no plano diretor, cuja implantação é obrigatória para cidades com mais de vinte mil habitantes.
(B) A proteção ao meio ambiente refere-se não só ao seu aspecto natural, mas também ao cultural e ao artificial, incluído, neste último, o meio ambiente do trabalho.
(C) Desapropriado solo urbano devido ao descumprimento de imposição de edificação compulsória, poderá o poder público alienar o terreno a terceiros, mediante licitação, cujo edital deve estipular a edificação a ser erigida, se diversa daquela exigida do proprietário original.
(D) A usucapião especial urbana é forma de aquisição de propriedade imóvel por aquele que possuir, como sua, área urbana de até 250 m², por dez anos, ininterruptamente e sem oposição, desde que utilizada para sua moradia ou de sua família, não podendo ele ser proprietário de outro imóvel.
(E) Para proteger áreas de interesse histórico ou cultural, o poder público estadual pode utilizar-se do direito de preempção, que lhe garante preferência na aquisição de imóvel urbano objeto de alienação onerosa entre particulares.

A: correta, nos termos do art. 182, §§ 1º e 2º, da CF; B: incorreta. O meio ambiente do trabalho não se confunde com o meio ambiente artificial. Aquele se refere às condições de trabalho dos obreiros, enquanto esse abrange os aspectos constituintes do espaço urbano. O meio ambiente do trabalho pode também ser rural, daí porque o artificial não está incluído nele; C: incorreta apenas na parte onde se exige, como condição do edital, a estipulação da edificação a ser erigida (art. 8º, § 5º, do Estatuto das Cidades); D: incorreta. A usucapião especial urbana ocorre no prazo de 05 anos, verificados os requisitos expostos na alternativa (art. 183 da CF, art. 1.240 do CC e art. 9º do Estatuto das Cidades); E: incorreta apenas porque o direito de preempção compete ao poder público municipal (art. 25 do Estatuto das Cidades).
Gabarito "A".

(Defensor Público/AC – 2012 – CESPE) Assinale a opção correta em relação à defesa da ordem urbanística.
(A) O planejamento de construção de ruas e de prédios de forma a garantir fluxo tranquilo, tanto do transporte terrestre quanto do aéreo, não se enquadra como diretriz da ordem urbanística.
(B) A justa distribuição dos benefícios advindos do processo de urbanização bem como dos ônus dele decorrentes não se inclui entre as preocupações relacionadas à ordem urbanística.
(C) Caso o dano por falta de investimento em infraestrutura, como a falta de água frequente ou defeitos na rede de esgoto, atinja apenas alguns bairros de determinado município, estará configurada violação a direito difuso.
(D) A regularização fundiária e a urbanização de áreas ocupadas por população de baixa renda, mediante o estabelecimento de normas especiais de urbanização, é matéria afeta ao direito de propriedade e, como tal, não diz respeito ao direito urbanístico.
(E) A lei reconhece como direito coletivo em sentido amplo a ordem urbanística, sendo um dos objetivos da política urbana o pleno desenvolvimento da propriedade urbana, razão pela qual a construção de condomínios em região arborizada deve ser precedida de estudo de impacto ambiental.

A: incorreta, pois a assertiva se refere a diretrizes importantes da ordem urbanística conforme se infere do art. 182 da CF e da Lei n. 10.257/2001, que estabelece diretrizes gerais da política urbana e dá outras providências; **B:** incorreta, pois referidas preocupações estão consignadas na Lei n. 10.257/2001 (art. 2º, IX); **C:** incorreta, pois, no caso, estão afetos, mais diretamente, direitos coletivos e individuais homogêneos; **D:** incorreta, pois as referidas matérias dizem respeito ao direito urbanístico, tanto que consignadas na Lei n. 10.257/2001 (art. 2º, XIV); **E:** correta, pois, de fato, a tutela da ordem urbanística envolve direitos transindividuais, sendo o estudo de impacto ambiental um dos principais instrumentos da tutela da ordem urbanística (art. 4º, VI, da Lei 10.257/2001).
Gabarito "E".

(Procurador do Município/São José dos Campos-SP – 2012 – VUNESP) Nos termos do Estatuto da Cidade, adquirirá o domínio da propriedade, por meio da usucapião especial urbana, aquele que não seja proprietário de outro imóvel e que utilizar, para sua moradia ou de sua família, área ou edificação de até
(A) 200 m², por cinco anos, ininterruptamente e sem oposição.
(B) 250 m², por cinco anos, ininterruptamente e sem oposição.
(C) 250 m², por dez anos, ininterruptamente e sem oposição.
(D) 350 m², por cinco anos, ininterruptamente e sem oposição.
(E) 350 m², por dez anos, ininterruptamente e sem oposição.

Art. 9º do Estatuto da Cidade (Lei 10.257/2001).
Gabarito "B".

(Procurador do Município/São José dos Campos-SP – 2012 – VUNESP) A propriedade urbana cumpre sua função social quando atende às exigências fundamentais de ordenação da cidade expressas no Plano Diretor, assegurando o atendimento das necessidades dos cidadãos quanto à qualidade de vida, à justiça social e ao desenvolvimento das atividades econômicas, respeitadas as diretrizes previstas na Lei Federal 10.257, de 10.07.2001. Nesse contexto, é correto afirmar que
(A) o Plano Diretor, aprovado por lei municipal, é o instrumento básico da política de desenvolvimento e expansão urbana.
(B) o Plano Diretor é desagregado do processo de planejamento municipal, devendo, entretanto, o plano plurianual, as diretrizes orçamentárias e o orçamento anual incorporar as diretrizes e as prioridades nele contidas.
(C) o Plano Diretor poderá englobar o território do Município como um todo.
(D) a lei que instituir o Plano Diretor deverá ser revista, pelo menos, a cada quinze anos.
(E) no processo de elaboração do Plano Diretor e na fiscalização de sua implementação, os Poderes Legislativo e Executivo municipais facultarão a promoção de audiências públicas, porém, se realizadas, serão garantidos a publicidade e o acesso de qualquer interessado aos documentos e informações produzidos.

A: correta (art. 40, caput, do Estatuto da Cidade – Lei 10.257/2001); **B:** incorreta, pois o plano diretor é parte integrante do processo de planejamento municipal, devendo o plano plurianual, as diretrizes orçamentárias e o orçamento anual incorporar as diretrizes e as prioridades nele contidas (art. 40, § 1º, do Estatuto da Cidade); **C:** incorreta, pois o plano diretor deverá englobar o território do Município como um todo (art. 40, § 2º, do Estatuto da Cidade); **D:** incorreta, pois a lei que instituir o plano diretor deverá ser revista, pelo menos, a cada dez anos (art. 40, § 3º, do Estatuto da Cidade); **E:** incorreta, pois no processo de elaboração do plano diretor e na fiscalização de sua implementação, os Poderes Legislativo e Executivo municipais garantirão a promoção de audiências públicas e debates com a participação da população e de associações representativas dos vários segmentos da comunidade (art. 40, § 4º, I, do Estatuto da Cidade).
Gabarito "A".

(Procurador do Município/Sorocaba-SP – 2012 – VUNESP) O plano diretor, aprovado pela Câmara Municipal, é o instrumento básico da política de desenvolvimento e de expansão urbana, sendo obrigatório para cidades com mais de
(A) dez mil habitantes.
(B) vinte mil habitantes.
(C) vinte mil eleitores.
(D) trinta mil habitantes.
(E) trinta mil eleitores.

Art. 41, I, do Estatuto da Cidade (Lei 10.257/2001).
Gabarito "B".

(Procurador do Município/Sorocaba-SP – 2012 – VUNESP) É possível a indenização da desapropriação por títulos da dívida pública
(A) pelo Município, de bens urbanos inadequadamente utilizados.
(B) pelo Município, de bens rurais, para fins de reforma agrária.
(C) pelo Estado, no caso de declaração de necessidade pública.
(D) pela União, quando houver interesse social.
(E) pela União, de bens dominicais.

Art. 182, § 4º, III, da CF e art. 8º do Estatuto da Cidade (Lei 10.257/2001).
Gabarito "A".

4. TEMAS COMBINADOS

(Procurador do Município – Prefeitura Fortaleza/CE – CESPE – 2017) A respeito de parcelamento do solo, impacto de vizinhança, regularização fundiária de interesse social, desapropriação e tombamento, julgue os itens a seguir com base na legislação urbanística.
(1) De acordo com o Estatuto da Cidade, o estudo prévio do impacto ambiental é peça obrigatória do estudo de impacto de vizinhança e as análises de uso e ocupação do solo e de adensamento populacional somente são obrigatórias para imóveis com área superior a um hectare.
(2) Conforme a medida provisória que dispõe sobre a concessão de uso especial, o direito de concessão de uso especial para fins de moradia pode ser transferido para terceiros.
(3) Em se tratando de desapropriação por utilidade pública em que a imissão prévia na posse tenha se dado por ordem judicial e o ente expropriante tenha depositado em juízo o preço ofertado, é incabível o pagamento de juros compensatórios.
(4) Se imóvel integrante do patrimônio cultural for objeto de tombamento compulsório, poderá o proprietário requerer o cancelamento do tombamento se, após notificar o Instituto do Patrimônio Histórico e Artístico Nacional da impossibilidade financeira de proceder às obras de conservação e reparação necessárias, o poder público não adotar nenhuma providência dentro do prazo de seis meses.
(5) No âmbito do parcelamento do solo urbano, desmembramento corresponde à subdivisão de gleba em lotes destinados à edificação, com abertura de novas vias de circulação e criação de logradouros públicos.

1: Errada. O EIA e o EIV são documentos autônomos (art. 38 do Estatuto da Cidade – Lei 10.257/2001), sendo a análise do adensamento populacional e de uso e ocupação do solo dois de seus requisitos mínimos (art. 37, I e III, do Estatuto da Cidade). **2:** Certa, nos termos do art. 7º da Medida Provisória 2.220/2001. **3:** Errada. O art. 15-A do Decreto-lei 3.365/1941 determina a incidência de juros moratórios de 6% ao ano sobre a diferença apurada, contados da imissão na posse, vedada a aplicação de juros compostos. **4:** Certa, nos termos do art. 19, §§ 1º e 2º, do Decreto-lei 25/1937. **5:** Errada, A assertiva traz o conceito de loteamento. No desmembramento há aproveitamento do sistema viário existente (art. 2º, §§ 1º e 2º, da Lei 6.766/1979). HS
Gabarito 1E, 2C, 3E, 4C, 5E

(Procurador do Município – Prefeitura Fortaleza/CE – CESPE – 2017) Considerando a jurisprudência majoritária e atual dos tribunais superiores, julgue os itens subsequentes.
(1) Para o STJ, se parte de um imóvel urbano for declarada pelo poder público área de preservação permanente, ficará afastada a titularidade do proprietário em relação a essa porção do imóvel. Uma vez transformada em área de preservação permanente, a porção é retirada do domínio privado e passa a ser considerada bem público para todos os efeitos, incluindo-se os tributários.
(2) Segundo o STF, a competência normativa municipal para a ocupação de espaços urbanos é mais ampla que o conteúdo aprovado no seu plano diretor. Assim, municípios com mais de vinte mil habitantes podem legislar sobre ordenamento urbano em outras leis, desde que compatíveis com diretrizes estabelecidas no plano diretor.

1: Errada. A área de preservação permanente não implica perda do domínio do imóvel – ao contrário, é "pressuposto interno do direito de propriedade" a fundamentar a "função ecológica do imóvel" (STJ, REsp 1.240.122). **2:** Certa, nos termos da tese fixada em repercussão geral no RE 607.940. **HS**

Gabarito 1E, 2C

(Procurador Municipal – Prefeitura/BH – CESPE – 2017) Acerca de instrumentos de tutela de bens culturais materiais e das competências para a proteção do patrimônio cultural, assinale a opção correta.

(A) O rito de tombamento de ofício inicia-se com manifestação do IPHAN, órgão vinculado ao Ministério da Cultura.
(B) A ação popular não se presta a anular ato lesivo ao patrimônio histórico e cultural.
(C) Todos os entes federativos possuem competência para legislar sobre tombamento e competência material para realizá-lo.
(D) O ato de tombamento é discricionário, de modo que eventual controle pelo Poder Judiciário não se estende a sua motivação.

A: incorreta. O IPHAN é autarquia, não órgão, federal, vinculada ao Ministério da Cultura; **B:** incorreta. A ação popular pode ter por objeto a anulação de ato lesivo ao patrimônio histórico e cultural (art. 1º, § 1º, da Lei 4.717/1965); **C:** correta, nos termos do art. 24, VII, art. 30, IX, e 23, III, todos da CF; **D:** incorreta, porém deve ser feita a ressalva da divisão da doutrina sobre o tema. A doutrina clássica, amparada em Hely Lopes Meirelles, defende a natureza vinculada do tombamento. Há, não obstante, crescente movimento pelo reconhecimento de sua discricionariedade, principalmente defendido pelas Procuradorias Estaduais e Municipais. **HS**

Gabarito "C"

(Procurador Municipal – Prefeitura/BH – CESPE – 2017) Chamado para analisar projetos de parcelamento de solo urbano em áreas impróprias, determinado procurador municipal verificou hipótese de proibição absoluta.

Com base nas disposições da Lei 6.766/1979, é correto afirmar tratar-se, na situação, de parcelamento do solo em terrenos

(A) onde as condições geológicas não aconselham a edificação.
(B) alagadiços e sujeitos a inundações.
(C) aterrados com material nocivo à saúde pública.
(D) com declividade igual ou superior a 30%.

As hipóteses de proibição absoluta encontram-se no art. 3º, parágrafo único, da Lei 6.766/1979. Dentre as alternativas, a única que se encontra no rol é a proibição de edificação nos locais onde as condições geológicas não o aconselhem (inciso IV). Vale ressaltar que a edificação em área aterrada com material nocivo à saúde pública é permitida se houver saneamento prévio (inciso II) e nos terrenos com declividade superior a 30% será permitida sob certas condições das autoridades competentes (inciso III). (HS)

Gabarito "A"

(Procurador Municipal – Sertãozinho/SP – VUNESP – 2016) A Lei 6.766/1979 trata sobre o Parcelamento do Solo. Destina um dos seus capítulos a tutelar os contratos que tenham por objeto a venda de bens imóveis. Sob esse aspecto, é correto afirmar que

(A) aquele que adquirir a propriedade loteada mediante ato *inter vivos*, ou por sucessão *causa mortis*, sucederá o transmitente em todos os seus direitos e obrigações, ficando obrigado a respeitar os compromissos de compra e venda ou as promessas de cessão, em todas as suas cláusulas, sendo anulável qualquer disposição em contrário, ressalvado o direito do herdeiro ou legatário de renunciar à herança ou ao legado.
(B) o contrato particular pode ser transferido por simples trespasse, lançado no verso das vias em poder das partes, ou por instrumento em separado, declarando-se o número do registro do loteamento, o valor da cessão e a qualificação do cessionário para o devido registro.
(C) em qualquer caso de rescisão por inadimplemento do adquirente, as benfeitorias necessárias ou úteis por ele levadas a efeito no imóvel não deverão ser indenizadas, sendo de nenhum efeito qualquer disposição contratual em contrário.
(D) qualquer alteração ou cancelamento parcial do loteamento registrado dependerá de acordo entre o loteador e os adquirentes de lotes atingidos pela alteração, independentemente da aprovação pela Prefeitura Municipal, ou do Distrito Federal quando for o caso, devendo ser depositada no Registro de Imóveis.
(E) são retratáveis os compromissos de compra e venda, cessões e promessas de cessão, os que atribuam direito à adjudicação compulsória e, estando registrados, confiram direito real oponível a terceiros.

A. incorreta. O art. 29 da Lei 6.766/1979 considera nulas as disposições em contrário, e não meramente anuláveis, ressalvado o direito do herdeiro ou legatário de renunciar à herança ou ao legado; **B.** correta, nos termos do art. 31, "caput", da Lei 6.766/1979; **C.** incorreta. Nos termos do art. 34 da Lei 6.766/1979, em qualquer caso de rescisão por inadimplemento do adquirente, as benfeitorias necessárias ou úteis por ele levadas a efeito no imóvel deverão ser indenizadas, sendo de nenhum efeito qualquer disposição contratual em contrário. Como exceção, não serão indenizáveis as benfeitorias feitas em desconformidade com o contrato ou com a lei; **D.** incorreta. Nos termos do art. 28 da Lei 6.766/1979, deve haver aprovação pela Prefeitura Municipal, ou do Distrito Federal quando for o caso, devendo ser depositada no Registro de Imóveis, em complemento ao projeto original com a devida averbação; **E.** incorreta. Nos termos do art. 25 da lei 6.766/1979, tais avenças são irretratáveis. **JA**

Gabarito "B"

(Procurador Municipal/SP – VUNESP – 2016) Os lotes urbanos, para fins de loteamento e parcelamento do solo, conforme estabelecido na Lei 6.766/1979, quando o loteamento se destinar a edificação de conjuntos habitacionais de interesse social, previamente aprovados pelos órgãos públicos competentes, poderão ter área mínima

(A) de 150 m².
(B) menor que 125 m².
(C) entre 130 e 150 m².
(D) entre 150 e 250 m².
(E) de 250 m².

O art. 4º da Lei n. 6.766/1979 trata dos requisitos urbanísticos para os loteamentos, e, em seu inc. II, determina que "os lotes terão área mínima de 125m² (cento e vinte e cinco metros quadrados) e frente mínima de 5 (cinco) metros, salvo quando o loteamento se destinar a urbanização específica ou edificação de conjuntos habitacionais de interesse social, previamente aprovados pelos órgãos públicos competentes. **JA**

Gabarito "B"

(Procurador – SP – VUNESP – 2015) Quanto ao parcelamento do Solo Urbano, é correta a seguinte afirmação:

(A) Considera-se desmembramento a subdivisão de gleba em lotes destinados à edificação, com abertura de novas vias de circulação, de logradouros públicos ou prolongamento, modificação ou ampliação das vias existentes.
(B) Considera-se loteamento a subdivisão de gleba em lotes destinados à edificação, com aproveitamento do sistema viário existente, desde que não implique na abertura de novas vias, logradouros públicos, nem no prolongamento, modificação ou ampliação dos já existentes.
(C) Não será permitido o parcelamento do solo para fins urbanos em terrenos alagadiços e sujeitos a inundações, ainda que tomadas as providências para assegurar o escoamento das águas.
(D) Não será permitido o parcelamento de solo para fins urbanos em terrenos que tenham sido aterrados com material nocivo à saúde pública, ainda que previamente saneados.
(E) Somente será admitido o parcelamento do solo para fins urbanos em zonas urbanas, de expansão urbana ou de urbanização específica, assim definidas pelo plano diretor ou aprovadas por lei municipal.

A. incorreta. Considera-se loteamento a subdivisão de gleba em lotes destinados a edificação, com abertura de novas vias de circulação, de logradouros públicos ou prolongamento, modificação ou ampliação das vias existentes, e considera-se desmembramento a subdivisão de gleba em lotes destinados à edificação, com aproveitamento do sistema viário existente, desde que não implique na abertura de novas vias e logradouros públicos, nem no prolongamento, modificação ou ampliação dos já existentes (art. 2º, §§ 1º e 2º da Lei 6.766/1979); B. incorreta. Considera-se loteamento a subdivisão de gleba em lotes destinados à edificação, com abertura de novas vias de circulação, de logradouros públicos ou prolongamento, modificação ou ampliação das vias existentes, e considera-se desmembramento a subdivisão de gleba em lotes destinados a edificação, com aproveitamento do sistema viário existente, desde que não implique na abertura de novas vias e logradouros públicos, nem no prolongamento, modificação ou ampliação dos já existentes (art. 2º, §§ 1º e 2º da Lei 6.766/1979); C. incorreta. De acordo com o art. 3º, parágrafo único, I, da Lei 6.766/1979, não será permitido o parcelamento do solo em terrenos alagadiços e sujeitos a inundações, antes de tomadas as providências para assegurar o escoamento das águas; D. incorreta. De acordo com o art. 3º, parágrafo único, II, da Lei 6.766/1979, não será permitido o parcelamento do solo em terrenos que tenham sido aterrados com material nocivo à saúde pública, sem que sejam previamente saneados; E. correta, nos termos do art. 3º, "caput", da Lei 6.766/1979. **JA**

Gabarito "E"

(Promotor de Justiça – MPE/AM – FMP – 2015) Considere as seguintes assertivas:

I. A gestão democrática da cidade exercida por meio da participação da população e de associações representativas é diretriz e condição de validade exclusivamente para a formulação da política de desenvolvimento urbano, planos, programas e projetos, sendo instrumentos de sua realização a existência de conselhos nos níveis nacional, estadual e municipal e as audiências públicas.
II. Na usucapião especial urbana, o herdeiro legítimo continua, de pleno direito, a posse de seu antecessor, desde que já resida no imóvel por ocasião da abertura da sucessão.
III. Tem direito à Concessão de Uso Especial para Fins de Moradia todo aquele que até 30 de junho de 2001 possua como seu, por cinco anos, ininterruptamente e sem oposição, até 250 metros quadrados de imóvel público situado em área urbana, inclusive praças e vias, desde que para fins de moradia e que não seja proprietário ou concessionário, a qualquer título, de outro imóvel urbano ou rural.

Quais das assertivas acima estão corretas?
(A) I, II e III.
(B) Apenas a II e III.
(C) Apenas a I e II.
(D) Apenas a II.
(E) Apenas a I.

I: incorreta. Nos termos do art. 40, § 2º da Lei 10.257/2001 (Estatuto da Cidade), o plano diretor deverá englobar o território do Município como um todo; II: correta, nos termos do art. 9º, § 3º, da Lei 10.257/2001 (Estatuto da Cidade); III: correta. A questão foi formulada referindo-se à Medida Provisória 2.220/2001, que continha a expressa remissão à data de 30 de junho de 2011. O dispositivo foi alterado pela Medida Provisória n. 759/2016, que alterou a data de referência para o dia 22 de dezembro de 2016 (art. 66). Na data de revisão desta questão (16/05/2017), a MPV 759/2016 já havia sido aprovada pela Comissão Mista de Deputados e Senadores (art. 62, § 9º, da CF), e aguardava deliberação pelo plenário das duas casas. **JA**
Gabarito "B".

(Defensoria/SP – 2013 – FCC) Em tema de direito de propriedade e regularização fundiária, é INCORRETO afirmar:
(A) O direito de propriedade deve ser exercido em consonância com a sua finalidade social e econômica, observada a função ambiental da propriedade.
(B) Nenhuma convenção prevalecerá se contrariar preceito de ordem pública, tal como o estabelecido pelo Código Civil para assegurar a função social da propriedade.
(C) O detentor do título de legitimação de posse de imóvel objeto de demarcação urbanística pode requerer ao oficial de registro de imóveis a conversão da posse em propriedade em virtude de sua aquisição por usucapião "extrajudicial" após cinco anos do registro da legitimação de posse.
(D) O Código Civil presume como absoluto o abandono de imóvel urbano quando, cessados os atos de posse, o proprietário deixar de satisfazer os ônus fiscais.
(E) A localização do imóvel em área definida como ZEIS (Zona de Especial Interesse Social) é a única hipótese de regularização fundiária de interesse social de assentamentos ocupados, predominantemente, por população de baixa renda, prevista na Lei 11.977/09 (Regularização Fundiária de assentamentos localizados em áreas urbanas).

A: assertiva correta. A propriedade deve ser utilizada de modo a prover as necessidades materiais da população (finalidade econômica – art. 170, II, da CF), observada sempre sua vocação para garantir o bem-estar de todos (função social – art. 5º, XXIII, e art. 170, III, da CF) e a racionalidade na exploração de seus recursos naturais, visando a preservar o meio ambiente para as presentes e futuras gerações (art. 186, II, da CF); **B**: assertiva correta, nos termos do art. 2.035, parágrafo único, do CC; **C**: assertiva correta. Essa modalidade de usucapião, apelidada de "extrajudicial" pela doutrina, está prevista no art. 60 da Lei 11.977/2009; **D**: assertiva correta, nos termos do art. 1.276, § 2º, do CC; **E**: assertiva incorreta, devendo ser assinalada. O art. 47, VII, da Lei 11.977/2009 elenca também a área que esteja ocupada, de forma mansa e pacífica, há pelo menos cinco anos e as áreas da União, Estados, DF e Municípios declaradas de interesse para implantação de projetos dessa natureza.
Gabarito "E".

(Defensoria/SP – 2013 – FCC) Considere as assertivas abaixo em relação à eficácia do direito fundamental social à moradia nas relações familiares.
I. A impenhorabilidade do bem de família alcança o imóvel pertencente a pessoas solteiras, separadas e viúvas, bem como o único imóvel do devedor locado a terceiros, desde que a renda da locação seja revertida para a subsistência ou a moradia da sua família.
II. No âmbito da Lei 11.340/2006 (Lei Maria da Penha) pode ser requerida medida protetiva de urgência em favor da ofendida consistente na sua recondução e a de seus filhos à moradia familiar, após o afastamento do agressor.
III. O Código Civil assegura o direito real de habitação no imóvel destinado à moradia da família, dentre outros requisitos, ao cônjuge supérstite, silenciando em relação ao companheiro sobrevivente, que pode invocar tal direito com fundamento no princípio da isonomia entre as entidades familiares e na Lei 9.278/1996 (União Estável).
IV. A Lei nº 12.424/2011 acrescentou ao Código Civil uma nova hipótese de usucapião em que, preenchidos os requisitos legais, o possuidor adquire o domínio integral do imóvel cuja propriedade é dividida com o ex-cônjuge ou ex-companheiro que abandonou o lar, se utilizado para sua moradia ou de sua família.
V. De acordo com a Lei 8.245/1991 (Locação de imóveis urbanos), em casos de separação de fato, divórcio ou dissolução da união estável, a locação residencial prosseguirá automaticamente com o cônjuge ou companheiro que permanecer no imóvel.

Está correto o que se afirma em
(A) I, II, III, IV e V.
(B) I, IV e V, apenas.
(C) I, III e IV, apenas.
(D) II, III e IV, apenas.
(E) II, III e V, apenas.

I: correta, nos termos das Súmulas 364 e 486 do STJ; II: correta, nos termos do art. 23, II, da Lei Maria da Penha; III: correta, nos termos do art. 1.831 do CC e art. 7º, parágrafo único, da Lei 9.278/1996; IV: correta, nos termos do art. 1.240-A do CC; V: correta, nos termos do art. 12 da Lei 8.245/1991.
Gabarito "A".

(Ministério Público/SC – 2012) Analise as assertivas a seguir.
I. Considera-se, para os efeitos da Lei n. 11.428/2006, *pousio* a prática que prevê a interrupção de atividades ou usos agrícolas, pecuários ou silviculturais do solo por até 05 (cinco) anos para possibilitar a recuperação de sua fertilidade.
II. Não será permitido o parcelamento do solo: em terrenos com declividade igual ou superior a 30% (trinta por cento), salvo se atendidas exigências específicas das autoridades competentes.
III. Os loteamentos deverão atender, área mínima de 100m² (cento metros quadrados) e frente mínima de 5 (cinco) metros, salvo quando o loteamento se destinar a urbanização específica ou edificação de conjuntos habitacionais de interesse social, previamente aprovados pelos órgãos públicos competentes, segundo a Lei 6.766/1979.
IV. Para a indicação dos beneficiários do Programa Minha Casa Minha Vida, deverão ser observados, comprovação de que o interessado integra família com renda mensal de até R$ 4.650,00 (quatro mil, seiscentos e cinquenta reais), e prioridade de atendimento às famílias com mulheres responsáveis pela unidade familiar;
V. Excluem-se do patrimônio histórico e artístico nacional as obras de origem estrangeira, que adornem quaisquer veículos pertencentes a empresas estrangeiras, que façam carreira no país.

(A) Apenas as assertivas I, II e III estão corretas.
(B) Apenas as assertivas II, III e IV estão corretas.
(C) Apenas as assertivas III, IV e V estão corretas.
(D) Apenas as assertivas II, IV e V estão corretas.
(E) Todas as assertivas estão corretas.

I: incorreta. O art. 3º, III, da Lei 11.428/2006 prevê a prática do pousio por até 10 anos; II: correta, nos termos do art. 3º, parágrafo único, III, da Lei 6.766/1979; III: incorreta. A área mínima do lote de terreno é de 125m², conforme art. 4º, II, da Lei 6.766/1979; IV: correta, nos termos do art. 3º, I e IV, da Lei 11.977/2009; V: correta, nos termos do art. 3º, item 2, do Decreto-lei 25/1937.
Gabarito "D".

19. RECURSOS HÍDRICOS

Ana Paula Garcia, Fabiano Melo, Fernanda Camargo Penteado, Henrique Subi e Rodrigo Santamaria Saber*

1. POLÍTICA NACIONAL DE RECURSOS HÍDRICOS

(Procurador Municipal – Sertãozinho/SP – VUNESP – 2016) A água é recurso essencial para a humanidade. No Brasil, a Lei 9.433/97 instituiu a Política Nacional dos Recursos Hídricos. Sobre as infrações e penalidades previstas a quem desrespeita as regras previstas nessa legislação, é correto afirmar que

(A) há previsão de aplicação de pena privativa de liberdade, dentre outras punições, para quem se enquadrar em qualquer dos tipos penais descritos na norma.
(B) quando a infração constituir-se em perfurar poços para extração de água sem autorização, a única penalidade prevista na norma é a de embargos definitivos da obra.
(C) fraudar as medições dos volumes de água utilizados ou declarar valores diferentes dos medidos é considerado infração às normas de utilização de recursos hídricos, sendo que competirá à autoridade competente aplicar uma das penalidades previstas na lei.
(D) sempre que da infração cometida resultar prejuízo ao serviço público de abastecimento de água, riscos à saúde ou à vida, perecimento de bens ou animais, ou prejuízos de qualquer natureza a terceiros, a multa a ser aplicada nunca será superior à metade do valor máximo cominado em abstrato.
(E) contra a aplicação das sanções previstas na lei não caberá recurso à autoridade administrativa competente, sendo que para tais casos o Poder Judiciário poderá ser acionado. Frisa-se, ainda, que em caso de reincidência, aplicando-se a multa como primeira punição, esta será aplicada em triplo.

A: Incorreta. Ao contrário do que prevê a alternativa, não há previsão de pena privativa de liberdade. As penas previstas no art. 50, da Lei 9.433/1997, são: advertência por escrito, multa simples ou diária, embargo provisório e embargo definitivo; **B:** Incorreta. Perfurar poços para a extração de água subterrânea constitui infração as normas de utilização de recursos hídricos (art. 49, V, da Lei 9.433/1997), ficando sujeito o infrator a quaisquer das penalidades descritas nos incisos do art. 50, da Lei 9.433/1997, independentemente de sua ordem de enumeração, quais sejam: advertência por escrito, multa simples ou diária, embargo provisório e embargo definitivo; **C:** Correta. Nos termos do art. 49, VI, cumulado com o art. 50, da Lei 9.433/1997; **D:** Incorreta. Dispõe o art. 50, § 1º, da Lei 9.433/1997: "Sempre que a infração cometida resultar prejuízo a serviço público de abastecimento de água, riscos à saúde ou à vida, perecimento de bens ou animais, ou prejuízos de qualquer natureza a terceiros, a multa a ser aplicada nunca será inferior à metade do valor máximo cominado em abstrato"; **E:** Incorreta. Da aplicação das sanções previstas às infrações das normas de utilização de recursos hídricos, caberá recurso à autoridade administrativa competente (art. 50, § 3º, da Lei 9.433/1997) e em caso de reincidência, a multa será aplicada em dobro e não em triplo conforme previsto na alternativa (art. 50, § 4º, da Lei 9.433/1997). FM-FCP

Gabarito "C".

(Procurador – IPSMI/SP – VUNESP – 2016) Constitui diretriz geral de ação para implementação da Política Nacional de Recursos Hídricos:

(A) a gestão sistemática dos recursos hídricos, com dissociação dos aspectos de quantidade e qualidade.
(B) a adequação da gestão de recursos hídricos às diversidades físicas, bióticas, demográficas, econômicas, sociais e culturais das diversas regiões do País.
(C) a integração da gestão de recursos hídricos com a gestão ambiental, social, econômica e do patrimônio histórico.
(D) a articulação da gestão de recursos hídricos com a de recursos minerais, vegetais e animais.
(E) a integração das bacias hidrográficas com a dos sistemas estuarinos, zonas costeiras e de encostas de morro.

A: Incorreta. A gestão sistemática dos recursos hídricos, sem dissociação dos aspectos de quantidade e qualidade, que constitui diretriz geral para implementação da Política Nacional de Recursos Hídricos, e não com dissociação, conforme disposto (art. 3º, I, da Lei 9.433/1997). **B:** Correta. Vide art. 3º, II, da Lei 9.433/1997. **C:** Incorreta. Nos termos do art. 3º, III, da Lei 9.433/1997, constitui diretriz geral da ação para a implementação da Política Nacional de Recursos Hídricos a integração da gestão de recursos hídricos com a gestão ambiental. **D:** Incorreta. Constitui diretriz geral da ação à implementação da Política Nacional de Recursos Hídricos a articulação da gestão de recursos hídricos com a do uso do solo (art. 3º, V, da Lei 9.433/1997). **E:** Incorreta. As encostas de morro não fazem parte da integração, conforme dispõe o art. 3º, VI, da Lei 9.433/1997. FM-FCP

Gabarito "B".

(Procurador do Estado – PGE/PA – UEPA – 2015) A respeito da Política Nacional de Recursos Hídricos, julgue as afirmativas abaixo.

I. Submete-se ao regime de outorga pelo Poder Público os direitos de uso de recursos hídricos que envolvam captação de parcela da água existente em um corpo de água para consumo final, inclusive abastecimento público, exceto se o abastecimento público se der por meio de empresa pública ou por ente da Administração direta.
II. Submete-se ao regime de outorga pelo Poder Público os direitos de uso de recursos hídricos que envolvam extração de água de aquífero subterrâneo para consumo final ou insumo de processo produtivo; bem como o lançamento em corpo de água de esgotos e demais resíduos líquidos ou gasosos, tratados ou não, com o fim de sua diluição, transporte ou disposição final.
III. Submete-se ao regime de outorga pelo Poder Público os direitos de uso de recursos hídricos que envolvam aproveitamento dos potenciais hidrelétricos e outros usos que alterem o regime, a quantidade ou a qualidade da água existente em um corpo de água.
IV. Submete-se ao regime de outorga pelo Poder Público, o uso de recursos hídricos para a satisfação das necessidades de pequenos núcleos populacionais, distribuídos no meio rural; as derivações, captações e lançamentos considerados insignificantes e as acumulações de volumes de água consideradas insignificantes.
V. A outorga de direito de uso de recursos hídricos, cujo prazo não poderá exceder 35 anos, renovável, poderá ser suspensa parcial ou totalmente, em definitivo ou por prazo determinado, se demonstrada a ausência de uso por três anos consecutivos ou a necessidade premente de água para atender a situações de calamidade, inclusive as decorrentes de condições climáticas adversas.

A alternativa que contém todas as afirmativas corretas é:

(A) I, II e III
(B) I, III e IV
(C) II, IV e V
(D) II, III e IV
(E) II, III e V

I: incorreta (art. 12, I, da Lei 9.433/1997); **II:** correta (art. 12, II e III, da Lei 9.433/1997); **III:** correta (art. 12, IV e V, da Lei 9.433/1997); **IV:** incorreta, pois nos termos do art. 12, § 1º, as situações apontadas na assertiva independem de outorga do Poder Público; **V:** correta (art.16 e art. 15, II e III, da Lei 9.433/1997). FM-FCP

Gabarito "E".

(Juiz de Direito/AM – 2016 – CESPE) Com relação aos recursos hídricos, assinale a opção correta.

(A) Compete ao Comitê Nacional de Recursos Hídricos organizar, implantar e gerir o Sistema Nacional de Informações sobre Segurança de Barragens.
(B) Além do representante da FUNAI, os comitês de bacias hidrográficas de rios que abranjam terras indígenas incluirão representante das comunidades indígenas.
(C) Conforme a localização dos corpos d'água, seu domínio divide-se entre a União, os estados (e por analogia o DF) e os municípios.
(D) As competências dos comitês de bacias hidrográficas incluem o exercício do poder de polícia.
(E) Cabe à Agência Nacional de Águas, outorgar, mediante permissão, o direito de uso de recursos hídricos em corpos de água de domínio da União, dos estados e do DF.

A: errada, visto que compete ao Conselho Nacional de Recursos Hídricos estabelecer diretrizes para a implantação da Política Nacional de Segurança de Barragens e atuação do Sistema Nacional de Informações sobre Segurança de Barragens (art. 35, XII, da Lei 9.433/1997); **B:** correta (art. 39, § 3º, I e II, da Lei 9.433/1997); **C:** errada, visto que tal

---

* **Rodrigo Saber** comentou a questão de Juiz de Direito 2016. As questões dos concursos Procurador do Estado/AC – 2014 – FMP, Procurador do Município – São Paulo/SP – 2014 – VUNESP, Procurador do Estado/AC – 2014 – FMP, do Ministério Público Estadual e da Magistratura Estadual foram comentadas por **Henrique Subi**, salvo a do concurso da Magistratura/PE/13. As demais foram comentadas por **Ana Paula Garcia**.

domínio compete à União, Estado e Distrito Federal (arts. 20 e 26 da Constituição Federal); **D:** errada, pois tal competência não está prevista no art. 38 da Lei 9.433/1997); **E:** errada, visto que tais outorgas são feitas por ato de autoridade competente do Poder Executivo Federal, bem como dos Estados e do Distrito Federal (art. 14 da Lei 9.433/1997).
Gabarito "B".

1.1. FUNDAMENTOS, OBJETIVOS E DIRETRIZES (ARTS. 1º A 4º)

(Defensor Público/AM – 2013 – FCC) Sobre a Política Nacional de Recursos Hídricos, analise as afirmações abaixo.

I. A água é um bem de domínio público.
II. A água é um recurso natural ilimitado.
III. A gestão dos recursos hídricos deve sempre proporcionar o uso múltiplo das águas.
IV. A gestão dos recursos hídricos deve ser centralizada e contar com a participação do Poder Público, dos usuários e das comunidades.

É correto o que se afirma APENAS em

(A) I.
(B) II e IV.
(C) II e III.
(D) II.
(E) I e III.

I: correta (art. 1.º, I, da Lei 9.433/1997 – Lei que instituiu a Política Nacional de Recursos Hídricos); **II:** incorreta, pois é um recurso reconhecido como limitado (art. 1.º, II, da Lei 9.433/1997); **III:** correta (art. 1.º, IV, da Lei 9.433/1997); **IV:** incorreta, pois a gestão deve ser descentralizada (art. 1.º, VI, da Lei 9.433/1997).
Gabarito "E".

(Procurador do Estado/AC – FMP – 2012) Com base no disposto na Lei Federal 9.433/1997, analise as assertivas que seguem.

I. Para os fins da Política Nacional de Recursos Hídricos, em situações de escassez, o uso prioritário dos recursos hídricos é o consumo humano e a dessedentação de animais.
II. Bacia hidrográfica é a unidade territorial para implementação da Política Nacional de Recursos Hídricos e atuação do Sistema Nacional de Gerenciamento de Recursos Hídricos.
III. A gestão dos recursos hídricos deve ser descentralizada e contar com a participação do Poder Público, dos usuários e das comunidades.

Quais delas são **corretas**?

(A) Apenas a I e a II.
(B) Apenas a I e a III.
(C) Apenas a II e a III.
(D) Todas estão corretas.

I: correta, pois reflete o disposto no art. 1º, III, da Lei 9.433/1997; **II:** correta, pois reflete o disposto no art. 1º, V, da Lei 9.433/1997; **III:** correta, pois reflete o disposto no art. 1º, VI, da Lei 9.433/1997.
Gabarito "D".

1.2. INSTRUMENTOS (ARTS. 5º A 27)

(Procurador do Estado/AC – 2014 – FMP) Dentre as atividades abaixo elencadas que envolvem o uso de recursos hídricos, diante do que dispõe a Lei Federal 9.433/1997, qual delas não está sujeita à outorga pelo Poder Público?

(A) Aproveitamento dos potenciais hidrelétricos.
(B) Uso de recurso hídrico para a satisfação das necessidades de pequenos núcleos populacionais distribuídos em meio rural.
(C) Captação de parcela de água existente em um corpo de água para consumo final, inclusive abastecimento público.
(D) Extração de água de aquífero subterrâneo para consumo final ou insumo de processo produtivo.

A, C e D: incorretas. Tais atividades sujeitam-se à outorga do poder público nos termos do art. 12, IV, I e II, respectivamente, da Lei 9.433/1997; **B:** correta, nos termos do art. 12, § 1º, I, da Lei 9.433/1997.
Gabarito "B".

(Procurador do Município – São Paulo/SP – 2014 – VUNESP) Acerca da outorga de direitos de uso de recursos hídricos, prevista na Lei 9.433/1997, que trata da Política Nacional de Recursos Hídricos, afirma-se corretamente que

(A) o Poder Executivo Federal poderá delegar aos Municípios locais competência para concessão da outorga de uso de recurso hídrico de domínio da União.
(B) poderá ser suspensa totalmente, por prazo determinado, diante da ausência de uso por cinco anos consecutivos.
(C) ela será feita por prazo não excedente a trinta anos, não renováveis.
(D) ela não implica alienação parcial das águas, que são inalienáveis, mas o simples direito de seu uso.
(E) dependem de outorga pelo Poder Público o uso de recursos hídricos para a satisfação das necessidades de pequenos núcleos populacionais, distribuídos no meio rural.

A: incorreta. A delegação é autorizada somente para os governos estaduais e distrital (art. 14, § 1º, da Lei 9.433/1997); **B:** incorreta. A suspensão se dará com a ausência de uso por **três** anos consecutivos (art. 15, II, da Lei 9.433/1997); **C:** incorreta. O prazo máximo é de **35 anos** e pode ser renovado (art. 16 da Lei 9.433/1997); **D:** correta, nos termos do art. 18 da Lei 9.433/1997; **E:** incorreta. O art. 12, § 1º, I, da Lei 9.433/1997 expressamente exclui essa situação da necessidade de obtenção de outorga do uso dos recursos hídricos.
Gabarito "D".

(Promotor de Justiça/ES – 2013 – VUNESP) No que tange aos recursos hídricos, é correto afirmar que independe do regime de outorga

(A) o lançamento em corpo de água de esgotos e demais resíduos líquidos ou gasosos, tratados ou não, com o fim de sua diluição, transporte ou disposição final.
(B) a derivação ou captação de parcela da água existente em um corpo de água para consumo final, inclusive abastecimento público, ou insumo de processo produtivo.
(C) o uso de recursos hídricos para a satisfação das necessidades de pequenos núcleos populacionais, distribuídos no meio rural, conforme definido em regulamento.
(D) o aproveitamento dos potenciais hidrelétricos.
(E) a extração de água de aquífero subterrâneo para consumo final ou insumo de processo produtivo.

A, B, D e E: incorretas. Todas essas atividades dependem de outorga do poder público, nos termos do art. 12, III, I, IV e II, respectivamente, da Lei 9.433/1997; **C:** correta, nos termos do art. 12, § 1º, I, da Lei 9.433/1997.
Gabarito "C".

(Magistratura/CE – 2012 – CESPE) O sistema de informações sobre recursos hídricos é um dos instrumentos da Política Nacional de Recursos Hídricos. São princípios básicos do funcionamento desse sistema

(A) a descentralização do processo de tomada de decisões, a integração institucional do processo de elaboração de informações e o direito à informação.
(B) a publicidade das informações, a coordenação unificada do sistema de coleta dos dados e a descentralização do processo de tomada de decisões.
(C) a descentralização da obtenção e produção de dados e informações, a coordenação unificada do sistema e a garantia de acesso da sociedade aos dados e informações.
(D) a integração regional na coleta de informações, a centralização administrativa no processo de sistematização de dados e a transparência do processo de tomada de decisões.
(E) a centralização do processo de coleta de dados, a interdependência na gestão do conhecimento e a democratização dos veículos de informação.

Os princípios básicos para funcionamento do Sistema de Informações sobre Recursos Hídricos estão dispostos no art. 26 da Lei 9.433/1997: descentralização da obtenção e produção de dados e informações; coordenação unificada do sistema; e acesso aos dados e informações garantido à toda sociedade.
Gabarito "C".

(Ministério Público/SC – 2012) Analise as assertivas a seguir.

I. Entendem-se por educação ambiental não formal, as ações e práticas educativas voltadas à sensibilização da coletividade sobre as questões ambientais e à sua organização e participação na defesa da qualidade do meio ambiente.
II. Segundo a Política Nacional de Recursos Hídricos, a água é um bem de domínio público, um recurso natural limitado, dotado de valor econômico.
III. São instrumentos da Política Nacional de Recursos Hídricos, a outorga dos direitos de uso de recursos hídricos.
IV. Segundo a Lei n. 9.433/1997, os Planos de Recursos Hídricos são planos de médio prazo, com planejamento compatível com o período de implantação de seus programas e projetos.
V. Estão sujeitos a outorga pelo Poder Público os direitos dos usos de recursos hídricos, para a satisfação das necessidades de pequenos núcleos populacionais, distribuídos no meio rural.

(A) Apenas as assertivas I, II e III estão corretas.
(B) Apenas as assertivas I, III e IV estão corretas.
(C) Apenas as assertivas III, IV e V estão corretas.
(D) Apenas as assertivas I, II e V estão corretas.
(E) Todas as assertivas estão corretas.

I: correta, nos termos do art. 13 da Lei 9.795/1999; **II:** correta, nos termos do art. 1º, I e II, da Lei 9.433/1997; **III:** correta, nos termos do art. 5º, III, da Lei 9.433/1997; **IV:** incorreta. Os Planos de Recursos Hídricos são planos de longo prazo (art. 7º da Lei 9.433/1997);

V: incorreta. Tal uso dos recursos hídricos está expressamente dispensado da outorga por força do art. 12, § 1º, I, da Lei 9.433/1997.
Gabarito "A".

(Defensor Público/TO – 2013 – CESPE) Considerando os instrumentos de gestão de recursos hídricos previstos na Lei 9.433/1997, que institui a Política Nacional de Recursos Hídricos e cria o Sistema Nacional de Gerenciamento de Recursos Hídricos, assinale a opção correta.

(A) São princípios básicos do funcionamento do Sistema de Informações sobre Recursos Hídricos, de acordo com a citada lei, a centralização na obtenção e produção de dados e informações e a gestão compartilhada do sistema por todos os entes federativos.
(B) A outorga de direito de uso de recursos hídricos implica a alienação parcial das águas, não na sua alienação total.
(C) A extração de água de aquífero subterrâneo para insumo de processo produtivo está condicionada à outorga pelo poder público; a captação de parcela da água existente em um corpo de água para abastecimento público independe de outorga.
(D) Os valores arrecadados com a cobrança pelo uso de recursos hídricos devem ser aplicados na bacia hidrográfica correspondente, vedada sua destinação ao pagamento de despesas de custeio administrativo de qualquer natureza.
(E) Constituindo-se em um dos instrumentos da Política Nacional de Recursos Hídricos, os planos de recursos hídricos devem ser elaborados por bacia hidrográfica, por Estado e para o País.

A: incorreta, pois o princípio impõe a descentralização e a não centralização da gestão dos recursos hídricos; os demais princípios são da coordenação unificada do sistema e do acesso aos dados e informações garantido à toda sociedade (art. 26, III, da Lei 9.433/1997); **B:** incorreta, pois a outorga não implica na alienação das águas, que são inalienáveis, mas simples direito de uso (art. 18 da Lei 9.433/1997); **C:** incorreta, pois a captação de água para abastecimento público também depende de outorga pelo Poder Público (art. 12, I, da Lei 9.433/1997); **D:** incorreta, pois os valores arrecadados também podem ser utilizados no custeio administrativo dos órgãos integrantes do Sistema Nacional de Gerenciamento de Recursos Hídricos (art. 22, II, da Lei 9.433/1997); **E:** correta (art. 8.º da Lei 9.433/1997).
Gabarito "E".

2. SISTEMA NACIONAL DE GERENCIAMENTO DE RECURSOS HÍDRICOS

(Ministério Público/BA – 2015 – CEFET) Acerca da Política Nacional de Recursos Hídricos, instituída pela Lei Federal 9.433/1997, examine as proposições abaixo registradas:

I. Independem de outorga pelo Poder Público, conforme definido em regulamento, o uso de recursos hídricos para a satisfação das necessidades de pequenos núcleos populacionais, distribuídos no meio rural; as derivações, captações e lançamentos considerados insignificantes; e as acumulações de volumes de água também consideradas insignificantes.
II. Constituem infrações às normas legais vigentes, dentre outras, as seguintes condutas: derivar ou utilizar recursos hídricos para qualquer finalidade, sem a respectiva outorga de direito de uso; perfurar poços para a extração de água subterrânea ou operá-los sem a devida autorização; e fraudar as medições dos volumes de água utilizados ou declarar valores diferentes dos medidos.
III. Integram o Sistema Nacional de Gerenciamento de Recursos Hídricos: o Conselho Nacional de Recursos Hídricos; a Agência Nacional de Águas; os Conselhos de Recursos Hídricos dos Estados e do Distrito Federal; os Comitês de Bacia Hidrográfica; os órgãos dos poderes públicos federal, estaduais, do Distrito Federal e municipais cujas competências se relacionem com a gestão de recursos hídricos; as Agências de Água; e o Ministério Público.
IV. Sempre que da infração cometida resultar prejuízo a serviço público de abastecimento de água, riscos à saúde ou à vida, perecimento de bens ou animais ou prejuízos de qualquer natureza a terceiros, a multa a ser aplicada nunca será inferior a 70% (setenta por cento) do valor máximo cominado em abstrato.
V. Em caso de reincidência quanto às infrações contra as normas referentes à Política Nacional de Recursos Hídricos, a multa será aplicada em dobro.

A alternativa que contém a sequência **CORRETA**, de cima para baixo, considerando V para verdadeiro e F para falso, é:

(A) FVFVV.
(B) VVFVV.
(C) FFVF F.
(D) VVFFV.
(E) VFVFF.

I: correta, nos termos do art. 12, § 1º, I, da Lei 9.433/1997; **II:** correta, nos termos do art. 49, I, V e VI, respectivamente, da Lei 9.433/1997; **III:** incorreta. O Ministério Público não compõe o Sistema Nacional dos Recursos Hídricos previsto no art. 33 da Lei 9.433/1997; **IV:** incorreta. O limite inferior da multa é **metade** do valor máximo cominado em contrato (art. 50, § 1º, da Lei 9.433/1997); **V:** correta, nos termos do art. 50, § 4º, da Lei 9.433/1997.
Gabarito "D".

(Magistratura/PA – 2012 – CESPE) Considerando o Sistema Nacional de Gerenciamento de Recursos Hídricos (SINGREH), a Lei de Política Nacional de Recursos Hídricos (Lei n. 9.433/1997) e a Resolução n. 16/2001 do Conselho Nacional de Recursos Hídricos, assinale a opção correta.

(A) Os comitês de bacia hidrográfica são compostos por representantes de usuários e poluidores das águas da área de drenagem de um conjunto de rios.
(B) Nos comitês de bacia hidrográfica de bacias cujos territórios abranjam terras indígenas devem ser incluídos representantes das comunidades indígenas residentes nos estados-membros localizados na fronteira da bacia.
(C) Os comitês de bacia hidrográfica devem ser dirigidos por um conselho de diretores e um secretário, indicados pelo governador do estado cujo território se situe na área de atuação do comitê.
(D) A criação de Agências de Água somente pode ser autorizada pelo IBAMA.
(E) Compete ao Comitê de Bacia Hidrográfica aprovar o Plano de Recursos Hídricos da bacia.

A: incorreta. Os poluidores não integram os Comitês de Bacia Hidrográfica (art. 39 da Lei 9.433/1997); **B:** incorreta. Quando a bacia hidrográfica abranger territórios indígenas, o respectivo comitê deve ter representantes da FUNAI e das comunidades indígenas ali residentes ou com interesse nas águas (art. 39, § 3º, da Lei 9.433/1997); **C:** incorreta. Os comitês serão dirigidos por um Presidente e um Secretário eleitos dentre seus membros (art. 40 da Lei 9.433/1997); **D:** incorreta. A autorização para criação de agência de água será conferida pelo Conselho Nacional de Recursos Hídricos ou pelos competentes Conselhos Estaduais de Recursos Hídricos, a depender da pessoa política instituidora da autarquia em regime especial (art. 42, parágrafo único, da Lei 9.433/1997); **E:** correta, nos termos do art. 38, III, da Lei 9.433/1997.
Gabarito "E".

3. TEMAS COMBINADOS

(Procurador do Estado/AC – 2014 – FMP) Com base no disposto na Lei Federal 9.433/1997, assinale a alternativa correta no que diz respeito à Política Nacional dos Recursos Hídricos.

(A) Consoante os fundamentos em que se baseia a Política Nacional de Recursos Hídricos a água é um bem de domínio público, constituindo-se em recurso natural limitado e dotado de valor econômico.
(B) A cobrança pelo uso dos recursos hídricos, não obstante integre as diretrizes gerais de ação da Política Nacional dos Recursos Hídricos, não está incluída no rol dos seus instrumentos.
(C) O enquadramento dos corpos de água em classes, segundo os seus usos preponderantes, visa a assegurar-lhes qualidade compatível com os usos a que normalmente são destinados, a diminuir os custos de combate à sua poluição e a criar áreas sujeitas a restrições de uso, com vistas à proteção dos recursos hídricos.
(D) Aos Comitês de Bacia Hidrográfica, dentre outras atividades, compete elaborar o Plano de Recursos Hídricos da bacia e promover a sua execução, bem como aprovar os mecanismos de cobrança pelo uso dos recursos hídricos a ele correspondente.

A: correta, nos termos do art. 1º, I e II, da Lei 9.433/1997; **B:** incorreta. A cobrança pelo uso da água está expressamente incluída como instrumento da política nacional de recursos hídricos (art. 5º, IV, da Lei 9.433/1997); **C:** incorreta. O objetivo da divisão de águas em classes visa a garantir a qualidade necessária para seus usos **mais exigentes** (art. 9º, I, da Lei 9.433/1997); **D:** incorreta. Questão extremamente criticável pelo grau de "decoreba" exigido do candidato. Foram alterados somente os verbos elencados na lei: compete ao Comitê **aprovar** o Plano de Recursos Hídricos, **acompanhar** a sua execução e **estabelecer** os mecanismos de cobrança (art. 38, III, IV e VI da Lei 9.433/1997).
Gabarito "A".

(Magistratura/PE – 2013 – FCC) Considere as afirmações abaixo acerca da Política Nacional de Resíduos Sólidos, tal como instituída pela Lei 12.305/2010.

I. No gerenciamento de resíduos sólidos, a não geração e a redução de resíduos são objetivos preferíveis à reciclagem e ao seu tratamento adequado.
II. Os fabricantes de produtos em geral têm o dever de implementar sistemas de logística reversa.
III. Os consumidores têm responsabilidade compartilhada pelo ciclo de vida de quaisquer produtos adquiridos.

Está correto o que se afirma em

(A) II e III, apenas.
(B) I e II, apenas.
(C) I, apenas.

(D) I, II e III.
(E) I e III, apenas.

I: correta; pela ordem, a gestão e o gerenciamento de resíduos sólidos devem buscar o seguinte – não geração, redução, reutilização, reciclagem, tratamento dos resíduos e disposição final ambientalmente adequada dos rejeitos (art. 9º, "caput", da Lei 12.305/2010); **II:** incorreta, pois fabricantes (além de importadores, distribuidores e comerciantes) devem providenciar o retorno dos produtos após o uso pelo consumidor (logística reversa), apenas quanto aos produtos mencionados no art. 33 da Lei 12.305/2010, tais como pilhas, baterias, pneus, dentre outros; **III:** correta (arts. 3º, I e XVII, 6º, VII, 7º, XII, 8º, III, 17, VIII, 21, VII, e 30 a 36, todos da Lei 12.305/2010).

Gabarito "E".

(Ministério Público/PI – 2012 – CESPE) Discorrendo sobre a regulamentação do uso da água, o ministro Luiz Fux sustentou, no STJ, que "o particular tem, apenas, o direito à exploração das águas subterrâneas, mediante autorização do poder público e cobrada a devida contraprestação". Acerca desse tema, assinale a opção correta.
(A) Exercem o papel de secretarias executivas dos comitês de bacia hidrográfica as organizações civis de recursos hídricos integrantes do Sistema Nacional de Gerenciamento de Recursos Hídricos.
(B) A outorga de direito de uso da água constitui ato precário, tendo o seu pagamento natureza tributária.
(C) Entre os instrumentos previstos na Política Nacional de Recursos Hídricos incluem-se os planos diretores, de âmbito nacional, empregados para fundamentar e orientar o gerenciamento da referida política.
(D) O fato de a água ser considerada bem inalienável reflete-se no pagamento da conta de água, o que constitui exemplo da aplicação do princípio do usuário-pagador.
(E) De acordo com a legislação atual, a extração, para consumo final ou para insumo de processo produtivo, de água de aquífero subterrâneo não se inclui entre os recursos hídricos sujeitos a outorga.

A: incorreta. Tal função é exercida pelas agências de água (art. 41 da Lei 9.433/1997); **B:** incorreta. O pagamento pela outorga do direito de uso da água tem natureza de preço público, já que ela é um bem público de uso comum do povo (art. 1º, I, da Lei 9.433/1997); **C:** incorreta. Os Planos de Recursos Hídricos serão elaborados de forma especializada, por bacia hidrográfica, por Estado e para todo o país (art. 8º da Lei 9.433/1997); **D:** correta. A cobrança pelo uso residencial e pessoal da água é um célebre exemplo do princípio do usuário-pagador, que reconhece a inalienabilidade dos recursos hídricos e seu valor econômico; **E:** incorreta. Tal uso da água deverá ser objeto de outorga por força do art. 12, II, da Lei 9.433/1997.

Gabarito "D".

(Ministério Público/RR – 2012 – CESPE) No que diz respeito à proteção dos recursos hídricos, assinale a opção correta.
(A) A proteção das pessoas e do meio ambiente contra os eventos hidrológicos críticos é um dos fundamentos da PNRH, sendo competência comum da União, dos estados e municípios planejar e promover a defesa permanente contra secas e inundações.
(B) Integram o Sistema Nacional de Gerenciamento de Recursos Hídricos representantes de ministérios e de secretarias vinculadas à Presidência da República com atuação no gerenciamento ou no uso de recursos hídricos; representantes indicados pelos conselhos estaduais de recursos hídricos; e representantes dos usuários dos recursos hídricos e das organizações civis de recursos hídricos.
(C) A pena prevista para o crime de poluição é agravada caso dele decorra poluição hídrica que torne necessária a interrupção do abastecimento público de água de uma comunidade.
(D) A execução de todas as garantias exigidas pelo poder público resguarda da obrigação de indenizar danos causados a terceiros o empreendedor beneficiado pela outorga de uso de água fluvial, remanescendo, contudo, a responsabilidade pela reparação ao meio ambiente.
(E) Independe de outorga pelo poder público, conforme disposto na lei que regula a PNRH, o uso de recursos hídricos para abastecimento de pequenos núcleos rurais e para aproveitamentos considerados insignificantes.

A: incorreta. É competência da União a promoção da defesa permanente contra secas e inundações (art. 21, XVIII, da CF); **B:** a alternativa foi considerada incorreta pelo gabarito oficial, porém é passível de críticas. Nos termos do art. 34 da Lei 9.433/1997, tais representantes compõem, na verdade, o Conselho Nacional de Recursos Hídricos, o qual, por sua vez, integra o Sistema Nacional de Gerenciamento de Recursos Hídricos. Ora, não se pode negar, portanto, aqueles representantes integram o Sistema Nacional; **C:** incorreta. Trata-se, a nosso ver, de mais uma pegadinha dentro da mesma questão. A rigor, não se trata de agravante, mas de circunstância qualificadora, como se pode ver no art. 54, § 2º, III, da Lei 9.605/1998; **D:** incorreta. Não sendo suficientes as garantias prestadas para a cabal indenização dos prejudicados, remanescerá a responsabilidade do usuário dos recursos hídricos pela reparação dos danos causados; **E:** correta, nos termos do art. 12, § 1º, I e II, da Lei 9.433/1997.

Gabarito "E".

20. Processo Coletivo

Roberta Densa, Marcos Destefenni, Vanessa Trigueiros e Wander Garcia*

1. INTERESSES DIFUSOS, COLETIVOS E INDIVIDUAIS HOMOGÊNEOS E PRINCÍPIOS

(Promotor de Justiça/GO – 2016 – MPE) Em relação aos interesses transindividuais, assinale a opção correta:

(A) Considerando a titularidade, os interesses transindividuais se caracterizam por pertencerem a um grupo, classe ou categoria de pessoas que tenham entre si um vínculo de natureza jurídica ou de natureza fática.
(B) Entre os interesses transindividuais encontram-se os interesses coletivos em sentido estrito que são caracterizados pela indeterminabilidade do sujeito, ligação dos titulares por um vínculo fático e a divisibilidade do objeto.
(C) Os interesses individuais homogêneos são aqueles que têm origem comum, relação jurídica idêntica, e, ainda, indivisíveis e seus titulares são passíveis de determinação.
(D) A aquisição de um produto de série com o mesmo defeito e o interesse dos condôminos de edifício na troca de um elevador com defeito são exemplos clássicos de interesses individuais homogêneos.

A: correto. Os interesses transindividuais compreendem os direitos difusos, coletivos e individuais homogêneos. Os direitos coletivos pertencem a um grupo, classe ou categoria de pessoas que tenham entre si um vínculo de natureza jurídica. Os direitos difusos e individuais homogêneos se caracterizam, entre outras questões, pela ligação entre as pessoas ter natureza fática. **B:** incorreta. Os interesses coletivos em sentido estrito são caracterizados pela determinabilidade do sujeito, por serem ligados por uma relação jurídica base e por serem indivisíveis. **C:** incorreta. Os interesses individuais homogêneos são aqueles que têm origem comum, relação jurídica que não precisa ser idêntica, e, ainda, indivisíveis e seus titulares são passíveis de determinação. **D:** incorreta. A aquisição de produto em série com o mesmo defeito pode, de fato, configurar a existência de interesse individual homogêneo. No entanto, o interesse dos condôminos de edifício na troca de um elevador com defeito não pode ser classificado sequer como direito transindividual, posto que se tratar de relação jurídica de consumo entre os condôminos e a empresa prestadora de serviços, devendo ser resolvido no âmbito da tutela individual. Neste caso, pode o condomínio, por ser o contratante, ingressar com ação contra o prestador de serviços. RD
Gabarito "A".

(Defensor Público – DPE/MT – 2016 – UFMT) O reconhecimento progressivo dos direitos difusos e coletivos fez com que estes passassem a ter definição expressa pela legislação com a aprovação da Lei 8.078/1990, que instituiu o Código de Defesa do Consumidor e fez inclusões relacionadas na Lei 7.347/1985, que disciplina a Ação Civil Pública. Sobre a definição desses direitos, assinale a afirmativa correta.

(A) Direitos difusos são equiparados aos direitos coletivos, por ocasião de sua natureza coletiva, diferenciando-se no que se refere a sua indivisibilidade, que se manifesta apenas nos primeiros.
(B) Direitos difusos não são em hipótese alguma considerados direitos coletivos, tendo por semelhança a transindividualidade e a titularidade de pessoas determinadas por uma relação jurídica base.
(C) Direitos individuais homogêneos são considerados espécie de direitos coletivos, diferenciados essencialmente pela possibilidade de os primeiros serem divisíveis na liquidação de sentença que trate de seu reconhecimento e a respectiva violação.
(D) Direitos coletivos são transindividuais, tal qual os direitos difusos, de natureza divisível, tendo por titulares pessoas determinadas ou indeterminadas, ligadas entre si por uma circunstância de fato.
(E) Direitos difusos, coletivos e individuais homogêneos se confundem no que tange à sua titularidade, que é determinada e é definida por uma circunstância de fato.

A: incorreta. Os direitos difusos são essencialmente coletivos, o sujeito é indeterminado, indivisíveis, não há impossibilidade de apropriação e originados (liga as pessoas) por um fato jurídico. Os direitos coletivos são essencialmente coletivos, o sujeito é determinado ou determinável, há possibilidade de apropriação e são originados por uma relação jurídica base prévia. Portanto, os direitos difuso e coletivos são indivisíveis. **B:** incorreta. Os direitos difusos têm titularidade indeterminada, enquanto os direitos coletivos têm titularidade determinada ou determinável. **C:** correta. De fato, os direitos individuais homogêneos são direitos coletivos *lato sensu*, diferenciando-se das outras espécies exatamente em razão de serem divisíveis, o que o faz acidentalmente coletivo. A liquidação de sentença está regulamentada pelos art. 97 e 98 do CDC. **D:** incorreta. Nos direitos coletivos as pessoas estão ligadas entre si por uma relação jurídica base prévia. **E:** incorreta. Os direitos difusos têm titularidade indeterminada enquanto que os coletivos e individuais homogêneos a titularidade é determinada ou determinável.
Gabarito "C".

(Defensor/PA – 2015 – FMP) Assinale a opção CORRETA.

(A) A Defensoria Pública possui legitimidade ativa apenas para a tutela dos direitos coletivos *stricto sensu* e individuais homogêneos.
(B) Os direitos coletivos **stricto sensu** são transindividuais e têm como característica a indeterminação relativa, e não absoluta, de seus titulares.
(C) Os interesses coletivos são legalmente classificados em difusos, coletivos *stricto sensu* e individuais homogêneos, não havendo possibilidade de uma situação fática gerar interesses que se enquadrem em mais de uma categoria.
(D) Os direitos difusos dizem com a tutela de direitos coletivos, pois são coletivos em sua natureza, enquanto os direitos coletivos *stricto sensu* e os individuais homogêneos são considerados tutela coletiva de direitos, pois são coletivos apenas na forma.
(E) Nos direitos difusos, os titulares formam uma categoria ligada por uma relação jurídica base.

A: incorreta, pois também possui legitimidade para a defesa de interesses difusos; **B:** correta, valendo salientar que a indeterminação absoluta é característica dos direitos difusos; **C:** incorreta, pois, dado um fato ocorrido no mundo fenomênico (por exemplo, a contaminação de um rio), de acordo com o pedido feito em juízo tendo como causa de pedir esse fato, pode-se ter qualquer dos interesses mencionados; por exemplo, se o pedido é só de despoluição do rio, tem-se interesses difusos sendo defendidos; se o pedido for só de reparação de dano aos membros da associação de pescadores locais, interesses coletivos; e se o pedido for de reparação de danos individuais de todos aqueles que sofreram um dano pela contaminação, interesses individuais homogêneos; **D:** incorreta, pois os três interesses são considerados espécies do gênero direitos coletivos; **E:** incorreta, pois essa característica é dos direitos *coletivos* em sentido estrito (art. 81, parágrafo único, II, do CDC).
Gabarito "B".

(Advogado da Sabesp/SP – 2014 – FCC) O meio ambiente constitui interesse

(A) difuso que, se lesado, pode ser defendido, entre outros, pelo Ministério Público, que poderá exigir reparação em dinheiro primeiro contra o causador direto e, subsidiariamente, contra o causador indireto do dano, depois de esgotada a esfera administrativa de responsabilização.
(B) individual homogêneo que, se lesado, pode ser defendido por qualquer do povo, a quem se faculta exigir reparação, para si, contra o causador direto do dano, depois de esgotada a esfera administrativa de responsabilização.
(C) coletivo que, se lesado, pode ser defendido, entre outros, por um membro da coletividade lesada, que poderá exigir reparação em dinheiro contra os causadores diretos e indiretos do dano, em proveito próprio ou dos integrantes do grupo, sem necessidade de prévio esgotamento das esferas criminal ou administrativa de responsabilização.

---

* Roberta Densa comentou as questões dos concursos DPE/MT/16, DPE/BA/16, DPE/ES/16, DPE/RN/16. **Vanessa Trigueiros** comentou as questões do concurso de MP/SP/2013. **Marcos Destefenni** comentou as questões do concurso de Juiz de Direito/RJ – 2014 – VUNESP, Advogado da Sabesp/SP – 2014 – FCC, Promotor de Justiça/AC – 2014 – CESPE, Promotor de Justiça/MG – 2014, Procurador do Município – São Paulo/SP – 2014 – VUNESP, Procurador Legislativo – Câmara de Vereadores de São Paulo/SP – 2014 – FCC, Procurador do Município – Cuiabá/MT – 2014 – FCC, Promotor de Justiça/GO – 2013, Promotor de Justiça/DF – 2013, Promotor de Justiça/MG – 2013, Promotor de Justiça/ES – 2013 – VUNESP, Defensoria/DF – 2013 – CESPE, Defensoria/SP – 2013 – FCC, DEF/AC/12, DEF/AM/13, DEF/ES/12, DEF/PR/12, DEF/RO/12, DEF/SE/12, DEF/SP/12, bem como as questões dos concursos MP/MS/13, MP/AC/08, MP/BA/08, MP/CE/11, MP/ GO/10, MP/GO/13, MP/MG/11, MP/MG/12, MP/MS/09, MP/MT/12, MP/PB/10, MP/PI/08, MP/PI/12, MP/RJ/11, MP/RN/09, MP/RR/12, MP/RS/08, MP/RS/09, MP/SC/08, MP/SP/12 e MP/TO/12, quando houver. As demais questões foram comentadas por **Wander Garcia**.

(D) difuso que, se lesado, pode ser defendido, entre outros, pelo Ministério Público, que poderá exigir reparação em dinheiro contra os causadores diretos e indiretos do dano, depois de esgotada a esfera administrativa de responsabilização.
(E) difuso que, se lesado, pode ser defendido, entre outros, pelo Ministério Público, que poderá exigir reparação em dinheiro contra os causadores diretos e indiretos do dano, sem necessidade de prévio esgotamento das esferas criminal ou administrativa de responsabilização.

A: incorreta, pois, no caso de dano ambiental, a responsabilidade pela reparação é solidária e, além disso, não se exige o esgotamento da esfera administrativa. Como já decidiu o STJ, "no plano jurídico, o dano ambiental é marcado pela responsabilidade civil objetiva e solidária, que dá ensejo, no âmbito processual, a litisconsórcio facultativo entre os vários degradadores, diretos ou indiretos. Segundo a jurisprudência do STJ, no envilecimento do meio ambiente, a "responsabilidade (objetiva) é solidária" (REsp 604.725/PR, Rel. Ministro Castro Meira, Segunda Turma, *DJ* 22.08.2005, p. 202), tratando-se de hipótese de "litisconsórcio facultativo" (REsp 884.150/MT, Rel. Ministro Luiz Fux, Primeira Turma, *DJe* 07.08.2008), pois, mesmo havendo "múltiplos agentes poluidores, não existe obrigatoriedade na formação do litisconsórcio", abrindo-se ao autor a possibilidade de "demandar de qualquer um deles, isoladamente ou em conjunto, pelo todo" (REsp 880.160/RJ, Rel. Ministro Mauro Campbell Marques, Segunda Turma, *DJe* 27.05.2010)" (REsp 843978 / SP); **B:** incorreta, pois, além de outras questões comentadas no tópico anterior, o dano ambiental atinge direitos e interesses difusos; **C:** incorreta, pelas razões já expostas; **D:** incorreta, pelos motivos já citados; **E:** correta, como se depreende do exposto em relação ao item "A".

Gabarito "E".

(Defensoria/SP – 2013 – FCC) O processo civil coletivo brasileiro, desde a edição da Lei da Ação Civil Pública, tem trilhado um caminho de profundo desenvolvimento teórico e normativo, inclusive a ponto de estabelecer princípios próprios que norteiam a interpretação do microssistema em questão, diferenciando-se, em diversos aspectos, do processo civil individual. À luz desse cenário, NÃO está de acordo com as premissas do sistema processual coletivo o princípio da

(A) representação adequada.
(B) taxatividade e tipicidade da ação coletiva.
(C) indisponibilidade da demanda coletiva.
(D) reparação integral do dano.
(E) primazia do conhecimento do mérito.

A: incorreta, pois está de acordo com as premissas do sistema processual coletivo o princípio da representação adequada, pelo qual a ação coletiva só pode ser processada se for proposta por um adequado representante da coletividade, do grupo, da classe ou da categoria de pessoas interessadas; **B:** correta, pois não está de acordo com as premissas do sistema processual coletivo o princípio da taxatividade e tipicidade das ações coletivas. Com efeito, qualquer ação pode ser proposta para a tutela dos direitos transindividuais. Não há taxatividade. Assim estabelece o art. 83 do CDC; **C:** incorreta, pois há uma indisponibilidade da ação civil pública, embora não seja ela absoluta. Ocorre que o art. 5º, § 3º, da Lei 7.347/1985, determina que o MP, em caso de desistência infundada ou abandono da ação, possa assumir a titularidade ativa. Além do MP, outro legitimado poderá assumir a titularidade ativa; **D:** incorreta, pois está de acordo com as premissas do sistema processual coletivo o princípio da reparação integral do dano, tendo em vista a necessidade de que o dano a interesses transindividuais seja plenamente reparado, tanto o material quanto o imaterial; **E:** incorreta, pois está de acordo com as premissas do sistema processual coletivo o princípio da primazia do conhecimento do mérito, segundo o qual o ativismo judicial é importante e se dá, também, a título de exemplo, quando o juiz deixa de extinguir uma demanda coletiva por falta de legitimidade ativa e determina a intimação do Ministério Pública para, se for o caso, assumir a titularidade ativa da demanda. Alguns autores falam em princípio do interesse jurisdicional no conhecimento do mérito.

Gabarito "B".

(Ministério Público/MT – 2012 – UFMT) Leia atentamente as situações abaixo descritas.
Situação A: Divulgação de propaganda enganosa sobre determinado produto ou serviço.
Situação B: Cobrança ou aumento ilegal de mensalidade escolar de um determinado estabelecimento educacional.
Em relação a essas situações, analise as assertivas.

I. Na situação A, o ajuizamento de ação coletiva objetivando a suspensão liminar e a cessação definitiva de divulgação trata-se de pretensão difusa; com base no mesmo fato lesivo (divulgação da propaganda enganosa), é cabível a cumulação de pedido condenatório de cunho patrimonial (devolução do preço, indenização) em favor dos consumidores lesados (pretensão individual homogênea).
II. Na situação B, o ajuizamento de ação coletiva objetivando cessar a prática ilegal ou inconstitucional e atender às exigências e parâmetros legais trata-se de pretensão difusa; com base no mesmo fato lesivo (cobrança ilegal), é cabível a cumulação de pedido de devolução da diferença ou do total pago indevidamente pelos alunos (pretensão individual homogênea).
III. Na situação A, o ajuizamento de ação coletiva objetivando a suspensão liminar e a cessação definitiva de divulgação trata-se de pretensão difusa; no entanto, com base no mesmo fato lesivo (divulgação da propaganda enganosa), não é cabível a cumulação de pedido condenatório de cunho patrimonial (devolução do preço, indenização) em favor dos consumidores lesados (pretensão individual homogênea).
IV. Na situação B, o ajuizamento de ação coletiva objetivando cessar a prática ilegal ou inconstitucional e atender às exigências e parâmetros legais trata-se de pretensão coletiva, em sentido estrito; no entanto, com base no mesmo fato lesivo (cobrança ilegal), não é cabível o pedido de devolução da diferença ou do total pago indevidamente pelos alunos (pretensão individual homogênea).
V. Na situação B, o ajuizamento de ação coletiva objetivando cessar a prática ilegal ou inconstitucional e atender às exigências e parâmetros legais trata-se de pretensão coletiva, em sentido estrito; com base no mesmo fato lesivo (cobrança ilegal), é cabível a cumulação de pedido de devolução da diferença ou do total pago indevidamente pelos alunos (pretensão individual homogênea).

Estão corretas as assertivas:
(A) II, III e IV, apenas.
(B) III e V, apenas.
(C) I, II e V, apenas.
(D) III e IV, apenas.
(E) I e V, apenas.

I: correta, pois o interesse à cessação da divulgação é difuso, podendo ser protegido pela imposição de obrigação de não fazer (arts. 3º, 11 e 12 da LACP e art. 84 do CDC). Pode haver cumulação de pedidos, conforme o atual entendimento do STJ, de tal forma que pode ser pleiteada a condenação dos responsáveis na mesma demanda; **II:** incorreta, pois a pretensão, no caso, é de tutela de direitos coletivos *lato sensu* (há uma relação jurídica das vítimas com a parte contrária); **III:** incorreta, pois é possível a cumulação de pedidos; **IV:** incorreta, pois é cabível o formulação dos pedidos mencionados na assertiva; **V:** correta, pelas razões expostas.

Gabarito "E".

(Ministério Público/PI – 2012 – CESPE) Com base no direito processual civil, assinale a opção correta.

(A) Na ação coletiva, vigoram os princípios da disponibilidade motivada e da obrigatoriedade da execução, em relação a todos os colegitimados.
(B) Na ACP, o princípio da máxima efetividade confere ao juiz amplos poderes instrutórios, independentemente de iniciativa das partes, além de concessão de liminares, sem justificação prévia, antecipação de tutela e utilização de medidas de apoio, destinadas a assegurar resultado prático equivalente à tutela pretendida.
(C) O princípio da adstrição da sentença, corolário do princípio da demanda, aplica-se à tutela jurisdicional específica das obrigações de fazer, não fazer e entregar coisa.
(D) Na atividade jurisdicional desenvolvida pelo STF em sede de recurso extraordinário, admite-se a invocação do princípio *jura novit curia*, ou seja, do princípio de que o juiz conhece o direito.
(E) Em jurisdição constitucional, no âmbito do processo de controle abstrato de constitucionalidade, aplica-se o princípio da demanda ou da adstrição das sentenças ao pedido.

A: incorreta, pois não há disponibilidade motivada e obrigatoriedade da execução em relação a todos os legitimados. Por exemplo, em relação às associações não há qualquer obrigatoriedade; **B:** correta, pois se trata de uma ótima definição do princípio da máxima efetividade da perspectiva do Poder Judiciário. Deve-se lembrar, ainda, o cabimento de qualquer ação para a tutela dos direitos transindividuais (art. 83 do CDC); **C:** incorreta, pois o art. 84 do CDC autoriza o juiz a conceder a tutela específica, bem como, se for o caso, adotar providências que assegurem um resultado prático equivalente ou, ainda, a conceder a tutela genérica se for impossível a tutela específica. Ou seja, o princípio da congruência ou da adstrição é mitigado no caso da tutela das obrigações de fazer, não fazer e entrega de coisa; **D:** incorreta, pois o STF tem afirmado a inaplicabilidade desse princípio no caso de recurso extraordinário: "O brocardo latino que diz *da mihi factum, dabo tibi jus* não pode ser aplicado ao recurso extraordinário" (AI 68283 AgR/RJ). No mesmo sentido: ARE 639337 AgR/SP; **E:** incorreta, pois no caso de ADI, o STF não está vinculado aos fundamentos invocados pelo autor: "O Tribunal não está adstrito aos fundamentos invocados pelo autor, podendo declarar a inconstitucionalidade por fundamentos diversos dos expendidos na inicial" (ADI 2396 MC/MS).

Gabarito "B".

(Ministério Público/TO – 2012 – CESPE) Com relação à teoria constitucional e à tutela dos direitos difusos e coletivos, assinale a opção correta.

(A) São considerados interesses coletivos os transindividuais, de natureza indivisível, de que sejam titulares pessoas indeterminadas e ligadas por circunstâncias de fato.
(B) Direitos ou interesses transindividuais não possuem titulares individuais determinados e pertencem a uma comunidade ou coletividade.

(C) O interesse público secundário é o interesse social, o da sociedade ou da coletividade, assim como a proteção ao meio ambiente.
(D) Os interesses relacionados a condôminos de um edifício excedem o âmbito estritamente individual, constituindo interesses públicos.
(E) Direitos difusos e direitos coletivos distinguem-se pela coesão como grupo, categoria ou classe anterior à lesão, própria dos direitos difusos, e não dos coletivos *stricto sensu*.

A: incorreta, pois a definição corresponde aos direitos difusos (art. 81, parágrafo único, I, do CDC); B: correta, pois os interesses ou direitos transindividuais genuínos (difusos e coletivos) pertencem a pessoas indetermináveis ou indeterminadas. No caso dos coletivos no sentido estrito, a titularidade é de um grupo, classe ou categoria de pessoas (art. 81, parágrafo único, II, do CDC); C: incorreta, pois, no caso, a definição é do interesse público primário. O interesse público secundário é o interesse patrimonial do Estado enquanto pessoa jurídica; D: incorreta, porque não se trata de interesse público, que é o interesse de toda a coletividade. Pode haver interesse coletivo ou social; E: incorreta, pois a coesão anterior à lesão é própria dos direitos coletivos no sentido estrito e não dos difusos.
Gabarito "B".

(Ministério Público/PI – 2012 – CESPE) A respeito dos direitos coletivos, considerados em sentido amplo, assinale a opção correta.
(A) Os direitos transindividuais e metaindividuais, direitos coletivos em sentido amplo, abrangem os direitos difusos, coletivos, individuais homogêneos e o individual indisponível.
(B) Os bens que integram o patrimônio financeiro do Estado inserem-se no âmbito do interesse público primário.
(C) A lei confere exclusividade ao MP na defesa judicial do interesse público primário.
(D) O interesse público secundário é protegido pelos denominados direitos difusos, coletivos, individuais homogêneos e individuais indisponíveis, pertencentes à sociedade.
(E) Em regra, o MP tem legitimidade para a defesa dos interesses público e particular.

A: correta, segundo o gabarito. Todavia, a assertiva permite discussão. Ocorre que o direito individual, ainda que indisponível, não é metaindividual; B: incorreta, pois o interesse público primário diz respeito aos interesses da coletividade, em sentido amplo, relacionados ao bem-comum. O interesse público secundário diz respeito aos interesses patrimoniais do Estado, enquanto pessoa jurídica de direito público; C: incorreta, pois a legitimidade, no caso, é concorrente e disjuntiva, nos termos do art. 5º da LACP e do art. 82 do CDC; D: incorreta, pois, conforme mencionado nos comentários à alternativa B, a assertiva se refere ao interesse público primário; E: incorreta, pois o MP, em regra, não tem legitimidade para defender interesse particular.
Gabarito "A".

(Ministério Público/PI – 2012 – CESPE) Com relação aos direitos difusos, coletivos e individuais homogêneos, assinale a opção correta.
(A) Os direitos individuais homogêneos são indivisíveis, embora seus titulares sejam determinados.
(B) Os titulares dos direitos difusos podem ser individualmente determinados.
(C) Tanto os interesses difusos quanto os direitos coletivos são de natureza indivisível.
(D) Os direitos coletivos correspondem aos direitos metaindividuais, cujos titulares são pessoas indeterminadas.
(E) É vedada a investigação de afronta a direitos individuais homogêneos por meio de inquérito civil.

A: incorreta, pois os direitos individuais homogêneos são divisíveis; B: incorreta, pois os titulares são indeterminados; C: correta, pois se trata da característica comum aos direitos difusos e coletivos no sentido estrito apontada pelo art. 81, parágrafo único, incisos I e II, do CDC; D: incorreta, pois os direitos coletivos são os transindividuais, de natureza indivisível de que seja titular grupo, categoria ou classe de pessoas ligadas entre si ou com a parte contrária por uma relação jurídica base. A assertiva, contudo, permite discussões, pois os titulares do direito material coletivo não precisam ser determinados; E: incorreta, pois o inquérito civil pode ser instaurado no caso da tutela de direitos individuais homogêneos, por força do art. 90 do CDC.
Gabarito "C".

(Defensor Público/AM – 2013 – FCC) São hipóteses de causas de interesses difusos, coletivos e individuais homogêneos, respectivamente,
(A) instituição de reserva legal em área particular, convenção coletiva que viola direito dos trabalhadores de uma empresa de montagem de veículos e *recall* de veículo do tipo A.
(B) área de preservação permanente em bem público, área de preservação permanente em loteamento e área de preservação permanente em propriedade particular individual.
(C) propaganda enganosa veiculada em jornal de pequena circulação, regularização de loteamento clandestino e poluição sonora do bairro X.
(D) poluição causada por indústria multinacional, poluição causada por indústria nacional e poluição causada por indústria municipal.
(E) regularização de loteamento clandestino, poluição de córrego na cidade Y e cláusula abusiva em contrato de adesão de financiamento da instituição financeira Z.

A: correta, pois a instituição da reserva legal está afeta a interesse difuso (meio ambiente ecologicamente equilibrado), a convenção coletiva interessa a uma categoria de trabalhadores e o recall está relacionado a uma lesão ou ameaça de lesão que tem origem comum; B: incorreta, pois preservação de área de preservação permanente está afeta a interesses difusos (meio ambiente ecologicamente equilibrado), independentemente de sua localização; C: incorreta, pois, por exemplo, a regularização de loteamento satisfaz interesse difuso (ordem urbanística); D: incorreta, pois a poluição causa lesão a interesse difuso, independentemente de quem a tenha praticado; E: incorreta, pois a poluição de um córrego ofende interesses difusos, ainda que o córrego esteja localizado em determinada cidade.
Gabarito "A".

(Defensor Público/ES – 2012 – CESPE) Em um Estado Democrático de Direito, cabe ao legislador a função de editar a lei; ao administrador público e ao magistrado, aplicarem-na de modo a atingir os interesses do grupo formador do Estado. E é a partir desses interesses que surgem os confrontos entre o que e de interesse do Estado e o que deve ser de interesse privado. Considerando tais aspectos, julguemos itens a seguir.
(1) Os interesses difusos e os interesses coletivos são indivisíveis e se assemelham aos interesses individuais homogêneos, por se dirigirem a grupos, categorias ou classes de pessoas determináveis.
(2) O interesse do Estado ou dos governantes deve coincidir necessariamente com o bem geral da coletividade, pois, ao tomarem suas decisões, os governantes devem atender ao real interesse da comunidade.

1: errada. É verdade que os interesses difusos e coletivos são indivisíveis. Porém, não se pode afirmar que os interesses difusos pertencem a pessoas determináveis. Os titulares dos direitos difusos são indetermináveis (art. 81, parágrafo único, I, do CDC). Os direitos que pertencem a um grupo, categoria ou classe de pessoas é o coletivo no sentido estrito (art. 81, parágrafo único, II, do CDC); 2: errada. É importante observar que o interesse público pode ser dividido em primário ou secundário, conforme lição bem acolhida pelo direito nacional. O interesse público primário diz respeito aos interesses da coletividade, em sentido amplo, relacionados ao bem-comum. O interesse público secundário diz respeito aos interesses patrimoniais do Estado, enquanto pessoa jurídica. E como se sabe, nem sempre há coincidência entre o interesse público primário e o secundário, o que torna o Estado réu de ações coletivas em muitos casos.
Gabarito 1E, 2E.

(Defensor Público/ES – 2012 – CESPE) Julgue os próximos itens, relativos à defesa dos interesses difusos em juízo.
(1) Em caso de lesão ao patrimônio público, a indenização obtida em ACP será destinada a recompor o patrimônio lesado.
(2) A coisa julgada será *erga omnes*, mas limitada ao grupo, classe ou categoria de pessoas, na ACP ou na ação coletiva que verse sobre interesses coletivos, se a improcedência se fundar em falta de provas.

1: correta, pois assim determina o art. 18 da Lei 8.429/1992: "Art. 18. A sentença que julgar procedente ação civil de reparação de dano ou decretar a perda dos bens havidos ilicitamente determinará o pagamento ou a reversão dos bens, conforme o caso, em favor da pessoa jurídica prejudicada pelo ilícito"; 2: errada, pois, nos termos do art. 103, II, do CDC, a coisa julgada, no caso de tutela de direitos coletivos no sentido estrito, é *ultra partes*. Ademais, não há formação da coisa julgada no caso de improcedência por falta de provas.
Gabarito 1C, 2E.

(Defensor Público/AC – 2012 – CESPE) Assinale a opção correta acerca dos interesses difusos, coletivos e individuais homogêneos.
(A) As lesões a direitos individuais homogêneos e disponíveis podem ser investigadas pelo MP.
(B) A revista íntima praticada pelo empregador constitui lesão ao direito individual homogêneo, no âmbito da relação jurídica de emprego.
(C) Direitos coletivos são os de natureza indivisível, de que sejam titulares pessoas indeterminadas e ligadas por circunstâncias de fato.
(D) Os direitos difusos são determináveis porque os seus titulares são identificados conforme o grupo, categoria ou classe em que estejam inseridos.
(E) Os direitos individuais homogêneos, derivados de relação jurídica idêntica, são indivisíveis, e seus titulares, indeterminados.

A: correta, pois a atuação do Ministério Público se justifica quando presente a relevância ou o interesse social, ainda que os interesses individuais sejam disponíveis. Para ilustrar, pode ser citada a seguinte decisão da Corte Especial do STJ: "Legitimidade. MP. Ação civil pública. Prosseguindo o julgamento, a Corte Especial decidiu que o Ministério Público tem legitimidade para propor ação civil pública objetivando a devolução de valores pagos indevidamente em contratos de aquisição de casa própria disciplinados pelo SFH. No caso há direitos individuais homogêneos, ainda que disponíveis, mas presente o relevante interesse social. Assim, a Corte Especial conheceu e recebeu os embargos de divergência. Precedente citado: EREsp 141.491/SC, DJ 01.08.2000" (EREsp 171.283/PR, Rel. Min. Peçanha Martins, julgados em 17.11.2004 – Informativo 229); B: incorreta, pois, no caso, pode ocorrer lesão a interesse individual, mas não homogêneo, que pressupõe um grupo de lesados; C: incorreta, pois o titular de um direito coletivo é um grupo, uma categoria ou uma classe de pessoas ligadas entre si ou com a parte contrária por uma relação jurídica base (art. 81, parágrafo único, II, do CDC); D: incorreta, pois, como se disse, os direitos titularizados por grupo, classe ou categoria são coletivos e não difusos,

que têm natureza indivisível de que sejam titulares pessoas indeterminadas e ligadas por circunstâncias de fato (art. 81, parágrafo único, II, do CDC); **E:** incorreta, pois os direitos individuais homogêneos têm uma origem comum, mas não são derivados de uma relação jurídica idêntica (art. 81, parágrafo único, III, do CDC). Além disso, são divisíveis e seus titulares são passíveis de determinação.
Gabarito "A".

(Defensor Público/AC – 2012 – CESPE) No que concerne à ação civil pública e à coletiva, assinale a opção correta.
(A) A legislação vigente admite o ajuizamento de ação civil coletiva decorrente de fatos e direitos de origem diversa.
(B) Não é possível estabelecer, em ação civil coletiva, pedido sobre obrigação de dar, fazer ou não fazer relacionado a direitos individuais homogêneos.
(C) Para dar ensejo a uma ação civil coletiva, o direito deve ser indivisível, porém idêntico em uma coletividade.
(D) A ação civil pública foi instituída para evitar decisões contraditórias e não para desestimular ações individuais.
(E) A ação civil pública, também conhecida como ação de classe, é um instrumento de tutela de direitos difusos, coletivos e individuais indisponíveis.

A: incorreta, pois a ação civil coletiva (arts. 91 e ss. do CDC) deve ser ajuizada no caso de lesão a direitos ou interesses de origem comum, os chamados interesses ou direitos individuais homogêneos (art. 81, parágrafo único, III, do CDC); **B:** incorreta, pois a ação civil coletiva pode ser ajuizada para a defesa dos direitos e interesses protegidos pelo CDC, sendo admissíveis todas as espécies de ações capazes de propiciar sua adequada e efetiva tutela, ou seja, sendo admissíveis todos os pedidos (art. 83, CDC); **C:** incorreta, pois a ação civil coletiva é cabível para a defesa de direitos individuais homogêneos, ou seja, direitos divisíveis; **D:** incorreta, pois as ações coletivas evitam a multiplicação de demandas individuais e, em consequência, minimizam o risco de decisões contraditórias. Porém, o objetivo é exatamente desestimular o ajuizamento de ações individuais; **E:** correta, pois a ação civil pública pode ser ajuizada para a tutela dos mencionados direitos (coletivos lato sensu), definidos no art. 81 do CDC. A possibilidade de sua utilização para a defesa dos citados direitos decorre de norma expressa, qual seja, do art. 21 da Lei 7.347/1985.
Gabarito "E".

(Defensor Público/PR – 2012 – FCC) Um mesmo fato pode trazer consequências para diferentes direitos difusos, coletivos e/ou individuais. Partindo dessa premissa, a alternativa que NÃO relaciona uma consequência a direito difuso é:
(A) Acidente em usina de energia nuclear, que causa a contaminação da nascente de um rio.
(B) Veiculação de publicidade abusiva que incite a discriminação racial.
(C) Fechamento de hospital público sem a instalação ou existência prévia de outra unidade de saúde na mesma região.
(D) Diminuição do horário letivo das escolas de ensino fundamental de um município de 6 para 2 horas, durante o restante do ano de 2012.
(E) Suspensão por tempo indeterminado e sem justificação de todas as linhas de ônibus que ligam determinado bairro ao centro da cidade.

A: correta, pois a contaminação do rio afronta direitos difusos (relacionado ao meio ambiente ecologicamente equilibrado); **B:** correta, pois a publicidade abusiva atinge número indeterminável de pessoas, ou seja, afronta direitos difusos; **C:** correta, pois há o interesse difuso no funcionamento do hospital. O seu fechamento ofende direitos difusos, afinal um número indeterminável de pessoas é potencial usuário de um hospital público; **D:** incorreta, devendo esta alternativa ser assinalada, pois, no caso, há uma relação jurídica base entre os estudantes e a instituição de ensino, de tal forma que a hipótese é de tutela de direitos coletivos no sentido estrito. Para corroborar a afirmação, é importante constatar que o direito é indivisível, isto é, pertence igualmente a todo o grupo de estudantes; **E:** correta, pois é atingido um número indeterminável de pessoas, usuários e potenciais usuários do sistema de transporte público afrontando-se direitos difusos.
Gabarito "D".

(Defensor Público/RO – 2012 – CESPE) Com relação aos interesses coletivos, assinale a opção correta.
(A) Os titulares de interesses coletivos em sentido estrito agregam-se por circunstâncias de fato.
(B) Os titulares de interesses difusos são caracterizados pela indeterminabilidade relativa.
(C) Os titulares de interesses difusos ligam-se por relação jurídica base.
(D) Os interesses individuais homogêneos são caracterizados por uma transindividualidade artificial ou relativa.
(E) O objeto dos interesses individuais homogêneos é indivisível.

A: incorreta, pois a agregação, no caso, decorre de uma relação jurídica base (art. 81, parágrafo único, I, do CDC); **B:** incorreta, pois a indeterminabilidade, no caso, é absoluta. É impossível determinar todos os titulares do direito difuso lesado; **C:** incorreta, pois os titulares de direitos difusos estão dispersos, ligados por circunstâncias de fato (art. 81, parágrafo único, I, do CDC). Os titulares de direitos coletivos é que se ligam por relação jurídica base (art. 81, parágrafo único, II, do CDC); **D:** correta, pois, na verdade, os direitos são individuais. A transindividualidade, no caso, existe apenas para fins de tutela jurisdicional. Trata-se da hipótese de tutela coletiva de direitos individuais. Fala a doutrina em direitos acidentalmente (processualmente) coletivos; **E:** incorreta, pois o objeto, no caso, é divisível. Há necessidade de especificação da parte devida a cada um dos titulares de direitos individuais.
Gabarito "D".

(Defensor Público/RO – 2012 – CESPE) De acordo com o que dispõe o art. 94 da CF, um quinto das vagas dos tribunais deve ser destinado a advogados. Entretanto, o Tribunal de Justiça de determinado Estado da Federação, deixando de observar o critério constitucional, nomeou, para vaga destinada a um advogado, o juiz mais antigo da carreira, antes mesmo que a OAB formalizasse qualquer lista com eventuais candidatos ao cargo. Nessa situação, desrespeitou-se, em relação aos advogados, o interesse
(A) individual homogêneo.
(B) individual disponível.
(C) público secundário.
(D) difuso.
(E) coletivo em sentido estrito.

A: incorreta, pois o direito atingido é coletivo (sentido estrito), isto é, diz respeito à classe dos advogados; **B:** incorreta, pois o direito violado não é individual e nem disponível, considerando-se a existência de regra constitucional sobre a questão; **C:** incorreta, pois, tratando-se de uma regra imposta no bem da coletividade, o interesse público é primário; **D:** incorreta, segundo o gabarito. Pensando que houve violação a um direito da classe dos advogados, o direito é coletivo no sentido estrito. Todavia, pode-se questionar. Se a regra é de interesse público, está garantida constitucionalmente e está relacionada a uma melhor forma de constituição dos tribunais e, ainda, à melhor prestação jurisdicional, pode-se vislumbrar a ofensa a direitos difusos, de que são titulares pessoas indeterminadas. Imediatamente, porém, há ofensa ao direito dos advogados (coletivo no sentido estrito); **E:** correta, conforme se depreende dos comentários anteriores.
Gabarito "E".

(Magistratura do Trabalho – 8ª Região) Sobre direitos e interesses difusos, coletivos e individuais homogêneos na esfera trabalhista é correto afirmar que:
(A) Os interesses ou direitos difusos são entendidos como os transindividuais de natureza indivisível, de que sejam titulares pessoas indeterminadas e ligadas por circunstâncias de direito.
(B) Os interesses ou direitos coletivos são entendidos como os transindividuais de natureza indivisível de que seja titular grupo, categoria ou classe de pessoas ligadas entre si ou com a parte contrária por uma relação jurídica-base.
(C) Os interesses ou direitos individuais homogêneos são entendidos como os de origem de direito comum, de que sejam titulares pessoas determinadas e ligadas por circunstâncias de fato e de direito.
(D) Os interesses ou direitos difusos são entendidos como os transindividuais de natureza indivisível, de que sejam titulares pessoas ou grupos indeterminados e ligados por circunstâncias de fato e de direito.
(E) Os interesses ou direitos coletivos são entendidos como os transindividuais de natureza indivisível, de que sejam titulares pessoas indeterminadas e ligadas por circunstâncias de fato.

A e D: incorretas, pois tais interesses são titularizados por pessoas ligadas por circunstâncias de *fato* (art. 81, parágrafo único, I, do CDC); **B:** correta (art. 81, parágrafo único, II, do CDC); **C:** incorreta, pois as pessoas não são *determinadas*, mas *determináveis*; **E:** incorreta, pois tais pessoas são determináveis e ligadas entre si ou com a parte contrária por relação jurídica base, e não por uma mera relação de fato (art. 81, parágrafo único, II, do CDC).
Gabarito "B".

Confira quadro sobre a matéria em questão:

Interesses	Grupo	Objeto	Origem	Disposição	Exemplos
Difusos	indeterminável	Indivisível	situação de fato	Indisponível	Interesse das pessoas na despoluição de um rio
Coletivos	determinável	Indivisível	relação jurídica	disponível apenas pelo grupo	Interesse dos condôminos de edifício na troca de um elevador com problema
Individ. homog.	determinável	divisível	origem comum	disponível individualmente	interesse de vítimas de acidente rodoviário em receber indenização

2. COMPETÊNCIA, CONEXÃO, CONTINÊNCIA E LITISPENDÊNCIA

(Defensor/PA – 2015 – FMP) Assinale a opção CORRETA.
(A) Em razão da repartição de competência, descabe a formação de litisconsórcio ativo entre Defensoria Pública da União e Defensoria Pública do Estado, na defesa dos interesses e direitos protegidos pela ação civil pública.
(B) Pode ocorrer litispendência entre ações coletivas, não havendo formação desse instituto no cotejo entre ação individual e ação civil pública.
(C) Em ação coletiva de consumo que trate de direitos difusos, a coisa julgada se forma *erga omnes*, independentemente do resultado da demanda.
(D) O ajuizamento de ação coletiva referente à lide geradora de processos multitudinários provoca automaticamente a suspensão das ações individuais até o julgamento final da demanda transindividual.
(E) É admissível a reconvenção em ação civil pública.

A: incorreta, pois cada uma dessas Defensorias poderá atuar em juízo defendendo o seu âmbito de atribuições; **B:** correta (art. 104 do CDC); **C:** incorreta, pois a coisa julgada não será *erga omnes* se o pedido for julgado improcedente por falta de provas (art. 103, I, do CDC); **D:** incorreta, pois o autor das ações individuais tem a faculdade de requerer ou não a suspensão de sua ação (art. 104 do CDC); **E:** incorreta, pois o autor da ação, no caso, atua em nome da coletividade, não fazendo sentido ser acionado em reconvenção numa ação coletiva.
Gabarito "B".

(DPE/PE – 2015 – CESPE) A respeito dos direitos difusos, coletivos e individuais, da tutela do direito coletivo, da liquidação, dos efeitos da sentença, da competência e da intervenção no processo, julgue os itens seguintes.
(1) Além da ação civil pública, admite-se a tutela de um direito coletivo por meio de mandado de segurança, ação de improbidade administrativa ou ação popular.
(2) No âmbito da tutela coletiva, a competência do foro para ajuizamento da demanda é absoluta.
(3) Agirá corretamente o magistrado que, em liquidação de sentença proferida em ação civil pública relativa a direitos individuais homogêneos, denegue o pedido sob o fundamento de que os efeitos e a eficácia da sentença estão circunscritos a lindes geográficas.

1: correta, pois todas essas ações, além da ação civil pública, veiculam a proteção de interesses coletivos em sentido amplo, sejam eles difusos (ação popular e ação por improbidade), sejam eles coletivos e individuais homogêneos (mandado de segurança coletivo); **2:** correta, já que a lei qualifica essa competência como "funcional", querendo dizer que é "absoluta" (art. 2º, *caput*, da Lei 7.347/1985) ; **3:** incorreta, pois o STJ decidiu em recurso repetitivo que "os efeitos e a eficácia da sentença não estão circunscritos a lindes geográficos, mas aos limites objetivos e subjetivos do que foi decidido, levando-se em conta, para tanto, sempre a extensão do dano e a qualidade dos interesses metaindividuais postos em juízo (arts. 468, 472 e 474, CPC e 93 e 103, CDC)" (REsp 1243887/PR).
Gabarito 1C, 2C, 3E

(Promotor de Justiça/GO – 2013) De conformidade com a Lei 8.069/1990, ressalvada a competência da Justiça Federal e a competência originária dos Tribunais Superiores, a competência para o julgamento das ações civis públicas que dizem respeito à proteção judicial dos interesses individuais, difusos e coletivos será:
(A) do local do dano.
(B) do local da ação ou omissão.
(C) fixada apenas por prevenção.
(D) de qualquer Comarca.

A: incorreta, pois, conforme o art. 209 do ECA, "as ações previstas neste Capítulo serão propostas no foro do local onde ocorreu ou deva ocorrer a ação ou omissão, cujo juízo terá competência absoluta para processar a causa"; **B:** correta, conforme o artigo mencionado no tópico anterior; **C** e **D:** incorretas, nos termos do art. 209 do ECA.
Gabarito "B".

(Promotor de Justiça/GO – 2013) De conformidade com a Súmula número 489 do Superior Tribunal de Justiça, reconhecida a continência entre ações civis públicas propostas na Justiça Estadual e na Justiça Federal:
(A) ambas devem ser reunidas na Justiça Federal.
(B) ambas devem permanecer nos juízos em que foram propostas.
(C) ambas devem ser reunidas na Justiça Estadual.
(D) deve ser suscitado conflito de competência perante o Superior Tribunal de Justiça.

A: correta, pois assim estabelece a mencionada Súmula (*DJe* 01.08.2012): "Reconhecida a continência, devem ser reunidas na Justiça Federal as ações civis públicas propostas nesta e na Justiça estadual"; **B**, **C** e **D:** incorretas, tendo em vista o teor da Súmula citada no tópico anterior.
Gabarito "A".

(Promotor de Justiça/GO – 2013) A respeito da competência é correto afirmar:
(A) de acordo com o art. 94, do CPC, o foro do domicílio do autor é o genericamente competente, para a ação fundada em direito pessoal e a ação fundada em direito real sobre bens móveis, tratando-se de competência territorial.
(B) de acordo com o Estatuto da Criança e do Adolescente, as ações para a proteção judicial dos interesses individuais, difusos e coletivos de crianças e adolescentes serão propostas no foro do local onde ocorreu ou deva ocorrer a ação ou omissão, cujo juízo terá competência absoluta para processar e julgar a causa.
(C) de acordo com a Lei Federal 10.741/2003, Estatuto do Idoso, as ações para a proteção judicial dos interesses coletivos, em sentido amplo, dos idosos, serão propostas no foro do domicílio do responsável legal pelo idoso, ainda que não coincida com o domicílio deste, visando facilitar o acesso ao juízo, que terá competência absoluta para processar a causa.
(D) de acordo com a Lei Federal 7.347/1985, Lei da Ação Civil Pública, será competente para a ação o foro do local onde ocorreram atos de maior repercussão social, cujo juízo terá competência funcional para processar e julgar a causa.

A: incorreta, pois a competência, no caso, é do domicílio do réu; **B:** correta, pois assim estabelece o art. 209 do ECA; **C:** incorreta, pois, de acordo com o art. 80 do Estatuto do Idoso, "as ações previstas neste Capítulo serão propostas no foro do domicílio do idoso, cujo juízo terá competência absoluta para processar a causa, ressalvadas as competências da Justiça Federal e a competência originária dos Tribunais Superiores"; **D:** incorreta, pois, conforme o art. 2º da Lei 7.347/1985, a ação civil pública deve ser proposta no foro do local do dano. Houve dano nacional ou regional, aplica-se o art. 93 do CDC, devendo a ação ser proposta no foro da Capital do Estado ou no do Distrito Federal.
Gabarito "B".

(Ministério Público/GO – 2012) Em relação à competência em matéria de interesses transindividuais, é correto afirmar:
(A) de acordo com o instituído pelo artigo 2º da Lei 7.347/1985, a competência para as ações civis públicas que versem direitos difusos ou coletivos, é estabelecida em razão do local do dano, sendo, portanto, competência territorial relativa;
(B) como o artigo 2º da Lei 7.347/1985 refere-se, expressamente, ao local do dano, na hipótese de atuação preventiva na tutela de direitos difusos ou coletivos, a ação será proposta sempre na Capital do Estado ou no Distrito Federal, incidindo a regra do artigo 93, II, do CDC;
(C) na defesa de interesses individuais homogêneos, se os danos forem regionais ou nacionais, a ação será proposta, alternativamente, no foro da Capital do Estado ou no do Distrito Federal, aplicando-se as regras do CPC, nos casos de competência concorrente;
(D) considerando o microssistema de tutela coletiva formado pela integração da Lei 7.347/1985 com a Lei 8.078/1990, nas ações civis públicas fundadas no ECA – Estatuto da Criança e do Adolescente, a competência é do local do dano, conforme previsto no artigo 2º da Lei da Ação Civil Pública.

A: incorreta, pois a competência, no caso, é considerada absoluta; **B:** incorreta, pois a ação preventiva deverá ser ajuizada no foro do local onde possa ocorrer o dano, nos termos do art. 93, II, do CDC; **C:** correta, pois é o que estabelece o art. 93, II, do CDC; **D:** incorreta, pois, no caso, há regra específica no art. 209 do ECA, no sentido de que *as ações previstas neste Capítulo serão propostas no foro do local onde ocorreu ou deva ocorrer a ação ou omissão, cujo juízo terá competência absoluta para processar a causa, ressalvadas a competência da Justiça Federal e a competência originária dos tribunais superiores.*

Gabarito "C".

(Ministério Público/PI – 2012 – CESPE) Com relação à ACP para a defesa de direitos coletivos em sentido amplo, assinale a opção correta.

(A) De acordo com a concepção tripartite estabelecida legalmente para a caracterização dos interesses e direitos coletivos, os critérios identificadores desses interesses e direitos residem no pedido e na causa de pedir.
(B) O arquivamento de inquérito civil induz os efeitos da preclusão e de coisa julgada e impede a propositura de ACP.
(C) A legitimidade para a propositura da ACP é concorrente e disjuntiva, todavia, verificando-se pertinência temática do objeto litigioso aos fins institucionais de mais de um ente legitimado, forma-se litisconsórcio ativo necessário.
(D) Na ACP, admite-se a dedução de pedido reconvencional pelo réu.
(E) A ACP segue procedimento especial definido na Lei de Ação Civil Pública. Entretanto, se existir, para o pedido, procedimento especial definido no CPC, prevalecem as disposições da legislação processual civil, por expressa previsão legal.

A: correta, pois esses são os critérios adotados no art. 81 do CDC, que define três espécies de direitos e interesses transindividuais (difusos, coletivos no sentido estrito e individuais homogêneos). Para a definição da natureza do direito material tutelado é imprescindível verificar o fundamento da demanda (causa de pedir) e o pedido (se a favor da coletividade ou de determinados indivíduos); **B:** incorreta, pois o arquivamento do IC não induz os efeitos da coisa julgada, considerando que qualquer colegitimado pode ingressar com ação, bem como o próprio MP pode desarquivar a investigação, havendo novas provas; **C:** incorreta, pois não já litisconsórcio ativo necessário entre os colegitimados. Ao contrário, a legitimidade, sendo disjuntiva, é dada a diversos entes sem que a atuação de um condicione a atuação do outro; **D:** incorreta, pois a reconvenção não é admitida quando o autor demanda a proteção de direito alheio; **E:** incorreta, pois a LACP não trata do aspecto procedimental da ação.

Gabarito "A".

(Ministério Público/SP – 2012 – VUNESP) Numa ação civil pública que tenha por objeto a condenação de loteador no cumprimento de obrigações de fazer e não fazer, e indenização por danos ambientais, quando a gleba se situa em diferentes Estados vizinhos, a competência é

(A) da Justiça Federal e o juízo competente será determinado junto à seção judiciária ou comarca em que tramitou o inquérito civil.
(B) de foro e será determinada pela prevenção, isto é, pelo juízo em que se der a citação válida.
(C) territorial e será determinada pela prevenção, isto é, pelo juízo que despachar a inicial em primeiro lugar.
(D) relativa e será determinada pelo foro do domicílio do réu.
(E) relativa e será determinada pelo lugar em que se situar a maior parte do loteamento irregular.

A questão foi anulada pela Banca Examinadora, sob o seguinte argumento: "Reconhece-se a existência de erro de revisão na elaboração dessa questão, pois não há uma alternativa correta. Com efeito, as alternativas (B) e (C) (que traziam o cerne da solução: a prevenção como critério de modificação da competência) não contemplam a hipótese do parágrafo único do artigo 2º da LACP que estabeleceu – diferentemente do que [ocorre] nas ações individuais – a propositura da ação como fato jurídico determinante da prevenção". De acordo com o enunciado da questão, pode-se dizer que, no caso, a competência é concorrente (existe mais de um foro competente) e será determinada pela prevenção, que decorre da propositura da ação, por força do art. 93, II, do CDC. O fato de o dano atingir mais de um Estado, por si só, não determina que a ação seja proposta na Capital do Estado. De observar que o dano é localizado, pois incide em uma determinada gleba. A ação, por ser reparatória, deve ser proposta no foro do local do dano (art. 2º da LACP e 93 do CDC), sendo que há consenso no sentido de que a competência é absoluta. Há divergência se a competência é territorial absoluta ou funcional.

Gabarito: "anulada".

(Defensor Público/AC – 2012 – CESPE) Acerca da competência referente aos direitos difusos e coletivos, assinale a opção correta.

(A) A justiça federal e a estadual de primeira instância têm competência funcional para julgar as demandas que envolvam direitos difusos e coletivos, conforme a pessoa e a matéria.
(B) A competência em razão da hierarquia poderá, ou não, ser da primeira instância jurisdicional, situada no lugar onde tenha ocorrido dano a direito difuso coletivo.
(C) O valor da causa influencia diretamente a determinação da competência para fins de ação civil pública.
(D) Conforme prevê o CDC, a ação civil coletiva para responsabilizar o fornecedor de produtos ou serviços não pode ser proposta no domicílio do autor.
(E) Se o lesado na ação coletiva for um trabalhador, o critério de fixação de competência será o funcional, ou seja, a ação deverá ser julgada na justiça comum estadual.

A: correta, conforme o art. 2º da Lei 7.347/1985, que estabelece ter o juízo do local do dano "competência funcional" para processar e julgar a causa. Assim, a ação civil pública será proposta na Justiça Federal ou Estadual, conforme a pessoa e a matéria envolvidas. Por isso, se uma ação civil pública foi proposta em face da União, a competência será da Justiça Federal (art. 109, I, da CF). Doutrinariamente há controvérsia se referida competência é funcional; **B:** incorreta, pois a competência funcional, no plano vertical (em razão da hierarquia), determina, por exemplo, que a ação seja proposta, originariamente, perante os tribunais. É o que ocorre, por exemplo, no caso de mandado de segurança, em que a competência é determinada em função da autoridade coatora apontada pelo impetrante; **C:** incorreta, pois o valor da causa não é critério para a determinação da competência para conhecer da ação coletiva. O grande critério, no caso, é a determinação do foro do local do dano; **D:** incorreta, pois a ação pode ser proposta no domicílio do autor, conforme se depreende do art. 101, I, do CDC; **E:** incorreta, pois a competência, no caso, será determinada pelo local do dano, bem como poderá ser influenciada pela pessoa demandada (União, por exemplo).

Gabarito "A".

(Defensor Público/PR – 2012 – FCC) Um cidadão procura os serviços de assistência jurídica da Defensoria Pública do Paraná em Curitiba, relatando a cobrança da "taxa para procedimentos operacionais", no valor de R$ 5.000,00, pelo Banco Lucrobom, para a expedição da declaração de quitação integral do financiamento imobiliário que havia contratado. Ao pesquisar sobre o assunto, o Defensor Público responsável pelo caso identificou uma ação civil pública ajuizada pela Defensoria Pública do Ceará, na 1ª Vara Cível da Comarca de Fortaleza, contra o mesmo banco e questionando a mesma taxa, cuja sentença, ao julgar procedente a demanda, proibiu a cobrança da taxa em novas oportunidades e determinou a devolução em dobro para aqueles que já a haviam custeado. A decisão transitara em julgado um mês antes, após julgamento da apelação, à qual se negou provimento, pelo Tribunal de Justiça do Ceará. Diante desses fatos, a medida a ser adotada pelo Defensor Público é

(A) o ajuizamento de ação individual de conhecimento em Curitiba, já que a eficácia da sentença em ação civil pública limita-se à competência territorial do órgão prolator e apenas os residentes em Fortaleza podem executar aquela decisão.
(B) a execução individual da decisão em Curitiba, já que a eficácia da sentença em ação civil pública não sofre limitação territorial, alcançando todos que dela possam beneficiar-se.
(C) o encaminhamento do caso para a Defensoria Pública do Ceará para que a decisão seja executada em Fortaleza, ainda que o cidadão resida em Curitiba, já que a eficácia da sentença em ação civil pública limita-se à competência territorial do órgão prolator.
(D) o encaminhamento do caso para a Defensoria Pública do Ceará para que a decisão seja executada em qualquer comarca do Ceará, ainda que o cidadão resida em Curitiba, já que a eficácia da sentença em ação civil pública limita-se à competência territorial do órgão prolator, que é o Tribunal de Justiça do Ceará, por ter manifestado-se sobre o mérito da ação no julgamento da apelação.
(E) o ajuizamento de ação individual de conhecimento em Curitiba, já que a eficácia da sentença em ação civil pública limita-se à competência territorial do órgão prolator e como houve manifestação do Tribunal de Justiça do Ceará no caso, apenas os residentes daquele estado podem executar a decisão.

A: incorreta, pois referido entendimento está superado, conforme comentários à próxima assertiva; **B:** correta, pois esse é o atual entendimento do STJ, cuja Corte Especial, no julgamento do REsp 1.243.887/PR (Rel. Min. Luis Felipe Salomão, DJe de 12.12.2011), firmou a seguinte orientação jurisprudencial: "Direito processual. Recurso representativo de controvérsia (art. 543-C, CPC). Direitos metaindividuais. Ação civil pública. Apadeco x Banestado. Expurgos inflacionários. Execução/liquidação individual. Foro competente. Alcance objetivo e subjetivo dos efeitos da sentença coletiva. Limitação territorial. Impropriedade. Revisão jurisprudencial. Limitação aos associados. Inviabilidade. Ofensa à coisa julgada. A liquidação e a execução individual de sentença genérica proferida em ação civil coletiva pode ser ajuizada no foro do domicílio do beneficiário, porquanto os efeitos e a eficácia da sentença não estão circunscritos a lindes geográficos, mas aos limites objetivos e subjetivos do que foi decidido, levando-se em conta, para tanto, sempre a extensão do dano e a qualidade dos interesses metaindividuais postos em juízo (arts. 468, 472 e 474, CPC e 93 e 103, CDC)"; **C:** incorreta, conforme se depreende do comentário anterior; **D:** incorreta, pelas razões já expostas; **E:** incorreta, conforme o exposto em relação à alternativa "B".

Gabarito "B".

(Defensor Público/PR – 2012 – FCC) A Defensoria Pública do Paraná ajuíza ação civil pública em face do Estado do Paraná e do Município de Cascavel. Um mês depois, o Ministério Público ajuíza ação com idêntico pedido e idêntica causa de pedir, em face do Município de Cascavel. Nesta hipótese, verifica-se a ocorrência de

(A) conexão.
(B) continência.
(C) litispendência.
(D) conexão em relação ao Estado do Paraná e continência em relação ao Município de Cascavel.
(E) ausência de identidade entre os processos, por se tratarem de autores diferentes.

A: incorreta, pois, no caso, há identidade entre os elementos da demanda (mesmo réu, mesma causa de pedir e mesmo pedido). Sendo assim, o fenômeno é o da litispendência. O fato de o autor ser formalmente diferente não impede o reconhecimento da litispendência, decorrente da tríplice identidade, no processo coletivo, pois o autor da demanda postula em juízo direitos que não são seus, mas que pertencem à coletividade; **B:** incorreta, pois os pedidos são idênticos. Haveria possibilidade de continência se os pedidos deduzidos em uma demanda fossem mais amplos do que os pedidos deduzidos na outra; **C:** correta, pois, conforme exposto, há identidade entre os elementos objetivos (causa de pedir e pedido) e subjetivos (partes) da demanda, o que caracteriza a litispendência; **D:** incorreta, pois, como se disse, não há continência, que pressupõe diferença de amplitude dos pedidos; **E:** incorreta, pois, conforme se disse, há identidade entre elementos da demanda.
Gabarito "C".

(Defensor Público/SE – 2012 – CESPE) No que se refere à ACP, assinale a opção correta.

(A) De acordo com a legislação de regência, não é cabível o ajuizamento de ACP para veicular pretensão que envolva tributos.
(B) É vedada a formação de litisconsórcio ativo para a propositura da ACP.
(C) Segundo a lei, a legitimidade da DP para o ajuizamento de ACP só se justifica na qualidade de representante judicial de associação economicamente hipossuficiente legitimada para a propositura da ação.
(D) Não se admite a assistência litisconsorcial na ACP.
(E) Não é cabível o ajuizamento de ACP para a tutela meramente preventiva.

A: correta, pois a restrição se encontra no art. 1º, parágrafo único, da Lei da Ação Civil Pública (Lei 7.347/1985) e encontra respaldo na jurisprudência; **B:** incorreta, pois a formação de litisconsórcio facultativo ativo é expressamente admitida pelo art. 5º, § 5º, da Lei 7.347/1985; **C:** incorreta, pois a Defensoria Pública pode ser autora da ação civil pública, isto é, parte, e não mera representante da parte. A possibilidade expressa passou a constar do art. 5º, II, da Lei 7.347/1985 (o inciso II foi introduzido pela Lei 11.448/2007); **D:** incorreta, pois quaisquer dos colegitimados do art. 5º da Lei 7.347/1985 pode se habilitar na ação civil pública. Trata-se de situação em que o colegitimado pode figurar como assistente litisconsorcial. Para alguns, seria um "ingresso litisconsorcial". O § 2º do art. 5º da Lei 7.347/1985 também estabelece: "Fica facultado ao Poder Público e a outras associações legitimadas nos termos deste artigo habilitar-se como litisconsortes de qualquer das partes". De lembrar, ainda, a hipótese do art. 94 do CDC: "Proposta a ação, será publicado edital no órgão oficial, a fim de que os interessados possam intervir no processo como litisconsortes, sem prejuízo de ampla divulgação pelos meios de comunicação social por parte dos órgãos de defesa do consumidor"; **E:** incorreta, pois a ação civil pública pode ter por fim evitar a ocorrência do dano aos direitos e interesses transindividuais. Cite-se o importante exemplo das ações coletivas com caráter inibitório, ou seja, com o fim de evitar o ilícito. A pretensão à concessão de medidas de urgência em ações coletivas encontra respaldo no art. 12 da Lei 7.347/1985: "Poderá o juiz conceder mandado liminar, com ou sem justificação prévia, em decisão sujeita a agravo". De outro lado, o art. 83 do CDC estabelece que: "Para a defesa dos direitos e interesses protegidos por este código são admissíveis todas as espécies de ações capazes de propiciar sua adequada e efetiva tutela".
Gabarito "A".

3. LEGITIMAÇÃO, LEGITIMADOS, MINISTÉRIO PÚBLICO E LITISCONSÓRCIO

(Defensor Público – DPE/SC – 2017 – FCC) No plano legislativo, o primeiro diploma a atribuir expressamente legitimidade à Defensoria Pública para a propositura de ação civil pública foi a

(A) Lei n. 11.448/2007.
(B) Lei n. 8.078/1990.
(C) Constituição Federal de 1988, a partir da Emenda Constitucional n. 45/2004.
(D) Lei Complementar n. 80/94, por meio da reforma promovida pela Lei Complementar n. 132/2009.
(E) Lei n. 7.347/1985, desde a sua edição original.

A: correta. A Lei 11.448/2007 alterou a Lei 7.347/1985, incluindo expressamente a Defensoria Pública como legitimada para propositura de ação civil pública (art. 5º). **B:** incorreta. O Código de Defesa do Consumidor (Lei 8.078/1990) não prevê a legitimidade da defensoria pública para as ações coletivas (vide art. 82). **C:** incorreta. A emenda constitucional 45/2004, denominada "reforma do Poder Judiciário" altera os legitimados para o controle concentrado de constitucionalidade, em nada afetando as ações coletivas. **D:** incorreta. De fato, a Lei Complementar 132/2009 altera o art. 4º, inciso VII, da Lei Complementar 80/1994 trazendo, dentre as funções institucionais da defensoria, a legitimidade promover ação civil pública e todas as espécies de ações capazes de propiciar a adequada tutela dos direitos difusos, coletivos ou individuais homogêneos. No entanto, não foi o primeiro diploma a trazer a legitimidade Vide justificativa da alternativa "A". **E:** incorreta. Vide justificativa da alternativa "A".
Gabarito "A".

(Promotor de Justiça/GO – 2016 – MPE) Assinale a alternativa correta:

(A) Os interesses difusos, coletivos e individuais homogêneos, quando de caráter indisponível, não poderão ser objeto de transação/composição judicial ou extrajudicial, sendo irrelevante juridicamente a disposição do responsável pelo dano de se adequar às exigências legais ou de reparar os prejuízos provocados por sua ação.
(B) Proposta por algum legitimado a ação coletiva, que objetiva a tutela de direitos individuais homogêneos, estará obstado o ajuizamento de ação de caráter individual pelo particular.
(C) O Ministério Público, caso não seja o autor da ação, haverá necessariamente de intervir nas causas, coletivas ou individuais, em que a contenda envolva relação de consumo.
(D) O Ministério Público detém legitimidade ampla no processo coletivo. Assim, no mesmo cenário fático e jurídico conflituoso, com violações simultâneas de direitos de mais de uma espécie, poderá o órgão buscar uma tutela híbrida, por meio de uma mesma ação civil pública.

A: incorreta. O termo de ajustamento de ajustamento de conduta pode versar qualquer obrigação de fazer ou não fazer, no zelo de quaisquer interesses difusos, coletivos ou individuais homogêneos (veja também RMS 31064/GO), nos termos do art. 5º, § 6º, da LACP, "os órgãos públicos legitimados poderão tomar dos interessados compromisso de ajustamento de sua conduta às exigências legais, mediante cominações, que terá eficácia de título executivo extrajudicial". Ademais, é absolutamente relevante a disposição do responsável para se adequar às exigências legais ou reparar os prejuízos. **B:** incorreta. A propositura da ação coletiva não inibe a propositura da ação individual (vide art. 104 do CDC e tese de Recuso Repetitivo 589 do STJ. **C:** incorreta. Nos termos do art. 5º, § 1º, da LACP, o MP, se não atuar como parte, atuará obrigatoriamente como fiscal da lei. No entanto, esse dever se refere apenas a tutela coletiva de direitos, não se aplicando nas causas individuais. **D:** correta. A legitimidade do MP está expressa no art. 5º da LACP. Caso haja violação de direitos ou interesses Difusos, Coletivos e Individuais Homogêneos, a mesma ação coletiva pode ser híbrida, significa dizer, é possível fazer mais de um pedido buscando a defesa dos interesses transindividuais. Veja: "Direito coletivo e direito do consumidor. Ação civil pública. Plano de saúde. Cláusula restritiva abusiva. Ação híbrida. Direitos individuais homogêneos, difusos e coletivos. Danos individuais. Condenação. Apuração em liquidação de sentença. Danos morais coletivos. Condenação. Possibilidade, em tese. No caso concreto danos morais coletivos inexistentes. **As tutelas pleiteadas em ações civis públicas não são necessariamente puras** e estanques. Não é preciso que se peça, de cada vez, uma tutela referente a direito individual homogêneo, em outra ação uma de direitos coletivos em sentido estrito e, em outra, uma de direitos difusos**, notadamente em se tratando de ação manejada pelo Ministério Público, que detém legitimidade ampla no processo coletivo. Isso porque **embora determinado direito não possa pertencer, a um só tempo, a mais de uma categoria, isso não implica dizer que, no mesmo cenário fático ou jurídico conflituoso, violações simultâneas de direitos de mais de uma espécie não possam ocorrer**. 3. No caso concreto, trata-se de **ação civil pública de tutela híbrida**. Percebe-se que: (a) há direitos individuais homogêneos referentes aos eventuais danos experimentados por aqueles contratantes que tiveram tratamento de saúde embaraçado por força da cláusula restritiva tida por ilegal; (b) há direitos coletivos resultantes da ilegalidade em abstrato da cláusula contratual em foco, a qual atinge igualmente e de forma indivisível o grupo de contratantes atuais do plano de saúde; (c) há direitos difusos, relacionados aos consumidores futuros do plano de saúde, coletividade essa formada por pessoas indeterminadas e indetermináveis. (STJ, REsp 1.293.606/MG).
Gabarito "D".

(Ministério Público/SP – 2015 – MPE/SP) Nos termos da Lei 7.347/1985 (Lei da Ação Civil Pública):

I. Em caso de desistência infundada ou abandono da ação por associação legitimada, cabe privativamente ao Ministério Público assumir a titularidade ativa da ação.
II. É facultado ao Poder Público e a outras associações legitimadas habilitar-se como litisconsortes de qualquer das partes.
III. Os órgãos públicos legitimados poderão instaurar inquérito civil, ou requisitar, de qualquer organismo público ou particular, certidões, informações, exames ou perícias, no prazo que assinalar, o qual não poderá ser inferior a 10 (dez) dias úteis.
IV. A multa cominada liminarmente será exigível do réu desde o dia em que se houver configurado o descumprimento.
V. A ação civil poderá ter por objeto a condenação em dinheiro ou o cumprimento de obrigação de fazer ou não fazer.

Está correto apenas o contido em:

(A) I, II e IV.
(B) II e V.

(C) II, III, IV e V.
(D) IV e V.
(E) II, IV e V.

I: incorreta, pois qualquer legitimado para a ação civil pública pode fazê-lo (art. 5º, § 3º, da Lei 7.347/1985); **II:** correta (art. 5º, § 2º, da Lei 7.347/1985); **III:** incorreta, pois somente o Ministério Público pode instaurar inquérito civil e fazer a requisição mencionada (art. 8º, § 1º, da Lei 7.347/1985); **IV:** incorreta, pois a multa só pode ser exigida do réu após o trânsito em julgado da ação, mas será devida desde o dia do descumprimento (art. 12, § 2º, da Lei 7.347/1985); V: correta (art. 3º da Lei 7.347/1985).
Gabarito "B".

(DPE/PE – 2015 – CESPE) A respeito da tutela dos direitos difusos, coletivos e individuais, julgue os seguintes itens.
(1) De acordo com entendimento do STJ, em se tratando de interesses coletivos em sentido estrito ou de interesses individuais homogêneos, diante de grupos determinados de lesados, a legitimação da DP deverá ser restrita às pessoas notadamente necessitadas.
(2) Se uma ação ajuizada por idoso, na qual se vise o cumprimento de contrato de compra e venda de um veículo, for processada sem a participação do MP na qualidade de *custos legis*, a sentença que eventualmente for proferida nesse processo deverá ser anulada.

1: correta; de acordo com o STJ, "a Defensoria Pública tem pertinência subjetiva para ajuizar ações coletivas em defesa de interesses difusos, coletivos ou individuais homogêneos, sendo que no tocante aos difusos, sua legitimidade será ampla (basta que possa beneficiar grupo de pessoas necessitadas), haja vista que o direito tutelado é pertencente a pessoas indeterminadas. **No entanto, em se tratando de interesses coletivos em sentido estrito ou individuais homogêneos, diante de grupos determinados de lesados, a legitimação deverá ser restrita às pessoas notadamente necessitadas**" (REsp 1192577/RS, Rel. Ministro Luis Felipe Salomão, Quarta Turma, julgado em 15.05.2014, DJe 15.08.2014) (g.n.); **2:** incorreta, pois, de acordo com o STJ, "a intervenção do Ministério Público nas ações em que envolva o interesse do idoso não é obrigatória, devendo ficar comprovada a situação de risco de que trata o art. 43 da Lei 10.741/2003" (AgRg no REsp 1182212/PR, Rel. Ministro Jorge Mussi, Quinta Turma, julgado em 09.08.2011, DJe 23.08.2011).
Gabarito 1C, 2E

(DPE/PE – 2015 – CESPE) Acerca da tutela em juízo dos interesses individuais homogêneos, difusos e coletivos, julgue os itens a seguir.
(1) A DP pode defender réu a que é imputado ato lesivo ao patrimônio público, mas não tem legitimidade para propor ação civil pública.
(2) No âmbito do direito privado, cinco anos é o prazo prescricional para o ajuizamento da execução individual em pedido de cumprimento de sentença proferida em ação civil pública.

1: incorreta, pois a Defensoria tem legitimidade para propor ação civil pública (art. 5º, II, da Lei 7.347/1985); **2:** correta (art. 27 do CDC).
Gabarito 1E, 2C

(Promotor de Justiça/AC – 2014 – CESPE) No que concerne à legitimidade para a proposição de ACP, assinale a opção correta de acordo com o entendimento do STJ.
(A) O MP é parte ilegítima para propor ACP com a finalidade de compelir município a efetivar matrícula de criança em creche municipal.
(B) O MP é parte ilegítima para propor ACP com o fim de compelir plano de saúde a voltar a fornecer medicamento específico a consumidor que sofra de esclerose múltipla.
(C) O MP é parte legítima para propor ACP com o fim de pleitear a defesa de interesses individuais, difusos ou coletivos, relativos à infância e à adolescência, apesar de não haver, a esse respeito, previsão expressa no ECA.
(D) Associação civil de defesa do consumidor é parte legítima para ajuizar ACP em defesa de interesses individuais homogêneos.
(E) O MP é parte ilegítima para propor ACP com o fim de obrigar o Estado a fornecer alimento especial indispensável à saúde de pessoa pobre, mormente quando sofra de doença grave que, em razão do não fornecimento do aludido alimento, possa causar prematuramente a sua morte.

A: incorreta, pois: "O Ministério Público é órgão responsável pela tutela dos interesses individuais homogêneos, coletivos e difusos relativos à infância e à adolescência, na forma do art. 201 do Estatuto da Criança e do Adolescente – ECA. Cabe ao *Parquet* ajuizar Ação Civil Pública com a finalidade de garantir o direito a creche e a pré-escola de crianças até seis anos de idade, conforme dispõe o art. 208 do ECA" (REsp 440502/SP); **B:** incorreta, pois: "Legitimidade ativa do Ministério Público para propor Ação Civil Pública em defesa de direito indisponível, como é o direito à saúde. Precedentes do STJ" (AgRg no Ag 1247323/SC); **C:** incorreta, pois, conforme exposto no item "A", há previsão expressa sobre a legitimidade do MP; **D:** correta, pois: "A jurisprudência do Superior Tribunal de Justiça firmou-se no sentido de que a associação civil de defesa do consumidor preenche os requisitos legais para ajuizar ação civil pública em defesa de interesses individuais homogêneos." (REsp 609329 / PR); **E:** incorreta, pois: "Constitui função institucional e nobre do Ministério Público buscar a entrega da prestação jurisdicional para obrigar o Estado a fornecer alimento especial indispensável à saúde de pessoa pobre mormente quando sofre de doença grave que, em razão do não fornecimento do aludido laticínio, poderá causar, prematuramente, a sua morte. Legitimidade ativa do Ministério Público para propor ação civil pública em defesa de direito indisponível, como é o direito à saúde, em benefício do hipossuficiente" (REsp 823079/RS).
Gabarito "D".

(Promotor de Justiça/DF – 2013) A empresa "Z" construiu irregularmente prédio residencial em área de proteção ambiental do Distrito Federal. Embora ajuizada a ação civil pública para recomposição dos danos na área de proteção ambiental quando o prédio ainda estava no início das obras de fundação, muitas unidades residenciais foram alienadas pela empresa "Z", no curso do processo. Assinale a alternativa **CORRETA**:
(A) O Ministério Público tem legitimação ativa, extraordinária e disjuntiva para ingressar com ação civil pública contra a empresa "Z" e o Distrito Federal, visando recompor os danos ambientais e o foro competente será o juízo de uma das varas de fazenda pública do Distrito Federal.
(B) As alienações promovidas pela empresa "Z", em momento posterior à propositura da ação civil pública, impõe a necessária formação de litisconsórcio passivo dos compradores das unidades residenciais com os já integrantes do polo passivo da demanda.
(C) As alienações promovidas pela empresa "Z", em momento posterior à propositura da ação civil pública, não alteram a legitimidade para a causa das partes originárias da lide ou os efeitos subjetivos da coisa julgada, que alcançarão os adquirentes das unidades residenciais.
(D) A defensoria pública pediu seu ingresso na lide, na qualidade de colegitimada ativa, porque, na mesma área de proteção ambiental, reside um grupo de catadores de lixo, que quer ser mantido no local. A participação da defensoria pública se dará na qualidade de litisconsorte ulterior do Ministério Público.
(E) O Distrito Federal é também um colegitimado ativo para a proteção do meio ambiente violado, o que o autoriza a assumir, na ação civil pública em que é demandado, a posição que melhor convier ao interesse público. Pode aceitar a indicação do polo passivo ou concordar com as alegações do autor Ministério Público, quando será seu assistente litisconsorcial.

A: incorreta, pois o foro competente é o do local do dano. O juízo competente, se o Distrito Federal integrar o polo passivo, é a Vara da Fazenda Pública. Atenção para a distinção entre o foro e juízo; **B:** incorreta, pois não há necessidade de formação do litisconsórcio passivo com os compradores, considerando que a obrigação de reparar o dano é *propter rem*, de tal forma que os novos compradores ficarão sujeitos aos efeitos da decisão judicial, caso seja efetivamente imposta a obrigação de reparar o dano; **C:** correta, conforme exposto no item anterior; **D:** incorreta, pois a Defensoria Pública, no caso, não pode deduzir, como litisconsorte ativa, pretensão incompatível com a pretensão deduzida pelo Ministério Público, que foi no sentido da reparação do dano, ou seja, da tutela de interesses e direitos difusos; **E:** incorreta, pois o Distrito Federal, se não fosse réu, poderia integrar qualquer dos polos da demanda (art. 5º, § 2º, da Lei 7.347/1985). Porém, no caso, foi demandado, isto é, foi citado como réu. Na ação popular é que existe maior flexibilidade na intervenção do Poder Público.
Gabarito "C".

(Promotor de Justiça/DF – 2013) Os colegitimados ativos à ação civil pública concorrem entre si no ajuizamento da ação coletiva para defender em juízo situação jurídica da qual não são titulares. E, assim como nas ações individuais, é previsível que o autor desista ou abandone a ação civil pública. Sobre o tema, assinale a alternativa **CORRETA**:
(A) Assim como acontece nas ações individuais, a desistência da ação civil pública pelo seu autor pode acontecer a qualquer tempo. Se antes de decorrido o prazo de resposta do réu, basta o pronunciamento do autor nesse sentido. Se ultrapassado esse prazo, e aceita a desistência pelo réu, a ação civil pública será, simplesmente, extinta sem resolução de mérito.
(B) A desistência da ação civil pública pelo autor implicará o chamamento dos demais colegitimados, com a publicação de edital e intimação pessoal do Ministério Público, para dar continuidade à demanda coletiva. Caso nenhum dos colegitimados assuma a titularidade da ação, é imperativa a sucessão processual pelo órgão ministerial.
(C) O princípio da disponibilidade motivada da ação coletiva, concretizador do devido processo legal coletivo ou social, permite que o órgão ministerial não assuma a titularidade de ação civil pública que o autor originário desistiu e que qualquer outro colegitimado não a titularizou.
(D) Um promotor de justiça ingressou com ação civil pública visando paralisar obras de terraplanagem e de infraestrutura, aptas a causarem danos irreparáveis ao meio ambiente e à ordem urbanística. No curso da lide, percebeu que, na peça de ingresso, faltou pedido de imposição de obrigação de fazer aos réus, consistente na recomposição do terreno público violado, o que, se acolhido, seria de grande valia para a população que dele usufrui. Nessa hipótese, o promotor de justiça não pode mais desistir da ação civil pública que ele ajuizou, mesmo se o réu aceitar a desistência.

(E) O sistema integrado de tutela processual coletiva não admite o ajuizamento de ação civil pública para apreciação das lesões e das ameaças de lesão aos interesses da população negra decorrentes de situações de desigualdade étnica.

A: incorreta, pois, no caso de ação civil pública, o fato da desistência não pode determinar, sempre, a extinção do processo sem resolução do mérito. Ocorre que há uma indisponibilidade da ação civil pública, que, porém, não é absoluta. Daí falar-se em "disponibilidade motivada". Ocorre que o art. 5º, § 3º, da Lei 7.347/1985, determina que o MP, em caso de desistência infundada ou abandono da ação, possa assumir a titularidade ativa. Além do MP, outro legitimado poderá assumir a titularidade ativa; **B:** incorreta, pois o Ministério Público não é obrigado, em todo caso, a assumir a titularidade ativa. Deve fazê-lo se a desistência for *infundada*; **C:** correta, pois o Ministério Público nem sempre assumirá a titularidade ativa de ação civil pública proposta por outro colegitimado, uma vez que só o fará se a desistência for *infundada*. É o que estabelece o art. 5º, § 3º, da Lei 7.347/1985: "Em caso de desistência infundada ou abandono da ação por associação legitimada, o Ministério Público ou outro legitimado assumirá a titularidade ativa". Por exemplo, o MP não deve assumir a titularidade ativa de demanda temerária; **D:** incorreta, pois, como se disse, a indisponibilidade não é absoluta. É possível a desistência motivada. Desistir da ação traz consequências processuais, mas não no plano material. Não há disponibilidade do direito material, pois é possível a repropositura da demanda; **E:** incorreta, pois é possível, sim, o ajuizamento de ação civil pública para apreciação das lesões e das ameaças de lesão aos interesses da população negra decorrentes de situações de desigualdade étnica. Há, no caso, tutela de direitos transindividuais. Atualmente, o art. 1º, VII, da Lei 7.347/1985, admite a ação, expressamente: "à honra e à dignidade de grupos raciais, étnicos ou religiosos" (Incluído pela Lei 12.966/2014).
Gabarito "C".

(Ministério Público/MS – 2013 – FADEMS) Analise as proposições abaixo,

I. O Ministério Público não tem legitimidade para pedir, em ação civil pública, a indenização do DPVAT (Seguro Obrigatório de Veículos Automotores Terrestres) em benefício do segurado, ainda que o caso se refira a diversas vítimas de acidente de trânsito que perceberam indenização inferior ao previsto em lei, pois apesar de ser hipótese de defesa de direitos individuais e homogêneo, tal não se reveste de relevância social.
II. Não possui legitimidade o Ministério Público para contestar o pagamento de impostos, contribuições e taxas mediante ação civil pública.
III. O Ministério Público não percebe honorários de sucumbência na hipótese de procedência da ação civil pública ajuizada.
IV. O Ministério Público tem legitimidade para ajuizar ação civil pública para a proteção do patrimônio público, podendo postular, inclusive, a reparação direta do dano eventualmente causado a ente da Administração Pública.

São corretas:
(A) Somente as proposições I e II.
(B) Somente as proposições I, II e III.
(C) Somente as proposições II, III e IV.
(D) Somente as proposições III e IV.
(E) Todas as proposições.

I: correta, pois nos termos da Súmula 470 do STJ, "o Ministério Público não tem legitimidade para pleitear, em ação civil pública, a indenização decorrente do DPVAT em benefício do segurado". Como noticiou o Informativo 359, decidiu a 2ª Seção do STJ: "Ação civil pública. Ilegitimidade. MP. DPVAT. Trata-se de recurso especial remetido à Seção sobre ilegitimidade do Ministério Público para ajuizar ação civil pública em desfavor de seguradora, ao fundamento de que as indenizações de DPVAT foram pagas em valores inferiores aos previstos em lei, fato que causa danos materiais e morais aos consumidores. Para o Min. Relator, na hipótese dos autos, os direitos defendidos são autônomos e disponíveis, sem qualquer caráter de indisponibilidade. O fato de a contratação desse seguro (DPVAT) ser obrigatório e atingir parte da população não lhe confere relevância social a ponto de ser defendida pelo Ministério Público. Além disso, tal seguro é obrigatório, sua contratação vincula a empresa de seguro e o contratado, relação eminentemente particular, tanto que, na ocorrência do sinistro, o beneficiário pode deixar de requerer a cobertura ou dela dispor. Ademais, os precedentes deste Superior Tribunal são nesse mesmo sentido. Com esse entendimento, a Seção, prosseguindo o julgamento, deu provimento ao recurso. Precedentes citados: AgRg no Ag 701.558/GO, *DJ* 14.05.2007; EDcl no AgRg no REsp 495.915/MG, DJ 05.09.2005, e REsp 629.079/RJ, *DJ* 04.04.2005". (REsp 858.056/GO, Rel. Min. João Otávio de Noronha, julgado em 11.06.2008); **II:** correta, pois a restrição encontra respaldo no parágrafo único do art. 1º da Lei 7.347/1985 e amparo no que tem decidido o STJ: "O Ministério Público não possui legitimidade ativa para ajuizar ação civil pública que tenha como objeto matéria tributária, uma vez que se caracteriza a defesa de direitos individuais privados e disponíveis, desiderato que refoge à competência reservada ao *Parquet*" (REsp 712.824/RS, Rel. Min. José Delgado, Primeira Turma, *DJ* 10.10.2005); **III:** correta, pois a proibição é constitucional (art. 128, § 5º, II, "a", da CF); **IV:** correta, pois a legitimidade foi consagrada pela Súmula 329 do STJ: "O Ministério Público tem legitimidade para propor ação civil pública em defesa do patrimônio público".
Gabarito "E".

(Ministério Público/MS – 2013 – FADEMS) Tratando-se de ação civil pública, é **correto** afirmar que:
(A) Um dos princípios que norteiam a ação civil pública é o princípio dispositivo.
(B) O Ministério Público não é parte legítima na propositura de ação civil pública para questionar relação de consumo resultante de ajuste a envolver cartão de crédito.
(C) É vedada a concomitância entre a ação civil pública e a ação popular.
(D) O Ministério Público não tem legitimidade ativa para ajuizar ação civil pública na defesa do patrimônio público e social, visando a extinção de carteira de previdência dos vereadores e prefeito.
(E) Os entes públicos desprovidos de personalidade jurídica podem ajuizar ação civil pública, desde que tenham como finalidade institucional a defesa de um dos direitos objeto de proteção pela lei da ação civil pública.

A: incorreta, pois a ação é regida pelo princípio da indisponibilidade. Como decidiu o STJ (REsp 200.289/SP, Rel. Min. Vasco Della Giustina, Terceira Turma, *DJe* 15.09.2010), "nos termos dos arts. 5º, § 3º, e 15, da Lei 7.347/1985, nos casos de desistência infundada ou de abandono da causa por parte de outro ente legitimado, deverá o Ministério Público integrar o polo ativo da demanda. Em outras palavras, homenageando-se os princípios da indisponibilidade e obrigatoriedade das demandas coletivas, deve-se dar continuidade à ação civil pública, a não ser que o *Parquet* demonstre fundamentalmente a manifesta improcedência da ação ou que a lide revele-se temerária"; **B:** incorreta, pois a legitimidade do Ministério Público já foi reconhecida pelo STJ: "A cobrança unilateral do serviço denominado 'proteção adicional' aos proprietários de cartão de crédito confere legitimidade ao Ministério Público para o ajuizamento de ação civil pública, na apuração de pretensa ilicitude, diante da existência do interesse coletivo, conforme estatuído pelo art. 129, III, da Constituição da República Federativa do Brasil, combinado com os arts. 81 e 82 do Código de Defesa do Consumidor, com o fito de salvaguardar os direitos (interesses) difusos, coletivos e individuais homogêneos. Precedentes" (REsp 556.618/DF, Rel. Min. Fernando Gonçalves, Quarta Turma, *DJ* 16.08.2004); **C:** incorreta, pois é possível a concomitância e, consequentemente, o reconhecimento da conexão ou da continência. A espécie de ação coletiva não é fator que impede o reconhecimento da conexão. Tanto que o Superior Tribunal de Justiça já a reconheceu, por exemplo, no caso de ação civil pública e ações populares que tinham como objetivo comum anular processo de licitação, como se vê do acórdão lançado no julgamento do conflito de competência 36.439/SC (Rel. Min. Luiz Fux, Primeira Seção, *DJ* 17.11.2003); **D:** incorreta, pois a legitimidade foi consagrada pela Súmula 329 do STJ: "O Ministério Público tem legitimidade para propor ação civil pública em defesa do patrimônio público"; **E:** correta, pois é o que estabelece o art. 82, III, do CDC.
Gabarito "E".

(Ministério Público/MS – 2013 – FADEMS) Em matéria de legitimidade e competência em sede de ação civil pública, é **correto** afirmar que:
(A) É competente a Justiça Eleitoral para julgar de ação civil pública que visa apurar ato praticado por prefeito municipal no decorrer de mandato eletivo, quando utilizou símbolos pessoais na publicidade de obras e serviços realizados pela prefeitura.
(B) Possuindo o partido político natureza associativa e preenchendo os requisitos da lei da ação civil pública, ele possui legitimidade ativa para ajuizamento desse tipo de ação coletiva.
(C) A legitimação das associações para propor ação civil pública é ordinária, em se tratando de representação de interesses ou direitos individuais homogêneos de associados ou não associados, exigindo-se, para tanto, esteja constituída há pelo menos um ano e que o objeto da ação esteja incluído entre suas finalidades.
(D) A fundação instituída pelo poder público não possui legitimidade para ajuizamento da ação civil pública, pois somente a fundação privada detém legitimidade ativa, desde que tenha em suas finalidades institucionais a defesa de um dos direitos protegidos pela lei da ação civil pública.
(E) Havendo litisconsórcio facultativo entre o Ministério Público Estadual e o Federal no ajuizamento da ação civil pública, a competência para julgamento é do juiz estadual do local onde ocorreu o dano.

A: incorreta, pois a competência, no caso, é da Justiça Comum. Não se trata de questão relacionada ao processo eleitoral. Assim decidiu a Primeira Seção do STJ (Informativo 203): "Competência. Ato. Prefeito. Justiça eleitoral. Trata-se de ação civil pública para apurar ato praticado por prefeito no decorrer do mandato eletivo, quando utilizou símbolos pessoais na publicidade de obras e serviços realizados pela prefeitura. Diante disso, resta incompetente a Justiça Eleitoral, pois sua competência restringe-se às controvérsias ligadas ao processo eleitoral e cessa com a diplomação definitiva dos eleitos, com exceção da ação de impugnação de mandato (art. 14, § 10 e § 11, da CF/1988). Com esse entendimento, a Seção, prosseguindo o julgamento, declarou competente o Tribunal de Justiça estadual. Precedentes citados: CC 10.903/RJ, *DJ* 12.12.1994, e CC 5.286/CE, *DJ* 04.10.1993" (CC 36.533/MG, Rel. Min. Luiz Fux, julgado em 24.03.2004); **B:** correta, pois os partidos políticos têm, de fato, estrutura equiparada à das associações; **C:** incorreta, pois a legitimação daquele que, em nome próprio, pleiteia direitos alheios, como é o caso, é extraordinária; **D:** incorreta, pois a legitimidade das fundações está prevista, expressamente, no art. 5º, IV, da Lei 7.347/1985; **E:** incorreta, pois a jurisprudência tem entendido que a ação, nesse caso, deve tramitar na Justiça Federal, considerando que o

Ministério Público Federal é órgão da União. Assim, a hipótese é a do art. 109, I, da CF. A propósito, assim já decidiu o STJ: "Em ação proposta pelo Ministério Público Federal, órgão da União, somente a Justiça Federal está constitucionalmente habilitada a proferir sentença que vincule tal órgão, ainda que seja sentença negando a sua legitimação ativa" (CC 40.534/RJ, Rel. Min. Teori Albino Zavaski, Primeira Turma, *DJU* 17.05.2004).

Gabarito "B".

(Ministério Público/GO – 2012) No tocante à legitimidade para propor a ação civil pública na defesa dos direitos coletivos em sentido amplo, é incorreto afirmar:

(A) nas ações civis públicas o interesse de agir do Ministério Público é presumido pela própria norma que lhe impõe a atribuição;

(B) como o artigo 5°, inciso V, da Lei 7.347/1985 refere-se apenas à associação, os legitimados públicos não estão sujeitos ao requisito de pré-constituição há pelo menos 01 ano, de sorte que um Município ou autarquia criado há menos de 01 ano possui legitimidade para ajuizar ação civil pública antes deste prazo;

(C) a representatividade adequada da associação depende do preenchimento de dois requisitos: 1) pré-constituição, ou seja, que esteja constituída há pelo menos 1 (um) ano nos termos da lei civil; e, 2) pertinência temática, ou seja, a finalidade institucional da associação deve ser compatível com a defesa judicial do interesse. Porém, havendo manifesto interesse social evidenciado pela dimensão ou característica do dano ou pela relevância do bem jurídico a ser protegido, poderá o Juiz dispensar ambos os requisitos.

(D) para o ajuizamento de ações coletivas a associação deverá estar expressamente autorizada, seja pelo estatuto, o que dispensa autorização em assembleia, seja por deliberação da assembleia, e, independentemente de ser reconhecida como organização social ou organização da sociedade civil de interesse público.

A: correta, pois, como ensinam Nelson e Rosa Nery (**Código de Processo Civil comentado**, 12. ed. São Paulo: Revista dos Tribunais, 2012. p. 207), "quando o legislador legitima o MP para a propositura da ação civil é porque identificou previamente o interesse processual, que deriva da própria outorga da legitimação; **B:** correta, pois o requisito da pré-constituição é específico das associações e objetiva impedir o ajuizamento de ações temerárias; **C:** incorreta, devendo ser assinalada, pois o juiz pode dispensar o requisito da pré-constituição e não *ambos os requisitos*; **D:** correta, pois o art. 82, IV, do CDC é expresso no sentido de que não é necessária autorização assemblear para o ajuizamento de ação coletiva, mas exige o estatuto inclua entre seus fins institucionais a defesa dos interesses e direitos transindividuais. O ajuizamento de ação também não depende do reconhecimento como organização social ou de interesse público, que tem outros fins, como o recebimento de incentivos financeiros.

Gabarito "C".

(Ministério Público/GO – 2012) No tocante à tutela judicial de interesses difusos, coletivos e individuais homogêneos, pelo Ministério Público, é incorreto afirmar que:

(A) A legitimação é genérica, porque o órgão ministerial pode propor qualquer ação civil pública com praticamente qualquer pedido, quando atue em defesa de interesses transindividuais, desde que essa iniciativa consulte aos interesses gerais da coletividade.

(B) É vedada toda e qualquer atuação fora de sua vocação institucional e, no caso de interesses individuais, só poderá exercitar a sua defesa se forem indisponíveis ou se tiverem expressão social, como se dá no caso de interesses individuais homogêneos de larga abrangência ou relevância social.

(C) A Constituição vedou ao órgão a representação das entidades públicas, mas seus membros agem como representantes da Fazenda quando propõem ações em defesa do patrimônio público.

(D) Quando a lei confere ao Ministério Público legitimidade para agir ou intervir na defesa de um interesse, está igualmente conferindo-lhe capacidade postulatória, a ser exercitada pelos seus órgãos.

A: correta, pois; de fato, o MP pode defender interesses transindividuais de forma genérica. Além disso, o art. 83 do CDC dispõe que são admissíveis todas as espécies de ações capazes de propiciar a adequada e efetiva tutela dos direitos e interesses metaindividuais; **B:** correta, pois o MP não pode, por exemplo, tutelar direitos individuais disponíveis; **C:** incorreta, devendo ser assinalada, pois o MP, quando defende o patrimônio público, atua em prol da coletividade, defendendo direito que é difuso. Não há atuação do MP como representante da Fazenda Pública; **D:** correta, pois, conforme já decidiu o STJ (1ª Turma, REsp 749.988/SP), "o Ministério Público está legitimado a defender os interesses públicos patrimoniais e sociais, ostentando, a um só tempo, *legitimatio ad processum* e capacidade postulatória que pressupõe aptidão para praticar atos processuais. É que essa capacidade equivale a do advogado que atua em causa própria. Revelar-se-ia *contraditio in terminis* que o Ministério Público legitimado para causa e exercente de função essencial à jurisdição pela sua aptidão técnica fosse instado a contratar advogado na sua atuação pro populo de custos legis".

Gabarito "C".

(Ministério Público/GO – 2012) Quanto à ação civil pública, marque a alternativa incorreta.

(A) Para o Ministério Público, identificada uma hipótese em que deva agir, não poderá haver a recusa em fazê-lo, embora tenha ampla liberdade para apreciar se ocorre hipótese em que sua ação se torna obrigatória.

(B) O atual perfil do Ministério Público impõe a recusa de sua intervenção em hipóteses em que, embora exigida pelo ordenamento jurídico anterior, essa intervenção não se justifique, como nos direitos individuais homogêneos que não tenham suficiente expressão para a coletividade.

(C) Em regra, só oficia um membro do Ministério Público no processo, ressalvadas duas exceções: atuação conjunta, harmônica e integrada de membros do mesmo Ministério Público; e atuação litisconsorcial de membros de Ministérios Públicos diferentes.

(D) O Ministério Público, como órgão do Estado, não tem personalidade jurídica; logo o órgão ministerial e os demais legitimados ativos à ação civil pública não podem ser réus em ação civil pública ou coletiva, bem como naquelas que consistam em seus desdobramentos.

A: correta, pois a atuação do MP, no processo coletivo, é regida pelo princípio da obrigatoriedade. De outro lado, o MP, como instituição autônoma, pode decidir, internamente, se é o caso ou não de sua intervenção; **B:** correta, pois, mesmo no âmbito do Ministério Público, acabou consagrada a tese de que a intervenção não deve ocorrer em todos os casos, mas só naqueles em que haja interesse público evidenciado pela natureza da lide ou qualidade da parte. Em São Paulo, por exemplo, o Ato 313/2003, da Procuradoria-Geral de Justiça e da Corregedoria-Geral do Ministério Publico, trata da questão da *racionalização* da intervenção do *Parquet* no processo civil; **C:** correta, pois o enunciado bem retrata a regra e as exceções. A LACP admite o litisconsórcio entre Ministérios Públicos (art. 5°, § 5°); **D:** incorreta, devendo ser assinalada, pois o MP pode ser réu no processo civil. Além disso, é bastante comum o fato de o MP ser réu em Ação Rescisória de decisão proferida em ação civil pública por ele movida. Sobre a questão, *vide* Marcos Destefenni. **Manual de processo civil coletivo e individual**. São Paulo: Saraiva, 2012.

Gabarito "D".

(Ministério Público/GO – 2012) Em relação ao instituto do litisconsórcio nas ações civis públicas é incorreto afirmar:

(A) em consequência da legitimação concorrente para as ações civis públicas, é possível litisconsórcio ativo inicial;

(B) se um colegitimado ingressar com ação civil pública já proposta por outro colegitimado, poderá ocorrer litisconsórcio ulterior ou assistência litisconsorcial, dependendo da alteração ou não do pedido e da causa de pedir da ação;

(C) em regra, a lei não legitima extraordinariamente o indivíduo a defender interesses difusos, coletivos e individuais homogêneos;

(D) em nenhuma hipótese será admitido o litisconsórcio ulterior após a citação do réu.

A: correta, pois a atuação em litisconsórcio pode representar maior efetividade, tanto que a LACP admite até o litisconsórcio entre Ministérios Públicos (art. 5°, § 5°); **B:** correta, pelas próprias razões da assertiva. A possibilidade de ingresso de colegitimado está expressa no art. 5°, § 2° da LACP; **C:** correta, pois o indivíduo só tem legitimidade para propor ação popular. Não tem para as demais ações coletivas; **D:** incorreta, devendo ser assinalada, pois, conforme mencionado na alternativa "b",

Gabarito "D".

(Ministério Público/MT – 2012 – UFMT) Quanto à legitimidade ativa *ad causam* do Ministério Público, marque a assertiva **INCORRETA**.

(A) A Lei 8.429/1992 atribui ao Ministério Público legitimidade exclusiva para o manejo da ação de responsabilidade pelos atos de improbidade administrativa.

(B) A Lei 10.741/2003 (Estatuto do Idoso) autoriza a atuação do Ministério Público como substituto processual do idoso, ainda que para a defesa individual.

(C) A Lei 7.347/1985 atribui ao Ministério Público legitimidade concorrente e disjuntiva para o manejo da ação civil pública, bem como a outros órgãos e pessoas jurídicas de direito público e privado indicados no art. 5° desta lei e no art. 82 da Lei 8.078/1990.

(D) A Lei 4.717/1965 atribui legitimidade ativa *ad causam* a qualquer cidadão, de forma concorrente e disjuntiva, impondo ao Ministério Público a assunção do polo ativo da ação popular, como legitimado subsidiário, além da possibilidade de interpor recurso de decisão desfavorável ao autor popular.

(E) A superveniência do prazo de 30 dias para o Ministério Público manejar a execução da sentença condenatória proferida em ação popular pode acarretar sanção de ordem administrativa ao representante do *parquet* e não a perda de legitimidade ativa do órgão ministerial.

A: incorreta, devendo ser assinalada, pois a legitimidade também é conferida à pessoa jurídica atingida pelo ato de improbidade administrativa; **B:** correta, pois o art. 74 do Estatuto do Idoso, em seus incisos II e III, estabelece competir ao Ministério Público promover e acompanhar as ações de alimentos, de interdição total ou parcial, de designação de curador especial, em circunstâncias que justifiquem a medida e oficiar em todos os feitos em que se discutam os direitos de idosos em condições de risco e atuar como substituto processual do idoso em situação de risco (art. 43 do Estatuto); **C:** correta, pois a legitimidade, no caso de ação civil pública, é concorrente e disjuntiva; **D:** correta, pois o MP, no caso de ação popular, atua como *custos legis* e é incumbido de assumir a titularidade ativa no caso de desistência infundada ou abandono da ação, conforme dispõe o art. 9º da LAP. A possibilidade de recorrer está expressa no art. 19, § 2º, da LAP; **E:** correta, pois, conforme estabelece o art. 16 da LAP, *caso decorridos 60 (sessenta) dias da publicação da sentença condenatória de segunda instância, sem que o autor ou terceiro promova a respectiva execução, o representante do Ministério Público a promoverá nos 30 (trinta) dias seguintes, sob pena de falta grave*.

Gabarito "A".

(Ministério Público/PI – 2012 – CESPE) Assinale a opção correta a respeito da tutela em juízo dos interesses individuais homogêneos, difusos e coletivos.

(A) A multa indenizatória decorrente da violação a direitos difusos e coletivos do trabalho deve ser revertida ao Fundo de Reparação dos Bens Lesados, enquanto a penalidade decorrente do efeito da violação a direitos individuais indisponíveis deve ser revertida em favor dos próprios lesados.
(B) A ACP que vise à proteção de direitos difusos e coletivos induz litispendência para as ações individuais.
(C) Se a associação autora da ACP formular pedido de desistência, o *parquet* poderá assumir a legitimidade ativa extraordinária da ação.
(D) Em ACP cujo objeto seja direito difuso, coletivo, individual homogêneo ou individual indisponível, os efeitos da coisa julgada material são *erga omnes e ultra partes*.
(E) Segundo entendimento do STJ, o interesse patrimonial da fazenda pública identifica-se, por si só, com o interesse público a que se refere a lei quando dispõe sobre a intervenção do MP.

A: incorreta, pois o Fundo do art. 13 da LACP prevê que sejam revertidos os valores referentes às condenações por danos causados ao meio ambiente, ao consumidor, a bens e direitos de valor artístico, estético, histórico, turístico, paisagístico, por infração à ordem econômica e a outros interesses difusos e coletivos, mas não há referência expressa à reparação de danos causados ao trabalhador. Por isso, tem sido determinado, no âmbito da Justiça do Trabalho, o recolhimento ao Fundo de Amparo ao Trabalhador; **B:** incorreta, pois contraria o disposto no art. 104 do CDC, no sentido de que a ação coletiva não induz litispendência para as ações individuais; **C:** correta, pois se a desistência for infundada, cabe ao MP ou a outro legitimado assumir a titularidade ativa (LACP, art. 5º, § 3º); **D:** incorreta, pois no caso de direito individual indisponível o efeito é *inter partes* (Novo CPC, art. 506); **E:** incorreta, pois se trata de interesse público secundário, cabendo aos respectivos procuradores públicos defende-los. Esse o fundamento da Súmula 189 do STJ, segundo a qual *é desnecessária a intervenção do Ministério Público nas execuções fiscais*.

Gabarito "C".

(Ministério Público/PI – 2012 – CESPE) O estado do Piauí celebrou TARE com empresa privada, visando conferir regime especial de apuração do ICMS, para incentivar a instalação de empresas no estado. O MPE/PI, em sede de inquérito civil público aberto para investigar a celebração do contrato, constatou que o ajuste causara prejuízo aos cofres públicos, razão por que ajuizou ACP com o objetivo de anular acordos firmados com base nesse termo.

A partir dessa situação hipotética, assinale a opção correta à luz da jurisprudência recente do STF.

(A) O MPE/PI pode ajuizar ACP cujo objeto sejam as pretensões que envolvam tributos, desde que seja possível a identificação pessoal dos beneficiários do regime especial.
(B) Como o dano ao patrimônio público causado pela realização da avença repercute em toda a economia nacional, caberia ao MPF, e não ao MPE/PI, ajuizar a ACP.
(C) A defesa da integridade do erário público e da higidez do processo de arrecadação tributária consiste em direito metaindividual do contribuinte, o que legitima a atuação do MPE/PI nesse caso.
(D) Como a celebração do TARE pelo estado do Piauí é ato administrativo, a atuação do MPE/PI nesse caso ocorreu de forma contrária à legislação em vigor.
(E) O MPE/PI não tem legitimidade para ajuizar a ACP para anular o TARE, por simples ausência de previsão legal.

A: incorreta, pois de acordo com o parágrafo único do art. 1º da LACP (incluído pela Medida Provisória 2.180-35, de 2001), *não será cabível ação civil pública para veicular pretensões que envolvam tributos...*; **B:** incorreta, pois se trata de acordo entre o Estado do Piauí e empresa privada, de tal forma que não é o caso de competência da Justiça Federal; **C:** correta, pois o STF decidiu que "o *Parquet* tem legitimidade para propor ação civil pública com o objetivo de anular Termo de Acordo de Regime Especial – TARE, em face da legitimação *ad causam* que o texto constitucional lhe confere para defender o erário. Não se aplica à hipótese o parágrafo único do art. 1º da Lei 7.347/1985" (RE 576.155/DF); **D:** incorreta, pois o MP pode impugnar atos administrativos por meio de ação civil pública e, até, por meio de ação de improbidade administrativa; **E:** incorreta, pois o MP tem legitimidade por força do art. 129, III, da CF, além da legislação ordinária.

Gabarito "C".

(Ministério Público/PI – 2012 – CESPE) No que se refere à atuação do MP nos processos judiciais de natureza civil, assinale a opção correta.

(A) O MP, na fiscalização do cumprimento da lei, não detém legitimidade para oficiar ação de acidente do trabalho.
(B) Segundo a jurisprudência do STJ, é nula a sentença homologatória de acordo que resulte em redução de prestação alimentícia – em prejuízo evidente do incapaz – celebrado em audiência da qual não tenha participado membro do MP, tendo esse apresentado, antecipadamente, justificativa para sua ausência.
(C) O MP pode ajuizar ACP pleiteando, em benefício do segurado maior e capaz, a indenização decorrente do DPVAT.
(D) O MP não tem legitimidade para promover ACP cujo objeto seja a discussão da legalidade de reajuste de mensalidades escolares.
(E) Somente se houver recurso da parte, o MP terá legitimidade para recorrer em processo no qual tenha oficiado como fiscal da lei.

A: incorreta, pois o MP pode atuar, como fiscal da lei, em ação que envolva acidente do trabalho. Não confundir com o fato de que "compete à Justiça Obreira o julgamento de ação civil pública onde se discute o cumprimento, pelo empregador, de normas atinentes ao meio ambiente de trabalho. Precedente do C. STF. (RE 206.220/MG, 2ª Turma, Rel. Min. Marco Aurélio, *DJU* de 17.09.1999)" (STJ, REsp 697.132/SP); **B:** correta, pois, de fato, "é nula a sentença homologatória de acordo celebrado em audiência quando o representante do MP justificou antecipadamente sua ausência e dela resultou a redução de prestação alimentícia em prejuízo evidente da menor, pois cabe ao MP velar pelo interesse de incapaz. Logo, a Turma concluiu pela anulação do processo a partir da audiência em que prolatada a referida sentença, determinando que se atue nos moldes do devido processo legal, com a necessária intervenção do Ministério Público nos atos processuais. Precedentes citados: REsp 88.021-SP, *DJ* 27.10.1997, e REsp 299.153-SP, *DJ* 13.08.2001; REsp 1.058.689-RJ, Rel. Min. Nancy Andrighi, j. 12.05.2009"; **C:** incorreta, pois, nos termos da Súmula 470 do STJ, *o Ministério Público não tem legitimidade para pleitear, em ação civil pública, a indenização decorrente do DPVAT em benefício do segurado*; **D:** incorreta, pois o STJ admite a legitimidade do MP nessa hipótese: "Agravo regimental. Recurso especial. Ação civil pública. Mensalidades escolares. Legitimidade do Ministério Público. Precedentes da Corte. Decisão agravada mantida. Improvimento. 'O Ministério Público, como já está bem assentado em precedentes de ambas as Turmas que compõem a Segunda Seção, tem legitimidade ativa para ajuizar ação civil pública com o fim de impedir a cobrança abusiva de mensalidades escolares, presente o art. 21 da Lei 7.347/1985' (REsp 239.960/ES, Rel. Min. Carlos Alberto Menezes Direito, *DJe* 18.06.2001)" (AgRg no REsp 1.311.156/SE); **E:** incorreta, pois a assertiva afronta a Súmula 99 do STJ: *O Ministério Público tem legitimidade para recorrer no processo em que oficiou como fiscal da lei, ainda que não haja recurso da parte*.

Gabarito "B".

(Defensor Público/AM – 2013 – FCC) Com relação à legitimidade ativa para propor ação civil pública, é correto afirmar:

(A) Dos legitimados ativos, somente o Ministério Público e a Defensoria Pública podem ajuizar ação civil pública sem necessidade de demonstração da pertinência temática.
(B) Com relação à associação, o requisito da pertinência temática pode ser dispensado pelo juiz, quando haja manifesto interesse social evidenciado pela dimensão ou característica do dano, ou pela relevância do bem jurídico a ser protegido.
(C) A Defensoria Pública passou a ter legitimidade ativa para a propositura de ação civil pública com o advento da Constituição Federal de 1988.
(D) Tratando-se de ação civil pública envolvendo pessoas carentes a Defensoria Pública deve intervir como *custos legis*.
(E) Nos termos da Lei da Ação Civil Pública, dentre os legitimados ativos para a sua propositura, somente o Ministério Público pode instaurar inquérito civil.

A: incorreta, pois, de certa forma, mesmo no caso de ações propostas pelo Ministério Público e pela Defensoria Pública há consideração da pertinência temática. Por exemplo, o Ministério Público não pode propor ação para tutelar interesses individuais disponíveis sem relevância social. E a Defensoria Pública não pode tutelar interesses individuais homogêneos de pessoas que não sejam necessitadas; **B:** incorreta, pois, nos termos do art. 5º, § 4º, da Lei 7.347/1985, é o requisito da pré-constituição que poderá ser dispensado pelo juiz, quando haja manifesto interesse social evidenciado pela dimensão ou característica do dano, ou pela relevância do bem jurídico a ser protegido; **C:** incorreta, pois a legitimidade da Defensoria Pública passou a ser defendida com o advento do Código de Defesa do Consumidor (art. 82, III, da Lei 8.078/1990) e se tornou explícita com a Lei 11.448/2007; **D:** incorreta, pois a função de intervir como custos legis é do Ministério Público (art. 5º, § 1º, da Lei 7.347/1985). A Defensoria Pública poderá ser autora da ação; **E:** correta, pois o art. 8º, § 1º, da Lei 7.347/1985 restringe a legitimidade ao Ministério Público.

Gabarito "E".

(Defensor Público/AM – 2013 – FCC) A Defensoria Pública de um Estado ajuizou ação civil pública contra regra de edital de processo seletivo de transferência voluntária de Universidade Pública do mesmo Estado, que previu, como condição essencial para inscrição de interessados e critério de cálculo da ordem classificatória, a participação no Enem, exigindo nota média mínima. Nesse caso,

(A) o direito à educação é garantia de natureza universal e de resultado orientada ao "pleno desenvolvimento da personalidade humana e

do sentido de sua dignidade" sendo, porém, direito público subjetivo disponível, razão pela qual a Defensoria Pública não possui interesse processual nem legitimidade ativa para essa ação.
(B) a jurisprudência do STJ admite que os legitimados para a ação civil pública protejam interesses individuais homogêneos, sendo que a educação é da máxima relevância no Estado Social, daí ser integral e incondicionalmente aplicável, nesse campo, o meio processual da Ação Civil Pública, que representa contraposição à técnica tradicional de solução atomizada de conflitos.
(C) a Defensoria Pública, instituição altruísta por natureza, é essencial à função jurisdicional do Estado, nos termos do art. 134, *caput*, da Constituição Federal; todavia, como não atuou exclusivamente na defesa de hipossuficientes a ação deverá ser extinta sem julgamento do mérito, por ilegitimidade de causa.
(D) a legitimidade para referida ação é do Ministério Público – e não da Defensoria Pública – tendo em vista que a natureza jurídica do direito defendido é indisponível.
(E) cabe à Defensoria Pública a tutela de qualquer interesse individual homogêneo, coletivo *stricto sensu* ou difuso, desde que presente a representatividade adequada.

A: incorreta, pois o direito à educação é indisponível, conforme será demonstrado nos comentários à próxima assertiva; **B:** correta, pois assim já decidiu o STJ (REsp 1.264.116/RS, Segunda Turma, Rel. Min. Herman Benjamin): "administrativo. Ação civil pública. Direito à educação. Art. 13 do Pacto Internacional sobre Direitos Econômicos, Sociais e Culturais. Defensoria Pública. Lei 7.347/1985. Processo de transferência voluntária em instituição de ensino. Legitimidade ativa. Lei 11.448/2007. Tutela de interesses individuais homogêneos. 1. Trata-se na origem de Ação Civil Pública proposta pela Defensoria Pública contra regra em edital de processo seletivo de transferência voluntária da UFCSPA, ano 2009, que previu, como condição essencial para inscrição de interessados e critério de cálculo da ordem classificatória, a participação no Enem, exigindo nota média mínima. Sentença e acórdão negaram legitimação para agir à Defensoria. 2. O direito à educação, responsabilidade do Estado e da família (art. 205 da Constituição Federal), é garantia de natureza universal de resultado, orientada ao "pleno desenvolvimento da personalidade humana e do sentido de sua dignidade" (art. 13, do Pacto Internacional sobre Direitos Econômicos, Sociais e Culturais, adotado pela XXI Sessão da Assembleia Geral das Nações Unidas, em 19 de dezembro de 1966, aprovado pelo Congresso Nacional por meio do Decreto Legislativo 226, de 12 de dezembro de 1991, e promulgado pelo Decreto 591, de 7 de julho de 1992), daí não poder sofrer limitação no plano do exercício, nem da implementação administrativa ou judicial. Ao juiz, mais do que a ninguém, compete zelar pela plena eficácia do direito à educação, sendo incompatível com essa sua essencial, nobre, indeclinável missão interpretar de maneira restritiva as normas que o asseguram nacional e internacionalmente. 3. É sólida a jurisprudência do STJ que admite possam os legitimados para a propositura de Ação Civil Pública proteger interesse individual homogêneo, mormente porque a educação, mote da presente discussão, é da máxima relevância no Estado Social, daí ser integral e incondicionalmente aplicável, nesse campo, o meio processual da Ação Civil Pública, que representa 'contraposição à técnica tradicional de solução atomizada' de conflitos (REsp 1.225.010/PE, Rel. Ministro Mauro Campbell Marques, Segunda Turma, DJe 15.03.2011). 4. A Defensoria Pública, instituição altruísta por natureza, é essencial à função jurisdicional do Estado, nos termos do art. 134, *caput*, da Constituição Federal. A rigor, mormente em países de grande desigualdade social, em que a largas parcelas da população – aos pobres sobretudo – nega-se acesso efetivo ao Judiciário, como ocorre infelizmente no Brasil, seria impróprio falar em verdadeiro Estado de Direito sem a existência de uma Defensoria Pública nacionalmente organizada, conhecida de todos e por todos respeitada, capaz de atender aos necessitados da maneira mais profissional e eficaz possível. 5. O direito à educação legitima a propositura da Ação Civil Pública, inclusive pela Defensoria Pública, cuja intervenção, na esfera dos interesses e direitos individuais homogêneos, não se limita às relações de consumo ou à salvaguarda da criança e do idoso. Ao certo, cabe à Defensoria Pública a tutela de qualquer interesse individual homogêneo, coletivo stricto sensu ou difuso, pois sua legitimidade ad causam, no essencial, não se guia pelas características ou perfil do objeto de tutela (= critério objetivo), mas pela natureza ou *status* dos sujeitos protegidos, concreta ou abstratamente defendidos, os necessitados (= critério subjetivo). 6. 'É imperioso reiterar, conforme precedentes do Superior Tribunal de Justiça, que a legitimatio ad causam da Defensoria Pública para intentar ação civil pública na defesa de interesses transindividuais de hipossuficientes é reconhecida antes mesmo do advento da Lei 11.448/2007, dada a relevância social (e jurídica) do direito que se pretende tutelar e do próprio fim do ordenamento jurídico brasileiro: assegurar a dignidade da pessoa humana, entendida como núcleo central dos direitos fundamentais' (REsp 1.106.515/MG, Rel. Ministro Arnaldo Esteves Lima, Primeira Turma, *DJe* 02.02.2011). 7. Recurso Especial provido para reconhecer a legitimidade ativa da Defensoria Pública para a propositura da Ação Civil Pública"; **C:** incorreta, como se depreende dos comentários anteriores; **D:** incorreta, pois a Defensoria Pública tem legitimidade, conforme consignado; **E:** incorreta, pois a Defensoria Pública não tem legitimidade para tutelar todo e qualquer direito individual. Deve sempre ser analisada a questão da vulnerabilidade.
Gabarito "B".

(Defensor Público/ES – 2012 – CESPE) Sabendo que, devido à sua destinação, o MP está legitimado a defesa de qualquer interesse difuso, julgue os itens seguintes.
(1) Conforme o princípio da obrigatoriedade, o dever de agir obriga o MP a propor ACP, mesmo nas situações em que, esgotadas todas as diligências, as evidências não produzam todo o fundamento necessário.
(2) Em caso de lesões a interesses de uma categoria de pessoas, a restauração da ordem jurídica violada só pode ser alcançada por meio de legitimação ordinária.

1: errada, pois o Ministério Público não é obrigado a ajuizar ação coletiva temerária. Deve o Ministério Público, no caso, arquivar o procedimento investigatório (art. 9º, *caput*, da Lei 7.347/1985); **2:** errada, pois o direito de uma categoria de pessoa pode ser pleiteado por meio de ações individuais (legitimação ordinária) ou por meio das ações coletivas, em que o titular do direito de ação não é o titular do direito material (legitimação extraordinária, se aplicada a classificação clássica, ou legitimação autônoma para a condução do processo, se aplicada uma terminologia específica para o processo coletivo, como defendem alguns autores).
Gabarito 1E, 2E.

(Defensor Público/AC – 2012 – CESPE) No que diz respeito ao interesse público e privado, assinale a opção correta.
(A) Ao MP cabe a fiscalização da formação do patrimônio financeiro inerente ao Estado.
(B) Mesmo em face da simples expectativa de direito, o interesse público é tutelado, protegido e garantido pelo ordenamento jurídico pátrio.
(C) O MP deve atuar sempre na defesa dos interesses da coletividade, sejam eles particulares ou públicos.
(D) O MP atua na defesa dos direitos difusos, coletivos, individuais homogêneos e individuais indisponíveis, ou seja, na defesa do chamado interesse público primário.
(E) A Procuradoria da União é o único órgão competente para proteger o patrimônio financeiro da administração pública, denominado interesse público secundário.

A: incorreta, pois o interesse público secundário, que diz respeito aos interesses patrimoniais do Estado, enquanto pessoa jurídica, não é objeto de tutela pelo Ministério Público; **B:** incorreta, pois a expectativa de direito é passível de tutela transformada em direito subjetivo; **C:** incorreta, pois ao Ministério Público cabe a tutela do interesse público primário diz respeito aos interesses da coletividade, em sentido amplo, relacionados ao bem-comum. Assim, o Parquet deve zelar pelos interesses públicos e não particulares; **D:** correta, pois o interesse público primário diz respeito aos interesses da coletividade, em sentido amplo, relacionados ao bem-comum. O interesse público secundário diz respeito aos interesses patrimoniais do Estado, enquanto pessoa jurídica. Ao Ministério Público cabe tutelar direitos difusos, coletivos, individuais homogêneos e individuais indisponíveis, que consistem no interesse público primário; **E:** incorreta, pois o interesse público secundário, que diz respeito aos interesses patrimoniais do Estado, enquanto pessoa jurídica, é tutelado, na esfera federal, pela Advocacia-Geral da União, que representa a União judicial e extrajudicialmente, integrada pela Procuradoria da União e pela Procuradoria da Fazenda Nacional.
Gabarito "D".

(Defensor Público/ES – 2012 – CESPE) Considerando que a CF fortaleceu a atuação do MP tanto na esfera civil como na penal, julgue os itens que se seguem.
(1) A intervenção do MP em ação coletiva em andamento na justiça estadual não é o suficiente para promover o deslocamento da competência para a justiça federal.
(2) Aos membros do MP cabe a defesa do patrimônio público e social, podendo eles atuar como representantes da Fazenda Pública nas ações em que esta seja ré, embora não tenham legitimidade para ser advogados nas ações em que a Fazenda Pública seja autora.
(3) Considere a seguinte situação hipotética. Uma empresa de construção civil foi devidamente licenciada para iniciar as obras de construção de uma vila nas proximidades de um parque e, durante a execução dessas obras, ocorreram danos ambientais à localidade. Nessa situação hipotética, a empresa, independentemente de culpa, responderá pelos referidos danos, para cuja reparação o MP estará apto a intentar ACP.

1: correta, pois só a intervenção da União ou das pessoas mencionadas no art. 109, I, da CF, é que pode determinar o deslocamento da competência para a justiça federal; **2:** errada, pois o Ministério Público tem legitimidade para defender o patrimônio público por meio de ações coletivas (Súmula 329 do STJ: "O Ministério Público tem legitimidade para propor ação civil pública em defesa do patrimônio público"). Todavia, o Ministério Público não mais atua (após a CF de 1988) como representante da Fazenda Pública. Tal missão é da Advocacia-Geral da União, criada pela Constituição Federal de 1988 (art. 131, *caput*); **3:** correta, pois, a natureza objetiva da responsabilidade e a legitimação do Ministério Público estão previstas no art. 14, § 1º, da Lei 6.938/1981, que dispõe sobre a Política Nacional do Meio Ambiente.
Gabarito 1C, 2E, 3C.

(Defensor Público/RO – 2012 – CESPE) O MP ajuizou ação civil pública, visando anular acordo firmado entre o Estado X e determinada empresa, por meio do qual o ente federativo concedia à empresa o benefício de inserção em regime especial de apuração tributária. Alegou o MP que a inserção da empresa no referido regime acarretaria cobrança de tributo em valor menor que o devido, o que geraria prejuízo ao referido Estado e lesão ao patrimônio público.

Com relação à situação hipotética acima descrita, assinale a opção correta.

(A) A ação civil pública não é cabível na hipótese, sendo a ação popular o instrumento adequado para o caso.
(B) A legitimidade do MP para ajuizar a referida ação civil pública fundamenta-se no fato de o MP estar tutelando a defesa do erário e a higidez da arrecadação tributária.
(C) O MP não possui legitimidade para ajuizar a referida ação civil pública, dada a caracterização de direito disponível, cujos beneficiários são individualizáveis.
(D) O MP não tem legitimidade para ajuizar a referida ação civil pública, visto que a ele não cabe propor ação coletiva cujo objeto seja matéria tributária.
(E) O MP só teria legitimidade para ajuizar a referida ação civil pública provocado por associação ou entidade de representação dos contribuintes, situação em que o *Parquet* figuraria no polo ativo da ação como substituto processual.

A: incorreta, pois a ação civil pública também pode veicular pretensão desconstitutiva. O atual posicionamento do STJ é no sentido da possibilidade da cumulação de diversos pedidos em sede de ação civil pública: "Processo civil. Direito ambiental. Ação civil pública para tutela do meio ambiente. Obrigações de fazer, de não fazer e de pagar quantia. Possibilidade de cumulação de pedidos art. 3º da Lei 7.347/1985. Interpretação Sistemática. (...) É por isso que, na interpretação do art. 3º da Lei 7.347/1985 ('A ação civil pública poderá ter por objeto a condenação em dinheiro ou o cumprimento de obrigação de fazer ou não fazer'), a conjunção 'ou' deve ser considerada com o sentido de adição (permitindo, com a cumulação dos pedidos, a tutela integral do meio ambiente) e não o de alternativa excludente (o que tornaria a ação civil pública instrumento inadequado a seus fins)" (REsp 605.323/MG, Rel. Min. José Delgado, Rel. p/ acórdão Min. Teori Albino Zavascki, *DJ* 17.10.2005, grifos nossos); **B:** correta, pois não há mera defesa de contribuintes, o que poderia ser um fator restritivo da ação civil pública (art. 1º, parágrafo único, da Lei 7.347/1985). Trata-se da defesa da higidez da arrecadação tributária. Como já advertiu o STF, "o Parquet tem legitimidade para propor ação civil pública com o objetivo de anular Termo de Acordo de Regime Especial – TARE, em face da legitimação da causam que o texto constitucional lhe confere para defender o erário. Não se aplica à hipótese o parágrafo único do art. 1º da Lei 7.347/1985" (RE 576.155/DF, Rel. Min. Ricardo Lewandowski, Pleno, *DJe* 25.11.2010); **C:** incorreta, pois a ação, no caso, não se limita à defesa de determinados contribuintes, mas sim do próprio erário; **D:** incorreta, conforme demonstrado nos comentários à alternativa "B"; **E:** incorreta, pois o Ministério Público não precisa ser provocado para proteger o erário público. E sua legitimação, no caso, é extraordinária, pois não atua como substituto processual. Alguns autores pretendem o emprego de uma terminologia específica para o processo coletivo, afirmando que o Ministério Público, no caso, atua como legitimado autônomo para a condução do processo.
Gabarito "B".

(Defensor Público/SP – 2012 – FCC) No julgamento do Recurso Especial 931.513/RS, no âmbito do Superior Tribunal de Justiça, o Ministro Antônio Herman Benjamin reconheceu a legitimidade do Ministério Público para a propositura de Ação Civil Pública em prol de direito individual de pessoa com deficiência para obtenção de prótese auditiva, reconhecendo, no caso, a caracterização de "sujeito hipervulnerável". No seu voto, o Ministro destaca que "a categoria ético-política, e também jurídica, dos sujeitos vulneráveis inclui um subgrupo de *sujeitos hipervulneráveis*, entre os quais se destacam, por razões óbvias as pessoas com deficiência física, sensorial ou mental", bem como que, "em caso de dúvida sobre a legitimação para agir de sujeito intermediário – Ministério Público, Defensoria Pública e associações, p. ex. –, sobretudo se estiver em jogo a dignidade da pessoa humana, o juiz deve optar por reconhecê-la e, assim, abrir as portas para a solução judicial de litígios que, a ser diferente, jamais veriam seu dia na Corte". A partir de tais considerações e com base no que dispõe a Lei Orgânica Nacional da Defensoria Pública (Lei Complementar 80/1994, com as alterações trazidas pela Lei Complementar 132/2009) é correto afirmar:

(A) O conceito de necessitado (ou vulnerável) deve ser tomado exclusivamente em sentido estrito, tal qual estabelecido no art. 2º, parágrafo único, da Lei 1.060/1950, ou seja, apenas vislumbrando a perspectiva exclusivamente econômica do indivíduo ou grupo social que busca o serviço da Defensoria Pública.
(B) Com base no art. 4º, VII, da Lei Complementar 80/1994, a legitimidade da Defensoria Pública para a propositura de Ação Civil Pública é ampla e irrestrita, não havendo qualquer limitação de ordem legislativa.
(C) Muito embora a previsão do art. 4º, X, da Lei Complementar 80/1994, no sentido de assegurar a legitimidade da Defensoria Pública para promover a mais ampla defesa dos direitos fundamentais dos necessitados, abrangendo seus direitos individuais e sociais, não há consagração expressa de tal legitimidade para a proteção dos seus direitos ambientais.
(D) O art. 4º, XII, da Lei Complementar 80/1994 assegura a legitimidade da Defensoria Pública para a instauração de inquérito civil.
(E) A previsão do art. 4º, XI, da Lei Complementar 80/1994, ao reconhecer a legitimidade da Defensoria Pública para exercer a defesa dos direitos coletivos da criança e do adolescente, do idoso, da pessoa portadora de necessidades especiais, da mulher vítima de violência doméstica e familiar e de outros "grupos sociais vulneráveis" que mereçam proteção especial do Estado, permite ampliar o conceito de necessitado para o que a doutrina denomina de "necessitados do ponto de vista organizacional".

A: incorreta, pois o conceito não se restringe ao aspecto econômico. Como já advertiu o STJ (REsp 1.112.557/MG, Rel. Min. Napoleão Nunes Maia Filho, *DJe* 20.11.2009): "A limitação do valor da renda per capita familiar não deve ser considerada a única forma de se comprovar que a pessoa não possui outros meios para prover a própria manutenção ou de tê-la provida por sua família, pois é apenas um elemento objetivo para se aferir a necessidade, ou seja, presume-se absolutamente a miserabilidade quando comprovada a renda per capita inferior a 1/4 do salário mínimo"; **B:** incorreta, pois, de acordo com o mencionado dispositivo legal, a legitimidade da Defensoria Pública é condicionada: "promover ação civil pública e todas as espécies de ações capazes de propiciar a adequada tutela dos direitos difusos, coletivos ou individuais homogêneos quando o resultado da demanda puder beneficiar grupo de pessoas hipossuficientes"; **C:** incorreta, pois há expressa referência à proteção ambiental no mencionado dispositivo legal; **D:** incorreta, pois o citado dispositivo legal foi vetado; **E:** correta, pois o citado dispositivo legal contém norma de encerramento, consignando que a legitimidade da Defensoria Pública se estende a "outros grupos sociais vulneráveis que mereçam proteção especial do Estado".
Gabarito "E".

(Defensor Público/SP – 2012 – FCC) Tramita no Supremo Tribunal Federal a Ação Direta de Inconstitucionalidade 3.943 interposta pela Associação Nacional dos Membros do Ministério Público – CONAMP, contestando a legitimidade da Defensoria Pública para a propositura de Ação Civil Pública, sob a alegação, em linhas gerais, de que tal legitimidade da Defensoria Pública "afeta diretamente" as atribuições do Ministério Público. De acordo com os diplomas normativos e a doutrina dominante que tratam do Direito Processual Coletivo,

(A) a exclusão da Defensoria Pública do rol dos entes legitimados para a propositura da Ação Civil Pública, especialmente para a hipótese dos direitos difusos, notadamente no caso da proteção do ambiente, segue o caminho da ampliação do acesso à Justiça, encontrando suporte normativo na legislação processual coletiva e mesmo na Lei Fundamental de 1988.
(B) no caso da tutela coletiva dos direitos fundamentais sociais, o ajuizamento de Ação Civil Pública pela Defensoria Pública implica sobreposição de atribuições com o Ministério Público, tomando por base ainda que os beneficiários de tais medidas não se enquadram no público alvo da Defensoria Pública e, por tal razão, não haveria como identificar a pertinência temática no caso.
(C) a legitimidade da Defensoria Pública para a tutela coletiva de direitos difusos – como, por exemplo, a ordem urbanística, o direito aos serviços públicos essenciais de saúde e educação e o direito ao ambiente – está em perfeita sintonia com o art. 5º, II, e o rol exemplificativo de direitos coletivos em sentido amplo trazido pelo art. 1º, ambos da Lei 7.347/1985.
(D) a Ação Direta de Inconstitucionalidade deve ser julgada procedente, tendo em vista a contrariedade existente entre o art. 5º, II, da Lei 7.347/1985, e o art. 129, § 1º, da Constituição Federal de 1988, o qual confere ao Ministério Público exclusividade para a propositura de Ação Civil Pública.
(E) a legitimidade da Defensoria Pública em matéria de direitos difusos não pode ser admitida, mas tão somente em relação aos direitos individuais homogêneos, uma vez que não se faz possível a identificação dos beneficiários de uma Ação Civil Pública que tenha tal propósito.

A: incorreta, pois a mencionada exclusão contraria a tendência de ampliação do acesso à Justiça; **B:** incorreta, pois a lesão a direitos fundamentais sociais atinge, também, necessitados. Maiores considerações no item a seguir; **C:** correta, pois a legitimidade da Defensoria Pública, para o ajuizamento de ações coletivas, passou a constar expressamente do inciso II do art. 5º da Lei 7.347/1985, por força da inclusão determinada pela Lei 11.448/2007. E a jurisprudência tem corroborado essa legitimidade. Para ilustrar, pode ser citada a decisão proferida no REsp 912.849/RS (Rel. Min. José Delgado, *DJe* 28.04.2008): "Processual civil. Ação coletiva. Defensoria Pública. Legitimidade ativa. Art. 5º, II, da Lei 7.347/1985 (redação da Lei 11.448/2007). Precedente. 1. Recursos especiais contra acórdão que entendeu pela legitimidade ativa da Defensoria Pública para propor ação civil coletiva de interesse coletivo dos consumidores. 2. Este Superior Tribunal de Justiça vem-se posicionando no sentido de que, nos termos do art. 5º, II, da Lei 7.347/1985 (com a redação dada pela Lei 11.448/2007), a Defensoria Pública tem legitimidade para propor a ação principal e a ação cautelar em ações civis coletivas que buscam auferir responsabilidade por danos causados ao meio ambiente, ao consumidor, a bens e direitos de valor artístico, estético, histórico, turístico e paisagístico e dá outras providências". A legitimidade para a defesa de direitos difusos vem sendo afirmada em face do caráter indivisível desses direitos, pois é inegável que a lesão a interesses difusos também atinge os necessitados. Recentemente a Segunda Turma do STJ exaltou a legitimidade da Defensoria Pública no processo coletivo: "O direito à educação legitima a propositura da Ação Civil Pública, inclusive pela Defensoria Pública, cuja intervenção, na esfera dos interesses e direitos individuais homogêneos, não se limita às relações de consumo ou à salvaguarda da criança e do idoso. Ao certo, cabe à Defensoria Pública a tutela de qualquer interesse individual homogêneo, coletivo stricto sensu ou difuso, pois sua legitimidade ad causam, no essencial, não se guia pelas características ou perfil do objeto de tutela (= critério objetivo), mas pela natureza ou *status* dos sujeitos protegidos, concreta ou abstratamente defendidos, os necessitados (= critério subjetivo)" (REsp 1.264.116/RS, Rel. Min. Herman Benjamin, *DJe* 13.04.2012); **D:** incorreta, pois não há legitimidade exclusiva do Ministério Público para a propositura de ação civil pública (art. 5º da Lei 7.347/1985); **E:** incorreta, conforme as considerações feitas na assertiva "C".

Gabarito "C".

(Defensor Público/RO – 2012 – CESPE) Considere que a direção de tradicional colégio público de determinada capital do país tenha extinguido as turmas do ensino médio no período noturno e que o MP tenha ajuizado ação civil pública visando à manutenção das turmas noturnas da referida instituição de ensino.

Considerando essa situação hipotética, assinale a opção correta.

(A) Deve-se levar em conta, no caso, a ótica daqueles que ainda não ingressaram no colégio e que eventualmente podem ser atingidos pela ausência do curso noturno, sendo esse grupo indeterminável de futuros alunos titulares de direito difuso à manutenção do ensino noturno.

(B) O MP é parte ilegítima para ajuizar a referida ação, destinada à defesa de direitos individuais disponíveis.

(C) Verifica-se, em relação aos alunos já matriculados no período noturno, que não poderiam permanecer estudando naquele período em razão da decisão da direção, a presença de direito difuso a ser defendido pela DP.

(D) O MP é parte legítima para ajuizar a ação, que visa à defesa de interesses acidentalmente coletivos.

(E) Os dispositivos do ECA não se aplicam ao caso, visto que nele não se configura situação de perigo ou abandono de criança ou adolescente.

A: correta, pois, de fato, existem os usuários potenciais do sistema de ensino. Sendo assim, a extinção das turmas noturnas afeta interesses difusos desses potenciais usuários do serviço público; **B:** incorreta, pois, embora o Ministério Público seja legitimado ao ajuizamento da ação, os direitos tutelados não são individuais e também não são disponíveis. São difusos e indisponíveis (direito de acesso ao ensino público); **C:** incorreta, pois, no caso, os direitos são coletivos, uma vez que pertencentes a um grupo de pessoas, ligadas à mesma parte contrária por uma relação jurídica base; **D:** incorreta, pois, embora o Ministério Público seja legitimado, os direitos atingidos são difusos (dos potenciais usuários do serviço público de ensino) e coletivos no sentido estrito. Referidos direitos são genuinamente coletivos, uma vez que indivisíveis; **E:** incorreta, pois garante o ECA o acesso de crianças e adolescentes ao ensino. E mais especificamente, dispõe o art. 54, VI, do ECA que: "É dever do Estado assegurar à criança e ao adolescente: (...) oferta de ensino noturno regular, adequado às condições do adolescente trabalhador".

Gabarito "A".

4. OBJETO

(Defensor Público – DPE/PR – 2017 – FCC) Considere:

I. Em termos de direitos individuais homogêneos, representa maior abrangência da tutela o sistema de exclusão (opt-out), em que os interessados são automaticamente atrelados à decisão coletiva, se não houver manifestação.

II. No Brasil, com a redemocratização e o fortalecimento dos órgãos judiciários, o legislador adotou medidas de cunho restritivo do direito de ação e previsão de mecanismos de autocomposição. Contudo, não se verificou a edição de nenhuma lei a tratar do processo coletivo, por se entender o processo individual mais célere.

III. Atualmente, com o recrudescimento das relações de massa, multiplicando-se as lesões sofridas pelas pessoas, as ações coletivas cumprem o papel de propiciar que a totalidade, ou, pelo menos, uma quantidade significativa da população, alcance seus direitos.

IV. Ainda hoje, no ordenamento jurídico brasileiro, as ações coletivas permanecem sendo tratadas apenas por leis extravagantes desprovidas de unidade orgânica.

Acerca da tutela coletiva, está correto o que se afirma APENAS em

(A) III e IV
(B) II e III.
(C) I e II.
(D) I e IV.
(E) I, III e IV.

I. correta. O direito de não ser afetado pela decisão nas ações que envolvem direitos individuais homogêneos (*opt-out*) está previsto no art. 104 do Código de Defesa do Consumidor. **II.** incorreta. De fato, o legislador brasileiro tem adotado medidas que aumentam os mecanismos de autocomposição, mas adotou medidas de cunho restritivo do direito de ação. Ademais, o legislador brasileiro criou um microssistema de processo coletivo para defesa dos Direitos Difusos e Coletivos. **III.** correta. A tutela coletiva tem por objetivo o acesso à justiça e a efetividade dos Direitos Difusos e Coletivos. **IV.** correta. O microssistema das ações coletivas é formado pelo denominado **núcleo duro** composto pela Lei de Ação Civil Pública e pelo Código de Defesa do Consumidor. Há muitas leis extravagantes e especiais, que tratam de temas afetos ao processo coletivos, dentre elas podemos citar a Lei de Improbidade Administrativa (Lei 8.429/1992), o Estatuto da Criança e do Adolescente, o Estatuto do Idoso, entre outras. **RD**

Gabarito "E".

(Ministério Público/BA – 2015 – CEFET) Sobre a ação civil pública, é **CORRETO** afirmar que:

(A) Sempre deve ser precedida de inquérito civil.
(B) Pode ser ajuizada para fazer o controle concentrado de inconstitucionalidade.
(C) Pode ser ajuizada pelo Ministério Público para combater abusos no reajuste de mensalidades de planos de saúde.
(D) Pode ser promovida por quem tem legitimidade para ajuizar a ação popular.
(E) Pode ser ajuizada pelo Ministério ou por qualquer cidadão para questionar o ressarcimento de contribuições previdenciárias indevidas.

A: incorreta, pois assim como o inquérito penal não é indispensável para a ação penal, o inquérito civil também não o é para a ação civil pública, desde que haja elementos suficientes para o ajuizamento desta; **B:** incorreta, pois essa ação tem legitimados específicos previstos na CF, assim como competência e regulamentação próprias; **C:** correta, havendo legitimidade do MP quando há, por exemplo, interesse indisponível (de menor, por exemplo) ou interesse social (reajustes abusivos de mensalidade, por exemplo); **D:** incorreta, pois o cidadão, legitimado para a ação popular, não tem legitimidade para a ação civil pública (art. 5º da Lei 7.347/1985); **E:** incorreta, pois não é cabível ação civil pública para veicular pretensões que envolvam contribuições previdenciárias (art. 1º, parágrafo único, da Lei 7.347/1985).

Gabarito "C".

(Defensor/PA – 2015 – FMP) Assinale a opção CORRETA acerca do processo coletivo:

(A) Descabe a apresentação de contestação e de recurso por meio da legitimação extraordinária, uma vez que o sistema brasileiro veda a chamada ação ou medida coletiva passiva.
(B) Não se admite condenação genérica de reconhecimento da responsabilidade civil do réu.
(C) São admitidas quaisquer formas de tutela para a efetividade dos direitos coletivos, com exceção das medidas de natureza inibitória.
(D) Descabe o ajuizamento de ação cautelar preparatória à ação civil pública, tendo em vista a necessidade de concentração de atos.
(E) Em ação coletiva de consumo, é cabível o chamamento ao processo, pela fornecedora ré, de sua seguradora, a fim de propiciar a condenação solidária deste ente.

A: incorreta; o art. 107, *caput* e p. 2º, do CDC, ao criar o instituto da Convenção Coletiva de Consumo, criou condições jurídicas (legitimidade passiva extraordinária) para esse tipo de demanda (coletiva passiva); **B:** incorreta, pois contraria o disposto no art. 95 do CDC (art. 21 da Lei 7.347/1985); **C:** incorreta, pois são admitidas todas as formas mencionadas, o que inclui as medidas inibitórias (art. 83 do CDC); **D:** incorreta, pois cabe ação cautelar (art. 4º da Lei 7.347/1985); **E:** correta (art. 101, II, do CDC).

Gabarito "E".

(Procurador do Estado/PR – 2015 – PUC-PR) Sobre tutela coletiva, assinale a alternativa **CORRETA**.

(A) A proteção de interesses difusos, devido a sua indivisibilidade, só pode ser pleiteada pelas entidades legitimadas enumeradas na Lei de Ação Civil Pública.
(B) Uma única ação civil pública pode requerer a tutela de direitos coletivos e individuais homogêneos.
(C) A eficácia *erga omnes* da coisa julgada em ações para a tutela de direitos coletivos *stricto sensu* não atinge autores de ações individuais que não requererem a sua suspensão no prazo de 30 (trinta) dias da ciência do ajuizamento da ação coletiva.
(D) O Ministério Público pode ajuizar ação para a proteção de direitos individuais homogêneos de qualquer natureza.
(E) O termo inicial do prazo de 120 (cento e vinte) dias para a impetração do mandado de segurança coletivo é, rigorosamente, o mesmo para todos os legitimados.

A: incorreta, pois a outras entidades legitimadas por outros diplomas legais, como é o caso da OAB (art. 81, III, da Lei 10.741/2003); **B:** correta, bastando que haja os dois pedidos; dado um fato ocorrido no mundo fenomênico (por exemplo, a contaminação de um rio), de acordo com o pedido feito em juízo tendo como causa de pedir esse fato, pode-se ter qualquer dos interesses mencionados; por exemplo, se o pedido é só de despoluição do rio, tem-se interesses difusos sendo defendidos; se o pedido for só de reparação de dano aos membros da associação de pescadores locais, interesses coletivos; e se o pedido for de reparação de danos individuais de todos aqueles que sofreram um dano pela contaminação, interesses individuais homogêneos; **C:** incorreta, pois tal eficácia atingirá os autores que por ventura pedirem a suspensão de suas ações, no caso de procedência da ação coletiva (art. 104 do CDC); **D:** incorreta, pois o MP só pode ingressar com essas demandas para proteger direito indisponíveis ou em caso de interesse social; **E:** incorreta, pois esse prazo é contado da ciência de cada interessado do ato impugnado (art. 23 da Lei 12.016/2009).

Gabarito "B".

(Promotor de Justiça/MG – 2014) Sentindo-se lesados em decorrência de fraude na realização de concurso público municipal, 227 cidadãos protocolaram um abaixo-assinado na Promotoria de Justiça narrando diversos eventos observados durante a realização da avaliação escrita: não exigência de documento de identidade dos candidatos, falta de fiscalização e quebra do sigilo das provas. Instaurado o inquérito civil, constatou-se que o Município contratou uma cooperativa, mediante dispensa de licitação, para a realização do concurso, sob a justificativa de que a remuneração se daria exclusivamente com os valores oriundos das inscrições dos candidatos. As inscrições geraram, para a cooperativa, a receita total de R$ 95.880,00, montante superior ao previsto para a dispensa de licitação. A investigação constatou também que o edital não incluiu a previsão dos casos de isenção do pagamento da taxa de inscrição **prevista na Lei Estadual 13.392, de 1999, a qual atende aos dispositivos das Constituições estadual e federal que garantem o direito de ampla** acessibilidade aos cargos públicos. Ficou provado também que todas as despesas necessárias à realização da prova, inclusive os recursos humanos, foram custeados pelo Município.

Daí, em ação civil pública, foram formulados os pedidos seguintes:

I. Reembolso individual dos valores pagos a título de inscrição, a todos os candidatos.
II. Nulidade dos contratos entre Município e cooperativa, por falta de prévia licitação.
III. Nulidade do concurso público por quebra do sigilo das provas.
IV. Restituição integral do valor da remuneração da cooperativa aos cofres públicos.

Tendo em vista a relação de prejudicialidade, referidos pedidos devem ser analisados na seguinte ordem:

(A) I, IV, III e II.
(B) IV, I, II, III.
(C) II, III, IV, I.
(D) III, II, IV, I.

A: incorreta, pois a questão do reembolso, por exemplo, depende da decisão a ser proferida em relação à validade do contrato e do concurso; **B:** incorreta, pois a restituição aos cofres públicos também é dependente da decisão sobre a validade do contrato e do concurso; **C:** correta, pois, de fato, a primeira questão a ser resolvida diz respeito à validade do contrato entre o Município e a cooperativa. Se for válido o contrato, deve ser verificada a validade do concurso. Caso sejam invalidados o contrato e o concurso, deve ser decidida a questão da reparação do dano ao patrimônio público e, em seguida, decidir sobre o reembolso individual, referente aos valores de inscrição; **D:** incorreta, pois, antes de decidir sobre a questão da validade do contrato entre o Município e a cooperativa é prejudicial.

Gabarito "C".

5. COMPROMISSO DE AJUSTAMENTO

(Defensor Público –DPE/MT – 2016 – UFMT) O termo de ajustamento de conduta é, atualmente, importante instrumento à disposição da Defensoria Pública para tutela dos direitos difusos e coletivos. Sobre o assunto, assinale a afirmativa correta.

(A) Não é função institucional da Defensoria Pública promover qualquer espécie de ação capaz de propiciar a tutela dos direitos difusos, coletivos e homogêneos, estando limitada à ação civil pública, aos remédios constitucionais e à legitimidade passiva hipossuficiente.
(B) O termo de ajustamento de conduta é tomado dos interessados para adequação às exigências legais, com as devidas cominações, que possuem eficácia de título executivo extrajudicial, podendo este ser executado pela Defensoria Pública.
(C) A lei que disciplina o termo de ajustamento de conduta garante a legitimidade ativa da Defensoria Pública para propô-lo à parte interessada, como meio excepcional de transação.
(D) Conforme a doutrina majoritária, o termo de ajustamento de conduta é meio de transação, porém não pode ser interpretado como na seara penal, onde é instrumento excepcional, diante da fragilidade dos direitos difusos e coletivos.
(E) Os termos de ajustamento de conduta podem ser considerados como forma de solução prévia de litígio, já que ensejam necessariamente a extinção do processo administrativo instaurado, quando firmado entre as partes.

A: incorreta. A Lei 11.448/2007 incluiu a Defensoria Pública no rol dos legitimados do art. 5º da LACP, restando, apenas, conforme interpretação doutrinária e jurisprudencial, a pertinência temática para ser analisada em cada caso concreto. **B:** correta. O art. 5º, § 6º, confere a alguns legitimados (órgãos públicos) a possibilidade de firmar termo de ajustamento de conduta: "Os órgãos públicos legitimados poderão tomar dos interessados compromisso de ajustamento de sua conduta às exigências legais, mediante cominações, que terá eficácia de título executivo extrajudicial". **C:** incorreta. Não é pacífico na doutrina e na jurisprudência que o termo de ajustamento de conduta não seja forma de transação. Para parte da doutrina, trata-se de verdadeira transação, ainda que tenha os limites bem definidos pela lei. Outra parte entende que se trata de espécie de reconhecimento e submissão do violador da conduta às exigências legais. **D:** incorreta. A doutrina diverge quanto ao termo e ajustamento de conduta ter ou não natureza de transação. Ademais, o TAC somente pode ser utilizado na esfera cível, não sendo aplicável na esfera penal. **E:** incorreta. O processo administrativo instaurado não é afetado pelo Termo de Ajustamento de Conduta. Caso a infração administrativa seja verificada, caberá aplicação da respectiva sanção administrativa prevista em lei, independentemente do TAC.

Gabarito "B".

(Defensor Público –DPE/BA – 2016 – FCC) Na ação civil pública,

(A) o poder público possui legitimidade para propor a ação, habilitar-se como litisconsorte de qualquer das partes ou assumir a titularidade ativa em caso de desistência infundada ou abandono da ação por associação legitimada.
(B) o Ministério Público, com exclusividade, pode tomar dos interessados compromisso de ajustamento de sua conduta às exigências legais, que terá eficácia de título executivo judicial.
(C) poderá o juiz conceder mandado liminar, sempre com justificação prévia, em decisão não sujeita a recurso.
(D) a multa cominada liminarmente será exigível de imediato, devendo ser excutida em autos apartados, independentemente do trânsito em julgado.
(E) havendo condenação em dinheiro, a indenização será revertida ao Estado, que deverá aplicar os recursos na recomposição do dano.

A: correta. A legitimidade do poder público está expressamente prevista no art. 5º da LACP. O § 2º do mesmo artigo, por sua vez, permite expressamente o litisconsórcio facultativo do Poder Público e o § 3º determina expressamente que os legitimados poderão assumir a titularidade ativa em caso de desistência infundada ou abandono da causa. **B:** incorreta. O termo de ajustamento de conduta pode ser tomado, na forma do art. 5º, § 6º, da LACP, pelos órgãos públicos legitimados. **C:** incorreta. A liminar prevista expressamente no art. 12 da LACP está sempre sujeita a recurso. **D:** incorreta. O § 2º do art. 12 da LACP prevê a possibilidade de cominação de multa em sede de liminar, que somente será exigível após o trânsito em julgado da decisão favorável ao autor, mas será devida desde o dia do descumprimento. **E:** incorreta. Nas ações coletivas, o valor da indenização deverá ser revertido ao fundo por conselhos, na forma do art. 13 da LACP: "Havendo condenação em dinheiro, a indenização pelo dano causado reverterá a um fundo gerido por um Conselho Federal ou por Conselhos Estaduais de que participarão necessariamente o Ministério Público e representantes da comunidade, sendo seus recursos destinados à reconstituição dos bens lesados".

Gabarito "A".

(Defensor/PA – 2015 – FMP) Assinale a opção CORRETA.

(A) O Termo ou Compromisso de Ajustamento de Conduta tem eficácia de título executivo judicial, ainda que firmado extrajudicialmente.
(B) Não é possível a invalidação judicial de Termo ou Compromisso de Ajustamento de Conduta firmado extrajudicialmente por ente legitimado.
(C) O poder de requisição do Defensor Público abrange não apenas a solicitação de certidões, documentos e informações, mas também o pedido de realização de exames, perícias e vistorias.
(D) O Termo ou Compromisso de Ajustamento de Conduta que contenha medidas inibitórias só pode ser executado após prévio processo de conhecimento.
(E) O poder de requisição do Defensor Público abrange, em regra, entidades privadas.

A: incorreta, pois se firmado extrajudicialmente tem eficácia de título executivo extrajudicial (art. 5º, § 6º, da Lei 7.347/1985); **B:** incorreta, pois é possível sim, por meio de ação anulatória de negócio jurídico; **C:** correta (art. 8º, XVI, da LC 80/1994); **D:** incorreta, pois o TAC é título executivo (art. 5º, § 6º, da Lei 7.347/1985); **E:** incorreta, pois se dá em relação a autoridades públicas e a seus agentes (art. 8º, XVI, da LC 80/1994).

Gabarito "C".

(Promotor de Justiça/MG – 2014) O compromisso de ajustamento previsto na Lei de Ação Civil Pública:

(A) Pode ser tomado por todos os legitimados para a propositura da ação civil pública ou coletiva.
(B) Tem natureza jurídica de contrato, uma vez que tem como características ser bilateral e consensual.
(C) Quando tomado pelo Ministério Público, deve sempre esgotar todo o objeto da investigação em curso no inquérito civil e impede que outros co-legitimados tomem outro compromisso ou proponham ação civil pública ou coletiva sobre os mesmos fatos, mesmo que versem sobre outras prestações, se entenderem as primeiras insuficientes ou incorretas;
(D) Quando firmado no bojo de uma ação civil pública, mesmo não sendo o Ministério Público parte, deverá ser ouvido antes de eventual homologação.

A: incorreta, pois a possibilidade de celebrar compromisso de ajustamento de conduta decorre da expressa previsão do art. 5º, § 6º, da Lei 7.347/1985. De observar, porém, que só os órgãos públicos legitimados é que podem celebrar o compromisso; **B:** incorreta, pois, embora seja discutível a natureza jurídica do compromisso de ajustamento de conduta, não envolve uma transação comum, típica de uma relação contratual. Há uma esfera bastante acentuada de indisponibilidade no bojo do compromisso de ajustamento de conduta, considerando que só aspectos secundários podem ser objeto de acordo, como, por exemplo, relacionados ao prazo e ao modo como será reparado o dano. Mas não há possibilidade de se abrir mão da reparação integral; **C:** incorreta, pois, embora seja correto dizer que o compromisso deve ser celebrado somente após o esgotamento da investigação, o fato de a legitimidade para a tutela dos direitos transindividuais ser concorrente e disjuntiva não pode impedir o legitimado que discordar de se utilizar de mecanismos judiciais ou extrajudiciais; **D:** correta, pois o Ministério Público, no caso de ação coletiva, se não for parte, atua como órgão interveniente obrigatório. Por isso, a prévia oitiva do *Parquet* é imprescindível.
Gabarito "D".

(Promotor de Justiça/DF – 2013) Assinale a alternativa **CORRETA**:
(A) Em tema de direitos difusos, podem as partes firmar compromisso de ajustamento de conduta, que se constitui em título executivo extrajudicial. De igual forma, no curso da ação civil pública, as partes podem firmar acordo, que, homologado, importará no julgamento do mérito da lide ou na suspensão do feito, até o efetivo cumprimento do ajuste.
(B) Na transação de direitos difusos, que acontece no curso de ação coletiva, tanto o juiz quanto o Ministério Público velarão pelo interesse público primário, sendo admissível, portanto, transigir sobre o objeto da lide, definir prazos, condições, lugar e forma de cumprimento.
(C) Homologado judicialmente o acordo, a discordância de qualquer outro colegitimado, quanto à conciliação obtida, não o autoriza utilizar dos mecanismos de revisão da decisão judicial na instância superior, eis que não participou da relação jurídica processual em que se deu o acordo.
(D) Diante do trâmite simultâneo de ação civil pública, proposta pelo Ministério Público, e uma ação popular proposta por mais de um cidadão, com idêntico fundamento e pedido de fixação de dano moral coletivo, a ação popular deverá ser extinta, já que está caracterizada a litispendência.
(E) O princípio da unidade do Ministério Público impede que os Ministérios Públicos estadual e federal atuem conjuntamente em ação coletiva que visa à proteção de interesses difusos decorrentes da construção e instalação de uma hidrelétrica, cuja produção de energia beneficiará os habitantes de determinado estado da federação.

A: correta, pois a possibilidade de celebrar compromisso de ajustamento de conduta decorre da expressa previsão do art. 5º, § 6º, da Lei 7.347/1985. De observar, porém, que só os órgãos públicos legitimados é que podem celebrar o compromisso; **B:** incorreta, pois não é possível transigir sobre o objeto da lide. O compromisso é possível quanto a prazos, condições, lugar e forma de cumprimento; **C:** incorreta, pois a legitimidade é concorrente e disjuntiva, o que autoriza o legitimado que discordar a utilizar mecanismos de revisão; **D:** incorreta, pois as ações deverão ser reunidas para julgamento conjunto, com fundamento no art. 2º, parágrafo único, da Lei 7.347/1985 e no art. 5º, § 4º, da Lei 4.717/1965; **E:** incorreta, pois há possibilidade de litisconsórcio, conforme expressamente admite o art. 5º, § 5º, da Lei 7.347/1985.
Gabarito "A".

(Ministério Público/MT – 2012 – UFMT) Sobre o microssistema processual coletivo, assinale a afirmativa **INCORRETA**.
(A) O compromisso de ajustamento de conduta, segundo a doutrina, possui, no mínimo, duas grandes vantagens sobre a via judicial; a primeira consiste em equacionar de forma mais rápida e efetiva a irregularidade e a segunda consiste na previsão de mecanismos de sanções exigíveis desde logo para o caso de descumprimento das obrigações.
(B) A multa imposta em sede de Ação Civil Pública só é exigível do réu após o trânsito em julgado da decisão favorável ao autor, ainda que seja devida desde o dia em que se configurou o descumprimento.
(C) O compromisso de ajustamento de conduta é uma negociação que se estabelece entre os órgãos públicos legitimados a propor a Ação Civil Pública e os descumpridores da legislação de regência da matéria.
(D) Em sede de improbidade administrativa, o Termo de Ajustamento de Conduta se mostra incabível tendo em vista a vedação expressa do artigo 17, § 1º, da Lei 8.429/1992 no que se refere aos agentes ímprobos, não sendo descartada a possibilidade de firmar compromisso na matéria estranha à improbidade, quando cabível.
(E) O compromisso de ajustamento de conduta, quando firmado no curso de uma ação civil pública, está sujeito à homologação do Conselho Superior do Ministério Público como condição de validade do próprio compromisso.

A: correta, pois se trata de um importante mecanismo de composição alternativa do litígio; **B:** correta, à luz do que estabelece o art. 12, § 2º, da LACP, embora o mencionado dispositivo legal seja questionado doutrinariamente por aqueles que defendem uma exigibilidade imediata da multa, que não comprometa sua efetividade; **C:** correta, pois o compromisso tem caráter negocial, é fundado no consenso. E só os órgãos públicos legitimados podem celebrar o Compromisso de Ajustamento de Conduta; **D:** correta, pois o citado dispositivo legal realmente veda a celebração de compromisso para a aplicação das sanções ao agente ímprobo. Existe reserva de jurisdição; **E:** incorreta, devendo ser assinalada, pois o compromisso firmado em juízo não está sujeito à homologação do CSMP e sim à homologação judicial.
Gabarito "E".

(Ministério Público/RR – 2012 – CESPE) Em relação ao inquérito civil, ao compromisso de ajustamento de conduta e ao dispõe a Lei Complementar 75/1993, assinale a opção correta.
(A) A assinatura do termo de ajustamento de conduta não obsta a instauração da ação penal, pois esse procedimento ocorre na esfera cível, que é independente da penal.
(B) O inquérito civil público, embora previsto como função institucional do MP, não pode ser utilizado como elemento probatório hábil para embasar a propositura de ação penal.
(C) É atribuição exclusiva do procurador-geral da República, como chefe do MPU, dirimir conflitos de atribuição entre integrantes de ramos diferentes do MPU.
(D) É conferido prazo em dobro ao MP para interpor recurso, inclusive na hipótese de recurso especial criminal.
(E) Em conformidade com o STJ, o MPE tem legitimidade para interpor agravo regimental perante os tribunais superiores, uma vez que a atuação perante essas Cortes não é restrita ao MPF.

A: correta, pois o STJ entende que "a assinatura de termo de ajustamento de conduta, com a reparação do dano ambiental são circunstâncias que possuem relevo para a seara penal, a serem consideradas na hipótese de eventual condenação, não se prestando para elidir a tipicidade penal" (HC 187.043/RS); **B:** incorreta, pois já decidiu o STJ: "Habeas corpus. *Penal e processual penal. Crime praticado por prefeito. Inquérito penal. Inexistência. Inquérito civil público. Utilização para lastrear acusação penal. Possibilidade. Justa causa configurada*" (HC 123.855/SP); **C:** incorreta, pois ao PGR cabe dirimir conflitos de atribuição entre integrantes de ramos diferentes do Ministério Público da União (LC 75/1993, art. 26, VII). A atribuição, contudo, não é exclusiva, pois, nos termos do § 1º do art. 26 da LC 75/1993, *o Procurador-Geral da República poderá delegar aos Procuradores-Gerais as atribuições previstas nos incisos VII e VIII deste artigo*; **D:** incorreta, pois, como decidiu a 5ª Turma do STJ (RMS 8021/MG), "na esfera criminal não se aplica ao MP o disposto no CPC"; **E:** incorreta, segundo o gabarito oficial. Esse entendimento, realmente, era o do STJ. Porém, o STJ, recentemente, decidiu que o Ministério Público Estadual tem legitimidade recursal no âmbito do STJ (AgRg no AgRg no AREsp 194.892-RJ, Rel. Min. Mauro Campbell Marques, j. 24.10.2012)".
Gabarito "A".

(Ministério Público/SP – 2012 – VUNESP) Com relação ao compromisso de ajustamento de conduta, é correto afirmar:
(A) Não se admite, ainda que em caráter excepcional, que seja celebrada sua novação nos termos da lei civil.
(B) Admite-se que seja celebrado com característica de ajuste preliminar.
(C) Admite-se a dispensa parcial das obrigações reclamadas para a efetiva satisfação do interesse ou direito lesado.
(D) Admite-se sua celebração em qualquer fase do inquérito civil, ainda que o fato não esteja devidamente esclarecido.
(E) Não se admite a dispensa de multa cominatória como garantia do cumprimento da obrigação principal.

A: incorreta, como o compromisso de ajustamento de conduta é consensual, nada impede que fato superveniente leve as partes a entabular novo acordo; **B:** correta, pois a celebração de Termo de Ajustamento de Conduta nem sempre encerra o inquérito civil, pois é possível que ele seja meramente procedimental, isto é, estabeleça conduta referente à apuração dos fatos, um compromisso do próprio investigado, por exemplo, à produção de determinada prova relevante para a formação de convicção. A possibilidade de ajuste preliminar está prevista na Súmula 20 do Conselho Superior do Ministério Público de São Paulo: "*Quando o compromisso de ajustamento tiver a característica de ajuste preliminar, que não dispense o prosseguimento de diligências para uma solução definitiva, salientado pelo órgão do Ministério Público que o celebrou, o Conselho Superior homologará somente o compromisso, autorizando o prosseguimento das investigações.* Fundamento: O parágrafo único do art. 112 da Lei Complementar estadual 734/1994 condiciona a eficácia do compromisso ao prévio arquivamento do inquérito civil, sem correspondência com a Lei Federal 7.347/1985. Entretanto, pode acontecer que, não obstante ter sido formalizado compromisso de ajustamento, haja necessidade de providências complementares, reconhecidas pelo interessado e pelo órgão ministerial, a serem tomadas no curso do inquérito civil ou dos autos de peças de informação, em busca de uma solução mais completa para o problema. Nesta hipótese excepcional, é possível, ante o interesse público, a homologação do ajuste preliminar sem o arquivamento das investigações (Pt. 9.245/1994 e 7.272/1994)"; **C:** incorreta, pois o TAC não representa disposição quanto ao direito material. Ele se refere a aspectos secundários como o prazo e a forma da reparação do dano; **D:** incorreta, pois a celebração do compromisso pressupõe que os fatos tenham sido devidamente apurados no bojo no inquérito civil; **E:** incorreta, pois a multa não é da essência do compromisso. Embora recomendável não é obrigatória sua estipulação.
Gabarito "B".

(Defensor Público/PR – 2012 – FCC) O Ministério Público do Paraná firmou termo de ajustamento de conduta com o Município de Londrina para que uma creche que atendia 200 crianças fosse temporariamente fechada, por seis meses, para que se realizassem reformas no prédio no intuito de acabar com graves problemas estruturais que colocavam a segurança das crianças e dos funcionários em risco. Um grupo de mães de alunos procurou a Defensoria Pública do Paraná em Londrina relatando que não foram disponibilizadas pelo Município vagas em outras creches e que, questionada, a Prefeitura informou que as mães deveriam aguardar o final da reforma. Diante dessa situação, o Defensor Público deve

(A) ajuizar ação civil pública contra o Ministério Público e o Município, com pedido de nulidade do termo de ajustamento de conduta por não prever medida compensatória para as crianças que ficaram sem creche e, sucessivamente, pedido para que o Município disponibilize vagas em outras unidades até o final da reforma.

(B) oficiar ao Ministério Público relatando o caso, já que apenas esse órgão poderia tomar novas providências por já ter firmado o termo de ajustamento de conduta com o Município, solicitando um aditamento ao termo.

(C) propor novo termo de ajustamento de conduta com o Município para que sejam garantidas vagas para as crianças em outras creches durante a reforma e, caso o Município, sob qualquer argumento, recuse-se a regularizar a situação, ajuizar ação civil pública.

(D) apresentar recurso administrativo ao Conselho Superior do Ministério Público contra o termo de ajustamento de conduta firmado, requerendo o aditamento do termo para constar medidas que assegurem vagas para as crianças em outras creches.

(E) diante da existência de termo de ajustamento de conduta sobre o caso, que esgota a possibilidade de intervenção coletiva, ajuizar ações individuais para cada uma das duzentas crianças, requerendo vaga em alguma das creches municipais.

A: incorreta, pois o compromisso de ajustamento de conduta não contém qualquer vício, não sendo o caso, portanto, de ação anulatória. Ademais, sendo o compromisso celebrado pelo Ministério Público insuficiente para tutelar o direito das mães, está a Defensoria Pública, como órgão público, legitimada a tomar novo termo e, se for o caso, propor ação civil pública para exigir outras providências, que tutelem, efetivamente, o direito das mães; **B:** incorreta, pois a Defensoria Pública pode tomar providências, celebrar compromisso de ajustamento de conduta e propor ação civil pública. A legitimidade para a celebração de compromisso decorre do art. 5º, § 6º, da Lei 7.347/1985: "Os órgãos públicos legitimados poderão tomar dos interessados compromisso de ajustamento de sua conduta às exigências legais, mediante cominações, que terá eficácia de título executivo extrajudicial"; **C:** correta, pois, como dito, a Defensoria Pública tem legitimidade para a tomada das providências mencionadas; **D:** incorreta, pois não se trata da providência mais efetiva, ante a legitimidade da Defensoria Pública para celebrar o compromisso e para propor ação, se for o caso; **E:** incorreta, pois o compromisso celebrado pelo Ministério Público não impede a propositura de ação coletiva ou a proposição de compromisso de ajustamento de conduta, uma vez que a atuação de um colegitimado não pode impedir a atuação do outro. Nesse sentido que muitos afirmam que a legitimidade concorrente, no âmbito da tutela coletiva, é disjuntiva.

Gabarito "C".

(Magistratura do Trabalho – 21ª Região – 2012) Segundo a Lei da Ação Civil Pública, os órgãos públicos legitimados à ação civil pública ou coletiva podem tomar o compromisso de ajustamento de conduta, através de Termo de Compromisso de Ajustamento de Conduta. Diante dessa norma, assinale a assertiva correta:

I. a legitimidade dos órgãos públicos para tomar o compromisso de ajustamento de conduta independe do órgão possuir personalidade jurídica;

II. como ato que é tomado perante órgãos públicos, o compromisso de ajustamento de conduta tem natureza de ato administrativo, apesar de ser um ato em que há concessões recíprocas de direito material e processual, já que o órgão público que toma o compromisso também se compromete a não ajuizar a ação civil pública ou coletiva;

III. as autarquias podem tomar dos particulares o compromisso de ajustamento de conduta;

IV. o órgão público legitimado pode tomar o compromisso de ajustamento de conduta de outro ente público, observada, apenas, a esfera administrativa a que pertence, de modo que o Município não pode tomar um compromisso de ajustamento de conduta da União, mas o contrário é possível;

(A) apenas as assertivas I e III estão corretas;
(B) apenas as assertivas II e IV estão corretas;
(C) apenas as assertivas I, II e IV estão corretas;
(D) apenas as assertivas III e IV estão corretas;
(E) apenas as assertivas I, II e III estão corretas.

I: correta, pois, em sendo órgãos públicos, não têm, realmente, personalidade jurídica, sendo que a Lei de Ação Civil Pública é expressa no sentido de que órgãos públicos podem celebrar termo de ajustamento de conduta (art. 5º, § 6º, da Lei 7.347/1985); **II:** incorreta, pois o órgão público poderá executar em juízo o termo de ajustamento de conduta, que, segundo a lei é título executivo extrajudicial (art. 5º, § 6º, da Lei 7.347/1985); **III:** correta, pois se um mero órgão público pode tomar compromisso de ajustamento (art. 5º, § 6º, da Lei 7.347/1985), quanto mais uma pessoa jurídica de direito público (que traz em si vários órgãos públicos), como é a autarquia; **IV:** incorreta, pois não há essa limitação na lei ou no sistema; um exemplo é o caso de a União cometer um dano ambiental numa unidade de conservação municipal, caso em que é possível que se faça um TAC entre a União e o Município.

Gabarito "A".

6. INQUÉRITO CIVIL E RECOMENDAÇÃO

(Ministério Público/BA – 2015 – CEFET) Analise as seguintes assertivas com base nas normas que regem os direitos transindividuais e individuais homogêneos:

I. A Ordem dos Advogados do Brasil (OAB), embora não tenha sido considerada ente legitimado para propor ações coletivas pelo artigo 5º, incisos I a V, da Lei 7.347/1985, poderá ser autora de medidas judiciais propostas em benefício dos interesses difusos, coletivos, individuais indisponíveis ou homogêneos dos idosos, de acordo com o artigo 81, inciso III, da Lei 10.741/2003.

II. Nas ações civis públicas propostas em prol dos interesses e direitos transindividuais e individuais homogêneos, a multa cominada liminarmente só será exigível do réu após o trânsito em julgado da decisão favorável ao autor, mas será devida desde o dia em que se houver configurado o descumprimento.

III. Em cumprimento ao princípio da publicidade das investigações, o membro do Ministério Público poderá prestar informações, inclusive aos meios de comunicação social, a respeito das providências adotadas para apuração de fatos em tese ilícitos, abstendo-se, contudo, de externar ou antecipar juízos de valor a respeito de averiguações ainda não concluídas.

IV. O desarquivamento do inquérito civil, diante de novas provas ou para investigar fato novo relevante, poderá ocorrer no prazo máximo de 4 (quatro) meses após o arquivamento e, transcorrido esse lapso, será instaurado novo inquérito civil, sem prejuízo das provas já colhidas.

V. Deixando o órgão de revisão competente de homologar a promoção de arquivamento do inquérito civil, converterá o julgamento em diligência para a realização de atos imprescindíveis à sua decisão ou deliberará pelo seu prosseguimento, remetendo-o para o membro do Ministério Público que atuou inicialmente na investigação.

Estão CORRETAS as assertivas:
(A) I, II e III.
(B) II, III e IV.
(C) II, IV e V.
(D) I, III e IV.
(E) II, III e V.

I: correta (art. 81, III, da Lei 10.741/2003 – Estatuto do Idoso); **II:** correta (art. 12, § 2º, da Lei 7.347/1985); **III:** correta (art. 24 da Resolução n. 06/96 MP/BA); **IV:** incorreta, pois o prazo é de 6 meses, e não de 4 meses (art. 31 da Resolução n. 06/96 MP/BA); **V:** incorreta, pois no segundo caso o Conselho Superior do MP designará outro promotor de justiça para atuar na demanda (art. 28, II e § 2º, da Resolução n. 06/96 MP/BA).

Gabarito "A".

(Promotor de Justiça/MG – 2014) É correto concluir, quanto ao inquérito civil, **EXCETO**:

(A) Eventual irregularidade praticada em seu bojo não é capaz de inquinar de nulidade ação civil pública se observadas as garantias do devido processo legal, da ampla defesa e do contraditório.

(B) O *habeas corpus* não se presta para impedir o seu prosseguimento pelo fato de apurar eventual ato de improbidade administrativa.

(C) Cabe a aplicação, em seu bojo, da inversão do "ônus da prova", em analogia ao inciso VIII do artigo 6º do Código de Defesa do Consumidor.

(D) **Sujeita-se, em regra, ao princípio da publicidade, salvo se o Ministério Público teve acesso a informações** sigilosas que passaram a integrar os autos ou se da publicidade resultar prejuízo à investigação ou ao interesse da sociedade ou do Estado, quando poderá ser decretado o sigilo parcial ou integral sobre o seu conteúdo.

A: incorreta, pois, de fato, uma nulidade ocorrida na fase do inquérito não contamina a ação civil pública, considerando que o contraditório é diferido exatamente para a fase judicial. No máximo, a irregularidade do inquérito civil pode retirar força probante daquilo que foi apurado na fase inquisitorial; **B:** incorreta, pois, realmente, não há risco de privação da liberdade física, de locomoção, em decorrência da tramitação de inquérito civil que apura ato de improbidade administrativa. No caso, as sanções são cíveis. O remédio constitucional mais adequado é o mandado de segurança; **C:** correta, pois não cabe a aplicação da inversão do ônus da prova. O objetivo do inquérito é a colheita de provas para eventual solução extrajudicial ou judicial, mas não é o momento, ainda, de verificar o ônus probatório; **D:** incorreta, pois a assertiva é incensurável. O princípio da publicidade é aplicável aos procedimentos administrativos, inclusive por força de mandamento constitucional (art. 37 da CF). Nesse sentido também o art. 7º da Resolução 23 do CNMP: "Aplica-se ao inquérito civil o princípio da publicidade dos atos, com exceção dos casos em que haja sigilo legal ou em que a publicidade possa acarretar prejuízo às investigações, casos em que a decretação do sigilo legal deverá ser motivada".

Gabarito "C".

(Promotor de Justiça/GO – 2013) A respeito do Inquérito Civil é correto afirmar:

(A) para remeter ofício, expedir requisição, notificação ou intimação à autoridade pública com prerrogativa legal (Presidente da República, Vice-Presidente, Ministros de Estado, inclusive dos Tribunais Superiores, Governadores dos Estados, membros do Poder Legislativo, federal e estadual, Desembargadores), o comunicante deverá ser o Procurador-Geral de Justiça, podendo valorar o contido no expediente, bem como deixar de encaminhar aqueles que não contenham os requisitos legais ou que não empreguem o tratamento protocolar devido ao destinatário.

(B) o arquivamento do inquérito civil ou das peças de informação deve ser remetido ao Conselho Superior do Ministério Público, em até cinco dias, sob pena de o órgão do Ministério Público incorrer em falta grave.

(C) deixando o Conselho Superior do Ministério Público de homologar a promoção de arquivamento, designará, desde logo, outro órgão do Ministério Público para o ajuizamento da ação.

(D) todos os ofícios requisitórios de informações ao inquérito civil e ao procedimento preparatório deverão ser fundamentados e acompanhados de cópia da portaria que instaurou o procedimento ou a indicação precisa do endereço eletrônico oficial em que tal peça esteja disponibilizada.

A: incorreta, pois não cabe a valoração do conteúdo, conforme o art. 6º, § 8º, da Resolução 23 do CNMP; **B:** incorreta, pois o prazo é de três dias (art. 9º, § 1º, da Lei 7.347/1985); **C:** incorreta, pois outras providências poderão ser tomadas pelo CSMP, nos termos do art. 10, § 4º, da Resolução 23 do CNMP. Todavia, atenção! O texto da assertiva corresponde ao do art. 9º, § 4º, da Lei 7.347/1985; **D:** correta, pois assim estabelece o art. 6º, § 10, da Resolução 23 do CNMP.

Gabarito "D".

(Promotor de Justiça/GO – 2013) Em relação ao inquérito civil é correto afirmar:

(A) trata-se de procedimento meramente administrativo, de caráter pré-processual, de instauração facultativa, instaurado e presidido pelo Ministério Público, sendo indispensável o respeito ao contraditório, visando a coleta de elementos de prova e de convicção para as atuações processuais ou extraprocessuais a cargo do órgão.

(B) embora somente possa ser instaurado e conduzido pelo Ministério Público e pelos demais colegitimados previstos no art. 5º, da Lei da Ação Civil Pública, qualquer cidadão pode pedir a abertura do inquérito civil, comunicando um fato que repute relevante e que careça de investigação, com fundamento no direito constitucional de petição.

(C) são efeitos da instauração do inquérito civil: a interrupção da decadência (art. 26, § 2º, CDC); a possibilidade de expedição de requisição e notificações, bem como condução coercitiva em caso de não comparecimento; possibilidade de requisição de perícias e informações, de entes públicos ou particulares, em prazo não inferior a dez dias úteis.

(D) trata-se de instrumento indispensável ao ajuizamento da ação civil pública, de forma que os colegitimados à tutela coletiva dependem sempre da atuação do órgão ministerial para ingressar com a competente ação civil pública.

A: incorreta, pois o art. 1º da Resolução 23 do Conselho Nacional do Ministério Público, que regulamenta os arts. 6o, VII, e 7o, I, da LC 75/1993 e os arts. 25, IV, e 26, I, da Lei 8.625/1993, disciplinando, no âmbito do Ministério Público, a instauração e tramitação do inquérito civil, estabelece que o inquérito civil é de natureza unilateral, ou seja, o contraditório não é indispensável; **B:** incorreta, pois a atribuição do MP, para instaurar inquérito civil, é exclusiva; **C:** correta, pois a assertiva encontra respaldo no CDC, na Resolução 23 do Conselho Nacional do Ministério Público, na LC 75/1993 e na Lei 8.625/1993; **D:** incorreta, pois, como citado em relação ao item "a", a instauração de inquérito civil nem sempre é necessária para o ajuizamento de ação civil pública.

Gabarito "C".

(Promotor de Justiça/GO – 2013) A respeito da publicidade do inquérito civil é correto afirmar:

(A) o inquérito civil é inquisitivo, mas não é secreto. Assim, aplica-se ao mesmo o princípio da publicidade dos atos, com exceção dos casos em que haja sigilo legal ou em que a publicidade possa acarretar prejuízo às investigações, casos em que a decretação de sigilo deverá ser motivada.

(B) nos requerimentos que objetivam a obtenção de certidões ou extração de cópia de documentos constantes nos autos sobre o inquérito civil, não há necessidade de fazer constar esclarecimentos relativos aos fins e razões do pedido pelos interessados.

(C) a restrição à publicidade do inquérito civil deverá ser decretada em decisão motivada, para fins de interesse público, cessando quando extinta a causa que a motivou. Contudo, não poderá ser limitada a determinadas pessoas, provas, informações, dados, períodos ou fases.

(D) em cumprimento ao princípio da publicidade das investigações, o membro do Ministério Público poderá prestar informações, inclusive aos meios de comunicação social, a respeito das providências adotadas para apuração de fatos em tese ilícitos, podendo externar ou antecipar juízos de valor a respeito de apurações ainda não concluídas.

A: correta, pois o princípio da publicidade é aplicável aos procedimentos administrativos, inclusive por força de mandamento constitucional (art. 37 da CF). Nesse sentido também o art. 7º da Resolução n. 23 do CNMP: "Aplica-se ao inquérito civil o princípio da publicidade dos atos, com exceção dos casos em que haja sigilo legal ou em que a publicidade possa acarretar prejuízo às investigações, casos em que a decretação do sigilo legal deverá ser motivada"; **B:** incorreta, pois, de acordo com o art. 7º, § 1º, da Resolução 23 do CNMP, "nos requerimentos que objetivam a obtenção de certidões ou extração de cópia de documentos constantes nos autos sobre o inquérito civil, os interessados deverão fazer constar esclarecimentos relativos aos fins e razões do pedido, nos termos da Lei 9.051/1995"; **C:** incorreta, pois, como esclarece o art. 7º, § 4º, da Resolução 23 do CNMP, "a restrição à publicidade deverá ser decretada em decisão motivada, para fins do interesse público, e poderá ser, conforme o caso, limitada a determinadas pessoas, provas, informações, dados, períodos ou fases, cessando quando extinta a causa que a motivou"; **D:** incorreta, pois o membro do MP deve abster-se de externar ou antecipar juízos de valor a respeito de apurações ainda não concluídas (art. 8º da Resolução 23 do CNMP).

Gabarito "A".

(Ministério Público/SP – 2013 – PGMP) No Inquérito Civil:

I. Se o órgão do Ministério Público, esgotadas todas as diligências, se convencer da inexistência de fundamento para a propositura da ação civil, promoverá o arquivamento dos autos do inquérito civil ou das peças informativas, fazendo-o fundamentadamente, hipótese em que as peças de informação arquivadas ou os autos do inquérito civil serão remetidos, sob pena de se incorrer em falta grave, no prazo de 3 (três) dias, ao Conselho Superior do Ministério Público.

II. A promoção de arquivamento do inquérito civil será submetida a exame e deliberação do Conselho Superior do Ministério Público, conforme dispuser o seu Regimento, sendo certo que deixando o Conselho de homologar a promoção de arquivamento, determinará, desde logo, que o órgão do Ministério Público que promoveu o arquivamento, ajuíze a ação.

III. A Lei de Ação Civil Pública (Lei 7.347/1985) prevê expressamente que o Conselho Superior do Ministério Público, ao tomar conhecimento em primeira mão de fatos que possam ensejar a propositura de ação civil pública, determine de ofício ao Promotor de Justiça, com atribuição para tanto, a instauração de inquérito civil objetivando o ingresso da ação.

IV. Nos autos do inquérito civil, ou procedimento preparatório, o Ministério Público poderá expedir recomendações devidamente fundamentadas, visando à melhoria dos serviços públicos e de relevância pública, bem como aos demais interesses, direitos e bens cuja defesa lhe caiba promover.

V. Diante de suficientes elementos de convicção extraídos de autos de inquérito civil ou procedimento preparatório, no tocante à deficiência de serviços públicos e de relevância pública, tendo em vista o princípio da indisponibilidade da ação civil pública, deverá o Ministério Público promover desde então a respectiva ação civil pública para a garantia de tais interesses.

Está CORRETO somente o que se afirma nos itens:

(A) I e IV.
(B) II e III.
(C) IV e V.
(D) I e III.
(E) I e V.

I: correta (art. 9.º, *caput* e § 1.º, da Lei 7.347/1985); **II:** incorreta, pois, deixando o Conselho Superior de homologar a promoção de arquivamento, designará, desde logo, outro órgão do Ministério Público para o ajuizamento da ação, em razão do princípio da independência funcional (art. 9.º, § 4.º, da Lei 7.347/1985); **III:** incorreta, pois não há previsão legal neste sentido. A lei da ação civil pública somente prevê que qualquer pessoa poderá e o servidor público deverá provocar a iniciativa do Ministério Público, ministrando-lhe informações sobre fatos que constituam objeto da ação civil e indicando-lhe os elementos de convicção. Ainda, no exercício de suas funções, os juízes e tribunais que tiverem conhecimento de fatos que possam ensejar a propositura da ação civil, remeterão peças ao Ministério Público para as providências cabíveis (art. 6.º e 7.º, da Lei 7.347/1985); **IV:** correta (art. 6.º, XX, da LC 75/1993 e art. 113, § 1.º, da LOMPSP); **V:** incorreta, pois o

princípio que vigora quando da propositura da ação civil pública, em havendo elementos de convicção, é o da obrigatoriedade. Por sua vez, o princípio da indisponibilidade diz respeito à impossibilidade de desistência da ação já proposta, salvo motivo fundamentado.
Gabarito "A".

(Ministério Público/MS – 2013 – FADEMS) Tratando-se de inquérito civil, analise as proposições abaixo e assinale a alternativa **incorreta**:
(A) As provas colhidas no inquérito civil tem valor probatório relativo, porque colhidas sem a observância do contraditório, mas só devem ser afastadas quando há contraprova de hierarquia superior, ou seja, produzida sob a vigilância do contraditório.
(B) A abertura de inquérito civil não é condição preliminar ao ajuizamento de ação civil pública.
(C) A análise prévia sobre a necessidade das informações requisitadas pelo Ministério Público no âmbito de inquérito civil é da competência exclusiva dessa instituição, que tem autonomia funcional garantida constitucionalmente, não sendo permitido ao Poder Judiciário ingressar no mérito a respeito do ato de requisição.
(D) Em nenhuma hipótese poderá ser negada certidão ou informações requisitadas pelo Ministério Público para instrução de inquérito civil.
(E) Eventual irregularidade praticada na fase pré-processual não é capaz de inquinar de nulidade a ação civil pública, assim como ocorre na esfera penal, se observadas as garantias do devido processo legal, da ampla defesa e do contraditório.

A: correta, pois não há incidência do contraditório no inquérito civil. Assim, as provas nele colhidas têm valor relativo, podendo ser impugnadas no caso de eventual ação civil pública. Ilustra a questão a seguinte decisão da 2ª Turma do STJ (Informativo 440): "Na ação de responsabilidade por ato de improbidade administrativa, utilizou-se prova emprestada constante de inquérito civil público consistente de laudo pericial produzido administrativamente, sem a observância do contraditório e ampla defesa. Conforme precedentes, essa circunstância, por si só, não é capaz de nulificar a prova, pois se deve contrapô-la às demais postas nos autos. Sucede que esses outros elementos, com ênfase na prova testemunhal (genérica e sem convicção), não conduzem à conclusão de que possa haver prática de ato de improbidade pelos réus, solução também adotada pelo tribunal *a quo*, que não pode ser revista pelo STJ (Súmula 7-STJ). Precedentes citados: REsp 849.841-MG, *DJ* 11.09.2007, e HC 141.249-SP, *DJe* 03.05.2010." (REsp 1.189.192/GO, Rel. Min. Eliana Calmon, julgado em 22.06.2010); **B:** correta, pois o inquérito civil não é indispensável à propositura de ação civil pública. Como estabelece o art. 1º da Resolução 23/2007 do CNMP, o inquérito civil tem natureza unilateral e facultativa. Acrescenta o parágrafo único do art. 1º da Resolução CNMP 23/2007: "O inquérito civil não é condição de procedibilidade para o ajuizamento das ações a cargo do Ministério Público, nem para a realização das demais medidas de sua atribuição própria"; **C:** correta, pois se trata de trecho de decisão proferida pela 1ª Turma do STJ (RMS 33.392/PE, Rel. Min. Benedito Gonçalves, *DJe* 10.06.2011): "(...) 2. A requisição de informações e documentos para a instrução de procedimentos administrativos da competência do Ministério Público, nos termos do art. 129 da Constituição Federal de 1988, é prerrogativa constitucional dessa instituição, à qual compete a defesa da ordem jurídica, do regime democrático e dos interesses sociais e individuais indisponíveis. No âmbito da legislação infraconstitucional, essa prerrogativa também encontra amparo no § 1º do art. 8º da Lei 7.347/1985, segundo o qual 'o Ministério Público poderá instaurar, sob sua presidência, inquérito civil, ou requisitar, de qualquer organismo público ou particular, certidões, informações, exames ou perícias, no prazo que lhe assinalar, o qual não poderá ser inferior a 10 (dez) dias úteis'. 3. Tanto o Procedimento de Investigação Preliminar, quanto o inquérito civil, servem à formação da convicção do Ministério Público a respeito dos fatos investigados e o resultado consequente pode dar ensejo ao ajuizamento de qualquer das ações judiciais a cargo do *Parquet*. 4. A 'análise prévia' (conforme referiu a Corte de origem) a respeito da necessidade das informações requisitas pelo Ministério Público é da competência exclusiva dessa instituição, que tem autonomia funcional garantida constitucionalmente, não sendo permitido ao Poder Judiciário ingressar no mérito a respeito do ato de requisição, sob pena de subtrair do parquet uma das prerrogativas que lhe foi assegurada pela Constituição Federal de 1988"; **D:** incorreta, devendo esta alternativa ser assinalada, pois já se decidiu que "não consubstancia crime de desobediência e negativa de atendimento à requisição do Ministério de informações sobre o assunto protegido pelo sigilo bancário" (STJ, REsp 79.026/DF, Rel. Min. Vicente Leal, Sexta Turma, *DJ* 03.05.1999); **E:** correta, pois já decidiu a 1ª Turma do STJ que "eventual irregularidade praticada na fase pré-processual não é capaz de inquinar de nulidade a ação civil pública, assim como ocorre na esfera penal, se observadas as garantias do devido processo legal, da ampla defesa e do contraditório" (REsp 1.119.568/PR, Rel. Ministro Arnaldo Esteves Lima, Primeira Turma, *DJe* 23.09.2010).
Gabarito "D".

(Ministério Público/MS – 2013 – FADEMS) É **incorreto** afirmar que o inquérito civil no âmbito do Ministério Público do Estado de Mato Grosso do Sul pode ser instaurado por:
(A) determinação do Conselho Superior do Ministério Público, quando desacolher a promoção de arquivamento de peças de informação.
(B) determinação do Procurador-Geral de Justiça, na hipótese de delegação de sua atribuição originária.
(C) requisição do Poder Judiciário.
(D) representação formulada por qualquer pessoa.
(E) determinação do Conselho Superior do Ministério Público, quando prover recurso contra a não instauração de inquérito civil.

A: correta, pois cabe ao Conselho Superior do Ministério Público rever a promoção de arquivamento. E, nos termos do art. 26, § 5º, da Resolução Normativa 15/2007, que modifica e consolida as normas que regulamentam o Inquérito Civil no âmbito do Ministério Público do Estado de Mato Grosso do Sul, na área dos interesses difusos, coletivos, individuais homogêneos e individuais indisponíveis, as audiências públicas, os compromissos de ajustamento de conduta e as recomendações "deixando o Conselho Superior do Ministério Público de homologar a promoção de arquivamento, comunicará, desde logo, ao Procurador-Geral de Justiça para a designação de outro órgão do Ministério Público para o ajuizamento da ação (...)"; **B:** correta, pois, conforme o art. 17 da Resolução Normativa 15/2007, que diz respeito à atribuição para a instauração do Inquérito Civil, "o Procurador-Geral de Justiça poderá delegar, parcial ou totalmente, sua atribuição originária a membro do Ministério Público"; **C:** incorreta, devendo esta alternativa ser assinalada, pois a atribuição para a instauração do Inquérito Civil é do Ministério Público, órgão autônomo e independente, conforme determina o art. 129, III da CF: "São funções institucionais do Ministério Público: (...)promover o inquérito civil e a ação civil pública, para a proteção do patrimônio público e social, do meio ambiente e de outros interesses difusos e coletivos"; **D:** correta, pois qualquer pessoa pode representar ao Ministério Público para fins de instauração do Inquérito Civil; **E:** correta, pois cabe ao Conselho Superior do Ministério Público, conforme o art. 15, XXVII, da Lei Complementar Estadual do MS 72/1994, com redação dada pela Lei Complementar Estadual 145/2010, "ao Conselho Superior do Ministério Público compete conhecer e julgar recurso contra decisão que indeferir representação para instauração de inquérito civil".
Gabarito "C".

(Ministério Público/GO – 2012) Em relação ao Inquérito Civil Público, assinale a alternativa correta.
(A) O Inquérito Civil é um instrumento de atuação privativa do Ministério Público.
(B) No Inquérito Civil serão colhidos os elementos prévios e indispensáveis ao exercício responsável da ação civil pública, devendo o órgão do Ministério Público acolher peças de contestação, indicação de testemunhas de defesa, pedido de alegações escritas ou orais e outros semelhantes, tudo em obediência ao princípio da busca da verdade real.
(C) É nula a homologação de pedido de arquivamento de Inquérito Civil Público destinado a apurar dano ambiental, pelo Conselho Superior do Ministério Público, à míngua de análise da inconformidade manifestada pelo comprometente quanto ao teor do ajuste.
(D) Ao rejeitar a promoção de arquivamento o Conselho Superior desde logo designará outro órgão do Ministério Público para propor a ação.

A: incorreta segundo o gabarito oficial. Atenção para o detalhe: a *instauração* é privativa do MP, mas não há *atuação* privativa do MP; **B:** incorreta, pois não há incidência do contraditório no inquérito civil e, por isso, não é obrigatório ao MP colher contestação, indicação de testemunhas de defesa e outros; **C:** correta, pois o direito de apresentar razões escritas ou documentos, que serão juntados aos autos do inquérito ou do procedimento preparatório, até a sessão do Conselho Superior do Ministério Público ou da Câmara de Coordenação e Revisão respectiva, para que seja homologada ou rejeitada a promoção de arquivamento, é reconhecido pelo § 3º do art. 10 da Resolução 23/2007 do CNMP. Assim, cabe ao órgão revisor, sob pena de nulidade, decidir fundamentadamente, isto é, analisar as razões apresentadas; **D:** incorreta, pois o Conselho Superior, ao rejeitar o pedido de arquivamento, nem sempre designará outro órgão para propor ação. É possível que o Conselho, por exemplo, entenda necessária a realização de alguma diligência. Ou seja, poderá converter o julgamento em diligência para a realização de atos imprescindíveis à sua decisão (Resolução 23/2007 do CNMP, art. 10, § 4º).
Gabarito "C".

(Ministério Público/GO – 2012) Assinale a alternativa correta
(A) Os motivos de impedimentos e suspeição previstos na legislação processual não se aplicam ao membro do Ministério Público durante o Inquérito Civil Público, já que se trata de procedimento pré-processual meramente informativo.
(B) Inexiste impedimento do membro do Ministério Público que arquivou o Inquérito Civil oficiar como *custos legis* na ação ajuizada por colegitimado, com base nos mesmos fundamentos de fato e de direito que embasaram o arquivamento.
(C) O membro do Ministério Público que promoveu o arquivamento do Inquérito Civil ou de peças de informações não está impedido de propor a Ação Civil Pública, se surgirem novas provas em decorrência da conversão do julgamento em diligência.
(D) No caso de necessidade para se apurar a omissão do Poder Público no controle da dengue na cidade em que reside o Promotor de Justiça com atribuições para o Inquérito Civil, haverá impedimento deste par atuar, devido ao seu interesse pessoal na solução do problema.

A: incorreta, pois é possível a verificação do impedimento ou da suspeição do membro do MP, ainda na fase do inquérito civil. Por exemplo, o Ato Normativo 484/2006, que disciplina o inquérito civil e demais investigações do Ministério Público na área dos interesses difusos, coletivos e individuais homogêneos, no âmbito do MP de SP, estabelece, em seu art. 25, que *o presidente do inquérito civil, havendo causa suficiente, declarará, em qualquer momento, seu impedimento ou sua suspeição*. Além disso, o art. 26 do mesmo Ato dispõe: *Em qualquer momento da tramitação da investigação, o interessado poderá arguir o impedimento ou a suspeição do*

presidente do inquérito civil; **B:** incorreta, pois, conforme Hugo Nigro Mazzilli (**O inquérito civil**. 3. ed. São Paulo: Saraiva, 2008. p. 272 e 273), "aquele membro do Ministério Público que tinha promovido o arquivamento do inquérito civil ou das peças de informação estará logicamente impedido de oficiar: a) na ação civil pública que venha a ser ajuizada por um colega seu, em decorrência da não homologação do arquivamento pelo Conselho Superior da instituição; b) na ação civil pública ou na ação coletiva ajuizada por qualquer colegitimados de que cuidam o art. 5º, II, da Lei da Ação Civil Pública, e o art. 82 do CDC", No mesmo sentido o art. 11 da Resolução 23 do CNMP; **C:** correta, pois é possível o desarquivamento do IC no caso de novas provas, bem como esse fato não gera qualquer impedimento para o membro que promoveu o arquivamento. A questão do desarquivamento está disciplinada no art. 12 da Resolução 23 do CNMP; **D:** incorreta, pois a hipótese não configura interesse pessoal do membro do MP. O interesse, no caso, é genérico.
Gabarito "C".

(Ministério Público/MG – 2012 – CONSULPLAN) No princípio da década de 80, a Ação Civil Pública ingressou no ordenamento jurídico pátrio através da Lei Complementar 40/1981 que instituiu a Lei Orgânica do Ministério Público. Dentre as funções dos representantes ministeriais, foi inserida a promoção da ação civil pública disposta no artigo 3º, inciso III. Naquele mesmo ano, a Política Nacional do meio ambiente foi regulamentada pela Lei 6.938 e previa como atributo do Ministério Público, da União e dos Estados a propositura de ação de responsabilidade civil para reparação dos danos causados ao meio ambiente.
Porém, somente em 1985, foi publicada a Lei 7.347 que disciplinou a ação civil pública de responsabilidade por danos, inserindo no ordenamento jurídico o Inquérito Civil Público. Tratando-se do procedimento do Inquérito Civil, é CORRETO afirmar que:

(A) Os autos do inquérito civil ou das peças de informação arquivadas serão remetidos, sob pena de se incorrer em falta grave, no prazo de 10 (dez) dias, ao Conselho Superior do Ministério Público.
(B) Até 15 (quinze) dias antes da sessão do Conselho Superior do Ministério Público, na qual o Inquérito Civil seja homologada ou rejeitada a promoção de arquivamento, poderão as associações legitimadas apresentar razões escritas ou documentos, que serão juntados aos autos do inquérito ou anexados às peças de informação.
(C) A promoção de arquivamento será submetida a exame e deliberação do Conselho Superior do Ministério Público.
(D) Deixando o Conselho Superior de homologar a promoção de arquivamento, remeterá os autos do Inquérito Civil para que o órgão do Ministério Público que o presidiu, a fim de que ajuíze a ação.

A: incorreta, pois o prazo para remessa é de três dias (art. 9º, § 1º, da Lei 7.347/1985); **B:** incorreta, pois não há especificação de prazo para as razões, que devem ser apresentadas antes da sessão do CSMP (art. 9º, § 2º, da Lei 7.347/1985); **C:** correta, nos termos do art. 9º, § 3º, da Lei 7.347/1985; **D:** incorreta, pois se não for homologada a promoção de arquivamento, deve ser designado outro órgão para o ajuizamento de ação (art. 9º, § 4º, da Lei 7.347/1985).
Gabarito "C".

(Ministério Público/SP – 2012 – VUNESP) No curso do inquérito civil, o promotor de Justiça NÃO deve

(A) expedir recomendações e relatórios anuais ou especiais para que sejam observados os direitos que lhe incumba defender ou para a adoção de medidas destinadas à prevenção ou controle de irregularidades.
(B) sugerir à esfera de poder competente a edição de normas ou a alteração da legislação em vigor.
(C) apurar falta disciplinar ou ilícito administrativo e requisitar à autoridade administrativa competente a aplicação das sanções cabíveis sob pena de prevaricação.
(D) notificar a autoridade competente para que, em prazo razoável, adote as providências legais, no âmbito de seu poder de polícia, a fim de assegurar o respeito a interesses sociais.
(E) receber petições, reclamações, representações e queixas de qualquer pessoa, por desrespeito aos direitos assegurados nas Constituições Federal e Estadual e ordenamento jurídico, as quais serão encaminhadas à autoridade competente para resposta e a devida solução, nos termos deste ato normativo e da legislação específica.

A: correta, pois assim estabelece o Ato Normativo 484-CPJ, de 5 de outubro de 2006, que, no âmbito do MP de SP, disciplina o inquérito civil e demais investigações do Ministério Público na área dos interesses difusos, coletivos e individuais homogêneos, as audiências públicas, os compromissos de ajustamento de conduta e as recomendações (art. 6º, I); **B:** correta, pois corresponde ao disposto no art. 6º, II, do Ato Normativo 484/2006; **C:** incorreta, pois o Ato Normativo 484/2006 estabelece, no art. 6º, V, que o Promotor de Justiça deve *propor à autoridade administrativa competente a instauração de sindicância ou processo administrativo para a apuração de falta disciplinar ou ilícito administrativo*; **D:** correta, pois assim dispõe art. 6º, II, do Ato Normativo 484; **E:** correta, pois é o que estabelece o art. 6º, IV, do Ato Normativo 484/2006.
Gabarito "C".

(Ministério Público/SP – 2012 – VUNESP) É correto afirmar:

(A) Quando houver representação, o inquérito civil não poderá ser instaurado enquanto não for identificado o representante, ainda que o fato seja determinado.
(B) Do indeferimento da representação caberá sempre recurso ao Conselho Superior do Ministério Público.
(C) A representação para instauração do inquérito civil deverá ser apresentada por escrito, não devendo o Promotor de Justiça aceitá-la se for de outra forma.
(D) A representação poderá ser indeferida sem necessidade de motivação, quando apócrifa.
(E) Quando a representação formalmente em ordem, e sem peças de informação, for manifestamente improcedente, deverá ser autuada e arquivada, remetendo-se os autos de ofício ao Conselho Superior do Ministério Público para homologação do arquivamento.

A: incorreta, pois a Resolução 23/2007 do CNMP, no art. 2º, § 3º, dispôs que o conhecimento por manifestação anônima, justificada, não implicará ausência de providências, desde que obedecidos os mesmos requisitos para as representações em geral. O Manual de Atuação Funcional dos Promotores de Justiça do Estado de São Paulo prevê, em seu art. 344, § 3º, que e a representação incompleta que aponte fato concreto passível de atuação do Ministério Público, deverá ser analisada e, se recebida, deve ser instaurado o procedimento adequado. Por sua vez, dispõe o § 4º do mesmo Manual que: Adota-se o mesmo procedimento do parágrafo anterior caso a notícia encaminhada à Promotoria de Justiça, denunciando fato concreto passível de investigação, tenha sido de feita forma anônima. No mesmo sentido o parágrafo único do art. 12 do Ato Normativo 484/2006, que disciplina o inquérito civil e demais investigações do Ministério Público de São Paulo: O membro do Ministério Público poderá instaurar inquérito civil, ainda que não identificado o representante, tratando-se de fato determinado; **B:** correta, pois o cabimento de recurso está previsto art. 107, § 1º, da Lei Complementar Estadual 734/1993 e no art. 5º, § 1º, da Resolução 23/2007 do CNMP; **C:** incorreta, pois o art. 2º, II, da Resolução 23/2007 do CNPM dispõe que o inquérito civil poderá ser instaurado em face de requerimento ou representação formulada por qualquer pessoa ou da comunicação de outro órgão do Ministério Público, ou qualquer autoridade, desde que forneça, *por qualquer meio legalmente permitido*, informações sobre o fato e seu provável autor, bem como a qualificação mínima que permita sua identificação e localização; **D:** incorreta, pois toda decisão, ainda que administrativa, deve ser fundamentada. Além disso, todas as manifestações do membro do MP devem ser fundamentadas; **E:** incorreta, pois, do indeferimento da representação, deve o órgão do MP dar ciência ao autor da representação para eventual recurso ao Conselho Superior do Ministério Público, no prazo de 10 (dez) dias. Se houver recurso, poderá o membro do MP reconsiderar a decisão recorrida. E se não houver recurso, os autos serão arquivados na própria origem, conforme o art. 5º, § 4º, da Resolução 23/2007 do CNMP.
Gabarito "B".

(Ministério Público/SP – 2012 – VUNESP) Com relação ao inquérito civil, é correto afirmar:

(A) Se o órgão do Ministério Público, esgotadas todas as diligências, se convencer da inexistência de fundamento para a propositura da ação civil, promoverá o arquivamento dos autos do inquérito civil ou das peças informativas, sem necessidade de fundamentação.
(B) Os autos do inquérito civil ou das peças de informação arquivadas serão remetidos, sob pena de se incorrer em falta grave, no prazo de 30 (trinta) dias, ao Conselho Superior do Ministério Público.
(C) A instauração do inquérito civil prescinde de uma portaria inicial que fixe o seu objeto e justifique a necessidade de sua instauração.
(D) A promoção de arquivamento será submetida a exame e deliberação do Conselho Superior do Ministério Público, conforme dispuser o seu Regimento.
(E) Deixando o Conselho Superior de homologar a promoção de arquivamento, determinará ao mesmo órgão do Ministério Público o ajuizamento da ação.

A: incorreta, pois há necessidade de fundamentação. Aliás, como já se afirmou, todas as manifestações do MP devem ser fundamentadas, razão pela qual o art. 10 da Resolução 23/2007 CNMP dispõe que a promoção do arquivamento deve ser fundamentada; **B:** incorreta. O art. 9º, § 1º, da LACP determina que os autos do inquérito civil ou das peças de informação arquivadas serão remetidos, sob pena de se incorrer em falta grave, no *prazo de 3 (três) dias*, ao Conselho Superior do Ministério Público; **C:** incorreta. A instauração de Inquérito civil pressupõe justa causa, isto é, a apuração de fato certo e determinado especificado na imprescindível portaria a ser lançada pelo órgão com atribuições e que deve conter os requisitos do art. 4º da Resolução 23/2007 do CNMP; **D:** correta, é o que dispõe o art. 9º, § 3º da LACP. O CSMP é o órgão de controle no caso dos Ministérios Públicos estaduais. No caso do MP Federal, por exemplo, o controle é feito pelas Câmaras de Coordenação e Revisão; **E:** incorreta. O art. 9º, § 4º, da LACP determina que, "deixando o Conselho Superior de homologar a promoção de arquivamento, designará, desde logo, *outro órgão do Ministério Público* para o ajuizamento da ação. Isso deve em função da autonomia e independência do membro do Ministério Público.
Gabarito "D".

(Ministério Público/SP – 2012 – VUNESP) NÃO corresponde à definição e natureza jurídica do inquérito civil:

(A) procedimento administrativo.
(B) de natureza inquisitorial.

(C) de caráter obrigatório.
(D) de caráter unilateral.
(E) privativo do Ministério Público.

A: correta, pois conforme a Resolução 23/2007, alterada pelas Resoluções 35/2009 e 59/2010 do CNMP o inquérito civil é investigação administrativa a cargo do Ministério Público, destinada a colher elementos de convicção para eventual propositura de ação civil pública. Trata-se de procedimento administrativo e não de processo administrativo; **B:** correta. De acordo com Marcos Destefenni, **Manual de Processo Civil Individual e Coletivo**, São Paulo: Saraiva, p. 536, "trata-se de um procedimento investigatório, inquisitório, no sentido de que durante a sua tramitação não é obrigatória a observância do contraditório". Se fosse processo, haveria incidência obrigatória do contraditório; **C:** incorreta, devendo ser assinalada, pois, como reconhece o art. 1º da Resolução 23/2007 do CNMP, o inquérito civil tem natureza facultativa, isto é, não é imprescindível para o ajuizamento de ação civil pública; **D:** correta. Conforme o art. 1º, da Resolução 23/2007 CNMP, o inquérito civil tem natureza unilateral e nele não se aplica a bilateralidade inerente ao contraditório; **E:** correta. Segundo Marcos Destefenni, **Manual de Processo Civil Individual e Coletivo**. São Paulo: Saraiva, p. 536, "a instauração do inquérito civil, por força de norma constitucional (CF 129, III) é função institucional do Ministério Público". Não há previsão legal que confira o poder de instaurar o inquérito civil a outro órgão ou instituição. Interessante observar: a) para a propositura de ação civil pública, a legitimidade é concorrente e disjuntiva; b) a possibilidade de celebrar o Compromisso de Ajustamento de Conduta é conferida aos órgãos públicos legitimados à propositura da ação (não às associações, p. ex.); c) a instauração de IC é privativa do MP.

Gabarito "C".

7. AÇÃO, PROCEDIMENTO, TUTELA ANTECIPADA, MULTA, SENTENÇA, COISA JULGADA, RECURSOS, CUSTAS E QUESTÕES MISTAS

(Promotor de Justiça/GO – 2016 – MPE) Assinale a alternativa incorreta:

(A) Em ação coletiva para defesa de direitos individuais homogêneos, julgado improcedente o pedido com resolução de mérito, os indivíduos, ainda que não tenham aderido à demanda, não poderão ajuizar demanda particular com o mesmo objeto.
(B) Reconhecida a responsabilidade genérica do réu pelos danos causados aos consumidores, os indivíduos atingidos pelo efeito *ultra partes* da decisão ou seus herdeiros poderão comparecer em juízo, para execução a título individual da sentença coletiva, provando o dano sofrido, o seu montante, e que se encontram na situação amparada na decisão.
(C) Na ação coletiva para proteção de direitos difusos, a sentença fará coisa julgada *erga omnes*. Todavia, se o pedido for julgado improcedente por insuficiência de provas, qualquer legitimado poderá renovar a ação, com idêntico fundamento.
(D) Estão elencados entre os direitos básicos do consumidor: liberdade de escolha, informação, transparência e boa-fé, proteção contratual, prevenção e reparação de danos (morais e materiais), acesso à justiça, inversão do ônus da prova.

A: incorreta. O art. 103, § 2º, do CDC, prevê para as ações que envolvam direitos individuais homogêneos, que, em caso de improcedência do pedido, os interessados que não tiverem intervindo no processo como litisconsortes poderão propor ação de indenização a título individual. **B:** correta. A liquidação e a execução de sentença poderão ser promovidas pela vítima e seus sucessores, assim como pelos legitimados de que trata o art. 82 (art. 97 do CDC) (Ver também Recurso Repetitivo teses 480 e 887). **C:** correta. Nas ações coletivas que envolvam Direitos Difusos, a sentença fará coisa julgada *erga omnes*, exceto se o pedido for julgado improcedente por insuficiência de provas, hipótese em que qualquer legitimado poderá intentar outra ação, com idêntico fundamento valendo-se de nova prova (art. 103, I, do CDC). **D:** correta. São direitos básicos do consumidor: a informação, transparência e boa-fé (art. 6º, III); proteção contratual (art. 6º, V); prevenção e reparação de danos (morais e materiais) (art. 6º, VI), acesso à justiça (art. 6º, VII), inversão do ônus da prova (art. 6º, VIII).

Gabarito "A".

(Defensor Público – DPE/MT – 2016 – UFMT) NÃO há efeito da coisa julgada nas relações de consumo:

(A) *Erga omnes*, se o pedido for julgado improcedente por insuficiência de provas, nas ações envolvendo direitos difusos.
(B) *Erga omnes*, nas ações envolvendo direitos individuais homogêneos.
(C) *Erga omnes*, nas ações envolvendo direitos difusos.
(D) *Ultra partes*, nas ações envolvendo direitos coletivos.
(E) *Ultra partes*, nas ações envolvendo direitos coletivos *stricto sensu*.

A: correta. Na forma do art. 103, I, do CDC, se ação for julgada improcedente por falta de provas, não há que se falar em efeito *erga omnes* da sentença, sendo possível um dos legitimados ingressar com nova ação coletiva. **B:** incorreta. Em direitos individuais homogêneos, haverá efeito *erga ommes*, ainda que a ação tenha sido julga improcedente por falta de provas, impossibilitando nova ação coletiva. **C:** incorreta. Veja justificativa da alternativa A. **D:** incorreta. Na ações que envolvam direitos coletivos, a sentença faz coisa julgada *ultra partes*, salvo na hipótese de ter sido julgada improcedente por falta de provas, cabendo nova ação coletiva. **E:** incorreta. Direitos coletivos e direitos coletivos *stricto sensu* são sinônimos. Diferencia-se dos direitos coletivos *lato sensu* já que esse se refere aos direitos difusos, coletivos e individuais homogêneos.

Gabarito "A".

(Defensor Público – DPE/ES – 2016 – FCC) No que diz respeito aos Direitos Difusos e Coletivos, a doutrina especializada criou uma nova terminologia, chamada coisa julgada *secundum eventum litis*, *erga omnes* ou *ultra partes*. Neste sentido, a sentença fará coisa julgada

(A) e seus efeitos indeferem do direito tratado, seja ele difuso, coletivo ou individual homogêneo.
(B) *ultra partes*, mas limitadamente ao grupo, categoria ou classe, salvo improcedência por insuficiência de provas quando se tratar de direitos difusos e coletivos.
(C) *erga omnes*, exceto se o pedido for julgado improcedente por insuficiência de provas, hipótese em que qualquer legitimado poderá intentar outra ação, com idêntico fundamento valendo-se de nova prova, no caso dos direitos difusos.
(D) *erga omnes*, em todos os casos em que houver análise de mérito.
(E) somente se os titulares dos direitos difusos forem individualmente chamados a compor a lide.

A: incorreta. Na forma do art. 103 do CDC, se julgada procedente a ação coletiva, a coisa julgada em direitos difusos será *erga omnes*; em direitos coletivos *ultra partes*; e em direitos individuais homogêneos será *erga omnes*. Há se se recordar, ainda, que o efeito da sentença dependerá, sempre, do resultado da lide. Se a ação for julgada improcedente por falta de provas em direitos difusos e coletivos, é possível ingressar com nova ação coletiva. Já para os direitos individuais homogêneos, caso a ação tenha sido julgada improcedente com provas ou falta de provas, não se permite o ingresso de nova ação coletiva. **B:** incorreta. Mesmo fundamento da alternativa anterior. **C:** correta. Em direitos difusos, o efeito da sentença será *erga omnes*, exceto se o pedido for julgado improcedente por insuficiência de provas, hipótese em que qualquer legitimado poderá intentar outra ação, com idêntico fundamento valendo-se de nova prova. **D:** incorreta. Mesmo fundamento da alternativa A. **E:** incorreta. Os titulares dos direitos difusos são indetermináveis e, mesmo nos direitos coletivos e individuais homogêneos, a coisa julgada não depende da participação dos indivíduos para se operar.

Gabarito "C".

(Defensor Público – DPE/ES – 2016 – FCC) Dr. Carlos é magistrado na comarca de Vitória, no Espírito Santo. No desenvolvimento do seu trabalho percebe que inúmeros consumidores ingressam com ações individuais na busca de reparação de danos decorrentes de direitos individuais homogêneos. Dr. Carlos, decide acertadamente, com base no novo CPC

(A) encaminhar o caso aos centros de conciliação, na busca de uma solução direta para todos os casos, transformando a demanda individual em coletiva.
(B) suspender os casos individuais até a propositura de uma ação coletiva correspondente, com o intuito de evitar decisões contraditórias e permitir, assim, a melhor distribuição da justiça.
(C) oficiar o Ministério Público, já que a Defensoria não possui legitimidade para propor eventual ação por não restringir a demanda coletiva aos hipossuficientes.
(D) não oficiar a ninguém, sob pena de violar a inércia e a imparcialidade do magistrado.
(E) oficiar a Defensoria Pública para, se for o caso, promover a propositura da ação coletiva respectiva.

A: incorreta. A mediação e a conciliação são formas alternativas de solução de conflito. As ações, as mediações e conciliações não podem ser transformadas em coletivas; **B:** incorreta. A suspensão dos casos individuais se faz na forma do art. 104 do CDC, razão pela qual, sempre que houver ação coletiva em curso, poderá a parte que ingressou com ação individual exercer o direito de manter a ação individual ou suspendê-la. Vale lembrar que, o STJ já firmou entendimento em sede de Recurso Repetitivo, tese 589, que "ajuizada ação coletiva atinente a macrolide geradora de processo multitudinários, suspendem-se as ações individuais, no aguardo da ação coletiva". **C:** incorreta. Na forma do art. 139, X, do Código de Processo Civil, o "juiz dirigirá o processo conforme as disposições deste Código, incumbindo-lhe: X – quando se deparar com diversas demandas individuais repetitivas, oficiar o Ministério Público, a Defensoria Pública e, na medida do possível, outros legitimados a que se referem o art. 5º da Lei 7.347, de 24 de julho de 1985, e o art. 82 da Lei 8.078, de 11 de setembro de 1990, para, se for o caso, promover a propositura da ação coletiva respectiva". **D:** incorreta. Conforme argumentos expostos na alternativa C. **E:** correta. Conforme argumentos expostos na alternativa C.

Gabarito "E".

(Defensor/PA – 2015 – FMP) Considere as seguintes alternativas:

I. Não é cabível a declaração de inconstitucionalidade de lei federal em ação civil pública mediante pedido específico, ainda que a controvérsia constitucional figure como causa de pedir.
II. Mesmo com efeitos erga omnes da tutela, os recursos interpostos em ação civil pública não têm, em regra, efeito suspensivo.
III. Em caso de improcedência da ação coletiva a associação autora está isenta do pagamento de custas, mas deve ser condenada a arcar com o pagamento de honorários advocatícios.

IV. Os legitimados ativos podem promover imediatamente a liquidação e a execução da condenação coletiva que verse sobre direitos individuais homogêneos.

Estão corretas apenas as alternativas:

(A) I e II.
(B) I e IV.
(C) I, II e III.
(D) I, II e IV.
(E) II, III e IV.

I: correta, pois esse tipo de pedido requer ação com competência, legitimados e rito próprios; II: correta (art. 14 da Lei 7.347/1985); III: incorreta, pois a associação também é isenta de pagar honorários advocatícios (art. 18 da Lei 7.347/1985); IV: incorreta, pois esses legitimados só podem promover as medidas mencionadas decorrido o prazo de 1 ano sem habilitação de interessados em número compatível com a gravidade do dano (art. 100, *caput*, do CDC).

Gabarito "A".

(Advogado da Sabesp/SP – 2014 – FCC) A sentença em ação coletiva, tendo como objeto interesses individuais homogêneos,

(A) não impede que, em caso de improcedência da ação coletiva, os interessados proponham ação individual de indenização, se não tiverem atuado como litisconsortes.
(B) poderá ter execução coletiva, a qual exclui a possibilidade de execuções individuais.
(C) poderá ser liquidada e executada, entre outros, pelo Ministério Público, em proveito direto das vítimas, quando, decorrido o prazo de 2 (dois) anos, não houver habilitado interessados em número compatível com a gravidade do dano.
(D) faz coisa julgada apenas em relação ao legitimado que propôs a ação, qualquer que tenha sido o seu conteúdo.
(E) pode ser liquidada e executada pela vítima mas não por seus sucessores, dado o caráter personalíssimo da decisão.

A: correta, nos termos do art. 103, § 2º, do CDC; **B:** incorreta, pois a execução coletiva não impede execuções individuais. Aliás, o art. 99 do CDC, inclusive, dispõe sobre eventual concurso entre credores: "Em caso de concurso de créditos decorrentes de condenação prevista na Lei 7.347, de 24.07.1985 e de indenizações pelos prejuízos individuais resultantes do mesmo evento danoso, estas terão preferência no pagamento"; **C:** incorreta, pois a possibilidade de execução direta a favor das vítimas não depende do transcurso de prazo. A liquidação subsidiária (*fluid recovery*) é que está sujeita ao transcurso do prazo de um ano (CDC, art. 100). A legitimidade do MP, para promover execução individual, é tema debatido pela doutrina; **D:** incorreta, pois os limites do julgado coletivo são *erga omnes* ou *ultra partes* (art. 103 do CDC); **E:** incorreta, pois é possível a liquidação e execução pelo sucessor, conforme expressamente prevê o art. 97 do CDC.

Gabarito "A".

(Promotor de Justiça/MG – 2014) Na ação civil pública, a sentença fará coisa julgada *erga omnes*, nos limites da competência territorial do órgão do Poder Judiciário prolator, **EXCETO**:

(A) Se o pedido for julgado improcedente, por insuficiência de provas, hipótese em que qualquer legitimado poderá intentar outra ação com idêntico fundamento.
(B) Se o pedido for julgado improcedente, por insuficiência de provas, hipótese em que qualquer legitimado poderá intentar outra ação com idêntico fundamento, valendo-se de nova prova.
(C) Se o pedido for julgado improcedente, por insuficiência de provas, hipótese em que qualquer legitimado poderá intentar outra ação com fundamento diverso.
(D) Se o pedido for julgado improcedente, por insuficiência de provas, hipótese em que qualquer legitimado poderá intentar outra ação, desde que com fundamento diverso e nova prova.

A: incorreta, pois o ajuizamento de outra ação, com idêntico fundamento, no caso, pressupõe a apresentação de nova prova; **B:** correta, considerando o que foi mencionado no item anterior; **C:** incorreta, pois não corresponde ao afirmado pelo art. 16 da Lei 7.347/1985. Afinal, permite-se outra ação com idêntico fundamento; **D:** incorreta, pois não corresponde ao afirmado pelo art. 16 da Lei 7.347/1985. Afinal, permite-se outra ação com idêntico fundamento.

Gabarito "B".

(Defensoria/DF – 2013 – CESPE) A respeito do processo civil coletivo, julgue o item abaixo à luz da jurisprudência do STJ.

(1) Na ação de caráter coletivo ajuizada por entidade associativa em defesa dos interesses de seus associados, apenas os substituídos que, na data da propositura da ação, tenham domicílio no âmbito da competência territorial do órgão prolator da sentença civil serão abrangidos pelos efeitos da referida sentença.

A afirmativa está correta. O STJ, de fato, aplica o disposto no art. 2º-A da Lei 9.494/1997. Assim já consignou a Segunda Turma do STJ (AgRg no REsp 1387392/CE): "Não merece reparos o entendimento manifestado pelo acórdão do Tribunal de origem, eis que em consonância com a jurisprudência desta Corte no sentido de que a sentença civil prolatada em ação de caráter coletivo proposta por entidade associativa, na defesa dos interesses e direitos dos seus associados, abrangerá apenas os substituídos que tenham, na data da propositura da ação, domicílio no âmbito da competência territorial do órgão prolator, nos termos do art. 2º-A da Lei 9.494/1997".

Gabarito 1C.

(Ministério Público/MT – 2012 – UFMT) Em relação à coisa julgada nas ações coletivas, analise as afirmativas.

I. Com o advento da Lei 11.232/2005, foi extinta a discussão acerca da natureza jurídica da liquidação de sentença, que foi deslocada de lugar e se encontra em capítulo que antecede o cumprimento de sentença, como mero incidente processual da fase de conhecimento.
II. É possível a execução de julgado em Ação Coletiva proposta para a defesa de interesses ou direitos individuais homogêneos por Associação Civil, que, no caso, possui legitimação ordinária autônoma.
III. A decisão que julga a liquidação de sentença faz coisa julgada material, apesar disso, desafia o recurso de agravo de instrumento.
IV. Não há possibilidade de haver execução ou cumprimento de sentença sem que o título que o embase esteja revestido de todos os requisitos estabelecidos na Lei Processual Civil, quais sejam, liquidez, certeza e exigibilidade.

Estão corretas as afirmativas:

(A) I, III e IV, apenas.
(B) I, II e III, apenas.
(C) II, III e IV, apenas.
(D) III e IV, apenas.
(E) I, II e IV, apenas.

I: correta, conforme o gabarito oficial e conforme o entendimento dominante. Realmente, houve o mencionado deslocamento. Todavia, não é verdade que foi extinta a discussão acerca da natureza jurídica da liquidação de sentença. Há quem entenda que se trata de ação; II: incorreta, pois a legitimidade, no caso, é extraordinária, com substituição processual dos titulares do direito material; III: correta, pois é instaurado o procedimento respectivo, com cognição judicial exauriente, de tal forma que a decisão proferida na liquidação passa a integrar o título executivo judicial. O recurso é o de agravo de instrumento por força de expressa previsão legal (art. 475-H do CPC); IV: correta, pois o art. 580 do CPC dispõe que *a execução pode ser instaurada caso o devedor não satisfaça a obrigação certa, líquida e exigível, consubstanciada em título executivo*. Só uma ressalva: os atributos mencionados são da obrigação e não do título, como diz a atual redação do art. 580.

Gabarito "A".

(Ministério Público/MT – 2012 – UFMT) Quanto aos efeitos dos recursos, marque V para as afirmativas verdadeiras e F para as falsas.

( ) Nas ações propostas com base na Lei de Ação Civil Pública, os recursos têm o efeito devolutivo como regra geral, podendo o juiz conferir-lhes caráter suspensivo para evitar dano irreparável à parte.
( ) O recurso de apelação apresentado contra sentença em Ação Popular deve ser recebido no duplo efeito, ou seja, devolutivo e suspensivo.
( ) Nas demandas envolvendo relações de consumo, há incidência do sistema instituído pela Lei de Ação Civil Pública, inclusive no âmbito recursal.
( ) A sentença prolatada com base na Lei 8.069/1990 (Estatuto da Criança e do Adolescente) desafia recurso dotado de efeito devolutivo como regra geral.

Assinale a sequência correta.

(A) V, F, V, V
(B) V, F, F, F
(C) F, F, V, V
(D) V, V, V, V
(E) F, V, F, V

I: verdadeira, nos termos do art. 14 da LACP; II: verdadeira, pois o art. 19 da LAP prevê que a apelação seja recebida com efeito suspensivo; III: verdadeira, pois a interação decorre da referência recíproca determinada pelo art. 21 da Lei da Ação Civil Pública e pelo art. 90 do CDC; IV: verdadeira, segundo o gabarito oficial. Deve-se observar que a sistemática recursal do ECA foi alterada pela Lei 12.010/2009, que revogou a regra do inciso VI do art. 198 do ECA, segundo a qual a apelação deveria ser recebida em seu efeito devolutivo, como regra. Portanto, na atualidade, pela aplicação do CPC, o recurso de apelação deve ser recebido, como regra, no *duplo efeito* (devolutivo e suspensivo) conforme o art. 1.012, caput, do Novo CPC.

Gabarito "D".

(Ministério Público/MT – 2012 – UFMT) Levando em consideração o regime jurídico da coisa julgada no processo coletivo, marque V para as afirmativas verdadeiras e F para as falsas.

( ) Em se tratando de interesse ou direito difuso, sendo o pedido julgado improcedente com provas suficientemente produzidas, a sentença acarretará coisa julgada formal e material, impedindo a propositura de nova ação coletiva, bem como de ações individuais com base no mesmo fato lesivo.

( ) Se o interesse ou direito for coletivo *stricto sensu*, formar-se-á coisa julgada *ultra partes* para o grupo, categoria ou classe, salvo se o pedido for julgado improcedente por insuficiência de provas, caso em que poderá qualquer colegitimado propor nova ação, desde que se valendo de nova prova.
( ) Se o direito for individual homogêneo e o pedido for julgado improcedente por insuficiência de provas, poderá o indivíduo promover sua ação individual condenatória, mesmo tendo ingressado no processo coletivo como litisconsorte ou assistente litisconsorcial.
( ) O indivíduo que tiver proposto ação individual, antes do ajuizamento da ação coletiva, se quiser se beneficiar da sentença de procedência terá que requerer a suspensão de seu processo individual.

Assinale a sequência correta.
(A) V, V, F, V
(B) F, V, F, F
(C) F, V, F, V
(D) V, F, F, V
(E) F, V, V, F

I: falsa, pois, no caso de improcedência, não há impedimento para o ajuizamento de ações individuais (art. 103, § 1º, do CDC); II: verdadeira, pois é o que estabelece o art. 103, II, do CDC); III: falsa, pois aquele que ingressa no processo coletivo não pode, no caso de improcedência da demanda, propor ação individual (art. 103, § 2º, do CDC); IV: verdadeira, pois é o que estabelece o art. 104 do CDC.
Gabarito "C".

(Ministério Público/MT – 2012 – UFMT) A ação civil pública proposta com fundamento na Lei 7.853/1989 que for considerada procedente terá obrigatório duplo grau de jurisdição, subindo ao Tribunal de Justiça sem a necessidade de recurso
(A) apenas nos casos de carência da ação.
(B) em caso de carência ou improcedência da ação.
(C) apenas nos casos de improcedência da ação.
(D) em qualquer tipo de sentença, mesmo que procedente a ação.
(E) somente nos casos de sentença de mérito, de procedência ou não.

A: incorreta, pois a Lei 7.853/1989, dispõe sobre o apoio às pessoas com deficiência, estabelece, em seu art. 4º, § 1º, que *a sentença que concluir pela carência ou pela improcedência da ação fica sujeita ao duplo grau de jurisdição, não produzindo efeito senão depois de confirmada pelo tribunal*; B: correta, conforme mencionado no item anterior; C: incorreta, pois o reexame também ocorre no caso de carência; D: incorreta, pois o reexame necessário depende do tipo de sentença; E: incorreta, pois também ocorre reexame no caso de sentença processual (terminativa) que concluir pela carência.
Gabarito "B".

(Ministério Público/PI – 2012 – CESPE) No que concerne à ACP, assinale a opção correta.
(A) Se o MP atuar como parte na ACP, será dispensável a sua intimação para oficiar como fiscal da lei no processo.
(B) A antecipação de tutela, na ACP, não pode ser deferida sem a prévia justificação ou manifestação da outra parte.
(C) Constitui procedimento da ACP a realização de audiência de conciliação.
(D) Qualquer pessoa que causar dano ou impedir o exercício de direitos difusos, coletivos, individuais indisponíveis ou homogêneos poderá figurar no polo passivo da ACP.
(E) A ACP constitui instrumento adequado para deduzir pretensão de índole tributária.

A: incorreta, pois a atuação como parte não impede que o MP exerça sua atribuição de fiscal da lei. Ademais, não deve haver a intervenção de mais de um órgão do MP no mesmo processo; B: incorreta, pois o art. 12 da LAP é expresso no sentido de que as medidas de urgência podem ser concedidas com ou sem justificação prévia; C: incorreta, pois não é obrigatória a designação de audiência de conciliação, havendo exceções na lei (art. 334 do Novo CPC); D: correta, pois qualquer pessoa pode ocupar o polo passivo de ACP; E: incorreta, pois há vedação expressa no parágrafo único do art. 1º da LACP.
Gabarito "D".

(Ministério Público/SC – 2012) Analise as assertivas a seguir.
I. O Ministério Público poderá instaurar, sob sua presidência, inquérito civil, ou requisitar, de qualquer organismo público ou particular, certidões, informações, exames ou perícias, no prazo que assinalar, o qual não poderá ser inferior a 5 (cinco) dias úteis.
II. Os autos do inquérito civil ou das peças de informação arquivadas serão remetidos, sob pena de se incorrer em falta grave, no prazo de 3 (três) dias, ao Conselho Superior do Ministério Público.
III. Decorridos sessenta dias do trânsito em julgado da sentença condenatória, sem que a associação autora lhe promova a execução, deverá fazê-lo com exclusividade o Ministério Público.
IV. A sentença civil fará coisa julgada *erga omnes*, nos limites da competência territorial do órgão prolator, exceto se o pedido for julgado improcedente por insuficiência de provas, hipótese em que qualquer legitimado poderá intentar outra ação com idêntico fundamento, valendo-se de nova prova.
V. É correto afirmar que em se tratando de Ação Popular: Qualquer cidadão será parte legítima para pleitear a anulação ou a declaração de nulidade de atos lesivos ao patrimônio da União, do Distrito Federal, dos Estados, dos Municípios, de entidades autárquicas, de sociedades de economia mista, de sociedades mútuas de seguro nas quais a União represente os segurados ausentes, de empresas públicas, de serviços sociais autônomos, de instituições ou fundações para cuja criação ou custeio o tesouro público haja concorrido ou concorra com mais de cinquenta por cento do patrimônio ou da receita ânua, de empresas incorporadas ao patrimônio da União, do Distrito Federal, dos Estados e dos Municípios, e de quaisquer pessoas jurídicas ou entidades subvencionadas pelos cofres públicos.
(A) Apenas as assertivas I, II e III estão corretas.
(B) Apenas as assertivas II, III e IV estão corretas.
(C) Apenas as assertivas II, IV e V estão corretas.
(D) Apenas as assertivas III, IV e V estão corretas.
(E) Todas as assertivas estão corretas.

I: incorreta, pois o prazo que assinalar não poderá ser inferior a *10 (dez)* dias úteis (art. 8º, 1º, da LACP); II: correta, pois é o que estabelece o art. 9º, § 1º, da LACP; III: incorreta, pois a execução também pode ser promovida pelos demais legitimados, ou seja, não há exclusividade do MP (art. 15 da LACP); IV: correta, pois é o que estabelece, em sua literalidade, o art. 16 da LACP; V: correta, pois assim dispõe o art. 1º da LAP.
Gabarito "C".

(Ministério Público/SC – 2012) Analise as assertivas a seguir.
I. Os interesses individuais homogêneos, são interesses perfeitamente identificáveis, considerados divisíveis. Fazem parte do patrimônio individual de seu titular. São, via de regra, transferíveis, *inter vivos* e *causa mortis*, suscetíveis de renúncia e transação, salvo direitos personalíssimos.
II. Os direitos coletivos são transindividuais, com determinação relativa de seus titulares. A ligação entre os titulares coletivos decorre de uma relação jurídica base. São indivisíveis, insuscetíveis de apropriação, transmissão, renúncia e transação. Sua defesa em juízo se dá através de substituição ou representação processual, o que torna o objeto da demanda disponível para o autor.
III. A multa liminar é computada, desde o dia em que houver configurado o descumprimento, iniciando-se o somatório diário.
IV. A homologação do arquivamento do inquérito civil pelo Conselho Superior do Ministério Público não impede a reabertura do caso quando surgirem novas provas, tampouco prejudica o ajuizamento da ação civil pública por outro legitimado.
V. Segundo o Superior Tribunal de Justiça é cabível a declaração de inconstitucionalidade de lei *incidenter tantum*, em ação civil pública.
(A) Apenas as assertivas I, II e III estão corretas.
(B) Apenas as assertivas II, III e IV estão corretas.
(C) Apenas as assertivas III, IV e V estão corretas.
(D) Apenas as assertivas I, II, IV estão corretas.
(E) Todas as assertivas estão corretas.

I: correta, pois a divisibilidade do direito é sua característica marcante, tanto que a sua tutela coletiva tem regras e procedimentos próprios (arts. 91 e ss. do CDC). Além disso, são direitos subjetivos individuais, apresentando as características mencionadas na assertiva; II: correta, pois assim dispõe o art. 81, parágrafo único, II, do CDC. Os direitos coletivos podem ser defendidos pelos legitimados do art. 82 do CDC, em regime de substituição processual, ou, nos termos do art. 5º, inciso XXI, da CF, pelas entidades associativas, quando expressamente autorizadas, que têm legitimidade para representar seus filiados judicial ou extrajudicialmente (representação processual); III: correta, pois a incidência da multa desde o descumprimento da obrigação está prevista no art. 12, § 2º, da LACP; IV: correta, pois o arquivamento de inquérito civil não faz coisa julgada. De outro lado, como a legitimidade para a tutela dos direitos transindividuais é concorrente e disjuntiva, o arquivamento do IC pelo MP não impede que qualquer outro legitimado proponha a ação coletiva relativa aos fatos investigados, pois a atuação de um legitimado não vincula a atuação dos demais. Nesse sentido que se diz ser disjuntiva a legitimidade; V: correta, pois, conforme o STJ, "é possível, em ação civil pública, a decretação de inconstitucionalidade de normas, desde que esteja colocada como causa de pedir, e não no objeto da ação. Precedentes" (REsp 1.172.073/PR).
Gabarito "E".

(Defensor Público/AM – 2013 – FCC) O sistema processual faz distinções entre a tutela cautelar e a tutela antecipada, sendo que no subsistema das ações coletivas em sentido amplo,
(A) nas ações coletivas, admite-se somente a tutela cautelar e não a tutela antecipatória.
(B) nas ações coletivas admite-se somente a concessão de liminar, mas não de antecipação de tutela.
(C) julgada procedente a ação civil pública, confirmando-se a antecipação de tutela em sentença, o recurso de apelação será recebido no duplo efeito.

(D) é vedada a concessão de liminar ou de antecipação de tutela contra ato do Poder Público quanto à pagamento de qualquer natureza a servidor público.

(E) o juiz independe de pedido do autor tanto para conceder a liminar – instrumental ou antecipatória – ou a antecipação de tutela como para impor multa diária para assegurar o cumprimento de sua decisão.

A: incorreta, pois a tutela de urgência (conservativa e satisfativa) é admissível no âmbito do processo coletivo. O fundamento genérico está na Lei 7.347/1985, art. 12: "Poderá o juiz conceder mandado liminar, com ou sem justificação prévia, em decisão sujeita a agravo"; **B:** incorreta, pois a liminar pode ter natureza antecipatória (satisfativa) ou cautelar (conservativa); **C:** incorreta, pois no âmbito da tutela coletiva a concessão de efeito suspensivo não é automática, dependendo de expressa deliberação do juiz (sistema ope judicis), como se depreende do art. 14 da Lei 7.347/1985: "O juiz poderá conferir efeito suspensivo aos recursos, para evitar dano irreparável à parte"; **D:** correta, pois a restrição está prevista no art. 7º, § 2º, da Lei 12.106/2009: "Não será concedida medida liminar que tenha por objeto a compensação de créditos tributários, a entrega de mercadorias e bens provenientes do exterior, a reclassificação ou equiparação de servidores públicos e a concessão de aumento ou a extensão de vantagens ou pagamento de qualquer natureza"; **E:** incorreta, pois se é verdade que o juiz pode, de ofício, impor multa diária, a concessão de medida de urgência satisfativa depende de requerimento da parte.
Gabarito "D".

(Defensor Público/SE – 2012 – CESPE) No que concerne à multa nas ações coletivas, assinale a opção correta.

(A) Em caráter excepcional, o STJ admite que a execução do valor da multa contra o poder público ocorra mediante sequestro (arresto) de rendas públicas.

(B) A multa imposta tem caráter compensatório ou indenizatório.

(C) Segundo o STJ, a fixação de multa pelo magistrado depende de requerimento ou provocação expressa da parte.

(D) Nas ações coletivas, a multa cominada liminarmente, quando não adimplida, será imediatamente exigível do réu.

(E) Uma vez imposta a multa, é vedado ao magistrado modificar o seu valor.

A: correta, pois, de fato, assim tem decidido o STJ, como ilustra a ementa do julgado proferido no REsp 848.588/RS: "Recurso especial – Fazenda Pública – Fornecimento de medicamentos – Art. 535, II, do CPC – Ofensa não reconhecida – Bloqueio de verbas públicas – Cabimento – Art. 461, § 5º do CPC – Precedentes – Seguimento negado ao recurso" (Rel. Min. Humberto Martins, *DJ* 13.04.2007); **B:** incorreta, pois a multa tem caráter coercitivo. Por isso que o art. 84, § 2º, do CDC, dispõe que "a indenização por perdas e danos se fará sem prejuízo da multa"; **C:** incorreta, pois o STJ admite a fixação da multa de ofício: "O entendimento deste Superior Tribunal de Justiça é no sentido de ser possível ao juiz, de ofício ou a requerimento da parte, fixar multa diária cominatória – astreintes –, ainda que contra a Fazenda Pública, em caso de descumprimento de obrigação de fazer" (AgRg no Ag 1.021.240/RJ, Quinta Turma, Rel. Min. Laurita Vaz, *DJe* 23.06.2008); **D:** incorreta, pois o STJ tem decidido de forma diferente: "É pacífica a jurisprudência nesta Corte no sentido de que a multa prevista no § 4º do art. 461 do CPC só é exigível após o trânsito em julgado da sentença (ou acórdão) que confirmar a fixação da multa diária, que será devida, todavia, desde o dia em que se houver configurado o descumprimento. Precedentes" (AgRg no REsp 1.241.374/PR, Terceira Turma, Rel. Min. Sidnei Beneti, *DJe* 24.06.2013); **E:** iincorreta, pois a modificabilidade é expressamente admitida pelo art. 537, § 1º, do Novo CPC.
Gabarito "A".

(Defensor Público/AM – 2013 – FCC) Com relação à coisa julgada nas ações coletivas, considere as afirmações abaixo.

I. Nas causas de interesses difusos, a sentença de improcedência fará coisa julgada *erga omnes*.

II. Nas causas de interesses coletivos, a sentença fará coisa julgada *erga omnes*, exceto se o pedido for julgado improcedente por insuficiência de provas.

III. Nas causas de interesses difusos, após o trânsito em julgado de sentença procedente, qualquer legitimado poderá ajuizar outra ação com mesmo pedido e causa de pedir, valendo-se de nova prova.

IV. Os efeitos da coisa julgada, tanto nas causas de interesses difusos como nas de coletivos, não prejudicarão interesses e direitos individuais dos integrantes da coletividade, do grupo, categoria ou classe.

V. Na hipótese de direitos individuais homogêneos, a sentença fará coisa julgada *erga omnes*, apenas no caso de procedência do pedido, para beneficiar todas as vítimas e seus sucessores.

Está correto o que se afirma APENAS em

(A) I e III.
(B) III, IV e V.
(C) IV e V.
(D) II e V.
(E) I, II e III.

I: incorreta, pois é a sentença de procedência que fará coisa julgada *erga omnes* (art. 103, I, do CDC); **II:** incorreta, pois a sentença de procedência, no caso de direitos coletivos, fará coisa julgada *ultra partes* (art. 103, II, do CDC); **III:** incorreta, pois a possibilidade de ajuizamento de nova ação só existe se a ação for julgada improcedente por falta de provas (art. 103, I, do CDC); **IV:** correta, pois é o que estabelece o art. 103, § 1º, do CDC; **V:** correta, pois é o que estabelece o art. 103, III, do CDC.
Gabarito "C".

(Defensor Público/PR – 2012 – FCC) Uma associação de proteção ao meio ambiente ajuizou ação civil pública contra uma indústria química para que fosse impedida de realizar determinado processo de produção que teria por resultado uma fumaça tóxica que impediria o crescimento das araucárias. Como a associação não pôde custear a perícia, a ação foi julgada improcedente por falta de provas e transitou em julgado. Nesse caso

(A) é possível a qualquer legitimado para a tutela coletiva ajuizar nova ação civil pública, desde que fundada em novas provas.

(B) apenas a associação que ajuizou a primeira ação poderá ajuizar nova ação civil pública, desde que fundada em novas provas, pois se trata de um direito difuso.

(C) como houve apreciação do mérito, forma-se coisa julgada material, não sendo possível o ajuizamento de nova ação civil pública, tampouco de ação rescisória.

(D) é necessário o ajuizamento de ação rescisória pela associação, após a realização da perícia pela via cautelar, por se tratar de prova da qual não pôde fazer uso e que por si só pode assegurar-lhe pronunciamento favorável.

(E) é necessário o ajuizamento de ação rescisória por qualquer dos legitimados para a tutela coletiva, após a realização da perícia pela via cautelar, por se tratar de prova da qual não se pôde fazer uso e que por si só pode assegurar pronunciamento favorável.

A: correta, pois a decisão de improcedência da ação coletiva que tutela direitos difusos (art. 81, parágrafo único, I, do CDC), por falta de provas, não impede o ajuizamento de outro ação coletiva, desde que fundada em novas provas. Assim estabelece o art. 103, I, do CDC. Aliás, essa é uma das grandes características do processo coletivo: impedir que uma decisão proferida em ação coletiva, quando a atuação do colegitimado não foi efetiva, possa impedir a efetiva tutela dos direitos transindividuais; **B:** incorreta, pois, como expressamente dispõe o art. 103, I, do CDC, "qualquer legitimado poderá intentar outra ação"; **C:** incorreta, pois, no âmbito do processo coletivo, nem toda decisão de mérito faz coisa julgada material. A formação da coisa julgada material, que poderia impedir nova demanda sobre a mesma questão, é condicionada ao resultado do processo (*secundum eventum litis*) e à qualidade da prova produzida (*secundum eventum probationis*); **D:** incorreta, pois não cabe ação rescisória se não houve a formação da coisa julgada material (art. 966, *caput*, do Novo CPC); **E:** incorreta, pois, como se disse, incabível, no caso, a ação rescisória.
Gabarito "A".

(Defensor Público/SE – 2012 – CESPE) Em caso de ajuizamento de ação coletiva com a finalidade de se obter tutela jurisdicional que condene determinada instituição financeira a reparar o dano causado a determinada coletividade de poupadores,

(A) os efeitos da sentença de improcedência da ação coletiva se estenderão às ações individuais com o mesmo objeto.

(B) a sentença de procedência somente poderá beneficiar os poupadores, e não seus sucessores.

(C) as ações individuais que tenham por objeto a mesma questão não poderão ser liquidadas ou executadas com base na sentença coletiva que julgue procedente o pedido.

(D) os efeitos da sentença de procedência ou de improcedência se estenderão às vítimas e seus sucessores.

(E) admite-se o aproveitamento da coisa julgada coletiva benéfica para as pretensões individuais, que podem ser liquidadas e executadas com base na sentença coletiva.

A: incorreta, pois as pretensões individuais, no caso, não são prejudicadas pelo que for decidido na ação coletiva. Assim determina o art. 103, § 2º, do CDC; **B:** incorreta, pois a sentença proferida na ação coletiva beneficia as vítimas e seus sucessores, conforme determina, expressamente, o art. 103, III, do CDC; **C:** incorreta, pois a possibilidade de liquidação e execução decorre dos arts. 97 e 98 do CDC; **D:** incorreta, pois apenas os efeitos da sentença de procedência se estenderão às vítimas e seus sucessores (art. 103, III, do CDC); **E:** correta, pois assim estabelecem os arts. 97 e 98 do CDC.
Gabarito "E".

(Defensor Público/SE – 2012 – CESPE) Se determinada associação ajuizar ação coletiva e, sem justo motivo, deixar de dar andamento ao processo ou desistir da ação,

(A) poderão assumir a titularidade qualquer outra associação, o cidadão e o MP.

(B) o magistrado deverá proceder à intimação, por edital, de outros legitimados para assumirem o polo ativo da ação, vedada a intimação pessoal.

(C) o processo deverá ser extinto sem julgamento de mérito.

(D) competirá exclusivamente ao MP dar seguimento à ação, assumindo a titularidade.

(E) apenas outra associação poderá assumir a titularidade da ação.

A: correta, pois assim estabelece o art. 5º, § 3º, da Lei 7.347/1985: "Em caso de desistência infundada ou abandono da ação por associação legitimada, o Ministério Público ou outro legitimado assumirá a titularidade ativa". Sendo ação popular, qualquer outro cidadão pode assumir a titularidade ativa; **B:** incorreta, pois o Ministério Público, por exemplo, deverá ser pessoalmente intimado; **C:** incorreta, pois a extinção do processo, sem a possibilidade de que um colegitimado assuma a titularidade ativa afronta o princípio da indisponibilidade da ação coletiva; **D:** incorreta, pois a atribuição não é exclusiva do Ministério Público, como se depreende do acima citado art. 5º, § 3º, da Lei 7.347/1985; **E:** incorreta, pois, como já restou consignado, o Ministério Público ou outro legitimado pode assumir a titularidade ativa. Além disso, sendo ação popular, outro cidadão também poderá assumir o polo ativo.

Gabarito "A".

(Defensor Público/SE – 2012 – CESPE) Assinale a opção correta com relação à coisa julgada e à prescrição nas ações coletivas.

(A) Em regra, a execução de sentença coletiva prescreve em cinco anos a contar da prolação da sentença.

(B) Na hipótese de improcedência de ação coletiva por falta de provas, quando a demanda tiver sido proposta para tutela de interesses e direitos individuais homogêneos, a coisa julgada recairá sobre as pretensões coletivas, de modo que não será viável a repropositura da ação coletiva para tutelar direitos individuais e homogêneos com o mesmo objeto, ainda que mediante a indicação de prova nova.

(C) Na ação coletiva ajuizada para tutelar direitos e interesses coletivos *stricto sensu*, a eficácia da sentença de procedência não se limita a determinado grupo ou categoria, por ser *erga omnes*.

(D) De acordo com entendimento do STJ, o termo inicial do prazo de prescrição para o ajuizamento de ação coletiva com a finalidade de atacar contrato ilegal é a subscrição do contrato.

(E) A ação coletiva para a tutela do meio ambiente prescreve em cinco anos contados da ciência do dano.

A: incorreta, pois, em regra, não há prescrição no âmbito das ações coletivas, exceto no caso das pretensões individuais. Assim, no caso da tutela de direitos difusos, envolvendo, por exemplo, a proteção do meio ambiente ecologicamente equilibrado, não se pode falar em prescritibilidade. A prescrição ocorre no caso da tutela de direitos individuais. A 2ª Turma do STJ já consignou: "O Tribunal *a quo* entendeu que: 'Não se pode aplicar entendimento adotado em ação de direitos patrimoniais em ação que visa à proteção do meio ambiente, cujos efeitos danosos se perpetuam no tempo, atingindo às gerações presentes e futuras'. Esta Corte tem entendimento no mesmo sentido, de que, tratando-se de direito difuso – proteção ao meio ambiente –, a ação de reparação é imprescritível. Precedentes" (AgRg no REsp 1.150.479/RS, Rel. Min. Humberto Martins, *DJe* 14.10.2011). De lembrar que o prazo prescricional para a execução é o mesmo para o ajuizamento da ação de conhecimento. Consigne-se, ainda, que a Lei de Improbidade Administrativa (Lei 8.429/1992), em seu art. 23, traz regras específicas sobre a prescrição. Porém, a pretensão ao ressarcimento do erário, decorrente de ato de improbidade administrativa, é imprescritível; **B:** correta. O art. 103 do CDC, nos incisos I e II, estabelece que, nas ações coletivas, a sentença fará coisa julgada *erga omnes* (no caso de direitos difusos) ou *ultra partes* (no caso de direito coletivo no sentido estrito), mas, em relação aos colegitimados, não há coisa julgada material se a ação for julgada improcedente por falta de provas. Todavia, se o art. 103, nos incisos I e II, faz ressalva quanto à possibilidade de nova demanda coletiva, fundada nos mesmos fatos, se houver improcedência por insuficiência de provas, ele não contém a mesma ressalva no caso do inciso III. E por não conter as mesmas ressalvas dos incisos anteriores, sugere que a sentença de improcedência por falta de provas, no caso da tutela de direitos individuais homogêneos, atinge os colegitimados. Registre-se, porém, que existem divergências doutrinárias sobre a questão; **C:** incorreta, pois a eficácia da sentença, no caso, restringe-se ao grupo, à classe ou à categoria de pessoas. Além disso, os efeitos da coisa julgada, no caso da tutela de direitos coletivos no sentido estrito, são *ultra partes* e não *erga omnes*; **D:** incorreta, pois o termo inicial é o do trânsito em julgado da sentença coletiva. Assim já decidiu o STJ: "Nas execuções individuais do cumprimento de sentença, o prazo prescricional é o quinquenal, próprio das ações coletivas, contado a partir do trânsito em julgado da sentença proferida em ação civil pública" (AgRg no AREsp 280.711/MS, Rel. Min. Humberto Martins, Segunda Turma, *DJe* 25.04.2013); **E:** incorreta, conforme comentários à assertiva "A".

Gabarito "B".

8. EXECUÇÃO

(Promotor de Justiça/GO – 2013) Em relação à execução na tutela coletiva, é correto afirmar:

(A) as multas diárias impostas em ações civis públicas em prol de direitos coletivos em sentido amplo são devidas a partir do descumprimento da decisão. Contudo, a exigibilidade das multas fica condicionada ao trânsito em julgado da sentença favorável ao autor. Exceção a esta regra geral encontra-se no Estatuto da Criança e do Adolescente e no Estatuto do Idoso, que em razão da prioridade absoluta, dispensam o trânsito em julgado da sentença.

(B) na ação que tenha por objeto o cumprimento de obrigação de fazer ou não fazer, o juiz determinará o cumprimento da prestação da atividade devida ou a cessação da atividade nociva, sob pena de execução específica, ou de cominação de multa diária, se esta for suficiente ou compatível. Para imposição da multa é necessário expresso pedido do autor, sob pena de julgamento *extra petita*. Além disso, o juiz não poderá modificar seu valor ou periodicidade, caso se tome ineficiente.

(C) a sentença coletiva tanto pode ser executada coletivamente, para efetivar o direito coletivo certificado, como individualmente, para efetivar o direito individual daquele que se beneficiou com a extensão *in utilibus* da coisa julgada coletiva. No primeiro caso, a execução é proposta por qualquer legitimado extraordinário coletivo. No segundo, a execução é proposta pela vítima e seus sucessores. O credor individual tem privilégio em relação ao crédito coletivo.

(D) para a tutela específica ou para a obtenção do resultado prático equivalente, poderá o juiz determinar as medidas necessárias, tais como busca e apreensão, remoção de coisas ou pessoas, desfazimento de obra, impedimento de atividade nociva, além de requisição de força policial. Não é possível, contudo, executar decisão que determina a implantação de política pública pela Administração Pública em razão da reserva do possível e das limitações orçamentárias.

A: incorreta, pois, para o ECA (art. 213, § 3º), "a multa só será exigível do réu após o trânsito em julgado da sentença favorável ao autor, mas será devida desde o dia em que se houver configurado o descumprimento"; **B:** incorreta, pois a multa astreinte pode ser imposta de ofício pelo juiz, conforme estabelece, por exemplo, o art. 84, § 4º, do CDC; **C:** correta, pois assim estabelecem os arts. 97, 98 e 99 do CDC; **D:** incorreta, pois a ação civil pública pode propiciar o controle das políticas públicas pelo Poder Judiciário, considerando que o Poder Público pode ser réu de demanda coletiva e esta pode impor aos entes públicos o cumprimento de obrigações de fazer e de não fazer (arts. 3º e 11 da LACP).

Gabarito "C".

(Promotor de Justiça/DF – 2013) Em termos gerais, a execução da sentença, mesmo a que assegure direitos coletivos, deve ocorrer como fase de um único processo sincrético, na hipótese do devedor não adimplir espontaneamente a condenação. Analise os itens abaixo e responda em seguida:

I. As vítimas, ou seus sucessores, são os legitimados para a liquidação de sentença genérica que reconhece direitos individuais homogêneos, em que se apurará tanto a titularidade do crédito quanto o valor respectivo. O ordenamento jurídico não outorga legitimidade extraordinária para execução nessas ações concernentes a direitos individuais homogêneos, ela existe somente até a obtenção do preceito condenatório.

II. A execução de sentença condenatória que reconhece direitos difusos e coletivos será promovida necessariamente pelo legitimado coletivo extraordinário que foi seu autor(es) na ação de conhecimento que resultou no preceito a executar.

III. Tanto na execução autônoma, quanto na execução forçada por cumprimento da sentença, a suspensão da execução poderá ocorrer por outorga judicial de efeito suspensivo aos embargos ou à impugnação, a pedido do embargante ou impugnante, cujo efeito pode ser modulado de acordo com o caso concreto, desde que seguro o juízo, por penhora, depósito ou caução.

IV. A execução contra devedor insolvente, seja nos procedimentos de falência ou de insolvência civil, uma vez decretada a insolvência, inicia-se com o concurso universal de credores, convocando-se os credores para declaração de crédito e a apresentação do título que fundamenta o crédito a ser postulado.

V. O compromisso de ajustamento de conduta, assinado pelas partes e entabulado com a participação do Ministério Público, também pode ser executado, no caso de suas cláusulas não serem cumpridas espontaneamente. Tratando-se de um título executivo extrajudicial, ilíquido, e não tendo sido formado em ação de conhecimento anterior, a execução terá início com um processo de conhecimento autônomo de liquidação. Escolha a alternativa CORRETA:

(A) São corretos os itens II e V
(B) São corretos os itens I e IV.
(C) São corretos os itens II e IV.
(D) São corretos os itens III e V.
(E) São corretos os itens I e V.

I: incorreta, pois a liquidação pode ser requerida por legitimado extraordinário, conforme autoriza o art. 97 do CDC; **II:** incorreta, pois é possível a liquidação individual, com fundamento no art. 97 do CDC; **III:** correta, pois a suspensão da execução, no caso de embargos ou de impugnação, não é automática, devendo ser requerida após a garantia do juízo. O sistema é *ope judicis*, ou seja, o efeito suspensivo não decorre automaticamente da lei. Existe a possibilidade de modulação, pois o efeito suspensivo poderá ser atribuído apenas em relação a parte do objeto da execução (art. 739-A, § 3º, do CPC/1973, art. 919, § 3º, do NCPC); **IV:** correta, nos termos dos arts. 751, III, 761 e 762, do CPC/1973, sem correspondentes no NCPC; **V:** correta, pois o compromisso de ajustamento de conduta tem eficácia de título executivo extrajudicial (art. 5º, § 6º, da Lei 7.347/1985). No caso de liquidação, de fato, é necessário processo autônomo, ou seja, que se inicia pela apresentação de petição inicial seguida da citação do requerido.

Gabarito "D".

(Ministério Público/MT – 2012 – UFMT) Com referência à *fluid recovery* prevista no artigo 100 da Lei 8.078/1990, é correto afirmar:
(A) Decorrido o prazo de 06 meses, contados do trânsito em julgado da sentença, sem habilitação de interessados, poderão os legitimados do artigo 82 do Código de Defesa do Consumidor promover a liquidação e execução da indenização devida, sem prejuízo dos créditos individuais das vítimas.
(B) Decorrido o prazo de 01 ano, contado da prolação da sentença de 1º grau e independente do trânsito em julgado, sem habilitação de interessados, poderão os legitimados do artigo 82 do Código de Defesa do Consumidor promover a liquidação e execução da indenização devida, devendo as vítimas buscar o ressarcimento do valor junto ao Fundo de Defesa de Direitos Difusos.
(C) Decorrido o prazo de 06 meses sem habilitação de interessados, poderão os legitimados do artigo 82 do Código de Defesa do Consumidor promover a liquidação e execução da indenização devida, devendo as vítimas buscar o ressarcimento do valor junto ao Fundo de Defesa de Direitos Difusos.
(D) Decorrido o prazo de 01 ano, contado da publicação do edital para divulgação da sentença coletiva, sem habilitação de interessados, poderão os legitimados do artigo 82 do Código de Defesa do Consumidor promover a liquidação e execução da indenização devida, sem prejuízo dos créditos individuais das vítimas.
(E) Decorrido o prazo de 01 ano sem habilitação de interessados, contado da prolação da sentença de 1º grau e independente do trânsito em julgado, poderão os legitimados do artigo 82 do Código de Defesa do Consumidor promover a liquidação e execução da indenização devida, não podendo mais as vítimas liquidar e executar os créditos individuais em decorrência da preclusão.

A: incorreta, pois, nos termos do art. 100 do CDC, o prazo é de um ano (e não de seis meses); **B:** incorreta, pois o prazo de um ano deve ser contado da publicação de edital que divulgue a sentença coletiva; **C:** incorreta, pois, conforme mencionado, o prazo é de um ano; **D:** correta, pois, o prazo de um ano não é prescricional, de tal forma que não ficam prejudicados os créditos individuais; **E:** incorreta, pois, como se disse, o prazo de um ano não é prescricional, de tal forma que as vítimas ainda podem promover a liquidação e a execução dos créditos individuais.
Gabarito "D".

(Ministério Público/TO – 2012 – CESPE) Assinale a opção correta acerca da ACP.
(A) A justiça estadual é competente para processar e julgar ACP por danos causados ao patrimônio público, nas comarcas que não sejam sede de vara da justiça federal, ainda que a União seja parte no processo, conforme vigente súmula do STJ.
(B) Os valores pagos pelo réu de ACP, como forma de indenização por danos, serão revertidos a um fundo gerido por um conselho federal ou por conselhos estaduais de que participarão necessariamente o MP e representantes da comunidade, e os recursos se destinarão à reconstituição dos bens lesados.
(C) Segundo o STJ, o inquérito civil, como peça informativa, não é suficiente para embasar a propositura de ACP contra deputado federal, sendo necessária, nesse caso, a abertura de procedimento administrativo prévio.
(D) Possuem legitimidade ativa para a ACP a DP, o MP, a União, os estados, o DF, os municípios, as entidades do terceiro setor, as autarquias, as empresas públicas, as fundações e as sociedades de economia mista.
(E) Compete ao MP pleitear, em ACP, indenização decorrente de seguro obrigatório de danos pessoais causados por veículos automotores de vias terrestres, em benefício do segurado.

A: incorreta, pois esse entendimento que embasou a Súmula 183 do STJ (cancelada) acabou superado por decisão do STF (Rext 228.955/RS); **B:** correta, pois é o que determina o artigo 13 da LACP; **C:** incorreta, pois o STJ entende que é desnecessário o procedimento administrativo prévio (REsp 1.028.248/SP); **D:** incorreta, pois, no caso das entidades do terceiro setor (associações, a LACP, no art. 5º, V, só legitima as associações que estejam, concomitantemente: a) constituídas há pelo menos 1 (um) ano nos termos da lei civil; b) incluam, entre suas finalidades institucionais, a proteção ao meio ambiente, ao consumidor, à ordem econômica, à livre concorrência ou ao patrimônio artístico, estético, histórico, turístico e paisagístico; **E:** incorreta, pois conforme o enunciado da Súmula 470 do STJ, "o Ministério Público não tem legitimidade para pleitear, em ação civil pública, a indenização decorrente do DPVAT em benefício do segurado".
Gabarito "B".

(Ministério Público/TO – 2012 – CESPE) Acerca da tutela em juízo dos interesses individuais homogêneos, difusos e coletivos, assinale a opção correta.
(A) O *fluid recovery* é um fundo de reparação de interesses difusos lesados destinado a reconstituir e reparar exatamente o mesmo bem lesado.
(B) Caso haja, pela associação legitimada, desistência infundada ou abandono da ACP ajuizada para a defesa de direitos coletivos, deverá o juiz extinguir o processo, sem o exame do mérito.
(C) É lícito à DP atuar como substituto processual de consumidores em demandas relacionadas a direitos individuais em sentido estrito, disponíveis ou indisponíveis.
(D) Na hipótese de tutela jurisdicional de direitos e interesses individuais homogêneos, o juízo que proferiu a sentença genérica terá competência absoluta para a liquidação e execução quando promovidas individualmente.
(E) Em sede de ACP, haverá a coisa julgada *secundum eventum litis*, por procedência ou improcedência do pedido, mesmo nos casos de exame perfunctório das provas.

A: incorreta, pois o valor pecuniário será recolhido ao fundo mencionado no art. 13 da LACP, mas não fica vinculado à reparação específica, isto é, do exato bem lesado. **B:** incorreta, pois a assertiva afronta o art. 5º, § 3º, da LACP segundo o qual o MP ou outro legitimado assumirá a titularidade ativa; **C:** correta, pois a Defensoria Pública pode atuar em prol do necessitado, como assistente judicial, isto é, sem ostentar a qualidade de parte, mas atuando na defesa da parte hipossuficiente; **D:** incorreta, pois, nos termos do art. 98, § 2º, do CDC, é competente para a execução o juízo da liquidação da sentença ou da ação condenatória. A liquidação individual pode ser pleiteada no foro do domicilio do autor, mais benéfico à vítima; **E:** incorreta, pois a assertiva afronta o art. 103 do CDC. Se o fundamento for a insuficiência de provas, é possível novo ajuizamento da ação.
Gabarito "C".

(Defensor Público/SE – 2012 – CESPE) A respeito da competência nas ações coletivas e da liquidação e execução da sentença, assinale a opção correta.
(A) Tratando-se de liquidação e cumprimento da sentença em ação coletiva que imponha obrigação de pagar, se a ação objetivar a reparação de outros valores, diversos do patrimônio público, tais como os direitos dos idosos e dos consumidores, os valores serão vertidos a um fundo de reparação de bens lesados.
(B) O juiz federal não dispõe de competência para processar e julgar a ACP e a ação popular quando o presidente da República figurar como autoridade demandada.
(C) De acordo com a legislação de regência, o juízo perante o qual seja proposta a primeira ACP é prevento para todas as ações coletivas que, posteriormente ajuizadas, possuam a mesma causa de pedir ou o mesmo pedido, exigindo-se ainda, para a incidência da prevenção, a identidade de partes.
(D) Compete à justiça federal processar e julgar todas as ações coletivas cujo objeto seja a proteção ao meio ambiente.
(E) Nas ações coletivas, o cumprimento de sentença que imponha a obrigação de fazer ou não fazer contra o poder público segue o rito previsto no CPC, devendo o poder público ser citado para opor embargos, com a posterior expedição de ofício requisitório.

A: correta, pois assim determina o art. 13 da Lei 7.347/1985. No caso da tutela do patrimônio público, em função de ato de improbidade administrativa, o pagamento ou a reversão dos bens, de fato, ocorrerá em favor da pessoa jurídica prejudicada pelo ilícito (art. 18 da Lei 8.429/1992); **B:** incorreta, pois a competência, no caso, é da Justiça Federal, por se tratar de autoridade federal. Afinal, em sede de ação popular a competência é determinada em função da origem do ato impugnado. Assim dispõe o art. 5º da Lei 4.717/1965; **C:** incorreta, pois não se exige a identidade de partes para que se configure a conexão. A regra da prevenção, mencionada na assertiva, decorre do art. 2º, parágrafo único, da Lei 7.347/1985; **D:** incorreta, pois a competência, em regra, é da justiça estadual. Será de competência da justiça federal quando ocorrer alguma hipótese do art. 109 da CF; **E:** incorreta, pois, no caso, não há citação para opor embargos. Referido procedimento, que é diferenciado, só se aplica no caso de sentença que imponha ao Poder Público o cumprimento de obrigação de pagar quantia, não incidindo no caso de obrigações de fazer e de não fazer.
Gabarito "A".

9. AÇÃO POPULAR E IMPROBIDADE ADMINISTRATIVA

(Defensor Público –DPE/RN – 2016 – CESPE) A respeito do mandado de segurança coletivo e individual, assinale a opção correta.
(A) Para impetrarem mandado de segurança coletivo, as entidades de classe e os sindicatos devem estar em funcionamento há pelo menos um ano.
(B) O termo inicial para impetração de mandado de segurança para impugnar critérios de aprovação e classificação de concurso público conta-se da publicação do edital de abertura do certame, segundo entendimento recente do STF.
(C) No mandado de segurança coletivo, a liminar só poderá ser concedida após a audiência do representante judicial da pessoa jurídica de direito público, que deverá se pronunciar no prazo de setenta e duas horas.
(D) O Poder Judiciário não pode controlar a legalidade dos atos administrativos discricionários por meio de mandado de segurança.
(E) Não é cabível a impetração de mandado de segurança contra lei em tese, mesmo quando esta for de efeitos concretos.

A: incorreta. Na forma do art. 21 da Lei 12.016/2009, "O mandado de segurança coletivo pode ser impetrado por partido político com representação no Congresso Nacional, na defesa de seus interesses legítimos relativos a seus integrantes ou à finalidade partidária, ou por organização sindical, entidade de classe ou associação legalmente constituída e em funcionamento há, pelo menos, 1 (um) ano, em defesa de direitos líquidos e certos da totalidade, ou de parte, dos seus membros ou associados, na forma dos seus estatutos e desde que pertinentes às suas finalidades, dispensada, para tanto, autorização especial". **B:** incorreta. "O termo inicial para impetração de mandado de segurança a fim de impugnar critérios de aprovação e de classificação de concurso público conta-se do momento em que a cláusula do edital causar prejuízo ao candidato". RMS 23586/DF, rel. Min. Gilmar Mendes, 25.10.2011. (RMS-23586). **C:** correta, nos exatos termos do art. 22, § 2º, da Lei 12.016/2009. **D:** incorreta. A judicialização das políticas públicas tem sido admitida pela doutrina e jurisprudência. **E:** incorreta. Admite-se mandado de segurança contra lei em tese se o efeito for concreto.
Gabarito "C".

(Ministério Público/BA – 2015 – CEFET) O prefeito da Cidade de Metrópole, ao longo do mandato, juntou-se a servidores e vereadores para a prática de desvio de verbas públicas, sendo apurado, através de inquérito civil, o desvio de 10 (dez) milhões de reais. O promotor de Justiça substituto da comarca de Metrópole alegou acúmulo de serviço e não ajuizou o competente processo em relação aos envolvidos, consumando-se a prescrição para punir os atos de improbidade. Neste caso, é CORRETO afirmar que:

(A) A prescrição fulmina a pretensão punitiva e a possibilidade de ressarcimento ao erário.
(B) A prescrição atinge apenas a pretensão punitiva, podendo ser ajuizada a ação para ressarcimento ao erário.
(C) Não admitindo o sistema jurídico brasileiro a imprescritibilidade, nada poderá ser feito.
(D) Prescrição, por ser matéria de ordem pública, deve ser declarada em relação ao direito de o município reaver as verbas, apenas.
(E) A prescrição é irrelevante ante o interesse público.

A, C e D: incorretas, pois a pretensão de ressarcimento ao erário é imprescritível (art. 37, § 5º, da CF); **B:** correta, pois a prescrição se dá somente em relação às sanções (art. 23 da Lei 8.429/1992), ressalva da imprescritibilidade da pretensão de ressarcimento ao erário (art. 37, § 5º, da CF); **E:** incorreta, pois a prescrição interessa ao interesse público no sentido de, de um lado, estabilizar relações e promover a segurança jurídica, e, de outro, de não ser aplicada em casos de certos ilícitos graves que causem dano ao erário, quanto às respectivas ações de ressarcimento.
Gabarito "B".

(Defensor/PA – 2015 – FMP) Assinale a opção CORRETA.

(A) A ação popular se presta à anulação de ato lesivo ao patrimônio público apenas quando este detém valor econômico.
(B) Descabe o ajuizamento de ação civil pública, quando já houver ação popular ajuizada sobre o mesmo fato.
(C) A ação popular poderá ser intentada por cidadão e por partido político com representação no Congresso Nacional.
(D) É facultado a qualquer cidadão habilitar-se como litisconsorte ou assistente do autor da ação popular.
(E) A ação popular pode ser proposta contra pessoas públicas ou privadas que praticarem atos lesivos ao patrimônio público, não alcançando seus administradores ou os beneficiários diretos do ato danoso, cujas responsabilidades devem ser apuradas em ação própria.

A: incorreta, pois cabe ação popular quando se tem mera lesão à moralidade administrativa, mesmo que não haja lesão ao erário (art. 5º, LXXIII, da CF); **B:** incorreta, pois não há impedimento legal nesse sentido; aliás, a ação civil pública pode, a partir dos mesmos fatos, trazer outros pedidos em relação à ação popular; **C:** incorreta, pois a ação popular somente pode ser promovida pelo cidadão (art. 5º, LXXIII, da CF); **D:** correta (art. 6º, § 5º, da Lei 4.717/1965); **E:** incorreta, pois a ação popular deve alcançar também, além de autoridades, administradores ou beneficiários diretos do ato lesivo (art. 6º, caput e § 1º, da Lei 4.717/1965).
Gabarito "D".

(Procurador do Município – São Paulo/SP – 2014 – VUNESP) Sobre a sentença proferida em ação popular, estabelece-se que:

(A) ela incluirá, sempre, na condenação dos réus, o pagamento, ao autor, das custas e demais despesas, judiciais e extrajudiciais, diretamente relacionadas com a ação e comprovadas, bem como o dos honorários de advogado.
(B) condenará o autor ao pagamento do quíntuplo das custas, quando, ao apreciar o fundamento jurídico do pedido, julgar a lide temerária.
(C) se o valor da lesão depender de avaliação, será indicado na sentença valor estimativo.
(D) quando a lesão resultar da falta de qualquer pagamento, o quantum correspondente será apurado na execução.
(E) da sentença que concluir pela carência da ação, recorrerá o juiz ex officio, mediante simples declaração no seu texto.

A: correta, pois assim estabelece o art. 12 da Lei 4.717/1965; **B:** incorreta, pois o autor deverá ser condenado ao décuplo das custas, conforme o art. 13 da Lei 4.717/1965; **C:** incorreta, pois se o valor da lesão depender de avaliação ou perícia, será apurado na execução, de acordo com o art. 14 da Lei 4.717/1965; **D:** incorreta, pois, de acordo com o art. 14, § 1º, da Lei 4.717/1965, "quando a lesão resultar da falta ou isenção de qualquer pagamento, a condenação imporá o pagamento devido, com acréscimo de juros de mora e multa legal ou contratual, se houver"; **E:** incorreta, pois o art. 19 da Lei 4.717/1965 estabelece que "a sentença que concluir pela carência ou pela improcedência da ação está sujeita ao duplo grau de jurisdição, não produzindo efeito senão depois de confirmada pelo tribunal". O texto da assertiva corresponde à antiga redação do art. 19 da LAP.
Gabarito "A".

(Promotor de Justiça/AC – 2014 – CESPE) A respeito da ação de improbidade administrativa, assinale a opção correta.

(A) Não cabe ação civil pública por improbidade administrativa, para fins exclusivos de ressarcimento ao erário, nos casos em que se reconheça a prescrição da ação quanto às demais sanções previstas na lei que trata da improbidade administrativa.
(B) Veda-se ao magistrado rejeitar de plano a ação de improbidade administrativa, ainda que convencido da inexistência do ato de improbidade.
(C) A simples ausência de prestação de contas no prazo em que deveria ser apresentada configura ato de improbidade administrativa, visto que dissociada do elemento subjetivo da conduta do agente.
(D) A ação de ressarcimento dos prejuízos causados ao erário é imprescritível, ainda que cumulada com a ação de improbidade administrativa.
(E) Nas ações de improbidade administrativa, é necessária a prova concreta de periculum in mora para a declaração de indisponibilidade dos bens.

A: incorreta, pois, sendo a pretensão de ressarcimento ao erário imprescritível (art. 37, § 5º, da CF), ela pode ser a única remanescente em sede de ação de improbidade; **B:** incorreta, pois é possível, sim, a rejeição de plano com fundamento no art. 17, § 8º, da Lei 8.429/1992; **C:** incorreta, pois a configuração do ato de improbidade por ofensa aos princípios, previsto no art. 11, VI, da Lei 8.429/1992, pressupõe a presença do elemento subjetivo; **D:** incorreta, pois não é toda pretensão de ressarcimento ao erário que é imprescritível. Somente a que decorre de ato de improbidade administrativa; **E:** incorreta, pois o periculum in mora, no caso, é presumido. Com efeito, no caso das medidas de indisponibilidade ou de sequestro de bens, que são medidas típicas da ação de improbidade administrativa, o periculum in mora é presumido: "Administrativo e processual civil. Ação civil pública. Improbidade administrativa. Liminar. Indisponibilidade de bens. Periculum in mora presumido. A concessão da medida de indisponibilidade não está condicionada à comprovação de que os réus estejam dilapidando seu patrimônio, ou na iminência de fazê-lo, tendo em vista que o periculum in mora está implícito no comando legal. Assim deve ser a interpretação da lei, porque a dilapidação é ato instantâneo que impede a atuação eficaz e acautelatória do Poder Judiciário. Precedentes: EDcl no REsp 1.211.986/MT, Rel. Ministro Herman Benjamin, Segunda Turma, DJe 09.06.2011; REsp 1.244.028/RS, Rel. Ministro Mauro Campbell Marques, Segunda Turma, DJe 02.09.2011; EDcl no REsp 1.205.119/MT, Rel. Ministro Mauro Campbell Marques, Segunda Turma, DJe 08.02.2011; REsp 1.190.846/PI, Rel. Ministro Castro Meira, Segunda Turma, DJe 10.02.2011; REsp 967.841/PA, Rel. Ministro Mauro Campbell Marques, Segunda Turma, DJe 08.10.2010; REsp 1.203.133/MT, Rel. Ministro Castro Meira, Segunda Turma, DJe 28.10.2010; REsp 1.199.329/MT, Rel. Ministro Mauro Campbell Marques, Segunda Turma, DJe 08.10.2010; REsp 1.177.290/MT, Rel. Ministro Herman Benjamin, Segunda Turma, DJe 01.07.2010; REsp 1.177.128/MT, Rel. Ministro Herman Benjamin, Segunda Turma, DJe 16.09.2010; REsp 1.135.548/PR, Rel. Ministra Eliana Calmon, Segunda Turma, DJe 22.06.2010; REsp 1.134.638/MT, Relator Ministra Eliana Calmon, Segunda Turma, DJe 23.11.2009; REsp 1.098.824/SC, Rel. Ministra Eliana Calmon, Segunda Turma, DJe 04.08.2009"
Gabarito "D".

(Defensoria/SP – 2013 – FCC) A Ação Popular é um instrumento processual coletivo com forte conteúdo democrático-participativo, tendo em vista que a legitimidade ativa é atribuída diretamente ao cidadão-eleitor.
A Lei da Ação Popular teve o seu objeto ampliado por meio do art. 5o, LXXIII, da Constituição Federal de 1988, o qual, além de reproduzir matérias já consagradas pela legislação infraconstitucional referida, inovou e passou a prever expressamente a utilização da ação popular também para anular ato lesivo

(A) aos direitos das crianças e adolescentes.
(B) ao consumidor.
(C) à ordem urbanística.
(D) ao meio ambiente.
(E) aos bens e direitos de valor econômico, artístico, estético, histórico ou turístico.

A: incorreta, pois, de acordo com o art. 5º, LXXIII, da CF, "qualquer cidadão é parte legítima para propor ação popular que vise a anular ato lesivo ao patrimônio público ou de entidade de que o Estado participe, à moralidade administrativa, ao meio ambiente e ao patrimônio histórico e cultural"; **B, C e E:** incorretas, pelo que se depreende do inciso LXXIII, retro citado; **D:** correta, pois, como se viu, há expressa admissibilidade da ação popular para tutelar o meio ambiente.
Gabarito "D".

(Promotor de Justiça/MG – 2014) Sobre a ação popular, é correto dizer, EXCETO:

(A) É cabível para a proteção da moralidade administrativa, ainda que inexistente o dano material ao patrimônio público, ou seja, a lesão tanto pode ser efetiva quanto legalmente presumida, pois que a lei estabelece casos de presunção de lesividade, para os quais basta a prova da prática do ato naquelas circunstâncias para considerar-se lesivo e nulo de pleno direito.
(B) O Ministério Público, mesmo não sendo parte no processo, poderá juntar documentos e requerer a produção de provas.
(C) Possui legitimidade ativa *ad causam* apenas o cidadão eleitor no município onde se aduz terem ocorrido as supostas ilegalidades.
(D) A manifestação de interesse da União no feito após a prolação da sentença na Justiça Estadual faz com que a competência de eventual apelação seja do Tribunal Regional Federal, não se anulando, todavia, os atos praticados anteriormente.

A: incorreta, pois as afirmativas são verdadeiras. A ação popular não se limita à reparação de danos materiais e, além disso, há situações em que a lesividade é presumida. Tal ocorre nos casos do art. 4º da Lei 4.717/1965; **B:** incorreta, pois a afirmativa está exata, considerando que, de fato, o MP, na ação popular, já foi considerado "parte pública autônoma", tamanha a autonomia que a LAP lhe confere. A possibilidade de juntar documentos e requerer a produção de provas está expressamente prevista no art. 6º, § 4º, da Lei 4.717/1965; **C:** correta, pois, realmente, não é correto dizer que apenas o cidadão eleitor residente o município tem legitimidade para promover a ação popular. A questão foi enfrentada pelo STJ, conforme noticiou o Informativo 0476 (Segunda Turma): "ação popular. Legitimidade. Cidadão. Eleitor. A ação popular em questão foi ajuizada por cidadão residente no município em que também é eleitor. Sucede que os fatos a serem apurados na ação aconteceram em outro município. Vem daí a discussão sobre sua legitimidade ad causam a pretexto de violação dos arts. 1º, *caput* e § 3º, da Lei 4.717/1965 e 42, parágrafo único, do Código Eleitoral. Nesse contexto, é certo que o art. 5º, LXXIII, da CF/1988 reconhece a legitimidade ativa do cidadão e não do eleitor para propor a ação popular e que os referidos dispositivos da Lei 4.717/1965 apenas definem ser a cidadania para esse fim provada mediante o título de eleitor. Então, a condição de eleitor é, tão somente, meio de prova da cidadania, essa sim relevante para a definição da legitimidade, mostrando-se desinfluente para tal desiderato o domicílio eleitoral do autor da ação, que condiz mesmo com a necessidade de organização e fiscalização eleitorais. Já o citado dispositivo do Código Eleitoral traz requisito de exercício da cidadania em determinada circunscrição eleitoral, o que não tem a ver com a sua prova. Dessarte, conclui-se que, se for eleitor, é cidadão para fins de ajuizamento da ação popular. REsp 1.242.800-MS, Rel. Min. Mauro Campbell Marques, j. 07.06.2011"; **D:** incorreta, pois não se pode dizer, efetivamente, que não são anuláveis os atos praticados anteriormente, caso seja reconhecida a incompetência que, no caso é absoluta. Nos termos do art. 113, § 2º, do CPC/1973, declarada a incompetência absoluta, os atos decisórios proferidos pelo juízo incompetente serão nulos.
Gabarito "C".

(Promotor de Justiça/MG – 2014) Sobre as normas processuais aplicáveis à Ação Popular, pode-se afirmar, **EXCETO**:

(A) A ação será proposta contra as pessoas públicas ou privadas relacionadas ao ato lesivo, contra as autoridades, funcionários ou administradores que houverem autorizado, aprovado, ratificado ou praticado o ato impugnado, ou que, por omissas, tiverem dado oportunidade à lesão, e contra os beneficiários diretos do mesmo.
(B) Se o autor desistir da ação, fica assegurado a qualquer cidadão, bem como ao representante do Ministério Público, dentro do prazo de 90 (noventa) dias da última publicação dos editais, promover o prosseguimento da ação.
(C) A sentença que concluir pela carência ou pela improcedência da ação está sujeita ao duplo grau de jurisdição, não produzindo efeito senão depois de confirmada pelo tribunal; da que julgar a ação procedente caberá apelação, sem efeito suspensivo *ope legis*.
(D) A sentença incluirá sempre, na condenação dos réus, o pagamento, ao autor, das custas e demais despesas, judiciais e extrajudiciais, diretamente relacionadas com a ação e comprovadas, bem como o dos honorários de advogado.

A: correta, pois assim estabelece o art. 6º da Lei 4.717/1965; **B:** correta, nos termos do art. 9º da Lei 4.717/1965; **C:** incorreta e deve ser assinalada, pois o recurso de apelação, no caso de procedência, deverá ser recebido com efeito suspensivo (art. 19 da Lei 4.717/1965); **D:** correta, conforme o art. 12 da Lei 4.717/1965.
Gabarito "C".

(Promotor de Justiça/MG – 2014) Sobre as normas processuais aplicáveis à Ação de improbidade administrativa, pode-se afirmar, EXCETO:

(A) A falta da notificação prevista para que o réu apresente manifestação por escrito antes do recebimento da petição inicial não invalida os atos processuais ulteriores em ação de improbidade administrativa, salvo quando comprovado prejuízo.
(B) De acordo com a jurisprudência pacificada no âmbito do Superior Tribunal de Justiça, a ação de improbidade administrativa deve ser processada e julgada nas instâncias ordinárias, ainda que proposta contra deputado federal.
(C) É possível a transação, acordo ou conciliação, realizada por meio de termo de ajustamento de conduta, nas ações de improbidade reguladas pelo rito da Lei 8.429/1992.
(D) Recebida a manifestação por escrito, o juiz, no prazo de trinta dias, em decisão fundamentada, rejeitará a ação, se convencido da inexistência do ato de improbidade, da improcedência da ação ou da inadequação da via eleita.

A: correta, pois a nulidade, no caso, é relativa. Conforme noticiou o Informativo 441 do STJ, "a falta da notificação prevista no art. 17, § 7º, da citada lei não invalida os atos processuais ulteriores, salvo se ocorrer efetivo prejuízo"; **B:** correta, pois assim tem se manifestado o STJ: "O tema não exige grandes digressões, sendo que a competência para processo e julgamento de atos de improbidade imputados a Deputado Federal compete, de fato, à primeira instância" (fl. 458, e-STJ). Tal entendimento não merece qualquer retoque. Isso porque é firme a jurisprudência no sentido de que o foro por prerrogativa de função não se estende ao processamento das ações de improbidade administrativa. A propósito: "Processo civil. Competência. Ação de improbidade administrativa. A ação de improbidade administrativa deve ser processada e julgada nas instâncias ordinárias, ainda que proposta contra agente político que tenha foro privilegiado no âmbito penal e nos crimes de responsabilidade. Agravo regimental desprovido." (AgRg na Rcl 12.514/MT, Rel. Ministro Ari Pargendler, Corte Especial, j. 16.09.2013, *DJe* 26.09.2013.) – Resp 1382920, Relator Min. Humberto Martins, *DJ* 18.11.2013"; **C:** incorreta e, portanto, deve ser assinalada. Ocorre que o art. 17, § 1º, da Lei 8.429/1992, veda, expressamente, a transação; **D:** correta, pois assim estabelece o art. 17, § 8º, da Lei 8.429/1992.
Gabarito "C".

(Promotor de Justiça/GO – 2013) De conformidade com a Lei 8.429/1992 (Lei de Improbidade Administrativa), da decisão que receber a petição inicial da ação de improbidade administrativa:

(A) não caberá recurso algum.
(B) caberá apelação.
(C) caberá recurso de agravo de instrumento.
(D) caberá recurso de embargos infringentes.

A: incorreta, pois o recurso é o de agravo de instrumento, nos termos do art. 17, § 10, da Lei 8.429/1992; **B** e **D:** incorretas, conforme o dispositivo legal citado; **C:** correta, nos termos do art. 17, § 10, da Lei 8.429/1992.
Gabarito "C".

(Ministério Público/MS – 2013 – FADEMS) Sob o enfoque da ação popular, da ação civil pública e da ação de improbidade, assinale a alternativa **incorreta**:

(A) A ação popular é um instrumento de natureza coletiva e serve como instrumento de controle da administração pública. Referida ação visa anular ato lesivo ao patrimônio público ou de entidade de que o Estado participe, à moralidade administrativa, ao meio ambiente e ao patrimônio histórico e cultural.
(B) Em caso de ação civil pública, o servidor público deverá provocar a iniciativa do Ministério Público, ministrando-lhe informações sobre fatos que constituam objeto da ação civil pública e indicando-lhes os elementos de convicção.
(C) Tratando-se de ação de improbidade, a ação principal correrá sob rito especial e será ajuizada pelo Ministério Público ou pela pessoa jurídica interessada, na forma do que dispõe a lei especial que a regula.
(D) Tal como na ação popular, na ação que visa apurar ato de improbidade administrativa proposta pelo Ministério Público, as pessoas jurídicas de direito público ou de direito privado, cujo ato seja objeto de impugnação, poderá abster-se de contestar o pedido, ou poderá atuar ao lado do autor, desde que isso se afigure útil ao interesse público, a juízo do respectivo representante legal ou dirigente.
(E) Constitui crime, punido com pena de reclusão de um a três anos, mais multa, a recusa, o retardamento ou a omissão de dados técnicos indispensáveis à propositura da ação civil, quando requisitados pelo Ministério Público.

A: correta, pois a ação popular é considerada a primeira ação voltada à tutela de direitos difusos no direito brasileiro. Portanto, tutela direitos coletivos "lato sensu". Seu objetivo é a invalidação de atos ilegais e lesivos ao patrimônio público, bem como a condenação dos responsáveis à reparação do dano. Assim se depreende da Lei 4.717/1965, que disciplina a ação popular; **B:** correta, pois, nos termos do art. 6º da Lei 7.347/1985, "qualquer pessoa *poderá* e o servidor público *deverá* provocar a iniciativa do Ministério Público, ministrando-lhe informações sobre fatos que constituam objeto da ação civil e indicando-lhe os elementos de convicção" (g.n.); **C:** incorreta, devendo esta alternativa ser assinalada, pois, nos termos do art. 17 da Lei 8.429/1992, "a ação principal, que terá o rito ordinário..."; **D:** correta, pois é o que está previsto no art. 17, § 3º, da Lei 8.429/1992, que, no caso da ação principal ter sido proposta pelo Ministério Público, aplica-se, no que couber, o disposto no § 3º do art. 6º da Lei 4.717/1965, que regula a ação popular; **E:** correta, pois é o que estabelece o art. 10 da Lei 7.347/1985.
Gabarito "C".

(Ministério Público/MS – 2013 – FADEMS) Tratando-se de ação de improbidade administrativa, assinale a alternativa **correta**:

(A) Cabe agravo de instrumento da decisão que recebe a petição inicial.
(B) Caso inexistente a notificação prévia prevista na Lei de Improbidade Administrativa, a citação válida não tem o condão de interromper o prazo prescricional.

(C) A ação civil pública tramita sempre em segredo de justiça visando garantir proteção ao direito à intimidade, previsto na Constituição Federal, do agente público a quem é imputada a prática de ato de improbidade administrativa.
(D) O juiz determinará na sentença que decretou a perda dos bens havidos de modo ilícito, oriundos da prática de ato de improbidade administrativa, a reversão destes a um fundo gerido por Conselho Estadual, de que participa o Ministério Público.
(E) O juiz, julgando improcedente a ação de improbidade administrativa, deverá sempre determinar a condenação do autor ao pagamento das custas e honorários advocatícios de sucumbência.

A: correta, pois assim dispõe o § 10 do art. 17 da Lei 8.429/1992; **B:** incorreta, pois, conforme tem decidido o STJ, "a citação interrompe o prazo prescricional, retroagindo, nos termos do art. 219, § 1º, do CPC, à data da propositura da ação, mesmo nos casos em que inexiste a notificação prévia mencionada no art. 17, § 7º, da Lei 8.429/1992. Precedentes do STJ." (REsp 730.264/RS, Rel. Min. Benjamin Herman, Segunda Turma, DJe 24.03.2009); **C:** incorreta, pois, como regra, há incidência do princípio da publicidade (art. 37, "caput", da CF). O segredo de justiça é exceção; **D:** incorreta, pois, nos termos do art. 18 da Lei 8.429/1992, a reversão dos bens, sendo o caso, será em favor da pessoa jurídica prejudicada pelo ilícito; **E:** incorreta, pois a ação de improbidade administrativa é uma ação coletiva, que integra o microssistema da tutela coletiva. Assim, aplicável o disposto no art. 18 da Lei 7.347/1985, segundo o qual a condenação do autor só ocorrerá no caso de comprovada má-fé.

Gabarito "A".

(Ministério Público/MG – 2012 – CONSULPLAN) A ação popular, nascida no Direito Romano, encontrou, pela vez primeira, assento constitucional no Brasil na Carta de 1934, disposta no 38 do art. 113, introduzindo inovação pela legitimidade do cidadão para pleitear apenas a declaração de nulidade ou anulação dos atos lesivos do patrimônio da União, dos Estados ou dos Municípios. Em 1965, foi regulada pela Lei 4.717 e, hoje, se encontra disposta no inciso LXXIII do artigo 5º da Carta de 1988 com a seguinte redação: "qualquer cidadão é parte legítima para propor ação popular que vise a anular ato lesivo ao patrimônio público ou de entidade de que o Estado participe, à moralidade administrativa, ao meio ambiente e ao patrimônio histórico e cultural, ficando o autor, salvo comprovada má-fé, isento de custas judiciais e do ônus da sucumbência". Em matéria de ação popular, é **INCORRETO** afirmar:

(A) A invalidez dos atos lesivos de empresas privadas subvencionadas por verbas públicas será limitada a repercussão que eles causarem sobre as contribuições dos cofres públicos.
(B) Poderá o processo correr em segredo de justiça, que cessará com o trânsito em julgado de sentença condenatória.
(C) É nulo o ato jurídico cujo valor real do bem dado em hipoteca ou penhor for inferior ao constante de escritura, contrato ou avaliação.
(D) O desvio de finalidade se verifica quando o agente pratica o ato visando a fim diverso daquele não previsto na regra de competência.

A: correta, pois é o que estabelece o art. 1º, § 2º, da LAP; **B:** correta, pois é o que estabelece o art. 1º, § 7º, da LAP; **C:** correta, pois é o que estabelece o art. 4º, II, "b", da LAP; **D:** incorreta, devendo ser assinalada, pois, nos termos do art. 2º, parágrafo único, "e", da LAP, *o desvio de finalidade se verifica quando o agente pratica o ato visando a fim diverso daquele previsto, explícita ou implicitamente, na regra de competência*. O erro está na parte em que a assertiva fala em *fim não previsto*.

Gabarito "D".

(Ministério Público/MT – 2012 – UFMT) Sobre Ação Popular, analise as assertivas.
I. A Ação Popular, como integrante do microssistema processual coletivo, é regida não só pela Lei 4.717/1965, mas também pelo Código de Defesa do Consumidor e pela Lei da Ação Civil Pública, sempre de forma complementar.
II. A Ação Popular deve ser proposta sempre no foro do domicílio do autor popular, independentemente de onde ocorreu a lesão ou ameaça de lesão.
III. A coisa julgada na Ação Popular opera *erga omnes*, tanto em caso de procedência do pedido ou improcedência, mas nunca *secundum eventum litis*.
IV. Independentemente do resultado da Ação Popular, a eficácia da sentença proferida está condicionada à remessa obrigatória para o tribunal competente.
V. A Constituição da República de 1988 pouco inovou no âmbito objetivo-material da Ação Popular, pois com o advento da Lei da Ação Civil Pública em 1985, já era possível ao cidadão propor ação para anular ato lesivo ao patrimônio público ou de entidade de que o Estado participe, à moralidade administrativa, ao meio ambiente e ao patrimônio histórico e cultural.

Está correto o que se afirma em:
(A) III e V, apenas.
(B) I, apenas.
(C) IV, apenas.
(D) II e IV, apenas.

(E) V, apenas.

I: correta, pois há integração entre os diversos diplomas normativos mencionados, decorrente da referência recíproca determinada pelo art. 21 da Lei da Ação Civil Pública e pelo art. 90 do CDC; **II:** incorreta, pois em decorrência da própria assertiva anterior, é aplicável à ação popular a regra segunda a qual as ações coletivas devem tramitar no foro do local do dano. É sempre importante, também, verificar a origem do ato impugnado. A jurisprudência, em alguns casos, tem relativizado a regra a favor da tutela mais efetiva do patrimônio público, fazendo prevalecer o foro do domicílio do autor a fim de que não existam restrições ou maiores dificuldades à propositura da ação pelos cidadãos; **III:** incorreta, pois o art. 18 da LAP dispõe que a sentença não terá eficácia de coisa julgada oponível *erga omnes* na hipótese de improcedência por deficiência de prova; **IV:** incorreta, pois a remessa obrigatória só ocorre no caso de improcedência ou de carência de ação (art. 19 da LAP); **V:** incorreta, pois a CF de 1988 ampliou o objeto da ação popular, permitindo, por exemplo, a sua utilização para o controle da moralidade administrativa e para a proteção do meio ambiente. Além disso, o cidadão não tem legitimidade para a propositura de ação civil pública.

Gabarito "B".

(Ministério Público/PI – 2012 – CESPE) Com base na sistemática processual da ação popular, assinale a opção correta.

(A) No caso de decisão condenatória proferida em segundo grau de jurisdição, são partes legítimas, para a execução ou cumprimento de sentença, o autor popular, outro cidadão, o MP, após o transcurso do prazo legal para o vencedor da ação, bem como as pessoas jurídicas corrés na ação, no que as beneficiar.
(B) Para o acolhimento da ação popular, cujo objetivo se restringe ao combate da ilegalidade ou da lesão ao erário público, não basta o fundamento de afronta à moralidade administrativa como objeto autônomo do pedido.
(C) Na ordem jurídica vigente, por intermédio da ação popular, podem ser tutelados, além do patrimônio público, direitos difusos e coletivos, especialmente os relativos ao meio ambiente, ao patrimônio histórico e cultural e aos direitos do consumidor.
(D) A ação popular ajuizada pelo cidadão é excludente de ação de improbidade administrativa deduzida em data posterior com a mesma causa de pedir.
(E) Há, na ação popular, litisconsórcio passivo necessário entre o agente público e membros do tribunal de contas do estado, em hipótese de aprovação de contas objeto do pedido, sob pena de nulidade absoluta do processo.

A: correta, pois conforme o disposto nos arts. 16 e 17 da LAP; **B:** incorreta, pois a afronta à moralidade administrativa, que passou a ser passível de controle em sede de ação popular após a CF de 1988; pode ser o fundamento autônomo do pedido. De acordo com o STJ, "pode ser manejada ação popular assentada na contrariedade aos princípios da moralidade e da legalidade, independentemente de alegação e de comprovação de dano ao erário, com o propósito de anular contratações efetuadas sem concurso público por eventual descumprimento de lei. Precedentes" (REsp 1.127.483/SC); **C:** incorreta, pois a tutela do consumidor não é objeto de ação popular; **D:** incorreta, pois é possível, inclusive, uma conexão entre as mencionadas ações, com fundamento por exemplo, no art. 5º, § 3º, da LAP; **E:** incorreta, pois, embora haja litisconsórcio passivo necessário em sede de ação popular, não há, no caso mencionado, conforme decidiu o STJ: "É cediço o entendimento de que os membros do Tribunal de Contas para o Estado, que aprovaram o ato impugnado pelo *mandamus*, não são partes legítimas para figurar na demanda na qualidade de autoridades coatoras" (AgRg nos EREsp 14868/RJ).

Gabarito "A".

(Ministério Público/SC – 2012) Analise as assertivas a seguir.
I. No caso da Ação Popular, em se tratando de instituições ou fundações, para cuja criação ou custeio o tesouro público concorra com menos de cinquenta por cento do patrimônio ou da receita ânua, bem como de pessoas jurídicas ou entidades subvencionadas, as consequências patrimoniais da invalidez dos atos lesivos terão por limite a repercussão deles sobre a contribuição dos cofres públicos.
II. Segundo a Lei 4.717/1965, podem ser declarado nulos, atos ou contratos, praticados ou celebrados por quaisquer das pessoas ou entidades referidas na lei, que realizarem operação bancária ou de crédito real, quando o valor real do bem dado em hipoteca ou penhor for inferior ao constante de escritura, contrato ou avaliação.
III. As pessoas jurídicas de direito público ou de direito privado, cujo ato seja objeto de impugnação, em hipótese alguma poderá atuar ao lado do autor.
IV. Na Ação Popular, caso não requerida, até o despacho saneador, a produção de prova testemunhal ou pericial, o juiz ordenará vista às partes por 5 (cinco) dias, para alegações, sendo-lhe os autos conclusos, para sentença, em 3 (três) dias após a expiração desse prazo; havendo requerimento de prova, o processo tomará o rito ordinário.
V. Se o autor desistir da ação popular, serão publicados editais nos prazos e condições previstos na lei, ficando assegurado a qualquer cidadão, bem como ao representante do Ministério Público, dentro do prazo de 90 (noventa) dias da última publicação feita, promover o prosseguimento da ação.

(A) Apenas as assertivas I, III e IV estão corretas.
(B) Apenas as assertivas II, III e V estão corretas.
(C) Apenas as assertivas I, II e IV estão corretas.
(D) Apenas as assertivas I, II e V estão corretas.
(E) Todas as assertivas estão corretas.

I: correta, pois a assertiva corresponde ao art. 1º, § 2º, LAP; **II:** correta, pois conforme o art. 4º, II, "b" da LAP; **III:** incorreta, pois a pessoa jurídica pode: a) contestar; b) abster-se de contestar; c) atuar ao lado do autor (art. 6º, § 3º, da LAP); **IV:** incorreta, pois *o juiz ordenará vista às partes por 10 (dez) dias, para alegações, sendo-lhe os autos conclusos, para sentença, 48 (quarenta e oito) horas após a expiração desse prazo* (art. 7º, V, da LAP); **V:** correta, pois assim estabelece o art. 9º da LAP.

Gabarito "D".

(Ministério Público/TO – 2012 – CESPE) Com referência a ação popular, mandado de segurança, ACP e ação por improbidade administrativa, assinale a opção correta.
(A) O litisconsórcio passivo necessário é incompatível com o mandado de segurança.
(B) Na ACP por improbidade administrativa, o juiz pode impor ao réu pena diversa da postulada pelo MP.
(C) O MP não tem legitimidade para propor ACP em defesa do patrimônio público.
(D) A ação popular pode ser ajuizada por pessoa jurídica.
(E) Para a impetração do mandado de segurança coletivo é imprescindível que a pretensão veiculada interesse a toda a categoria representada.

A: incorreta, pois em MS existem casos de litisconsórcio passivo necessário. Conforme o enunciado da Súmula 631 do STF, "extingue-se o processo de Mandado de Segurança se o impetrante não promove, no prazo assinado, a citação do litisconsorte passivo necessário"; **B:** correta, pois na ação de improbidade o juiz não está adstrito ao pedido feito na inicial. Ver Informativo 0441 do STJ e REsp 658.389-MG, *DJ* 03.08/2007; REsp 631.301-RS, *DJ* 25.09.2006; **C:** incorreta, pois afronta o enunciado da Súmula 329 do STJ, segundo o qual o Ministério Público tem legitimidade para propor ação civil pública em defesa do patrimônio público; **D:** incorreta, pois, consoante a Súmula 365 do STF, pessoa jurídica não tem legitimidade para propor ação popular; **E:** incorreta, pois afronta o artigo 21 da Lei 12.016/2009, que permite a impetração a favor da totalidade ou de parte dos membros ou associados.

Gabarito "B".

(Defensor Público/ES – 2012 – CESPE) Julgue os próximos itens, referentes a ACP e ação de improbidade administrativa.
(1) A petição inicial da ação de improbidade administrativa ajuizada pelo MP pode ser objeto de aditamento pelos demais legitimados, em atuação supletiva, para suprir omissão objetiva ou subjetiva.
(2) A categoria ético-política dos sujeitos hipervulneráveis justifica a defesa de direito individual indisponível, ainda que não homogêneo, por meio de ACP.

1: correta, pois, sendo a legitimidade concorrente, a ação de improbidade pode ser proposta pelo Ministério Público ou pela pessoa jurídica interessada (Lei 8.429/1992, art. 17). Sendo assim, desde que constatada alguma omissão, o colegitimado pode aditar a inicial para incluir pedido (aditamento objetivo) ou para incluir litisconsorte (aditamento subjetivo); **2:** correta, pois esse tem sido o entendimento dos tribunais superiores. Trata-se da utilização da ação civil pública para a tutela de direito individual ou de direitos individuais. Alguns falam, no caso, em ação pseudocoletiva. Luiz Paulo da Silva Araújo Filho (**Ações coletivas**: a tutela jurisdicional dos direitos individuais homogêneos, Rio de Janeiro: Forense, 2000, p. 200) chama a atenção para o fenômeno das ações pseudocoletivas: "Nas ações pseudocoletivas, em realidade, conquanto tenha sido proposta a ação por um único legitimado extraordinário, na verdade estão sendo pleiteados, específica e concretamente, os direitos individuais de inúmeros substituídos, caracterizando-se uma pluralidade de pretensões que, em tudo e por tudo, é equiparável à do litisconsórcio multitudinário, na feliz e consagrada expressão de Cândido Rangel Dinamarco, devendo sua admissibilidade, portanto, submeter-se, em princípio, às mesmas condições, ou seja, somente poderiam ser consideradas admissíveis quando não prejudicassem o pleno desenvolvimento do contraditório ou o próprio exercício da função jurisdicional".

Gabarito 1C, 2C.

(Defensor Público/AC – 2012 – CESPE) A respeito da improbidade administrativa, assinale a opção correta.
(A) A responsabilidade civil decorrente do ato de improbidade administrativa é objetiva, ou seja, não se analisa dolo ou culpa, porque o prejuízo sempre será do poder público.
(B) Ação contrária aos princípios da administração pública não gera improbidade administrativa quando não causa prejuízo ao erário.
(C) Ato de improbidade é definido como o ato lesivo ao ordenamento jurídico praticado exclusivamente por servidor público, no exercício de sua função, contra a administração direta, indireta ou fundacional de qualquer dos poderes da União, dos Estados, do DF e dos Municípios.
(D) A probidade administrativa configura norma difusa, visto que os bens pertencentes ao Estado constituem *res publica*, devendo ser coibido qualquer desvio de destinação desses bens.
(E) As sanções legalmente previstas para atos de improbidade administrativa não incluem a proibição de contratar com o poder público.

A: incorreta, pois a responsabilidade, no caso, é subjetiva. Por isso, a responsabilidade pelo ato de improbidade que causa enriquecimento ilícito ou que atenta contra os princípios aplicáveis à Administração Pública pressupõe dolo. No caso de ato de improbidade que causa prejuízo ao erário a responsabilidade também é subjetiva e decorre de dolo ou culpa (art. 10, *caput*, da Lei 8.429/1992); **B:** incorreta, pois a responsabilidade, no caso de ato que atenta contra os princípios, independe de eventual prejuízo ao erário. Tanto que o art. 12, III, da Lei 8.429/1992, determina a aplicação da pena de ressarcimento integral do dano, "se houver" prejuízo ao erário; **C:** incorreta, pois o ato de improbidade é praticado por agentes públicos, bem como por colaboradores e beneficiários. Além disso, o conceito de agente público, para fins de incidência da Lei 8.429/1992, é muito amplo. Assim se depreende dos arts. 2º e 3º da Lei 8.429/1992; **D:** correta, pois o ato de improbidade administrativa atenta contra interesse difuso, qual seja, o direito difuso à probidade, à honestidade dos agentes públicos. Também é interesse difuso o relacionado à preservação do patrimônio público, composto por bens materiais e imateriais. Daí a legitimidade do Ministério Público reconhecida pela Súmula 329 do STJ ("O Ministério Público tem legitimidade para propor ação civil pública em defesa do patrimônio público"); **E:** incorreta, pois a sanção está prevista no art. 12 da Lei 8.429/1992.

Gabarito "D".

10. MANDADO DE SEGURANÇA COLETIVO

(Ministério Público/SP – 2015 – MPE/SP) Nos termos da Lei 12.016/2009 (Lei do Mandado de Segurança):
I. Os direitos protegidos pelo mandado de segurança coletivo podem ser coletivos ou individuais homogêneos.
II. O mandado de segurança coletivo induz litispendência para as ações individuais, devendo ser reunidas, para julgamento conjunto.
III. Em se tratando de direitos coletivos, a sentença proferida no mandado de segurança fará coisa julgada erga omnes.
IV. No mandado de segurança coletivo, a sentença fará coisa julgada limitadamente aos membros do grupo ou categoria substituídos pelo impetrante, somente em se tratando de direitos individuais homogêneos.
V. No mandado de segurança coletivo, a liminar só poderá ser concedida após a audiência do representante judicial da pessoa jurídica de direito público, que deverá se pronunciar no prazo de 5 (cinco) dias.

Está correto apenas o contido em:
(A) II e V.
(B) I, III, IV e V.
(C) I.
(D) I e V.
(E) Todos os itens estão corretos.

I: correta (art. 21, parágrafo único, da Lei 12.016/2009); **II:** incorreta, pois, de acordo com o art. 22, § 1º, da Lei 12.016/2009, "o mandado de segurança coletivo **não induz litispendência para as ações individuais**, mas os efeitos da coisa julgada não beneficiarão o impetrante a título individual se não requerer a desistência de seu mandado de segurança no prazo de 30 (trinta) dias a contar da ciência comprovada da impetração da segurança coletiva" (g.n.); **III:** incorreta, pois, segundo o art. 22, *caput*, da Lei 12.016/2009, "no mandado de segurança coletivo, a sentença **fará coisa julgada limitadamente aos membros do grupo ou categoria substituídos** pelo impetrante" (g.n.); **IV:** incorreta, pois a sentença terá esse tipo de coisa julgada nos dois casos, ou seja, quando se tiver direitos coletivos e quando se tiver direitos individuais homogêneos (art. 22, *caput*, da Lei 12.016/2009); **V:** incorreta, pois o prazo para manifestação no caso é de 72 horas (art. 22, § 2º, da Lei 12.016/2009).

Gabarito "C".

(Promotor de Justiça/MG – 2014) Sobre as normas processuais aplicáveis ao Mandado de Segurança, pode-se afirmar, **EXCETO**:
(A) É possível, a requerimento do Ministério Público e para evitar grave lesão à ordem, à saúde, à segurança e à economia públicas, que o presidente do tribunal ao qual couber o conhecimento do respectivo recurso suspenda, em decisão fundamentada, a execução da liminar e da sentença prolatada em Mandado de Segurança.
(B) A interposição de agravo de instrumento contra liminar concedida nos mandados de segurança movidos contra o poder público e seus agentes prejudica o julgamento do pedido de suspensão de segurança em virtude do princípio da unirrecorribilidade.
(C) Não cabem, no processo de mandado de segurança, a interposição de embargos infringentes e a condenação ao pagamento dos honorários advocatícios, sem prejuízo da aplicação de sanções no caso de litigância de má-fé.
(D) O mandado de segurança coletivo não induz litispendência para as ações individuais, mas os efeitos da coisa julgada não beneficiarão o impetrante a título individual se não requerer a desistência de seu mandado de segurança no prazo de 30 (trinta) dias, a contar da ciência comprovada da impetração da segurança coletiva.

A: correta, pois assim dispõe o art. 15 da Lei 12.016/2009; **B:** incorreta e deverá ser assinalada, pois enquanto o recurso ataca os fundamentos da decisão concessiva da liminar, o pedido de suspensão de segurança tem outros fundamentos (e outra natureza, pois não é, propriamente, um recurso). Assim, por se tratarem de instrumentos diferentes e com finalidades diferentes, a interposição de recurso não prejudica o julgamento do pedido de suspensão de segurança; **C:** correta, pois assim estabelece o art. 25 da Lei 12.016/2009; **D:** correta, conforme o art. 22, § 1º, da Lei 12.016/2009.
Gabarito "B".

(Promotor de Justiça/DF – 2013) A Constituição Federal prevê, no artigo 5º, incisos LXIX e LXX, o mandado de segurança para proteger direito líquido e certo, não amparado por *habeas corpus* ou *habeas data*. Assinale a alternativa **CORRETA**:

(A) A simultaneidade de tramitação de uma ação de mandado de segurança coletivo e de um mandado de segurança individual não configura a litispendência entre as ações. Mas, se o indivíduo quiser beneficiar-se do julgado coletivo, não basta pedir a suspensão de sua ação individual, mas, dela desistir.

(B) Uma entidade de classe pode propor mandado de segurança coletivo somente para defender um direito concernente a toda categoria, na forma dos seus estatutos e desde que pertinente às suas finalidades, dispensada, para tanto, autorização especial.

(C) A defesa de direitos individuais homogêneos, por encerrar uma defesa subjetiva parcial, não pode utilizar-se da via do mandado de segurança coletivo, configurando-se em exceção ao princípio da máxima amplitude da tutela jurisdicional coletiva comum.

(D) Ao propor o mandado de segurança coletivo o legitimado ativo representa seus associados, grupo, classe ou categoria, e não os substitui processualmente, daí porque a sua atuação processual independe de autorização destes.

(E) O limite subjetivo da coisa julgada no mandado de segurança coletivo não difere, em regra, das ações coletivas em geral, isto é, a sentença que transitar em julgado terá eficácia *erga omnes*.

A: correta, pois assim estabelece o art. 22, § 1º, da Lei 12.016/2009, em sua literalidade; **B:** incorreta, uma vez que o art. 21, *caput*, da Lei 12.016/2009, permite que o MS seja impetrado em defesa de direitos líquidos e certos da totalidade, ou de parte, dos membros ou associados; **C:** incorreta, pois o art. 21, parágrafo único, II, da Lei 12.016/2009, admite a impetração de MS para a defesa de direitos individuais homogêneos; **D:** incorreta, pois ocorre o contrário. O legitimado ativo atua como substituto processual e não como mero representante; **E:** incorreta, pois, de acordo com o art. 22 da Lei 12.016/2009, "no mandado de segurança coletivo, a sentença fará coisa julgada limitadamente aos membros do grupo ou categoria substituídos pelo impetrante".
Gabarito "A".

(Promotor de Justiça/ES – 2013 – VUNESP) São legitimados para propor mandado de segurança coletivo, nos termos da lei:

(A) organização sindical, entidade de classe ou associação, sendo esta última legalmente constituída e em funcionamento há, pelo menos, um ano, em defesa dos direitos líquidos e certos de seus membros ou associados, na forma de seus estatutos, devendo haver pertinência temática e tratar apenas de direitos coletivos e individuais homogêneos, sendo dispensada autorização especial de seus membros.

(B) partido político com representação no Congresso Nacional e organização sindical desde que legalmente constituída e em funcionamento há, pelo menos, um ano, em defesa dos direitos líquidos e certos de seus membros ou associados, na forma de seus estatutos, devendo haver pertinência temática e tratar de direitos difusos, coletivos e individuais homogêneos, sendo dispensada autorização especial de seus membros.

(C) partido político com representação no Congresso Nacional, na defesa de seus interesses legítimos, e associações desde que legalmente constituídas e em funcionamento há, pelo menos, um ano, em defesa dos direitos líquidos e certos de seus membros ou associados, na forma de seus estatutos, devendo haver pertinência temática e tratar apenas de direitos coletivos e individuais homogêneos, exigindo-se autorização especial de seus membros.

(D) partido político com representação no Congresso Nacional e entidade de classe legalmente constituída e em funcionamento há, pelo menos, um ano, em defesa dos direitos líquidos e certos de seus membros ou associados, na forma de seus estatutos, devendo haver pertinência temática e tratar apenas de direitos coletivos e individuais homogêneos, mediante autorização especial de seus membros.

(E) organização sindical, entidade de classe e associação, exigindo-se que todas sejam legalmente constituídas e estejam em funcionamento há, pelo menos, um ano, em defesa dos direitos líquidos e certos de seus membros ou associados, na forma de seus estatutos, devendo haver pertinência temática e tratar apenas de direitos coletivos e individuais homogêneos, sendo dispensada autorização especial de seus membros.

A: correta, pois assim estabelecem o art. 21 da Lei 12.016/2009; **B:** incorreta, pois a exigência de constituição ânua é aplicável às associações; **C:** incorreta, pois o art. 21 da Lei 12.016/2009 expressamente afirma não ser necessária a autorização especial dos membros; **D:** incorreta, pois a exigência de prévia constituição só se refere às associações; **E:** incorreta, pois, como se disse, as associações é que devem demonstrar estarem constituídas há pelo menos um ano, além da pertinência temática.
Gabarito "A".

(Promotor de Justiça/SP – 2013 – PGMP) Sobre a ação de mandado de segurança, assinale a alternativa INCORRETA.

(A) Conceder-se-á mandado de segurança para proteger direito líquido e certo, não amparado por *habeas corpus* ou *habeas data*, sempre que, ilegalmente ou com abuso de poder, qualquer pessoa física ou jurídica sofrer violação ou houver justo receio de sofrê-la por parte de autoridade, seja de que categoria for e sejam quais forem as funções que exerça.

(B) A jurisprudência dominante do Superior Tribunal de Justiça admite mandado de segurança perante o Tribunal de Justiça respectivo, visando o controle da competência dos Juizados Especiais, exceto na hipótese de trânsito em julgado da decisão objeto da impetração.

(C) Quando o direito ameaçado ou violado couber a várias pessoas, qualquer delas poderá requerer o mandado de segurança.

(D) O mandado de segurança coletivo, atendidas as demais disposições legais, pode ser impetrado por partido político com representação no Congresso Nacional; organização sindical, entidade de classe ou associação legalmente constituída e em funcionamento há pelo menos um ano, em defesa dos interesses de seus membros ou associados.

(E) O mandado de segurança coletivo não induz litispendência para as ações individuais, mas os efeitos da coisa julgada não beneficiarão o impetrante a título individual se não requerer a desistência de seu mandado de segurança no prazo de trinta dias a contar da ciência comprovada da impetração da segurança coletiva.

A: correta (art. 1.º, *caput*, da Lei 12.016/2009); **B:** incorreta, devendo ser assinalada, pois o STJ admite a impetração de mandado de segurança perante o Tribunal de Justiça, mesmo diante do trânsito em julgado da decisão objeto da impetração. Neste sentido: "Embargos de declaração no agravo regimental no agravo regimental em mandado de segurança. Omissão, contradição e obscuridade não verificadas. Mandado de segurança contra ato de Turma Recursal de Juizado Especial. Controle de competência. Decisão transitada em julgado. 1. Ausentes quaisquer dos vícios ensejadores dos declaratórios, afigura-se patente o intuito infringente da presente irresignação, que objetiva não suprimir a omissão, afastar a obscuridade ou eliminar a contradição, mas sim reformar o julgado por via inadequada. 2. A tese embargada – cabimento de mandado de segurança frente aos Tribunais de Justiça dos Estados para controle da competência dos Juizados Especiais, ainda que a decisão objeto do *writ* já tenha transitado em julgado – encontra-se em estrita consonância com a jurisprudência consolidada do Superior Tribunal de Justiça" (STJ, EDcl no AgReg no RMS 32632 ES 2010/0136296-9); **C:** correta (art. 1.º, § 3.º, da Lei 12.016/2009); **D:** correta (art. 21 da Lei 12.016/2009); **E:** correta (art. 22, § 1.º, da Lei 12.016/2009).
Gabarito "B".

(Ministério Público/MG – 2012 – CONSULPLAN) O Mandado de Segurança tornou-se Cláusula Pétrea na Constituição de 1988, elencado como garantia fundamental. Eficaz na proteção de direito líquido e certo individual, passou a ser reconhecido como capaz de ser impetrado de modo coletivo nos termos do inciso LXX do art. 5º da Carta Magna Brasileira. Em matéria de Mandado de Segurança Coletivo, é **CORRETO** afirmar:

(A) É permitido, observados os requisitos legais, impetrar mandado de segurança por telegrama, radiograma, fax ou outro meio eletrônico de autenticidade comprovada.

(B) Será concedida medida liminar que tenha por objeto a compensação de créditos tributários, a entrega de mercadorias e bens provenientes do exterior, a reclassificação ou equiparação de servidores públicos e a concessão de aumento ou a extensão de vantagens ou pagamento de qualquer natureza.

(C) O ingresso de litisconsorte ativo será admitido após o despacho da petição inicial.

(D) Da denegação ou concessão do mandado, cabe apelação.

A: incorreta, pois a impetração só é possível, da forma mencionada, nos casos de urgência (art. 4º da Lei 12.016/2009); **B:** incorreta, pois não será concedida liminar nas hipóteses mencionadas, conforme art. 7º, § 2º, da Lei 12.016/2009; **C:** incorreta, pois o ingresso de litisconsorte ativo só é possível antes do despacho da inicial (art. 10, § 2º, da Lei 12.016/2009); **D:** correta, se a denegação for de mandado de segurança impetrado em primeira instância (art. 14 da Lei 12.016/2009: *Da sentença, denegando ou concedendo o mandado, cabe apelação*).
Gabarito "D".

(Ministério Público/MT – 2012 – UFMT) Em relação ao mandado de segurança coletivo, assinale a afirmativa **INCORRETA**.

(A) Os legitimados expressamente elencados no artigo 5º, inciso LXX, da Constituição da República de 1988, agem em substituição pro-

cessual, razão pela qual não se exige autorização dos substituídos para a propositura da medida.
(B) Como o mandado de segurança coletivo não recebeu desenho específico, aplica-se na avaliação dos requisitos necessários para sua impetração a disciplina prevista para o mandado de segurança individual.
(C) Em relação aos legitimados ativos para a propositura do mandado de segurança coletivo, especificamente às associações, organizações sindicais e entidades de classe, vigora o entendimento de que somente em relação às associações é aplicável o requisito da pré-constituição há um ano.
(D) Em relação aos partidos políticos, é necessário que, quando do ajuizamento da ação, possuam eles representação no Congresso Nacional, ainda que essa representação venha a ser perdida no curso do processo.
(E) Para a impetração de mandado de segurança coletivo por partido político, entende-se que eles estão legitimados para a defesa de quaisquer interesses, não havendo necessidade de pertinência com sua finalidade institucional.

A: correta, pois, conforme tem decidido o STJ, o sindicato não depende de autorização especial para, como substituto processual, ajuizar ação coletiva a favor de seus associados. Todavia, para a atuação como representante do sindicalizado, na defesa de interesse individual, é necessária a autorização especial. Vide, por exemplo AgRg no REsp 1.107.839/MT. A Súmula 629 STF estabelece: *A impetração de mandado de segurança coletivo por entidade de classe em favor dos associados independe da autorização destes*; **B:** correta, pois a Lei 12.016/2009, embora trate do MS Coletivo nos arts. 21 e 22, não elenca requisitos específicos para a sua impetração. O art. 21 define os interesses transindividuais e o art. 22 trata dos efeitos da coisa julgada; **C:** correta, pois a exigência só existe, de fato, em relação às associações; **D:** correta, pois os requisitos exigidos por lei devem estar presentes no momento em que a ação é proposta; **E:** incorreta, devendo ser assinalada, pois o entendimento predominante é no sentido de que os partidos políticos não podem defender qualquer interesse. Aliás, Lei 12.016/2009, em seu art. 21, acabou por restringir a atuação dos partidos políticos: *O mandado de segurança coletivo pode ser impetrado por partido político com representação no Congresso Nacional, na defesa de seus interesses legítimos relativos a seus integrantes ou à finalidade partidária*.
Gabarito "E".

(Ministério Público/SC – 2012) Analise as assertivas a seguir.
I. Nos casos de Mandado de Segurança, a requerimento do Ministério Público e para evitar grave lesão à ordem, saúde, segurança e a economia públicas, o presidente do tribunal ao qual couber o conhecimento do respectivo recurso, suspender, em decisão fundamentada, a execução da liminar e da sentença, cabendo dessa decisão, agravo, com efeito suspensivo, no prazo de 5 (cinco) dias, e será julgado na sessão seguinte a sua interposição.
II. Podem ser protegidos pelo mandado de segurança coletivo, os direitos individuais homogêneos, assim entendidos, os decorrentes de origem comum e da atividade ou situação específica da totalidade ou de parte dos associados ou membros do impetrante.
III. Não cabe no processo de mandado de segurança, a interposição de embargos infringentes.
IV. Dos recursos arrecadados pelo FRBL, nos termos da Lei 15.694/2011, 50% serão destinados, para projetos submetidos à análise do Conselho Gestor.
V. Segundo a Lei 15.694/2011, constituem receitas do Fundo de Reconstituição de Bens Lesados, FRBL, o valor dos honorários advocatícios fixados em ações civis públicas interpostas e vencidas pelo Ministério Público.
(A) Apenas as assertivas I, II e IV estão corretas.
(B) Apenas as assertivas II, IV e V estão corretas.
(C) Apenas as assertivas I, III e IV estão corretas.
(D) Apenas as assertivas II, III e V estão corretas.
(E) Todas as assertivas estão corretas.

I: incorreta, pois o agravo, no caso, não tem efeito suspensivo (art. 15 da LMS); **II:** correta, pois assim estabelece o art. 21, parágrafo único, II, da LMS; **III:** correta, pois a vedação está no art. 25 LMS, que incorporou o entendimento esposado pelas Súmulas 597 do STF e 169 do STJ; **IV:** incorreta, pois a Lei Estadual 15.694, de 21 de dezembro de 2011, de Santa Catarina, dispõe sobre o Fundo para Reconstituição de Bens Lesados – FRBL. O seu art. 5º, inciso VII, dispõe que serão destinados *30% (trinta por cento)* (e não 50%) para projetos submetidos à análise do Conselho Gestor do FRBL; **V:** correta, pois é o que estabelece o art. 3º, inciso VI, da mencionada lei estadual.
Gabarito "D".

11. OUTROS TEMAS E TEMAS COMBINADOS

(Defensor Público – DPE/PR – 2017 – FCC) O Decreto n. 7.053/2009, que institui a Política Nacional para a População em Situação de Rua,
(A) pressupõe o acolhimento temporário de pessoas em situação de rua preferencialmente nas cidades ou nos centros urbanos.
(B) dispõe que não poderá o Comitê Intersetorial de Acompanhamento e Monitoramento da Política Nacional em Situação de Rua convidar pessoas em situação de rua a participar de suas atividades.
(C) tem como um dos objetivos garantir o retorno compulsório das pessoas em situação de rua ao mercado de trabalho.
(D) prevê o recolhimento de objetos que caracterizem estabelecimento permanente em local público, quando impedirem a livre circulação de pedestres e veículos.
(E) elenca como uma das características da população em situação de rua a utilização de logradouros públicos e áreas degradadas, sempre de forma permanente.

A: Correta. O Decreto prevê, em seu artigo 8º, que as unidades de acolhimento devem, preferencialmente, ser instaladas preferencialmente nas cidades ou centros urbanos. **B:** Incorreta. O Comitê Intersetorial de Acompanhamento e Monitoramento da Política Nacional para a População em Situação de Rua poderá convidar gestores, especialistas e representantes da população em situação de rua para participar de suas atividades (art. 11). **C:** Incorreta. Um dos objetivos da Política Nacional para a População em Situação de Rua é propiciar acesso ao mercado de trabalho, disponibilizando programas de qualificação profissional (art. 7º, inciso XIV). **D:** Incorreta. O mencionado decreto não prevê recolhimento de objetos que caracterizem estabelecimento permanente em local público. **E:** Incorreta. "Considera-se população de rua em situação de rua o grupo populacional heterogêneo que possui em comum a pobreza extrema, os vínculos familiares interrompidos ou fragilizados e a inexistência de moradia convencional regular, e que utiliza os logradouros públicos e as áreas degradadas como espaço de moradia e de sustento, de forma temporária ou permanente, bem como as unidades de acolhimento para pernoite temporário ou como moradia provisória" (art. 1º, parágrafo único). RD
Gabarito "A".

(Defensor Público – DPE/PR – 2017 – FCC) Sobre a tutela coletiva, é correto afirmar que:
(A) A gestão democrática da cidade pressupõe ampla participação do poder público e da sociedade civil na construção conjunta da política urbana. Isto ocorre, *verbi gratia*, por meio de órgãos colegiados, de debates e de audiências públicas. Neste sentido, representa mecanismo de tutela coletiva extrajudicial a participação da Defensoria Pública nestes instrumentos, cuja atividade se encontra inserida dentro de suas atribuições institucionais.
(B) Se determinada empresa de transporte interestadual não reservar duas vagas gratuitas por veículo para idosos com renda igual ou inferior a três salários-mínimos, estará infringindo o Estatuto do Idoso. Entretanto, como se trata de conduta que atenta somente contra o interesse individual, a Defensoria Pública não ostenta legitimidade enquanto órgão para buscar a tutela jurisdicional.
(C) Segundo entendimento do STJ, após o trânsito em julgado de sentença que julga improcedente pedido deduzido em ação coletiva proposta em defesa de direitos individuais homogêneos, independentemente do motivo que tenha fundamentado a sua rejeição, é possível a propositura de nova demanda com o mesmo objeto por outro legitimado coletivo.
(D) O controle de tráfego viário de veículos pesados em perímetro urbano não se enquadra dentro do conceito de ordem urbanística e, por esta razão, é incabível o ajuizamento de ação civil pública. Além disto, é de competência exclusiva do Poder Público Municipal dispor a respeito do sistema viário, de maneira que a tutela jurisdicional representa violação à separação dos poderes.
(E) Quando houver manifesto interesse social, evidenciado pela dimensão ou característica do dano, ou pela relevância do bem jurídico a ser protegido, o juiz poderá dispensar o requisito temporal da pré-constituição da associação. Todavia, a análise da dispensa deste requisito deverá ser feita de modo prévio, antes da citação do réu, eis que inadmitida no curso da demanda.

A: correta. O Estatuto da Cidade (Lei n. 10.257/2001), em seu art. 2º, inciso II, diz que a política urbana tem por objetivo ordenar o desenvolvimento das funções sociais da cidade e da propriedade urbana, tendo como uma das diretrizes a gestão democrática por meio da participação popular e de associações representativas dos vários segmentos da comunidade na formulação, execução e acompanhamento de planos, programas e projetos de desenvolvimento urbano. As audiências públicas, por sua vez, estão previstas no art. 43, inciso II, do mesmo Estatuto. A Lei Complementar 80/1994 diz que entre as funções institucionais da Defensoria Pública está a de participar, quando tiver assento, dos conselhos federais, estaduais e municipais afetos às funções institucionais da Defensoria Pública (inciso XX do art. 4º). **B:** incorreta. Conforme art. 40 do Estatuto do Idoso, a reserva de duas vagas gratuitas em transporte coletivo interestadual deve ser destinada a idosos com renda igual ou inferior a dois salários-mínimos. **C:** incorreta. A ação coletiva que envolva pedido de Direito Individual Homogêneo fará coisa julgada *erga omnes* apenas no caso de procedência do pedido, para beneficiar todas as vítimas e seus sucessores, não cabendo nova ação coletiva para discussão do mesmo tema (art. 103 do CDC). **D:** incorreta. Veja entendimento do STJ a respeito do tema: "É cabível ação civil pública proposta por Ministério Público Estadual para pleitear que Município proíba máquinas agrícolas e veículos pesados de trafegarem em perímetro urbano deste e torne transitável o anel viário da região. (...) Ora, não é preciso maior reflexão para constatar que o ordenamento do trânsito de veículos no perímetro das cidades tem importância central nas sociedades modernas e repercute em inúmeros assuntos de interesse público. Ressalte-se que o inciso I do art. 1º da Lei n. 7.347/1985 e o *caput* do art. 3º do mesmo diploma são claros em dispor que a ação civil pública é meio processual adequado para discutir temas afetos à ordem urbanística e para a obtenção de provimento jurisdicional condenatório de obrigação de fazer. Sobre a adequação da ação civil pública para veicular tema afeto à segurança no trânsito, há ao menos um precedente do STJ que serve de apoio ao raciocínio exposto (STJ, REsp 1.294.451-GO, Rel. Min. Herman Benjamin, julgado em 1/9/2016, DJe 6/10/2016). **E**: incorreta. O juiz poderá fazer a análise da legitimidade após citação do réu, inclusive em razão de pedido da parte ré. RD

Gabarito "A".

(Promotor de Justiça/GO – 2016 – MPE) Assinale a alternativa incorreta:

(A) A Teoria Dinâmica de Distribuição do Ônus da Prova afasta a rigidez das regras de distribuição do *onus probandi*, tornando-as mais flexíveis e adaptando-as ao caso concreto, valorando o juiz qual das partes dispõe das melhores condições de suportar o encargo respectivo.

(B) Os princípios da prevenção e da precaução exercem influência na aplicação de regras materiais do Direito Ambiental, mormente no campo da responsabilidade civil, uma vez que o enfoque jurídico nessa área deve ser o da prudência e da vigilância no tratamento a ser dado a atividades potencialmente poluidoras, diante do risco de dano irreversível ao meio ambiente.

(C) Cominada liminarmente pelo juiz no bojo de ação civil pública, a multa somente será exigível do réu após o trânsito em julgado da decisão favorável ao autor, mas será devida desde o dia quem se houver configurado o descumprimento.

(D) O princípio da reparação integral do dano ambiental determina a responsabilização do agente por todos os efeitos decorrentes da conduta lesiva, mas não permite a cumulação de pedidos para condenação nos deveres de recuperação *in natura* do bem degradado, de compensação ambiental e indenização em dinheiro, posto que o primeiro é excludente dos demais.

A: correta. A Teoria Dinâmica de Distribuição do Ônus da prova, prevista no art. 6º, VII, do CDC e no 373 do NCPC, flexibiliza a regra sobre o ônus da prova. **B**: correta. A prevenção e precaução são pilares do Direito Ambiental, e tem orientação sempre evitar os danos ambientais. **C**: correta. Na ação que tenha por objeto o cumprimento de obrigação de fazer ou não fazer, o juiz determinará o cumprimento da prestação da atividade devida ou a cessação da atividade nociva, sob pena de execução específica, ou de cominação de multa diária, se esta for suficiente ou compatível, independentemente de requerimento do autor. (art. 11 da LACP). A multa cominada liminarmente só será exigível do réu após o trânsito em julgado da decisão favorável ao autor, mas será devida desde o dia em que se houver configurado o descumprimento (art. 12, § 2º, da LACP). **D**: incorreta. Em Direito Ambiental, a regra é pela reparação dos danos *in natura*, que pode ser cumulada com indenização em dinheiro. Veja: Direito processual civil e ambiental. Cumulação das obrigações de recomposição do meio ambiente e de compensação por dano moral coletivo. Na hipótese de ação civil pública proposta em razão de dano ambiental, é possível que a sentença condenatória imponha ao responsável, cumulativamente, as obrigações de recompor o meio ambiente degradado e de pagar quantia em dinheiro a título de compensação por dano moral coletivo. Isso porque vigora em nosso sistema jurídico o **princípio da reparação integral do dano ambiental**, que, ao determinar a responsabilização do agente por todos os efeitos decorrentes da conduta lesiva, permite a cumulação de obrigações de fazer, de não fazer e de indenizar. Ademais, deve-se destacar que, embora o art. 3º da Lei 7.347/1985 disponha que "a ação civil poderá ter por objeto a condenação em dinheiro ou o cumprimento de obrigação de fazer ou não fazer", é certo que a conjunção "ou" – contida na citada norma, bem como nos arts. 4º, VII, e 14, § 1º, da Lei 6.938/1981 – opera com valor aditivo, não introduzindo, portanto, alternativa excludente. Em primeiro lugar, porque vedar a cumulação desses remédios limitaria, de forma indesejada, a Ação Civil Pública – importante instrumento de persecução da responsabilidade civil de danos causados ao meio ambiente –, inviabilizando, por exemplo, condenações em danos morais coletivos. Em segundo lugar, porque incumbe ao juiz, quando diante das normas de Direito Ambiental – **recheadas que são de conteúdo ético intergeracional atrelado às presentes e futuras gerações** –, levar em conta o comando do art. 5º da LINDB, segundo o qual, ao se aplicar a lei, deve-se atender "aos fins sociais a que ela se dirige e às exigências do bem comum", cujo corolário é a constatação de que, em caso de dúvida ou outra anomalia técnico-redacional, a norma ambiental demanda **interpretação e integração de acordo com o princípio hermenêutico** *in dubio pro natura*, haja vista que toda a legislação de amparo dos sujeitos vulneráveis e dos interesses difusos e coletivos há sempre de ser compreendida da maneira que lhes seja mais proveitosa e melhor possa viabilizar, na perspectiva dos resultados práticos, a prestação jurisdicional e a *ratio essendi* da norma. Por fim, a interpretação sistemática das normas e princípios ambientais leva à conclusão de que, se o bem ambiental lesado for imediata e completamente restaurado, isto é, restabelecido à condição original, não há falar, como regra, em indenização. Contudo, a possibilidade técnica, no futuro, de restauração *in natura* nem sempre se mostra suficiente para reverter ou recompor integralmente, no âmbito da responsabilidade civil, as várias dimensões do dano ambiental causado; por isso não exaure os deveres associados aos princípios do poluidor-pagador e da reparação integral do dano. Cumpre ressaltar que o dano ambiental é multifacetário (ética, temporal, ecológica e patrimonialmente falando, sensível ainda à diversidade do vasto universo de vítimas, que vão do indivíduo isolado à coletividade, às gerações futuras e aos processos ecológicos em si mesmos considerados). Em suma, equivoca-se, jurídica e metodologicamente, quem confunde prioridade da recuperação *in natura* do bem degradado com impossibilidade de cumulação simultânea dos deveres de repristinação natural (obrigação de fazer), compensação ambiental e indenização em dinheiro (obrigação de dar), e abstenção de uso e nova lesão (obrigação de não fazer). REsp 1.328.753-MG, Rel. Min. Herman Benjamin, julgado em 28/5/2013 (Informativo 0526). RD

Gabarito "D".

(Procurador do Estado/AM – 2016 – CESPE) Julgue os itens subsequentes, relativos a ação civil pública, mandado de segurança e ação de improbidade administrativa.

(1) Conforme o entendimento do STJ, é cabível mandado de segurança para convalidar a compensação tributária realizada, por conta própria, por um contribuinte.

(2) Caso receba provas contundentes da prática de ato de improbidade por agente público, o MP poderá requerer tutela provisória de natureza cautelar determinando o sequestro dos bens do referido agente.

(3) Situação hipotética: O estado do Amazonas, por intermédio de sua procuradoria, ajuizou ação civil pública na justiça estadual do Amazonas, com o objetivo de prevenir danos ao meio ambiente. Paralelamente, o MPF ingressou com ação idêntica na justiça federal, seção judiciária do Amazonas. Assertiva: Nesse caso, as respectivas ações deverão ser reunidas na justiça federal da seção judiciária do Amazonas.

1: errada. Nos termos da súmula 460 do STJ: "É incabível o mandado de segurança para convalidar a compensação tributária realizada pelo contribuinte". **2**: correta. A Lei de Improbidade Administrativa (Lei 8.429/1992) prevê três medidas cautelares específicas, são elas: a) a indisponibilidades de bens (art. 7º); b) o sequestro de bens (art. 16); c) afastamento provisório do agente público do exercício do cargo, emprego ou função (art. 20, parágrafo único). **3**: correta. Conforme Súmula 489 do STJ: "Reconhecida a continência, devem ser reunidas na Justiça Federal as ações civis públicas propostas nesta e na Justiça Estadual". RD

Gabarito 1E, 2C, 3C.

(Promotor de Justiça – MPE/MS – FAPEC – 2015) Sobre os aspectos da Constituição Federal de 1988 na Tutela dos Interesses Difusos e Coletivos, analise as seguintes assertivas e assinale a alternativa **correta**:

I. Podemos afirmar que foi o primeiro texto constitucional a trazer, de modo específico e global, inclusive em capítulo próprio, regras sobre o meio ambiente, além de outras garantias previstas de modo esparso.

II. Preceitua que a lei estabelecerá o estatuto da juventude, destinado a regular os direitos dos jovens, bem como o plano nacional de juventude, de duração decenal, visando à articulação das várias esferas do poder público para a execução de políticas públicas.

III. Os atos de improbidade administrativa importarão a suspensão dos direitos políticos, a perda da função pública, a indisponibilidade dos bens e o ressarcimento ao erário, na forma e gradação previstas em lei, sem prejuízo da ação penal cabível.

IV. Estabelece que a adoção será assistida pelo Poder Público, na forma da lei, vedada como regra sua efetivação por parte de estrangeiros, como medida de proteção ao tráfico internacional de pessoas.

V. É dever do Estado na educação infantil, atendimento em creche e pré-escola, às crianças de até 5 (cinco) anos de idade.

(A) Todas as assertivas estão corretas.
(B) Somente as assertivas II e III estão corretas.
(C) Somente as assertivas I, II, III e V estão corretas.
(D) Somente as assertivas II, III e IV estão corretas.
(E) Somente as assertivas II, III e V estão corretas.

I: correta. Até a Constituição Federal de 1988 a matéria era tratada por legislação ordinária. **II**: correta. A proteção do jovem foi acrescentada pela emenda constitucional 65/2010, alterando a redação do art. 227 da CF (veja art. 227, § 8º). **III**: correta. São as penalidades previstas na Lei de Improbidade Administrativa. **IV**: incorreta. A adoção internacional é expressamente permitida pelo art. 227, § 5º, e regulada pelos arts. 51 e 52 do ECA. **V**: correta. Conforme art. 208, IV, da CF. RD

Gabarito "C".

(Defensor Público – DPE/RN – 2016 – CESPE) Acerca da tutela coletiva do direito do consumidor e do direito à cidade e à moradia, assinale a opção correta.

(A) O consumidor tem direito à inversão do ônus da prova em ação consumerista por ele movida, prerrogativa que, conforme entendimento do STJ, não se aplica ao MP quando este figura como autor de ação dessa espécie.

(B) A prestação de serviços públicos de saneamento básico por entidade não integrante da administração pública pode ser disciplinada por convênio, termo de parceria ou outro instrumento de natureza precária.

(C) De acordo com a legislação de regência, os recursos do Fundo Nacional de Habitação de Interesse Social e dos fundos estaduais, do DF e dos municípios não podem ser associados a recursos

onerosos, inclusive os do FGTS, bem como a linhas de crédito de outras fontes.
(D) Para o STJ, o direito à moradia está inserido no âmbito dos interesses individuais indisponíveis, razão pela qual não pode ser tutelado pelo MP.
(E) Segundo entendimento do STJ, deve ser considerada abusiva previsão feita em contrato de plano de saúde que exclua das responsabilidades da empresa o custeio de meios e materiais necessários a procedimento cirúrgico voltado à cura de uma doença coberta pelo plano.

A: incorreta. Conforme interpretação jurisprudencial e doutrinária, a inversão do ônus da prova, prevista no art. 6º, VIII, do CDC, é aplicável microssistema de tutela coletiva por força do disposto no artigo 21 da LACP. B: incorreta. Expressamente vedada pelo art. 10 da Lei 11.445/2007, in verbis: "A prestação de serviços públicos de saneamento básico por entidade que não integre a administração do titular depende da celebração de contrato, sendo vedada a sua disciplina mediante convênios, termos de parceria ou outros instrumentos de natureza precária". C: incorreta. A Lei 11.124/2005, que cria e estrutura o SNHIS, determina, em seu artigo 6º, que os recursos para a moradia serão: o Fundo de Amparo ao Trabalhador – FAT, o Fundo de Garantia do Tempo de Serviço – FGTS, o Fundo Nacional de Habitação de Interesse Social – FNHIS; e outros fundos ou programas que vierem a ser incorporados ao SNHIS. D: incorreta. O Ministério Público está legitimado para as ações coletivas, inclusive as que defendam Direitos Individuais Indisponíveis. E: correta. É nesse sentido o entendimento do STJ: "Recusa indevida, pela operadora de plano de saúde, da cobertura financeira do procedimento e do material cirúrgico do tratamento médico do beneficiário. Ainda que admitida a possibilidade de previsão de cláusulas limitadoras dos direitos do consumidor (desde que escritas com destaque, permitindo imediata e fácil compreensão), revela-se abusivo o preceito do contrato de plano de saúde excludente do custeio dos meios e materiais necessários ao melhor desempenho do tratamento clínico ou do procedimento cirúrgico coberto ou de internação hospitalar. Precedentes" (STJ, REsp 1.533.684/SP, DJ 16/02/2017).
Gabarito "E".

(Defensor Público – DPE/MT – 2016 – UFMT) Sobre o instituto do *amicus curiae* nas ações coletivas, assinale a afirmativa INCORRETA.
(A) Um exemplo de situação específica admitida pela doutrina como representativa da atuação do *amicus curiae* é a prevista na Lei 10.259/2001, que instituiu os Juizados Especiais no âmbito da Justiça Federal.
(B) O reconhecimento da importância do *amicus curiae* se dá pelo caráter fiscalizador sobre determinadas atividades cuja prática indiscriminada possui potencial lesivo à sociedade.
(C) Somente quanto à violação de norma constitucional é que deverá incidir o instituto do *amicus curiae*, já que se trata de instrumento garantidor da participação democrática em assuntos nacionalmente relevantes.
(D) O **amicus curiae** pode ser considerado como a própria sociedade representada, legitimada a defender os seus interesses em juízo, sempre que estes forem afetados pela decisão ali proferida, por meio de instituições especializadas no assunto.
(E) O *amicus curiae* é considerado um terceiro interveniente especial, ao qual deve ser dispensado um tratamento especial no âmbito de todo o direito processual, considerando a falta de regulamentação legal.

O *amicus curiae* é aquele que representa em juízo os interesses ou direitos de outrem e está previsto no art. 138 do Código de Processo Civil. Ele pode ser admitido, inclusive nas ações coletivas, de ofício ou a requerimento das partes.
Gabarito "C".

(Promotor de Justiça/GO – 2013) Sobre a tutela coletiva é correto afirmar:
(A) de acordo com a Súmula 470, do STJ, o Ministério Público tem legitimidade para pleitear, em ação civil pública, a indenização decorrente do DPVAT em benefício do segurado.
(B) através do Termo de Ajustamento de Conduta, instituído pela Lei 7.347/1985, Lei da Ação Civil Pública, pode-se dispensar a satisfação do direito transindividual ofendido, bem como regular o modo como se deverá proceder à sua reparação.
(C) de acordo com o Código de Defesa do Consumidor, a sentença coletiva opera efeitos no plano individual, podendo beneficiar ou prejudicar as ações de indenização por danos pessoalmente sofridos, tratando-se de caso de extensão *in utilibus* da coisa julgada ao plano coletivo para o plano individual.
(D) as ações coletivas não induzem litispendência para as ações individuais, mas os efeitos da coisa julgada *erga omnes* ou *ultra partes* não beneficiarão os autores das ações individuais, se não for requerida sua suspensão no prazo de trinta dias, a contar da ciência nos autos do ajuizamento da ação coletiva.

A: incorreta, pois a Súmula afirma a ilegitimidade do MP, no caso; B: incorreta, pois embora seja possível estabelecer o modo como será a reparação, não é possível dispensar a satisfação do direito transindividual. Afinal, aquele que celebra o compromisso não é titular do direito material discutido; C: incorreta, pois a sentença coletiva não pode prejudicar as ações individuais (vide art. 103 do CDC, especialmente o § 3º do mencionado dispositivo legal); D: correta, pois é o que dispõe o art. 104 do CDC.
Gabarito "D".

(Juiz de Direito/RJ – 2014 – VUNESP) Assinale a alternativa correta, de acordo com a lei que disciplina a ação civil pública (Lei 7.347/1985).
(A) A liminar concedida poderá ter sua execução suspensa pelo presidente do tribunal competente, mediante requerimento de pessoa jurídica de direito público, para evitar grave lesão à ordem, à saúde, à segurança e à economia pública.
(B) O objeto da ação civil pública será condenação em dinheiro, sendo vedados pedidos de obrigação de fazer ou não fazer.
(C) As pessoas jurídicas de direito público interno não têm legitimidade para ajuizar ação civil pública.
(D) Figurando a União em um dos polos da demanda, a competência será do juiz estadual do local onde ocorreu o dano, sempre que a comarca não seja sede de vara da justiça federal.

A: correta, pois assim estabelece o art. 12, § 1º, da Lei 7.347/1985; B: incorreta, pois é possível a cumulação de pedidos em ação civil pública. Além disso, ainda que fiquemos preso à literalidade da Lei 7.347/1985, o art. 3º, a ação civil poderá ter por objeto a condenação em dinheiro ou o cumprimento de obrigação de fazer ou não fazer. Ainda em relação à questão, não pode ser esquecido o art. 83 do CDC, segundo o qual, "para a defesa dos direitos e interesses protegidos por este código são admissíveis todas as espécies de ações capazes de propiciar sua adequada e efetiva tutela"; C: incorreta, pois a legitimidade está consagrada no art. 5º, III, da Lei 7.347/1985; D: incorreta, pois se a União figurar como parte, em ação civil pública, a competência será da Justiça Federal, em face do disposto no art. 109, I, da CF.
Gabarito "A".

(Promotor de Justiça/GO – 2013) A respeito da tutela coletiva é correto afirmar:
(A) a propaganda enganosa ou abusiva, veiculada através da imprensa falada, escrita ou televisionada, a proteção ao meio ambiente e a preservação da moralidade administrativa são exemplos de interesses coletivos *stricto sensu*. Nestes casos, a coisa julgada que advier das sentenças de procedência será *ultra partes*, ou seja, além das partes, em razão de sua natureza indivisível.
(B) interesses ou direitos coletivos *stricto sensu* são aqueles transindividuais, de natureza indivisível, de que seja titular grupo, categoria ou classe de pessoas ligadas entre si, ou com a parte contrária, por uma relação jurídica base. Em razão da transindividualidade e indivisibilidade, a coisa julgada será erga omnes, ou seja, irá beneficiar a todos de maneira igual.
(C) interesses ou direitos individuais homogêneos são aqueles decorrentes de origem comum. A sentença terá eficácia erga omnes, apenas no caso de procedência do pedido, para beneficiar todas as vítimas e seus sucessores. Contudo, as peculiaridades dos direitos individuais, se existirem, deverão ser atendidas em liquidação de sentença a ser procedida individualmente.
(D) decorrido o prazo de dois anos, sem habilitação de interessados em número compatível com a gravidade do dano, poderá o Ministério Público ou qualquer colegitimado proceder a liquidação e execução da indenização devida para o Fundo de Direitos Difusos.

A: incorreta, pois a assertiva elenca hipóteses de interesses difusos; B: incorreta, pois a coisa julgada, no caso de direitos coletivos no sentido estrito, será *ultra partes*; C: correta, pois assim estabelece o art. 103, II, do CDC. E, de fato, é na liquidação da sentença condenatória genérica (art. 95 do CDC) que as peculiaridades serão discutidas, além do nexo causal específico; D: incorreta, pois o prazo é de um ano (art. 100 do CDC).
Gabarito "C".

(Promotor de Justiça/MG – 2014) Sobre as ações civis públicas, levando em conta a atual jurisprudência dos tribunais superiores, é correto afirmar, EXCETO:
(A) Quando proposta pelo Ministério Público ação civil pública por ato de improbidade administrativa, ocorrerá nulidade caso não se dê a citação da pessoa jurídica de direito público cuja probidade foi violada, para integrar o polo ativo.
(B) Há litisconsórcio passivo facultativo, nas ações civis públicas por dano ambiental em loteamento irregular, entre os responsáveis primários pelos atos ilícitos, os terceiros adquirentes de lotes e seus ocupantes.
(C) Não é possível a propositura de ação civil pública por ato de improbidade administrativa somente contra o particular, ainda que este tenha induzido, concorrido ou se beneficiado do ato.
(D) Sendo o Ministério Público autor e requerendo a realização de prova pericial no bojo da ação civil pública, o encargo financeiro deve recair sobre a Fazenda Pública do ente federativo a que estiver vinculado.

A: incorreta e deverá ser assinalada, pois nem sempre a pessoa jurídica de direito pública será litisconsorte em ação de improbidade. Assim decidiu a Segunda Turma do STJ (AgRg no REsp 1411897/SP, Rel. Min. Mauro Campbell Marques): "A orientação consolidada desta Corte Superior é no sentido de que, em ação de improbidade administrativa ajuizada contra agente público pelo Ministério Público, o litisconsórcio do Município interessado é apenas facultativo, razão pela qual não há violação do art. 17, § 3º, da Lei 8.429/1992"; **B**: correta, pois: "No dano ambiental e urbanístico, a regra geral é a do litisconsórcio facultativo. Segundo a jurisprudência do STJ, nesse campo a "responsabilidade (objetiva) é solidária" (REsp 604.725/PR, Rel. Ministro Castro Meira, Segunda Turma, *DJ* 22.08.2005, p. 202); logo, mesmo havendo "múltiplos agentes poluidores, não existe obrigatoriedade na formação do litisconsórcio", abrindo-se ao autor a possibilidade de "demandar de qualquer um deles, isoladamente ou em conjunto, pelo todo" (REsp 880.160/RJ, Rel. Ministro Mauro Campbell Marques, Segunda Turma, *DJe* 27.05.2010). No mesmo sentido: EDcl no REsp 843.978/SP, Rel. Ministro Herman Benjamin, Segunda Turma, *DJe* 26.06.2013. REsp 843.978/SP, Rel. Ministro Herman Benjamin, Segunda Turma, *DJe* 09.03.2012; REsp 1.358.112/SC, Rel. Ministro Humberto Martins, Segunda Turma, *DJe* 28.06.2013"; **C**: correta, pois: "Os particulares que induzam, concorram, ou se beneficiem de improbidade administrativa estão sujeitos aos ditames da Lei 8.429/1992, não sendo, portanto, o conceito de sujeito ativo do ato de improbidade restrito aos agentes públicos (inteligência do art. 3º da LIA). 2. Inviável, contudo, o manejo da ação civil de improbidade exclusivamente e apenas contra o particular, sem a concomitante presença de agente público no polo passivo da demanda." (REsp REsp 1171017 / PA); **D**: correta, pois: "A Primeira Seção do STJ ostenta entendimento uníssono no sentido de que o encargo financeiro para a realização da prova pericial deve recair sobre a Fazenda Pública a que o Ministério Público estiver vinculado, por meio da aplicação analógica da Súmula 232/STJ. Precedente: EREsp 981.949/RS, Relator Ministro Herman Benjamin, Primeira Seção, *DJe* 15.08.2011" (AgRg no REsp 1295942 / CE).

Gabarito "A".

(Promotor de Justiça/MG – 2014) Quanto ao instituto da prescrição nas ações coletivas, segundo a atual jurisprudência dos tribunais superiores, é INCORRETO afirmar:

(A) No caso de servidor público federal ocupante de cargo efetivo, a contagem de prescrição, para as sanções previstas na Lei de Improbidade Administrativa, tem como termo *a quo* a data em que o fato se tornou conhecido.

(B) O fato de existir execução coletiva não influencia no prazo prescricional para o ajuizamento da pretensão executória individual.

(C) Não se aplica a prescrição intercorrente nas ações civis públicas por atos de improbidade administrativa.

(D) É de cinco anos o prazo prescricional para ajuizamento da execução individual em pedido de cumprimento de sentença proferida em ação civil pública.

A: correta, pois: "Nos casos de servidor público ocupante de cargo efetivo, a contagem da prescrição, para as demais sanções previstas na LIA, se dá à luz do art. 23, II, da LIA c/c art. 142 da Lei 8.112/1990, tendo como termo a quo a data em que o fato se tornou conhecido." (REsp 1268594 / PR); **B**: incorreta e deve ser assinalada, pois: "Tratando-se de demanda coletiva, o prazo de prescrição para a execução individual do título é interrompido pela propositura da execução coletiva, voltando a correr pela metade a partir do último ato processual da causa interruptiva" (AgRg no REsp 1175018 / RS); **C**: correta, pois: "O art. 23 da Lei 8.429/1992, que regula o prazo prescricional para propositura da ação de improbidade administrativa, não possui comando a permitir a aplicação da prescrição intercorrente nos casos de sentença proferidas há mais de 5 (cinco) anos do ajuizamento ou do ato citatório na demanda. Precedente." (1289993 / RO); **D**: correta, pois: "A Segunda Seção, no julgamento do RESP 1.273.643/PR, para os efeitos do art. 543-C, do CPC, firmou entendimento no mesmo sentido do acórdão embargado, tendo fixado a tese de que no âmbito do Direito Privado, é de cinco anos o prazo prescricional para ajuizamento da execução individual em pedido de cumprimento de sentença proferida em Ação Civil Pública" (AgRg nos EREsp 1278579 / PR).

Gabarito "B".

(Promotor de Justiça/MG – 2014) Sobre meios extrajudiciais de solução de conflitos de interesses coletivos, está CORRETO afirmar:

(A) A assinatura do termo de ajustamento de conduta, previsto no artigo 5º, § 6º da Lei de Ação Civil Pública e no artigo 211 do Estatuto da Criança e Adolescente, é um direito subjetivo do particular.

(B) A mediação e a conciliação são a mesma coisa, pois que se utilizam de um terceiro para auxiliar as partes na busca de uma solução satisfatória para ambas, sem, contudo, opinar diretamente sobre a lide em questão, utilizando-se de técnicas que propiciem oportunidades para que elas possam tomar decisões, auxiliando de forma construtiva o restabelecimento da comunicação, aproximando-as de tal modo que a decisão tomada seja do agrado de todos.

(C) A arbitragem é um instrumento de solução de conflitos que pode envolver direitos disponíveis e indisponíveis e sempre se dará por equidade.

(D) A negociação se dá sem a participação de terceiros, sendo as próprias partes interessadas as responsáveis pela resolução do conflito, em autocomposição.

A: incorreta, pois, como decidiu a 4ª Turma do STJ, não é direito subjetivo do particular: "Processual civil. Recurso especial. Ação civil pública. Termo de ajustamento de conduta. Não obrigatoriedade do ministério público aceitá-lo ou de negociar suas cláusulas. Inexistência de direito subjetivo do particular. 1. Tanto o art. 5º, § 6º, da LACP quanto o art. 211 do ECA dispõem que os legitimados para a propositura da ação civil pública "poderão tomar dos interessados compromisso de ajustamento de sua conduta às exigências legais". 2. Do mesmo modo que o MP não pode obrigar qualquer pessoa física ou jurídica a assinar termo de cessação de conduta, o Parquet também não é obrigado a aceitar a proposta de ajustamento formulada pelo particular. Precedente. 3. O compromisso de ajustamento de conduta é um acordo semelhante ao instituto da conciliação e, como tal, depende da convergência de vontades entre as partes." (REsp 596764 / MG); **B**: incorreta, pois mediação e conciliação não são a mesma coisa. A mediação pressupõe a intervenção de um mediador, isto é, de um terceiro desinteressado e neutro que procura conciliar as partes mediante aconselhamento e o restabelecimento do diálogo entre elas. No caso da mediação, portanto, as próprias partes procuram resolver o conflito, auxiliadas e intermediadas por um terceiro (mediador). Na conciliação, o terceiro (conciliador) emite opiniões e propõe soluções; **C**: incorreta, pois os direitos passíveis de arbitragem devem ser disponíveis. Conforme o art. 1º da Lei 9.307/1996, "as pessoas capazes de contratar poderão valer-se da arbitragem para dirimir litígios relativos a direitos patrimoniais disponíveis"; **D**: correta, pois, fundamentalmente, a negociação é o procedimento entre as próprias partes pelo qual as divergências são expostas com o fim de serem resolvidas.

Gabarito "D".

(Promotor de Justiça/MG – 2014) Tomando-se por base os aspectos processuais introduzidos pelo Código de Defesa do Consumidor, e que fazem parte do microssistema de tutela jurisdicional coletiva, está CORRETO afirmar que:

(A) Por ser a legitimidade ativa para a defesa de interesse coletivo disjuntiva, não sendo o Ministério Público parte na ação, é despiciendo sua presença no processo.

(B) Tomando-se por base que para a defesa dos interesses coletivos "são admissíveis todas as espécies de ações capazes de propiciar sua adequada e efetiva tutela", a aplicação do Código de Processo Civil é integrada.

(C) Quando o objeto material do processo for direito ou interesse difuso ou direito ou interesse coletivo *stricto sensu*, é de se aplicar as disposições que constam dos artigos 91 a 100 do Código de Defesa do Consumidor e, no que couber, as normas dos outros capítulos do Título III desse mesmo código, da Lei de Ação Civil Pública e do Código de Processo Civil. Quando o objeto material for direitos ou interesses individuais homogêneos, aplicar-se-ão as disposições processuais previstas na Lei de Ação Civil Pública e, no que couber, as constantes do referido Título III do Código de Defesa do Consumidor, além do Código de Processo Civil.

(D) A sentença de procedência na ação coletiva tendo por causa de pedir danos referentes a direitos individuais homogêneos será, em regra, genérica, de modo que depende de superveniente liquidação, não apenas para apuração do *quantum debeatur*, mas também para aferir a titularidade do crédito, por isso denominada "liquidação imprópria".

A: incorreta, pois, quando o MP não é parte, ele atua, obrigatoriamente, como órgão interveniente (art. 5º, § 1º, da Lei 7.347/1985 e art. 92 da Lei 8.078/1990); **B**: incorreta, pois a aplicação do CPC, à tutela coletiva, é subsidiária (art. 19 da Lei 7.347/1985 e art. 90 da Lei 8.078/1990); **C**: incorreta, pois, quando o objeto do processo for direito difuso ou coletivo no sentido estrito, é aplicável a Lei 7.347/1985, e, no que couber, a Lei 8.078/1990, além de, subsidiariamente, o CPC. No caso de tutela de direitos individuais homogêneos, é aplicável, principalmente, o disposto nos arts. 91 e ss. do CDC. No que couber, as normas da Lei 7.347/1985 e, subsidiariamente, o CPC; **D**: correta, pois o CDC adota a técnica da condenação genérica para a tutela de direitos individuais homogêneos (art. 95 da Lei 8.078/1990). Assim, é imperiosa a liquidação da sentença, considerando que as particularidades relacionadas a cada uma das vítimas não são discutidas na demanda coletiva.

Gabarito "D".

(Promotor de Justiça/MG – 2014) Após expedir recomendação ao Sr. Prefeito do Município de Olímpio, cuja população é de 19.000 (dezenove mil) habitantes e integrante de área reconhecidamente de especial interesse turístico, no sentido de que tomasse as providências para a elaboração de Plano Diretor, assegurada ampla participação popular, obteve o Ministério Público como resposta a alegação de ser desnecessário, uma vez que a população não atinge 20.000 (vinte mil) pessoas.

Assinale a resposta CORRETA:

(A) Se insistir o Ministério Público em seu intento, com a propositura de ação civil pública de obrigação de fazer, faltar-lhe-á interesse de agir, uma vez que, realmente, não se exige Plano Diretor para municípios com população menor que 20.000 (vinte mil) pessoas.

(B) O pedido do Ministério Público em eventual ação civil pública deverá ser julgado improcedente, uma vez que se trata de ato discricionário do Prefeito Municipal a elaboração ou não de Plano Diretor, além de implicar ferimento ao Princípio da Separação dos Poderes.

(C) Existirá legitimidade, adequação e pertinência na propositura de ação civil pública para compelir o Município de Olímpio a promover a elaboração de Plano Diretor, pois a legislação de regência determina a sua elaboração para os municípios declarados e integrantes de áreas de especial interesse turístico.

(D) Existirá legitimidade, adequação e pertinência na propositura de ação civil pública para compelir o Município de Olímpio a promover a elaboração de Plano Diretor, pois a legislação de regência não exclui a sua obrigatoriedade em relação a todos os municípios brasileiros.

A: incorreta, pois o plano diretor é obrigatório para cidades integrantes de áreas de especial interesse turístico; B: incorreta, pois, como se disse, não há discricionariedade se há obrigação imposta pela lei; C: correta, pois, nos termos do art. 41, IV, da Lei 10.257/2001 (Estatuto da Cidade), "o plano diretor é obrigatório para cidades integrantes de áreas de especial interesse turístico"; D: incorreta, pois não são todos os municípios obrigados a estabelecer o Plano Diretor.
Gabarito "C".

(Promotor de Justiça/MG – 2013) É CORRETO afirmar-se que:
(A) O prazo para apelação em ação civil pública proposta pelo Ministério Público contra município, visando ao atendimento especializado às crianças portadoras de deficiência, que tramita perante o Juízo da Infância e da Juventude, é de 10 (dez) dias, uma vez que se deve observar o artigo 198, inciso II do Estatuto da Criança e do Adolescente, o qual exclui qualquer norma que verse sobre prazo recursal do Código de Processo Civil.
(B) A competência para o processamento da ação civil pública, proposta contra município, visando à obrigação de fazer consubstanciada na oferta regular do ensino fundamental a crianças e adolescentes, é da Vara da Fazenda Pública, mesmo que exista na comarca Vara Especializada da Infância e Juventude, pois o ente estatal possui juízo privativo e a competência da referida Vara Especializada é relativa.
(C) Os valores referentes às multas cominatórias fixadas para o caso de descumprimento de decisão judicial que determine obrigação de fazer, em ação que tenha por objeto interesse individual homogêneo, coletivo ou difuso de crianças e adolescentes, deverão obrigatoriamente ser destinados ao fundo gerido pelo Conselho dos Direitos da Criança e do Adolescente do respectivo município ou, enquanto tal fundo não for regulamentado, deverão ser depositados em estabelecimento oficial de crédito, em conta com correção monetária.
(D) A partir do teor da Súmula 383 do STJ, é possível se concluir que, se os pais se encontram separados, a competência para processar e julgar as ações conexas de interesse de criança ou adolescente é, em princípio, do foro do domicílio de qualquer dos genitores, independentemente de quem possua a guarda.

A: incorreta, pois há adoção do sistema recursal do CPC, com algumas adaptações. Nesse sentido o art. 198, caput, do ECA; B: incorreta, pois a Vara da Infância e da Juventude é a competente para conhecer de ação civil pública contra o Município, ainda que exista Vara da Fazenda Pública; C: correta, pois assim estabelece o art. 214, caput e § 2º, do ECA; D: incorreta, pois, de acordo com a Súmula n. 383, do STJ, "a competência para processar e julgar as ações conexas de interesse de menor é, em princípio, do foro do domicílio do detentor de sua guarda".
Gabarito "C".

(Promotor de Justiça/AC – 2014 – CESPE) Assinale a opção correta acerca do CDC e do que dispõe a lei que trata da ACP e a Lei de Improbidade.
(A) O prazo para a aplicação das sanções previstas na Lei de Improbidade prescreve em cinco anos, inclusive no que se refere à reparação do dano ao erário.
(B) O CDC é aplicável às instituições financeiras, inclusive no que se refere às relações jurídicas oriundas de contrato de arrendamento mercantil.
(C) Segundo a lei que trata da ACP, é possível a condenação, em honorários, de advogado da associação autora, ainda que não tenha sido comprovada sua má-fé.
(D) Segundo a lei que dispõe sobre a ACP, deve haver adiantamento de custas e honorários periciais.
(E) Prescrita a ação civil de improbidade administrativa no que diz respeito à aplicação de penalidades, é vedado ao MP pleitear o ressarcimento do dano ao erário.

A: incorreta, pois a pretensão de ressarcimento ao erário é imprescritível (CF, art. 37, § 5º); B: correta, pois: "O Superior Tribunal de Justiça tem entendimento sumulado de que o Código de Defesa do Consumidor é aplicável às instituições financeiras (Súmula 297/STJ), inclusive nas relações jurídicas oriundas de contrato de arrendamento mercantil." (REsp 609329/PR); C: incorreta, pois a condenação, no caso, pressupõe a comprovação da má-fé (art. 18 da LACP); D: incorreta, pois, conforme o art. 19, da Lei 7.347/1985, "nas ações de que trata esta lei, não haverá adiantamento de custas, emolumentos, honorários periciais e quaisquer outras despesas"; E: incorreta, pois, como se disse, a pretensão de ressarcimento ao erário é imprescritível, de tal forma que pode ser a única subsistente no caso de ato de improbidade administrativa.
Gabarito "B".

(Procurador do Município – Cuiabá/MT – 2014 – FCC) Analise as proposições abaixo, acerca do processo coletivo:
I. O município tem legitimidade para ajuizar ação civil pública para cobrança de IPTU de munícipes que possam ser individualmente determinados.
II. O município pode tomar dos interessados termo de ajustamento de conduta às exigências legais, que terá sempre eficácia de título executivo judicial.
III. O Ministério Público pode requisitar certidões e informações, inclusive do município, que somente as poderá negar nos casos em que a lei impuser sigilo.
Está correto o que se afirma em
(A) I, II e III.
(B) III, apenas.
(C) I e III, apenas.
(D) I e II, apenas.
(E) II, apenas.

I: incorreta, pois, não cabe a ação coletiva para cobrar pessoas determinadas. Analogicamente, já decidiu o STJ que "o Município não tem legitimidade para promover ação civil pública visando obstar a cobrança de tributos, por se tratar de direitos individuais homogêneos, identificáveis e divisíveis, que devem ser postulados por seus próprios titulares. Precedentes análogos: REsp 71.965/SP, Rel. Min. Castro Meira, DJ 16.08.2004 e REsp 302.647/SP, Rel. Min. Franciulli Netto, DJ 04.08.2003" (REsp 762839 / SP); II: incorreta, pois a eficácia, no caso, é de título extrajudicial (Lei 7.347/1985, art. 5º, § 6º); III: correta, pois, além de outros dispositivos legais, estabelece o art. 8º, § 1º, da Lei 7.347/1985, que "o Ministério Público poderá instaurar, sob sua presidência, inquérito civil, ou requisitar, de qualquer organismo público ou particular, certidões, informações, exames ou perícias, no prazo que assinalar, o qual não poderá ser inferior a 10 (dez) dias úteis".
Gabarito "B".

(Procurador Legislativo – Câmara de Vereadores de São Paulo/SP – 2014 – FCC) A Câmara Municipal de Limoeiro vota a alteração do nome de uma das ruas principais da cidade, denominada R. Dr. Bento Junqueira, pretendendo nomeá-la R. Professor Pedrinho, ex-prefeito, recentemente falecido. A Associação de Proteção ao Patrimônio Artístico, Histórico e Turístico de Limoeiro, regularmente constituída há mais de um ano, e que tem por finalidade institucional a proteção do patrimônio histórico da cidade, propõe Ação Civil Pública contra a Câmara Municipal para questionar a mudança, alegando lesão à memória e à história de Limoeiro, por ser Bento Junqueira um de seus fundadores. Em sua defesa, a Câmara Municipal alega não caber ação civil pública na hipótese afirmando o não enquadramento da situação naquelas previstas em lei para legitimar a demanda, bem como tratar-se de decisão legislativa insuscetível de interferência do Judiciário e que, em tese, interessaria apenas à família Junqueira. Recebendo a inicial, o juiz
(A) não admitirá a ação civil pública, por existir na hipótese interesse somente à família Junqueira para discutir a alteração.
(B) não admitirá a ação civil pública, por estar dirigida contra lei em tese.
(C) admitirá a ação civil pública, em tese, por ser possível sua propositura para a proteção de denominação de ruas, o que se configura como patrimônio histórico que, por sua vez, integra a ordem urbanística; por esse motivo, afastará o argumento de interesse meramente individual no caso, bem como a alegada impossibilidade de interferência do Judiciário, pelo princípio constitucional da inafastabilidade da jurisdição.
(D) admitirá a ação civil pública, em tese, por tratar a hipótese de interesse individual homogêneo respeitante ao patrimônio histórico.
(E) não admitirá a ação civil pública, porque a denominação de ruas é de responsabilidade exclusiva do Legislativo Municipal, não cabendo a interferência do Judiciário.

A: incorreta, pois a proteção do patrimônio público não é questão individual ou relacionada a apenas uma família. De lembrar que o patrimônio público é conceituado pelo art. 1º, § 1º, da Lei 4.717/1965, nos seguintes termos: "Consideram-se patrimônio público, para os fins referidos neste artigo, os bens e direitos de valor econômico, artístico, estético ou histórico". Portanto, bens de valor histórico integram o patrimônio público, interesse difuso da coletividade; B: incorreta, pois, no caso, não se trata de lei em tese, mas sim de efeitos concretos; C: correta, pois é admissível a ação civil pública, nos termos do art. 1º, III, da Lei 7.347/1985, para a proteção de bens e direitos de valor histórico; D: incorreta, pois, como se disse, a hipótese é de tutela de direitos difusos; E: incorreta, pois a denominação de ruas envolve a proteção do patrimônio histórico, cuja lesão ou ameaça de lesão não pode deixar de ser apreciada pelo Poder Judiciário.
Gabarito "C".

(Defensoria/DF – 2013 – CESPE) No que se refere a ACP, ao mandado de segurança coletivo e a ação popular, julgue os itens seguintes a luz do entendimento do STJ.
(1) Para a anulação de contratação irregular decorrente de procedimento licitatório, admite-se o ajuizamento de ação popular com fundamento em afronta aos princípios que regem a administração pública, independentemente de comprovação do dano ao erário.
(2) O prazo prescricional de cinco anos previsto na Lei da Ação Popular não se aplica à ACP e a respectiva execução.
(3) A DP tem legitimidade para ajuizar ACP para discutir a responsabilidade pelo recolhimento de contribuições previdenciárias devidas em razão do desempenho de trabalho doméstico, por se tratar de defesa de interesses transindividuais de categoria presumidamente hipossuficiente.

(4) Para que a legitimidade de entidade de classe seja reconhecida em sede de mandado de segurança coletivo, e imprescindível a demonstração de que a pretensão tenha sido veiculada no interesse de toda a categoria, e não de apenas parte dela.

1. Correta. Ao julgar ação popular ação popular objetivando o reconhecimento da nulidade, em razão da falta de prévia licitação, a Segunda Turma do STJ consignou: "A jurisprudência desta Corte Superior é no sentido de que a ação popular é cabível para a proteção da moralidade administrativa, ainda que inexistente o dano material ao patrimônio público, ou seja, a lesão tanto pode ser efetiva quanto legalmente presumida, visto que a Lei 4.717/1965 estabelece casos de presunção de lesividade (art. 4º), para os quais basta a prova da prática do ato naquelas circunstâncias para considerar-se lesivo e nulo de pleno direito" (AgRg no REsp 1378477/SC).**2.** Errada. O STJ assim entende: "O lapso prescricional da execução individual de sentença oriunda de ação coletiva é quinquenal, por aplicação analógica do art. 21 da Lei 4.717/1965 (cf. AgRg nos EREsp 1315363/RS, Rel. Ministro Herman Benjamin, Corte Especial, *DJe* 27.09.2013)" (AgRg no REsp 1408682 / PR). **3.** Correta. A Sexta Turma do STJ (AgRg no REsp 1243163 / RS, *DJe* 27.02.2013) assim enfrentou a questão: "Agravo regimental no recurso especial. Previdenciário. Contribuições. Empregador doméstico. Responsabilidade. Ação civil pública. Defensoria pública. Legitimidade. 1. A teor da compreensão firmada por esta Corte, a Defensoria Pública possui legitimidade para ajuizar ação civil pública na defesa de interesses transindividuais de hipossuficientes. 2. O recolhimento das contribuições previdenciárias devidas em razão do trabalho doméstico é da responsabilidade do empregador. 3. Agravo regimental a que se nega provimento". **4.** Errada. De acordo com a Primeira Seção do STJ, "A Lei 7.788/1989 [revogado pela Lei 8.030/1990] estabelece em seu art. 8º que as entidades sindicais poderão atuar como substitutas processuais da categoria que representam. Trata-se, portanto, de autorização legal, revelando desnecessária a autorização expressa do titular do direito subjetivo, porquanto o mandado de segurança coletivo não se presta a defender somente os interesses de toda a categoria, podendo ser manejado, sobretudo, no interesse de determinados filiados" (AgRg no MS 8692/DF).

Gabarito "1C, 2E, 3C, 4E"

(Defensoria/SP – 2013 – FCC) A Defensoria Pública ajuizou ação civil pública com o fim de obrigar o Município de Osasco a tornar acessíveis, do ponto de vista arquitetônico, as escolas públicas municipais de ensino infantil no prazo máximo de um ano, sob pena do pagamento de multa diária no valor de quinhentos reais, além de indenização por danos morais no valor de cinco mil reais por aluno que em razão de sua deficiência não conseguisse acessar a escola ou a sala de aula autonomamente. Determinada a citação da municipalidade, foi oferecida contestação.
Após, o juízo determinou que as partes se manifestassem sobre eventual interesse na tentativa de conciliação e especificassem as provas que pretendiam produzir. Ambas as partes manifestaram interesse na conciliação e especificaram suas provas. Ato contínuo, sem que fosse designada audiência, o juiz proferiu sentença declarando a ilegitimidade da Defensoria Pública para a propositura da ação, sustentando tratar-se de interesses difusos, para os quais a legitimidade seria do Ministério Público. Sustentou que o pedido de dano moral fora feito de forma inadequada, eis que deveria eventual indenização ser revertida ao fundo dos direitos difusos. Por fim, justificou a não designação de audiência de conciliação em razão da impossibilidade de transação em matéria que envolva direitos coletivos *lato sensu*, eis que indisponíveis. Considerando a causa apresentada,

(A) oferecido recurso de apelação, o magistrado poderá se retratar e determinar o prosseguimento da ação, deixando de remeter o recurso ao Tribunal de Justiça.

(B) a transação judicial envolvendo direitos coletivos **lato sensu** é vedada pelo ordenamento jurídico, admitindo-se apenas o termo de ajustamento de conduta extrajudicial celebrado pelo Ministério Público.

(C) a Defensoria Pública não possui legitimidade para a propositura da ação mencionada, visto que eventual decisão poderia favorecer parcela da população não hipossuficiente do ponto de vista financeiro.

(D) o pedido de indenização por dano moral formulado revela tutela de interesses individuais homogêneos, devendo a indenização ser recuperada ao fundo criado por lei especialmente para esse fim, vinculando a utilização da verba a projetos de educação e conscientização sobre as diversas espécies de deficiência.

(E) eventual ação individual de reparação de danos em razão da inacessibilidade de determinado prédio escolar deverá tramitar junto ao mesmo órgão jurisdicional que processa a ação coletiva, em razão da litispendência.

A: correta, pois, em se tratando de defesa dos direitos da criança, é cabível o juízo de retratação da sentença (art. 198, VII, do ECA); **B:** incorreta, pois é possível a celebração de compromisso de ajustamento de conduta em juízo, com eficácia de título judicial, bem como a celebração de compromisso extrajudicial; **C:** incorreta, pois a indivisibilidade do direito discutido em juízo, típica dos direitos genuinamente transindividuais, justifica a propositura de ação pela Defensoria Pública, ainda que, em tese, possa ser beneficiada alguém que, do ponto de vista econômico, não seja hipossuficiente; **D:** incorreta, pois, no caso de tutela de direitos individuais homogêneos, a indenização beneficiará a vítima. No caso, a demanda coletiva tutela direitos difusos (das pessoas atuais e futuras com necessidades especiais), bem como direitos individuais homogêneos; **E:** incorreta, pois não há que se falar em litispendência entre ação coletiva e ação individual. Como expressamente estabelece o art. 104 do CDC, as ações coletivas não induzem litispendência para as ações individuais.

Gabarito "A"

(Defensoria/SP – 2013 – FCC) A Associação Nacional dos Defensores Públicos lançou, recentemente, o I Relatório Nacional de Atuações Coletivas da Defensoria Pública, analisando empiricamente cinquenta atuações concretas de tutela coletiva (judicial e extrajudicial) promovidas pela instituição. Entre os exemplos analisados há inúmeras atuações da Defensoria Pública paulista, dentre as quais se destacam uma ação civil pública proposta para assegurar o direito à alimentação de detentos que estiverem aguardando a realização de audiência em Fórum Judicial e outra para proibir a raspagem compulsória de cabelos de adolescentes internados na Fundação Casa. Considerando-se os exemplos referidos:

(A) Muito embora a relevância dos instrumentos processuais coletivos para a defesa dos direitos das pessoas privadas de liberdade, como nos exemplos citados, a Lei de Execução Penal não prevê a possibilidade do manuseio de tais instrumentos pela Defensoria Pública, necessitando ser reformada nesse aspecto.

(B) A legitimidade da Defensoria Pública nas duas ações referidas somente foi admitida em razão de se tratar de direito individual homogêneo, sendo perfeitamente identificáveis os beneficiários de tais ações civis públicas.

(C) A ação civil pública interposta para assegurar o direito à alimentação dos detentos durante o período em que se encontram aguardando a realização de audiência objetiva resguardar exclusivamente direito fundamental de primeira dimensão, ou seja, direito de natureza liberal.

(D) No caso da raspagem de cabelo compulsória dos adolescentes internados, verifica-se exemplo em que direitos fundamentais de primeira dimensão assumem a feição de direitos transindividuais.

(E) Nas duas ações em destaque, como em geral se verifica na defesa dos direitos das pessoas privadas de liberdade, têm-se casos típicos de atuação do Ministério Público, razão pela qual é absolutamente pertinente a afirmação do Procurador-Geral da República, formulada em parecer emitido na ADI 3.943 (STF), no sentido de que a legitimidade da Defensoria Pública para a propositura de ação civil pública implica sobreposição de atribuições entre as instituições.

A: incorreta, pois, além de os direitos dos detentos não estarem enumerados taxativamente na lei de execução penal (art. 3º da Lei 7.210/1984), é dever do Estado prestar assistência material ao detento, incluído, aí, o direito à prestação alimentar (arts. 11, I e 12, da Lei 7.210/1984); **B:** incorreta, pois; **C:** incorreta, pois a legitimidade da Defensoria Pública não se restringe aos direitos individuais homogêneos e, no caso, há tutela de direitos difusos, se considerarmos que a decisão beneficiará futuros e indetermináveis detentos; **D:** correta, pois a Defensoria Pública, no caso, tutelou uma garantia constitucional relacionada aos limites do *jus puniendi* e do *jus persequendi* estatal. Além disso, referido direito não se relaciona apenas aos presos imediatamente beneficiados, o que poderia configurar hipótese de direitos individuais homogêneos, mas também o direito de futuros detentos, ou seja, de pessoas indetermináveis; **E:** incorreta, pois a legitimidade, para a tutela de direitos transindividuais, é concorrente e disjuntiva.

Gabarito "D"

21. Direito do Consumidor

André de Carvalho Barros, Roberta Densa e Wander Garcia*

1. CONCEITO DE CONSUMIDOR E RELAÇÃO DE CONSUMO

(Promotor de Justiça/GO – 2016 – MPE) Em relação aos elementos caracterizadores da relação consumerista, é correto afirmar:

(A) É considerado fornecedor de produtos ou prestador de serviços, entre outros, a pessoa jurídica de direito público ou privado, a massa falida, o espólio, a sociedade irregular e a sociedade de fato, independentemente de serem ou não filantrópicas ou terem ou não fins lucrativos.
(B) Os municípios e os estados federados podem ser fornecedores, mas não poderão ser considerados consumidores porque falta-lhes a qualidade de serem destinatários finais dos produtos e dos serviços.
(C) Segundo a teoria finalista, é caracterizado como consumidor o taxista que adquire da concessionária um veículo zero quilômetro para exercer sua atividade profissional porque ele é considerado destinatário final fático e econômico.
(D) O serviço somente será considerado objeto da relação de consumo se for prestado no mercado mediante remuneração, excluídos os serviços de natureza gratuita.

A: correta. Na forma do art. 3º do Código de Defesa do Consumidor, fornecedor "é toda pessoa física ou jurídica, pública ou privada, nacional ou estrangeira, bem como os entes despersonalizados, que desenvolvem atividade de produção, montagem, criação, construção, transformação, importação, exportação, distribuição ou comercialização de produtos ou prestação de serviços". A massa falida, o espólio, a sociedade irregular e a sociedade de fato são entes despersonalizados, portanto, são fornecedores. Por outro lado, a finalidade de lucro não é elemento essencial para caracterizar o fornecedor, razão pela qual as entidades filantrópicas podem ser consideradas fornecedoras, desde que coloquem os produtos e serviços do mercado de forma habitual e onerosa. Vale lembrar que a teoria da empresa exige a finalidade de lucro para caracterização do empresário, o que não se faz necessário para a relação de consumo. **B:** incorreta. Os entes públicos não são considerados consumidores por lhes faltar característica essencial que é a vulnerabilidade. Por outro lado, podem ser considerados fornecedores se o serviço público for pago através de tarifa ou preço público. **C:** incorreta. Para a teoria finalista aprofundada (ou finalista mitigada) consumidor é quem adquire ou utiliza produto ou serviço como destinatário final para uso próprio ou fins profissionais, desde que haja vulnerabilidade. A teoria finalista não admite a caracterização de consumidor para quem adquire produtos para fins profissionais, sendo consumidor somente quem adquire produtos e serviços para consumo próprio, sem a finalidade de lucro. **D:** incorreta. Conforme redação do art. 3º, § 2º, serviço "é qualquer atividade fornecida no mercado de consumo, mediante remuneração, inclusive as de natureza bancária, financeira, de crédito e securitária, salvo as decorrentes das relações de caráter trabalhista". Para a doutrina, o legislador referiu-se aos serviços pagos de forma direta ou indireta. Assim, o serviço de estacionamento e manobrista pode ser gratuito no restaurante, mas ao pagar a conta de sua refeição, o estacionamento tem o seu custo embutido no preço da refeição, razão pela qual o seu pagamento é indireto, no pacote de produtos e serviços oferecidos pelo fornecedor. Gabarito "A".

(Promotor de Justiça – MPE/MS – FAPEC – 2015) Assinale a alternativa **incorreta**:

(A) De acordo com o STJ, aplica-se o Código de Defesa do Consumidor aos contratos de planos de saúde.
(B) De acordo com o STJ, o Código de Defesa do Consumidor é aplicável às instituições financeiras.
(C) De acordo com o STJ, as instituições financeiras respondem subjetivamente pelos danos gerados por fortuito interno relativo a fraudes e delitos praticados por terceiros no âmbito de operações bancárias.
(D) De acordo com o STF, o Ministério Público tem legitimidade para promover ação civil pública cujo fundamento seja a ilegalidade de reajuste de mensalidades escolares.
(E) De acordo com o STJ, o Código de Defesa do Consumidor é aplicável à relação jurídica entre entidade de previdência privada e seus participantes.

A: correta. "Aplica-se o Código de Defesa do Consumidor aos contratos de plano de saúde" (Súmula 469 do STJ). **B:** correta. "O Código de Defesa do Consumidor é aplicável às instituições financeiras" (Súmula 297 do STJ) **C:** incorreta. "As instituições financeiras respondem objetivamente pelos danos gerados por fortuito interno relativo a fraudes e delitos praticados por terceiros no âmbito de operações bancárias". (Súmula 479 do STJ). **D:** correta. "O Ministério Público tem legitimidade para promover ação civil pública cujo fundamento seja a ilegalidade de reajuste de mensalidades escolares". (Súmula 643 do STF). **E:** correta. "O Código de Defesa do Consumidor é aplicável às entidades abertas de previdência complementar, não incidindo nos contratos previdenciários celebrados com entidades fechadas" (Súmula 563 do STJ). Gabarito "C".

(Defensor Público – DPE/BA – 2016 – FCC) Sebastião juntou dinheiro que arrecadou ao longo de 20 anos trabalhando como caminhoneiro para adquirir um caminhão, zero quilômetros, que passou a utilizar em seu trabalho, realizando fretes no interior do Estado da Bahia. Ainda no prazo de garantia, o veículo apresentou problemas e ficou imobilizado. Sua esposa, Raimunda, microempresária do ramo da costura, adquiriu uma máquina bordadeira de valor elevado de uma grande produtora mundial, que depois de poucas semanas de funcionamento, também apresentou parou de funcionar. Diante desses fatos, é correto afirmar que

(A) ambos podem ser considerados consumidores, ainda que não se configurem como usuários finais dos produtos adquiridos, uma vez que, embora o Código de Defesa do Consumidor adote a teoria finalista, em casos semelhantes, o Superior Tribunal de Justiça já admitiu a mitigação desta teoria diante da prova da hipossuficiência e do desequilíbrio na relação, caracterizando hipótese de consumo intermediário.
(B) nenhum dos dois pode se enquadrar no conceito de consumidor previsto no Código de Defesa do Consumidor, pois não são destinatários finais dos produtos; a lei adotou a teoria finalista, e a jurisprudência pacífica do Superior Tribunal de Justiça não admite a hipótese de consumo intermediário, afastando as disposições consumeristas para os produtos adquiridos para a utilização em cadeia de produção.
(C) ambos podem ser considerados consumidores, ainda que não se configurem como usuários finais dos produtos adquiridos, uma vez que a jurisprudência do Superior Tribunal de Justiça entende que o Código de Defesa do Consumidor não adotou a teoria finalista, bastando a prova da hipossuficiência e do desequilíbrio na relação e, portanto, se apresentando como irrelevante que o consumo tenha ocorrido na cadeia de produção.
(D) Sebastião pode ser considerado consumidor mesmo que não seja usuário final do produto adquirido, uma vez que, embora o Código de Defesa do Consumidor adote a teoria finalista, a jurisprudência do Superior Tribunal de Justiça admite a mitigação desta teoria diante da prova da hipossuficiência e do desequilíbrio na relação, caracterizando hipótese de consumo intermediário, mas Raimunda não poderá ser considerada consumidora, por se tratar de pessoa jurídica.
(E) ambos podem ser considerados consumidores, desde que se configurem como usuários finais dos produtos adquiridos e comprovem hipossuficiência econômica em relação ao fornecedor, uma vez que, embora o Código de Defesa do Consumidor adote a teoria finalista como regra geral, a lei reconhece expressamente a hipótese de consumo intermediário mediante prova da hipossuficiência econômica e do desequilíbrio na relação.

A: correta. A teoria finalista temperada (ou aprofundada) adotada pelo Superior Tribunal de Justiça, considera consumidor aquele que adquire ou utiliza produto ou serviço como destinatário final, para uso próprio ou fins profissionais, desde que esteja presente a vulnerabilidade. O caso em tela apresenta justamente duas hipóteses de pessoas que retiraram os produtos do mercado com o objetivo de lucro, mas que são consideradas consumidoras como qualquer outra consumidora que tenha adquirido o produto para uso próprio. **B:** incorreta. A teoria finalista pura não é a teoria adotada pelo Superior Tribunal

---

* **Roberta Densa** comentou as questões de Juiz de Direito 2016, DPE/BA/16, DPE/MT/16, DPE/ES/16, DPE/RN/16, DPU/15. **André Barros** comentou as questões dos concursos de Magistratura Federal e MPF e as questões dos seguintes concursos: MAG/BA/12, MAG/CE/12, MAG/DF/11, MAG/ES/11, MAG/MG/12, MAG/PA/12, MAG/PI/11, MAG/RJ/11, MP/CE/11, MP/GO/10, MP/GO/12, MP/MG/11, MP/MG/12, MP/MT/12, MP/PB/10, MP/PI/12, MP/RJ/11, MP/RR/12, MP/SC/12, MP/SP/12 E MP/TO/12 e **Wander Garcia** comentou as demais questões dos concursos de Magistratura Estadual e Ministério Público Estadual e as questões dos concursos de Defensoria, Concursos Trabalhistas, Procuradorias.

de Justiça. **C:** incorreta. O Superior Tribunal de Justiça adotou a teoria finalista temperada (ou mitigada). **D:** incorreta. Em ambos os casos os empresários são considerados consumidores. **E:** incorreta. O Código de Defesa do Consumidor permite a interpretação para o desenvolvimento das três teorias que foram amplamente discutidas no Brasil: teoria finalista, teoria maximalista e a teoria finalista temperada (ou aprofundada).
Gabarito "A".

(Defensoria Pública da União – CESPE – 2015) João, por entender ser ilegal o reajuste da prestação mensal realizado pela entidade de previdência privada da qual é participante, ajuizou ação contra essa entidade.
Pedro, por discordar dos valores corrigidos na sua aplicação em caderneta de poupança, e Lucas, em razão de contrato de concessão de crédito, ajuizaram ações contra determinado banco.
A respeito dessas situações hipotéticas e do disposto no CDC, julgue o item abaixo.

(1) O CDC é aplicável às situações apresentadas.

1: assertiva correta. A súmula 563 do STJ faz distinção entre previdência aberta e fechada: "O Código de Defesa do Consumidor é aplicável às entidades abertas de previdência complementar, não incidindo nos contratos previdenciários celebrados com entidades fechadas". Assim, as entidades **abertas** de previdência privada estão subordinadas ao CDC. Em relação aos contratos bancários, já definiu o STJ, através da Súmula 297 que, "O Código de Defesa do Consumidor é aplicável às instituições financeiras".
Gabarito 1C.

(Defensor Público – DPE/BA – 2016 – FCC) De acordo com as disposições legais e jurisprudência dos Tribunais Superiores, o Código de Defesa do Consumidor se aplica

(A) às entidades abertas de previdência complementar e aos serviços públicos remunerados prestados *uti universi*, mas não se aplica às entidades fechadas de previdência complementar e nem aos serviços públicos *uti singuli*.
(B) às entidades abertas ou fechadas de previdência complementar e aos serviços públicos *uti universi et singuli*.
(C) às entidades abertas ou fechadas de previdência complementar e aos serviços públicos remunerados prestados *uti singuli*, mas não aos contratos de administração imobiliária firmados entre locador (proprietário do imóvel) e a imobiliária e aos serviços públicos *uti universi*.
(D) às entidades abertas de previdência complementar e aos serviços remunerados prestados *uti singuli*, mas não se aplica às entidades fechadas de previdência complementar e nem aos serviços públicos *uti universi*.
(E) às entidades abertas de previdência complementar e aos serviços públicos *uti universi et singuli*; mas não se aplica às entidades fechadas de previdência complementar.

O Código de Defesa do Consumidor é aplicável às entidades abertas de previdência complementar, não incidindo nos contratos previdenciários celebrados com entidades fechadas (Súmula 563). Em relação aos serviços públicos, o STJ já firmou entendimento de que somente os serviços públicos *uti singuli* estão submetidos ao Código de Defesa do Consumidor, afastando, no entanto, a proteção consumerista dos serviços prestados *uti universi*. Nesse sentido, vide tema da jurisprudência em teses nº 74 do STJ: "A relação entre concessionária de serviço público e o usuário final para o fornecimento de serviços públicos essenciais é consumerista, sendo cabível a aplicação do Código de Defesa do Consumidor".
Gabarito "D".

(Magistratura/RR – 2015 – FCC) Empresa "Coisa Boa" adquiriu alimentos para festa de confraternização de seus funcionários. A aquisição foi realizada por Maria, responsável pelo setor de compras. Após a festa de confraternização, todos os funcionários da empresa passaram mal, assim como seus familiares, descobrindo-se que os produtos adquiridos por Maria estavam estragados. De acordo com o Código de Defesa do Consumidor, para fins de responsabilização por fato do produto, considera(m)-se consumidor(es)

(A) apenas Maria, que adquiriu o produto.
(B) apenas a empresa Coisa Boa, que era destinatária final do produto.
(C) apenas Maria, como adquirente do produto, e a empresa Coisa Boa, sua destinatária final.
(D) todas as vítimas do evento danoso.
(E) todos os funcionários da empresa Coisa Boa, porém não seus familiares.

A a C: incorretas, pois as vítimas do evento danoso também são consumidores (art. 17 do CDC); **D:** correta, pois as vítimas do evento danoso são consideradas consumidoras; **E:** incorreta, pois os familiares dos funcionários da empresa também são vítimas do evento e, portanto, são também equiparados a consumidores (art. 17 do CDC).
Gabarito "D".

(Ministério Público/SP – 2015 – MPE/SP) Verifique a exatidão dos seguintes conceitos à luz da Lei 8.078/1990 (Código de Defesa do Consumidor):

I. Consumidor é toda pessoa física ou jurídica que adquire ou utiliza produto ou serviço para satisfazer suas necessidades.
II. Fornecedor é toda pessoa física ou jurídica, pública ou privada, nacional ou estrangeira, bem como os entes despersonalizados, que desenvolvem atividade de produção, montagem, criação, construção, transformação, importação, exportação, distribuição ou comercialização de produtos ou prestação de serviços.
III. Produto é qualquer bem material, móvel ou imóvel.
IV. Serviço é qualquer atividade fornecida no mercado de consumo, mediante remuneração, de natureza bancária, financeira, de crédito ou securitária, inclusive as decorrentes das relações de caráter trabalhista.

Pode-se afirmar que:

(A) Apenas as assertivas II e III estão corretas.
(B) Apenas as assertivas I, II e IV estão corretas.
(C) Apenas as assertivas I, III e IV estão corretas.
(D) Apenas a assertiva II está correta.
(E) Apenas as assertivas II e IV estão corretas.

I: incorreta, pois há de ser uma pessoa física ou jurídica que adquire ou utiliza produto ou serviço como *destinatário final* (art. 2º, *caput*, do CDC), não sendo suficiente que seja alguém que adquira ou utilize produto ou serviço para *satisfazer suas necessidades*, conceito muito amplo e que pode incluir a satisfação de necessidades no sentido de ter produtos para revenda, circunstância que, se ocorresse, não caracterizaria uma relação de consumo; **II:** correta (art. 3º, *caput*, do CDC); **III:** incorreta, pois produto pode ser tanto bem material, como bem imaterial (podendo também ser bem móvel ou imóvel), e a alternativa não trouxe a possibilidade de produto ser um bem "imaterial" (art. 3º, § 1º, do CDC); **IV:** incorreta, pois as relações de caráter trabalhista estão expressamente excluídas da definição de relação de consumo (art. 3º, § 2º).
Gabarito "D".

(Defensor/PA – 2015 – FMP) Assinale a opção CORRETA sobre as pessoas que integram a relação jurídica de consumo.

(A) O vínculo entre consumidor e fornecedor decorre exclusivamente de relação contratual entre ambos, ainda que de forma verbal.
(B) O Consumidor Individual é a pessoa que consome produtos e serviços como destinatário final, abarcando em seu conceito a possibilidade de a pessoa jurídica ser consumidora.
(C) O Consumidor Coletivo trata da coletividade que intervém nas relações de consumo, desde que devidamente identificada.
(D) O Consumidor por Equiparação abrange os terceiros que são vítimas de eventos e acidentes de consumo, desde que estes tenham adquirido bens ou serviços.
(E) O Consumidor Individual é a pessoa física ou jurídica que *adquire* produtos e serviços como destinatário final, sendo excluído desse conceito o sujeito que meramente *utiliza* os produtos e serviços.

A: incorreta, pois há também relação de consumo (ou hipótese de consumidor equiparado) em situações não contratuais, como quando alguém é vítima de um acidente de consumo (art. 17 do CDC) ou quando alguém é exposto a práticas comerciais abusivas (art. 29 do CDC); **B:** correta (art. 2º, *caput*, do CDC); **C:** incorreta, pois essa definição de consumidor não exige que essa coletividade de pessoas seja identificada, podendo se tratar de uma coletividade de pessoas indetermináveis (art. 2º, parágrafo único, do CDC); **D:** incorreta, pois não é necessário que alguém vítima de um evento de consumo tenha adquirido bem ou serviço, conforme se verifica do texto do art. 17 do CDC; **E:** incorreta, pois tanto quem adquire (ex.: um pai ou uma mãe que compram algo num supermercado), como quem utiliza (no mesmo exemplo, o filho ou a filha que utiliza o produto comprado no supermercado) são considerados consumidores típicos (art. 2º, *caput*, do CDC).
Gabarito "B".

(DPE/PE – 2015 – CESPE) Analise a seguinte assertiva.

(1) Determinada concessionária de veículos contratou seguro empresarial visando proteger o seu patrimônio, incluindo os automóveis ainda não vendidos, porém sem prever cobertura de risco aos clientes da concessionária. O contrato estabelecia que não haveria cobertura de danos no caso de furto qualificado praticado por terceiros, mas não continha nenhuma especificação jurídica do termo "qualificado". Na vigência desse contrato, a empresa foi vítima de furto simples e, após a negativa da seguradora em arcar com a indenização, ingressou em juízo contra esta. Nessa situação, de acordo com a teoria subjetiva ou finalista, a concessionária não poderia ser considerada consumidora e, ademais, foi correta a negativa da seguradora, pois era obrigação da contratante conhecer as cláusulas restritivas previstas no contrato.

1: incorreta, pois, de acordo com o STJ, "Há relação de consumo entre a seguradora e a concessionária de veículos que firmam seguro empresarial visando à proteção do patrimônio desta (destinação pessoal) – ainda que com o intuito de resguardar veículos utilizados em sua atividade comercial –, desde que o seguro não integre os produtos ou serviços oferecidos por esta. Cumpre destacar que consumidor é toda pessoa física ou jurídica que adquire ou utiliza, como destinatário final, produto ou serviço oriundo de um fornecedor. Por sua vez, destinatário final, segundo a teoria subjetiva ou finalista, adotada pelo STJ, é aquele que ultima a atividade econômica, ou seja, que retira de circulação do mercado o bem ou o serviço para consumi-lo, suprindo uma necessidade ou satisfação própria, não havendo, portanto, a reutilização ou o reingresso dele no processo produtivo, seja na revenda, no uso profissional, na transformação do bem por meio de beneficiamento ou montagem, ou em outra forma indireta. Nessa medida, se a sociedade empresária firmar contrato de seguro visando proteger seu patrimônio (destinação pessoal), mesmo que seja para resguardar insumos utilizados em sua atividade comercial, mas sem integrar o seguro nos produtos ou serviços que oferece, haverá caracterização de relação de consumo, pois será aquela destinatária final dos serviços securitários. Situação diversa seria se o seguro empresarial fosse contratado para cobrir riscos dos clientes, ocasião em que faria parte dos serviços prestados pela pessoa jurídica, o que configuraria consumo intermediário, não protegido pelo CDC" (REsp 1.352.419-SP, J. 19.08.2014).

Gabarito 1E

(Procurador do Estado/PR – 2015 – PUC-PR) Com o objetivo de implementar um programa de fiscalização dos direitos do consumidor, o diretor do órgão de proteção e defesa do consumidor (PROCON) de certo Estado quer saber como enquadrar algumas relações econômicas dentro do regime jurídico consumerista instituído pela Lei federal 8.078/1990. Considerando a legislação consumerista vigente e a jurisprudência atual do Superior Tribunal de Justiça (STJ), assinale a afirmativa **CORRETA** a respeito das relações de consumo.

(A) A jurisprudência do STJ tem mitigado a teoria finalista para autorizar a incidência do Código de Defesa do Consumidor nas hipóteses em que a parte (pessoa física ou jurídica), embora não seja tecnicamente a destinatária final do produto ou serviço, se apresenta em situação de vulnerabilidade ou hipossuficiência.
(B) A relação entre paciente e hospital público, financiado por receitas tributárias e sem remuneração direta do serviço de saúde prestado pelo hospital, é considerada relação de consumo.
(C) A relação jurídica entre a entidade de previdência privada e seus participantes não é considerada relação de consumo, pois a ela se aplica marco normativo específico sobre seguridade social.
(D) Basta que instituição financeira figure em um dos polos da relação jurídica como fornecedora de empréstimos financeiros para que essa relação seja caracterizada como relação de consumo.
(E) A relação entre concessionária de serviço público e usuário final, para o fornecimento de serviços públicos essenciais, tais como energia elétrica, água e esgoto, não pode ser considerada relação de consumo, pois se trata de uma concessão de serviço público, regida por normas específicas de direito administrativo.

A: correta; sobre a questão, vale a pena citar interessante decisão do STJ: "a jurisprudência desta Corte, no tocante à matéria relativa ao consumidor, tem mitigado os rigores da teoria finalista para autorizar a incidência do CDC nas hipóteses em que a parte (pessoa física ou jurídica), embora não seja tecnicamente a destinatária final do produto ou serviço, se apresenta em situação de vulnerabilidade. O Acórdão recorrido destaca com propriedade, porém, que a recorrente é uma sociedade de médio porte e que não se vislumbra, no caso concreto, a vulnerabilidade que inspira e permeia o CDC" (REsp 1.027.165/ES, DJe 14.06.2011); **B:** incorreta, conforme entendimento do STJ: "O conceito de "serviço" previsto na legislação consumerista exige para a sua configuração, necessariamente, que a atividade seja prestada mediante remuneração (art. 3°, § 2°, do CDC). Portanto, no caso dos autos, não se pode falar em prestação de serviço subordinada às regras previstas no CDC, pois inexistente qualquer forma de remuneração direta referente ao serviço de saúde prestado pelo hospital público, o qual pode ser classificado como uma atividade geral exercida pelo Estado a coletividade em cumprimento de garantia fundamental (art. 196 da CF). Referido serviço, em face das próprias características, normalmente é prestado pelo Estado de maneira universal, o que impede a sua individualização, bem como a mensuração de remuneração específica, afastando a possibilidade da incidência das regras de competência contidas na legislação específica" (REsp 493.181/SP, DJ 01.02.2006, p. 431); **C:** incorreta, pois, de acordo com a Súmula 321 do STJ, as relações de consumidor com entidade de previdência privada são de consumo; **D:** incorreta, pois para que se tenha uma relação de consumo é necessário que se cumpra os demais requisitos, como existência de um consumidor destinatário final (arts. 2° e 3° do CDC); **E:** incorreta, pois o art. 22 do CDC determina a aplicação do CDC às concessionárias de serviço público.

Gabarito "A".

(Magistratura/BA – 2012 – CESPE) A respeito dos integrantes e do objeto da relação de consumo, assinale a opção correta.

(A) As normas consumeristas são aplicáveis à relação decorrente do serviço de fornecimento de água e esgoto, aos contratos de previdência privada e à relação estabelecida entre condomínio e condôminos.
(B) Considera-se serviço qualquer atividade – salvo as decorrentes das relações de caráter trabalhista – fornecida no mercado de consumo, mediante remuneração, o que inclui as atividades de natureza bancária, financeira, de crédito e securitária.
(C) A corrente maximalista ou objetiva considera consumidor o "não profissional", ou seja, de acordo com essa corrente, consumidor é somente aquele que adquire ou utiliza um produto para uso próprio ou de sua família.
(D) Segundo a corrente finalista ou subjetiva, o destinatário final é o destinatário fático, não importando a destinação econômica dada ao bem nem se aquele que adquire o produto ou o serviço tem, ou não, finalidade de lucro.
(E) Conforme entendimento pacificado pela jurisprudência do STJ, deve-se sempre adotar, considerando-se o disposto no CDC, a teoria finalista, independentemente de restar evidenciada a vulnerabilidade do adquirente do produto ou serviço.

A: incorreta, pois embora possa ser caracterizada a relação de consumo no serviço de fornecimento de água e esgoto (AgRg no REsp 1221844/RJ, Rel. Ministro ARNALDO ESTEVES LIMA, PRIMEIRA TURMA, julgado em 18/08/2011) e também nos contratos de previdência privada (REsp 1201737/SC, Rel. Ministro MASSAMI UYEDA, TERCEIRA TURMA, julgado em 04/08/2011), o CDC não é aplicável às relações estabelecidas entre condomínios e condôminos (REsp 441.873/DF, Rel. Ministro CASTRO FILHO, TERCEIRA TURMA, julgado em 19/09/2006); **B:** correta, está de acordo com o art. 3°, § 2°, CDC; **C:** incorreta, pois pela teoria maximalista ou objetiva consumidor é toda pessoa que adquire ou utiliza produto ou serviço como destinatário final fático, não importando se para uso próprio ou profissional; **D:** incorreta, pois pela teoria finalista ou subjetiva apenas pode ser considerado como consumidor o destinatário final fático e econômico, considerado como aquele que põe fim ao ciclo econômico do produto ou do serviço; **E:** incorreta, pois o STJ tem adotado a teoria do finalismo aprofundado, também conhecida como teoria híbrida ou mista para aceitar como consumidor o destinatário final fático (REsp 1195642/RJ, Rel. Ministra NANCY ANDRIGHI, TERCEIRA TURMA, julgado em 13/11/2012).

Gabarito "B".

(Magistratura/PA – 2012 – CESPE) Em relação ao consumidor e ao fornecedor, assinale a opção correta.

(A) De acordo com o CDC, entes desprovidos de personalidade jurídica não podem ser considerados fornecedores.
(B) De acordo com a legislação brasileira, pessoa jurídica estrangeira que pretenda atuar como fornecedora no Brasil deve ter sede instalada no país.
(C) O CDC conceitua, de forma taxativa, o consumidor como a pessoa natural destinatária do produto ou serviço.
(D) Considera-se consumidor a pessoa que adquire o produto ou o serviço ou, ainda, a que, não tendo adquirido, o utiliza.
(E) O CDC prevê que se considere consumidor quem adquire produto como intermediário do ciclo de produção.

A: incorreta, os entes despersonalizados podem ser considerados fornecedores nos termos do art. 3°, caput, do CDC; **B:** incorreta, pois as pessoas jurídicas estrangeiras podem ser consideradas como fornecedoras independentemente de sede no país (art. 3°, caput, CDC); **C:** incorreta, o caput do art. 2° do CDC estabelece um conceito padrão de consumidor, mas além destes o diploma consumerista admite os consumidores por equiparação (arts. 2°, parágrafo único, 17 e 29, CDC); **D:** correta, está de acordo com o art. 2°, caput, do CDC; **E:** incorreta, pois o intermediário não se inclui na categoria de consumidor, conforme art. 2°, do CDC.

Gabarito "D".

(Magistratura/PE – 2013 – FCC) No tocante às relações de consumo,

(A) pode-se falar em consumidor por equiparação à coletividade de pessoas, ainda que indetermináveis, que haja intervindo nas relações de consumo.
(B) fornecedor é toda pessoa física ou jurídica, neste caso privada, somente, nacional ou estrangeira, bem como os entes despersonalizados, que desenvolvem atividades de produção, montagem, criação, construção, transformação, importação, exportação, distribuição ou comercialização de produtos ou prestação de serviço.
(C) produto é qualquer bem, desde que material, podendo ser móvel ou imóvel.
(D) serviço é qualquer atividade fornecida no mercado de consumo, com ou sem remuneração, inclusive as de natureza bancária, financeira, de crédito e securitária.
(E) as normas consumeristas são de natureza dispositiva e de interesse individual dos consumidores.

A: correta (art. 2°, parágrafo único, do CDC); **B:** incorreta, pois a pessoa jurídica pública também pode ser fornecedora (art. 3°, "caput", do CDC); **C:** incorreta, pois produto pode ser bem material ou imaterial (art. 3°, § 1°, do CDC); **D:** incorreta, pois um serviço só está sujeito ao CDC se for remunerado (art. 3°, § 2°, do CDC); **E:** incorreta, pois são normas de ordem pública (ou seja, não dispositivas, não passíveis de serem afastadas pelas partes) e de interesse social (e não meramente individual de consumidor), conforme o art. 1° do CDC.

Gabarito "A".

(Magistratura/PE – 2013 – FCC) NÃO se enquadram ao Código de Defesa do Consumidor

(A) as relações jurídicas envolvendo o usuário da rodovia e a concessionária do serviço público.
(B) as relações jurídicas entre a entidade de previdência privada e seus participantes.
(C) as relações jurídicas decorrentes dos contratos de planos de saúde.
(D) o exame dos contratos de cartão de crédito, submetidos apenas às resoluções específicas do Banco Central.
(E) as relações jurídicas concernentes aos condôminos, nos condomínios edilícios.

A: incorreta, pois as concessionárias de serviço público estão sujeitas às disposições do CDC (art. 22, "caput" e parágrafo único, do CDC); **B:** incorreta, pois a Súmula STJ 321 dispõe justamente o contrário: "O Código de Defesa do Consumidor é aplicável à relação jurídica entre a entidade de previdência privada e seus participantes"; **C:** incorreta, pois a relação securitária está prevista como de consumo (art. 3º, § 2º, do CDC), inclusive com pronunciamento expresso nesse sentido pela Súmula STJ 469: "Aplica-se o Código de Defesa do Consumidor aos contratos de plano de saúde"; **D:** incorreta, pois as relações de crédito (inclusive cartão de crédito) estão previstas como de consumo (art. 3º, § 2º, do CDC); **E:** correta, pois o condomínio não se enquadra no conceito de serviço previsto no CDC (art. 3º. § 2º, do CDC), conforme jurisprudência pacífica do STJ: "(...) Não se aplicam as normas do Código de Defesa do Consumidor às relações jurídicas estabelecidas entre condomínio e condôminos" (AgRg no Ag 1.122.191, Quarta Turma, Rel. Min. Luis Felipe Salomão, julgado em 22/06/2010, DJ 01/07/2010).
Gabarito "E".

(Ministério Público/RR – 2012 – CESPE) Considerando as características do CDC, os princípios aplicáveis ao direito do consumidor bem como os integrantes da relação de consumo, assinale a opção correta.
(A) Segundo a corrente maximalista ou objetiva, consumidor é o não profissional, ou seja, aquele que adquire ou utiliza um produto para uso próprio ou de sua família.
(B) Consoante o que postula a corrente finalista ou subjetiva, o destinatário final é o destinatário fático, pouco importando a destinação econômica do bem ou a finalidade lucrativa daquele que adquire o produto ou o serviço.
(C) O STJ adota, em regra, a teoria finalista, mas, em casos em que reste evidente a vulnerabilidade do adquirente do produto ou serviço, adota a teoria maximalista, preferindo alguns autores denominá-la, nesses casos, de teoria finalista mitigada, atenuada ou aprofundada.
(D) Embora não previsto expressamente no CDC, o princípio da vulnerabilidade é considerado pela doutrina consumerista como um pilar do direito do consumidor.
(E) O direito do consumidor é sub-ramo do direito privado e, em razão da sua especificidade, todos os direitos e garantias dos consumidores estão exclusivamente previstos no CDC.

A: incorreta, segundo a corrente maximalista ou objetiva o destinatário final é aquele que retira o produto ou serviço do mercado de consumo, não importando a finalidade. Desta forma, admite como consumidor tanto não profissional como também o profissional (ex: a empresa que compra algodão para fazer toalhas); **B:** incorreta, para a corrente finalista ou subjetiva, o consumidor destinatário final é aquele que adquire produto ou serviço para consumo próprio ou de sua família. O consumidor profissional não é admitido pela teoria finalista (ex: o advogado que compra computador para fazer suas petições); **C:** correta, pois reflete a jurisprudência atualizada do Superior Tribunal de Justiça; **D:** incorreta, o princípio da vulnerabilidade está previsto expressamente no art. 4º, I, do CDC; **E:** incorreta, pois de acordo com a Teoria do Diálogo das Fontes as normas jurídicas não se excluem, podendo com isso ser aplicado outros direitos e garantias não previstos no CDC (ex: Lei de Planos de Saúde, Estatuto do Idoso, Código Civil etc.).
Gabarito "C".

(Ministério Público/RR – 2012 – CESPE) De acordo com a jurisprudência do STJ, aplicam-se as regras do CDC a:
(A) contrato de locação, perícia judicial e serviços notariais.
(B) serviço de fornecimento de água e esgoto, contrato de previdência privada e contrato de plano de saúde.
(C) crédito educativo custeado pelo Estado ao aluno, relação travada entre condomínio e condôminos e contrato de franquia.
(D) contrato de serviços advocatícios, contrato de trabalho e envio de produto gratuitamente como brinde.
(E) pagamento de contribuição de melhoria, contrato de cooperação técnica entre empresas de informática e contrato bancário.

A: incorreta, de acordo com a jurisprudência do STJ o CDC não é aplicável aos contratos de **locação de bens imóveis**, por haver estatuto jurídico próprio, a Lei 8.245/1991 (REsp. 605.295/MG, Quinta Turma, Rel. Min. Laurita Vaz, julgado em 20.10.2009), à **perícia judicial** (Resp 213.799/SP, Min. Sálvio de Figueiredo Teixeira, Quarta Turma, julgado em 24.06.2003) e também aos **serviços notariais**, por ter estatutos normativos próprios como a Lei 6.015/1973 e a Lei 8.935/1994 (Resp 625.144/SP, Terceira Turma, Rel. Min. Nancy Andrighi, julgado em 14.03.2006); **B:** correta, segundo o STJ o Código de Defesa do Consumidor é aplicável ao **serviço de fornecimento de água e esgoto** (AgRg no REsp 1.151.496/SP, Primeira Turma, Rel. Min. Arnaldo Esteves Lima, julgado em 23.11.2010), aos **contratos de previdência privada** (Súmula 321 do STJ: "O Código de Defesa do Consumidor é aplicável à relação jurídica entre a entidade de previdência privada e seus participantes"), e aos **contratos de plano de saúde** (Resp 285.618/SP, Rel. Min. Luis Felipe Salomão, Quarta Turma, julgado em 18/12/2008); **C:** incorreta, o CDC não é aplicável ao **crédito educativo custeado pelo Estado** (REsp 1.256.227/RS, Rel. Min. Mauro Campbell Marques, Segunda Turma, julgado em 14.08.2012), à relação entre **condomínio e condôminos** (REsp 441.873/DF, Rel. Min. Castro Filho, julgado em 19.09.2006) e aos **contratos de franquia** (REsp 632.958/AL, Rel. Min. Aldir Passarinho Junior, Quarta Turma, julgado em 04.03.2010); **D:** incorreta, o CDC não é aplicável ao **contrato de serviços advocatícios**, por existir lei específica, o Estatuto da Advocacia (Lei 8.906/1994) (REsp 1.134.889/PE, Quarta Turma, Rel. Min. Aldir Passarinho Junior, julgado em 26.04.2005). Quanto ao **contrato de trabalho**, o próprio art. 3º, § 2º, do CDC excepciona as relações de caráter trabalhista da incidência do CDC. Quanto aos brindes, entendemos que o CDC deve ser aplicado (art. 39, III, CDC); **E:** incorreta, de acordo com a jurisprudência do STJ, o CDC não é aplicável ao **pagamento de contribuição de melhoria**, (REsp 124.201/SP, Rel. Ministro Demócrito Reinaldo, julgado em 07.11.1997), **aos contratos de cooperação técnica entre empresas de informática** e aos **contratos bancários** (REsp 445.854/MS, Terceira Turma, Rel. Min. Castro Filho, julgado em 02.12.2003).
Gabarito "B".

(Ministério Público/SC – 2012) Analise as assertivas a seguir.
I. O "interesse social" presente no art. 1º da Lei 8.078/90, Código de Defesa do Consumidor, visa resguardar a imensa coletividade de consumidores fragilizados em face do poder econômico dos fornecedores, bem ainda proporcionar aos primeiros os meios adequados para o acesso à Justiça, seja de forma individual ou mesmo coletiva.
II. O CDC, ao admitir a pessoa jurídica como consumidora, não o fez de maneira ilimitada, mas, ao contrário, impôs limites não apenas em decorrência do princípio da vulnerabilidade da chamada pessoa jurídica-consumidora, como também pela não utilização profissional dos produtos e serviços.
III. O parágrafo único do art. 2º do CDC, visa proteger não aquele consumidor determinado e individualmente considerado, mas a coletividade de consumidores de produtos e serviços, sobretudo quando indeterminados e mesmo potenciais consumidores. Essa coletividade dos interesses ou direitos do consumidor comporta a dos chamados interesses ou direitos coletivos propriamente ditos e interesses individuais homogêneos de origem comum.
IV. O CDC cuida não só das medidas repressivas, sejam judiciais ou administrativas, como também de medidas preventivas de aspectos administrativos de defesa do consumidor, por intermédio das autoridades incumbidas da fiscalização de certo setor produtivo, evitando-se que determinado bem ou serviço venha ser produzido ou prestado quando o fator de risco seja suplantado pelo fator benefício.
V. À aplicação da inversão do ônus da prova de que cuida o CDC, para que o julgador possa acatá-la, dentre outras condições, há que estar presente a verossimilhança das alegações do consumidor. Contudo, um direito da parte lesada quando se tratar de propaganda enganosa ou abusiva.
(A) Apenas as assertivas I, II e III estão corretas.
(B) Apenas as assertivas I, III e IV estão corretas.
(C) Apenas as assertivas II, IV e V estão corretas.
(D) Apenas as assertivas III, IV e V estão corretas.
(E) Todas as assertivas estão corretas.

I: correta, com o surgimento de uma sociedade de massa passou-se a exigir uma lei específica de defesa do consumidor. Com a produção em escala, o fornecedor começou a deixar de lado a qualidade tendo em vista o aumento da demanda, preservando, portanto, somente a quantidade. Com isso, começaram a ser fornecidos produtos com vícios e defeitos. Essa mudança ocorreu com a revolução industrial do aço e do carvão, com a revolução tecnológica do período pós-segunda guerra mundial e a atual revolução que vivemos, ou seja, a revolução da informatização e da globalização; **II:** correta, de acordo com a doutrina majoritária não é toda pessoa jurídica que pode ser considerada como consumidora, deve ser excluída aquela que utiliza os produtos e serviços para desenvolver atividades profissionais; **III:** correta, de acordo com o art. 2º, parágrafo único, do CDC, "equipara-se a consumidor a coletividade de pessoas, ainda que indetermináveis, que haja intervindo nas relações de consumo"; **IV:** correta, os arts. 105 a 106 do CDC instituem o Sistema Nacional de Defesa do Consumidor conferindo ao Departamento Nacional de Defesa do Consumidor, entre outras funções, o dever de fiscalizar os setores produtivos; **V:** correta, está de acordo com os arts. 6º, VIII, e 38, ambos do CDC.
Gabarito "E".

(Advogado – Petrobrás – 2012 – CESGRANRIO) A empresa Beta Ltda. firmou, em 2002, confissão de dívida com o Banco Meta S/A. Seu sócio gestor igualmente subscreveu a confissão, como devedor solidário. A dívida originou-se de empréstimos para capital de giro da empresa. Entretanto, vencida a dívida e não paga, o Banco Meta S/A ingressou com execução. Em sede de embargos, os executados pretendem discutir o valor dos juros mensais de 1,95% e a multa pela inadimplência de 10%.
A partir da análise desse caso, verifica-se que
(A) a confissão de dívida foi formulada entre a pessoa jurídica e o banco, só se permitindo a utilização do CDC em relação ao devedor solidário.
(B) a multa permanece, vez que o contrato é anterior ao Código Civil, alterando-se os juros para 1% ao mês, por ser o percentual da lei.
(C) o CDC só seria aplicável se houvesse outorga de dinheiro ou do crédito para o devedor como destinatário final.
(D) o CDC pode ser usado como fundamento legal dos embargos, haja vista o sócio gestor ser pessoa física que subscreveu a confissão de dívida.
(E) os juros permanecem, ante a liberdade para fixá-los, alterando-se a multa para 2%, vez que aplicada após a vigência do Código Civil.

O CDC não se aplica no caso em tela, pois o contrato de empréstimo em questão não

envolve um mutuário que seja destinatário final, vez que o dinheiro foi tomado para servir de capital de giro da empresa. Nesse sentido, confira a seguinte decisão do STJ: "Com efeito, no caso em julgamento, verifica-se que a ora recorrida não é destinatária final, tampouco se insere em situação de vulnerabilidade, porquanto não se apresenta como sujeito mais fraco, com necessidade de proteção estatal, mas como sociedade empresária que, por meio da pactuação livremente firmada com a recorrida, obtém capital de giro para operação de sua atividade empresarial, não havendo, no caso, relação de consumo" (REsp 938.979, DJ 29/06/12). Dessa forma, está correta a alternativa "c" e ficam afastadas as alternativas "a" e "d". Quanto à alternativa "b", é incorreta. Primeiro porque faz confusão entre multa e juros. Segundo porque, em contratos bancários, não há limitação de juros. Aliás, até mesmo as empresas de cartão de crédito, pelo fato de também serem consideradas instituições financeiras, também não sofrem essa limitação (Súm. STJ 283). A alternativa "e" é incorreta, pois a limitação da multa em 2% não está prevista no Código Civil, mas no CDC, diploma este que não é aplicável ao caso, como se viu.
Gabarito "C".

(Procurador da República – 26º) No Estado-membro xxxxxxxx foi promulgada pela Assembleia Legislativa lei estadual que proíbe a cobrança da tarifa de assinatura básica de telefonia dos usuários do Estado e determina que as empresas prestadoras de serviço público de telecomunicações discriminem nas faturas todas as ligações efetuadas pelo usuário e o preço cobrado por cada uma delas, com fundamento na jurisprudência assente do Supremo Tribunal Federal, é correto afirmar que:

(A) A Lei estadual é constitucional pois trata do direito do consumidor à informação detalhada de sua fatura de telecomunicações e, por tratar de direito do consumidor, a competência dos Estados-membros e da União é concorrente;
(B) A Lei estadual é constitucional pois cabe aos Estados-membros legislar sobre a proteção dos usuários de serviços públicos;
(C) A Lei estadual é inconstitucional pois cabe à União exclusivamente a competência legislativa e administrativa para disciplinar a prestação dos serviços públicos de telecomunicações, incluída a fixação da política tarifária;
(D) A Lei estadual será constitucional se proibir a cobrança da tarifa de assinatura telefônica apenas do usuário que possa ser considerado consumidor, ou seja, a pessoa física que utiliza o aparelho telefônico em sua residência, excluindo do âmbito de sua aplicação as empresas que utilizam os telefones para a atividade profissional, como as empresas de rádio-táxi, ou as empresas de *call center*.

A alternativa "C" é a correta, pois o Supremo Tribunal Federal já decidiu que a competência legislativa e administrativa para disciplinar a prestação dos serviços públicos de telecomunicações, incluída a fixação da política tarifária, é exclusiva da União. De acordo com decisão do STF: "1. O sistema federativo instituído pela Constituição Federal de 1988 torna inequívoco que cabe à União a competência legislativa e administrativa para a disciplina e a prestação dos serviços públicos de telecomunicações e energia elétrica (CF, artigos 21, XI e XII, 'b', e 22, IV). 2. A Lei 3.449/04 do Distrito Federal, ao proibir a cobrança da tarifa de assinatura básica 'pelas concessionárias prestadoras de serviços de água, luz, gás, TV a cabo e telefonia no Distrito Federal' (artigo 1º, *caput*), incorreu em inconstitucionalidade formal, porquanto necessariamente inserida a fixação da 'política tarifária' no âmbito de poderes inerentes à titularidade de determinado serviço público, como prevê o artigo 175, parágrafo único, III, da Constituição, elemento indispensável para a preservação do equilíbrio econômico-financeiro do contrato de concessão e, por consequência, da manutenção do próprio sistema de prestação da atividade. 3. Inexiste, *in casu*, suposto respaldo para o diploma impugnado na competência concorrente dos Estados-membros para dispor sobre direito do consumidor (CF, artigo 24, V e VII), cuja interpretação não pode conduzir à frustração da teleologia da referida regra expressa contida no artigo 175, parágrafo único, III, da CF, descabendo, ademais, a aproximação entre as figuras do consumidor e do usuário de serviços públicos, já que o regime jurídico deste último, além de informado pela lógica da solidariedade social (CF, artigo 3º, I), encontra sede específica na cláusula 'direitos dos usuários' prevista no artigo 175, parágrafo único, II, da Constituição. 4. Ofende a denominada reserva de administração, decorrência do conteúdo nuclear do princípio da Separação de Poderes (CF, artigo 2º), a proibição de cobrança de tarifa de assinatura básica no que concerne aos serviços de água e gás, em grande medida submetidos também à incidência de leis federais (CF, artigo 22, IV), mormente quando somente constante de ato normativo emanado do Poder Legislativo fruto de iniciativa parlamentar, porquanto supressora da margem de apreciação do Chefe do Poder Executivo Distrital na condução da Administração Pública, no que se inclui a formulação da política pública remuneratória do serviço público. 5. Ação Direta de Inconstitucionalidade julgada procedente" (STF, ADI 3.343/DF, Relator Min. AYRES BRITTO, Relator p/ Acórdão Min. LUIZ FUX, julgamento em 01/09/2011, Tribunal Pleno); **A**, **B** e **D**: incorretas, pois referida lei deve ser considerada inconstitucional.
Gabarito "C".

2. PRINCÍPIOS E DIREITOS BÁSICOS

(Defensor Público – DPE/PR – 2017 – FCC) Prevê o artigo 6º, VIII, do CDC, como direito básico do consumidor: VIII – a facilitação da defesa de seus direitos, inclusive com a inversão do ônus da prova, a seu favor, no processo civil, quando, a critério do juiz, for verossímil a alegação ou quando for ele hipossuficiente, segundo as regras ordinárias de experiências (...)
Nesse sentido, é correto afirmar:

(A) A hipossuficiência a que alude o dispositivo é apenas a de ordem econômica.
(B) O dispositivo expressa caso de inversão do ônus da prova *ope legis*.
(C) Trata-se de norma de caráter geral, aplicável a priori a todo e qualquer litígio civil que envolva consumidor e fornecedor, independentemente de seu conteúdo.
(D) O dispositivo aplica-se somente aos casos em que o consumidor figure como autor da demanda.
(E) Verificada a hipossuficiência do consumidor em um dos fatos probandos, o ônus probatório em relação a todos os outros fatos será invertido automaticamente em seu benefício.

A: incorreta. A hipossuficiência, que é a dificuldade de fazer a prova em juízo, que pode ser de ordem técnica ou econômica. **B**: incorreta. A inversão do ônus da prova depende de decisão judicial e, por tal razão, é denominada inversão *ope judice*. A inversão do ônus da prova *ope legis* está prevista nos artigos 36 e 38 do CDC, já que o ônus da prova será sempre de quem as patrocina. **C**: correta. Em qualquer relação de consumo poderá ser aplicada a inversão do ônus da prova, independentemente do direito material envolvido, bastante estar presente a hipossuficiência do consumidor ou a verossimilhança das informações. **D**: incorreta. A possibilidade de inversão do ônus será sempre favorável ao consumidor, independe do polo em que ele se encontra no processo. **E**: incorreta. A possibilidade de inversão do ônus deve ser aplicada apenas aos fatos que o consumidor apresentar hipossuficiência ou a verossimilhança das alegações, podendo o juiz manter o ônus da prova quanto aos outros fatos impeditivos, modificativos ou extintivos do direito do consumidor.
Gabarito "C".

(Procurador Municipal – Sertãozinho/SP – VUNESP – 2016) Em relação à proteção à saúde e segurança do consumidor, é correto afirmar que

(A) os serviços colocados no mercado de consumo não acarretarão riscos à saúde ou segurança dos consumidores, ainda que considerados previsíveis em decorrência de sua natureza e fruição.
(B) o fornecedor poderá colocar no mercado de consumo produto de alto grau de nocividade ou periculosidade, desde que insira aviso de alerta, nesse sentido, na embalagem.
(C) o fornecedor de produtos que, posteriormente à sua introdução no mercado de consumo, tiver conhecimento da periculosidade que apresentem, deverá retirá-los do mercado, comunicando os consumidores, ficando assim dispensado de notificar as autoridades competentes.
(D) em se tratando de venda de produto *in natura* de alto grau de nocividade, cabe ao comerciante prestar as informações alertando o consumidor da natureza do produto em questão.
(E) sempre que os entes políticos tiverem conhecimento de prestação de serviços de alto grau de periculosidade à saúde ou segurança dos consumidores deverão informá-los a respeito.

A: incorreta. O CDC, em seu artigo 8º, admite que sejam inseridos no mercado de consumo produtos que contenham periculosidade latente ou inerente, desde que o consumidor seja devidamente alertado quanto ao uso e riscos: "os produtos e serviços colocados no mercado de consumo não acarretarão riscos à saúde ou segurança dos consumidores, exceto os considerados normais e previsíveis em decorrência de sua natureza e fruição, obrigando-se os fornecedores, em qualquer hipótese, a dar as informações necessárias e adequadas a seu respeito". **B**: incorreta. Os produtos ou serviços com periculosidade exagerada não podem ser inseridos no mercado de consumo: "O fornecedor não poderá colocar no mercado de consumo produto ou serviço que sabe ou deveria saber apresentar alto grau de nocividade ou periculosidade à saúde ou segurança". (art. 10 do CDC). **C**: incorreta. Nos termos do § 1º do art. 10, o "fornecedor de produtos e serviços que, posteriormente à sua introdução no mercado de consumo, tiver conhecimento da periculosidade que apresentem, deverá comunicar o fato imediatamente às autoridades competentes e aos consumidores, mediante anúncios publicitários". **D**: incorreta. O art. 10 do CDC refere-se ao fornecedor, de modo que a responsabilidade pelo aviso aos consumidores é de todos os fornecedores inseridos na cadeia produtiva, não só do comerciante. **E**: correta. O art. 10, § 3º, do CDC, obriga os entes federativos a prestar informações aos consumidores sobre a periculosidade de produtos e serviços: "Sempre que tiverem conhecimento de periculosidade de produtos ou serviços à saúde ou segurança dos consumidores, a União, os Estados, o Distrito Federal e os Municípios deverão informá-los a respeito".
Gabarito "E".

(Procurador Municipal – Sertãozinho/SP – VUNESP – 2016) São direitos básicos do consumidor:

(A) a educação e divulgação sobre o consumo adequado dos produtos e serviços, asseguradas a liberdade de escolha e a distinção nas contratações.
(B) facilitação da defesa dos direitos dos consumidores, inclusive com a inversão do ônus da prova a seu favor, no processo civil, quando, a critério do juiz, for verossímil a alegação e for ele hipossuficiente, segundo as regras ordinárias de experiências.
(C) informação adequada e clara sobre os diferentes produtos e serviços, com especificação correta de quantidade, características, composição, qualidade, tributos incidentes e preço, bem como sobre os riscos que apresentem.
(D) a modificação das cláusulas contratuais que estabeleçam prestações desproporcionais ou sua revisão em razão de fatos presentes ou pretéritos que as tornem excessivamente onerosas.

(E) a proteção do consumidor contra métodos comerciais coercitivos ou desleais, contrapropaganda, bem como contra práticas e cláusulas abusivas ou impostas no fornecimento de produtos e serviços.

A: incorreta. É assegurada a liberdade de escola e a igualdade nas contratações (art. 6º, II). **B:** incorreta. Para inversão do ônus da prova o juiz deve analisar a verossimilhança das alegações OU a hipossuficiência do consumidor (art. 6º, VIII). **C:** correta. Conforme art. 6º, III, do CDC. **D:** incorreta, os fatos devem ser *supervenientes* (art. 6º, V, do CDC). **E:** incorreta. O art. 6º, inciso IV, refere-se à proteção contra a publicidade enganosa e abusiva, não à contrapropaganda. RD
Gabarito "C".

(Procurador Municipal/SP – VUNESP – 2016) Antônio possui um caminhão ano 1950 e, precisando capitalizar-se, coloca à venda o bem. José, interessado na compra, leva um mecânico para avaliar o veículo e, depois de um parecer favorável do técnico, a venda é realizada. Após 60 dias de uso, o caminhão tem um problema no eixo dianteiro e precisa ficar parado por 30 dias, causando um enorme prejuízo para José, que já possuía fretes contratados. Diante dessa situação hipotética, é correto afirmar que, a esse caso, se aplicam as regras do direito

(A) do consumidor, sendo certo que, por se tratar de bem durável e diante do claro vício oculto, José terá 90 dias para reclamar a partir do conhecimento do vício.
(B) civil, por não se tratar de relação jurídica de consumo, tendo José 90 dias para exigir a reparação de seus prejuízos.
(C) do consumidor, sendo certo que, por se tratar de bem durável e diante do claro vício oculto, José terá 30 dias para reclamar a partir do conhecimento do vício.
(D) do consumidor, sendo certo que, por se tratar de bem durável e diante do claro vício oculto, José terá 05 anos para reclamar a partir do conhecimento do vício.
(E) civil, pois a relação jurídica travada entre as partes não contempla as figuras do consumidor e do fornecedor.

A: incorreta. Não se trata de relação jurídica de consumo, incidindo apenas o Código Civil no caso trazido pelo enunciado. Para que haja relação jurídica de consumo se faz necessária a presença dos sujeitos da relação (consumidor e fornecedor). Antônio não pode ser considerado um fornecedor porque não coloca produto ou serviço no mercado de consumo de forma onerosa e habitual. **B:** incorreta. O prazo prescricional do art. 206, § 3º, V, previsto no Código Civil para a reparação civil é de 3 anos. **C:** incorreta. Vide comentário da alternativa "A". **D:** incorreta. Vide comentário da alternativa "A". **E:** correta. Vide comentário da alternativa "A". RD
Gabarito "E".

(Procurador – SP – VUNESP – 2015) Assinale a alternativa correta sobre os princípios fundamentais, consagrados no âmbito do microssistema do direito do consumidor.

(A) De acordo com a Política Nacional das Relações de Consumo, deve-se garantir a independência do mercado de consumo, evitando-se a presença do Estado.
(B) As associações de defesa do consumidor fazem parte da Política Nacional de Relações de Consumo.
(C) A melhoria dos serviços públicos não integra a Política Nacional de Relações de Consumo.
(D) O desenvolvimento econômico e tecnológico deve ser obstado sempre que representar alguma forma de prejuízo aos consumidores, difusamente considerados.
(E) Os conceitos de vulnerabilidade e hipossuficiência se confundem, constituindo um só princípio norteador.

A: incorreta. A presença do Estado no mercado de consumo está expressamente prevista no art. 170 da Constituição Federal e no art. 4º, II, "c", do Código de Defesa do Consumidor. **B:** correta. Conforme art. 4º, II, c, do Código de Defesa do Consumidor. Além disso, nos termos do art. 5º, V, do CDC, a criação das associações de Defesa do Consumidor deve ser estimulada, de forma a participar da execução da Política Nacional das Relações de Consumo. **C:** incorreta. A racionalização e melhoria dos serviços públicos está prevista no art. 4º, VII, do CDC. **D:** incorreta. A Política Nacional das Relações de Consumo tem como norte a harmonização das relações de consumo: "harmonização dos interesses dos participantes das relações de consumo e compatibilização da proteção do consumidor com a necessidade de desenvolvimento econômico e tecnológico, de modo a viabilizar os princípios nos quais se funda a ordem econômica (art. 170, da Constituição Federal), sempre com base na boa-fé e equilíbrio nas relações entre consumidores e fornecedores." (art. 4º, III, do CDC). **E:** incorreta. Vulnerabilidade e hipossuficiência são dois conceitos distintos. A vulnerabilidade é a qualidade de todo consumidor, reconhecida pelo art. 4º, I, do CDC. Ser vulnerável é ser a parte mais frágil da relação. A hipossuficiência é a dificuldade de fazer a prova em juízo, o que pode gerar a inversão do ônus da prova. RD
Gabarito "B".

(Juiz – TJ-SC – FCC – 2017) Quanto aos direitos do consumidor, bem como suas disposições gerais, é correto:

(A) Direitos básicos do consumidor possuem rol elucidativo e não taxativo; se a ofensa for praticada por mais de um autor, todos responderão solidariamente pela reparação dos danos previstos nas normas de consumo.
(B) Equipara-se a consumidor a coletividade de pessoas, desde que determinadas ou determináveis, que haja intervindo nas relações de consumo.
(C) Fornecedor é toda pessoa física ou jurídica, pública ou privada, desde que personalizada, que desenvolve atividades de produção, montagem, criação, construção, transformação, importação, exportação, distribuição ou comercialização de produtos ou prestação de serviços.
(D) As normas consumeristas têm natureza protetiva e de defesa dos consumidores, de ordem dispositiva e de interesse social, implicando tratamento diferenciado a estes por sua hipossuficiência e vulnerabilidade.
(E) Produto é qualquer bem, exclusivamente material, de natureza móvel ou imóvel, indistintamente.

A: correta. O rol do art. 6º do Código de Defesa do Consumidor, que traz os direitos básicos, é elucidativo, traz o patamar mínimo de direitos do consumidor, que se expande para todo o Código; **B:** incorreta. Equipara-se a consumidor a coletividade de pessoas, ainda que **indetermináveis**, que haja intervindo nas relações de consumo (art. 2º, parágrafo único, do CDC); **C:** incorreta. Os entes despersonalizados também são considerados consumidores (art. 2º, "caput", do CDC); **D:** incorreta. Nos termos do art. 1º do CDC, as normas nele inseridas são normas de ordem pública e interesse social, protegendo a vulnerabilidade do consumidor. Todos os consumidores são vulneráveis, nem todos os consumidores são hipossuficientes. A hipossuficiência é a dificuldade apresentada pelo consumidor para fazer a prova em juízo, o que deve ser analisado tão somente para fins de inversão do ônus da prova; **E:** incorreta. O bem imaterial (incorpóreo) também pode ser objeto da relação de consumo (art. 3º, § 1º, do CDC). RD
Gabarito "A".

(Promotor de Justiça/GO – 2016 – MPE) Considerando os princípios e direitos básicos que regem o Código de Defesa do Consumidor, assinale a alternativa correta:

(A) O conceito de hipossuficiência consumerista restringe-se a análise da situação socioeconômica do consumidor perante o fornecedor, permitindo, inclusive, a inversão do ônus probatório.
(B) O boa-fé objetiva é uma causa limitadora do exercício, antes lícito, hoje abusivo, dos direitos subjetivos, e, ainda caracteriza-se por ser fonte de deveres anexos contratuais.
(C) Por ser os princípios da hipossuficiência e da vulnerabilidade conceitos jurídicos pode-se afirmar que todo consumidor vulnerável é, logicamente, hipossuficiente.
(D) A regra do *pacta sunt servanda* se aplica as relações de consumo e encontra-se prevista expressamente no CDC.

A: incorreta. A hipossuficiência, elemento a ser analisado para inversão o ônus da prova (art. 6º, VIII), compreende a dificuldade de o consumidor fazer a prova em juízo, que pode denotar caráter técnico ou econômico. **B:** correta. A autonomia privada é limitada pelas regras de ordem pública trazidas pelo CDC, especialmente pela cláusula geral de boa-fé objetiva, que obriga os contratantes a agirem de acordo com um padrão ético de conduta. **C:** incorreta. Todos os consumidores são reconhecidamente vulneráveis (art. 4º, inciso I, do CDC), mas nem todos são hipossuficientes. A hipossuficiência é critério técnico para análise da inversão do ônus da prova nas hipóteses do art. 6º, inciso VIII, do CDC. **D:** incorreta. O princípio do *pacta sunt servanda* não é expresso no CDC, mas é princípio contratual que deve ser observado nas relações de consumo. Vale notar que a lei consumerista prevê expressamente hipóteses de não aplicação do referido princípio, podendo citar como exemplo o art. 49, que permite a desistência das compras feitas fora do estabelecimento empresarial e o art. 6, inciso V, que permite a modificação e a revisão judicial dos contratos. RD
Gabarito "B".

(Procurador da República –28º Concurso – 2015 – MPF) Sobre o princípio da vulnerabilidade é correto afirmar que:

(A) O fornecedor de produto ou serviço pode ser considerado vulnerável em relação ao consumidor no mercado de consumo;
(B) O princípio da vulnerabilidade do consumidor não está positivado no Código de Defesa do Consumidor, ele é uma construção doutrinária que foi utilizada pelo Superior Tribunal de Justiça para fundamentar as decisões judiciais favoráveis aos consumidores;
(C) A pessoa jurídica que adquire produtos no mercado de consumo não pode alegar vulnerabilidade técnica;
(D) Nem todo consumidor é hipossuficiente, mas sempre será vulnerável. A hipossuficiência é auferida casuisticamente e gera consequências processuais, já a vulnerabilidade é presumida e produz consequências de direito material.

A: incorreta. O reconhecimento da vulnerabilidade do consumidor em relação ao fornecedor no mercado de consumo é o que justifica toda a proteção concedida ao consumidor no CDC. **B:** incorreta. O reconhecimento da vulnerabilidade do consumidor está expresso no art. 4º, inciso I, do CDC. **C:** incorreta. A doutrina finalista mitigada, que tem sido aplicada pelo STJ, reconhece a possibilidade de pessoa jurídica ser considerada consumidora caso seja comprovada a vulnerabilidade (informacional, técnica jurídica ou econômica) quando for destinatária final de produto o serviço. **D:** correta. Todos os consumidores são reconhecidamente vulneráveis (art. 4º, inciso I, do CDC), mas nem todos são hipossufi-

cientes. A hipossuficiência é critério técnico para análise da inversão do ônus da prova nas hipóteses do art. 6º, inciso VIII, do CDC. **RD**
Gabarito "D".

(Procurador da República – PGR – 2013) Acerca dos princípios e direitos básicos do consumidor é correto afirmar que:
(A) O reconhecimento da nulidade de uma cláusula contratual abusiva que estabeleça prestação desproporcional, ou a torne excessivamente onerosa, invalida todo o contrato firmado entre fornecedor e consumidor, acarretando o reconhecimento de sua invalidade;
(B) É nula de pleno direito a cláusula contratual que determine a utilização compulsória de arbitragem para a resolução dos litígios entre consumidor e fornecedor;
(C) O Código de Proteção e Defesa do Consumidor – Lei 8.078/1990 veda expressamente a instituição de compromisso arbitral e a realização de arbitragem, mesmo que de comum acordo entre consumidor e fornecedor;
(D) Não caracteriza o dano moral passível de reparação a simples devolução indevida de cheque por instituição financeira, cabendo ao consumidor comprovar que o ato causou-lhe desconforto, transtorno ou prejuízo.

A: incorreta. A nulidade de uma cláusula abusiva não invalida o contrato, exceto na hipótese em que a nulidade decorrer ônus excessivo a uma das partes (art. 51, § 2º, do CDC). **B:** correta. Nos exatos termos do art. 51, VII, são nulas as cláusulas contratuais que determinem a utilização compulsória de arbitragem para a resolução de conflitos. **C:** incorreta. Nos termos da alternativa anterior. **D:** incorreta. Para o STJ "a simples devolução indevida de cheque caracteriza dano moral" (Súmula 388). **RD**
Gabarito "B".

(Defensor Público – DPE/MT – 2016 – UFMT) Quanto aos princípios da Política Nacional de Relações de Consumo, considere:
I. Presença do Estado no mercado de consumo.
II. Educação de fornecedores e de consumidores, com vista à melhoria do consumo.
III. Ação governamental para proteger o consumidor por iniciativa direta.
IV. Ação pública para repreender a utilização indevida de inventos e criações industriais das marcas e nomes comerciais e signos distintivos.
V. Promoção de estudo constante das modificações do mercado de consumo, atendendo às necessidades de todos os envolvidos nessa relação.
São princípios da Política Nacional de Relações de Consumo:
(A) I, III e IV, apenas.
(B) I, II e III, apenas.
(C) II, III, IV e V, apenas
(D) III e V, apenas.
(E) I, II, IV e V, apenas.

I: correta. Na forma do art. 4º, II, do CDC, é princípio das relações de consumo a "ação governamental no sentido de proteger efetivamente o consumidor: *a)* por iniciativa direta; *b)* por incentivos à criação e desenvolvimento de associações representativas; *c)* pela presença do Estado no mercado de consumo; *d)* pela garantia dos produtos e serviços com padrões adequados de qualidade, segurança, durabilidade e desempenho". **II:** correta. Na forma do art. 4º, IV, do CDC, é princípio das relações de consumo a "educação e informação de fornecedores e consumidores, quanto aos seus direitos e deveres, com vistas à melhoria do mercado de consumo". **III:** correta. Vide justificativa do item I. **IV:** incorreta. Na forma do art. 4º, VI, do CDC, é princípio das relações de consumo a "coibição e repressão eficientes de todos os abusos praticados no mercado de consumo, inclusive a concorrência desleal e utilização indevida de inventos e criações industriais das marcas e nomes comerciais e signos distintivos, que possam causar prejuízos aos consumidores". **V:** incorreta. Na forma do art. 4º, VIII, do CDC, é princípio das relações de consumo o "estudo constante das modificações do mercado de consumo".
Gabarito "B".

(Defensoria Pública da União – CESPE – 2015) Acerca dos direitos básicos do consumidor, do fato do produto e do serviço e da responsabilidade civil do fornecedor, julgue os itens a seguir.
(1) O feirante que vender uma fruta estragada não poderá ser responsabilizado pelo vício se o produtor da fruta estiver claramente identificado.
(2) Considere que, em determinado supermercado constem nas prateleiras informações referentes à quantidade, às características, à composição, à qualidade e ao preço dos produtos, bem como as referentes aos riscos a eles associados, mas não conste informação sobre os tributos incidentes sobre tais produtos. Nessa situação, o supermercado estará infringindo regra constante no CDC.
(3) Considere a seguinte situação hipotética. Beatriz contratou Sílvio para prestar serviço de reparos elétricos em sua residência. Dias depois, um de seus equipamentos eletrônicos, que estava ligado a uma tomada reparada por Sílvio, queimou. Beatriz, então, acionou-o judicialmente, pleiteando sua responsabilização pelo ocorrido.

Em contestação, Sílvio apresentou laudo técnico cuja conclusão apontava que Beatriz havia ligado o equipamento em tomada com voltagem superior à capacidade do aparelho. Nessa situação hipotética, o juiz deverá concluir pela responsabilização de Sílvio, independentemente de culpa.

1: Errada. O art. 18 da lei consumerista, ao tratar da responsabilidade civil, aduz a responsabilidade civil do comerciante, nos seguintes termos: "§ 5º No caso de fornecimento de produtos *in natura*, será responsável perante o consumidor o fornecedor imediato, exceto quando identificado claramente seu produtor". **2:** Errada. O art. 6º, III, dispõe sobre a necessidade de os fornecedores demonstrarem os tributos incidentes, o que pode ser feito através dos documentos fiscais ou equivalentes, constando a informação do valor aproximado correspondente à totalidade dos tributos federais, estaduais e municipais, cuja incidência influi na formação dos respectivos preços de venda, tudo conforme o artigo 1º da Lei 12.741/2012. **3:** Errada. A responsabilidade civil adotada pelo Código de Defesa do Consumidor é objetiva, fundamentada na teoria do risco, mas admite as excludentes de responsabilidade, em especial por culta exclusiva do consumidor.
Gabarito 1E, 2E, 3E

(Defensor/PA – 2015 – FMP) Considere as seguintes alternativas sobre a inversão do ônus da prova no âmbito do sistema de proteção do consumidor.
I. Descabe a inversão do ônus da prova no âmbito das regras e dos processos judiciais relativos à publicidade.
II. A jurisprudência majoritária entende que a inversão do ônus da prova é uma regra de julgamento, razão pela qual não ofende o contraditório a inversão após o saneamento do processo.
III. No sistema judicial, é cabível a inversão do ônus da prova com a configuração da verossimilhança da alegação do consumidor, independentemente da presença da sua hipossuficiência.
IV. No âmbito do CDC, a inversão do ônus da prova depende de decisão judicial específica.
Estão CORRETAS apenas as alternativas:
(A) I e II.
(B) II e III.
(C) II e IV.
(D) I, III e IV.
(E) II, III e IV.

I: incorreta; a inversão do ônus da prova em processos ligados a publicidade não só é cabível, como é automaticamente feita pela lei, nos termos do art. 38 do CDC, diferentemente da inversão do ônus da prova em processos de consumo em geral, que opera apenas mediante decisão judicial (art. 6º, VIII, do CDC); **II:** correta; a jurisprudência recomenda a inversão do ônus da prova até a fase de saneamento do processo; porém, desde que haja oportunidade para o prejudicado pela inversão possa apresentar provas, a decisão pela inversão pode se dar em momento posterior ao do saneamento do processo, pois assim se preserva o contraditório (vide, por exemplo, a decisão proferida pelo STJ no AgRg no REsp 1186171/MS, *DJ* 27.05.2015); **III:** correta, pois a lei permite que o juiz inverta o ônus da prova em qualquer desses dois casos mencionados na alternativa, ou seja, tanto no caso em que haja verossimilhança da alegação do consumidor, como no caso em que se tenha um consumidor hipossuficiente (art. 6º, VIII, do CDC); **IV:** incorreta, pois não é necessário decisão judicial específica quanto à inversão no caso de processos ligados a publicidade, em que a inversão do ônus da prova se dá diretamente pela lei (art. 38 do CDC).
Gabarito "B".

(Magistratura/PA – 2012 – CESPE) Com base nos princípios relacionados ao direito do consumidor, assinale a opção correta.
(A) A prevenção e a reparação dos danos dizem respeito apenas aos direitos dos consumidores individuais, conforme previsão legal.
(B) O CDC autoriza a intervenção direta do Estado no domínio econômico, para garantir a proteção efetiva do consumidor.
(C) Apesar de não estar expressamente previsto no CDC, o dever de informação é um princípio fundamental nas relações de consumo.
(D) Práticas abusivas que, adotadas pelo fornecedor, atinjam exclusivamente direitos subjetivos do consumidor não são consideradas ilícitas pela legislação que regula as relações de consumo.
(E) Em razão da natureza jurídica da relação de consumo, a desproporcionalidade entre as prestações enseja rescisão do contrato, não sendo possível a revisão de cláusulas contratuais.

A: incorreta, é direito básico do consumidor a efetiva prevenção e reparação de danos patrimoniais e morais, individuais, coletivos e difuso (art. 6º, VI CDC); **B:** correta, conforme o art. 4º, II, "c", CDC; **C:** incorreta, o dever de informação está previsto no art. 4º, IV, do CDC; **D:** incorreta, pois o art. 39, *caput*, do CDC considera como ilícitas as práticas abusivas descritas em seus incisos; **E:** incorreta, o direito à revisão contratual está expresso no art. 6º, V, do CDC.
Gabarito "B".

(Magistratura/PA – 2012 – CESPE) À luz do CDC, assinale a opção correta.
(A) As normas de direito material previstas no CDC refletem em todo o sistema jurídico, incidindo, inclusive, em relações jurídicas que não sejam de consumo.
(B) A defesa do consumidor é um princípio fundamental da ordem econômica.

(C) A vulnerabilidade do consumidor, prevista no CDC, não guarda relação com a aplicação do princípio da igualdade, expresso na CF.
(D) O CDC não possui autonomia como estatuto jurídico regulador das relações de consumo, funcionando apenas como uma lei princípio-lógica.
(E) Embora constituído por um conjunto de normas jurídicas de ordem pública e de interesse social, o CDC não prevalece sobre lei especial, ainda que prejudicial ao consumidor.

A: incorreta, as normas de direito material previstas no CDC incidem apenas sobre as relações jurídicas de consumo, o que não ocorre com as normas de direito instrumental / processual; **B:** correta, a defesa do consumidor é um princípio fundamental da ordem econômica, previsto no art. 170, V, da Constituição Federal de 1988; **C:** incorreta, pois a vulnerabilidade do consumidor na relação jurídica de consumo legitima a aplicação de regras desiguais para pessoas que estão em situação de desigualdade, consagrando, assim, o princípio da igualdade material; **D:** incorreta, pois o CDC possui autonomia como estatuto jurídico regulador das relações de consumo; **E:** incorreta, o CDC prevalece sobre lei especial se a mesma for prejudicial ao consumidor. Como exemplo, podemos citar a possibilidade de conflito entre o CDC e a lei que trata dos planos de saúde (Lei 9.656/98).
Gabarito "B".

(Ministério Público/MG – 2012 – CONSULPLAN) A formação dos Estados Democráticos, para além da conformação do monismo normativo, transformou a vida das pessoas no reconhecimento dos novos valores sociais e na convivência com as diferenças, propiciando novo corte na hermenêutica do Direito no que respeita ao pluralismo jurídico. Sobre a técnica de coordenação das diferentes fontes jurídicas, revelada na aproximação do CDC com o Código Civil de 2002, é **CORRETO** dizer:
(A) Pela dimensão da complementaridade, compreende-se que determinada lei sirva de base à outra, de forma que os conceitos básicos de uma codificação sejam utilizados por codificação congênere.
(B) Pela dimensão da subsidiariedade revela-se a adoção de *topoi* em determinada legislação que estende seu conceito à legislação afim.
(C) Pela dimensão coerência, para evitar contradições, os princípios de determinada norma são utilizados em caráter complementar por outra.
(D) Pela dimensão coordenação, há a possibilidade de transposição da reflexão doutrinária e jurisprudencial de uma codificação para outra codificação mais recente.

A: incorreta, a alternativa se refere ao diálogo de coerência e não ao de complementariedade; **B:** incorreta, a alternativa se refere ao diálogo de coerência. Os *topoi* são argumentos comuns amplamente aceitos, verdades que orientam o nosso pensamento; **C:** incorreta, a alternativa se refere ao diálogo de complementariedade e não ao de coerência; **D:** correta, pelo diálogo de coordenação e adaptação sistemática a lei deve ser alterada para contemplar a evolução doutrinária e jurisprudencial.
Gabarito "D".

(Defensor Público/AM – 2013 – FCC) Segundo o Código de Defesa do Consumidor, são instrumentos para a execução da política nacional das relações de consumo:
(A) a criação de delegacias de polícia especializadas no atendimento de consumidores vítimas de infrações penais de consumo e a harmonização dos interesses dos participantes das relações de consumo e compatibilização da proteção do consumidor com a necessidade de desenvolvimento econômico e tecnológico, de modo a viabilizar os princípios nos quais se funda a ordem econômica (art. 170, da Constituição Federal), sempre com base na boa-fé e equilíbrio nas relações entre consumidores e fornecedores.
(B) a educação e informação de fornecedores e consumidores, quanto aos seus direitos e deveres, com vistas à melhoria do mercado de consumo, estudo constante das modificações do mercado de consumo e a racionalização e melhoria dos serviços públicos.
(C) a concessão de estímulos à criação e desenvolvimento das Associações de Defesa do Consumidor, a criação de delegacias de polícia especializadas no atendimento de consumidores vítimas de infrações penais de consumo e a manutenção de assistência jurídica, integral e gratuita para o consumidor carente.
(D) a instituição de Promotorias de Justiça de Defesa do Consumidor, no âmbito do Ministério Público, o reconhecimento da vulnerabilidade do consumidor no mercado de consumo e o incentivo à criação pelos fornecedores de meios eficientes de controle de qualidade e segurança de produtos e serviços, assim como de mecanismos alternativos de solução de conflitos de consumo.
(E) a manutenção de assistência jurídica, integral e gratuita para o consumidor carente, a criação de Juizados Especiais de Pequenas Causas e Varas Especializadas para a solução de litígios de consumo e o reconhecimento da vulnerabilidade do consumidor no mercado de consumo.

A: incorreta, pois a "harmonização dos interesses (...)" é *princípio* e não *instrumento* da PNRC (Política Nacional das Relações de Consumo), nos termos do art. 4º, III, do CDC; **B:** incorreta, pois a "educação e informação (...)" é *princípio* e não *instrumento* da PNRC (Política Nacional das Relações de Consumo), nos termos do art. 4º, IV, do CDC; **C:** correta (art. 5º, I, III e V, do CDC); **D:** incorreta, pois o "reconhecimento da vulnerabilidade (...)" e "o incentivo à criação (...)" são *princípios* e não *instrumentos* da PNRC (Política Nacional das Relações de Consumo), nos termos do art. 4º, I e V, do CDC; **E:** incorreta, pois "o reconhecimento da vulnerabilidade (...)" é *princípio* e não *instrumento* da PNRC (Política Nacional das Relações de Consumo), nos termos do art. 4º, I, do CDC.
Gabarito "C".

(Defensor Público/RO – 2012 – CESPE) Entre os instrumentos com os quais o poder público conta para a execução da Política Nacional das Relações de Consumo inclui-se
(A) a instituição de promotorias de justiça de defesa do consumidor, no âmbito do MP.
(B) a assistência jurídica integral e gratuita a todos os consumidores.
(C) a criação do balcão de atendimento ao consumidor, no âmbito municipal.
(D) a instituição de associações de defesa do consumidor.
(E) o fomento pecuniário às fundações instituídas para a defesa do consumidor.

A: correta (art. 5º, II, do CDC); **B:** incorreta, pois a assistência jurídica integral e gratuita é apenas para o consumidor carente (art. 5º, I, do CDC); **C:** incorreta, pois não há tal previsão no art. 5º do CDC; **D:** incorreta, pois o instrumento consiste no estímulo à criação de associações consumeristas e não à própria criação dessas associações pelo Poder Público, art. 5º, V, do CDC; **E:** incorreta, pois a previsão legal é de "concessão de estímulos à criação e desenvolvimento das Associações de Defesa do Consumidor" (art. 5º, V, do CDC).
Gabarito "A".

(Defensor Público/SP – 2012 – FCC) De acordo com o que dispõe de forma expressa o art. 5º do Código de Defesa do Consumidor (Lei 8.078/90), para a execução da Política Nacional das Relações de Consumo, contará o poder público com os seguintes instrumentos, EXCETO:
(A) Concessão de estímulos à criação e desenvolvimento das Associações de Defesa do Consumidor.
(B) Instituição de Promotorias de Justiça de Defesa do Consumidor, no âmbito do Ministério Público.
(C) Criação de Delegacias de Polícia especializadas no atendimento de consumidores vítimas de infrações penais de consumo.
(D) Criação de Juizados Especiais de Pequenas Causas e Varas Especializadas para a solução de litígios de consumo.
(E) Criação de Defensorias Públicas de Defesa do Consumidor, provendo assistência jurídica, integral e gratuita, em favor do consumidor necessitado.

O único instrumento que não está previsto no art. 5º do CDC é a criação de Defensorias Públicas de Defesa do Consumidor, apesar de haver previsão da manutenção de uma assistência jurídica, integral e gratuita para o consumidor carente.
Gabarito "E".

(Advogado – Petrobrás – 2012 – CESGRANRIO) O dever de informação, na fase pré-contratual da venda de um produto, EXCLUI o dever de
(A) advertir sobre os riscos do uso inadequado do produto.
(B) precisar o preço da mercadoria.
(C) registrar a origem do produto.
(D) especificar os tributos incidentes sobre a venda.
(E) consignar o prazo de validade do produto.

A: incorreta, pois há de se fazer essa advertência (arts. 6º, III, 8º, p. ún., 9º e 31, todos do CDC); **B:** incorreta, pois há de se precisar o preço da mercadoria (arts. 6º, III, e 31, *caput*, ambos do CDC); **C:** incorreta, pois a origem do produto deve ser informada (art. 31, *caput*, do CDC); **D:** opção considerada correta, pois à época da questão, ainda não tinha entrado em vigor a Lei 12.741, de 08 de dezembro de 2012; de acordo com essa lei "emitidos por ocasião da venda ao consumidor de mercadorias e serviços, em todo território nacional, deverá constar, dos documentos fiscais ou equivalentes, a informação do valor aproximado correspondente à totalidade dos tributos federais, estaduais e municipais, cuja incidência influi na formação dos respectivos preços de venda" (art. 1º); caso a questão fosse feita após a entrada em vigor dessa lei, a questão não teria resposta correta; **E:** incorreta, pois há de se informar sobre o prazo de validade do produto (art. 31, *caput*, do CDC).
Gabarito "D".

3. RESPONSABILIDADE PELO FATO DO PRODUTO OU DO SERVIÇO E PRESCRIÇÃO

(Juiz de Direito – TJ/RS – 2018 – VUNESP) João comprou um pacote de biscoitos, e ao levar à boca um deles, percebeu algo estranho. Sem comer o biscoito, notou que havia pelos de ratos, o que ficou devidamente confirmado em laudo pericial particular. Isso fez com que João procurasse seus eventuais direitos em ação judicial. Em razão desse fato, assinale a alternativa correta.
(A) Há direito de abatimento proporcional do produto, pois apenas um biscoito estava contaminado, tendo direito à indenização moral, pela sensação de nojo provocada ao consumidor.

(B) Há direito de indenização material, pelo valor do pacote de biscoito, e moral, mesmo não tendo sido consumido o produto, pela exposição ao risco, o que torna *ipso facto* defeituoso o produto.
(C) Há direito de indenização material, pelo valor do pacote de biscoito, mas não de natureza moral, por não ter havido ingestão, podendo o consumidor optar pela substituição do produto por outro da mesma espécie.
(D) Não há direito a qualquer espécie de indenização, uma vez que o fato não foi comprovado por perícia submetida ao crivo do contraditório, o que exime o fabricante de qualquer responsabilidade.
(E) Tratando-se de vício aparente e de fácil constatação, bastava ao consumidor reclamar ao fabricante ou ao vendedor para que o produto fosse devidamente trocado, posto que não houve qualquer ingestão ou exposição a perigo.

A: incorreta. Sendo um defeito de produto (art. 12 do CDC), não um vício (art. 18 do CDC), não há que se falar em abatimento proporcional do preço. A indenização deve ser imediata e integral; **B:** correta. Neste caso, deve o fornecedor indenizar o consumidor pelos danos materiais e morais. O Superior Tribunal de Justiça já externou entendimento de que o simples fato de colocar o consumidor em risco em relação à saúde e segurança já configura defeito de produto, nos termos do art. 12 do CDC: "A aquisição de produto de gênero alimentício contendo em seu interior corpo estranho, expondo o consumidor à risco concreto de lesão à sua saúde e segurança, ainda que não ocorra a ingestão de seu conteúdo, dá direito à compensação por dano moral, dada a ofensa ao direito fundamental à alimentação adequada, corolário do princípio da dignidade da pessoa humana". (STJ, REsp 1424304/SP, 3 Turma, Rel. Min. Nancy Andrighi, DJe 19/05/2014); **C:** incorreta. O consumidor tem direito à indenização por danos materiais e morais; **D:** incorreta. Trata-se de responsabilidade civil objetiva, devendo o fornecedor, eventualmente, fazer prova das excludentes de responsabilidade nos termos do art. 12, § 3º, do CDC; **E:** incorreta. Trata-se de defeito de produto (vide resposta da alternativa B).
Gabarito "B".

(Juiz de Direito – TJ/RS – 2018 – VUNESP) Paciente com insuficiência renal grave faleceu em decorrência de ingerir, por orientação médica, um anti-inflamatório, cuja bula continha informações de possíveis reações adversas e a ocorrência de doenças graves renais. O laboratório, fornecedor do produto,
(A) não responde, pois o produto tem periculosidade inerente (medicamento), cujos riscos são normais à sua natureza e previsíveis.
(B) repõe objetivamente pela teoria do risco do empreendimento ou da atividade.
(C) responde objetivamente, por ser causador de um acidente de consumo.
(D) responde objetivamente pelos riscos do produto, pelo simples fato de tê-lo colocado no mercado.
(E) responde subjetivamente, pois se trata de produto defeituoso.

A: correta. O produto em si não pode ser considerado defeituoso em razão de a bula esclarecer aos pacientes e ao médico que poderia desenvolver doenças renais graves. Sendo assim, nos termos do art. 9º do CDC, não há que se falar em produto defeituoso e, por consequência, o laboratório não responde pelos danos; **B:** incorreta. A lei consumerista adota a teoria do risco proveito para toda a responsabilidade civil do fornecedor, admitindo as excludentes de responsabilidade na forma do art. 12, § 3º e art. 14, § 4º; **C:** incorreta. Não há nexo de causalidade entre o acidente de consumo e a ação do laboratório, já que as informações constavam da bula do medicamento; **D:** incorreta. Vide comentários da alternativa B; **E:** incorreta. A responsabilidade civil do fornecedor no mercado de consumo é objetiva, independe, portanto, da culpa do fornecedor (art. 12, *caput*, e art. 14, *caput*, do CDC).
Gabarito "A".

(Defensor Público – DPE/PR – 2017 – FCC) O STJ, no REsp 1.424.304/SP, 3ª Turma, sob a relatoria da Ministra Nancy Andrighi (j. 11.03.2014, DJe 19.05.2014), admitiu a reparação por danos imateriais no caso em que a consumidora adquiriu uma garrafa de refrigerante com objetos em seu interior descritos como "algo estranho" que "aparentava ser um 'feto'", cujo exame mais apurado, através de uma lupa, teria revelado tratar-se de algo semelhante a uma 'lagartixa', ou ainda, pedaços de pele humana.

Com base neste precedente, considere os itens seguintes em relação aos dispositivos do CDC aplicáveis à espécie.

I. Como a lei consumerista protege o consumidor contra produtos que coloquem em risco sua segurança ou saúde, ainda que a consumidora não tivesse ingerido a bebida, surgiria o dever de indenizar.
II. O produto é defeituoso quando não oferece a segurança que dele legitimamente se espera, porém, é possível que a álea da produção defeituosa seja suportado pelo consumidor, afastando-se a responsabilidade do fornecedor.
III. O fabricante do refrigerante seria responsabilizado pelo produto defeituoso, ainda que provasse a culpa exclusiva do comerciante ao não conservar adequadamente o produto.

Está correto o que se afirma em
(A) III, apenas.
(B) I e II, apenas.
(C) I, apenas.
(D) I, II e III.
(E) II e III, apenas.

I: Correta. O STJ tem admitido o dever de indenizar do fornecedor por expor o consumidor a risco, independentemente da existência de danos (nesse caso, ausência de ingestão do alimento). Veja também REsp 1.644.405 (Acórdão de 08/11/2017). **II:** Incorreta. A responsabilidade civil adotada pelo Código de Defesa do Consumidor está fundamentada na teoria do risco proveito, adotando-se a responsabilidade civil objetiva do fornecedor. Desse modo, deve o fornecedor reparar os "danos causados aos consumidores por defeitos decorrentes de projeto, fabricação, construção, montagem, fórmulas, manipulação, apresentação ou acondicionamento de seus produtos, bem como por informações insuficientes ou inadequadas sobre sua utilização e riscos" (art. 12, *caput*, do CDC). **III:** Incorreta. A questão é controvertida. O examinador evoca o art. 12, § 3º, para fundamentar a exclusão de responsabilidade do fornecedor na hipótese de culpa exclusiva do comerciante. O dispositivo legal assim determina: "O fabricante, o construtor, o produtor ou importador só não será responsabilizado quando provar: I – que não colocou o produto no mercado; II – que, embora haja colocado o produto no mercado, o defeito inexiste; III – a culpa exclusiva do consumidor ou de terceiro". Desse modo, entende o examinador que o fabricante poderia exonerar a sua responsabilidade na hipótese de demonstrar culpa exclusiva do comerciante. No entanto, entendemos que a afirmativa está correta à luz do disposto no art. 13 do CDC, posto que o comerciante não pode ser considerado um "terceiro" na relação de consumo, embora tenha responsabilidade subsidiária, por regra, nas hipóteses de defeito de produto. O *caput* do mencionado artigo diz que o comerciante é **igualmente** responsável (trazendo, portanto, responsabilidade solidária), nos termos do artigo anterior, quando não conservar adequadamente os produtos perecíveis (inciso III).
Gabarito "C".

(Juiz – TJ-SC – FCC – 2017) Quanto à responsabilidade pelo fato do produto e do serviço, é correto afirmar:
(A) O produto colocado no mercado torna-se defeituoso se outro de melhor qualidade vier a substitui-lo para a mesma finalidade.
(B) O prazo para ajuizamento de ação indenizatória pelo consumidor lesado é decadencial.
(C) A responsabilidade pessoal dos profissionais liberais será examinada, se a relação for consumerista, de acordo com as regras da responsabilidade objetiva, na modalidade de risco atividade, que admite excludentes.
(D) O serviço, que é defeituoso quando não fornece a segurança que o consumidor dele pode esperar, não é assim considerado pela adoção de novas técnicas.
(E) Se o comerciante fornecer o produto sem identificação clara de seu fabricante, produtor, construtor ou importador, sua responsabilidade será apurada mediante verificação de culpa, isto é, de acordo com as normas da responsabilidade subjetiva.

A: incorreta. "O produto não é considerado defeituoso pelo fato de outro de melhor qualidade ter sido colocado no mercado" (art. 12, § 2º); **B:** incorreta. O prazo de cinco anos para ingressar com pedido de indenização por defeito do produto ou serviço é prescricional; **C:** incorreta. A responsabilidade pessoal dos profissionais liberais é subjetiva (art. 14, § 4º, do CDC); **D:** correta. Nos exatos termos do art. 18, § 1º, do CDC; **E:** incorreta. A responsabilidade civil do comerciante por defeito de produto é objetiva e subsidiária, nos termos do art. 13 do CDC.
Gabarito "D".

(Procurador da República – PGR – 2013) Interpretando o Código de Proteção e Defesa do Consumidor, CDC – Lei 8.078/1990, a jurisprudência recente e predominante do Superior Tribunal de Justiça – STJ, entende que:
(A) O prazo para o usuário buscar a restituição de tarifa de água e esgoto pagos indevidamente é de cinco anos, de acordo com o previsto no Código de Defesa do Consumidor;
(B) O desenvolvimento de moléstia pulmonar imputada ao fumo configura o nexo causal necessário ao reconhecimento da pretensão de ressarcimento do fumante, já que o cigarro é um produto que não oferece a segurança que ordinariamente se espera de produto colocado no mercado e responderão pelo dano, solidariamente, o produtor, o importador e o comerciante;
(C) Equiparam-se a consumidor todas as pessoas que, embora não tenham participado diretamente da relação de consumo, venham sofrer as consequências do evento danoso, dada a potencial gravidade que pode atingir o fato do produto, ou do serviço, na modalidade vício de qualidade por insegurança;
(D) O vício oculto de produto eletrônico, não decorrente do desgaste natural gerado pela fruição ordinária do produto, deve ser reclamado dentro do prazo contratual da garantia entabulada pelas partes.

A: incorreta. Conforme Súmula 412 do STJ: "A ação de repetição de indébito de tarifas de água e esgoto sujeita-se ao prazo prescricional estabelecido no Código Civil". **B:** incorreta. A jurisprudência do STJ segue no sentido de afirmar que a medicina não comprova a causalidade necessária, direta e exclusiva, entre o tabaco e o câncer. Vejamos: "(...) Esses fundamentos, por si sós, seriam suficientes para negar a indenização pleiteada, mas se soma a eles o fato de que, ao considerar a teoria do dano direto e imediato acolhida no direito civil brasileiro (art. 403 do CC/2002 e art. 1.060 do CC/1916), constata-se que ainda não está comprovada pela Medicina a causalidade necessária, direta e exclusiva entre o tabaco e câncer, pois ela se limita a afirmar a existência de fator de risco entre eles, tal como outros fatores, como a alimentação, o álcool e o modo de vida sedentário ou estressante. Se fosse possível, na hipótese, determinar o quanto foi relevante o cigarro para o falecimento (a proporção causal existente entre eles), poder-se-ia cogitar o nexo causal juridicamente satisfatório. Apesar de reconhecidamente robustas, somente as estatísticas não podem dar lastro à responsabilidade civil em casos concretos de morte supostamente associada ao tabagismo, sem que se investigue, episodicamente, o preenchimento dos requisitos legais. Precedentes citados do STF: RE 130.764-PR, DJ 19/5/1995; do STJ: REsp 489.895-SP, DJe 23/4/2010; REsp 967.623-RJ, DJe 29/6/2009; REsp 1.112.796-PR, DJ 5/12/2007, e REsp 719.738-RS, DJe 22/9/2008". (STJ, REsp 1.113.804-RS, Rel. Min. Luis Felipe Salomão, julgado em 27/4/2010). Vide informativo de jurisprudência 432. **C: correta.** O entendimento do STJ quanto ao conceito de consumidor por equiparação segue no sentido de que são consumidores todas as vítimas do evento (art. 17 do CDC). Poderia gerar discussão a expressão utilizada na alternativa "vício de qualidade por insegurança", uma vez que a questão versa sobre defeito de produto. Vale notar que a afirmativa é do STJ, sendo o acórdão que vem sendo utilizado para os casos análogos é o seguinte: Processual civil. Ação civil pública. Explosão de loja de fogos de artifício. Interesses individuais homogêneos. Legitimidade ativa da procuradoria de assistência judiciária. Responsabilidade pelo fato do produto. Vítimas do evento. Equiparação a consumidores(...). II Em consonância com o artigo 17 do Código de Defesa do Consumidor, equiparam-se aos consumidores todas as pessoas que, embora não tendo participado diretamente da relação de consumo, vem a sofrer as consequências do evento danoso, dada a potencial gravidade que pode atingir o fato do produto ou do serviço, na modalidade vício de qualidade por insegurança. (grifo nosso).(STJ, REsp 181.580/SP, 3ª Turma, Min. Castro Filho, DJ 22/03/2004). **D: incorreta.** O prazo de garantia contratual (art. 50) é complementar ao prazo de garantia legal (art. 26). Por essa razão, os prazos de garantia contratual e legal são sempre somados, devendo, conforme doutrina majoritária, contar primeiro o prazo da garantia contratual para depois contar o prazo de garantia legal. Dessa forma, o consumidor pode reclamar dos vícios de produtos, nos termos do art. 26 do CDC, a partir do momento em que ficar evidenciado o vício, independentemente do prazo de garantia contratual. Vejamos: Recurso especial. Consumidor. Vício oculto. Produto durável. Reclamação. Termo inicial. 1. Na origem, a ora recorrente ajuizou ação anulatória em face do PROCON/DF – Instituto de Defesa do Consumidor do Distrito Federal, com o fim de anular a penalidade administrativa imposta em razão de reclamação formulada por consumidor por vício de produto durável. 2. O tribunal de origem reformou a sentença, reconheceu a decadência do direito de o consumidor reclamar pelo vício e concluiu que a aplicação de multa por parte do Procon/DF se mostrava indevida. 3. De fato, conforme premissa de fato fixada pela corte de origem, o vício do produto era oculto. Nesse sentido, o *dies a quo* do prazo decadencial de que trata o art. 26, § 6º do Código de Defesa do Consumidor é a data em ficar evidenciado o aludido vício, ainda que haja uma garantia contratual, sem abandonar, contudo, o critério da vida útil do bem durável, a fim de que o fornecedor não fique responsável por solucionar o vício eternamente. (STJ, REsp 1.123.004/DF, Rel. Mauro Campbell Marques, 2ª Turma, DJe 09/12/2011).

Gabarito "C".

(Defensor Público – DPE/MT – 2016 – UFMT) Em matéria de direito do consumidor, quanto à responsabilidade dos agentes envolvidos na relação jurídica, no que tange à condição do produto e do serviço, assinale a afirmativa correta.

(A) O produto pode ser considerado defeituoso quando outro de melhor qualidade for colocado no mercado.
(B) A responsabilidade não deve recair sobre o comerciante quando o defeito no produto for ocasionado pelo fabricante, construtor, produtor ou importador.
(C) No que se refere aos serviços de profissional liberal, a responsabilidade é objetiva.
(D) O fornecedor de serviços responde subjetivamente pela reparação dos danos causados aos consumidores por defeitos relativos à prestação dos serviços.
(E) O produto é defeituoso quando não oferece a segurança que dele legitimamente se espera, levando-se em consideração circunstâncias relevantes, como a época em que foi colocado em circulação.

A: incorreta. O produto não é considerado defeituoso quando outro de melhor qualidade é colocado no mercado (art. 12, § 2º do CDC). **B: incorreta.** O comerciante responde subsidiariamente por defeito de produto, na forma do art. 13 do CDC. **C: incorreta.** A responsabilidade pessoal do profissional liberal é subjetiva por defeito de serviço, nos termos do art. 14, § 4º do CDC. **D: incorreta.** A responsabilidade por defeito de serviço é objetiva e solidária de todos os envolvidos na cadeia produtiva. Apenas a responsabilidade civil do profissional liberal é subjetiva. **E: correta.** Nos exatos termos do art. 12, § 1º, do CDC.

Gabarito "E".

(Defensor Público – DPE/BA – 2016 – FCC) Considere as assertivas abaixo.

I. É abusiva a cláusula prevista em contrato de adesão que impõe ao consumidor em mora a obrigação de pagar honorários advocatícios decorrentes de cobrança extrajudicial.
II. A estipulação de juros remuneratórios superiores a 12% ao ano constitui abusividade.
III. Constitui prática comercial abusiva o envio de cartão de crédito sem prévia e expressa solicitação do consumidor, configurando-se ato ilícito indenizável e sujeito à aplicação de multa administrativa.
IV. Caracteriza prática abusiva no mercado de consumo a diferenciação do preço do produto em função de o pagamento ocorrer em dinheiro, cheque ou cartão de crédito.

Está de acordo com a jurisprudência do Superior Tribunal de Justiça, APENAS o que se afirma em:

(A) III e IV.
(B) I, II e IV.
(C) II, III e IV.
(D) II e III.
(E) II e IV.

I: incorreta. Somente seria considerada abusiva se não houvesse possibilidade de o consumidor também fazer a cobrança. Nesse sentido, já decidiu o Superior Tribunal de Justiça: "Nas relações de consumo, havendo expressa previsão contratual, ainda que em contrato de adesão, não se tem por abusiva a cobrança de honorários advocatícios extrajudiciais em caso de mora ou inadimplemento do consumidor. Igual direito é assegurado ao consumidor, em decorrência de imposição legal, nos termos do art. 51, XII, do CDC, independentemente de previsão contratual. (STJ, REsp 1002445/DF, DJe 14/12/2015). **II: incorreta.** Súmula 382 do STJ: "A estipulação de juros remuneratórios superiores a 12% ao ano, por si só, não indica abusividade." **III: Correta.** Súmula 532 do STJ: "Constitui prática comercial abusiva o envio de cartão de crédito sem a prévia e expressa solicitação do consumidor, configurando-se ato ilícito indenizável e sujeito à aplicação de multa". **IV: Correta.** Conforme entendimento jurisprudencial. Entanto, há que se observar a Medida Provisória 764/2016 (posterior ao concurso), que permite a cobrança de valores de forma diferenciada, afastando, portando, a abusividade.

Gabarito "A".

(Magistratura/RR – 2015 – FCC) Camila teve a perna amputada por Marcelo, médico cirurgião empregado do Hospital Mais Saúde. Muito abalada, ajuizou ação contra Marcelo e contra o Hospital Mais Saúde. Em contestação, Marcelo sustentou ter realizado o procedimento para salvar a vida de Camila, que estava acometida de grave infecção. O Hospital Mais Saúde sustentou não ter responsabilidade pela conduta de seus empregados. Comprovado o dano, o Hospital Mais Saúde será responsabilizado pelo ato de Marcelo

(A) objetivamente, mas apenas se ficar caracterizado que há nexo entre sua conduta e a infecção, não respondendo por atos de terceiros, em nenhuma hipótese.
(B) subjetivamente, mas apenas se ficar caracterizado que teve culpa direta pela infecção e pela contratação de Marcelo.
(C) subjetivamente, por culpa presumida, se ficar caracterizado que Marcelo agiu com culpa.
(D) objetivamente, ainda que Marcelo não tenha agido com culpa.
(E) objetivamente, se ficar caracterizado que Marcelo agiu com culpa.

A: incorreta, pois o hospital responde diretamente pelos atos de seus de seus agentes, que são considerados atos da própria empresa; **B e C: incorretas,** pois, em sendo o hospital pessoa jurídica, responde objetivamente por defeito em seu serviço (art. 14, *caput*, do CDC), diferentemente de Marcelo, que, caso atuasse apenas enquanto profissional liberal e fosse acionado, responderia subjetivamente (art. 14, § 4º, do CDC); **D: incorreta,** pois a responsabilidade do hospital é objetiva (art. 14, *caput*, do CDC), mas é necessário que se demonstre que o serviço prestado foi defeituoso, o que passa, no caso narrado, pela análise do serviço prestado por Marcelo; **E: correta,** pois a responsabilidade do hospital é objetiva (art. 14, *caput*, do CDC), mas é necessário que se demonstre que o serviço prestado foi defeituoso, o que passa, no caso narrado, pela análise do serviço prestado por Marcelo, sendo que, demonstrado que foi negligente, imperito, imprudente ou com intenção de prejudicar, ensejará certamente a caracterização de um serviço defeituoso, configurando a responsabilidade do hospital.

Gabarito "E".

(Magistratura/RR – 2015 – FCC) Analise as proposições abaixo, a respeito da responsabilidade por fato e vício do produto:

I. Constatado vício do produto, o consumidor pode sempre exigir, de imediato, alternativamente e à sua escolha, a substituição do produto, a restituição da quantia paga ou o abatimento proporcional do preço, salvo se as partes tiverem, em separado, convencionado cláusula estipulando exoneração à garantia legal.
II. Em regra, o comerciante é solidariamente responsável pelos danos causados por produtos defeituosos.
III. A responsabilidade pelo fato do produto é objetiva mas admite excludentes de responsabilização.

Está correto o que se afirma APENAS em

(A) III.
(B) II e III.
(C) II.
(D) I e II.
(E) I e III.

I: incorreta, pois o primeiro passo é o consumidor pedir que o vício no produto seja sanado em até 30 dias; somente se não sanado nesse prazo é que poderá escolher uma das opções mencionadas (art. 18, § 1º, do CDC); o consumidor só pode ir direto para essa segunda fase (escolher uma das opções mencionadas na alternativa) quando, em razão da extensão do vício, a substituição das partes viciadas puder comprometer a qualidade

ou características do produto, diminuir-lhe o valor ou se tratar de produto essencial (art. 18, § 3º, do CDC); **II**: incorreta; essa afirmativa só vale para produtos com *vício* (pois o art. 18, *caput*, do CDC responsabiliza todos os fornecedores envolvidos, inclusive o comercial); tratando-se de produtos com *defeito*, a responsabilidade, em princípio, é apenas do fabricante, do produtor, do construtor e do importador, não incluindo o comerciante (art. 12, *caput*, do CDC) ; **III**: correta, vez que havendo *defeito* (ou *fato do produto*), aplica-se o art. 12 do CDC, que estabelece responsabilidade objetiva (*caput*) e excludentes de responsabilidade (§ 3º).
Gabarito "A".

(Magistratura/SC – 2015 – FCC) Etevaldo, médico neurocirurgião, realiza operação para retirada de tumor cerebral em estágio avançado em Lucicleide, que vem a falecer no curso da cirurgia. A família da paciente ajuíza ação indenizatória contra Etevaldo, alegando erro médico e que Lucicleide não foi informada de que a cirurgia era de alto risco, podendo levá-la a óbito. Nesse caso, o juiz considerará a responsabilidade de Etevaldo como

(A) mitigada e subsidiária, porque o quadro de saúde de Lucicleide impunha cirurgia para retirada do tumor cerebral como única alternativa possível, independentemente de ter sido ela informada ou não da periculosidade do ato cirúrgico.

(B) subjetiva, apurando o erro médico mediante exame de culpa, mas terá como irrelevante juridicamente a ausência de informações a Lucicleide, tendo em vista que a cirurgia era a única alternativa para salvá-la, em razão da gravidade de seu quadro de saúde.

(C) objetiva, em razão do risco habitual no exercício da neurocirurgia; analisará como irrelevante juridicamente a ausência de informação a Lucicleide, por se tratar de questão médica a opção pela cirurgia, única indicação possível em face da gravidade de seu quadro de saúde.

(D) subjetiva, apurando-se o eventual erro médico com a verificação de sua culpa; analisará como relevante juridicamente ter sido Lucicleide informada ou não dos riscos que corria, tendo em vista a gravidade de seu quadro de saúde, que impunha informação ostensiva e adequada da periculosidade da cirurgia a que seria submetida.

(E) objetiva, em razão do risco habitual no exercício da neurocirurgia, analisando como relevante juridicamente a ausência de informações a Lucicleide, pois deveria ela ter sido informada ostensiva e adequadamente da periculosidade da cirurgia a que seria submetida.

A: incorreta, pois o médico é fornecedor e responde segundo o CDC, que não traz hipótese alguma de responsabilidade mitigada e subsidiária para um fornecedor típico; **B**: incorreta; é correto dizer que a responsabilidade do médico é subjetiva no caso, pois o CDC, em se tratando de responsabilidade de profissionais liberais, dispõe que a responsabilidade do fornecedor será aferida mediante a verificação de culpa (art. 14, § 4º); porém, o CDC elege a *informação* como um dos princípios básicos dos direitos dos consumidores (art. 6º, III), de modo que o consumidor tem direito a informação clara e precisa de tudo o que envolve o serviço prestado, inclusive para decidir, levando em conta o caso concreto, se quer ou não fazer a cirurgia; vale ressaltar que não há informação no enunciado da questão de que o caso de Lucicleide era daqueles cuja morte era certa e estava para acontecer naquele momento; não havendo esse tipo de situação de morte iminente, o médico tem que respeitar a vontade do paciente, que pode ser tanto a de não fazer cirurgia, deixando o tumor progredir (mas garantindo mais algum tempo de vida, ainda que curto), como de se submeter a uma cirurgia que pode levar à sua morte na própria mesa cirúrgica; por conta desse direito de escolha, a ausência de informações pelo médico pode sim ser considerado um fator para considerar o serviço deste defeituoso e, assim, ensejar a sua responsabilidade (art. 14, *caput*, do CDC); **C**: incorreta, seja porque a responsabilidade do profissional liberal é subjetiva (art. 14, § 4º, do CDC), seja porque a falta de informação tão importante por parte do médico pode fazer com que seu serviço seja considerado defeituoso (art. 14, *caput*, do CDC); **D**: correta, pois a responsabilidade do profissional liberal é, de fato, subjetiva (art. 14, § 4º, do CDC) e também porque a falta de informação tão importante por parte do médico permite inferir que o serviço que prestou é defeituoso (art. 14, *caput*, do CDC), ensejando responsabilização; **E**: incorreta, pois a responsabilidade do profissional liberal é subjetiva (art. 14, § 4º, do CDC), e não objetiva.
Gabarito "D".

(Ministério Público/SP – 2015 – MPE/SP) À luz da Lei 8.078/1990 (Código de Defesa do Consumidor), assinale a alternativa que contém afirmação incorreta:

(A) O fabricante, o produtor, o construtor, nacional ou estrangeiro, e o importador respondem, nos casos de culpa e dolo, pela reparação dos danos causados aos consumidores por defeitos decorrentes de projeto, fabricação, construção, montagem, fórmulas, manipulação, apresentação ou acondicionamento de seus produtos, bem como por informações insuficientes ou inadequadas sobre sua utilização e riscos.

(B) O comerciante é igualmente responsável quando: a) o fabricante, o construtor, o produtor ou o importador não puderem ser identificados; b) o produto for fornecido sem identificação clara do seu fabricante, produtor, construtor ou importador; c) não conservar adequadamente os produtos perecíveis.

(C) O produto é defeituoso quando não oferece a segurança que dele legitimamente se espera, levando-se em consideração as circunstâncias relevantes, entre as quais: a) sua apresentação; b) o uso e os riscos que razoavelmente dele se esperam; e c) a época em que foi colocado em circulação.

(D) O fabricante, o construtor, o produtor ou importador só não será responsabilizado quando provar: a) que não colocou o produto no mercado; b) que, embora haja colocado o produto no mercado, o defeito inexiste; c) a culpa exclusiva do consumidor ou de terceiro.

(E) Os fornecedores de produtos de consumo duráveis ou não duráveis respondem solidariamente pelos vícios de qualidade ou quantidade que os tornem impróprios ou inadequados ao consumo a que se destinam ou lhes diminuam o valor, assim como por aqueles decorrentes da disparidade, com as indicações constantes do recipiente, da embalagem, rotulagem ou mensagem publicitária, respeitadas as variações decorrentes de sua natureza, podendo o consumidor exigir a substituição das partes viciadas.

A: assertiva incorreta, devendo ser assinalada; isso porque, diferentemente do que a assertiva assevera, o art. 12, *caput*, do CDC não exige culpa ou dolo para que esses fornecedores respondam; **B**: assertiva correta (art. 13 do CDC); **C**: assertiva correta (art. 12, § 1º, do CDC); **D**: assertiva correta (art. 12, § 3º, do CDC); **E**: assertiva correta (art. 18, *caput*, do CDC).
Gabarito "A".

(Defensor/PA – 2015 – FMP) Assinale a opção CORRETA sobre o sistema de responsabilidade civil no âmbito do direito do consumidor.

(A) Quando aplicado o sistema objetivo de responsabilidade civil, não há falar em inversão do ônus da prova.

(B) No sistema objetivo de responsabilidade civil, a culpa do ofensor é irrelevante tanto para a imputação do fornecedor quanto para a quantificação do dano.

(C) Aplica-se o sistema subjetivo de responsabilidade civil nos casos em que os profissionais liberais laboram conjuntamente sob a forma associativa.

(D) No caso do defeito do serviço, o comerciante é considerado responsável solidário, havendo subsidiariedade apenas no acidente pelo fato do produto.

(E) Em caso de vício não sanado no prazo legalmente previsto, é possível ao consumidor exigir a restituição do preço, quando incidirá atualização do valor, mas ficará prejudicada a pretensão de perdas e danos.

A: incorreta, pois mesmo quando se tem a responsabilidade objetiva, o consumidor tem provas a fazer (ainda que não tenha que provar nada sobre culpa ou dolo do fornecedor), o que mantém o interesse do consumidor em pedir em a inversão do ônus da prova para esses outros elementos que dependem de prova, aplicando-se para essa inversão a regra prevista no art. 6º, VIII, do CDC; **B**: incorreta, pois para fins de "quantificação do dano", especificamente no que diz respeito ao dano moral, o grau de culpa do ofensor tem o condão de interferir na valor a ser fixado para respectiva reparação; **C**: incorreta, pois nesse caso não há como aplicar a regra singela do art. 14, § 4º, do CDC, que só se aplica apenas quando se tem um mero profissional liberal atuando, estabelecendo uma responsabilidade subjetiva deste; havendo atuação associativa de profissionais liberais (exs.: por meio de cooperativa, associação ou até uma sociedade), tem-se uma pessoa jurídica (e não mais uma pessoa física do tipo profissional liberal), aplicando-se a regra da responsabilidade objetiva prevista no art. 14, *caput*, do CDC; **D**: correta, pois em caso de defeito de produto, o comerciante não responde como regra, mas apenas o fabricante, o produtor, o construtor e o importador (art. 12, *caput*, do CDC); no entanto, em caso de defeito de serviço, o comerciante (visto como aquele que vendeu o serviço) responde solidariamente pelo fato causado pelo defeito (art. 14, *caput*, do CDC); **E**: incorreta, pois nessa opção do consumidor este também tem direito de se ver ressarcido das eventuais perdas e danos decorrentes do não saneamento do vício no produto no prazo previsto na lei (art. 18, § 1º, II, do CDC).
Gabarito "D".

(DPE/PE – 2015 – CESPE) Analise a seguinte assertiva.

(1) Eliana comprou várias garrafas de refrigerante para a festa de aniversário de sua filha. Na comemoração, Eliana serviu sua filha do líquido de uma das garrafas e imediatamente a criança ingeriu parte, porém rejeitou o restante, após um rabo de lagartixa grudar em seus lábios. Apurou-se que a criança não sofreu qualquer problema digestivo. Nessa situação, mesmo expostas a situação desagradável, nem Eliana nem sua filha possuem direito a indenização por danos morais, tendo em vista que, como não houve a ingestão completa do material orgânico impróprio, não se configurou qualquer lesão à saúde e à imagem da criança.

1: incorreta, pois o STJ decidiu de forma diferente nesse caso. Confira: "A aquisição de produto de gênero alimentício contendo em seu interior corpo estranho, expondo o consumidor à risco concreto de lesão à sua saúde e segurança, ainda que não ocorra a ingestão de seu conteúdo, dá direito à compensação por dano moral, dada a ofensa ao direito fundamental à alimentação adequada, corolário do princípio da dignidade da pessoa humana. (...) Hipótese em que se caracteriza defeito do produto (art. 12, CDC), o qual expõe o consumidor à risco concreto de dano à sua saúde e segurança, em clara infringência ao dever legal dirigido ao fornecedor, previsto no art. 8º do CDC" (REsp 1424304/SP, *DJe* 19.05.2014).
Gabarito 1E.

(Magistratura/BA – 2012 – CESPE) A respeito das relações de consumo, assinale a opção correta.

(A) A concessão do prazo de 30 dias para sanar o vício do produto é um direito assegurado ao fornecedor e que obriga o consumidor.
(B) A responsabilidade de uma fábrica pelos ferimentos sofridos por um empregado em decorrência da explosão de um produto nas suas dependências será dirimida pelas regras aplicáveis ao fornecedor de produtos.
(C) Para que determinada relação seja considerada de consumo, não é necessária a habitualidade quanto ao fornecedor do produto.
(D) Conforme entendimento do STJ, as entidades beneficentes não se enquadram no conceito de fornecimento, porquanto lhes falta a finalidade lucrativa.
(E) Por disposição legal, a responsabilidade do comerciante pelo fato do produto é solidária com a do fabricante.

A: correta, após a reclamação do consumidor o fornecedor tem 30 dias para sanar o vício (art. 26, I, CDC); **B:** incorreta, pois de acordo com o art. 3º, § 2º, o CDC não se aplica às relações de caráter trabalhista; **C:** incorreta, a habitualidade é um dos requisitos exigidos para caracterização do fornecedor de acordo com a doutrina (art. 3º, *caput*, CDC); **D:** incorreta, pois de acordo com a jurisprudência do STJ, as entidades beneficentes (ex: as associações educacionais) podem ser enquadras como fornecedoras desde que exijam remuneração pelo serviço prestado: "Para o fim de aplicação do Código de Defesa do Consumidor, o reconhecimento de uma pessoa física ou jurídica ou de um ente despersonalizado como fornecedor de serviços atende aos critérios puramente objetivos, sendo irrelevantes a sua natureza jurídica, a espécie dos serviços que prestam e até mesmo o fato de se tratar de uma sociedade civil, sem fins lucrativos, de caráter beneficente e filantrópico, bastando que desempenhem determinada atividade no mercado de consumo mediante remuneração" (REsp 519.310/SP, Rel. Ministra NANCY ANDRIGHI, TERCEIRA TURMA, julgado em 20/04/2004); **E:** incorreta, de acordo com o art. 13, CDC, o comerciante somente responde de forma subsidiária pelo fato do produto.
Gabarito "A".

(Magistratura/MG – 2012 – VUNESP) Assinale a alternativa correta.

(A) Os riscos à saúde ou segurança não precisam ser necessariamente informados ao consumidor, quando considerados normais e previsíveis em decorrência de sua natureza e fruição.
(B) Em virtude da teoria da responsabilidade objetiva nas relações de consumo, o fabricante será responsabilizado por danos causados aos consumidores pelos seus produtos, mesmo se provar culpa exclusiva de terceiro.
(C) Um produto jamais será considerado defeituoso se outro de melhor qualidade for colocado no mercado.
(D) A responsabilização pessoal dos profissionais liberais, na prestação de serviços aos consumidores, será sempre objetiva.

A: incorreta, o fornecedor sempre deve informar os riscos à saúde ou à segurança do consumidor, ainda que considerados normais e previsíveis em decorrência de sua natureza e fruição (art. 8º, CDC); **B:** incorreta, a culpa exclusiva de terceiro é excludente da responsabilidade objetiva do fornecedor (art. 12, § 3º, III, CDC); **C:** correta, o produto não é considerado defeituoso pelo fato de outro de melhor qualidade ter sido colocado no mercado (art. 12, § 2º, CDC); **D:** incorreta, a responsabilidade dos profissionais liberais é, em regra, subjetiva (art. 14, § 4º, CDC).
Gabarito "C".

(Magistratura/PE – 2013 – FCC) Na atividade médica, a responsabilidade civil do profissional liberal

(A) é, em regra, apurada com base na responsabilidade subjetiva e examinada em todos os casos como obrigação de meio e não de resultado.
(B) é, em regra, apurada com base na responsabilidade subjetiva e examinada como obrigação de meio, excepcionalmente examinando-se como obrigação de resultado.
(C) é, em regra, apurada com base na responsabilidade objetiva e examinada como obrigação de meio e, circunstancialmente, como obrigação de resultado.
(D) é, em regra, apurada com base na responsabilidade objetiva e examinada em todos os casos como obrigação de meio e não de resultado.
(E) é apurada com base na culpa e é aquela sempre considerada obrigação de resultado.

A: incorreta, pois, como regra, a responsabilidade do profissional liberal, inclusive no âmbito do CDC, é subjetiva, ou seja, aferida mediante verificação de culpa ou dolo por parte do profissional (art. 14, § 4º, do CDC); todavia, nas obrigações de resultado (exemplo: cirurgia plástica), a responsabilidade é objetiva; **B:** correta (art. 14, § 4º, do CDC); **C** e **D:** incorretas, pois, como se viu, a responsabilidade desses profissionais, como regra é objetiva (art. 14, § 4º, do CDC); **E:** incorreta, pois a obrigação pode ser tanto de meio, como de resultado; por exemplo, um encanador costuma ter obrigação de resultado, mas um médico (com exceção de casos como o de cirurgia plástica) tem obrigação de meio.
Gabarito "B".

(Magistratura/PE – 2013 – FCC) Analise os enunciados abaixo, em relação à responsabilidade pelo fato do produto e do serviço.

I. O produto é defeituoso quando não oferece a segurança que dele legitimamente se espera, levando-se em consideração circunstâncias relevantes, como sua apresentação, o uso e os riscos razoavelmente esperados e a época em que foi colocado em circulação.
II. O serviço é tido por defeituoso quando não fornece a segurança que o consumidor dele pode esperar, levando-se em conta circunstâncias relevantes, como o modo de seu fornecimento, o resultado e os riscos razoavelmente esperados e a adoção de novas técnicas.
III. O comerciante é responsabilizado quando o fabricante, o construtor, o produtor ou o importador não puderem ser identificados, ou quando o produto for fornecido sem identificação clara do seu fabricante, produtor, construtor ou importador ou, ainda, quando não conservar adequadamente os produtos perecíveis.

Está correto o que se afirma em

(A) I, II e III.
(B) II, apenas.
(C) II e III, apenas.
(D) I e II, apenas.
(E) I e III, apenas.

I: correta (art. 12, § 1º, I, II e III, do CDC); **II:** incorreta, pois o serviço não é considerado defeituoso pela adoção de novas técnicas (art. 14, § 2º, do CDC); **III:** correta (art. 13, I, II e III, do CDC).
Gabarito "E".

(Ministério Público/MG – 2012 – CONSULPLAN) Indique abaixo o nexo de imputação mais adequado à responsabilidade pelo fato do produto com espeque no art. 12 do CDC:

(A) risco integral.
(B) risco criado.
(C) risco proveito.
(D) risco mitigado.

A banca considerou como correta a alternativa D, pois, ao contrário da teoria do risco integral, a teoria do risco mitigado admite excludentes de responsabilidade (art. 12, § 3º, do CDC). Entretanto, entendemos que também é correta a alternativa C, pois o art. 12 estabelece a responsabilidade objetiva para quem desenvolve atividade econômica e, consequentemente, busca lucro (teoria do risco proveito ou benefício).
Gabarito Oficial: "D" – Nosso Gabarito: "C" e "D".

(Ministério Público/MG – 2012 – CONSULPLAN) A vigência do Código de Defesa do Consumidor possibilitou nova estruturação e funcionalização da responsabilidade civil. Atento a tal colocação observe-se:

I. A dicotomia clássica entre responsabilidade civil contratual e responsabilidade civil extracontratual não se mostrou apta aos dias atuais, sendo necessário romper esta *summa divisio* para a proteção do consumidor, permitindo a responsabilização direta do fabricante pelo dano ao destinatário final, bem como a proteção do *bystander*.
II. Acidente, ligado à teoria do vício por inadequação, é todo o fato capaz de atingir a incolumidade física do consumidor.
III. A função preventiva na responsabilidade civil consumerista prescinde o dano-evento e exige o dano-prejuízo.
IV. é na ordem pública procedimental – além da ordem pública de proteção à parte débil, ordem pública de coordenação e ordem pública de direção – que aloca a teoria da qualidade, ensejando, inclusive, a cobertura contra os vícios aparentes.

Faça a opção:

(A) as assertivas I e II são **INCORRETAS**.
(B) as assertivas II e III são **CORRETAS**.
(C) as assertivas III e IV são **INCORRETAS**.
(D) as assertivas I e IV são **CORRETAS**

I: correta, segundo Flávio Tartuce, "o Código Brasileiro de Defesa do Consumidor representa uma superação desse modelo dual anterior, unificando a responsabilidade civil. Na verdade, pela Lei Consumerista, pouco importa se a responsabilidade civil decorre de um contrato ou não, pois o tratamento diferenciado se refere apenas aos produtos e serviços, enquadrando-se nos últimos a veiculação de informações pela oferta e publicidade" (**Manual de Direito do Consumidor**. Volume Único. Ed. GEN, 2012, pg. 115). A respeito do *bystander*, esclarece também o autor: "Consagra o art. 17 da Lei 8.078/1990 que todos os prejudicados pelo evento de consumo, ou seja, todas as vítimas, mesmo não tendo relação direta de consumo com o prestador ou fornecedor, podem ingressar com ação fundada no Código de Defesa do Consumidor, visando a responsabilização objetiva do agente causador do dano" (ob. cit., pg. 158); **II:** incorreta, pois o vício por inadequação nada mais é do que vício do produto, ou seja, trata-se de um problema que não gera repercussão além do produto (danos intrínsecos); **III:** incorreta, a função preventiva da responsabilidade civil trabalha com a noção de dano-evento e não de dano-prejuízo; **IV:** correta, está de acordo com o entendimento doutrinário quanto ao tema.
Gabarito "D".

(Ministério Público/SC – 2012) Analise as assertivas a seguir.

I. O fabricante que tenha colocado no mercado produto intrinsecamente defeituoso terá, com exclusividade, a responsabilidade civil por danos. A nocividade do produto resultante de sua má utilização, por falta, insuficiência ou deficiência de informação, também faz recair ao fabricante.

II. A responsabilidade pelo fato do produto ou do serviço decorre da exteriorização de um vício/defeito de qualidade que pode ser defeituoso sem ser inseguro e, ao mesmo tempo, ser defeituoso e inseguro. Nos vícios que não resultam insegurança, pode-se dizer que a perda patrimonial não ultrapassa os limites valorativos do produto ou serviço defeituoso, o que não acontece com os defeitos de insegurança que ultrapassam os limites valorativos do produto ou serviço defeituoso.

III. Se o produto adquirido pelo consumidor atender inteiramente sua necessidade e expectativa, em que pese nele (produto) inexistir informação regulamentar de apresentação, não será considerado impróprio e, assim, inviável ao consumidor solicitar a troca, devolução do dinheiro ou abatimento do preço.

IV. A vedação de denunciação da lide tem aplicação, na norma consumerista, apenas na hipótese relativa a fato do produto, sendo cabível, de outra banda, o chamamento ao processo.

V. O CDC não estabelece prazo fixo para que o consumidor possa reclamar pelo vício oculto. Nesse caso, o limite temporal da garantia está em aberto e seu termo inicial será o da descoberta do vício. Utiliza-se como parâmetro para evitar a "garantia eterna" a vida útil do produto, de forma a prestigiar o princípio da isonomia.

(A) Apenas as assertivas I, II e III estão corretas.
(B) Apenas as assertivas II, IV e V estão corretas.
(C) Apenas as assertivas I, II, e V estão corretas.
(D) Apenas as assertivas II e V estão corretas.
(E) Todas as assertivas estão corretas.

I: correta, a responsabilidade no caso de defeito intrínseco é imediata do fabricante (art. 12 do CDC). Já a responsabilidade do comerciante será subsidiária, ou seja, mediata, ocorrendo somente nas hipóteses do art. 13 do CDC; II: correta, no vício o problema fica adstrito aos limites do bem (prejuízos intrínsecos); no defeito haverá outros danos além do próprio vício que o bem traz em si mesmo (prejuízos extrínsecos); III: incorreta, pois o vício de informação também está previsto no art. 18, caput, do CDC e permite que o consumidor requeira qualquer uma das soluções presentes no § 1º; IV: incorreta, o chamamento ao processo somente é possível nos casos em que o réu houver contratado seguro de responsabilidade e não em qualquer caso (art. 101, II, CDC). Já com relação à denunciação da lide, o STJ já decidiu que é possível a sua aplicação nos casos de defeito do serviço (art. 14 do CDC), desde que sejam preenchidos os requisitos do CPC (REsp 1.123.195/SP, Terceira Turma, Rel. Min. Massami Uyeda, j. 16.12.2011); V: correta, está de acordo com o art. 26, § 3º, do CDC e também com a doutrina majoritária sobre o tema.
Gabarito "C".

(Defensor Público/ES – 2012 – CESPE) Com relação aos danos causados ao consumidor, julgue os próximos itens.

(1) A responsabilidade dos hospitais, no que tange a atuação técnico-profissional dos médicos que neles atuam sem vínculo de emprego ou subordinação, e subjetiva, ou seja, depende da comprovação de culpa dos prepostos, conforme a teoria de responsabilidade subjetiva dos profissionais liberais, abrigada pelo CDC.

(2) O fato de o consumidor não ser previamente informado da inscrição do seu nome em órgão de proteção ao credito enseja a indenização por danos morais, ainda que a inadimplência tenha ocorrido ha mais de três meses e dela tenha ciência o consumidor.

1: incorreta, pois apenas o professional liberal tem a vantagem de responder subjetivamente (art. 14, § 4º, do CDC), sendo que o hospital (empresa) responde dentro da regra, ou seja, objetivamente (art. 14, caput, do CDC); 2: correta, pois a Súmula STJ 359 impõe a prévia notificação do devedor para que se proceda à inscrição negativa no cadastro de proteção ao crédito.
Gabarito 1E, 2C

(Defensor Público/AC – 2012 – CESPE) Acerca da responsabilidade pelo fato do produto e do serviço, assinale a opção correta.

(A) A culpa concorrente da vítima consumidora não autoriza a redução de eventual condenação imposta ao fornecedor.
(B) O descumprimento, pelo fornecedor, do dever de informar o consumidor gera os chamados defeitos de concepção, inquinando o produto de vício de qualidade por insegurança.
(C) Conforme o CDC, fato e vício do produto ou serviço são conceitos sinônimos.
(D) O defeito gera a inadequação do produto ou serviço e dano ao consumidor; assim, há vício sem defeito, mas não defeito sem vício.
(E) Um produto é considerado obsoleto e defeituoso quando outro de melhor qualidade é colocado no mercado de consumo.

A: incorreta, pois a culpa concorrente é, sim, causa para a redução do quantum indenizatório, mesmo em relações de consumo (ex: STJ, REsp 1.349.894, DJ 11.04.13); B: incorreta, pois, no caso, tem-se defeito de informação; o defeito de concepção diz respeito à criação (à invenção) do produto; certa vez criou-se um extrato de tomate novo, numa embalagem diferente; porém, havia defeito de concepção, pois boa parte das vezes em que alguém abria a embalagem do molho, cortava o dedo; C: incorreta, pois o vício é um problema interno no produto (quantidade insuficiente ou impropriedade ou inadequação do produto; ex: uma TV que não funciona), ao passo que o defeito é um problema externo do produto, que acaba atingindo a saúde ou a segurança do consumidor (ex: a TV dá um choque no consumidor); o vício enseja o reparo (conserto) do produto, devendo o consumidor reclamar nos prazos previstos no art. 26 do CDC; o defeito enseja ação indenizatória no prazo do art. 26 do CDC; o vício no produto está regulamentado no art. 18 do CDC; o defeito no produto, no artigo 12 do CDC D: correta; de fato, se uma TV não funciona, tem-se só vício; se uma TV dá choque, tem-se defeito (afeta segurança da pessoa, ensejando indenização) e certamente um vício também, pois será necessário consertá-la; E: incorreta, pois o art. 12, § 2º, do CDC dispõe justamente o contrário.
Gabarito "D".

(Defensor Público/SP – 2012 – FCC) Em se tratando de responsabilidade do fornecedor pelo fato do produto e do serviço, a pretensão à reparação do consumidor pelos danos causados prescreve em

(A) 30 dias.
(B) 90 dias.
(C) 180 dias.
(D) 3 anos.
(E) 5 anos.

A pretensão prescreve no prazo de 5 anos, contados do conhecimento do dano e de sua autoria (art. 27 do CDC).
Gabarito "E".

4. RESPONSABILIDADE POR VÍCIO DO PRODUTO OU DO SERVIÇO E DECADÊNCIA

(Procurador Municipal/SP – VUNESP – 2016) Um consumidor adquiriu um pacote de macarrão da marca "Adriana", no supermercado "Rumba". Quando chegou em casa, abriu o pacote do alimento e percebeu que estava repleto de carunchos, sendo impossível consumir tal produto. Diante dessa situação hipotética, é correto afirmar que o caso revela um

(A) defeito no produto, pelo qual o consumidor terá prazo de cinco anos para reclamar perante o supermercado e o fabricante do produto, respondendo o supermercado subsidiariamente pelos fatos.
(B) vício de qualidade e, portanto, o consumidor poderá reclamar em até 90 dias apenas contra o fabricante do produto.
(C) vício de quantidade e, assim, o consumidor poderá reclamar tanto para o supermercado como para o fabricante num prazo de 30 dias, tendo ambos responsabilidade solidária.
(D) defeito no produto, a respeito do qual o consumidor terá prazo de 30 dias para reclamar perante o supermercado e o fabricante, que responderão solidariamente pelos fatos.
(E) vício de qualidade, sobre o qual o supermercado e o fabricante respondem solidariamente, tendo o consumidor até 30 dias para fazer a reclamação.

A: incorreta. Trata-se de um vício de produto, na forma do art. 18, § 6º, II, do CDC, in verbis, "São impróprios ao uso e consumo: II – os produtos deteriorados, alterados, adulterados, avariados, falsificados, corrompidos, fraudados, nocivos à vida ou à saúde, perigosos ou, ainda, aqueles em desacordo com as normas regulamentares de fabricação, distribuição ou apresentação." Sendo um produto não durável e vício aparente ou de fácil constatação, o prazo para reclamar é de 30 dias, contados a partir da entrega efetiva do produto (art. 26 do CDC). B: incorreta. Trata-se de vício de qualidade, mas o prazo para reclamar é de 30 (trinta) dias. C: incorreta. O vício é de qualidade. D: incorreta. O caso narrado não afetou a segurança do consumidor, logo, não pode ser considerado um defeito de produto. E: correta. O vício de produto ou serviço traz responsabilidade solidária entre o fabricante e o comerciante. Trata-se de um vício de produto e o prazo para reclamar é de 30 dias (vide justificativa da alternativa "A"). RD
Gabarito "E".

(Procurador Municipal/SP – VUNESP – 2016) O fornecedor não poderá colocar no mercado de consumo produto ou serviço que sabe ou deveria saber apresentar alto grau de nocividade ou periculosidade à saúde ou à segurança. Se eventualmente o fornecedor colocar no mercado um lote de produtos com vícios capazes de causar risco aos consumidores, ele deverá

(A) comunicar o fato imediatamente às autoridades competentes e aos consumidores, mediante anúncios publicitários.
(B) reparar eventuais prejuízos causados para os consumidores que reclamarem dos vícios, não sendo necessário que se faça qualquer comunicação ao público consumidor.
(C) noticiar o fato pessoalmente a cada um dos consumidores que adquiriram tal produto, sendo dispensável anúncios publicitários em veículos de comunicação para alertar o público.

(D) aguardar que algum consumidor realmente tenha prejuízos para, somente após tal fato, analisar a periculosidade e a segurança de seu produto ou serviço.

(E) manter-se inerte, tendo em vista que responde apenas subjetivamente pelos produtos e serviços que introduz no mercado e, com isso, é o consumidor que deve fazer prova da culpa do fornecedor em eventual evento lesivo.

A: correta. É obrigação do fornecedor fazer o *recall* de produtos e serviços que, posteriormente à sua introdução no mercado de consumo, tiver conhecimento da periculosidade que apresentem, deverá comunicar o fato imediatamente às autoridades competentes e aos consumidores, mediante anúncios publicitários (art. 10, § 1º, do CDC). **B:** incorreta. O aviso às autoridades competentes e aos consumidores é obrigatório, além da reparação dos danos causados aos consumidores. **C:** incorreta. O aviso deve ser feito mediante aviso publicitário, que deverão ser veiculados na imprensa, rádio e televisão, às expensas do fornecedor do produto ou serviço (art. 10, § 2º). **D:** incorreta. A prevenção de danos é direito básico do consumidor (art. 6º, VI, do CDC), razão pela qual o fornecedor deve informar sobre eventual periculosidade adquirida tão logo tenha conhecimento (art. 10 do CDC). **E:** incorreta. O *recall* é obrigatório (art. 10) e a responsabilidade civil do fornecedor é objetiva (art. 12 a 14 do CDC). **RD**

Gabarito "A".

(Juiz – TJ-SC – FCC – 2017) Sobre responsabilidade por vício do produto ou serviço, considere:

I. Se houver vício no fornecimento de produtos de consumo duráveis ou não duráveis o consumidor poderá exigir a restituição imediata da quantia paga, monetariamente corrigida, com prejuízo de eventuais perdas e danos.

II. As partes só podem convencionar a redução do prazo previsto para que seja sanado o vício no fornecimento do produto ou serviço, pois sua ampliação implicaria indevida vantagem ao fornecedor.

III. No fornecimento de serviços que tenham por objetivo a reparação de qualquer produto considerar-se-á implícita a obrigação do fornecedor de empregar componentes de reposição originais adequados e novos, ou que mantenham as especificações técnicas do fabricante, salvo, quanto a estes últimos, autorização em contrário do consumidor.

IV. A garantia legal de adequação do produto ou serviço independe de termo expresso, vedada a exoneração contratual do fornecedor.

Está correto o que se afirma APENAS em:

(A) III e IV.
(B) II e IV.
(C) II e IV.
(D) I, II e III.
(E) I e III.

I: incorreta. O consumidor sempre terá direito à indenização integral, monetariamente atualizada, sem prejuízo das perdas e danos (art. 18, II, do CDC); **II:** incorreta. O prazo de conserto pode ser diminuído para sete dias e aumentado para 180 dias, a depender da vontade das partes (art. 18, § 2º, do CDC); **III:** correta. Conforme arts. 21 e 70 do CDC; **IV:** correta. A garantia legal independe de termo expresso e está prevista no arts. 26 e 74 do CDC. **RD**

Gabarito "A".

(Juiz de Direito – TJ/RJ – VUNESP – 2016) Carlito da Silva ficou sem energia elétrica em sua residência por várias horas e acabou tendo prejuízo com perda de produtos de consumo doméstico que encontravam-se no freezer e geladeira da sua residência. Tendo acionado a concessionária, esta informou que não constava a existência de interrupção no fornecimento do serviço. Foi enviado um técnico e este constatou que a energia elétrica estava sendo regularmente fornecida. Inconformado, Carlito da Silva, sustentando que a concessionária estava omitindo a verdade, ingressou com ação judicial, calcado na legislação consumerista, pleiteando indenização por danos materiais e morais pelo período que ficou sem energia elétrica.

Diante desses fatos, assinale a alternativa correta.

(A) Se restar comprovada a interrupção no fornecimento, mas a concessionária alegar que houve força maior decorrente de descarga elétrica de raio que atingiu transformadores instalados no poste da rua, perto da casa de Carlito da Silva, ocorrido por falha nos equipamentos para-raios, ficará isenta de responsabilização.

(B) Existindo relação de consumo entre Carlito da Silva e a concessionária de energia elétrica, diante da hipossuficiência técnica do consumidor, será possível a inversão do ônus da prova, que pode ser estabelecida e aplicada no momento da prolação da sentença.

(C) Se o técnico da concessionária atestar que não houve irregularidade no fornecimento e o mesmo for também subscrito pelo usuário, tal documento ostentará o atributo de presunção de legitimidade, por tratar-se de prestação de serviço público.

(D) Ainda que se aplique a inversão do ônus da prova, tal fato não exonera Carlito da Silva do ônus de apresentar alguma evidência do fato de que efetivamente houve a interrupção da prestação do serviço pela concessionária.

(E) É possível a aplicação dos princípios facilitadores da defesa do consumidor em juízo, notadamente o da inversão do ônus da prova, incumbindo-a ao fornecedor, o que não impede que Carlito da Silva também produza provas dos fatos que alega, hipótese em que caberá à concessionária arcar com os custos dessa prova.

A: incorreta. A alternativa afirma que o acidente ocorreu **por falha do equipamento de para-raios**, configurando, dessa forma, o chamado "fortuito interno". A doutrina e a jurisprudência afirmam que o ato culposo de terceiro, conexo com a atividade do fornecedor e relacionado com os riscos próprios do negócio, caracteriza o fortuito interno, o que não exclui a responsabilidade do fornecedor (Veja: EREsp 1318095/MG – DJe 14/03/2017). Na mesma linha de pensamento temos a Súmula 479 do STJ: "As instituições financeiras respondem objetivamente pelos danos gerados por fortuito interno relativo a fraudes e delitos praticados por terceiros no âmbito de operações bancárias". **B:** incorreta. A inversão do ônus da prova é entendida pelo STJ como regra de instrução (não de julgamento), podendo ocorrer antes da prolatação da sentença ou acórdão (REsp 802.832/MG). Vale notar que o NCPC, em seu art. 373, §, 1º do CPC: "Nos casos previstos em lei ou diante de peculiaridades da causa relacionadas à impossibilidade ou à excessiva dificuldade de cumprir o encargo nos termos do *caput* ou à maior facilidade de obtenção da prova do fato contrário, poderá o juiz atribuir o ônus da prova de modo diverso, desde que o faça por decisão fundamentada, caso em que deverá dar à parte a oportunidade de se desincumbir do ônus que lhe foi atribuído". **C:** incorreta. Somente os atos praticados pelos servidores públicos têm presunção de legitimidade. **D:** correta. O artigo 6º, VIII, do CDC prevê a possibilidade de inversão do ônus da prova, a favor do consumidor, no processo civil, quando, a critério do juiz, houver verossimilhança das alegações ou hipossuficiência do consumidor. Sendo assim, o juiz pode exigir a prova do fato (interrupção da energia elétrica) e inverter o ônus de prova quanto ao nexo de causalidade. **E:** incorreta. A doutrina e a jurisprudência caminham no sentido de entender que "os efeitos da inversão do ônus da prova não possuem a força de obrigar a parte contrária a arcar com as custas da prova requerida pelo consumidor" (AgRg no AREsp 246375 / PR, j. 04.12.2012, Rel. Min. Luis Felipe Salomão). **RD**

Gabarito "D".

(Juiz de Direito – TJ/RJ – VUNESP – 2016) Marisa de Lima adquiriu um aparelho de telefone celular em uma loja de departamentos para dar como presente a um sobrinho em seu aniversário. O bem foi adquirido em 10 de maio de 2015 e entregue ao sobrinho na primeira semana de julho, quando Paulinho imediatamente passou a utilizar o aparelho. No dia das crianças do mesmo ano, quando novamente encontrou o sobrinho, este informou que o aparelho está apresentando problema de aquecimento e desligamento espontâneo quando está brincando em um jogo e que notou a existência do vício em meados de setembro.

A partir desses fatos, é correta a seguinte afirmação.

(A) Ainda não decorreu o prazo decadencial para apresentar reclamação perante o fornecedor, pois como se trata de vício oculto, o prazo iniciou-se no momento em que o aparelho começou a apresentar o problema.

(B) A reclamação que venha a ser formulada pelo consumidor perante o fornecedor e a instauração do inquérito civil interrompem o fluxo do prazo para o exercício do direito de reclamar, que é de natureza prescricional, pois se fosse decadencial não suspenderia nem interromperia.

(C) Tratando-se de vício oculto, o consumidor poderá formular reclamação perante o fornecedor por escrito, a qualquer tempo, mediante instrumento enviado pelo cartório de títulos e documentos, carta registrada ou simples, encaminhada pelo serviço postal ou entregue pelo consumidor, inclusive de forma verbal.

(D) Já decorreu o prazo prescricional para apresentar reclamação perante o fornecedor, pois o direito de reclamar pelos vícios apresentados iniciou-se a partir da retirada do aparelho de telefone celular da loja.

(E) O prazo para apresentar reclamação perante o fornecedor é de natureza decadencial, mas não poderá ser exercido, pois decorrido mais de 90 dias desde a data do início da efetiva utilização do aparelho celular.

A: correta. Na forma do art. 26, § 3º, o prazo decadencial para os casos de vício oculto começa a correr a partir do momento em que este ficar evidenciado. Sendo assim, conta-se 90 (noventa) dias a partir de meados de setembro, conforme o problema apresentado. **B:** incorreta. A reclamação que venha a ser formulada pelo consumidor e a instauração do inquérito civil interrompem o prazo e o fluxo do prazo, que, na forma da lei, é **decadencial** (art. 26, § 2º). Diferentemente do Código Civil, o prazo decadencial do Código de Defesa do Consumidor admite a interrupção do prazo nas hipóteses mencionadas. Vale notar também que a doutrina e a jurisprudência não são unânimes quanto a correta interpretação do dispositivo. Para parte da doutrina trata-se de interrupção e, para outra parte, trata-se de suspensão de prazo decadencial. **C:** incorreta. O prazo para reclamar é de 90 (noventa) dias e pode ser exercido por qualquer meio, desde que comprovado pelo consumidor. **D:** incorreta. Vide justificativa da alternativa "A". **E:** incorreta. Vide justificativa da alternativa "A". **RD**

Gabarito "A".

(Juiz de Direito/AM – 2016 – CESPE) Xavier adquiriu, em 20/9/2012, na casa de materiais de construção Materc Ltda., piso em cerâmica fabricado pela empresa Ceramic Ltda. A Materc Ltda. comprometeu-se a instalar na cozinha da residência de Xavier o material comprado e assim o fez, prevendo contratualmente trinta dias de garantia. Posteriormente, em 19/3/2013, o piso passou a apresentar rachaduras. Diante de tal situação, Xavier contatou, em 20/3/2013, os técnicos das empresas envolvidas, que, no mesmo dia, compareceram ao local. O representante da Materc Ltda. não reconheceu a má prestação do serviço; contudo, o preposto da fabricante atestou que os produtos adquiridos apresentavam vícios. Não obstante, este informou que, como já havia transcorrido o prazo da garantia oferecido pelo serviço, bem como o prazo de trinta dias previsto em lei, nada poderia ser feito. Inconformado com os produtos adquiridos, Xavier ingressou com ação de cobrança contra os fornecedores e requereu que estes, solidariamente, restituíssem a quantia paga.

Nessa situação hipotética, conforme as disposições do CDC,

(A) o defeito descrito caracteriza a existência de fato do produto e, por isso, o prazo prescricional é de cinco anos.
(B) ao autor é assegurado o prazo prescricional de três anos previsto legalmente para a reparação civil, razão pela qual ainda não houve a perda da pretensão.
(C) a Ceramic Ltda. não pode ser responsabilizada civilmente, pois o autor se insurgiu tão somente contra os produtos adquiridos.
(D) a garantia contratual substituiu a garantia legal prevista para o caso em questão e, portanto, está prescrita a pretensão do autor.
(E) a relação jurídica estabelecida entre as partes é de consumo e, por se tratar de vício oculto, o direito do autor de reclamar ainda não caducou.

A: corrreta conforme o gabarito, mas o teste deveria ter sido anulado. A questão trata de um vício de produto e deve ser solucionada na forma do art. 18 do CDC. O prazo para reclamar, por se tratar de um vício inicia-se no momento em que este ficar evidenciado (art. 26, § 3º). Neste caso, o consumidor pode reclamar do vício e, caso não seja consertado no prazo legal, poderá optar por qualquer das soluções dadas pela lei: troca do produto, devolução dos valores ou abatimento proporcional do preço. Não se trata de um fato do produto como inserido na alternativa posto que, na forma do art. 12, caput, e parágrafo primeiro, " o produto será considerado defeituoso se não tiver segurança que o consumidor espera". Assim, o fato do produto, ou acidente de consumo, se caracteriza pela exposição da vida e da saúde do consumidor, o que não se apresenta no caso posto. **B:** incorreta, já que o prazo para reclamar é de 90 dias contados a partir do momento em que se descobre o vício (art. 26). O prazo mencionado na alternativa é o prazo de responsabilidade civil geral do Código Civil. Por se tratar de uma relação jurídica de consumo, deve-se aplicar os prazos do CDC. **C:** incorreta, tendo em vista que enunciado expõe um vício de produto, a responsabilidade civil entre o comerciante e o fabricante é solidária, ambos respondendo pelos prejuízos causados aos consumidores (art. 18). **D:** incorreta, a garantia contratual é sempre complementar (art. 50 do CDC). Por essa razão, a garantia legal sempre poderá ser exercida pelo consumidor e será de 90 dias para os produtos duráveis, contados a partir da entrega do produto (art. 26, § 1º) ou contados a partir do momento em que se descobre o vício (art. 26, § 3º). **E:** incorreta, mas deveria ter sido considerada a resposta correta. Trata-se, de fato, de relação jurídica de consumo e de um vício oculto. O prazo para reclamar é decadencial e inicia-se no momento em que ficar evidenciado o "defeito" (uso incorreto do termo pelo próprio CDC), tudo conforme o art. 26, § 3º da lei consumerista.

Gabarito "A".

A empresa "X", do ramo de atividade gráfica, adquiriu um veículo automotor, de fabricação da montadora "K", modelo novo, zero quilômetro, na concessionária "Y". Dois meses após a compra, já efetuada a primeira revisão obrigatória durante o prazo da garantia contratual, surgiram alguns problemas no sistema elétrico do veículo, em especial no sistema automático de abertura das portas, não coberto na garantia contratual, diminuindo o seu valor de mercado. Imediatamente o veículo foi levado à concessionária, mas o problema não foi solucionado, nem daquela vez, nem mesmo após inúmeras tentativas, com idas e vindas à concessionária durante seis meses, até que aquela afirmasse que não tinha como solucionar o defeito. Passados mais de 30 dias da última ida à concessionária, "X" ajuizou ação individual de reparação civil, em face da montadora "K", pedindo indenização por dano moral e a restituição imediata da quantia que fora paga pelo veículo, monetariamente atualizada.

Em sua contestação a montadora "K" denunciou à lide a concessionária "Y", aduzindo que as falhas seriam decorrentes de erro cometido na primeira revisão feita pela concessionária, e preliminares de ilegitimidade ativa e passiva de parte e decadência do direito de reclamar do vício do produto. A ilegitimidade ativa, por se tratar de pessoa jurídica; a passiva porque a responsabilidade objetiva seria decorrente apenas do serviço e não do produto. Quanto à decadência porque o prazo não teria sido suspenso ou interrompido apenas porque levado o veículo à concessionária para o conserto.

No mérito, refutou a possibilidade das indenizações pedidas, tanto a de dano material, porque legalmente incabível, bem como a de dano moral. O autor da demanda pleiteou em sua manifestação na fase das providências preliminares que se declarasse, de imediato, a inversão do ônus da prova a seu favor.

Considere o enunciado acima para as duas questões seguintes.

(Procurador da ftRepública –28º Concurso – 2015 – MPF) O Código de Defesa do Consumidor prevê a responsabilidade civil pelo fato e pelo vício do produto e a responsabilidade solidária do causador do dano em alguns casos. Assinale o item correto:

(A) As concessionárias de serviços rodoviários respondem objetivamente pelos prejuízos decorrentes de acidentes provocados pela presença de animais na pista;
(B) O dano causado aos consumidores por defeitos decorrentes de acondicionamento são de responsabilidade exclusiva do fabricante, o qual só não será responsabilizado se provar que não colocou o produto no mercado;
(C) O complexo hospitalar e o médico-cirurgião, chefe da equipe que realiza o ato cirúrgico, respondem solidariamente pelos danos causados ao paciente em decorrência de erro médico cometido pelo médico-anestesista, mesmo que este trabalhe sem vínculo de emprego ou subordinação;
(D) Se o dano for causado por uma peça determinada que foi incorporada ao produto, serão responsáveis: o fabricante, o construtor ou o importador da peça e não o fornecedor do produto final.

A: correta. A responsabilidade civil pela prestação de serviço defeituoso está prevista no art. 14 do CDC, trazendo responsabilidade objetiva e solidária de todos os envolvidos na prestação de serviços. Em relação aos concessionários de serviços públicos, o informativo de jurisprudência em tese do STJ 74 consolidou os seguintes entendimentos: 1) "a relação entre concessionária de serviço público e o usuário final para o fornecimento de serviços públicos essenciais é consumerista, sendo cabível a aplicação do Código de Defesa do Consumidor"; e 2) "as empresas públicas, as concessionárias e as permissionárias prestadoras de serviços públicos respondem objetivamente pelos danos causados a terceiros, nos termos do art. 37, § 6º da Constituição Federal e dos art. 14 e 22 do Código de Defesa do Consumidor". **B:** incorreta. Nos termos do art. 12 do CDC, a responsabilidade por defeito de produto é do fabricante, construtor, produtor e importador excluindo, de fato, a responsabilidade do comerciante. No entanto, o fabricante somente não será responsável pelos danos causados por acondicionamento do produto se fizer prova de uma das três excludentes: a) de que não colocou o produto no mercado; b) que embora tenha colocado o produto no mercado, o defeito inexiste; ou c) da culpa exclusiva do consumidor ou de terceiro. **C:** incorreta. A responsabilidade do profissional liberal é subjetiva (art. 14, § 4º, do CDC) dependendo sempre da prova da culpa do médico para a sua responsabilização. Sendo a responsabilidade do médico-anestesista, não há que se falar em responsabilidade solidária do médico-cirurgião chefe da equipe, especialmente na ausência de subordinação. Em caso análogo, já decidiu o STJ: "A divergência cinge-se ao reconhecimento, ou afastamento, da responsabilidade solidária e objetiva (CDC, art. 14, *caput*) do médico-cirurgião, chefe da equipe que realiza o ato cirúrgico, por danos causados ao paciente em decorrência de erro médico cometido exclusivamente pelo médico-anestesista. Na Medicina moderna a operação cirúrgica não pode ser compreendida apenas em seu aspecto unitário, pois frequentemente nela interferem múltiplas especialidades médicas. Nesse contexto, normalmente só caberá a responsabilização solidária e objetiva do cirurgião-chefe da equipe médica quando o causador do dano for profissional que atue sob predominante subordinação àquele. No caso de médico anestesista, em razão de sua capacitação especializada e de suas funções específicas durante a cirurgia, age com acentuada autonomia, segundo técnicas médico-científicas que domina e suas convicções e decisões pessoais, assumindo, assim, responsabilidades próprias, segregadas, dentro da equipe médica. Destarte, se o dano ao paciente advém, comprovadamente, de ato praticado pelo anestesista, no exercício de seu mister, este responde individualmente pelo evento. O Código de Defesa do Consumidor, em seu art. 14, *caput*, prevê a responsabilidade objetiva aos fornecedores de serviço pelos danos causados ao consumidor em virtude de defeitos na prestação do serviço ou nas informações prestadas – fato do serviço. Todavia, no § 4º do mesmo artigo, excepciona a regra, consagrando a responsabilidade subjetiva dos profissionais liberais. Não há, assim, solidariedade decorrente de responsabilidade objetiva, entre o cirurgião-chefe e o anestesista, por erro médico deste último durante a cirurgia" (STJ, AREsp 717413, DJ 11/09/2015). **D:** incorreta. Nos termos do art. 25, § 2º do CDC, "sendo o dano causado por componente ou peça incorporada ao produto ou serviço, são responsáveis solidários seu fabricante, construtor ou importador e o que realizou a incorporação". RD

Gabarito "A".

(Promotor de Justiça – MPE/AM – FMP – 2015) Consideram-se produtos essenciais os indispensáveis para satisfazer as necessidades imediatas do consumidor. Logo, na hipótese de falta de qualidade ou quantidade, não sendo o vício sanado pelo fornecedor, assinale a alternativa correta.

(A) O consumidor tem apenas o direito de exigir a substituição do produto por outro de mesma espécie, em perfeitas condições de uso.
(B) Abre-se, para o consumidor, o direito de, alternativamente, solicitar, dentro do prazo de 7 (sete) dias, a substituição do produto durável ou não durável por outro de mesma espécie, em perfeitas condições de uso, ou a restituição imediata da quantia paga, sem prejuízo de eventuais perdas e danos, ou, ainda, o abatimento proporcional do preço.

(C) É direito do consumidor exigir apenas a substituição do produto durável por outro de mesma espécie, em perfeitas condições de uso, ou, sendo não durável, a restituição imediata da quantia paga, sem prejuízo de eventuais perdas e danos, ou, ainda, o abatimento proporcional do preço.
(D) É direito do consumidor exigir a substituição do produto por outro de mesma espécie, em perfeitas condições de uso, ou, a seu critério exclusivo, a restituição imediata da quantia paga, sem prejuízo de eventuais perdas e danos, ou, ainda, o abatimento proporcional do preço.
(E) É direito do consumidor exigir a substituição do produto durável ou não durável, dentro do prazo de 90 (noventa) dias, por outro de mesma espécie, em perfeitas condições de uso, ou, a seu critério exclusivo, a restituição imediata da quantia paga, sem prejuízo de eventuais perdas e danos, ou, ainda, o abatimento proporcional do preço.

A: incorreta. Nesta hipótese o consumidor pode exigir, nos termos do art. 18, § 1º, as seguintes opções: i) a substituição do produto por outro da mesma espécie, em perfeitas condições de uso; ii) a restituição imediata da quantia paga, monetariamente atualizada, sem prejuízo de eventuais perdas e danos ou iii) o abatimento proporcional do preço. **B:** incorreta. Sendo o produto considerado essencial para o consumidor, ele poderá fazer uso das opções imediatamente, sem ter que aguardar prazo para conserto (art. 18, § 3º). **C:** incorreta. Conforme exposto na alternativa "a". **D:** correta. Nas hipóteses em que o produto é considerado essencial, ou em que o vício considerado extenso a ponto de não ter condições de ser consertado (art. 18, § 3º), o consumidor poderá fazer uso imediato das alternativas expressas no art. 18, § 1º, do CDC, sem dar o prazo para conserto previsto no *caput* do mesmo artigo. **E:** incorreta. O prazo para reclamar de produtos não duráveis é de 30 dias (art. 26). RD

Gabarito "D".

(Promotor de Justiça – MPE/MS – FAPEC – 2015) De acordo com o art. 19 da Lei 8.078/1990 (Código de Defesa do Consumidor), os fornecedores respondem solidariamente pelos vícios de quantidade do produto sempre que, respeitadas as variações decorrentes de sua natureza, seu conteúdo líquido for inferior às indicações constantes do recipiente, da embalagem, rotulagem ou de mensagem publicitária, podendo o consumidor exigir, alternativamente e à sua escolha:
I. o abatimento proporcional do preço.
II. complementação do peso ou medida.
III. a substituição do produto por outro da mesma espécie, marca ou modelo, sem os aludidos vícios.
IV. a restituição imediata da quantia paga, monetariamente atualizada, sem prejuízo de eventuais perdas e danos.
A esse respeito, pode-se concluir que:
(A) Apenas as assertivas I e IV estão corretas.
(B) Apenas as assertivas II, III e IV estão corretas.
(C) Apenas as assertivas I, III e IV estão corretas.
(D) Apenas a assertiva IV está incorreta.
(E) Todas as assertivas estão corretas.

Todas as assertivas estão corretas nos termos do art. 19 do CDC. RD

Gabarito "E".

(Procurador da República – PGR – 2013) Com relação à prestação de serviços públicos é correto afirmar que:
(A) Os prestadores de serviço público remunerados por tarifas têm responsabilidade subjetiva pelos vícios e danos ocasionados por defeitos decorrentes da prestação dos serviços;
(B) O serviço de fornecimento de água, por ser universal e de utilidade pública, não pode ser tutelado pelo Código de Defesa do Consumidor;
(C) A cobrança indevida na fatura de energia elétrica, por culpa da concessionária, não enseja a devolução em dobro prevista no parágrafo único do artigo 42 do Código de Defesa do Consumidor, por se tratar de tarifa pública não contratual;
(D) A Agência Nacional de Energia Elétrica – ANEEL e a Agência Nacional de Vigilância Sanitária – ANVISA têm competência legal para atuar na proteção e defesa dos consumidores.

A: incorreta. Os serviços públicos remunerados por tarifa ou preço público estão sujeitos à aplicação integral do Código de Defesa do Consumidor. Veja o boletim 74 de Jurisprudências em Teses do STJ: "A relação entre concessionária de serviço público e o usuário final para o fornecimento de serviços públicos essenciais é consumerista, sendo cabível a aplicação do Código de Defesa do Consumidor" e "As empresas públicas, as concessionárias e as permissionárias prestadoras de serviços públicos respondem objetivamente pelos danos causados a terceiros, nos termos do art. 37, § 6º da Constituição Federal e dos art. 14 e 22 do Código de Defesa do Consumidor". Sendo assim, a responsabilidade civil das prestadoras de serviços é objetiva na ocorrência de defeitos decorrentes da prestação de serviços. **B:** incorreta. Conforme exposto na alternativa anterior. **C:** incorreta. Havendo incidência do CDC, há aplicação integral do art. 42 do diploma legal. **D:** correta. Em geral, as agências reguladoras têm a função de fiscalização dos serviços públicos e a consequente proteção do consumidor. RD

Gabarito "D".

(Procurador da República – PGR – 2013) Com relação aos produtos colocados à disposição dos consumidores no mercado, o Código de Proteção e Defesa do Consumidor, CDC – Lei 8.078/1990, prevê que:
(A) O pacote de arroz que anuncia em seu rótulo conter o conteúdo líquido de um quilo, ensacado pela empresa XYZ, mas que contenha apenas 800 gramas tem um vício de produto e o prazo para reclamar contra qualquer dos fornecedores que integram a cadeia de fornecimento solidariamente caduca em 30 dias;
(B) O pacote de arroz que anuncia em seu rótulo conter o conteúdo líquido de um quilo, ensacado pela empresa XYZ, que contenha excesso de pesticida nocivo à saúde humana tem um defeito de segurança, fato do produto, e o prazo para que seja efetuada a reclamação solidária contra o fabricante ou o comerciante é decadencial de 120 dias, a partir da data da compra;
(C) O arroz vendido a granel, pesado em frente ao consumidor, que contenha soda cáustica nociva à saúde humana tem um defeito de segurança, fato do produto, e o prazo para o consumidor que passou mal ao ingerir o cereal efetuar reclamação contra o comerciante ou o produtor é prescricional de 2 anos;
(D) O consumidor que sofrer dano irreparável ao consumir arroz ensacado pela empresa XYZ tem prazo decadencial de 2 anos para propor ação contra o fabricante. A responsabilidade por fato do produto que colocou em risco a saúde e a segurança do consumidor da empresa XYZ é objetiva não havendo excludentes de responsabilidade.

A: correta. O art. 19 do CDC prevê que é produto com vício de quantidade o que contiver quantidade inferior ao mencionado na rotulagem. O prazo decadencial de 30 dias para reclamar dos vícios de produtos não duráveis está previsto no art. 26 do mesmo diploma legal. **B:** incorreta. A lei consumerista distingue vício e defeito de produto. O art. 18, § 6º, do CDC, os produtos sem vida ou à saúde contém vício e são impróprios ao uso e consumo. Vale lembrar que a doutrina majoritária caminha no sentido de afirmar a ocorrência de defeito de produto apenas quando houver o acidente de consumo, apesar de o art. 12 do CDC afirmar que o produto é considerado defeituoso quando não oferece a segurança que dele se espera. O prazo para reclamar dos vícios é decadencial de 30 dias para os produtos duráveis e 90 dias para os produtos não duráveis (art. 26 do CDC). **C:** incorreta. Conforme indicações da alternativa anterior, para a maior parte da doutrina estaríamos diante de um vício de produto, não de um defeito, por não ter acontecido o acidente de consumo. Ademais, o prazo para reclamar dos defeitos de produto é prescricional de 5 anos (art. 27). **D:** incorreta. Tendo ocorrido o acidente de consumo, o prazo é prescricional de 5 anos contados a partir do momento em que se descobre o dano e seu causador. RD

Gabarito "A".

(Magistratura/GO – 2015 – FCC) Nesse caso a arguição de decadência seria rejeitada porque
I. não foi ultrapassado o prazo de 90 dias previsto no artigo 26, inciso II do Código de Defesa do Consumidor, aplicável à hipótese, por se tratar de bem durável.
II. a reclamação foi feita dentro do prazo da garantia legal e ajuizada a ação dentro do prazo decadencial que voltou a fluir apenas após a resposta negativa, inequívoca, por parte da concessionária.
III. na hipótese de vício do produto ou do serviço o prazo máximo para sanar o defeito é de 180 dias, correndo daí o prazo decadencial ou prescricional.
IV. a hipótese seria de prescrição, de 5 anos, e não de decadência.
Está correto o que se afirma APENAS em
(A) IV.
(B) III e IV.
(C) II e III.
(D) I e II.
(E) I e III.

I e II: corretas; com relação ao vício no produto e o pedido feito no sentido de desfazimento do negócio, de fato o prazo aplicável para fazer esse tipo de pedido é de 90 dias; e esse prazo de fato não foi ultrapassado; isso porque, o enunciado da questão diz que o consumidor foi atrás do conserto do carro imediatamente após aparecer o problema e, quando isso ocorre, o prazo de 90 dias fica parado até o fornecedor dar uma resposta inequívoca de que não vai conseguir resolver a questão (art. 26, § 2º, I, do CDC); essa resposta foi dada e o prazo de 90 dias foi retomado, mas 30 dias depois, segundo o enunciado, o consumidor ingressou com ação judicial, cumprindo, assim, o prazo de 90 dias que tinha para fazer o pedido em relação ao vício do produto; III: incorreta, pois o prazo máximo para sanar o problema é de 30 dias, e não 180 dias, prazo esse que somente se aplicará se houver convenção expressa nesse sentido, na forma do art. 18, § 2º, do CDC; IV: incorreta, pois o prazo para reclamar de vícios no produto é decadencial, conforme está claro no art. 26, *caput*, do CDC.

Gabarito "D".

(Magistratura/GO – 2015 – FCC) A sentença, tendo em conta o alegado na defesa de mérito apresentada pela ré, e considerando provada a alegação de que o defeito surgiu apenas após a primeira revisão feita pela concessionária, não provado, porém, que em razão desta, deverá julgar o pedido

(A) parcialmente procedente porque o pedido de restituição imediata da quantia paga não tem previsão legal na hipótese de vício do produto ou do serviço que apenas lhe diminua o valor, e por não ter havido pedido de abatimento proporcional do preço o que tornaria a sentença *extra petita* na parte dos danos materiais.

(B) improcedente porque a ação foi proposta após o decurso do prazo da garantia legal, não compreendido o defeito apresentado no veículo na garantia contratual.

(C) procedente *in totum*, inclusive no tocante ao dano moral, porque a jurisprudência do STJ orienta-se no sentido de ser cabível indenização por dano moral quando o consumidor de veículo zero quilômetro necessita retornar à concessionária por diversas vezes para reparo de defeitos apresentados no veículo adquirido.

(D) parcialmente procedente, afastada a indenização por dano moral porque o defeito apresentado, ainda que em veículo novo, implica mero dissabor pessoal, sem repercussão no mundo exterior.

(E) improcedente porque a responsabilidade na hipótese, pelo fato do serviço, é do fornecedor do serviço, na hipótese a concessionária, que não foi demandada por escolha do autor.

A: incorreta, pois o art. 18, § 1º, II, do CDC permite que o consumidor que opta pela restituição imediata da quantia paga, faça também pedido de indenização por perdas e danos; deve-se lembrar que é o consumidor quem escolhe se quer a restituição da quantia paga ou se quer o abatimento do preço ou a substituição do produto por outro equivalente; **B:** incorreta, pois o prazo decadencial não foi ultrapassado; isso porque, o enunciado da questão diz que o consumidor foi atrás do conserto do carro imediatamente após aparecer o problema e, quando isso ocorre, o prazo de 90 dias fica parado até o fornecedor dar uma resposta inequívoca de que não vai conseguir resolver a questão (art. 26, §. 2º, I, do CDC); essa resposta foi dada e o prazo de 90 dias foi retomado, mas 30 dias depois, segundo o enunciado, o consumidor ingressou com ação judicial, cumprindo, assim, o prazo de 90 dias que tinha para fazer o pedido em relação ao vício do produto; **C:** correta, pois a jurisprudência do STJ de fato é no sentido de ser cabível indenização por dano moral "quando o consumidor de veículo zero quilômetro necessita retornar à concessionária por diversas vezes para reparo de defeitos apresentados no veículo adquirido" (AgRg no AREsp 453.644/PR, *DJe* 22.06.2015); **D:** incorreta, pois a jurisprudência do STJ, como se viu, admite indenização por danos morais nesse tipo de situação (AgRg no AREsp 453.644/PR, *DJe* 22.06.2015); **E:** incorreta, pois no caso tem-se ação com fundamento em vício (problema no produto) e defeito (danos morais causados), aplicando-se o art. 18 e o art. 12 do CDC, respectivamente, sendo que para os dois casos o fabricante responde efetivamente pelos vícios e defeitos mencionados.

Gabarito "C".

(Magistratura/BA – 2012 – CESPE) Considerando que o aparelho celular novo adquirido por determinado consumidor, em um supermercado, pelo valor de R$ 800,00, pago à vista, tenha parado de funcionar após cinquenta dias de uso e que esse consumidor tenha, então, solicitado, nesse mesmo supermercado, a troca imediata do produto ou a devolução do valor pago, assinale a opção correta à luz das normas que regem as relações de consumo.

(A) A troca do celular ou a devolução do valor pago pelo supermercado somente pode ser exigido no prazo legal de arrependimento, que é de sete dias, contado da venda.

(B) O direito do consumidor de reclamar do defeito no aparelho caducou, pois ele não o exerceu no prazo legal de trinta dias.

(C) O consumidor tem direito à substituição imediata do celular, uma vez que, em razão da extensão do vício, houve o comprometimento das características do aparelho.

(D) Na hipótese de não sanar o defeito e não ter, em estoque, outro aparelho da mesma marca e modelo, o supermercado poderá, mediante autorização do consumidor, substituir o celular defeituoso por outro de marca ou modelo diverso, com a complementação ou restituição de eventual diferença de preço.

(E) O consumidor não poderia acionar judicialmente o supermercado, porque, nesse caso, a responsabilidade é exclusiva do fabricante.

A: incorreta, pois o consumidor só pode exercer direito de arrependimento se a compra ocorreu fora do estabelecimento, que não foi o caso (art. 49, CDC) – na hipótese o consumidor pode reclamar de vício do produto no prazo de 90 dias após a constatação do defeito (art. 26, § 3º, CDC); **B:** incorreta, pois o consumidor tem o prazo de 90 dias para reclamar do vício do produto durável (art. 26, II, CDC); **C:** incorreta, pois o consumidor deve exigir o reparo do aparelho e somente se o vício não for sanado pelo fornecedor no prazo de 30 dias é que o consumidor pode exigir uma das soluções previstas no art. 18, § 1º, CDC; **D:** correta, conforme o art. 18, § 4º, CDC; **E:** incorreta, em caso de vício do produto existe responsabilidade solidária entre o comerciante e o fabricante (art. 18, *caput*, CDC).

Gabarito "D".

(Magistratura/PA – 2012 – CESPE) No que se refere à responsabilidade por vício do produto e do serviço, assinale a opção correta.

(A) De acordo com a sistemática adotada pelo CDC, a existência de desacordo entre o produto e as especificações a ele relativas constantes no seu recipiente não configura vício de qualidade.

(B) Além de orientar o consumidor, o registro do prazo de validade do produto representa garantia para o fabricante, sendo do consumidor o risco do consumo do produto após esse prazo.

(C) Nem todo motivo que faça o produto tornar-se inadequado ao fim a que se destina é considerado vício.

(D) Como nem todas as pessoas que participam do ciclo de produção são consideradas responsáveis pelo vício do produto, cabe ao consumidor identificar o responsável pelo vício e acioná-lo diretamente.

(E) Os fornecedores de produtos de consumo não duráveis não respondem solidariamente por vícios de qualidade ou quantidade.

A: incorreta, se houver desacordo entre o produto e as especificações a ele relativas constantes no seu recipiente estará configurado vício de qualidade (art. 18, *caput*, CDC); **B:** correta, pois de acordo com o art. 18, § 6º, do CDC, são § 6º são impróprios ao uso e consumo os produtos cujos prazos de validade estejam vencidos. Assim, se o consumidor resolver consumir o produto após a data de validade estará assumindo o risco; **C:** incorreta, pois todo o motivo que tornar o produto inadequado ao fim a que se destina é vício (art. 18, CDC); **D:** incorreta, todas as pessoas que participam do ciclo de produção são consideradas responsáveis pelo vício do produto (art. 18, *caput*, CDC); **E:** incorreta, os fornecedores de produtos de consumo não duráveis respondem solidariamente por vícios de qualidade ou quantidade (art. 18, *caput*, CDC).

Gabarito "B".

(Defensor Público/AC – 2012 – CESPE) Assinale a opção correta com relação ao que dispõe o CDC acerca do vício do produto bem como da prescrição e da decadência.

(A) O prazo prescricional determinado para reclamação contra vício oculto inicia-se no momento em que ficar evidenciado o defeito.

(B) O direito de o consumidor reclamar contra vícios aparentes ou de fácil constatação é decadencial e relacionado a direitos potestativos.

(C) Prescreve em sessenta dias o prazo para o consumidor reclamar contra vícios de produtos não duráveis.

(D) Obsta a prescrição a reclamação comprovadamente formulada pelo consumidor perante o fornecedor de produtos e serviços até a resposta negativa correspondente, que deve ser transmitida de forma inequívoca.

A: incorreta, pois o prazo, no caso, não é prescricional, mas decadencial (art. 26, § 3º, do CDC); **B:** correta, podendo se verificar a expressão "decadencial" (ou "decadência") nos §§ 1º, 2º, 3º, do art. 26 do CDC, e, como se sabe, a decadência é justamente um direito potestativo (de influenciar na relação jurídica de outrem); **C:** incorreta, pois o prazo em questão é de decadência (e não de prescrição) e de 30 dias (e não de 60 dias), conforme o art. 26, I, do CDC; **D:** incorreta, pois fica obstada a decadência e não a prescrição (art. 26, § 2º, I, do CDC).

Gabarito "B".

(Advogado da União/AGU – CESPE – 2012) Julgue os itens a seguir, acerca da responsabilidade civil.

(1) A configuração do vício do produto independe de sua gravidade ou do momento de sua ocorrência – se antes, durante, ou depois da entrega do bem ao consumidor lesado –, ou ainda de o vício ter ocorrido em razão de contrato, respondendo pelo dano todos os fornecedores, solidariamente, e o comerciante, de forma subsidiária.

(2) O banco que terceirizar a entrega de talonário de cheque aos correntistas será responsável por eventual defeito na prestação do serviço, visto que se configura, nesse caso, a culpa *in re ipsa*, pressuposto da responsabilidade civil do banco pela reparação do dano.

1: incorreta, pois o comerciante é responsável solidário em caso de vício (art. 18 do CDC); **2:** correta, pois o serviço em questão é de responsabilidade do banco, que responde objetivamente tanto por vícios, como por defeitos na prestação de seu serviço (arts. 14, *caput*, e 20, *caput*, do CDC), pouco importando se houve ou não terceirização na entrega de talonário.

Gabarito 1E, 2C.

(Procurador da República – 26º) Considerando a jurisprudência do Superior Tribunal de Justiça e o Capítulo IV do Código de Defesa do Consumidor, que tratam da qualidade de produtos e serviços e da prevenção e reparação dos danos causados aos consumidores, é correto afirmar que:

(A) A ação de indenização dos danos sofridos em decorrência do consumo de produto alimentício adquirido com o prazo de validade vencido há mais de um ano deve ser ajuizada em desfavor do comerciante da mercadoria, já que o fabricante não pode ser responsabilizado pela venda do produto com validade vencida, por não ter o dever de guarda e manutenção da mercadoria;

(B) O Código de Defesa do Consumidor apresenta duas regras distintas para regular o direito do consumidor de reclamar. Nos casos de vício de adequação os prazos são decadenciais de trinta dias para pro-

duto ou serviço não durável e noventa dias para produto ou serviço durável; e nos casos de defeito de segurança causados por fato do produto ou serviço o prazo prescreve em cinco anos;
(C) O taxista que adquire veículo para uso comercial não poderá requerer a inversão do ônus da prova se o veículo apresentar defeito na mangueira de alimentação de combustível do veículo;
(D) As instituições financeiras não respondem objetivamente pelos furtos, roubos e latrocínios ocorridos nas dependências dos estacionamentos que oferecem aos seus clientes, pois o caso fortuito é nessa hipótese excludente da responsabilidade civil.

A: incorreta, na hipótese retratada na alternativa haverá responsabilidade solidária entre o comerciante e o fornecedor. Neste sentido o STJ já decidiu que "a eventual configuração da culpa do comerciante que coloca à venda produto com prazo de validade vencido não tem o condão de afastar o direito de o consumidor propor ação de reparação pelos danos resultantes da ingestão da mercadoria estragada em face do fabricante" (REsp 980.860/SP, Relatora Min. NANCY ANDRIGHI, julgamento em 23/04/2009, Terceira Turma); **B:** correta, pois está de acordo com os artigos 26, I e II, e 27 do CDC; **C:** incorreta, quando for verossímil a alegação ou quando o consumidor for hipossuficiente o juiz poderá determinar a inversão do ônus da prova. Quanto à caracterização do taxista como consumidor o STJ já decidiu que: "A aquisição de veículo para utilização como táxi, por si só, não afasta a possibilidade de aplicação das normas protetivas do CDC. A constatação de defeito em veículo zero-quilômetro revela hipótese de vício do produto e impõe a responsabilização solidária da concessionária (fornecedor) e do fabricante, conforme preceitua o artigo 18, *caput*, do CDC" (REsp 611.872/RJ, Relator Min. ANTONIO CARLOS FERREIRA, julgamento em 02/10/2012, Quarta Turma); **D:** incorreta, "tanto a instituição bancária locadora da área como a empresa administradora do estacionamento são responsáveis pela segurança das pessoas e veículos que dele fazem uso. A exploração comercial de estacionamento, que tem por escopo oferecer espaço e segurança aos usuários, afasta a alegação de força maior em caso de roubo havido dentro de suas instalações" (STJ, REsp 503.208/SP, Relator Min. ALDIR PASSARINHO JUNIOR, julgamento em 26/05/2008, Quarta Turma).
Gabarito "B".

5. DESCONSIDERAÇÃO DA PERSONALIDADE JURÍDICA. RESPONSABILIDADE EM CASO DE GRUPO DE EMPRESAS

(Procurador Municipal/SP – VUNESP – 2016) Sobre a desconsideração da personalidade jurídica prevista no Código de Defesa do Consumidor, é correto afirmar que
(A) as sociedades integrantes dos grupos societários são subsidiariamente responsáveis, enquanto as sociedades controladas são solidariamente responsáveis pelas obrigações decorrentes do Código de Defesa do Consumidor.
(B) o juiz deverá desconsiderar a personalidade jurídica somente quando houver má administração e falência do fornecedor.
(C) as empresas coligadas respondem solidária e objetivamente pelos prejuízos causados aos consumidores.
(D) as sociedades consorciadas são solidariamente responsáveis pelas obrigações decorrentes do Código de Defesa do Consumidor.
(E) as sociedades integrantes dos grupos societários e as sociedades controladas são ambas solidariamente responsáveis pelas obrigações decorrentes do Código de Defesa do Consumidor.

A: incorreta. As sociedades integrantes dos grupos societários e as sociedades controladas, são subsidiariamente responsáveis pelas obrigações decorrentes deste Código (art. 28, § 2°, do CDC). **B:** incorreta. Na forma do art. 28, *caput*, do CDC o "juiz poderá desconsiderar a personalidade jurídica da sociedade quando, em detrimento do consumidor, houver abuso de direito, excesso de poder, infração da lei, fato ou ato ilícito ou violação dos estatutos ou contrato social. A desconsideração também será efetivada quando houver falência, estado de insolvência, encerramento ou inatividade da pessoa jurídica provocados por má administração". **C:** incorreta. As sociedades coligadas só responderão por culpa (art. 28, § 4°). **D:** correta. Nos exatos termos do art. 28, § 3°, do CDC. **E:** incorreta. A responsabilidade é subsidiária (vide alternativa "A").
Gabarito "D".

(Juiz de Direito/AM – 2016 – CESPE) Acerca do tratamento dispensado pelo CDC à pessoa jurídica e à sua desconsideração e responsabilização penal, aos direitos básicos do consumidor e ao instituto do *recall*, assinale a opção correta à luz da legislação aplicável e da jurisprudência do STJ.
(A) Na desconsideração da personalidade jurídica, o CDC adotou a teoria maior, pois, para tal desconsideração, exige-se o desvio de finalidade e a confusão patrimonial.
(B) Ao abordar as infrações penais de consumo, relativamente ao concurso de pessoas, o CDC não tratou da responsabilidade do diretor, do administrador ou do gerente da pessoa jurídica.
(C) O CDC, ao tratar da possibilidade de modificação e revisão de cláusulas contratuais que estabeleçam prestações desproporcionais ou fatos supervenientes que as tornem excessivamente onerosas, adotou a teoria da imprevisão.
(D) O *recall* efetuado pelo fornecedor mediante anúncios publicitários não afasta a sua obrigação de reparar o consumidor na hipótese de fato do produto pretérito decorrente desse defeito.
(E) A pessoa jurídica tem a vulnerabilidade presumida no mercado de consumo na hipótese de relação jurídica estabelecida com empresa concessionária de serviço público essencial.

A: incorreta. Conforme entendimento doutrinário e jurisprudencial, o CDC adota a teoria menor da desconsideração da personalidade jurídica, que exige apenas o estado de insolvência do fornecedor com a má administração da empresa ou em casos em que a personalidade jurídica se torna um obstáculo ao ressarcimento dos prejuízos dos consumidores. Veja: REsp 1111153 / RJ. **B:** incorreta. A responsabilidade penal dos administradores, gerentes e diretores é trata75 do CDC, que incidirão nas mesmas penas na medida da sua culpabilidade. **C:** incorreta. O art. 6°, V, da lei consumerista não exige a imprevisão para a revisão judicial do contrato. Basta que haja um fato superveniente que torne a prestação excessivamente onerosa. **D:** correta. O recall, previsto no art. 9° e 10° do CDC, não isenta o fornecedor de indenizar na hipótese de acidente. Nesse sentido, o STJ já afirmou: "A circunstância de o adquirente não levar o veículo para conserto, em atenção a *recall*, não isenta o fabricante da obrigação de indenizar (veja: REsp 1010392 / RJ). **E:** incorreta. A pessoa jurídica pode ser considerada consumidora na forma do art. 2° do CDC. No entanto, somente será consumidora se for destinatária final do serviço ou produto se houver vulnerabilidade no caso concreto. Especificamente sobre serviços públicos "A contratação do serviço de telefonia não caracteriza relação de consumo tutelável pelo CDC, pois o referido serviço compõe a cadeia produtiva da empresa, sendo essencial à consecução do seu negócio. Também não se verifica nenhuma vulnerabilidade apta a equipar a empresa à condição de consumidora frente à prestadora do serviço de telefonia" (STJ, REsp 1195642/RJ, DJe 21/11/2012).
Gabarito "D".

(Magistratura/RR – 2015 – FCC) Francisco adquiriu um celular da empresa Linha Ltda. Ao ligá-lo, o aparelho explodiu, causando danos em Francisco, que ajuizou ação de reparação contra a empresa. O pedido de reparação foi julgado procedente por sentença transitada em julgado. Quando do cumprimento do julgado, constatou-se que a Linha Ltda. não possuía recursos para satisfação do débito, em razão de estado de insolvência causado por má administração. Descobriu-se, por outro lado, que a empresa Capacidade Ltda., pertencente ao mesmo grupo societário, possui recursos suficientes para tanto. Nesse caso, o juiz poderá
(A) responsabilizar subsidiariamente a empresa Capacidade Ltda., porém não desconsiderar a personalidade jurídica da empresa Linha Ltda.
(B) desconsiderar a personalidade jurídica da empresa Linha Ltda. e responsabilizar subsidiariamente a empresa Capacidade Ltda.
(C) desconsiderar a personalidade jurídica da empresa Linha Ltda., porém não responsabilizar subsidiariamente a empresa Capacidade Ltda.
(D) desconsiderar a personalidade jurídica da empresa Linha Ltda. e responsabilizar solidariamente a empresa Capacidade Ltda.
(E) de imediato, desconsiderar a personalidade jurídica de ambas as empresas, Linha Ltda. e Capacidade Ltda.

Em matéria de relação de consumo, cabe desconsideração da personalidade da fornecedora de produto ou serviço toda vez que esta ficar insolvente por má administração (art. 28, *caput*, do CDC). De outra parte, o CDC também permite a responsabilização *subsidiária* de empresas integrantes do mesmo *grupo societário* da fornecedora que tiver causado dano ao consumidor (art. 28, § 2°). Assim, somente a alternativa "B" está correta.
Gabarito "B".

(Defensor/PA – 2015 – FMP) Assinale a opção CORRETA sobre o direito do consumidor.
(A) Para fins de desconsideração da personalidade jurídica, o sistema consumerista exige a demonstração do abuso de direito na condução das atividades sociais, embora admita a inversão do ônus probatório deste requisito.
(B) Diferentemente do que ocorre na seara civilista, no âmbito do direito do consumidor o decreto de desconsideração da personalidade jurídica importa na despersonalização do ente.
(C) O encerramento irregular das atividades da pessoa jurídica fornecedora basta para o decreto de desconsideração da sua personalidade jurídica, independentemente da verificação da inadimplência da parte devedora.
(D) No sistema consumerista a mera inadimplência do fornecedor permite a desconsideração da personalidade jurídica, pela qual haverá a afetação do patrimônio de sócios.
(E) Para fins de desconsideração da personalidade jurídica, o sistema consumerista exige apenas a demonstração da fraude, prescindindo da prova do abuso de direito na condução das atividades sociais.

A e E: incorretas, pois o abuso de direito ou a fraude são exigências para a desconsideração da personalidade apenas no âmbito do Direito Civil (art. 50 do CDC), mas não são requisitos para a desconsideração da personalidade no âmbito do Direito do Consumidor, vez que o art. 28, § 5°, do CDC permite a desconsideração da personalidade sempre que esta "for, de alguma forma, obstáculo ao ressarcimento de prejuízos causados aos consumidores";

B: incorreta, pois nos dois sistemas jurídicos mencionados, a desconsideração não retira a personalidade da pessoa jurídica, mas a apenas a desconsidera momentaneamente para fins de atingir o patrimônio da pessoa jurídica; **C:** incorreta, pois se não há inadimplência da pessoa devedora, não há justa causa para a desconsideração da personalidade, que não terá utilidade alguma; **D:** correta, pois o art. 28, § 5º, do CDC permite a desconsideração da personalidade sempre que esta "for, de alguma forma, obstáculo ao ressarcimento de prejuízos causados aos consumidores".
Gabarito "D".

(Magistratura/CE – 2012 – CESPE) Acerca da desconsideração da personalidade jurídica nas relações de consumo, assinale a opção correta.
(A) O CDC admite a responsabilização de sociedades que, embora associadas a outras, conservem a respectiva autonomia patrimonial e administrativa, independentemente da demonstração da ocorrência de culpa.
(B) Nos termos do CDC, o juiz deverá desconsiderar a personalidade jurídica da sociedade apenas quando estiver diante de hipóteses de fraude ou abuso de direito.
(C) De acordo com a jurisprudência do STJ, a teoria menor da desconsideração, acolhida no direito do consumidor, incide com a mera prova de insolvência da pessoa jurídica para o pagamento de suas obrigações, exigindo-se, para isso, apenas a simples demonstração de desvio de finalidade.
(D) Nas relações de consumo, as empresas consorciadas não se obrigam apenas em nome próprio, uma vez que possuem vínculo de solidariedade, expressamente previsto no CDC.
(E) Ainda que não seja comprovada a insuficiência dos bens que compõem o patrimônio de quaisquer das sociedades integrantes dos grupos societários, o consumidor lesado poderá prosseguir na cobrança contra as demais integrantes, em razão do vínculo de solidariedade expressamente previsto no CDC.

A: incorreta, de acordo com o art. 28, § 4º, CDC, as sociedades coligadas só responderão por culpa; **B:** incorreta, o art. 28, *"caput"*, CDC, apresenta 11 hipóteses de desconsideração da personalidade jurídica: "O juiz poderá desconsiderar a personalidade jurídica da sociedade quando, em detrimento do consumidor, houver abuso de direito, excesso de poder, infração da lei, fato ou ato ilícito ou violação dos estatutos ou contrato social. A desconsideração também será efetivada quando houver falência, estado de insolvência, encerramento ou inatividade da pessoa jurídica provocados por má administração"; **C:** incorreta, pois pela teoria menor da desconsideração da personalidade jurídica basta a insuficiência patrimonial da pessoa jurídica para que a execução recaia sob o patrimônio dos sócios ou administradores (art. 28, § 5º, CDC). **D:** correta, conforme art. 28, § 3º, CDC, as sociedades consorciadas são solidariamente responsáveis pelas obrigações decorrentes do CDC; **E:** incorreta, o art. 28, § 2º, CDC, estabelece responsabilidade subsidiária e não solidária.
Gabarito "D".

(Magistratura/MG – 2012 – VUNESP) Assinale a alternativa correta de acordo com o Código de Defesa do Consumidor.
(A) É considerado consumidor o microempresário que se utiliza do produto ou serviço como insumo para o exercício de sua atividade.
(B) Nas ações judiciais que envolvam a relação jurídica consumerista, será obrigatória a inversão do ônus da prova em benefício do consumidor.
(C) Quando a ofensa aos direitos do consumidor tiver mais de um autor, cada um deles responderá pela reparação, considerados os danos que causou.
(D) É direito básico do consumidor a informação adequada e clara sobre os diferentes produtos e serviços, com especificação correta de quantidade, características, composição, qualidade e preço, bem como riscos que apresentem.

A: incorreta, pois o empresário ou microempresário que se utilizar do produto ou serviço como insumo para o exercício de sua atividade não será considerado consumidor (art. 2º, CDC); **B:** incorreta, a inversão do ônus da prova é uma medida excepcional na relação de consumo (art. 6º, VIII, CDC); **C:** incorreta, pois havendo mais de um responsável pela causação do dano, todos responderão solidariamente pela reparação prevista (art. 25, § 1º, CDC); **D:** correta, conforme art. 6º, III, CDC.
Gabarito "D".

(Ministério Público/SP – 2013 – PGMP) Consoante ao Código de Defesa do Consumidor (Lei 8.079/1990):
I. O juiz poderá desconsiderar a personalidade jurídica da sociedade quando, em detrimento do consumidor, houver abuso de direito, excesso de poder, infração da lei, fato ou ato ilícito ou violação dos estatutos ou contrato social.
II. O juiz poderá desconsiderar a pessoa jurídica da sociedade quando a sua personalidade for, de alguma forma, obstáculo ao ressarcimento de prejuízos causados aos consumidores.
III. O fato de a existência da sociedade representar obstáculo ao ressarcimento de prejuízos causados aos credores, sem que haja prática de ilicitudes por seus sócios, ou simples má administração, é insuficiente para motivar a desconsideração de sua responsa-

bilidade jurídica, nas sociedades por cotas de responsabilidade limitada.
IV. Se em detrimento do consumidor, os casos de falência, estado de insolvência, encerramento ou inatividade da pessoa jurídica provocados por má administração, por si só, bastam para que o Juiz decrete a quebra da personalidade da sociedade.
V. O Juiz poderá desconsiderar a pessoa jurídica da sociedade quando a sua personalidade for, de alguma forma, obstáculo ao ressarcimento de prejuízos causados aos consumidores, exceto na hipótese de sociedades por ações.
Estão CORRETAS apenas as afirmações contidas nos itens
(A) I, IV e V.
(B) III, IV e V.
(C) I, II e III.
(D) I e II.
(E) I, II e IV.

I: correta (art. 28, *caput*, do CDC); **II:** correta (art. 28, § 5º, do CDC); **III:** incorreta, pois, segundo o art. 28, § 5º, do CDC, "também poderá ser desconsiderada a pessoa jurídica sempre que sua personalidade for, de alguma forma, obstáculo ao ressarcimento de prejuízos causados aos consumidores"; trata-se da chamada Teoria Menor da Desconsideração, que não exige ilicitude dos sócios ou qualquer outra requisito adicional para que se dê desconsideração da personalidade; **IV:** correta, nos termos do art. 28, *caput*, do CDC; **V:** incorreta, pois no art. 28, § 5º, do CDC não há a exceção mencionada (para sociedades por ações).
Gabarito "E".

(Defensor Público/AC – 2012 – CESPE) Com base no disposto no CDC sobre a desconsideração da personalidade jurídica e a responsabilização de sociedades, assinale a opção correta.
(A) As sociedades coligadas, sociedades que se agrupam para a execução de determinado empreendimento, respondem subsidiariamente por eventuais danos causados a consumidores.
(B) As sociedades consorciadas só respondem por danos causados aos consumidores mediante a comprovação da existência de culpa por sua atuação.
(C) É lícita a desconsideração da personalidade jurídica caso haja, em detrimento do consumidor, falência, estado de insolvência, encerramento ou inatividade da pessoa jurídica provocados por má administração.
(D) As sociedades integrantes dos grupos societários, formados pela sociedade controladora e suas controladas, respondem solidariamente pelas obrigações impostas pelo CDC.
(E) A sociedade controlada, que participa com 10% ou mais do capital de outra, sem relação de subordinação, responde de forma solidária.

A: incorreta, pois as sociedades coligadas só respondem por *culpa* (art. 28, § 4º, do CDC); **B:** incorreta, pois as sociedades consorciadas são *solidariamente* responsáveis na forma do CDC (art. 28, § 3º), ou seja, de forma *objetiva*; **C:** correta (art. 28, *caput*, do CDC); **D:** incorreta, pois a responsabilidade é *subsidiária* (art. 28, § 2º, do CDC); **E:** incorreta, pois a sociedade controlada responde apenas *subsidiariamente* (art. 28, § 2º, do CDC).
Gabarito "C".

(Magistratura do Trabalho – 23ª Região – 2012) Com base nas disposições da Lei nº 8.078/1990 (Código de Defesa do Consumidor) analise as proposições abaixo e indique a alternativa correta.
I. A Política Nacional das Relações de Consumo tem por princípio, dentre outros, o reconhecimento da vulnerabilidade do consumidor no mercado de consumo e a ação governamental no sentido de proteger efetivamente o consumidor, inclusive, pela presença do Estado no mercado de consumo.
II. O juiz poderá desconsiderar a personalidade jurídica da sociedade quando, em detrimento do consumidor, houver abuso de direito, excesso de poder, infração da lei, fato ou ato ilícito ou violação dos estatutos ou contrato social.
III. Ainda que em benefício do consumidor é vedada, expressamente, contudo, a desconsideração da personalidade jurídica da sociedade pelo Juiz após ter sido decretada a sua falência, diante da necessidade de formação do concurso universal junto ao Juízo Falimentar para tratamento isonômico de todos os credores da sociedade de acordo com a preferência de seus créditos.
IV. Poderá ser desconsiderada a personalidade jurídica da sociedade toda vez que sua manutenção for, de alguma forma, obstáculo ao ressarcimento de prejuízos causados aos consumidores.
V. A defesa coletiva dos consumidores será exercida quando se tratar de: interesses ou direitos difusos, assim entendidos os transindividuais, de natureza indivisível, de que sejam titulares pessoas indeterminadas e ligadas por circunstâncias de fato; interesses ou direitos coletivos, assim entendidos os transindividuais, de natureza divisível, de que seja titular grupo, categoria ou classe de pessoas ligadas entre si ou com a parte contrária por uma relação jurídica

base; e interesses ou direitos individuais homogêneos, assim entendidos os que decorrentes de origem comum.
(A) Apenas as proposições I, II e IV estão corretas e as demais estão incorretas.
(B) Apenas as proposições II e IV estão corretas e as demais estão incorretas.
(C) Apenas as proposições II e III estão corretas e as demais estão incorretas.
(D) Apenas as proposições I e IV estão corretas e as demais estão incorretas.
(E) Apenas a proposição V está incorreta e as demais estão corretas.

I: correta (art. 4º, I e II, "c", do CDC); II: correta (art. 28, *caput*, do CDC); III: incorreta, pois a falência também possibilita a desconsideração da personalidade jurídica (art. 28, *caput*, do CDC); IV: correta (art. 28, § 5º, do CDC); V: incorreta, pois os interesses ou direitos coletivos tem natureza indivisível e não divisível (art. 81, parágrafo único, II, do CDC).
Gabarito "A".

6. PRESCRIÇÃO E DECADÊNCIA

(Juiz – TRF 2ª Região – 2017) Leia as assertivas abaixo e, ao final, assinale a opção correta:
I. As vítimas dos acidentes de consumo são consumidoras por equiparação.
II. Existente vício redibitório, há casos nos quais os prazos decadenciais para a reclamação, no Código Civil, são melhores, para o consumidor, do que os da Lei 8.078 e, em tais hipóteses, aplicar-se-á o Código Civil.
III. O prazo prescricional da pretensão à reparação de dano, no Código Civil, é de três anos, enquanto no Código de Defesa do Consumidor (CDC) o prazo é de cinco anos, iniciando-se a partir do conhecimento do dano e de sua autoria.
IV. A disciplina da desconsideração da personalidade jurídica, no âmbito do CDC, abarca mais hipóteses do que as previstas no Código Civil e, em seu teor literal, poderá incidir sempre que a personalidade jurídica for, de alguma forma, obstáculo ao ressarcimento de prejuízos causados aos consumidores.
(A) Todas as assertivas estão corretas.
(B) Apenas a assertiva I é falsa.
(C) Apenas a assertiva II é falsa.
(D) Apenas a assertiva III é falsa.
(E) Apenas a assertiva IV é falsa.

I. correta, conforme art. 17 e art. 2º, parágrafo único, do CDC; II: correta. A questão é controvertida. Há três correntes doutrinárias e jurisprudenciais sobre o tema. Há os que entendem que o prazo decadencial para o vício oculto é o estipulado pelo art. 26 do CDC, podendo apenas ser obstado pela reclamação feita pelo consumidor ou por inquérito civil. Neste caso, o prazo seria de apenas 30 ou 90 dias para reclamar não apenas perante o fornecedor, mas também para exigir indenização na Justiça (nesse sentido, veja REsp 1.303.510/SP). Outra parte entende que o prazo decadencial de 30 ou 90 dias é apenas para reclamar perante o fornecedor. Se não for corrigido o problema, o consumidor teria 5 anos (prazo decadencial do art. 27) para buscar indenização perante o Poder Judiciário (nesse sentido, veja REsp 1.629.505/SE). Por outro lado, parte da doutrina entende que, na ausência de solução expressa dada pelo CDC, aplica-se o prazo prescricional do Código Civil, por ser a interpretação mais benéfica ao consumidor. Exemplo disso é o prazo prescricional de dez anos para reclamar de vícios de construção (nesse sentido, veja AgRg no REsp 1551621/SP); III: correta. O prazo geral de responsabilidade civil no Código Civil, conforme art. 206, é de três anos. O Código de Defesa do Consumidor, por sua vez, traz prazo de 5 anos para reclamar dos defeitos de produtos e serviços inseridos no mercado de consumo (art. 27 do CDC); IV: correta. O § 5º do art. 28 do Código de Defesa do Consumidor adota a teoria menor da desconsideração da personalidade jurídica, podendo o juiz decretá-la sempre que, de alguma forma, a personalidade jurídica obstáculo ao ressarcimento de prejuízos causados aos consumidores. **RD**
Gabarito "A".

(Juiz de Direito/DF – 2016 – CESPE) A respeito dos institutos jurídicos da prescrição e da decadência, no âmbito das relações de consumo, de acordo com o CDC e o entendimento atual e prevalente do STJ, assinale a opção correta.
(A) Pelo princípio da actio nata, o termo inicial do prazo prescricional para a propositura de ação indenizatória, fundada em inscrição indevida em cadastros restritivos de crédito, é a data em que ocorre, efetivamente, a negativação, em face do caráter público das informações lançadas nos bancos de dados.
(B) Para as ações de indenização por danos morais decorrentes de inscrição indevida em cadastro de inadimplentes, promovida por instituição financeira, aplica-se o prazo prescricional de cinco anos, previsto no CDC para as hipóteses de responsabilidade decorrente de fato do serviço.
(C) À luz do ordenamento jurídico em vigor, é de cinco anos o prazo para que o consumidor possa reclamar a remoção de vícios aparentes ou de fácil constatação, decorrentes da construção civil, que não estejam ligados à solidez e à segurança do imóvel.
(D) A simples reclamação do consumidor, comprovadamente formulada apenas perante o fornecedor de produtos e serviços, não obsta a fluência do prazo decadencial do direito de reclamar, quando se tratar de vício aparente ou de fácil constatação, que será de trinta dias, tratando-se de fornecimento de serviço e de produto não duráveis, e de noventa dias, caso se trate de serviço ou produto durável.
(E) O ajuizamento de ação de indenização, fundada em erro médico ocorrido após a entrada em vigor do CDC, deve observar o prazo de prescrição quinquenal, previsto no CDC para os casos de fato do produto ou do serviço, iniciando-se a contagem do prazo a partir do conhecimento do dano e de sua autoria.

A: incorreta. O termo inicial do prazo prescricional para a propositura da ação, justamente em razão do princípio do actio nata, é a data em que o consumidor toma ciência dos fatos. Veja: INDENIZATÓRIA. INSCRIÇÃO INDEVIDA EM CADASTROS RESTRITIVO DE CRÉDITO. PRESCRIÇÃO. CIÊNCIA DO PREJUDICADO. É assente a jurisprudência desta Corte no sentido de que o termo inicial do prazo prescricional para a propositura de ação indenizatória, em razão da inscrição indevida em cadastros restritivos de crédito é a data em que o consumidor toma ciência do registro desabonador, pois, pelo princípio da "actio nata" o direito de pleitear a indenização surge quando constatada a lesão e suas consequências. Precedentes. (STJ, AgRg no AREsp 696269/SP, Rel. Min. Luis Felipe Salomão, DJe 15/06/2015). B: incorreta. O prazo prescricional aplicável é de três anos, conforme regra geral de responsabilidade civil (art. 206, § 3º, V, do CC). Veja: AgRg no AREsp 731.525/RS. C: incorreta. Aplicando a mesma lógica do item anterior, aplica-se a regra do Código Civil para os casos de vício de construção. O prazo para reclamar do vícios caduca em 90 dias, na forma do art. 26 do CDC. No entanto, esse é o prazo que o consumidor tem para reclamar perante o fornecedor. Caso o vício não seja sanado, aplica-se as regras de prescrição do Código Civil com relação a solidez da construção. Veja: "O prazo prescricional da ação para obter, do construtor, indenização por defeito da obra na vigência do Código Civil de 2002 é de 10 anos". (AgRg no AREsp 661.548/RJ, Rel. Min. Marco Aurélio Bellizze, 3ª Turma, DJe 10/6/2015). D: incorreta. Na forma do art. 26, § 2º, obsta a decadência a reclamação do consumidor perante o fornecedor até resposta negativa. E: correta. Há relação de consumo entre o médico e o paciente, aplicando-se, no caso de fato do serviço (art. 14 do CDC), o prazo prescricional do art. 27 do CDC, ou seja, cinco anos contados a partir do conhecimento do dano e sua autoria.
Gabarito "E".

(Magistratura/RR – 2015 – FCC) Leopoldo consumiu um iogurte adquirido no supermercado Qui Tuti. O produto estava deteriorado, por falta de acondicionamento, o que o levou a ser hospitalizado. Pretende ajuizar ação contra o Supermercado Qui Tuti para ser ressarcido das despesas realizadas com a internação. A pretensão de Leopoldo
(A) prescreverá em 3 anos, contados do conhecimento do dano.
(B) decairá em 90 dias, contados da entrega do produto.
(C) prescreverá em 5 anos, contados do conhecimento do dano.
(D) decairá em 30 dias, contados do conhecimento do vício do produto.
(E) prescreverá em 3 anos, contados do conhecimento do vício do produto.

Tratando-se de responsabilidade pelo *fato do produto* (ou *defeito do produto*), aplica-se o art. 27 do CDC, que traz um prazo *prescricional* para o exercício da pretensão em juízo, sendo que esse prazo é de *5 anos*, contados do *conhecimento do dano* e de sua autoria. Assim, a alternativa "C" é a correta.
Gabarito "C".

(DPE/PE – 2015 – CESPE) Analise a seguinte assertiva.
(1) Jorge, após constatar que havia sido cobrado indevidamente por encargos bancários, requereu ao banco que apresentasse extrato referente aos últimos três anos de sua conta bancária, a fim de verificar se havia ou não outras cobranças irregulares. O banco apresentou somente os extratos dos últimos noventa dias, alegando decadência do direito de reclamar período superior. Nessa situação, não se aplica o prazo decadencial de noventa dias previsto no CDC, razão por que errou o banco em questão.

1: correta, pois, caracterizado o dano ao consumidor por cobranças indevidas, aplica-se o prazo prescricional de 5 anos para o consumidor exercer em juízo a pretensão de ver seu dano reparado (art. 27 do CDC), de modo que o banco errou e deveria ter atendido ao pedido de Jorge.
Gabarito 1C.

(Magistratura/PA – 2012 – CESPE) No que concerne à disciplina aplicável à prescrição e à decadência nas relações de consumo, assinale a opção correta.
(A) As causas de interrupção da prescrição previstas no Código Civil não se aplicam às relações de consumo.
(B) A instauração de inquérito civil, em regra, não obsta o transcurso do prazo decadencial.
(C) Nem toda situação relacionada a dano causado ao consumidor por defeito do produto submete-se aos prazos prescricionais.
(D) Nas relações de consumo, a contagem do prazo prescricional inicia-se a partir do conhecimento do dano ou do conhecimento de sua autoria.

(E) A garantia contratual, que decorre da autonomia da vontade das partes, complementa a garantia legal, podendo, no contrato, ser estipulado prazo superior aos determinados por lei.

A: incorreta, as causas de interrupção da prescrição são aplicáveis às relações de consumo (AgRg no Ag 1385531/MS, Rel. Ministro LUIS FELIPE SALOMÃO, julgado em 10/05/2011); **B:** incorreta, a instauração de inquérito civil obsta o transcurso do prazo decadencial até o seu encerramento (art. 26, § 2º, III, CDC); **C:** incorreta, toda situação de reparação de danos submete-se a prazo prescricional, inclusive nas relações de consumo (art. 27, CDC); **D:** incorreta, pois a contagem do prazo prescricional inicia-se a partir do conhecimento do dano E do conhecimento de sua autoria (art. 27, CDC); **E:** correta, está conforme o art. 50 do CDC.
Gabarito "E".

(Magistratura/PE – 2013 – FCC) Quanto aos prazos prescricionais e decadenciais nas relações de consumo, é correto afirmar:
(A) Tratando-se de vício oculto, o prazo decadencial inicia-se no pagamento do produto ou do serviço.
(B) O prazo prescricional pode ser suspenso ou interrompido, mas não o prazo decadencial, que não se interrompe ou suspende mesmo nas relações consumeristas.
(C) Na aferição dos vícios de fácil ou aparente constatação, o prazo decadencial se inicia tão logo seja entregue o produto ou terminada a execução do serviço.
(D) Decai em cinco anos a pretensão à reparação pelos danos causados por fato do produto ou do serviço, iniciando-se a contagem do prazo a partir do conhecimento do dano e de sua autoria.
(E) O direito de reclamar pelos vícios aparentes ou de fácil constatação caduca em noventa dias, tratando-se de fornecimento de serviço e de produto não duráveis.

A: incorreta, pois, em sendo oculto o vício, o prazo somente se inicia no momento em que ficar evidenciado o defeito (art. 26, § 3º, do CDC); **B:** incorreta, pois o prazo decadencial para reclamar de vícios de produto ou serviço no âmbito do CDC fica suspenso nos casos previstos no art. 26, § 2º, I e III, do CDC (reclamação comprovada até resposta negativa inequívoca e na constância de inquérito civil, respectivamente); **C:** correta (art. 26, § 1º, do CDC); **D:** incorreta, pois o prazo em questão não "decai", mas, sim, "prescreve"; trata-se de prazo prescricional e não decadencial (art. 27 do CDC); **E:** incorreta, pois, tratando-se de produtos ou serviços não duráveis, o prazo decadencial é de 30 dias e não de 90 dias, prazo este aplicável aos produtos ou serviços duráveis (art. 26, I e II, do CDC, respectivamente).
Gabarito "C".

7. PRÁTICAS COMERCIAIS

(Defensor Público Federal – DPU – 2017 – CESPE) Com base em informações do sistema de escore de crédito, método estatístico de avaliação de risco, determinada instituição financeira recusou pedido de empréstimo em dinheiro feito por João. Em razão da recusa, João ajuizou ação contra a instituição financeira, alegando prática comercial ilegal por parte dela, e requereu a aplicação do CDC.
Considerando essa situação hipotética, julgue os itens a seguir à luz do entendimento do STJ.
(1) Dadas as partes envolvidas na referida situação, o CDC não poderá ser aplicado ao caso, que deverá ser tratado com base nas disposições contratuais do Código Civil.
(2) A utilização do escore de crédito é considerada prática comercial ilícita, na medida em que esse sistema constitui banco de dados indevido, por dispensar o consentimento do consumidor para que seus dados sejam nele incluídos.

1: Errada: Conforme art. 29 do Código de Defesa do Consumidor, será considerado consumidor por equiparação todas as pessoas, determináveis ou não, expostas às práticas comerciais. Incluindo-se, portanto, as práticas comerciais abusivas e os bancos de dados e cadastro de consumidores. **2: Errada:** O entendimento do Superior Tribunal de Justiça segue no sentido de que não se configura prática comercial abusiva. Veja Súmula 550: "A utilização de escore de crédito, método estatístico de avaliação de risco que não constitui banco de dados, dispensa o consentimento do consumidor, que terá o direito de solicitar esclarecimentos sobre as informações pessoais valoradas e as fontes dos dados considerados no respectivo cálculo". RD
Gabarito 1E, 2E.

(Defensor Público Federal – DPU – 2017 – CESPE) Com relação à responsabilidade e às práticas comerciais nas relações consumeristas, julgue os itens que se seguem.
(1) Situação hipotética: Paulo, dono de estabelecimento comercial, vendeu uma batedeira elétrica de fabricante identificado. Posteriormente, o aparelho explodiu durante o uso, o que causou lesão no consumidor. Assertiva: Nessa situação, não haverá responsabilidade solidária entre o fabricante e Paulo pelo dano causado.
(2) A instituição financeira que enviar cartão de crédito para correntistas sem a sua solicitação prévia e expressa cometerá prática comercial abusiva, configuradora de ato ilícito indenizável.

1: Correta: A responsabilidade civil do comerciante por defeito do produto (art. 12) é subsidiária, cabendo a responsabilização apenas nas hipóteses previstas no art. 13 do Código de Consumidor. **2: Correta:** Nos termos da Súmula 532 do STJ, "Constitui prática comercial abusiva o envio de cartão de crédito sem prévia e expressa solicitação do consumidor, configurando-se ato ilícito indenizável e sujeito à aplicação de multa administrativa". RD
Gabarito 1C, 2C.

(Procurador Municipal – Sertãozinho/SP – VUNESP – 2016) Acerca da cobrança de dívidas do consumidor e cadastros no mercado de consumo, é correto afirmar que
(A) o consumidor inadimplente poderá ser submetido a constrangimento, desde que o fornecedor o faça de forma moderada.
(B) o consumidor cobrado em quantia indevida tem direito à repetição do indébito, por valor igual ao que pagou em excesso, acrescido de correção monetária e juros legais, salvo hipótese de engano justificável.
(C) nos documentos de cobrança de débitos apresentados ao consumidor, quando por ele solicitados, deverão constar o nome, o endereço e o número de inscrição no Cadastro de Pessoas Físicas – CPF ou no Cadastro Nacional de Pessoa Jurídica – CNPJ do fornecedor do produto ou serviço correspondente.
(D) consumada a prescrição relativa à cobrança de débitos do consumidor, não serão fornecidas, pelos respectivos Sistemas de Proteção ao Crédito, quaisquer informações que possam impedir ou dificultar novo acesso ao crédito junto aos fornecedores, desde que o débito não exceda 60 (sessenta) salários-mínimos.
(E) os órgãos públicos de defesa do consumidor manterão cadastros atualizados de reclamações fundamentadas contra fornecedores de produtos e serviços, devendo divulgá-los pública e anualmente, indicando se a reclamação foi atendida ou não pelo fornecedor.

A: incorreta. O art. 42 do CDC veda qualquer tipo de cobrança vexatória. Sendo assim, o consumidor não pode ser exposto ao ridículo, nem submetido a qualquer tipo de constrangimento ou ameaça. **B:** incorreta. O consumidor tem direito à devolução por valor igual ao dobro do que pagou em excesso, acrescido de correção monetária e juros legais, salvo hipótese de engano justificável (art. 42, parágrafo único, do CDC). **C:** incorreta. As informações ao nome, o endereço e o número de inscrição no Cadastro de Pessoas Físicas – CPF ou no Cadastro Nacional de Pessoa Jurídica – CNPJ do fornecedor do produto ou serviço correspondente, devem constar de todos os documentos, independentemente do pedido do autor (Art. 42-A do CDC). **D:** incorreta. O art. 43, § 5º, do CDC, prevê a obrigatoriedade da retirada do nome do consumidor da lista dos maus pagadores caso a dívida esteja prescrita, independentemente do valor da inscrição. **E:** correta. O cadastro dos fornecedores está previsto no art. 44 do CDC, sendo direito do consumidor o acesso a lista dos fornecedores para orientação e consulta. RD
Gabarito "E".

(Procurador do Estado – PGE/PA – UEPA – 2015) Sobre os Cadastros de Crédito de Consumidores, analise as afirmativas abaixo e assinale a alternativa correta.
I. A reprodução objetiva fiel, atualizada e clara de informações constantes dos registros de cartório de distribuição judicial, face à presunção legal de veracidade dos mesmos, não tem o condão de ensejar obrigação de reparar danos, ainda que promovida sem a ciência do consumidor.
II. De acordo com as regras previstas no Código de Defesa do Consumidor, sendo regular a inscrição em cadastro de proteção ao crédito, caberá ao devedor praticar os atos necessários à baixa do registro desabonador, após o pagamento do débito.
III. A ausência de prévia comunicação ao consumidor da inscrição do seu nome em cadastros de proteção ao crédito, prevista no art. 43, § 2º do CDC, enseja o direito à compensação por danos morais, mesmo que preexista inscrição desabonadora regularmente realizada.
IV. De acordo com o Superior Tribunal de Justiça, o sistema *credit scoring* é permitido no ordenamento jurídico brasileiro, desde que respeitados os limites estabelecidos pelo sistema de proteção do consumidor no sentido da tutela da privacidade e da máxima transparência nas relações negociais, na forma do CDC.
A alternativa que contém todas as afirmativas corretas é
(A) I e II
(B) II e IV
(C) II e III
(D) I e III
(E) I e IV

I: correta. O entendimento do STJ segue no sentido de que os dados sobre processos existentes nos cartórios distribuidores dos fóruns são informações públicas (salvo aquelas protegidas por sigilo judicial) e de acesso livre a qualquer interessado (Rel. Min. Nancy Andrighi, REsp 866.198). **II:** incorreta. "Incumbe ao credor a exclusão do registro da dívida em nome do devedor no cadastro de inadimplentes no prazo de cinco dias úteis, a partir do integral e efetivo pagamento do débito" (Súmula 548 do STJ). **III:** incorreto. "Da anotação irregular em cadastro de proteção ao crédito, não cabe indenização por dano moral, quando preexistente legítima inscrição, ressalvado o direito ao cancelamento" (Súmula 385 do STJ). **IV: correto** – "A utilização de escore de crédito, método estatístico de avaliação de risco que não constitui banco de dados, dispensa o consentimento do consumidor, que terá o direito de solicitar esclarecimentos sobre as informações pessoais valoradas e as fontes dos dados considerados no respectivo cálculo" (Súmula 550 do STJ). RD

Gabarito "E".

(Juiz – TJ-SC – FCC – 2017) Em relação à publicidade nas relações de consumo, é correto afirmar:

(A) A publicidade omissiva em relação a um produto ou serviço não se caracteriza como enganosa ou abusiva, pois não induz em erro o consumidor, nem lhe causa prejuízo.

(B) O ônus da prova da veracidade e correção da informação ou comunicação publicitária cabe a quem tenha arguido a abusividade ou ilegalidade.

(C) A publicidade enganosa ou abusiva gera consequências diversas, pois enquanto a enganosa conduz à anulabilidade do negócio jurídico ao qual o consumidor foi induzido, a abusividade gera sua nulidade.

(D) A publicidade de um produto pode estar contida dissimuladamente em uma notícia veiculada pelos meios de comunicação, mas sua verdadeira natureza publicitária deverá ser declinada se houver requisição do Ministério Público ou do juiz.

(E) O fornecedor, na publicidade de seus produtos ou serviços, manterá, em seu poder, para informação dos legítimos interessados, os dados fáticos, técnicos e científicos que dão sustentação à mensagem.

A: incorreta. A publicidade enganosa por omissão é aquela que deixa de dar uma informação essencial quanto ao produto ou serviço e é expressamente proibida pelo art. 37, § 3º, do CDC; **B: incorreta.** O ônus da prova da veracidade da publicidade é sempre de quem as patrocina (art. 38 do CDC); **C: incorreta.** A publicidade enganosa é aquela que leva o consumidor a erro (art. 37, § 1) e a publicidade abusiva (art. 37, § 2º), embora não conceituada pelo legislador, é aquela que manipula do consumidor com elementos do subconsciente. Em ambos os casos, por ser norma de ordem pública, induzem a nulidade de eventuais contratos; **D: incorreta.** Pelo princípio da veracidade da publicidade, esta "deve ser veiculada de tal forma que o consumidor, fácil e imediatamente, a identifique como tal" (art. 36 do CDC), sendo vedada, portanto, qualquer forma de publicidade dissimulada ou subliminar; **E: correta.** Nos exatos termos do art. 36, parágrafo único. RD

Gabarito "E".

(Juiz de Direito – TJ/SP – VUNESP – 2015) É correto afirmar que:

(A) quem já é registrado como mau pagador não pode se sentir moralmente ofendido pela inscrição de seu nome nos cadastros de proteção ao crédito, mesmo sem a prévia notificação do interessado acerca das notificações anteriores.

(B) na comunicação ao consumidor sobre a negativação de seu nome em bancos de dados e cadastros de inadimplentes é dispensável o aviso de recepção.

(C) a inscrição do nome do devedor pode ser mantida nos cadastros de inadimplentes pelo prazo máximo de cinco anos, independentemente da prescrição da execução ou da ação de conhecimento para cobrança da dívida.

(D) compete ao credor ou à instituição financeira a notificação do devedor antes de se proceder à inscrição no cadastro de proteção ao crédito.

A: incorreta. Conforme entendimento sumulado pelo Superior Tribunal de Justiça, "da anotação irregular em cadastro de proteção ao crédito, não cabe indenização por dano moral, quando preexistente legítima inscrição, ressalvado o direito ao cancelamento" (Súmula 385). No entanto, em qualquer situação, o consumidor tem direito ao aviso prévio (art. 43, § 2º). **B: correta.** "É dispensável o aviso de recebimento (AR) na carta de comunicação ao consumidor sobre a negativação de seu nome em bancos de dados e cadastros". (Súmula 404 do STJ). **C: incorreta.** "A inscrição do nome do devedor pode ser mantida nos serviços de proteção ao crédito até o prazo máximo de cinco anos, independentemente da prescrição da execução". (Súmula 323 do STJ). **D: incorreta.** "Cabe ao órgão mantenedor do Cadastro de Proteção ao Crédito a notificação do devedor antes de proceder à inscrição". (Súmula 359 do STJ). RD

Gabarito "B".

(Juiz de Direito – TJ/MS – VUNESP – 2015) Nos termos do art. 35 do CDC, se o fornecedor de produtos ou serviços recusar cumprimento à oferta, apresentação ou publicidade, o consumidor poderá, alternativamente e à sua livre escolha,

(A) aceitar outro produto ou prestação de serviço equivalente.

(B) ofertar o valor de mercado do produto ou serviço e exigir o cumprimento forçado da obrigação.

(C) exigir o cumprimento negociado da obrigação, nos termos da oferta, apresentação ou publicidade.

(D) exigir a divulgação, pelo mesmo meio veiculado, da correção da oferta, apresentação ou publicidade.

(E) modificar o contrato, com direito à restituição de quantia eventualmente antecipada, monetariamente atualizada, e a perdas e danos.

A: correta. Dentre as opções que o artigo 35 confere ao consumidor, o inciso II prevê a possibilidade de aceitar outro produto ou prestação de serviço equivalente. **B: incorreta.** O consumidor poderá exigir o cumprimento forçado da obrigação, nos termos da oferta (art. 35, I). A oferta é sempre feita pelo fornecedor (art. 30 do CDC). **C: incorreta.** Conforme art. 35, I, o consumidor poderá exigir o cumprimento forçado da obrigação, nos termos da oferta, apresentação ou publicidade. **D: incorreta.** A imposição de contrapropaganda é sanção administrativa prevista no art. 60 do CDC, e pode ser aplicada pelos entes federativos estabelecidos no art. 55 do CDC. **E: incorreta.** A modificação do contrato é direito básico do consumidor, previsto no art. 6º, V, e pode ser requerida quando a prestação for desproporcional. RD

Gabarito "A".

(Promotor de Justiça – MPE/AM – FMP – 2015) Assinale a alternativa correta. Luana recebeu em seu domicílio a visita do representante comercial da empresa "Confort Line Ltda." oferecendo almofadas ortopédicas por preço módico. Interessada no produto, pois estava com fortes dores na coluna, Luana adquiriu-o, firmando contrato de compra e venda, pagando a quantia cobrada e, no mesmo ato, recebeu do representante comercial a almofada ortopédica. Porém, decorridos alguns dias do recebimento do produto, que não apresentava vício, Luana, não obtendo melhora nas dores em sua coluna, resolveu desistir do contrato. Neste caso Luana pode

(A) exercitar o direito de arrependimento no prazo de 30 (trinta) dias, contados do ato do recebimento do produto.

(B) não exercer o direito de arrependimento porque as declarações de vontade constantes dos pré-contratos vinculam o consumidor.

(C) exercitar o direito de arrependimento no prazo de 15 (quinze) dias, contados do ato do recebimento do produto.

(D) só exercitar o direito de arrependimento se a declaração de vontade que gerou o contrato tiver sido feita por telefone ou pela internet.

(E) exercitando o direito de arrependimento, receber em devolução, de imediato, monetariamente atualizados os valores eventualmente pagos, a qualquer título, durante o prazo de reflexão.

A: incorreta. Vide comentário da alternativa "E". **B: incorreta.** A oferta vincula o fornecedor e o consumidor a aceita e efetiva negociação com o fornecedor. No entanto, como exceção ao *pacta sunt servanda*, o consumidor pode se arrepender da compra efetivada quando comprar fora do estabelecimento empresarial. **C: incorreta.** O prazo de arrependimento é de 7 (sete) dias contados do recebimento do produto ou da assinatura. **D: incorreta.** Qualquer compra feita fora do estabelecimento empresarial, incluindo aí a venda a domicílio, pode ser objeto de arrependimento por parte do consumidor. **E: correta.** O direito de arrependimento (art. 49 do CDC) somente pode ser exercido quando o produto ou serviço for adquirido fora do estabelecimento comercial, especialmente por telefone ou a domicílio, e independe da existência de vício. Nessas hipóteses, o consumidor pode desistir da compra dentro do prazo de sete dias contados da data da assinatura ou do ato de recebimento do produto ou serviço. Caso exercite esse direito, o consumidor terá o direito de devolução imediata dos valores eventualmente pagos, a qualquer título, monetariamente atualizados. RD

Gabarito "E".

(Promotor de Justiça – MPE/AM – FMP – 2015) Assinale a alternativa correta. A inscrição de inadimplentes pode ser mantida nos serviços de proteção ao crédito

(A) pelo prazo, qualquer que seja ele, da prescrição relativa à cobrança do débito.

(B) por, no máximo, três anos, salvo se maior o prazo de prescrição relativo à cobrança do débito, o qual prevalecerá sobre o triênio.

(C) até que o débito que lhe deu origem seja integralmente pago.

(D) por, no máximo, dez anos e, consumada a prescrição relativa à cobrança do débito do consumidor, não serão fornecidas, pelos respectivos Sistemas de Proteção ao Crédito, quaisquer informações que possam impedir ou dificultar novo acesso ao crédito junto aos fornecedores.

(E) por, no máximo, cinco anos e, consumada a prescrição relativa à cobrança de débitos do consumidor, não serão fornecidas, pelos respectivos Sistemas de Proteção ao Crédito, quaisquer informações que possam impedir ou dificultar novo acesso ao crédito junto aos fornecedores.

A: incorreta. O prazo máximo será de 5 anos, sempre condicionado ao prazo de prescrição para ação de cobrança. **B: incorreta.** O prazo é de 5 anos contados do momento da inscrição, independentemente da prescrição da execução da dívida (Súmula 323 do STJ). **C: incorreta.** Vide comentário da alternativa "E". **D: incorreta.** Vide comentário da alternativa "E". **E: correta.** O art. 43 do CDC, em seu § 1º, determina que os cadastros não podem conter informações negativas referentes a período superior a cinco anos. Essa determinação é corroborada pela Súmula 323 do STJ: "A inscrição do nome do devedor pode ser mantida nos serviços de proteção ao crédito até o prazo máximo de cinco anos, independentemente da prescrição da execução". Por outro lado, dívida prescrita para ação de cobrança não pode ser mantida no cadastro, conforme § 5º do mesmo dispositivo legal: "consumada a prescrição relativa à cobrança de débitos do consumidor, não serão fornecidas, pelos respectivos Sistemas de Proteção ao Crédito, quaisquer informações que possam impedir ou dificultar novo acesso ao crédito junto aos fornecedores". RD

Gabarito "E".

(Promotor de Justiça – MPE/AM – FMP – 2015) Acerca da publicidade, assinale a alternativa correta:

(A) A veiculação de publicidade é uma obrigação do fornecedor, pois o consumidor tem direito a uma informação ampla e adequada.
(B) A publicidade, desde que suficientemente precisa, não gera efeitos/obrigações e, portanto, não integra o contrato que venha a ser celebrado.
(C) Para caracterização da publicidade enganosa, é exigível que o consumidor tenha sido de fato e concretamente enganado.
(D) O princípio da identificação da publicidade significa que o fornecedor não pode veicular a publicidade de forma dissimulada ou que não permita que os consumidores possam facilmente perceber que estão diante de uma publicidade.
(E) É relevante para caracterização da publicidade enganosa a existência de boa ou má-fé por parte do anunciante.

A: incorreta. A função da publicidade é comercial, razão pela qual o fornecedor tem a faculdade de utilizá-la para divulgar seus diferentes produtos e serviços no mercado de consumo. Por outro lado, é dever do fornecedor respeitar o direito básico do consumidor em relação às informações adequadas e claras sobre os diferentes produtos e serviços inseridos no mercado de consumo (ar. 6º, III, do CDC). **B:** incorreta. Nos termos do art. 31 do CDC, a oferta (toda informação ou publicidade suficientemente precisa) vincula o fornecedor e é parte integrante do contrato. **C:** incorreta. É enganosa "qualquer modalidade de informação ou comunicação de caráter publicitário, inteira ou parcialmente falsa, ou, por qualquer outro modo, mesmo por omissão, capaz de induzir em erro o consumidor a respeito da natureza, características, qualidade, quantidade, propriedades, origem, preço e quaisquer outros dados sobre produtos e serviços" (art. 37, § 1º). Não se faz necessária a efetiva indução a erro, bastando que a publicidade seja capaz de induzir a erro o consumidor. Nos termos do art. 36 da lei consumerista, a publicidade deve ser clara e de fácil identificação pelo consumidor, sendo proibida toda publicidade subliminar. **E:** incorreta. A publicidade e a oferta devem conter informações verdadeiras para os consumidores, pouco importando a boa-fé ou má-fé por parte do anunciante. Gabarito "D".

(Defensor Público – DPE/ES – 2016 – FCC) O consumidor cobrado em quantia indevida tem direito à repetição

(A) do valor indevidamente pago, independentemente da prova de erro, mas o valor será devolvido em dobro, se provar lesão.
(B) do indébito, por valor igual ao dobro do que pagou em excesso, acrescido de correção monetária e juros, salvo hipótese de engano justificado.
(C) do indébito, por valor igual ao dobro do que pagou em excesso, acrescido de correção monetária e juros, não se admitindo exceção de engano, ainda que justificável, do fornecedor.
(D) somente do valor indevidamente pago, com correção monetária e juros.
(E) do valor indevidamente pago, se provar erro, acrescido de juros e correção monetária.

Nos termos do parágrafo único do art. 42 do CDC, "o consumidor cobrado em quantia indevida tem direito à repetição do indébito, por valor igual ao dobro do que pagou em excesso, acrescido de correção monetária e juros legais, salvo hipótese de engano justificável". Gabarito "B".

(Defensor Público – DPE/ES – 2016 – FCC) Joãozinho, após acessar o Facebook, teve acesso a um conteúdo publicitário com os seguintes dizeres: compre um celular e receba o segundo gratuitamente. Interessado por tais aparelhos Joãozinho efetuou a compra pela internet e recebeu os aparelhos em sua residência. Após o primeiro uso, os aparelhos que não apresentavam qualquer tipo de vício ou defeito são recusados pelo comprador, por mero desejo em adquirir um equipamento mais moderno. Com base neste problema e no Código de Defesa do Consumidor, Joãozinho

(A) teria direito à substituição do produto por outro ou ao abatimento proporcional do preço ou à devolução do produto com a correspondente devolução do dinheiro pago, estas alternativas são opções do consumidor.
(B) tem direito de desistir da compra, desde que o faça em sete dias a contar do recebimento do produto.
(C) só teria direito de desistir da compra se os produtos apresentassem vício ou defeito.
(D) não pode efetuar a desistência por se tratar de uma venda promocional e vantajosa ao consumidor.
(E) tem o direito de desistir da aquisição eis que ele é vulnerável e hipossuficiente, desde que realize tal desistência no prazo de trinta dias.

O direito de desistência somente pode ser exercido, nos termos do artigo 49 do CDC, quando a compra ocorrer fora do estabelecimento comercial. Nesta hipótese, tendo Joãozinho comprado pela internet, ele pode exercer o direito de arrependimento, desde que o faça em até 7 (sete) dias contados do recebimento do produto. Gabarito "B".

(Defensor Público – DPE/ES – 2016 – FCC) As informações negativas do consumidor nos cadastros de entidades de proteção ao crédito não poderão referir-se a período superior a

(A) um lustro, ainda que o prazo prescricional da execução da dívida seja superior a cinco anos.
(B) um ano, salvo se o consumidor já tiver outros apontamentos, hipótese em que o período poderá estender-se até cinco anos.
(C) cinco anos, salvo se o prazo prescricional da execução da dívida for superior a um lustro.
(D) três anos, que é o prazo prescricional das pretensões fundadas na responsabilidade civil, salvo se o prazo prescricional da execução da dívida for superior àquele período.
(E) dez anos, que é o prazo geral da prescrição, exceto se o prazo prescricional da execução da dívida for de até cinco anos, quando, então, a inscrição negativa terá de ser cancelada. Direitos Humanos

O prazo máximo para a manutenção no nome do consumidor nos cadastros negativos é de um lustro (cinco anos), na forma do art. 43, § 1º do CDC, contados a partir da inscrição (conforme entendimento jurisprudencial). Além de observar o prazo máximo para a inscrição da dívida, o fornecedor jamais poderá manter o nome do consumidor em cadastro negativo quando se tratar de dívida prescrita (art. 43, § 5º). Gabarito "A".

(Juiz de Direito/AM – 2016 – CESPE) Acerca das práticas comerciais previstas no CDC, assinale a opção correta à luz da jurisprudência do STJ.

(A) A cobrança de tarifa de água pela concessionária pode ocorrer por estimativa na hipótese comprovada de falta do hidrômetro ou de seu mau funcionamento.
(B) Haverá responsabilidade solidária entre a concessionária de veículos seminovos e a fabricante da marca no caso de oferta veiculada por aquela que ateste, com a anuência desta, a qualidade de veículo usado, caso esse bem venha a apresentar vício.
(C) A ciência do consumidor é necessária para que ocorra a reprodução objetiva e atualizada pelos órgãos de proteção ao crédito dos registros existentes nos cartórios de protesto.
(D) O denominado escore de crédito, que decorre do cadastro positivo, é uma espécie de banco de dados e necessita do consentimento do consumidor para utilização pelos fornecedores.
(E) Não caracteriza prática abusiva a distinção no pagamento em dinheiro, cheque ou cartão de crédito, pois esta última modalidade envolve, além do consumidor e do fornecedor, a administradora do cartão.

A: incorreta. O fornecedor somente pode fazer a cobrança pelo serviço efetivamente fornecido ao consumidor. Nesse sentido, já julgou o STJ: "a tarifa de água deve ser calculada com base no consumo efetivamente medido no hidrômetro, de modo que sua cobrança por estimativa é ilegal, por ensejar enriquecimento ilícito da concessionária". (AgInt no AREsp 554675/RJ, 1ª turma, DJe 16/11/2016). **B:** correta. Na forma do art. 18 do Código de Defesa do Consumidor, os fornecedores são responsáveis pelos vícios apresentados pelo produto. Para os fins da lei consumerista, a apresentação e oferta inadequada faz com que o produto tenha um vício. **C:** incorreta. Tese firmada em Recurso Repetitivo (REsp 1444469 / DF): "Diante da presunção legal de veracidade e publicidade inerente aos registros do cartório de protesto, a reprodução objetiva, fiel, atualizada e clara desses dados na base de órgão de proteção ao crédito – ainda que sem a ciência do consumidor – não tem o condão de ensejar obrigação de reparação de danos". 2. Recurso especial provido. **D:** incorreta. Súmula 550 do STJ "A utilização de escore de crédito, método estatístico de avaliação de risco que não constitui banco de dados, dispensa o consentimento do consumidor, que terá o direito de solicitar esclarecimentos sobre as informações pessoais valoradas e as fontes dos dados considerados no respectivo cálculo". **E:** incorreta. O entendimento caminhava no sentido de considerar prática abusiva a cobrança diferenciada entre dinheiro e outras modalidades (REsp 1.133.410-RS, Rel. Min. Massami Uyeda, julgado em 16/3/2010). No entanto, a medida provisória nº 764/16, posterior ao referido julgado, autoriza expressamente a cobrança diferenciada de preço: "Fica autorizada a diferenciação de preços de bens e serviços oferecidos ao público, em função do prazo ou do instrumento de pagamento utilizado" (art. 1º). Esse portanto, deve ser o entendimento caso a medida provisória seja validada pelo congresso nacional. Gabarito "B".

(Juiz de Direito/DF – 2016 – CESPE) De acordo com o entendimento adotado, de forma atual e prevalente, pelo STJ, assinale a opção correta.

(A) A utilização dos dados extraídos dos registros do cartório de protesto, por órgão cadastral de proteção ao crédito, desde que se trate de reprodução fiel, atualizada, objetiva e clara, não gera o dever de reparar os danos causados ao consumidor, ainda que não tenha este sido previamente cientificado da inclusão de tais informações na base de dados do órgão de proteção.
(B) Cabe ao órgão responsável pelo cadastro de proteção ao crédito, e não ao credor, a notificação do devedor, antes de proceder à inscrição desabonadora, exigindo-se, para o fiel atendimento da exigência legal, a prova de efetiva notificação do devedor, por meio de carta com aviso de recebimento.

(C) Para a lícita utilização de escore de crédito, método estatístico de avaliação de risco que não constitui banco de dados, exige-se o consentimento do consumidor, que terá o direito de solicitar esclarecimentos sobre as informações pessoais valoradas e as fontes dos dados considerados no respectivo cálculo.

(D) A inclusão do nome do consumidor em base de dados do órgão de proteção ao crédito, quando fundada em informação verdadeira, extraída do cartório de distribuição judicial, não tem o condão de ensejar a obrigação de reparar danos, desde que seja observado o dever de prévia notificação do devedor.

(E) Verificada, ao tempo em que fora realizada, a legítima inscrição do nome do devedor em cadastro de proteção ao crédito, e, uma vez operado, em momento ulterior, o integral pagamento da dívida, cabe ao devedor interessado postular a exclusão do registro desabonador, posto que a negativação teve origem em ato realizado no exercício regular de um direito do credor.

A: correta. Tese firmada em Recurso Repetitivo (REsp 1444469 / DF): "Diante da presunção legal de veracidade e publicidade inerente aos registros do cartório de protesto, a reprodução objetiva, fiel, atualizada e clara desses dados na base de órgão de proteção ao crédito – ainda que sem a ciência do consumidor – não tem o condão de ensejar obrigação de reparação de danos." **B:** incorreta. A súmula 359 dispõe que cabe ao órgão mantenedor do Cadastro de Proteção ao Crédito a notificação do devedor antes de proceder a inscrição. No entanto, fica dispensado o Aviso de Recebimento (AR) para a comprovação da notificação (Súmula 404, STJ), bastando que o órgão administrador faça a comprovação do envio de correspondência ao devedor. **C:** incorreta. Súmula 550 do STJ assim dispõe: "A utilização de escore de crédito, método estatístico de avaliação de risco que não constitui banco de dados, dispensa o consentimento do consumidor, que terá o direito de solicitar esclarecimentos sobre as informações pessoais valoradas e as fontes dos dados considerados no respectivo cálculo". **D:** Incorreta. Tendo em vista a informação ser pública, não se faz necessária a prévia notificação do devedor. Em sede de recurso repetitivo, o STJ firmou as seguintes teses: "Diante da presunção legal de veracidade e publicidade inerente aos registros do cartório de distribuição judicial, a reprodução objetiva, fiel, atualizada e clara desses dados na base de órgão de proteção ao crédito – ainda que sem a ciência do consumidor – não tem o condão de ensejar obrigação de reparação de danos" (REsp 1344352/SP, DJe 16/12/2014). **E:** incorreta. A exclusão do registro da dívida é de responsabilidade do credor: "Incumbe ao credor a exclusão do registro da dívida em nome do devedor no cadastro de inadimplentes no prazo de cinco dias úteis, a partir do integral e efetivo pagamento do débito: (súmula 548 do STJ).
Gabarito "A".

(Magistratura/RR – 2015 – FCC) Construtora Muro Alto lançou empreendimento imobiliário pelo qual se interessou André, especialmente pelo fato de que, em publicidade escrita, verificou que o imóvel contaria com ampla academia de ginástica, com os mais diversos aparelhos. Levando isto em conta, adquiriu uma unidade do empreendimento, por intermédio de imobiliária. Quando da entrega do imóvel, porém, no que teria a sala de ginástica, havia apenas um aparelho para exercícios abdominais. Inconformado, contatou a Construtora Muro Alto, que se recusou a adquirir outros aparelhos sob o fundamento de que a imagem constante da publicidade escrita seria meramente ilustrativa, conforme informado, em letras minúsculas, no verso do panfleto publicitário. Nesse caso, André

(A) não possui direito fundado na publicidade escrita, a qual trouxe informação de que as imagens eram meramente ilustrativas.

(B) poderá aceitar outro produto, rescindir o contrato ou exigir o cumprimento forçado da obrigação assumida pela Construtora Muro Alto na publicidade escrita, a qual deve ser clara e precisa.

(C) poderá apenas postular perdas e danos diretamente contra a Construtora Muro Alto e subsidiariamente contra a imobiliária.

(D) não possui direito fundado na publicidade escrita, pois a publicidade não vincula o fornecedor.

(E) poderá apenas postular perdas e danos, contra a construtora Muro Alto e contra a imobiliária, que respondem solidariamente.

A e D: incorretas, pois a publicidade dizia que se tratava de "ampla academia de ginástica, com os mais diversos aparelhos", oferta essa que vincula sim o fornecedor e gera direito ao consumidor (art. 30 do CDC), e que efetivamente não foi cumprida, já que não é possível considerar que um mero aparelho de abdominal cumpra a oferta veiculada; a lei é clara ao dispor que todo tipo de oferta, inclusive a propaganda e a publicidade, desde que tenha certa precisão, vincula sim e integra o contrato que vier a ser celebrado; B: correta, pois, de acordo com o art. 35 do CDC, quando o fornecedor não cumpre a oferta feita, o consumidor pode, à sua livre escolha: i) exigir o cumprimento forçado da obrigação; ii) aceitar outro produto equivalente; ou iii) rescindir o contrato; **C e E:** incorreta, pois, como se viu, o consumidor poderá, nos termos do art. 35 do CDC, exigir o cumprimento forçado da obrigação, aceitar outro produto equivalente ou rescindir o contrato, e não apenas postular "perdas e danos".
Gabarito "B".

(DPE/PE – 2015 – CESPE) Em cada um dos itens a seguir, é apresentada uma situação hipotética, seguida de uma assertiva a ser julgada com base nas regras previstas no CDC e no entendimento do STJ a respeito de cobrança de dívidas, bancos de dados e cadastros de consumidores.

(1) A fim de promover a exclusão de seu nome do banco de dados de órgão de proteção ao crédito, Fernando pagou integralmente o montante da dívida inscrita no referido banco de dados. Nessa situação, a obrigação de promover a baixa do registro será do órgão mantenedor e o prazo para a efetivação dessa obrigação será de cinco dias úteis, a contar do primeiro dia útil subsequente à completa disponibilização do numerário necessário à quitação do débito vencido.

(2) O nome de Marcos foi incluído, pela segunda vez, no banco de dados de órgão de proteção ao crédito. Apurou-se que a primeira anotação fora feita de forma regular, mas a segunda ocorrera sem a indispensável notificação prévia a Marcos. Nessa situação, Marcos tem direito à exclusão da segunda anotação, porém não tem direito à compensação por danos morais.

1: incorreta; o prazo para a exclusão da negativação do nome é esse mesmo, mas o responsável por isso é o credor (ex: a empresa de telefonia, a instituição financeira, a loja etc.), e não da entidade que administra o banco de dados (ex.: Serasa, SPC), pois esta não tem como saber que houve o pagamento regular da dívida, ao contrário do credor; vide a respeito a decisão proferida pelo STJ no Resp 1.424.792/BA, DJ 24.09.2014); **2:** correta, pois, de acordo com a Súmula STJ 385, "da anotação irregular em cadastro de proteção ao crédito, não cabe indenização por dano moral, quando preexistente legítima inscrição, ressalvado o direito ao cancelamento".
Gabarito 1E, 2C

(Magistratura/BA – 2012 – CESPE) Assinale a opção correta a respeito de serviços de proteção ao crédito.

(A) É indispensável o aviso de recebimento na carta de comunicação enviada ao consumidor para informá-lo sobre a negativação de seu nome em bancos de dados e cadastros.

(B) A retirada do nome de consumidor de cadastro de inadimplentes, requerida em antecipação de tutela e(ou) medida cautelar, somente será deferida se, cumulativamente, a ação for fundada em questionamento integral ou parcial do débito, houver demonstração de que a cobrança indevida se funda na aparência do bom direito e em jurisprudência consolidada do STF ou do STJ e houver depósito da parcela incontroversa ou for prestada a caução fixada conforme o prudente arbítrio do juiz.

(C) O consumidor cujo nome é irregularmente anotado em cadastro de proteção ao crédito tem direito a pleitear tanto indenização por dano moral quanto o cancelamento da anotação, ainda que preexista legítima inscrição.

(D) Cabe ao credor da dívida providenciar a notificação do devedor antes de proceder à inscrição de seu nome em órgão de proteção ao crédito.

(E) O serviço de proteção ao crédito pode manter a inscrição do nome do devedor até o efetivo pagamento da dívida, desde que o credor ajuíze ação de execução.

A: incorreta, de acordo com a Súmula 404 do STJ, "é dispensável o aviso de recebimento (AR) na carta de comunicação ao consumidor sobre a negativação de seu nome em bancos de dados e cadastros"; **B:** correta, pois está de acordo com a jurisprudência do STJ (AgRg no REsp 1.185920 SP, Rel. Min. Nancy Andrighi, julgado em 15/02/2011); **C:** incorreta, de acordo com a Súmula 385 do STJ, "da anotação irregular em cadastro de proteção ao crédito, não cabe indenização por dano moral, quando preexistente legítima inscrição, ressalvado o direito ao cancelamento"; **D:** incorreta, a comunicação ao consumidor é realizada após a abertura de cadastro, ficha ou registro nos bancos de dados e cadastros de consumidores (art. 43, § 2º, CDC); **E:** incorreta, conforme o art. 43, § 1º, CDC, e a Súmula 323 do STJ: A inscrição do nome do devedor pode ser mantida nos serviços de proteção ao crédito até o prazo máximo de cinco anos, independentemente da prescrição da execução.
Gabarito "B".

(Magistratura/CE – 2012 – CESPE) No que se refere às práticas comerciais nas relações de consumo, assinale a opção correta.

(A) De acordo com o CDC, os bancos de dados e cadastros relativos a consumidores, os serviços de proteção ao crédito e congêneres são entidades de caráter privado, sendo, por isso, assegurados ao consumidor mecanismos para que os registros a ele relativos constantes nessas entidades não lhe sejam negados, quer quanto ao acesso, quer quanto às retificações.

(B) De acordo com o CDC, a veiculação e a precisão da informação são os dois requisitos necessários para a incidência do princípio da vinculação aplicado à oferta e à publicidade, podendo o consumidor, se houver a recusa do cumprimento da oferta, acionar o fornecedor que pagou e dirigiu a preparação e a veiculação do anúncio; conforme entendimento do STJ, em nenhuma hipótese, entretanto, poderão ser responsabilizados, no caso de recusa, o fornecedor indireto ou o veículo de comunicação.

(C) Em consonância com os princípios da transparência, da boa-fé objetiva e da confiança, o CDC estatui uma obrigação geral de informação, que, no âmbito da proteção à vida e à saúde do consumidor, conforme entendimento do STJ, é manifestação autônoma da obri-

gação de segurança e exige comportamento positivo do fornecedor. Esse comportamento se concretiza no dever de informar que o seu produto ou serviço pode causar malefícios, ainda que apenas a uma minoria da população.
(D) O consumidor cobrado judicialmente em quantia indevida, salvo hipótese de engano justificável, tem direito à repetição do indébito nos termos do CDC, exigindo-se a prova do erro exclusivamente em relação aos contratos bancários, conforme jurisprudência solidificada do STJ.
(E) Conforme jurisprudência do STJ, não se admite repetição de indébito de valor pago em virtude de cláusula abusiva constante de contratos de consumo.

A: incorreta, os bancos de dados e cadastros relativos a consumidores, os serviços de proteção ao crédito e congêneres são considerados entidades de caráter público (art. 43, § 4º, CDC); **B:** incorreta, pois se houver violação do dever de cuidado o veículo de comunicação pode ser responsabilizado (REsp 997.993/MG, Rel. Ministro LUIS FELIPE SALOMÃO, julgado em 21/06/2012); **C:** correta, o dever de informar corretamente o consumidor está previsto no art. 31, CDC, e o STJ já reconheceu que o fornecedores têm o dever de informar os consumidores sobre os possíveis malefícios de seus produtos, ainda que apenas a uma minoria da população, ao obrigar as empresas de alimentos a informar sobre os riscos do glúten (REsp 586316/MG, Rel. Ministro HERMAN BENJAMIN, julgado em 17/04/2007); **D:** incorreta, pois de acordo com o STJ, "não se faz necessária a prova do erro para exercer o direito à repetição do indébito nos contratos de abertura de crédito (AgRg no REsp 706.340/RS, Rel. Ministra NANCY ANDRIGHI, TERCEIRA TURMA, julgado em 27/09/2005); **E:** incorreta, de acordo com a jurisprudência do STJ é possível a repetição de indébito de valor pago em virtude de cláusula abusiva constante de contrato de consumo (AgRg no REsp 749.830/RS, Rel. Ministro FERNANDO GONÇALVES, QUARTA TURMA, julgado em 18/08/2005).
Gabarito "C".

(Magistratura/CE – 2012 – CESPE) Assinale a opção correspondente à situação hipotética que retrata prática comercial aceitável, de acordo com as disposições do CDC.
(A) Em contrato de serviços de uma empresa de engenharia para a construção de imóvel residencial, embora o consumidor tivesse prazo certo para cumprir a sua prestação de pagar, a construtora fixou apenas o prazo total de seis meses para a conclusão da obra, contados a partir do término da fundação do imóvel, sem estabelecer expressamente prazo para o início ou término da execução dos serviços de fundação da referida obra.
(B) Em uma cidade acometida por uma grave enchente, o dono de um mercado local impôs, para a comercialização de água mineral, o limite quantitativo máximo de dois garrafões por consumidor, em razão da limitação de seu estoque e a fim de garantir que o maior número de consumidores pudesse ter acesso ao produto.
(C) Determinada instituição bancária enviou, sem prévia solicitação ou anuência dos clientes, cartão de crédito para a residência de determinados correntistas, escolhidos em razão de seu alto poder aquisitivo.
(D) O dono de uma loja de sapatos avisou aos outros comerciantes de sapatos do bairro que determinada consumidora, além de habitualmente reclamar da qualidade de produtos e serviços, já propôs várias ações em face de outros fornecedores.
(E) Uma instituição particular de educação infantil reajustou a mensalidade para além dos índices de inflação e deixou de apresentar, para os responsáveis legais das crianças matriculadas, a justa causa do referido aumento.

A: incorreta, o art. 39, XII, CDC, considera prática abusiva deixar de estipular prazo para o cumprimento de sua obrigação ou deixar a fixação de seu termo inicial a seu exclusivo critério; **B:** correta, na hipótese o fornecimento do produto pode ser limitado em razão da justa causa presente (grave enchente) conforme autoriza o art. 39, I, CDC; **C:** incorreta, nos termos do art. 39, III, CDC, é prática abusiva enviar ou entregar ao consumidor, sem solicitação prévia, qualquer produto, ou fornecer qualquer serviço; **D:** incorreta, nos termos do art. 39, VII, CDC, é prática abusiva repassar informação depreciativa, referente a ato praticado pelo consumidor no exercício de seus direitos; **E:** incorreta, pois também é prática abusiva elevar sem justa causa o preço de produtos ou serviços (art. 39, X, CDC).
Gabarito "B".

(Magistratura/MG – 2012 – VUNESP) Analise as proposições seguintes.
I. Pode existir publicidade enganosa por omissão quando deixar de informar sobre dado essencial do produto ou serviço.
II. Não depende de declaração do juiz antes da fase instrutória sobre quem deve recair o ônus da veracidade e correção da informação e comunicação publicitária.
III. A lei considera prática abusiva enviar ou entregar ao consumidor, sem solicitação prévia, qualquer produto, bem como condicionar o fornecimento de produto ao fornecimento de outro produto.
IV. O consumidor cobrado em quantia indevida tem o direito à repetição do indébito, sempre por valor igual ao dobro do que pagou em excesso, acrescido de correção monetária e juros legais.
V. A lei consumerista considera entidade de caráter privado os serviços de proteção ao crédito.

Estão corretas apenas as proposições
(A) I, II e III.
(B) I, III e IV.
(C) II, III e IV.
(D) II, IV e V.

I: correta, nos termos do art. 37, § 3º, do CDC; **II:** correta, nos termos do art. 38 do CDC o ônus da prova da veracidade e correção da informação ou comunicação publicitária cabe a quem as patrocina; **III:** correta, nos termos do art. 39, III, do CDC; **IV:** incorreta, pois o consumidor cobrado em quantia indevida tem direito à repetição do indébito, por valor igual ao dobro do que pagou em excesso, acrescido de correção monetária e juros legais, salvo hipótese de engano justificável (art. 42, parágrafo único, CDC); **V:** incorreta, os bancos de dados e cadastros relativos a consumidores, os serviços de proteção ao crédito e congêneres são considerados entidades de caráter público (art. 43, § 4º, CDC).
Gabarito "A".

(Magistratura/MG – 2012 – VUNESP) Analise as proposições seguintes.
I. Os contratos nas relações jurídicas consumeristas não obrigam os consumidores se os respectivos instrumentos forem redigidos de modo a dificultar a compreensão de seu sentido e alcance.
II. O prazo decadencial para a reclamação por vícios em produtos ou serviços prestados ao consumidor é aplicável à ação de prestação de contas ajuizada pelo correntista com o escopo de obter esclarecimentos acerca da cobrança de taxas, tarifas e/ou encargos bancários.
III. As instituições bancárias respondem objetivamente pelos danos causados aos consumidores por fraudes ou delitos praticados por terceiros – como, por exemplo, abertura de conta-corrente ou recebimento de empréstimos mediante fraude ou utilização de documentos falsos –, porquanto tal responsabilidade decorre do risco do empreendimento, caracterizando-se como fortuito interno.
IV. O juiz poderá desconsiderar a personalidade jurídica da sociedade quando, em detrimento do consumidor, houver abuso de direito, excesso de poder, infração da lei, fato ou ato ilícito ou violação dos estatutos ou contrato social. A desconsideração também será efetivada quando houver falência, estado de insolvência, encerramento ou inatividade da pessoa jurídica provocados por má administração.
V. De acordo com o sistema consumerista, a nulidade de uma cláusula contratual abusiva sempre invalida o contrato.

São incorretas apenas as proposições:
(A) II e V.
(B) III e V.
(C) I, II e IV.
(D) II, IV e V.

I: correta, está conforme o art. 46, CDC; **II:** incorreta, pois o prazo decadencial não é aplicável à ação de prestação de contas ajuizada pelo correntista com o escopo de obter esclarecimentos acerca da cobrança de taxas, tarifas e/ou encargos bancários (AgRg no REsp 1111745/RJ, Rel. Ministra MARIA ISABEL GALLOTTI, julgado em 06/10/2011); **III:** correta, conforme o art. 12 do Código de Defesa do Consumidor e de acordo com a jurisprudência do STJ (REsp 1199782/PR, Rel. Ministro LUIS FELIPE SALOMÃO, julgado em 24/08/2011); **IV:** correta, reproduz o conteúdo do art. 28, *caput*, do CDC; **V:** incorreta, a nulidade de uma cláusula contratual abusiva não invalida o contrato, exceto quando de sua ausência, apesar dos esforços de integração, decorrer ônus excessivo a qualquer das partes (art. 51, § 2º, CDC).
Gabarito "A".

(Magistratura/PA – 2012 – CESPE) Com relação às práticas abusivas e às cobranças de dívidas, assinale a opção correta.
(A) A execução de serviços independe de autorização expressa do consumidor ou de prévia elaboração de orçamento.
(B) Considere que o gerente de uma loja telefone a um devedor seu e lhe diga que tomará as medidas judiciais cabíveis caso ele não efetue o pagamento total da dívida. Nessa situação, a atitude do credor não constitui ameaça ou prática abusiva visto que a legislação vigente prevê a cobrança de dívida como direito do credor em relação ao devedor.
(C) Não configura conduta abusiva a ação de cobrador que, ao telefone, se apresente ao devedor como oficial de justiça sem o ser.
(D) Não se considera prática abusiva, à luz do CDC, enviar ou entregar ao consumidor, sem solicitação prévia, qualquer produto ou fornecer qualquer serviço.
(E) Atua de acordo com os parâmetros legais o banco que exija, para a concessão de empréstimo, que o cliente adquira apólice de seguro de vida, visto que a lei faculta ao fornecedor a imposição de aquisição conjunta de bens e serviços.

A: incorreta, o art. 39, VI, CDC veda ao fornecedor executar serviços sem a prévia elaboração de orçamento e autorização expressa do consumidor, ressalvadas as decorrentes

de práticas anteriores entre as partes; **B:** correta, pois não caracteriza coação a ameaça de exercício regular de direito (art. 153/CC) e o CDC apenas proíbe que o consumidor seja exposto ao ridículo na cobrança de dívida (art. 42, *caput*, CDC); **C:** incorreta, pois tal situação caracteriza abuso de direito de cobrança (art. 42, *caput*, CDC); **D:** incorreta, caracteriza prática abusiva enviar ou entregar ao consumidor, sem solicitação prévia, qualquer produto ou fornecer qualquer serviço (art. 39, III, CDC); **E:** incorreta, o CDC veda ao fornecedor condicionar o fornecimento de produto ou de serviço ao fornecimento de outro produto ou serviço (art. 39, I, CDC).
Gabarito "B".

(Magistratura/PE – 2013 – FCC) Na oferta de produtos e serviços regulada pelo Código de Defesa do Consumidor,
(A) o fornecedor é apenas subsidiariamente responsável pelos atos de seus prepostos ou representantes autônomos.
(B) a reposição de componentes e peças dos produtos deve ser assegurada apenas enquanto estes forem fabricados ou importados.
(C) em qualquer hipótese, é proibida a publicidade de bens e serviços ao consumidor por telefone.
(D) as informações ao consumidor oferecidas nos produtos refrigerados, devem ser gravadas de forma indelével.
(E) a informação ou publicidade do produto obriga o fornecedor que a fizer veicular, mas só integra o contrato se for realizada por escrito.

A: incorreta, pois o fornecedor é *solidariamente* responsável pelos atos de seus prepostos ou representantes autônomos (art. 34 do CDC); **B:** incorreta, pois cessadas a fabricação ou importação, a oferta deverá ser mantida por período razoável de tempo, na forma da lei (art. 32, parágrafo único, do CDC); **C:** incorreta, pois é vedada a publicidade de bens e serviços por telefone quando a chamada for onerosa ao consumidor (art. 33, parágrafo único, do CDC); **D:** correta (art. 31, parágrafo único, do CDC); **E:** incorreta, pois toda informação ou publicidade, suficientemente precisa, obriga o fornecedor e integra o contrato (art. 30 do CDC).
Gabarito "D".

(Ministério Público/MG – 2012 – CONSULPLAN) O adimplemento das obrigações pelos consumidores nas relações jurídicas de consumo está umbilicalmente ligado ao plano da eficácia (e efetividade) dos contratos massificados. O cumprimento da 'palavra dada' ganha *status* de informação em destaque na sociedade atual, desfrutando de relevante valor econômico, pois permite ao fornecedor proceder à segura análise de risco no mercado de consumo nas diversas operações de crédito do dia a dia. Para tanto, regulamentando o acesso e registro dessas informações, houve estratégia normativa no sentido de criar cadastros restritivos e cadastros positivos. Quanto aos últimos versados na Lei Federal 12.414/2011, é **INCORRETO** dizer:
(A) o consulente (pessoa natural ou jurídica que conceda crédito ou realize venda a prazo ou outras transações comerciais e empresariais que lhe impliquem risco financeiro) recolhe os dados da fonte (pessoa jurídica responsável pela administração de banco de dados, bem como pela coleta, armazenamento, análise e acesso de terceiros aos dados armazenados) sobre a vida econômica e creditícia do cadastrado (pessoa natural ou jurídica que tenha autorizado inclusão de suas informações no banco de dados).
(B) são informações excessivas aquelas que não estiverem vinculadas à análise de risco de crédito ao consumidor.
(C) são informações sensíveis aquelas pertinentes à origem social e étnica, à saúde, à informação genética, à orientação sexual e às convicções políticas, religiosas e filosóficas.
(D) dentre os direitos do cadastrado, encontram-se: a obtenção do cancelamento do cadastro quando solicitado; acesso gratuito às informações sobre ele existentes no banco de dados, inclusive o seu histórico; solicitação de impugnação de qualquer informação sobre ele erroneamente anotada em banco de dados e ter, em até 7 (sete) dias, sua correção ou cancelamento e comunicação aos bancos de dados com os quais ele compartilhou a informação; conhecimento dos principais elementos e critérios considerados para a análise de risco, resguardado o segredo empresarial; ter os seus dados pessoais utilizados somente de acordo com a finalidade para a qual eles foram coletados.

A: incorreta (devendo ser assinalada), segundo o art. 9º da Lei 12.414/2011, só é admitido o compartilhamento de informações de adimplemento se expressamente autorizado pelo cadastrado; **B:** correta, conforme o art. 3º, § 3º, I, da Lei 12.414/2011; **C:** correta, conforme o art. 3º, § 3º, II, da Lei 12.414/2011; **D:** correta, conforme o art. 5º, I a IV e VII, da Lei 12.414/2011.
Gabarito "A".

(Ministério Público/PI – 2012 – CESPE) Conforme o CDC, é garantido ao consumidor o acesso às informações sobre ele existentes em cadastros, fichas, registros e dados pessoais e de consumo arquivados, bem como as referentes às suas respectivas fontes. Considerando essa informação, assinale a opção correta no que se refere aos bancos de dados e cadastros de consumidores.
(A) Impedir ou dificultar o acesso do consumidor às informações que sobre ele constem em cadastros, banco de dados, fichas e registros constitui infração penal.
(B) O mandado de segurança é o instrumento jurídico adequado para assegurar o conhecimento de informações relativas ao consumidor constantes de registro ou banco de dados de entidades governamentais ou de caráter público.
(C) Os bancos de dados e cadastros relativos a consumidores, os serviços de proteção ao crédito e congêneres devem ser instituídos e mantidos por entidades públicas.
(D) É imprescindível o aviso de recebimento na carta de comunicação enviada ao consumidor que o avise sobre a inclusão de seu nome em bancos de dados e cadastros de maus pagadores.
(E) Segundo a jurisprudência sumulada do STJ, compete ao fornecedor notificar o devedor antes de proceder à inscrição de seu nome no cadastro de proteção ao crédito.

A: correta, conforme o art. 72 do CDC; **B:** incorreta, o instrumento adequado é o *habeas data*, por se tratar de garantia de acesso à informação – art. 5º, LXXII, CF/88; **C:** incorreta, "os bancos de dados e cadastros relativos a consumidores, os serviços de proteção ao crédito e congêneres **são considerados** entidades de caráter público" (art. 43, § 4º, do CDC); **D:** incorreta, de acordo com a Súmula 404 do STJ: "É dispensável o aviso de recebimento (AR) na carta de comunicação ao consumidor sobre a negativação de seu nome em bancos de dados e cadastros"; **E:** incorreta, nos termos da Súmula 359 do STJ, "cabe ao órgão mantenedor do Cadastro de Proteção ao Crédito a notificação do devedor antes de proceder à inscrição".
Gabarito "A".

(Ministério Público/PI – 2012 – CESPE) Com base no que dispõe o CDC, assinale a opção correta com relação à disciplina normativa das práticas comerciais.
(A) Os fornecedores devem assegurar, durante um período mínimo de quinze anos, a oferta de componentes e peças de reposição quando cessadas a fabricação ou importação do produto.
(B) É vedada a publicidade de bens e serviços por telefone, quando a chamada telefônica for onerosa ao consumidor que a originar.
(C) A responsabilidade do fornecedor, por atos de seus representantes autônomos, é subsidiária e objetiva, sendo cabível ação regressiva contra o causador direto do dano.
(D) A informação ou comunicação de caráter publicitário inteira ou parcialmente falsa é considerada publicidade abusiva.
(E) Em regra, os exageros (*puffing*), em razão do princípio da vinculação contratual da oferta, obrigam os fornecedores, mesmo que não guardem a característica da precisão.

A: incorreta, a oferta deve ser mantida por período razoável de tempo e não por período mínimo de quinze anos (art. 32, parágrafo único, do CDC); **B:** correta, conforme o art. 33, parágrafo único, do CDC; **C:** incorreta, a responsabilidade é solidária e objetiva (art. 34 do CDC); **D:** incorreta, a informação ou comunicação de caráter publicitário inteira ou parcialmente falsa é considerada publicidade enganosa (art. 37, § 1º, do CDC); **E:** incorreta, o *puffing* consiste em simples exagero das qualidades de um produto e, em regra, não obriga o fornecedor.
Gabarito "B".

(Ministério Público/RR – 2012 – CESPE) A respeito dos bancos de dados e cadastros de consumidores, assinale a opção correta com base no entendimento do STJ.
(A) Cabe ao credor da dívida providenciar a notificação do devedor antes de proceder à inscrição em órgão de proteção ao crédito.
(B) É indispensável o aviso de recebimento em carta de comunicação ao consumidor sobre a negativação de seu nome em bancos de dados e cadastros.
(C) Para a abstenção da inscrição ou manutenção do nome do consumidor em cadastro de inadimplentes requerida em antecipação de tutela e(ou) em medida cautelar, basta que o consumidor demonstre que a cobrança indevida se funda em jurisprudência consolidada do STF ou do STJ e que ele não tem condições econômico-financeiras para pagar a dívida.
(D) O nome do devedor pode ser mantido nos serviços de proteção ao crédito até o prazo da prescrição da pretensão de cobrança ou, se ajuizada execução, até a satisfação do crédito.
(E) Não cabe indenização por dano moral em razão de anotação irregular em cadastro de proteção ao crédito, se preexistente legítima inscrição, ressalvado o direito ao cancelamento.

A: incorreta, conforme prescreve a Súmula 359 do STJ: "Cabe ao órgão que mantém o cadastro de proteção ao crédito a notificação do devedor antes de proceder à inscrição"; **B:** incorreta, de acordo com a Súmula 404 do STJ: "É dispensável o aviso de recebimento (AR) na carta de comunicação ao consumidor sobre a negativação de seu nome em bancos de dados e cadastros"; **C:** incorreta, segundo a jurisprudência do STJ: "Orientação 4 – Inscrição/Manutenção em cadastro de inadimplentes: a) a abstenção da inscrição/manutenção em cadastro de inadimplentes, requerida em antecipação de tutela e/ou medida cautelar, somente será deferida se, cumulativamente: i) a ação for fundada em questionamento integral ou parcial do débito; ii) houver demonstração de que a cobrança indevida se funda na aparência do bom direito e em jurisprudência consolidada do STF ou STJ; iii) houver depósito da parcela incontroversa ou for prestada a caução fixada

conforme o prudente arbítrio do juiz" (REsp 1.061.530/RS, Segunda Seção, Rel. Min. Nancy Andrighi, j. 22.10.2008); **D:** incorreta, o nome do devedor pode ser mantido nos serviços de proteção ao crédito até o prazo máximo de cinco anos, devendo ser retirado antes se ocorrer a prescrição da pretensão de cobrança (art. 43, §§ 1º e 5º, do CDC); **E:** correta, reproduz a Súmula 385 do STJ.
Gabarito "E".

(Ministério Público/SC – 2012) Analise as assertivas a seguir.
I. O Órgão do Ministério Público, visando obstar o prazo decadencial por vício do produto e propor ação que diga respeito a lesão a direitos coletivos, uma vez que ainda não tem elementos suficientes para a propositura da respectiva ação, poderá se valer da instauração de inquérito civil para suspender o prazo decadencial, desde que, também para esse fim (decadência), na Portaria inaugural faça a devida especificação, a que alude o CDC.
II. A desconsideração da personalidade jurídica a que alude o CDC prescinde de provocação da parte, podendo o magistrado, uma vez verificada a hipótese a que alude a norma, mesmo sem a ocorrência de fraude ou abuso de direito, redirecionar a execução para atingir os bens pessoais dos sócios.
III. O Órgão do Ministério Público, como prova do efeito vinculante ao contrato estabelecido entre fornecedor e consumidores, independentemente de cláusula dissociativa constante do pacto, em caso de tutela coletiva, poderá valer-se do *marketing* utilizado pelo fornecedor na publicidade do produto ou serviço, posto que toma-se por base os princípios da boa-fé objetiva, da transparência e da confiança.
IV. Efetuada promoção pelo fornecedor com o intuito de estimular a venda de determinado produto em face de premiação a ser encontrada somente em alguns dos vários lotes daquele, com ampla divulgação publicitária voltada à coletividade de consumidores, verificou-se que houve falha em parte do material que identificava a premiação e que já estava em circulação. Nesse caso, para se esquivar da responsabilidade decorrente da vinculação publicitária com a falha ocasionada, pode o fornecedor alegar "erro" de terceiro.
V. O CDC reconhece que a relação de consumo não é apenas contratual; adotou, na especificidade, o princípio da vinculação contratual da mensagem publicitária. O art. 429 e seu parágrafo único do CC não possuem repercussão concreta nas relações de consumo.
(A) Apenas as assertivas II, III e V estão corretas.
(B) Apenas as assertivas I, II e V estão corretas.
(C) Apenas as assertivas III, IV e V estão corretas.
(D) Apenas as assertivas IV e V estão corretas.
(E) Todas as assertivas estão corretas.

I: incorreta, basta a instauração de inquérito civil para que seja obstado o prazo de decadência (art. 26, § 2º, III, do CDC). **II:** correta, nas relações de consumo o juiz pode determinar de ofício a desconsideração da personalidade jurídica com base na teoria maior da desconsideração (art. 28, *caput*, do CDC) ou com base na teoria menor (art. 28, § 5º, do CDC) que dispensa motivo; **III:** correta, a assertiva é baseada na correta interpretação dos arts. 6º, IV, e 30 do CDC. **IV:** incorreta, a publicidade obriga o fornecedor que a fizer veicular ou dela se utilizar (art. 30 do CDC). V: correta, pois o art. 429 e seu parágrafo único do CC, ao ressalvar que a oferta, caso os requisitos essenciais ao contrato resultem de circunstâncias ou de usos, não valerá como proposta, ou seja, não terá força vinculativa, é incompatível com o art. 30 do CDC, pois este vincula a oferta de forma objetiva.
Gabarito "A".

(Defensor Público/AM – 2013 – FCC) Em relação à cobrança de dívida, o Código de Defesa do Consumidor estabelece que
(A) o consumidor cobrado em quantia indevida tem direito à repetição do indébito, por valor igual ao dobro do que pagou em excesso, acrescido de correção monetária e juros legais, salvo hipótese de engano justificável.
(B) o fornecedor do produto ou serviço é solidariamente responsável pelos atos de seus prepostos ou representantes autônomos.
(C) deve ser reconhecida a vulnerabilidade do consumidor no mercado de consumo, para fins do cálculo da multa e dos juros.
(D) o fornecedor de serviços responde, independentemente da existência de culpa, pela reparação dos danos causados aos consumidores por defeitos relativos à prestação dos serviços, bem como por informações insuficientes ou inadequadas sobre sua fruição e riscos.
(E) as multas de mora decorrentes do inadimplemento de obrigações no seu termo não poderão ser superiores a cinco por cento do valor da prestação.

A: correta (art. 42, par. único, do CDC); **B:** incorreta, pois, apesar da afirmativa trazer uma informação verdadeira (art. 34 do CDC), essa norma está na seção da "Oferta" e não na de "Cobrança de Dívidas", mencionado no enunciado; **C:** incorreta, pois a vulnerabilidade deve ser reconhecida para todos os fins e não só para isso, tratando-se de princípio do CDC (art. 4º, I); **D:** incorreta, pois essa norma também não está na Seção "Cobrança de Dívidas"; **E:** incorreta, pois essa multa não pode ser superior a 2% do valor da prestação (art. 52, § 1º, do CDC).
Gabarito "A".

(Defensor Público/AM – 2013 – FCC) São práticas abusivas contra o consumidor:
I. Condicionar o fornecimento de produto ou de serviço ao fornecimento de outro produto ou serviço, bem como, sem justa causa, a limites quantitativos.
II. Prevalecer-se da fraqueza ou ignorância do consumidor, tendo em vista sua idade, sexo, saúde e carência econômica para impingir-lhe seus produtos ou serviços.
III. Repassar informação depreciativa, referente a ato praticado pelo consumidor no exercício de seus direitos.
IV. Colocar, no mercado de consumo, qualquer produto ou serviço em desacordo com as normas expedidas pelos órgãos oficiais competentes ou, se normas específicas não existirem, pelo Departamento Nacional de Defesa do Consumidor, da Secretaria Nacional de Direito Econômico (MJ).
Está correto o que se afirma APENAS em
(A) II e IV.
(B) I, II e III.
(C) II, III e IV.
(D) I e III.
(E) I e IV.

I: correta (art. 39, I, do CDC); **II:** incorreta, pois a "carência econômica" e "sexo", não estão no art. 39, IV, na definição dessa prática abusiva; **III:** correta (art. 39, VII, do CDC); **IV:** incorreta, pois não existindo normas expedidas por órgãos oficiais, há de se obedecer as normas expedidas pela ABNT ou outra entidade credenciada pelo Conselho Nacional de Metrologia, Normatização e Qualidade Industrial (Conmetro), nos termos do art. 39, VIII, do CDC.
Gabarito "D".

(Defensor Público/PR – 2012 – FCC) De acordo com o Código de Defesa do Consumidor,
(A) a inscrição de inadimplente pode ser mantida nos serviços de proteção ao crédito por, no máximo, três anos.
(B) é desnecessária a comunicação ao consumidor da abertura de cadastro, ficha, registro e dados pessoais e de consumo.
(C) os bancos de dados e cadastros relativos aos consumidores e os serviços de proteção ao crédito são considerados entidades de caráter privado.
(D) cabe ao fornecedor a notificação do devedor antes de proceder à inscrição.
(E) da anotação irregular em cadastro de proteção ao crédito, não cabe indenização por dano moral, quando preexistente legítima inscrição.

A: incorreta, pois o prazo máximo é de 5 anos (art. 43, § 1º, do CDC); **B:** incorreta, pois essa comunicação é obrigatória, nos termos do art. 43, § 2º, do CDC; **C:** incorreta, pois são considerados de caráter público (art. 43, § 4º, do CDC); **D:** incorreta, pois essa obrigação não é do fornecedor, mas do órgão mantenedor do Cadastro de Proteção ao Crédito (ex: SERASA, SPC), nos termos da Súmula STJ 359; **E:** correta, nos termos da Súmula STJ 385.
Gabarito "E".

(Defensor Público/PR – 2012 – FCC) Sobre oferta e publicidade é correto afirmar que
(A) no caso de outorga de crédito, como nas hipóteses de financiamento ou parcelamento, é necessária apenas a discriminação do número, periodicidade e valor das prestações.
(B) o ônus da prova da veracidade e correção da informação ou comunicação publicitária cabe à agência de publicidade.
(C) é enganosa a publicidade que desrespeita valores da sociedade e que é capaz de induzir o consumidor a se comportar de forma prejudicial à sua saúde.
(D) configura infração ao direito básico do consumidor à informação apenas informar os preços em parcelas, obrigando-o ao cálculo total.
(E) da inexecução de uma oferta, apresentação ou publicidade, o consumidor não pode aceitar a entrega de outro produto ou prestação de serviço equivalente.

A: incorreta, pois é necessário informar, também, montante de juros de mora e taxa efetiva anual de juros, acréscimos legalmente previstos e soma total a pagar, com e sem financiamento, tudo em moeda nacional (art. 52 do CDC); **B:** incorreta, pois é de quem patrocina a comunicação publicitária, ou seja, é do anunciante (art. 38 do CDC); **C:** incorreta, pois, nesse caso, a propaganda é abusiva e não enganosa (art. 37, § 2º, do CDC); **D:** correta, nos termos do art. 52, V, do CDC; **E:** incorreta, pois o consumidor, em caso de inexecução de uma oferta, poderá escolher, dentre outras possibilidades, outro produto ou prestação de serviço equivalente (art. 35 do CDC).
Gabarito "D".

(Defensor Público/RO – 2012 – CESPE) Com relação à veiculação de publicidade, o CDC veda, expressamente,
(A) a propaganda promocional.
(B) a propaganda subliminar.
(C) o *merchandising*.
(D) o *puffing*.
(E) o *teaser*.

A: incorreta, pois não há no CDC vedação às propagandas promocionais de um produto ou serviço; **B:** correta; o CDC é expresso no sentido de que "a publicidade deve ser veiculada de tal forma que o consumidor, fácil e imediatamente, a identifique como tal" (art. 36, *caput*, do CDC), ou seja, deve estar muito claro de que se trata de uma propaganda; por exemplo, é proibido fazer uma propaganda em forma de reportagem jornalística; **C:** incorreta, pois o CDC não veda expressamente o *merchandising*, que, por sinal, é muito comum em novelas e outros programas de TV; **D:** incorreta, pois o *puffing* é o exagero praticado em anúncios de publicidade (ex: "melhor pizza do mundo"); porém, o art. 30 do CDC estabelece que somente a informação ou publicidade suficientemente precisas vinculam o fornecedor; assim, o exagero, desde que feito de forma jocosa, lúdica, e sem precisão, não vincula o fornecedor, não havendo vedação expressa no CDC; **E:** incorreta, pois o *teaser* é uma técnica de marketing para chamar a atenção para uma campanha publicitária, despertando a curiosidade do consumidor, não havendo vedação expressa no CDC.

Gabarito "B".

(Defensor Público/SE – 2012 – CESPE) Conforme entendimento do STJ, constitui prática abusiva contra o consumidor

(A) a cobrança de preços diferenciados para a compra de produtos mediante pagamento em dinheiro, cheque ou cartão de crédito.

(B) a estipulação de juros remuneratórios superiores a 12% ao ano, com base na taxa média do mercado bancário.

(C) a retenção, pela construtora, de parte do valor pago, a título de indenização, no caso de resilição do compromisso de compra e venda de imóvel.

(D) o impedimento de cancelamento unilateral, pelo consumidor, de desconto, em folha de pagamento, referente a empréstimo consignado.

(E) a conferência indistinta de mercadorias pelos estabelecimentos comerciais, após a venda, mesmo quando a revista dos bens adquiridos é realizada em observância aos limites da urbanidade e civilidade.

A: correta (STJ, Inform. 427, REsp 1.133.410-RS, Rel. Min. Massami Uyeda, julgado em 16/03/2010); **B:** incorreta, pois as instituições financeiras podem cobrar juros remuneratórios superiores a 12% ao ano com base na taxa media de mercado (STJ, AgRg no REsp 1.097.450, DJ 19.06.13); **C:** incorreta, pois devem ser devolvidos os valores pagos, retendo-se apenas parcelas para fazer frente ao desgaste da unidade, corretagem, etc (STJ, AgRg no Ag 717.840, DJ 21.10.09); **D:** incorreta, pois o STJ entende que não é abusiva a impossibilidade de modificação unilateral da cláusula que impede o cancelamento (AgRg nos EDcl no REsp 1.223.838, DJ 11.05.11); **E:** incorreta, pois não constitui prática abusiva essa conduta (STJ, REsp 1.120.113, DJ 10.10.11).

Gabarito "A".

(Procurador da República – 26º) Considerando os artigos 43 e 44 da Lei 8.078/1990, Código de Defesa do Consumidor, que tratam dos bancos de dados e cadastros de consumidores, é correto afirmar que:

(A) Os bancos de dados sobre endividamento dos consumidores têm caráter privado de auxiliar do comércio e devem ser mantidos por entidades privadas que têm seu funcionamento autorizado e controlado pelo Banco Central – BACEN;

(B) O Sistema Nacional de Informações e Defesa do Consumidor – SINDEC é o cadastro nacional que integra em rede as ações e informações da defesa do consumidor. Ele representa o trabalho do Sistema Nacional de Defesa do Consumidor e dos PROCONs, e estabelece a base tecnológica necessária para a elaboração do Cadastro Nacional de Reclamações Fundamentadas que indica se as reclamações dos consumidores foram atendidas, ou não, pelos fornecedores. Aplicam-se ao SINDEC, no que couberem, as mesmas regras impostas aos cadastros de consumidores;

(C) A orientação sumular do Superior Tribunal de Justiça – STJ prevê que a anotação irregular do nome do consumidor no cadastro de proteção ao crédito por erro do fornecedor gera indenização por dano moral, independente de haver inscrição preexistente;

(D) É dever do estabelecimento comercial credor a notificação pessoal do consumidor devedor, por meio de carta de comunicação com aviso de recebimento, antes de proceder à inscrição de seu nome no cadastro de proteção ao crédito.

A: incorreta, pois os bancos de dados e cadastros relativos a consumidores têm caráter público (artigo 43, § 4º, do CDC); **B:** correta, o SINDEC integra, hoje, mais de 170 PROCONs e integra processos e procedimentos relativos ao atendimento dos consumidores. O SINDEC é de responsabilidade do Ministério da Justiça e deve seguir as mesmas regras aplicáveis aos cadastros de consumidores (fonte: <www.portal.mj.gov.br/sindec>); **C:** incorreta, a indenização por dano moral decorrente da inscrição indevida em cadastro de proteção ao crédito depende da ausência de inscrição preexistente (Súmula 385 do STJ: "Da anotação irregular em cadastro de proteção ao crédito, não cabe indenização por dano moral, quando preexistente legítima inscrição, ressalvado o direito ao cancelamento"); **D:** incorreta, nos termos da Súmula 404 do STJ, o aviso de recebimento é dispensável nessa hipótese: "É dispensável o aviso de recebimento (AR) na carta de comunicação ao consumidor sobre a negativação de seu nome em bancos de dados e cadastros".

Gabarito "B".

8. PROTEÇÃO CONTRATUAL

(Juiz de Direito – TJ/RS – 2018 – VUNESP) No contrato de promessa de compra e venda de imóvel em construção, além do período previsto para o término do empreendimento, há, comumente, cláusula de prorrogação excepcional do prazo de entrega da unidade ou de conclusão da obra, que varia entre 90 (noventa) e 180 (cento e oitenta) dias: a conhecida cláusula de tolerância. Considerando isso, assinale a alternativa correta.

(A) Trata-se de cláusula abusiva, por exigir do consumidor vantagem manifestamente excessiva a favor da construtora.

(B) Não se trata de cláusula abusiva, diante dos costumes do mercado imobiliário, que pode paralisar a obra se houver alguma necessidade financeira.

(C) Não se trata de cláusula abusiva, pois ameniza o risco da atividade advindo da dificuldade de se fixar data certa para o término de obra de grande magnitude sujeita a diversos obstáculos e situações imprevisíveis.

(D) Trata-se de cláusula abusiva, pois condiciona a entrega do produto sem justa causa ou limites quantitativos.

(E) Trata-se de cláusula abusiva, pois representa uma oferta enganosa do prazo de entrega do imóvel, que já estabelece condições para o construtor apurar eventual necessidade de atraso.

A jurisprudência do Superior Tribunal de Justiça segue no sentido de que não há abusividade na denominada "cláusula de tolerância" nos contratos de promessa de compra e venda de imóvel em construção. A cláusula de prorrogação excepcional do prazo de entrega da unidade ou de conclusão da obra varia entre 90 (noventa) e 180 (cento e oitenta) dias, "porque existem no mercado diversos fatores de imprevisibilidade que podem afetar negativamente a construção de edificações e onerar excessivamente seus atores, tais como intempéries, chuvas, escassez de insumos, greves, falta de mão de obra, crise no setor, entre outros contratempos. Assim, a complexidade do negócio justifica a adoção no instrumento contratual, desde que razoáveis, de condições e formas de eventual prorrogação do prazo de entrega da obra, o qual foi, na realidade, apenas estimado, tanto que a própria lei de regência disciplinou tal questão, conforme previsão do art. 48, § 2º, da Lei n. 4.591/1964. Logo, observa-se que a cláusula de tolerância para atraso de obra possui amparo legal, não constituindo abuso de direito (art. 187 do CC)". (STJ, REsp 1.582.318/RJ, Rel. Min. Ricardo Villas Bôas Cueva, por unanimidade, julgado em 12/9/2017, DJe 21/9/2017). Sendo assim, a única alternativa que pode ser considerada correta é a alternativa "C".

Gabarito "C".

(Defensor Público – DPE/PR – 2017 – FCC) Sobre os contratos na relação de consumo, é correto:

(A) Em decorrência de sua condição de vulnerabilidade, é nula de pleno direito a cláusula contratual que impossibilite, exonere ou atenue a responsabilidade do fornecedor por vícios dos produtos ou dos serviços, ainda que haja razões justificáveis e traga vantagem patrimonial ao consumidor.

(B) O reajuste de mensalidade de plano de saúde individual ou familiar fundado na mudança de faixa etária do beneficiário é válido desde que haja previsão contratual, sejam observadas as normas expedidas pelos órgãos governamentais reguladores e não sejam aplicados percentuais desarrazoados ou aleatórios que, concretamente e sem base atuarial idônea, onerem excessivamente o consumidor ou discriminem o idoso.

(C) Segundo o entendimento do STJ, o denominado "desconto de pontualidade", previsto em contrato de prestação de serviços celebrado com instituição de ensino aos alunos que efetuarem o pagamento das mensalidades até a data do vencimento ajustada, configura prática comercial abusiva.

(D) Nos contratos de compra e venda de móveis ou imóveis mediante pagamento em prestações, bem como nas alienações fiduciárias em garantia, é válida a cláusula que estabeleça a perda total das prestações pagas em benefício do credor que, em razão do inadimplemento, pleitear a resolução do contrato e a retomada do produto alienado.

(E) No fornecimento de produtos ou de serviços que envolva outorga de crédito ou concessão de financiamento ao consumidor, a liquidação antecipada do débito, total ou parcialmente, não autoriza a redução de juros remuneratórios ou de comissão de permanência.

A: incorreta. O art 51, I, do CDC prevê a nulidade de cláusula contratual que impossibilitem, exonerem ou atenuem a responsabilidade do fornecedor por vícios de qualquer natureza ou que impliquem renúncia ou disposição de direitos. A indenização somente pode ser limitada as hipóteses em que o consumidor for pessoa jurídica e em situações justificáveis. **B:** correta. O STJ firmou, em sede de Recurso Repetitivo (tema n. 952) entendimento no sentido de que "o reajuste de mensalidade de plano de saúde individual ou familiar fundado na mudança de faixa etária do beneficiário é válido desde que (i) haja previsão contratual, (ii) sejam observadas as normas expedidas pelos órgãos governamentais reguladores e (iii) não sejam aplicados percentuais desarrazoados ou aleatórios que, concretamente e sem base atuarial idônea, onerem excessivamente o consumidor ou discriminem o idoso

(REsp 1568244/RJ, DJ 14/12/2016)". **C:** incorreta. O entendimento do STJ é o que não configura prática comercial abusiva: "O denominado "desconto de pontualidade", concedido pela instituição de ensino aos alunos que efetuarem o pagamento das mensalidades até a data do vencimento ajustada, não configura prática comercial abusiva". (STJ, REsp 1.424.814/SP, Rel. Min. Marco Aurélio Bellizze, julgado em 4/10/2016, DJe 10/10/2016). **D:** incorreta. O art. 53 do CDC, *caput*, nos contratos de compra e venda de móveis ou imóveis mediante pagamento em prestações, bem como nas alienações fiduciárias em garantia, **não** é válida a cláusula que estabeleça a perda total das prestações pagas em benefício do credor que, em razão do inadimplemento, pleitear a resolução do contrato e a retomada do produto alienado. **E:** incorreta. O art. 52, § 2º, garante ao consumidor o direito à quitação antecipada do débito com redução proporcional dos juros.

Gabarito "B".

(Defensor Público Federal – DPU – 2017 – CESPE) Com referência à proteção contratual e ao contrato de adesão, julgue os seguintes itens.

(1) Nas relações de consumo, não se admite cláusula resolutória nos contratos de adesão.

(2) Aplicam-se as disposições do CDC às relações de consumo estabelecidas pela compra de produtos de camelôs, haja vista o vendedor ser considerado fornecedor.

1: Errada. O art. 54, § 2º, do Código de Defesa do Consumidor prevê expressamente a possibilidade de inserção de cláusula resolutória nos contratos de adesão, desde que alternativa, cabendo a escolha ao consumidor e ressalvando o direito de devolução dos valores pagos pelo consumidor nos termos do art. 53 da mesma lei. **2:** Correta: Nos termos do art. 2º do Código de Defesa do Consumidor, o comerciante e o distribuidor devem ser considerados fornecedores e compõem a relação jurídica de consumo.

Gabarito 1E, 2C

(Procurador Municipal – Sertãozinho/SP – VUNESP – 2016) No que concerne aos contratos de consumo, é correto afirmar que

(A) firmados entre fornecedor e consumidor pessoa jurídica, é válida a cláusula contratual que estabelece que a indenização poderá ser limitada, em situações justificáveis.

(B) será reputado de adesão aquele cujas cláusulas tenham sido estabelecidas unilateralmente pelo fornecedor de serviços, sendo que a inserção de cláusula no formulário pelo consumidor o desfigura como tal.

(C) as multas de mora decorrentes do inadimplemento de obrigações no seu termo não poderão ser superiores a 10 (dez) por cento do valor da prestação.

(D) quando de adesão, suas cláusulas deverão ser redigidas em termos claros e com caracteres ostensivos e legíveis, cujo tamanho da fonte não será inferior ao corpo onze, de modo a facilitar sua compreensão pelo consumidor.

(E) as cláusulas contratuais serão interpretadas de maneira mais favorável ao consumidor, desde que caracterizada a má-fé do fornecedor.

A: correta. A limitação de indenização pode estar prevista em contrato nas hipóteses em que haja um consumidor pessoa jurídica e que a limitação seja justificável (art. 51, I, do CDC). **B:** incorreta. O contrato de adesão é aquele cujas cláusulas tenham sido aprovadas pela autoridade competente ou estabelecidas unilateralmente pelo fornecedor de produtos ou serviços, sem que o consumidor possa discutir ou modificar substancialmente seu conteúdo (art. 54 do CDC). Prevê ainda o art. 54, § 1º, que a inserção de cláusula no formulado não desfigura a natureza de adesão do contrato. **C:** incorreta. A multa demora não pode ser superior a 2% do valor da prestação (art. 52, § 1º, do CDC) **D:** incorreta. Os contratos de adesão escritos serão redigidos em termos claros e com caracteres ostensivos e legíveis, cujo tamanho da fonte não será inferior ao corpo doze, de modo a facilitar sua compreensão pelo consumidor (art. 54, § 3º, do CDC). **E:** incorreta. As cláusulas contratuais serão interpretadas de maneira mais favorável ao consumidor (art. 47 do CDC), independentemente da análise da boa-fé do fornecedor.

Gabarito "A".

(Procurador – IPSMI/SP – VUNESP – 2016) Nos contratos de consumo, as cláusulas abusivas

(A) transferem responsabilidade a terceiros.
(B) impõem a conclusão do negócio.
(C) são nulas de pleno direito.
(D) invalidam o contrato por inteiro.
(E) estabelecem a inversão do ônus da prova.

A: incorreta. Transferir a responsabilidade a terceiros é um exemplo de cláusula contratual abusiva (art. 51, III, do CDC). **B:** incorreta. É cláusula contratual abusiva a cláusula que imponha representante para concluir ou realizar outro negócio jurídico pelo consumidor (art. 51, VIII, do CDC). **C:** correta. As cláusulas contratuais abusivas são nulas de pleno direito (art. 51, *caput*, do CDC). **D:** incorreta. A nulidade de uma cláusula contratual não invalida o contrato, exceto quando de sua ausência, apesar dos esforços de integração, decorrer ônus excessivo a qualquer das partes (art. 51, § 2º, do CDC). **E:** incorreta. Cláusula de estabeleça a inversão do ônus da prova em prejuízo do consumidor é exemplo de cláusula contratual abusiva (art. 51, VI, do CDC).

Gabarito "C".

(Procurador do Estado – PGE/PA – UEPA – 2015) Acerca dos Contratos de Consumo e a Jurisprudência dos Tribunais Superiores, é correto afirmar que:

(A) de acordo com o entendimento do Superior Tribunal de Justiça, nos contratos firmados na vigência da Lei 10.931/2004, compete ao devedor, no prazo de 5 (cinco) dias após a execução da liminar de busca e apreensão, pagar a integralidade da dívida, sob pena de consolidação da propriedade do bem móvel objeto de alienação fiduciária.

(B) na hipótese de rescisão de contratos de promessa de compra e venda de imóveis à prestação, independentemente da respectiva motivação, admite-se a plena validade de cláusula contratual que estipula a devolução parcial dos valores pagos no mesmo número de parcelas adimplidas pelo consumidor.

(C) nos contratos de crédito rural, é abusiva a pactuação de cláusula que preveja a capitalização mensal de juros.

(D) é devida a restituição de valores vertidos por consorciado desistente ao grupo de consórcio, no prazo máximo de trinta dias a contar da manifestação do pedido de desistência.

(E) o ajuizamento de ação de prestação de contas por correntista com escopo de obter esclarecimento acerca de cobrança de encargos bancários está submetida ao prazo decadencial previsto pelo artigo 26 do Código de Defesa do Consumidor.

A: correta. Nos contratos firmados na vigência da Lei 10.931/2004, compete ao devedor, no prazo de 5 (cinco) dias após a execução da liminar na ação de busca e apreensão, pagar a integralidade da dívida – entendida esta como os valores apresentados e comprovados pelo credor na inicial –, sob pena de consolidação da propriedade do bem móvel objeto de alienação fiduciária. (REsp 1418593/MS, DJ 14/05/2014). Recurso repetitivo, tese 722. **B:** incorreta. "Na hipótese de resolução de contrato de promessa de compra e venda de imóvel submetido ao Código de Defesa do Consumidor, deve ocorrer a imediata restituição das parcelas pagas pelo promitente comprador – integralmente, em caso de culpa exclusiva do promitente vendedor/construtor, ou parcialmente, caso tenha sido o comprador quem deu causa ao desfazimento" (Súmula 543 do STJ). **C:** incorreta. A legislação sobre cédulas de crédito rural admite o pacto de capitalização de juros em periodicidade inferior à semestral. (REsp 1333977/MT, DJ 26/02/2014). Recurso repetitivo, tese 654. **D:** incorreta. "É devida a restituição de valores vertidos por consorciado desistente ao grupo de consórcio, mas não de imediato, e sim em até trinta dias a contar do prazo previsto contratualmente para o encerramento do plano (REsp 1119300/RS, DJ 14/04/2010). Recurso repetitivo, tese 312. **E:** incorreta. A decadência do art. 26 do CDC não é aplicável à prestação de contas para obter esclarecimentos sobre cobrança de taxas, tarifas e encargos bancários (Súmula 477 do STJ).

Gabarito "A".

(Juiz – TJ-SC – FCC – 2017) No tocante à proteção contratual prevista nas relações de consumo,

(A) o consumidor pode desistir do contrato no prazo da garantia conferida pela lei ao produto.

(B) as declarações de vontade constantes de escritos particulares, recibos e pré-contratos relativos às relações de consumo vinculam o fornecedor, ensejando inclusive execução específica.

(C) a garantia contratual deve ser conferida ao consumidor pelo prazo e nos limites legalmente previstos.

(D) se o consumidor desistir do contrato e exercer o direito de arrependimento, deverá escolher outro produto de valor equivalente, sendo-lhe, porém, defeso pleitear a devolução dos valores eventualmente pagos.

(E) os contratos consumeristas admitem a renúncia do direito de indenização por benfeitorias necessárias, desde que as partes sejam plenamente capazes.

A: incorreta. O direito de arrependimento previsto no art. 49 do CDC pode ser exercido no prazo de 7 (sete) dias contados da assinatura ou do recebimento do produto; **B:** correta. Trata-se da vinculação da oferta (e todo o aspecto pré-contratual) que está previsto nos arts. 48 e 30 do CDC; **C:** incorreta. A garantia contratual é complementar à legal, sendo certo que o prazo pode ser estabelecido pelas partes de acordo com termo escrito entregue pelo fornecedor ao consumidor (art. 50 do CDC); **D:** incorreta. Caso o consumidor exerça o direito ao arrependimento previsto no art. 49 do CDC, os valores eventualmente pagos, a qualquer título, deverão ser devolvidos imediatamente, monetariamente atualizados; **E:** incorreta. A cláusula que admite a renúncia do direito de indenização por benfeitorias necessárias é nula (art. 51, XVI, do CDC).

Gabarito "B".

(Juiz de Direito – TJ/RJ – VUNESP – 2016) Santos mora em um apartamento alugado e pretendendo tornar-se proprietário de sua própria moradia, assinou um contrato de promessa de compra e venda com uma empresa construtora para aquisição de um apartamento. O contrato foi celebrado com cláusula contratual que determina a restituição dos valores devidos somente ao término da obra, ou de forma parcelada na hipótese de resolução de contrato de promessa de compra e venda do imóvel, por culpa de quaisquer contratantes.

A partir desses fatos, assinale a alternativa correta.

(A) Se houver resolução do contrato de promessa de compra e venda do imóvel por vontade de ambas as partes, em conformidade com o

avençado no contrato, a restituição dos valores devidos deve ocorrer de forma parcelada ou ao término da obra.
(B) Se a resolução contratual for unilateral do promissário comprador, este terá direito à devolução das parcelas pagas, mas a devolução não precisa ser imediata, pois inexiste disposição expressa nesse sentido no Código de Defesa do Consumidor.
(C) Esse contrato não se submete ao Código de Defesa do Consumidor, regendo-se integralmente pelas normas do Código Civil, devendo ser observado o princípio *pacta sunt servanda*.
(D) Se houver resolução do contrato de promessa de compra e venda do imóvel por vontade unilateral e exclusiva do promissário comprador, em observação à legislação consumerista, Carlos dos Santos terá direito à restituição integral das parcelas pagas.
(E) Se houver a resolução do contrato de promessa de compra e venda do imóvel em decorrência de vontade exclusiva do promitente vendedor, caberá a este a imediata restituição integral das parcelas pagas pelo promitente comprador em aplicação da legislação consumerista.

Nos termos da súmula 543 do STJ: "Na hipótese de resolução de contrato de promessa de compra e venda de imóvel submetido ao Código de Defesa do Consumidor, deve ocorrer a imediata restituição das parcelas pagas pelo promitente comprador integralmente -, em caso de culpa exclusiva do promitente vendedor/construtor, ou parcialmente, caso tenha sido o comprador quem deu causa ao desfazimento". A única alternativa que contempla o entendimento externado pelo STJ é a alternativa "D". Vale notar que a relação jurídica de consumo está presente tendo em vista ser a construtora uma "fornecedora" nos termos art. 3º do CDC e que "Carlos dos Santos" ser um destinatário final de um bem imóvel (art. 2º do CDC). RD
Gabarito "D".

(Juiz de Direito/DF – 2016 – CESPE) De acordo com as normas que regulam a proteção contratual do consumidor no CDC e, ainda, conforme entendimento jurisprudencial atual e prevalente do STJ, assinale a opção correta.
(A) É considerada abusiva a cláusula contratual que preveja a cobrança de juros compensatórios ("juros no pé"), pela incorporadora (promitente vendedora), em contrato de promessa de compra e venda de imóvel em construção, antes da entrega das chaves.
(B) É válida a cláusula inserida em contrato de plano de saúde que limita o tempo de cobertura, quando se tratar, especificamente, de internação psiquiátrica prolongada.
(C) A diferenciação de preços praticada por lojista para as hipóteses de pagamento em dinheiro, cheque ou cartão de crédito caracteriza prática abusiva no mercado de consumo, por ser considerada nociva ao equilíbrio contratual.
(D) Não se mostra abusiva a cláusula contratual que determina a restituição dos valores devidos de forma parcelada, na hipótese de resolução de contrato de promessa de compra e venda de imóvel, quando o desfazimento tenha sido causado pela desistência do consumidor comprador.
(E) Aplicam-se, na relação entre o franqueador e o franqueado, os princípios e as normas protetivas do CDC, sendo, por força da presumida hipossuficiência do consumidor aderente (franqueado), nula a cláusula de eleição de foro, estipulada em favor do franqueador, em contrato de franchising firmado por adesão.

A: incorreta. O SJT tem entendido que não é abusiva a cobrança dos chamados *juros no pé*. Essa modalidade de cobrança de juros se configura com a cobrança dos juros compensatórios das parcelas relativas ao período anterior à entrega das chaves do imóvel (EREsp 670.117/PB – Rel. Min. Sidnei Beneti – DJ 13.06.2012). Vale notar que esse é um acórdão paradigma que mudou o entendimento do STJ sobre o tema. **B**: incorreta posto que o STJ tem entendo que é nula a cláusula que limita tempo de internação do paciente "nos termos da jurisprudência cristalizada na Súmula 302/STJ, é abusivo o preceito contratual que restringe, no tempo, a internação hospitalar indispensável ao tratamento do usuário do plano de saúde. Exegese aplicável à internação psiquiátrica. Incidência da Súmula 83/STJ" (STJ, Rel. Min. Marco Buzzi, AgRg no AREsp 473.625/RJ, DJe 05/06/2014). **C**: correta. Esse é, de fato, o entendimento do STJ para o tema (REsp 1.133.410-RS, Rel. Min. Massami Uyeda, julgado em 16/3/2010). No entanto, a medida provisória nº 764/16, posterior ao referido julgado, autoriza expressamente a cobrança diferenciada de preço: "Fica autorizada a diferenciação de preços de bens e serviços oferecidos ao público, em função do prazo ou do instrumento de pagamento utilizado" (art. 1º). Esse portanto, deve ser o entendimento caso a medida provisória seja validada pelo congresso nacional. **D**: incorreta. O entendimento do STJ segue a linha de que a devolução deve ser em parcela única. Veja a ementa em sede de Recurso Repetitivo: "Para efeitos do art. 543-C do CPC: em contratos submetidos ao Código de Defesa do Consumidor, é abusiva a cláusula contratual que determina a restituição dos valores devidos somente ao término da obra ou de forma parcelada, na hipótese de resolução de contrato de promessa de compra e venda de imóvel, por culpa de quaisquer contratantes. Em tais avenças, deve ocorrer a imediata restituição das parcelas pagas pelo promitente comprador – integralmente, em caso de culpa exclusiva do promitente vendedor/construtor, ou parcialmente, caso tenha sido o comprador quem deu causa ao desfazimento. 2. Recurso especial não provido. (REsp 1.300.418/SC, Rel. Min. Luis Felipe Salomão, 2ª Seção, Dje 10/12/2013)". **E**: incorreta, não há relação jurídica de consumo entre franqueado e franqueador (veja REsp 687.322/RJ).
Gabarito "C".

(Procurador da República –28º Concurso – 2015 – MPF) Com relação aos contratos bancários e a proteção do consumidor, a jurisprudência do Superior Tribunal de Justiça o STJ se consolidou no seguinte sentido:
(A) A existência de cadastro de consumidores com base em notas (*scoring*), de acordo com a probabilidade de inadimplência de cada um, é ilegal e dá ensejo a dano moral;
(B) A cobrança da comissão de permanência exclui a exigibilidade dos juros remuneratórios, moratórios e da multa contratual e seu valor não pode ultrapassar a soma dos encargos remuneratórios e moratórios previstos no contrato;
(C) As instituições financeiras não respondem objetivamente pelos danos gerados por especialistas em computação (*hackers*) que pratiquem fraudes e delitos no âmbito das operações bancárias;
(D) A simples devolução indevida de cheque é considerada mero aborrecimento da vida civil/comercial e não caracteriza o dano moral indenizável.

A: incorreta. O STJ admite a utilização do *credit scoring*, nos termos da Súmula 550: "a utilização de escore de crédito, método estatístico de avaliação de risco que não constitui banco de dados, dispensa o consentimento do consumidor, que terá o direito de solicitar esclarecimentos sobre as informações pessoais valoradas e as fontes dos dados considerados no respectivo cálculo". **B**: correta. Esse é o entendimento do STJ (Súmula 472): "a cobrança de comissão de permanência – cujo valor não pode ultrapassar a soma dos encargos remuneratórios e moratórios previstos no contrato exclui a exigibilidade dos juros remuneratórios, moratórios e da multa contratual". **C**: incorreta. Nos termos da Súmula 479 do STJ, "as instituições financeiras respondem objetivamente pelos danos gerados por fortuito interno relativo a fraudes e delitos praticados por terceiros no âmbito de operações bancárias". **D**: incorreta. A simples devolução indevida de cheque caracteriza dano moral (Súmula 388 do STJ). RD
Gabarito "B".

(Magistratura/RR – 2015 – FCC) A respeito da proteção ao consumidor, é correto afirmar que
(A) os contratos obrigam o consumidor ainda que não lhe seja dada oportunidade de tomar conhecimento prévio de seu conteúdo.
(B) inexiste direito de arrependimento nas relações de consumo, ainda que a compra tenha ocorrido fora do estabelecimento, somente se podendo realizar troca de bem em razão de vício do produto.
(C) as declarações constantes de recibos e pré-contratos não vinculam o fornecedor.
(D) as cláusulas contratuais, quando claras e precisas, são interpretadas de maneira mais favorável ao fornecedor.
(E) a garantia contratual é complementar à legal e será conferida mediante termo escrito.

A: incorreta, pois os contratos não obrigam o consumidor caso este não tenha tido a oportunidade de tomar conhecimento prévio de seu conteúdo (art. 46 do CDC); **B**: incorreta, pois existe o direito de arrependimento nas compras feitas fora do estabelecimento comercial, direito esse que deve ser exercido no prazo de 7 dias da assinatura do contrato ou do ato de recebimento do produto ou serviço (art. 49, *caput*, do CDC); essa desistência pode se dar sem qualquer tipo de justificativa por parte do consumidor, independendo, portanto, da existência de vício no produto; **C**: incorreta, pois tais declarações integram o contrato e vinculam o fornecedor (art. 48 do CDC); **D**: incorreta, pois sendo a cláusula absolutamente clara e precisa dificilmente haverá margem para mais de uma interpretação e, assim, não haverá que se falar em escolher uma interpretação (dentre as possíveis) que seja mais favorável ao fornecedor, conforme determina o art. 47 do CDC; **E**: correta (art. 50, *caput*, do CDC).
Gabarito "E".

(Magistratura/SC – 2015 – FCC) O direito de arrependimento previsto para as relações de consumo significa que o consumidor
(A) pode desistir do contrato, ao assiná-lo ou no ato de recebimento do produto ou serviço, desde que dentro do prazo de garantia legal, que para os produtos duráveis será o de noventa dias.
(B) pode desistir do contrato, no prazo de sete dias a contar de sua assinatura ou do ato de recebimento do produto ou serviço, sempre que a contratação de fornecimento de produtos e serviços ocorrer fora do estabelecimento comercial, especialmente por telefone ou a domicílio.
(C) pode desistir do contrato, em sete dias, contados do ato de aquisição do bem ou serviço, ainda que a contratação tenha ocorrido no interior do estabelecimento comercial, nesse caso sem necessidade de provar vício de qualidade do bem ou serviço.
(D) pode desistir do fornecimento de produtos remetidos periodicamente, a qualquer tempo, desde que o contrato seja resilido mediante notificação ou aviso prévios, defeso exigir-se sanção pecuniária do consumidor.
(E) pode retratar-se dos contratos celebrados para entrega de bens garantidos fiduciariamente, devolvendo os bens ao credor fiduciário, que os avaliará segundo o valor de mercado para composição de eventuais perdas e danos.

A, C e D: incorretas, pois esse direito é para produtos ou serviços adquiridos *fora do estabelecimento comercial* e o prazo para o arrependimento é de apenas *7 dias*, conta-

dos da *assinatura do contrato ou da entrega do produto ou serviço* (art. 49 do CDC); **B**: correta (art. 49 do CDC); **E**: incorreta, pois nesses casos há um regramento próprio desses contratos, havendo incidência de multa pela desistência (ou seja, não apenas uma discussão sobre perdas e danos) e procedimento de venda do bem para que os valores devidos pelo consumidor sejam pagos ao credor.
Gabarito "B".

(Magistratura/SC – 2015 – FCC) Em relação aos contratos de adesão nas relações de consumo, analise os enunciados seguintes:

I. A inserção de cláusula no formulário descaracteriza a natureza de adesão do contrato, por implicar negociação entre as partes.

II. Nos contratos de adesão não se admite cláusula resolutória, pois toda resolução contratual deverá ser precedida de aviso, interpelação ou notificação prévios.

III. Os contratos de adesão escritos serão redigidos em termos claros e com caracteres ostensivos e legíveis, cujo tamanho da fonte não será inferior ao corpo doze, de modo a facilitar sua compreensão pelo consumidor.

É correto o que se afirma APENAS em

(A) I e III.
(B) II e III.
(C) II.
(D) I e II.
(E) III.

I: incorreta, pois essa inserção não descaracteriza o contrato de adesão, caso o contrato continue mantendo as características de ter suas cláusulas estabelecidas unilateralmente pelo fornecedor, sem que o consumidor pudesse ter discutido ou modificado *substancialmente* seu conteúdo (art. 54, *caput* e § 1º, do CDC); **II**: incorreta, pois o CDC não proíbe a cláusula resolutória em contratos de consumo e também não exige, salvo nos casos previstos em lei (como de alienação fiduciária, por exemplo), que o consumidor, após a mora, seja notificado, para que o contrato seja resolvido; de qualquer maneira, o consumidor tem como evitar a resolução de um contrato de consumo do tipo "contrato de adesão", se, estando em mora, purgar esta mora, já que a resolução do contrato ou não, nesses casos, é uma alternativa a benefício do consumidor (art. 54, § 2º, do CDC); **III**: correta (art. 54, § 3º, do CDC).
Gabarito "E".

(Defensor/PA – 2015 – FMP) Considere as seguintes alternativas:

I. As cláusulas abusivas advindas da ofensa ao dever de informação podem ser convalidadas mediante a concordância das partes.

II. O conteúdo da mensagem publicitária televisiva integra o contrato posteriormente entabulado com o consumidor, ainda que não conste formalmente no instrumento.

III. O direito de arrependimento ou reflexão se estende a todos os contratos concluídos fora do estabelecimento comercial, como ocorre na compra e venda de imóvel celebrada em registro público.

IV. Os contratos de consumo não obrigam os consumidores se não lhes for dada a oportunidade de tomar conhecimento prévio de seu conteúdo.

V. O dever de informação exige informações corretas, claras, precisas e ostensivas, sendo admissível o uso de língua estrangeira apenas para a comercialização de produtos importados.

Estão corretas apenas as alternativas:

(A) II e IV.
(B) I e V.
(C) III e IV.
(D) II, III e IV.
(E) I, IV e V.

I: incorreta, pois toda e qualquer cláusula de contrato de consumo que fira leis de consumo são consideradas nulas de pleno direito (art. 51, *caput*, do CDC) e, portanto, não podem ser convalidadas; **II**: correta (art. 30 do CDC); **III**: incorreta, pois a ida ao cartório para a celebração de uma escritura é uma exigência legal que procede a um fechamento de contrato entre comprador e vendedor do imóvel que, em regra, se dá em estabelecimentos comerciais, como em imobiliárias, de modo que não há como aplicar a regra do art. 49 do CDC, que tende a proteger aquelas compras feitas sem uma maior reflexão ou por impulso, típicas dos contratos feitos fora do estabelecimento comercial, como os que se dão por telefone ou site; **IV**: correta (art. 46 do CDC); **V**: incorreta, pois a exigência de língua portuguesa se dá mesmo quanto a produtos importados (art. 31, *caput*, do CDC).
Gabarito "A".

(Magistratura/CE – 2012 – CESPE) Assinale a opção correta acerca do direito do consumidor e da proteção contratual.

(A) O CDC determina explicitamente que a interpretação das cláusulas contratuais seja mais favorável ao consumidor, estando, por isso, em dissonância com o princípio constitucional da isonomia.

(B) A consequência direta para o inadimplemento da obrigação de fazer derivada do recibo de sinal, escritos particulares e pré-contratos é a resolução em perdas e danos, uma vez que o CDC deixou de conferir ao juiz poderes para tornar efetiva a tutela do consumidor por meio da execução específica da obrigação de fazer.

(C) O legislador, com o fim de proteger a vontade do consumidor das técnicas agressivas de vendas domiciliares, inovou o ordenamento jurídico nacional ao incluir, no CDC, um prazo de reflexão obrigatório e um direito de arrependimento, nos casos dos contratos concluídos fora do estabelecimento comercial, fazendo incidir tal norma, por exemplo, na compra e venda de imóvel celebrada no recinto do cartório de notas, na presença do oficial.

(D) Ao contrário da garantia legal, que é sempre obrigatória, a garantia contratual é mera faculdade que pode ser concedida por liberalidade do fornecedor, constituindo um anexo voluntário e podendo, por isso, ser concedida mesmo após a celebração do contrato; o CDC, entretanto, não permite que tal garantia seja dada verbalmente, sendo o termo escrito a substância do ato.

(E) De acordo com os adeptos da teoria finalista, a fim de que as normas do CDC sejam aplicadas a um número cada vez maior de relações de mercado, o estatuto consumerista deve ser aplicado a todas as pessoas jurídicas, não importando, pois, se têm ou não objetivo de lucro quando adquirem um produto ou utilizam um serviço.

A: incorreta, o art. 47, do CDC, determina que as cláusulas contratuais serão interpretadas de maneira mais favorável ao consumidor, consagrando o princípio constitucional da isonomia ao conferir tratamento desigual aos desiguais; **B**: incorreta, o CDC confere ao juiz poderes para tornar efetiva a tutela do consumidor por meio da execução específica da obrigação de fazer (art. 84, *caput*, CDC); **C**: incorreta, o direito de arrependimento, previsto no art. 49 do CDC, só é aplicável às vendas ocorridas fora do estabelecimento comercial, o que não é o caso da compra e venda de imóvel celebrada no recinto do cartório de notas, na presença do oficial; **D**: correta, está de acordo com o art. 50, *caput* e parágrafo único do CDC; **E**: incorreta, pois a teoria finalista exige que o consumidor seja um destinatário final fático e econômico, isto é, que não utilize o bem como uma forma de insumo para o desenvolvimento de atividade lucrativa.
Gabarito "D".

(Magistratura/CE – 2012 – CESPE) Com o advento do CDC, passou-se a aceitar, no Brasil, a existência de valores jurídicos superiores ao dogma da vontade, como o equilíbrio e a boa-fé nas relações de consumo. Acerca das cláusulas abusivas nos contratos de consumo, assinale a opção correta.

(A) A sentença que reconhece a nulidade da cláusula abusiva é declaratória e tem efeito *ex nunc*.

(B) Nos termos do CDC, prescrevem em cinco anos os prazos referentes à pretensão do consumidor à reparação pelos danos causados por fato do produto ou serviço e os referentes à alegação de nulidade da cláusula abusiva.

(C) Com o objetivo de promover lealdade, transparência e equilíbrio nas relações de consumo, o CDC dedica especial atenção à proteção contratual do consumidor e, reconhecendo que a supremacia do fornecedor sobre o consumidor caracteriza-se, sobretudo, nas contratações em massa, restringe as cláusulas abusivas ao contrato de adesão.

(D) A abusividade e a consequente declaração de nulidade das cláusulas abusivas, conforme entendimento pacificado na doutrina, podem ser conhecidas por ato de ofício do juiz, independentemente de requerimento da parte ou do interessado.

(E) Nos termos da sistemática adotada pelo CDC, para a caracterização da abusividade da cláusula, é necessário que o fornecedor tenha agido de má-fé e que o consumidor não a tenha aceitado conscientemente.

A: incorreta, pois de acordo com a doutrina a sentença declaratória de nulidade de cláusula abusiva tem eficácia *ex tunc*, retroagindo à celebração do contrato; **B**: incorreta, pois de acordo com a doutrina não existe prazo para declaração de nulidade de cláusula abusiva. Assim como o negócio jurídico, a nulidade de cláusula abusiva não se convalida pelo decurso do tempo; **C**: incorreta, o reconhecimento de cláusulas abusivas (previstas no art. 51 do CDC) não é restrito aos contratos de consumo caracterizados como contratos de adesão; **D**: correta, pois nos termos do art. 51, *caput*, CDC, as cláusulas abusivas são nulas de pleno direito, não dependendo de alegação da parte interessada; **E**: incorreta, o art. 51, *caput*, CDC, não exige a má-fé do fornecedor e nem a inconsciência do consumidor para o reconhecimento da abusividade de cláusula.
Gabarito "D".

(Magistratura/PE – 2013 – FCC) As cláusulas abusivas no Código de Defesa do Consumidor são

(A) nulas de pleno direito e previstas em rol meramente exemplificativo.
(B) anuláveis e previstas em rol elucidativo.
(C) nulas de pleno direito e previstas em rol taxativo.
(D) anuláveis e previstas em rol fechado.
(E) tidas por inexistentes.

A: correta; as cláusulas abusivas importam em nulidade de pleno direito, nos termos do art. 51, "caput", do CDC, e estão em rol exemplificativo, já que o art. 51, "caput", do CDC usa a expressão "dentre outras" e o inciso IV apresenta vários conceitos jurídicos indeterminados, de modo a abarcar situações que vão além da casuística prevista nos demais incisos do art. 51; **B**: incorreta, pois são nulas de pleno direito (art. 51, "caput", do CDC); **C**: incorreta, pois, conforme explicação dada à alternativa correta, o rol do art.

51 é meramente exemplificativo; **D:** incorreta, pois são nulas de pleno direito e o rol é aberto ou exemplificativo (art. 51, "caput", do CDC); **E:** incorreta, pois são nulas de pleno direito (art. 51, "caput", do CDC).

Gabarito "A".

(Magistratura/SP – 2013 – VUNESP) Considerada a lei e a jurisprudência do STJ sobre abusividade de cláusulas de contratos bancários, é correto afirmar que

(A) a estipulação de juros superiores a 12% ao ano por si só indica abusividade.
(B) nos contratos bancários, é vedado ao julgador conhecer, de ofício, da abusividade das cláusulas.
(C) a Comissão de permanência deve ser determinada de antemão, sendo potestativa e, por isso, nula a cláusula que a atrele a taxas médias de mercado, apuradas pelo Banco Central.
(D) é vedada a estipulação de multa moratória em contratos com o consumidor.

A: incorreta, pois a Súmula STJ 382 estabelece que "a estipulação de juros remuneratórios superiores a 12% ao ano, por si só, não indica abusividade"; **B:** correta, pois esse é o teor da Súmula STJ 381; **C:** incorreta, pois a Súmula STJ 294 estabelece que "não é potestativa a cláusula contratual que prevê a comissão de permanência, calculada pela taxa média de mercado apurada pelo Banco Central do Brasil, limitada à taxa do contrato"; aproveitando o ensejo, segue o texto de outra súmula do STJ sobre o assunto (Súmula 472) "a cobrança de comissão de permanência – cujo valor não pode ultrapassar a soma dos encargos remuneratórios e moratórios previstos no contrato – exclui a exigibilidade dos juros remuneratórios, moratórios e da multa contratual"; **D:** incorreta, o próprio CDC tem regramento específico sobre multa moratória, no caso, a regra que limita a multa de mora em contratos que envolvam a concessão de crédito ou financiamento, ao montante de 2% do valor da prestação (art. 52, § 1º, do CDC).

Gabarito "B".

(Ministério Público/GO – 2012) Assinale a afirmativa correta.

(A) Segundo entendimento do STJ, a inversão do ônus da prova é regra de instrução, devendo a decisão judicial que a determina ser proferida preferencialmente na fase do saneamento do processo.
(B) A garantia legal de adequação do produto ou serviço depende de termo expresso, no qual se explicitará o alcance da responsabilidade do fornecedor.
(C) Verificando no processo a existência de uma cláusula abusiva inserta em um contrato bancário, o juiz deverá declarar a nulidade da cláusula, quer a requerimento do interessado, do Ministério Público, ou mesmo *ex officio*, por se tratar de matéria de ordem pública.
(D) O Ministério Público, mediante inquérito civil, pode efetuar o controle administrativo abstrato e preventivo das cláusulas contratuais, cuja decisão terá caráter geral.

A: correta, o STJ mudou seu entendimento no ano de 2012 passando a decidir que a inversão do ônus da prova é regra de instrução e não de julgamento – REsp 802.832/MG, Segunda Seção, Rel. Min. Paulo de Tarso Sanseverino, j 13.04.2011 (Informativo STJ 469); **B:** incorreta, consoante prescreve o art. 24 do CDC, "a garantia legal de adequação do produto ou serviço independe de termo expresso, vedada a exoneração contratual do fornecedor"; **C:** incorreta, de acordo com a Súmula 381 do STJ, "nos contratos bancários, é vedado ao julgador conhecer, de ofício, da abusividade das cláusulas"; **D:** incorreta, a alternativa reproduz o conteúdo do § 3º do art. 51, que foi vetado quando da promulgação do CDC.

Gabarito "A".

(Ministério Público/MS – 2013 – FADEMS) Considere as proposições abaixo:

I. Nos contratos de planos de saúde, é proibida a cláusula que estabelece o reajuste das prestações pecuniárias motivado pela faixa etária de pessoas muito idosas.
II. É considerada prática abusiva nas relações de consumo prevalecer-se da ignorância do consumidor idoso, tendo em vista sua condição social, para impingir-lhe uma operação de crédito consignado.
III. Na hipótese de práticas comerciais abusivas, é desnecessária comprovar a lesão a direito individual, sendo suficiente a demonstração a potencialidade ofensiva de tais práticas para que incidam no caso concreto as disposições do Código de Defesa do Consumidor.
IV. Desde que expressamente prevista no contrato, de modo claro, permitindo a fácil compreensão, não é considerada abusiva a cláusula contratual de plano de saúde que limite no tempo a internação hospitalar do segurado.

São corretas:
(A) Somente as proposições I, II e III.
(B) Somente as proposições I, III e IV.
(C) Somente as proposições II, III e IV.
(D) Somente a proposição II.
(E) Todas as proposições.

I: correta (art. 15, § 3º, da Lei 10.741/2003 – Estatuto do Idoso: "É vedada a discriminação do idoso nos planos de saúde pela cobrança de valores diferenciados em razão da idade"); **II:** correta, bastando fazer uma interpretação teleológica do art. 37, § 2º, do CDC; **III:** correta, pois são equiparadas a consumidor, recebendo a proteção do CDC, as pessoas determináveis ou não, expostas às práticas nele previstas (art. 29 do CDC); assim, considerando que até as pessoas indetermináveis estão protegidas, de fato, não é necessário que se comprove uma lesão individual (a pessoa certa) para a incidência do CDC; **IV:** correta, pois o CDC é norma de ordem pública, não podendo ser afastado por vontade das partes, sendo que a limitação da internação é cláusula abusiva, que viola o art. 51, IV, do CDC, estando vedada pela Súmula STJ 302 ("É abusiva a cláusula contratual de plano de saúde que limita no tempo a internação hospitalar do segurado").

Gabarito "E".

(Ministério Público/MT – 2012 – UFMT) Em relação ao Código de Defesa do Consumidor, assinale a afirmativa correta.

(A) O Código de Defesa do Consumidor veda a utilização do contrato de adesão.
(B) Para fins de tutela contra os acidentes de consumo, consumidor é qualquer vítima, desde que destinatário final do produto ou do serviço, o que exclui a possibilidade de tutela do profissional que, ao adquirir um produto para revenda, venha a sofrer um acidente de consumo.
(C) O Código de Defesa do Consumidor, em todo o seu sistema, prevê uma única exceção ao princípio da responsabilização objetiva para os acidentes de consumo: os serviços prestados por profissionais liberais; nesse caso, a apuração de responsabilidade far-se-á calcada no sistema tradicional baseado em culpa.
(D) Em relação aos vícios dos produtos, o Código de Defesa do Consumidor estabelece a responsabilidade solidária entre todos os fornecedores que participaram da cadeia de produção e comercialização do produto (comerciante, fabricante, distribuidor etc.); no entanto, o comerciante que manteve contato direto com o consumidor pode se utilizar da denunciação da lide para garantir eventual direito de regresso contra o fabricante identificável.
(E) O reconhecimento da abusividade e a consequente nulidade das cláusulas inseridas em contratos de consumo não podem ser conhecidos de ofício (*ex officio*) pelo magistrado.

A: incorreta, o Código de Defesa do Consumidor regula os contratos de adesão no art. 54 não proibindo sua celebração, até porque, seria uma medida inócua; **B:** incorreta, para fins de tutela contra os acidentes de consumo, consumidor é qualquer vítima do evento danoso, ainda que não seja destinatário final do produto ou do serviço (art. 17 do CDC); **C:** correta, está de acordo com o art. 14, § 4º do CDC; **D:** incorreta, o art. 88 do CDC veda a denunciação à lide, permitindo que o fornecedor exerça o direito de regresso nos mesmos autos ou em processo autônomo; **E:** incorreta, as cláusulas abusivas devem ser declaradas nulas de ofício pelo juiz, por se tratarem de matéria de ordem pública. Conforme prescreve o parágrafo único do art. 168 do CC/2002: "As nulidades devem ser pronunciadas pelo juiz, quando conhecer do negócio jurídico ou dos seus efeitos e as encontrar provadas, não lhe sendo permitido supri-las, ainda que a requerimento das partes". Esta regra é excepcionada pela polêmica Súmula 381 do STJ que proíbe a declaração de ofício de cláusulas abusivas nos contratos bancários.

Gabarito "C".

(Ministério Público/RR – 2012 – CESPE) No que tange ao entendimento do STJ a respeito dos contratos bancários, assinale a opção correta.

(A) Nos contratos de mútuo bancário, é vedada a capitalização mensal de juros, mesmo que expressamente pactuada, pois o anatocismo gera prestações excessivamente onerosas ao consumidor.
(B) Em contrato de empréstimo bancário, pode-se prever a cobrança cumulativa da comissão de permanência e da correção monetária.
(C) Nos contratos bancários assinados após a vigência do CDC, a multa moratória não poderá exceder a 2%.
(D) Nos contratos bancários, cabe ao julgador conhecer, de ofício, da abusividade das cláusulas contratuais.
(E) É abusiva cláusula contratual que estipule juros remuneratórios superiores a 12% ao ano, ainda que a taxa contratada esteja na média do mercado.

A: incorreta, somente nas hipóteses em que expressamente autorizada por lei específica, a capitalização de juros se mostra admissível, como nos contratos bancários – Lei 4.595/1964 e Decreto 22.626/1933 (STJ, REsp 237.302/RS, Quarta Turma, Rel. Min. Sálvio de Figueiredo Teixeira, j. 08.02.2000); **B:** incorreta, de acordo com a Súmula 30 do STJ, "a comissão de permanência e a correção monetária são inacumuláveis"; **C:** correta, consoante prescreve a Súmula 285 do STJ, "nos contratos bancários posteriores ao Código de Defesa do Consumidor incide a multa moratória nele prevista"; **D:** incorreta, conforme a Súmula 381 do STJ, "nos contratos bancários, é vedado ao julgador conhecer, de ofício, da abusividade das cláusulas"; **E:** incorreta, de acordo com a Súmula 382 do STJ, "a estipulação de juros remuneratórios superiores a 12% ao ano, por si só, não indica abusividade".

Gabarito "C".

(Ministério Público/SC – 2012) Analise as assertivas a seguir.

I. O CDC constitui-se de normas de ordem pública e de interesse social, não podendo licitamente ser afastadas ou limitadas por vontade das partes, exceto quando o próprio código estabelecer.

II. Para caracterização de cláusula(s) abusiva(s) nos contratos decorrentes da relação de consumo é prescindível o reconhecimento da má-fé, dolo do fornecedor. Resolve-se pelo princípio da boa-fé objetiva. O contrato firmado que teve cláusula abusiva declarada judicialmente poderá ou não ser preservado.
III. O Órgão do Ministério Público pode ajuizar ação para o controle concreto de cláusula contratual abusiva, a pedido de consumidor, não podendo, todavia efetuar pedido de indenização individual em favor desse mesmo consumidor.
IV. O direito penal do consumidor orbita uma relação jurídica de consumo e seu objetivo primordial não é o de proteger o consumidor como tal nem o seu patrimônio, mas a segurança e credibilidade das relações de consumo, a coletividade em seu todo.
V. A responsabilidade penal em virtude da prática de qualquer dos tipos penais do CDC pode recair, até mesmo, sobre pessoa formalmente desvinculada da pessoa jurídica fornecedora. A infração penal de omissão de informação a consumidores é crime de mera conduta, pois independe do resultado ou dos elementos do tipo a embalagem, invólucro, recipiente e publicidade.

(A) Apenas as assertivas II e III estão corretas.
(B) Apenas as assertivas I, III e IV estão corretas.
(C) Apenas as assertivas II, IV e V estão corretas.
(D) Apenas as assertivas II, III e V estão corretas.
(E) Todas as assertivas estão corretas.

I: correta, reproduz o entendimento doutrinário sobre o tema e o conteúdo do art. 1º do CDC; **II**: correta, pois o reconhecimento de cláusula abusiva não depende da má-fé do fornecedor e de acordo com o art. 51, § 2º, do CDC, "a nulidade de uma cláusula contratual abusiva não invalida o contrato, exceto quando de sua ausência, apesar dos esforços de integração, decorrer ônus excessivo a qualquer das partes"; **III**: correta, conforme art. 51, § 4º, do CDC; **IV**: correta, pois representa o objetivo do direito penal do consumidor; **V**: correta, pois a responsabilidade penal de pessoas formalmente desvinculadas da pessoa jurídica fornecedora está prevista no art. 75 do CDC. Quanto ao crime de omissão de informação, trata-se sim de crime de mera conduta, pois o tipo penal descreve uma mera conduta, não tendo resultado naturalístico, sendo elementos do tipo a embalagem, invólucro, recipiente ou publicidade.
Gabarito "E".

(Ministério Público/TO – 2012 – CESPE) Com referência às características e princípios do CDC, às relações de consumo, à defesa do consumidor em juízo e ao registro de informações em bancos e cadastros de consumidores, assinale a opção correta.

(A) Não se confunde, como faz o CDC, contrato de adesão e condições gerais dos contratos, pois o problema é de continente e de conteúdo, respectivamente, já que o contrato de adesão é instrumento que concretiza os efeitos das condições gerais, embora ele não contenha somente condições gerais.
(B) A exceção de contrato não cumprido é instituto diverso da *exceptio doli*, mas também se aplica às relações de consumo, por exemplo, nos casos de vício no bem e no serviço.
(C) Não é possível a incidência do CDC nos contratos de multipropriedade imobiliária e(ou) de *time-sharing*.
(D) O CDC trata da execução individual da sentença fundada em direito individual homogêneo, mas não contempla a execução por *fluid recovery*.
(E) Uma das hipóteses de *habeas data* trazidas pela CF consiste em assegurar o conhecimento de informações relativas à pessoa do impetrante, constantes de registros ou bancos de dados de entidades governamentais ou de caráter público. Todavia, o consumidor não poderá socorrer-se de tal medida para obter informações mantidas em banco de dados de pessoas jurídicas de direito privado, como é o caso da SERASA.

A: correta, a assertiva promove adequadamente a distinção entre contrato de adesão e condições gerais; **B**: incorreta, a exceção do contrato não cumprido é espécie de *exceptio doli* e o CDC apresenta outras soluções para as hipóteses de vícios do produto ou do serviço (ex: novo produto, desfazimento do negócio etc.); **C**: incorreta, pois o CDC é aplicável aos contratos de multipropriedade imobiliária ou de *time-sharing*; **D**: incorreta, a execução por *fluid recovery* está prevista no art. 100 do CDC que determina que após um ano sem habilitação de interessados para promover a liquidação e execução da indenização, poderão os legitimados do art. 82 do CDC promovê-la; **E**: incorreta, pois de acordo com o art. 43, § 4º do CDC, essas entidades são consideradas de caráter público, podendo ser impetrado o *habeas data* em face delas.
Gabarito "A".

(Defensor Público/AM – 2013 – FCC) Em relação às cláusulas abusivas, previstas no Código de Defesa do Consumidor, é correto afirmar:

(A) A nulidade de uma cláusula contratual abusiva invalida o contrato.
(B) São nulas cláusulas que estabeleçam inversão do ônus da prova em prejuízo do consumidor e prevejam a utilização de arbitragem.
(C) Nos contratos do sistema de consórcio de produtos duráveis, é considerada abusiva a cláusula que estabelece a compensação ou a restituição das parcelas quitadas com desconto da vantagem econômica auferida com a fruição e os prejuízos que o desistente ou inadimplente causar ao grupo.
(D) Nos contratos de compra e venda de móveis ou imóveis mediante pagamento em prestações, bem como nas alienações fiduciárias em garantia, consideram-se nulas de pleno direito as cláusulas que estabeleçam a perda parcial das prestações pagas em benefício do credor que, em razão do inadimplemento, pleitear a resolução do contrato e a retomada do produto alienado.
(E) São aquelas que estabeleçam obrigações consideradas iníquas, abusivas, que coloquem o consumidor em desvantagem exagerada, ou sejam incompatíveis com a boa-fé ou a equidade.

A: incorreta, pois a nulidade de uma cláusula não invalida, como regra, o contrato inteiro; isso só acontecerá se, apesar dos esforços de integração, a ausência da cláusula impor ônus excessivo a qualquer das partes (art. 51, § 2º, do CDC); **B**: incorreta, pois o que não pode é a cláusula prever a utilização compulsória da arbitragem (art. 51, VII, do CDC), não impedindo que se preveja a utilização facultativa da arbitragem, a critério do consumidor, no momento em que surgir uma controvérsia; **C**: incorreta, pois tal cláusula é possível (art. 53, § 2º, do CDC); **D**: incorreta, pois é nula a cláusula que estabeleça "perda total" (e não "perda parcial") das parcelas (art. 53, caput, do CDC); **E**: correta (art. 51, IV, do CDC).
Gabarito "E".

(Defensor Público/AC – 2012 – CESPE) No que diz respeito às relações de consumo, assinale a opção correta.

(A) O CDC não se aplica aos contratos de planos de saúde, regulados por norma específica ditada em lei especial.
(B) Contrato de mútuo firmado entre correntista pessoa física e instituição financeira, para a compra de ações de sociedade anônima, não configura relação de consumo, pois o correntista não pode ser qualificado como destinatário final do produto, que constitui investimento.
(C) O STJ não admite a revisão de ofício de cláusulas contratuais consideradas abusivas em contratos sujeitos às normas de defesa do consumidor.
(D) Visando à adoção do critério finalista para a interpretação do conceito de consumidor, a jurisprudência do STJ veda a aplicabilidade do CDC às relações entre fornecedores e sociedades empresárias.
(E) A discussão judicial da dívida obsta a negativação do nome do devedor nos cadastros de inadimplentes.

A: incorreta, pois o serviço de seguro está previsto no art. 3º, §2º, do CDC e a Súmula STJ 469 é expressa no sentido da aplicação do CDC aos planos de saúde; **B**: incorreta, pois o correntista está contraindo empréstimo do banco para uso pessoal, ainda que ligado a um investimento seu, não se confundindo com a atuação de uma empresa que contrai empréstimo para uso na sua atividade econômica (v., p. ex., decisão do STJ no AgRg no Ag 296516); **C**: correta; há inclusive uma Súmula do STJ nesse sentido (Súmula 381), voltada ao contrato bancário, mas que traz o posicionamento do STJ nesse assunto; **D**: incorreta, pois o STJ aplica hoje o finalismo aprofundado, que permite a aplicação do CDC não só nos casos em que o consumidor pessoa jurídica é destinatário final fático e econômico (finalismo puro), como também nos casos em que o consumidor pessoa jurídica é só destinatário final fático, mas, no caso concreto, revele-se vulnerável, precisando da proteção consumerista (ex: STJ, REsp 1.195.642, DJ 21.11.12); **E**: incorreta, pois, segundo o STJ, a discussão judicial por si só não é suficiente para suspender a negativação do nome, sendo necessário que o consumidor comprove em juízo os requisitos para a concessão de uma tutela de urgência nesse sentido.
Gabarito "C".

(Defensor Público/PR – 2012 – FCC) De acordo com a nova realidade contratual prevista no Código de Defesa do Consumidor,

(A) não se exige a imprevisibilidade do fato superveniente para a revisão de cláusulas contratuais.
(B) o *pacta sunt servanda* tem preponderância sobre os outros princípios.
(C) as cláusulas contratuais devem ser interpretadas de forma extensiva.
(D) as cláusulas contratuais gerais têm controle administrativo abstrato e preventivo.
(E) a forma de redação dos instrumentos contratuais assume relevância relativa.

A: correta, pois basta que haja um fato superveniente (imprevisto ou não) que torne as prestações excessivamente onerosas (art. 6º, V, do CDC), diferentemente do Código Civil, que requer um fato extraordinário e imprevisível (art. 478); **B**: incorreta, pois o CDC é uma norma de ordem pública (art. 1º), de modo que mesmo que o consumidor assine um contrato aceitando o descumprimento de normas do CDC, esse contrato não fará lei entre as partes, ou seja, o fornecedor não poderá alegar a "pacta sunt servanda"; **C**: incorreta, pois devem ser interpretadas de maneira mais favorável ao consumidor (art. 47 do CDC); **D**: incorreta; a expressão "cláusulas contratuais gerais" deve estar no sentido de cláusulas previstas para um número indeterminado de pessoas, como são as de um plano de saúde, por exemplo; nesse sentido, o controle administrativo de uma cláusula dessa pode ser tanto preventivo (antes de alguém ter assinado um contrato desses), como repressivo, sempre por meio da sanções administrativas (art. 56 do CDC); da mesma forma, o controle judicial também pode ser preventivo ou repressivo; **E**: incorreta, pois quando um instrumento contratual for redigido de modo a dificultar a compreensão de seu sentido e alcance o contrato sequer irá obrigar o consumidor (art. 46 do CDC); o CDC, em se tratando de contrato de adesão, traz, ainda, uma série de regras a serem cumpridas na redação do contrato (art. 54, §§ 3º, 4º, do CDC).

Gabarito "A".

9. RESPONSABILIDADE ADMINISTRATIVA

(Procurador Municipal – Sertãozinho/SP – VUNESP – 2016) Sobre as sanções administrativas no âmbito das relações de consumo, assinale a assertiva correta.

(A) A competência para baixar normas relativas à produção, industrialização, distribuição e consumo de produtos e serviços é exclusiva da União.

(B) Os órgãos oficiais com atribuições para fiscalizar e controlar o mercado de consumo manterão comissões permanentes para elaboração, revisão e atualização das normas respectivas, sendo facultativa a participação dos consumidores e fornecedores.

(C) Os órgãos oficiais poderão expedir notificações aos fornecedores para que, sob pena de desobediência, prestem informações sobre questões de interesse do consumidor, mesmo se tratando de segredo industrial.

(D) As sanções administrativas estabelecidas no sistema consumerista podem ser aplicadas cumulativamente, inclusive por medida cautelar, antecedente ou incidente de procedimento administrativo.

(E) A devolução das quantias pagas pelo consumidor, multa e imposição de contrapropaganda são espécies de sanções administrativas que podem ser aplicadas contra as infrações das normas de defesa do consumidor praticadas por fornecedores.

A: incorreta. A competência é concorrente, cabendo a União e aos Estados (e Distrito Federal) para baixar normas relativas à produção, industrialização, distribuição e consumo de produtos e serviços (art. 55 do CDC e art. 24, V e VIII, da CF). **B:** incorreta. É obrigatória a participação dos consumidores e fornecedores nas comissões permanentes (art. 55, § 3º) **C:** incorreta. Os órgãos oficiais poderão expedir notificações aos fornecedores para que, sob pena de desobediência, prestem informações sobre questões de interesse do consumidor, resguardado o segredo industrial (art. 55, § 4º). **D:** correta. Nos exatos termos do parágrafo único do art. 56 do CDC: "as sanções previstas neste artigo serão aplicadas pela autoridade administrativa, no âmbito de sua atribuição, podendo ser aplicadas cumulativamente, inclusive por medida cautelar, antecedente ou incidente de procedimento administrativo". **E:** incorreta. A devolução das quantias pagas pelo consumidor não é sanção administrativa prevista no art. 56 do CDC.

Gabarito "D".

(Magistratura/GO – 2015 – FCC) No tocante às sanções administrativas previstas no Código de Defesa do Consumidor:

(A) Pendendo ação judicial na qual se discuta a imposição de penalidade administrativa, não haverá reincidência até a prolação da sentença monocrática.

(B) A imposição de contrapropaganda será cominada quando o fornecedor incorrer na prática de publicidade enganosa ou abusiva, sempre às expensas do infrator e será divulgada pelo responsável da mesma forma, frequência e dimensão e, preferencialmente no mesmo veículo, local, espaço e horário, de forma capaz de desfazer o malefício da publicidade enganosa ou abusiva.

(C) A pena de multa, graduada de acordo com a gravidade da infração, a vantagem auferida e a condição econômica do fornecedor, será aplicada mediante procedimento administrativo, revertendo-se metade para os consumidores lesados e a outra metade para o Fundo de que trata a Lei 7.347/1985, se os valores cabíveis à União, ou para os Fundos estaduais ou municipais de proteção ao consumidor nos demais casos.

(D) As penas de apreensão, de inutilização de produtos, de proibição de fabricação de produtos, de suspensão do fornecimento de produto ou serviço, de cassação do registro do produto e revogação da concessão ou permissão de uso serão aplicadas mediante procedimento administrativo, assegurada ampla defesa, quando o fornecedor reincidir na prática das infrações de maior gravidade previstas neste código e na legislação de consumo.

(E) As penas de cassação de alvará de licença, de interdição e de suspensão temporária da atividade, bem como a de intervenção administrativa, serão aplicadas pela administração, mediante procedimento administrativo, assegurada ampla defesa, quando forem constatados vícios de quantidade ou de qualidade por inadequação ou insegurança do produto ou serviço.

A: incorreta, pois não haverá reincidência até o *trânsito em julgado* da sentença (art. 59, § 3º, do CDC); **B:** correta (art. 60, *caput* e § 1º, do CDC); **C:** incorreta, pois no caso de multa aplicada pela União seu valor reverterá apenas ao fundo de que trata a Lei 7.347/1985 e não será dividido o valor com os consumidores, lembrando que os valores reverterão para os fundos estaduais e municipais de proteção ao consumidor nos demais casos (art. 57, *caput*, do CDC); **D:** incorreta, pois a reincidência em infração de maior gravidade permite aplicar as penas de cassação de alvará de licença, interdição e de suspensão temporária da atividade, e de intervenção administrativa (art. 59, *caput*, do CDC), e não as mencionadas na alternativa; **E:** incorreta, pois a hipótese mencionada na alternativa permite a aplicação das penas de inutilização de produtos, proibição de fabricação de produtos, suspensão do fornecimento de produto ou serviço, cassação do registro do produto e revogação da concessão ou permissão (art. 58 do CDC), e não das mencionadas na alternativa.

Gabarito "B".

(Ministério Público/BA – 2015 – CEFET) Acerca do Direito do Consumidor, previsto pela Lei n. 8.078/90 e demais conjuntos normativos específicos, julgue os seguintes itens:

I. As sanções administrativas sujeitam-se a posterior confirmação pelo órgão normativo ou regulador da atividade, nos limites de sua competência, conforme previsto pelo artigo 18, § 3º, do Decreto Federal 2.181, de 20 de março de 1997, exceto as penalidades administrativas de apreensão do produto, multa e contrapropaganda.

II. Sobre as penalidades administrativas que podem ser aplicadas ao fornecedor, considera-se reincidência a repetição de prática infrativa, de qualquer natureza, às normas de defesa do consumidor, punida por decisão administrativa irrecorrível, não prevalecendo a sanção anterior, se entre a data da decisão administrativa definitiva e aquela da prática posterior houver decorrido período de tempo superior a 5 (cinco) anos.

III. As penas de: revogação de concessão ou permissão de uso; cassação de alvará de licença; interdição; e suspensão temporária da atividade, bem como a intervenção administrativa, serão aplicadas mediante procedimento administrativo, assegurada ampla defesa, quando o fornecedor reincidir na prática das infrações de maior gravidade previstas no Código de Defesa do Consumidor (CDC) e na legislação de consumo.

IV. A União, os Estados, o Distrito Federal e os Municípios, em caráter concorrente e nas suas respectivas áreas de atuação administrativa, baixarão normas relativas à produção, industrialização, distribuição, publicidade e consumo de produtos e serviços, bem como fiscalizarão e controlarão tais atividades, no interesse da preservação da vida, da saúde, da segurança, da informação e do bem-estar do consumidor, baixando as normas que se fizerem necessárias.

V. O Departamento Nacional de Defesa do Consumidor, da Secretaria de Direito Econômico, ou outro órgão federal que venha a substituí-lo, é organismo de coordenação da política do Sistema Nacional de Defesa do Consumidor, cabendo-lhe, dentre outras atribuições, representar ao Ministério Público competente para fins de adoção de medidas processuais no âmbito de suas atribuições.

Estão CORRETAS as seguintes assertivas:

(A) I – II – IV.
(B) III – IV – V.
(C) II – III – IV.
(D) I – IV – V.
(E) I – II – V.

I: correta (art. 18, § 3º, do Decreto Federal 2.181/1997); **II:** correta (art. 27, *caput*, e parágrafo único., do Decreto Federal 2.181/1997); **III:** incorreta, pois o dispositivo que traz a regra mencionada não inclui a revogação de concessão ou permissão de uso nesse rol de penas que são destinadas aos casos de reincidência na prática de infrações de maior gravidade (art. 59, *caput*, do CDC); **IV:** incorreta, pois o Município não está entre os competentes para baixar as normas citadas (art. 55, *caput*, do CDC), estando entre os competentes apenas para fazer a fiscalização e o controle citados (art. 55, § 1º, do CDC); **V:** correta (art. 3º, *caput* e VI, do CDC).

Gabarito "E".

(Defensor Público/SE – 2012 – CESPE) Assinale a opção correta com relação às sanções administrativas previstas no CDC bem como aos critérios para sua aplicação.

(A) As sanções administrativas de apreensão e de inutilização de produtos podem ser aplicadas, em razão de seu caráter urgente, mediante auto de infração, dispensada a instauração de procedimento administrativo.

(B) É possível a aplicação cumulativa das sanções administrativas previstas no CDC, inclusive por medida cautelar, antecedente ou incidente ao procedimento administrativo.

(C) Considera-se reincidente, para os fins de aplicação das sanções administrativas previstas no CDC, o fornecedor que ostente registro de auto de infração lavrado anteriormente ao cometimento da nova infração, ainda que pendente ação judicial em que se discuta a imposição de penalidade.

(D) A imposição de contrapropaganda deve ser cominada ao fornecedor que incorra na prática de qualquer infração administrativa ou penal.

(E) Os critérios previstos no CDC para a aplicação da sanção administrativa de multa coincidem com os mencionados no CP.

A: incorreta, pois é necessário processo administrativo com ampla defesa (art. 58 do CDC); **B:** correta (art. 56, parágrafo único, do CDC); **C:** incorreta, pois no caso não haverá reincidência até o trânsito em julgado da sentença (art. 59, § 3º, do CDC); **D:** incorreta, pois será cominada quando o fornecedor incorrer na prática de publicidade enganosa ou abusiva, nos termos do art. 36 e seus parágrafos, sempre às expensas do infrator (art. 60, *caput*, do CDC); **E:** incorreta, pois há critério próprio para aplicação de multa, nos termos do art. 57, parágrafo único, do CDC.
Gabarito "B".

10. RESPONSABILIDADE CRIMINAL

(Defensor Público – DPE/ES – 2016 – FCC) As infrações penais tipificadas no Código de Defesa do Consumidor podem acarretar

(A) pena de detenção, que não pode ser substituída por pena restritiva de direitos ou de multa.
(B) pena de reclusão, interdição temporária de direitos e prestação de serviços à comunidade e a publicação em órgãos de comunicação de grande circulação ou audiência, de notícias sobre os fatos e a condenação, às expensas do condenado.
(C) pena de detenção e a publicação, em órgãos de comunicação de grande circulação ou audiência, de notícias sobre os fatos e a condenação, às expensas do condenado.
(D) somente penas de interdição temporária de direitos e prestação de serviços à comunidade.
(E) somente a pena de multa e as penas restritivas de direitos, como a perda de bens e valores e de prestação de serviço à comunidade.

A: incorreta. As penas de detenção podem ser aplicadas de forma cumulativa ou alternadamente com as penas restritivas de direito ou multa (art. 78 do CDC); **B:** incorreta. Não há previsão de pena de reclusão nos crimes descritos no Código de Defesa do Consumidor. **C:** Correta. Na forma do art. 78 do CDC, além das penas privativas de liberdade e de multa, podem ser impostas, cumulativa ou alternadamente, as penas de interdição temporária de direitos; a publicação em órgãos de comunicação de grande circulação ou audiência, às expensas do condenado, de notícia sobre os fatos e a condenação ou a prestação de serviços à comunidade. **D:** incorreta. Vide justificativa da alternativa "D". **E:** incorreta. Vide justificativa da alternativa "D".
Gabarito "C".

(Juiz de Direito/DF – 2016 – CESPE) Sobre as condutas penalmente tipificadas no rol dos crimes contra as relações de consumo, conforme previsão do CDC, assinale a opção correta.

(A) A conduta consistente em empregar, na reparação de produtos, peças ou componentes de reposição usados, sem autorização do consumidor, configura crime contra as relações de consumo, sancionado com pena de detenção.
(B) Constitui circunstância agravante, prevista no CDC, o fato de haver sido o crime praticado por preposto ou administrador de pessoa jurídica em estado falimentar.
(C) Não deve ser admitida, sob pena de se configurar bis in idem, além das penas privativas de liberdade e de multa, a aplicação cumulativa das penas de prestação de serviços à comunidade e de interdição temporária de direitos.
(D) Não se admite, no processo dos crimes contra as relações de consumo, a propositura de ação penal subsidiária.
(E) A conduta consistente em deixar de entregar ao consumidor o termo de garantia adequadamente preenchido e com especificação clara de seu conteúdo, a despeito de não se encontrar tipificada, de modo a configurar crime autônomo, pode ser considerada como circunstância legal agravante.

A: Correta, configura crime na forma do art. 70 do CDC. **B:** incorreta. Configuram circunstâncias agravantes dos crimes tipificados nas lei consumerista (i) serem cometidos em época de grave crise econômica ou ocasião de calamidade; (ii) ocasionar grave dano individual ou coletivo; (iii) dissimular a natureza ilícita do procedimento; (iv) quando cometidos por servidor público ou por pessoa cuja condição econômico-social seja manifestamente maior que a vítima e quando cometido em detrimento de operário, rurícola, crianças e adolescentes, idosos e portadores de deficiência mental (art. 76 do CDC). **C:** incorreta. As penas privativas de liberdade e multa podem ser cumulativas ou alternadamente com (i) interdição temporária de direitos; (ii) publicação em órgãos de comunicação de grande circulação (pagos pelo condenado) e (iii) a prestação de serviços ao à comunidade (art. 76 do CDC). **D:** incorreta. Art. 80 do CDC. **E:** incorreta. O art. 74 da lei consumerista descreve como crime a conduta de "deixar de entregar ao consumidor o termo de garantia adequadamente preenchido e com especificação do seu conteúdo". A pena é de detenção de um a seis meses e multa. Vale lembrar que a garantia contratual prevista no art. 50 do CDC, não é obrigatória. O fornecedor poderá, ao seu critério, oferecer garantia contratual. No entanto, se for oferecida ao consumidor, deverá ser entregue o termo por escrito, sobre pena de incorrer no crime em comento.
Gabarito "A".

(DPE/PE – 2015 – CESPE) Com relação ao PROCON e ao valor da fiança referente a infrações penais previstas no CDC, julgue os seguintes itens.

(1) A situação econômica do réu ou do indiciado é critério que pode ser considerado para fixação do valor da fiança no caso de infração penal prevista no CDC.
(2) Considere que determinada empresa concessionária de serviço público de telefonia tenha sido multada pelo PROCON em razão de descumprimento de determinação deste órgão a respeito do prazo para instalação de linha telefônica. Nessa situação, de acordo com o STJ, a multa é ilegal porque a atividade da concessionária está sujeita exclusivamente à fiscalização setorial realizada por agência reguladora de atuação nacional.

1: correta (art. 79, parágrafo único, do CDC); **2:** incorreta, pois, de acordo com o STJ, "sempre que condutas praticadas no mercado de consumo atingirem diretamente o interesse de consumidores, é legítima a atuação do Procon para aplicar as sanções administrativas previstas em lei, no regular exercício do poder de polícia que lhe foi conferido no âmbito do Sistema Nacional de Defesa do Consumidor. Tal atuação, no entanto, não exclui nem se confunde com o exercício da atividade regulatória setorial realizada pelas agências criadas por lei, cuja preocupação não se restringe à tutela particular do consumidor, mas abrange a execução do serviço público em seus vários aspectos, a exemplo, da continuidade e universalização do serviço, da preservação do equilíbrio econômico-financeiro do contrato de concessão e da modicidade tarifária. No caso, a sanção da conduta não se referiu ao descumprimento do Plano Geral de Metas traçado pela Anatel, mas guarda relação com a qualidade dos serviços prestados pela empresa de telefonia que, mesmo após firmar compromisso, deixou de resolver a situação do consumidor prejudicado pela não instalação da linha telefônica" (REsp 1138591/RJ, DJe 05.10.2009).
Gabarito 1C, 2E.

(Magistratura/BA – 2012 – CESPE) A respeito das normas de direito penal e processo penal previstas no CDC, assinale a opção correta.

(A) A pessoa jurídica pode ser responsabilizada criminalmente se os seus representantes legais ou até mesmo empregados cometerem crimes previstos no CDC.
(B) O sujeito passivo dos crimes contra as relações de consumo é o consumidor pessoa física, sendo considerado o crime fato atípico se cometido contra consumidor pessoa jurídica ou consumidor por equiparação, em observância ao princípio da vedação à responsabilidade objetiva.
(C) Observa-se a ocorrência de agravantes quando os crimes tipificados no CDC são cometidos em época de grave crise econômica ou por ocasião de calamidade ou quando causam grave dano individual ou coletivo.
(D) O CDC tipifica como crime a conduta de empregar peças ou componentes de reposição usados na reparação de produtos, mesmo com autorização do consumidor.
(E) Todos os legitimados para a defesa coletiva do consumidor podem prestar assistência ao MP e propor ação penal subsidiária.

A: incorreta, quem é responsabilizado criminalmente não é a pessoa jurídica, mas sim seus diretores, administradores e gerentes (art. 75, CDC); **B:** incorreta, pois não importa se a vítima do crime é pessoa física ou jurídica, pois ambas podem ser consumidoras (art. 2º, CDC); **C:** correta, está de acordo com o art. 76, I e II, CDC); **D:** incorreta, pois só estará tipificado o crime se não houver a autorização do consumidor (art. 70, CDC); **E:** incorreta, pois de acordo com o art. 80, CDC, nem todos os legitimados para a defesa coletiva do consumidor podem prestar assistência ao MP e propor ação penal subsidiária – apenas os indicados nos incisos III e IV do art. 82, CDC.
Gabarito "C".

(Ministério Público/RR – 2012 – CESPE) Assinale a opção correta a respeito das normas de direito penal e de processo penal previstas no CDC.

(A) No processo penal atinente aos crimes cometidos contra as relações de consumo, é vedada ao MP a assistência, porém lhe é facultada a propositura de ação penal subsidiária, se a denúncia não for oferecida no prazo legal.
(B) Assim como ocorre no direito ambiental, a pessoa jurídica pode ser responsabilizada criminalmente se os seus representantes legais ou até mesmo empregados cometerem fatos tipicamente previstos como crimes no CDC.
(C) A conduta de impedir ou dificultar o acesso do consumidor às informações que sobre ele constem em cadastros, banco de dados, fichas e registros é expressamente prevista como crime no CDC.
(D) O sujeito passivo dos crimes contra as relações de consumo é o consumidor pessoa física, considerando-se fato atípico o crime cometido contra consumidor pessoa jurídica ou consumidor por equiparação, em observância ao princípio da vedação à responsabilidade objetiva.
(E) Considera-se circunstância agravante nos crimes tipificados no CDC o fato de o agente cometer o delito contra os consumidores de instituições financeiras, de saúde e de ensino privados.

A: incorreta, o art. 80 do CDC possibilita ao Ministério Público a intervenção como assistente; **B:** incorreta, a responsabilidade criminal incide sobre os administradores da pessoa jurídica; **C:** correta, a conduta está tipificada no art. 72 do CDC; **D:** incorreta, o consumidor por equiparação também pode ser sujeito passivo dos crimes contra as relações de consumo; **E:** incorreta, estas situações não estão previstas como circunstâncias agravantes no art. 76 do CDC.
Gabarito "C".

(Ministério Público/TO – 2012 – CESPE) A respeito da responsabilidade por vício do produto e do serviço, das implicações administrativas e penais associadas às relações de consumo e das ações coletivas para a defesa de interesses individuais homogêneos ligados às citadas relações, assinale a opção correta.

(A) Cometerá crime de consumo configurado no crime de *recall* o fornecedor que não comunicar à autoridade competente e aos consumidores a nocividade ou periculosidade de produtos cujo conhecimento seja posterior à sua colocação no mercado e não retirá-lo imediatamente de circulação, quando determinado pela autoridade competente. Nesse sentido, a ordem da autoridade competente para a retirada do citado bem do mercado de consumo deve ser pessoal ao fornecedor responsável, para fins de configuração do crime.
(B) A tipificação penal protetiva do consumidor, em regra e por conta da presunção de perigo que traz consigo, não exige, para a sua consumação, a realização de dano físico, mental ou econômico ao indivíduo-consumidor, sendo certo que o direito penal econômico protege primeiramente não o consumidor em si, mas a relação jurídica de consumo, pois esta é um bem jurídico autônomo, supraindividual e imaterial.
(C) A sentença civil não fará coisa julgada *erga omnes* nos limites da competência territorial do órgão prolator, exceto se o pedido for julgado improcedente por insuficiência de provas, hipótese em que apenas o MP poderá intentar outra ação com idêntico fundamento, valendo-se de nova prova.
(D) No direito do consumidor, vício e defeito dos bens possuem o mesmo sentido: relacionam-se com o fato de o bem gerar a responsabilidade civil do fornecedor por defeito ou por insegurança.
(E) A lei é a única forma de expressão juridicamente correta para se criar órgão de defesa do consumidor no âmbito do Poder Executivo.

A: incorreta, pois a ordem para retirada do bem não precisa ser pessoal para caracterização do crime previsto no art. 64, parágrafo único, do CDC; **B:** correta, em regra a caracterização do crime de consumo não depende da efetivação do dano; **C:** incorreta, na hipótese retratada a sentença civil fará coisa julgada, nos termos do art. 16 da Lei 7.347/1985; **D:** incorreta, pois o defeito do produto causa prejuízos extrínsecos, como danos materiais, morais e estéticos enquanto que o vício do produto pode existir, contudo o problema fica adstrito aos limites do bem, gerando prejuízos intrínsecos; **E:** incorreta, pois podem ser criadas entidades privadas (ex: associações) de defesa do consumidor.
Gabarito "B".

(Defensor Público/AC – 2012 – CESPE) A respeito das infrações penais, assinale a opção correta.
(A) O fornecedor que deixa de organizar dados fáticos, técnicos e científicos que dão base à publicidade pratica crime contra as relações de consumo.
(B) O CDC, assim como o CP e as leis extravagantes, prevê circunstâncias agravantes e atenuantes para os crimes que tipifica.
(C) As condutas tipificadas no CDC constituem crime de dano, sendo imprescindível para a caracterização do delito a comprovação do efetivo dano ao consumidor.
(D) Os crimes contra as relações de consumo estão previstos no CDC de forma exclusiva e taxativa.
(E) O tipo penal consistente em fazer afirmação falsa ou enganosa, ou omitir informação relevante sobre a natureza de produto ou serviço inadmite a forma culposa.

A: correta (art. 69 do CDC); **B:** incorreta, pois no CDC só há previsão de causas agravantes (art. 76); **C:** incorreta, pois os tipos penais previstos no CDC não requerem resultado danoso, bastando a configuração da conduta para a configuração do crime (vide arts. 63 a 74); **D:** incorreta, pois o art. 61 do CDC é claro ao dispor que os crimes contra as relações de consumo previstos no CDC não exclui outros previstos no Código Penal e nas leis especiais; **E:** incorreta, pois o art. 66, § 2º, do CDC admite sim a forma culposa.
Gabarito "A".

(Defensor Público/SE – 2012 – CESPE) Constitui conduta tipificada no CDC como crime contra as relações de consumo
(A) falsificar ou alterar substância ou produto alimentício destinado a consumo, tornando-o nocivo à saúde ou reduzindo-lhe o valor nutritivo.
(B) empregar, no fabrico de produto destinado a consumo, revestimento, gaseificação artificial, matéria corante, substância aromática, antisséptica, conservadora ou qualquer outra não expressamente permitida pela legislação sanitária.
(C) exigir cheque-caução, nota promissória ou qualquer garantia, bem como o preenchimento prévio de formulários administrativos, como condição para o atendimento médico-hospitalar emergencial.
(D) fazer afirmação falsa ou enganosa, ou omitir informação relevante sobre a natureza, característica, qualidade, quantidade, segurança, desempenho, durabilidade, preço ou garantia de produtos ou serviços.
(E) fabricar, sem licença da autoridade competente, substância ou engenho explosivo, gás tóxico ou asfixiante, ou material destinado à sua fabricação.

A: incorreta, pois esse crime está previsto no Código Penal (art. 272) e não no CDC; **B:** incorreta, pois esse crime está previsto no Código Penal e não no CDC (art. 274); **C:** incorreta, pois esse crime está previsto no Código Penal (art. 135-A) e não no CDC; **D:** correta (art. 66 do CDC); **E:** incorreta, pois esse crime está previsto no Código Penal (art. 253) e não no CDC.
Gabarito "D".

11. DEFESA DO CONSUMIDOR EM JUÍZO

(Defensor Público – DPE/SC – 2017 – FCC) De acordo com a regulamentação para as ações coletivas no Código de Defesa do Consumidor:
I. Decorrido o prazo de um ano sem habilitação de interessados em número compatível com a gravidade do dano, poderão os legitimados para a propositura da ação coletiva promover a liquidação e execução da indenização devida.
II. O produto da indenização devida reverterá para o Fundo criado pela Lei da Ação Civil Pública.
III. O Código de Defesa do Consumidor reconhece expressamente a legitimidade da Defensoria Pública para a propositura de ação coletiva em defesa dos consumidores.
IV. Na ação que tenha por objeto o cumprimento da obrigação de fazer ou não fazer, o juiz concederá a tutela específica da obrigação ou determinará providências que assegurem o resultado prático equivalente ao do adimplemento.

Está correto o que se afirma APENAS em
(A) I, II e IV.
(B) I, III e IV.
(C) I, II e III.
(D) II, III e IV.
(E) II e IV.

I: correta. Nos exatos termos do art. 100 do CDC: "Decorrido o prazo de um ano sem habilitação de interessados em número compatível com a gravidade do dano, poderão os legitimados do art. 82 promover a liquidação e execução da indenização devida". **II:** correta. Nos exatos termos do parágrafo único do art. 100 do CDC: "O produto da indenização devida reverterá para o fundo criado pela Lei 7.347, de 24 de julho de 1985". **III:** incorreta. O art. 82 do CDC não prevê a legitimidade da defensoria para a propositura de ação coletiva. Essa legitimidade foi conferida pela Lei n. 11.4482007, que alterou o art. 5º da LACP. **IV:** correta. Nos exatos termos do art. 84 do CDC: "Na ação que tenha por objeto o cumprimento da obrigação de fazer ou não fazer, o juiz concederá a tutela específica da obrigação ou determinará providências que assegurem o resultado prático equivalente ao do adimplemento". RD
Gabarito "A".

(Procurador Municipal – Sertãozinho/SP – VUNESP – 2016) No que concerne à defesa metaindividual do consumidor em juízo, assinale a alternativa correta.
(A) Interesses ou direitos difusos são os transindividuais, de natureza divisível, de que sejam titulares pessoas indeterminadas e ligadas por circunstâncias de fato.
(B) São legitimados concorrentemente para a sua tutela, as entidades e órgãos da Administração Pública, direta ou indireta, ainda que sem personalidade jurídica, especificamente destinados à defesa dos interesses e direitos do consumidor.
(C) Na ação que tenha por objeto o cumprimento da obrigação de fazer ou não fazer, o juiz poderá impor multa diária ao réu, desde que haja pedido do autor, se for suficiente ou compatível com a obrigação, fixando prazo razoável para o cumprimento do preceito.
(D) Em caso de litigância de má-fé, a associação autora e os diretores responsáveis pela propositura da ação serão subsidiariamente condenados em honorários advocatícios e ao décuplo das custas, sem prejuízo da responsabilidade por perdas e danos.
(E) Aplicam-se às ações para a sua tutela, além do Código de Defesa do Consumidor, as normas do Código de Processo Civil e da Lei da ação popular, naquilo que não contrariar as disposições do diploma consumerista.

A: incorreta. Os interesses difusos têm natureza indivisível (art. 81, parágrafo único, I, do CDC). **B:** correta. Nos exatos termos do art. 82, III, do CDC. **C:** incorreta. A multa pode ser imposta independentemente do pedido do autor: "O juiz poderá, na hipótese do § 3º ou na sentença, impor multa diária ao réu, independentemente de pedido do autor, se for suficiente ou compatível com a obrigação, fixando prazo razoável para o cumprimento do preceito" (art. 84, § 4º, do CDC). **D:** incorreta. Nos termos do art. 87, parágrafo único, a responsabilidade é solidária entre associação autora e os diretores responsáveis pela propositura da ação. **E:** incorreta. Aplicam-se às ações para a tutela do consumidor as normas do Código de Processo Civil e da Lei 7.347/1985, inclusive no que respeita ao inquérito civil, naquilo que não contrariar suas disposições (art. 90 do CDC). RD
Gabarito "B".

(Procurador Municipal – Sertãozinho/SP – VUNESP – 2016) Relativamente às ações coletivas para a defesa de interesses individuais homogêneos tratados pelo Código de Defesa do Consumidor, é possível asseverar que

(A) são considerados interesses ou direitos individuais homogêneos aqueles transindividuais de natureza divisível ou não, decorrentes de origem comum.
(B) o Município poderá propor, em nome próprio e no interesse das vítimas ou seus sucessores, ação civil coletiva de responsabilidade pelos danos individualmente sofridos.
(C) o Ministério Público, se não ajuizar a ação, atuará como fiscal da lei quando o Juiz da causa entender pertinente.
(D) em caso de procedência do pedido, a condenação deve ser certa e determinada, fixando-se a responsabilidade do réu pelos danos causados.
(E) na hipótese de decorrido o prazo de 06 (seis) meses sem habilitação de interessados em número compatível com a gravidade do dano para execução da coisa julgada coletiva, poderá o autor da ação, promover a liquidação e execução da indenização devida.

A: incorreta. Os Direitos Individuais Homogêneos têm natureza divisível e são decorrentes de origem comum (art. 81, parágrafo único, III, do CDC). **B:** correta. A legitimidade do Município decorre do art. 82 do CDC e do art. 5º da LACP (ver também art. 91 e 92 do CDC). **C:** incorreta. O Ministério Público sempre atuará como fiscal da lei (art. 5º, § 1º, da LACP e art. 92 do CDC). **D:** incorreta. Para as ações coletivas que envolvem Direitos Individuais Homogêneos, em caso de procedência do pedido, a condenação será genérica, fixando a responsabilidade do réu pelos danos causados (art. 95 do CDC). **E:** incorreta. Nos termos do art. 100 do CDC, decorrido o prazo de um ano sem habilitação de interessados em número compatível com a gravidade do dano, poderão os legitimados promover a liquidação da sentença (*fluid recovery*). Gabarito "B".

(Juiz – TJ-SC – FCC – 2017) Nas ações coletivas para a defesa de interesses individuais homogêneos,

(A) em caso de procedência do pedido, a condenação deverá ser líquida e certa, fixada desde logo a responsabilidade do réu pelos danos causados.
(B) o Ministério Público, por não se tratar de interesses difusos ou coletivos, está legitimado a atuar somente como fiscal da lei.
(C) em caso de concurso de créditos decorrentes de condenação em ações civis públicas e de indenizações pelos prejuízos individuais resultantes do mesmo evento danoso, estas terão preferência no pagamento.
(D) a liquidação e a execução de sentença somente poderão ser promovidas pela vítima e seus sucessores.
(E) a responsabilidade pelos danos é fixada coletivamente na sentença em tais ações, mas sua execução só se dará individualmente, consideradas as especificidades dos direitos de cada vítima.

A: incorreta. Em caso de procedência do pedido, a condenação será genérica, fixando a responsabilidade do réu pelos danos causados, sendo que a apuração de valores será feita em cumprimento de sentença (art. 95 do CDC); **B:** incorreta. O Ministério Público é legitimado para atuar nas ações que envolvam direitos individuais homogêneos, desde que haja pertinência temática com as suas funções institucionais. Vale lembrar que se o Ministério Público não for parte, será fiscal da lei (art. 92 do CDC); **C:** correta. Conforme art. 99 do CDC; **D:** incorreta. A liquidação e a execução de sentença poderão ser promovidas pela vítima e seus sucessores, assim como pelos legitimados da ação coletiva (art. 97 do CDC); **E:** incorreta. A execução poderá ser coletiva, sendo promovida pelos legitimados da ação civil pública, e pelas vítimas cujas indenizações já tiveram sido fixadas em sentença de liquidação, sem prejuízo do ajuizamento de outras execuções (art. 98 do CDC). Gabarito "C".

(Juiz – TJ-SC – FCC – 2017) No tocante à tutela específica nas obrigações de fazer ou não fazer concernentes às relações consumeristas,

(A) em caso de litigância de má-fé a associação autora e os diretores responsáveis pela propositura da ação serão subsidiariamente condenados em honorários advocatícios, nas custas e nas despesas processuais, estas e aquelas em dobro, sem prejuízo da responsabilidade por perdas e danos.
(B) a conversão da tutela específica em perdas e danos poderá ser livremente determinada pelo juiz, independentemente da impossibilidade de obtenção daquela ou do resultado prático equivalente.
(C) uma vez formulado o pedido de tutela específica, é defeso convertê-lo em perdas e danos, pois o fato caracterizaria uma decisão *extra petita*.
(D) nas ações coletivas visando à obtenção da tutela específica só haverá adiantamento de custas ou emolumentos, mas não de honorários periciais ou quaisquer outras despesas, salvo se caracterizada má-fé processual.
(E) para a tutela específica ou para a obtenção do resultado prático equivalente, poderá o juiz determinar as medidas necessárias, tais como busca e apreensão, remoção de coisas e pessoas, desfazimento de obra, impedimento de atividade nociva, além de requisição de força policial.

A: incorreta. Na hipótese de litigância de má-fé, a associação autora e os diretores responsáveis pela propositura da ação serão solidariamente condenados em honorários advocatícios e ao décuplo das custas, sem prejuízo da responsabilidade por perdas e danos (art. 87, parágrafo único, do CDC); **B:** incorreta. Na ação que tenha por objeto o cumprimento da obrigação de fazer ou não fazer, o juiz concederá a tutela específica da obrigação ou determinará providências que assegurem o resultado prático equivalente ao do adimplemento (art. 84 do CDC); **C:** incorreta. É possível a conversão em perdas e danos quando o autor por elas optar ou se impossível a tutela específica ou a obtenção de resultado prático correspondente (art. 84, § 1º, do CDC); **D:** incorreta. Nos termos do art. 87 do CDC, "nas ações coletivas não haverá adiantamento de custas, emolumentos, honorários periciais e quaisquer outras despesas, nem condenação da associação autora, salvo comprovada má-fé, em honorários de advogados, custas e despesas processuais"; **E:** correta, nos termos do art. 84, § 5º, do CDC. Gabarito "E".

(Defensor Público – DPE/ES – 2016 – FCC) Para as ações fundadas no Código de Defesa do Consumidor, aplica-se a seguinte regra:

(A) os prazos prescricionais não se sujeitam a interrupção, nem a suspensão, enquanto os decadenciais se sujeitam a suspensão, mas não se sujeitam a interrupção.
(B) sujeita-se a prescrição a pretensão por danos causados por fato do produto ou do serviço e a decadência somente a reclamação por vício oculto de serviço ou de produto.
(C) sujeita-se a decadência a pretensão à reparação por danos causados por fato do produto ou do serviço e a prescrição o direito de reclamar por vícios aparentes ou de fácil constatação no fornecimento de serviços e produtos.
(D) sujeita-se a prescrição a pretensão à reparação pelos danos causados por fato do produto ou do serviço e a decadência o direito de reclamar por vícios aparentes ou de fácil constatação, no fornecimento de serviços e de produtos.
(E) os prazos prescricionais e decadenciais se identificam quanto à incidência de causas suspensivas e interruptivas.

A: incorreta. Os prazos decadenciais previstos no art. 26 para os vícios de produto ou serviço podem ser "obstados" (art. 26, § 2º) por reclamação comprovadamente formulada pelo consumidor perante o fornecedor até resposta negativa correspondente, que deve ser transmitida de forma inequívoca ou pela instauração de inquérito civil. Sendo assim, o prazo decadencial é interrompido e voltará a correr quando da resposta do fornecedor ou pela instauração do inquérito civil. O prazo prescricional estabelecido no art. 27 do CDC, conta-se a partir do conhecimento do dano e de sua autoria. Na forma do Código Civil, a prescrição tem causas suspensivas (art. 197 e 198) e causas interruptivas (art. 202). **B:** incorreta. Vide justificativa da alternativa "D". **C:** incorreta. Vide justificativa da alternativa "D". **D:** correta. O Código de Defesa do Consumidor, trata dos prazos decadenciais para as hipóteses de vício de produto ou serviço. O artigo 27, por sua vez, trata dos prazos prescricionais para o consumidor requerer em juízo o ressarcimento pelos danos causados por defeito de produto ou serviço. **E:** incorreta. Vide justificativa da alternativa "A". Gabarito "D".

(Juiz de Direito/AM – 2016 – CESPE) O PROCON do estado do Amazonas, por intermédio de seu advogado, ajuizou ação civil pública contra determinada empresa privada de saúde suplementar, pleiteando o reconhecimento judicial da abusividade da cláusula contratual que prevê aumento dos valores cobrados em todo o estado a partir do momento que a pessoa atinge a condição de idoso. Requereu, também, a restituição dos valores pagos por aqueles indivíduos que já haviam atingido a idade de sessenta anos.

Com referência a essa situação hipotética, assinale a opção correta de acordo com o tratamento dispensado pelo CDC à defesa do consumidor em juízo.

(A) O foro competente para a propositura da ação coletiva em questão é o da sede da empresa requerida.
(B) A hipótese retrata a existência de direitos individuais homogêneos, pois os titulares podem ser identificados e se encontram em uma mesma situação fática.
(C) Por se tratar de ação coletiva não proposta pelo MP, a atuação deste no processo é desnecessária.
(D) A sentença de mérito fará coisa julgada *erga omnes* no caso de procedência do pedido; caso contrário, o consumidor poderá intentar ação individual, ainda que tenha integrado a demanda como litisconsorte.
(E) O juiz deverá extinguir o processo sem análise do mérito, pois o PROCON não possui legitimidade para o ajuizamento de ação coletiva.

A: incorreta, o foro competente para a ACP (art. 93 do CDC) é i) o lugar onde ocorreu ou onde deve ocorrer o dano, quando de âmbito local e, ii) no foro da Capital do Estado ou do DF, para os danos de âmbito nacional ou regional. **B:** correta, mas deveria ser anulada. Na realidade, o caso retrata um pedido relacionado aos Direitos Coletivos Strictu

Sensu, posto que os usuários são identificados ou podem ser identificáveis, estão ligados entre si com a parte contrária por uma relação jurídica base (nesse caso, o contrato) é um direito indivisível (veja art. 81, II). Trata-se de direito indivisível uma vez que o juiz reconhece o direito para uma pessoa do grupo, deve reconhecer para todos. Não se deve admitir o enquadramento no art. 81, III do CDC – Direitos Individuais Homogêneos – já que os idosos estão ligados entre si não por uma situação fática, mas por uma relação jurídica base (contrato). Além disso, a divisibilidade é característica marcante dos Direitos Individuais Homogêneos, isso porque, diante da divisibilidade dos direitos, caso o juiz reconheça o direito de uma pessoa do grupo, não deve, necessariamente, reconhecer para todos, o que seria impossível no caso em tela. **C:** incorreta. O Ministério Público, se não for parte, atuará como fiscal da lei (art. 75 do Estatuto do Idoso). **D:** incorreta. Se considerarmos que o caso retrata situação que envolve Direitos Coletivos, a sentença faz coisa julgada ultra partes. Em Direitos Individuais Homogêneos, a sentença faz coisa julgada *erga omnes* (art. 103 do CDC). No entanto, em ambos os casos, se integrarem a demanda como litisconsortes, não poderão intentar ação individual.
Gabarito "B".

A empresa "X", do ramo de atividade gráfica, adquiriu um veículo automotor, de fabricação da montadora "K", modelo novo, zero quilômetro, na concessionária "Y". Dois meses, após a compra, já efetuada a primeira revisão obrigatória durante o prazo da garantia contratual, surgiram alguns problemas no sistema elétrico do veículo, em especial no sistema automático de abertura das portas, não coberto na garantia contratual, diminuindo o seu valor de mercado. Imediatamente o veículo foi levado à concessionária, mas o problema não foi solucionado, nem daquela vez, nem mesmo após inúmeras tentativas, com idas e vindas à concessionária durante seis meses, até que aquela afirmasse que não tinha como solucionar o defeito. Passados mais de 30 dias da última ida à concessionária, "X" ajuizou ação individual de reparação civil, em face da montadora "K", pedindo indenização por dano moral e a restituição imediata da quantia que fora paga pelo veículo, monetariamente atualizada.

Em sua contestação a montadora "K" denunciou à lide a concessionária "Y", aduzindo que as falhas seriam decorrentes de erro cometido na primeira revisão feita pela concessionária, e preliminares de ilegitimidade ativa e passiva de parte e decadência do direito de reclamar do vício do produto. A ilegitimidade ativa, por se tratar de pessoa jurídica; a passiva porque a responsabilidade objetiva seria decorrente apenas do serviço e não do produto. Quanto à decadência porque o prazo não teria sido suspenso ou interrompido apenas porque levado o veículo à concessionária para o concerto.

No mérito, refutou a possibilidade das indenizações pedidas, tanto a de dano material, porque legalmente incabível, bem como a de dano moral. O autor da demanda pleiteou em sua manifestação na fase das providências preliminares que se declarasse, de imediato, a inversão do ônus da prova a seu favor.

Considere a hipótese de decisão na fase ordinária do processo.

(Magistratura/GO – 2015 – FCC) Analise as seguintes afirmativas:
I. A denunciação da lide deve ser afastada porque é vedada nas ações de indenização contra o fornecedor, oriundas de lide de consumo.
II. A denunciação da lide deve ser deferida por ser obrigatória nas hipóteses de solidariedade por vício do produto e do serviço, para possibilitar ação de regresso.
III. A ilegitimidade ativa ad causam deve ser afastada porque o autor da demanda, apesar de pessoa jurídica, adquiriu o produto como destinatário final.
IV. A ilegitimidade passiva ad causam deve ser acolhida porque o fabricante do produto só responderia por defeitos decorrentes do projeto, da fabricação ou da montagem do veículo.
Está correto o que se afirma APENAS em
(A) I e III.
(B) I, III e IV.
(C) II e IV.
(D) II e III.
(E) I e IV.

I: correta (art. 88 do CDC); **II:** incorreta, pois denunciação da lide é vedada no CDC (art. 88), salvo para trazer ao processo a seguradora (art. 101, II, do CDC); **III:** correta, pois a pessoa jurídica pode, em tese, ser consumidor (art. 2º do CDC) e há relação jurídica entre autor e réu decorrente da lei consumerista aplicável ao caso, de modo que não se pode, na cognição que se faz para verificar a legitimidade ativa, excluir o autor da ação por ilegitimidade ativa; **IV:** incorreta, pois no caso tem-se ação com fundamento em vício (problema no produto) e defeito (danos morais causados), aplicando-se o art. 18 e o art. 12 do CDC, respectivamente, sendo que para os dois casos o fabricante de legitimidade passiva e, mais do que isso, responde efetivamente pelos vício e defeitos mencionados.
Gabarito "A".

(Magistratura/SC – 2015 – FCC) Em relação à defesa do consumidor em juízo, analise os enunciados seguintes:
I. A defesa coletiva será exercida, entre outras situações, quando se tratar de interesses ou direitos individuais homogêneos, assim entendidos aqueles de que seja titular grupo, categoria ou classe de pessoas ligadas entre si ou com parte contrária por uma mesma relação jurídica base.
II. Na ação que tenha por objeto o cumprimento da obrigação de fazer ou não fazer, a conversão da obrigação em perdas e danos somente será admissível se por elas optar o autor ou se impossível a tutela específica ou a obtenção do resultado prático equivalente.
III. Os legitimados a agir na defesa dos consumidores em juízo poderão propor ação visando compelir o Poder Público competente a proibir, em todo o território nacional, a produção, divulgação, distribuição ou venda, ou a determinar a alteração na composição, estrutura, fórmula ou acondicionamento de produto, cujo uso ou consumo regular se revele nocivo ou perigoso à saúde pública e à incolumidade pessoal.
IV. Nas ações coletivas tratadas no Código de Defesa do Consumidor, a sentença fará coisa julgada erga omnes, apenas no caso de procedência do pedido, para beneficiar todas as vítimas e seus sucessores, na hipótese de defesa de interesses ou direitos difusos, assim entendidos os transindividuais, de natureza indivisível, de que sejam titulares pessoas indeterminadas e ligadas por circunstâncias de fato.
É correto o que se afirma APENAS em
(A) I, III e IV.
(B) II e III.
(C) I e IV.
(D) I, II e III.
(E) II, III e IV.

I: incorreta, pois a definição trazida na alternativa não é de "interesses ou direitos *individuais homogêneos*", mas de "interesses ou direitos *coletivos*" (art. 81, parágrafo único, II e III, do CDC); **II:** correta (art. 84, § 1º, do CDC); **III:** correta (art. 102 do CDC); **IV:** incorreta, pois a coisa julgada também será *erga omnes* nos casos de procedência do pedido, para beneficiar todas as vítimas e seus sucessores, no caso de defesa em juízo de interesses individuais homogêneos, assim entendidos os decorrentes de origem comum (art. 103, III, c/c art. 81, parágrafo único, III, ambos do CDC).
Gabarito "B".

(DPE/PE – 2015 – CESPE) A DP e o MP de determinado estado da Federação ajuizaram ação coletiva, em face de empresa privada, em que pleiteiam a tutela de direitos individuais indisponíveis e homogêneos de consumidores economicamente necessitados. Com base nessa situação hipotética, nas regras que regem a defesa do consumidor em juízo e na jurisprudência do STJ, julgue os itens a seguir.
(1) Ao receber a petição inicial, o juiz pode determinar a suspensão das ações individuais pendentes que tenham seu objeto também tutelado pela ação coletiva.
(2) A coisa julgada na referida ação se produz *secundum eventum probationis*, portanto, se o pedido vier a ser julgado improcedente em razão da insuficiência de provas, qualquer um dos legitimados coletivos poderá futuramente propor nova demanda com base em nova prova.
(3) No caso em análise, as duas instituições possuem legitimidade ativa para a propositura da ação, sendo permitido, nessa ação coletiva, o litisconsórcio ativo entre DP e MP.

I: correta, nos termos da jurisprudência do STJ; confira: "Ajuizada ação coletiva atinente a macrolide geradora de processos multitudinários, suspendem-se as ações individuais, no aguardo do julgamento da ação coletiva. Entendimento que não nega vigência aos arts. 51, IV e § 1º, 103 e 104 do CDC; 122 e 166 do CC; e 2º e 6º do CPC, com os quais se harmoniza, atualizando-lhes a interpretação extraída da potencialidade desses dispositivos legais ante a diretriz legal resultante do disposto no art. 543-C do CPC [no Novo CPC os dispositivos citados são os arts. 2º, 18 e 1.036], com a redação dada pela Lei dos Recursos Repetitivos (Lei n. 11.672, de 8.5.2008)" (REsp 1110549/RS, *DJe* 14.12.2009); **II:** incorreta, pois essa regra só vale para a defesa de interesses difusos (art. 103, I, do CDC), não se aplicando à defesa de interesses individuais homogêneos, em que o efeito da sentença é erga omnes apenas em caso de procedência do pedido, sendo que em caso de improcedência do pedido, os interessados que não tiverem intervindo no processo como litisconsortes poderão propor ação de indenização a título individual (art. 103, § 2º, do CDC); **III:** correta (art. 5º, § 2º, da Lei 7.347/1985).
Gabarito 1C, 2E, 3C

(Magistratura/BA – 2012 – CESPE) Determinado defensor público, lotado em comarca do interior, atendeu diversos cidadãos hipossuficientes que se queixavam do fato de que determinada loja local de venda de eletrodomésticos se negava a prestar assistência pós-venda aos consumidores, sob a alegação de que somente os fabricantes dos produtos são responsáveis pelo conserto ou troca dos aparelhos. Após consultar, via ofício, a loja, o defensor público confirmou a veracidade dos fatos, tendo constatado que ela atuava dessa forma com todos os seus clientes. Considerando a situação hipotética acima, assinale a opção correta com base nas normas referentes à defesa do consumidor em juízo.

(A) O defensor público deverá remeter ao MP local cópias das ações individuais que ajuizar, para que o promotor de justiça, então, avalie a conveniência de ajuizar a ação coletiva.
(B) Como se trata de interesse difuso, que, por isso, abrange direitos de hipossuficientes e de pessoas abastadas, não cabe à Defensoria Pública atuar no caso.
(C) O defensor público, na petição inicial, poderá requerer ao juiz a concessão da tutela específica da obrigação ou a determinação de providências que assegurem o resultado prático equivalente ao do adimplemento.
(D) O defensor público deve, antes de ajuizar qualquer demanda, instaurar inquérito civil público, a fim de investigar os fatos.
(E) O defensor público só poderá agir, por meio do ajuizamento de ação individual, em nome dos consumidores que se queixaram à Defensoria Pública.

A: incorreta, pois de acordo com o art. 82, III, CDC, as Defensorias Públicas têm legitimidade para ajuizar ação coletiva; **B:** incorreta, a Defensoria Pública tem sim legitimidade (art. 82, III, CDC); **C:** correta, conforme o art. 84, *caput*, CDC; **D:** incorreta: a propositura de ação independe de inquérito civil e sua instauração compete ao Ministério Público (art. 8º, § 1º, Lei 7.347/85); **E:** incorreta: a Defensoria Pública é legitimada para propor ação para proteção de todos os consumidores (art. 5º, II, da Lei 7.347/85 e art. 82, III, CDC).
Gabarito "C".

(Magistratura/BA – 2012 – CESPE) A associação estadual de defesa do consumidor (AEDC) de determinado estado da Federação ajuizou ação civil pública contra a única distribuidora de combustíveis do estado, sob a alegação de que o fato de ela ser a única empresa do tipo no mercado constitui monopólio e cartel, o que causa lesão a vários direitos básicos dos consumidores. Na ação, requereu que a empresa fosse condenada a adequar os seus preços à média nacional e a pagar danos morais coletivos. O magistrado competente, ao analisar a inicial, constatou que a associação, cujo estatuto prevê, entre os seus fins institucionais, a defesa ampla dos consumidores, tinha sido legalmente constituída havia seis meses e que não tinha sido juntada autorização assemblear para a propositura da ação.
De acordo com as normas do CDC, o juiz, nessa situação, deve:

(A) extinguir o processo sem exame do mérito, por não ter sido a autorização assemblear juntada aos autos, sem condenar a autora ao pagamento das custas processuais.
(B) abrir prazo para que a autora emende a exordial, a fim de retirar o pedido de danos morais coletivos, visto que somente o MP tem legitimidade para fazer esse pedido.
(C) receber a inicial, intimar o MP para atuar como fiscal da lei e intimar a Defensoria Pública para ajuizar as ações individuais pertinentes.
(D) extinguir o processo sem resolução do mérito, já que a AEDC foi constituída há menos de um ano, e condenar a autora ao pagamento das custas processuais.
(E) fundamentar, ao receber a exordial, a legitimidade ativa da associação, tendo em vista que, embora constituída há menos de um ano, a extensão dos danos aos consumidores justifica sua atuação na ação coletiva.

A: incorreta, pois o art. 82, IV, CDC, confere legitimidade às associações legalmente constituídas há pelo menos um ano e que incluam entre seus fins institucionais a defesa dos interesses e direitos protegidos por este código, dispensada a autorização assemblear; **B:** incorreta, pois para a defesa dos direitos e interesses protegidos por este código são admissíveis todas as espécies de ações capazes de propiciar sua adequada e efetiva tutela (art. 83, CDC); **C:** incorreta, embora o juiz deva receber a inicial e intimar o MP (art. 92, CDC), não existe determinação no CDC para que seja procedida a intimação da Defensoria Pública para ajuizamento de ações individuais; **D:** incorreta, conforme dispõe o art. 82, § 1º, CDC, o requisito da pré-constituição pode ser dispensado pelo juiz, nas ações previstas nos arts. 91 e seguintes, quando haja manifesto interesse social evidenciado pela dimensão ou característica do dano, ou pela relevância do bem jurídico a ser protegido. O art. 87, CDC, impede a condenação da associação autora, salvo comprovada má-fé, em honorários de advogados, custas e despesas processuais; **E:** correta, está de acordo com o art. 82, § 1º, CDC.
Gabarito "E".

(Magistratura/CE – 2012 – CESPE) Em consonância com os preceitos decorrentes das ações de responsabilidade civil do fornecedor de produtos e serviços, assinale a opção correta.

(A) A ação de responsabilidade civil do fornecedor de produtos e serviços deve ser proposta, obrigatoriamente, no domicílio do autor.
(B) O fornecedor demandado poderá denunciar à lide o seu segurador, o qual passará a assumir a condição de codevedor perante o consumidor.
(C) Declarado falido o fornecedor e confirmada, pelo síndico, a existência do seguro de responsabilidade, poderá o consumidor ajuizar ação de indenização diretamente contra o segurador.
(D) Por disposição de lei, é vedada a denunciação da lide ao Instituto de Resseguros do Brasil, sendo necessária, entretanto, a sua convocação para a ação, na condição de litisconsorte necessário.
(E) Conforme entendimento do STJ e da doutrina, a expressão responsabilidade civil, mencionada no art. 101 do CDC, refere-se, apenas, à responsabilidade extracontratual, não se aplicando, portanto, às ações de responsabilidade contratual.

A: incorreta, a ação pode ser proposta no domicílio do autor (art. 101, I, CDC); **B:** incorreta, o réu que houver contratado seguro de responsabilidade poderá chamar ao processo o segurador (art. 101, II, CDC); **C:** correta, conforme o art. 101, II, CDC; **D:** incorreta, o art. 101, II, CDC, dispensa o litisconsórcio obrigatório com o Instituto de Resseguros do Brasil; **E:** incorreta, pois o Código de Defesa do Consumidor não faz distinção entre a responsabilidade civil contratual e a extracontratual.
Gabarito "C".

(Magistratura/MG – 2012 – VUNESP) Assinale a alternativa que apresenta informação **incorreta**.

(A) O Ministério Público poderá propor, em nome próprio e no interesse das vítimas ou seus sucessores, ação civil coletiva de responsabilidade pelos danos individualmente sofridos.
(B) Na ação que tenha por objeto o cumprimento da obrigação de fazer ou não fazer, o juiz concederá a tutela específica da obrigação ou determinará providências que assegurem o resultado prático equivalente ao do adimplemento.
(C) O Ministério Público, nas ações coletivas para a defesa de interesses individuais homogêneos, se não ajuizar a ação, atuará sempre como *custos legis*.
(D) Nas ações coletivas de que trata o Código de Defesa do Consumidor, a sentença sempre fará coisa julgada *erga omnes*.

A: correta, está de acordo com o art. 91 do CDC; **B:** correta, está de acordo com o art. 84, *caput*, CDC; **C:** correta, está de acordo com o art. 92 do CDC; **D:** incorreta, devendo ser assinalada, pois nas ações coletivas de que trata o Código de Defesa do Consumidor, a sentença fará coisa julgada erga omnes ou ultra partes a depender da hipótese (art. 103, I, II e III, CDC).
Gabarito "D".

(Magistratura/PA – 2012 – CESPE) Assinale a opção correta com base no que dispõe o CDC acerca da legitimidade ativa para a propositura de ação coletiva.

(A) As associações civis estão excluídas do rol de entes legitimados a ajuizar ação coletiva em defesa dos interesses de seus associados.
(B) O autor deve determinar, de maneira discriminada e individualizada, os titulares dos direitos difusos demandados em juízo, a fim de que esses direitos possam ser tutelados.
(C) O fato de algumas entidades possuírem legitimidade subsidiária para propor ações coletivas para a proteção de interesses difusos e coletivos caracteriza o litisconsórcio necessário.
(D) Há entidades que, embora sem personalidade jurídica, possuem legitimidade ativa para o ajuizamento de ação coletiva.
(E) Não sendo o MP o autor da ação coletiva, a sua atuação no processo, de acordo com a sistemática adotada pelo CDC, é, em regra, dispensável.

A: incorreta, as associações civis estão incluídas no rol de entes legitimados a ajuizar ação coletiva em defesa dos interesses de seus associados (art. 82, IV, CDC); **B:** incorreta, o autor pode deixar de indicar na inicial os titulares dos direitos quando se tratar de direitos difusos (art. 81, parágrafo único, I, CDC); **C:** incorreta, essa legitimidade subsidiária para propor ações coletivas para a proteção de interesses difusos e coletivos não caracteriza litisconsórcio necessário, mas sim facultativo (art. 94, CDC); **D:** correta, nos termos do art. 82, III, do CDC; **E:** incorreta, se o MP não for o autor da ação será obrigatória sua participação como fiscal da lei (art. 92, CDC).
Gabarito "D".

(Magistratura/PE – 2013 – FCC) Nas ações coletivas de que trata o Código de Defesa do Consumidor, a sentença fará coisa julgada:

I. *erga omnes*, exceto se o pedido for julgado improcedente por insuficiência de provas, hipótese em que qualquer legitimado poderá intentar outra ação, com idêntico fundamento, valendo-se de nova prova, na hipótese dos interesses ou direitos difusos conforme tratados no CDC.
II. *ultra partes*, mas limitadamente ao grupo, categoria ou classe, salvo improcedência por insuficiência de provas, hipótese em que qualquer legitimado poderá intentar outra ação, com idêntico fundamento, valendo-se de nova prova, quando se tratar de interesses ou direitos coletivos conforme tratados no CDC.
III. *erga omnes*, apenas no caso de procedência do pedido, para beneficiar todas as vítimas e seus sucessores, na hipótese de interesses ou direitos individuais homogêneos, assim entendidos os decorrentes de origem comum.

Está correto o que se afirma em
(A) I e II, apenas.
(B) II e III, apenas.
(C) I e III, apenas.
(D) I, apenas.
(E) I, II e III.

I: correta (art. 103, I, do CDC); **II:** correta (art. 103, II, do CDC); **III:** correta (art. 103, III, do CDC).
Gabarito "E".

(Ministério Público/MS – 2013 – FADEMS) Nas ações coletivas de que trata o Código de Proteção e Defesa do Consumidor, é correto afirmar que:
(A) A sentença faz coisa julgada *intra partes*, quando a hipótese versar sobre direitos individuais difusos.
(B) Sendo o caso de interesses ou direitos difusos, na hipótese de improcedência por insuficiência de provas, não há coisa julgada material, podendo, qualquer prejudicado, intentar nova ação com os mesmos fundamentos, valendo-se de novas provas.
(C) Quando for caso de interesses ou direitos difusos, a coisa julgada ocorre *ultra partes*, mas limitada ao grupo, categoria ou classe, salvo improcedência por insuficiência de provas.
(D) É *erga omnes* a coisa julgada quando for caso de direitos individuais homogêneos e sentença for de procedência, mas somente aproveita aquele que se habilitou até o trânsito em julgado.
(E) A coisa julgada é julgada *ultra partes*, de modo excepcional, na hipótese do grupo, categoria ou classe que não haja intervindo no curso do processo, intentar ação concorrente com mesmo objeto e diversidade do pedido que trate de interesse coletivo e homogêneo.

A: incorreta, pois, envolvendo interesses difusos (art. 81, parágrafo único, I, do CDC), a coisa julgada é *erga omnes* (art. 103, I, do CDC), envolvendo direitos individuais homogêneos (art. 81, parágrafo único, III, do CDC), *erga omnes* (art. 103, III, do CDC), e envolvendo direito individual puro, *intra partes*; **B:** correta (art. 103, I, do CDC); **C:** incorreta, pois envolvendo interesses difusos (art. 81, parágrafo único, I, do CDC) a coisa julgada é *erga omnes* (art. 103, I, do CDC); o efeito mencionado na alternativa diz respeito aos casos em que há interesses coletivos (arts. 81, parágrafo único, II e 103, II, do CDC); **D:** incorreta, pois a sentença de procedência, no caso, aproveita todas as vítimas e seus sucessores (art. 103, III, do CDC), salvo se alguém promoveu uma ação individual e, intimado a se manifestar sobre ação coletiva em curso, não pedir a suspensão de sua ação (art. 104 do CDC); **E:** incorreta, pois um mero grupo, categoria ou classe não é legitimado para intentar com ação civil pública, de modo que não se vai ter os efeitos da coisa julgada típicos de uma ação civil pública, previstos no art. 103 do CDC; por outro lado, se um grupo, categoria ou classe se organizar numa entidade legitimada para uma ação civil pública (art. 82, IV, do CDC) e fizer um pedido para defender interesse individual homogêneo (art. 81, parágrafo único, III, do CDC), a coisa julgada terá efeito *erga omnes* quanto a esse pedido (art. 103, III, do CDC).
Gabarito "B".

(Ministério Público/PI – 2012 – CESPE) No que concerne à defesa, em juízo, dos interesses do consumidor, assinale a opção correta.
(A) Na hipótese de não ser possível identificar o fabricante do produto, o comerciante será responsável pelos prejuízos sofridos pelo consumidor, sendo-lhe facultado denunciar à lide o fabricante.
(B) Nas ações de defesa de interesses ou direitos individuais homogêneos, se o pedido for julgado procedente, a coisa julgada será *ultra partes*, mas limitada ao grupo, categoria ou classe.
(C) Na ação cujo objeto seja o cumprimento de obrigação de fazer, sendo relevante o fundamento da demanda, estando presente o *periculum in mora* e desde que haja expressa manifestação do autor pela aplicação de multa, o juiz poderá impor astreintes, se compatível com a obrigação.
(D) Sendo constatada a litigância de má-fé na propositura de ação coletiva por associação que, legalmente constituída há pelo menos um ano, inclua entre seus fins institucionais a defesa do consumidor, a referida entidade e seus diretores serão condenados solidariamente ao pagamento do décuplo das custas e dos honorários advocatícios, sem prejuízo de condenação em perdas e danos.
(E) Associação legalmente constituída há pelo menos um ano e que inclua entre seus fins institucionais a defesa do consumidor poderá propor as ações coletivas de que trata o CDC, ficando dispensada do adiantamento de custas, emolumentos e honorários periciais se comprovada a sua incapacidade econômica para arcar com tais despesas.

A: incorreta, nesta hipótese a ação de regresso poderá ser ajuizada em processo autônomo, facultada a possibilidade de prosseguir-se nos mesmos autos, vedada a denunciação da lide (art. 88 do CDC); **B:** incorreta, na defesa coletiva dos interesses ou direitos individuais homogêneos, tratado no art. 81, parágrafo único, III, do CDC, a coisa julgada será *erga omnes* para beneficiar todas as vítimas e seus sucessores (art. 103, III, do CDC); **C:** incorreta, a imposição de *astreintes* não depende de pedido do autor (art. 84, § 4º, do CDC); **D:** correta, a alternativa está mal redigida, mas está de acordo com o que prescreve o art. 87, parágrafo único, do CDC; **E:** incorreta, de acordo com o art. 87, caput, do CDC, "nas ações coletivas de que trata este código não haverá adiantamento de custas, emolumentos, honorários periciais e quaisquer outras despesas, nem condenação da associação autora, salvo comprovada má-fé, em honorários de advogados, custas e despesas processuais".
Gabarito "D".

(Ministério Público/RR – 2012 – CESPE) Considerando as normas de defesa do consumidor em juízo e o entendimento do STJ a respeito do tema, assinale a opção correta.
(A) O MP não possui legitimidade para promover ACP na defesa de direitos dos consumidores de energia elétrica, dada a vedação expressamente prevista na lei que dispõe sobre a ACP.
(B) É competente, sem exceção, a justiça local do foro do lugar onde ocorra ou tenha ocorrido o dano, quando de âmbito local, e do foro da capital do estado ou no do DF, para os danos de âmbito nacional ou regional.
(C) Aplica-se o prazo prescricional quinquenal previsto na Lei da Ação Popular à ACP decorrente de direitos individuais homogêneos.
(D) A defensoria pública não detém legitimidade para ajuizar ACP em defesa dos direitos difusos, coletivos e individuais homogêneos dos consumidores.
(E) É vedado ao juiz dispensar o requisito da pré-constituição da associação de defesa dos interesses e direitos dos consumidores para o ajuizamento de ação coletiva, mesmo quando haja manifesto interesse social.

A: incorreta, pois a Lei 7.347/1985 não contem proibição nesse sentido e a jurisprudência do STJ é no sentido de que "a relação jurídica do serviço público prestado por concessionária tem natureza de Direito Privado, pois o pagamento é feito sob a modalidade de tarifa, e não estando os serviços jungidos às relações de natureza tributária, mas, ao contrário, encontrando disciplina também no Código de Defesa do Consumidor, inexiste empecilho à defesa dos usuários via ação civil pública, cuja legitimação encontra na figura do Ministério Público um representante por lei autorizado" (REsp 591.916/MT, Segunda Turma, Rel. Min. João Otávio de Noronha, j. 27.02.2007); **B:** incorreta, de acordo com o art. 2º da Lei 7.347/1985, "as ações previstas nesta Lei serão propostas no foro do local onde ocorrer o dano, cujo juízo terá competência funcional para processar e julgar a causa" e o art. 93 excepciona a competência da justiça federal; **C:** correta, de acordo com a jurisprudência do STJ, "há lei definindo que o prazo prescricional para deduzir pretensão relativa a direitos individuais homogêneos, mediante o ajuizamento de ação civil pública, é de cinco anos, por força do art. 21 da Lei 4.717/65, de aplicação analógica; por conseguinte, à pretensão executiva decorrente incidirá idêntico lapso temporal, a contar do transito em julgado da sentença coletiva, não se encontrando acobertada pelo manto da coisa julgada material a referência nela existente a prazo prescricional diverso daquele que lhe haja sido fixado por legislação especial de regência" (AgRg. no AREsp 122.031/PR, Quarta Turma, Rel. Min. Luis Felipe Salomão, j. 08.05.2012); **D:** incorreta, a Defensoria Pública está legitimada pelo art. 5º, II, da Lei 7.347/1985; **E:** incorreta, o juiz está autorizado a dispensar o requisito da pré-constituição pelo art. 5º, § 4º, da Lei 7.347/1985 e pelo art. 82, § 1º, do CDC.
Gabarito "C".

(Ministério Público/SC – 2012) Analise as assertivas a seguir.
I. O art. 91 e seguintes do CDC leva ao entendimento de que a tutela de direito individual homogêneo diz respeito a um único fato, gerador de diversas pretensões indenizatórias. A origem comum poderá ser de fato ou de direito e não há que estar presente, necessariamente, unidade de fato e tempo.
II. Pode o Promotor de Justiça, em razão de ilegalidade praticada decorrente de propaganda enganosa, buscar por meio de única ação civil pública pretensões de natureza coletiva, difusa e relativa a direitos individuais homogêneos.
III. No tocante aos direitos coletivos, os efeitos da sentença de procedência do pedido irão atingir todos os que estiverem na relação de consumo indicada (pessoas determinadas). Nesse caso, se a ação foi proposta por associação, somente seus beneficiários poderão usufruir da decisão.
IV. O Órgão do Ministério Público poderá firmar Termo de Ajustamento de Conduta visando exigir a cessação de propaganda enganosa, bem como a fixação de indenização em favor de consumidores dessa relação de consumo.
V. O CDC, no que toca à prestação de serviço pelos profissionais liberais, abriu exceção ao princípio da responsabilidade civil objetiva ao admitir a necessidade de demonstração de culpa, contudo, não impossibilitou a aplicação do princípio da inversão da prova.
(A) Apenas as assertivas I, II e V estão corretas.
(B) Apenas as assertivas I, III e IV estão corretas.
(C) Apenas as assertivas I, II e IV estão corretas.
(D) Apenas as assertivas III, IV e V estão corretas.
(E) Todas as assertivas estão corretas.

I: correta, pois o art. 91 do CDC possibilita a propositura de ação civil coletiva de responsabilidade pelos danos individualmente sofridos em razão de um mesmo fato; **II:** correta, o MP tem legitimidade para tanto nos termos dos arts. 82, I, e 91 do CDC, e também do art. 5º, I, da Lei 7.347/1985; **III:** incorreta, segundo a jurisprudência do STJ, "a indivisibilidade do objeto da ação coletiva, muitas das vezes, importa na extensão dos efeitos favoráveis da decisão a pessoas não vinculadas diretamente à entidade classista, que na verdade, não é a titular do direito, mas tão somente a substituta processual dos integrantes da categoria, a quem a lei conferiu legitimidade autônoma para a promoção da ação. Irrelevante o fato de a totalidade da categoria ou grupo interessado e titular do direito material não ser filiado à entidade postulante, uma vez que os efeitos do julgado, em caso de acolhimento da pretensão, estendem-se a todos aqueles que se encontram ligados pelo mesmo vínculo jurídico, independentemente da sua vinculação com a entidade (Sindicato ou Associação). A extensão subjetiva é consequência natural da transidividualidade e indivisibilidade do direito material tutelado na demanda; se o que se tutela são direitos pertencentes a toda uma coletividade, não há como estabelecer limites subjetivos ao âmbito de eficácia da decisão" (STJ, AgRg no MS 13505/DF, Terceira Seção, Rel Min. Napoleão Nunes Maia Filho, j. 13.08.2008); **IV:** incorreta, o Ministério Público não tem competência para fixar o valor de indenização devido aos consumidores lesados por propaganda enganosa; **V:** correta, o art. 14, § 4°, do CDC, optou pela responsabilidade subjetiva ao determinar que a responsabilidade pessoal dos profissionais liberais será apurada mediante a verificação de culpa. E a inversão do ônus da prova pode ser deferida em qualquer espécie de responsabilidade no CDC.

Gabarito "A".

(Ministério Público/SC – 2012) Analise as assertivas a seguir.

I. Em matéria de interesses transindividuais de consumidor, diante de entendimentos no sentido de que o Ministério Público terá restrições para a defesa de interesses individuais homogêneos, será relevante a análise da omissão constitucional quanto à defesa pela Instituição desse tipo de interesse.

II. Na defesa de interesses apenas individuais de consumidor, não se justificará a iniciativa da propositura de ação pelo Ministério Público ou mesmo da sua intervenção na qualidade de *custus legis*.

III. Em relação à competência em matéria de interesses transindividuais do consumidor, a regra do art. 93 do CDC deve ser aplicada, se cabível, para a instauração de inquérito civil, bem como a natureza da competência poderá ser relativa ou absoluta para ações civis públicas ou coletivas que envolvam direitos difusos, coletivos ou individuais homogêneos.

IV. Pode-se dizer que a proteção do consumidor no direito civil através da teoria do vício redibitório muito pouco, ou quase nada, age de forma eficaz como instrumento de defesa do consumidor (econômica e a físico psíquica), seja por deficiência jurídica ou fática.

V. O CDC abriga o princípio da transparência da publicidade, com repercussão cível, administrativa e penal, em conexão ao princípio da inversão do ônus da prova. A inversão a ser efetivada, nesse caso, não está na esfera de discricionariedade do magistrado e diz respeito à veracidade.

(A) Apenas as assertivas I, II e III estão corretas.
(B) Apenas as assertivas I, IV e V estão corretas.
(C) Apenas as assertivas II, III e IV estão corretas.
(D) Apenas as assertivas III, IV e V estão corretas.
(E) Todas as assertivas estão corretas.

I: incorreta, a legitimidade do MP decorre dos arts. 81, 82 e 91 do CDC e do art. 127 da CF/88; **II:** incorreta, o art. 91 do CDC confere ao MP legitimidade para propositura da ação e o art. 92 determina que, se o MP não ajuizar a ação, atuará sempre como fiscal da lei; **III:** correta, pois a instauração do inquérito civil no mesmo local da propositura da ação facilita a atuação do MP. A competência poderá ter natureza absoluta ou relativa; **IV:** correta, as regras que protegem o consumidor do vício do produto ou do serviço são mais amplas do que as previstas no Código Civil. O CDC, por exemplo, estabelece responsabilidade solidária, prevê o vício de informação, confere mais opções etc.; **V:** correta, o juiz apenas analisa a presença dos requisitos exigidos na lei (art. 6°, III, do CDC).

Gabarito "D".

(Defensor Público/ES – 2012 – CESPE) Julgue os itens seguintes, acerca da defesa do consumidor em juízo.

(1) Nas ações coletivas para a defesa dos direitos e interesses dos consumidores, a lei dispensa a parte autora do adiantamento de custas judiciais e emolumentos, mas a obriga a arcar, em qualquer caso, com o pagamento de eventuais honorários periciais e advocatícios.

(2) Em se tratando de ações de responsabilidade civil de fornecedor de produtos e serviços de consumo, o réu que houver contratado seguro de responsabilidade não poderá chamar ao processo o segurador, uma vez que o CDC veda qualquer espécie de intervenção de terceiros nesse tipo de ação.

(3) Considere que vários taxistas tenham firmado, com vistas a aquisição de veículos automotores, contratos de arrendamento mercantil com clausula de indexação monetária atrelada a variação cambial. Nessa situação, havendo violação dos direitos consumeristas, a DPE terá legitimidade ativa para propor ACP para a defesa dos interesses desses consumidores.

1: incorreta, pois não haverá adiantamento nem de custas, nem de honorários periciais, valendo salientar que associação autora também não pagará honorários advocatícios se vencida, salvo comprovada má-fé (art. 87, *caput*, do CDC); **2:** incorreta, pois cabe chamamento sim no caso (art. 101, II, do CDC); **3:** correta; em primeiro lugar, é bom lembrar que o STJ vem aplicando o finalismo aprofundado, aceitando a incidência do CDC aos meros destinatários fáticos de produtos, quando estes forem vulneráveis, que é o caso do taxista; em segundo lugar, vale lembrar que a Defensoria Pública é um órgão e os órgãos têm legitimidade para ingressar com ação civil pública nos termos do art. 82, III, do CDC; ademais, a Lei de Ação Civil Pública (Lei 7.347/1985) é, inclusive, clara, no sentido de que a Defensoria tem essa legitimidade (art. 5°, II).

Gabarito 1E, 2E, 3C.

(Magistratura do Trabalho – 2ª Região – 2012) Conforme Código de Defesa do Consumidor é **INCORRETO** afirmar:

(A) O juiz poderá desconsiderar a personalidade jurídica da sociedade quando, em detrimento do consumidor, houver abuso de direito, excesso de poder, infração da lei, fato ou ato ilícito ou violação dos estatutos ou contrato social.
(B) A desconsideração também será efetivada quando houver falência, estado de insolvência, encerramento ou inatividade da pessoa jurídica, provocados por má administração.
(C) A defesa dos interesses e direitos dos consumidores e das vítimas poderá ser exercida em juízo individualmente, ou a título coletivo, mas a defesa coletiva não será exercida quando se tratar de interesses ou direitos individuais homogêneos assim entendidos os decorrentes de origem comum.
(D) Também poderá ser desconsiderada a pessoa jurídica sempre que sua personalidade for, de alguma forma, obstáculo ao ressarcimento de prejuízos causados aos consumidores.
(E) A defesa coletiva será exercida quando se tratar de interesses ou direitos difusos, assim entendidos, para efeitos deste código, os transindividuais, de natureza indivisível, de que sejam titulares pessoas indeterminadas e ligadas por circunstâncias de fato.

A: correta (art. 28, *caput*, do CDC); **B:** correta (art. 28, *caput*, do CDC); **C:** incorreta, devendo a alternativa ser assinalada; a defesa coletiva também pode ser feita nesse caso (art. 81, parágrafo único, III, do CDC); **D:** correta (art. 28, § 5°, do CDC); **E:** correta (art. 81, parágrafo único, I, do CDC).

Gabarito "C".

12. SNDC E CONVENÇÃO COLETIVA

(Juiz de Direito – TJ/MS – VUNESP – 2015) De acordo com o Sistema Nacional de Defesa do Consumidor,

(A) cabe ao Departamento de Proteção e Defesa do Consumidor – DPDC a coordenação de sua política.
(B) pode a Secretaria Nacional do Consumidor – SENACON, do Ministério da Justiça, celebrar convênios e termos de ajustamento de conduta.
(C) é atribuição do PROCON municipal funcionar, no processo administrativo, como órgão consultivo, emitindo parecer, no âmbito de sua competência.
(D) caberá aos PROCONs estaduais, em conjunto com os PROCONs municipais, propor a política nacional de proteção e defesa do consumidor.
(E) as Promotorias e Delegacias do Consumidor, os PROCONs e as associações civis integram o sistema.

A: incorreta. O Departamento Nacional de Defesa do Consumidor é organismo de coordenação da política do Sistema Nacional de Defesa do Consumidor (art. 106, *caput*, do CDC). Compete à Secretaria Nacional do Consumidor do Ministério da Justiça, a coordenação da política do Sistema Nacional de Defesa do Consumidor (art. 3°, do Decreto 2.181/1997). **B:** correta. Nos termos do art. 3° do Decreto 2.181/1997. **C:** incorreta. Compete à SENACON: II – receber, analisar, avaliar e apurar consultas e denúncias apresentadas por entidades representativas ou pessoas jurídicas de direito público ou privado ou por consumidores individuais. **D:** incorreta. Cabe à SENACON planejar, elaborar, propor, coordenar e executar a política nacional de proteção e defesa do consumidor (art. 3°, I, do Decreto 2.181/1997). **E:** incorreta. Integram o Sistema Nacional de Defesa do Consumidor (SNDC), os órgãos federais, estaduais, do Distrito Federal e municipais e as entidades privadas de defesa do consumidor (art. 105, do CDC). RD

Gabarito "B".

(Ministério Público/PI – 2012 – CESPE) Com referência às convenções coletivas de consumo, assinale a opção correta.

(A) As convenções coletivas de consumo tornar-se-ão obrigatórias a partir de sua homologação perante o Departamento Nacional de Defesa do Consumidor.
(B) As convenções coletivas de consumo obrigam todos os fornecedores que pertençam à mesma categoria econômica tratada no instrumento, independentemente de estarem, ou não, filiadas a qualquer entidade signatária.
(C) As convenções coletivas de consumo devem ser propostas pelo MP às associações de fornecedores e aos órgãos de defesa do consumidor.

(D) As convenções coletivas de consumo podem ser celebradas entre entidades civis de consumidores e sindicatos de categoria econômica, para estabelecer condições relativas ao preço de produtos e serviços.
(E) As convenções coletivas de consumo não poderão ter por objeto o estabelecimento de condições relativas à composição do conflito de consumo.

A: incorreta, a convenção coletiva de consumo tornar-se-á obrigatória a partir do registro do instrumento no cartório de títulos e documentos e não de sua homologação (art. 107, § 1º, do CDC); **B:** incorreta, a convenção somente obrigará os filiados às entidades signatárias (art. 107, § 2º do CDC); **C:** incorreta, as entidades civis de consumidores e as associações de fornecedores ou sindicatos de categoria econômica podem celebrar convenção coletiva (art. 107, *caput*, do CDC); **D:** correta, está de acordo com o art. 107, *caput*, do CDC; **E:** incorreta, as convenções coletivas de consumo poderão ter por objeto o estabelecimento de condições relativas à composição do conflito de consumo (art. 107, *caput*, do CDC).
Gabarito "D".

(Ministério Público/TO – 2012 – CESPE) A respeito da defesa do consumidor, da convenção coletiva de consumo e da responsabilidade pelo fato do produto, assinale a opção correta.
(A) Caso a ofensa tenha mais de um autor, todos responderão solidariamente pela reparação dos danos previstos nas normas de consumo. Tal hipótese é exemplo de litisconsórcio alternativo em uma relação de consumo.
(B) Há, na doutrina brasileira, a análise de pelo menos cinco teorias do nexo causal – equivalência das condições ou do histórico dos antecedentes; causalidade adequada; dano direto e imediato ou teoria da interrupção do nexo causal; *causation as fact; proximate cause* – para fins de demonstração da vinculação entre o dano e o fato danoso, inclusive nos casos de responsabilização por perda de uma chance em uma relação jurídica civil e de consumo.
(C) A convenção coletiva de consumo é espécie de negócio jurídico em que entidades privadas de representação de consumidores e de fornecedores regulam relações de consumo, no que toca a condições relativas a preço, qualidade, quantidade, garantia e características de bens e serviços, assim como a reclamação e composição de conflitos de consumo. Dessa forma, por ser um ajuste entre particulares concebido sob a égide do princípio do consensualismo, tal convenção tornar-se-á obrigatória tão logo se estabeleça o consenso entre os convenentes.
(D) A facilitação da defesa dos direitos do consumidor, inclusive com a inversão do ônus da prova a seu favor, no processo civil, quando, a critério do juiz, for verossímil a alegação ou quando for hipossuficiente o consumidor, segundo as regras ordinárias de experiências, caracteriza um exemplo de inversão do ônus probatório legal ou *ope legis*, ou seja, a inversão vem expressa em lei e sua aplicação não torna necessária qualquer decisão judicial determinadora de tal inversão.
(E) Decorrido o prazo de dois anos sem habilitação de interessados em número compatível com a gravidade do dano, poderão os legitimados coletivos para a defesa do consumidor em juízo promover a liquidação e execução da indenização devida.

A: incorreta, o art. 7º, parágrafo único, do CDC consagra hipótese de litisconsórcio facultativo ao dispor que "tendo mais de um autor a ofensa, todos responderão solidariamente pela reparação dos danos previstos nas normas de consumo"; **B:** correta, pois são inúmeras as correntes sobre nexo causal; **C:** incorreta, está em desacordo com o art. 107, § 1º, do CDC; **D:** incorreta, trata-se de inversão *ope iudicis*, pois cabe ao juiz analisar o caso concreto para que o ônus da prova seja invertido; **E:** incorreta, em desacordo com o art. 100 do CDC, pois o prazo é de 01 sem habilitação e não 02 anos.
Gabarito "B".

(Defensor Público/AC – 2012 – CESPE) Com relação ao SNDC e à convenção coletiva de consumo, assinale a opção correta.
(A) O SNDC é constituído exclusivamente de entidades públicas de âmbito nacional.
(B) A convenção coletiva de consumo tornar-se-á obrigatória imediatamente após a sua assinatura e o conhecimento pelas partes interessadas.
(C) Compete, primordialmente, à delegacia do consumidor, órgão do Poder Judiciário, a apuração das infrações penais contra as relações de consumo.
(D) A principal atribuição do PROCON é aplicar, diretamente, em conformidade com o CDC, as sanções administrativas aos fornecedores que violem as normas de proteção ao consumidor.

A: incorreta, pois as entidades privadas de defesa do consumidor também integram o SNDC (Sistema Nacional de Defesa do Consumidor), nos termos do art. 105 do CDC; **B:** incorreta, pois ela só vai se tornar obrigatória com o registro do instrumento no cartório de títulos e documentos (art. 107, § 1º, do CDC); **C:** incorreta, pois a delegacia não pertence ao Poder Judiciário, tratando-se de órgão do Poder Executivo; **D:** correta, devendo os PROCONs aplicar as sanções previstas no art. 56 do CDC, na forma do Decreto 2.181/1997.
Gabarito "D".

(Defensor Público/ES – 2012 – CESPE) Acerca do Sistema Nacional de Defesa do Consumidor e da convenção coletiva de consumo, julgue os itens subsequentes.
(1) A convenção coletiva de consumo, cujo objeto e o estabelecimento de condições relativas ao preço, a qualidade, a quantidade, a garantia e as características de produtos e serviços, bem como a reclamação e a composição do conflito de consumo, torna-se obrigatória no prazo de trinta dias apos sua publicação na imprensa oficial.
(2) São objetivos principais do Sistema Nacional de Defesa do Consumidor – composto por órgãos federais, estaduais, municipais e do Distrito Federal, alem de entidades privadas de defesa do consumidor – o planejamento, a elaboração, a coordenação e a execução da Política Nacional de Proteção ao Consumidor.

1: incorreta, pois ela se torna obrigatória apenas após o registro do instrumento no cartório de títulos e documentos, art. 107, § 1º, do CDC; **2:** correta (arts. 105 e 106, I, do CDC).
Gabarito 1E, 2C.

(Defensor Público/SE – 2012 – CESPE) Considerando que vários clientes de determinado estado da Federação tenham encaminhado ao PROCON estadual reclamações contra diversas companhias de seguro, em razão de infrações praticadas em relação de consumo de comercialização de título de capitalização, assinale a opção correta de acordo com as normas do CDC e o entendimento do STJ a respeito do Sistema Nacional de Defesa do Consumidor.
(A) A imposição de multa administrativa às empresas de seguro é privativa da SUSEP.
(B) O PROCON estadual possui legitimidade para aplicar multas administrativas às companhias de seguro, sem prejuízo das atribuições legais da SUSEP.
(C) O PROCON estadual poderá aplicar às companhias de seguro sanção administrativa de suspensão temporária da atividade, caso constate que a lesão coloca em risco o sistema de resseguros, ainda que não haja reincidência.
(D) Caberá ao PROCON estadual apenas investigar os fatos, devendo remeter os autos às ouvidorias das respectivas empresas.
(E) A imposição de multa administrativa às referidas companhias é privativa do BACEN.

A, D e E: incorretas, pois o STJ também admite que o PROCON aplique sanções administrativas às seguradoras privadas (RMS 24.711, DJ 19.02.09); **B:** correta, nos termos do comentário à alternativa anterior; **C:** incorreta, pois essa sanção depende de reincidência na prática de infrações de maior gravidade (art. 59, *caput*, do CDC).
Gabarito "B".

13. TEMAS COMBINADOS

(Investigador – PC/BA – 2018 – VUNESP) No Título II do Código de Defesa do Consumidor (Lei nº 8.078/90), estão previstas algumas condutas que, se praticadas pelo fornecedor, serão consideradas crime, entre elas:
(A) fazer ou promover publicidade que sabe ou deveria saber ser enganosa ou abusiva.
(B) executar serviço de alto grau de periculosidade, mesmo em consonância com determinação de autoridade competente.
(C) empregar, na reparação de produtos, peça ou componentes de reposição ainda que novos, sem autorização do consumidor.
(D) comunicar à autoridade competente e aos consumidores a nocividade ou periculosidade de produtos ainda que o conhecimento seja posterior à sua colocação no mercado.
(E) empregar na reparação de produtos, peças ou componentes usados, mesmo que com a autorização do consumidor.

A: correta, nos exatos termos do art. 67 do CDC; **B:** incorreta. Executar serviço de alto grau de periculosidade, contrariando determinação de autoridade, é conduta típica estabelecida no art. 65 do CDC; **C:** incorreta. Nos termos do art. 70 do CDC, constitui crime "empregar na reparação de produtos, peça ou componentes de reposição usados, sem autorização do consumidor"; **D:** incorreta. Constitui crime do art. 64 **deixar** de comunicar à autoridade competente e aos consumidores sobre a nocividade ou periculosidade de produtos cujo conhecimento seja posterior à sua colocação no mercado; **E:** incorreta. Vide comentário da alternativa E. RD
Gabarito "A".

(Procurador Municipal/SP – VUNESP – 2016) Há previsão expressa no Código de Defesa do Consumidor acerca da Convenção Coletiva de Consumo. Sobre esse tema, é correto afirmar que
(A) são legitimados para regular em convenção escrita relativa à preço, à quantidade e à garantia, entre outros, os Municípios e os sindicatos da categoria econômica envolvida, dada a competência concorrente de todos os entes da federação em legislar acerca dos direitos do consumidor.
(B) feita a convenção, ela se tornará obrigatória apenas a partir do momento em que for registrada no cartório de títulos e documentos.

(C) uma vez registrada, a convenção terá efeito *erga omnes*, valendo para todos os fornecedores e consumidores daquele nicho de produtos ou serviços.
(D) se exime de cumprir a convenção o fornecedor que se desligar da entidade em data posterior ao registro do instrumento.
(E) são legitimados para regular em convenção escrita relativa à preço, à quantidade e à garantia entre outros, os Procons Estaduais e os sindicatos da categoria econômica envolvida, dada a competência concorrente de todos os entes da federação em legislar acerca dos direitos do consumidor.

A: incorreta. A legitimidade para a convenção coletiva é das entidades civis de consumidores e associações de fornecedores ou sindicatos de categoria econômica. Por outro lado, a convenção coletiva de consumo pode ter por objeto estabelecer condições relativas ao preço, à qualidade, à quantidade, à garantia e características de produtos e serviços, bem como à reclamação e composição do conflito de consumo (art. 107, *caput*, do CDC). A competência para legislar em Direito do Consumidor é concorrente entre a União e os Estados (e DF), art. 24, V e VIII, da Constituição Federal, podendo o município legislar se houver interesse local (art. 30 da CF). **B:** correta. A convenção tornar-se-á obrigatória a partir do registro do instrumento no cartório de títulos e documentos (art. 107, § 1º, do CDC). **C:** incorreta. A convenção somente obrigará os filiados às entidades signatárias (art. 107, § 2º, do CDC). **D:** incorreta. Não se exime de cumprir a convenção o fornecedor que se desligar da entidade em data posterior ao registro do instrumento (art. 107, § 3º, do CDC). **E:** incorreta. Os PROCONS não têm legitimidade para firmar convenção coletiva de consumo (vide justificativa da alternativa "A").
Gabarito "B".

(Promotor de Justiça – MPE/RS – 2017) Assinale a alternativa **INCORRETA** quanto ao Direito do Consumidor.
(A) O direito de arrependimento na relação de consumo é de origem legal, e o prazo de arrependimento é de sete dias no caso de compras realizadas pela internet ou por catálogo.
(B) Aplica-se o princípio da conservação contratual ao contrato de consumo, ou seja, considera-se somente a cláusula como nula, aproveitando-se todo o restante do contrato.
(C) Nos contratos de consumo será nula por abusividade a cláusula que impõe a utilização compulsória da arbitragem.
(D) Determinado fornecedor ofereceu mediante publicidade vários objetos de consumo, estabelecendo o respectivo preço. O consumidor efetuou a compra, pagando o preço das mercadorias anunciadas. Posteriormente, o ofertante desonrou a proposta e recusou-se a cumprir o anunciado. O consumidor pode, no caso, somente demandar a tutela específica da obrigação nos termos da oferta.
(E) A publicidade é enganosa por comissão quando o fornecedor faz uma afirmação, parcial ou total, não verdadeira sobre o produto ou serviço, capaz de induzir o consumidor a erro.

A: correta. Na forma do art. 49 do Código de Defesa do Consumidor, quem adquire produtos fora do estabelecimento empresarial (internet, telefone ou catálogo) pode se arrepender as compras no prazo de até sete dias a contar da data de entrega ou da assinatura. **B:** correta. Nos termos do art. 51, § 2º, do CDC: "a nulidade de uma cláusula contratual abusiva não invalida o contrato, exceto quando de sua ausência, apesar dos esforços de integração, decorrer ônus excessivo a qualquer das partes". **C:** correta. Nos termos do art. 51, inciso VII, do CDC. **D:** incorreta. Na forma do art. 35 do CDC, o consumidor pode exigir, na ausência de cumprimento da oferta por parte do fornecedor: I – o cumprimento forçado da obrigação, nos termos da oferta, apresentação ou publicidade; II – aceitar outro produto ou prestação de serviço equivalente, ou III – rescindir o contrato, com direito à restituição de quantia eventualmente antecipada, monetariamente atualizada, e a perdas e danos. **E:** correta. Nos termos do art. 37, §§ 1º e 3º do CDC. A publicidade será abusiva por ação (ou comissão) quando houver afirmação falsa sobre o produto ou serviço e será abusiva por omissão quanto deixar de dar informação considerada essencial quanto ao produto ou serviço.
Gabarito "D".

(Juiz – TRF 4ª Região – 2016) Assinale a alternativa correta.
No que concerne às relações de consumo:
(A) À luz da jurisprudência do Superior Tribunal de Justiça, adota-se a teoria finalista ou subjetiva para fins de caracterização da pessoa jurídica como consumidora em eventual relação de consumo, devendo, portanto, ser destinatária final econômica do bem ou serviço adquirido.
(B) Prescreve em 3 (três) anos a pretensão à reparação pelos danos causados por fato do produto ou do serviço, iniciando-se a contagem do prazo a partir do conhecimento do dano e de sua autoria.
(C) Deixar de comunicar à autoridade competente e aos consumidores a nocividade ou a periculosidade de produtos cujo conhecimento seja posterior à sua colocação no mercado constitui somente infração administrativa, punida com pena de multa.
(D) As regras da legislação consumerista não se aplicam quando constatada a má prestação de um serviço público concedido, uma vez que o referido diploma se aplica apenas às relações de âmbito privado.
(E) Aos consumidores que realizam compras no estabelecimento por meio de catálogo da loja, não é garantido o direito de arrependimento no prazo de 7 (sete) dias.

A: correta; O Superior Tribunal de Justiça adota a teoria finalista mitigada, para quem consumidor é toda pessoa física ou jurídica, que adquire ou utiliza produto ou serviço como destinatário final, para uso próprio ou profissional, desde que esteja presente a vulnerabilidade. Nessa toada, a pessoa jurídica será considerada consumidora quando for destinatária final de produto ou serviço e apresente vulnerabilidade no caso concreto, ainda que tenha objetivo de lucro ou finalidade profissional. **B:** incorreta. O prazo prescricional para reclamar de produtos e serviços defeituosos é de 5 anos, contados a partir do momento que se descobre o autor e a extensão dos danos (art. 27 do CDC); **C:** incorreta. Configura crime previsto no art. 64 do CDC: "Deixar de comunicar à autoridade competente e aos consumidores a nocividade ou periculosidade de produtos cujo conhecimento seja posterior à sua colocação no mercado: Pena – Detenção de seis meses a dois anos e multa"; **D:** incorreta As prestadoras de serviço público estão sujeitas ao Código de Defesa do Consumidor (art. 3º do CDC). Sendo constada a má prestação do serviço público, deve ser aplicada a lei consumerista, em especial a regra contida no art. 22, que exige que o serviço público seja adequado, eficiente, seguro e, quanto aos essenciais, contínuos. Sobre o tema, o boletim de jurisprudência em teses nº 74 do Superior Tribunal de Justiça sintetiza: 1) 2) "As empresas públicas, as concessionárias e as permissionárias prestadoras de serviços públicos respondem objetivamente pelos danos causados a terceiros, nos termos do art. 37, §6º da Constituição Federal e dos art. 14 e 22 do Código de Defesa do Consumidor".; **E:** incorreta. As compras feitas fora do estabelecimento empresarial, especialmente feitas por meio de catálogo ou telefone, permitem ao consumidor exercer o direito de arrependimento, no prazo de 7 dias, a contar da assinatura ou da entrega do produto.
Gabarito "A".

(Juiz de Direito – TJ/SP – VUNESP – 2015) Assinale a alternativa correta, no que concerne ao tema da oferta.
(A) Descabe a responsabilidade solidária do fornecedor por ato de seu representante autônomo.
(B) O fornecedor, em caso de descumprimento da oferta, poderá exigir que o consumidor rescinda o contrato, restituindo-lhe o valor pago, monetariamente atualizado, além das perdas e danos.
(C) Em caso de oferta ou venda por reembolso postal, constarão o nome do fabricante e endereço na publicidade utilizada na transação comercial.
(D) Cessada a produção, a oferta de componentes, via de regra, deverá ser mantida por noventa dias.

A: incorreta. A responsabilidade civil do fornecedor por ato de seu representante autônomo é solidária, nos termos do art. 26, § 1º, e art. 34, ambos do Código de Defesa do Consumidor. **B:** incorreta. Nas hipóteses de não cumprimento da oferta, o consumidor pode, alternativamente e a sua escolha: "I – exigir o cumprimento forçado da obrigação, nos termos da oferta, apresentação ou publicidade; II – aceitar outro produto ou prestação de serviço equivalente; III – rescindir o contrato, com direito à restituição de quantia eventualmente antecipada, monetariamente atualizada, e a perdas e danos". **C:** correta. Nos exatos termos do art. 33 do CDC. **D:** incorreta. Cessadas a produção ou importação, a oferta deverá ser mantida por período razoável de tempo, na forma da lei (art. 32, parágrafo único, do CDC).
Gabarito "C".

(Juiz de Direito – TJ/MS – VUNESP – 2015) Segundo o art. 84 do CDC, na ação que tenha por objeto o cumprimento da obrigação de fazer ou não fazer, o juiz concederá a tutela específica da obrigação ou determinará providências que assegurem o resultado prático equivalente ao do adimplemento, observando que
(A) desde que seja requerido pelo autor, o juiz poderá, na sentença, impor multa diária ao réu, se for suficiente ou compatível com a obrigação, fixando prazo razoável para o cumprimento do preceito.
(B) para a tutela específica ou para a obtenção do resultado prático equivalente, poderá o juiz fazer uso exclusivo da multa.
(C) sendo relevante o fundamento da demanda e havendo justificado receio de ineficácia do provimento final, é lícito ao juiz conceder a tutela liminarmente ou após justificação prévia, citado o réu.
(D) a conversão da obrigação em perdas e danos somente será admissível se impossível a obtenção do resultado prático correspondente.
(E) a indenização por perdas e danos se fará com prejuízo da multa.

A: incorreta. "O juiz poderá, na hipótese do § 3º ou na sentença, impor multa diária ao réu, independentemente de pedido do autor, se for suficiente ou compatível com a obrigação, fixando prazo razoável para o cumprimento do preceito" (art. 84, § 4º, do CDC). **B:** incorreta.. "Para a tutela específica ou para a obtenção do resultado prático equivalente, poderá o juiz determinar as medidas necessárias, tais como busca e apreensão, remoção de coisas e pessoas, desfazimento de obra, impedimento de atividade nociva, além de requisição de força policial" (art. 84, § 5º, do CDC). **C:** correta. Nos exatos termos no art. 84, § 3º, do CDC. **D:** incorreta. "A conversão da obrigação em perdas e danos somente será admissível se por elas optar o autor ou se for impossível a tutela específica ou a obtenção do resultado prático correspondente" (art. 84, § 1º, do CDC). **E:** incorreta. "A indenização por perdas e danos se fará sem prejuízo da multa" (art. 84, § 2º, do CDC).
Gabarito "C".

(Juiz de Direito – TJ/MS – VUNESP – 2015) São circunstâncias agravantes dos crimes contra as relações de consumo, previstos no Código de Defesa do Consumidor:
(A) explicitar-se a natureza ilícita do procedimento.
(B) ocasionarem dano individual ou coletivo.
(C) quando cometidos por pessoa cuja condição econômico-social seja igual ou manifestamente superior à da vítima.
(D) quando cometidos em detrimento de operário ou rurícola.
(E) serem cometidos em época de crise econômica.

Nos termos do art. 76 do Código de Defesa do Consumidor, são circunstâncias agravantes dos crimes: I – serem cometidos em época de grave crise econômica ou por ocasião de calamidade; II – ocasionarem grave dano individual ou coletivo; III – dissimular-se a natureza ilícita do procedimento; IV – quando cometidos: a) por servidor público, ou por pessoa cuja condição econômico-social seja manifestamente superior à da vítima; b) em detrimento de operário ou rurícola; de menor de dezoito ou maior de sessenta anos ou de pessoas portadoras de deficiência mental interditadas ou não; V – serem praticados em operações que envolvam alimentos, medicamentos ou quaisquer outros produtos ou serviços essenciais. **A:** incorreta. Dissimular-se, não explicitar-se, a natureza ilícita do procedimento é circunstância agravante. **B:** incorreta. Ocasionar *grave* dano individual ou coletivo é circunstância agravante. **C:** incorreta. A condição econômico-social não pode ser igual, mas manifestamente superior à da vítima. **D:** correta. Art. 76, IV, *b*, do CDC. **E:** incorreta. Será circunstância agravante se cometido mediante *grave* crise econômica. Gabarito "D".

(Juiz de Direito – TJ/MS – VUNESP – 2015) Em relação aos contratos de consumo e eventuais lides deles decorrentes, assinale a alternativa correta.
(A) A decadência do art. 26 do CDC é aplicável à prestação de contas para obter esclarecimentos sobre cobrança de taxas, tarifas e encargos bancários.
(B) O mutuário do SFH pode ser compelido a contratar o seguro habitacional obrigatório com a instituição financeira mutuante ou com a seguradora por ela indicada.
(C) A cobrança de comissão de permanência, cujo valor não pode ultrapassar a soma dos encargos remuneratórios e moratórios previstos no contrato, exclui a exigibilidade dos juros remuneratórios, moratórios e da multa contratual.
(D) As instituições financeiras no âmbito de operações bancárias, respondem objetivamente pelos danos gerados por fortuito interno relativo a fraudes, e subjetivamente por delitos praticados por terceiros.
(E) A Anatel é parte legítima nas demandas entre a concessionária e o usuário de telefonia, decorrentes de relação contratual.

A: incorreta. "A decadência do art. 26 do CDC não é aplicável à prestação de contas para obter esclarecimentos sobre cobrança de taxas, tarifas e encargos bancários." (Súmula 477 do STJ). **B:** incorreta. *"O mutuário do SFH não pode ser compelido a contratar o seguro habitacional obrigatório com a instituição financeira mutuante ou com a seguradora por ela indicada".* (Súmula 473 do STJ). **C:** correta. "A cobrança de comissão de permanência – cujo valor não pode ultrapassar a soma dos encargos remuneratórios e moratórios previstos no contrato – exclui a exigibilidade dos juros remuneratórios, moratórios e da multa contratual". (Súmula 472 do STJ). **D:** incorreta. "As instituições financeiras respondem objetivamente pelos danos gerados por fortuito interno relativo a fraudes e delitos praticados por terceiros no âmbito de operações bancárias". (Súmula 479 do STJ). **E:** incorreta. "A Anatel não é parte legítima nas demandas entre a concessionária e o usuário de telefonia decorrentes de relação contratual". (Súmula 506 do STJ). Gabarito "C".

(Defensor Público – DPE/ES – 2016 – FCC) A competência para legislar sobre responsabilidade por dano ao consumidor é
(A) concorrentemente da União, dos Estados, do Distrito Federal e dos Municípios.
(B) concorrentemente da União, dos Estados e do Distrito Federal.
(C) privativa da União.
(D) comum da União, dos Estados, do Distrito Federal e dos Municípios.
(E) comum da União, dos Estados e do Distrito Federal, apenas.

A competência para legislar sobre danos aos consumidores é concorrente e está definida no art. 24 da Constituição Federal: "Compete à União, aos Estados e ao Distrito Federal legislar concorrentemente sobre: (...) V – produção e consumo; (...) VIII – responsabilidade por dano ao meio ambiente, ao consumidor, a bens e direitos de valor artístico, estético, histórico, turístico e paisagístico". Gabarito "B".

(Defensor Público – DPE/RN – 2016 – CESPE) Com base no Estatuto do Idoso, no CDC e no entendimento do STJ acerca dos tópicos abarcados por esses dois diplomas legais, assinale a opção correta.
(A) Uma operadora de plano de saúde não responde perante o consumidor por falha na prestação dos serviços médicos e hospitalares por ela credenciados.
(B) De acordo com o Estatuto do Idoso, na ação de execução de sentença individual e nas ações referentes a interesses individuais indisponíveis, o pagamento das custas processuais pelo idoso deve ocorrer somente ao final do processo.
(C) Na ação de indenização movida pelo DP em defesa de consumidor hipossuficiente cujo nome tenha sido inscrito indevidamente em cadastro de inadimplentes, é imprescindível a comprovação do efetivo prejuízo por ele sofrido em decorrência do ato.
(D) A comprovação da postagem de correspondência notificando o consumidor da inscrição de seu nome em cadastro de inadimplência é bastante para atender ao disposto no CDC no tocante ao direito de acesso a informação que lhe diga respeito, sendo desnecessário, nesses casos, o aviso de recebimento.
(E) O vício de qualidade do produto não confere ao consumidor o direito de substituição do bem, mas sim o de abatimento proporcional do preço, na forma prevista na legislação em vigor.

A: incorreta. A jurisprudência do STJ já admite a responsabilidade do plano de saúde por falha na prestação dos serviços médicos, tudo com fundamento no art. 7º e no art. 25 do CDC. **B:** incorreta. O Estatuto do Idoso, em seu art. 88, não admite o pagamento de custas nas ações transindividuais. **C:** incorreta. O consumidor pessoa física não precisa fazer prova dos danos para pedir indenização. O dano moral se configura por lesão ao direito de personalidade. **D:** Correta. Súmula 404 do STJ: "É dispensável o aviso de recebimento (AR) na carta de comunicação ao consumidor sobre a negativação de seu nome em banco de dados e cadastros". **E:** incorreta. Na forma do art. 18 do CDC, caso o fornecedor corrija o produto em até 30 dias, o consumidor poderá exigir (i) a devolução dos valores pagos; (ii) o abatimento proporcional do preço ou (iii) a substituição do produto. Em qualquer caso, a escolha cabe ao consumidor. Gabarito "D".

(Defensor Público – DPE/BA – 2016 – FCC) De acordo com a jurisprudência dominante no Superior Tribunal de Justiça,
(A) a operadora de saúde não é responsável por eventuais falhas na prestação de serviços pelo profissional credenciado.
(B) a inclusão indevida do nome de consumidor em cadastro de proteção ao crédito gera dano moral indenizável, desde que se comprove efetivo prejuízo extrapatrimonial.
(C) as instituições financeiras respondem objetivamente pelos danos gerados por fortuito interno relativo a fraudes e delitos praticados por terceiros no âmbito de operações bancárias.
(D) a falta de pagamento do prêmio do seguro obrigatório de Danos Pessoais Causados por Veículos Automotores de Vias Terrestres (DPVAT) justifica a recusa do pagamento da indenização.
(E) o Estado tem responsabilidade civil nos casos de morte de custodiado em unidade prisional, desde que se prove a culpa *in vigilando*.

A: incorreta. O STJ entende que há responsabilidade solidária entre a operadora de saúde e os profissionais e hospitais por ela indicados/cadastrados. **B:** incorreta. O dano moral se configura por lesão aos direitos de personalidade, razão pela qual não precisa ser provado. **C:** correta. Súmula 479 do STJ: "As instituições financeiras respondem objetivamente pelos danos gerados por fortuito interno relativo a fraudes e delitos praticados por terceiros no âmbito de operações bancárias". **D:** incorreta. A falta de pagamento do DPVAT configura mera infração administrativa, não podendo a seguradora recusar o pagamento da indenização. **E:** incorreta. Não se faz necessária a prova da culpa in vigilando posto que a responsabilidade civil do Estado é objetiva. Gabarito "C".

(Defensoria Pública da União – CESPE – 2015) No que tange ao contrato de adesão, às práticas abusivas, ao fato do produto e do serviço, à responsabilidade solidária e ao direito de regresso, julgue os itens subsequentes.
(1) Se um liquidificador, após poucos dias de uso, explodir e causar sérios ferimentos ao consumidor que o tiver adquirido, o comerciante e o fornecedor serão objetiva e solidariamente responsáveis pelos danos a ele causados.
(2) O fornecedor de serviços está obrigado a entregar ao contratante de seus serviços orçamento prévio discriminando o valor da mão de obra e dos materiais, entre outros aspectos, não respondendo o contratante por eventuais ônus ou acréscimos decorrentes da necessidade de contratação, pelo fornecedor, de serviços de terceiros surgida durante a execução do serviço e que não estejam previstos no orçamento prévio.

1: Errada. O comerciante tem responsabilidade subsidiária nas hipóteses de responsabilidade civil por defeito de produto, sendo obrigado a indenizar o consumidor somente nas hipóteses do art. 13 do CDC. **2:** Correta. Na forma do § 3º do art. 40 do CDC "o consumidor não responde por quaisquer ônus ou acréscimos decorrentes da contratação de serviços de terceiros não previstos no orçamento prévio". Gabarito 1E, 2C.

(Defensoria Pública da União – CESPE – 2015) Considerando que determinada parte tenha proposto ação de indenização contra outra parte, pleiteando sua condenação em danos morais e materiais, julgue os itens seguintes.
(1) Se os danos materiais se referirem a indenização pelas mensalidades pagas em estabelecimento de ensino superior para atendimento a curso não reconhecido formalmente e os danos morais se referirem à frustração na obtenção do diploma, estará configurada hipótese de cumulação simples de pedidos, sendo irrelevante a rejeição de um e o acolhimento de outro.

(2) Havendo entre uma das partes e um terceiro comunhão de direitos ou de obrigações relativamente à lide, a outra parte poderá reconvir em face de ambos em litisconsórcio passivo, ainda que o terceiro não figure originariamente na lide.
(3) Sendo uma das partes pessoa jurídica, esta poderá requerer, no curso do processo, o benefício da justiça gratuita, desde que demonstre a impossibilidade de arcar com os encargos processuais e, tendo a sentença sido proferida, faça o pedido em autos apartados, e não nas razões recursais.

1: Correta. O dano material é cumulável com dano moral (podendo, ainda, ser cumulado com dano estético). **2:** Errada. Nos termos do art. 343, § 4º, do NCPC, "a reconvenção pode ser proposta pelo réu em litisconsórcio com terceiro". **3:** Correta. Conforme decisão reiterada do Superior Tribunal de Justiça, "a corte Especial firmou compreensão segundo a qual, independentemente do fato de se tratar de pessoa jurídica com ou sem fins lucrativos, a concessão do benefício da assistência judiciária apresenta-se condicionada à efetiva demonstração da impossibilidade de a parte requerente arcar com os encargos processuais" (REsp 1.562.883/RS, DJ 24/11/2015).
Gabarito 1C, 2E, 3C

(Ministério Público/TO – 2012 – CESPE) Assinale a opção correta a respeito das relações de consumo e dos integrantes dessas relações, da qualidade de produtos e serviços e da prevenção e reparação de danos deles advindos, bem como de aspectos diversos associados às práticas comerciais.
(A) É pacífico no âmbito do STJ que o CDC seja aplicável nas atividades notariais e registrais.
(B) Segundo o direito consumerista brasileiro, o consumidor cobrado em quantia indevida tem direito à repetição do indébito, por valor igual ao dobro do que lhe tiver sido cobrado em excesso, acrescido de correção monetária e juros legais, salvo hipótese de engano justificável.
(C) Não há uniformidade doutrinária quanto à existência de distinção de significado entre os termos publicidade e propaganda: há os que defendem essa existência e os que argumentam em favor da existência de sinonímia entre referidos termos.
(D) Para o STJ, as instituições financeiras respondem subjetivamente pelos danos gerados por fortuito relativo a fraudes e delitos praticados por terceiros no âmbito de operações bancárias.
(E) Para o CDC e para o STJ, somente há danos à saúde do consumidor a partir do momento em que este consome o bem viciado em sua qualidade.

A: incorreta, segundo a jurisprudência do STJ, o CDC não é aplicável aos serviços notariais e registrais por existirem leis específicas regulando os mesmos, como a Lei 6.015/1973 (Lei de Registros Públicos) e a Lei 8.935/1994 (Lei dos Serviços Notariais e de Registro) (REsp 625.144/SP, Terceira Turma, Rel. Min. Nancy Andrighi, julgado em 14.03.2006); **B:** incorreta, pois o art. 42, parágrafo único, do CDC, determina a repetição em dobro do valor que foi pago e não do que foi cobrado em excesso; **C:** correta, há forte divergência doutrinária sobre a questão; **D:** incorreta, há julgado do STJ dispondo que "As instituições bancárias respondem objetivamente pelos danos causados por fraudes ou delitos praticados por terceiros – como, por exemplo, abertura de conta-corrente ou o recebimento de empréstimos mediante fraude ou utilização de documentos falsos –, porquanto tal responsabilidade decorre do risco do empreendimento, caracterizando-se como fortuito interno" (REsp 1.199.782/PR, Segunda Turma, Rel. Min. Luis Felipe Salomão, j. 24.08.2011); **E:** correta, a banca gabaritou como incorreta a assertiva, mas entendemos que a mesma está de acordo com a jurisprudência do STJ: "Responsabilidade civil. Produto impróprio para o consumo. Objeto metálico cravado em bolacha do tipo 'água e sal'. Objeto não ingerido. Dano moral inexistente. 1. A simples aquisição de bolachas do tipo 'água e sal', em pacote no qual uma delas se encontrava com objeto metálico que a tornava imprópria para o consumo, sem que houvesse ingestão do produto, não acarreta dano moral apto a ensejar reparação. Precedentes. 2. Verifica-se, pela moldura fática apresentada no acórdão, que houve inequivocamente vício do produto, o tornou impróprio para o consumo, nos termos do art. 18, caput, do CDC. Porém, não se verificou o acidente de consumo, ou, consoante o art. 12 do CDC, o fato do produto, por isso descabe a indenização pretendida. (REsp 1131139/SP, Rel. Ministro Luis Felipe Salomão, Quarta Turma, j. 16.11.2010)".
Gabarito "C"

(Defensor Público/AM – 2013 – FCC) Em relação ao Código de Defesa do Consumidor – Lei 8.078/90 analise as afirmações abaixo.
I. A Política Nacional das Relações de Consumo tem por objetivo o atendimento das necessidades dos consumidores, o respeito à sua dignidade, saúde e segurança, a proteção de seus interesses econômicos, a melhoria da sua qualidade de vida, bem como a transparência e harmonia das relações de consumo.
II. Na cobrança de débitos, o consumidor inadimplente não será exposto a ridículo, nem será submetido a qualquer tipo de constrangimento ou ameaça.
III. O consumidor pode desistir do contrato, no prazo de 30 dias a contar de sua assinatura ou do ato de recebimento do produto ou serviço, sempre que a contratação de fornecimento de produtos e serviços ocorrer fora do estabelecimento comercial, especialmente por telefone ou a domicílio.
IV. É facultado a qualquer consumidor o ajuizamento de ação civil pública para ser declarada a nulidade de cláusula contratual que contrarie o disposto no Código de Defesa do Consumidor ou de qualquer forma não assegure o justo equilíbrio entre direitos e obrigações das partes.

Está correto o que se afirma APENAS em
(A) III e IV.
(B) I e II.
(C) I e IV.
(D) II e III.
(E) II e IV.

I: correta (art. 4º, caput, do CDC); **II:** correta (art. 42, caput, do CDC); **III:** incorreta, pois o prazo para desistência de compras feitas fora do estabelecimento é de 7 dias e não de 30 dias (art. 49 do CDC); **IV:** incorreta, pois o consumidor pode representar para o Ministério Público entrar com essa ação (art. 51, § 4º, do CDC) e não ele mesmo entrar com ação, pois não existe no Brasil ação popular de consumo.
Gabarito "B".

(Defensor Público/ES – 2012 – CESPE) Julgue os itens a seguir, acerca dos direitos do consumidor.
(1) As vítimas de acidente aéreo com aeronave comercial, sejam elas passageiros ou pessoas que se encontrem em superfície, são designadas consumidores stricto sensu pela doutrina, devendo a elas ser estendidas as normas do CDC.
(2) A inversão do onus da prova não obriga a parte contraria a arcar com as custas da prova requerida pelo consumidor, mas o fornecedor fica sujeito as consequências processuais advindas de sua não produção.
(3) Consideram-se abusivas e nulas de pleno direito as clausulas contratuais que coloquem o consumidor em desvantagem exagerada em relação ao fornecedor, cabendo ao juiz de direito competente conhecer, de ofício, da abusividade das clausulas dos contratos, incluindo-se as dos contratos bancários.
(4) No direito brasileiro, o critério adotado para determinação da condição de consumidora da pessoa jurídica e o maximalista, de modo que, para caracterizar-se consumidora, a pessoa jurídica deve ser destinatária final econômica do bem ou serviço adquirido.
(5) Considere que Ana tenha celebrado contrato com a Alfa Maquinas Ltda. para a aquisição de uma maquina de bordar, visando utilizar o bem para trabalhar e auferir renda para a sua sobrevivência e a de sua família, e que, nesse contrato, haja clausula de eleição de foro que dificulte o livre acesso de Ana ao Poder Judiciário. Nessa situação hipotética, deve ser declarada a nulidade da referida clausula, diante da hipossuficiência e vulnerabilidade econômica da consumidora.

1: incorreta, pois quem está na aeronave é consumidor-padrão (art. 2º do CDC) e quem está fora é consumidor bystander, consumidor equiparado por ser vítima de acidente de consumo (art. 17 do CDC); **2:** correta (STJ, REsp 1.063.639, DJ 04.11.09), (STJ, AgRg na MC 17695/PR, DJ 12/05/2011); **3:** incorreta, pois, segundo a Súmula STJ 381, "nos contratos bancários, é vedado ao julgador conhecer, de ofício, da abusividade das cláusulas"; **4:** incorreta, pois o STJ aplica a teoria finalista aprofundada, pela qual é necessário que o consumidor seja destinatário fático e econômico, mas, em caso de destinatário final fático vulnerável, aplica-se o CDC também (art. REsp 1.195.642, DJ 21.11.12); **5:** correta (STJ, REsp 1.010.834, DJ 13.10.10).
Gabarito 1E, 2C, 3E, 4E, 5C

(Defensor Público/SE – 2012 – CESPE) O CDC é aplicável a
(A) indenização do condômino pelo condomínio, em razão de furto de bem móvel ocorrido dentro da garagem de prédio de apartamentos.
(B) ressarcimento do valor pago ao advogado que, constituído em processo criminal, tenha deixado de recorrer de sentença de pronúncia.
(C) dívida de contrato de locação.
(D) cobrança indevida relativa a crédito educativo custeado pelo Estado em benefício de aluno.
(E) revisão de benefício de previdência privada.

A: incorreta, pois o STJ é pacífico no sentido de que o CDC não se aplica à relação entre condômino e condomínio (STJ, AgRg no Ag 1.122.191, DJ 01.07.10); **B:** incorreta, pois o STJ também decide que não se aplica o CDC na relação entre advogado e cliente (STJ, REsp 532.377/RJ); **C:** incorreta, pois o STJ entende que não se aplica o CDC às locações de imóveis urbanos (STJ, AgRg no Ag 1.089.413, DJ 28.06.11); **D:** incorreta, pois o STJ é no sentido de que não se aplica o CDC no caso (STJ, REsp 1.256.227, DJ 21/08/12); **E:** correta, pois a Súmula STJ 321 é no sentido de que se aplica o CDC aos contratos de previdência privada.
Gabarito "E".

(Defensor Público/TO – 2013 – CESPE) Em relação aos direitos do consumidor, aos crimes contra as relações de consumo, à defesa do consumidor em juízo e à convenção coletiva de consumo, assinale a opção correta.
(A) O princípio da confiança está expressamente previsto no CDC.
(B) A inversão do ônus da prova, fundada na desigualdade fática,

econômica e jurídica existente na relação de consumo, constitui mecanismo processual de correção desse desequilíbrio entre as partes em litígio.
(C) O descumprimento de acordo em uma convenção coletiva de consumo gera título executivo extrajudicial, que pode sofrer execução direta.
(D) O direito penal do consumidor busca somente reprimir condutas indesejáveis e causadoras de danos.
(E) De acordo com o CDC, é proibida a circulação de produto perigoso, por ser a periculosidade elemento ligado ao defeito, que pode gerar tanto fato quanto vício do produto.

A: incorreta, pois não há previsão expressa, apesar de decorrer do sistema, que prega a transparência, a informação e a boa-fé; **B:** correta, pois havendo hipossuficiência (técnica, econômica ou jurídica) cabe inversão do ônus da prova (art. 6º, VIII, do CDC); **C:** incorreta, pois não há previsão legal nesse sentido (art. 107 do CDC); **D:** incorreta, pois os tipos penais previstos nos arts. 63 a 74 não requerem resultado danoso para se configurarem, bastando que a conduta se realize; **E:** incorreta, pois, desde que haja adequada informação a respeito, produtos perigosos podem sim ser colocados no mercado de consumo (art. 9º do CDC); um carro, por exemplo, é perigoso, mas deve ser vendido com todas as informações a respeito; o que a lei proíbe é a venda de produtos com alto grau de nocividade ou periculosidade à saúde ou segurança (art. 10, *caput*, do CDC).
Gabarito "B".

(Defensor Público/TO – 2013 – CESPE) Com relação aos direitos do consumidor, às infrações penais e à defesa do consumidor em juízo, assinale a opção correta.
(A) De acordo com o CDC, interesses coletivos, em sentido restrito, correspondem aos interesses de natureza indivisível de uma coletividade indeterminada e indeterminável de pessoas, ligadas por circunstâncias de fato.
(B) É *ex nunc* o efeito da sentença que reconhece a nulidade de cláusula abusiva.
(C) No processo penal atinente aos crimes previstos no CDC, poderão intervir como assistentes do MP apenas as associações legalmente constituídas há pelo menos um ano e que incluam entre seus fins institucionais a defesa dos interesses e direitos protegidos pelo CDC.
(D) Produtos e serviços são considerados elementos subjetivos da relação de consumo desde que tenham valor econômico.
(E) A defesa do consumidor é um direito constitucional fundamental e também um dos princípios da atividade econômica.

A: incorreta, pois a definição dada é de interesses difusos (art. 81, parágrafo único, I, do CDC); **B:** incorreta, pois as cláusulas abusivas são nulas de pleno direito, de modo que a sentença que pronuncia sua nulidade retroage, ou seja, tem efeito "ex tunc"; **C:** incorreta, pois as entidades e órgãos da Administração Pública, direta e indireta, ainda que sem personalidade jurídica, especificamente destinados à defesa dos interesses e direitos do consumidor (art. 80 c/c art. 82, III, do CDC); **D:** incorreta, pois são elementos *objetivos* da relação de consumo; **E:** correta (arts. 5º, XXXII, e 170, V, da CF).
Gabarito "E".

(Defensor Público/TO – 2013 – CESPE) Em relação aos direitos do consumidor e à defesa do consumidor em juízo, assinale a opção correta.
(A) É incompatível com o sistema de responsabilidade civil estabelecido no CDC cláusula contratual de não indenizar que impossibilite, exonere ou atenue o dever de indenização do fornecedor pessoa física.
(B) Prevalece na doutrina e na jurisprudência o entendimento de que não se aplica aos contratos celebrados via Internet o prazo de arrependimento.
(C) Caso fortuito e força maior excluem a responsabilidade do fornecedor de serviços ou de produtos.
(D) A doutrina é uníssona no sentido de que o momento de inversão do ônus da prova é o do julgamento da causa.
(E) No campo das ações consumeristas individuais, o ajuizamento da ação de responsabilidade civil do fornecedor de produtos e serviços poderá ser no foro do domicílio do consumidor autor, mesmo se o foro de eleição for outro, apenas quando se tratar de contrato de adesão.

A: correta (art. 51, I, do CDC); **B:** incorreta, pois não há posição jurisprudencial prevalecente nesse sentido; **C:** incorreta, pois isso só ocorre em caso de fortuitos externos, ou seja, se o caso se deu por motivo inevitável que tiver ocorrido depois que o fornecedor entregou o produto o serviço e desde que não haja relação alguma com o produto ou serviço entregues; assim, o fornecedor não responde se cair um raio na casa de alguém, queimando uma televisão fabricada por ele, por se tratar de fortuito externo; porém, o fornecedor responde se a televisão sai de fábrica com problema devido a um raio que caiu na fábrica no meio da produção da televisão e que gerou algum problema nos produtos fabricados naquela data, já que se tem, no caso, mero fortuito interno, que não afasta a responsabilidade do fornecedor; **D:** incorreta; o ideal é que o juiz deixe claro, logo no início da demanda, de quem é o ônus da prova, em função do princípio da boa-fé processual; **E:** incorreta, pois em qualquer caso (contrato de adesão ou não) o consumidor poderá propor ação em seu domicílio (art. 101, I, do CDC), valendo lembrar que as normas de defesa do consumidor são de ordem pública, não podendo ser afastadas por vontade das partes.
Gabarito "A".

14. OUTROS TEMAS

(Promotor de Justiça – MPE/AM – FMP – 2015) Assinale a alternativa correta.
(A) Os direitos difusos são transindividuais, de natureza indivisível e não pressupõem uma relação jurídica base, sendo titulados por pessoas indeterminadas, ligadas por circunstâncias de fato.
(B) Os direitos difusos e os direitos coletivos *stricto sensu* são acidentalmente coletivos e de natureza divisível.
(C) Os direitos individuais homogêneos são de natureza indivisível e decorrentes de origem comum.
(D) Os direitos difusos e os direitos coletivos *stricto sensu* são metaindividuais, de natureza divisível e pressupõem uma relação jurídica base.
(E) Os direitos coletivos *stricto sensu* são transindividuais, de natureza divisível, de que sejam titulares grupo, categoria ou classe de pessoas ligadas entre si ou com a parte contrária por uma relação jurídica base.

A: correta. Conforme art. 81, parágrafo único, I, do CDC, são direitos ou interesses *difusos* os transindividuais, de natureza indivisível, de que sejam titulares pessoas indeterminadas e ligadas por circunstâncias de fato, ou seja, não pressupõem relação jurídica base. **B:** incorreta. Os interesses ou direitos *coletivos* são essencialmente coletivos justamente por serem indivisíveis. Isso significa dizer que a decisão judicial não pode ser cindida (dividida) entre as pessoas do grupo. Se julgada procedente para um, é procedente para todos. **C:** incorreta. Os direitos ou interesses *individuais homogêneos* são divisíveis e acidentalmente coletivos, tendo em vista que a sentença pode ser cindida entre o grupo, podendo favorecer uma parte do grupo e cada uma das pessoas pode ser beneficiada de forma diferente, conforme a extensão dos danos e o nexo de causalidade comprovado. **D:** incorreta. Apenas os direitos *coletivos* pressupõem relação jurídica base. **E:** incorreta. A natureza dos direitos *coletivos* é indivisível (art. 81, parágrafo único, II, do CDC). RD
Gabarito "A".

(Ministério Público/GO – 2012) Com a expansão dos modernos aparelhos celulares e serviços disponíveis pelas operadoras, dentre eles o de internet, através da banda larga móvel, tem gerado sérios problemas para o consumidor, principalmente a cobrança de valores indevidos. Em relação a estes, analise as proposições abaixo, assinalando em seguida, a alternativa correta.
I. O consumidor pode contestar valores cobrados em até 90 dias, a contar do vencimento da fatura nos planos pós-pagos, e em até 30 dias, a partir do recebimento do relatório detalhado, nos pré-pagos.
II. A prestadora deve responder em até 30 dias, por escrito ou outro meio escolhido pelo consumidor. Até lá, o pagamento do valor contestado fica suspenso.
III. Em caso de contestação parcial, o pagamento não se suspende, devendo o consumidor efetuar o pagamento da fatura no vencimento.
IV. O que foi pago indevidamente tem de ser devolvido, com juros e correção monetária, em até 30 dias após a resposta: para pós-pagos, na fatura seguinte ou outro meio que o consumidor tenha escolhido; para pré-pagos, por meio de créditos com validade mínima de 30 dias ou outro meio escolhido.
(A) Apenas as proposições I e II estão corretas.
(B) Apenas as proposições II e III estão corretas.
(C) Apenas a proposição IV está correta.
(D) Todas as proposições estão corretas.

I: correta, está de acordo com os arts. 69 e 70 da Resolução 477/2007 da ANATEL; **II:** correta, conforme art. 68, § 3º, da mesma Resolução); **III:** incorreta, nos termos do art. 69, § 2º, da referida Resolução "havendo contestação de apenas parte do débito, a suspensão dos prazos prevista no parágrafo anterior só ocorre se o usuário efetuar o pagamento da parte incontroversa"; **IV:** incorreta, "a devolução de valores cobrados indevidamente deve ocorrer em até 30 dias após a contestação da cobrança indevida" (art. 71, *caput*, da mesma Resolução).
Gabarito "A".

22. DIREITO AMBIENTAL

Alice Satin Calareso, Arthur Trigueiros, Eduardo Dompieri, Fabiano Melo, Fernanda Camargo Penteado, Marcos Destefenni e Wander Garcia*

1. HISTÓRICO E CONCEITOS BÁSICOS

(Procurador do Estado/SP – 2018 – VUNESP) Sobre a evolução da legislação ambiental no Brasil e os seus marcos históricos, assinale a alternativa correta.

(A) A Constituição Federal de 1988 consolidou a proteção ao meio ambiente, porém o regime jurídico de proteção ambiental foi primeiramente abordado e disciplinado de forma sistemática na Constituição de 1967, mantido pela Emenda Constitucional no 1/1969, o que deu espaço para edição da Lei nº 6.938/1981.
(B) Embora a Lei nº 7.347/1985 (Lei da Ação Civil Pública) seja um importante instrumento na proteção de direitos difusos e coletivos, não foi originalmente editada para tutelar o meio ambiente, tendo sido alterada somente na década de 1990 para passar a prever, em diversas disposições, a responsabilização por danos causados ao meio ambiente.
(C) Embora a Lei nº 6.938/1981, que instituiu a Política Nacional do Meio Ambiente, tenha inaugurado a proteção ambiental de forma sistemática e organizada no Brasil, somente com a Constituição Federal de 1988 os Estados e Municípios foram inseridos no sistema de proteção ambiental.
(D) Dois marcos da Lei nº 6.938/1981, que instituiu a Política Nacional do Meio Ambiente, são a descentralização administrativa, a partir da noção de um sistema de proteção ambiental, e a mudança no paradigma de proteção ambiental no Brasil.
(E) Até a edição da Constituição Federal de 1988 as normas de proteção ao meio ambiente eram fragmentadas e esparsas, sendo preocupação central a proteção de recursos naturais sob o viés econômico.

A: incorreta. a Constituição Federal de 1988 foi a primeira a tratar de forma sistematizada a respeito da proteção ao meio ambiente, trazendo um capítulo específico destinado a tal fim; anteriormente o tema era tratado de forma indireta pelas constituições brasileiras; **B:** incorreta. O texto original da Lei 7.347/1985 já tutelava o meio ambiente; **C:** incorreta. Conforme se observa da estrutura do SISNAMA definida pela Lei 6.938/1981, art. 6º, V e VI, os órgãos seccionais e os órgãos locais, são compostos respectivamente por órgãos ou entidades estaduais e órgãos ou entidades municipais. Desta forma, antes da vigência da CF/88, a Lei 6.938/1981 já havia inserido os Estados e Municípios no sistema de proteção ambiental; **D:** correta. Vide art. 6º, da Lei 6.938/1981; **E:** incorreta. Antes da vigência da CF/88, as Leis 6.938/1981, 7.347/1985 e até mesmo o revogado Código Florestal (Lei 4.771/1965) já traziam normas de proteção ambiental específicas. **FM/FC**

Gabarito "D"

(Delegado/PE – 2016 – CESPE) A concessão florestal, prevista na Lei 11.284/2006, é

(A) uma delegação, a pessoas físicas ou jurídicas, do direito de praticar manejo florestal sustentável.
(B) um instrumento da Política Nacional do Meio Ambiente.
(C) uma delegação onerosa que dispensa licitação.
(D) vedada a pessoas jurídicas de pequeno porte.
(E) uma delegação gratuita formalizada mediante contrato.

A: incorreta, pois a Lei 11.284/2006 prevê a concessão para manejo sustentável apenas para pessoa jurídica, conforme art. 3º: "VII – concessão florestal: delegação onerosa, feita pelo poder concedente, do direito de praticar manejo florestal sustentável para exploração de produtos e serviços numa unidade de manejo, mediante licitação, à pessoa jurídica, em consórcio ou não, que atenda às exigências do respectivo edital de licitação e demonstre capacidade para seu desempenho, por sua conta e risco e por prazo determinado"; **B:** correta, pois a Política Nacional do Meio Ambiente – Lei 6.938/1981 prevê em seu art. 9º quais os instrumentos de proteção ambiental, entre os quais: "XIII – instrumentos econômicos, como concessão florestal, servidão ambiental, seguro ambiental e outros"; **C:** incorreta, por força do art. 3º VII, da Lei 11.284/2006; **D:** incorreta já que a legislação não faz distinção entre o tamanho da pessoa jurídica; **E:** incorreta já que a delegação é necessariamente onerosa.

Gabarito "B"

(Delegado/PE – 2016 – CESPE) O Instituto Chico Mendes de Conservação da Biodiversidade (Instituto Chico Mendes) é uma

(A) sociedade de economia mista criada pela União.
(B) empresa pública federal.
(C) autarquia federal.
(D) fundação pública de direito público.
(E) instituição da administração direta do Poder Executivo federal.

Conforme determinado pelo art. 1º da Lei 11.516/2007: "Fica criado o Instituto Chico Mendes de Conservação da Biodiversidade – Instituto Chico Mendes, autarquia federal dotada de personalidade jurídica de direito público, autonomia administrativa e financeira, vinculada ao Ministério do Meio Ambiente, com a finalidade de (...)", somente a alternativa C é a correta.

Gabarito "C"

(Delegado/PE – 2016 – CESPE) As unidades de conservação

(A) devem possuir um plano de manejo, com exceção das reservas particulares do patrimônio natural.
(B) são constituídas de espaços territoriais e seus recursos naturais, com exceção das águas jurisdicionais.
(C) de proteção integral devem ser de posse e de domínio públicos.
(D) de uso sustentável devem ser de posse e de domínio privados.
(E) devem possuir zonas de amortecimento, com exceção das áreas de proteção ambiental e das reservas particulares do patrimônio natural.

A: incorreta, já que as reservas particulares do patrimônio natural são áreas privadas gravadas com perpetuidade com o fim de conservar a diversidade biológica, cabendo ao SNUC sempre que possível e oportuno prestar orientação técnica e científica ao proprietário para a elaboração de um Plano de Manejo ou de Proteção e de Gestão da unidade, conforme determinado pelo art. 21, § 3º da Lei 9.985/2000; **B:** incorreta, já que o art. 2º, I, da Lei 9.985/2000 inclui as águas jurisdicionais como recursos naturais dos espaços territoriais; **C:** incorreta, já que dentre as categorias de proteção integral estão os refúgios de vida silvestre que podem ser constituídos inclusive por áreas particulares, conforme art. 8º, V, e art. 13, § 1º da Lei 9.985/2000; **D:** incorreta, já que a área de proteção ambiental pode ser constituída por terras públicas ou privadas e de todo modo são categorias do Grupo das Unidades de Uso Sustentável, conforme art. 14º, I e art. 15, § 1º, da Lei 9.985/2000; **E:** correta, conforme a literalidade do art. 25 da Lei 9.985/2000: "Art. 25.As unidades de conservação, exceto Área de Proteção Ambiental e Reserva Particular do Patrimônio Natural, devem possuir uma zona de amortecimento e, quando conveniente, corredores ecológicos"

Gabarito "E"

---

* **Fabiano Melo e Fernanda Camargo Penteado** comentaram as questões do concurso de Procurador do Estado RN/2014; Procurador do Estado BA/2014; Advogado da União/2015; Promotor de Justiça AM/2015; Procurador do Estado de SP/2015; Procurador do Estado – PR/2015; Procurador do Estado PA/2015; Promotor de Justiça MS/2015; Juiz TJ-SP/2015; Juiz TJ-MS/2015; Procurador da República/2015; Procurador do Estado MT/2016; Procurador IPSMI-SP/2016; Procurador Municipal Sertãozinho-SP/2016; Procurador do Estado 2016; Juiz de Direito 2016; DPE/MT/2016; DPE/ES/2016; Juiz TJ-RJ/2016; Juiz TRF 3ª Região/2016; Juiz TRF 4ª Região/2016; Procurador Municipal/SP/ 2016; Juiz TRF 2ª Região/2017; Juiz SC/2017; Procurador do Município de BH/2017; Promotor de Justiça RS/2017; Defensor Público Federal/2017; Procurador do Município de Fortaleza/2017; Defensor Público PR/2017. **Alice Satin Calareso** comentou as questões dos concursos Delegado-GO/2017, Delegado/PE – 2016, Magistratura/SC – 2015 – FCC, Magistratura/RR – 2015 – FCC, Magistratura/GO – 2015 – FCC, Procurador do Estado/PR – 2015 – PUC-PR, Ministério Público/BA – 2015 – CEFET, Defensor/PA – 2015 – FMP, Analista – TRT/3ª – 2015 – FCC, Juiz de Direito/CE – 2014 – FCC, Juiz de Direito/MG – 2014, Juiz de Direito/PA – 2014 – VUNESP, Juiz de Direito/RJ – 2014 – VUNESP, Magistratura do Trabalho – 2ª Região – 2014, Promotor de Justiça/PI – 2014 – CESPE, Promotor de Justiça/MG – 2014, Promotor de Justiça/AC – 2014 – FMP, Procurador do Município – São Paulo/SP – 2014 – VUNESP, Procurador do Município – Cuiabá/MT – 2014 – FCC, Advogado da Sabesp/SP – 2014 – FCC, Promotor de Justiça/MG – 2013, Promotor de Justiça/ES – 2013 – VUNESP, Promotor de Justiça/GO – 2013, Delegado/PA – 2013 – UEPA, Defensoria/SP – 2013 – FCC; **Arthur Trigueiros** comentou as questões dos concursos MP/CE/11, MP/GO/10, MP/GO/12, MP/MG/11, MP/MG/12, MP/MT/12, MP/PB/10, MP/PI/12, MP/RJ/11, MP/RR/12, MP/SP/12 e MP/TO/12, quando houver. **Arthur Trigueiros** e **Wander Garcia** comentaram as questões de Procuradorias e Advocacia Estatal. Wander Garcia comentou as questões dos concursos de 3ª Região/10, 5ª Região/11 e 4ª Região/10. **Marcos Destefenni** comentou as demais questões de Magistratura Federal e todas as questões do MPF. **Eduardo Dompieri** comentou as questões do Ministério Público Estadual e da Magistratura Estadual do item "Responsabilidade Penal Ambiental", salvo das provas comentadas por **Arthur Trigueiros**. As demais questões foram comentadas por **Wander Garcia**.

(Magistratura/SC – 2015 – FCC) O Meio Ambiente, bem de uso comum do povo, consistente no equilíbrio ecológico e na higidez do meio e dos recursos naturais, é bem

(A) individual homogêneo, indivisível, indisponível e impenhorável.
(B) tangível, disponível e impenhorável.
(C) coletivo, divisível e indisponível.
(D) comum, geral, difuso, indivisível, indisponível e impenhorável.
(E) difuso, divisível, indisponível e impenhorável.

A: incorreta, pois os direitos individuais homogêneos são aqueles cujos titulares são determinados ou determináveis, decorrentes de origem comum (art. 81, parágrafo único, III, do CDC) ou seja, direitos individuais protegidos de forma coletiva. Desta forma, os direitos individuais homogêneos não alcançam os bens ambientais, pois estes são de interesse difuso; **B:** incorreta, pois o Meio Ambiente engloba também bens intangíveis e dada sua natureza de uso comum do povo, não pode ser classificado como disponível; **C:** incorreta, já que o Meio Ambiente não é passível de divisão; **D:** correta, visto que por força do art. 225 da CF o Meio Ambiente é bem de uso comum do povo e essencial à sadia qualidade de vida, portanto, pertence a toda a coletividade, conforme entendimento jurisprudencial do Tribunal de Justiça do Paraná, consolidado no julgamento do Agravo de Instrumento 689289-3, tendo como Relator Des. Fábio André Santos Muniz, julgado em 14.09.2010 pela 5ª Câmara Cível; **E:** incorreta, já que por ser de uso comum, o Meio Ambiente não pode ser divisível.

Gabarito "D".

(Magistratura/SP – 2013 – VUNESP) O direito ao meio ambiente, como direito de terceira geração ou terceira dimensão, apresenta uma estrutura bifronte, cujo significado consiste em contemplar

(A) direito de defesa e direito prestacional.
(B) direito de defesa e recuperação da qualidade ambiental degradada.
(C) direito material e direito procedimental.
(D) direito à obtenção e à manutenção de um *status* previamente definido no texto constitucional.

O direito ao meio ambiente é bifronte pois implica tanto num "não fazer" (ou seja, há uma série de proibições às pessoas físicas e jurídicas, que, assim, não podem fazer uma série de coisas; ex.: não se pode fazer o uso direto de recursos naturais em unidades de proteção integral), como num conjunto de "fazeres" (ou seja, condutas comissivas que temos que tomar em relação ao meio ambiente; ex.: dever estatal de criar unidades de conservação). Vale lembrar que tais direitos e deveres alcançam não só o Estado, como também à coletividade em geral (art. 225, caput, da CF). Nesse sentido, trata-se de um direito de defesa (ou seja, que busca defender o meio ambiente por meio de proibições às pessoas) e prestacional (ou seja, que exige prestações comissivas ou positivas do Estado e da coletividade).

Gabarito "A".

(Ministério Público/SP – 2013 – PGMP) Para os fins da Lei 6.938, de 31 de agosto de 1981, que dispõe sobre a Política Nacional do Meio Ambiente, entende-se por

I. meio ambiente o conjunto de condições, leis, influências e interações de ordem física, química, estética, urbana e paisagística que permite, abriga e rege a vida em todas as suas formas;
II. poluidor a pessoa física ou jurídica, de direito público ou privado, responsável, direta ou indiretamente, por atividade causadora de degradação ambiental;
III. poluição a degradação da qualidade ambiental resultante de atividades que direta ou indiretamente, entre outras, prejudiquem a saúde, a segurança e o bem-estar da população e criem condições adversas às atividades sociais e econômicas;
IV. degradação da qualidade ambiental a alteração, adversa ou não, das características do meio ambiente;
V. recursos ambientais a atmosfera, as águas interiores, superficiais e subterrâneas, os estuários, o mar territorial, o solo, o subsolo, os elementos da biosfera, a fauna e a flora.

Está CORRETO somente o contido nos itens

(A) I, II e IV.
(B) III, IV e V.
(C) II, III e V.
(D) II, III e IV.
(E) I, IV e V.

I: incorreta, pois o art. 3º, I, da Lei 6.938/1981 menciona "condições, leis, influências e interações de ordem física, química e biológica", não mencionando, nesse ponto, "estética, urbana e paisagística"; isso não quer dizer que não existe o meio ambiente urbano e cultural, mas que a definição no ponto mencionado não traz os elementos "estética, urbana e paisagística"; **II:** correta (art. 3º, IV, da Lei 6.938/1981); **III:** correta (art. 3º, III, da Lei 6.938/1981); **IV:** incorreta, pois degradação ambiental é a alteração "adversa" (e não "adversa ou não") das características do meio ambiente (art. 3º, II, da Lei 6.938/1981); **V:** correta (art. 3º, V, da Lei 6.938/1981).

Gabarito "C".

2. PATRIMÔNIO CULTURAL BRASILEIRO

(Procurador da República – PGR – 2015) Identificada e reconhecida a área tradicionalmente ocupada por uma comunidade quilombola, verifica-se que parte da área compreende imóveis registrados em nome de particulares. Qual das afirmativas é correta:

(A) São nulos e extintos, não produzindo efeitos jurídicos, os atos que tenham por objeto o domínio das terras ocupadas por povos e comunidades tradicionais.
(B) A identificação, reconhecimento, delimitação, demarcação e titulação da terra ocupada pelos remanescentes da comunidade quilombola cabem, em âmbito federal, à Fundação Cultural Palmares, vinculada ao Ministério da Cultura.
(C) A inscrição cadastral e a expedição de certidão dos remanescentes dessa comunidade como quilombolas cabem ao Instituto Nacional de Colonização e Reforma Agrária – INCRA, vinculado ao Ministério do Desenvolvimento Agrário.
(D) O procedimento para identificação, reconhecimento, delimitação, demarcação e titulação da propriedade definitiva da área prevê que inclusive para a medição das terras sejam levados em consideração critérios de territorialidade indicados pelos próprios remanescentes da comunidade.

A: Incorreta. Nos termos do art. 13, do Decreto 4.887/2003: "Incidindo nos territórios ocupados por remanescentes das comunidades dos quilombos título de domínio particular não invalidado por nulidade, prescrição ou comisso, e nem tornado ineficaz por outros fundamentos, será realizada vistoria e avaliação do imóvel, objetivando a adoção dos atos necessários à sua desapropriação, quando couber". **B:** Incorreta. Compete ao Ministério do Desenvolvimento Agrário, por meio do Instituto Nacional de Colonização e Reforma Agrária (INCRA), a identificação, reconhecimento, delimitação, demarcação e titulação das terras ocupadas pelos remanescentes das comunidades dos quilombos (art. 3º, do Decreto 4.887/2003). **C:** Incorreta. A caracterização dos remanescentes das comunidades dos quilombos será atestada mediante autodefinição da própria comunidade, e será inscrita no Cadastro Geral junto à Fundação Cultural Palmares, que expedirá certidão (§ 4º, art. 3º, do Decreto 4.887/2003). **D:** Correta. A teor, dispõe o § 1º, art. 2º, da Lei 4.887/2003: "Para os fins deste Decreto, a caracterização dos remanescentes das comunidades dos quilombos será atestada mediante autodefinição da própria comunidade". FM/FCP

Gabarito "D".

(Procurador da República – PGR – 2015) Lei estadual conferia a proteção, guarda e responsabilidade pelos sítios arqueológicos e seus acervos aos municípios em que se localizassem.

(A) Essa lei foi declarada inconstitucional porque a competência comum para proteger os sítios arqueológicos não pode ser afastada do Estado e da União.
(B) Essa lei foi declarada inconstitucional porque a competência legislativa sobre responsabilidade por dano a bens de valor histórico e paisagístico e privativa da União.
(C) Essa lei foi considerada constitucional porque o Estado possui competência legislativa suplementar exclusiva para cuidar da proteção ao patrimônio histórico-cultural.
(D) Essa lei foi considerada constitucional porque se trata de competência dos municípios para legislar sobre assuntos de interesse local.

A: Correta. A competência material é comum entre a União, os Estados, o Distrito Federal e os Municípios para os sítios arqueológicos e seus acervos (art. 23, III, da CF). Desta forma, lei estadual não poderia se excluir da responsabilidade de proteger e guardar sítio arqueológico localizado em seu território, e tampouco poderá atribuir responsabilidade a qualquer outro ente federado. **B:** Incorreta. A questão não trata de competência legislativa, mas sim material. Contudo, a competência é concorrente entre à União, Estados e Distrito federal para legislar sobre responsabilidade por danos ambientais, nesses inseridos os danos a bens e direitos de valor artístico, estético, histórico, turístico e paisagístico (art. 24, VIII, da CF). Ressalta-se que a competência legislativa dos municípios é suplementar (art. 30, II, da CF). **C:** Incorreta. Não existe competência legislativa suplementar exclusiva, ou a competência legislativa será suplementar, ou será exclusiva. A competência exclusiva legislativa é da União, está retratada no art. 21, da CF e é indelegável, ou seja, não pode ser transferida a outro ente federado. Diferentemente da competência legislativa privativa da União, regulada pelo art. 22, da CF, que poderá ser delegada, por exemplo, para os Estados, quando estes poderão elaborar lei específica sobre matérias que seriam de competência única da União. **D:** Incorreta. A questão reza que lei estadual teria conferido a competência material aos municípios para proteger, guardar e se responsabilizarem por sítios arqueológicos, localizados em seus limites territoriais. Tal competência é comum entre a União, Estados, Distrito Federal (art. 23, III, da CF) e Municípios (art. 30, IX, da CF), e, portanto, não poderá haver transferência dessa competência do Estado para os municípios. Outrossim, a questão versa a respeito da competência material, e não legislativa conforme previsto na assertiva. FM/FCP

Gabarito "A".

(Analista – TRT/3ª – 2015 – FCC) Uma autarquia estadual que atua na área previdenciária é proprietária de vasto patrimônio imobiliário, especialmente porque fazia parte da política de gestões anteriores o financiamento de imóveis residenciais e comerciais para servidores públicos, especialmente em regiões com necessidade de revitalização. Assim, referida autarquia era proprietária de um casarão na região central de determinado município, construído no início do século XX. O Município, ouvindo rumores de que a autarquia pretendia alienar seu patrimônio que não estivesse formalmente destinado às finalidades institucionais do ente, providenciou regular procedimento e, por meio de seu órgão competente, editou Resolução tombando o imóvel. O imóvel, apurou-se posteriormente, já era tombado pelo órgão estadual competente. Diante desse cenário,

(A) a autarquia pode impugnar o tombamento, tendo em vista que o Município não poderia decretar o tombamento de bens pertencentes a pessoas jurídicas de direito público, tendo em vista que o tombamento constituiu uma limitação à propriedade privada.

(B) o Município somente poderia tombar o bem da autarquia caso não houvesse tombamento anterior, tendo em vista que sobre o mesmo imóvel não podem se sobrepor duas intervenções à propriedade.

(C) não obstante a autarquia tenha personalidade jurídica híbrida e seus bens estejam sujeitos ao regime jurídico de direito privado, o tombamento estadual prefere ao tombamento municipal, que fica por aquele ato absorvido.

(D) a alienação onerosa do bem tombado ficou inviabilizada, tendo em vista que limitação à propriedade dessa natureza impõe gravame ao proprietário e exige que a propriedade do bem remanesça sendo de pessoa jurídica de direito público.

(E) o tombamento municipal, cuja imposição seguiu trâmite regular, permanece válido, tendo em vista que sobre o mesmo bem, ainda que pertencente a pessoa jurídica de direito público, pode existir mais de uma limitação daquela natureza, desde que compatíveis, cabendo ao proprietário observar as posturas e restrições impostas pelos dois entes federados.

A: incorreta, pois o tombamento, como instrumento de proteção ao patrimônio histórico e artístico nacional, aplica-se às coisas pertencentes às pessoas naturais, bem como às pessoas jurídicas de direito privado e de direito público interno (art. 2º do Dec.-lei 25/1937); **B:** incorreta, pois é possível o tombamento cumulativo, feito por mais de um ente público; **C:** incorreta, pois as autarquias são pessoas jurídicas de direito público (art. 41, IV, do CC), logo, seus bens sujeitam-se igualmente ao regime jurídico de direito público; **D:** incorreta, por se tratar de bem de propriedade de autarquia, já lhe é característico a inalienabilidade, conforme ensinamentos extraídos do RMS 18952/RJ: "somente pode ser transferido de um ente para outro. Além disso, como o tombamento não implica (...) transferência da propriedade, inexiste a limitação constante no art. 2º, § 2º, do Dec.-lei 3.365/1941, que proíbe o Município de desapropriar bem do Estado"; **E:** correta, pois é possível que recaia sobre um mesmo bem tombamentos realizados por diferentes entes, desde que compatíveis e observadas das restrições correspondentes.
Gabarito "E".

(Procurador do Estado/PR – 2015 – PUC-PR) No Direito brasileiro, ao lado dos bens culturais materiais, são também protegidos bens culturais imateriais. Recentemente, a Roda de Capoeira foi reconhecida como integrante do patrimônio imaterial da humanidade. De interesse regional, foi reconhecido como integrante do patrimônio cultural imaterial nacional o Fandango caiçara, uma expressão musical-coreográfica-poética e festiva, cuja área de ocorrência abrange o litoral sul do Estado de São Paulo e o litoral norte do Estado do Paraná. Sobre a proteção jurídica do patrimônio cultural, assinale a afirmativa **CORRETA**.

(A) Na ausência de leis federais regulamentando genericamente a proteção ao patrimônio cultural imaterial, aos Estados incumbirá o exercício da competência legislativa plena nessa matéria, voltado ao atendimento de suas peculiaridades.

(B) Os Estados, por deterem a titularidade da propriedade sobre sítios arqueológicos e pré-históricos, poderão definir o regime jurídico da proteção a ser dada a essa modalidade de patrimônio cultural.

(C) A Lei do Tombamento (Decreto-lei 25/1937), além da proteção do patrimônio histórico e artístico manifestado por bens móveis e imóveis, também se volta à proteção dos bens de natureza imaterial por meio do estabelecimento de procedimento próprio, denominado Registro de Bens Culturais de Natureza Imaterial.

(D) A Constituição de 1988, embora tenha avançado significativamente na proteção do patrimônio cultural, deixou de contemplar a proteção dos bens de natureza imaterial.

(E) Embora possam realizar o tombamento de bens móveis e imóveis de valor histórico, paisagístico e cultural, aos Estados é vedado implementar instrumentos próprios para proteção de bens de natureza imaterial em complementação às normas gerais expedidas pela União.

A: correta, conforme determinado pelo art. 24, VII, § 3º, da CF: "Compete à União, aos Estados e ao Distrito Federal legislar concorrentemente sobre: proteção ao patrimônio histórico, cultural, artístico, turístico e paisagístico; inexistindo lei federal sobre normas gerais, os Estados exercerão a competência legislativa plena, para atender às suas peculiaridades."; **B:** incorreta, por força do art. 23, III, da CF: "É competência comum da União, dos Estados, do Distrito Federal e dos Municípios: proteger os documentos, as obras e outros bens de valor histórico, artístico e cultural, os monumentos, as paisagens naturais notáveis e os sítios arqueológicos"; **C:** incorreta, pois a legislação que trata do registro de bens culturais imateriais é o Dec. 3.551/2000; **D:** incorreta, já que o art. 216 da CF assim determina: "Constituem patrimônio cultural brasileiro os bens de natureza material e imaterial, tomados individualmente ou em conjunto, portadores de referência à identidade, à ação, à memória dos diferentes grupos formadores da sociedade brasileira"; **E:** incorreta, pois os Estados e Municípios estabelecerão regras próprias a respeito do processo de tombamento dos bens situados em seus respectivos territórios.
Gabarito "A".

(Juiz de Direito/CE – 2014 – FCC) O Conselho de Defesa do Patrimônio Cultural de determinado Município estudou uma dança folclórica típica do local, pretendendo preservá-la. Para tanto,

(A) não poderá proteger a dança, por se tratar de patrimônio imaterial.

(B) encaminhará o estudo à Secretaria de Cultura do Estado, diante da incompetência municipal para a preservação do patrimônio cultural.

(C) poderá registrar tal dança folclórica por se tratar de patrimônio imaterial.

(D) encaminhará o estudo ao IPHAN, uma vez que os Municípios não possuem competência para a tutela do patrimônio cultural.

(E) efetivará o tombamento da citada dança folclórica.

A: incorreta, pois o patrimônio imaterial também tem natureza jurídica de bem ambiental difuso e gozam da proteção constitucional (art. 216, § 1º e 225 da CF), assim também é a lição de José Rubens Morato Leite: "São, portanto, os bens culturais que portam referência à ação, à memória e à identidade do povo brasileiro que compõem o ambiente, essencial a sadia à qualidade e à manutenção da vida humana, há justa medida em que a sua preservação garante nossa sobrevivência" (José Rubens Morato Leite org., **Estado de Direito Ambiental: tendências: aspectos constitucionais e diagnósticos**, p. 99); **B:** incorreta, pois a Constituição Federal determinou a competência comum dos entes federativos para proteção do patrimônio cultural (art. 23, III); **C:** correta, já que a dança, como bem cultural de natureza imaterial constitui patrimônio cultural brasileiro conforme previsto pelo Decreto Federal 3.551/2000; **D:** incorreta, pois o município além de ter a competência constitucional comum com os demais entes federativos na proteção do patrimônio imaterial, é legitimado para provocar a instauração de um processo de registro deste bem (art. 2º, III, Decreto Federal 3.551/2000); **E:** incorreta, pois o tombamento não é o instrumento adequado de proteção do patrimônio imaterial, que está suscetível ao inventário e ao registro.
Gabarito "C".

(Promotor de Justiça/MG – 2013) Sobre o patrimônio cultural, é **INCORRETO** afirmar-se que:

(A) A responsabilidade civil decorrente de danos ao patrimônio cultural é de natureza subjetiva, uma vez que a responsabilidade civil objetiva somente se aplica aos danos causados ao meio ambiente.

(B) As coisas tombadas, que pertençam à União, aos Estados ou aos Municípios, inalienáveis por natureza, só poderão ser transferidas de uma à outra das referidas entidades.

(C) A proteção do patrimônio cultural poderá se dar através do instituto da desapropriação.

(D) Constituem crime a destruição, a inutilização ou a deterioração, seja na forma dolosa ou culposa, de bem cultural protegido por lei, ato administrativo ou decisão judicial.

A: assertiva incorreta, devendo ser assinalada, pois a responsabilidade ambiental prevista no ordenamento jurídico pátrio não pressupõe a análise de dolo ou culpa, por quanto se diz que a responsabilidade civil ambiental é objetiva (§ 1º do art. 14 da Lei 6.938/1981, art. 3º da Lei 9.605/1998 e art. 225, § 3º, da CF). De igual modo não há restrições a este ou àquele patrimônio ambiental, todos, inclusive o cultural está resguardado pela responsabilidade civil objetiva pelos danos causados; **B:** assertiva correta, conforme determinado pelo art. 11 do Decreto-Lei 25/1937; **C:** assertiva correta, pois é dever do Poder Público promover e proteger o patrimônio cultural brasileiro, por meio de inventários, registros, vigilância, tombamento e desapropriação, e de outras formas de acautelamento e preservação, conforme descrito pelo art. 216, § 1º, da CF; **D:** assertiva correta, de acordo com o descrito pelo art. 62 da Lei 9.605/1998.
Gabarito "A".

(Procurador do Estado/AC – 2014 – FMP) Um imóvel, nas proximidades da Casa Branca, em Xapuri – AC, onde teria morado um importante cronista esportivo nascido na cidade, foi tombado como patrimônio cultural, histórico e arquitetônico. Sobre o tombamento, é **CORRETO** afirmar que o ato

(A) não retira a propriedade do titular e não tem a indenização como requisito de validade.

(B) não retira a propriedade do titular, mas só tem eficácia se previamente indenizado.

(C) retira a propriedade do titular, mas está sujeito à prévia indenização.

(D) retira a propriedade do titular e não está sujeito à indenização.

A: correta, pois o tombamento do imóvel obriga o proprietário a mantê-lo dentro de suas características, sem alterar a relação de propriedade, por esta razão, o tombamento não causa em si um prejuízo ao proprietário para que fosse justificada alguma indenização; **B:** incorreta, conforme os ensinamentos de Carlos Frederico Filho: "O argumento de que o simples fato de impor limitações a um bem determinado gera uma diminuição de valor é quando menos, ingênuo, já que em determinadas circunstâncias esta delação pode agregar valor ao bem." (A proteção jurídica dos bens culturais. Revista da Procuradora Geral do Estado no Paraná, vol. III, pág. 9, 1991.); **C:** incorreta, pois o tombamento não retira a propriedade do titular, apenas lhe impõe o dever de manter o imóvel conforme as características originais para assim proteger o patrimônio cultural, histórico e arquitetônico; **D:** incorreta, pois não há retirada da propriedade do titular e por conseguinte não há que se falar em indenização, muito embora em sentido contrário o STF julgou em 2012 o Recurso Extraordinário 361127 determinando o poder público a indenizar os proprietários pelas perdas que sofreram em decorrência do tombamento de casarão histórico localizado na Avenida Paulista no Município de São Paulo.

Gabarito "A".

(Procurador do Município – São Paulo/SP – 2014 – VUNESP) O Conselho Municipal de Preservação do Patrimônio Histórico, Cultural e Ambiental da Cidade de São Paulo (CONPRESP), criado pela Lei Municipal 10.032/1985, alterada pela Lei Municipal 10.236/1986, compõe-se dos seguintes membros, dentre outros:

(A) um representante por bancada na Câmara de São Paulo.
(B) dois representantes da Ordem dos Advogados do Brasil, Seção de São Paulo.
(C) um representante do Conselho Estadual do Meio Ambiente (CONSEMA).
(D) um representante da Secretaria Municipal de Cultura.
(E) dois representantes da Universidade de São Paulo, escolhidos entre membros da Faculdade de Arquitetura e Urbanismo.

A: incorreta, pois a nova redação do artigo 3º dada à Lei Municipal 10.032/1985 que trata dos membros do Conselho, não fala sobre um representante por bancada na Câmara, mas assim dispõe o inciso III: "Um Vereador, preferencialmente, o Presidente da Comissão de Cultura da Câmara Municipal de São Paulo"; **B:** incorreta, pois o inciso VIII do referido art. 3º fala em apenas um representante da OAB de São Paulo; **C:** incorreta, pois a nova redação dada ao art. 3º da Lei Municipal 10.032/1985 não contempla um representante do Conselho Estadual do Meio Ambiente. **D:** correta, conforme determinado pelo art. 3º, I da Lei Municipal 10.032/85; **E:** incorreta, pois o art. 3º da referida lei municipal não menciona representantes da Universidade de São Paulo.

Gabarito "D".

(Ministério Público/PI – 2012 – CESPE) Conforme a CF, constituem patrimônio cultural brasileiro

(A) os bens de natureza material e imaterial, tomados individualmente ou em conjunto, portadores de referência à identidade, à ação e à memória dos diferentes grupos formadores da sociedade brasileira, entre os quais se incluem as formas de expressão e os modos de criar, fazer e viver.
(B) os bens de natureza material por meio dos quais as criações artísticas, científicas e tecnológicas dos povos tradicionais expressem o *ethos* nacionalista da sociedade brasileira.
(C) os conjuntos urbanos, as áreas de grilagem, os sítios de valor histórico, paisagístico, artístico e arqueológico, de natureza imaterial, portadores de referência à identidade, à memória e à ação das gerações passadas, formadoras da sociedade brasileira, entre os quais se incluem as zonas de uso estritamente industrial, as áreas habitacionais, as áreas de proteção ambiental, as reservas da biosfera e os parques públicos.
(D) os bens de natureza material e imaterial que veiculam as formas de ação, criação e existência das diversas raças formadoras da sociedade brasileira, em suas dimensões antropológicas, etnográficas, deontológicas e sociointeracionistas, tais como a culinária, a música, o folclore, a indumentária e as prosódias.
(E) as manifestações artísticas e culturais de natureza exclusivamente material que expressem os posicionamentos políticos dos grupos formadores da sociedade brasileira, por meio dos quais os valores, crenças, ideologias e mitologias dos grupos minoritários que representam a identidade nacional interagem com a cultura hegemônica.

A alternativa "A" está correta, pois reflete o disposto no art. 216, *caput*, do CF, ficando as demais excluídas.

Gabarito "A".

(Ministério Público/TO – 2012 – CESPE) Integram o patrimônio cultural

(A) todas as formas de expressão, modos de criar, fazer e viver, bem como as criações científicas, artísticas e tecnológicas, desde que registrados no Ministério da Cultura e(ou) no Ministério da Ciência, Tecnologia e Inovação.
(B) os conjuntos urbanos e sítios de valor histórico, paisagístico, artístico, arqueológico, paleontológico, ecológico e científico, se reconhecidos e tombados pela UNESCO.
(C) as manifestações identitárias de natureza coletiva da nação brasileira e suas derivações históricas, antropológicas e etnográficas, bem como suas estruturas discursivas e sua semiótica.
(D) os bens de natureza material e imaterial, tomados individualmente ou em conjunto, referentes à identidade, à ação, à memória dos diferentes grupos formadores da sociedade brasileira.
(E) as obras, os objetos, os documentos, as edificações e demais espaços destinados às manifestações artístico-culturais, desde que tombados pelo Instituto do Patrimônio Histórico e Artístico Nacional.

De acordo com o art. 216, *caput*, da CF, "*constituem patrimônio cultural brasileiro os bens de natureza material e imaterial, tomados individualmente ou em conjunto, portadores de referência à identidade, à ação, à memória dos diversos grupos formadores da sociedade brasileira*". Incluem-se no conceito de patrimônio cultural: I – as formas de expressão; II – os modos de criar, fazer e viver; III – as criações científicas, artísticas e tecnológicas; IV – as obras, objetos, documentos, edificações e demais espaços destinados às manifestações artístico-culturais; V – os conjuntos urbanos e sítios de valor histórico, paisagístico, artístico, arqueológico, paleontológico, ecológico e científico. Incorretas as alternativas A, B, C e E, visto que vinculam o reconhecimento do patrimônio cultural a formalidades, tais como, reconhecimento pela UNESCO, registro no IPHAN ou Ministério da Cultura.

Gabarito "D".

(Ministério Público/TO – 2012 – CESPE) No que se refere ao tombamento, assinale a opção correta.

(A) O tombamento definitivo dos bens de propriedade particular deve ser, por iniciativa do órgão competente do Serviço do Patrimônio Histórico e Artístico Nacional, transcrito, para os devidos efeitos, em livro a cargo dos oficiais do registro de imóveis e averbado ao lado da transcrição do domínio. No caso de transferência de domínio desses bens, o adquirente deve, dentro do prazo de dois anos, contado a partir da data do depósito, fazê-la constar do registro, ainda que se trate de transmissão judicial ou *causa mortis*.
(B) As coisas tombadas poderão, se o proprietário ou possuidor efetuar a compensação patrimonial do bem atingido, ser destruídas, demolidas ou mutiladas sem prévia autorização do Serviço do Patrimônio Histórico e Artístico Nacional.
(C) As coisas tombadas pertencentes à União, aos estados ou aos municípios só podem ser alienadas por intermédio do Serviço do Patrimônio Histórico e Artístico Nacional.
(D) As obras históricas ou artísticas tombadas pertencentes a pessoas naturais ou jurídicas de direito privado não se sujeitam a nenhum tipo de restrição.
(E) A coisa tombada não pode ser levada para fora do país, senão por curto prazo, sem transferência de domínio e para fim de intercâmbio cultural, a juízo do Conselho Consultivo do Serviço do Patrimônio Histórico e Artístico Nacional.

A: incorreta, pois, nos termos do art. 13, *caput*, e § 1º, do Decreto-lei 25/1937, o tombamento definitivo dos bens de propriedade particular será, por iniciativa do órgão competente do Serviço do Patrimônio Histórico e Artístico Nacional, transcrito para os devidos efeitos em livro a cargo dos oficiais do registro de imóveis e averbado ao lado da transcrição do domínio. No caso de transferência de propriedade desses bens, deverá o adquirente, *dentro do prazo de trinta dias* (e não dois anos, como consta na assertiva!), sob pena de multa de dez por cento sobre o respectivo valor, fazê-la constar do registro, ainda que se trate de transmissão judicial ou *causa mortis*; **B:** incorreta, pois segundo o art. 17 do Decreto-lei 25/1937, as coisas tombadas *não poderão, em caso nenhum ser destruídas, demolidas ou mutiladas*, nem, sem prévia autorização especial do Serviço do Patrimônio Histórico e Artístico Nacional, ser reparadas, pintadas ou restauradas, sob pena de multa de cinquenta por cento do dano causado; **C:** incorreta. As coisas tombadas, que pertençam à União, aos Estados ou aos Municípios, são *inalienáveis por natureza*, só podendo ser transferidas de uma à outra das referidas entidades (art. 11 do Decreto-lei 25/1937); **D:** incorreta. Nos exatos termos do art. 12 do Decreto-lei 25/1937, a alienabilidade das obras históricas ou artísticas tombadas, de propriedade de pessoas naturais ou jurídicas de direito privado, *sofrerá as restrições constantes da referida lei*; **E:** correta, conforme dispõe o art. 14 do Decreto-lei 25/1937.

Gabarito "E".

(Ministério Público/PI – 2012 – CESPE) São exemplos de monumentos arqueológicos ou pré-históricos

(A) os sítios identificados como locais de pouso prolongado de espécies exógenas nos quais se encontrem vestígios de grandes répteis e que apresentem resquícios de trilhas de evasão, tanques de contenção e(ou) sistemas de irrigação de plantações.
(B) as incrustações antrópicas das grutas, lapas e abrigos rochosos com ou sem tratamento de superfície dos metais ferruginosos e temperados, bem como os revestimentos de polímeros exsudados.
(C) as jazidas de metais nobres e pedras preciosas que representem testemunhos de cultura tolteca no Brasil.
(D) promontórios escavados, veredas remanescentes, diques, concheiros, sambaquis, edificações portuárias e trilhas de evasão.
(E) as inscrições rupestres ou locais como sulcos de polimentos de utensílios e outros vestígios de atividade de paleoamerindios, bem como os sítios nos quais se encontrem vestígios positivos de sua ocupação, tais como grutas, lapas e abrigos sob rocha.

A alternativa "E" está correta, pois reflete o disposto no art. 2º, alíneas "b" e "d", da Lei 3.924/1961, ficando excluídas as demais.

Gabarito "E".

(Ministério Público/PI – 2012 – CESPE) O pedido de permissão para realização de escavações arqueológicas por particulares deve ser dirigido à
(A) Diretoria do Patrimônio Histórico e Artístico Nacional.
(B) Presidência do Conselho Nacional do Patrimônio Histórico e Artístico do Brasil.
(C) Diretoria-Geral de Jazidas Arqueológicas do Ministério de Minas e Energia.
(D) Secretaria Nacional de Cultura Paleoameríndia do Ministério da Cultura.
(E) Presidência do Conselho Nacional de Meio Ambiente.

A alternativa "A" está correta, pois reflete o disposto no art. 8º da Lei 3.924/1961, ficando excluídas as demais.
Gabarito "A".

(Ministério Público/TO – 2012 – CESPE) Com relação aos bens de natureza arqueológica ou pré-histórica, assinale a opção correta.
(A) O proprietário ou ocupante do imóvel onde se tiver verificado o achado arqueológico ou pré-histórico será responsável pela conservação permanente e definitiva da coisa descoberta.
(B) É expressamente proibida a divulgação do local, do tipo e da designação da jazida de natureza arqueológica ou pré-histórica, bem como do nome do especialista encarregado pelas escavações e dos indícios que determinaram a escolha do local.
(C) Nenhum órgão da administração federal, estadual ou municipal pode realizar escavações arqueológicas ou pré-históricas, sem prévia comunicação à Diretoria do Patrimônio Histórico e Artístico Nacional, responsável por incluir no cadastro de jazidas arqueológicas o registro das escavações.
(D) A posse e a salvaguarda desses bens constituem direito público subjetivo da nação brasileira.
(E) A descoberta fortuita de quaisquer elementos de interesse arqueológico ou pré-histórico, histórico, artístico ou numismático deverá ser imediatamente comunicada ao Ministério da Cultura e à Diretoria do Patrimônio Histórico e Artístico Mundial da UNESCO.

A: incorreta. De acordo com o art. 18, parágrafo único, da Lei 3.924/1961, o proprietário ou ocupante do imóvel onde se tiver verificado o achado, é responsável pela conservação provisória da coisa descoberta, até pronunciamento e deliberação da Diretoria do Patrimônio Histórico e Artístico Nacional; B: incorreta (art. 16, parágrafo único, da Lei 3.924/1961), visto que deverá haver comunicação da Diretoria do Patrimônio Histórico e Artístico Nacional, constando, obrigatoriamente, o local, o tipo ou a designação da jazida, o nome do especialista encarregado das escavações, os indícios que determinaram a escolha do local e, posteriormente, uma súmula dos resultados obtidos e do destino do material coletado; C: correta, nos exatos termos do art. 16, caput, da Lei 3.924/1961; D: incorreta, pois, nos termos do art. 17 da Lei 3.924/1961, a posse e a salvaguarda dos bens de natureza arqueológica ou pré-histórica constituem, em princípio, direito imanente ao Estado, ou seja, integra a sua própria essência; E: incorreta. Nos termos do art. 18, caput, da Lei 3.924/1961, a descoberta fortuita de quaisquer elementos de interesse arqueológico ou pré-histórico, histórico, artístico ou numismático, deverá ser imediatamente comunicada à Diretoria do Patrimônio Histórico e Artístico Nacional, ou aos órgãos oficiais autorizados, pelo autor do achado ou pelo proprietário do local onde tiver ocorrido (e não à Unesco!).
Gabarito "C".

(Procurador do Município/Cubatão-SP – 2012 – VUNESP) O Poder Público, com a colaboração da comunidade, promoverá e protegerá o patrimônio cultural brasileiro, entre outras formas, por meio de
(A) expropriação.
(B) vinculação.
(C) tombamento.
(D) embargo.
(E) notificação.

De fato, conforme dispõe o art. 216, § 1º, CF, são instrumentos para a proteção do patrimônio cultural brasileiro: i) inventários; ii) registros; iii) vigilância; iv) tombamento (daí a alternativa C estar correta); v) desapropriação (daí a alternativa A estar incorreta). As demais alternativas (B, D e E) não constituem instrumentos constitucionalmente previstos para a tutela do meio ambiente cultural.
Gabarito "C".

3. DIREITO AMBIENTAL CONSTITUCIONAL

(Procurador Municipal – Prefeitura/BH – CESPE – 2017) A respeito do direito ambiental, assinale a opção correta de acordo com o disposto na CF.
(A) A proteção jurídica fundamental do meio ambiente ecologicamente equilibrado é estritamente antropocêntrica, uma vez que se considera o bem ambiental um bem de uso comum do povo.
(B) Além de princípios e direitos, a CF prevê ao poder público e à coletividade deveres relacionados à preservação do meio ambiente.
(C) Será inválida a criação de espaços territoriais ambientalmente protegidos por ato diverso da lei em sentido estrito.
(D) O direito ao meio ambiente ecologicamente equilibrado consta expressamente na CF como direito fundamental, o que o caracteriza como direito absoluto.

A: incorreta. Conforme Fabiano Melo (Direito Ambiental. São Paulo: Método, 2017, p. 10): "Das concepções éticas das relações do homem com o meio ambiente duas merecem destaque: o antropocentrismo e o biocentrismo. O antropocentrismo concebe o homem em uma verdadeira relação de superioridade com os demais seres. O que importa é o bem-estar dos seres humanos e, para tanto, o homem se apropria dos bens ambientais para o seu interesse exclusivo, sem preocupação com os demais seres vivos, que são instrumentais. A "ética antropocêntrica" não reconhece valor intrínseco aos outros seres vivos ou à natureza. No biocentrismo, por outro lado, o homem não é superior aos outros seres vivos; mantém com eles uma relação de interdependência, de simbiose. Todos os seres vivos são igualmente importantes. O centro das relações não é, como no antropocentrismo, a humanidade, mas os seres vivos, humanos e não humanos. Conforme os documentos internacionais e a Constituição Federal, a proteção é de natureza antropocêntrica. Todavia, não se trata da concepção clássica de antropocentrismo, mas o que a doutrina denomina "antropocentrismo alargado", que conjuga a interação da espécie humana com os demais seres vivos como garantia de sobrevivência e dignidade do próprio ser humano, assim como o reconhecimento que a proteção da fauna e da flora é indeclinável para a equidade intergeracional, para salvaguarda das futuras gerações"; B: correta, posto a assertiva encontra-se de acordo com o que dispõe o art. 225, caput, da CF/1988: "Art. 225. Todos tem direito ao meio ambiente ecologicamente equilibrado, bem de uso comum do povo e essencial a sadia qualidade de vida, impondo-se ao Poder Público e a coletividade o dever de preservá-lo e defendê-lo para as presentes e futuras gerações"; C: incorreta, pois é perfeitamente possível a criação de espaços territoriais ambientalmente protegidos através de decreto do Poder Executivo, contudo a alteração e a supressão, somente serão possíveis mediante lei em sentido estrito (art. 225, § 1º, III, da CF/1988); D: incorreta, não existe direito fundamental absoluto, a título de exemplo o direito fundamental a vida pode ser mitigado em caso de guerra formalmente declarada, em que a pena de morte será admitida (art. 5º, XLVII, "a", da CF/1988). FM/FCP
Gabarito "B".

(Procurador Municipal – Prefeitura/BH – CESPE – 2017) Acerca do conteúdo e da aplicação dos princípios do direito ambiental, assinale a opção correta.
(A) A participação ambiental da sociedade não substitui a atuação administrativa do poder público, mas deve ser considerada quando da tomada de decisões pelos agentes públicos.
(B) A legislação ambiental não promove exigência relacionada à aplicação do princípio do usuário-pagador, que impõe o pagamento pelo uso do recurso ambiental.
(C) Conforme a doutrina majoritária, os princípios da prevenção e da precaução são sinônimos, já que ambos visam inibir riscos de danos ao meio ambiente.
(D) A essência do princípio do poluidor-pagador está relacionada à compensação dos danos causados ao meio ambiente: no sentido de "poluiu pagou".

A: correta, posto que é dever do Poder Público em colaboração com a sociedade preservar e defender o meio ambiente (art. 225, caput, da CF/1988), assim, a participação ambiental da sociedade não substitui a atuação administrativa do poder público. Outrossim, a participação ambiental da sociedade deverá ser levada em conta quando da tomada de decisões pelos agentes públicos, neste sentido, destaca-se as audiências públicas exigidas ao Estudo Prévio de Impacto Ambiental e seu respectivo relatório (Resolução CONAMA 09/1987, disciplina a forma e o momento de participação dos cidadãos através de audiências públicas no processo de licenciamento ambiental) e a criação de Unidades de Conservação (art. 22, § 2º, da Lei 9.985/2000); B: incorreta, pois a legislação ambiental, mais especificamente no art. 4º, VII, da Lei 6.938/1981, promove exigência relacionada à aplicação do princípio do usuário-pagador, que impõe o pagamento pelo uso do recurso ambiental, com fins econômicos; C: incorreta, pois o entendimento majoritário é o de que os princípios da prevenção e da precaução não sinônimos, não obstante, ambos visam inibir riscos de danos ao meio ambiente. O princípio da prevenção refere-se a dever que o Poder Público tem em colaboração com a sociedade de preservar o meio ambiente para que não ocorra um evento danoso e, sucessivamente, sua difícil recuperação. Em contrapartida o princípio da precaução remete a ausência de informações ou pesquisas científicas conclusivas sobre a potencialidade e os efeitos de uma intervenção no meio ambiente. Tem-se aqui a incerteza científica a respeito dos efeitos do dano potencial, que não podem ser utilizados de forma a autorizar determinadas intervenções no meio ambiente, assim, na dúvida decide-se em favor do meio ambiente; D: incorreta, pois a essência do princípio do poluidor pagador está em impor ao poluidor a obrigação de recuperar e/ou indenizar os dados causados ao meio ambiente, e não no sentido de poluiu pagou, conforme disposto na assertiva. FM/FCP
Gabarito "A".

(Procurador do Estado – PGE/RN – FCC – 2014) Segundo a Constituição Federal,
(A) todos têm direito ao meio ambiente ecologicamente equilibrado, bem de uso comum do povo e essencial à sadia qualidade de vida, facultando-se ao Poder Público defendê-lo e preservá-lo para as presentes e futuras gerações.
(B) todos têm direito ao meio ambiente ecologicamente equilibrado, bem de uso comum do povo e essencial à sadia qualidade de vida, impondo-se ao Poder Público e à coletividade o dever de defendê-lo e preservá-lo para as presentes e futuras gerações.

(C) todos têm direito ao meio ambiente ecologicamente equilibrado, bem de uso especial do povo e essencial à sadia qualidade de vida, impondo-se ao Poder Público e à coletividade o dever de defendê-lo e preservá-lo para as presentes e futuras gerações.
(D) todos têm direito ao meio ambiente ecologicamente equilibrado, bem de uso especial do povo e essencial à sadia qualidade de vida, impondo-se apenas à coletividade o dever de defendê-lo e preservá-lo para as presentes e futuras gerações.
(E) todos têm direito ao meio ambiente ecologicamente equilibrado, bem de uso especial do povo e essencial à sadia qualidade de vida, impondo-se apenas ao Poder Público o dever de defendê-lo e preservá-lo para as presentes e futuras gerações.

Dispõe o art. 225, *caput*, da CF/1988: "Todos têm direito ao meio ambiente ecologicamente equilibrado, bem de uso comum do povo e essencial à sadia qualidade de vida, impondo-se ao Poder Público e à coletividade o dever de defendê-lo e preservá-lo para as presentes e futuras gerações". FM/FCP
Gabarito "B".

(Juiz – TJ/SP – VUNESP – 2015) A Constituição Federal previu que todos têm direito ao meio ambiente ecologicamente equilibrado, estabelecendo incumbências ao poder público para assegurar a efetividade desse direito. Dentre essas incumbências arroladas no art. 225, não está a seguinte:
(A) fiscalizar as entidades dedicadas à pesquisa e à manipulação de material genético.
(B) definir, em todas as unidades da Federação, espaços territoriais e seus componentes a serem especialmente protegidos.
(C) preservar e restaurar os processos ecológicos essenciais.
(D) exigir para instalação de obra ou atividade potencialmente causadora de significativa degradação do meio ambiente a recuperação do meio ambiente degradado.

A: correta. Nos termos do art. 225, § 1º, II, da Constituição Federal. B: correta. Vide art. 225, § 1º, III, da Constituição Federal. C: correta. Segundo disposição do art. 225, § 1º, I, da Constituição Federal. D: incorreta. "Exigir, na forma da lei, para a instalação de obra ou atividade potencialmente causadora de significativa degradação do meio ambiente, estudo prévio de impacto ambiental, [e não a recuperação do meio ambiente degradado], a que se dará publicidade" (art. 225, § 1º, IV, da Constituição Federal) FM/FCP
Gabarito "D".

(Delegado/GO – 2017 – CESPE) No que concerne à Constituição Federal de 1988 (CF) e ao meio ambiente, assinale a opção correta.
(A) Entende-se a previsão constitucional de um meio ambiente ecologicamente equilibrado tanto como um direito fundamental quanto como um princípio jurídico fundamental que orienta a aplicação das regras legais.
(B) O princípio da livre-iniciativa impede que o poder público fiscalize entidades dedicadas à pesquisa e à manipulação de material genético.
(C) O estudo prévio de impacto ambiental será dispensado nos casos de obras públicas potencialmente causadoras de significativa degradação ambiental quando elas forem declaradas de utilidade pública ou de interesse social.
(D) Os espaços territoriais especialmente protegidos, definidos e criados por lei ambiental, poderão ser suprimidos por meio de decreto do chefe do Poder Executivo municipal para permitir a moradia de população de baixa renda em área urbana.
(E) A competência para proteger o meio ambiente e combater a poluição em todas as suas formas é concorrente entre a União, os estados, o Distrito Federal (DF) e os municípios, de modo que a ação administrativa do órgão ambiental da União prevalece sobre a ação dos demais entes federativos.

A: correta. O direito ao meio ambiente ecologicamente equilibrado, previsto no art. 225 da Constituição Federal é um direito fundamental e um princípio que deve ser observado para a interpretação de toda a legislação ambiental. B: incorreta. O art. 170 da Constituição Federal estabelece que a livre-iniciativa é fundamento da ordem econômica, devendo ser exercida com a observância, dentre outros princípios, a defesa do meio ambiente. C: incorreta. O estudo prévio de impacto ambiental somente poderá será dispensado nos casos em que não houver obras potencialmente causadoras de significativa degradação ambiental. D: incorreta. Conforme art. 225, § 1º, inciso III, os espaços territoriais e seus componentes especialmente protegidos, somente poderão ser alterados ou suprimidos através de lei. E: incorreta. A competência para proteger o meio ambiente é comum, de modo que todos os entes federados têm competência material para combater a poluição em todas as formas.
Gabarito "A".

(Defensor Público – DPE/MT – 2016 – UFMT) A respeito das normas constitucionais de proteção do meio ambiente, considere as afirmativas:
I. Segundo a orientação majoritária da doutrina, a fruição de um meio ambiente sadio e ecologicamente equilibrado foi erigida em direito fundamental pela Constituição de 1988, ainda que tal previsão não faça parte do rol de direitos do artigo 5º.
II. A atual Constituição dá ênfase às medidas preventivas, inclusive mediante tratamento diferenciado conforme o impacto ambiental dos produtos e serviços e de seus processos de elaboração e prestação.
III. É passível de responsabilização a pessoa jurídica, sem prejuízo da responsabilidade individual de seus dirigentes, sujeitando-a às punições compatíveis com sua natureza, nos atos praticados contra a ordem econômica, que tem como um de seus princípios a defesa do meio ambiente.
IV. As condutas e atividades consideradas lesivas ao meio ambiente sujeitarão os infratores, pessoas físicas ou jurídicas, a sanções penais e administrativas, sem prejuízo da obrigação de reparação dos danos causados.
Estão corretas as afirmativas
(A) I, II, III e IV.
(B) II e III, apenas.
(C) I e IV, apenas.
(D) I, II e III, apenas.
(E) II, III e IV, apenas.

I: Correta. O meio ambiente ecologicamente equilibrado é um direito fundamental de terceira dimensão, como assentado pela doutrina e consoante decisão do STF na ADI 3540. II: Correta. Trata-se de proposição que articula o art. 225 da CF com o art. 170, VI, da CF. III: Correta. A responsabilização da pessoa jurídica encontra-se no art. 225, § 3º, da CF/88 e no art. 3º, *caput*, da Lei 9.605/1998. Além disso, o art. 170, VI, da CF, consigna que um dos princípios da ordem econômica é a defesa do meio ambiente. IV: Correta. A proposição é uma transcrição do no art. 225, § 3º, da CF/88.
Gabarito "A".

(Defensor Público – DPE/ES – 2016 – FCC) No que tange à proteção conferida ao meio ambiente pela Constituição Federal de 1988,
(A) compete privativamente à União proteger o meio ambiente e combater a poluição em qualquer de suas formas.
(B) a Floresta Amazônica brasileira, a Mata Atlântica, o Cerrado, o Pantanal Mato-Grossense e a Zona Costeira configuram-se como patrimônio nacional.
(C) é atribuída expressamente pelo texto constitucional competência legislativa concorrente ao Município em matéria ambiental.
(D) é reconhecida expressamente a tríplice responsabilidade (civil, administrativa e penal) do poluidor pelo dano ambiental.
(E) Incumbe ao Poder Público exigir, na forma da lei, para instalação de obra ou atividade potencialmente causadora de significativa degradação do meio ambiente, estudo prévio de impacto ambiental, dispensando-se a publicidade a critério do órgão ambiental competente.

A: Errada. A competência para proteger o meio ambiente e combater a poluição em qualquer de suas formas é comum entre a União, Estados, Distrito Federal e Municípios, consoante o art. 23, VI, da CF/1988. B: Errada. O cerrado não é considerado patrimônio nacional, ao teor do art. 225, § 4º, da CF/1988. C: Errada. A competência legislativa concorrente é prevista expressamente para a União, Estados e Distrito Federal no art. 24 da CF. Esse dispositivo não menciona os municípios, que, todavia, possuem competência legislativa ao teor do art. 30, II, da CF. D: Correta. É o que dispõe o art. 225, § 3º, da CF, a saber: "As condutas e atividades consideradas lesivas ao meio ambiente sujeitarão os infratores, pessoas físicas ou jurídicas, a sanções penais e administrativas, independentemente da obrigação de reparar os danos causados. E: Errada. Consoante o art. 225, § 1º, IV, incumbe ao Poder Público exigir, na forma da lei, para instalação de obra ou atividade potencialmente causadora de significativa degradação do meio ambiente, estudo prévio de impacto ambiental, ao qual se dará publicidade. Ou seja, a publicidade é obrigatória.
Gabarito "D".

(Delegado/PE – 2016 – CESPE) Conforme previsto na CF, é necessária a realização de estudo prévio de impacto ambiental antes da implantação de empreendimentos e de atividades consideradas efetiva ou potencialmente causadoras de degradação ambiental, que constitui exigência que atende ao princípio do(a)
(A) prevenção.
(B) poluidor-pagador.
(C) proibição do retrocesso ambiental.
(D) participação comunitária.
(E) usuário-pagador.

A: correta, já que o estudo prévio de impacto ambiental previsto no art. 225, § 1º, IV, da Constituição Federal, reflete o princípio da prevenção na medida que busca conhecer os possíveis impactos de determinada atividade poluidora para que se possa preveni-los, compensá-los ou mitigá-los; B: incorreta, pois o princípio do poluidor-pagador tem por fim internalizar os custos ambientais do processo produtivo, cuja cobrança somente poderá ser feita sobre o que tenha respaldo em lei. Nas palavras de Édis Milaré: "Trata-se do princípio poluidor-pagador (polui, paga os danos), e não pagador poluidor (pagou, então pode poluir)." (**Direito do Ambiente**. Revista dos Tribunais, 2013. p. 268); C: incorreta, já que o princípio do não retrocesso está ligado ao direito adquirido à proteção ambiental e tem por fim impedir que novas normas sejam mais tolerantes com a degradação do meio ambiente; D: incorreta, já que a participação comunitária não está diretamente ligada à realização de estudo prévio de impacto ambiental; **E:** incorreta, que o princípio do usuário-pagador tem por objetivo cobrar pelo uso de recursos ambientais, de modo a promover o uso racional dos recursos naturais.

Gabarito "A".

(Delegado/PE – 2016 – CESPE) Considere que, em 1999, a União tenha criado, por decreto presidencial, determinada unidade de conservação. Nessa situação, de acordo com a CF, a União

(A) poderá alterá-la por meio de decreto.
(B) poderá suprimi-la por meio de decreto.
(C) somente poderá alterá-la ou suprimi-la por meio de lei.
(D) poderá alterá-la por meio de portaria do Ministério do Meio Ambiente.
(E) terá cometido ato nulo, já que o ato de criação dessa unidade deveria ter sido a lei.

A: incorreta, pois o uso de decreto somente é possível para a ampliação de unidade de conservação, conforme autorizado pelo art. 22, § 6º da Lei 9.985/2000. Todavia a questão solicita solução de acordo com a Constituição Federal, que prevê a necessidade de lei para alteração da unidade de conservação; **B:** incorreta, pois o decreto não é instrumento capaz autoriza a supressão de unidade de conservação, conforme art. 225, 1º, III, da CF/1988; **C:** correta, já que " incumbe ao Poder Público: definir, em todas as unidades da Federação, espaços territoriais e seus componentes a serem especialmente protegidos, sendo a **alteração e a supressão permitidas somente através de lei**, vedada qualquer utilização que comprometa a integridade dos atributos que justifiquem sua proteção", conforme art. 225, 1º, III, da CF/1988; **D:** incorreta, já que não há previsão legal para uso de portaria do MMA como instrumento de alteração de unidade de conservação; **E:** incorreta, pois o Poder Público pode por meio de lei ou até decreto do poder executivo instituir áreas ambientalmente protegidas.

Gabarito "C".

(Juiz de Direito/AM – 2016 – CESPE) No que se refere à proteção conferida pela CF ao meio ambiente, assinale a opção correta.

(A) Sob o monopólio da União são permitidas atividades nucleares de qualquer natureza, mediante a aprovação do Congresso Nacional, o que gera a responsabilização objetiva por eventuais danos.
(B) É da competência concorrente da União, dos estados e do DF proteger o meio ambiente e combater a poluição em qualquer de suas formas.
(C) Compete aos municípios a promoção do adequado ordenamento territorial, mediante planejamento e controle do uso, do parcelamento e da ocupação do solo urbano.
(D) Com o objetivo de defender o meio ambiente, o poder público pode impor várias restrições e penas aos particulares, salvo a desapropriação de imóveis, pois o direito de propriedade é direito fundamental.
(E) No caso de atividade de extração de minério, advém das conclusões do EPIA a necessidade, ou não, de impor-se ao explorador a obrigação de recuperar o meio ambiente degradado.

A: incorreta. Essa assertiva está disposta no art. 21, XXIII, da CF/88. O erro da assertiva é condicionar à aprovação do Congresso Nacional – o que não é necessário; **B:** incorreta. Aqui o examinador tentou confundir competência administrativa (art. 23/CF) com a competência legislativa (art. 24/CF). O correto é: é de competência comum da União, dos Estados e do DF proteger o meio ambiente e combater a poluição em qualquer de suas formas art. 23, VI, CF/88); **C:** correta. Trata-se da transcrição do art. 30, VIII, da CF/88, a saber: "promover, no que couber, adequado ordenamento territorial, mediante planejamento e controle do uso, do parcelamento e da ocupação do solo urbano"; **D:** incorreta. É possível até mesmo a desapropriação de imóveis, no caso de não atender a sua função social. Isto é, no nosso ordenamento jurídico, a propriedade só se legitima se atender a sua função social. A não observância leva até mesmo a sua desapropriação (art. 182, § 4º, III, CF/88 e art. 186/CF); **E:** incorreta. A obrigação de recuperar o meio ambiente por atividade minerária é disposição constitucional, a teor do § 2º do art. 225/CF: "Aquele que explorar recursos minerais fica obrigado a recuperar o meio ambiente degradado, de acordo com solução técnica exigida pelo órgão público competente, na forma da lei". Em qualquer situação, é obrigatório recuperar o meio ambiente degradado.

Gabarito "C".

(Ministério Público/BA – 2015 – CEFET) O meio ambiente ecologicamente equilibrado, de acordo com o artigo 225 da Constituição Federal Brasileira, é direito de todos, bem de uso comum do povo e essencial à sadia qualidade de vida. Assim sendo, julgue as seguintes proposições:

I. Com esteio na Lei 11.445/2007, que estabelece as diretrizes nacionais para o saneamento básico, a interrupção ou a restrição do fornecimento de água por inadimplência a: estabelecimentos de saúde; instituições educacionais e de internação coletiva de pessoas; e usuário residencial de baixa renda beneficiário de tarifa social deverá obedecer a prazos e critérios que preservem condições mínimas de manutenção da saúde das pessoas atingidas.
II. Em consonância com a Lei 5.197/1967, que trata da proteção à fauna, dentro de 2 (dois) anos a partir da sua promulgação, nenhuma autoridade poderá permitir a adoção de livros escolares de leitura que não contenham textos sobre a proteção da fauna, aprovados pelo Conselho Federal de Educação, bem como os programas de ensino de nível primário e médio deverão contar pelo menos com duas aulas anuais sobre esta matéria.
III. A utilização, perseguição, destruição, caça ou apanha de espécimes da fauna silvestre são proibidas, dentre outras situações, com: visgos, atiradeiras, fundas, bodoques, veneno, incêndio ou armadilhas que maltratem a caça; armas a bala, a menos de 4 (quatro) quilômetros de qualquer via térrea ou rodovia pública; e armas de calibre 22 (vinte e dois) para animais de porte superior ao tapiti (sylvilagus brasiliensis).
IV. O grupo das Unidades de Proteção Integral é composto pelas seguintes categorias de unidades de conservação: a) Estação Ecológica; b) Reserva Biológica; c) Parque Nacional; d) Monumento Natural; e e) Refúgio de Vida Silvestre.
V. A Estação Ecológica tem como objetivo a preservação integral da biota e demais atributos naturais existentes em seus limites, sem interferência humana direta ou modificações ambientais, exceuando-se as medidas de recuperação de seus ecossistemas alterados e as ações de manejo necessárias para recuperar e preservar o equilíbrio natural, a diversidade biológica e os processos ecológicos naturais.

Estão CORRETAS as assertivas:

(A) I, II e III.
(B) II, III e IV.
(C) II, IV e V.
(D) I, II e IV.
(E) II, III e V.

I: assertiva correta (art. 40, § 3º, da Lei 11.445/2007); **II:** assertiva correta (art. 35 da Lei 5.197/1967); **III:** assertiva incorreta, pois a proibição se aplica à distância de três quilômetros de qualquer via térrea ou rodovia pública (art. 10, b, da Lei 5.197/1967); **IV:** assertiva correta (art. 8º da Lei 9.985/2000); **V:** assertiva incorreta, pois a Estação Ecológica tem como objetivo a preservação da natureza e a realização de pesquisas científicas (art. 9º da Lei 9.985/2000).

Gabarito "D".

(Promotor de Justiça/DF – 2013) Quanto ao meio ambiente, **NÃO É CORRETO** afirmar:

(A) É um bem de uso comum do povo.
(B) O direito à integridade do meio ambiente constitui prerrogativa jurídica de titularidade coletiva, dentro do processo de afirmação dos direitos humanos.
(C) A criação de reserva ambiental pode ser realizada por decreto. A sua alteração ou supressão, entretanto, necessita de lei.
(D) As usinas que operem com reator nuclear deverão ter sua localização definida em lei federal, sem o que não poderão ser instaladas.
(E) É da competência também dos Estados proteger o meio ambiente e combater a poluição em todas as suas formas; não, porém, legislar sobre responsabilidade por dano ao meio ambiente.

A: assertiva correta, por força do art. 225 da CF; **B:** assertiva correta, conforme corrobora a jurisprudência do STF. MS 22.164, Rel. Min. Celso de Mello, Pleno, de 30.11.1995: "o direito à integridade do meio ambiente – típico direito de terceira geração – constitui prerrogativa jurídica de titularidade coletiva, refletindo, dentro do processo de afirmação dos direitos humanos, a expressão significativa de um poder atribuído, não ao indivíduo identificado em sua singularidade, mas, num sentido verdadeiramente mais abrangente, à própria coletividade social"; **C:** assertiva correta, conforme art. 225, § 1º, III, da CF e art. 22 da Lei 9.985/2000; **D:** assertiva correta, por determinação do art. 225, § 6º, da CF; **E:** assertiva incorreta, devendo ser assinalada, pois o artigo 24, VIII, da CF indica a competência concorrente entre União, Estados e Distrito Federal para legislar sobre "responsabilidade por dano ao meio ambiente, ao consumidor, a bens e direitos de valor artístico, estético, histórico, turístico e paisagístico".

Gabarito "E".

(Promotor de Justiça/ES – 2013 – VUNESP) Determinado Estado-membro da Federação brasileira editou lei ordinária que introduz a exigência de autorização prévia da Assembleia Legislativa para o licenciamento de atividades utilizadoras de recursos ambientais consideradas efetivas e potencialmente poluidoras, bem como capazes, sob qualquer forma, de causar degradação ambiental. Considerando as normas constitucionais relativas ao tema, é correto afirmar que essa Lei Estadual é

(A) inconstitucional, porque a referida lei implica indevida interferência do Poder Legislativo na atuação do Poder Executivo e usurpação de competência da União.
(B) inconstitucional, porque a espécie normativa adequada a veicular a referida matéria é a lei complementar e não a lei ordinária.
(C) constitucional, tendo em vista as disposições constitucionais protetivas do meio ambiente, bem como aquelas que estabelecem as regras de repartição de competências entre os entes da Federação.
(D) inconstitucional, pois essa exigência não poderia ser feita por meio de lei, mas somente por meio de Decreto do Governador do Estado.
(E) constitucional, uma vez que está em sintonia com as normas da Constituição que visam proteger o meio ambiente como bem essen-

cial à sadia qualidade de vida, que impõe ao Poder Público o dever de defendê-lo e preservá-lo para as presentes e futuras gerações.

A: correta. Neste mesmo sentido o STF julgou em 2004 Ação Direta de Inconstitucionalidade 1505 do Estado do Espírito Santo, tendo como relator o Ministro Eros Grau: "Ação Direta de Inconstitucionalidade. Art. 187 da Constituição do Estado do Espírito Santo. Relatório de Impacto Ambiental. Aprovação pela assembleia legislativa. Vício Material. Afronta aos artigos 58, § 2º e 225, § 1º, da Constituição do Brasil. 1. É inconstitucional preceito da Constituição do Estado do Espírito Santo que submete o Relatório de Impacto Ambiental – Rima – ao crivo de comissão permanente e específica da Assembleia Legislativa. 2. A concessão de autorização para desenvolvimento de atividade potencialmente danosa ao meio ambiente consubstancia ato do Poder de Polícia – Ato da Administração Pública – entenda-se ato do poder Executivo. 3. Ação julgada procedente para declarar inconstitucional o trecho final do § 3º do artigo 187 da Constituição do Estado do Espírito Santo."; **B:** incorreta, pois a inconstitucionalidade não está na espécie da lei mas na interferência do poder legislativo em atividade do poder legislativo; **C:** incorreta, pois a repartição de competência entre os entes federados não alcança a referida matéria e ainda que assim o fosse, não poderia divergir dos termos constitucionais; **D:** incorreta, pois não é a lei ordinária que invalida o ato, mas o desrespeito aos artigos 58, § 2º e 225, § 1º da Constituição Federal; **E:** incorreta já que a referida lei padece de inconstitucionalidade por usurpar matéria de competência da União.

Gabarito "A".

(Procurador do Município – Cuiabá/MT – 2014 – FCC) A ordem econômica tem por princípio a defesa do meio ambiente, a qual será concretizada
(A) pela implementação técnica dos processos produtivos.
(B) de forma igualitária, independentemente da atividade exercida.
(C) por meio de ações sociais voltadas ao desenvolvimento econômico da população.
(D) mediante tratamento diferenciado conforme o impacto ambiental dos produtos e serviços e de seus processos de elaboração e prestação.
(E) mediante plano de ação econômica com diretrizes estabelecidas para a utilização de recursos naturais segundo a demanda do mercado consumidor.

A: incorreta, pois a defesa do meio ambiente como princípio da ordem econômica determinada pelo art. 170, VI, da CF não trata da implementação técnica dos processos produtivos; **B:** incorreta, pois a defesa do meio ambiente não está associada ao tratamento igualitário das atividades exercidas dentro da ordem econômica; **C:** incorreta, pois ações sociais não são meios de concretizar a defesa do meio ambiente; **D:** correta, conforme previsto pelo inciso VI do art. 170 da CF: "VI – defesa do meio ambiente, inclusive mediante tratamento diferenciado conforme o impacto ambiental dos produtos e serviços e de seus processos de elaboração e prestação"; **E:** incorreta, pois não há no art. 170 previsão de plano de ação econômica para concretização da defesa do meio ambiente.

Gabarito "D".

(Magistratura do Trabalho – 2ª Região – 2014) Em relação às ações que o Poder Público deverá tomar para que seja assegurada a efetividade do meio ambiente ecologicamente equilibrado, aponte a alternativa **correta**:
(A) As pessoas jurídicas serão responsabilizadas administrativa, civil e penalmente nos casos em que a infração ao meio ambiente seja cometida por decisão de seu representante legal ou contratual.
(B) Exigir que para instalação de toda obra ou atividade seja procedido, obrigatoriamente, estudo prévio de impacto ambiental, podendo ou não publicá-lo, nos limites da lei.
(C) Promover a educação ambiental de forma obrigatória exclusivamente no ensino fundamental.
(D) Legislar sobre responsabilidade por dano ambiental e proteção à saúde do trabalhador, promovendo a educação ambiental nas escolas é dever exclusivo dos estados federados, sendo subsidiária a responsabilidade da União.
(E) O dever de preservação e defesa do meio ambiente é responsabilidade exclusiva do poder público em todos os seus níveis.

A: correta, conforme disposto na Lei 9.605/1998 em seu art. 3º da: "Art. 3º As pessoas jurídicas serão responsabilizadas administrativa, civil e penalmente conforme o disposto nesta Lei, nos casos em que a infração seja cometida por decisão de seu representante legal ou contratual, ou de seu órgão colegiado, no interesse ou benefício da sua entidade."; **B:** incorreta, pois cabe ao poder público exigir estudo prévio de impacto ambiental somente às atividades potencialmente causadora de significativa degradação (art. 225, § 1º, IV, CF); **C:** incorreta, pois a educação ambiental deve ser promovida em todos os níveis do ensino (art. 225, VI, CF); **D:** incorreta, pois o art. 24, VIII, da CF define a competência concorrente entre União, Estados e Distrito Federal para legislar sobre "responsabilidade por dano ao meio ambiente, ao consumidor, a bens e direitos de valor artístico, estético, histórico, turístico e paisagístico"; **E:** incorreta, pois o art. 225 da CF impõe ao Poder Público e à coletividade o dever de preservar o meio ambiente.

Gabarito "A".

(Magistratura/PE – 2013 – FCC) Suponha a existência de determinada lei ordinária que permita o exercício de determinadas atividades econômicas em áreas de preservação permanente, sob o fundamento de interesse público ou de indispensabilidade à segurança nacional. Esta lei ainda confere à autoridade ambiental a competência para permitir, em cada caso concreto, o exercício dessas atividades econômicas sempre que o permissivo legal estiver configurado. Tendo em vista a disciplina constitucional sobre a matéria, semelhante lei, em tese, seria
(A) inconstitucional, uma vez que a supressão dos espaços naturais especialmente protegidos é matéria reservada à lei formal e não poderia ser delegada à autoridade ambiental.
(B) inconstitucional, por aplicação do princípio da proibição do retrocesso em sede ambiental.
(C) inconstitucional, porque as áreas de preservação permanente sempre terão proteção integral, não se admitindo qualquer espécie de exceção.
(D) constitucional, porque a Constituição é omissa com relação às áreas de preservação permanente, delegando ao legislador ordinário a possibilidade de regular o instituto na íntegra.
(E) constitucional, desde que as atividades econômicas permitidas na área de preservação permanente não comprometam a integridade dos atributos que justificaram a sua proteção especial.

A: incorreta, pois como a autoridade ambiental só poderá, no caso concreto, permitir exercício de atividades nos casos em que "o permissivo legal estiver configurado", não há problema algum de desrespeito ao princípio da legalidade; B a D: incorretas, pois a própria Constituição é que estabelece que compete à lei definir os casos em que a alteração ou supressão de áreas em espaços potencialmente protegidos é possível (art. 225, § 1º, III, da CF); **E:** correta, nos termos do permissivo contido no art. 225, § 1º, III, da CF.

Gabarito "E".

(Magistratura/BA – 2012 – CESPE) No que se refere à previsão constitucional da proteção ao meio ambiente, assinale a opção correta.
(A) A fim de minimizar os impactos provocados ao meio ambiente pela mineração, a CF impõe àqueles que exploram recursos minerais a elaboração e observância de plano de controle ambiental.
(B) Compete a todos os entes da Federação, concorrentemente, a execução das normas destinadas à tutela do patrimônio ambiental, ou seja, é concorrente a competência material.
(C) As terras devolutas necessárias à proteção de ecossistemas naturais deixam de ser indisponíveis após sua arrecadação e incorporação, mediante ação discriminatória, ao patrimônio público.
(D) Como a CF determina que a fiscalização da pesquisa e da manipulação de material genético deve ser realizada sob a perspectiva ambiental, aplica-se o princípio da precaução a esse tema.
(E) A constitucionalização da proteção ambiental, de forma específica e global, ocorreu sob a égide da Constituição de 1967, tendo a CF ampliado o tratamento dado ao tema.

A: incorreta, pois a Constituição não entra nesse nível de detalhe em relação à proteção do meio ambiente em face da exploração mineral, limitando-se a tratar da parte econômica deste último assunto; **B:** incorreta, pois a competência administrativa não é concorrente, mas comum (art. 23, caput e incisos VI e VII, da CF); **C:** incorreta, pois tanto as terras devolutas como as terras arrecadadas pelo Estado por ações discriminatórias, desde que necessárias à proteção dos ecossistemas naturais, são indisponíveis (art. 225, § 5º, da CF); **D:** correta (art. 225, § 1º, II, da CF); **E:** incorreta, pois a Constituição de 1988 é que iniciou o tratamento de maneira específica e global do meio ambiente; em 1967 ainda vivíamos a fase de fragmentação das normas ambientais, sendo que tais normas estavam na legislação infraconstitucional e o seu tratamento foi bem pontual.

Gabarito "D".

(Ministério Público/MS – 2013 – FADEMS) Em relação ao direito ambiental, é correto afirmar que:
(A) A Constituição Federal, para assegurar a efetividade ao direito ao meio ambiente ecologicamente equilibrado, determina que cabe ao Poder Público exigir, na forma da lei, para a instalação de todas as obras ou atividades potencialmente causadoras de degradação ambiental, estudo prévio de impacto ambiental, a que se dará publicidade.
(B) O Plano Diretor é um dos instrumentos básicos para o pleno desenvolvimento das funções ambientais da cidade e garantir o bem-estar dos seus habitantes, sendo obrigatório quando o município possui mais de vinte mil habitantes.
(C) É obrigatória a realização de audiências públicas precedendo a implementação de qualquer um dos instrumentos da política ambiental, como modo de garantir a participação da sociedade na política de proteção ambiental.
(D) A localização de usinas que operem com reator nuclear deve ser definida em lei federal e estadual, sem o que não podem ser instaladas.
(E) Para a defesa do direito ao meio ambiente ecologicamente equilibrado, conjuntamente com os demais interesses difusos e coletivos, a Constituição Federal prevê, entre outros: a ação direta de inconstitucionalidade, ação civil pública, ação popular, inquérito civil e compromisso de ajustamento de conduta.

A: incorreta, pois esse estudo é necessário apenas quando as obras ou as atividades são potencialmente causadoras de **significativo** impacto ambiental (art. 225, § 1º, IV, da CF);

do contrário, bastará que se faça um licenciamento ambiental simples; **B**: correta (art. 182, § 1º, da CF); **C**: incorreta, pois não há essa determinação na Constituição Federal e também nos artigos correspondentes da Lei de Política Nacional do Meio Ambiente (arts. 9º e ss. da Lei 6.938/1981); **D**: incorreta, pois a localização em questão deve ser definida apenas em lei federal, e não em lei federal e estadual (art. 225, § 6º, da CF); **E**: incorreta, pois o compromisso de ajustamento de conduta não está previsto na CF, apesar de os demais mencionados estarem.

Gabarito "B".

(Ministério Público/RR – 2012 – CESPE) Considerando o direito ambiental constitucional, assinale a opção correta.

(A) Ao estabelecer que todos têm direito ao meio ambiente ecologicamente equilibrado, a CF atribui ao direito ambiental o *status* de direito humano fundamental, sendo, portanto, equivalentes às emendas constitucionais os tratados e convenções internacionais, em matéria ambiental, aprovados em cada Casa do Congresso Nacional, em dois turnos, por três quintos dos votos dos respectivos membros.

(B) A função social da propriedade rural é alcançada quando ela atende, alternativamente, ao requisito de aproveitamento racional, ou à utilização adequada dos recursos naturais disponíveis, com preservação do meio ambiente, ou à exploração que favoreça o bem-estar dos proprietários e dos trabalhadores.

(C) A defesa do meio ambiente é dever do poder público e da coletividade, aos quais compete promover, respectivamente, a educação ambiental em todos os níveis de ensino e a conscientização pública para a preservação do meio ambiente.

(D) A competência legislativa para tratamento dos temas ambientais é privativa da União, como, por exemplo, a criação de normas de direito processual civil coletivo, a desapropriação de imóveis para criação de espaços protegidos, os usos múltiplos de água e a geração de energia e extração mineral.

(E) Constituem patrimônio nacional os sítios de valor ecológico, tais como a floresta amazônica, a mata atlântica, a serra do Mar, o pantanal mato-grossense e a zona costeira.

A: correta. É inegável a natureza de direito humano fundamental do direito ambiental. Afinal, sendo o meio ambiente ecologicamente equilibrado um bem de uso comum do povo, indispensável à sadia qualidade de vida (art. 225, *caput*, da CF), não restam dúvidas quanto à sua natureza jurídica. E assim sendo, os tratados e convenções internacionais em matéria ambiental, aprovados na forma disciplinada pelo art. 5º, § 3º, da CF, terão *status* de emenda constitucional; **B**: incorreta, pois a função social da propriedade rural, nos termos do art. 186 da CF, somente será alcançada quando atender, *simultaneamente*, segundo critérios e graus de exigência estabelecidos em lei, aos seguintes requisitos: I – aproveitamento racional e adequado; II – utilização adequada dos recursos naturais disponíveis e preservação do meio ambiente; III – observância das disposições que regulam as relações de trabalho; e IV – exploração que favoreça o bem-estar dos proprietários e dos trabalhadores; **C**: incorreta, pois é incumbência do Poder Público (e não da coletividade!), nos termos do art. 225, § 1º, VI, "*promover a educação ambiental em todos os níveis de ensino e a conscientização pública para a preservação do meio ambiente*". Frise-se, porém, que é dever do Poder Público e de toda a coletividade a preservação e a defesa da qualidade ambiental para as presentes e futuras gerações (art. 225, *caput*, parte final, da CF), mas, como visto, a educação ambiental, por óbvio, é dever daquele primeiro; **D**: incorreta, pois não é verdadeira a afirmação de que é competência privativa da União legislar sobre temas ambientais. Em verdade, a "proteção geral" do meio ambiente é, no plano legislativo, de competência concorrente da União, Estados e DF, conforme dispõe o art. 24, VI, VII e VIII, da CF; **E**: incorreta. Nos termos do art. 225, § 4º, da CF, são considerados patrimônio nacional a Floresta Amazônica brasileira, a Mata Atlântica, a Serra do Mar, o Pantanal Mato--Grossense e a Zona Costeira, não bastando que haja valor ecológico para que assim sejam considerados. Em outras palavras, a CF, no dispositivo citado, elencou, exaustivamente, quais são os biomas brasileiros tidos como patrimônio nacional.

Gabarito "A".

(Procurador do Estado/MG – FUMARC – 2012) A respeito do Direito Ambiental Brasileiro, assinale a alternativa INCORRETA:

(A) Para assegurar a efetividade do direito ao meio ambiente, incumbe ao Poder Público definir, em todas as unidades da Federação, espaços territoriais e seus componentes a serem especialmente protegidos, sendo a alteração e a supressão permitidas através de ato do Poder Público, vedada qualquer utilização que comprometa a integridade dos atributos que justifiquem sua proteção.

(B) Todos têm direito ao meio ambiente ecologicamente equilibrado, bem de uso comum do povo e essencial à sadia qualidade de vida, impondo-se ao Poder Público e à coletividade o dever de defendê-lo e preservá-lo para as presentes e futuras gerações.

(C) A Floresta Amazônica brasileira, a Mata Atlântica, a Serra do Mar, o Pantanal Mato-Grossense e a Zona Costeira são patrimônio nacional, e sua utilização far-se-á, na forma da lei, dentro de condições que assegurem a preservação do meio ambiente, inclusive quanto ao uso dos recursos naturais.

(D) São indisponíveis as terras devolutas ou arrecadadas pelos Estados, por ações discriminatórias, necessárias à proteção dos ecossistemas naturais.

(E) As usinas que operem com reator nuclear deverão ter sua localização definida em lei federal, sem o que não poderão ser instaladas.

A: incorreta, devendo ser assinalada, pois a alteração e a supressão de espaços territoriais especialmente protegidos somente são permitidas por meio de lei (art. 225, § 1º, III, CF); **B**: correta (art. 225, *caput*, CF); **C**: correta, visto que, de fato, a Floresta Amazônica, a Mata Atlântica, a Serra do Mar, o Pantanal Mato-Grossense e a Zona Costeira são considerados patrimônio nacional especialmente protegidos (art. 225, § 4º, CF), não tendo havido, em nível constitucional, a inserção do Cerrado e da Caatinga; **D**: correta (art. 225, § 5º, CF); **E**: correta (art. 225, § 6º, CF).

Gabarito "A".

(Advogado da União/AGU – CESPE – 2012) Com relação ao meio ambiente e aos interesses difusos e coletivos, julgue o item abaixo.

(1) Apesar de a floresta amazônica, a mata atlântica, a serra do Mar, o pantanal mato-grossense e a zona costeira serem, conforme dispõe a CF, patrimônio nacional, não há determinação constitucional que converta em bens públicos os imóveis particulares situados nessas áreas.

1: correta, pois, de fato, o art. 225, § 4º, CF, não prescreve, em momento algum, que referidos biomas imporão aos proprietários de imóveis particulares neles situados a sua expropriação, convertendo-os em bens públicos.

Gabarito 1C.

(Advogado – Petrobrás – 2012 – CESGRANRIO) Sobre as normas de proteção ao meio ambiente em vigor, considere as afirmativas abaixo.

I. A desapropriação de imóvel rural que não esteja utilizando adequadamente os recursos naturais disponíveis deverá ser feita mediante prévia e justa indenização em dinheiro.

II. Os princípios da precaução e da prevenção objetivam evitar a ocorrência ou ameaça de danos ao meio ambiente.

III. O direito ao meio ambiente ecologicamente equilibrado é considerado como um direito fundamental de terceira geração.

É correto o que se afirma em

(A) I, apenas.
(B) III, apenas.
(C) I e II, apenas.
(D) II e III, apenas.
(E) I, II e III.

I: incorreta (art. 184, *caput*, CF), visto que a indenização será feita mediante títulos da dívida agrária; **II**: correta, pois, de fato, os princípios da prevenção e precaução constituem mecanismos de proteção da qualidade ambiental, impondo à coletividade e ao poder público a tomada de providências tendentes a evitar a causação de danos, quando estes forem de ocorrência certa (prevenção) ou nos casos em que determinadas atividades ou empreendimentos revelarem uma incerteza científica sobre a geração de danos ambientais (precaução); **III**: correta, pois o meio ambiente, considerado um bem difuso, insere-se na tradicional classificação dos direitos fundamentais em gerações (*in casu*, um direito de terceira geração, que trata, exatamente, dos direitos difusos e coletivos).

Gabarito "D".

4. PRINCÍPIOS DO DIREITO AMBIENTAL

Segue um resumo sobre **Princípios do Direito Ambiental**:

1. **Princípio do desenvolvimento sustentado**: determina a harmonização entre o desenvolvimento econômico e social e a garantia da perenidade dos recursos ambientais. Tem raízes na Carta de Estocolmo (1972) e foi consagrado na ECO-92.

2. **Princípio do poluidor-pagador**: impõe ao poluidor tanto o dever de prevenir a ocorrência de danos ambientais, como o de reparar integralmente eventuais danos que causar com sua conduta. O princípio não permite a poluição, conduta absolutamente vedada e passível de diversas e severas sanções. Ele apenas reafirma o dever de prevenção e de reparação integral por parte de quem pratica atividade que possa poluir. Esse princípio também impõe ao empreendedor a internalização das externalidades ambientais negativas das atividades potencialmente poluidoras, buscando evitar a socialização dos ônus (ou seja, que a sociedade pague pelos danos causados pelo empreendedor) e a privatização dos bônus (ou seja, que somente o empreendedor ganhe os bônus de gastar o meio ambiente).

3. **Princípio da obrigatoriedade da intervenção estatal**: impõe ao Estado o dever de garantir o meio ambiente ecologicamente equilibrado. O princípio impõe ao poder público a utilização de diversos instrumentos para proteger o meio ambiente, que serão vistos em capítulo próprio.

4. **Princípio da participação coletiva ou da cooperação de todos**: impõe à coletividade (além do Estado) *o dever de garantir e participar da proteção do meio ambiente*. O princípio cria deveres (preservar o meio ambiente) e direitos (participar de órgãos colegiados e audiências públicas, p. ex.) às pessoas em geral.

5. **Princípio da responsabilidade objetiva e da reparação integral:** impõe o dever de qualquer pessoa responder integralmente pelos danos que causar ao meio ambiente, independentemente de prova de culpa ou dolo. Perceba que a proteção é dupla. Em primeiro lugar, fixa-se que a responsabilidade é objetiva, o que impede que o causador do dano deixe de ter a obrigação de repará-lo sob o argumento de que não agiu com culpa ou dolo. Em segundo lugar, a obrigação de reparar o dano não se limita a pagar uma indenização, mas impõe que a reparação seja específica, isto é, deve-se buscar a restauração ou recuperação do bem ambiental lesado, procurando, assim, retornar à situação anterior.
6. **Princípio da prevenção:** impõe à coletividade e ao poder público a tomada de medidas prévias para garantir o meio ambiente ecologicamente equilibrado para as presentes e futuras gerações. A doutrina faz uma distinção entre este princípio e o princípio da precaução. O princípio da prevenção incide naquelas hipóteses em que se tem certeza de que dada conduta causará um dano ambiental. O princípio da prevenção atuará de forma a evitar que o dano seja causado, impondo licenciamentos, estudos de impacto ambiental, reformulações de projeto, sanções administrativas etc. A ideia aqui é eliminar os perigos já comprovados. Já o princípio da precaução incide naquelas hipóteses de incerteza científica sobre se dada conduta pode ou não causar um dano ao meio ambiente. O princípio da precaução atuará no sentido de que, na dúvida, deve-se ficar com o meio ambiente, tomando as medidas adequadas para que o suposto dano de fato não ocorra. A ideia aqui é eliminar que o próprio perigo possa se concretizar.
7. **Princípio da educação ambiental:** impõe ao poder público o dever de promover a educação ambiental em todos os níveis de ensino e a conscientização pública para a preservação do meio ambiente. Perceba que a educação ambiental deve estar presente em todos os níveis de ensino e, que, além do ensino, a educação ambiental deve acontecer em programas de conscientização pública.
8. **Princípio do direito humano fundamental:** garante que os seres humanos têm direito a uma vida saudável e produtiva, em harmonia com o meio ambiente. De acordo com o princípio, as pessoas têm direito ao meio ambiente ecologicamente equilibrado.
9. **Princípio da ubiquidade:** impõe que as questões ambientais devem ser consideradas em todas as atividades humanas. Ubiquidade quer dizer existência concomitantemente em todos os lugares. De fato, o meio ambiente está em todos os lugares, de modo que qualquer atividade deve ser feita com respeito à sua proteção e promoção.
10. **Princípio do usuário-pagador:** as pessoas que usam recursos naturais devem pagar por tal utilização. Esse princípio difere do princípio do poluidor-pagador, pois o segundo diz respeito a condutas ilícitas ambientalmente, ao passo que o primeiro a condutas lícitas ambientalmente. Assim, aquele que polui (conduta ilícita), deve reparar o dano, pelo princípio do poluidor-pagador. Já aquele que usa água (conduta lícita) deve pagar pelo seu uso, pelo princípio do usuário-pagador. A ideia é que o usuário pague com o objetivo de incentivar o uso racional dos recursos naturais, além de fazer justiça, pois há pessoas que usam mais e pessoas que usam menos dados recursos naturais.
11. **Princípio da informação e da transparência das informações e atos:** impõe que as pessoas têm direito de receber todas as informações relativas à proteção, preventiva e repressiva, do meio ambiente. Assim, pelo princípio, as pessoas têm direito de consultar os documentos de um licenciamento ambiental, assim como têm direito de participar de consultas e de audiências públicas em matéria de meio ambiente.
12. **Princípio da função socioambiental da propriedade:** a propriedade deve ser utilizada de modo sustentável, com vistas não só ao bem-estar do proprietário, mas também da coletividade como um todo.
13. **Princípio da equidade geracional:** é as presentes e futuras gerações têm os mesmos direitos quanto ao meio ambiente ecologicamente equilibrado. Assim, a utilização de recursos naturais para a satisfação das necessidades atuais não deverá comprometer a possibilidade das gerações futuras satisfazerem suas necessidades. O princípio impõe, também, equidade na distribuição de benefícios e custos entre gerações, quanto à preservação ambiental.

(Procurador do Município – Prefeitura Fortaleza/CE – CESPE – 2017) De acordo com os princípios do direito ambiental, julgue os itens que se seguem.

(1) Por disciplinar situações que podem ocorrer antes do dano, o princípio da prevenção não inclui a restauração de recursos ambientais.
(2) De acordo com o entendimento do STJ, não se considera o novo proprietário de área degradada parte legítima para responder ação por dano ambiental, independentemente da existência ou não de culpa.
(3) Ao usuário será imposta contribuição pelos custos advindos da utilização de recursos ambientais com fins econômicos.
(4) O conceito de meio ambiente que vem embutido na norma jurídica não abrange o conjunto de leis que rege a vida em todas as suas formas.

1: Errada. O princípio da prevenção é estruturante do Direito Ambiental. Com efeito, conforme Fabiano Melo (São Paulo: Método, 2017, p. 108) "Não é possível conceber o direito ambiental sob uma ótica meramente reparadora, pois esta o tornaria inócuo, já que os danos ambientais, em regra, são praticamente irreversíveis, como se vê no desmatamento de uma floresta centenária ou na extinção de uma espécie da fauna ou da flora. Sem uma atuação antecipatória não há como evitar a ocorrência de danos ambientais. Por essa razão o direito ambiental é eminentemente preventivo". Este princípio encontra-se previsto no artigo 225, *caput*, da Constituição Federal de 1988, quando assevera que incumbe ao Poder Público e à coletividade o dever de proteger e preservar o meio ambiente às presentes e futuras gerações. Não obstante de índole preventiva, é necessário pontuar que a ideia de proteção engloba tanto as medidas de prevenção quanto de reparação e restauração dos recursos naturais. **2:** Errada. A obrigação de reparação pelos danos ambientais é objetiva (art. 14, §1º, da Lei 6.938/1981) e *propter rem*, ou seja, segue a coisa, independentemente do atual titular do domínio/posse. Nesse sentido, dispõe o art. 2º, § 2º, da Lei 12.651/2012: "As obrigações previstas nesta Lei têm natureza real e são transmitidas ao sucessor, de qualquer natureza, no caso de transferência de domínio ou posse do imóvel rural". **3:** Correta. O enunciado materializa o princípio do usuário-pagador, previsto no **art. 4º, VII, 2ª parte da Lei 6.938/1981: "VII – à imposição, ao poluidor e ao predador, da obrigação de recuperar e/ou indenizar os danos causados e, ao usuário, da contribuição pela utilização de recursos ambientais com fins econômicos". 4:** Errada. O conceito legal de meio ambiente encontra-se inserido no art. 3º, I, da Lei 6.938/1981, e engloba o conjunto de leis que rege a vida em todas as suas formas, confira-se: "Meio ambiente, o conjunto de condições, leis, influências e interações de ordem física, química e biológica, que permite, abriga e rege a vida em todas as suas formas". **FM/FCP**

Gabarito: 1E, 2E, 3C, 4E

(Procurador do Estado – PGE/BA – CESPE – 2014) No que se refere ao princípio do usuário-pagador no âmbito do direito ambiental, entre outras normas ambientais, julgue os itens que se seguem.

(1) Não é permitida a gestão das florestas públicas por meio de concessão florestal a pessoas que não se enquadrem no conceito de populações tradicionais.
(2) Todas as unidades de conservação devem dispor de plano de manejo que preveja as modalidades de utilização em conformidade com os seus objetivos.
(3) De acordo com o referido princípio, deve-se proceder à quantificação econômica dos recursos ambientais, de modo a garantir reparação por todo o dano ambiental causado.

1: Errada. Considera-se concessão florestal: "delegação onerosa, feita pelo poder concedente, do direito de praticar manejo florestal sustentável para exploração de produtos e serviços numa unidade de manejo, mediante licitação, à pessoa jurídica, em consórcio ou não, que atenda às exigências do respectivo edital de licitação e demonstre capacidade para seu desempenho, por sua conta e risco e por prazo determinado" (art. 3º, VII, da Lei 11.284/2006). Pelo conceito legal de concessão florestal, verifica-se que esta poderá ser feita à pessoa jurídica, em consórcio ou não, e não à populações tradicionais, conforme previsão da assertiva. **2:** Correta. Assertiva em consonância com o art. 2º, XVII e o art. 27 da Lei 9.985/2000. **3:** Errada. A assertiva trata da previsão do princípio do poluidor pagador – e não do usuário pagador –, que dispõe sobre contribuição pela utilização de recursos ambientais com fins econômicos (art. 4º, VII, da Lei 6.938/1981). **FM/FCP**

Gabarito: 1E, 2C, 3E

(Promotor de Justiça – MPE/MS – FAPEC – 2015) Em atenção à proteção do meio ambiente, assinale a alternativa **incorreta**:

(A) O princípio da solidariedade intergeracional busca assegurar que não só as presentes, mas também as futuras gerações possam usufruir dos recursos naturais de forma sustentável.
(B) O princípio da consideração da variável ambiental no processo decisório de políticas de desenvolvimento, com assento no art. 225, §1º, IV, da Constituição Federal, impõe seja levado em conta a variável ambiental em qualquer ação ou decisão, pública ou privada, que possa causar impacto negativo sobre o meio.
(C) A defesa do meio ambiente, inadmitindo o tratamento diferenciado conforme o impacto ambiental dos produtos e serviços e de seus processos de elaboração e prestação, caracteriza-se como princípio constitucional a ser observado pela ordem econômica nos termos do art. 170, VI, da Constituição Federal.
(D) O princípio da participação comunitária na defesa do meio ambiente pressupõe o direito de informação.
(E) O princípio do usuário-pagador caracteriza-se pela imposição ao usuário do conjunto dos custos destinados a tornar possível a utilização do recurso ambiental e os custos advindos de sua utilização com fins econômicos, evitando-se que sejam suportados pelo Poder Público e tampouco por terceiros.

A: Correta. O princípio da solidariedade intergeracional consiste na solidariedade que deve existir entre as gerações presentes e futuras no sentido de preservar o meio ambiente, atuando de forma sustentável a fim de que as próximas gerações possam continuar

usufruindo da mesma qualidade ambiental presente. Tal princípio encontra previsão constitucional no art. 225, *caput*, da CF. **B: Correta**. Preceitua tal princípio que seja considerada a variável ambiental nas decisões e atividades dos setores público e privado que tenham o potencial de impacto ambiental negativo. **C: Incorreta**. Nessa assertiva o examinador quis confundir o candidato, já que o erro se encontra na expressão "inadmitido". Dispõe o inciso VI, art. 170, da CF, que é admitido o tratamento diferenciado conforme o impacto ambiental dos produtos e serviços e de seus processos de elaboração e prestação, no meio ambiente. **D: Correta**. O princípio da participação comunitária pressupõe o direito de informação e educação ambiental. **E: Correta**. Nesse contexto, prescreve o inciso VII, art. 4º, da Lei 6.938/81 a respeito da possibilidade de imposição ao usuário, de contribuição pela utilização de recursos ambientais com fins econômicos. **FM/FCP**
Gabarito "C".

(Procurador da República – PGR – 2015) Qual a alternativa que corresponde ao princípio da prevenção e não ao princípio da precaução em material ambiental:

(A) A falta de certeza científica quanto à provocação de dano ambiental sério ou irreversível por uma atividade indica que esta deve ser controlada, restringida ou proibida.

(B) O dano ambiental conhecido ou provável deve ser corrigido ou evitado na origem, tratando-se desde logo suas causas.

(C) A ausência de certeza científica quanto à possibilidade de dano ambiental não é suficiente para afastar a exigência de medidas para evitá-lo ou restringi-lo.

(D) É ao responsável pelo empreendimento que cabe demonstrar com antecedência e razoável segurança científica que a atividade não provocará dano ambiental insuportável.

A: Incorreta. Reza o princípio da precaução e não o prevenção que a falta de certeza científica quanto à provocação de danos ambientais, não pode ser escusa à não adoção de medidas eficazes a fim de impedir a degradação. **B: Correta**. O princípio da prevenção impõe à coletividade e ao Poder Público a tomada de medidas prévias para garantir o meio ambiente ecologicamente equilibrado, incidindo nas hipóteses em que se tem certeza de que dada conduta causará dano ambiental. **C: Incorreta**. O preceito que o meio ambiente deve ter em seu favor o benefício da dúvida no caso de incerteza (por falta de provas cientificamente relevantes) sobre o nexo causal entre determinada atividade e um efeito ambiental nocivo, é previsão do princípio da precaução e não da prevenção. **D: Incorreta**. O princípio cabível nessa assertiva é o da precaução e não o princípio da prevenção. Isto é, a inversão do ônus da prova é corolário do princípio da precaução. **FM/FCP**
Gabarito "B".

(Magistratura/SC – 2015 – FCC) Um pesquisador desenvolveu uma técnica de cultivo de ostra pela qual a produção aumenta em 75%, trazendo, assim, real ganho econômico ao produtor. A nova técnica exaure os recursos naturais necessários ao cultivo da ostra em 30 anos. A nova técnica

(A) poderá ser admitida pelo órgão ambiental, independentemente de prévio Estudo de Impacto Ambiental, por representar aumento de produção ao empreendedor.

(B) poderá ser admitida pelo órgão ambiental, desde que haja o licenciamento ambiental da atividade.

(C) poderá ser admitida pelo órgão ambiental, desde que o licenciamento ambiental seja conduzido por um Estudo de Impacto Ambiental e respectivo Relatório de Impacto Ambiental.

(D) não poderá ser admitida pelo órgão ambiental, uma vez que fere o Princípio do Desenvolvimento Sustentável.

(E) não poderá ser admitida pelo órgão ambiental por ferir o Princípio da Taxatividade Ambiental.

A: incorreta, pois toda atividade potencialmente causadora de degradação ao meio ambiente dependerá de estudo prévio de impacto ambiental (art. 225, § 1º, IV, da CF); **B: incorreta**, pois mesmo diante do licenciamento, por força do art. 225 da CF, não se pode permitir que a exploração de uma atividade ponha fim a um recurso natural; **C: incorreta**, pois de qualquer modo a técnica trará o exaurimento dos recursos naturais, prejudicando o acesso das futuras gerações; **D: correta**, conforme os ensinamentos da Professora Granziera: "A expressão desenvolvimento sustentável tem a ver com o futuro. As atividades humanas desenvolvidas em certo momento devem considerar, à luz da disponibilidade dos recursos naturais utilizados, a possibilidade de manter-se ao longo do tempo, para as gerações futuras. Se uma determinada atividade pressupõe o esgotamento dos recursos naturais envolvidos, devem ser redobrados os cuidados na autorização de sua implantação, chegando-se ao limite de restringi-la." (GRAZIERA, Maria Luiza Machado. Direito Ambiental. 2ª ed. Atlas. 2011. p.57); **E: incorreta**, pois o Princípio da Taxatividade está relacionado ao Princípio da legalidade, segundo o qual a norma deve ser suficientemente clara e objetiva permitindo a real compreensão do cidadão.
Gabarito "D".

(Magistratura/RR – 2015 – FCC) Tomando por fato real e cientificamente comprovado que o rápido avanço do desmatamento irregular da floresta amazônica é um fator gerador da grave e crescente crise hídrica que atinge as regiões nordeste e sudeste brasileiras, essa atividade

(A) está amparada pelo Princípio do Usuário Pagador.

(B) está amparada pelo Princípio do Poluidor Pagador.

(C) fere o Princípio da Solidariedade Intergeracional.

(D) fere o Princípio da Taxatividade.

(E) fere o Princípio da Fragmentariedade.

A: incorreta, pois o usuário pagador é aquele que paga pelo uso de um bem ambiental cuja titularidade é difusa; **B: incorreta**, pois "em nenhuma hipótese o princípio do poluidor-pagador significa pagar para poluir. Seu significado refere-se aos custos sociais externos que acompanham a atividade econômica que devem ser internalizados" (GRAZIERA, Maria Luiza Machado. Direito Ambiental. 2ª ed. Atlas. 2011. p. 70); **C: correta**, conforme previsto no art. 225 da CF os bens ambientais devem ser utilizados de tal forma que possam ser preservados no tempo e no espaço para as presentes e futuras gerações; **D: incorreta**, já que o Princípio da Taxatividade orienta que a norma deve ser suficientemente clara e objetiva de modo a permitir a real compreensão do cidadão; **E: incorreta**, pois o Princípio da Fragmentariedade, ligado ao Direito Penal, orienta que as condutas tipificadas deveriam se de menor número, deixando as sanções jurídicas para os demais ramos do direito.
Gabarito "C".

(Juiz de Direito/MG – 2014) Com relação aos princípios do direito ambiental, analise as afirmativas, assinalando com **V** as **verdadeiras** com **F** as **falsas**.

( ) I. O estudo prévio de impacto ambiental constitui exigência feita pelo poder público em cumprimento ao princípio da prevenção, de ordem constitucional.

( ) II. O princípio da reparação tem por fundamento a responsabilidade subjetiva do agente. Logo, se afastada a ilicitude administrativa de um ato lesivo ao meio ambiente, não haverá a correspondente responsabilidade civil pelos danos causados.

( ) III. Na aplicação do princípio do poluidor-pagador, a cobrança de um preço pelos danos causados ao meio ambiente só pode ser efetuada sobre fatos que tenham respaldo em lei, sob pena de se outorgar ao agente o direito de poluir.

( ) IV. O princípio da função socioambiental da propriedade determina que o seu uso seja condicionado ao bem-estar social, sem, contudo, impor comportamentos *positivos* ao proprietário para o exercício de seu direito.

Assinale a alternativa que apresenta a sequência CORRETA.

(A) F F V V.
(B) V V F F.
(C) F V F V.
(D) V F V F.

I: verdadeira, pois o estudo prévio de impacto ambiental previsto na Constituição Federal (art. 225, § 1º, IV) reflete o princípio da prevenção na medida que busca conhecer os possíveis impactos de determinada atividade poluidora para que se possa preveni-los, compensá-los ou mitigá-los; **II**: falsa, pois a responsabilidade civil ambiental, em regra, é objetiva e o dever de reparação do dano ambiental independe da ilicitude do ato (225, § 3º, da CF); **III**: verdadeira, o princípio do poluidor-pagador tem por fim internalizar os custos ambientais do processo produtivo, cuja cobrança somente poderá ser feita sobre o que tenha respaldo em lei. Nas palavras de Édis Milaré: "Trata-se do princípio poluidor-pagador (polui, paga os danos), e não pagador poluidor (pagou, então pode poluir)." (**Direito do Ambiente**. Revista dos Tribunais, 2013. p. 268); **IV**: falsa, pois o uso socioambiental da propriedade prevista no art. 170, III e VI, da CF limita o direito à propriedade não só com comportamento negativo de 'não poluir', mas também com comportamentos positivos de preservar.
Gabarito "D".

(Juiz de Direito/PA – 2014 – VUNESP) É correto afirmar que

(A) o conceito de função socioambiental da propriedade é aplicável especificamente à propriedade privada, em zona urbana ou rural, sendo inseparável do requisito obrigatório do uso racional da propriedade e dos recursos naturais que lhe são integrantes.

(B) o direito de propriedade deve ser exercido em consonância com as suas finalidades econômicas e sociais e de modo que sejam preservados, de conformidade com o estabelecido em lei especial, entre outros bens ambientais, a flora, a fauna e as belezas naturais, em atendimento ao princípio da função socioambiental da propriedade.

(C) o proprietário tem a faculdade de usar, gozar e dispor da coisa e o direito de reavê-la do poder de quem quer que injustamente a possua ou detenha desde que esse possuidor/detentor não esteja respeitando o princípio da função socioambiental do bem.

(D) a jurisprudência do Superior Tribunal de Justiça vem reconhecendo que a função socioambiental da propriedade é princípio constitucional e, no caso da propriedade rural, engloba exclusivamente a utilização adequada dos recursos naturais e a exploração favorável ao bem-estar dos proprietários e trabalhadores.

(E) o descumprimento da função socioambiental da propriedade, por não ser contrário ao fixado no art. 225 da Constituição Federal de 1988, autoriza o esvaziamento do conteúdo mínimo do direito de propriedade sem a exigência de pagamento de indenização.

A: incorreta, pois a função socioambiental da propriedade deve ser observada tanto nos bens públicos como privados, conforme Maria Sylvia Zanella Di Pietro: "Com relação aos bens de uso comum do povo e bens de uso especial, afetados, respectivamente, ao uso coletivo e ao uso da própria Administração, a função social exige que ao uso principal a que se destina o bem sejam acrescentados outros usos, sejam públicos ou privados, desde que não prejudiquem a finalidade a que o bem está afetado. Com relação aos bens dominicais, a função social impõe ao poder público o dever de garantir a sua utilização por forma que atenda às exigências fundamentais de ordenação da cidade expressas no plano diretor, dentro dos objetivos que a Constituição estabelece para a política de desenvolvimento urbano". (Função social da propriedade pública. Direito Público: estudos em homenagem ao Professor Adilson Abreu Dallari. Belo Horizonte: Del Rey, 2004. p. 572.); **B**: correta, conforme determina o texto expresso do art. 1.228, § 1º, do CC; **C**: incorreta, pois a função socioambiental do bem não é um requisito da posse injusta descrita pelo art. 1.228 do CC. **D**: incorreta, pois conforme art. 186 da CF, a função socioambiental da propriedade rural engloba também o aproveitamento racional e adequado e observância das disposições que regulam as relações de trabalho (inciso I e III); **E**: incorreta, pois o art. 184 da CF determina indenização prévia e justa para as desapropriações por descumprimento da função socioambiental da propriedade.

Gabarito "B".

(Promotor de Justiça/MG – 2013) Assinale a alternativa *INCORRETA* quanto ao princípio da precaução de larga utilização no Direito Ambiental e de Consumo:

(A) Apresenta como requisitos a probabilidade (de que condutas humanas possam causar danos coletivos) e a incerteza científica; portanto serve para enfrentar a crescente subordinação da pesquisa científica aos interesses das corporações conformando a ciência à objetividade, neutralidade e autonomia.

(B) Constatada a existência do risco, cabe realizar uma simbiose ainda desconhecida, não explorada atualmente, entre as ciências naturais e as ciências humanas, entre a racionalidade da vida cotidiana e racionalidade dos peritos, entre o interesse e a realidade.

(C) Na operabilidade do princípio da precaução, exige-se a conjunção de demais princípios como a proporcionalidade e não discriminação, sem a necessidade de alcançar risco zero, pois se trata de gestão de riscos.

(D) Os elementos psicossociais do princípio da precaução são: incerteza, ignorância e medo.

A: assertiva incorreta, devendo ser assinalada, pois o objetivo deste princípio não é servir de instrumento para enfrentar a subordinação da pesquisa científica aos interesses das corporações, em verdade, a precaução consagrada pelo princípio 15 da Declaração do Rio e a Convenção sobre a Mudança Climática (ECO 92) tem como objetivo evitar a degradação do meio ambiente diante da incerteza científica. **B**: assertiva correta, conforme os ensinamentos de Édis Milaré: "a invocação do princípio da precaução é uma decisão a ser tomada quando a informação científica é insuficiente, inconclusiva ou incerta e haja indicações de que os possíveis efeitos sobre o ambiente, saúde das pessoas ou dos animais ou a proteção vegetal possam ser potencialmente perigosos e incompatíveis com o nível de proteção escolhido." (**Direito do Ambiente**. Revista dos Tribunais, 2013. p. 264); **C**: assertiva correta, tal qual determina o princípio 15 da Declaração do Rio: "com o fim de proteger o meio ambiente, o princípio da precaução deverá ser amplamente observado pelos Estados, de acordo com suas capacidades. Quando houver ameaça de danos graves ou irreversíveis, a ausência de certeza científica absoluta não será utilizada como razão para o adiamento de medias eficazes e economicamente viáveis para prevenir a degradação ambiental". **D**: assertiva correta, pois o risco do dano, a incerteza do resultado e o receio da não reparação justificam a aplicação do princípio da precaução.

Gabarito "A".

(Magistratura/CE – 2012 – CESPE) Com relação aos princípios do direito ambiental, assinale a opção correta.

(A) Embora o princípio da prevenção esteja caindo em desuso com a emergência da chamada sociedade de risco, as medidas preventivas que com aquele não se confundem continuam sendo extremamente necessárias à proteção do meio ambiente.

(B) O princípio da participação, veiculado, pela primeira vez, em 1972, durante a Conferência de Estocolmo, dispõe sobre a necessidade de se estabelecerem parâmetros que permitam a participação equitativa das populações carentes nos lucros da exploração econômica da biodiversidade.

(C) O princípio da precaução é aplicado como garantia contra os potenciais riscos que, de acordo com o estado atual do conhecimento, não podem ser ainda identificados; consoante esse princípio, ausente a certeza científica formal, a existência de risco de um dano sério ou irreversível requer a implementação de medidas que possam prever esse dano.

(D) O princípio do poluidor-pagador foi desenvolvido pelo racionalismo alemão, no século XIX, em decorrência do acelerado processo de industrialização da recém-unificada Alemanha, tendo alcançado *status* constitucional em 1919.

(E) O princípio do usuário-pagador, desenvolvido por John Rawls na obra Uma Teoria da Justiça, fundamenta-se na ideia da maximização do mínimo, segundo a qual cabe àqueles que alcançam um maior nível de consumo a responsabilidade sobre os custos socioambientais da produção capitalista.

A: incorreta, pois esse instituto não está caindo em desuso; ao contrário, a existência de cada vez mais situações de risco leva ao aumento de sua aplicação, pois, havendo risco e dúvida sobre a existência de dano ambiental, o princípio da precaução no sentido de implementar medidas que possam evitar o potencial dano; **B**: incorreta, pois esse princípio está direcionado a outro escopo, qual seja, o de que todos devem participar da proteção do meio ambiente; o princípio decorre do art. 225, *caput* e inciso VI, da CF; ele também está previsto expressamente no princípio 10 da Declaração do Rio sobre Meio Ambiente e Desenvolvimento Sustentável; **C**: correta, já que traz adequada definição do instituto; **D**: incorreta; como se sabe, a preocupação ambiental é bem recente e, até 1972, quando se deu a primeira conferência mundial do meio ambiente, em Estocolmo, sequer havia uma maior preocupação ambiental nas leis europeias, quanto mais a construção de um instituto como o do poluidor-pagador; aliás, esse princípio só foi devidamente consagrado, em nível internacional, por ocasião da ECO 92, estando expresso no Princípio 16 da *Declaração do Rio*; **E**: incorreta, pois o princípio em tela não foi desenvolvido por John Rawls na obra citada; apesar de a teoria rawlsiana tratar de questões muito caras à proteção do meio ambiente, como a formulação dos princípios de justiça, a necessidade de considerar as futuras gerações e proposta de distribuição dos bens primários, a questão ambiental não é abordada de forma expressa pelo pensador.

Gabarito "C".

(Magistratura/MG – 2012 – VUNESP) Em se considerando que o princípio da precaução e o princípio da prevenção já se encontram instrumentalizados no artigo 225, *caput*, da Constituição da República, é correto afirmar que

(A) se adota o princípio da prevenção quando há dúvida científica sobre o potencial danoso de uma ação que interfira no ambiente.

(B) se adota o princípio da precaução quando conhecidos os males que a ação causa ao ambiente.

(C) o princípio da precaução pressupõe a inversão do ônus probatório.

(D) o princípio da prevenção derroga o princípio da precaução se estiverem em rota de colisão quando da solução de um caso concreto.

A: incorreta, pois, em caso de dúvida científica, aplica-se o princípio da *precaução* e não da *prevenção*; **B**: incorreta, pois, não havendo dúvida científica (ou seja, conhecidos os males que a ação causa ao meio ambiente), aplica-se o princípio da *prevenção* e não da *precaução*; **C**: correta; o princípio da precaução leva à adoção do *in dubio, pro societate*, que implica na inversão do ônus da prova, para que o empreendedor tenha o ônus de demonstrar que não haverá dano ao meio ambiente; **D**: incorreta, pois cada princípio tem um âmbito de incidência (um em caso de certeza de dano e outro, em caso de dúvida); ademais, os dois princípios levam a tomada de medida comum, no caso, medidas com vistas a impedir o dano ambiental.

Gabarito "C".

(Ministério Público/MS – 2013 – FADEMS) Analise as proposições abaixo,

I. O princípio da precaução somente estende o conceito de prevenção na perspectiva de uma sociedade de risco, como é a sociedade contemporânea, o que significa que se deve precaver contra todos os possíveis desdobramentos de atividades que causem impactos ambientais já conhecidos e mensurados pela ciência.

II. O princípio do usuário-pagador fundamenta-se num instrumento que busca o uso racional dos recursos naturais, compartilhando a responsabilidade social pelos custos ambientais derivados da atividade econômica e impondo aos que usam recursos naturais a obrigação de pagar pela sua utilização.

III. A função social da propriedade rural e urbana é atendida quando cumpridas as exigências expressas no Plano Diretor.

IV. A Constituição Federal incluiu o princípio da defesa do meio ambiente na ordem econômica, revelando, assim, que o desenvolvimento não pode ser dissociado da proteção ambiental, pois ele sempre produz algum tipo de impacto ao meio ambiente.

São incorretas:

(A) Somente as assertivas I e III.
(B) Somente as assertivas II e IV.
(C) Somente as assertivas I, III e IV.
(D) Somente as assertivas I, II e III.
(E) Somente as assertivas II e III.

I: assertiva incorreta, pois há de se precaver não só dos desdobramentos de atividades cujos riscos são conhecidos e mensurados pela ciência (certeza científica – princípio da prevenção), como também dos riscos em que não haja conhecimento ou mensuração precisos pela ciência (incerteza jurídica – princípio da precaução); **II**: assertiva correta; princípio do usuário-pagador é aquele pelo qual as pessoas que usam recursos naturais devem pagar por tal utilização. Esse princípio difere do princípio do poluidor-pagador, pois o segundo diz respeito a condutas ilícitas ambientalmente, ao passo que o primeiro refere-se a condutas lícitas ambientalmente. Assim, aquele que polui (conduta ilícita) deve reparar o dano, pelo princípio do poluidor-pagador. Já aquele que usa água (conduta lícita) deve pagar pelo seu uso, pelo princípio do usuário-pagador. A ideia é que o usuário pague com o objetivo de incentivar o uso racional dos recursos naturais, além de se fazer justiça, pois há pessoas que usam mais e pessoas que usam menos determinados recursos naturais; **III**: assertiva incorreta, pois a função social da propriedade urbana é que é atendida quando se cumpre o Plano Diretor (art. 182, § 2º, da CF); já a função social em propriedade rural é atendida quando se cumpre os requisitos do art. 186 da CF (aproveitamento racional e adequado, proteção do meio ambiente, respeito às leis trabalhistas, bem-estar de proprietários e trabalhadores); **IV**: assertiva correta (art. 170, VI, da CF).

Gabarito "A".

(Ministério Público/MT – 2012 – UFMT) Qual princípio impõe ao autor potencial a obrigação de provar, com anterioridade, mesmo diante da ausência de certeza científica do dano, que a sua ação não causará danos ao ambiente?

(A) Da precaução
(B) Do poluidor-pagador
(C) Da prevenção
(D) Da equidade intergeracional
(E) Da informação

A alternativa "A" está correta, ficando excluídas as demais. De fato, o enunciado trazido na questão se refere ao princípio da precaução, previsto no princípio 15 da Declaração do Rio ECO/1992, segundo o qual, quando houver perigo de dano grave e irreversível, a falta de certeza científica absoluta não deverá ser utilizada como razão para postergar a adoção de medidas eficazes para impedir a degradação do meio ambiente, cabendo ao interessado o ônus de provar que as intervenções pretendidas não são perigosas e/ou poluentes.

Gabarito "A".

(Defensor Público/SP – 2012 – FCC) A inversão do ônus da prova em Ação Civil Pública em matéria ambiental, conforme entendimento jurisprudencial do Superior Tribunal de Justiça, consolidado no julgamento do Recurso Especial nº 1.060.753/SP, de relatoria da Ministra Eliana Calmon, tem como fundamento normativo principal, além da relação interdisciplinar entre as normas de proteção ao consumidor e as de proteção ambiental e o caráter público e coletivo do bem jurídico tutelado, o princípio

(A) da precaução.
(B) da função ambiental da propriedade.
(C) do usuário-pagador.
(D) do desenvolvimento sustentável.
(E) da cooperação.

De acordo com a decisão citada, "o princípio da **precaução** pressupõe a inversão do ônus probatório, competindo a quem supostamente promoveu o dano ambiental comprovar que não o causou ou que a substância lançada ao meio ambiente não lhe é potencialmente lesiva". Assim, a alternativa "A" é a correta.

Gabarito "A".

(Defensor Público/PR – 2012 – FCC) Quanto aos princípios do direito ambiental, é correto afirmar:

(A) O princípio do poluidor-pagador está intimamente ligado ao princípio da livre iniciativa e permite a livre utilização dos bens ambientais pelos particulares, ressalvado o posterior ressarcimento à Fazenda Pública pelo uso.
(B) O princípio do acesso equitativo aos recursos naturais não impede que se dê preferência a utilização do bem ambiental pelas comunidades que se encontram mais próximas a ele.
(C) O princípio da prevenção está ligado à incerteza sobre os riscos de determinada atividade potencialmente poluidora, enquanto o princípio da precaução demanda a adoção de medidas que assegurem a salubridade ambiental quando já se conhecem as consequências daquela atividade.
(D) O princípio da participação impõe obrigações não só ao Estado, mas também aos particulares, respondendo ambos, solidariamente, por quaisquer danos que venham a ser causados ao meio ambiente.
(E) O princípio do direito ao meio ambiente ecologicamente equilibrado impede a utilização dos elementos de fauna e flora em suas formas nativas no intuito de manter o equilíbrio ambiental, tanto quanto possível, sem que haja a intervenção humana.

A: incorreta, pois o princípio não dá um salvo-conduto para poluir; quem poluir não poderá usar o princípio para se evadir de sanções criminais e administrativas; o que o princípio quer dizer, em seu aspecto repressivo, é que, uma vez que se poluiu, ter-se-á que reparar o meio ambiente, sem prejuízo das outras sanções cabíveis pela conduta contrária ao Direito; **B:** correta, pois a igualdade significa tratar os iguais igualmente e os desiguais desigualmente, na medida de sua desigualdade; um exemplo é o benefício concedido a pequenos núcleos populacionais rurais quanto ao uso dos recursos hídricos (art. 12, § 1.º, I, da Lei 9.433/1997); **C:** incorreta, pois é o contrário, ou seja, a prevenção está ligada à certeza científica, ao passo que a precaução está ligada à incerteza; **D:** incorreta, pois os particulares não respondem por todo e qualquer dano que venham a ser causados ao meio ambiente só por conta do princípio da participação; é necessário algum tipo de relação do particular com o dano causado; já o Estado, pela ausência culposa de fiscalização do meio ambiente, pode ser chamado a responder solidariamente com o causador do dano; **E:** incorreta, pois o princípio é compatível com o uso do meio ambiente, ainda que importe em utilização da natureza em sua forma nativa; o que não se pode é fazê-lo sem a busca do meio-termo, do respeito às leis e sem o cuidado para que não se mitigue ao máximo os impactos ambientais.

Gabarito "B".

(Procurador do Estado/AC – FMP – 2012) Qual das alternativas abaixo contém princípio(s) não expressamente previsto(s) na Lei Federal 12.305/2010 como norteador(es) da Política Nacional de Resíduos Sólidos?

(A) Prevenção e precaução.
(B) Desenvolvimento sustentável.
(C) Inversão do ônus da prova.
(D) Razoabilidade e proporcionalidade.

À exceção da alternativa "C" (princípio da inversão do ônus da prova), os demais princípios, previstos nas alternativas restantes, estão expressamente elencados no art. 6º da Lei 12.305/2010 (Lei da Política Nacional dos Resíduos Sólidos), com destaque para a prevenção e precaução (inc. I), desenvolvimento sustentável (inc. IV) e razoabilidade e proporcionalidade (inc. XI).

Gabarito "C".

(Procurador do Município/São José dos Campos-SP – 2012 – VUNESP) Quanto aos princípios ambientais informadores do direito ambiental, o relacionado ao acesso equitativo aos recursos naturais refere-se

(A) ao uso autorizado de um recurso ambiental, observadas as normas vigentes e padrões legalmente fixados.
(B) aos custos sociais externos que acompanham a atividade econômica que devem ser internalizados.
(C) à adoção de medidas, pelo Poder Público, por meio da sociedade civil organizada, tendentes a solucionar as questões relativas ao meio ambiente.
(D) à racionalidade da exploração e à eficiência ecológica.
(E) ao acesso da população às informações relativas às atividades administrativas.

A: incorreta, pois o estabelecimento de padrões máximos de poluição por normas editadas pelo Poder Público, a fim de ser mantido o equilíbrio ambiental diante do uso de recursos naturais, diz respeito ao princípio do controle ou limite; **B:** incorreta, pois a internalização das externalidades negativas, vale dizer, a inserção dos custos sociais da degradação da qualidade ambiental nos custos dos processos produtivos, diz respeito ao princípio do poluidor-pagador; **C:** incorreta, a atuação conjunta do Poder Público e da sociedade, com vistas à melhor proteção das questões ambientais, constitui o Princípio 10 da Declaração do Rio (ECO 92), consagrando o princípio da participação comunitária (ou princípio democrático); **D:** correta, pois o acesso equitativo aos recursos naturais, mediante a racionalização da exploração do meio ambiente, está relacionado, segundo cremos, ao princípio do desenvolvimento sustentável; **E:** incorreta, pois o acesso da população às informações relativas às atividades administrativas no tocante às questões ambientais diz respeito ao princípio da informação.

Gabarito "D".

(Procurador da República – 26º) Analise os itens abaixo e responda em seguida:

I. A previsão do direito ao meio ambiente sadio e ecologicamente equilibrado, na Constituição brasileira de 1988, identifica-se com a concepção de uma Constituição dirigente. Segundo a qual o Estado deve desempenhar um papel primordial na promoção e na realização de direitos e benefícios titularizados pela coletividade.

II. A concepção econômica de externalidades negativas encontra-se na estrutura dos princípios do poluidor pagador e do usuário-pagador, traduzindo a necessidade de internalização dos prejuízos sociais nos custos de produção, de forma a atrair para o empreendedor o dever de adotar medidas de prevenção e controle de possível deterioração de recursos ambientais decorrente de sua atividade produtiva.

III. O princípio do poluidor pagador tem índole exclusivamente reparatória ou ressarcitória, traduzindo a ideia de que o empreendedor que polui deve arcar com os ônus daí decorrentes mediante a adoção de medidas de correção ou reparação do ambiente degradado.

IV. O princípio do poluidor pagador não tem força normativa, representando apenas uma expectativa de entronização no sistema jurídico, despida de carga de coercibilidade.

(A) Os itens II e IV são falsos.
(B) Todos os itens são verdadeiros.
(C) Somente o item III é falso.
(D) Os itens I e II são verdadeiros.

I: verdadeiro, pois se trata do clássico conceito de José Joaquim Gomes Canotilho, na obra *Constituição dirigente e vinculação do legislador*; **II:** verdadeiro, pois, como ensina Antonio Herman V. Benjamin ("O princípio poluidor-pagador e a reparação do dano ambiental". In: **Dano ambiental: prevenção, reparação e repressão**, Coord. Antonio H. V. Benjamin, São Paulo: Revista dos Tribunais, 1993, p. 229), "o objetivo maior do princípio poluidor-pagador é fazer com que os custos das medidas de proteção do meio ambiente – as externalidades ambientais – repercutam nos custos finais de produtos e serviços cuja produção esteja na origem da atividade poluidora. Em outras palavras, busca-se fazer com que os agentes que originaram as externalidades 'assumam os custos impostos a outros agentes, produtores e/ou consumidores'"; **III:** falso, pois, como se disse acima, o princípio não tem apenas índole reparatória, sob pena de criar um direito de poluir; **IV:** falso, pois os princípios têm eficácia normativa. O caráter normativo dos princípios permite que sejam invocados na solução de casos concretos, de tal forma que adquirem, com o pós-positivismo, eficácia normativa.

Gabarito "D".

5. COMPETÊNCIA EM MATÉRIA AMBIENTAL

(Procurador do Estado/SP – 2018 – VUNESP) A Polícia Militar Ambiental do Estado de São Paulo lavrou auto de infração ambiental em face de infrator, por suprimir vegetação sem autorização do órgão competente, em um imóvel rural particular não inserido em área qualificada como Unidade de Conservação. Ato contínuo, enquanto o infrator se preparava para sair do local, fiscais do Instituto Brasileiro do Meio Ambiente e dos Recursos Naturais Renováveis – IBAMA lavraram auto de infração em razão dos mesmos fatos. A sanção cominada, por ambos os entes, foi exclusivamente a de multa. Diante dessa situação, assinale a alternativa correta.

(A) Os dois autos de infração ambiental são inválidos, pois a competência para lavratura é municipal, tratando-se de vício sanável.
(B) Deve prevalecer o auto de infração ambiental lavrado pelo Estado.
(C) Os dois autos de infração devem ser mantidos, inclusive com as sanções daí decorrentes, que serão concorrentes e admitirão a futura cobrança das multas respectivas.
(D) Deve prevalecer o auto de infração ambiental lavrado pelo IBAMA.
(E) Os dois autos de infração ambiental são inválidos, pois a competência para lavratura é municipal, tratando-se de vício insanável.

A: incorreta, nos termos do art. 17, *caput* e § 3º, da Lei Complementar 140/2011, compete ao órgão responsável pelo licenciamento ou autorização, de um empreendimento ou atividade, lavrar auto de infração ambiental e instaurar processo administrativo para a apuração de infrações à legislação ambiental cometidas pelo empreendimento ou atividade licenciada ou autorizada, contudo, isso não impede o exercício pelos entes federativos da atribuição comum de fiscalização, prevalecendo o auto de infração ambiental lavrado por órgão que detenha a competência para a análise do licenciamento ou autorização; **B:** correta. Vide art. 17, § 3º cumulado com o art. 8º, XIV, ambos da Lei Complementar 140/2011; **C:** incorreta. A teor do art. 17, § 3º da Lei Complementar 140/2011, o auto de infração lavrado pelo IBAMA deverá ser arquivado, prevalecendo o autuado pela Polícia Militar do Estado de São Paulo; **D:** incorreta. Deverá prevalecer o auto de infração lavrado pela Polícia Militar do Estado de São Paulo (art. 17, §3º, da Lei Complementar 140/2011); **E:** incorreta, nos termos do art. 17, § 3º cumulado com o art. 8º, XIV, ambos da Lei Complementar 140/2011. **FM/FC**

Gabarito "B".

(Procurador do Estado/SP – 2018 – VUNESP) A respeito das competências para autorização de supressão e manejo de vegetação, assinale a alternativa correta.

(A) Compete aos Municípios, dentre outras atribuições, aprovar a supressão e o manejo de vegetação, de florestas e formações sucessoras em florestas públicas municipais e unidades de conservação instituídas pelo Município, exceto em Áreas de Proteção Ambiental.
(B) A aprovação da supressão de vegetação em unidade de conservação será sempre do ente instituidor da unidade, exceto para Áreas de Proteção Ambiental, Reservas Particulares do Patrimônio Natural e Reserva de Desenvolvimento Sustentável, cuja competência será da União.
(C) A Lei Complementar no 140/2011, buscando solucionar conflitos de competência, previu que as autorizações para supressão de vegetação serão sempre concedidas pelo ente federativo licenciador, vedando, em qualquer hipótese, o estabelecimento de regras próprias e diferenciadas para atribuições relativas à autorização de manejo e supressão de vegetação.
(D) A Lei nº 11.428/2006, que dispõe sobre a utilização e proteção da vegetação nativa do bioma mata atlântica, confere competência para concessão de autorização para supressão de vegetação no bioma mata atlântica indistintamente aos Estados, cabendo oitiva prévia do órgão municipal quando a vegetação estiver localizada em área urbana.
(E) A Lei Complementar no 140/2011, buscando solucionar conflitos de competência, previu que as autorizações para supressão de vegetação serão sempre concedidas pelo ente federativo licenciador, entretanto, previu exceção para supressão de vegetação em situações específicas, conforme ato do Conselho Nacional do Meio Ambiente, após oitiva da Comissão Tripartite Nacional.

A: correta, consoante o art. 9º, XV, "a", da Lei Complementar 140/2011; **B:** incorreta. Para fins de licenciamento ambiental de atividades ou empreendimentos utilizadores de recursos ambientais, efetiva ou potencialmente poluidores ou capazes, sob qualquer forma, de causar degradação ambiental, e para autorização de supressão e manejo de vegetação, o critério do ente federativo instituidor da unidade de conservação não será aplicado somente às Áreas de Proteção Ambiental (art. 12, da Lei Complementar 140/2011); **C:** incorreta, segundo o que dispõe o art. 11, da Lei Complementar 140/2011: "A lei poderá estabelecer regras próprias relativas à autorização de manejo e supressão de vegetação [...]"; **D:** incorreta. A definição da competência para a supressão de vegetação no Bioma Mata Atlântica deve observar as prescrições do art. 14 da Lei do Bioma Mata Atlântica, com definições que incluem os órgãos estaduais e, quando o caso, em área urbana, para supressão de vegetação no estágio médio de regeneração, a autorização do órgão ambiental municipal competente, desde que o município possua conselho de meio ambiente, com caráter deliberativo e plano diretor, mediante anuência prévia do órgão ambiental estadual competente fundamentada em parecer técnico; **E:** incorreta, a teor do art. 13, § 2º, da Lei Complementar 140/2011. **FM/FC**

Gabarito "A".

(Procurador do Estado – PGE/MT – FCC – 2016) O Estado tem atribuição para aprovar o manejo e a supressão de vegetação, de florestas e formações sucessoras em

(A) florestas públicas estaduais ou unidades de conservação do próprio Estado, exceto em Áreas de Proteção Ambiental (APAs), em imóveis rurais, observadas as atribuições da União, e nas atividades ou empreendimentos licenciados ou autorizados, ambientalmente, pelo citado ente federativo.
(B) florestas públicas estaduais ou unidades de conservação localizadas em seu território, exceto em Áreas de Proteção Ambiental (APAs), em imóveis rurais, observadas as atribuições da União, e nas atividades ou empreendimentos licenciados ou autorizados, ambientalmente, pelo citado ente federativo.
(C) florestas públicas estaduais ou unidades de conservação localizadas em seu território, em imóveis rurais, observadas as atribuições da União, e nas atividades ou empreendimentos licenciados ou autorizados, ambientalmente, pelo citado ente federativo.
(D) florestas públicas estaduais ou unidades de conservação localizadas em seu território e nas atividades ou empreendimentos licenciados ou autorizados, ambientalmente, pelo citado ente federativo.
(E) todos os imóveis rurais e nas atividades ou empreendimentos licenciados ou autorizados, ambientalmente, pelo citado ente federativo.

De fato, o Estado tem atribuição para aprovar o manejo e a supressão de vegetação, de florestas e formações sucessoras em florestas públicas estaduais ou unidades de conservação do próprio Estado, exceto em Áreas de Proteção Ambiental (APAs), em imóveis rurais, observadas as atribuições da União, e nas atividades ou empreendimentos licenciados ou autorizados, ambientalmente, pelo citado ente federativo, nesse sentido, dispõe o (art. 8º, XVI, da Lei Complementar 140/2011). No que diz respeito a competência do Estado para aprovar o manejo e a supressão de vegetação, de florestas e formações sucessoras localizadas em unidades de conservação, o critério que definirá a competência é o da criação do espaço especialmente protegido, e não da sua localização conforme disposto no enunciado. Outrossim, em se tratando de Áreas de Proteção Ambiental (APA's), para fins de autorização de supressão e manejo de vegetação, o critério do ente federativo instituidor da unidade de conservação não será aplicado, mas seguirá os critérios previstos nas alíneas "a", "b", "e", "f" e "h" do inciso XIV do art. 7º, no inciso XIV do art. 8º e na alínea "a" do inciso XIV do art. 9º, da Lei Complementar 140/2011 (art. 12, parágrafo único, Lei Complementar 140/2011). **FM/FCP**

Gabarito "A".

(Juiz – TRF 2ª Região – 2017) Assinale a opção correta:

(A) O Estado membro possui competência concorrente para legislar sobre a proteção do meio ambiente e sobre a defesa dos recursos naturais e, nessa linha, pode regular as condições de utilização das águas subterrâneas, que são bens dos Estados.
(B) A competência para legislar sobre águas e sobre o meio ambiente é privativa da União.
(C) O Estado membro pode disciplinar o uso de águas subterrâneas apenas se a União não tiver lei específica sobre o tema.
(D) Apenas mediante autorização prevista em Lei Complementar, o Estado membro pode disciplinar o uso de águas subterrâneas.
(E) Como compete à União dispor sobre o sistema nacional de gerenciamento de recursos hídricos, é vedado aos Estados disciplinar o uso de águas subterrâneas.

A: correta, uma vez que a competência é concorrente entre a União, Estados e Distrito Federal para legislar sobre a defesa dos recursos naturais e proteção do meio ambiente, podendo o Estado-membro regular as condições de utilização das águas subterrâneas, que são bens integram o seu patrimônio (art. 24, VI e art. 26, I, da CF/88); **B:** incorreta. A competência é privativa da União para legislar sobre águas (art. 22, IV, da CF/88), contudo para legislar a respeito do meio ambiente, a competência é concorrente (art. 24, VI, da CF/88); **C:** incorreta, já que incluem entre os bens dos Estados as águas subterrâneas (art. 26, I, da CF/88), e é certo que sua competência legislativa assenta-se consoante essa peculiaridade; **D** e **E:** incorreta. A teor do art. 22, IV e parágrafo único da CF/88 as assertivas seriam verdadeiras, contudo, tal entendimento feriria a descentralização exigida pela forma federativa do Estado, ademais, sendo os Estados-membros titulares das águas que se encontrarem sobre os seus territórios, tem-se que poderão disciplinar o uso destas águas. **FM/FCP**

Gabarito "A".

(Juiz – TRF 4ª Região – 2016) Assinale a alternativa correta. Acerca da competência de legislar em matéria ambiental prevista na Constituição:

(A) É de competência concorrente entre União, Estados e Municípios a edição de normas gerais acerca de proteção do meio ambiente e controle de poluição.
(B) Inexiste competência da União para legislar sobre proteção ambiental em porção territorial limitada a um Estado ou que não tenha alcance em todo o território nacional, como, por exemplo, a vedação de pesca em um único estado da federação.

(C) Segundo posicionamento firmado pelo Supremo Tribunal Federal, viola a Constituição Federal a edição de norma estadual que vise a suprimir requisito legal previsto em lei federal mais restritivo para determinada modalidade de licenciamento ambiental, sem justificada peculiaridade local.
(D) É de competência concorrente entre União, Estados e Municípios a edição de normas de responsabilidade por danos ao meio ambiente.
(E) Todas as alternativas anteriores estão corretas.

A: incorreta, pois no âmbito da legislação concorrente, a competência da União é que se limita a edição de normas de caráter geral (art. 24, § 1º, da CF/88), e não exclui a competência suplementar dos Estados (art. 24, § 2º, da CF/88); **B:** incorreta, pois a competência da União para legislar a respeito de proteção ambiental é concorrente à dos Estados e Distrito Federal, e nesta medida deverá editar apenas normas gerais, não podendo, portanto, limitar o alcance da norma a um único Estado da federação (art. 24, § 2º, da CF/88); **C:** correta, pois pela lógica sistemática da competência legislativa, apenas a lei federal seria apta a suprimir requisito legal previsto em lei federal. Ademais, trata-se de matéria inserida no campo de abrangência das normas gerais sobre proteção do meio ambiente, e não normas complementares, que são da competência dos Estados-membros (art. 24, § 1º e 2º, da CF/88 e ADI1.086-7); **D:** incorreto, a competência concorrente é exercida entre a União, Estados-membros e Distrito Federal (art. 24, "caput", da CF/88), a competência dos municípios é suplementar a da União e dos Estados-membros (art. 30, II, da CF/88); **E:** incorreta em face dos argumentos articulados nas assertivas anteriores. FM/FCP
Gabarito "C".

(Juiz de Direito/DF – 2016 – CESPE) Acerca da competência constitucional em matéria ambiental e da legalidade dos múltiplos aspectos do direito ambiental, assinale a opção correta.
(A) Apenas os funcionários dos órgãos ambientais integrantes do SISNAMA designados para as atividades de fiscalização são autoridades competentes para lavrar auto de infração ambiental e instaurar processo administrativo.
(B) A realização de pesquisa e lavra de recursos minerais é vedada nas terras, formalmente delimitadas, ocupadas pelas comunidades indígenas, devido ao alto grau de dano ambiental causado por essa atividade, que interfere no equilíbrio do meio ambiente, necessário à subsistência desses povos.
(C) A União detém competência privativa para legislar sobre jazidas, minas, caça, pesca e atividades nucleares de qualquer natureza, nos termos da carta constitucional.
(D) O uso comercial de tecnologia que envolva manipulação genética visando à desativação de genes relacionados à fertilidade das plantas por indutores químicos externos está sujeito a prévio licenciamento ambiental, nos termos da lei de biossegurança.
(E) A comprovação de que a pessoa jurídica foi constituída com a finalidade de viabilizar a prática de crime definido na lei de crimes ambientais possibilita a decretação de sua liquidação forçada e a consideração de seu patrimônio como instrumento de crime.

A: incorreta. Além deles, o art. 70, § 1º, da Lei 9.605/1998 relaciona igualmente os agentes da Capitania dos Portos da Marinha; **B:** incorreta. Assim dispõe o art. 231, § 3º: "o aproveitamento dos recursos hídricos, incluídos os potenciais energéticos, a pesquisa e a lavra das riquezas minerais em terras indígenas só podem ser efetivados com autorização do Congresso Nacional, ouvidas as comunidades afetadas, ficando-lhes assegurada participação nos resultados da lavra, na forma da lei". Nota-se, portanto, que não há vedação absoluta; **C:** incorreta. A União detém competência legislativa privativa para legislar sobre jazidas, minas (art. 22, XII) e atividades nucleares de qualquer natureza (art. 22, XXVI, CF). Contudo, para caça e pesca essa competência legislativa é concorrente (art. 24, VI, CF); **D:** incorreta. Essa atividade é proibida no Brasil. Segundo a Lei 11.105/2005, é proibida a utilização, a comercialização, o registro, o patenteamento e *o licenciamento de tecnologias genéticas de restrição do uso*. Por sua vez, entende-se por *tecnologias genéticas de restrição do uso* qualquer processo de intervenção humana para geração ou *multiplicação de plantas geneticamente modificadas para produzir estruturas reprodutivas estéreis, bem como qualquer forma de manipulação genética que vise à ativação ou desativação de genes relacionados à fertilidade das plantas por indutores químicos externos*; **E:** correta. Trata-se da transcrição do art. 24 da Lei 9.605/1998, a saber: "a pessoa jurídica constituída ou utilizada, preponderantemente, com o fim de permitir, facilitar ou ocultar a prática de crime definido nesta Lei terá decretada sua liquidação forçada, seu patrimônio será considerado instrumento do crime e como tal perdido em favor do Fundo Penitenciário Nacional".
Gabarito "E".

(Procurador do Estado/AM – 2016 – CESPE) Acerca de competências ambientais legislativas, ação popular e espaços territoriais especialmente protegidos, julgue os itens a seguir.
(1) Caso pretenda delimitar um espaço protegido em seu território, o estado do Amazonas poderá fazê-lo mediante decreto, mas somente por lei poderá reduzi-lo ou suprimi-lo.
(2) Segundo o SNUC, a reserva da biosfera é constituída por áreas de domínio público ou privado.
(3) **Situação hipotética:** No estado do Amazonas, há uma RPPN sobreposta a uma APA, e outra RPPN sobreposta a uma RDS. Sabe-se que todas essas unidades de conservação são estaduais. **Assertiva:** Nesse caso, todas as sobreposições mencionadas contrariam a Lei Complementar do Amazonas n.º 53/2007, que veda tais situações.
(4) Se o estado do Amazonas pretender abrigar, em seu território, instalações industriais para a produção de energia nuclear, a referida construção estará subordinada à autorização da Assembleia Legislativa do estado, por meio de lei, que poderá prever plebiscito para sua ratificação, haja vista atividade nuclear ser assunto da competência concorrente da União e dos estados da Federação.
(5) **Situação hipotética:** Determinado empreendimento obteve licença ambiental do estado X sem observância das exigências normativas previstas, o que resultou em lesão ao meio ambiente. **Assertiva:** Nessa situação, brasileiro naturalizado, residente e eleitor no estado Y, terá legitimidade para ajuizar ação popular no juízo competente contra o estado X com o objetivo de anular o ato concessório.

1: correta. A criação de uma unidade de conservação dá-se por meio de ato do Poder Público, que pode ser uma lei ou um decreto (art. 22, *caput*, Lei 9.985/2000). Por sua vez, a redução ou supressão só poderá ser feita por meio de lei específica, ainda que a unidade de conservação tenha sido criada por decreto (art. 22, § 7º, Lei 9.985/2000); **2:** correta. Assertiva em consonância com o art. 41, § 2º, da Lei 9.985/2000; **3:** errada. A sobreposição, nos termos delineados, é possível, consoante o art. 14, § 2º, II, Lei Complementar do Amazonas 53/2007, a saber: "a RPPN pode se sobrepor à APA e à RDS **4:** errada. Segundo o § 6º do art. 225 da Constituição Federal, "as usinas que operem com reator nuclear deverão ter sua localização definida em lei federal, sem o que não poderão ser instaladas". É necessário, portanto, lei federal. A competência é, por sua vez, privativa da União; **5:** correta. A legitimidade para o ajuizamento da ação popular por danos ao meio ambiente não faz diferenciação de brasileiros natos ou naturalizados. Para o ajuizamento basta o título de eleitor ou documento correspondente.
Gabarito 1C, 2C, 3E, 4E, 5C

(Juiz de Direito/AM – 2016 – CESPE) O fiscal de determinado órgão ambiental constatou que um madeireiro cortava árvores de espécies protegidas. O madeireiro apresentou autorização para cortar exemplares que apresentavam risco de queda, mas, dado o excesso de espécimes cortados, o fiscal considerou que a situação configurava tanto infração administrativa como crime ambiental. Considerou, ainda, após exame da autorização, que o documento estava em desacordo com as normas ambientais aplicáveis, inclusive por vício de competência.
Com base nessa situação hipotética, assinale a opção correta acerca de infrações ambientais e poder de polícia.
(A) É correto afirmar que o órgão de lotação do fiscal é o IBAMA.
(B) Cabem ao fiscal a lavratura do auto de infração ambiental e a instauração tanto do processo administrativo quanto do inquérito criminal contra o madeireiro.
(C) Para a lavratura do auto de infração, é desnecessária análise do elemento subjetivo do madeireiro, pois a responsabilidade civil por dano ambiental é objetiva.
(D) Se deixar de proceder à apuração mediante processo administrativo próprio, o fiscal poderá ser corresponsabilizado pelo corte ilegal das árvores.
(E) A concessão de autorização em desacordo com as normas ambientais só configura crime se tiver havido dolo do servidor que a concedeu.

A: incorreta. O exercício da competência administrativa é comum entre todos os entes federativos, consoante o art. 23 da CF. No caso, não há nenhum elemento para confirmar a assertiva; **B:** incorreta. A competência para lavrar auto de infração e instaurar o processo administrativo é dos órgãos do Sistema Nacional do Meio Ambiente (SISNAMA). Essa competência é distinta daquela da esfera penal, isto é, o fiscal não pode instaurar inquérito criminal (tal atribuição é dos órgãos policiais), que pode conduzir a uma denúncia pelo Ministério Público por crime ambiental, no âmbito do Poder Judiciário; **C:** incorreta. De fato, a responsabilidade civil por danos ambientais é objetiva, consoante o art. 14, § 1º, da Lei 6.938/1981. Contudo, no caso, a responsabilidade em discussão é a administrativa, que é, consoante os recentes entendimentos do STJ, subjetiva; **D:** correta. Consoante o § 3º do art. 70 da Lei 9.605/1998, a autoridade ambiental que tiver conhecimento de infração ambiental é obrigada a promover a sua apuração imediata, mediante processo administrativo próprio, sob pena de corresponsabilidade; **E:** incorreta. A concessão de autorização em desacordo com as normas ambientais configura crime se tiver havido dolo quanto à omissão do servidor que a concedeu, a teor do art. 67 da Lei 9.605/98.
Gabarito "D".

(Magistratura/RR – 2015 – FCC) A competência para legislar sobre controle da poluição é
(A) privativa da União.
(B) privativa dos Estados e Distrito Federal.
(C) concorrente entre a União e os Estados e Distrito Federal.
(D) privativa dos Municípios.
(E) privativa do Conselho Nacional do Meio Ambiente (CONAMA).

Somente a alternativa C está correta. Conforme determinado expressamente pela Constituição Federal: "Art. 24. Compete à União, aos Estados e ao Distrito Federal legislar concorrentemente sobre: VI – florestas, caça, pesca, fauna, conservação da natureza, defesa do solo e dos recursos naturais, proteção do meio ambiente e controle da poluição;" Em que pese entendimento do STJ reconhecendo também a competência do Município, nos autos do RE 586224/SP: Recurso extraordinário em ação direta de inconstitucionalidade estadual. Limites da competência municipal. Lei municipal que proíbe a queima de palha de cana-de-açúcar e o uso do fogo em atividades agrícolas. Lei municipal 1.952, de 20.12.1995, do município de Paulínia. Reconhecida repercussão geral. Alegação de violação aos arts. 23, *caput* e parágrafo único, n. 14, 192, § 1.º e 193, XX e XXI, da Constituição do Estado de São Paulo e arts. 23, VI e VII, 24, VI e 30, I e II DA CRFB. *1. O Município é competente para legislar sobre meio ambiente com União e Estado, no limite de seu interesse local e desde que tal regramento seja harmônico com a disciplina estabelecida pelos demais entes federados (art. 24, VI c/c 30, I e II da CRFB).* 2. O Judiciário está inserido na sociedade e, por este motivo, deve estar atento também aos seus anseios, no sentido de ter em mente o objetivo de saciar as necessidades, visto que também é um serviço público.

Gabarito "C".

(Magistratura/GO – 2015 – FCC) O Estado X criou por Decreto um Parque Estadual, unidade de conservação da natureza de proteção integral segundo a Lei Federal 9.985/2000. Passados 5 anos, editou-se um novo Decreto para desafetar parte da área deste Parque Estadual, reduzindo-se, assim, sua extensão territorial. O novo Decreto é

(A) válido, pois não há impedimento legal para que o Ente Federativo que criou uma unidade de conservação possa alterar seus limites por meio de Decreto.
(B) válido, uma vez que a desafetação foi realizada pelo mesmo tipo de ato normativo que criou o Parque Estadual.
(C) nulo, porque há expressa proibição legal para desafetar ou reduzir limites de qualquer unidade de conservação.
(D) nulo, salvo se o Decreto contiver exposição de motivos.
(E) nulo, uma vez que a desafetação ou redução dos limites de uma unidade de conservação só pode ser feita mediante lei específica.

Somente a alternativa **E** está correta. A Lei 9.985/2000 que instituiu o Sistema Nacional de Unidades de Conservação da Natureza, determina que as unidades de conservação serão criadas por ato do Poder Público, porém a desafetação ou redução dos limites de uma unidade de conservação só pode ser feita mediante lei específica (art. 22, § 7º, da Lei 9.985/2000 e art. 225, § 1º, III, da CF). Sendo assim, é possível criar um parque estadual por meio do decreto, porém, é nulo decreto posterior que altere sua extensão territorial, cabendo para tanto somente lei específica.

Gabarito "E".

(Magistratura/SC – 2015 – FCC) Determinado Estado da Federação possui uma legislação sobre flora. A União, após intenso debate legislativo, trouxe em lei federal normas gerais sobre a mesma matéria tratada na lei estadual. A lei estadual

(A) fica revogada no que for contrário à legislação federal superveniente.
(B) está automaticamente revogada.
(C) pode ser revogada pelo Poder Legislativo Estadual.
(D) continua em vigor, mesmo os dispositivos que sejam contrários ao texto da lei federal.
(E) fica com a eficácia suspensa no que for contrário à legislação federal superveniente.

Somente a alternativa **E** está correta. Conforme o texto constitucional, compete à União, aos Estados e ao Distrito Federal legislar concorrentemente sobre florestas, caça, pesca, fauna, conservação da natureza, defesa do solo e dos recursos naturais, proteção do meio ambiente e controle da poluição, limitando-se à União estabelecer normas gerais, sem que fique excluída a competência suplementar dos Estados. Por fim, destaca-se que a superveniência de lei federal sobre normas gerais, suspende a eficácia da lei estadual no que lhe for contrário (art. 24, VI, §§ 1º ao 4º).

Gabarito "E".

(Juiz de Direito/MG – 2014) Analise as afirmativas seguintes.

I. Em virtude da competência concorrente para legislar sobre matéria relativa à proteção do meio ambiente, cabe à União tão somente o estabelecimento de normas gerais, sem prejuízo da competência suplementar dos Estados. Desta forma, a superveniência de lei federal sobre normas gerais suspende a eficácia de lei estadual, no que lhe for contrário.
II. No aspecto ambiental, a competência legislativa do Município se circunscreve apenas à promoção do patrimônio histórico-cultural local, observada a legislação e a ação fiscalizadora federal e estadual.
III. Além da ação civil pública, também a ação popular constitui instrumento de tutela do patrimônio ambiental. Todavia, a legitimidade ativa para a sua propositura é concedida apenas àquele que ostente a condição de cidadão, ou seja, a pessoa física no gozo de seus direitos políticos.
IV. É vedada a reabertura do inquérito civil ambiental arquivado com fundamento na celebração de compromisso de ajustamento de conduta definitivo, devidamente homologado, já que o órgão competente do Ministério Público passa a dispor de um título executivo contra o agente causador do dano.

A partir da análise, conclui-se que estão INCORRETAS.

(A) I e IV apenas.
(B) II e III apenas.
(C) II e IV apenas.
(D) I e III apenas.

I: correta, conforme disposto pelo art. 24, *caput*, VI, §§ 1º e 4º,da CF, no âmbito da competência concorrente, a União limitar-se-á a estabelecer normas gerais e a superveniência de lei federal sobre normas gerais suspende a eficácia da lei estadual, no que lhe for contrário; **II**: incorreta, pois a competência legislativa suplementar ao Estado e União prevista no art. 30, II da CF não está restrita ao patrimônio histórico-cultural local, podendo alcançar inclusive os demais patrimônios ambientais. Assim também entende Francisco van Acker: "O Município em matéria ambiental, exerce competência administrativa em comum com a União e o Estado, e tem competência legislativa concorrente, ou seja, suplementar. Consequentemente, suas normas devem conformar-se com as da União e do Estado, não podendo ignorá-las ou dispor contrariamente a elas." (O município e o meio ambiente na Constituição de 1988. *Revista de Direito Ambiental*, São Paulo, RT, n1 p.98, 1996); **III**: correta, pois a Ação Civil Pública e a Ação Popular são instrumentos de tutela do patrimônio ambiental, porém se diferenciam quanto a legitimidade ativa. Enquanto a primeira elenca um rol taxativo de legitimados (art. 5º Lei 7.347/1985) a Ação Popular permite apenas ao cidadão (comprovado pelo título eleitoral) pleitear em juízo a anulação ou a declaração de nulidade de atos lesivos ao patrimônio da União, do Distrito Federal, dos Estados, dos Municípios (o art. 1º, § 3º, da Lei 4.717/1965 – Lei Ação Civil Pública); **IV**: incorreta, o art. 12 da Resolução 23/2007 do CNPM dá o prazo de até seis meses para desarquivamento do inquérito civil, diante de novas provas ou para investigar ou fato novo relevante.

Gabarito "C".

(Juiz de Direito/PA – 2014 – VUNESP) Em relação às competências dos entes federados em matéria ambiental, é correto afirmar que

(A) os Municípios, como importantes entes da Federação, têm competência privativa para legislar sobre proteção ao patrimônio cultural, artístico, turístico e paisagístico, desde que observadas as normas e a ação fiscalizadora federal e estadual.
(B) os Estados Federados, que se organizam e regem-se pelas Constituições e leis que adotarem, desde que observados os princípios da Constituição Federal de 1988, têm reservadas para si as competências que não lhe forem vedadas, cabendo destaque para legislar sobre o planejamento e a promoção da defesa permanente contra as calamidades públicas, em especial secas e inundações, de forma a atender à necessidade de resiliência às mudanças climáticas.
(C) no âmbito da legislação concorrente, a competência da União para legislar sobre normas gerais não exclui a competência suplementar dos Estados-membros que, na falta de lei federal sobre normas gerais, terão competência legislativa plena, sendo certo que a eficácia das normas gerais da lei estadual se condiciona à compatibilidade do seu conteúdo com as normas gerais da lei federal superveniente.
(D) a União tem competência privativa para legislar sobre águas, energia, jazidas e minas, bem como atividades nucleares de qualquer natureza, entre outros temas, o que não afasta a competência delegada dos Estados-membros, mas exclui a competência suplementar do Distrito Federal e dos Municípios.
(E) a Constituição Federal de 1988, importante marco da proteção ao meio ambiente ecologicamente equilibrado, é expressa ao prever a competência concorrente da União, dos Estados, do Distrito Federal e dos Municípios para legislar sobre florestas, caça, pesca, fauna, conservação da natureza, jazidas, defesa do solo e dos recursos naturais, proteção do meio ambiente e controle da poluição, proteção ao patrimônio histórico, entre outros temas.

A: incorreta, pois o município não tem competência privativa para legislar sobre proteção do patrimônio cultural, artístico, turístico e paisagístico, já que o artigo 24, VII, da CF restringiu este tema à competência concorrente da União, Estados e Distrito Federal; **B**: incorreta, pois conforme art. 21, XVIII da CF, compete à União e não aos Estados: "XVIII – planejar e promover a defesa permanente contra as calamidades públicas, especialmente as secas e as inundações"; **C**: correta, conforme os parágrafos do art. 24 da CF: "§ 1º – No âmbito da legislação concorrente, a competência da União limitar-se-á a estabelecer normas gerais. § 2º – A competência da União para legislar sobre normas gerais não exclui a competência suplementar dos Estados. § 3º – Inexistindo lei federal sobre normas gerais, os Estados exercerão a competência legislativa plena, para atender a suas peculiaridades. § 4º – A superveniência de lei federal sobre normas gerais suspende a eficácia da lei estadual, no que lhe for contrário."; **D**: incorreta, pois embora o parágrafo único do art. 22 da CF não tenha incluído expressamente o Distrito Federal, é possível estender a este ente a competência delegada conforme interpretação do art. 23 parágrafo único, também da CF; **E**: incorreta, pois os Municípios não estão no rol dos entes com competência concorrente para legislar sobre proteção ambiental.

Gabarito "C".

(Procurador do Município – Cuiabá/MT – 2014 – FCC) Joaquim é proprietário de imóvel rural no Município Gama. Há quatro exemplares arbóreos em seu imóvel que precisam ser suprimidos. A competência para autorizar esta supressão é

(A) do Estado ou do Município.
(B) do Município, pelo baixo impacto.

(C) da União.
(D) do Município, por ser assunto de interesse local.
(E) do Estado.

A: incorreta, pois a LC 140/2011 em seu art. 9º, inciso XV, alíneas 'a' e 'b', determina quais dentre as ações administrativas o município poderá aprovar: "a supressão e o manejo de vegetação, de florestas e formações sucessoras em florestas públicas municipais e unidades de conservação instituídas pelo Município, exceto em Áreas de Proteção Ambiental (APAs); e a supressão e o manejo de vegetação, de florestas e formações sucessoras em empreendimentos licenciados ou autorizados, ambientalmente, pelo Município.", conforme visto, não há referência à supressão de arbóreas em área rural; **B:** incorreta, pois não compete ao municípios aprovar supressão de arbóreos em área rural, independente do impacto; **C:** incorreta, o art. 7º, XV, alínea 'a' da LC 140/2011 determina como ação administrativa da União aprovar o manejo e a supressão de vegetação, de florestas e formações sucessoras em florestas públicas federais, terras devolutas federais ou unidades de conservação instituídas pela União, exceto em APAs, sem mencionar, entretanto, área rural; **D:** incorreta, pois o interesse local não faz surgir para o município a competência para tratar do tema; **E:** correta, conforme determinado pelo art. 8º, XVI, alínea 'b' da LC 140/2011: "Art. 8º São ações administrativas dos Estados: (…)XVI – aprovar o manejo e a supressão de vegetação, de florestas e formações sucessoras em: b) imóveis rurais, observadas as atribuições previstas no inciso XV do art. 7º.

Gabarito "E".

(Promotor de Justiça/PI – 2014 – CESPE) Considerando a divisão de competências ambientais, a Política Nacional do Meio Ambiente e os instrumentos de proteção ambiental, assinale a opção correta.

(A) Para o cumprimento dos objetivos da Política Nacional do Meio Ambiente, o CONAMA deverá estabelecer normas, critérios e padrões relativos ao controle e à manutenção do meio ambiente, considerando a capacidade de autorregeneração dos corpos receptores e a necessidade do estabelecimento de parâmetros genéricos mensuráveis.
(B) Em se tratando de empreendimentos potencialmente causadores de poluição ambiental que já tenham sido implantados irregularmente, dispensa-se o procedimento de licenciamento ambiental normalmente exigido para o seu funcionamento, exigindo-se em contrapartida indenização civil ambiental pelos danos causados.
(C) A criação de espaços territoriais especialmente protegidos e a servidão ambiental poderão ser instituídas de forma onerosa ou gratuita, temporária ou perpétua, desde que mantido, no mínimo, o mesmo regime da reserva legal.
(D) Para a aprovação de projetos habilitados a financiamento e incentivo governamentais, é facultado ao poder público exigir o licenciamento ambiental e o cumprimento das normas, critérios e padrões ambientais determinados pelo CONAMA.
(E) No âmbito da cooperação entre os entes da Federação, o exercício das competências ambientais legislativas e materiais pelos estados, DF e municípios sujeita-se às normas gerais da União e às determinações do órgão ambiental federal.

A: correta, conforme disposto no art. 7º, XIX, § 3º do Decreto 99.274/1990: "§ 3º Na fixação de normas, critérios e padrões relativos ao controle e à manutenção da qualidade do meio ambiente, o CONAMA levará em consideração a capacidade de autorregeneração dos corpos receptores e a necessidade de estabelecer parâmetros genéricos mensuráveis"; **B:** incorreta, pois não há a dispensa do licenciamento. **C:** incorreta, pois a criação de espaços territoriais especialmente protegidos não segue o mesmo regime de criação da servidão ambiental (art. 9º-A e 9º-B da Lei 6.938/1981); **D:** incorreta, pois não se trata de uma faculdade do poder público e sim uma obrigação, conforme art. 12 da PNMA: "Art. 12 – As entidades e órgãos de financiamento e incentivos governamentais condicionarão a aprovação de projetos habilitados a esses benefícios ao licenciamento, na forma desta Lei, e ao cumprimento das normas, dos critérios e dos padrões expedidos pelo CONAMA. Parágrafo único. As entidades e órgãos referidos no caput deste artigo deverão fazer constar dos projetos a realização de obras e aquisição de equipamentos destinados ao controle de degradação ambiental e à melhoria da qualidade do meio ambiente"; **E:** incorreta, pois embora o art. 23, VI, VII e parágrafo único da CF determine como competência comum entre União, Estados e Municípios a proteção do meio ambiente, o combate à poluição e preservação das florestas, fauna e flora, no que diz respeito a competência legislativa sobre proteção ambiental, esta será concorrente somente entre União, aos Estados e ao Distrito Federal, (art. 24, VI, VII e VIII da CF).

Gabarito "A".

(Ministério Público/MS – 2013 – FADEMS) À luz da competência para legislar em matéria ambiental, é correto afirmar que:

(A) Em matéria ambiental, não há competência legislativa privativa e suplementar do Município.
(B) Os Estados, no âmbito da legislação concorrente, não podem legislar sobre matéria ainda não tratada pela União.
(C) Compete privativamente à União legislar sobre floresta, caça e pesca, com fulcro no princípio da predominância do interesse.
(D) As normas gerais no âmbito da competência concorrente são atribuídas à União.
(E) Mesmo que exista atuação normativa por parte da União, o Estado-membro também pode trata das normas gerais que não atendam somente suas peculiaridades.

A: incorreta, pois, em matéria de interesse local, a competência é privativa do Município (art. 30, I, da CF); ademais, o Município pode, sim, suplementar a legislação federal e estadual, no que couber (art. 30, II, da CF); **B:** incorreta, pois, nesse caso (de a União ainda não ter legislado sobre alguma matéria), os Estados podem legislar para atender às suas peculiaridades (art. 24, § 3º, da CF); naturalmente que, uma vez editada uma lei federal geral superveniente sobre o assunto, a legislação estadual correspondente terá sua eficácia suspensa no que for incompatível com a lei federal (art. 24, § 4º, da CF); **C:** incorreta, pois essa competência é concorrente da União, Estados e Distrito Federal (art. 24, VI, da CF); **D:** correta (art. 24, § 1º, da CF); **E:** incorreta, pois, nesse caso (de a União ter produzido normas gerais), o Estado não pode produzir outras normas gerais a título de atender a suas peculiaridades, pois isso só pode acontecer na hipótese de inexistir normas federais (art. 24, § 3º, da CF); porém, nada impede que os Estados suplementem a legislação federal (art. 24, § 2º, da CF), ou seja, tratem de aspecto não abordado na lei federal ou criem normas com vistas à aplicação local da lei federal.

Gabarito "D".

(Procurador do Estado/MG – FUMARC – 2012) Acerca das ações administrativas relativas à proteção do meio ambiente, assinale a alternativa correta:

(A) Compete ao órgão responsável pelo licenciamento ou autorização, conforme o caso, de um empreendimento ou atividade, lavrar auto de infração ambiental e instaurar processo administrativo para a apuração de infrações à legislação ambiental cometidas pelo empreendimento ou atividade licenciada ou autorizada.
(B) O ente federativo poderá delegar, mediante convênio, a execução de ações administrativas relativas à proteção do meio ambiente, sendo dispensável que o ente destinatário da delegação disponha de órgão ambiental capacitado a executar as ações administrativas a serem delegadas e de conselho de meio ambiente.
(C) São ações administrativas dos Estados elaborar o Plano Diretor, observando os zoneamentos ambientais e promover o licenciamento ambiental das atividades ou empreendimentos que causem ou possam causar impacto ambiental de âmbito local, conforme tipologia definida pelos respectivos Conselhos Estaduais de Meio Ambiente, considerados os critérios de porte, potencial poluidor e natureza da atividade.
(D) São ações administrativas da União aprovar o funcionamento de criadouros da fauna silvestre e promover o licenciamento ambiental de atividades ou empreendimentos localizados ou desenvolvidos em unidades de conservação instituídas pelos Estados, exceto em Áreas de Proteção Ambiental (APAs).
(E) São ações administrativas dos Municípios controlar a introdução no País de espécies exóticas potencialmente invasoras que possam ameaçar os ecossistemas, habitats e espécies nativas e controlar a apanha de espécimes da fauna silvestre, ovos e larvas destinadas à implantação de criadouros e à pesquisa científica.

A: correta (art. 17, LC 140/2011). De fato, a regra é que ao órgão competente para o licenciamento, caberá, também, a competência fiscalizatória, sem que isso retire dos demais entes o poder de polícia ambiental (art. 17, § 3º, LC 140/2011); **B:** incorreta (art. 5º, LC 140/2011), pois a delegação da execução de ações administrativas por um ente federativo a outro, desde que este disponha de órgão ambiental capacitado e conselho de meio ambiente; **C:** incorreta, pois a elaboração de Plano Diretor e a promoção de licenciamento ambiental de empreendimentos que possam causar impacto local são competências administrativas dos Municípios (art. 9º, IX e XIV, a, LC 140/2011); **D:** incorreta, pois são ações administrativas dos Estados (e não da União!) aprovar o funcionamento de criadouros de fauna silvestre (art. 8º, XIX, LC 140/2011), bem como promover o licenciamento ambiental de atividades ou empreendimentos localizados ou desenvolvidos em unidades de conservação estadual, exceto em APAs (art. 8º, XV, LC 140/2011); **E:** incorreta, pois são ações administrativas da União (e não dos Municípios!), entre outras, controlar a introdução no país de espécies exóticas potencialmente invasoras (art. 7º, XVII, LC 140/2011), bem como controlar a apanha de espécimes da fauna silvestre, ovos e larvas destinadas à implantação de criadouros e à pesquisa científica (art. 7º, XX, LC 140/2011).

Gabarito "A".

(Procurador do Município/São José dos Campos-SP – 2012 – VUNESP) Quanto à competência legislativa concorrente, analise as assertivas a seguir.

I. A competência da União para legislar sobre normas gerais não exclui a competência suplementar dos Estados.
II. Não havendo norma geral sobre determinada matéria, cabe aos Estados exercer a competência legislativa plena, para atender as suas peculiaridades.
III. Sobrevindo lei federal sobre normas gerais, fica revogada a lei estadual e derrogada no seu aspecto contraditório.
IV. A Constituição Federal de 1988 não situou os Municípios na área de competência concorrente (artigo 24), mas a eles outorgou competência para suplementar a legislação federal e a estadual no que couber.

Está correto apenas o que se afirma em

(A) I e II.
(B) II e IV.

(C) III e IV.
(D) I, II e III.
(E) I, II e IV.

I: correta (art. 24, § 2º, CF); **II:** correta (art. 24, § 3º, CF); **III:** incorreta, pois a superveniência de lei federal dispondo sobre normas gerais, no âmbito da competência legiferante concorrente, simplesmente suspenderá a eficácia da lei estadual, naquilo que lhe for contrário (art. 24, § 4º, CF); **IV:** correta (art. 30, II, CF).
Gabarito "E".

6. LEI DE POLÍTICA NACIONAL DO MEIO AMBIENTE

(Procurador Municipal – Sertãozinho/SP – VUNESP – 2016) Sobre os instrumentos da Política Nacional do Meio Ambiente, é correto afirmar que
(A) a servidão ambiental se aplica também às Áreas de Preservação Permanente e à Reserva Legal mínima exigida.
(B) durante o prazo de vigência da servidão ambiental é permitido que se faça a alteração da destinação da área, nos casos de transmissão do imóvel a qualquer título, de desmembramento ou de retificação dos limites do imóvel.
(C) o prazo mínimo da servidão ambiental temporária é de 10 (dez) anos.
(D) o detentor da servidão ambiental poderá aliená-la, cedê-la ou transferi-la, total ou parcialmente, por prazo determinado ou em caráter definitivo, em favor de outro proprietário ou de entidade pública ou privada que tenha a conservação ambiental como fim social.
(E) a construção, instalação, ampliação e funcionamento de estabelecimentos e atividades utilizadores de recursos ambientais, efetiva ou potencialmente poluidores ou capazes, sob qualquer forma, de causar degradação ambiental não dependerão de prévio licenciamento ambiental.

A: Incorreta. Nos termos do art. 9º-A, § 2º, da Lei 6.938/1981: "A servidão ambiental não se aplica às Áreas de Preservação Permanente e à Reserva Legal mínima exigida"; **B:** Incorreta. "É vedada, durante o prazo de vigência da servidão ambiental, a alteração da destinação da área, nos casos de transmissão do imóvel a qualquer título, de desmembramento ou de retificação dos limites do imóvel" (art. 9º-A, § 6º, da Lei 6.938/1981); **C:** Incorreta. O prazo mínimo de servidão temporária será de 15 (quinze) anos e não 10 (dez) conforme previsto na alternativa (art. 9º-B, § 1º, da Lei 6.938/1981); **D:** Correta. Vide art. 9º-B, § 3º, da Lei 6.938/1981; **E:** Incorreta. "A construção, instalação, ampliação e funcionamento de estabelecimento e atividades utilizadores de recursos ambientais, efetiva ou potencialmente poluidores ou capazes, sob qualquer forma, de causar degradação ambiental dependerão de prévio licenciamento ambiental" (art. 10, da Lei 6.938/1981). FM/FCP
Gabarito "D".

(Juiz – TJ-SC – FCC – 2017) As resoluções normativas do Conselho Nacional do Meio Ambiente:
(A) vinculam a União e possuem caráter sugestivo em relação aos Estados e Municípios.
(B) vinculam os entes federativos que optarem por integrar o Sistema Nacional de Meio Ambiente.
(C) vinculam todos os entes federativos diante do Sistema Nacional de Meio Ambiente.
(D) estabelecem regramento apenas para o Ministério do Meio Ambiente, uma vez que o Conselho Nacional do Meio Ambiente é órgão do citado ministério.
(E) não possuem caráter cogente.

De fato, as resoluções normativas do Conselho Nacional do Meio Ambiente (CONAMA) vinculam todos os entes federativos, diante do Sistema Nacional do Meio Ambiente (SINAMA). Nos termos do art. 6º, II, da Lei 6.938/1981, o CONAMA é órgão consultivo e deliberativo do SISNAMA, cabendo deliberar, no âmbito de sua competência, sobre normas e padrões compatíveis com o meio ambiente ecologicamente equilibrado e essencial à sadia qualidade de vida. Os Estados e os municípios, na esfera de suas competências e nas áreas de sua jurisdição, elaborarão normas supletivas e complementares e padrões relacionados com o meio ambiente, observados os que foram estabelecidos pelo CONAMA (art. 6º, § 1º e 2º, da Lei 6.938/1981) FM/FCP.
Gabarito "C".

(Juiz – TJ/SP – VUNESP – 2015) Sobre a servidão ambiental instituída pela Lei 6.938/81 e alterada pelas Leis 7.804/89, 11.284/06 e 12.651/12, é correto afirmar que
(A) a servidão ambiental não pode ser instituída como modo de compensação de Reserva Legal.
(B) a servidão ambiental pode ser alienada, cedida ou transferida totalmente durante sua vigência.
(C) a servidão deverá ser sempre gratuita e pode ser instituída por instrumento público ou particular.
(D) a servidão florestal não se confunde com a servidão ambiental, devendo esta prevalecer sobre aquela quando houver sobreposição.

A: incorreta. A servidão ambiental pode ser instituída para fins de compensação da Reserva Legal, nos termos do art. 9º-A, § 5º, da Lei 6.938/1981. **B:** correta. "O detentor da servidão ambiental poderá aliená-la, cedê-la ou transferi-la, total ou parcialmente, por prazo determinado, em caráter definitivo, em favor de outro proprietário ou de entidade pública ou privada que tenha a conservação ambiental como fim social" (art. 9º-B, § 3º, da Lei 6.938/1981). **C:** incorreta. A servidão ambiental poderá ser gratuita ou onerosa (art. 9º-B, da Lei 6.938/1981. Pode ser instituída por instrumento público ou particular ou termo administrativo firmado perante órgão do Sisnama (art. 9º-A, da Lei 6.938/1981). **D:** incorreta. Nos termos do art. 9º-A, § 7º, da Lei 6.938/1981: "As áreas que tenham sido instituídas na forma de servidão florestal, nos termos do art. 44-A da Lei 4.771, de 15 de setembro de 1965, passam a ser consideradas, para efeito desta Lei, como de servidão ambiental". FM/FCP
Gabarito "B".

(Juiz – TJ/MS – VUNESP – 2015) Os instrumentos da Política Nacional do Meio Ambiente são, dentre outros:
(A) o Cadastro Técnico Estadual de atividades afetas ao licenciamento ambiental.
(B) o licenciamento e a revisão de atividades efetiva ou potencialmente poluidoras.
(C) a garantia da prestação de informações relativas ao Meio Ambiente, facultando-se ao Poder Público produzi-las, quando inexistentes.
(D) o relatório de qualidade do Meio Ambiente a ser divulgado trimestralmente pelo Ibama – Instituto Brasileiro do Meio Ambiente e Recursos Naturais Renováveis.
(E) o sistema regional de informações sobre o meio ambiente.

A: incorreta. São instrumentos da Política Nacional do Meio Ambiente o Cadastro Técnico Federal de Atividades e Instrumentos de Defesa Ambiental e o Cadastro Técnico Federal de atividades potencialmente poluidoras e/ou utilizadoras dos recursos ambientais (art. 9º, VIII e XII, da Lei 6.938/1981). **B:** correta. Vide art. 9º, IV, da Lei 6.938/1981. **C:** incorreta. A produção de informações pelo Poder Público, quando inexistentes, não se trata de uma faculdade, mas sim de uma imposição (art. 9º, XI, da Lei 6.938/1981). **D:** incorreta. O relatório deverá ser divulgado anualmente e não trimestral conforme previsto na alternativa (art. 9º, X, da Lei 6.938/1981). **E:** incorreta. O sistema nacional de informações sobre o meio ambiente, que é instrumento da Política Nacional do Meio Ambiente, e não o sistema regional, conforme disposto na assertiva (art. 9º, VII, da Lei 6.938/1981). FM/FCP
Gabarito "B".

(Delegado/PE – 2016 – CESPE) O órgão consultivo e deliberativo responsável pelo SISNAMA e pelo SNUC é o
(A) Ministério do Meio Ambiente.
(B) Conselho Nacional do Meio Ambiente.
(C) Instituto Chico Mendes.
(D) IBAMA.
(E) Conselho de Governo.

Conforme art. 6º, II, da Política Nacional do Meio Ambiente, Lei 6.938/1981 o órgão consultivo e deliberativo responsável pelo Sistema Nacional do Meio Ambiente – SISNAMA será o Conselho Nacional do Meio Ambiente – CONAMA. Assim também, a lei que institui o Sistema Nacional de Unidades de Conservação da Natureza – SNUC, Lei 9.985/2000 em seu art. 6º I, indica o CONAMA como órgão consultivo e deliberativo, logo, a letra "B" é a alternativa correta.
Gabarito "B".

(Juiz de Direito/DF – 2016 – CESPE) Com relação à Política Nacional do Meio Ambiente, definida pela Lei n.º 6.938/1981, assinale a opção correta.
(A) O detentor que tenha recebido a servidão ambiental, de forma gratuita, em razão do caráter personalíssimo dessa, não poderá aliená-la a título oneroso e em caráter definitivo.
(B) O estabelecimento de normas e padrões nacionais de controle da poluição por veículos automotores, aeronaves e embarcações, mediante audiência dos ministérios competentes, é atribuição privativa do IBAMA.
(C) A competência para administrar o Cadastro Técnico Federal de Atividades e Instrumentos de Defesa Ambiental e o Cadastro Técnico Federal de Atividades Potencialmente Poluidoras ou Utilizadoras de Recursos Ambientais é do CONAMA.
(D) O órgão superior do SISNAMA é o CONAMA, que tem a função de assessorar o presidente da República na formulação da política nacional e nas diretrizes governamentais para o meio ambiente e os recursos ambientais.
(E) Como forma de recuperar os danos ambientais existentes, o proprietário ou possuidor de imóvel poderá instituir servidão ambiental por instrumento público, particular ou por termo administrativo, exceto em áreas de preservação permanente e exceto em relação à reserva legal mínima exigida.

A: incorreta. Segundo o art. 9º-B, § 2º, da Lei 6.938/1981, o detentor da servidão ambiental poderá aliená-la, cedê-la ou transferi-la, total ou parcialmente, por prazo determinado ou em caráter definitivo, em favor de outro proprietário ou de entidade pública ou privada que tenha a conservação ambiental como fim social; **B:** incorreta. O estabelecimento de normas e padrões nacionais de controle da poluição por veículos automotores, aeronaves e embarcações, mediante audiência dos ministérios competentes, é atribuição privativa do Conselho Nacional do Meio Ambiente (CONAMA), consoante o art. 8º, VI, da Lei 6.938/1981; **C:** incorreta. A competência para administrar o Cadastro Técnico Federal de

Atividades e Instrumentos de Defesa Ambiental e o Cadastro Técnico Federal de Atividades Potencialmente Poluidoras ou Utilizadoras de Recursos Ambientais é do IBAMA, conforme o art. 17, II, da Lei 6.938/1981, que instituiu a Política Nacional do Meio Ambiente; **D:** incorreta. O órgão superior do SISNAMA é o Conselho de Governo, que tem a função de assessorar o presidente da República na formulação da política nacional e nas diretrizes governamentais para o meio ambiente e os recursos ambientais, a teor do art. 6º, I, da Lei 6.938/1981, que instituiu a Política Nacional do Meio Ambiente; **E:** correta. A servidão ambiental é instrumento disciplinado no art. 9º-A e parágrafos, da Lei 6.938/1981.

Gabarito "E".

(Magistratura/RR – 2015 – FCC) Joaquim pretende instalar uma indústria, que gera poluição acima dos padrões admitidos, em um Município absolutamente carente. A indústria proporcionará empregos e trará arrecadação ao Município. Segundo a finalidade da Política Nacional do Meio Ambiente, a indústria,

(A) poderá ser instalada, uma vez que incrementará o orçamento do Município.
(B) poderá ser instalada, considerando a geração de empregos.
(C) não poderá ser instalada, pois a demanda por mão de obra qualificada é incompatível com o perfil dos habitantes do Município.
(D) poderá ser instalada, pois não há qualquer fator impeditivo.
(E) não poderá ser instalada, uma vez que não trará preservação, melhoria e recuperação da qualidade ambiental propícia à vida.

A: incorreta, pois não há relação com o incremento do orçamento do Município e a Política Nacional do Meio Ambiente; **B:** incorreta, pois o desenvolvimento econômico e a geração de emprego devem observar a defesa do meio ambiente (art. 170, VI, da CF); **C:** incorreta, pois a Política Nacional do Meio Ambiente não se presta a avaliar o perfil dos habitantes de determinado município; **D:** incorreta, pois à luz do texto constitucional e da Política Nacional do Meio Ambiente, as atividades poluidoras devem ser monitoradas, não sendo tolerados os limites acima dos padrões admitidos (art. 225 da CF e art. 2º da Lei 6.938/1981); **E:** correta, conforme art. 2º da Lei 6938/1981: "A Política Nacional do Meio Ambiente tem por objetivo a preservação, melhoria e recuperação da qualidade ambiental propícia à vida, visando assegurar, no País, condições ao desenvolvimento socioeconômico, aos interesses da segurança nacional e à proteção da dignidade da vida humana."

Gabarito "E".

(Magistratura/SC – 2015 – FCC) O proprietário da Fazenda Santa Rita instituiu uma servidão ambiental, pelo prazo de 05 anos, em área de 150 hectares de sua propriedade dotada de relevante interesse ecológico. Após 02 anos, a fazenda foi desmembrada. A servidão ambiental

(A) permanecerá sem alteração de destinação durante seu prazo de vigência.
(B) será extinta.
(C) é nula, uma vez que não existe no ordenamento jurídico brasileiro servidão ambiental temporária.
(D) poderá ser mantida a critério dos novos proprietários.
(E) será extinta em um prazo máximo de 01 ano.

A: correta, já que é vedada, durante o prazo de vigência da servidão ambiental, a alteração da destinação da área, nos casos de transmissão do imóvel a qualquer título, ou de desmembramento ou de retificação dos limites do imóvel (art. 9º-A, § 6º, da Lei 6.938/1981); **B:** incorreta (art. 9º-A, § 6º, da Lei 6.938/1981); **C:** incorreta, já que a Política Nacional do Meio Ambiente fala em servidão onerosa, temporária ou perpétua (art. 9º-B, § 1º, da Lei 6.938/1981); **D:** incorreta (art. 9º-A, § 6º, da Lei 6.938/1981); **E:** incorreta, embora o enunciado fale em servidão de 05 anos, a Política Nacional do Meio Ambiente, fala em prazo mínio de 15 anos (art. 9º-B, § 1º, da Lei 6.938/1981).

Gabarito "A".

(Magistratura/RR – 2015 – FCC) A licença prévia,

(A) autoriza a instalação do empreendimento ou atividade de acordo com as especificações constantes dos planos, programas e projetos aprovados, incluindo as medidas de controle ambiental e demais condicionantes, da qual constituem motivo determinante.
(B) autoriza a operação da atividade ou empreendimento com as medidas de controle ambiental e condicionantes determinadas para a operação.
(C) autoriza a instalação do empreendimento ou atividade e a respectiva operação.
(D) é concedida na fase de planejamento do empreendimento ou atividade, restringindo-se a aprovar a respectiva localização.
(E) é concedida na fase preliminar do planejamento do empreendimento ou atividade aprovando sua localização e concepção, atestando a viabilidade ambiental e estabelecendo os requisitos básicos e condicionantes a serem atendidos nas próximas fases de sua implementação.

A: incorreta, pois instalação da atividade depende da licença de instalação (art. 8º, II, da Res. 237/1997 CONAMA); **B:** incorreta, já que a operação da atividade é autorizada pela licença de operação (art. 8º, III, Res. 237/1997 CONAMA); **C:** incorreta, pois o Poder Público expedirá licenças específicas para cada fase de instalação e operação; **D:** incorreta, pois a licença prévia não se limita a aprovar a localização; **E:** correta (art. 8º, I, Res. 237/1997 CONAMA).

Gabarito "E".

(Defensor/PA – 2015 – FMP) A respeito da tutela constitucional do meio ambiente, considere as seguintes assertivas:

I. Para assegurar a efetividade do direito ao meio ambiente ecologicamente equilibrado, cabe ao Poder Público exigir, para instalação de todas as obras ou atividades potencialmente causadoras de degradação ambiental, estudo prévio de impacto ambiental, ao qual se dará publicidade.
II. Constituem patrimônio cultural brasileiro os bens de natureza material e imaterial, tomados individualmente ou em conjunto, portadores de referência à identidade, à ação, à memória dos diferentes grupos formadores da sociedade brasileira, nos quais se incluem os conjuntos urbanos e sítios de valor histórico, paisagístico, artístico, arqueológico, paleontológico, ecológico e científico.
III. Estão tombadas pela Constituição Federal todas as terras indígenas situadas na Amazônia Legal.
IV. Cabe ao Poder Público proteger a fauna e a flora, vedadas, na forma da lei, as práticas que coloquem em risco sua função ecológica, provoquem a extinção de espécies ou submetam os animais à crueldade.
V. Compete ao Poder Público definir, em todas as unidades da Federação, espaços territoriais e seus componentes a serem especialmente protegidos, sendo a alteração e a supressão permitidas somente mediante lei ou Resolução do CONAMA, vedada qualquer utilização que comprometa a integridade dos atributos que justifiquem sua proteção.

Assinale a opção CORRETA.

(A) I, III e IV estão corretas.
(B) I, III e V estão incorretas.
(C) Todas as assertivas estão corretas.
(D) IV e V estão corretas.
(E) II, III e IV estão corretas.

I: assertiva incorreta, já que o texto constitucional exige estudo prévio de impacto ambiental para atividade causadora de significativa degradação (art. 225, § 1º, IV, da CF); **II:** assertiva correta (art. 216, V, da CF); **III:** assertiva incorreta (art. 231, § 2º, da CF); **IV:** assertiva correta (art. 225, § 1º, VII, da CF); **V:** assertiva incorreta, pois a alteração ou supressão dos espaços protegidos é permitida somente mediante lei, não sendo autorizada por resolução do CONAMA (art. 225, § 1º, III, da CF).

Gabarito "B".

(Juiz de Direito/CE – 2014 – FCC) A Política Nacional do Meio Ambiente tem por objetivo a preservação, melhoria e recuperação da qualidade ambiental propícia à vida, visando assegurar no País

(A) o aparelhamento do Estado no controle das atividades poluidoras e degradadoras, principalmente do bioma amazônico.
(B) condições ao desenvolvimento socioeconômico, aos interesses da segurança nacional e à proteção da dignidade da vida humana.
(C) a estabilidade agrícola.
(D) a permanência de espécies ameaçadas de extinção.
(E) a livre concorrência sustentável.

A: incorreta, pois o controle da atividade poluidora é um princípio da PNMA e não um objetivo (art. 2º, V, PNMA); **B:** correta pois conforme o *caput* do art. 2º da Lei 6.938/1981 A Política Nacional do Meio Ambiente tem por objetivo a preservação, melhoria e recuperação da qualidade ambiental propícia à vida, visando assegurar, no País, condições ao desenvolvimento socioeconômico, aos interesses da segurança nacional e à proteção da dignidade da vida humana; **C:** incorreta pois estabilidade agrícola não é um objetivo da PNMA; **D:** incorreta pois a PNMA não trata da permanência de espécies ameaçadas de extinção; **E:** incorreta pois a livre concorrência e a defesa do meio ambiente são princípios da ordem econômica estabelecidos pelo art. 170 da CF ademais, não como objetivos da PNMA preocupação com a livre concorrência.

Gabarito "B".

(Delegado/PA – 2013 – UEPA) Assinale a alternativa correta sobre sistema jurídico de proteção ambiental brasileiro.

(A) O Sistema Nacional de Meio Ambiente – SISNAMA é composto exclusivamente de órgãos da União, dos Estados e do Distrito Federal, com capacidade para licenciar e fiscalizar as atividades poluidoras.
(B) A competência legislativa em matéria ambiental é concorrente. Nesta técnica de repartição concorrente a competência da União para legislar sobre normas gerais não exclui a competência suplementar dos Estados; e inexistindo lei federal sobre normas gerais, os Estados não poderão exercer a competência legislativa plena, para atender a suas peculiaridades.
(C) O licenciamento ambiental é um instrumento da política nacional de meio ambiente e compete ao poder público exigir, na forma da lei, para instalação de obra ou atividade potencialmente causadora de significativa degradação do meio ambiente, estudo prévio de impacto ambiental, a que se dará publicidade.
(D) A concessão Florestal, conforme a Lei 11.284/2006, pode incluir a outorga do direito de acesso ao patrimônio genético para fins de

pesquisa e desenvolvimento, bioprospecção ou constituição de coleções e a exploração dos recursos minerais.

(E) O Sistema Nacional de Unidades de Conservação, criado pela Lei 9.985/2000, estabelece as Unidades de Conservação de Uso Sustentável e de Proteção Integral. A Floresta Nacional é uma unidade de conservação de proteção integral.

A: incorreta, conforme art. 6º da Lei 6.938/1981 que assim determina: "Art. 6º Os órgãos e entidades da União, dos Estados, do Distrito Federal, dos Territórios e dos Municípios, bem como as fundações instituídas pelo Poder Público, responsáveis pela proteção e melhoria da qualidade ambiental, constituirão o Sistema Nacional do Meio Ambiente – SISNAMA, assim estruturado"; **B:** incorreta, já que o art. 24, § 3º, da CF: "§ 3º – Inexistindo lei federal sobre normas gerais, os Estados exercerão a competência legislativa plena, para atender a suas peculiaridades."; **C:** correta, por força do art. 9º, IV, da Lei 6.938/1981 e art. 225, § 1º, IV, da CF; **D:** incorreta, já que a outorga de do direito de acesso ao patrimônio genético e exploração dos recursos minerais é vedada no âmbito da concessão florestal, conforme art. 16, § 1º, II e IV da Lei 11.284/2006; **E:** incorreta, pois a Floresta Nacional é uma unidade de conservação de uso sustentável conforme o art. 14, III da Lei 9.985/2000.
Gabarito "C".

(Procurador do Estado/AC – 2014 – FMP) Com base nas diretrizes contidas na Lei da Política Nacional do Meio Ambiente, Lei Federal 6.938/1981, sobre o licenciamento ambiental, analise as seguintes assertivas.

I. Estão submetidas ao prévio licenciamento ambiental a construção, a instalação, a ampliação e o funcionamento de estabelecimentos e atividades utilizadoras de recursos ambientais, considerados efetiva e potencialmente poluidores, bem como as capazes, sob qualquer forma, de causar degradação ambiental.

II. Consoante regramento expressamente contido na Lei da Política Nacional do Meio Ambiente e respeitadas eventuais peculiaridades previstas em normas especiais, o licenciamento ambiental é da competência do órgão ambiental estadual integrante do Sistema Nacional do Meio Ambiente (SISNAMA), atuando o Instituto Nacional do Meio Ambiente e dos Recursos Naturais Renováveis (IBAMA) e os respectivos órgãos municipais de modo supletivo, tudo sem o prejuízo de outras licenças exigíveis.

III. O licenciamento ambiental dependerá de homologação do IBAMA nos casos e prazos previstos em Resolução editada pelo Conselho Nacional do Meio Ambiente (CONAMA).

Quais são corretas?
(A) Apenas a I e a II.
(B) Apenas a II e a III.
(C) Apenas a I e III.
(D) I, II e III.

I: correta, conforme art. 10 da PNMA: "Art. 10. A construção, instalação, ampliação e funcionamento de estabelecimentos e atividades utilizadores de recursos ambientais, efetiva ou potencialmente poluidores ou capazes, sob qualquer forma, de causar degradação ambiental dependerão de prévio licenciamento ambiental."; **II:** incorreta, pois o órgão ambiental integrante do SISNAMA a que compete o licenciamento ambiental é o CONAMA (art. 6º, II, e art. 8º, II, da PNMA) o qual não é um órgão estadual conforme descrito pela assertiva; **III:** incorreta, já que a homologação feita pelo IBAMA estava originalmente contida no § 2º do art. 10 da PNMA, mas foi revogado pela Lei Complementar 140, de 2011.
Gabarito ANULADA

(Procurador do Estado/AC – 2014 – FMP) Sobre a Taxa de Controle e Fiscalização Ambiental (TCFA) prevista na Lei da Política Nacional do Meio Ambiente, assinale a alternativa correta.

(A) O fato gerador da TCFA é o exercício regular do poder de polícia conferido a todos os órgãos integrantes do Sistema Nacional do Meio Ambiente (SISNAMA) para o controle e a fiscalização das atividades potencialmente poluidoras e utilizadoras de recursos naturais.
(B) É sujeito passivo da TCFA todo aquele que exerça as atividades potencialmente poluidoras e utilizadoras de recursos ambientais previstas no anexo VIII da Lei Federal 6.938/1981.
(C) A TCFA é devida em razão de cada atividade individualmente exercida e não por estabelecimento.
(D) São isentas do pagamento da TCFA as entidades públicas federais, distritais, estaduais e municipais, as entidades filantrópicas, as fundações públicas ou privadas, as entidades declaradas de utilidade pública pela União, pelo Distrito Federal, pelos Estados ou pelos Municípios, aqueles que praticam agricultura de subsistência e as populações tradicionais.

A: incorreta, por força do art. 17-B da PNMA: "Art. 17-B. Fica instituída a Taxa de Controle e Fiscalização Ambiental – TCFA, cujo fato gerador é o exercício regular do poder de polícia conferido ao Instituto Brasileiro do Meio Ambiente e dos Recursos Naturais Renováveis – Ibama para controle e fiscalização das atividades potencialmente poluidoras e utilizadoras de recursos naturais."; **B:** correta, conforme texto do art. 17-C da PNMA; **C:** incorreta, a TCFA é devida por estabelecimento, de acordo com art. 17-D; **D:** incorreta, em razão do art. 17-F da Lei 6.938/1981: "Art. 17-F. São isentas do pagamento da TCFA as entidades públicas federais, distritais, estaduais e municipais, as entidades filantrópicas, aqueles que praticam agricultura de subsistência e as populações tradicionais".
Gabarito "B".

(Procurador do Município – Cuiabá/MT – 2014 – FCC) O Conselho Estadual do Meio Ambiente do Estado do Mato Grosso (CONSEMA) tem caráter
(A) apenas consultivo e recursal.
(B) consultivo, deliberativo e recursal.
(C) apenas consultivo e deliberativo.
(D) apenas consultivo.
(E) apenas deliberativo.

Em 15 de junho de 1990 o estado do Mato Grosso publicou a Lei Estadual 5.612/1990, que dispões sobre o Conselho Estadual do Meio Ambiente, a qual seu artigo 1º assim determina: "Art. 1º O Conselho Estadual do Meio Ambiente – órgão autônomo de caráter consultivo, deliberativo e recursal, tem as seguintes atribuições: (...)", deste modo a única alternativa correta é a letra B.
Gabarito "B".

(Procurador do Município – Cuiabá/MT – 2014 – FCC) A Política Nacional do Meio Ambiente tem como objetivo
(A) a proteção da saúde pública e da qualidade ambiental.
(B) a prevenção e a defesa contra eventos hidrológicos críticos de origem natural ou decorrentes do uso inadequado dos recursos naturais.
(C) assegurar os direitos sociais.
(D) o desenvolvimento de pesquisas e de tecnologias nacionais orientadas para o uso racional de recursos ambientais.
(E) a redução das emissões antrópicas de gases de efeito estufa em relação às suas diferentes fontes.

O art. 4º da Lei 6.938/1981 – PNMA descreve quais são seus sete objetivos. Dentre as alternativas apresentadas, a única de descreve um objetivo da PNMA é a letra 'D', constante no inciso IV do art. 4º da PNMA.: "Art. 4º A Política Nacional do Meio Ambiente visará: I – à compatibilização do desenvolvimento econômico social com a preservação da qualidade do meio ambiente e do equilíbrio ecológico; II – à definição de áreas prioritárias de ação governamental relativa à qualidade e ao equilíbrio ecológico, atendendo aos interesses da União, dos Estados, do Distrito Federal, dos Territórios e dos Municípios; III – ao estabelecimento de critérios e padrões de qualidade ambiental e de normas relativas ao uso e manejo de recursos ambientais; IV – ao desenvolvimento de pesquisas e de tecnologias nacionais orientadas para o uso racional de recursos ambientais; V – à difusão de tecnologias de manejo do meio ambiente, à divulgação de dados e informações ambientais e à formação de uma consciência pública sobre a necessidade de preservação da qualidade ambiental e do equilíbrio ecológico; VI – à preservação e restauração dos recursos ambientais com vistas à sua utilização racional e disponibilidade permanente, concorrendo para a manutenção do equilíbrio ecológico propício à vida; VII – à imposição, ao poluidor e ao predador, da obrigação de recuperar e/ou indenizar os danos causados, e ao usuário, de contribuição pela utilização de recursos ambientais com fins econômicos.".
Gabarito "D".

(Procurador do Município – São Paulo/SP – 2014 – VUNESP) Sobre a servidão ambiental, instrumento econômico da Política Nacional do Meio Ambiente, regrada pela Lei Federal 6.938/1981, assinale a alternativa correta.

(A) O detentor da servidão ambiental poderá aliená-la, cede-la ou transferi-la, total ou parcialmente, como área de preservação permanente, em favor de entidade pública ou privada que tenha a conservação ambiental como fim social.
(B) Em caso de servidão ambiental temporária, seu prazo mínimo será de vinte anos.
(C) A restrição ao uso ou à exploração da vegetação da área sob servidão ambiental deve ser, no mínimo, a mesma estabelecida para a Reserva Legal.
(D) Durante o prazo de vigência da servidão ambiental, as alterações da destinação da área, nos casos de transmissão do imóvel a qualquer título, de desmembramento ou de retificação dos limites do imóvel, deverão ser averbadas na matrícula do imóvel mediante autorização judicial.
(E) É dever do detentor da servidão ambiental defender judicialmente a servidão ambiental em casos de defesa da posse da área serviente, por todos os meios em direito admitidos.

A: incorreta, por embora o art. 9º-B, § 3º, da Política Nacional do meio ambiente autorize a transferência, cessão ou alienação da servidão ambiental, esta área não pode ser estendida às áreas de Preservação Permanente e Reserva Legal mínima exigida (art. 9º-A, § 2º, da PNMA); **B:** incorreta, já que o 9º-B, § 1º, determina o prazo mínio de 15 anos. **C:** correta, conforme texto do art. 9º-A, § 3º, da Lei 6.938/1981; **D:** incorreta já que o art. 9º-A, § 6º, da PNMA veda qualquer alteração da destinação da área, nos casos de transmissão do imóvel a qualquer título, de desmembramento ou de retificação dos limites do imóvel; **E:** incorreta já que o art. 9º-C não estende a defesa da servidão a todos os meios em direito admitidos.
Gabarito "C".

(Magistratura/BA – 2012 – CESPE) A Política Nacional do Meio Ambiente (PNMA) é o conjunto dos instrumentos legais, técnicos, científicos, políticos e econômicos destinados à promoção do desenvolvimento sustentável do país. A respeito da PNMA, assinale a opção correta.

(A) O Conselho Nacional do Meio Ambiente pode homologar acordos para converter penalidades pecuniárias em obrigação de executar medidas de interesse para proteção ambiental.
(B) Lei estadual pode dispensar a realização de estudo de impacto ambiental relativo a obras hidráulicas para aproveitamento de recursos de rio situado exclusivamente no território do respectivo estado.
(C) A licença prévia é o documento que autoriza a instalação do empreendimento que esteja de acordo com as especificações constantes dos programas e projetos aprovados, incluindo as medidas de controle ambiental.
(D) A servidão administrativa, um dos instrumentos da PNMA, pode ser instituída pelo proprietário sobre toda sua propriedade ou sobre parte dela – ainda que se trate de áreas de preservação permanente (APPs) –, a fim de preservar ou recuperar os recursos ali existentes.
(E) O Sistema Nacional do Meio Ambiente, considerado federal pela doutrina, é responsável pela proteção e melhoria da qualidade ambiental.

A: correta (art. 8º, IV, da Lei 6.938/1981); **B:** incorreta, pois o instituto do EIA/RIMA está previsto na própria Constituição Federal (art. 225, § 1º, IV), não sendo possível que uma lei infraconstitucional dispense a realização de instituto previsto na própria Constituição, em situação de nítida necessidade de se fazê-lo, dado o significativo impacto ambiental que uma obra dessa natureza tem o condão de causar; **C:** incorreta, pois a autorização da instalação do empreendimento é dada pela licença de instalação (art. 8º, II, da Resolução CONAMA 237/1997); **D:** incorreta, pois a servidão ambiental não se aplica às Áreas de Preservação Permanente e à Reserva Legal mínima exigida (art. 9º-A, § 2º, da Lei 6.938/1981); **E:** incorreta, pois o Sistema Nacional do Meio Ambiente (SISNAMA) não é federal no sentido de ser da União, mas federativo, no sentido de incluir entidades e órgãos de todos os entes político ou federativos (art. 6º, *caput*, da Lei 6.938/1981).
Gabarito "A".

(Ministério Público/PI – 2012 – CESPE) Considerando os princípios e instrumentos da Política Nacional do Meio Ambiente, assinale a opção correta.
(A) Deliberar e normatizar as diretrizes de políticas governamentais para o meio ambiente é função do Conselho Nacional do Meio Ambiente, órgão superior do Sistema Nacional do Meio Ambiente.
(B) Impacto ambiental e dano ambiental são expressões do mesmo aspecto: a degradação do meio ambiente.
(C) O MP exerce sua função judicial, em relação a matéria ambiental, por meio do ajuizamento de ações de responsabilização por danos ambientais e por meio da celebração, com agentes degradadores do meio ambiente, de transações, termos de compromisso e ajustamentos de conduta.
(D) A audiência pública, que antecede o licenciamento ambiental, pode ser solicitada pelo MP, por entidade civil ou por um grupo de, no mínimo, cinquenta cidadãos, sendo possível a realização de mais de uma audiência pública relativa a um só projeto.
(E) A servidão florestal, que tem natureza de direito real sobre coisa alheia, não precisa ser registrada imobiliariamente, apesar de representar uma renúncia do particular quanto ao uso dos recursos naturais do prédio que lhe pertence.

A: incorreta, pois é função do Conselho Nacional do Meio Ambiente, que é órgão consultivo e deliberativo do SISNAMA, e não, órgão superior (art. 6º, II, da Lei 6.938/1981 – PNMA), a de assessorar, estudar e propor ao Conselho de Governo, diretrizes de políticas governamentais para o meio ambiente e os recursos naturais e deliberar, no âmbito de sua competência, sobre normas e padrões compatíveis com o meio ambiente ecologicamente equilibrado e essencial à sadia qualidade de vida. Não se confunde o CONAMA com o Conselho de Governo, este sim órgão superior do SISNAMA, com a função de assessorar o Presidente da República na formulação da política nacional e nas diretrizes governamentais para o meio ambiente e os recursos ambientais (art. 6º, I, da Lei da PNMA); **B:** incorreta. De acordo com a Resolução CONAMA 01/1986, considera-se impacto ambiental qualquer alteração das propriedades físicas, químicas e biológicas do meio ambiente, causada por qualquer forma de matéria ou energia resultante das atividades humanas que, direta ou indiretamente, afetam: I – a saúde, a segurança e o bem-estar da população; II – as atividades sociais e econômicas; III – a biota; IV – as condições estéticas e sanitárias do meio ambiente; e V – a qualidade dos recursos ambientais. O art. 6º, II, da precitada Resolução, ainda menciona a existência de impactos positivos (portanto, benéficos!), fator suficiente a demonstrar que não se confunde com o dano ambiental, este, sempre, de qualidade negativa, causando, pois, prejuízo (de ordem material e até mesmo moral); **C:** incorreta, pois o Ministério Público não poderá transacionar pura e simplesmente com os degradadores da qualidade ambiental, visto que a transação implica mútuas concessões entre as partes, o que seria inadmissível. Afinal, o meio ambiental é bem de titularidade difusa, e, portanto, indisponível. O que se pode aventar é a transação da forma de cumprimento das normas de proteção ambiental, mas, jamais, o conteúdo. Frise-se, ainda, que seria impossível que em um termo de ajustamento de conduta o Ministério Público "renunciar" a busca da reparação ambiental, que deverá, como é sabido e ressabido, ser integral; **D:** correta (art. 2º da Resolução CONAMA 09/1987); **E:** incorreta. A servidão florestal (ou servidão ambiental), disciplinada no art. 9º-A da Lei 6.938/1981, com a redação que lhe foi dada pela Lei 12.651/2012 (Novo Código Florestal), consiste no fato de o proprietário ou possuidor de imóvel, pessoa natural ou jurídica, instituir, por instrumento público ou particular ou por termo administrativo firmado perante órgão integrante do SISNAMA, a limitação do uso de toda a sua propriedade ou de parte dela para preservar, conservar ou recuperar os recursos ambientais existentes. O termo que instituir a servidão ambiental deverá ser averbado na matrícula do imóvel, consoante determina o art. 9º-A, § 4º, da Lei da PNMA.
Gabarito "D".

(Ministério Público/RR – 2012 – CESPE) Com relação à Política Nacional do Meio Ambiente, assinale a opção correta.
(A) Compete ao Instituto Brasileiro do Meio Ambiente e dos Recursos Naturais Renováveis estabelecer normas, critérios e padrões relativos ao controle e à manutenção da qualidade do meio ambiente com vistas ao uso racional dos recursos ambientais.
(B) Devido ao princípio da segurança jurídica, é vedado ao poder público exigir que o empreendedor atenda, na elaboração do estudo de impacto ambiental, outras exigências além daquelas expressamente listadas na legislação de regência.
(C) A criação de estações ecológicas federais depende da edição de lei em sentido estrito, oriunda do Poder Legislativo.
(D) Um dos objetivos dessa política é a imposição ao poluidor da obrigação de recuperar ou indenizar os danos que ele causar, devendo arcar com os custos advindos da recomposição ambiental, conforme o princípio do usuário-pagador.
(E) A servidão ambiental é um exemplo de instrumento econômico dessa política.

A: incorreta (art. 6º, IV, da Lei 6.938/1981). Compete ao IBAMA (e também ao Instituto Chico Mendes), considerado órgão executor do SISNAMA, executar e fazer executar, como órgão federal, a política e diretrizes governamentais fixadas para o meio ambiente, não se confundindo com as competências do CONAMA, traçadas no art. 8º da sobredita lei, dentre elas, a de estabelecer normas, critérios e padrões relativos ao controle e à manutenção da qualidade do meio ambiente com vistas ao uso racional dos recursos ambientais, principalmente os hídricos (inciso VII); **B:** incorreta. Em atenção ao princípio da prevenção, poderá o órgão licenciador buscar do empreendedor outras exigências além daquelas previstas na legislação de regência (art. 10, § 2º, da Resolução CONAMA 237/1997); **C:** incorreta. As estações ecológicas, assim como as demais espécies de unidades de conservação, poderão ser criadas por ato do poder público (lei ou ato infralegal), nos termos do art. 22, *caput*, da Lei do SNUC. Assim, a criação de uma unidade de conservação não exige a edição de lei em sentido estrito, mas a sua extinção ou redução de limites a exigirá (art. 225, § 1º, III, da CF e art. 22, § 7º, da Lei 9.985/2000); **D:** incorreta, pois a busca pela recuperação dos danos ambientais provocados pelo poluidor, ou a indenização correspondente, não são facetas do princípio do usuário-pagador, mas, sim, do poluidor-pagador; **E:** correta (art. 9º, XIII, da Lei 6.938/1981).
Gabarito "E".

(Ministério Público/SC – 2012) Analise as assertivas a seguir.
I. A Lei 7.661/1988, que Institui o Plano Nacional de Gerenciamento Costeiro, considera Zona Costeira, o espaço geográfico contemplando o ar, o mar e terra, incluindo seus recursos renováveis ou não, abrangendo tão somente a faixa terrestre, definida pelo Plano.
II. O Plano de Gerenciamento Costeiro, para evitar a degradação ou o uso indevido dos ecossistemas, do patrimônio e dos recursos naturais da Zona Costeira, poderá prever a criação de unidades de conservação permanente.
III. Compete ao CONAMA, segundo a Lei 6.938/1981, homologar acordos visando à transformação de penalidades pecuniárias na obrigação de executar medidas de interesse para a proteção ambiental.
IV. De acordo com a Lei 6.938/1981, cabe ao CONAMA, estabelecer, privativamente, normas e padrões nacionais de controle da poluição por veículos automotores, aeronaves e embarcações, mediante audiência dos Ministérios competentes; bem como, ainda privativamente, estabelecer normas, critérios e padrões relativos ao controle e à manutenção da qualidade do meio ambiente com vistas ao uso racional dos recursos ambientais, principalmente os hídricos.
V. São instrumentos da Política Nacional do Meio Ambiente: as penalidades disciplinares ou compensatórias ao não cumprimento das medidas necessárias à preservação ou correção da degradação ambiental e instrumentos econômicos, como concessão florestal, servidão ambiental, seguro ambiental e outros.
(A) Apenas as assertivas I, II e III estão corretas.
(B) Apenas as assertivas II, III e IV estão corretas.
(C) Apenas as assertivas III, IV e V estão corretas.
(D) Apenas as assertivas II, IV e V estão corretas.
(E) Todas as assertivas estão corretas.

I: incorreta. Segundo dispõe o art. 2º, parágrafo único, da Lei 7.661/1988, considera-se Zona Costeira o espaço geográfico de interação do ar, do mar e da terra, incluindo seus recursos renováveis ou não, abrangendo *uma faixa marítima* e outra terrestre, que serão definidas pelo Plano; **II:** correta (art. 9º da Lei 7.661/1988); **III:** incorreta, pois a competência referida na assertiva, constante do art. 8º, IV, da Lei 6.938/1981, foi vetada

quando da sanção da Política Nacional do Meio Ambiente; **IV:** correta (art. 8º, VI e VII, da Lei 6.938/1981); **V:** correta (art. 9º, IX e XIII, da Lei 6.938/1981).
Gabarito "D".

(Ministério Público/TO – 2012 – CESPE) A respeito do SISNAMA, assinale a opção correta.

(A) Somente o governo federal possui direito a voto na plenária do CONAMA.
(B) Não compõem o SISNAMA as secretarias de meio ambiente dos municípios.
(C) O CONAMA, órgão colegiado do SISNAMA, possui funções consultivas e deliberativas.
(D) O IBAMA não é mais o órgão executor do SISNAMA desde a criação do ICMBio.
(E) A presidência do CONAMA é exercida pelo ministro chefe da Casa Civil.

A: incorreta, pois outros integrantes do Plenário do CONAMA também têm direito a voto, dentre eles, os governos estaduais e municipais (art. 5º do Decreto federal 99.274/1990); **B:** incorreta, pois as secretarias municipais de meio ambiente são órgãos locais integrantes do SISNAMA (art. 6º, VI, da Lei 6.938/1981); **C:** correta (art. 6º, II, da Lei 6.938/1981); **D:** incorreta. O IBAMA é, sim, órgão executor do SISNAMA (art. 6º, IV, da Lei 6.938/1981), ao lado do ICMBio, também órgão executor do SISNAMA, autarquia federal criada pela Lei 11.516/2007, a quem compete executar as ações da Política Nacional de Conservação da Natureza, bem como, entre outras atribuições, a de exercer o poder de polícia ambiental nas unidades de conservação da União; **E:** incorreta. O Presidente do CONAMA é o Ministro do Meio Ambiente (art. 5º do Decreto federal 99.274/1990).
Gabarito "C".

(Ministério Público/TO – 2012 – CESPE) Os instrumentos da Política Nacional do Meio Ambiente incluem o

(A) licenciamento ambiental, o zoneamento ecológico e o plano de manejo econômico das florestas.
(B) estudo de impacto ambiental e o manejo seletivo das espécies endêmicas.
(C) relatório de impacto ambiental e o desenvolvimento de pesquisas biotecnológicas.
(D) zoneamento ambiental e o projeto de desenvolvimento de pesquisa biomarinha.
(E) licenciamento ambiental e o zoneamento ambiental.

A: incorreta, pois não se incluem entre os instrumentos da Política Nacional do Meio Ambiente, indicados no art. 9º da Lei 6.938/1981, o plano de manejo econômico das florestas; **B:** incorreta, pois o manejo seletivo das espécies endêmicas não é instrumento da Política Nacional do Meio Ambiente (art. 9º da Lei 6.938/1981); **C:** incorreta, pois o relatório de impacto ambiental não é, propriamente, um instrumento da Política Nacional do Meio Ambiente, mas, sim, uma decorrência da avaliação dos impactos ambientais, estes sim, instrumentos (art. 9º, III, da Lei 6.938/1981). Também não se inclui como instrumento da PNMA o desenvolvimento de pesquisas biotecnológicas; **D:** incorreta. O zoneamento ambiental é instrumento da PNMA (art. 9º, II, da Lei 6.938/1981), mas o projeto de desenvolvimento de pesquisa biomarinha, não; **E:** correta. Licenciamento ambiental e zoneamento ambiental figuram, expressamente, como instrumentos da PNMA (art. 9º, II e IV, da Lei 6.938/1981).
Gabarito "E".

(Defensor Público/SP – 2012 – FCC) A Lei da Política Nacional do Meio Ambiente (Lei nº 6.938/1981), após seus 30 anos de vigência, cumpre, de certa forma, o papel de Código Ambiental Brasileiro, assegurando normativamente:

(A) a exigência de licença ambiental e de estudo de impacto de vizinhança para atividades efetiva ou potencialmente poluidoras.
(B) a consagração da responsabilidade penal da pessoa jurídica.
(C) o reconhecimento da legitimidade do Ministério Público para propor ação de responsabilidade civil e criminal em decorrência de danos causados ao ambiente.
(D) a consagração expressa do princípio da precaução.
(E) a caracterização da responsabilidade subjetiva do poluidor pela reparação ou indenização do dano ecológico causado.

A: incorreta, pois a licença ambiental é prevista na Lei da Política Nacional do Meio Ambiente (art. 9.º, IV, da Lei 6.938/1981), mas o estudo de impacto de vizinhança está previsto no Estatuto da Cidade (arts. 36 a 38 da Lei 10.257/2001); **B:** incorreta, pois a responsabilidade penal da pessoa jurídica só foi introduzida com realidade na Lei de Crimes Ambientais (arts. 3.º e 21 da Lei 9.605/1998), após a abertura dada pelo art. 225, § 3.º, da CF, que prevê a aplicação de sanções penais e administrativas a pessoas jurídicas que cometem condutas e atividades consideradas lesivas ao meio ambiente; **C:** correta (art. 14, § 1.º, da Lei 6.938/1981); **D:** incorreta, pois esse princípio foi consagrado por ocasião da ECO/92 (Princípio 15 do documento nela produzido: "Com o fim de proteger o meio ambiente, o princípio da precaução deverá ser amplamente observado pelos Estados, de acordo com suas capacidades. Quando houver ameaça de danos graves ou irreversíveis, a ausência de certeza científica absoluta não será utilizada como razão para o adiamento de medidas economicamente viáveis para prevenir a degradação ambiental"); **E:** incorreta, pois o art. 14 da Lei 6.938/1981 prevê a responsabilidade civil objetiva do poluidor.
Gabarito "C".

(Procurador do Estado/AC – FMP – 2012) Nos termos da Lei Federal 6.938/1981, **NÃO** constitui instrumento da Política Nacional do Meio Ambiente:

(A) o zoneamento ambiental.
(B) o estudo de impacto de vizinhança.
(C) o sistema nacional de informações sobre o meio ambiente.
(D) o Cadastro Técnico Federal de Atividades e Instrumentos de Defesa Ambiental.

A: incorreta, pois o zoneamento ambiental é, sim, instrumento da PNMA (art. 9º, II, Lei 6.938/1981); **B:** correta, pois o estudo de impacto de vizinhança (EIV) vem previsto no Estatuto da Cidade (Lei 10.257/01, art. 4º, VI), não tendo sido inserido como um instrumento específico da PNMA, que prevê, no entanto, a avaliação de impactos ambientais (art. 9º, III, Lei 6.938/1981); **C:** correta, pois, de fato, o sistema nacional de informações sobre o meio ambiente é instrumento da PNMA (art. 9º, VII, Lei 6.938/1981); **D:** correta, pois, realmente, o Cadastro Técnico Federal de Atividades e Instrumentos de Defesa Ambiental vem previsto no art. 9º, VIII, da Lei 6.938/1981.
Gabarito "A".

(Procurador do Estado/MG – FUMARC – 2012) Acerca do SISNAMA – Sistema Nacional de Meio Ambiente, assinale a alternativa INCORRETA:

(A) Compete ao CONAMA – Conselho Nacional do Meio Ambiente estabelecer normas e critérios para o licenciamento de atividades efetiva ou potencialmente poluidoras.
(B) Os órgãos e entidades da União, dos Estados, do Distrito Federal, dos Territórios e dos Municípios, bem como as fundações instituídas pelo Poder Público, responsáveis pela proteção e melhoria da qualidade ambiental, constituirão o Sistema Nacional do Meio Ambiente – SISNAMA
(C) O Instituto Chico Mendes de Conservação da Biodiversidade tem a finalidade de executar ações da política nacional de unidades de conservação da natureza, referentes às atribuições federais relativas à proposição, implantação, gestão, proteção, fiscalização e monitoramento das unidades de conservação instituídas pela União.
(D) O Instituto Brasileiro do Meio Ambiente e dos Recursos Naturais Renováveis – IBAMA tem a finalidade de executar ações das políticas nacionais do meio ambiente, referentes às atribuições federais, relativas ao licenciamento ambiental, ao controle da qualidade ambiental, à autorização de uso dos recursos naturais e à fiscalização, monitoramento e controle ambiental, observadas as diretrizes emanadas do Ministério do Meio Ambiente.
(E) O Sistema Nacional do Meio Ambiente – SISNAMA, com personalidade jurídica de direito público interno, tem o Conselho Nacional do Meio Ambiente (CONAMA) como órgão superior.

A: correta (art. 8º, I, Lei 6.938/1981); **B:** correta (art. 6º, *caput*, Lei 6.938/1981); **C:** correta (art. 1º, I, Lei 11.516/2007, tratando-se de autarquia federal vinculada ao Ministério do Meio Ambiente; **D:** correta (art. 6º, IV, Lei 6.938/1981); **E:** incorreta, devendo ser assinalada, pois o SISNAMA não tem personalidade jurídica, correspondendo aos órgãos e entidades da União, dos Estados, do Distrito Federal, dos Territórios e dos Municípios, bem como as fundações instituídas pelo Poder Público, responsáveis pela proteção e melhoria da qualidade ambiental (art. 6º, *caput*, Lei 6.938/1981). Outrossim, o CONAMA não é órgão superior do SISNAMA, mas, sim, órgão consultivo e deliberativo (art. 6º, II, Lei 6.938/1981).
Gabarito "E".

(Procurador do Estado/MG – FUMARC – 2012) Acerca da Política Nacional do Meio Ambiente, assinale a alternativa INCORRETA:

(A) A Política Nacional do Meio Ambiente tem por objetivo a preservação, melhoria e recuperação da qualidade ambiental propícia à vida, visando assegurar, no País, condições ao desenvolvimento socioeconômico, aos interesses da segurança nacional e à proteção da dignidade da vida humana.
(B) Meio ambiente é o conjunto de condições, leis, influências e interações de ordem física, química e biológica, que permite, abriga e rege a vida em todas as suas formas.
(C) É competência concorrente da União, dos Estados, do Distrito Federal e dos Municípios proteger o meio ambiente e combater a poluição em qualquer de suas formas.
(D) Poluidor é a pessoa física ou jurídica, de direito público ou privado, responsável, direta ou indiretamente, por atividade causadora de degradação ambiental.
(E) A Política Nacional do Meio Ambiente visará à compatibilização do desenvolvimento econômico-social com a preservação da qualidade do meio ambiente e do equilíbrio ecológico.

A: correta (art. 2º, *caput*, Lei 6.938/1981); **B:** correta (art. 3º, I, Lei 6.938/1981); **C:** incorreta, devendo ser assinalada (art. 23, VI, CF), pois competência comum dos entes federados a proteção do meio ambiente. Outrossim, tal tema não vem tratado na PNMA, mas, sim, na CF; **D:** correta (art. 3º, IV, Lei 6.938/1981); **E:** correta (art. 4º, I, Lei 6.938/1981).
Gabarito "C".

(Procurador do Município/São José dos Campos-SP – 2012 – VUNESP) É(são) instrumento(s) da Política Nacional do Meio Ambiente, dentre outros:

(A) a garantia da prestação de informações relativas ao Meio Ambiente, facultando-se ao Poder Judiciário produzi-las, quando inexistentes.

(B) o Cadastro Técnico Municipal de atividades potencialmente poluidoras e/ou utilizadoras dos recursos ambientais.

(C) instrumentos econômicos, como concessão florestal e servidão ambiental.

(D) o Cadastro Técnico Estadual de Atividades e informações sobre a biota exótica.

(E) os instrumentos necessários ao fomento da ciência, voltados para a pessoa humana e a biota.

A: incorreta (art. 9º, XI, Lei 6.938/1981), pois é instrumento da PNMA a garantia de prestação de informações relativas ao meio ambiente, que, quando inexistentes, caberão ao Poder Público (e não ao Poder Judiciário!); **B:** incorreta (art. 9º, XII, Lei 6.938/1981), pois é instrumento da PNMA o Cadastro Técnico Federal (e não Municipal!) de atividades potencialmente poluidoras; **C:** correta (art. 9º, XIII, Lei 6.938/1981); **D:** incorreta, pois o Cadastro Técnico será federal (art. 9º, VIII, Lei 6.938/1981); **E:** incorreta, por falta de previsão no rol do art. 9º da Lei 6.938/1981.

Gabarito "C".

7. INSTRUMENTOS DE PROTEÇÃO DO MEIO AMBIENTE

7.1. LICENCIAMENTO AMBIENTAL E EIA/RIMA

Para resolver as questões sobre Licenciamento Ambiental e EIA/RIMA, segue um resumo da matéria:

O licenciamento ambiental pode ser conceituado como o procedimento administrativo destinado a licenciar atividades ou empreendimentos utilizadores de recursos ambientais, efetiva ou potencialmente poluidores ou capazes, sob qualquer forma, de causar degradação ambiental (art. 2º, I, da LC140/2011). Assim, toda vez que uma determinada atividade puder causar degradação ambiental, além das licenças administrativas pertinentes, o responsável pela atividade deve buscar a necessária licença ambiental também.

A regulamentação do licenciamento ambiental compete ao CONAMA, que expede normas e critérios para o licenciamento. A Resolução nº 237 do órgão traz as normas gerais de licenciamento ambiental. Há também sobre o tema o Decreto 99.274/1990. Há, também, agora, a LC 140/2011, que trata da cooperação dos entes políticos para o exercício da competência comum em matéria ambiental, e consagrou a maior parte das disposições da Resolução CONAMA 237, colocando pá de cal sobre qualquer dúvida que existisse sobre a competência do Município para o exercício do licenciamento ambiental em casos de impacto ambiental local.

Já a competência para executar o licenciamento ambiental é assim dividida:

a) **impacto nacional e regional:** é do IBAMA, com a colaboração de Estados e Municípios. O IBAMA poderá delegar sua competência aos Estados, se o dano for regional, por convênio ou lei. Assim, a competência para o licenciamento ambiental de uma obra do porte da transposição do Rio São Francisco é do IBAMA.

b) **impacto em dois ou mais municípios (impacto microrregional):** é dos estados-membros. Por exemplo, uma estrada que liga 6 municípios de um mesmo estado-membro.

c) **impacto local:** é do Município. Por exemplo, o licenciamento para a construção de um prédio de apartamentos. A LC 140/2011, em seu art. 9º, XIV, estabelece que o Município promoverá o licenciamento ambiental das atividades ou empreendimentos localizados em suas unidades de conservação e também das demais atividades e empreendimentos que causem ou possam causar impacto ambiental local, conforme tipologia definida pelos respectivos Conselhos Estaduais do Meio Ambiente, considerados os critérios de porte, potencial poluidor e natureza da atividade. A Resolução 237 permite que, por convênio ou lei, os Municípios recebam delegação dos estados para determinados licenciamentos, desde que tenha estrutura para tanto.

Há três espécies de licenciamento ambiental (art. 19, Decreto 99.274/1990):

a) **Licença Prévia (LP):** *é o ato que aprova a localização, a concepção do empreendimento e estabelece os requisitos básicos a serem atendidos nas próximas fases*; trata-se de licença ligada à fase preliminar de planejamento da atividade, já que traça diretrizes relacionadas à localização e instalação do empreendimento. Por exemplo, em se tratando do projeto de construir um empreendimento imobiliário na beira de uma praia, esta licença disporá se é possível o empreendimento no local e, em sendo, quais os limites e quais as medidas que deverão ser tomadas, como construção de estradas, instalação de tratamento de esgoto próprio etc. Essa licença tem validade de até 5 anos.

b) **Licença de Instalação (LI):** é o *ato que autoriza a implantação do empreendimento, de acordo com o projeto executivo aprovado*. Depende da demonstração de possibilidade de efetivação do empreendimento, analisando o projeto executivo e eventual estudo de impacto ambiental. Essa licença autoriza as intervenções no local. Permite que as obras se desenvolvam. Sua validade é de até 6 anos.

c) **Licença de Operação (LO):** *é o ato que autoriza o início da atividade e o funcionamento de seus equipamentos de controle de poluição, nos termos das licenças anteriores*. Aqui, o empreendimento já está pronto e pode funcionar. A licença de operação só é concedida se for constado o respeito às licenças anteriores, bem como se não houver perigo de dano ambiental, independentemente das licenças anteriores. Sua validade é de 4 a 10 anos.

É importante ressaltar que a licença ambiental, diferentemente da licença administrativa (por ex., licença para construir uma casa), apesar de normalmente envolver competência vinculada, tem prazo de validade definida e não gera direito adquirido para seu beneficiário. Assim, de tempos em tempos, a licença ambiental deve ser renovada. Além disso, mesmo que o empreendedor tenha cumprido os requisitos da licença, caso, ainda assim, tenha sido causado dano ao meio ambiente, a existência de licença em seu favor não o exime de reparar o dano e de tomar as medidas adequadas à recuperação do meio ambiente.

O licenciamento ambiental, como se viu, é obrigatório para todas as atividades que utilizam recursos ambientais, em que há possibilidade de se causar dano ao meio ambiente. Em processos de licenciamento ambiental é comum se proceder a Avaliações de Impacto Ambiental (AIA). Há, contudo, atividades que, potencialmente, podem causar danos *significativos* ao meio ambiente, ocasião em que, além do licenciamento, deve-se proceder a uma AIA mais rigorosa e detalhada, denominada Estudo de Impacto Ambiental (EIA), que será consubstanciado no Relatório de Impacto Ambiental (RIMA).

O EIA pode ser conceituado como o estudo prévio das prováveis consequências ambientais de obra ou atividade, que deve ser exigido pelo Poder Público, quando estas forem potencialmente causadoras de significativa degradação do meio ambiente (art. 225, § 1º, IV, CF). Destina-se a averiguar as alterações nas propriedades do local e de que forma tais alterações podem afetar as pessoas e o meio ambiente, o que permitirá ter uma ideia acerca da viabilidade da obra ou atividade que se deseja realizar.

O Decreto 99.274/1990 conferiu ao CONAMA atribuição para traçar as regras de tal estudo. A Resolução 1/1986, desse órgão, traça tais diretrizes, estabelecendo, por exemplo, um rol exemplificativo de atividades que devem passar por um EIA, apontando-se, dentre outras, a implantação de estradas com duas ou mais faixas de rolamento, de ferrovias, de portos, de aterros sanitários, de usina de geração de eletricidade, de distritos industriais etc.

O EIA trará conclusões quanto à fauna, à flora, às comunidades locais, dentre outros aspectos, devendo ser realizado por equipe multidisciplinar, que, ao final, deverá redigir um relatório de impacto ambiental (RIMA), o qual trará os levantamentos e conclusões feitos, devendo o órgão público licenciador receber o relatório para análise das condições do empreendimento.

O empreendedor é quem escolhe os componentes da equipe e é quem arca com os custos respectivos. Os profissionais que farão o trabalho terão todo interesse em agir com correção, pois fazem seus relatórios sob as penas da lei. Como regra, o estudo de impacto ambiental e seu relatório são públicos, podendo o interessado solicitar sigilo industrial, fundamentando o pedido.

O EIA normalmente é exigido antes da licença prévia, mas é cabível sua exigência mesmo para empreendimentos já licenciados.

(Juiz de Direito – TJ/RS – 2018 – VUNESP) Quanto ao licenciamento ambiental, assinale a alternativa correta.

(A) O prazo de validade da Licença Prévia (LP) não pode ser superior a 3 (três) anos.

(B) A renovação da Licença de Operação (LO) de uma atividade ou empreendimento deverá ser requerida com antecedência mínima de 120 (cento e vinte) dias da expiração de seu prazo de validade, fixado na respectiva licença.

(C) Considera-se Impacto Ambiental Regional todo e qualquer impacto ambiental que afete diretamente (a área de influência direta do projeto), no todo ou em parte, o território de dois ou mais Municípios.

(D) O arquivamento do processo de licenciamento não impedirá a apresentação de novo requerimento de licença, ficando isento de novo pagamento de custo de análise.

(E) O prazo de validade da Licença de Instalação (LI) deverá ser o estabelecido pelo cronograma de instalação do empreendimento ou atividade, não podendo ser superior a 5 (cinco) anos.

A: incorreta. Nos termos do art. 18, I, da Resolução Conama 237/1997: "O prazo de validade da Licença Prévia (LP) deverá ser, no mínimo, o estabelecido pelo cronograma de elaboração dos planos, programas e projetos relativos ao empreendimento ou atividade, não podendo ser superior a 5 (cinco) anos" e não a 3 (três) anos como assevera a alternativa; **B:** correta, segundo o que dispõe o art. 18, § 4º, da Resolução Conama 237/1997; **C:** incorreta. Esclarece o art. 1º, IV, da Resolução Conama 237/1997, que impacto ambiental regional "é todo e qualquer impacto ambiental que afete diretamente (área de influência direta do projeto), no todo ou em parte, o território de dois ou mais Estados"; **D:** incorreta, a teor do art. 17, da Resolução Conama 237/1997: "O arquivamento do processo de licenciamento não impedirá a apresentação de novo requerimento de licença, que deverá obedecer aos procedimentos estabelecidos no artigo 10, mediante novo pagamento de custo de análise"; **E:** incorreta. "O prazo de validade da Licença de Instalação (LI) deverá ser, no mínimo, o estabelecido pelo cronograma de instalação do empreendimento ou atividade, não podendo ser superior a 6 (seis) anos" (art. 18, II, da Resolução Conama 237/97). FM/FC
Gabarito "B".

(Procurador Municipal – Prefeitura/BH – CESPE – 2017) Um empreendedor pretende desenvolver atividade que utiliza recursos ambientais e é potencialmente poluidora. Nesse caso, o órgão de meio ambiente municipal detém a competência para o controle ambiental.
Nessa situação,
(A) cabem ao órgão ambiental municipal os estudos ambientais prévios necessários para a emissão de licença ambiental.
(B) poderá dispensar-se o procedimento de licenciamento ambiental se o responsável pelo empreendimento assinar termo comprometendo-se a atender a legislação ambiental, em especial as normas de qualidade ambiental.
(C) além da licença ambiental, exige-se que o empreendimento tenha registro no cadastro técnico federal de atividades potencialmente poluidoras ou utilizadoras de recursos ambientais.
(D) se a atividade for exercida em desacordo com a licença ambiental emitida, será necessária, para a aplicação de multa, a comprovação de que foram causados danos ambientais significativos.

A: incorreta, posto que os estudos ambientais prévios correm as expensas do empreendedor e não do órgão ambiental (art.11, da Resolução Conama 237/1997); **B:** incorreta, nos termos do art. 10, da Lei 6.938/1981: "Art. 10. A construção, instalação, ampliação e funcionamento de estabelecimentos e atividades utilizadores de recursos ambientais, efetiva ou potencialmente poluidores ou capazes, sob qualquer forma, de causar degradação ambiental dependerão de prévio licenciamento ambiental", portanto, se a atividade ou o empreendimento tiver potencial para causar degradação ambiental, deverá ser submetido ao licenciamento ambiental; **C:** correta (art. 10 e art. 17, II, da Lei 6.938/1981); **D:** incorreta, pois para a aplicação de multa, basta o não cumprimento das medidas necessárias a prevenção de danos previstas na licença ambiental, ou seja, basta que a atividade seja exercida em desacordo com a licença emitida (art.14, *caput*, da Lei 6.938/1981). FM/FCP
Gabarito "C".

(Procurador do Estado – PGE/PA – UEPA – 2015) A respeito de licenciamento ambiental, na forma da Lei Complementar 140, julgue as afirmativas abaixo.
I. Os empreendimentos e atividades são licenciados ou autorizados, ambientalmente, por um único ente federativo, em conformidade com as atribuições estabelecidas na Lei Complementar 140.
II. Os demais entes federativos interessados podem manifestar-se ao órgão responsável pela licença ou autorização, de maneira vinculante, desde que respeitados os prazos e procedimentos do licenciamento ambiental e com argumentação técnica suficiente.
III. A supressão de vegetação decorrente de licenciamentos ambientais é autorizada pelo ente federativo licenciador.
IV. Os valores alusivos às taxas de licenciamento ambiental e outros serviços afins devem guardar relação de proporcionalidade com o custo e a complexidade do empreendimento objeto do licenciamento.
A alternativa que contém todas as afirmativas corretas é:
(A) III e IV
(B) II e III
(C) II e IV
(D) I e III
(E) I e II

I: correta (art. 13, da Lei Complementar 140/2011); **II:** incorreta, pois "os demais entes federativos interessados podem manifestar-se ao órgão responsável pela licença ou autorização, de maneira não vinculante, respeitados os prazos e procedimentos do licenciamento ambiental" (art. 13, § 1º, da Lei Complementar 140/2011); **III:** correta (art. 13, § 2º, da Lei Complementar 140/2011); **IV:** incorreta, pois os valores alusivos às taxas de licenciamento ambiental e outros serviços afins devem guardar relação de proporcionalidade com o custo e a complexidade do *serviço prestado pelo ente federativo* e não a complexidade do empreendimento, conforme disposto na assertiva (art. 13, § 3º, da Lei Complementar 140/2011). FM/FCP
Gabarito "D".

(Procurador do Estado – PGE/PA – UEPA – 2015) Sobre competência para licenciamento ambiental, é correto afirmar que compete à União promover o licenciamento de empreendimentos e atividades:
(A) localizados ou desenvolvidos em terras indígenas e no seu entorno em um raio de 20 km.
(B) localizados ou desenvolvidos em qualquer dos tipos de unidades de conservação instituídas pela União.
(C) localizados ou desenvolvidos em 2 (dois) ou mais Estados, desde que haja concordância desses.
(D) de caráter militar, excetuando-se do licenciamento ambiental, nos termos de ato do Poder Executivo, aqueles previstos no preparo e emprego das Forças Armadas, conforme disposto em ato normativo específico.
(E) que atendam tipologia estabelecida por ato do Conselho Nacional do Meio Ambiente (Conama), e considerados os critérios de porte, potencial poluidor e natureza da atividade ou empreendimento.

A: incorreta, pois é competência da União promover o licenciamento de atividades e empreendimentos localizados ou desenvolvidos em terras indígenas (art. 7º, XIV, "c", da Lei Complementar 140/2011), não existindo qualquer disposição no sentido de estender esta competência para o licenciamento de atividades ou empreendimentos a serem desenvolvidos no entorno em um raio de 20 Km das terras indígenas, portanto, por esse motivo a assertiva encontra-se incorreta; **B:** incorreta, pois o licenciamento de atividades e empreendimentos localizados em Áreas de Proteção Ambiental (APAs), ainda que instituídas pela União, tem regramento próprio (art. 12, da Lei Complementar 140/2011), e, portanto, não segue o critério da criação para a definição da competência; **C:** incorreta, não se exige a concordância entre os Estados, pois será a União competente para promover o licenciamento ambiental de atividades e empreendimentos localizados ou desenvolvidos em 2 (dois) ou mais Estados (art. 7º, XIV, "e", da Lei Complementar 140/2011); **D:** correta (art. 7º, XIV, "f", da Lei Complementar 140/2011); **E:** incorreta, a União é competente para promover o licenciamento de atividades e empreendimentos que atendam tipologia estabelecida por ato do Poder Executivo a partir de proposição da Comissão Tripartite Nacional, assegurada a participação de um membro do Conselho Nacional do Meio Ambiente (Conama), e considerados os critérios de porte, potencial poluidor e natureza da atividade ou empreendimento (art. 7º, XIV, "h", da Lei Complementar 140/2011). FM/FCP
Gabarito "D".

(Advogado União – AGU – CESPE – 2015) De acordo com o Código Florestal, julgue os próximos itens, referentes à proteção de florestas e às competências em matéria ambiental, previstas na Lei Complementar 140/2011.
(1) A regularidade da reserva legal envolve a conservação de sua vegetação nativa, de modo que a exploração econômica dessa área deve ser feita mediante plano de manejo sustentável previamente aprovado pelo órgão ambiental competente do SISNAMA, sem prejuízo da observância das demais normas ambientais pertinentes.
(2) A reserva legal de propriedade ou posse rural define-se como área protegida com a principal função ambiental de preservar os recursos hídricos, a paisagem e a estabilidade geológica no imóvel.

1: Correta. A assertiva encontra-se em consonância com o art. 17, § 1º, da Lei 12.651/2012: "Art. 17. A Reserva Legal deve ser conservada com cobertura vegetal nativa pelo proprietário do imóvel rural, possuidor ou ocupante a qualquer título, pessoa física ou jurídica, de direito público ou privado. § 1º. Admite-se a exploração econômica da Reserva Legal mediante manejo sustentável, previamente aprovado pelo órgão competente do Sisnama, de acordo com as modalidades previstas no art. 20". **2:** Errada. O enunciado fala em Reserva Legal, mas indica a função ambiental da Área de Preservação Permanente (art. 3º, II, da Lei 12.651/2012). A definição legal de reserva legal encontra-se inserida no art. 3º, III, da Lei 12.651/2012: "III – Reserva Legal: área localizada no interior de uma propriedade ou posse rural, delimitada nos termos do art. 12, com a função de assegurar o uso econômico de modo sustentável dos recursos naturais do imóvel rural, auxiliar a conservação e reabilitação dos processos ecológicos e promover a conservação da biodiversidade, bem como o abrigo e a proteção da fauna silvestre e da flora nativa". FM/FCP
Gabarito 1C, 2E

(Juiz – TRF 2ª Região – 2017) O licenciamento ambiental de atividade de produção de petróleo compete:
(A) À União, ao Estado e ao município onde estiver localizada a atividade, pois, pelo art. 23, VI, da Constituição Federal, a competência para proteção do meio ambiente é comum e o múltiplo licenciamento é mais apto a proteger o bioma.
(B) Exclusivamente à União, pois se trata de atividade sujeita constitucionalmente a monopólio federal.
(C) A resposta depende da localização da atividade. Assim, por exemplo, se a atividade estiver localizada no mar, a competência será sempre da União, se estiver localizada em terra, a competência será sempre do Estado.
(D) A resposta depende da localização e da natureza exata da atividade. Assim, por exemplo, se a atividade estiver localizada no mar territorial, a competência será da União. Se a atividade estiver localizada no continente, fora de terras indígenas, parques nacionais, divisas com outros estados ou fronteiras internacionais e não se tratar de

unidade de produção de recurso não convencional de petróleo, a competência será do Estado.

(E) À União e ao Estado onde estiver localizada a atividade, por força do artigo 10 da Lei 6.938/81 (Lei da Política Nacional do Meio Ambiente).

A: incorreta, pois, nos termos do art. 13, da LC 140/2011, o licenciamento ambiental deve ser feito por um único entre federativo, não sendo admitido, portanto, o múltiplo licenciamento; **B:** incorreta, o art. 5º, da Resolução 23/1994 do CONAMA reza que a competência será da União ou do Estado, para o licenciamento ambiental de atividade de produção de petróleo; **C:** incorreta, pois a competência será definida tendo em vista a localização e a natureza da atividade a ser desenvolvida. Nem sempre se estiver localizada em terra a competência será do Estado. Por exemplo, na hipótese do art. 3º, VI, *c*, do Decreto 8.437/2015, a competência será do órgão ambiental federal, ainda que a produção se dê em ambiente terrestre; **D:** correta, (art. 7º, XIV, *a* a e da LC 140/2011 e art. 3º, VI, *c*, do Decreto 8.437/2015); **E:** incorreta, o licenciamento de atividade de produção de petróleo depende da localização e natureza da atividade(art. 7º, XIV, da LC 140/2011 e art. 3º, VI, do Decreto 8.437/2015). FM/FCP

Gabarito "D".

(Juiz – TRF 2ª Região – 2017) Em relação à competência para o licenciamento ambiental é correto afirmar que:

(A) O ente que não tem competência para licenciar a atividade tampouco poderá aplicar medidas de polícia sobre ela.
(B) Atividades localizadas em faixa de até 50 km da fronteira serão sempre licenciadas pela União.
(C) Atividades que captem água de rios federais serão sempre licenciadas pela União.
(D) Em regra, o ente competente para o licenciamento de uma atividade será competente para aplicar sanções administrativas ambientais à pessoa responsável pela atividade.
(E) O licenciamento ambiental de qualquer atividade conduzida por concessionária de serviço público federal será de competência da União.

A: incorreta. A competência para licenciar fixada a determinado ente não exclui a competência dos demais para exercer o poder de polícia (art. 17, § 3º, da LC 140/2011); **B:** incorreta. A competência da União para licenciar, vem prevista no art. 7º, XIV, da LC 140/2011, não existindo previsão neste sentido; **C:** incorreta. Não há previsão neste sentido no art. 7º, XIV, da LC 140/2011, devendo verificar o grau de impacto que a atividade a ser licenciada causará, a fim de atribuir a competência do ente para licenciar; **D:** correta (art. 17, "caput", da LC 140/2011); **E:** incorreta. Não há previsão neste sentido no art. 7º, XIV, da LC 140/2011, devendo, no caso, analisar o grau do impacto que a atividade causará, para definir se a competência será municipal (art. 9º, XIV, LC 140/2011) ou estadual (art. 8º, XIV, da LC 140/2011). FM/FCP

Gabarito "D".

(Juiz – TJ-SC – FCC – 2017) Os apontamentos levantados em audiência pública:

(A) não vinculam o órgão licenciador, que tem o dever, por outro lado, de justificar tecnicamente o não acolhimento das sugestões.
(B) vinculam o órgão licenciador, que tem o dever, portanto, de acolher as sugestões.
(C) são votados e vinculam o órgão licenciador os que obtiverem maioria simples.
(D) são votados e vinculam o órgão licenciador os que obtiverem maioria absoluta.
(E) são votados e vinculam o órgão licenciador os que obtiverem quórum de 2/3.

A: correta, nos termos do art. 5º, da Resolução 09/1987 do CONAMA, a saber: "a ata da(s) audiência(s) pública(s) e seus anexos, servirão de base, juntamente com o RIMA, para a análise e parecer final do licenciador quanto à aprovação ou não do projeto"; desta forma, os apontamentos levantados em audiência pública não vinculam o órgão licenciador; **B:** incorreta, pois a audiência pública, nos termos do art. 1º, da Resolução 09/1987 do CONAMA, tem por finalidade expor aos interessados o conteúdo do produto em análise e do seu referido RIMA, dirimindo dúvidas e recolhendo dos presentes as críticas e sugestões a respeito, ou seja, visa a concretizar o princípio da informação, não tendo o órgão licenciador, o dever de acolher as sugestões advindas da audiência pública; **C, D, E:** incorretas, pois não há votação dos apontamentos levantados em audiência pública, esta tem a finalidade de oferecer aos indivíduos acesso a informações relativas a atividade a ser licenciada e aos seus impactos. FM/FCP

Gabarito "A".

(Juiz – TJ/RJ – VUNESP – 2016) No que diz respeito ao direito ambiental e à aplicação das normas constitucionais ambientais, assinale a opção correta.

(A) O Conama é um dos mais atuantes e expressivos órgãos do Sistema Nacional do Meio Ambiente, na qualidade de órgão colegiado, composto por representantes federais e estaduais.
(B) O reconhecimento material do direito fundamental ao ambiente justifica-se na medida em que tal direito é extensão do direito à vida, sob os aspectos da saúde e da existência digna com qualidade de vida, ostentando o *status* de cláusula pétrea, consoante entendimento do STF.
(C) A licença de operação (LO) autoriza a operação da atividade ou empreendimento, após a verificação do efetivo cumprimento do que consta das licenças Prévia e de Instalação. A decisão será motivada sem prazo mínimo e máximo de vigência.
(D) A Lei de Política Nacional instituiu o Sistema Nacional do Meio Ambiente – Sisnama, formado por um conjunto de órgãos, dentre eles, o Órgão Central Superior, que seria a Secretaria Especial do Meio Ambiente.
(E) Cabe ao Ibama coordenar a implementação do Plano Nacional de Gerenciamento Costeiro, observando a compatibilização dos Planos Estaduais e Municipais como PNGC e as demais normas federais, sem prejuízo da competência dos outros órgãos.

A: incorreta. O Conama é um órgão colegiado do Sisnama, representativo de cinco setores, a saber: órgãos federais, estaduais e municipais, setor empresarial e sociedade civil; **B:** correta. O direito ao meio ambiente ecologicamente equilibrado, conforme disposto no *caput* do artigo 225 da Constituição Federal, faz parte dos direitos e deveres individuais e coletivos dispostos na Constituição de 1988, e que, por estar ligado ao direito à vida, ostenta o *status* de verdadeira cláusula pétrea; **C:** A LO autoriza a operação da atividade ou empreendimento, após a verificação do efetivo cumprimento do que consta das licenças anteriores (prévia e instalação). Contudo, ao contrário do previsto na alternativa, a decisão será motivada e com mínimo de 4 (quarto) anos e máximo de 10 (dez) anos de vigência, conforme a Resolução Conama 237/1997; **D:** incorreta. Não existe Órgão Central Superior do Sisnama. O Órgão Superior do Sisnama é o Conselho de Governo, já o órgão Central é a Secretaria do Meio Ambiente da Presidência da República [atualmente Ministério do Meio Ambiente] (art. 6º, I e II, da Lei 6.938/1981); **E:** incorreta. Nos termos da Lei 7.661/1988, art. 4º: "O PNGC será elaborado e, quando necessário, atualizado por um Grupo de Coordenação, dirigido pela Secretaria da Comissão Interministerial para os Recursos do Mar – Secirm, cuja composição e forma de atuação serão definidas em decreto do Poder Executivo. [...] § 2º. O Plano será aplicado com a participação da União, dos Estados, dos Territórios e dos Municípios, através de órgãos e entidades integradas ao Sistema Nacional do Meio Ambiente – Sisnama". FM/FCP

Gabarito "B".

(Juiz – TJ/SP – VUNESP – 2015) Nos termos da Resolução CONAMA 001, de 1986, o relatório de impacto ambiental – RIMA deve refletir as conclusões do estudo de impacto ambiental e terá um conteúdo mínimo. A alternativa que não reflete a exigência de conteúdo mínimo obrigatório de um RIMA é:

(A) a descrição do efeito esperado das medidas mitigadoras previstas em relação aos impactos negativos, mencionando aqueles que não puderem ser evitados e a estimativa de custos para implementação das medidas mitigadoras exigidas.
(B) os objetivos e as justificativas do projeto, sua relação e compatibilidade com as políticas setoriais, planos e programas governamentais.
(C) a síntese dos resultados dos estudos de diagnósticos ambiental da área de influência do projeto e a descrição dos prováveis impactos ambientais da implantação e operação da atividade.
(D) a recomendação quanto à alternativa mais favorável para o empreendimento.

A: incorreta. A estimativa de custos para a implementação das medidas mitigadoras exigidas, não faz parte do conteúdo mínimo que deverá conter no Estudo de Impacto Ambiental (art. 9º, VI, da Resolução Conama 001/1986). **B:** correta. Vide art. 9º, I, da Resolução Conama 001/1986. **C:** correta. Nos termos do art. 9º, III e IV, da Resolução Conama 001/1986. **D:** correta. Segundo dispõe o art. 9º, VIII, da Resolução CONAMA 001/1986. FM/FCP

Gabarito "A".

(Juiz – TJ/MS – VUNESP – 2015) Segundo estabelecido na Política Nacional do Meio Ambiente, entende-se por poluição a degradação da qualidade ambiental resultante de atividades que, direta ou indiretamente,

(A) lancem matérias em dissonância com a qualidade tecnológica fixada pelas normas da ABNT.
(B) afetem 70% das interações de ordem física do meio ambiente.
(C) prejudiquem a saúde, a segurança e o bem-estar da população.
(D) afetem as condições sociais ou fitossanitárias da biota.
(E) criem condições favoráveis às ações políticas e econômicas.

A: incorreta. Nos termos do art. 3º, III, "e", da Lei 6.938/1981, poluição trata-se da degradação da qualidade ambiental resultante de atividades que direta ou indiretamente lancem matérias ou energia em desacordo com os padrões de qualidade ambiental estabelecidos". **B:** incorreta. Não há percentual fixado para alteração adversa das características do meio ambiente. **C:** correta. Vide art. 3º, III, "a", da Lei 6.938/1981. **D:** incorreta. Poluição trata-se da degradação da qualidade ambiental resultante de atividades que direta ou indiretamente criem condições adversas às atividades sociais e econômicas (art. 3º, III, "b", da Lei 6.938/1981). **E:** incorreta. Contraria o que dispõe o art. 3º, III, *b*, da Lei 6.938/1981 FM/FCP

Gabarito "C".

(Promotor de Justiça – MPE/AM – FMP – 2015) Sobre o licenciamento ambiental no sistema jurídico brasileiro, analise as assertivas abaixo:

I. O estudo de impacto ambiental e respectivo relatório são imprescindíveis para toda atividade potencialmente poluidora.
II. De acordo com a lei complementar que rege as competências em matéria de licenciamento ambiental, a atuação supletiva é a ação do ente da Federação que se substitui ao ente federativo originariamente detentor das atribuições, ao passo que a atuação

subsidiária é tida como a ação do ente da Federação que visa a auxiliar no desempenho das atribuições decorrentes das competências comuns, quando solicitado pelo ente federativo originariamente detentor das atribuições definidas na mesma lei.

III. Compete ao órgão ambiental federal, dentre outras atribuições, promover o licenciamento ambiental de empreendimentos e atividades localizados ou desenvolvidos conjuntamente no Brasil e em país limítrofe e nas unidades de conservação instituídas por qualquer ente estatal.

Quais das assertivas acima estão corretas?

(A) Apenas a I e III.
(B) Apenas a I e II.
(C) Apenas a II.
(D) Apenas a II e III.
(E) I, II e III.

I: Incorreta. O estudo de impacto ambiental e respectivo relatório não são imprescindíveis para toda atividade potencialmente poluidora, mas somente àquelas consideradas efetiva ou potencialmente causadoras de significativa degradação do meio ambiente (art. 225, § 1º, IV, da CF); II: Correta. Nos termos do art. 2º, II e III, da Lei Complementar 140/2011, respectivamente: "atuação supletiva: ação do ente da Federação que se substitui ao ente federativo originariamente detentor das atribuições, nas hipóteses definidas nesta Lei Complementar"; e "atuação subsidiária: ação do ente da Federação que visa a auxiliar no desempenho das atribuições decorrentes das competências comuns, quando solicitado pelo ente federativo originariamente detentor das atribuições definidas nesta Lei Complementar". III: Incorreta. A teor do disposto no art. 7º, XIV, "a" e "d", da Lei Complementar 140/2011. FM/FCP

Gabarito "C".

(Procurador da República – PGR – 2015) Atente para as seguintes afirmações relacionadas à audiência pública:

I. As audiências públicas são uma forma de assegurar a participação popular na condução dos interesses públicos, ainda que as deliberações, opiniões, sugestões, críticas ou informações nela emitidas não sejam vinculantes para o Ministério Público.

II. Quando a realização de audiência pública referente ao estudo prévio de impacto ambiental e respectivo relatório for requerida pelo Ministério Público, a rejeição precisa ser devidamente fundamentada.

III. O Ministério Público poderá receber auxílio de entidades públicas para custear a realização de audiências públicas, mediante termo de cooperação ou procedimento específico, com a devida prestação de contas.

IV. Audiências públicas correspondem ao princípio republicano, inclusive porque buscam a adoção da melhor alternativa, e ao princípio democrático, pois permitem a participação popular.

V. Estão previstas audiências públicas em âmbito municipal em relação a implantação de empreendimentos com efeitos potencialmente negativos sobre o meio ambiente natural ou construído.

Assinale a alternativa certa:

(A) Corretas estão apenas as afirmações I, II, III e IV.
(B) Corretas estão apenas as afirmações I, II e V.
(C) Corretas estão apenas as afirmações III, IV e V.
(D) Corretas estão apenas as afirmações I, III, IV e V.

I: Correta. As audiências públicas tratam-se de instrumentos do princípio democrático, que asseguram ao cidadão a possibilidade de participar das políticas públicas ambientais. II: Incorreta. Nos termos do § 2º, art. 2º, da Resolução CONAMA 9/1997: "No caso de haver solicitação de audiência pública e na hipótese do Órgão Estadual não realizá-la, a licença concedida não terá validade", ou seja, uma vez requerida a realização de audiência pública, por qualquer dos legitimados (art. 2º, da Resolução CONAMA 9/1997), ela deverá ocorrer, sob pela de invalidade da licença se concedida. III: Correta. Trata-se de transcrição do § 2º, art. 1º, da Resolução CNMP 82/2012. IV: Correta. Dispõe o § 1º, art. 1º, da Resolução CNPM 82/2012, que "As audiências públicas serão realizadas na forma de reuniões organizadas, abertas a qualquer cidadão, representantes dos setores público, privado, da sociedade civil organizada e da comunidade, para discussão de situações das quais decorra ou possa decorrer lesão a interesses difusos, coletivos e individuais homogêneos, e terão por finalidade coletar, junto à sociedade e ao Poder Público, elementos que embasem a decisão do órgão do Ministério Público quanto à matéria objeto da convocação ou para prestar contas de atividades desenvolvidas". Desta forma, têm-se que as audiências públicas correspondem ao princípio republicano, já que este implica no estabelecimento do bem comum do povo sempre acima de interesses particulares, e também correspondem ao princípio democrático, pois encontra-se assegurada a participação dos cidadãos. V: Correta. As audiências públicas do Poder Público municipal e da população interessada na implantação de empreendimentos ou atividades com efeitos potencialmente negativos ao meio ambiente natural ou construído, trata-se de uma das diretrizes gerais das políticas urbanas (art. 2º, XIII, da Lei 10.257/2001). FM/FCP

Gabarito "D".

(Delegado/PE – 2016 – CESPE) Determinada sociedade empresária pretende realizar, no mar territorial que banha o município de Recife – PE, atividade potencialmente causadora de significativa degradação ambiental.

Nessa situação, de acordo com a Lei Complementar 140/2011, o licenciamento ambiental dessa atividade será promovido pelo(a)

(A) município de Recife ou, caso ele não possua órgão ambiental capacitado para promover esse licenciamento, pelo estado de Pernambuco.
(B) União.
(C) município de Recife.
(D) estado de Pernambuco.
(E) estado de Pernambuco ou, caso ele não possua conselho de meio ambiente, pela União.

A: incorreta, já que a competência para promover licenciamento ambiental no mar territorial é exclusiva da União; B: correta, conforme art. 7º, XIV, alínea 'b' da Lei Complementar 140/2011: "São ações administrativas da União: XIV – promover o licenciamento ambiental de empreendimentos e atividades: b) localizados ou desenvolvidos no mar territorial, na plataforma continental ou na zona econômica exclusiva"; C: incorreta, pois não compete ao município realizar licenciamento ambiental em mar territorial; D: incorreta, pois trata-se de área cuja competência para realização de licenciamento ambiental é exclusiva da união; E: incorreta, já que nem estado nem município são competentes para realizar licenciamento ambiental em mar territorial, que acrescente-se, é bem da União, conforme artigo 20, VI, da CF/1988.

Gabarito "B".

(Magistratura/RR – 2015 – FCC) A Audiência Pública no licenciamento ambiental conduzido por um EIA-RIMA

(A) será o primeiro ato do processo.
(B) será realizada em local de fácil acesso, nos Municípios atingidos pelo empreendimento e após a elaboração do EIA-RIMA.
(C) é facultativa.
(D) será realizada antes da elaboração do EIA-RIMA.
(E) será realizada antes da elaboração do EIA-RIMA e as conclusões resumidas em ata nortearão a elaboração do citado estudo.

Questão Anulada. Segundo Resolução Normativa 009/1987 do CONAMA: "Art. 2º Sempre que julgar necessário, ou quando for solicitado por entidade civil, pelo Ministério Público, ou por 50 (cinquenta) ou mais cidadãos, o Órgão de Meio Ambiente promoverá a realização de audiência pública.". Sendo assim, poderá ser facultativa, sempre que julgar necessário, mas obrigatória quando solicitada pelo rol elencados na resolução. Desta forma, embora o gabarito tenha indicado a alternativa B, como correta, também é possível apontar a alternativa C, como verdadeira.

Gabarito "Anulada".

(Juiz de Direito/CE – 2014 – FCC) A empresa X pretende instalar uma indústria no Estado Alfa. Tal Estado, contudo, não possui órgão ambiental capacitado ou conselho de meio ambiente. Nesta hipótese, segundo a Lei Complementar 140/2011, a competência para conduzir o licenciamento ambiental será

(A) solidária da União.
(B) supletiva do Município no qual se localizará o empreendimento.
(C) subsidiária da União.
(D) solidária do Município no qual se localizará o empreendimento.
(E) supletiva da União.

A: incorreta, pois embora a LC 140/2011 trate da competência comum entre os entes federativos (art. 1º), não há solidariedade entre eles, isto porque a competência foi estabelecida conforme a amplitude do impacto, a localização e na natureza da atividade poluidora; B: incorreta, pois na ausência de órgão ambiental capacitado no Estado, a competência será supletiva da União e não do Município (art. 15, I, LC 140/2011); C: incorreta, pois a atuação subsidiária da União somente se daria nos casos de solicitação do Estado com objetivo de auxiliar no desempenho das atribuições decorrentes da competência comum, e não por ausência de órgão estadual capacitado (art. 2º, III, LC 140/2011); D: incorreta, pois a LC 140/2011 não prevê a competência solidária entre os entes federados, somente as competências supletivas e subsidiárias (art. 2º, II e III); E: correta, pois os entes federativos devem atuar em caráter supletivo nas ações administrativas de licenciamento na hipótese de inexistir órgão ambiental capacitado ou conselho de meio ambiente no Estado ou no Distrito Federal, neste caso por força do art. 15, I, da LC 140/2011 a União deverá desempenhar as ações administrativas estaduais ou distritais até a criação do órgão estadual competente.

Gabarito "E".

(Promotor de Justiça/ES – 2013 – VUNESP) No que se refere ao estudo prévio de impacto ambiental, é correto afirmar:

(A) é constitucional norma legal que dispense a elaboração do EIA/RIMA no caso de áreas de florestamento ou reflorestamento para fins empresariais.
(B) é constitucional lei estadual que submeta o relatório de impacto ambiental – RIMA – ao crivo de comissão permanente e específica da Assembleia Legislativa.
(C) será nula a licença ambiental concedida sem a sua realização, pois é obrigatório quando a atividade ou a obra for potencialmente causadora de significativa degradação ambiental.
(D) deve ser realizado por profissionais legitimamente capacitados, às expensas do órgão ambiental expedidor da licença ambiental, estando sujeito às sanções administrativas, civis e penais pelas informações prestadas no RIMA.
(E) a audiência pública, quando nesse estudo realizada, vinculará o órgão consultivo que irá decidir, ao final, o procedimento administrativo.

A: incorreta, conforme já manifestado pelo STF em 2001 nos autos da Ação Direta de Inconstitucionalidade (ADI 1086/SC) que teve como relator Ministro Ilmar Galvão: "Ação direta de inconstitucionalidade. Artigo 182, § 3º, da Constituição do Estado de Santa Catarina. Estudo de impacto ambiental. Contrariedade ao artigo 225, § 1º, IV, da carta da república. A norma impugnada, ao dispensar a elaboração de estudo prévio de impacto ambiental no caso de áreas de florestamento ou reflorestamento para fins empresariais, cria exceção incompatível com o disposto no mencionado inciso IV do § 1º do artigo 225 da Constituição Federal. Ação julgada procedente, para declarar a inconstitucionalidade do dispositivo constitucional catarinense sob enfoque"; **B:** incorreta, conforme Ação Direta de Inconstitucionalidade 1505 do estado do Espírito Santo Julgado pelo STF em 2004, tendo como relator o Ministro Eros Grau: "Ação Direta de Inconstitucionalidade. Art. 187 da Constituição do Estado do Espírito Santo. Relatório de Impacto Ambiental. Aprovação pela assembleia legislativa. Vício Material. Afronta aos artigos 58, § 2º e 225, § 1º da Constituição do Brasil. 1. É inconstitucional preceito da Constituição do Estado do Espírito Santo que submete o Relatório de Impacto Ambiental – RIMA – ao crivo de comissão permanente e específica da Assembleia Legislativa. 2. A concessão de autorização para desenvolvimento de atividade potencialmente danosa ao meio ambiente consubstancia ato do Poder de Polícia – Ato da Administração Pública – entenda-se ato do poder Executivo. 3. Ação julgada procedente para declarar inconstitucional o trecho final do § 3º do artigo 187 da Constituição do Estado do Espírito Santo."; **C:** correta pois o art. 225, inciso IV, da Constituição Federal obriga à realização de estudo prévio de impacto ambiental quando a atividade ou a obra for potencialmente causadora de significativa degradação ambiental; **D:** incorreta pois as custas do EIA devem ser arcadas pelo empreendedor e não pelo órgão ambiental expedidor da licença (art. 8º da Res. CONAMA 1/1986 e art. 11 da Res. CONAMA 237/1997); **E:** incorreta pois a audiência pública tem por objetivo oferecer subsídio à tomada de decisão do órgão executivo, não tem, contudo, caráter vinculativo (neste sentido: AI 777.970-0, TJ-PR, 05.06.2012).
Gabarito "C"

(Magistratura/PE – 2013 – FCC) A Lei Federal nº 6.938/1981 impõe a obrigatoriedade de licenciamento ambiental para as atividades consideradas "efetiva e potencialmente poluidoras", assim como as "capazes, sob qualquer forma, de causar degradação ambiental". Nesse contexto, as competências do Conselho Nacional do Meio Ambiente – CONAMA incluem, dentre outras,

(A) o estabelecimento de normas e critérios para o licenciamento, especificando quais atividades estarão a ele desde logo sujeitas, bem como o efetivo exercício do licenciamento ambiental, sempre que este estiver sob a alçada da União.

(B) a definição de quais entidades da Federação são competentes para o licenciamento ambiental, bem como o procedimento administrativo que deverá ser seguido em seus respectivos âmbitos.

(C) relacionar atividades que estão aprioristicamente sujeitas ao estudo de impacto ambiental (EIA), bem como disciplinar as espécies de licenças ambientais passíveis de expedição e suas respectivas hipóteses de cabimento.

(D) a fixação de critérios e padrões de qualidade do meio ambiente e a supervisão da atividade de licenciamento exercida pelos órgãos estaduais e municipais integrantes do Sistema Nacional do Meio Ambiente – SISNAMA.

(E) homologar o licenciamento ambiental a cargo de órgãos estaduais e municipais integrantes do Sistema Nacional do Meio Ambiente – SISNAMA e estabelecer normas e critérios para o licenciamento das atividades efetiva ou potencialmente poluidoras.

A: incorreta, pois o CONAMA, como órgão consultivo e deliberativo, tem competência para o estabelecimento de normas e padrões ambientais (arts. 6º, II, e 8º, I, da Lei 6.938/1981), mas não tem competência para promover o licenciamento ambiental, que é da alçada, na esfera federal, do IBAMA, órgão executor (art. 6º, IV, da Lei 6.938/1981); **B:** incorreta, pois a Lei Complementar 140/2011 é que estabelece a competência de cada esfera federativa para o licenciamento ambiental (arts. 7º, XIV, 8º, XIV e XV, e 9º, XIV, da LC 140/2011); **C:** correta, desde que respeitado o disposto na LC 140/2011; **D:** incorreta, pois o CONAMA se limita a estabelecer as normas e critérios para o licenciamento (art. 8º, I, da Lei 6.938/1981); **E:** incorreta, pois o licenciamento ambiental em si não é da competência do CONAMA, e sim das entidades federativas (União, Estados e Municípios) mencionadas nos arts. 7º, XIV, 8º, XIV e XV, e 9º, XIV, da LC 140/2011.
Gabarito "C"

(Magistratura/PA – 2012 – CESPE) As obras para a construção de uma usina hidrelétrica na região amazônica, financiadas por entidades governamentais brasileiras, afetarão mais três estados-membros da Federação, dado o alagamento de uma área superior a dois mil hectares na Amazônia Legal, onde se localizam imóveis rurais particulares.
Considerando a situação hipotética acima e o disposto na Política Nacional de Meio Ambiente e nas Resoluções 1, 237 e 378 do Conselho Nacional do Meio Ambiente (CONAMA), assinale a opção correta.

(A) Conforme determinação do Sistema Nacional de Meio Ambiente (SISNAMA) expressa na Lei da Política Nacional do Meio Ambiente, o licenciamento ambiental cabe aos órgãos ambientais competentes dos três estados afetados.

(B) O empreendimento não está sujeito a licenciamento ambiental, por serem as hidrelétricas fontes de energia renovável, não incluídas, portanto, entre as atividades utilizadoras de recursos naturais consideradas poluentes.

(C) Compete ao IBAMA o licenciamento ambiental do empreendimento, já que o impacto ambiental, nesse caso, é regional.

(D) O licenciamento ambiental deverá ser feito pelo órgão ambiental competente de apenas um dos estados-membros afetados pelo empreendimento.

(E) Poderá ser dispensado o estudo de impacto ambiental da obra se a energia a ser gerada pela usina for indispensável para a economia do país.

A: incorreta, pois, tratando-se de impacto regional a competência para o licenciamento ambiental é da União (art. 7º, XIV, "e", da LC 140/2011), por meio do IBAMA (art. 1º da Resolução CONAMA 378/2006); **B:** incorreta, pois uma obra desse porte não só terá de se submeter a um licenciamento ambiental, como também terá de ser precedida de um EIA/RIMA, dada a significativa degradação ambiental que poderá causar; **C:** correta, nos termos do comentário à alternativa "a"; **D:** incorreta, pois, como se viu, o IBAMA é que será o responsável pelo licenciamento ambiental no caso; **E:** incorreta, pois uma coisa não exclui a outra; havendo possibilidade de se causar significativa degradação ambiental, de rigor a realização de EIA/RIMA (art. 225, § 1º, IV, da CF).
Gabarito "C"

(Ministério Público/GO – 2012) Sendo o licenciamento ambiental instrumento preventivo de proteção do meio ambiente, é incorreto afirmar:

(A) extrai-se da Lei Complementar 140/2011 dois princípios básicos: 1) o licenciamento ambiental é uno, sendo absolutamente vedada a duplicidade de licenciamento do mesmo empreendimento ou atividade; e, 2) somente quem licenciou o empreendimento ou atividade possui competência para lavrar auto de infração em caso de infração administrativa ambiental;

(B) na definição da competência da União para o licenciamento ambiental, o legislador utilizou 03 critérios: o da titularidade do bem; o da abrangência do impacto ambiental; e, o critério da natureza da matéria a ser licenciada. Logo, é competência da União o licenciamento ambiental de empreendimento localizado ou desenvolvido: a) no mar territorial; b) em dois ou mais Estados; c) que disponha sobre material radioativo ou utilize energia nuclear;

(C) quanto à competência dos Estados, o legislador utilizou um critério de exclusão para defini-lo como competente para licenciar os empreendimentos que não são de competência da União e dos Municípios, associado ao critério de titularidade do bem quando se tratar de empreendimento localizado ou desenvolvido em unidades de conservação instituída pelo Estado, exceto em relação à Área de Proteção Ambiental que observa critérios próprios;

(D) compete à União a aprovação do funcionamento de criadouros da fauna silvestre, haja vista a definição da fauna silvestre como bem exclusivo da União.

A: correta (art. 15, 16 e 17, da LC 140/2011); **B:** correta (art. 7º, XIV, da LC 140/2011); **C:** correta (art. 8º, XV, e art. 12, parágrafo único, da LC 140/2011); **D:** incorreta, devendo ser assinalada, pois cabe ao Estado a aprovação do funcionamento de criadouros da fauna silvestre (art. 8º, XIX, da LC 140/2011).
Gabarito "D"

(Ministério Público/MT – 2012 – UFMT) Sobre licenciamento ambiental, analise as assertivas abaixo.

I. O prévio licenciamento ambiental apenas é obrigatório nos casos em que as obras e atividades sejam consideradas efetiva ou potencialmente poluidoras, cabendo ao órgão licenciador definir, discricionariamente, se o Estudo de Impacto Ambiental é necessário ou não.

II. Pode o órgão ambiental competente, mediante decisão motivada, modificar as condicionantes e as medidas de controle e adequação, bem como suspender ou cancelar uma licença expedida, quando ocorrer superveniência de graves riscos ambientais e de saúde.

III. O licenciamento ambiental de empreendimentos e atividades de impacto ambiental local compete ao órgão municipal, ouvidos os órgãos competentes da União, dos Estados e do Distrito Federal, quando couber.

IV. O critério da dominialidade incidente sobre um recurso natural tem o condão de definir a competência para o licenciamento ambiental, de modo que a atividade de mineração deve ser licenciada pela União.

Está correto o que se afirma em:

(A) I e IV.
(B) I e III.
(C) II e IV.
(D) III e IV.
(E) II e III.

I: incorreta, pois dependerão de prévio licenciamento ambiental a construção, instalação, ampliação e funcionamento de estabelecimentos e atividades utilizadores de recursos ambientais, efetiva ou potencialmente poluidoras ou capazes, sob qualquer forma, de causar degradação ambiental (art. 10, da Lei 6.938/1981, com redação dada pela LC 140, de 2011 e art. 1º da Resolução CONAMA 237/1997), sendo que não há discricionariedade quanto àquelas expressamente previstas no Anexo 1 da Resolução CONAMA 237/1997; **II:** correta (art. 19 da Resolução CONAMA 237/1997); **III:** correta (art. 9º, XIV, "a", da LC 140/2011); **IV:** incorreta. A LC 140/2011 regula as competências ambientais comuns entre a União, os Estados, o Distrito Federal e os Municípios, especialmente no que concerne ao licenciamento ambiental, devendo a Resolução CONAMA 237/1997 ser interpretada de acordo com tal diploma legal. Cumpre observar que dois são os critérios definidores da competência material para promover o licenciamento: o critério da dimensão do impacto ou dano ambiental e o critério da dominialidade do bem público afetável (art. 7º, XIV, da LC 140/2011).

Gabarito "E".

(Defensor Público/AM – 2013 – FCC) São ações administrativas da União promover o licenciamento ambiental de empreendimentos e atividades

(A) localizados ou desenvolvidos em unidades de conservação instituídas pela União, exceto em Áreas de Proteção Ambiental (APAs).
(B) localizados ou desenvolvidos em dois ou mais Municípios.
(C) de alto impacto ambiental.
(D) localizados ou desenvolvidos em rios federais.
(E) localizados ou desenvolvidos em terras quilombolas.

A: correta (art. 7.º, XIV, "d", da LC 140/2011); **B:** incorreta, pois nesse caso a competência é do Estado (art. 8.º, XIV, da LC 140/2011), por não se encaixar na competência da União (art. 7º, XIV, da LC 140/2011) e dos Municípios (art. 9º, XIV, da LC 140/2011); **C:** incorreta, pois esse não é o critério para a distribuição da competência para o licenciamento ambiental, previsto nos arts. 7.º a 9.º da LC 140/2011; **D:** incorreta, pois não há tal previsão no art. 7.º, XIV, da LC 140/2011; de qualquer forma, caso se verifique impacto de âmbito regional, atingindo, por exemplo, dois Estados, aí sim a competência para o licenciamento será da União (art. 7.º, XIV, "e", da LC 140/2011); **E:** incorreta, pois não há essa previsão, apesar de haver quanto a empreendimentos localizados ou desenvolvidos em terras indígenas (art. 7.º, XIV, "c", da LC 140/2011).

Gabarito "A".

(Procurador do Estado/MG – FUMARC – 2012) Acerca do Licenciamento Ambiental, assinale a alternativa correta:

(A) A Licença de Operação autoriza a instalação do empreendimento ou atividade de acordo com as especificações constantes dos planos, programas e projetos aprovados, incluindo as medidas de controle ambiental e demais condicionantes, da qual constituem motivo determinante.
(B) A Licença de Instalação aprova a localização e concepção do empreendimento, atestando a viabilidade ambiental e estabelecendo os requisitos básicos e condicionantes a serem atendidos nas próximas fases de sua implementação.
(C) A construção, instalação, ampliação e funcionamento de estabelecimentos e atividades utilizadores de recursos ambientais, efetiva ou potencialmente poluidores ou capazes, sob qualquer forma, de causar degradação ambiental dependerão de prévio licenciamento ambiental.
(D) O Estudo de Impacto Ambiental será realizado por equipe multidisciplinar dos órgãos ambientais responsáveis pelo licenciamento.
(E) A Licença Prévia autoriza a operação do empreendimento ou atividade.

A: incorreta, pois, por óbvio, a licença que autoriza a instalação do empreendimento é a Licença de Instalação (LI), conforme art. 8º, II, Resolução CONAMA 237/1997; **B:** incorreta, pois a licença que aprova a localização e concepção do empreendimento, atestando sua viabilidade ambiental, é a Licença Prévia (LP), conforme art. 8º, I, da Resolução CONAMA 237/1997; **C:** correta (art. 2º, Resolução CONAMA 237/1997); **D:** incorreta, pois o estudo de impacto ambiental (EIA), conforme dispõe o art. 17, § 2º, do Decreto 99.274/1990, bem como art. 11, da Resolução CONAMA 239/1997, será realizado por técnicos contratados pelo empreendedor, não cabendo, pois, aos órgãos ambientais realizá-lo; **E:** incorreta, pois, obviamente, a Licença Prévia (LP) não autoriza a operação do empreendimento ou atividade, que dependerá de Licença de Operação (LO), conforme art. 8º, III, Resolução CONAMA 237/1997.

Gabarito "C".

(Advogado da União/AGU – CESPE – 2012) A respeito do EIA, importante instrumento da Política Nacional do Meio Ambiente, julgue os próximos itens.

(1) A concessão de licenciamento para desenvolvimento de atividade potencialmente danosa ao meio ambiente constitui ato do poder de polícia, sendo a análise dos EIAs atividade própria do Poder Executivo.
(2) Lei estadual pode dispensar a realização de EIA se restar comprovado, por perícia, que determinada obra não apresenta potencial poluidor.
(3) Não poderá ser deferida licença ambiental se o EIA e seu respectivo relatório — EIA/RIMA — revelarem possibilidade de danos graves ao meio ambiente.

1: correta, pois, de fato, o licenciamento ambiental constitui, sem dúvida, instrumento que materializa o poder de polícia ambiental do Estado (*lato sensu*), a quem caberá analisar, se o caso, o Estudo de Impacto Ambiental (EIA) no caso de atividades ou empreendimentos com potencialidade de causar significativa degradação ambiental, podendo concluir, inclusive, pela inviabilidade da obra/empreendimento; **2:** incorreta, pois a exigência de EIA decorre de regra constitucional (art. 225, § 1º, IV, CF), não cabendo, casuisticamente aos Estados, dispensá-lo. Outrossim, é da essência do EIA preceder à concessão da licença prévia, sendo, portanto, incompatível que uma perícia, certamente posterior ao início das obras ou atividades potencialmente causadoras de significativa degradação ambiental (AC 2000390200001410, DJ 18.10.2007 – TRF 1ª Região); **3:** incorreta, pois, mesmo diante da possibilidade de danos ambientais revelada pelo EIA/RIMA, cujas conclusões, frise-se, não vinculam o órgão ambiental licenciador, poderão ser apresentadas medidas mitigadoras ou mesmo alternativas aos impactos ambientais (art. 6º, Resolução CONAMA 01/1986).

Gabarito 1C, 2E, 3E.

(Advogado – Petrobrás – 2012 – CESGRANRIO) Sobre licenciamento e avaliação de impactos ambientais, considere as afirmativas abaixo.

I. A apresentação, no licenciamento ambiental, de laudo parcialmente falso, inclusive por omissão, é tipificada como crime pela Lei Federal nº 9.605/1998.
II. A competência para o licenciamento ambiental pode ser da União, do Estado ou do Município.
III. O Estudo Prévio de Impacto Ambiental concretiza o princípio da precaução, embora não tenha previsão na Constituição Federal de 1988.

Está correto o que se afirma em

(A) I, apenas.
(B) III, apenas.
(C) I e II, apenas.
(D) II e III, apenas.
(E) I, II e III.

I: correta (art. 69-A, Lei 9.605/1998); **II:** correta (arts. 7º, XIV, 8º, XIV e 9º, XIV, LC 140/2011); **III:** incorreta, pois o EIA ou EPIA (Estudo Prévio de Impacto Ambiental) vem expressamente previsto no art. 225, § 1º, IV, CF.

Gabarito "C".

(Procurador da República – 26º) Analise os itens abaixo e responda a seguir:

I. O licenciamento ambiental constitui procedimento administrativo submetido aos princípios da publicidade e da participação comunitária, sendo a audiência pública, cujo resultado vincula a Administração no tocante à fase decisória, uma das importantes manifestações desses princípios.
II. As atividades cujo licenciamento depende de realização de estudo prévio de impacto ambiental são definidas em lei ou ato regulamentar, de forma taxativa, ficando a Administração vinculada a essas hipóteses, e não podendo dispensá-lo, sob pena de configuração de improbidade administrativa.
III. O licenciamento ambiental constitui procedimento de índole preventiva, com o objetivo de gerar um ato-condição para a construção, instalação, ampliação e funcionamento de estabelecimento ou atividades que utilizem recursos ambientais ou que sejam potencialmente causadoras de degradação ambiental.
IV. Em se tratando de atividades ou obras potencialmente causadoras de significativa degradação do meio ambiente, a ausência de estudo prévio de impacto ambiental vicia o procedimento de licenciamento, sujeitando-o a nulidade

(A) Os itens III e IV são verdadeiros.
(B) Todos os itens são verdadeiros.
(C) Os itens II e III são verdadeiros.
(D) Todos os itens são falsos.

I: falso, pois O art. 2º da Resolução CONAMA 9/1987 estabelece quem pode solicitar a audiência pública: "Sempre que julgar necessário, ou quando for solicitado por entidade civil, pelo Ministério Público, ou por 50 (cinquenta) ou mais cidadãos, o Órgão do Meio Ambiente promoverá a realização de Audiência Pública". O erro está no fato de se afirmar que administração ambiental deve acatar as conclusões da audiência pública, no que se refere ao deferimento ou não da licença. Afinal, todo o processo de licenciamento ambiental fornece informações para a decisão final da autoridade competente, que será fundamentada; **II:** falso, pois os critérios para a exigibilidade do EIA/RIMA estão previstos no art. 2º da Resolução CONAMA 237/1997: "Art. 2º – A localização, construção, instalação, ampliação, modificação e operação de empreendimentos e atividades utilizadoras de recursos ambientais consideradas efetiva ou potencialmente poluidoras, bem como os empreendimentos capazes, sob qualquer forma, de causar degradação ambiental, dependerão de prévio licenciamento ambiental, sem prejuízo de outras licenças legalmente exigíveis. § 1º- Estão sujeitos ao licenciamento ambiental os empreendimentos e as atividades relacionadas no Anexo 1, parte integrante desta Resolução. § 2º – Caberá ao órgão ambiental competente definir os critérios de exigibilidade, o detalhamento e a complementação do Anexo 1, levando em consideração as especificidades, os riscos ambientais, o porte e outras características do empreendimento ou atividade"; **III:** verdadeiro, pois a Constituição Federal consigna a exigência de licenciamento PRÉVIO para as atividades efetiva e potencialmente poluidoras (art. 225, § 1º, IV). Portanto, fica evidente o caráter preventivo do licenciamento ambiental, que também é um instrumento da política nacional do meio ambiente (Lei 6.938/1981, art. 9º, IV); **IV:** verdadeiro, pois a exigência de estudo prévio de impacto ambiental consta da

Lei Maior (art. 225, § 1º, IV). Por isso, pode ser impugnado o processo de licenciamento ambiental se não forem realizados os necessários estudos prévios (EPIA) e o respectivo relatório de impactos ambientais(RIMA).
Gabarito "A".

(Procurador da República – 24º) Após a concessão de licença prévia pela secretaria de meio ambiente estadual, para a construção de uma usina hidrelétrica, o instituto brasileiro do meio ambiente e dos recursos naturais renováveis (IBAMA) e a fundação nacional do índio (FUNAI) notificam o empreendedor para que complete o estudo de impacto ambiental em relação à população indígena que pode ser afetada. Antes do término do prazo para a complementação, a secretaria estadual concede ao empreendedor licença de instalação.

Sobre esta situação, qual a alternativa correta:

(A) o órgão estadual não poderia conceder licença de instalação antes da licença de operação;
(B) eventuais deficiências do estudo de impacto ambiental não se discutem mais, a partir do momento em que se concede a licença de instalação;
(C) é possível invalidar a licença prévia mesmo tendo sido concedida a licença de instalação;
(D) não se pode fazer exigências relativas a interesses da União, pois o empreendimento foi submetido a órgão estadual.

A: incorreta, pois a licença de instalação antecede a licença de operação, nos termos da Resolução 237/1997 do CONAMA; **B:** incorreta, pois a autorização emitida pelo órgão ambiental não é absoluta e nem imutável. Conforme Paulo Affonso Leme Machado (*Direito ambiental brasileiro*, 8ª ed., São Paulo: Malheiros, 2000, p. 243), a licença tem natureza jurídica de autorização: "Além do art. 10 e seu § 1º da Lei 6.938/1981, (Redação dada pela Lei Complementar 140/2011) (...), é de se apontar também a redação do art. 9º, que, ao tratar dos instrumentos da Política Nacional do Meio Ambiente, previu, no inc. IV, 'o licenciamento e a revisão de atividades efetiva ou potencialmente poluidoras'. Assim, tanto o termo 'renovação' como o termo 'revisão' indicam que a Administração Pública pode intervir periodicamente para controlar a qualidade ambiental da atividade licenciada. Não há na 'licença ambiental' o caráter de ato administrativo definitivo; e, portanto, com tranquilidade, pode-se afirmar que o conceito de 'licença', tal como o conhecemos no Direito Administrativo brasileiro, não está presente na expressão 'licença ambiental'". Acrescenta Paulo de Bessa Antunes (Direito ambiental, 5ª ed., Rio de Janeiro: Lumen Juris, 2001, p. 101-102): "A licença ambiental não pode ser entendida como se fosse uma simples licença de Direito Administrativo. Assim é porque as licenças de Direito Administrativo, uma vez concedidas, passam à condição de direito adquirido para aquele que as recebeu". E é evidente que não pode existir um direito adquirido de poluir, considerando que o bem ambiental é um bem difuso, de uso comum do povo e que a defesa do meio ambiente é dever de todos, administradores e administrados. Assim, o ato do administrador não poderia prejudicar a comunidade, gerando um direito adquirido ao empreendedor, pois estaria o administrador dispondo de coisa que não lhe pertence, de um bem de uso comum do povo. Aliás, a legislação é expressa no sentido de que a licença segue a cláusula *rebus sic stantibus* e não a *pacta sunt servanda*. A propósito, o art. 19 da Resolução CONAMA 237/1997 estabelece que o órgão ambiental competente, mediante decisão motivada, poderá modificar os condicionantes e as medidas de controle e adequação, suspender ou cancelar uma licença expedida; **C:** correta, conforme as ponderações feitas em relação à alternativa anterior; **D:** incorreta, pois, nos termos do art. 5º, parágrafo único, da Resolução 237/1997 do CONAMA e art. 8º da LC 140/2011, "o órgão ambiental estadual ou do Distrito Federal fará o licenciamento de que trata este artigo após considerar o exame técnico procedido pelos órgãos ambientais dos Municípios em que se localizar a atividade ou empreendimento, bem como, quando couber, o parecer dos demais órgãos competentes da União, dos Estados, do Distrito Federal e dos Municípios, envolvidos no procedimento de licenciamento".
Gabarito "C".

7.2. UNIDADES DE CONSERVAÇÃO

(Juiz de Direito – TJ/RS – 2018 – VUNESP) No que tange às unidades de conservação, assinale a alternativa correta.

(A) A Reserva Biológica tem como objetivo a preservação da natureza e a realização de pesquisas científicas.
(B) O Refúgio de Vida Silvestre tem como objetivo a preservação de ecossistemas naturais de grande relevância ecológica e beleza cênica.
(C) Na Estação Ecológica não podem ser permitidas alterações dos ecossistemas.
(D) O objetivo básico das Unidades de Uso Sustentável é preservar a natureza, sendo admitido apenas o uso indireto dos seus recursos naturais.
(E) A Floresta Nacional é uma área com cobertura florestal de espécies predominantemente nativas e tem como objetivo básico o uso múltiplo sustentável dos recursos florestais e a pesquisa científica.

A: incorreta. A Reserva Biológica tem como objetivo a preservação integral da biota e demais atributos naturais existentes em seus limites (art. 10, *caput*, da Lei 9.985/2000); **B:** incorreta, a saber: "o Refúgio de Vida Silvestre tem como objetivo proteger ambientes naturais onde se asseguram condições para a existência ou reprodução de espécies ou comunidades da flora local e da fauna residente ou migratória" (art. 13, *caput*, da Lei 9.985/1990); **C:** incorreta, o art. 9º, § 4º, I a IV, da Lei 9.985/1990, trazem possibilidades de alterações nos ecossistemas da Estação Ecológica; **D:** incorreta. "O objetivo básico das Unidades de Uso Sustentável é compatibilizar a conservação da natureza com o uso sustentável de parcela dos seus recursos naturais" (art. 7º, § 2º, da Lei 9.985/1990). **E:** correta. A assertiva trata-se de transcrição do art. 17, *caput*, da Lei 9.985/1990.
Gabarito "E".

(Procurador do Estado – PGE/MT – FCC – 2016) A Floresta Estadual

(A) não é uma unidade de conservação pertencente ao Sistema Nacional de Unidades de Conservação da Natureza (SNUC).
(B) é uma unidade de conservação do grupo das Unidades de Proteção Integral.
(C) é uma unidade de conservação do grupo das Unidades de Uso Sustentável.
(D) é um imóvel rural de propriedade do Estado sem qualquer relação com a defesa do meio ambiente.
(E) pode ser constituída por propriedades privadas, que terão sua função social adequada aos objetivos do território especialmente protegido.

A: incorreta, nos termos do art. 3º, da Lei 9.985/2000: "Art. 3º O Sistema Nacional de Unidades de Conservação da Natureza – SNUC é constituído pelo conjunto das unidades de conservação federais, estaduais e municipais [...]"; **B:** incorreta, as Florestas são unidades de conservação do grupo Uso Sustentável (art. 14, III c/c art. 17, § 6º, ambos da Lei 9.985/2000); **C:** correta (art. 14, III c/c art. 17, § 6º, ambos da Lei 9.985/2000); **D:** incorreta, as florestas são de posse e domínio públicos, sendo que as áreas particulares incluídas em seus limites devem ser desapropriadas de acordo com o que dispõe a lei (art. 17, §§ 1º e 6º, da Lei 9.985/2000).
Gabarito "C".

(Procurador do Estado – PGE/RN – FCC – 2014) A posse e o uso das áreas ocupadas pelas populações tradicionais nas Reservas Extrativistas e Reservas de Desenvolvimento Sustentável serão regulados por contrato, sendo que o uso dos recursos naturais por tais populações obedecerá às seguintes normas:

(A) proibição de colheita de sementes de vegetação exótica.
(B) autorização para o uso de espécies localmente ameaçadas de extinção para manter rituais religiosos.
(C) autorização de práticas que danifiquem o *habitat* da flora local ameaçada de extinção para manutenção da tradicionalidade.
(D) autorização de práticas que danifiquem os *habitats* da fauna local ameaçada de extinção para manutenção da tradicionalidade.
(E) proibição de práticas ou atividades que impeçam a regeneração natural dos ecossistemas.

De fato, a posse e o uso das áreas ocupadas pelas populações tradicionais nas Reservas Extrativistas e Reservas de Desenvolvimento Sustentável serão regulados por contrato, sendo que o uso dos recursos naturais por tais populações obedecerá às seguintes normas: proibição de práticas ou atividades que impeçam a regeneração natural dos ecossistemas. Nos termos do art. 23, § 2º, da Lei 9.985/2000: O uso dos recursos naturais pelas populações tradicionais obedecerá às seguintes normas: proibição do uso de espécies localmente ameaçadas de extinção ou de práticas que danifiquem os seus habitats; proibição de práticas ou atividades que impeçam a regeneração natural dos ecossistemas; e, demais normas estabelecidas na legislação, no Plano de Manejo da unidade de conservação e no contrato de concessão de direito real de uso.
Gabarito "E".

(Juiz – TRF 2ª Região – 2017) Em relação às Unidades de Conservação é correto afirmar que:

(A) O licenciamento de atividade desenvolvida em área de proteção ambiental federal é sempre de competência da União.
(B) O resultado das consultas públicas prévias à criação de unidades de conservação só vincula o Poder Executivo quando houver participação da maioria da população diretamente interessada e desde que a consulta seja feita com acompanhamento do Tribunal Regional Eleitoral.
(C) A zona de amortecimento de uma unidade de conservação deve ter seus limites definidos, seja no ato de criação da unidade ou posteriormente.
(D) Nas unidades de conservação de proteção integral não são permitidas atividades com finalidades lucrativas.
(E) Nas Reservas de Desenvolvimento Sustentável só são admitidas visitas de parentes dos residentes que façam parte da população tradicional abrigada pela reserva.

A: incorreta, nos termos do art. 7º, XIV, d, da LC 140/2011: "São ações administrativas da União: promover o licenciamento ambiental de empreendimentos e atividades localizados ou desenvolvidos em unidades de conservação instituídas pela União, exceto em Áreas de Proteção Ambiental (APAs)". A competência para licenciar atividades ou empreendimentos localizados ou desenvolvidos nas APAs vai depender do impacto a ser gerado (art. 12, da LC 140/2011); **B:** incorreta, pois, não obstante a criação de uma unidade de conservação deva ser precedida de consulta pública e estudos técnicos que permitam identificar a localização, a dimensão e os limites mais adequados para a unidade, a consulta pública

não é vinculante, por ausência de previsão legal (art. 22, § 2º, da Lei 9.985/2000); **C:** correta, (art. 25, § 2º, da Lei 9.985/2000); **D:** incorreta, pois há unidades de proteção integral que podem ser de domínio privado, tais como o Monumento Natural e o Refúgio da Vida Silvestre, o que permitiria, a princípio, atividades lucrativas. Outrossim, não há qualquer vedação nesse sentido na Lei 9.985/2000; **E:** incorreta, pois nas Reservas de Desenvolvimento Sustentável "é permitida e incentivada a visitação pública, desde que compatível com os interesses locais e de acordo com o disposto no Plano de Manejo da área" (art. 20, § 5º, I, da Lei 9.985/2000). FM/FCP
Gabarito "C".

(Juiz – TJ-SC – FCC – 2017) O proprietário de uma Reserva Particular do Patrimônio Natural – RPPN:

(A) não pode receber recursos advindos da compensação ambiental.
(B) pode receber recursos advindos da compensação ambiental desde que em conjunto com o Município.
(C) pode receber recursos advindos da compensação ambiental desde que o proprietário seja fiscalizado pelo Município.
(D) pode receber recursos advindos da compensação ambiental, visto que a Reserva Particular do Patrimônio Natural – RPPN é uma unidade de conservação da natureza de proteção integral.
(E) pode receber recursos advindos da compensação ambiental desde que sua unidade de conservação tenha sido afetada por um empreendimento de significativo impacto ambiental.

De fato, o proprietário de uma RPPN pode receber recursos advindos da compensação ambiental desde que tenha sido afetada diretamente por um empreendimento de significativo impacto ambiental. Nesse sentido, dispõe o art. 29, do Decreto 5.746/2006: "No caso de empreendimento com significativo impacto ambiental que afete diretamente a RPPN já criada, o licenciamento ambiental fica condicionado à prévia consulta ao órgão ambiental que a criou, devendo a RPPN ser uma das beneficiadas pela compensação ambiental [...]". FM/FCP
Gabarito "E".

(Juiz – TRF 4ª Região – 2016) Dadas as assertivas abaixo, assinale a alternativa correta. Acerca da Lei Federal nº 9.985/00, que instituiu o Sistema Nacional de Unidades de Conservação da Natureza:

I. O Sistema Nacional de Unidades de Conservação da Natureza é composto pelas Unidades de Conservação Federais, Estaduais e Municipais.
II. As Unidades de Conservação podem ser divididas entre Proteção Integral e de Uso Sustentável, e, em todas as situações, haverá a transferência do título de propriedade ao ente federativo que a instituiu.
III. O Sistema Nacional de Unidades de Conservação é composto por um órgão consultivo, o Conama; um órgão Central, o Ministério do Meio Ambiente; e um órgão executivo, que, para as Unidades de Conservação Federais, pode ser o Instituto Chico Mendes ou o Ibama.
IV. Todas as unidades de conservação instituídas legalmente possuem zona de amortecimento, que tem como objetivo minimizar os impactos negativos da atividade humana sobre a unidade.
V. É permitida a ocupação das Unidades de Conservação para fins de pesquisa científica, independentemente de autorização do órgão gestor respectivo.

(A) Estão corretas apenas as assertivas I e II.
(B) Estão corretas apenas as assertivas I e III.
(C) Estão corretas apenas as assertivas II e IV.
(D) Estão corretas apenas as assertivas III e IV.
(E) Estão corretas apenas as assertivas III e V.

I: correta (art. 3º, "caput", da Lei 9.985/1998); **II:** incorreta. As Unidades de Conservação podem ser divididas entre Proteção Integral e de Uso Sustentável (art.7º, I e II, da Lei 9.985/1998), contudo, nem sempre haverá a transferência do título de propriedade ao ente federativo que a instituiu. Há Unidades de Conservação que podem ser de posse e propriedade privadas, cita-se: Monumento Natural, Refúgio da Vida Silvestre, Área de Proteção Ambiental, Reserva Particular do Patrimônio Natural; **III:** correta (art. 6º, I a III, da Lei 9.985/1998); **IV:** incorreta, pois as Áreas de Proteção Ambiental e as Reservas Particulares do Patrimônio Natural, não necessitam de zona de amortecimento (art. 25, da Lei 9.985/1998); **V:** incorreta. A pesquisa científica constitui um dos objetivos do SNUC (art. 4º, X, da Lei 9.985/1998), contudo sujeita-se à prévia autorização do órgão responsável pela administração da unidade de conservação FM/FCP.
Gabarito "B".

(Juiz de Direito/DF – 2016 – CESPE) De acordo com a Lei n.º 9.985/2000, que instituiu o Sistema Nacional de Unidades de Conservação (SNUC), assinale a opção correta.

(A) Pode haver área particular localizada em unidade de conservação designada como Monumento Natural; nessas áreas, no entanto, não pode haver criação de animais domésticos nem plantio de qualquer espécie, sendo vedada essa autorização, se houver, no plano de manejo.
(B) O parque nacional, a reserva de fauna, a estação ecológica e o refúgio de vida silvestre constituem exemplos, nos termos da lei, de unidades de proteção integral.
(C) A presença de habitantes é inadmissível na floresta nacional, área com cobertura florestal de espécies predominantemente nativas e de posse e domínio públicos.
(D) As pesquisas científicas, realizadas em estação ecológica, que gerem impacto superior à simples observação ou à coleta controlada de componentes dos ecossistemas devem ocorrer em área correspondente a, no máximo, 3% da extensão total da unidade e até o limite de 1.500 hectares.
(E) O subsolo e o espaço aéreo também integram os limites das unidades de conservação, e se consideram incluídos na proteção ambiental conferida à unidade, ainda que não constem no ato de criação ou no plano de manejo.

A: incorreta. O Monumento Natural pode ser constituído por áreas particulares, desde que seja possível compatibilizar os objetivos da unidade com a utilização da terra e dos recursos naturais do local pelos proprietários. Não há, por sua vez, qualquer vedação expressa para a criação de animais domésticos nem plantio de qualquer espécie. Somente se houver incompatibilidade entre os objetivos da área e as atividades privadas ou não houver aquiescência do proprietário às condições propostas pelo órgão responsável pela administração da unidade para a coexistência do Monumento Natural com o uso da propriedade, a área deve ser desapropriada; **B:** incorreta. Ao contrário das demais espécies elencadas, a reserva de fauna não é uma unidade de conservação de proteção integral, mas de uso sustentável; **C:** incorreta. Nas Florestas Nacionais é admitida a permanência de populações tradicionais que as habitam quando de sua criação, em conformidade com o disposto em regulamento e no Plano de Manejo da unidade (art. 17, § 2º, Lei 9.985/2000); **D:** correta. Trata-se da transcrição do art. 9º, § 4º, IV, da Lei 9.985/2000, que dispõe que na Estação Ecológica só serão permitidas alterações dos ecossistemas no caso de pesquisas científicas cujo impacto sobre o ambiente seja maior do que aquele causado pela simples observação ou pela coleta controlada de componentes dos ecossistemas, em uma área correspondente a no máximo três por cento da extensão total da unidade e até o limite de mil e quinhentos hectares; **E:** incorreta. Segundo o art. 24 da Lei 9.985/2000, "O subsolo e o espaço aéreo, sempre que influírem na estabilidade do ecossistema, integram os limites das unidades de conservação". Isto é, somente se influírem na estabilidade do ecossistema e desde que previstos no ato de criação e no plano de manejo, a depender da unidade. Além disso, o Decreto 4340/2002, um dos regulamentos da Lei 9.985/2000, dispõe que os limites da unidade de conservação, com relação ao subsolo, são estabelecidos: I – no ato de sua criação, no caso de Unidade de Conservação de Proteção Integral; e II – no ato de sua criação ou no Plano de Manejo, no caso de Unidade de Conservação de Uso Sustentável.
Gabarito "D".

(Juiz de Direito/AM – 2016 – CESPE) Considerando que se confere especial proteção ambiental a áreas com características ambientais relevantes, assinale a opção correta.

(A) Pode haver, indistintamente, APPs e áreas de reserva legal em propriedades urbanas e rurais.
(B) A identificação física de determinadas APPs depende da edição de ato normativo, sendo outras APPs identificáveis por sua localização, a partir de mera aplicação do Código Florestal.
(C) Nas unidades de conservação situadas em áreas particulares, é de direito privado o regime jurídico especial de proteção que impõe restrições ao uso do solo.
(D) A criação de espaços territoriais especialmente protegidos constitui uma das metas da Política Nacional do Meio Ambiente.
(E) Segundo o Código Florestal, as APPs são áreas protegidas, cobertas por vegetação nativa, com a função de preservar os recursos hídricos e a biodiversidade.

A: incorreta. Enquanto as APPs podem incidir sobre imóveis urbanos e rurais, a reserva legal incide somente sobre imóveis rurais, ao teor do art. 12 da Lei 12.651/2012 (Código Florestal); **B:** correta. Há dois grupos de APP's: (i) por força de lei, isto é, pela sua simples localização, consoante as espécies do art. 4º do Código Florestal; e (ii) aquelas declaradas de interesse social por ato do Chefe do Poder Executivo, dispostas no art. 6º do Código Florestal; **C:** incorreta. As unidades de conservação, inclusive situadas em áreas particulares, estão sob regime especial de administração, ao qual se aplicam garantias adequadas de proteção; **D:** incorreta. A criação de espaços territoriais especialmente protegidos constitui um dos instrumentos – e não metas – da Política Nacional do Meio Ambiente (art. 9º, VI, Lei 6.938/81); **E:** incorreta. Segundo o Código Florestal, as APPs são áreas protegidas, cobertas ou não por vegetação nativa, com a função de preservar os recursos hídricos e a biodiversidade. Em outras palavras, áreas não cobertas por vegetação nativa também podem ser APP.
Gabarito "B".

(Promotor de Justiça – MPE/MS – FAPEC – 2015) Nos termos do art. 8º da Lei 9.985/2000 (Lei do Sistema Nacional de Unidades de Conservação), o Grupo das Unidades de Proteção Integral é composto pelas seguintes categorias de unidade de conservação, **exceto**:

(A) Estação Ecológica.
(B) Reserva Biológica.
(C) Parque Nacional.
(D) Floresta Nacional.
(E) Monumento Natural.

A: Correta. Vide art. 8º, I, da Lei 9.985/2002. **B:** Correta. Vide art. 8º, II, da Lei 9.985/2002. **C:** Correta. Vide art. 8º, III, da Lei 9.985/2002. **D:** Incorreta. Floresta Nacional é unidade de conservação de uso sustentável (art. 14, III, da Lei 9.985/2002). **E:** Correta. Vide art. 8º, IV, da Lei 9.985/2002. FM/FCP

Gabarito "D".

(Defensor/PA – 2015 – FMP) Em relação ao Sistema Nacional de Unidades de Conservação estabelecido pela Lei 9.985/2000, analise as assertivas abaixo:

I. Caracteriza-se como uso indireto da unidade de conservação aquele que envolve somente uso comercial dos recursos naturais nela abrangidos.
II. Zona de amortecimento é conceituada como o entorno de uma unidade de conservação, onde as atividades humanas estão sujeitas a normas e restrições específicas, com o propósito de minimizar os impactos negativos sobre a unidade.
III. Entre todas as modalidades de unidades de conservação, somente as áreas de proteção ambiental (APAs) não necessitam de zona de amortecimento.
IV. Nos parques estaduais e nas Reservas Particulares do Patrimônio Natural (RPPNs) podem ser criados animais domésticos e cultivadas plantas considerados compatíveis com as finalidades da unidade.

Marque a opção CORRETA:
(A) Estão corretas apenas as assertivas I, III e IV.
(B) Todas as assertivas estão corretas.
(C) Estão incorretas apenas as assertivas I, III e IV.
(D) Estão incorretas apenas as assertivas I e IV.
(E) Estão corretas apenas as assertivas II e IV.

I: assertiva incorreta, pois o uso indireto das unidades de conservação é aquele que não envolve consumo, coleta, dano ou destruição dos recursos naturais (art. 2º, IX, da Lei 9.985/2000); **II:** assertiva correta (art. 2º, XVIII, da Lei 9.985/2000); **III:** assertiva incorreta, pois dentre as modalidades de unidades de conservação, também as Reservas Particulares do Patrimônio Natural não necessitam de zona de amortecimento (art. 25 da Lei 9.985/2000); **IV:** assertiva incorreta, pois os animais domésticos só podem ser criados em áreas particulares localizadas em Refúgios de Vida Silvestre e Monumentos Naturais se em conformidade com o seu respectivo Plano de Manejo (art. 31, § 2º, da Lei 9.985/2000).

Gabarito "C".

(Ministério Público/BA – 2015 – CEFET) De acordo com o Sistema Nacional de Unidades de Conservação, instituído pela Lei Federal 9.985/2000, examine as seguintes assertivas:

I. O Monumento Natural tem como objetivo básico preservar sítios naturais raros, singulares ou de grande beleza cênica, podendo ser constituído por áreas particulares, desde que seja possível compatibilizar os objetivos da unidade com a utilização da terra e dos recursos naturais do local pelos proprietários.
II. O Refúgio de Vida Silvestre tem como objetivo proteger ambientes naturais onde se asseguram condições para a existência ou reprodução de espécies ou comunidades da flora local e da fauna residente ou migratória, dependendo a pesquisa científica de autorização prévia do órgão responsável pela administração da unidade.
III. A Reserva de Desenvolvimento Sustentável tem como objetivo básico preservar a natureza e, ao mesmo tempo, assegurar as condições e os meios necessários para a reprodução, a melhoria dos modos e da qualidade de vida, a exploração dos recursos naturais das populações tradicionais, bem como valorizar, conservar e aperfeiçoar o conhecimento e as técnicas de manejo do ambiente, desenvolvidos por estas populações.
IV. A Reserva Particular do Patrimônio Natural é uma área privada, gravada com perpetuidade, com o objetivo de conservar a diversidade biológica, constando o gravame em compromisso assinado perante o órgão ambiental, que verificará a existência de interesse público, e será averbado à margem da inscrição no Registro Público de Imóveis.
V. As unidades de conservação, exceto a Reserva Particular do Patrimônio Natural, devem possuir uma zona de amortecimento e, quando conveniente, corredores ecológicos.

A alternativa que contém a sequência CORRETA, de cima para baixo, considerando V para verdadeiro e F para falso, é:
(A) FVFVV.
(B) VVFVV.
(C) FFVFF.
(D) VVVVF.
(E) VFVFF.

I: assertiva verdadeira (art. 12, § 2º, da Lei 9.985/2000); **II:** assertiva verdadeira (art. 13, § 3º, da Lei 9.985/2000); **III:** assertiva verdadeira (art. 20, § 1º, da Lei 9.985/2000); **IV:** assertiva verdadeira (art. 21, § 1º, da Lei 9.985/2000); **V:** assertiva falsa (art. 25 da Lei 9.985/2000);

Gabarito "D".

(Juiz de Direito/PA – 2014 – VUNESP) Quanto à pesquisa científica e visitação pública em unidades de conservação, assinale a assertiva correta.
(A) A pesquisa científica em reservas biológicas depende de atendimento às exigências do seu regulamento, sendo proibida a visitação pública, salvo de escolas públicas e desde que seus objetivos sejam educacionais e culturais.
(B) A pesquisa científica em refúgios da vida silvestre fica sujeita a restrições previstas em regulamento para o período de defeso da fauna local e a visitação pública fica sujeita especificamente às regras preestabelecidas no Plano de Manejo.
(C) A pesquisa científica em Monumentos Naturais independe de aprovação prévia do órgão responsável por sua administração, desde que demonstrado que não coloca em risco a sobrevivência de espécies integrantes do ecossistema protegido e a visitação pública depende apenas do atendimento às restrições do Plano de Manejo.
(D) A pesquisa científica em estações ecológicas depende de autorização prévia do seu gestor, bem como às exigências do regulamento e a visitação será livre desde que o Plano de Manejo traga disposição nesse sentido.
(E) A pesquisa científica em Parques Nacionais depende de autorização prévia do órgão responsável pela sua administração, sujeita às condições e restrições por ele estabelecidas e às previstas em regulamento, o que também ocorre no caso de visitação pública sujeita ainda às normas e restrições do Plano de Manejo.

A: incorreta, já que o art. 10 da Lei 9.985/2000 autoriza a visitação em reservas biológicas desde que com objetivo educacional, sem que exista restrições às escolhas particulares: "§ 2º É proibida a visitação pública, exceto aquela com objetivo educacional, de acordo com regulamento específico."; **B:** incorreta, conforme art. 13, § 4º, da Lei 9.985/2000, a pesquisa científica em refúgios da vida silvestre está sujeita às restrições previstas em regulamento, e a visitação pública (está sim) dependerá das normas estabelecidas no Plano de Manejo: "§ 3º A visitação pública está sujeita às normas e restrições estabelecidas no Plano de Manejo da unidade, às normas estabelecidas pelo órgão responsável por sua administração, e àquelas previstas em regulamento. § 4º A pesquisa científica depende de autorização prévia do órgão responsável pela administração da unidade e está sujeita às condições e restrições por este estabelecidas, bem como àquelas previstas em regulamento."; **C:** incorreta pois a visitação pública além do Plano de Manejo, também está sujeita às normas estabelecidas pelo órgão responsável por sua administração e àquelas previstas em regulamento (art. 12, § 3º, da Lei 9.985/2000); **D:** incorreta já que o art. 9º § 2º proíbe as visitações em estações ecológicas, exceto com objetivo educacional, de acordo com o que dispuser o Plano de Manejo da unidade ou regulamento específico; **E:** correta por força do art. 11, §§ 2º e 3º, da Lei 9985/2000: "Art. 11. O Parque Nacional tem como objetivo básico a preservação de ecossistemas naturais de grande relevância ecológica e beleza cênica, possibilitando a realização de pesquisas científicas e o desenvolvimento de atividades de educação e interpretação ambiental, de recreação em contato com a natureza e de turismo ecológico. (...) § 2º A visitação pública está sujeita às normas e restrições estabelecidas no Plano de Manejo da unidade, às normas estabelecidas pelo órgão responsável por sua administração, e àquelas previstas em regulamento. § 3º A pesquisa científica depende de autorização prévia do órgão responsável pela administração da unidade e está sujeita às condições e restrições por este estabelecidas, bem como àquelas previstas em regulamento."

Gabarito "E".

(Promotor de Justiça/ES – 2013 – VUNESP) É objetivo do Sistema Nacional de Unidades de Conservação, conforme Lei 9.985/2000,
(A) proteger paisagens naturais e pouco alteradas de notável beleza cênica.
(B) buscar proteger grandes áreas por meio de um conjunto integrado de unidades de conservação de diferentes categorias, próximas ou contíguas, e suas respectivas zonas de amortecimento e corredores ecológicos, integrando as diferentes atividades de preservação da natureza, uso sustentável dos recursos naturais e restauração e recuperação dos ecossistemas.
(C) buscar conferir às unidades de conservação, nos casos possíveis e respeitadas as conveniências da administração, autonomia administrativa e financeira.
(D) oferecer apoio e a cooperação de organizações não governamentais, de organizações privadas e pessoas físicas para o desenvolvimento de estudos, pesquisas científicas, práticas de educação ambiental, atividades de lazer e de turismo ecológico, monitoramento, manutenção e outras atividades de gestão das unidades de conservação.
(E) assegurar a participação efetiva das populações locais na criação, implantação e gestão das unidades de conservação.

A: correta. Das cinco alternativas apresentadas na questão, apenas a letra "A" inclui um dos objetivos descritos pelo art. 4º da Lei que instituiu o Sistema Nacional de Unidades de Conservação: "VI – proteger paisagens naturais e pouco alteradas de notável beleza cênica;". As demais alternativas são em verdade diretrizes descritas nos incisos do art. 5º da mesma Lei 9.985/2000; **B:** incorreta, art. 5º, XIII; **C:** incorreta, art. 5º, XII; **D:** incorreta, art. 5º, IV; **E:** incorreta, art. 5º, III.

Gabarito "A".

(Procurador do Município – Cuiabá/MT – 2014 – FCC) O Município criou por decreto uma Reserva Extrativista em áreas particulares sem ajuizar as ações de desapropriação dos imóveis abrangidos. Neste caso, os proprietários

(A) continuarão titulares de domínio, mas serão indenizados apenas pelas restrições impostas às respectivas propriedades.
(B) continuarão titulares de domínio, pois a Reserva Extrativista é uma unidade de conservação de uso sustentável.
(C) poderão ajuizar ações de desapropriação indireta, diante da inércia do Município, sendo possível discutir apenas o valor das indenizações.
(D) poderão ajuizar ações declaratórias de nulidade do ato administrativo do Chefe do Executivo Municipal, porquanto não ser possível a criação de unidade de conservação por Decreto.
(E) continuarão titulares de domínio, mas terão restrições impostas às respectivas propriedades sem direito à indenização, diante do princípio da função social da propriedade.

A: incorreta, pois conforme determinado pelo art. 18, § 1º, Lei 9.985/2000, sempre que a Reserva Extrativista for criada em área particular, esta, deverá ser desapropriada; **B:** incorreta, embora a área seja de fato uma área de conservação de uso sustentável (art. 18, caput, da Lei do SNUC), esta não é a razão pela qual os titulares continuarão com o domínio da área. De modo contrário, uma vez instituída a Reserva Extrativista, a área tornar-se de domínio público; **C:** correta, pois conforme previsto pelo art. 18, § 1º, da Lei 9.985/2000 que instituí o Sistema Nacional de Unidades de Conservação da Natureza, a Reserva Extrativista é área considerada de domínio público com uso concedido às populações extrativistas tradicionais, sendo que as áreas particulares incluídas em seus limites devem ser desapropriadas, de acordo com o que dispõe a lei. Por esta razão, diante da inércia do Município, cabe aos proprietários a desapropriação indireta; **D:** incorreta, não há nulidade na criação de Reserva Extrativista por decreto, conforme já se pronunciou o STF no MS 25.284; **E:** incorreta, a função social da propriedade não é causa para manutenção do domínio nas Reservas Extrativista, por força do art. 18, § 1º, a área deve ser desapropriada por tornarem-se de domínio público.
Gabarito "C".

(Procurador do Município – Cuiabá/MT – 2014 – FCC) Um determinado Município possui um Parque Municipal ocupado parcialmente por populações tradicionais. Segundo o Sistema Nacional de Unidades de Conservação da Natureza (SNUC), essas populações tradicionais

(A) serão indenizadas ou compensadas pelas benfeitorias existentes e devidamente realocadas pelo Município em local e condições acordados entre as partes.
(B) permanecerão residindo no Parque, sem que sofram qualquer interferência.
(C) serão realocadas sem direito a indenização.
(D) serão indenizadas pelas benfeitorias e realocadas para zona de uso conflitante, segundo zoneamento estabelecido pelo plano de manejo do Parque.
(E) permanecerão residindo no Parque pelo prazo máximo improrrogável de cinco anos.

A: correta, por força do determinado no art. 42, § 1º, da Lei 9.985/2000: "Art. 42. As populações tradicionais residentes em unidades de conservação nas quais sua permanência não seja permitida serão indenizadas ou compensadas pelas benfeitorias existentes e devidamente realocadas pelo Poder Público, em local e condições acordados entre as partes. § 1º O Poder Público, por meio do órgão competente, priorizará o reassentamento das populações tradicionais a serem realocadas."; **B:** incorreta, pois se a presença da população tradicional for incompatível com a proteção que se deseja garantir naquela unidade de conservação, eles deverão retirar-se, cabendo ao poder público ressarci-los e realocá-los; **C:** incorreta, pois contraria o § 1º do já citado art. 42; **D:** incorreta, pois o local e as condições de relocação das populações tradicionais será acordado entre elas e o Poder Público; **E:** incorreta, por falta de previsão legal.
Gabarito "A".

(Ministério Público/MS – 2013 – FADEMS) O Sistema Nacional de Unidades de Conservação – SNUC é composto pelo conjunto das unidades de conservação federais, estaduais e municipais. Referido sistema estabelece dois grupos de unidades de conservação, as de Proteção Integral e as de Uso Sustentável. NÃO é Unidade de Proteção Integral:

(A) Parque Nacional.
(B) Refúgio de Vida Silvestre.
(C) Estação Ecológica.
(D) Área de Proteção Ambiental – APA.
(E) Monumento Natural.

A APA (Área de Proteção Ambiental) não é Unidade de Proteção Integral, mas Unidade de Uso Sustentável, nos termos do art. 14, I, da Lei 9.985/2000. Já o Parque Nacional, o Refúgio de Vida Silvestre, a Estação Ecológica e o Monumento Natural, esses sim são Unidades de Proteção integral, nos termos do art. 8º, III, V, I e IV, respectivamente, da Lei 9.985/2000.
Gabarito "D".

(Ministério Público/SP – 2012 – VUNESP) Considerando o disposto na Lei do Sistema Nacional de Unidades de Conservação da Natureza – SNUC – (Lei 9.985/2000), NÃO se encaixa no grupo das Unidades de Proteção Integral:

(A) Estação Ecológica.
(B) Parque Nacional.
(C) Floresta Nacional.
(D) Monumento Natural.
(E) Refúgio de Vida Silvestre.

A: incorreta (art. 8º, I, da Lei 9.985/2000); **B:** incorreta (art. 8º, III, da Lei 9.985/2000); **C:** correta, pois a Floresta Nacional pertence ao grupo das unidades de uso sustentável (art. 14, III, da Lei 9.985/2000); **D:** incorreta (art. 8º, IV, da Lei 9.985/2000); **E:** incorreta (art. 8º, V, da Lei 9.985/2000).
Gabarito "C".

(Ministério Público/SP – 2012 – VUNESP) Considerando o disposto na Lei do Sistema Nacional de Unidades de Conservação da Natureza – SNUC – (Lei 9.985/2000), entende-se por

(A) Conservação da natureza: conservação de ecossistemas e habitats naturais e a manutenção e recuperação de populações viáveis de espécies em seus meios naturais e, no caso de espécies domesticadas ou cultivadas, nos meios onde tenham desenvolvido suas propriedades características.
(B) Preservação: manutenção dos ecossistemas livres de alterações causadas por interferência humana, admitido apenas o uso indireto dos seus atributos naturais.
(C) Proteção integral: conjunto de métodos, procedimentos e políticas que visem a proteção a longo prazo das espécies, habitats e ecossistemas, além da manutenção dos processos ecológicos, prevenindo a simplificação dos sistemas naturais.
(D) Zona de amortecimento: o entorno de uma unidade de conservação, onde as atividades humanas estão sujeitas a normas e restrições específicas, com o propósito de minimizar os impactos negativos sobre a unidade.
(E) Conservação in situ: o manejo do uso humano da natureza, compreendendo a preservação, a manutenção, a utilização sustentável, a restauração e a recuperação do ambiente natural, para que possa produzir o maior benefício, em bases sustentáveis, às atuais gerações, mantendo seu potencial de satisfazer as necessidades e aspirações das gerações futuras, e garantindo a sobrevivência dos seres vivos em geral.

A: incorreta (art. 2º, II, da Lei 9.985/2000); **B:** incorreta (art. 2º, V, da Lei 9.985/2000); **C:** incorreta (art. 2º, VI, da Lei 9.985/2000); **D:** correta (art. 2º, XVIII, da Lei 9.985/2000); **E:** incorreta (art. 2º, VII, da Lei 9.985/2000).
Gabarito "D".

(Ministério Público/TO – 2012 – CESPE) No que se refere ao SNUC, assinale a opção correta.

(A) No SNUC, o regime jurídico mais restritivo é o que trata da unidade de conservação denominada reserva ecológica.
(B) A reserva da biosfera é uma unidade de proteção integral cuja instituição depende da edição de lei.
(C) A categoria unidades de uso sustentável inclui área de proteção ambiental e área de relevante interesse ecológico.
(D) O SNUC é formado por duas categorias de unidades de conservação definidas por seus atributos bióticos e abióticos. As unidades de proteção integral, considerando-se a diversidade de seus biomas, classificam-se em unidades de proteção integral megadiversas e unidades de proteção integral multimodais.

A: incorreta, pois sequer há unidade de conservação denominada "reserva ecológica". Há, sim, a reserva biológica (art. 8º, II, da Lei 9.985/2000) e a estação ecológica (art. 8º, I, da Lei 9.985/2000), ambas subespécies de unidades de conservação de proteção integral; **B:** incorreta. A Reserva da Biosfera não é uma subespécie de unidade de proteção integral (vide rol do art. 8º da Lei 9.985/2000). Constitui, em verdade, um modelo, adotado internacionalmente, de gestão integrada, participativa e sustentável dos recursos naturais, com os objetivos básicos de preservação da diversidade biológica, o desenvolvimento de atividades de pesquisa, o monitoramento ambiental, a educação ambiental, o desenvolvimento sustentável e a melhoria da qualidade de vida das populações (art. 41 da Lei 9.985/2000), podendo ser integrada por unidades de conservação já criadas pelo Poder Público (§ 3º, do mesmo dispositivo legal citado); **C:** correta (arts. 14, I e II, 15 e 16, todos da Lei 9.985/2000); **D:** incorreta. Não existe a classificação das unidades de conservação contida na assertiva em análise, bastando, para tanto, a leitura do art. 7º, §§ 1º e 2º, da Lei 9.985/2000, que nos traz os objetivos da criação de unidades de conservação de proteção integral e de uso sustentável.
Gabarito "C".

(Defensor Público/SP – 2012 – FCC) No Estado do Acre, onde, a partir da década de 1970, iniciou-se um processo acelerado de desmatamento da floresta para dar lugar a grandes pastagens de gado, Chico Mendes, junto ao movimento local dos seringueiros, desenvolveu práticas pacíficas de resistência para defender a floresta. A sua luta contra a devastação da Floresta Amazônica chamou a atenção do mundo, especialmente em razão da sua morte, ocorrida em 22 de dezembro de 1988. Em vista de tal cenário, com o propósito de proteger áreas de relevância ambiental e regulamentar o disposto no art. 225, § 1.º, I, II, III e VII, da Lei Fundamental de 1988, o legislador infraconstitucional editou a Lei do Sistema Nacional de Unidades de Conservação – SNUC (Lei nº 9.985/2000). Integra a categoria de Unidade de Conservação de Uso Sustentável:

(A) Estação Ecológica.
(B) Área de Relevante Interesse Ecológico.
(C) Reserva Biológica.
(D) Monumento Natural.
(E) Refúgio da Vida Silvestre.

A: incorreta, pois a assertiva "A" refere-se à Unidade de Proteção Integral (art. 8.º, I, da Lei 9.985/2000); **B:** correta (art. 14, II, da Lei 9.985/2000); **C:** incorreta, pois a assertiva "C" refere-se à Unidade de Proteção Integral (art. 8.º, II, da Lei 9.985/2000); **D:** incorreta, pois a assertiva "D" refere-se à Unidade de Proteção Integral (art. 8.º, IV, da Lei 9.985/2000); **E:** incorreta, pois a assertiva "E" refere-se à Unidade de Proteção Integral (art. 8.º, V, da Lei 9.985/2000).
Gabarito "B".

(Procurador do Estado/AC – FMP – 2012) Com base no disposto na Lei 9.985/2000, que institui o Sistema Nacional de Unidades de Conservação, assinale a alternativa **correta**.

(A) Unidade de conservação é o espaço territorial, aéreo ou marítimo e seus recursos ambientais, incluindo as águas jurisdicionais, o subsolo e a atmosfera, com características naturais relevantes, instituído judicialmente ou por ato do Poder Público, com objetivos de conservação e limites definidos, sob regime especial de administração, ao qual se aplicam garantias adequadas de proteção.
(B) Recurso ambiental compreende a atmosfera, as águas interiores, superficiais e subterrâneas, os estuários, o mar territorial, o alto mar, a plataforma continental, o solo, o subsolo, os elementos da biosfera, a fauna, a flora e os elementos integrantes do meio ambiente artificial, incluindo o patrimônio histórico.
(C) Zoneamento é a definição de setores ou zonas em uma unidade de conservação com objetivos de manejo, exploração e extrativismo específicos, com o propósito de proporcionar os meios e as condições para que todos os objetivos da unidade possam ser alcançados de forma harmônica e eficaz, sem prejuízo da possibilidade de regulamentação por ato normativo do Poder Público federal, estadual ou municipal em sentido diverso.
(D) Corredores ecológicos são porções de ecossistemas naturais ou seminaturais, ligando unidades de conservação, que possibilitam entre elas o fluxo de genes e o movimento da biota, facilitando a dispersão de espécies e a recolonização de áreas degradadas, bem como a manutenção de populações que demandam para sua sobrevivência áreas com extensão maior do que aquela das unidades individuais.

A: incorreta (art. 2º, I, Lei 9.985/2000), pois unidade de conservação não abrange espaço aéreo ou marítimo, mas, apenas, o territorial; **B:** incorreta, pois o art. 2º, IV, da Lei 9.985/2000 considera recurso ambiental a atmosfera, as águas interiores, superficiais e subterrâneas, os estuários, o mar territorial, o solo, o subsolo, os elementos da biosfera, a fauna e a flora, não se incluindo o alto mar, a plataforma continental e os elementos integrantes do meio ambiente artificial; **C:** incorreta, pois se considera zoneamento, nos termos do art. 2º, XVI, da Lei 9.985/2000, a definição de setores ou zonas em uma unidade de conservação com objetivos de manejo e normas específicos, com o propósito de proporcionar os meios e as condições para que os objetivos da unidade possam ser alcançados de forma harmônica e eficaz, nada dispondo referido diploma legal sobre a possibilidade de regulamentação de zoneamento por ato normativo do Poder Público federal, estadual ou municipal em sentido diverso; **D:** correta, visto que de acordo com o que dispõe o art. 2º, XIX, da Lei 9.985/2000.
Gabarito "D".

(Procurador do Estado/MG – FUMARC – 2012) Sobre o Sistema Nacional de Unidades de Conservação, assinale a alternativa INCORRETA:

(A) A Estação Ecológica tem como objetivo a preservação da natureza e a realização de pesquisas científicas.
(B) O Monumento Natural tem como objetivo básico preservar sítios naturais raros, singulares ou de grande beleza cênica.
(C) A Reserva Extrativista é uma área utilizada por populações extrativistas tradicionais, cuja subsistência baseia-se no extrativismo e, complementarmente, na agricultura de subsistência e na criação de animais de pequeno porte, e tem como objetivos básicos proteger os meios de vida e a cultura dessas populações, e assegurar o uso sustentável dos recursos naturais da unidade.
(D) A Área de Relevante Interesse Ecológico é uma área em geral extensa, com um certo grau de ocupação humana, dotada de atributos abióticos, bióticos, estéticos ou culturais especialmente importantes para a qualidade de vida e o bem-estar das populações humanas, e tem como objetivos básicos proteger a diversidade biológica, disciplinar o processo de ocupação e assegurar a sustentabilidade do uso dos recursos naturais.
(E) O Refúgio de Vida Silvestre tem como objetivo proteger ambientes naturais onde se asseguram condições para a existência ou reprodução de espécies ou comunidades da flora local e da fauna residente ou migratória.

A: correta (art. 9º, caput, Lei 9.985/2000); **B:** correta (art. 12, caput, Lei 9.985/2000); **C:** correta (art. 18, caput, Lei 9.985/2000); **D:** incorreta, devendo ser assinalada, visto que, nos termos do art. 16, caput, da Lei 9.985/2000, a Área de Relevante Interesse Ecológico (ARIE) é uma área em geral de pequena extensão, com pouca ou nenhuma ocupação humana, com características naturais extraordinárias ou que abriga exemplares raros da biota regional, e tem como objetivo manter os ecossistemas naturais de importância regional ou local e regular o uso admissível dessas áreas, de modo a compatibilizá-lo com os objetivos de conservação da natureza. A ARIE não se confunde com a Área de Proteção Ambiental (APA), esta sim considerada uma área em geral extensa, com um certo grau de ocupação humana, dotada de atributos abióticos, bióticos, estéticos ou culturais especialmente importantes para a qualidade de vida e o bem-estar das populações humanas, e tem como objetivos básicos proteger a diversidade biológica, disciplinar o processo de ocupação e assegurar a sustentabilidade do uso dos recursos naturais (art. 15, caput, Lei 9.985/2000); **E:** correta (art. 13, caput, Lei 9.985/2000).
Gabarito "D".

(Procurador do Estado/MG – FUMARC – 2012) Sobre o Sistema Nacional de Unidades de Conservação, assinale a alternativa correta.

(A) As unidades de conservação são necessariamente criadas por lei.
(B) As unidades de conservação do grupo de Uso Sustentável podem ser transformadas total ou parcialmente em unidades do grupo de Proteção Integral, por instrumento normativo do mesmo nível hierárquico do que criou a unidade, desde que obedecidos os procedimentos de consulta estabelecidos em lei.
(C) O objetivo básico das Unidades de Uso Sustentável é preservar a natureza, sendo admitido apenas o uso indireto dos seus recursos naturais.
(D) A área de uma unidade de conservação do Grupo de Proteção Integral é considerada zona urbana, para os efeitos legais.
(E) Zona de amortecimento é a área interna de uma unidade de conservação, onde as atividades humanas estão sujeitas a normas e restrições específicas, com o propósito de minimizar os impactos negativos sobre a unidade.

A: incorreta, pois as unidades de conservação poderão ser criadas não apenas por lei, mas, também, por ato normativo diverso (ex.: decreto), mas é bom frisar que sua extinção ou redução dependerá, sempre, de lei, nos termos do art. 225, § 1º, III, CF; **B:** correta, pois, de fato, admite-se que Unidades de Conservação de Uso Sustentável (art. 14, Lei 9.985/2000) sejam transformadas em Unidades de Conservação de Proteção Integral (art. 8º, Lei 9.985/2000) com maiores restrições ambientais, pelo mesmo instrumento normativo que as tenha criado, conforme preconiza o art. 22, § 5º, da Lei 9.985/2000, mas a recíproca não será verdadeira. Ou seja, a transformação de Unidades de Conservação de Proteção Integral em de Uso Sustentável, em virtude de haver uma "redução" da proteção ambiental, dependerão de lei específica; **C:** incorreta, pois se admite o uso direto dos recursos naturais nas Unidades de Conservação de Uso Sustentável (art. 7º, § 2º, Lei 9.985/2000), diversamente do que ocorre nas Unidades de Proteção Integral, nas quais se admite apenas o uso indireto (art. 7º, § 1º, Lei 9.985/2000); **D:** incorreta, sendo considerada zona rural (art. 49, Lei 9.985/2000); **E:** incorreta (art. 2º, XVIII, Lei 9.985/2000).
Gabarito "B".

(Advogado da União/AGU – CESPE – 2012) Julgue os itens que se seguem.

(1) Unidade de conservação corresponde a um espaço territorial protegido — coberto ou não por vegetação nativa — cuja função é permitir a preservação dos recursos hídricos, da paisagem, da estabilidade geológica e da biodiversidade; facilitar o fluxo gênico de fauna e flora; garantir a proteção do solo; e assegurar o bem-estar das populações humanas.
(2) São matérias sujeitas ao princípio da reserva legal a alteração e a supressão do regime jurídico pertinente aos espaços territoriais especialmente protegidos, ainda que sua delimitação tenha sido determinada por decreto.

1: incorreta, pois considera-se unidade de conservação o espaço territorial e seus recursos ambientais, incluindo as águas jurisdicionais, com características naturais relevantes, legalmente instituído pelo Poder Público, com objetivos de conservação e limites definidos, sob regime especial de administração, ao qual se aplicam garantias adequadas de proteção (art. 2º, I, Lei 9.985/2000). O conceito de unidade de conservação não se confunde com o de área de preservação permanente, definida no art. 3º, II, da Lei 12.651/2012 (Código Florestal) como a área protegida, coberta ou não por vegetação nativa, com a função ambiental de preservar os recursos hídricos, a paisagem, a estabilidade geológica e a biodiversidade, facilitar o fluxo gênico de fauna e flora, proteger o solo e assegurar o bem-estar das populações humanas; **2:** incorreta, pois a alteração, por exemplo, de uma unidade de conservação, de molde a ampliá-la, não exigirá, necessariamente, lei, mas, sim, instrumento normativo do mesmo nível hierárquico que a criou (art. 22, § 6º, Lei 9.985/2000).
Gabarito 1E, 2E.

(Advogado – Petrobrás – 2012 – CESGRANRIO) A Constituição Federal determina, como um dos deveres do Poder Público, a definição de espaços territoriais e dos seus componentes a serem especialmente protegidos. A esse respeito, analise as afirmações abaixo.

I. O parecer emitido pelo Conselho Consultivo de um parque, nacional, estadual ou municipal, não pode substituir a consulta pública exigida na lei.
II. As florestas consideradas de preservação permanente podem ser suprimidas nos excepcionais casos previstos na legislação.
III. A desafetação ou redução dos limites de uma reserva ecológica somente pode ser feita mediante lei específica.

É correto o que se afirma em
(A) I, apenas.
(B) II, apenas.
(C) I e III, apenas.
(D) II e III, apenas.
(E) I, II e III.

I: correto, pois, de fato, a consulta pública, ainda que não tenha caráter vinculante para a instituição de uma unidade de conservação, é requisito de validade para tanto (art. 22, § 2º, Lei 9.985/2000); **II:** correta (art. 225, § 1º, III, CF); **III:** correta (art. 22, § 7º, Lei 9.985/2000). Gabarito "E".

7.3. ZONEAMENTO AMBIENTAL

(Juiz de Direito/CE – 2014 – FCC) Uma mineradora pretende exercer sua atividade em determinado local da zona rural do Município Gama. Pela lei de zoneamento deste Município, tal atividade é permitida no local. Contudo, pelo Zoneamento Ecológico-Econômico do Estado no qual o Município Gama está inserido, a atividade minerária é vedada no local pretendido. Neste caso, a mineradora

(A) poderá exercer sua atividade se houver expressa autorização do Estado.
(B) não poderá exercer sua atividade até que o Zoneamento Ecológico-Econômico seja declarado inconstitucional por afrontar o zoneamento municipal.
(C) poderá exercer sua atividade, diante da competência constitucional do Município para regrar a ocupação de seu território.
(D) não poderá exercer sua atividade, diante da vedação imposta pelo Zoneamento Ecológico-Econômico, que é mais restritivo do que o zoneamento municipal.
(E) poderá exercer sua atividade, diante da ilegalidade do Zoneamento Ecológico-Econômico, que confronta com o zoneamento municipal.

A: incorreta, o Zoneamento Ecológico-Econômico é um instrumento de organização do território a ser obrigatoriamente seguido na implantação de planos, obras e atividades públicas e privadas (art. 2º do Decreto 4.297/2002), por isso, dada sua obrigatoriedade não pode o Estado autorizar atividade mineradora contrária ao estabelecido pelo ZEE; **B:** incorreta, pois não há inconstitucionalidade no fato do Zoneamento do Estado ter maior rigor na proteção ambiental; **C:** incorreta, pois o zoneamento municipal não pode contrarias os instrumentos de proteção ambiental estaduais e federais; **D:** correta, pois ainda que o zoneamento rural municipal autorize a atividade mineradora, a área está localizada dentro de um Zoneamento Ecológico-Econômico do Estado que contém regras mais rigorosas de proteção ambiental e por isso prevalece sobre o zoneamento municipal; **E:** incorreta, pois as restrições presentes no ZEE estadual não o tornam ilegal, do contrário, devem ser seguidos por terem maior proteção ambiental. Gabarito "D".

(Procurador do Município/São José dos Campos-SP – 2012 – VUNESP) Zoneamento é uma medida não jurisdicional, oriunda do poder de polícia, com dois fundamentos: a repartição do solo urbano municipal e a designação do seu uso, segundo definição de Celso Antonio Pacheco Fiorillo, em **Curso de Direito Ambiental Brasileiro**, 3.ª edição ampliada. São Paulo: Saraiva, 2002, p. 82.

Tendo em vista os princípios relativos ao meio ambiente, o zoneamento ambiental encontra-se relacionado ao princípio do(a)
(A) participação.
(B) desenvolvimento sustentável.
(C) precaução.
(D) poluidor-pagador.
(E) ubiquidade.

De fato, o zoneamento ambiental, cuja definição vem prevista no art. 2º, do Decreto 4.297/2002, é inegável instrumento que materializa o princípio do desenvolvimento sustentável, conforme dispõe referido dispositivo normativo, na medida em que *estabelece medidas e padrões de proteção ambiental destinados a assegurar a qualidade ambiental, dos recursos hídricos e do solo e a conservação da biodiversidade, garantindo o **desenvolvimento sustentável** e a melhoria das condições de vida da população*. No entanto, é certo que o zoneamento ambiental, também chamado por alguns de Zoneamento Ecológico-Econômico (ZEE), deverá observar os princípios da função socioambiental da propriedade, da prevenção, da precaução, do poluidor-pagador, do usuário-pagador (nesse sentido: FREDERICO AMADO, **Direito Ambiental Esquematizado**, p. 111 – 3ª edição, Ed. Método). Cremos que a banca examinadora quis cobrar do candidato o conhecimento da definição normativa de zoneamento ambiental, que, como visto, está literalmente ligado com o desenvolvimento sustentável. Gabarito "B".

8. PROTEÇÃO DA FLORA. CÓDIGO FLORESTAL

(Procurador do Estado/SP – 2018 – VUNESP) Sobre a recomposição nas Áreas de Preservação Permanente (APPs), é correto afirmar:

(A) para os imóveis rurais com área de até 4 (quatro) módulos fiscais que possuam áreas consolidadas em Áreas de Preservação Permanente ao longo de cursos d'água naturais, é facultada a manutenção das atividades, independentemente de qualquer recomposição, desde que o proprietário invista na recuperação de outras áreas de relevante interesse ambiental, observados critérios e valores fixados pelo órgão ambiental competente, após o registro no Cadastro Ambiental Rural (CAR).
(B) o proprietário de áreas rurais consolidadas até 22 de julho de 2008, cuja área da propriedade seja inferior a 1 (um) módulo fiscal, foi anistiado pela Lei nº 12.651/2012 (Código Florestal), não sendo necessária a recomposição em nenhuma hipótese.
(C) no caso de pequena propriedade ou posse rural familiar, poderá ser realizado o plantio intercalado de espécies exóticas com nativas, em até um terço da área total a ser recomposta, admitida a utilização de árvores frutíferas, vedado o plantio de espécies lenhosas.
(D) para os imóveis rurais com área de até 1 (um) módulo fiscal que possuam áreas consolidadas em Áreas de Preservação Permanente ao longo de cursos d'água naturais, será obrigatória a recomposição das respectivas faixas marginais em 5 (cinco) metros, contados da borda da calha do leito regular, independentemente da largura do curso d'água.
(E) como método de recomposição é vedada a realização de plantio intercalado de espécies exóticas com nativas, devendo ser executado o plantio exclusivo de espécies nativas ou condução de regeneração natural de espécies nativas, independentemente do tamanho ou qualificação do imóvel rural.

A: incorreta, nos termos do art. 61-A, §3º, da Lei 12.651/2012: "Para os imóveis rurais com área superior a 2 (dois) módulos fiscais e de até 4 (quatro) módulos fiscais que possuam áreas consolidadas em Áreas de Preservação Permanente ao longo de cursos d'água naturais, será obrigatória a recomposição das respectivas faixas marginais em 15 (quinze) metros, contados da borda da calha do leito regular, independentemente da largura do curso d'água"; **B:** incorreta, a saber: "Para os imóveis rurais com área de até 1 (um) módulo fiscal que possuam áreas consolidadas em Áreas de Preservação Permanente ao longo de cursos d'água naturais, será obrigatória a recomposição das respectivas faixas marginais em 5 (cinco) metros, contados da borda da calha do leito regular, independentemente da largura do curso d´água" (art. 61-A, §1º, da Lei 12.651/2012); **C:** incorreta, a teor do art. 4º, § 5º, da Lei 12.651/2012: "é admitido, para a pequena propriedade ou posse rural familiar, o plantio de culturas temporárias e sazonais de vazante de ciclo curto na faixa de terra que fica exposta no período de vazante dos rios ou lagos, desde que não implique supressão de novas áreas de vegetação nativa, seja conservada a qualidade da água e do solo e seja protegida a fauna silvestre"; **D:** correta. Vide art. 61, §1º, da Lei 12.651/2012; **E:** incorreta, conforme o art. 66, § 3º, da Lei 12.651/2012. Gabarito "D".

(Juiz de Direito – TJ/RS – 2018 – VUNESP) Considerando o disposto no Código Florestal – Lei no 12.651/2012, é correta a seguinte afirmação:

(A) poderá ser autorizada a supressão de vegetação nativa protetora de nascentes, dunas e restingas nas hipóteses de utilidade pública ou de interesse social.
(B) a responsabilidade por infração pelo uso irregular de fogo em terras públicas ou particulares independe de estabelecimento de nexo causal.
(C) é proibido o uso de fogo na vegetação em quaisquer circunstâncias.
(D) não haverá, em qualquer hipótese, direito à regularização de futuras intervenções ou supressões de vegetação nativa, além das previstas na Lei no 12.651/2012.
(E) ao tomar conhecimento do desmatamento em desacordo com a Lei, o órgão ambiental deverá embargar a obra ou atividade que deu causa ao uso alternativo do solo, como medida punitiva que alcance as demais atividades realizadas no imóvel, mesmo que não relacionadas com a infração.

A: incorreta, a saber: "a supressão de vegetação nativa protetora de nascentes, dunas e restingas somente poderá ser autorizada em caso de utilidade pública" (art. 8º, § 1º, da Lei 12.651/2012); **B:** incorreta, a teor do art. 38, § 2º, da Lei 12.651/2012: "na apuração da responsabilidade pelo uso irregular do fogo em terras públicas ou particulares, a autoridade competente para fiscalização e autuação deverá comprovar o nexo de causalidade entre a ação do proprietário ou qualquer preposto e o dano efetivamente causado"; **C:** incorreta, já que o art. 38, da Lei 12.651/2012, traz possibilidades em que é possível o uso de fogo na vegetação; **D:** correta. Vide art. 8º, § 4º, da Lei 12.651/2012; **E:** incorreta, segundo dispõe o art. 51, da Lei 12.651/2012: "o órgão ambiental competente, ao tomar conhecimento do desmatamento em desacordo com o disposto nesta Lei, deverá embargar a obra ou atividade que deu causa ao uso alternativo do solo, como medida administrativa voltada a impedir a continuidade do dano ambiental, propiciar a regeneração do meio ambiente e dar viabilidade à recuperação da área degradada". **FM/FC**

Gabarito "D".

(Delegado – PC/BA – 2018 – VUNESP) Nos termos do disposto na Lei nº 12.651/2012, assinale a alternativa correta.

(A) Não é permitido, em qualquer hipótese, o acesso de pessoas e animais às Áreas de Preservação Permanente.
(B) Não haverá, em qualquer hipótese, direito à regularização de futuras intervenções ou supressões de vegetação nativa, além das previstas nesta Lei, nas Áreas de Preservação Permanente.
(C) Não poderá ser autorizada, em qualquer hipótese, a supressão de vegetação nativa protetora de nascentes, dunas e restingas, nas Áreas de Preservação Permanente.
(D) Os empreendimentos de abastecimento público de água e tratamento de esgoto estão sujeitos à constituição de Reserva Legal.
(E) Será exigida Reserva Legal relativa às áreas adquiridas ou desapropriadas com o objetivo de implantação e ampliação de capacidade de rodovias e ferrovias.

A: incorreta. Dispõe o art. 9º, da Lei 12.651/2012: "É permitido o acesso de pessoas e animais às Áreas de Preservação Permanente para obtenção de água e para realização de atividades de baixo impacto ambiental"; **B:** correta, a teor do art. 8º, § 4º, da Lei 12.651/2012; **C:** incorreta. "A supressão de vegetação nativa protetora de nascentes, dunas e restingas somente poderá ser autorizada em caso de utilidade pública" (art. 8º, § 1º, da Lei 12.651/2012); **D:** incorreta. "Os empreendimentos de abastecimento público de água e tratamento de esgoto não estão sujeitos à constituição de Reserva Legal" (art. 12, § 6º, da Lei 12.651/2012); **E:** incorreta. "Não será exigido Reserva Legal relativa às áreas adquiridas ou desapropriadas com o objetivo de implantação e ampliação de capacidade de rodovias e ferrovias" (art. 12, § 8º, da Lei 12.651/2012). **FM/FC**

Gabarito "B".

(Procurador Municipal – Prefeitura/BH – CESPE – 2017) Em determinado município, há resíduos de construção civil e ocupações nas faixas marginais situadas a menos de trinta metros das bordas das calhas dos leitos de estreitos cursos d'água, perenes e intermitentes, que, em conjunto, abastecem a Lagoa da Prata. Tais resíduos estão provocando, nas últimas décadas, o assoreamento das margens e, por consequência, severos danos ambientais à bacia hidrográfica.

Considerando essa situação hipotética, assinale a opção correta.

(A) Será admitida a ocupação das referidas faixas marginais para a realização urgente de atividades de segurança nacional e obras de interesse da defesa civil que visem prevenir acidentes, desde que devidamente autorizadas pelo órgão ambiental competente.
(B) Mesmo que intervenção irregular em uma das citadas faixas marginais tenha sido realizada por ação de proprietário anterior de determinado imóvel, será admitida a responsabilização civil de seu atual proprietário, que será responsável pela recomposição ambiental.
(C) Para a preservação das citadas faixas marginais, é necessária a edição de lei municipal que as declare áreas de proteção ambiental e que proíba ocupações e depósitos de resíduos na largura de trinta metros.
(D) Por força de mandamento constitucional, para a preservação das faixas marginais de recursos hídricos, não se admite intervenção nem ocupação por particulares, nem mesmo em caráter excepcional.

A: incorreta, pois nos termos do art. 8º, § 3º, da Lei 12.651/2012: "É dispensada a autorização do órgão ambiental competente para a execução, em caráter de urgência, de atividades de segurança nacional e obras de interesse da defesa civil destinadas à prevenção e mitigação de acidentes em áreas urbanas"; **B:** correta, pois a obrigação de promover a recomposição da vegetação situada em Área de Preservação Permanente tem natureza propter rem, sendo transmitida ao sucessor em caso de transferência de domínio ou posse (art. 7º, §§ 1º e 2º, da Lei 12.651/2012); **C:** incorreto, pois não é necessária a criação de Lei Municipal, vez que a Lei 12.651/2012, em seu art. 4º, I, dispõe sobre a preservação das faixas marginais; **D:** incorreta, pois não há mandamento constitucional neste sentido, aliás, o art. 9º, da Lei 12.651/2012, assevera ser permitido o acesso de pessoas e animais às Áreas de Preservação Permanente para obtenção de água e para realização de atividades de baixo impacto ambiental. **FM/FCP**

Gabarito "B".

(Procurador – IPSMI/SP – VUNESP – 2016) Assinale o conceito correto utilizado pela Lei Federal 12.651/2012:

(A) pousio: prática de interrupção temporária de atividades ou usos agrícolas, pecuários ou silviculturais, por no máximo 6 (seis) anos, para possibilitar a recuperação da capacidade de uso ou da estrutura física do solo.
(B) áreas úmidas: pantanais e superfícies terrestres cobertas de forma permanente por águas, cobertas originalmente por florestas ou outras formas de vegetação adaptadas à inundação.
(C) crédito de carbono: título de direito sobre bem intangível e incorpóreo transacionável.
(D) faixa de passagem de inundação: área de várzea ou planície de inundação adjacente a cursos d'água que permite o escoamento artificial.
(E) relevo ondulado: expressão geomorfológica usada para designar área caracterizada por movimentações de águas que geram depressões.

A: Incorreta. Nos termos do art. 3º, XXIV, da Lei 12.651/2012: "pousio: prática de interrupção temporária de atividades ou usos agrícolas, pecuários ou silviculturais, por no máximo 5 (cinco) anos, para possibilitar a recuperação da capacidade de uso ou da estrutura física do solo"; e não 6 (seis) anos, conforme disposto na alternativa. **B:** Incorreta. "Áreas úmidas: pantanais e superfícies terrestres cobertas de forma periódica por águas, cobertas originalmente por florestas ou outras formas de vegetação adaptadas à inundação" (art. 3º, XXV, da Lei 12.651/2012). **C:** Correta. Vide art. 3º, XXVII, da Lei 12.651/2012. **D:** Incorreta. A faixa de passagem de inundação: área de várzea ou planície de inundação adjacente a cursos d'água que permite o escoamento da enchente e não artificial (art. 3º, XXII, da Lei 12.651/2012). **E:** Incorreta. O relevo ondulado, segundo o art. 3º, XXIII, da Lei 12.651/2012, trata-se de "expressão geomorfológica usada para designar área caracterizada por movimentações do terreno que geram depressões, cuja intensidade permite sua classificação como relevo suave ondulado, ondulado, fortemente ondulado e montanhoso". **FM/FCP**

Gabarito "C".

(Procurador – SP – VUNESP – 2015) De acordo com as disposições existentes no Código Florestal, no que se refere ao Regime de Proteção das Áreas de Preservação Permanente, assinale a alternativa correta.

(A) A vegetação situada em Área de Preservação Permanente não tem a obrigatoriedade de ser mantida se o proprietário, possuidor ou ocupante for pessoa jurídica de direito público.
(B) A supressão de vegetação nativa protetora de nascentes, dunas e restingas não pode ser autorizada em nenhuma hipótese.
(C) É necessária a autorização do órgão ambiental, ainda que se trate de execução, em caráter de urgência, de atividades de segurança nacional e obras de interesse da defesa civil destinadas à prevenção e mitigação de acidentes em áreas urbanas.
(D) É permitido o acesso de pessoas e animais às Áreas de Preservação Permanente para obtenção de água e para realização de atividades de baixo impacto ambiental.
(E) Tendo ocorrido a supressão de vegetação situada em Área de Preservação Permanente, o proprietário da área, possuidor ou ocupante é obrigado a promover a recomposição da vegetação, ainda que a supressão tenha sido autorizada pela lei.

A: Incorreta. A vegetação situada em Área de Preservação Permanente tem a obrigatoriedade de ser mantida pelo proprietário ou ocupante, pessoa física ou jurídica, de direito público ou privado (art. 7º, da Lei 12.651/2012). **B:** Incorreta. "A supressão de vegetação nativa protetora de nascentes, dunas e restingas somente poderá ser autorizada em caso de utilidade pública" (art. 8º, § 1º, da Lei 12.651/2012). **C:** Incorreta. Nos termos do art. 8º, § 3º, da Lei 12.651/2012: "É dispensada a autorização do órgão ambiental competente para a execução, em caráter de urgência, de atividades de segurança nacional e obras de interesse da defesa civil destinadas à prevenção e mitigação de acidentes em áreas urbanas". **D:** Correta. Vide art. 9º, da Lei 12.651/2012. **E:** Incorreta. Segundo disposição do art. 7º, § 1º, da Lei 12.651/2012: "Tendo ocorrido supressão de vegetação situada em Área de Preservação Permanente, o proprietário da área, possuidor ou ocupante a qualquer título é obrigado a promover a recomposição da vegetação, ressalvados os usos autorizados previstos nesta Lei". **FM/FCP**

Gabarito "D".

(Juiz – TJ-SC – FCC – 2017) Em pequena propriedade ou posse rural familiar:

(A) o poder público federal deverá prestar apoio técnico para a recomposição da vegetação da reserva legal.
(B) o poder público municipal deverá prestar apoio técnico para a recomposição da vegetação da reserva legal.
(C) a recomposição da reserva legal será feita exclusivamente com vegetação nativa, sendo as mudas subsidiadas pelo poder público federal, que também garantirá, como incentivo financeiro, a compra de subprodutos vindos de tal área.
(D) a área de preservação permanente será considerada como reserva legal, recaindo sobre ela o regramento mais permissivo da reserva legal.
(E) para cumprimento da manutenção da área de reserva legal poderão ser computados os plantios de árvores frutíferas, ornamentais ou industriais, compostos por espécies exóticas, cultivadas em sistema intercalar ou em consórcio com espécies nativas da região em sistemas agroflorestais.

A: incorreta, pois, é o poder público estadual, e não federal, quem deverá prestar apoio técnico para a recomposição da vegetação da reserva legal em pequena propriedade ou posse rural (art. 54, parágrafo único, da Lei 12.651/2012); **B:** incorreta, pois, é o poder público estadual, e não o municipal, quem deverá prestar apoio técnico para a recomposição da vegetação da reserva legal em pequena propriedade ou posse rural (art. 54, parágrafo único, da Lei 12.651/2012); **C:** incorreta, pois, a recomposição da reserva legal não precisa ser feita com vegetação nativa, exclusivamente, bem como não tem o poder público federal que subsidiar as mudas e nem garantir como incentivo financeiro, a compra de subprodutos vindos de tal área (art. 54, da Lei 12.651/2012); **D:** incorreta, pois somente será admitido o cômputo das áreas de preservação permanente no cálculo do percentual da reserva legal do imóvel, desde que preenchidos os requisitos do art. 15, da Lei 12.651/2012, e ao contrário do disposto na alternativa, o regime de proteção da área de preservação permanente não se alterará (art. 15, § 1º, da Lei 12.651/2012); **E:** correta, (art. 54, da Lei 12.651/2012). FM/FCP

Gabarito "E".

(Juiz – TRF 3ª Região – 2016) Dadas as assertivas abaixo, assinale a alternativa correta.

Com base no disposto na Lei nº 12.651/2012 e suas alterações posteriores, é possível afirmar sobre os institutos conceituados em seu art. 3º:

I. Área de Preservação Permanente: área protegida coberta por vegetação nativa, com a função ambiental de preservar os recursos hídricos, a paisagem, a estabilidade geológica e a biodiversidade, facilitar o fluxo gênico de fauna e flora, proteger o solo e assegurar o bem-estar das populações humanas.

II. Reserva Legal: área localizada no interior de uma propriedade ou posse rural, delimitada nos termos do art.12 da mesma lei, com a função de assegurar o uso econômico de modo sustentável dos recursos naturais do imóvel rural, auxiliar a conservação e a reabilitação dos processos ecológicos e promover a conservação da biodiversidade, bem como o abrigo e a proteção de fauna silvestre e da flora nativa.

III. Manejo sustentável: administração da vegetação natural para a obtenção de benefícios econômicos, sociais e ambientais, respeitando-se os mecanismos de sustentação do ecossistema objeto do manejo e considerando-se, cumulativa ou alternativamente, a utilização de única espécie madeireira, de múltiplos produtos e subprodutos da flora, bem como a utilização de outros bens e serviços.

Estão corretas as assertivas:

(A) I e II.
(B) I, II e III.
(C) Apenas a II.
(D) Apenas a III.

I: incorreta. "Área de Preservação Permanente – APP: área protegida, coberta ou não por vegetação nativa, com a função ambiental de preservar os recursos hídricos, a paisagem, a estabilidade geológica e a biodiversidade, facilitar o fluxo gênico de fauna e flora, proteger o solo e assegurar o bem-estar das populações humanas" (art. 3º, II, da Lei 12.651/2012); **II:** correta (art. 3º, III, da Lei 12.651/2012); **III:** incorreta. Nos termos do art. 3º, VII, da Lei 12.651/2012: "manejo sustentável: administração da vegetação natural para a obtenção de benefícios econômicos, sociais e ambientais, respeitando-se os mecanismos de sustentação do ecossistema objeto do manejo e considerando-se, cumulativa ou alternativamente, a utilização de múltiplas espécies madeireiras ou não, de múltiplos produtos e subprodutos da flora, bem como a utilização de outros bens e serviços". FM/FCP

Gabarito "C".

(Juiz – TRF 3ª Região – 2016) Dadas as assertivas abaixo, assinale a alternativa incorreta.

Com base no disposto na Lei nº 12.651/2012 e suas alterações posteriores, é possível afirmar sobre a Reserva Legal:

(A) Todo imóvel rural deve manter área com cobertura de vegetação nativa, a título de Reserva Legal, sem prejuízo da aplicação das normas sobre as Áreas de Preservação Permanente, observados os seguintes percentuais mínimos em relação à área do imóvel caso os imóveis estejam situados na Amazônia Legal, excetuados os casos previstos no art. 68 da referida Lei: 80% (oitenta por cento), no imóvel situado em área de florestas; 35% (trinta e cinco por cento), no imóvel situado em área de cerrado; 20% (vinte por cento), no imóvel situado em área de campos gerais. Para os imóveis situados nas demais regiões do país, o percentual é de 20% (vinte porcento).

(B) Em caso de fracionamento do imóvel rural, a qualquer título, inclusive para assentamentos pelo Programa de Reforma Agrária, será considerada, para fins do disposto do caput, a área do imóvel antes do fracionamento.

(C) Nos casos de imóvel situado em área de florestas na Amazônia Legal, o poder público poderá reduzir a Reserva Legal para até 50% (cinquenta por cento), para fins de recomposição, quando o Município tiver mais de 80% (oitenta por cento) da área ocupada por unidades de conservação da natureza de domínio público e por terras indígenas homologadas. Nas mesmas hipóteses o poder público estadual, ouvido o Conselho Estadual de Meio Ambiente, poderá reduzir a Reserva Legal para até 50% (cinquenta por cento), quando o Estado tiver Zoneamento Ecológico-Econômico aprovado e mais de 75% (setenta e cinco por cento) do seu território ocupado por unidades de conservação da natureza de domínio público, devidamente regularizadas, e por terras indígenas homologadas.

(D) Os empreendimentos de abastecimento público de água e tratamento de esgoto não estão sujeitos à constituição de Reserva Legal. Também não será exigido Reserva Legal relativa às áreas adquiridas ou desapropriadas por detentor de concessão, permissão ou autorização para exploração de potencial de energia hidráulica, nas quais funcionem empreendimentos de geração de energia elétrica, subestações ou sejam instaladas linhas de transmissão e de distribuição de energia elétrica. Também não será exigido Reserva Legal relativa às áreas adquiridas ou desapropriadas com o objetivo de implantação e ampliação de capacidade de rodovias e ferrovias.

A: correta (art. 12, I e II, da Lei 12.651/2012); **B:** correta (art. 12, § 1º, da Lei 12.651/2012); **C:** incorreta, pois o poder público poderá reduzir a Reserva Legal para 50% (cinquenta por cento), para fins de recomposição, quando o município tiver mais de 50% (cinquenta por cento) da área ocupada por unidades de conservação da natureza de domínio público (art. 12, § 4º, da Lei 12.651/2012), e não, 80% (oitenta por cento). Outrossim, o poder público estadual, nas mesmas hipóteses, ouvido o Conselho Estadual de Meio Ambiente, poderá reduzir a Reserva Legal para até 50% (cinquenta por cento), quando o Estado tiver Zoneamento Ecológico-Econômico aprovado e mais de 65% (sessenta e cinco por cento) do seu território ocupado por unidades de conservação da natureza de domínio público [e não 75% (setenta e cinco por cento)], devidamente regularizadas, e por terras indígenas homologadas; **D:** correta (art. 12, § 6º ao 8º, da Lei 12.651/2012). Obs: no julgamento da ADC n. 42 e ADIN 490, foi declarada a constitucionalidade do art. 12, §§ 4º a 8º, da Lei n. 12.651/12. FM/FCP

Gabarito "C".

(Juiz – TRF 4ª Região – 2016) Dadas as assertivas abaixo, assinale a alternativa correta. As áreas de preservação permanente:

I. Admitem a regularização fundiária de interesse social.
II. Podem-se situar tanto em zonas rurais quanto em urbanas.
III. Permitem o acesso de pessoas e de animais para a obtenção de água e para a realização de atividades de baixo impacto ambiental.

(A) Estão corretas apenas as assertivas I e II.
(B) Estão corretas apenas as assertivas I e III.
(C) Estão corretas apenas as assertivas II e III.
(D) Estão corretas todas as assertivas.
(E) Nenhuma assertiva está correta.

I: correta (art. 64, da Lei 12.651/2012); **II:** correta (art. 4º, "caput", da Lei 12.651/2012); **III:** correta (art. 9º, da Lei 12.651/2012). FM/FCP

Gabarito "D".

(Juiz – TJ/SP – VUNESP – 2015) Em relação às Áreas de Preservação Permanente, é incorreta a seguinte afirmação:

(A) é permitido ao poder público se utilizar do direito de preempção para aquisição de remanescentes florestais relevantes.
(B) todo imóvel rural situado no território nacional deve manter área com cobertura de vegetação nativa, a título de Reserva Legal, no correspondente a 20% da área total do imóvel.
(C) é lícita a supressão de vegetação nativa em Área de Preservação Permanente para implantação de instalações necessárias à captação e condução de água e efluentes tratados, desde que comprovada a outorga do direito de uso da água.
(D) é dispensada a autorização do órgão ambiental competente para a execução em Área de Preservação Permanente nas hipóteses de realização, em caráter de urgência, de atividades de segurança nacional e obras de interesse da defesa civil destinadas à prevenção e mitigação de acidentes em áreas urbanas.

A: correta. Nos termos do art. 25, I, da Lei 12.651/2012. **B:** incorreta. Se o imóvel estiver localizado na Amazônia Legal, os percentuais serão: 80% (oitenta por cento), se o imóvel estiver localizado em área de florestas; 35% (trinta e cinco por cento), se estiver localizado em área de cerrado; e, 20% (vinte por cento), se o imóvel estiver localizado em área de campos gerais (art. 12, I, da Lei 12.651/2012). **C:** correta. Nos termos do art. 8º, da Lei 12.651/2012: "A intervenção ou a supressão de vegetação nativa em Área de Preservação Permanente somente ocorrerá nas hipóteses de utilidade pública, de interesse social ou de baixo impacto ambiental previstas nesta Lei". O art. 3º, IX, "e", da Lei 12.651/2012, prevê que a implantação de instalações necessárias à captação e condução de água e de efluentes tratados para projetos cujos recursos hídricos são partes integrantes e essenciais da atividade, trata-se de atividade de interesse social e, que, portanto, autoriza a supressão da vegetação nativa em Área de Preservação Permanente (Obs: o julgamento da ADC 42 e da ADIN 4903 entendeu pela constitucionalidade do art. 3º, IX da Lei n. 12.651/12). **D:** correta. Vide art. 7º, § 3º, da Lei 12.651/2012 (Obs: o julgamento da ADC 42, bem como da ADIN 4937 e 4902 entendeu pela constitucionalidade do art. 7º, §3º da Lei n. 12.651/12). FM/FCP

Gabarito "B".

(Promotor de Justiça – MPE/RS – 2017) Nos termos da Lei Federal 12.651/2012 – Código Florestal –, especificamente no que tange ao Regime de Proteção das Áreas de Preservação Permanente, assinale a alternativa **INCORRETA**.

(A) A intervenção ou a supressão de vegetação nativa em Área de Preservação Permanente somente ocorrerá nas hipóteses de utilidade pública, de interesse social ou de baixo impacto ambiental previstas nesta Lei.

(B) A supressão de vegetação nativa protetora de nascentes, dunas e restingas somente poderá ser autorizada em caso de utilidade pública.

(C) A intervenção ou a supressão de vegetação nativa em Área de Preservação Permanente de que tratam os incisos VI e VII do *caput* do artigo 4º da Lei poderá ser autorizada, excepcionalmente, em locais onde a função ecológica do manguezal esteja comprometida, para execução de obras habitacionais e de urbanização, inseridas em projetos de regularização fundiária de interesse social, em áreas urbanas consolidadas ocupadas por população de baixa renda.

(D) O proprietário da área, possuidor ou ocupante a qualquer título, tendo ocorrido supressão de vegetação situada em Área de Preservação Permanente, é obrigado a promover a recomposição da vegetação, ressalvados os usos autorizados previstos nesta Lei, vedada a transmissão da obrigação ao seu sucessor.

(E) É permitido o acesso de pessoas e animais às Áreas de Preservação Permanente para obtenção de água e para realização de atividades de baixo impacto ambiental.

A: Correta. Trata-se de transcrição do art. 8º, da Lei 12.651/2012. **B:** Correta. A teor do § 1º, do art. 8º, da Lei 12.651/2012: "A supressão de vegetação nativa protetora de nascentes, dunas e restingas somente poderá ser autorizada em caso de utilidade pública". **C:** Correta. Segundo dispõe o § 2º, do art. 8º, da Lei 12.651/2012 (Obs: o julgamento da ADC 42 e da ADIN 4903 entendeu pela constitucionalidade do art. 8º, §2º da Lei n. 12.651/12). **D:** Incorreta. Tendo ocorrido supressão de vegetação situada em Área de Preservação Permanente, o proprietário da área, possuidor ou ocupante a qualquer título é obrigado a promover a recomposição da vegetação, ressalvados os usos autorizados previstos na Lei 12.651/2012 (art. 7º, § 1º, da Lei 12.651/2012). Contudo, a obrigação de recomposição da vegetação tem natureza real e é transmitida ao sucessor no caso de transferência de domínio ou posse do imóvel rural (art. 7º, § 2º, da Lei 12.651/2012. **E:** Correta. A assertiva está disposta no art. 9º, da Lei 12.651/2012. Gabarito "D".

(Promotor de Justiça – MPE/RS – 2017) No que tange à delimitação da Área de Reserva Legal disciplinada na Lei Federal 12.651/2012, é **INCORRETO** afirmar que

(A) os empreendimentos de abastecimento público de água e tratamento de esgoto não estão sujeitos à constituição de Reserva Legal.

(B) não será exigido Reserva Legal relativa às áreas adquiridas ou desapropriadas por detentor de concessão, permissão ou autorização para exploração de potencial de energia hidráulica, nas quais funcionem empreendimentos de geração de energia elétrica, subestações ou sejam instaladas linhas de transmissão e de distribuição de energia elétrica.

(C) não será exigido Reserva Legal relativa às áreas adquiridas ou desapropriadas com o objetivo de implantação e ampliação de capacidade de rodovias e ferrovias.

(D) a supressão de novas áreas de floresta ou outras formas de vegetação nativa, após a implantação do Cadastro Ambiental Rural – CAR, apenas será autorizada pelo órgão ambiental estadual integrante do Sistema Nacional do Meio Ambiente (SISNAMA) se o imóvel estiver inscrito no mencionado cadastro, ressalvado o previsto no artigo 30 da Lei Federal 12.651/2012.

(E) o poder público estadual poderá, nos casos da alínea b (35%, no imóvel situado em área de cerrado) do inciso I do artigo 12 da Lei Federal 12.651/2012, ouvido o Conselho Estadual de Meio Ambiente, reduzir a Reserva Legal para até 50% (cinquenta por cento), quando o Estado tiver Zoneamento Ecológico-Econômico aprovado e mais de 65% (sessenta e cinco por cento) do seu território ocupado por unidades de conservação da natureza de domínio público, devidamente regularizadas, e por terras indígenas homologadas.

A: Correta. Trata-se de transcrição do § 6º, art. 12, da Lei 12.651/2012. **B:** Correta. Assertiva em consonância com o § 7º, art. 12, da Lei 12.651/2012. **C:** Correta. A assertiva segue a redação do § 8º, art. 12, da Lei 12.651/2012. **D:** Correta. Nos termos do § 3º, art. 12, da Lei 12.651/2012: "Após a implantação do CAR, a supressão de novas áreas de floresta ou outras formas de vegetação nativa apenas será autorizada pelo órgão ambiental estadual integrante do Sisnama se o imóvel estiver inscrito no mencionado cadastro, ressalvado o previsto no art. 30". **E:** Incorreta. Esta possibilidade se restringe a imóveis situados em áreas de florestas e não de cerrado conforme disposto na assertiva (§ 5º, art. 12, da Lei 12.651/2012). (Obs: o julgamento da ADC 42 e da ADIN 4901 entendeu pela constitucionalidade do art. 12, §§ 5º a 8º da Lei n. 12.651/12) Gabarito "E".

(Promotor de Justiça – MPE/AM – FMP – 2015) Tendo em vista o disposto na Lei 12.651/2012 bem como as recentes decisões do Superior Tribunal de Justiça sobre sua respectiva aplicação, avalie as assertivas abaixo:

I. As atividades de pesquisa e extração de areia, argila, saibro e cascalho, outorgadas pela autoridade competente, são consideradas atividades de utilidade pública para fins de realização em áreas de preservação permanente.

II. O poluidor que celebrou termo de ajustamento de conduta sob a vigência da Lei Federal 4.771/1965 (anterior Código Florestal) fica obrigado a cumpri-lo, ainda que a metragem adotada em cláusula do acordo tenha tido por base o artigo 2º desse diploma já revogado.

III. É admitido, para a pequena propriedade ou posse rural familiar, o plantio de culturas temporárias e sazonais de vazante de ciclo curto na faixa de terra que fica exposta no período de vazante dos rios ou lagos, mesmo que isso implique a supressão de novas áreas de vegetação nativa, e desde que seja conservada a qualidade da água e do solo e seja protegida a fauna silvestre.

IV. Embora a obrigação de revegetar a área de preservação permanente tenha natureza real, a obrigação não se transmite ao sucessor no caso de transferência de domínio ou posse do imóvel rural.

Quais das assertivas acima estão incorretas?

(A) Apenas a I, II e III.
(B) Apenas a II, III e IV.
(C) Apenas a I e II.
(D) Apenas a I, III e IV.
(E) Apenas a III e IV.

I: Incorreta. Nos termos do art. 3º, IX, "f", da Lei 12.651/2012, as atividades de pesquisa e extração de areia, argila, saibro e cascalho, outorgadas pela autoridade competente, são consideradas de interesse social para fins de realização em áreas de preservação permanente, e não de utilidade pública como descrito na assertiva. **II:** Correta. Inclusive o termo se ajustamento de conduta é título executivo extrajudicial. **III:** Incorreta. Será admitido, para a pequena propriedade ou posse rural familiar, o plantio de culturas temporárias e sazonais de vazante de ciclo curto na faixa de terra que fica exposta no período de vazante dos rios ou lagos, desde isto não implique supressão de novas áreas de vegetação nativa, seja conservada a qualidade da água e do solo e seja protegida a fauna silvestre (art. 4º, § 5º, da Lei 12.651/2012). **IV:** Incorreta. A obrigação é *propter rem*, ou seja, tem natureza real e é transmitida ao sucessor no caso de transferência de domínio ou posse do imóvel rural (art. 7º, § 2º, da Lei 12.651/2012). (Obs: o julgamento da ADC 42 e da ADIN 4903 entendeu pela constitucionalidade do art. 3º IX, e do art. 4º, §5º da Lei n. 12.651/12) Gabarito "D".

(Delegado/GO – 2017 – CESPE) Foi constatado que um fazendeiro estava impedindo a regeneração natural de florestas em área de preservação permanente na sua propriedade rural, por pretender manter a área como pasto.

Nessa situação hipotética, conforme a legislação pertinente,

(A) a autoridade ambiental que constatou a infração deve promover sua apuração imediata, sob pena de corresponsabilização.
(B) a conduta configura infração administrativa, mas não configura crime.
(C) a responsabilização será objetiva em todas as esferas cabíveis.
(D) caberá à autoridade policial que constatou a conduta lavrar o auto de infração ambiental e instaurar processo administrativo.
(E) inexiste hipótese de reparação civil, haja vista que a terra da propriedade rural pertence ao próprio infrator.

A: correta. A autoridade ambiental que tiver conhecimento de infração ambiental é obrigada a promover a sua apuração imediata, mediante processo administrativo, sob pena de corresponsabilização (art. 70, § 3º, da Lei 9.605/1998). **B:** incorreta, no caso em estudo, a conduta configura crime do art. 48 da Lei 9.605/1998. **C:** incorreta. A responsabilidade penal depende da prova da culpa ou dolo. Apenas a responsabilidade civil é objetiva. **D:** incorreta. São autoridades competentes para lavrar auto de infração ambiental e instaurar processo administrativo os funcionários de órgãos ambientais integrantes do SISNAMA, designados para as atividades de fiscalização, bem como os agentes das Capitanias dos Portos (art. 70 da Lei 9.605/1998). **E:** incorreta. As condutas consideradas lesivas ao meio ambiente sujeitarão os infratores a sanções penais, administrativas e civil (reparação de dano), tudo conforme art. 225, § 3º, da Constituição Federal. Gabarito "A".

(Delegado/GO – 2017 – CESPE) A respeito da legislação que trata da proteção das florestas e das unidades de conservação, assinale a opção correta.

(A) O imóvel rural pode tornar-se reserva particular do patrimônio natural a partir do interesse do proprietário, mediante edição de lei municipal e após a concordância do órgão ambiental local.
(B) Desde que haja autorização pelo órgão ambiental estadual, admite-se a exploração econômica mediante o manejo sustentável dos recursos naturais do imóvel rural ou urbano localizado em área de preservação permanente.
(C) Com vistas à regularização ambiental, a reserva legal do imóvel rural localizado na Amazônia Legal poderá ser reduzida para até 50% da

propriedade mediante autorização do órgão ambiental estadual, se o proprietário demonstrar a sustentabilidade do seu projeto de uso alternativo do solo.
(D) Devem constar no Cadastro Ambiental Rural a identificação do proprietário ou possuidor do imóvel e a comprovação da propriedade ou posse, apesar de o cadastramento não constituir título de reconhecimento de posse ou propriedade.
(E) O Sistema Nacional de Unidades de Conservação da Natureza classifica essas unidades em três grupos ou categorias, com características e objetivos específicos: as unidades de proteção integral, as unidades de uso sustentável e as unidades de preservação permanente.

A: incorreta. A Reserva Particular do Patrimônio Natural é área privada que deve ser gravada a partir do interesse do proprietário, com o objetivo de conservar a diversidade biológica. Para tanto, não há necessidade de lei para a sua constituição, devendo contar de termo de compromisso assinado perante o órgão ambiental, que verificará a existência de interesse público, e será averbado à margem da inscrição no Registro Público de Imóveis (veja artigo 21, § 1º, da Lei 9.985/2000). **B:** incorreta. Nas Áreas de Preservação Permanente, reguladas pelo Código Florestal (Lei 12.651/2012), a vegetação deve ser mantida pelo proprietário, o que não impede a sua exploração econômica, desde que não descaracterize a cobertura vegetal nativa existente ne prejudique a função ambiental (art. 3º, X, do Código Florestal). Nesses casos, é possível, por exemplo, que o proprietário faça uso da APP para a atividade de apicultura sem necessidade de autorização pelo órgão ambiental estadual. **C:** incorreta. Na forma do art. 13, inciso I, do Código Florestal, quando indicado pelo Zoneamento Ecológico-Econômico – ZEE estadual, o poder público federal poderá reduzir, exclusivamente para fins de regularização, mediante recomposição, regeneração ou compensação da Reserva Legal de imóveis com área rural consolidada, situados em área de floresta localizada na Amazônia Legal, para até 50% (cinquenta por cento) da propriedade, excluídas as áreas prioritárias para conservação da biodiversidade e dos recursos hídricos e os corredores ecológicos. **D:** correta. Conforme art. 29, § 1º, da Lei 12.651/2012. **E:** incorreta. As unidades de conservação são divididas em apenas dois grupos: Unidades de Proteção Integral e Unidades de Uso Sustentável. RD
Gabarito "D".

(Magistratura/GO – 2015 – FCC) Alexandre adquiriu, no corrente ano, um imóvel rural na região centro-oeste brasileira com 200 hectares cobertos integralmente por vegetação nativa. Pretende converter a área de vegetação nativa em área agricultável. Segundo a Lei Federal 12.651/2012 (Novo Código Florestal), Alexandre poderá suprimir
(A) a vegetação nativa existente no imóvel, salvo aquela considerada de preservação permanente e a considerada como Reserva Legal, podendo incluir no cálculo da Reserva Legal o cômputo das áreas de preservação permanente.
(B) toda a vegetação nativa existente no imóvel, podendo compensar em outra área a falta de sua Reserva Legal.
(C) toda a vegetação nativa existente no imóvel, salvo aquela considerada de preservação permanente.
(D) a vegetação nativa existente no imóvel que não seja considerada de preservação permanente e não esteja cobrindo 20% da área total da propriedade.
(E) apenas 20% da área total do imóvel rural.

A: incorreta, pois o enunciado diz que o proprietário pretende converter a área de vegetação nativa em área agricultável. Por implicar em novos desmatamentos, não será possível cumprir um dos requisitos exigidos pelo Código Florestal para que se possa computar a Reserva Legal no cálculo das APPs (art. 15, I, da Lei 12.651/2012). **B:** incorreta, não obstante seja possível compensar a reserva legal em propriedade de terceiros (art. 66, III, da Lei n. 12.651/12 e art. 9º-A da Lei n. 6.938/81), não é possível suprimir toda a vegetação nativa existente no imóvel **C:** incorreta, pois não há autorização na legislação, para supressão de toda vegetação nativa da propriedade; **D:** correta, conforme expressamente autorizado pelo art. 12, II do Código Florestal; **E:** incorreto, conforme determinado pelo art. 15 do Código Florestal.
Gabarito "D".

(Ministério Público/BA – 2015 – CEFET) Com esteio no Novo Código Florestal, instituído pela Lei Federal 12.651/2012, verifique o teor dos seguintes itens e assinale a alternativa **INCORRETA**:
(A) Nos imóveis rurais com até dezesseis módulos fiscais, é possível a prática da aquicultura e a infraestrutura física diretamente a ela associada, nas áreas admissíveis, desde que: sejam adotadas práticas sustentáveis de manejo de solo, água e recursos hídricos, garantindo sua qualidade e quantidade, de acordo com norma dos Conselhos Estaduais de Meio Ambiente; esteja de acordo com os respectivos planos de bacia ou planos de gestão de recursos hídricos; seja realizado o licenciamento pelo órgão ambiental competente; o imóvel esteja inscrito no Cadastro Ambiental Rural — CAR; e não implique novas supressões de vegetação nativa.
(B) É livre a coleta de produtos florestais não madeireiros, tais como frutos, cipós, folhas e sementes, devendo-se observar: os períodos de coleta e volumes fixados em regulamentos específicos, quando houver; a época de maturação dos frutos e sementes; e técnicas que não coloquem em risco a sobrevivência de indivíduos e da espécie coletada no caso de coleta de flores, folhas, cascas, óleos, resinas, cipós, bulbos, bambus e raízes.
(C) O manejo sustentável para a exploração florestal eventual sem propósito comercial, para consumo no próprio imóvel, independe de autorização dos órgãos competentes, devendo apenas ser declarados previamente ao órgão ambiental a motivação da exploração e o volume explorado, limitada a exploração anual a 20 (vinte) metros cúbicos.
(D) O transporte, por qualquer meio, e o armazenamento de madeira, lenha, carvão e outros produtos ou subprodutos florestais oriundos de florestas de espécies nativas, para fins comerciais ou industriais, requerem licença do órgão competente do Sisnama, formalizada por meio da emissão do Documento de Origem Florestal — DOF, que deverá acompanhar o material até o beneficiamento final.
(E) O órgão ambiental competente, ao tomar conhecimento do desmatamento em desacordo com o disposto na Lei Federal 12.651/2012, deverá embargar a obra ou atividade que deu causa ao uso alternativo do solo, como medida administrativa voltada a impedir a continuidade do dano ambiental, propiciar a regeneração do meio ambiente e dar viabilidade à recuperação da área degradada.

A: assertiva incorreta, devendo ser assinalada (art. 4º, § 6º, da Lei 12.651/2012 – dispositivo declarado constitucional – vide ADC 42 e ADIN 4903) ; **B:** assertiva correta (art. 21 da Lei 12.651/2012); **C:** assertiva correta (art. 23 da Lei 12.651/2012); **D:** assertiva correta (art. 36 da Lei 12.651/2012); **E:** assertiva correta (art. 51 da Lei 12.651/2012).
Gabarito "A".

(Defensor/PA – 2015 – FMP) De acordo com o atual Código Florestal (Lei **12.651/2012**), avalie as assertivas abaixo e escolha a alternativa correta:
I. A implantação de instalações necessárias à captação e à condução de água e de efluentes tratados para projetos cujos recursos hídricos são partes integrantes e essenciais da atividade é considerada hipótese de utilidade pública.
II. As obras de infraestrutura destinadas às concessões e aos serviços públicos de transporte, sistema viário, inclusive aquele necessário aos parcelamentos de solo urbano aprovados pelos municípios, saneamento, gestão de resíduos, energia, telecomunicações, radiodifusão, instalações necessárias à realização de competições esportivas estaduais, nacionais ou internacionais e as atividades e obras de defesa civil são consideradas hipóteses de utilidade pública.
III. A mineração de ferro e bauxita é considerada como utilidade pública.
IV. A intervenção ou a supressão de vegetação nativa em Área de Preservação Permanente somente ocorrerá nas hipóteses de utilidade pública ou de relevância pública previstas na Lei 12.651/2012 ou em legislação ambiental estadual.
Estão CORRETAS:
(A) as assertivas I e III.
(B) todas as assertivas.
(C) as assertivas I e IV.
(D) as assertivas II e III.
(E) as assertivas I, III e IV.

I: assertiva falsa, já que não é considerada atividade pública e sim, interesse social (art. 3º, IX, *e*, da Lei 12.651/2012); **II:** assertiva verdadeira (art. 3º, VIII, *b*, da Lei 12.651/2012); **III:** assertiva falsa, pois após o julgamento da ADC n. 42 e ADIN 4937 e 4903, foi suprimido do art. 3º, VIII, "b", da Lei n. 12.651/12, as expressões "gestão de resíduos" "instalações necessárias à realização de competições esportivas estaduais, nacionais ou internacionais", o que torna a assertiva falsa; **IV:** assertiva falsa, já que o Código Florestal não prevê que legislação estadual poderá atribuir utilidade e relevância pública para intervenção ou supressão de vegetação nativa em APP (art. 8º da Lei 12.651/2012).
Gabarito "D".

(Juiz de Direito/CE – 2014 – FCC) A empresa QTC Empreendimentos Imobiliários apresentou projeto para a construção de duas torres residenciais e uma torre comercial em área de depósito arenoso paralelo à linha da costa, de forma alongada, produzido por processos de sedimentação, onde se encontram diferentes comunidades que recebem influência marinha, com cobertura vegetal em mosaico, apresentando, de acordo com o estágio sucessional, estrato herbáceo e arbustivo. A área é caracterizada como fixadora de dunas existentes na região e está localizada na zona urbana do Município. Neste caso, o empreendimento
(A) poderá ser autorizado, desde que seja precedido de EIA-RIMA.
(B) não poderá ser autorizado por estar em área de preservação permanente.
(C) não poderá ser autorizado por estar em área de reserva legal.
(D) poderá ser autorizado por estar na zona urbana do Município.
(E) poderá ser autorizado, desde que sejam exigidas medidas mitigadoras e compensatórias.

A: incorreta, pois a supressão de vegetação nativa protetora de nascentes, dunas e restingas somente poderá ser autorizada em caso de utilidade pública (art. 8º, § 1º, Lei 12.651/2012 – Código Florestal) e a construção de um empreendimento imobiliário não caracteriza utilidade pública, por isso nem mesmo um EIA-RIMA poderia justificar autorização do empreendimento; **B:** correta, pois a área descrita é definida pelo Código Florestal como restinga (art. 3º, XVI) e por isso é considerada área de preservação permanente (art. 4º, VI), sendo dever do proprietário manter a vegetação desta área (art. 7º), o que impossibilita a construção do empreendimento; **C:** incorreta pois a área descrita está localizada na zona urbana do município, não preenchendo, por esta razão, o requisito de reserva legal definida pelo Código Florestal, como sendo (art. 3º, III); **D:** incorreta, pois a localização urbana não justifica a realização de um empreendimento de grande impacto ambiental, ainda mais estando em área de restinga; **E:** incorreta pois a intervenção ou a supressão de vegetação nativa em área de restinga somente acontecerá em caso de utilidade pública, por isso não será possível a autorização do empreendimento imobiliário mediante simples medidas mitigadoras e compensatórias.
Gabarito "B".

(Juiz de Direito/MG – 2014) Sobre a Área de Reserva Legal, assinale a alternativa **CORRETA**.
(A) O registro da Reserva Legal no CAR (Cadastro Ambiental Rural) desobriga a averbação no Cartório de Registro de Imóveis.
(B) A Reserva Legal também se aplica aos empreendimentos de abastecimento público de água e tratamento de esgoto, bem como às áreas adquiridas ou desapropriadas com o objetivo de implantação e ampliação de capacidade de rodovias e ferrovias.
(C) As áreas de maior fragilidade ambiental não devem ser consideradas para a localização da área de Reserva Legal no imóvel rural.
(D) A Reserva Legal não poderá ser instituída em regime de condomínio entre propriedades rurais.

A: correta, por força do art. 18, § 4º, da Lei 12.651/2012 – Código Florestal: "O registro da Reserva Legal no CAR desobriga a averbação no Cartório de Registro de Imóveis, sendo que, no período entre a data da publicação desta Lei e o registro no CAR, o proprietário ou possuidor rural que desejar fazer a averbação terá direito à gratuidade deste ato."; **B:** incorreta, conforme art. 12, § 6º, do Código Florestal: "Os empreendimentos de abastecimento público de água e tratamento de esgoto não estão sujeitos à constituição de Reserva Legal." (Vide ADC n. 42 e ADIN n. 4901); **C:** incorreta, art. 14, V, do Código Florestal; **D:** incorreta, já que assim autoriza o Código Florestal: "art. 16. Poderá ser instituído Reserva Legal em regime de condomínio ou coletiva entre propriedades rurais, respeitado o percentual previsto no art. 12 em relação a cada imóvel."
Gabarito "A".

(Juiz de Direito/PA – 2014 – VUNESP) Em relação aos princípios aplicáveis à Lei 12.651/2012, que estabelece normas gerais sobre a proteção da vegetação, áreas de preservação permanente e áreas de reserva legal, bem como a exploração florestal, o suprimento de matéria-prima florestal, o controle da origem dos produtos florestais e o controle e prevenção de incêndios florestais, e prevê instrumentos econômicos e financeiros para o alcance de seus objetivos, é correto afirmar que a lei atenderá, entre outros, ao princípio
(A) do fomento à pesquisa científica e inovação tecnológica na busca de novas soluções para o uso sustentável do solo, da água e do ar, bem como a preservação das florestas e demais formas de vegetação, além de incentivos econômicos para a recuperação da vegetação de forma integrada.
(B) da ação governamental de proteção e uso sustentável das florestas e demais formas de vegetação, de forma que o País assuma o compromisso de harmonização entre o uso produtivo da terra e a preservação da água, do solo e da vegetação de forma ampla, buscando atingir o ideal de sustentabilidade.
(C) da afirmação do compromisso soberano do Brasil com a preservação das suas florestas e demais formas de vegetação nativa, bem como da biodiversidade, do solo, dos recursos hídricos e da integridade do sistema climático, para o bem-estar das gerações presentes e futuras.
(D) das responsabilidades comuns mais diferenciadas da União, Estados, Distrito Federal e Municípios, em colaboração com a sociedade civil, na criação de políticas somente voltadas para a preservação da vegetação nativa e de suas funções ecológicas e sociais nas áreas rurais, urbanas e urbanizáveis.
(E) da afirmação da função socioambiental da atividade agropecuária e do papel das florestas e demais formas de vegetação nativa na sustentabilidade, no crescimento econômico, na melhoria da qualidade de vida da população brasileira e na presença do Brasil especificamente no mercado internacional de alimentos.

A: incorreta, pois além do fomento à pesquisa científica, o princípio também alcança a pesquisa tecnológica além disso, a busca não é por novas soluções mas sim, inovação para o uso sustentável (art. 1º-A, V, da Lei 12.651/2012); **B:** incorreta, pois o princípio trata da ação governamental de proteção e uso sustentáveis apenas das florestas, não alcançando demais formas de vegetação (art. 1º-A, III, da Lei 12.651/2012); **C:** correta. Conforme texto do art. 1º-A, I, da Lei 12.651/2012: "I – afirmação do compromisso soberano do Brasil com a preservação das suas florestas e demais formas de vegetação nativa, bem como da biodiversidade, do solo, dos recursos hídricos e da integridade do sistema climático, para o bem estar das gerações presentes e futuras"; **D:** incorreta, já que o princípio não trata das responsabilidades diferenciadas, apenas das comuns da União, Estados, DF e Municípios (art. 1º-A, IV, da Lei 12.651/2012); **E:** incorreta pois o princípio fala em reafirmação da função socioambiental da atividade agropecuária, e não afirmação, conforme consta na alternativa (art. 1º-A, II, da Lei 12.651/2012).
Gabarito "C".

(Promotor de Justiça/ES – 2013 – VUNESP) É correto dizer que o novo Código Florestal enuncia que
(A) a assinatura de termo de compromisso para regularização de imóvel ou posse rural perante o órgão ambiental competente, mencionado no art. 59, suspenderá a punibilidade dos crimes previstos nos arts. 38, 39 e 48 da Lei 9.605, de 12 de fevereiro de 1998, enquanto o termo estiver sendo cumprido.
(B) é indispensável a autorização do órgão ambiental competente para a execução, mesmo em caráter de urgência, de atividades de segurança nacional e obras de interesse da defesa civil destinadas à prevenção e mitigação de acidentes em áreas urbanas.
(C) a exploração de florestas nativas e formações sucessoras, de domínio público ou privado, ressalvados os casos previstos nos arts. 21, 23 e 24, dependerá de licenciamento pelo órgão competente do SISNAMA, mediante aprovação prévia de Plano de Suprimento Sustentável – PSS – que contemple técnicas de condução, exploração, reposição florestal e manejo compatíveis com os variados ecossistemas que a cobertura arbórea forme.
(D) nos casos em que a Reserva Legal já tenha sido averbada na matrícula do imóvel e em que essa averbação identifique o perímetro e a localização da reserva, o proprietário será obrigado a fornecer ao órgão ambiental as informações relativas à Reserva Legal previstas no inciso III do § 1º do art. 29.
(E) o manejo sustentável para exploração florestal eventual sem propósito comercial, para consumo no próprio imóvel, depende de autorização dos órgãos competentes, devendo ser declarados a motivação da exploração e o volume explorado, de modo a não ser alcançada a limitação de exploração anual de 20 (vinte) metros cúbicos.

A: correta, por força do art. 59, § 5º, do Código Florestal; **B:** incorreta (art. 8º, § 3º, da Lei 12.651/2012); **C:** incorreta já que o art. 31 da do Código Florestal fala em aprovação prévia do Plano de Manejo Florestal Sustentável – PMFS – e não no Plano de Suprimento Sustentável; **D:** incorreta (art. 30 da Lei 12.651/2012); **E:** incorreta, já que o manejo sustentável da Reserva Legal para exploração florestal eventual, sem propósito comercial direto ou indireto, para consumo no próprio imóvel, independe de autorização dos órgãos ambientais competentes, ademais, o limite de exploração anual é de 2 metros cúbicos, e não 20, conforme art. 56, § 1º, do Código Florestal.
Gabarito "A".

(Promotor de Justiça/MG – 2014) Leia o texto a seguir, extraído de ementa de Acórdão do Superior Tribunal de Justiça:
"Objetivamente falando, a vegetação ripária exerce tarefas de proteção assemelhadas às da pele em relação ao corpo humano: faltando uma ou outra, a vida até pode continuar por algum tempo, mas, no cerne, muito além de trivial mutilação do sentimento de plenitude e do belo do organismo, o que sobra não passa de um ser majestoso em estado de agonia terminal. Compreensível que, com base nessa ratio ético-ambiental, o legislador caucione a APP ripária de maneira quase absoluta, colocando-a no ápice do complexo e numeroso panteão dos espaços protegidos, ao prevê-la na forma de superfície intocável, elemento cardeal e estruturante no esquema maior do meio ambiente ecologicamente equilibrado. Por tudo isso, a APP ciliar qualifica-se como território non aedificandi. Não poderia ser diferente, hostil que se acha à exploração econômica direta, desmatamento ou ocupação humana (com as ressalvas previstas em lei, de caráter totalmente excepcional e em numerus clausus, v.g., utilidade pública, interesse social, intervenção de baixo impacto). Causa dano ecológico in re ipsa, presunção legal definitiva que dispensa produção de prova técnica de lesividade específica, quem, fora das exceções legais, desmata, ocupa ou explora APP, ou impede sua regeneração, comportamento de que emerge obrigação propter rem de restaurar na sua plenitude e indenizar o meio ambiente degradado e terceiros afetados, sob regime de responsabilidade civil objetiva. Precedentes do STJ". (REsp 1245149/ MS, Relator Ministro HERMAN BENJAMIN, 09.10.2012)
O juízo mencionado se ajusta com precisão e pode ser invocado para afirmar a ocorrência de dano ambiental, independente de perícia, no seguinte caso:
(A) Imóvel rural localizado no Município de Uberlândia, com área de reserva legal averbada no Município de Januária, em imóvel que integra outra microbacia.
(B) Abertura de lagoa artificial medindo 80m2, por meio de derivação resultante da abertura de um canal de 25m a partir do Córrego Lucas, sem autorização.

(C) Desmatamento em 2,00ha em área comum, sem licença prévia, com extração de 240 st de lenha, apreendida depois de transformada em carvão vegetal.
(D) Queima indiscriminada de canaviais, com risco de incêndio, inclusive em áreas de reserva legal indevidamente utilizadas.

Das alternativas apresentadas a única que descreve uma área de preservação permanente em conformidade com o art. 4º do Código Florestal – Lei 12.651/2012 – é alternativa B: "Art. 4º Considera-se Área de Preservação Permanente, em zonas rurais ou urbanas, para os efeitos desta Lei: (...) I – as faixas marginais de qualquer curso d'água natural perene e intermitente, excluídos os efêmeros, desde a borda do leito regular, em largura mínima de: (...)". Deste modo, a abertura sem autorização de canal a partir de um córrego caracteriza dano ambiental, por violar expressamente área de preservação permanente e conforme argumentos trazidos pelo julgado, independem de comprovação por perícia para admitir a responsabilidade pelo dano causado.

Gabarito "B".

(Promotor de Justiça/MG – 2013) Sobre o novo Código Florestal (Lei Federal 12.651/2012), é *INCORRETO* afirmar-se:
(A) Os empreendimentos de abastecimento público de água e tratamento de esgoto estão sujeitos à constituição de Reserva Legal.
(B) O proprietário, possuidor ou ocupante a qualquer título de área de preservação permanente desmatada sem autorização anteriormente a 22 de julho de 2008, poderá obter novas autorizações de supressão sem a condição de prévia recomposição da área ilegalmente suprimida.
(C) Para a implementação de reservatório d'água artificial destinado à geração de energia ou abastecimento público, é obrigatória a aquisição, desapropriação ou instituição de servidão administrativa pelo empreendedor das Áreas de Preservação Permanente criadas em seu entorno, conforme estabelecido no licenciamento ambiental, observando-se a faixa mínima de 30 (trinta) metros e máxima de 100 (cem) metros em área rural, e a faixa mínima de 15 (quinze) metros e máxima de 30 (trinta) metros em área urbana.
(D) É permitido o uso de fogo na vegetação em locais ou regiões cujas peculiaridades justifiquem o seu emprego em práticas agropastoris ou florestais, mediante prévia aprovação do órgão estadual ambiental competente do SISNAMA, para cada imóvel rural ou de forma regionalizada, que estabelecerá os critérios de monitoramento e controle.

A: assertiva incorreta, devendo ser assinalada, pois de modo contrário o art. 12, § 6º, da Lei Federal 12.651/2012 isenta os empreendimentos de abastecimento público de água e tratamento de esgoto da constituição de Reserva Legal (dispositivo declarado constitucional, vide ADC n. 42 e ADIN n. 4901); **B:** assertiva correta, pois o artigo 7º, § 3º, fala que será vedada a concessão de novas autorizações de supressão de vegetação para os casos da supressão não autoriza ter ocorrido após a data de 22 de junho de 2008, por isso, em análise contrária a afirmativa está correta dispositivo declarado constitucional, vide ADC n. 42 e ADIN n. 4902 e 4937); **C:** assertiva correta, art. 5º do Código Florestal; **D:** assertiva correta, art. 38, I, da Lei Federal 12.651/2012.

Gabarito "A".

(Promotor de Justiça/PI – 2014 – CESPE) Assinale a opção correta em relação ao Código Florestal (Lei 12.651/2012) e a seus dispositivos.
(A) Permite-se o acesso de pessoas às áreas de preservação permanente para a obtenção de água e para o exercício de atividades de exploração agroflorestal sustentável de baixo ou médio impacto ao meio ambiente.
(B) Na hipótese de posse do imóvel rural, a inscrição da reserva legal deverá ser feita mediante inscrição no cadastro ambiental rural do órgão ambiental competente apenas quando houver delimitação por lei do perímetro da zona rural, facultando-se, nos demais casos, a averbação gratuita da reserva legal no cartório de registro de imóveis.
(C) Objetivando o desenvolvimento sustentável, o legislador fez constar no Código Florestal o princípio da responsabilidade comum da União, estados, DF e municípios, em colaboração com a sociedade civil, na criação de políticas para a preservação e a restauração da vegetação nativa e de suas funções ecológicas e sociais, tanto em áreas urbanas quanto nas rurais.
(D) Todos os reservatórios artificiais e as acumulações naturais ou artificiais de água devem contar com áreas de entorno consideradas de preservação permanente, salvo na hipótese de dispensa expressa pelo órgão ambiental.
(E) Em se tratando de transmissão da propriedade rural ou urbana, admite-se a delimitação de novas faixas de áreas de preservação permanente junto ao órgão ambiental competente para fins de regularização de exploração econômica mediante manejo sustentável.

A: incorreta, conforme art. 9º do Código Florestal a permissão é concedida apenas para atividades de baixo impacto: "Art. 9º É permitido o acesso de pessoas e animais às Áreas de Preservação Permanente para obtenção de água e para realização de atividades de baixo impacto ambiental."; **B:** incorreta, pois o cadastro não é facultativo nos termos dos art. 29 e 30 do Código Florestal; **C:** correta, por força do art. 1º-A, parágrafo único, IV do Código Florestal: "Parágrafo único. Tendo como objetivo o desenvolvimento sustentável, esta Lei atenderá aos seguintes princípios: (...) IV – responsabilidade comum da União, Estados, Distrito Federal e Municípios, em colaboração com a sociedade civil, na criação de políticas para a preservação e restauração da vegetação nativa e de suas funções ecológicas e sociais nas áreas urbanas e rurais;"; **D:** incorreta, já que o art. 4º, § 1º, do Código Florestal dispensa as APP no entorno reservatórios artificiais de água que não decorram de barramento ou represamento de cursos d'água naturais (dispositivo declarado constitucional – vide ADC 42 e ADIN 4903); **E:** incorreta, por força do art. 18 do Código Florestal: "Art. 18. A área de Reserva Legal deverá ser registrada no órgão ambiental competente por meio de inscrição no CAR de que trata o art. 29, sendo vedada a alteração de sua destinação, nos casos de transmissão, a qualquer título, ou de desmembramento, com as exceções previstas nesta Lei."

Gabarito "C".

(Promotor de Justiça/PI – 2014 – CESPE) Considerando o disposto na Lei 11.284/2006 acerca da gestão de florestas públicas para a produção sustentável, assinale a opção correta.
(A) Desde que previamente à publicação da concessão florestal em diário oficial, faculta-se a realização de audiência pública para a elaboração dos termos do edital de licitação de cada lote a ser concedido.
(B) A competência para legislar sobre gestão de florestas públicas é privativa da União.
(C) Recursos florestais são definidos como elementos ou características de uma floresta potencialmente ou efetivamente geradores de produtos ou serviços florestais; serviços florestais se definem como os serviços prestados através do beneficiamento e comércio de produtos madeireiros e não madeireiros gerados pelo manejo florestal sustentável.
(D) A gestão de florestas públicas para produção sustentável compreende três modalidades: a concessão florestal, a destinação de florestas públicas às comunidades locais e a criação e gestão direta de florestas públicas nacionais, estaduais e municipais definidas como unidades de conservação da natureza.
(E) A concessão florestal, em regra, destinada a pessoas jurídicas com fins econômicos, poderá ser formalizada de forma gratuita aos possuidores de comunidades locais quando estiverem em áreas já ocupadas e utilizadas no interior de reservas extrativistas ou de projetos de assentamentos florestais.

A: incorreta, por força do art. 8º da Lei 11.284/2006: "Art. 8º A publicação do edital de licitação de cada lote de concessão florestal deverá ser precedida de audiência pública, por região, realizada pelo órgão gestor, nos termos do regulamento, sem prejuízo de outras formas de consulta pública"; **B:** incorreta, já que o § 2º do art. 2º da Lei 11.284/2006 descreve que Estados, Distrito Federal e Municípios, nas esferas de suas respectivas competências e em relação de florestas públicas sob as respectivas jurisdições, poderão elaborar normas supletivas e complementares e estabelecer padrões relacionados à gestão florestal; **C:** incorreta, pois o conceito de serviço florestal é na verdade turismo e outras ações ou benefícios decorrentes do manejo e conservação da floresta, não caracterizados como produtos florestais (art. 3º, IV, da Lei 11.284/2006); **D:** correta, conforme art. 4º Lei 11.284/2006; **E:** incorreta, pois a concessão florestal é onerosa, conforme art. 3º, VII, da Lei 11.284/2006.

Gabarito "D".

(Procurador do Estado/AC – 2014 – FMP) Com base na regulação das áreas de preservação permanente contida no Novo Código Florestal – Lei Federal 12.651/2012, analise a alternativa correta.
(A) Em razão de expressa determinação contida no artigo 4º da Lei Federal 12.650/2012, as definições de área de preservação permanente, inclusive no que tange à extensão das suas faixas, são sempre as mesmas para as zonas rurais e urbanas.
(B) A intervenção ou a supressão de vegetação nativa em área de preservação permanente somente poderá ser autorizada em caso de utilidade pública.
(C) A obrigação de recomposição da vegetação suprimida em área de preservação permanente é exclusiva do proprietário registral, pois tem natureza real, transmitindo-se ao sucessor no caso de transferência de domínio.
(D) A metragem da faixa de área de preservação permanente situada no entorno dos reservatórios d'água artificiais, decorrentes de barramento ou represamento de cursos d'água naturais, será aquela definida na licença ambiental do empreendimento.

A: incorreta, conforme §§ 5º e 6º do art. 4º do Código Floresta (dispositivos declarados constitucionais a teor do julgamento da ADC 42 e ADIN 4903)|; **B:** incorreta, pois a supressão também será autorizada nos casos de interesse social ou de baixo impacto ambiental (art. 8º do Código Florestal); **C:** incorreta, por força do art. 7º do Código Florestal: "Art. 7º A vegetação situada em Área de Preservação Permanente deverá ser mantida pelo proprietário da área, possuidor ou ocupante a qualquer título, pessoa física ou jurídica, de direito público ou privado. § 1º Tendo ocorrido supressão de vegetação situada em Área de Preservação Permanente, o proprietário da área, possuidor ou ocupante a qualquer título é obrigado a promover a recomposição da vegetação, ressalvados os usos autorizados previstos nesta Lei. § 2º A obrigação prevista no § 1º tem natureza real e é transmitida ao sucessor no caso de transferência de domínio ou posse do imóvel rural."; **D**: correta, conforme art. 4º, III, da Lei 12.651/2012: "III – as áreas no entorno dos reservatórios d'água artificiais, decorrentes de barramento ou represamento de cursos d'água naturais, na faixa definida na licença ambiental do empreendimento."

Gabarito "D".

(Procurador do Estado/AC – 2014 – FMP) Tendo em vista o regime de proteção da reserva legal previsto na Lei Federal 12.651/2012, analise as seguintes assertivas.

I. A reserva legal deve ser conservada com cobertura de vegetação nativa pelo proprietário do imóvel rural, possuidor ou ocupante a qualquer título, pessoa física ou jurídica, de direito público ou privado.
II. Para fins de manejo de reserva legal na pequena propriedade ou posse rural familiar, os órgãos integrantes do Sistema Nacional do Meio Ambiente (SISNAMA) deverão estabelecer procedimentos simplificados de elaboração, análise e aprovação de tais planos de manejo.
III. A área de reserva legal deverá ser averbada na matrícula do imóvel, no Registro de Imóveis respectivo, sendo vedada a alteração da sua destinação, nos casos de transmissão, a qualquer título, ou de desmembramento.
IV. A inserção do imóvel rural em perímetro urbano definido mediante lei municipal desobriga o proprietário ou posseiro da manutenção da área de reserva legal.

Quais são corretas?
(A) Apenas a I e a II.
(B) Apenas a I e a III.
(C) Apenas a II e a IV.
(D) Apenas a III e a IV.

I: correta, conforme art. 17 da Lei 12.651/2012: "A Reserva Legal deve ser conservada com cobertura de vegetação nativa pelo proprietário do imóvel rural, possuidor ou ocupante a qualquer título, pessoa física ou jurídica, de direito público ou privado."; **II**: correta, conforme art. 17, § 2º, da lei 12.651/2012: "§ 2º Para fins de manejo de Reserva Legal na pequena propriedade ou posse rural familiar, os órgãos integrantes do Sisnama deverão estabelecer procedimentos simplificados de elaboração, análise e aprovação de tais planos de manejo."; **III**: incorreta, pois o registro da reserva legal será feito no órgão ambiental competente, o que desobriga o proprietário ou possuidor rural a averbação no Cartório de Registro de Imóveis (art. 18, § 4º, do Código Florestal); **IV**: incorreta, conforme texto do art. 19 do Código Florestal: Art. 19. A inserção do imóvel rural em perímetro urbano definido mediante lei municipal não desobriga o proprietário ou posseiro da manutenção da área de Reserva Legal, que só será extinta concomitantemente ao registro do parcelamento do solo para fins urbanos aprovado segundo a legislação específica e consoante as diretrizes do plano diretor de que trata o § 1º do art. 182 da Constituição Federal.".

Gabarito "A".

(Procurador do Estado/AC – 2014 – FMP) Sobre o Cadastro Ambiental Rural – CAR, marque a alternativa correta.
(A) O CAR é um registro público eletrônico de âmbito nacional obrigatório para todos os imóveis rurais.
(B) O cadastramento no CAR será considerado título para fins de reconhecimento do direito de propriedade ou posse, desde que relativo à pequena propriedade ou à posse rural familiar.
(C) A inscrição no CAR deverá ser feita, preferencialmente, no órgão ambiental federal.
(D) Será obrigatória a indicação da reserva legal quando da inscrição do imóvel no CAR, mesmo nos casos em que esta já tenha sido averbada na matrícula do imóvel com identificação do seu perímetro e da sua localização.

A: correta, conforme art. 29 do Código Florestal: "art. 29. É criado o Cadastro Ambiental Rural – CAR, no âmbito do Sistema Nacional de Informação sobre Meio Ambiente – SINIMA, registro público eletrônico de âmbito nacional, obrigatório para todos os imóveis rurais, com a finalidade de integrar as informações ambientais das propriedades e posses rurais, compondo base de dados para controle, monitoramento, planejamento ambiental e econômico e combate ao desmatamento."; **B**: incorreta, por força do art. 29, § 2º: "O cadastramento não será considerado título para fins de reconhecimento do direito de propriedade ou posse, tampouco elimina a necessidade de cumprimento do disposto no art. 2º da Lei 10.267, de 28 de agosto de 2001"; **C**: incorreta pois o art. 29, § 1º, determina que a inscrição do imóvel rural no CAR deverá ser feita, preferencialmente, no órgão ambiental municipal ou estadual; **D**: incorreta conforme art. 30 do Código Florestal: "Art. 30. Nos casos em que a Reserva Legal já tenha sido averbada na matrícula do imóvel e em que essa averbação identifique o perímetro e a localização da reserva, o proprietário não será obrigado a fornecer ao órgão ambiental as informações relativas à Reserva Legal previstas no inciso III do § 1º do art. 29. Parágrafo único. Para que o proprietário se desobrigue nos termos do *caput*, deverá apresentar ao órgão ambiental competente a certidão de registro de imóveis onde conste a averbação da Reserva Legal ou termo de compromisso já firmado nos casos de posse."

Gabarito "A".

(Procurador do Município – Cuiabá/MT – 2014 – FCC) Os proprietários ou possuidores de imóveis rurais que realizaram supressão de vegetação nativa respeitando os percentuais de Reserva Legal previstos pela legislação em vigor à época em que ocorreu a supressão são
(A) obrigados a permitir a regeneração da Reserva Legal na respectiva propriedade rural para os percentuais exigidos pela Lei Federal 12.651/2012 (novo Código Florestal), em razão do caráter *propter rem* da obrigação ambiental.
(B) obrigados a promover a recomposição da Reserva Legal na respectiva propriedade rural para os percentuais exigidos pela Lei Federal 12.651/2012 (novo Código Florestal), dado tratar-se de obrigação *propter rem*.
(C) dispensados de promover a recomposição, compensação ou regeneração para os percentuais exigidos pela Lei Federal 12.651/2012 (novo Código Florestal).
(D) obrigados a promover a recomposição da Reserva Legal na respectiva propriedade rural para os percentuais exigidos pela Lei Federal 12.651/2012 (novo Código Florestal) ou a compensar área equivalente em outra propriedade rural, desde que no mesmo bioma.
(E) dispensados de promover a recomposição da Reserva Legal na respectiva propriedade rural para os percentuais exigidos pela Lei Federal 12.651/2012 (novo Código Florestal), mas obrigados a compensar área equivalente em outra propriedade rural, desde que no mesmo bioma.

A: incorreta, embora o caráter *propter rem* seja definido por Maria Helena Diniz com aquele em que "o titular do direito real é obrigado, devido a sua condição, a satisfazer certa prestação" (Curso de direito civil brasileiro: direito das coisas. 27ed. São Paulo: Saraiva, 2012. p.29), neste caso o proprietário não precisará permitir a regeneração pois foi desobrigado pelo art. 68 do Código Florestal; **B**: incorreta, por falta de previsão legal da obrigação de recompor a Reserva Legal suprimidas antes da vigência do Código Florestal; **C**: correta, conforme previsão contida no art. 68 do Código Florestal pela Lei Federal 12.651/2012: "Art. 68. Os proprietários ou possuidores de imóveis rurais que realizaram supressão de vegetação nativa respeitando os percentuais de Reserva Legal previstos pela legislação em vigor à época em que ocorreu a supressão são dispensados de promover a recomposição, compensação ou regeneração para os percentuais exigidos nesta Lei."; **D**: incorreta, diante da dispensa legal de recomposição da área (art. 68, Lei 12.651/2012); **E**: incorreta, visto que o referido artigo 68 não faz menção à obrigação de compensar área equivalente. (Obs: o art. 68, foi declarado constitucional – vide ADC 42 e ADIN 4901)

Gabarito "C".

(Defensoria/SP – 2013 – FCC) O Novo Código Florestal Brasileiro foi objeto de inúmeras críticas ao longo do seu trâmite legislativo, inclusive em razão de estabelecer um padrão normativo menos rígido em comparação ao Código Florestal de 1965, notadamente em relação aos institutos da área de preservação permanente e da reserva legal, violando, por esse prisma, o princípio da proibição de retrocesso ambiental. Tomando por base o novo diploma florestal brasileiro:
(A) Todo imóvel rural deve manter área com cobertura de vegetação nativa, a título de Reserva Legal, sem prejuízo da aplicação das normas sobre as Áreas de Preservação Permanente, observado percentual mínimo de 30% (trinta por cento) em relação à área do imóvel, quando localizado nas regiões do País fora Amazônia Legal.
(B) A Área de Preservação Permanente é a área localizada no interior de uma propriedade ou posse rural, com a função de assegurar o uso econômico de modo sustentável dos recursos naturais do imóvel rural, auxiliar a conservação e a reabilitação dos processos ecológicos e promover a conservação da biodiversidade, bem como o abrigo e a proteção de fauna silvestre e da flora nativa.
(C) A Reserva Legal é área protegida, coberta ou não por vegetação nativa, com a função ambiental de preservar os recursos hídricos, a paisagem, a estabilidade geológica e a biodiversidade, facilitar o fluxo gênico de fauna e flora, proteger o solo e assegurar o bem-estar das populações humanas.
(D) Considera-se Área de Preservação Permanente, em zonas rurais ou urbanas, as faixas marginais de qualquer curso d'água natural perene e intermitente, excluídos os efêmeros, desde a borda da calha do leito regular, em largura mínima de cinquenta metros, para os cursos d'água de menos de dez metros de largura.
(E) A obrigação do proprietário, possuidor ou ocupante a qualquer título de promover a recomposição da vegetação suprimida em Área de Preservação Permanente tem natureza real e é transmitida ao sucessor no caso de transferência de domínio ou posse do imóvel rural.

A: incorreta, pois fora da Amazônia Legal o percentual mínimo a ser preservado como reserva legal é de 20% conforme art. 12, II, do Código Florestal; **B**: incorreta, pois a alternativa traz a definição de reserva legal e não de área de preservação permanente, conforme art. 3º, III, do Código Florestal: "Reserva Legal: área localizada no interior de uma propriedade ou posse rural, delimitada nos termos do art. 12, com a função de assegurar o uso econômico de modo sustentável dos recursos naturais do imóvel rural, auxiliar

a conservação e a reabilitação dos processos ecológicos e promover a conservação da biodiversidade, bem como o abrigo e a proteção de fauna silvestre e da flora nativa"; **C:** incorreta, esta não é a definição de reserva legal, que em verdade está descrita no art. 3º, III, do Código, enquanto a definição de APP está condida no inciso II do mesmo artigo: "II – Área de Preservação Permanente – APP: área protegida, coberta ou não por vegetação nativa, com a função ambiental de preservar os recursos hídricos, a paisagem, a estabilidade geológica e a biodiversidade, facilitar o fluxo gênico de fauna e flora, proteger o solo e assegurar o bem-estar das populações humanas"; **D:** incorreta, pois a proteção para cursos d'água de menos de dez metros de largura é de 30 (trinta) metros (Art. 4º, I, 'a' da Lei 12.651/2012); **E:** correta, conforme o texto do art. 7º, § 2º, do Código Florestal.
Gabarito "E".

(Promotor de Justiça/MG – 2014) Proprietário do Sitio Boa Vista, em Pitangui-MG, José da Silva foi autuado pela Polícia Florestal porque desmatou 5ha de área de preservação permanente (APP), suprimindo totalmente a cobertura vegetal em torno de três nascentes e do Ribeirão Soberbo, além de utilizar sua água para irrigação, sem autorização. O fato foi confirmado em perícias e depoimentos colhidos no inquérito civil. Composição amigável do dano foi tentada, sem sucesso. Como consequência, a Promotoria prepara-se para elaborar a petição inicial de ação civil pública, deduzindo pedidos que decorrem dos fatos comprovados.

Dentre as seguintes, a única pretensão impertinente, por fugir ao suporte fático amparado na prova colhida, é a seguinte:

(A) Imediata cessação das intervenções não autorizadas na APP.
(B) Imposição da obrigação de realizar a recomposição vegetal.
(C) Obtenção de outorga para utilização dos recursos hídricos.
(D) Instituição, demarcação e registro da área de reserva legal.

As três primeiras alternativas trazem obrigações do proprietário ou possuidor relativas à Área de Proteção Permanente, todavia a alternativa "D" trata de outros instrumentos de proteção ambiental que não se confunde da APP, conforme art. 3º, II e III, do Código Florestal: "II – Área de Preservação Permanente – APP: área protegida, coberta ou não por vegetação nativa, com a função ambiental de preservar os recursos hídricos, a paisagem, a estabilidade geológica e a biodiversidade, facilitar o fluxo gênico de fauna e flora, proteger o solo e assegurar o bem-estar das populações humanas; III – Reserva Legal: área localizada no interior de uma propriedade ou posse rural, delimitada nos termos do art. 12, com a função de assegurar o uso econômico de modo sustentável dos recursos naturais do imóvel rural, auxiliar a conservação e a reabilitação dos processos ecológicos e promover a conservação da biodiversidade, bem como o abrigo e a proteção de fauna silvestre e da flora nativa". Instituir, demarcar e registrar a área de reserva legal não é uma obrigação decorrente do dano ambiental, mas sim da posse ou propriedade da propriedade rural, conforme art. 12 e 18 do Código Florestal.
Gabarito "D".

(Magistratura/SP – 2013 – VUNESP) A supressão de vegetação nativa para uso alternativo do solo depende de

(A) autorização do órgão municipal e cadastramento do imóvel no CAR.
(B) autorização do órgão federal e cadastramento do imóvel no CAR.
(C) autorização do órgão estadual e cadastramento do imóvel no CAR.
(D) domínio exclusivamente privado, autorização do órgão federal e cadastramento do imóvel no CAR.

A, B e D: incorretas, pois a autorização prévia é do órgão estadual (e não municipal ou federal) e tal possibilidade se dá tanto em solo de domínio privado, como de domínio público (art. 26, *caput*, da Lei 12.651/2012); **C:** correta (art. 26, *caput*, da Lei 12.651/2012).
Gabarito "C".

(Magistratura/CE – 2012 – CESPE) Constitui área de preservação permanente

(A) o perímetro definido a partir de critérios técnicos, socioculturais, econômicos e ambientais, que, localizado em florestas públicas, pode conter áreas degradadas que serão recuperadas por meio de plantios florestais.
(B) a cobertura vegetal de espécies nativas demarcada em torno das estações ecológicas com vistas à proteção dos recursos faunísticos e ao desenvolvimento socioambiental das comunidades tradicionais.
(C) a área marginal ao redor do reservatório artificial e suas ilhas, com a função ambiental de preservar os recursos hídricos, a paisagem, a estabilidade geológica, a biodiversidade, o fluxo gênico de fauna e flora, proteger o solo e assegurar o bem-estar das populações humanas.
(D) a área florestal ocupada por populações autóctones e regularizada mediante o estabelecimento de normas especiais de uso e ocupação do solo e extração sustentável dos recursos edáficos, observadas a situação socioeconômica da população e as normas ambientais.
(E) o perímetro lateral escalonado em torno dos mananciais, destinado à conservação, à recuperação, ao uso e à ocupação do entorno do reservatório artificial, respeitadas as poligonais da unidade de conservação.

Art. 3º, II, da Lei 12.651/2002.
Gabarito "C".

(Defensor Público/AM – 2013 – FCC) A intervenção ou a supressão de vegetação nativa em área de preservação permanente

(A) poderá ser autorizada, excepcionalmente, nas restingas estabilizadoras de mangues e nos manguezais, em locais onde a função ecológica do manguezal esteja comprometida, para execução de obras habitacionais e de urbanização, inseridas em projetos de regularização fundiária de interesse social, em áreas urbanas consolidadas ocupadas por população de baixa renda.
(B) não será autorizada.
(C) somente ocorrerá nas hipóteses de utilidade pública e de interesse social.
(D) protetora de nascentes, dunas e restingas somente poderá ser autorizada em caso de interesse social.
(E) poderá ser autorizada desde que haja solicitação tecnicamente fundamentada do proprietário ou possuidor do imóvel.

A: correta (art. 8.º, § 2.º, da Lei 12.651/2012 – dispositivo declarado constitucional – vide ADC 42 e ADIN 4903); **B:** incorreta, pois há autorização expressa no art. 8.º, § 2.º, da Lei 12.651/2012 – dispositivo declarado constitucional – vide ADC 42 e ADIN 4903; **C:** incorreta, pois também é cabível na hipótese de baixo impacto ambiental, na forma da lei, tudo conforme o art. 8.º, "caput", da Lei 12.651/2012; **D:** incorreta, pois, nesses casos, só é possível a autorização em caso de utilidade pública e não de interesse social (art. 8.º, § 1.º, da Lei 12.651/2012); **E:** incorreta, pois não basta esse tipo de solicitação, sendo necessário que se enquadre nas hipóteses taxativas previstas no art. 8.º da Lei 12.651/2012.
Gabarito "A".

(Defensor Público/TO – 2013 – CESPE) A respeito da proteção e uso das florestas e demais formas de vegetação nativa, assinale a opção correta.

(A) São áreas de preservação permanente, além das elencadas no Código Florestal, as áreas cobertas com florestas e demais formas de vegetação nativa consideradas de interesse social, devendo a declaração de interesse social ocorrer, necessariamente, por lei em sentido formal.
(B) Considera-se manejo sustentável a substituição de vegetação nativa e de formações sucessoras por outras coberturas do solo, como atividades agropecuárias, industriais, de geração e transmissão de energia, de mineração e de transporte, assentamentos urbanos ou outras formas de ocupação humana.
(C) A área de preservação permanente é a que se localiza no interior de uma propriedade ou posse rural, devendo ser mantida a sua cobertura vegetal nativa, por ser ela necessária ao abrigo e proteção da fauna e flora nativas, à conservação da biodiversidade e à reabilitação dos processos ecológicos.
(D) As florestas existentes no território nacional e as demais formas de vegetação nativa, reconhecidas de utilidade às terras que revestem, são bens de interesse comum a todos os habitantes do país, exercendo-se os direitos de propriedade com as limitações que a legislação em geral, e em especial o Código Florestal, estabelecem.
(E) Dada a competência da União para legislar privativamente sobre florestas, áreas de preservação permanente e de reserva legal, a legislação federal pertinente – Código Florestal – contém normas de aplicação obrigatória por todos os entes da Federação.

A: incorreta, pois são Áreas de Preservação Permanente por força de lei as previstas no art. 4.º da Lei 12.651/2012 e, por força de ato do Chefe do Executivo (por exemplo, por Decreto) as mencionadas pelo art. 6.º da Lei 12.651/2012, que contemplam a hipótese prevista na alternativa ora comentada; assim, não é necessário lei em sentido formal para a declaração de que tais áreas (as previstas no art. 6.º) são de interesse social e constituem Área de Preservação Permanente; **B:** incorreta, pois a alternativa definiu o instituto do "uso alternativo do solo" e não do "manejo sustentável", conforme art. 3.º, VI e VII, respectivamente, da Lei 12.651/2012; **C:** incorreta, pois a alternativa definiu o instituto do "reserva legal" e não da "área de preservação permanente" (art. 3.º, III e II, respectivamente, da Lei 12.651/2012); **D:** correta (art. 2.º, "caput", da Lei 12.651/2012); **E:** incorreta, pois a competência não é privativa da União, mas concorrente dela, dos Estados e do Distrito Federal, cabendo à União editar normas gerais, sem prejuízo de Estados e Distrito Federal legislar inexistindo lei geral federal ou para suplementar a legislação federal (art. 24, VI e §§. 1º a 4.º, da CF).
Gabarito "D".

(Procurador do Estado/AC – FMP – 2012) Com base nas disposições contidas no vigente Código Florestal (Lei 4.771/65), assinale a alternativa correta.

(A) Para os efeitos do Código Florestal, reserva legal é a área localizada no interior de uma propriedade ou posse rural, incluída a de preservação permanente, necessária ao uso sustentável dos recursos naturais, à conservação e reabilitação dos processos ecológicos, à conservação da biodiversidade e ao abrigo e proteção de fauna e flora nativas.
(B) Entende-se por Amazônia Legal os Estados do Acre, Pará, Amazonas, Roraima, Rondônia, Amapá e Maranhão e as regiões situadas ao norte do paralelo 13º S, dos Estados de Tocantins, Goiás e Mato Grosso, e ao oeste do meridiano de 44º W, do Estado do Piauí.

(C) Dentre as atividades consideradas de interesse social para os fins do Código Florestal podem-se citar aquelas imprescindíveis à proteção da integridade da vegetação nativa, tais como a prevenção, o combate e o controle do fogo, o controle da erosão, a erradicação de invasoras e a proteção de plantios com espécies nativas, conforme resolução do CONAMA.
(D) A exploração dos recursos florestais em terras indígenas é vedada, mesmo quando realizada pelas próprias comunidades indígenas em regime de manejo florestal sustentável para atender a sua subsistência.

A: incorreta (art. 3º, III, Lei 12.651/2012); **B:** incorreta (art. 3º, I, Lei 12.651/2012); **C:** correta (art. 3º, IX, a, Lei 12.651/2012); **D:** incorreta (art. 3º-A, Lei 4.771/65 – antigo Código Florestal, sem correspondente no "Novo Código Florestal" – Lei 12.651/2012).
Gabarito "C".

(Procurador do Estado/AC – FMP – 2012) Qual das alternativas abaixo contém hipótese não prevista no Código Florestal (Lei 4.771/65) como área de preservação permanente?
(A) Aquelas situadas em altitude superior a mil metros, qualquer que seja a vegetação.
(B) Aquelas situadas ao redor das lagoas, lagos ou reservatórios d'água artificiais.
(C) Aquelas situadas num raio mínimo de cinquenta metros de largura das nascentes intermitentes.
(D) Aquelas situadas nas restingas, como fixadoras de dunas ou estabilizadoras de mangues.

A: incorreta, devendo ser assinalada, pois traz hipótese não prevista (art. 4º, X, Lei 12.651/2012), visto que são consideradas áreas de preservação permanente apenas aquelas situadas em altitude superior a 1800 (mil e oitocentos) metros, qualquer que seja a vegetação; **B:** correta – hipótese prevista (art. 4º, II e III, Lei 12.651/2012); **C:** correta – hipótese prevista (art. 4º, IV, Lei 12.651/2012); **D:** correta – hipótese prevista (art. 4º, VI, Lei 12.651/2012).
Gabarito "A".

(Procurador do Estado/AC – FMP – 2012) Tendo em vista os princípios instituídos pela Lei Federal 11.284/2006, assinale a alternativa **correta** no que diz respeito aos objetivos a serem alcançados com a gestão de florestas públicas.
(A) Promoção do processamento local e o incentivo ao incremento da agregação de valor aos produtos e serviços da floresta, bem como à diversificação industrial, ao desenvolvimento tecnológico, à utilização e à capacitação de empreendedores locais e da mão de obra regional.
(B) Restrição ao acesso às informações referentes à gestão de florestas públicas, nos termos da Lei 10.650/2003, em nome da segurança nacional.
(C) Promoção e difusão da pesquisa florestal, faunística e edáfica, relacionada à conservação, à recuperação e ao uso sustentável das florestas, com restrição intransponível de tais atividades quando operadas por organismos de origem religiosa ou estrangeira.
(D) Fomento ao conhecimento e a promoção da conscientização da população em geral sobre a importância da conservação dos recursos florestais, ressalvados os usos e costumes tradicionais das populações indígenas no que diz respeito ao seu modo de exploração da flora e da fauna.

A: correta (art. 2º, IV, Lei 11.284/2006); **B:** incorreta (art. 2º, V, Lei 11.284/2006); **C:** incorreta (art. 2º, VI, Lei 11.284/2006); **D:** incorreta (art. 2º, VII, Lei 11.284/2006).
Gabarito "A".

(Procurador do Estado/MG – FUMARC – 2012) Acerca da lei que dispõe sobre a utilização e proteção da vegetação nativa do Bioma Mata Atlântica, assinale a alternativa INCORRETA:
(A) O corte, a supressão e a exploração da vegetação do Bioma Mata Atlântica far-se-ão de maneira diferenciada, conforme se trate de vegetação primária ou secundária, nesta última levando-se em conta o estágio de regeneração.
(B) No Bioma Mata Atlântica, é proibida a coleta de subprodutos florestais tais como frutos, folhas ou sementes, bem como as atividades de uso indireto, ainda que não coloquem em risco as espécies da fauna e flora.
(C) Os novos empreendimentos que impliquem o corte ou a supressão de vegetação do Bioma Mata Atlântica deverão ser implantados preferencialmente em áreas já substancialmente alteradas ou degradadas.
(D) A proteção e a utilização do Bioma Mata Atlântica têm por objetivo geral o desenvolvimento sustentável e, por objetivos específicos, a salvaguarda da biodiversidade, da saúde humana, dos valores paisagísticos, estéticos e turísticos, do regime hídrico e da estabilidade social.
(E) A vegetação primária ou a vegetação secundária em qualquer estágio de regeneração do Bioma Mata Atlântica não perderão esta classificação nos casos de incêndio, desmatamento ou qualquer outro tipo de intervenção não autorizada ou não licenciada.

A: correta (art. 8º, Lei 11.428/2006); **B:** incorreta, devendo ser assinalada, (art. 18, Lei 11.428/2006), sendo livre a coleta de subprodutos florestais, desde que não coloquem em risco as espécies da fauna e flora; **C:** correta (art. 12, Lei 11.428/2006); **D:** correta (art. 6º, *caput*, Lei 11.428/2006); **E:** correta (art. 5º, Lei 11.428/2006).
Gabarito "B".

(Advogado da União/AGU – CESPE – 2012) Julgue o item seguinte.
(1) Compete privativamente à União legislar sobre florestas, conservação da natureza, defesa do solo e dos recursos naturais.

1: incorreta, pois se trata de competência concorrente da União, Estados e DF legislar sobre florestas, caça, pesca, fauna, conservação da natureza, defesa do solo e dos recursos naturais, proteção do meio ambiente e controle da poluição (art. 24, VI, CF).
Gabarito 1E.

(Procurador da República – 26º) Assinale o item verdadeiro:
(A) De acordo com a legislação ambiental, o regime de preservação permanente pode incidir em áreas públicas ou particulares, rurais ou urbanas.
(B) O regime de preservação permanente não pode afetar áreas existentes em espaços já submetidos a outro regime de proteção, sob pena de superposição de limitações administrativas.
(C) De acordo com a jurisprudência do Superior Tribunal de Justiça, nos processos de desapropriação de bens imóveis, a vegetação sujeita a regime de preservação permanente ali existente pode ser computada para efeito de indenização, independentemente de ser, ou não, suscetível de exploração econômica.
(D) Tendo em vista a competência concorrente em matéria de proteção da flora, Estados e Distrito Federal podem reduzir em caráter suplementar, as áreas de preservação permanente instituídas por legislação federal, desde que o façam por intermédio de decreto do Chefe do Poder Executivo.

A: correta. Uma área de preservação permanente (APP) tem a função ambiental de preservar os recursos hídricos e de proteger o solo, além e outras funções. Pode incidir em áreas públicas ou particulares, rurais ou urbanas. Assim já decidiu o STJ (AgRg no REsp 664.886/SC): "Ambiental. Ação popular. Mata atlântica. Área urbana. Balneário de Camboriú. Código Florestal e decreto da mata atlântica. Área de preservação permanente. Aplicação da legislação ambiental federal a zona urbana dos municípios. 1. A legislação federal de proteção do meio ambiente e da flora, independentemente de referência legal expressa, aplica-se à área urbana dos Municípios. Precedentes do STJ; **B:** incorreta, pois o regime de preservação permanente pode afetar áreas submetidas a outro regime. Por exemplo, é muito comum o fato da existência de APP em Área de Proteção Ambiental; **C:** incorreta, pois o STJ admite a indenização nos casos em que constatada a presença de vegetação suscetível de exploração econômica: "Na linha dos precedentes desta Corte, a cobertura vegetal somente deve ser avaliada e indenizada, em separado, quando demonstrada a efetiva exploração econômica dos recursos vegetais" (REsp 1.107.884/SP); **D:** incorreta, pois o já revogado Código Florestal estabelecia, em seu art. 3º, § 1º: "A supressão total ou parcial de florestas de preservação permanente só será admitida com prévia autorização do Poder Executivo Federal, quando for necessária à execução de obras, planos, atividades ou projetos de utilidade pública ou interesse social". A Lei 12.651/2012 estabelece, nos art. 7º e 8º, as regras para proteção das áreas de preservação permanente.
Gabarito "A".

9. RESPONSABILIDADE CIVIL AMBIENTAL E PROTEÇÃO JUDICIAL DO MEIO AMBIENTE

Segue um resumo sobre a Responsabilidade Civil Ambiental:
1. Responsabilidade objetiva.

A responsabilidade objetiva pode ser conceituada como o dever de responder por danos ocasionados ao meio ambiente, independentemente de culpa ou dolo do agente responsável pelo evento danoso. Essa responsabilidade está prevista no § 3º do art. 225 da CF, bem como no § 1º do art. 14 da Lei 6.938/1981 e ainda no art. 3º da Lei 9.605/1998.

Quanto a seus requisitos, diferentemente do que ocorre com a responsabilidade objetiva no Direito Civil, onde são apontados três elementos para a configuração da responsabilidade (conduta, dano e nexo de causalidade), *no Direito Ambiental são necessários apenas dois.*

A doutrina aponta a necessidade de existir um dano (evento danoso), *mais o* **nexo de causalidade, que o liga ao poluidor**.

Aqui não se destaca muito a conduta como requisito para a responsabilidade ambiental, apesar de diversos autores entenderem haver três requisitos para sua configuração (conduta, dano e nexo de causalidade). *Isso porque é comum o dano ambiental ocorrer sem que se consiga identificar uma conduta específica e determinada causadora do evento.*

Quanto ao sujeito responsável pela reparação do dano, é o poluidor, que pode ser tanto pessoa física como jurídica, pública ou privada.

Quando o Poder Público não é o responsável pelo empreendimento, ou seja, não é o poluidor, sua responsabilidade é subjetiva, ou seja, depende de comprovação de culpa ou dolo do serviço de fiscalização, para se configurar. Assim, o Poder Público pode responder pelo dano ambiental por omissão no dever de fiscalizar. Nesse caso, haverá responsabilidade solidária do poluidor e do Poder Público. Mas lembre-se: se o Poder Público é quem promove o empreendimento, sua responsabilidade é objetiva.

Em se tratando de pessoa jurídica, a Lei 9.605/1998 estabelece que esta será responsável nos casos em que a infração for cometida por decisão de seu representante legal ou contratual, ou de seu órgão colegiado, no interesse ou benefício da sua entidade. Essa responsabilidade da pessoa jurídica não exclui a das pessoas físicas, autoras, coautoras ou partícipes do mesmo fato.

A Lei 9.605/1998 também estabelece uma cláusula geral que permite a desconsideração da personalidade jurídica da pessoa jurídica, em qualquer caso, desde que destinada ao ressarcimento dos prejuízos causados à qualidade do meio ambiente. Segundo o seu art. 4º, poderá ser desconsiderada a pessoa jurídica sempre que sua personalidade for obstáculo ao ressarcimento dos prejuízos causados à qualidade do meio ambiente. Adotou-se, como isso, a chamada teoria menor da desconsideração, para a qual basta a insolvência da pessoa jurídica, para que se possa atingir o patrimônio de seus membros. No direito civil, ao contrário, adotou-se a teoria maior da desconsideração, teoria que exige maiores requisitos, no caso, a existência de um desvio de finalidade ou de uma confusão patrimonial para que haja desconsideração.

2. Reparação integral dos danos.

A obrigação de reparar o dano não se limita a pagar uma indenização; ela vai além: a reparação deve ser específica, isto é, ela deve buscar a restauração ou recuperação do bem ambiental lesado, ou seja, o seu retorno à situação anterior. Assim, a responsabilidade pode envolver as seguintes obrigações:

a) **de reparação natural ou in specie:** é a reconstituição ou recuperação do meio ambiente agredido, cessando a atividade lesiva e revertendo-se a degradação ambiental. *É a primeira providência que deve ser tentada, ainda que mais onerosa que outras formas de reparação;*

b) **de indenização em dinheiro:** consiste no ressarcimento pelos danos causados e não passíveis de retorno à situação anterior. *Essa solução só será adotada quando não for viável fática ou tecnicamente a reconstituição. Trata-se de forma indireta de sanar a lesão.*

c) **compensação ambiental:** consiste em forma alternativa à reparação específica do dano ambiental, e importa na adoção de uma medida de equivalente importância ecológica, mediante a observância de critérios técnicos especificados por órgãos públicos e aprovação prévia do órgão ambiental competente, admissível desde que seja impossível a reparação específica. *Por exemplo, caso alguém tenha derrubado uma árvore, pode-se determinar que essa pessoa, como forma de compensação ambiental, replante duas árvores da mesma espécie.*

3. Dano ambiental.

Não é qualquer alteração adversa no meio ambiente causada pelo homem que pode ser considerada dano ambiental. Por exemplo, o simples fato de alguém inspirar oxigênio e expirar gás carbônico não é dano ambiental. O art. 3º, III, da Lei 6.938/1981 nos ajuda a desvendar quando se tem dano ambiental, ao dispor que a poluição é a degradação ambiental resultante de atividades que direta ou indiretamente:

a) prejudiquem a saúde, a segurança e o bem-estar da população; b) criem condições adversas às atividades sociais e econômicas; c) afetem desfavoravelmente a biota; d) afetem as condições estéticas ou sanitárias do meio ambiente; e) lancem matérias ou energia em desacordo com os padrões ambientais estabelecidos.

Quanto aos lesados pelo dano ambiental, este pode atingir pessoas indetermináveis e ligadas por circunstâncias de fato (ocasião em que será difuso), grupos de pessoas ligadas por relação jurídica base (ocasião em que será coletivo), vítimas de dano oriundo de conduta comum (ocasião em que será individual homogêneo) e vítima do dano (ocasião em que será individual puro).

De acordo com o pedido formulado na ação reparatória é que se saberá que tipo de interesse (difuso, coletivo, individual homogêneo ou individual) está sendo protegido naquela demanda.

Quanto à extensão do dano ambiental, a doutrina reconhece que este pode ser material (patrimonial) ou moral (extrapatrimonial). Será da segunda ordem quando afetar o bem-estar de pessoas, causando sofrimento e dor. Há de se considerar que existe decisão do STJ no sentido que não se pode falar em dano moral difuso, já que o dano deve estar relacionado a pessoas vítimas de sofrimento, e não a uma coletividade de pessoas. De acordo com essa decisão, pode haver dano moral ambiental a pessoa determinada, mas não pode haver dano moral ambiental a pessoas indetermináveis.

4. A proteção do meio ambiente em juízo.

A reparação do dano ambiental pode ser buscada extrajudicialmente, quando, por exemplo, é celebrado termo de compromisso de ajustamento de conduta com o Ministério Público, ou judicialmente, pela propositura da ação competente.

Há duas ações vocacionadas à defesa do meio ambiente. São elas: a ação civil pública (art. 129, III, da CF e Lei 7.347/1985) e a **ação popular** (art. 5º, LXXIII, CF e Lei 4.717/1965). A primeira pode ser promovida pelo Ministério Público, pela Defensoria Pública, por entes da Administração Pública ou por associações constituídas há pelo menos um ano, que tenham por objetivo a defesa do meio ambiente. Já a segunda é promovida pelo cidadão.

Também são cabíveis em matéria ambiental o mandado de segurança (art. 5º, LXIX e LXX, da CF e Lei 12.016/2009), individual ou coletivo, preenchidos os requisitos para tanto, tais como prova pré-constituída, e ato de autoridade ou de agente delegado de serviço público; o **mandado de injunção** (art. 5º, LXXI, da CF), quando a falta de norma regulamentadora torne inviável o exercício dos direitos e liberdades constitucionais e das prerrogativas inerentes à nacionalidade, à soberania e à cidadania; as **ações de inconstitucionalidade** (arts. 102 e 103 da CF e Leis 9.868/1999 e 9.882/1999); e a **ação civil de responsabilidade por ato de improbidade administrativa** em matéria ambiental (art. 37, § 4º, da CF, Lei 8.429/1992 e art. 52 da Lei 10.257/2001).

(Juiz de Direito – TJ/RS – 2018 – VUNESP) Supondo-se que um grande navio com cargas explodiu em um porto brasileiro, despejando milhões de litros de óleo e metanol que causou a degradação do meio ambiente marinho, inviabilizando a pesca pelos moradores próximos ao local, pois o Poder Público estabeleceu uma proibição temporária da pesca em razão da poluição ambiental. Em razão disso, os pescadores prejudicados ingressaram com ação judicial, calcado em responsabilidade civil.

De acordo com a jurisprudência dominante do STJ, assinale a alternativa correta.

(A) Os proprietários do navio e as empresas adquirentes das cargas transportadas pelo navio que explodiu respondem solidariamente pelos danos morais e materiais suportados pelos pescadores prejudicados.

(B) Para demonstração da legitimidade para vindicar indenização por dano ambiental que resultou na redução da pesca na área atingida, basta que o autor tenha o registro de pescador profissional.

(C) A responsabilidade por dano ambiental é objetiva, informada pela teoria do risco integral, sendo o nexo de causalidade o fator aglutinante que permite que o risco se integre na unidade do ato, sendo descabida a invocação, pela empresa responsável pelo dano ambiental, de excludentes de responsabilidade civil para afastar sua obrigação de indenizar.

(D) Não será devida indenização aos pescadores se restar comprovada pela empresa responsável pela carga que o acidente foi decorrente de caso fortuito ou força maior.

(E) É devida a indenização por lucros cessantes ainda que o período de proibição da pesca em razão do acidente ambiental coincida com o período de "defeso", em que por lei seja vedada a atividade pesqueira.

A responsabilidade civil do poluidor é objetiva, nos termos do art. 14, § 1º, da Lei 6.938/1981: "[...] é o poluidor obrigado, independentemente da existência de culpa, a indenizar ou reparar os danos causados ao meio ambiente e a terceiros, afetados por sua atividade". Destarte, ao se prescindir da culpabilidade para o dever de indenizar será necessária somente a comprovação do nexo de causalidade entre a conduta e o dano, pelo que as empresas adquirentes das cargas transportadas pelo navio que explodiu não serão responsabilizadas [ausência do nexo de causalidade direta e imediata com os danos]. A doutrina e a jurisprudência majoritariamente aduzem ser a responsabilidade objetiva do poluidor fundamentada na teoria do risco integral. Desta forma, as clássicas excludentes de responsabilidade, dentre elas o caso fortuito e a força maior, não podem ser invocadas para elidir a obrigação de reparar os danos causados. Além disso, a licitude de uma atividade ou empreendimento não afasta ou atenua a responsabilidade do poluidor. **FM/FC**

Gabarito "C"

(Procurador Municipal/SP – VUNESP – 2016) Determinada pessoa, em conduta não dolosa, ingressa em terreno e sofre graves queimaduras por contato com resíduos tóxicos que se encontram em terreno de particular que os expõe a céu aberto, em local onde, apesar da existência de cerca e de placas de sinalização informando a presença de material orgânico e poluente, permite o acesso de outros particulares por ser fácil, consentido e costumeiro. Quanto à responsabilidade do proprietário do imóvel, é correto afirmar que

(A) a responsabilidade é objetiva, podendo ser invocada excludente de força maior ou caso fortuito.
(B) considerando a natureza jurídica do infortúnio ambiental, caracteriza-se um dano material, mas não dano moral.
(C) a responsabilidade se restringe a eventual lesão ao meio ambiente propriamente dito.
(D) calcada na teoria do risco, responde pela ofensa individual, sendo irrelevante a culpa exclusiva ou concorrente da vítima.
(E) a colocação de placas no local, indicando a presença de material tóxico, é suficiente para excluir a responsabilidade civil, subjetiva no caso.

A: Incorreta. A responsabilidade por danos ambientais é objetiva e baseada na teoria do risco integral. Desta forma, o proprietário do terreno responderá objetivamente pelos danos ocasionados à pessoa indicada no enunciado da questão, não podendo invocar em seu favor as excludentes de responsabilidade (art. 14, § 1º, da Lei 6.938/1981). **B:** Incorreta. O dano moral trata-se da violação aos direitos da personalidade, e no caso da questão em comento, é evidente que a pessoa ao sofrer lesões graves em seu corpo, provocadas por queimaduras, teve o direito a integridade física violado, fazendo, portanto, jus a indenização por danos morais. **C:** Incorreta. O direito ao meio ambiente ecologicamente equilibrado, por ser tratar de direito difuso, e, portanto, transindividual, quando violado pode gerar danos difusos, coletivos e individuais homogêneos, possibilitando inclusive a tutela coletiva ou individual destes direitos. **D:** Correta. A responsabilidade por danos ambientais é objetiva e fundamentada na teoria do risco integral, de forma a não admitir qualquer excludente de responsabilidade. **E:** Incorreta. Primeiramente por ser a responsabilidade do agente causador de danos ambientais objetiva, e não subjetiva, conforme disposto na alternativa. Outrossim, a colocação de placas no local, não exime o agente de sua responsabilidade, por não se discutir culpa, em sede de responsabilidade por danos ambientais (art. 14, § 1º, da Lei 6.938/1981). Gabarito "D".

(Procurador – SP – VUNESP – 2015) Se uma empresa que possua licenciamento ambiental, no exercício de sua atividade, vier a causar danos ambientais, pode-se afirmar que

(A) a existência de licenciamento ambiental a exime do dever de reparar os danos causados na esfera civil.
(B) a indenização civil e o dever de reparar o dano somente existem se houver dolo do empreendedor.
(C) a existência de licença ambiental retira o caráter de ilicitude administrativa do ato.
(D) independentemente da existência de licenciamento ambiental, se causar dano ambiental, existe responsabilidade civil, administrativa e penal da empresa.
(E) a empresa somente não responderá na esfera penal porque, por tratar-se de pessoa jurídica, não pode figurar no polo passivo de ação penal, ainda que cause danos ambientais.

Essa questão possui uma formulação sensível, que demanda questionamentos. Não concordamos com o gabarito.

A: Incorreta. A responsabilidade civil por danos ambientais é objetiva e fundamentada na teoria do risco integral. Desta forma, ainda que a atividade causadora do dano esteja licenciada, não eximirá o poluidor das peias da responsabilidade. Registre-se que a responsabilidade civil ambiental pode ser fruto de atividade lícita ou ilícita. **B:** Incorreta. A responsabilidade civil ambiental é objetiva, portanto, não se apura a culpabilidade do poluidor (art. 14, § 1º, da Lei 6.938/1981). **C:** Segundo o gabarito, essa é a assertiva correta. Segundo a lógica aplicada, a licença, se integralmente regular, retira o caráter de ilicitude administrativa do ato, impedindo a Administração Pública de sancionar nessa seara. **D:** Segundo o gabarito, incorreta. Essa assertiva impõe questionamento, uma vez que, mesmo com o licenciamento ambiental, se houver danos ao meio ambiente, haverá sim – ao contrário da assertiva – a responsabilidade civil, administrativa e penal da empresa. **E:** Incorreta. Nos termos do art. 3º, da Lei 9.605/1998: "As pessoas jurídicas serão responsabilizadas administrativa, civil e penalmente conforme o disposto nesta Lei, nos casos em que a infração seja cometida por decisão de seu representante legal ou contratual, ou de seu órgão colegiado, no interesse ou benefício da sua entidade". FM/FCP Gabarito "C".

(Procurador do Estado – PGE/PR – PUC – 2015) Considerando a jurisprudência do Supremo Tribunal Federal e do Superior Tribunal de Justiça, assinale a afirmativa **CORRETA** sobre o regime jurídico dos danos ao patrimônio ambiental e sua responsabilização.

(A) Embora no âmbito da responsabilidade administrativa seja dispensável a apuração da culpa na infração ambiental, à responsabilidade civil decorrente de danos ambientais aplica-se, como regra, a denominada teoria subjetivista.
(B) O princípio da precaução não foi acolhido pela Constituição vigente, ainda que se constitua como uma importante norma para evitar a ocorrência de danos ambientais graves e irreversíveis.
(C) Em ação civil pública, a necessidade de reparação integral da lesão causada ao meio ambiente permite a cumulação de obrigações de fazer, de não fazer e de indenizar.
(D) Em conformidade ao princípio da precaução, para que sejam adotadas medidas precaucionais, a falta de certeza científica absoluta exige a demonstração do risco atual e iminente de danos que podem sobrevir pelo desempenho de determinada atividade econômica.
(E) No que toca à pessoa jurídica, o direito positivo brasileiro não acolhe a denominada tríplice responsabilidade por ação ou omissão lesiva ao meio ambiente, restringindo-a ao campo da responsabilidade civil e administrativa.

A: incorreta, a responsabilidade administrativa por danos ambientais é subjetiva (o STJ possui jurisprudência no sentido de que, "tratando-se de responsabilidade administrativa ambiental, o terceiro, proprietário da carga, por não ser o efetivo causador do dano ambiental, responde subjetivamente pela degradação ambiental causada pelo transportador" (AgRg no AREsp 62.584/RJ, Rel. Ministro Sérgio Kukina, Rel. p/ acórdão Ministra Regina Helena Costa, Primeira Turma, DJe 7.10.2015), já a responsabilização civil é objetiva e fundamentada na teoria do risco integral (art. 14, § 1º, da Lei 6.938/1981); **B:** errado, o princípio da precaução encontra-se acolhido implicitamente pelo art. 225, *caput*, da CF/1988; **C:** correta, pois a jurisprudência do STJ está firmada no sentido da viabilidade, no âmbito da Lei 7.347/1985 e da Lei 6.938/1981, de cumulação de obrigações de fazer, de não fazer e de indenizar (REsp 1.145.083/MG, Rel. Ministro Herman Benjamin, Segunda Turma, DJe 4.9.2012; REsp 1.178.294/MG, Rel. Ministro Mauro Campbell Marques, Segunda Turma, DJe 10.9.2010; dentro outros); **D:** incorreta, pois para o princípio da precaução ser aplicado, basta a falta de certeza científica a respeito dos riscos que a atividade ou o empreendimento possa causar ao meio ambiente, devendo-se decidir em favor do meio ambiente; **E:** incorreta, pois a própria Constituição Federal, em seu art. 225, § 3º, dispõe expressamente: "As condutas e atividades consideradas lesivas ao meio ambiente sujeitarão os infratores, pessoas físicas ou jurídicas, a sanções penais e administrativas, independentemente da obrigação de reparar os danos causados". FM/FCP Gabarito "C".

(Juiz – TRF 2ª Região – 2017) Assinale a opção correta:

(A) A responsabilidade civil ambiental é informada pela doutrina do risco integral e não admite ação de regresso.
(B) Em regra, a cobrança de multa administrativa oriunda de responsabilidade ambiental não prescreve.
(C) Por falta de nexo de causalidade, não se pode impor a obrigação de recuperar a degradação ambiental ao atual proprietário do imóvel, quando ele não a causou.
(D) Conforme o atual entendimento do STF, a responsabilidade penal da pessoa jurídica por crimes ambientais subordina-se à simultânea persecução da pessoa física responsável pela conduta (princípio da dupla imputação).
(E) A Lei nº 9.605/98 prevê a pena de imposição de liquidação forçada, com perdimento do patrimônio, à pessoa jurídica utilizada preponderantemente para facilitar a prática dos crimes contra o meio ambiente previstos em seu texto.

A: incorreta. A responsabilidade civil ambiental é objetiva informada pela doutrina do risco integral, admitindo ação de regresso contra o efetivo causador do dano (art. 14, § 1º, da Lei 6.938/1981 e art. 934 do CC); **B:** incorreta. Prescreve a Súmula 467 do STJ: "Prescreve em cinco anos, contados do término do processo administrativo, a pretensão da administração Pública de promover a execução da multa por infração ambiental"; **C:** incorreta. A obrigação de promover a recomposição da área degradada é *propter rem*; no mesmo sentido o Código Florestal, as dispor que suas obrigações têm natureza real e são transmitidas ao sucessor no caso de transferência de domínio ou posse do imóvel rural (art. 2º, § 2º); **D:** incorreta. A jurisprudência não adota mais a teoria da "dupla imputação", aliás, a Constituição Federal (art. 225, §3º) e, em especial, a Lei 9.605/1998 (art. 3º) reconhecem a possibilidade de responsabilização criminal da pessoa jurídica de forma autônoma e independente da pessoa física; **E:** correta (art. 24, da Lei 9.605/1998). FM/FCP Gabarito "E".

(Juiz – TRF 4ª Região – 2016) Dadas as assertivas abaixo, assinale a alternativa correta. Segundo a jurisprudência dominante do Superior Tribunal de Justiça:

I. Considerando que o dano moral se fundamenta na dor e no sofrimento psíquico, é impossível a sua constatação em ação civil pública ambiental, diante da indeterminabilidade e da transindividualidade dos sujeitos passivos.
II. O dano moral coletivo prescinde da comprovação de dor e abalo psíquico, em se tratando de lesão a direitos difusos e coletivos.
III. É possível a condenação em dano moral coletivo ambiental se provados a dor e o abalo psíquico sofridos pela comunidade atingida.

(A) Está correta apenas a assertiva I.
(B) Está correta apenas a assertiva II.
(C) Está correta apenas a assertiva III.
(D) Estão corretas todas as assertivas.
(E) Nenhuma assertiva está correta.

O seguinte aresto do STJ expõe a incorreção das assertivas I e II e a correção da III, a saber: "O dano moral coletivo ambiental atinge direitos de personalidade do grupo massificado, sendo desnecessária a demonstração de que a coletividade sinta a dor, a repulsa, a indignação, tal qual fosse um indivíduo isolado" (REsp 1269494 MG 2011/0124011-9, Rel. Min. Eliana Calmon, j. 24.09.2013, *DJe* 01.10.2013). FM/FCP Gabarito "B".

(Juiz – TJ/RJ – VUNESP – 2016) Um Município, no interior de Minas Gerais, pretende, em sede recursal, a inclusão do referido Estado no polo passivo da Ação Civil Pública, que visa a reparação e prevenção de danos ambientais causados por deslizamentos de terras em encostas habitadas. Segundo regra geral quanto ao dano ambiental e urbanístico, e segundo posição do STJ, o litisconsórcio, nesses casos é

(A) facultativo, quando envolve ato do particular e necessário quando envolve ato da Administração Pública.
(B) facultativo, pois os responsáveis pela degradação ambiental não são coobrigados solidários.
(C) necessário, quando o ato envolve particular e poder público.
(D) obrigatório, no caso de causas concorrentes.
(E) facultativo, mesmo havendo múltiplos agentes poluidores.

A: incorreta. O litisconsórcio será facultativo quando envolver ato de múltiplos agentes, pouco importando serem particulares ou públicos; **B:** incorreta. Em sede de reparação civil, o dano ambiental é marcado pela responsabilidade civil objetiva e solidária, que dá ensejo, ao litisconsórcio facultativo entre os vários poluidores, diretos ou indiretos; **C:** incorreta. É firme a jurisprudência do STJ no sentido de que, na ação civil pública por danos ambientais, mesmo quando presente a responsabilidade solidária, não se faz necessária a formação de litisconsórcio; **D:** incorreta. A responsabilidade por danos ambientais é objetiva e solidária entre o poluidor direto e o indireto, permitindo que a ação seja ajuizada contra qualquer um deles, sendo, portanto, facultativo o litisconsórcio e não obrigatório conforme disposto na alternativa; **E:** correta. Em ações judiciais que visam o ressarcimento de danos ambientais, a regra é a fixação do litisconsórcio passivo facultativo, abrindo-se ao autor a possibilidade de demandar contra qualquer um dos agentes responsáveis, isoladamente ou em conjunto. FM/FCP
Gabarito "E".

(Juiz – TJ/RJ – VUNESP – 2016) A responsabilidade civil do Estado, por dano ambiental, em caso de omissão de cumprimento adequado do seu dever de fiscalizar, será

(A) solidária, se a omissão for determinante para concretização ou agravamento do dano, porém de execução subsidiária.
(B) solidária, independentemente da omissão ser determinante para concretização ou agravamento do dano, pois a responsabilidade é subjetiva.
(C) subsidiária, se a omissão for determinante para concretização ou agravamento do dano, pois a responsabilidade é subjetiva.
(D) solidária, ainda que a omissão não seja determinante para concretização ou agravamento do dano.
(E) subsidiária, independentemente da omissão ser determinante para concretização ou agravamento do dano.

A: correta. A responsabilidade civil do Estado por eventuais danos ambientais configura-se igualmente quando a fiscalização, quando inadequada, ineficiente ou insuficiente, e, por consequência, contribuir de modo substancial para a ocorrência do dano ao meio ambiente. Trata-se de responsabilidade solidária com execução subsidiária (ou com ordem de preferência), ou seja, somente se impossível exigir do poluidor direto o cumprimento da obrigação, haverá a transferência da obrigação ao Estado; **B:** incorreta. A responsabilidade civil do Estado por danos ambientais, ainda que por omissão ao dever de fiscalização é objetiva, e não subjetiva, conforme prevê o enunciado. Todavia, esse é um ponto divergente entre os tribunais e demanda atenção do candidato. Conforme Fabiano Melo, em sua obra *Direito Ambiental* (Método, 2017), "na responsabilidade do Poder Público pela omissão no exercício do poder de polícia, na fiscalização das atividades econômicas, há uma clara divisão da doutrina e dos tribunais entre a adoção da responsabilidade objetiva ou da responsabilidade subjetiva". Portanto, o candidato deve acompanhar as discussões jurisprudenciais no STJ; **C:** incorreta. Vide comentário anterior; **D:** incorreta. A omissão ao dever de fiscalização do Estado deve ser determinante para a concretização ou agravamento do dano ambiental, para que haja a sua responsabilização. Não se imputa ao Estado, nem se mostra razoável fazê-lo segurador universal pela integralidade das lesões sofridas por pessoas ou bens protegidos; **E:** incorreta. No caso de omissão de dever de controle e fiscalização, a responsabilidade ambiental da Administração é objetiva e solidária de execução subsidiária (impedimento à sua convocação *per saltum*) FM/FCP
Gabarito "A".

(Juiz – TJ/RJ – VUNESP – 2016) As queimadas frequentemente são utilizadas, sem autorização, para desmatamento de mata nativa, e representam a negação da modernidade da agricultura e pecuária brasileiras, confrontando-se com os fundamentos mais elementares do Direito Ambiental. Quem queima, ao fazê-lo, afeta, degrada ou destrói o meio ambiente, o que lhe impõe alguns deveres. Quanto à possibilidade de cumulação no pedido de obrigação de fazer, de não fazer (reparar a área afetada) e de pagar quantia certa (indenização), a jurisprudência do STJ tem se firmado no sentido de permitir

(A) a cumulação de obrigações de fazer, de não fazer e de indenizar, na busca da proteção mitigada.
(B) a cumulação de obrigações de fazer, de não fazer e de indenizar, que têm natureza conglobante, na busca da proteção integral do meio ambiente.
(C) a cumulação de obrigações de fazer, de não fazer e de indenizar, que têm natureza de obrigação de eficácia real.
(D) a cumulação de obrigações de fazer, de não fazer e indenizar, que têm natureza conglobante.
(E) a cumulação de obrigações de fazer, de não fazer e de indenizar, que têm natureza *propter rem*, na busca da proteção integral do meio ambiente.

A: incorreta. A proteção e recuperação do meio ambiente degradado é integral e não mitigada, conforme prevê a alternativa; **B:** incorreta. A natureza conglobante pressupõe a necessidade de que uma conduta seja contrária ao ordenamento jurídico como um todo, globalmente considerado. Verifica-se, assim, que a alternativa é incorreta; **C:** incorreta. A reparação integral dos danos ambientais possibilita a cumulação de obrigações de fazer, de não fazer e de indenizar, que têm natureza *propter rem* e não de obrigações com eficácia real; **D:** incorreta. Conforme ressaltado nos comentários à alternativa "B", a natureza da obrigação de reparação integral aos danos ambientais tem natureza *propter rem* e não conglobante; **E:** correta. A necessidade de reparação integral da lesão causada ao meio ambiente permite a cumulação de obrigações de fazer, de não fazer e de indenizar, que têm natureza *propter rem*. Obrigação *propter rem* é aquela que recai sobre o imóvel e que obriga, em qualquer circunstância, ao proprietário e a todos que o sucedem em tal condição. FM/FCP
Gabarito "E".

(Promotor de Justiça – MPE/RS – 2017) Nos moldes da Lei Federal 9.605/1998, assinale a alternativa **INCORRETA**.

(A) O recolhimento domiciliar baseia-se na autodisciplina e senso de responsabilidade do condenado, que deverá, sem vigilância, trabalhar, frequentar curso ou exercer atividade autorizada, permanecendo recolhido nos dias e horários de folga em residência ou em qualquer local destinado a sua moradia habitual, conforme estabelecido na sentença condenatória.
(B) Os órgãos ambientais integrantes do Sistema Nacional do Meio Ambiente (Sisnama), responsáveis pela execução de programas e projetos e pelo controle e fiscalização dos estabelecimentos e das atividades suscetíveis de degradarem a qualidade ambiental, ficam autorizados a celebrar, para o cumprimento do disposto nesta Lei, com força de título executivo extrajudicial, termo de compromisso com pessoas físicas ou jurídicas responsáveis pela construção, instalação, ampliação e funcionamento de estabelecimentos e atividades utilizadores de recursos ambientais, considerados efetiva ou potencialmente poluidores.
(C) Deverá ser desconsiderada a pessoa jurídica sempre que sua personalidade for obstáculo ao ressarcimento de prejuízos causados à qualidade do meio ambiente.
(D) A multa (pena criminal) será calculada segundo os critérios do Código Penal; se revelar-se ineficaz, ainda que aplicada no valor máximo, poderá ser aumentada até três vezes, tendo em vista o valor da vantagem econômica auferida.
(E) A pessoa jurídica constituída ou utilizada, preponderantemente, com o fim de permitir, facilitar ou ocultar a prática de crime definido nesta Lei terá decretada sua liquidação forçada, seu patrimônio será considerado instrumento do crime e como tal perdido em favor do Fundo Penitenciário Nacional

A: correta. Trata-se de transcrição do art. 13 da Lei 9.605/1998 (Lei de Crimes Ambientais). **B:** correta. Trata-se de transcrição do art. 79-A da Lei 9.605/1998 (Lei de Crimes Ambientais). **C:** incorreta. O erro está na expressão "deverá", enquanto o art. 4º, da Lei 9.605/1998, usa a expressão "poderá". Nesse sentido, "Poderá ser desconsiderada a pessoa jurídica sempre que sua personalidade for obstáculo ao ressarcimento de prejuízos causados à qualidade do meio ambiente". **D:** correta. Trata-se de transcrição do art. 18 da Lei 9.605/1998 (Lei de Crimes Ambientais). **E:** correta. Trata-se de transcrição do art. 24 da Lei 9.605/1998 (Lei de Crimes Ambientais). FM/FCP
Gabarito "C".

(Promotor de Justiça – MPE/AM – FMP – 2015) Ao ajuizar ação civil pública para proteger o meio ambiente, pode o Promotor de Justiça
I. inserir no polo passivo tanto a pessoa jurídica como a pessoa física responsável direta ou indiretamente pelo dano ambiental.
II. buscar a reparação de dano ambiental causado há mais de vinte anos, devido ao caráter imprescritível do dano ambiental.
III. pleitear medida cautelar inibitória com o escopo de evitar a instalação de atividade lesiva ao meio ambiente, em atenção ao princípio do poluidor-pagador.
IV. demandar, na mesma ação, o ente público que autorizou a atividade poluidora e o particular beneficiário da autorização.
Quais das assertivas acima estão corretas?

(A) Apenas a I, II e III.
(B) Apenas a III e IV.
(C) Todas.
(D) Apenas a I e III.
(E) Apenas a I, II e IV.

I: Correta. O art. 3º, IV, da Lei 6.938/1981, define poluidor nos seguintes termos: "a pessoa física ou jurídica, de direito público ou privado, responsável, direta ou indiretamente, por atividade causadora de degradação ambiental". Desta forma, em ação civil pública promovida pelo Representante do Ministério Público, poderá estar inserida no polo passivo, a pessoa física ou jurídica, que direta ou indiretamente tiver contribuído com a ocorrência de danos ambientais. Ressalte-se que a responsabilização civil é objetiva, e baseada na teoria do risco integral. **II: Correta.** Segundo jurisprudência consolidada do STJ, é imprescritível a pretensão reparatória de danos ambientais. **III: Incorreta.** O princípio cabível nessa assertiva é o da prevenção e não o do poluidor-pagador, como constou. O princípio do poluidor-pagador tem aplicabilidade após a ocorrência de danos ambientais, já o princípio da prevenção visa prevenir a ocorrência de danos ao meio ambiente. **IV: Correta.** A ação civil pública poderá ser proposta contra o responsável direto, indireto (art. 3º, IV, da Lei 6.938/1981), ou contra ambos, já que havendo mais de um causador do dano, todos responderão solidariamente (art. 942, CC). O Estado tem o dever de preservar e fiscalizar a prevenção do meio ambiente. Na hipótese, o Estado, no seu dever de fiscalizar, deveria ter solicitado Estudo de Impacto Ambiental e seu respectivo relatório, e até mesmo realizado audiência pública acerca do tema (art. 225, § 1º, IV, da CF), ou até mesmo determinando a paralisação da atividade que causou dano ambiental (art. 19, III, da Resolução 237/1997 do CONAMA). Assim, independentemente da existência de culpa (responsabilidade objetiva), o poluidor, ainda que indireto (Estado), é obrigado a reparar o dano causado ao meio ambiente. FM/FCP

Gabarito "E".

(Promotor de Justiça – MPE/AM – FMP – 2015) Analise as assertivas abaixo envolvendo a responsabilidade civil e administrativa ambiental:

I. De acordo com doutrina e jurisprudência majoritárias, a responsabilidade civil ambiental é objetiva, baseada no risco integral, não sendo aceitas as excludentes do caso fortuito nem da força maior.

II. Aquele que repara integralmente o dano ambiental causado estará isento da multa derivada da infração administrativa correspondente, salvo se for pessoa jurídica de direito privado, quando, então, haverá a dupla responsabilização.

III. Em termos de reparação do dano ambiental derivado do desmatamento, não há primazia na reparação específica, podendo o poluidor optar entre indenizar ou executar um projeto de recuperação do ambiente degradado, desde que firmado por profissional tecnicamente capacitado, com Anotação de Responsabilidade Técnica (ART).

IV. Aquele que causa dano ambiental amparado em licença ambiental válida e eficaz não pode ser demandado em ação civil pública para fim de reparar dano derivado dessa atividade.

Quais das assertivas acima estão corretas?

(A) Apenas a I, II e III.
(B) Apenas a I.
(C) Nenhuma.
(D) Apenas a II, III e IV.
(E) Apenas a I, II e IV.

I: Correta. A doutrina e a jurisprudência, quase que de forma unânime, afirmam que a responsabilidade civil por danos ambientais é objetiva, e baseada na teoria do risco integral, não admitindo caso fortuito e nem força maior, como excludentes de responsabilidade. **II: Incorreta.** As responsabilizações civil, penal e administrativa são autônomas e independentes entre si. Desta forma, ainda que o poluidor (pessoa física ou jurídica) tenha reparado integralmente o dano ambiental na esfera civil, haverá a possibilidade de ser responsabilizado na esfera administrativa, com o pagamento de multa (art. 225, § 3º, da CF). **III: Incorreta.** No que diz respeito a responsabilização por danos ambientais, a princípio deve-se buscar sempre a reparação *in natura* dos danos, e somente se não for possível a indenização. **IV: Incorreta.** Não se averigua se a atividade praticada pelo poluidor que deu ensejo ao dano ambiental é lícita ou não, bem como, se houve culpa. A responsabilização civil é objetiva e pode ser fruto de uma conduta lícita ou ilícita. Assim, diante de um dano ambiental, legitimados estarão os ofendidos a pleitearem a reparação de tais danos, bastando a comprovação da conduta (lícita ou ilícita) do poluidor, o dano e o nexo causal entre os dois últimos. FM/FCP

Gabarito "B".

(Delegado/GO – 2017 – CESPE) Uma mineradora está respondendo por supostamente ter causado poluição capaz de gerar danos à saúde dos moradores de área próxima ao local de suas atividades. Alguns sócios com poderes de gerência foram apontados como corresponsáveis na esfera criminal. Foram impostas duas multas administrativas elevadas, uma por ente estadual e outra por ente federal, com base na mesma conduta. Na motivação, foi invocado o alto poder econômico da empresa como fator para gradação das multas. Alguns moradores já ajuizaram ações cíveis de reparação de danos.

Com relação a essa situação hipotética, assinale a opção correta à luz da legislação pertinente e das posições doutrinárias majoritariamente aceitas.

(A) A situação econômica do infrator não poderia ser levada em consideração para estabelecer o valor das multas impostas.

(B) Ainda que tenha inexistido dolo na geração da poluição, poderá haver responsabilização criminal no caso.

(C) Ainda que seja a mesma hipótese de incidência, as duas multas administrativas — federal e estadual — deverão ser pagas.

(D) Como as esferas de responsabilização por infração ambiental são independentes entre si, inexiste situação em que a decisão criminal repercutirá nas demais e vice-versa.

(E) Se a pessoa jurídica for condenada criminalmente, ficará excluída a responsabilidade criminal dos seus sócios-gerentes

A: incorreta. Conforme art. 6º da Lei 9.605/1998, para a imposição e gradação de sanções penais e administrativas, devem ser levadas em consideração: a) a gravidade do fato, tendo em vista os motivos da infração e suas consequências para a saúde pública e meio ambiente; b) os antecedentes do infrator quanto ao cumprimento da legislação de interesse ambiental; e c) a situação econômica do infrator. **B: correta.** Na esfera penal, há previsão de crimes dolosos e culposos em toda a legislação, de forma que a modalidade culposa é admitida nos crimes ambientais. **C: incorreta.** O pagamento de multa imposta pelos Estados, Municípios, Distrito Federal ou territórios substitui multa federal na mesma hipótese de incidência (Art. 76 da Lei 9.605/1998). **D: incorreta.** Independentemente da sentença absolutória criminal, a ação civil poderá ser proposta quando não tiver sido, categoricamente, reconhecida a inexistência material do fato (art. 66 do CPP). Veja também o art. 79 da Lei 9.605/98 sobre a aplicação subsidiária do Código de Processo Penal e do Código Penal aos crimes ambientais. **E: incorreta.** A responsabilidade das pessoas jurídicas não exclui a responsabilidade das pessoas físicas autoras, coautoras ou partícipes do mesmo fato (art. 3º da Lei 9.605/1998). RD

Gabarito "B".

(Delegado/PE – 2016 – CESPE) A responsabilidade civil por grave acidente ambiental ocorrido em uma região de determinado estado da Federação será

(A) subjetiva, informada pela teoria do risco proveito.
(B) objetiva, informada pela teoria do risco criado.
(C) objetiva, informada pela teoria do risco integral.
(D) subjetiva, informada pela teoria do risco criado.
(E) subjetiva, informada pela teoria do risco integral.

No ordenamento jurídico brasileiro, responsabilidade ambiental será sempre objetiva por forma do § 3º do art. 225 da CF, bem como no § 1º do art. 14 da Lei 6.938/1981 e ainda no art. 3º da Lei 9.605/1998. Após divergências na jurisprudência, por fim o STJ firmou posicionamento REsp 1.114.398 – PR (2009/0067989-1): "**Inviabilidade de alegação de culpa exclusiva de terceiro, ante a responsabilidade objetiva**. – A alegação de culpa exclusiva de terceiro pelo acidente em causa, como excludente de responsabilidade, deve ser afastada, ante a incidência da teoria do risco integral e da responsabilidade objetiva ínsita ao dano ambiental (art. 225, 3º, da CF e do art. 14, 1º, da Lei 6.938/1981), responsabilizando o degradador em decorrência do princípio do poluidor-pagador". Portanto a única alternativa correta é a letra 'C'.

Gabarito "C".

(Magistratura/RR – 2015 – FCC) O rol completo dos legitimados para propor ação civil pública previsto na Lei Federal 7.347/1985 é composto por:

(A) Ministério Público, Defensoria Pública, União, Estados, Distrito Federal, Municípios, Autarquias, Empresas Públicas, Fundações, Sociedades de Economia Mista e Associações, estas últimas desde que cumpridos certos requisitos previstos em lei.

(B) Ministério Público, Defensoria Pública, União, Estados, Distrito Federal, Municípios e Associações, estas últimas desde que cumpridos certos requisitos previstos em lei.

(C) Ministério Público, Defensoria Pública, União, Estados, Distrito Federal, Municípios, Autarquias, Empresas Públicas, Fundações e Associações, estas últimas desde que cumpridos certos requisitos previstos em lei.

(D) Ministério Público, Defensoria Pública, União, Estados, Distrito Federal, Municípios, Autarquias, Fundações e Associações, estas últimas desde que cumpridos certos requisitos previstos em lei.

(E) Ministério Público, Defensoria Pública, União, Estados, Distrito Federal, Municípios, Autarquias e Associações, estas últimas desde que cumpridos certos requisitos previstos em lei.

A: correta (art. 5º da Lei 7.347/1985); **B: incorreta**, visto estar faltando as Autarquias, Empresas Públicas, Fundações e Sociedades de Economia Mista; **C: incorreta**, pois deixou de constar as Sociedades de Economia Mista; **D: incorreta**, já que não contempla as Empresas Públicas; **E: incorreta**, pois estão faltando as Empresas Públicas, Fundações e Sociedades de Economia Mista;

Gabarito "A".

(Magistratura/SC – 2015 – FCC) A Defensoria Pública, preocupada com uma população carente que reside nas cercanias do novo empreendimento, ajuizou uma ação civil pública pretendendo a declaração de nulidade do licenciamento de uma Indústria conduzido pelo Estado Y, em razão de que, mediante convênio, o Estado Y delegou a execução de ações administrativas relacionadas ao licenciamento para o Município X, o qual dispõe de órgão ambiental capacitado para executar as ações delegadas e de conselho de meio ambiente. A ação deverá ser julgada

(A) improcedente.
(B) extinta, sem resolução de mérito, por ilegitimidade de parte no polo ativo.
(C) procedente.
(D) extinta, sem resolução de mérito, por ilegitimidade de parte no polo passivo, que é ocupado pelo Estado Y e pelo Município X.
(E) parcialmente procedente apenas para condicionar o licenciamento à previa autorização da União.

A: correta, conforme autorizado pela Res. 237/1997 do CONAMA: "Art. 6º Compete ao órgão ambiental municipal, ouvidos os órgãos competentes da União, dos Estados e do Distrito Federal, quando couber, o licenciamento ambiental de empreendimentos e atividades de impacto ambiental local e daquelas que lhe forem delegadas pelo Estado por instrumento legal ou convênio." e "Art. 20. Os entes federados, para exercerem suas competências licenciatórias, deverão ter implementados os Conselhos de Meio Ambiente, com caráter deliberativo e participação social e, ainda, possuir em seus quadros ou a sua disposição profissionais legalmente habilitados."; **B:** incorreta, pois a Defensoria Pública é órgão habilitado para propor ação civil pública (art. 5º, II, da Lei 7347/1985); **C:** incorreta, já que a medida tomada pelo Estado e pelo município tem amparo legal; **D:** incorreta, pois embora o Estado e Município sejam legítimos, não há procedência no mérito; **E:** incorreta, por falta de previsão legal.

Gabarito "A".

(Procurador do Estado/PR – 2015 – PUC-PR) Considerando a jurisprudência do Supremo Tribunal Federal e do Superior Tribunal de Justiça, assinale a afirmativa **CORRETA** sobre o regime jurídico dos danos ao patrimônio ambiental e sua responsabilização.

(A) Embora no âmbito da responsabilidade administrativa seja dispensável a apuração da culpa na infração ambiental, à responsabilidade civil decorrente de danos ambientais aplica-se, como regra, a denominada teoria subjetivista.
(B) O princípio da precaução não foi acolhido pela Constituição vigente, ainda que se constitua como uma importante norma para evitar a ocorrência de danos ambientais graves e irreversíveis.
(C) Em ação civil pública, a necessidade de reparação integral da lesão causada ao meio ambiente permite a cumulação de obrigações de fazer, de não fazer e de indenizar.
(D) Em conformidade ao princípio da precaução, para que sejam adotadas medidas precaucionais, a falta de certeza científica absoluta exige a demonstração do risco atual e iminente de danos que podem sobrevir pelo desempenho de determinada atividade econômica.
(E) No que toca à pessoa jurídica, o direito positivo brasileiro não acolhe a denominada tríplice responsabilidade por ação ou omissão lesiva ao meio ambiente, restringindo-a ao campo da responsabilidade civil e administrativa.

A: incorreta, pois os no que concerne a responsabilidade civil ambiental, esta será sempre objetiva (§ 3º do art. 225 da CF, § 1º do art. 14 da Lei 6.938/1981 e art. 3º da Lei 9.605/1998); **B:** incorreta, pois o art. 225, § 1º, IV, da CF, acolheu o Princípio da Precaução ao determinar a o estudo prévio de impacto ambiental para atividades potencialmente causadora de significativa degradação ambiental; **C:** correta, por força do art. 3º da LACP: "A ação civil poderá ter por objeto a condenação em dinheiro ou o cumprimento de obrigação de fazer ou não fazer.", corroborado pelos julgados do STF REsp 1.145.083/MG, AgRg nos EDcl no Ag 1.156.486/PR, REsp 1.120.117/AC, REsp 1.090.968/SP; **D:** incorreta, pois o princípio da precaução trata justamente da prevenção em face da dúvida científica de que determinada atividade pode causar dano ao meio ambiente; **E:** incorreta, já que a legislação pátria prevê também a responsabilidade penal da pessoa jurídica (225, § 3.º, da CF c/c arts. 3.º e 21 Lei 9.605/1998).

Gabarito "C".

(Procurador do Estado/PR – 2015 – PUC-PR) À medida que a sociedade contemporânea presenciou a emergência de relações jurídicas massificadas e a expansão do direito material para alcançar a categoria dos direitos coletivos, o direito processual desenvolveu instrumentos para a tutela de direitos difusos e coletivos, bem como mecanismos voltados às ações multitudinárias. Sobre o tema, com base na jurisprudência recente do Superior Tribunal de Justiça e do Supremo Tribunal Federal, assinale a alternativa **CORRETA**.

(A) Com base no art. 5°, XXI, da Constituição Federal, as entidades associativas têm legitimidade para representar seus filiados judicial ou extrajudicialmente, sendo suficiente para o exercício da representação judicial a autorização estatutária genérica da entidade associativa.
(B) Em se tratando de lesividade à moralidade administrativa, não é cabível a ação popular se não for demonstrado efetivo dano material ao patrimônio público.
(C) Em Mandado de Segurança coletivo, dispensa-se a autorização expressa pelos substituídos para a legitimidade de sindicato, que atua na qualidade de substituto processual.
(D) Ações de pretensão de cessação dos danos ambientais, em virtude do seu caráter continuado, estão sujeitas ao prazo prescricional legal.
(E) A ação popular é um importante instrumento processual de tutela do meio ambiente, ainda que a defesa do meio ambiente não conste expressamente como uma de suas finalidades na Constituição de 1988.

A: incorreta, conforme entendimento do STJ: "Representação – Associados – Art. 5º, XXI, da CF. Alcance. O disposto no art. 5º, XXI, da Carta da República encerra representação específica, não alcançando previsão genérica do estatuto da associação a revelar a defesa dos interesses dos associados." (RE 573232/SC); **B:** incorreta, pois o STJ reconhece a ação popular como instrumento de defesa da moralidade administrativa, mesmo que inexistente o dano material ao patrimônio público (REsp 964909 / RS); **C:** correta, pois "a impetração de mandado de segurança coletivo por entidade de classe em favor dos associados independe da autorização destes" (Súmula 629 do STF); **D:** incorreta, pois as ações de pretensão de cessação de dano ambiental são imprescritíveis (AgRg no REsp 1421163 SP 2013/0265458-3); **E:** incorreta, por força do art. 5º, LXXIII, da CF: "qualquer cidadão é parte legítima para propor ação popular que vise a anular ato lesivo ao patrimônio público ou de entidade de que o Estado participe, à moralidade administrativa, ao meio ambiente e ao patrimônio histórico e cultural, ficando o autor, salvo comprovada má-fé, isento de custas judiciais e do ônus da sucumbência".

Gabarito "C".

(Defensor/PA – 2015 – FMP) Analise as assertivas abaixo:

I. Segundo a jurisprudência mais recente do Superior Tribunal de Justiça, a ação civil pública poderá ter por objeto a condenação em dinheiro ou o cumprimento de obrigação de fazer ou não fazer, não havendo impedimento para que tais pedidos sejam cumulativos.
II. É admissível nas ações civis públicas ambientais, além do pedido de abstenção de determinada atividade lesiva ao meio ambiente, a condenação cumulativa por danos morais e materiais ambientais.
III. A reparação do dano ambiental não passível de recuperação in natura não está sujeita à indenização, a menos que se faça presente o pressuposto fático para arbitramento de dano moral ou extrapatrimonial ambiental.
IV. A ação civil pública para tutela do meio ambiente será necessariamente promovida em conjunto com a ação de improbidade administrativa ambiental, quando figurar no polo passivo agente político e ente público.

(A) Apenas II e III estão corretas.
(B) Apenas I e IV estão corretas.
(C) Apenas I e II estão corretas.
(D) Todas as assertivas estão incorretas.
(E) Apenas I, II e III estão corretas.

I: assertiva correta, conforme recente julgado da corte: "Processual civil e administrativo. Agravo regimental no recurso especial. Dano ambiental. Reparação integral dos danos. Natureza *propter rem*. Cumulação de obrigação de fazer, de não fazer e de indenizar. Possibilidade. 1. A jurisprudência do STJ está firmada no sentido de que a necessidade de reparação integral da lesão causada ao meio ambiente permite a cumulação de obrigações de fazer, de não fazer e de indenizar, que têm natureza *propter rem*. Precedentes: REsp 1.178.294/MG, Rel. Ministro Mauro Campbell Marques, j.10.08.2010; REsp 1.115.555/MG, Rel. Ministro Arnaldo Esteves Lima, j. 15.02.2011; AgRg no REsp 1170532/MG, Rel. Ministro Hamilton Carvalhido, j. 24.08.2010; REsp 605.323/MG, Rel. para acórdão Ministro Teori Albino Zavascki, j. 18.08.2005, entre outros." (AgRg no REsp: 1254935 SC, *DJe* 28.03.2014); **II:** assertiva correta, conforme ensinamentos dos Ministro Herman Benjamin: "Nas demandas ambientais, por força dos princípios do poluidor-pagador e da reparação *in integrum*, admite-se a condenação do réu, simultânea e agregadamente, em obrigação de fazer, não fazer e indenizar. Aí se encontra típica obrigação cumulativa ou conjuntiva. Assim, na interpretação dos arts. 4º, VII, e 14, § 1º, da Lei da Política Nacional do Meio Ambiente (Lei 6.938/1981), e do art. 3º da Lei 7.347/1985, a conjunção "ou" opera com valor aditivo, não introduz alternativa excludente. Essa posição jurisprudencial leva em conta que o dano ambiental é multifacetário (ético, temporal, ecológica e patrimonialmente falando, sensível ainda à diversidade do vasto universo de vítimas, que vão do indivíduo isolado à coletividade, às gerações futuras e aos próprios processos ecológicos em si mesmos considerados)." (REsp 1198727 MG, *DJe* 09.05.2013); **III:** assertiva incorreta, já que o pressuposto fático para arbitramento de dano moral ou extrapatrimonial ambiental não é requisito para indenização por danos ambientais; **IV:** assertiva incorreta, por falta de previsão legal.

Gabarito "C".

(Magistratura/SC – 2015 – FCC) Por decisão do representante contratual da Empresa BETA, que produz fertilizante agrícola, alguns funcionários, inclusive o próprio representante contratual, utilizaram espécimes da fauna silvestre em rota migratória, sem a devida permissão, licença ou autorização, em pesquisa realizada sem o conhecimento da empresa e divorciada de qualquer atividade de interesse ou que pudesse trazer algum benefício, ainda que indireto, para ela. A empresa

(A) poderá ser responsabilizada no campo do direito penal, a depender de outros elementos, uma vez que a conduta praticada é tipificada como contravenção penal.
(B) será responsabilizada no campo do direito penal, uma vez que a conduta praticada é tipificada como crime.
(C) não será responsabilizada no campo do direito penal.
(D) será responsabilizada no campo do direito penal, uma vez que a conduta praticada é tipificada como contravenção penal.
(E) não será responsabilizada no campo do direito penal porque o fato é atípico.

A: incorreta, visto que o tipo penal descrito não se enquadra como contravenção já que é punidos com pena de detenção, (art. 29 da Lei 9.605/1998); **B:** incorreta, pois a ação do representante contratual não resultou em benefício para a empresa; **C:** correta, mesmo sendo uma infração penal tipificada, a ação do representante legal da empresa está desconectada de qualquer atividade de interesse ou benefício para a pessoa jurídica (art. 3º da Lei

9.605/1998); **D:** incorreta, pois a conduta é crime e não contravenção penal; **E:** incorreta, pois o fato é típico descrito pela Lei de Crimes Ambientais (art. 29 da Lei 9.605/1998);
Gabarito "C".

(Juiz de Direito/CE – 2014 – FCC) Determinado Município está com racionamento de água. O Ministério Público Estadual ajuizou uma ação civil pública em face da Associação das Concessionárias de Veículos do citado Município para obrigar os associados a utilizar a lavagem ecológica dos veículos no período de racionamento. Pediu a antecipação dos efeitos da tutela, que deverá ser

(A) deferida, uma vez presentes a plausibilidade do direito e o risco de dano irreparável ou de difícil reparação, com fundamento no princípio da ordem econômica de defesa do meio ambiente.
(B) indeferida, porquanto é vedado ao Poder Judiciário interferir na atividade empresarial sem que haja lei expressa autorizando a tutela pretendida.
(C) indeferida, diante da livre-iniciativa da ordem econômica.
(D) deferida com base no *venire contra factum proprium*.
(E) indeferida, diante da ausência de risco de dano irreparável ou de difícil reparação.

A: correta, pois o desenvolvimento da atividade econômica está condicionado à defesa do meio ambiente (art. 170, VI, da CF/1988), ademais, o risco de escassez de água justifica o receio de dano irreparável, atendendo ao art. 273, I do CPC; **B:** incorreta, pois é permitida a interferência na atividade empresarial sempre que esta não atender aos princípios da atividade econômica elencados pelo art. 170 da CPF, dentre eles a defesa do meio ambiente; **C:** incorreta, pois a livre-iniciativa de ordem econômica está vinculada a outra princípios, dentre eles a função social da propriedade, defesa do consumidor e do meio ambiente (art. 170, III, V, e VI); **D:** incorreta, o deferimento da tutela não deve ter por base o princípio da vedação do comportamento contraditório visto que não há contradição processual a ser sanada; **E:** incorreta, pois a pois a completa escassez de água traria danos irreparáveis ou de difícil reparação, portanto, o receio da escassez preenche os requisitos de deferimento de antecipação dos efeitos da tutela.
Gabarito "A".

(Juiz de Direito/CE – 2014 – FCC) A Defensoria Pública do Estado do Ceará ajuizou uma ação civil pública em face do Estado do Ceará, com pedido de antecipação dos efeitos da tutela, para paralisar o licenciamento ambiental de uma rodovia estadual ao argumento de não haver sido considerada uma alternativa locacional apontada pelo EIA RIMA como mais adequada a se preservar a diversidade e a integridade de um importante patrimônio genético em estudo. Como Juiz,

(A) deve ser concedida a tutela antecipada com fundamento no princípio da prevenção.
(B) a ação deve ser julgada extinta, sem resolução de mérito, pela ilegitimidade passiva do Estado do Ceará.
(C) a ação deve ser julgada extinta, sem resolução de mérito, diante da ilegitimidade ativa da Defensoria Pública.
(D) a antecipação dos efeitos da tutela deve ser negada, diante da ausência do *periculum in mora*.
(E) a ação deve ser julgada extinta, sem resolução de mérito, pela impossibilidade jurídica do pedido.

A: correta, pois diante do perigo conhecido de dano ao patrimônio genético em estudo, justificada a concessão da antecipação dos efeitos da tutela com base no princípio da prevenção (art. 273 Lei 5.869/1973 e arts. 294 e 300 NCPC); **B:** incorreta, pois a atividade poluidora (construção da rodovia estadual) está localizada no Estado do Ceará, ele será o ente federativo competente para conceder a licença ambiental, portanto, legitimado passivo da ação civil pública para paralisação do licenciamento ambiental; **C:** incorreta, a Defensoria Pública é um dos entes competentes para propor ação civil pública (art. 5º, II, Lei 7.347/1985); **D:** incorreta, pois o perigo na demora da concessão dos efeitos da tutela é ter perdido o patrimônio genético em estudo, por decorrência da construção da rodovia; **E:** incorreta pois a demora no julgamento definitivo da demanda pode ameaçar a preservação do patrimônio genético do local que está sobe estudo.
Gabarito "A".

(Juiz de Direito/CE – 2014 – FCC) O Estado Beta ajuizou uma ação civil pública em face de José Benedito visando retirá-lo de área de Parque Estadual, bem como a recuperação dos danos ambientais causados ao local. Durante a ação, ficou comprovado que:
(i) o réu não tem título da área que ocupa com sua casa de veraneio, (ii) a ocupação ocorreu em momento posterior à criação do Parque Estadual, (iii) o réu possui no local criação de gado, galinha e porco. A ação deverá ser julgada

(A) parcialmente procedente, apenas para retirar o réu do local.
(B) parcialmente procedente, apenas para impor ao réu um regramento específico de utilização do local.
(C) extinta, sem resolução de mérito, diante da falta de legitimidade do Estado Beta para figurar no polo ativo da ação.
(D) improcedente, diante da hipossuficiência do réu.
(E) procedente, uma vez comprovados os requisitos da responsabilidade civil ambiental.

A: incorreta, pois o dano ambiental enseja a recomposição do ambiente conforme estava, por isso o réu além de desocupar o imóvel deve recuperar a área degradada; **B:** incorreta pois como categoria de unidade de conservação regulamentada pela Lei 9.985/2000 o parque Estadual criado antes da ocupação do espeço é incompatível com a possibilidade de utilização do local para veraneio; **C:** incorreta pois o Estado é um dos entes competentes para propor ação civil pública (art. 5º, III, Lei 7.347/1985) nas ações de responsabilidade por danos patrimoniais causados ao meio ambiente (art. 1º, I, Lei 7.347/1985); **D:** incorreta, pois o réu não é hipossuficiente equiparado ao consumidor descrito pelo artigo 6º, VIII, do CDC e mesmo que assim o fosse, não é causa de improcedência da ação mas de inversão do ônus da prova; **E:** correta, pois a procedência da ação visando a retirada do réu e recuperação dos danos tem base nos requisitos da responsabilidade civil ambiental, quais sejam: evento danoso e nexo de causalidade.
Gabarito "E".

(Delegado/PA – 2013 – UEPA) Assinale a alternativa correta sobre a responsabilidade pelo dano ambiental.

(A) A responsabilidade civil pelo dano ambiental é sempre subjetiva. Ou seja, exige a comprovação do dolo ou da culpa, conforme determina a Lei 6.938/1981.
(B) A responsabilidade civil pelo dano ambiental é sempre objetiva. Ou seja, exige a comprovação do dolo ou da culpa, conforme determina a Lei 6938/1981.
(C) As condutas e atividades consideradas lesivas ao meio ambiente sujeitarão os infratores, pessoas físicas ou jurídicas, a sanções penais e administrativas, independentemente da obrigação de reparar os danos.
(D) O Estado não pode ser responsabilizado pelo dano ambiental, porque é titular da competência para fiscalização e licenciamento ambiental.
(E) É necessário esgotar a via administrativa para posteriormente responsabilizar civil e penalmente o autor de um dano ambiental.

A: incorreta, de modo contrário, a responsabilidade ambiental não pressupõe a análise de dolo ou culpa, razão pela qual será, sempre objetiva, conforme § 1º do art. 14 da Lei 6.938/1981, art. 3º da Lei 9.605/1998 e art. 225, § 3º, da CF; **B:** incorreta, pois a responsabilidade ambiental seja objetiva, ela não exige a comprovação do dolo ou da culpa, conforme os ensinamentos de Paulo Affonso Leme Machado: "A responsabilidade objetiva ambiental significa que quem danificar o ambiente tem o dever jurídico de recuperá-lo. Presente, pois, o binômio dano/reparação. Não se pergunta a razão da degradação para que haja o dever de indenizar e/ou reparar. A responsabilidade sem culpa tem incidência na indenização ou na reparação dos 'danos causados ao meio ambiente e aos terceiros afetados por sua atividade' (art. 14, § 1º, da Lei 6.938/1981). Não interessa que tipo de obra ou atividade seja exercida pelo degrada, pois não há necessidade de que ela apresente risco ou seja perigosa. Procura-se quem foi atingido e, se for o meio ambiente e o homem, inicia-se o processo lógico-jurídico da imputação civil objetiva ambiental. Só depois é que se entrará na fase do estabelecimento do nexo de casualidade entre a ação ou omissão e o dano. É contra o Direito enriquecer-se ou ter lucro à custa da degradação do meio ambiente. (Direito Ambiental Brasileiro. 21ª Ed. Malheiros Editores. São Paulo. 2013. Pág.404); **C:** correta, por força do art. 225, § 3º, CF; **D:** incorreta, pois a responsabilidade pela preservação ambiental é de todos (art. 225 CF), inclusive do Estado, conforme já discutido pelo STJ no REsp 604725/PR; **E:** incorreta, o esgotamento das vias administrativas não é pressuposto para a responsabilização civil e ambiental do poluidor.
Gabarito "C".

(Advogado da Sabesp/SP – 2014 – FCC) Ao promover a ampliação de uma de suas Estações de Tratamento de Esgoto, sem a prévia obtenção de Licença de Instalação, a empresa TEM S.A. ocasionou danos ao meio ambiente. Esta conduta acarretará:

(A) responsabilidade Civil da TEM S.A., subjetivamente; responsabilidade Penal da TEM S.A. e seus dirigentes, objetivamente, por ampliar obra potencialmente poluidora sem licença; e responsabilidade Administrativa da TEM S.A., com provável imposição de multa.
(B) responsabilidade Civil da TEM S.A., objetivamente; responsabilidade Penal da TEM S.A. e seus dirigentes, subjetivamente, por ampliar obra potencialmente poluidora sem licença; e responsabilidade Administrativa da TEM S.A., com provável imposição de multa.
(C) apenas responsabilidade Civil da TEM S.A., tendo em vista que a conduta descrita configura um ilícito civil e que a prática de uma única conduta não poderá gerar mais de uma consequência jurídica, sob pena de ofensa ao princípio do *non bis in idem*.
(D) apenas responsabilidade Penal da TEM S.A. e seus dirigentes, tendo em vista que a conduta descrita configura um crime ambiental e que a prática de uma única conduta não poderá gerar mais de uma consequência jurídica, sob pena de ofensa ao princípio do *non bis in idem*.
(E) apenas responsabilidade Administrativa da TEM S.A., tendo em vista que a conduta descrita configura uma infração administrativa e que a prática de uma única conduta não poderá gerar mais de uma consequência jurídica, sob pena de ofensa ao princípio do *non bis in idem*.

A: incorreta, pois a responsabilidade civil ambiental é objetiva (§ 1º do art. 14 da Lei 6.938/1981, art. 3º da Lei 9.605/1998 e art. 225, § 3º, da CF; **B:** correta, pois a respon-

sabilidade civil ambiental é objetiva, mas a penal dependerá da análise de dolo ou culpa, e concorrerão ainda em infração administrativa conforme art. 70 da Lei 9.605/1998, que assim determina: "considera-se infração administrativa ambiental toda ação ou omissão que viole as regras jurídicas de uso, gozo, promoção, proteção e recuperação do meio ambiente." **C:** incorreta, já que o art. 225, § 3º, da CF determina que "as condutas e atividades consideradas lesivas ao meio ambiente sujeitarão os infratores, pessoas físicas ou jurídicas, a sanções penais e administrativas, independentemente da obrigação de reparar os danos causados."; **D:** incorreta pois responderão pelos danos ambientais tanto na esfera civil, penal quanto administrativa (art. 225, § 3º, da CF); **E:** incorreta já que o art. 225 da CF imputa responsabilidade civil, penal quanto administrativa diante do dano ambiental.
Gabarito "B".

(Magistratura/BA – 2012 – CESPE) No que se refere à tutela processual ao meio ambiente e à responsabilidade pelo dano ambiental, assinale a opção correta.

(A) O inquérito civil, procedimento administrativo de caráter inquisitorial cujo objetivo é realizar atividades investigativas preparatórias, está sujeito ao princípio da ampla defesa, consistindo o desrespeito a esse princípio vício capaz de eivar de nulidade a ação civil pública ambiental nele embasada.
(B) Sendo os interesses difusos e transindividuais marcados pela indisponibilidade, o MP não pode, de acordo com a moderna doutrina, celebrar acordos extrajudiciais em matéria ambiental.
(C) Ocorrendo desistência ou abandono da ação civil pública pela associação que a tiver promovido, deverá o MP, obrigatoriamente, assumir a titularidade ativa da demanda, já que tal prerrogativa é vedada aos demais legitimados.
(D) Independentemente de requerimento do autor, pode o juiz, em decisão relativa a ação civil pública, impor multa diária ao réu em substituição à execução específica da obrigação de fazer ou não fazer, se a multa for suficiente ou compatível.
(E) A pretensão da administração pública à promoção da execução da multa por infração ambiental prescreve em cinco anos, contados da data da prática do ato ou, no caso de infração permanente, de sua cessação.

A: incorreta, pois o inquérito civil é procedimento de apuração de elementos para possível ajuizamento de ação civil pública, não havendo que se falar contraditório e ampla defesa; **B:** incorreta, pois tais acordos não significam que o direito está sendo objeto de disposição, mas que está-se a conformar condutas com os objetivos de cessar a lesão ao meio ambiente e de reparar o dano ambiental pretérito; **C:** incorreta, pois outros legitimados também podem assumir a titularidade ativa (art. 5º, § 3º, da Lei 7.347/1985); **D:** correta (art. 11 da Lei 7.347/1985); **E:** incorreta, pois aplicada a multa, a ação referente a esse crédito prescreve em 5 anos da data da constituição definitiva do crédito tributário, após o término regular do processo administrativo (art. 1º-A da Lei 9.873/1999, com redação dada pela Lei 11.941/2009); o STJ ainda não tem uma jurisprudência consolidada em relação a essa nova redação da Lei 9.873/1999, de maneira que os acórdãos desse tribunal geralmente estão ainda no sentido de que esse prazo de 5 anos para a cobrança se inicia com o vencimento do crédito sem pagamento, que, na prática pode até coincidir com a ideia de que só depois que se encerra o processo administrativo é que o prazo corre; vide, a respeito, a seguinte decisão: STJ, REsp 1.260.915, DJ 01.12.2011.
Gabarito "D".

(Magistratura/MG – 2012 – VUNESP) Analise as afirmativas a seguir.
A manutenção da área destinada à reserva legal é obrigação propter rem
PORQUE
o adquirente possui legitimidade passiva ad causam em ação civil pública proposta em razão de dano ambiental, ainda que este não seja o autor do dano.
Assinale a alternativa correta.
(A) A primeira afirmativa é falsa e a segunda é verdadeira.
(B) A segunda afirmativa é falsa e a primeira é verdadeira.
(C) As duas afirmativas são verdadeiras e a segunda justifica a primeira.
(D) As duas afirmativas são verdadeiras, mas a segunda não justifica a primeira.

É verdadeira a primeira afirmativa. De fato, a jurisprudência já vinha reconhecendo a natureza *propter rem* dessa obrigação, o que foi confirmado com o disposto nos arts. 7º, §§ 1º e 2º, 18, §§ 2º e 3º, da Lei 12.651/2012). A segunda afirmativa também é verdadeira, em decorrência da primeira afirmativa. Portanto, a segunda afirmativa não é justificativa para primeira, e sim sua consequência.
Gabarito "D".

(Magistratura/PA – 2012 – CESPE) Carlos, empresário da construção civil, iniciou, de forma dolosa, a construção de prédios em unidade de conservação de proteção integral, precisamente a dois metros de nascentes existentes no local, sem a devida licença urbanística e ambiental, tendo o município se omitido em relação à fiscalização da obra.
Nessa situação hipotética, para a proteção do meio ambiente, é cabível

(A) o ajuizamento de ação civil pública, mas não de ação penal.
(B) o ajuizamento de ação civil pública e de ação penal.
(C) o ajuizamento de mandado de segurança coletivo, mas não de ação penal.
(D) a impetração de mandado de segurança contra a unidade de conservação, além do ajuizamento de ação civil pública.
(E) a impetração de mandado de injunção ambiental.

O caso impõe o ajuizamento de ação civil pública, com o fito de reparar o dano causado ao meio ambiente, bem como de ação penal, por ser crime a conduta perpetrada (art. 40 da Lei 9.605/1998).
Gabarito "B".

(Ministério Público/RR – 2012 – CESPE) Acerca da proteção ao meio ambiente em juízo, assinale a opção correta.

(A) A perícia de constatação do dano ambiental produzida no inquérito civil não poderá ser aproveitada na ação penal, dada a inexistência de contraditório no inquérito.
(B) Conforme previsão constitucional, qualquer cidadão pode propor ação popular para a defesa do meio ambiente, sendo vedada a condenação nos ônus da sucumbência.
(C) A legitimação para propor ACP em defesa de interesses ambientais é concorrente e disjuntiva, ou seja, pode ser ajuizada conjunta ou isoladamente por qualquer dos colegitimados, que assim exercem representação processual.
(D) Por ser solidária a responsabilidade por danos ambientais, não se exige que o autor da ACP acione a todos os responsáveis, ainda que o possa fazer.
(E) Não cabe intervenção do MP em ação de usucapião especial urbana entre particulares.

A: incorreta. A prova pericial realizada durante o inquérito civil, caso não possa ser repetida, poderá ser "contestada" durante a ação penal, à semelhança do que ocorre no inquérito policial, adotando-se, aqui, um contraditório diferido; **B:** incorreta, pois o art. 5º, LXXIII, da CF, dispõe que *"qualquer cidadão é parte legítima para propor ação popular que vise a anular ato lesivo ao patrimônio público ou de entidade de que o Estado participe, à moralidade administrativa, ao **meio ambiente** e ao patrimônio histórico e cultural, ficando o autor, **salvo comprovada má-fé**, isento de custas judiciais e do **ônus da sucumbência**"*. Em outras palavras, não haverá condenação do autor popular em honorários sucumbenciais em caso de improcedência dos pedidos por ele deduzidos na inicial, desde que não se constate – e comprove – má-fé na promoção da demanda; **C:** incorreta. De fato, a legitimação para propor ação civil pública é concorrente e disjuntiva. O rol de legitimados ativos consta no art. 5º da Lei 7.347/1985. Diz-se que a legitimação é concorrente e disjuntiva, pois, cada um dos colegitimados poderá promover a ação coletiva sozinhos, admitindo-se eventual litisconsórcio, de natureza facultativa. Frise-se que os entes legitimados exercerão um papel de "condutores do processo", não desempenhando mera função de substitutos processuais. Nas palavras de Celso Antonio Pacheco Fiorillo, "... observamos uma superação da dicotomia legitimação ordinária/extraordinária, passando-se a conceituar o fenômeno como uma legitimação autônoma para a condução do processo" (**Curso de Direito Ambiental Brasileiro**. 10. ed. Ed. Saraiva, p. 433); **D:** correta. Tratando-se de responsabilidade solidária, o autor da ação civil pública que objetive a reparação dos danos ambientais poderá incluir no polo passivo um, alguns ou todos os degradadores. Aqui, é bom registrar, o litisconsórcio é facultativo; **E:** incorreta, pois é obrigatória a intervenção do Ministério Público na ação de usucapião especial urbana (art. 12, § 1º, do Estatuto da Cidade – Lei 10.257/2001).
Gabarito "D".

(Ministério Público/PI – 2012 – CESPE) Acerca da proteção ao meio ambiente, assinale a opção correta.

(A) O pagamento, pelo poluidor, de indenização destinada a reparar dano ambiental condiciona-se à comprovação de dolo ou culpa em sentido estrito.
(B) Não é admitida a intervenção do MPF em demanda na qual se discuta a nulidade de auto de infração ambiental, já que a questão se limita ao interesse patrimonial no crédito gerado.
(C) É obrigatória a intervenção do MP nas ações de desapropriação de qualquer espécie.
(D) É de competência da justiça federal o julgamento da ACP ajuizada pelo MPF, ainda que o objeto da ação seja dano ambiental.
(E) Em matéria de meio ambiente, vigora o princípio da precaução, segundo o qual todo aquele que poluir tem o dever de reparar o dano causado.

A: incorreta, pois a responsabilidade civil ambiental, em regra, é objetiva, não havendo que se analisar a existência de ato ilícito (dolo/culpa), nos termos do art. 225, § 3º, da CF e do art. 14, § 1º, da Lei 6.938/1981; **B:** incorreta, pois nos casos de competência federal (art. 109 da CF), caberá ao Ministério Público Federal a tutela do meio ambiente; **C:** incorreta, pois é obrigatória a intervenção do Ministério Público na ação de usucapião especial coletiva de imóvel urbano (art. 12, § 1º, do Estatuto da Cidade), cujo objetivo é a regularização fundiária, bem como a recuperação de áreas degradadas. Trata-se de direito coletivo urbanístico. Todavia, poderá haver atuação ministerial, nas ações de desapropriação, caso existente interesse público que assim justifique (art. 82, III, do CPC); **D:** correta (art. 109 da CF); **E:** incorreta, *pois o princípio transcrito na*

alternativa se refere ao princípio do poluidor-pagador, segundo o qual este deve suportar as despesas de prevenção, reparação e repressão dos danos ambientais. Neste sentido doutrina Romeu Thomé e Leonardo de Medeiros Garcia: "(...). Este princípio não se limita a tolerar a poluição mediante um preço, nem se limita a compensar os danos causados, mais sim e principalmente, evitar o dano ambiental. Desta forma, o princípio do poluidor-pagador não se reduz à finalidade de somente compensar o dano ao meio ambiente, deve também englobar os custos necessários para a precaução e prevenção dos danos, assim como sua adequada repressão". Por sua vez, segundo o princípio da precaução, previsto no princípio 15 da Declaração do Rio ECO/1992, quando houver perigo de dano grave e irreversível, a falta de certeza científica absoluta não deverá ser utilizada como razão para postergar a adoção de medidas eficazes para impedir a degradação do meio ambiente, cabendo ao interessado o ônus de provar que as intervenções pretendidas não são perigosas e/ou poluentes.
„Gabarito "D".

(Ministério Público/PI – 2012 – CESPE) Sabendo que, no Brasil, a responsabilidade por danos provocados ao meio ambiente recebe tratamento constitucional, assinale a opção correta.

(A) Com vistas à celeridade processual e à viabilidade da reparação, são vedados, nos processos de reparação por danos ambientais, a denunciação à lide ou o chamamento ao processo, havendo orientação de que seja ajuizada ação própria contra os codevedores ou responsáveis subsidiários.
(B) Em matéria ambiental, é pacífico o entendimento de que não se deve aplicar o princípio da insignificância aos crimes ambientais, por ser o meio ambiente patrimônio coletivo.
(C) A poluição, em qualquer de suas formas, encontra-se criminalizada na Lei de Crimes Ambientais, que prevê penas de reclusão e multa, seja o crime doloso ou culposo, ao agente que o tiver praticado.
(D) Uma empresa devidamente licenciada com outorga para lançar efluentes tratados em curso d'água está isenta de responder civilmente caso seja constatado, em exame laboratorial, que a água contenha padrão de qualidade inferior ao desejado.
(E) Em caso de cometimento de infrações administrativas, as sanções cabíveis não abrangem a aplicação de penas restritivas em relação aos direitos do infrator.

A: correta. É remansoso o entendimento (doutrinário e jurisprudencial) de que a responsabilidade por danos ambientais é solidária, e, portanto, a formação do polo passivo poderá compreender todos ou alguns dos poluidores. Frise-se, por oportuno, que há forte entendimento de que é vedada a intervenção de terceiros provocada por um ou mais réus de ação civil pública ambiental, cabendo a discussão de direito de regresso (em razão da natureza solidária da obrigação à reparação dos danos ambientais) em ação própria (REsp 232.187, de 23.03.2000; AgRg no Ag 1.213.458, j. 24.08.2010; REsp 880.160, de 04.05.2010); **B:** incorreta. Há precedentes do STF admitindo a aplicação do princípio da insignificância em crimes ambientais, muito embora não se trate de questão já pacificada. Exemplificando, a 2ª Turma daquela Corte concedeu, por maioria de votos, *Habeas Corpus* (HC 112563) e absolveu um pescador de Santa Catarina que havia sido condenado por crime contra o meio ambiente (contra a fauna) por pescar durante o período de defeso, utilizando-se de rede de pesca fora das especificações do Ibama. Ele foi flagrado com 12 camarões. O pescador, assistido pela Defensoria Pública da União (DPU), havia sido condenado a um ano e dois meses de detenção com base no art. 34, parágrafo único, inciso II, da Lei 9.605/1998 (que dispõe sobre as sanções penais e administrativas impostas em caso de condutas e atividades lesivas ao meio ambiente). Porém, por maioria de votos, a Turma decidiu pela aplicação da insignificância penal; **C:** incorreta. O art. 54 da Lei 9.605/1998 (Lei dos Crimes Ambientais) prevê a seguinte conduta típica: "*Causar poluição de qualquer natureza em níveis tais que resultem ou possam resultar em danos à saúde humana, ou que provoquem a mortandade de animais ou a destruição significativa da flora*". Como se vê da redação típica, apenas a poluição que seja capaz de resultar danos concretos é considerada criminosa. Demais disso, em caso de poluição culposamente provocada, a pena será de reclusão, mas, sim, de detenção, de 6 (seis) meses a 1 (um) ano, e multa (art. 54, § 1º, da Lei 9.605/1998); **D:** incorreta, pois a responsabilidade civil permanecerá independentemente de a qualidade ambiental já estar degradada. Assim não fosse, não haveria, por exemplo, responsabilidade civil pelo agravamento dos danos em área já poluída, o que se afigura um contrassenso; **E:** incorreta. Dentre outras, as penas restritivas de direitos estão previstas para o caso de cometimento de infrações administrativas em matéria ambiental (art. 72, XI, da Lei 9.605/1998).
„Gabarito "A".

(Procurador do Estado/MG – FUMARC – 2012) Acerca da responsabilidade ambiental, assinale a alternativa correta:

(A) Adota-se, no Brasil, em matéria ambiental, a responsabilidade civil subjetiva.
(B) A responsabilização do causador do dano ambiental, no Brasil, prescinde da demonstração do nexo de causalidade.
(C) O poluidor é obrigado a indenizar ou reparar os danos causados ao meio ambiente e a terceiros, afetados por sua atividade, desde que demonstrada a existência de culpa.
(D) Poderá ser desconsiderada a pessoa jurídica sempre que sua personalidade for obstáculo ao ressarcimento de prejuízos causados à qualidade do meio ambiente.
(E) As condutas e atividades consideradas lesivas ao meio ambiente sujeitarão os infratores, pessoas físicas ou jurídicas, a sanções penais e administrativas, independentemente do nexo de causalidade.

A: incorreta, pois como é sabido, a responsabilidade civil em matéria ambiental é objetiva, vale dizer, independente da comprovação de dolo ou culpa (art. 14, § 1º, Lei 6.938/1981); **B:** incorreta, pois a despeito de a responsabilidade civil ambiental ser objetiva, será imprescindível a demonstração do nexo de causalidade entre a ação ou omissão perpetrada pelo agente causador do dano e a configuração deste; **C:** incorreta, pois, como já mencionado no comentário à alternativa "B", prescinde-se da demonstração de culpa a responsabilização civil por danos ambientais causador pelo poluidor/degradador; **D:** correta (art. 4º, Lei 9.605/1998); **E:** incorreta, pois, como visto anteriormente, o nexo de causalidade é requisito para o reconhecimento da responsabilidade civil, mesmo que objetiva.
„Gabarito "D".

(Procurador do Município/Cubatão-SP – 2012 – VUNESP) Havendo a poluição de um rio, que acarrete prejuízo aos pescadores, pode-se, concomitantemente, lesar o meio ambiente, os pescadores e a cooperativa dos pescadores. Assinale a alternativa que apresenta, correta e respectivamente, esses interesses.

(A) Coletivo, individual homogêneo, difuso.
(B) Difuso, coletivo, individual simples.
(C) Difuso, individual homogêneo, coletivo.
(D) Coletivo, difuso, individual homogêneo.
(E) Individual homogêneo, coletivo, difuso.

A lesão ao meio ambiente, nitidamente, constitui a violação a um direito difuso, visto que tem natureza indivisível e é titularizado por pessoas indeterminadas ligadas por uma mesma circunstância fática (art. 81, parágrafo único, I, Lei 8.078/1990 – CDC). Já a lesão aos pescadores, decorrente da poluição de um rio, constitui violação a um direito individual homogêneo, visto que decorrente de uma origem comum (art. 81, III, Lei 8.078/1990 – CDC). Por fim, a poluição de um rio que acarrete prejuízos à cooperativa de pescadores constitui violação a um direito coletivo, de titularidade de um grupo cujos integrantes são ligados por uma relação jurídica base (art. 81, II, Lei 8.078/1990 – CDC).
„Gabarito "C".

(Procurador do Município/Cubatão-SP – 2012 – VUNESP) Na reparação do dano ao meio ambiente, teremos a defesa de interesses difusos ou coletivos e o valor da indenização será destinado para

(A) o particular lesado, a ser apurado caso a caso.
(B) o Fundo para Reconstituição dos Bens Lesados.
(C) o Ministério Público Estadual ou Federal, se for o caso.
(D) a União.
(E) o ente federativo onde se situa o local lesado.

De fato, o valor da indenização decorrente de condenação por dano ambiental reverterá a um fundo gerido por um Conselho Federal ou por Conselhos Estaduais de que participarão necessariamente o Ministério Público e representantes da comunidade, sendo seus recursos destinados à reconstituição dos bens lesados (art. 13, *caput*, Lei 7.347/1985).
„Gabarito "B".

(Advogado da União/AGU – CESPE – 2012) Com base nos termos da legislação que trata da responsabilização por danos ambientais, julgue os itens seguintes.

(1) Tratando-se de matéria ambiental, admite-se a desconsideração da pessoa jurídica sempre que sua personalidade seja obstáculo ao ressarcimento de prejuízos causados à qualidade do meio ambiente.
(2) Se tiver ocorrido, antes da transferência de prioridade de imóvel rural, supressão parcial da vegetação situada em área de preservação permanente, o adquirente desse imóvel, comprovada sua boa-fé, não será parte legítima para responder a ação cível com pedido de restauração da área deteriorada.

1: correta (art. 4º, Lei 9.605/1998); **2:** incorreta, pois é remansosa a jurisprudência dos tribunais judiciários, inclusive dos superiores, no sentido de que a obrigação de reparar o dano ambiental é *propter rem*, cabendo ao adquirente de um imóvel que já apresente degradação ambiental repará-lo, ainda que não o tenha causado (REsp 120684/SP, Rel. Mi Humberto Martins, 2ª Turma, j. 17.03.2011, DJE 29.03.2011). Saliente-se que, nesse caso, sequer será exigida a prova do nexo de causalidade, visto que, como dito, a responsabilidade do adquirente é *propter rem*.
„Gabarito 1C, 2E.

(Advogado – Petrobrás – 2012 – CESGRANRIO) Sobre responsabilidade por danos ambientais e meios judiciais de proteção ambiental, sabe-se que a

(A) Administração Pública não pode ser considerada responsável por danos ambientais que decorram da omissão de seu dever de fiscalizar, ainda que contribua diretamente para a degradação ambiental.
(B) comprovação dos danos causados ao meio ambiente não é exigida, no caso de ação civil pública de responsabilidade pelo derramamento de óleo em águas marítimas.
(C) execução judicial de termo de ajustamento de conduta depende de laudo comprobatório dos danos ambientais causados que tenham dado origem àquele.
(D) pessoa física ou jurídica que contribua indiretamente para a ocorrência de um dano ambiental pode ser considerada poluidora.

(E) formação do litisconsórcio passivo é obrigatória nas ações judiciais que tenham como objetivo a reparação de danos ambientais.

A: incorreta, pois a responsabilidade civil da Administração decorrerá de conduta comissiva (ação) ou omissiva (omissão). Neste último caso, há entendimento jurisprudencial, ainda que não pacificado, no sentido de que se trata de responsabilidade subjetiva, seguindo a doutrina administrativista (por todos, Celso Antonio Bandeira de Mello), exigindo-se a demonstração de dolo ou culpa no comportamento omissivo do Estado (*lato sensu*). Tal foi o deslinde no REsp 647.493, de 22/05/2007; **B:** incorreta, pois a responsabilidade civil ambiental, ainda que objetiva, exige a demonstração dos danos causados pela conduta do poluidor/degradador; **C:** incorreta, pois sendo o termo de ajustamento de conduta um título executivo extrajudicial (art. 5º, § 6º, Lei 7.347/1985), será, em caso de descumprimento, passível de execução judicial, bastando a demonstração do inadimplemento da obrigação nele contida; **D:** correta, pois o art. 3º, IV, da Lei 6.938/1981, considera poluidor a pessoa física ou jurídica, de direito público ou privado, responsável, direta ou indiretamente, por atividade causadora de degradação ambiental. Tal conceito dá azo à classificação do poluidor em *direto* ou *indireto*; **E:** incorreta, pois sendo remansoso o entendimento (doutrinário e jurisprudencial) de que a responsabilidade por danos ambientais é solidária, a formação do polo passivo poderá compreender todos ou alguns dos poluidores. Frise-se, por oportuno, que há forte entendimento de que é vedada a intervenção de terceiros provocada por um ou mais réus de ação civil pública ambiental, cabendo a discussão de direito de regresso (em razão da natureza solidária da obrigação à reparação dos danos ambientais) em ação própria (REsp 232.187, de 23.03.00; AgRg no Ag 1.213.458, j. 24.08.2010; REsp 880.160, de 04.05.2010).
Gabarito "D".

10. RESPONSABILIDADE ADMINISTRATIVA AMBIENTAL

(Defensor Público Federal – DPU – 2017 – CESPE) Um agricultor autuado por infração ambiental solicitou auxílio da DP. No auto de infração, constam: a conduta de impedir a regeneração natural de floresta localizada em APP, por manter a área como pasto; a indicação da pena de multa em razão da ilegalidade.
Segundo o agricultor, na verificação, os agentes públicos federais afirmaram ser possível a responsabilização nas esferas administrativa, criminal e civil. Ele argumentou, por fim, que comprou a propriedade já no estado atual e que desconhecia as supostas ilegalidades.
Com referência a essa situação hipotética, julgue os itens que se seguem.
(1) O auto de infração em apreço só terá legalidade se tiver sido lavrado por autoridade policial e contiver o valor da multa, cujo pagamento, entretanto, só deverá ser feito após o julgamento administrativo, já que depende de confirmação de incidência.
(2) Se ficar constatado que a área degradada pode ser recuperada por simples regeneração natural, a pena de multa indicada no auto de infração não poderá ser convertida em reparação de danos.

Assertiva 1. Errada. Segundo o art. 70, § 1º, da Lei 9.605/1998, "São autoridades competentes para lavrar auto de infração ambiental e instaurar processo administrativo os funcionários de órgãos ambientais integrantes do Sistema Nacional de Meio Ambiente – Sisnama, designados para as atividades de fiscalização, bem como os agentes das Capitanias dos Portos, do Ministério da Marinha". Nota-se que não é somente a autoridade policial que possui competência para a lavratura do auto de infração. Assertiva 2. Correta. Quando a prova foi aplicada, em setembro de 2017, a redação do dispositivo correspondente do Decreto 6.514/2008 dispunha sobre a impossibilidade de recuperação da área degradada ser realizada pela simples regeneração natural (art. 141, II). Esse dispositivo foi revogado pelo Decreto 9.179, de 23 de outubro de 2017, que atualmente possui a seguinte redação: "art. 141. Não caberá conversão de multa para reparação de danos decorrentes das próprias infrações". FM
Gabarito: 1E, 2C

(Procurador – SP – VUNESP – 2015) No tocante às infrações administrativas ambientais, nos termos da Lei 9.605/1998, assinale a assertiva correta.
(A) A autoridade ambiental que tiver conhecimento de infração ambiental é obrigada a promover a sua apuração imediata, mediante processo administrativo próprio, sob pena de corresponsabilidade.
(B) O processo administrativo para apuração de infração ambiental deve observar o prazo máximo de trinta dias para o infrator oferecer defesa ou impugnação contra o auto de infração, contados da data da ciência da autuação.
(C) O processo administrativo para apuração de infração ambiental deve observar o prazo máximo de vinte dias para a autoridade competente julgar o auto de infração, contados da data da sua lavratura, apresentada ou não a defesa ou impugnação.
(D) No processo administrativo para apuração de infração ambiental, o infrator tem o prazo máximo de quinze dias para recorrer da decisão condenatória à instância superior do Sistema Nacional do Meio ambiente – Sisnama, ou à Diretoria de Portos e Costas, do Ministério da Marinha, de acordo com o tipo de autuação.
(E) Qualquer pessoa, constatando infração ambiental, poderá dirigir representação junto ao Ministério Público do Meio ambiente, que é a autoridade competente para lavrar auto de infração ambiental no exercício de seu poder de polícia.

A: Correta. Vide art. 70, § 3º, da Lei 9.605/1998. **B:** Incorreta. O prazo para o infrator oferecer defesa ou impugnação ao auto de infração é de 20 (vinte) dias, e não de 30 (trinta) dias, conforme previsto na alternativa. O prazo será contado da ciência da autuação (art. 71, I, da Lei 9.605/1998.). **C:** Incorreta. Nos termos do art. 71, II, da Lei 9.605/1998., o prazo para a autoridade competente julgar o auto de infração, contados da data da sua lavratura, apresentada ou não a defesa ou impugnação, é de 30 (trinta) dias, e não de 20 (vinte) dias. **D:** Incorreta, o prazo máximo para I infrator recorrer da decisão condenatória é de 20 (vinte) dias (art. 71, III, da Lei 9.605/1998); **E:** Incorreta. "São autoridades competentes para lavrar auto de infração ambiental e instaurar processo administrativo os funcionários de órgãos ambientais integrantes do Sistema Nacional de Meio Ambiente – SISNAMA, designados para as atividades de fiscalização, bem como os agentes das Capitanias dos Portos, do Ministério da Marinha" (art. 70, § 1º, da Lei 9.605/1998.). FM/FCP
Gabarito "A".

(Procurador do Estado – PGE/RN – FCC – 2014) O agente autuante, ao lavrar o auto de infração ambiental, indicará as sanções estabelecidas pelo Decreto Federal 6.514/2008, observando
(A) a situação econômica do infrator.
(B) a gravidade dos fatos, tendo em vista os motivos da infração e suas consequências para o desenvolvimento econômico.
(C) o grau de instrução ou escolaridade do agente.
(D) a curva de crescimento da flora ou fauna atingida.
(E) o arrependimento do infrator.

De fato, o agente autuante ao lavrar o auto de infração ambiental deverá observar a situação econômica do infrator. Nesse sentido, dispõe o art. 4º, do Decreto 6.514/2008: "Art. 4º O agente autuante, ao lavrar o auto de infração, indicará as sanções estabelecidas neste Decreto, observando: I – gravidade dos fatos, tendo em vista os motivos da infração e suas consequências para a saúde pública e para o meio ambiente; II – antecedentes do infrator, quanto ao cumprimento da legislação de interesse ambiental; e III – situação econômica do infrator. FM/FCP
Gabarito "A".

(Juiz – TJ-SC – FCC – 2017) Lavrado Auto de Infração Ambiental por supressão ilegal de vegetação nativa em área de preservação permanente, aplicou-se pena de multa, que foi adimplida pelo autuado. A Administração Pública, neste caso, deverá:
(A) arquivar o processo administrativo diante do pagamento integral da multa imposta.
(B) noticiar o fato aos órgãos competentes (Ministério Público e Polícia Civil) para verificar eventual prática de crime ambiental e buscar, administrativamente ou por meio do Poder Judiciário, a reparação do dano ambiental.
(C) noticiar o fato aos órgãos competentes (Ministério Público e Polícia Civil) para verificar eventual prática de crime ambiental e arquivar o processo administrativo.
(D) noticiar o fato aos órgãos competentes (Ministério Público e Polícia Civil) para verificar eventual prática de crime ambiental e buscar administrativamente a reparação do dano ambiental, visto que não tem legitimidade para ingressar em juízo.
(E) ingressar em juízo para buscar a reparação do dano ambiental e a condenação do autuado pela prática de crime ambiental.

Dispõe o art. 225, § 3º, da CF/88, que: "As condutas e atividades consideradas lesivas ao meio ambiente sujeitarão os infratores, pessoas físicas ou jurídicas, a sanções penais e administrativas, independentemente da obrigação de reparar os danos causados". Extrai-se da norma transcrita que as responsabilidades administrativa, penal e civil são autônomas e independentes entre si. Desta forma, lavrado Auto de Infração Ambiental por supressão ilegal de vegetação nativa em área de preservação permanente, aplicou-se pena de multa, que foi adimplida pelo autuado. A Administração Pública, neste caso, deverá noticiar o fato aos órgãos competentes (Ministério Público e Polícia Civil) para verificar eventual prática de crime ambiental e buscar, administrativamente ou por meio do Poder Judiciário, a reparação do dano ambiental. FM/FCP
Gabarito "B".

(Delegado/PE – 2016 – CESPE) Determinada pessoa física foi autuada por, supostamente, ter comercializado produtos, instrumentos e objetos que implicam a caça de espécimes da fauna silvestre.
Considerando essa situação hipotética, assinale a opção correta com base no Decreto 6.514/2008 — que dispõe sobre as infrações e sanções administrativas ao meio ambiente, estabelece o processo administrativo federal para apuração destas infrações, e dá outras providências.
(A) A defesa do autuado deverá ser conhecida, ainda que seja apresentada fora do prazo.
(B) O autuado não poderá ser intimado da lavratura do auto de infração por meio de edital.
(C) O autuado não poderá ser intimado da lavratura do auto de infração por meio de carta registrada.

(D) Se o auto de infração apresentar erro no enquadramento legal, o vício será insanável.

(E) Se o auto de infração apresentar vício sanável, ele poderá ser convalidado a qualquer tempo.

A: incorreta, já que o art. 177, I, do Decreto 6.514/2008 veda o conhecimento da defesa fora do prazo; **B:** incorreta, já que uma vez constatada a ocorrência de infração administrativa ambiental, será lavrado auto de infração, do qual deverá ser dado ciência ao autuado, assegurando-se o contraditório e a ampla defesa, podendo o autuado ser intimado inclusive por edital, conforme previsto pelo art. 96, § 1º, IV, do Decreto 6.514/2008; **C:** incorreta, já que a carta registrada é meio previsto para citação do autuado conforme art. 96, § 1º, III, do Decreto 6.514/2008; **D:** incorreta, já que o referido decreto em seu art. 100, § 3º considera que o erro no enquadramento legal da infração não implica vício insanável, podendo ser alterado pela autoridade julgadora mediante decisão fundamentada que retifique o auto de infração; **E:** correta, por força do art. 99 do Decreto 6.514/2008.
Gabarito "E".

(Juiz de Direito/RJ – 2014 – VUNESP) Considera-se infração administrativa ambiental toda ação ou omissão que viole as regras jurídicas de uso, gozo, promoção, proteção e recuperação do meio ambiente e será punida, entre outras, com a(s) seguinte(s) sanção(ões):

(A) advertência e multa simples, que serão aplicadas somente nos casos de inobservância das normas da Lei 9.605/1998.

(B) demolição e embargo da obra, sendo defeso o embargo de atividade, que deverá ser coibida por meio de tutela inibitória.

(C) apreensão dos animais, produtos ou subprodutos da fauna e flora, instrumentos e petrechos, o que não inclui os equipamentos ou veículos de qualquer natureza utilizados na infração.

(D) destruição e inutilização do produto e multa diária, sendo esta última aplicada sempre que o cometimento da infração se prolongar no tempo.

A: incorreta, por força do art. 71, §§ 2º e 3º, da Lei 9.605/1998: "§ 2º A advertência será aplicada pela inobservância das disposições desta Lei e da legislação em vigor, ou de preceitos regulamentares, sem prejuízo das demais sanções previstas neste artigo. § 3º A multa simples será aplicada sempre que o agente, por negligência ou dolo"; **B:** incorreta, a suspensão de atividade figura como pena restritiva de direito (art. 8º, III, da Lei 9.605/1998); **C:** incorreta, pois o art. 72, IV, da Lei 9.605/1998 também inclui os equipamentos ou veículos de qualquer natureza utilizados na infração; **D:** correta, conforme art. 72, III, V, e § 5º Lei 9.605/1998.
Gabarito "D".

(Magistratura/PE – 2013 – FCC) Com relação aos prazos prescricionais do poder de polícia sancionador de infrações administrativas ambientais, é correto afirmar que

(A) caso a infração administrativa também seja capitulada como crime, o prazo prescricional é aquele da lei penal.

(B) não são admitidas hipóteses de prescrição intercorrente.

(C) o prazo prescricional é sempre de 5 (cinco) anos, contado da data da prática do ato ou da sua cessação, no caso de infração permanente ou continuada.

(D) a prescrição varia conforme a gravidade da infração.

(E) a extinção da pretensão punitiva pela prescrição estende-se à esfera cível.

A: correta (art. 21, § 3º, do Decreto 6.514/2008); **B:** incorreta, pois "incide a prescrição no procedimento de apuração do auto de infração paralisado por mais de cinco anos, pendente de julgamento ou despacho, cujos autos serão arquivados de ofício ou mediante requerimento da parte interessada, sem prejuízo da apuração da responsabilidade funcional decorrente da paralisação, se for o caso" (art. 21, § 2º, do Decreto 6.514/2008, com redação dada pelo Decreto 6.686/2008); **C:** incorreta, pois o prazo não será sempre de 5 anos, já que, no caso em que a infração também constituir crime, a prescrição reger-se-á pelo prazo previsto na lei penal (art. 21, § 3º, do Decreto 6.514/2008); **D:** incorreta, pois o prazo geral é de 5 anos, pouco importando a gravidade da infração, havendo como exceção apenas os casos em que a infração também constituir crime, hipótese em que se observa a lei penal (art. 21, "caput" e § 3º, do Decreto 6.514/2008); **E:** incorreta, pois as esferas civil e administrativa são independentes entre si (art. 146, §§ 3º e 4º, I e II, do Decreto 6.514/2008).
Gabarito "A".

(Magistratura/BA – 2012 – CESPE) Acerca da responsabilidade ambiental, assinale a opção correta.

(A) As ações penais por crimes ambientais previstos na Lei 9.605/1998 são públicas incondicionadas ou condicionadas à representação.

(B) Em matéria ambiental, a responsabilidade por ilícitos é sempre objetiva, dispensando-se a comprovação de culpa em sentido amplo.

(C) A omissão da autoridade ambiental competente, sendo ela obrigada a agir, poderá configurar infração administrativa ambiental.

(D) Os valores arrecadados em decorrência do pagamento de multas por infração ambiental devem ser integralmente revertidos ao Fundo Nacional do Meio Ambiente.

(E) Entre os efeitos da condenação por crime ambiental inclui-se a apreensão de produtos dele decorrentes e de instrumentos utilizados para cometê-lo, salvo os instrumentos lícitos.

A: incorreta, pois a ação penal na Lei 9.605/1998 é pública incondicionada (art. 26 da Lei 9.605/1998); **B:** incorreta, pois em matéria ambiental a responsabilidade depende do elemento objetivo dolo, como regra, e do elemento objetivo culpa em sentido estrito, nos crimes culposos; a responsabilidade administrativa também requer elemento subjetivo para aplicação de determinadas sanções (art. 72, § 3º, da Lei 9.605/1998); e na responsabilidade civil, como regra não se fala em elemento subjetivo, já que a responsabilidade é objetiva, salvo quando se busca a responsabilidade do Poder Público por ausência de fiscalização, ocasião em que a responsabilidade é subjetiva, ficando dependente da demonstração de falta do serviço; **C:** correta (art. 70, § 3º, da Lei 9.605/1998); **D:** incorreta, pois tais valores serão revertidos, além do Fundo Nacional do Meio Ambiente, para o Fundo Naval e para os fundos estaduais ou municipais do meio ambiente, ou correlatos, conforme dispuser o órgão arrecadador (art. 73 da Lei 9.605/1998); **E:** incorreta, pois serão apreendidos seus produtos ou instrumentos, pouco importando se lícitos ou ilícitos (art.25 da Lei 9.605/1998).
Gabarito "C".

11. RESPONSABILIDADE PENAL AMBIENTAL

(Juiz de Direito – TJ/RS – 2018 – VUNESP) Nos termos da Lei nº 9.605/1998, assinale a alternativa correta.

(A) O abate de animal realizado para proteger lavouras, pomares e rebanhos da ação predatória ou destruidora de animais, ainda que sem autorização da autoridade competente, não é considerado crime.

(B) Não é possível a suspensão condicional da pena nos casos de condenação a pena privativa de liberdade superior a três anos, nos crimes previstos nesta Lei.

(C) Nos termos do artigo 89 da Lei nº 9.099/1995, esgotado o prazo máximo de prorrogação da suspensão do processo por não ter sido completa a reparação do dano ambiental, será automaticamente declarada a extinção da punibilidade.

(D) A pena de proibição de contratar com o Poder Público e dele obter subsídios subvenções ou doações aplicada a uma pessoa jurídica não poderá exceder o prazo de cinco anos.

(E) A pena de prestação de serviços à comunidade consiste na atribuição ao condenado de tarefas gratuitas ou com remuneração módica, se o condenado for hipossuficiente, prestado junto a parques, jardins públicos ou unidades de conservação.

A: incorreta. Não é crime o abate de animal realizado para proteger lavouras, pomares e rebanhos da ação predatória ou destruidora de animais, desde que legal e expressamente autorizado pela autoridade competente (art. 37, II, da Lei 9.605/1998); **B:** correta, nos termos do art. 16, da Lei. 9.605/1998: "Nos crimes previstos nesta Lei, a suspensão condicional da pena pode ser aplicada nos casos de condenação a pena privativa de liberdade não superior a três anos"; **C:** incorreta. Nos termos do art. 28, V, da Lei 9.605/1998, a declaração de extinção de punibilidade dependerá de laudo de constatação que comprove ter o acusado tomado as providências necessárias à reparação integral do dano; **D:** incorreta, a teor do art. 10, da Lei 9.605/1998: "As penas de interdição temporária de direito são a proibição de o condenado contratar com o Poder Público, de receber incentivos fiscais ou quaisquer outros benefícios, bem como de participar de licitações, pelo prazo de cinco anos, no caso de crimes dolosos, e de três anos, no de crimes culposo"; **E:** incorreta, nos termos do art. 9º, da Lei 9.605/1998: "A prestação de serviços à comunidade consiste na atribuição ao condenado de tarefas gratuitas junto a parques e jardins públicos e unidades de conservação, e, no caso de dano da coisa particular, pública ou tombada, na restauração desta, se possível". FM/FC
Gabarito "B".

(Procurador do Estado/SP – 2018 – VUNESP) A Constituição Federal de 1988, ao incorporar a questão ambiental de forma ampla e expressa, trouxe para o seio do Supremo Tribunal Federal uma "pauta verde". Assim, o destino de grandes temas ambientais também teve de ser enfrentado na Corte, como decorrência lógica da necessidade de concretização de seus comandos.

Nesse contexto, sobre a jurisprudência do Supremo Tribunal Federal em matéria ambiental, assinale a alternativa correta.

(A) O Supremo Tribunal Federal julgou procedente ação direta de inconstitucionalidade ajuizada contra a Lei Estadual no 12.684/2007 (Lei que proíbe o uso de produtos que contenham amianto), declarando inconstitucional dispositivo que proíbe o uso no Estado de São Paulo de produtos, materiais ou artefatos que contenham quaisquer tipos de amianto ou asbesto ou outros minerais que, acidentalmente, tenham fibras de amianto na sua composição.

(B) Segundo o Supremo Tribunal Federal, o artigo 225, § 3º, da Constituição Federal, não condiciona a responsabilização penal da pessoa jurídica por crimes ambientais à simultânea persecução penal da pessoa física em tese responsável no âmbito da empresa.

(C) A vedação da queima da palha da cana-de-açúcar por lei municipal, em Municípios paulistas, tem sido considerada constitucional, afastando-se a incidência da legislação estadual que prevê a eliminação progressiva da palha.

(D) O Supremo Tribunal Federal considerou constitucional a prefixação de um piso para a compensação ambiental devida pela implantação de empreendimento de significativo impacto ambiental, devendo os valores serem fixados proporcionalmente ao impacto ambiental, a partir do mínimo previsto na Lei nº 9.985/2000 (Lei do Sistema Nacional de Unidades de Conservação).

(E) Tendo em vista a natureza dos crimes ambientais e mesmo não sendo a proteção do meio ambiente um direito fundamental, o princípio da insignificância é inaplicável aos crimes previstos na Lei nº 9.605/1998 (Lei de Crimes Ambientais).

A: incorreta. Em verdade, o Plenário do Supremo Tribunal Federal julgou improcedente a Ação Direta de Inconstitucionalidade 3937, ajuizada pela Confederação Nacional dos Trabalhadores na Indústria (CNTI) contra a Lei 12.687/2007, do Estado de São Paulo, que proíbe o uso de produtos, materiais ou artefatos que contenham quaisquer tipos de amianto no território estadual; **B:** correta. A teoria da dupla imputação encontra-se superada, vigorando atualmente o entendimento de que o art. 225, § 3º, da Constituição Federal não condiciona a responsabilização penal da pessoa jurídica por crimes ambientais à simultânea persecução penal da pessoa física em tese responsável no âmbito da empresa (STF. RE 548181, Rel. Min. Rosa Weber, 1ª T, julgado em 06-08-2013. Publicado em: 30-10-2014); **C:** incorreta. Em pesquisa obtida junto ao Tribunal de Justiça do Estado de São Paulo, os resultados demonstraram que o posicionamento que tem se firmado é no sentido da impossibilidade de proibição da queimada da palha da cana de açúcar por lei municipal, por considerar que o município não possui competência para proibir aquilo que o Estado-membro permite; **D:** incorreta. Foi declarada a inconstitucionalidade da expressão "não pode ser inferior a meio por cento dos custos totais previstos para a implantação do empreendimento", prevista no § 1º do art. 36 da Lei 9.985/2000 (vide ADIN 33786, de 2008); **E:** incorreta. A proteção ao meio ambiente é um direito fundamental de 3ª dimensão/geração, e em decorrência do meio ambiente se tratar de um bem altamente significativo para a humanidade, não se aplica o princípio da insignificância aos crimes ambientais. FM/FC
Gabarito "B".

(Delegado – PC/BA – 2018 – VUNESP) Beltrano Benedito estava andando por uma estrada rural e encontrou um filhote de Jaguatirica ferido. Levou-o para casa e, após cuidar dos ferimentos, passou a criá-lo como se fosse seu animal doméstico. Em conformidade com o disposto na Lei nº 9.605/1998, é correta a seguinte afirmação:

(A) Como o animal iria morrer se não fosse socorrido, Beltrano pode ficar com ele sem necessidade de licença ou autorização da autoridade ambiental.
(B) Se Beltrano mantiver o animal sem licença ou autorização da autoridade ambiental, estará praticando crime contra o meio ambiente, considerado inafiançável.
(C) Por se tratar de filhote de espécime da fauna silvestre, se Beltrano ficar com o animal sem licença ou autorização, terá a pena por crime ambiental aumentada de um sexto a um terço.
(D) Beltrano deverá entregar o animal a uma autoridade ambiental, pois não é possível obter permissão, licença ou autorização para ficar com o animal.
(E) A ação de Beltrano se tipifica como crime contra a fauna, que o sujeita à pena de detenção e multa, mas o juiz, considerando as circunstâncias, poderá deixar de aplicar a pena.

Dispõe o art. 29, da Lei 9.605/1998: "Matar, perseguir, caçar, apanhar, utilizar espécimes da fauna silvestre, nativos ou em rota migratória, sem a devida permissão, licença ou autorização da autoridade competente, ou em desacordo com a obtida: Pena – detenção de seis meses a um ano, e multa". O § 2º, do artigo supramencionado, prescreve que: "No caso de guarda doméstica de espécie silvestre não considerada ameaçada de extinção, pode o juiz, considerando as circunstâncias, deixar de aplicar a pena". Desta forma, considerando que a Portaria 444/2014 do Ministério do Meio Ambiente, responsável por elencar quais são as espécies da fauna ameaçadas de extinção, não prevê em seu rol a jaguatirica, considera-se correta a afirmação contida na assertiva "E": "A ação de Beltrano se tipifica como crime contra a fauna, que o sujeita à pena de detenção e multa, mas o juiz, considerando as circunstâncias, poderá deixar de aplicar a pena". FM/FC
Gabarito "E".

(Procurador Municipal – Prefeitura/BH – CESPE – 2017) Com relação às responsabilidades ambientais e à atuação administrativa do órgão ambiental, assinale a opção correta.

(A) Independentemente de designação prévia para a atividade de fiscalização, servidor do órgão ambiental que constatar infração administrativa ambiental é competente para, no exercício do poder de polícia, lavrar o respectivo auto de infração.
(B) É vedada a apreensão, pelo órgão ambiental, de veículo utilizado na prática de infração ambiental, sanção que só é aplicada no âmbito penal e por determinação judicial.
(C) Membro de conselho ou auditor pode ser responsabilizado pela prática de crime ambiental no caso de, tendo tomado conhecimento de conduta criminosa de outrem, não a ter impedido, embora pudesse agir para evitá-la.
(D) Sendo a conduta definida como infração administrativa ambiental e também como crime, o pagamento da multa ao órgão ambiental substitui a multa determinada judicialmente em ação penal ambiental.

A: incorreta, pois compete ao órgão responsável pelo licenciamento ou autorização, lavrar auto de infração ambiental e instaurar processo administrativo para a apuração de infrações à legislação ambiental cometidas pelo empreendimento ou atividade licenciada. O que não impede o exercício pelos entes federativos da atribuição comum de fiscalização, prevalecendo o auto de infração ambiental lavrado por órgão que detenha a atribuição de licenciamento (art. 17, caput e § 3º, da Lei 12.651/2012); **B:** incorreta (art. 3º, IV, do Decreto 6.514/2008 e art. 72, IV, da Lei 9.605/1998); **C:** correta (art. 2º, da Lei 9.605/1998); **D:** incorreta, "O pagamento de multa imposta pelos Estados, Municípios, Distrito Federal ou Territórios substitui a multa federal na mesma hipótese de incidência" (art. 76, da Lei 9.605/1998 e art. 12, do Decreto 6.514/2008), e não a multa determinada judicialmente em ação penal conforme disposto na assertiva. FM/FCP.
Gabarito "C".

(Procurador Municipal/SP – VUNESP – 2016) A Lei 9.605/98 dispõe sobre as sanções penais e administrativas derivadas de condutas e atividades lesivas ao meio ambiente. Assinale a alternativa que traz uma atenuante à aplicação das penas de crimes ambientais descritos nessa lei.

(A) A comunicação prévia pelo agente do perigo iminente de degradação ambiental.
(B) Ser o agente reincidente nos crimes de natureza ambiental.
(C) Cometer a infração concorrendo para danos na propriedade alheia.
(D) Cometer a ação sem a participação de agentes ambientais.
(E) O alto grau de escolaridade do agente.

A: Correta. Nos termos do art. 14, III, da Lei 9.605/1998. **B:** Incorreta. Ser reincidente nos crimes de natureza ambiental é circunstância que agrava a pena, quando não constitui ou qualifica o crime (art. 15, I, da Lei 9.605/1998). **C:** Incorreta. Cometer a infração concorrendo para danos na propriedade alheia, trata-se de circunstância que agrava a pena, quando não constitui ou qualifica o crime (art. 15, II, "d", da Lei 9.605/1998). **D:** Incorreta. Cometer a ação sem a participação de agentes ambientais, não é conduta que atenua a pena. **E:** Incorreta. O baixo grau de escolaridade que é circunstância que atenua a pena (art. 14, I, da Lei 9.605/1998). FM/FCP
Gabarito "A".

(Procurador – IPSMI/SP – VUNESP – 2016) Sobre as sanções derivadas de condutas e atividades lesivas ao meio ambiente, nos termos da Lei Federal 9.605/98, é correto afirmar que

(A) o diretor de pessoa jurídica que, sabendo da conduta criminosa de outrem, deixar de impedir a sua prática, quando podia agir para evitá-la, responderá civil, mas não criminalmente.
(B) as pessoas jurídicas serão responsabilizadas administrativa, civil e penalmente, nos casos em que a infração seja cometida por decisão de seu representante legal, no interesse ou benefício de terceiro.
(C) a responsabilidade das pessoas jurídicas exclui a das pessoas físicas, autoras, coautoras ou partícipes do mesmo fato.
(D) poderá ser desconsiderada a pessoa jurídica, sempre que sua personalidade for obstáculo ao ressarcimento de prejuízos causados à qualidade do meio ambiente.
(E) a perícia de constatação do dano ambiental, sempre que possível, fixará o montante do prejuízo causado para efeitos de prestação de fiança, mas não se presta para fixação do cálculo de multa.

A: Incorreta. O diretor de pessoa jurídica que, sabendo da conduta criminosa de outrem, deixar de impedir a sua prática, quando podia agir para evitá-la, responderá civil, criminal e administrativamente, nos termos do art. 225, § 3º, da Constituição Federal. **B:** Incorreta. As pessoas jurídicas serão responsabilizadas penalmente, nos casos em que a infração seja cometida por decisão de seu representante legal, no interesse ou benefício de terceiro (art. 3º, da Lei 9.605/1998). Para que haja a responsabilidade civil há a necessidade da existência de danos ambientais (patrimoniais ou extrapatrimoniais). Já para que exista a responsabilidade administrativa, haverá a necessidade de que a conduta seja tipificada como infração administrativa ambiental. **C:** Incorreta. "A responsabilidade das pessoas jurídicas não exclui a das pessoas físicas, autoras, coautoras ou partícipes do mesmo fato" (art. 3º, parágrafo único, da Lei 9.605/1998). **D:** Correta. Trata-se de transcrição do art. 4º, da Lei 9.605/1998. **E:** incorreta. Nos termos do art. 19, da Lei 9.605/1998: "A perícia de constatação do dano ambiental, sempre que possível, fixará o montante do prejuízo causado para efeitos de prestação de fiança e cálculo de multa". FM/FCP
Gabarito "D".

(Juiz – TJ-SC – FCC – 2017) Pedro, Diretor Executivo de empresa de fertilizante, determinou, contra orientação do corpo técnico, que trouxe solução ambientalmente correta, a descarga de produtos em curso d'água causando poluição que tornou necessária a interrupção do abastecimento público de água de uma comunidade localizada a jusante. A conduta de Pedro:

(A) é atípica.
(B) é prevista como forma qualificada de crime ambiental.
(C) é prevista como crime, mas sem qualificadora.
(D) não pode ser responsabilizada, sob o ponto de vista penal, pois a responsabilidade penal recairá sobre a pessoa jurídica.
(E) ensejará a responsabilidade penal da empresa, ainda que a conduta não tenha sido praticada no interesse ou em benefício da pessoa jurídica.

A: incorreta. A conduta de Pedro é típica, consoante verifica-se no art. 54, §2º, III, da Lei 9.605/1998; **B:** correta (art. 54, §2º, III da Lei 9.605/1998); **C:** incorreta, pois a conduta é prevista como crime qualificado, nos termos do art. 54, §2º, III, da Lei 9.605/1998; **D:** incorreta. A responsabilidade não recairá na pessoa jurídica, pois, nos termos do art. 3º, da Lei 9.605/1998, para a pessoa jurídica ser responsabilizada há a necessidade de que a conduta tenha sido praticada por decisão de seu representante legal, contratual ou órgão colegiado, e no interesse ou benefício da entidade, o que não é o caso da questão em análise, já que a decisão de Pedro foi contrária à orientação do corpo técnico não existindo notícia de que tenha revertido em favor da entidade; **E:** incorreta, pois, nos termos do art. 3º da Lei 9.605/1998: "As pessoas jurídicas serão responsabilizadas administrativa, civil e penalmente conforme o disposto nesta Lei, nos casos em que a infração seja cometida por decisão de seu representante legal ou contratual, ou de seu órgão colegiado, no interesse ou benefício da sua entidade". FM/FCP

Gabarito "B".

(Promotor de Justiça – MPE/AM – FMP – 2015) A respeito da responsabilidade penal ambiental, não é correto afirmar que

(A) a responsabilidade delitiva exige sempre o dolo em qualquer tipo de crime ambiental, perpetrado por pessoa física ou jurídica.
(B) os crimes ambientais prescrevem, de acordo com a pena prevista para o tipo penal.
(C) a responsabilidade penal não é objetiva, ao contrário da civil.
(D) todos os crimes ambientais são de ação penal pública incondicionada.
(E) a responsabilidade das pessoas jurídicas não exclui a das pessoas físicas, autoras, coautoras ou partícipes do mesmo fato.

A: Incorreta. Há previsão na Lei de Crimes Ambientais (Lei 9.605/1998) de diversos tipos penais puníveis por culpa, por exemplo destruição ou danificação de floresta considerada de preservação permanente (art. 38, parágrafo único, da Lei 9.605/1998). **B:** Correta. A prescrição dos crimes ambientais segue a regra geral de prescrição do Código Penal que leva em conta a pena prevista para o tipo penal. **C:** Correta. A responsabilidade penal é fundamentada no princípio da culpabilidade do agente, portanto, impossível falar-se em responsabilização penal objetiva, ou seja, independente de culpa. **D:** Correta. Todas as infrações penais previstas na Lei 9.605/1998, são de ação penal é pública incondicionada (art. 26, da Lei 9.605/1998). **E:** Correta. A assertiva encontra correspondência com o parágrafo único, do art. 3º, da Lei 9.605/1998. FM/FCP

Gabarito "A".

(Procurador do Estado/AM – 2016 – CESPE) Com relação aos princípios de direito ambiental, à Lei n.º 9.985/2000, que instituiu o SNUC, e à PNMA, julgue os seguintes itens.

(1) A servidão ambiental, que pode ser onerosa ou gratuita, temporária ou perpétua, embora constitua um dos instrumentos econômicos da PNMA, não se aplica às áreas de preservação permanente nem à reserva legal mínima exigida.
(2) O Ministério do Meio Ambiente é o órgão do SISNAMA responsável por estabelecer normas e critérios para o licenciamento de atividades efetiva ou potencialmente poluidoras, a ser concedido pelos estados e supervisionado pelo IBAMA.
(3) O art. 36 da Lei n.º 9.985/2000 dispõe que "Nos casos de licenciamento ambiental de empreendimentos de significativo impacto ambiental, assim considerado pelo órgão ambiental competente, com fundamento em estudo de impacto ambiental e respectivo relatório — EIA/RIMA, o empreendedor é obrigado a apoiar a implantação e manutenção de unidade de conservação do Grupo de Proteção Integral, de acordo com o disposto neste artigo e no regulamento desta Lei." Segundo o STF, esse artigo materializa o princípio do usuário-pagador, instituindo um mecanismo de assunção partilhada da responsabilidade social pelos custos ambientais derivados da atividade econômica.

1: correta. A assertiva segue a redação do art. 9º-A, § 2º, da Lei 6.938/1981, isto é, não se aplica às Áreas de Preservação Permanente e à Reserva Legal mínima exigida; **2:** errada. O órgão que estabelece normas e critérios para o licenciamento ambiental é o Conselho Nacional do Meio Ambiente (CONAMA), e não o Ministério do Meio Ambiente. A previsão correta encontra-se no art. 8º, I, da Lei 6.938/1981; **3:** correta. A questão articula a redação do art. 36 da Lei 9.985/2000 com a Ação Direta de Inconstitucionalidade (ADI) 3358, julgada em 2008 pelo STF, que, de fato, consignou que esse dispositivo densifica o princípio do usuário-pagador.

Gabarito 1C, 2E, 3C

(Procurador do Estado/AM – 2016 – CESPE) Com relação aos crimes e às infrações administrativas ambientais, julgue os itens subsequentes.

(1) **Situação hipotética:** Durante festividade junina, um grupo de pessoas adultas e capazes soltou balões com potencial de provocar incêndio em floresta situada nas redondezas do local da festa. **Assertiva:** Nessa situação, para serem tipificadas como crime, tais condutas independerão de prova de que a probabilidade de lesão ao meio ambiente era efetiva, por constituírem infração de perigo abstrato.
(2) **Situação hipotética:** Cláudio, maior e capaz, caçou e matou espécime da fauna silvestre, sem a devida autorização da autoridade competente. Segundo o atual entendimento do STJ, a competência para julgar o referido crime será da justiça federal, independentemente de a ofensa ter atingido interesse direto e específico da União, de suas entidades autárquicas ou de empresas públicas federais, pois basta que os crimes sejam contra a fauna para atrair a competência do Poder Judiciário federal.

1: correta. A situação hipotética enquadra-se no art. 42 da Lei 9.605/1998, a saber: "fabricar, vender, transportar ou soltar balões que possam provocar incêndios nas florestas e demais formas de vegetação, em áreas urbanas ou qualquer tipo de assentamento humano (...)"; **2:** errada. É preciso relacionar que o entendimento jurisprudencial sobre a matéria foi alterado a partir do cancelamento pelo Superior Tribunal de Justiça da sua Súmula 91, que enunciava que compete à Justiça Federal processar e julgar os crimes praticados contra a fauna. Portanto, no caso em discussão, não há que se falar em competência da Justiça Federal.

Gabarito 1C, 2E

(Magistratura/RR – 2015 – FCC) Nas infrações penais previstas na Lei de Crimes Ambientais Lei 9.605/1998, a ação penal é

(A) pública incondicionada, pública condicionada à representação ou privada, a depender do tipo penal.
(B) pública incondicionada.
(C) pública incondicionada ou pública condicionada à representação, a depender do tipo penal.
(D) pública incondicionada ou privada, a depender do tipo penal.
(E) pública condicionada à representação ou privada, a depender do tipo penal.

Somente a alternativa **B** está correta, por força do art. 26 da lei: "Art. 26. Nas infrações penais previstas nesta Lei, a ação penal é pública incondicionada". Ademais, vale observar que o meio ambiente é um bem difuso, de uso comum do povo, logo, não há que se falar em condicionar ou tão menos tornar privada sua representação.

Gabarito "B".

(Defensor/PA – 2015 – FMP) De acordo com a Lei 9.605/1998, são penas restritivas de direitos aplicáveis à pessoa jurídica:

(A) a suspensão parcial ou total de atividades e a prestação pecuniária.
(B) a interdição temporária de estabelecimento, obra ou atividade e a proibição de receber incentivos fiscais.
(C) a proibição de contratar com o Poder Público, bem como dele obter subsídios, e o recolhimento domiciliar.
(D) as penas previstas nas alternativas "A", "B" e "C".
(E) a interdição temporária de estabelecimento, obra ou atividade e a proibição de contratar com o Poder Público, bem como dele obter subsídios, subvenções ou doações.

A: incorreta, pois a prestação pecuniária é pena restritiva de direito aplicado à pessoa física (art. 8º, IV); **B:** incorreta, pois somente a pessoa física pode, como penas de interdição temporária de direito, deixar de receber incentivos fiscais (art. 10); **C:** incorreta, já que o recolhimento domiciliar é pena possível somente para as pessoas físicas (art. 8º, V); **D:** incorreta, visto que em todas as alternativas havia uma pena exclusiva para pessoas físicas; **E:** correta, conforme determinado pelo art. 22: "Art. 22. As penas restritivas de direitos da pessoa jurídica são: I – suspensão parcial ou total de atividades; II – interdição temporária de estabelecimento, obra ou atividade; III – proibição de contratar com o Poder Público, bem como dele obter subsídios, subvenções ou doações."

Gabarito "E".

(Magistratura/GO – 2015 – FCC) José responde ação penal por manter em guarda doméstica animal silvestre não considerado ameaçado de extinção. O fato é

(A) crime punido com detenção de seis meses a um ano ou multa.
(B) atípico.
(C) crime, podendo o juiz, considerando as circunstâncias, deixar de aplicar a pena.
(D) contravenção penal.
(E) crime hediondo.

Apenas a alternativa **C** está correta, por força do art. 29, § 2º, da Lei 9605/1998: "§ 2º No caso de guarda doméstica de espécie silvestre não considerada ameaçada de extinção, pode o juiz, considerando as circunstâncias, deixar de aplicar a pena". No mesmo sentido, segue o REsp 1.425.943-RN, que pleiteava suspensão do ato de apreensão de duas aves (uma arara vermelha e uma arara canindé) que viviam na residência do recorrido há mais de vinte anos: "4. Inexiste violação do art. 1º da Lei 5.197/1997 e do art. 25 da Lei 9.605/1998 no caso concreto, pois a legislação deve buscar a efetiva proteção dos animais. Após mais de 20 anos de convivência, sem indício de maltrato, é desarrazoado determinar a apreensão de duas araras para duvidosa reintegração ao seu habitat".

Gabarito "C".

(Juiz de Direito/MG – 2014) Com relação à responsabilidade penal das pessoas físicas e jurídicas em matéria ambiental, assinale a alternativa **INCORRETA**.

(A) A pessoa jurídica, constituída ou utilizada, preponderantemente, com o fim de permitir, facilitar ou ocultar a prática de crime ao meio ambiente terá decretada a sua liquidação forçada e seu patrimônio será considerado instrumento do crime e, como tal, perdido em favor do Fundo Penitenciário Nacional.

(B) Não constitui crime o abate de animal quando realizado para proteger lavouras, pomares e rebanhos de sua ação predatória ou destruidora.
(C) Porquanto especial, à legislação penal ambiental (Lei 9.605/1998) não se aplicam as disposições do Código Penal.
(D) A responsabilidade penal dos dirigentes pelos crimes imputados à pessoa jurídica tem seus limites, pois deve haver, entre a ação ou omissão do dirigente e o fato danoso, um nexo de causalidade, sob pena de se atribuir responsabilidade penal objetiva às pessoas físicas.

A: assertiva correta, conforme determinado pelo art. 24 da Lei de Crimes Ambientais – Lei 9.605/1998; **B:** assertiva correta, por força do autorizado pelo art. 37, II, da Lei de Crimes Ambientais, vale ressaltar contudo que a exclusão de ilicitude depende de expressa autorização da autoridade competente; **C:** assertiva incorreta, devendo ser assinalada, pois a Lei de crimes ambientais é aplicada subsidiariamente às disposições do Código Penal e do Código de Processo Penal (art. 79 Lei 9.605/1998); **D:** assertiva correta, pois não há que se falar em responsabilidade penal objetiva, conforme já consagrado pela jurisprudência do STF e STJ (HC 83.554-6/PR, REsp 800.817-SC, RHC 24.239-ES etc.).
Gabarito "C".

(Magistratura/PE – 2013 – FCC) Em casos envolvendo crime ambiental de menor potencial ofensivo, a suspensão do processo
(A) é condicionada à prévia reparação do dano ambiental, apurada mediante laudo de constatação.
(B) poderá ser prorrogada sem tempo máximo de duração, enquanto não for reparado o dano ambiental.
(C) poderá ser deferida, mas a extinção da punibilidade depende da reparação do dano ambiental ou da comprovação de que o acusado tomou as providências necessárias à sua reparação integral.
(D) é providência necessária, que pode ser, a qualquer tempo, também condicionada à proibição de frequentar determinados lugares ou à proibição de ausentar-se da comarca sem autorização do juiz.
(E) não é cabível, excepcionando as regras da Lei nº 9.099/95.

A: incorreta, pois o laudo de constatação da reparação ambiental é requisito para a extinção da punibilidade e não para a concessão da suspensão do processo (art. 28, V, da Lei 9.605/1998); **B:** incorreta, pois a prorrogação será por até o período máximo previsto no art. 89 da Lei 9.099/1995, acrescido de mais um ano, com suspensão do prazo de prescrição (art. 28, II, da Lei 9.605/1998), sem prejuízo de nova prorrogação excepcional nos termos do art. 28, IV, da Lei 9.605/1998; **C:** correta (art. 28, V, da Lei 9.605/1998); **D:** incorreta, pois tais condições, previstas no art. 89, § 1º, II e III, da Lei 9.099/1995, respectivamente proibição de frequentar determinado lugares e de ausentar-se da comarca sem autorização do juiz, não se aplicam em se tratando de crimes ambientais (art. 28, III, da Lei 9.605/1998); **E:** incorreta, pois é cabível sim, nos termos do art. 28, "caput", da Lei 9.605/1998.
Gabarito "C".

(Magistratura/MG – 2012 – VUNESP) Assinale a alternativa que apresenta informação **incorreta**.
(A) Os antecedentes ambientais do infrator, o baixo grau de instrução ou de escolaridade do agente e a sua situação econômica constituem circunstâncias que atenuam a pena, segundo o artigo 14 da Lei de Crimes Ambientais.
(B) É possível a responsabilização penal de pessoa jurídica em crimes ambientais desde que haja a imputação simultânea do ente moral e da pessoa física que atua em nome ou em seu benefício.
(C) É da Justiça Federal a competência para processar e julgar ação penal contra acusado de pesca predatória em águas territoriais de Estados-membros da Federação.
(D) Os ecossistemas considerados constitucionalmente patrimônio natural não atraem competência da Justiça Federal.

A: incorreta, devendo ser assinalada; a situação econômica e os antecedentes do infrator não constituem circunstâncias que atenuam a pena (art. 14 da Lei 9.605/1998); **B:** correta; de fato, para que haja responsabilização penal da pessoa jurídica é necessário que a infração seja cometida por decisão de seu representante legal ou contratual, ou de seu órgão colegiado (art. 3º da Lei 9.605/1998); **C:** correta, já que as águas territoriais são bens da União, atraindo a competência da Justiça Federal (art. 109, I, da CF); **D:** correta, pois o simples fato de um ecossistema ser considerado patrimônio natural não faz incidir a norma do art. 109, I, da CF.
Gabarito "A".

(Ministério Público/TO – 2012 – CESPE) De acordo com a Lei dos Crimes Ambientais, constituem penas restritivas de direito
(A) o recolhimento domiciliar e a prisão simples.
(B) a interdição definitiva de direitos e a prestação pecuniária.
(C) a suspensão parcial ou total de atividades e a interdição definitiva do direito de transitar em unidades de conservação.
(D) a prestação de serviços à comunidade e a interdição temporária de direitos.
(E) o recolhimento domiciliar e a obrigatoriedade de participar do curso de educação ambiental.

As penas restritivas de direitos definidas na Lei 9.605/1998 são: I – prestação de serviços à comunidade; II – interdição temporária de direitos; III – suspensão parcial ou total de atividades; IV – prestação pecuniária; e V – recolhimento domiciliar. Assim, apenas a alternativa "D" contêm espécies de penas restritivas de direitos, nas quais não se incluem a prisão simples (alternativa "A"), a interdição definitiva de direitos (alternativa "B"), interdição definitiva do direito de transitar em unidades de conservação (alternativa "C") e obrigatoriedade de participar de curso de educação ambiental (alternativa "E").
Gabarito "D".

(Defensor Público/AM – 2013 – FCC) Pedro, em estado de necessidade, para saciar sua fome e de sua família, composta por esposa e cinco filhos, abateu animal da fauna amazônica. Segundo a Lei Federal nº 9.605/1998, que dispõe sobre as sanções penais e administrativas derivadas de condutas e atividades lesivas ao meio ambiente, tal fato
(A) é tipificado como crime.
(B) é tipificado como contravenção penal.
(C) é tipificado como crime, sendo a situação descrita circunstância atenuante da pena.
(D) não é considerado crime.
(E) é tipificado como crime, sendo a ação penal neste caso pública condicionada à representação.

A, B, C e E: incorretas, pois o art. 37, I, da Lei 9.605/1998 dispõe que não é crime (nem contravenção penal, por extensão, já que se tem excludente de antijuridicidade, ante o estado de necessidade) tal conduta; **D:** correta, nos termos do art. 37, I, da Lei 9.605/1998.
Gabarito "D".

(Procurador do Município/São José dos Campos-SP – 2012 – VUNESP) Entre as penas restritivas de direitos da pessoa jurídica está(ão), dentre outras:
(A) execução de obras de recuperação de áreas degradadas.
(B) contribuições a entidades ambientais ou culturais públicas.
(C) recolhimento domiciliar.
(D) interdição temporária de estabelecimento, obra ou atividade.
(E) prestação de serviços à comunidade.

Primeiramente, de acordo com o art. 21 da Lei 9.605/1998 (Lei dos Crimes Ambientais), as penas aplicáveis às pessoas jurídicas são: I – multa; II – *restritivas de direitos*, e III – *prestação de serviços à comunidade*. Por sua vez, o art. 22, do mesmo diploma legal, informa que são *penas restritivas de direitos* da pessoa jurídica: I – suspensão parcial ou total de atividades; II – interdição temporária de estabelecimento, obra ou atividade; e III – proibição de contratar com o Poder Público, bem como dele obter subsídios, subvenções ou doações. Por fim, o art. 23, também do mesmo diploma normativo, prescreve que a *prestação de serviços à comunidade* pela pessoa jurídica consistirá em: I – custeio de programas e de projetos ambientais; II – execução de obras de recuperação de áreas degradadas; III – manutenção de espaços públicos; e IV – contribuições a entidades ambientais ou culturais públicas. Perceba o candidato que a questão quer a indicação de uma das penas restritivas de direitos, vale dizer, aquelas previstas no rol do precitado art. 22, estando, pois, correta, a alternativa "D". As alternativas "A" e "B" são subespécies de prestação de serviços à comunidade. A alternativa "C", por óbvio, jamais poderia ser imposta a uma pessoa jurídica, tratando-se o recolhimento domiciliar de modalidade de pena restritiva de direitos aplicável, evidentemente, a infratores pessoas físicas (art. 13, Lei 9.605/1998). A alternativa "E" (prestação de serviços à comunidade), como visto no art. 21, III, da Lei dos Crimes Ambientais, não se confunde com as penas restritivas de direitos (art. 21, II).
Gabarito "D".

(Advogado da União/AGU – CESPE – 2012) Julgue o item seguinte.
(1) É circunstância agravante da pena o fato de o agente ter cometido crime ambiental no interior de espaço territorial especialmente protegido, salvo quando a referida localização constituir ou qualificar o crime.

1: correta (art. 15, II, I, Lei 9.605/1998). Ressalte-se que a agravante em tela somente incidirá se o crime não envolver, diretamente, um espaço territorial especialmente protegido, sob pena de caracterizar *bis in idem*.
Gabarito 1C.

12. BIOSSEGURANÇA E PROTEÇÃO DA SAÚDE HUMANA

(Juiz de Direito/AM – 2016 – CESPE) Acerca de biodiversidade, patrimônio genético e conhecimento tradicional associado, assinale a opção correta.
(A) A gestão do patrimônio genético e o acesso ao conhecimento tradicional associado competem aos municípios, por se tratar de assunto de interesse local.
(B) As ações que visem ao acesso ao conhecimento tradicional associado à biodiversidade podem transcorrer mesmo sem o consentimento prévio dos povos indígenas e de outras comunidades locais.
(C) O conhecimento tradicional associado ao patrimônio genético decorrente de práticas das comunidades indígenas nacionais integra o patrimônio cultural brasileiro.
(D) A divisão dos benefícios decorrentes de exploração econômica de produto desenvolvido a partir de conhecimento tradicional associado ocorrerá sob formas que permitam quantificação de valores, vedadas as contribuições na forma de capacitação de recursos humanos.

(E) A diversidade biológica será legalmente protegida se tiver potencial para uso humano.

A: incorreta. O acesso ao patrimônio genético existente no País ou ao conhecimento tradicional associado para fins de pesquisa ou desenvolvimento tecnológico e a exploração econômica de produto acabado ou material reprodutivo oriundo desse acesso somente serão realizados mediante cadastro, autorização ou notificação, e serão submetidos a fiscalização, restrições e repartição de benefícios nos termos e nas condições estabelecidos na Lei 13.123/2015 e regulamento. Além disso, é de competência da União a gestão, o controle e a fiscalização das atividades ora descritas, nos termos do disposto no inciso XXIII do *caput* do art. 7º da Lei Complementar 140/2011 (art. 3º, Lei 13.123/2015). Por fim, foi criado no âmbito do Ministério do Meio Ambiente o Conselho de Gestão do Patrimônio Genético (CGen), órgão colegiado de caráter deliberativo, normativo, consultivo e recursal, responsável por coordenar a elaboração e a implementação de políticas para a gestão do acesso ao patrimônio genético e ao conhecimento tradicional associado e da repartição de benefício; **B:** incorreta. Segundo o art. 8º, § 2º, da Lei 13.123/2015, "O Estado reconhece o direito de populações indígenas, de comunidades tradicionais e de agricultores tradicionais de participar da tomada de decisões, no âmbito nacional, sobre assuntos relacionados à conservação e ao uso sustentável de seus conhecimentos tradicionais associados ao patrimônio genético do País (...)"; **C:** correta. Segundo o art. 2º, II, da Lei 13123/2015, o "conhecimento tradicional associado – informação ou prática de população indígena, comunidade tradicional ou agricultor tradicional sobre as propriedades ou usos diretos ou indiretos associada ao patrimônio genético". Além disso, o art. 8º, § 2º, diz: "O conhecimento tradicional associado ao patrimônio genético de que trata esta Lei integra o patrimônio cultural brasileiro e poderá ser depositado em banco de dados (...); **D:** incorreta. A repartição de benefícios decorrente da exploração econômica de produto acabado ou material reprodutivo oriundo de acesso ao patrimônio genético ou ao conhecimento tradicional associado poderá constituir-se na modalidade não econômica e, dentre elas, a capacitação de recursos humanos em temas relacionados à conservação e uso sustentável do patrimônio genético ou do conhecimento tradicional associado (art. 19, II, e, Lei 13.123/2015). Ou seja, é possível a capacitação de recursos humanos; **E:** incorreta. A diversidade biológica possui valor intrínseco, isto é, independente do uso humano.
Gabarito "C".

(Promotor de Justiça/MG – 2013) É *INCORRETO* afirmar-se que:
(A) Encontra-se entre as competências da Comissão Técnica Nacional de Biossegurança – CTNBio, instância colegiada multidisciplinar de caráter consultivo e deliberativo que integra o Ministério da Ciência e da Tecnologia, estabelecer normas para as pesquisas, atividades e projetos relacionados com organismos geneticamente modificados e seus derivados, e estabelecer, no âmbito de suas competências, critérios de avaliação e monitoramento de risco de organismos geneticamente modificados e seus derivados.
(B) Constitui crime, punível com reclusão de dois a cinco anos e multa, realizar clonagem humana, conforme o artigo 26 da Lei Federal 11.105/2005, que dispõe sobre a Política Nacional de Biossegurança.
(C) Toda instituição que utilizar técnicas e métodos de engenharia genética ou realizar pesquisas com organismos geneticamente modificados e seus derivados deverá criar uma Comissão Interna de Biossegurança – CIBio, além de indicar um técnico principal responsável para cada projeto específico.
(D) É permitida, para fins de pesquisa e terapia, a utilização de células-tronco embrionárias obtidas de embriões humanos viáveis produzidos por fertilização *in vitro* e não utilizados no respectivo procedimento, desde que estejam congelados há menos de três anos e haja consentimento dos genitores.

A: assertiva correta, conforme texto expresso do art. 14 da Lei 11.105/2005; **B:** assertiva correta: tal qual descrito na Lei 11.105/2005: "Art. 26. Realizar clonagem humana: pena – reclusão, de 2 (dois) a 5 (cinco) anos, e multa."; **C:** assertiva correta, conforme art. 17 da Lei de Biossegurança; **D:** assertiva incorreta, devendo ser assinalada, pois a pesquisa para fins de pesquisa e terapia, a utilização de células-tronco somente é autorizada com embriões humanos inviáveis ou sejam embriões congelados há 3 (três) anos ou mais, na data da publicação da Lei 11.105/2005, ou que, já congelados na data da publicação da Lei, depois de completarem 3 (três) anos, contados a partir da data de congelamento (Art. 5º, I e II da Lei 11.105/2005).
Gabarito "D".

(Ministério Público/MG – 2012 – CONSULPLAN) Em 1953, Watson e Crick descobriram a hélice dupla do ácido desoxirribonucleico, o que possibilitou a incorporação no genoma de uma espécie de genes de outra espécie, sem o concurso da reprodução sexual, originando os organismos denominados transgênicos, o que mais tarde redundou em regramento normativo no Brasil. Nesse viés, é INCORRETO asseverar:
(A) desde que não impliquem a utilização de OGM como receptor ou doador, não haverá incidência da Lei Federal 11.105/2005 quando a modificação genética for obtida por meio das técnicas de: mutagênese; formação e utilização de células somáticas de hibridoma animal; fusão nuclear (inclusive a de protoplasma) de células vegetais, que possa ser produzida mediante métodos tradicionais de cultivo; e autoclonagem de organismos não patogênicos que se processe de maneira natural.
(B) é da competência da Comissão Interna de Biossegurança, no âmbito da instituição onde foi constituída: manter informados os trabalhadores e demais membros da coletividade, quando suscetíveis de serem afetados pela atividade, sobre as questões relacionadas com a saúde e a segurança, bem como sobre os procedimentos em caso de acidentes; estabelecer programas preventivos e de inspeção para garantir o funcionamento das instalações sob sua responsabilidade, dentro dos padrões e normas de biossegurança, definidos pela CTNBio; encaminhar à CTNBio os documentos secundariamente exigidos, para efeito de análise, registro ou autorização do órgão competente; manter registro do acompanhamento individual de cada atividade ou projeto em desenvolvimento que envolvam OGM ou seus derivados; notificar à CTNBio, aos órgãos e entidades de registro e fiscalização e às entidades de trabalhadores o resultado de avaliações de risco a que estão submetidas as pessoas expostas, bem como qualquer acidente ou incidente que possa provocar a disseminação de agente biológico; investigar a ocorrência de acidentes e as enfermidades possivelmente relacionados à OGM e seus derivados e notificar suas conclusões e providências à CTNBio.
(C) a autorização normativa para pesquisa e manipulação genética tem assento no art. 225, § 1º, inciso II, da Constituição Federal, no entanto, mediante fiscalização do Poder Público para assegurar a efetividade do direito ao meio ambiente ecologicamente equilibrado, sendo certo que o princípio da prevenção – já que ausente certeza absoluta científica de ameaça de danos – ganha destacada utilização.
(D) referente à manipulação e pesquisa do OGM, são vedadas as seguintes condutas: implementação de projeto relativo à OGM sem a manutenção de registro de seu acompanhamento individual; engenharia genética em organismo vivo ou o manejo *in vitro* de ADN/ARN natural ou recombinante, realizado em desacordo com as normas previstas; engenharia genética em célula germinal humana, zigoto humano e embrião humano; clonagem humana; destruição ou descarte no meio ambiente de OGM e seus derivados em desacordo com as normas estabelecidas pela CTNBio, pelos órgãos e entidades de registro e fiscalização; liberação no meio ambiente de OGM ou seus derivados, no âmbito de atividades de pesquisa, sem a decisão técnica favorável da CTNBio e, nos casos de liberação comercial, sem o parecer técnico favorável da CTNBio, ou sem o licenciamento do órgão ou entidade ambiental responsável, quando a CTNBio considerar a atividade como potencialmente causadora de degradação ambiental, ou sem a aprovação do Conselho Nacional de Biossegurança – CNBS, quando o processo tenha sido por ele avocado; a utilização, a comercialização, o registro, o patenteamento e o licenciamento de tecnologias genéticas de restrição do uso.

A: correta (art. 4º, I a IV, da Lei 11.105/2005); **B:** correta (art. 18, I a VI, da Lei 11.105/2005); **C:** incorreta, devendo ser assinalada pois é o princípio da precaução que se funda na incerteza científica da ameaça de danos de determinada atividade ou empreendimento (princípio 15 da Declaração Eco/1992); **D:** correta (art. 6º, I a VII, da Lei 11.105/2005).
Gabarito "C".

13. RECURSOS MINERAIS

(Juiz – TRF 2ª Região – 2017) Quanto à relação entre mineração e direito ambiental é correto afirmar que:
(A) A autorização de pesquisa mineral pressupõe o licenciamento ambiental da outorga de lavra.
(B) A evidência de que a exploração de recursos minerais possa causar degradação ao meio ambiente não impede o licenciamento, por si, já que a própria Constituição Federal refere que, nesta atividade, o meio ambiente degradado será posteriormente recuperado, conforme a solução técnica exigida pelo órgão ambiental.
(C) Na competência do Estado para registrar as concessões de direitos de pesquisa e lavra não se inclui a fiscalização de tais atividades.
(D) A emissão da outorga de lavra gera direito do empreendedor à obtenção da licença ambiental, ainda que com condicionantes, exceto se a lavra se localizar em unidades de conservação.
(E) O licenciamento ambiental de uma lavra não autoriza a realização de atividades que causem impacto ambiental direto.

A: incorreta, pois a autorização de pesquisa se refere à definição da jazida, sua avaliação e a determinação da exequibilidade do seu aproveitamento econômico e depende de prévia outorga do Departamento Nacional de Produção Mineral (art. 14, "caput" e art. 15, "caput", ambos do Decreto-Lei 227/1967). Já a concessão da lavra, que consiste no aproveitamento industrial da jazida, isto é, extração e beneficiamento das substâncias minerais (art. 36, do Decreto-Lei 27/1967) e depende de ato do Ministério de Minas e Energia; **B:** correta (art. 225, §2º, da CF/88); **C:** incorreta, pois o art. 17, § 3º, da LC 140/2011, esclarece que não impede o exercício pelos entes federativos da atribuição comum de fiscalização da conformidade de empreendimentos e atividades efetiva ou potencialmente poluidores ou utilizadores de recursos naturais. Além disso, conforme a CF, é competência comum da

União, dos Estados, do Distrito Federal e dos Municípios "registrar, acompanhar e fiscalizar as concessões de direitos de pesquisa e exploração de recursos hídricos e minerais em seus territórios" (art. 23, XI)";**D**:incorreta, pois a emissão de outorga de lavra depende da obtenção da licença ambiental; **E**: incorreta, pois a degradação ambiental é condição *sine qua non* a exploração dos recursos minerais, ou seja, impossível explorar minérios sem comprometer a integridade do meio ambiente.Tanto é assim que o art. 225, § 2º, da CF/88, dispõe que: "Aquele que explorar recursos minerais fica obrigado a recuperar o meio ambiente degradado, de acordo com solução técnica exigida pelo órgão público competente, na forma da lei". **FM/FCP**

Gabarito "B".

(Juiz – TRF 4ª Região – 2016) Assinale a alternativa correta.
A partir da legislação que regulamenta a atividade de mineração (Código de Minas – Decreto-Lei nº 277/67):

(A) Não se aplica o Decreto-Lei nº 277/67 às jazidas de minerais que afloram à superfície terrestre naturalmente, ainda que detenham valor econômico.
(B) É direito do proprietário da área da jazida a participação nos resultados da lavra, ainda que integralmente explorada por terceiro.
(C) O titular da Pesquisa de Relatório aprovado pelo Departamento Nacional de Produção Mineral detém direito exclusivo para requerer a concessão de lavra, independentemente do prazo para o seu exercício.
(D) Dispõe o proprietário da área objeto da pesquisa de jazidas a faculdade de permitir o ingresso de terceiros autorizados pelo Departamento Nacional de Produção Mineral em sua propriedade ou, alternativamente, exigir rendimentos pela ocupação dos terrenos e indenização pelos danos e prejuízos.
(E) Nenhumas das alternativas anteriores está correta.

A: incorreta, pois nos termos do art. 4º, do Decreto-Lei 227/1967, considera-se jazida toda massa individualizada de substância mineral ou fóssil, aflorando à superfície ou existente no interior da terra, e que tenha valor econômico, e nos termos do art. 3º, I, do Decreto-Lei 227/1967,o Código de Mineração regula os direitos sobre as massas individualizadas de substâncias minerais ou fósseis, encontradas na superfície ou no interior da terra formando os recursos minerais do país; **B**: correta (art. 11, *b*, do Decreto-Lei 227/1967); **C**: incorreta, pois o titular, uma vez aprovado o Relatório de Pesquisa, terá 1 (um) ano para requerer a concessão de lavra (art. 31, do Decreto-Lei 227/1967); **D**: incorreta, pois o proprietário do solo da área objeto da pesquisa de jazidas tem direito à participação nos resultados da lavra (art. 11, *b*, do Decreto-Lei 227/1967) e, não poderão ser iniciados os trabalhos de pesquisa ou lavra, antes de paga a importância à indenização e de fixada a renda pela ocupação do terreno (art. 62, do Decreto-Lei 227/1967); **E**: incorreta nos termos acima expostos. **FM/FCP**

Gabarito "B".

(Magistratura/RR – 2015 – FCC) As jazidas e demais recursos minerais, segundo a Constituição Federal, para efeito de exploração ou aproveitamento, pertencem

(A) ao proprietário do imóvel.
(B) ao Município.
(C) ao Estado, sendo garantida ao concessionário a propriedade do produto da lavra.
(D) à União, sendo garantida ao concessionário a propriedade do produto da lavra.
(E) ao Estado, sendo garantida ao proprietário do imóvel a propriedade do produto da lavra.

Somente a alternativa **D** está correta, por força do art. 176 da CF: "Art. 176. As jazidas, em lavra ou não, e demais recursos minerais e os potenciais de energia hidráulica constituem propriedade distinta a do solo, para efeito de exploração ou aproveitamento, e pertencem à União, garantida ao concessionário a propriedade do produto da lavra".

Gabarito "D".

14. RESÍDUOS SÓLIDOS

(Procurador do Estado/SP – 2018 – VUNESP) Uma empresa privada, localizada no Estado de São Paulo, contratou outra empresa privada especializada para o transporte e a destinação adequada de resíduos sólidos tóxicos, decorrentes de processos produtivos da atividade industrial da primeira, que apresentavam significativo risco ao meio ambiente e assim foram qualificados em norma técnica. O transporte ocorreria dentro do Estado de São Paulo.
Tendo em vista essa situação, considere as seguintes afirmações, assinalando a correta.

(A) Em eventual acidente que acarrete dano ao meio ambiente, ocorrido durante o transporte, cuja culpa seja do transportador, estando ele regular perante os órgãos ambientais, o gerador sempre será isento de responsabilidade.
(B) Compete ao Município de origem da carga exercer o controle ambiental do transporte deste material, estando dispensada tal atividade de licenciamento ambiental.
(C) Mesmo não integrando diretamente a relação, em caso de dano, cabe ao Poder Público atuar para minimizá-lo ou cessá-lo, solidariamente aos causadores, logo que tome conhecimento do evento.
(D) A inscrição do transportador do resíduo no Cadastro Nacional de Operadores de Resíduos Perigosos é obrigatória, dispensada a inscrição do gerador.
(E) Considerando a natureza do resíduo sólido, o órgão licenciador pode exigir a contratação de seguro de responsabilidade civil por danos causados ao meio ambiente ou à saúde pública para as empresas que operem com estes resíduos, observadas as regras sobre cobertura e os limites máximos de contratação fixados em regulamento.

A: incorreta. A responsabilidade civil por danos ambientais é objetiva e fundamentada na teoria do risco integral (art. 14, § 1º, da Lei 6.938/1981), desta forma prescinde do elemento culpa para restar caracterizada, bastando que a conduta (lícita ou ilícita) do agente cause danos à vítima; **B**: incorreta, nos termos do art. 8º, XXI, da Lei Complementar 140/2011: "São ações administrativas dos Estados: XXI – exercer o controle ambiental do transporte fluvial e terrestre de produtos perigosos [...]"; **C**: incorreta, a teor do art. 29, da Lei 12.305/2010: "Cabe ao poder público atuar, subsidiariamente, com vistas a minimizar ou cessar o dano, logo que tome conhecimento de evento lesivo ao meio ambiente ou à saúde pública relacionado ao gerenciamento de resíduos sólidos"; **D**: incorreta. A inscrição no Cadastro Nacional de Operadores de Resíduos Perigosos é obrigatória, para qualquer pessoa jurídica que opere com resíduos perigosos, em qualquer fase do seu gerenciamento (art. 38, da Lei 12.305/2010); **E**: correta. Nesse sentido dispõe o art. 40, da Lei 12.305/2010: "No licenciamento ambiental de empreendimentos ou atividades que operem com resíduos perigosos, o órgão licenciador do Sisnama pode exigir a contratação de seguro de responsabilidade civil por danos causados ao meio ambiente ou à saúde pública, observadas as regras sobre cobertura e os limites máximos de contratação fixados em regulamento". **FM/FC**

Gabarito "E".

(Juiz de Direito/PA – 2014 – VUNESP) Nos termos da Lei 12.305/2010, a logística reversa como instrumento de desenvolvimento econômico e social, caracterizado por um conjunto de ações, procedimentos e meios destinados a viabilizar a coleta e a restituição dos resíduos sólidos ao setor empresarial, para reaproveitamento, em seu ciclo ou em outros ciclos produtivos, ou outra destinação ambientalmente adequada, aplica-se aos fabricantes, importadores, distribuidores e comerciantes, entre outros, de

(A) produtos eletroeletrônicos e seus componentes, pneus, pilhas e baterias.
(B) agrotóxicos, veículos, pilhas e baterias.
(C) veículos, óleos lubrificantes e agrotóxicos, seus resíduos e embalagens.
(D) agrotóxicos, produtos eletroeletrônicos e lâmpadas em geral.
(E) produtos eletroeletrônicos e seus componentes, lâmpadas em geral, pilhas e baterias.

O art. 33 da Lei 12.305/2010 – Política Nacional de Resíduos Sólidos – traz seis itens com produtos obrigatoriamente objeto da logística reversa. Dentre as alternativas apresentadas pela questão, apenas a letra "A" contém todos os produtos elencados no texto da lei "Art.33. São obrigados a estruturar e implementar sistemas de logística reversa, mediante retorno dos produtos após o uso pelo consumidor, de forma independente do serviço público de limpeza urbana e de manejo dos resíduos sólidos, os fabricantes, importadores, distribuidores e comerciantes de: I – agrotóxicos, seus resíduos e embalagens, assim como outros produtos cuja embalagem, após o uso, constitua resíduo perigoso, observadas as regras de gerenciamento de resíduos perigosos previstas em lei ou regulamento, em normas estabelecidas pelos órgãos do Sisnama, do SNVS e do Suasa, ou em normas técnicas; II – pilhas e baterias; III – pneus; IV – óleos lubrificantes, seus resíduos e embalagens; V – lâmpadas fluorescentes, de vapor de sódio e mercúrio e de luz mista; VI – produtos eletroeletrônicos e seus componentes.

Gabarito "A".

(Juiz de Direito/RJ – 2014 – VUNESP) Quanto à responsabilidade decorrente dos resíduos sólidos pós-consumo, é correto afirmar que

(A) o compromisso dos fabricantes, importadores, comerciantes e distribuidores é de, quando firmados acordos ou termos de compromisso com o Município, participar das ações previstas no plano municipal de gestão integrada de resíduos sólidos no caso de produtos incluídos no sistema de logística reversa.
(B) as embalagens devem ser fabricadas com materiais que propiciem a reutilização ou a reciclagem, sendo responsável todo aquele que manufatura embalagens ou fornece materiais para a fabricação de embalagens, coloca em circulação embalagens, materiais para a fabricação de embalagens ou produtos embalados, em qualquer fase da cadeia de comércio.
(C) para fortalecer a responsabilidade compartilhada e seus objetivos, a responsabilidade dos fabricantes, importadores, distribuidores e comerciantes abrange o compromisso de recolhimento somente dos resíduos e das embalagens remanescentes após o uso, bem como a sua destinação ambientalmente adequada, no caso dos produtos sujeitos à logística reversa.
(D) a responsabilidade compartilhada pelo ciclo de vida dos produtos, a ser implementada de forma individualizada e encadeada, abrange distribuidores e comerciantes, consumidores e titulares de serviços públicos de limpeza urbana, bem como fabricantes e importadores,

cabendo a todos o desenvolvimento de produtos que gerem, gradativamente, nos termos da lei, menos resíduos.

A: incorreta, pois o compromisso dos fabricantes e importadores, comerciantes e distribuidores é de firmar compromissos de gestão integrada dos produtos ainda não incluídos no sistema de logística reversa (art. 31, IV, da Lei 12.305/2010); **B:** correta, conforme texto do art. 32, § 3º, da Lei de Resíduos Sólidos: "Art. 32. As embalagens devem ser fabricadas com materiais que propiciem a reutilização ou a reciclagem. § 3º É responsável pelo atendimento do disposto neste artigo todo aquele que: I – manufatura embalagens ou fornece materiais para a fabricação de embalagens; II – coloca em circulação embalagens, materiais para a fabricação de embalagens ou produtos embalados, em qualquer fase da cadeia de comércio."; **C:** incorreta, conforme art. 31, III, da Lei 12.305/2010: "III – recolhimento dos produtos e dos resíduos remanescentes após o uso, assim como sua subsequente destinação final ambientalmente adequada, no caso de produtos objeto de sistema de logística reversa na forma do art. 33"; D: incorreta, pois o art. 30 da lei que trata da responsabilidade compartilhada não impõe o desenvolvimento de produtos que gerem, gradativamente, nos termos da lei, menos resíduos.
Gabarito "B".

(Promotor de Justiça/ES – 2013 – VUNESP) A Lei da Política Nacional de Resíduos Sólidos, Lei 12.305/2010, ao prever a responsabilidade compartilhada pelo ciclo de vida do produto,

(A) criou como instrumento de sua implementação o Cadastro Nacional de Operadores de Resíduos Perigosos, no qual devem ser, obrigatoriamente, incluídas as pessoas jurídicas que operam com resíduos perigosos, em qualquer fase do seu gerenciamento.
(B) identificou como um de seus objetivos compatibilizar interesses entre os agentes econômicos e sociais e os processos de gestão empresarial e mercadológica com os de gestão ambiental, desenvolvendo estratégias sustentáveis.
(C) pretendeu que o mercado desenvolva produtos com menores impactos à saúde humana e à qualidade ambiental em seu ciclo de vida, inclusive utilizando produtos, cuja matéria-prima seja nacional.
(D) teve como um dos objetivos proibir a importação de resíduos sólidos perigosos e rejeitos, bem como de resíduos sólidos cujas características causem dano ao meio ambiente, à saúde pública e animal e à sanidade vegetal, ainda que para tratamento, reforma, reuso, reutilização ou recuperação.
(E) impôs ao poder público estadual a instituição de incentivos econômicos aos consumidores que participem do sistema de coleta seletiva, na forma da lei.

A: incorreta, pois embora o art. 38 da Lei 12.305/2010 tenha criado como instrumento o Cadastro Nacional de Operadores de Resíduos Perigosos, ele não está relacionado com o instrumento de responsabilidade compartilhada a que se refere o enunciado da questão; **B:** correta, conforme determinado pelo art. 30, parágrafo único, I da PNRS; **C:** incorreta (art. 42, II, da Lei 12.305/2010); **D:** incorreta, muito embora o art. 49 da lei imponha a referida proibição, não se trata, contudo de um objetivo da Política Nacional de Resíduos Sólidos; **E:** incorreta, já que a lei não impõs ao poder público estadual a instituição de incentivos econômicos, de modo diverso, art. 35 em seu parágrafo único faculta ao poder público municipal tal iniciativa: "Art. 35. Sempre que estabelecido sistema de coleta seletiva pelo plano municipal de gestão integrada de resíduos sólidos e na aplicação do art. 33, os consumidores são obrigados a: (...) Parágrafo único. O poder público municipal pode instituir incentivos econômicos aos consumidores que participam do sistema de coleta seletiva referido no *caput*, na forma de lei municipal."
Gabarito "B".

(Promotor de Justiça/GO – 2013) De acordo com a Política Nacional de Resíduos Sólidos, instituída pela Lei 12.305110, é correto afirmar:
(A) logística reversa é o processo de transformação dos resíduos sólidos que envolve a alteração de suas propriedades físicas, físico-químicas ou biológicas, com vistas à transformação em insumos ou novos produtos, observadas as condições e os padrões estabelecidos pelos órgãos competentes do Sisnama.
(B) na gestão e gerenciamento de resíduos sólidos deve ser observada a seguinte ordem de prioridade: não geração, redução, reciclagem, reutilização, tratamento dos resíduos sólidos e disposição final ambientalmente adequada dos rejeitos.
(C) são princípios da Política Nacional de Resíduos Sólidos: a prevenção e a precaução; o desenvolvimento sustentável; a responsabilidade compartilhada pelo ciclo de vida dos produtos; o poluidor-pagador e o protetor-recebedor; o reconhecimento do resíduo sólido reutilizável e reciclável como um bem econômico e de valor social, gerador de trabalho e renda e promotor da cidadania; a razoabilidade e a proporcionalidade; a ecoeficiência.
(D) a existência de Plano Municipal de Gestão Integrada de Resíduos Sólidos, por sua abrangência e eficiência, além de ser condição para que os Municípios tenham acesso a recursos da União, exime o Município do licenciamento ambiental de aterros sanitários e de outras infraestruturas e instalações do serviço público de limpeza urbana e de manejo de resíduos sólidos.

A: incorreta, já que a alternativa aborda o conceito de reciclagem, e não o de logística reversa que foi definido pelo art. 3º XII da Lei 12.305/2010 como: "instrumento de desenvolvimento econômico e social caracterizado por um conjunto de ações, procedimentos e meios destinados a viabilizar a coleta e a restituição dos resíduos sólidos ao setor empresarial, para reaproveitamento, em seu ciclo ou em outros ciclos produtivos, ou outra destinação final ambientalmente adequada"; **B:** incorreta, já que a ordem correta vem descrita no art. 7º, II, e impõe a reutilização antes da reciclagem; **C:** correta, conforme art. 6º da PNRS: "Art. 6º São princípios da Política Nacional de Resíduos Sólidos: I – a prevenção e a precaução; II – o poluidor-pagador e o protetor-recebedor; (...) V – a ecoeficiência, mediante a compatibilização entre o fornecimento, a preços competitivos, de bens e serviços qualificados que satisfaçam as necessidades humanas (...) VIII – o reconhecimento do resíduo sólido reutilizável e reciclável como um bem econômico e de valor social, gerador de trabalho e renda e promotor de cidadania; (...) XI – a razoabilidade e a proporcionalidade."; **D:** incorreta por força do art. 19, § 4º: "§ 4º A existência de plano municipal de gestão integrada de resíduos sólidos não exime o Município ou o Distrito Federal do licenciamento ambiental de aterros sanitários e de outras infraestruturas e instalações operacionais integrantes do serviço público de limpeza urbana e de manejo de resíduos sólidos pelo órgão competente do Sisnama"
Gabarito "C".

(Procurador do Estado/AC – 2014 – FMP) Consoante disposto na Lei Federal 12.305/2010, qual das alternativas abaixo indicadas contém produto(s) não elencado(s) no rol daqueles cujos fabricantes, importadores, distribuidores e comerciantes são obrigados a estruturar e implementar sistemas de logística reversa, mediante o retorno após o uso pelo consumidor, independentemente do serviço público de limpeza urbana e de manejo dos resíduos sólidos?
(A) Pneus.
(B) Pilhas e baterias.
(C) Óleos lubrificantes e óleos vegetais de consumo humano após o uso.
(D) Lâmpadas fluorescentes, de vapor de sódio e mercúrio e de luz mista.

O art. 33 da Política Nacional de resíduos sólidos traz seis itens com produtos que deverão ser objeto da logística reversa e dentre as alternativas trazidas pela questão, apenas os óleos vegetais de consumo humano não constam no referido artigo: "Art. 33. São obrigados a estruturar e implementar sistemas de logística reversa, mediante retorno dos produtos após o uso pelo consumidor, de forma independente do serviço público de limpeza urbana e de manejo dos resíduos sólidos, os fabricantes, importadores, distribuidores e comerciantes de: I – agrotóxicos, seus resíduos e embalagens, assim como outros produtos cuja embalagem, após o uso, constitua resíduo perigoso, observadas as regras de gerenciamento de resíduos perigosos previstas em lei ou regulamento, em normas estabelecidas pelos órgãos do Sisnama, do SNVS e do Suasa, ou em normas técnicas; II – pilhas e baterias; III – pneus; IV – óleos lubrificantes, seus resíduos e embalagens; V – lâmpadas fluorescentes, de vapor de sódio e mercúrio e de luz mista; VI – produtos eletroeletrônicos e seus componentes."
Gabarito "C".

(Defensoria/SP – 2013 – FCC) De acordo com a Lei da Política Nacional de Resíduos Sólidos (Lei 12.305/2010):
(A) Os fabricantes, importadores, distribuidores e comerciantes de produtos eletroeletrônicos e seus componentes são obrigados a estruturar e implementar sistemas de logística reversa, mediante retorno dos produtos após o uso pelo consumidor, de forma independente do serviço público de limpeza urbana e de manejo dos resíduos sólidos.
(B) São considerados rejeitos o material, substância, objeto ou bem descartado resultante de atividades humanas em sociedade, a cuja destinação final se procede, se propõe proceder ou se está obrigado a proceder, nos estados sólido ou semissólido, bem como gases contidos em recipientes e líquidos cujas particularidades tornem inviável o seu lançamento na rede pública de esgotos ou em corpos d'água, ou exijam para isso soluções técnica ou economicamente inviáveis em face da melhor tecnologia disponível.
(C) Logística reversa significa a destinação de resíduos que inclui a reutilização, a reciclagem, a compostagem, a recuperação e o aproveitamento energético ou outras destinações admitidas pelos órgãos competentes do SISNAMA, do SNVS e do SUASA, entre elas a disposição final, observando normas operacionais específicas de modo a evitar danos ou riscos à saúde pública e à segurança e a minimizar os impactos ambientais adversos.
(D) Destinação final ambientalmente adequada é instrumento de desenvolvimento econômico e social caracterizado por um conjunto de ações, procedimentos e meios destinados a viabilizar a coleta e a restituição dos resíduos sólidos ao setor empresarial, para reaproveitamento, em seu ciclo ou em outros ciclos produtivos, ou outra destinação final ambientalmente adequada.
(E) Resíduos sólidos são aqueles resíduos que, depois de esgotadas todas as possibilidades de tratamento e recuperação por processos tecnológicos disponíveis e economicamente viáveis, não apresentem outra possibilidade que não a disposição final ambientalmente adequada.

A: correta, conforme art. 33, VI da Política Nacional de Resíduos Sólidos (Lei 12.305/2010): "Art. 33. São obrigados a estruturar e implementar sistemas de logística reversa, mediante retorno dos produtos após o uso pelo consumidor, de forma independente do serviço público de limpeza urbana e de manejo dos resíduos sólidos, os fabricantes, importadores, distribuidores e comerciantes de: (...) VI – produtos eletroeletrônicos e seus componentes"; **B:** incorreta, por força do art. 3º, XV são considerados rejeitos: "resíduos sólidos que, depois de esgotadas todas as possibilidades de tratamento e recuperação por processos tecnológicos disponíveis e economicamente viáveis, não apresentem outra possibilidade que não a disposição final ambientalmente adequada"; **C:** incorreta, conforme art. 3º, XII, logística reversa é definida como "instrumento de desenvolvimento econômico e social caracterizado por um conjunto de ações, procedimentos e meios destinados a viabilizar a coleta e a restituição dos resíduos sólidos ao setor empresarial, para reaproveitamento, em seu ciclo ou em outros ciclos produtivos, ou outra destinação final ambientalmente adequada"; **D:** incorreta, já que a definição de destinação final ambientalmente adequada está descrita pelo art. 3º, VII como: "destinação de resíduos que inclui a reutilização, a reciclagem, a compostagem, a recuperação e o aproveitamento energético ou outras destinações admitidas pelos órgãos competentes do Sisnama, do SNVS e do Suasa, entre elas a disposição final, observando normas operacionais específicas de modo a evitar danos ou riscos à saúde pública e à segurança e a minimizar os impactos ambientais adversos"; **E:** incorreta, pois a definição legal de resíduos sólidos é o "material, substância, objeto ou bem descartado resultante de atividades humanas em sociedade, a cuja destinação final se procede, se propõe proceder ou se está obrigado a proceder, nos estados sólido ou semissólido, bem como gases contidos em recipientes e líquidos cujas particularidades tornem inviável o seu lançamento na rede pública de esgotos ou em corpos d'água, ou exijam para isso soluções técnica ou economicamente inviáveis em face da melhor tecnologia disponível (art. 3º, XVI, da Política Nacional de Resíduos Sólidos (Lei 12.305/2010).

Gabarito "A".

(Defensor Público/AM – 2013 – FCC) Uma organização não governamental (ONG) está trazendo para o Estado do Amazonas resíduos sólidos perigosos, provenientes dos Estados Unidos da América, cujas características causam dano ao meio ambiente e à saúde pública, para tratamento e posterior reutilização em benefício de população de baixa renda. Tal conduta, segundo a Política Nacional de Resíduos Sólidos (Lei Federal nº 12.305/2010),

(A) depende de autorização discricionária do Presidente da República por envolver os Ministérios do Meio Ambiente e da Saúde.
(B) é permitida, diante da destinação social do resíduo sólido.
(C) é proibida, ainda que haja tratamento e posterior reutilização do resíduo sólido.
(D) é permitida, desde que exame prévio do material, realizado no país de origem, comprove a possibilidade de adequado tratamento do resíduo sólido.
(E) é permitida, desde que exame prévio do material, realizado no Brasil, comprove a possibilidade de adequado tratamento do resíduo sólido.

A, B, D e E: incorretas, pois é absolutamente proibida a importação de resíduos sólidos perigosos e rejeitos que possam causar danos ao meio ambiente, à saúde pública e animal e à sanidade vegetal, mesmo que para tratamento, reforma, reúso, reutilização ou recuperação, nos termos do que dispõe o art. 49 da Lei 12.305/2010; **C:** correta, nos termos do referido art. 49 da Lei 12.305/2010.

Gabarito "C".

15. RECURSOS HÍDRICOS

(Juiz de Direito – TJ/RS – 2018 – VUNESP) No tocante às águas, nos termos da Constituição Federal e da Lei das Águas, assinale a alternativa correta.

(A) Toda outorga de direitos de uso de recursos hídricos far-se-á por prazo não inferior a vinte e cinco anos, renovável.
(B) Os planos de Recursos Hídricos são elaborados por bacia hidrográfica, por Município e por Estado.
(C) São bens da União todas as águas superficiais ou subterrâneas, fluentes, emergentes e em depósito.
(D) Os valores arrecadados com a cobrança pelo uso de recursos hídricos serão aplicados exclusivamente na bacia hidrográfica em que foram gerados.
(E) A União tem competência privativa para legislar sobre águas.

A: incorreta, a teor do art. 16, da Lei 9.433/1997: "Toda outorga de direitos de uso de recursos hídricos far-se-á por prazo não excedente a trinta e cinco anos, renovável"; **B:** incorreta, a saber: "Os Planos de Recursos Hídricos serão elaborados por bacia hidrográfica, por Estado e para o País" (art. 8º, da Lei 9.433/1997); **C:** incorreta. A teor do art. 26, I, da CF/88, são bens dos Estados todas as águas superficiais ou subterrâneas, fluentes, emergentes e em depósito, e não bens da União; **D:** incorreta, pois os valores arrecadados com a cobrança pelo uso de recursos hídricos serão aplicados prioritariamente na bacia hidrográfica em que foram gerados, e não exclusivamente conforme determina a assertiva (art. 22, *caput*, da Lei 9.433/1997); **E:** correta. Vide art. 22, IV, da CF/88.

Gabarito "E".

(Juiz – TRF 2ª Região – 2017) Quanto à outorga de direito de uso de recursos hídricos, assinale a opção correta:

(A) A outorga é de competência exclusiva da Agência Nacional de Águas.
(B) Em situações de escassez, o uso prioritário dos recursos hídricos deve ser destinado ao consumo humano e à dessedentação de animais e, em seguida, às prioridades de uso estabelecidas no Plano de Recursos Hídricos aplicável a cada corpo hídrico.
(C) A outorga só será suspensa nos casos de não cumprimento, pelo outorgado, dos termos estabelecidos ou de necessidade premente de água para atender a situações de calamidade, sempre mediante processo administrativo em que se assegure ampla defesa.
(D) A outorga deverá observar o uso específico para o qual o corpo hídrico tiver sido destinado, vedado o seu uso múltiplo.
(E) Desde que respeite a classe em que o corpo de água estiver enquadrado, a outorga não fica condicionada às prioridades de uso.

A: incorreta, a Agência Nacional de Águas é entidade federal de implementação da Política Nacional de Recursos Hídricos, com competência para outorgar, por intermédio de autorização, o direito de uso de recursos hídricos em corpos de água de domínio da União (art. 4º, IV, da Lei 9.984/2000). Nos corpos de água de domínio dos Estados e Distrito Federal, a competência para a outorga do uso dos recursos hídricos se efetivará por ato da autoridade competente do Poder Executivo dos Estados ou do Distrito Federal (art. 14, da Lei 9.433/1997); **B:** correta (art. 1º, III, da Lei 9.433/1997); **C:** incorreta. Nos termos do art. 15, da Lei 9.433/1997: "A outorga de direito de uso de recursos hídricos poderá ser suspensa parcial ou totalmente, em definitivo ou por prazo determinado, nas seguintes circunstâncias: I – não cumprimento pelo outorgado dos termos da outorga; II – ausência de uso por três anos consecutivos; III – necessidade premente de água para atender a situações de calamidade, inclusive as decorrentes de condições climáticas adversas; IV – necessidade de se prevenir ou reverter grave degradação ambiental; V – necessidade de se atender a usos prioritários, de interesse coletivo, para os quais não se disponha de fontes alternativas; VI – necessidade de serem mantidas as características de navegabilidade do corpo de água"; **D:** incorreta, pois a gestão dos recursos hídricos deve sempre proporcionar o uso múltiplo das águas (art. 13, parágrafo único, da Lei 9.433/1997); **E:** incorreta, pois "toda outorga estará condicionada às prioridades de uso estabelecidas nos Planos de Recursos Hídricos e deverá respeitar a classe em que o corpo de água estiver enquadrado e a manutenção de condições adequadas ao transporte aquaviário, quando for o caso" (art. 13, "caput", da Lei 9.433/1997). FM/FCP

Gabarito "B".

(Juiz – TRF 4ª Região – 2016) Assinale a alternativa correta.
A respeito da Política Nacional de Recursos Hídricos, prevista na Lei nº 9.433/97:

(A) O regime de outorga de direitos de uso de recursos hídricos é aplicável aos aquíferos subterrâneos destinados a consumidor final ou como insumo de processo produtivo, como também para aproveitamento de potenciais hidrelétricos.
(B) Depende de outorga do Poder Público o uso de córregos, rios e aquíferos subterrâneos para suprimento de necessidade de pequenos núcleos populacionais em meio rural e acumulações de água consideradas insignificantes.
(C) O Poder Executivo Federal não poderá delegar a competência para conceder outorga de direito de uso de recurso hídrico de domínio da União.
(D) A Agência Nacional de Águas não compõe o Sistema Nacional de Gerenciamento de Recursos Hídricos, embora atue paralelamente com a missão de regular o acesso e o uso sustentável da água.
(E) Nenhuma das alternativas anteriores está correta.

A: correta (art. 12, II e IV, da Lei 9.433/1997); **B:** incorreta, pois independe de outorga do poder público o uso de recursos hídricos para a satisfação das necessidades de pequenos núcleos populacionais, distribuídos no meio rural e acumulações de água consideradas insignificantes (art. 12, § 1º, I e III, da Lei 9.433/1997); **C:** incorreta, pois nos termos do art. 14, § 1º, da Lei 9.433/1997: "O Poder Executivo Federal poderá delegar aos Estados e ao Distrito Federal competência para conceder outorga de direito de uso de recurso hídrico de domínio da União"; **D:** incorreta, pois a Agência Nacional de Águas integra o Sistema Nacional de Gerenciamento de Recursos Hídricos (art. 33, I-A, da Lei 9.433/1997); **E:** incorreta conforme argumentos expostos nas demais assertivas. FM/FCP

Gabarito "A".

(Juiz – TRF 3ª Região – 2016) Dadas as assertivas abaixo, assinale a alternativa correta.

Sobre a gestão de recursos hídricos nacionais, é possível afirmar que:

I. A jurisprudência do STJ firmou entendimento no sentido de que, como regra, tendo em vista a legislação vigente, há necessidade de outorga para a extração de água do subterrâneo por meio de poço artesiano.
II. Na forma dos arts. 20, III, e 26, I, da Constituição Federal, não mais existe propriedade privada de lagos, rios, águas superficiais ou subterrâneas, fluentes, emergentes ou em depósito, e quaisquer correntes de água. Nesses termos, a interpretação a ser conferida ao art. 11, caput, do Código de Águas ("São públicos dominicais, se não estiverem destinados ao uso comum, ou por algum título

legítimo não pertencerem ao domínio particular"), que, teoricamente, coaduna-se com o sistema constitucional vigente e com a Lei das Águas (Lei 9.433/1997), é a de que, no que concerne a rios federais e estaduais, o título legítimo em favor do particular que afastaria o domínio pleno da União seria somente o decorrente de enfiteuse ou concessão, este último de natureza real.

III. Segundo a Lei nº 9433/1997, estão sujeitos a outorga pelo Poder Público os direitos dos usos de recursos hídricos, dentre outros, de derivação ou captação de parcela da água existente em um corpo de água para consumo final, inclusive abastecimento público, ou insumo de processo produtivo e de lançamento em corpo de água de esgotos e demais resíduos líquidos ou gasosos, tratados ou não, com o fim de sua diluição, transporte ou disposição final.

Estão corretas as assertivas:
(A) I e III.
(B) I, II e III.
(C) II e III.
(D) III.

I: correta. "É firme a orientação desta Corte Superior no sentido de ser necessária a outorga do ente público para a exploração de águas subterrâneas através de poços artesianos" (STJ – AgRg no AREsp: 263253 RS 2012/0251336-0, Rel. Min.Regina Helena Costa, j. 21.05.2015, DJe 15.06.2015); II: incorreta, "Hodiernamente, a Segunda Turma, por ocasião do julgamento do Resp 508.377/MS, em sessão realizada em 23/10/2007, sob a relatoria do eminente Ministro João Otávio de Noronha e voto-vista do Ministro Herman Benjamin, reviu o seu posicionamento para firmar-se na linha de que a Constituição Federal aboliu expressamente a dominialidade privada dos cursos de água, terrenos reservados e terrenos marginais, ao tratar do assunto em seu art. 20, inciso III (Art. 20: São bens da União: III – os lagos, rios e quaisquer correntes de água em terrenos de seu domínio, ou que banhem mais de um Estado, sirvam de limites com outros países, ou se estendam a território estrangeiro ou dele provenham, bem como os terrenos marginais e as praias fluviais;). Desse modo, a interpretação a ser conferida ao art. 11, caput, do Código de Águas ("ou por algum título legítimo não pertencerem ao domínio particular"), que, teoricamente, coaduna-se com o sistema constitucional vigente e com a Lei das Águas (Lei 9.433/1997), é a de que, no que tange a rios federais e estaduais, o título legítimo em favor do particular que afastaria o domínio pleno da União seria somente o decorrente de enfiteuse ou concessão, este último de natureza *pessoal*, e não real" (STJ REsp 1152028 MG 2009/0000038-2, Rel. Min.Mauro Campbell Marques, j. 17.03.2011, DJE 29.03.2011); III: correta (art. 12, I e III, da Lei 9.433/1997). **FM/FCP**
Gabarito "A".

16. DIREITO AMBIENTAL INTERNACIONAL

(Juiz – TJ/RJ – VUNESP – 2016) Na evolução da normativa do Direito Ambiental Internacional, pode-se identificar documentos elaborados por Comissões, como ocorreu com a Comissão da ONU sobre Meio Ambiente e Desenvolvimento. Esses documentos são posteriormente discutidos para, eventualmente, serem incorporados em Declarações de Princípios das Conferências sobre Meio Ambiente. Esse processo pode ser identificado, quando da consagração do princípio do desenvolvimento sustentável, respectivamente, pelo

(A) Plano de vigia Earthwatch e Cúpula de Johannesburgo.
(B) Plano de vigia Earthwatch e Declaração de Estocolmo.
(C) Programa da Agenda 21 e Declaração do Rio/92.
(D) Relatório Brundtland e Declaração do Rio/92.
(E) Relatório Brundtland e Declaração de Estocolmo.

A questão articula as discussões acerca do princípio do desenvolvimento sustentável e sua inserção nas conferências sobre meio ambiente das Nações Unidas (ONU). O enunciado dá um claro indicativo para a resposta, uma vez que a Comissão da ONU sobre Meio Ambiente e Desenvolvimento teve como resultado de seus trabalhos a edição do Relatório Nosso Futuro Comum, conhecido como Relatório Brundtlan.
A: incorreta. O Plano de vigia Earthwatch integra e é um dos eixos do "Plano de Ações para o Meio Ambiente", que constitui um conjunto de 109 recomendações para a proteção ao meio ambiente, documento decorrente dos trabalhos da Conferência das Nações Unidas sobre Meio Ambiente Humano, realizada em Estocolmo, Suécia, em 1972. Já a Cúpula de Johannesburgo foi a Conferência Rio + 10, de 2002; **B**: incorreta. O "Plano de vigia Earthwatch" e a Declaração de Estocolmo são ambos oriundos da mesma conferência das Nações Unidas, no caso, Estocolmo/1972, não havendo a relação nos moldes suscitados pela proposição da questão; **C**: incorreta. O Programa da Agenda 21 e a Declaração do Rio são, ambos, oriundos da Conferência sobre Meio Ambiente e Desenvolvimento (Rio-92), não havendo a relação nos moldes suscitados pela proposição da questão; **D**: correta. Segundo Fabiano Melo, em seu livro Direito Ambiental (Método, 2017), "a ONU criou em 1983 a Comissão Mundial sobre Meio Ambiente e Desenvolvimento (1983), que após um longo processo de audiências e discussões com líderes políticos e organizações em todo o planeta apresentou, em 1987, como conclusão de suas atividades, o Relatório Nosso Futuro Comum, também conhecido como "Relatório Brundtland" – em homenagem à senhora Gro Harlen Brundtland, ex-primeira ministra da Noruega, que presidiu os trabalhos dessa Comissão Mundial. O Relatório Brundtland definiu os contornos do conceito clássico de desenvolvimento sustentável (...) A partir das conclusões do Relatório Nosso Futuro Comum, a ONU decidiu em 1990 a necessidade de realização de uma nova conferência sobre meio ambiente, que ocorreria no Brasil em 1992". Trata-se da Conferência sobre Meio Ambiente e Desenvolvimento (Rio-92) e um de seus documentos é justamente a Declaração do Rio, sobre princípios do direito ambiental, com destaque para o desenvolvimento sustentável; **E**: incorreta. Relatório Brundtland é de 1997 e a Declaração de Estocolmo de 1972. Portanto, não corresponde a relação nos moldes suscitados pela proposição da questão. **FM/FCP**
Gabarito "D".

(Juiz – TJ/MS – VUNESP – 2015) Um dos princípios produzidos em Conferências Internacionais sobre o Meio Ambiente e que serve para construção normativa ambiental afirma que: "Quando houver perigo de dano grave ou irreversível, a falta de certeza científica absoluta não deverá ser utilizada como razão para que seja adiada a adoção de medidas eficazes em função dos custos para impedir a degradação ambiental". Esta afirmação representa o princípio da

(A) Precaução.
(B) Responsabilidade comum, porém, diferenciada.
(C) Prevenção.
(D) Informação.
(E) Responsabilidade integral.

A: correta. Trata-se de transcrição do princípio 15 da Declaração do Rio/92 sobre Meio Ambiente e Desenvolvimento Sustentável, que prevê o princípio do Direito Ambiental, da precaução. **B**: incorreta. O princípio da responsabilidade comum, porém, diferenciada considera a diferenciação poluidora entre países desenvolvidos e em desenvolvimento, e a disparidade tecnológica de mitigação e superação de tais efeitos nocivos à natureza, dispondo que todos os países devem diligenciar em prol do meio ambiente, contudo, as ações específicas devem recair mais sobre as economias mais desenvolvidas. **C**: incorreta. O princípio da prevenção reza que deve-se diligenciar todos os esforços no sentido de evitar danos ambientais, pois na maioria das vezes são irreversíveis e irreparáveis em sua integralidade. A Constituição Federal de 1988 expressamente reconhece tal princípio, ao preceituar, no *caput* do art. 225, o dever do Poder Público e da coletividade em proteger e preservar o meio ambiente, para as presentes e futuras gerações. **D**: incorreta. O princípio da informação pode ser definido como o direito que todo cidadão tem de ter acesso às informações que julgar necessárias sobre o ambiente. **E**: incorreta. O princípio da responsabilização integral encontra-se consubstanciado no art. 225, § 3º, da Constituição Federal: "As condutas e atividades consideradas lesivas ao meio ambiente sujeitarão os infratores, pessoas físicas ou jurídicas, a sanções penais e administrativas, independentemente da obrigação de recuperar o dano causado". **FM/FCP**
Gabarito "A".

(Juiz – TJ/MS – VUNESP – 2015) Assinale a alternativa com um dos documentos votados na Conferência das Nações Unidas sobre Meio Ambiente Humano, em Estocolmo, em junho de 1972.

(A) Declaração de Princípios Sobre Florestas.
(B) Protocolo de Quioto.
(C) Convenção sobre a Diversidade Biológica (CDB).
(D) Criação do PNUMA.
(E) Agenda 21.

A: incorreta. A Declaração de Princípios Sobre Florestas ou simplesmente Princípios sobre Florestas, é produto da Rio-92. **B**: incorreta. O Protocolo de Quioto trata-se de um acordo internacional criado no âmbito da Convenção: Quadro das Nações Unidas sobre Mudanças Climáticas, aprovado na cidade de Quioto, no Japão, em 1997, cujo principal objetivo é estabilizar a emissão de gases de efeito estufa na atmosfera, com intuito de frear o aquecimento global e seus possíveis impactos. Esse protocolo foi substituído e atualmente encontra-se em vigor o Acordo de Paris. **C**: incorreta. A Convenção sobre Diversidade Biológica foi assinada durante a Conferência das Nações Unidas sobre Meio Ambiente e Desenvolvimento, realizada na cidade do Rio de Janeiro, no período de 5 a 14 de junho de 1992, conhecida como Eco-92 ou Rio-92. Foi assinada e ratificada pelo Brasil e tem como objetivos a conservação da diversidade biológica, a utilização sustentável de seus componentes e a repartição dos benefícios derivados da utilização dos recursos genéticos. **D**: correta. O Programa das Nações Unidas para o Meio Ambiente (PNUMA) foi criado em 1972, durante a Conferência de Estocolmo, na Suécia, como uma agência da Organização das Nações Unidas (ONU) voltada especificamente para os temas relacionados ao meio ambiente, com objetivo de atuar como educador, facilitador, defensor e catalisador para promover um uso consciente de recursos e proteger o ambiente para futuras gerações. **E**: incorreta. A Agenda 21, foi assinada durante a Conferência das Nações Unidas sobre o Meio Ambiente e o Desenvolvimento (CNUMAD), no Rio de Janeiro, em 1992. Trata-se de um conjunto de intenções para se atingir um novo modelo de desenvolvimento para o século XX, denominado "desenvolvimento sustentável". **FM/FCP**
Gabarito "D".

(Juiz de Direito/PA – 2014 – VUNESP) Em relação às Conferências das Nações Unidas que trataram do tema meio ambiente, assinale a alternativa correta.

(A) A Agenda 21, como produto da Rio+10, estabeleceu como prioridade para o século 21 a aplicabilidade do princípio do desenvolvimento sustentável, por meio da integração do meio ambiente e do desenvolvimento aos processos decisórios.
(B) Na Conferência de Estocolmo, de 1972, importante marco do desenvolvimento sustentável, foi criado um órgão de alto nível nas Nações Unidas denominado Comissão para o Desenvolvimento Sustentável, encarregada de submeter relatórios para a Assembleia Geral da ONU.

(C) O Protocolo de Quioto, que tomou por base o Compromisso de Joanesburgo sobre Desenvolvimento Sustentável, estabeleceu compromissos de redução de emissão dos gases de efeito estufa para os países desenvolvidos, tomando por base o princípio das responsabilidades comuns mas diferenciadas.

(D) Como resultado da Rio+20, foi produzido o documento "O futuro que queremos", que reconheceu a economia verde no contexto do desenvolvimento sustentável e da erradicação da pobreza como importante instrumento na formulação de políticas que permitam um aumento na inclusão social.

(E) Um dos importantes resultados da Conferência das Nações Unidas sobre meio ambiente e desenvolvimento (Rio+10) foi a produção da Convenção sobre a Diversidade Biológica, estabelecendo importantes regras sobre a proteção da flora silvestre.

A: incorreta, pois a Agenda 21 resultou do debate feito com sociedade civil e das ONGs ambientais – reunião esta conhecida como Cúpula dos Povos – que se organizou paralelamente à Conferência da ONU durante a RIO 92. Já a Conferência de Johanesburgo, conhecida como Rio+10 aconteceu dez anos após a Rio 92, com objetivo de repassar os avanços nas proposições da Agenda 21; **B:** incorreta, conforme informações obtidas no site da ONU: "para assegurar o total apoio aos objetivos da Agenda 21, a Assembleia Geral estabeleceu, em 1992, a Comissão para o Desenvolvimento Sustentável como uma comissão funcional do Conselho Econômico e Social.", (http://nacoesunidas.org/acao/meio-ambiente/); **C:** incorreta, pois o Protocolo de Quioto é datado de 1997 e já o Compromisso de Johanesburgo, foi elaborado na Rio+10, em 2002; **D:** correta, conforme o relatório final da Rio+20 publicado pela ONU (http://www.onu.org.br/rio20/img/2012/03/Rio+20_Futuro_que_queremos_guia.pdf); **E:** incorreta, pois a Convenção da ONU sobre a Diversidade Biológica foi elaborado durante a Rio 92, ou seja, dez anos antes da Conferência de Johanesburgo, conhecida como Rio+10.

Gabarito "D".

(Magistratura/PE – 2013 – FCC) A obrigação de simples informação, por um Estado a outro, da ocorrência de dano ambiental que possa ter efeitos transfronteiriços adversos é

(A) decorrente de convenções internacionais específicas e dependente de sua aceitação e ratificação pelos Estados-partes, sem o que não produzirá efeitos.

(B) inexistente no âmbito do direito internacional, pois é violadora da soberania interna dos Estados, que não podem ser vinculados a qualquer interferência externa.

(C) princípio do Direito Internacional do Meio Ambiente, que determina, ainda, o estabelecimento de tratativas entre os Estados envolvidos, tão logo quanto possível e de boa-fé.

(D) tão somente observável no âmbito de organizações internacionais e de integração regional, prevista em instrumentos não vinculantes, também chamados de *soft law*.

(E) insuscetível de gerar responsabilidade internacional do Estado, salvo se houver previsão de igual teor no direito interno.

A obrigação mencionada decorre dos seguintes diplomas normativos: i) Princípio 22 da Declaração de Estocolmo (Os Estados devem cooperar para o contínuo desenvolvimento do Direito Internacional no que se refere à responsabilidade e à indenização às vítimas de contaminação e de outros danos ambientais por atividades realizadas dentro da jurisdição ou sob controle de tais Estados, bem como zonas situadas fora de suas jurisdições); ii) Observância da Carta das Nações Unidas, no artigo 33, 1 (As partes em uma controvérsia, que possa vir a constituir uma ameaça à paz e à segurança internacionais, procurarão, antes de tudo, chegar a uma solução por negociação, inquérito, mediação, conciliação, arbitragem, solução judicial, recurso a entidades ou acordos regionais, ou a qualquer outro meio pacífico à sua escolha) ; iii) Princípio 19 da Declaração do Rio (Os Estados devem prover, oportunamente, a Estados que possam ser afetados, notificação prévia e informações relevantes sobre atividades potencialmente causadoras de considerável impacto transfronteiriço negativo sobre o meio ambiente, e devem consultar-se com estes tão logo possível e de boa-fé). Assim, apenas a alternativa "C" está correta.

Gabarito "C".

17. LEI 7.802/1989 – LEI DOS AGROTÓXICOS

(Promotor de Justiça/MG – 2013) Sobre os agrotóxicos, podemos afirmar o seguinte, **EXCETO**:

(A) O usuário tem a obrigatoriedade de efetuar a devolução das embalagens vazias dos produtos aos estabelecimentos comerciais em que foram adquiridos, de acordo com as instruções previstas nas respectivas bulas, no prazo de um ano, contado da data da compra, ou prazo superior, se autorizado pelo órgão registrante. Pode a devolução ser intermediada por postos ou centros de recolhimento, desde que autorizados e fiscalizados pelo órgão competente. As empresas produtoras e comercializadoras dos produtos, seus componentes e afins, são responsáveis pela destinação das referidas embalagens após a devolução pelos usuários, com vistas à sua reutilização, reciclagem ou inutilização, obedecidas as normas e instruções dos órgãos registrantes e sanitário-ambientais competentes.

(B) A venda de agrotóxicos e afins aos usuários somente poderá ser feita através de receituário próprio, prescrito por profissionais legalmente habilitados, salvo casos excepcionais que forem previstos na regulamentação da Lei Federal 7.802/1989.

(C) Quando organizações internacionais responsáveis pela saúde, alimentação ou meio ambiente, das quais o Brasil seja membro integrante ou signatário de acordos e convênios, alertarem para riscos ou desaconselharem o uso de agrotóxicos, seus componentes e afins, caberá à autoridade competente tomar imediatas providências, sob pena de responsabilidade.

(D) O fracionamento e a reembalagem de agrotóxicos e afins com o objetivo de comercialização poderão ser efetuados pelo comerciante, desde que devidamente registrado no órgão competente e obedecidos condições e requisitos exigidos em regulamentação conjunta da Agência Nacional de Vigilância Sanitária (ANVISA) e Secretaria Nacional de Defesa Agropecuária, órgão do Ministério da Agricultura.

A: assertiva correta, conforme texto do art. 6°, § 2° da Lei 7.802/1989; **B:** assertiva correta, por força do art. 13 da Lei 7.802/1989; **C:** assertiva correta tal qual art. 3°, § 4°, da Lei 7.802/1989; **D:** assertiva incorreta, devendo ser assinalada, pois o art. 6°, § 1°, da Lei 7.802/1989 não autoriza o comerciante a reembalar agrotóxicos e fins: "O fracionamento e a reembalagem de agrotóxicos e afins com o objetivo de comercialização somente poderão ser realizados pela empresa produtora, ou por estabelecimento devidamente credenciado, sob responsabilidade daquela, em locais e condições previamente autorizados pelos órgãos competentes"

Gabarito "D".

(Procurador do Estado/AC – 2014 – FMP) Marque a alternativa ERRADA com base nos preceitos contidos na Lei Federal 7.802/1989 – Lei dos Agrotóxicos.

(A) A produção, a importação, a exportação, a comercialização e a utilização de agrotóxicos e produtos afins dependem de prévio registro no órgão federal competente, de acordo com as diretrizes e exigências dos órgãos federais responsáveis pelos setores da saúde, do meio ambiente, da ciência e tecnologia e da agricultura.

(B) Quando organizações internacionais responsáveis pela saúde, alimentação ou meio ambiente, das quais o Brasil seja membro integrante ou signatário de acordos e convênios, alertarem para riscos ou desaconselharem o uso de agrotóxicos, seus componentes e afins, caberá à autoridade competente tomar imediatas providências, sob pena de responsabilidade.

(C) Os partidos políticos com representação no Congresso Nacional possuem legitimidade para requerer o cancelamento ou a impugnação do registro de agrotóxicos e afins, arguindo prejuízos ao meio ambiente, à saúde humana e dos animais.

(D) Cabe ao Município legislar supletivamente sobre o uso e o armazenamento de agrotóxicos, seus componentes e afins.

A: assertiva incorreta, devendo ser assinalada, pois os órgãos federais a que competem fazer exigências e propor diretrizes para o registro dos agrotóxicos são os da saúde, meio ambiente e agricultura, não alcançando ciência e tecnologia, conforme determinado pelo art. 3° da Lei 7.802/1989: "Art. 3° Os agrotóxicos, seus componentes e afins, de acordo com definição do art. 2° desta Lei, só poderão ser produzidos, exportados, importados, comercializados e utilizados, se previamente registrados em órgão federal, de acordo com as diretrizes e exigências dos órgãos federais responsáveis pelos setores da saúde, do meio ambiente e da agricultura."; **B:** assertiva correta (art. 3°, § 4°); **C:** assertiva correta (art. 5°, II); **D:** assertiva correta (art. 11 da Lei de Agrotóxicos 7.802/1989).

Gabarito "A".

(Juiz de Direito/RJ – 2014 – VUNESP) A Constituição Federal de 1988 previu a obrigatoriedade para o Poder Público de controle das substâncias que comportem risco para a vida, a qualidade de vida e o meio ambiente, de forma que, quanto aos agrotóxicos, é correto afirmar que

(A) tal obrigatoriedade abarca o controle dos agrotóxicos e seus componentes, incluindo os princípios ativos, os produtos técnicos, suas matérias-primas, os ingredientes inertes e aditivos usados na fabricação de agrotóxicos e afins.

(B) o registro dos agrotóxicos é condição para sua produção e comercialização no território nacional e deve ser realizado no órgão ambiental municipal ou, na sua falta, no órgão estadual competente.

(C) uma vez protocolado, o pedido de registro será publicado no Diário Oficial da União, devendo constar da publicação os resultados dos testes efetuados, bem como a indicação da destinação final do produto.

(D) a tramitação do procedimento de registro de agrotóxicos divide-se em duas fases: a avaliação técnico-científica e o deferimento ou indeferimento do pedido, sendo certo que a inobservância dos prazos confere ao solicitante o direito de obtenção do registro provisório.

A: correta, conforme determinado pelo art. 2°, II, da Lei 7.802/1989; **B:** incorreta, pois além de produzidos e comercializados, também poderão ser exportados, importados e utilizados, somente mediante registro prévio em órgão federal (art. 3° da Lei 7.802/1989); **C:** incorreta, pois a publicação constará um resumo do registro, conforme art. 5°, § 3°, da Lei 7.802/1989; **D:** incorreta, pois o registro provisório não é obtido com mero decorrer dos prazos. Por força do art. 3°, § 1°, da Lei 7.802/1989 o registro temporário para agrotóxicos, seus componentes e afins, destina-se somente à pesquisa e à experimentação.

Gabarito "A".

18. TEMAS COMBINADOS E OUTROS TEMAS

(Procurador do Estado/SP – 2018 – VUNESP) Sobre pagamento por serviços ambientais (PSA), é correto afirmar:

(A) considerada sua natureza contratual, foi instituído no Estado de São Paulo como um Programa, diretamente pela Secretaria do Meio Ambiente, por Resolução do Secretário, com base em autorização expressa contida na Lei da Política Nacional do Meio Ambiente (Lei n° 6.938/1981).

(B) é imposição, ao poluidor, da obrigação de indenizar pelos danos causados ao meio ambiente.

(C) trata-se de transação voluntária por meio da qual uma atividade desenvolvida por um provedor de serviços ambientais, que conserve ou recupere um serviço ambiental previamente definido, é remunerada por um pagador de serviços ambientais, mediante a comprovação do atendimento das disposições previamente contratadas, nos termos da legislação vigente.

(D) trata-se de prestação obrigatória, instituída por lei, com natureza de tributo, prevista como um instrumento da Política Nacional do Meio Ambiente.

(E) como corolário do princípio poluidor-pagador, possibilita ao poder público cobrar do usuário pela utilização dos recursos naturais.

A: incorreta. O PSA não tem natureza contratual e foi positivado com a Lei 12.305/2010 (Lei da Política Nacional de Resíduos Sólidos). Desta forma, a legislação paulista não poderia embasar-se em autorização expressa contida na Lei 6.938/1981, até porque esta lei é anterior à que positivou o instituto; **B:** incorreta. O PSA é corolário do princípio do protetor recebedor. Desta forma, não se trata de imposição ao poluidor de responsabilidade por danos ambientais, mas de benefícios econômicos, fiscais ou tributários, aos que voluntariamente agem em prol do meio ambiente; **C:** correta. O PSA trata-se de transação voluntária, por meio do qual aquele que promova a conservação, manutenção e restauração de áreas verdes, consideradas aptas ao fornecimento de certos serviços, é retribuído com benefícios de ordem econômica, fiscal ou tributária; **D:** incorreta. Não se trata de prestação obrigatória e também não caráter de tributo, pois é instituído mediante transação voluntária; **E:** incorreta. Conforme já aduzido, não é corolário do princípio do poluidor-pagador, mas sim do protetor recebedor, pois trata-se de uma contraprestação econômica em prol daquele que venha a promover atitudes positivas (serviços ambientais) em benefício da coletividade. FM/FC

Gabarito "C".

(Delegado – PC/BA – 2018 – VUNESP) Quanto às normas de segurança e mecanismos de fiscalização de atividades que envolvem organismos geneticamente modificados – OGM, é correta a seguinte assertiva:

(A) É permitida engenharia genética em célula germinal humana, zigoto humano e embrião humano.

(B) São permitidos a utilização, a comercialização, o registro, o patenteamento e o licenciamento de tecnologias genéticas de restrição do uso.

(C) É proibida a implementação de projeto relativo a OGM sem a manutenção de registro de seu acompanhamento individual.

(D) Derivado de OGM é todo produto obtido de OGM e que possua capacidade autônoma de replicação.

(E) É permitida, para fins de pesquisa e terapia, a utilização de células-tronco embrionárias obtidas de embriões humanos viáveis, produzidos por fertilização in vitro.

A: incorreta, nos moldes do art. 6°, III, da Lei 11.105/2005, "Fica proibido: engenharia genética em célula germinal humana, zigoto humano e embrião humano"; **B:** incorreta, nos termos do art. 6°, VII, da Lei 11.105/2005: "Fica proibido: a utilização, a comercialização, o registro, o patenteamento e o licenciamento de tecnologias genéticas de restrição do uso". **C:** correta, a teor do art. 6°, I, da Lei 11.105/2005; D: incorreta, segundo preceitua o art. 3°, VI, da Lei 11.105/2005: derivado de OGM, considera-se o produto obtido de OGM e que não possua capacidade autônoma de replicação ou que não contenha forma viável de OG; **E:** incorreta. É permitida, para fins de pesquisa e terapia, a utilização de células-tronco embrionárias obtidas de embriões humanos produzidos por fertilização in vitro e não utilizados no respectivo procedimento, desde que: sejam embriões inviáveis; ou, sejam embriões congelados há 3 (três) anos ou mais, na data da publicação da Lei 11.105/2005, ou que, já congelados na data da publicação da Lei 11.102/2005, depois de completarem 3 (três) anos, contados a partir da data de congelamento (art. 5°, da Lei 11.105/2005). FM/FC

Gabarito "C".

(Procurador do Estado/SP – 2018 – VUNESP) O Estado de São Paulo criou um Parque Estadual por meio de um Decreto-lei, antes da promulgação da Constituição Federal de 1988. Referido Parque possuía todos os atributos desta categoria de Unidade de Conservação previstos na Lei n° 9.985/2000 (lei que instituiu o Sistema Nacional de Unidades de Conservação). O Decreto-lei veio a ser revogado por lei estadual, em 2006, que se limitava a revogar diversos e antigos Decretos-leis paulistas, sendo que tal medida não constou do Plano de Manejo do Parque, não houve consulta pública e tampouco oitiva do Conselho do Parque e do Conselho Estadual do Meio Ambiente (CONSEMA). Diante disso, é correto afirmar que o Parque Estadual

(A) não pode ser considerado desafetado, pois a lei revogadora não é específica, além de não ter tal medida constado do Plano de Manejo, não ter havido consulta pública e tampouco oitiva do Conselho do Parque e do Conselho Estadual do Meio Ambiente (CONSEMA).

(B) não pode ser considerado desafetado, apenas porque a lei revogadora não é específica e porque inexistiu manifestação prévia do CONSEMA, independentemente do cumprimento de outros requisitos.

(C) não pode ser considerado desafetado, apenas porque a lei revogadora não é específica, independentemente do cumprimento de outros requisitos.

(D) pode ser considerado desafetado, pois criado antes da Lei n° 9.985/2000, não incidindo o respectivo regime jurídico protetivo.

(E) pode ser considerado desafetado, pois o ato foi concretizado por lei, independentemente do cumprimento de outros requisitos.

Nos termos do Decreto-lei 60.302/2014, do Estado de São Paulo, art. 13, I e II, "A desafetação de unidade de conservação somente poderá ser feita mediante lei específica, observado, ainda, que: I – a respectiva unidade tenha Plano de Manejo aprovado que recomende tal medida; e, II – haja consulta pública e oitiva do respectivo conselho e do CONSEMA. Desta forma, o parque não pode ser considerado desafetado, pois a lei revogadora não é específica, além de não ter tal medida constado do Plano de Manejo, não ter havido consulta pública e tampouco oitiva do Conselho do Parque e do Conselho Estadual do Meio Ambiente (CONSEMA)". FM/FC

Gabarito "A".

(Procurador do Estado/SP – 2018 – VUNESP) A Constituição estadual previu, de forma expressa, a criação por lei de um sistema de administração da qualidade ambiental, o que foi atendido pela Lei Estadual n° 9.509/1997. Sobre os órgãos e entidades integrantes do Sistema Estadual de Administração da Qualidade Ambiental, Proteção, Controle e Desenvolvimento do Meio Ambiente e Uso Adequado dos Recursos Naturais – SEAQUA, é possível afirmar corretamente:

(A) a Fundação para a Conservação e a Produção Florestal do Estado de São Paulo (Fundação Florestal) não é órgão integrante do SEAQUA, sendo apenas órgão central do Sistema Estadual de Florestas – SIEFLOR.

(B) o Conselho Estadual do Meio Ambiente – CONSEMA, criado contemporaneamente ao SEAQUA, é órgão consultivo, normativo e recursal do sistema ambiental paulista, tendo composição paritária entre órgãos e entidades governamentais e não governamentais do Estado, sendo seu presidente indicado pelo Governador dentre os representantes das entidades governamentais.

(C) a CETESB – Companhia Ambiental do Estado de São Paulo, sociedade por ações, tem como atribuição proceder ao licenciamento ambiental, sendo qualificada como órgão executor do SEAQUA.

(D) embora a Polícia Militar, mediante suas unidades especializadas, esteja incumbida da prevenção e repressão das infrações contra o meio ambiente, não integra o sistema de proteção e desenvolvimento do meio ambiente, vinculando-se apenas à estrutura da segurança pública.

(E) o Conselho Estadual do Meio Ambiente – CONSEMA é órgão colegiado, consultivo e central do SEAQUA, não possuindo atribuições normativas, enquanto a Secretaria de Estado do Meio Ambiente é órgão superior e normativo do mesmo sistema.

A: incorreta, nos termos do art. 3°, § 1°, item 1, "a", do Decreto do Estado de São Paulo 57.933/2012; **B:** incorreta, nos termos do art. 4°, caput, da Lei do Estado de São Paulo n. 13.507/09: "O CONSEMA será presidido pelo Secretário do Meio Ambiente ou por seu substituto legal"; **C:** correta, nos termos do art. 129, II, do Decreto do Estado de São Paulo 57.933/2012; **D:** incorreta, já que a Polícia Militar de São Paulo é órgão executor do SEAQUA (art. 2°, "c", Decreto 57.933/2012); **E:** incorreta, conforme preceitua o art. 106, do Decreto do Estado de São Paulo 57.933/2012. FM/FC

Gabarito "C".

(Procurador do Estado/SP – 2018 – VUNESP) Espécies exóticas, entendidas como aquelas não originárias de uma determinada área geográfica, podem muitas vezes proliferar sem controle, provocando danos ambientais e econômicos, além de ameaçarem a diversidade biológica. O Estado de São Paulo sofre problemas sensíveis nessa seara, por exemplo, por conta da presença do javali (Sus scrofa), cuja abundância já é identificada e com impactos ambientais e socioeconômicos bem descritos pela literatura.

Tendo em vista essas premissas, sobre espécies exóticas, é correto afirmar:

(A) a Lei n° 5.197/1967 (lei que dispõe sobre a proteção à fauna) admite a inserção de espécies exóticas em território nacional com parecer técnico oficial favorável e licença expedida na forma da lei, salvo para espécies ambientalmente relevantes, inseridas em cadastro do Ministério do Meio Ambiente, cuja inserção imporá apenas a comunicação posterior aos órgãos de controle.

(B) é proibida a introdução nas unidades de conservação de espécies não autóctones, exceto no tocante às Áreas de Proteção Ambiental, Florestas Nacionais, Reservas Extrativistas e Reservas de Desenvolvimento Sustentável, sendo admitidos, ainda, a inserção de animais e plantas necessários à administração e às atividades das demais categorias de unidades de conservação, de acordo com o que se dispuser em regulamento e no Plano de Manejo da unidade.

(C) no Estado de São Paulo, embora se permita e estimule o controle populacional de espécies exóticas invasoras, o abate e o manejo dos animais assim qualificados é vedado, por força de disposição expressa na Constituição Estadual.

(D) atividades de manejo de fauna exótica ou que envolvam introdução de espécies exóticas estão dispensadas do licenciamento ambiental, salvo se flagrante o risco de degradação ambiental.

(E) a introdução de espécime animal exótica no Brasil, sem parecer técnico oficial favorável e licença expedida por autoridade competente pode configurar infração administrativa ambiental, entretanto não se amolda aos tipos penais previstos na Lei no 9.605/1998 (Lei de Crimes Ambientais).

A: incorreta, a teor do art. 4º, da Lei 5.197/2067: "Nenhuma espécie poderá ser introduzida no País, sem parecer técnico oficial favorável e licença expedida na forma da Lei"; **B:** correta. Vide art. 31, § 1º, da Lei 9.985/2000; **C:** incorreta (art. 193, X, Constituição Estadual); **D:** incorreta, nos termos do Anexo I, da Resolução Conama 237/1997, além do controle da União nos termos do art. 7º, XVII, da LC 140/2011; **E:** incorreta. A teor do art. 31, da Lei 9.605/1998, considera-se crime introduzir espécime animal no País, sem parecer técnico oficial favorável e licença expedida por autoridade competente. FM/FC

Gabarito "B"

(Defensor Público – DPE/PR – 2017 – FCC) Sobre a tutela coletiva do direito à cidade, do direito à moradia e do meio ambiente, considere:

I. O Estatuto da Cidade (Lei n 10.257/2001) prevê que as cidades incluídas no cadastro nacional de Municípios com áreas suscetíveis à ocorrência de deslizamentos de grande impacto, inundações bruscas ou processos geológicos ou hidrológicos correlatos têm que, obrigatoriamente, elaborar Plano Diretor, independentemente do número de habitantes.

II. Por se tratar de política urbanística essencial à exata ordenação das cidades, os Municípios não poderão dispensar as exigências relativas ao percentual e às dimensões de áreas destinadas ao uso público ou ao tamanho dos lotes regularizados, assim como a outros parâmetros urbanísticos e edilícios, ainda que se trate de regularização fundiária de núcleos urbanos informais.

III. O princípio do poluidor pagador internaliza o custo social provocado pelas externalidades da atividade econômica em decorrência de seu processo produtivo.

O consumidor de produtos e de serviços não faz parte do sistema de logística reversa de resíduos sólidos, cuja responsabilidade recai sobre o fornecedor.

IV. É possível regularização fundiária de interesse social dos núcleos urbanos informais inseridos em área urbana de ocupação consolidada existentes, total ou parcialmente, em áreas de preservação permanente. Todavia, para tanto, é preciso aprovação de projeto no qual se elabore estudos técnicos que justifiquem as melhorias ambientais em relação à situação anterior, inclusive por meio de compensações ambientais, quando for o caso.

Está correto o que se afirma APENAS em

(A) I, II e III.
(B) II e III.
(C) I, III ,,,e V.
(D) I e IV.
(E) III e V.

Assertiva **I:** Correta, consoante o art. 41, VI, do Estatuto da Cidade. Assertiva **II:** Errada. Segundo o art. 11, § 1º, da Lei 13.465/2017, "para fins da regularização fundiária urbana, os Municípios poderão dispensar as exigências relativas ao percentual e às dimensões de áreas destinadas ao uso público ou ao tamanho dos lotes regularizados, assim como a outros parâmetros urbanísticos e edilícios". Assertiva **III:** Correta. Segundo Fabiano Melo (Direito Ambiental, Método, 2017, p .112), o princípio do poluidor pagador "é um princípio de natureza econômica, cautelar e preventiva, que compreende a internalização dos custos ambientais, que devem ser suportados pelo empreendedor, afastando-os da coletividade". Assertiva **IV:** Errada. Não obstante o consumidor de produtos e de serviços não fazer parte do sistema de logística reversa de resíduos sólidos, a obrigatoriedade não é somente do fornecedor. Segundo o art. 33 da Lei 12.305/2010, são obrigados a estruturar e implementar sistemas de logística reversa, mediante retorno dos produtos após o uso pelo consumidor, de forma independente do serviço público de limpeza urbana e de manejo dos resíduos sólidos, os fabricantes, importadores, distribuidores e comerciantes dos produtos sujeitos à logística reversa. Assertiva **V:** Correta. Trata-se de previsão consignada no art. 8º, § 2º combinada com o art. 64, que prevê a regularização fundiária urbana (Reurb), ambos do Código Florestal. Nesse sentido, consoante o art. 64, caput, na Reurb-S (para população de baixa renda) dos núcleos urbanos informais que ocupam Áreas de Preservação Permanente, a regularização fundiária será admitida por meio da aprovação do projeto de regularização fundiária, na forma da lei específica de regularização fundiária urbana. E completa o parágrafo primeiro desse dispositivo: "O projeto de regularização fundiária de interesse social deverá incluir estudo técnico que demonstre a melhoria das condições ambientais em relação à situação anterior com a adoção das medidas nele preconizadas". FM

Gabarito "C"

(Procurador do Município – Prefeitura Fortaleza/CE – CESPE – 2017) A respeito da Política Nacional de Meio Ambiente, dos recursos hídricos e florestais e dos espaços territoriais especialmente protegidos, julgue os itens a seguir.

(1) Conforme o Código Florestal, todo proprietário de imóvel rural deve, a título de reserva legal, manter área com cobertura de vegetação nativa, a qual só poderá ser explorada economicamente em caso de manejo sustentável.

(2) Nos parques nacionais, que são unidades de proteção integral, é permitida a realização de atividades educacionais e de recreação bem como o turismo ecológico.

(3) Conforme o disposto na Política Nacional do Meio Ambiente, poluição consiste na degradação da qualidade ambiental resultante de atividade que crie, ainda que indiretamente, condição desfavorável ao desenvolvimento de atividades econômicas.

(4) Compete privativamente ao Conselho Nacional do Meio Ambiente estabelecer normas e padrões nacionais de controle da poluição ocasionada por veículos automotores.

(5) De acordo com a Lei 9.433/1997, a unidade territorial para a implementação da Política Nacional de Recursos Hídricos é a bacia hidrográfica, cuja gestão é centralizada e de responsabilidade dos entes da Federação por ela abrangidos.

1: Correta. Nos termos do art. 17, § 1º, da Lei 12.651/2012: "Art. 17. A Reserva Legal deve ser conservada com cobertura vegetal nativa pelo proprietário do imóvel rural, possuidor ou ocupante a qualquer título, pessoa física ou jurídica, de direito público ou privado. § 1º. Admite-se a exploração econômica da Reserva Legal mediante manejo sustentável, previamente aprovado pelo órgão competente do Sisnama, de acordo com as modalidades previstas no art. 20". **2:** Correta. Nesse sentido, dispõe o art. 11, da Lei 9.985/2000: "O Parque Nacional tem como objetivo básico a preservação de ecossistemas naturais de grande relevância ecológica e beleza cênica, possibilitando a realização de pesquisas científicas e o desenvolvimento de atividades de educação e interpretação ambiental, de recreação em contato com a natureza e de turismo ecológico". **3:** Correta. A teor do art. 3º, III, "b", da Lei 6.938/1981: "Art. 3º Para fins previstos nesta Lei, entende-se por: [...] II – poluição, a degradação da qualidade ambiental resultante de atividades que direta ou indiretamente: [...] b) criem condições adversas as atividades sociais e econômicas". **4:** Correta. Neste contexto é a norma do art. 8º, VI, da Lei 6.938/1981: "Art. 8º Compete ao Conama: [...] VI – estabelecer, privativamente, normas e padrões nacionais de controle da poluição por veículos automotores, aeronaves e embarcações, mediante audiência dos Ministérios competentes". **5:** Errada. Nos termos do art. 1º, V, da Lei 9.433/1997: "V – a bacia hidrográfica é a unidade territorial para implementação da Política Nacional de Recursos Hídricos e atuação do Sistema Nacional de Gerenciamento de Recursos Hídricos". Contudo, "a gestão dos recursos hídricos deve ser descentralizada e contar com a participação do Poder Público, dos usuários e das comunidades" (art. 1º, VI, da Lei 9.433/1997). FM/FCP

Gabarito: 1C, 2C, 3C, 4C, 5E

(Procurador do Município – Prefeitura Fortaleza/CE – CESPE – 2017) A respeito de política urbana, responsabilidade e licenciamento ambiental, julgue os itens subsecutivos.

(1) Situação hipotética: Rafael resolveu entregar, espontaneamente, ao órgão ambiental competente uma ave migratória nativa da floresta amazônica que possuía em casa sem a devida anuência da autoridade competente. Assertiva: Nessa situação, Rafael está sujeito ao pagamento de multa, e seu ato será considerado atenuante na aplicação da penalidade.

(2) Cortar madeira de lei para transformá-la em carvão constitui crime tipificado na legislação brasileira; caso o referido crime seja praticado com o objetivo de exploração econômica, a pena será agravada.

(3) No município de Fortaleza, de acordo com a legislação vigente, um projeto para a passagem de determinado equipamento que tenha como finalidade a prestação de serviços para a transmissão de dados por cabo deve ser licenciado por autodeclaração.

(4) Caso tenha interesse em criar centro de saúde em imóvel urbano objeto de venda a título oneroso entre particulares, o município poderá exercer o direito de preempção.

1: Errada. Rafael não está sujeito ao pagamento de multa, posto que nos termos do art. 24, § 5º, do Decreto 6.514/2008: "§ 5º No caso de guarda de espécime silvestre, deve a autoridade competente deixar de aplicar as sanções previstas neste Decreto, quando o agente espontaneamente entregar os animais ao órgão ambiental competente". **2:** Errada.

Cortar madeira de lei para transformá-la em carvão constitui crime tipificado no art. 45, da Lei 9.605/1998, contudo a pena aplicada ao referido crime é a mesma independente do fim comercial ou não, motivo pelo qual a questão encontra-se errada. **3:** Correta. O enunciado está de acordo com o art. 10, da Lei Complementar do município de Fortaleza 208/2015. **4:** Correta. Nos termos do art. 26, V, da Lei 10.257/2001: "Art. 26. O direito de preempção será exercido sempre que o Poder Público necessitar de áreas para: [...] V – implantação de equipamentos urbanos e comunitários". Registre-se de que centros de saúde são classificados como equipamentos comunitários, conforme dispõe o art. 4º, § 2º, da Lei 6.766/1979. FM/FCP
Gabarito: 1E, 2E, 3C, 4C

(Procurador – IPSMI/SP – VUNESP – 2016) O plano municipal de gestão integrada de resíduos sólidos deve conter como conteúdo mínimo:

(A) diagnóstico da situação dos resíduos sólidos gerados no respectivo território, contendo a origem, o volume, a caracterização dos resíduos e as formas de destinação e disposição transitórias e finais adotadas.

(B) identificação de áreas favoráveis e desfavoráveis para disposição final ambientalmente adequada de rejeitos.

(C) procedimentos operacionais e especificações mínimas e máximas, a serem adotados nos serviços públicos de limpeza urbana e de manejo de resíduos sólidos.

(D) identificação das possibilidades de implantação de soluções consorciadas ou compartilhadas com outros Municípios e Estados, considerando, nos critérios de economia de escala, a proximidade dos locais estabelecidos e as formas de prevenção dos riscos ambientais.

(E) programas e ações para a participação dos grupos interessados, em especial das cooperativas ou outras formas de associação de catadores de materiais reutilizáveis e recicláveis formadas por pessoas físicas de baixa renda, se houver.

A: Incorreta. O plano municipal de gestão de resíduos sólidos deverá ter como conteúdo mínimo, nos termos do art. 19, I, da Lei 12.305/2010: "diagnóstico da situação dos resíduos sólidos gerados no respectivo território, contendo a origem, o volume, a caracterização dos resíduos e as formas de destinação e disposição final adotadas" e não transitória, conforme disposto na alternativa. **B:** Incorreta. É conteúdo mínimo do plano municipal de gestão de resíduos sólidos, a identificação de áreas favoráveis para disposição final ambientalmente adequada de rejeitos, e não a identificação de áreas favoráveis e desfavoráveis (art. 19, II, da Lei 12.305/2010). **C:** Incorreta. As especificações máximas a serem adotadas nos serviços públicos de limpeza urbana e de manejo de resíduos sólidos, não se trata de conteúdo mínimo do plano municipal de gestão de resíduos sólidos, a teor do art. art. 19, V, da Lei 12.305/2010. **D:** Incorreta. Os Estados não fazem parte da possibilidade de implantação de soluções consorciadas ou compartilhadas. Confira o que dispõe o art. 19, III, da Lei 12.305/2010: "identificação das possibilidades de implantação de soluções consorciadas ou compartilhadas com outros Municípios, considerando, nos critérios de economia de escala, a proximidade dos locais estabelecidos e as formas de prevenção dos riscos ambientais". **E:** Correta. Trata-se de transcrição do art. 19, XI, da Lei 12.305/2010. FM/FCP
Gabarito: "E".

(Procurador – SP – VUNESP – 2015) Nos termos da Lei 12.305/2010, que institui a Política Nacional de Resíduos Sólidos, entende-se por

(A) área órfã contaminada: local onde há contaminação causada pela disposição, regular ou irregular, de quaisquer substâncias ou resíduos.

(B) destinação final ambientalmente adequada: distribuição ordenada de rejeitos em aterros, observando normas operacionais específicas de modo a evitar danos ou riscos à saúde pública e à segurança e a minimizar os impactos ambientais diversos.

(C) gerenciamento de resíduos sólidos: pessoas físicas ou jurídicas, de direito público ou privado, que geram resíduos sólidos por meio de suas atividades, nelas incluído o consumo.

(D) logística reversa: instrumento de desenvolvimento econômico e social, caracterizado por um conjunto de ações, procedimentos e meios destinados a viabilizar a coleta e a restituição dos resíduos sólidos ao setor empresarial para reaproveitamento, em seu ciclo ou em outros ciclos produtivos, ou outra destinação final ambientalmente adequada.

(E) rejeitos: processo de transformação dos resíduos sólidos que envolve a alteração de suas propriedades físicas, físico-químicas ou biológicas, com vistas à transformação em insumos ou novos produtos, observadas as condições e os padrões estabelecidos pelos órgãos competentes do Sisnama, Do SNVS e do Suasa.

A: Incorreta. Nos termos do art. 3º, III, da Lei 12.305/2010: "área órfã contaminada: área contaminada cujos responsáveis pela disposição não sejam identificáveis ou individualizáveis". A definição trazida na assertiva é a de "área contaminada" (art. 3º, II, da Lei 12.305/2010). **B:** Incorreta. "Destinação final ambientalmente adequada: destinação de resíduos que inclui a reutilização, a reciclagem, a compostagem, a recuperação e o aproveitamento energético ou outras destinações admitidas pelos órgãos competentes do Sisnama, do SNVS e do Suasa, entre elas a disposição final, observando normas operacionais específicas de modo a evitar danos ou riscos à saúde pública e à segurança e a minimizar os impactos ambientais adversos" (art. 3º, VII, da Lei 12.305/2010). O conceito da alternativa é de "disposição final ambientalmente adequada" (art. 3º, VIII, da Lei 12.305/2010). **C:** Incorreta. A definição da alternativa é de "geradores de resíduos sólidos", conforme previsão do art. 3º, IX, da Lei 12.305/2010. Segundo disposição do art. 3º, X, da Lei 12.305/2010: "gerenciamento de resíduos sólidos: conjunto de ações exercidas, direta ou indiretamente, nas etapas de coleta, transporte, transbordo, tratamento e destinação final ambientalmente adequada dos resíduos sólidos e disposição final ambientalmente adequada de rejeitos, de acordo com plano municipal de gestão integrada de resíduos sólidos ou com plano de gerenciamento de resíduos sólidos, exigidos na forma desta lei". **D:** Correta. Vide art. 3º, XII, da Lei 12.305/2010. **E:** Incorreta. Esta é a definição de reciclagem (art. 3º, XIV, da Lei 12.305/2010). A teor do art. 3º, XV, da Lei 12.305/2010: "rejeitos: resíduos sólidos que, depois de esgotadas todas as possibilidades de tratamento e recuperação por processos tecnológicos disponíveis e economicamente viáveis, não apresentem outra possibilidade que não a disposição final ambientalmente adequada". FM/FCP
Gabarito: "D".

(Procurador do Estado – PGE/PA – UEPA – 2015) À populações indígenas, às comunidades tradicionais e aos agricultores tradicionais que criam, desenvolvem, detêm ou conservam conhecimento tradicional associado são garantidos os direitos de:

(A) ter indicada a origem do acesso ao conhecimento tradicional associado em todas as publicações, desde que de cunho técnico-científico, utilizações, explorações e divulgações.

(B) perceber benefícios pela exploração econômica por terceiros, direta ou indiretamente, de conhecimento tradicional associado, nos termos da legislação específica, não inferior a 5% do faturamento obtido pelos fabricantes de produtos intermediários e desenvolvedores de processos oriundos do acesso ao conhecimento tradicional.

(C) participar do processo de tomada de decisão sobre assuntos relacionados ao acesso a conhecimento tradicional associado e à repartição de benefícios decorrente desse acesso, em manifestação de caráter vinculante.

(D) usar ou vender, desde que adotadas as medidas de controle, produtos que contenham patrimônio genético ou conhecimento tradicional associado, observados os dispositivos da legislação específica.

(E) conservar, manejar, guardar, produzir, trocar, desenvolver, melhorar material reprodutivo que contenha patrimônio genético ou conhecimento tradicional associado.

A: incorreta (art. 10, II, da Lei 13.123/2015); **B:** incorreta (art. 10, III, da Lei 13.123/2015); **C:** incorreta (art. 10, IV, da Lei 13.123/2015); **D:** incorreta (art. 10, V, da Lei 13.123/2015); **E:** correta (art. 10, VI, da Lei 13.123/2015). FM/FCP
Gabarito: "E".

(Advogado União – AGU – CESPE – 2015) A respeito do meio ambiente e dos direitos e interesses das populações indígenas, julgue os itens seguintes.

(1) Dada a competência privativa da União para exercer controle e fiscalização ambiental, é exclusiva da União a competência para instituir taxa de fiscalização e controle do meio ambiente cujo fundamento seja o exercício regular do poder de polícia.

(2) Os índios, suas comunidades e organizações são partes legítimas para ingresso em juízo em defesa de seus direitos e interesses, competindo à justiça federal processar e julgar os crimes relacionados aos direitos dos índios.

1: Errada. A competência para exercer o controle e a fiscalização ambiental é comum entre a União, dos Estados, do Distrito Federal e dos Municípios (art. 23, caput e VI, da CF/1988). Não obstante, o art. 17-B, da Lei 6.938/1981 dispõe sobre a Taxa de Controle e Fiscalização Ambiental – TCFA, cujo fato gerador é o exercício regular do poder de polícia conferido ao Instituto Brasileiro do Meio Ambiente e dos Recursos Naturais Renováveis (Ibama) para controle e fiscalização das atividades potencialmente poluidoras e utilizadoras de recursos naturais. **2:** Correta. Nos termos do art. 232, da CF/1988: "Os índios, suas comunidades e organizações são partes legítimas para ingressar em juízo em defesa de seus direitos e interesses, intervindo o Ministério Público em todos os atos do processo". Compete aos juízes federais processar e julgar a disputa sobre direitos indígenas (art. 109, XI, da CF/1988). FM/FCP
Gabarito 1E, 2C

(Procurador do Estado – PGE/PA – UEPA – 2015) A respeito do acesso ao patrimônio genético, proteção e o acesso ao conhecimento tradicional associado e a repartição de benefícios para conservação e uso sustentável da biodiversidade, com base na Lei 13.123/2015, julgue as afirmativas abaixo.

I. O Estado brasileiro reconhece o direito de populações indígenas, de comunidades tradicionais e de agricultores tradicionais de participar da tomada de decisões, no âmbito nacional, sobre assuntos relacionados à conservação e ao uso sustentável de seus conhecimentos tradicionais associados ao patrimônio genético do País.

II. O intercâmbio e a difusão de patrimônio genético e de conhecimento tradicional associado praticados entre si por populações indígenas, comunidade tradicional ou agricultor tradicional para seu próprio benefício e baseados em seus usos, costumes e tradições devem ser comunicados, para registro, ao CGEn.

III. O acesso ao conhecimento tradicional associado de origem identificável está condicionado à obtenção do consentimento prévio informado, cuja comprovação poderá ocorrer, a critério do CGEn, por meio de assinatura de termo de consentimento prévio, registro audiovisual do consentimento, parecer do órgão oficial competente ou adesão na forma prevista em protocolo comunitário.

IV. Qualquer conhecimento tradicional associado ao patrimônio genético será considerado de natureza coletiva, ainda que apenas um indivíduo de população indígena ou de comunidade tradicional o detenha.

A alternativa que contém todas as afirmativas corretas é:

(A) II e IV
(B) I e IV
(C) II e III
(D) III e IV
(E) I e II

I: correta (art. 8°, § 1°, da Lei 13.123/2015); **II:** incorreta (art. 8°, § 2°, da Lei 13.123/2015); **III:** incorreta (art. 9°, § 1°, da Lei 13.123/2015); **IV:** correta (art. 10, § 1°, da Lei 13.123/2015). FM/FCP

Gabarito "B".

(Advogado União – AGU – CESPE – 2015) Na zona costeira nordestina, uma empresa estrangeira construiu um empreendimento turístico hoteleiro de grande porte próximo ao mar, sem o licenciamento ambiental prévio exigido por lei, ocupando ilegalmente área de preservação permanente na margem de um rio e afetando diretamente uma comunidade lindeira composta em sua maioria por pescadores. Seis meses após a inauguração do empreendimento, o empresário estrangeiro vendeu o negócio a uma empresa brasileira, que vem operando o hotel há cerca de um ano, sem, contudo, ter efetuado ainda a regularização do licenciamento ambiental. Além disso, após reclamações provenientes da comunidade afetada, foram constatados os seguintes problemas: ausência de recolhimento e de disposição adequados dos resíduos líquidos e sólidos, com prejuízos ao bem-estar da referida comunidade; e impedimento de livre acesso à praia, o que prejudicou as atividades econômicas dos pescadores da comunidade.

Com referência a essa situação hipotética, julgue os itens a seguir em consonância com as normas ambientais e a jurisprudência pertinente.

(1) A legislação veda a aplicação de multa no caso de responsabilização administrativa do empreendimento por não elaborar o prévio licenciamento ambiental, devendo ser aplicada advertência com a indicação de prazo para a regularização do licenciamento junto ao órgão competente.

(2) Uma vez que o empreendimento irregular está localizado na zona costeira, patrimônio ambiental nacional e bem da União, a fiscalização e a aplicação de penalidade administrativa ambiental ao empreendimento compete exclusivamente ao órgão ambiental federal.

(3) Conforme jurisprudência do STJ, ao contrário da responsabilidade administrativa ambiental, em que se exige pessoalidade da conduta, a responsabilidade civil ambiental pode ser exigida do novo proprietário do empreendimento, que deverá promover a recomposição da área de preservação permanente ilegalmente ocupada.

(4) Os efeitos do empreendimento irregular que prejudicam o bem-estar da comunidades sua atividade econômica de pesca enquadram-se na definição de degradação ambiental, de modo a ensejar a responsabilização civil ambiental.

(5) A emissão de licença de operação para o funcionamento do empreendimento construído irregularmente e que se encontra consolidado será inexigível caso a reparação civil dos danos ambientais causados seja cumprida integralmente.

1: Errada. Nos termos do art. 66, I, do Decreto 6.514/2008, está sujeito a pena de multa de R$ 500,00 (quinhentos reais) a R$ 10.000.000,00 (dez milhões de reais), quem constrói, reforma, amplia, instala ou faz funcionar estabelecimento, obra ou serviço sujeito a licenciamento ambiental localizado em unidade de conservação ou em sua zona de amortecimento, ou em áreas de proteção de mananciais legalmente estabelecidas, sem anuência do respectivo órgão gestor. Outrossim, "configurada infração ambiental grave, é possível a aplicação da pena de multa sem a necessidade de prévia imposição da pena de advertência (art. 72 da Lei 9.605/1998)" (STJ, 1ª Turma, REsp 1.318.051-RJ, Relator Ministro Benedito Gonçalves, julgado em 17/3/2015 – Informativo n. 561/STJ). **2:** Errada. Dispõe o art. 23, VI, da CF de 1988: "Art. 23: É competência comum da União, Estados, Distrito Federal e Municípios: [...] VI – proteger o meio ambiente e combater a poluição em qualquer de suas formas". Outrossim, dispõe o art. 17, § 3°, da Lei Complementar 140/2011: "§ 3° O disposto no *caput* deste artigo não impede o exercício pelos entes federativos da atribuição comum de fiscalização da conformidade de empreendimentos e atividades efetiva ou potencialmente poluidores ou utilizadores de recursos naturais com a legislação ambiental em vigor, prevalecendo o auto de infração ambiental lavrado por órgão que detenha a atribuição de licenciamento ou autorização a que se refere o *caput*". **3:** Correta. A responsabilidade civil ambiental de promoção da recomposição da área de preservação permanente ilegalmente ocupada é objetiva e *propter rem*, nos termos do art. 7°, §§ 1° e 2°, da Lei 12.651/2012: "§1°. Tendo ocorrido a supressão de vegetação situada em Área de Preservação Permanente, o proprietário da área, possuidor ou ocupante a qualquer título é obrigado a promover a recomposição da vegetação, ressalvados os usos autorizados previstos nesta Lei. § 2°. A obrigação prevista no § 1° tem natureza real e é transmitida ao sucessor no caso de transferência de domínio ou posse do imóvel rural". **4:** Correta. A assertiva está em consonância com o conceito de poluição conferido pela Lei 6.938/1981, art. 3°, III, "a" e "b". **5:** Errada. Não há qualquer relação entre a reparação do dano e a dispensa de licença de operação. Segundo o art. 8°, III, da Resolução Conama 237/1997, a Licença de Operação "autoriza a operação da atividade ou empreendimento, após a verificação do efetivo cumprimento do que consta das licenças anteriores, com as medidas de controle ambiental e condicionantes determinados para a operação". Assim, caso o empreendedor deseje continuar operando, após a reparação civil dos danos ambientas causados pelo seu empreendimento, deverá buscar regularizar sua atividade, através da obtenção de licença de operação. FM/FCP

Gabarito 1E, 2E, 3C, 4C, 5E

(Advogado União – AGU – CESPE – 2015) Acerca da criação e da gestão de florestas públicas nacionais, julgue os itens subsequentes.

(1) As três modalidades de gestão de florestas públicas nacionais para produção sustentável são a concessão florestal ao setor privado, a destinação de florestas públicas às comunidades locais, além da gestão direta governamental pelo órgão competente integrante do Sistema Nacional de Unidades de Conservação.

(2) O Serviço Florestal Brasileiro, órgão gestor da concessão de florestas públicas nacionais, vinculado ao Ministério do Meio Ambiente, deve emitir a licença ambiental prévia antes da publicação de edital de licitação para a concessão florestal.

(3) A floresta nacional é unidade de conservação de uso sustentável, de posse e de domínio públicos, cuja criação deve ser precedida de estudos técnicos e de consulta pública que permitam identificar a localização, a dimensão e os limites mais adequados para a unidade, com vistas ao seu objetivo básico de uso múltiplo sustentável dos recursos florestais e pesquisa científica.

1: Correta. A assertiva encontra-se de acordo com o art. 4°, da Lei 11.284/2006, que prevê as três modalidades de gestão de florestas públicas nacionais para produção sustentável: I) a criação de florestas nacionais, estaduais e municipais, nos termos do art. 17 da Lei 9.985/2000, e sua gestão direta; II) a destinação de florestas públicas às comunidades locais; e III) a concessão florestal. **2:** Errada. O Serviço Florestal Brasileiro (SFB) é órgão gestor das florestas públicas no âmbito federal, criado na estrutura básica do Ministério do Meio Ambiente (art. 54 e 55, I, da Lei 11.284/2006), e que dentre as competências elencadas no art. 53, da Lei 11.281/2006, o inciso III prevê a de "solicitar ao órgão ambiental competente a licença prévia" para uso sustentável da unidade de manejo. No mesmo sentido, é o art. 18, *caput*, da Lei 11.281/2006, que atribui ao órgão gestor à competência de requerer a licença prévia: "Art. 18. A licença prévia para uso sustentável da unidade de manejo será requerida pelo órgão gestor, mediante a apresentação de relatório ambiental preliminar ao órgão ambiental competente integrante do Sistema Nacional do Meio Ambiente – Sisnama". Assim, O SFB **não tem competência para emitir a licença prévia, mas apenas solicitar ao órgão ambiental competente a sua emissão**. **3:** Correta. A floresta nacional é uma categoria do grupo das Unidades de Conservação de uso sustentável, de posse e domínios públicos, que tem como objetivo básico o uso múltiplo sustentável dos recursos florestais e pesquisas científicas (art. 17, § 1°, da Lei 9.985/2000). Nos termos do art. 22, § 2°, da Lei 9.985/2000: "§ 2°. A criação de uma unidade de conservação deve ser precedida de estudos técnicos e de consulta pública que permitam identificar a localização, a dimensão e os limites mais adequados para a unidade, conforme se dispuser em regulamento". FM/FCP

Gabarito 1C, 2E, 3C

(Procurador do Estado – PGE/BA – CESPE – 2014) No que se refere ao direito ambiental, julgue os itens a seguir.

(1) Os comitês de bacia hidrográfica são constituídos por usuários das águas e por entidades civis de recursos hídricos com atuação comprovada na bacia, entre outros membros, conforme dispõe a Lei 9.433/1997.

(2) O acesso à informação ambiental é um princípio de direito ambiental previsto tanto na CF quanto em normas infraconstitucionais.

(3) A realização de audiência pública durante o procedimento de licenciamento ambiental é obrigatória caso haja solicitação de cinquenta ou mais cidadãos.

1: Correta. A assertiva encontra-se em consonância com o que dispõe o art. 39, da Lei 9.433/1997. **2:** Correta. Na Constituição Federal de 1988, tal princípio encontra-se inserido no art. 225, § 1°, IV e VI e art. 5°, XXXIII, dentre outros. Quanto à previsão do princípio do acesso à informação ambiental em normas infraconstitucionais, importante destacar que a Lei 10.650/2003, que dispõe a respeito do acesso público aos dados e informações existentes nos órgãos e entidades integrantes do Sisnama. **3:** Correta. A teor do art. 2°, *caput*, da Resolução Conama 09/1987: "Sempre que julgar necessário, ou quando for solicitado por entidade civil, pelo Ministério Público, ou por 50 (cinquenta) ou mais cidadãos, o Órgão de Meio Ambiente promoverá a realização de audiência pública". FM/FCP

Gabarito 1C, 2C, 3C

(Procurador do Estado – PGE/RN – FCC – 2014) São objetivos da Política Nacional sobre Mudança do Clima – PNMC:

(A) a interação do mercado de carbono com o mercado de compensação de áreas de preservação permanente.
(B) a redução das emissões de gases expelidos naturalmente em relação às suas diferentes fontes.
(C) o estímulo ao mercado de compensação de reserva legal e ao mercado de compensação de áreas de preservação permanente.
(D) a preservação, a conservação e a recuperação dos recursos ambientais, com particular atenção aos grandes biomas naturais tidos como Patrimônio Nacional.
(E) a união do mercado de carbono com o mercado de compensação de reserva legal.

De fato, a preservação, a conservação e a recuperação dos recursos ambientais, com particular atenção aos grandes biomas naturais tidos como Patrimônio Nacional, são objetivos da Política Nacional sobre Mudança do Clima (PNMC). Aliás, o art. 4º, da Lei 12.187/2009, estabelece como objetivos da Política Nacional sobre Mudança do Clima – PNMC: à compatibilização do desenvolvimento econômico-social com a proteção do sistema climático; à redução das emissões antrópicas de gases de efeito estufa em relação às suas diferentes fontes; ao fortalecimento das remoções antrópicas por sumidouros de gases de efeito estufa no território nacional; à implementação de medidas para promover a adaptação à mudança do clima pelas 3 (três) esferas da Federação, com a participação e a colaboração dos agentes econômicos e sociais interessados ou beneficiários, em particular aqueles especialmente vulneráveis aos seus efeitos adversos; à preservação, à conservação e à recuperação dos recursos ambientais, com particular atenção aos grandes biomas naturais tidos como Patrimônio Nacional; à consolidação e à expansão das áreas legalmente protegidas e ao incentivo aos reflorestamentos e à recomposição da cobertura vegetal em áreas degradadas; e, o estímulo ao desenvolvimento do Mercado Brasileiro de Redução de Emissões – MBRE. Gabarito "D".

(Procurador do Estado – PGE/BA – CESPE – 2014) Uma empresa brasileira de exploração de gás e petróleo, pretendendo investir na exploração de gás de xisto, obteve autorização de pesquisa do órgão competente e identificou, no início das primeiras pesquisas exploratórias, um potencial razoável para a exploração do gás em determinada área federal. Apesar de ainda não dispor de tecnologia que garantisse totalmente a proteção ambiental da área de exploração, principalmente, no que tange à água subterrânea, a empresa obteve a licença prévia para proceder à exploração de gás de xisto.
Com base nessa situação hipotética, nas normas de proteção ao meio ambiente e na jurisprudência, julgue os itens seguintes.

(1) A empresa poderá ser responsabilizada penalmente caso pratique ato ilícito, podendo ser desconsiderada a pessoa jurídica se a personalidade for obstáculo ao ressarcimento de prejuízos causados ao meio ambiente.
(2) O município é impedido de fiscalizar as atividades da empresa, dada a competência federal para o licenciamento ambiental da área.
(3) O princípio da precaução poderá ser aplicado como um dos argumentos para a suspensão, pelo o órgão competente, da licença prévia da empresa, caso se identifique risco de dano ambiental.
(4) A responsabilização civil da empresa poderá ser objeto de ação civil pública ajuizada pelo MP caso ocorra dano superveniente da exploração do gás de xisto, a despeito da licença obtida pela empresa para operar.

1: Correta. Em matéria ambiental, a desconsideração da personalidade jurídica encontra previsão no art. 4º, da Lei 9.605/1998: "**Art. 4º** Poderá ser desconsiderada a pessoa jurídica sempre que sua personalidade for obstáculo ao ressarcimento de prejuízos causados à qualidade do meio ambiente". **2:** Errada. Dispõe o art. 17, § 3º, da Lei Complementar 140/2011: "§ 3º O disposto no *caput* deste artigo não impede o exercício pelos entes federativos da atribuição comum de fiscalização da conformidade de empreendimentos e atividades efetiva ou potencialmente poluidores ou utilizadores de recursos naturais com a legislação ambiental em vigor, prevalecendo o auto de infração ambiental lavrado por órgão que detenha a atribuição de licenciamento ou autorização a que se refere o *caput*". **3:** Correta. O princípio da precaução poderá ser utilizado para obstar a ocorrência de danos ao meio ambiente; assim, na identificação de riscos, nos termos do conteúdo do princípio em questão, o órgão competente deverá decidir em favor do meio ambiente e, como tal, suspender a licença prévia da empresa. **4:** Correta. Nos termos do art. 5º, I, da Lei 7.347/1985, o Ministério Público tem competência para a propositura da ação civil pública de responsabilidade por danos causados ao meio ambiente. A responsabilidade civil por danos ambientais é objetiva, fundamentada na teoria do risco integral, de forma que não se verifica a culpa do agente e sequer a ilicitude de sua conduta, bastando que a ocorrência do dano esteja ligada a sua conduta. Assim, ainda que a empresa funcione respeitando as condicionantes da licença de operação, mas cause danos ambientais, poderá ser responsabilizada civilmente. Gabarito 1C, 2E, 3C, 4C.

(Procurador do Estado – PGE/PA – UEPA – 2015) A respeito da Política Nacional de Resíduos Sólidos, julgue as afirmativas abaixo.

I. Os estabelecimentos comerciais e de prestação de serviço que gerem resíduos que, mesmo caracterizados como não perigosos, por sua natureza, composição ou volume, não sejam equiparados aos resíduos domiciliares pelo poder público municipal são responsáveis pela implementação e operacionalização integral de plano de gerenciamento de resíduos sólidos, que deverá ser aprovado pelo órgão competente.
II. A contratação de serviços de coleta, armazenamento, transporte, transbordo, tratamento ou destinação final de resíduos sólidos, ou de disposição final de rejeitos, isenta as empresas de construção civil da responsabilidade por danos que vierem a ser provocados pelo gerenciamento inadequado dos respectivos resíduos ou rejeitos.
III. No caso de resíduos de serviços de transportes originários de portos e aeroportos, as etapas sob responsabilidade do gerador que forem realizadas pelo poder público serão devidamente remuneradas pelos usuários finais dos terminais, por meio de taxa específica de limpeza pública.
IV. O gerador de resíduos sólidos domiciliares tem cessada sua responsabilidade pelos resíduos com a disponibilização adequada para a coleta ou, em se tratando de pilhas e baterias, com a devolução aos respectivos fabricantes ou comerciantes.

A alternativa que contém todas as afirmativas corretas é:
(A) I e II
(B) II e III
(C) II e IV
(D) I e III
(E) I e IV

I: correta (art. 20, II, "b", da Lei 12.305/10); **II:** incorreta, pois nos termos do art. 27, § 1º, da Lei 12.305/2010: "A contratação de serviços de coleta, armazenamento, transporte, transbordo, tratamento ou destinação final de resíduos sólidos, ou de disposição final de rejeitos, não isenta as pessoas físicas ou jurídicas referidas no art. 20 da responsabilidade por danos que vierem a ser provocados pelo gerenciamento inadequado dos respectivos resíduos ou rejeitos"; **III:** incorreta, pois nos termos do art. 27, § 2º, da Lei 12.305/2010, quem deve remunerar são as pessoas físicas ou jurídicas responsáveis pelos serviços de transportes originários de portos e aeroportos, e não os usuários finais; **IV:** correta (art. 28, da Lei 12.305/2010). Gabarito "E".

(Juiz – TJ-SC – FCC – 2017) Segundo o Plano Nacional de Gerenciamento Costeiro, os:

(A) Estados e os Municípios poderão instituir, através de lei, os respectivos Planos Estaduais ou Municipais de Gerenciamento Costeiro, observadas as normas e diretrizes fixadas no Plano Nacional e em lei federal.
(B) Estados e os Municípios poderão instituir, através de decreto, os respectivos Planos Estaduais ou Municipais de Gerenciamento Costeiro, observadas as normas e diretrizes fixadas no Plano Nacional e em lei federal.
(C) Estados poderão instituir, através de decreto, Planos Regionais de Gerenciamento Costeiro, observadas as normas e diretrizes fixadas no Plano Nacional e em lei federal, estando o país dividido, para este fim, em quatro regiões costeiras: sul, sudeste, nordeste e norte.
(D) Estados poderão instituir, através de lei, Planos Regionais de Gerenciamento Costeiro, observadas as normas e diretrizes fixadas no Plano Nacional e em lei federal, estando o país dividido, para este fim, em quatro regiões costeiras: sul, sudeste, nordeste e norte.
(E) Municípios da costa deverão instituir, através de decreto, Planos Setoriais de Gerenciamento Costeiro, que se limitarão a, no máximo, quatro Municípios.

A: correta (art. 5º, § 1º, da Lei 7.661/1988); **B:** incorreta, pois os Estados e os Municípios poderão instituir, por meio de lei e não de decreto, os respectivos Planos Estaduais ou Municipais de Gerenciamento Costeiro, observadas as normas e diretrizes fixadas no Plano Nacional e em lei federal (art. 5º, § 1º, da Lei 7.661/1988); **C** e **D:** incorretas, pois os Estados poderão instituir, por meio de lei, os respectivos Planos Estaduais de Gerenciamento Costeiro, observadas as normas e diretrizes do Plano Nacional e o disposto na lei federal, e designar os órgãos competentes para a execução desses Planos (art. 5º, § 1º, da Lei 7.661/1988); **E:** incorreta, pois os Municípios poderão instituir, por meio de lei e não de decreto, os respectivos Planos Municipais de Gerenciamento Costeiro, observadas as normas e diretrizes fixadas no Plano Nacional e em lei federal (art. 5º, § 1º, da Lei 7.661/1988). Gabarito "A".

(Juiz – TRF 2ª Região – 2017) Quanto à ordem de prioridade a ser observada nas políticas de gestão e de gerenciamento de resíduos sólidos:

(A) A disposição final ambientalmente adequada dos rejeitos é o objetivo maior da Política Nacional de Resíduos Sólidos.
(B) A ordem de prioridade é reciclagem, não geração e, por fim, uso como fonte de energia.

(C) A ordem de prioridade se inicia com a tentativa de não geração e segue com a redução, reutilização, reciclagem, tratamento dos resíduos sólidos e disposição final ambientalmente adequada dos rejeitos.
(D) A ordem de prioridade é reciclar, reutilizar e, se for possível, não gerar.
(E) Segundo o princípio do poluidor pagador, a prioridade é a não geração, a taxação daqueles que geram mais e, quanto aos resíduos gerados, a disposição final efetuada em consonância com a política de saneamento básico.

A: incorreta, pois a disposição final ambientalmente adequada de rejeitos é um dos objetivos da Política Nacional de Resíduos Sólidos, e se encontra em igualdade com os outros objetivos insertos no art. 7º, da Lei 12.305/2010; **B:** incorreta, pois a ordem de prioridade é não geração, redução, reutilização, reciclagem, tratamento dos resíduos sólidos e disposição final ambientalmente adequada dos rejeitos (art. 9º, "caput", da Lei 12.305/2010); **C:** correta. De fato, na gestão e gerenciamento de resíduos sólidos, deve ser observada a seguinte ordem de prioridade: não geração, redução, reutilização, reciclagem, tratamento dos resíduos sólidos e disposição final ambientalmente adequada dos rejeitos (art. 9º, "caput", da Lei 12.305/2010); **D:** incorreta, nos termos do art. 9º, da Lei 12.305/2010: "Na gestão e gerenciamento de resíduos sólidos, deve ser observada a seguinte ordem de prioridade: não geração, redução, reutilização, reciclagem, tratamento dos resíduos sólidos e disposição final ambientalmente adequada dos rejeitos"; **E:** incorreta, pois o princípio do poluidor pagador trata-se da incumbência que possui o poluidor de arcar com os custos necessários para a reparação do dano ambiental, e não do estabelecimento da ordem prioritária na gestão e gerenciamento de resíduos sólidos. FM/FCP
Gabarito "C".

(Juiz – TJ-SC – FCC – 2017) O pagamento por serviços ambientais – PSA tem por fundamento:
(A) a legislação estrangeira, não encontrando base no ordenamento jurídico brasileiro.
(B) o princípio da solidariedade intergeracional.
(C) o princípio do protetor-recebedor.
(D) o princípio do usuário-pagador.
(E) o princípio do poluidor-pagador.

O pagamento por serviços ambientais (PSA) tem fundamento no princípio do protetor-recebedor, pois o pagamento ou a compensação por serviços ambientais consiste na transferência de recursos (monetários ou outros) a quem ajuda a manter ou a produzir os serviços ambientais. Consideram-se serviços ambientais as funções imprescindíveis providas pelos ecossistemas naturais para a manutenção, a recuperação ou a melhoria das condições ambientais adequadas à vida, incluindo a humana. De outra banda, o princípio protetor-recebedor tem a finalidade de incentivar economicamente quem protege uma área, deixando de utilizar seus recursos, estimulando a preservação ambiental. Conforme Fabiano Melo, "o princípio do protetor-recebedor atua por meio de instrumentos e medidas de incentivo econômico para a proteção aos recursos naturais como alternativa às exigências legais, visto que estas nem sempre são cumpridas pelos atores sociais e econômicos. Estas medidas de justiça econômica fornecem aos pequenos produtores rurais e populações tradicionais uma maior efetividade na proteção ambiental mediante incentivos fiscais, tributários e econômicos do que a aplicação de sanções legais, como a imposição de multas ou o enquadramento nas tipificações penais. Nesse caso, nada mais justo, uma vez que aquele que protege ou renuncia à exploração de recursos naturais em prol da coletividade deve ser contemplado com os incentivos decorrentes do princípio do protetor-recebedor" (*Direito Ambiental.* São Paulo: Método, 2017). FM/FCP
Gabarito "C".

(Juiz – TRF 2ª Região – 2017) Em relação à Política Nacional sobre Mudança do Clima, instituída pela Lei nº 12.187/09, é correto afirmar que:
(A) O conceito de "adaptação" se refere às medidas necessárias para adaptar o sistema produtivo aos objetivos da política climática, reduzindo o volume de emissões de gases de efeito estufa, e o conceito de "mitigação" se refere às iniciativas para reduzir a vulnerabilidade das populações mais afetadas pelas mudanças climáticas.
(B) A implementação da Política Nacional sobre Mudança do Clima é de competência privativa da União.
(C) Com a aprovação da Política Nacional sobre Mudança do Clima, qualquer pessoa, física ou jurídica, responsável, direta ou indiretamente, por emissões de gases de efeito estufa, pode ser obrigada, inclusive judicialmente, a compensar integralmente suas emissões, até por força do princípio do poluidor pagador.
(D) Qualquer instrumento da Política Nacional sobre Mudança do Clima só pode ser utilizado mediante prévia aprovação pela conferência das partes à Convenção Quadro das Nações Unidas sobre Mudanças Climáticas (as denominadas "COPs").
(E) Os registros, inventários, estimativas, avaliações e outros estudos de emissões de gases de efeito estufa e de suas fontes, elaborados com base em informações e dados fornecidos por entidades públicas e privadas, são instrumentos da Política Nacional Sobre Mudança do Clima.

A: incorreta, pois o conceito de "adaptação" se refere a "iniciativas e medidas para reduzir a vulnerabilidade dos sistemas naturais e humanos frente aos efeitos atuais e esperados da mudança do clima" (art. 2º, I, da Lei 12.187/2009), e o conceito de "mitigação" se refere às "mudanças e substituições tecnológicas que reduzam o uso de recursos e as emissões por unidade de produção, bem como a implementação de medidas que reduzam as emissões de gases de efeito estufa e aumentem os sumidouros" (art. 2º, VII, da Lei 12.187/2009); **B:** incorreta. Nos termos do art. 3º, da Lei 12.187/2009, a Política Nacional de Mudanças Climáticas e as ações dela decorrentes serão executadas sob a responsabilidade dos entes políticos e dos órgãos da Administração Pública, não sendo, portanto, competência privativa da União; **C:** incorreta, pois a responsabilidade deve ser individual quanto à origem das fontes emissoras e dos efeitos ocasionados sobre o clima, assim, em tese não se aplica a responsabilização indireta (art. 3º, III, da Lei 12.187/2009); **D:** incorreta, os instrumentos da Política Nacional de Mudanças Climáticas vêm elencados no art. 6º, da Lei 12.187/2009, e regulamentados pelo Decreto 7.390/2010, e não há em ambos qualquer disposição a respeito; **E:** correta (art. 6º, XIII, da Lei 12.187/2009). FM/FCP
Gabarito "E".

(Juiz – TRF 4ª Região – 2016) Dadas as assertivas abaixo, assinale a alternativa correta.
I. Existindo licença de construir concedida pelo Município, não há que se cogitar de limitações ambientais ao direito de construir em área urbana.
II. É permitida a exploração florestal com propósito comercial em áreas de reserva legal, mediante manejo sustentável aprovado por órgão ambiental.
III. Segundo a jurisprudência majoritária do Superior Tribunal de Justiça, embora seja possível, em tese, a cumulação da obrigação de reparar o dano ambiental (obrigação de fazer) com a de indenizar, esta última não será devida se houver restauração completa do bem lesado.
(A) Estão corretas apenas as assertivas I e II.
(B) Estão corretas apenas as assertivas I e III.
(C) Estão corretas apenas as assertivas II e III.
(D) Estão corretas todas as assertivas.
(E) Nenhuma assertiva está correta.

I: incorreta, pois a licença de construção concedida pelo Município não afasta o cumprimento das exigências legais concernentes às prescrições ambientais; **II:** correta, consoante o art. 22 da Lei 12.651/2012; **III:** correta. "Nas demandas ambientais, por força dos princípios do poluidor-pagador e da reparação *in integrum*, admite-se a condenação do réu, simultânea e agregadamente, em obrigação de fazer, não fazer e indenizar [...]. Se o bem ambiental lesado for imediata e completamente restaurado ao *status quo ante* (*reductio ad pristinum statum*, isto é, restabelecimento à condição original), não há falar, ordinariamente, em indenização" (STJ, REsp 1198727 MG 2010/0111349-9. Rel. Min. Herman Benjamin. j. 14.08/2012, *DJe* 09.05.2013). FM/FCP
Gabarito "C".

(Juiz – TRF 3ª Região – 2016) Assinale a assertiva incorreta, a respeito dos indígenas e as suas terras:
(A) A demarcação de terra indígena é ato meramente formal, que apenas reconhece direito preexistente e constitucionalmente assegurado (art. 231 da CF).
(B) A eventual existência de registro imobiliário em nome de particular, a despeito do que dispunha o art. 859 do Código Civil de 1916 ou do que prescreve o art. 1.245 e §§ do vigente Código Civil, não torna oponível à União Federal esse título de domínio privado, pois a Constituição da República pré-excluiu do comércio jurídico as terras indígenas ("res extra commercium"), proclamando a nulidade e declarando a extinção de atos que tenham por objeto a ocupação, o domínio e a posse de tais áreas, considerando ineficazes, ainda, as pactuações negociais que sobre elas incidam, sem possibilidade de quaisquer consequências de ordem jurídica, inclusive aquelas que provocam, por efeito de expressa recusa constitucional, a própria denegação do direito à indenização ou do acesso a ações judiciais contra a União Federal, ressalvadas, unicamente, as benfeitorias derivadas da ocupação de boa-fé.
(C) O Plenário do Supremo Tribunal Federal estabeleceu como marco temporal de ocupação da terra pelos índios, para efeito de reconhecimento como terra indígena, a data da promulgação da Constituição, em 5 de outubro de 1988. De tal premissa decorre a conclusão de que não se pode reconhecer a tradicionalidade da posse nativa onde, ao tempo da promulgação da Lei Maior de 1988, a reocupação não ocorreu, ainda que por efeito de renitente esbulho por parte de não índios.
(D) Conforme entendimento do Supremo Tribunal Federal, há compatibilidade entre o usufruto de terras indígenas e faixa de fronteira, visto que a permanente alocação indígena nesses estratégicos espaços em muito facilita e até obriga que as instituições de Estado se façam também presentes.

A: correta, pois o reconhecimento do direito dos índios e grupos tribais à posse permanente das terras por eles habitadas independe de sua demarcação (art. 231, da CF e art. 25, da Lei 6.001/1973); **B:** correta (art. 231, § 4º e 6º, da CF/88); **C:** incorreta, pois o STF realmente acolheu a teoria do indigenato e fixou como marco temporal para as ocupações indígenas, a data da promulgação do permissivo constitucional (05/10/1988).

Contudo, a segunda parte da assertiva não é verdadeira, pois o STF cravou ressalvas à teoria do indigenato, assentando que, ao se tratar da tradicionalidade da ocupação, não se tem a ocupação como perdida quando, à época da promulgação da Carta Maior, a reocupação não ocorreu por atos de expropriação territorial praticados por não índios (STF, Pet 3388, Rel. Min. Carlos Britto, Tribunal Pleno, j. 19.03.2009, DJe 24.09.2009. Publ. 25.09.2009 Republ. DJe 30.06.2010. Publ. 01.07.2010); **D**: correta. "Há compatibilidade entre o usufruto de terras indígenas e faixa de fronteira. Longe de se pôr como um ponto de fragilidade estrutural das faixas de fronteira, a permanente alocação indígena nesses estratégicos espaços em muito facilita e até obriga que as instituições de Estado (Forças Armadas e Polícia Federal, principalmente) se façam também presentes com seus postos de vigilância, equipamentos, batalhões, companhias e agentes" (STF, Pet 3388, Rel. Min. Carlos Britto, Tribunal Pleno, j. 19.03.2009, DJe 24.09.2009. Publ. 25.09.2009 Republ.: DJe 30.06.2010. Publ. 01.07.2010). FM/FCP

Gabarito "C"

(Juiz – TRF 3ª Região – 2016) Dadas as assertivas abaixo, assinale a alternativa correta.

Acerca do Conselho de Gestão do Patrimônio Genético – CGen, órgão colegiado criado no âmbito do Ministério do Meio Ambiente, de caráter deliberativo, normativo, consultivo e recursal, responsável por coordenar a elaboração e a implementação de políticas para a gestão do acesso ao patrimônio genético e ao conhecimento tradicional associado e da repartição de benefícios, formado por representação de órgãos e entidades da administração pública federal que detêm competência sobre as diversas ações de que trata a Lei nº 13.123/2015, com participação máxima de 60% (sessenta por cento) e a representação da sociedade civil em no mínimo 40% (quarenta por cento) dos membros, é possível afirmar que:

I. No que toca à representação da sociedade civil, deve ser garantida a paridade entre o setor empresarial, o setor acadêmico e as populações indígenas, comunidades tradicionais e agricultores tradicionais.

II. Compete ao CGen estabelecer normas técnicas, diretrizes e critérios para elaboração e cumprimento do acordo de repartição de benefícios e critérios para a criação de banco de dados para o registro de informação sobre patrimônio genético e conhecimento tradicional associado.

III. Compete ao CGen criar e manter base de dados relativos às coleções ex situ, entendidas como aquelas que são mantidas fora das sedes administrativas do CGen, das instituições credenciadas que contenham amostras de patrimônio genético.

Estão corretas as assertivas:

(A) I eII.
(B) I, II eIII.
(C) I eIII.
(D) II eIII.

I: correta (art. 6º, I a III, da Lei 13.123/2015); **II**: correta (art. 6º, § 1º, I, da Lei 13.123/2015); **III**: incorreta, pois coleções *ex situ* nos termos do art. 2º, XXVII, da Lei 13.123/2015, são: "condições em que o patrimônio genético é mantido fora de seu habitat natural", e não das sedes administrativas do CGen, conforme descrito na assertiva. FM/FCP

Gabarito "A"

(Juiz – TRF 3ª Região – 2016) Dadas as assertivas abaixo, assinale a alternativa correta.

I. O princípio da prevenção está intimamente relacionado ao brocardo jurídico "in dubio contra projectum" e, segundo jurisprudência das Cortes Superiores, impõe o reconhecimento da inversão do ônus daprova.

II. A respeito das sanções penais e administrativas derivadas de condutas e atividades lesivas ao meio ambiente, é possível afirmar que configuram circunstâncias atenuantes o baixo grau de instrução ou escolaridade do agente, o arrependimento do infrator, manifestado pela espontânea reparação do dano, ou limitação significativa da degradação ambiental causada, a comunicação prévia pelo agente do perigo iminente de degradação ambiental, a ausência de intuito de obtenção de vantagem pecuniária e a colaboração com os agentes encarregados da vigilância e do controleambiental.

III. Tratando-se de direito difuso, a reparação civil de danos ambientais assume grande amplitude, com profundas implicações na espécie de responsabilidade do degradador, que é objetiva e fundada no simples risco ou no simples fato da atividade danosa, independentemente da culpa do agente causador dodano.

Estão corretas as assertivas:

(A) I eII.
(B) I, II eIII.
(C) II eIII.
(D) III.

I: incorreta, pois o princípio a que se refere a assertiva é o da precaução e não o da prevenção; **II**: incorreta, pois as atenuantes das sanções penais vêm disciplinadas no art. 14, da Lei 9.605/1998, e dentre elas não há a ausência de intuito de obtenção de vantagem pecuniária, que trata-se na verdade de circunstância que agrava a pena (art. 15, II, *a*, da Lei 9.605/1998), já no que diz respeito às sanções administrativas, o agente autuante, ao lavrar o auto de infração, deverá observar as seguintes circunstâncias ao indicar as sanções: gravidade dos fatos, tendo em vista os motivos da infração e suas consequências para a saúde pública e para o meio ambiente; antecedentes do infrator, quanto ao cumprimento da legislação de interesse ambiental; e, situação econômica do infrator (art. 4º, do Decreto 6.514/2008); **III**: correta, pois a responsabilidade por danos ambientais é objetiva, sob a modalidade do risco integral, não admitindo excludentes de indenização (REsp 1373788 SP 2013/0070847-2, Rel. Min. Paulo de Tarso Sanseverino, j. 06.05.2014, DJe 20.05.2014). FM/FCP

Gabarito "D"

(Juiz – TJ/SP – VUNESP – 2015) Com relação à gestão de resíduos sólidos instituída pela Lei 12.305/10, é correto afirmar que

(A) o titular do serviço público de limpeza urbana e de manejo de resíduos sólidos pode, mediante termo de compromisso firmado com o setor empresarial, encarregar-se de atividades de responsabilidade destes nos sistemas de logística reversa, vedada a cobrança por essas atividades.

(B) a lei instituiu a obrigação de estruturar e implementar sistemas de logística reversa dividindo a responsabilidade entre os fabricantes e os comerciantes de produtos como pilhas e baterias, agrotóxicos, pneus, equipamentos e componentes eletrônicos e lâmpadas, entre outros.

(C) a Lei de Resíduos Sólidos permite a incineração de resíduos sólidos desde que realizada com emprego de equipamentos devidamente licenciados pela autoridade ambiental competente.

(D) não estão sujeitos à elaboração de plano de gerenciamento de resíduos sólidos os estabelecimentos comerciais cujos resíduos gerados em suas atividades sejam caracterizados, por sua natureza, composição ou volume, como não perigosos.

A: incorreta. Se o titular do serviço público de limpeza urbana encarregar-se dos sistemas de logística reversa, através de termo de compromisso firmado com o setor empresarial, os serviços serão devidamente remunerados, e, portanto, não é vedada a cobrança por estas atividades (art. 33, § 7º, da Lei 12.305/2010). **B**: incorreta. Nos termos do art. 33, da Lei 12.305/2010, são obrigados a estruturar e implementar sistemas de logística reversa, mediante o retorno dos produtos após o uso pelo consumidor, os fabricantes, importadores, distribuidores e comerciantes, e não somente os fabricantes e comerciantes, conforme disposto na alternativa. **C**: correta. Nos termos do art. 47, III e § 1º, da Lei 12.305/2010. **D**: incorreta. Segundo dispõe o art. 20, II, "b", da Lei 12.305/2010, estão sujeitos à elaboração de plano de gerenciamento de resíduos sólidos os estabelecimentos comerciais cujos resíduos gerados em suas atividades sejam caracterizados como não perigosos, por sua natureza, composição ou volume, e não sejam equiparados a resíduos domiciliares pelo poder público municipal. FM/FCP

Gabarito "C"

(Procurador de Justiça – MPE/GO – 2016) Assinale a alternativa incorreta:

(A) a Lei da Política Nacional dos Resíduos Sólidos (Lei 12.305/2010) estabeleceu uma série de obrigações aos envolvidos na cadeia produtiva – o poder público, o setor empresarial e a coletividade, impondo, inclusive, uma responsabilidade compartilhada pelo ciclo de vida dos produtos, a abranger os fabricantes, importadores, distribuidores e comerciantes.

(B) Na ação civil pública ambiental, o reconhecimento da inconstitucionalidade de lei ou ato normativo poderá ser invocado como causa de pedir, operando-se o controle difuso/*incidenter tantum* de constitucionalidade pelo juiz de direito.

(C) A ação civil pública para defesa do patrimônio cultural pode ter por objeto evitar o dano, repará-lo ou buscar a indenização pelo dano causado, sendo viável a pretensão de condenação em dinheiro, do cumprimento de obrigação de fazer ou não fazer, bem como a declaração de situação jurídica.

(D) O direito fundamental ao meio ambiente equilibrado insere-se dentre os direitos indisponíveis e, embora não se admita direito adquirido à devastação, a pretensão de reparação do dano ambiental prescreve em dez anos, a contar da data do fato ou ato danoso.

A: correta. A assertiva está em conformidade com o art. 30 da Lei 12.305/2010, que instituiu a Política Nacional dos Resíduos Sólidos. **B**: correta. Conforme o STJ no REsp 930016 DF: "É possível a declaração incidental de inconstitucionalidade, na ação civil pública, de quaisquer leis ou atos normativos do Poder Público, desde que a controvérsia constitucional não figure como pedido, mas sim como causa de pedir, fundamento ou simples questão prejudicial, indispensável à resolução do litígio principal, em torno da tutela do interesse público". **C**: correta. A assertiva está em conformidade com o art. 3º, da Lei 7.347/1985. Conforme cartilha do Ministério Público de Minas Gerais: "A ação civil pública, regulamentada pela Lei 7.347/1985, poderá ter por objeto evitar o dano ao patrimônio (ex: evitar a expedição de alvará para demolição de um casarão histórico), repará-lo (ex: restaurar uma igreja colonial em estado de abandono) ou buscar a indenização pelo dano causado, sendo viável a pretensão de condenação em dinheiro (ex: quando não for possível tecnicamente a recuperação de um bem cultural mutilado), do cumprimento de obrigação de fazer (ex: efetuar reparos emergenciais em bem tombado) ou não fazer (ex: não instalar empreendimento minerador nas imediações de um sítio arqueológico), além da declaração de situação jurídica (ex: reconhecimento do valor cultural de determinado bem)". **D:** incorreta. A pretensão de reparação do dano ambiental é imprescritível. Consoante Fabiano Melo (Direito Ambiental, Editora Método, 2017, p. 381) esse é o entendimento do STJ, *in verbis*: "(...) 5. Tratando-se de direito difuso, a reparação civil assume grande amplitude, com profundas implicações na espécie de responsabilidade do degradador que é objetiva, fundada no simples risco ou no simples fato da atividade danosa, independentemente da culpa do agente causador do dano. 6. O direito ao pedido de reparação de danos ambientais, dentro da logicidade hermenêutica está protegido pelo manto da imprescritibilidade, por se tratar de direito inerente à vida, fundamental e essencial à afirmação dos povos, independentemente de não estar expresso em texto legal. 7. Em matéria de prescrição cumpre distinguir qual o bem jurídico tutelado: se eminentemente privado, seguem-se os prazos normais das ações indenizatórias; se o bem jurídico é indisponível, fundamental, antecedendo a todos os demais direitos, pois sem ele não há vida, nem saúde, nem trabalho, nem lazer, considera-se imprescritível o direito à reparação. 8. O dano ambiental inclui-se dentre os direitos indisponíveis e como tal está dentre os poucos acobertados pelo manto da imprescritibilidade a ação que visa reparar o dano ambiental" (REsp no 1.120.117/AC, *DJe* 15.08.2011). **FM/FCP**

Gabarito "D".

(Promotor de Justiça – MPE/AM – FMP – 2015) Tendo em vista o ordenamento jurídico ambiental brasileiro, considere as seguintes assertivas:

I. A responsabilidade ambiental é orientada pelo princípio da tríplice responsabilização do poluidor, o que significa dizer que, além de reparar "in natura" o dano causado, sempre incidirá indenização pelos danos morais e materiais causados pela ação lesiva e multa administrativa.

II. Aquele que explorar recursos minerais fica obrigado a recuperar o meio ambiente degradado, de acordo com solução técnica exigida pelo órgão público competente, na forma da lei.

III. A cobrança pelo uso da água é um dos instrumentos da Política Nacional de Recursos Hídricos instituída pela Lei 9.433/1997 e tem por escopo custear pessoal para desempenho de funções de fiscalização.

Quais das assertivas acima estão corretas?

(A) Apenas a III.
(B) Apenas a I e II.
(C) Apenas a I e III.
(D) Apenas a II e III.
(E) Apenas a II.

I: Incorreta. O princípio da tríplice responsabilização por danos ambientais, reza que o poluidor pessoa física ou jurídica estará sujeito a sanções penais e administrativas, independentemente da obrigação de reparar os danos causados. Ou seja, o poluidor se sujeitará a responsabilização civil, penal e administrativa, pela prática de danos ambientais. **II:** Correta. Assertiva em consonância com o disposto no § 2º, art. 225, da CF. **III:** Incorreta. Constituem objetivos da cobrança pelo uso de recursos hídricos: o reconhecimento da água como um bem econômico; incentivar a racionalização do uso da água; e, obter recursos financeiros para o financiamento de programas e intervenções contemplados nos planos de recursos hídricos (art. 19, I a III, da Lei 9.433/1997). **FM/FCP**

Gabarito "E".

(Procurador da República – PGR – 2015) Qual das alternativas abaixo é correta?

(A) Consórcios públicos são instrumentos de desenvolvimento urbano integrado de regiões metropolitanas e de aglomerações urbanas.
(B) O direito de superfície de terreno urbano não abrange o direito de utilizar o subsolo.
(C) Terras tradicionalmente ocupadas por índios situadas em município podem estar sujeitas ao IPTU.
(D) A União não cabe promover programas de construção de moradias urbanas.

A: Correta. Trata-se da transcrição do VI, art. 9º, da Lei 13.089/2015, que dispõe que serão utilizados no desenvolvimento urbano integrado de regiões metropolitanas e de aglomerações urbanas, entre outros instrumentos, os consórcios públicos, respeitada a Lei 11.107/2005. **B:** Incorreta. Segundo o § 1º, art. 21, da Lei 10.257/2011 (Estatuto da Cidade), "O direito de superfície abrange o direito de utilizar o solo, o subsolo (...)". **C:** Incorreta. Em tese incidiria ITR e não IPTU, já que este último recai sobre propriedade, domínio ou posse de propriedade predial e territorial urbana, e em regra as terras ocupadas por índios não são áreas urbanas. As terras tradicionalmente ocupadas pelos índios são bens da União (art. 20, XI, da CF), contudo os índios têm a posse permanente, a título de usufruto especial (art. 231, § 2º, da CF). Essas áreas são imunes do ITR, a teor do art. 3º, II, do Decreto 4.382/2002. Cabe à União declarar essas áreas para efeito do ITR, pois a imunidade não desobriga o contribuinte de apresentar a DITR. **D:** Incorreta. Consoante art. 23, IX, da CF, é competência comum da União, dos Estados, do Distrito Federal e dos Municípios promover programas de construção de moradias urbanas. **FM/FCP**

Gabarito "A".

(Procurador da República – PGR – 2015) Assinale a alternativa correta a propósito de recursos hídricos, aquicultura e pesca:

(A) Num quadro de escassez de água, a prioridade de seu uso obedece à seguinte ordem: consumo humano, dessedentação de animais e uso industrial.
(B) A clássica inalienabilidade das águas ficou superada em face da limitação dos recursos hídricos e de sua sujeição à outorga.
(C) Embora limitado e com seu uso sujeito a outorga, a água e um recurso inalienável, insuscetível de valoração econômica.
(D) O desenvolvimento sustentável rege a utilização da água, mas não das atividades econômicas da pesca e da aquicultura.

A: Correta. Trata-se de um dos fundamentos da Política Nacional de Recursos Hídricos: "em situações de escassez, o uso prioritário dos recursos hídricos é o consumo humano e a dessedentação de animais" (art. 1º, III da Lei 9.433/1997). **B:** Incorreta. Dispõe o art. 18, da Lei 9.433/1997: "A outorga **não** implica a alienação parcial das águas, que são inalienáveis, mas o simples direito de seu uso". Logo, não há que se falar em superação da "clássica inalienabilidade das águas". **C:** Incorreta. Nos termos do inciso II, art. 1º, da Lei 9.433/1997 " a água é um recurso natural limitado, dotado de valor econômico". **D:** Incorreta. O desenvolvimento sustentável é um dos objetivos da Política Nacional de Desenvolvimento Sustentável da Aquicultura e da Pesca, nos termos do art. 1º, I, da Lei 11.959/2009: "o desenvolvimento sustentável da pesca e da aquicultura como fonte de alimentação, emprego, renda e lazer, garantindo-se o uso sustentável dos recursos pesqueiros, bem como a otimização dos benefícios econômicos decorrentes, em harmonia com a preservação e a conservação do meio ambiente e da biodiversidade". **FM/FCP**

Gabarito "A".

(Promotor de Justiça – MPE/AM – FMP – 2015) Avalie as afirmações abaixo, tendo em conta a legislação ambiental brasileira.

I. A Floresta Amazônica é patrimônio nacional e unidade de conservação de proteção integral.
II. As áreas de preservação permanente são espécies do gênero espaços territoriais protegidos.
III. O patrimônio cultural brasileiro é formado somente pelos bens móveis e imóveis tombados.
IV. Proteger o meio ambiente e combater a poluição em qualquer de suas formas é competência comum da União, estados, Distrito Federal e municípios.
V. As unidades de conservação da tipologia "reserva biológica" admitem posse e domínio público e privado.

Das afirmações acima pode-se dizer:

(A) Todas estão corretas.
(B) Estão incorretas apenas as afirmações IV e V.
(C) Todas estão incorretas.
(D) Estão incorretas apenas as afirmações I e III.
(E) Estão corretas apenas as afirmações II e IV.

I: Incorreta. A teor do § 4º, art. 225, da CF, a Floresta Amazônica é patrimônio nacional, e a sua utilização far-se-á, na forma da lei, dentro de condições que assegurem a preservação do meio ambiente, inclusive quanto ao uso dos recursos naturais. Contudo, a Floresta Amazônica não é unidade de conservação de proteção integral. **II:** Correta. Os espaços territoriais especialmente protegidos abrangem as áreas de preservação permanente, as reservas legais, as unidades de conservação, dentre outras espécies. **III:** Incorreta. Segundo o art. 216, *caput*, da CF: "Constituem patrimônio cultural brasileiro os bens de natureza material ou imaterial, tomados individualmente ou em conjunto, portadores de referência à identidade, à ação, à memória dos diferentes grupos formadores da sociedade brasileira (...)". Desta forma, além dos bens materiais (móveis ou imóveis), os bens imateriais também fazem parte do patrimônio cultural brasileiro. O tombamento não é o único instrumento de proteção ao patrimônio cultural, neste se incluem os inventários, registros, vigilância, desapropriação, dentre outras formas. Assim, independentemente do tombamento o patrimônio cultural existe. **IV:** Correta. Nos termos do VI, art. 23 da CF, proteger o meio ambiente e combater a poluição em qualquer de suas formar é competência comum da União, Estados, Distrito Federal e Municípios. **V:** Incorreta. Na reserva biológica a posse e o domínio são públicos, sendo que as áreas particulares inseridas em seus limites serão desapropriadas (§ 1º, art. 10, da Lei 9.985/2000). **FM/FCP**

Gabarito "E".

(Juiz de Direito/AM – 2016 – CESPE) Em ação popular ajuizada pretendendo-se a anulação de licença de instalação concedida a determinada empresa para construção de uma represa, foram requeridos, ainda, o desfazimento das obras iniciadas e o retorno da área à situação original. Na ação, apontou-se, entre outros danos, comprometimento de áreas utilizadas para reprodução de aves aquáticas. Na sua defesa, o ente público alegou ilegitimidade ativa, pois o autor era estrangeiro apenas residente no Brasil. Alegou também prescrição da pretensão de anular ato administrativo, pois a licença tinha sido concedida havia mais de seis anos. A empresa que obteve a licença, por sua vez, alegou ilegitimidade passiva e, no mérito, não ocorrência do dano alegado.

Com base nessa situação hipotética, assinale a opção correta.

(A) O objeto da ação relaciona-se à matéria tratada na Convenção de Ramsar.
(B) A defesa do ente público está correta ao alegar prescrição da pretensão de anular ato administrativo, por aplicação do prazo quinquenal para anular atos administrativos.
(C) Diante da incerteza científica, o juiz deverá inverter o ônus da prova e determinar que os réus arquem com os custos da perícia, aplicando o princípio do poluidor-pagador.
(D) A empresa é parte ilegítima, pois o objeto da ação popular é apenas a anulação de atos ilegais e lesivos ao patrimônio público.

22. DIREITO AMBIENTAL

(E) A defesa do ente público está correta ao alegar ilegitimidade ativa do estrangeiro, considerando-se o entendimento pacificado da doutrina.

A: correta. A situação enquadra-se na Convenção sobre Zonas Úmidas de Importância Internacional, mais conhecida como Convenção de Ramsar, aprovada na cidade iraniana do mesmo nome, em vigor desde 21 de dezembro de 1975 e incorporada pelo Brasil em 1996, pela promulgação do Decreto 1.905/1996. Segundo o site do Ministério do Meio Ambiente, "A Convenção é um tratado intergovernamental criado inicialmente no intuito de proteger os habitats aquáticos importantes para a conservação de aves migratórias, por isso foi denominada de "Convenção sobre Zonas Úmidas de Importância Internacional", especialmente como Habitat para Aves Aquáticas"; **B:** incorreta. A licença em matéria ambiental não está afeta à mesma dinâmica do direito administrativo. Com efeito, a licença ambiental está sujeita à retirada definitiva, inclusive por meio de anulação e cassação, a teor do art. 19 da Resolução CONAMA 237/1997. Além disso, é licença com prazo determinado. No caso, trata-se de licença de instalação que possui prazo máximo de seis anos e, como já se relacionou, poderá ser retirada nas hipóteses do art. 19 da Resolução CONAMA 237/1997. Ademais, no caso, não se trata de anulação de ato pela Administração Pública, mas ação popular ajuizada perante o Poder Judiciário. A título de complemento, é importante mencionar que eventual ação de reparação de danos ambientais é imprescritível, como já decidiu o STJ; **C:** incorreta. O princípio cabível nessa assertiva é o da precaução, e não o princípio do poluidor-pagador, como constou na assertiva. Isto é, a inversão do ônus da prova vincula-se ao princípio da precaução; **D:** incorreta. Segundo o art. 6º da Lei, a ação popular "será proposta contra as pessoas públicas ou privadas e as entidades referidas no art. 1º, contra as autoridades, funcionários ou administradores que houverem autorizado, aprovado, ratificado ou praticado o ato impugnado, ou que, por omissões, tiverem dado oportunidade à lesão, e contra os beneficiários diretos do mesmo". No caso, a empresa relacionada no caso hipotético é beneficiária e, portanto, poderá afigurar no polo passivo; **E:** incorreta. A doutrina defende um alargamento da legitimidade para o ajuizamento da ação popular, incluindo o estrangeiro residente no país.

Gabarito "A".

(Procurador do Estado/AM – 2016 – CESPE) No que diz respeito à PNRH, à proteção da vegetação nativa (Lei n.º 12.651/2012) e à gestão de florestas públicas (Lei n.º 11.284/2006), julgue os itens que se seguem.

(1) Situação hipotética: Determinada pessoa jurídica venceu processo licitatório de concessão florestal, com delegação do direito de praticar manejo florestal sustentável para exploração de certo produto em uma unidade de manejo. Assertiva: Nessa situação, à referida pessoa jurídica poderá ser outorgado o direito de comercialização de créditos decorrentes da emissão evitada de carbono em florestas naturais.

(2) Conforme os fundamentos da PNRH, a gestão de tais recursos deve sempre proporcionar o uso múltiplo das águas.

(3) A manutenção de área com cobertura vegetal nativa, a título de reserva legal, não é obrigatória para imóveis rurais desapropriados com a finalidade de exploração de potencial de energia hidráulica (geração de energia elétrica) e de ampliação de capacidade de rodovias.

1: errada. O fato de vencer o certame de concessão florestal não concede o direito de comercialização de créditos decorrentes da emissão evitada de carbono em florestas naturais, consoante vedação expressa no art. 16, § 1º, VI, da Lei 11.284/2006; **2:** correta. De fato, um dos fundamentos da Política Nacional de Recursos Hídricos é o uso múltiplo das águas, consoante o art. 1º, IV, da Lei 9.433/1997 (a gestão dos recursos hídricos deve sempre proporcionar o uso múltiplo das águas); **3:** correta. De fato, assim dispõe o § 7º do art. 12 do Código Florestal: "Não será exigido Reserva Legal relativa às áreas adquiridas ou desapropriadas por detentor de concessão, permissão ou autorização para exploração de potencial de energia hidráulica, nas quais funcionem empreendimentos de geração de energia elétrica, subestações ou sejam instaladas linhas de transmissão e de distribuição de energia elétrica".

Gabarito 1E, 2C, 3C

(Ministério Público/PI – 2012 – CESPE) Em relação aos espaços territoriais e seus componentes, bem como à gestão de florestas públicas, assinale a opção correta.

(A) A concessão de floresta pública a particular deve ser precedida de processo licitatório e implica transferência de titularidade imobiliária para o uso de recursos hídricos ou minerais, mas não para a exploração de fauna e acesso aos recursos genéticos.

(B) Unidades de conservação somente podem ser criadas e extintas por ato do poder público.

(C) Há previsão legal de uso indireto dos atributos das unidades de uso sustentável, que abrangem as áreas de relevante interesse ecológico, as áreas de proteção ambiental, a floresta nacional e os parques nacionais.

(D) A reserva legal tem natureza jurídica de limitação ao uso da propriedade, não sendo, portanto, indenizável.

(E) O instrumento denominado concessão florestal engloba a floresta pública e as unidades de proteção integral, as reservas de desenvolvimento sustentável e as áreas de relevante interesse ecológico.

A: incorreta, pois a concessão florestal confere ao concessionário somente os direitos expressamente previstos no contrato de concessão, sendo vedada a outorga da titularidade imobiliária ou preferência em sua aquisição, bem como o uso de recursos hídricos ou minerais, exploração da fauna e acesso a recursos genéticos (art. 16, § 1º, da Lei 11.284/2006); **B:** incorreta, pois as Unidades de conservação, ainda que possam ser criadas por lei ou ato infralegal (ex.: decreto do Poder Executivo), somente poderão ser extintas por lei (art. 225, § 1º, III, da CF); **C:** incorreta. Primeiramente, importa registrar que as unidades de conservação de uso sustentável são as seguintes (art. 14 da Lei 9.985/2000 – Lei do SNUC): I – Área de Proteção Ambiental; II – Área de Relevante Interesse Ecológico; III – Floresta Nacional; IV – Reserva Extrativista; V – Reserva de Fauna; VI – Reserva de Desenvolvimento Sustentável; e VII – Reserva Particular do Patrimônio Natural. Nelas não se inserem, tal como consta na assertiva, os parques nacionais, considerados unidades de proteção integral (art. 8º, III, da Lei do SNUC). Ainda, nas unidades de uso sustentável, admite-se, sim, o uso dos recursos naturais nelas existentes (art. 7º, § 2º, da Lei do SNUC), diferentemente do que ocorre nas unidades de proteção integral, cujo uso dos recursos ambientais é apenas indireto (art. 7º, § 1º, da Lei do SNUC); **D:** correta. De fato, a reserva legal (arts. 12 a 24 do Novo Código Florestal – Lei 12.651/2012) constitui um espaço territorial especialmente protegido, constituindo, conforme dispõe a doutrina e jurisprudência, uma limitação genérica ao uso da propriedade ou posse rural (art. 3º, III, do Novo Código Florestal), motivo pelo qual não gera o dever de indenizar; **E:** incorreta, pois não se incluem na possibilidade de realização de concessão florestal as unidades de conservação de proteção integral, as reservas de desenvolvimento sustentável, as reservas extrativistas, as reservas de fauna e as áreas de relevante interesse ecológico (art. 11, III, da Lei 11.284/2006).

Gabarito "D".

(Ministério Público/MG – 2012 – CONSULPLAN) A Lei Federal 12.305/2010 tem expressiva importância no contexto ambiental brasileiro. Neste sentido, é **INCORRETO** manifestar:

(A) os padrões sustentáveis de produção e consumo são exigíveis considerando a produção e consumo de bens e serviços de forma a atender as necessidades das atuais gerações e permitir melhores condições de vida, sem comprometer a qualidade ambiental e o atendimento das necessidades das gerações futuras.

(B) os materiais, substâncias, objetos e bens descartados resultantes de atividades humanas em sociedade, a cuja destinação final se procede, propõe-se proceder ou se está obrigado a proceder, nos estados sólido ou semissólido, bem como gases contidos em recipientes e líquidos cujas particularidades tornem inviável o seu lançamento na rede pública de esgotos ou em corpos d'água, ou exijam para isso soluções técnicas ou economicamente inviáveis em face da melhor tecnologia disponível, gozam de proteção jurídica difusa já que reconhecidos como de valor social.

(C) o gerenciamento de resíduos sólidos consiste no conjunto de ações voltadas para a busca de soluções para esses resíduos, de forma a considerar as dimensões política, econômica, ambiental, cultural e social, com controle social e sob a premissa do desenvolvimento sustentável.

(D) a destinação final ambientalmente adequada consiste na reutilização, na reciclagem, na compostagem, na recuperação e no aproveitamento energético de resíduos ou outras destinações admitidas pelos órgãos competentes do SISNAMA, do SNVS e do SUASA, observando normas operacionais específicas de modo a evitar danos ou riscos à saúde pública e à segurança e a minimizar os impactos ambientais adversos.

A: correta (art. 3º, XIII, da Lei 12.305/2010); **B:** correta (art. 6º, VIII e art. 3º, XVI, ambos da Lei 12.305/2010); **C:** incorreta (art. 3º, X, da Lei 12.305/2010); **D:** correta (art. 3º, VII, da Lei 12.305/2010).

Gabarito "C".

(Procurador da República – 26º) Analise os itens abaixo e responda em seguida:

I. No atual sistema jurídico-normativo brasileiro, as infrações administrativas ambientais encontram-se exaustivamente descritas na lei, em estrita observância ao princípio da reserva legal.

II. O Ministério Público tem legitimidade para promover responsabilidade civil por danos ambientais patrimoniais ou extrapatrimoniais, de forma isolada ou cumulativa.

III. Por ser de natureza objetiva, a responsabilidade penal da pessoa jurídica por danos causados ao meio ambiente caracteriza-se mediante a demonstração de nexo de causalidade entre a ação ou omissão e o evento danoso, independentemente de culpa.

IV. De acordo com o sistema de responsabilidade previsto na Lei 9.605/1998, a imposição de multa por infração administrativa ambiental, por ato da autoridade administrativa competente não impede a cominação de multa, a título de sanção penal por parte da autoridade judicial, pelo mesmo fato, desde que tipificado em lei como crime.

(A) O item II é verdadeiro e o item III é falso.
(B) Todos os itens são verdadeiros.
(C) Somente o item II é verdadeiro.
(D) Somente o item I é falso.

I: falso, pois o Decreto 6.514/2008 dispõe sobre as infrações e sanções administrativas ao meio ambiente, estabelece o processo administrativo federal para apuração destas infrações, e dá outras providências. O mencionado Decreto elenca infrações administrativas a partir do art. 24; **II:** verdadeiro, pois a legitimidade do Ministério Público está expressa no art. 129, III, da CF, no art. 14, § 1º, segunda parte, da Lei 6.938/1981, no art. 5º, I, da Lei da Ação Civil Pública. E a possibilidade de pedido de reparação de danos materiais ou morais decorre do art. 1º da Lei 7.347/1985; **III:** falso, pois a responsabilidade penal não é objetiva, conforme noticiado, por exemplo, no Informativo 438 do STJ: "Crime. Meio ambiente. Pessoa jurídica. Conforme a jurisprudência deste Superior Tribunal, nos crimes que envolvem sociedades empresárias (nos quais a autoria nem sempre se mostra bem definida), a acusação tem que estabelecer, mesmo que minimamente, a ligação entre a empreitada criminosa e o denunciado. O simples fato de ser sócio, gerente ou administrador não permite a instauração da persecução penal pelos crimes praticados no âmbito da sociedade, se não se comprovar, ainda que mediante elemento a ser aprofundado no decorrer da ação penal, a relação de causa e efeito entre as imputações e a função do denunciado na sociedade, sob pena de acolher indevida responsabilidade penal objetiva. Na hipótese, foi denunciada, primeiramente, a pessoa jurídica e, por meio de aditamento, a pessoa física. Em relação a esta última, o MP, quando do aditamento à denúncia, não se preocupou em apontar o vínculo entre ela e a ação poluidora. Só isso bastaria para tachar de inepto o aditamento à denúncia. Contudo, soma-se a isso o fato de haver, nos autos, procuração pública que dá poderes para outrem gerir a sociedade. Daí que o aditamento não se sustenta ao incluir a recorrente apenas por sua qualidade de proprietária da sociedade. A inépcia do aditamento também contamina a denúncia como um todo, em razão de agora só figurar a pessoa jurídica como denunciada, o que é formalmente inviável, pois é impossível a responsabilização penal da pessoa jurídica dissociada da pessoa física, a qual age com elemento subjetivo próprio. Precedentes citados: RHC 19.734-RO, *DJ* 23.10.2006; HC 86.259-MG, *DJe* 18.08.2008, e REsp 800.817-SC, *DJe* 22.02.2010. RHC 24.239-ES, Rel. Mi Og Fernandes, julgado em 10.06.2010."; **IV:** verdadeiro, pois não há proibição de *bis in idem* no caso, tendo em vista o que estabelece o art. 225, § 3º, da CF: "As condutas e atividades consideradas lesivas ao meio ambiente sujeitarão os infratores, pessoas físicas ou jurídicas, a sanções penais e administrativas, independentemente da obrigação de reparar os danos causados".

Gabarito "A".

(Procurador do Trabalho – MPT – 17º Concurso) Sobre a proteção ao meio ambiente, assinale a alternativa **CORRETA**:

(A) Aquele que explorar recursos minerais fica obrigado a recuperar o ambiente degradado adotando solução técnica, de acordo com o grau de risco da atividade econômica.

(B) A concessão de autorização para atividades potencialmente danosas ao meio ambiente é um ato administrativo exclusivo das autoridades que detêm o poder de polícia.

(C) As terras devolutas ou arrecadadas pelo Estado em ações discriminatórias podem, mediante autorização legislativa, ser alienadas.

(D) Segundo a jurisprudência do Supremo Tribunal Federal, somente a lei, e não o órgão licenciador ambiental, pode fixar o *quantum* da compensação por impacto ambiental causado por empreendimento econômico.

(E) Não respondida.

A: incorreta, pois deve ser de acordo com a solução técnica exigida pelo órgão público competente, na forma da lei (art. 225, § 2º, da CF); **B:** correta; o processo de licenciamento ambiental visa a condicionar as atividades particulares que podem causar degradação ambiental às exigências da coletividade, tratando-se, assim, de uma espécie de poder de polícia ambiental; **C:** incorreta, pois tais terras são inalienáveis (art. 225, § 5º, da CF); **D:** incorreta, pois o STF entendeu constitucional a regra de compensação ambiental que determina apoio financeiro a unidades de conservação de proteção integral em caso de atividades sujeitas a EIA (ADI 3.378), sendo que nessa decisão definiu-se que o "valor da compensação-compartilhamento é de ser fixado proporcionalmente ao impacto ambiental, após estudo em que se assegurem o contraditório e a ampla defesa", dando força à fixação do *quantum* indenizatório pelo órgão licenciador ambiental; **E:** incorreta, pois a alternativa "b" é correta.

Gabarito "B".

(Ministério Público do Trabalho – 11º) Quanto ao meio ambiente:

I. Todos têm direito ao meio ambiente ecologicamente equilibrado, bem de uso comum do povo e essencial à sadia qualidade de vida, impondo-se exclusivamente ao Poder Público o dever de defendê-lo e preservá-lo para as presentes e futuras gerações. Para assegurar a efetividade desse direito deverá – dentre outras atribuições – controlar a produção de produtos que comportem risco para a vida dos trabalhadores.

II. A defesa do meio ambiente, inclusive mediante tratamento diferenciado conforme o impacto ambiental dos produtos e serviços e de seus processos de elaboração e prestação, é princípio geral que informa a ordem econômica nacional.

III. Ao sistema único de saúde, compete, preferencialmente, colaborar na proteção do meio ambiente do trabalho.

IV. Compete à lei federal estabelecer os meios legais que garantam à pessoa e à família a possibilidade de se defenderem da propaganda de produtos que possam ser nocivos à saúde e ao meio ambiente.

Analisando-se as asserções acima, pode-se afirmar que:

(A) Todas estão corretas.
(B) Todas estão incorretas.
(C) Apenas as de números I e II estão corretas.
(D) Apenas as de números II e IV estão corretas.
(E) Não respondida.

I: incorreta, pois não compete apenas ao Poder Público o dever de defender e preservar o meio ambiente, mas à coletividade também (art. 225, *caput*, da CF); **II:** correta (art. 170, VI, da CF); **III:** incorreta, pois o SUS deve colaborar na proteção do meio ambiente do trabalho (art. 200, VIII, da CF), mas não há regra dispondo que compete ao SUS fazê-lo preferencialmente; **IV:** correta (art. 220, § 3º, II, da CF).

Gabarito "D".

23. DIREITO DA CRIANÇA E DO ADOLESCENTE

Ana Paula Garcia, Eduardo Dompieri, Roberta Densa, Vanessa Trigueiros e Wander Garcia

1. CONCEITOS BÁSICOS E PRINCÍPIOS1

(Ministério Público/TO – 2012 – CESPE) No que se refere aos princípios gerais e orientadores do ECA e aos direitos fundamentais das crianças e dos adolescentes, assinale a opção correta.

(A) A aplicação do princípio da prioridade absoluta previsto no ECA deve ser integrada aos demais sistemas de defesa da sociedade, como, por exemplo, o Estatuto do Idoso. Assim, no caso, por exemplo, de o administrador ser obrigado a optar por construir uma creche ou um abrigo para idosos, deve ele dar prioridade à construção do abrigo.

(B) Em decorrência do princípio da centralização previsto no ECA, as normas gerais e específicas de atendimento às crianças e aos adolescentes editadas pela União são hierarquicamente superiores às normas editadas pelos estados-membros e pelos municípios.

(C) O reconhecimento do estado de filiação, direito personalíssimo e indisponível, pode ser exercitado contra os pais ou seus herdeiros, sem qualquer restrição, observado o segredo de justiça e o prazo prescricional geral de dez anos, contado a partir da maioridade civil do postulante.

(D) Deve-se dar preferência à inclusão da criança ou do adolescente em programas de acolhimento familiar sobre o seu acolhimento institucional, observando-se, em qualquer caso, o caráter temporário e excepcional da medida.

(E) A aplicação do princípio do melhor interesse limita-se ao público infantojuvenil cujos direitos tiverem sido ameaçados ou violados por ação ou omissão da sociedade ou do Estado, ou por falta, omissão ou abuso dos pais ou responsável.

A: incorreta (art. 227, da CF; arts. 4º e 100, IV, do ECA). *"O caráter absoluto da prioridade, expressamente consignado no art. 227, da CF e no art. 4º do ECA, refere-se à impossibilidade de supressão de uma especial proteção às crianças e aos adolescentes em situações comuns. O fato de o dispositivo ponderar a respeito de outro interesse, também de especial relevo no caso concreto, não retira do metaprincípio da prioridade o seu caráter absoluto. Ao contrário, a inovação legislativa encontra-se na esteira da doutrina mais vanguardista de autores como Ronald Dworkin e Robert Alexy, que afirmam não existir hierarquia entre princípios ou direitos fundamentais, cabendo solucionar uma possível colisão de direitos, por meio de ponderação"* (Rossato; Lépore; Sanches. Estatuto da Criança e do Adolescente, editora RT); **B:** incorreta, pois, segundo o princípio da responsabilidade primária e solidária do poder público, a plena efetivação dos direitos assegurados a crianças e a adolescentes é de responsabilidade primária e solidária das 3 (três) esferas de governo, as quais devem respeitar os direitos previstos no ordenamento jurídico, em especial no ECA e na CF (art. 100, parágrafo único, III do ECA), não havendo que falar em hierarquia de normas jurídicas; **C:** incorreta, pois o reconhecimento do estado de filiação é imprescritível (art. 27 do ECA); **D:** correta (art. 34, § 1º, do ECA); **E:** incorreta, pois, segundo o princípio do melhor interesse, a intervenção deve atender prioritariamente aos interesses e direitos da criança e do adolescente, ̲ (art. 100, parágrafo único, do ECA). Gabarito "D".

---

* **Roberta Densa** comentou as questões dos concursos de Juiz de Direito 2016, Analista TRT/8ª/2016, DPE/MT/2016, DPE/RN/2016, DPE/ES/2016, DPE/BA/2016 e DPU 2015. **Vanessa Trigueiros** comentou as questões dos concursos da Defensoria dos anos de 2012, e 2013 2015 e as questões dos seguintes concursos: Magistratura/GO – 2015 – FCC, Magistratura/RR – 2015 – FCC, Magistratura/SC – 2015 – FCC, Ministério Público/BA – 2015 – CEFET, Ministério Público/SP – 2015 – MPE/SP, Juiz de Direito/MG – 2014, Juiz de Direito/CE – 2014 – FCC, Juiz de Direito/RJ – 2014 – VUNESP, Juiz de Direito/PA – 2014 – VUNESP, Magistratura do Trabalho – 2ª Região – 2014, Magistratura do Trabalho – 3ª Região – 2014, Promotor de Justiça/PI – 2014 – CESPE, Procurador do Município – São Paulo/SP – 2014 – VUNESP, Promotor de Justiça/ES – 2013 – VUNESP, Promotor de Justiça/GO – 2013, Promotor de Justiça/MG – 2013, Promotor de Justiça/DF – 2013, Defensoria/DF – 2013 – CESPE, Defensoria/SP – 2013 – FCC, Cartório/PI – 2013 – CESPE, Cartório/ES – 2013 – CESPE, MAG/BA/12, MAG/CE/12, MAG/DF/08, MAG/DF/11, MAG/ES/11, MAG/MG/12, MAG/PA/12, MAG/PE/13, MAG/PI/11, MAG/RJ/11, MP/CE/11, MP/GO/10, MP/GO/12, MP/MG/11, MP/MG/12, MP/MS/13, MP/MT/12, MP/PB/10, MP/PI/12, MP/RJ/11, MP/RR/12, MP/SC/12, MP/SP/12, MP/SP/13 E MP/TO/12, **Eduardo Dompieri** e **Wander Garcia** comentaram as demais questões de Magistratura Estadual e Ministério Público Estadual, **Ana Paula Garcia** e **Wander Garcia** comentaram as demais questões dos concursos da Defensoria, **Wander Garcia** comentou as questões dos concursos trabalhistas.

(Ministério Público/SP – 2012 – VUNESP) O Estatuto da Criança e do Adolescente (Lei 8.069/1990) e o Estatuto do Idoso (Lei 10.741/2003) destinam-se a regular os direitos assegurados à criança, considerando-se a pessoa até:

(A) doze anos de idade incompletos; ao adolescente, considerando-se a pessoa entre doze e dezoito anos de idade e às pessoas idosas com idade igual ou superior a sessenta anos.

(B) doze anos de idade incompletos; ao adolescente, considerando-se a pessoa entre doze e vinte e um anos de idade e às pessoas idosas com idade igual ou superior a sessenta anos.

(C) doze anos de idade; ao adolescente, considerando-se a pessoa entre doze e dezoito anos de idade e às pessoas idosas com idade igual ou superior a sessenta e cinco anos.

(D) doze anos de idade incompletos; ao adolescente, considerando-se a pessoa entre doze e dezoito anos de idade e às pessoas idosas com idade superior a sessenta e cinco anos.

(E) dezesseis anos de idade incompletos; ao adolescente, considerando-se a pessoa entre dezesseis e vinte e um anos de idade e às pessoas idosas com idade superior a sessenta anos.

A alternativa "A" está correta, pois reflete o disposto nos art. 2º do ECA e art. 1º do Estatuto do Idoso, ficando excluídas as demais. Gabarito "A".

(Magistratura do Trabalho – 2ª Região – 2012) A garantia de prioridade absoluta assegurada à criança e ao adolescente concernente a efetivação dos direitos referentes à vida, à saúde, à alimentação, à educação, ao esporte, ao lazer, à profissionalização e à cultura, dentre outros, compreende:

(A) Procedência de atendimento apenas nos serviços públicos.

(B) Primazia de receber proteção e socorro em circunstâncias preestabelecidas pelo Poder Público.

(C) Preferência exclusiva na formulação das políticas sociais públicas.

(D) Destinação privilegiada de recursos públicos nas áreas relacionadas com a proteção à infância e à juventude.

(E) Apenas os deveres da família e do poder público na adoção destas medidas prioritárias.

A: incorreta – o examinador quis, nesta proposição, induzir o candidato em erro (a famigerada *pegadinha*). Isso porque, no lugar de *precedência*, que tem o sentido de *primazia, preferência* e consta do art. 4º, parágrafo único, *b*, da Lei 8.069/1990 (Estatuto da Criança e do Adolescente), fez-se uso de *procedência*, cujo significado é *origem, proveniência*. Não só por isso a questão deve ser considerada falsa. É que, segundo estabelece o mesmo dispositivo, na sua parte final, a prioridade de atendimento engloba, além dos *serviços públicos*, também os de *relevância pública*. Vale aqui uma dica: cuidado com expressões como *apenas, somente, único, exclusivo* etc.; **B:** incorreta, pois tal prioridade deve ser observada em quaisquer circunstâncias. É o que estabelece o art. 4º, parágrafo único, *a*, da Lei 8.069/1990; **C:** incorreta – reportamo-nos à dica que demos no comentário à assertiva "A": cuidado com expressões do tipo *apenas, somente, único, exclusivo* etc. A preferência, segundo estabelece o art. 4º, parágrafo único, *c*, da Lei 8.069/1990, não é *exclusiva*; **D:** correta, porquanto corresponde ao que prescreve o art. 4º, parágrafo único, *d*, da Lei 8.069/1990; **E:** incorreta, pois em desacordo com a regra estampada no art. 4º, *caput*, do ECA. Gabarito "D".

(Procurador do Trabalho – 2013 – MPT) Em consonância com o princípio da proteção integral, o direito à proteção especial da criança e do adolescente previsto na Constituição da República abrangerá:

I. Garantia de pleno e formal conhecimento da atribuição infracional.

II. Punição severa do abuso, da violência e da exploração sexual da criança e do adolescente pela lei.

III. Garantia de igualdade na relação jurídica processual.

IV. Idade mínima de quatorze anos para admissão ao trabalho, observada a condição de aprendiz dos 14 aos 16 anos.

Marque a alternativa **CORRETA**:

(A) apenas as assertivas I e II estão corretas;

(B) apenas as assertivas III e IV estão corretas;

(C) apenas as assertivas II e III estão corretas;

(D) todas as assertivas estão corretas;

(E) não respondida.

I: correta (garantia contemplada no art. 227, § 3º, IV, da CF); II: correta (garantia contemplada no art. 227, § 4, da CF); III: correta (garantia contemplada no art. 227, § 3º, IV, da CF); IV: correta (garantia contemplada no art. 227, § 3º, I, da CF).
Gabarito "D".

2. DIREITOS FUNDAMENTAIS

2.1. DIREITO À VIDA E À SAÚDE

(Juiz de Direito – TJ/RS – 2018 – VUNESP) No que diz respeito aos dispositivos previstos no Estatuto da Criança e do Adolescente relativos ao período de gestação até o final da amamentação, assinale a alternativa correta.

(A) Em virtude dos efeitos do estado gestacional ou puerperal, é vedado à gestante ou à mãe que manifeste interesse em entregar seu filho para adoção, antes ou logo após o nascimento.

(B) A gestante ou mãe que manifeste interesse em entregar seu filho para adoção, antes ou logo após o nascimento, será encaminhada à Justiça da Infância e da Juventude, sendo que após a formalização do interesse manifestado em audiência ou perante a equipe interprofissional, é vedada a desistência da entrega da criança, pela mãe, após o nascimento.

(C) O poder público, as instituições e os empregadores propiciarão condições adequadas ao aleitamento materno, inclusive aos filhos de mães submetidas a medida privativa de liberdade, à exceção daquelas incluídas em regime disciplinar diferenciado.

(D) Os estabelecimentos de atendimento à saúde, à exceção das unidades neonatais e de terapia intensiva, deverão proporcionar condições para a permanência em tempo integral de um dos pais ou responsável, nos casos de internação de criança ou adolescente.

(E) A gestante e a parturiente têm direito a 1 (um) acompanhante de sua preferência durante o período do pré-natal, do trabalho de parto e do pós-parto imediato.

A: incorreta. O art. 19-A do ECA trata expressamente da possibilidade de a gestante ou a mãe manifestar seu interesse em entregar seu filho para adoção, devendo, nesse caso, ser encaminhada à Justiça da Infância e Juventude; **B:** incorreta. Nos termos do art. 166, § 1º, o consentimento para a entrega da criança para adoção é feito por meio de pedido formulado diretamente em cartório, sendo **retratável** até a audiência que será designada para a verificação da concordância com a adoção. O mesmo artigo, em seu § 5º, garante aos pais o direito de exercer o **arrependimento** em até 10 (dez) dias contados da data de prolação da sentença de extinção do poder familiar; **C:** incorreta. Nos termos do art. 9º do ECA, "o poder público, as instituições e os empregadores propiciarão condições adequadas ao aleitamento materno, inclusive aos filhos de mães submetidas a medida privativa de liberdade", não podendo haver qualquer distinção em relação ao regime disciplinar em que a mãe esteja sujeita; **D:** incorreta. Os estabelecimentos de atendimento à saúde, inclusive as unidades neonatais, de terapia intensiva e de cuidados intermediários, deverão proporcionar condições para a permanência em tempo integral de um dos pais ou responsável, nos casos de internação de criança ou adolescente (art. 12 do ECA); **E:** correta. Nos exatos termos do art. 8º, § 6º. RD
Gabarito "E".

(Juiz – TJ-SC – FCC – 2017) Segundo a Portaria nº 1.082/2014, do Ministério da Saúde, a qual dispõe sobre as diretrizes da Política Nacional de Atenção Integral à Saúde de Adolescentes em Conflito com a Lei, é correto afirmar que:

(A) os projetos terapêuticos singulares elaborados pela área de saúde devem se articular com os planos individuais de atendimento previstos no SINASE – Sistema Nacional Socioeducativo.

(B) deverá haver a priorização das ações de promoção da saúde, vedando-se aos adolescentes, entretanto, a política da redução de danos provocados pelo consumo de álcool e outras drogas.

(C) propõe a assunção do atendimento da saúde dos adolescentes privados de liberdade por equipes da unidade socioeducativa, partindo para a intersetorialização de serviços assim que alcançada a liberdade.

(D) a implementação da atenção integral à saúde dos adolescentes privados de liberdade ocorrerá com a participação do Estado e da União, excluída a responsabilidade dos municípios por não lhes caber a manutenção de programas de internação e semiliberdade.

(E) o cuidado de saúde bucal será viabilizado na Atenção Especializada da Rede de Atenção à Saúde.

A: correta (art. 7º, III, da Portaria 1.082/2014, do Ministério da Saúde); **B:** incorreta (art. 7º, VI, da Portaria 1.082/2014, do Ministério da Saúde); **C:** incorreta (art. 7º, II, da Portaria 1.082/2014, do Ministério da Saúde); **D:** incorreta (art. 14 da Portaria 1.082/2014, do Ministério da Saúde); **E:** incorreta (art. 10, I, e, da Portaria 1.082/2014, do Ministério da Saúde). ED
Gabarito "A".

(Juiz de Direito – TJM/SP – VUNESP – 2016) Nos termos preconizados pela Lei 8.069, de 13 de julho de 1990, a criança e o adolescente têm direito à liberdade, ao respeito e à dignidade como pessoas humanas em processo de desenvolvimento e como sujeitos de direitos civis, humanos e sociais garantidos na Constituição e nas leis. E, ainda, estabelece que o direito ao respeito consiste

(A) em buscar refúgio, auxílio e orientação, bem como crença e culto religioso.

(B) na inviolabilidade da integridade física, psíquica e moral da criança e do adolescente.

(C) na participação da vida política, na forma da lei, como também da vida familiar e comunitária, sem discriminação.

(D) em ir, vir e estar nos logradouros públicos e espaços comunitários, ressalvadas as restrições legais.

(E) em ser criado e educado no seio de sua família e, excepcionalmente, em família substituta.

A: incorreta. O direito à liberdade compreende a busca de refúgio, auxílio e orientação (art. 16, VII do ECA). **B:** correta. O direito ao respeito consiste na inviolabilidade da integridade física, psíquica e moral da criança e do adolescente, abrangendo a preservação da imagem, da identidade, da autonomia, dos valores, ideias e crenças, dos espaços e objetos pessoais (art. 17 do ECA). **C:** incorreta. O direito à liberdade compreende a participação na vida política, na forma da lei, familiar e comunitária, sem discriminação (art. 16, V e VI, do ECA). **D:** incorreta. O direito à liberdade compreende ir, vir e estar nos logradouros públicos e espaços comunitários, ressalvadas as restrições legais (art. 16, I do ECA). **E:** incorreta. O direito a ser criado e educado no seio de sua família e, excepcionalmente em família substituta compreende o direito fundamental de convivência familiar e comunitária (art. 19 do ECA). RD
Gabarito "B".

(Promotor de Justiça – MPE/AM – FMP – 2015) Considere as seguintes alternativas:

I. O Estatuto da Criança e do Adolescente dispõe que o poder público, as instituições e os empregadores propiciarão condições adequadas ao aleitamento materno, sem mencionar expressamente a situação dos filhos de mães submetidas à privação de liberdade.

II. Ao poder público incumbe propiciar apoio alimentar à gestante e à nutriz exclusivamente no período em que a mulher estiver internada em hospital ou estabelecimento de saúde.

III. O poder público deve proporcionar à gestante e à mãe, no período pré e pós-natal, assistência psicológica como forma de prevenir ou minorar as consequências do estado puerperal.

IV. Os hospitais e estabelecimentos de saúde de gestante, públicos ou particulares, são obrigados a manter registro das atividades desenvolvidas, através de prontuários individuais, pelo prazo de cinco anos.

V. O Estatuto da Criança e do Adolescente, ao disciplinar o direito à vida e à saúde, não menciona a obrigatoriedade da vacinação das crianças.

Quais das assertivas acima estão corretas?

(A) Apenas a III e V.
(B) Apenas a II, III e V.
(C) Apenas a V.
(D) Apenas a III.
(E) Apenas a III, IV e V.

I: incorreta. O poder público, as instituições e os empregadores propiciarão condições adequadas ao aleitamento materno, inclusive aos filhos de mães submetidas a medida privativa de liberdade (art. 9º do ECA). II: incorreta. Na forma do art. 8º do ECA, "é assegurado a todas as mulheres o acesso aos programas e às políticas de saúde da mulher e de planejamento reprodutivo, às gestantes, nutrição adequada, atenção humanizada à gravidez, ao parto e ao puerpério e atendimento pré-natal, perinatal e pós-natal integral no âmbito do Sistema Único de Saúde". III: correta. Nos exatos termos do art. 8º, § 4º, do ECA. IV: incorreta. O prazo para manutenção dos registros das atividades desenvolvidas, através do prontuário individual, é de 18 (dezoito) anos (art. 10, I, do ECA). V: incorreta. Nos termos do art. 14, §1º, é obrigatória a vacinação das crianças nos casos recomendados pelas autoridades sanitárias. RD
Gabarito "D".

(Defensor Público – DPE/ES – 2016 – FCC) Em março de 2016, o texto do Estatuto da Criança e do Adolescente sofreu modificações destinadas a incorporar ou reforçar regras voltadas à proteção da primeira infância, entre as quais podemos citar:

(A) Responsabilização criminal de pais ou responsável que, injustificadamente, deixem de promover vacinação de crianças sob sua guarda.

(B) Direito da parturiente, junto ao Sistema Único de Saúde, de contar com um acompanhante de sua preferência no pré-natal, e o pós-parto e dois acompanhantes durante o trabalho de parto.

(C) Isenção de multas, custas e emolumentos nos registros e certidões necessários à inclusão, a qualquer tempo, do nome do pai no assento de nascimento da criança.

(D) Possibilidade de destituição sumária do poder familiar em caso de abuso sexual praticado ou facilitado pelos genitores contra criança de até 6 anos de idade.

(E) Criação de serviços de acolhimento institucional especializados para a faixa etária da primeira infância, sem prejuízo da preservação de eventuais vínculos com irmãos maiores.

A: incorreta. O art. 14 do ECA já previa, em sua redação original, a obrigatoriedade de vacinação. Além disso, a ausência de vacinação pode trazer a possibilidade de aplicação das medidas em relação aos pais previstas no art. 129 ou a infração administrativa genérica do art. 249 do ECA. **B:** incorreta. O direito incluído pela Lei da Primeira Infância, previsto no art. 8º, § 6º, é de manter um 1 (um) acompanhante de sua preferência durante o período do pré-natal, do trabalho de parto e do pós-parto imediato. **C:** correta. Nos termos do art. 102, § 5º, do ECA. **D:** incorreta. A destituição do poder familiar somente pode ser feita pela autoridade judicial, através do devido processo legal (art. 155 e seguintes do ECA). **E:** incorreta. O vínculo com os irmãos deve ser mantido, nos termos do art. 28, § 4º, do ECA: "os grupos de irmãos serão colocados sob adoção, tutela ou guarda da mesma família substituta, ressalvada a comprovada existência de risco de abuso ou outra situação que justifique plenamente a excepcionalidade de solução diversa, procurando-se, em qualquer caso, evitar o rompimento definitivo dos vínculos fraternais".

Gabarito "C".

(Defensor Público – DPE/ES – 2016 – FCC) Na perspectiva de conceituar adequadamente as situações de violência contra a criança e o adolescente, o Estatuto da Criança e do Adolescente, definiu, expressamente

(A) negligência grave como a omissão reiterada, por quem detenha o dever de cuidado, capaz de produzir danos físicos e/ou psíquicos à criança ou adolescente.

(B) castigo físico como a ação de natureza disciplinar ou punitiva aplicada com o uso da força sobre a criança ou adolescente que resulte em sofrimento físico ou lesão.

(C) castigo moral como a ação ou omissão que, sem causar dano físico, tenha por objetivo submeter criança ou adolescente a vexame ou constrangimento.

(D) tratamento cruel ou degradante como toda conduta intencionalmente voltada à violação de um direito fundamental da criança que produza sofrimento ou comprometa seu desenvolvimento saudável.

(E) abuso infantil como toda prática, omissa ou comissiva, que, direta ou indiretamente, submeta a criança à sexualização precoce. Direito dos Idosos, das Pessoas com Deficiência e das Mulheres.

A: incorreta. O ECA não conceitua expressamente a negligência **B:** correta. Para os fins do art. 18-A, incisos I e II, *castigo físico* pode ser considerado toda ação de natureza disciplinar ou punitiva aplicada com o uso da força física sobre a criança ou o adolescente que resulte em sofrimento físico ou lesão. O tratamento cruel ou degradante: conduta ou forma cruel de tratamento em relação à criança ou ao adolescente que humilhe; http://www.planalto.gov.br/ccivil_03/_Ato2011-2014/2014/Lei/L13010.htm – art1ameace gravemente; ou ridicularize. **C:** incorreta. O ECA não utiliza a expressão *castigo moral* mas sim a expressão *tratamento cruel ou degradante*. **D:** incorreta. Vide justificativa da alternativa "B". **E:** incorreta. O ECA não conceitua expressamente o abuso infantil.

Gabarito "B".

(Magistratura/RR – 2015 – FCC) Joana encontra-se no sétimo mês de gravidez e informa à enfermeira do posto de saúde onde faz o pré-natal que pretende entregar o nascituro para adoção. Segundo o que obriga expressamente o Estatuto da Criança e do Adolescente (Lei 8.069/1990), diante de tal informação, deve o serviço de saúde

(A) cadastrar Joana no programa de parto anônimo e encaminhá-la ao serviço de referência.

(B) encaminhar Joana à Justiça da Infância e da Juventude.

(C) acionar a rede socioassistencial com vistas a incluir Joana e sua família em programas de auxílio e promoção familiar.

(D) comunicar a situação ao Conselho Tutelar, a fim de que sejam aplicadas as medidas protetivas cabíveis.

(E) acompanhar a gestante e, após o parto, se mantida a intenção de entregar a criança, reportar os fatos ao Ministério Público para ajuizamento das ações pertinentes.

A: incorreta, pois incumbe ao poder público, por meio do serviço de saúde, proporcionar assistência psicológica à gestante e à mãe, no período pré e pós-natal, inclusive como forma de prevenir ou minorar as consequências do estado puerperal. Oportuno registrar que tal assistência também deverá ser prestada a gestantes ou mães que manifestem interesse em entregar seus filhos para adoção, nos termos do art. 8º, §§ 4º e 5º, do ECA; **B:** correta. De fato, a gestante ou mãe que manifeste interesse em entregar seu filho para adoção será obrigatoriamente encaminhada à Justiça da Infância e da Juventude (art. 13, parágrafo único, do ECA). Quanto ao tema, leia art. 19-A e art. 166 do ECA, ambos alterados pela Lei 13.509/2017; **C** e **D:** incorretas, pois tais medidas, muito embora possam ser realizadas na prática, não estão previstas expressamente no ECA; **E:** incorreta, pois conforme já mencionado acima, a gestante ou mãe que manifeste interesse em entregar seu filho para adoção será obrigatoriamente encaminhada à Justiça da Infância e Juventude (art. 13, parágrafo único, do ECA) e não ao Ministério Público.

Gabarito "B".

(Magistratura/PE – 2013 – FCC) Os hospitais e demais estabelecimentos de atenção à saúde de gestantes, públicos e particulares, são obrigados a

(A) prestar orientação ao pais do recém-nascido, quanto à terapêutica de anormalidades no metabolismo, mas não são obrigados a proceder a exames visando ao diagnóstico, cuja realização é atribuição exclusiva de laboratórios públicos.

(B) manter o registro das atividades desenvolvidas, através de prontuários individuais, pelo prazo mínimo de cinco e máximo de dez anos.

(C) identificar o recém-nascido mediante o registro de sua impressão plantar e digital e impressão digital da mãe.

(D) fornecer declaração de nascimento, desde que não constem as intercorrências do parto e do desenvolvimento do neonato.

(E) manter alojamento conjunto, possibilitando ao neonato a permanência junto aos pais.

A: incorreta, pois os hospitais devem proceder a exames visando ao diagnóstico e terapêutica de anormalidades no metabolismo do recém-nascido, além de prestar orientação aos pais (art. 10, III, do ECA); **B:** incorreta, pois os hospitais devem manter registro das atividades desenvolvidas, por meio de prontuários individuais, pelo prazo de dezoito anos (art. 10, I, do ECA); **C:** correta (art. 10, II, do ECA); **D:** incorreta, pois os hospitais devem fornecer declaração de nascimento onde constem necessariamente as intercorrências do parto e do desenvolvimento do neonato (art. 10, IV, do ECA); **E:** incorreta, pois os hospitais devem manter alojamento conjunto, possibilitando ao neonato a permanência junto à mãe (art. 10, V, do ECA).

Gabarito "C".

(Defensor Público/AC – 2012 – CESPE) A respeito dos direitos fundamentais das crianças e dos adolescentes, assinale a opção correta.

(A) A prioridade no atendimento de crianças e adolescentes tem caráter relativo, dependendo a garantia dessa prioridade da emissão, pelo poder público, de normas secundárias, tais como resoluções e portarias.

(B) De acordo com a CF, devem ser estabelecidos por lei, além do ECA, o Estatuto da Juventude, destinado a regular os direitos dos jovens, e o Plano Nacional de Juventude, que deve articular as várias esferas do poder público para a execução de políticas públicas.

(C) O poder público é obrigado a proporcionar assistência psicológica à gestante e à mãe nos períodos pré-natal e pós-parto exceto se houver manifestação expressa em entregar o filho para adoção, caso em que a proteção estatal recai sobre os adotantes.

(D) Enumerados taxativamente no ECA, os direitos fundamentais das crianças e dos adolescentes constituem um sistema fechado.

(E) A garantia dos direitos fundamentais do público infantojuvenil constitui obrigação direta do poder público e da família e obrigação indireta da sociedade e da comunidade.

A: incorreta, pois a garantia de prioridade tem caráter absoluto e compreende, dentre outras hipóteses, a precedência de atendimento nos serviços públicos ou de relevância pública, independente de regulamentação legislativa (art. 4º, parágrafo único, "b", do ECA); **B:** correta, pois está de acordo com o disposto no art. 227, § 8º, I e II, da CF/1988; **C:** incorreta, pois incumbe ao poder público proporcionar assistência psicológica à gestante e à mãe, no período pré e pós-natal, inclusive como forma de prevenir ou minorar as consequências do estado puerperal, bem como para as gestantes ou mães que manifestem interesse em entregar seus filhos para adoção (art. 8º, §§ 4º e 5º, do ECA); **D:** incorreta, pois a criança e o adolescente gozam de todos os direitos fundamentais inerentes à pessoa humana, do que se conclui ser o rol enumerado no ECA meramente exemplificativo e não taxativo; **E:** incorreta, pois a garantia dos direitos fundamentais da criança e do adolescente é dever da família, da comunidade, da sociedade em geral e do poder público. Portanto, constitui uma obrigação direta de todos (art. 4º, *caput*, do ECA).

Gabarito "B".

(Defensor Público/RO – 2012 – CESPE) No que tange aos direitos fundamentais da criança e do adolescente, assinale a opção correta.

(A) Na hipótese de família com muitos filhos menores e em estado de extrema miséria, cabe ao juiz determinar a suspensão ou a perda do poder familiar.

(B) É proibido trabalho noturno, perigoso ou insalubre a menores de dezoito anos de idade e qualquer trabalho a menores de quatorze anos, salvo na condição de aprendiz, a partir dos doze anos.

(C) Quando uma criança ou um adolescente é internado para tratamento de saúde, em hospital público ou privado, a instituição é obrigada a proporcionar condições para que um dos pais ou o responsável os acompanhe.

(D) As gestantes interessadas em entregar seus filhos para adoção poderão, antes do parto, escolher a família substituta, independentemente de comunicar o fato à justiça da infância e da juventude.

(E) É dever do Estado assegurar à criança e ao adolescente os ensinos fundamental e médio, obrigatórios e gratuitos, inclusive para os que a eles não tiveram acesso na idade própria.

A: incorreta, pois a falta ou a carência de recursos materiais não constitui motivo suficiente para a perda ou a suspensão do poder familiar (art. 23, do ECA); **B:** incorreta, pois há proibição de trabalho noturno, perigoso ou insalubre a *menores de dezesseis anos*, salvo na condição de aprendiz, *a partir de quatorze anos* (art. 7º, XXXIII, da CF/1988; arts. 60 e 67, I e II, ambos do ECA); **C:** correta (art. 12, do ECA); **D:** incorreta, pois, caso a gestante manifeste interesse em entregar seu filho para adoção, será obrigatoriamente encaminhada à Justiça da Infância e da Juventude (art. 13, parágrafo único, do ECA), sendo que incumbe ao poder público proporcionar-lhe assistência psicológica (art. 8º, § 4º, do ECA) Quanto ao tema, leia art. 19-A e art. 166 do

ECA, ambos alterados pela Lei 13.509/2017.; **E:** incorreta, pois é dever do Estado assegurar à criança e ao adolescente o *ensino fundamental*, obrigatório e gratuito, inclusive para os que a ele não tiveram acesso na idade própria (art. 54, I, do ECA).

"Gabarito "C"."

(Defensor Público/SP – 2012 – FCC) Os artigos 4º e 11 do Estatuto da Criança e do Adolescente (Lei 8.069/1990) estabelecem, como absoluta prioridade, a efetivação dos direitos referentes à vida e à saúde por meio de políticas públicas que assegurem o acesso universal e igualitário às ações e serviços para a promoção, proteção e recuperação da saúde. A Política do Ministério da Saúde para Atenção Integral a Usuários de Álcool e outras Drogas e a Portaria 1.190, de 04.06.2009, preveem, por seu turno, diretrizes e recomendações aplicáveis na atenção dessa população, dentre elas:

(A) o desestímulo à abordagem da redução de danos como um caminho promissor, já que esta desconsidera a diversidade, a singularidade e a corresponsabilidade do usuário.
(B) um plano de ação baseado somente no campo das ações clínicas, evitando-se a vitimização do usuário e dos problemas sociais contemporâneos, como o tráfico de drogas e a violência.
(C) aumento dos leitos para internação em hospitais psiquiátricos, com reserva dos Centros de Atenção Psicossocial Álcool e Drogas somente como um equipamento de transição à alta médica.
(D) o alcance da abstinência através da ação da justiça, da segurança e da defesa, bem como com o afastamento do usuário do agente indutor.
(E) o enfrentamento do estigma em toda e qualquer ação proposta para a população usuária de álcool e drogas, afastando-se da política unicamente repressiva.

Correta a assertiva "E", já que está de acordo com o art. 3º, IV, da Portaria MS 1.190/2009, ficando excluídas as demais hipóteses.

"Gabarito "E"."

2.2. DIREITO À LIBERDADE, AO RESPEITO E À DIGNIDADE

(Magistratura/GO – 2015 – FCC) De acordo com o Estatuto da Criança e do Adolescente, considera-se tratamento cruel ou degradante dispensado à criança aquele que a

(A) submete ao aleitamento materno no interior de presídio onde a mãe cumpre pena.
(B) submeta a tratamento a toxicômanos.
(C) proporcione castigo e sofrimento físico desnecessário.
(D) humilhe, ameace gravemente ou a ridicularize.
(E) prive da frequência ao ensino fundamental.

Com o advento da Lei 13.010/2014, conhecida como a "Lei da Palmada" ou "Lei do Menino Bernardo", passou-se a proibir expressamente a prática de castigo físico e de tratamento cruel ou degradante em face da criança e do adolescente. Nos termos do art. 18-A, parágrafo único, considera-se: I – castigo físico: ação de natureza disciplinar ou punitiva aplicada com o uso da força física sobre a criança ou o adolescente que resulte em: *a)* sofrimento físico; ou *b)* lesão; II – tratamento cruel ou degradante: conduta ou forma cruel de tratamento em relação à criança ou ao adolescente que: *a)* humilhe; ou *b)* ameace gravemente; ou *c)* ridicularize. Assim, a alternativa "D" está correta, ficando excluídas as demais assertivas.

"Gabarito "D"."

(Ministério Público/SP – 2015 – MPE/SP) O direito ao respeito de que gozam as crianças e os adolescentes, afirmado em norma contida na Lei 8.069/1990, não abrange:

(A) a imagem e a identidade.
(B) os espaços e objetos pessoais.
(C) a escolha de trabalho, ofício e profissão.
(D) a autonomia, os valores, as ideias e as crenças.
(E) a inviolabilidade da integridade física, psíquica e moral.

A, B, D e E: incorretas, pois o ECA prevê, em seu art. 17, o direito ao respeito consistente na inviolabilidade da integridade física, psíquica e moral da criança e do adolescente, abrangendo a preservação da imagem, da identidade, da autonomia, dos valores, ideias e crenças, dos espaços e objetos pessoais; **C:** correta, pois, de fato, a escolha de trabalho, ofício e profissão não consiste direito ao respeito de forma expressa no ECA. Oportuno registrar que o ECA trata especificamente sobre o Direito à Profissionalização e à Proteção no Trabalho, em seus arts. 60 a 69.

"Gabarito "C"."

2.3. DIREITO À CONVIVÊNCIA FAMILIAR E COMUNITÁRIA

(Defensor Público – DPE/SC – 2017 – FCC) Sem considerar a interpretação mais flexível eventualmente dada pela jurisprudência aos dispositivos que regem o instituto da adoção, é regra hoje prevista no Estatuto da Criança e do Adolescente que

(A) a adoção poderá ser deferida ao adotante que, após inequívoca manifestação de vontade, vier a falecer antes do início do procedimento.

(B) para adoção conjunta, é indispensável, no mínimo, que os adotantes sejam ou tenham sido casados civilmente ou que mantenham ou tenham mantido união estável.
(C) se um dos cônjuges ou concubinos adota o filho do outro, rompem-se os vínculos de filiação entre o adotado e o cônjuge ou concubino do adotante e os respectivos parentes.
(D) a adoção internacional pressupõe a intervenção de organismos nacionais e estrangeiros, devidamente credenciados, encarregados de intermediar pedidos de habilitação à adoção internacional.
(E) a guarda de fato autoriza, por si só, a dispensa do estágio de convivência.

A: incorreta. A adoção *post mortem* somente pode ser deferia ao que manifestou vontade de adotar no curso do processo (art. 42, § 6°, do ECA). **B:** correta. Nos exatos termos do art. 42, § 2º do ECA. **C:** incorreta. A adoção unilateral mantém o vínculo biológico de filiação e cria vínculo de filiação com o cônjuge ou companheiro (art. 41, § 1º, do ECA). **D:** incorreta. "É vedado, sob pena de responsabilidade e descredenciamento, o repasse de recursos provenientes de organismos estrangeiros encarregados de intermediar pedidos de adoção internacional a organismos nacionais ou a pessoas físicas" (art. 52-A, do ECA). **E:** incorreta. "A simples guarda de fato não autoriza, por si só, a dispensa da realização do estágio de convivência" (art. 46, § 2º, do ECA). RD

"Gabarito "B"."

(Defensor Público – DPE/PR – 2017 – FCC) Conforme a jurisprudência do Supremo Tribunal Federal e do Superior Tribunal de Justiça acerca do Direito da Criança e do Adolescente, é INCORRETO afirmar que

(A) se, no curso da ação de adoção conjunta, um dos cônjuges desistir do pedido e outro vier a falecer sem ter manifestado inequívoca intenção de adotar unilateralmente, não poderá ser deferido ao interessado falecido o pedido de adoção unilateral *post mortem*.
(B) na hipótese de remissão imprópria pré-processual com a concordância do adolescente, seu responsável e da sua defesa técnica, ao Juiz somente caberá homologar a remissão ou remeter os autos ao Procurador-Geral de Justiça. Caso o Procurador-Geral insista na remissão, a homologação será obrigatória, ainda que o Juiz discorde da remissão imprópria por entender que era o caso de conceder remissão pura e simples, não cabendo ao Magistrado, no caso, conceder a remissão afastando a condicionante do cumprimento de medida socioeducativa.
(C) não cabe *habeas corpus* para impugnar decisão judicial liminar que determinou a busca e apreensão de criança para acolhimento em família devidamente cadastrada junto a programa municipal de adoção.
(D) é constitucional a expressão "em horário diverso do autorizado", constante no art. 254 do ECA, uma vez que o Estado pode determinar que certos programas somente sejam exibidos na televisão em horários que, presumidamente, haverá menos audiência de crianças e adolescentes. Tal entendimento tem respaldo no princípio do melhor interesse da criança.
(E) caso uma sentença aplique medida de internação a adolescente, tal medida pode ser iniciada imediatamente, mesmo que esteja pendente o julgamento de apelação interposta contra a sentença e ainda que o adolescente tenha permanecido em liberdade durante toda a instrução processual.

A: Correta. A adoção "post mortem" é aquela em que o adotante falece no curso do processo, está expressamente prevista no art. 42 do ECA, exigindo a expressa intenção de adoção. Já entendeu o STJ que "se, no curso da ação de adoção conjunta, um dos cônjuges desistir do pedido e outro vier a falecer sem ter manifestado inequívoca intenção de adotar unilateralmente, não poderá ser deferido ao interessado falecido o pedido de adoção unilateral *post mortem*". (STJ, REsp 1.421.409-DF, Rel. Min. João Otávio de Noronha, julgado em 18/8/2016, DJe 25/8/2016). **B:** correta. No caso de remissão imprópria, não poderá o juiz afastar a condicionante, mesmo que entenda que era caso de remissão pura e simples. Assim já entendeu o STJ: "Direito da criança e do adolescente. Impossibilidade de modificação por magistrado dos termos de proposta de remissão pré-processual. Se o representante do Ministério Público ofereceu a adolescente remissão pré-processual (art. 126, *caput*, do ECA) cumulada com medida socioeducativa não privativa de liberdade, o juiz, discordando dessa cumulação, não pode excluir do acordo a aplicação da medida socioeducativa e homologar apenas a remissão". (STJ, REsp 1.392.888-MS, Rel. Min. Rogerio Schietti, julgado em 30/6/2016, DJe 1/8/2016). **C:** correta. "Não cabe *habeas corpus* para impugnar decisão judicial liminar que determinou a busca e apreensão de criança para acolhimento em família devidamente cadastrada junto a programa municipal de adoção" (HC 329.147-SC, Rel. Min. Maria Isabel Gallotti, julgado em 20/10/2015, DJe 11/12/2015). **D:** incorreta. O STF, em sede de ADI, decidiu que é **inconstitucional** a expressão "em horário diverso do autorizado" contida no art. 254 do ECA, razão pela qual as emissoras de televisão não sofrerão sanções administrativas caso veiculem programação em horário diferente do estabelecido em portaria do Ministério da Justiça. **E:** correta. É o entendimento do STJ sobre o tema: "Mesmo diante da interposição de recurso de apelação, é possível o imediato cumprimento de sentença que impõe medida socioeducativa de internação, ainda que não tenha sido imposta anterior internação provisória ao adolescente. Cuidando-se de medida socioeducativa, a intervenção do Poder Judiciário tem como missão precípua não a punição pura e simples do adolescente em conflito com a lei, mas, principalmente, a ressocialização e a proteção do jovem infrator. (...). Desse modo, postergar o início de cumprimento da medida socioeducativa imposta na sentença que encerra o processo por ato infracional importa em "perda de sua atualidade quanto ao objetivo ressocializador da resposta estatal, permitindo a manutenção dos adolescentes em situação de risco, com a exposição aos mesmos condicionantes que o conduziram à prática infracional". (STJ, HC 346.380-SP, Rel. Min. Maria Thereza de Assis Moura, Rel. para acórdão Min. Rogerio Schietti Cruz, julgado em 13/4/2016, DJe 13/5/2016). Gabarito "D".

(Juiz – TJ-SC – FCC – 2017) Segundo o Estatuto da Criança e do Adolescente, são regras que devem ser observadas para a concessão da guarda, tutela ou adoção,

(A) o consentimento do adolescente, colhido em audiência, exceto para a guarda.
(B) a opinião da criança que, sempre que possível, deve ser colhida por equipe interprofissional e considerada pela autoridade judiciária competente.
(C) a prevalência das melhores condições financeiras para os cuidados com a criança ou adolescente.
(D) a prioridade da tutela em favor de família extensa quando ainda coexistir o poder familiar.

A: incorreta, uma vez que a inserção do maior de doze anos em família substituta, aqui incluída a *guarda*, depende do seu consentimento, a ser colhido em audiência, tal como estabelece o art. 28, § 2º, do ECA. É importante que se diga que esta regra, segundo defendem alguns doutrinadores, e nosso ver com razão, deve ser relativizada, dado que o adolescente com doze anos ou um pouco mais não tem a exata noção do que lhe é mais benéfico, muito favorável, ou seja, o que melhor atende ao seu interesse, que é aquilo que, de fato, deve ser levado em conta quando da colocação do jovem em família substituta. Enfim, há um sem número de situações possíveis, que impõem ao magistrado a análise do caso concreto levando-se em consideração, dessa forma, as suas especificidades. O erro da assertiva está em excepcionar a *guarda*; **B:** correta, pois corresponde ao que estabelece o art. 28, § 1º, do ECA; **C:** incorreta. Do art. 28, § 3º, do ECA é possível inferir que deve ser levada em conta, como fator preponderante, quando da colocação do jovem em família substituta, a relação de afinidade e afetividade existente entre os envolvidos. O objetivo, aqui, é minorar as consequências decorrentes da medida; **D:** incorreta. A tutela *constitui forma de colocação da criança ou do adolescente em família substituta que pressupõe a perda ou a suspensão do poder familiar* (art. 36, parágrafo único, do ECA). Assim, ao contrário da guarda, a tutela é incompatível com o poder familiar. Gabarito "B".

(Juiz – TJ/RJ – VUNESP – 2016) Após o falecimento de seus pais, M., menina de 7 (sete) anos de idade, permaneceu sob guarda legal do casal José e Clemence, vizinhos de longa data, mostrando-se plenamente ajustada ao lar familiar, estável. Ajuizada a ação de adoção, por José e Clemence, manifestou-se o Ministério Público, e a Juíza de Direito da Vara da Infância e da Juventude, nos termos dos artigos 39 e seguintes do Estatuto da Criança e do Adolescente, acertadamente:

(A) determinou a expedição de editais de intimação de parentes próximos com os quais a menina M. convivia, visando o preferencial encontro de forma legal de arranjo familiar, consubstanciada na família extensa ou ampliada, para recomposição dos laços da família natural.
(B) determinou o encaminhamento dos requerentes e da menina M. à equipe interdisciplinar para avaliar a fixação de laços de afinidade e afetividade, pelo lapso de tempo de convivência e ausência de má-fé na formação da família substituta.
(C) extinguiu o feito, sem resolução de mérito, após indeferimento da petição inicial, pela ausência de documento indispensável à propositura da ação, consubstanciado na comprovação prévia de inscrição dos requerentes em cadastros estaduais e nacional de pessoas ou casais habilitados à adoção.
(D) determinou a busca e a apreensão da menina M. para abrigamento e a sua inscrição, no prazo de 48 horas, em cadastros estaduais e nacional de crianças e adolescentes em condições de serem adotados.
(E) extinguiu o feito, com resolução de mérito, pronunciando a procedência da ação de adoção, porque desnecessários: a) o estágio de convivência pela afirmação de ajustamento da menor a família substituta, porque incontroverso, e b) o consentimento tácito dos pais, falecidos.

A: incorreta. A família extensa tem preferência na colocação em família substituta nos termos do § 3º do art. 28 e do art. 25, parágrafo único, do ECA. No entanto, no caso em tela, a família extensa não terá prioridade justamente por não demonstrar a afetividade e afinidade com a criança. De todo modo, a petição inicial de adoção deve constar o nome dos parentes da criança para eventual análise da afetividade (art. 165 do ECA). **B:** correta. Tendo em vista que os vizinhos têm a guarda legal da criança, eles não precisariam estar previamente inscritos no cadastro nacional de adoção. A permissão é dada pelo art. 50, § 13, do ECA: "Somente poderá ser deferida adoção em favor de candidato domiciliado no Brasil não cadastrado previamente nos termos desta Lei quando: I – se tratar de pedido de adoção unilateral; II – for formulado por parente com o qual a criança ou adolescente mantenha vínculos de afinidade e afetividade; III – oriundo do pedido de quem detém a tutela ou guarda legal de criança maior de 3 (três) anos ou adolescente, desde que o lapso de tempo de convivência comprove a fixação de laços de afinidade e afetividade, e não seja constatada a ocorrência de má-fé ou qualquer das situações previstas nos arts. 237 ou 238 desta Lei". Mesmo não havendo prévia inscrição, os candidatos deverão comprovar, no curso do procedimento, que preenchem os requisitos necessário à adoção (art. 50, § 14). **C:** incorreta. Vide comentário da alternativa "B". **D:** incorreta. Vide comentário da alternativa "B". Estando a criança sob guarda legal e havendo afinidade e afetividade com os pretendentes, tudo em nome do princípio do melhor interesse do menor. **E:** incorreta. A adoção será precedida de estágio de convivência com a criança ou adolescente, pelo prazo que a autoridade determinar, podendo ser dispensado se a o adotando já estiver sob a tutela ou guarda legal do adotante por tempo suficiente para que seja possível avaliar a convivência da constituição do vínculo (art. 46, § 1º, do ECA). Por outro lado, o consentimento dos pais se faz necessário apenas quando os pais estiverem vivos: "se os pais forem falecidos, tiverem sido destituídos ou suspensos do poder familiar, ou houverem aderido expressamente ao pedido de colocação em família substituta, este poderá ser formulado diretamente em cartório, em petição assinada pelos próprios requerentes, dispensada a assistência de advogado" (art. 166, do ECA). Gabarito "B".

(Juiz – TJ/SP – VUNESP – 2015) Tendo como base o Estatuto da Criança e do Adolescente, assinale a alternativa correta sobre as medidas da Adoção e do Estágio de Convivência.

(A) O adolescente pode ser ouvido judicialmente apenas para a apuração de seu interesse em cumprir o estágio de convivência.
(B) A simples guarda de fato não autoriza, por si só, a dispensa da realização do estágio de convivência.
(C) O estágio de convivência nunca poderá ser dispensado ainda que o adotando já esteja sob a tutela ou guarda legal do adotante.
(D) Nos casos envolvendo adoção por pessoa ou casal domiciliado fora do País, o estágio de convivência deverá ser cumprido por no mínimo 90 dias.

A: incorreta. Para a colocação da em família substituta, criança e o adolescente serão ouvidos por equipe interdisciplinar, respeitado seu estágio de desenvolvimento e grau de compreensão sobre as implicações da medida, e terá sua opinião devidamente considerada (art. 28, § 1º). Por outro lado, o adolescente deverá consentir com a medida (art. 28, § 2º e art. 45, § 2º, do ECA). **B:** correta. A simples guarda de fato não autoriza, por si só, a dispensa da realização do estágio de convivência (art. 46, § 2º, do ECA). **C:** incorreta. O estágio de convivência poderá ser dispensado se o adotando já estiver sob a tutela ou guarda legal do adotante durante tempo suficiente para que seja possível avaliar a conveniência da constituição do vínculo (art. 46, § 1º, do ECA). **D:** incorreta. Em caso de adoção por pessoa ou casal residente ou domiciliado fora do País, o estágio de convivência, cumprido no território nacional, será de 30 (trinta) a 45 (quarenta e cinco dias). (art. 46, § 3º, do ECA). Gabarito "B".

(Juiz – TJ/MS – VUNESP – 2015) A colocação em família substituta, nos termos dos artigos 28 e seguintes do Estatuto da Criança e do Adolescente, far-se-á

(A) a partir da impossibilidade permanente – e não momentânea –, de a criança ou adolescente permanecer junto à sua família natural e mediante três formas: guarda, tutela e adoção.
(B) mediante comprovação de nacionalidade brasileira do requerente.
(C) mediante apreciação, em grau crescente de importância, de condições sociais e financeiras da família substituta e do grau de parentesco e da relação de afinidade e afetividade de seus integrantes.
(D) após realização de perícia por equipe multidisciplinar, que emitirá laudo com atenção ao estágio de desenvolvimento da criança e do adolescente e mediante seu consentimento sobre a medida, que condicionará a decisão do juiz.
(E) mediante o consentimento de maior de 12 (doze) anos de idade, colhido em audiência.

A: incorreta. Três são as formas de colocação em família substituta: guarda, tutela e adoção. A guarda tem por principal característica a provisoriedade (momentânea, portanto), sendo que a tutela será exercida pelo tutor pelo prazo de 2 (dois) anos. Em ambos os casos (tutela ou guarda) é possível, e recomendado pelo ECA (art. 19, § 3º), que a criança e o adolescente retornem para a sua família natural sempre que possível. **B:** incorreta. A inserção em família substituta estrangeira é expressamente admitida pelo ECA na modalidade de adoção. Ademais, a adoção internacional não é a adoção de estrangeiro, mas sim "aquela na qual a pessoa ou casal postulante é residente ou domiciliado fora do Brasil, conforme previsto no Artigo 2 da Convenção de Haia, de 29 de maio de 1993, relativa à Proteção das Crianças e à Cooperação em Matéria de Adoção Internacional, aprovada pelo Decreto Legislativo n. 1, de 14 de janeiro de 1999" (art. 51 do ECA). **C:** incorreta. Na apreciação do pedido levar-se-á em conta o grau de parentesco e a relação de afinidade ou de afetividade, a fim de evitar ou minorar as consequências decorrentes da medida (art. 28, § 3º). **D:** incorreta. "A colocação da criança ou adolescente em família substituta será precedida de sua preparação gradativa e acompanhamento posterior, realizados pela equipe interprofissional a serviço da Justiça da Infância e da Juventude, preferencialmente com o apoio dos técnicos responsáveis pela execução da política municipal de garantia do direito à convivência familiar" (art. 28, § 5º). **E:** correta. "Tratando-se de maior de 12 (doze) anos de idade, será necessário seu consentimento, colhido em audiência" (art. 28, § 2º). Gabarito "E".

(Promotor de Justiça/GO – 2016 – MPE) Quanto ao direito à convivência familiar e comunitária previsto no Estatuto da Criança e do Adolescente, assinale a alternativa correta:

(A) poderão ser utilizados recursos federais, estaduais, distritais e municipais para a manutenção dos serviços de acolhimento em família acolhedora, obrigando-se o repasse de recursos para a própria família acolhedora.

(B) toda criança ou adolescente que estiver inserido em programa de acolhimento familiar ou institucional terá sua situação reavaliada, no mínimo, a cada 6 (seis) meses, devendo a autoridade judiciária competente, com base em relatório elaborado por equipe interprofissional ou multidisciplinar, decidir de forma fundamentada pela possibilidade de reintegração familiar ou colocação em família substituta, em quaisquer das modalidades previstas no art. 28 desta Lei.

(C) a adoção sempre produz seus efeitos a partir do trânsito em julgado da sentença constitutiva.

(D) a União apoiará à implementação de serviços de acolhimento em família acolhedora como política pública, os quais deverão dispor de equipe que organize o acolhimento temporário de crianças e de adolescentes em residências de famílias selecionadas, capacitadas e acompanhadas que não estejam no cadastro de adoção.

A: incorreta. Poderão ser utilizados recursos federais, estaduais, distritais e municipais para a manutenção dos serviços de acolhimento em família acolhedora, mas é facultando (não obrigatório) o repasse de recursos para a própria família acolhedora (art. 34, § 4º do ECA). B: incorreta. Toda criança ou adolescente que estiver inserido em programa de acolhimento familiar ou institucional terá sua situação reavaliada, no máximo, a cada 3 (três) meses, devendo a autoridade judiciária competente, com base em relatório elaborado por equipe interprofissional ou multidisciplinar, decidir de forma fundamentada pela possibilidade de reintegração familiar ou pela colocação em família substituta (art. 19, § 1º). C: incorreta. A adoção produz seus efeitos a partir do trânsito em julgado da sentença constitutiva, exceto na hipótese de adoção póstuma, caso em que terá força retroativa à data do óbito (art. 47, § 7º). D: correta. Conforme art. 34, § 3º, do ECA. Gabarito "D".

(Promotor de Justiça/GO – 2016 – MPE) Sobre a colocação em família substituta, assinale a opção INCORRETA:

(A) O consentimento do adolescente é necessário para colocação em família substituta e deverá ser realizado em audiência, o mesmo não se exigindo quando se tratar de criança.

(B) O ECA admite a colocação em família substituta estrangeira desde que seja adolescente e que se realize através de tutela ou adoção.

(C) Somente em relação ao guardião e ao tutor exige-se o compromisso, mediante termo nos autos, de bem e fielmente desempenhar o encargo.

(D) Em se tratando de colocação em família substituta de criança ou adolescente indígena é, entre outros, obrigatório a intervenção e oitiva de representantes do órgão federal responsável pela política indigenista e de antropólogos, perante equipe interprofissional ou multidisciplinar que irá acompanhar o caso.

A: correta. Para a colocação de família substituta deve haver o consentimento do adolescente (art. 28, § 2º) e, sempre que possível, a criança ou o adolescente deverá ser previamente ouvido por equipe interprofissional, respeitado seu estágio de desenvolvimento e grau de compreensão sobre as implicações da medida, e terá sua opinião devidamente considerada (art. 28, § 1º). B: incorreta. A colocação em família substituta estrangeira constitui medida excepcional, somente admissível na modalidade de adoção (art. 31 do ECA). C: correta. Ao assumir a guarda ou a tutela, o responsável prestará compromisso de bem e fielmente desempenhar o encargo, mediante termo nos autos (art. 32 do ECA). D: correta. Nos termos do § 6º do art. 28 do ECA, para a colocação de família substituta, em se tratando de criança ou adolescente indígena ou proveniente de comunidade remanescente de quilombo, é obrigatório: (i) que sejam consideradas e respeitadas sua identidade social e cultural, os seus costumes e tradições, bem como suas instituições, desde que não sejam incompatíveis com os direitos fundamentais reconhecidos por esta Lei e pela Constituição Federal; (ii) que a colocação familiar ocorra prioritariamente no seio de sua comunidade ou junto a membros da mesma etnia; (iii) a intervenção e oitiva de representantes do órgão federal responsável pela política indigenista, no caso de crianças e adolescentes indígenas, e de antropólogos, perante a equipe interprofissional ou multidisciplinar que irá acompanhar o caso. Gabarito "B".

(Promotor de Justiça/GO – 2016 – MPE) Em relação a adoção de crianças e adolescentes, assinale a alternativa correta:

(A) A adoção atribui a condição de filho ao adotado, com os mesmos direitos e deveres, desligando-o de qualquer vínculo com os pais e parentes sem qualquer exceção.

(B) Não podem adotar os ascendentes e os colaterais até o terceiro grau do adotando.

(C) O adotante há de ser, pelo menos, dezoito anos mais velho do que o adotando.

(D) A adoção produz efeitos a partir do trânsito em julgado da sentença constitutiva, exceto na hipótese de adoção póstuma.

A: incorreta. Os impedimentos matrimonias são mantidos: "a adoção atribui a condição de filho ao adotado, com os mesmos direitos e deveres, inclusive sucessórios, desligando-o de qualquer vínculo com pais e parentes, salvo os impedimentos matrimoniais" (art. 41 do ECA). B: incorreta. Os impedimentos para a adoção afetam os ascendentes e os irmãos do adotando (art. 42, § 1º), sempre com vistas a não permitir a alteração na linha sucessória. C: incorreta. O adotante há de ser, pelo menos, dezesseis anos mais velho do que o adotando (art. 42, § 3º) D: correta. A adoção produz seus efeitos a partir do trânsito em julgado da sentença constitutiva, exceto na hipótese de adoção póstuma, caso em que terá força retroativa à data do óbito (art. 47, § 7º). Gabarito "D".

(Defensor Público – DPE/ES – 2016 – FCC) Sobre a adoção é correto afirmar que, segundo a legislação vigente,

(A) depende do consentimento dos pais ou responsável, dispensada a concordância apenas em caso de falecimento ou renúncia, suspensão ou destituição do poder familiar.

(B) consiste numa das hipóteses legais de extinção do poder familiar.

(C) não pode ser deferida, conforme prescreve o Estatuto da Criança e do Adolescente – ECA, a adotante que seja avô, tio ou irmão da criança ou adolescente cuja adoção se requer.

(D) exige, para ser deferida, que o adotante seja pelo menos 18 anos mais velho do que o adotando.

(E) é irrevogável, somente podendo ser desfeita em caso de adoções tardias que revelem grave quadro de inadaptação do adotando na família adotiva.

A: incorreta. O poder familiar não pode ser renunciado pelos pais. Ademais, o consentimento para a adoção pode ser feito através do processo judicial de adoção pelos pais (não por seus responsáveis). B: correta. São causas de extinção do poder familiar (art. 1.635 do CC): a) a morte dos pais ou do filho; b) a emancipação; c) a maioridade; d) a adoção; e) a decisão judicial de perda de poder familiar (art. 1.638). C: incorreta. O impedimento para a adoção alcança somente os ascendentes e os irmãos do adotando, é permitida a adoção pelo tio da criança ou adolescente. D: incorreta. A diferença de idade entre adotante e adotado deve ser de 16 anos (art. 42, § 3º, do ECA). E: incorreta. A adoção será sempre irrevogável (art. 39, § 1º). Gabarito "B".

(Defensor Público – DPE/MT – 2016 – UFMT) Sobre o direito à convivência familiar e comunitária firmado no Estatuto da Criança e do Adolescente (ECA), assinale a afirmativa correta.

(A) A família natural compreende aquela formada por parentes próximos com os quais a criança ou o adolescente convive e mantém vínculo de afinidade e afetividade.

(B) A colocação em família substituta far-se-á mediante guarda, tutela e curatela, independentemente da situação jurídica da criança ou adolescente, nos termos do Estatuto da Criança e do Adolescente (ECA).

(C) O tutor testamentário somente será admitido se comprovado que a medida é vantajosa à família, e que não existe outra pessoa em melhores condições para assumi-lo.

(D) O estágio de convivência para a adoção poderá ser dispensado se o adotando já estiver sob a guarda legal do adotante durante tempo suficiente para análise da conveniência do vínculo.

(E) A adoção poderá ser deferida ao adotante que, após inequívoca manifestação de vontade, vier a falecer antes da propositura do procedimento judicial.

A: incorreta. A família natural é composta pelos pais ou qualquer um deles e seus filhos (art. 19 do ECA). Qualquer outra pessoa, ainda que seja parente próximo, que fique responsável pela criança ou adolescente, constituirá família substituta. B: incorreta. A curatela não é forma de colocação em família substituta, já que é instituto destinado ao cuidado de pessoa maior e incapaz (art. 28 do ECA e art. 1.767 do Código Civil). C: incorreta. A medida deve ser vantajosa ao tutelando (art. 37, parágrafo único, do ECA). D: correta. Nos exatos termos do art. 46, § 1º, do ECA. E: incorreta. A adoção *post mortem* será admitida, nos termos do art. 42, § 6º, do ECA, quando o adotante falecer no curso do procedimento judicial de adoção. Gabarito "D".

(Defensor Público – DPE/ES – 2016 – FCC) Um bebê de aproximadamente 6 meses de idade é deixado na porta da casa de Maria sem documentos. Maria o acolhe em sua casa e aguarda que alguém reclame a criança. Um ano se passa sem que ninguém procure pelo bebê. Maria se apega à criança e deseja adotá-la, mesmo não sendo habilitada à adoção. Diante desses fatos, é correto afirmar que, segundo as regras e princípios da legislação em vigor,

(A) a autoridade judiciária, tomando ciência da situação, deve determinar o afastamento da criança do convívio com Maria e entregá-la a casal cadastrado em programa de acolhimento familiar, o qual terá preferência para adotá-lo caso assim deseje.

(B) o Conselho Tutelar, tomando conhecimento da situação, deve determinar o imediato acolhimento institucional da criança, requisitar a lavratura de seu registro de nascimento e comunicar o caso à autoridade judiciária.

(C) Maria, antes de postular a adoção, deve providenciar o registro tardio da criança e, na sequência, pedir ao Conselho Tutelar a concessão, em seu favor, de termo provisório de guarda e responsabilidade da criança.
(D) o Ministério Público, ciente da situação, deve propor ação declaratória de infante exposto, cujo procedimento prevê a expedição de edital para ciência pública do achamento da criança, concedendo prazo para manifestação para eventuais interessados.
(E) Maria somente poderá adotar a criança quando esta última completar três anos, e desde que preenchidos os demais requisitos legais.

Todas as pessoas que pretendem adotar devem estar previamente inscritas Cadastro Nacional de Adoção. Na forma do § 13 do art. 50 do ECA, "somente poderá ser deferida adoção em favor de candidato domiciliado no Brasil não cadastrado previamente nos termos desta Lei quando: I – se tratar de pedido de adoção unilateral; II – for formulada por parente com o qual a criança ou adolescente mantenha vínculos de afinidade e afetividade; III – oriundo o pedido de quem detém a tutela ou guarda legal de criança maior de 3 (três) anos ou adolescente, desde que o lapso de tempo de convivência comprove a fixação de laços de afinidade e afetividade, e não seja constatada a ocorrência de má-fé ou qualquer das situações previstas nos arts. 237 ou 238 desta Lei". Mais ainda, caso haja adoção nessas condições, é essencial que o candidato comprove o preenchimento dos requisitos necessários à adoção (art. 50, § 14). **A:** incorreta. O acolhimento familiar é medida protetiva prevista no art. 101 do ECA. Neste caso, a medida de acolhimento de familiar deve ser deferida para Maria, tendo em vista os laços de afetividade já mantidos com a criança. **B:** incorreta. O conselho tutelar não pode determinar medida de acolhimento institucional (art. 136, inciso I). **C:** incorreta. A guarda somente pode ser conferida pela autoridade judicial (arts. 101 e 136, I do ECA). **D:** incorreta. O Ministério Público poderia, nesse caso, requerer ao juiz a aplicação de medida de proteção. Não há que se falar em ação para perda ou suspensão do poder familiar tendo em vista que não se sabe, no problema apresentado, quem são os pais da criança. **E:** correta. Nos termos do art. 50, § 13, III, do ECA.
Gabarito "E".

(Juiz de Direito/DF – 2016 – CESPE) Considerando que a colocação em família substituta far-se-á mediante guarda, tutela ou adoção, assinale a opção correta.
(A) A ação de guarda proposta por um dos genitores pode ser decidida em favor do outro genitor, desde que formulado pedido reconvencional.
(B) A colocação em família substituta admite a transferência de criança ou adolescente a terceiro, desde que o fato seja comunicado ao Juízo da Infância no prazo de vinte e quatro horas, para a regularização respectiva.
(C) A adoção é ato personalíssimo. Admite-se, entretanto, a adoção por procuração quando o adotante estiver em local diverso.
(D) Em caso de adoção póstuma, nuncupativa ou *post mortem*, considera-se definitivamente materializado o parentesco civil desde o trânsito em julgado da sentença proferida, produzindo, a partir de então, todos os seus efeitos.
(E) Aquele que for nomeado tutor por ato de última vontade firmado pelos pais do pupilo deverá, no prazo de trinta dias contado da abertura da sucessão, ingressar com pedido destinado ao controle judicial do ato.

A: incorreta. Não se faz necessário o pedido reconvencional, em razão da natureza dúplice, basta que haja o pedido contraposto. "Em ação de guarda de filho menor, tanto o pai como a mãe podem perfeitamente exercer de maneira simultânea o direito de ação, sendo que a improcedência do pedido do autor conduz à procedência do pedido de guarda à mãe, restando evidenciada, assim, a natureza dúplice da ação. Por conseguinte, em demandas dessa natureza, é lícito ao réu formular pedido contraposto, independentemente de reconvenção". (STJ, REsp 1085664/DF Rel. Min. Luis Felipe Salomão, DJe 12/08/2010). **B:** incorreta. Art. 101, § 2º, 3º e 4º do ECA. **C:** incorreta. A adoção por procuração é expressamente vedada pelo ECA (art. 39, § 2º). **D:** incorreta. No caso de adoção post mortem o efeito da sentença retroage à data do óbito (art. 42, § 6º c/c art. 47, § 7º do ECA). **E:** correta. Art. 37 do ECA.
Gabarito "E".

(Juiz de Direito/DF – 2016 – CESPE) A respeito dos direitos das crianças e dos adolescentes, assinale a opção correta.
(A) Os atos de alienação parental descritos na Lei n.º 12.318/2010 foram estabelecidos de forma taxativa, *numerus clausus*, não admitindo interpretação extensiva.
(B) Na mesma linha das diretrizes impostas pelo ECA quanto ao direito à saúde, a Convenção dos Direitos da Criança determina que a criança tem direito de gozar do melhor padrão possível de saúde e dos serviços destinados ao tratamento das doenças e à recuperação da saúde, mediante adoção pelos Estados-Partes dos esforços no sentido de assegurar que nenhuma criança se veja privada de seu direito de usufruir desses serviços sanitários.
(C) O ECA relaciona obrigações que devem ser cumpridas pelos hospitais e demais estabelecimentos públicos e particulares de atenção à saúde de gestantes, dentre elas a de manter registro das atividades desenvolvidas, até de prontuários individuais, pelo prazo de cinco anos, sob pena de cometimento de infração administrativa, punida com multa, além de outras sanções administrativas.
(D) O regime de capacidade civil gera reflexos no Estatuto, de forma que deve haver ponderação dos direitos positivados pelo ECA em caso de emancipação civil do adolescente.
(E) O programa de acolhimento institucional caracteriza-se pela permanência de criança ou de adolescente junto a uma entidade governamental ou não governamental, pelo prazo máximo de três anos, prorrogável por igual período, a critério da autoridade judiciária.

A: incorreta. O art. 2º da Lei 12.318/10 traz, em seu parágrafo único, apenas um rol exemplificativo do que pode ser considerado ato de alienação parental. **B:** correta. Artigo 24 do Decreto 99.710/90 (Promulga a Convenção sobre os Direitos da Criança). **C:** incorreta. O prazo previsto no art. 10, I, do ECA para a manutenção dos prontuários é de 18 anos além de configurar crime (não infração administrativa) a ausência dos registros no das atividades desenvolvidas e a guarda do prontuário pelo período imposto em lei (art. 228). **D:** incorreta. A emancipação do adolescente em nada influencia a aplicação do ECA, que é lei especial. **E:** incorreta. Nos termos do art. 19, § 2º, do ECA, a permanência da criança e do adolescente em programa de acolhimento institucional não se prolongará por mais de 18 (dezoito meses), salvo comprovada necessidade que atenda ao seu superior interesse, devidamente fundamentada pela autoridade judiciária.
Gabarito "B".

(Juiz de Direito/AM – 2016 – CESPE) Com referência aos institutos da família natural e da família substituta, da guarda, da tutela e da adoção, assinale a opção correta.
(A) O conceito de família natural abrange o de família extensa, como aquela formada pelos pais ou qualquer deles e seus descendentes, inclusive parentes próximos e vizinhos com os quais a criança ou adolescente conviva e mantenha vínculos de afinidade e afetividade.
(B) A colocação em família substituta far-se-á mediante guarda, tutela ou adoção, após definida a situação jurídica da criança ou adolescente por meio de suspensão ou destituição do poder familiar, salvo quando ambos os genitores forem falecidos.
(C) Os grupos de irmãos colocados sob adoção, tutela ou guarda terão de permanecer com a mesma família substituta, ressalvada a suspeita da existência de risco de abuso ou outra situação que justifique razoavelmente o rompimento definitivo dos vínculos fraternais.
(D) O deferimento da guarda de criança ou adolescente em preparação para adoção não impede o exercício do direito de visitas pelos pais, assim como o dever de prestar alimentos, que serão objeto de regulamentação específica, a pedido do interessado ou do MP.
(E) Entre outras exigências legais, criança ou adolescente indígenas ou provenientes de comunidade remanescente de quilombo encaminhados para adoção, tutela ou guarda devem prioritariamente ser colocados em família substituta de sua comunidade ou junto a membros da mesma etnia.

A: incorreta. A família natural é composta pelos pais e seus filhos (art. 25). A família extensa é formada pelos parentes com os quais a criança conviva ou tenha afinidades (art. 25, § único). **B:** incorreta. A guarda não pressupõe a perda ou suspensão do poder familiar, é medida que se destina a regularizar a posse da criança e do adolescente e confere ao guardião o dever de cuidado material, moral e educacional. **C:** incorreta. Art. 28, § 4º do ECA determina que o grupo de irmãos sejam colocados na mesma família substituta. No entanto, se houver justificativa, é plausível solução diversa, sempre evitando o rompimento definitivo dos laços familiares. **D:** incorreta. Art. 33, § 4º do ECA não prevê o direito de visita dos pais nos casos de guarda em preparação para adoção. **E:** correta. Art. 28, § 6º do ECA.
Gabarito "E".

(Magistratura/RR – 2015 – FCC) Segundo determina expressamente o Estatuto da Criança e do Adolescente (Lei 8.069/1990), cabe ao órgão federal responsável pela política indigenista
(A) comunicar à autoridade judiciária competente os casos de suspeita ou confirmação de castigo físico, de tratamento cruel ou degradante e de maus-tratos contra criança ou adolescente indígena.
(B) autorizar, fundado em laudos antropológicos, a submissão de adolescente indígena ao procedimento de apuração de ato infracional e aplicação de medidas socioeducativas perante a Justiça da Infância e Juventude.
(C) recrutar, selecionar e cadastrar pessoas ou famílias indígenas dispostas a receber, sob guarda, tutela ou adoção, crianças pertencentes a suas etnias ou grupos étnicos que estejam afastadas do convívio familiar.
(D) disponibilizar representante para oitiva e intervenção perante a equipe interprofissional ou multidisciplinar responsável por acompanhar casos de colocação de criança ou adolescente indígena em família substituta.
(E) assessorar o Juiz da Infância e Juventude na elaboração das portarias judiciais regulatórias do trabalho, educação e trânsito de crianças e adolescentes indígenas residentes na circunscrição do Juízo.

A alternativa "D" está correta, pois está de acordo com o disposto nos arts. 28, § 6º, I, II e III e 161, § 2º, ambos do ECA, ficando excluídas as demais assertivas.

Gabarito "D".

(Juiz de Direito/MG – 2014) Quanto à adoção de crianças e adolescentes, assinale a alternativa INCORRETA.

(A) Atribui a condição de filho ao adotado, com os mesmos direitos e deveres, inclusive sucessórios, desligando-o de qualquer vínculo com pais e parentes, salvo os impedimentos matrimoniais.

(B) A morte dos adotantes não restabelece o poder familiar dos pais naturais.

(C) O adotando deve contar com, no máximo, dezoito anos na data do pedido, salvo se já estiver sob a guarda ou tutela dos adotantes.

(D) A idade mínima para adotar é de vinte e um anos, independentemente do estado civil e desde que o adotante seja, pelo menos, dezesseis anos mais velho do que o adotando.

A: assertiva correta, pois está de acordo com o disposto no art. 41, *caput*, do ECA; **B:** assertiva correta, pois está de acordo com o disposto no art. 49 do ECA; **C:** assertiva correta, pois está de acordo com o disposto no art. 40 do ECA; **D:** assertiva incorreta, devendo ser assinalada, pois com a nova redação dada pela Lei 12.010, de 2009, a idade mínima para adotar passou a ser de 18 (dezoito) anos, independentemente do estado civil e desde que o adotante seja, pelo menos, dezesseis anos mais velho do que o adotando (art. 42, *caput* e § 3º, do ECA).

Gabarito "D".

(Juiz de Direito/PA – 2014 – VUNESP) Conforme prescreve o Estatuto da Criança e do Adolescente, assinale a alternativa correta.

(A) A guarda pode ser destinada a regularizar a posse de fato da criança ou adolescente.

(B) Apenas para fins previdenciários, a criança ou o adolescente é considerado dependente do guardião.

(C) A guarda só poderá ser retirada dos pais naturais em caso de destituição do poder familiar.

(D) O deferimento da guarda de criança ou adolescente a terceiros, em qualquer caso, impede o exercício de direito de visitas pelos pais naturais.

(E) A guarda confere ao guardião o direito de opor-se a terceiros, salvo aos pais naturais da criança ou do adolescente.

A: correta, pois a guarda pode ser destinada a regularizar a posse de fato, podendo ser deferida, liminar ou incidentalmente, nos procedimentos de tutela e adoção, exceto no de adoção por estrangeiros (art. 33, § 1º, do ECA); **B:** incorreta, pois a guarda – uma das formas de colocação em família substituta –, confere à criança ou adolescente a condição de dependente, para todos os fins e efeitos de direito, inclusive previdenciários, de modo que este não pode ser o único fim almejado, ainda que comprovada a falta ou carência de recursos materiais dos pais. Assim, se no caso concreto não existir uma situação de risco que justifique a retirada da criança ou do adolescente do convívio com a família natural ou a guarda não se destinar a regularizar a posse de fato, não é possível o seu deferimento para fins exclusivamente previdenciários. Neste sentido é o entendimento jurisprudencial: *"Guarda de menor pela avó. Fins previdenciários. Precedentes da Corte. 1. São inúmeros os precedentes da Corte no sentido de que a "conveniência de garantir benefício previdenciário ao neto não caracteriza a situação excepcional que justifica nos termos do ECA (art. 33, § 2º), o deferimento de guarda à avó (REsp 82.474/RJ, de minha relatoria, DJ de 29.09.1997). 2. Recurso especial não conhecido"*. (STJ, REsp: 696204 RJ 2004/0147424-0, Relator: Ministro Carlos Alberto Menezes Direito, Data de Julgamento: 21.06.2005, 3ª Turma, Data de Publicação: DJ 19.09.2005 p. 325); **C:** incorreta, pois a guarda pode ser deferida, liminar ou incidentalmente, nos procedimentos de tutela e adoção, exceto no de adoção por estrangeiros, bem como pode ser destinada a regularizar a posse de fato (art. 33, § 1º, do ECA); **D:** incorreta, pois salvo expressa e fundamentada determinação em contrário, da autoridade judiciária competente, ou quando a medida for aplicada em preparação para adoção, o deferimento da guarda de criança ou adolescente a terceiros não impede o exercício do direito de visitas pelos pais, assim como o dever de prestar alimentos, que serão objeto de regulamentação específica, a pedido do interessado ou do Ministério Público (art. 33, § 4º, do ECA); **E:** incorreta, pois a guarda confere a seu detentor o direito de opor-se a terceiros, inclusive aos pais (art. 33, *caput*, do ECA).

Gabarito "A".

(Promotor de Justiça/ES – 2013 – VUNESP) Assinale a alternativa correta quanto à adoção, segundo o Estatuto da Criança e do Adolescente.

(A) É possível o deferimento de adoção de criança ou adolescente por pessoa não inscrita previamente no cadastro de adotantes, quando esta for parente do adotado.

(B) A manutenção e alimentação do cadastro de crianças e adolescentes em condições de serem adotados e o cadastro de pessoas interessadas em adoção tornaram-se atribuição do Ministério Público Estadual.

(C) Para evitar o rompimento definitivo dos vínculos familiares, é permitida a adoção de irmão, quando os genitores de ambos forem falecidos.

(D) O termo inicial para o exercício do direito ao conhecimento da origem biológica do adotado dá-se apenas com dezoito anos completos, com o intuito de preservar sua condição psicológica enquanto pessoa em desenvolvimento.

(E) Para a desburocratização do processo de adoção internacional, é facultado aos organismos de adoção, nacionais ou estrangeiros, o estabelecimento de convênios ou contatos com dirigentes de programas de acolhimento institucional, sob fiscalização do Ministério Público.

A: correta. Em regra, a adoção de criança e adolescente será precedida de consulta ao cadastro de pretendentes, previamente habilitados para tanto. Todavia, excepcionalmente, poderá ser deferida a adoção em favor de candidato domiciliado no Brasil não cadastrado previamente, desde que comprove o preenchimento dos requisitos exigidos para os demais interessados e esteja presente uma das seguintes hipóteses: I – se tratar de pedido de adoção unilateral; II – for formulada por parente com o qual a criança ou o adolescente mantenha vínculos de afinidade e afetividade; III – oriundo o pedido de quem detém a tutela ou guarda legal de criança maior de 3 (três) anos ou adolescente, desde que o lapso de tempo de convivência comprove a fixação de laços de afinidade e afetividade, e não seja constatada a ocorrência de má-fé ou qualquer das situações previstas nos arts. 237 ou 238 do ECA (art. 50, § 13, do ECA); **B:** incorreta, pois a atribuição para a manutenção e alimentação dos cadastros é da Autoridade Central Estadual, a qual deverá comunicar posteriormente à Autoridade Central Federal Brasileira (art. 50, § 9º, do ECA); **C:** incorreta, pois não podem adotar os ascendentes, nem os irmãos do adotando (art. 42, § 1º, do ECA). Oportuno ressaltar que, de fato, os grupos de irmãos serão colocados sob adoção, tutela ou guarda da mesma família substituta, a fim de se evitar o rompimento definitivo dos vínculos fraternais (art. 28, § 4º, do ECA); **D:** incorreta. Conquanto ao adotado tenha, como regra, o direito de conhecer sua origem biológica, bem como de obter acesso irrestrito ao processo no qual a medida foi aplicada e seus eventuais incidentes, após completar 18 (dezoito) anos, excepcionalmente, a seu pedido, poderá ser deferido o acesso ao menor de 18 anos, desde que assegurada orientação e assistência jurídica e psicológica (art. 48, *caput* e parágrafo único, do ECA); **E:** incorreta, pois como se trata de medida excepcional, a adoção internacional observará o procedimento previsto nos arts. 165 a 170, do ECA, não havendo que falar em desburocratização, além de não ser permitido aos organismos de adoção, nacionais ou estrangeiros, o estabelecimento de convênios ou contatos diretos com dirigentes de programas de acolhimento institucional (art. 51, § 14, do ECA).

Gabarito "A".

(Promotor de Justiça/GO – 2013) Com relação à Lei 8.069/1990 (Estatuto da Criança e do Adolescente), é incorreto afirmar:

(A) a colocação em família substituta não admitirá transferência da criança ou adolescente a terceiros ou a entidades governamentais ou não governamentais sem autorização judicial.

(B) não se deferirá a colocação em família substituta à pessoa que revele, por qualquer modo, incompatibilidade com a natureza da medida ou não ofereça ambiente familiar adequado.

(C) os grupos de irmãos serão colocados sob adoção, tutela ou guarda da mesma família substituta, ressalvada a comprovada existência de risco de abuso ou outra situação que justifique plenamente a excepcionalidade de solução diversa, procurando-se, em qualquer caso, evitar o rompimento definitivo dos vínculos fraternais.

(D) a colocação em família substituta estrangeira far-se-á mediante guarda ou adoção.

A: assertiva correta, pois a alternativa está de acordo com o disposto no art. 30 do ECA; **B:** assertiva correta, pois a alternativa está de acordo com o disposto no art. 29 do ECA; **C:** assertiva correta, pois a alternativa está de acordo com o disposto no art. 28, § 4º, do ECA; **D:** incorreta, pois a colocação em família substituta estrangeira somente é admissível na modalidade de adoção (art. 31 do ECA).

Gabarito "D".

(Promotor de Justiça/GO – 2013) Sobre adoção é correto afirmar:

(A) nos processos referentes a pessoas capazes é dispensável a intervenção do Poder Judiciário.

(B) a adoção internacional pressupõe a intervenção das Autoridades Centrais Estaduais e Federal.

(C) Autoridades Municipais em matéria de adoção terão acesso integral aos cadastros, incumbindo-lhes a troca de informações e a cooperação mútua, para melhoria do sistema.

(D) poderá ser deferida adoção em favor de candidato domiciliado no Brasil não cadastrado previamente nos termos da Lei, quando se tratar de pedido de adoção bilateral.

A: incorreta, pois mesmo a adoção de maiores de 18 (dezoito) anos dependerá da assistência efetiva do poder público e de sentença constitutiva, aplicando-se, no que couber, as regras gerais previstas no ECA (art. 1.618 do CC); **B:** correta, pois a alternativa está de acordo com o disposto no art. 51, § 3º, do ECA; **C:** incorreta, pois terão acesso ao cadastro o Ministério Público, o Conselho Tutelar, o órgão gestor da Assistência Social e os Conselhos Municipais dos Direitos da Criança e do Adolescente e da Assistência Social (art. 101, § 12, do ECA); **D:** incorreta. Em regra, a adoção de criança e adolescente será precedida de consulta ao cadastro de pretendentes, previamente habilitados para tanto. Todavia, excepcionalmente, poderá ser deferida a adoção em favor de candidato domiciliado no Brasil não cadastrado previamente, desde que comprove o preenchimento dos requisitos exigidos para os demais interessados e esteja presente uma das seguintes hipóteses: I – se tratar de pedido de adoção unilateral; II – for formulada por parente com o qual a criança ou adolescente mantenha vínculos de afinidade e afetividade; III – oriundo o pedido de quem detém a tutela ou guarda legal de criança maior de 3 (três) anos ou adolescente, desde que o lapso de tempo de convivência comprove a fixação de laços de afinidade e afetividade, e não seja constatada a ocorrência de má-fé ou qualquer das situações previstas nos arts. 237 ou 238 do ECA (art. 50, § 13, do ECA);

Gabarito "B".

(Promotor de Justiça/MG – 2013) Quanto ao instituto da adoção no Estatuto da Criança e do Adolescente, analise as seguintes alternativas e assinale a assertiva INCORRETA:

(A) A guarda de fato autoriza, por si só, a dispensa da realização do estágio de convivência.
(B) Poderá ser deferida ao adotante que, após inequívoca manifestação de vontade, vier a falecer no curso do procedimento, antes de prolatada a sentença.
(C) O adotante há de ser, pelo menos, dezesseis anos mais velho que o adotando.
(D) É recíproco o direito sucessório entre o adotado, seus descendentes, o adotante, seus ascendentes, descendentes e colaterais até o quarto grau, observada a ordem de vocação hereditária.

A: assertiva incorreta, devendo ser assinalada, pois o estágio de convivência somente poderá ser dispensado se o adotando já estiver sob a tutela ou guarda legal – e não de fato – do adotante durante tempo suficiente para que seja possível avaliar a conveniência da constituição do vínculo (art. 46, § 1º, do ECA); B: assertiva correta, pois a alternativa está de acordo com o disposto no art. 42, § 6º, do ECA; C: assertiva correta, pois a alternativa está de acordo com o disposto no art. 42, § 3º, do ECA; D: assertiva correta, pois a alternativa está de acordo com o disposto no art. 41, § 2º, do ECA.

Gabarito "A".

(Promotor de Justiça/PI – 2014 – CESPE) A respeito da adoção, da guarda e da perda do poder familiar, assinale a opção correta de acordo com o disposto no ECA e com a jurisprudência do STJ.

(A) A observância do cadastro de adotantes, ou seja, a preferência das pessoas cronologicamente cadastradas para adotar determinada criança, deve ser absoluta.
(B) Para as adoções *post mortem*, exigem-se, como comprovação da inequívoca vontade do *de cujus* em adotar, as mesmas regras que comprovam a filiação socioafetiva, quais sejam, o tratamento do menor como se filho fosse e o conhecimento público dessa condição.
(C) Falta ao padrasto que pretenda adotar a criança com quem conviva legitimidade ativa e interesse de agir para postular a destituição do poder familiar do pai biológico.
(D) A guarda confere à criança ou ao adolescente a condição de dependente, para todos os fins e efeitos de direito, inclusive previdenciários, independentemente da previsão em sentido contrário em norma previdenciária específica.
(E) É juridicamente impossível o pedido de adoção unilateral de criança feito por companheira da mãe biológica do adotando que seja fruto de planejamento de casal que vive em união estável homoafetiva.

A: incorreta, pois, excepcionalmente, poderá ser deferida a adoção em favor de candidato domiciliado no Brasil não cadastrado previamente, desde que comprove o preenchimento dos requisitos exigidos para os demais interessados e esteja presente uma das seguintes hipóteses: I – se tratar de pedido de adoção unilateral; II – for formulada por parente com o qual a criança ou adolescente mantenha vínculos de afinidade e afetividade; III – oriundo o pedido de quem detém a tutela ou guarda legal de criança maior de 3 (três) anos ou adolescente, desde que o lapso de tempo de convivência comprove a fixação de laços de afinidade e afetividade, e não seja constatada a ocorrência de má-fé ou qualquer das situações previstas nos arts. 237 ou 238 do ECA (art. 50, § 13, do ECA); B: correta, pois a alternativa está de acordo com o entendimento jurisprudencial, *in verbis*: "Civil. Processual civil. Recurso especial. Adoção póstuma. Validade. Adoção conjunta. Pressupostos. Família anaparental. Possibilidade. (...) A redação do art. 42, § 5º, da Lei 8.069/1990 – ECA –, renumerado como § 6º pela Lei 12.010/2009, que é um dos dispositivos de lei tidos como violados no recurso especial, alberga a possibilidade de se ocorrer a adoção póstuma na hipótese de óbito do adotante, no curso do procedimento de adoção, e a constatação de que este manifestou, em vida, de forma inequívoca, seu desejo de adotar. *Para as adoções post mortem, vigem, como comprovação da inequívoca vontade do de cujus em adotar, as mesmas regras que comprovam afiliação socioafetiva: o tratamento do menor como se filho fosse e o conhecimento público dessa condição.* (...)". (STJ – REsp: 1217415 RS 2010/0184476-0, Relator: Ministra Nancy Andrighi, j. 19.06.2012, Terceira Turma, DJ 28.06.2012); C: incorreta, pois o "STJ já decidiu que o padrasto tem legitimidade para a propositura de ação de destituição do poder familiar do pai biológico em relação à criança ou adolescente que se pretende adotar" (Rossato, Lépore, Sanches. Estatuto da Criança e do Adolescente. São Paulo: Ed. RT); D: incorreta. Antes da alteração legislativa trazida com a Lei 9.528/1997, o art. 16 da Lei 8.213/1991 previa como dependente para fins previdenciários a criança e o adolescente sob guarda, de modo que havia discussão na doutrina e na jurisprudência a respeito da possibilidade da guarda ser concedida para fins exclusivamente previdenciários, em razão do princípio da especialidade. Todavia, após tal dispositivo ter sido alterado, entende-se que a guarda – uma das formas de colocação em família substituta –, confere à criança ou ao adolescente a condição de dependente, para todos os fins e efeitos de direito, inclusive previdenciários, de modo que este não pode ser o único fim almejado, ainda que comprovada a falta ou carência de recursos materiais dos pais. Assim, se no caso concreto não existir uma situação de risco que justifique a retirada da criança ou do adolescente do convívio com a família natural ou a guarda não se destinar a regularizar uma situação de fato, não é possível o seu deferimento para fins exclusivamente previdenciários. Neste sentido é o entendimento jurisprudencial: "Guarda de menor pela avó. Fins previdenciários. Precedentes da Corte. 1. São inúmeros os precedentes da Corte no sentido de que a "conveniência de garantir benefício previdenciário ao neto não caracteriza a situação excepcional que justifica nos termos do ECA (art. 33, § 2º), o deferimento de guarda à avó (REsp 82.474/RJ, de minha relatoria, DJ de 29.09.1997). 2. Recurso especial não conhecido". (STJ – REsp: 696204 RJ 2004/0147424-0, Relator: Ministro Carlos Alberto Menezes Direito, j. 21.06.2005, Terceira Turma, DJ 19.09.2005 p. 325); E: incorreta. Para a adoção conjunta, é indispensável que os adotantes sejam casados civilmente ou mantenham união estável, comprovada a estabilidade da família. Assim, não há exigência de que as pessoas sejam de sexos distintos, mas também não há previsão legal de adoção por casal homoafetivo. "Não obstante, já vem sendo reconhecida a possibilidade de adoção por casais formados por integrantes do mesmo sexo, desde que tal união possa ser reconhecida como entidade familiar, com suas características próprias (estabilidade, ostensibilidade e traços afetivos sólidos). (...) A possibilidade de adoção por casais homoafetivos agora está firmada, pois em 2011, tanto o STF quanto o STJ finalmente reconhecerem a legalidade da união estável entre pessoas do mesmo sexo" (Rossato, Lépore e Sanches, Estatuto da Criança e do Adolescente, São Paulo: Ed. RT). Neste sentido é o entendimento jurisprudencial: "A adoção unilateral prevista no art. 41, § 1º, do ECA pode ser concedida à companheira da mãe biológica da adotanda, para que ambas as companheiras passem a ostentar a condição de mães, na hipótese em que a menor tenha sido fruto de inseminação artificial heteróloga, com doador desconhecido, previamente planejado pelo casal no âmbito de união estável homoafetiva, presente, ademais, a anuência da mãe biológica, desde que inexista prejuízo para a adotanda. O STF decidiu ser plena a equiparação das uniões estáveis homoafetivas às uniões estáveis heteroafetivas, o que trouxe, como consequência, a extensão automática das prerrogativas já outorgadas aos companheiros da união estável tradicional àqueles que vivenciem uma união estável homoafetiva. Assim, se a adoção unilateral de menor é possível ao extrato heterossexual da população, também o é à fração homossexual da sociedade. Deve-se advertir, contudo, que o pedido de adoção se submete à norma-princípio fixada no art. 43 do ECA, segundo a qual "a adoção será deferida quando apresentar reais vantagens para o adotando". Nesse contexto, estudos feitos no âmbito da Psicologia afirmam que pesquisas têm demonstrado que os filhos de pais ou mães homossexuais não apresentam comprometimento e problemas em seu desenvolvimento psicossocial quando comparados com filhos de pais e mães heterossexuais. Dessa forma, a referida adoção somente se mostra possível no caso de inexistir prejuízo para a adotanda. Além do mais, a possibilidade jurídica e a conveniência do deferimento do pedido de adoção unilateral devem considerar a evidente necessidade de aumentar, e não de restringir, a base daqueles que desejam adotar, em virtude da existência de milhares de crianças que, longe de quererem discutir a orientação sexual de seus pais, anseiam apenas por um lar". (REsp 1.281.093-SP, Rel. Min. Nancy Andrighi, j. 18.12.2012, Informativo n.513, STJ).

Gabarito "B".

(Cartório/PI – 2013 – CESPE) Com base nas disposições do Estatuto da Criança e do Adolescente, assinale a opção correta.

(A) A adoção, para cuja consecução é admitida a utilização de procuração por instrumento público, é medida irrevogável.
(B) A competência para processar e julgar as ações conexas de interesse de menor é, em princípio, do foro do domicílio do réu.
(C) A colocação de criança ou adolescente em família substituta far-se-á mediante guarda, tutela ou adoção, independentemente da situação jurídica da criança ou do adolescente.
(D) A guarda obriga a prestação de assistência material, moral e educacional a criança ou ao adolescente, o que confere ao seu detentor o direito de opor-se a terceiros, salvo com relação aos pais.
(E) O deferimento da tutela pressupõe a previa destituição do poder familiar e não implica necessariamente o dever de guarda.

A: incorreta, pois é vedada a adoção por procuração (art. 39, § 2º, do ECA); B: incorreta, pois a competência será determinada pelo domicílio dos pais ou responsável ou pelo lugar onde se encontre a criança ou adolescente, à falta dos pais ou responsável (art. 147, I e II, do ECA); C: correta, pois a alternativa está de acordo com o disposto no art. 28, *caput*, do ECA; D: incorreta, pois o detentor da guarda tem o direito de opor-se a terceiros, inclusive aos pais (art. 33, *caput*, do ECA); E: incorreta, pois o deferimento da tutela pressupõe a prévia destituição ou suspensão do poder familiar, implicando necessariamente o dever de guarda (art. 36, parágrafo único, do ECA).

Gabarito "C".

(Magistratura/PE – 2013 – FCC) A colocação em família substituta estrangeira

(A) constitui medida excepcional, somente admissível na modalidade de adoção.
(B) é absolutamente vedada.
(C) constitui medida excepcional, somente admissível nas modalidades de guarda e de tutela.
(D) é admitida em todas as modalidades, desde que autorizadas pelo juiz competente.
(E) não encontra qualquer restrição, se houver vínculo de parentesco até o quarto grau com o menor, independentemente de vínculos de afinidade e afetividade.

A alternativa "A" está correta, pois está de acordo com o disposto no art. 31 do ECA, ficando excluídas as demais.

Gabarito "A".

(Magistratura/MG – 2012 – VUNESP) Analise as assertivas seguintes. *O vínculo da adoção constitui-se por sentença judicial e produz seus efeitos a partir do trânsito em julgado, ainda que o adotante, após inequívoca manifestação de vontade, venha a falecer no curso do procedimento* **PORQUE** *tal decisão tem natureza constitutiva.*

Sobre as assertivas, é correto afirmar que

(A) as duas são verdadeiras, mas a segunda não justifica a primeira.
(B) as duas são verdadeiras, e a segunda justifica a primeira.
(C) a primeira é verdadeira e a segunda é falsa.
(D) a primeira é falsa e a segunda é verdadeira.

De fato, a sentença judicial que determina a adoção tem natureza constitutiva, gerando efeitos, em regra, a partir do trânsito em julgado, exceto se o adotante veio a falecer no curso do processo e tenha manifestado inequívoca vontade de adotar, retroagindo à data do óbito (art. 47, § 7º, do ECA).

Gabarito "D".

(Magistratura/MG – 2012 – VUNESP) Analise as assertivas seguintes. *O reconhecimento do estado de filiação pode preceder o nascimento* **PORQUE** *este é direito personalíssimo, indisponível e imprescritível.*

Sobre as assertivas, é correto afirmar que

(A) as duas são verdadeiras, mas a segunda não justifica a primeira.
(B) as duas são verdadeiras, e a segunda justifica a primeira.
(C) a primeira é verdadeira e a segunda é falsa.
(D) a primeira é falsa e a segunda é verdadeira.

De fato, o direito ao reconhecimento do estado de filiação é personalíssimo, indisponível e imprescritível (art. 27 do ECA). Ademais, também é certo que o reconhecimento pelo genitor pode preceder o nascimento do filho ou suceder-lhe ao falecimento, se deixar descendentes (art. 26, parágrafo único, do ECA).

Gabarito "A".

(Magistratura/MG – 2012 – VUNESP) Analise as assertivas seguintes.

Demonstrada a falta ou carência de recursos materiais, em procedimento contraditório, o juiz poderá decretar a perda ou a suspensão do poder familiar **PORQUE** *aos pais incumbe o dever de sustento dos filhos.*

Sobre as assertivas, é correto afirmar que

(A) as duas são verdadeiras, mas a segunda não justifica a primeira.
(B) as duas são verdadeiras, e a segunda justifica a primeira.
(C) a primeira é verdadeira e a segunda é falsa.
(D) a primeira é falsa e a segunda é verdadeira.

A primeira assertiva é falsa (art. 23 do ECA), enquanto que a segunda é verdadeira (art. 22 do ECA).

Gabarito "D".

(Ministério Público/SC – 2012) Analise as assertivas a seguir.

I. A guarda de criança ou adolescente somente poderá ser revogada, após decisão judicial, para transformação em tutela ou adoção.
II. O acolhimento familiar consiste em medida judicial em que a criança ou o adolescente permanece com seus genitores, sob supervisão constante do Conselho Tutelar.
III. Os institutos da tutela e da guarda se diferenciam porquanto no primeiro há a necessidade de que a criança ou o adolescente possua bens ou rendimentos administráveis.
IV. Os membros do Ministério Público com atribuição para acompanhar a execução de medidas socioeducativas devem inspecionar, com a periodicidade mínima bimestral, as unidades de semiliberdade e de internação sob sua responsabilidade, ressalvada a necessidade de comparecimento em período inferior, conforme Resolução 67 do Conselho Nacional do Ministério Público.
V. Entende-se por família extensa ou ampliada aquela que se estende para além da unidade pais e filhos ou da unidade do casal, formada por parentes próximos com os quais a criança ou adolescente convive e mantém vínculos de afinidade e afetividade.

(A) Apenas as assertivas I e V estão corretas.
(B) Apenas as assertivas I, II e V estão corretas.
(C) Apenas as assertivas I, III e IV estão corretas.
(D) Apenas as assertivas IV e V estão corretas.
(E) Todas as assertivas estão corretas.

I: incorreta, pois a guarda poderá ser revogada a qualquer tempo, mediante ato judicial fundamentado, ouvido o Ministério Público (art. 35 do ECA); **II:** incorreta, pois o acolhimento familiar é uma medida protetiva, "nos casos em que for necessária, de forma excepcional e transitória, a retirada da criança ou adolescente de sua família de origem (natural ou extensa) e entrega aos cuidados de uma família acolhedora, que pode ter a supervisão pedagógica e direcional de uma entidade de atendimento, que é responsável pela execução do programa" (Rossato; Lépore; Sanches. **Estatuto da Criança e do Adolescente**. Ed. RT); **III:** incorreta, pois a tutela não pressupõe a necessidade de a criança ou o adolescente possua bens ou rendimentos administráveis (art. 36 e ss., do ECA); **IV:** correta (art. 201, XI, do ECA e Resolução 67, do CNMP); **V:** correta (art. 25, parágrafo único, do ECA).

Gabarito "D".

(Ministério Público/SP – 2012 – VUNESP) A colocação em família substituta, além da tutela, far-se-á mediante

(A) guarda, curatela ou adoção.
(B) guarda compartilhada.
(C) guarda ou adoção.
(D) curatela ou adoção.
(E) curatela especial.

A alternativa "C" está correta (art. 28, *caput*, do ECA), ficando excluídas as demais.

Gabarito "C".

(Ministério Público/RR – 2012 – CESPE) Assinale a opção correta a respeito dos institutos da guarda, tutela e adoção.

(A) A tutela será deferida, nos termos da lei civil, a pessoa de até dezoito anos incompletos, na hipótese de falecimento dos pais, na de estes serem julgados ausentes ou na de os pais perderem o poder familiar.
(B) Admite-se que apenas um dos companheiros da união homoafetiva adote criança ou adolescente.
(C) Para adoção conjunta, é indispensável que os adotantes sejam casados civilmente ou mantenham união estável, comprovada a estabilidade da família, sendo vedada a adoção ao casal divorciado.
(D) A adoção internacional pode ser deferida, independentemente da existência de interessados com residência permanente no Brasil e inscritos nos cadastros local, estadual e nacional de pessoas ou casais habilitados à adoção, desde que o período de convivência com o adotando seja superior a três anos.
(E) Em regra, o deferimento da guarda de criança ou adolescente a terceiros impede o exercício do direito de visitas pelos pais, assim como o seu dever de prestar alimentos, que serão objeto de regulamentação específica, a pedido do interessado ou do MP.

A: correta (art. 36 do ECA); **B:** incorreta, pois não há vedação expressa no ECA. De acordo com o art. 42, § 2º, do ECA, para a adoção conjunta, é indispensável que os adotantes sejam casados civilmente ou mantenham união estável, comprovada a estabilidade da família. Assim, não há exigência de que as pessoas sejam de sexos distintos, mas também não há previsão legal de adoção por casal homoafetivo. "Não obstante, já vem sendo reconhecida a possibilidade de adoção por casais formados por integrantes do mesmo sexo, desde que tal união possa ser reconhecida como entidade familiar, com suas características próprias (estabilidade, ostensibilidade e traços afetivos sólidos). (...) A possibilidade de adoção por casais homoafetivos agora está firmada, pois em 2011, tanto o STF quanto o STJ finalmente reconheceram a legalidade da união estável entre pessoas do mesmo sexo" (Rossato, Lépore e Sanches, **Estatuto da Criança e do Adolescente**, editora RT); **C:** incorreta, pois os divorciados, os judicialmente separados e os ex-companheiros podem adotar conjuntamente, contanto que acordem sobre a guarda e o regime de visitas e desde que o estágio de convivência tenha sido iniciado na constância do período de convivência e que seja comprovada a existência de vínculos de afinidade e afetividade com aquele não detentor da guarda, que justifiquem a excepcionalidade da concessão (art. 42, § 4º, do ECA); **D:** incorreta, pois a adoção internacional somente será deferida se, após consulta ao cadastro de pessoas ou casais habilitados à adoção, não for encontrado interessado com residência permanente no Brasil (art. 50, § 10, do ECA); **E:** incorreta, pois, salvo expressa e fundamentada determinação em contrário da autoridade judiciária competente, ou quando a medida for aplicada em preparação para adoção, o deferimento da guarda de criança ou adolescente a terceiros não impede o exercício do direito de visitas pelos pais (art. 33, § 4º, do ECA).

Gabarito "A".

(Ministério Público/MG – 2012 – CONSULPLAN) Em 13 de julho de 1990, foi publicada a Lei 8.069 a qual instituiu o Estatuto da Criança e Adolescente que veio regulamentar o artigo 227 da Constituição Federal. Fundado, dentre outros, no *Princípio da Proteção Integral*, concebeu as crianças e adolescentes como pessoas em desenvolvimento, sujeitos de direitos e destinatários de proteção física, mental e moral. A Adoção, um dos institutos do ECA gera vínculo constituído por sentença judicial, a qual será inscrita no registro civil mediante mandado, do qual não se fornecerá certidão. Frente a tal assertiva, assinale a alternativa **CORRETA**.

(A) A adoção produz seus efeitos a partir do trânsito em julgado da sentença constitutiva, exceto quando o adotante que, após inequívoca manifestação de vontade, vier a falecer no curso do procedimento, antes de prolatada a sentença, caso em que terá força retroativa à data do óbito.
(B) O novo registro somente poderá ser lavrado no Cartório do Registro Civil do Município em que foi proferida a sentença de adoção.
(C) Apenas a observação sobre a origem do ato poderá constar nas certidões do registro.
(D) A sentença conferirá ao adotado o nome do adotante, sendo defeso a modificação do prenome.

A: correta (art. 47, § 7º, do ECA); **B:** incorreta, pois, a pedido do adotante, o novo registro poderá ser lavrado no Cartório do Registro Civil do Município de sua residência (art. 47, § 3º, do ECA); **C:** incorreta, pois nenhuma observação sobre a origem do ato poderá constar nas certidões do registro (art. 47, § 4º, do ECA); **D:** incorreta, pois a sentença conferirá ao adotado o nome do adotante e, a pedido de qualquer deles, poderá determinar a modificação do prenome (art. 47, § 5º, do ECA).

Gabarito "A".

(Ministério Público/MT – 2012 – UFMT) Segundo o Estatuto da Criança e do Adolescente, o tutor de criança ou adolescente, assim designado por qualquer documento hábil, terá quantos dias para ingressar com pedido judicial nesse sentido?

(A) 05
(B) 60
(C) 15
(D) 45
(E) 30

Art. 37, *caput*, do ECA.
Gabarito "E".

(Ministério Público/SP – 2013 – PGMP) Sobre o direito à convivência familiar e comunitária garantido pelo Estatuto da Criança e do Adolescente e as medidas de proteção aplicáveis à criança ou adolescente, é CORRETO afirmar:

(A) A colocação de criança ou adolescente em família substituta, mediante guarda a terceiros, impede o direito de visitas pelos pais e os dispensa do dever de prestar alimentos.
(B) A colocação da criança ou adolescente em família substituta, em qualquer das modalidades previstas em lei, será possível exclusivamente após decisão judicial definitiva acerca de pedido de destituição ou suspensão do poder familiar.
(C) A colocação de criança ou adolescente em família substituta será precedida de sua preparação gradativa e acompanhamento posterior, realizados pelo Conselho Tutelar.
(D) A inclusão da criança ou adolescente em programa de acolhimento familiar tem como pressuposto legal a impossibilidade de seu acolhimento institucional.
(E) A manutenção ou reintegração de criança ou adolescente à sua família de origem terá preferência em relação a qualquer outra providência.

A: incorreta, pois o deferimento da guarda de criança ou adolescente a terceiros não impede o exercício do direito de visitas pelos pais, salvo expressa e fundamentada determinação em contrário, ou quando a medida for aplicada em preparação para adoção (art. 33, § 4.º, do ECA); **B:** incorreta, pois é possível o deferimento da guarda provisória ou do estágio de convivência, no caso de adoção, mediante termo de responsabilidade, antes de decisão judicial definitiva acerca de pedido de destituição ou suspensão do poder familiar (art. 167 do ECA); **C:** incorreta, pois a colocação da criança ou adolescente em família substituta será precedida de sua preparação gradativa e acompanhamento posterior, realizados pela equipe interprofissional a serviço da Justiça da Infância e da Juventude, preferencialmente com o apoio dos técnicos responsáveis pela execução da política municipal de garantia do direito à convivência familiar (art. 28, § 5.º, do ECA); **D:** incorreta, pois a inclusão da criança ou do adolescente em programas de acolhimento familiar terá preferência a seu acolhimento institucional (art. 34, § 1.º, do ECA); **E:** correta, pois a alternativa está de acordo com o disposto no art. 19, § 3.º, do ECA.
Gabarito "E".

(Ministério Público/SP – 2013 – PGMP) Relativamente às regras para adoção de crianças e adolescentes que estão dispostas no Estatuto da Criança e do Adolescente (Lei 8.069, de 13 de julho de 1990), com as alterações legais que a ele foram introduzidas, considere as assertivas a seguir:

I. Será obrigatório, em qualquer caso de adoção, que se cumpra um período de convivência entre adotante e adotando, o qual deverá ser acompanhado pela equipe interprofissional a serviço da Justiça da Infância e da Juventude, que terá a incumbência de apresentar relatório minucioso a respeito.
II. Cada Comarca ou Foro Regional deve possuir um cadastro de crianças e adolescentes em condições de serem adotados e outro de pessoas interessadas na adoção.
III. O cadastro nacional de postulantes à adoção e o de crianças e adolescentes em condições de serem adotados são alimentados pela autoridade judiciária, pelo Conselho Nacional de Justiça e pelas autoridades estaduais e federais em matéria de adoção.
IV. A inscrição de postulantes à adoção será precedida de um período de preparação psicossocial e jurídica, preferencialmente com apoio dos técnicos responsáveis pela execução da política municipal de garantia do direito à convivência familiar.
V. Poderá ser deferida adoção em favor de candidato domiciliado no Brasil não cadastrado previamente, se formulada por parente com o qual a criança ou o adolescente mantenha vínculos de afinidade e afetividade.

Está CORRETO o que se afirma apenas em:

(A) I, II e III.
(B) I, III e IV.
(C) III, IV e V.
(D) II, IV e V.
(E) II, III e IV.

I: incorreta, pois o estágio de convivência poderá ser dispensado se o adotando já estiver sob a tutela ou guarda legal do adotante durante tempo suficiente para que seja possível avaliar a conveniência da constituição do vínculo (art. 46, § 1º, do ECA); **II:** correta, pois, de fato, serão criados e implementados cadastros estaduais e nacional de crianças e adolescentes em condições de serem adotados e de pessoas ou casais habilitados à adoção (art. 50, § 5º, e art. 101, § 11, do ECA); **III:** incorreta, pois cabe à autoridade judiciária providenciar, no prazo de 48 (quarenta e oito) horas, a inscrição das crianças e adolescentes em condições de serem adotados que não tiveram colocação familiar na comarca de origem. Por sua vez, compete à Autoridade Central Estadual zelar pela manutenção e correta alimentação dos cadastros, com posterior comunicação à Autoridade Central Federal Brasileira (art. 50, § 8º e § 9º, do ECA); **IV:** correta (art. 50, § 3º, do ECA); **V:** correta (art. 50, § 13, II, do ECA).
Gabarito "D".

(Defensor Público/AM – 2013 – FCC) Com base no Estatuto da Criança e do Adolescente, a respeito do direito à convivência familiar e comunitária,

(A) a tutela destina-se a regularizar a posse de fato, podendo ser deferida liminarmente nos processos de adoção, exceto da adoção por estrangeiros.
(B) a colocação em família substituta deverá contar, obrigatoriamente, com o consentimento do adolescente, quando maior de 14 (catorze) anos.
(C) aos pais incumbe o dever de sustento dos filhos, mesmo que a guarda tenha sido deferida a terceiro.
(D) a adoção por estrangeiro é medida excepcional e somente poderá ser deferida por procuração no caso de o estágio de convivência ter se completado no Brasil.
(E) na adoção conjunta, é dispensável que os adotantes sejam ou tenham sido casados civilmente ou que tenham mantido ou mantenham união estável.

A: incorreta, pois é a guarda que se destina a regularizar a posse de fato, podendo ser deferida, liminar ou incidentalmente, nos procedimentos de tutela e adoção, exceto no de adoção por estrangeiros (art. 33, § 1º, do ECA); **B:** incorreta, pois o consentimento do adotando é obrigatório a partir dos doze anos de idade (art. 45, § 2º, do ECA); **C:** correta (arts. 22 e 33, § 4º, ambos do ECA); **D:** incorreta, pois é vedada a adoção por procuração (art. 39, § 2º, do ECA); **E:** incorreta. De acordo com o art. 42, § 2º, do ECA, para a adoção conjunta, é indispensável que os adotantes sejam casados civilmente ou mantenham união estável, comprovada a estabilidade da família. Excepcionalmente, os divorciados, os judicialmente separados e os ex-companheiros podem adotar conjuntamente, contanto que acordem sobre a guarda e o regime de visitas e desde que o estágio de convivência tenha sido iniciado na constância do período de convivência e que seja comprovada a existência de vínculos de afinidade e afetividade com aquele não detentor da guarda, que justifiquem a excepcionalidade da concessão (art. 42, § 4º, do ECA).
Gabarito "C".

(Defensor Público/SE – 2012 – CESPE) Com relação aos direitos fundamentais da criança e do adolescente, assinale a opção correta.

(A) O conceito de família extensa não abrange a figura da madrasta ou do padrasto.
(B) A doutrina da situação irregular vigorou no ordenamento pátrio até a promulgação do ECA.
(C) É assegurado à gestante, por meio do Sistema Único de Saúde, o atendimento pré-natal, devendo a parturiente ser obrigatoriamente atendida pelo médico que a tenha acompanhado durante o período pré-natal.
(D) O direito à liberdade conferido à criança e ao adolescente pelo ECA compreende o de buscar refúgio, sendo a eles garantido o acesso às diversões e espetáculos públicos classificados como adequados à sua faixa etária; crianças menores de dez anos somente poderão ingressar e permanecer nos locais de apresentação ou exibição de espetáculos quando acompanhadas dos pais ou responsáveis.
(E) Em face da aprovação do novo Código Civil, segundo o qual a maioridade civil é obtida aos dezoito anos de idade, não se aplica mais, no ordenamento brasileiro, a denominação jovem adulto, presente no ECA, sendo considerada criança a pessoa com até catorze anos de idade e adolescente, a que tenha entre quinze e dezoito anos de idade.

A: incorreta, pois se entende por família extensa ou ampliada aquela que se estende para além da unidade pais e filhos ou da unidade do casal, formada por parentes próximos com os quais a criança ou adolescente convive e mantém vínculos de afinidade e afetividade (art. 25, parágrafo único, do ECA). Assim, o padrasto ou a madrasta podem ser considerados como família extensa; **B:** incorreta, pois, antes mesmo do advento do Estatuto da Criança e do Adolescente, com a promulgação da Constituição Federal de 1988, positivaram-se as normas internacionais de direitos humanos sobre as crianças e os adolescentes, consagrando-se a doutrina da proteção integral; **C:** incorreta, pois a parturiente será atendida *preferencialmente* pelo mesmo médico que a acompanhou na fase pré-natal (art. 8º, do ECA); **D:** correta (arts. 16, VII, e 75, *caput* e parágrafo único, ambos do ECA); **E:** incorreta, pois se considera criança, para os efeitos do ECA, a pessoa até doze anos de idade incompletos, e adolescente aquela entre doze e dezoito anos de idade (art. 2º, do ECA).
Gabarito "D".

(Defensor Público/SP – 2012 – FCC) Sobre o direito à convivência familiar e comunitária previsto no Estatuto da Criança e do Adolescente, é correto afirmar que

(A) o acolhimento institucional é medida provisória e excepcional, não implicando em privação de liberdade, salvo em caso de determinação judicial nesse sentido.
(B) a permanência da criança e do adolescente em programa de acolhimento institucional ou familiar será reavaliada a cada seis meses, não podendo superar o prazo de dois anos, salvo comprovada necessidade.
(C) a suspensão do poder familiar será decretada em procedimento contraditório, exceto em casos de maus tratos, quando será possível instauração de procedimento não contencioso.
(D) à pessoa maior de dezoito anos é assegurado o direito a conhecer sua origem biológica, inclusive com o acesso irrestrito ao processo no qual a medida de adoção foi aplicada.
(E) a família natural prefere à família substituta e esta, por sua vez, prefere à família extensa.

A: incorreta, pois em hipótese alguma o acolhimento institucional implicará privação de liberdade (art. 101, § 1º, do ECA); **B:** incorreta, pois toda criança ou adolescente que estiver inserido em programa de acolhimento familiar ou institucional terá sua situação reavaliada, *no máximo*, a cada 3 (três) meses, sendo que a permanência da criança ou do adolescente em programa de acolhimento institucional não se prolongará por mais de 18 (dezoito) meses, salvo comprovada necessidade que atenda ao seu superior interesse, devidamente fundamentada pela autoridade judiciária (art. 19, §§ 1º e 2º, do ECA); **C:** incorreta, pois em qualquer hipótese de perda ou suspensão do poder familiar haverá o ajuizamento de ação própria, em respeito aos princípios da ampla defesa e do contraditório (art. 155 e ss., do ECA); **D:** correta (art. 48, *caput*, do ECA); **E:** incorreta, pois a família natural prefere à família extensa, que por sua vez prefere à família substituta (arts. 92, II, e 100, X, ambos do ECA).

Gabarito "D".

(Defensor Público/TO – 2013 – CESPE) Assinale a opção correta a respeito dos institutos da guarda, da tutela e da adoção, de acordo com o entendimento jurisprudencial.

(A) A guarda obriga a prestação de assistência material, moral e educacional à criança ou adolescente, conferindo a seu detentor o direito de opor-se a terceiros, inclusive aos pais, e confere ao infante a condição de dependente, para todos os fins e efeitos de direito, incluídos os previdenciários, ainda que norma previdenciária de natureza específica disponha em sentido contrário.
(B) O deferimento judicial da guarda provisória ou definitiva de criança ou adolescente a terceiros suspende o exercício do poder familiar, do direito de visitas pelos pais, assim como o dever de prestar alimentos, exceto se houver acordo entre as partes em sentido contrário, devidamente homologado pelo juiz.
(C) O tutor nomeado por testamento ou por qualquer documento autêntico, conforme previsto no Código Civil, fica automaticamente responsável pelo tutelado após a morte do seu representante legal.
(D) Os divorciados, os judicialmente separados e os ex-companheiros podem adotar conjuntamente, desde que a ação de adoção tenha sido julgada em primeira instância ainda no período de convivência do ex-casal.
(E) A observância, em processo de adoção, da ordem de preferência do cadastro de adotantes deve ser excepcionada em prol do casal que, embora habilitado em data posterior à de outros adotantes, tenha exercido a guarda da criança pela maior parte da sua existência, ainda que a referida guarda tenha sido interrompida e posteriormente retomada pelo mesmo casal.

A: incorreta, pois, segundo entendimento do STJ, se não existir situação de risco a ensejar a colocação da criança/adolescente em família substituta, a guarda não será concedida para fins únicos previdenciários (REsp 696.204/RJ, 3ª T., j. 21.06.2005, rel. Min. Carlos Menezes Direito, *DJ* 19.09.2005); **B:** incorreta, pois o deferimento da guarda de criança ou adolescente a terceiros não impede o exercício do direito de visitas pelos pais, assim como o dever de prestar alimentos, salvo expressa e fundamentada determinação em contrário pelo juiz. Isso porque a guarda não pressupõe a destituição do poder familiar, do qual decorrem o dever de prestar alimentos e o direito de visitas (art. 33, § 4º, do ECA); **C:** incorreta, pois o tutor nomeado por testamento ou qualquer documento autêntico deverá, no prazo de 30 (trinta) dias após a abertura da sucessão, ingressar com pedido judicial, ocasião em que será avaliado pelo juiz se a medida é vantajosa ao tutelando e se não existe outra pessoa em melhores condições de assumi-la (art. 37, *caput* e parágrafo único, do ECA); **D:** incorreta, pois os divorciados, os judicialmente separados e os ex-companheiros podem adotar conjuntamente, *contanto que acordem sobre a guarda e o regime de visitas e desde que o estágio de convivência tenha sido iniciado na constância do período de convivência e que seja comprovada a existência de vínculos de afinidade e afetividade* com aquele não detentor da guarda, que justifiquem a excepcionalidade da concessão (art. 42, § 4º, do ECA); **E:** correta, de acordo com o entendimento jurisprudencial (STJ, REsp 837.324/RS, 3ª T., j. 18.10.2007, rel. Min. Humberto Gomes de Barros, *DJ* 31.10.2007 e REsp 1.172.067/MG, 3ª T., j. 18.03.2010, rel. Min. Massami Uyeda, *DJe* 14.04.2010). "Não obstante a sistemática firmada pela Lei Nacional da Adoção, a jurisprudência flexibiliza as hipóteses de dispensa de prévio cadastramento e respeito à fila de adoção para além das exceções previstas no § 13 do art. 50 do Estatuto. O que tem sido considerado mais importante é o melhor interesse da criança, o que na maioria das vezes tem sido aferido pela formação de laços de afinidade e afetividade com os pretendentes à adoção". (ROSSATO, Luciano Alves; LÉPORE, Paulo Eduardo e CUNHA, Rogério Sanches. **Estatuto da Criança e do Adolescente comentado artigo por artigo**. 3. ed. São Paulo: RT, 2012).

Gabarito "E".

2.4. DIREITO À EDUCAÇÃO, À CULTURA, AO ESPORTE E AO LAZER

(Juiz – TJ/MS – VUNESP – 2015) Constitui dever do Estado assegurar à criança e ao adolescente a educação básica obrigatória e gratuita, conforme se depreende do artigo 208, inciso I, da Constituição Federal, com redação determinada pela EC 59/2009. Quanto ao Direito à Educação, previsto no Capítulo IV, do Título II, do Estatuto da Criança e do Adolescente e na Lei de Diretrizes e Bases da Educação Nacional, analisado à luz da norma constitucional mencionada, assinale a alternativa correta.

(A) Os pais e responsáveis, apesar de não participarem da definição de propostas educacionais, terão ciência, ao início do ano letivo, do processo pedagógico.
(B) O ensino fundamental será oferecido, diretamente, pelos Estados e Municípios, às crianças com 6 (seis) anos de idade, com duração de 9 (nove) anos, assegurada a sua oferta gratuita, inclusive àqueles que não tiveram acesso a ele na idade adequada.
(C) De acordo com a Lei de Diretrizes e Bases da Educação Nacional, os entes federados (União, Estados, Distrito Federal e Municípios) não têm áreas prioritárias de atuação.
(D) A finalidade precípua do direito à educação é garantir à criança e ao adolescente ingresso no mercado de trabalho.
(E) A educação básica, em compasso com a Lei de Diretrizes e Bases da Educação Nacional, subdivide-se em infantil, fundamental, média, superior e complementar.

A: incorreta. Conforme art. 14 da Lei de Diretrizes e Bases da Educação, os sistemas de ensino definirão as normas da gestão democrática do ensino público na educação básica, adotando o princípio da participação das comunidades escolar e local em conselhos escolares ou equivalentes. **B:** correta. Nos exatos termos do art. 32 da Lei de Diretrizes e Bases da Educação. **C:** incorreta. Incumbe ao estado assegurar o **ensino fundamental** e oferecer, com prioridade, o **ensino médio** (art. 10, VI, da LDB). Incumbe aos municípios oferecer a **educação infantil** em creches e pré-escolas, e, com prioridade, o **ensino fundamental,** sendo "permitida a atuação em outros níveis de ensino somente quando estiverem atendidas plenamente as necessidades de sua área de competência e com recursos acima dos percentuais mínimos vinculados pela Constituição Federal à manutenção e desenvolvimento do ensino" (art. 11, V, da LDB). **D:** incorreta. "A educação, dever da família e do Estado, inspirada nos princípios de liberdade e nos ideais de solidariedade humana, tem por finalidade o pleno desenvolvimento do educando, seu preparo para o exercício da cidadania e sua qualificação para o trabalho" (art. 2º da LDB; **E:** incorreta, a educação básica subdivide-se em pré-escola, ensino fundamental e ensino médio (art. 4º, I, LDB) RD

Gabarito "B".

(Defensor Público – DPE/ES – 2016 – FCC) Sobre a educação infantil, conforme disciplinada na normativa vigente, é correto afirmar que

(A) sua oferta é de responsabilidade primária dos Estados e Municípios e apenas supletivamente da União.
(B) engloba três etapas: creche (0 a 2 anos), jardim (3 e 4 anos) e pré-escola (5 e 6 anos).
(C) tem como finalidade principal a oferta de cuidado e proteção da criança em ambiente rico de estímulos para seu desenvolvimento cognitivo.
(D) não tem exigência de frequência mínima obrigatória na educação pré-escolar, mas ausências reiteradas sem justificativa podem ensejar notificação ao Conselho Tutelar para adoção das providências cabíveis em face dos pais ou responsável.
(E) tem como regra a avaliação por meio de acompanhamento e registro do desenvolvimento de crianças, sem objetivo de promoção, mesmo para o acesso ao ensino fundamental.

A: incorreta. Conforme art. 211, § 2º, da CF, os municípios atuarão prioritariamente no ensino fundamental e médio. **B:** incorreta. A educação infantil é destinada às crianças com até 5 (cinco) anos de idade em creche e pré-escola (art. 208, IV, da CF) e será oferecida em creches, ou entidades equivalentes, para crianças de até três anos de idade e em pré-escolas, para as crianças de 4 (quatro) a 5 (cinco) anos de idade (art. 30, da LDB). **C:** incorreta. A educação visa o pleno desenvolvimento da pessoa, seu preparo para o exercício da cidadania e sua qualificação para o trabalho (art. 205 da CF). **D:** incorreta. A educação infantil exige controle de frequência pela instituição de educação pré-escolar, com frequência mínima de 60% (sessenta por cento) do total de horas (art. 31, IV, da LDB). E: correta. Nos exatos termos do art. 31, I, da LDB.

Gabarito "E".

(Magistratura/SC – 2015 – FCC) João, com idade para cursar a pré-escola, tem síndrome de Down e está fora da escola. A mãe deseja matriculá-lo em escola especializada para crianças com deficiência, mas o município não dispõe de tal equipamento na rede pública, somente na rede particular. A solução mais adequada às regras e princípios previstos na legislação vigente:

(A) reclamar do município o cumprimento da regra constitucional de criação de escolas especializadas para crianças com deficiência em todas as etapas da educação básica, facultando-lhe a alternativa de, não havendo demanda suficiente, arcar com os custos de tal atendimento na rede privada.
(B) impor ao Município ou ao Estado (ente estadual), alternativamente, o dever de matricular a criança em suas redes regulares de ensino, contratando, se necessário com apoio financeiro da União, professor especializado em educação de crianças com Síndrome de Down para atender João e garantir a ele, o aporte educacional diferenciado a que faz jus.
(C) impor ao ente estadual a obrigação de atender a criança, já que, por força de lei, é dele o dever de criar classes especiais para criança e adolescentes com deficiência em sua rede de ensino.
(D) orientar a mãe de que o direito a vaga em escola especializada é restrito ao ensino fundamental e médio, devendo contentar-se, até que a criança complete 7 (sete) anos, com o atendimento pré-escolar em escola pública regular destinada a crianças sem deficiência.
(E) orientar a mãe a promover a matrícula da criança em pré-escola do município e aceitar a inclusão do filho em sala de aula, junto com crianças sem deficiência, zelando para que João, não obstante, receba atenção adequada às suas necessidades pedagógicas especiais.

A: incorreta, pois a CF/1988, em seu art. 208, III, estabelece que é dever do Estado garantir o atendimento educacional especializado aos portadores de deficiência, preferencialmente na rede regular de ensino, e não em escolas especializadas. Inclusive, de acordo com o art. 58, caput, da Lei de Diretrizes e Bases (Lei 9.394/1996), entende-se por educação especial, a modalidade de educação escolar oferecida preferencialmente na rede regular de ensino, para educandos com deficiência, transtornos globais do desenvolvimento e altas habilidades ou superdotação; **B:** incorreta, pois não há previsão expressa acerca do dever de o Município ou Estado contratar professor especializado em educação de crianças com Síndrome de Down. Todavia, quando necessário, haverá serviços de apoio especializado, na escola regular, para atender às peculiaridades da clientela de educação especial. Ainda, o atendimento educacional será feito em classes, escolas ou serviços especializados, sempre que, em função das condições específicas dos alunos, não for possível a sua integração nas classes comuns de ensino regular (art. 58, §§ 1º e 2º, da Lei 9.394/1996); **C:** incorreta. De fato, a oferta de educação especial é dever constitucional do Estado (art. 58, § 3º, da Lei 9.394/1996). No entanto, conforme já esclarecido na alternativa anterior, o atendimento educacional especializado será realizado de forma subsidiária, desde que não seja possível, em razão das condições do aluno, a sua integração na classe comum de ensino regular; **D:** incorreta, pois nos termos do art. 58, § 3º, da Lei 9.394/1996, a oferta de educação especial, dever constitucional do Estado, tem início na faixa etária de zero a seis anos, durante a educação infantil; E: correta, pois é dever do Estado assegurar à criança e ao adolescente o atendimento educacional especializado aos portadores de deficiência, preferencialmente na rede regular de ensino (art. 54, III, do ECA).
Gabarito "E".

(Ministério Público/SP – 2015 – MPE/SP) Sobre o direito à educação da criança e do adolescente, aponte a alternativa correta:

(A) É dever do Estado o de assegurar à criança e ao adolescente atendimento educacional especializado aos portadores de deficiência, preferencialmente na rede regular de ensino.
(B) A criança ou o adolescente não tem direito à rematrícula na mesma escola em que terminou o ano letivo, se existir outra mais próxima da sua residência.
(C) A educação infantil de crianças até 6 anos de idade constitui matéria sujeita ao juízo de discricionariedade do Poder Público.
(D) A garantia de formação técnico-profissional ao adolescente, segundo as diretrizes e bases da legislação de educação em vigor, dispensa-o da frequência ao ensino regular.
(E) Para preservar a imagem da criança, os dirigentes de estabelecimento de ensino fundamental poderão deixar de comunicar maus-tratos sofridos pelo seu aluno.

A: correta, pois é dever do Estado assegurar à criança e ao adolescente o atendimento educacional especializado aos portadores de deficiência, preferencialmente na rede regular de ensino (art. 54, III, do ECA); **B:** incorreta. Muito embora seja dever do Estado garantir à criança vaga na escola pública de educação infantil ou de ensino fundamental mais próxima de sua residência a toda criança a partir do dia em que completar 04 (quatro) anos de idade, nada impede que ela faça sua rematrícula na mesma escola em que terminou o ano letivo (art. 4º, X, incluído pela Lei 11.700/2008, da Lei de Diretrizes e Bases – Lei 9394/1996); **C:** incorreta, pois é dever do Estado, não estando sujeito ao juízo de discricionariedade, assegurar à criança e ao adolescente atendimento em creche e pré-escola às crianças de zero a seis anos de idade (art. 54, IV, do ECA). Inclusive, é cabível a responsabilização, por meio de ação judicial, por ofensa aos direitos assegurados à criança e ao adolescente, referentes ao não oferecimento ou oferta irregular assegurar à criança e ao adolescente atendimento em creche e pré-escola às crianças de zero a seis anos de idade (art. 208, III, do ECA); **D:** incorreta, pois, segundo o art. 40 da Lei de Diretrizes e Bases (Lei 9394/1996), a educação profissional será desenvolvida em articulação com o ensino regular ou por diferentes estratégias de educação continuada, em instituições especializadas ou no ambiente de trabalho, razão pela qual é necessária a frequência do adolescente ao ensino regular; **E:** incorreta, pois há previsão expressa no ECA no sentido de que os dirigentes de estabelecimentos de ensino fundamental deverão comunicar ao Conselho Tutelar os casos de maus-tratos envolvendo seus alunos (art. 56, I, do ECA). Além disso, também deverão comunicar quando houver reiteração de faltas injustificadas e de evasão escolar, esgotados os recursos escolares, bem como os elevados níveis de repetência (art. 56, II e III, do ECA). Inclusive, configura infração administrativa deixar o professor ou responsável por estabelecimento de atenção à saúde e de ensino fundamental, pré-escola ou creche, de comunicar à autoridade competente os casos de que tenha conhecimento, envolvendo suspeita ou confirmação de maus-tratos contra criança ou adolescente, nos termos do art. 245, do ECA.
Gabarito "A".

(Promotor de Justiça/ES – 2013 – VUNESP) Assinale a alternativa correta.

(A) Os pais ou responsável têm o direito de ministrar ensino domiciliar em caso de discordância com processo pedagógico ou com as propostas educacionais da escola.
(B) O dever do Estado de oferecer ensino obrigatório e gratuito estende-se apenas de forma progressiva ao ensino médio.
(C) A guarda pode ser deferida a terceiro para atribuição da condição de dependente, para todos os fins de direito, inclusive previdenciários, à criança ou ao adolescente com família natural em que se verifique a falta ou carência de recursos materiais.
(D) A eleição para conselheiro tutelar é organizada pelo Ministério Público, e a data da sua realização é fixada em lei municipal.
(E) Atribui-se ao Estado a guarda de criança ou adolescente submetido a acolhimento institucional em entidade pública de atendimento.

A: incorreta, pois os pais ou responsável têm a obrigação de matricular seus filhos ou pupilos na rede regular de ensino, sendo inadmissível o ensino domiciliar (art. 55 do ECA). Inclusive, a criança e o adolescente têm direito à educação, visando ao pleno desenvolvimento de sua pessoa, preparo para o exercício da cidadania e qualificação para o trabalho, assegurando-se-lhes igualdade de condições para o acesso e permanência na escola (art. 53, I, do ECA); **B:** correta, pois é dever do Estado oferecer ensino obrigatório e gratuito apenas de forma progressiva ao ensino médio, ao passo que o atendimento deverá ser imediato em creche e pré-escola às crianças de zero a cinco anos de idade (art. 54, II e IV, do ECA e art. 208, II e IV, da CF); **C:** incorreta. Muito embora a guarda confira, de fato, à criança ou adolescente a condição de dependente, para todos os fins e efeitos de direito, inclusive previdenciários (art. 33, § 3º, do ECA), não será ela deferida a terceiro pelo simples fato de a família de origem não possuir recursos materiais, caso em que deverá ser obrigatoriamente incluída em programas oficiais de auxílio oferecidos pela rede de proteção (art. 23, caput e § 1º, do ECA); **D:** incorreta, pois o processo para a escolha dos membros do Conselho Tutelar será estabelecido em lei municipal, realizado sob a responsabilidade do Conselho Municipal dos Direitos da Criança e do Adolescente e com a fiscalização do Ministério Público, sendo que ocorrerá em data unificada em todo o território nacional a cada 4 (quatro) anos, no primeiro domingo do mês de outubro do ano subsequente ao da eleição presidencial (art. 139, caput e § 1º, do ECA); **E:** incorreta, pois não se atribui ao Estado a guarda de criança ou adolescente submetido a acolhimento institucional, ainda que seja em entidade pública de atendimento, tendo em vista que o guardião será o dirigente da própria entidade (art. 33, § 3º, do ECA).
Gabarito "B".

(Magistratura/BA – 2012 – CESPE) No que tange aos direitos fundamentais da criança e do adolescente, assinale a opção correta com base no que dispõem a CF e o ECA.

(A) O atendimento, em creche e pré-escola, às crianças de zero a seis anos de idade é obrigação constitucional do município, não podendo este invocar a cláusula da reserva do possível em face da ausência de recursos financeiros.
(B) Incumbe ao poder público proporcionar assistência psicológica à gestante e à mãe, no período pré e pós-natal, inclusive como forma de prevenir ou minorar as consequências do estado puerperal, exceto, no último caso, na hipótese de a mãe biológica manifestar interesse em entregar seu filho para adoção.
(C) O reconhecimento do estado de filiação é direito personalíssimo e indisponível, podendo ser exercitado contra os pais ou seus herdeiros, sem qualquer restrição, observados o segredo de justiça e o prazo prescricional de quatro anos, contado a partir da maioridade civil.
(D) É dever do Estado assegurar à criança e ao adolescente os ensinos fundamental e médio, obrigatórios e gratuitos, inclusive para os que a eles não tiveram acesso na idade própria.
(E) É proibido trabalho noturno, perigoso ou insalubre a menores de dezoito anos e de qualquer trabalho a menores de quatorze anos, salvo na condição de aprendiz, a partir dos doze anos.

A: correta, pois os *Municípios atuarão prioritariamente no ensino fundamental e na educação infantil*, enquanto que *os Estados e o Distrito Federal atuarão prioritariamente*

no ensino fundamental e médio (art. 211, §§ 2º e 3º, da CF/1988 e art. 54, IV, do ECA), não podendo invocar a cláusula da reserva do possível em face da ausência de recursos financeiros. Neste sentido é o entendimento jurisprudencial: "*Acesso à creche aos menores de zero a seis anos – Direito subjetivo – reserva do possível – teorização e cabimento – impossibilidade de arguição como tese abstrata de defesa – escassez de recursos como o resultado de uma decisão política – prioridade dos direitos fundamentais – conteúdo mínimo existencial – essencialidade do direito à educação. Precedentes STJ e STF*" (STJ, REsp 1.185.474 – SC); **B**: incorreta, pois a assistência psicológica deverá ser também prestada a gestantes ou mães que manifestem interesse em entregar seus filhos para adoção (art. 8º, § 5º, do ECA); **C**: incorreta, pois o reconhecimento ao estado de filiação é imprescritível (art. 27 do ECA); **D**: incorreta (art. 54, I e II, do ECA); **E**: incorreta, pois o adolescente deve contar com quatorze anos para trabalhar na condição de aprendiz (art. 60 do ECA e art. 7º, XXXIII, da CF/1988).
Gabarito "A".

(Ministério Público/SP – 2012 – VUNESP) A criança e o adolescente têm direito à educação, visando ao pleno desenvolvimento de sua pessoa, preparo para o exercício da cidadania e qualificação para o trabalho. A educação abrange os processos formativos que se desenvolvem na vida familiar, na convivência humana, no trabalho, nas instituições de ensino e pesquisa, nos movimentos sociais e organizações da sociedade civil e nas manifestações culturais. Em relação à educação especial, considere:

I. É modalidade de educação escolar, oferecida preferencialmente na rede regular de ensino, para educandos portadores de necessidades especiais.

II. Os sistemas de ensino assegurarão aos educandos com necessidades especiais terminalidade específica para aqueles que não puderem atingir o nível exigido para a conclusão do ensino fundamental, em virtude de suas deficiências, e aceleração para concluir em menor tempo o programa escolar para os superdotados.

III. A oferta de educação especial, dever constitucional do Estado, tem início na faixa etária de zero a seis anos, durante a educação infantil.

IV. As famílias poderão optar pelo atendimento da criança e do adolescente com necessidades especiais em classes, escolas ou serviços especializados, diversos das classes comuns de ensino regular.

Está correto o que se afirma em

(A) I, II, III e IV.
(B) I, II e III, apenas.
(C) II, III e IV, apenas.
(D) I e IV, apenas.
(E) II e IV, apenas.

I: correta (art. 4º, III, da Lei 9.394/1996); **II**: correta (art. 59, II, da Lei 9.394/1996); **III**: correta (art. 58, § 3º, da Lei 9.394/1996); **IV**: incorreta, pois o atendimento educacional será feito em classes, escolas ou serviços especializados, sempre que, em função das condições específicas dos alunos, não for possível a sua integração nas classes comuns de ensino regular (art. 58, § 2º, da Lei 9.394/1996).
Gabarito "B".

(Defensor Público/AM – 2013 – FCC) Os pais de determinada criança, que completa cinco anos de idade em janeiro de 2013, pretendem obter gratuitamente o registro civil de nascimento de seu filho e, na sequência, ingressar com ação judicial, através da Defensoria Pública, para obrigar o Poder Público a garantir-lhe o acesso à educação infantil gratuita, uma vez que foram informados de que não há vaga para que a criança ingresse na rede pública de ensino. Apesar de estarem munidos de todos os documentos para pleitearem o registro de nascimento de seu filho, os pais da criança são pobres nos termos da lei, não tendo recursos financeiros para pagar as despesas do ato registral sem prejuízo de seu sustento. Nesse contexto, é correto afirmar que o registro civil de nascimento

(A) pode ser gratuitamente obtido, mas o Poder Público não está obrigado a garantir à criança o acesso à educação infantil gratuita, uma vez que não há vagas para tanto.
(B) pode ser gratuitamente obtido e o Poder Público está obrigado a garantir à criança o acesso à educação infantil gratuita.
(C) pode ser gratuitamente obtido, mas o Poder Público não está obrigado a garantir à criança o acesso à educação infantil gratuita, uma vez que o infante não possui a idade mínima exigida pela Constituição Federal.
(D) não pode ser gratuitamente obtido, uma vez que somente a certidão de óbito é gratuita aos reconhecidamente pobres nos termos da Constituição Federal, embora o Poder Público esteja obrigado a garantir à criança o acesso à educação infantil gratuita.
(E) não pode ser gratuitamente obtido, uma vez que tardio, e o Poder Público não está obrigado a garantir à criança o acesso à educação infantil gratuita, já que não há vagas para tanto.

A alternativa "B" está correta, pois está de acordo com os arts. 53, V, e 54, I e § 1º, do ECA; e art. 5º, LXXVI, "a", da CF/1988, ficando excluídas as demais.
Gabarito "B".

(Defensor Público/SP – 2012 – FCC) Segundo a Lei de Diretrizes e Bases da Educação Nacional (Lei 9.394/1996),

(A) ao Estado incumbe assumir o transporte escolar dos alunos, incluindo-se os da rede municipal e estadual.
(B) o rito para processamento de ação judicial que verse sobre sonegação ou oferta irregular de ensino obrigatório é o sumário.
(C) há garantia de que a criança, a partir do dia em que completar 2 anos de idade, obtenha vaga na escola pública de educação infantil ou de ensino fundamental mais próxima à sua residência.
(D) ao Município cabe oferecer educação infantil em pré-escolas, às crianças de zero a seis anos incompletos.
(E) é compulsória a inclusão de conteúdo que trate dos direitos das crianças e dos adolescentes no currículo do ensino médio.

A: incorreta, pois ao Estado incumbe assumir o transporte escolar dos alunos da rede estadual (art. 10, VII, da Lei 9.394/1996). Por sua vez, ao Município incumbe assumir o transporte escolar dos alunos da rede municipal (art. 11, VI, da Lei 9.394/1996); **B**: correta (art. 5º, § 3º, da Lei 9.394/1996); **C**: incorreta, pois é garantida a vaga na escola pública de educação infantil ou de ensino fundamental mais próxima à residência da criança a partir dos 4 (quatro) anos de idade, quando então o ensino é obrigatório e gratuito (art. 208, I, da CF/1988 e art. 4º, I e X, da Lei 9.394/1996); **D**: incorreta, pois a educação infantil é até os cinco anos de idade (arts. 4º, II, e 29, ambos da Lei 9.394/1996); **E**: incorreta, pois o enunciado não está de acordo com o art. 36, da Lei 9.394/1996, sendo que é compulsória a inclusão de conteúdo que trate dos direitos das crianças e dos adolescentes no currículo do ensino fundamental (art. 32, § 5º, da Lei 9.394/1996).
Gabarito "B".

2.5. DIREITO À PROFISSIONALIZAÇÃO E À PROTEÇÃO NO TRABALHO

(Juiz de Direito/CE – 2014 – FCC) Com relação ao direito à profissionalização e proteção ao trabalho de adolescentes, consta do Estatuto da Criança e do Adolescente:

(A) É vedado o trabalho noturno ao adolescente submetido a regime familiar de trabalho.
(B) As normas de proteção ao trabalho de adolescentes estão reguladas exclusivamente pelo ECA e pela Constituição Federal.
(C) O programa social que tenha por base o trabalho socioeducativo não poderá estar sob a responsabilidade de entidade governamental, mas somente não governamental sem fins lucrativos.
(D) O adolescente aprendiz, maior de catorze anos, tem assegurado os direitos trabalhistas, afastando-se os previdenciários em razão da natureza do serviço.
(E) O adolescente que mantiver participação na venda de produtos originários de seu trabalho perderá a condição de trabalho educativo de sua atividade.

A: correta, pois a alternativa está de acordo com o art. 67, I, do ECA; **B**: incorreta, pois há normas de proteção ao trabalho de adolescente previstas em vários diplomas normativos, além da CF/1988 e do ECA, tais como o Estatuto da Juventude (Lei 12.852/2013), a CLT, a Convenção da OIT (n. 138 e 182), dentre outras leis especiais; **C**: incorreta, pois o programa social que tenha por base o trabalho educativo, poderá estar sob responsabilidade tanto de entidade governamental como não governamental sem fins lucrativos, devendo assegurar ao adolescente que dele participe condições de capacitação para o exercício de atividade regular remunerada (art. 67, *caput* e art. 68, *caput*, ambos do ECA); **D**: incorreta, pois ao adolescente aprendiz, maior de quatorze anos, são assegurados os direitos trabalhistas e previdenciários. Por sua vez, ao adolescente até quatorze anos de idade é assegurada bolsa de aprendizagem (art. 64 e 65, do ECA); **E**: incorreta, pois o programa social deve ter por base o trabalho educativo do adolescente, que se entende como sendo a atividade laboral em que as exigências pedagógicas relativas ao desenvolvimento pessoal e social do educando prevalecem sobre o aspecto produtivo. Todavia, a remuneração auferida pelo trabalho efetuado pelo adolescente ou a participação na venda dos produtos de seu trabalho não desfigura o caráter educativo, até mesmo porque lhes são assegurados todos os direitos trabalhistas (art. 65 e art. 68, §§ 1º e 2º, do ECA).
Gabarito "A".

(Juiz de Direito/MG – 2014) Em relação aos Direitos Fundamentais previstos no Estatuto da Criança e do Adolescente, notadamente no que se refere à profissionalização e à proteção no trabalho é INCORRETO afirmar que

(A) são assegurados direitos trabalhistas e previdenciários ao adolescente aprendiz, desde que maior de quatorze anos.
(B) é proibido qualquer trabalho a menores de quatorze anos de idade, salvo na condição de aprendiz.
(C) ao adolescente empregado, maior de dezesseis anos, desde que regularmente matriculado em escola técnica, é permitido, em caráter excepcional, trabalhar até as vinte e três horas.
(D) ao adolescente portador de deficiência é assegurado trabalho protegido.

A: assertiva correta, pois a alternativa está de acordo com o disposto no art. 65 do ECA; **B**: assertiva correta, pois a alternativa está de acordo com o disposto no art. 60 do ECA; **C**: assertiva incorreta, devendo ser assinalada, pois ao adolescente empregado, aprendiz, em regime familiar de trabalho, aluno de escola técnica, é vedado trabalho noturno, realizado entre as vinte e duas horas de um dia e as cinco horas do dia seguinte (art. 67, I, do ECA); **D:** assertiva correta, pois a alternativa está de acordo com o disposto no art. 66 do ECA.

Gabarito "C".

(Magistratura do Trabalho – 2ª Região – 2014) Em relação ao trabalho infantil e do adolescente, observe as proposições abaixo e responda a alternativa que contenha propositura corretas:

I. Cabe ao Poder Judiciário a autorização para trabalho infantil artístico, apreendido economicamente por outrem ou não, a pessoas com menos de 14 anos, desde que comprovado que a atividade seja indispensável à sua sobrevivência ou de seus pais, avós ou irmãos.

II. Se no exercício de suas funções o juiz tiver conhecimento de ato ofensivo a direitos individuais, difusos ou coletivos de criança ou adolescente que possa ensejar a propositura de ação civil, remeterá peças ao Ministério Público para as providências necessárias.

III. É proibido o trabalho do trabalhador doméstico com idade inferior a 18 anos.

IV. É proibido ao adolescente o trabalho noturno e em empresas que desenvolvem atividades perigosas e insalubres, em quaisquer funções.

V. Nos termos da Convenção 138 da OIT, ratificada pelo Brasil, a idade mínima para o trabalho não poderá ser inferior à idade de conclusão da escolaridade compulsória.

Está correta a alternativa:

(A) I, II e IV.
(B) I, III e V.
(C) I, III e IV.
(D) II, IV e V.
(E) II, III e V.

I: incorreta, pois é proibido qualquer trabalho a menores de dezesseis anos, salvo na condição de aprendiz, a partir de quatorze anos (art. 60 do ECA e art. 7º, XXXIII, da CF/1988). Excepcionalmente, o juiz poderá autorizar a participação de criança e adolescente em: a) espetáculos públicos e seus ensaios; ou b) certames de beleza (art. 149, II, do ECA); **II:** correta, pois a alternativa está de acordo com o disposto no art. 221, do ECA; **III:** correta, pois é proibido qualquer trabalho noturno, perigoso ou insalubre a menores de dezoito e de qualquer trabalho a menores de dezesseis anos, salvo na condição de aprendiz, a partir de quatorze anos (art. 60 do ECA e art. 7º, XXXIII, da CF/1988); **IV:** incorreta, pois é proibido qualquer trabalho noturno, perigoso ou insalubre a menores de dezoito, independente de ser ou não em empresa (art. 7º, XXXIII, da CF/1988); **V:** correta, pois a alternativa está de acordo com o art. 2º, item 3, da Convenção n. 138, da OIT.

Gabarito "E".

(Magistratura do Trabalho – 2ª Região – 2014) Em relação ao trabalho do aprendiz, aponte a alternativa **correta**:

(A) É condição de validade do contrato de aprendizagem que o trabalho se desenvolva como complemento de curso em escola técnica de educação, com caráter metódico e acompanhado.

(B) A contratação do aprendiz poderá ser efetivada pelo tomador dos serviços ou por entidade sem fins lucrativos de assistência ao adolescente desde que registrada no Conselho Municipal da Criança e do Adolescente.

(C) O contrato de aprendizagem se extinguirá quando o aprendiz completar 18 ou 24 anos, se estiver cursando ensino técnico-profissional metódico.

(D) A jornada de trabalho do aprendiz será de 6 (seis horas) em cada contrato, não havendo proibição legal de que o aprendiz realize concomitantemente dois contratos em jornadas de 6 (seis horas), compatíveis entre si.

(E) A empresa de qualquer natureza deverá empregar número de aprendizes equivalente a no mínimo de 3% e no máximo 10% dos trabalhadores existentes em cada estabelecimento, cujas funções demandem formação profissional.

A: incorreta, pois a validade do contrato de aprendizagem pressupõe anotação na Carteira de Trabalho e Previdência Social, matrícula e frequência do aprendiz à escola, caso não haja concluído o ensino fundamental, e inscrição em programa de aprendizagem desenvolvido sob a orientação de entidade qualificada em formação técnico-profissional metódica (art. 428, § 1º, da CLT); **B:** correta, pois a alternativa está de acordo com os arts. 430, I e II, e 431, da CLT; **C:** incorreta, pois o contrato de aprendizagem extinguir-se-á no seu termo ou quando o aprendiz completar dezoito anos, ou ainda antecipadamente, quando houver: I – desempenho insuficiente ou inadaptação do aprendiz; II – falta disciplinar grave; III – ausência injustificada à escola que implique perda do ano letivo; ou IV – a pedido do aprendiz (art. 433 da CLT); **D:** incorreta, pois a duração do trabalho do aprendiz não excederá de seis horas diárias, sendo vedadas a prorrogação e a compensação de jornada (art. 432 da CLT); **E:** incorreta, pois os estabelecimentos de qualquer natureza são obrigados a empregar e matricular nos cursos dos Serviços Nacionais de Aprendizagem número de aprendizes equivalente a cinco por cento, no mínimo, e quinze por cento, no máximo, dos trabalhadores existentes em cada estabelecimento, cujas funções demandem formação profissional (art. 429 da CLT).

Gabarito "B".

(Magistratura do Trabalho – 2ª Região – 2014) Em relação ao estágio, aponte a alternativa **correta**:

(A) É a atividade educacional obrigatória prevista nas diretrizes curriculares da etapa, modalidade e área do ensino que estiver realizando o estudante.

(B) Não cria vínculo empregatício com a parte concedente e exige frequência regular do educando em curso de educação superior, de ensino médio, de educação profissional, de educação para alunos com necessidades especiais e para alunos em escolas de jovens e adultos, a partir da 5ª série.

(C) É obrigação da instituição de ensino exigir do educando a apresentação periódica de relatórios de atividades, em prazo não superior a um ano.

(D) É obrigação conjunta da instituição de ensino e da parte cedente do estágio contratar a favor do estagiário, seguro contra acidentes pessoais, cuja apólice seja compatível com os valores de mercado.

(E) É assegurado para pessoas portadoras de deficiência, estágio na porcentagem de 10% das vagas existentes na empresa.

A: incorreta, pois o estágio poderá ser obrigatório ou não obrigatório, conforme determinação das diretrizes curriculares da etapa, modalidade e área de ensino e do projeto pedagógico do curso (art. 2º da Lei 11.788/2008); **B:** correta, pois a alternativa está de acordo com o disposto no art. 3º, *caput* e inciso I, da Lei 11.788/2008; **C:** incorreta, pois é obrigação da instituição de ensino exigir do educando a apresentação periódica, em prazo não superior a 6 (seis) meses, de relatório das atividades (art. 7º, IV, da Lei 11.788/2008); **D:** incorreta, pois é obrigação da parte cedente contratar seguro contra acidentes pessoais a favor do estagiário, sendo que, apenas no caso de estágio obrigatório, a responsabilidade pela contratação do seguro poderá, alternativamente, ser assumida pela instituição de ensino (art. 9º, IV, e parágrafo único, da Lei 11.788/2008); **E:** incorreta, pois fica assegurado às pessoas portadoras de deficiência o percentual de 10% (dez por cento) das vagas oferecidas pela parte concedente do estágio e não das vagas existentes na empresa (art. 17, § 5º, da Lei 11.788/2008).

Gabarito "B".

(Magistratura do Trabalho – 3ª Região – 2014) NÃO se aplica ao adolescente a vedação:

(A) ao trabalho noturno, realizado entre as vinte e duas horas de um dia e as cinco horas do dia seguinte.

(B) ao trabalho penoso.

(C) ao trabalho quando se tratar de portador de deficiência.

(D) ao trabalho perigoso ou insalubre.

(E) ao trabalho realizado em horários que não permitam a frequência à escola.

A: incorreta, pois é vedado ao adolescente trabalho noturno, realizado entre as vinte e duas horas de um dia e as cinco horas do dia seguinte (art. 67, I, do ECA); **B:** incorreta, pois é vedado ao adolescente trabalho perigoso, insalubre ou penoso (art. 67, II, do ECA); **C:** correta, pois ao adolescente portador de deficiência é assegurado trabalho protegido (art. 66, do ECA); **D:** incorreta, pois é vedado ao adolescente trabalho perigoso, insalubre ou penoso (art. 67, II, do ECA); **E:** incorreta, pois é vedado ao adolescente trabalho realizado em horários e locais que não permitam a frequência à escola (art. 67, IV, do ECA).

Gabarito "C".

(Defensoria/SP – 2013 – FCC) Com base no que dispõe o Estatuto da Criança e do Adolescente a respeito do direito à profissionalização e à proteção no trabalho é correto afirmar, no caso de pedido de alvará judicial para autorização para o trabalho infantil, que este poderá ser concedido à criança ou ao adolescente, vencendo a limitação etária disposta em lei, em caso de

(A) miserabilidade da família.
(B) emancipação.
(C) afastamento da criminalidade.
(D) sustento próprio.
(E) ensaio para espetáculo público.

A: incorreta, pois a miserabilidade da família não é causa que justifique a autorização para o adolescente trabalhar; **B:** incorreta, pois caso o adolescente seja emancipado, já terá alcançado a plena capacidade civil, dispensando-se autorização judicial para o trabalho; **C:** incorreta, pois o afastamento da criminalidade não é motivo legal que autorize o adolescente a trabalhar; **D:** incorreta, pois o dever de sustento do adolescente cabe aos pais, em razão do poder familiar; **E:** correta, pois compete à autoridade judiciária disciplinar, através de portaria, ou autorizar, mediante alvará, a participação de criança e adolescente em espetáculos públicos e seus ensaios, nos termos do art. 149, II, "a", do ECA.

Gabarito "E".

(Magistratura/PE – 2013 – FCC) Ao menor de quatorze anos de idade

(A) é permitido o exercício de qualquer trabalho compatível com o seu desenvolvimento, desde que autorizado pelo juiz e em virtude das necessidades econômicas de sua família.

(B) é proibido qualquer trabalho, salvo na condição de aprendiz, em que lhe é assegurada bolsa de aprendizagem.

(C) que trabalhar na condição de aprendiz são obrigatoriamente assegurados os direitos trabalhistas e previdenciários.

(D) é proibido qualquer trabalho, mesmo na condição de aprendiz, em virtude de disposição constitucional que fixa a idade mínima de dezesseis anos para o exercício de atividade laborativa.

(E) que exerce trabalho na condição de aprendiz, fica dispensada a frequência ao ensino regular, se incompatível com o horário de serviço.

A alternativa "B" está correta, pois está de acordo com o disposto nos arts. 60 e 64 do ECA, ficando excluídas as demais. Todavia, oportuno ressaltar que "*dentre as modificações decorrentes da Reforma Previdenciária, derivada da EC 20/1998, foi proibido o exercício de qualquer trabalho para os menores de 16 anos, salvo na condição de aprendiz, de modo que o art. 60 do Estatuto não está em conformidade com a norma constitucional*" (ROSSATO; LÉPORE; SANCHES. **Estatuto da Criança e do Adolescente Comentado**, Ed. RT). Segundo a Constituição, proíbe-se o trabalho noturno, perigoso ou insalubre a menores de dezoito e de qualquer trabalho a menores de dezesseis anos, salvo na condição de aprendiz, a partir de quatorze anos (art. 7º, XXXIII, da CF). Ainda, ao adolescente aprendiz são assegurados os direitos trabalhistas e previdenciários (art. 65, do ECA). A formação técnico-profissional obedecerá aos seguintes princípios: I – garantia de acesso e frequência obrigatória ao ensino regular; II – atividade compatível com o desenvolvimento do adolescente; III – horário especial para o exercício das atividades (art. 63, do ECA).

Gabarito "B".

(Ministério Público/MT – 2012 – UFMT) O trabalho noturno, ao adolescente empregado, é vetado

(A) em qualquer horário.
(B) após as 22 horas.
(C) após as 20 horas.
(D) após as 21 horas.
(E) após as 19 horas.

Art. 67, I, do ECA.

Gabarito "B".

(Magistratura do Trabalho – 3ª Região – 2013) Relativamente ao direito da criança e do adolescente, com base na Consolidação das Leis do Trabalho, considera-se prejudicial à moralidade do menor o trabalho, exceto:

(A) Prestado de qualquer modo, em teatros de revista, cinemas, boates, cassinos, cabarés, dancings e estabelecimentos análogos.
(B) Exercido nas ruas, praças e outros logradouros.
(C) Em empresas circenses, em funções de acróbata, saltimbanco, ginasta e outras semelhantes.
(D) De produção, composição, entrega ou venda de escritos, impressos, cartazes, desenhos, gravuras, pinturas, emblemas, imagens e quaisquer outros objetos que possam, a juízo da autoridade competente, prejudicar sua formação moral.
(E) Consistente na venda, a varejo, de bebidas alcoólicas.

A: correta, pois corresponde ao que estabelece o art. 405, § 3º, *a*, da Consolidação das Leis do Trabalho (CLT); **B:** incorreta, devendo ser assinalada, pois não faz parte do rol do art. 405, § 3º, da CLT. *Vide* § 2º do mesmo dispositivo; **C:** correta, pois corresponde ao que estabelece o art. 405, § 3º, *b*, da Consolidação das Leis do Trabalho (CLT); **D:** correta, pois corresponde ao que estabelece o art. 405, § 3º, *c*, da Consolidação das Leis do Trabalho (CLT); **E:** correta, pois corresponde ao que estabelece o art. 405, § 3º, *d*, da Consolidação das Leis do Trabalho (CLT).

Gabarito "B".

(Magistratura do Trabalho – 3ª Região – 2013) Segundo o Estatuto da Criança e do Adolescente, a formação técnico-profissional obedecerá aos seguintes princípios:

(A) Garantia de acesso e frequência obrigatória ao ensino regular; atividade compatível com o desenvolvimento do adolescente e inclusão digital
(B) Garantia de acesso e frequência obrigatória ao ensino regular; integral desenvolvimento da cidadania e horário especial para o exercício das atividades
(C) Garantia de acesso e frequência obrigatória ao ensino regular; atividade compatível com o desenvolvimento do adolescente e horário especial para o exercício das atividades
(D) Atividade compatível com o desenvolvimento do adolescente, inclusão digital e horário especial para o exercício das atividades
(E) Desempenho escolar, compatibilidade funcional e proteção integral

Está correta a alternativa "C", dado que é a única a contemplar os três princípios aos quais deve submeter-se a formação técnico-profissional (art. 63, ECA).

Gabarito "C".

3. PREVENÇÃO

(Ministério Público/SP – 2015 – MPE/SP) Aponte a alternativa que contém afirmação incorreta sobre a autorização para viagens de crianças e adolescentes:

(A) O adolescente poderá viajar sozinho e livremente por todo o território nacional, sendo desnecessária qualquer autorização.
(B) Crianças e adolescentes poderão viajar ao exterior, acompanhados de um dos pais, sem autorização judicial, mediante autorização expressa do outro genitor perante a Polícia Federal.
(C) Incide em ato ilícito a transportadora que permite o embarque de criança desacompanhada em viagem interestadual, para comarca não contígua à da sua residência, sem autorização judicial.
(D) Crianças e adolescentes poderão viajar ao exterior, acompanhados de terceiros maiores e capazes, com autorização de ambos os pais, por documento com firma reconhecida, independentemente de autorização judicial.
(E) É dispensável a autorização judicial, quando se tratar de viagem ao exterior, se a criança ou adolescente estiver na companhia de um dos pais, autorizado expressamente pelo outro, por intermédio de documento com firma reconhecida.

A: assertiva correta, pois a alternativa está de acordo com o art. 83 do ECA, segundo o qual o adolescente poderá realizar viagens nacionais, sem qualquer restrição, desacompanhado dos pais ou responsável. Todavia, a criança somente poderá viajar desacompanhada dos pais, desde que haja autorização judicial ou se trate de comarca contígua ou incluída na mesma zona metropolitana ou esteja acompanhada de ascendente ou colateral maior até terceiro grau ou de adulto expressamente autorizado pelos pais; **B:** assertiva incorreta, devendo ser assinalada, pois, nos termos do art. 84, I e II, do ECA, quando se tratar de viagem ao exterior, a autorização é dispensável, se a criança ou adolescente: I – estiver acompanhado de ambos os pais ou responsável; II – viajar na companhia de um dos pais, autorizado expressamente pelo outro através de documento com firma reconhecida; **C:** assertiva correta, pois a transportadora que permite o embarque de criança desacompanhada em viagem interestadual, para comarca não contígua à da sua residência, sem autorização judicial afronta o disposto no ECA; **D:** assertiva correta, pois será dispensável a autorização judicial quando se tratar de viagem ao exterior de criança ou adolescente, acompanhados de terceiros maiores e capazes, com autorização de ambos os pais, por documento com firma reconhecida, nos termos do art. 2º da Resolução 131 do CNJ; **E:** assertiva correta, pois a assertiva está de acordo com o art. 2º, da Resolução 131, do CNJ e art. 84, II, do ECA.

Gabarito "B".

(Defensor/PA – 2015 – FMP) Sobre a prevenção à violação de direitos da criança e do adolescente, de acordo com o Estatuto da Criança e do Adolescente (ECA), é CORRETO afirmar que:

(A) o dever de prevenir a ocorrência de ameaça ou violação dos direitos da criança e do adolescente incumbe exclusivamente ao Estado, que deve tomar todas as medidas administrativas e legislativas necessárias à preservação de sua integridade.
(B) incumbe ao poder público autorizar, observados os requisitos legais, a permanência temporária de crianças ou adolescentes em estabelecimentos que explorem comercialmente bilhar, sinuca ou congênere ou por casas de jogos, assim entendidas as que realizem apostas, ainda que eventualmente.
(C) é proibida a viagem intermunicipal de criança ou adolescente desacompanhado dos pais ou responsável sem autorização judicial.
(D) a Lei 13.010/2014, que também ficou conhecida como "Lei da Palmada" ou "Lei Menino Bernardo" alterou o ECA para reafirmar que a criança ou adolescente têm o direito de serem educados sem o uso de castigos físicos.
(E) as crianças menores de doze anos somente poderão ingressar e permanecer nos locais de apresentação ou exibição de diversões e espetáculos adequados à sua idade, quando acompanhadas dos pais ou responsável.

A: incorreta, pois o dever de prevenir a ocorrência de ameaça ou violação dos direitos da criança e do adolescente não incumbe exclusivamente ao Estado. Nos termos do art. 70 do ECA, é dever de todos prevenir a ocorrência de ameaça ou violação dos direitos da criança e do adolescente. Inclusive, será cabível medida de proteção à criança e ao adolescente que esteja em situação de risco, quando ameaçados ou violados seus direitos: I – por ação ou omissão da sociedade ou do Estado; II – por falta, omissão ou abuso dos pais ou responsável; III – em razão de sua conduta (art. 98 do ECA); **B:** incorreta, pois os responsáveis por estabelecimentos que explorem comercialmente bilhar, sinuca ou congênere ou por casas de jogos, assim entendidas as que realizem apostas, ainda que eventualmente, cuidarão para que não seja permitida a entrada e a permanência de crianças e adolescentes no local, afixando aviso para orientação do público (art. 80 do ECA); **C:** incorreta. Nos termos do art. 83 do ECA, o adolescente poderá realizar viagens nacionais, sem qualquer restrição, desacompanhado dos pais ou responsável. Todavia, a criança somente poderá viajar desacompanhada dos pais, desde que haja autorização judicial ou se trate de comarca contígua ou incluída na mesma zona metropolitana ou esteja acompanhada de ascendente ou colateral maior até terceiro grau ou de adulto expressamente autorizado pelos pais; **D:** correta, pois o art. 18-A, do ECA, acrescentado pela Lei 13.010/2014, prevê o direito de a criança e o adolescente ser educados e cuidados sem o uso de castigo físico ou de tratamento cruel ou degradante, como formas de correção, disciplina, educação ou qualquer outro pretexto, pelos pais, pelos integrantes da família ampliada, pelos responsáveis, pelos agentes públicos executores de medidas socioeducativas ou por qualquer pessoa encarregada de cuidar deles, tratá-los, educá-los ou protegê-los; **E:** incorreta, pois as crianças menores de dez anos somente poderão ingressar e permanecer nos locais de apresentação ou exibição quando acompanhadas dos pais ou responsável (art. 75, parágrafo único, do ECA). Assim, é possível que as crianças acima de dez anos ingressem em referidos locais, desde que devidamente autorizado pela competente autoridade judiciária disciplinar, através de portaria, ou mediante alvará (art. 149, I, do ECA).

Gabarito "D".

(Juiz de Direito/CE – 2014 – FCC) Com relação à autorização para viajar, pode-se afirmar, tomando por base as disposições do Estatuto da Criança e do Adolescente, que

(A) constitui instrumento judicial no exercício da prevenção especial, previsto pelo Estatuto.
(B) constitui instrumento judicial de prevenção geral, previsto pelo Estatuto.
(C) será dispensada quando se tratar de viagem ao exterior de adolescente acompanhado de um dos pais e autorizado pelo outro, em declaração simples, sem maiores formalidades.
(D) será exigida somente quando a criança estiver desacompanhada dos pais ou responsável e tratar-se de deslocamento à comarca contígua à de sua residência, mesmo que acompanhada de pessoa por eles autorizada.
(E) será exigida quando a criança e o adolescente estiverem desacompanhados dos pais ou responsável e tratar-se de deslocamento à comarca contígua à de sua residência, mesmo que acompanhada de pessoa por eles autorizada.

A: correta, pois, de fato, as normas que disciplinam a autorização para viajar (arts. 83 a 85, do ECA) estão dentro do Capítulo II, que trata da prevenção especial; **B:** incorreta. O ECA traz em seus arts. 70 a 73 regras gerais sobre o dever fundamental de se prevenir a ameaça ou violação dos direitos da criança e do adolescente, criando um sistema protetivo de ordem pública. Além disso, o ECA especifica algumas regras dirigidas a determinadas atividades, como forma de prevenção especial, a respeito da informação, cultura, lazer, esportes, diversões e espetáculos (art. 74 a 80, do ECA); da comercialização de produtos e serviços (art. 81 a 82, do ECA); e da autorização para viajar (art. 83 a 85, do ECA); **C:** incorreta, pois em se tratando de viagem internacional de criança ou adolescente, acompanhada de um dos pais, exige-se autorização expressa do outro, por documento com firma reconhecida (art. 84 do ECA e Resolução 131 do CNJ); **D** e **E:** incorretas. Em princípio, nenhuma criança poderá viajar para fora da comarca onde reside, desacompanhada dos pais ou responsável, sem expressa autorização judicial. Todavia, a autorização não será exigida quando: *a) tratar-se de comarca contígua à da residência da criança, se na mesma unidade da Federação, ou incluída na mesma região metropolitana; b) a criança estiver acompanhada: 1) de ascendente ou colateral maior, até o terceiro grau, comprovado documentalmente o parentesco; 2) de pessoa maior, expressamente autorizada pelo pai, mãe ou responsável* (art. 83 do ECA). Por sua vez, o adolescente poderá viajar sozinho, em todo o território nacional, sendo desnecessária a autorização judicial, a qual somente é exigida pelo ECA, caso se trate de viagem internacional. Nos termos do art. 84, do ECA, em caso de viagem internacional, *"a autorização é dispensável, se a criança ou adolescente: I – estiver acompanhado de ambos os pais ou responsável; II – viajar na companhia de um dos pais, autorizado expressamente pelo outro através de documento com firma reconhecida".*
Gabarito "A".

(Juiz de Direito/RJ – 2014 – VUNESP) Dispõe o Estatuto da Criança e do Adolescente acerca de viagem de criança ou adolescente para o exterior:

(A) o detentor da guarda poderá opor-se a saída de criança ou adolescente na companhia de seus pais.
(B) a autorização para viagem internacional concedida por ambos os pais é exigível para criança acompanhada por terceiros e dispensável em caso de viagem de adolescente sozinho ao exterior.
(C) a saída de criança ou de adolescente nascido no Brasil, na companhia de estrangeiro residente ou domiciliado no exterior, requer declaração de ambos os pais com firma reconhecida.
(D) requer-se autorização judicial para criança ou adolescente viajar ao exterior apenas quando for realizada na companhia do responsável.

A: correta, pois nos termos do art. 33, *caput*, do ECA, a guarda confere a seu detentor o direito de opor-se a terceiros, inclusive aos pais; Antes de comentar as demais alternativas, oportuno esclarecer que, em princípio, nenhuma criança poderá viajar para fora da comarca onde reside, desacompanhada dos pais ou responsável, sem expressa autorização judicial. Todavia, a autorização não será exigida quando: *a) tratar-se de comarca contígua à da residência da criança, se na mesma unidade da Federação, ou incluída na mesma região metropolitana; b) a criança estiver acompanhada: 1) de ascendente ou colateral maior, até o terceiro grau, comprovado documentalmente o parentesco; 2) de pessoa maior, expressamente autorizada pelo pai, mãe ou responsável* (art. 83 do ECA). Por sua vez, o adolescente poderá viajar sozinho, em todo o território nacional, sendo desnecessária a autorização judicial, a qual somente é exigida pelo ECA, caso se trate de viagem internacional. Nos termos do art. 84 do ECA, em caso de viagem internacional, *"a autorização é dispensável, se a criança ou adolescente: I – estiver acompanhado de ambos os pais ou responsável; II – viajar na companhia de um dos pais, autorizado expressamente pelo outro através de documento com firma reconhecida".* **B:** incorreta, pois também se exige autorização para que o adolescente realize viagem internacional; **C:** incorreta, pois não basta a declaração de ambos os pais com firma reconhecida, exigindo-se prévia e expressa autorização judicial, para que criança ou adolescente nascido em território nacional possa sair do País em companhia de estrangeiro residente ou domiciliado no exterior (art. 85); **D:** incorreta, pois se a criança ou adolescente *viajar na companhia de um dos pais, autorizado expressamente pelo outro através de documento com firma reconhecida*, não se exige autorização judicial (art. 84, II, do ECA).
Gabarito "A".

4. POLÍTICA E ENTIDADES DE ATENDIMENTO

(Defensoria/DF – 2013 – CESPE) No que se refere a política de atendimento dos direitos da criança e do adolescente, julgue os itens a seguir.

(1) Em cada região administrativa do DF, deve haver, no mínimo, um conselho tutelar como órgão integrante da administração pública local, composto de cinco membros, escolhidos pela população local para mandato de quatro anos, permitida uma recondução, mediante novo processo de escolha.
(2) O ECA estabelece a criação de conselhos municipais, estaduais e nacional dos direitos da criança e do adolescente, órgãos executores das ações da política de atendimento da criança e do adolescente em todos os níveis, sendo assegurada nesses conselhos a participação popular paritária por meio de organizações representativas, segundo o disposto em leis municipais, estaduais e federais.
(3) O Poder Executivo deve gerir os fundos nacional, estaduais e municipais vinculados aos respectivos conselhos dos direitos da criança e do adolescente e alocar seus recursos nas diversas áreas da política de atendimento, de maneira que tais conselhos, instituídos em âmbito nacional, regional ou local, possam acompanhar e fiscalizar as prioridades de atendimento estabelecidas.
(4) As entidades governamentais e não governamentais devem inscrever seus programas de atendimento a crianças e adolescentes, especificando os regimes de atendimento, no conselho municipal dos direitos da criança e do adolescente. Não havendo na localidade conselho já devidamente instalado, os registros, inscrições e alterações deverão ser efetuados perante o MP da comarca a que pertencer a entidade.

1: correta, pois a alternativa está de acordo com o disposto no art. 132 do ECA; **2:** incorreta, pois os Conselhos Municipais, Estaduais e Nacional dos direitos da criança e do adolescente são órgãos deliberativos e controladores das ações em todos os níveis (art. 88, II, do ECA), cabendo a execução das políticas sociais básicas e de assistência social aos órgãos do Judiciário, Ministério Público, Defensoria Pública, Conselho Tutelar e entidades de atendimento (art. 88, VI e art. 90, *caput*, ambos do ECA); **3:** incorreta, pois a gestão do fundo é feita pelo próprio Conselho dos Direitos da criança e do adolescente, o qual deve deliberar a respeito dos recursos nas diversas áreas da política de atendimento (art. 52-A, parágrafo único; art. 88, IV; e art. 214; todos do ECA); **4:** incorreta, pois em não havendo na localidade Conselho Municipal dos Direitos da Criança e do Adolescente, os registros, inscrições e alterações das entidades governamentais e não governamentais serão efetuados perante a autoridade judiciária da comarca a que pertencer as entidades, as quais serão fiscalizadas pelo Ministério Público (art. 95 ECA).
Gabarito 1C, 2E, 3E, 4E.

(Defensoria/SP – 2013 – FCC) No que diz respeito à apuração de irregularidades em entidade de atendimento, segundo o Estatuto da Criança e do Adolescente,

(A) a multa e a advertência que vierem a ser impostas em procedimento de apuração serão aplicadas ao dirigente da entidade ou ao programa de atendimento.
(B) instaurado o procedimento, o dirigente será citado para, em 15 (quinze) dias, apresentar resposta escrita, podendo juntar documentos e indicar provas.
(C) o procedimento para apuração de irregularidades terá início somente por portaria da autoridade judiciária.
(D) em caso de instauração do procedimento respectivo, haverá, imediatamente, o afastamento provisório de seu dirigente, em virtude da matéria.
(E) instaurado o procedimento administrativo de apuração, não mais caberá a fixação de prazo, pelo juiz, para a remoção das irregularidades.

A: correta, pois a alternativa está de acordo com o disposto no art. 193, § 4º, do ECA; **B:** incorreta, pois o prazo para resposta é de 10 dias, nos termos do art. 192 do ECA; **C:** incorreta, pois o procedimento terá início mediante portaria da autoridade judiciária ou representação do Ministério Público ou do Conselho Tutelar (art. 191, *caput*, do ECA); **D:** incorreta, pois somente haverá o afastamento provisório do dirigente da entidade, havendo motivo grave, mediante decisão fundamentada (art. 191, parágrafo único, do ECA); **E:** incorreta, pois é possível ao juiz fixar prazo para a remoção das irregularidades que foram apuradas, as quais, se satisfeitas, acarretarão a extinção do processo, sem julgamento de mérito (art. 193, § 3º, do ECA).
Gabarito "A".

(Defensor Público/ES – 2012 – CESPE) Acerca do princípio da prevenção especial e das normas de proteção à criança e ao adolescente, julgue os próximos itens.

(1) Ha omissão no ECA em caso de exibição de filme classificado pelo órgão competente como inadequado para crianças ou adolescentes admitidos ao espetáculo.
(2) Agirá corretamente o representante de uma sociedade empresária que explore atividade de cinema, ao retirar de uma das suas salas de exibição um menor e seu pai, caso estes pretendam assistir a filme classificado como inadequado para menores de dezoito anos.

1: incorreta, pois o assunto é tratado no art. 74 e ss. do ECA; **2:** incorreta, pois caberá aos responsáveis pelas diversões e espetáculos públicos afixar, em lugar visível e de fácil acesso, à entrada do local de exibição, informação destacada sobre a natureza do espetáculo e a faixa etária especificada no certificado de classificação (art. 74, parágrafo único, do ECA). De acordo com a Resolução 1.100/2006, do Ministro da Justiça, autoridade competente para regulamentar esta matéria, a classificação é "indicativa" aos pais e responsáveis, por assim, dizer, tem caráter pedagógico, auxiliando a família na educação de seus filhos. Portanto, os pais podem autorizar o acesso de seus filhos à diversão ou espetáculo cuja classificação indicativa seja superior à faixa etária, desde que acompanhados por eles ou terceiros expressamente autorizados. Todavia, se a faixa indicada for de dezoito anos, estará proibido o ingresso de crianças e adolescentes, mesmo com autorização dos pais (art. 19, da Res. 1.100/2006), sob pena de caracterizar a infração administrativa prevista no art. 255, do ECA. Este entendimento foi recentemente adotado pelo STJ (REsp 1.209.792/RJ, 3ª T., j. 08.11.2011, rel. Min. Nancy Andrighi, DJe 28.03.2012).
Gabarito "E".

(Magistratura/BA – 2012 – CESPE) A respeito das entidades e programas de atendimento previstos no ECA, assinale a opção correta.

(A) As entidades não governamentais somente poderão funcionar depois de registradas no cadastro nacional do CNJ, órgão incumbido de comunicar o registro ao conselho tutelar e à autoridade judiciária da respectiva localidade.
(B) São medidas aplicáveis a todas as entidades de atendimento que descumprirem obrigações previstas no ECA: advertência, suspensão total ou parcial do repasse de verbas públicas, interdição de unidades ou suspensão de programa e cassação do registro.
(C) Sob pena de violação dos princípios da inércia, da imparcialidade e do devido processo legal, é vedado ao juiz fiscalizar de ofício as entidades governamentais e não governamentais de atendimento a crianças e adolescentes.
(D) O dirigente de entidade que desenvolve programa de acolhimento institucional é equiparado ao tutor, para todos os efeitos de direito, devendo remeter ao MP, no máximo a cada seis meses, relatório circunstanciado acerca da situação de cada criança ou adolescente acolhido e de sua família.
(E) As entidades que mantenham programa de acolhimento institucional poderão, em caráter excepcional e de urgência, acolher crianças e adolescentes sem prévia determinação da autoridade competente, devendo comunicar o fato ao juiz da infância e da juventude em até vinte e quatro horas, sob pena de responsabilidade.

A: incorreta, pois as entidades não governamentais somente poderão funcionar depois de registradas no Conselho Municipal dos Direitos da Criança e do Adolescente (art. 91 do ECA); **B:** incorreta (art. 97, I e II do ECA); **C:** incorreta (art. 95 do ECA); **D:** incorreta, pois o dirigente de entidade é equiparado ao guardião (art. 92, § 1º, do ECA); **E:** correta (art. 93, *caput*, do ECA).
Gabarito "E".

(Ministério Público/SP – 2013 – PGMP) Relativamente às entidades de atendimento a crianças e adolescentes, assinale a alternativa CORRETA.

(A) São responsáveis pela manutenção das próprias unidades, assim como pelo planejamento e execução de programas de proteção e socioeducativos destinados a crianças e adolescentes.
(B) Seus programas em execução deverão ser reavaliados pelo Conselho Municipal dos Direitos da Criança e do Adolescente, no máximo, a cada intervalo de 12 (doze) meses.
(C) As entidades governamentais estão dispensadas de proceder à inscrição de seus programas no Conselho Municipal de Direitos da Criança e do Adolescente.
(D) Constitui um dos critérios para a renovação da autorização de funcionamento de qualquer entidade, dentre os previstos em lei, a aprovação de suas contas pelo Conselho Tutelar, Ministério Público ou pela Justiça da Infância e da Juventude.
(E) O registro junto ao Conselho Municipal dos Direitos da Criança e do Adolescente para as entidades não governamentais que desenvolvam programas de acolhimento institucional ou familiar terá validade máxima de 4 (quatro) anos, e para as que desenvolvam outros programas a validade máxima é de dois anos.

A: correta, pois está de acordo com o disposto no art. 90, *caput*, do ECA; **B:** incorreta, pois os programas em execução serão reavaliados pelo Conselho Municipal dos Direitos da Criança e do Adolescente, no máximo, a cada 2 (dois) anos (art. 90, § 3.º, do ECA); **C:** incorreta, pois tanto as entidades governamentais como as não governamentais deverão proceder à inscrição de seus programas, especificando os regimes de atendimento, no Conselho Municipal dos Direitos da Criança e do Adolescente (art. 90, § 1.º, do ECA); **D:** incorreta, pois a aprovação das contas não é um dos critérios exigidos para a renovação da autorização de funcionamento da entidade de atendimento (art. 90, § 3.º, do ECA); **E:** incorreta, pois a validade do registro da entidade não governamental é de 04 anos, independentemente do programa que desenvolve (art. 91, § 2.º, do ECA).
Gabarito "A".

(Ministério Público/SP – 2012 – VUNESP) As entidades de atendimento da criança e do adolescente, governamentais e não governamentais, serão fiscalizadas pelo Judiciário, pelo Ministério Público e pelos Conselhos Tutelares. Nos termos do Estatuto da Criança e do Adolescente (Lei 8.069/1990), são medidas aplicáveis às entidades de atendimento que descumprirem obrigações nele contidas:

I. Às entidades governamentais: advertência, afastamento provisório de seus dirigentes, afastamento definitivo de seus dirigentes e fechamento de unidade ou interdição de programa.
II. Às entidades não governamentais: advertência, suspensão total ou parcial do repasse de verbas públicas, interdição de unidades ou suspensão de programa e cassação do registro.
III. Às entidades governamentais: afastamento provisório de seus dirigentes, afastamento definitivo de seus dirigentes, intervenção administrativa e fechamento de unidade ou interdição de programa.
IV. Às entidades não governamentais: advertência, suspensão total ou parcial do repasse de verbas públicas, interdição de unidades ou suspensão de programa e intervenção administrativa.

Está correto o que se afirma APENAS em

(A) III e IV.
(B) I e IV.
(C) IV.
(D) II e III.
(E) I e II.

I: correta (art. 97, I, do ECA); **II:** correta (art. 97, II, do ECA); **III:** incorreta, pois está em desacordo com o art. 97, I, do ECA; **IV:** incorreta, pois está em desacordo com o art. 97, II, do ECA.
Gabarito "E".

(Ministério Público/RR – 2012 – CESPE) A respeito das entidades, dos programas e da política de atendimento a crianças e adolescentes, assinale a opção correta com base no que dispõe o ECA.

(A) Configura diretriz da política de atendimento a centralização do atendimento, mediante a criação de órgãos públicos federais responsáveis pela regulamentação das ações a serem tomadas nos níveis estaduais e municipais.
(B) Após a inserção da criança ou do adolescente em programa de acolhimento institucional, o dirigente do estabelecimento deve assumir a tutela dos infantes, para todos os efeitos de direito.
(C) É vedado, em qualquer hipótese, às entidades que mantenham programa de acolhimento institucional acolher crianças e adolescentes sem prévia determinação da autoridade competente, sob pena de responsabilidade.
(D) Os recursos públicos necessários à implementação e manutenção dos programas de proteção e socioeducativos destinados a crianças e adolescentes serão liberados pelo gestor municipal, de acordo com os critérios de conveniência e oportunidade.
(E) As entidades de atendimento são responsáveis por sua própria manutenção, assim como pelo planejamento e execução de programas de proteção e socioeducativos destinados a crianças e adolescentes, incluindo-se os que estejam em regime de internação.

A: incorreta, pois uma das diretrizes é a municipalização do atendimento (art. 88, I, do ECA); **B:** incorreta, pois o dirigente de entidade que desenvolve programa de acolhimento institucional é equiparado ao guardião, para todos os efeitos de direito (art. 92, § 2º, do ECA); **C:** incorreta, pois as entidades que mantenham programa de acolhimento institucional poderão, em caráter excepcional e de urgência, acolher crianças e adolescentes sem prévia determinação da autoridade competente, fazendo comunicação do fato em até 24 (vinte e quatro) horas ao Juiz da Infância e da Juventude, sob pena de responsabilidade (art. 93 do ECA); **D:** incorreta, pois não há discricionariedade quanto ao repasse dos recursos públicos nas áreas relacionadas com a proteção à infância e à juventude (art. 4º, parágrafo único, "d", do ECA e arts. 3º, VIII; 4º, III e X; 5º, III e VI, da Lei 12.594/2012); **E:** correta (art. 90, VIII, do ECA).
Gabarito "E".

(Defensor Público/AC – 2012 – CESPE) Com relação às entidades de atendimento ao público infantojuvenil, assinale a opção correta.

(A) O texto atual do ECA veda taxativamente a realização de qualquer tipo de acolhimento institucional sem prévia autorização judicial.
(B) A guarda de criança ou adolescente inseridos em programa de acolhimento institucional cabe ao dirigente da entidade que os acolha, para todos os efeitos de direito.
(C) A essas entidades de atendimento é vedada a realização de programas socioeducativos em regime de internação.
(D) Os recursos públicos necessários à implementação e à manutenção dos programas de proteção e socioeducativos destinados a crianças e adolescentes devem ser liberados pelo gestor municipal de acordo com os critérios de conveniência e oportunidade.
(E) Dado o princípio da livre iniciativa, o funcionamento das entidades não governamentais criadas e mantidas com recursos exclusiva-

mente privados independerá de qualquer registro ou autorização prévia em órgão público.

A: incorreta, pois as entidades que mantenham programa de acolhimento institucional poderão, em caráter excepcional e de urgência, acolher crianças e adolescentes sem prévia determinação da autoridade competente, fazendo comunicação do fato em até 24 (vinte e quatro) horas ao Juiz da Infância e da Juventude, sob pena de responsabilidade (art. 93, do ECA; **B:** correta, pois o dirigente da entidade é equiparado ao guardião (art. 92, § 1º, do ECA); **C:** incorreta, pois as entidades de atendimento também são responsáveis pelo planejamento e execução de programas de proteção e socioeducativos destinados a crianças e adolescentes em regime de internação (art. 90, VIII, do ECA); **D:** incorreta, pois os recursos destinados à implementação e manutenção dos programas serão previstos nas dotações orçamentárias dos órgãos públicos encarregados das áreas de Educação, Saúde e Assistência Social (art. 90, § 2º, do ECA); **E:** incorreta, pois as entidades não governamentais também devem ser registradas no Conselho Municipal dos Direitos da Criança e do Adolescente, o qual comunicará o registro ao Conselho Tutelar e à autoridade judiciária da respectiva localidade (art. 91, *caput*, do ECA).
Gabarito "B".

(Defensor Público/ES – 2012 – CESPE) Julgue os itens que se seguem, relativos à política de atendimento, à família substituta e ao acesso à justiça da criança e do adolescente.

(1) No caso da adoção, o adotado, após completar a maioridade civil, tem direito de conhecer sua origem biológica, bem como de obter acesso irrestrito ao processo no qual a medida foi aplicada.

(2) O ECA estabelece que, comprovada a impossibilidade da família de origem acolher a criança inserida em programa de acolhimento familiar ou institucional, esta deverá ser colocada em família substituta, mediante guarda, tutela ou adoção, com integração operacional de órgãos do Poder Judiciário, MP, DP, conselho tutelar e encarregados da execução das políticas sociais básicas e de assistência social.

(3) Para que haja pleno acesso à justiça, a assistência judiciária gratuita será prestada aos que dela necessitarem, por meio de DP ou advogado nomeado. Nesse sentido, as ações judiciais da competência da justiça da infância e da juventude serão sempre isentas de custas e emolumentos.

1: correta, pois o item está de acordo com o disposto no art. 48, *caput*, do ECA; **2:** correta, pois o item está de acordo com o disposto no art. 88, VI, do ECA; **3:** incorreta, pois as ações judiciais da competência da Justiça da Infância e da Juventude são isentas de custas e emolumentos, ressalvada a hipótese de litigância de má-fé.
Gabarito 1C, 2C, 3E.

(Defensor Público/SE – 2012 – CESPE) Assinale a opção correta acerca da política de atendimento a crianças e adolescentes.

(A) A função de membro do Conselho Nacional dos Direitos da Criança e do Adolescente, considerada múnus público, é remunerada.

(B) A entidade que desenvolver programa de internação tem a obrigação de fornecer comprovante de depósito dos pertences dos adolescentes.

(C) Tanto as entidades de atendimento governamentais quanto as não governamentais estão sujeitas à suspensão total ou parcial do repasse de verbas públicas, procedimento administrativo que é realizado no âmbito do MP.

(D) A política de atendimento dos direitos da criança e do adolescente deve ser estruturada nas três esferas governamentais, devendo a atuação em nível municipal ser feita por meio dos conselhos municipais dos direitos da criança e do adolescente, e não pelos conselhos tutelares.

(E) O serviço de identificação e localização de pais, responsável, crianças e adolescentes inclui-se entre as diretrizes estabelecidas para a referida política.

A: incorreta, pois a função não é remunerada (art. 89, do ECA); **B:** correta (art. 94, XVII, do ECA); **C:** incorreta, pois a suspensão total ou parcial do repasse de verbas públicas é uma das medidas aplicáveis às entidades de atendimento não governamentais que descumprirem obrigação legal (art. 97, II, *b*, do ECA), medida esta que não se aplica às entidades governamentais; **D:** incorreta, pois deve haver a integração operacional de órgãos do Judiciário, Ministério Público, Defensoria e Conselho Tutelar (art. 88, V e VII, do ECA); **E:** incorreta, pois o serviço é o de identificação e localização de pais, responsável, crianças e adolescentes *desaparecidos* (art. 87, IV, do ECA).
Gabarito "B".

5. MEDIDAS DE PROTEÇÃO

(Defensor Público – DPE/SC – 2017 – FCC) Dentre as atribuições específicas que lhe são expressas na lei, ao Conselho Tutelar cabe

(A) zelar por sua autonomia, apresentando anualmente proposta orçamentária do órgão ao Conselho Municipal dos Direitos da Criança e do Adolescente a quem deve prestar contas de suas atividades.

(B) fiscalizar o cumprimento das portarias judiciais relacionadas ao acesso de crianças e adolescentes desacompanhados de seus pais a espetáculos públicos.

(C) aplicar medida de encaminhamento a tratamento psicológico ao professor que utilizar de castigo físico como forma de disciplina de crianças que sejam suas alunas.

(D) coordenar a elaboração e fiscalizar a execução dos planos individuais de atendimento de crianças cujo acolhimento institucional foi por ele deliberado.

(E) executar suas decisões, aplicando sanções administrativas em caso de obstrução de sua ação.

A: incorreta. O Conselho Tutelar é órgão permanente e autônomo, não jurisdicional, encarregado pela sociedade de zelar pelo cumprimento dos direitos da criança e do adolescente (art. 131 do ECA). Por outro lado, deverá constar da lei orçamentária municipal e da lei orçamentária do Distrito Federal previsão dos recursos necessários ao funcionamento do Conselho Tutelar e à remuneração e formação continuada dos conselheiros tutelares (art. 134, parágrafo único, do ECA). **B:** incorreta. Nos termos do art. 136, inciso X, do ECA, o Conselho Tutelar deve "representar, em nome da pessoa e da família, contra a violação dos direitos previstos no art. 220, § 3º, inciso II, da Constituição Federal", encaminhando, portanto, ao Ministério Público para eventual aplicação de sanção administrativa por descumprimento de portaria judicial. **C:** correta. A denominada "Lei da Palmada" incluiu o art. 18-B no ECA, dando poderes ao Conselho Tutelar (sem prejuízo de outras medidas judiciais) para aplicar medidas aos que utilizarem castigo físico ou tratamento cruel ou degradante em crianças e adolescentes. As medidas elencadas no mencionado artigo são as seguintes: I – encaminhamento a programa oficial ou comunitário de proteção à família; II – encaminhamento a tratamento psicológico ou psiquiátrico; III – encaminhamento a cursos ou programas de orientação; IV – obrigação de encaminhar a criança a tratamento especializado e V – advertência. **D:** incorreta. O plano individual será elaborado sob a responsabilidade da equipe técnica do respectivo programa de atendimento e levará em consideração a opinião da criança ou do adolescente e a oitiva dos pais ou do responsável (art. 101, inciso V, do ECA). **E:** incorreta. As sanções administrativas previstas no estatuto menorista somente podem ser aplicadas pela autoridade judicial (art. 148, inciso VI, do ECA). RD
Gabarito "C".

(Defensor Público – DPE/RN – 2016 – CESPE) No que se refere às medidas específicas de proteção da criança e do adolescente, assinale a opção correta.

(A) É improrrogável o prazo estabelecido pela legislação em vigor para a permanência da criança ou do adolescente em programa de acolhimento institucional.

(B) Em regra, é da competência exclusiva da autoridade judiciária a colocação de criança ou adolescente em programa de acolhimento familiar ou em família substituta mediante a concessão de guarda, tutela ou adoção.

(C) A medida de acolhimento institucional pode ser utilizada como punição aplicada a adolescente em conflito com a lei, hipótese em que se assemelha à medida socioeducativa de internação.

(D) Na hipótese de ameaça ou violação de direitos, o ECA estabeleceu, em rol taxativo, as medidas específicas de proteção que podem ser aplicadas pela autoridade competente.

(E) Ao contrário do acolhimento institucional, a provisoriedade não configura critério a ser observado no tocante à medida de acolhimento familiar.

A: incorreta. Nos termos do art. 19, § 2º, do ECA a permanência da criança e do adolescente em programa de acolhimento institucional não se prolongará por mais de 18 (dezoito meses), salvo comprovada necessidade que atenda ao seu superior interesse, devidamente fundamentada pela autoridade judiciária. **B:** correta. A colocação em família substituta (guarda, tutela ou adoção) e a medida de acolhimento institucional ou familiar somente podem ser determinadas pela autoridade judiciária (art. 101 do ECA). Vale notar que as "entidades que mantenham programa de acolhimento institucional poderão, em caráter excepcional e de urgência, acolher crianças e adolescentes sem prévia determinação da autoridade competente, fazendo comunicação do fato em até 24 (vinte e quatro) horas ao Juiz da Infância e da Juventude, sob pena de responsabilidade" (art. 93 do ECA). **C:** incorreta. Na forma do § 1º do art. 101 do ECA, o "acolhimento institucional e o acolhimento familiar são medidas provisórias e excepcionais, utilizáveis como forma de transição para reintegração familiar ou, não sendo esta possível, para colocação em família substituta, não implicando privação de liberdade". **D:** incorreta. As medidas de proteção previstas no art. 101 do ECA são exemplificativas, podendo outras medidas serem todas fundamentadas na proteção integral e no superior interesse do menor. **E:** incorreta. Os mesmos prazos da medida de acolhimento institucional são aplicáveis ao acolhimento familiar.
Gabarito "B".

(Defensor Público – DPE/BA – 2016 – FCC) Sobre os princípios que regem a aplicação das medidas específicas de proteção, conforme expressamente previstos no Estatuto da Criança e do Adolescente, é correto afirmar que, pelo(s) princípio(s) da

(A) proporcionalidade e da atualidade, a intervenção deve considerar as condições fáticas vigentes ao tempo em que a situação de risco e perigo teve início.

(B) obrigatoriedade da informação e da participação, crianças e adolescentes devem ser formalmente cientificados, por mandado ou meio equivalente, de todas as decisões judiciais que apliquem, em face deles, medidas de promoção de direitos e de proteção.

(C) intervenção mínima, a intervenção deve ser exercida exclusivamente pelas autoridades e instituições cuja ação seja indispensável à efetiva promoção dos direitos e à proteção da criança e do adolescente.
(D) presunção de responsabilidade, a criança ou adolescente em situação de risco deve ter sua situação analisada e decidida pela autoridade protetiva que primeiro tiver notícia da ameaça ou violação dos direitos.
(E) discricionariedade, as decisões que apliquem medidas devem ser baseadas no prudente arbítrio das autoridades administrativas e/ou judiciais.

A: incorreta. Pelo princípio da proporcionalidade e atualidade, a intervenção deve ser a necessária e adequada à situação de perigo em que a criança e o adolescente se encontrem (art. 100, parágrafo único, inciso VIII, do ECA). **B**: incorreta. Pelo princípio da obrigatoriedade da informação, a criança e adolescente serão informados dos seus direitos, dos motivos que determinaram a intervenção e da forma como esta se processa, sempre respeitando seu estágio de desenvolvimento e capacidade de compreensão (art. 100, parágrafo único, inciso XI, do ECA). **C**: Correta. Nos exatos termos do art. 100, parágrafo único, inciso VII, do ECA. **D**: incorreta. Pelo princípio da intervenção precoce (não da presunção de responsabilidade), a intervenção das autoridades competentes deve ocorrer logo que a situação de perigo seja conhecida (art. 100, parágrafo único, inciso VI, do ECA). **E**: incorreta. Todas as medidas de proteção devem ser pautadas nas orientações do Estatuto da Criança e do Adolescente, em especial dos artigos 100 e 101.
Gabarito "C".

(Defensor Público – DPE/MT – 2016 – UFMT) Sobre a Lei 12.594/2012, analise as assertivas abaixo.

I. Compete _____ estabelecer e desenvolver programa para a execução das medidas socioeducativas de semiliberdade.
II. Compete _____ estabelecer e manter programas de atendimento para a execução das medidas socioeducativas em meio aberto.
III. Compete _____ estabelecer e manter processo de avaliação dos Sistemas de Atendimento Socioeducativo, seus planos, entidades e programas.
IV. Compete _____ estabelecer as hipóteses de proibição de entradas de objetos na unidade de internação, vedando o acesso aos seus portadores.

Assinale a sequência que preenche correta e respectivamente as lacunas.
(A) à União, ao Estado, ao Regulamento interno, ao Município.
(B) à União, ao Município, ao Estado, ao Regulamento Interno.
(C) ao Estado, à União, ao Regulamento Interno, ao Município.
(D) ao Município, ao Estado, à União, ao Regulamento Interno.
(E) ao Estado, ao Município, à União, ao Regulamento Interno.

I: Conforme art. 4º, III, da referida Lei, compete ao **Estado** "criar, desenvolver e manter programas para a execução das medidas socioeducativas de semiliberdade e internação". **II**: Conforme art. 5º, III, compete ao **Município**, "criar e manter programas de atendimento para a execução das medidas socioeducativas em meio aberto". **III**: Conforme art. 3º, VII, compete à **União** "instituir e manter processo de avaliação dos Sistemas de Atendimento Socioeducativo, seus planos, entidades e programas". **IV**: Conforme art. 70, "o **regulamento interno** estabelecerá as hipóteses de proibição da entrada de objetos na unidade de internação, vedando o acesso aos seus portadores".
Gabarito "E".

(Defensor Público – DPE/BA – 2016 – FCC) Sobre o SINASE – Sistema Nacional de Atendimento Socioeducativo – é correto afirmar que
(A) se trata de um subsistema do Sistema Único de Assistência Social – SUAS, por meio do qual são regulamentados e geridos os programas socioassistenciais, socioeducativos e socioprotetivos destinados aos adolescentes autores de atos infracionais.
(B) mesmo previsto na Constituição Federal desde 1988, foi efetivamente implantado no país somente a partir de 2010, quando, por força de lei federal, a adesão a esse Sistema tornou-se obrigatória pelos estados, municípios e Distrito Federal.
(C) é coordenado por uma comissão triparte de gestores representantes dos sistemas estaduais, distrital e municipais responsáveis pela implementação dos seus respectivos programas de atendimento ao adolescente ao qual seja aplicada medida socioeducativa.
(D) ao Conselho Nacional dos Direitos da Criança e do Adolescente (Conanda) competem as funções normativa, deliberativa, de avaliação e de fiscalização do Sinase.
(E) corresponde ao conjunto ordenado de princípios, regras e critérios que envolvem a aplicação e execução de medidas socioeducativas, incluindo-se, nele, todos os planos, políticas e programas, gerais e específicos, de atendimento ao adolescente em conflito com a lei e a seus familiares.

A: incorreta. O art. 1º, § 1º, da Lei 12.594/2012, entende por SINASE "o conjunto ordenado de princípios, regras e critérios que envolvem a execução de medidas socioeducativas, incluindo-se nele, por adesão, os sistemas estaduais, distrital e municipais, bem como todos os planos, políticas e programas específicos de atendimento a adolescente em conflito com a lei". O Sistema Único de Assistência Social – SUAS, por sua vez, tem por função a gestão do conteúdo específico da assistência social. **B**: incorreta. O SINASE foi regulamentado pela Lei 12.594/2012, e determinou, nos seus arts. 82, 83 e 84, o prazo de um ano para adequação dos programas por parte do Estado, Municípios e Distrito Federal. **C**: incorreta. O SINASE é coordenado pela União e integrado pelos sistemas estaduais, distrital e municipais responsáveis pela implementação dos seus respectivos programas de atendimento a adolescente ao qual seja aplicada medida socioeducativa, com liberdade de organização e funcionamento (art. 2º). **D**: correta. Nos exatos termos do art. 3º, § 2º, da Lei 12.594/2012. **E**: incorreta. O SINASE não é destinado aos familiares do adolescente infrator (veja justificativa da alternativa "A").
Gabarito "D".

(Defensor Público – DPE/BA – 2016 – FCC) Segundo dispõe a legislação em vigor, a medida
(A) protetiva de obrigação de reparar o dano pode ser aplicada pelo Conselho Tutelar a crianças e adolescentes, com fundamento no fato de elas terem depredado o espaço escolar.
(B) restaurativa de frequência obrigatória a programas comunitários de tratamento pode ser aplicada pelo Ministério Público, com fundamento no fato de serem a criança ou o adolescente portadores de doença ou deficiência mental.
(C) protetiva de acolhimento familiar, aplicada pela autoridade judiciária, consiste no auxílio financeiro prestado pelo estado a parentes próximos com os quais conviva a criança ou adolescente cujos pais renunciaram ao poder familiar.
(D) de advertência pode ser aplicada pelo juiz a pais ou responsável, sob fundamento de terem cometido a infração administrativa de submeter criança ou adolescente sob sua guarda a vexame ou constrangimento.
(E) socioeducativa de internação implica privação de liberdade, sendo permitida a realização de atividades externas, a critério da equipe técnica da entidade, salvo expressa determinação judicial em contrário.

A: incorreta. A medida socioeducativa de reparação de danos está prevista nos art. 112 e 116, e só pode ser aplicada pela autoridade judicial (art. 148 do ECA). **B**: incorreta. A medida de proteção de inclusão em serviços e programas oficiais ou comunitários de proteção, apoio e promoção da família, da criança e do adolescente (art. 101, inciso IV); pode ser aplicada pela autoridade judicial, pelo conselho tutelar, cabendo também ao MP na forma do art. 201, inciso VIII, e § 1º, do ECA. **C**: incorreta. A medida protetiva de acolhimento familiar e institucional só podem ser aplicadas pela autoridade judiciária (art. 101 do ECA) e são utilizáveis como forma de transição para reintegração familiar ou colocação em família substituta (art. 101, § 1º, do ECA). **D**: incorreta. A medida socioeducativa somente pode ser aplicada ao adolescente infrator. Aos pais são cabíveis as medidas previstas no art. 129 do ECA. **E**: correta. A medida socioeducativa de internação é medida que restringe a liberdade do adolescente, sendo possível, no entanto, na forma do § 1º, do art. 121, do ECA: "a realização de atividades externas, a critério da equipe técnica da entidade, salvo expressa determinação judicial em contrário".
Gabarito "E".

(Magistratura/SC – 2015 – FCC) Paulo tem 8 anos e João, 16. Ambos são filhos de Natália, usuária problemática de álcool e drogas e que se encontra longe do lar há várias semanas. A paternidade não foi declarada. Eles não têm contato com outros parentes e, com o sumiço da mãe, permaneceram morando em sua residência, desacompanhados de outros adultos. Contam com a ajuda de uma vizinha para auxiliá-los. Nenhum dos dois está frequentando escola, mas João trabalha. Segundo as regras e princípios da legislação vigente,
(A) caso sejam acolhidos, deve o respectivo serviço de acolhimento, elaborar imediatamente o Plano Individual de Atendimento, que deve prever, entre outras providências, a preservação do vínculo dos irmãos com a vizinha, a busca pela genitora e seu encaminhamento para tratamento, além da procura por familiares extensos.
(B) caso a Justiça decrete a perda do poder familiar de Natália sobre os filhos, ainda que ela se recupere do quadro de dependência de drogas, eles não mais poderão voltar a viver em sua companhia.
(C) conhecido o caso pelas autoridades de proteção, tanto João quanto Paulo devem ser obrigatoriamente encaminhados a serviços de acolhimento institucional, desde que, no caso de Paulo, haja expressa anuência à medida, colhida em audiência judicial na presença do Promotor de Justiça.
(D) por se tratar de dois irmãos, com vínculo entre si, em nenhuma hipótese podem ser acolhidos em serviços distintos, nem é possível, sem que ambos concordem, o encaminhamento de Paulo para adoção separadamente de João.
(E) a vizinha, por não ser parente, não pode pleitear a guarda judicial dos irmãos, exceto se a genitora concordar com o pedido.

A: correta, pois caso os menores sejam acolhidos, a entidade responsável pelo programa de acolhimento institucional ou familiar elaborará um plano individual de atendimento, visando à reintegração familiar (família natural ou extensa), devendo-se evitar o rompimento dos vínculos fraternais entre irmãos (art. 101, § 4º e art. 28, § 4º, ambos do ECA). Inclusive, as entidades que desenvolvam programas de acolhimento familiar ou institucional deverão adotar, além de outros princípios, o de preservação dos vínculos familiares e promoção da reintegração familiar e o de não desmembramento de grupos de irmãos (art. 92, I e V, do ECA). Ainda, em sendo a genitora das crianças usuária de álcool e drogas, deverá ser encaminhada para a inclusão em programa oficial ou comunitário de auxílio, orientação e tratamento a alcoólatras e toxicômanos (art. 129, II, do ECA); **B:** incorreta, pois é possível que os menores retomem a convivência com sua genitora, mesmo após a perda do poder familiar e desde que não persista mais a situação que os colocava em risco, em busca do melhor interesse da criança e do direito à convivência familiar e comunitária; **C:** incorreta, pois o acolhimento institucional ou familiar são medidas provisórias e excepcionais, utilizáveis como forma de transição para reintegração familiar ou, não sendo esta possível, para colocação em família substituta, não implicando privação de liberdade (art. 101, § 1º, do ECA); **D:** incorreta, pois, em regra, os grupos de irmãos não devem ser separados quando da colocação em família substituta, por meio da adoção, tutela ou guarda. Todavia, é possível solução diversa, se comprovada existência de risco de abuso ou outra situação que justifique tal medida, procurando-se, em qualquer caso, evitar o rompimento definitivo dos vínculos fraternais (art. 28, § 4º, do ECA); **E:** incorreta, pois para pleitear a guarda de uma criança não é necessário que haja vínculo de parentesco entre ela e o requerente. No entanto, é imprescindível que a guarda destine-se a regularizar a posse de fato, podendo ser deferida liminar ou incidentalmente, nos procedimentos de tutela e adoção (art. 33, § 1º, do ECA); ou a atender a situações peculiares ou suprir a falta eventual dos pais ou responsável, podendo ser deferido o direito de representação para a prática de atos determinados (art. 33, § 2º, do ECA).

Gabarito "A".

(Juiz de Direito/CE – 2014 – FCC) Com relação à medida socioeducativa de internação, o Estatuto da Criança e do Adolescente dispõe que

(A) deverá ser cumprida em estabelecimento que mantenha atividades pedagógicas, salvo no caso da internação provisória e da internação-sanção.

(B) o adolescente a ela submetido poderá peticionar diretamente a qualquer autoridade.

(C) será aplicada quando o adolescente não conseguir cumprir a medida de semiliberdade imposta, em razão da ausência de respaldo familiar.

(D) pode ser determinada em razão do descumprimento injustificado e reiterado de medida anteriormente imposta, com duração de até seis meses.

(E) pode ser determinada em razão de reiteração no cometimento de outras infrações graves, desde que a prática atual tenha sido praticada com violência ou grave ameaça à pessoa.

A: incorreta, pois durante o período de internação, inclusive provisória, serão obrigatórias atividades pedagógicas (art. 123, parágrafo único, do ECA); **B:** correta, pois dentre os direitos do adolescente privado de liberdade está o de peticionar diretamente a qualquer autoridade (art. 124, II, do ECA); **C:** incorreta. A internação, por constituir uma medida privativa de liberdade, somente será aplicada excepcionalmente e nas hipóteses previstas no art. 122 do ECA, a saber: I – quando se tratar de ato infracional cometido mediante grave ameaça ou violência a pessoa, caso em que a internação será por prazo indeterminado; II – por reiteração no cometimento de outras infrações graves, caso em que a internação será por prazo indeterminado; III – por descumprimento reiterado e injustificável da medida anteriormente imposta, caso em que a internação não poderá ultrapassar o prazo de 3 meses. Oportuno registrar que é possível a regressão da medida socioeducativa, sendo a semiliberdade substituída pela internação, desde que observado o devido processo legal, mediante decisão fundamentada em parecer técnico e precedida de prévia audiência e oitiva do menor (art. 43, *caput* e § 4º, da Lei 12.594 e Súmula 265, STJ); **D:** incorreta, pois em caso de internação-sanção, decorrente do descumprimento reiterado e injustificável da medida anteriormente aplicada, o prazo máximo é de 03 meses (art. 122, § 1º, do ECA); **E:** incorreta, pois basta a reiteração no cometimento de outras infrações graves, mesmo que não praticadas com violência ou grave ameaça a pessoa. Para o STJ, *são necessárias, no mínimo, duas outras sentenças desfavoráveis, com trânsito em julgado, desconsideradas as remissões.* (STJ – HC: 280550 SP 2013/0356735-7, Relator: Ministra Marilza Maynard, j. 11.03.2014, Sexta Turma, *DJ* 31.03.2014).

Gabarito "B".

(Juiz de Direito/CE – 2014 – FCC) Compete à direção do programa de prestação de serviços à comunidade ou de liberdade assistida, segundo a Lei 12.594/2012,

(A) credenciar orientadores de medida, após seleção pelo Conselho Municipal dos Direitos da Criança e do Adolescente.

(B) sofrer impugnação do programa através de procedimento administrativo instaurado pelo Conselho Municipal dos Direitos da Criança e do Adolescente.

(C) delegar a supervisão dos programas ao Conselho Tutelar.

(D) comunicar, semestralmente, o rol de orientadores credenciados ao Ministério Púbico e ao Poder Judiciário.

(E) encaminhar relatório do educando, solicitando a substituição da medida socioeducativa em curso, quando autorizado pelo juiz competente.

A: incorreta, pois compete à própria direção do programa selecionar e credenciar orientadores de medida (art. 13, I, da Lei 12.594/2012); **B:** incorreta, pois compete à autoridade judiciária instaurar incidente de impugnação, se considerar o programa inadequado ou se o Ministério Público impugnar o credenciamento, determinando-se a citação do dirigente do programa e da direção da entidade ou órgão credenciado (art. 14, parágrafo único, da Lei 12.594/2012); **C:** incorreta, pois compete à própria direção do programa supervisionar o desenvolvimento da medida (art. 13, IV, da Lei 12.594/2012); **D:** correta (art. 13, parágrafo único, da Lei 12.594/2012); **E:** incorreta, pois é possível que a direção do programa solicite a reavaliação da manutenção, da substituição ou da suspensão da medida socioeducativa aplicada ao adolescente, quando assim entender adequado e justificado, independente de autorização do juiz (art. 43, *caput*, da Lei 12.594/2012). Ademais, compete à direção do programa, por ocasião da reavaliação da medida, obrigatoriamente apresentar relatório da equipe técnica sobre a evolução do adolescente no cumprimento do plano individual (art. 58 da Lei 12.594/2012).

Gabarito "D".

(Juiz de Direito/MG – 2014) Diante do Estatuto da Criança e do Adolescente, verificada a prática de ato infracional e a existência de provas suficientes da autoria e da materialidade, a autoridade competente poderá aplicar ao adolescente as seguintes medidas, **EXCETO**:

(A) Obrigação de reparar o dano.

(B) Encaminhamento a tratamento psicológico ou psiquiátrico.

(C) Liberdade assistida.

(D) Inserção em regime de semiliberdade.

A: assertiva correta, pois está de acordo com o disposto no art. 112, II, do ECA; **B:** assertiva incorreta, devendo ser assinalada, pois o encaminhamento a tratamento psicológico ou psiquiátrico é uma das medidas protetivas – e não socioeducativas –, aplicável quando a criança ou adolescente estiver em situação de risco, independentemente da prática de ato infracional (art. 101, V, do ECA) ou, ainda, aplicável aos pais ou responsável (art. 129, III, do ECA); **C:** assertiva correta, pois está de acordo com o disposto no art. 112, IV, do ECA; **D:** assertiva correta, pois está de acordo com o disposto no art. 112, V, do ECA.

Gabarito "B".

(Promotor de Justiça/DF – 2013) Examine os itens seguintes, assinalando a alternativa **CORRETA**:

(A) A imposição de internação definitiva pressupõe a cumulação dos requisitos legais da prática de infração com violência ou grave ameaça contra pessoa e da reiteração infracional grave.

(B) Extingue-se a medida socioeducativa imposta ao adolescente quando, já adulto, é condenado à pena privativa de liberdade a ser cumprida em regime fechado ou semiaberto.

(C) A liberdade assistida somente poderá ser estabelecida como medida socioeducativa quando ao menos um dos genitores do adolescente evidenciar capacidade para acompanhá-lo, auxiliá-lo e orientá-lo.

(D) A internação definitiva de adolescente é incompatível, durante o prazo de duração, com a realização de atividades externas.

(E) A imposição de qualquer medida socioeducativa pressupõe a existência de provas suficientes de materialidade e de autoria da infração.

A: incorreta, pois não se exige a cumulação dos requisitos legais para a imposição da medida de internação. Importante salientar que o Estatuto da Criança e do Adolescente prevê três modalidades de internação: 1) provisória, que é aquela decretada pelo juiz, no curso do processo de conhecimento, antes da sentença, com prazo limitado de 45 dias quando, pela gravidade do ato infracional e sua repercussão social, deva o adolescente permanecer sob internação para garantia de sua segurança pessoal ou manutenção da ordem pública (arts. 108, *caput*, 174 e 183, todos do ECA); 2) com prazo indeterminado, que é aquela decretada pelo juiz quando da prolação da sentença, com prazo máximo de 3 anos, quando se tratar de ato infracional cometido mediante grave ameaça ou violência à pessoa ou em razão da reiteração no cometimento de outras infrações graves (art. 122, I e II, do ECA); 3) com prazo determinado ou internação-sanção, que é aquela aplicada no curso do processo de execução, em razão do descumprimento reiterado e injustificável da medida anteriormente imposta, a qual não poderá ultrapassar o prazo de 3 meses (art. 122, III e § 1º, do ECA); **B:** correta, pois segundo o art. 46, III, da Lei 12.594/2012, haverá a extinção da medida socioeducativa imposta ao adolescente quando, após atingir a maioridade, for condenado à pena privativa de liberdade a ser cumprida em regime fechado ou semiaberto. Isso porque, eventuais medidas socioeducativas que poderiam ser aplicadas ao jovem não teriam mais a eficácia pretendida, em razão da perda da finalidade ressocializadora, ante a prática de novo crime; **C:** incorreta, pois a liberdade assistida será adotada sempre que se afigurar a medida mais adequada ao adolescente, que deverá ser acompanhado, auxiliado e orientado por pessoa capacitada e que tenha sido designada pela autoridade, podendo ser recomendada por entidade ou programa de atendimento (art. 118, *caput* e § 1º, do ECA); **D:** incorreta, pois será permitida a realização de atividades externas, a critério da equipe técnica da entidade, salvo expressa determinação judicial em contrário (art. 121, § 1º, do ECA); **E:** incorreta, pois para a imposição das medidas de obrigação de reparação do dano, de prestação de serviços à comunidade, de liberdade assistida, de inserção em regime de semiliberdade e de internação em estabelecimento educacional, exige-se a existência de provas suficiente da autoria e da materialidade da infração. Todavia, para a aplicação da medida de advertência, basta haver indício suficiente da autoria, além de prova da materialidade (art. 114, *caput* e parágrafo único, do ECA).

Gabarito "B".

(Promotor de Justiça/DF – 2013) Na Justiça da Infância e da Juventude **NÃO SE APLICA** o seguinte enunciado:

(A) Se o adolescente estiver internado provisoriamente, o prazo máximo para a conclusão do procedimento para apuração de ato infracional é de quarenta e cinco dias, em caráter improrrogável.
(B) O adolescente privado de sua liberdade tem direito a advogado, a ser ouvido pessoalmente pela autoridade competente, a solicitar a presença de seus pais ou responsável durante o procedimento e à igualdade na relação processual.
(C) Dados os efeitos deletérios e a excepcionalidade da medida socioeducativa da internação, a lei condiciona sua decretação à prática de três atos infracionais graves.
(D) A regressão de medida socioeducativa está sujeita às garantias constitucionais da ampla defesa e do contraditório, configurando constrangimento ilegal a sua imposição sem a oitiva prévia do adolescente infrator.
(E) A remissão, antes de iniciado o procedimento judicial para apuração de ato infracional, pode ser concedida pelo representante do Ministério Público, como forma de exclusão do processo.

A: assertiva correta, pois a alternativa está de acordo com o disposto nos arts. 108 e 183, ambos do ECA; **B:** assertiva correta, pois a alternativa está de acordo com o disposto no art. 111, incisos III, V e VI, do ECA; **C:** assertiva incorreta, devendo ser assinalada. O Estatuto da Criança e do Adolescente prevê três modalidades de internação, que está sujeita aos princípios da brevidade, excepcionalidade e respeito à condição peculiar de pessoa em desenvolvimento: 1) provisória, que é aquela decretada pelo juiz, no curso do processo de conhecimento, antes da sentença, com prazo limitado de 45 dias (art. 108 do ECA); 2) com prazo indeterminado, que é aquela decretada pelo juiz quando da prolação da sentença, com prazo máximo de 3 anos, quando se tratar de ato infracional cometido mediante grave ameaça ou violência à pessoa ou em razão da reiteração no cometimento de outras infrações graves (art. 122, I e II, do ECA). Cumpre ressaltar que para o STJ, *são necessárias, no mínimo, duas outras sentenças desfavoráveis, com trânsito em julgado, desconsideradas as remissões* (STJ – HC: 280550 SP 2013/0356735-7, Relator: Ministra Marilza Maynard, j. 11.03.2014, Sexta Turma, *DJ* 31.03.2014); 3) com prazo determinado ou internação-sanção, que é aquela aplicada no curso do processo de execução, em razão do descumprimento reiterado e injustificável da medida anteriormente imposta, a qual não poderá ultrapassar o prazo de 3 meses (art. 122, III e § 1º, do ECA); **D:** assertiva correta, pois, de fato, a regressão da medida socioeducativa deve observar o devido processo legal, mediante decisão fundamentada em parecer técnico e precedida de prévia audiência e oitiva do menor (art. 43, *caput* e § 4º, da Lei 12.594/2012 e Súmula 265, STJ); **E:** correta, pois antes de iniciado o procedimento judicial para apuração de ato infracional, o representante do Ministério Público poderá conceder a remissão, como forma de exclusão do processo (art. 126, *caput*, do ECA). Por sua vez, iniciado o procedimento, a concessão da remissão pela autoridade judiciária importará na suspensão ou extinção do processo (art. 126, parágrafo único, do ECA).
Gabarito "C".

(Promotor de Justiça/ES – 2013 – VUNESP) Assinale a alternativa correta quanto às medidas socioeducativas.

(A) Na falta de vagas em entidade exclusiva para adolescentes, a medida de internação poderá ser cumprida integralmente em estabelecimento prisional, desde que em área separada dos presos maiores de idade.
(B) A aplicação da medida socioeducativa de advertência dispensa a existência de provas suficientes da autoria do ato infracional.
(C) A maioridade penal afasta a possibilidade de manutenção da medida socioeducativa anteriormente imposta, quando esta for cumprida no regime de semiliberdade.
(D) De acordo com o princípio do melhor interesse da criança, o juiz está adstrito ao parecer psicossocial emitido pela equipe técnica, quando favorável à liberdade assistida ao adolescente submetido a medida de internação.
(E) Pelo critério da gravidade da infração, a prática isolada de um único ato infracional análogo ao tráfico ilícito de entorpecentes requer a imposição de medida socioeducativa de internação do adolescente.

A: incorreta, pois a internação jamais poderá ser cumprida em estabelecimento prisional. No caso de não haver entidade exclusiva para adolescente, em local distinto daquele destinado ao abrigo, obedecida rigorosa separação por critérios de idade, compleição física e gravidade da infração, o jovem deverá ser imediatamente transferido para a localidade mais próxima. Em não sendo possível pronta transferência, o adolescente aguardará sua remoção em repartição policial, desde que em seção isolada dos adultos e com instalações apropriadas, não podendo ultrapassar o prazo máximo de cinco dias, sob pena de responsabilidade (art. 123, *caput* e art. 185, *caput* e §§ 1º e 2º, do ECA); **B:** correta, pois para a aplicação da medida socioeducativa de advertência, necessária a prova da materialidade, bastando haver indícios suficientes da autoria (art. 114, parágrafo único, do ECA); **C:** incorreta, pois o Estatuto da Criança e do Adolescente não se aplica aos maiores de dezoito anos, salvo em casos excepcionais (art. 2º, parágrafo único, do ECA). Dentre as exceções previstas no estatuto temos a execução das medidas socioeducativas de semiliberdade e de internação do jovem com até vinte e um anos de idade, nos termos dos arts. 120, § 2º e 121, § 5º, ambos do ECA; **D:** incorreta. O juiz aplicará a medida socioeducativa ao adolescente de acordo com a sua capacidade de cumpri-la, bem como em razão das circunstâncias e da gravidade da infração (art. 112, § 1º, do ECA). Por sua vez, aplicadas as medidas socioeducativas de liberdade assistida, de semiliberdade e de internação, estas deverão ser reavaliadas no máximo a cada 6 (seis) meses, por meio de relatório da equipe técnica do programa de atendimento sobre a evolução do plano individual elaborado ao jovem, sendo que o pedido de reavaliação se justifica quando se verificar o desempenho adequado do adolescente com base no seu plano de atendimento individual, antes do prazo da reavaliação obrigatória; pela inadaptação do adolescente ao programa e o reiterado descumprimento das atividades do plano individual; e pela necessidade de modificação das atividades do plano individual que importem em maior restrição da liberdade do adolescente (art. 42 e 43, da Lei 12.594/2012). Portanto, o parecer emitido pela equipe técnica é um dos elementos de convicção para que o juiz possa reavaliar a medida socioeducativa aplicada ao jovem, podendo mantê-la, substituí-la (regressão ou progressão) ou suspendê-la, de acordo com as necessidades pedagógicas do caso. Todavia, oportuno registrar que, para a regressão da medida socioeducativa aplicada, ou seja, para a substituição por medida mais gravosa, deve-se observar o devido processo legal, mediante decisão fundamentada em *parecer técnico* e precedida de prévia audiência e oitiva do menor (art. 43, *caput* e § 4º, da Lei 12.594 e Súmula 265, STJ); **E:** incorreta. Nos termos do art. 122 do ECA, a medida de internação só poderá ser aplicada quando: I – tratar-se de ato infracional cometido mediante grave ameaça ou violência a pessoa; II – por reiteração no cometimento de outras infrações graves; III – por descumprimento reiterado e injustificável da medida anteriormente imposta. Assim, inicialmente, conclui-se pela inaplicabilidade da medida socioeducativa de internação ao adolescente que praticar o ato infracional equiparado ao crime de tráfico de drogas, já que não basta a infração ser grave. Neste sentido é o entendimento jurisprudencial noticiado no Informativo n. 445 do STJ: "ECA – Tráfico – Internação. O ato infracional análogo ao tráfico de drogas, apesar de sua natureza eminentemente hedionda, não enseja, por si só, a aplicação da medida socioeducativa de internação, já que essa conduta não revela violência ou grave ameaça à pessoa (art. 122, do ECA) (...)". Todavia, pode o magistrado determinar a internação, em razão da prática do ato infracional equiparado ao crime de tráfico, diante de sua reiteração. Para o STJ, *são necessárias, no mínimo, duas outras sentenças desfavoráveis, com trânsito em julgado, desconsideradas as remissões*. (STJ – HC: 280550 SP 2013/0356735-7, Relator: Ministra Marilza Maynard, j. 11.03.2014, Sexta Turma, *DJ* 31.03.2014).
Gabarito "B".

(Promotor de Justiça/GO – 2013) Com relação à Lei 12.594, de 18 de janeiro de 2012, que instituiu o Sistema Nacional de Atendimento Socioeducativo-SINASE, é incorreto afirmar:

(A) referida lei regulamenta a execução das medidas destinadas a adolescente que pratique ato infracional.
(B) o SINASE será coordenado pelos Estados-membros e integrado pelos sistemas municipais responsáveis pela implementação dos seus respectivos programas de atendimento a adolescente ao qual seja aplicada medida socioeducativa.
(C) é assegurado ao adolescente casado ou que viva, comprovadamente, em união estável o direito à visita íntima.
(D) as entidades que ofereçam programas de atendimento socioeducativo em meio aberto e de semiliberdade deverão prestar orientações aos socioeducandos sobre o acesso aos serviços e às unidades do SUS.

A: assertiva correta, pois, de fato, a Lei 12.594/2012, que institui o Sistema Nacional de Atendimento Socioeducativo (Sinase), regulamenta a execução das medidas socioeducativas destinadas a adolescente que pratique ato infracional, bem como altera alguns artigos do Estatuto da Criança e do Adolescente; **B:** assertiva incorreta, devendo ser assinalada, pois o Sinase será coordenado pela União e integrado pelos sistemas estaduais, distrital e municipais responsáveis pela implementação dos seus respectivos programas de atendimento a adolescente ao qual seja aplicada medida socioeducativa (art. 2º da Lei 12.594/2012); **C:** assertiva correta, pois a alternativa está de acordo com o disposto no art. 68, *caput*, da Lei 12.594/2012; **D:** assertiva correta, pois a alternativa está de acordo com o disposto no art. 61, *caput*, da Lei 12.594/2012.
Gabarito "B".

(Magistratura/BA – 2012 – CESPE) No que concerne às medidas de proteção e às medidas pertinentes aos pais ou responsável previstas no ECA, assinale a opção correta.

(A) Verificada a hipótese de maus-tratos, opressão ou abuso sexual cometidos pelos pais ou responsável da criança ou do adolescente, o juízo da infância e da juventude poderá determinar, como medida cautelar, a prisão preventiva dos agressores e a fixação provisória de alimentos aos seus dependentes, desde que constatada a insuficiência de outras medidas anteriormente aplicadas para reprimir os infratores.
(B) Verificada a ameaça ou a violação dos direitos da criança e do adolescente, a autoridade competente poderá determinar, entre outras medidas, o acolhimento institucional, a inclusão em programa de acolhimento familiar, a colocação em família substituta e a internação provisória.
(C) O acolhimento institucional e o acolhimento familiar, medidas provisórias e excepcionais, por implicarem privação de liberdade, são utilizáveis como forma de transição para a reintegração familiar ou, não sendo esta possível, para a colocação em família substituta.

(D) Sem prejuízo da tomada de medidas emergenciais para a proteção de vítimas de violência ou abuso sexual, o afastamento da criança ou adolescente do convívio familiar é de competência exclusiva da autoridade judiciária e importará na deflagração, a pedido do MP ou de quem tenha legítimo interesse, de procedimento judicial contencioso, por meio do qual se garanta aos pais ou ao responsável legal o exercício do contraditório e da ampla defesa.
(E) As únicas medidas aplicáveis aos pais ou responsável são: a perda da guarda, a destituição da tutela, a suspensão ou destituição do poder familiar, e a internação compulsória em clínica de tratamento a alcoólatras e toxicômanos.

A: incorreta, pois a autoridade judiciária poderá determinar, como medida cautelar, o afastamento do agressor da moradia comum (art. 130 do ECA); B: incorreta (art. 101 do ECA); C: incorreta, pois os acolhimentos institucional e familiar não implicam privação da liberdade (art. 34, § 1º, e 101, § 1º, ambos do ECA); D: correta (art. 101, § 2º, do ECA); E: incorreta, pois existem outras medidas aplicáveis aos pais ou responsável (art. 129 do ECA).
Gabarito "D".

(Ministério Público/TO – 2012 – CESPE) Considerando que o conselho tutelar de determinado município tenha recebido via telefone denúncia anônima consistente no relato de que três irmãs adolescentes estavam sendo obrigadas pelos pais a se prostituir, à beira de rodovia que passa pelo município, com os caminhoneiros que trafegam por essa estrada, assinale a opção que apresenta a medida a ser tomada pelos conselheiros tutelares nesse caso.

(A) Após constatar *in loco* a veracidade dos fatos denunciados, o conselho tutelar deve determinar o acolhimento institucional das adolescentes e o seu acompanhamento psicológico, além de advertir imediatamente os pais e enviar ao MP e à autoridade judiciária relatório circunstanciado do ocorrido e das providências tomadas.
(B) Cabe ao conselho tutelar, nesse caso, instaurar inquérito civil público para a apuração dos fatos, ouvir os pais e as adolescentes, e, após a conclusão das investigações, remeter os autos ao MP, para a tomada das providências cabíveis.
(C) Os conselheiros tutelares devem enviar ofícios à autoridade judiciária, ao MP e à DP, comunicando o recebimento da denúncia, para que tomem as medidas cabíveis ao caso, e aguardar ordens de atuação.
(D) O conselho tutelar deve propor, no juízo da infância e juventude local, ação de destituição do poder familiar, com pedido liminar de afastamento provisório das adolescentes do lar familiar e encaminhamento para instituição de acolhimento.
(E) Diante da gravidade do fato, os conselheiros devem determinar a apreensão provisória das adolescentes, que devem ser encaminhadas a instituição preparada para receber adolescente em conflito com a lei ou, na sua falta, à delegacia local, onde devem permanecer em cela especial.

A alternativa "A" está correta, ficando excluídas as demais. Em regra, as medidas protetivas de acolhimento institucional e familiar, bem como a colocação em família substituta são de aplicação exclusiva do juiz (art. 101, § 2º, do ECA), sendo que todas as demais podem ser aplicadas pelo Conselho Tutelar (art. 136, I, do ECA), ao qual também cabe atender e aconselhar os pais ou responsável, aplicando as medidas previstas no art. 129, I a VII (art. 136, II, do ECA). Sem prejuízo, em caso urgente e excepcional, o Conselho Tutelar poderá encaminhar a criança ou o adolescente à entidade de atendimento responsável pela execução de programa de acolhimento institucional, comunicando o fato ao juiz no prazo máximo de 24 horas (art. 93 do ECA) e ao Ministério Público, prestando-lhe informações sobre os motivos de tal entendimento e as providências tomadas para a orientação, o apoio e a promoção social da família (art. 136, parágrafo único, do ECA).
Gabarito "A".

(Ministério Público/RR – 2012 – CESPE) A respeito das medidas de proteção a crianças e adolescentes e das medidas pertinentes aos pais ou responsável, assinale a opção correta de acordo com o que dispõe o ECA.

(A) Os acolhimentos institucional e familiar somente podem ser determinados pela autoridade judiciária.
(B) Verificada a hipótese de maus-tratos, opressão ou abuso sexual impostos a criança ou adolescente pelos pais ou responsável, o juízo da infância e da juventude deverá determinar, como medida cautelar, a prisão preventiva dos agressores.
(C) Em situações excepcionais e gravíssimas, devidamente fundamentadas, a autoridade judiciária pode determinar a internação compulsória dos pais em clínica para tratamento de alcoólatras e toxicômanos.
(D) As medidas de proteção podem ser aplicadas isolada ou cumulativamente, bem como substituídas a qualquer tempo.
(E) O acolhimento institucional e o acolhimento familiar, em razão de acarretarem privação de liberdade, devem ser medidas provisórias e excepcionais.

A: incorreta, pois as medidas protetivas de acolhimento institucional e familiar, bem como a colocação em família substituta são de aplicação exclusiva do juiz (art. 101, § 2º, do ECA), sendo que todas as demais podem ser aplicadas pelo Conselho Tutelar (art. 136, I, do ECA). Sem prejuízo, em caso urgente e excepcional, o Conselho Tutelar poderá encaminhar a criança ou o adolescente à entidade de atendimento responsável pela execução de programa de acolhimento institucional, comunicando o fato ao juiz no prazo máximo de 24 horas (art. 93, do ECA); B: incorreta, pois, caso seja verificada a hipótese de maus-tratos, opressão ou abuso sexual impostos pelos pais ou responsável, a autoridade judiciária poderá determinar, como medida cautelar, o afastamento do agressor da moradia comum (art. 130, do ECA); C: incorreta, pois a hipótese contida na alternativa não traz uma das medidas que podem ser impostas aos pais ou responsáveis (art. 129, do ECA); D: correta (art. 99, do ECA); E: incorreta, pois o acolhimento institucional e familiar não acarretam a privação da liberdade (art. 101, § 1º, do ECA).
Gabarito "D".

(Ministério Público/SP – 2013 – PGMP) Relativamente às medidas específicas de proteção previstas no Estatuto da Criança e do Adolescente (Lei 8.069, de 13 de julho de 1990), com as alterações legais que a ele foram introduzidas, o princípio da prevalência da família significa:

(A) Na promoção de direitos e na proteção da criança e do adolescente, deve ser dada prevalência às medidas que promovam sua integração em família estruturada do ponto de vista econômico e emocional, ainda que sem vínculo biológico.
(B) Na promoção de direitos e na proteção da criança e do adolescente, deve ser dada prevalência a medidas que promovam sua inserção em programas de acolhimento familiar.
(C) Na promoção de direitos e na proteção da criança e do adolescente, deve ser dada prevalência para medidas que viabilizem a adoção internacional.
(D) Na promoção de direitos e na proteção da criança e do adolescente, deve ser dada prevalência para as medidas que permitam sua inserção em família de situação econômica de padrão superior ao da família de natural.
(E) Na promoção de direitos e na proteção da criança e do adolescente, deve ser dada prevalência para as medidas que os mantenham ou reintegrem na sua família natural ou extensa, ou, se isto não for possível, que promovam a sua integração em família substituta.

A alternativa "E" está correta, pois está de acordo com o disposto no art. 100, parágrafo único, X, do ECA, ficando excluídas as demais.
Gabarito "E".

(Defensor Público/RO – 2012 – CESPE) Acerca das medidas de proteção da criança e do adolescente e das medidas pertinentes aos pais ou responsável, assinale a opção correta com base no que dispõe o ECA.

(A) Diante de situações excepcionais e gravíssimas, devidamente fundamentadas, a autoridade judiciária pode aplicar aos pais a medida de internação compulsória em clínica de tratamento a alcoólatras e toxicômanos.
(B) Havendo provas da prática de atos graves contra os direitos da criança e do adolescente, é possível a aplicação – de competência exclusiva do juiz – de medidas de destituição de tutela e de perda ou suspensão do poder familiar.
(C) Verificada a ameaça ou a violação dos direitos previstos no ECA, a autoridade competente poderá determinar o acolhimento institucional da criança ou do adolescente em situação de risco, a sua inclusão em programa de acolhimento familiar, a sua colocação em família substituta ou em programa de liberdade assistida.
(D) O afastamento da criança ou do adolescente do convívio familiar é de competência concorrente da autoridade judiciária, do MP e do conselho tutelar.
(E) O acolhimento institucional, medida de privação de liberdade, é utilizado como forma de transição para a *reintegração* familiar do menor apreendido ou, não sendo esta possível, para a sua colocação em família substituta.

A: incorreta, pois a medida de internação compulsória não está elencada dentre as previstas no art. 129, do ECA, mas tão somente a medida de inclusão em programa oficial ou comunitário de auxílio, orientação e tratamento a alcoólatras e toxicômanos (art. 129, II, do ECA); B: correta (art. 24 e art. 129, IX e X, parágrafo único, do ECA); C: incorreta, pois o acolhimento institucional e familiar são medidas provisórias e excepcionais, utilizáveis como forma de transição para reintegração familiar (manutenção na família natural ou na família extensa) ou, não sendo esta possível, para colocação em família substituta (arts. 100, X e 101, § 1º, do ECA); D: incorreta, pois o afastamento da criança ou adolescente do convívio familiar é de competência exclusiva da autoridade judiciária (art. 101, § 2º, do ECA); E: incorreta, pois o acolhimento institucional não importa em privação da liberdade (art. 101, § 1º, do ECA).
Gabarito "B".

(Defensor Público/TO – 2013 – CESPE) A propósito das medidas de proteção e das medidas pertinentes aos pais ou responsável, assinale a opção correta.

(A) Imediatamente após o acolhimento da criança ou do adolescente, a entidade responsável pelo programa de acolhimento institucional ou familiar deve elaborar um plano individual de atendimento, visando à reintegração familiar do menor, ressalvada a existência de ordem escrita e fundamentada em contrário exarada pela autoridade judiciária competente, caso em que está prevista a colocação da criança ou do adolescente em família substituta.

(B) Excepcionalmente, quando constatado perigo à sobrevivência da criança ou do adolescente em razão da falta ou da carência de recursos materiais, a autoridade judiciária poderá aplicar aos pais a medida de suspensão do poder familiar, até que a família seja incluída em programa social promovido pelo governo.

(C) Verificada a hipótese de dependência química grave dos pais, a autoridade judiciária, a fim de evitar qualquer violação a direito fundamental do infante, poderá determinar, como medida cautelar, a internação compulsória do pai ou responsável em clínica especializada para tratamento de dependentes químicos.

(D) O conselho de direitos de cada município deve manter, em cada comarca ou foro regional, cadastro com informações atualizadas sobre as crianças e adolescentes em regime de acolhimento familiar e institucional e informações pormenorizadas sobre a situação jurídica de cada um, bem como as providências tomadas para sua reintegração familiar ou colocação em família substituta.

(E) Na impossibilidade de reintegração da criança ou do adolescente à família de origem, após seu encaminhamento a programas oficiais ou comunitários de orientação, apoio e promoção social, será enviado relatório fundamentado à DP, para o ajuizamento de ação de destituição do poder familiar, ou destituição de tutela ou guarda.

A: correta (art. 101, § 4º, do ECA); **B:** incorreta, pois a falta ou a carência de recursos materiais não constitui motivo suficiente para a perda ou a suspensão do poder familiar, devendo a família ser incluída em programas oficiais de auxílio (art. 23, do ECA); **C:** incorreta, pois, no caso de ser constatada a dependência química dos pais da criança/adolescente, a rede protetiva poderá aplicar a medida de inclusão em programa oficial ou comunitário de auxílio, orientação e tratamento a alcoólatras e toxicômanos (art. 101, VI, do ECA). Somente em caso excepcional, com recomendação médica de internação, por meio de laudo circunstanciado, é que o juiz poderá determinar a internação compulsória; **D:** incorreta, pois caberá à autoridade judiciária manter tal cadastro de informações (art. 101, § 11, do ECA); **E:** incorreta, pois o relatório fundamentado será enviado ao Ministério Público (art. 101, § 9º, do ECA).
Gabarito "A".

(Defensor Público/SE – 2012 – CESPE) Com relação às medidas de proteção da criança e(ou) do adolescente e às destinadas aos pais ou responsável, assinale a opção correta.

(A) Para a aplicação das medidas específicas de proteção, é necessário levar em consideração, de forma irrestrita, a prevalência da família natural ou extensa.

(B) No plano individual de atendimento instituído pelo ECA, deverão constar os resultados colhidos por equipe multidisciplinar, que somente poderá levar em consideração a opinião do adolescente, não o podendo fazer nos casos da oitiva da criança e de seus pais ou responsável.

(C) Em procedimento de apuração de ato infracional, é cabível aplicação de medidas aos pais.

(D) São medidas aplicáveis aos pais: advertência, perda da guarda, destituição da tutela e suspensão ou destituição do poder familiar.

(E) O fato de se expulsar de casa adolescente grávida caracteriza situação de violação de direitos, o que justifica a aplicação de medida de proteção à adolescente.

A: incorreta, pois a situação de risco pode ter sido provocada pela própria família natural ou extensa, hipótese em que a criança ou o adolescente poderá ser afastado do convívio familiar (arts. 98, I, e 101, § 2º, do ECA); **B:** incorreta, pois a equipe técnica levará em consideração a opinião da criança ou do adolescente e a oitiva dos pais ou do responsável (art. 101, § 5º, do ECA); **C:** incorreta, pois não são todas as medidas pertinentes aos pais que podem ser aplicadas em procedimento de apuração de ato infracional. Assim, cabível uma explicação mais aprofundada. Vejamos. O art. 129 do ECA traz um rol de medidas pertinentes aos pais ou responsáveis que descumprirem com seus deveres em relação à criança ou ao adolescente sobre o qual exerçam poder. "Por força do inciso II do art. 136 do Estatuto, a aplicação das medidas pertinentes contidas nos incisos I a VII do art. 129 (...) constitui atribuição do Conselho Tutelar, não obstante, subsidiariamente, também possa haver a determinação por parte da autoridade judiciária (...) já que não importam em alteração de situação familiar da criança ou do adolescente, mantendo-se a pessoa em desenvolvimento sob os poderes de seus guardiões, tutores ou pais (...). A seu turno, a competência para execução das medidas pertinentes dispostas nos incisos VIII a X (...) é exclusiva da autoridade judiciária, conforme diligência dos arts. 35, 164, 24, e 155 a 163, todos do Estatuto. Ainda, oportuno ressaltar que as medidas previstas nos incisos I a IV do art. 129 (...), por serem de cunho eminentemente protetivo, dispensam qualquer procedimento e *podem ser aplicadas incidentalmente mesmo em feitos destinados à apuração da responsabilidade por ato infracional*, em que os pais ou responsáveis não são partes processuais. Entretanto, o seu efetivo cumprimento depende da aquiescência dos destinatários (pais ou responsável), já que não há medida coercitiva a ser aplicada em caso de descumprimento (...). Por sua vez, as medidas dispostas nos incisos V a X do art. 129 (...) exigiriam procedimentos próprios, isso porque, imporiam deveres ou sanções relativos à liberdade, e integridade física e psíquica dos pais ou responsáveis. Sendo assim, exige-se que os interessados possam se manifestar ostentando a posição de titularidade de um dos polos de uma contenda, sendo, pois, credores de exercício do contraditório e da ampla defesa exarados em um processo próprio (ROSSATO, Luciano Alves; LÉPORE, Paulo Eduardo e CUNHA, Rogério Sanches. **Estatuto da Criança e do Adolescente comentado artigo por artigo**. 3. ed. São Paulo: RT, 2012); **D:** incorreta, pois aos pais pode ser aplicada a medida de destituição do poder familiar e não da tutela; **E:** correta, pois a conduta de expulsar a adolescente grávida de casa coloca tanto ela como o nascituro em situação de risco, ensejando a aplicação de medidas protetivas, a fim de afastar a lesão ou a ameaça de lesão aos seus direitos (art. 98, do ECA).
Gabarito "E".

(Defensor Público/PR – 2012 – FCC) Arthur, adolescente homossexual, é expulso de casa pelos pais em virtude de sua orientação sexual. Imediatamente, Arthur procura ajuda da Defensoria Pública. Considerando os serviços e benefícios socioassistenciais, qual das possibilidades abaixo se enquadra como alternativa de requisição do Defensor Público para a proteção de Arthur?

(A) Centro de Atenção Psicossocial Álcool e Drogas CAPS AD.
(B) Benefício de Prestação Continuada –BPC.
(C) Serviço de Proteção e Atendimento Especializado às Famílias e Indivíduos.
(D) Serviço de proteção em situações de calamidades públicas e de emergências.
(E) Serviço de Acolhimento em República.

A alternativa C está correta, já que a medida protetiva que se coaduna com o caso em questão é a acompanhamento familiar, razão pela qual ficam excluídas as demais hipóteses.
Gabarito "C".

6. MEDIDAS SOCIOEDUCATIVAS E ATO INFRACIONAL – DIREITO MATERIAL

(Juiz de Direito – TJ/RS – 2018 – VUNESP) Assinale a alternativa correta no que se refere aos dispositivos previstos no Estatuto da Criança e Adolescente em relação ao Título destinado à prática de atos infracionais.

(A) A medida socioeducativa de advertência poderá ser aplicada ao adolescente desde que haja indícios suficientes da autoria.

(B) A remissão não implica necessariamente o reconhecimento ou comprovação da responsabilidade, nem prevalece para efeito de antecedentes, podendo incluir eventualmente a aplicação de qualquer das medidas previstas em lei, exceto a colocação em regime de semiliberdade e a internação.

(C) A medida socioeducativa, denominada liberdade assistida, será fixada pelo prazo mínimo de 01 (um) mês, podendo a qualquer tempo ser prorrogada, revogada ou substituída por outra medida, ouvido o orientador, o Ministério Público e o defensor.

(D) A medida de internação poderá ser aplicada na hipótese de reiteração no cometimento de outras infrações por parte do adolescente infrator.

(E) Verificada a prática de ato infracional, a autoridade competente poderá aplicar ao adolescente as medidas socioeducativas, sendo vedada a simples determinação de encaminhamento aos pais ou responsável, mediante termo de responsabilidade.

A: incorreta. Para a aplicação de medida socioeducativa de advertência basta que haja prova da materialidade e indícios suficientes de autoria (art. 114, parágrafo único); **B:** correta, nos exatos termos do art. 127 do ECA; **C:** incorreta. O prazo mínimo para cumprimento de medida socioeducativa de liberdade assistida é de 6 (seis) meses (art. 118, § 2º); **D:** incorreta. A medida de internação pode ser aplicada na hipótese de reiteração no cometimento de outras infrações **graves** (art. 122, II, do ECA); **E:** incorreta. Verificada a prática de ato infracional, a autoridade judiciária poderá aplicar medida socioeducativa (art. 112 do ECA) e medida de proteção (art. 101 do ECA). Nesse caso, a medida de encaminhamento aos pais ou responsável é medida de proteção prevista no art. 101, I, do ECA. RD
Gabarito "B".

(Investigador – PC/BA – 2018 – VUNESP) Ao ato infracional cometido por criança, poderá ser aplicada

(A) liberdade assistida.
(B) advertência.
(C) inserção em regime de semiliberdade.
(D) requisição de tratamento médico, psicológico ou psiquiátrico, em regime hospitalar ou ambulatorial.
(E) prestação de serviços à comunidade.

São medidas socioeducativas: advertência, reparação de danos, prestação de serviços à comunidade, liberdade assistida, semiliberdade e internação (art. 112 do ECA). As medidas socioeducativas só podem ser aplicadas pelo juiz ao adolescente (pessoa entre

12 anos completos e 18 anos) que pratica ato infracional. Na hipótese de prática de ato infracional pela criança, somente pode ser aplicada medida protetiva. Sendo assim, estão incorretas as alternativas A, B, C e E, pois todas representam medidas socioeducativas. A única alternativa que representa medida protetiva, na forma do art. 101 do ECA, é a alternativa D. RD

Gabarito "D".

(Investigador – PC/BA – 2018 – VUNESP) No que diz respeito à internação do adolescente infrator prevista no Estatuto da Criança e do Adolescente, é correto afirmar que, antes da sentença,
(A) a internação do adolescente infrator poderá ser determinada pelo juiz por prazo indeterminado.
(B) a internação do adolescente infrator poderá ser determinada pelo prazo máximo de 45 (quarenta e cinco) dias, desde que demonstrada a necessidade imperiosa da medida, sendo imprescindível a fundamentação da decisão com base em indícios suficientes de autoria e materialidade.
(C) a internação do adolescente infrator poderá ser determinada pelo prazo máximo de 45 (quarenta e cinco) dias, sendo prorrogável por mais 45 (quarenta e cinco) dias, desde que devidamente justificada a necessidade.
(D) não poderá ser determinada a internação do adolescente infrator pelo juiz.
(E) a internação do adolescente infrator poderá ser determinada pelo prazo máximo de 60 (sessenta) dias.

A: incorreta. A internação provisória do adolescente somente será permitida, nos termos do art. 183, do ECA pelo prazo máximo de 45 (quarenta e cinco) dias; **B:** correta. O prazo máximo e improrrogável para a conclusão do procedimento, estando o adolescente internado provisoriamente, será de quarenta e cinco dias (art. 183). Ademais, nos termos do art. 189 do ECA, a autoridade judiciária não poderá aplicar qualquer medida, desde que reconheça na sentença: i) estar provada a inexistência do fato; ii) não haver prova da existência do fato; iii) não constituir o fato ato infracional; iv) não existir prova de ter o adolescente concorrido para o ato infracional; **C:** incorreta. A medida não pode ser prorrogada por mais 45 dias (art. 183 do ECA); **D:** incorreta. A internação antes da sentença é permitida nos termos do art. 183 do ECA; **E:** incorreta. O prazo máximo para aplicação da internação provisória é de 45 dias. RD

Gabarito "B".

(Defensor Público – DPE/SC – 2017 – FCC) Sobre as medidas socioeducativas, conforme expressamente regulamentadas em lei, é correto afirmar que a
(A) liberdade assistida será adotada sempre que se afigurar a medida mais adequada para proteger adolescentes cujos direitos se encontram violados ou ameaçados em razão da própria conduta.
(B) semiliberdade é fixada por tempo indeterminado, reavaliada no máximo a cada seis meses e implica profissionalização obrigatória do adolescente.
(C) advertência não implica, em qualquer hipótese, o reconhecimento ou comprovação da responsabilidade, nem prevalece para efeito de antecedente.
(D) obrigação de reparar o dano consiste na realização de tarefas gratuitas de interesse geral atribuídas, conforme suas aptidões, ao adolescente autor de ato infracional com reflexos patrimoniais.
(E) prestação de serviços à comunidade deve ser fixada por um prazo mínimo de seis meses e com jornada semanal não inferior a oito horas.

A: incorreta. A medida de proteção deve ser aplicada sempre que se afigurar a medida mais adequada para proteger adolescentes cujos direitos se encontram violados ou ameaçados em razão da própria conduta (art. 98 do ECA). Já a liberdade assistida "será adotada sempre que se afigurar a medida mais adequada para o fim de acompanhar, auxiliar e orientar o adolescente" (art. 118 do ECA). **B:** correta. O juiz não pode terminar prazo para cumprimento da medida socioeducativa de semiliberdade, sendo que o prazo máximo será de 3 (três anos) com reavaliação a cada 6 (seis) meses (art. 120 do ECA). Do mesmo modo, escolarização e a profissionalização são obrigatórias, usando, sempre que possível os recursos da comunidade (art. 120, § 1º). **C:** incorreta. Todas as medidas socioeducativas aplicadas pela autoridade judiciária prevalecem para efeito de reiteração da prática de ato infracional. Ademais, a advertência poderá ser aplicada sempre que houver prova de materialidade e indícios suficientes de autoria (art. 114, parágrafo único). A remissão, por sua vez, "não implica necessariamente o reconhecimento ou comprovação da responsabilidade, nem prevalece para efeito de antecedentes" (art. 127 do ECA). **D:** incorreta. A *prestação de serviços comunitários* consiste "na realização de tarefas gratuitas de interesse geral, por período não excedente a seis meses, junto a entidades assistenciais, hospitais, escolas e outros estabelecimentos congêneres, bem como em programas comunitários ou governamentais" (art. 117 do ECA). **E:** incorreta. A prestação de serviços à comunidade tem prazo máximo de 6 (seis) meses, com jornada máxima de 8 (oito) horas semanais (art. 117 do ECA). RD

Gabarito "B".

(Defensor Público – DPE/PR – 2017 – FCC) O artigo 2º, parágrafo único, do Estatuto da Criança e do Adolescente, assevera que nos casos expressos em lei, aplica-se excepcionalmente este Estatuto às pessoas entre dezoito e vinte e um anos de idade. O próprio Estatuto prevê, de maneira expressa, específica e literal, que a liberação será compulsória SOMENTE aos vinte e um anos de idade em relação à(s) seguinte(s) medida(s) socioeducativa(s):
(A) Internação, semiliberdade, liberdade assistida e prestação de serviços à comunidade.
(B) Internação, semiliberdade, liberdade assistida, prestação de serviços à comunidade e obrigação de reparar o dano.
(C) Internação e liberdade assistida.
(D) Internação, semiliberdade e liberdade assistida.
(E) Internação, apenas.

A liberação compulsória da internação do jovem adulto está expressa no art. 121, § 5º, "a liberação será compulsória aos vinte e um anos de idade". RD

Gabarito "E".

(Defensor Público – DPE/PR – 2017 – FCC) Adolescente é surpreendido praticando ato infracional análogo ao tipo previsto no art. 157 do Código Penal, *in verbis*: Art. 157 Subtrair coisa móvel alheia, para si ou para outrem, mediante grave ameaça (...) Pena – reclusão de quatro a dez anos, e multa. Após o regular trâmite processual, advém sentença aplicando medida socioeducativa de prestação de serviços à comunidade pelo prazo máximo de seis meses. Nessa situação hipotética, conforme posicionamento do Superior Tribunal de Justiça sobre o tema, o prazo da prescrição da pretensão de executar a medida socioeducativa é de
(A) oito anos.
(B) um ano e seis meses.
(C) dois anos.
(D) três anos.
(E) quatro anos.

A questão deve ser interpretada à luz da Súmula 338 do STJ e dos artigos 109 e 115 do Código Penal. A prescrição penal é aplicável nas medidas socioeducativas (súmula 338) e o art. 109 do Código Penal determina que a prescrição regula-se pelo máximo da pena privativa de liberdade cominada ao crime. Do mesmo modo, o inciso VI do mesmo dispositivo legal diz que prescreve em 3 anos se o máximo da pena é inferior a um ano. Deve-se considerar, ainda, que são reduzidos pela metade os prazos de prescrição quando o criminoso era, ao tempo do crime, menor de 21 (vinte um) anos na data da sentença (art. 115 do Código Penal). No caso em espécie, a medida socioeducativa de prestação de serviços à comunidade é de, no máximo, 6 (seis) meses, aplicando-se, portanto, os 03 (três) anos de prescrição (art. 109 do CP), reduzindo-se pela metade (art. 115 do CP) encontrando-se 1 ano e meio para a prescrição da execução. RD

Gabarito "B".

(Defensor Público – DPE/PR – 2017 – FCC) Considere a seguinte situação hipotética: Adolescente pratica ato infracional e, após instrução processual e julgamento pela procedência da representação, aplica-se medida socioeducativa de liberdade assistida. Enquanto cumpria esta medida, o adolescente volta a praticar ato infracional. Ao final do processo de apuração do segundo ato infracional aplica-se medida de internação para este segundo fato. Conforme os Enunciados do Fórum Nacional da Justiça Juvenil – FONAJUV, nessa situação,
(A) as duas medidas são unificadas em uma só internação, com revisão anual da medida e prazo máximo de internação de seis anos.
(B) as duas medidas são unificadas em uma só internação. O prazo máximo de internação será de seis anos, mas a reavaliação da medida continua sendo semestral.
(C) como dois atos infracionais foram praticados, as duas medidas são unificadas em uma só internação com prazo máximo de três anos, sendo que a primeira reavaliação da medida ocorrerá somente depois de transcorrido um ano em razão da prática de múltiplos atos infracionais.
(D) considerando a incompatibilidade entre as medidas, a medida de liberdade assistida ficará suspensa até que o adolescente cumpra a medida de internação. Uma vez encerrada a medida de internação, volta-se a executar a medida de liberdade assistida anteriormente aplicada.
(E) a aplicação da medida de internação absorve os atos infracionais praticados anteriormente. Assim, salvo se cometer outro ato infracional durante a execução da medida extrema, o adolescente cumprirá apenas uma medida socioeducativa de internação com prazo máximo de três anos, com reavaliação semestral da medida.

A: incorreta. A medida de internação absorve as medidas anteriormente aplicadas e o prazo máximo da internação é de 3 (três) anos. **B:** incorreta. Vide justificativa da alternativa "a". **C:** incorreta. Não há unificação em uma só internação, estando correto o prazo máximo de 3 anos para cumprimento da medida, mas a reavaliação deverá ocorrer a cada, no máximo, seis meses. **D:** incorreta. Não há suspensão da medida, mas absorção dela, não devendo o adolescente cumprir a medida de liberdade assistida em razão do cumprimento da medida de internação. **E:** correta. O enunciado FONAJUV 19 assim dispõe: "A medida de internação absorve as medidas anteriormente aplicadas, mas não isenta o adolescente de responder por outros atos infracionais praticados durante a execução". O prazo máximo da internação é de 3 (três) anos com reavaliação da cada, no máximo, 6 (seis) meses. RD

Gabarito "E".

(Juiz – TJ-SC – FCC – 2017) A Lei Federal nº 12.594/12, que instituiu o SINASE – Sistema Nacional Socioeducativo, previu como direitos dos adolescentes em cumprimento de medida socioeducativa, expressamente,

(A) direito a creche e pré-escola de filhos de zero a cinco anos de idade e o direito de ser inserido em medida em meio aberto quando o ato infracional praticado não estiver carregado de violência ou grave ameaça e não houver vaga para internação no local de sua residência.
(B) possibilidade de saída monitorada sem prévia autorização judicial nos casos de falecimento de irmão e de peticionar por escrito a qualquer autoridade ou órgão público, devendo ser respondido em até 10 (dez) dias.
(C) direito de receber visita, mesmo que de egresso do sistema socioeducativo e de ter acesso à leitura em seu alojamento, mesmo que em quarto coletivo.
(D) direito a creche e pré-escola de filhos de zero a cinco anos de idade e de ter acesso à leitura em seu alojamento, mesmo que em quarto coletivo.
(E) direito de peticionar por escrito a qualquer autoridade ou órgão público, devendo ser respondido em até 10 (dez) dias e de receber visita, mesmo que de egresso do sistema socioeducativo.

A: correta (art. 49, II e VIII, da Lei 12.594/2012; **B:** incorreta. A primeira parte da assertiva está correta, pois em conformidade com o art. 50 da Lei 12.594/2012; a segunda parte, no entanto, está incorreta, uma vez que não reflete o disposto no art. 49, IV, da Lei 12.594/2012, que estabelece o prazo de 15 dias (e não de 10); **C:** incorreta (previsão não contemplada na Lei 12.594/2012); **D:** a primeira parte da assertiva está correta (art. 49, VIII, da Lei 12.594/2012); já em relação à segunda parte da proposição, não há tal previsão legal; **E:** incorreta. A primeira parte está incorreta porque, segundo dispõe o art. 49, IV, da Lei 12.594/2012, o prazo para resposta é de 15 dias (e não de 10); já em relação à segunda parte da proposição, não há tal previsão legal. ED
Gabarito "A".

(Juiz – TJ-SC – FCC – 2017) Mário, 15 anos de idade, encontrava-se em cumprimento de medida socioeducativa de liberdade assistida. Durante o curso desta, Mário teve contra si nova apuração de ato infracional, praticado no curso da execução anterior, que resultou em decisão judicial que lhe impôs nova medida, a de semiliberdade. O juiz competente pelo acompanhamento do processo de execução, então, proferiu decisão, a qual impôs-lhe o cumprimento de uma única medida, a de semiliberdade. Nesta decisão, nos termos da Lei Federal nº 12.594/12, o juiz competente aplicou o instituto da:

(A) cumulação.
(B) unificação.
(C) suspensão.
(D) alteração.
(E) substituição.

A solução desta questão deve ser extraída do art. 45 da Lei 12.594/2012: *Se, no transcurso da execução, sobrevier sentença de aplicação de nova medida, a autoridade judiciária procederá à unificação, ouvidos, previamente, o Ministério Público e o defensor, no prazo de 3 (três) dias sucessivos, decidindo-se em igual prazo. § 1º É vedado à autoridade judiciária determinar reinício de cumprimento de medida socioeducativa, ou deixar de considerar os prazos máximos, e de liberação compulsória previstos na Lei nº 8.069, de 13 de julho de 1990 (Estatuto da Criança e do Adolescente), excetuada a hipótese de medida aplicada por ato infracional praticado durante a execução. § 2º É vedado à autoridade judiciária aplicar nova medida de internação, por atos infracionais praticados anteriormente, a adolescente que já tenha concluído cumprimento de medida socioeducativa dessa natureza, ou que tenha sido transferido para cumprimento de medida menos rigorosa, sendo tais atos absorvidos por aqueles aos quais se impôs a medida socioeducativa extrema.* ED
Gabarito "B".

(Juiz – TRF 2ª Região – 2017) Magnus, com 15 anos de idade, pega a chave do veículo de seu pai e, ao dirigi-lo com cautela, perto de sua casa, faz desvio para evitar o atropelamento de criancinha que, de surpresa, avançou sobre a rua. Magnus, ao fazer a manobra salvadora da criança, colide com veículo da Empresa de Correios e Telégrafos, regularmente estacionado. Assinale a opção correta:

(A) Magnus, ao desviar, agiu em estado de necessidade, daí que não há base legal para obrigá-lo, a si ou a seu responsável, a reparar o dano causado ao veículo da ECT.
(B) Admitindo que o pai de Magnus seja condenado a reparar o dano, ele, mais tarde, faz jus a obter o regresso contra o filho.
(C) Embora não se configure o estado de necessidade, o absolutamente incapaz não responde em termos civis, e apenas seu representante ou responsável pode ser chamado a reparar o dano.
(D) Mesmo que se acolha a tese de estado de necessidade, o responsável pelo menor pode, legalmente, ser condenado a reparar o dano causado à ECT.
(E) O estado de necessidade não se caracteriza. Dirigir sem habilitação é ilícito permanente e incide o Estatuto da Criança e do Adolescente, com responsabilidade civil direta de Magnus e subsidiária de seu pai.

Está-se diante de hipótese de estado de necessidade dirigido a terceiro inocente, em que o agente, no caso o menor Magnus, para preservar bem jurídico alheio (vida/integridade física de uma criança), sacrifica bem jurídico de terceiro (patrimônio da ECT) que não provocou a situação de perigo. Nesse caso, caberá ao responsável pelo menor, no caso seu pai, indenizar esse terceiro, tal como estabelecem os arts. 929 e 930, do CC. ED
Gabarito "D".

(Juiz – TJ/MS – VUNESP – 2015) Caracteriza a internação com prazo determinado ou internação sanção:

(A) prática de ato infracional mediante grave ameaça ou violência contra a pessoa ou em reiteração de infrações graves.
(B) aplicação residual se não existir outra medida adequada à ressocialização.
(C) decretação pelo juízo da execução.
(D) expedição da guia de execução de medida e início do processo de execução.
(E) prazo limitado a 3 (três) anos.

A: incorreta. O art. 122, I, prevê a possibilidade de internação nos casos de prática de ato infracional ocorrido mediante violência ou grave ameaça, mas o prazo de internação não pode ser determinado em sentença, devendo ser avaliada a continuidade da medida a cada 6 (seis) meses, sendo que o prazo máximo da internação é de 3 (três) anos). **B:** incorreta. A internação somente pode ser aplicada nas expressas hipóteses do art. 122 do ECA. **C:** correta. A internação-sanção pode ser aplicada, nos termos do art. 122, III, por descumprimento reiterado e injustificável de medidas socioeducativas anteriormente impostas. Sendo assim, somente o juízo da execução é quem pode adotar a medida. **D:** incorreta. O prazo máximo da internação-sanção é de 3 (três) meses. RD
Gabarito "C".

(Promotor de Justiça – MPE/RS – 2017) Assinale com V (verdadeiro) ou com F (falso) as seguintes afirmações, relativamente às medidas socioeducativas previstas no Estatuto da Criança e do Adolescente.

( ) A medida de internação pela prática de ato infracional, antes da sentença, pode ser determinada pelo prazo de quarenta e cinco dias, prorrogáveis por igual período, por decisão fundamentada, demonstrada a necessidade imperiosa da medida.
( ) O cumprimento de medida socioeducativa é declarado extinto quando o adolescente completa dezoito anos.
( ) Ao adolescente, internado para cumprimento de medida socioeducativa, é vedada a aplicação de sanção disciplinar de isolamento.
( ) A execução das medidas socioeducativas reger-se-á pelo princípio da legalidade, não podendo o adolescente receber tratamento mais gravoso do que aquele conferido ao adulto, e proporcionalidade, em relação à ofensa cometida.

A sequência correta de preenchimento dos parênteses, de cima para baixo, é

(A) V – F – V – V.
(B) F – V – F – V.
(C) F – F – F – V.
(D) V – V – V – F.
(E) F – V – F – F.

Falsa O prazo máximo e improrrogável para internação provisória será de quarenta e cinco dias (art. 108 e 178 do ECA). Falsa A execução da medida socioeducativa pode se dar até os 21 anos (art. 2º, parágrafo único do ECA). Mais ainda, conforme art. 46 da Lei 12.594/2012 (SINASE), medida socioeducativa será declarada extinta: (i) pela morte do adolescente; (ii) pela realização de sua finalidade; (iii) pela aplicação de pena privativa de liberdade, a ser cumprida em regime fechado ou semiaberto, em execução provisória ou definitiva; (iv) pela condição de doença grave, que torne o adolescente incapaz de submeter-se ao cumprimento da medida; e (v) nas demais hipóteses previstas em lei. Falsa. É vedada a aplicação de sanção disciplinar de isolamento a adolescente interno, exceto seja essa imprescindível para garantia da segurança de outros internos ou do próprio adolescente a quem seja imposta a sanção, sendo necessária ainda comunicação ao defensor, ao Ministério Público e à autoridade judiciária em até 24 (vinte e quatro) horas (art. 48, § 2º da Lei 12.594/2012). Verdadeira. Os princípios para a execução das medidas socioeducativas estão previstos no art. 35 da Lei 12.594/2012. São eles (i) legalidade, não podendo o adolescente receber tratamento mais gravoso do que o conferido ao adulto; (ii) excepcionalidade da intervenção judicial e da imposição de medidas, favorecendo-se meios de autocomposição de conflitos; (iii) prioridade a práticas ou medidas que sejam restaurativas e, sempre que possível, atendam às necessidades das vítimas; (iv) proporcionalidade em relação à ofensa cometida; (v) brevidade da medida em resposta ao ato cometido, em especial o respeito ao que dispõe o art. 122 do ECA; (vi) individualização, considerando-se a idade, capacidades e circunstâncias pessoais do adolescente; (vii) mínima intervenção, restrita ao necessário para a realização dos objetivos da medida; (viii) não discriminação do adolescente, notadamente em razão de etnia, gênero, nacionalidade, classe social, orientação religiosa, política ou sexual, ou associação ou pertencimento a qualquer minoria ou status; e (ix) fortalecimento dos vínculos familiares e comunitários no processo socioeducativo. RD
Gabarito "C".

(Promotor de Justiça – MPE/AM – FMP – 2015) Considerando as disposições da Lei 12.594, de 18 de janeiro de 2012 (SINASE), é correto afirmar:

(A) Para o cumprimento das medidas socioeducativas de prestação de serviços à comunidade e liberdade assistida, o Plano Individual de Atendimento (PIA) deve ser elaborado no prazo de 30 (trinta) dias a contar do ingresso do adolescente no programa de atendimento.

(B) Exceto expressa autorização judicial, o acesso ao Plano Individual de Atendimento se restringe ao adolescente, seus pais ou responsável, ao Ministério Público e ao defensor.
(C) Os Municípios inscreverão seus programas de atendimento e respectivas alterações no Conselho Municipal dos Direitos da Criança e do Adolescente e, a sua falta, no Conselho Tutelar.
(D) É direito do adolescente submetido ao cumprimento de medida socioeducativa, sem prejuízo de outros previstos em lei, ser incluído em programa de meio aberto quando inexistir vaga para o cumprimento de medida de privação de liberdade, exceto nos casos de ato infracional cometido mediante grave ameaça ou violência à pessoa, quando o adolescente deve ser internado em Unidade mais próxima de seu local de residência.
(E) A autoridade judiciária dará vistas da proposta de Plano Individual de Atendimento (PIA) ao defensor e ao Ministério Público pelo prazo sucessivo de 5 (cinco) dias, contados do recebimento da proposta encaminhada pela direção do programa de atendimento.

A: incorreta. O prazo para elaboração do PIA para o cumprimento das medidas de prestação de serviços à comunidade e de liberdade assistida, será de até 15 (quinze) dias contados do ingresso do adolescente no programa de atendimento (art. 56 da Lei 12.594/2012). B: incorreta. O acesso ao PIA está restrito aos servidores do respectivo programa de atendimento, ao adolescente e aos seus pais ou responsáveis, ao Ministério Público e ao Defensor, exceto expressa autorização judicial (art. 59 da Lei 12.594/2012). C: incorreta. Os Municípios inscreverão seus programas e alterações, bem como as entidades de atendimento executoras, no Conselho Municipal dos Direitos da Criança e do Adolescente (art. 10 da Lei 12.594/2012). D: correta. Nos exatos termos do art. 49, II, da Lei 12.594/2012. E: incorreta. A autoridade judiciária dará vistas da proposta de plano individual ao defensor e ao Ministério Público pelo prazo sucessivo de 3 (três) dias, contados do recebimento da proposta encaminhada pela direção do programa de atendimento (art. 41 da Lei 12.594/2012). RD
Gabarito "D".

(Defensor Público – DPE/RN – 2016 – CESPE) Com referência à execução de medidas socioeducativas impostas a crianças e adolescentes, assinale a opção correta.
(A) É vedada a aplicação do sistema recursal previsto no CPC nos procedimentos relativos à execução de medidas socioeducativas.
(B) Na fase de execução é vedada, segundo o entendimento do STJ, a substituição de medida socioeducativa aplicada ao adolescente.
(C) O encaminhamento a tratamento psiquiátrico não figura entre as medidas às quais se sujeitam os agentes públicos executores de medidas socioeducativas que utilizarem, como forma de disciplina, tratamento degradante à criança ou ao adolescente.
(D) O denominado plano individual de atendimento pode ser objeto de impugnação pelo DP ou pelo MP, porém sua execução não será suspensa, salvo determinação judicial em contrário.
(E) A execução de programas socioeducativos destinados às crianças e adolescentes em regime de orientação e apoio sociofamiliar não se insere entre as responsabilidades das entidades de atendimento.

A: incorreta. Na forma do art. 198 do ECA, nos procedimentos afetos à Justiça da Infância e da Juventude, inclusive os relativos à execução das medidas socioeducativas, adotar-se-á o sistema recursal do Código de Processo Civil. B: incorreta. As medidas socioeducativas podem ser alteradas na fase de execução, sempre tendo por fundamento a ressocialização e a educação do adolescente (Vide no STJ HC352907 / SP). C: incorreta. Determina o art. 18-B do ECA: "os pais, os integrantes da família ampliada, os responsáveis, os agentes públicos executores de medidas socioeducativas ou qualquer pessoa encarregada de cuidar de crianças e de adolescentes, tratá-los, educá-los ou protegê-los que utilizarem castigo físico ou tratamento cruel ou degradante como formas de correção, disciplina, educação ou qualquer outro pretexto estarão sujeitos, sem prejuízo de outras sanções cabíveis, às seguintes medidas, que serão aplicadas de acordo com a gravidade do caso: I – encaminhamento a programa oficial ou comunitário de proteção à família; II – encaminhamento a tratamento psicológico ou psiquiátrico; III – encaminhamento a cursos ou programas de orientação; IV – obrigação de encaminhar a criança a tratamento especializado; V – advertência. Parágrafo único. As medidas previstas neste artigo serão aplicadas pelo Conselho Tutelar, sem prejuízo de outras providências legais". D: correta. Segundo o art. 41 da Lei do SINASE, o Defensor Público ou o Ministério Público podem impugnar ao PIA, mas a medida não ficará suspensa durante a reanálise. E: incorreta. As medidas socioeducativas somente podem ser aplicadas aos adolescentes. Além disso, são as entidades de atendimento que devem aplicar as medidas socioeducativas aos adolescentes.
Gabarito "D".

(Defensor Público – DPE/ES – 2016 – FCC) Ao final do procedimento de apuração de ato infracional o juiz aplica ao adolescente medida socioeducativa de internação, sem fixação de prazo de duração. Ao receber a notícia pelo Defensor Público, o adolescente pergunta a quanto tempo de internação foi "condenado". Conforme previsto em lei, a resposta mais correta do Defensor ao adolescente seria a de que a medida
(A) durará de seis meses a três anos caso o adolescente seja primário e de um ano a três anos caso seja reincidente.
(B) durará no máximo cinco anos, podendo o adolescente ser transferido para semiliberdade desde que tenha bom comportamento e cumpra pelo menos 10 meses de internação.
(C) pode ser substituída por outra medida mais branda a qualquer tempo e não pode ultrapassar três anos de duração.
(D) foi aplicada pelo prazo mínimo de seis meses, ao término do qual a medida pode ser prorrogada, sucessivamente, não podendo ultrapassar o limite máximo de quatro semestres.
(E) durará o tempo necessário para o que adolescente seja considerado apto a regressar ao convívio social com baixo risco de reincidência ou, até que, antes disso, complete 18 anos.

A: incorreta. O prazo máximo da medida é de 3 (três) anos e a prática de ato infracional não pode ser considerada para fins de reincidência, apenas a reiteração da prática de ato infracional para fins de internação nos termos do art. 122 do ECA. B: incorreta. O prazo máximo da medida é de 3 (três) anos). C: correta. A medida socioeducativa e internação não pode ultrapassar o prazo de 3 (três) anos, sempre havendo reavaliação da situação do adolescente no período de até 6 (seis) meses (art. 121, §§ 2º e 3º do ECA). A medida socioeducativa pode ser solicitada a qualquer tempo na forma do art. 43 da Lei do SINASE: "a reavaliação da manutenção, da substituição ou da suspensão das medidas de meio aberto ou de privação da liberdade e do respectivo plano individual pode ser solicitada a qualquer tempo, a pedido da direção do programa de atendimento, do defensor, do Ministério Público, do adolescente, de seus pais ou responsável". (Lei 12.594/2012); D: incorreta. A avaliação da manutenção ou não da medida é feita a cada 6 (seis) meses, no máximo, podendo ser feita antes desse prazo. Razão pela qual não se pode falar em tempo mínimo para a medida. E: incorreta. Além dos prazos já mencionados nas alternativas anteriores, a medida pode ser aplicada até o prazo de 21 anos (art. 121, § 5º).
Gabarito "C".

(Analista Judiciário – TRT/8ª – 2016 – CESPE) Assinale a opção correta acerca da interpretação da Lei n.º 8.069/1990 (Estatuto da Criança e do Adolescente), com fundamento na jurisprudência dos tribunais superiores.
(A) A confissão do menor admitindo a prática do ato infracional deve, necessariamente, reduzir o rigor da medida socioeducativa a ser imposta, pois a confissão sempre atenua a pena.
(B) A produção de outras provas pode ser dispensada caso o menor admita a prática do ato infracional que lhe foi imputado.
(C) O ato infracional análogo ao porte de entorpecente para fins de tráfico, não obstante sua ofensividade social, não implica, necessariamente, a medida socioeducativa de internação do menor.
(D) A corrupção de menor é crime material, que exige obrigatoriamente a produção do resultado danoso, razão pela qual esse delito não se configura quando o menor já tenha sido anteriormente corrompido.
(E) O parecer psicossocial elaborado por especialistas tem caráter vinculativo e é determinante para que o juiz imponha ao menor a medida socioeducativa mais adequada a ser aplicada no caso concreto.

A: incorreta. Não há que se falar em "dosimetria" para aplicação de medida socioeducatiava já que essa pretende ressocializar e educar o adolescente (não se trata de uma pena). Sobre o tema já decidiu o STJ "Em sede de aplicação de medida socioeducativa, inexiste dosimetria, tampouco previsão legal para atenuar a imposição da medida, unicamente, em face da confissão do adolescente. Logo, não há falar em aplicação de medida mais branda, por tal motivo. Ainda mais quando o contexto fático demonstra a adequação da medida aplicada". (HC 332176/DF, Rel. Min. Ribeiro Dantas, DJe 13/11/2015). B: incorreta. A súmula 342 do STJ assim dispõe: No procedimento para aplicação de medida socioeducativa, é nula a desistência de outras provas em face da confissão do adolescente". C: correta. Conforme entendimento do STJ "O ato infracional análogo ao tráfico de drogas, por si só, não conduz obrigatoriamente à imposição de medida socioeducativa de internação do adolescente" (Súmula 492). D: incorreta. "A configuração do crime do art. 244-B do ECA independe da prova da efetiva corrupção do menor, por se tratar de delito formal" (Súmula 500 do STJ). E: incorreta. Em homenagem ao princípio do livre convencimento, o juiz deve não fica vinculado ao parecer da avaliação psicossocial, podendo justificar seu entendimento e decidir de forma diversa do parecer (Vide: STJ, HC 344.719/RJ).
Gabarito "C".

(Magistratura/SC – 2015 – FCC) João tem 19 anos e cumpre medida socioeducativa de internação há 2 anos e 6 meses pela prática de latrocínio. Em um tumulto havido no centro de internação, a João foi imputada a prática de tentativa de homicídio, razão pela qual é preso em flagrante. Conforme dispõe expressamente a legislação em vigor,
(A) considerando que o ato infracional pelo qual João foi internado é mais grave do que o crime a ele imputado, é vedado ao juiz extinguir de plano a medida socioeducativa, devendo aguardar a solução do processo criminal.
(B) a prisão em flagrante é descabida, tendo em vista que o jovem já se encontra internado e é presumido inocente em relação à tentativa de homicídio, cabendo ao juiz da Infância, caso libere João futuramente, comunicar o fato ao juiz Criminal, que avaliará eventual interesse em sua custódia cautelar.
(C) se João permanecer em prisão cautelar por mais de 6 meses e for impronunciado, sem recurso, não poderá retomar o cumprimento da medida socioeducativa.

(D) quando revogada sua prisão cautelar, se João tiver menos de 21 anos, deverá retomar a medida de internação, devendo o juiz, no prazo máximo de 30 dias, à luz de parecer interdisciplinar, avaliar a possibilidade de encerramento da medida socioeducativa.

(E) comunicada a prisão do jovem, diante das evidências de fracasso na ressocialização, a medida socioeducativa deve ser extinta pelo juiz da Infância, ficando o jovem sob jurisdição exclusiva da Justiça Criminal.

A e B: incorretas, pois o fato de ser aplicada medida socioeducativa ao jovem não o impede de ser privado de sua liberdade e de responder a processo-crime perante a Justiça Criminal, oportunidade em que a Justiça da Infância e Juventude avaliará a necessidade da manutenção ou extinção da medida, independentemente da gravidade do ato infracional praticado (art. 46, § 1º, da Lei 12.594/2012); **C:** correta, pois a medida socioeducativa será declarada extinta pela aplicação de pena privativa de liberdade, a ser cumprida em regime fechado ou semiaberto, em execução provisória ou definitiva (art. 46, III, da Lei 12.594/2012); **D:** incorreta, pois no caso de o maior de 18 (dezoito) anos, em cumprimento de medida socioeducativa, responder a processo-crime ou quando revogada a sua prisão cautelar, caberá à autoridade judiciária decidir sobre eventual extinção da execução, cientificando da decisão o juízo criminal competente (art. 46, § 1º, da Lei 12.594/2012); **E:** incorreta, pois não basta a comunicação da prisão em flagrante do jovem para a extinção da medida socioeducativa e ele aplicada, conforme já esclarecido na alternativa C.

Gabarito "C".

(Magistratura/SC – 2015 – FCC) Considere o trecho da reportagem publicada no jornal Diário Gaúcho, de 01.05.2015, sob o título "Como o Estado não pôde impedir a morte de Emanuel":

Os estágios da proteção: Um menino encontrado em situação de rua é encaminhado ao Conselho Tutelar e outras entidades municipais de acolhimento. O entendimento pode ser pela entrega dele à família ou algum abrigo. A decisão de abrigá-lo, no entanto, cabe ao Judiciário. Se este menino é pego cometendo algum ato infracional, sua punição passa por quatro etapas: advertência, prestação de serviços à comunidade, reparação do dano, semiliberdade e internação. Depois de cometer um roubo a pedestre no Centro, Emanuel foi internado provisoriamente na Fase. Depois de 30 dias, a definição foi de que ele cumpriria medida socioeducativa em semiliberdade em um abrigo de São Leopoldo. O delito cometido por ele, e o seu histórico, não eram passíveis de cumprimento de medida em regime fechado.

Considerando a leitura do texto à luz da legislação vigente, é correto afirmar:

(A) a internação provisória, no caso narrado na reportagem, durou trinta dias, mas, segundo a lei vigente, poderia durar até sessenta dias, improrrogáveis.

(B) a decisão de abrigar o adolescente, exatamente como diz o texto, cabe em regra ao Judiciário. Todavia, segundo a lei, em situações excepcionais o acolhimento pode ser determinado pelo Conselho Tutelar ou pelo Ministério Público.

(C) a afirmação de que o cometimento de um roubo a pedestre não tornaria o adolescente passível de cumprimento de medida em regime fechado está incorreta, já que, mesmo sendo primário, há previsão legal para aplicação, nessa hipótese, de internação.

(D) o texto está correto ao apontar fluxos de atendimento e medidas diferentes para o adolescente que é encontrado em situação de rua e para aquele que é pego cometendo um ato infracional, sendo proibida, segundo o Estatuto da Criança e do adolescente, a permanência em serviços de acolhimento institucional de adolescentes em cumprimento de medida socioeducativa.

(E) se um menino encontrado em situação de rua não concordar em ser levado ao Conselho Tutelar, a lei permite, expressamente, que seja conduzido coercitivamente ao órgão, sem necessidade de ordem judicial prévia.

A: incorreta, pois o prazo máximo da internação provisória é de 45 (quarenta e cinco) dias (arts. 183 e 208, caput, do ECA); **B:** incorreta, pois, nos termos do art. 93, caput, do ECA, as entidades que mantenham programa de acolhimento institucional – e não o Ministério Público ou Conselho Tutelar – poderão, em caráter excepcional e de urgência, acolher crianças e adolescentes sem prévia determinação da autoridade competente, fazendo comunicação do fato em até 24 (vinte e quatro) horas ao Juiz da Infância e da Juventude, sob pena de responsabilidade; **C:** correta, pois, segundo o art. 122, do ECA, a medida de internação será aplicada quando: I – tratar-se de ato infracional cometido mediante grave ameaça ou violência a pessoa, como por exemplo no ato infracional equiparado ao crime de roubo; II – por reiteração no cometimento de outras infrações graves; III – por descumprimento reiterado e injustificável da medida anteriormente imposta. Oportuno registrar que, para o STJ, configura-se reiteração a prática, no mínimo, de três infrações graves (HC 39.458/SP, 5ª T., rel. Min. Laurita Vaz). Diferente, portanto, de reincidência. Aliás, esta é uma das teses nacionais aprovadas no I Congresso Nacional de Defensores Públicos da Infância e Juventude; **D:** incorreta, pois não há tal proibição; **E:** incorreta, pois não é possível o Conselho Tutelar conduzir coercitivamente o menor em situação de rua, contra a sua vontade, sem ordem judicial para tanto.

Gabarito "C".

(Magistratura/RR – 2015 – FCC) A Alex, com 17 anos, pela prática de roubo, foi aplicada medida socioeducativa de internação. Cumpridos doze meses da medida, chega ao juízo responsável pela execução nova sentença de internação aplicada a Alex, agora pela prática de um latrocínio, acontecido seis meses antes do roubo que resultou na sua primeira internação. Cabe ao juiz da execução, adotando a solução que mais se aproxima das regras e princípios da Lei 12.594/2012,

(A) operar a unificação das medidas aplicadas e determinar o reinício do cumprimento da medida socioeducativa de internação.

(B) operar a unificação da execução, fixando como termo final para liberação compulsória do adolescente a soma dos prazos máximos de duração definidos para as medidas em cada sentença.

(C) determinar a suspensão da medida de internação em curso e ordenar o início da execução da nova medida de internação aplicada, que prevalece em razão da antecedência cronológica e da maior gravidade do ato que a motivou.

(D) determinar a cumulação das medidas, procedendo-se à execução simultânea de ambas as sentenças, com elaboração de um novo plano individual de atendimento que considere o ato infracional de latrocínio e que será executado paralelamente ao plano decorrente da primeira sentença.

(E) unificar as medidas, prosseguindo-se na execução de medida de internação já em curso, sem impacto nos prazos máximos de cumprimento e reavaliação.

A: incorreta, pois não haverá o reinício do cumprimento da medida socioeducativa de internação, devendo o juiz proceder à unificação, prosseguindo-se na execução; **B:** incorreta, pois, com a unificação, não haverá impacto nos prazos máximos de cumprimento e reavaliação da medida de internação; **C:** incorreta, pois não haverá a suspensão da medida e sim a unificação, com o prosseguimento da execução da medida de internação; **D:** incorreta, pois não haverá cumulação das medidas e sim unificação, sem interferência nos prazos máximos de cumprimento e reavaliação; **E:** correta, pois se no transcurso da execução sobrevier sentença de aplicação de nova medida, a autoridade judiciária procederá à unificação, prosseguindo-se na execução. Ainda, o juiz deve ouvir, previamente, o Ministério Público e o defensor, no prazo de 3 (três) dias sucessivos, decidindo-se em igual prazo, nos termos do art. 45, caput, da Lei 12.594/2012.

Gabarito "E".

(Ministério Público/SP – 2015 – MPE/SP) Aponte a alternativa que não constitui causa de extinção da medida socioeducativa cominada ao adolescente infrator:

(A) A realização da finalidade da medida socioeducativa.

(B) A morte do adolescente.

(C) A condição de doença grave, que torne o adolescente incapaz de submeter-se ao cumprimento da medida.

(D) A aplicação de pena privativa de liberdade, a ser cumprida em regime fechado ou semiaberto, em execução provisória ou definitiva.

(E) A aplicação de nova medida de internação, estando em curso execução de outra igual.

Nos termos do art. 46 da Lei do Sinase (Lei 12.594/2012), a medida socioeducativa será declarada extinta: I – pela morte do adolescente; II – pela realização de sua finalidade; III – pela aplicação de pena privativa de liberdade, a ser cumprida em regime fechado ou semiaberto, em execução provisória ou definitiva; IV – pela condição de doença grave, que torne o adolescente incapaz de submeter-se ao cumprimento da medida; V – nas demais hipóteses previstas em lei. **A:** incorreta, pois com a medida socioeducativa será declarada extinta com a realização de sua finalidade (art. 46, II, Lei 12.594/2012); **B:** incorreta, pois a medida socioeducativa será declarada extinta com a morte do adolescente (art. 46, I, Lei 12.594/2012); **C:** incorreta, pois a medida socioeducativa será declarada extinta caso sobrevenha condição de doença grave, que torne o adolescente incapaz de submeter-se ao cumprimento da medida (art. 46, IV, Lei 12.594/2012); **D:** incorreta, pois a medida socioeducativa será declarada extinta em caso de aplicação ao jovem, maior de dezoito anos, de pena privativa de liberdade, a ser cumprida em regime fechado ou semiaberto, em execução provisória ou definitiva (art. 46, III, Lei 12.594/2012); **E:** correta, pois a aplicação de nova medida de internação não gera a extinção da medida socioeducativa que está sendo executada. No caso, se no transcurso da execução sobrevier sentença de aplicação de nova medida, a autoridade judiciária procederá à unificação, prosseguindo-se na execução. Ainda, deve ouvir, previamente, o Ministério Público e o defensor, no prazo de 3 (três) dias sucessivos, decidindo-se em igual prazo, nos termos do art. 45, caput, da Lei 12.594/2012.

Gabarito "E".

(DPE/PE – 2015 – CESPE) Com base na Lei 12.594/2012, que instituiu o Sistema Nacional de Atendimento Socioeducativo (SINASE) e regulamentou a execução das medidas socioeducativas, julgue o item abaixo.

(1) A referida lei trouxe importantes avanços na área da execução de medidas socioeducativas, que não tinham previsão expressa no ECA, como o direito do adolescente internado a visita íntima, a visita de filhos, independentemente da idade, e a garantia de inserção de adolescentes em cumprimento de medida socioeducativa na rede pública de educação, em qualquer fase do período letivo, contemplando as diversas faixas etárias e níveis de instrução.

1: correta. A assertiva está correta, pois, de fato, é assegurado ao adolescente casado ou que viva, comprovadamente, em união estável o direito à visita íntima, bem como de receber visita dos filhos, independentemente da idade desses (arts. 68, *caput* e 69, ambos da Lei 12.594/2012). E mais. Os Conselhos dos Direitos da Criança e do Adolescente, em todos os níveis federados, com os órgãos responsáveis pelo sistema de educação pública e as entidades de atendimento, deverão garantir a inserção de adolescentes em cumprimento de medida socioeducativa na rede pública de educação, em qualquer fase do período letivo, contemplando as diversas faixas etárias e níveis de instrução (art. 82 da Lei 12.594/2012).

Gabarito "C".

(Defensor/PA – 2015 – FMP) Sobre a Lei **12.594/2012**, que institui o SINASE – Sistema Nacional Socioeducativo, é CORRETO afirmar que:

(A) as medidas socioeducativas previstas no ECA têm por objetivo a retribuição e a punição do ato infracional, a efetivação das disposições da sentença como parâmetro mínimo de restrição de direitos do adolescente e a reparação do dano.

(B) O atual posicionamento do CONANDA – Conselho Nacional dos Direitos da Criança e do Adolescente desaprova o SINASE, conforme texto da Resolução 119/2006.

(C) A execução das medidas socioeducativas rege-se, dentre outros, pelos seguintes princípios: mínima intervenção, restrita ao necessário para a realização dos objetivos da medida; individualização, considerando-se a idade, capacidades e circunstâncias pessoais do adolescente, e excepcionalidade da intervenção judicial e da imposição de medidas, favorecendo-se meios de autocomposição de conflitos.

(D) No que pese à evolução representada pela aprovação do Sistema, a ausência de um marco legal para responsabilização dos gestores, dos operadores e das entidades de atendimento ainda dificulta a correta implementação dos direitos humanos das crianças e dos adolescentes no Brasil.

(E) O plano individual de atendimento é de atribuição exclusiva da equipe multidisciplinar, descabendo a realização de perícias ou outras provas, exceto se determinadas de ofício pelo juiz da execução.

A: incorreta, pois as medidas socioeducativas previstas no ECA têm por objetivo educar e reinserir o adolescente ao meio social onde ele vive, de modo que possuem, além de um caráter repressivo, também preventivo e pedagógico; **B:** incorreta, pois ao Conselho Nacional dos Direitos da Criança e do Adolescente (CONANDA) competem as funções normativa, deliberativa, de avaliação e de fiscalização do SINASE (art. 3º, § 2º, da Lei 12.594/2012). Ademais, a Resolução 119/2006 é anterior à Lei 12.594/2012; **C:** correta, pois, nos termos do art. 35 da Lei do SINASE (Lei 12.594/2012), a execução das medidas socioeducativas reger-se-á pelos seguintes princípios: I – legalidade, não podendo o adolescente receber tratamento mais gravoso do que o conferido ao adulto; II – excepcionalidade da intervenção judicial e da imposição de medidas, favorecendo-se meios de autocomposição de conflitos; III – prioridade a práticas ou medidas que sejam restaurativas e, sempre que possível, atendam as necessidades das vítimas; IV – proporcionalidade em relação à ofensa cometida; V – brevidade da medida em resposta ao ato cometido; VI – individualização, considerando-se a idade, capacidades e circunstâncias pessoais do adolescente; VII – mínima intervenção, restrita ao necessário para a realização dos objetivos da medida; VIII – não discriminação do adolescente, notadamente em razão de etnia, gênero, nacionalidade, classe social, orientação religiosa, política ou sexual, ou associação ou pertencimento a qualquer minoria ou *status*; e IX – fortalecimento dos vínculos familiares e comunitários no processo socioeducativo; **D:** incorreta, pois há previsão legal expressa a respeito da responsabilização dos gestores, dos operadores e das entidades de atendimento, nos termos do arts. 95 a 97 do ECA e art. 28 da Lei do SINASE (Lei 12.594/2012); **E:** incorreta, pois o PIA será elaborado sob a responsabilidade da equipe técnica do respectivo programa de atendimento, com a participação efetiva do adolescente e de sua família. Oportuno registrar que, após tomarem ciência, o defensor e o Ministério Público poderão requerer de forma fundamentada, e o Juiz da Execução poderá determinar, de ofício, a realização de qualquer avaliação ou perícia que entenderem necessárias para complementação do plano individual (arts. 41, § 1º, e 53, ambos da Lei 12.594/2012).

Gabarito "C".

(Magistratura/PE – 2013 – FCC) Verificada a prática de ato infracional, a autoridade competente poderá aplicar ao adolescente a medida de

(A) prestação de serviços comunitários, por período não excedente a 01 (um) ano.

(B) determinação de compensação do prejuízo da vítima, ainda que se trate de ato sem reflexos patrimoniais.

(C) requisição de tratamento médico, psicológico ou psiquiátrico, em regime hospitalar ou ambulatorial.

(D) liberdade assistida pelo prazo máximo de 06 (seis) meses, podendo a qualquer tempo ser prorrogada, revogada ou substituída.

(E) semiliberdade, embora não desde o início, como forma de transição para o meio aberto.

A: incorreta, pois a prestação de serviços comunitários, que consiste na realização de tarefas gratuitas de interesse geral, não excederá o período de seis meses (art. 117, *caput*, do ECA); **B:** incorreta, pois a medida socioeducativa de reparação do dano é aplicada em se tratando de ato infracional com reflexos patrimoniais (art. 116, *caput*, do ECA); **C:** correta, pois ao adolescente que praticar ato infracional poderão ser aplicadas medidas socioeducativas e/ou protetivas, dentre elas, a requisição de tratamento médico, psicológico ou psiquiátrico, em regime hospitalar ou ambulatorial (art. 101, V, do ECA); **D:** incorreta, pois a liberdade assistida será fixada pelo prazo mínimo de seis meses, podendo a qualquer tempo ser prorrogada, revogada ou substituída por outra medida, ouvido o orientador, o Ministério Público e o defensor (art. 118, § 2º, do ECA); **E:** incorreta, pois é possível a aplicação da medida de semiliberdade desde o início ou como forma de transição para o meio aberto (art. 120, *caput*, do ECA).

Gabarito "C".

(Magistratura/CE – 2012 – CESPE) A respeito de ato infracional, direitos individuais, garantias processuais e medidas socioeducativas, assinale a opção correta.

(A) Nenhum adolescente será privado de sua liberdade sem o devido processo legal, sendo-lhe asseguradas igualdade na relação processual, autodefesa e, na falta de advogado particular ou de defensor público, defesa técnica provida pelo conselho tutelar.

(B) A liberdade assistida será adotada sempre que se afigurar a medida mais adequada para o fim de acompanhar, auxiliar e orientar o adolescente e será fixada pelo prazo máximo de seis meses, podendo, a qualquer tempo, ser revogada ou substituída por outra medida menos gravosa, ouvido o orientador, o MP e o defensor.

(C) A imposição de medidas como obrigação de reparar o dano, prestação de serviços à comunidade, liberdade assistida, inserção em regime de semiliberdade e internação em estabelecimento educacional pressupõe a existência de provas suficientes da autoria e da materialidade da infração, ressalvada a hipótese de remissão, podendo a advertência ser aplicada sempre que houver prova da materialidade e indícios suficientes da autoria.

(D) A medida socioeducativa pode ser aplicada tanto a criança quanto a adolescente que tiver praticado ato infracional.

(E) Caso o adolescente porte a carteira de estudante como único documento civil de identificação, aos órgãos policiais de proteção e judiciais será vedado promover a sua identificação compulsória.

A: incorreta, pois é assegurado aos adolescentes o devido processual legal, inclusive, a defesa técnica por advogado (art. 110 e 111, III, ambos do ECA). Oportuno registrar que dentre os direitos do adolescente submetido ao cumprimento de medida socioeducativa está o de ser acompanhado por seus pais ou responsável e por seu defensor, em qualquer fase do procedimento administrativo ou judicial (art. 49, I, da Lei 12.594/2012); **B:** incorreta, pois a liberdade assistida tem o prazo mínimo de seis meses (art. 118, *caput* e § 2º, do ECA); **C:** correta (art. 114, *caput* e parágrafo único, do ECA); **D:** incorreta, pois a medida socioeducativa somente será aplicada ao adolescente, ao passo que a medida protetiva será aplicada à criança e ao adolescente que tiver praticado ato infracional (art. 105, do ECA); **E:** incorreta (art. 109, do ECA).

Gabarito "C".

(Ministério Público/MS – 2013 – FADEMS) Acerca do Estatuto da Criança e do Adolescente, considere as seguintes preposições:

I. Necessariamente a remissão implica no reconhecimento ou comprovação da responsabilidade do ato infracional, mas não prevalece para efeitos de antecedentes.

II. Mesmo alcançando o adolescente dezoito anos de idade depois da prática de ato infracional, é possível a sua inserção em qualquer das medidas socioeducativas previstas na lei.

III. O prazo máximo e improrrogável para a conclusão do procedimento de representação, remissão ou arquivamento, estando o adolescente internado provisoriamente, será de quarenta e cinco dias.

IV. O abrigo é medida provisória e excepcional, sendo manejado como forma de transição para a colocação em regime fechado, não implicando privação de liberdade.

São **corretas:**

(A) Somente as assertivas I, II e IV.
(B) Somente as assertivas I e III.
(C) Somente as assertivas II e III.
(D) Somente as assertivas I e IV.
(E) Somente as assertivas I, III e IV.

I: incorreta, pois a remissão não implica necessariamente o reconhecimento ou comprovação da responsabilidade do ato infracional e de fato não prevalece para efeito de antecedentes (art. 127, do ECA); **II:** correta, pois, mesmo atingindo a maioridade, o agente responderá por ato infracional, desde que tenha praticado a conduta quando ainda era inimputável, conclusão que se extrai da adoção da teoria da atividade para o tempo da prática, considerando-se a idade do indivíduo no momento da ação ou omissão. *"É certo que o procedimento de apuração se prolonga no tempo, e pode ocorrer de o agente completar os 18 nãos e o procedimento de apuração do ato infracional ainda não ter chegado ao fim. Nesse caso ele ficará aguardando a decisão judicial"* (ROSSATO; LÉPORE; SANCHES, **Estatuto da Criança e do Adolescente Comentado**, Ed. RT); **III:** correta, pois o prazo máximo para o procedimento, quando o adolescente está internado provisoriamente, é de fato 45 dias (art. 108 e art. 183, ambos do ECA); **IV:** incorreta, pois o acolhimento institucional e o acolhimento familiar são medidas provisórias e excepcionais, utilizáveis como forma de transição para reintegração familiar ou, não

sendo esta possível, para colocação em família substituta, não implicando privação de liberdade (art. 101, §1º, do ECA).
Gabarito "C".

(Ministério Público/SC – 2012) Quanto aos atos infracionais, tem-se que:
I. São penalmente inimputáveis os menores de dezoito anos, só cabendo a aplicação de medidas protetivas para os adolescentes que pratiquem conduta descrita como crime ou contravenção penal.
II. A internação, antes da sentença, pode ser determinada pelo prazo máximo de quarenta e cinco dias.
III. Apenas o membro do Ministério Público pode conceder remissão, em qualquer das fases processuais.
IV. A medida de internação poderá ser aplicada, entre outras hipóteses, quando se tratar de ato infracional cometido mediante grave ameaça ou violência à pessoa.
V. O período máximo de internação é de três anos, devendo, porém, haver liberação compulsória, assim que o internado atingir a maioridade penal.
(A) Apenas as assertivas I e V estão corretas.
(B) Apenas as assertivas II, III e IV estão corretas.
(C) Apenas as assertivas II, IV e V estão corretas.
(D) Apenas as assertivas II e IV estão corretas.
(E) Todas as assertivas estão corretas.

I: incorreta, pois aos adolescentes que praticarem ato infracional serão aplicadas medidas socioeducativas, cumuladas ou não com medidas protetivas (art. 104 do ECA). Por sua vez, quando o ato infracional for praticado por criança, somente caberá a aplicação de medida protetiva (art. 105 do ECA); II: correta (art. 108 do ECA); III: incorreta, pois, iniciado o procedimento, a concessão da remissão será realizada pela autoridade judiciária, que importará na suspensão ou extinção do processo (art. 126, parágrafo único, do ECA); IV: correta (art. 122, I, do ECA); V: incorreta, pois a liberação será compulsória aos vinte e um anos de idade (art. 2º, parágrafo único, e art. 121, § 5º, do ECA).
Gabarito "D".

(Ministério Público/SP – 2012 – VUNESP) A medida socioeducativa de internação só poderá ser aplicada quando se tratar de ato infracional cometido por
(A) adolescente, mediante grave ameaça ou violência à pessoa ou equiparável a crime hediondo.
(B) criança ou adolescente, mediante grave ameaça ou violência à pessoa, por reiteração no cometimento de outras infrações graves e por descumprimento reiterado e injustificável da medida anteriormente imposta.
(C) criança ou adolescente, mediante grave ameaça ou violência à pessoa ou equiparável a crime hediondo.
(D) adolescente, mediante grave ameaça ou violência à pessoa, por reiteração no cometimento de outras infrações graves e por descumprimento reiterado e injustificável da medida anteriormente imposta.
(E) adolescente, por reiteração no cometimento de outras infrações graves e por descumprimento reiterado e injustificável da medida anteriormente imposta.

A alternativa "D" está correta, ficando excluídas as demais. De fato, a medida de internação só poderá ser aplicada ao adolescente quando: I – tratar-se de ato infracional cometido mediante grave ameaça ou violência a pessoa; II – por reiteração no cometimento de outras infrações graves; III – por descumprimento reiterado e injustificável da medida anteriormente imposta (art. 122 do ECA). Cumpre ressaltar que à criança que praticar ato infracional serão aplicadas as medidas de proteção e não as medidas socioeducativas (art. 105 do ECA).
Gabarito "D".

(Ministério Público/SP – 2012 – VUNESP) Na apuração de Ato Infracional, o Estatuto da Criança e do Adolescente (Lei 8.069/1990) estabelece formas de remissão. Dentre elas, a concedida
(A) pelo Juiz, como forma de suspensão ou extinção do processo e a concedida pelo Ministério Público, como forma de exclusão do processo.
(B) somente pelo Ministério Público, como forma de extinção do processo, e homologada pelo Juiz.
(C) somente pelo Juiz, como forma de exclusão, suspensão ou extinção do processo, ouvindo-se previamente o Ministério Público.
(D) pelo Juiz, como forma de suspensão do processo, e a concedida pelo Ministério Público, como forma de extinção do processo.
(E) somente pelo Ministério Público, como forma de exclusão do processo, independentemente de homologação do Juiz.

A alternativa "A" está correta, ficando excluídas as demais. De fato, antes de iniciado o procedimento judicial para apuração de ato infracional, o representante do Ministério Público poderá conceder a remissão, como forma de exclusão do processo, atendendo às circunstâncias e consequências do fato, ao contexto social, bem como à personalidade do adolescente e sua maior ou menor participação no ato infracional (art. 126, caput, do ECA). Por sua vez, iniciado o procedimento, a concessão da remissão pela autoridade judiciária importará na suspensão ou extinção do processo (art. 126, parágrafo único, do ECA).
Gabarito "A".

(Ministério Público/RR – 2012 – CESPE) No que tange aos direitos individuais, às garantias processuais e às medidas socioeducativas, assinale a opção correta com base no que prevê o ECA.
(A) O regime de semiliberdade, que não comporta prazo determinado, pode ser determinado desde o início, ou como forma de transição para o meio aberto, possibilitada a realização de atividades externas, independentemente de autorização judicial, sendo obrigatórias a escolarização e a profissionalização, e, sempre que possível, utilizados os recursos existentes na comunidade.
(B) Em razão dos princípios constitucionais da presunção de inocência, do devido processo legal, da ampla defesa e do contraditório, é vedado à autoridade judiciária aplicar qualquer medida socioeducativa sem provas contundentes da autoria e da materialidade do ato infracional praticado por criança ou adolescente.
(C) O MP poderá conceder a remissão, como forma de exclusão do processo, desde que o adolescente em conflito com a lei confesse a autoria infracional.
(D) Tratando-se de procedimento de apuração de ato infracional, a ausência de defensor na audiência de apresentação do adolescente acarreta nulidade do processo, desde que comprovado o prejuízo à defesa do menor.
(E) A medida de internação, decretada ou mantida pela autoridade judiciária, não pode ser cumprida em estabelecimento prisional, salvo se não houver, na comarca ou em todo o território do estado, entidade que preencha os requisitos previstos no ECA, não podendo a internação ultrapassar, nesse caso, o prazo máximo de quarenta e cinco dias, sob pena de responsabilidade.

A: correta (art. 120 do ECA); B: incorreta, pois para a aplicação da advertência basta a prova da materialidade e indícios suficientes da autoria (art. 114 do ECA); C: incorreta, pois para a concessão da remissão não se exige que o adolescente tenha confessado a prática do ato infracional, já que a remissão não implica necessariamente o reconhecimento ou comprovação da responsabilidade (art. 127 do ECA); D: incorreta, pois a ausência de defensor na audiência de apresentação do adolescente acarreta nulidade absoluta, independentemente da comprovação de prejuízo à defesa do menor (art. 184, § 1º, do ECA). Neste sentido: "a presença de advogado é indispensável já na audiência de apresentação, como forma de assegurar a ampla defesa (defesa técnica e autodefesa)" (Rossato; Lépore; Sanches. **Estatuto da Criança e do Adolescente Comentado**, ed. RT); E: incorreta, pois a internação, decretada ou mantida pela autoridade judiciária, não poderá ser cumprida em estabelecimento prisional. Todavia, inexistindo na comarca entidade com as características adequadas, o adolescente deverá ser imediatamente transferido para a localidade mais próxima, sendo que, na impossibilidade da pronta transferência, o adolescente aguardará sua remoção em repartição policial, desde que em seção isolada dos adultos e com instalações apropriadas, não podendo ultrapassar o prazo máximo de cinco dias, sob pena de responsabilidade. (art. 185, caput e §§ 1º e 2º, do ECA).
Gabarito "A".

(Ministério Público/GO – 2012) De acordo com a nova sistemática referente às medidas socioeducativas, estabelecida pela Lei 12.594/2012, em vigor a partir de abril de 2012, a medida socioeducativa será extinta:
I. Pela morte do adolescente.
II. No caso de maior de 18 anos, ao ser condenado à pena privativa de liberdade, a ser cumprida em regime fechado ou semiaberto, em execução definitiva.
III. Pela condição de doença, que dificulte ao adolescente submeter-se ao cumprimento da medida.
IV. No caso de o maior de 18 anos, em cumprimento de medida socioeducativa responder a processo-crime, caberá à autoridade judiciária decidir sobre eventual extinção da execução, cientificando da decisão o juízo criminal competente.
(A) Apenas os itens I e II estão corretos.
(B) Apenas os itens I, II e III estão corretos.
(C) Apenas os itens I e IV estão corretos.
(D) Todos os itens estão corretos.

I: correta (art. 46, I, da Lei 12.594/2012); II: incorreta, pois a medida socioeducativa será extinta pela aplicação de pena privativa de liberdade, a ser cumprida em regime fechado ou semiaberto, em execução provisória ou definitiva (art. 46, III, da Lei 12.594/2012); III: incorreta, pois a medida socioeducativa será extinta pela condição de doença grave, que torne o adolescente incapaz de submeter-se ao cumprimento da medida (art. 46, IV, da Lei 12.594/2012); IV: correta (art. 46, § 1º, da Lei 12.594/2012).
Gabarito "C".

(Ministério Público/SP – 2013 – PGMP) Relativamente à internação, medida socioeducativa prevista no Estatuto da Criança e do Adolescente, é CORRETO afirmar:
(A) O prazo deve ser expressamente determinado pela autoridade judiciária quando de sua imposição, mas poderá ser prorrogado a cada seis meses, dependendo do comportamento do autor do ato infracional.
(B) Em nenhuma hipótese o período máximo de internação excederá a três anos.

(C) Atingida a idade de vinte um anos, deverá ser reavaliada, sendo possível a colocação do adolescente em regime de semiliberdade como forma de transição para o meio aberto.
(D) Poderá ser determinada provisoriamente, antes da sentença, por prazo máximo de três meses.
(E) Poderá ultrapassar o prazo de três meses apenas quando for imposta em razão do descumprimento reiterado e injustificável de outra medida anteriormente aplicada.

A: incorreta, pois a medida socioeducativa de internação é imposta ao adolescente por prazo indeterminado, devendo sua manutenção ser reavaliada, mediante decisão fundamentada, no máximo a cada seis meses (art. 121, § 2.º, do ECA); **B**: correta, pois a alternativa está de acordo com o disposto no art. 121, § 3.º, do ECA; **C**: incorreta, pois a liberação do adolescente internado será compulsória aos vinte e um anos de idade (art. 121, § 5.º, do ECA); **D**: incorreta, pois a internação, antes da sentença, pode ser determinada pelo prazo máximo de quarenta e cinco dias (arts. 108 e 183 do ECA); **E**: incorreta, pois a internação decorrente do descumprimento reiterado e injustificável de outra medida anteriormente aplicada não poderá ser superior a 3 (três) meses (art. 122, § 1.º, do ECA, cuja redação foi alterada pela Lei 12.594/2012).
Gabarito "B".

(Defensor Público/AM – 2013 – FCC) Segundo a Lei 12.594/2012, que dispõe sobre o Sistema Nacional de Atendimento Socioeducativo, a reavaliação da medida socioeducativa dar-se-á

(A) no prazo máximo de seis meses, somente pelo juiz competente, com base nos relatórios anteriores emitidos pela direção do programa de atendimento e sua equipe.
(B) com relação às medidas de prestação de serviços à comunidade, liberdade assistida, semiliberdade e internação, desde que atingido o prazo máximo de seis meses.
(C) somente a pedido da direção do programa de atendimento que acompanhar o cumprimento da medida de prestação de serviços à comunidade, liberdade assistida, semiliberdade ou internação.
(D) a qualquer tempo, desde que solicitada pela direção do programa de atendimento, pelo defensor, pelo Ministério Público, pelo adolescente ou por seus pais ou responsáveis.
(E) no prazo mínimo de doze meses, pelo defensor, caso ainda não haja indicação da direção do programa de atendimento pela substituição por medida menos gravosa.

A alternativa D está correta, pois está de acordo com o disposto no art. 43 da Lei 12.594/2012, que dispõe sobre o Sistema Nacional de Atendimento Socioeducativo, ficando excluídas as demais.
Gabarito "D".

(Defensor Público/ES – 2012 – CESPE) Com referência aos direitos da criança e do adolescente, ao processo de apuração da prática de ato infracional e a atuação do defensor e do MP nesse processo, julgue os itens a seguir.
(1) A liberdade assistida será fixada pelo prazo mínimo de seis meses, podendo, a qualquer tempo, ser prorrogada, revogada ou substituída por outra medida, com a oitiva do MP.
(2) Crianças e adolescentes podem ser considerados sujeito ativo de ato infracional, caso em que ambos poderão ser sujeito passivo de medida socioeducativa.

1: correta, pois o item está de acordo com o disposto no art. 118, § 2º, do ECA; **2**: incorreta, já que, no caso de a criança ser sujeito ativo de ato infracional, ser-lhe-á aplicada tão somente medida protetiva e não socioeducativa (art. 105, do ECA).
Gabarito 1C, 2E.

(Defensor Público/PR – 2012 – FCC) Sobre o Plano Individual de Atendimento (PIA) previsto na Lei 12.594/2012 que institui o Sistema Nacional de Atendimento Socioeducativo (SINASE) e regulamenta a execução das medidas socioeducativas destinadas a adolescente que pratique ato infracional, é correto afirmar:

(A) O cumprimento das medidas socioeducativas, em regime de prestação de serviços à comunidade, liberdade assistida, reparação de danos, semiliberdade ou internação, dependerá de Plano Individual de Atendimento (PIA).
(B) Para o cumprimento das medidas de semiliberdade ou de internação, o plano individual conterá a definição das atividades internas e externas, individuais ou coletivas, das quais o adolescente poderá participar.
(C) Para o cumprimento das medidas de prestação de serviços à comunidade, o PIA será elaborado no prazo de até 45 (quarenta e cinco) dias do ingresso do adolescente no programa de atendimento.
(D) O acesso ao plano individual será restrito aos servidores do respectivo programa de atendimento, conselho tutelar, ao adolescente e a seus pais ou responsável, ao Ministério Público e ao defensor.
(E) O PIA será elaborado sob a responsabilidade da equipe técnica da autoridade judiciária e nele constarão os resultados da avaliação interdisciplinar e a previsão de suas atividades de integração social e/ou capacitação profissional.

A: incorreta, pois dependerá de Plano Individual de Atendimento (PIA) o cumprimento das medidas socioeducativas em regime de prestação de serviços à comunidade, liberdade assistida, semiliberdade ou internação, excluindo-se, portanto, a reparação do dano (art. 52, da Lei 12.594/2012); **B**: correta, pois está de acordo com o disposto no art. 55, II, da Lei 12.594/2012; **C**: incorreta, pois, no caso de medida socioeducativa de prestação de serviços à comunidade, o PIA será elaborado *no prazo de até 15 (quinze) dias* do ingresso do adolescente no programa de atendimento (art. 56, da Lei 12.594/2012); **D**: incorreta, pois o acesso ao plano individual será restrito aos servidores do respectivo programa de atendimento, ao adolescente e a seus pais ou responsável, ao Ministério Público e ao defensor, exceto expressa autorização judicial, excluindo-se, portanto, o Conselho Tutelar (art. 59, da Lei 12.594/2012); **E**: incorreta, pois o PIA será elaborado sob a responsabilidade da *equipe técnica do respectivo programa de atendimento*, com a participação efetiva do adolescente e de sua família, representada por seus pais ou responsável (arts. 53 e 54, I e III, ambos da Lei 12.594/2012).
Gabarito "B".

(Defensor Público/SE – 2012 – CESPE) Com relação a medidas socioeducativas, audiência, remissão e recurso, assinale a opção correta.

(A) A remissão judicial, que pode ser concedida antes de iniciado o procedimento de apuração do ato infracional, acarreta a suspensão ou extinção do processo.
(B) Em decorrência da aplicação subsidiária do CPC ao ECA, o prazo para apelação e apresentação de contrarrazões é de quinze dias.
(C) O juiz pode nomear promotor *ad hoc* ou defensor *ad hoc* para evitar o adiamento de audiência.
(D) Em decorrência da aplicação do princípio da excepcionalidade, a medida de internação deve ser aplicada, no máximo, por três anos.
(E) A audiência admonitória ocorre quando necessária a aplicação da medida de advertência.

A: incorreta. Antes de iniciado o procedimento judicial para apuração de ato infracional, o representante do Ministério Público poderá conceder a remissão, como forma de *exclusão do processo*, atendendo às circunstâncias e consequências do fato, ao contexto social, bem como à personalidade do adolescente e sua maior ou menor participação no ato infracional (art. 126, caput, do ECA). Por sua vez, *iniciado o procedimento*, a concessão da remissão pela autoridade judiciária importará na suspensão ou extinção do processo (art. 126, parágrafo único, do ECA); **B**: incorreta, pois o prazo é de 10 dias (art. 198, II, do ECA); **C**: incorreta, pois não se admite a nomeação de promotor *ad hoc*; **D**: incorreta. É certo que, em nenhuma hipótese, o período máximo de internação excederá a três anos. Todavia, a medida socioeducativa de internação não comporta prazo determinado, devendo sua manutenção ser reavaliada, mediante decisão fundamentada, no máximo a cada seis meses (art. 121, §§ 2º e 3º, do ECA); **E**: correta (art. 115, do ECA).
Gabarito "E".

(Defensor Público/SP – 2012 – FCC) A Lei 12.594/2012, recentemente em vigor, instituiu o Sistema Nacional Socioeducativo e regulamentou a execução de medidas socioeducativas aplicadas a autores de atos infracionais, prevendo, dentre outros dispositivos

(A) o princípio da prioridade às práticas ou medidas restaurativas e que atendam, sempre que possível, às necessidades das vítimas.
(B) o dever de o juiz reavaliar as medidas de prestação de serviços à comunidade, de liberdade assistida, de semiliberdade e de internação no prazo máximo de seis meses.
(C) a execução das medidas de proteção, obrigação de reparar o dano e advertência nos próprios autos do processo de conhecimento, caso aplicadas isolada ou cumulativamente com outra medida socioeducativa.
(D) a possibilidade de unificação de ato infracional praticado no decurso da medida de internação, cuja sentença impôs medida de mesma espécie, limitando-se ao prazo máximo de três anos de privação de liberdade.
(E) a possibilidade de aplicar, ao autor de ato infracional, nova medida de internação após este ter concluído o cumprimento de medida de mesma natureza ou ter sido transferido para cumprimento de medida menos rigorosa.

A: correta (art. 35, III, da Lei 12.594/2012); **B**: incorreta, pois as medidas socioeducativas de liberdade assistida, de semiliberdade e de internação deverão ser reavaliadas no máximo a cada 6 (seis) meses, excluindo-se, portanto, a prestação de serviços à comunidade, que é medida aplicada com prazo determinado (art. 42, da Lei 12.594/2012); **C**: incorreta, pois as medidas de proteção, de advertência e de reparação do dano, quando aplicadas de *forma isolada*, serão executadas nos próprios autos do processo de conhecimento. Por sua vez, para a aplicação das medidas socioeducativas de prestação de serviços à comunidade, liberdade assistida, semiliberdade ou internação, será constituído processo de execução para cada adolescente (arts. 38 e 39, da Lei 12.594/2012); **D** e **E**: incorretas, pois estão em desacordo com o disposto no art. 45, § 2º, da Lei 12.594/2012, em afronta ao princípio da absorção das medidas socioeducativas.
Gabarito "A".

(Defensor Público/TO – 2013 – CESPE) Com relação ao que dispõe a CF e ao entendimento do STJ, assinale a opção correta.

(A) De acordo com o STJ, é ilegal a aplicação da medida de internação a adolescente pela prática de ato infracional análogo ao crime de tráfico de drogas, quando da primeira passagem do menor pela Vara

da Infância e Juventude, por constituir ato infracional cometido sem grave ameaça ou violência à pessoa.
(B) Considera-se criança, para os efeitos do ECA, a pessoa com até doze anos de idade completos, e adolescente, aquela com mais de doze anos de idade e menos de dezoito anos de idade.
(C) Em nenhuma hipótese, aplica-se o disposto no ECA às pessoas maiores de dezoito anos de idade.
(D) As medidas socioeducativas são aplicáveis sempre que os direitos reconhecidos no ECA forem ameaçados ou violados.
(E) Ainda que penalmente inimputáveis, os menores de dezoito anos podem ser responsabilizados, por meio de medida de proteção, pela prática de conduta descrita como crime ou contravenção penal.

A: correta. Nos termos do art. 122 do ECA, a medida de internação só poderá ser aplicada quando: I – tratar-se de ato infracional cometido mediante grave ameaça ou violência a pessoa; II – por reiteração no cometimento de outras infrações graves; III – por descumprimento reiterado e injustificável da medida anteriormente imposta. Assim, inicialmente, conclui-se pela inaplicabilidade da medida socioeducativa de internação ao adolescente que praticar o ato infracional equiparado ao crime de tráfico de drogas. Neste sentido é o entendimento jurisprudencial noticiado no Informativo 445 do STJ: "ECA – Tráfico – Internação. O ato infracional análogo ao tráfico de drogas, apesar de sua natureza eminentemente hedionda, não enseja, por si só, a aplicação da medida socioeducativa de internação, já que essa conduta não revela violência ou grave ameaça à pessoa (art. 122 do ECA) (...)". Todavia, pode o magistrado determinar a internação, em razão da prática do ato infracional equiparado ao crime de tráfico, diante de sua reiteração. Para o STJ, reiteração é, no mínimo, três infrações graves (HC 39.458/SP, 5ª T., j. 12.04.2005, rel. Min. Laurita Vaz, DJ 09.05.2005). Diferente, portanto, de reincidência. Aliás, esta é uma das teses nacionais aprovadas no I Congresso Nacional de Defensores Públicos da Infância e Juventude; B: incorreta, pois se considera criança a pessoa até doze anos de idade incompletos, e adolescente aquela entre doze e dezoito anos de idade (art. 2º, do ECA); C: incorreta, pois, excepcionalmente, nos casos expressos em lei, aplica-se o ECA às pessoas entre dezoito e vinte e um anos de idade. Pode-se citar como exemplo a aplicação de medida socioeducativa de internação (art. 121, § 5º, do ECA); D: incorreta, pois as medidas socioeducativas são aplicadas aos adolescentes que praticarem ato infracional (art. 112, do ECA). Por sua vez, quando houver lesão ou ameaça de lesão a direitos da criança e do adolescente, serão aplicáveis as medidas protetivas (art. 98, do ECA); E: incorreta, pois, se o adolescente praticar ato infracional, ser-lhe-á aplicada medida protetiva e/ou socioeducativa; se a criança praticar ato infracional, ser-lhe-á aplicada tão somente medida protetiva (arts. 105 e 112, ambos do ECA).
Gabarito "A".

(Defensor Público/TO – 2013 – CESPE) A respeito das normas previstas no ECA acerca da prática de ato infracional, assinale a opção correta.
(A) A internação constitui medida privativa da liberdade, sujeita aos princípios de brevidade, excepcionalidade e respeito à condição peculiar de pessoa em desenvolvimento, sendo expressamente vedada pelo ECA qualquer atividade laboral ou educacional fora da entidade.
(B) À criança – pessoa até doze anos de idade incompletos – que cometa ato infracional somente podem ser aplicadas as medidas socioeducativas de advertência e obrigação de reparar o dano.
(C) É vedada expressamente no ECA a apreensão do adolescente em razão de flagrante de ato infracional, sendo permitida a restrição da liberdade do adolescente por ordem escrita e fundamentada da autoridade judiciária competente.
(D) Ao adolescente que responde por ato infracional é assegurada a garantia processual de, a qualquer momento, quando solicitar, ser ouvido pelo juiz, pelo promotor de justiça e pelo seu defensor, em audiência designada no prazo máximo de vinte e quatro horas.
(E) Para a imposição judicial, ao adolescente, da medida socioeducativa de advertência e da medida de proteção de matrícula e frequência obrigatórias em estabelecimento oficial de ensino, não se exige a existência de prova suficiente da autoria do ato infracional.

A: incorreta, pois não é vedada pelo ECA qualquer atividade laboral ou educacional fora da entidade em caso de internação. Muito pelo contrário. Será permitida a realização de atividades externas, a critério da equipe técnica da entidade, salvo expressa determinação judicial em contrário (art. 121, § 1º, do ECA); B: incorreta, pois, quando o ato infracional for praticado por criança, somente será aplicável a ela medida protetiva (art. 105, do ECA); C: incorreta, pois nenhum adolescente será privado de sua liberdade senão em flagrante de ato infracional ou por ordem escrita e fundamentada da autoridade judiciária competente (art. 106, do ECA); D: incorreta, pois são direitos do adolescente privado de liberdade, entre outros, entrevistar-se pessoalmente com o representante do Ministério Público e avistar-se reservadamente com seu defensor (arts. 111 e 124, I e III, ambos do ECA). Todavia, não há prazo legal fixado para a designação da audiência de apresentação e da audiência em continuação (arts. 184 e 186, § 2º, ambos do ECA); E: correta, pois, para aplicar a medida socioeducativa de advertência, basta haver indícios suficientes de autoria e prova da materialidade do ato infracional (art. 114, parágrafo único, do ECA). Por sua vez, para a aplicação de medidas protetivas também não se exige prova suficiente da autoria do ato infracional, mas que a criança ou o adolescente esteja em situação de risco (art. 101, caput, do ECA).
Gabarito "E".

7. ATO INFRACIONAL – DIREITO PROCESSUAL

(Defensor Público – DPE/PR – 2017 – FCC) Com a vigência do Novo Código de Processo Civil, Lei n. 13.105 de março de 2015, e considerando as disposições do Estatuto da Criança e do Adolescente, a contagem de prazo para oferecimento de alegações finais por memoriais no processo de apuração de ato infracional
(A) continua a ser contado em dias corridos, porque nos processos de apuração de ato infracional aplica-se, subsidiariamente, o Código de Processo Penal, que tem previsão própria de contagem de prazos.
(B) passou a ser contado em dias úteis, pois, embora ao processo de apuração de ato infracional se deva aplicar, a princípio, o Código de Processo Penal de forma subsidiária, este diploma não prevê forma própria de contagem de prazos, devendo-se, no caso, utilizar o Código de Processo Civil.
(C) continua a ser contado em dias corridos, pois a vigência do Novo Código de Processo Civil em nada altera os processos de competência das varas da Infância e Juventude, considerando que o próprio Estatuto da Criança e do Adolescente disciplina de forma exaustiva o processo, não sendo aplicáveis nem o Código de Processo Civil, nem o Código de Processo Penal.
(D) passou a ser contado em dias úteis, pois há previsão no Estatuto da Criança e do Adolescente da aplicação subsidiária do Código de Processo Civil a todos os processos de competência da Vara da Infância e Juventude.
(E) continua a ser contado em dias corridos, pois o Estatuto da Criança e do Adolescente possui previsão própria de contagem de prazos e, pela antinomia com o Novo Código de Processo Civil, deverá prevalecer a previsão do Estatuto, uma vez que o critério da especialidade prevalece sobre o cronológico.

A: correta. Nos termos do art. 152 do ECA, aplica-se subsidiariamente o Código de Processo Penal ao procedimento que apura ato infracional e o Código de Processo Civil para os demais casos. Vale lembrar que os recursos, inclusive para a apuração do ato infracional, serão sempre os recursos do Código de Processo Civil, nos termos do art. 198 do mesmo diploma legal. B: incorreta. A aplicação é subsidiária do Código de Processo Penal. C: incorreta. Além das justificativas já apresentadas, vale lembrar que nos processos de aplicação subsidiária do CPC, os prazos também não poderão ser contados em dias úteis dada a redação do § 2º, do art. 152, do ECA: "Os prazos estabelecidos nesta Lei e aplicáveis aos seus procedimentos são contados em dias corridos, excluído o dia do começo e incluído o dia do vencimento, vedado o prazo em dobro para a Fazenda Pública e o Ministério Público" (Redação dada pela Lei 13.509/2017). D: incorreta. Vide justificativas às alternativas "B" e "C". E: incorreta. Dada a aplicação subsidiária do Código de Processo Penal. RD
Gabarito "A".

(Juiz – TJ/SP – VUNESP – 2015) Quando o adolescente for apreendido em flagrante de ato infracional, será encaminhado
(A) à sua residência, uma vez que não é permitido prender o adolescente sem que o policial esteja acompanhado de um membro do conselho tutelar.
(B) aos familiares desde que esteja matriculado em escola da rede pública.
(C) à autoridade policial competente.
(D) à autoridade judiciária.

O adolescente apreendido em flagrante de ato infracional será, desde logo, encaminhado à autoridade policial competente (art. 172 do ECA). RD
Gabarito "C".

(Magistratura/RR – 2015 – FCC) Segundo o Estatuto da Criança e do Adolescente (Lei 8.069/1990), sob pena de responsabilidade,
(A) não poderá o adolescente a quem se atribua autoria de ato infracional ser algemado ou transportado em compartimento fechado de veículo policial.
(B) deverá a autoridade judiciária transferir a criança disponível à adoção para serviço de acolhimento institucional sediado na comarca de residência dos pretendentes habilitados conforme indicação do cadastro nacional.
(C) deverão as entidades que mantenham programa de acolhimento comunicar ao Conselho Tutelar, até o segundo dia útil imediato, o acolhimento de criança ou adolescente realizado em caráter excepcional sem prévia determinação da autoridade competente.
(D) não poderá ser ultrapassado o prazo máximo de cinco dias para remover, para entidade adequada, adolescente internado provisoriamente que se encontre recolhido em seção isolada dos adultos dentro de repartição policial.
(E) deverá o juiz examinar a possibilidade de internação imediata, em estabelecimento educacional, de criança ou adolescente autores de ato infracional que vivenciem condição peculiar de vulnerabilidade pessoal e social decorrente do abandono familiar.

A: incorreta. Em verdade, a alternativa está incompleta, pois, nos termos do art. 178, do ECA, o adolescente, a quem se atribua autoria de ato infracional, não poderá ser conduzido ou transportado em compartimento fechado de veículo policial, em condições atentatórias à sua dignidade, ou que impliquem risco à sua integridade física ou mental, sob pena de responsabilidade; **B:** incorreta, pois o acolhimento familiar ou institucional deverá ocorrer no local mais próximo à residência dos pais ou do responsável, até mesmo porque isso facilita o processo de reintegração familiar, sendo facilitado e estimulado o contato com a criança ou com o adolescente acolhido (art. 101, § 7º, do ECA); **C:** incorreta, pois as entidades que mantenham programa de acolhimento institucional poderão, em caráter excepcional e de urgência, acolher crianças e adolescentes sem prévia determinação da autoridade competente, fazendo comunicação do fato em até 24 (vinte e quatro) horas ao Juiz da Infância e da Juventude, sob pena de responsabilidade, nos termos do art. 93, *caput*, do ECA. Ainda, após o recebimento da referida comunicação, a autoridade judiciária, ouvido o Ministério Público e se necessário com o apoio do Conselho Tutelar local, tomará as medidas necessárias para promover a imediata reintegração familiar da criança ou do adolescente ou, se por qualquer razão não for isso possível ou recomendável, para seu encaminhamento a programa de acolhimento familiar, institucional ou a família substituta (art. 93, parágrafo único, do ECA); **D:** correta, pois, conforme preleciona o art. 185, §2º, do ECA, sendo impossível a pronta transferência, o adolescente aguardará sua remoção em repartição policial, desde que em seção isolada dos adultos e com instalações apropriadas, não podendo ultrapassar o prazo máximo de cinco dias, sob pena de responsabilidade; **E:** incorreta, pois somente será cabível a internação provisória nos casos expressamente previstos no ECA. Assim, segundo o art. 122 do ECA, a medida de internação só poderá ser aplicada quando: I – tratar-se de ato infracional cometido mediante grave ameaça ou violência a pessoa; II – por reiteração no cometimento de outras infrações graves; III – por descumprimento reiterado e injustificável da medida anteriormente imposta. Oportuno registrar que, para o STJ, configura-se reiteração a prática, no mínimo, de três infrações graves (HC 39.458/SP, 5ª T., rel. Min. Laurita Vaz). Diferente, portanto, de reincidência. Aliás, esta é uma das teses nacionais aprovadas no I Congresso Nacional de Defensores Públicos da Infância e Juventude.

Gabarito "D".

(Defensor/PA – 2015 – FMP) Sobre o processo e a aplicação das medidas socioeducativas, segundo o entendimento pacificado dos tribunais superiores, é CORRETO afirmar que:

(A) a regressão da medida socioeducativa prescinde da oitiva do adolescente infrator.
(B) o ato infracional análogo ao tráfico de drogas conduz obrigatoriamente à imposição de medida socioeducativa de internação do adolescente.
(C) a prescrição penal não é aplicável às medidas socioeducativas.
(D) é possível o acompanhamento socioeducativo de maiores de 21 anos, quando o ato infracional for cometido antes de o adolescente completar dezoito anos.
(E) é nula a desistência de outras provas em face da confissão do adolescente infrator.

A: incorreta, pois somente é possível a regressão da medida socioeducativa, após a oitiva do adolescente infrator (Súmula 265 do STJ); **B:** incorreta, pois a prática do ato infracional equiparado ao tráfico, por si só, não é suficiente para a decretação da internação do adolescente. Muito embora seja equiparado a delito hediondo, é desprovido de violência ou grave ameaça à pessoa. Assim, somente seria possível a decretação da internação diante da prática reiterada da conduta equiparada ao tráfico de drogas (art. 122, II, ECA). Oportuno registrar que, segundo o entendimento do STJ, reiteração não é sinônimo de reincidência e pressupõe a prática de mais de três atos; **C:** incorreta, pois segundo o STJ, as medidas socioeducativas prescrevem de acordo com as regras previstas na Parte Geral do Código Penal (Súmula 338, STJ); **D:** incorreta, pois, excepcionalmente, o ECA se aplica às pessoas entre dezoito e vinte e um anos de idade (art. 2º, parágrafo único, do ECA). Se o jovem estiver internado, ao completar 21 anos de idade, a sua liberação será compulsória (art. 121, § 5º, do ECA); **E:** correta, pois a assertiva está de acordo com o disposto na Súmula 342 do STJ, segundo a qual, "*no procedimento para aplicação de medida socioeducativa, é nula a desistência de outras provas em face da confissão do adolescente*".

Gabarito "E".

(Juiz de Direito/PA – 2014 – VUNESP) Geraldo, com catorze anos de idade, é acusado de ter furtado dinheiro da carteira de Antonio, seu tio, que relatou o fato ao Ministério Público. Geraldo respondeu procedimento perante o Juiz competente que poderá aplicar

(A) a remissão, devendo ser considerada a infração em caso de nova falta.
(B) de imediato, medida de internação, desde que haja prova de autoria do fato.
(C) de imediato, medida de liberdade assistida, uma vez que houve a materialidade do fato.
(D) a obrigação de reparar o dano, e na impossibilidade, substituí-la por outra medida mais adequada.
(E) advertência verbal, que contribuirá para a reeducação do adolescente.

A: incorreta, pois a remissão não prevalece para efeito de antecedentes (art. 127 do ECA); **B:** incorreta, pois *nenhum adolescente será privado de sua liberdade sem o devido processo legal* (art. 110 do ECA). Portanto, para a aplicação da medida de internação, imprescindível que seja ofertada representação pelo Ministério Público e que a ação socioeducativa seja julgada procedente; **C:** incorreta, pois para a aplicação da medida socioeducativa de liberdade assistida, não basta prova da materialidade do fato, devendo também existir prova suficiente da autoria (art. 114, *caput*, do ECA); **D:** correta, pois, de fato, em se tratando de ato infracional com reflexos patrimoniais, como é o caso do furto, a autoridade poderá determinar, se for o caso, que o adolescente restitua a coisa, promova o ressarcimento do dano, ou, por outra forma, compense o prejuízo da vítima, sendo que, na impossibilidade de fazê-lo, a medida poderá ser substituída por outra mais adequada (arts. 112, II e 116, parágrafo único, do ECA); **E:** incorreta, poisa advertência consiste em uma admoestação verbal, que será reduzida a termo e assinada, sendo que poderá ser aplicada, mesmo que haja apenas indícios de autoria, mas com prova da materialidade do fato, do que se conclui não ser necessária a instauração de procedimento para tanto (arts.114, parágrafo único e 115, do ECA).

Gabarito "D".

(Juiz de Direito/PA – 2014 – VUNESP) A remissão, prevista no Estatuto da Criança e do Adolescente, caracteriza-se

(A) como medida de extinção do processo, aplicável apenas a crianças, excluídos os adolescentes.
(B) pela diminuição proporcional de dias de internação, sendo que três dias de trabalho voluntário resultam em um dia remido.
(C) pela diminuição proporcional de dias de internação, sendo que três dias de estudo resultam em um dia remido.
(D) por se diminuir dos dias de internação determinados em sentença aqueles previamente cumpridos em regime de internação provisória ou semiliberdade.
(E) na extinção ou suspensão do processo, mediante eventual aplicação de determinadas medidas socioeducativas.

Antes de iniciado o procedimento judicial para a apuração de ato infracional, o representante do Ministério Público poderá conceder a remissão, como forma de exclusão do processo. Por sua vez, iniciado o procedimento, a concessão da remissão pela autoridade judiciária importará na suspensão ou extinção do processo. Portanto, a alternativa "E" está correta, pois está de acordo com o disposto no art. 126, *caput* e parágrafo único e art. 127, ambos do ECA, ficando excluídas as demais.

Gabarito "E".

(Promotor de Justiça/ES – 2013 – VUNESP) Assinale a alternativa correta.

(A) Em vista da garantia constitucional do devido processo legal para a perda da liberdade, nenhuma criança ou adolescente pode ser admitido em entidade de acolhimento sem prévia determinação da autoridade competente, ainda que em caráter de urgência.
(B) Por ser compulsória a liberação da pessoa submetida à medida de internação aos vinte e um anos de idade, conclui-se que o prazo máximo de internação fixado pelo juiz pode ser superior a três anos.
(C) Por prevalecer para efeito de antecedentes, a remissão está obrigatoriamente sujeita ao contraditório e à ampla defesa e não pode incluir aplicação cumulativa de qualquer outra medida socioeducativa.
(D) Não se reconhece como ato infracional o ato equiparado a crime ou contravenção penal praticado por criança, por esta não estar sujeita a medidas socioeducativas.
(E) A internação, antes da sentença, pode ser determinada pelo prazo máximo de quarenta e cinco dias, mesmo que o adolescente tenha praticado ato infracional com violência ou grave ameaça.

A: incorreta, pois as entidades que mantenham programa de acolhimento institucional poderão, em caráter excepcional e de urgência, acolher crianças e adolescentes sem prévia determinação da autoridade competente, fazendo comunicação do fato em até 24 (vinte e quatro) horas ao Juiz da Infância e da Juventude, em virtude do princípio da intervenção precoce (art. 93 do ECA). Nas demais hipóteses, o afastamento da criança ou adolescente do convívio familiar e consequente aplicação das medidas de acolhimento familiar, institucional ou colocação em família substituta é de competência exclusiva da autoridade judiciária (art. 101, VII a IX e § 2º, do ECA). Oportuno registrar que, ao Conselho Tutelar, é cabível a aplicação das demais medidas protetivas (art. 136, I e parágrafo único, do ECA). "Na redação anterior do Estatuto, o Conselho Tutelar poderia aplicar a medida de abrigamento e encaminhar a criança e o adolescente diretamente à entidade respectiva, comunicando o fato posteriormente à entidade judiciária. Contudo, de acordo com o atual regramento, a inserção de criança e adolescente em medida protetiva de acolhimento institucional e acolhimento familiar está condicionada à autorização judicial, de modo que não consta mais das atribuições do Conselho Tutelar. (...) o Conselho Tutelar deixa de atuar de forma ativa na inserção da criança e do adolescente em abrigamento, para apenas acompanhar a situação e fornecer subsídios ao magistrado, a quem competirá a palavra sobre a necessidade efetiva de manutenção da medida". (ROSSATO, LÉPORE E SANCHES. *Estatuto da Criança e do Adolescente Comentado*, 3ª edição, São Paulo, Ed. RT, 2012, p. 302); **B:** incorreta, pois em nenhuma hipótese o período máximo de internação excederá a três anos (art. 121, § 3º, do ECA); **C:** incorreta, pois a remissão não implica necessariamente o reconhecimento ou comprovação da responsabilidade, nem prevalece para efeito de antecedentes. Ademais, a concessão da remissão pode ser cumulada com a aplicação de qualquer das medidas protetivas e/ou socioeducativas, exceto a colocação em regime de semiliberdade e a internação (art. 127 do ECA); **D:** incorreta, pois a criança pode ser autora de ato infracional equiparado a crime ou contravenção penal, mas a ela somente poderá ser aplicada medida protetiva e não socioeducativa (art. 105 do ECA); **E:** correta, pois a internação provisória, que é aquela decretada pelo juiz, no curso do processo de conhecimento, antes da sentença, terá prazo limitado de 45 dias e será cabível quando, pela gravidade do ato infracional e sua repercussão social, deva o adolescente permanecer sob internação para garantia de sua segurança pessoal ou manutenção da ordem pública (arts. 108, *caput*, 174 e 183, todos do ECA).

Gabarito "E".

(Promotor de Justiça/GO – 2013) De acordo com o Estatuto da Criança e do Adolescente, assinale a alternativa correta:

(A) a internação de crianças e adolescentes, antes da sentença, em razão de flagrante de ato infracional cometido mediante grave ameaça ou violência a pessoa, pode ser determinada pelo prazo máximo de 45 (quarenta e cinco) dias.

(B) o Conselho Tutelar tem legitimidade para aplicar medidas de proteção à criança e ao adolescente, sempre que seus direitos forem violados por falta, omissão ou abuso dos pais, podendo determinar a matrícula e frequência obrigatórias em escolas, inclusão em programas comunitários, requisição de tratamento médico, abrigo em entidades e colocação em família substituta.

(C) a remissão somente poderá ser concedida pelo representante do Ministério Público e não implica necessariamente o reconhecimento ou com provação da responsabilidade, nem prevalece para efeito de antecedentes, podendo incluir eventualmente a aplicação das medidas socioeducativas, exceto a internação.

(D) a prestação de serviços comunitários consiste na realização de tarefas gratuitas junto a entidades assistenciais, hospitais, escolas, por período não excedente a seis meses. A liberdade assistida, por sua vez, será fixada pelo prazo mínimo de seis meses, podendo ser prorrogada, revogada ou substituída por outra medida.

A: incorreta, pois as medidas socioeducativas, dentre elas a internação, somente serão aplicadas aos adolescentes e não às crianças que cometerem ato infracional, às quais serão aplicadas medidas protetivas (art. 105 do ECA). Oportuno ressaltar que a internação provisória é aquela decretada pelo juiz, no curso do processo de conhecimento, antes da sentença, com prazo limitado de 45 dias quando, pela gravidade do ato infracional e sua repercussão social, deva o adolescente permanecer sob internação para garantia de sua segurança pessoal ou manutenção da ordem pública (arts. 108, *caput*, 174 e 183, todos do ECA; **B:** incorreta, pois o afastamento da criança ou adolescente do convívio familiar e consequente aplicação das medidas de acolhimento familiar, institucional ou colocação em família substituta é de competência exclusiva da autoridade judiciária (art. 101, VII a IX e § 2º, do ECA). Ao Conselho Tutelar é cabível a aplicação das demais medidas protetivas (art. 136, I e parágrafo único, do ECA). "Na redação anterior do Estatuto, o Conselho Tutelar poderia aplicar a medida de abrigamento e encaminhar a criança e o adolescente diretamente à entidade respectiva, comunicando o fato posteriormente à entidade judiciária. Contudo, de acordo com o atual regramento, a inserção de criança e adolescente em medida protetiva de acolhimento institucional e acolhimento familiar está condicionada à autorização judicial, de modo que não consta mais das atribuições do Conselho Tutelar. (...) o Conselho Tutelar deixa de atuar de forma ativa na inserção da criança e do adolescente em abrigamento, para apenas acompanhar a situação e fornecer subsídios ao magistrado, a quem competirá a palavra sobre a necessidade efetiva de manutenção da medida". (ROSSATO, LÉPORE E SANCHES. *Estatuto da Criança e do Adolescente Comentado*, 3ª edição, 2012, São Paulo, Ed. RT, p. 302). Em contrapartida, as entidades que mantenham programa de acolhimento institucional poderão, em caráter excepcional e de urgência, acolher crianças e adolescentes sem prévia determinação da autoridade competente, fazendo comunicação do fato em até 24 (vinte e quatro) horas ao Juiz da Infância e da Juventude, em virtude do princípio da intervenção precoce (art. 93 do ECA); **C:** incorreta, pois antes de iniciado o procedimento judicial para apuração de ato infracional, o representante do Ministério Público poderá conceder a remissão, como forma de exclusão do processo (art. 126, *caput*, do ECA). Por sua vez, iniciado o procedimento, a autoridade judiciária também poderá conceder a remissão, que importará na suspensão ou extinção do processo (art. 126, parágrafo único, do ECA); **D:** correta, pois a alternativa está de acordo com o disposto nos arts. 117, *caput* e 118, § 2º, do ECA.

Gabarito "D".

(Promotor de Justiça/PI – 2014 – CESPE) No que se refere às medidas socioeducativas, à remissão e ao procedimento para a apuração de ato infracional, assinale a opção correta de acordo com o entendimento do STJ acerca do que dispõe o ECA.

(A) É atípica a conduta infracional análoga ao crime de furto simples de uma lâmpada, cujo valor é ínfimo, em razão do princípio da insignificância, aplicável ainda que se trate de adolescente contumaz na prática de atos infracionais contra o patrimônio.

(B) É aplicável medida socioeducativa de internação no caso de condenação de adolescente pela prática de ato infracional análogo ao delito de tráfico de drogas, desde que o juiz fundamente sua decisão na apreciação das condições específicas do adolescente e das circunstâncias do fato.

(C) O assistente de acusação, em processo de apuração de ato infracional, possui legitimidade para a interposição de apelação, quando não interposta pelo MP.

(D) Configura constrangimento ilegal o ato do MP que conceda remissão cumulada com medida socioeducativa de liberdade assistida.

(E) Para aplicação da medida socioeducativa de internação com fundamento na reiteração, exige-se a prática comprovada, com trânsito em julgado, de, no mínimo, três outros atos infracionais graves.

A: incorreta, pois em caso de reiteração de atos infracionais equiparados a crime de furto não se aplica o princípio da insignificância. Neste sentido é o entendo do STJ: "Penal. *Habeas corpus*. Ato infracional equiparado ao crime de furto (art. 155, *caput*, do CP). Princípio da insignificância. Não aplicação. Reiteração de condutas infracionais. Semiliberdade. Fundamentação idônea. (...) *A despeito do pequeno valor do bem subtraído – uma lâmpada –, a conduta do adolescente reveste-se de reprovabilidade que não é irrelevante, uma vez que se trata de paciente contumaz na prática de atos infracionais, motivo pelo qual não se aplica o princípio da insignificância.* – O disposto no art. 120, § 2º, do ECA, não impede a adoção de medida socioeducativa de semiliberdade desde o início, quando esta for compatível com a gravidade e as circunstâncias do delito. Assim, a imposição da semiliberdade deve estar pautada nas circunstâncias peculiares do caso concreto, quando o julgador reputar imperiosa a adoção da medida para a proteção integral do adolescente. – Na hipótese dos autos, a semiliberdade foi imposta ao paciente em perfeito acordo com a legislação de regência e em atenção às peculiaridades do caso, uma vez que se trata de reiteração de condutas delitivas, inclusive lesão corporal, registrando outras passagens pelo Juízo menorista, bem como o paciente já foi condenado a outras medidas mais brandas (advertência, liberdade assistida e prestação de serviços à comunidade), motivo pelo qual não há nenhum constrangimento ilegal a ser sanado. – **Habeas corpus** denegado". (STJ – HC: 183934 DF 2010/0162065-8, Relator: Ministra Marilza Maynard (desembargadora convocada do TJ/SE), j. 02.04.2013, Quinta Turma, *DJ* 05.04.2013); **B:** correta. Nos termos do art. 122 do ECA, a medida de internação só poderá ser aplicada quando: I – tratar-se de ato infracional cometido mediante grave ameaça ou violência a pessoa; II – por reiteração no cometimento de outras infrações graves; III – por descumprimento reiterado e injustificável da medida anteriormente imposta. Assim, inicialmente, conclui-se pela inaplicabilidade da medida socioeducativa de internação ao adolescente que praticar o ato infracional equiparado ao crime de tráfico de drogas, já que não basta a infração ser grave. Neste sentido é o entendimento jurisprudencial noticiado no Informativo 445 do STJ: "ECA – Tráfico – Internação. O ato infracional análogo ao tráfico de drogas, apesar de sua natureza eminentemente hedionda, não enseja, por si só, a aplicação da medida socioeducativa de internação, já que essa conduta não revela violência ou grave ameaça à pessoa (art. 122 do ECA) (...)". Todavia, pode o magistrado determinar a internação, em razão da prática do ato infracional equiparado ao crime de tráfico, diante de sua reiteração. Para o STJ, *são necessárias, no mínimo, duas outras sentenças desfavoráveis, com trânsito em julgado, desconsideradas as remissões* (STJ – HC: 280550 SP 2013/0356735-7, Relator: Ministra Marilza Maynard, j. 11.03.2014, Sexta Turma, *DJ* 31.03.2014). Diferente, portanto, de reincidência; **C:** incorreta, pois o assistente de acusação não possui legitimidade para interpor recurso de apelação. Neste sentido é o entendimento do STJ: "Ato infracional. Estatuto da Criança e do Adolescente. Assistente de acusação. Interposição de recurso. Impossibilidade. Ausência de previsão legal. Aplicação das regras do Código de Processo Civil. Precedente do STJ. Recurso especial desprovido. 1. A Lei 8.069/1990, em seu art. 198 (capítulo referente aos recursos), prevê a aplicação subsidiária das regras do Código de Processo Civil, motivo pelo qual não cabe estender a aplicação dos arts. 268 a 273 do CPP, que trata da figura do assistente da acusação, ao procedimento contido no ECA. 2. "Considerando o caráter de lei especial do Estatuto da Criança e do Adolescente, *na qual não há qualquer referência à figura do assistente da acusação, ele é parte ilegítima para interpor recurso de apelação, por falta de previsão legal*" (REsp605.025/MG, Rel. Min. Gilson Dipp, Quinta Turma, *DJ* de 21.11.2005). 3. Recurso especial desprovido (STJ – REsp: 1044203 RS 2008/0069408-2, Relator: Ministro Arnaldo Esteves Lima, j. 19.02.2009, Quinta Turma, *DJ* 16.03.2009); **D:** incorreta, pois é possível a concessão de remissão, como forma de exclusão do processo, cumulada com medida socioeducativa, exceto a semiliberdade e a internação (art. 127 do ECA). Neste sentido também é o entendimento do STJ: "*Habeas corpus*. Furto tentado. Estatuto da Criança e do Adolescente. Remissão cumulada com medida socioeducativa de liberdade assistida. Possibilidade. 1. A remissão prevista no Estatuto da Criança e do Adolescente pode ser aplicada em qualquer fase do procedimento menorista, uma vez que prescinde de comprovação da materialidade e da autoria do ato infracional, nem implica em reconhecimento de antecedentes infracionais. 2. Não ocorre violação dos princípios do contraditório e da ampla defesa quando a proposta oferecida pelo Ministério Público é homologada antes da oitiva do adolescente, como é o caso dos autos. 3. *Não há constrangimento ilegal quando a remissão é cumulada com medida de liberdade assistida, pois esse instituto pode ser aplicado juntamente com outras medidas que não impliquem restrição da liberdade do menor, nos exatos termos do art. 127 do Estatuto da Criança e do Adolescente*. 4. O art. 128 do ECA o qual prevê que a "medida aplicada por forçada remissão poderá ser revista judicialmente, a qualquer tempo, mediante pedido expresso do adolescente ou de seu representante legal ou do Ministério Público". Desta forma, que não se trata de medida definitiva, estando sujeita a revisões, de acordo com o comportamento do menor. 5. Ordem denegada" (STJ – HC: 177611 SP 2010/0118982-0, Relator: Ministro Og Fernandes, j. 01.03.2012, Sexta Turma, *DJ* 21.05.2012); **E:** incorreta, pois se exige a prática comprovada, com trânsito em julgado, de no mínimo, outros dois atos infracionais graves. Neste sentido: "*Habeas corpus* substitutivo de recurso próprio. Descabimento. ECA. Ato infracional equiparado ao delito de furto qualificado, na forma tentada. Ausência de violência ou grave ameaça. Reiteração no cometimento de duas outras infrações graves. Medida socioeducativa de internação. Possibilidade. Art. 122 do eca. Precedentes. *Habeas corpus* não conhecido. – Este Superior Tribunal de Justiça, na esteira do entendimento firmado pelo Supremo Tribunal Federal, tem amoldado o cabimento do remédio heroico, adotando orientação no sentido de não mais admitir *habeas corpus* substitutivo de recurso ordinário/especial. Contudo, a luz dos princípios constitucionais, sobretudo do devido processo legal e da ampla defesa, tem-se analisado as questões suscitadas na exordial a fim de se verificar a exis-

tência de constrangimento ilegal para, se for o caso, deferir-se a ordem de ofício. – Nos termos da orientação deste Superior Tribunal de Justiça, a internação, medida socioeducativa extrema, somente está autorizada nas hipóteses taxativamente elencadas no art. 122 do Estatuto da Criança e do Adolescente. – A gravidade do ato infracional equiparado ao furto qualificado, por si só, não autoriza a aplicação da medida socioeducativa de internação. – *A jurisprudência desta Corte firmou a orientação de que, para resultar em reiteração de infrações graves, nos termos do inciso II do art. 122 do ECA, são necessárias, no mínimo, duas outras sentenças desfavoráveis, com trânsito em julgado, desconsideradas as remissões.*– No caso dos autos, porém, constata-se que ao paciente foram aplicadas duas outras medidas, de semiliberdade e de liberdade assistida, reiteradamente descumpridas, em razão da prática de atos infracionais análogos ao delito de tráfico de drogas, a evidenciar a ausência de constrangimento ilegal na aplicação, nesta oportunidade, da medida de internação. *Habeas corpus* não conhecido" (STJ – HC: 280550 SP 2013/0356735-7, Relator: Ministra Marilza Maynard, j. 11.03.2014, Sexta Turma, *DJ* 31.03.2014).
Gabarito "B".

(Defensoria/SP – 2013 – FCC) A respeito dos regimes disciplinares previstos na Lei nº12.594 (SINASE), de 12 de janeiro de 2012, é correto afirmar que

(A) é obrigatória a audiência do adolescente ou jovem que tiver sido acusado da prática de falta disciplinar, somente no caso de aplicação da sanção excepcional de isolamento.
(B) não se exige a instauração formal de processo disciplinar para aplicação da sanção de admoestação verbal decorrente de falta disciplinar.
(C) deverá ser garantida a participação de um socioeducando na composição da comissão de apuração da falta disciplinar.
(D) as entidades de atendimento, em seu regimento, deverão prever as infrações como leves, médias e graves.
(E) é dispensável a instauração do processo disciplinar caso a falta incorra em responsabilização penal ou infracional, caso em que deverá ser lavrado somente boletim de ocorrência.

A: incorreta, pois será obrigatória a audiência do socioeducando, nos casos em que seja necessária a instauração de processo disciplinar e não somente no caso de aplicação da sanção de isolamento (art. 71, III, da Lei 12.594/2012); **B:** incorreta, pois se exige a instauração formal de processo disciplinar para a aplicação de qualquer sanção, garantidos a ampla defesa e o contraditório (art. 71, II, da Lei 12.594/2012); **C:** incorreta, pois a comissão de apuração da falta disciplinar será composta por 03 integrantes da entidade de atendimento socioeducativo, sendo que dentre eles um deve ser da equipe técnica (art. 71, VIII, da Lei 12.594/2012). Inclusive, é vedado ao socioeducando desempenhar função ou tarefa de apuração disciplinar ou aplicação de sanção nas entidades de atendimento socioeducativo (art. 73 da Lei 12.594/2012); **D:** correta, pois a alternativa está de acordo com o disposto no art. 71, I, da Lei 12.594/2012; **E:** incorreta, pois o regime disciplinar é independente da responsabilidade civil ou penal que advenha do ato cometido pelo adolescente.
Gabarito "D".

(Defensoria/SP – 2013 – FCC) O adolescente Renan foi ouvido pelo Promotor de Justiça da Vara Especial da Infância e Juventude da Comarca da Capital, nos termos do art. 179 do Estatuto da Criança e do Adolescente, após ter sido surpreendido em um supermercado, tentando subtrair chocolates. Após a oitiva informal, o d. Promotor decidiu pela concessão de remissão, submetendo-a a homologação judicial. Tal instituto refere-se à remissão como forma de

(A) perdão judicial.
(B) suspensão do processo.
(C) extinção do processo.
(D) exclusão do processo.
(E) arquivamento dos autos.

A alternativa "D" está correta, pois está de acordo com o art. 126, *caput*, do ECA, ficando excluídas as demais.
Gabarito "D".

(Cartório/ES – 2013 – CESPE) Com base no disposto no Estatuto da Criança e do Adolescente, assinale a opção correta à luz da jurisprudência dos tribunais superiores.

(A) Ao adolescente que praticar ato infracional análogo ao tráfico de drogas deverá ser imposta a medida socioeducativa de internação.
(B) Em se tratando de procedimento para aplicação de medida socioeducativa, se o menor infrator confessar a prática do ato a ele imputado, será desnecessária a produção de outras provas.
(C) Para a decretação da regressão da medida socioeducativa, é desnecessária a oitiva do menor infrator.
(D) O instituto da prescrição penal não se aplica às medidas socioeducativas.
(E) Em regra, as ações conexas de interesse do menor infrator devem ser processadas e julgadas no foro do domicílio do detentor de sua guarda.

A: incorreta. Nos termos do art. 122 do ECA, a medida de internação só poderá ser aplicada quando: I – tratar-se de ato infracional cometido mediante grave ameaça ou violência a pessoa; II – por reiteração no cometimento de outras infrações graves; III – por descumprimento reiterado e injustificável da medida anteriormente imposta. Assim, inicialmente, conclui-se pela inaplicabilidade da medida socioeducativa de internação ao adolescente que praticar o ato infracional equiparado ao crime de tráfico de drogas, já que não basta a infração ser grave. Neste sentido é o entendimento jurisprudencial noticiado no Informativo n. 445 do STJ: "*ECA – Tráfico – Internação. O ato infracional análogo ao tráfico de drogas, apesar de sua natureza eminentemente hedionda, não enseja, por si só, a aplicação da medida socioeducativa de internação, já que essa conduta não revela violência ou grave ameaça à pessoa (art. 122 do ECA)* (...)". Todavia, pode o magistrado determinar a internação, em razão da prática do ato infracional equiparado ao crime de tráfico, diante de sua reiteração. Para o STJ, *são necessárias, no mínimo, duas outras sentenças desfavoráveis, com trânsito em julgado, desconsideradas as remissões* (STJ, HC: 280550 SP 2013/0356735-7, Relator: Ministra MARILZA MAYNARD, Data de Julgamento: 11.03.2014, T6 SEXTA TURMA, Data de Publicação: 31.03.2014); **B:** incorreta, pois de acordo com a Súmula 342, STJ, "*no procedimento para aplicação de medida socioeducativa, é nula a desistência de outras provas em face da confissão do adolescente*"; **C:** incorreta, pois para a regressão da medida socioeducativa, deve ser observado o devido processo legal, mediante decisão fundamentada em parecer técnico e precedida de prévia audiência e oitiva do menor (art. 43, *caput* e § 4º, da Lei 12.594 e Súmula 265, STJ); **D:** incorreta, pois se aplicam às medidas socioeducativas as normas gerais de prescrição constantes no Código Penal (Súmula 338 do STJ); **E:** correta, pois a alternativa está de acordo com a Súmula 383 do STJ.
Gabarito "E".

(Magistratura/PA – 2012 – CESPE) Contra sentença que julgou procedente o pedido do MP de aplicar a determinado adolescente medida socioeducativa de internação, a Defensoria Pública, em defesa dos interesses do adolescente condenado, interpôs apelação, requerendo, preliminarmente, a intimação do adolescente, a isenção do recolhimento de preparo e a reconsideração da decisão. Quanto ao mérito, aduziu que, malgrado tivessem sido provadas a autoria e a materialidade da infração, a medida imposta seria inexequível, dada a inexistência, no estado, de estabelecimento adequado, conforme as exigências do ECA, para o cumprimento da medida, tendo requerido, então, que a internação fosse substituída por liberdade assistida.

Nessa situação, de acordo com o disposto no ECA, o magistrado deverá

(A) abrir prazo para contrarrazões e, após receber de volta os autos, remetê-los para a segunda instância.
(B) reformar a sentença, de plano e sem necessidade de ouvir o MP, determinando a substituição da internação por liberdade assistida, diante da constatação da inexistência de estabelecimento adequado no estado.
(C) rejeitar todas as preliminares, receber a apelação no efeito devolutivo e abrir prazo para contrarrazões.
(D) determinar a intimação pessoal do adolescente, abrir prazo para contrarrazões e, antes de determinar a remessa dos autos à instância superior, proferir despacho fundamentado, mantendo ou reformando a sentença, no prazo de cinco dias.
(E) julgar deserta a apelação, em razão da ausência de preparo.

Art. 190, I, e art. 198, VII, ambos do ECA.
Gabarito "D".

(Magistratura/PA – 2012 – CESPE) Apesar de o ECA conter, expressamente, as regras de apuração, processamento e julgamento de ato infracional atribuído a adolescente, o magistrado não pode trabalhar somente com a análise literal dos artigos do ECA, devendo estar atento, também, ao entendimento dominante dos tribunais superiores a respeito dessas regras. Com base na jurisprudência do STJ relativa a esse assunto, assinale a opção correta.

(A) É dispensável a oitiva do menor infrator antes de decretar-se a regressão da medida socioeducativa.
(B) A prescrição civil é aplicável às medidas socioeducativas.
(C) Compete ao juiz, ao promotor de justiça e ao defensor público a aplicação de medidas socioeducativas ao adolescente pela prática de ato infracional.
(D) No procedimento para aplicação de medida socioeducativa, é nula, em face da confissão do adolescente, a desistência de outras provas.
(E) A internação provisória de adolescente pode, excepcionalmente, extrapolar o prazo legal de quarenta e cinco dias.

A: incorreta, pois é necessária a oitiva do menor (Súmula 265, STJ); **B:** incorreta, pois se aplicam as regras da prescrição penal (Súmula 338, STJ); **C:** incorreta, pois somente o juiz poderá aplicar as medidas socioeducativas (arts. 112 e 146, ambos do ECA e Súmula 108, do STJ). Importante esclarecer que o Ministério Público poderá oferecer remissão cumulada com medida socioeducativa não restritiva de liberdade, a qual deve ser homologada pelo juiz (Súmula 108, do STJ), sendo dispensável a representação (arts. 126 e 127, ambos do ECA); **D:** correta (Súmula 342, STJ); **E:** incorreta (art. 108, *caput*, do ECA).
Gabarito "D".

(Magistratura/BA – 2012 – CESPE) Policiais militares flagraram José, adolescente com quinze anos de idade, cometendo infração equiparada a crime de roubo, em coautoria com três imputáveis, mediante o uso de arma de fogo carregada.

Considerando a situação hipotética apresentada e as normas previstas no ECA para o procedimento de apuração de ato infracional atribuído a adolescente, assinale a opção correta.

(A) Oferecida a representação, a autoridade judiciária deve designar audiência de apresentação do adolescente, oportunidade na qual, decidirá, após ouvi-lo, sobre a manutenção da internação provisória, que pode ser determinada pelo prazo máximo de cinco dias.
(B) Na audiência, ouvidas as testemunhas arroladas na representação e na defesa prévia, cumpridas as diligências e juntado o relatório da equipe interprofissional, deve ser dada a palavra ao representante do MP e ao defensor público, sucessivamente, pelo tempo de vinte minutos para cada um, prorrogável por mais dez, a critério da autoridade judiciária, que, em seguida, proferirá decisão.
(C) Os policiais militares devem encaminhar todos os agentes à delegacia especializada em defesa do patrimônio, ainda que no município exista repartição policial incumbida para o atendimento de adolescente em situação delituosa.
(D) Após o comparecimento dos pais de José à delegacia, a autoridade policial deve liberá-lo imediatamente, sob termo de compromisso e responsabilidade de sua apresentação ao representante do MP, no mesmo dia ou, sendo impossível, no primeiro dia útil seguinte, sendo vedada, em qualquer circunstância, a sua internação provisória sem ordem judicial.
(E) Após receber vistas do procedimento policial, com informação sobre os antecedentes de José, e ouvi-lo informalmente juntamente com seus pais, o promotor de justiça competente deve conceder remissão e arquivar os autos.

A: incorreta, pois, oferecida a representação, a autoridade judiciária designará audiência de apresentação do adolescente, decidindo, desde logo, sobre a decretação ou manutenção da internação, pelo prazo máximo de quarenta e cinco dias (art. 184, *caput*, e art. 108, *caput*, ambos do ECA); **B:** correta (art. 186, § 4º, do ECA); **C:** incorreta (art. 172, parágrafo único, do ECA); **D:** incorreta, pois não é vedada a internação provisória do adolescente (artigos 108; 121 e seguintes; 174; 184, *caput*, todos do ECA); **E:** incorreta, pois o representante do Ministério Público poderá: a) promover o arquivamento dos autos; b) conceder a remissão; c) representar à autoridade judiciária para aplicação de medida socioeducativa (art. 180 do ECA).
Gabarito "B".

(Magistratura/BA – 2012 – CESPE) O ECA define o ato infracional, delimita o seu alcance, prevê, para crianças e adolescentes infratores, direitos individuais, garantias processuais e medidas socioeducativas em rol taxativo. A respeito desse assunto, assinale a opção correta.

(A) A autoridade judiciária competente pode decretar a regressão da medida socioeducativa sem ouvir o adolescente, desde que os motivos sejam graves.
(B) Excepcionalmente, em razão de grave abalo da ordem pública, é permitida a internação provisória do menor infrator por prazo superior a quarenta e cinco dias, desde que a instrução do processo de apuração da infração esteja encerrada.
(C) Aplicam-se às medidas socioeducativas as normas gerais de prescrição constantes no Código Civil brasileiro, dada a ausência de previsão expressa no ECA a tal respeito.
(D) No procedimento para a aplicação de medida socioeducativa, é nula a desistência de outras provas em face da confissão do adolescente.
(E) Em procedimento de apuração de ato infracional praticado por adolescente, é dispensável a presença do defensor na audiência de apresentação.

A: incorreta (Súmula 265, do STJ); **B:** incorreta (art. 108, *caput*, do ECA); **C:** incorreta, pois aplicam-se às medidas socioeducativas as normas gerais de prescrição constantes no Código Penal (Súmula 338, do STJ); **D:** correta (Súmula 342, do STJ); **E:** incorreta, pois nenhum adolescente a quem se atribua a prática de ato infracional, ainda que ausente ou foragido, será processado sem defensor, devendo estar acompanhado de advogado, inclusive, na audiência de apresentação (art. 184, § 1º, e art. 207, do ECA).
Gabarito "D".

(Ministério Público/PI – 2012 – CESPE) Com relação às regras de apuração, processamento e julgamento de ato infracional atribuído a adolescente previstas no ECA, assinale a opção correta.

(A) Em casos excepcionais, em razão de grave abalo da ordem pública ou de reiteração infracional, é permitido ao juiz manter o adolescente internado provisoriamente pelo prazo máximo de noventa dias.
(B) Compete concorrentemente ao juiz e ao promotor de justiça a aplicação de medidas socioeducativas ao adolescente representado que tenha praticado ato infracional.
(C) Ainda que o adolescente representado confesse a autoria da infração, o advogado de defesa não pode desistir da produção de outras provas, sob pena de nulidade desse ato.
(D) O juiz pode decretar a regressão da medida socioeducativa sem a oitiva prévia do adolescente e de seu defensor.
(E) O prazo prescricional para aplicação de medidas socioeducativas não corre para os que são absolutamente incapazes, em conformidade com as regras de prescrição previstas no Código Civil.

A: incorreta, pois o prazo máximo da internação provisória é de quarenta e cinco dias (art. 108 e 183 do ECA); **B:** incorreta, pois compete exclusivamente ao juiz a aplicação de medidas socioeducativas ao adolescente representado (art. 182 do ECA); **C:** correta (Súmula 342 do STJ); **D:** incorreta, pois é necessária a oitiva do menor infrator antes de decretar-se a regressão da medida socioeducativa (Súmula 265 do STJ); **E:** incorreta, pois segundo o STJ, as medidas socioeducativas prescrevem de acordo com as regras previstas na Parte Geral do Código Penal (Súmula 338 do STJ).
Gabarito "C".

(Defensor Público/AC – 2012 – CESPE) De acordo com as regras de apuração, processamento e julgamento de ato infracional atribuído a adolescente, assinale a opção correta à luz do ECA e da jurisprudência do STJ.

(A) A fim de proteger a sociedade e assegurar a integridade física de adolescente infrator, o juiz pode determinar a internação provisória desse adolescente por período superior a quarenta e cinco dias.
(B) Compete exclusivamente ao juiz aplicar medidas socioeducativas a adolescente que tenha praticado ato infracional.
(C) Aplica-se às medidas socioeducativas a prescrição administrativa quinquenal.
(D) A regressão de medida socioeducativa pode ser decretada pelo juiz sem a oitiva prévia do adolescente e de seu defensor.
(E) Tratando-se de procedimento para aplicação de medida socioeducativa, caso o adolescente representado confesse a autoria do ato infracional, o DP poderá desistir da produção de outras provas.

A: incorreta, pois o prazo máximo da internação provisória é de quarenta e cinco dias (arts. 108 e 183, ambos do ECA); **B:** correta (arts. 180, III, e 182, ambos do ECA). Oportuno registrar que, mesmo no caso de concessão de remissão pré-processual (ou ministerial), que é aquela ofertada pelo Ministério Público como forma de exclusão do processo, quando cumulada com medida socioeducativa, deve haver a concordância do adolescente, do representante legal e do defensor, seguida de homologação judicial (Súmula 180 do STJ); **C:** incorreta, pois, segundo o STJ, as medidas socioeducativas prescrevem, de acordo com as regras previstas na Parte Geral do Código Penal (Súmula 338 do STJ). Inclusive, o próprio STJ, em vários precedentes, oferece parâmetros para esse cálculo (HC 120.875/SP, 5ª T., j. 16.06.2009, rel. Min. Arnaldo Esteves Lima, *DJe* 03.08.2009); **D:** incorreta, pois é necessária a oitiva do menor infrator antes de decretar-se a regressão da medida socioeducativa (Súmula 265 do STJ); **E:** incorreta, pois, ainda que o adolescente representado confesse a autoria da infração, o advogado de defesa não pode desistir da produção de outras provas, sob pena de nulidade desse ato (Súmula 342 do STJ).
Gabarito "B".

(Defensor Público/PR – 2012 – FCC) Quanto ao exercício da defesa técnica ao adolescente acusado de ato infracional ou em cumprimento de medida socioeducativa, é INCORRETO afirmar:

(A) Deve a defesa insurgir-se contra a internação provisória imposta ao adolescente, nas hipóteses em que, em tese, não seria possível a aplicação da medida socioeducativa de internação.
(B) A defesa pode concordar com a aplicação ou manutenção da medida privativa de liberdade em sede de processo de conhecimento e de execução quando existe ameaça de morte contra o adolescente.
(C) Eventual confissão do adolescente em relação aos fatos a si imputados na representação, em virtude de declarações colhidas no relatório técnico elaborado pela equipe interprofissional, caracteriza prova ilícita, por ofensa ao devido processo legal, ensejando a nulidade dos atos processuais posteriores.
(D) Não cabe medida socioeducativa de internação por ato infracional de tráfico de entorpecentes, exceto nos casos de reiteração em ato infracional grave, ou seja, se ocorrer o cometimento de 3 (três) ou mais infrações graves, conforme ressalta a jurisprudência do Superior Tribunal de Justiça.
(E) O prazo máximo de internação-sanção é de até três meses, sendo necessário a defesa impugnar a aplicação do prazo máximo no primeiro descumprimento, em observância ao princípio da proporcionalidade.

A: correta. Aliás, esta é uma das teses nacionais aprovadas no *I Congresso Nacional de Defensores Públicos da Infância e Juventude*; **B:** incorreta, devendo ser assinalada, pois, segundo *uma das teses nacionais aprovadas no I Congresso Nacional de Defensores Públicos da Infância e Juventude*, é vedado à defesa concordar com a aplicação ou manutenção da medida privativa de liberdade em sede de processo de conhecimento e de execução. "Para tanto, poderá ser acionado o Programa de Proteção a Criança e Adolescentes Ameaçados de Morte – PPCAAM – instituído pelo Decreto 6.231/2007, que tem por finalidade proteger crianças e adolescentes expostos a grave ameaça no território nacional, podendo ser estendida aos pais ou responsáveis, bem como a outras

pessoas (art. 3º, § 2º) (...). Assim, em razão de suposto risco, o correto não é decretar a internação provisória do adolescente, mas entregá-lo ao respectivo programa de proteção" (ROSSATO, Luciano Alves; LÉPORE, Paulo Eduardo e CUNHA, Rogério Sanches. **Estatuto da Criança e do Adolescente comentado artigo por artigo**. 3. ed. São Paulo: RT, 2012); **C:** correta. Segundo o parecer da Defensoria Pública do Estado de São Paulo, a confissão de adolescente constante em relatórios técnicos viola inúmeras garantias a ele asseguradas. "Em primeiro lugar, há uma nítida afronta ao direito ao silêncio, previsto expressamente no art. 5º, LXIII, da Constituição Federal, de indiscutível aplicação em âmbito infracional, em face do princípio da proteção integral e do disposto no art. 35, I, da Lei 12.594/2012. Dessa forma, o adolescente, ao ser ouvido em audiência de apresentação, poderá se valer do direito ao silêncio. Todavia, caso conste em seu relatório inicial eventual confissão dos fatos, haverá evidente prejuízo ao exercício de tal garantia (...). Além disso, em nenhum dos diversos relatórios analisados constou qualquer informação a respeito de eventual ciência do adolescente de que o documento produzido instruiria o seu processo socioeducativo. Portanto, em tais casos, além do direito ao silêncio, há violação expressa ao direito à informação, assegurado a todo adolescente acusado da prática de algum ato infracional, bem como ao princípio do *nemo tenetur se detegere*, consagrado implicitamente na Constituição Federal e de forma expressa no Pacto de San José da Costa Rica (Convenção Americana sobre Direitos Humanos), precisamente no art. 8, item 2, alínea *g*, pacto o qual o Brasil é signatário (...). Assim, tal como o réu no processo penal, o adolescente em sede infracional não é obrigado a produzir prova contra si mesmo. Para tanto, é imprescindível que saiba qual será a destinação dada ao relatório produzido pela equipe técnica, ou seja, ao ter contato com tal equipe, o adolescente deve ter ciência de que as informações colhidas integrarão o seu processo socioeducativo. A própria natureza da relação existente entre o adolescente e a sua equipe técnica demanda seja ele orientado acerca de todas as etapas do seu processo socioeducativo. É inadmissível que venha o adolescente expor toda a sua vida à profissional que lhe entrevista, acreditando que está acobertado pelo sigilo, sendo posteriormente, surpreendido pela juntada destas mesmas informações ao seu processo, e o pior, podendo ser utilizadas em seu desfavor. Mas ressalte-se, ainda que exista a concordância prévia do adolescente, é vedado ao relatório fazer qualquer menção a eventual confissão. Não é este o momento processual adequado. Na maior parte dos casos, tal adolescente sequer pôde entrevistar-se com seu defensor, a fim de verificar a melhor estratégia defensiva. Portanto, se o relatório técnico inicial contiver qualquer declaração do adolescente que caracterize a confissão dos fatos, estará eivado de nulidade. Dispõe o art. 5º, LVI, da Constituição Federal que 'são inadmissíveis no processo, as provas obtidas por meios ilícitos'. Já o art. 157 do CPP traz previsão semelhante, ao dispor que 'são inadmissíveis, devendo ser desentranhadas do processo, as provas ilícitas, assim entendidas as obtidas em violação a normas constitucionais ou legais'. Portanto, a confissão colhida do adolescente e presente no relatório técnico elaborado pela equipe interprofissional caracteriza prova ilícita, devendo tal relatório ser desentranhado do processo, justamente pela violação às garantias acima mencionadas. Caso isto não ocorra, todos os atos posteriores a sua juntada serão considerados nulos. Aliás, este é o teor da Súmula do II Congresso Nacional de Defensores Públicos da Infância e Juventude" (Parecer da DP/SP – PA NEIJ 81/2011); **D:** correta. Nos termos do art. 122 do ECA, a medida de internação só poderá ser aplicada quando: I – tratar-se de ato infracional cometido mediante grave ameaça ou violência a pessoa; II – por reiteração no cometimento de outras infrações graves; III – por descumprimento reiterado e injustificável da medida anteriormente imposta. Assim, inicialmente, conclui-se pela inaplicabilidade da medida socioeducativa de internação ao adolescente que praticar o ato infracional equiparado ao crime de tráfico de drogas. Neste sentido é o entendimento jurisprudencial noticiado no Informativo 445 do STJ: "ECA – Tráfico – Internação. O ato infracional análogo ao tráfico de drogas, apesar de sua natureza eminentemente hedionda, não enseja, por si só, a aplicação da medida socioeducativa de internação, já que essa conduta não revela violência ou grave ameaça à pessoa (art. 122 do ECA) (...)". Todavia, pode o magistrado determinar a internação, em razão da prática do ato infracional equiparado ao crime de tráfico, diante de sua reiteração. Para o STJ, reiteração é, no mínimo, três infrações graves (HC 39.458/SP, 5ª T., j. 12.04.2005, rel. Min. Laurita Vaz, DJ 09.05.2005). Diferente, portanto, de reincidência. Aliás, esta é uma das teses nacionais aprovadas no I Congresso Nacional de Defensores Públicos da Infância e Juventude; **E:** correta (art. 122, § 1º, do ECA).
Gabarito "B".

(Defensor Público/SE – 2012 – CESPE) Com referência ao ato infracional e aos procedimentos a ele pertinentes, assinale a opção correta.

(A) A privação da liberdade de criança ou adolescente só é admitida em flagrante delito ou por ordem escrita e fundamentada da autoridade penal competente.

(B) A competência para a apuração de ato infracional é da autoridade do local do domicílio dos pais ou responsável ou do lugar onde o adolescente resida ou seja encontrado.

(C) A internação provisória da criança ou do adolescente que tenha praticado ato infracional pode ser decretada pelo prazo máximo de seis meses.

(D) Caso um menino de dez anos de idade abra, sorrateiramente, dentro da escola, a carteira de um colega e de lá subtraia a quantia de R$ 50,00, tal conduta caracterizará a prática de ato infracional, que deve ser investigado pela polícia judiciária.

(E) A audiência de apresentação de adolescente apreendido pela prática de ato infracional deve ser designada imediatamente após a denúncia oferecida pelo MP.

A: incorreta, pois nenhum adolescente será privado de sua liberdade senão em flagrante de ato infracional ou por ordem escrita e fundamentada da *autoridade judiciária competente* (art. 106, do ECA); **B:** incorreta, pois, nos casos de ato infracional, será competente a autoridade do *lugar da ação ou omissão* (art. 147, § 1º, do ECA); **C:** incorreta, pois o prazo máximo é de quarenta e cinco dias (arts. 108 e 183, ambos do ECA); **D:** correta, pois a hipótese descrita na alternativa configura ato infracional, praticado por criança, equiparado ao crime de furto. Oportuno frisar que, neste caso, será cabível a aplicação de medida protetiva e não socioeducativa (art. 105, do ECA); **E:** incorreta, pois a designação da audiência de apresentação pelo juiz deverá ser realizada logo após o oferecimento da representação, oportunidade na qual decidirá sobre a decretação ou manutenção da internação (art. 184, do ECA).
Gabarito "D".

(Defensor Público/SP – 2012 – FCC) Com relação à prática de ato infracional e ao procedimento para sua apuração até a devida prestação jurisdicional, segundo o Estatuto da Criança e do Adolescente, é correto afirmar que

(A) para que o representante do Ministério Público possa oferecer representação contra adolescente, imputando-lhe a prática de ato infracional, faz-se necessária prova pré-constituída da materialidade e indícios suficientes de autoria.

(B) a remissão, como forma de suspensão ou extinção do processo, poderá ser proposta até o trânsito em julgado da sentença.

(C) proferida decisão condenatória, com inserção do adolescente no cumprimento da medida de internação e determinação expressa de vedação a atividades externas, tal vedação somente poderá ser revista após seis meses de seu cumprimento.

(D) em caso de flagrante de ato infracional praticado por adolescente, é obrigatória a lavratura do auto de apreensão em flagrante, com encaminhamento imediato de cópia ao representante do Ministério Público.

(E) em uma interpretação sistemática, compatibilizando os arts. 106, 108 e 110, a privação de liberdade por ordem judicial, antes da sentença, somente poderá ser determinada após a instauração do devido processo legal.

A: incorreta, pois a representação independe de prova pré-constituída da autoria e materialidade, bastando meros indícios (art. 182, § 2º, do ECA); **B:** incorreta, pois a remissão, como forma de extinção ou suspensão do processo, poderá ser aplicada em qualquer fase do procedimento, *antes da sentença* (art. 188, do ECA); **C:** incorreta, pois a manutenção da medida de internação deve ser reavaliada, mediante decisão fundamentada, *no máximo* a cada seis meses (art. 121, § 2º, do ECA); **D:** incorreta, pois somente é obrigatória a lavratura do auto de apreensão em flagrante quando o ato infracional é cometido mediante violência ou grave ameaça a pessoa. Caso contrário, nas demais hipóteses de flagrante, a lavratura do auto poderá ser substituída por boletim de ocorrência circunstanciada (art. 173, do ECA). Em caso de não liberação, a autoridade policial encaminhará, desde logo, o adolescente ao representante do Ministério Público, juntamente com cópia do auto de apreensão ou boletim de ocorrência (art. 175, *caput*, do ECA). Sendo o adolescente liberado, a autoridade policial encaminhará imediatamente ao representante do Ministério Público cópia do auto de apreensão ou boletim de ocorrência (art. 176, do ECA); **E:** correta, pois a internação do adolescente pode ser provisória – caso em que juiz decreta a medida cautelarmente, por ordem escrita e fundamentada (art. 108, do ECA), ou mantém a apreensão em flagrante do adolescente, quando da designação da audiência de apresentação (art. 184, do ECA) – ou definitiva, quando decorrer da aplicação da medida em razão da procedência da ação socioeducativa. Assim, em ambos os casos há o respeito à garantia processual de que nenhum adolescente será privado de sua liberdade sem o devido processo legal (art. 110, do ECA).
Gabarito "E".

8. CONSELHO TUTELAR

(Juiz – TJ/MS – VUNESP – 2015) Com relação à eleição dos Conselheiros Tutelares, é correto afirmar que

(A) todos aqueles que tiverem completado 18 (dezoito) anos poderão ser eleitos por voto direto, secreto e facultativo.

(B) os candidatos devem possuir idoneidade moral e reputação ilibada, vedada a reeleição.

(C) o processo para escolha será estabelecido por lei municipal e realizado sob a responsabilidade do Conselho Municipal dos Direitos das Crianças, sob fiscalização do Ministério Público.

(D) em caso de não possuírem residência fixa no Município, os candidatos devem apresentar autorização do Juiz da Vara da Infância e da Juventude como condição de elegibilidade.

(E) ocorre a cada 2 (dois) anos, em data unificada em todo o território nacional.

A: incorreta. Para ser conselheiro tutelar, o ECA exige, em seu art. 133, a idade mínima de 21 (vinte e um) anos. **B:** incorreta. Para ser conselheiro tutelar, além da idade de 21 anos, também é exigida a idoneidade moral e a residência no município. O mandato é de 4 anos sendo admitida uma recondução (art. 132 do ECA). **C:** correta. Nos exatos termos do art. 139 do ECA. **D:** incorreta. O conselheiro tutelar deve residir no município (art. 133, III, do ECA). **E:** incorreta. O mandato é de 4 (quarto) anos (art. 132 do ECA).
Gabarito "C".

(Juiz – TJ/SP – VUNESP – 2015) Segundo o Estatuto da Criança e do Adolescente, os casos de suspeita ou confirmação de castigo físico, de tratamento cruel ou degradante e de maus-tratos contra criança ou adolescente serão obrigatoriamente comunicados, sem prejuízo de outras providências legais,

(A) ao Conselho Tutelar da respectiva localidade.
(B) ao Hospital Regional Infantil responsável pelo domicílio da criança.
(C) às Varas de Violência Doméstica para o cadastramento do domicílio.
(D) ao Juiz Corregedor da Comarca para a viabilização da adoção.

A: correta. Os casos de suspeita ou confirmação de castigo físico, de tratamento cruel ou degradante e de maus-tratos contra criança ou adolescente serão obrigatoriamente comunicados ao Conselho Tutelar da respectiva localidade, sem prejuízo de outras providências legais (art. 13 do ECA). **B:** incorreta. Os médicos e dirigentes de estabelecimentos de saúde têm a obrigação de avisar ao Conselho Tutelar casos de maus-tratos, sob pena de responder por infração administrativa prevista no art. 245 do ECA: "Deixar o médico, professor ou responsável por estabelecimento de atenção à saúde e de ensino fundamental, pré-escola ou creche, de comunicar à autoridade competente os casos de que tenha conhecimento, envolvendo suspeita ou confirmação de maus-tratos contra criança ou adolescente: Pena – multa de três a vinte salários de referência, aplicando-se o dobro em caso de reincidência". **C:** incorreta. Compete à Vara de Infância e Juventude as ações que envolvam crianças e adolescentes em situação de risco (art. 148 do ECA). **D:** incorreta. A adoção correrá em Vara de Infância e Juventude (art. 148 do ECA) e a criança deverá ser cadastrada no cadastro nacional de adoção após tentativas de se manter na sua família natural. RD
Gabarito "A".

(Defensor Público – DPE/RN – 2016 – CESPE) Em relação a conselho tutelar, assinale a opção correta.

(A) Se constatar que um professor de pré-escola teve ciência de maus-tratos contra criança e não comunicou o fato à autoridade competente, o conselho tutelar poderá iniciar procedimento destinado a impor penalidade administrativa.
(B) O conselho tutelar não tem competência para aplicar medida de advertência a pais que, a pretexto de corrigir ou educar uma criança, utilizarem castigo físico.
(C) Segundo o ECA, cabe ao conselho tutelar encaminhar ao MP informação a respeito do descumprimento injustificado de suas deliberações para que este faça uma representação à autoridade judiciária competente, para fins de execução das decisões do colegiado.
(D) Sob o ponto de vista administrativo, o conselho tutelar é subordinado hierarquicamente a uma das secretarias integrantes do Poder Executivo local.
(E) De acordo com o ECA, a escolha dos conselheiros tutelares deve ocorrer por eleição mediante voto indireto.

A: correta. Prevê o artigo 245 do ECA a seguinte infração administrativa com a respectiva sanção: "deixar o médico, professor ou responsável por estabelecimento de atenção à saúde e de ensino fundamental, pré-escola ou creche, de comunicar à autoridade competente os casos de que tenha conhecimento, envolvendo suspeita ou confirmação de maus-tratos contra criança ou adolescente: Pena – multa de três a vinte salários de referência, aplicando-se o dobro em caso de reincidência". O Conselho Tutelar, por sua vez, tem por função encaminhar ao Ministério Público a existência de crime ou infração administrativa, tudo na forma do art. 136, IV, do ECA. **B:** incorreta. A medida de advertência, perda da guarda, destituição da tutela, suspensão ou destituição de poder familiar, são medidas que só podem ser aplicadas pela autoridade judicial (vide art. 136, II). **C:** incorreta. Na forma do art. 136, III, o Conselho Tutelar deve "promover a execução de suas decisões, podendo para tanto: a) requisitar serviços públicos nas áreas de saúde, educação, serviço social, previdência, trabalho e segurança; e b) representar junto à autoridade judiciária nos casos de descumprimento injustificado de suas deliberações". **D:** incorreta. O Conselho Tutelar é órgão permanente e autônomo, não jurisdicional, não estando subordinado hierarquicamente às secretarias integrantes do Executivo. **E:** incorreta. A escolha dos conselheiros é feita mediante voto direto (vide art. 139 do ECA).
Gabarito "A".

(Juiz de Direito/AM – 2016 – CESPE) O conselho tutelar determinou à autoridade municipal competente a medida de proteção consistente em matrícula e frequência obrigatórias em estabelecimento oficial de ensino fundamental para criança com seis anos de idade.
Acerca dessa situação hipotética e de aspectos relativos à atuação e às competências do conselho tutelar, assinale a opção correta.

(A) Na situação em tela, uma vez documentada a violação de direitos da criança, a decisão do conselho tutelar prescindiria da oitiva da criança e dos pais.
(B) Caso, na hipótese dada, se tratasse de pais moradores de rua, a medida mais adequada para a criança seria a de internação em estabelecimento educacional.
(C) Na hipótese considerada, a autoridade municipal poderá deixar de cumprir a determinação, uma vez que não há previsão legal de garantia de oferta, pelo município, de educação formal para crianças com até seis anos de idade.
(D) Não há possibilidade legal de os pais da criança em questão se oporem à decisão do conselho tutelar sob o fundamento de liberdade de consciência.
(E) A decisão do conselho tutelar, na situação em apreço, somente poderá ser revista pela autoridade judiciária a pedido de quem tenha legítimo interesse.

A: incorreta. O Conselho Tutelar é órgão autônomo (art. 131), não sendo necessária a oitiva dos pais ou do menor para a tomada de suas decisões. No entanto, suas decisões podem ser revistas pela autoridade judiciária (art. 137). **B:** incorreta. Não há previsão de medida protetiva de internação em estabelecimento educacional. Se houver necessidade de colocar a criança em guarda ou tutela de terceiro, ou afastamento do lar, essa medida somente pode ser determinada pela autoridade judiciária, nunca pelo Conselho Tutelar (art. 101 e art. 136, parágrafo único, ambos do ECA). **C:** incorreta. Na forma do art. 208, § 2º, da CF, o não oferecimento de ensino obrigatório pelo Poder Público, ou sua oferta irregular, importa responsabilidade da autoridade competente. **D:** incorreta. Tendo em vista o exercício do poder familiar, os pais tem legitimidade para se oporem à decisão do conselho tutelar. Aliás, neste caso em específico, o homeschooling está sendo debatido no STF (RE 888.815), ainda sem julgamento até o fechamento dessa edição. **E:** correta. Conforme o art. 137 do ECA, as decisões do Conselho Tutelar somente poderão ser revistas pela autoridade judiciária competente a pedido de quem tenha legítimo interesse.
Gabarito "E".

(Magistratura/GO – 2015 – FCC) Enquanto não instalado o conselho tutelar no Município, as atribuições a ele conferidas serão exercidas

(A) pelos comissários da infância e da juventude.
(B) pelas entidades de atendimento.
(C) pelo Ministério Público.
(D) pelo conselho municipal de direitos.
(E) pela autoridade judiciária.

De fato, enquanto não instalado o Conselho Tutelar no Município, compete à autoridade judiciária exercer as atribuições a ele conferidas. Assim, a alternativa "E" está correta, pois está de acordo com o disposto no art. 262 do ECA, ficando as demais assertivas excluídas.
Gabarito "E".

(Juiz de Direito/MG – 2014) Em relação ao Conselho Tutelar, assinale a alternativa **INCORRETA**.

(A) É órgão permanente e autônomo, não jurisdicional, encarregado pela sociedade de zelar pelo cumprimento dos direitos da criança e do adolescente.
(B) Em cada Município e em cada Região Administrativa do Distrito Federal haverá, no mínimo, um Conselho Tutelar como órgão integrante da administração pública local, composto de dez membros, escolhidos pela população local para mandato de quatro anos, permitida uma recondução, mediante novo processo de escolha.
(C) O exercício efetivo da função de conselheiro constitui serviço público relevante e estabelece presunção de idoneidade moral.
(D) As decisões do Conselho Tutelar somente poderão ser revistas pela autoridade judiciária a pedido de quem tenha legítimo interesse.

A: assertiva correta, pois está de acordo com o disposto no art. 131 do ECA; **B:** assertiva incorreta, devendo ser assinalada, pois o Conselho Tutelar é composto de 5 (cinco) membros (art. 132 do ECA); **C:** assertiva correta, pois está de acordo com o disposto no art. 135 do ECA; **D:** assertiva correta, pois está de acordo com o disposto no art. 137 do ECA.
Gabarito "B".

(Juiz de Direito/PA – 2014 – VUNESP) Supondo que um determinado pai esteja inconformado com uma decisão do Conselho Tutelar que irregularmente aplicou ao seu filho a medida de acolhimento institucional, em regra, ele poderá

(A) interpor Mandado de Segurança junto ao Promotor de Justiça.
(B) recorrer ao Presidente do Conselho Tutelar.
(C) pleitear a revisão da decisão à Autoridade Judiciária competente.
(D) pleitear a revisão da decisão à Autoridade Policial competente.
(E) requerer a revisão da decisão pelo Ministério Público.

A alternativa "C" está correta, ficando excluídas as demais, tendo em vista que toda lesão ou ameaça de lesão a direito será apreciada pela autoridade judiciária competente, em observância ao princípio da inafastabilidade da jurisdição (art. 5º, inciso XXXV, da CF/1988). Oportuno salientar que o afastamento da criança ou adolescente do convívio familiar e consequente aplicação das medidas de acolhimento familiar, institucional ou colocação em família substituta é de competência exclusiva da autoridade judiciária (art. 101, VII e IX e § 2º, do ECA). Ao Conselho Tutelar é cabível a aplicação das demais medidas protetivas (art. 136, I e parágrafo único, do ECA). "*Na redação anterior do Estatuto, o Conselho Tutelar poderia aplicar a medida de abrigamento e encaminhar a criança e o adolescente diretamente à entidade respectiva, comunicando o fato posteriormente à entidade judiciária. Contudo, de acordo com o atual regramento, a inserção de criança e adolescente em medida protetiva de acolhimento institucional e acolhimento familiar está condicionada à autorização judicial, de modo que não consta mais das atribuições do Conselho Tutelar. (...) o Conselho Tutelar deixa de atuar de forma ativa na inserção da criança e do adolescente em abrigamento, para apenas acompanhar a situação e fornecer subsídios ao magistrado, a quem competirá a palavra sobre a necessidade efetiva de manutenção da medida*". (ROSSATO, LÉPORE E SANCHES. *Estatuto da Criança e do Adolescente Comentado*, Ed. RT, 3ª edição, 2012, pag. 302). Em contrapartida, as entidades que mantenham programa de acolhimento institucional poderão, em caráter excepcional e de urgência, acolher crianças e adolescentes sem prévia determinação da autoridade competente, fazendo comunicação do fato em até 24 (vinte e quatro) horas ao Juiz da Infância e da Juventude, em virtude do princípio da intervenção precoce (art. 93 do ECA).

Gabarito "C".

(Procurador do Município – São Paulo/SP – 2014 – VUNESP) De acordo com o Estatuto da Criança e do Adolescente, Lei Federal n. 8.069/1990, é atribuição do conselho tutelar:

(A) aplicar penalidades administrativas nos casos de infrações contra norma de proteção à criança ou adolescente.

(B) ser designado como curador especial em casos de apresentação de queixa ou representação, ou de outros procedimentos judiciais ou extrajudiciais em que haja interesses de criança ou adolescente.

(C) inspecionar as entidades públicas e particulares de atendimento e os programas de que trata esta Lei, adotando de pronto as medidas administrativas ou judiciais necessárias à remoção de irregularidades porventura verificadas.

(D) representar ao Ministério Público para efeito das ações de perda ou suspensão do poder familiar, após esgotadas as possibilidades de manutenção da criança ou do adolescente junto à família natural.

(E) ajuizar as ações cíveis fundadas em interesses coletivos ou difusos.

A: incorreta, pois a aplicação de penalidades administrativas é de competência exclusiva da Justiça da Infância e Juventude (art. 148, VI, do ECA). Oportuno registrar que é atribuição do Conselho Tutelar encaminhar ao Ministério Público notícia de fato que constitua infração administrativa ou penal contra os direitos da criança ou adolescente (art. 136, IV, do ECA); **B:** incorreta. Muito embora a Justiça da Infância e Juventude tenha competência para designar curador especial em casos de apresentação de queixa ou representação, ou de outros procedimentos judiciais ou extrajudiciais em que haja interesses de criança ou adolescente, não há previsão legal de que o designado será o Conselheiro Tutelar (art. 148, parágrafo único, alínea "f", do ECA); **C:** incorreta, pois a atribuição de inspecionar as entidades é do Ministério Público e não do Conselho Tutelar (art. 201, XI, do ECA). Todavia, cumpre ressaltar que o procedimento de apuração de irregularidades em entidade governamental e não governamental terá início mediante portaria da autoridade judiciária ou representação do Ministério Público ou do Conselho Tutelar, onde conste, necessariamente, resumo dos fatos (art. 191, *caput*, do ECA); **D:** correta, pois a alternativa está de acordo com o disposto no art. 136, XI, do ECA; **E:** incorreta, pois o Conselho Tutelar não está dentre os legitimados concorrentes para o ajuizamento de ações cíveis fundadas em interesses coletivos ou difusos, previstos no art. 210 do ECA.

Gabarito "D".

(Magistratura do Trabalho – 3ª Região – 2014) Em relação ao Conselho Tutelar, pode-se afirmar o seguinte:

(A) O Conselho Tutelar determinará o acolhimento institucional, quando a criança se encontrar em risco por omissão do agente do Estado.

(B) O Conselho Tutelar aplicará medidas socioeducativas que correspondam à execução de decisões por ele tomadas, com vistas à proteção integral e prioritária da criança.

(C) Em cada Município haverá, no mínimo, um Conselho Tutelar como órgão integrante da administração pública local, composto de 6 membros, escolhidos pela população local para mandato de 4 anos, permitida uma recondução, mediante novo processo de escolha.

(D) O Conselho Tutelar representará ao Ministério Público para efeito das ações de perda ou suspensão do poder familiar, após esgotadas as possibilidades de manutenção da criança ou do adolescente junto à família natural.

(E) O Conselho Tutelar, como órgão jurisdicional permanente e autônomo, poderá, em razão deste poder, requisitar serviços públicos nas áreas de saúde, previdência, trabalho e segurança.

A: incorreta, pois o afastamento da criança ou adolescente do convívio familiar e consequente aplicação das medidas de acolhimento familiar, institucional ou colocação em família substituta é de competência exclusiva da autoridade judiciária (art. 101, VII e IX e § 2º, do ECA). Ao Conselho Tutelar é cabível a aplicação das demais medidas protetivas (art. 136, I e parágrafo único, do ECA). "*Na redação anterior do Estatuto, o Conselho Tutelar poderia aplicar a medida de abrigamento e encaminhar a criança e o adolescente diretamente à entidade respectiva, comunicando o fato posteriormente à entidade judiciária. Contudo, de acordo com o atual regramento, a inserção de criança e adolescente em medida protetiva de acolhimento institucional e acolhimento familiar está condicionada à autorização judicial, de modo que não consta mais das atribuições do Conselho Tutelar. (...) o Conselho Tutelar deixa de atuar de forma ativa na inserção da criança e do adolescente em abrigamento, para apenas acompanhar a situação e fornecer subsídios ao magistrado, a quem competirá a palavra sobre a necessidade efetiva de manutenção da medida*". (ROSSATO, LÉPORE E SANCHES. Estatuto da Criança e do Adolescente Comentado, Ed. RT, 3ª edição, 2012, pag. 302). Em contrapartida, as entidades que mantenham programa de acolhimento institucional poderão, em caráter excepcional e de urgência, acolher crianças e adolescentes sem prévia determinação da autoridade competente, fazendo comunicação do fato em até 24 (vinte e quatro) horas ao Juiz da Infância e da Juventude, em virtude do princípio da intervenção precoce (art. 93 do ECA). **B:** incorreta. Muito embora seja atribuição do Conselho Tutelar promover a execução de suas decisões, deverá encaminhar à autoridade judiciária os casos de sua competência, dentre eles o de aplicação das medidas socioeducativas (art. 136, III e V; art. 148, I, ambos do ECA); **C:** incorreta, pois o Conselho Tutelar é composto de 5 (cinco) membros (art. 132 do ECA); **D:** correta, pois a alternativa está de acordo com o disposto no art. 136, XI, do ECA; **E:** incorreta. Em verdade, a alternativa está incompleta, pois o Conselho Tutelar poderá requisitar serviços públicos nas áreas de saúde, educação, serviço social, previdência, trabalho e segurança (art. 136, III, "a", do ECA).

Gabarito "D".

(Magistratura/PA – 2012 – CESPE) Na madrugada de determinado sábado, um conselheiro tutelar plantonista recebeu denúncia anônima, por telefone, segundo a qual três crianças, respectivamente, com três, quatro e seis anos de idade, teriam sido trancadas, sozinhas, em casa pelos pais, que teriam viajado até uma cidade contígua à que habitam, para participar de uma festa noturna. O conselheiro foi, então, até o local indicado na denúncia e constatou a veracidade dos fatos narrados.

Nessa situação, de acordo com as atribuições do conselho tutelar previstas no ECA, o conselheiro tutelar deve

(A) comunicar a situação ao juiz plantonista na vara da infância e da juventude, para que ele adote as providências pertinentes ao caso.

(B) arrombar a porta da casa, retirar as crianças de lá, dirigir-se à delegacia mais próxima, registrar o ocorrido e aguardar, na própria delegacia, a chegada dos pais, sob pena de ter de responder por subtração de incapazes.

(C) requisitar força policial para arrombar a porta da casa, retirar as crianças de lá, encaminhá-las a instituição de acolhimento provisório e comunicar imediatamente o fato ao MP.

(D) acionar a polícia militar para tomar as providências que entender cabíveis.

(E) encaminhar ao MP notícia do fato para que este promova as ações que entender necessárias.

Art. 136, I, III, "a", e IV, do ECA.

Gabarito "C".

(Magistratura/CE – 2012 – CESPE) Márcio, conselheiro tutelar, recebeu denúncia anônima, por telefone, a respeito do funcionamento de uma boate, instalada em uma casa no centro da cidade, onde meninas adolescentes eram supostamente mantidas para a prática de prostituição.

Com base na situação hipotética apresentada, nas atribuições do conselho tutelar e nas medidas de proteção previstas no ECA, assinale a opção correta.

(A) Márcio, representando o conselho tutelar local, deverá ajuizar, imediatamente, ação cautelar, com pedido de liminar, com vistas à interdição temporária do estabelecimento.

(B) Confirmada a existência de adolescentes desacompanhadas de pais ou representantes legais na referida residência, Márcio deverá providenciar o encaminhamento das menores aos seus responsáveis legais ou, na falta destes, o acolhimento institucional, comunicando o MP, via relatório minucioso, dos fatos e providências.

(C) Márcio deverá, imediatamente, requisitar à polícia civil abertura de inquérito policial para investigação criminal do caso e, assim que forem tomadas as providências cabíveis, fiscalizar a atuação policial, a fim de evitar violação dos direitos fundamentais das adolescentes envolvidas.

(D) Confirmada a existência de adolescentes desacompanhadas de pais ou representantes legais na referida casa, o conselheiro tutelar deverá determinar a imediata internação provisória das menores em entidade exclusivamente destinada a adolescentes, distinta de abrigo, obedecida rigorosa separação por critérios de idade, compleição física e gravidade da infração, pelo prazo máximo de quarenta e cinco dias.

(E) O conselheiro deverá convocar, com urgência, reunião do conselho tutelar com o promotor de justiça, o defensor público, o juiz da infância e juventude e as polícias civil e militar, para definição de plano estratégico de combate à prostituição local de adolescentes.

A, C, D e E: incorretas, pois estão em desacordo com o ECA; **B:** correta, pois uma das atribuições do Conselho Tutelar é a aplicação das medidas protetivas em favor da criança e do adolescente, exceto inclusão em programa de acolhimento familiar e colocação em família substituta, bem como representar ao Ministério Público, comunicando fatos e providências (art. 93, *caput*; art. 101, I e VII; e art. 136, I, IV e X, todos do ECA).

Gabarito "B".

(Ministério Público/RR – 2012 – CESPE) No que diz respeito aos conselhos dos direitos da criança e do adolescente e ao conselho tutelar, assinale a opção correta.

(A) Se, no exercício de suas atribuições, o conselho tutelar entender necessário o afastamento da criança ou do adolescente do convívio familiar, o referido órgão deve requerer autorização ao MP para adotar as providências cabíveis ao caso.

(B) O Conselho Nacional dos Direitos da Criança e do Adolescente bem como os respectivos conselhos municipais e estaduais devem fixar critérios de utilização das doações subsidiadas e demais receitas, por meio de planos de aplicação, destinando, necessariamente,

percentual para incentivo ao acolhimento, sob a forma de guarda, de criança ou adolescente órfãos ou abandonados.
(C) Os recursos financeiros necessários para a manutenção do conselho tutelar dependem das doações da comunidade local e do repasse de recursos financeiros do estado e da União.
(D) Em cada município deve haver, no mínimo, um conselho tutelar composto de cinco membros, nomeados pela câmara municipal para mandato de três anos, permitida uma recondução.
(E) A atuação do conselho tutelar restringe-se às crianças e aos adolescentes cujos pais ou responsável legal não possuam condições econômico-financeiras de garantir o mínimo existencial ao infante.

A: incorreta, pois o Conselho Tutelar não precisa pedir autorização ao Ministério Público, mas deverá comunicá-lo (art. 136, parágrafo único, do ECA); B: correta (art. 260, § 2º, do ECA); C: incorreta, pois constará da lei orçamentária municipal e da do Distrito Federal previsão dos recursos necessários ao funcionamento do Conselho Tutelar e à remuneração e formação continuada dos conselheiros tutelares (art. 134, parágrafo único, do ECA); D: incorreta, pois em cada Município e em cada Região Administrativa do Distrito Federal haverá, no mínimo, 1 (um) Conselho Tutelar como órgão integrante da administração pública local, composto de 5 (cinco) membros, escolhidos pela população local, para mandato de 4 (quatro) anos, permitida 1 (uma) recondução, mediante novo processo de escolha (art. 132 do ECA); E: incorreta, pois o Conselho Tutelar é encarregado de zelar pelo cumprimento dos direitos da criança e do adolescente, independentemente de sua situação econômica (art. 131 do ECA), pelo princípio da proteção integral.
Gabarito "B".

(Ministério Público/PI – 2012 – CESPE) O conselho tutelar de uma cidade do interior de determinado estado brasileiro recebeu denúncia anônima, por telefone, em que se relatava que o diretor da principal escola pública municipal teria praticado abusos sexuais contra várias crianças.
Nessa situação hipotética, dadas as atribuições do conselho tutelar previstas no ECA, os conselheiros tutelares devem:
(A) ajuizar contra o diretor, perante o juízo local da infância e da juventude, ação de exoneração do cargo, com pedido liminar de afastamento provisório.
(B) instaurar, com urgência, inquérito civil e criminal para ouvir o diretor, as crianças, seus pais, funcionários e professores da escola, para apuração dos fatos.
(C) comunicar, com urgência, o fato ao prefeito municipal, a quem cabe tomar as providências necessárias.
(D) ouvir reservadamente o diretor, as crianças e seus pais e, confirmados os indícios de abusos sexuais, enviar ao MP e à autoridade judiciária relatório circunstanciado do ocorrido e das providências tomadas.
(E) proceder à investigação do diretor, de forma sigilosa, e preparar um flagrante a fim de prendê-lo.

A alternativa "D" está correta, pois reflete o disposto no art. 136, I e IV, do ECA, ficando excluídas as demais.
Gabarito "D".

(Ministério Público/SP – 2013 – PGMP) O Conselho Tutelar, órgão permanente e autônomo, encarregado pela sociedade de zelar pelo cumprimento dos direitos da criança e do adolescente, possui várias atribuições expressas na legislação vigente. Assinale a alternativa que apresenta CORRETAMENTE uma dessas atribuições.
(A) Aplicar a multa cabível diante de fato que constitua infração administrativa contra as normas de proteção aos direitos da criança ou adolescente.
(B) Apresentar emendas à proposta orçamentária elaborada pelo Poder Executivo local para planos e programas de atendimento aos direitos da criança e do adolescente.
(C) Representar ao Ministério Público para efeito das ações de perda ou suspensão do poder familiar, após esgotadas as possibilidades de manutenção da criança ou do adolescente junto à família natural.
(D) Providenciar a expedição de guia de acolhimento institucional quando a medida for aplicada pela autoridade judiciária ao adolescente autor de ato infracional.
(E) Examinar periodicamente a documentação contábil das entidades não governamentais, oferecendo relatório ao Ministério Público.

A: incorreta, pois o Conselho Tutelar não tem atribuição para aplicar multa, devendo encaminhar ao Ministério Público a notícia de fato que constitua infração administrativa ou penal contra os direitos da criança ou adolescente para que sejam tomadas as providências cabíveis (art. 136, IV, do ECA); B: incorreta, pois uma das atribuições do Conselho Tutelar é assessorar o Poder Executivo local na elaboração da proposta orçamentária – e não apresentar emendas – para planos e programas de atendimento dos direitos da criança e do adolescente (art. 136, IX, do ECA); C: correta, pois a alternativa está de acordo com o disposto no art. 136, XI, do ECA; D: incorreta, pois a Guia de Acolhimento é expedida pela autoridade judiciária e não pelo Conselho Tutelar (art. 101, § 3.º, do ECA); E: incorreta, pois a alternativa não trata de atribuição do Conselho Tutelar (art. 136 do ECA).
Gabarito "C".

(Defensor Público/AC – 2012 – CESPE) No que se refere ao conselho tutelar, a suas atribuições e competências, bem como à forma de escolha de seus conselheiros, assinale a opção correta.
(A) Se, no exercício de suas atribuições, o conselho tutelar entender necessário o afastamento de criança ou adolescente do convívio familiar, ele deverá comunicar imediatamente o fato ao MP, prestando-lhe informações sobre os motivos de sua decisão e as providências tomadas para a orientação, o apoio e a promoção social da família.
(B) Ao tomar conhecimento da prática de crimes contra crianças ou adolescente, cabe ao conselheiro tutelar apenas comunicar os fatos ao MP, que deverá tomar as providências de acordo com as suas funções institucionais.
(C) Os recursos financeiros necessários à manutenção do conselho tutelar provêm do repasse dos conselhos nacional e estadual de direitos, bem como das doações da comunidade local.
(D) Em cada município, deve haver, no mínimo, um conselho tutelar, que deve ser composto de cinco membros nomeados pelo prefeito municipal para mandato de três anos, permitida uma recondução ao cargo de conselheiro.
(E) A atuação do conselho tutelar limita-se ao atendimento dos direitos de crianças e adolescentes cujos pais ou responsável legal não possuam condições econômico-financeiras de garantir-lhes subsistência.

A: correta (art. 136, parágrafo único, do ECA); B: incorreta, pois o conselheiro tutelar, além de comunicar os fatos ao Ministério Público, deve tomar as providências que lhes são cabíveis quanto à orientação, ao apoio e à promoção social da família (art. 136, parágrafo único, do ECA); C: incorreta, pois os recursos financeiros necessários ao funcionamento do Conselho Tutelar e à remuneração dos conselheiros tutelares terão previsão na lei orçamentária municipal e da do Distrito Federal (art. 134, parágrafo único, do ECA); D: incorreta, pois, consoante as alterações trazidas pela Lei 12.696/2012, em cada Município e em cada Região Administrativa do Distrito Federal haverá, no mínimo, 1 (um) Conselho Tutelar como órgão integrante da administração pública local, composto de 5 (cinco) membros, escolhidos pela população local para mandato de 4 (quatro) anos, permitida 1 (uma) recondução, mediante novo processo de escolha (art. 132, do ECA); E: incorreta, pois o Conselho Tutelar possui outras atribuições, as quais estão previstas no art. 136, do ECA.
Gabarito "A".

(Defensor Público/PR – 2012 – FCC) O Estatuto da Criança e do Adolescente inaugura a doutrina da proteção integral e estimula um novo modelo de gestão pública através de órgãos não previstos na legislação menorista. A alternativa que relaciona corretamente as características do Conselho dos Direitos da Criança e do Adolescente e do Conselho Tutelar é:

	Conselho dos Direitos da Criança e do Adolescente	Conselho Tutelar
(A)	Possui atribuição de assessorar o Poder Executivo local na elaboração da proposta orçamentária para planos e programas de atendimento dos direitos da criança e do adolescente.	Lei municipal disporá sobre local, dia e horário de seu funcionamento.
(B)	A função de membro do conselho é considerada de interesse público relevante e não será remunerada.	Possui as funções deliberativa e de controle do Sistema Municipal de Atendimento Socioeducativo.
(C)	Registra as entidades governamentais de acolhimento institucional de crianças e de adolescentes.	Realiza a gestão do fundo municipal dos direitos da criança e do adolescente.
(D)	Em sua composição é assegurada a participação popular paritária por meio de organizações representativas.	Fiscaliza as entidades de atendimento de crianças e adolescentes.
(E)	Fiscaliza o processo para a escolha dos membros do Conselho Tutelar.	Suas decisões poderão ser revistas pela autoridade judiciária a pedido de quem tenha legítimo interesse.

A: incorreta, pois a alternativa trata de uma das atribuições do Conselho Tutelar (art. 136, IX, do ECA) e não do Conselho de Direitos da Criança e do Adolescente; B: incorreta, pois o Conselho Tutelar não é órgão deliberativo (arts. 131 e 136, ambos do ECA), diversamente do Conselho de Direitos da Criança e do Adolescente (arts. 88, II e 89, ambos do ECA); C: incorreta, pois o Conselho de Direitos da Criança e do Adolescente registra tão somente as entidades não governamentais (art. 91, do ECA), ao qual cabe a gestão do fundo municipal dos direitos da criança e do adolescente (art. 88, IV, do ECA); D:

correta (arts. 88, II e 95, ambos do ECA); **E**: incorreta, pois o processo para a escolha dos membros do Conselho Tutelar será estabelecido em lei municipal e realizado sob a responsabilidade do Conselho Municipal dos Direitos da Criança e do Adolescente, e a *fiscalização do Ministério Público* (art. 139, do ECA).
Gabarito "D".

(Defensor Público/RO – 2012 – CESPE) Assinale a opção correta a respeito do conselho tutelar.

(A) Órgão público federal subordinado ao Ministério Público da União, o conselho tutelar integra o quadro das instituições públicas de defesa da criança e do adolescente.

(B) O conselho tutelar, órgão auxiliar da vara da infância e da juventude, recebe do Estado a função de zelar pelo cumprimento dos direitos da criança e do adolescente.

(C) O conselho tutelar, órgão público municipal permanente e autônomo, não jurisdicional, tem a função de zelar pelo cumprimento dos direitos da criança e do adolescente.

(D) Órgão colegiado com funções consultivas e deliberativas, o conselho tutelar foi criado pelo CONANDA, em conformidade com o que dispõe o ECA, para a defesa e salvaguarda dos direitos fundamentais das crianças e adolescentes em situação de risco.

(E) O conselho tutelar, órgão público estadual criado por lei específica, integra o Sistema Nacional da Criança e do Adolescente.

A: incorreta, pois é órgão integrante da administração pública local (art. 132, do ECA); **B**: incorreta, pois é órgão permanente e *autônomo (e não auxiliar)*, não jurisdicional, encarregado *pela sociedade* (e não pelo Estado) de zelar pelo cumprimento dos direitos da criança e do adolescente (art. 131, do ECA); **C**: correta (arts. 131 e 132, ambos do ECA); **D**: incorreta, pois o Conselho Tutelar não é órgão deliberativo. Nos termos do art. 88, II do ECA, tal atribuição diz respeito ao Conselho de Direitos da Criança e do Adolescente. Cumpre ressaltar que o sistema de garantias se caracteriza pela política de atendimento dos direitos da criança e do adolescente, através de um conjunto articulado de ações governamentais e não governamentais, da União, dos Estados, do Distrito Federal e dos Municípios, bem como pela integração operacional de órgãos do Judiciário, Ministério Público, Defensoria e Conselho Tutelar. 86 e 88, V, ambos do ECA); **E**: incorreta, pois o Conselho Tutelar é órgão integrante da administração pública local, sendo que a lei municipal disporá sobre o seu local, dia e horário de funcionamento, inclusive quanto à remuneração dos respectivos membros (arts. 132 e 134, ambos do ECA).
Gabarito "C".

(Defensor Público/SP – 2012 – FCC) No tocante ao Conselho Tutelar, o Estatuto da Criança e do Adolescente estabelece:

(A) poderão ser candidatos a conselheiros pessoas maiores de dezoito anos, com reputação ilibada e ensino médio completo.

(B) suas decisões poderão ser revistas através de interposição de recurso, por quem tenha legítimo interesse, ao Conselho Municipal dos Direitos da Criança e do Adolescente.

(C) deverá o Conselho Tutelar receber comunicação dos dirigentes de estabelecimento de ensino fundamental quanto aos casos de maus-tratos de alunos, reiteração de faltas injustificadas e evasão escolar, bem como nos casos de elevado nível de repetência.

(D) compete ao Conselho Tutelar editar portaria que autorize a participação de crianças ou adolescentes, desacompanhados dos pais, em estabelecimentos de diversão eletrônica, desde que em sua circunscrição de atuação.

(E) deverá o Conselho Tutelar emitir a guia de acolhimento nos casos de retirada da criança ou adolescente do convívio familiar, apontando os motivos da medida.

A: incorreta, pois se exige que o candidato a conselheiro tenha idade superior a vinte e um anos (art. 133, II, do ECA), sendo que não se exige grau de escolaridade; **B**: incorreta, pois as decisões do Conselho Tutelar somente poderão ser revistas pela autoridade judiciária a pedido de quem tenha legítimo interesse (art. 137, do ECA); **C**: correta (art. 56, I, II e III, do ECA); **D**: incorreta, pois compete à *autoridade judiciária* disciplinar, por meio de portaria, ou autorizar, mediante alvará (art. 149, do ECA); **E**: incorreta, pois a Guia de Acolhimento é expedida pela *autoridade judiciária* e não pelo Conselho Tutelar (art. 101, § 3º, do ECA).
Gabarito "C".

(Magistratura do Trabalho – 3ª Região – 2013) Relativamente ao direito da criança e do adolescente, é correto afirmar:

(A) Nas comarcas onde não houver Conselho Tutelar instalado, segundo o Estatuto da Criança e do Adolescente, suas atribuições serão exercidas pela autoridade judiciária.

(B) Devem ser comunicados ao Conselho Tutelar, pelo dirigente do estabelecimento de ensino, conforme determina o Estatuto da Criança e do Adolescente, ato infracional praticado por adolescente dentro do ambiente escolar.

(C) O Conselho Tutelar é órgão autônomo, permanente, que exerce atividade jurisdicional supletiva, com o objetivo de zelar pelo cumprimento dos direitos infanto-juvenis, definidos no Estatuto da Criança e do Adolescente.

(D) Com a vigência do Código Civil de 2002 – que fixou a maioridade aos dezoito anos completos –, para a candidatura a membro do Conselho Tutelar, basta que o candidato tenha idade superior a dezoito anos.

(E) Em cada Município e em cada Região Administrativa do Distrito Federal haverá, no mínimo, 1 (um) Conselho Tutelar como órgão integrante da administração pública local, composto de 5 (cinco) membros, escolhidos pela população local para mandato de 4 (quatro) anos, vedada a recondução.

A: correta. Embora a lei (art. 132, ECA) estabeleça que todo município deve contar com ao menos um Conselho Tutelar, enquanto a sua criação não for implementada, as atribuições que lhe são conferidas pelo ECA deverão ser desempenhadas pelo juiz da Vara da Infância e Juventude da comarca. É o que estabelece o art. 262, ECA; **B**: incorreta – dentre as atribuições conferidas aos dirigentes de estabelecimentos de ensino não está a de comunicar ao Conselho Tutelar a ocorrência de ato infracional praticado por adolescente dentro do ambiente escolar. Vide art. 56 do ECA, que elenca as hipóteses em que se impõe a comunicação, pelos dirigentes de estabelecimento de ensino fundamental, ao Conselho Tutelar; **C**: incorreta, pois, embora se trate de órgão *permanente* e *autônomo*, é incorreto se dizer que o Conselho Tutelar é órgão *jurisdicional*, conforme estabelece o art. 131 do ECA; **D**: incorreta, pois o art. 133, II, do ECA estabelece como condição de elegibilidade, dentre outras, idade superior a 21(vinte e um) anos; **E**: incorreta – o erro da assertiva reside na vedação à recondução, que, consoante norma prevista no art. 132 do ECA, é permitida uma vez e mediante novo processo de escolha.
Gabarito "A".

(Magistratura do Trabalho – 15ª Região – 2012) Aponte a alternativa **incorreta**.

(A) Em cada município haverá, no mínimo, um Conselho Tutelar, composto de cinco membros, escolhidos pela comunidade local para mandato de três anos, permitida uma recondução.

(B) Para se candidatar a membro do conselho tutelar exige-se apenas idade superior a 21 anos e residência no Município.

(C) As decisões do conselho tutelar somente poderão ser revistas pela autoridade judiciária, a pedido de quem tenha legítimo interesse.

(D) Constará da lei orçamentária municipal previsão dos recursos necessários ao funcionamento do conselho tutelar.

(E) O conselheiro tutelar efetivo terá assegurada prisão especial, em caso de crime comum, até o julgamento definitivo.

A: com a modificação implementada no art. 132 do ECA pela Lei 12.696/2012, o mandato do membro do Conselho Tutelar, que antes era de *três* anos, passou para *quatro*, permitida uma recondução. A alternativa, concebida ainda sob a vigência da anterior redação do art. 132 do ECA, estava, portanto, correta; **B**: incorreta, devendo ser assinalada. Além desses dois requisitos, o art. 133 do ECA exige que o candidato a membro do Conselho Tutelar ostente reconhecida idoneidade moral (inciso I); **C**: correta, pois reflete o disposto no art. 137 do ECA; **D**: correta, pois em conformidade com o que estabelece o art. 134, parágrafo único, do ECA; **E**: ao tempo em que esta questão foi elaborada, o art. 135 do ECA conferia ao conselheiro tutelar a prerrogativa de prisão especial, em caso de crime comum, até o julgamento definitivo. Estava correta, portanto, a assertiva. Sucede que, a partir da modificação operada pela Lei 12.696/2012, este dispositivo passou a contar com a seguinte redação: "O exercício efetivo da função de conselheiro constituirá serviço público relevante e estabelecerá presunção de idoneidade moral". Os conselheiros, portanto, não mais fazem jus à prisão especial.
Gabarito "B".

(Magistratura do Trabalho – 2ª Região – 2012) Analise as seguintes assertivas em relação aos Conselhos Tutelares, nos termos previstos nos Estatuto da Criança e do Adolescente — ECA.

I. É obrigatória a existência de pelo menos um Conselho Tutelar em cada Município.

II. O número de conselheiros de cada unidade é sempre de cinco, para um mandato de três anos, vedada a recondução consecutiva.

III. Para a execução de suas medidas o Conselho Tutelar não pode efetuar as requisições diretamente aos serviços públicos, mas sim por meio da Vara da Infância e Juventude.

IV. Para o início do processo de escolha dos membros do Conselho Tutelar é necessária à anuência do Ministério Público.

V. Aplicam-se ao Conselho Tutelar as mesmas regras de competência da Vara da Infância e Juventude.

Estão corretas apenas as assertivas:

(A) I, II e V.
(B) II e III.
(C) I, IV e V.
(D) III e IV.
(E) I e V.

I: o art. 132 do ECA, cuja redação foi alterada pela Lei 12.696/2012, estabelece que em cada Município e em cada Região Administrativa do Distrito Federal haverá no mínimo um Conselho Tutelar. Nisso, não houve mudança em relação à redação anterior. Correta, portanto, a assertiva; **II**: a questão está incorreta por duas razões. Primeiro porque, com a modificação implementada no art. 132 do ECA pela Lei 12.696/2012, o mandato do membro do Conselho Tutelar, que antes era de *três* anos, passou para *quatro* anos; segundo porque a recondução, que é permitida, pode ser para mandato consecutivo; **III**: incorreta, uma vez que não reflete o disposto no art. 136, III, *a*, do ECA, que confere ao conselheiro a prerrogativa de dirigir suas requisições, para a execução de suas medidas, diretamente aos órgãos aos quais incumbe a prestação de serviços públicos, sendo prescindível, para isso, a intervenção do Poder Judiciário; **IV:** incorreta, visto que tal exigência não está contemplada em lei. O processo de escolha dos membros do Conselho Tutelar deve obedecer à regra prevista no art. 139 do ECA; **V:** correta, pois reflete o que estabelece o art. 138 do ECA.

Gabarito "E".

9. CONSELHO MUNICIPAL DA CRIANÇA E DO ADOLESCENTE

(Magistratura/GO – 2015 – FCC) A função de membro do conselho nacional e dos conselhos estaduais e municipais dos direitos da criança e do adolescente é considerada

(A) de interesse público relevante e não será remunerada.
(B) auxiliar da justiça da infância e da juventude.
(C) serviço público relevante e estabelecerá presunção de idoneidade moral aos seus membros.
(D) de interesse público relevante e será remunerada nos termos da lei.
(E) serviço público relevante e estabelecerá presunção de idoneidade moral aos seus membros, após dois anos de efetivo exercício da função.

De fato, a função de membro do conselho nacional e dos conselhos estaduais e municipais dos direitos da criança e do adolescente é considerada de interesse público relevante e não será remunerada. Assim, a alternativa "A" está correta, pois está de acordo com o disposto no art. 89 do ECA, ficando, portanto, excluída a assertiva "D". Oportuno registrar que as alternativas "C" e "E" estão incorretas, pois o exercício efetivo da função de conselheiro tutelar constituirá serviço público relevante e estabelecerá presunção de idoneidade moral e não de membro do conselho nacional e dos conselhos estaduais e municipais dos direitos da criança e do adolescente (art. 135 do ECA).

Gabarito "A".

(Magistratura/MG – 2012 – VUNESP) Analise as assertivas seguintes.

O Ministério Público pode participar, como membro efetivo, dos Conselhos de Defesa da Criança e do Adolescente PORQUE é seu dever velar pela defesa dos direitos da criança e do adolescente.

Sobre as assertivas, é correto afirmar que

(A) as duas são verdadeiras, mas a segunda não justifica a primeira.
(B) as duas são verdadeiras, e a segunda justifica a primeira.
(C) a primeira é verdadeira e a segunda é falsa.
(D) a primeira é falsa e a segunda é verdadeira.

A primeira assertiva está incorreta, pois o Ministério Público não participará dos Conselhos de Defesa da Criança e do Adolescente, cabendo a ele fiscalizá-los, levando-se em consideração que exercem função considerada de interesse público (art. 89 do ECA). A segunda assertiva está correta (art. 200 e seguintes do ECA).

Gabarito "D".

(Magistratura/BA – 2012 – CESPE) Mauro, defensor público recém-empossado, ao iniciar seus trabalhos na defensoria pública de comarca carente do interior do estado da Bahia, constatou a inexistência, no município, de conselho tutelar e de conselho dos direitos da criança e do adolescente, em prejuízo ao público infantojuvenil.

Nessa situação hipotética, com base no que dispõe o ECA a respeito da proteção judicial dos interesses individuais, difusos e coletivos das crianças e dos adolescentes, Mauro deve

(A) ajuizar ação de indenização por danos materiais e morais em favor de cada criança ou adolescente prejudicado pela inércia do município.
(B) ajuizar ação civil pública, com pedido liminar, contra o município, pedindo a sua condenação na obrigação de criar o conselho dos direitos da criança e do adolescente.
(C) instaurar, imediatamente, o processo para a escolha dos membros do conselho tutelar, cuja fiscalização cabe ao promotor de justiça local.
(D) requisitar da autoridade policial a instauração de inquérito criminal, para apurar a responsabilidade penal do prefeito por omissão ao atendimento de direitos fundamentais das crianças e dos adolescentes.
(E) informar o MP a respeito dos fatos, para a adoção das medidas extrajudiciais e judiciais cabíveis, sob pena de crime de responsabilidade.

A, C, D e E: incorretas; B: correta, já que a Defensoria Pública possui legitimidade para a propositura de ação civil pública (art. 5º, II, da Lei 7.347/1985). Ademais, extrai-se do ECA a obrigatoriedade de o Município criar o Conselho Tutelar e o Conselho Municipal dos Direitos da Criança e do Adolescente (art. 88, I, II e IV; art. 132; art. 134 e art. 139, todos do ECA). Neste sentido é o entendimento jurisprudencial: *"Ação civil pública – Conselho municipal dos direitos da criança e do adolescente e o conselho tutelar – ECA – Criação e formação. A Ação Civil Pública é eficaz para compelir o Executivo municipal a criar e formar o Conselho Municipal dos Direitos da Criança e do Adolescente e o Conselho Tutelar, conforme determina o Estatuto da Criança e do Adolescente – ECA. Em reexame necessário, sentença confirmada"* (Processo 1.0297.05.000699-0/001 (1), Rel. Des. Nilson Reis, p. em 24/03/2006).

Gabarito "B".

(Ministério Público/MT – 2012 – UFMT) Os recursos decorrentes das multas aplicadas pelo descumprimento de ordem judicial prolatada em ações fundamentadas no art. 210 do Estatuto da Criança e do Adolescente serão

(A) revertidos ao fundo gerido pelo Conselho Estadual de Direitos.
(B) revertidos ao fundo gerido pelo Conselho Nacional de Direitos.
(C) revertidos ao fundo gerido pelo Conselho Municipal de Direitos.
(D) divididos em partes iguais entre os Conselhos Municipal e Estadual.
(E) divididos em partes iguais entre os Conselhos de Direitos Municipal, Estadual e Nacional.

Art. 214, *caput*, do ECA.

Gabarito "C".

(Defensor Público/RO – 2012 – CESPE) Cabe ao Conselho Municipal dos Direitos da Criança e do Adolescente

(A) dar ciência do registro dos programas das entidades de atendimento com a especificação dos regimes de atendimento ao conselho tutelar, por meio de ofício dirigido ao presidente do Conselho Federal dos Direitos da Criança e do Adolescente, e encaminhar parecer ao MP.
(B) publicar o registro dos programas das entidades de atendimento com a especificação dos regimes de atendimento no Diário Oficial local e remeter os autos ao juízo competente para a homologação do registro.
(C) homologar o registro dos programas das entidades de atendimento com a especificação dos regimes de atendimento no cartório da vara da infância e da juventude.
(D) homologar no CONANDA o registro dos programas das entidades de atendimento com a especificação dos regimes de atendimento.
(E) manter o registro dos programas das entidades de atendimento com a especificação dos regimes de atendimento e de suas eventuais alterações, encaminhando as informações pertinentes ao conselho tutelar e à autoridade judiciária local.

A alternativa "E" está correta, pois está de acordo com o disposto no art. 90, § 1º, do ECA, ficando excluídas as demais hipóteses.

Gabarito "E".

10. MINISTÉRIO PÚBLICO

(Promotor de Justiça/GO – 2016 – MPE) Sobre as funções do Ministério Público no âmbito da Justiça da Infância e Juventude é incorreto afirmar:

(A) O Ministério Público será titular exclusivo da ação socioeducativa relativa às infrações atribuídas a adolescentes e, de igual forma, será legitimado exclusivo para propor ações de alimentos, suspensão e destituição de poder familiar, encontrando-se a criança ou adolescente em situação de vulnerabilidade social.
(B) O Ministério Público está legitimado a impetrar mandado de segurança, de injunção e *habeas corpus*, em qualquer juízo, instância ou tribunal, na defesa dos interesses sociais e individuais indisponíveis afetos à criança ou adolescente, tendo, no exercício de suas funções, livre acesso a todo local onde se encontre criança ou adolescente.
(C) Compete ao Ministério Público inspecionar as entidades públicas e particulares de atendimento e os programas de que trata a Lei 8.069/1990, adotando de pronto as medidas administrativas ou judiciais necessárias à remoção de irregularidades porventura verificadas.
(D) O membro do Ministério Público será responsável pela utilização indevida de informações ou documentos que requisitar, nas hipóteses legais de sigilo.

A: incorreta. O Ministério Público é o titular exclusivo para propor a representação para aplicação de medida socioeducativa (art. 201, II) mas não é o único legitimado para as ações cíveis. De fato, prevê o artigo 201, III, do ECA, prevê entre as atribuições do MP a de "promover e acompanhar as ações de alimentos e os procedimentos de suspensão e destituição do poder familiar, nomeação e remoção de tutores, curadores e guardiães, bem como oficiar em todos os demais procedimentos da competência da Justiça da Infância e da Juventude". No entanto, conforme § 1º, do mesmo dispositivo, a legitimação do MP para as ações cíveis previstas neste artigo não impede a de terceiros, nas mesmas hipóteses. B: correta. A legitimidade para impetrar mandado de segurança, de injunção e habeas corpus, em qualquer juízo, instância ou tribunal, na defesa dos interesses sociais e individuais indisponíveis afetos à criança e ao adolescente está prevista no art. 201, IX. Do mesmo modo, o "representante do Ministério Público, no exercício de suas funções, terá livre acesso a todo local onde se encontre criança ou adolescente" (art. 201, § 3º). C: correta. Entre as funções do MP, está a de "inspecionar as entidades públicas e particulares de atendimento e os programas de que trata esta Lei, adotando de pronto as medidas administrativas ou judiciais necessárias à remoção de irregularidades porventura verificadas" (art. 201, XI). D: correta. Na forma do art. 201, § 4º, o "representante do Ministério Público será responsável pelo uso indevido das informações e documentos que requisitar, nas hipóteses legais de sigilo". **RD**

Gabarito "A".

(Ministério Público/SP – 2015 – MPE/SP) Assinale qual das alternativas abaixo é a correta:

(A) As atribuições acometidas pelo Estatuto da Criança e do Adolescente (ECA) ao Ministério Público são exaustivas.
(B) Compete ao Ministério Público, com exclusividade, a promoção e o acompanhamento das ações socioeducativas para apuração de prática de atos infracionais atribuídos a crianças e a adolescentes.
(C) Cabe exclusivamente ao Ministério Público a legitimidade para ajuizar qualquer procedimento da competência da Justiça da Infância e da Juventude.
(D) Compete ao Ministério Público promover a especialização e a inscrição de hipoteca legal e a prestação de contas dos tutores, curadores e administradores de bens de crianças e adolescentes.
(E) Cabe exclusivamente ao Ministério Público a instauração do inquérito civil e o ajuizamento da ação civil pública na defesa dos interesses individuais e coletivos de crianças e adolescentes.

A: incorreta, pois as atribuições acometidas pelo ECA ao Ministério Público são exemplificativas, já que não excluem outras, desde que compatíveis com a finalidade do órgão ministerial (art. 201, § 2º, do ECA); **B:** incorreta, pois compete ao Ministério Público oferecer representação para apuração do ato infracional atribuído a adolescente, instaurando-se procedimento para aplicação da medida socioeducativa que se afigurar a mais adequada (art. 148, I, e art. 182, caput, ambos do ECA); **C e E:** incorretas, pois a legitimidade para instaurar procedimento, bem como para a instauração do inquérito civil e do ajuizamento da ação civil pública é do Ministério Público e demais órgãos públicos (art. 211 do ECA). Oportuno registrar que a Defensoria Pública também é legitimada, consoante o art. 5º, II, da Lei 7.347/1985; **D:** correta, pois a alternativa está de acordo com o disposto no art. 201, IV, do ECA.
Gabarito "D".

(Magistratura/PA – 2012 – CESPE) Um delegado de polícia enviou ao promotor de justiça boletim circunstanciado de ocorrência, relatando lesão corporal leve supostamente praticada por uma adolescente de quinze anos de idade contra outra adolescente, também de quinze anos de idade, em briga ocorrida durante a aula de educação física, nas dependências da escola onde ambas estudavam. Após ouvir, informalmente, as jovens e seus respectivos pais e analisar os autos, o promotor de justiça constatou que a única lesão resultante da briga era um hematoma no braço da adolescente, causado por um soco desferido pela agressora, que confessou ter agredido a colega durante um jogo de vôlei.

Nessa situação, de acordo com o que dispõe o ECA acerca do MP e do procedimento de apuração de ato infracional, o promotor de justiça

(A) pode conceder remissão cumulada com medida socioeducativa de semiliberdade, como forma de suspensão do processo, independentemente de homologação do juiz.
(B) não pode conceder remissão, que é da competência exclusiva do juiz.
(C) pode promover o arquivamento dos autos, independentemente de homologação do juiz.
(D) deve, como forma de exclusão do processo, conceder remissão cumulada com medida socioeducativa de internação, submetendo sua decisão à homologação do juiz.
(E) pode conceder remissão cumulada com medida socioeducativa de advertência, como forma de exclusão do processo, devendo submeter a decisão à homologação do juiz.

Art. 126, caput; art. 180, II; e art. 201, I, todos do ECA e Súmula 108, do STJ.
Gabarito "E".

(Magistratura/CE – 2012 – CESPE) À luz do ECA, assinale a opção correta a respeito da atuação do MP.

(A) Nos processos e procedimentos em que não seja parte, o MP deve atuar obrigatoriamente na defesa dos direitos e interesses de que cuida o referido estatuto, hipótese em que terá vista dos autos depois das partes, podendo juntar documentos e requerer diligências mediante a utilização dos recursos cabíveis.
(B) O MP possui legitimidade para promover e acompanhar os procedimentos de suspensão e destituição do poder familiar, nomeação e remoção de tutores, curadores e guardiães, tendo perdido, entretanto, após a promulgação da CF, a legitimidade para ajuizar ações de alimentos.
(C) Compete ao MP instaurar procedimentos no âmbito administrativo e, para instruí-los, requisitar das empresas telefônicas a quebra de sigilo telefônico dos investigados por crimes sexuais praticados contra crianças e adolescentes.
(D) Cabe ao MP impetrar mandado de segurança, de injunção e *habeas corpus*, em qualquer juízo, instância ou tribunal, na defesa dos interesses individuais disponíveis, indisponíveis, sociais e difusos afetos à criança e ao adolescente.
(E) Compete ao MP, entre outras atribuições, conceder a remissão como forma de exclusão ou de suspensão do processo e promover e acompanhar os procedimentos relativos às infrações atribuídas a adolescentes.

A: correta (art. 202 do ECA); **B:** incorreta, pois compete ao Ministério Público promover e acompanhar as ações de alimentos e os procedimentos de suspensão e destituição do poder familiar, nomeação e remoção de tutores, curadores e guardiães, bem como oficiar em todos os demais procedimentos da competência da Justiça da Infância e da Juventude (art. 201, III, do ECA); **C:** incorreta (art. 201, VI, "b" e "c", do ECA); **D:** incorreta (art. 201, IX, do ECA); **E:** incorreta, pois, antes de iniciado o procedimento judicial para apuração de ato infracional, o representante do Ministério Público poderá conceder a remissão, como forma de exclusão do processo. Por sua vez, iniciado o procedimento, a concessão da remissão pela autoridade judiciária importará na suspensão ou extinção do processo (art. 126, caput e parágrafo único, do ECA).
Gabarito "A".

(Ministério Público/TO – 2012 – CESPE) Com base no que dispõe o ECA, assinale a opção correta em relação à proteção judicial dos interesses individuais, difusos e coletivos das crianças e dos adolescentes e à atuação do MP.

(A) O MP possui legitimidade para promover e acompanhar os procedimentos de suspensão e destituição do poder familiar, nomeação e remoção de tutores, curadores e guardiães. No entanto, com a criação da DP pela CF, o MP perdeu a legitimidade para ajuizar ações de alimentos.
(B) O MP não possui legitimidade para propor ACP para obrigar plano de saúde a custear tratamento quimioterápico, em qualquer centro urbano, a uma única criança conveniada a empresa prestadora do serviço de assistência médica.
(C) Em razão da ausência de previsão expressa no ECA, a DP não possui legitimidade para a propositura de ACP para a proteção dos direitos metaindividuais das crianças e dos adolescentes, possuindo, tão somente, legitimidade para o ajuizamento de ações individuais.
(D) Compete ao MP, entre outras atribuições, conceder a remissão, como forma de exclusão ou de suspensão do processo, e promover e acompanhar os procedimentos relativos às infrações atribuídas a adolescentes.
(E) As ações coletivas ajuizadas em defesa dos direitos das crianças e dos adolescentes devem ser propostas no foro do local onde ocorra a ação ou omissão, tendo o juízo do local competência absoluta para processar a causa, ressalvadas a competência da justiça federal e a competência originária dos tribunais superiores.

A: incorreta, por força do disposto no art. 201, III, do ECA; **B:** incorreta, por força no disposto nos art. 201, V, e art. 210, I, do ECA; **C:** incorreta. Muito embora a Defensoria Pública não esteja como colegitimada no art. 210 do ECA, o fato é que ela possui legitimidade para a propositura de ação civil pública, em razão do disposto no art. 5º, II, da Lei 7.347/1985. Todavia, quanto a tutela for de direitos coletivos ou individuais homogêneos, a legitimidade ficará restrita aos interesses dos necessitados. Por sua vez, se a tutela for de direitos difusos, não haverá restrição, já que os seus titulares são indeterminados. Neste sentido é o entendimento jurisprudencial: *Ementa Processual civil. Ação coletiva. Defensoria pública. Legitimidade ativa. art. 5º, II, da Lei 7.347/1985 (redação da Lei 11.448/2007). Precedente. 1. Recursos especiais contra acórdão que entendeu pela legitimidade ativa da Defensoria Pública para propor ação civil coletiva de interesse coletivo dos consumidores. 2. Esta Superior Tribunal de Justiça vem-se posicionando no sentido de que, nos termos do art. 5º, II, da Lei 7.347/1985 (com a redação dada pela Lei 11.448/2007), a Defensoria Pública tem legitimidade para propor a ação principal e a ação cautelar em ações civis coletivas que buscam auferir responsabilidade por danos causados ao meio ambiente, ao consumidor, a bens e direitos de valor artístico, estético, histórico, turístico e paisagístico e dá outras Providências. 3. Recursos especiais não providos. Acórdão Origem: STJ – Superior Tribunal de Justiça Classe: Resp – Recurso especial – 912849 Processo: 200602794575 UF: RS Órgão Julgador: Primeira Turma Data da decisão: 26/02/2008 Relator(a) José Delgado*; **D:** incorreta pois, antes de iniciado o procedimento judicial para apuração de ato infracional, o representante do Ministério Público poderá conceder a remissão, como forma de <u>exclusão do processo</u> (art. 126, caput, do ECA); **E:** correta (art. 209 do ECA).
Gabarito "E".

(Ministério Público/PI – 2012 – CESPE) A respeito da proteção judicial dos interesses individuais, difusos e coletivos das crianças e dos adolescentes prevista no ECA, assinale a opção correta.

(A) As demandas judiciais previstas no ECA deverão ser propostas no foro do local onde tenha ocorrido ou deva ocorrer a ação ou omissão, cujo juízo terá competência absoluta para processar a causa, sem exceções, em atenção ao princípio da proteção integral.
(B) Na hipótese de a associação autora não promover a execução da sentença condenatória no prazo de sessenta dias contados do trânsito em julgado, deverá fazê-lo o MP, facultada igual iniciativa à defensoria pública.
(C) No curso do inquérito civil, se o órgão do MP, esgotadas todas as diligências, se convencer da inexistência de fundamento para a propositura da ação cível, ele deverá requerer, em petição fundamentada dirigida ao juiz da infância e da juventude, o arquivamento do procedimento.

(D) O MP não possui legitimidade para propor ACP para obrigar plano de saúde a custear tratamento quimioterápico em centro urbano a uma única criança conveniada à empresa prestadora do serviço de assistência médica.
(E) A proteção judicial coletiva dos interesses individuais, difusos e coletivos das crianças e dos adolescentes restringe-se aos direitos taxativamente previstos no ECA.

A: incorreta, pois as ações serão propostas no foro do local onde ocorreu ou deva ocorrer a ação ou omissão, cujo juízo terá competência absoluta para processar a causa, ressalvadas a competência da Justiça Federal e a competência originária dos tribunais superiores (art. 209 do ECA); B: correta (art. 217 do ECA e art. 15 da Lei 7.347/1985); C: incorreta, pois os autos do inquérito civil ou as peças de informação arquivados serão remetidos, sob pena de se incorrer em falta grave, no prazo de três dias, ao Conselho Superior do Ministério Público e não ao juiz (art. 223, § 1º e 2º, do ECA); D e E: incorretas, pois estão em desacordo com o art. 201, V, do ECA.
Gabarito "B".

(Ministério Público/PI – 2012 – CESPE) No que se refere à atuação do MP no âmbito do ECA, assinale a opção correta.
(A) Compete ao MP conceder a remissão como forma de exclusão ou de suspensão do processo e promover e acompanhar os procedimentos relativos às infrações atribuídas a adolescentes.
(B) Com a criação da defensoria pública pela CF, o MP perdeu a legitimidade para a propositura de ações de alimentos.
(C) Compete ao MP impetrar mandado de segurança, de injunção e *habeas corpus*, em qualquer juízo, instância ou tribunal, na defesa dos interesses individuais disponíveis, indisponíveis, sociais e difusos afetos à criança e ao adolescente.
(D) Cabe ao representante do MP que atua perante a vara da infância e da juventude conceder entrevista pessoal ao adolescente privado de liberdade.
(E) No âmbito administrativo, compete ao MP instaurar inquérito civil e, para instruí-lo, requisitar das instituições financeiras a quebra de sigilo bancário dos investigados por crimes de sequestro praticados contra crianças e adolescentes.

A: incorreta, pois, antes de iniciado o procedimento judicial para apuração de ato infracional, o representante do Ministério Público poderá conceder a remissão, como forma de exclusão do processo, atendendo às circunstâncias e consequências do fato, ao contexto social, bem como à personalidade do adolescente e sua maior ou menor participação no ato infracional (art. 126 do ECA); B: incorreta (art. 201, III, do ECA); C: incorreta, pois ao órgão ministerial cabe impetrar mandado de segurança, de injunção e *habeas corpus*, em qualquer juízo, instância ou tribunal, na defesa dos interesses sociais e individuais indisponíveis afetos à criança e ao adolescente (art. 201, IX, do ECA); D: correta (art. 124, I, do ECA); E: incorreta, pois a alternativa não traz uma das hipóteses de atuação do Ministério Público (art. 201, VI, do ECA).
Gabarito "D".

11. ACESSO À JUSTIÇA

(Juiz de Direito – TJ/RS – 2018 – VUNESP) Em relação ao poder familiar, é correto afirmar:
(A) o consentimento dos pais, detentores do poder familiar, nos pedidos para colocação em família substituta, é retratável até a data da realização da audiência judicial, sendo vedado aos pais exercerem o arrependimento após a prolação da sentença de extinção do poder familiar.
(B) a condenação criminal do pai ou da mãe, por crime doloso praticado contra a vida, implicará na destituição do poder familiar.
(C) é atribuição do Conselho Tutelar representar ao Ministério Público para efeito das ações de perda ou suspensão do poder familiar, após esgotadas as possibilidades de manutenção da criança ou do adolescente junto à família natural.
(D) no procedimento para suspensão ou perda do poder familiar é obrigatória a oitiva dos pais sempre que eles forem identificados e estiverem em local conhecido, ressalvados os casos de não comparecimento perante a Justiça quando devidamente citados ou estiverem privados de liberdade.
(E) a falta ou a carência de recursos materiais como motivo suficiente para a perda ou a suspensão do poder familiar deve ser comprovada mediante o devido processo legal perante a autoridade judiciária competente.

A: incorreta. Nos termos do art. 166, § 1º, o consentimento para a entrega da criança para adoção é feito por meio de pedido formulado diretamente me cartório, sendo **retratável** até a audiência que será designada para a verificação da concordância com a adoção. O mesmo artigo, em seu § 5º, garante aos pais o direito de exercer o **arrependimento** em até 10 (dez) dias contados da data de prolação da sentença de extinção do poder familiar; B: incorreta. A condenação criminal do pai ou da mãe não implicará na destituição do poder familiar, exceto na hipótese de condenação por crime doloso, sujeito à pena de reclusão, contra o próprio filho ou filha (art. 23, § 2º); C: correta. Nos exatos termos do art. 136, inciso XI, do ECA; D: incorreta. É obrigatória a oitiva dos pais sempre que forem identificados e estiverem em local conhecido, ressalvados os casos de não comparecimento perante a Justiça quando devidamente citados (art. 161, § 4º) no entanto, se o pai ou a mãe estiverem privados de liberdade, a autoridade judicial requisitará sua apresentação para a oitiva (art. 161, § 5º); E: incorreta. A falta ou a carência de recursos materiais não constitui motivo suficiente para a perda ou a suspensão do poder familiar (art. 23 do ECA). RD
Gabarito "C".

(Juiz de Direito/DF – 2016 – CESPE) A respeito do acesso à Justiça da Infância e da Juventude e da Competência da referida Justiça, assinale a opção correta.
(A) Em razão da competência absoluta da Justiça da Infância e da Juventude, o *habeas corpus* impetrado em face de ato praticado por delegado da Polícia Federal, que deixa de apresentar adolescente ao MP do DF, no prazo legal, é da competência da Vara da Infância e da Juventude do DF.
(B) De acordo com o STJ, o princípio do juízo imediato, previsto no ECA, sobrepõe-se às regras gerais previstas no CPC, tal como o princípio da *perpetuatio jurisdictionis*, privilegiando a celeridade e a eficácia em relação à criança. Assim, será legítima a modificação do foro em que tramita a ação, quando houver a mudança do domicílio da criança e de seus responsáveis, mesmo já iniciada a ação.
(C) As notícias que envolvam a prática de ato infracional poderão conter identificação da criança e do adolescente mediante mera indicação de iniciais do nome e do sobrenome, desde que não divulgadas fotografias ou imagens do rosto do menor.
(D) A propositura das ações judiciais da competência da Justiça da Infância e da Juventude depende do recolhimento de custas e emolumentos, salvo impossibilidade financeira comprovada ou ajuizamento da causa pelo MP ou pela DP.
(E) A autorização para o exercício de atividades artísticas por criança ou adolescente, como, por exemplo, contracenar em novelas televisivas, é da competência da Vara da Infância e da Juventude da Circunscrição Judiciária do domicílio do menor.

A: incorreta. Os crimes praticados contra a criança e o adolescente não são processados perante a Vara de Infância e Juventude (art. 147 e 148). No entanto, cumpre ressaltar que o STJ admite que a Lei de Organização Judiciária de cada Estado atribua competência às Varas de Infância e Juventude para julgar crimes praticados contra menores (AgRg no AgRg no AREsp 580350/RN, Rel. Min. Joel Ilan Paciornik, DJe 16/12/2016). B: correta. O entendimento do STJ segue no sentido de que o princípio do juiz imediato prevalece sobre o princípio da *perpetuatio jurisdictiones*. "Processo civil. Conflito negativo de competência. Ação de Destituição de poder familiar. Alteração de domicílio da criança e Daqueles que detêm sua guarda. Estatuto da criança e do adolescente. Princípio da perpetuatio jurisdictiones x juiz imediato. Prevalência Deste último na hipótese concreta. (STJ, CC 119318/DF, Rel. Min. Nancy Andrighi, DJe 02/05/2012)". Veja também: CC 141374, DJe 03/12/2015. C: incorreta. O sigilo é garantido pelo art. 143 do ECA. D: incorreta. As ações de competência da Vara de Infância e Juventude são isentas de custas e emolumentos, ressalvada a hipótese de litigância de má-fé. E: A competência em Vara de Infância e Juventude é determinada (i) pelo domicílio dos pais ou responsável (ii) pelo lugar onde se encontre a criança ou adolescente à falta dos pais ou responsável. Lembrando, ainda, que a Súmula 383 do STJ assim dispõe: "A competência para processar e julgar as ações conexas de interesse de menor é, em princípio, do foro do domicílio do detentor de sua guarda".
Gabarito "B".

(Magistratura/GO – 2015 – FCC) O juiz da infância e da juventude poderá conceder a remissão ao adolescente, autor de ato infracional,
(A) apenas como forma de suspensão do processo.
(B) como forma de suspensão ou extinção do processo.
(C) como forma de exclusão, suspensão ou extinção do processo.
(D) apenas como forma de exclusão do processo.
(E) apenas como forma de extinção do processo.

A alternativa "B" está correta, pois, nos termos do art. 126, *caput* e parágrafo único, do ECA, o juiz da infância e juventude poderá conceder a remissão ao adolescente que pratique ato infracional, desde que iniciado o procedimento, acarretando a suspensão ou a extinção do processo. Por sua vez, antes de iniciado o procedimento judicial para apuração do ato infracional, o representante do Ministério Público poderá conceder a remissão, como forma de exclusão do processo, atendendo às circunstâncias e consequências do fato, ao contexto social, bem como à personalidade do adolescente e sua maior ou menor participação no ato infracional.
Gabarito "B".

(Juiz de Direito/MG – 2014) Caracterizados atos típicos da prática de alienação parental ou qualquer conduta que dificulte a convivência de criança ou adolescente com genitor, o juiz **NÃO** poderá determinar
(A) a perda do poder familiar.
(B) a fixação cautelar do domicílio da criança ou adolescente.
(C) a alteração da guarda para guarda compartilhada ou sua inversão.
(D) o acompanhamento psicológico e/ou biopsicossocial.

Nos termos do art. 6º da Lei 12.318/2010, restando *caracterizados atos típicos de alienação parental ou qualquer conduta que dificulte a convivência de criança ou adolescente*

com genitor, em ação autônoma ou incidental, o juiz poderá, cumulativamente ou não, sem prejuízo da decorrente responsabilidade civil ou criminal e da ampla utilização de instrumentos processuais aptos a inibir ou atenuar seus efeitos, segundo a gravidade do caso: I – declarar a ocorrência de alienação parental e advertir o alienador; II – ampliar o regime de convivência familiar em favor do genitor alienado; III – estipular multa ao alienador; IV – determinar acompanhamento psicológico e/ou biopsicossocial; V – determinar a alteração da guarda para guarda compartilhada ou sua inversão; VI – determinar a fixação cautelar do domicílio da criança ou adolescente; VII – declarar a suspensão da autoridade parental. Por sua vez, a perda ou a suspensão do poder familiar não poderá ser decretada, sem o devido processo legal, devendo ser ajuizada ação autônoma pelo Ministério Público ou por quem tenha legítimo interesse, seguindo-se o procedimento previsto nos arts. 155 a 163 do ECA. Portanto, a alternativa "A" está incorreta, enquanto que as demais estão corretas.
"Gabarito "A".

(Juiz de Direito/PA – 2014 – VUNESP) Estabelece o Estatuto da Criança e do Adolescente que compete à autoridade judicial disciplinar, por meio de portaria, ou autorizar, mediante alvará, a participação de criança e do adolescente em espetáculos públicos e seus ensaios e certames de beleza. O recurso cabível contra decisão judicial proferida com base na portaria é
(A) Agravo Retido.
(B) Mandado de Segurança.
(C) Medida Cautelar Inominada.
(D) Agravo de Instrumento.
(E) Apelação.

A alternativa "E" está correta, pois contra decisão judicial proferida com base na portaria é cabível o recurso de Apelação (art. 199 do ECA), ficando excluídas as demais. Insta ressaltar a controvérsia existente a respeito do tema. Vejamos. *"Existem dois posicionamentos a respeito do recurso cabível em face do pronunciamento jurisdicional fundado no art. 149 do Estatuto. O primeiro entende não ser cabível qualquer recurso, uma vez que não se trata de decisão judicial, mas mero ato administrativo. Contudo, esse posicionamento encontra-se em dissonância com precedente do Superior Tribunal de Justiça e de recente entendimento do Conselho Nacional de Justiça. Nesse sentido, o STJ reconheceu a natureza jurisdicional, e não administrativa, das portarias editadas com respaldo no art. 149 do ECA (...). Sendo assim, nos termos do próprio Estatuto (art. 199), é cabível apelação contra ato jurisdicional proferido com base no dispositivo legal em apreço, refugindo à competência do CNJ, que não decide, consoante emerge do art. 103-B da Constituição Federal, acerca de controle de legalidade de ato jurisdicional (...)"* (ROSSATO; LÉPORE; SANCHES. Estatuto da Criança e do Adolescente Comentado, Ed. RT, 3ª edição, pag. 428).
"Gabarito "E".

(Juiz de Direito/RJ – 2014 – VUNESP) Assinale a alternativa correta acerca das atribuições do juiz da infância e da juventude no Estatuto da Criança e do Adolescente.
(A) O registro dos programas das entidades de acolhimento será feito perante o juiz da infância e da juventude, o qual comunicará a existência deles ao Conselho Municipal dos Direitos da Criança e do Adolescente e ao Conselho Tutelar.
(B) O processo de escolha dos membros do Conselho Tutelar será realizado sob presidência do juiz da infância e da juventude e fiscalização do Ministério Público.
(C) O juiz da infância e da juventude competente para conhecimento de ato infracional é o do lugar da ação ou omissão, observadas as regras de conexão, continência e prevenção.
(D) A participação de criança em programa televisivo na companhia dos pais ou responsável requer obrigatoriamente alvará judicial, salvo quando houver prévia portaria do juiz da infância e da juventude regulando previamente a atividade.

A: incorreta, pois os Estados e o Distrito Federal inscreverão seus programas de atendimento e alterações no Conselho Estadual ou Distrital dos Direitos da Criança e do Adolescente, conforme o caso, sendo que os Municípios inscreverão seus programas e alterações, bem como as entidades de atendimento executoras, no Conselho Municipal dos Direitos da Criança e do Adolescente (arts. 9º e 10, da Lei 12.594/2012); **B:** incorreta, pois o processo para a escolha dos membros do Conselho Tutelar será realizado sob a responsabilidade do Conselho Municipal dos Direitos da Criança e do Adolescente e a fiscalização do Ministério Público (art. 139, *caput*, do ECA); **C:** correta, pois a alternativa está de acordo com o disposto no art. 147, § 1º, do ECA; **D:** incorreta, pois a autorização judicial para a participação de criança em programa televisivo deve ser feito por meio de alvará e não de portaria, pois se dirige a pessoa determinada e específica. *"As portarias judiciais são atos que disciplinam situações concretas, em particular, as diversões públicas da criança e do adolescente. Geralmente estabelecem condições para que crianças e adolescentes possam usufruir de determinados locais. Exemplo: condições para entrada de adolescentes desacompanhados de seus pais em determinado estádio de futebol. Diferem-se dos alvarás judiciais, que são dirigidos a determinada pessoa física ou jurídica, como ocorre, por exemplo, na participação de determinada criança em certame de beleza. O Superior Tribunal de Justiça decidiu que, para a participação de criança e adolescente em comercial de televisão, há necessidade de alvará judicial, não sendo suficiente portaria sobre o tema, ainda que haja o acompanhamento dos pais (AgRg no REsp 621.244/RJ, DJ 30.04.2007)"* (ROSSATO, LÉPORE e SANCHES. Estatuto da Criança e do Adolescente Comentado, Ed. RT, 2012, pag. 427).
"Gabarito "C".

(Promotor de Justiça/ES – 2013 – VUNESP) Assinale a alternativa correta acerca da perda ou da suspensão do poder familiar no ECA.
(A) Considerando o prazo máximo de cento e vinte dias para conclusão do procedimento de perda ou de suspensão do poder familiar, deixou de ser obrigatória a oitiva dos pais, mesmo quando estes forem identificados e estiverem em local conhecido.
(B) O consentimento dos titulares do poder familiar para colocação em família substituta é irretratável, quando este for manifestado em audiência presidida pelo juiz, com a presença do órgão do Ministério Público, e na qual a equipe interprofissional tenha prestado orientações e esclarecimentos acerca da irrevogabilidade da medida.
(C) São obrigatórias a nomeação e a intervenção de curador especial da Defensoria Pública em qualquer ação de destituição do poder familiar formulada pelo Ministério Público no interesse da criança ou do adolescente.
(D) A apelação da sentença que destituiu ambos ou qualquer dos pais do exercício do poder familiar será recebida apenas no efeito devolutivo.
(E) O acolhimento institucional justifica-se como medida liminar requerida pelo Ministério Público no interesse superior da criança, nos procedimentos de perda ou suspensão do poder familiar, ainda que sem motivo grave.

A: incorreta, pois é obrigatória a oitiva dos pais sempre que esses forem identificados e estiverem em local conhecido (art. 161, § 4º, do ECA); **B:** incorreta, pois o consentimento é retratável até a data da publicação da sentença constitutiva da adoção (art. 166, § 5º, do ECA); **C:** incorreta, pois a autoridade judiciária dará curador especial à criança ou adolescente, quando os interesses destes colidirem com os de seus pais ou responsável, ou quando carecer de representação ou assistência legal ainda que eventual (art. 142, parágrafo único, do ECA); **D:** correta, pois a sentença que deferir a adoção produz efeito desde logo, embora sujeita a apelação, que será recebida exclusivamente no efeito devolutivo, salvo se se tratar de adoção internacional ou se houver perigo de dano irreparável ou de difícil reparação ao adotando (art. 199-A do ECA); **E:** incorreta, pois para que haja o afastamento da criança ou do adolescente de sua família natural, imprescindível que haja motivo grave para tanto (art. 157 do ECA).
"Gabarito "D".

(Promotor de Justiça/GO – 2013) Nos procedimentos afetos à Justiça da Infância e da Juventude, inclusive os relativos à execução das medidas socioeducativas, adotar-se-á o sistema recursal da Lei 5.869, de 11 de janeiro de 1973 (Código de Processo Civil), com a seguinte adaptação:
(A) os recursos serão interpostos com preparo, salvo quando partes o Ministério Público e a Defensoria Pública.
(B) em todos os recursos, salvo nos embargos de declaração, o prazo para o Ministério Público e para a defesa será de 15 (quinze) dias.
(C) os recursos terão preferência de julgamento e dispensarão revisor.
(D) antes de determinar a remessa dos autos à superior instância, no caso de apelação, ou do instrumento, no caso de agravo, a autoridade judiciária proferirá despacho fundamentado, mantendo ou reformando a decisão, no prazo de 10 (dez) dias.

A: incorreta, pois os recursos serão interpostos independentemente de preparo (art. 198, I, do ECA); **B:** incorreta, pois o prazo será de 10 dias (art. 198, II, do ECA); **C:** correta, pois a alternativa está de acordo com o disposto no art. 198, III, do ECA; **D:** incorreta, pois o prazo é de cinco dias e não de dez dias para o juízo de retratação (art. 198, VII, do ECA).
"Gabarito "C".

(Promotor de Justiça/MG – 2014) Sobre o procedimento previsto na Lei 8.069/1990 para a perda do poder familiar, é **CORRETO** afirmar:
(A) O procedimento para a perda ou a suspensão do poder familiar terá início por provocação do Ministério Público ou por qualquer pessoa.
(B) Havendo motivo grave, poderá a autoridade judiciária, ouvido o Ministério Público, decretar a suspensão do poder familiar, liminar ou incidentemente, até o julgamento definitivo da causa, ficando a criança ou adolescente confiado a pessoa idônea, sem necessidade de termo de responsabilidade.
(C) O requerido será citado para, no prazo de dez dias, oferecer resposta escrita, indicando as provas a serem produzidas e oferecendo desde logo o rol de testemunhas e documentos.
(D) Não sendo contestado o pedido, o juiz decretará de plano a revelia do réu.

A: incorreta, pois o procedimento para a perda ou a suspensão do poder familiar terá início por provocação do Ministério Público ou de quem tenha legítimo interesse e não por qualquer pessoa (art. 155 do ECA); **B:** incorreta, pois havendo motivo grave, poderá a autoridade judiciária, ouvido o Ministério Público, decretar a suspensão do poder familiar, liminar ou incidentalmente, até o julgamento definitivo da causa, ficando a criança ou adolescente confiado a pessoa idônea, *mediante termo de responsabilidade* (art. 157 do ECA); **C:** correta, pois a alternativa está de acordo com o disposto no art. 158, *caput*, do ECA; **D:** incorreta, pois não sendo contestado o pedido pelo requerido, a autoridade judiciária dará vista dos autos ao Ministério Público, a fim de que requeira as provas que entender necessárias. Ademais, a própria autoridade judiciária poderá determinar de ofício a realização de estudo social ou perícia por equipe interprofissional ou multidisciplinar (art. 161, *caput* e § 1º, do ECA). Isso porque, na ação de suspensão ou destituição do poder familiar, não se aplica o regular efeito da revelia, qual seja, o de presunção de veracidade dos fatos alegados pelo autor, haja vista tratar-se de causa que versa sobre direito indisponível.

Gabarito "C".

(Promotor de Justiça/MG – 2014) Com relação ao sistema recursal previsto no Estatuto da Criança e do Adolescente, assinale a alternativa **CORRETA**:

(A) É o mesmo previsto no Código de Processo Civil, garantindo, todavia, o juízo de retratação pelo magistrado de primeira instância.
(B) É híbrido, pois trata de questões civis e penais, aplicando-se no primeiro caso o Código de Processo Civil e, no segundo, o Código de Processo Penal, sem a garantia do juízo de retratação pelo magistrado de primeira instância.
(C) Não há sistema recursal, uma vez que o magistrado de primeira instância não está adstrito à legalidade estrita, motivo pelo qual as decisões não fazem coisa julgada material.
(D) Todas as alternativas anteriores estão incorretas.

A alternativa correta é a "A", pois está de acordo com o art. 198, *caput* e inciso VII, do ECA, ficando excluídas as demais.

Gabarito "A".

(Magistratura/PA – 2012 – CESPE) Um defensor público lotado em uma comarca do interior do estado recebeu diversas reclamações de que o transporte público escolar do município era realizado em caçambas abertas de caminhonetes, o que colocava em risco a integridade física e a vida das crianças transportadas. Após oficiar o prefeito e constatar que, de fato, os veículos utilizados eram inadequados, o defensor ajuizou ação civil pública contra o município, requerendo, liminarmente, que o réu fosse obrigado a regularizar o transporte escolar, colocando ônibus à disposição dos usuários, sob pena de pagamento de multa diária não inferior a R$ 150,00. No mérito, requereu a confirmação da liminar.

Nessa situação, ao receber os autos, o magistrado deverá

(A) abrir vista ao MP, antes de receber a inicial e de analisar o pedido liminar, para que o órgão se manifeste a respeito do interesse processual em substituir a Defensoria Pública no polo ativo da demanda.
(B) deferir a liminar, após receber a exordial e mesmo sem ouvir o réu, mas sem cominar astreinte, que é expressamente vedada no ECA.
(C) deferir a liminar, após receber a exordial e antes ou depois de ouvir o réu, fixando multa diária pelo descumprimento da decisão.
(D) extinguir o processo, sem resolução de mérito, dada a ilegitimidade ativa da Defensoria Pública para ajuizar ação civil pública de defesa de interesses individuais homogêneos de crianças.
(E) determinar que a Defensoria Pública regularize a representação processual, juntando procuração dos pais das crianças supostamente prejudicadas.

Art. 213, §§ 1º e 2º, do ECA.

Gabarito "C".

(Magistratura/PA – 2012 – CESPE) Defensor público lotado em uma comarca do interior do estado X, defendendo os interesses do pai de determinada criança, ajuizou, perante o juízo local, ação de modificação de guarda, com pedido liminar, contra a mãe do infante, sob a alegação de que ela maltratava o filho, infligindo-lhe castigos corporais graves. Foram juntadas à ação fotos que mostravam as lesões na criança. Regularmente citada, a mãe apresentou contestação, arguindo, preliminarmente, incompetência do juízo, em razão de ela e a criança residirem em comarca de outro estado da Federação havia mais de cinco anos. Como prova, apresentou declaração da escola em que a criança estava matriculada. Quanto ao mérito, a mãe alegou que os fatos narrados na exordial eram falaciosos e que as lesões mostradas nas fotos foram causadas por queda de bicicleta.

Nessa situação, de acordo com o que dispõe o ECA e a jurisprudência do STJ, o magistrado deverá

(A) reconhecer a sua competência e determinar ao conselho tutelar a realização de estudo social.
(B) reconhecer a sua competência e designar audiência de instrução e julgamento.
(C) deferir a liminar, concedendo a guarda provisória ao pai da criança, em atenção ao princípio da proteção integral ao menor.
(D) deferir parcialmente a liminar, determinando que a criança seja provisoriamente acolhida em instituição credenciada pelo poder público local.
(E) abster-se de analisar a liminar, reconhecer a incompetência do juízo e remeter os autos ao juízo do domicílio da mãe do menor.

Art. 147, I, do ECA. Embora seja compreendido como regra de competência territorial, o art. 147, I e II, do ECA apresenta natureza de competência absoluta. Isso porque a necessidade de assegurar ao infante a convivência familiar e comunitária, bem como de lhe ofertar a prestação jurisdicional de forma prioritária, conferem caráter imperativo à determinação da competência (STJ – CONFLITO DE COMPETÊNCIA 111.130 – SC 2010/0050164-8).

Gabarito "E".

(Magistratura/CE – 2012 – CESPE) Com relação às regras gerais relacionadas ao procedimento de colocação de criança ou adolescente em família substituta, assinale a opção correta de acordo com o estabelecido no ECA.

(A) Se os pais da criança ou do adolescente forem falecidos, tiverem sido destituídos ou suspensos do poder familiar, ou houverem aderido expressamente ao pedido de colocação em família substituta, os próprios requerentes desse pedido poderão formulá-lo diretamente em cartório, em petição devidamente assinada, com a assistência obrigatória de advogado ou defensor público.
(B) O consentimento para a colocação da criança em família substituta, feito, por escrito, pelos titulares do poder familiar, antes ou depois do nascimento da criança, terá validade independentemente de audiência perante o juízo da infância e juventude, mas deve ser precedido de orientações e esclarecimentos prestados por equipe interprofissional, em especial, no caso de adoção, sobre a irrevogabilidade da medida.
(C) A autoridade judiciária, de ofício ou a requerimento das partes ou do MP, deve determinar a realização de estudo social ou, se possível, perícia por equipe interprofissional, para decidir sobre a concessão de guarda provisória, bem como, no caso de adoção, sobre o estágio de convivência. Deferida a concessão da guarda provisória ou do estágio de convivência, a criança ou o adolescente será entregue ao interessado, mediante termo de responsabilidade.
(D) Nas hipóteses em que a destituição da tutela, a perda ou a suspensão do poder familiar constituir pressuposto lógico da medida principal de colocação da criança ou do adolescente em família substituta, o interessado será cientificado do processo, mas não poderá intervir nos autos como parte, assistente ou interessado, devendo procurar a via adequada para pleitear sua pretensão.
(E) A colocação de criança ou adolescente sob a guarda de pessoa inscrita em programa de acolhimento familiar será comunicada pela autoridade judiciária ao MP, ao conselho tutelar e à defensoria pública, no prazo máximo de cinco dias, para que sejam tomadas as providências cabíveis ao adequado encaminhamento do menor.

A: incorreta, pois é dispensável a assistência de advogado na hipótese narrada na alternativa (art. 166, *caput*, do ECA); **B:** incorreta, pois o consentimento dos titulares do poder familiar deve ser ratificado em audiência (art. 166, §§ 3º e 4º, do ECA); **C:** correta (art. 167, *caput* e parágrafo único, do ECA); **D:** incorreta (art. 169 do ECA); **E:** incorreta (art. 170, parágrafo único, do ECA).

Gabarito "C".

(Magistratura/CE – 2012 – CESPE) A respeito da proteção judicial dos interesses individuais, difusos e coletivos das crianças e dos adolescentes, assinale a opção correta conforme disposição do ECA e entendimento do STJ.

(A) Ao deferir liminar ou proferir sentença, o juiz poderá impor, independentemente de pedido do autor, multa diária ao réu, suficiente ou compatível com a obrigação. Nesse caso, o pagamento da multa será exigível somente após o trânsito em julgado da sentença favorável ao autor, mas o valor será devido desde o dia em que tiver sido configurado o descumprimento da obrigação.
(B) O juiz condenará associação responsável pela propositura da ação a pagar ao réu os honorários advocatícios arbitrados de acordo com o que dispõe o CPC, quando reconhecer que a pretensão é manifestamente infundada, e, em caso de litigância de má-fé, a associação será condenada ao décuplo das custas, e os seus diretores responderão subsidiariamente, sem prejuízo de responsabilidade por perdas e danos.
(C) As demandas judiciais previstas no ECA serão propostas no foro do local onde tenha ocorrido ou deva ocorrer a ação ou omissão, tendo o juízo competência absoluta para processar a causa, sem exceções, em atenção ao princípio da proteção integral.
(D) O MP carece de legitimidade para propor ação civil pública para obrigar plano de saúde a custear tratamento quimioterápico em qualquer centro urbano a criança dependente de titular conveniado a empresa prestadora do serviço de assistência médica.
(E) Não há previsão expressa no ECA a respeito da legitimidade da defensoria pública para a propositura de ação civil pública para a proteção dos direitos metaindividuais das crianças e dos adolescentes, sendo explícita no estatuto, tão somente, a legitimidade para o ajuizamento de ações individuais.

A: correta (art. 213, §§ 2º e 3º, do ECA); **B:** incorreta, pois a associação autora e os diretores responsáveis pela propositura da ação responderão solidariamente (art. 218, *caput* e parágrafo único, do ECA); **C:** incorreta, pois são ressalvadas a competência da Justiça Federal e a competência originária dos tribunais superiores (art. 209 do ECA); **D:** incorreta (art. 210, I, do ECA); **E:** incorreta, pois não há previsão expressa no ECA da legitimidade da Defensoria Pública para o ajuizamento de ações coletivas ou individuais. Importante ressaltar que, muito embora a Defensoria Pública não esteja como colegitimada no art. 210 do ECA, o fato é que ela possui legitimidade para a propositura de ação civil pública, em razão do disposto no art. 5º, II, da Lei 7.347/1985. Todavia, quando a tutela

for de direitos coletivos ou individuais homogêneos, a legitimidade ficará restrita aos interesses dos necessitados. Por sua vez, se a tutela for de direitos difusos, não haverá restrição, já que os seus titulares são indeterminados. Neste sentido é o entendimento jurisprudencial: *Ementa Processual civil. Ação coletiva. Defensoria pública. Legitimidade ativa. art. 5º, II, da Lei 7.347/1985 (redação da Lei 11.448/2007). Precedente. 1. Recursos especiais contra acórdão que entendeu pela legitimidade ativa da Defensoria Pública para propor ação civil coletiva de interesse coletivo dos consumidores. 2. Esta Superior Tribunal de Justiça vem-se posicionando no sentido de que, nos termos do art. 5º, II, da Lei 7.347/1985 (com a redação dada pela Lei 11.448/2007), a Defensoria Pública tem legitimidade para propor a ação principal e a ação cautelar em ações civis coletivas que buscam auferir responsabilidade por danos causados ao meio ambiente, ao consumidor, a bens e direitos de valor artístico, estético, histórico, turístico e paisagístico e dá outras Providências. 3. Recursos especiais não providos. Acórdão Origem: STJ – Superior Tribunal de Justiça Classe: Resp – recurso especial – 912849 Processo: 200602794575 UF: RS Órgão Julgador: Primeira Turma Data da decisão: 26/02/2008 Relator(a) José Delgado.*
Gabarito "A".

(Magistratura/CE – 2012 – CESPE) O ECA adotou o sistema recursal previsto no CPC para os procedimentos afetos à justiça da infância e da juventude, mas previu expressamente algumas adaptações que devem ser observadas. A respeito das regras específicas de recursos, assinale a opção correta.

(A) Contra as decisões proferidas com base nas portarias e alvarás editados pelo juízo da infância e juventude caberá agravo de instrumento.
(B) A apelação interposta contra a sentença que deferir a adoção será sempre recebida nos efeitos suspensivo e devolutivo, em atenção ao princípio da proteção integral.
(C) No caso de apelação ou agravo de instrumento, a autoridade judiciária proferirá despacho fundamentado de juízo de admissibilidade, no prazo de cinco dias, remetendo os autos imediatamente ao tribunal.
(D) Os recursos nos procedimentos de adoção e de destituição de poder familiar serão processados com prioridade absoluta e serão julgados após vista do revisor e parecer do MP, no prazo de dez dias.
(E) Em todos os recursos, salvo o de agravo de instrumento e de embargos de declaração, o prazo para interpor e para responder será sempre de dez dias.

A: incorreta, pois caberá apelação (art. 199 do ECA); B: incorreta, pois a sentença que deferir a adoção produz efeito desde logo, embora sujeita a apelação, que será recebida exclusivamente no efeito devolutivo, salvo se se tratar de adoção internacional ou se houver perigo de dano irreparável ou de difícil reparação ao adotando (art. 199-A, do ECA, incluído pela Lei 12.010/2009); C: incorreta, pois a autoridade judiciária proferirá despacho fundamentado, mantendo ou reformando a decisão. Trata-se, no caso, do juízo de retratação (art. 198, VII, do ECA); D: incorreta, pois os recursos nos procedimentos de adoção e de destituição de poder familiar, em face da relevância das questões, serão processados com prioridade absoluta, devendo ser imediatamente distribuídos, ficando vedado que aguardem, em qualquer situação, oportuna distribuição, e serão colocados em mesa para julgamento sem revisão e com parecer urgente do Ministério Público (art. 199-C, do ECA, incluído pela Lei 12.010/2009); E: correta, de acordo com a legislação anterior, pois com o advento da Lei 12.594/2012, em todos os recursos, salvo nos embargos de declaração, o prazo para o Ministério Público e para a defesa será sempre de 10 (dez) dias. Portanto, o agravo de instrumento não está mais excetuado da regra geral (art. 198, II, do ECA).
Gabarito "E".

(Magistratura/CE – 2012 – CESPE) Em relação às normas de acesso à justiça estabelecidas no ECA, assinale a opção correta.

(A) Embora seja compreendido como regra de competência territorial, o art. 147, I e II, do ECA apresenta natureza de competência absoluta, porque a necessidade de assegurar ao infante a convivência familiar e comunitária e a de lhe ofertar a prestação jurisdicional de forma prioritária conferem caráter imperativo à determinação da competência.
(B) É vedada a divulgação de atos judiciais, policiais e administrativos que digam respeito a adolescentes aos quais se atribua autoria de ato infracional, e a notícia a respeito do fato não deve identificar, por meio de fotografia, referência a nome, apelido, filiação, parentesco ou residência, o adolescente, permitindo-se apenas o uso das iniciais do nome e sobrenome do menor.
(C) A assistência judiciária gratuita será prestada, por meio de defensor público ou de advogado nomeado, a todos que comprovarem renda familiar abaixo do salário mínimo.
(D) A justiça da infância e da juventude é absolutamente competente para conhecer qualquer ação de guarda, de tutela, de destituição do poder familiar e de suprimento da capacidade ou do consentimento para o casamento.
(E) Compete à equipe interprofissional fornecer subsídios por escrito, mediante laudos, ou verbalmente, na audiência, assim como desenvolver trabalhos de aconselhamento, orientação, encaminhamento, prevenção e outros, tudo sob a imediata subordinação ao entendimento técnico da autoridade judiciária.

A: correta, pois, *embora seja compreendido como regra de competência territorial, o art. 147, I e II, do ECA apresenta natureza de competência absoluta. Isso porque a necessidade de assegurar ao infante a convivência familiar e comunitária, bem como de lhe ofertar a prestação jurisdicional de forma prioritária, conferem caráter imperativo à determinação da competência* (STJ – Conflito de Competência 111.130 – SC 2010/0050164-8); B: incorreta, pois também é vedado o uso das iniciais do nome e sobrenome do menor (art. 143, caput e parágrafo único, do ECA); C: incorreta (art. 111, IV; art. 141, § 1º; e art. 206, parágrafo único, do ECA); D: incorreta, pois não se trata de competência exclusiva. Somente cabe à Justiça da Infância e Juventude conhecer de ação de guarda, de tutela, de destituição do poder familiar e de suprimento da capacidade ou do consentimento para o casamento, acaso a criança ou adolescente esteja em situação de risco (art. 148, parágrafo único, alíneas "a", "b" e "c", do ECA); E: incorreta, pois é assegurada a livre manifestação do ponto de vista técnico (art. 151 do ECA).
Gabarito "A".

(Ministério Público/SC – 2012) Segundo o Estatuto da Criança e do Adolescente:

I. O procedimento para perda ou a suspensão do poder familiar terá início através de portaria expedida pelo Juiz de Direito, após prévia comunicação dos fatos pelo Conselho Tutelar.
II. O prazo máximo e improrrogável para a conclusão do procedimento para apuração de infração administrativa às normas de proteção à criança e ao adolescente é de 45 (quarenta e cinco) dias.
III. Da sentença nos processos afetos à Justiça da Infância e Juventude cabe apelação no prazo de cinco dias, contados da intimação da parte sucumbente.
IV. Compete ao Ministério Público promover o inquérito civil e a ação civil pública para a proteção dos interesses individuais, difusos ou coletivos relativos à infância e à adolescência.
V. O afastamento da criança ou adolescente do convívio familiar é de competência exclusiva da autoridade judiciária e importará na deflagração, a pedido do Ministério Público ou de quem tenha legítimo interesse, de procedimento judicial contencioso, no qual se garanta aos pais ou ao responsável legal o exercício do contraditório e da ampla defesa, sem prejuízo da tomada de medidas emergenciais para proteção de vítimas de violência ou abuso sexual e das providências a que alude o art. 130 desta Lei.

(A) Apenas as assertivas II, III, IV e V estão corretas.
(B) Apenas as assertivas I e V estão corretas.
(C) Apenas as assertivas III, IV e V estão corretas.
(D) Apenas as assertivas IV e V estão corretas.
(E) Todas as assertivas estão corretas.

I: incorreta, pois o procedimento para a perda ou a suspensão do poder familiar terá início por provocação do Ministério Público ou de quem tenha legítimo interesse, por meio de petição inicial protocolizada no juízo da Infância e da Juventude (art. 156 e 157 do ECA); II: incorreta, pois o prazo máximo de quarenta e cinco dias é para a internação provisória e não para a apuração da infração administrativa (art. 108 do ECA); III: incorreta, pois em todos os recursos, salvo nos embargos de declaração, o prazo para o Ministério Público e para a defesa será sempre de 10 (dez) dias (art. 198, II, do ECA); IV: correta (art. 201, V, do ECA); V: correta (art. 101, § 2º, do ECA).
Gabarito "D".

(Ministério Público/GO – 2012) Analise as proposições abaixo, assinalando em seguida, a alternativa correta.

I. O princípio do juízo imediato estabelece que a competência para apreciar e julgar medidas, ações e procedimentos que tutelam interesses, direitos e garantias positivadas no ECA é determinada pelo lugar onde a criança ou o adolescente exerce, com regularidade, seu direito à convivência familiar e comunitária.
II. O princípio do juízo imediato, previsto no art. 147, I e II, do ECA, desde que firmemente atrelado ao princípio do melhor interesse da criança e do adolescente, sobrepõe-se às regras gerais de competência do CPC.
III. Embora seja compreendido como regra de competência territorial, o art. 147, I e II, do ECA apresenta natureza de competência absoluta.
IV. A determinação da competência, em casos de disputa judicial sobre a guarda – ou mesmo a adoção e tutela – de infante deve garantir primazia ao melhor interesse da criança, mesmo que isso implique em flexibilização de outras normas.
V. A aplicação do art. 87 do CPC, em contraposição ao art. 147, I e II, do ECA, somente é possível se – consideradas as especificidades de cada lide e sempre tendo como baliza o princípio do melhor interesse da criança – ocorrer mudança de domicílio da criança e de seus responsável depois de iniciada a ação e consequentemente configurada a relação processual.

(A) São corretas as assertivas I, III e V e incorretas as assertivas II e IV.
(B) São corretas as assertivas III e V e incorretas as assertivas I, II e IV.
(C) São corretas as assertivas I e V e incorretas as assertivas II, III e IV.
(D) São corretas as assertivas I, II, III, IV e V.

I: correta (art. 147 do ECA); II: correta, pois o CPC se aplica de forma subsidiária (art. 152 do ECA); III: correta. *"Embora seja compreendido como regra de competência territorial, o art.*

*147, I e II, do ECA apresenta natureza de competência absoluta. Isso porque a necessidade de assegurar ao infante a convivência familiar e comunitária, bem como de lhe ofertar a prestação jurisdicional de forma prioritária, conferem caráter imperativo à determinação da competência (STJ – Conflito de competência 111.130 – SC 2010/0050164-8); IV e V: corretas. "Competência. Adoção. Guarda. Interesse. Criança. No caso de disputa judicial que envolve a guarda ou mesmo a adoção de crianças ou adolescentes, deve-se levar em consideração o interesse deles para a determinação da competência, mesmo que para tal se flexibilizem outras normas. Logo, o **princípio do juízo imediato**, previsto no art. 147, I, do ECA, sobrepõe-se às regras gerais do CPC, desde que presente o interesse da criança e do adolescente. Assim, o art. 87, do CPC [Atual 43 do Novo CPC], que estabelece o princípio da perpetuatio jurisdictionis, deve ser afastado para que a solução do litígio seja mais ágil, seguro e eficaz em relação à criança, permitindo a modificação da competência no curso do processo, mas sempre considerando as peculiaridades do caso. A aplicação do art. 87 do CPC [Atual 43 do Novo CPC] em oposição ao art. 147, I, do ECA somente é possível quando haja mudança de domicílio da criança e seus responsáveis, após já iniciada a ação e, consequentemente, configurada a relação processual. Esse posicionamento tem o objetivo de evitar que uma das partes mude de residência e leve consigo o processo". (STJ, CC 111.130-SC, Rel. Min. Nancy Andrighi, julgado em 08.09.2010. 2ª Seção).*
Gabarito "D".

(Ministério Público/TO – 2012 – CESPE) O ECA prevê que sejam adotados, na justiça da infância e da juventude, procedimentos recursais previstos no CPC, com algumas adaptações. A respeito das normas recursais específicas previstas no ECA, assinale a opção correta.

(A) No caso de apelação e de agravo de instrumento, cabe ao juiz, antes de determinar a remessa dos autos à instância superior, realizar o juízo de retratação, mediante decisão fundamentada.
(B) Cabe recurso de agravo de instrumento contra as decisões proferidas pelo juízo da infância e da juventude que disciplinar, por meio de portaria, ou autorizar, mediante alvará, a entrada e permanência de criança ou adolescente, sem a companhia dos pais ou do responsável, em boate ou congêneres.
(C) Contra a sentença que deferir a adoção nacional ou internacional cabe recurso de apelação, que será recebida exclusivamente no efeito devolutivo e produzirá efeito desde logo.
(D) A sentença que destituir um dos genitores ou ambos do poder familiar fica sujeita a apelação, que deverá ser recebida no duplo efeito.
(E) Em todos os recursos, o prazo para o MP e para a defesa será sempre de dez dias.

A: correta (art. 198, VII, do ECA); **B:** incorreta, pois em tais decisões o recurso cabível é o de Apelação (art. 199 do ECA); **C:** incorreta, pois, em regra, a sentença que deferir a adoção produz efeito desde logo, embora sujeita a apelação, que será recebida exclusivamente no efeito devolutivo. Todavia, se se tratar de adoção internacional ou se houver perigo de dano irreparável ou de difícil reparação ao adotando, o recurso será recebido no duplo efeito (art. 199-A do ECA); **D:** incorreta, pois a sentença que destituir ambos ou qualquer dos genitores do poder familiar fica sujeita a apelação, que deverá ser recebida apenas no efeito devolutivo (art. 199-B, do ECA); **E:** incorreta, pois em todos os recursos, salvo nos embargos de declaração, o prazo para o Ministério Público e para a defesa será sempre de 10 (dez) dias (art. 198, II, do ECA).
Gabarito "A".

(Defensor Público/AC – 2012 – CESPE) Ao ser atendido na DP de sua cidade, um cidadão economicamente hipossuficiente relatou que seu filho, uma criança de seis anos de idade, sofria maus-tratos da mãe, sua ex-companheira, que detinha a guarda judicial do garoto e que vivia em cidade de outro estado da Federação havia mais de um ano. O cidadão manifestou, ao final do atendimento, interesse na guarda do filho.
Nessa situação hipotética, de acordo com o disposto no ECA e com o entendimento do STJ, o DP deve

(A) ajuizar ação de modificação de guarda, com pedido de liminar, perante o juízo da comarca onde reside o pai do menor.
(B) ajuizar ação de modificação de guarda, com pedido de liminar, perante o juízo da capital do estado onde reside a mãe do menor.
(C) remeter os documentos para o MP local, órgão que deve tomar as providências cabíveis ao caso.
(D) remeter os documentos à DP da cidade de residência da mãe do menor, para as medidas cabíveis.
(E) ajuizar ação de modificação de guarda, com pedido de liminar, perante o juízo da comarca onde reside a mãe do menor.

A alternativa E está correta, já que está de acordo com o disposto no art. 147, I, do ECA e com a Súmula 383, do STJ, segundo a qual a "competência para processar e julgar as ações conexas de interesse de menor é, em princípio, do foro do domicílio do detentor de sua guarda". Portanto, as demais alternativas ficam excluídas. Outrossim, cumpre salientar que "de acordo com o Superior Tribunal de Justiça, pelo princípio do juízo imediato, previsto no art. 147, I, do ECA, sobrepõe-se às regras gerais previstas no Código de Processo Civil, tal como o princípio da *perpetuatio jurisdictionis* (art. 87, do CPC), privilegiando a celeridade e eficácia em relação à criança. Assim, será legítima a modificação do foro em que tramita a ação, quando houver a mudança de domicílio da criança e seus responsáveis, mesmo já iniciada a ação". (ROSSATO, Luciano Alves; LÉPORE, Paulo Eduardo e CUNHA, Rogério Sanches. **Estatuto da Criança e do Adolescente comentado** *artigo por artigo.* 3. ed. São Paulo: RT, 2012).
Gabarito "E".

(Defensor Público/AC – 2012 – CESPE) Um DP lotado em comarca do estado X recebeu diversas reclamações de pais contra a falta de creches e pré-escolas para crianças de até cinco anos de idade. Após oficiar à secretaria municipal de educação, esse DP confirmou a veracidade das denúncias.
Com base na situação hipotética acima e nas normas do ECA acerca da proteção judicial dos interesses individuais, difusos e coletivos de crianças e adolescentes, assinale a opção correta.

(A) Em razão da discricionariedade da administração pública municipal e da reserva do possível, que impedem a análise judicial do caso, o DP deverá expedir recomendação à câmara municipal para que inclua, no próximo orçamento anual, a previsão de recursos públicos para a construção de creches e pré-escolas.
(B) O DP deverá remeter os documentos ao MP local, para a tomada de providências cabíveis.
(C) Antes de tomar qualquer providência judicial, o DP deverá arrecadar procurações e declarações de pobreza de todos os pais que fizeram as denúncias.
(D) A fim de evitar alegação de nulidade processual, o DP deverá ajuizar ações individuais contra o município, ou seja, uma ação para cada criança carente dos serviços de creche ou pré-escola.
(E) O DP deverá ajuizar ação civil pública contra o município, requerendo liminarmente que o réu seja obrigado a construir creches e pré-escolas em determinado prazo, sob pena de multa diária, e, no mérito, deverá requerer a confirmação da liminar.

A: incorreta, pois, no caso em questão, por haver violação a direitos difusos, coletivos ou individuais homogêneos de crianças, será cabível o ajuizamento de ação civil pública para condenar o Município na obrigação de fazer, consistente em construir creches e pré-escolas, sob pena de multa; **B:** incorreta, pois a Defensoria Pública tem legitimidade para ajuizar ação civil pública, podendo ela própria tomar as providências cabíveis; **C:** incorreta, pois não é necessário arrecadar procurações, já que a capacidade postulatória do defensor público decorre exclusivamente da sua nomeação e posse no cargo público (art. 4º, § 6º, da LC 132/2009, que alterou a LC 80/1994). De igual modo, é dispensável arrecadar declarações de pobreza de todos os que seriam beneficiados com a tutela coletiva. Isso porque, "quanto à noção de hipossuficiência que deve pautar a atuação do órgão, notadamente no campo da tutela coletiva, a vulnerabilidade não se restringe a limites estritamente econômicos, mas engloba todos aqueles que do ponto de vista organizacional 'são socialmente vulneráveis: os consumidores, os usuários de serviços públicos, os usuários de planos de saúde, os que queiram implementar ou contestar políticas públicas, como as atinentes à saúde, à moradia, ao saneamento básico, ao meio ambiente, etc.'. Em síntese, a assistência jurídica integral e gratuita que prestará a Defensoria Pública refere-se a hipossuficientes econômicos, sociais, culturais e organizacionais". Outrossim, oportuno registrar que, "embora deva haver pertinência temática que justifique a atuação da Defensoria Pública – a vulnerabilidade em sentido amplo – essa é facilmente alcançada, pois basta que o resultado da demanda atinja parcela, e não a integralidade, de sujeitos hipossuficientes. Exigir que a ação coletiva proposta pela Defensoria Pública tutele exclusivamente hipossuficientes é algo absolutamente impossível, que esvaziaria de sentido e função a atribuição de legitimidade ativa ao órgão" (ZUFELATO, Camilo. A participação da Defensoria Pública nos processos coletivos de hipossuficientes: da legitimidade ativa à intervenção *ad coadjuvandum*. In: RÉ, Aluisio Iunes Monti Ruggeri. (Org.). **Temas aprofundados:** Defensoria Pública. 1 ed. Salvador: JusPodivm, 2013. p. 310); **D:** incorreta, pois a Defensoria Pública tem legitimidade para ajuizar ação civil pública, por haver violação a direitos difusos, coletivos ou individuais homogêneos de crianças e adolescentes; **E:** correta (arts. 208, III e 213, § 2º, ambos do ECA). Muito embora a Defensoria Pública não esteja como colegitimada no art. 210, do ECA, o fato é que ela possui legitimidade para a propositura de ação civil pública, em razão do disposto no art. 5º, II, da Lei 7.347/1985. Todavia, quando a tutela for de direitos coletivos ou individuais homogêneos, a legitimidade ficará restrita aos interesses dos necessitados, exigindo-se a pertinência temática, como já explicitado acima. Por sua vez, se a tutela for de direitos difusos, não haverá restrição, já que os seus titulares são indeterminados. Neste sentido é o entendimento jurisprudencial: "Ementa Processual Civil. Ação Coletiva. Defensoria pública. Legitimidade ativa. art. 5º, II, da Lei 7.347/1985 (redação da Lei 11.448/2007). Precedente. 1. Recursos especiais contra acórdão que entendeu pela legitimidade ativa da Defensoria Pública para propor ação civil coletiva de interesse coletivo dos consumidores. 2. Este Superior Tribunal de Justiça vem-se posicionando no sentido de que, nos termos do art. 5º, II da Lei 7.347/1985 (com a redação dada pela Lei 11.448/2007), a Defensoria Pública tem legitimidade para propor a ação principal e a ação cautelar em ações civis coletivas que buscam aufer ir responsabilidade por danos causados ao meio ambiente, ao consumidor, a bens e direitos de valor artístico, estético, histórico, turístico e paisagístico e dá outras Providências. 3. Recursos especiais não providos." (STJ, REsp 912849/RS (2006/0279457-5), 1ª T., j. 26.02.2008, rel. Min. José Delgado, DJe 28.04.2008).
Gabarito "E".

(Defensor Público/RO – 2012 – CESPE) A respeito das normas da justiça da infância e da juventude, assinale a opção correta consoante o que dispõe o ECA.

(A) Constatada a prática de ato infracional por adolescente, a competência para o recebimento da representação é determinada pelo local de residência do menor, independentemente do lugar da ação ou omissão, observadas as regras de conexão, continência e prevenção.
(B) Compete à autoridade judiciária da vara da infância e da juventude disciplinar, por meio de portaria, os casos de permissão de viagem

ao exterior de criança ou adolescente em companhia de estrangeiro residente ou domiciliado no exterior.

(C) Compete à justiça da infância e da juventude conhecer, processar e julgar todas as ações de guarda e de tutela do menor, de destituição do poder familiar e de suprimento da capacidade do menor ou do consentimento para o seu casamento.

(D) É vedada a divulgação de atos judiciais, policiais e administrativos que digam respeito a adolescentes a que se atribua autoria de ato infracional; qualquer notícia a respeito do fato não poderá identificar o adolescente, sendo vedada fotografia, referência a nome, apelido, filiação, parentesco, residência, mas permitido o uso das iniciais do nome e sobrenome.

(E) O local da residência do menor é o foro competente para o processamento e julgamento de ação de modificação de guarda, visto que, na fixação da competência para as ações que tratem de guarda de menor, há de ser observada a prevalência dos interesses deste sobre os demais bens e interesses tutelados.

A: incorreta, pois, nos casos de ato infracional, será competente a autoridade do *lugar da ação ou omissão*, observadas as regras de conexão, continência e prevenção (art. 147, § 1º, do ECA); B: incorreta, pois a autoridade judiciária concederá autorização para viagem, por meio de alvará judicial e não por portaria (arts. 83 a 85, do ECA). Com efeito, a portaria é o ato por meio do qual o juiz disciplina situações concretas, ao passo que o alvará judicial é dirigido a determinada pessoa física ou jurídica. Assim, nos termos do art. 85, do ECA, é possível que a criança ou adolescente nascido em território nacional saia do País em companhia de estrangeiro residente ou domiciliado no exterior, desde que com expressa autorização judicial, por meio de alvará, como já explicitado adrede; C: incorreta, pois compete à Justiça da Infância e da Juventude conhecer, processar e julgar as ações de guarda e de tutela do menor, de destituição do poder familiar e de suprimento da capacidade do menor ou do consentimento para o seu casamento, *quando houver situação de risco*, pois, caso contrário, a competência será da Vara Cível ou de Família (art. 148, parágrafo único, alíneas "a", "b" e "c", do ECA). Oportuno registrar que a competência será exclusiva da Vara da Infância e Juventude para conhecer de todas as ações de adoção (art. 148, III, do ECA); D: incorreta, pois qualquer notícia a respeito do fato não poderá identificar a criança ou o adolescente, vedando-se fotografia, referência a nome, apelido, filiação, parentesco, residência e, *inclusive, iniciais do nome e sobrenome* (art. 143, parágrafo único, do ECA); E: correta, já que a alternativa está de acordo com o disposto no art. 147, I, do ECA e com a Súmula 383, do STJ, segundo a qual a "competência para processar e julgar as ações conexas de interesse de menor é, em princípio, do foro do domicílio do detentor de sua guarda". Logo, aquele que não é o detentor da guarda deverá ajuizar a ação de modificação no local onde o menor está residindo. Outrossim, cumpre salientar que "de acordo com o Superior Tribunal de Justiça, o princípio do juízo imediato, previsto no art. 147, I, do ECA, sobrepõe-se às regras gerais previstas no Código de Processo Civil, tal como o princípio da *perpetuatio jurisdictionis* (art. 87, do CPC), privilegiando a celeridade e eficácia em relação à criança. Assim, será legítima a modificação do foro em que tramita a ação, quando houver a mudança de domicílio da criança e seus responsáveis, mesmo já iniciada a ação". (ROSSATO, Luciano Alves; LÉPORE, Paulo Eduardo e CUNHA, Rogério Sanches. **Estatuto da Criança e do Adolescente comentado artigo por artigo**. 3. ed. São Paulo: RT, 2012).
Gabarito "E".

(Defensor Público/TO – 2013 – CESPE) A respeito da proteção judicial dos interesses individuais, difusos e coletivos das crianças e dos adolescentes e das normas previstas no ECA a respeito do MP e do advogado, assinale a opção correta.

(A) O sistema de proteção judicial dos interesses e direitos das crianças e dos adolescentes abrange somente as hipóteses expressamente previstas no ECA, em razão de constituir microssistema fechado, com normas específicas e não extensíveis a outros direitos garantidos em leis esparsas.

(B) Com a publicação da CF, a capacidade postulatória para o ajuizamento de ações de alimentos para a defesa de interesses de crianças e de adolescentes passou a ser exclusiva da DP e da advocacia privada.

(C) Para a propositura de ACP para a defesa de interesses coletivos ou difusos das crianças e dos adolescentes, são legitimados concorrentemente o MP, a DP, a União, os Estados, os Municípios, o DF e os territórios, as associações legalmente constituídas há pelo menos um ano e que incluam entre seus fins institucionais a defesa desses direitos, dispensada a autorização da assembleia, se houver prévia autorização estatutária.

(D) Em razão de expressa previsão constitucional, o juízo estadual do local onde tenha ocorrido ou ocorra a ação ou omissão é absolutamente competente para conhecer, processar e julgar as ações civis públicas ajuizadas para a defesa de interesses coletivos ou difusos das crianças e dos adolescentes, quando a União, entidade autárquica ou empresa pública federal forem interessadas na condição de autoras, rés, assistentes ou oponentes.

(E) O promotor de justiça local não possui legitimidade para propor ACP para obrigar plano de saúde a custear tratamento quimioterápico em qualquer centro urbano a uma única criança conveniada à empresa prestadora do serviço de assistência médica, atribuição exclusiva da DP.

A: incorreta, pois o sistema é aberto, já que não excluem da proteção judicial outros interesses individuais, difusos ou coletivos, próprios da infância e da adolescência, protegidos pela Constituição (art. 208, § 1º, do ECA); B: incorreta, pois, além da Defensoria Pública, há outros colegitimados (art. 210, do ECA); C: correta (art. 210, do ECA); D: incorreta, pois, na hipótese descrita na alternativa, a competência é da Justiça Federal e não da Justiça Estadual (art. 109, I, CF/1988); E: incorreta, pois o Ministério Público possui legitimidade para ajuizar ação, ainda que em favor de uma única criança ou adolescente (art. 201, V, do ECA).
Gabarito "C".

12. INFRAÇÕES ADMINISTRATIVAS

(Defensor Público –DPE/RN – 2016 – CESPE) No que se refere aos crimes e às infrações administrativas previstos no ECA, assinale a opção correta.

(A) De acordo com o STJ, o crime de corrupção de menores é de natureza formal, bastando a participação do menor de dezoito anos de idade na prática de infração penal para que haja a subsunção da conduta do agente imputável ao correspondente tipo descrito no ECA.

(B) O ECA prevê, na modalidade culposa, o crime de omissão na liberação de criança ou adolescente ilegalmente apreendido.

(C) Praticará crime material o agente que embaraçar a ação de autoridade judiciária, de membro de conselho tutelar ou de representante do MP no exercício de função prevista no ECA.

(D) O crime de descumprimento injustificado de prazo fixado no ECA em benefício de adolescente privado de liberdade é crime culposo e plurissubsistente.

(E) O crime de submissão da criança ou adolescente a vexame ou constrangimento, por ser unissubsistente, não admite a modalidade tentada.

A: correta. É o que prescreve a íntegra da Súmula 500 do ST: "A configuração do crime previsto no artigo 244-B do Estatuto da Criança e do Adolescente independe da prova da efetiva corrupção do menor, por se tratar de delito formal". B: incorreta. O crime previsto no art. 234 não admite modalidade culposa. C: incorreta. Trata-se de crime formal (art. 236 do ECA); C: incorreta. Trata-se de crime formal (art. 236 do ECA); D: incorreta. Trata-se de crime doloso (art. 235 do ECA). E: incorreta. O art. 232 não admite a modalidade tentada.
Gabarito "A".

(Ministério Público/SP – 2015 – MPE/SP) No tocante às infrações administrativas previstas na Lei 8.069/1990 (ECA) é correto afirmar que:

(A) é de três anos o prazo de prescrição da multa cominada a tais infrações, correspondente à pretensão de reparação civil prevista no Código Civil.

(B) a maioridade superveniente da criança ou do adolescente não afasta possibilidade do pagamento da multa.

(C) é cabível a punição do infrator a título de mera tentativa.

(D) a expressão salário de referência, utilizada para efeito de determinação da multa pela prática da infração administrativa, foi substituída pela expressão salário mínimo.

(E) a apuração da infração administrativa não está sujeita ao princípio da legalidade estrita, diante do interesse superior da criança e do adolescente.

A: incorreta, pois "*em se tratando de sanção administrativa, a multa imposta por força do art. 247 do ECA segue as regras de direito administrativo e não penal, sendo quinquenal o prazo prescricional*" (REsp 894.528/RN, 2ª Turma, j. 14.04.2009, rel. Min. Eliana Calmon, DJ 08.05.2009); B: correta, pois a maioridade superveniente da criança ou do adolescente não afasta a possibilidade do pagamento da multa (TJRJ, Ap. 2009.001.54991, j.19.02.2010, rel. Des. Mônica Tolledo de Oliveira); C: incorreta, pois não é cabível a punição do infrator pela tentativa. Isso porque, para que seja possível a aplicação do art. 14, II, do CP, é preciso que haja norma de extensão prevendo o tipo tentado, o que não ocorre no ECA com relação às infrações administrativas; D: incorreta, pois a expressão salário de referência não foi substituída pela expressão salário mínimo. Neste sentido já decidiu o TJSP (ApCiv 990.10.020.955-8, rel. Des. Marco César Muller Valente). "*Quando da aprovação do Estatuto, vigia o Dec.-Lei 2.351/1987, responsável pela instituição do Piso Nacional de Salários e do Salário Mínimo de Referência. Ocorre que, antes da aprovação do Estatuto, o salário de referência foi extinto pela Lei 7.789/1989, prevalecendo apenas o salário mínimo. Ocorre que, como nas infrações administrativas tipificadas no Estatuto há expressa referência ao salário de referência, atendendo-se ao princípio da estrita legalidade, o Tribunal de Justiça de São Paulo, em diversas oportunidades, deu provimento a recursos com a finalidade de retificar sentenças que fixam, em salário mínimo, a multa aplicada. Para o cálculo do valor da pena pecuniária, deve ser considerado o montante do salário de referência à época da extinção do parâmetro, com atualização pela Tabela Prática do Tribunal de Justiça*" (ROSSATO, LÉPORE e SANCHES. *Estatuto da Criança e do Adolescente Comentado*, 3ª edição, editora RT, p. 586); E: incorreta, pois aplica-se o princípio da legalidade, de modo que não há que se falar em infração administrativa sem tipificação legal e, de igual modo, não poderá ser aplicada pena, sem prévia cominação legal.
Gabarito "B".

(Juiz de Direito/RJ – 2014 – VUNESP) Quanto aos crimes e infrações administrativas previstas no Estatuto da Criança e do Adolescente, pode-se afirmar, corretamente, que

(A) é infração administrativa sujeita à multa de três a vinte salários de referência, aplicando-se o dobro, em caso de reincidência, a conduta de jornaleiro que vende revista que contenha cena de sexo explícito envolvendo adolescente.
(B) a apreensão ilegal de criança ou adolescente é conduta atípica pela inexistência de pretensão punitiva pelo Estado.
(C) é de ação pública incondicionada a apuração de crime praticado por médico, professor ou responsável por estabelecimento de atenção à saúde e de ensino fundamental, pré-escola ou creche, que não comunica à autoridade competente os casos de que tenha conhecimento, envolvendo suspeita ou confirmação de maus-tratos contra criança ou adolescente.
(D) a divulgação indevida de nome de adolescente a quem se atribua a prática de ato infracional por qualquer meio de comunicação é infração administrativa sujeita à multa de três a vinte salários de referência, aplicando-se o dobro em caso de reincidência.

A: incorreta, pois a conduta descrita na alternativa configura crime e não infração administrativa (art. 241 do ECA); **B:** incorreta, pois a conduta descrita na alternativa configura o crime previsto no art. 230 do ECA; **C:** incorreta, pois a conduta descrita na alternativa configura infração administrativa e não crime (art. 245 do ECA); **D:** correta, pois a alternativa está de acordo com o disposto no art. 247 do ECA.
Gabarito "D".

(Promotor de Justiça/ES – 2013 – VUNESP) Assinale a alternativa correta acerca da multa decorrente de infração administrativa no Estatuto da Criança e do Adolescente.

(A) A pretensão para a cobrança da multa prescreve em dois anos, nos termos do art. 114, I, do Código Penal.
(B) É aplicada ao transportador de criança ou de adolescente entre comarcas contíguas, acompanhado de ascendente ou colateral maior sem autorização expressa do pai, mãe ou responsável.
(C) O produto da arrecadação das multas é destinado ao funcionamento do Conselho Tutelar do respectivo município onde foram aplicadas, para fins de remuneração e formação continuada dos conselheiros tutelares.
(D) Por se tratar de penalidade administrativa, pode ser fixada de ofício pelo Ministério Público ao lavrar o auto de infração em que se constatou a irregularidade.
(E) Pode ser cobrada pelo Ministério Público, quando não for paga em até trinta dias do trânsito em julgado da decisão que a fixou.

A: incorreta, pois em se "tratando de sanção administrativa, a multa prevista nas infrações administrativas tipificadas no Estatuto segue as regras de Direito Administrativo, sendo, por assim, quinquenal o prazo prescricional" (ROSSATO; LÉPORE e SANCHES. *Estatuto da Criança e do Adolescente Comentado*. 3ª edição, 2012, São Paulo, Ed. RT). Neste sentido é o entendimento jurisprudencial: "Em se tratando de sanção administrativa, a multa imposta por força do art. 247 do ECA segue as regras de direito administrativo e não penal, sendo quinquenal o prazo prescricional. Precedentes da seção de Direito Público" (REsp 894.528/RN, 2ª T., j. 14.04.2009, rel. Min. Eliana Calmon, *DJ* 08.05.2009); **B:** incorreta, pois a hipótese descrita na alternativa não configura a infração administrativa prevista no art. 251 do ECA, segundo a qual é vedado transportar criança ou adolescente, por qualquer meio, com inobservância do disposto nos arts. 83, 84 e 85. Em princípio, nenhuma criança poderá viajar para fora da comarca onde reside, desacompanhada dos pais ou responsável, sem expressa autorização judicial. Todavia, a autorização não será exigida quando: *a) tratar-se de comarca contígua à da residência da criança, se na mesma unidade da Federação, ou incluída na mesma região metropolitana; b) a criança estiver acompanhada: 1) de ascendente ou colateral maior, até o terceiro grau, comprovado documentalmente o parentesco; 2) de pessoa maior, expressamente autorizada pelo pai, mãe ou responsável* (art. 83 do ECA). Por sua vez, o adolescente poderá viajar sozinho, em todo o território nacional, sendo desnecessária a autorização judicial, a qual somente é exigida pelo ECA, caso se trate de viagem internacional. Nos termos do art. 84 do ECA, em caso de viagem internacional, "a autorização é dispensável, se a criança ou adolescente: I – estiver acompanhado de ambos os pais ou responsável; II – viajar na companhia de um dos pais, autorizado expressamente pelo outro através de documento com firma reconhecida"; **C:** incorreta, pois os valores das multas reverterão ao fundo gerido pelo Conselho dos Direitos da Criança e do Adolescente do respectivo município (art. 214 do ECA). Cumpre consignar que deverá constar da lei orçamentária municipal e da do Distrito Federal previsão dos recursos necessários ao funcionamento do Conselho Tutelar e à remuneração e formação continuada dos Conselheiros Tutelares (art. 134, parágrafo único, do ECA); **D:** incorreta, pois o Ministério Público poderá representar ao juízo visando à aplicação de penalidade por infrações cometidas contra as normas de proteção à infância e à juventude, sem prejuízo da promoção da responsabilidade civil e penal do infrator, quando cabível (art. 201, X, do ECA). Inclusive, o juiz poderá impor multa diária ao réu, independentemente de pedido do autor, se for suficiente ou compatível com a obrigação de fazer ou não fazer, fixando prazo razoável para o cumprimento do preceito (art. 213, § 2º, do ECA); **E:** correta, pois as multas não recolhidas até trinta dias após o trânsito em julgado da decisão serão exigidas através de execução promovida pelo Ministério Público, nos mesmos autos, facultada igual iniciativa aos demais legitimados (art. 214, § 1º, do ECA).
Gabarito "E".

(Magistratura/BA – 2012 – CESPE) A respeito das infrações administrativas e do respectivo procedimento de apuração, assinale a opção correta.

(A) O requerido terá prazo de quinze dias para apresentação de defesa, contado da data da intimação, que será feita, sob pena de nulidade, por mandado expedido pela autoridade judiciária competente, a ser cumprido por oficial de justiça.
(B) Apresentada ou não a defesa no prazo legal, a autoridade judiciária dará vista dos autos do MP, por cinco dias, decidindo em igual prazo, sendo vedada a colheita de prova oral.
(C) Constitui infração administrativa exibir, total ou parcialmente, fotografia de criança ou adolescente envolvido em infração, ou qualquer ilustração que lhe diga respeito ou se refira a atos delituosos que lhe sejam atribuídos, ainda que tal imagem não permita a sua identificação direta ou indireta.
(D) Constitui infração administrativa deixar de apresentar à autoridade judiciária de determinado município, no prazo de cinco dias, com o fim de regularizar a guarda, adolescente trazido de outra comarca para a prestação de serviço doméstico, exceto se houver autorização escrita e com firma reconhecida dos pais ou responsável.
(E) O procedimento para imposição de penalidade administrativa por infração às normas de proteção à criança e ao adolescente inicia-se por representação do MP ou do conselho tutelar ou por auto de infração elaborado por servidor efetivo ou voluntário credenciado, e assinado por duas testemunhas, se possível.

A: incorreta, pois o prazo é de dez dias (art. 195 do ECA); **B:** incorreta (arts. 196 e 197, ambos do ECA); **C:** incorreta (art. 247, § 1º, do ECA); **D:** incorreta (art. 248 do ECA); **E:** correta (art. 194 do ECA).
Gabarito "E".

(Ministério Público/RR – 2012 – CESPE) A respeito das infrações administrativas e do respectivo procedimento de apuração, assinale a opção correta.

(A) O procedimento para imposição de penalidade administrativa por infração às normas de proteção à criança e ao adolescente terá início por representação do MP, ou do conselho tutelar, ou por auto de infração elaborado por servidor efetivo ou voluntário credenciado, assim como de ofício pela autoridade judiciária competente.
(B) Constitui infração administrativa exibir, total ou parcialmente, fotografia ou vídeo de criança ou adolescente envolvido em ato infracional, ou qualquer ilustração que lhe diga respeito ou se refira a atos que lhe sejam atribuídos, ainda que as imagens não permitam a sua identificação direta ou indireta.
(C) O requerido terá prazo de dez dias para a apresentação de defesa, contado da data da intimação, que poderá ser feita por oficial de justiça ou funcionário legalmente habilitado, que lhe entregará cópia do auto ou da representação, ou a seu representante legal, lavrando certidão.
(D) Apresentada, ou não, a defesa no prazo legal, a autoridade judiciária dará vista dos autos ao MP, por cinco dias, decidindo em igual prazo, sendo vedada a colheita de prova oral, em atenção ao princípio da celeridade.
(E) Comete infração administrativa a pessoa que deixa de apresentar à autoridade judiciária de seu domicílio, no prazo de cinco dias, com o fim de regularizar a guarda, adolescente levado de outra comarca para a prestação de serviço doméstico, exceto se houver autorização escrita e com firma reconhecida dos pais ou responsável.

A: incorreta, pois não há previsão legal de o procedimento para imposição de penalidade administrativa ser iniciado de ofício pela autoridade judiciária competente (art. 194 do ECA); **B:** incorreta, pois, para a configuração da infração administrativa trazida na alternativa, é imprescindível que as imagens permitam a identificação direta ou indireta da criança ou do adolescente (art. 247, § 1º, do ECA); **C:** correta (art. 195, II, do ECA); **D:** incorreta, pois não há vedação de colheita de prova oral (art. 196 e 197, do ECA); **E:** incorreta, pois há infração administrativa, mesmo que haja autorização dos pais ou responsável (art. 248 do ECA).
Gabarito "C".

(Defensor Público/AM – 2013 – FCC) O adolescente João, aluno do 6o ano do ensino fundamental, foi apreendido em razão de suposta prática de ato infracional equiparado ao crime de roubo. Sua genitora, a fim de auxiliar na instrução processual e na defesa de seu filho, solicitou à escola onde João estuda declaração de matrícula escolar. Dessa forma, o diretor da escola tomou conhecimento da apreensão e, como já desejava expulsar o aluno, acabou divulgando aos demais alunos, sem autorização, que João estava respondendo pela prática de ato infracional, utilizando-o como mau exemplo. O Diretor, em tese

(A) praticou infração administrativa prevista pelo ECA.
(B) praticou o crime de quebra de sigilo previsto pelo ECA.
(C) praticou crime de quebra de sigilo e infração administrativa, ambos previstos pelo ECA.
(D) praticou crime de difamação previsto pelo ECA.

(E) não praticou crime, tampouco infração administrativa prevista pelo ECA.

A conduta descrita no enunciado se amolda à infração administrativa prevista no art. 247, do ECA, ficando excluídas as demais.

Gabarito "A".

13. CRIMES

(Juiz de Direito/PA – 2014 – VUNESP) De acordo com o Estatuto da Criança e do Adolescente:

"Promover ou auxiliar a efetivação de ato destinado ao envio de criança ou adolescente para o exterior com inobservância das formalidades legais ou com o fito de obter lucro", sujeita o seu autor à pena de

(A) detenção e multa.
(B) reclusão e multa.
(C) reclusão de dois anos.
(D) detenção de dois anos.
(E) detenção de um ano.

A alternativa "B" está correta, pois está de acordo com o disposto no art. 239 do ECA, ficando excluídas as demais.

Gabarito "B".

(Magistratura/PE – 2013 – FCC) Nos crimes praticados contra a criança e o adolescente tipificados na Lei 8.069/90,

(A) em alguns casos somente se procede mediante queixa.
(B) a expressão "cena de sexo explícito" pode não compreender a exibição dos órgãos genitais de uma criança ou adolescente.
(C) cominada pena de detenção para o ato de exibir, total ou parcialmente, fotografia de criança ou adolescente envolvido em ato infracional.
(D) não prevista causa de aumento de pena para o delito de corrupção de menor de dezoito anos.
(E) aplicáveis as normas da parte especial do Código Penal.

A: incorreta, pois os crimes definidos no ECA são de ação pública incondicionada (art. 227, do ECA); **B**: correta, pois a expressão cena de sexo explícito ou pornográfica pode ser entendida como *"qualquer situação que envolva criança ou adolescente em atividades sexuais explícitas, reais ou simuladas, ou exibição dos órgão genitais de uma criança ou adolescente para fins primordialmente sexuais"* (art. 241-E, do ECA). *"Por questão técnica preferimos diferenciar cena de sexo explícito da pornográfica. A primeira (cena de sexo explícito) pressupõe contato físico entre os personagens, enquanto a segunda (pornográfica) revela imagens que exprimem atos obscenos, não necessariamente mediante contato físico"* (ROSSATO; LÉPORE; SANCHES. **Estatuto da Criança e do Adolescente Comentado**, Ed. RT); **C**: incorreta, pois a pena para a infração administrativa prevista no art. 247, § 1º, do ECA, é de multa de três a vinte salários de referência, aplicando-se o dobro em caso de reincidência (art. 247 do ECA); **D**: incorreta, pois há previsão de causa de aumento de pena de um terço para o delito de corrupção de menor de dezoito anos (art. 244-B, § 2º, do ECA), no caso de a infração cometida ou induzida estar incluída no rol do art. 1º da lei dos crimes hediondos (Lei 8.072/1990); **E**: incorreta, pois se aplicam aos crimes definidos no ECA as normas da Parte Geral do Código Penal e, quanto ao processo, as pertinentes ao Código de Processo Penal (art. 226, do ECA).

Gabarito "B".

14. DECLARAÇÕES E CONVENÇÕES

(Defensor Público – DPE/PR – 2017 – FCC) Dentre diversas novidades, o Estatuto da Criança e do Adolescente passou a prever a possibilidade de remissão ao adolescente que viesse a praticar ato infracional. Esta previsão decorreu de compromissos assumidos pelo Brasil no âmbito internacional, havendo a expressa recomendação para adoção da remissão

(A) no Pacto Internacional de Direitos Civis e Políticos.
(B) na Declaração dos Direitos da Criança – Assembleia das Nações Unidas, 1959.
(C) nas Regras Mínimas das Nações Unidas para a Administração da Justiça, da Infância e da Juventude – Regras de Beijing.
(D) nas Diretrizes das Nações Unidas para Prevenção da Delinquência Juvenil – Diretrizes de Riad.
(E) no Pacto de San José da Costa Rica

A: incorreta. O Pacto Internacional de Direitos Civis e Políticos (Decreto 592/1992) trata das liberdades civis e políticas, em conformidade com os princípios proclamados na Carta das Nações Unidas, reconhecendo que a dignidade inerente a todos os membros da família humana e de seus direitos iguais e inalienáveis constitui o fundamento da liberdade, da justiça e da paz no mundo. **B**: incorreta. A Declaração dos Direitos da Criança, fundamentada na proteção integral e no melhor interesse da criança, visa o bem-estar físico, mental e intelectual da criança, para que possa gozar dos direitos e liberdades previstos na declaração. **C**: correta. As Regras Mínimas das Nações Unidas para a Administração da Justiça, da Infância e da Juventude – Regras de Beijing trata dos primeiros traços do Sistema de Justiça da Infância e Juventude para o julgamento de crianças e adolescentes autores de ilícitos penais, incluindo garantias para um julgamento justo, imparcial e conduzido por juízo especializado, sendo a remissão uma das suas orientações. **D**: incorreta.

As Diretrizes das Nações Unidas para Prevenção da Delinquência Juvenil – Diretrizes de Riad, são voltadas para a **prevenção** da delinquência, não tratando de questões sobre a remissão. **E**: incorreta. O Pacto de San José da Costa Rica constitui diploma consolidador dos Direitos Humanos, não somente voltado ao adolescente infrator.

Gabarito "C".

(Defensor Público – DPE/BA – 2016 – FCC) Dentre os princípios fundamentais enunciados nas Diretrizes das Nações Unidas para Prevenção da Delinquência Juvenil (Princípios Orientadores de Riad) consta, expressamente, a ideia de que

(A) o comportamento desajustado dos jovens aos valores e normas da sociedade são, com frequência, parte do processo de amadurecimento e tendem a desaparecer, espontaneamente, na maioria das pessoas, quando chegam à maturidade.
(B) os estados devem criar instâncias especializadas de intervenção, de modo a garantir que, quando o adolescente transgrida uma norma de natureza penal, os organismos mais formais de controle social sejam acionados como primeira alternativa.
(C) embora desencadeados por fatores ambientais desfavoráveis, grande parte dos delitos praticados por adolescentes são resultantes de quadros psicopatológicos, cujo tratamento precoce é fundamental para uma política preventiva bem-sucedida.
(D) devem ser oferecidas a crianças, adolescentes e jovens, sempre que possível, oportunidades lícitas de geração de renda, garantindo-lhes acesso ao trabalho protegido, não penoso e que não prejudique a frequência e o aproveitamento escolar.
(E) considerando o consenso criminológico de que a delinquência juvenil está diretamente associada aos estilos parentais autoritário, permissivo ou negligente, é tarefa primordial dos estados, em colaboração com meios de comunicação, incentivar os pais no aprimoramento de suas técnicas de criação e educação dos filhos.

A: correta. O § 5º dos Princípios das Nações Unidas para a Prevenção, alínea "e" da convenção dispõe: "a consideração de que o comportamento ou conduta dos jovens, que não é conforme as normas e valores sociais gerais, faz muitas vezes parte do processo de maturação e crescimento e tende a desaparecer espontaneamente na maior parte dos indivíduos na transição para a idade adulta". **B**: incorreta. Os organismos formais de controle social só devem ser utilizados como último recurso (veja o § 6º dos Princípios Orientadores de Riad). **C**: incorreta. A convenção de Riad não considera as psicopatias em seu texto. **D**: incorreta. Os princípios de Riad dão conta da necessidade de formação profissional, não de geração de renda. Vejamos o texto do §10: "Deve ser dada importância às políticas preventivas que facilitem uma socialização e integração bem-sucedida de todas as crianças e jovens, em especial através da família, da comunidade, dos grupos de jovens, das escolas, da formação profissional e do desenvolvimento pessoal próprio das crianças e dos jovens, devendo estes ser integralmente aceites como parceiros iguais nos processos de socialização e integração". **E**: incorreta. Os princípios de Riad consideram a família unidade central responsável pela socialização da criança e reforça o sentido de manter os laços familiares (Vide §§11 até 19).

Gabarito "A".

(Defensor Público – DPE/MT – 2016 – UFMT) Em relação à Convenção Internacional sobre os direitos da criança, ratificada pelo Brasil em 20 de setembro de 1990, analise as assertivas abaixo.

I. Para efeitos da Convenção, entende-se por criança todo ser humano menor de 12 anos de idade, salvo se, em conformidade com a lei aplicável à criança, a maioridade seja alcançada antes.
II. A criança será registrada imediatamente após o seu nascimento e terá, desde seu registro, direito a um nome, a uma nacionalidade e, na medida do possível, direito de conhecer seus pais e ser cuidada por eles.
III. Cabe aos pais, ou a outras pessoas encarregadas, a responsabilidade primordial de proporcionar, de acordo com suas possibilidades e meios financeiros, as condições de vida necessárias ao desenvolvimento da criança.
IV. Os Estados-Membros tomarão todas as medidas legislativas, administrativas, sociais e educacionais apropriadas para proteger a criança contra todas as formas de violência física ou mental, abuso ou tratamento negligente, maus-tratos ou exploração, enquanto estiver sob a guarda dos pais, do representante legal ou de qualquer outra pessoa responsável por ela.

Estão corretas as assertivas

(A) I, II e III, apenas.
(B) II, III e IV, apenas.
(C) I e II, apenas.
(D) III e IV, apenas.
(E) I, III e IV, apenas.

I: incorreta. Nos termos do artigo 1º da Convenção, "considera-se como criança todo ser humano com menos de dezoito anos de idade, a não ser que, em conformidade com a lei aplicável à criança, a maioridade seja alcançada antes" (Decreto 99.710/1990). **II**: incorreta. Nos termos do artigo 7º da Convenção, "a criança será registrada imediatamente após seu nascimento e terá direito, desde o momento em que nasce, a um nome, a uma

nacionalidade e, na medida do possível, a conhecer seus pais e a ser cuidada por eles". **III:** correta. Nos termos do artigo 18 da Convenção, "os Estados-Partes envidarão os seus melhores esforços a fim de assegurar o reconhecimento do princípio de que ambos os pais têm obrigações comuns com relação à educação e ao desenvolvimento da criança. Caberá aos pais ou, quando for o caso, aos representantes legais, a responsabilidade primordial pela educação e pelo desenvolvimento da criança. Sua preocupação fundamental visará ao interesse maior da criança". **IV:** correta. Nos termos do artigo 19 da Convenção "os Estados-Partes adotarão todas as medidas legislativas, administrativas, sociais e educacionais apropriadas para proteger a criança contra todas as formas de violência física ou mental, abuso ou tratamento negligente, maus tratos ou exploração, inclusive abuso sexual, enquanto a criança estiver sob a custódia dos pais, do representante legal ou de qualquer outra pessoa responsável por ela".
Gabarito "D".

(Defensor/PA – 2015 – FMP) Sobre a proteção da criança e do adolescente pelas normativas internacionais é CORRETO afirmar que:
(A) a Declaração Universal dos Direitos da Criança, de 1959, acolheu a "doutrina da situação irregular", segundo a qual se encontra em situação irregular a criança que estiver privada de condições essenciais à sua subsistência, saúde e instrução obrigatória.
(B) nos termos da Convenção Internacional sobre os Direitos da Criança, de 1989, criança é todo ser humano com menos de 18 anos de idade, a não ser que, pela legislação aplicável, a maioridade seja alcançada antes.
(C) segundo a Convenção sobre os Aspectos Civis do Sequestro internacional de Crianças, o único legitimado a comunicar a transferência ou retirada de uma criança em violação a um direito de guarda à Autoridade Central do Estado é o próprio guardião legal.
(D) de acordo com a Convenção Internacional Relativa à Proteção das Crianças e à Cooperação em Matéria de Adoção Internacional, o reconhecimento de uma adoção internacional, uma vez ultimados os procedimentos previstos, não poderá em hipótese alguma ser recusado pelo Estado signatário da Convenção.
(E) as Diretrizes de Riad constituem o instrumento internacional que contempla as regras mínimas para administração da justiça, da infância e da juventude no âmbito dos Estados-membros da ONU.

A: incorreta, pois foi exatamente com a Declaração dos Direitos da Criança em 1959 que houve alteração de paradigma, passando-se da "doutrina da situação irregular" para a "doutrina da proteção integral", em que a criança deixou de ser considerada objeto de proteção para ser erigida a sujeito de direito; **B:** correta, pois a alternativa está de acordo com o art. 1º, da Convenção Internacional sobre os Direitos da Criança, promulgada por meio do Decreto 99.710/1990; **C:** incorreta, pois nos termos do art. 8º, da Convenção sobre os Aspectos Civis do Sequestro Internacional de Crianças, é legitimado para comunicar a transferência ou retirada de uma criança em violação a um direito de guarda: qualquer pessoa, instituição ou organismo; **D:** incorreta, pois, nos termos do art. 24 da Convenção Internacional Relativa à Proteção das Crianças e à Cooperação em Matéria de Adoção Internacional, o reconhecimento de uma adoção só pode ser recusado num Estado contratante, se esta for manifestamente contrária à sua ordem pública, tomando em consideração o interesse superior da criança; **E:** incorreta, pois as *Diretrizes de Riad* contêm princípios orientadores das Nações Unidas para a prevenção da delinquência juvenil. Por sua vez, as regras mínimas para a administração da Justiça da Infância e Juventude estão previstas nas *Regras de Beijin ou de Paquim* adotadas pela Resolução 40/33 da Assembleia Geral da ONU de 29.11.1985.
Gabarito "B".

(Juiz de Direito/CE – 2014 – FCC) A Convenção Internacional sobre os Direitos da Criança prevê, dentre suas disposições, o direito
(A) à adoção internacional como meio de cuidado de crianças, não a condicionando à ausência de atendimento adequado em seu país de origem.
(B) à concessão de benefícios pertinentes, exceto quando relativos à previdência social.
(C) de incentivo aos órgãos de comunicação a levar em conta as necessidades linguísticas da criança que pertencer à minoria, salvo as indígenas, que têm regramento internacional próprio.
(D) de ser considerada criança, para aplicação da norma internacional, pessoa até os 21 (vinte e um) anos de idade.
(E) de liberdade de reunião pacífica, inclusive da liberdade de associação.

A: incorreta, pois a Convenção prevê que a adoção deve ser efetuada em outro país como meio alternativo de cuidar da criança, no caso em que a mesma não possa ser colocada em um lar de adoção ou entregue a uma família adotiva ou não logre atendimento adequado em seu país de origem (art. 21, "b", da Convenção Internacional sobre os Direitos da Criança); **B:** incorreta, pois os Estados-Partes reconhecerão a todas as crianças o direito de usufruir da previdência social, inclusive do seguro social (art. 26, "1", da Convenção Internacional sobre os Direitos da Criança); **C:** incorreta, pois os Estados-Partes incentivarão os meios de comunicação no sentido de, particularmente, considerar as necessidades linguísticas da criança que pertença a um grupo minoritário ou que seja indígena (art. 17, "d", da Convenção Internacional sobre os Direitos da Criança); **D:** incorreta, pois se considera como criança todo ser humano com menos de dezoito anos de idade, a não ser que, em conformidade com a lei aplicável à criança, a maioridade seja alcançada antes (art. 1º, da Convenção Internacional sobre os Direitos da Criança); **E:** correta, pois, de fato, os Estados-Partes reconhecem os direitos da criança à liberdade de associação e à liberdade de realizar reuniões pacíficas, nos termos do art. 15, "1", da Convenção Internacional sobre os Direitos da Criança.
Gabarito "E".

(Magistratura/CE – 2012 – CESPE) No que tange aos princípios gerais orientadores do ECA, assinale a opção correta.
(A) O princípio da prioridade absoluta não pode ser interpretado de forma isolada, devendo ser interpretado de forma integrada aos demais sistemas de defesa da sociedade. Dessa forma, a decisão do administrador público entre a construção de uma creche e a de um abrigo para idosos, ambos necessários, deverá recair sobre a segunda, dada a prevalência da lei mais recente, no caso, o Estatuto do Idoso.
(B) Buscando efetivar o princípio da prioridade absoluta, o legislador incluiu no ECA um rol taxativo de preceitos a serem seguidos.
(C) O princípio do melhor interesse tem aplicação limitada ao público infantojuvenil cujos direitos reconhecidos no ECA forem ameaçados ou violados por ação ou omissão da sociedade ou do Estado, ou por falta, omissão ou abuso dos pais ou responsável.
(D) De acordo com o princípio da centralização, inovação promovida pelo ECA, a União tem competência para criar normas gerais e específicas de atendimento a crianças e adolescentes para sanar omissão dos governos estaduais e municipais.
(E) Com importância reconhecida desde o século XIX, o princípio do melhor interesse foi adotado pela comunidade internacional, em 1959, na Declaração dos Direitos da Criança e, por esse motivo, malgrado a diferença de enfoque, foi incluído no Código de Menores de 1979, ainda que sob a égide da doutrina da situação irregular.

A: incorreta (art. 227 da CF; arts. 4º e 100, IV, do ECA). *"O caráter absoluto da prioridade, expressamente consignado no art. 227, da CF e no art. 4º do ECA, refere-se à impossibilidade de supressão de uma especial proteção às crianças e aos adolescentes em situações comuns. O fato de o dispositivo ponderar a respeito de outro interesse, também de especial relevo no caso concreto, não retira do metaprincípio da prioridade o seu caráter absoluto. Ao contrário, a inovação legislativa encontra-se na esteira da doutrina mais vanguardista de autores como Ronald Dworkin e Robert Alexy, que afirmam não existir hierarquia entre princípios ou direitos fundamentais, cabendo solucionar uma possível colisão de direitos, por meio de ponderação"* (Rossato; Lépore; Sanches. **Estatuto da Criança e do Adolescente**, editora RT); **B:** incorreta, pois o legislador previu um rol não exaustivo de princípios derivados dos metaprincípios da proteção integral e da prioridade absoluta (art. 100, parágrafo único, do ECA); **C:** incorreta, pois *a intervenção deve atender prioritariamente aos interesses e direitos da criança e do adolescente, sem prejuízo da consideração que for devida a outros interesses legítimos no âmbito da pluralidade dos interesses presentes no caso concreto* (art. 100, IV, do ECA); **D:** incorreta, pois pelo princípio da responsabilidade primária e solidária do poder público, a plena efetivação dos direitos assegurados a crianças e a adolescentes pelo ECA e pela Constituição Federal, salvo nos casos expressamente ressalvados, é de responsabilidade primária e solidária das 3 (três) esferas de governo, sem prejuízo da municipalização do atendimento e da possibilidade da execução de programas por entidades não governamentais (art. 100, III, do ECA); **E:** correta. Dentre os novos preceitos garantidos pelo art. 100 do ECA está o postulado normativo do interesse superior da criança e do adolescente (art. 100, IV, do ECA), o qual é valor recorrente, principalmente na ordem jurídica internacional, devendo servir de norte para a aplicação de todos os princípios e regras referentes ao direito da criança e do adolescente.
Gabarito "E".

(Defensor Público/ES – 2012 – CESPE) Julgue os itens subsequentes, relativos à evolução histórica dos direitos da criança e do adolescente no Brasil.
(1) O princípio da absoluta prioridade dos direitos das crianças e dos adolescentes foi instituído, pela primeira vez, pela CF.
(2) Foi a partir da Proclamação da República que os menores passaram a ser detentores dos direitos fundamentais de liberdade.
(3) O antigo Código de Menores estabelecia a distinção entre crianças e adolescentes.

1: correta. A garantia da prioridade absoluta está prevista no art. 227, da CF/1988 e inspirou o metaprincípio do direito da criança e do adolescente, previsto no art. 4º, parágrafo único, do ECA; **2:** incorreta. Com a Declaração dos Direitos da Criança de 1959 houve uma verdadeira alteração de paradigma, pois a criança deixou de ser considerada objeto de proteção (recipiente passivo), para ser erigida a sujeito de direito e, paralelamente, em sentido amplo, a infância passou a ser considerada um sujeito coletivo de direitos (ROSSATO, Luciano Alves; LÉPORE, Paulo Eduardo e CUNHA, Rogério Sanches. **Estatuto da Criança e do Adolescente comentado** artigo por artigo. 3. ed. São Paulo: RT, 2012); **3:** incorreta, pois no Código de Menores a criança e o adolescente ainda eram vistos como objeto de proteção – já que se destinava àqueles que estavam em situação de risco – e não como sujeito de direitos especiais, em razão da condição peculiar de pessoa em desenvolvimento.
Gabarito 1C, 2E, 3E.

(Defensor Público/PR – 2012 – FCC) Analise as afirmações abaixo sobre a proteção jurídica da criança e do adolescente com deficiência.

I. A Convenção Internacional sobre os Direitos das Pessoas com Deficiência prevê que os Estados Partes reconhecem que as mulheres e meninas com deficiência estão sujeitas a múltiplas formas de discriminação e, portanto, tomarão medidas para assegurar às mulheres e meninas com deficiência o pleno e igual exercício de todos os direitos humanos e liberdades fundamentais.

II. Na Convenção sobre os Direitos da Criança, os Estados Partes reconhecem o direito da criança deficiente de receber cuidados especiais e, de acordo com os recursos disponíveis e sempre que a criança ou seus responsáveis reúnam as condições requeridas, estimularão e assegurarão a prestação da assistência solicitada, que seja adequada ao estado da criança e às circunstâncias de seus pais ou das pessoas encarregadas de seus cuidados.

III. A Emenda Constitucional 65 incluiu, no art. 227, a previsão de criação de programas de prevenção e atendimento especializado para as pessoas portadoras de deficiência física, sensorial ou mental, bem como de integração social do adolescente e do jovem portador de deficiência, mediante o treinamento para o trabalho e a convivência, e a facilitação do acesso aos bens e serviços coletivos, com a eliminação de obstáculos arquitetônicos e de todas as formas de discriminação.

Está correto o que se afirma em
(A) I e II, apenas.
(B) II e III, apenas.
(C) I e III, apenas
(D) I, apenas.
(E) I, II e III.

I: correta (art. 6º, da Convenção sobre os Direitos da Pessoa com Deficiência). Oportuno registrar que o Congresso Nacional aprovou, por meio do Decreto Legislativo 186/2008, conforme o procedimento do § 3º do art. 5º da Constituição, a Convenção sobre os Direitos das Pessoas com Deficiência e seu Protocolo Facultativo, assinados em Nova York, em 30 de março de 2007. Assim, tal instrumento normativo possui *status* constitucional; **II:** correta (art. 23, da Convenção sobre os Direitos da Criança); **III:** correta (art. 227, § 1º, II, da CF/1988).
Gabarito "E".

(Defensor Público/SP – 2012 – FCC) Com relação ao conjunto de regras normativas internacionais que modificou a antiga concepção da situação irregular, abandonando o conceito reducionista do menorismo, é correto afirmar, considerando suas especificidades, que

(A) à Convenção sobre os Direitos da Criança coube prever o modelo penal indiferenciado, no trato do adolescente em relação ao adulto, com exceção do direito ao recurso de decisões condenatórias, matéria essa em que se quedou silente.

(B) às Regras de Tóquio coube orientar os casos de jovens tidos como crianças ou adolescentes passíveis de serem responsabilizados pela prática de atos infracionais, prevendo a reação do Estado e a proporcionalidade de sua resposta em relação às circunstâncias do infrator e da infração.

(C) às Regras de Beijing coube promover o uso de medidas não custodiais, orientando a previsão de medidas não privativas de liberdade, desde disposições pré-processuais até pós-sentenciais, evitando o uso desnecessário do encarceramento.

(D) às Diretrizes de Riad coube prever medidas de prevenção à prática do ato infracional, mediante a participação da sociedade e a adoção de uma abordagem voltada à criança, definindo o papel da família, da educação, da comunidade, prevendo cooperação entre todos os setores relevantes da sociedade.

(E) à Declaração Universal dos Direitos das Crianças coube prever, em forma de princípios, dentre outros direitos, o direito à educação e orientação, cabendo tal responsabilidade, em primeiro lugar ao Estado, que deverá se direcionar pelo melhor interesse da criança.

A: incorreta, pois traz um tratamento diferenciado para o adolescente que infringir a lei, diverso do modelo penal aplicável ao adulto (art. 40, da Convenção sobre os Direitos da Criança); **B:** incorreta, pois as Regras de Tóquio trazem recomendações acerca da aplicação de medidas alternativas à prisão, em razão da prática de crimes por adultos, como uma forma de aprofundar a política criminal da intervenção mínima. Assim, muito embora suas normas não tenham força de lei, são de extrema importância para a humanização e modernização do Direito Penal; **C:** incorreta, pois as Regras de *Beijing* ou Regras de Pequim se referem às regras mínimas das Nações Unidas para a Administração da Justiça da Infância e da Juventude. São recomendações sobre a prevenção do ato infracional e tratamento de seu autor (criança ou adolescente). "Com essas Regras, esboçaram-se as primeiras linhas do Sistema de Justiça da Infância e da Juventude, pautado na especialidade e garantidor de ênfase ao bem estar não só do infante, como também do adolescente" (ROSSATO, Luciano Alves; LÉPORE, Paulo Eduardo e CUNHA, Rogério Sanches. **Estatuto da Criança e do Adolescente comentado artigo por artigo**. 3. ed. São Paulo: RT, 2012); **D:** correta, pois, de fato, as Diretrizes de *Riad* se referem às Diretrizes das Nações Unidas para Prevenção da Delinquência Juvenil; **E:** incorreta, pois a Declaração Universal dos Direitos das Crianças prevê os seguintes princípios: Direito à igualdade, sem distinção de raça religião ou nacionalidade; Direito a especial proteção para o seu desenvolvimento físico, mental e social; Direito a um nome e a uma nacionalidade; Direito à alimentação, moradia e assistência médica adequadas para a criança e a mãe; Direito à educação e a cuidados especiais para a criança física ou mentalmente deficiente; Direito ao amor e à compreensão por parte dos pais e da sociedade; *Direito à educação gratuita e ao lazer infantil. O interesse superior da criança deverá ser o interesse diretor daqueles que têm a responsabilidade por sua educação e orientação. Tal responsabilidade incumbe, em primeira instância, a seus pais, e não ao Estado*; Direito a ser socorrido em primeiro lugar, em caso de catástrofes; Direito a ser protegido contra o abandono e a exploração no trabalho; Direito a crescer dentro de um espírito de solidariedade, compreensão, amizade e justiça entre os povos.
Gabarito "D".

15. TEMAS COMBINADOS E OUTROS TEMAS

(Juiz de Direito – TJ/RS – 2018 – VUNESP) Assinale a alternativa correta de acordo com o entendimento sumulado do Superior Tribunal de Justiça.

(A) A competência para processar e julgar as ações conexas de interesse de menor é, em princípio, do foro da sede da entidade ou do órgão responsável pela adoção das medidas de proteção ao menor.

(B) A confissão do adolescente no procedimento para aplicação de medida socioeducativa permite a desistência de outras provas e aplicação de medida mais adequada ao princípio da reeducação e da proteção integral.

(C) É dispensável a oitiva do menor infrator antes de decretar-se a regressão da medida socioeducativa.

(D) A configuração do crime do art. 244-B do ECA depende da prova da efetiva corrupção do menor, por se tratar de delito formal.

(E) O Ministério Público tem legitimidade ativa para ajuizar ação de alimentos em proveito de criança ou adolescente independentemente do exercício do poder familiar dos pais, ou do fato de o menor se encontrar nas situações de risco descritas no art. 98 do Estatuto da Criança e do Adolescente, ou de quaisquer outros questionamentos acerca da existência ou eficiência da Defensoria Pública na comarca.

A: incorreta. A competência da Infância e Juventude é determinada i) pelo domicílio dos pais ou responsável e ii) pelo lugar onde se encontre a criança ou adolescente, à falta dos pais ou responsável (art. 147 do ECA). Vale lembrar que a súmula 383 do Superior Tribunal de Justiça, estabeleces que a "competência para processar e julgar as ações conexas de interesse de menor é, em princípio, do foro do domicílio do detentor de sua guarda"; **B:** incorreta. Conforme súmula 342 do Superior Tribunal de Justiça, "no procedimento para aplicação de medida socioeducativa, é nula a desistência de outras provas em face da confissão do adolescente"; **C:** incorreta. Conforme súmula 265 do Superior Tribunal de Justiça "é necessária a oitiva do menor infrator antes de decretar-se a regressão da medida socioeducativa"; **D:** incorreta. Conforme súmula 500 do Superior Tribunal de Justiça, "a *configuração do crime previsto no artigo 244-B do Estatuto da Criança e do Adolescente independe da prova da efetiva corrupção do menor, por se tratar de delito formal*". **E:** correta. Conforme súmula 594 do Superior Tribunal de Justiça: "*O Ministério Público tem legitimidade ativa para ajuizar ação de alimentos em proveito de crianças e adolescentes independentemente do exercício do poder familiar dos pais ou do fato de o menor se encontrar nas situações de risco descritas no artigo 98 do ECA ou de quaisquer outros questionamentos acerca da existência ou eficiência da Defensoria Pública na comarca*".
Gabarito "E".

(Juiz de Direito – TJ/RS – 2018 – VUNESP) Em relação à jurisprudência, aos crimes e infrações administrativas previstas no Estatuto da Criança e dos Adolescentes, e à Organização Judiciária e demais peculiaridades e competências do Poder Judiciário do Rio Grande do Sul, é correto afirmar:

(A) o Conselho da Magistratura do Rio Grande do Sul pode, excepcionalmente, atribuir às varas da Infância e Juventude competência para processar e julgar o crime de estupro de vulnerável cuja vítima seja criança ou adolescente.

(B) a conduta consistente em auxiliar a efetivação de ato destinado ao envio de criança ou adolescente para o exterior com inobservância das formalidades legais sem o fito de obter lucro é penalmente atípica, mas configura infração administrativa.

(C) aquele que adquire vídeo ou qualquer outra forma de representação visual que apenas simula a participação de criança ou adolescente em cena de sexo explícito ou pornográfica não pode ser responsabilizado penalmente nos termos do Estatuto da Criança e do Adolescente.

(D) hospedar criança ou adolescente desacompanhado dos pais ou responsável, ou sem autorização escrita desses ou da autoridade judiciária, em pensão ou hotel é conduta caracterizada como crime nos termos do Estatuto da Criança e do Adolescente.

(E) a conduta do médico, enfermeiro ou dirigente de estabelecimento de atenção à saúde de gestante que deixa de efetuar imediato encaminhamento à autoridade judiciária de caso de que tenha conhecimento de mãe ou gestante interessada em entregar seu filho para adoção é caracterizada como crime nos termos do Estatuto da Criança e do Adolescente.

A: correta. Embora o art. 149 do ECA não insira entre as atribuições da Vara de Infância e Juventude a competência para julgar crimes contra a criança e o adolescente, a jurisprudência vem aceitando que a Lei de Organização Judiciária atribua essa competência; **B:** incorreta. Constitui crime do art. 239 do ECA: "Promover ou auxiliar a efetivação de ato destinado ao envio de criança ou adolescente para o exterior com inobservância das formalidades legais ou com o fito de obter lucro"; **C:** incorreta. Constitui crime do art. 241- C do ECA: "Simular a participação de criança ou adolescente em cena de sexo explícito ou pornográfica por meio de adulteração, montagem ou modificação de fotografia, vídeo ou qualquer outra forma de representação visual". Incorre nas mesmas penas quem vende, expõe à venda, disponibiliza, distribui, publica ou divulga por qualquer meio, adquire, possui ou armazena o material produzido na forma do *caput* deste artigo (art. 241-C, parágrafo único, do ECA); **D:** incorreta. Trata-se de infração administrativa prevista no art. 250 do ECA; **E:** incorreta. Constitui infração administrativa prevista no art. 258-B do ECA. RD

Gabarito "A".

(Defensor Público – DPE/SC – 2017 – FCC) Sobre as audiências concentradas nas Varas da Infância e Juventude, conforme disciplinadas no Provimento 32 da Corregedoria Nacional de Justiça, é correto afirmar que

(A) delas devem participar pais e/ou parentes da criança ou adolescente acolhido ou, na sua ausência, pretendentes à adoção desde que devidamente habilitados e cadastrados.

(B) visam concentrar, num único ato processual, as fases postulatória e instrutória do procedimento de afastamento da criança e do adolescente do convívio familiar.

(C) devem ser realizadas semestralmente para reavaliar a necessidade de manutenção de todos os casos de crianças e adolescentes privados de liberdade ou do convívio familiar e comunitário.

(D) são realizadas para reavaliação das medidas protetivas de acolhimento e tomada de medidas efetivas que visem abreviar o período de institucionalização.

(E) destinam-se à homologação judicial do plano individual de atendimento elaborado no curso da execução das medidas de acolhimento institucional, acolhimento familiar, internação e semiliberdade.

A: incorreta. As audiências concentradas devem contar com a presença dos atores do sistema de garantia dos direitos da criança e do adolescente. Por outro lado, nos termos do art. 1º, § 2º, inciso VI do provimento, deverá haver a intimação prévia dos pais ou parentes (que mantenha vínculo de afinidade e afetividade) do acolhido, ou a sua condução no dia do ato. Os pretendentes à adoção, por outro lado, não devem estar nas audiências concentradas. **B:** incorreta. As audiências concentradas devem reavaliar as "medidas protetivas de acolhimento, diante de seu caráter excepcional e provisório, com a subsequente confecção de atas individualizadas para juntada em cada um dos processos" (art. 1º do Provimento). **C:** incorreta. Devem ser realizadas semestralmente, mas com finalidade de avaliação das medidas de proteção voltadas ao acolhimento da criança e do adolescente, e não dizem respeito às medidas socioeducativas. **D:** correta. A principal finalidade da audiência é fazer um balanço da situação da aplicação de medida de proteção e tomar medidas que visem abreviar o período de institucionalização (vide também justificativa da alternativa "B". **E:** incorreta. Vide justificativas anteriores. RD

Gabarito "D".

(Defensor Público – DPE/PR – 2017 – FCC) Considere as assertivas a seguir sobre Direito da Criança e do Adolescente.

I. Cabe revisão criminal contra sentença que aplica medida socioeducativa.

II. Segundo a jurisprudência do Superior Tribunal de Justiça, o padrasto detém legitimidade ativa para propor ação de destituição de poder familiar de maneira preparatória à adoção unilateral.

III. Na hipótese de adolescente portador de transtornos mentais que pratica fato típico e antijurídico, ou seja, na hipótese de "dupla inimputabilidade" que prejudica a capacidade do adolescente para assimilar a medida socioeducativa aplicada, há precedente do Superior Tribunal de Justiça afastando a medida socioeducativa de internação e aplicando medida socioeducativa de liberdade assistida associada ao acompanhamento ambulatorial psiquiátrico.

IV. Segundo o Superior Tribunal de Justiça, é possível, no melhor interesse da criança, relativizar proibição do Estatuto da Criança e do Adolescente para permitir que dois irmãos adotem conjuntamente uma criança. No precedente, um casal de irmãos solteiros que viviam juntos passou a cuidar de criança órfã, com ela desenvolvendo relações de afeto. Nesse caso não se deve ficar restrito às fórmulas clássicas de família, reconhecendo-se outras configurações familiares estáveis.

Está correto o que se afirma em

(A) I, II, III e IV.
(B) II, III e IV, apenas.
(C) I, III e IV, apenas.
(D) I, II e IV, apenas.
(E) I, II e III, apenas.

I: correta. Os recursos cabíveis para as hipóteses em que se discute ato infracional são os recursos do CPC. No entanto, é admitida a revisão criminal (assim como o HC), pois a revisão não é recuso, mas ação autônoma de impugnação de decisões judiciais. **II:** correta. A ação de destituição de poder familiar pode ser proposta por quem tenha legítimo interesse. O padrasto é pessoa que detém esse legítimo interesse para a propositura da ação. Veja: "Direito civil. Família. Criança e adolescente. Adoção. Pedido preparatório de destituição do poder familiar formulado pelo padrasto em face do pai biológico. Legítimo interesse. Famílias recompostas. Melhor interesse da criança". (STJ, REsp 1.106.637/SP. Rel. Min. Nancy Andrighi). **III:** correta. Assim já decidiu o STJ a respeito do tema: "(...). Sendo assim, no caso concreto, como o adolescente apresenta distúrbios mentais, deve ser encaminhado a um atendimento individual e especializado compatível com sua limitação mental (§ 3º do mesmo artigo citado). Ante o exposto, a Turma concedeu a ordem para determinar que o paciente seja inserido na medida socioeducativa de liberdade assistida, associada ao acompanhamento ambulatorial psiquiátrico, psicopedagógico e familiar". (STJ, HC 88.043-SP, Rel. Min. Og Fernandes, julgado em 14/4/2009). **IV:** correta. Já decidiu o STJ pela possibilidade de um casal de irmãos solteiros que viviam juntos cuidar de criança órfã, com ela desenvolvendo relações de afeto. Nesse caso não se deve ficar restrito às fórmulas clássicas de família, reconhecendo-se outras configurações familiares estáveis. "*In casu*, segundo as instâncias ordinárias, verificou-se a ocorrência de inequívoca manifestação de vontade de adotar, por força de laço socioafetivo preexistente entre adotante e adotado, construído desde quando o infante (portador de necessidade especial) tinha quatro anos de idade. Consignou-se, ademais, que, na chamada família anaparental – sem a presença de um ascendente –, quando constatados os vínculos subjetivos que remetem à família, merece o reconhecimento e igual *status* daqueles grupos familiares descritos no art. 42, § 2º, do ECA. (STJ, REsp 1.217.415-RS, Rel. Min. Nancy Andrighi, julgado em 19/6/2012). RD

Gabarito "A".

(Juiz – TJ/RJ – VUNESP – 2016) Com relação à Convenção sobre os Direitos da Criança da ONU, tratado internacional de proteção de direitos humanos, com início de vigência em 1990, é correto afirmar que

(A) se afastando da técnica de diferenciação utilizada pela legislação específica brasileira, define criança como todo ser humano que não atingir a maioridade civil e penal ou for declarado totalmente incapaz, desde que menor de 18 anos, nos termos da legislação aplicável.

(B) em respeito aos princípios da anterioridade e da legalidade, bem como ao garantismo processual, foram criados os Protocolos Facultativos adesivos, versando sobre a) Venda de Crianças, Prostituição Infantil e Pornografia Infantil e b) Envolvimento de Crianças em Conflitos Armados, para tipificação de delitos contra a dignidade sexual e de guerra envolvendo crianças.

(C) ao estabelecer a obrigação dos Estados de respeitar responsabilidades, direitos e obrigações dos pais, apropriados para o exercício, pela criança, dos direitos que contempla, adotou o princípio do *best interest of the child*, encampada pelo artigo 227, *caput*, da Constituição da República Federativa do Brasil.

(D) estabelece, em seu rol de direitos contemplados, a proteção de crianças estrangeiras, inclusive contra a migração interna forçada e utilização em experiências médicas e científicas, prevendo a entrega como instituto de cooperação internacional.

(E) visando a observação dos direitos das crianças, estabeleceu forma de monitoramento peculiar (*special force machinery*), via relatórios apresentados pelo Comitê sobre os Direitos da Criança aos Estados-Partes, para análise e acompanhamento.

A: incorreta. "Para efeitos da presente Convenção considera-se como criança todo ser humano com menos de dezoito anos de idade, a não ser que, em conformidade com a lei aplicável à criança, a maioridade seja alcançada antes" (art. 1º da Convenção sobre os Direitos da Criança). **B:** incorreta. Os protocolos facultativos não trazem previsão sobre o envolvimento de crianças em conflitos armados nem mesmo tipifica delitos contra a dignidade sexual e de guerra envolvendo crianças. **C:** correta. O art. 227 da Constituição Federal, inspirado na Convenção sobre os Direitos da Criança, adotou o princípio da proteção integral e do melhor interesse da criança, trazendo responsabilidade para a família, a sociedade e para o Estado no dever de proteger a criança e o adolescente. **D:** incorreta. Nos termos do art. 11 da Convenção sobre os Direitos da Criança, "os Estados-Partes adotarão medidas a fim de lutar contra a transferência ilegal de crianças para o exterior e a retenção ilícita das mesmas fora do país". **E:** incorreta. Na forma do art. 44 da Convenção, "os Estados-Partes se comprometem a apresentar ao comitê, por intermédio do Secretário-Geral das Nações Unidas, relatórios sobre as medidas que tenham adotado com vistas a tornar efetivos os direitos reconhecidos na convenção e sobre os progressos alcançados no desempenho desses direitos: a) num prazo de dois anos a partir da data em que entrou em vigor para cada Estado-Parte a presente convenção; b) a partir de então, a cada cinco anos". RD

Gabarito "C".

(Juiz – TJ/RJ – VUNESP – 2016) A anencefalia, de acordo com entendimento jurisprudencial do Supremo Tribunal Federal, no julgamento da ADPF (arguição de descumprimento de preceito fundamental), ajuizada pela Confederação dos Trabalhadores na Saúde – CNTS, sob relatoria do Ministro Marco Aurélio de Mello:

(A) não dispensa autorização judicial prévia ou qualquer forma de autorização do Estado para a antecipação terapêutica do parto, implicando ajustamento dos envolvidos nas condutas típicas descritas pelos artigos 124, 126 e 128, I e II, do Código Penal, com vistas à proteção do direito à vida.

(B) estendeu a desnecessidade de autorização judicial prévia ou qualquer forma de autorização do Estado para a antecipação terapêutica do parto, no aborto sentimental ou humanitário, decorrente da gravidez em caso de estupro, em respeito aos princípios da moral razoável e da dignidade da pessoa humana.

(C) porque há vida a ser protegida, implica a subsunção da conduta dos envolvidos no procedimento de antecipação terapêutica do parto aos tipos de aborto previstos no Estatuto Repressivo, dependendo da qualidade do agente que o praticou ou permitiu a sua prática.

(D) permite a antecipação terapêutica do parto, com proteção à vida da mãe, a exemplo do aborto sentimental, que tem por finalidade preservar a higidez física e psíquica da mulher, conclusão que configura interpretação do Código Penal de acordo com a Constituição Federal, orientada pelos preceitos que garantem o Estado laico, a dignidade da pessoa humana, o direito à vida e a proteção à autonomia, da liberdade, da privacidade e da saúde.

(E) não qualifica direito da gestante de submeter-se à antecipação terapêutica de parto sob pena de o contrário implicar pronunciamento da inconstitucionalidade abstrata dos artigos 124, 126 e 128, I e II, do Código Penal, e, via de consequência, a descriminalização do aborto.

Conforme decisão na ADPF 54 que decidiu sobre a anencefalia: "Feto anencéfalo – Interrupção da gravidez – Mulher – Liberdade sexual e reprodutiva – Saúde – Dignidade – Autodeterminação – Direitos fundamentais – Crime – Inexistência. Mostra-se inconstitucional interpretação de a interrupção da gravidez de feto anencéfalo ser conduta tipificada nos artigos 124, 126 e 128, incisos I e II, do Código Penal". Mais ainda, conforme a decisão, para interromper a gravidez de feto anencéfalo não é necessária autorização judicial ou qualquer outra forma de permissão, basta a comprovação do diagnóstico da anencefalia do feto. Um dos principais fundamentos da ADPF é que não há conflito entre direitos fundamentais (conflito apenas aparente), já que o feto anencéfalo, mesmo que biologicamente vivo, porque feito de células e tecidos vivos, seria juridicamente morto, de maneira que não deteria proteção jurídica, principalmente a jurídico-penal. Sendo assim, por 8 votos a 2, os Ministros decidiram que não é crime interromper a gravidez de fetos anencéfalos. A conduta é considerada atípica. Gabarito "D".

(Juiz – TJ/MS – VUNESP – 2015) Com relação à retrospectiva e evolução históricas do tratamento jurídico destinado à criança e ao adolescente no ordenamento pátrio, é correto afirmar que

(A) na fase da absoluta indiferença, não havia leis voltadas aos direitos e deveres de crianças e adolescentes.

(B) na fase da proteção integral, regida pelo Estatuto da Criança e do Adolescente, as leis se limitam ao reconhecimento de direitos e garantias de crianças e adolescentes, sem intersecção com o direito amplo à infância, porque direito social, amparado pelo artigo 6º da Constituição Federal.

(C) a fase da mera imputação criminal não se insere na evolução histórica do tratamento jurídico concedido à criança e ao adolescente no ordenamento jurídico pátrio porque extraída do direito comparado.

(D) na fase da mera imputação criminal, regida pelas Ordenações Afonsinas e Filipinas, pelo Código Criminal do Império, de 1830, e pelo Código Penal, de 1890, as leis se limitavam à responsabilização criminal de maiores de 16 (dezesseis) anos por prática de ato equiparado a crime.

(E) na fase tutelar, regida pelo Código Mello Mattos, de 1927, e Código de Menores, de 1979, as leis se limitavam à colocação de crianças e adolescentes, em situação de risco, em família substituta, pelo instituto da tutela.

Conforme Paulo Afonso Garrido de Paula,[2] a evolução do tratamento da criança e do adolescente no ordenamento jurídico brasileiro pode ser resumida em quatro fases. A *fase da absoluta indiferença*, *fase da mera imputação criminal*, *fase tutelar* e *fase da proteção integral*. Na fase *absoluta indiferença*, não existiam normas relacionadas à criança e ao adolescente. A fase da *mera imputação criminal*, compreende as Ordenações Afonsinas e Filipinas (sancionada por Filipe I em 1.595), o Código Criminal do Império de 1830 e o Código Penal de 1890. Referidas leis tinham apenas o propósito de regular prática de ato infracional pelos menores. A *fase tutelar*, compreende o Código Mello Mattos de 1927 (o primeiro Código sistemático de menores, destacando-se pela preocupação com a assistência aos menores) e o Código de Menores de 1979 (regido pelo princípio do menor em situação irregular e que foi revogado pelo Estatuto da Criança e do Adolescente). Nessa fase, há preocupação com a integração social e familiar da criança, além da regulamentação da prática de atos infracionais. Na fase da *proteção integral*, que inspirou todo o Estatuto da Criança e do Adolescente, ficam reconhecidos os direitos e garantias às crianças e aos adolescentes, considerando-os como pessoa em desenvolvimento. **A**: correta. Conforme explicado acima. **B**: incorreta. Na fase da proteção integral, as leis não se limitam ao reconhecimento dos direitos da criança e do adolescente, devendo ser garantida a proteção integral para o pleno desenvolvimento da pessoa. Ademais, pressupõe a intercessão com o direito amplo à infância, que também é reconhecido como um direito social, na forma do art. 6º do Estatuto da Criança e do Adolescente. **C**: incorreta. A fase de mera imputação está inserida na nossa evolução histórica, que além de conter normas do Direito brasileiro (Código Criminal do Império de 1830 e o Código Penal de 1890). **D**: incorreta. Código Penal Brasileiro de 1830 fixou a idade de responsabilidade penal objetiva aos 14 anos e facultou ao juiz a possibilidade de, em caso de comprovado discernimento, mandá-la para a cadeia a partir dos 7 anos. Portanto, o Brasil adota critério biopsicológico entre 7 e 14 anos para afirmar que a partir dos 14 se é tratado como adulto. O Código Penal de 1890, o primeiro da República, estabeleceu a inimputabilidade absoluta apenas para os menores de nove anos. **E**: incorreta. A guarda, tutela e adoção estavam previstas no Código Civil de 1916. No entanto, foi o Código Mello Mattos, que, pela primeira vez, enunciou regras relacionadas com a assistência e proteção aos menores. O Código de Menores (1979) trazia regras sobre a adoção simples e adoção plena, que posteriormente é alterada pelo ECA para fazer constar tão somente a adoção plena. Gabarito "A".

(Juiz – TJ/MS – VUNESP – 2015) Quanto ao Direito à Profissionalização e à Proteção no Trabalho, previsto no Capítulo V, do Título II do Estatuto da Criança e do Adolescente, nos artigos 60 e seguintes, a aprendizagem está definida como

(A) programa social que tenha por base o trabalho educativo, sob responsabilidade de entidade governamental ou não governamental, sem fins lucrativos.

(B) formação técnico-profissional ministrada segundo as diretrizes e bases da legislação de educação em vigor.

(C) contrato de trabalho especial, ajustado por escrito e por prazo determinado, pelo qual o empregador se compromete a assegurar ao maior de 14 (catorze) anos ingresso em programa de formação técnico-profissional.

(D) contrato de trabalho especial, sem forma específica e por prazo determinado, pelo qual o empregador se compromete a assegurar ao maior de 14 (catorze) anos, com anuência de seus pais ou responsável, ingresso em programa de formação técnico-profissional.

(E) contrato de trabalho especial, sem forma específica e por prazo determinado, pelo qual o empregador se compromete a assegurar ao maior de 14 (catorze) e menor de 24 (vinte e quatro) anos, com anuência de seus pais ou responsável, ingresso em programa social.

A: incorreta. O trabalho educativo, realizado através de programa social, sob responsabilidade de entidade governamental ou não governamental sem fins lucrativos, tem por base assegurar ao adolescente condições para a realização de atividade regular remunerada aliada a uma formação educacional e moral. Já a aprendizagem visa a formação técnico-profissional. **B**: correta. Considera-se aprendizagem a formação técnico-profissional ministrada segundo as diretrizes e bases da legislação de educação em vigor (art. 62 do ECA). **C**: incorreta. Conforme art. 428 da CLT, o contrato de aprendizagem é o contrato de trabalho especial, ajustado por escrito e por prazo determinado, em que o empregador se compromete a assegurar ao maior de 14 (quatorze) e menor de 24 (vinte e quatro) anos inscrito em programa de aprendizagem formação técnico-profissional metódica, compatível com o seu desenvolvimento físico, moral e psicológico, e o aprendiz, a executar com zelo e diligência as tarefas necessárias a essa formação. **D**: incorreta. Vide justificativa da alternativa "C". **E**: incorreta. Vide justificativa da alternativa "C". Gabarito "B".

(Promotor de Justiça – MPE/AM – FMP – 2015) Considere o sistema recursal previsto para os procedimentos que tramitam no Juizado da Infância e Juventude:

I. Tratando-se de adoção de criança e adolescente, a apelação será recebida exclusivamente no efeito devolutivo, salvo nos casos de adoção internacional ou se estiver presente perigo de dano irreparável ou de difícil reparação ao adotando.

II. O prazo para o Ministério Público e para a defesa, em todos os recursos referentes a ações que tramitam no Juizado da Infância e Juventude, salvo nos embargos de declaração, será sempre de 10 (dez) dias.

III. A sentença que destituir do poder familiar ambos ou qualquer dos pais estará sujeita à apelação, recebida apenas no efeito devolutivo.

Quais das assertivas acima estão corretas?

(A) Apenas a II.
(B) Apenas a I e III.
(C) Apenas a I e II.
(D) I, II e III.
(E) Apenas a II e III.

I: correta. Conforme art. 199-A, do ECA. Terá efeito apenas devolutivo a apelação nas hipóteses de adoção nacional ou nas hipóteses de perda de poder familiar em que o juiz entender que há perigo de dano irreparável ou de difícil reparação. Nos demais casos, o efeito será devolutivo e suspensivo. II: correta. O art. 198, II, do ECA, determina que os prazos recursais são todos de 10 dias, exceto para os embargos de declaração, que tem prazo de 5 dias. III: correta. Vide comentário ao item I. Gabarito "D".

[2] *Direito da criança e do adolescente e tutela jurisdicional diferenciada*. Editora Revista dos Tribunais, 2002, 26.

(Promotor de Justiça – MPE/AM – FMP – 2015) Considere as seguintes alternativas sobre as disposições previstas no Estatuto da Criança e do Adolescente:

I. A convivência da criança e do adolescente com mãe e pai privados de liberdade, por meio de visitas periódicas promovidas pelo responsável ou, nas hipóteses de acolhimento institucional, pela entidade responsável, deve ser antecedida de autorização judicial.
II. A competência territorial nas ações que tramitam no Juizado da Infância e Juventude será determinada pelo domicílio dos pais ou responsável ou, à falta dos pais ou responsável, pelo lugar onde se encontra a criança ou adolescente.
III. As entidades, públicas e privadas, que atuem com atividades de cultura, lazer, esportes, diversões, espetáculos e produtos e serviços, dentre outras, devem contar em seus quadros com pessoas capacitadas a reconhecer e comunicar ao Conselho Tutelar suspeitas ou casos de maus-tratos praticados contra crianças e adolescentes.

Quais das assertivas acima estão corretas?
(A) Apenas a I.
(B) Apenas a II.
(C) Apenas a I e II.
(D) I, II e III.
(E) Apenas a II e III.

I: incorreta. Independe de autorização judicial (art. 19, § 4º). II: correta. Nos exatos termos do art. 147 do ECA, que deve ser lido à luz da Súmula 383 do STJ: "A competência para processar e julgar as ações conexas de interesse de menor é, em princípio, do foro do domicílio do detentor de sua guarda". III: correta. Nos exatos termos do art. 70-B do ECA. **RD**
Gabarito "E".

(Promotor de Justiça – MPE/AM – FMP – 2015) Segundo a Lei de Diretrizes e Bases da Educação (Lei 9.394, de 20/12/1996), é correto afirmar:
(A) Comprovada a negligência da autoridade competente em garantir o oferecimento do ensino obrigatório, considerado direito público subjetivo, poderá a referida autoridade ser imputada por crime de responsabilidade.
(B) É dever do Estado garantir à criança e ao adolescente, a partir dos 4 (quatro anos), vaga na escola pública de educação infantil e de ensino fundamental em instituição de ensino localizada à distância não superior a 5 (cinco) km.
(C) O poder público, na esfera de sua competência federativa, deverá recensear semestralmente as crianças e os adolescentes em idade escolar, bem como os jovens e adultos que não concluíram a educação básica.
(D) Os estabelecimentos de ensino, respeitadas as normas comuns e as de seu sistema de ensino, têm a incumbência de notificar ao Conselho Tutelar, à autoridade judiciária e ao representante do Ministério Público, a relação dos alunos com frequência superior a quarenta por cento do percentual permitido em lei.
(E) A educação infantil terá carga horária mínima anual de 800 (oitocentas) horas, distribuída por um mínimo de 300 (trezentos) dias de trabalho educacional.

A: correta. Nos exatos termos do art. 5º, § 4º, "comprovada a negligência da autoridade competente para garantir o oferecimento do ensino obrigatório, poderá ela ser imputada por crime de responsabilidade". B: incorreta. O dever do Estado com a educação escolar pública será efetivado (art. 4º) através da educação infantil gratuita às crianças de até 5 (cinco) anos de idade e da educação básica obrigatória e gratuita aos 4 (quatro) aos 17 (dezessete) anos de idade, divididas nas seguintes etapas: pré-escola; ensino fundamental e ensino médio. É ainda garantida a vaga na escola pública de educação infantil ou de ensino fundamental mais próxima de sua residência a toda criança a partir do dia em que completar 4 (quatro) anos de idade. C: incorreta. Nos termos do art. 5º, § 1º, é dever do poder público, na esfera de sua competência federativa, recensear anualmente as crianças e adolescentes em idade escolar, bem como os jovens e adultos que não concluíram a educação básica. D: incorreta. Os estabelecimentos de ensino devem notificar ao Conselho Tutelar do Município, ao juiz competente da Comarca e ao respectivo representante do Ministério Público a relação dos alunos que apresentem quantidade de faltas acima de cinquenta por cento do percentual permitido em lei (art. 12, VIII). E: incorreta. A carga horária mínima para a educação infantil anual de 800 (oitocentas) horas, distribuída por um mínimo de 200 (duzentos) dias de trabalho educacional (art. 31, II) **RD**
Gabarito "A".

(Promotor de Justiça – MPE/MS – FAPEC – 2015) Assinale a alternativa correta, referente ao Estatuto da Criança e do Adolescente (ECA – Lei 8.069/1990):
(A) A configuração do crime do art. 244-B do ECA (corromper ou facilitar a corrupção de menor de 18 (dezoito) anos, com ele praticando infração penal ou induzindo-o a praticá-la) independe da prova da efetiva corrupção do menor, por se tratar de delito formal.
(B) Na medida de internação aplicada sob o fundamento do "descumprimento reiterado e injustificável da medida anteriormente imposta", o seu prazo poderá ser superior a três meses, desde que devidamente justificado na decisão judicial.
(C) O Superior Tribunal de Justiça já firmou entendimento no sentido da impossibilidade de aplicação do princípio da bagatela às condutas regidas pelo Estatuto da Criança e do Adolescente, pois o referido diploma busca acima de tudo a proteção integral do adolescente infrator.
(D) De acordo com o STJ, o ato infracional análogo ao tráfico de drogas (por ser equiparado a hediondo) conduz obrigatoriamente à imposição de medida socioeducativa de internação do adolescente.
(E) Consoante pacífica jurisprudência do STJ, compete à Justiça Federal processar e julgar acusado da prática de conduta criminosa consistente na captação e armazenamento, em computadores de escolas municipais, de vídeos pornográficos oriundos da internet, envolvendo crianças e adolescentes.

A: correta. "A configuração do crime do art. 244-B do ECA independe da prova da efetiva corrupção do menor, por se tratar de delito formal" (Súmula 500 do STJ). B: incorreta. O prazo máximo para a internação-sanção é de 3 (três) meses (art. 122, § 1º, do ECA). C: incorreta. O STJ admite a aplicação do princípio da insignificância nos procedimentos que apuram a prática de ato infracional. Veja HC 243.950/PA. D: incorreta. "O ato infracional análogo ao tráfico de drogas, por si só, não conduz obrigatoriamente a imposição de medida socioeducativa de internação ao adolescente" (Súmula 492 do STJ). E: incorreta. Para o STJ, compete à Justiça Comum Estadual processar e acusado da prática de conduta criminosa consistente na captação e armazenamento, em computadores de escolas municipais, de vídeos pornográficos oriundos da internet, envolvendo crianças e adolescentes. Veja CC 103.011-PR, Rel. Min. Assusete Magalhães, DJe 13/3/2013. **RD**
Gabarito "A".

(Promotor de Justiça – MPE/MS – FAPEC – 2015) Sobre o direito da infância e juventude (ECA – Estatuto da Criança e do Adolescente – Lei 8.069/1990), assinale a alternativa incorreta:
(A) O ECA adotou a Teoria da Proteção Integral, na linha do que já estabelecia a Constituição Federal, no qual as crianças e adolescentes são considerados pessoas titulares de direitos fundamentais e esses direitos devem ser tutelados, abandonando-se a Teoria da Situação Irregular, pela qual o menor era considerado um objeto de proteção.
(B) O ECA considera criança a pessoa até doze anos de idade completos, e adolescente entre doze e dezoito anos de idade. Nos casos expressos no referido Estatuto, aplica-se excepcionalmente às pessoas entre dezoito e vinte e um anos de idade.
(C) De acordo com o entendimento do STJ, no procedimento para aplicação de medida socioeducativa, é nula a desistência de outras provas em face da confissão do adolescente.
(D) De acordo com o entendimento do STJ, a prescrição penal é aplicável nas medidas socioeducativas previstas no ECA.
(E) De acordo com o entendimento do STJ, é necessária a oitiva do menor infrator antes de decretar-se a regressão da medida socioeducativa.

A: correta. O ECA, com fundamento na Constituição Federal e na Convenção Internacional dos Direitos da Criança, adotou a teoria da Proteção Integral, em contraposição ao então vigente Código de Menores, que adotava a teoria da Situação Irregular. B: incorreta. Criança é a pessoa até doze anos incompletos. C: correta. Nos termos da Súmula 342 do STJ "no procedimento para aplicação da medida socioeducativa, é nula a desistência de outras provas em face da confissão do adolescente). D: correta. Nos termos da Súmula 338 do STJ "a prescrição penal é aplicável nas medidas socioeducativas". E: correta. Nos termos da Súmula 265 do STJ, "é necessária a oitiva do menor infrator antes de decretar-se a regressão da medida socioeducativa". **RD**
Gabarito "B".

(Defensor Público – DPE/ES – 2016 – FCC) São aspectos que, entre outros, o próprio Estatuto da Criança e do Adolescente – ECA expressamente determina sejam observados na interpretação de seus dispositivos:
(A) As exigências do bem comum e os princípios gerais e especiais do direito da infância.
(B) Os deveres individuais e a condição peculiar da criança e do adolescente como pessoas em desenvolvimento.
(C) Os direitos sociais e coletivos e o contexto socioeconômico e cultural em que se encontrem a criança ou adolescente e seus pais ou responsável.
(D) Os fins sociais a que se destina a lei e a flexibilidade e informalidade dos procedimentos.
(E) O superior interesse da criança e do adolescente e os usos e costumes locais.

A letra B está correta. Na forma do art. 6º do ECA: "na interpretação desta Lei levar-se-ão em conta os fins sociais a que ela se dirige, as exigências do bem comum, os direitos e deveres individuais e coletivos, e a condição peculiar da criança e do adolescente como pessoas em desenvolvimento".
Gabarito "B".

(Defensor Público – DPE/BA – 2016 – FCC) Em relação à posição das Defensorias Públicas no Sistema de Garantia dos Direitos da Criança e do Adolescente, como definido nas Resoluções 113 e 117 do Conselho Nacional dos Direitos da Criança e do Adolescente – Conanda, é correto afirmar que elas integram, ao lado

(A) de outros serviços de assessoramento jurídico e assistência judiciária, o eixo estratégico da defesa dos direitos humanos de crianças e adolescentes.
(B) dos órgãos da magistratura e público-ministeriais, o eixo estratégico judicial do Sistema de Garantias dos Direitos da Criança e do Adolescente.
(C) dos conselhos tutelares e dos conselhos de direito, os eixos estratégicos de promoção e de proteção dos direitos de crianças e adolescentes.
(D) do Ministério Público, dos serviços e programas das políticas públicas, e dos serviços de proteção social especial, o eixo estratégico de controle da efetivação dos direitos da criança e do adolescente.
(E) da advocacia pública e privada, o eixo estratégico de prevenção da violação dos direitos humanos da criança e do adolescente do Sistema de Garantia dos Direitos da Criança e do Adolescente.

O art. 7º da Resolução 113, determina que o eixo da defesa dos direitos humanos de crianças e adolescentes é composto pelos seguintes órgãos públicos: a) judiciais, especialmente as varas da infância e da juventude e suas equipes multiprofissionais, as varas criminais especializadas, os tribunais do júri, as comissões judiciais de adoção, os tribunais de justiça, as corregedorias gerais de Justiça; b) público-ministeriais, especialmente as promotorias de justiça, os centros de apoio operacional, as procuradorias de justiça, as procuradorias gerais de justiça, as corregedorias gerais do Ministério Público; **c) defensorias públicas, serviços de assessoramento jurídico e assistência judiciária; d) advocacia geral da união e as procuradorias gerais dos estados**; e) polícia civil judiciária, inclusive a polícia técnica; f) polícia militar; g) conselhos tutelares; f) ouvidorias e entidades sociais de defesa de direitos humanos, incumbidas de prestar proteção jurídico-social, nos termos do artigo 87, V do Estatuto da Criança e do Adolescente. Esse eixo é caracterizado pela garantia de acesso à justiça, ou seja, pelo recurso às instâncias públicas e mecanismos jurídicos de proteção legal dos direitos humanos, gerais e especiais, da infância e da adolescência, para assegurar a impositividade deles e sua exigibilidade, em concreto.
Gabarito "A".

(Defensor Público – DPE/BA – 2016 – FCC) Conforme prevê expressamente o Estatuto da Criança e do Adolescente – ECA, a emancipação

(A) pode ser deferida incidentalmente, a pedido do próprio adolescente, nos autos da ação de acolhimento institucional, como estratégia de preparação para autonomia.
(B) pressupõe, para sua concessão, prévia avaliação psicossocial que ateste a autonomia e maturidade do adolescente, além da concordância expressa de ambos os genitores.
(C) concede ao emancipado o direito de viajar desacompanhado pelo território nacional, vedada, contudo, sua saída do país sem expressa autorização dos genitores ou do juiz.
(D) não exclui a responsabilidade civil dos pais decorrente de ato ilícito praticado pelo filho emancipado, fazendo cessar, contudo, o dever dos genitores de prestar-lhe alimentos.
(E) pode ser concedida pelo Juiz da Infância e Juventude quando faltarem os pais e, preenchidos os requisitos da lei civil, se os direitos do requerente, previstos no ECA, forem ameaçados ou violados por ação ou omissão da sociedade ou do Estado, bem como por omissão ou abuso dos pais ou responsável ou em razão de sua conduta.

Antes de percorrer cada uma das alternativas, é importante lembrar que o ECA é lei protetiva do menor de 18 anos, pouco importando a sua condição de emancipação na forma do Código Civil. Caso o menor seja emancipado, a proteção da lei menorista continua a ser aplicada em todos os seus termos, exceto no que diz respeito ao exercício do poder familiar. **A:** incorreta. O art. 5º do Código Civil trata da emancipação do menor de 18 anos e maior de 16, nos seguintes termos: "cessará, para os menores, a incapacidade: I – pela concessão dos pais, ou de um deles na falta do outro, mediante instrumento público, independentemente de homologação judicial, ou por sentença do juiz, ouvido o tutor, se o menor tiver dezesseis anos completos; II – pelo casamento; III – pelo exercício de emprego público efetivo; IV – pela colação de grau em curso de ensino superior; V – pelo estabelecimento civil ou comercial, ou pela existência de relação de emprego, desde que, em função deles, o menor com dezesseis anos completos tenha economia própria". Não há que se falar em emancipação em razão de acolhimento institucional, o adolescente somente poderá ser emancipado nas condições acima previstas. **B:** incorreta. O Código Civil não exige estudo psicossocial para a emancipação. **C:** incorreta. O adolescente pode viajar para todo o território nacional desacompanhado na forma do art. 83 do ECA. Além disso, a viagem para o exterior deve sempre obedecer às regras do art. 84 do ECA, independentemente da emancipação do menor de 18 anos e maior de 16 anos. **D:** incorreta. O dever de alimentos é decorrente da relação de filiação e não depende do exercício de poder familiar (art. 229 da CF). **E:** correta. A Vara de Infância e Juventude será responsável pela emancipação do adolescente quanto este estiver em situação de risco (art. 98) e faltarem os pais (art. 148, alínea "e", do ECA).
Gabarito "E".

(Defensor Público – DPE/MT – 2016 – UFMT) Sobre a evolução histórica do direito da criança e do adolescente, assinale a afirmativa correta.

(A) Antes da doutrina da proteção integral, inexistia preocupação em manter vínculos familiares, até porque a família ou a falta dela era considerada a causa da situação regular.
(B) Na doutrina da proteção integral, descentralizou-se a atuação, materializando-a na esfera municipal pela participação direta da comunidade por meio do Conselho Municipal de Direitos e do Conselho Tutelar.
(C) A doutrina da situação irregular limitava-se basicamente ao tratamento jurídico dispensado ao menor carente, ao menor abandonado e às políticas públicas.
(D) Na vigência do Código de Menores, havia a distinção entre criança e adolescente, embora majoritariamente adotava-se apenas a denominação "menor".
(E) Além do judiciário, com a doutrina da proteção integral, novos atores entram em cena, como a comunidade local, a família e a Defensoria Pública como um grande agente garantidor de toda a rede, fiscalizando seu funcionamento, exigindo resultados, assegurando o respeito prioritário aos direitos fundamentais infantojuvenis.

A: incorreta. A doutrina do menor em situação irregular tinha como parâmetro do cuidado do menor órfão ou infrator. Nos termos do art. 2º do Código de Menores (Lei 6697/79), estava em situação irregular o menor: "I – privado de condições essenciais à sua subsistência, saúde e instrução obrigatória, ainda que eventualmente, em razão de: a) falta, ação ou omissão dos pais ou responsável; b) manifesta impossibilidade dos pais ou responsável para prové-las; II – vítima de maus-tratos ou castigos imoderados impostos pelos pais ou responsável; III – em perigo moral, devido a: a) encontrar-se, de modo habitual, em ambiente contrário aos bons costumes; b) exploração em atividade contrária aos bons costumes; IV – privado de representação ou assistência legal, pela falta eventual dos pais ou responsável; V – Com desvio de conduta, em virtude de grave inadaptação familiar ou comunitária; VI – autor de infração penal". **B:** correta. De fato, o Conselho Tutelar, formado por pessoas da sociedade para o efetivo cumprimento dos diretos da criança e do adolescente, e os Conselhos Municipais dos Direitos da Criança e do Adolescente, trouxeram grande descentralização no atendimento aos infantes, representando, também maior participação popular na proteção da infância. **C:** incorreta. O Código de Menores não estabelecia políticas públicas de proteção da infância. **D:** incorreta. O Código de Menores não fazia distinção entre crianças e adolescentes. **E:** incorreta. A família e o judiciário não são "novos atores" na proteção da infância.
Gabarito "B".

(Defensor Público – DPE/BA – 2016 – FCC) A pessoa com deficiência recebeu um novo estatuto que, dentro dos limites legais, destina-se a assegurar e a promover, em condições de igualdade, o exercício dos direitos e das liberdades fundamentais por pessoa com deficiência, visando à sua inclusão social e cidadania. Dentre as novidades introduzidas, destaca-se o entendimento que

(A) para emissão de documentos oficiais será exigida a situação de curatela da pessoa com deficiência.
(B) a pessoa com deficiência está obrigada à fruição de benefícios decorrentes de ação afirmativa.
(C) a pessoa com deficiência poderá ser obrigada a se submeter à intervenção clínica ou cirúrgica, a tratamento ou à institucionalização forçada, sempre com recomendação médica, independentemente de risco de morte ou emergência.
(D) a educação constitui direito da pessoa com deficiência, a ser exercido em escola especial e direcionada, em um local que não se conviva deficientes e não deficientes.
(E) a deficiência não afeta a plena capacidade civil da pessoa, inclusive para casar-se, constituir união estável e exercer direitos sexuais e reprodutivos.

A: incorreta. Na forma do artigo 86 do Estatuto da Pessoa com Deficiência, a emissão de documentos oficiais independe da situação de curatela. **B:** incorreta. Nos exatos termos do artigo 4º, § 2º, do Estatuto da Pessoa com Deficiência. **C:** incorreta. Conforme artigo 11 do Estatuto, a pessoa com deficiência não pode ser obrigada a se submeter à intervenção clínica ou cirúrgica, a tratamento ou a institucionalização forçada. **D:** incorreta. Reza o art. 27 que "a educação constitui direito da pessoa com deficiência, assegurados sistema **educacional inclusivo** em todos os níveis e aprendizado ao longo de toda a vida, de forma a alcançar o máximo desenvolvimento possível de seus talentos e habilidades físicas, sensoriais, intelectuais e sociais, segundo suas características, interesses e necessidades de aprendizagem" (grifo nosso). **E:** correta. A deficiência não afeta a plena capacidade civil da pessoa, inclusive para casar-se e constituir união estável; exercer direitos sexuais e reprodutivos; exercer o direito de decidir sobre o número de filhos e de ter acesso a informações adequadas sobre reprodução e planejamento familiar; conservar sua fertilidade, sendo vedada a esterilização compulsória; exercer o direito à família e à convivência familiar e comunitária; e exercer o direito à guarda, à tutela, à curatela e à adoção, como adotante ou adotando, em igualdade de oportunidades com as demais pessoas (art. 6º).
Gabarito "E".

(Defensor Público – DPE/MT – 2016 – UFMT) Considerando a atuação da Defensoria Pública na proteção dos direitos individuais e coletivos da criança e do adolescente, marque V para as afirmativas verdadeiras e F para as falsas.

( ) A assistência judiciária gratuita ao interesse de criança e adolescente será prestada aos que dela necessitarem, por Defensor Público ou advogado nomeado, sendo essas ações judiciais isentas de custas e emolumentos, salvo litigância de má-fé.
( ) A possibilidade de escolha da defesa técnica pela criança e pelo adolescente, que irá realizar a postulação em seu nome em juízo, será garantida pela admissão de advogado constituído ou por meio de nomeação de Defensor Público atuante no Juízo da Infância.
( ) Em razão da ausência de distinção expressa no Estatuto da Criança e do Adolescente (ECA), em favor da proteção integral, é vedada a diferença de tratamento entre a Defensoria Pública e os Advogados constituídos pela parte, que nada mais é do que a aplicação do Princípio constitucional da igualdade em sua vertente material.
( ) Em razão da celeridade da justiça da infância e juventude e do múnus público da defesa técnica do interesse da criança e do adolescente, os prazos para os Defensores Públicos atuantes são de contagem simples.
( ) A falta de defensor do adolescente infrator no dia e hora aprazados para a realização de audiência não implicará o adiamento do ato, devendo o juiz nomear algum outro profissional para representar o adolescente única e exclusivamente naquele ato.

Assinale a sequência correta.
(A) V, V, F, F, V
(B) V, F, F, V, V
(C) V, V, F, V, F
(D) F, F, V, F, V
(E) F, V, V, V, F

Verdadeira. Nos termos do art. 141 do ECA: "é garantido o acesso de toda criança ou adolescente à Defensoria Pública, ao Ministério Público e ao Poder Judiciário, por qualquer de seus órgãos. § 1º. A assistência judiciária gratuita será prestada aos que dela necessitarem, através de defensor público ou advogado nomeado. § 2º As ações judiciais da competência da Justiça da Infância e da Juventude são isentas de custas e emolumentos, ressalvada a hipótese de litigância de má-fé". **Verdadeira.** Nos termos do art. 206 do ECA: "a criança ou o adolescente, seus pais ou responsável, e qualquer pessoa que tenha legítimo interesse na solução da lide poderão intervir nos procedimentos de que trata esta Lei, através de advogado, o qual será intimado para todos os atos, pessoalmente ou por publicação oficial, respeitado o segredo de justiça. Parágrafo único. Será prestada assistência judiciária integral e gratuita àqueles que dela necessitarem". **Falsa.** A Defensoria e o Advogado são responsáveis, na forma do art. 206, pela defesa da criança e do adolescente. A igualdade de tratamento na defesa técnica decorre das funções institucionais da Defensoria Pública. **Falsa.** O artigo 186 do NCPC garante prazo em dobro para todas as manifestações processuais da Defensoria Pública. **Verdadeira.** Nos termos do art. 207 do ECA: "Nenhum adolescente a quem se atribua a prática de ato infracional, ainda que ausente ou foragido, será processado sem defensor. § 1º Se o adolescente não tiver defensor, ser-lhe-á nomeado pelo juiz, ressalvado o direito de, a todo tempo, constituir outro de sua preferência. § 2º A ausência do defensor não determinará o adiamento de nenhum ato do processo, devendo o juiz nomear substituto, ainda que provisoriamente, ou para o só efeito do ato. § 3º Será dispensada a outorga de mandato, quando se tratar de defensor nomeado ou, sido constituído, tiver sido indicado por ocasião de ato formal com a presença da autoridade judiciária".
Gabarito "A".

(Defensor Público – DPE/RN – 2016 – CESPE) Assinale a opção correta a respeito do papel da DP no contexto do sistema de garantia e proteção dos direitos individuais e coletivos da criança e do adolescente.
(A) A presença da DP entre os órgãos que compõem a integração operacional prevista no ECA justifica-se quando se tratar de atendimento inicial a adolescente a quem se atribua a autoria de ato infracional, mas não no atendimento de adolescentes inseridos em programa de acolhimento familiar.
(B) É exclusiva da DP a legitimidade para ajuizar ação de alimentos em proveito de criança ou adolescente nas situações de risco descritas no ECA.
(C) Segundo o STJ, não é cabível a nomeação de curador especial em processo de acolhimento institucional no âmbito do qual a criança figure como mera destinatária da decisão judicial e não como parte.
(D) Conforme entendimento do STJ, o prazo para interposição de recurso pela DP começa a fluir na data da audiência em que for proferida a sentença, caso presente o DP, e não da remessa dos autos com vista ou com a entrada destes na instituição.
(E) De acordo com o STJ, é da competência da vara da fazenda pública o julgamento de ação ajuizada pela DP visando à obtenção de medicamentos a menor, quando este estiver devidamente representado pelos pais.

A: incorreta. Na forma do art. 70-A, inciso II, e art. 88, inciso VI do ECA, além da Resolução Conanda 113/2006, a Defensoria Pública é parte integrante dos órgãos de proteção e defesa da criança e do adolescente, em especial quanto ao programa de colocação em acolhimento institucional. **B:** incorreta. Na forma do art. 141 do ECA, "é garantido o acesso de toda criança ou adolescente à Defensoria Pública, ao Ministério Público e ao Poder Judiciário, por qualquer de seus órgãos". **C:** correta. Nesse sentido, já decidiu o STJ: "(...) Resguardados os interesses da criança e do adolescente, não se justifica a obrigatória e automática nomeação da Defensoria Pública como curadora especial em ação movida pelo Ministério Público, que já atua como substituto processual. A Defensoria Pública, no exercício da curadoria especial, desempenha apenas e tão somente uma função processual de representação em juízo do menor que não tiver representante legal ou se os seus interesses estiverem em conflito (arts. 9º do CPC e 142, parágrafo único, do ECA). Incabível a nomeação de curador especial em processo de acolhimento institucional no qual a criança nem é parte, mas mera destinatária da decisão judicial". (Vide REsp 1417782/RJ, DJe 07/10/2014). **D:** incorreta. Para o STJ, "a intimação da Defensoria Pública para interposição de recurso aperfeiçoa-se com a entrega dos autos com vista, independentemente do comparecimento do defensor à audiência". (STJ, HC 332772/SP, DJe 02/12/2015). **E:** incorreta. Estando em situação de risco, a competência é da Vara de Infância e Juventude.
Gabarito "C".

(Defensor Público – DPE/RN – 2016 – CESPE) À luz da Lei 10.216/2001, que dispõe sobre a proteção e os direitos das crianças e adolescentes portadores de transtornos mentais, assinale a opção correta.
(A) Para a realização de pesquisas científicas para fins diagnósticos ou terapêuticos com a participação de criança portadora de distúrbio psiquiátrico, exige-se o consentimento expresso do representante legal da criança, o qual torna dispensável a comunicação aos conselhos profissionais competentes.
(B) Para a internação compulsória de adolescente, basta a autorização por médico devidamente registrado no CRM competente.
(C) A exigência legal de que sejam esgotados os recursos extra-hospitalares antes da internação não se aplica quando se trata de internação na modalidade voluntária.
(D) O adolescente que apresenta distúrbio psiquiátrico não pode, segundo o STJ, ser submetido a medida socioeducativa, uma vez que é inapto para cumpri-la.
(E) Caso uma criança seja internada involuntariamente em estabelecimento de saúde mental em razão de distúrbio psiquiátrico, o responsável técnico pelo estabelecimento deve comunicar o MP estadual do ocorrido, comunicação esta que é dispensada no momento da alta da criança.

A: incorreta. A pesquisa científica está regulamentada pelo art. 11 da referida Lei, que assim dispõe: "pesquisas científicas para fins diagnósticos ou terapêuticos não poderão ser realizadas sem o consentimento expresso do paciente, ou de seu representante legal, e sem a devida comunicação aos conselhos profissionais competentes e ao Conselho Nacional de Saúde". **B:** incorreta. A Lei 10.216/2001, em seu art. 9º, garante que a internação compulsória somente pode ser determinada pelo juiz competente, sempre levando em consideração as condições de segurança do estabelecimento, do paciente, dos demais internados e funcionários. **C:** incorreta. O art. 4º exige, em qualquer modalidade de internação, que os recursos extra-hospitalares sejam esgotados. **D:** correta. O art. 112, §, 3º, do ECA determina que "os adolescentes portadores de doença ou deficiência mental receberão tratamento individual e especializado, em local adequado às suas condições". Sendo assim, perfeitamente cabível a aplicação da medida socioeducativa. No entanto, já entendeu o STJ que a medida adequada para adolescente portador de distúrbio mental é a medida de proteção, uma vez que o adolescente não teria condições de assimilar a medida. Vejamos: "Adolescente. Condição especial. Liberdade assistida. O ato infracional cometido por adolescente equipara-se ao crime de homicídio qualificado (art. 121, § 2º, III e IV, do CP). A defesa, em *habeas corpus*, busca cessar definitivamente a medida socioeducativa de internação e a inclusão do paciente em medidas de proteção pertinentes porque, segundo o laudo técnico, ele é portador de distúrbios mentais. Ainda alega a defesa que o adolescente corre risco de morte diariamente por ser submetido a regime de ressocialização, o qual não tem capacidade de assimilar. Explica o Min. Relator que o § 1º do art. 12 do ECA, na imposição das medidas socioeducativas, leva em conta a capacidade de cumprimento do adolescente. Sendo assim, no caso concreto, como o adolescente apresenta distúrbios mentais, deve ser encaminhado a um atendimento individual e especializado compatível com sua limitação mental (§ 3º do mesmo artigo citado). Ante o exposto, a Turma concedeu a ordem para determinar que o paciente seja inserido na medida socioeducativa de liberdade assistida, associada ao acompanhamento ambulatorial psiquiátrico, psicopedagógico e familiar". Informativo 300. Precedentes citados: HC 54.961-SP, DJ 22/5/2006, e HC 45.564-SP, DJ 6/2/2006. HC 88.043-SP, Rel. Min. Og Fernandes, julgado em 14/4/2009. **E:** incorreta. A internação voluntária ou involuntária somente será autorizada por médico devidamente registrado no Conselho Regional de Medicina do Estado onde se localize o estabelecimento, e deverá ser comunicada ao Ministério Público no momento do procedimento e da respectiva alta (art. 8º da Lei 10.216/2001).
Gabarito "D".

(Juiz de Direito/AM – 2016 – CESPE) Assinale a opção correta acerca das medidas socioeducativas, da alienação parental e das medidas pertinentes aos pais ou responsáveis.
(A) A prática de ato de alienação parental fere direito fundamental da criança ou do adolescente de convivência comunitária saudável,

além de constituir abuso moral contra a criança ou o adolescente e descumprimento dos deveres inerentes à autoridade parental ou decorrentes de tutela ou guarda.
(B) A autoridade judiciária pode aplicar nova medida de internação, por ato infracional praticado anteriormente, a adolescente que já tenha concluído cumprimento de medida socioeducativa dessa natureza, salvo se o adolescente já tiver sido transferido para cumprimento de medida menos rigorosa.
(C) Um dos princípios que regem a execução das medidas socioeducativas é a prioridade a práticas restaurativas e que, sempre que possível, atendam às necessidades das vítimas. Por essa razão, a legislação pertinente prevê a participação de socioeducando na composição da comissão de apuração de faltas disciplinares.
(D) Considera-se ato de alienação parental a interferência na formação psicológica da criança ou do adolescente promovida ou induzida por um dos genitores, pelos avós ou pelos vizinhos para que repudie genitor, assim como a interferência que cause prejuízo ao estabelecimento ou à manutenção de vínculos com o genitor.
(E) Declarado indício de ato de alienação parental, o juiz pode determinar de ofício medidas provisórias necessárias à preservação da integridade psicológica da criança ou do adolescente, inclusive para assegurar convivência com genitor ou viabilizar a efetiva reaproximação entre ambos.

A: incorreta. A alienação parental atinge o direito fundamental da criança e do adolescente de convivência familiar. **B:** incorreta. O art. 45 da Lei 12.594/12 (Lei do SINASE) veda expressamente a aplicação de nova medida de internação, por ato infracional praticado anteriormente, a adolescente que já tenha concluído cumprimento de medida socioeducativa dessa natureza, salvo se o adolescente já tiver sido transferido para cumprimento de medida menos rigorosa. **C:** incorreta. De fato, na forma do art. 35, III, da Lei do SINASE, as medidas socioeducativas devem priorizar medidas que sejam restaurativas e, sempre que possível, que atendam às necessidades das vítimas. No entanto, o art. 73 da mesma lei veda a participação do socioeducando na função ou tarefa de apuração disciplinar. **D:** incorreta. A alienação parental é "promovida ou induzida por um dos genitores, pelos avós ou pelos que tenham a criança ou adolescente sob a sua autoridade, guarda ou vigilância" (art. 2º da Lei 12.318/10). **E:** correta. Conforme art. 4º da Lei de Alienação Parental.

Gabarito "E".

(Juiz de Direito/AM – 2016 – CESPE) No que se refere aos estatutos do idoso e da criança e do adolescente, assinale a opção correta.
(A) A obrigação de prestar alimentos ao idoso é recíproca e conjunta em relação a todos os coobrigados.
(B) O princípio da proteção integral e a aplicação de medidas de proteção à criança e ao adolescente, previstas no ECA, justificam a imperatividade na obediência à ordem cronológica do registro de pessoas interessadas na adoção.
(C) A prática de ato infracional análogo ao delito de tráfico de entorpecentes permite a aplicação de medida de internação do adolescente infrator.
(D) A superveniência da maioridade civil é causa de extinção da medida socioeducativa imposta ao adolescente infrator.
(E) No âmbito dos direitos fundamentais da pessoa idosa, o respeito abrange a preservação do direito às ideias e crenças.

A: incorreta. Conforme art. 12 do EI, a obrigação alimentar é solidária, podendo o idoso optar entre os prestadores. **B:** O § 12 do art. 50 do ECA prevê a convocação criteriosa dos postulantes à adoção conforme o Cadastro Nacional de Adoção, com a fiscalização do Ministério Público. No entanto, o § 13 do mesmo artigo prevê a possibilidade de candidatos domiciliados no Brasil adotarem sem estar previamente cadastrados quando (i) se tratar de adoção unilateral, (ii) se for formulada pela família extensa ou (iii) se oriundo o pedido de quem detém a tutela ou guarda legal de criança maior de 3 (três) anos ou adolescente, comprovada a afinidade e afetividade, e não seja constatada a ocorrência de má-fé ou qualquer dos crimes previstos nos arts. 237 ou 238 da lei. **C:** incorreta. Conforme entendimento do STJ "O ato infracional análogo ao tráfico de drogas, por si só, não conduz obrigatoriamente à imposição de medida socioeducativa de internação ao adolescente" (Súmula 492). Sobre o mesmo tema, o STJ tem entendido que não se faz necessário o cometimento de três atos infracionais considerados graves para justificar a internação, portanto, mesmo em casos de tráfico de drogas, "não se exige, para a configuração da reiteração, um número mínimo de infrações, devendo apenas serem graves, respeitadas as circunstâncias do caso concreto" (STJ, HC 37 1148/SP, Re. Felix Fischer, DJe 01/12/2016). **D:** incorreta. O ECA também é aplicável às pessoas que tenham entre 18 (dezoito) anos completos e 21 (vinte e um) incompletos para os fins de cumprimento de medida socioeducativa: "Nos casos expressos em lei, aplica-se excepcionalmente este Estatuto às pessoas que tenham entre dezoito e vinte e um anos de idade" (art. 2º, parágrafo único). Nesse sentido já decidiu o STJ: "Para a aplicação das medidas socioeducativas previstas no Estatuto da Criança e do Adolescente – ECA, leva-se em consideração apenas a idade do menor ao tempo do fato (ECA, art. 104, parágrafo único), sendo irrelevante a circunstância de atingir o adolescente a maioridade civil ou penal durante seu cumprimento, tendo em vista que a execução da respectiva medida pode ocorrer até que o autor do ato infracional complete 21 (vinte e um) anos de idade (ECA, art. 2º, parágrafo único, c/c os arts. 120, § 2º, e 121, § 5º)". (STJ, Rel. Min. Arnaldo Esteves Lima, MS 95.896/RJ, DJe 21/09/2009). **E:** correta. É o que garante o Estatuto do Idoso em seu art. 10, § 1º.

Gabarito "E".

(Magistratura/SC – 2015 – FCC) A desjudicialização do atendimento é apontada por alguns autores como uma das tendências incorporadas pelo Estatuto da Criança e do Adolescente – ECA para a proteção dos direitos da população infanto-juvenil. Todavia, para algumas situações, ainda reservou a lei a necessidade de intervenção judicial específica. Nessa linha, segundo prevê expressamente o ECA, é necessária
(A) prévia autorização judicial para que adolescentes em cumprimento de medida socioeducativa de semiliberdade realizem atividades externas.
(B) decisão judicial para que se possa aplicar medida de advertência a pais ou responsável quando, por ação ou omissão, ameacem ou violem direitos de seus filhos.
(C) autorização, por alvará judicial, para que os adotantes internacionais, após trânsito em julgado da sentença de adoção, possam obter o passaporte da criança/adolescente adotado.
(D) autorização, por alvará judicial, para a participação de menores de 18 (dezoito) anos em campeonatos desportivos durante o período letivo, nos horários de aula (inclusive noturnos), salvo se relativos à própria disciplina e organização do estabelecimento escolar frequentado pela criança ou adolescente.
(E) autorização judicial para permitir que os pais ou responsável visitem, em serviços de acolhimento institucional, crianças que foram afastadas de seu convívio por suspeitas de maus-tratos ou abuso.

A: incorreta, pois no regime da semiliberdade, a realização de atividades externas pelo adolescente independe de autorização judicial (art. 120, caput, do ECA); **B:** incorreta, pois a remissão concedida pelo Ministério Público pode incluir, independente de autorização judicial, a aplicação de qualquer das medidas previstas no ECA, exceto a colocação em regime de semiliberdade e a internação, medidas para as quais se exige expressa determinação judicial; **C:** correta, pois somente será permitida a saída do adotando do território nacional após o trânsito em julgado da decisão de adoção internacional. Oportuno ressaltar que a autoridade judiciária poderá autorizar, por meio de alvará, além da própria viagem, a obtenção de passaporte, constando, obrigatoriamente, as características da criança ou adolescente adotado, como idade, cor, sexo, eventuais sinais ou traços peculiares, assim como foto recente e a aposição da impressão digital do seu polegar direito, instruindo o documento com cópia autenticada da decisão e certidão de trânsito em julgado (art. 52, §§ 8º e 9º, do ECA); **D:** incorreta, pois não se exige autorização judicial para a realização de campeonato desportivo durante o período letivo e em horário escolar; **E:** incorreta, pois em havendo suspeita de maus-tratos ou abuso, a autoridade judiciária poderá suspender temporariamente a visita, inclusive de pais ou responsável, por existirem motivos sérios e fundados de sua prejudicialidade aos interesses da criança ou adolescente (art. 124, § 2º, do ECA).

Gabarito "E".

(DPE/PE – 2015 – CESPE) Julgue os itens a seguir, considerando o disposto na CF e na legislação aplicável aos direitos da criança e do adolescente.
(1) Considere que João e Lúcia, após o ajuizamento do pedido de adoção de uma criança, tenham deixado de viver em união estável. Nesse caso, João e Lúcia ainda podem adotar conjuntamente, se comprovado o vínculo de afinidade e afetividade de ambos com a criança, desde que em regime de guarda compartilhada e que o estágio de convivência da criança com ambos os adotantes tenha sido iniciado no período em que estavam juntos.
(2) A garantia, com absoluta prioridade, ao jovem e ao adolescente, do direito à vida, à saúde e à educação, entre outros direitos, compreende destinação privilegiada de recursos públicos municipais necessários ao funcionamento dos conselhos tutelares e à remuneração e formação continuada dos conselheiros tutelares.
(3) Caso uma criança recém-nascida seja encontrada na rua, caberá ao conselho tutelar encaminhá-la a pessoa da família extensa, mediante termo de responsabilidade, ou determinar sua inclusão em programa de acolhimento familiar.

1: incorreta, pois é possível que ex-companheiros adotem conjuntamente, desde que estejam de acordo com relação à guarda – que pode ser unilateral e não necessariamente compartilhada – e o regime de visitas. Ainda, é necessário que o estágio de convivência já tenha se iniciado na constância do período de convivência e que seja comprovada a existência de vínculos de afinidade e afetividade com aquele não detentor da guarda, que justifiquem a excepcionalidade da concessão (art. 42, § 4º, do ECA); **2:** correta, pois, de fato, a garantia de prioridade absoluta à criança e ao adolescente compreende: a) primazia de receber proteção e socorro em quaisquer circunstâncias; b) precedência de atendimento nos serviços públicos ou de relevância pública; c) preferência na formulação e na execução das políticas sociais públicas; d) destinação privilegiada de recursos públicos nas áreas relacionadas com a proteção à infância e à juventude (art. 4º, parágrafo único, do ECA). Oportuno ressaltar que da lei orçamentária municipal constará previsão sobre os recursos necessários ao funcionamento do Conselho Tutelar e à remuneração e formação continuada dos conselheiros tutelares (art. 134, parágrafo único, do ECA); **3:** incorreta, pois caberá ao Conselho Tutelar comunicar a entidade que mantenha programa de acolhimento institucional, a fim de que esta, em caráter excepcional e de urgência, acolha a criança recém-nascida, mesmo sem prévia determinação da autoridade competente, fazendo comunicação do fato em até 24 (vinte e quatro) horas ao Juiz da Infância e da Juventude, sob pena de responsabilidade, nos termos do art. 93, caput, do

ECA. Ainda, após o recebimento da referida comunicação, a autoridade judiciária, ouvido o Ministério Público e se necessário com o apoio do Conselho Tutelar local, tomará as medidas necessárias para promover a imediata reintegração familiar da criança ou do adolescente ou, se por qualquer razão não for isso possível ou recomendável, para seu encaminhamento a programa de acolhimento familiar, institucional ou a família substituta (art. 93, parágrafo único, do ECA).

(Juiz de Direito/CE – 2014 – FCC) É garantia da educação escolar pública, segundo a Lei de Diretrizes e Bases da Educação,

(A) o acesso até o ensino fundamental como direito público subjetivo.
(B) o acesso público e gratuito exclusivamente ao ensino fundamental, àqueles que não o concluíram em idade própria.
(C) o atendimento educacional especializado gratuito aos educandos com deficiência, transtornos globais do desenvolvimento e altas habilidades ou superdotação, preferencialmente na rede regular de ensino.
(D) a educação infantil gratuita às crianças de até 6 (seis) anos de idade.
(E) o atendimento ao educando, no ensino fundamental, por meio de programas suplementares de material didático escolar, transporte, alimentação e assistência à saúde.

A: incorreta, pois é garantido o acesso aos níveis mais elevados do ensino, da pesquisa e da criação artística, segundo a capacidade de cada um (art. 4º, V, da Lei 9.394/1996); **B:** incorreta, pois é garantido o acesso público e gratuito aos ensinos fundamental e *médio* para todos os que não o concluíram na idade própria (art. 4º, IV, da Lei 9.394/1996); **C:** correta, pois a alternativa está de acordo com o disposto no art. 4º, III, da Lei 9.394/1996; **D:** incorreta, pois é garantida a educação infantil gratuita às crianças de *até 5 (cinco) anos de idade* (art. 4º, II, da Lei 9.394/1996); **E:** incorreta, pois o atendimento ao educando, por meio de programas suplementares, de material didático-escolar, transporte, alimentação e assistência à saúde, deve ser garantido *em todas as etapas da educação básica* (art. 4º, VIII, da Lei 9.394/1996).

(Juiz de Direito/CE – 2014 – FCC) A respeito do financiamento e cofinanciamento do sistema socioeducativo, a Lei 12.594/2012 dispõe:

(A) Incumbe aos Estados manter programas de execução das medidas de liberdade assistida, semiliberdade e de internação, bem como editar normas complementares para organização de seu sistema e dos sistemas municipais.
(B) O Conselho Estadual de Direitos da Criança e do Adolescente definirá, anualmente, o percentual de recursos dos Fundos dos Direitos da Criança e do Adolescente a serem aplicados nas ações previstas pela Lei em destaque.
(C) Compete ao município cofinanciar, juntamente com os demais entes federados, a execução de programas e ações destinadas ao atendimento inicial de adolescente apreendido para apuração de ato infracional.
(D) Somente os entes federados estaduais e municipais deverão prestar informações sobre o desempenho de suas ações através do Sistema de Informações sobre Atendimento Socioeducativo, já que são os que executam diretamente as medidas socioeducativas privativas de liberdade e em meio aberto.
(E) O Sinase será cofinanciado com recursos dos orçamentos fiscais, além de outras fontes, exceto com os recursos da seguridade social.

A: incorreta, pois compete aos Estados criar, desenvolver e manter programas para a execução das medidas socioeducativas de semiliberdade e internação, ficando a cargo dos Municípios as medidas socioeducativas em meio aberto (arts. 4º, III e 5º, III, da Lei 12.594/2012); **B:** incorreta, pois todos os Conselhos de Direitos, nas 3 (três) esferas de governo, definirão, anualmente, o percentual de recursos dos Fundos dos Direitos da Criança e do Adolescente a serem aplicados no financiamento das ações previstas na Lei do Sinase, em especial para capacitação, sistemas de informação e de avaliação (art. 31, *caput*, da Lei 12.594/2012); **C:** correta, pois a alternativa está de acordo com o disposto no art. 5º, VI, da Lei 12.594/2012; **D:** incorreta, pois todos os entes federados beneficiados com recursos do Fundo dos Direitos da Criança e do Adolescente para ações de atendimento socioeducativo prestarão informações sobre o desempenho dessas ações por meio do Sistema de Informações sobre Atendimento Socioeducativo (art. 31, parágrafo único, da Lei 12.594/2012); **E:** incorreta, pois o Sinase será cofinanciado com recursos dos orçamentos fiscais e também da seguridade social, além de outras fontes (art. 30, *caput*, da Lei 12.594/2012).

(Ministério Público/BA – 2015 – CEFET) Com relação ao Direito da Criança e do Adolescente, julgue os seguintes itens:

I. Com base na Lei Federal 12.318/2010, o perito ou equipe multidisciplinar designada para verificar a ocorrência de alienação parental terá o prazo de 120 (cento e vinte) dias para apresentação do laudo, prorrogável exclusivamente por autorização judicial baseada em justificativa circunstanciada.
II. Em conformidade com o artigo 18 da Lei 12.594/2012, que instituiu o Sistema Nacional de Atendimento Socioeducativo (Sinase), a União, em articulação com os Estados, o Distrito Federal e os Municípios, realizará avaliações periódicas da implementação dos Planos de Atendimento Socioeducativo em intervalos não superiores a 3 (três) anos, objetivando verificar o cumprimento das metas estabelecidas e elaborar recomendações aos gestores e operadores dos Sistemas.
III. O Plano Individual de Atendimento (PIA) será elaborado no prazo de até 45 (quarenta e cinco) dias da data do ingresso do adolescente no programa de atendimento, sendo que, para o cumprimento das medidas de prestação de serviços à comunidade e de liberdade assistida, tal documento será confeccionado no prazo de até 15 (quinze) dias da data em que o infrator adentrou no citado programa.
IV. Nas adoções internacionais, quando o Brasil for o país de acolhida, a decisão da autoridade competente do país de origem da criança ou do adolescente será conhecida pela Autoridade Central Estadual que tiver processado o pedido de habilitação dos pais adotivos, que comunicará o fato à Autoridade Central Federal e determinará as providências necessárias à expedição do Certificado de Naturalização Provisório.
V. As entidades que mantenham programa de acolhimento institucional poderão, em caráter excepcional e de urgência, acolher crianças e adolescentes sem prévia determinação da autoridade competente, fazendo comunicação do fato em até 48 (quarenta e oito) horas ao juiz da Infância e da Juventude, sob pena de responsabilidade.

Estão corretas as seguintes assertivas:

(A) I – II – III.
(B) II – IV – V.
(C) III – IV – V.
(D) II – III – IV.
(E) I– III – V.

I: incorreta, pois o perito ou equipe multidisciplinar designada para verificar a ocorrência de alienação parental terá prazo de 90 (noventa) dias – e não de 120 dias – para apresentação do laudo, prorrogável exclusivamente por autorização judicial baseada em justificativa circunstanciada, nos termos do art. 5º, § 3º, da Lei 12.318/2010; **II:** correta, pois a assertiva está de acordo com o disposto no art. 18, *caput* e § 1º, da Lei 12.594/2012. Oportuno ressaltar que o referido processo de avaliação periódica da implementação dos Planos de Atendimento Socioeducativo deverá contar com a participação de representantes do Poder Judiciário, do Ministério Público, da Defensoria Pública e dos Conselhos Tutelares, na forma a ser definida em regulamento; **III:** correta, pois a assertiva está de acordo com o disposto no art. 55, parágrafo único e art. 56, ambos da Lei 12.594/2012; **IV:** correta, pois a assertiva está de acordo com o disposto no art. 52-C, *caput*, do ECA. Registre-se que a Autoridade Central Estadual, ouvido o Ministério Público, somente deixará de reconhecer os efeitos da decisão se restar demonstrado que a adoção é manifestamente contrária à ordem pública ou não atende ao interesse superior da criança ou do adolescente (art. 52-C, § 1º, do ECA); **V:** incorreta, pois as entidades que mantenham programa de acolhimento institucional poderão, em caráter excepcional e de urgência, acolher crianças e adolescentes sem prévia determinação da autoridade competente, fazendo comunicação do fato em até 24 (vinte e quatro) horas ao Juiz da Infância e da Juventude, sob pena de responsabilidade, nos termos do art. 93, caput, do ECA. Ainda, após o recebimento da referida comunicação, a autoridade judiciária, ouvido o Ministério Público e se necessário com o apoio do Conselho Tutelar local, tomará as medidas necessárias para promover a imediata reintegração familiar da criança ou do adolescente ou, se por qualquer razão não for isso possível ou recomendável, para seu encaminhamento a programa de acolhimento familiar, institucional ou a família substituta (art. 93, parágrafo único, do ECA).

(Ministério Público/SP – 2015 – MPE/SP) Nos termos da Lei 8.069/1990 (ECA):

I. O compromisso de ajustamento de conduta pode ser tomado por qualquer dos legitimados para as ações cíveis fundadas em interesses coletivos ou difusos afetos à infância e juventude.
II. O compromisso de ajustamento de conduta pode ser tomado apenas pelo Ministério Público.
III. Na ação cível ajuizada em defesa de interesse individual indisponível, uma vez configurado o descumprimento da obrigação, a multa diária imposta ao réu, liminarmente ou na sentença, reverte em favor do autor (menor).
IV. As multas não recolhidas até trinta dias após o trânsito em julgado da decisão serão exigidas através de execução promovida pelo Ministério Público, em ação própria.

Está correto apenas o contido em:

(A) II, III e IV.
(B) II e III.
(C) IV.
(D) I e IV.
(E) Todos os itens estão incorretos.

I e II: incorretas, pois não é qualquer legitimado, nem somente o Ministério Público, que pode realizar termo de compromisso de ajustamento de conduta, podendo fazê-lo os órgãos públicos que sejam legitimados (Ministério Público, União, Estados, Municípios,

Distrito Federal e Territórios), excluindo-se, portanto, as associações privadas, nos termos do art. 211 do ECA; **III:** incorreta, pois o valor da multa diária imposta ao réu não reverterá em favor do autor, mas ao fundo gerido pelo Conselho dos Direitos da Criança e do Adolescente do respectivo município (art. 214, *caput*, do ECA); **IV:** incorreta, pois a multa não recolhida pelo réu em até trinta dias contados do trânsito em julgado será executada pelo Ministério Público, nos mesmos autos – e não em ação autônoma de execução –, facultada igual iniciativa aos demais legitimados (art. 214, § 1º, do ECA).

Gabarito "E".

(Ministério Público/SP – 2015 – MPE/SP) Nos termos da Lei 8.069/1990 (ECA), entre outras funções, compete ao Ministério Público:

I. Instaurar procedimentos administrativos.
II. Instaurar sindicâncias.
III. Determinar a instauração de inquérito policial.
IV. Impetrar *habeas corpus*.
V. Impetrar mandado de injunção.

Está correto apenas o contido em:
(A) I, II, III e IV.
(B) II, III, IV e V.
(C) III e IV.
(D) II e III.
(E) Todos os itens estão corretos.

Todas as alternativas estão corretas. Nos termos do art. 201 do ECA, compete ao Ministério Público: I – conceder a remissão como forma de exclusão do processo; II – promover e acompanhar os procedimentos relativos às infrações atribuídas a adolescentes; III – promover e acompanhar as ações de alimentos e os procedimentos de suspensão e destituição do poder familiar, nomeação e remoção de tutores, curadores e guardiães, bem como oficiar em todos os demais procedimentos da competência da Justiça da Infância e da Juventude; IV – promover, de ofício ou por solicitação dos interessados, a especialização e a inscrição de hipoteca legal e a prestação de contas dos tutores, curadores e quaisquer administradores de bens de crianças e adolescentes nas hipóteses do art. 98; V – promover o inquérito civil e a ação civil pública para a proteção dos interesses individuais, difusos ou coletivos relativos à infância e à adolescência; VI – instaurar procedimentos administrativos e, para instruí-los: *a)* expedir notificações para colher depoimentos ou esclarecimentos e, em caso de não comparecimento injustificado, requisitar condução coercitiva, inclusive pela polícia civil ou militar; *b)* requisitar informações, exames, perícias e documentos de autoridades municipais, estaduais e federais, da administração direta ou indireta, bem como promover inspeções e diligências investigatórias; *c)* requisitar informações e documentos a particulares e instituições privadas; VII – instaurar sindicâncias, requisitar diligências investigatórias e determinar a instauração de inquérito policial, para apuração de ilícitos ou infrações às normas de proteção à infância e à juventude; VIII – zelar pelo efetivo respeito aos direitos e garantias legais assegurados às crianças e adolescentes, promovendo as medidas judiciais e extrajudiciais cabíveis; IX – impetrar mandado de segurança, de injunção e *habeas corpus*, em qualquer juízo, instância ou tribunal, na defesa dos interesses sociais e individuais indisponíveis afetos à criança e ao adolescente; X – representar ao juízo visando à aplicação de penalidade por infrações cometidas contra as normas de proteção à infância e à juventude, sem prejuízo da promoção da responsabilidade civil e penal do infrator, quando cabível; XI – inspecionar as entidades públicas e particulares de atendimento e os programas de que trata esta Lei, adotando de pronto as medidas administrativas ou judiciais necessárias à remoção de irregularidades porventura verificadas; XII – requisitar força policial, bem como a colaboração dos serviços médicos, hospitalares, educacionais e de assistência social, públicos ou privados, para o desempenho de suas atribuições.

Gabarito "E".

(Promotor de Justiça/DF – 2013) Julgue os itens a seguir, a respeito do direito da criança e do adolescente:

I. O Conselho Tutelar é um órgão público, permanente e autônomo, encarregado de zelar pelos direitos de crianças e adolescentes que se encontrem em situação que configure violação de direitos, e suas decisões poderão ser revistas somente pelo Ministério Público ou pelo juiz.
II. O Conselho Tutelar é um órgão jurisdicional e tem como atribuição a imposição de medidas de proteção às crianças e aos adolescentes, inclusive a colocação em família substituta ou em acolhimento institucional.
III. A responsabilização por multa decorrente de prática da infração consistente na ausência de indicação da faixa etária permitida no local de eventos alcança tanto o organizador do evento quanto o responsável pelo estabelecimento.
IV. Família extensa é aquela que se estende para além da unidade pais e filhos ou da unidade do casal, formada por parentes próximos com os quais a criança ou adolescente convive e mantém vínculos de afinidade e afetividade.
V. Toda criança ou adolescente que estiver inserido em programa de acolhimento familiar ou institucional terá sua situação reavaliada, no máximo, a cada 6 (seis) meses, devendo a autoridade judiciária competente, com base em relatório elaborado por equipe interprofissional ou multidisciplinar, decidir de forma fundamentada pela possibilidade de reintegração familiar ou colocação em família substituta. Estão **CORRETOS** os itens:

(A) I, II e IV
(B) I, III e IV
(C) I, III e V
(D) II, IV e V
(E) III, IV e V

I: incorreta, pois o Conselho Tutelar é órgão público (já que integra a administração pública local), permanente e autônomo, não jurisdicional, encarregado pela sociedade de zelar pelo cumprimento dos direitos da criança e do adolescente, não somente quando em situação de risco, sendo que suas decisões somente poderão ser revistas pela autoridade judiciária a pedido de quem tenha legítimo interesse (arts. 131 e 137, ambos do ECA); **II:** incorreta, pois o afastamento da criança ou adolescente do convívio familiar e consequente aplicação das medidas de acolhimento familiar, institucional ou colocação em família substituta é de competência exclusiva da autoridade judiciária (art. 101, VII a IX e § 2º, do ECA). Oportuno registrar que ao Conselho Tutelar é cabível a aplicação das demais medidas protetivas (art. 136, I e parágrafo único, do ECA). "Na redação anterior do Estatuto, o Conselho Tutelar poderia aplicar a medida de abrigamento e encaminhar a criança e o adolescente diretamente à entidade respectiva, comunicando o fato posteriormente à entidade judiciária. Contudo, de acordo com o atual regramento, a inserção de criança e adolescente em medida protetiva de acolhimento institucional e acolhimento familiar está condicionada a autorização judicial, de modo que não consta mais das atribuições do Conselho Tutelar. (...) o Conselho Tutelar deixa de atuar de forma ativa na inserção da criança e do adolescente em abrigamento, para apenas acompanhar a situação e fornecer subsídios ao magistrado, a quem competirá a palavra sobre a necessidade efetiva de manutenção da medida". (ROSSATO, LÉPORE E SANCHES. *Estatuto da Criança e do Adolescente Comentado*, 3ª edição, 2012, São Paulo, Ed. RT, p. 302). Em contrapartida, as entidades que mantenham programa de acolhimento institucional poderão, em caráter excepcional e de urgência, acolher crianças e adolescentes sem prévia determinação da autoridade competente, fazendo comunicação do fato em até 24 (vinte e quatro) horas ao Juiz da Infância e da Juventude, em virtude do princípio da intervenção precoce (art. 93 do ECA); **III:** correta, pois a alternativa está de acordo com o disposto no art. 252 do ECA; **IV:** correta, pois a alternativa está de acordo com o disposto no art. 25, parágrafo único, do ECA; **V:** correta, pois a alternativa está de acordo com o disposto no art. 19, § 1º, do ECA.

Gabarito "E".

(Promotor de Justiça/PI – 2014 – CESPE) No que tange aos direitos fundamentais das crianças e dos adolescentes, conforme previsão do ECA e entendimento dos tribunais superiores, assinale a opção correta.

(A) Embora o ECA garanta, de diversas formas, os direitos fundamentais da criança e do adolescente mediante a proteção da gestante, não há previsão de garantia do aleitamento materno aos filhos de mães submetidas a penas privativas de liberdade.
(B) Como forma de impedimento à adoção comercial de bebês, o Estado é proibido de proporcionar assistência psicológica à gestante ou à mãe que manifestarem desejo de entregar seus filhos para adoção.
(C) Admite-se a veiculação de imagens com cenas de espancamento e tortura praticados por adulto contra criança, ainda que constrangedoras, em razão da prevalência do direito à informação prestada pela impressa à sociedade.
(D) É obrigação do Estado criar e manter centros específicos para adolescentes portadores de doença ou deficiência mental em cumprimento de medida socioeducativa, não sendo suficiente a existência de programa psiquiátrico terceirizado e a utilização da rede pública para o atendimento de casos agudos.
(E) A CF e o ECA asseguram o ingresso e a permanência de crianças com até seis anos de idade em creches e pré-escolas, desde que comprovada a hipossuficiência dos pais.

A: incorreta, pois dentre os direitos fundamentais previstos no ECA está o de que o poder público, as instituições e os empregadores propiciarão condições adequadas ao aleitamento materno, inclusive aos filhos de mães submetidas a medida privativa de liberdade (art. 9º do ECA); **B:** incorreta, pois o ECA prevê que ao poder público incumbe proporcionar assistência psicológica à gestante e à mãe, no período pré e pós-natal, inclusive como forma de prevenir ou minorar as consequências do estado puerperal. Ainda, a assistência psicológica deverá ser prestada a gestantes ou mães que manifestem interesse em entregar seus filhos para adoção, com o fim de evitar o comércio ilegal de bebês, na medida em que, caso a mãe realmente não queira permanecer com o seu filho, a criança será imediatamente acolhida e entregue a um casal previamente habilitado no cadastro de pretendentes à adoção (art. 8º, §§ 4º e 5º, do ECA); **C:** incorreta, pois a divulgação de cenas de criança sendo espancada violaria o seu direito ao respeito à inviolabilidade da integridade física, psíquica e moral, que abrange a preservação da imagem (art. 17 do ECA), prevalecendo sobre o direito à informação; **D:** correta (art. 112, § 3º, do ECA); **E:** incorreta, pois é dever do Estado garantir a educação infantil, em creche e pré-escola, às crianças com até 5 (cinco) anos de idade (art. 54, IV, do ECA; art. 208, IV, da CF/88). Ademais, como a Constituição Federal erigiu a eliminação das desigualdades regionais e o acesso universal à educação básica à categoria de garantias fundamentais, disso resulta que independe de comprovação da hipossuficiência dos pais para que a criança tenha assegurado o seu direito de ingresso e permanência à creche e pré-escola.

Gabarito "D".

(Defensoria/DF – 2013 – CESPE) Com base na jurisprudência do STJ e na Lei 8.069/1990, julgue os itens de abaixo.

(1) A competência territorial, nas ações que envolvam medidas protetivas destinadas a crianças e adolescentes e discussão sobre o poder

familiar, será definida sempre pelo juízo do lugar onde se encontre a criança ou o adolescente.

(2) A ausência de laudo técnico realizado por equipe multidisciplinar, para fins de fixação de medida socioeducativa de internação pelo magistrado, não resulta em nulidade do processo.

(3) A autoridade judiciária pode disciplinar, por meio da expedição de portaria, a entrada e a permanência de criança ou adolescente desacompanhados dos pais ou responsáveis em locais e eventos discriminados na lei, devendo essas medidas ser fundamentadas, caso a caso, vedadas as determinações de caráter geral.

(4) No que se refere a descentralização político-administrativa das ações governamentais na área da assistência social, cabe a esfera federal coordenar a política de atendimento aos direitos da criança e do adolescente, assim como definir as respectivas normas gerais.

(5) O magistrado de vara da infância e juventude pode determinar, de ofício, a realização de matrícula em estabelecimento de ensino nos casos em que a criança ou o adolescente estejam em situação de risco, não importando tal determinação em violação do princípio dispositivo. Nesses casos, a ordem de ofício dada pelo magistrado tem caráter administrativo-judicial, submetendo-se a controle judicial quanto a sua juridicidade, especialmente no que se refere aos aspectos da necessidade e da proporcionalidade da medida.

(6) Deve a DP intervir como curadora especial do menor hipossuficiente em situação de vulnerabilidade nas ações de destituição do poder familiar ajuizadas pelo MP, devendo o *parquet* cumprir exclusivamente seu papel de fiscal da lei, observado o princípio do melhor interesse do menor.

1: incorreta, pois a competência para as ações cíveis, como no caso da ação de destituição do poder familiar, será determinada pelo domicílio dos pais ou responsável ou, subsidiariamente, pelo lugar onde se encontre a criança ou adolescente, à falta dos pais ou responsável (art. 147, I e II, do ECA). Por sua vez, a competência para a execução das medidas socioeducativas e protetivas é a do local onde se encontrar o adolescente, tendo em vista que a fiscalização deve ocorrer pelo juízo onde se ele encontra, em razão da proximidade e possibilidade de acompanhamento mais efetivo (art. 147, § 2º, do ECA); **2:** correta. Neste sentido é o entendimento jurisprudencial, *in verbis*: "Apelação cível. Eca. Ato infracional. Roubo. 1. Nulidade por ausência de laudo interdisciplinar. Descabimento. 2. Autoria e materialidade confirmadas. 3. Medida de internação. 1. A ausência de laudo técnico interdisciplinar não gera nulidade, pois sua produção constitui faculdade do juízo, que é destinatário das provas. Conclusão n. 43 do Centro de Estudos do TJRS. 2. A materialidade restou evidenciada, assim como a autoria. O jovem admitiu perante o Ministério Público, silenciando em juízo. O restante da prova, produzida em juízo, é cristalina e o aponta para o jovem. 3. A medida de internação mostra-se adequada, ante a violência com que o fato foi praticado. Negaram provimento. Unânime. (Apelação Cível 70060000593, Oitava Câmara Cível, Tribunal de Justiça do RS, Relator: Luiz Felipe Brasil Santos, Julgado em 07/08/2014)". (TJ-RS, AC: 70060000593 RS, Relator: Luiz Felipe Brasil Santos, Data de Julgamento: 07.08.2014, Oitava Câmara Cível, Data de Publicação: Diário da Justiça do dia 12.08.2014); "Agravo regimental. Recurso especial. Lei 8.069/1990. Estatuto Da Criança e do Adolescente. Medida socioeducativa de internação. Ato infracional equiparado ao crime de estupro. Violência e grave ameaça à pessoa. Decisão judicial fundamentada. Laudo técnico interdisciplinar. Art. 186, § 2º, do ECA. Prescindibilidade. 6. Agravo regimental improvido". (STJ, AgRg nos EDcl no REsp 1.319.704-RS, Relator o Ministro Sebastião Reis Júnior, *DJ* de 14.12.2012.); **3:** correta, pois a alternativa está de acordo com o art. 149, I e II, do ECA. Cumpre esclarecer que *"as portarias judiciais são atos que disciplinam situações concretas, em particular, as diversões públicas da criança e do adolescente. Geralmente estabelecem condições para que crianças e adolescentes possam usufruir de determinados locais. Exemplo: condições para entrada de adolescentes desacompanhados de seus pais em determinado estádio de futebol. Diferem-se dos alvarás judiciais, que são dirigidos a determinada pessoa física ou jurídica, como ocorre, por exemplo, para a participação de determinada criança em certame de beleza. (...) (AgRg no REsp 621.244/RJ, DJ 30.04.2007)"* (ROSSATO, LÉPORE e SANCHES. *Estatuto da Criança e do Adolescente Comentado*, Ed. RT, 2012, pag. 427). Por fim, insta ressaltar que não cabe ao juiz disciplinar, por meio de portaria, situações com caráter genérico e abstrato, pois extrapolaria os limites da atividade judiciária regulamentar com base no art. 149 do ECA, conforme já decidido pelo STJ quanto à portaria do "toque de recolher" (STJ, HC 207.720, 2ª T., rel. Min. Herman Benjamin); **4:** correta, pois, de fato, compete ao órgão da Administração Pública Federal responsável pela coordenação da Política Nacional de Assistência Social coordenar e articular as ações no campo da assistência social (art. 19, I, da Lei Orgânica da Assistência Social – Lei 8.742/1993); **5:** correta, pois a alternativa está de acordo com o art. 101, III, do ECA; **6:** incorreta, pois no caso de ação de destituição do poder familiar formulada pelo Ministério Público, este atua no interesse dos menores, nos termos do art. 201, incisos III e VIII do ECA, sendo desnecessária a intervenção da Defensoria Pública atuando como Curadoria Especial. Neste sentido é o entendimento jurisprudencial: "Destituição de poder familiar promovida pelo Ministério Público. Nomeação de curador especial da Defensoria Pública aos menores. Desnecessidade. ECA. Art. 201, incisos III e VIII. Recurso especial a que se nega provimento. 1. Deve ser renovado o julgamento se da publicação da pauta não foi intimada o recorrente, Defensoria Pública do Estado do Rio de Janeiro. 2. Compete ao Ministério Público, a teor do art. 201, III e VIII da Lei 8.069/1990 (ECA), promover e acompanhar o processo de destituição do poder familiar, zelando pelo efetivo respeito aos direitos e garantias legais assegurados às crianças e adolescentes. 3. Resguardados os interesses da criança e do adolescente, não se justifica a nomeação de curador especial na ação de destituição do poder familiar. 4. Recurso especial a que se nega provimento". (STJ, Relator: Ministra Maria Isabel Gallotti, Data de Julgamento: 28.08.2012, T4Quarta Turma).

Gabarito 1E, 2C, 3C, 4C, 5C, 6E

(Defensoria/DF – 2013 – CESPE) Com base no disposto na CF e no ECA, julgue os próximos itens.

(1) Deve constar do orçamento anual do fundo municipal dos direitos da criança previsão dos recursos necessários ao funcionamento do conselho tutelar.

(2) As decisões do conselho municipal dos direitos da criança e do adolescente, no âmbito de suas atribuições e competências, vinculam, por meio do controle, as ações governamentais e da sociedade civil organizada, em respeito aos princípios constitucionais da participação popular e da prioridade absoluta a criança e ao adolescente.

1: incorreta, pois deve constar da *lei orçamentária municipal* e da do Distrito Federal previsão dos recursos necessários ao funcionamento do Conselho Tutelar e à remuneração e formação continuada dos conselheiros tutelares, nos termos do art. 134, parágrafo único, do ECA; **2:** correta, pois o Fundo Municipal não tem personalidade jurídica, razão pela qual está vinculado ao CMDCA – Conselho Municipal dos Direitos da Criança e do Adolescente (art. 88, IV, do ECA), o qual possui a prerrogativa exclusiva de gerir e deliberar sobre a aplicação dos recursos do Fundo Municipal, por meio da elaboração do "Plano de Aplicação", vinculando as ações governamentais e da sociedade civil organizada (art. 214 e art. 260, § 2º, do ECA; art. 2º, X, da Lei 8.242/1991).

Gabarito 1E, 2C

(Defensoria/SP – 2013 – FCC) Na linha da Política do Ministério da Saúde para a atenção integral a usuários de álcool e drogas, incluindo o atendimento a crianças e adolescentes, o serviço CAPS AD III (Centro de Atenção Psicossocial de Álcool e Outras Drogas)

(A) garante visitas e atendimentos domiciliares a seus usuários, após o comparecimento espontâneo a três agendamentos.

(B) oferece atividade de oficinas terapêuticas executadas por profissionais de nível universitário ou de nível médio.

(C) não presta atendimento a crianças e adolescentes, que serão sempre acolhidos em CAPS Infantil.

(D) tem disponibilidade para atender somente casos já vinculados, mediante agendamento prévio, em razão da especialidade do serviço.

(E) não oferece serviço de abrigamento ou acolhimento noturno a seus usuários.

A: incorreta, pois não se exige o comparecimento espontâneo a três agendamentos para que sejam garantidas visitas e atendimentos domiciliares as usuários do serviço CAPS AD III (Centro de Atenção Psicossocial de Álcool e Outras Drogas), nos termos do item III, "d", do Anexo da Portaria 2.841/2010; **B:** correta, pois a alternativa traz uma das atividades previstas para o CAPS AD III, constante no item III, "c", do Anexo da Portaria 2.841/2010; **C:** incorreta, pois o CAPS AD III poderá se destinar a atender adultos ou crianças e adolescentes, conjunta ou separadamente, sendo que deverá se adequar ao que prevê o Estatuto da Criança e do Adolescente (art. 3º, *caput* e parágrafo único, da Portaria 130/2012); **D:** incorreta, pois o CAPS AD III tem disponibilidade para acolher casos novos e já vinculados, sem agendamento prévio e sem qualquer outra barreira de acesso, em todos os dias da semana, inclusive finais de semana e feriados, das 07 às 19 horas (art. 5º, III, da Portaria 130/2012); **E:** incorreta, pois o CAPS AD III oferece serviço de abrigamento ou acolhimento noturno a seus usuários (art. 5º, IV; art. 11, parágrafo único e art. 13, III, da Portaria 130/2012).

Gabarito "B"

(Defensoria/SP – 2013 – FCC) Em audiência instalada junto ao Fórum Especial da Infância e Juventude, nesta Capital, o magistrado competente tomou conhecimento de que um adolescente que cumpria medida socioeducativa em meio aberto estava sendo ameaçado de morte por traficantes de sua região, em razão da droga perdida quando de sua apreensão. Além de acionar o Programa de Proteção da Secretaria da Justiça e da Defesa da Cidadania do Estado, o d. magistrado expediu ofício à Secretaria de Assistência e Desenvolvimento Social do Município, determinando a realização de análise territorial sobre a capacidade protetiva da família, no sentido de conhecer a realidade local e a oferta de serviços capazes de atender à demanda. Tomando por base a Lei nº 8.742/93 e suas alterações, a diligência encaminhada à Secretaria de Assistência incide sobre seu objetivo legal de

(A) amparo a crianças e adolescentes.

(B) vigilância socioassistencial.

(C) proteção social.

(D) defesa de direitos.

(E) habilitação e reabilitação de pessoas.

A alternativa "B" está correta, pois a diligência descrita no enunciado retrata um dos objetivos da Assistência Social, previsto no art. 2º, II, da Lei 8.742/1993, que é a vigilância socioassistencial, cuja finalidade é a de analisar territorialmente a capacidade protetiva das famílias e nela a ocorrência de vulnerabilidades, de ameaças, de vitimizações e danos, ficando, portanto, excluídas as demais alternativas.

Gabarito "B"

(Defensoria/SP – 2013 – FCC) Analisando-se os paradigmas legislativos em matéria de infância e juventude, pode-se afirmar que antes da edição do Código de Mello Mattos, em 1927, vigorava o modelo

(A) higienista.
(B) da situação irregular.
(C) penal indiferenciado.
(D) da proteção integral.
(E) da institucionalização para a proteção.

A alternativa "C" está correta, ficando excluídas as demais. Inicialmente, o tratamento jurídico conferido à criança e ao adolescente era de **absoluta indiferença**, sem nenhum diploma legislativo que regulamentasse tais pessoas. Com as Ordenações Afonsinas e Filipinas, o Código Criminal do Império de 1830 e o Código Penal de 1890, passou-se a fase da mera **imputação criminal**, cujo único propósito era o de coibir a prática de ilícitos, ou seja, vigorava o Direito Penal indiferenciado, já que não havia tratamento diferenciado para o adolescente. "*O início do século XX foi um período de relevantes mudanças na sociedade brasileira, sobretudo na década de 20, o país atravessou uma fase de crise econômica e política da República Liberal, o que levou a um questionamento sobre o papel do Estado nas questões sociais. Neste período se inauguraram várias instituições para educação, repressão e assistência a crianças, conforme indicam Abreu e Martinez (1997, p. 28-9). Neste contexto estabelece-se a preocupação com a criminalidade juvenil. Por detrás do pequeno delito se ocultaria a monstruosidade. Havia uma perspectiva higienista, com o viés da eugenia. Unem-se a pedagogia, a puericultura e a ciência jurídica para atacar o problema, tido como ameaçador aos destinos da nação: 'o problema do menor'. Ocorre a conscientização quanto à gravidade das precárias condições de sobrevivência das crianças pobres. Havia epidemias, superstição materna e pátrio poder impermeável às orientações quanto às providências básicas de saúde e higiene. Era elevada a taxa de mortalidade infantil* (PAES, Janiere Portela Leite. *O Código de Menores e o Estatuto da Criança e do Adolescente: avanços e retrocessos.* Conteúdo Jurídico, Brasília-DF: 20 maio 2013. Disponível em: <http://www.conteudojuridico.com.br/?artigos&ver=2.43515&seo=1>. Acesso em: 14 set. 2014). Por sua vez, com o Código Mello Mattos de 1927 e o Código de Menores de 1979, iniciou-se a fase tutelar ou da **situação irregular**, em que se busca tutelar a criança ou adolescente em situação de risco, privados de assistência (menores abandonados) ou em conflito com a lei (delinquentes infantojuvenis). A criança desamparada, nesta fase, ficava **institucionalizada** para a sua proteção, recebendo orientação e oportunidade para trabalhar. Por fim, com o Estatuto da Criança e do Adolescente de 1990, inaugurou-se a doutrina da **proteção integral**, destinado a tutelar todos os direitos das crianças e dos adolescentes, considerados como pessoas em desenvolvimento e sujeitos de direitos, sem qualquer distinção.

Gabarito "C"

(Defensoria/SP – 2013 – FCC) Diante do caráter excepcional e provisório da medida protetiva de acolhimento institucional, a Corregedoria Nacional de Justiça do CNJ editou, recentemente, o Provimento 32/13, visando garantir a realização dos eventos conhecidos como "audiências concentradas". A normativa estabelece:

(A) recomendação para que os processos referentes à medida de proteção sejam autuados em apenso a eventual ação de destituição do poder familiar, adoção ou outros procedimentos com rito próprio, a fim de possibilitar uma análise mais pormenorizada da situação do infante.
(B) sugestão de marcação dos autos com tarja específica que indique se tratar de infante acolhido, evitando-se ajuntada de fotografia da criança ou adolescente para preservar-lhe a identidade.
(C) o dever de que magistrados realizem as "audiências concentradas" anualmente, sendo facultativa sua realização em intervalos semestrais, desde que a entidade cumpra as exigências do art. 94, inciso XIV, do ECA.
(D) o dever de se lavrar atas que discorram sobre a realização das audiências concentradas, arquivando-as por unidade de acolhimento institucional, facultando-se a instauração de um único processo de acompanhamento em caso de Comarcas de pouco fluxo e caso a gerência das unidades pertencer à mesma entidade governamental ou não governamental.
(E) recomendação ao juiz para que encaminhe cópia dos autos ao Procurador-Geral de Justiça, para reexame nos termos do art. 28 do CPP, quando o Promotor de Justiça entender pela manutenção do acolhimento institucional, sem propositura de ação para destituição do poder familiar, em caso de acolhimento que perdure por mais de seis meses.

A: incorreta, pois a recomendação do CNJ é que o *processo de "medida de proteção" ou similar, referente ao infante em situação de risco, acolhido ou não, seja preferencialmente autônomo em relação a eventual ação de destituição do poder familiar de seus genitores, bem como à ação de adoção ou quaisquer outros procedimentos onde se deva observar o contraditório, podendo ser arquivado ou desarquivado por decisão judicial sempre que a situação de risco subsistir, para preservar, num só feito, o histórico do infante e, ao mesmo tempo, manter o processo sempre acessível, enquanto as outras ações, com rito próprio, possam se encontrar em carga com quaisquer das partes ou vir a ser objeto de recurso para os tribunais* (art. 4º, do Provimento 32/2013, do CNJ); **B:** incorreta, pois uma das sugestões na condução rotineira do processo é que haja foto da criança ou do adolescente, de preferência, na primeira página após a capa (art. 2º, "b", do Provimento 32/2013, do CNJ); **C:** incorreta, pois o Juiz da Vara da Infância e Juventude deverá realizar, em cada semestre, preferencialmente nos meses de abril e outubro, as "audiências concentradas". Todavia, excepcionalmente, é possível a seleção dos processos mais viáveis para a audiência, nas varas de grandes comarcas e com excessivo número de acolhidos (art. 1º, *caput* e § 1º, do Provimento 32/2013, do CNJ); **D:** incorreta, pois uma das sugestões do roteiro para a realização das audiências é a confecção de ata de audiência individualizada para cada acolhido ou grupo de irmãos, com a assinatura dos presentes e as medidas tomadas, com a sua juntada aos respectivos autos (art. 1º, § 2º, VII, do Provimento 32/2013, do CNJ); **E:** correta, pois a alternativa está de acordo com o disposto no art. 5º, parágrafo único, do Provimento 32/2013 do CNJ.

Gabarito "E"

(Juiz de Direito/RJ – 2014 – VUNESP) No tocante aos direitos fundamentais da criança e do adolescente previstos no Estatuto da Criança e do Adolescente, pode-se afirmar que

(A) é proibido qualquer trabalho a menores de quatorze anos de idade, inclusive na condição de aprendiz.
(B) é de progressiva universalização o atendimento de crianças de zero a seis anos de idade em creche e pré-escola.
(C) é permitida a colocação de criança ou adolescente em família substituta para fins exclusivamente previdenciários, quando comprovada a falta ou carência de recursos materiais dos pais.
(D) é obrigatória a vacinação das crianças nos casos recomendados pelas autoridades sanitárias.

A: incorreta, pois segundo o disposto no art. 60 do ECA e art. 7º, XXXIII, da CF, é proibido qualquer trabalho a menores de quatorze anos de idade, salvo na condição de aprendiz, em que é permitido a partir desta idade; **B:** incorreta, pois é dever do Estado assegurar o atendimento imediato em creche e pré-escola às crianças de zero até 5 (cinco) anos de idade, de acordo com a nova redação dada pela EC 53/2006 ao art. 208, IV, da CF/1988. Oportuno ressaltar que, conquanto o art. 54, II, do ECA determine que também é dever do Estado assegurar a progressiva universalização da obrigatoriedade e gratuidade ao ensino médio, com a alteração ao art. 208, II, da CF, estende-se o princípio da universalização ao ensino médio; **C:** incorreta, pois a guarda – uma das formas de colocação em família substituta –, confere à criança ou adolescente a condição de dependente, para todos os fins e efeitos de direito, inclusive previdenciários, de modo que este não pode ser o único fim almejado, ainda que comprovada a falta ou carência de recursos materiais dos pais. Assim, se no caso concreto não existir uma situação de risco que justifique a retirada da criança ou do adolescente do convívio com a família natural, não é possível o deferimento da guarda para fins exclusivamente previdenciários. Neste sentido é o entendimento jurisprudencial: "*Guarda de menor pela avó. Fins previdenciários. Precedentes da Corte. 1. São inúmeros os precedentes da Corte no sentido de que a "conveniência de garantir benefício previdenciário ao neto não caracteriza a situação excepcional que justifica nos termos do ECA (art. 33, § 2º), o deferimento de guarda à avó (REsp 82.474/RJ, de minha relatoria, DJ 29.09.1997). 2. Recurso especial não conhecido*". (STJ, REsp: 696204 RJ 2004/0147424-0, Relator: Ministro Carlos Alberto Menezes Direito, Data de Julgamento: 21.06.2005, T3 Terceira Turma, Data de Publicação: *DJ* 19.09.2005 p. 325); **D:** correta, pois a alternativa está de acordo com o disposto no art. 14, parágrafo único, do ECA.

Gabarito "D"

(Magistratura/MG – 2012 – VUNESP) À luz da Lei 8.069/1990, assinale a alternativa que apresenta informação **incorreta**.

(A) Para adoção conjunta, por casal homoafetivo, é necessário que eles sejam casados civilmente ou que mantenham união estável, comprovada a estabilidade da família.
(B) Iniciado o procedimento em decorrência de ato infracional cometido pelo menor, a concessão da remissão pela autoridade judiciária importará na suspensão ou extinção do processo.
(C) Em se tratando de viagem ao exterior, a autorização judicial é dispensável, se a criança ou adolescente viajar na companhia de um dos pais e autorizada expressamente pelo outro, com firma reconhecida.
(D) O adolescente apreendido por força de ordem judicial será, desde logo, encaminhado à autoridade policial competente.

A: correta. De acordo com o art. 42, § 2º, do ECA, para a adoção conjunta, é indispensável que os adotantes sejam casados civilmente ou mantenham união estável, comprovada a estabilidade da família. Assim, não há exigência de que as pessoas sejam de sexos distintos, mas também não há previsão legal de adoção por casal homoafetivo. "*Não obstante, já vem sendo reconhecida a possibilidade de adoção por casais formados por integrantes do mesmo sexo, desde que tal união possa ser reconhecida como entidade familiar, com suas características próprias (estabilidade, ostensibilidade e traços afetivos sólidos). (...) A possibilidade de adoção por casais homoafetivos agora está firmada, pois em 2011, tanto o STF quanto o STJ finalmente reconheceram a legalidade da união estável entre pessoas do mesmo sexo*" (Rossato, Lépore e Sanches, **Estatuto da Criança e do Adolescente**, editora RT); **B:** correta. Antes de iniciado o procedimento judicial para apuração de ato infracional, o representante do Ministério Público poderá conceder a remissão, como forma de exclusão do processo. Por sua vez, iniciado o procedimento, a concessão da remissão pela autoridade judiciária importará na suspensão ou extinção do processo (art. 126, *caput* e parágrafo único, do ECA); **C:** correta (art. 84 do ECA); **D:** incorreta, devendo ser assinalada, pois o adolescente apreendido será encaminhado à autoridade judiciária competente (art. 171 do ECA).

Gabarito "D"

(Magistratura/BA – 2012 – CESPE) Assinale a opção correta no que tange ao procedimento de jurisdição voluntária de habilitação de pretendentes à adoção.

(A) Contará a favor dos postulantes a sua participação, ainda que facultativa, em programa oferecido pela justiça da infância e da juventude, preferencialmente com apoio dos técnicos responsáveis pela execução da política municipal de garantia do direito à convivência familiar, que inclua preparação psicológica, orientação e estímulo à adoção inter-racial, de crianças maiores ou de adolescentes, de crianças ou de adolescentes com necessidades específicas de saúde ou com deficiências e de grupos de irmãos.
(B) O programa oferecido pela justiça da infância e juventude sempre incluirá o contato com crianças e adolescentes em regime de acolhimento familiar ou institucional em condições de serem adotados, a ser realizado sob a orientação, supervisão e avaliação da equipe técnica da justiça da infância e da juventude, com o apoio dos técnicos responsáveis pelo programa de acolhimento familiar ou institucional e pela execução da política municipal de garantia do direito à convivência familiar.
(C) Deferida a habilitação do postulante à adoção, este será inscrito no cadastro mantido pela autoridade judiciária, e a sua convocação para a adoção deve ser feita, obrigatoriamente, de acordo com a ordem cronológica de habilitação e conforme a disponibilidade de crianças ou adolescentes adotáveis, não acarretando qualquer tipo de sanção ao postulante a recusa sistemática à adoção das crianças ou adolescentes indicados.
(D) Após receber a petição inicial, deve a autoridade judiciária, no prazo de quarenta e oito horas, oferecer vista dos autos ao conselho tutelar, que, no prazo de cinco dias, deverá apresentar relatório minucioso a respeito das condições materiais e psicológicas dos postulantes.
(E) Deve, obrigatoriamente, intervir no feito equipe interprofissional a serviço da justiça da infância e da juventude, que deverá elaborar estudo psicossocial com subsídios que permitam aferir a capacidade e o preparo dos postulantes para o exercício de uma paternidade ou maternidade responsável, à luz dos requisitos e princípios do ECA.

A: incorreta, pois é obrigatória a participação em programa oferecido pela Justiça da Infância e Juventude (art. 197-C, § 1º, do ECA); **B:** incorreta, pois, sempre que possível e recomendável, a etapa obrigatória da preparação incluirá o contato com crianças e adolescentes em regime de acolhimento familiar ou institucional em condições de serem adotados (art. 197-C, parágrafo 2º, do ECA); **C:** incorreta, pois a ordem cronológica das habilitações somente poderá deixar de ser observada pela autoridade judiciária, quando comprovado ser essa a melhor solução no interesse do adotando. Ademais, a recusa sistemática na adoção das crianças ou adolescentes indicados importará na reavaliação da habilitação concedida (art. 197-E, §§ 1º e 2º, do ECA); **D:** incorreta, pois a autoridade judiciária deve oferecer vista dos autos ao Ministério Público (art. 197-B do ECA); **E:** correta (art. 197-C do ECA).
Gabarito "E".

(Ministério Público/SC – 2012) Analise as seguintes assertivas:

I. A autorização judicial é dispensável, quando a criança ou adolescente viajar para o exterior acompanhado de ambos os pais ou responsável.
II. Os programas de execução de medidas socioeducativas para adolescentes autores de ato infracional se estruturam e organizam sob forma de um Sistema Nacional de Atendimento Socioeducativo, SINASE, conforme Resolução 113 do CONANDA.
III. Os Conselhos Municipais de Direitos da Criança e do Adolescente tem entre suas competências a de acompanhar e avaliar as ações governamentais e não governamentais dirigidas ao atendimento dos direitos da criança e do adolescente.
IV. O Conselho Tutelar pode, excepcionalmente, ingressar com ação de destituição do poder familiar, nos casos por ele atendidos.
V. Todas as medidas de proteção podem ser aplicadas pelo Conselho Tutelar.

(A) Apenas as assertivas I e V estão corretas.
(B) Apenas as assertivas I, II e III estão corretas.
(C) Apenas as assertivas II, IV e V estão corretas.
(D) Apenas as assertivas I, II, III e IV estão corretas.
(E) Todas as assertivas estão corretas.

I: correta (art. 84, I, do ECA); **II:** correta, de acordo com a Lei 12.594/2012, que instituiu o SINASE – Sistema Nacional de Atendimento Socioeducativo; **III:** correta (art. 90, § 1º, do ECA); **IV:** incorreta, pois, caso o Conselho Tutelar constate a impossibilidade de reintegração da criança ou do adolescente à família de origem, após seu encaminhamento a programas oficiais ou comunitários de orientação, apoio e promoção social, enviará relatório fundamentado ao Ministério Público, no qual conste a descrição pormenorizada das providências tomadas e a expressa recomendação para a destituição do poder familiar, ou destituição de tutela ou guarda (art. 101, § 9º; art. 136, XI; e art. 201, III, do ECA). Assim, o procedimento para a perda ou a suspensão do poder familiar terá início por provocação do Ministério Público ou de quem tenha legítimo interesse e não pelo Conselho Tutelar (art. 155 do ECA); **V:** incorreta, pois ao Conselho Tutelar cabe a aplicação das medidas protetivas previstas no art. 101, I a VII do ECA.
Gabarito "B".

(Ministério Público/SC – 2012) Segundo o Estatuto da Criança e do Adolescente (Lei 8.069/1990):

I. A criança e o adolescente têm direito de organização e participação em entidades estudantis.
II. É expressamente vedada realização de termo de ajustamento de conduta em relação às questões referentes aos direitos da criança e do adolescente.
III. Em regra, a criança e o adolescente não devem permanecer mais de 3 (três) anos em acolhimento institucional, garantido o direito à educação.
IV. A perda e a suspensão do poder familiar só poderão ser decretadas judicialmente.
V. O reconhecimento do estado de filiação poderá ser transacionado pelo Ministério Público, desde que garantido à criança e/ou ao adolescente o pagamento de pensão até os 21 (vinte e um) anos de idade.

(A) Apenas as assertivas II e V estão corretas.
(B) Apenas as assertivas I e IV estão corretas.
(C) Apenas as assertivas II, IV e V estão corretas.
(D) Apenas as assertivas I, III e IV estão corretas.
(E) Todas as assertivas estão corretas.

I: correta (art. 16, V e VI, do ECA); **II:** incorreta, pois os órgãos públicos legitimados poderão tomar dos interessados compromisso de ajustamento de sua conduta às exigências legais, o qual terá eficácia de título executivo extrajudicial (art. 211 do ECA); **III:** incorreta, pois a criança e o adolescente não devem permanecer mais de dois anos em acolhimento institucional, salvo comprovada necessidade que atenda ao seu superior interesse, devidamente fundamentada pela autoridade judiciária (art. 19, § 2º, do ECA); **IV:** correta (arts. 24 e 155 e seguintes, do ECA); **V:** incorreta, pois o direito ao reconhecimento do estado de filiação é indisponível (art. 27 do ECA).
Gabarito "B".

(Ministério Público/GO – 2012) Analise as proposições, assinalando em seguida a alternativa correta.

I. A remissão, como forma de exclusão do processo, concedida pelo Ministério Público, quando inclua medida socioeducativa não privativa de liberdade, implica transação, negócio jurídico bilateral, resultante de acordo de vontades, de um lado, o Ministério Público, e de outro, o adolescente apontado como autor de ato infracional, sujeita a controle de legalidade pelo Poder Judiciário, de modo que, não implica inconstitucionalidade.
II. A alegação de menoridade, desacompanhada da certidão de nascimento ou outro meio probatório, não é suficiente para que sejam adotados os respectivos procedimentos previstos para apuração de ato infracional, bem como recolhimento do autuado em flagrante em estabelecimento destinado ao cumprimento de medida socioeducativa em lugar de estabelecimento penitenciário comum.
III. De acordo com a nova sistemática referente à execução das medidas socioeducativas, em vigor a partir de abril de 2012, as medidas socioeducativas de liberdade assistida, de semiliberdade e de internação deverão ser reavaliadas a cada 6 (seis) meses, devendo a autoridade judiciária designar audiência, no prazo máximo de 10 (dez) dias, cientificando o defensor, o Ministério Público, a direção do programa de atendimento, o adolescente e seus pais ou responsável.
IV. Embora os Municípios detenham competência legislativa suplementar à da União, dos Estados e do Distrito Federal (artigo 30, da Constituição Federal), à luz da repartição constitucional de competências, não pode haver a edição de lei municipal que disponha sobre a duração do mandato dos conselheiros tutelares de maneira diferente da normativa federal.

(A) Somente os itens I e IV estão corretos.
(B) Somente os itens II e III estão corretos.
(C) Somente os itens III e IV estão corretos.
(D) Somente os itens I e II estão corretos.

I: correta. Antes de iniciado o procedimento judicial para apuração de ato infracional, o representante do Ministério Público poderá conceder a remissão pura e simples (própria), como forma de exclusão do processo (art. 126 do ECA). Importante esclarecer que o Ministério Público poderá oferecer remissão cumulada com medida socioeducativa não restritiva de liberdade (remissão imprópria), a qual deve ser homologada pelo juiz (Súmula 108, do STJ) e desde que haja concordância do adolescente. Neste sentido: *"Parte da doutrina entende que a remissão imprópria tem natureza jurídica de transação, pois pressupõe a aceitação do adolescente"* (Valter Kenji Ishida. Estatuto da Criança e do Adolescente. Ed. Atlas e HC 67.826/SP). **II:** incorreta, pois se o adolescente não for identificado civilmente, por meio da apresentação de documentos pessoais, será submetido a identificação compulsória pelos órgãos policiais, de proteção e judiciais (art.

109 do ECA); **III**: incorreta, pois as medidas socioeducativas de liberdade assistida, de semiliberdade e de internação deverão ser reavaliadas no máximo a cada 6 (seis) meses, podendo a autoridade judiciária, se necessário, designar audiência, no prazo máximo de 10 (dez) dias, cientificando o defensor, o Ministério Público, a direção do programa de atendimento, o adolescente e seus pais ou responsável (art. 42 da Lei 12.594/2012); **IV**: correta (art. 132 do ECA), pois a lei municipal deve estar de acordo com o ECA, o qual traz normas jurídicas de proteção mínima.

Gabarito "A".

(Ministério Público/RR – 2012 – CESPE) Em relação ao que estabelece o ECA, assinale a opção correta à luz do entendimento do STJ.

(A) O ECA não é aplicável à pessoa que já tenha completado dezoito anos de idade.

(B) Em ação judicial na qual se discuta a guarda de criança ou adolescente, o interesse do menor é irrelevante para fins de determinação da competência para a apreciação da causa.

(C) É possível o pedido de alimentos do adotado a seus pais biológicos, ainda que seja irrevogável o vínculo de adoção.

(D) Constitui dano moral a conduta de companhia aérea que impede a viagem de menor sem a devida autorização exigida no ECA.

(E) Em ACP ajuizada com o objetivo de assegurar o direito de crianças frequentarem creches, o MP não precisa demonstrar viabilidade orçamentária em relação ao pleito.

A: incorreta (art. 2º, parágrafo único, do ECA); **B**: incorreta (art. 147, II, do ECA); **C**: correta. Não obstante a destituição do poder familiar dos genitores em relação à sua prole, tal medida não importará em benefício e premiação a esses pais desidiosos e negligentes, a ponto de livrá-los do dever legal de alimentar os seus filhos. É direito público subjetivo dos infantes receberem os alimentos de seus pais, ainda que aqueles tenham sido destituídos do poder familiar, uma vez que nessa hipótese apenas os direitos/poderes são eliminados, extirpados, jamais os deveres dele decorrentes, notadamente, o dever alimentar. Essa é a lição da doutrina e jurisprudência mais atualizada e sensível, visando sempre ao melhor interesse da criança e do adolescente, com o fito de lhe conceder a proteção integral. Neste sentido também é o entendimento do STJ (REsp 813604 – SC, Terceira Turma, Superior Tribunal de Justiça, Rel. Nancy Andrighi, j. em 16.08.2007 e Informativo 405). Outrossim, de igual modo entende Cristiano Chaves: "*Importante registrar, por oportuno, que a suspensão ou destituição do poder familiar não libera o genitor sancionado do dever alimentício, permanecendo vinculado à satisfação das necessidades do filho. Nada mais lógico. Se assim não fosse, a desconstituição ou suspensão do poder familiar deixaria de ser sanção civil, passando a funcionar como verdadeiro prêmio obtido por genitores desidiosos e inescrupulosos, alcançando exatamente o fim pretendido, ainda que à custa da miséria do próprio filho. Até mesmo porque, em casos tais, se o genitor tivesse algum sentimento para com o filho, sequer haveria necessidade de discussão sobre o percentual alimentar, pois os prestaria como uma obrigação de consciência*"; **D**: incorreta, segundo o entendimento jurisprudencial: "*Administrativo. Viagem de menor ao exterior. Necessidade de autorização escrita do pai ausente. Prejuízos materiais. Culpa exclusiva da vítima. Ausência de danos morais*" (TRF, Apelação Cível 542.767-RN, Processo 2009.84.00.009952-6, Relator: Desembargador Federal Sérgio Murilo Wanderley Queiroga); **E**: incorreta, pois não se trata de entendimento do STJ, mas da aplicação das regras do ônus da prova previstas no CPC, já que cabe ao Poder Público demonstrar a insuficiência financeira (STJ: REsp 575.280-SP, DJ 25.10.2004, e REsp 510.598-SP, DJ 13.02.2008. REsp 474.361-SP, Rel. Min. Herman Benjamin, julgado em 04.06.2009).

Gabarito "C".

(Ministério Público/PI – 2012 – CESPE) A respeito dos direitos fundamentais das crianças e dos adolescentes, assinale a opção correta com base no estabelecido na CF e no ECA.

(A) É obrigação do Estado fornecer educação infantil, em creche e pré-escola, às crianças de até três anos de idade, e ensinos fundamental e médio gratuitos dos quatro aos dezessete anos de idade.

(B) O adotado, após completar dezoito anos de idade, tem direito de conhecer sua origem biológica, bem como de obter acesso irrestrito ao processo no qual a medida foi aplicada e seus eventuais incidentes.

(C) Os direitos fundamentais das crianças e dos adolescentes são enumerados, especificados e regulamentados de forma taxativa no ECA.

(D) Toda criança ou adolescente tem direito de ser criado e educado no seio da sua família e, por esse motivo, é vedada, sem exceções, a permanência da criança e do adolescente em programa de acolhimento institucional, por mais de dois anos.

(E) O reconhecimento do estado de filiação é direito personalíssimo e indisponível, que pode ser exercitado contra os pais ou seus herdeiros, no prazo decadencial de quatro anos, observado o segredo de justiça.

A: incorreta, pois é dever do Estado assegurar à criança e ao adolescente: a) ensino fundamental, obrigatório e gratuito, inclusive para os que a ele não tiveram acesso na idade própria; b) progressiva extensão da obrigatoriedade e gratuidade ao ensino médio; c) atendimento em creche e pré-escola às crianças de zero a seis anos de idade (art. 54, I, II e IV, do ECA); **B**: correta (art. 48 do ECA); **C**: incorreta, pois a criança e o adolescente gozam de todos os direitos fundamentais inerentes à pessoa humana (art. 3º do ECA e art. 5º, §2º, da CF) decorrentes do Ordenamento Jurídico de forma expressa ou implícita; **D**: incorreta, pois a permanência da criança e do adolescente em programa de acolhimento institucional não se prolongará por mais de 2 (dois) anos, salvo comprovada necessidade que atenda ao seu superior interesse, devidamente fundamentada pela autoridade judiciária (art. 19, § 2º, do ECA); **E**: incorreta, pois o direito ao reconhecimento do estado de filiação é imprescritível (art. 27 do ECA).

Gabarito "B".

(Defensor Público/AM – 2013 – FCC) Segundo a Política Nacional de Assistência Social (Resolução CNAS no 145/04), o princípio da matricialidade familiar corresponde à

(A) centralidade na família como âmbito de suas ações, já que se trata de um espaço privilegiado e insubstituível de proteção e ancoragem na socialização primária de seus membros.

(B) centralidade na figura materna como âmbito de suas ações, já que se trata da principal provedora de cuidados nas famílias monoparentais.

(C) desfamilização, abrandando a responsabilidade da família e destacando o dever de o Estado prover políticas que atendam às suas necessidades.

(D) desresponsabilização do Estado em sua função de garantir e assegurar as atenções básicas de proteção, desenvolvimento e inclusão social de todos os cidadãos.

(E) política social voltada ao aspecto tutelar, movida pela compaixão, consistindo em auxílio a problemas concretos, sendo o fornecimento de cesta básica um exemplo contundente dessa política.

A: correta. A matricialidade sociofamiliar é uma das bases organizacionais do processo de gestão da Política Nacional de Assistência Social. De acordo com o Anexo I da resolução CNAS 145/2004, "embora haja o reconhecimento explícito sobre a importância da família na vida social e, portanto, merecedora da proteção do Estado, tal proteção tem sido cada vez mais discutida, na medida em que a realidade tem dado sinais cada vez mais evidentes de processos de penalização e desproteção das famílias brasileiras. Nesse contexto, a matricialidade sociofamiliar passa a ter papel de destaque no âmbito da Política Nacional de Assistência Social – PNAS. Esta ênfase está ancorada na premissa de que a centralidade da família e a superação da focalização, no âmbito da política de Assistência Social, repousam no pressuposto de que para a família prevenir, proteger, promover e incluir seus membros é necessário, em primeiro lugar, garantir condições de sustentabilidade para tal. Nesse sentido, a formulação da política de Assistência Social é pautada nas necessidades das famílias, seus membros e dos indivíduos". Ainda, "para a proteção social de Assistência Social o princípio de matricialidade sociofamiliar significa que: a família é o núcleo social básico de acolhida, convívio, autonomia, sustentabilidade e protagonismo social; a defesa do direito à convivência familiar, na proteção de Assistência Social, supera o conceito de família como unidade econômica, mera referência de cálculo de rendimento per capita e a entende como núcleo afetivo, vinculado por laços consanguíneos, de aliança ou afinidade, que circunscreve obrigações recíprocas e mútuas, organizadas em torno de relações de gerações e de gêneros; a família deve ser apoiada e ter acesso a condições para responder ao seu papel no sustento, na guarda e na educação de suas crianças e adolescentes, bem como na proteção de seus idosos e portadores de deficiência; o fortalecimento de oportunidade de convívio, educação e proteção social, na própria família, não restringe as responsabilidades públicas de proteção social para com os indivíduos e a sociedade".

Gabarito "A".

(Defensor Público/PR – 2012 – FCC) Analise as afirmações abaixo sobre o Sistema de Garantia dos Direitos da Criança e do Adolescente – SGD.

I. Os órgãos públicos e as organizações da sociedade civil que integram o Sistema de Garantia dos Direitos da Criança e do Adolescente – SGD deverão exercer suas funções em rede como, por exemplo, a integração operacional de órgão do Judiciário, Ministério Público, Defensoria, Segurança Pública e Assistência Social, preferencialmente em um mesmo local, para efeito de agilização do atendimento inicial a adolescente a quem se atribua autoria de ato infracional.

II. O Sistema de Garantia dos Direitos da Criança e do Adolescente articular-se-á com todos os sistemas nacionais de operacionalização de políticas públicas, especialmente nas áreas da saúde, educação, assistência social, trabalho, segurança pública, planejamento, orçamentária, relações exteriores e promoção da igualdade e valorização da diversidade.

III. Consideram-se instrumentos normativos de promoção, defesa e controle da efetivação dos direitos humanos da criança e do adolescente as normas internacionais não convencionais, aprovadas como Resoluções da Assembleia Geral das Nações Unidas, a respeito da matéria.

Está correto o que se afirma em

(A) I, II e III.
(B) I e II, apenas.
(C) II e III, apenas.
(D) I e III, apenas.
(E) I, apenas.

I: correta (art. 88, V, do ECA); **II**: correta (art. 88, VI, do ECA); **III**: correta. Os principais documentos internacionais heterogêneos de proteção ao infante são: convenções da

Organização Internacional do Trabalho; Declaração de Genebra – Carta da Liga sobre a Criança de 1924; Declaração dos Direitos da Criança de 1959, dentre outros.

Gabarito "A".

(Defensor Público/PR – 2012 – FCC) Assinale a alternativa que correlaciona corretamente o caso hipotético e o procedimento apresentado.

	Caso hipotético	Procedimento
(A)	Desaparecimento de criança e adolescente.	Os órgãos competentes que receberam a notificação poderão comunicar o fato aos portos, aeroportos, Polícia Rodoviária e companhias de transporte interestaduais e internacionais.
(B)	Gestantes ou mães que manifestam interesse em entregar seus filhos para adoção.	Serão obrigatoriamente encaminhadas ao Ministério Público da Infância e Juventude.
(C)	Reiteração de faltas injustificadas e de evasão escolar, esgotados os recursos escolares.	Os dirigentes de estabelecimentos de ensino fundamental comunicarão ao Conselho Municipal dos Direitos da Criança e do Adolescente.
(D)	Afastamento da criança ou do adolescente de sua família de origem.	A autoridade judiciária não poderá investigar os fatos e ordenar de ofício as providências necessárias.
(E)	Adolescente apreendido por força de ordem judicial.	Será, desde logo, encaminhado à autoridade policial competente.

A: incorreta, pois a investigação do desaparecimento de crianças ou adolescentes será realizada imediatamente após notificação aos órgãos competentes, que deverão comunicar o fato aos portos, aeroportos, Polícia Rodoviária e companhias de transportes interestaduais e internacionais, fornecendo-lhes todos os dados necessários à identificação do desaparecido (art. 208, § 2º, do ECA); **B:** incorreta, pois caberá ao poder público proporcionar às gestantes que manifestarem intenção de entregar seu filho a devida assistência psicológica (art. 8º, § 5º, do ECA); **C:** incorreta, pois no caso descrito na alternativa caberá aos dirigentes de estabelecimento de ensino comunicar o fato ao Conselho Tutelar (art. 56, do ECA); **D:** correta, já que se exige procedimento judicial contencioso, a pedido do Ministério Público ou de quem tenha legítimo interesse (art. 101, § 2º, do ECA); **E:** incorreta, pois o adolescente apreendido será desde logo encaminhado à autoridade judiciária competente (art. 171, do ECA).

Gabarito "D".

(Defensor Público/RO – 2012 – CESPE) A respeito da prática de ato infracional, dos direitos individuais, das garantias processuais e das medidas socioeducativas, assinale a opção correta com base no que dispõe o ECA.
(A) Antes de decretar a regressão de medida socioeducativa, deve a autoridade judiciária ouvir o adolescente infrator.
(B) A internação provisória, ou seja, a que seja decretada antes da sentença, não pode exceder o prazo de quarenta e cinco dias, salvo quando o ato infracional for cometido mediante violência ou grave ameaça e quando a extrapolação do prazo for necessária para a segurança pessoal do adolescente.
(C) Considera-se ato infracional apenas o praticado por adolescente, ou seja, por pessoa entre doze anos de idade completos e dezoito anos de idade incompletos.
(D) No processo para apuração de ato infracional, é recomendável que o juiz encerre a instrução probatória quando houver confissão do adolescente, em atenção à celeridade que se deve empregar nesse tipo de procedimento.
(E) Tratando-se de procedimento de apuração de ato infracional, a ausência de defensor na audiência de apresentação do adolescente acarreta nulidade do processo, desde que comprovado o prejuízo.

A: correta, de acordo com o enunciado da Súmula 265 do STJ; **B:** incorreta, pois em nenhuma hipótese será permitida a internação provisória por mais de quarenta e cinco dias (arts. 108 e 183, ambos do ECA); **C:** incorreta, pois tanto a criança como o adolescente praticam ato infracional. Todavia, caso a criança seja o autor do ato infracional, ser-lhe-á aplicada tão somente medida protetiva e não socioeducativa (art. 105, do ECA); **D:** incorreta, pois é nula a desistência de outras provas em face da confissão do adolescente (Súmula 342 do STJ); **E:** incorreta, pois em caso de ausência de advogado em audiência de apresentação, a nulidade será absoluta, presumindo-se o prejuízo, diante da afronta ao princípio da ampla defesa. Assim, é indispensável a defesa técnica, sendo que nenhum adolescente a quem se atribua a prática de ato infracional, ainda que ausente ou foragido, será processado sem defensor, devendo estar acompanhado de advogado, inclusive, na audiência de apresentação. Se o adolescente não houver constituído, o juiz deverá nomear um defensor para a oportunidade (arts. 184, § 1º e 207, do ECA).

Gabarito "A".

(Defensor Público/SP – 2012 – FCC) No caso de crianças e adolescentes com perda ou fragilidade de vínculos de afetividade e sociabilidade ou que tenham optado por alternativas diferenciadas de sobrevivência que possam representar risco pessoal e social, dentre outros casos, a Lei 8.742/1993, que organiza a Assistência Social e a Resolução 145/2004, que institui a Política Nacional de Assistência Social, previram os serviços socioassistenciais.
Estes serviços, na referência da
(A) substitutividade, visam forçar que o Estado exerça o papel da família, utilizando-se de instrumentos de acolhimento institucional ou contenção da criança e do adolescente.
(B) vigilância social, visam compensar o valor inadequado do salário-mínimo percebido por adolescente a partir dos 16 anos de idade, excluindo as situações de desemprego, cuja situação é abrangida por outra referência.
(C) defesa social, visam definir situações de necessária reclusão e de perda das relações, com encaminhamento de crianças e adolescentes à apartação social.
(D) proteção social, visam garantir a segurança da sobrevivência, de acolhida e de convívio ou vivência familiar.
(E) proteção individual, visam inserir a criança e o adolescente em programas de proteção à vítima de ameaça ou violência.

A: incorreta, pois de acordo com a Política Nacional de Assistência Social, busca-se um conjunto integrado de ações e iniciativas do governo e da sociedade civil para garantir proteção social para quem dela necessitar (Resolução 145/2004); **B:** incorreta, pois a vigilância socioassistencial, como um dos objetivos da assistência social, visa analisar territorialmente a capacidade protetiva das famílias e nela a ocorrência de vulnerabilidades, de ameaças, de vitimizações e danos (art. 2º, II, da Lei 8.742/1993); **C:** incorreta, pois a defesa de direitos, como um dos objetivos da assistência social, visa à garantir o pleno acesso aos direitos no conjunto das provisões socioassistenciais (art. 2º, III, da Lei 8.742/1993); **D:** correta (arts. 2º, I e art. 6º-A, I e II, ambos da Lei 8.742/1993); **E:** incorreta, pois a Política Pública de Assistência Social visa à proteção social básica e especial (de média e alta complexidade) e não individual.

Gabarito "D".

(Defensor Público/AM – 2013 – FCC) A Política do Ministério da Saúde para a atenção integral a usuários de álcool e drogas tem como uma de suas diretrizes:
(A) a existência de uma rede de dispositivos tipo Centro de Atendimento Psicossocial Álcool e Drogas (CAPSad), capazes de oferecer atendimento somente na modalidade não intensiva.
(B) a necessidade de estruturação e fortalecimento de rede centrada na reabilitação através do isolamento como forma de tratamento eficaz.
(C) a manutenção dos leitos psiquiátricos, em hospitais psiquiátricos, para atendimento de seu público alvo.
(D) a formulação de política tendo como base que todo usuário é um indivíduo doente e que requer internação, fortalecendo-se reflexamente a segurança pública.
(E) o respeito à Lei 10.216/2001, como instrumento legal máximo para a política de atenção.

A: incorreta, pois os Centro de Atendimento Psicossocial Álcool e Drogas deve oferecer atendimento nas modalidades intensiva, semi-intensiva e não intensiva, permitindo o planejamento terapêutico dentro de uma perspectiva individualizada de evolução contínua; **B:** incorreta, pois há a necessidade de estruturação e fortalecimento de uma rede de assistência centrada na atenção comunitária associada à rede de serviços de saúde e sociais, que tenha ênfase na reabilitação e reinserção social dos seus usuários, sempre considerando que a oferta de cuidados a pessoas que apresentem problemas decorrentes do uso de álcool e outras drogas deve ser baseada em dispositivos extra-hospitalares de atenção psicossocial especializada, devidamente articulados à rede assistencial em saúde mental e ao restante da rede de saúde; **C:** incorreta, pois a rede proposta se baseia em serviços comunitários, apoiados por leitos psiquiátricos em hospital geral e outras práticas de atenção comunitária (ex.: internação domiciliar, discussão comunitária de serviços), de acordo com as necessidades da população-alvo dos trabalhos; **D:** incorreta. Muito pelo contrário, pois um dos objetivos é formular políticas que possam desconstruir o senso comum de que todo usuário de droga é um doente que requer internação, prisão ou absolvição; **E:** correta. As diretrizes para uma política ministerial específica para a atenção a estes indivíduos estão em consonância com os princípios da política de saúde mental vigente regulamentada e respaldada pela Lei Federal 10.216/2001

Gabarito "E".

24. Direito do Idoso

Ana Paula Garcia, Anna Carolina Bontempo e Vanessa Trigueiros*

1. DIREITOS FUNDAMENTAIS

(Promotor de Justiça – MPE/RS – 2017) Com base nas Leis 8.742/1993 (Loas) e 10.741/2003 (Estatuto do Idoso), sobre o benefício de prestação continuada (BPC) em favor de pessoa idosa, assinale a alternativa correta.

(A) Para fins de acesso ao BPC, considera-se incapaz de prover a manutenção da pessoa idosa a família cuja renda mensal per capita seja inferior a meio salário-mínimo.
(B) O BPC já recebido por outra pessoa idosa da família e que vive sob o mesmo teto deve ser computado aos fins do cálculo da renda familiar mensal per capita a que se refere a Loas.
(C) É vedada a acumulação, pelo idoso, do BPC com pensão especial de natureza indenizatória.
(D) O BPC deve ser revisto a cada 6 (seis) meses, para avaliação da continuidade das condições que lhe deram origem.
(E) Para efeitos de concessão do BPC, a legislação determina a aplicação do conceito de família assistencial, abrangendo o requerente, o cônjuge ou companheiro, os pais e, na ausência de um deles, a madrasta ou o padrasto, os irmãos solteiros, os filhos e enteados solteiros e os menores tutelados, desde que vivam sob o mesmo teto.

A: incorreta, pois considera-se incapaz de prover a manutenção da pessoa com deficiência ou idosa a família cuja renda mensal per capita seja inferior a *1/4 (um quarto) do salário-mínimo* (art. 20, § 3º da Lei 8.742/1993); **B:** incorreta, pois o benefício já concedido a qualquer membro da família *não será computado* para os fins do cálculo da renda familiar per capita a que se refere a Loas (art. 34 da Lei 10.741/2003); **C:** incorreta, pois o BPC pode ser cumulado com assistência médica e pensão especial de natureza indenizatória (art. 20, § 4º, da Lei 8.742/1993); **D:** incorreta, pois o BPC deve ser revisto a cada *2 (dois)* anos (art. 21 da Lei 8.742/1993); **E:** correta (art. 20, § 1º, da Lei 8.742/1993). ACB
Gabarito "E."

(Promotor de Justiça – MPE/RS – 2017) Sobre a Lei Estadual 10.982/1997, que determina benefício relativo às passagens rodoviárias intermunicipais no Estado do Rio Grande do Sul, assinale a alternativa correta.

(A) Essa lei assegura a gratuidade do transporte coletivo intermunicipal a idosos com renda mensal igual ou inferior a cinco (5) salários-mínimos.
(B) O benefício é concedido a aposentados e pensionistas com idade igual ou superior a sessenta (60) anos de idade.
(C) Para obtenção do benefício, basta que o idoso apresente qualquer documento pessoal que faça prova de sua idade.
(D) O benefício previsto nessa lei é limitado a dois passageiros por viagem.
(E) O benefício previsto nessa lei abrange passagens para viagens dentro da região metropolitana de Porto Alegre.

A: incorreta, pois assegura desconto de 40% (quarenta por cento) no valor das passagens aos aposentados e pensionistas que comprovem renda mensal igual ou inferior a *3 (três)* salários mínimos (art. 1º, II, da Lei 10.982/1997); **B:** incorreta, pois o benefício é concedido aos aposentados e pensionistas com idade igual ou superior a *65 (sessenta e cinco)* anos (art. 1º, I, da Lei 10.982/1997); **C:** incorreta, pois a lei exige credencial emitidas pelas entidades filiadas à Federação dos Trabalhadores Aposentados e Pensionistas do Estado do Rio Grande do Sul – FETAPERGS e Federação dos Trabalhadores na Agricultura do Rio Grande do Sul – FETAG no que diz respeito aos trabalhadores rurais aposentados e pensionistas. A referida credencial será emitida à vista de cópias autenticadas do documento de identidade do interessado e de comprovante atualizado dos valores por ele recebidos a título de aposentadoria ou pensão, que serão retidos pela entidade emissora (art. 2º, caput e § 1º, da Lei 10.982/1997); **D:** correta (art. 3º da Lei 10.982/1997); **E:** incorreta, pois o benefício *não* será concedido na aquisição de passagens para viagens dentro da região metropolitana de Porto Alegre e para viagens interestaduais (art. 3º, parágrafo único, da Lei 10.892/1997). ACB
Gabarito "D."

(Promotor de Justiça/GO – 2016 - MPE) Quanto à Lei Federal 10.741/2003 (Estatuto do Idoso), assinale a alternativa incorreta:

(A) nos programas habitacionais, públicos ou subsidiados com recursos públicos, o idoso goza de prioridade na aquisição de imóvel para moradia própria, observada a reserva de pelo menos 3% (três por cento) das unidades habitacionais residenciais para atendimento aos idosos.
(B) Ainda que não haja legislação local, ao idoso com 60 (sessenta) anos fica assegurada a gratuidade dos transportes coletivos públicos urbanos e semiurbanos.
(C) o acolhimento de idosos em situação de risco social, por adulto ou núcleo familiar, caracteriza a dependência econômica, para os efeitos legais.
(D) as unidades residenciais reservadas para atendimento a idosos devem situar-se, preferencialmente, no pavimento térreo.

A: correta (art. 38, I, do Estatuto do Idoso); **B:** incorreta (devendo ser assinalada), pois o referido direito é assegurado aos maiores de *65 (sessenta e cinco anos)*, conforme art. 39 do Estatuto do Idoso; **C:** correta (art. 36 do Estatuto do Idoso); **D:** correta (art. 38, parágrafo único, do Estatuto do Idoso). ACB
Gabarito "B."

(Promotor de Justiça – MPE/MS – FAPEC – 2015) De acordo com o Direito dos Idosos, assinale a alternativa **correta**:

(A) A assistência social será prestada a quem dela necessitar, estando dentre seus objetivos, mediante prévia contribuição à seguridade social, a garantia de um salário-mínimo de benefício mensal ao idoso que comprove não possuir meios de prover à própria manutenção ou de tê-la provida por sua família.
(B) De acordo com o Estatuto do Idoso (Lei 10.741/2003), as transações relativas a alimentos não poderão ser celebradas perante o Promotor de Justiça.
(C) De acordo com o art. 230, § 2º, da Constituição Federal, aos maiores de sessenta anos é garantida a gratuidade dos transportes coletivos urbanos.
(D) Em atenção às disposições constitucionais, é correto afirmar que os programas de amparo aos idosos serão executados preferencialmente em unidades de saúde.
(E) A família, a sociedade e o Estado têm o dever de amparar as pessoas idosas, assegurando sua participação na comunidade, defendendo sua dignidade e bem-estar e garantindo-lhes o direito à vida.

A: incorreto, pois o referido benefício será concedido aos idosos a partir de *65 (sessenta e cinco)* anos. Além disso, a lei não exige prévia contribuição à seguridade social para que seja garantido um salário-mínimo, nos termos do art. 34 do Estatuto do Idoso; **B:** incorreto, pois as transações relativas a alimentos *poderão* ser celebradas perante o Promotor de Justiça ou Defensor Público, que as referendará, e passarão a ter efeito de título executivo extrajudicial nos termos da lei processual civil (art. 13 do Estatuto do Idoso); **C:** incorreto, incorreta, o direito à gratuidade no transporte somente é concedido aos idosos a partir de *65 (sessenta e cinco)* anos de idade e a gratuidade não é para qualquer transporte público: não terão gratuidade nos serviços seletivos e especiais, quando prestados aos serviços regulares (arts. 230, § 2º, da CF e 39 do Estatuto do Idoso); **D:** incorreto, pois os programas de amparo aos idosos serão executados preferencialmente em seus *lares* (art. 230, § 1º, da CF). Não obstante, o Estatuto do Idoso prioriza o atendimento ao idoso *por sua própria família*, em detrimento do atendimento asilar, exceto dos que não a possuam ou careçam de condições de manutenção da própria sobrevivência (art. 3º, parágrafo único, V, da Lei 10.741/2003); **E:** correto (art. 230, caput, da CF). ACB
Gabarito "E."

(Defensor Público – DPE/ES – 2016 – FCC) A respeito das garantias e direitos assegurados pelo Estatuto do Idoso – Lei 10.741/2003, podemos afirmar que há previsão expressa de que

(A) haverá, por parte do Poder Público, a criação e estímulo a programas de preparação à aposentadoria, com antecedência mínima de seis meses, esclarecendo direitos sociais e de cidadania aos idosos.
(B) ao idoso, desde que com idade a partir de 65 anos, está assegurado o direito de prioridade para recebimento da restituição do imposto de renda.

---

* **Ana Paula Garcia** comentou as questões dos concursos da Defensoria de 2010 e 2011 e as questões dos demais concursos do Ministério Público, **Anna Carolina Bontempo** comentou as questões dos concursos do Ministério Público, de Defensoria de 2012, 2e 2013 e 2015, e das seguintes provas do concurso do Ministério Público: MP/CE/11, MP/GO/10, MP/GO/12, MP/MG/11, MP/MG/12, MP/MS/13, MP/MT/12, MP/PB/10, MP/PI/12, MP/RJ/11, MP/RR/12, MP/SC/12, MP/SP/12 e MP/TO/12 MP/BA/15, MP/SP/15, Promotor de Justiça/DF – 2013, Promotor de Justiça/ES – 2013 – VUNESP, Promotor de Justiça/GO – 2013, Promotor de Justiça/MG – 2013; Juiz de Direito/RJ – 2014 – VUNESP, Procurador do Município – São Paulo/SP – 2014 – VUNESP, e **Vanessa Trigueiros** comentou as questões do concurso do Ministério Público/SP/13.

(C) ao idoso está assegurado o direito de realizar transação relativa a alimentos perante o Promotor de Justiça ou Defensor Público, que a referendará, passando a ter efeito de título executivo judicial.
(D) ao idoso que não pode se locomover, é assegurado o atendimento domiciliar, desde que abrigado ou acolhido em instituição pública ou filantrópica, não alcançando instituições privadas.
(E) o Poder Público criará oportunidade de acesso ao idoso em cursos especiais para sua integração à vida moderna, incluindo conteúdo relativo às técnicas de comunicação, computação e demais avanços tecnológicos.

A: incorreta, pois a antecedência é de **um** ano (art. 28, II, da Lei 10.741/2003); **B**: incorreta, pois o referido direito é assegurado aos idosos de **60 anos** (art. 3º, parágrafo único, IX, da Lei 10.741/2003); **C**: incorreta, pois trata-se de título executivo **extrajudicial** (art. 13 da Lei 10.741/2003); **D**: incorreta, pois abrange também instituições **sem fins lucrativos e eventualmente conveniadas com o Poder Público** (art. 15, § 1º, IV); **E**: correta (art. 21 da Lei 10.741/2003).

Gabarito "E".

(Ministério Público/BA – 2015 – CEFET) A defesa das pessoas idosas é uma das atribuições do Ministério Público, competindo-lhe zelar pela efetivação da Política Nacional prevista na Lei 8.842/1994 e pelos direitos assegurados no Estatuto da categoria (Lei 10.741/2003) e nas demais normas vigentes. Nesta senda, examine as seguintes proposições:

I. O direito à saúde do idoso engloba atendimento domiciliar, incluindo a internação para os que dele necessitar e estejam impossibilitados de se locomover, inclusive para os abrigados e acolhidos por instituições públicas, filantrópicas ou sem fins lucrativos e eventualmente conveniadas com o Poder Público, tanto no meio urbano, quanto rural, incumbindo ao Poder Público fornecer, gratuitamente, medicamentos, especialmente os de uso continuado, assim como próteses, órteses e outros recursos relativos ao tratamento, habilitação ou reabilitação dos senis.
II. Os casos de suspeita ou confirmação de violência praticada contra idosos serão objeto de notificação compulsória pelos serviços de saúde públicos e privados à autoridade sanitária, bem como serão comunicados por eles a quaisquer dos seguintes órgãos: a) autoridade policial; b) Ministério Público; c) Conselho Municipal do Idoso; d) Conselho Estadual do Idoso; e e) Conselho Nacional do Idoso.
III. A participação dos idosos em atividades culturais e de lazer será proporcionada mediante descontos de pelo menos cinquenta e 5% (cinco por cento) nos ingressos para eventos artísticos, culturais, esportivos e de lazer, bem como o acesso preferencial aos respectivos locais.
IV. Todas as entidades de longa permanência ou casa-lar são obrigadas a firmar contrato de prestação de serviços com a pessoa idosa abrigada e, para as de natureza filantrópica, é facultada a cobrança de participação do idoso no custeio da entidade. Contudo, o Conselho Municipal do Idoso ou o Conselho Municipal da Assistência Social estabelecerá percentual que não poderá exceder a 70% (setenta por cento) de qualquer benefício previdenciário ou de assistência social percebido pelo idoso.
V. No sistema de transporte coletivo interestadual, observar-se-ão, nos termos da legislação específica, para idosos com renda igual ou inferior a 2 (dois) salários mínimos, a reserva de 3 (três) vagas gratuitas por veículo e o desconto de 50% (cinquenta por cento), no mínimo, no valor das passagens, para os idosos que excederem as vagas gratuitas.

Estão corretas as seguintes assertivas:
(A) I – II – IV.
(B) III – IV – V.
(C) II – III – IV.
(D) II – IV – V.
(E) I – II – III.

I: correto (art. 15, IV e § 2º, do Estatuto do Idoso); **II**: correto (art. 19 do Estatuto do Idoso); **III**: incorreto, pois os descontos serão de pelo menos 50%, conforme art. 23 do Estatuto do Idoso; **IV**: correto (art. 50, I e art. 35, § 2º); **V**: incorreto, pois reserva é de três vagas gratuitas por veículo, consoante art. 40, I e II do Estatuto do Idoso.

Gabarito "A".

(DPE/PE – 2015 – CESPE) Julgue os itens subsecutivos, a respeito dos direitos do idoso.

(1) Ao idoso que receba alta hospitalar e não atenda aos critérios de elegibilidade para a assistência domiciliar será fornecida residência temporária, na modalidade de serviço de regime de internação temporária de atendimento ao idoso dependente que requeira cuidados biopsicossociais sistematizados.
(2) A carência de recursos financeiros próprios do idoso ou da família deste não é suficiente para justificar a internação desse idoso na modalidade asilar.
(3) A coordenação da Política Nacional do Idoso está a cargo da Secretaria Especial dos Direitos Humanos.
(4) Em cada veículo, comboio ferroviário ou embarcação do serviço convencional de transporte interestadual de passageiros, serão reservadas duas vagas gratuitas, que poderão ser usadas por idosos, independentemente da condição financeira destes.
(5) As competências do Conselho Nacional dos Direitos do Idoso incluem a promoção de cooperação entre governos da União, dos estados, do DF e dos municípios e a sociedade civil organizada na formulação e execução da política nacional de atendimento dos direitos do idoso.

1: correto (item 1.1 c/c 1.4 da Portaria SEAS n. 73, de 10 de maio de 2001, do Ministério da Previdência e Assistência Social); **2**: incorreto, pois a assistência integral na modalidade de entidade de longa permanência será prestada quando verificada inexistência de grupo familiar, casa-lar, abandono ou **carência de recursos financeiros próprios ou da família** (art. 37, § 1º do Estatuto do Idoso); **3**: correto (art. 24, § 2º, da Lei 11.958/2009); **4**: incorreto, pois ao idoso *com renda igual ou inferior a dois salários mínimos* serão reservadas duas vagas gratuitas em cada veículo, comboio ferroviário ou embarcação do serviço convencional de transporte interestadual de passageiros, conforme art. 3º do Decreto 5.934/2006; **5**: correto (art. 2º, parágrafo único, II, do Decreto 5.109/2004).

Gabarito 1C, 2E, 3C, 4E, 5C.

(Procurador do Município – São Paulo/SP – 2014 – VUNESP) No que tange ao direito à liberdade, ao respeito e à dignidade assegurados ao idoso, a Lei Federal 10.741/2003 (Estatuto do Idoso) estabelece:

(A) o direito à liberdade, compreende, entre outros, os aspectos da crença e transportes e urbanos e semiurbanos seletivos.
(B) o direito ao respeito consiste na inviolabilidade da integridade física e moral, com exclusão da preservação dos objetos pessoais.
(C) é dever da família zelar pela dignidade do idoso, protegendo-o contra tratamento violento e imoral.
(D) o direito à liberdade exterioriza-se na participação na vida política, cujo exercício por meio do voto tem caráter obrigatório.
(E) a faculdade de buscar refúgio, auxílio e orientação são alguns dos aspectos da compreensão do direito à liberdade.

A: incorreta, pois o direito à liberdade não compreende transportes urbanos e semiurbanos seletivos (art. 10, § 1º, do Estatuto do Idoso); **B**: incorreta, pois o direito ao respeito abrange também os objetos pessoais (art. 10, § 2º, do Estatuto do Idoso); **C**: incorreta, pois é dever de *todos* e não somente da família de zelar pela dignidade do idoso, colocando-o a salvo de qualquer tratamento desumano, violento, aterrorizante, vexatório ou constrangedor (art. 10, § 3º, do Estatuto do Idoso); **D**: incorreta, pois o direito à liberdade não se exterioriza apenas na participação da vida política (10, § 1º, do Estatuto do Idoso). Vale lembrar que o voto não é obrigatório aos maiores de 70 anos (art. 14, § 1º, II, b, da Constituição Federal); **E**: correta (art. 10, § 1º, VII, do Estatuto do Idoso).

Gabarito "E".

(Promotor de Justiça/ES – 2013 – VUNESP) É direito do idoso, conforme a Lei 10.741/2003,

(A) obter desconto de até 50% nos ingressos para eventos artísticos, culturais, esportivos e de lazer, bem como o acesso preferencial aos respectivos locais.
(B) a gratuidade em qualquer transporte coletivo público urbano, semiurbano e interestadual.
(C) ter um acompanhante quando estiver internado ou em observação, independentemente de justificação médica.
(D) obter do Poder Público, gratuitamente, medicamentos, especialmente os de uso continuado, assim como próteses, órteses e outros recursos relativos ao tratamento, habilitação ou reabilitação.
(E) perceber alimentos do familiar que tiver melhores condições para tanto, diante do equilíbrio entre necessidade e condições econômicas/financeiras, podendo ser celebrada a transação perante o órgão do Ministério Público que a levará à homologação judicial.

A: incorreta, pois o desconto deve ser de *pelo* menos 50% (art. 23 do Estatuto do Idoso); **B**: incorreta, o direito à gratuidade no transporte somente é concedido aos idosos a partir de 65 anos de idade e não se estende aos serviços seletivos e especiais, quando prestados paralelamente aos serviços regulares." (art. 39 do Estatuto do Idoso); **C**: incorreta, pois a lei exige autorização do médico para o direito a acompanhante (art. 16 do Estatuto do Idoso); **D**: correta (art. 15, § 2º, do Estatuto do Idoso); **E**: incorreta, pois a responsabilidade alimentar é *solidária* entre os membros da família, isto é, independe da condição financeira dos familiares. Contudo, pode o idoso optar entre os prestadores (art. 12 do Estatuto do Idoso). Contudo, as transações relativas a alimentos poderão ser celebradas perante o Promotor de Justiça ou Defensor Público, que as referendará, e passarão a ter efeito de título executivo extrajudicial nos termos da lei processual civil (art. 13 do Estatuto do Idoso).

Gabarito "D".

(Promotor de Justiça/DF – 2013) De acordo com o Estatuto do Idoso, assinale a opção **INCORRETA**.

(A) As transações relativas a alimentos para os idosos poderão ser celebradas perante o Promotor de Justiça ou Defensor Público e têm efeito de título executivo extrajudicial nos termos da lei processual civil.

(B) O idoso tem direito a receber gratuitamente do poder público os medicamentos, as próteses, órteses e todos os recursos necessários para manter ou reabilitar sua saúde, independentemente de sua situação econômica.
(C) O procedimento de apuração de irregularidade em entidade governamental e não governamental de atendimento ao idoso terá início mediante petição fundamentada de pessoa interessada ou iniciativa do Ministério Público.
(D) Nos processos e procedimentos e na execução dos atos e diligências judiciais em que figure como parte ou interveniente pessoa com idade igual ou superior a sessenta anos, será deferido o benefício da prioridade na tramitação, anotando-se essa circunstância em local visível nos autos.
(E) Às pessoas acima de sessenta anos, independentemente de sua situação econômica, será concedido o benefício da justiça gratuita, em qualquer fase ou instância, nos processos em que figurem como parte ou interveniente.

A: assertiva correta (art. 13 do Estatuto do Idoso); **B:** assertiva correta (art. 15, § 2º, do Estatuto do Idoso); **C:** assertiva correta (art. 65 do Estatuto do Idoso); **D:** assertiva correta (art. 71 do Estatuto do Idoso); **E:** assertiva incorreta, devendo ser assinalada, pois o benefício da justiça gratuita é concedido a todos que não considerados necessitados, para os fins legais, independente da idade, ou seja, terá o benéfico todo aquele cuja situação econômica não lhe permita pagar as custas do processo e os honorários de advogado, sem prejuízo do sustento próprio ou da família (art. 2º, parágrafo único, da Lei 1.060/1950).
Gabarito "E".

(Ministério Público/GO – 2012) São direitos das pessoas idosas, exceto:
(A) proibição da discriminação do idoso nos planos de saúde pela cobrança de valores diferenciados em razão da idade.
(B) benefício mensal de 1 salário-mínimo para aqueles que, com idade igual ou superior a 60 anos, não tenham meios para prover sua subsistência por si ou por sua família.
(C) duas vagas gratuitas, e desconto nas demais, para o transporte coletivo interestadual.
(D) reserva de 5% das vagas em estacionamentos públicos e privados.

A: correta (art. 15, § 3º, do Estatuto do Idoso); **B:** incorreta (devendo ser assinalada), pois o benefício abrange idosos a partir de 65 anos, conforme art. 34 do Estatuto do Idoso; **C:** correta (art. 40, I, do Estatuto do Idoso). O Decreto 5.934, de 18 de outubro de 2006, em seu art. 6º prevê a documentação necessária para a solicitação do "Bilhete de Viagem do Idoso"; **D:** correta (art. 41 do Estatuto do Idoso).
Gabarito "B".

(Ministério Público/MS – 2013 – FADEMS) O Estatuto do Idoso assegura, de modo geral, direitos a pessoas a partir dos sessenta anos de idade. É **exceção** a essa regra geral o direito:
(A) Aos maiores de sessenta e cinco anos, a gratuidade dos transportes coletivos públicos urbanos e semiurbanos, exceto nos serviços seletivos e especiais, quando prestados paralelamente aos serviços regulares.
(B) Ao benefício mensal de um salário mínimo, conforme a Lei Orgânica da Assistência Social, ao idoso, a partir dos setenta anos, que não possuir meios para prover sua subsistência, nem de tê-la provida por sua família.
(C) Ao desconto de 50% nos ingressos para eventos artísticos, culturais, esportivos e de lazer, bem como o acesso preferencial aos respectivos locais.
(D) A partir dos setenta anos, a prioridade no recebimento da restituição do Imposto de Renda.
(E) É assegurada, a reserva, para os idosos, nos termos da lei local, de cinco por cento das vagas nos estacionamentos públicos e privados, as quais deverão ser posicionadas de modo a garantir a melhor comodidade dos idosos.

A: correta, deve ser assinalada, pois é a única hipótese que constitui exceção à regra, eis que é assegurada a gratuidade dos transportes coletivos públicos urbanos e semiurbanos somente aos idosos acima de 65 anos (art. 39 do Estatuto do idoso). **B:** incorreta, em que pese a alternativa "B" também traga benefício concedido aos idosos com mais de 65 anos, não deve ser assinalada, pois está incorreta ao afirmar "a partir de setenta anos". No mesmo sentido, a alternativa "D" afirma " a partir de setenta anos", sendo incorreta. **C:** incorreta, art. 23 do Estatuto do Idoso; **E:** incorreta, art. 41 do Estatuto do Idoso.
Gabarito "A".

(Ministério Público/MT – 2012 – UFMT) O envelhecimento, segundo o Estatuto do Idoso, é um direito:
(A) pessoal.
(B) coletivo em sentido estrito.
(C) social.
(D) personalíssimo.
(E) difuso.

A alternativa D está correta, pois reflete o disposto no art. 8º do Estatuto do Idoso.
Gabarito "D".

(Ministério Público/MT – 2012 – UFMT) O art. 38 do Estatuto do Idoso reserva uma determinada porcentagem de unidades residenciais em qualquer programa habitacional público ou subsidiado por recursos públicos. Essa porcentagem, de acordo com a mesma lei, é:
(A) 3%
(B) 2%
(C) 1%
(D) 4%
(E) 5%

A alternativa A está correta, pois reflete o disposto no art. 38, I, do Estatuto do Idoso.
Gabarito "A".

(Ministério Público/SP – 2013 – PGMP) Considere as seguintes afirmações, tendo em vista a Lei 10.741, de 1.º de outubro de 2003, que dispõe sobre o Estatuto do Idoso e dá outras providências.

I. O Estatuto do Idoso, quanto aos contratos celebrados com operadoras de planos de saúde, proíbe o reajuste de mensalidades aos que contam com mais de sessenta anos de idade.
II. Necessitando de cuidados à saúde, não estando o idoso no domínio de suas faculdades mentais, de molde a prejudicar o seu direito em optar pelo tratamento que reputar mais favorável, esta decisão será tomada preferencialmente pelo médico, em razão do conhecimento técnico.
III. Ao contrário do que prevê o Código Civil quanto ao dever de prestar alimentos entre parentes passivamente legitimados, haverá solidariedade entre eles quando o credor for idoso.
IV. Discriminar pessoa idosa, impedindo ou dificultando seu acesso a operações bancárias, aos meios de transporte, por motivo de idade, é conduta criminalmente atípica, mas se trata de um ilícito civil ou administrativo, no último caso se praticada por agente público.
V. Nos programas habitacionais, públicos ou subsidiados com recursos públicos, o idoso goza de prioridade na aquisição de imóvel para moradia própria, incluindo-se a reserva de 3% (três por cento) das unidades residenciais para o seu atendimento e critérios de financiamento compatíveis com os rendimentos de aposentadoria e pensão.

Está CORRETO apenas o que se afirma em
(A) III e V.
(B) II e III.
(C) II e IV.
(D) II e V.
(E) I e III.

I: incorreta, pois o Estatuto do Idoso veda a discriminação do idoso nos planos de saúde pela cobrança de valores diferenciados em razão da idade (art. 15, § 3.º, do Estatuto do Idoso) e não o reajuste de mensalidades; **II:** incorreta. Em regra, ao idoso que esteja no domínio de suas faculdades mentais é assegurado o direito de optar pelo tratamento de saúde que lhe for reputado mais favorável. Todavia, não estando o idoso em condições de proceder à opção, esta será feita: a) pelo curador, quando o idoso for interditado; b) pelos familiares, quando o idoso não tiver curador ou este não puder ser contactado em tempo hábil; c) pelo médico, quando ocorrer iminente risco de vida e não houver tempo hábil para consulta a curador ou familiar; d) pelo próprio médico, quando não houver curador ou familiar conhecido, caso em que deverá comunicar o fato ao Ministério Público (art. 17, I a IV, do Estatuto do Idoso); **III:** correta, pois, de fato, a obrigação alimentar é solidária, podendo o idoso optar entre os prestadores (art. 12 do Estatuto do Idoso); **IV:** incorreta, pois a conduta descrita é tipificada como crime, nos termos do art. 96 do Estatuto do Idoso; **V:** correta, pois a alternativa está de acordo com o disposto no art. 38, I, do Estatuto do Idoso.
Gabarito "A".

(Defensor Público/AM – 2013 – FCC) A garantia da absoluta prioridade, estabelecida no Estatuto do Idoso, compreende:

I. O atendimento preferencial junto à Defensoria Pública da União, dos Estados e do Distrito Federal em relação aos Serviços de Assistência Judiciária.
II. A reserva de pelo menos 10% (dez por cento) das unidades, nos programas habitacionais residenciais, públicos ou subsidiados com recursos públicos, para atendimento aos idosos.
III. A priorização do atendimento do idoso por sua própria família, em detrimento do atendimento asilar, exceto dos que não a possuam ou careçam de condições de manutenção da própria sobrevivência.
IV. A prioridade no embarque no sistema de transporte coletivo e no recebimento da restituição do Imposto de Renda.

Está correto o que se afirma APENAS em
(A) I, II e III.
(B) II, III e IV.
(C) I, III e IV.
(D) I e II.
(E) I e IV.

I: correta (art. 71, § 3º do Estatuto do Idoso); **B:** II, incorreta, pois a reserva é de pelo menos 3% (três por cento) (art. 38, I, do Estatuto do Idoso); **III:** correta (art. 3º, parágrafo único, V, do Estatuto do Idoso); **IV:** correta (arts. 42 e 3º, parágrafo único, IX, do Estatuto do Idoso).
Gabarito "C".

(Defensor Público/AM – 2013 – FCC) Dentre os direitos fundamentais da pessoa idosa está o direito à percepção de alimentos. Sobre o tema, é correto afirmar que

(A) o Defensor Público ou o Promotor de Justiça poderão celebrar transações relativas a alimentos, as quais, após referendadas, passarão a ter efeito de título executivo extrajudicial, nos termos da lei processual civil.
(B) a obrigação alimentar é solidária, podendo o idoso optar entre os prestadores, guardada a ordem de sucessão entre os parentes.
(C) as transações relativas a alimentos poderão ser celebradas perante o Defensor Público, que as referendará, e passarão a ter efeito de título executivo extrajudicial somente se houver a concordância do Ministério Público.
(D) a pessoa idosa não está obrigada a prestar alimentos ao cônjuge não idoso.
(E) ao Defensor Público cabe atuar como substituto processual do idoso, em situação de risco, que necessitar de alimentos.

A: correta (art. 13 do Estatuto do Idoso); **B:** incorreta, pois o Estatuto do Idoso não estabelece ordem de sucessão entre os parentes (art. 12); **C:** correta, o Estatuto do Idoso não impõe a concordância do Ministério Público (art. 13); **D:** incorreta, pois os alimentos serão prestados ao idoso na forma da lei civil (art. 11 do Estatuto do Idoso), desse modo podem os parentes, os cônjuges ou companheiros pedir uns aos outros os alimentos de que necessitem para viver de modo compatível com a sua condição social, nos termos do art. 1.694 do CC/2002; **E:** incorreta, pois compete ao Ministério Público atuar como substituto processual do idoso em situação de risco (art. 74, III, do Estatuto do Idoso).
Gabarito "A".

(Defensor Público/RO – 2012 – CESPE) Considerando o disposto no Estatuto do Idoso, assinale a opção correta.

(A) A *prior*idade assegurada ao idoso que figure como parte ou interveniente na tramitação de processos judiciais cessa obrigatoriamente com a morte dele.
(B) A proteção ao idoso é direito personalíssimo, sendo obrigação do Estado e da sociedade assegurá-lo.
(C) A inserção do idoso em cursos especiais que visem integrá-lo à vida moderna é uma das medidas de prevenção e manutenção da saúde do idoso.
(D) Ao idoso é assegurada a gratuidade dos transportes públicos urbanos em serviços seletivos prestados paralelamente aos serviços regulares.
(E) As entidades denominadas Casa Lar são obrigadas a firmar contrato de prestação de serviços com todas as pessoas idosas nelas abrigadas.

A: incorreta, pois a prioridade na tramitação processual *não* cessará com a morte do beneficiado (art. 71, § 2º, do Estatuto do Idoso); **B:** incorreta, pois o envelhecimento é direito personalíssimo e a sua proteção é direito social (art. 8º do Estatuto do Idoso); **C:** incorreta, pois trata-se de direito à educação e à inserção do idoso em cursos especiais (art. 21, § 1º, do Estatuto do Idoso). As medidas de prevenção e manutenção da saúde do idoso estão previstas no art. 15, § 1º, I a V, do diploma legal em tela; **D:** incorreta, pois não é assegurada a gratuidade nos serviços seletivos e especiais, quando prestados paralelamente aos serviços regulares (art. 39 do Estatuto do Idoso); **E:** correta (art. 35 do Estatuto do Idoso).
Gabarito "E".

(Defensor Público/SE – 2012 – CESPE) Considerando as regras estabelecidas no Estatuto do Idoso acerca do direito à saúde e a alimentos, assinale a opção correta.

(A) Os serviços de saúde públicos são obrigados a proceder à notificação compulsória nos casos de suspeita ou confirmação de violência praticada contra idosos, e a comunicar o fato ao MP e à DP, entre outros órgãos.
(B) Como a obrigação alimentar é solidária, é facultado ao idoso escolher aquele que assumirá, entre os prestadores, a obrigação.
(C) Não se admite, em face do sistema de proteção estabelecido em favor do idoso, a transação em ação judicial cujo objeto seja a concessão de alimentos à pessoa idosa.
(D) O dever do poder público de fornecer, em caráter gratuito, medicamentos ao idoso restringe-se aos denominados medicamentos de uso continuado.
(E) Cabe à previdência social prover os alimentos do idoso na ausência de condições econômicas dele próprio ou de sua família.

A: incorreta, pois a Defensoria Pública não está entre os órgãos que devem ser comunicados (art. 19, I a V, do Estatuto do Idoso); **B:** correta (art. 12 do Estatuto do Idoso); **C:** incorreta, pois as transações relativas a alimentos poderão ser celebradas perante o Promotor de Justiça ou Defensor Público, que as referendará, e passarão a ter efeito de título executivo extrajudicial nos termos da lei processual civil (art. 13 do Estatuto do Idoso); **D:** incorreta, pois o fornecimento gratuito de medicamentos não se restringe aos de uso continuado (art. 15, § 2º, do Estatuto do Idoso); **E:** incorreta, pois impõe-se ao Poder Público esse provimento, no âmbito da assistência social (art. 14 do Estatuto do Idoso).
Gabarito "B".

(Defensor Público/SE – 2012 – CESPE) Assinale a opção correta com referência aos direitos inerentes à pessoa do idoso.

(A) Nos programas habitacionais públicos, o idoso goza de prioridade na aquisição de imóvel para moradia própria, observado o limite de reserva de 3% das unidades habitacionais residenciais para atendimento à pessoa idosa.
(B) As entidades governamentais de atendimento que descumprirem as determinações do Estatuto do Idoso estarão sujeitas, independentemente da responsabilidade civil e criminal de seus dirigentes ou prepostos, a multa e advertência, entre outras penalidades.
(C) É exaustivo o rol de competências atribuídas ao MP pelo Estatuto do Idoso.
(D) Segundo a jurisprudência, o dispositivo legal que veda a discriminação do idoso nos planos de saúde pela cobrança de valores diferenciados em razão da idade não implica presunção de ilegalidade e abusividade de toda e qualquer cláusula contratual que estabeleça o reajuste de mensalidade de plano de saúde com base na mudança da faixa etária do idoso.
(E) O MP não tem legitimidade ativa para propor ACP com o objetivo de proteger interesse individual do idoso.

A: incorreta, pois não o percentual não é limitado a 3% (três por cento) (art. 38, I, do Estatuto do Idoso); **B:** incorreta, pois entidades governamentais não estão sujeitas à multa (art. 55, I, a a d, do Estatuto do Idoso); **C:** incorreta, pois não se trata rol exaustivo (art. 74, § 2º, do Estatuto do Idoso); **D:** correta. O § 3º do art. 15 do Estatuto do Idoso proíbe a discriminação do idoso nos planos de saúde pela cobrança de valores diferenciados em razão da idade. No entanto, frisa-se que STJ, em recente julgado, relativizou a literalidade do dispositivo legal em apreço, vejamos: "Direito Civil. Consumidor. Plano de saúde. Ação civil pública. Cláusula de reajuste por mudança de faixa etária. Incremento do risco subjetivo. Segurado idoso. Discriminação. Abuso a ser aferido caso a caso. Condições que devem ser observadas para validade do reajuste. (...) 4. Não se deve ignorar que o Estatuto do Idoso, em seu art. 15, § 3º, veda 'a discriminação do idoso nos planos de saúde pela cobrança de valores diferenciados em razão da idade'. Entretanto, a incidência de tal preceito não autoriza uma interpretação literal que determine, abstratamente, que se repute abusivo todo e qualquer reajuste baseado em mudança de faixa etária do idoso. Somente o reajuste desarrazoado, injustificado, que, em concreto, vise de forma perceptível a dificultar ou impedir a permanência do segurado idoso no plano de saúde implica na vedada discriminação, violadora da garantia da isonomia. 5. Nesse contexto, deve-se admitir a validade de reajustes em razão da mudança de faixa etária, desde que atendidas certas condições, quais sejam: a) previsão no instrumento negocial; b) respeito aos limites e demais requisitos estabelecidos na Lei Federal 9.656/1998; e c) observância ao princípio da boa-fé objetiva, que veda índices de reajuste desarrazoados ou aleatórios, que onerem em demasia o segurado. (...)." (STJ, REsp 866840/SP, 4ª T., j. 07.06.2011, rel. Min. Luis Felipe Salomão, rel. p/ acórdão Min. Raul Araújo, DJe 17.08.2011)[2]; **E:** incorreta, pois compete ao Ministério Público instaurar ação civil pública para a proteção dos direitos e interesses difusos ou coletivos, individuais indisponíveis e individuais homogêneos do idoso (art. 74, I, do Estatuto do Idoso).
Gabarito "D".

(Defensor Público/SE – 2012 – CESPE) Com base no decreto que estabelece critérios para o exercício do direito ao transporte coletivo gratuito interestadual pelo idoso e do que regulamenta a Política Nacional do Idoso, assinale a opção correta.

(A) No exercício do direito ao transporte gratuito interestadual, o idoso está dispensado dos procedimentos de identificação de passageiros exigidos no momento do embarque.
(B) Compete ao Ministério do Planejamento, Orçamento e Gestão, por meio da Secretaria de Política Urbana, promover gestões para viabilizar linhas de crédito para o acesso a moradias para o idoso junto a entidades relacionadas com os investimentos habitacionais, sejam elas públicas ou privadas.
(C) Para que o idoso exerça o seu direito ao desconto de 50%, no mínimo, no valor das passagens que excederem as vagas gratuitas previstas para o transporte interestadual, basta a comprovação da idade, mediante a apresentação do original de qualquer documento pessoal de identidade que contenha foto.
(D) A legislação veda a comercialização, pela empresa de transporte, dos assentos reservados para o transporte gratuito de idosos.
(E) O benefício da reserva de duas vagas gratuitas no sistema de transporte coletivo interestadual para o idoso se estende às tarifas de pedágio e de utilização dos terminais, que não podem ser cobradas.

---

2. Informativo 476 do STJ.

A: incorreta, pois é necessário que o idoso apresente qualquer documento pessoal que faça prova de sua idade para ter acesso à gratuidade (art. 39, § 1º, do Estatuto do Idoso); **B:** correta (art. 8º, II, do Decreto 1.948/1996); **C:** incorreta, pois a lei não exige que o documento pessoal tenha foto (art. 39, § 1º, do Estatuto do Idoso); **D:** incorreta, pois conflita com o disposto no art. 3º, § 4º, do Decreto 5.934/2006); **E:** incorreta, pois o benefício em tela não se estende às tarifas de pedágio e de utilização dos terminais (art. 3º, § 1º, I a III, do Decreto 5.934/2006).

Gabarito "B".

(Defensor Público/TO – 2013 – CESPE) Com base no Estatuto do Idoso, assinale a opção correta.

(A) Constitui crime tipificado no Estatuto do Idoso desdenhar, humilhar, menosprezar ou discriminar a pessoa idosa, por qualquer motivo, sendo a pena aumentada de metade caso a vítima se encontre sob os cuidados ou responsabilidade do agente.
(B) O profissional de saúde que deixe de comunicar à autoridade competente os casos de crime contra o idoso de que tem conhecimento incorre em infração penal tipificada no Estatuto do Idoso.
(C) A obrigação de prestar alimentos ao idoso é subsidiária, devendo recair em seus parentes mais próximos em grau.
(D) Aos serviços de saúde públicos compete comunicar as autoridades sanitárias, mas não a autoridade competente, dos casos de suspeita ou confirmação de violência praticada contra idosos.
(E) É dever do Estado e da sociedade assegurar à pessoa idosa o direito à liberdade, que compreende, entre outros aspectos, a prática de esportes e de diversões, respeitadas as peculiaridades e condições em decorrência da idade.

A: incorreta, pois a pena será aumentada de 1/3 (um terço) se a vítima se encontrar sob os cuidados ou responsabilidade do agente (art. 96, § 2º, do Estatuto do Idoso); **B:** incorreta, pois trata-se de infração administrativa prevista no art. 57 do Estatuto do Idoso; **C:** incorreta, pois a obrigação alimentar é solidária, podendo o idoso optar entre os prestadores (art. 12 do Estatuto do Idoso); **D:** incorreta, pois os referidos casos deverão obrigatoriamente ser comunicados por eles a quaisquer dos seguintes órgãos: autoridade policial; Ministério Público; Conselho Municipal do Idoso; Conselho Estadual do Idoso; Conselho Nacional do Idoso (art. 19, I a V, do Estatuto do Idoso); **E:** correta (art. 10, § 1º, IV, do Estatuto do Idoso).

Gabarito "E".

2. MEDIDAS DE PROTEÇÃO

(Ministério Público/BA – 2015 – CEFET) Sobre a proteção dos idosos, analise as proposições abaixo registradas:

I. Aos maiores de 60 (sessenta) anos fica assegurada a gratuidade dos transportes coletivos públicos urbanos e semiurbanos, exceto nos serviços seletivos e especiais, quando prestados paralelamente aos serviços regulares, bastando a apresentação de qualquer documento pessoal que faça prova de suas idades.
II. Nos veículos de transporte coletivo serão reservados 15% (quinze por cento) dos assentos para os idosos, devidamente identificados com a placa de "reservado preferencialmente para idosos".
III. Nos programas habitacionais, públicos ou subsidiados com recursos públicos, o idoso goza de prioridade na aquisição de imóvel para moradia própria, observada reserva de pelo menos 3% (três por cento) das unidades habitacionais residenciais para atendimento desses cidadãos, implantando-se os equipamentos urbanos comunitários necessários, eliminando-se as barreiras arquitetônicas e urbanísticas, para a garantia da sua acessibilidade, e estabelecendo-se critérios de financiamento compatíveis com os rendimentos de aposentadoria e pensão.
IV. As entidades governamentais de atendimento aos idosos serão fiscalizadas pelos Conselhos do Idoso, Ministério Público, Vigilância Sanitária e outros previstos em lei, sendo que, havendo danos para os abrigados ou qualquer tipo de fraude em relação ao programa, caberá o afastamento provisório dos dirigentes ou a interdição da unidade e a suspensão do programa.
V. Na ocorrência de infração por entidade de atendimento, que coloque em risco os direitos dos idosos, será o fato comunicado ao Ministério Público, para as providências cabíveis, inclusive para promover a suspensão das atividades ou dissolução da entidade, com a proibição de atendimento a idosos a bem do interesse público, sem prejuízo das providências a serem tomadas pela Vigilância Sanitária.

A alternativa que contém a sequência correta, de cima para baixo, considerando V para verdadeiro e F para falso, é:

(A) FVFVV.
(B) VVFVV.
(C) FFVVV.
(D) VVFFV.
(E) VFVFF.

I: incorreto, pois é assegurado aos maiores de **65 (sessenta e cinco)**, conforme art. 39 do Estatuto do Idoso; **II:** incorreto, pois serão reservados **10% (dez por cento)** dos assentos para os idosos, consoante art. 39, § 2º, do Estatuto do Idoso; **III:** correto (art. 38, I a IV, do Estatuto do Idoso); **IV:** correto (art. 52 c/c art. 55, § 1º, do Estatuto do Idoso); **V:** correto (art. 55, § 3º, do Estatuto do Idoso).

Gabarito "C".

(Promotor de Justiça/MG – 2013) Sobre a proteção constitucional e legal aos idosos, é CORRETO afirmar-se que:

(A) Aos idosos, a partir de 60 (sessenta) anos, é garantida a gratuidade nos transportes coletivos urbanos e semiurbanos (exceto nos serviços seletivos e especiais, quando prestados paralelamente aos serviços regulares). Aos de mesma idade, que não possuem meios para prover sua subsistência, nem de tê-la provida por sua família, é assegurado o benefício mensal de 1 (um) salário mínimo, nos termos da Lei Orgânica da Assistência Social – LOAS.
(B) Ao idoso internado ou em observação, é assegurado o direito a acompanhante, devendo o órgão de saúde proporcionar as condições adequadas para a sua permanência em tempo integral, segundo o critério médico, sendo que caberá ao profissional de saúde conceder autorização ou, na impossibilidade, justificá-la por escrito.
(C) Os casos de suspeita ou confirmação de violência praticada contra idosos serão objeto de notificação facultativa pelos serviços de saúde públicos e privados à autoridade sanitária. Contudo, deverão obrigatoriamente ser notificados os seguintes órgãos: autoridade policial, Ministério Público, Conselho Municipal do Idoso, Conselho Estadual do Idoso e Conselho Nacional do Idoso.
(D) Apesar das diversas atribuições do Ministério Público na defesa e proteção do idoso, não está entre elas a de promover a revogação de instrumento procuratório do idoso, mesmo que esteja ocorrendo ameaça ou violação dos seus direitos por falta, omissão ou abuso da família, curador ou entidade de atendimento, pois se trata de direito personalíssimo.

A: incorreta, pois os benefícios da gratuidade no transporte (art. 39 do Estatuto do Idoso) e do recebimento de um salário mínimo mensal (art. 34 do Estatuto do Idoso) somente são concedidos aos idosos a partir de *65* anos de idade; **B:** correta (art. 16, *caput* e parágrafo único, do Estatuto do Idoso); **C:** incorreta, pois a notificação é *compulsória* nos casos de suspeita ou confirmação de violência praticada contra idosos (art. 19 do Estatuto do Idoso); **D:** incorreta, pois consta no rol das atribuições do Ministério Público promover a revogação de instrumento procuratório do idoso, nas hipóteses previstas no art. 43 do Estatuto do Idoso, quando necessário ou o interesse público justificar (art. 74, IV, do Estatuto do Idoso).

Gabarito "B".

(Ministério Público/SP – 2013 – PGMP) Sobre as regras dispostas na Lei 10.741, de 1.º de outubro de 2003 (Estatuto do Idoso), a respeito das medidas específicas de proteção ao idoso, é INCORRETO afirmar:

(A) As medidas de proteção previstas em lei poderão ser aplicadas isolada ou cumulativamente.
(B) A inclusão em programa oficial e comunitário de auxílio, orientação e tratamento a usuários dependentes de drogas lícitas ou ilícitas é medida aplicável à pessoa de convivência do idoso que lhe cause perturbação, mas não se aplica ao idoso em respeito ao princípio da dignidade da pessoa humana.
(C) São medidas aplicáveis ao idoso, dentre outras, o encaminhamento à família ou curador, mediante termo de responsabilidade, abrigo em entidade, abrigo temporário e a requisição para tratamento de sua saúde, em regime ambulatorial, hospitalar ou domiciliar.
(D) O rol de medidas previstas no Estatuto do Idoso não é taxativo, tendo o legislador estabelecido a possibilidade de determinação ou aplicação de outras medidas.
(E) Nas situações de ameaça ou violação aos direitos reconhecidos ao idoso, o Ministério Público ou o Poder Judiciário, a requerimento daquele, poderá determinar qualquer medida de proteção ao idoso.

A: correta (art. 44 do Estatuto do Idoso); **B:** incorreta, devendo ser assinalada, pois o art. 45, IV, do Estatuto do Idoso prevê a medida protetiva de inclusão em programa oficial ou comunitário de auxílio, orientação e tratamento a usuários dependentes de drogas lícitas ou ilícitas, ao próprio idoso ou à pessoa de sua convivência que lhe cause perturbação; **C:** correta (art. 45, I, III, V e VI, do Estatuto do Idoso); **D:** correta, pois o art. 45 do Estatuto do Idoso traz um rol exemplificativo de medidas específicas de proteção, já que é possível a aplicação de outras, além das expressamente previstas em lei; **E:** correta (arts. 43 e 45 do Estatuto do Idoso).

Gabarito "B".

(Ministério Público/SP – 2012 – VUNESP) As medidas específicas de proteção são aplicáveis sempre que os direitos reconhecidos no Estatuto do Idoso (Lei 10.741/2003) forem ameaçados ou violados:

I. Por ação ou omissão da sociedade ou do Estado.
II. Em razão da aplicação das medidas socioeducativas.
III. Por falta, omissão ou abuso da família, curador ou entidade de

atendimento.
IV. Em razão de sentença penal condenatória.
V. Em razão da condição pessoal do idoso.
Está correto o que se afirma APENAS em
(A) II, III e IV.
(B) I, II e IV.
(C) III, IV e V.
(D) I, II e V.
(E) I, III e V.

I: correta (art. 43, I, do Estatuto do Idoso); II: incorreta, pois não há essa hipótese na legislação; III: correta (art. 43, II, do Estatuto do Idoso); IV: incorreta, pois não há essa hipótese na legislação; V: correta (art. 43, III, do Estatuto do Idoso).
Gabarito "E".

(Ministério Público/MG – 2012 – CONSULPLAN) O Estatuto do Idoso, aprovado em 2003 sob o n. 10.741, ampliou os direitos dos cidadãos com idade acima de 60 anos reconhecidos anteriormente pela Lei 8.842/1994. Verificada a ameaça ou violação dos direitos reconhecidos aos idosos pelo Estatuto, o Ministério Público poderá determinar medidas, com **EXCEÇÃO** de:
(A) Encaminhamento do idoso à família ou curador, mediante termo de responsabilidade.
(B) orientação, apoio e acompanhamento temporários ao idoso.
(C) internação do idoso para tratamento de sua saúde, em regime, hospitalar.
(D) inclusão em programa oficial ou comunitário de auxílio, orientação e tratamento a usuários dependentes de drogas lícitas ou ilícitas, ao próprio idoso ou à pessoa de sua convivência que lhe cause perturbação.

A: correta (art. 45, I, do Estatuto do Idoso); B: correta (art. 45, II, do Estatuto do Idoso); C: incorreta (devendo ser assinalada), não existe esta medida na legislação; D: correta (art. 45, IV, do Estatuto do Idoso).
Gabarito "C".

3. POLÍTICA DE ATENDIMENTO AO IDOSO

(Promotor de Justiça – MPE/AM – FMP – 2015) Em relação à atuação do Ministério Público na proteção dos idosos, considere as seguintes assertivas:
I. O Ministério Público tem legitimidade para a defesa dos interesses individuais disponíveis de pessoas idosas.
II. A legitimidade do Ministério Público é limitada aos interesses difusos ou coletivos das pessoas idosas.
III. A legitimidade ministerial abrange os interesses difusos, coletivos *stricto sensu* e individuais homogêneos das pessoas idosas, aplicando-se a Lei 7.347/1985.
IV. O Ministério Público tem legitimidade para o ingresso de ação civil pública referente às cláusulas abusivas dos planos de saúde de pessoas idosas.
V. Em caso de necessidade de internação para tratamento de saúde de pessoa idosa, o tempo de internação é determinado pelo respectivo plano de saúde e não pelo médico, segundo a jurisprudência do Superior Tribunal de Justiça, carecendo a ação civil pública do Ministério Público de interesse de agir.
Quais das assertivas acima estão corretas?
(A) Apenas a II e V.
(B) Apenas a III e IV.
(C) Apenas a I, III e IV.
(D) Apenas a II, IV e V.
(E) Apenas a II e IV.

I e II: incorretos, pois compete ao Ministério Público instaurar o inquérito civil e a ação civil pública para a proteção dos direitos e interesses *difusos* ou *coletivos*, individuais *indisponíveis* e *individuais homogêneos* do idoso (art. 74, I, do Estatuto do Idoso); III e IV: corretos (art. 74, I, do Estatuto do Idoso); V: incorreto, pois está consolidado na Súmula 302 o entendimento do STJ de que "é abusiva a cláusula contratual de plano de saúde que limita no tempo a internação hospitalar do segurado", tendo o MP legitimidade para propor ação civil pública. Nesse contexto, vale trazer à baila, julgamento do Resp 326.147 da Quarta Turma que decidiu que os planos de saúde não podem limitar o valor do tratamento e de internações de seus associados. Acompanhando o voto do Relator, Min. Aldir Passarinho Junior, a Turma concluiu que a limitação de valor é mais lesiva que a restrição do tempo de internação vetada pela Súmula 302 do Tribunal. (ACB)
Gabarito "B".

(Juiz de Direito/RJ – 2014 – VUNESP) O procedimento de apuração de irregularidade em entidade governamental e não governamental de atendimento ao idoso
(a) poderá convolar em aplicação de multa e de advertência, impostas ao responsável pelo programa de atendimento e à autoridade administrativa responsável pela fiscalização da entidade não governamental.
(B) a autoridade judiciária não poderá fixar prazo para a remoção das irregularidades verificadas, a fim de extinguir o processo sem resolução de mérito por satisfação das exigências formuladas.
(C) se desenvolverá de forma sumária, não cabendo afastamento provisório de dirigente da entidade, apenas o afastamento definitivo, se assim for determinado na sentença.
(D) terá início mediante petição fundamentada de pessoa interessada ou iniciativa do Ministério Público.

A: incorreta, pois a multa e a advertência serão impostas ao dirigente da entidade ou ao responsável pelo programa de atendimento (art. 68, § 4º, do Estatuto do Idoso); B: incorreta, pois a autoridade judiciária poderá fixar prazo para a remoção das irregularidades verificadas e satisfeitas as exigências, o processo será extinto, sem julgamento do mérito (art. 68, § 3º, do Estatuto do Idoso); C: incorreta, pois é possível tanto o afastamento provisório quanto o definitivo de dirigente de entidade governamental (art. 68, § 2º, do Estatuto do Idoso); D: correta (art. 65 do Estatuto do Idoso).
Gabarito "D".

(Defensor Público/AC – 2012 – CESPE) Considerando o que dispõe a Portaria 73/2001 com relação aos modelos de projetos e programas de atenção à pessoa idosa no Brasil, assinale a opção correta.
(A) O Atendimento Integral Institucional não se destina a idosos portadores de doença mental incapacitante.
(B) De acordo com o projeto Família Acolhedora, cada família poderá receber até dois idosos em situação de abandono, ou que não tenham familiares, ou que estejam impossibilitados de conviver com sua família de origem.
(C) A modalidade de projeto denominada república de idosos constitui alternativa de residência para idosos independentes, organizada em grupos, sendo vedado o sistema de autogestão.
(D) Os centros de convivência não podem utilizar a rede privada de saúde.
(E) O projeto Assistência Domiciliária consiste em serviço de atendimento em domicílio a pessoas idosas, exclusivamente público.

A: correta, pois Atendimento Integral Institucional é aquele prestado em uma instituição asilar, prioritariamente aos idosos sem famílias, em situação de vulnerabilidade, oferecendo-lhes serviços nas áreas social, psicológica, médica, de fisioterapia, de terapia ocupacional, de enfermagem, de odontologia e outras atividades específicas para este segmento social (item 9.1 da Portaria MPAS/SEAS 73/2001); B: incorreta, pois cada família só poderá receber um idoso (item 3.5 da Portaria MPAS/SEAS 73/2001); C: incorreta, pois não é permitida a autogestão (item 4.1 da Portaria MPAS/SEAS 73/2001); D: incorreta, pois os Centros de Convivência poderão usar a rede pública ou privada de saúde, de educação, de esportes e de cultura (item 5.4 da Portaria MPAS/SEAS 73/2001); E: incorreta, pois caracteriza-se por ser um serviço de atendimento público ou privado (item 8.1 da Portaria MPAS/SEAS 73/2001).
Gabarito "A".

(Defensor Público/ES – 2012 – CESPE) No que se refere ao direito do idoso, julgue os itens a seguir.
(1) Para fins de reserva de vaga gratuita para idoso, não são consideradas embarcação do serviço convencional de transporte interestadual de passageiros as embarcações que operem travessias em lagoas abertas ao público.
(2) As instituições para idosos em geral devem oferecer assistência psicológica, serviço social, apoio jurídico e administrativo.
(3) A modalidade de atendimento apoio a pessoa idosa inclui a residência em república, importante alternativa de residência para idosos independentes.
(4) O idoso que pretenda viajar utilizando o chamado bilhete de viagem do idoso deverá comprovar sua idade, por meio de documento pessoal, e sua renda, que não pode ultrapassar um salário mínimo.
(5) Compete ao Conselho Nacional dos Direitos do Idoso promover, em parceria com organismos governamentais e não governamentais nacionais e internacionais, a identificação de sistemas de indicadores que sirvam de base para o estabelecimento de metas e procedimentos para o monitoramento das atividades relacionadas ao atendimento ao idoso.

1: incorreta, pois o art. 3º, § 1º, III, do Decreto 5.934/2006 prevê a extensão da gratuidade também ao transporte interestadual aquaviário; 2: correta (item 4.1 da Portaria GM/MS 810/1989); 3: correta (anexo II da Portaria SEAS 2.854/2000); 4: incorreta, pois a renda deve ser igual ou inferior a 2 (dois) salários-mínimos (art. 40, I, do Estatuto do Idoso); 5: correta (art. 2º, parágrafo único, III, do Decreto 5.109/2004).
Gabarito 1E, 2C, 3C, 4E, 5C

(Defensor Público/RO – 2012 – CESPE) Considerando as diversas modalidades de projetos relacionados aos serviços de atenção ao idoso no Brasil, assinale a opção correta à luz da Portaria MPAS/SEAS 73/2001.
(A) A modalidade Atendimento Integral Institucional é uma alternativa de programa de atenção integral às pessoas idosas que, por suas carências familiares e funcionais, não podem ser atendidas em seus próprios domicílios ou por serviços comunitários.

(B) A modalidade Casa Lar é uma alternativa de atendimento que visa à boa convivência do idoso com a comunidade, contribuindo para otimizar a sua participação, interação e autonomia.
(C) A modalidade República consiste no fortalecimento de atividades associativas, produtivas e promocionais, contribuindo para a autonomia, o envelhecimento ativo e saudável, a prevenção do isolamento social, a socialização e o aumento da renda própria do idoso.
(D) A modalidade I do Projeto Centro Dia destina-se a idosos independentes para atividades da vida diária, ainda que requeiram o uso de algum equipamento de autoajuda.
(E) A modalidade Centro de Convivência consiste em serviço de internação temporária, público ou privado, de atendimento ao idoso dependente de cuidados biopsicossociais sistematizados, no período máximo de sessenta dias.

A: incorreta, pois Atendimento Integral Institucional "é aquele prestado em uma instituição asilar, prioritariamente aos idosos sem famílias, em situação de vulnerabilidade, oferecendo-lhes serviços nas áreas social, psicológica, médica, de fisioterapia, de terapia ocupacional, de enfermagem, de odontologia e outras atividades específicas para este segmento social". (item 9.1 da Portaria MPAS/SEAS 73/2001); **B:** correta (item 7.1 da Portaria MPAS/SEAS 73/2001); **C:** incorreta, pois trata-se de Atendimento em Centro de Convivência (item 5.1 da Portaria MPAS/SEAS 73/2001). "A república de idosos é alternativa de residência para os idosos independentes, organizada em grupos, conforme o número de usuários, e cofinanciada com recursos da aposentadoria, benefício de prestação continuada, renda mensal vitalícia e outras. Em alguns casos a República pode ser viabilizada em sistema de autogestão." (item 4.1 da Portaria MPAS/SEAS 73/2001); **D:** incorreta, pois a definição refere-se à Modalidade I do Atendimento Integral Institucional (item 9.1.1 da Portaria MPAS/SEAS 73/2001); **E:** incorreta, pois tal definição refere-se ao Programa Residência Temporária (item 1.1 da Portaria MPAS/SEAS 73/2001). "Atendimento em centro de convivência consiste no fortalecimento de atividades associativas, produtivas e promocionais, contribuindo para autonomia, envelhecimento ativo e saudável prevenção do isolamento social, socialização e aumento da renda própria." (item 5.1 da Portaria MPAS/SEAS 73/2001).
Gabarito "B".

4. ACESSO À JUSTIÇA

(Ministério Público/PI – 2012 – CESPE) No que se refere à tutela de pessoas idosas pelo MP, assinale a opção correta, considerando a jurisprudência pertinente ao tema.
(A) O MP tem legitimidade para propor ACP cuja finalidade seja obter provimento jurisdicional que assegure internação hospitalar a pessoa idosa acometida de grave doença.
(B) A ACP não figura entre os instrumentos aptos para a defesa de direitos dos idosos pelo MP.
(C) O MP não tem legitimidade para propor ação judicial destinada a garantir o fornecimento de medicação para suprir a necessidade de idoso carente.
(D) A intervenção do MP em ação que envolva o benefício previdenciário do idoso é obrigatória.
(E) O fato de pessoa idosa figurar na demanda torna imprescindível a oitiva do parquet.

A: correta (art. 74, I, do Estatuto do Idoso); **B:** incorreta, pois conflita com o art. 74, I, do Estatuto do Idoso; **C:** incorreta, pois não existe esta obrigatoriedade na legislação; **D:** incorreta, pois não há exigência legal de oitiva do parquet.
Gabarito "A".

(Ministério Público/GO – 2012) Quanto à atuação do Ministério Público na proteção das pessoas idosas, é incorreto afirmar que órgão tem atribuição para:
(A) Zelar pelo efetivo respeito aos direitos e garantias legais asseguradas ao idoso, promovendo medidas extrajudiciais, inclusive;
(B) Promover a revogação de instrumento procuratório do idoso em situação de risco, se necessário;
(C) Requisitar força policial e a colaboração dos serviços públicos de saúde, educacionais e de assistência social para instruir procedimento administrativo;
(D) Promover ação para defesa de seus direitos ou oficiar em todos os feitos que não tiver intentado na qualidade de fiscal da lei.

A: correta (art. 74, VII, do Estatuto do Idoso); **B:** correta (art. 74, IV, do Estatuto do Idoso); **C:** correta, (art. 74, IX, do Estatuto do Idoso); **D:** incorreta (devendo ser assinalada), pois não existe esta atribuição na legislação.
Gabarito "D".

(Defensor Público/RO – 2012 – CESPE) Assinale a opção correta acerca do Estatuto do Idoso e de suas disposições.
(A) Decorridos sessenta dias do trânsito em julgado de sentença condenatória favorável a pessoa idosa sem que o autor lhe promova a execução, deverá fazê-lo o MP.
(B) Compete à DP atuar como substituto processual do idoso em situações de risco.
(C) O referido estatuto regula o direito das pessoas com idade igual ou superior a sessenta e cinco anos.
(D) O MP, quando não figurar como autor da ação, atuará obrigatoriamente como fiscal da lei em todos os processos que envolvam interesses de pessoa idosa.
(E) O direito a transporte urbano gratuito é restrito ao idoso cadastrado nos órgãos estaduais responsáveis pelo transporte urbano.

A: correta (art. 87 do Estatuto do Idoso); **B:** incorreta, pois compete ao Ministério Público (art. 74, III, do Estatuto do Idoso); **C:** incorreta, pois o Estatuto do Idoso regula os direitos assegurados às pessoas com idade igual ou superior a 60 (sessenta) anos (art. 1º); **D:** incorreta, pois o Ministério Público atuará somente na defesa dos direitos e interesses de que cuida o Estatuto do Idoso, nos termos do seu art. 75; **E:** incorreta, pois a lei não vincula a gratuidade a qualquer tipo de cadastro nos órgãos estaduais, bastando que o idoso apresente qualquer documento pessoal que faça prova de sua idade para ter acesso à gratuidade (art. 39, § 1º, do Estatuto do Idoso)[3].
Gabarito "A".

(Defensor Público/SE – 2012 – CESPE) Com base no tratamento dado pela legislação e pela jurisprudência à pessoa idosa, assinale a opção correta.
(A) Segundo a legislação de regência, aos maiores de sessenta e cinco anos é assegurada a gratuidade dos transportes coletivos públicos urbanos e semiurbanos, facultando-se à empresa de transporte o estabelecimento de prévio procedimento de cadastro do idoso para que o direito ao passe livre possa ser legitimamente exercido.
(B) É obrigatória a intervenção do MP em todas as demandas cujo objeto sejam os interesses da pessoa idosa.
(C) Incorrerá em ilegalidade o órgão público que reservar 5% das vagas de seu estacionamento para pessoas idosas a ele vinculadas, visto que o Estatuto do Idoso assegura a reserva, para os idosos, de 5% das vagas nos estacionamentos públicos, circunstância que impede a Administração Pública de limitar o uso de vagas de estacionamento localizado em área própria de órgão público a pessoas idosas a ele vinculadas.
(D) Caso um advogado maior de sessenta e cinco anos de idade seja contratado para ajuizar ação de qualquer natureza, o processo judicial tramitará em regime de prioridade, já que a regra que estabelece o benefício da prioridade na tramitação processual favorece não apenas o idoso que seja parte da relação jurídica processual, como também o que atua como causídico.
(E) De acordo com o STJ, o benefício da prioridade na tramitação processual contempla todos os idosos que figurem como parte ou como intervenientes nos procedimentos judiciais, razão pela qual abrange o idoso que intervenha no processo em todas as formas de intervenção de terceiros.

A: incorreta, pois a lei não vincula a gratuidade a qualquer tipo de cadastro, bastando que o idoso apresente qualquer documento pessoal que faça prova de sua idade para ter acesso à gratuidade (art. 39, § 1º, do Estatuto do Idoso)[4]; **B:** incorreta, pois o Ministério Público atuará somente na defesa dos direitos e interesses de que cuida o Estatuto do Idoso, nos termos do seu art. 75; **C:** incorreta, pois a lei assegura a reserva, para os idosos, nos termos da lei local, de 5% (cinco por cento) das vagas nos estacionamentos públicos

---

3. A título de ilustração, recentemente o Estado do Rio de Janeiro obriga o idoso a realizar cadastro no "RioCard" para ter o benefício da gratuidade, esta determinação foi objeto de discussão perante o Superior Tribunal de Justiça, que reconheceu a legalidade do ato administrativo que exige prévio cadastramento, sob pena de lesão à ordem e à economia públicas: "Pedido de suspensão de liminar e de sentença. Lesão à ordem e à economia públicas. Os idosos não pagam o transporte coletivo, mas estão sujeitos a cadastramento; a decisão que os libera dessa exigência dificulta o controle e a administração do município sobre o transporte público, causando lesão à ordem e à economia públicas. Agravo regimental não provido." (STJ, AgRg na SLS 1070/RJ, Corte Especial, j. 06.10.2010, rel. Min. Ari Pargendler, DJe 14.12.2010). A decisão em tela revela um retrocesso da Corte, já que é claramente contrária ao que determina a legislação.

4. A título de ilustração, recentemente o Estado do Rio de Janeiro obriga o idoso a realizar cadastro no "RioCard" para ter o benefício da gratuidade, esta determinação foi objeto de discussão perante o Superior Tribunal de Justiça, que reconheceu a legalidade do ato administrativo que exige prévio cadastramento, sob pena de lesão à ordem e à economia públicas: "Pedido de suspensão de liminar e de sentença. Lesão à ordem e à economia públicas. Os idosos não pagam o transporte coletivo, mas estão sujeitos a cadastramento; a decisão que os libera dessa exigência dificulta o controle e a administração do município sobre o transporte público, causando lesão à ordem e à economia públicas. Agravo regimental não provido." (STJ, AgRg na SLS 1070/RJ, Corte Especial, j. 06.10.2010, rel. Min. Ari Pargendler, DJe 14.12.2010). A decisão em tela revela um retrocesso da Corte, já que é claramente contrária ao que determina a legislação.

e privados, as quais deverão ser posicionadas de forma a garantir a melhor comodidade ao idoso (art. 41 do Estatuto do Idoso); **D:** incorreta, pois a prioridade somente é válida para idoso que atue como parte ou interveniente (art. 71 do Estatuto do Idoso); **E:** correta. Nesse sentido, transcreve-se decisão do STJ: "Processual CIVIL - Prioridade na tramitação processual - Idosos (maiores de 65 anos) - Abrangência do benefício - Intervenção de terceiro - Assistência. 1. O art. 1.211-A do CPC, acrescentado pela Lei 10.173/2001, contemplou, com o benefício da prioridade na tramitação processual, todos os idosos com idade igual ou superior a sessenta e cinco anos que figurem como parte ou interveniente nos procedimentos judiciais, abrangendo a intervenção de terceiros na forma de assistência, oposição, nomeação à autoria, denunciação da lide ou chamamento ao processo. 2. Recurso especial provido" (STJ, REsp 664899/SP, j. 03.02.2005, 2ª T., rel. Min. Eliana Calmon, DJ 28.02.2005, p. 307).

Gabarito "E".

(Defensor Público/TO – 2013 – CESPE) Considerando o disposto no Estatuto do Idoso e a Política Nacional do Idoso, assinale a opção correta.

(A) A competência para as ações referentes ao direito do idoso é relativa.
(B) Transitada em julgado a sentença condenatória do poder público, favorável ao idoso, deverá o juiz determinar a remessa de peças à autoridade competente, para apuração de responsabilidades, e, ainda, promover a execução, intimando o Ministério Público para assumir o polo ativo.
(C) Os crimes definidos no Estatuto do Idoso são de ação penal pública incondicionada, e a eles não se aplicam as escusas absolutórias do Código Penal, quando praticados em detrimento de cônjuge, ascendente e descendente.
(D) Consoante a Política Nacional do Idoso, para ser considerada idosa a pessoa deve ter idade igual ou superior a sessenta e cinco anos.
(E) Toda instituição prestadora de serviço ao idoso tem direito à assistência judiciária gratuita.

A: incorreta, pois a competência é absoluta (art. 80 do Estatuto do Idoso); **B:** incorreta, pois o Ministério Público somente iniciará a execução decorridos 60 (sessenta) dias do trânsito em julgado da sentença condenatória favorável ao idoso sem que o autor lhe promova a execução (art. 87 do Estatuto do Idoso); **C:** correta (art. 95 do Estatuto do Idoso); **D:** incorreta, considera-se idoso a pessoa maior de sessenta anos de idade (art. 2º da Lei 8.842/1994); **E:** incorreta, pois somente as instituições filantrópicas ou sem fins lucrativos prestadoras de serviço ao idoso terão direito à assistência judiciária gratuita (art. 51 do Estatuto do Idoso).

Gabarito "C".

5. CRIMES

(Defensor Público/AM – 2013 – FCC) O Estatuto do Idoso define a violência contra o idoso como sendo

(A) o atentado contra a pessoa do idoso, nos termos da lei penal.
(B) a prática dos crimes contra a vida, de lesões corporais, de periclitação da vida e da saúde e contra a liberdade individual do idoso.
(C) o crime que envolver violência doméstica e familiar contra o idoso.
(D) o atentado contra os direitos fundamentais do idoso.
(E) a ação ou omissão praticada em local público ou privado que lhe cause morte, dano ou sofrimento físico ou psicológico.

E: correta, pois reflete o disposto no art. 19, § 1º, do Estatuto do Idoso. As demais alternativas não revelam a violência contra o idoso.

Gabarito "E".

(Defensor Público/AM – 2013 – FCC) O Estatuto do Idoso estabelece que aos crimes em espécie, previstos em seu texto, cuja pena máxima privativa de liberdade não ultrapasse 4 (quatro) anos, aplica-se o procedimento previsto na Lei 9.099/1995. Com base nos princípios norteadores da Lei 10.741/2003, é correto afirmar:

(A) Todos os benefícios da Lei 9.099/1995 devem ser aplicados à espécie, uma vez que a celeridade das ações penais é corolário da prioridade de atendimento ao idoso.
(B) A regra permite, tão somente, a aplicação do procedimento sumaríssimo previsto na Lei 9.099/1995 e não outros benefícios nela previstos.
(C) O benefício da transação penal é uma das etapas do procedimento previsto na Lei 9.099/1995, tendo o Estatuto do Idoso ampliado o conceito de delito de pequeno potencial ofensivo.
(D) A ampliação do conceito de delito de pequeno potencial ofensivo deve beneficiar todos os idosos em razão de sua peculiar condição de vulnerável social.
(E) As regras simplificadoras da Lei 9.099/1995 devem ser aplicadas em sua integralidade em relação aos crimes praticados contra os idosos visando à celeridade e à informalidade do provimento jurisdicional.

A, B, C, D e E: O art. 94 do Estatuto do Idoso estabelece a aplicação do procedimento da Lei 9.099/1995 aos crimes cuja pena máxima não ultrapasse quatro anos, ou seja, infrações penais que não são de menor potencial ofensivo, ensejando, assim, divergência na doutrina e jurisprudência, inclusive no sentido de se afirmar a ampliação do conceito de delito de pequeno potencial ofensivo. Contudo, o art. 98, I, da Constituição Federal prevê que compete aos Juizados Especiais as "causas cíveis de menor complexidade e infrações penais de menor potencial ofensivo, mediante os procedimentos oral e sumaríssimo, permitido, nas hipóteses previstas em lei, a transação e o julgamento de recursos por turmas de juízes de primeiro grau". Nota-se que apenas é admitia a transação penal no âmbito dos Juizados Especiais e nos crimes de menor potencial ofensivo, ou ainda quando houver previsão legal expressa. Nesse diapasão, no julgamento da ADI 3.096/DF, o STF concedeu interpretação conforme a Constituição Federal ao art. 98 do Estatuto do Idoso, com aplicação, na justiça comum, apenas do procedimento sumaríssimo da Lei 9.099/1995, o que beneficia o idoso com a celeridade processual. Não sendo possível a aplicação de medidas despenalizadoras e a interpretação benéfica ao autor da infração penal. Da leitura do acórdão, conclui-se, pois, que é impossível a composição civil de danos, transação penal, suspensão condicional do processo, o sursis e substituição de pena. Logo, não há que se falar em competência dos Juizados Especiais Criminais e tampouco em ampliação do conceito de delito de menor potencial ofensivo, pois somente foi assentada a natureza exclusivamente processual da norma.

Gabarito "B".

(Defensor Público/RO – 2012 – CESPE) Ainda com relação ao Estatuto do Idoso, assinale a opção correta.

(A) Ao indivíduo que se aproprie de pensão de pessoa idosa, dando-lhe aplicação diversa da de sua finalidade, aplica-se o procedimento previsto na Lei 9.099/1995.
(B) Considere que Pedro desdenhe de seu pai, Antônio, de sessenta anos de idade, chamando-o de "velho gagá" na frente de seu grupo de amigos. Nessa situação, embora cometa crime, Pedro ficará isento de pena.
(C) Suponha que Rosa, contratada pela família Castro para cuidar de Jonas, idoso de setenta e cinco anos de idade, o exponha a perigo, privando-o do cuidado indispensável à saúde, o que lhe ocasiona a morte. Nessa situação, Rosa comete crime sujeito a pena de seis a doze anos de reclusão.
(D) O MP, os Estados, a OAB e a DP são legitimados, concorrentemente, para a propositura de ações cíveis fundadas em interesses difusos, coletivos e individuais indisponíveis ou homogêneos que afetem direitos dos idosos.
(E) Se o idoso internado em unidade hospitalar pública não estiver em condições de optar pelo tratamento de saúde que lhe seja mais favorável, inexistindo curador ou familiar conhecido, a DP deve ser comunicada do fato, a fim de adotar as providências cabíveis.

A: correta (art. 94 c.c. art. 102 do Estatuto do Idoso); **B:** incorreta, pois a situação em tela constitui crime apenado com reclusão de 6 (seis) meses a 1 (um) ano e multa (art. 96, § 1º do Estatuto do Idoso); **C:** incorreta, pois a pena é de reclusão de 4 (quatro) a 12 (doze) anos (art. 99, § 2º, do Estatuto do Idoso); **D:** incorreta, pois a Defensoria Pública não tem legitimidade (art. 81, I a IV, do Estatuto do Idoso); **E:** incorreta, pois não cabe à Defensoria Pública tomar quaisquer providências (art. 17, parágrafo único, I a IV, do Estatuto do Idoso).

Gabarito "A".

6. POLÍTICA NACIONAL DO IDOSO/CONSELHO NACIONAL DOS DIREITOS DO IDOSO

(Defensor Público/TO – 2013 – CESPE) Considerando o disposto no Decreto Federal 5.109/2004 e no Decreto Federal 1.948/1996, assinale a opção correta.

(A) O Conselho Nacional dos Direitos do Idoso (CNDI) reúne-se mensalmente em caráter ordinário e, extraordinariamente, por convocação do seu presidente ou por requerimento da maioria de seus membros.
(B) Ao Ministério da Cultura, em conjunto com seus órgãos e entidades vinculadas, compete estimular e apoiar a admissão do idoso na universidade.
(C) Os ministérios envolvidos na Política Nacional do Idoso devem promover, conforme as suas atribuições e competências, a capacitação de recursos humanos para o atendimento do idoso, podendo, para tanto, firmar convênios tanto com instituições governamentais quanto com organismos não governamentais.
(D) A modalidade não asilar de atendimento ao idoso denominada centro de convivência consiste em local destinado ao desenvolvimento, pelo idoso, de atividades produtivas, que lhe propiciem elevar sua renda.
(E) O Conselho Nacional dos Direitos do Idoso (CNDI) consiste em órgão colegiado de caráter meramente consultivo.

A: incorreta, pois o CNDI reúne-se bimestralmente (art. 12 do Decreto 5.109/2004); **B:** incorreta, pois compete ao Ministério da Educação e do Desporto, em articulação com órgãos federais, estaduais e municipais de educação (art. 10, III, do Decreto 1.948/1996); **C:** correta (art. 15 do Decreto 1.948/1996); **D:** incorreta, pois trata-se da modalidade denominada Oficina Abrigada de Trabalho (art. 4º, IV, do Decreto 1.948/1996); **E:** incorreta, pois trata-se de órgão colegiado de caráter deliberativo (art. 1º do Decreto 5.109/2004).

(Defensor Público/AC – 2012 – CESPE) A respeito da PNI, assinale a opção correta.

(A) A lei não permite a permanência, em instituições asilares de caráter social, de idoso portador de doença que exija assistência médica contínua.
(B) Os conselhos nacional, estaduais, municipais e do DF do idoso são órgãos temporários e deliberativos.
(C) Nos programas habitacionais, os órgãos e entidades públicos que atuam na área de habitação e urbanismo devem destinar ao idoso, em regime de doação, unidades na modalidade de casas-lares.
(D) Nos casos de comprovada incapacidade do idoso para gerir seus bens, cabe ao Conselho Nacional do Idoso nomear-lhe um curador especial.
(E) Na aplicação da lei que dispõe sobre a PNI, é vedado ao poder público observar as diferenças econômicas, sociais e regionais, sob pena de afronta ao princípio da igualdade.

A: correta (art. 4º, parágrafo único, da Lei 8.842/1994); **B:** incorreta, pois os conselhos nacional, estaduais, do Distrito Federal e municipais do idoso são órgãos permanentes, paritários e deliberativos (art. 6º da Lei 8.842/1994); **C:** incorreta, pois devem destinar ao idoso, em regime de comodato, unidades na modalidade de casas-lares (art. 10, V, a, da Lei 8.842/1994); **D:** incorreta, pois cabe ao juiz nomear curador especial (art. 10, VII, § 2º, da Lei 8.842/1994); **E:** incorreta, pois deve o Poder Público observar as diferenças econômicas, sociais e regionais (art. 3º, V, da Lei 8.842/1994).

(Defensor Público/AC – 2012 – CESPE) Com base no que dispõe o Decreto 4.227/2002 acerca do CNDI, assinale a opção correta.

(A) A presidência do CNDI cabe ao representante do Ministério da Saúde.
(B) Nas ausências simultâneas do presidente e do vice-presidente do CNDI, cabe ao conselheiro mais idoso o exercício da presidência desse conselho.
(C) O CNDI está vinculado à estrutura básica do Ministério da Saúde.
(D) Compete ao CNDI a criação dos conselhos de direitos do idoso nos Estados, no DF e nos Municípios.
(E) Integram o CNDI, entre outros representantes, o do Ministério da Justiça, o do Ministério das Comunicações e o do Ministério da Fazenda.

A: incorreta, pois o Presidente e o Vice-Presidente do CNDI serão escolhidos, mediante votação, dentre seus membros, por maioria simples, e designados pelo Ministro de Estado da Justiça (art. 5º do Decreto 4.227/2002); **B:** correta (art. 5º, § 1º, do Decreto 4.227/2002); **C:** incorreta, eis que está vinculado à estrutura básica Ministério da Justiça (art. 2º do Decreto 4.227/2002; **D:** incorreta, pois compete ao CNDI estimular e apoiar tecnicamente a criação de conselhos de direitos do idoso nos Estados, no Distrito Federal e nos Municípios (art. 3º, IV, do Decreto 4.227/2002); **E:** incorreta, pois conflita com o art. 4º, I, II e III, do Decreto 4.227/2002.

(Defensor Público/AC – 2012 – CESPE) Com base no Decreto 1.948/1996, que regulamenta a Lei 8.842/1994, acerca da PNI, assinale a opção correta.

(A) A coordenação da PNI é da competência da Secretaria Especial dos Direitos Humanos da Presidência da República.
(B) Compete ao Ministério da Fazenda prestar atendimento ao idoso, preferencialmente nas áreas de arrecadação e fiscalização, visando à prestação de informações e cálculo de contribuições individuais.
(C) É vedado aos ministérios envolvidos na PNI celebrar convênio com instituições não governamentais para promover a capacitação de recursos humanos voltados ao atendimento ao idoso.
(D) Ao Ministério da Cultura compete criar programa estadual e municipal para garantir ao idoso a participação no processo de produção de bens culturais.
(E) O centro de convivência constitui o local destinado ao atendimento, em regime de internato, ao idoso que não dispõe de condições de prover sua própria subsistência.

A: correta (art. 16 do Decreto 1.948/1996); **B:** incorreta, pois compete ao Instituto Nacional do Seguro Social – INSS (art. 5º, II, do Decreto 1.948/1996); **C:** incorreta, pois é permitido aos ministérios envolvidos na PNI celebrar convênio com instituições não governamentais para promover a capacitação de recursos humanos voltados ao atendimento ao idoso (art. 15, parágrafo único, do Decreto 1.948/1996); **D:** incorreta, pois compete ao Ministério da Cultura (art. 12 do Decreto 1.948/1996); **E:** incorreta, pois constitui local destinado à permanência diurna do idoso, onde são desenvolvidas atividades físicas, laboratoriais, recreativas, culturais, associativas e de educação para a cidadania (art. 4º, I, do Decreto 1.948/1996).

(Defensor Público/SE – 2012 – CESPE) Com base na lei que trata da Política Nacional do Idoso e da portaria que a aprova, assinale a opção correta.

(A) É de responsabilidade do gestor estadual promover a revisão e o aprimoramento das normas de funcionamento de instituições geriátricas e similares.
(B) Os conselhos nacional, estaduais, do DF e municipais do idoso são órgãos de caráter deliberativo, e não consultivo.
(C) Figura entre as competências da União, exercidas por intermédio do ministério responsável pela assistência e promoção social, a promoção de articulações interestaduais e intermunicipais necessárias à implementação da Política Nacional do Idoso.
(D) Competem ao Ministério da Justiça a elaboração e a implementação de programas de preparo para futuros aposentados nos setores públicos e privados.
(E) O apoio a estudos e pesquisas não está inserido entre as diretrizes essenciais para o alcance do propósito da Política Nacional de Saúde do Idoso.

A: incorreta, pois é de responsabilidade do Gestor Federal – Ministério da Saúde (item 4.2 da Portaria 1.395/1999); **B:** correta (art. 6º da Lei 8.842/1994); **C:** incorreta, pois tal hipótese não figura como competência da União (art. 8º, I a V, da Lei 8.842/1994); **D:** incorreta, pois compete ao Ministério do Trabalho e Emprego (item 4.1, C, da Portaria 1.395/1999); **E:** incorreta, pois trata-se de diretriz prevista no art. 4º, IX, da Lei 8.842/1994.

(Defensor Público/AC – 2012 – CESPE) Constitui diretriz da PNI, prevista na Lei 8.842/1994,

(A) realização de concurso público para áreas de atendimento ao idoso, tais como na de geriatria.
(B) participação direta do idoso na formulação e avaliação das políticas a ele relacionadas.
(C) centralização político-administrativa.
(D) priorização do atendimento asilar do idoso.
(E) priorização do atendimento, em órgãos públicos e privados prestadores de serviço, ao idoso desabrigado e sem família.

E: correta, pois reflete o disposto no art. 4º, VIII, da Lei 8.842/1994. As demais alternativas não são diretrizes da Política Nacional do Idoso.

(Defensor Público/RO – 2012 – CESPE) Na implementação da Política Nacional do Idoso, compete aos órgãos e entidades públicos na área de promoção e assistência social

(A) criar e estimular a manutenção de programas de preparação para a aposentadoria nos setores público e privado com antecedência mínima de dois anos antes do afastamento do idoso.
(B) prestar serviços e desenvolver ações voltadas para o atendimento das necessidades básicas do idoso, mediante a participação de entidades não governamentais.
(C) valorizar o registro da memória e a transmissão de informações e habilidades do idoso aos jovens.
(D) desenvolver programas educativos, especialmente nos meios de comunicação, para informar a população sobre o processo de envelhecimento.
(E) adotar e aplicar normas de funcionamento às instituições geriátricas e similares, com fiscalização pelos gestores do Sistema Único de Saúde.

A: incorreta, pois trata-se de competência na área de trabalho e previdência social (art. 10, IV, c, da Lei 8.842/1994); **B:** correta (art. 10, I, a, da Lei 8.842/1994); **C:** incorreta, pois trata-se de competência na área de cultura, esporte e lazer (art. 10, VII, d, da Lei 8.842/1994); **D:** incorreta, pois trata-se de competência na área de educação (art. 10, III, d, da Lei 8.842/1994); **E:** incorreta, pois trata-se de competência na área de saúde (art. 10, II, c, da Lei 8.842/1994).

7. TEMAS VARIADOS

(Investigador - PC/BA - 2018 - VUNESP) A respeito dos crimes previstos no Estatuto do Idoso (Lei no 10.741/03), assinale a alternativa correta.

(A) Constitui crime negar acolhimento ou a permanência do idoso, como abrigado, por recusa deste em outorgar procuração à entidade de atendimento.
(B) Constitui crime deixar de prestar assistência ao idoso em situação de iminente perigo, independentemente do risco pessoal.
(C) Constitui crime negar a alguém emprego ou trabalho por motivo de idade, salvo se houver justa causa.

(D) Constitui crime deixar de cumprir, retardar ou frustrar, mesmo com justo motivo, a execução de ordem judicial expedida na ação civil prevista na Lei no 10.741/03.

(E) Constitui crime lavrar ato notarial que envolva pessoa idosa com discernimento de seus atos.

A: correta, de acordo com o art. 103 do Estatuto do Idoso; B: incorreta, pois o crime só existe se não houver risco pessoal (art. 97 do Estatuto do Idoso); C: incorreta, pois o crime só existe se não houver justa causa; D: incorreta, pois não se configura crime se houver justo motivo; E: incorreta, constitui crime lavrar ato notarial que envolva pessoa idosa SEM discernimento (art. 108 do Estatuto do Idoso). Gabarito "A".

> DICA: Leia as alterações ao Estatuto do Idoso (Lei 13.466/2017), em especial à propridade da prioridade aos idosos maiores de 80 anos.

(Promotor de Justiça/GO – 2016 - MPE) De acordo com o Estatuto do Idoso (Lei 10.471/2003):

(A) O Ministério Público tem legitimidade para a promoção da tutela coletiva dos direitos de pessoas com idade igual ou superior a sessenta anos, mas não poderá atuar na esfera individual de direitos dessa parcela da população, uma vez que a senilidade não induz incapacidade para os atos da vida civil.

(B) O idoso, que necessite de alimentos, deverá acionar simultaneamente os filhos, cobrando de cada qual, na medida de suas possibilidades.

(C) O Poder Judiciário, a requerimento do Ministério Público, poderá determinar medidas protetivas em favor de idoso em situação de risco, tais como: requisição de tratamento de saúde, em regime ambulatorial, hospitalar ou domiciliar; encaminhamento à família ou curador, mediante termo de responsabilidade; abrigamento em entidade.

(D) O Poder Público tem responsabilidade residual e, no âmbito da assistência social, estará obrigado a assegurar os direitos fundamentais de pessoa idosa, em caso de inexistência de parentes na linha reta ou colateral até o 3º grau.

A: incorreta, pois o MP pode instaurar o inquérito civil e a ação civil pública para a proteção dos direitos e interesses individuais indisponíveis, nos termos do art. 74, I, do Estatuto do Idoso; B: incorreta, pois a obrigação alimentar é solidária, *podendo o idoso optar entre os prestadores* (art. 12 do Estatuto do Idoso); C: correta (art. 45, III, I e V, do Estatuto do Idoso); D: incorreta, pois no caso de o idoso ou seus familiares *não possuírem condições econômicas de prover o seu sustento*, impõe-se ao Poder Público esse provimento, no âmbito da assistência social (art. 14 do Estatuto do Idoso). Gabarito "C".

(Defensor Público –DPE/ES – 2016 – FCC) A Lei 13.146/2015 – Estatuto da Pessoa com Deficiência, bem como as alterações por ela produzidas na legislação esparsa vigente, prevê

(A) o dever de garantir a capacitação inicial e continuada aos profissionais que prestam assistência à pessoa com deficiência, especialmente em serviços de habilitação e de reabilitação.

(B) a existência de residências inclusivas, voltadas essencialmente a idosos e localizadas em áreas residenciais da comunidade, com estruturas adequadas, sem apoio psicossocial interno, visando a autonomia do indivíduo.

(C) que a deficiência não afeta, em regra, a plena capacidade civil da pessoa, inclusive para exercer o direito à fertilidade, orientando a esterilização compulsória somente para casos devidamente fundamentados de síndromes genéticas.

(D) a extensão de todos os direitos relativos ao atendimento prioritário da pessoa com deficiência ao seu acompanhante.

(E) o fortalecimento e ampliação do instituto da interdição civil como medida protetiva à pessoa com deficiência.

A: correta (arts. 16, IV e 18, § 3º, da Lei 13.146/2015); B: incorreta, as residências inclusivas são unidades de oferta do Serviço de Acolhimento do Sistema Único de Assistência Social (Suas) localizadas em áreas residenciais da comunidade, com estruturas adequadas, que possam contar com apoio psicossocial para o atendimento das necessidades da pessoa acolhida, destinadas a jovens e adultos com deficiência, em situação de dependência, que não dispõem de condições de autossustentabilidade e com vínculos familiares fragilizados ou rompidos (art. 3º, X, da Lei 13.146/2015); C: incorreta, pois o Estatuto veda a esterilização compulsória (art. 6º, IV); D: incorreta, art. 9º, § 1º, da Lei 13.146/2015; E: incorreta, pois o Estatuto estabelece que a **curatela** de pessoa com deficiência constitui medida protetiva extraordinária, proporcional às necessidades e às circunstâncias de cada caso, e durará o menor tempo possível (art. 84, § 3º). Gabarito "A".

(Defensor Público –DPE/ES – 2016 – FCC) O Estatuto do Idoso é um dos diplomas legais que busca robustecer a tutela coletiva dos direitos dos idosos, que conjugando-se com outros grupos vulneráveis, dispõe sobre os seguintes direitos, com EXCEÇÃO de:

(A) Nos programas habitacionais, públicos ou subsidiados com recursos públicos, o idoso goza de prioridade na aquisição de imóvel para moradia própria, observada a reserva de 8% das unidades habitacionais para o atendimento aos idosos ou de pessoas por ele indicadas.

(B) As instituições filantrópicas ou sem fins lucrativos prestadoras de serviço ao idoso terão direito à assistência judiciária gratuita.

(C) Os alimentos serão prestados ao idoso na forma da lei civil e as transações relativas a alimentos poderão ser celebradas perante o Promotor de Justiça ou Defensor Público, que as referendará, e passarão a ter efeito de título executivo extrajudicial nos termos da lei processual civil.

(D) Aos maiores de sessenta e cinco anos fica assegurada a gratuidade dos transportes coletivos públicos urbanos e semiurbanos, exceto nos serviços seletivos e especiais, quando prestados paralelamente aos serviços regulares.

(E) As entidades que desenvolvam programas de institucionalização de longa permanência adotarão como princípios norteadores a preservação dos vínculos familiares e a manutenção do idoso na mesma instituição, salvo em caso de força maior.

A: incorreta (devendo ser assinalada), pois a reserva é de **pelo menos 3% (três por cento)** das unidades habitacionais residenciais (art. 38, I, da Lei 10.741/2003); B: correta (art. 51 da Lei 10.741/2003); C: correta (arts. 11 e 13 da Lei 10.741/2003); D: correta (art. 39 da Lei 10.741/2003); E: correta (art. 49, I e III, da Lei 10.741/2003). Gabarito "A".

(Promotor de Justiça/GO – 2013) Sobre o Estatuto do Idoso – Lei 10.741/03, é correto afirmar:

(A) foi instituído o Estatuto do Idoso, destinado a regular os direitos assegurados ás pessoas com idade igual ou superior a 65 (sessenta e cinco) anos.

(B) a obrigação alimentar é solidária, proibindo-se o idoso optar entre os prestadores.

(C) no caso de entidades filantrópicas, ou casa-lar, é proibida a cobrança de participação do idoso no custeio da entidade.

(D) o idoso tem direito ao exercício de atividade profissional, respeitadas suas condições físicas, intelectuais e psíquicas.

A: incorreta, pois Estatuto do Idoso é destinado à regular os direitos assegurados às pessoas com idade igual ou superior a *60* anos (art. 1º do Estatuto do Idoso); B: incorreta, pois o idoso pode optar entre os prestadores (art. 12 do Estatuto do Idoso); C: incorreta, pois no caso de entidades filantrópicas, ou casa-lar, é *facultada* a cobrança de participação do idoso no custeio da entidade (art. 35, § 1º, do Estatuto do Idoso); D: correta (art. 26 do Estatuto do Idoso). Gabarito "D".

(Ministério Público/SC – 2012) De acordo com o Estatuto do Idoso, Lei 10.741/2003:

I. Os Conselhos do Idoso, o Ministério Público e a Vigilância Sanitária estão legitimados a fiscalizar as entidades governamentais e não governamentais de atendimento aos idosos, estando ambas sujeitas a advertência e multa, além de outras medidas como fechamento de unidade ou interdição de programa.

II. O procedimento para a imposição de penalidade administrativa por infração às normas de proteção ao idoso terá início com requisição do Ministério Público ou auto de infração elaborado por servidor efetivo e assinado, se possível, por duas testemunhas.

III. Compete ao Ministério Público promover a revogação de instrumento procuratório do idoso, nas hipóteses previstas em Lei, quando necessário ou o interesse público justificar.

IV. Os valores das multas reverterão ao Fundo do Idoso, onde houver, ou na falta deste, ao Fundo Municipal de Assistência Social, ficando vinculados ao atendimento ao idoso, sendo que as multas não recolhidas até 60 (sessenta) dias após o trânsito em julgado da decisão serão exigidas por meio de execução promovida pelo Ministério Público, nos mesmos autos, facultada igual iniciativa aos demais legitimados em caso de inércia daquele.

V. Decorridos 60 (sessenta) dias do trânsito em julgado da sentença condenatória favorável ao idoso sem que o autor lhe promova a execução, deverá fazê-lo o Ministério Público, facultada, igual iniciativa aos demais legitimados, como assistentes ou assumindo o polo ativo, em caso de inércia desse órgão.

(A) Apenas as assertivas I, II e IV estão corretas.
(B) Apenas as assertivas I, III, IV e V estão corretas.
(C) Apenas as assertivas II, III e V estão corretas.
(D) Apenas as assertivas II, III e IV estão corretas.
(E) Todas as assertivas estão corretas.

I: incorreta, pois as entidades governamentais não estão sujeitas a multa, conforme art. 55, I, do Estatuto do Idoso; **II:** correta (art. 60 do Estatuto do Idoso); **III:** correta (74, IV, do Estatuto do Idoso); **IV:** incorreta, pois conflita com o art. 84, parágrafo único, do Estatuto do Idoso, que prevê o prazo de 30 (trinta) dias; **V:** correta (art. 87 do Estatuto do Idoso).

Gabarito "C"

(Ministério Público/SC – 2012) De acordo com o Estatuto do Idoso, Lei 10.741/2003:

I. Aos maiores de 65 anos fica assegurada a prioridade na restituição do recebimento do Imposto de Renda.
II. As transações relativas a alimentos poderão ser celebradas perante o Promotor de Justiça ou Defensor Público, que as referendará, e passarão a ter efeito de título executivo extrajudicial nos termos da lei processual civil, destacando-se que a obrigação alimentar é solidária, podendo o idoso optar entre os prestadores.
III. Compete ao Ministério Público atuar como assistente do idoso em ações individuais que tratem de direitos indisponíveis, sendo que nos processos que envolvam interesses e direitos de idosos previstos no Estatuto do Idoso, a ausência de intervenção do Ministério Público acarreta nulidade que será declarada de ofício pelo juiz ou a requerimento de qualquer interessado.
IV. Nos programas habitacionais, públicos ou subsidiados com recursos públicos, o idoso goza de prioridade na aquisição de imóvel para moradia própria, observado o seguinte: reserva de 3% (três por cento) das unidades habitacionais residenciais para atendimento aos idosos.
V. No sistema de transporte coletivo interestadual observar-se-á, nos termos da legislação específica: a reserva de 2 (duas) vagas gratuitas por veículo para idosos com renda igual ou inferior a 2 (dois) salários mínimos; e desconto de 50% (cinquenta por cento), no mínimo, no valor das passagens, para os idosos que excederem as vagas gratuitas, com renda igual ou inferior a 2 (dois) salários mínimos.

(A) Apenas as assertivas II e V estão corretas.
(B) Apenas as assertivas I e V estão corretas.
(C) Apenas as assertivas I, III, IV e V estão corretas.
(D) Apenas as assertivas II, III e IV estão corretas.
(E) Todas as assertivas estão corretas.

I: incorreta, pois a prioridade é aplica-se às pessoas com idade igual ou superior a 60 (sessenta) anos (art. 1º c/c art. 3º, parágrafo único, IX, do Estatuto do Idoso); **II:** correta (art. 13 do Estatuto do Idoso); **III:** incorreta, pois conflita com o art. 75 do Estatuto do Idoso; **IV:** incorreta, pois a reversa é de **pelo menos** 3% das unidades habitacionais residenciais para atendimento aos idosos (art. 38, I, do Estatuto do Idoso); **V:** correta (art. 40, I e II, do Estatuto do Idoso).

Gabarito "A"

(Ministério Público/TO – 2012 – CESPE) Assinale a opção correta com referência ao Estatuto do Idoso e ao que ele dispõe.

(A) Entre os direitos reconhecidos legalmente ao idoso no domínio de suas faculdades mentais inclui-se o de ele optar pelo tratamento de saúde que julgar mais favorável.
(B) Apesar de exercer uma função protetiva em relação ao idoso, o referido estatuto não define um sistema claro de defesa dos interesses da pessoa idosa na condição de pessoa humana.
(C) Todos os direitos reconhecidos ao idoso, incluída a gratuidade nos transportes coletivos urbanos e semiurbanos, aplicam-se aos indivíduos que alcancem sessenta anos de idade ou mais.
(D) No tocante à defesa dos direitos dos idosos em juízo, guardam competência subsidiária em relação ao MP e à OAB a União, os estados, o DF e os municípios.
(E) Associações particulares podem figurar em juízo na defesa dos interesses dos idosos, desde que autorizadas por assembleia convocada para tal finalidade.

A: correta (art. 17 do Estatuto do Idoso); **B:** incorreta, pois o Capítulo III, do Título V, do Estatuto do Idoso traz um sistema de proteção judicial dos interesses difusos, coletivos, individuais indisponíveis ou homogêneos; **C:** incorreta, pois embora o Estatuto do Idoso regule os direitos assegurados às pessoas com idade igual ou superior a 60 anos (art. 1º), alguns direitos somente se aplicam às pessoas com idade igual ou superior a 65 anos, como no caso da gratuidade dos transportes coletivos públicos urbanos e semiurbanos (art. 39 do Estatuto do Idoso). No caso das pessoas entre 60 e 65 anos, ficará a critério da legislação local dispor sobre as condições da gratuidade; **D:** incorreta, pois a legitimidade é concorrente entre esses entes ou órgãos, de acordo com o art. 81 do Estatuto do Idoso; **E:** incorreta, pois é dispensada a autorização da assembleia, se houver prévia autorização estatutária, de acordo com o disposto na art. 81, IV, do Estatuto do Idoso.

Gabarito "A"

25. DIREITO DA PESSOA COM DEFICIÊNCIA

Anna Carolina Bontempo, Leni Mouzinho Soares e Vanessa Trigueiros*

ESTATUTO DA PESSOA COM DEFICIÊNCIA

(Promotor de Justiça – MPE/RS – 2017) Quanto aos direitos da pessoa com deficiência, assinale a alternativa correta.

(A) Terá direito ao auxílio-inclusão, nos termos da lei, a pessoa com deficiência moderada ou grave que receba o benefício da prestação continuada e que passe a exercer atividade remunerada que a enquadre como segurado obrigatório do Regime Geral de Previdência Social-RGPS.
(B) O Cadastro-Inclusão, criado pela Lei 13.146/2015, será administrado pelo Poder Executivo estadual, podendo esta administração, mediante convênio, ser delegada aos Municípios.
(C) Acompanhante, segundo o conceito trazido na Lei 13.146/2015, é a pessoa, membro ou não da família, que, com ou sem remuneração, assiste ou presta cuidados básicos e essenciais à pessoa com deficiência no exercício de suas atividades diárias, excluídas as técnicas ou os procedimentos identificados com profissões legalmente estabelecidas.
(D) No caso de pessoa com deficiência em situação de institucionalização, ao nomear curador, o juiz deve dar preferência ao representante da entidade em que se encontra abrigada a pessoa.
(E) Na tomada de decisão apoiada, é vedado ao terceiro, com quem a pessoa apoiada mantenha relação negocial, postular que os apoiadores contra-assinem o contrato ou acordo, tendo em conta que este instituto não restringe a plena capacidade da pessoa com deficiência.

A: correta (art. 94, I, do Estatuto da Pessoa com Deficiência); **B:** incorreta, pois o Cadastro-Inclusão será administrado pelo **Poder Executivo federal** e constituído por base de dados, instrumentos, procedimentos e sistemas eletrônicos, não havendo previsão para delegação (art. 92, § 1º, do Estatuto da Pessoa com Deficiência); **C:** incorreta, pois trata-se do **atendente pessoal**, nos termos do art. 3º, XII, do Estatuto da Pessoa com Deficiência; **D:** incorreta, pois o o juiz deve dar preferência à pessoa que tenha vínculo de natureza familiar, afetiva ou comunitária com o curatelado, consoante art. 85, § 3º, do Estatuto da Pessoa com Deficiência; **E:** incorreta, pois é **permitido**, na tomada de decisão apoiada, ao terceiro com quem a pessoa apoiada mantenha relação negocial, solicitar que os apoiadores contra-assinem o contrato ou acordo, especificando, por escrito, sua função em relação ao apoiado, de acordo com o disposto no art. 1.783-A, § 5º, do Estatuto da Pessoa com Deficiência. **ACB**

Gabarito "A".

Promotor de Justiça/GO – 2016 – MPE) A Tomada de Decisão Apoiada, modelo protecionista criado pela Lei 13.146/2015 (Estatuto da Pessoa com Deficiência):

(A) destina-se a proteção de pessoa vulnerável em virtude de circunstância pessoal, física, psíquica ou intelectual, restringindo-lhe temporariamente a capacidade, a fim de que receba auxílio para decisão sobre determinado ato da vida civil;
(B) configura novo instituto jurídico, ao lado da tutela e da curatela, vocacionado para a proteção de incapazes ou relativamente incapazes, devendo os apoiadores nomeados pelo juiz, após oitiva do Ministério Público, seguir fielmente o termo levado a juízo, considerando as necessidades e aspirações da pessoa apoiada;
(C) será determinada pelo juiz, em procedimento de jurisdição voluntária, a requerimento da pessoa com deficiência que indicará pelo menos duas pessoas idôneas, com as quais mantenha vínculo e que gozem de sua confiança, para fornecer-lhe apoio na tomada de decisão relativa a atos da vida civil;
(D) é um modelo protecionista criado em favor de pessoas interditadas, em razão de deficiência física, sensorial, psíquica ou intelectual, com objetivo de que o juiz, ouvido o Ministério Público, indique duas pessoas integrantes de equipe multidisciplinar para prestar apoio ao interdito na tomada de decisão relativa aos atos da vida civil.

A: incorreta – A tomada de decisão apoiada é o processo pelo qual a pessoa com deficiência elege pelo menos 2 (duas) pessoas idôneas, com as quais mantenha vínculos e que gozem de sua confiança, para prestar-lhe apoio na tomada de decisão sobre atos da vida civil, fornecendo-lhes os elementos e informações necessários para que possa exercer sua capacidade (Art. 1.783-A, caput, do Código Civil, com as alterações trazidas pelo art. 116 da Lei nº 13.146/2015,); **B:** incorreta – A tomada de decisão apoiada destina-se à pessoa com deficiência, que, de acordo com o art. 2º, caput, da Lei nº 13.146/2015, é " aquela que tem impedimento de longo prazo de natureza física, mental, intelectual ou sensorial, o qual, em interação com uma ou mais barreiras, pode obstruir sua participação plena e efetiva na sociedade em igualdade de condições com as demais pessoas": **C:** correta – Art. 1.783-A do Estatuto do Código Civil, com as alterações trazidas pelo Estatuto da Pessoa com Deficiência; **D:** incorreta – Antes de se pronunciar sobre o pedido de tomada de decisão apoiada, o juiz, assistido por equipe multidisciplinar, após oitiva do Ministério Público, ouvirá pessoalmente o requerente e as pessoas que lhe prestarão apoio, que serão pelo menos duas pessoas idôneas, com as quais a pessoa com deficiência mantenha vínculos e que gozem de sua confiança (art. 1.783-A, caput e §3º, do Código Civil). **LM**

Gabarito "C".

2. TUTELA DA PESSOA COM DEFICIÊNCIA NO ÂMBITO DO DIREITO INTERNACIONAL

(Ministério Público/SP – 2013 – PGMP) Relativamente à Convenção sobre os Direitos das Pessoas com Deficiência, aprovada pelo Decreto Legislativo 186, de 2008, e objeto de promulgação conforme Decreto 6.949, de 2009, é INCORRETO afirmar:

(A) É propósito da aludida Convenção o de promover, proteger e assegurar o desfrute pleno e equitativo de todos os direitos humanos e liberdades fundamentais por parte de todas as pessoas com deficiência e promover o respeito pela sua inerente dignidade.
(B) Constitui, dentre outros, compromisso dos Estados Partes o de promover a capacitação de profissionais e de equipes que trabalham com pessoas com deficiência, em relação aos direitos reconhecidos na Convenção, para que possam prestar melhor assistência e serviços garantidos por esses direitos.
(C) Dentre outras medidas a serem adotadas para conscientização de toda a sociedade, inclusive das famílias, sobre as condições das pessoas com deficiência e fomentar o respeito pelos direitos e pela dignidade das pessoas com deficiência, encontra-se expressamente previsto o fomento em todos os níveis do sistema educacional, incluindo neles todas as crianças desde tenra idade, de uma atitude de respeito para com os direitos das pessoas com deficiência.
(D) Para realizar o direito das pessoas com deficiência à educação, constitui obrigação dos Estados Partes, dentre outras, a de assegurar que as pessoas com deficiência não sejam excluídas do ensino fundamental gratuito, que deve ser prestado preferencialmente em escolas concebidas e previamente aparelhadas para lidar com os diversos tipos de deficiência, especializadas no atendimento dessa parcela da população.
(E) Constitui, dentre outros, compromisso dos Estados Partes o de realizar e promover a pesquisa e o desenvolvimento de produtos, serviços, equipamentos e instalações com desenho universal que exijam o mínimo possível de adaptação e cujo custo seja o mínimo possível, destinados a atender às necessidades específicas de pessoas com deficiência, a promover sua disponibilidade e seu uso e a promover o desenho universal quando da elaboração de normas e diretrizes.

A: correta, pois a alternativa traz o propósito previsto no artigo 1 da Convenção sobre os Direitos das Pessoas com Deficiência (Decreto 6.949/2009); **B:** correta, pois a alternativa traz o compromisso previsto no artigo 4, item 1, "i", da Convenção sobre os Direitos das Pessoas com Deficiência; **C:** correta, pois a alternativa traz o compromisso previsto no artigo 8, item 1, "a" e item 2, "b", da Convenção sobre os Direitos das Pessoas com Deficiência; **D:** incorreta, devendo ser assinalada, pois é obrigação dos Estados Partes assegurar que as pessoas com deficiência não sejam excluídas do sistema educacional geral sob alegação de deficiência e que as crianças com deficiência não sejam excluídas

---

* **Vanessa Trigueiros** comentou as questões do concurso de MP/SP/2013. **Anna Carolina Bontempo** comentou as questões do concurso de DEF/AC/12, DEF/AM/13, DEF/ES/12, DEF/PR/12, DEF/RO/12, DEF/SE/12, DEF/SP/12, bem como as questões dos concursos MP/BA/15, MP/SP/15, MP/MS/13, MP/AC/08, MP/CE/11, MP/GO/10, MP/GO/12, MP/MG/11, MP/MG/12, MP/MT/12, MP/PB/10, MP/PI/12, MP/RJ/11, MP/RN/09, MP/RR/12, MP/SP/12 e MP/TO/12, quando houver. As demais questões foram comentadas por **Leni Mouzinho Soares**.

do ensino primário gratuito e compulsório ou do ensino secundário, sob alegação de deficiência, nos termos do art. 24, item 2, "a", da Convenção sobre os Direitos das Pessoas com Deficiência; **E:** correta, pois a alternativa traz o compromisso previsto no art. 4.º, item 1, "f", da Convenção sobre os Direitos das Pessoas com Deficiência.

Gabarito "D".

3. ACESSIBILIDADE (LEI 10.098/00 E DEC. 5.296/2004)

(Defensor Público/TO – 2013 – CESPE) Ainda com relação ao direito das pessoas com deficiência, assinale a opção correta de acordo com o Decreto nº 5.296/2004.

(A) Nos estacionamentos externos ou internos das edificações de uso público ou de uso coletivo, ou nos localizados nas vias públicas, serão reservados, pelo menos, 4% do total de vagas para veículos que transportem pessoa portadora de deficiência física ou visual, sendo assegurada, no mínimo, uma vaga, em locais próximos à entrada principal ou ao elevador, de fácil acesso à circulação de pedestres, com especificações técnicas de desenho e traçado conforme o estabelecido nas normas técnicas de acessibilidade.

(B) Para atender ao disposto na referida norma, o Poder Executivo determinou taxativamente a isenção de tributos para a importação de equipamentos que, destinados à adequação do sistema de transporte coletivo às necessidades dos portadores de deficiência, não sejam produzidos no país.

(C) Consoante a referida norma, classifica-se como deficiência mental o funcionamento intelectual significativamente inferior à média, manifestado antes dos dezoito anos e com limitações associadas a duas ou mais áreas de habilidades adaptativas.

(D) Considera-se deficiência auditiva, para os fins do referido decreto, a perda unilateral ou bilateral, parcial ou total, de quarenta decibéis ou mais, aferida por audiograma nas frequências de 500 Hz, 1.000 Hz e 2.000 Hz.

(E) Para os fins do referido decreto, as fontes públicas não são consideradas mobiliário urbano, conceituado como o conjunto de objetos existentes nas vias e espaços públicos, superpostos ou adicionados aos elementos da urbanização ou da edificação, de forma que sua modificação ou traslado não altere substancialmente tais elementos.

A: incorreta – Em todas as áreas de estacionamento aberto ao público, de uso público ou privado de uso coletivo e em vias públicas, devem ser reservadas vagas próximas aos acessos de circulação de pedestres, devidamente sinalizadas, para veículos que transportem pessoa com deficiência com comprometimento de mobilidade, desde que devidamente identificados. As vagas a que se refere o *caput* devem equivaler a 2% (dois por cento) do total, garantida, no mínimo, 1 (uma) vaga devidamente sinalizada e com as especificações de desenho e traçado de acordo com as normas técnicas vigentes de acessibilidade. (art. 47, *caput* e § 1º, da Lei Brasileira de Inclusão da Pessoa com Deficiência – Estatuto da Pessoa com Deficiência – Lei nº 13.146/2015). No Decreto-Presidencial nº 5.296/2004, a matéria está prevista no art. 25; **B:** incorreta, pois compete ao Poder Executivo, com base em estudos e pesquisas, verificar a viabilidade de redução ou isenção de tributo, não sendo taxativa a implantação da referida isenção (art. 45, I, do Decreto 5.296/2004); **C:** correta (art. 5º, § 1º, I, *d*, do Decreto 5.296/2004); **D:** incorreta, pois considera-se deficiência auditiva a "perda bilateral, parcial ou total, de quarenta e um decibéis (dB) ou mais, aferida por audiograma nas frequências de 500Hz, 1.000Hz, 2.000Hz e 3.000Hz" (art. 5º, § 1º, I, *b*, do Decreto 5.296/2004); **E:** incorreta, pois as fontes públicas são consideradas mobiliário urbano (art. 8º, IV, do Decreto 5.296/2004).

Gabarito "C".

(Defensor Público/TO – 2013 – CESPE) Com base no disposto na Lei nº 10.048/2000 e no Decreto nº 5.296/2004, bem como no dispositivo constitucional sobre o direito das pessoas com deficiência, assinale a opção correta.

(A) O tratamento diferenciado previsto no Decreto nº 5.296/2004 inclui, entre outros, pessoal capacitado para prestar atendimento às pessoas com deficiência visual, mental e múltipla, bem como às pessoas idosas.

(B) Nos serviços de emergência dos estabelecimentos públicos e privados de atendimento à saúde, a prioridade deve sempre ser dada a pessoas com deficiência.

(C) É constitucionalmente prevista a criação de programas de prevenção e atendimento especializado para os portadores de deficiência física, sensorial ou mental, bem como a integração social exclusiva do adolescente portador de deficiência, mediante o treinamento para o trabalho.

(D) As empresas de ônibus estão obrigadas a reservar assentos às pessoas portadoras de deficiência, devendo o proprietário da empresa que descumprir a determinação legal responder criminalmente pela omissão.

(E) Os logradouros e sanitários públicos e particulares, assim como os edifícios públicos e particulares, devem obedecer a normas de construção, para efeito de licenciamento da respectiva edificação, específicas para o atendimento das necessidades das pessoas portadoras de deficiência.

A: correta – art. 6º, § 1º, IV, do Decreto 5.296/2004; **B:** incorreta – a prioridade fica condicionada à avaliação médica em face da gravidade dos casos a atender e condicionada aos protocolos de atendimento médico (art. 6º, § 3º, do Decreto 5.296/2004 e art. 9º, VII, § 2º, da Lei 13.146/2015); **C:** incorreta, pois a integração social não é exclusiva, abrangendo adolescente e jovem com deficiência (art. 227, § 1º, II, da CF/1988); **D:** incorreta, pois trata-se de infração administrativa, cuja pena é de multa de R$ 500,00 (quinhentos reais) a R$ 2.500,00 (dois mil e quinhentos reais) (art. 6º, II, da Lei 10.048/2000); **E:** incorreta, pois a lei não abrange os logradouros e sanitários particulares (art. 4º da Lei 10.048/2000).

Gabarito "A".

4. SAÚDE MENTAL

(Ministério Público/SP – 2012 – VUNESP) Com relação à proteção, aos direitos das pessoas portadoras de transtornos mentais e ao modelo assistencial em saúde mental, é correto afirmar que:

(A) a internação de pacientes portadores de transtornos mentais em instituições com características asilares é legal;

(B) a internação, em qualquer de suas modalidades, só será indicada quando os recursos extra-hospitalares se mostrarem insuficientes;

(C) a internação psiquiátrica será realizada mediante simples indicação médica, sem necessidade de motivação, garantindo, assim, a acessibilidade ao tratamento;

(D) a internação compulsória é aquela que se dá sem o consentimento do usuário e a pedido de terceiros;

(E) somente o médico assistente poderá determinar o término da internação voluntária.

A: incorreta, pois é proibida a internação de pacientes portadores de transtornos mentais em instituições com características asilares, de acordo com o art. 4º, § 3º, da Lei 10.216/2001; **B:** correta (art. 4º, *caput*, da Lei 10.216/2001); **C:** incorreta, pois o art. 6º, *caput*, da Lei 10.216/2001 dispõe que *a internação psiquiátrica somente será realizada mediante laudo médico circunstanciado que caracterize os seus motivos*; **D:** incorreta, pois a internação compulsória é aquela determinada pela Justiça (art. 6º, III, da Lei 10.216/2001); **E:** incorreta, pois o término da internação voluntária dar-se-á por solicitação escrita do paciente ou por determinação do médico assistente (art. 7º, parágrafo único, da Lei 10.216/2001).

Gabarito "B".

5. PREVIDÊNCIA E ASSISTÊNCIA SOCIAL

(Ministério Público/SP – 2013 – PGMP) A Lei Complementar 142, de 08 de maio de 2013, que regulamenta o § 1.º do art. 201 da Constituição Federal, no tocante à aposentadoria da pessoa com deficiência segurada do Regime Geral de Previdência Social:

I. Considera a pessoa com deficiência aquela que tem impedimentos de longo ou médio prazo de natureza física, mental, intelectual ou sensorial, os quais, em interação com diversas barreiras, podem obstruir sua participação plena e efetiva na sociedade em igualdade de condições com as demais pessoas.

II. Dentre outras providências, dispôs que a pessoa com deficiência, conforme seja o grau dessa deficiência, grave, moderada ou leve, necessitará de períodos distintos de contribuição e idade, para fazer jus à aposentadoria, estabelecendo também distinções de períodos de contribuição para homens e mulheres.

III. Determinou também que, qualquer que seja o grau de deficiência, a pessoa portadora de deficiência terá assegurada a sua aposentadoria aos 60 (sessenta) anos de idade, se homem, e 55 (cinquenta e cinco) anos de idade, se mulher, desde que cumprido tempo mínimo de contribuição de 15 (quinze) anos e comprovada a existência de deficiência durante igual período.

IV. Dentre outras providências, desconsiderou o fator idade quando dispôs que a pessoa com deficiência, conforme seja o grau dessa deficiência, grave, moderada ou leve, necessitará de períodos distintos de contribuição, para fazer jus à aposentadoria, estabelecendo também distinções de períodos de contribuição para homens e mulheres.

V. Considerou o fator idade e o tempo de contribuição para todas as hipóteses de direito à aposentadoria, para a pessoa portadora de deficiência física.

Está CORRETO somente o contido nos itens:

(A) III e IV.
(B) I, III e V.
(C) II, III e V.
(D) I e IV.
(E) I e V.

I: incorreta, pois é considerada pessoa com deficiência aquela que tem impedimentos de longo prazo de natureza física, mental, intelectual ou sensorial, os quais, em interação com diversas barreiras, podem obstruir sua participação plena e efetiva na sociedade em igualdade de condições com as demais pessoas (art. 2.º da LC 142/2013); **II:** incorreta – De fato, a Lei Complementar exige tempos de contribuição diferentes para cada grau de deficiência. No entanto, quando a aposentadoria for por idade, não há diferenciação em razão do grau da deficiência (art. 3.º e seus incisos, da LC 142/2013); **III:** correta, pois a alternativa reflete o disposto no art. 3.º, IV, da LC 142/2013; **IV:** correta (art. 3.º, IV, da LC 142/2013); **V:** incorreta, o art. 3.º da LC 142/2013 não considerou o fator idade e o tempo de contribuição para todas as hipóteses de aposentadoria para a pessoa portadora de deficiência física.

Gabarito "A".

6. ACESSO À JUSTIÇA

(Ministério Público/GO – 2012) Sobre a tutela dos direitos das pessoas com deficiência, pelo Ministério Público, marque a alternativa incorreta.

(A) O órgão ministerial oficiará em qualquer ação proposta por pessoa com deficiência ou contra ela, esteja ou não em discussão problema relacionado com esta especial condição

(B) Por meio da ação civil pública, podem ainda ser ajuizadas medidas judiciais relacionadas com educação, saúde, transportes, edificações, bem como com área ocupacional ou de recursos humanos.

(C) O órgão ministerial deve zelar para que os Poderes Públicos e os serviços de relevância pública observem os direitos e princípios constitucionais de proteção às pessoas com deficiência, como o acesso a edifícios públicos e privados destinados a uso público ou o preenchimento de empregos públicos.

(D) Pela lei, na ação civil pública ou coletiva que verse interesses ligados à defesa das pessoas com deficiência, havendo carência ou improcedência, impõe-se o duplo grau de jurisdição.

A: incorreta – A fim de garantir a atuação da pessoa com deficiência em todo o processo judicial, o poder público deve capacitar os membros e os servidores que atuam no Poder Judiciário, no Ministério Público, na Defensoria Pública, nos órgãos de segurança pública e no sistema penitenciário quanto aos direitos da pessoa com deficiência (Art. 79, § 1º, da Lei nº 13.146/2015), sendo obrigatória a intervenção do Ministério Público nas ações públicas, coletivas ou individuais, em que se discutam interesses relacionados à deficiência das pessoas., de acordo com o disposto no art. 5º da Lei 7.853/1989; **B:** correta – Art. 2º da Lei 7.853/1989; **C:** correta – Art. 2º, inc. III, alínea "c" e inc. V, alínea "a", ambos da Lei 7.853/1989; **D:** correta – Art. 4, § 1º, da Lei 7.853/1989.

Gabarito "A".

(Ministério Público/MG – 2012 – CONSULPLAN) Os portadores de deficiência somente no século XX passaram a ser vistos como cidadãos detentores de direitos e deveres como os demais. A impulsão desse movimento inclusivo se deu pela Declaração Universal dos Direitos Humanos em 1948. Nas ações civis públicas destinadas à proteção de interesses coletivos ou difusos de pessoas portadoras de deficiência, é **INCORRETO** afirmar que:

(A) Para instruir a inicial, o interessado poderá requerer às autoridades competentes as certidões e informações que julgar necessárias.

(B) As certidões e informações necessárias deverão ser fornecidas dentro de 15 (quinze) dias da entrega, sob recibo, dos respectivos requerimentos, e só poderão ser utilizadas para a instrução da ação civil.

(C) Somente nos casos em que o interesse público, devidamente justificado, impuser sigilo, poderá ser negada a certidão ou informação.

(D) É facultado a qualquer cidadão habilitar-se como litisconsorte ou assistente do autor da ação.

A: correta (art. 3º, § 1º, da Lei 7.853/1989); **B:** correta (art. 3º, § 2º, da Lei 7.853/1989); **C:** correta (art. 3º, § 3º, da Lei 7.853/1989); **D:** incorreta, devendo ser assinalada, pois é facultado apenas aos legitimados ativos (art. 3º, § 5º, da Lei 7.853/1989).

Gabarito "D".

7. TEMAS COMBINADOS E OUTROS TEMAS DE PESSOAS COM DEFICIÊNCIA

(Ministério Público/BA – 2015 – CEFET) Acerca da proteção às pessoas portadoras de deficiência, verifique o conteúdo das seguintes proposições:

I. Na área da educação para os portadores de deficiência, os órgãos e as entidades da administração direta e indireta, no âmbito de sua competência e finalidade, devem providenciar a inclusão da Educação Especial como modalidade educativa que abranja a educação precoce, a pré-escolar, as de 1º e 2º graus, a supletiva, a habilitação e reabilitação profissionais, com currículos, etapas e exigências de diplomação próprios.

II. Os órgãos e entidades da administração direta e indireta devem também propiciar a oferta, obrigatória e gratuita, da Educação Especial em estabelecimento público de ensino, bem como a matrícula compulsória de pessoas portadoras de deficiência em cursos regulares de estabelecimentos públicos e particulares, desde que sejam capazes de se integrarem no sistema regular de ensino.

III. Os repasses de recursos do Fundo Nacional de Assistência Social (FNAS) em prol dos portadores de deficiência para os Municípios, os Estados e o Distrito Federal exigem a efetiva instituição e funcionamento do Conselho de Assistência Social, condição considerada suficiente para que tais transferências ocorram.

IV. Em conformidade com a Convenção Interamericana para a Eliminação de Discriminação contra as Pessoas Portadoras de Deficiência, não constitui discriminação a diferenciação ou preferência adotada pelo Estado-Parte para promover a integração social ou o desenvolvimento pessoal dos portadores de deficiência, desde que a diferenciação ou preferência não limite em si mesma o direito à igualdade dessas pessoas e que elas não sejam obrigadas a aceitar tal diferenciação ou preferência.

V. A internação psiquiátrica involuntária deverá, no prazo de 48 (quarenta e oito) horas, ser comunicada ao Ministério Público Estadual pelo responsável técnico do estabelecimento no qual tenha ocorrido, devendo esse mesmo procedimento ser adotado quando da respectiva alta.

Estão **CORRETAS** as seguintes assertivas:

(A) I – II – IV.
(B) III – IV – V.
(C) II – III – IV.
(D) I – IV – V.
(E) I – II – III.

I: correto (art. 2º, parágrafo único, I, a, da Lei 7.853/1989); **II:** correto (art. 2º, parágrafo único, I, c e f); **III:** incorreto, pois é condição para transferência de recursos do FNAS aos Estados, ao Distrito Federal e aos Municípios a comprovação orçamentária dos recursos próprios destinados à Assistência Social, alocados em seus respectivos Fundos de Assistência Social, a partir do exercício de 1999, conforme art. 30, parágrafo único, da Lei 8.742/1993); **IV:** coreto (art. 1º, 2, b da Convenção Interamericana para a Eliminação de Todas as Formas de Discriminação contra as Pessoas Portadoras de Deficiência); **V:** incorreto, pois a internação psiquiátrica involuntária deverá, no prazo de **setenta e duas horas**, ser comunicada ao Ministério Público Estadual pelo responsável técnico do estabelecimento no qual tenha ocorrido, devendo esse mesmo procedimento ser adotado quando da respectiva alta, de acordo com o art. 8º, § 1º, da Lei 10.216/2001.

Gabarito "A".

(Ministério Público/SP – 2015 – MPE/SP) Nos termos da Lei 10.216/2001 (Dispõe sobre a proteção e os direitos das pessoas portadoras de transtornos mentais):

I. A internação psiquiátrica somente será realizada mediante laudo médico circunstanciado que caracterize os seus motivos, cujo documento somente poderá ser dispensado nos casos de internação compulsória.

II. A internação compulsória é aquela determinada pela Justiça.

III. A internação voluntária ou involuntária somente será autorizada por médico devidamente registrado no Conselho Regional de Medicina do Estado onde se localize o estabelecimento.

IV. A internação voluntária é aquela que se dá com o consentimento do usuário ou de seus familiares.

V. A internação involuntária é aquela que se dá sem o consentimento do usuário ou de seus familiares, em casos urgentes, mediante expressa recomendação médica, devendo ser comunicada ao Ministério Público no prazo máximo de vinte e quatro horas, para as providências cabíveis.

Está correto apenas o contido em:

(A) I, II e III.
(B) II e III.
(C) II, III e V.
(D) I, III, IV e V.
(E) Todos os itens estão corretos.

I: incorreto, pois a Lei não abre exceções, sendo imprescindível laudo médico circunstanciado, conforme art. 6º da Lei 10.216/2001; **II:** correto (art. 6º, III, da Lei 10.216/2001); **III:** correto (art. 8º da Lei 10.216/2001); **IV:** incorreto, pois a internação voluntária é aquela que se dá com o consentimento do usuário, de acordo com art. 6º, I, da Lei 10.216/2001; V: incorreto, pois internação involuntária é aquela que se dá sem o consentimento do usuário e a pedido de terceiro (art. 6º, II, da Lei 10.216/2001). Ademais, somente a internação psiquiátrica involuntária deverá, no prazo de setenta e duas horas, ser comunicada ao Ministério Público Estadual pelo responsável técnico do estabelecimento no qual tenha ocorrido, devendo esse mesmo procedimento ser adotado quando da respectiva alta, consoante art. 8º, § 1º, da Lei 10.216/2001.

Gabarito "B".

(Ministério público/PI – 2012 – CESPE) No que se refere à defesa das pessoas portadoras de deficiência, à proteção ao patrimônio cultural e à ordem urbanística, assinale a opção correta.

(A) O conceito de ordem urbanística, reconhecida como direito coletivo em sentido amplo, abrange o direito à terra urbana, a moradia e a saneamento ambiental, mas não a transporte e prestação de serviços públicos.

(B) Não podem ser objetos de ação judicial de natureza coletiva a reparação do dano nem a determinação do cumprimento da lei em caso de violação ao direito do portador de deficiência de ter assento preferencial em qualquer meio de transporte coletivo.

(C) O direito urbanístico é difuso, ainda que se trate de dano que atinja apenas alguns bairros.

(D) Segundo a jurisprudência, é obrigatória a intervenção do MP como *custos legis* na ação judicial que tenha por objeto a defesa do interesse de deficiente físico cuja nomeação em concurso público tenha sido negada.

(E) Como o valor cultural do bem é anterior ao seu tombamento, é cabível a proposição de ACP para responsabilizar o particular pela conservação do patrimônio, independentemente de qualquer ato do poder público que estabeleça a necessidade de sua proteção.

A: incorreta, pois conflita com o art. 2º, I, da Lei 10.257/2001, já que "transporte e prestação de serviços públicos" integram o conceito de ordem urbanística; **B:** incorreta, pois conflita com o art. 1º, IV, da Lei 7.347/1985 c/c. 3º da Lei 7.853/1989; **C:** incorreta. Nesse sentido, Carvalho Filho, diferencia os Direitos transindividuais e coletivos na defesa da ordem urbanística: "Dentro da categoria dos interesses transindividuais, os relativos a ordem urbanística podem qualificar-se quer como difusos, quer como coletivos. Serão difusos quando tiverem maior generalidade e abrangência no que toca aos componentes do grupo; além disso, não haverá qualquer relação jurídica entre eles, sendo meramente circunstancial o agrupamento. É o caso, por exemplo, de ação para impedir construção que provoque gravame urbanístico para todo o bairro. Podem, no entanto, configurar-se como coletivos; nesse caso, os indivíduos serão determináveis em tese e entre eles próprios, ou relativamente a terceiros haverá uma relação jurídica base. É a hipótese de ação que vise a tutela de interesses urbanísticos de um condomínio, ameaçados por algum tipo de ofensa oriunda de ações do setor público ou privado." (Carvalho Filho, José dos Santos. **Comentários ao Estatuto da Cidade**. Rio de Janeiro: Lumen Juris, 2006. p. 47.); **D:** correta. Vejamos o julgado do C. Superior Tribunal de Justiça: "Agravo regimental. Recurso especial. Processo civil. **Concurso público. Negativa de nomeação. Deficiente físico. Direito individual indisponível. Intervenção obrigatória do Ministério Público, como custos legis.** Nulidade. Ocorrência. Retorno dos autos à origem. 1. A intervenção do Ministério Público fundamentada na qualidade de parte dotada de capacidade civil deve envolver direitos indisponíveis ou de tamanha relevância social que evidenciem a existência de interesse público no feito (art. 82, III, do CPC). **2. Nas causas que tratam da negativa de nomeação de portador de deficiência física com fundamento na ausência de capacitação física indispensável ao desempenho das funções inerentes ao cargo pretendido, que envolvem exame de ofensa a direito individual indisponível do deficiente físico a ingressar no serviço público, é obrigatória a intervenção do Parquet.** 3. Agravo regimental provido, para dar provimento ao recurso especial e declarar a nulidade do processo pela ausência de intervenção ministerial em primeira instância, determinando-se o retorno dos autos ao Juízo de 1º grau para regular prosseguimento do feito. (AgRg no REsp 565084/DF, Rel. Ministra Maria Thereza de Assis Moura, Sexta Turma, julgado em 24.08.2009, *DJe* 14.09.2009)" (grifo nosso); **E:** incorreta, pois inexistindo qualquer ato do Poder Público formalizando a necessidade de proteger o bem tombado, é descabida a responsabilização do proprietário pela não conservação do patrimônio, sendo este o posicionamento do Superior Tribunal de Justiça: "Processo civil. Administrativo. Ação civil pública. Tombamento provisório. Equiparação ao definitivo. Eficácia. 1. O ato de tombamento, seja ele provisório ou definitivo, tem por finalidade preservar o bem identificado como de valor cultural, contrapondo-se, inclusive, aos interesses da propriedade privada, não só limitando o exercício dos direitos inerentes ao bem, mas também obrigando o proprietário às medidas necessárias à sua conservação. O tombamento provisório, portanto, possui caráter preventivo e assemelha-se ao definitivo quanto às limitações incidentes sobre a utilização do bem tutelado, nos termos do parágrafo único do art. 10 do Decreto-Lei 25/1937. **2. O valor cultural pertencente ao bem é anterior ao próprio tombamento. A diferença é que, não existindo qualquer ato do Poder Público formalizando a necessidade de protegê-lo, descaberia responsabilizar o particular pela não conservação do patrimônio. O tombamento provisório, portanto, serve justamente como um reconhecimento público da valoração inerente ao bem.** 3. As coisas tombadas não poderão, nos termos do art. 17 do Decreto-Lei 25/1937, ser destruídas, demolidas ou mutiladas. O descumprimento do aludido preceito legal enseja, via de regra, o dever de restituir a coisa ao *status quo ante*. Excepcionalmente, sendo manifestamente inviável o restabelecimento do bem ao seu formato original, autoriza-se a conversão da obrigação em perdas e danos. 4. À reforma do aresto recorrido deve seguir-se à devolução dos autos ao Tribunal **a quo** para que, respeitados os parâmetros jurídicos ora estipulados, prossiga o exame da apelação do IPHAN e aplique o direito consoante o seu convencimento, com a análise das alegações das partes e das provas existentes. 5. Recurso especial provido em parte. (REsp 753534/MT, Rel. Ministro Castro Meira, Segunda Turma, julgado em 25.10.2011, *DJe* 10.11.2011)" (grifo nosso – ver Informativo 152).

Gabarito "D".

(Ministério Público/RR – 2012 – CESPE) A respeito da proteção aos deficientes físicos e do direito urbanístico, assinale a opção correta.

(A) Verificado que determinado loteamento não esteja devidamente registrado, deverá o adquirente do lote, sem suspender o pagamento das prestações restantes diretamente ao vendedor, efetuar a notificação do loteador para suprir a falta.

(B) As ACPs destinadas à proteção de interesses difusos das pessoas portadoras de deficiência poderão ser propostas por sociedade de economia mista, independentemente da inclusão, entre as finalidades institucionais, da proteção das pessoas portadoras de deficiência, na medida em que essa modalidade de proteção é universal.

(C) Exceto em relação às demandas de natureza individual, o MP deve intervir obrigatoriamente nas ações públicas em que se discutam interesses relacionados à deficiência das pessoas.

(D) O funcionário público que obstar, por qualquer causa, o acesso de alguém a determinado cargo público, por motivos derivados de sua deficiência, responderá pelo delito de prevaricação previsto no CP.

(E) O município tem o poder-dever de agir para fiscalizar e regularizar loteamento irregular, pois é o responsável pelo parcelamento, uso e ocupação do solo urbano, atividade vinculada, e não discricionária.

A: incorreta, pois o adquirente deve suspender o pagamento, segundo o art. 38, *caput*, da Lei 6.766/1979; **B:** incorreta, pois a sociedade de economia mista **deve ter inclusa**, entre suas finalidades institucionais, proteção dos interesses e a promoção de direitos da pessoa com deficiência (art. 3º da Lei 7.853/1989 – Redação dada pela Lei 13.146/2015); **C:** incorreta, pois é também obrigatória a intervenção do Ministério Público nas *ações individuais, em que se discutam interesses relacionados à deficiência das pessoas*, de acordo com o disposto no art. 5º da Lei 7.853/1989; **D:** incorreta, pois não trata-se de crime de prevaricação (art. 319 do CP) e sim de crime previsto no art. 8º, II, da Lei 7.853/1989; **E:** correta (art. 40 da Lei 6.766/1979). Nesse sentido, vejamos posicionamento do Superior Tribunal de Justiça: "Processual civil e administrativo. Recurso especial. Julgamento antecipado da lide. Não ocorrência de cerceamento ao direito de ampla defesa e ao contraditório. Alegação de violação aos arts. 302, III, 331, § 2º, 332, 333, I e II do Código de Processo Civil. Ausência de prequestionamento. Súmula 211 do STJ. Ação civil pública. Loteamento irregular. Município. Poder-dever. Art. 40 da Lei 6.766/1979. Precedentes do STJ. 1. Hipótese em que o Ministério Público do Estado de São Paulo ajuizou ação civil pública contra o Município, a Associação de Ocupantes e dois sócios, objetivando a regularização do loteamento, que foi julgada procedente para condenar os requeridos à realização de obras necessárias à infraestrutura do loteamento irregular, dentre outras cominações. 2. A ausência de prequestionamento dos dispositivos legais tidos como violados (302, III, 331, § 2º, 332, 333, I e II do Código de Processo Civil) torna inadmissível o recurso especial. Incidência das Súmulas 282 do STF e 211/STJ. **3. É pacífico o entendimento desta Corte Superior de que o Município tem o poder-dever de agir para fiscalizar e regularizar loteamento irregular, pois é o responsável pelo parcelamento, uso e ocupação do solo urbano, atividade essa que é vinculada, e não discricionária. Precedentes: REsp 432.531/SP, 2ª Turma, Rel. Min. Franciulli Netto, *DJ* 25.04.2005; REsp 448.216/SP, 1ª Turma, Rel. Min. Luiz Fux, *DJ* 17.11.2003; REsp 131.697/SP, 2ª Turma, Rel. Min. João Otávio de Noronha, *DJ* 13.06.2005.** 4. Recurso especial parcialmente conhecido e, nessa extensão, não provido. (REsp 1170929/SP, Rel. Ministro Benedito Gonçalves, Primeira Turma, julgado em 20.05.2010, *DJe* 27.05.2010)" (grifo nosso).

Gabarito "E".

(Ministério Público/SC – 2012) Analise as assertivas a seguir.

I. Consoante a Lei n. 7.853/1989, o Ministério Público, as autarquias e as empresas públicas são alguns dos legitimados a proporem ação civil pública para garantir a adoção e a efetiva execução de normas que garantam a funcionalidade das edificações e vias públicas, que evitem ou removam os óbices às pessoas portadoras de deficiência, permitam o acesso destas a edifícios, a logradouros e a meios de transporte.

II. Prevê a Lei n. 7.853/1989 que o Ministério Público intervirá obrigatoriamente nas ações públicas, coletivas ou individuais, em que se discutam interesses relacionados à deficiência das pessoas.

III. Extrai-se do texto da Lei n. 7.853/1989 que somente nos casos de segurança nacional poderá ser negada, ao interessado, certidão ou informação necessária à instrução de ação civil pública que diga respeito aos interesses coletivos ou difusos das pessoas portadoras de deficiência.

IV. A Lei n. 10.098/2000 define acessibilidade como a possibilidade e condição de alcance para utilização, com segurança e autonomia, dos espaços, mobiliários e equipamentos urbanos, das edificações, dos transportes e dos sistemas e meios de comunicação, por pessoa portadora de deficiência ou com mobilidade reduzida.

V. De acordo, ainda, com a Lei n. 10.098/2000, os banheiros de uso público existentes ou a construir em parques, praças, jardins e espaços livres públicos deverão ser acessíveis e dispor, pelo menos, de um sanitário e um lavatório que atendam às especificações das normas técnicas da ABNT. Além disso, os parques de diversões, públicos e privados, devem adaptar, no mínimo, 5% (cinco por cento) de cada brinquedo e equipamento e identificá-lo para possibilitar sua utilização por pessoas com deficiência ou com mobilidade reduzida, tanto quanto tecnicamente possível.

(A) Apenas a assertiva II está correta.
(B) Apenas as assertivas II e III estão corretas.
(C) Apenas as assertivas II e IV estão corretas.
(D) Apenas as assertivas I, II, IV e V estão corretas.
(E) Todas as assertivas estão corretas.

I: correta – Com as alterações trazidas pelo Estatuto da Pessoa com Deficiência, o dispositivo passou a ter a seguinte redação: "As medidas judiciais destinadas à proteção de interesses coletivos, difusos, individuais homogêneos e individuais indisponíveis da pessoa com deficiência poderão ser propostas pelo Ministério Público, pela Defensoria Pública, pela União, pelos Estados, pelos Municípios, pelo Distrito Federal, por associação constituída há mais de 1 (um) ano, nos termos da lei civil, por autarquia, por empresa pública e por fundação ou sociedade de economia mista que inclua, entre suas finalidades institucionais, a proteção dos interesses e a promoção de direitos da pessoa com deficiência" (art. 3º, *caput,* da Lei 7.853/1989); **II:** correta – Art. 5º da Lei 7.853/1989; **III:** incorreta, pois *somente nos casos em que o interesse público, devidamente justificado, impuser sigilo, poderá ser negada certidão ou informação,* conforme art. 3º, § 3º, da Lei 7.853/1989; **IV:** correta, art. 2º, I, da Lei 10.098/2000. Importante frisar que a Lei 13.146/2015 (Estatuto da Pessoa com Deficiência) deu nova redação ao inc. I do art. 2º "acessibilidade: possibilidade e condição de alcance para utilização, com segurança e autonomia, de espaços, mobiliários, equipamentos urbanos, edificações, transportes, informação e comunicação, inclusive seus sistemas e tecnologias, bem como de outros serviços e instalações abertos ao público, de uso público ou privados de uso coletivo, tanto na zona urbana como na rural, por pessoa com deficiência ou com mobilidade reduzida"; **V:** correta – O art. 4º, parágrafo único, da Lei 10.098/2000, com as alterações trazidas pela Lei n° 13.443/2017, passou a ter a seguinte redação: "No mínimo 5% (cinco por cento) de cada brinquedo e equipamento de lazer existentes nos locais referidos no **caput** devem ser adaptados e identificados, tanto quanto tecnicamente possível, para possibilitar sua utilização por pessoas com deficiência, inclusive visual, ou com mobilidade reduzida". Por sua vez, o art. 6º, da mesma norma legal, estabelece que "os banheiros de uso público existentes ou a construir em parques, praças, jardins e espaços livres públicos deverão ser acessíveis e dispor, pelo menos, de um sanitário e um lavatório que atendam às especificações das normas técnicas da ABNT". (arts. 6º e 4º, parágrafo único, ambos da Lei 10.098/2000).

Gabarito "D".

(Ministério Público/SC – 2012) Analise as assertivas a seguir.

I. A Lei Estadual n. 12.870/2004 considera pessoa portadora de necessidades especiais a que se enquadra nas seguintes categorias: deficiência física, deficiência auditiva, deficiência visual, deficiência mental, deficiência comportamental e deficiência múltipla.

II. De acordo com o regramento que instituiu a Política Estadual de Promoção e Integração Social da Pessoa Portadora de Necessidades Especiais (Lei Estadual n. 12.870/2004), a deficiência comportamental abrange, entre outros lá elencados, os distúrbios psicológicos temporários e permanentes adquiridos por enfermidades relacionadas à conjugação de outras deficiências, em especial as de categoria mental.

III. De acordo com a Lei n. 10.216/2001, a internação psiquiátrica compreende os seguintes tipos: internação voluntária, internação involuntária e internação compulsória.

IV. Consoante a Lei n. 10.216/2001, a internação psiquiátrica involuntária deverá, no prazo de setenta e duas horas, ser comunicada ao Ministério Público Estadual pelo responsável técnico do estabelecimento no qual tenha ocorrido, devendo esse mesmo procedimento ser adotado quando da respectiva alta.

V. Conforme a Lei n. 10.216/2001, somente a internação psiquiátrica voluntária independe de laudo médico circunstanciado que caracterize seus motivos.

(A) Apenas as assertivas I, II e V estão corretas.
(B) Apenas as assertivas III e IV estão corretas.
(C) Apenas as assertivas I, III e IV estão corretas.
(D) Apenas as assertivas I, III, IV e V estão corretas.
(E) Todas as assertivas estão corretas.

I e II: incorretas – Entre as categorias das pessoas com necessidades especiais, a Lei Estadual de Santa Catarina não contempla pessoas com deficiência comportamental, referindo-se apenas àquelas com deficiências física, auditiva, visual, mental e múltipla (art. 4º, I ao V, da Lei Estadual 12.870/2004); **III:** correta – Art. 6º, parágrafo único, I, II e III, da Lei 10.216/2001); **IV:** correta (art. 8º, § 1º, da Lei 10.216/2001); **V:** incorreta, pois qualquer tipo de internação será realizado *mediante laudo médico circunstanciado que caracterize os seus motivos* (art. 6º, *caput,* da Lei 10.216/2001).

Gabarito "B".

(Defensor Público/ES – 2012 – CESPE) No que se refere ao direito das pessoas portadoras de deficiência, julgue os próximos itens.

(1) O atendimento prioritário refere-se ao tratamento diferenciado às pessoas portadoras de deficiência, incluindo-se o serviço prestado por guia-intérprete às pessoas surdo-cegas.

(2) O aconselhamento genético inclui-se entre os direitos básicos assegurados pelo poder público às pessoas portadoras de deficiência.

(3) Ao promover arquivamento de inquérito civil que verse sobre interesses relacionados às pessoas portadoras de deficiências, o MP deverá remeter, para reexame, os autos ou as respectivas peças ao Conselho Superior do Ministério Público.

(4) Nos termos da legislação pertinente, a paralisia cerebral e a ostomia são consideradas deficiências mentais.

(5) De acordo com determinação legal, a DP, de forma concorrente com os conselhos estaduais dos direitos da pessoa portadora de deficiência, tem legitimidade para acompanhar e sugerir medidas para o cumprimento das normas gerais e critérios básicos para a promoção da acessibilidade das pessoas portadoras de deficiência.

1: correta (art. 6º, § 1º, III, do Decreto 5.296/2004); **2:** correta (art. 2º, II, *a,* da Lei 7.853/1989); **3:** correta – O art. 6º, § 1º, da Lei 7.853/1989 prevê que: "Esgotadas as diligências, caso se convença o órgão do Ministério Público da inexistência de elementos para a propositura de ação civil, promoverá fundamentadamente o arquivamento do inquérito civil, ou das peças informativas. Neste caso, deverá remeter a reexame os autos ou as respectivas peças, em 3 (três) dias, ao Conselho Superior do Ministério Público, que os examinará, deliberando a respeito, conforme dispuser seu Regimento"; **4:** incorreta, pois são deficiências físicas (art. 5º, § 1º, I, *a,* do Decreto 5.296/2004); **5:** incorreta, pois a Defensoria Pública não está no rol de legitimados do art. 4º do Decreto 5.296/2004.

Gabarito 1C, 2C, 3C, 4E, 5E.

(Defensor Público/RO – 2012 – CESPE) Com base no que dispõe o Decreto nº 3.298/1999, que trata do direito das pessoas portadoras de necessidades especiais, assinale a opção correta.

(A) Para o preenchimento de cargos como pessoa portadora de deficiência, em empresa com cem ou mais empregados, não será considerada habilitada para o exercício do cargo pessoa portadora de deficiência que não tenha se submetido a processo de habilitação ou reabilitação, ainda que capacitada para o exercício da função.

(B) O período de capacitação para o trabalho vivenciado por pessoa portadora de deficiência em oficina protegida terapêutica, se superior a noventa dias, enseja vínculo empregatício.

(C) Para o processo de reabilitação do portador de deficiência, qualquer que seja a natureza, o agente causal ou o grau de severidade da deficiência, está previsto o provimento de órteses, próteses, bolsas coletoras e orientação psicológica, mas não o de medicamentos, que não contribuem para minimizar a deficiência.

(D) Os programas de educação superior devem incluir, em seus currículos, disciplinas relacionadas à pessoa portadora de deficiência.

(E) A colocação competitiva, processo de contratação regular, de acordo com a legislação trabalhista e previdenciária, requer a adoção de procedimentos especiais para a inserção laboral de pessoa portadora de deficiência.

A: incorreta, pois considera-se pessoa portadora de deficiência habilitada aquela que, não tendo se submetido a processo de habilitação ou reabilitação, esteja capacitada para o exercício da função (art. 36, § 3º, do Decreto 3.298/1999); **B:** incorreta, pois o período de adaptação e capacitação para o trabalho de adolescente e adulto portador de deficiência em oficina protegida terapêutica *não* caracteriza vínculo empregatício (art. 35, § 6º, do Decreto 3.298/1999); **C:** incorreta, pois é considerado parte integrante do processo de reabilitação *o provimento de medicamentos* (art. 20 do Decreto 3.298/1999); **D:** correta (art. 27, § 2º, do Decreto 3.298/1999); **E:** incorreta, pois o processo de contratação regular, nos termos da legislação trabalhista e previdenciária, *independe* da adoção de procedimentos especiais para sua concretização (art. 35, I, do Decreto 3.298/1999).

Gabarito "D".

26. DIREITO SANITÁRIO

Ana Paula Garcia, Anna Carolina Bontempo, Henrique Subi e Vanessa Trigueiros

1. DIREITO SANITÁRIO INTERNACIONAL

(Ministério público/PI – 2012 – CESPE) Para a fruição do estado completo de bem-estar físico, mental e social preconizado pela OMS, cabe aos países signatários do Pacto Internacional de Direitos Econômicos, Sociais e Culturais, entre os quais se inclui o Brasil, a adoção de medidas dirigidas ao maior número possível de pessoas. Acerca desse assunto, assinale a opção correta.

(A) A prestação de serviço ao paciente com transtorno mental deve ser realizada pelo gestor municipal sob supervisão e mediante financiamento do gestor estadual.
(B) O princípio bioético da universalidade do direito à saúde manifesta-se no utilitarismo, que consiste em proporcionar a cada indivíduo o indispensável às suas necessidades básicas.
(C) De acordo com o modelo de política para pessoas com transtornos mentais adotado no Brasil, a tarefa de coordenar e implementar a aquisição de medicamentos essenciais para a saúde mental é, prioritariamente, dos gestores estaduais.
(D) O MPF atua como defensor dos direitos fundamentais da coletividade, como fiscal da aplicação adequada das verbas federais e do cumprimento da política nacional do SUS, bem como do dever de garantir o direito à saúde.
(E) Embora o combate ao suicídio esteja entre as recomendações da OMS aos países-membros do pacto, o Brasil não desenvolveu ações efetivas relativas ao tema.

A: incorreta, pois a lei estabelece que "*é responsabilidade do Estado o desenvolvimento da política de saúde mental, a assistência e a promoção de ações de saúde aos portadores de transtornos mentais*" (art. 3º da Lei 10.216/2001); **B:** incorreta, pois segundo o princípio da universalidade a prestação de serviço público de saúde deve alcançar a todos os brasileiros e estrangeiros residentes no país (art. 5º, caput, da CF) e manifesta-se pela gratuidade no acesso aos serviços através do Sistema Único de Saúde (art. 196 da CF); **C:** incorreta, pois cabe ao Ministério da Saúde *implantar o Programa para a Aquisição dos Medicamentos Essenciais para a área de Saúde Mental*, competindo aos *gestores estaduais e do Distrito Federal a coordenação da implementação do Programa em seu âmbito* (art. 1º, caput e § 1º, da Portaria GM/MS n. 1.077/1999); **D:** correta, pois o Ministério Público Federal tem a seguinte função, dentre outras: *promover o inquérito civil e a ação civil pública, para a proteção do patrimônio público* (art. 129, III, da CF), *zelar pelo efetivo respeito dos serviços de relevância pública aos direitos assegurados nesta Constituição* (art. 129, II, da CF) e *zelar pelo efetivo respeito dos Poderes Públicos da União, dos serviços de relevância pública quanto aos direitos assegurados na Constituição Federal relativos às ações e aos serviços de saúde* (art. 5º, V, a, da LC 75/1993); **E:** incorreta, pois o Ministério da Saúde instituiu diretrizes nacionais para a prevenção do suicídio através da Portaria 1.876, de 14 de agosto de 2006. Além disso, a Coordenação de Saúde Mental apresentou a "Estratégia Nacional para Prevenção do Suicídio" através do site "Portal da Saúde", saiba mais em [http://portal.saude.gov.br/portal/saude/cidadao/visualizar_texto.cfm?idtxt=25605].
Gabarito "D".

(Ministério público/PI – 2012 – CESPE) Com relação ao direito sanitário, assinale a opção correta.

(A) O dever do Estado de assegurar a saúde por meio da formulação e execução de políticas econômicas e sociais que visem à redução de riscos de doenças e de outros agravos afasta a responsabilidade das empresas e das pessoas de garantir o direito à saúde.
(B) O direito sanitário não interage com o direito ambiental: enquanto aquele está relacionado com o direito à saúde, este está voltado à proteção do meio ambiente natural e cultural.
(C) Cuidar da saúde constitui competência material comum entre União, estados, DF e municípios.
(D) O direito à saúde caracteriza-se como direito fundamental difuso, coletivo e de terceira geração.
(E) O direito sanitário insere-se no âmbito do direito administrativo, dada a utilização da organização e das estruturas administrativas do Estado na promoção da saúde.

A: incorreta, pois o dever do Estado não exclui o das pessoas, da família, das empresas e da sociedade, consoante art. 2º, § 2º, da Lei 8.080/1990; **B:** incorreta, pois a Lei 8.080/1990 refere-se diversas vezes ao cuidado com o meio ambiente como atribuição do SUS e requisito essencial para a saúde, por exemplo, arts. 3º; 6º, V; 7º, X; dentre outros; **C:** correta (art. 23, II, da CF); **D:** incorreta, pois trata-se de direito social (art. 6º da CF) e de segunda geração; **E:** incorreta, o direito sanitário insere-se no âmbito do direito constitucional.
Gabarito "C".

(Ministério Público/TO – 2012 – CESPE) O SUS é o sistema responsável pela implementação da política pública de saúde no Brasil, que visa cumprir o preceito constitucional de direito à saúde. Acerca desse assunto, assinale a opção correta.

(A) O princípio da hierarquização constitui-se na prestação do serviço por divisões territoriais que abarquem todo o território nacional.
(B) Se o órgão de fiscalização sanitária autorizar a comercialização de medicamento que contrarie norma técnica ou científica, a responsabilidade pela comercialização desse medicamento recairá exclusivamente sobre o fornecedor.
(C) A lei prevê que seja criado fundo de saúde na esfera federal, razão por que os governos estaduais e municipais dispensados de fazê-lo, já que recebem verbas do governo federal.
(D) A aplicação dos princípios da integralidade, da gratuidade e da regionalização visa assegurar o acesso universal e igualitário às ações e serviços de saúde.
(E) A descentralização, o atendimento integral e a participação da comunidade representam requisitos essenciais à formação do SUS.

A: incorreta, pois a hierarquização de serviços significa que os serviços devem ser organizados em níveis crescentes de complexidade, circunscritos a uma determinada área geográfica, planejados a partir de critérios epidemiológicos e com definição e conhecimento da clientela a ser atendida; **B:** incorreta, pois não existe previsão legal acerca da responsabilidade exclusiva do fornecedor; **C:** incorreta, pois *o sistema único de saúde será financiado com recursos do orçamento da seguridade social, da União, dos Estados, do Distrito Federal e dos Municípios, além de outras fontes* (art. 198, § 1º, da CF); **D:** correta, a integralidade significa considerar a pessoa como um todo e deverá ser atendido por um sistema integrado pelas ações que visam promover, proteger e recuperar a saúde; a gratuidade é garantida nos serviços públicos e regionalização estabelece que os serviços devem ser circunscritos a uma determinada área geográfica e com a definição da população a ser atendida; **E:** incorreta, pois são diretrizes que regem o Sistema Único de Saúde.
Gabarito "D".

(Defensor Público/PR – 2012 – FCC) Quanto ao direito à saúde, é correto afirmar:

(A) A existência de um Sistema Único de Saúde pressupõe a definição das obrigações de cada um dos entes que a compõem, não havendo solidariedade entre União, Estados e Municípios no dever de fornecer ou prestar determinado serviço ou medicamento.
(B) Os serviços públicos de saúde serão prestados preferencialmente aos que comprovarem insuficiência de recursos para custear um tratamento privado.
(C) O direito à saúde impõe a União, Estados e Municípios o dever de prestar assistência terapêutica, inclusive farmacêutica, sugerindo-se a adoção de políticas profiláticas.
(D) Estão excluídas do campo de atuação do Sistema Único de Saúde a vigilância sanitária e a fiscalização e inspeção de alimentos, água e bebidas para consumo humano, de responsabilidade da Agência Nacional de Vigilância Sanitária.
(E) A iniciativa privada pode participar do Sistema Único de Saúde em caráter complementar.

A: incorreta, pois é competência comum dos entes da Federação cuidar da saúde (art. 23, II, da CF/1988) e também respondem solidariamente nas ações de saúde. Nesse sentido, transcreve-se acórdão do STF: "Suspensão de Segurança. Agravo Regimental. Saúde pública. Direitos fundamentais sociais. Art. 196 da Constituição. Audiência Pública. Sistema Único de Saúde – SUS. Políticas públicas. Judicialização do direito à saúde. Separação de poderes. Parâmetros para solução judicial dos casos concretos que envolvem direito à saúde. *Responsabilidade solidária dos entes da Federação em matéria de saúde. Fornecimento de medicamento: Zavesca (miglustat). Fármaco registrado na ANVISA. Não comprovação de grave lesão à ordem, à economia, à saúde e à segurança

---

* **Anna Carolina Bontempo** comentou as questões dos seguintes concursos: MP/AC/08, MP/BA/08, MP/CE/11, MP/GO/10, MP/GO/12, MP/MG/06, MP/MG/11, MP/MG/12, MP/MS/09, MP/MT/12, MP/PB/10, MP/PI/08, MP/PI/12, MP/RJ/11, MP/RN/09, MP/RR/12, MP/RS/08, MP/RS/09, MP/SC/08, MP/SC/12, MP/SP/12, MP/TO/12, MP/PR/13 e MP/RO/13 quando houver.
Vanessa Tonolli Trigueiros comentou a questão do concurso de MP/SP/13.
Ana Paula Garcia comentou as demais questões. **Henrique Subi** comentou as questões do concurso MPE/GO/2016 e atualizou todos os comentários desse capítulo

públicas. Possibilidade de ocorrência de dano inverso. Agravo regimental a que se nega provimento." (STF, AgRg na STA 175, Tribunal Pleno, j. 17.03.2010, rel. Min. Gilmar Mendes, DJe 30.04.2010, Ementário 2399-1)² (grifo nosso); **B:** incorreta, pois a saúde é direito de todos, devendo o Estado prover as condições indispensáveis ao seu pleno exercício (art. 196 da CF/1988 c.c art. 2º da Lei 8.080/1990); **C:** incorreta, pois a lei não sugere adoção de políticas profiláticas (art. 6º, I, *d*, da Lei 8.080/1990); **D:** incorreta, pois trata-se de atribuição do Sistema Único de Saúde (art. 200, VI, da CF/1988); **E:** correta (art. 199, § 1º, da CF/1988 e art. 4º, § 2º, da Lei 8.080/1990).
Gabarito "E".

2. LEI COMPLEMENTAR 141/2012 (GASTO MÍNIMO NA SAÚDE)

(Ministério público/PI – 2012 – CESPE) Com base na Lei Complementar n. 141/2012, que regulamenta o § 3.º do artigo 198 da CF, assinale a opção correta.

(A) Para a transferência de recursos do Fundo Nacional de Saúde para os fundos de saúde estaduais, destinados a atender despesas com ações e serviços de saúde, é necessária a celebração de convênios ou acordos jurídicos entre o estado pleiteante e a União.
(B) Não cabe à auditoria do SUS fiscalizar o cumprimento, pelo ente federativo, das metas para a saúde estabelecidas na lei de diretrizes orçamentárias, competência exclusiva do Poder Executivo estadual.
(C) Para fins de apuração dos recursos mínimos a serem aplicados anualmente pela União, estados, DF e municípios em ações e serviços públicos de saúde, considera-se como despesas com ações e serviços públicos de saúde o pagamento de pensões e aposentadorias, desde que relativas aos servidores da saúde.
(D) Integra a base de cálculo dos percentuais a serem aplicados pelos estados em ações e serviços públicos de saúde, o percentual mínimo de 15% referente, exclusivamente, ao produto da arrecadação indireta de impostos recebidos das grandes empresas.
(E) A transferência de recursos dos estados para os municípios deve ser realizada a partir de um rateio que obedeça à necessidade de saúde da população de cada região, considerados aspectos epidemiológicos, demográficos, socioeconômicos, espaciais, bem como a capacidade de oferta de ações e de serviços de saúde, de modo a se reduzirem as diferenças regionais.

A: incorreta, pois é dispensada a celebração de convênio ou outros instrumentos jurídicos (art. 18, *caput*, da LC 141/2012); **B:** incorreta, pois cabe também à auditoria do SUS fiscalizar o cumprimento das metas para a saúde estabelecidas na lei de diretrizes orçamentárias, de acordo com o art. 38, II, da LC 141/2012; **C:** incorreta, pois não são considerados como despesas, os pagamentos de aposentadorias e as pensões, a teor do art. 4º, I, da LC 141/2012; **D:** incorreta, pois conflita com o art. 6º da LC 141 2012); **E:** correta (art. 17 da LC 141/2012).
Gabarito "E".

3. LEI 8.080/1990 (LEI ORGÂNICA DA SAÚDE/SUS)

(Promotor de Justiça/GO – 2016 – MPE) Considerando o disposto na Lei Federal 8.080/1990, que dispõe sobre as condições para a promoção, proteção e recuperação da saúde, todas as alternativas a seguir são corretas, com exceção:

(A) a iniciativa privada poderá participar do Sistema Único de Saúde (SUS), em caráter complementar.
(B) não está incluída no campo de atuação do Sistema Único de Saúde (SUS) a colaboração na proteção do meio ambiente, nele compreendido o do trabalho.
(C) são vedados, em todas as esferas de gestão do SUS, o pagamento, o ressarcimento ou o reembolso de medicamento, produto e procedimento clínico ou cirúrgico experimental, ou de uso não autorizado pela Agência Nacional de Vigilância Sanitária – ANVISA.
(D) o atendimento e a internação domiciliares só poderão ser realizados por indicação médica, com expressa concordância do paciente e de sua família.

A: correta, nos termos do art. 4º, § 2º, da Lei 8.080/1990; **B:** incorreta, devendo ser assinalada. O art. 6º, V, da Lei 8.080/1990 expressamente inclui a proteção do meio ambiente, também o do trabalho, no campo de atuação do SUS; **C:** correta, nos termos do art. 19-T da Lei 8.080/1990; **D:** correta, nos termos do art. 19-I, § 3º, da Lei 8.080/1990.
Gabarito "B".

(Ministério Público/SC – 2012) Analise as assertivas a seguir.

I. A Lei n. 8.080/1990 prevê um subsistema de atendimento e internação domiciliar, cujos serviços são realizados por equipes multidisciplinares envolvendo medicina preventiva, terapêutica e reabilitadora, sendo que tais serviços somente poderão ser realizados por indicação médica, com expressa concordância do paciente e de sua família.
II. De acordo com a Lei 8.080/1990, os municípios poderão constituir consórcios para desenvolver em conjunto as ações e os serviços de saúde que lhes correspondam.
III. A legislação que rege o Sistema Único de Saúde (SUS) prevê que à direção municipal do Sistema de Saúde, compete colaborar na fiscalização das agressões ao meio ambiente que tenham repercussão sobre a saúde humana e atuar, junto aos órgãos municipais, estaduais e federais competentes, para controlá-las.
IV. Na gestão do SUS, a Conferência de Saúde, em caráter permanente e deliberativo, órgão colegiado composto por representantes do governo, prestadores de serviço, profissionais de saúde e usuários, atua na formulação de estratégias e no controle da execução da política de saúde na instância correspondente, inclusive nos aspectos econômicos e financeiros, cujas decisões serão homologadas pelo chefe do poder legalmente constituído em cada esfera do governo.
V. Para garantir a atuação do SUS, as Comissões Intergestores Bipartite e Tripartite reunir-se-ão anualmente após convocação do CONASS (Conselho Nacional dos Secretários de Saúde) para discutir e avaliar a situação de saúde e propor aos Conselhos de Saúde as diretrizes para a formulação da política de saúde nos níveis correspondentes.

(A) Apenas as assertivas I, II e III estão corretas.
(B) Apenas as assertivas II, III e V estão corretas.
(C) Apenas as assertivas IV e V estão corretas.
(D) Apenas as assertivas II, III e IV estão corretas.
(E) Todas as assertivas estão corretas.

I: correta (art. 19-I, §§ 2º e 3º, da Lei 8.080/1990); **II:** correta (art. 10, *caput*, da Lei 8.080/1990); **III:** correta (art. 18, VI, da Lei 8.080/1990); **IV:** incorreta, pois trata-se do Conselho de Saúde (art. 1º, § 2º, da Lei 8.142/1990); **V:** incorreta, pois *"as Comissões Intergestores Bipartite e Tripartite são reconhecidas como foros de negociação e pactuação entre gestores, quanto aos aspectos operacionais do Sistema Único de Saúde"* (art 14-A da Lei 8.080/1990).
Gabarito "A".

(Ministério Público/SP – 2012 – VUNESP) Considere as seguintes afirmações sobre a Lei Orgânica da Saúde (Lei n. 8.080/1990):

I. São objetivos do Sistema Único de Saúde SUS: a) a identificação e divulgação dos fatores condicionantes e determinantes da saúde; b) a formulação de política de saúde destinada a promover, nos campos econômico e social, a observância do dever do Estado de garantir que a saúde consiste na formulação e execução de políticas econômicas e sociais que visem à redução de riscos de doenças e de outros agravos e no estabelecimento de condições que assegurem acesso universal e igualitário às ações e aos serviços para a sua promoção, proteção e recuperação; c) a assistência às pessoas por intermédio de ações de promoção, proteção e recuperação da saúde, com a realização integrada das ações assistenciais e das atividades preventivas.
II. Estão incluídas no campo de atuação do Sistema Único de Saúde (SUS): a colaboração na proteção do meio ambiente, nele compreendido o do trabalho.
III. As ações de vigilância sanitária não abrangem o controle de bens de consumo ainda que, direta ou indiretamente, se relacionem com a saúde, enquanto compreendidos nas etapas e processos de produção.
IV. As ações de saúde do trabalhador compreendem um conjunto de atividades que se destina, através das ações de vigilância epidemiológica e vigilância sanitária, à promoção e proteção da saúde dos trabalhadores, assim como visa à recuperação e reabilitação da saúde dos trabalhadores submetidos aos riscos e agravos advindos das condições de trabalho, mas não estão no âmbito da atuação do Sistema Único da Saúde.

Está correto o que se afirma APENAS em:

(A) I e II.
(B) II e III.
(C) II e IV.
(D) I e III.
(E) I e IV.

I: correta (art. 5º, I, II e III da Lei 8.080/1990); **II:** correta (art. 6º, V, da CF); **III:** incorreta, pois as ações de vigilância sanitária **abrangem** o controle de bens de consumo ainda que, direta ou indiretamente, se relacionem com a saúde, enquanto compreendidos nas etapas e processos de produção (art. 6º, I, § 1º, da Lei 8.080/1990); **IV:** incorreta, pois as referidas ações **estão** no âmbito de atuação do SUS (art. 6º, I, *c* e § 3º, da Lei 8.080/1990).
Gabarito "A".

---
2. Informativo 579 do STF.

4. LEI 8.142/1990 (PARTICIPAÇÃO DA COMUNIDADE)

(Ministério Público/MT – 2012 – UFMT) De acordo com a Lei 8.142/1990, os conselhos de saúde terão representação paritária, o que significa que serão compostos:

(A) por 50% de integrantes representando entidades não governamentais e 50% de integrantes do governo;
(B) por 25% de integrantes representando os usuários, 25% representando os profissionais de saúde e 50%, o governo;
(C) por 50% de integrantes representando os usuários e os outros 50% representando o governo, prestadores de serviço e profissionais da saúde;
(D) por 25% de integrantes dos usuários, 25% de prestadores de serviços, 25% de profissionais da saúde e 25% do governo;
(E) por 25% de integrantes dos usuários, 25% de profissionais da saúde e 50% do governo.

A alternativa C está correta, pois reflete o art. 4º, II, da Lei 8.142/1990. c/c o art. 3º, I e II, do Decreto 5.839/2006.

Gabarito "C".

5. LEI 10.216/2001 (SAÚDE MENTAL)

(Ministério Público/SP – 2013 – PGMP) Tendo em vista os dispositivos da Lei 10.216/2001, a qual estabeleceu uma nova política pública no âmbito da saúde mental, assinale a alternativa INCORRETA.

(A) O legislador estabeleceu três modalidades de internação psiquiátrica, sendo requisito imprescindível em todas elas a existência de prévio laudo médico circunstanciado que caracterize os seus motivos e recomende o tratamento hospitalar.
(B) O legislador considerou os seguintes tipos de internação psiquiátrica: voluntária, involuntária e compulsória. Relativamente à internação compulsória, a lei prevê expressamente a obrigatoriedade de prévio laudo médico circunstanciado que caracterize os seus motivos e recomende o tratamento hospitalar. Quanto aos demais tipos de internação, a legislação citada é omissa a respeito da exigência de laudo médico.
(C) A internação voluntária ou involuntária somente será autorizada por médico devidamente registrado no Conselho Regional de medicina – CRM do Estado onde se localize o estabelecimento.
(D) A internação psiquiátrica involuntária deverá, no prazo de setenta e duas horas, ser comunicada ao Ministério Público Estadual pelo responsável técnico do estabelecimento no qual tenha ocorrido, devendo esse mesmo procedimento ser adotado quando da respectiva alta.
(E) A pessoa que solicita voluntariamente sua internação, ou que a consente, deve assinar, no momento da admissão, uma declaração de que optou por esse regime de tratamento.

A: correta. Há três modalidades de internação psiquiátrica, a saber: a) internação voluntária, que é aquela que se dá com o consentimento do usuário; b) internação compulsória, que é aquela determinada pela Justiça; c) internação involuntária, que é aquela que se dá sem o consentimento do usuário e a pedido de terceiro (art. 6.º, parágrafo único, I, II e III, da Lei 10.216/2001). Oportuno registrar que a internação psiquiátrica, em qualquer de suas modalidades, somente será realizada mediante laudo médico circunstanciado que caracterize os seus motivos (art. 6.º, caput, da Lei 10.216/2001); **B:** incorreta, devendo ser assinalada, pois como já mencionado na alternativa anterior, em todas as modalidades de internação psiquiátrica é indispensável laudo médico circunstanciado que caracterize os seus motivos (art. 6.º, caput, da Lei 10.216/2001); **C:** correta, pois está de acordo com o disposto no art. 8.º, caput, da Lei 10.216/2001; **D:** correta, pois está de acordo com o disposto no art. 8.º, § 1.º, da Lei 10.216/2001; **E:** correta, pois está de acordo com o disposto no art. 7.º, caput, da Lei 10.216/2001.

Gabarito "B".

(Ministério Público/MT – 2012 – UFMT) De acordo com a lei que dispõe sobre o modelo assistencial em saúde mental, quais são os tipos de internação psiquiátrica?

(A) Voluntária, involuntária e compulsória.
(B) Voluntária e involuntária, apenas.
(C) Voluntária e compulsória, apenas.
(D) Involuntária e compulsória, apenas.
(E) Somente involuntária.

A alternativa A está correta, pois reflete o art. 6º, parágrafo único, I, II, III da Lei 10.216/2001.

Gabarito "A".

(Ministério público/PI – 2012 – CESPE) Acerca da política de saúde mental no Brasil, assinale a opção correta.

(A) A legislação prevê a internação de pessoas portadoras de transtorno mental, resguardado o direito de sua livre vontade ou a de seu representante legal, sendo prescindível, nesse caso, laudo médico circunstanciado.
(B) Como estratégia para se proceder à reforma psiquiátrica no Brasil, criaram-se os centros de atenção psicossocial, concebidos como extensão do modelo de internações em hospitais psiquiátricos, para o acolhimento dos pacientes com transtornos mentais.
(C) Dada a dimensão da saúde mental no mundo e no Brasil, as ações de saúde mental devem ser concebidas em âmbito federal, de forma centralizada, cabendo aos municípios complementar a gestão da política de saúde mental no país.
(D) O modelo de atendimento psiquiátrico adotado no Brasil privilegia a assistência centrada no atendimento hospitalar.
(E) O Poder Judiciário reconhece, em suas decisões jurisprudenciais, o caráter fundamental dos direitos sociais, bem como a dimensão coletiva e a concretização do direito à saúde mediante políticas públicas, mas admite a possibilidade de sua efetivação pelo próprio Poder Judiciário em demandas específicas.

A: incorreta, pois *a internação psiquiátrica somente será realizada mediante laudo médico circunstanciado*, nos termos do art. 6, *caput*, da Lei 10.216/2001; **B:** incorreta, pois os Centros de Atenção Psicossocial (CAPS) não visam internações e sim "oferecer atendimento à população, realizar o acompanhamento clínico e a reinserção social dos usuários pelo acesso ao trabalho, lazer, exercício dos direitos civis e fortalecimento dos laços familiares e comunitários." Uma das funções do CAPS é "prestar atendimento clínico em regime de atenção diária, evitando as internações em hospitais psiquiátricos." Saiba mais em: [http://portal.saude.gov.br/portal/saude/visualizar_texto.cfm?idtxt=29797&janela=1]; **C:** incorreta, pois conflita com o art. 198, I, da CF; **D:** incorreta, pois *a internação apenas será indicada quando os recursos extra-hospitalares se mostrarem insuficientes* (art. 4º da Lei 10.216/2001). Além disso, as ações e serviços públicos de saúde devem priorizar as atividades preventivas, de acordo com o art. 198, II, da CF; **E:** correta, pois recentemente o Ministro Gilmar Mendes, em seu voto proferido no julgamento do AgR-STA 175, ratificou o caráter fundamental dos direitos sociais, destacando que, diversamente do que ocorre em outros países, a Carta Magna de 1988 não deu a estes regime jurídico distinto de outros direitos fundamentais. Apesar de ser imprescindível o cauteloso exame do caso concreto e de ter o constituinte conferido prioridade *prima facie* à concretização do direito à saúde em sua dimensão coletiva e mediante políticas públicas, admitiu-se a possibilidade de sua efetivação pelo Poder Judiciário em demandas específicas. Além disso, ressaltou que a dimensão individual do direito à saúde já havia sido enfatizada por aquela Corte no AgR-RE n. 271.286, que teve por relator o Ministro Celso de Mello, no qual se reconheceu o direito à saúde como direito público subjetivo.

Gabarito "E".

6. DIREITO A MEDICAMENTOS E TRATAMENTOS

(Defensor Público/AM – 2013 – FCC) Suponha que um indivíduo obtenha prescrição médica para uso de medicamento nacional, registrado na ANVISA (Agência Nacional de Vigilância Sanitária), que não é disponibilizado pelo Sistema Único de Saúde – SUS. Nessa situação, pretendendo obter judicialmente o medicamento do Poder Público, o interessado

(A) poderá propor medida judicial contra União, Estado e Município, em regime de solidariedade.
(B) poderá propor medida judicial contra a União ou Estado ou Município, não cabendo o ajuizamento da demanda contra todos esses entes em regime de solidariedade.
(C) deverá propor medida judicial contra o Município e contra o Estado, em regime de solidariedade, não cabendo o ajuizamento de demanda contra a União.
(D) deverá propor medida judicial apenas contra a União, que, sendo o caso, adotará as medidas processuais cabíveis em relação ao Estado ou Município, na medida de suas responsabilidades.
(E) deverá propor medida judicial apenas contra o Município que, sendo o caso, adotará as medidas judiciais cabíveis em relação à União ou ao Estado, na medida de suas responsabilidades.

Segundo o STF, todos os entes federativos (União, Estados, DF e Municípios) têm responsabilidade passiva solidária quanto ao fornecimento de medicamentos (RE 607.381 AgR, DJ 17.06.11).

Gabarito "A".

7. OUTROS TEMAS E TEMAS COMBINADOS

(Promotor de Justiça/GO – 2016 – MPE) Nas decisões dos Tribunais Superiores acerca das ações judiciais em que se postulam o direito à saúde e a educação, tem prevalecido o princípio:

(A) Da reserva do possível e da separação dos poderes.
(B) Da razoabilidade e da disponibilidade financeira.
(C) Do mínimo existencial.
(D) Da responsabilidade subjetiva do Estado

O STJ consolidou sua jurisprudência no sentido de que o princípio da reserva do possível deve ceder espaço a outro mais importante, o do mínimo existencial: "Informa a doutrina especializada que, de acordo com a jurisprudência da Corte Constitucional alemã, os direitos sociais prestacionais estão sujeitos à reserva do possível no sentido daquilo que o indivíduo, de maneira racional, pode esperar da sociedade. Ocorre que não se podem importar preceitos do direito comparado sem atentar para Estado brasileiro. (...) Nesse caso, qualquer pleito que vise a fomentar uma existência minimamente decente não pode ser encarado como sem razão, pois garantir a dignidade humana é um dos objetivos principais do Estado brasileiro. É por isso que o princípio da reserva do possível não pode ser oposto a um outro princípio, conhecido como princípio do mínimo existencial. Desse modo, somente depois de atingido esse mínimo existencial é que se poderá discutir, relativamente aos recursos remanescentes, em quais outros projetos se deve investir" (REsp 1.389.952/MT, j. 03/06/2014).

Gabarito "C".

(Ministério público/PI – 2012 – CESPE) Com relação ao SUS, assinale a opção correta.

(A) Entre as fontes de financiamento do SUS incluem-se, de acordo com a CF, os recursos de empresas ou capitais estrangeiros de qualquer natureza.
(B) Conforme disposição constitucional, compete exclusivamente ao MP a defesa do direito à saúde por meio de ações civis públicas.
(C) O Conselho de Saúde, órgão colegiado composto por representantes de diversos segmentos da sociedade, reúne-se, a cada quatro anos, para formular a política nacional de saúde.
(D) A rede de ações e serviços públicos no Brasil está organizada para fornecer atendimento integral, com ênfase nos serviços assistenciais.
(E) Constitui competência, em caráter complementar, da direção estadual do SUS a execução de ações e serviços de saúde do trabalhador.

A: incorreta, pois conflita com os arts. 195 e 198 da CF; **B:** incorreta, pois não trata-se de competência exclusiva do Ministério Público (art. 129, III, da CF); **C:** incorreta, pois a **Conferência de Saúde** reunir-se-á a cada quatro anos, nos termos do art. 1º, § 1º, da Lei 8.142/1990; **D:** incorreta, pois prioriza-se as atividades preventivas, sem prejuízo dos serviços assistenciais (art. 198, II, da CF); **E:** correta (art. 17, IV, d, da Lei 8.080/1990).

Gabarito "E".

(Defensor Público/SP – 2012 – FCC) Já há algum tempo, pelo menos desde o julgamento da Ação de Descumprimento de Preceito Fundamental (ADPF) nº 45, de relatoria do Min. Celso de Mello, no ano de 2004, no âmbito do Supremo Tribunal Federal, a questão da "judicialização" dos direitos fundamentais sociais tem sido pautada na atuação do Poder Judiciário brasileiro, tendo o STF, inclusive, realizado audiência pública para tratar das ações judiciais na área da saúde. A audiência pública, convocada pelo Presidente do STF à época, Ministro Gilmar Mendes, "ouviu 50 especialistas, entre advogados, defensores públicos, promotores e procuradores de justiça, magistrados, professores, médicos, técnicos de saúde, gestores e usuários do sistema único de saúde, nos dias 27, 28 e 29 de abril, e 4, 6 e 7 de maio de 2009". A partir de tais considerações, com base na jurisprudência constitucional brasileira e na doutrina especializada sobre o tema, é correto afirmar:

(A) A intervenção do Poder Judiciário em políticas públicas, por exemplo, nas áreas da saúde e da educação, deve se dar de forma subsidiária, ou seja, quando verificada situação concreta de omissão ou atuação insuficiente dos Poderes Legislativo e Executivo, em respeito ao princípio da separação dos poderes.
(B) Conforme entendimento doutrinário majoritário e consagrado na jurisprudência do STF, os direitos sociais devem ser tratados exclusivamente como direitos difusos, sob pena de, admitindo-se o ajuizamento individual de ações para pleitear direitos sociais, subverter-se o princípio da igualdade.
(C) A atuação da Defensoria Pública, com base no inciso II do art. 4º, da Lei Complementar nº 80/1994, não deve privilegiar a atuação extrajudicial no tocante ao controle de políticas públicas, buscando sempre, de forma preferencial, a resolução dos conflitos por intermédio do Poder Judiciário.
(D) A fundamentação jurídico-constitucional que legitima a intervenção judicial em matéria de direitos sociais, tanto em sede individual quanto coletiva, está alicerçada no direito-garantia fundamental ao mínimo existencial, consagrado de forma expressa na Lei Fundamental de 1988, cabendo ao Estado-Juiz assegurar tais condições materiais mínimas indispensáveis a uma vida digna, de modo a suprimir as omissões do Estado-Legislador e do Estado-Administrador.
(E) A atuação da Defensoria Pública em matéria de direitos fundamentais sociais esgota-se no ajuizamento de ações judiciais, uma vez que não se encontra na legislação qualquer embasamento normativo para práticas extrajudiciais tal como a conscientização e educação em direitos.

A: correta. Nesse sentido, transcreve trecho da ADPF 45 MC/DF: "Não obstante a formulação e a execução de políticas públicas dependam de opções políticas a cargo daqueles que, por delegação popular, receberam investidura em mandato eletivo, cumpre reconhecer que não se revela absoluta, nesse domínio, a liberdade de conformação do legislador, nem a de atuação do Poder Executivo. É que, se tais Poderes do Estado agirem de modo irrazoável ou procederem com a clara intenção de neutralizar, comprometendo-a, a eficácia dos direitos sociais, econômicos e culturais, afetando, como decorrência causal de uma injustificável inércia estatal ou de um abusivo comportamento governamental, aquele núcleo intangível consubstanciador de um conjunto irredutível de condições mínimas necessárias a uma existência digna e essenciais à própria sobrevivência do indivíduo, aí, então, justificar-se-á, como precedentemente já enfatizado – e até mesmo por razões fundadas em um imperativo ético-jurídico –, a possibilidade de intervenção do Poder Judiciário, em ordem a viabilizar, a todos, o acesso aos bens cuja fruição lhes haja sido injustamente recusada pelo Estado"[3]; **B:** incorreta, pois recentemente o Ministro Gilmar Mendes, em seu voto proferido no julgamento do AgRg na STA 175, Tribunal Pleno, j. 17.03.2010, DJe 30.04.2010, ratificou o caráter fundamental dos direitos sociais, destacando que, diversamente do que ocorre em outros países, a Carta Magna de 1988 não deu a estes regime jurídico distinto de outros direitos fundamentais, senão vejamos: "A Constituição brasileira não só prevê expressamente a existência de direitos fundamentais sociais (art. 6º), especificando seu conteúdo e forma de prestação (arts. 196, 201, 203, 205, 215, 217, entre outros), como não faz distinção entre os direitos e deveres individuais e coletivos (Capítulo I do Título II) e os direitos sociais (Capítulo II do Título II), ao estabelecer que os direitos e garantias fundamentais têm aplicação imediata (art. 5º, § 1º, CF/1988). Vê-se, pois, que os direitos fundamentais sociais foram acolhidos pela Constituição Federal de 1988 como autênticos direitos fundamentais. Não há dúvida – deixe-se claro – de que as demandas que buscam a efetivação de prestações de saúde devem ser resolvidas a partir da análise de nosso contexto constitucional e de suas peculiaridades"; **C:** incorreta, pois a Defensoria Pública deve promover, *prioritariamente*, a solução extrajudicial dos litígios (art. 4º, II, da LC 80/1994); **D:** incorreta. Vide explicação da alternativa "A"; **E:** incorreta, pois conflita com o disposto nos arts. 1º e 108 da LC 80/1994).

Gabarito "A".

---

3. Recomenda-se a leitura do Informativo 345 do STF.

27. DIREITO EDUCACIONAL

Henrique Subi e Wander Garcia

1. NORMAS CONSTITUCIONAIS

(**Ministério Público/SP – 2012 – VUNESP**) A Constituição Federal, o Estatuto da Criança e do Adolescente (Lei 8.069/1990) e a Lei de Diretrizes e Bases da Educação (Lei 9.394/1996) asseguram o atendimento de crianças de zero a seis anos em creches e pré-escolas da rede pública. A propósito desse direito e de sua proteção judicial, considere as seguintes afirmações:

I. A repartição constitucional de competência impõe fundamentalmente ao Estado, ente federativo, o dever de atuar prioritariamente na educação infantil mediante a oferta de vaga em creche e pré-escolas.
II. É legítima a determinação da obrigação de fazer pelo Judiciário para tutelar o direito subjetivo do menor a tal assistência educacional, não havendo falar em discricionariedade da Administração Pública, que tem o dever legal de assegurá-lo, tampouco na teoria da reserva do possível enquanto arguição abstrata de tese de defesa.
III. O Município tem a obrigação de assegurar o acesso da criança à educação, cumprindo-lhe garantir vagas na rede pública, e, na falta destas, deve proporcionar, incontinenti, esse direito na rede privada, às suas expensas.
IV. O Ministério Público está legitimado, mediante ação civil pública, a tutelar esse direito, ainda que se trate de pedido voltado para uma única criança.

Está correto o que se afirma APENAS em
(A) I e III.
(B) II e IV.
(C) I e IV.
(D) I e II.
(E) III e IV.

I: incorreta. Tal incumbência cabe precipuamente aos Municípios (art. 211, § 2º, da CF); II: correta, conforme já decidido pelo STJ (REsp 511.645, *DJ* 18.08.2009) e pelo STF (RE 1.185.474, *DJ* 20.04.2010); III: incorreta. Não se pode impor ao Município custear o ensino privado. Seu dever jurídico consiste na abertura de vaga para a criança em um dos estabelecimentos públicos oferecidos (art. 208, § 1º, da CF); IV: correta. O direito à educação é um direito individual indisponível, sendo missão institucional do Ministério Público zelas pelos interesses dos incapazes (arts. 127 e 129 da CF). A par disso, o art. 5º da LDB autoriza a atuação ministerial nesse sentido.
Gabarito "B".

2. LEI DE DIRETRIZES E BASES DA EDUCAÇÃO

(**Promotor de Justiça – MPE/MS – FAPEC – 2015**) Em atenção à Lei de Diretrizes e Bases da Educação Nacional (Lei 9.394/1996), assinale a alternativa **incorreta**:

(A) O acesso à educação básica obrigatória é direito público subjetivo, podendo qualquer cidadão, grupo de cidadãos, associação comunitária, organização sindical, entidade de classe ou outra legalmente constituída e, ainda, o Ministério Público, acionar o poder público para exigi-lo.
(B) É dever dos pais ou responsáveis efetuar a matrícula das crianças na educação básica a partir dos 4 (quatro) anos de idade.
(C) O ensino é livre à iniciativa privada, independente da autorização de funcionamento pelo Poder Público, que poderá fiscalizá-lo.
(D) Os Municípios incumbir-se-ão de oferecer a educação infantil em creches e pré-escolas, e, com prioridade, o ensino fundamental, permitida a atuação em outros níveis de ensino somente quando estiverem atendidas plenamente as necessidades de sua área de competência e com recursos acima dos percentuais mínimos vinculados pela Constituição Federal à manutenção e desenvolvimento do ensino.
(E) Entende-se por educação especial, para os efeitos da referida lei, a modalidade de educação escolar oferecida preferencialmente na rede regular de ensino, para educandos com deficiência, transtornos globais do desenvolvimento e altas habilidades ou superdotação.

A: correta, nos termos do art. 5º da Lei 9.394/1996; B: correta, nos termos do art. 6º da Lei 9.394/1996; C: incorreta, devendo ser assinalada. A oferta de ensino pela iniciativa privada depende de autorização do Poder Público (art. 7º, II, da Lei 9.394/1996); D: correta, nos termos do art. 11, V, da Lei nº 9.394/1996; E: correta, nos termos do art. 58 da Lei 9.394/1996.
Gabarito "C".

(**Ministério Público/BA – 2015 – CEFET**) No que concerne ao direito à educação, consagrado na Lei 9.394/1996 – Lei de Diretrizes e Bases da Educação Nacional (LDB), examine as assertivas registradas a seguir:

I. A educação infantil gratuita será disponibilizada para as crianças de até 5 (cinco) anos de idade, sendo assegurada vaga na escola pública mais próxima de sua residência a toda criança a partir do dia em que completar 3 (três) anos de idade.
II. Compete ao Poder Público a oferta de educação escolar regular para jovens e adultos, com características e modalidades adequadas às suas necessidades e disponibilidades, garantindo-se aos que forem trabalhadores as condições de acesso e permanência na escola.
III. O acesso à educação básica obrigatória é direito público subjetivo, podendo qualquer cidadão, grupo de cidadãos, associação comunitária, organização sindical, entidade de classe ou outra legalmente constituída e, ainda, o Ministério Público acionarem o poder público para exigi-lo.
IV. A educação básica obrigatória e gratuita será ministrada dos 4 (quatro) aos 17 (dezessete) anos de idade, sendo organizada da seguinte forma: a) pré-escola; b) ensino fundamental; e c) ensino médio.
V. O Poder Público deverá garantir atendimento educacional especializado gratuito aos educandos com deficiência, transtornos globais do desenvolvimento e altas habilidades ou superdotação, de modo transversal, nos níveis da pré-escola e do ensino fundamental.

Estão CORRETAS as seguintes assertivas:
(A) I – II – IV.
(B) III – IV – V.
(C) II – III – IV.
(D) II – IV – V.
(E) I – II – III.

I: incorreta, pois a segunda parte da afirmativa não corresponde ao texto legal, já que a vaga em escola pública de educação infantil mais próxima à residência da criança é direito daquela que completar 4 anos de idade, e não 3 anos de idade (art. 4º, X, da Lei 9.394/1996); II: correta (art. 4º, VII, da Lei 9.394/1996); III: correta (art. 5º, *caput*, da Lei 9.394/1996); IV: correta (art. 4º, I, da Lei 9.394/1996); V: incorreta, pois esse atendimento deve se dar de forma transversal em todos os níveis (pré-escola, fundamental e médio) e não só nos níveis da pré-escola e do ensino fundamental (art. 4º, III, da Lei 9.394/1996).
Gabarito "C".

(**Ministério Público/BA – 2015 – CEFET**) Sobre o direito à educação, analise as assertivas abaixo registradas e indique a que se encontra CORRETA:

(A) Será obrigatório um acervo de livros na biblioteca de, no mínimo, dois títulos para cada aluno matriculado, cabendo ao respectivo sistema de ensino determinar a ampliação deste acervo conforme sua realidade, bem como divulgar orientações de guarda, preservação, organização e funcionamento das bibliotecas escolares.
(B) As instituições de ensino fundamental e médio, assim como as instituições de educação infantil, ambas criadas e mantidas pela iniciativa privada, compõem os sistemas de ensino dos Estados e do Distrito Federal.
(C) A educação infantil, primeira etapa da educação básica, tem como finalidade o desenvolvimento integral da criança de até 6 (seis) anos, em seus aspectos físico, psicológico, intelectual e social, complementando a ação da família e da comunidade.
(D) O ensino fundamental obrigatório, com duração de 9 (nove) anos, gratuito na escola pública, iniciando-se aos 6 (seis) anos de idade, terá por objetivo a formação básica do cidadão, devendo incluir pelo menos 5 (cinco) horas de trabalho efetivo em sala de aula, sendo progressivamente ampliado o período de permanência na escola.
(E) Em todas as esferas administrativas, o Poder Público assegurará em primeiro lugar o acesso ao ensino obrigatório, contemplando em seguida os demais níveis e modalidades, conforme as prioridades constitucionais e legais.

A: incorreta, a obrigação legal é de um título (e não de dois títulos) para cada aluno matriculado (art. 2º, parágrafo único, da Lei 12.244/2010); B: incorreta, pois as instituições de

ensino infantil criadas e mantidas pela iniciativa privada compõem os sistemas de ensino dos Municípios (art. art. 18 da Lei 9.394/1996); **C:** incorreta, pois a educação infantil se destina a crianças de até 5 anos (art. 29 da Lei 9.394/1996); **D:** incorreta, pois as horas de trabalho mínimas em sala de aula são de pelo menos 4 horas, e não 5 horas (art. 34, *caput*, da Lei 9.394/1996); **E:** correta (art. 5º, § 2º, da Lei 9.394/1996).
Gabarito "E".

(Ministério Público/BA – 2015 – CEFET) A atuação do Ministério Público na seara educacional é de extrema relevância, visto que constitui bem jurídico consagrado pela Constituição Federal de 1988 e que visa ao pleno desenvolvimento da pessoa. Assim sendo, julgue os seguintes itens propostos:

I. Na educação superior, o ano letivo regular, independentemente do ano civil, tem, no mínimo, 180 (cento e oitenta) dias de trabalho acadêmico efetivo, excluído o tempo reservado aos exames finais, quando houver.

II. A União autorizará, reconhecerá, credenciará, supervisionará e avaliará, respectivamente, os cursos das instituições de educação superior e os estabelecimentos do seu sistema de ensino, assegurando processo nacional de avaliação, bem como baixará normas gerais sobre cursos de graduação e pós-graduação.

III. A União aplicará, anualmente, nunca menos de 18% (dezoito por cento) da receita resultante de impostos, e os Estados, o Distrito Federal e os Municípios, 20% (vinte por cento), ou o que consta nas respectivas Constituições ou Leis Orgânicas, compreendidas as transferências constitucionais na manutenção e desenvolvimento do ensino público.

IV. Os Municípios incumbir-se-ão de oferecer a educação infantil em creches e pré-escolas, e, com prioridade, o ensino fundamental, permitida a atuação em outros níveis de ensino somente quando estiverem atendidas plenamente as necessidades de sua área de competência e com recursos acima dos percentuais mínimos vinculados pela Constituição Federal à manutenção e ao desenvolvimento do ensino.

V. Os Estados deverão assegurar o ensino fundamental e oferecer, com prioridade, o ensino médio a todos os que demandarem, definindo, com os Municípios, formas de colaboração na oferta do ensino fundamental, as quais devem assegurar a distribuição proporcional das responsabilidades, de acordo com a população a ser atendida e os recursos financeiros disponíveis em cada uma dessas esferas do Poder Público.

A alternativa que contém a sequência CORRETA, de cima para baixo, considerando V para verdadeiro e F para falso, é:

(A) F V F V V.
(B) V V F V V.
(C) F F V F F.
(D) V V F F V.
(E) V F V F F.

I: falsa, pois o texto legal impõe 200 dias, e não 180 dias, excluído o tempo reservado aos exames finais, quando houver (art. 47 da Lei 9.394/1996); **II:** verdadeira (art. 9º, VII e IX, da Lei 9.394/1996); **III:** falsa, pois no DF e nos Municípios deve-se aplicar no mínimo 25% da receita mencionada, e não 20% (art. 69, *caput*, da Lei 9.394/1996); **IV:** verdadeira (art. 11, V, da Lei 9.394/1996); **V:** verdadeira (art. 10, II e VI, da Lei 9.394/1996).
Gabarito "A".

3. FUNDEB

(Ministério Público/GO – 2012) Em relação à atribuição para instaurar procedimento administrativo para apurar supostas irregularidades na gestão e prestação de contas dos recursos referentes ao FUNDEB, perpetradas por políticos ou servidores locais:

I. A sistemática de formação do FUNDEB impõe, para a definição de atribuições entre o Ministério Público Federal e o Ministério Público Estadual, adequada delimitação da natureza cível ou criminal da matéria envolvida.

II. Assume peculiar relevância o papel da União na manutenção e na fiscalização dos recursos do FUNDEB, por isso o seu interesse moral (político-social) em assegurar sua adequada destinação, o que atrai a competência da Justiça Federal, em caráter excepcional, para julgar os crimes praticados em detrimento dessas verbas e a atribuição do Ministério Público Federal para investigar os fatos e propor eventual ação penal.

III. As ações e procedimentos afetos ao atual FUNDEB, no âmbito criminal são de atribuição do Ministério Público Estadual, independentemente de complementação, ou não, com recursos federais, já que essa verba ingressa nos cofres públicos dos Estados e Municípios.

IV. As ações e procedimentos afetos ao atual FUNDEB, em matéria cível, contudo, a atribuição de cada um dependerá da presença, ou não, de algum ente federal, pois, nesse caso, a competência é *ratione personae*.

(A) As assertivas I, II e III estão corretas;
(B) As assertivas III e IV estão corretas;
(C) Todas as assertivas estão corretas;
(D) As assertivas I, II e IV estão certas.

I: correta, conforme posição adotada pelo STF no julgamento da Apelação Cível Originária 1.109; **II:** correta. *Vide* ACO 1.109; **III:** incorreta. Nos termos do parecer da Procuradoria-Geral da República adotado como razão parcial de decidir pela Min. Ellen Gracie, relatora da ACO 1.109, a competência nesse caso é do Ministério Público Federal; **IV:** correta, nos termos do parecer da Procuradoria-Geral da República adotado como razão parcial de decidir pela Min. Ellen Gracie, relatora da ACO 1.109.
Gabarito "D".

28. FILOSOFIA JURÍDICA, TEORIA GERAL DO DIREITO E HERMENÊUTICA

Renan Flumian e Camilo Onoda Caldas*

(Defensor Público – DPE/SC – 2017 – FCC) Para Max Weber, a legitimação da obediência corresponde a três tipos "puros" – "tradição", "carisma" e "legalidade". A "legalidade", é entendida como
(A) domínio do "dom da graça" dos poderosos.
(B) finalidade: reconhecer direitos naturais.
(C) domínio com base na repressão penal.
(D) fé nos estatutos legais e na competência baseada em regras.
(E) sinônimo de indiferença aos fatos.

Legalidade, segundo Max Weber, é a fé nos estatutos legais e na competência baseada em regras. RF
Gabarito "D".

(Defensor Público – DPE/SC – 2017 – FCC) Na obra "O Ordenamento Jurídico", Santi Romano sustenta que
(A) o direito traduz a pluralidade da natureza (naturalismo pluralista).
(B) cada instituição caracteriza um ordenamento distinto (pluralismo institucional).
(C) todo direito emana do Estado (monismo estatal).
(D) a ordem internacional forma o ordenamento jurídico (monismo institucional-internacional).
(E) ordenamento é o conjunto das normas postas (positivismo institucional).

A única assertiva correta é a "B", pois o autor defende que cada instituição caracteriza um ordenamento distinto (pluralismo institucional). Ou seja, o Direito, pondera Santi Romano, não deve ser considerado como um produto exclusivamente estatal, mas sim como um fenômeno verificável em todas as organizações sociais, as quais, como o próprio Estado, são verdadeiros centros de produção de normas, mesmo que não reconhecidas pelo direito estatal. Portanto, dentro de uma sociedade, um território específico, tem-se a coexistência de diversos ordenamentos jurídicos. RF
Gabarito "B".

(Defensor Público – DPE/SC – 2017 – FCC) A "Teoria do Ordenamento Jurídico", para Norberto Bobbio, implica que
(A) os princípios são tão importantes quanto as regras.
(B) o ordenamento jurídico regula o comportamento das pessoas e o modo de produção das regras.
(C) as fontes do direito brotam da natureza.
(D) o ordenamento jurídico regula apenas o comportamento das pessoas.
(E) o ordenamento jurídico regula apenas o modo de produção das regras.

O ordenamento jurídico, além de regular o comportamento das pessoas, regula também o modo pelo qual se devem produzir as regras. As normas de estrutura podem ser consideradas como as normas para a produção jurídica, ou seja, elas não regulam o comportamento, mas o modo de regular um comportamento. RF
Gabarito "B".

(Defensor Público – DPE/SC – 2017 – FCC) Tércio Sampaio Ferraz Jr. afirma que a "jurisprudência romana"
(A) tinha visão instrumental, premial e promocional do direito.
(B) ordenava os casos dentro de um sistema prévio de considerações vinculadas.
(C) tinha pretensões artísticas.
(D) levava a sério a atividade dos juristas como científica.
(E) tinha teorizações ligadas a práxis jurídica.

A jurisprudência romana, segundo o autor, tinha teorizações ligadas a práxis jurídica. O termo práxis diz respeito à prática. RF
Gabarito "E".

(Delegado/MT – 2017 – CESPE) Em dezembro de 2014, o prefeito de determinado município brasileiro recebeu do proprietário de um supermercado local, a título de presente de Natal, uma caixa de garrafas de champanhe francês, cujo valor total ultrapassava os R$ 20 mil. No entanto, no início do ano seguinte, o empresário, fazendo menção ao regalo, solicitou que o prefeito intercedesse em seu favor em disputa judicial cujo objeto era um terreno público no qual havia construído um galpão para a armazenagem de produtos.
Nessa situação hipotética, do ponto de vista ético, a atitude do prefeito em aceitar o presente
(A) foi condenável: o prefeito, ao receber o presente, comprometeu a lisura e a transparência, fundamentais aos atos da administração pública.
(B) só seria condenável se o prefeito intercedesse judicialmente em favor do empresário e a decisão judicial fosse benéfica ao interessado: o simples recebimento de presentes não é crime típico.
(C) não foi condenável: o Estado, ao enaltecer a confiança entre os membros da sociedade, considera a lealdade entre eles um valor superior e um fim moral.
(D) não foi condenável: mesmo aceitando o presente do empresário, o prefeito tem como compromisso atender às solicitações da comunidade em geral, desde que elas não sejam públicas.
(E) só seria condenável se o prefeito aceitasse interceder pelo empresário na disputa judicial: o recebimento de presentes e valores, por si só, não é crime típico.

A atitude do prefeito foi condenável, portanto, a assertiva a ser assinalada é "A". A lisura e transparência da administração pública foram comprometidas.
Gabarito "A".

(Delegado/MT – 2017 – CESPE) Um delegado de polícia descobriu uma quadrilha de tráfico internacional de pessoas cujos elementos perpetravam, comumente, ações cruéis, inclusive contra mulheres e crianças. Preso, o líder da associação criminosa recusou-se a declarar o paradeiro das pessoas sequestradas e escravizadas. Na ocasião, o delegado usou força física contra o criminoso, a fim de obter as informações necessárias para resgatar as vítimas.
Com referência a essa situação hipotética, analise as asserções a seguir.
I. De acordo com preceitos do campo ético, o delegado agiu equivocadamente, pois a sua ação para com o criminoso não obedeceu ao princípio da moralidade.
II. O agir moral, segundo princípios da ética moderna, traduz uma máxima que deve ser necessariamente universalizável.
A respeito dessas asserções, assinale a opção correta.
(A) As asserções I e II são proposições verdadeiras, e a II é uma justificativa da I.
(B) As asserções I e II são proposições verdadeiras, mas a II não é uma justificativa da I.
(C) A asserção I é uma proposição verdadeira, e a II é uma proposição falsa.
(D) A asserção I é uma proposição falsa, e a II é uma proposição verdadeira.
(E) As asserções I e II são proposições falsas.

A assertiva correta é "A" porque as duas proposições são verdadeiras e a II é uma justificativa da I. A ação do delegado é equivocada do ponto de vista dos preceitos do campo ético e isso porque o agir moral deve ser necessariamente universalizável. Uma ação correta por si só é que deve ser realizada por todos.
Gabarito "A".

(Delegado/MT – 2017 – CESPE) José, taxista, passa por dificuldades financeiras. Seu pai, doente, requer tratamento que a família não pode custear. Certo dia, tendo constatado que a mala esquecida por um passageiro em seu táxi estava repleta de dinheiro, José vislumbrou a possibilidade de ficar com o dinheiro e utilizá-lo no tratamento de seu pai. Após muito refletir, José chegou à conclusão de que o correto seria devolver o dinheiro a seu proprietário e levou a mala com o dinheiro à delegacia de polícia.
Nessa situação hipotética, a atitude de José de devolver o dinheiro

---

* **Camilo Onoda Caldas** comentou as questões dos seguintes concursos: Promotor de Justiça/PI – 2014 – CESPE, Delegado/SP – 2014 – VUNESP, Defensoria/SP – 2013 – FCC; **Renan Flumian** comentou as demais questões.

(A) remete à noção de justiça distributiva proposta por Aristóteles: a recompensa a cada indivíduo deve ser proporcional aos seus próprios méritos.
(B) refuta o valor da ação política proposta por Arendt: os atos individuais, coordenados aos dos outros membros da sociedade, têm potencial de transformação social.
(C) alinha-se ao pensamento kelseniano: o plano do dever ser é de natureza normativa e, nele, direito e moral se confundem.
(D) corrobora a assertiva hobbesiana: toda ação humana voluntária é determinada pelas emoções, que incluem o egoísmo como destaque.
(E) atende ao imperativo categórico kantiano: as escolhas que guiam as ações humanas devem seguir princípios universalizáveis.

Tal ação virtuosa está relacionada com o cumprimento do imperativo categórico kantiano. Categóricos são os imperativos que prescrevem uma ação boa por si mesma, por exemplo: "Você não deve mentir", e chamam-se assim porque são declarados por meio de um juízo categórico. Hipotéticos são aqueles que prescrevem uma ação boa para alcançar um certo fim, por exemplo: "Se você quer evitar ser condenado por falsidade, você não deve mentir", e chamam-se assim porque são declarados por meio de um juízo hipotético. O imperativo categórico é o superior critério do ético em geral, portanto, do direito e da moral. Em ambos aparece o imperativo categórico como critério de validade das máximas: por exemplo, nem no direito, nem na moral é concebível que alguém descumpra o contrato (*pacta sunt servanda*).
Gabarito "E".

(Delegado/MT – 2017 – CESPE) A definição filosófica de ato moral como um ato, sobretudo, de moderação, isto é, uma justa medida entre dois extremos, está relacionada ao pensamento ético de
(A) Aristóteles, pois ele afirma que a virtude é uma qualidade que se exprime na escolha do meio-termo entre a falta e o excesso.
(B) Platão, visto que, para ele, a virtude não é algo que possa ser ensinado, tampouco algo inato, mas, sim, um dom divino.
(C) Kant, já que, para ele, agir moralmente significa exercer a autonomia inerente ao homem, por meio do exercício da razão.
(D) Nietzsche, pois ele propõe que a moralidade e a equidade são meios inadequados para alcançar a felicidade.
(E) Foucault, já que, para ele, os números são os princípios de todas as coisas e estabelecem, assim, a medida da moralidade.

A mediania ou medida relativa que caracteriza a virtude é o justo meio, entendido como equilíbrio ou moderação entre dois extremos (excesso e escassez). A justiça (vontade racional) é o cálculo moderador que encontra o justo meio entre dois extremos. A ética aparece, assim, como a ciência da moderação e do equilíbrio, isto é, da prudência ou *phronesis*. *Hybris* é, conforme especificado pelos antigos, a falta de medida, a origem do vício por excesso ou por escassez. Em outras palavras, pode-se dizer que em Aristóteles, a justiça corresponde ao controle da *hybris*, tanto no excesso quanto na escassez. Coragem (virtude), por exemplo, é o justo meio entre a temeridade (excesso) e a covardia (escassez); amor (virtude) é o justo meio entre a possessão (excesso) e a indiferença (escassez); e assim em relação a todas as virtudes. Nesse sentido, a noção aristotélica de justiça tem algo a ver com a antiga noção de *diké*.
Gabarito "A".

(Delegado/MT – 2017 – CESPE) Um episódio ocorrido na Copa do Mundo de futebol de 2014 causou espanto na sociedade brasileira. Os torcedores japoneses, após uma partida de sua seleção, coletaram e ensacaram o lixo por eles produzido na arquibancada durante o jogo.
Considerando-se os fundamentos sociais da ética, a atitude dos torcedores japoneses acima descrita
(A) reflete o entendimento acerca da condição humana conforme o qual o homem se reconhece como indivíduo autônomo e livre, que não necessita da sociedade.
(B) remete ao modelo grego de comunidade política, segundo o qual o bem alcançado pela coletividade afeta positivamente todos os indivíduos.
(C) comprova a falibilidade da vontade geral, noção proposta por Rousseau para descrever a soma das vontades particulares com vistas ao interesse comum.
(D) corrobora, simbolicamente, o pensamento de Nietzsche ao questionar a moral tradicional, baseada na compaixão e no igualitarismo.
(E) ratifica os pressupostos hobbesianos, segundo os quais os interesses de determinados indivíduos se sobrepõem aos interesses coletivos.

A única assertiva correta em relação ao belo exemplo dos torcedores japoneses durante a Copa do Mundo de 2014, realizada no Brasil' é a "B", pois, sem dúvida, tal atitude remete ao modelo grego de comunidade política, onde o bem alcançado pela coletividade afeta positivamente todos os indivíduos. Na Grécia antiga, política era a arte de fazer o bem.
Gabarito "B".

(Delegado/MT – 2017 – CESPE) Pesquisas mostram que, no Brasil, ocorre, em média, um linchamento a cada dia; calcula-se que, nos últimos sessenta anos, um milhão de brasileiros participaram de atos dessa natureza. Sob a perspectiva da ética, é correto afirmar que a prática do linchamento

(A) deve ser superada mediante o estabelecimento, pelo poder político, de retribuição equivalente ao ato.
(B) deve ser tema de discussão de caráter educacional, com vistas à compreensão coletiva acerca de condutas sociais inadequadas.
(C) é legitimada pela teoria contratualista do século XVII, que considera o impulso de vingança inerente ao ser humano.
(D) é um ato eticamente aceitável: recorre-se a ele para atingir um fim legítimo, isto é, a reparação de injustiças.
(E) é juridicamente legitimada, por ser um costume arraigado na cultura brasileira desde o período colonial.

A única assertiva correta acerca dessa prática tenebrosa que é o linchamento é a "B". O tema deve ser tratado de forma educacional para que as pessoas desenvolvam uma compreensão coletiva acerca de condutas sociais inadequadas.
Gabarito "B".

(Defensoria Pública da União – CESPE – 2015) Com relação à filosofia do direito, julgue os próximos itens.
(1) Segundo Rawls, idealizador do liberalismo-igualitário — proposta que relaciona os conceitos de justiça e de equidade —, cada pessoa deve ter um direito igual ao sistema total mais extenso de liberdades básicas compatíveis com um sistema de liberdade similar para todos, o que ele considera o primeiro princípio da justiça.
(2) A teoria comunitarista, que tem Charles Taylor como um dos seus principais teóricos, surgiu no contexto da Guerra Fria, em oposição ao liberalismo.
(3) Sendo fundamento da República Federativa do Brasil, conforme previsto na CF, o princípio jurídico da dignidade da pessoa humana é considerado o mais importante de todos os princípios constantes no ordenamento jurídico brasileiro.
(4) Herbert Hart considera que o direito é identificado a partir de um critério de validade de regras, enquanto Ronald Dworkin entende ser o direito um conceito interpretativo.
(5) Na teoria pura do direito de Kelsen, a interpretação autêntica é realizada pelo órgão aplicador do direito, ou seja, tanto pelo Poder Judiciário quanto pelo Poder Legislativo.
(6) O utilitarismo é uma espécie de ética normativa segundo a qual se considera correta uma ação se ela colaborar para promover a felicidade, de modo que um indivíduo egoísta, por exemplo, pode ser valorizado, com base nessa proposta.

1: certo. O primeiro princípio da justiça de Rawls funciona assim: "Cada pessoa deve ter um direito igual ao mais vasto sistema total de liberdades básicas iguais que seja compatível com um sistema semelhante de liberdade para todos. Regra de prioridade: os princípios da justiça devem ser hierarquizados em ordem lexical e, portanto, a liberdade só pode ser restringida se tal for para o bem da própria liberdade. Há duas possibilidades de tal se verificar: a) uma liberdade menos ampla deve reforçar o sistema total de liberdade partilhado por todos; e b) uma liberdade que seja mais restrita do que a liberdade igual para todos deve ser aceitável para os cidadãos que dispõem da liberdade mais limitada"; **2:** certo, pois, de fato, Charles Taylor é um dos mais importantes representantes da corrente comunitarista; **3:** errado, pois o art. 1º da CF não faz qualquer distinção hierárquica entre os fundamentos da República Federativa do Brasil. Portanto, soberania (inciso I), cidadania (inciso II), dignidade da pessoa humana (inciso III), valores sociais do trabalho e da livre-iniciativa (inciso IV) e pluralismo político (inciso V) são os fundamentos de nossa república; **4:** certo, pois essa é a distinção central entre a teoria desses dois filósofos do direito. Sendo Herbert Hart grande expoente do positivismo jurídico e Ronald Dworkin um dos maiores críticos do positivismo jurídico (criador da teoria do *direito como integridade*); **5:** certo, pois é o que propugna a interpretação autêntica conforme Kelsen; 6: errado, pois o utilitarismo defende ações que contribuam para o aumento da felicidade no geral e não de um indivíduo específico. Os principais expoentes dessa corrente são Jeremy Bentham e John Stuart Mill.
Gabarito: 1C, 2C, 3E, 4C, 5C, 6E

(Defensoria/SP – 2013 – FCC) Na obra *O que é justiça?*, ao discorrer sobre a justiça como um problema de justificação do comportamento humano, Hans Kelsen afirma: "(...) não é de admirar que as inúmeras teorias de justiça apresentadas desde tempos imemoriais até os dias de hoje se deixem reduzir facilmente a dois tipos básicos".
Estes dois tipos básicos são denominados pelo autor:
(A) intuitivo-indutivo e racional-dedutivo.
(B) científico-racional e emotivo-cognitivo.
(C) metafísico-religioso e pseudo-racionalista.
(D) idealista-jusnaturalista e realista-positivista.
(E) lógico-dedutivo e axiológico-valorativo.

A resposta desta pergunta é extraída da terceira parte da referida obra – *O que é Justiça?* – de Hans Kelsen, na qual o filósofo austríaco afirma: "(...) não é de admirar que as inúmeras **teorias de justiça** apresentadas desde tempos imemoriais até os dias de hoje se deixem reduzir facilmente a **dois tipos básicos**: um **metafísico-religiosos** e um racionalista ou – numa formulação mais exata – **um pseudo-racionalista**" (destaque nosso). Com isso Kelsen pretender refutar: (i) teorias da justiça de pensadores classificados por ele como metafísico-religiosos da antiguidade (como Platão – destacado por Kelsen como metafísico exemplar) ou da idade média (período no qual predomina um jusnaturalismo teológico, ou seja, de caráter religioso); (ii) concepções denominadas por ele como pseudo-racionalistas, ou seja, aquelas que procuram elaborar teorias da justiça fora da perspectiva metafísicas ou teológica e que buscam definir o que a é a justiça por meio da razão humana (Kant é um dos exemplos citados por Kelsen).

Gabarito "C".

(Defensoria/SP – 2013 – FCC) Segundo Norberto Bobbio, na obra *Teoria do Ordenamento Jurídico*, em cada grau normativo dos ordenamentos estatais modernos encontra-se "normas destinadas a regular a produção de outras normas" e "normas dirigidas diretamente a regular a conduta das pessoas". O autor denomina estas normas, respectivamente,

(A) normas de produção e normas de conduta.
(B) normas de conduta e normas de estrutura.
(C) normas de estrutura e normas de interação.
(D) normas de produção e normas de interação.
(E) normas de estrutura e normas de conduta.

A resposta é extraída de uma passagem específica da obra *Teoria do Ordenamento Jurídico* na qual Bobbio afirma que: "Existem **normas de comportamento** ao lado de **normas de estrutura**. As normas de estrutura podem também ser consideradas como normas para produção jurídica: quer dizer, como as normas que regulam os procedimentos de regulamentação jurídica. Elas não regulam o comportamento, mas o modo de regular comportamento, ou, mais exatamente, o comportamento que elas regulam é o de produzir regras [...] Em cada grau normativo encontraremos **normas de conduta** e **normas de estrutura**, isto é, normas dirigidas a regular a conduta das pessoas e normas destinadas a regular a produção de outras normas" (BOBBIO, Norberto. *Teoria do ordenamento jurídico*. 6 ed. Editora Universidade de Brasília: Brasília, 1995, p. 46-47, destaque nosso). Nota-se que pelo trecho acima destacado, que Bobbio classifica as normas que regulam a produção normativa como sendo as *normas de estrutura* (o termo "normas de produção" não é utilizado). O filósofo italiano, por outro lado, utilizar o termo "normas de conduta" como sinônimo de "normas de comportamento" (o termo "normas de interação", contudo, não é utilizado). Desse modo, todas as alternativas se mostram incorretas, com exceção da alternativa "E".

Gabarito "E".

(Promotor de Justiça/PI – 2014 – CESPE) Considerando os aspectos filosóficos relacionados ao conceito de justiça, assinale a opção correta.

(A) Um dos principais sofistas, Protágoras defendia que a assunção do absolutismo da definição de justiça deveria ser rigorosamente observada no plano da reflexão acerca do justo e do injusto em face dos fatos e valores humanos.
(B) Segundo a teoria numérica pitagórica, a ideia de justiça se expressa pela tríade ou pela *tetraktys*, correspondendo esta última à representação da *omónoia*, isto é, à harmonia dos contrários existentes entre os lados do quadrado.
(C) Consoante Aristóteles, a justiça distributiva, embora definida como igualdade de natureza proporcional, não deve ser construída a partir de um critério do tipo geométrico, a partir de uma relação matemática, mas da observação da proporcionalidade da participação de cada qual no critério eleito pela constituição.
(D) Segundo Anaximandro, seguidor da escola jônica, autor do primeiro fragmento filosófico acerca da *diké*, justiça é sinônimo de equilíbrio pautado necessariamente na justiça ponderada e métrica de cada situação, tomada isoladamente.
(E) Nos fragmentos éticos de Demócrito, seguidor da escola da pluralidade, destaca-se o sentimento de justiça, que deve ser o móvel da ação, não se concebendo que a injustiça, ainda que cometida por erro ou por desvio de conduta, seja admitida como algo comum, ao argumento de pertencer à própria natureza humana.

Protágoras e Górgias se notabilizaram como representantes do pensamento sofistas na antiguidade grega, a característica de tais pensadores é a *relativização* da definição de justiça, ou seja, o oposto do que está descrito na alternativa "A" (a assunção de uma definição *absoluta* de justiça). A alternativa "B" reproduz a teoria pitagórica e está correta. Aristóteles, por sua vez, fala em justiça universal (justiça enquanto virtude que participa das demais) e particular (justiça como virtude em si mesma), esta última se subdivide em justiça distributiva (construída a partir de um critério geométrico – ideia esta negada pela alternativa "C", portanto, incorreta) e justiça corretiva (construída a partir da igualdade aritmética), bem como podemos falar ainda em uma justiça por reciprocidade ou comutativa (constituída a partir da ideia de equivalência do valor natural das coisas). Quanto a Anaximandro, as informações iniciais estão corretas, pois de fato se trata de um filósofo pré-socrático "seguidor da escola jônica, autor do primeiro fragmento filosófico acerca da *diké*" (mais precisamente, autor do mais antigo fragmento original preservado). No entanto, o famoso fragmento filosófico acerca de seu pensamento afirma que: "De onde as coisas têm seu nascimento, para lá também devem afundar-se na perdição, segundo a necessidade; pois elas devem expiar e ser julgadas pela sua injustiça, conforme a ordem do tempo", portanto, não é possível extrair de seu pensamento a ideia de justiça como "equilíbrio pautado necessariamente na justiça ponderada e métrica de cada situação, tomada isoladamente". Demócrito, finalmente, é pensador da escola da pluralidade e no campo da física se destaca por sua perspectiva atomista e mecanicista para explicação dos fenômenos naturais. No campo ético, a alternativa "E" se contradiz com alguns de seus fragmentos: no de número 236 ele afirma que "Nenhum recurso tem a constituição, agora em vigor, para impedir que os governantes cometam injustiça, mesmo quando eles são muito bons. É de esperar-se, com efeito, que em situações diferentes ele venha a ser o mesmo, não outro, mas ele próprio. É preciso, de alguma forma, também isto ficar disposto assim: Quem não cometer injustiça alguma, ainda que examine a fundo os atos dos que cometem injustiça, não virá a ficar sob aqueles, mas uma lei ou outra coisa qualquer defenderá quem pratica atos justos"; tais ideias podem ser combinadas ao fragmento 212 no qual ele afirma "Mais numerosos são os que vêm a ser bons pelo exercício do que pela natureza" e com o fragmento 223 no qual Demócrito diz que "Aos homens probos não é vantagem, descuidando-se das tarefas dele, realizar outras, pois as próprias ficariam mal. Mas, se alguém descuida dos bens públicos, passa a ter má reputação, ainda que não roube nem, em nada, atente contra o direito. Entretanto, também (não) descuidando e (não) cometendo injustiça, corre risco de criar má reputação e até vir a sofrer algo. É inevitável errar, mas não é fácil aos homens perdoar". Além disso, não há uma afirmação literal de que o "sentimento de justiça [...] deve ser o móvel da ação", ainda que tal ideia possa ser apontada em seus fragmento, na medida em que Demócrito afirma que a justiça é aquilo que deve ser feito. (Com relação à alternativa "E" pode-se afirmar que ela carece de certo rigor, razão pela qual pode ser objeto de crítica em sua formulação).

Gabarito "B".

(Promotor de Justiça/PI – 2014 – CESPE) No que concerne à interpretação do direito e ao método de interpretação pela lógica do razoável, assinale a opção correta.

(A) A aplicação do direito pressupõe a utilização do *lógos* do razoável, uma vez que os procedimentos decisórios não obedecem a qualquer tipo de predeterminação de seus conteúdos.
(B) Ao considerarem regras e princípios, aspectos pessoais e sociais, circunstâncias e finalidades, assim como ao analisarem o direito a ser aplicado no caso concreto, os juízes exercem atividade dedutiva.
(C) A segurança jurídica, objetivo superior da legislação, depende mais do processo lógico de interpretação das normas jurídicas que dos princípios extraídos das normas escritas, considerando-se a roupagem mais ou menos apropriada como eles se apresentam.
(D) No que diz respeito aos resultados, a interpretação especificadora emana da própria lei ou ato normativo, surgindo do próprio poder que interpreta seu ato normativo.
(E) A interpretação lógico-sistemática investiga a finalidade da norma, aquilo que se busca servir ou tutelar, ou seja, consiste na investigação do fim ou da razão de ser da lei.

A lógica do razoável é um conceito que se difundiu por meio do jurista Luis Recaséns Siches no século XX. Trata-se de uma perspectiva que procura ampliar as fronteiras da hermenêutica jurídica para o campo axiológico-teleológico e que encontra aproximação com o pensamento de Miguel Reale. A opção "B" é incorreta porque a atividade dedutiva consiste em partir de regra de validade geral e aplicá-la a um caso particular, portanto, o raciocínio lógico-dedutivo não parte da consideração de "aspectos pessoais e sociais", tampouco de "circunstâncias e finalidade", se limitando a uma operação de subsunção lógica do caso particular à regra geral. A opção "C" é incorreta porque a segurança jurídica não costuma ser concebida como objetivo superior declarado da legislação (ainda que seguramente seja um de seus objetivos), ademais, a utilização dos princípios – no entender de pensadores como Dworkin – são justamente um meio de se garantir maior segurança jurídica, uma vez que o processo lógico de interpretação pode ser insuficiente para resolver determinados casos concretos e, portanto, para se evitar decisões puramente discricionárias (e a insegurança jurídica), o intérprete deve aplicar princípios que são extraídos do próprio direito positivo. A opção "D" está errada porque a interpretação especificadora (declarativa) não pode ser definida como interpretação que surge do próprio poder que interpreta seu ato normativo, pelo contrário, trata-se de interpretação – feita pela autoridade juridicamente competente – que extrai aquilo que já "emana da própria lei ou ato normativo" (o poder que interpreta, neste caso, estaria apenas reproduzindo – especificando – o dever já estabelecido pela lei ou ato normativo, ou seja, o significado do texto não teria, neste caso, origem no poder que interpreta tal lei ou ato normativo, mas estaria contido no próprio texto interpretado). A opção "E" está errada porque a interpretação que "investiga a finalidade da norma, aquilo que se busca servir ou tutelar, ou seja, consiste na investigação do fim ou da razão de ser da lei" é a intepretação denominada de *teleológica*, não a lógico-sistemática (*telos*, em grego, designa *fim* ou *finalidade*; tal palavra dá origem a *teleologia*).

Gabarito "A".

(Promotor de Justiça/PI – 2014 – CESPE) No que se refere às vertentes teóricas acerca da natureza jurídica do direito subjetivo, assinale a opção correta.

(A) Segundo a teoria da garantia, o direito subjetivo constitui interesse tutelado pela ordem jurídica mediante o reconhecimento da vontade individual, o que pressupõe um direito subsistente na volição.
(B) A teoria lógico-formal, centrada em depurar do estudo do direito quaisquer elementos metajurídicos, promove a redução formalista do dever jurídico e, concomitantemente, do direito subjetivo à norma jurídica.
(C) De acordo com a teoria da vontade-potência, da conjugação dos elementos vontade e interesse, o direito subjetivo seria o bem ou interesse protegido pelo reconhecimento do poder da vontade humana, visto que é dirigido a um bem reconhecido pela ordem jurídica.
(D) Segundo a teoria eclética, não há direito subjetivo: nem o indivíduo nem a coletividade possuem direitos, uma vez que a regra de direito cria um comportamento (positivo ou negativo), configurando-se uma situação de caráter objetivo.

(E) A teoria egológica do direito confere novo tratamento à noção de direito subjetivo, que, identificado com a liberdade humana, expressa o movimento espontâneo da vida humana – liberdade fenomenizada – no campo do não proibido.

Existem diversas teorias sobre a natureza do direito subjetivo. A Teoria da Vontade de Windscheid concebe o direito subjetivo como o poder da vontade humana reconhecido pela ordem jurídica. A Teoria do Interesse de Ihering (*Jhering*), por sua vez, concebe o direito subjetivo como interesse juridicamente protegido. Essas são duas teorias clássicas. A alternativa "A" não apresenta as ideias da "teoria da garantia", pois esta (vide August Thon) nega que o direito subjetivo tem por base a vontade e afirma que o fundamento do direito subjetivo está na garantia judiciária das relações jurídica (a definição apresentada na alternativa "A" está mais próxima da teoria do interesse). A alternativa "B" é imprecisa, pois a princípio, se considerarmos a teoria de Kelsen como "lógico-formal" então a alternativa poderia ser considerada correta, pois o autor austríaco afirma na "Teoria Pura do Direito" que o "direito subjetivo, no sentido aqui considerado, pressupõe um correspondente dever jurídico, é mesmo este dever jurídico", afirmando ainda que direito subjetivo é um "direito reflexo" e que "um direito reflexo não pode existir sem o correspondente dever jurídico". No entanto, poder-se-ia considerar a alternativa incorreta por meio dos seguintes argumentos: (i) a expressão "teoria lógico-formal" é um termo comumente empregado para descrever a teoria de Kelsen sobre pessoa jurídica, melhor seria falar em "teoria normativista" para designar o pensamento kelseniano; (ii) a teoria lógico-formal é uma teoria de negação da existência do direito subjetivo, portanto, não há como estabelecer a natureza jurídica do direito subjetivo; (iii) o dever jurídico – numa perspectiva lógico--formal – é reduzido à norma jurídica e, consequentemente, a redução do direito subjetivo ao dever jurídico, não é algo concomitante, mas posterior, uma vez que o direito subjetivo seria *reflexo* (ademais, em alguns hipóteses – diz Kelsen – existe dever sem que ao menos exista direito reflexo, ou seja, direito subjetivo – "[...] não pressupomos um direito subjetivo reflexo em todos os casos de dever jurídico"). De qualquer modo, ainda que essas objeções possam ser apresentadas, nos parecem objeções frágeis para considerar a opção incorreta (ainda que do ponto de vista do Gabarito, ela assim seja considerada). Quanto à alternativa "C", a teoria da vontade--potência (Del Vecchio) define o direito subjetivo como "faculdade de querer e de pretender, atribuída a um sujeito, à qual corresponde uma obrigação por parte dos outros", portanto, a alternativa está incorreta. A definição apresentada pela alternativa "C" se aproxima mais da Teoria Mista (conjuga os elementos "vontade" e "interesse" na definição de direito subjetivo), segundo a qual o direito subjetivo é "o poder da vontade humana, reconhecido e protegido pela ordem jurídica, tendo por objeto um bem ou interesse" (Jellinek). A Teoria Mista é comumente tomada como sinônimo de Teoria Eclética e, portanto, a alternativa "D" está igualmente incorreta (ela apresenta ideias eu se aproximam da Teoria Negativista ou Teoria de Negação do direito subjetivo, não da Teoria Eclética). Com relação alternativa "E", temos a apresentação da natureza do direito subjetivo em conformidade com a Teoria Egológica do Direito do jurista argentino Carlos Cossio (conceituação lógico-ontológica do direito subjetivo e sua identificação com a liberdade).

Gabarito "E".

(Promotor de Justiça/PI – 2014 – CESPE) Em relação à eficácia da lei no tempo, assinale a opção correta.

(A) Por meio da revogação, em sentido amplo, termo afeto ao processo legislativo, a norma é extinta do sistema jurídico por outro ato normativo da mesma espécie, o que não se aplica às normas declaradas inconstitucionais.

(B) A irretroatividade é a regra geral em matéria de direito intertemporal, não se admitindo, em hipótese alguma, a retroatividade de atos normativos em observância à segurança jurídica.

(C) A promulgação da lei a torna obrigatória para a coletividade.

(D) Pode ser promulgada nova lei sobre o mesmo assunto de norma já promulgada, sem que se ab-rogue tacitamente a anterior.

(E) A vigência da lei coincide necessariamente com a data de sua publicação no Diário Oficial.

A opção "A" é incorreta porque a *revogação* ocorre por ato normativo que cria normas jurídicas de hierarquia igual ou então *superior* à revogada (a hierarquia das normas pode ser entendida como um critério de distinção das espécies normativas, sendo assim, se uma norma superior revoga uma inferior existente, por consequência, existe revogação decorrente da criação de norma jurídica de espécie distinta daquela que foi revogada; isso pode ocorrer, por exemplo, quando uma lei ordinária revoga uma portaria), ademais, mesmo quando uma lei foi declarada inconstitucional por Tribunal, pode o legislador revogar tal lei. A opção "B" é incorreta porque é errado afirmar que inexistem hipóteses de retroatividade de atos normativos, pois, isso pode sim ocorrer (ainda que seja algo excepcional), por exemplo, quando se trata de preceito de natureza penal e a retroatividade beneficia o réu (e.g. tornando atípica uma conduta anteriormente definida como crime). A opção "C" está errada porque a promulgação é uma das etapas finais do processo legislativo, contudo, ela deve ser sucedida pela publicação do texto da lei no Diário Oficial pra que esta então se torne obrigatória (deve ainda ser observado o prazo estabelecido para início da vigência da lei). A opção "D" é correta pelas seguintes razões: conforme disposto na Lei de Introdução do Direito Brasileiro: "Art. 2º [...] § 1º A lei posterior revoga a anterior quando expressamente o declare, quando seja com ela incompatível ou quando regule inteiramente a matéria de que tratava a lei anterior", assim, caso a nova lei não trate inteiramente daquilo que foi tratado pela lei anterior e tampouco seja incompatível com ela, não terá ocorrido ab-rogação tática, ainda que verse sobre o mesmo assunto. A opção "E" está errada porque o início da vigência de uma lei não coincide necessariamente com a data da publicação no Diário Oficial. Isso é algo contingente, pode ou não ocorrer, pois a própria lei criada pode estabelecer seu período de *vacatio legis* (intervalo de tempo entre a publicação do texto da lei no Diário Oficial e o início da sua vigência) ou então, quando a lei criada não estabelecer em que momento ocorrerá o início de vigência, o prazo da *vacatio legis* será aquele estabelecido pelo art. 1º da LINDB: "Salvo disposição contrária, a lei começa a vigorar em todo o país quarenta e cinco dias depois de oficialmente publicada. § 1º Nos Estados estrangeiros, a obrigatoriedade da lei brasileira, quando admitida, se inicia três meses depois de oficialmente publicada".

Gabarito "D".

(Promotor de Justiça/PI – 2014 – CESPE) Considerando as relações entre política e direito bem como os princípios gerais do direito, assinale a opção correta.

(A) O fenômeno da judicialização da política coincide com o surgimento do controle de constitucionalidade no Brasil, ou seja, com a promulgação da CF de 1891.

(B) A judicialização da política decorre da tensão entre o Poder Legislativo e Poder Judiciário, restando ao Poder Executivo o papel de mediador de tal conflito.

(C) Os princípios gerais do direito, considerados sucedâneos dos princípios constitucionais fundamentais, podem, ainda, ser considerados sinônimos destes, vistos que são entendidos como permissivos para a livre criação jurisprudencial do direito.

(D) O direito tem relação tão estreita com o poder que seu estudo, muitas vezes, reduz-se às relações de poder, o que acarreta uma politização absoluta, autoritária e, em certos casos, totalitária do direito, que passa à condição de uma espécie de disfarce da política e mero instrumento do poder político.

(E) Os princípios omnivalentes, tal como o princípio da causalidade, essencial às ciências naturais, não se estendem a todos os campos do conhecimento.

A alternativa "A" está errada porque o fenômeno da judicialização da política ocorre nas últimas décadas, especialmente após a promulgação da Constituição Federal de 1988. A alternativa "B" está errada porque é o Poder Judiciário quem exerce o papel de mediador do conflito nos casos de judicialização da política. A alternativa "C" está errada porque os princípios gerais do direito não substituem os princípios constitucionais fundamentais, o que pode haver é uma coincidência em alguns casos, ou seja, um princípio geral do direito ser também um princípio constitucional fundamental (além disso, os princípios gerais do direito não são permissivos para livre criação jurisprudencial do direito, pelo contrário, orientam as decisões dos Tribunais e, assim, de certo modo as limitam). A alternativa "D" é considerada correta porque parte do pressuposto que o poder político tem limite dentro da normatividade jurídica (devendo realizar seus preceitos) de modo que o estudo sobre o poder não poderia ser reduzido ao aspecto puramente político, devendo ser observado sob o prisma da normatividade jurídica. A alternativa "E" está incorreta porque o princípio da *causalidade* é considerado um princípio *plurivalente*, cuja característica é não se estender a todos os campos do conhecimento (por outro lado, a alternativa está correta quando afirma que o princípio da causalidade de fato é essencial às ciências naturais. Tal princípio é sintetizado na fórmula "Se A é, B é"; o princípio da imputação, por sua vez, existente no campo da ética e do direito e é sintetizado pela fórmula: "Se A é, B dever ser"). Os princípios *omnivalentes*, ao contrário do que enuncia a alternativa, são válidos para todos os campos do conhecimento (como o princípio da identidade, que enuncia que "A" é igual a "A"). Seguindo a classificação existente, podemos citar os princípios *monovalentes*, aqueles que valem apenas para um determinado campo do conhecimento (por exemplo, os princípios gerais do direito, no caso do Direito; ou o princípio da dilatação dos corpos, no caso da física).

Gabarito "D".

LÓGICA

(Delegado/SP – 2014 – VUNESP) Os conectivos ou operadores lógicos são palavras (da linguagem comum) ou símbolos (da linguagem formal) utilizados para conectar proposições de acordo com regras formais preestabelecidas. Assinale a alternativa que apresenta exemplos de conjunção, negação e implicação, respectivamente.

(A) ¬ p, p ∨ q, p ∧ q
(B) p ∧ q, ¬ p, p → q
(C) p → q, p ∨ q, ¬ p
(D) p ∨ p, p → q, ¬ q
(E) p ∨ q, ¬ q, p ∨ q

A resposta da questão dependia do conhecimento dos conectivos ou operadores lógicos, que convencionalmente são os seguintes:
Conjunção: ∧ (equivale a "e")
Negação: ¬ (equivale a "não").
Disjunção: ∨ (equivale a "ou")
Implicação (condicional): → (no caso de "*p* → *q*" equivale a "se *p* então *q*")
Por essa razão, todas as alternativas, com exceção da "B", estavam erradas, pois somente esta alternativa apresenta exemplos de conjunção, negação e implicação, respectivamente.

Gabarito "B".

(Delegado/SP – 2014 – VUNESP) A lógica clássica possui princípios fundamentais que servem de base para a produção de raciocínios válidos. Esses princípios foram inicialmente postulados por Aristóteles (384 a 322 a.C.) e até hoje dão suporte a sistemas lógicos.

Tais princípios são os

(A) da inferência, da não contradição e do terceiro incluído.
(B) da diversidade, da dedução e do terceiro incluído.
(C) da identidade, da inferência e da não contradição.
(D) da identidade, da não contradição e do terceiro excluído.
(E) da diversidade, da indução e da não contradição.

Segundo a lógica aristotélica, os três princípios ou três leis fundamentais da lógica são: (i) *princípio da identidade*: estabelece que um ser é sempre idêntico a si mesmo. Portanto, que A é sempre igual a A; (ii) *princípio da não contradição*: estabelece ser impossível que um ser seja algo e, ao mesmo tempo e na mesma relação, não seja este mesmo algo. Portanto, é impossível que A seja possuidor e não possuidor, ao mesmo tempo e na mesma relação, da característica X, por exemplo. (iii) *princípio do terceiro excluído*: estabelece que dadas duas proposições com o mesmo sujeito e o mesmo predicado, sendo uma delas afirmativa e a outra negativa, necessariamente uma delas é verdadeira e necessariamente a outra falsa. Portanto, ou "A é X" ou "A não X", não há terceira possibilidade (o terceiro está excluído).
Gabarito "D".

(Delegado/SP – 2014 – VUNESP) Um argumento válido é aquele cujas premissas levam a uma conclusão por meio de uma sequência finita de regras formais preestabelecidas. Um exemplo de um argumento válido é:

(A) Se uma cidade é uma capital de estado, então ela fica no estado. Como Joinville fica em Santa Catarina, portanto Joinville é a Capital do Estado.
(B) Se o professor der a Fulano uma boa nota na prova, então ele pulará de alegria. Como vi Fulano muito alegre ontem, só pode ter sido aprovado.
(C) Uma vez que todos os livros bons são caros, todos os livros ruins devem ser baratos.
(D) Todas as pessoas bem sucedidas economicamente são inteligentes. Soube que Fulano tem graves problemas financeiros, portanto ele não deve ser inteligente.
(E) Considerando que alguns insetos são seres vivos e que todos os seres vivos são mortais, é correto afirmar que alguns insetos são mortais.

Em todos os casos, trata-se de examinar se conclusão decorre necessariamente das premissas, ou seja, se a conclusão não é meramente contingente (acidental). A opção "A" é falsa porque a premissa afirma apenas que uma cidade é uma capital de estado (não que toda cidade é capital de estado) e que, logicamente, para ser capital do estado, uma cidade precisa ficar no estado; logo, mesmo que Joinville fique no estado de Santa Catarina, não se pode inferir que é capital deste estado necessariamente, pois Joinville pode ser apenas uma cidade no estado. A opção "B" é falsa porque a premissa não afirma que Fulano apenas pula de alegria se tirar boa nota na prova, ela afirma apenas que se Fulano tirar boa nota na prova pulará de alegria; logo, Fulano pode "estar muito alegre" sem que necessariamente tenha tirado nota na prova (isso pode ser decorrência de outro motivo). A opção "C" é falsa porque faz apenas uma afirmação universal sobre livros bons (que todos são caros), mas nada diz sobre livros ruins; logo, não se pode concluir se livros ruins são caros ou baratos necessariamente. A opção "D" é falsa, porque apenas faz uma afirmação universal sobre a inteligência de "pessoas bem-sucedidas economicamente", mas não faz nenhuma afirmação universal sobre pessoas com "graves problemas financeiros"; logo, não se pode concluir se pessoas com "graves problemas financeiros" são necessariamente inteligentes ou não. A alternativa "E" está correta, porque se trata de um silogismo clássico, tendo ocorrido apenas a inversão da ordem típica das premissas, de modo que as frases poderiam ser lidas da seguinte maneira: "Todos os seres vivos são mortais", "Alguns insetos são seres vivos", logo, "Alguns insetos são [necessariamente] mortais".
Gabarito "E".

(Delegado/SP – 2014 – VUNESP) O silogismo é a forma lógica proposta pelo filósofo grego Aristóteles (384 a 322 a.C.) como instrumento para a produção de conhecimento consistente. O silogismo é tradicionalmente constituído por

(A) duas premissas, dois termos médios e uma conclusão que se segue delas.
(B) uma premissa maior e uma conclusão que decorre logicamente da premissa.
(C) uma premissa maior, uma menor e uma conclusão que se segue das premissas.
(D) três premissas, um termo maior e um menor que as conectam logicamente.
(E) uma premissa, um termo médio e uma conclusão que decorre da premissa.

Os silogismos formulados por Aristóteles tem uma forma rígida, os elementos se organizam necessariamente de uma determina maneira. Podemos compreender a estrutura dos silogismos por meio de um clássico exemplo:

"Todo homem é mortal. (Premissa maior: contém o termo maior)
Sócrates é homem. (Premissa menor: contém o termo menor)
Logo, Sócrates é mortal". (Conclusão: contém os termos anteriores das premissas).
No exemplo acima, "homem" é o termo médio (ou mediano) e deve aparecer nas duas premissas, mas nunca na conclusão.
Gabarito "C".

(Delegado/SP – 2014 – VUNESP) Uma relevante finalidade dos argumentos que elaboramos é convencer eventuais interlocutores sobre a verdade de uma tese, isto é, expomos justificativas racionais que sustentam nossa crença de que a tese que defendemos é objetivamente verdadeira. Assim sendo, quando argumentamos devemos

(A) apresentar justificativas que deem sustentação à verdade da tese defendida.
(B) apelar para a opinião pública que justifique a verdade da tese apresentada.
(C) defender a tese usando justificações baseadas em opiniões pessoais evidentes.
(D) acreditar na verdade da tese proferida como resultado de sua auto-evidência.
(E) reiterar a verdade da tese defendida e ressaltar a falsidade de teses contrárias.

Argumentação consiste em apresentar justificativas a uma tese defendida. Ainda que possa haver uma opinião pública a respeito de uma tese, não é a opinião pública quem justifica a verdade da tese apresentada, ela pode inclusive discordar da veracidade da tese. Uma opinião pessoal evidente não é suficiente para defesa de uma tese, pois a argumentação deve partir de premissas e ideias que tenham aceitação por parte dos interlocutores, servindo assim de base para a chegar a conclusões que possam resultar na defesa da veracidade tese. Se a verdade de uma tese fosse autoevidente aos interlocutores, sequer haveria necessidade de argumentar perante eles, ademais, o convencimento dos interlocutores pode ocorrer independentemente da crença pessoal do argumentador. Argumentar não consiste simplesmente em afirmar a verdade de uma tese e insistir na falsidade de teses contrárias, mas sim apresentar justificativas que permitam concluir pela veracidade de uma tese e falsidade das demais.
Gabarito "A".

(Delegado/SP – 2014 – VUNESP) Na lógica clássica, as proposições que compõem um raciocínio são classificadas como: (1) universais ou particulares e (2) afirmativas ou negativas. Assim sendo, as proposições "todo ser humano é mortal", "algumas pessoas não usam óculos" e "alguns motoristas são descuidados" são classificadas, respectivamente, como:

(A) particular afirmativa, universal negativa e universal afirmativa.
(B) particular afirmativa, universal negativa e particular afirmativa.
(C) universal afirmativa, particular afirmativa e particular negativa.
(D) particular negativa, particular afirmativa e universal afirmativa.
(E) universal afirmativa, particular negativa e particular afirmativa

Na lógica clássica temos a seguinte classificação:
Proposição universais enunciam algo em relação a TODOS/TODAS.
Proposição particulares enunciam algo em relação a ALGUNS/ALGUMAS
Proposição afirmativas apresentam enunciados positivos (Exemplo: "é mortal" "usa óculos").
Proposição negativas apresentam enunciados negativos (Exemplo: "não é mortal" "não usa óculos"). Por negativo, entenda-se a negação de um "ser", de um "estar", de um "agir". Não se trata de negativo do ponto de vista axiológico (ético).
Gabarito "E".

(Defensoria/SP – 2013 – FCC) Considere as seguintes afirmações sobre a Teoria Pura do Direito de Hans Kelsen:

I. A Teoria Pura do Direito trata o Direito como um sistema de normas válidas criadas por atos de seres humanos.
II. A Teoria Pura do Direito, assumindo o sincretismo metodológico, pretende ser a única ciência do Direito possível ou legítima.
III. A Teoria Pura do Direito limita-se a uma análise estrutural do Direito positivo.

Está correto APENAS o que se afirma em

(A) I e III.
(B) I.
(C) II.
(D) III.
(E) I e II.

A afirmação I está correta. Kelsen propõe que a ciência do Direito tenha por objeto as normas jurídicas – um todo ordenado, no qual uma norma inferior extrai a validade de outra superior (Nas palavras de Kelsen, "a norma que representa o fundamento de validade de uma outra norma é, em face desta, uma norma superior", c.f. *Teoria Pura do Direito*. 6. ed. São Paulo: Martins Fontes 1998, p. 136) –, isso não significa negar que as normas jurídicas sejam resultado da vontade e da decisão humana ("A participação dos súditos das normas na atividade legislativa, isto é, na produção de normas jurídicas gerais, é a característica essencial da forma democrática de Estado, em contraposição à forma autocrática na qual os súditos são excluídos de toda a participação na formação da vontade estadual, ou seja, na qual eles não têm quaisquer direitos políticos", Ibidem, p. 97), ou seja, Kelsen não nega que o Direito tenha relação com a política, por exemplo, mas afirma que a ciência do Direito deve ser estritamente dogmática (por essa razão o Prof. Alysson Mascaro classifica a doutrina de Kelsen de *juspositivismo estrito*). A afirmativa II é falsa pelas seguintes razões: Kelsen diz textualmente que o objetivo da Teoria Pura do Direito é "evitar um sincretismo metodológico que obscurece a essência da ciência jurídica" (Ibidem, p. 1), de modo que o jurista austríaco propõe um estreitamento metodológico, ou seja, se opõe às tentativas de se entender o direito a partir de uma *síntese integradora de distintos métodos* (sincretismo metodológico), ou seja, a perspectiva de Kelsen não consiste no estudo das normas jurídicas a partir de um ângulo sociológico, político, econômico, histórico etc., pois somente se evitando isso – no entender de Kelsen – seria possível formular uma Teoria [supostamente] Pura do Direito (uma teoria que separa a ciência do direito das demais ciências e de seus diversos métodos). A alternativa III é verdadeira, pois Kelsen, ao explicar o caráter científico da Teoria Pura do Direito, afirma que "é uma teoria do Direito radicalmente realista, isto é, uma teoria do positivismo jurídico. Recusa-se a valorar o Direito positivo. Como ciência, ela não se considera obrigada senão a conceber o Direito positivo de acordo com a sua própria essência e a compreendê-lo através de uma **análise da sua estrutura**" (Ibidem, p. 75, destaque nosso) e mais adiante "A teoria jurídica torna-se, assim, numa **análise estrutural do Direito positivo** o mais exata possível, liberta de todo juízo de valor ético-político" (Ibidem, p. 134, destaque nosso).

Gabarito "A".

(Defensoria/SP – 2013 – FCC) Na obra *O que é justiça?*, Hans Kelsen explicita que sua Teoria Pura do Direito formula a regra de Direito (usando o termo em sentido descritivo) como um juízo

(A) hipotético em que o delito surge como condição essencial e a sanção como a consequência.
(B) categórico em que o delito surge como condição essencial e a sanção como a consequência.
(C) hipotético em que a sanção surge como condição essencial e o delito como a consequência.
(D) hipotético em que a moral surge como condição essencial e a sanção como a consequência.
(E) categórico em que a sanção surge como condição essencial e o delito como a consequência.

Na obra *O que é a justiça?* Kelsen trata de recusar a teoria de justiça baseada nos imperativos categóricos (Em Kant, tais ditames da razão aparecem de duas formas clássicas: "Age como se a máxima de tua ação devesse tornar-se, através da tua vontade, uma lei universal" ou "Age como se a máxima da tua ação fosse para ser transformada, através da tua vontade, em uma lei universal da natureza", dentre outras variações). A teoria kelseniana da norma jurídica procura examinar as normas jurídicas do ponto de vista estrutural, portanto, identificar os elementos comuns a toda ordem normativa, neste sentido, ele formula a regra de direito como *juízo hipotético*, uma estrutura proposicional na qual uma sanção é o dever – a consequência – decorrente de um delito (ilícito). Tais ideias aparecem bem explicadas em sua obra *Teoria Pura do Direito* nos seguintes termos: "Se uma ordem normativa prescreve uma determinada conduta apenas pelo fato de ligar uma **sanção** à conduta oposta, o essencial da situação de fato é perfeitamente descrito através de um **juízo hipotético** que afirme que, se existe uma determinada conduta, deve ser efetivado um determinado ato de coação [sanção]. Nesta proposição, **o ilícito aparece como um pressuposto** (condição) e não como uma negação do Direito; e, então, mostra-se que o ilícito não é um fato que esteja fora do Direito e contra o Direito, mas é um fato que está dentro do Direito e é por este determinado, que o Direito, pela sua própria natureza, se refere precisa e particularmente a ele. Como tudo o mais, também o ilícito (não Direito) juridicamente apenas pode ser concebido como Direito. Quando se fala de conduta "contrária"-ao-Direito, o elemento condicionante é o ato de coação [sanção]; quando se fala de conduta "conforme"-ao-Direito, significa-se a conduta oposta, a conduta que evita o ato de coação" (KELSEN, Hans. Teoria Pura do Direito. 6. ed. São Paulo: Martins Fontes 1998, p. 79-80. Destaque nosso).

Gabarito "A".

(Defensoria/SP – 2013 – FCC) Ao discorrer sobre o conceito de norma, no livro *A ciência do direito*, Tercio Sampaio Ferraz Júnior aborda a chamada "Teoria imperativista da norma", que possui Rudolf von Jhering como um de seus principais representantes. As análises do autor sobre esta Teoria explicitam que o seu centro nuclear é a noção de

(A) normatividade.
(B) verificação.
(C) vontade.
(D) falsificação.
(E) verdade.

Trata-se uma questão cuja resposta pode ser encontrada textualmente na seguinte passagem da obra acima mencionada, na qual Tercio Sampaio Ferraz Jr. explica que "Não há uma, mas inúmeras noções de norma jurídica. Uma definição exemplar, embora já surrada e que parece atravessar o tempo na consciência média do jurista, vamos encontrar em von Jhering, no seu *Der Zweck im Recht* (1877) (A finalidade no Direito). Deste livro extraímos o seguinte texto: 'A definição usual de direito reza: direito é o conjunto de normas coativas válidas num Estado, e esta definição a meu ver atingiu perfeitamente o essencial. Os dois fatores que ela inclui são o da norma e o da realização através de coação [...] O conteúdo da norma é um pensamento, uma proposição (proposição jurídica), mas uma proposição de natureza prática, isto é, uma orientação para a ação humana; a norma é, portanto, uma regra, conforme a qual nos devemos guiar'. **Jhering traça, a partir desta definição genérica, os caracteres distintivos da norma jurídica**. Observa, em primeiro lugar, que, em comum com as regras gramaticais, a norma tem o caráter de orientação, delas separando-se, porém, à medida que visam especificamente à ação humana. Nem por isso elas se reduzem à orientação para a ação humana, como é o caso das máximas de moral, pois a isto se acresce um novo aspecto, ou seja, o seu caráter imperativo. **A norma para ele é, assim, uma relação entre vontades**, sendo um imperativo (positivo: obrigação, ou negativo: proibição) no sentido de que manifesta o poder de uma vontade mais forte, capaz de impor orientações de comportamento para vontades mais fracas. Relação de império, as normas são interpessoais e não existem, como tais, na natureza. Conforme se dirijam à ação humana num caso concreto ou a um tipo genérico de ação, as normas constituem imperativos concretos ou abstratos. Jhering conclui que, na sua especificidade, a norma jurídica é um imperativo abstrato dirigido ao agir humano. **Jhering é um autêntico representante da chamada Teoria Imperativista da norma. O centro nuclear da teoria é a noção de vontade**, um termo privilegiado pelo vocabulário teórico já há séculos – lembremo-nos apenas da *vontade geral* como fundamento da legitimidade da lei e do governo em Rousseau – e que domina a teoria jurídica no século XIX. A partir daí, o empenho de Jhering está em identificar analiticamente a norma jurídica enquanto regra coativa. O conceito de *vontade* serve-lhe bem a propósito, pois lhe dá a oportunidade de ver na norma jurídica uma relação de superioridade entre o que ordena e o que recebe a ordem, explicando-se a impositividade do direito como um caso de um querer dotado de poder". (FERRAZ Jr., Tercio Sampaio. *A Ciência do Direito*. 2. ed. São Paulo: Atlas, 2010, p. 50-51, destaque nosso).

Gabarito "C".

(Defensoria/SP – 2013 – FCC) Ao analisar o tema da pluralidade dos ordenamentos, na obra *Teoria da norma jurídica*, Norberto Bobbio enfatiza que a teoria institucionalista

(A) reafirma que o Estado e as suas instituições detêm exclusividade na produção do direito.
(B) sustenta que o Estado é a única instituição que estabelece o direito.
(C) rompe com a teoria estatalista, pois rejeita a redução do direito a uma forma estatal de expressão.
(D) confunde-se com a teoria estatalista, pois enxerga no Estado a única instituição que cria o direito.
(E) considera o Estado moderno como a instituição que detém o monopólio da produção jurídica.

A resposta dessa questão pode ser encontrada no mencionado livro Noberto Nobbio, mais precisamente no capítulo no qual o filósofo italiano trata do "pluralismo jurídico" e explica a diferença entre a teoria institucionalista e estatalista nos seguintes termos: "É preciso reconhecer o mérito da teoria institucionalista de ter alargado os horizontes da experiência jurídica para além das fronteiras do Estado. Fazendo do direito um fenômeno social e considerando o fenômeno da organização como critério fundamental para distinguir uma sociedade jurídica de uma sociedade não jurídica, **esta teoria rompeu com o círculo fechado da teoria estatalista do direito, que considera o direito apenas o direito estatal, e identifica o âmbito do direito e do Estado**. Embora possa escandalizar um pouco o jurista que, limitando as suas próprias observações e estudo ao ordenamento jurídico estatal, é induzido a julgar que não haja outro direito senão aquele do Estado, para a teoria institucionalista, até uma associação de delinquentes, desde que organizada para a finalidade de manter a ordem entre seus membros é um ordenamento jurídico. Além disso, não existiriam, historicamente, Estados que pudessem ser comparados com associações de delinquentes, devido à violência e fraude com que se conduziram frente aos seus cidadãos e àqueles outros Estados? [...] **A doutrina institucionalista representa uma reação ao estatalismo**" (BOBBIO, Norberto. *Teoria da norma jurídica*. Bauru, SP: Edipro, 2001, p.31-33, destaque nosso).

Gabarito "C".

(Defensor Público/TO – 2013 – CESPE) Com relação ao conceito de justiça, assinale a opção correta.

(A) O vocábulo justiça é empregado, em sentido lato, como equivalente a organização judiciária.
(B) O sentido estrito de justiça está associado ao conjunto das virtudes que regulam as relações entre os homens.
(C) De acordo com a doutrina majoritária, caracterizam o sentido lato de justiça a alteridade, o débito e a igualdade.
(D) Consoante a doutrina aristotélica, a justiça comutativa caracteriza-se como aquela em que o particular dá a outro o bem que lhe é devido.
(E) Na antiguidade clássica, Platão definiu justiça como a vontade constante e perpétua de dar a cada um o que lhe pertence.

Justiça, na obra de Aristóteles, pode ser definida como sendo relação bilateral, preferencial e voluntária, em conformidade com a lei e com o bem comum e que respeita a igualdade. O termo, como já se pode perceber, não é unívoco, é ambíguo, porque possui uma pluralidade de sentidos, vários significados e acepções. Daí a distinção que Aristóteles realiza entre justiça universal e justiça particular. A primeira (universal), também denominada de justiça em sentido lato, define-se como a conduta de acordo com a lei; a segunda (particular) denominada, às vezes, de justiça em sentido estrito, define-se como o hábito que realiza e respeita a igualdade. A justiça particular, que realiza e respeita a igualdade, é promovida de duas maneiras. Uma maneira é a que se manifesta na igualdade que consiste na distribuição proporcional geométrica (igualar o desigual) de bens e outras vantagens entre os cidadãos da *polis*, a esta se dá o nome de justiça distributiva. A outra maneira é a que se manifesta na igualdade que desempenha um papel corretivo nas transações entre os cidadãos, a esta se dá o nome de justiça retificadora ou comutativa que consiste numa proporcionalidade aritmética (igual). A justiça universal, que é a conduta conforme a lei, abrange, de certo modo, todas as demais virtudes, quando estas estiverem prescritas em lei. Com efeito, é normalmente por intermédio da lei que se realiza o bem comum. Nesse sentido, diz Aristóteles que nas disposições que tomam sobre todos os assuntos, as leis têm em mira a vantagem comum. Nesse sentido, o hábito de respeitar a lei faz do homem respeitador da lei um homem justo. Por fim, devemos destacar que Platão (filosofia metafísica) não construiu um conceito fechado de justiça.

Gabarito "D".

(Defensor Público/TO – 2013 – CESPE) Assinale a opção correta com relação à interpretação do direito.

(A) A interpretação autêntica é a que se realiza pelo próprio legislador.
(B) Consoante o sistema da livre pesquisa, o direito só pode ser interpretado com base na lei.
(C) A escola de interpretação da teoria pura do direito foi criada por Carlos Cossio.
(D) A hermenêutica e a interpretação, conceitos sinônimos, consistem em revelar o sentido da norma jurídica.
(E) Segundo a doutrina, toda norma jurídica se ampara em um texto legal que lhe é correspondente.

A: correta, pois a interpretação autêntica é aquela realizada pelo legislador, ou seja, o próprio autor da norma a ser interpretada; **B:** incorreta. É exatamente o contrário. Na livre investigação científica, o intérprete não fica condicionado aos mandamentos da lei e a solução interpretativa é fundada em critérios objetivos. A atividade do intérprete se realiza num duplo campo de ação: o *dado* (fontes materiais) e o *construído* (fontes formais), que são os componentes da norma jurídica. O *dado* corresponde à realidade observada pelo legislador (fatos: econômicos, históricos, políticos, geográficos, culturais). O *construído* é uma operação técnica que, considerando o *dado*, subordina os fatos a determinados fins. Assim, por trás das normas jurídicas, há uma realidade anterior que as próprias normas não podem desprezar. É no *dado* que se apoia a existência das normas; é desse *dado* que cada norma tira seu sentido e condição de sua aplicabilidade. O intérprete, por princípio de segurança jurídica, não substitui a vontade do legislador, mas deve desvendá-la considerando o *dado*. A interpretação não está, portanto, adstrita apenas à letra da lei, ela deve também considerar os fatos sociais; **C:** incorreta. Kelsen é o principal teórico do positivismo jurídico. A sua obra **Teoria Pura do Direito** busca conferir à ciência jurídica um método e objeto próprios, capazes de assegurar ao jurista o conhecimento científico do direito. Para Kelsen, o objeto da ciência jurídica consiste em normas jurídicas e a tarefa do cientista do direito consiste em descrever e sistematizar esse objeto mediante proposições. Por outro lado, Carlos Cossio criou o egologismo jurídico e defendia, em contraposição à Kelsen, que o Direito é ciência porque estuda a conduta humana e não a norma; **D:** incorreta. Em termos gerais, pode-se dizer que **hermenêutica** é a teoria que tem por objeto o estudo das técnicas (regras, métodos) aplicáveis à interpretação do direito. E **interpretação** é o processo que determina o sentido e alcance das normas jurídicas utilizando-se das técnicas fixadas pela hermenêutica. Mas é importante asseverar que alguns juristas (como Miguel Reale) entendem que não é necessário estabelecer essa distinção entre *hermenêutica* (como teoria que pesquisa regras de interpretação) e *interpretação* (como o mero emprego das regras estabelecidas pela hermenêutica), pois as expressões seriam equivalentes. Nesse sentido, a expressão *hermenêutica jurídica* é utilizada para identificar não apenas as teorias da interpretação, mas também as regras (métodos) de interpretação propostas por essas teorias; **E:** incorreta, pois o princípio jurídico também pode dar embasamento a uma norma jurídica.

Gabarito "A".

(Defensor Público/TO – 2013 – CESPE) De acordo com o método de interpretação jurídica desenvolvido por Recaséns Siches, o processo de investigação dos fatos, na ordem jurídica vigente, assegura maior satisfação e legitimidade na solução e na interpretação jurídica. Segundo a jurisprudência, a melhor interpretação do direito não se subordina servilmente ao texto legal nem se vale de raciocínios artificiais para enquadrar friamente os fatos em conceitos prefixados, mas se direciona para a solução justa. Essas definições correspondem ao método de interpretação jurídica denominado

(A) lógico-dedutivo.
(B) hipotético-condicional.
(C) lógica do razoável.
(D) modo final de aplicação.
(E) conflito normativo.

A questão trata do método de interpretação jurídica alcunhado lógica do razoável. Esse método foi formulado pelo jurista espanhol Recaséns Siches, e tem como principal ponto o encorajamento à busca de justiça pelo magistrado, desvencilhando-o da obrigação de seguir a lógica tradicional (método lógico-dedutivo).

Gabarito "C".

(Defensor Público/TO – 2013 – CESPE) As normas que, de acordo com a doutrina, são baseadas nas leis elaboradas pelos homens com o intuito de reger o social, sendo vistas como reflexo das diversas formas do comportamento humano denominam-se normas

(A) religiosas.
(B) legais.
(C) sociais.
(D) privadas.
(E) facultativas.

As normas referidas na questão são as legais. As normas religiosas não são elaboradas pelos homens – ao menos como os dogmas religiosos são apresentados. As normas sociais se referem a qualquer forma de regulação da vida em sociedade, mas a questão menciona expressamente que as normas são baseadas nas leis elaboradas pelos homens, logo a menção às normas legais é indubitável. Por sua vez, as normas privadas não têm a função de regular a sociedade, pois seu âmbito de aplicação é reduzido, aplicando-se numa ordem privatística. E as facultativas não regulam a sociedade, apenas permitem a sua observância ou não.

Gabarito "B".

(Defensor Público/PR – 2012 – FCC) A contribuição da Filosofia para o exercício do ser Defensor Público que somente se realiza sendo Defensor Público, é:

(A) A Filosofia contribui na medida em que é, unilateralmente, visão de mundo e da Ciência, confere ao Defensor Público uma visão peculiarmente distante e abrangente das partes.
(B) A Filosofia torna livre no Defensor o seu Ser, a necessidade interna de resgate de sua essência mais própria, de modo a conferir a essa essência a sua dignidade de ser Defensor Público.
(C) A Filosofia é o pensar do pensar descompromissado, ainda que eventualmente, possa alcançar qualquer utilidade prática ou teórica para a função de Defensor Público.
(D) A Filosofia é a visão panorâmica e histórica dos filósofos e a partir daí, a escolha de uma delas para filtragem do olhar e elaboração de teses de defesa.
(E) A Filosofia é erudição, conhecimentos abrangentes sobre a vida, conferindo ao Defensor Público experiência na solução de problemas e desafios do cotidiano forense.

A assertiva que cuida corretamente da contribuição da filosofia para o exercício do ser Defensor Público é a "B".

Gabarito "B".

(Defensor Público/PR – 2012 – FCC) Um argumento correto quanto à doutrina da norma para Hans Kelsen é:

(A) Para Kelsen as normas jurídicas são juízos, isto é, enunciados sobre um objeto dado ao conhecimento. São apenas comandos do ser.
(B) Para Kelsen, na obra **Teoria Pura do Direito**, norma é o sentido de um ato através do qual uma conduta é prescrita, permitida ou, especialmente, facultada, no sentido de adjudicada à competência de alguém.
(C) Kelsen não reconhece a distinção entre normas jurídicas e proposições normativas.
(D) Para Kelsen a norma que confere validade a todo o sistema jurídico ou conjunto de normas é a norma fundamental que se confunde com a Constituição, já que ambas são postas e impostas.
(E) Segundo Mata Machado, Kelsen, enquanto jusnaturalista, reduz o direito à norma, mas desenvolve a noção de direito objetivo enquanto coisa devida e a de justiça como Direito Natural.

O único argumento correto segundo à doutrina da norma para Hans Kelsen é aquele exposto pela assertiva "B". A assertiva apontada como correta trouxe uma colocação de Kelsen em sua obra Teoria Pura do Direito[1].

Gabarito "B".

(Defensor Público/RO – 2012 – CESPE) Considerando os conceitos de direito e de moral, assinale a opção correta à luz da filosofia do direito.

(A) Kant desenvolveu a teoria do mínimo ético, segundo a qual o direito representa todo o conteúdo moral obrigatório para que a sociedade possa sobreviver minimamente.
(B) Hans Kelsen formulou a teoria da bilateralidade atributiva, asseverando que a moral não se distingue do direito, mas o complementa por meio da bilateralidade ou intersubjetividade.
(C) Christian Thomasius propôs a distinção entre o direito e a moral, sob a inspiração pufendorfiana, com base na ideia de coação.
(D) Thomas Hobbes desenvolveu a teoria da atributividade, segundo a qual direito e moral estão inter-relacionados, tendo ambos origem no direito natural.
(E) Max Scheler preconizava uma espécie de moral pura, condição para a existência de um comportamento que, guiado pelo direito e pela ética, não muda segundo as circunstâncias.

A: incorreta. Quem desenvolveu a teoria do mínimo ético foi Georg Jellinek; **B:** incorreta, pois Kelsen não desenvolveu a teoria da bilateralidade atributiva. No Brasil, essa teoria foi muito bem desenvolvida pelo jurista Miguel Reale. "Pelos estudos que temos desenvolvido sobre a matéria pensamos que há bilateralidade atributiva quando duas ou mais pessoas se relacionam segundo uma proporção objetiva que as autoriza a pretender ou a fazer garantidamente algo. Quando um fato social apresente esse tipo de relacionamento dizemos que ele é jurídico. Onde não existe proporção no pretender, no fazer ou no exigir

---

1. 6ª ed. São Paulo: Vozes, 1999. p. 4.

não há Direito, como inexiste este se não houver garantia específica para tais atos. Bilateralidade atributiva é, pois, uma proporção intersubjetiva, em função da qual os sujeitos de uma relação ficam autorizados a pretender, exigir, ou a fazer, garantidamente, algo[2]"; **C:** correta, pois, de fato, Thomasius fez a citada distinção na assertiva; **D:** incorreta, pois a assertiva não correlaciona um pensamento de Hobbes. Na obra de Hobbes, Estado e Direito surgem simultaneamente, e seus fundamentos repousam no *pacto social* firmado entre os homens. Para que haja corpo político, diz Hobbes, é preciso que as vontades de todos sejam depositadas numa única vontade. Essa vontade é denominada *soberania*, cujo detentor é chamado de soberano, e dele se diz que possui poder soberano. Todos os restantes são súditos. *Soberania* é, assim, uma vontade suprema que se coloca acima das vontades individuais. O poder soberano, em Hobbes, possui as seguintes características: a) absoluto: não tolera restrições nem condicionamentos; b) indivisível: o soberano tem todo o poder ou não tem poder nenhum; c) perpétuo: quem tem o poder soberano o tem para sempre. Uma vez constituído o Estado, a vontade soberana passa a ser a única fonte do Direito. As leis expressam a vontade do soberano, e a validade da lei repousa no fato de ser a expressão dessa vontade. As leis positivas são para os súditos comandos que devem ser obedecidos absolutamente, enquanto as leis naturais são para o soberano apenas regras de prudência. Para justificar teoricamente a sua concepção, Hobbes afirma que no Estado de natureza a condição do homem é a de guerra de todos contra todos, em que cada um é governado por sua própria vontade. O homem é o lobo do próprio homem. Segundo ele, enquanto perdurar esse estado não haverá segurança de viver. Daí a ideia de que o homem não é livre no estado de natureza, ele se torna livre no estado civil. A liberdade passa a ser uma realidade quando se completa a passagem do estado de natureza para o Estado Leviatã. Liberdade passa a ser, desse modo, a conformação com a ordem jurídica estatal, um padrão objetivo produzido pelo Estado; **E:** incorreta. Max Scheler nunca preconizou a dita moral pura, pelo contrário, ele criticava o pensamento como apreensão intelectual-racional.
Gabarito "C".

(Defensor Público/RO – 2012 – CESPE) Assinale a opção correta à luz da filosofia do direito.

(A) Consoante as ideias de Binding, há, no direito, sanção exterior necessária a atingir seu objetivo, sendo o direito a moral imposta pelo poder.
(B) Piaget preocupou-se em demonstrar a heteronomia tanto da norma moral quanto da norma jurídica, bem como o fato de ambas, em suas origens, pressuporem uma autoridade, passando a norma moral, gradualmente, da heteronomia para uma autonomia relativa.
(C) Segundo Ripert, diferentemente do que se verifica na regra jurídica, na regra moral há coercibilidade.
(D) De acordo com a teoria formulada por Windscheid, a moral implica a ideia de humanidade e de mitigação, e o direito, a realização da positivação das normas.
(E) Segundo Rudolf Stammler, as normas jurídicas ou éticas sujeitam-se à violação, o que não ocorre com a lei em sentido científico.

A única assertiva que faz uma correlação correta entre pensador e suas ideias é a "B". Jean Piaget defende que o desenvolvimento moral passa por três fases: anomia, heteronomia e autonomia. No início, a pessoa em formação não tem completa consciência moral dos seus atos, apenas segue as regras preestabelecidas. Por esse motivo a assertiva aponta que no início, tanto o direito como a moral, pressupõem uma autoridade.
Gabarito "B".

(Defensor Público/RO – 2012 – CESPE) Com relação ao conceito de direito e de equidade, assinale a opção correta.

(A) Equidade pode ser definida como o conjunto de princípios que, atribuídos a Deus, à razão, ou havidos como decorrentes da natureza das coisas, independem de convenção ou legislação, e que seriam determinantes, informativos ou condicionantes das leis positivas.
(B) Define-se equidade como a autorização, dada pelo direito objetivo, de fazer ou ter o que não pode ser impedido ou tirado, sem violação da norma jurídica.
(C) O direito, definido como conjunto de princípios imanentes, constitui a substância jurídica da humanidade, segundo a sua natureza e o seu fim; tais princípios, imutáveis em essência, se adaptam à realidade histórica e geográfica.
(D) Segundo Dante, o direito representa uma proporção real e pessoal, de homem para homem, que, conservada, conserva a sociedade, e, corrompida, corrompe-a.
(E) O direito pode ser definido como a justa aplicação da norma jurídica geral ao caso concreto para que o *summum jus* não se transforme em summa injuria.

De todas as assertivas, a única que possui conteúdo correto é a "D". Em sentido geral, equidade é o princípio universal da ordem normativa, funcionando como a suprema regra de justiça. Por fim, a assertiva "D" trouxe uma conhecida definição de direito da Idade Média, de autoria de Dante Alighieri.
Gabarito "D".

(Defensor Público/RO – 2012 – CESPE) Considerando a hermenêutica jurídica, e ainda considerando a interpretação do direito, a superação dos métodos de interpretação mediante puro raciocínio lógico-dedutivo e o método de interpretação pela lógica do razoável, assinale a opção correta.

(A) Há um princípio geral informador de todo o ordenamento jurídico nacional, necessário à interpretação, que pode ser inferido da existência de várias normas e ao qual se chega por meio da indução.
(B) De acordo com o método de interpretação da lógica do razoável, devem ser considerados os fins em função dos quais a lei seja editada e haja de ser compreendida pela sua causa final.
(C) No processo lógico, a lógica formal, de tipo puro, a *priori*, só é adequada na análise dos conceitos jurídicos essenciais e, para tudo que pertence à existência humana – a prática do Direito, inclusive – impõe-se o uso da lógica do humano e do razoável (lógica material).
(D) Interpretar a norma jurídica corresponde a integrar, preencher lacunas e aplicar, de forma lógica, o direito ao caso concreto.
(E) Atualmente, utiliza-se, na interpretação das leis, a exegese escolástica, partindo-se do conjunto principiológico existente nas normas.

A única assertiva que traz uma ponderação correta sobre a hermenêutica jurídica é a "C".
Gabarito "C".

(Defensor Público/SP – 2012 – FCC) Na classificação das normas jurídicas proposta por Norberto Bobbio, em sua obra *Teoria da Norma Jurídica*, encontra-se a distinção formal entre a norma "que estabelece que uma determinada ação deve ser cumprida quando se verifica uma certa condição" e a norma "que estabelece que uma determinada ação deve ser cumprida". Estas normas são chamadas, respectivamente,

(A) norma indefinida e norma definida.
(B) norma categórica e norma eficaz.
(C) norma hipotética e norma categórica.
(D) norma indefinida e norma hipotética.
(E) norma categórica e norma hipotética.

Segundo a classificação elaborada por Bobbio em sua obra **Teoria da Norma Jurídica** e a ordem das definições apresentadas na questão, as normas são chamadas de norma hipotética e norma categórica.
Gabarito "C".

(Defensor Público/SP – 2012 – FCC) Em **Vigiar e Punir**, Michel Foucault explicita os mecanismos disciplinares de poder que, segundo o filósofo, caracterizam a forma institucional da prisão do início do século XIX. De acordo com as análises deste autor, pode-se afirmar que a modalidade panóptica do poder disciplinar

(A) não está na dependência imediata nem é o prolongamento direto das estruturas jurídico-políticas de uma sociedade e, portanto, é absolutamente independente destas estruturas.
(B) está na dependência imediata e é o prolongamento direto das estruturas jurídico-políticas de uma sociedade e, desse modo, é absolutamente dependente destas estruturas.
(C) está na dependência imediata, mas não é o prolongamento direto das estruturas jurídico-políticas de uma sociedade e, desse modo, é absolutamente dependente destas estruturas.
(D) não está na dependência imediata, mas é o prolongamento direto das estruturas jurídico-políticas de uma sociedade e, entretanto, não é absolutamente dependente destas estruturas.
(E) não está na dependência imediata nem é o prolongamento direto das estruturas jurídico-políticas de uma sociedade e, entretanto, não é absolutamente independente destas estruturas.

A única assertiva que traz uma consideração correta sobre o modelo panóptico do poder disciplinar é a "E". "O *Panóptico* de Bentham é a figura arquitetural dessa composição. O princípio é conhecido: na periferia uma construção em anel; no centro, uma torre: esta é vazada de largas janelas que se abrem sobre a face interna do anel; a construção periférica é dividida em celas, cada uma atravessando toda a espessura da construção; ela têm duas janelas, uma para o interior, correspondendo às janelas da torre; outra, que dá para o exterior, permite que a luz atravesse a cela de lado a lado. Basta então colocar um vigia na torre central, e em cada cela trancar um louco, um doente, um condenado, um operário ou um escolar. Pelo efeito da contraluz, pode-se perceber da torre, recortando-se exatamente sobre a claridade, as pequenas silhuetas cativas nas celas da periferia. Tantas jaulas, tantos pequenos teatros, em que cada ator está sozinho, perfeitamente individualizado e constantemente visível. O dispositivo panóptico organiza unidades espaciais que permitem ver sem parar e reconhecer imediatamente. Em suma, o princípio da masmorra é invertido; ou antes, de suas três funções – trancar, privar de luz e esconder – só se conserva a primeira e se suprimem as outras duas. A plena luz e o olhar de um vigia captam melhor que a sombra, que finalmente protegia. A visibilidade é uma armadilha (...) Daí o efeito mais importante do Panóptico: induzir no detento um estado consciente e permanente de visibilidade que assegura o funcionamento automático do poder. Fazer com que a vigilância seja permanente em seus efeitos,

---

2. REALE, Miguel. **Lições Preliminares de Direito**. 25ª ed. São Paulo: Saraiva, 2001. p. 47-48.

mesmo se é descontínua em sua ação; que a perfeição do poder tenda a tornar inútil a atualidade de seu exercício; que esse aparelho arquitetural seja uma máquina de criar e sustentar uma relação de poder independente daquele que o exerce[3]".

Gabarito "E".

(Defensor Público/SP – 2012 – FCC) Na obra *A Ciência do Direito*, o jurista Tercio Sampaio Ferraz Júnior desenvolve uma análise que o conduz a concluir que o problema central da Ciência do Direito é a decidibilidade. Assim, ao envolver uma questão de decidibilidade, essa Ciência manifesta-se, para o autor, como pensamento

(A) tecnocrata.
(B) teleológico.
(C) fenomenológico.
(D) tecnológico.
(E) demonstrativo.

Para Tercio, trata-se de um pensamento tecnológico. "Reconhecemos, é verdade, que correntes há e houve que praticaram uma espécie de sociologismo jurídico, com a expressa intenção de fazer da ciência jurídica uma ciência social, empírica nos moldes das ciências do comportamento (Sociologia, Psicologia). Mas não é a elas que nos reportamos neste capítulo. Mantemos, por isso, a ideia diretriz que comanda nossa exposição, qual seja, de que o pensamento jurídico é um pensamento tecnológico específico, voltado para o problema da decidibilidade normativa de conflitos. Nestes termos, o modelo empírico deve ser entendido não como *descrição* do direito como realidade social, mas como investigação dos instrumentos jurídicos de e para controle do comportamento. Não se trata de saber *se* o direito é um sistema de controle, mas, assumindo-se que ele o seja, *como devemos* fazer para exercer este controle. Neste sentido, a ciência jurídica se revela não como teoria sobre a decisão mas como teoria *para* a obtenção de decisão. Mas uma vez se acentua o seu caráter criptonormativo[4]".

Gabarito "D".

(Defensor Público/SP – 2012 – FCC) "A Ciência do Direito (...), se de um lado quebra o elo entre jurisprudência e procedimento dogmático fundado na *autoridade* dos textos romanos, não rompe, de outro, com o caráter dogmático, que tentou aperfeiçoar, ao dar-lhe a qualidade de *sistema*, que se constrói a partir de premissas cuja validade repousa na sua generalidade racional. A teoria jurídica passa a ser um *construído sistemático* da razão e, em nome da própria razão, um instrumento de *crítica* da realidade".

Esta caracterização, realizada por Tercio Sampaio Ferraz Júnior, em sua obra **A Ciência do Direito**, evoca elementos essenciais do

(A) jusnaturalismo moderno.
(B) historicismo.
(C) realismo crítico.
(D) positivismo jurídico.
(E) humanismo renascentista.

O fragmento disposto na questão cuida de considerações feitas por Tercio Sampaio Ferraz Júnior acerca do jusnaturalismo moderno. Segundo Luiz Recassem Xirxes, o grande objetivo do jusnaturalismo foi aproximar o direito posto (normatizado) do ideal de justiça. Mas cabe asseverar que existem diferentes perspectivas de jusnaturalismo ao longo da história e o jusnaturalismo moderno é apenas uma delas. Essa vertente do jusnaturalismo apareceu no final do século XVI e início do XVII e teve como seu maior expoente Samuel Pufendorf.

Gabarito "A".

(Defensor Público/SP – 2012 – FCC) Na perspectiva da Teoria Pura do Direito de Hans Kelsen, é possível distinguir uma "jurisprudência" que trata da *validade* do Direito de outra que considera a *eficácia* do Direito. Para o pensador, estas jurisprudências "andam lado a lado" e "nenhuma é capaz de substituir a outra, porque cada uma trata de problemas diferentes". Daí a Teoria Pura do Direito insistir em distingui-las claramente. Segundo a nomenclatura que lhes é atribuída por Kelsen, na obra **O que é justiça?**, elas podem ser chamadas, respectivamente, de

(A) jurisprudência validativa e jurisprudência eficiente.
(B) jurisprudência sociológica e jurisprudência normativa.
(C) jurisprudência eficiente e jurisprudência validativa.
(D) jurisprudência normativa e jurisprudência sociológica.
(E) jurisprudência normativa e jurisprudência eficiente.

Segundo Kelsen, a nomenclatura referida no texto é, respectivamente, jurisprudência normativa e jurisprudência sociológica.

Gabarito "D".

---

3. FOUCAULT, Michel. **Vigiar e Punir**. 39ª ed. Petrópolis-RJ: Vozes, 2011. p. 190-191.

4. FERRAZ JR, Tercio Sampaio. **A Ciência do Direito**. 2ª ed. São Paulo: Atlas, 2010. p. 87-88.

29. SOCIOLOGIA JURÍDICA

Renan Flumian e Camilo Onoda Caldas*

(Defensoria Pública da União – CESPE – 2015) Por ocasião de um grande evento nacional, muitos jovens criticaram a organização desse evento nas redes sociais e, por fim, também nessas redes, combinaram manifestações de rua em grandes cidades do Brasil. Durante essas manifestações, houve depredação de prédios públicos sem que se identificasse quem teria causado os prejuízos, mas ainda assim as forças de segurança pública detiveram alguns jovens e feriram outros tantos. A mídia realizou ampla cobertura, inclusive da ação das forças de repressão.

Com referência a essa situação hipotética e tendo por base o conceito de grupos sociais, julgue o item abaixo.

(1) Grupos que não tenham liderança organizada não podem ser considerados grupos sociais. Dessa forma, os problemas ocorridos nas citadas manifestações enquadram-se no conceito de turba e os que nelas cometeram infrações deverão ser responsabilizados individualmente.

1: errado, pois não é necessário ter liderança organizada para configuração de um grupo social.
Gabarito "E".

(Defensoria Pública da União – CESPE – 2015) Em relação ao Estado e à sociedade, julgue o item a seguir.

(1) Além do controle sobre um território razoavelmente definido e do reconhecimento por outros Estados soberanos, são fontes de legitimidade do Estado contemporâneo a soberania popular e os direitos humanos.

1: certo, pois esses dois elementos são fundamentais para o Estado legitimar-se perante seus pares no cenário internacional. Tanto é assim que o art. 4º da CF determina que o Brasil rege-se nas suas relações internacionais pelos seguintes princípios, dentre outros: independência nacional, prevalência dos direitos humanos, autodeterminação dos povos, igualdade entre os Estados e cooperação entre os povos para o progresso da humanidade.
Gabarito "C".

(Defensoria Pública da União – CESPE – 2015) Relativamente ao conceito de política pública, julgue o item abaixo.

(1) Define-se política pública como o programa de ação governamental que resulta de um processo ou conjunto de processos juridicamente regulados e que deve visar a realização de objetivos sociais relevantes, expressando a seleção de prioridades, a reserva de meios necessários à sua consecução e o intervalo de tempo para o atingimento dos resultados.

1: certo, a assertiva traz o conceito correto de política pública e por isso deve ser apontada como correta.
Gabarito "C".

(Defensor Público –DPE/BA – 2016 – FCC) Considere os dois excertos a seguir:

I. (...) as sociedades de estamentos, em geral, apresentam uma mobilidade mínima, tanto horizontal quanto vertical. A sociedade colonial, ao contrário, configura uma sociedade estamental com grande mobilidade, e é essa conjunção surpreendente e mesmo paradoxal de clivagem com movimentação que marca a sua originalidade.
(NOVAIS, Fernando. "Condições da privacidade na colônia". In: MELLO e SOUZA, Laura (org). História da vida privada no Brasil, v. I: cotidiano e vida privada na América Portuguesa. São Paulo: Companhia das Letras, 1997. p. 30)

II. (...) cristalizaram-se na América Portuguesa múltiplas manifestações de religiosidade privada. A abundante diversidade (...) explica-se antes de mais nada, pela multiplicidade dos estoques culturais presentes desde os primórdios da conquista e ocupação do Novo Mundo, onde centenas de etnias indígenas e africanas prestavam culto a panteões os mais diversos.
(MOTT, Luiz. Cotidiano e vivência religiosa: entre a capela e o calundu. In: MELLO e SOUZA, Laura (org.) História da vida privada no Brasil, v. I: cotidiano e vida privada na América Portuguesa. São Paulo: Companhia das Letras, 1997. p. 220)

A sociedade baiana no período colonial compartilha as características enfatizadas nos trechos acima. Os trechos I e II, referem-se, respectivamente, a

(A) relativa mobilidade social; e a densa formação de estoque cultural por meio da conquista.
(B) grande clivagem cultural; e a forte religiosidade no âmbito da vida privada.
(C) configuração estamental horizontal e vertical; e a singular unidade identitária.
(D) combinação ambígua de clivagem e mobilidade sociais; e a diversidade de cultos e crenças.
(E) equilibrada democracia social; e a cristalização de manifestações étnico-religiosas.

A assertiva "D" traz a correlação de características da sociedade baiana no período colonial corretamente.
Gabarito "D".

(Defensor Público –DPE/BA – 2016 – FCC) Considere o texto a seguir, publicado em um jornal baiano em 1905:

"Estamos na Costa da África? É o que se torna necessário ser averiguado pela polícia, porquanto se lá não estamos também de lá não nos separam grande distância os nossos costumes negreiros. E a prova é que, fechando ouvidos a repetidas queixas da imprensa e de particulares, a polícia consente que dentro da cidade, porque é no outeiro que o vulgo denominou de 'Cucuí', descendentes vadios de negros selvagens façam candomblés, todos os dias, à noite principalmente, incomodando com um bate-bate dos pecados o sono tranquilo da população. Já lá se foram os tempos dos 'feitiço' e dos 'candomblés', e porque atravessamos um século de largo progresso e ampla civilização, apelamos para a energia e a boa vontade, ainda não desmentidas, do sr.(...) subcomissário de polícia, certos de que s.s. porá ponto final na folia macabra dos negros desocupados do 'Cucuí'."

(Jornal A ORDEM. 21 out. 1905. p. 1, Apud SANTOS, Edmar Ferreira. O poder dos candomblés: perseguição e resistência no Recôncavo da Bahia. Salvador: EDUFBA, 2009. Disponível em: https://repositorio.ufba.br/ri/bitstream/ufba/179/1/O%20poder%20dos%20candombles.pdf. Acesso em: 11 de julho de 2016)

A partir da leitura do texto acima, é correto afirmar que o autor desse texto

(A) usa expressões como "folia macabra" e "bate-bate dos pecados" para denunciar a prática do candomblé como uma seita pecaminosa, localizada em um lugar específico da cidade, a ser combatida pela polícia e pela Igreja.
(B) reclama que a prática do candomblé deva ser investigada para que se verifique a autenticidade das matrizes africanas desses "costumes negreiros", assumidos em seu texto como "nossos" mas supostamente originários da Costa da África.
(C) associa a prática do candomblé à vadiagem, apelando para um discurso celebrativo da ordem e do progresso e acusando a polícia de ser tolerante com esse costume que ameaçava a "população", da qual os negros, em seu texto, parecem excluídos.
(D) sugere que o candomblé é uma manifestação de selvageria ultrapassada, praticamente extinta uma vez que vem sendo combatida pela imprensa com êxito, de modo que "já lá se foram os tempos dos feitiço' e dos 'candomblés'."
(E) considera que a prática do candomblé representa um incômodo aos trabalhadores por ocorrer durante a noite, afirmando ainda que seus praticantes eram descendentes de negros vadios, por isso marginalizados pelo resto da população.

A única assertiva correta em relação ao texto apresentado pela questão é a "C".
Gabarito "C".

---

* **Camilo Onoda Caldas** comentou as questões dos seguintes concursos: Promotor de Justiça/PI – 2014 – CESPE, Defensoria/SP – 2013 – FCC; **Renan Flumian** comentou as demais questões.

(Defensor Público –DPE/BA – 2016 – FCC) A Revolta dos Búzios

(A) pautou-se por bandeiras liberais, dentre as quais a abertura dos portos, a diminuição de impostos, a ampliação do direito à cidadania; tendo sido conduzida por soldados e alfaiates negros, inspirados pela Independência das Treze Colônias inglesas e a conquista do fim da escravidão obtida nesse episódio.
(B) iniciou-se em reuniões integradas por intelectuais e membros da elite baiana, como Cipriano Barata, que pregava a independência do Brasil nos mesmos moldes da Inconfidência Mineira, e foi rapidamente disseminada entre a população escravizada, que a revestiu de uma pauta mais radical.
(C) foi organizada pela loja maçônica denominada Cavaleiros da Luz, em nome da igualdade racial e social, da democracia e dos fins dos privilégios da elite letrada, tendo sido rapidamente reprimida com a imputação da pena capital ao conjunto dos líderes e simpatizantes.
(D) contou com participação de escravizados, bem como profissionais liberais e militares de baixa patente, e pregava o fim da escravidão e a formação de uma República Bahiense, em parte inspirada nos ideias da Revolução Francesa e na experiência da Revolução Haitiana.
(E) ganhou rápida difusão por meio de panfletos distribuídos à população e do apoio de grande parte da imprensa à causa independentista e abolicionista, resultando em motim com ampla adesão de militares baianos, que resistiram belicamente até serem completamente derrotados.

A única assertiva que descreve corretamente a Revolta dos Búzios (ou Conjuração Baiana) é a "D".
Gabarito "D".

(Defensor Público –DPE/BA – 2016 – FCC) Fenômenos sociais como a Revolta de Canudos e o Cangaço, no Nordeste, são explicados historicamente por diversos fatores, tais como

(A) seca prolongada, a exploração do trabalho e a falta de perspectiva de futuro, motivos que levavam os sertanejos a lutarem por uma sociedade igualitária e democrática, objetivo das ações de ambos os movimentos.
(B) falência do coronelismo, em um momento em que esse tipo de poder era obrigado a ceder espaço às forças federais republicanas, que desestruturaram as elites locais e o sistema de apadrinhamento então vigente.
(C) crise econômica e política provocada pela queda do preço do açúcar no mercado internacional, acompanhada de migrações para o norte e da fuga de famílias inteiras que passaram a integrar bandos e comunidades religiosas, em busca de subsistência.
(D) crescente politização da população de baixar renda após as revoltas ocorridas durante o Segundo Reinado, repercutindo em levantes contra o Império, contra o mandonismo local e contra o catolicismo.
(E) miséria e descaso do poder público com as populações sertanejas, expostas à intensa violência de diversas ordens e atraídas por movimentos que prometiam condições de vida diferentes e/ou a sensação de proteção.

A única assertiva que traz corretamente as causas da Revolta de Canudos e do Cangaço é a "E".
Gabarito "E".

(Defensor Público –DPE/BA – 2016 – FCC) Considere o texto a seguir:

"(...) a especialização do escravo é determinada segundo as necessidades do mercado ou a boa vontade de seu senhor. Esta imensa possibilidade de transferência tem uma influência reguladora sobre o mercado, onde a demanda varia de acordo com a conjuntura e a concorrência. O escravo é, às vezes, simplesmente alugado (...). É possível alugá-lo ao dia, à semana, ao mês, ao ano ou por mais tempo."

(MATTOSO, Kátia de Queirós. Ser escravo no Brasil. Trad. São Paulo: Brasiliense, 3.ed, 1990, p. 141)

A descrição acima sinaliza uma forma de trabalho escravo

(A) disseminada no meio urbano, no meio rural e bastante usual quando se tratava de indígenas que, apesar de cidadãos livres perante a Coroa, se dispunham a suportar o cativeiro em troca de subsistência e da proteção da Igreja.
(B) rara nas cidades baianas, onde o escravo doméstico, fosse índio ou negro, era considerado um agregado da família que deveria ser fiel a seu dono, não sendo permitido a ele deixá-lo para prestar serviços a terceiros, prática mais comum na região Sudeste.
(C) típica de regiões de mineração, onde as flutuações de mercado eram maiores em função das eventuais descobertas de jazidas, sendo os escravos alforriados e transformados em trabalhadores livres, para que seus donos não tivessem obrigações com seu sustento.
(D) comum nas cidades, onde os escravos "de ganho" eram frequentes e representavam uma fonte de renda para seus senhores, que deles dispunham livremente alugando sua força de trabalho, se julgassem necessário ou oportuno.
(E) ocasional entre índios e negros escravizados nas regiões canavieiras, quando, durante os muitos meses de ócio nos períodos de entressafra, eram enviados a Salvador para aprenderem ofícios e venderem suas habilidades.

A única assertiva que traz a forma de trabalho escravo que foi descrito na questão é a "D".
Gabarito "D".

(Promotor de Justiça/PI – 2014 – CESPE) Assinale a opção correta no que concerne à evolução histórica da sociologia do direito.

(A) A sociologia foi reconhecida como ciência em meados do século XX, com a publicação de obras de pensadores norte-americanos.
(B) Desde a Antiguidade, o estudo das transformações sociais e jurídicas, objeto da sociologia do direito, é desenvolvido com rigor científico.
(C) As drásticas mudanças nas relações sociais e jurídicas oriundas da Revolução Industrial repercutiram nos fundamentos da sociologia do direito.
(D) O problema da marginalidade sempre teve importância secundária nas tematizações sociológicas.
(E) Para demarcar o campo temático da sociologia em face de outras áreas do conhecimento, os sociólogos tiveram de definir de modo estrito seu objeto de estudo; nas primeiras reflexões sociológicas, por exemplo, evitava-se tratar do fenômeno da pobreza, tema afeto à esfera das ciências econômicas.

A opção "A" está errada porque comumente a sociologia é concebida como ciência do século XIX, com a publicação de obras de pensadores europeus. A opção "B" está errada porque na antiguidade as reflexões a respeito da sociedade e do direito utilizam métodos que não correspondem àqueles que na atualidade são entendidos como necessários para se atingir rigor científico. A opção "D" está errada porque a questão da marginalidade tem sido objeto das principais reflexões sociológicas, inclusive porque está relacionado com outro tema típico da sociologia: a "anomia" (enfraquecimento do respeito às normas). A opção "E" está interligada com a "D" uma vez que a questão da marginalidade também englobava estudos sociológicos referentes à pobreza – suas causas e efeitos sociais –, de modo que sociologia não evitava tratar deste tema, pelo contrário, procurava estudar a pobreza de forma mais ampliada, diferenciando-se de estudos econômicos que se limitam a descrever a pobreza de forma meramente estatística e quantitativa.
Gabarito "C".

(Promotor de Justiça/PI – 2014 – CESPE) Em relação às possibilidades de controle social formal, informal a alternativo, assinale a opção correta.

(A) O Estado laico limita a função de controle social informal dos poderes religiosos.
(B) A educação representa forma de controle social informal.
(C) A ação das polícias que extrapola seu rol legal de competência é exemplo de controle social alternativo.
(D) O poder público é o único titular do controle social no âmbito do estado democrático de direito.
(E) A família exerce função de controle social idêntica ao controle jurídico.

A opção "A" está incorreta porque o Estado laico não implica na limitação da função de controle social informal dos poderes religiosos, pois mesmo nessa situação as instituições religiosas atuam exercendo domínio e influência sobre seus adeptos por meio de mecanismos que atuam para a conformação do sujeito a determinado padrão de comportamento. A opção "B" está correta porque a educação é uma das formas exemplares de controle social informal, que opera por meio da introjeção de determinados valores e padrões de conduta no sujeito, sem que sejam utilizadas sanções jurídicas ou instituições estatais necessariamente (O filósofo Althusser, ao tratar da educação escolar, afirmava que as instituições de ensino tradicionalmente visam, basicamente, ensinar o sujeito a ler e escrever, realizar operações matemáticas e se comportar –, portanto, disciplinar o sujeito para as relações de hierarquia e poder existentes dentro e fora das instituições de ensino). A opção "C" é incorreta porque não se trata de hipótese que ilustra controle social alternativo (importante ressaltar que o conceito de controle social alternativo não possui uma definição doutrinária tão clara quanto a de controle social formal e informal, o que pode suscitar críticas a essa alternativa de resposta da questão). A opção "D" está errada porque o controle social não é monopolizado pelo poder público, havendo uma multiplicidade de agentes e instituições, públicos e privados, que realizam o controle social (formal e informal). A opção "E" está errada porque o controle jurídico se faz por meio de uma coercibilidade que busca legitimação na legalidade positivada pelo Estado (elemento intrínseco e fundamental do controle social formal), situação que não verifica igualmente na hipótese de controle social exercido no âmbito familiar.
Gabarito "B".

(Promotor de Justiça/PI – 2014 – CESPE) Considerando a relação entre direito, comunicação social e opinião pública no contexto brasileiro atual, assinale a opção correta.

(A) A divulgação de notícias pela mídia evidencia o total respeito dos meios de comunicação ao princípio da presunção de inocência, mediante a preservação da imagem de pessoas acusadas de crimes.

(B) Existe, na esfera federal, um sistema de controle externo da mídia, cuja função é garantir a preservação dos princípios jurídicos fundamentais na divulgação das notícias.
(C) O destaque conferido pelos meios de comunicação de massa a notícias sobre atividades criminosas fomenta o sentimento de insegurança da população, o que afeta a credibilidade do sistema de justiça criminal do país.
(D) O conceito de opinião pública, entendido como a média das opiniões privadas dos cidadãos, confunde-se com o de opinião publicada.
(E) A construção da opinião pública dispensa processos de comunicação horizontais, democráticos.

A opção "A" está errada por dois motivos: primeiro, porque a mídia, pelo contrário, acaba por violar recorrentemente o princípio da presunção da inocência, pré-julgando sujeitos acusados de crime, especialmente quando se tratam de pessoas marginalizadas por sua condição social ou de casos que provocam comoção generalizada; em segundo lugar, destacamos que existe ainda uma recorrente falta de preservação da imagem dos acusados. A opção "B" está errada porque não existe – desde o fim da ditadura militar – um sistema de controle externo da mídia, apenas mecanismos para que o Poder Judiciário possa atuar evitando propagação de informações inverídicas, assegurando direito de resposta e estabelecendo eventuais indenizações por danos causados. A opção "C" está correta porque os meios de comunicação em massa têm se notabilizado por destacar as questões criminais fazendo crescer o sentimento de insegurança e de descrença no sistema de justiça criminal do Brasil (ainda que de fato tal sistema possua aspectos criticáveis). A opção "D" está errada porque o conceito de opinião pública não se confunde com a de opinião publicada, uma vez que esta reflete o ponto de vista e os interesses daqueles que os controlam os meios de comunicação de massa. A opção "E" se relacionada com a anterior e é igualmente incorreta: processos de comunicação verticais e não democráticos fazem com que apenas opinião de uma minoria e não a opinião pública seja conhecida, ou seja, a construção da opinião pública exige processos comunicacionais mais abertos à participação popular e mais igualitários, cujo resultado seja a criação de espaços institucionais, públicos e privados, nos quais as mais variadas vertentes possam se manifestar e serem ouvidas.

Gabarito "C".

(Defensoria/SP – 2013 – FCC) "Levado pela onipresença dos dispositivos de disciplina, apoiando-se em todas as aparelhagens carcerárias, este poder se tornou uma das funções mais importantes de nossa sociedade. Nela há juízes da normalidade em toda parte. Estamos na sociedade do professor-juiz, do médico-juiz, do educador-juiz, do 'assistente social'-juiz; todos fazem reinar a universalidade do normativo'; e cada um no ponto em que se encontra, aí submete o corpo, os gestos, os comportamentos, as condutas, as aptidões, os desempenhos".

No trecho acima, extraído da obra *Vigiar e punir*, Michel Foucault refere-se ao tipo de poder cujo grande apoio, na sociedade moderna, foi a rede carcerária, em suas formas concentradas ou disseminadas, com seus sistemas de inserção, distribuição, vigilância, observação. Este poder é denominado pelo filósofo de poder

(A) totalitário.
(B) total.
(C) judiciário.
(D) massificador.
(E) normalizador.

A resposta desta questão é extraída diretamente do seguinte trecho escrito pelo célebre filósofo francês: "Levado pela onipresença dos dispositivos de disciplina, apoiando-se em todas as aparelhagens carcerárias, este poder se tornou uma das funções mais importantes de nossa sociedade. Nela há juízes da normalidade em toda parte. Estamos na sociedade do professor-juiz, do médico-juiz, do educador-juiz, do 'assistente social'--juiz, todos fazem reinar a universalidade do normativo; e cada um no ponto em que se encontra, aí submete o corpo, os gestos, os comportamentos, as condutas, as aptidões, os desempenhos. A rede carcerária, em suas formas concentradas ou disseminadas, com seus sistemas de inserção, distribuição, vigilância e observação, foi o grande apoio, na sociedade moderna, do **poder normalizador**" (FOUCAULT, Michel. *Vigiar e Punir*. 29 ed. Petrópolis: Vozes, 2004, p. 251, destaque nosso).

Gabarito "E".

(Defensoria/SP – 2013 – FCC) Para Michel Foucault, em *Vigiar e punir*, as razões de ser essenciais da reforma penal no século XVIII, também denominada Reforma Humanista do Direito penal, são constituir uma nova economia e uma nova tecnologia do poder de

(A) recuperar.
(B) ressocializar.
(C) humanizar.
(D) punir.
(E) descriminalizar.

A resposta para essa questão parece um tanto quanto óbvia considerando o título da obra célebre de Foucault a respeito das transformações no sistema de punição penal. O candidato, contudo, partindo de um senso comum a respeito do Direito Penal, teria a tendência de optar por todas as alternativas, com exceção da opção "D". Para se concluir que esta era opção correta, era preciso rememorar a seguinte passagem de *Vigiar e Punir*: "A reforma do direito criminal deve ser lida como uma estratégia para o remanejamento do poder de punir, de acordo com modalidades que o tornam mais regular, mais eficaz, mais constante e mais bem detalhado em seus efeitos; enfim, que aumentem os efeitos diminuindo o custo econômico (ou seja, dissociando-o do sistema da propriedade, das compras e vendas, da venalidade tanto dos ofícios quanto das próprias decisões) e seu custo político (dissociando-o do arbitrário poder monárquico). A nova teoria jurídica da penalidade engloba na realidade uma nova 'economia política' do poder de punir. Compreende-se então por que essa 'reforma' não teve um ponto de origem único. Não foram os mais esclarecidos dos expostos à ação da justiça, nem os filósofos inimigos do despotismo e amigos da humanidade, não foram nem os grupos sociais opostos aos parlamentares que suscitaram a reforma. Ou antes, não foram só eles; no mesmo projeto global de uma nova distribuição do poder de punir e de uma nova repartição de seus efeitos, vêm encontrar seu lugar muitos interesses diferentes [...] Durante todo século XVII, dentro e fora do sistema judiciário, na prática penal cotidiana como na crítica das instituições, vemos formar-se uma nova estratégia para o exercício do poder de castigar. E a 'reforma' propriamente dita, tal como ela se formula nas teorias de direito ou que se esquematiza nos projetos, é a retomada política ou filosófica desta estratégia, com seus objetivos primeiros: fazer da punição e da repressão das ilegalidades uma função regular, coextensiva à sociedade; não punir menos, mas punir melhor; punir talvez com uma severidade atenuada, mas para punir com mais universalidade e necessidade; inserir mais profundamente no corpo social o poder de punir" (FOUCAULT, Michel. *Vigiar e Punir*. 20 ed. Petrópolis: Vozes, 1987, p. 69-70).

Gabarito "D".

(Defensor Público/TO – 2013 – CESPE) A ciência que apresenta ao Poder Judiciário ferramentas como método de controle e planejamento, gestão de pessoas e de conhecimento e valorização dos recursos humanos denomina-se

(A) economia judiciária.
(B) axiologia judiciária.
(C) contadoria judicial.
(D) administração judiciária.
(E) epistemologia jurídica.

A questão trata da ciência denominada administração judiciária.

Gabarito "D".

Atenção: Para responder às próximas duas questões, considere o texto abaixo.

A procura de direitos da grande maioria dos cidadãos das classes populares deste e de outros países é procura suprimida. É essa procura que está, hoje, em discussão. E se ela for considerada, vai levar a uma grande transformação do sistema judiciário e do sistema jurídico no seu todo, tão grande que fará sentido falar da revolução democrática da justiça.

(SANTOS, Boaventura de Sousa. **Para uma revolução democrática da justiça**. São Paulo: Cortez, 2011, p. 38)

(Defensor Público/PR – 2012 – FCC) A *procura suprimida* é relacionada, por Boaventura, aos cidadãos que se sentem impotentes para reivindicar direitos violados. Nesse contexto, é função da Defensoria Pública

(A) o patrocínio da ação penal privada e da subsidiária da pública.
(B) a atuação nos Juizados Especiais e respectivas Turmas Recursais.
(C) promover a difusão e a conscientização dos direitos humanos, da cidadania e do ordenamento jurídico.
(D) exercer a curadoria especial nos casos previstos em lei.
(E) executar e receber as verbas sucumbenciais decorrentes de sua atuação.

Seguindo o contexto apresentado pela questão, a função da DP seria promover a difusão e a conscientização dos direitos humanos, da cidadania e do ordenamento jurídico (art. 4º, III, da LC 80/94). Boaventura bem descreve a importante função da DP nesse contexto: "Estas particularidades distinguem a defensoria, dentre as outras instituições do sistema de justiça, como aquela que melhores condições tem de contribuir para desvelar a procura judicial suprimida. Noutras palavras, cabe aos defensores públicos aplicar no seu quotidiano profissional a sociologia das ausências, reconhecendo e afirmando os direitos dos cidadãos intimidados e impotentes, cuja procura por justiça e o conhecimento do(s) direito(s) têm sido suprimidos e ativamente reproduzidos como não existentes[1]".

Gabarito "C".

(Defensor Público/PR – 2012 – FCC) Na obra citada, Boaventura propõe uma nova concepção do acesso ao direito e à justiça. Na esteira desse "novo" acesso à justiça, é função institucional prioritária da Defensoria Pública a

(A) erradicação da pobreza e a redução das desigualdades sociais.
(B) utilização de instrumentos alternativos de solução de conflitos.
(C) garantia dos princípios constitucionais da ampla defesa e do contraditório.
(D) afirmação do Estado Democrático de Direito.
(E) defesa das prerrogativas institucionais.

---

1. **Para uma revolução democrática da justiça**. 3. ed. São Paulo: Cortez, 2011. p. 51.

Na ideia defendida por Boaventura em sua obra, o "novo" acesso à justiça seria garantido mediante utilização de instrumentos alternativos de solução de conflitos e uma das funções institucionais da DP é exatamente promover, prioritariamente, a solução extrajudicial dos litígios, visando à composição entre as pessoas em conflito de interesses, por meio de mediação, conciliação, arbitragem e demais técnicas de composição e administração de conflitos (art. 4º, II, da LC 80/94).

Gabarito "B".

(Defensor Público/PR – 2012 – FCC) A visão sociológica permite a descrição da experiência individual humana e sua História conjunta. Ao longo da história, várias visões foram apresentadas, dentre as quais se destacam a de Zygmunt Bauman, na obra **Modernidade Líquida** e a de Pierre Bourdieu, na obra **Poder Simbólico**. Em relação aos citados autores, analise as afirmações abaixo:

I. Para Bauman, a procrastinação, no mundo líquido da modernidade, é vista como uma posição ativa, tentativa de assumir o controle.
II. A escolha racional, na modernidade, significa buscar gratificações evitando consequências e particularmente responsabilidades, segundo Bauman.
III. Bauman, em sua obra, retrata com peculiaridade a negação ao consumo, na modernidade, que não se apresenta como um passatempo.
IV. Bourdieu observa que na reivindicação da autonomia do pensamento e ação jurídicos, afirma-se a constituição de teoria de pensamento totalmente liberto do peso social.
V. Segundo Bourdieu, o direito é a forma por excelência do poder simbólico de nomeação. Ele *faz* o mundo social, mas com a condição de não se esquecer de que ele é feito por este.

Estão corretas APENAS as afirmações

(A) I, II e III.
(B) II, IV e V.
(C) II, III e IV.
(D) I, II e IV.
(E) I, IV e V.

I: correta. "Procrastinar significa *não* tomar as coisas como elas vêm, *não* agir segundo uma sucessão natural de coisas. Contra uma impressão que se tornou comum na era moderna, a procrastinação não é uma questão de displicência, indolência ou lassidão; é uma postura *ativa*, uma tentativa de assumir o controle da sequência de eventos e fazê-la diferente do que seria caso se ficasse dócil e não se resistisse. Procrastinar é manipular as possibilidades da *presença* de uma coisa, deixando, atrasando e adiando seu estar presente, mantendo-a à distância e transferindo sua imediatez (...) Resumindo: a procrastinação deriva seu sentido moderno do tempo vivido como uma peregrinação, como um movimento que se aproxima de um objetivo. Em tal tempo, cada presente é avaliado por alguma coisa que vem depois. Qualquer valor que este presente aqui e agora possa ter não passará de um sinal premonitório de um valor maior por vir. O uso – a tarefa – do presente é levar-nos mais para perto desse valor mais alto. Em si mesmo, o tempo presente carece de sentido e de valor. É, por isso, falho, deficiente e incompleto. O sentido do presente está adiante; o que está à mão ganha sentido e é avaliado pelo *noch-nicht-geworden*, pelo que ainda não existe[2]"; **II:** correta, pois a assertiva traz a definição de Bauman sobre escolha racional; **III:** incorreta. Para Bauman, o consumo molda a própria identidade, que nada mais é do que a busca de interromper e tornar mais lento o fluxo, de solidificar o fluido, de dar forma ao disforme; **IV:** correta, pois a assertiva cuida de uma ponderação feita pelo sociólogo francês Pierre Bordieu; **V:** incorreta.

Gabarito "D".

(Defensor Público/PR – 2012 – FCC) A concepção de justiça que mais se aproxima de um dos objetivos, positivado, das Defensorias Públicas no Brasil é:

(A) Justiça enquanto tranquilidade.
(B) Justiça enquanto cumprimento da lei.
(C) Justiça que manda dar aos iguais coisas iguais e aos desiguais coisas desiguais.
(D) Justiça como realização da liberdade.
(E) Justiça enquanto vida feliz do homem, que só é atingida na paz individual ou social.

A assertiva que melhor completa a questão é a "C". A concepção de justiça consubstanciada na assertiva "C" está bem próxima do disposto no art. 3º-A, I, da LC 80/94, que cuida dos objetivos da DP: "a primazia da dignidade da pessoa humana e a redução das desigualdades sociais". Por exemplo, as ações afirmativas tem por fundamento a condição de desigualdade existente e por objetivo a busca de uma efetiva igualdade. A política das ações afirmativas tem um forte apelo de redução das desigualdade sociais.

Gabarito "C".

(Defensor Público/RO – 2012 – CESPE) Considerando a relação entre direito e controle social, assinale a opção correta.

(A) A *reintegração* é um mecanismo jurídico de controle social focalizado na punição proporcional à gravidade da falta cometida pelo infrator, ou seja, à gravidade da conduta passada.
(B) A identificação artificial dos interesses consiste em mecanismo jurídico de controle social por meio do qual o agente causador do conflito social é isolado a fim de vivenciar a própria impotência diante da férrea objetividade dos mecanismos de controle aplicados, sendo compelido a experimentar uma sensação física e moral profunda.
(C) De acordo com o método de insulamento, compensam-se problemas de socialização, de personalidade, de valores ou de apatia, alocando-se papéis e recompensas para fins específicos.
(D) O controle social constitui um subsistema de normas (o direito) sustentado pela autoridade de outro (o Estado), cujos agentes e instrumentos, ao aplicarem a lei, criam direito.
(E) Quanto mais o direito e o sistema de justiça se transformam em órgãos de integração social, gerando subordinação recíproca e opondo-se à alteração das regras, menos grave e individualizado tende a ser o impacto das perturbações e dos deslocamentos de interesses causados pelas mudanças.

A única assertiva que corretamente apresenta uma relação entre direito e controle social é "D". Para a grande maioria da doutrina, o grande objetivo do direito é o controle social (Direito como instrumento de gestão e controle social), o qual toma corpo com o estabelecimento de regras que visam regular os comportamentos dos integrantes da sociedade. De forma mais ampla, o controle social abrange todas as pressões ou mecanismos pelos quais a sociedade e seus grupos influenciam o comportamento dos membros individuais para que se submetam às normas.

Gabarito "D".

(Defensor Público/SP – 2012 – FCC) "Toda a atividade orientada segundo a ética pode ser subordinada a duas máximas inteiramente diversas e irredutivelmente opostas". Esta afirmação precede as análises de Max Weber, no ensaio "A Política como Vocação", acerca da oposição entre, de um lado, a atitude daquele que, convencido da justeza intrínseca de seus atos, é indiferente aos efeitos que estes atos podem acarretar e, de outro lado, a atitude daquele que leva em conta as consequências previsíveis de seus atos. Segundo a terminologia empregada por Weber no ensaio mencionado, estas duas atitudes referem-se, respectivamente, àquilo a que o autor denomina

(A) ética de justeza e ética de consequência.
(B) ética de justeza e ética de responsabilidade.
(C) ética de convicção e ética de responsabilidade.
(D) ética de convicção e ética de consequência.
(E) ética de responsabilidade e ética de convicção.

Segundo o autor, as suas atitudes referem-se, respectivamente, a ética de convicção (ligada às ações morais individuais) e ética de responsabilidade (ligada à moral de grupo). A ética da responsabilidade orienta o governante em suas decisões, pois esse busca o bem-estar geral.

Gabarito "C".

(Defensor Público/SP – 2012 – FCC) Um dos instrumentos do poder disciplinar, caracterizado por Michel Foucault em seu livro **Vigiar e Punir**, consiste em uma forma de punição que é, ao mesmo tempo, um exercício das condutas dos indivíduos. Este instrumento da disciplina é denominado, pelo autor,

(A) pena capital.
(B) sanção normalizadora.
(C) execução normativa.
(D) sanção repressora.
(E) poder soberano.

O instrumento descrito na questão é denominado por Michel Foucault como sanção normalizadora. "Em suma, a arte de punir, no regime do poder disciplinar, não visa nem a expiação, nem mesmo exatamente a repressão. Põe em funcionamento cinco operações bem distintas: relacionar os atos, os desempenhos, os comportamentos singulares a um conjunto, que é ao mesmo tempo campo de comparação, espaço de diferenciação e princípio de uma regra a seguir. Diferenciar os indivíduos em relação uns aos outros e em função dessa regra de conjunto – que se deve fazer funcionar como base mínima, como média a respeitar ou como o ótimo de que se deve chegar perto. Medir em termos quantitativos e hierarquizar em termos de valor as capacidades, o nível, a *natureza* dos indivíduos. Fazer funcionar, através dessa medida *valorizadora*, a coação de uma conformidade a realizar. Enfim traçar o limite que definirá a diferença em relação a todas as diferenças, a fronteira extrema do anormal (a *classe vergonhosa* da Escola Militar). A penalidade perpétua que atravessa todos os pontos e controla todos os instantes das instituições disciplinares compara, diferencia, hierarquiza, homogeniza, exclui. Em uma palavra, ela *normaliza*[3]".

Gabarito "B".

(Defensor Público/SP – 2012 – FCC) "O Estado moderno é um agrupamento de dominação que apresenta caráter institucional e procurou (com êxito) monopolizar, nos limites de um território, a violência física legítima como instrumento de domínio e que, tendo esse objetivo, reuniu nas mãos dos dirigentes os meios materiais de gestão. Equivale isso a dizer que o Estado moderno expropriou todos os funcionários que, segundo

---

2. BAUMAN, Zygmunt. **Modernidade Líquida**. Rio de Janeiro: Zahar, 2001. p. 179.

3. FOUCAULT, Michel. **Vigiar e Punir**. Petrópolis-RJ: Vozes, 2011. p. 175-176.

o princípio dos "Estados" dispunham outrora, por direito próprio, de meios de gestão, substituindo-se a tais funcionários, inclusive no topo da hierarquia".

No trecho acima, extraído do ensaio **A Política como Vocação**, Max Weber refere-se ao Estado moderno, resultante de seu desenvolvimento racional. Para o autor, este Estado é caracterizado como um estado

(A) burocrático.
(B) autoritário.
(C) autocrático.
(D) democrático.
(E) nação.

Para Weber, o Estado moderno é caracterizado como burocrático. Segundo o autor, num Estado moderno, necessária e inevitavelmente, a burocracia governa, pois o poder é exercido por intermédio da rotina da administração. O Estado moderno consumou a organização burocrática racional, funcional e especializada de todas as formas de dominação, da fábrica à administração pública. No Estado moderno burocratizado prevalece o Direito racional – donde emerge com mais evidência o aspecto formal, a racionalização do processo – e a criação de um *pensamento jurídico-formal*. O Estado moderno exige um Direito formalista e que seja calculável. Os funcionários da justiça devem ser formados segundo o espírito desse Direito, como técnicos da administração burocrática. Assim, para Weber, a racionalização do Direito vem acompanhada da racionalização geral da vida nas sociedades industriais, e essa, por sua vez, é resultado do crescimento do capitalismo e da burocracia.
Gabarito "A".

(Promotor de Justiça/PI – 2014 – CESPE) Considerando a importância das técnicas psicológicas de inquirição de testemunhas para o bom desempenho das funções jurisdicionais, assinale a opção correta.

(A) São dois os aspectos a serem considerados nos relatos testemunhais: a percepção do acontecimento e a forma como seu armazenamento ocorre na memória.
(B) Em condições de normalidade, a audição da testemunha tem papel preponderante em relação à visão, no que se refere à apreensão dos fatos presenciados.
(C) O estado emocional do observador e o tipo de acontecimento pouco influenciam a qualidade de assimilação do fato ocorrido.
(D) A análise dos comportamentos não verbais não deve influenciar a avaliação dos relatos testemunhais.
(E) Aspectos concernentes à individualidade e experiências pessoais podem interferir no relato testemunhal do fato.

Além da percepção e da memória da testemunha, o próprio modo como as testemunhas realizam seu relato deve ser considerado para se ponderar o grau de confiabilidade daquilo que é relatado. A visão, por sua vez, tem papel mais preponderante do que a audição na apreensão dos fatos, razão pela qual a testemunha ocular se revela mais confiável (em condições de normalidade). O estado emocional da testemunha e o modo como o tipo de acontecimento a afetou (ou a afeta) são fatores que podem comprometer total ou parcialmente a assimilação dos fatos e, portanto, prejudicar o relato posteriormente realizado. Comportamentos não verbais – hesitação na fala, silêncios prolongados, mímica do rosto, gesto, olhar etc. – também são ações comunicacionais e portanto devem ser considerados na avaliação de um relato testemunhal. A testemunha não realiza uma narrativa objetiva de fatos (não reproduz objetivamente o que testemunhou), pois o relato é afetado pela condição subjetiva do narrador, ou seja, a individualidade e experiências pessoais do narrador perpassam o modo como os fatos são percebidos e posteriormente descritos.
Gabarito "E".

30. DIREITO DO TRABALHO

Hermes Cramacon e Luiz Carlos Fabre*

1. INTRODUÇÃO, FONTES E PRINCÍPIOS

(Procurador do Estado/SP – 2018 – VUNESP) Em relação aos princípios aplicáveis ao Direito do Trabalho, assinale a alternativa correta.

(A) Havendo a coexistência de dois regulamentos de empresa, a opção do empregado por um deles, com prejuízo às regras do sistema do outro, não afronta o princípio da irrenunciabilidade.
(B) Não fere o princípio da isonomia condicionar o recebimento de participação nos lucros e resultados ao fato de estar o contrato de trabalho em vigor na data prevista para a distribuição dos lucros. Por conseguinte, é lícito negar o pagamento proporcional aos meses trabalhados em caso de rescisão contratual ocorrida durante o período de apuração do benefício.
(C) A contribuição confederativa de que trata o art. 8º, inciso IV, da Constituição da República, é exigível de todos os integrantes da categoria profissional. Por essa razão, seu desconto pode ser feito, independentemente de filiação sindical, não havendo que se falar, nesse caso, em violação ao princípio da intangibilidade salarial.
(D) O princípio da inalterabilidade contratual *in pejus* (art. 468 da Consolidação das Leis do Trabalho) assegura ao empregado ocupante de função de confiança o direito à manutenção da gratificação correspondente após a reversão ao emprego efetivo, independentemente da existência de justo motivo a fundamentar tal reversão.
(E) Por força do princípio da primazia da realidade, a contratação irregular de trabalhador, mediante empresa interposta, gera vínculo de emprego com os órgãos da Administração Pública direta, das autarquias, fundações públicas ou empresas estatais.

A: opção correta, pois nos termos da súmula 51, II, do TST, "havendo a coexistência de dois regulamentos da empresa, a opção do empregado por um deles tem efeito jurídico de renúncia às regras do sistema do outro"; **B:** opção incorreta, pois nos termos da súmula 451 do TST, "fere o princípio da isonomia instituir vantagem mediante acordo coletivo ou norma regulamentar que condiciona a percepção da parcela participação nos lucros e resultados ao fato de estar o contrato de trabalho em vigor na data prevista para a distribuição dos lucros"; **C:** opção incorreta, pois o art. 578 da CLT ensina que "as contribuições devidas aos sindicatos pelos participantes das categorias econômicas ou profissionais ou das profissões liberais representadas pelas referidas entidades serão, sob a denominação de contribuição sindical, pagas, recolhidas e aplicadas na forma estabelecida neste Capítulo, desde que prévia e expressamente autorizadas". Ademais, nos termos da OJ 17 da SDC do TST "as cláusulas coletivas que estabeleçam contribuição em favor de entidade sindical, a qualquer título, obrigando trabalhadores não sindicalizados, são ofensivas ao direito de livre associação e sindicalização, constitucionalmente assegurado, e, portanto, nulas, sendo passíveis de devolução, por via própria, os respectivos valores eventualmente descontados". Veja, também o PN 119 do TST. **D:** opção incorreta, pois nos termos do art. 468, § 2º, da CLT a alteração, com ou sem justo motivo, não assegura ao empregado o direito à manutenção do pagamento da gratificação correspondente, que não será incorporada, independentemente do tempo de exercício da respectiva função. **E:** opção incorreta, pois nos termos da súmula 331, II, do TST, "a contratação irregular de trabalhador, mediante empresa interposta, não gera vínculo de emprego com os órgãos da Administração Pública direta, indireta ou fundacional, em razão da ausência de concurso público. (art. 37, II, da CF/1988)". Gabarito "A".

(Procurador Distrital – 2014 – CESPE) Julgue o item a seguir.
(1) O princípio da norma mais favorável, componente do núcleo basilar de princípios especiais do direito do trabalho, em sua visão mais ampla, opera em tríplice dimensão: informadora, interpretativa/normativa e hierarquizante.

1: Opção correta, pois referido princípio atua no sentido de que havendo diversas normas válidas relativas sobre a mesma relação de emprego, independentemente de sua posição hierárquica, deve prevalecer a mais favorável. Gabarito 1C

(Advogado – CEF – 2012 – CESGRANRIO) Marilda foi contratada através de empresa interposta para trabalhar como bancária em determinado banco. Ela trabalhou nessas condições por cinco anos. Após ser dispensada, Marilda moveu uma Reclamação Trabalhista para reconhecimento de vínculo diretamente com o banco, com fundamento na Súmula 331 do TST. Em sua defesa, o banco nega o vínculo empregatício, pois a relação havida com a autora era regulada através de contrato de prestação de serviços especializados e, portanto, ela estaria submetida a tal contrato. Na sentença, o juiz reconheceu o vínculo empregatício da autora com o banco.
Considerando-se a situação descrita, qual dos princípios do Direito do Trabalho rechaça a tese sustentada pelo banco?
(A) Princípio da condição mais benéfica
(B) Princípio da norma mais favorável
(C) Princípio da continuidade da relação de emprego
(D) Princípio da primazia da realidade sobre a forma
(E) Princípio da indisponibilidade dos direitos trabalhistas

A: opção incorreta, pois o princípio da condição mais benéfica consagra a aplicação da teoria do direito adquirido. Tal princípio informa ao operador do direito que as vantagens adquiridas não podem ser retiradas, tampouco modificadas para pior. Veja, como exemplo, o art. 468 da CLT; **B:** opção incorreta, pois tal princípio informa se havendo diversas normas válidas incidentes sobre a mesma relação jurídica de emprego, deve ser aplicada aquela mais benéfica ao trabalhador, independentemente da sua posição na hierarquia das leis. Veja art. 3º, II, da Lei 7.064/1982; **C:** opção incorreta, pois o princípio tem por objetivo preservar o contrato de trabalho, presumindo a contratação por prazo indeterminado, sendo a exceção o contrato com prazo determinado. Veja arts. 10 e 448 da CLT; **D:** opção correta, pois por meio desse princípio, deve prevalecer a efetiva realidade dos fatos e não eventual forma construída em desacordo com a verdade. Havendo desacordo entre o que na verdade acontece com o que consta dos documentos, deverá prevalecer a realidade dos fatos; **E:** opção incorreta, pois tal princípio prega que as normas trabalhistas, em geral, possuem caráter imperioso ou cogente, na medida em que são normas de ordem pública e, por sua vez, não podem ser modificadas pelo empregador. Gabarito "D".

2. CONTRATO INDIVIDUAL DE TRABALHO E ESPÉCIES DE EMPREGADOS E TRABALHADORES

(Procurador do Estado/SP – 2018 – VUNESP) É correto afirmar o seguinte a respeito do teletrabalho:
(A) o teletrabalhador deverá se informar quanto às precauções a tomar a fim de evitar doenças e acidentes de trabalho, ficando o empregador eximido de prestar instrução a respeito de tais cuidados.
(B) poderá ser realizada a alteração do regime de teletrabalho para o presencial por determinação do empregador, garantido prazo de transição mínimo de quinze dias, com correspondente registro em aditivo contratual.
(C) a responsabilidade pela aquisição, manutenção ou pelo fornecimento dos equipamentos tecnológicos e da infraestrutura necessária e adequada à prestação do trabalho remoto será sempre do empregador, estando vedado o regramento dessa matéria por meio de contrato.
(D) a prestação de serviços na modalidade de teletrabalho poderá decorrer de ajuste tácito ou meramente verbal entre o empregador e o empregado.
(E) considera-se teletrabalho a prestação de serviços exclusivamente fora das dependências do empregador, com a utilização de tecnologias de informação e de comunicação que, por sua natureza, constituam-se como trabalho externo.

A: opção incorreta, pois nos termos do art. 75-E da CLT o empregador deverá instruir os empregados, de maneira expressa e ostensiva, quanto às precauções a tomar a fim de evitar doenças e acidentes de trabalho. **B:** opção correta, pois nos termos do art. 75-C, § 2º, da CLT, poderá ser realizada a alteração do regime de teletrabalho para o presencial por determinação do empregador, garantido prazo de transição mínimo de quinze dias, com correspondente registro em aditivo contratual. **C:** opção incorreta, pois nos termos do art. 75-D da CLT, as disposições relativas à responsabilidade pela aquisição, manutenção ou fornecimento dos equipamentos tecnológicos e da infraestrutura necessária e adequada à prestação do trabalho remoto, bem como ao reembolso de despesas arcadas pelo empregado, serão previstas em contrato escrito. **D:** opção incorreta, pois nos termos do art. 75-C da CLT, a prestação de serviços na modalidade de teletrabalho deverá constar expressamente do contrato individual de trabalho, que especificará as atividades que serão realizadas pelo empregado. **E:** opção incorreta, pois nos termos do

---

* **Luiz Carlos Fabre** comentou as questões dos concursos de Analista e **Hermes Cramacon** comentou as questões dos concursos de Procuradorias, Advocacia Pública, Analista TRT/8ª/2016 e DPU/15.

art. 75-B da CLT, considera-se teletrabalho a prestação de serviços preponderantemente fora das dependências do empregador, com a utilização de tecnologias de informação e de comunicação que, por sua natureza, não se constituam como trabalho externo.
Gabarito "B".

(Procurador do Estado/SP – 2018 – VUNESP) Em relação à nova disciplina legal da prestação de serviços a terceiros, é correto afirmar:

(A) considera-se prestação de serviços a terceiros a transferência feita pela contratante da execução de suas atividades a pessoa jurídica de direito privado, prestadora de serviços, que possua capacidade econômica compatível com a sua execução, sendo vedada, contudo, a transferência da execução da atividade principal da empresa contratante.
(B) a Lei n. 6.019, de 3 de janeiro de 1974, é omissa no estabelecimento de período de proibição ("quarentena") aplicável ao empregado demitido pela empresa contratante; por conseguinte, é permitido que esse trabalhador, imediatamente, volte a prestar serviços à mesma empresa, na qualidade de empregado de empresa prestadora de serviços.
(C) a empresa contratante é solidariamente responsável pelas obrigações trabalhistas referentes ao período em que ocorrer a prestação de serviços.
(D) aos empregados da empresa prestadora de serviços, são asseguradas as mesmas condições relativas à alimentação oferecida em refeitórios aos empregados da empresa contratante, quando e enquanto os serviços forem executados nas dependências da tomadora.
(E) a empresa prestadora de serviços contrata e remunera o trabalho realizado por seus trabalhadores; a direção do trabalho de tais empregados, entretanto, é realizada pela empresa contratante dos serviços.

A: opção incorreta, pois nos termos do art. 4º-A da Lei 6.019/1974, "considera-se prestação de serviços a terceiros a transferência feita pela contratante da execução de quaisquer de suas atividades, inclusive sua atividade principal, à pessoa jurídica de direito privado prestadora de serviços que possua capacidade econômica compatível com a sua execução". **B:** opção incorreta, pois nos termos do art. 5º D da Lei 6.019/1974, "o empregado que for demitido não poderá prestar serviços para esta mesma empresa na qualidade de empregado de empresa prestadora de serviços antes do decurso de prazo de dezoito meses, contados a partir da demissão do empregado". **C:** opção incorreta, pois nos termos do art. 5º-A, § 5º, da Lei 6.019/1974, "a empresa contratante é subsidiariamente responsável pelas obrigações trabalhistas referentes ao período em que ocorrer a prestação de serviços". **D:** opção correta, pois reflete a disposição contida no art. 4º-C, I, a, da Lei 6.019/1974. **E:** opção incorreta, pois nos termos do art. 4º-A, § 1º, da Lei 6.019/1974, a empresa prestadora de serviços contrata, remunera e dirige o trabalho realizado por seus trabalhadores, ou subcontrata outras empresas para realização desses serviços".
Gabarito "D".

(Procurador do Estado – PGE/RS – Fundatec – 2015) Para se distinguir entre as diversas relações de trabalho, a relação de emprego deverá apresentar as seguintes características: pessoalidade, onerosidade, não eventualidade e subordinação. Quanto a essas características, analise as assertivas abaixo:

I. A relação de emprego é sempre *intuitu personae*, tanto em relação ao empregado quanto ao empregador.
II. Como corolário da pessoalidade, é possível afirmar que a relação de emprego encerra obrigação infungível, personalíssima e intransferível quanto ao empregado, não podendo ser efetuada, na mesma relação jurídica, por pessoa diferente daquela que a contraiu.
III. A não eventualidade manifesta-se pela relação do serviço prestado pelo trabalhador e a atividade empreendida pelo tomador dos serviços. Em outras palavras, serviço não eventual é o serviço essencial para o empregador, pois, sem ele, este não conseguiria desenvolver o seu fim empresarial.

Quais estão corretas?
(A) Apenas I.
(B) Apenas III.
(C) Apenas I e II.
(D) Apenas I e III.
(E) Apenas II e III.

I: incorreta, pois a relação de trabalho é *intuito personae* com relação ao empregado, que não pode fazer-se substituir por outro, requisito da pessoalidade; **II:** correta, pois o requisito da pessoalidade ensina que o empregado deve prestar pessoalmente os serviços, não podendo fazer-se substituir por outra pessoa. O trabalho deve ser exercido pelo próprio trabalhador, em razão de suas qualificações profissionais e pessoais, por isso diz-se que o contrato de trabalho é "*intuitu personae*" ou personalíssimo; **III:** correta, pois o empregado presta serviços de maneira contínua, não eventual. O trabalho deve ser contínuo, sem o qual o empregador não consegue desenvolver sua atividade empresarial.
Gabarito "E".

(Analista Judiciário – TRT/8ª – 2016 – CESPE) Assinale a opção correta de acordo com a legislação vigente e a jurisprudência do TST.

(A) O conceito de grupo econômico, por pressupor a existência de duas ou mais empresas, é incompatível com a atividade e o meio rural.
(B) A prestação de serviços a mais de uma empresa do mesmo grupo econômico, durante a mesma jornada de trabalho, não caracteriza a coexistência de mais de um contrato de trabalho, salvo ajuste em contrário.
(C) Quando uma ou mais empresas com personalidades jurídicas próprias estiverem sob a direção, o controle ou a administração de outra, constituindo grupo industrial, comercial ou de qualquer outra atividade econômica, serão, para os efeitos da relação de emprego, subsidiariamente responsáveis a empresa principal e cada uma das subordinadas.
(D) Em qualquer caso de aquisição de empresa pertencente a grupo econômico, o sucessor sempre responde solidariamente por débitos trabalhistas de empresa não adquirida que pertença ao mesmo grupo de empresas.
(E) Na análise da existência de grupo econômico entre empresas, não se aplica a teoria da desconsideração da personalidade jurídica.

A: opção incorreta, pois o conceito de grupo econômico é compatível com o meio rural. O art. 3º, § 2º, da Lei 5.889/73 ensina que "Sempre que uma ou mais empresas, embora tendo cada uma delas personalidade jurídica própria, estiverem sob direção, controle ou administração de outra, ou ainda quando, mesmo guardando cada uma sua autonomia, integrem grupo econômico ou financeiro rural, serão responsáveis solidariamente nas obrigações decorrentes da relação de emprego"; **B:** opção correta, pois a prestação de serviços a mais de uma empresa do mesmo grupo econômico, durante a mesma jornada de trabalho, não caracteriza a coexistência de mais de um contrato de trabalho, salvo ajuste em contrário, em conformidade com a Súmula 129 do TST. A tese do empregador único não foi abolida com a reforma trabalhista, na medida em que a tese aplica-se para o grupo econômico vertical; **C:** opção incorreta, pois, nos termos do art. 2º, § 2º, da CLT a responsabilidade será solidária; **D:** opção incorreta, pois, havendo aquisição de uma empresa pertencente ao mesmo grupo econômico, nos termos da Orientação Jurisprudencial 411 da SDI 1 do TST, o sucessor não responde solidariamente por débitos trabalhistas de empresa não adquirida, integrante do mesmo grupo econômico da empresa sucedida, quando, à época, a empresa devedora direta era solvente ou idônea economicamente, ressalvada a hipótese de má-fé ou fraude na sucessão; **E:** opção incorreta, pois, uma vez reconhecido o grupo econômico, não há óbice algum para não incidir a desconsideração da personalidade jurídica, que deverá ser aplicada, nos termos dos arts. 133 a 137 do CPC/2015 e art. 6º da IN 39 TST.
Gabarito "B".

(Procurador do Estado/PR – 2015 – PUC-PR) Em relação aos contratos de trabalho celebrados com a Administração Pública sem concurso público após a Constituição Federal de 1988, é **CORRETO** afirmar:

(A) Considerando o princípio da primazia da realidade, o contrato de trabalho, inclusive os celebrados para empregos em comissão, é válido para todos os efeitos jurídicos, independentemente da responsabilidade do administrador público.
(B) O contrato é nulo, sem que se possa reconhecer qualquer direito ao trabalhador.
(C) O contrato é anulável, sendo devidos todos os direitos ao trabalhador até o trânsito em julgado da decisão que reconhecer a irregularidade.
(D) Considerando as Convenções da OIT ratificadas pelo Brasil, o contrato de trabalho é válido e é garantido ao trabalhador o rol de direitos elencados na Constituição Federal.
(E) O contrato de trabalho é nulo, somente conferindo ao trabalhador direito ao pagamento da contraprestação pactuada, em relação ao número de horas trabalhadas, respeitado o valor da hora do salário mínimo, e dos valores referentes aos depósitos do FGTS.

"E" é a opção correta. Isso porque, de acordo com a Súmula 363 do TST a contratação de servidor público, após a CF/1988, sem prévia aprovação em concurso público, encontra óbice no art. 37, II e § 2º, somente lhe conferindo direito ao pagamento da contraprestação pactuada, em relação ao número de horas trabalhadas, respeitado o valor da hora do salário mínimo, e dos valores referentes aos depósitos do FGTS.
Gabarito "E".

(Procurador Distrital – 2014 – CESPE) Julgue o seguinte item, com base na legislação e no entendimento jurisprudencial dominante do TST.

(1) Conforme a CLT, a mudança na propriedade da empresa não afetará os contratos de trabalho, no entanto, em caso de falência, não se aplicará tal regra, porque a compra de empresa falida não obriga o arrematante nas obrigações do devedor. Assim, se determinada empresa alienar seus ativos em virtude de processo de falência, sendo o arrematante primo do sócio da sociedade falida, não haverá sucessão do arrematante nas obrigações trabalhistas do devedor.

1: Opção incorreta. De fato, a mudança na estrutura jurídica da empresa não afetará os contratos de trabalho, nos termos do art. 448 da CLT. Em regra, nos termos do art. 141 da Lei 11.101/2005 a compra de empresa falida não gera sucessão trabalhista. No entanto, essa regra não se aplica ao parente, em linha reta ou colateral até o 4º grau, consanguíneo ou afim, do falido ou de sócio da sociedade falida.
Gabarito 1E.

(Procurador do Estado/AC – FMP – 2012) Em relação aos contratos de trabalho com os entes de Direito Público, pode-se afirmar que:

(A) tem prevalecido o entendimento de que deve haver o reconhecimento do vínculo de emprego, desde que preenchidos os requisitos do artigo 3º da CLT, com direito ao pagamento de todos os direitos decorrentes desta situação, principalmente em face do Princípio da Primazia da Realidade.
(B) haverá o reconhecimento de vínculo de emprego, mas com restrição dos direitos daí decorrentes, porque a contratação de servidor público, após a CF/1988, sem prévia aprovação em concurso público, encontra óbice no respectivo art. 37, II, e § 2º, somente lhe conferindo direito ao pagamento da contraprestação pactuada, em relação ao número de horas trabalhadas, respeitado o valor da hora do salário mínimo, e dos valores referentes aos depósitos do FGTS, estes nos termos do artigo 19-A da Lei 8.036/1990.
(C) não há possibilidade de reconhecimento de vínculo de emprego, por se tratar de contrato nulo e, portanto, sem direito a qualquer parcela decorrente desta situação.
(D) não há possibilidade de reconhecimento do vínculo de emprego com o Ente de Direito Público, na medida em que, desde a Constituição de 1988, deve prevalecer o sistema de Regime Jurídico Único, necessariamente de natureza Estatutária.

A: opção incorreta, pois de acordo com a Súmula 363 do TST são conferidos ao trabalhador o pagamento das contraprestações pactuadas em relação ao número de horas trabalhadas e dos valores referentes ao FGTS; **B:** opção correta, pois reflete o disposto na Súmula 363 do TST; **C:** opção incorreta, pois embora seja considerado contrato nulo, com a consequente punição da autoridade responsável, nos termos do art. 37, § 2º, CF é devido ao trabalhador os pagamentos das contraprestações pactuadas em relação ao número de horas trabalhadas e dos valores referentes ao FGTS, na medida em que entende-se que por ter a administração beneficiada pela prestação de serviços, deve responder pelo referido pagamento; **D:** opção incorreta, pois em 02/08/2007, o STF suspendeu a redação dada ao art. 39, *caput*, CF pela EC 19/1998, voltando a adotar o regime jurídico único. No entanto, o STF atribuiu efeito *ex nunc*, ou seja, a partir de então, entendendo válidos os atos praticados pela administração com base em legislações editadas durante a vigência do art. 39, *caput*, CF com a redação dada pela EC 19/1998. A Lei 9.962/2000 autoriza a Administração Pública Federal a contratar pelo regime da Consolidação das Leis do Trabalho.
Gabarito "B".

(Procurador do Município/São José dos Campos-SP – 2012 – VUNESP) Tendo em consideração os elementos fático-jurídicos constitutivos da relação de emprego e do contrato de trabalho, bem como as figuras jurídicas que lhes são próximas, assinale a alternativa que traz a afirmação correta.

(A) Trabalho que se realiza por pessoa física mediante pessoalidade, habitualidade, onerosidade e subordinação constitui a relação de emprego que corresponde ao contrato de trabalho, enquanto, numa situação de prestação de serviços, mediante trabalho autônomo tal como definida na lei civil, necessariamente não há pessoalidade na execução dos serviços.
(B) O traço distintivo do contrato de emprego para a empreitada está na transitoriedade desta e na definitividade daquele, já que os demais requisitos de pessoalidade, não eventualidade, onerosidade e subordinação podem estar presentes em ambas as circunstâncias.
(C) Enquanto o trabalhador subordinado e vinculado ao empregador mediante contrato de trabalho compromete-se a acolher a direção empresarial no tocante ao modo de concretização cotidiana de seus serviços, a autonomia supõe a noção de que o próprio prestador de serviços estabelece e concretiza, cotidianamente, a forma de realização dos serviços que pactuou prestar.
(D) No contrato de empreitada, uma ou mais pessoas se compromete(m) a realizar ou mandar realizar uma obra certa e especificada para outrem, sob a direção do contratante da obra certa, mediante o ajuste de um preço global para a execução da obra, traço econômico que a diferencia da relação de emprego cujo pagamento é ajustado pelo tempo à disposição do tomador de serviços.
(E) Tanto o contrato de trabalho quanto o mandato são espécies do gênero contrato de atividade. Trazem as semelhanças da presença da subordinação do prestador de serviços ao tomador de serviços, a noção de representação e a característica da onerosidade do contrato. Mas as diferenças são claras, pois o mandato admite extinção por termo determinado e o emprego, não.

A: opção incorreta, pois o elemento pessoalidade pode existir como é o caso de contratações em que é contratado um *expert* para o serviço que será realizado. Nesse caso, o elemento "pessoalidade" será de extrema importância, podendo existir cláusula de pessoalidade. O que, de fato, caracteriza o contrato de autônomo é a ausência de subordinação; **B:** opção incorreta, pois o contrato de empreitada é um contrato de natureza civil, não podendo ser confundido com o contrato de trabalho por ausência do elemento subordinação jurídica; **C:** opção correta, pois a assertiva se refere à subordinação jurídica, elemento disposto no art. 3º da CLT, vinculado ao poder diretivo que o empregador possui, disposto no art. 2º da CLT; **D:** opção incorreta, pois na empreitada não existe o elemento subordinação; **E:** opção incorreta, pois embora ambos sejam do gênero contratos de atividade, o elemento subordinação é inerente do contrato de emprego ao passo que no mandato ele pode não existir, a representação é característica indissociável do mandato ao passo que é elemento circunstancial do contrato de emprego; pode ser oneroso ou não. Por fim, o mandato é sempre revogável, já o contrato de emprego tem como regra o prazo indeterminado, princípio da continuidade da relação de emprego.
Gabarito "C".

(Procurador do Município/Sorocaba-SP – 2012 – VUNESP) Das definições a seguir, a que se amolda ao conceito de relação de emprego que foi adotado pela legislação brasileira é:

(A) relação jurídica de natureza contratual, tendo como sujeitos o empregado e o empregador e como objeto o trabalho subordinado, continuado e assalariado.
(B) contrato pelo qual há uma relação fática objetiva, com serviços subordinados prestados por empregado a empregador, independentemente da vontade e da remuneração.
(C) contrato segundo o qual uma pessoa física presta serviços de modo impessoal, não eventual, mediante pagamento ou onerosidade e subordinação.
(D) um vínculo que resulta da conversão da escravidão em uma espécie de contrato, mantendo-se a subordinação e a submissão do trabalhador aos desígnios do empregador, mas agora mediante pagamento de salário e de suposta liberdade de ir e vir.
(E) uma espécie contratual cujas raízes históricas remontam ao Direito Romano (*locatio operarum* e *locatio operis*), com natureza jurídica de locação (o trabalhador aluga a sua força de trabalho ao empregador).

A: opção correta, pois representa o que é relação de emprego, nos termos dos arts. 2º e 3º, da CLT; **B:** opção incorreta, pois trata-se de um negócio jurídico. Ademais, pressupõe manifestação de vontade. É um contrato do tipo oneroso, pois pelos trabalhos prestados o empregado terá como contraprestação sua remuneração; **C:** opção incorreta, pois a relação de emprego pressupõe o trabalho prestado com pessoalidade, ou seja, prestado pelo próprio trabalhador, sem que possa ser substituído; **D:** opção incorreta, pois há vício de vontade no trabalho escravo. Sobre consequências do reconhecimento do trabalho escravo veja Instrução Normativa 91/2011 da Secretaria de Inspeção do Trabalho, em especial seu art. 14 e, ainda, art. 21 da Instrução Normativa 76/2009 do Ministério do Trabalho e Emprego; **E:** opção incorreta, pois para alguns doutrinadores, como por exemplo José Affonso Dallegrave Neto, o contrato de emprego é do tipo adesão.
Gabarito "A".

(Advogado da União/AGU – CESPE – 2012) Com base na CLT, julgue os itens seguintes, a respeito da relação de emprego e do contrato individual de trabalho.

(1) As cooperativas de trabalhadores, quando regulares, não estabelecem com os respectivos associados relação de emprego, nem assim entre estes e os tomadores dos serviços contratados da cooperativa.
(2) A lei considera empregado a pessoa física que, em caráter não eventual e mediante relação de subordinação e contraprestação salarial, presta serviços a outrem, denominado empregador.
(3) O contrato individual deve necessariamente ser escrito, não se admitindo forma tácita de contratação.

1: opção correta, pois reflete o disposto no art. 442, parágrafo único, da CLT. Veja, também, o art. 90 da Lei 5.764/1971; **2:** opção correta, pois representa o disposto no art. 3º da CLT; **3:** opção incorreta, pois nos termos do art. 442 da CLT, contrato individual de trabalho é o acordo tácito ou expresso.
Gabarito 1C, 2C, 3E.

(Analista – TRT/6ª – 2012 – FCC) Conforme previsão da Consolidação das Leis do Trabalho, em relação aos sujeitos do contrato de trabalho, é INCORRETO afirmar que

(A) será considerado empregado aquele que presta serviços de forma pessoal e natureza não eventual, mediante retribuição pecuniária e sob a dependência do empregador.
(B) as instituições de beneficência e os profissionais liberais que admitirem trabalhadores como empregados equiparam-se ao empregador.
(C) o tempo em que o empregado estiver à disposição do empregador, aguardando ordens de serviço, considera-se como de serviço efetivo, salvo disposição especial expressamente consignada.
(D) não se distingue entre o trabalho realizado no estabelecimento do empregador, o executado no domicílio do empregado ou o realizado à distância, desde que estejam caracterizados os pressupostos da relação de emprego.
(E) não haverá distinções relativas à espécie de emprego e à condição de trabalhador, exceto quanto ao trabalho intelectual, técnico e manual, em razão das suas peculiaridades.

A: correto (arts. 2º e 3º da CLT); **B:** correto (art. 2º, § 1º, da CLT); **C:** correto (art. 4º da CLT); **D:** correto (art. 6º da CLT); **E:** incorreto (devendo ser assinalada), nos termos do art. 3º, parágrafo único, da CLT.
Gabarito "E".

(Analista – TRT/6ª – 2012 – FCC) Nos termos previstos na Consolidação das Leis do Trabalho, o contrato
(A) individual de trabalho não pode ser acordado verbalmente.
(B) de experiência não poderá exceder o prazo de 90 (noventa) dias.
(C) individual será obrigatoriamente alterado, caso haja mudança na propriedade ou na estrutura jurídica da empresa.
(D) de trabalho por prazo determinado poderá ser estipulado por mais de 2 (dois) anos, havendo mútuo consentimento das partes.
(E) de trabalho por prazo determinado poderá ser prorrogado mais de uma vez, dentro do prazo máximo estipulado, sem que passe a vigorar sem determinação de prazo.

A: incorreto (art. 442, *caput*, da CLT); **B:** correto (art. 445, parágrafo único, da CLT); **C:** incorreto (arts. 10 e 448 da CLT); **D:** incorreto (art. 445, *caput*, da CLT); **E:** incorreto (art. 451 da CLT).
Gabarito "B".

3. CONTRATO DE TRABALHO COM PRAZO DETERMINADO

(Procurador – IPSMI/SP – VUNESP – 2016) Nos contratos de trabalho por prazo determinado,
(A) aplica-se o aviso-prévio em favor do empregado, na hipótese de despedida antes do termo final, se houver cláusula assecuratória do direito recíproco de rescisão antecipada.
(B) o aviso-prévio não poderá ser aplicado, pois não é compatível com referida modalidade contratual, não se admitindo cláusula em contrário.
(C) não se admite o gozo de férias, as quais serão indenizadas por ocasião do termo final.
(D) o seguro-desemprego será devido ao empregado, desde que o período contratual não seja inferior a seis meses.
(E) a prorrogação pode ocorrer em, no máximo, duas oportunidades, desde que não ultrapasse o período de dois anos.

A: opção correta, pois nos termos do art. 481 da CLT qualquer que seja o tipo de contrato com prazo determinado previsto na CLT havendo a cláusula assecuratório ao direito recíproco de rescisão serão aplicados os princípios que regem a rescisão dos contratos por prazo indeterminado, inclusive com a percepção de aviso-prévio. Veja Súmula 163 do TST. **B:** opção incorreta. Veja comentário anterior. **C:** opção incorreta, pois aos empregados submetidos ao contrato com prazo determinado, são assegurados os mesmos direitos que o empregado com contrato por prazo indeterminado. **D:** opção incorreta, pois não é devido Seguro Desemprego, tendo em vista que as partes já estão cientes da data do término do contrato de trabalho. **E:** opção incorreta, pois a prorrogação pode ocorrer apenas uma única vez e não poderá exceder 2 anos, sob pena de ser considerado contrato com prazo indeterminado, art. 451 da CLT.
Gabarito "A".

4. TRABALHO DA MULHER E DO MENOR

(Procurador do Estado – PGE/RN – FCC – 2014) Iara Delfina, de 16 anos, foi contratada como operadora de bomba de gasolina no Posto Mata Estrela, dirigido por seu pai e que se situa a 50 quilômetros de Natal, cidade onde reside. A empregadora, cuidadosa no pagamento de suas obrigações trabalhistas decorrentes da legislação, remunera Iara corretamente, a qual recebe mensalmente salário, horas extras, adicional de periculosidade, além de conceder-lhe vale-transporte e auxílio-refeição, conforme determina a convenção coletiva da categoria. Considerados os fatos narrados, o trabalho prestado por Iara, à luz da Consolidação das Leis do Trabalho e da Constituição da República, é:
(A) permitido porque o Posto Mata Estrela é dirigido pelo pai de Iara.
(B) permitido porque Iara já atingiu a idade de 16 anos completos.
(C) proibido porque Iara exerce trabalho em condições de periculosidade.
(D) permitido porque a Constituição da República se sobrepõe à CLT e fomenta o dever social à profissionalização.
(E) proibido porque Iara não é aprendiz, hipótese autorizadora do trabalho descrito.

"C" é a opção correta. Isso porque o art. 7º, XXXIII, CF ensina ser proibido o trabalho noturno, perigoso ou insalubre a menores de dezoito e de qualquer trabalho a menores de dezesseis anos, salvo na condição de aprendiz, a partir de quatorze anos. HC
Gabarito "C".

(Analista Judiciário – TRT/8ª – 2016 – CESPE) De acordo com a Constituição Federal de 1988 (CF) e a jurisprudência do Tribunal Superior do Trabalho (TST), assinale a opção correta a respeito da estabilidade da gestante e da licença-maternidade.
(A) Se a admissão da gestante se deu mediante contrato de trabalho por prazo determinado, a empregada não tem direito à estabilidade provisória.
(B) Caso o empregador desconheça o estado gravídico da gestante, ela não terá direito à indenização decorrente da estabilidade após a cessação do auxílio-doença acidentário.
(C) A CF prevê duração de cento e oitenta dias para a licença gestante.
(D) Dada a garantia de emprego à gestante, ela pode ser reintegrada mesmo após dois anos da extinção do contrato de trabalho.
(E) Passado o período de estabilidade, garantem-se à gestante os salários e demais direitos correspondentes ao período de estabilidade, mas não a reintegração.

A: opção incorreta, pois a gestante possui estabilidade no emprego mesmo em contrato por prazo determinado, de acordo com a Súmula 244, III, TST; **B:** opção incorreta, pois o desconhecimento do estado gravídico pelo empregador não afasta o direito ao pagamento da indenização decorrente da estabilidade, de acordo com Súmula 244, I, TST; **C:** opção incorreta, pois, nos termos do art. 7º, XVIII, o período de licença maternidade é de 120 dias. Vale lembrar que a licença maternidade poderá ser prorrogada por mais 60 dias, nos termos do art. 1º da Lei 11.770/2008. A prorrogação será garantida à empregada da pessoa jurídica que aderir ao programa Empresa Cidadã, desde que a empregada a requeira até o final do primeiro mês após o parto, e concedida imediatamente após a fruição da licença-maternidade; **D:** opção incorreta, pois, nos termos do item II da Súmula 244 do TST, a garantia de emprego à gestante só autoriza a reintegração se esta se der durante o período de estabilidade. Caso contrário, a garantia restringe-se aos salários e demais direitos correspondentes ao período de estabilidade; **E:** opção correta, pois reflete o disposto na Súmula 244, II, do TST.
Gabarito "E".

(Procurador do Estado/BA – 2014 – CESPE) Julgue o seguinte item.
(1) Pode ser exigido da mulher, para a admissão ou para a permanência no emprego, atestado ou exame de qualquer natureza para a comprovação de esterilidade ou de gravidez, dado o direito do empregador de ser informado da situação da mulher para eventual concessão de benefícios relacionados à condição de gravidez.

1: Opção incorreta, pois objetivando corrigir as distorções que afetam o acesso da mulher ao mercado de trabalho e certas especificidades estabelecidas nos acordos trabalhistas, nos termos do art. 373-A, IV, da CLT é vedado ao empregador exigir atestado ou exame, de qualquer natureza, para comprovação de esterilidade ou gravidez, na admissão ou permanência no emprego.
Gabarito 1E.

(Procurador do Município/Cubatão-SP – 2012 – VUNESP) No que tange à proteção do trabalho da mulher e do menor, é correto afirmar que
(A) a legislação trabalhista não prevê possibilidade de restrição ao gozo dos períodos de repouso do menor nos locais de trabalho.
(B) o responsável legal pelo menor é obrigado a notificar o Ministério do Trabalho e Emprego para que este pleiteie a extinção do contrato de trabalho, desde que o serviço possa acarretar para ele prejuízos de ordem moral.
(C) os estabelecimentos em que trabalharem pelo menos 30 (trinta) mulheres com mais de 18 (dezoito) anos de idade terão local apropriado, onde seja permitido às empregadas guardarem sob vigilância e assistência os seus filhos no período da amamentação, sendo vedada a adoção de convênios para atender à finalidade do dispositivo legal.
(D) ao empregador é vedado empregar a mulher em serviço que demande o emprego de força muscular superior a 20 (vinte) quilos para o trabalho contínuo, ou 25 (vinte e cinco) quilos para o trabalho ocasional.
(E) nos termos da negociação coletiva, a empresa pode ser obrigada a instalar bebedouros, lavatórios, aparelhos sanitários; dispor de cadeiras ou bancos, em número suficiente, que permitam às mulheres trabalharem sem grande esgotamento físico.

A: opção incorreta, pois nos termos do art. 409 da CLT para maior segurança do trabalho e garantia da saúde dos menores, a autoridade fiscalizadora poderá proibir-lhes o gozo dos períodos de repouso nos locais de trabalho; **B:** opção incorreta, pois nos termos do art. 408 da CLT ao responsável legal do menor é facultado pleitear a extinção do contrato de trabalho, desde que o serviço possa acarretar para ele prejuízos de ordem física ou moral, independente de notificação ao Ministério do Trabalho e Emprego; **C:** opção incorreta, pois a lei trata dos estabelecimentos que trabalharem pelo menos 30 mulheres com mais de 16 anos, art. 389, § 1º, da CLT e, ainda, são permitidos convênios com entidades públicas e privadas, nos termos do art. 389, § 2º, da CLT; **D:** opção correta, pois reflete a disposição contida no art. 390 da CLT; **E:** opção incorreta, pois nos termos do art. 389, II, da CLT constitui uma obrigação de toda empresa.
Gabarito "D".

(Analista – TRT/6ª – 2012 – FCC) Quanto ao trabalho do menor, nos termos da legislação trabalhista consolidada, é INCORRETO afirmar que
(A) não será permitido ao menor o trabalho nos locais e serviços perigosos ou insalubres, constantes de quadro para esse fim aprovado pela Secretaria de Segurança e Medicina do Trabalho.
(B) quando o menor de 18 (dezoito) anos for empregado em mais de um estabelecimento, as horas de trabalho de cada serão totalizadas.
(C) é proibido qualquer trabalho a menores de dezesseis anos de idade,

salvo na condição de aprendiz, a partir dos quatorze anos.
(D) é lícito ao menor firmar recibo pelo pagamento dos salários, bem como, tratando-se de rescisão do contrato de trabalho, dar quitação ao empregador pelo recebimento da indenização que lhe for devida, sem assistência dos seus responsáveis legais.
(E) se aplica ao menor a vedação do serviço que demande o emprego de força muscular superior a 20 (vinte) quilos para o trabalho contínuo, ou 25 (vinte e cinco) quilos para o trabalho ocasional; exceto em caso da remoção de material feita por impulsão ou tração de vagonetes sobre trilhos, de carros de mão ou quaisquer aparelhos mecânicos.

A: correto, nos termos do art. 7º, XXXIII da CF e do art. 405, I, da CLT (v. art. 441 da CLT); **B:** correto (art. 414 da CLT); **C:** correto (art. 7º, XXXIII, da CF e art. 403 da CLT); **D:** incorreto (devendo ser assinalado), nos termos do art. 439 da CLT; **E:** correto (art. 405, § 5º c/c art. 390 da CLT).
Gabarito "D".

5. ALTERAÇÃO, INTERRUPÇÃO E SUSPENSÃO DO CONTRATO DE TRABALHO

(Procurador – IPSMI/SP – VUNESP – 2016) Nos termos da Consolidação das Leis do Trabalho, a mudança na propriedade ou estrutura jurídica da empresa
(A) poderá afetar os direitos adquiridos pelos empregados, se houver previsão em lei municipal.
(B) poderá acarretar a extinção automática dos contratos de trabalho mantidos com o sucedido.
(C) não afetará os contratos de trabalho dos respectivos empregados.
(D) importará a celebração de novos contratos de trabalho com os empregados do sucedido.
(E) assegurará o direito de rescisão indireta dos contratos de trabalho aos empregados do sucedido.

A: opção incorreta, pois nos termos do art. 10 da CLT qualquer alteração na estrutura jurídica da empresa não afetará os direitos adquiridos por seus empregados. **B:** opção incorreta, pois nos termos do art. 448 da CLT a mudança não afetará os contratos de trabalho. **C:** opção correta, pois reflete a disposição do art. 448 da CLT. **D:** opção incorreta, art. 448 CLT. **E:** opção incorreta, Veja comentários anteriores.
Gabarito "C".

(Procurador Municipal/SP – VUNESP – 2016) Determinado empregado começa a trabalhar no dia 01.02.2010, com remuneração no valor de R$ 1.000,00 (um mil reais). Em 01.05.2012, é dispensado imotivadamente sem ter gozado nenhum período de férias. Durante o contrato de trabalho, seu salário sofreu os seguintes reajustes: em 01.07.2010, passou para R$ 1.100,00; em 01.02.2011, passou para R$ 1.200,00; em 01.07.2011, passou para R$ 1.500,00 e, em 01.02.2012, passou para R$ 1.700,00. Diante disso, e dos termos da Súmula 7 do TST, é correto afirmar que a indenização do primeiro período de férias vencidas e não gozadas deve ser calculada com base em
(A) R$ 1.000,00.
(B) R$ 1.100,00.
(C) R$ 1.200,00.
(D) R$ 1.500,00.
(E) R$ 1.700,00.

"E" é a opção correta. Isso porque os termos da súmula 7 do TST a indenização pelo não deferimento das férias no tempo oportuno será calculada com base na remuneração devida ao empregado na época da reclamação ou, se for o caso, na da extinção do contrato.
Gabarito "E".

(Procurador do Estado – PGE/MT – FCC – 2016) Sócrates é professor de Matemática na Escola Sol Nascente, contratado pelo regime da Consolidação das Leis do Trabalho. Celebrado o contrato de trabalho, foi prevista uma carga horária de 40 horas-aula semanais, com valor R$ 20,00 por hora-aula. Em virtude da diminuição do número de alunos, a direção da escola reduz a carga horária de Sócrates para 20 horas semanais, sem consultar o empregado, mantendo o valor pago por hora-aula. Levando-se em conta a legislação vigente e orientação jurisprudencial da SDI-1 do Tribunal Superior do Trabalho,
(A) é lícita esta alteração contratual com redução de carga horária uma vez que o empregador, mesmo sem o consentimento do empregado, sempre pode alterar as cláusulas do contrato de trabalho, por ser detentor do *jus variandi*.
(B) não se trata na hipótese de alteração contratual, uma vez que a redução de carga horária em decorrência da redução do número de alunos não implica alteração contratual, já que não acarretou redução do valor da hora-aula.
(C) é ilícita esta redução de carga horária, uma vez que o único requisito de toda alteração contratual perpetrada pelo empregador é o mútuo consentimento entre ele e o empregado.
(D) é ilícita esta alteração contratual uma vez que o empregado terá reduzida a sua remuneração mensal, o que só é permitida mediante acordo ou convenção coletiva, conforme previsão na Constituição Federal de 1988.
(E) é ilícita esta redução de carga horária, uma vez que o empregador deve assumir os riscos do negócio, não sendo possível transferir ao empregado o prejuízo causado pela redução do número de alunos, que deve ser suportado por ele.

"B" é a resposta correta. Isso porque, nos termos da OJ 244 da SDI 1 do TST, a redução da carga horária do professor, em virtude da diminuição do número de alunos, não constitui alteração contratual, uma vez que não implica redução do valor da hora-aula.
Gabarito "B".

(Defensoria Pública da União – CESPE – 2015) Julgue os itens a seguir, referentes a alteração, suspensão, interrupção e rescisão do contrato de trabalho.
(1) Quando o empregado suspende a execução dos serviços para a empresa na qual trabalha, mas continua percebendo normalmente sua remuneração, ocorre interrupção do contrato de trabalho.
(2) Se uma mulher vítima de violência doméstica for afastada temporariamente do local de trabalho, pelo juízo competente, visando preservar a manutenção do vínculo trabalhista e resguardar sua integridade física e psicológica, essa situação configurará hipótese de suspensão do contrato de trabalho.
(3) Caso um empregado se afaste do emprego devido à investidura em mandato eletivo e ao efetivo exercício desse mandato, essa hipótese não constituirá motivo para rescisão do contrato de trabalho por parte do empregador.
(4) O TST tem admitido a supressão do adicional noturno quando o empregador transfere, por mútuo consentimento, o empregado do horário noturno para o período diurno.

1: assertiva correta, pois na interrupção ocorre a não produção dos efeitos de forma unilateral, ou seja, apenas para uma parte do contrato de trabalho. Assim, na interrupção somente o trabalhador irá deixar de trabalhar, devendo o empregador continuar a pagar os salários do obreiro. Na interrupção do contrato de trabalho, o empregado suspende a prestação de serviços, mas continua recebendo a remuneração pelo empregador. **2:** assertiva correta, pois o art. 9º, § 2º, II, da Lei 11.340/2006 ensina que quando necessário o afastamento do local de trabalho, o juiz poderá assegurar a mulher vítima de violência a manutenção do vínculo trabalhista, por até seis meses. Contudo, a lei não determina a obrigatoriedade no pagamento do salário, o que faz configurar hipótese de suspensão do contrato de trabalho. **3:** assertiva correta, pois nos termos do art. 472 da CLT o afastamento do empregado em virtude das exigências do serviço militar, ou de outro encargo público, não constituirá motivo para alteração ou rescisão do contrato de trabalho por parte do empregador. **4:** assertiva correta, pois nos termos da súmula 265 do TST a transferência para o período diurno de trabalho implica a perda do direito ao adicional noturno.
Gabarito 1C, 2C, 3C, 4C.

(Procurador do Estado/PR – 2015 – PUC-PR) Como decorrência do sistema principiológico de proteção trabalhista e das regras envolvendo a alteração de cláusulas do contrato de trabalho previstas na CLT, é **CORRETO** afirmar que:
(A) Nos contratos individuais de trabalho só é lícita a alteração das respectivas condições por mútuo consentimento e, ainda assim, desde que não resultem, direta ou indiretamente, em prejuízos ao empregado.
(B) Os contratos individuais de trabalho poderão ser alterados unilateralmente pelo empregador, quando não resultem em prejuízo para o empregado.
(C) Em regra, os intervalos para refeição e descanso poderão ser reduzidos por acordo coletivo de trabalho.
(D) Por solicitação expressa e escrita do empregado, o contrato de trabalho poderá ser alterado, ainda que implique prejuízo aos seus direitos sociais.
(E) Em regra, aplica-se o instituto do *ius variandi*.

A: opção correta, pois reflete o disposto no art. 468 da CLT. **B:** opção incorreta, pois a alteração unilateral do contrato de trabalho é permitida somente mediante o mútuo consentimento entre as partes, art. 468 CLT. **C:** opção incorreta, pois somente excepcionalmente os intervalos para refeição e descanso poderão ser reduzidos. Nos termos do art. 71, § 3º, da CLT o limite mínimo de uma hora para repouso ou refeição poderá ser reduzido por ato do Ministro do Trabalho, Indústria e Comércio, quando ouvido o Serviço de Alimentação de Previdência Social, se verificar que o estabelecimento atende integralmente às exigências concernentes à organização dos refeitórios, e quando os respectivos empregados não estiverem sob regime de trabalho prorrogado a horas suplementares. Veja também o art. 611-A, III, da CLT. **D:** opção incorreta, pois a alteração deverá ser por mútuo consentimento e não poderá causar prejuízo ao empregado, nos termos do art. 468 da CLT. **E:** opção incorreta, pois o *jus variandi* do empregador consiste no direito que possui de variar a prestação de serviços, ou seja, o poder de realizar modificações no contrato de trabalho. Ela apenas poderá ser feita desde que haja consentimento mútuo entre empregador e o empregado.
Gabarito "A".

(Procurador do Estado/BA – 2014 – CESPE) Julgue o seguinte item.

(1) O empregado afastado do emprego não tem direito às vantagens concedidas, durante a sua ausência, à categoria que integra na empresa.

1: Opção incorreta, pois ao empregado afastado do emprego, são asseguradas, por ocasião de sua volta, todas as vantagens que, em sua ausência, tenham sido atribuídas à categoria a que pertencia na empresa, nos termos do art. 471 da CLT.
Gabarito 1E

(Procurador do Estado/BA – 2014 – CESPE) Em relação aos direitos dos trabalhadores, julgue o item seguinte.

(1) O salário mínimo deve ser fixado em lei estadual, consideradas as peculiaridades locais, com vistas ao atendimento das necessidades básicas do trabalhador e de sua família com moradia, alimentação, educação, saúde, lazer, vestuário, higiene, transporte e previdência social, com reajustes semestrais que lhe preservem o poder aquisitivo, vedada a vinculação salarial para qualquer fim.

1: Opção incorreta, pois nos termos do art. 7º, IV, da CF o salário mínimo, será fixado em lei, nacionalmente unificado, capaz de atender a suas necessidades vitais básicas e às de sua família com moradia, alimentação, educação, saúde, lazer, vestuário, higiene, transporte e previdência social, com reajustes periódicos que lhe preservem o poder aquisitivo, sendo vedada sua vinculação para qualquer fim.
Gabarito 1E

(Procurador Distrital – 2014 – CESPE) Julgue o seguinte item, com base na legislação e no entendimento jurisprudencial dominante do TST.

(1) O afastamento da atividade laboral que enseja recebimento de auxílio-doença previdenciário caracteriza hipótese de suspensão do contrato de trabalho. Cessado o prazo de vigência desse benefício e não havendo prorrogação, o empregado deverá se apresentar nas quarenta e oito horas seguintes ao término desse prazo, ou justificar sua impossibilidade de retorno ao empregador, sob pena de se caracterizar justa causa para demissão.

1: Opção incorreta, pois embora com o recebimento do auxílio se considere suspenso o contrato de trabalho, o empregado deverá se apresentar imediatamente ao trabalho.
Gabarito 1E

(Procurador Federal – 2013 – CESPE) Julgue o item seguinte.

(1) Segundo entendimento consolidado pelo TST, mesmo que concedidas as férias nos doze meses subsequentes à data em que o empregado tiver adquirido o direito, será devido o pagamento em dobro da remuneração de férias, incluído o terço constitucional, quando o empregador não efetuar o pagamento da remuneração das férias até dois dias antes do início do respectivo período de gozo.

1: Opção correta, pois de acordo com a Súmula 450 do TST é devido o pagamento em dobro da remuneração de férias, incluído o terço constitucional, com base no art. 137 da CLT, quando, ainda que gozadas na época própria, o empregador tenha descumprido o prazo previsto no art. 145 do mesmo diploma legal.
Gabarito 1C

(Procurador Federal – 2013 – CESPE) Julgue o item seguinte.

(1) O empregado poderá deixar de comparecer ao serviço sem prejuízo do salário por até dois dias consecutivos para se alistar como eleitor. Nesse caso, como o obreiro permanece recebendo sua remuneração, ocorre a interrupção do contrato de trabalho.

1: Opção correta, pois nos termos do art. 473, V, da CLT o empregado poderá deixar de comparecer ao serviço sem prejuízo do salário, até 2 (dois) dias consecutivos ou não, para o fim de se alistar eleitor. Por ter o referido dispositivo legal determinado o pagamento dos salários desses dias ao obreiro, podemos afirmar que constitui hipótese de interrupção do contrato de trabalho.
Gabarito 1C

(Procurador Federal – 2013 – CESPE) Julgue o item seguinte.

(1) Suspenso o contrato de trabalho em virtude de aposentadoria por invalidez, o empregado perde o direito à manutenção de plano de saúde ou de assistência médica a ele oferecido pela empresa.

1: Opção incorreta, pois de acordo com o entendimento contido na Súmula 440 do TST assegura-se o direito à manutenção de plano de saúde ou de assistência médica oferecido pela empresa ao empregado, não obstante suspenso o contrato de trabalho em virtude de auxílio-doença acidentário ou de aposentadoria por invalidez.
Gabarito 1E

(Procurador do Município/Sorocaba-SP – 2012 – VUNESP) No curso do contrato de trabalho, há períodos de paralisação das atividades e aqueles que são destinados aos repousos e descanso. Quanto a esse tema, assinale a alternativa correta.

(A) Há várias espécies de repouso e descanso, divididos em dois gêneros: suspensão e interrupção do contrato de trabalho. A suspensão dá-se quando devidos os salários e a interrupção, quando não há pagamento.

(B) São exemplos de interrupção do contrato de trabalho: as férias, o repouso semanal remunerado e os primeiros 15 dias de afastamento por doença; e de suspensão do contrato de trabalho, o intervalo intrajornada para refeição e descanso, o intervalo interjornadas e o período de greve.

(C) Durante o período do serviço militar do empregado, apesar de indevidos os salários, porque o empregador é obrigado a pagar o Fundo de Garantia do Tempo de Serviço, está-se diante de hipótese de descanso compulsório.

(D) As faltas podem ser justificadas ou não. No entanto, sempre que houver ausência, o empregador está autorizado a proceder aos descontos dos salários relativos aos dias em que não houve a prestação de serviços.

(E) As férias serão proporcionais ao número de faltas que o empregado teve durante o ano. No entanto, em hipótese nenhuma poderá haver a perda do direito às férias ou a supressão do direito às férias do empregado.

A: opção incorreta, pois as causas de interrupção e suspensão não são espécies de repouso e descanso; **B:** opção correta, pois são hipóteses de interrupção do contrato de trabalho, pois na interrupção ocorre a não produção dos efeitos de forma unilateral, ou seja, o empregado suspende a prestação de serviços, mas continua recebendo a remuneração pelo empregador; **C:** opção incorreta, pois não se trata de uma hipótese de descanso, mas sim uma forma de suspensão do contrato de trabalho; **D:** opção incorreta, pois o art. 473 elenca hipóteses que o empregado se ausenta sem perder o direito ao recebimento do salário relativo aos dias; **E:** opção incorreta, pois o art. 133 da CLT elenca hipóteses em que há a perda do direito às férias.
Gabarito "B".

(Advogado da União/AGU – CESPE – 2012) No que se refere a alteração, suspensão, interrupção e extinção do contrato de trabalho, julgue os próximos itens.

(1) A jurisprudência do TST tem orientação firme no sentido de que, excetuados os empregados da Empresa Brasileira de Correios e Telégrafos, por ser esta equiparada à fazenda pública, os demais empregados públicos de empresas públicas e de sociedades de economia mista, ainda que concursados, podem ter seus contratos de trabalho rescindidos por demissão sem justa causa, por não haver necessidade de motivação do ato de demissão.

(2) Nos contratos individuais de trabalho, apenas é lícita a alteração empreendida por mútuo consentimento, ainda que possa resultar prejuízo ao trabalhador, considerada a caracterização de renúncia recíproca, em que o prejuízo se compensa com promessa futura de melhoria na condição salarial ou de trabalho.

(3) A suspensão do contrato de trabalho importará na rescisão indireta do contrato de trabalho apenas se for decretada por período superior a sessenta dias.

1: opção correta, pois reflete o entendimento consolidado na OJ 247 da SDI 1 do TST. **2:** opção incorreta, pois nos termos do art. 468 da CLT a alteração não poderá ocasionar prejuízos, diretos ou indiretos, para o trabalhador. **3:** opção incorreta, pois nos termos do art. 474 da CLT A suspensão do empregado por mais de 30 (trinta) dias consecutivos importa na rescisão indireta do contrato de trabalho.
Gabarito 1C, 2E, 3E

(Analista – TRT/11ª – 2012 – FCC) O empregado, no período aquisitivo de férias, faltou quatro dias seguidos em razão de falecimento da sua mãe, oito dias seguidos para celebrar seu casamento e de lua de mel, dois dias para doação voluntária de sangue. No período concessivo respectivo, ele terá direito a usufruir de

(A) 24 dias de férias.
(B) 30 dias de férias.
(C) 18 dias de férias.
(D) 16 dias de férias.
(E) somente 15 dias de férias em razão do excesso de faltas.

Art. 130, II, da CLT c/c arts. 131, I, e 473, I, II e IV, da CLT.
Gabarito "A".

(Analista – TRT/11ª – 2012 – FCC) Em relação à alteração, suspensão e interrupção do contrato de trabalho, é correto afirmar que

(A) o empregador não poderá, em nenhuma hipótese, transferir o empregado para localidade diversa da que resultar do contrato.
(B) o afastamento do empregado em virtude das exigências do serviço militar não será motivo para alteração ou rescisão do contrato de trabalho por parte do empregador.
(C) o empregado que for aposentado por invalidez não terá o contrato de trabalho suspenso, mas sim rescindido.
(D) os primeiros quinze dias de afastamento do empregado por acidente de trabalho são considerados como causa de suspensão do contrato de trabalho.
(E) é lícita a alteração unilateral das condições de trabalho por determinação do empregador para poder manter o desenvolvimento do seu

empreendimento, ainda que tal modificação resulte prejuízo indireto ao empregado.

A: incorreto (art. 469, §§ 1º e 2º da CLT); **B:** correto (art. 472 da CLT); **C:** incorreto, pois a hipótese é de suspensão e não de extinção do contrato de trabalho, conforme se depreende do art. 475 da CLT e das Súmulas 160 e 440 do TST e da OJ 375 da SDI1 do TST; **D:** incorreto (art. 60, § 3º, da Lei 8.213/1991); **E:** incorreto (art. 468 da CLT).
„Gabarito "B".

6. REMUNERAÇÃO E SALÁRIO

(Procurador – IPSMI/SP – VUNESP – 2016) Ao empregador é vedado efetuar qualquer desconto nos salários do empregado, ficando excepcionados, entre outros,

(A) os adiantamentos, os descontos legais e os danos culposos, independentemente de previsão contratual.
(B) os danos causados por dolo do empregado, desde que haja previsão contratual.
(C) a mensalidade sindical, os descontos legais e os danos causados pelo empregado, independentemente de qualquer outra condição.
(D) os danos causados por culpa ou dolo do empregado, independentemente de previsão contratual.
(E) os danos causados por dolo do empregado.

A: opção incorreta, pois embora o art. 462 da CLT permita o desconto quando resultar de adiantamentos, de dispositivos de lei ou de contrato coletivo, na ocorrência de dano culposo deve haver a concordância do empregado, art. 462, § 1º, CLT. **B:** opção incorreta, pois na ocorrência de dolo por parte do empregado não é necessária a previsão contratual. **C:** opção incorreta, pois nos termos da OJ 18 da SDC do TST os descontos efetuados com base em cláusula de acordo firmado entre as partes não podem ser superiores a 70% do salário base percebido pelo empregado, pois deve-se assegurar um mínimo de salário em espécie ao trabalhador. **D:** opção incorreta, pois nos termos do art. 462, § 1º, CLT em caso de dano culposo causado pelo empregado, o desconto será lícito, desde de que esta possibilidade tenha sido acordada. **E:** opção correta, pois nos termos do art. 462, § 1º, CLT em caso de dolo do empregado poderá haver o desconto independentemente de previsão contratual.
„Gabarito "E".

(Procurador do Estado – PGE/RS – Fundatec – 2015) O denominado pela doutrina efeito reflexivo, reflexo ou circundante do salário, traz como consequência o fato do pagamento de parcelas de natureza salarial não se esgotar exclusivamente no seu simples adimplemento, gerando efeito cascata em outras parcelas. Quanto a esse tema, e levando em consideração a jurisprudência sumulada do Tribunal Superior do Trabalho, assinale a alternativa INCORRETA.

(A) O cálculo do valor das horas extras habituais, para efeito de reflexos em verbas trabalhistas, observará o número das horas efetivamente prestadas e sobre ele aplica-se o valor do salário-hora da época do pagamento daquelas verbas.
(B) O valor das horas extras habitualmente prestadas integra o cálculo dos haveres trabalhistas, respeitada a limitação prevista no *caput* do art. 59 da CLT.
(C) O adicional noturno, pago com habitualidade, integra o salário do empregado para todos os efeitos.
(D) O adicional de periculosidade, pago em caráter permanente, integra o cálculo de indenização e de horas extras.
(E) Enquanto percebido, o adicional de insalubridade integra a remuneração para todos os efeitos legais.

A: correta, pois reflete a disposição da súmula 347 do TST; **B:** incorreta, pois, nos termos da súmula 376, II, TST, o valor das horas extras habitualmente prestadas integra o cálculo dos haveres trabalhistas, independentemente da limitação prevista no "caput" do art. 59 da CLT; **C:** correta, pois reflete a disposição da súmula 60, I, TST; **D:** correta, pois reflete a disposição contida na súmula 132, I, TST. **E:** correta, pois reflete a disposição da súmula 139 TST.
„Gabarito "B".

(Procurador do Estado – PGE/MT – FCC – 2016) Arquimedes laborou como vendedor da Metalúrgica Gregos e Troianos Ltda., tendo sido dispensado no dia 10/10/2015. Para o desempenho das suas funções utilizava veículo da empresa. Em seu contrato de trabalho, não havia qualquer previsão a respeito de desconto por eventuais danos que causasse pela utilização do veículo da empresa. Recebia salário fixo e comissões sobre as vendas efetuadas. Dois meses antes de ser dispensado efetuou uma venda em dez parcelas, sendo que recebeu as comissões devidas por cada parcela quitada até a sua rescisão. Ao retornar desta venda, bateu o veículo da empresa, tendo sido constatada a sua culpa no evento. A empresa procedeu ao desconto do valor do conserto no salário de Arquimedes no mês seguinte. No ato da rescisão descontou as comissões pagas pela última venda realizada pelo mesmo, alegando que não teria sido concluída a negociação por conta do parcelamento. Na presente situação, o desconto pelo conserto do veículo é:

(A) correto ainda que não pactuado em contrato de trabalho, pelo fato de ter sido comprovada a culpa do empregado, e lícito o desconto das comissões pagas pela última venda pelo fato de o empregado ter se desligado da empresa antes de a mesma ter sido concluída, perdendo, ainda, o direito às comissões sobre as demais parcelas pagas pós rescisão.
(B) indevido, visto que a única hipótese que possibilitaria referido desconto seria a pactuação no contrato de trabalho, e lícito o desconto das comissões pagas pela última venda uma vez que esta não foi concluída até o momento da rescisão contratual, em virtude de o pagamento ter sido estipulado por parcelas.
(C) ilícito, uma vez que não havia acordo expresso prevendo esta possibilidade, ainda que comprovada a culpa do empregado, e ilícita a dedução das comissões pagas pelas parcelas quitadas da última venda, uma vez que a venda se concluiu, ainda que de forma parcelada, fazendo o empregado jus às comissões inclusive sobre as parcelas pagas após a rescisão contratual.
(D) incorreto, uma vez que não agiu o empregado com dolo no evento, única hipótese que ensejaria a possibilidade de tal desconto, e equivocado o desconto das comissões pelas parcelas pagas referentes à última venda, posto que a venda se aperfeiçoou por inteiro, ainda que o pagamento fosse parcelado, mas não faz jus o empregado às comissões sobre as parcelas pós rescisão.
(E) correto, uma vez que comprovada a culpa do empregado, hipótese que legitima a dedução do salário, e incorreto o desconto das comissões sobre as parcelas pagas da última venda até a rescisão, mas não faz jus o empregado às comissões sobre as parcelas a serem pagas após a rescisão, uma vez que não havia mais vínculo com empresa.

"C" é a resposta correta. Com relação ao desconto por conta dos danos, é ilícito na medida em que o art. 462, § 1º, da CLT determina que em caso de dano causado por culpa do empregado, o desconto será lícito, desde de que esta possibilidade tenha sido acordada. Somente o dano doloso pode ser descontado do salário do obreiro sem o seu consentimento. Com relação às comissões o desconto também é ilícito. Isso porque, nos termos do art. 466, § 2º, da CLT, a cessação das relações de trabalho não prejudica a percepção das comissões e percentagens devidas.
„Gabarito "C".

(Procurador do Estado/BA – 2014 – CESPE) Em relação aos direitos dos trabalhadores, julgue o item seguinte.

(1) O salário do trabalhador pode ser reduzido por convenção ou acordo coletivo de trabalho.

1: Opção correta, pois reflete o disposto no art. 7º, VI, da CF.
„Gabarito 1C.

(Procurador do Estado/AC – FMP – 2012) No que diz respeito à remuneração do trabalhador, é correto afirmar que:

(A) não há qualquer distinção, em regra, entre remuneração e salário.
(B) as verbas denominadas de ajuda de custo, destinadas a fazer frente às despesas com eventuais transferências do empregado, têm natureza eminentemente salarial.
(C) eventual compensação a ser implementada pelo empregador no momento da dissolução contratual não poderá exceder ao equivalente a uma remuneração do empregado.
(D) toda e qualquer gratificação paga no curso do contrato de trabalho tem natureza salarial.

A: opção incorreta, pois nos termos do art. 457 da CLT remuneração é composta de: *a)* salário, que é pago diretamente pelo empregador ao empregado como contraprestação pelos serviços e *b)* a gorjeta, importância paga por terceiros ao empregado, art. 457, § 3º, CLT; **B:** opção incorreta, pois nos termos do art. 457, § 2º, CLT não se incluem no salário do obreiro as ajudas de custo; **C:** opção correta, pois reflete o disposto no art. 477, § 5º, CLT; **D:** opção incorreta, pois nos termos do art. 457, § 2º, da CLT as importâncias, ainda que habituais, pagas a título de ajuda de custo, auxílio-alimentação, vedado seu pagamento em dinheiro, diárias para viagem, prêmios e abonos não integram a remuneração do empregado, não se incorporam ao contrato de trabalho e não constituem base de incidência de qualquer encargo trabalhista e previdenciário.
„Gabarito "C".

(Procurador do Estado/MG – FUMARC – 2012) Assinale a alternativa **INCORRETA**.

(A) Salário é a contraprestação em pecúnia ou em utilidades devida e paga diretamente pelo empregador ao empregado em virtude do contrato de trabalho.
(B) Segundo a Consolidação das Leis do Trabalho, na falta de estipulação do salário entre empregado e empregador, ou não havendo prova sobre a importância ajustada, o empregado terá direito a perceber salário igual ao daquele que, na mesma empresa, fizer serviço equivalente ou do que for habitualmente pago para serviço semelhante.
(C) O empregado urbano que recebe mensalmente um salário mínimo, poderá receber de seu empregador até setenta por cento de seu

salário em utilidades, devendo os outros trinta por cento restantes serem pagos em dinheiro.

(D) O aviso-prévio, de que trata o Capítulo VI, do Título IV, da Consolidação das Leis do Trabalho, será concedido na proporção de 30 (trinta) dias aos empregados que contem até 1 (um) ano de serviço na mesma empresa, sendo acrescidos 2 (dois) dias por ano de serviço prestado na mesma empresa, até o máximo de 60 (sessenta) dias, perfazendo um total de até 90 (noventa) dias.

(E) No caso de paralisação temporária ou definitiva do trabalho, motivada por ato de autoridade municipal, estadual ou federal, ou pela promulgação de lei ou resolução que impossibilite a continuação da atividade, prevalecerá para o empregado o direito de perceber a indenização devida, cujo pagamento ficará a cargo do governo responsável.

A: opção correta, pois reflete a disposição contidas nos arts. 457 e 458 da CLT; **B:** opção correta, pois reflete o disposto no art. 460 da CLT; **C:** opção correta, pois reflete o disposto no art. 82, parágrafo único, da CLT; **D:** Opção incorreta, pois de acordo com a Lei 12.506/2011 sofrerá um acréscimo de 3(três) dias por ano completo de trabalho. Veja Nota Técnica 184/2012 do Ministério do Trabalho e Emprego; **E:** opção correta, pois trata a hipótese do *factum principis*, disposto no art. 486 da CLT.

Gabarito "D".

(Procurador do Município/São José dos Campos-SP – 2012 – VUNESP) Em se tratando de remuneração e salário, é correto afirmar que

(A) os termos são sinônimos e podem ser usados indistintamente, sem nenhuma consequência prática, já que a própria legislação consolidada não os dissocia, tomando-os como palavras de conteúdo jurídico equivalente.

(B) tanto remuneração quanto salário são correspondentes a um conjunto de parcelas contraprestativas pagas apenas pelo empregador em função do contrato de trabalho, mas o salário é de menor abrangência.

(C) várias teorias tratam distintamente da matéria. Há as que identificam os termos, há as que afirmam que remuneração é gênero do qual salário é espécie, e há aquelas que negam qualquer relação entre os termos.

(D) prevaleceu na jurisprudência a distinção entre remuneração, que abrange parcelas contraprestativas do trabalho pagas inclusive por terceiros, como gorjetas, e salário, conjunto de parcelas contraprestativas pagas pelo empregador.

(E) salário é a base da remuneração, título a partir do qual são calculados e pagos os demais títulos que, se tiverem caráter habitual, são considerados integrantes da remuneração para todos os efeitos legais.

A: opção incorreta, pois remuneração nos termos do art. 457 da CLT compreende o salário acrescido das gorjetas pagas por terceiros ao empregado; já o salário corresponde a parcela paga diretamente pelo empregador ao empregado; **B:** opção incorreta, pois as gorjetas também são pagas por terceiros ao empregado, art. 457, § 3º, CLT. **C:** opção incorreta, pois embora remuneração é um gênero de que são espécies salário e gorjeta, não há teorias que neguem a relação entre os termos. **D:** opção correta, pois remuneração abrange prestações pagas por terceiros, nos termos do art. 457 *caput* e § 3º, CLT e o salário contraprestação paga diretamente pelo empregador ao empregado, art. 457, *caput*, CLT. **E:** opção incorreta, pois salário não é a base da remuneração, mas sim uma parte integrante da remuneração. Ademais, títulos pagos com habitualidade poderiam integrar o salário do obreiro

Gabarito "D".

7. JORNADA DE TRABALHO

(Procurador do Estado/BA – 2014 – CESPE) Julgue o seguinte item.

(1) As horas extraordinárias e as horas noturnas devem ser remuneradas com adicional mínimo de 50% sobre o valor da hora normal de trabalho.

1: Opção incorreta, pois embora as horas extras devam ser remuneradas com adicional mínimo de 50%, nos termos do art. 7º, XVI, da CF, as horas noturnas devem ser remuneradas com adicional mínimo de 20%, nos termos do art. 73 da CLT.

Gabarito 1E

(Procurador do Estado/BA – 2014 – CESPE) Em relação aos direitos dos trabalhadores, julgue o item seguinte.

(1) O repouso semanal deve ser remunerado e concedido, preferencialmente, aos domingos.

1: Opção correta, pois reflete o disposto no art. 7º, XV, da CF.

Gabarito 1C

(Analista – TRT/6ª – 2012 – FCC) Conforme previsão contida na Consolidação das Leis do Trabalho, para o trabalhador urbano considera-se noturno o trabalho executado entre as

(A) 21 (vinte e uma) horas de um dia e as 5 (cinco) horas do dia seguinte.

(B) 20 (vinte) horas de um dia e as 4 (quatro) horas do dia seguinte.

(C) 22 (vinte e duas) horas de um dia e as 5 (cinco) horas do dia seguinte.

(D) 20 (vinte) horas de um dia e as 5 (cinco) horas do dia seguinte.

(E) 21 (vinte e uma) horas de um dia e as 6 (seis) horas do dia seguinte.

Art. 73, § 2º, da CLT.

Gabarito "C".

8. EXTINÇÃO DO CONTRATO DE TRABALHO

(Procurador do Estado/SP – 2018 – VUNESP) Nos termos dos enunciados sumulares do Tribunal Superior do Trabalho, é correto afirmar a respeito do aviso prévio:

(A) o direito ao aviso prévio proporcional ao tempo de serviço somente é assegurado nas rescisões de contrato de trabalho ocorridas a partir da publicação da Lei n. 12.506, em 13 de outubro de 2011.

(B) não cabe aviso prévio nas rescisões antecipadas dos contratos de experiência.

(C) reconhecida a culpa recíproca na rescisão do contrato de trabalho (art. 484 da Consolidação das Leis do Trabalho), o empregado não tem direito a receber valores a título de aviso prévio.

(D) o pagamento relativo ao período de aviso prévio trabalhado não está sujeito à contribuição para o FGTS.

(E) no caso de concessão de auxílio-doença no curso do aviso prévio, concretizam-se os efeitos da dispensa depois de expirado o prazo do aviso prévio, independentemente da vigência do benefício previdenciário.

A: opção correta, pois reflete a disposição contida na súmula 441 do TST. **B:** opção incorreta, pois nos termos da súmula 163 do TST, "cabe aviso prévio nas rescisões antecipadas dos contratos de experiência, na forma do art. 481 da CLT" (cláusula assecuratória do direito recíproco de rescisão). **C:** opção incorreta, pois nos termos da súmula 14 do TST, "reconhecida a culpa recíproca na rescisão do contrato de trabalho (art. 484 da CLT), o empregado tem direito a 50% do valor do aviso prévio, do décimo terceiro salário e das férias proporcionais". **D:** opção incorreta, pois nos termos da súmula 305 do TST, "o pagamento relativo ao período de aviso prévio, trabalhado ou não, está sujeito a contribuição para o FGTS". **E:** opção incorreta, pois nos termos da súmula 371 do TST, "no caso de concessão de auxílio-doença no curso do aviso prévio, todavia, só se concretizam os efeitos da dispensa depois de expirado o benefício previdenciário".

Gabarito "A".

(Procurador Municipal – Prefeitura/BH – CESPE – 2017) A dispensa do trabalhador por justa causa é direito do empregador, garantido pela legislação brasileira. Entretanto, há empregados e empregadores que ainda não conhecem os possíveis cenários em que a demissão por justa causa pode acontecer. No art. 482 da CLT, estão previstos diversos motivos de dispensa por justa causa.

Uma hipótese ocorre quando o empregado apresenta habitualmente um comportamento irregular e incompatível com a moral, com demonstrações de desregramento da conduta sexual, libertinagem, pornografia ou assédio sexual.

Nessa hipótese, a espécie de justa causa é caracterizada por:

(A) improbidade.
(B) indisciplina.
(C) incontinência de conduta.
(D) mau procedimento.

A: incorreta, pois a improbidade revela mau caráter, maldade, desonestidade, má-fé, que cause prejuízo ou até risco à integridade do patrimônio do empregador; **B:** incorreta, pois a indisciplina consiste no descumprimento de ordens gerais de serviço; **C:** correta, pois a incontinência de conduta corresponde a um comportamento desregrado ligado à vida sexual do obreiro; **D:** incorreta, pois mau procedimento corresponde a um mau comportamento por parte do empregado.

Gabarito "C".

(Procurador Municipal – Prefeitura/BH – CESPE – 2017) Com relação ao aviso prévio, assinale a opção correta.

(A) Conforme o TST, a projeção do aviso prévio se computa na duração do contrato de emprego para efeito de contagem do prazo prescricional, estendendo-se aos casos em que o vínculo empregatício ainda não tenha sido espontaneamente reconhecido entre as partes ou judicialmente declarado.

(B) De acordo com o TST, se o empregado tiver cumprido o aviso prévio em casa, o prazo final para o pagamento das verbas rescisórias será o primeiro dia útil imediato ao término do contrato de trabalho.

(C) Ao aviso prévio de trinta dias serão acrescidos três dias por ano de serviço prestado na mesma empresa, até o máximo de noventa dias, perfazendo-se um total de até cento e vinte dias.

(D) O aviso prévio proporcional ao tempo de serviço poderá ser aplicado apenas em favor do empregado, mas não do empregador.

A: correta, pois reflete a disposição contida na OJ 83 da SDI 1 do TST; **B:** incorreta, pois, nos termos da OJ 14 da SDI 1 do TST, em caso de aviso prévio cumprido em casa, o prazo para pagamento das verbas rescisórias é até o décimo dia da notificação de

despedida. Ademais, o pagamento dos valores constantes do instrumento de rescisão ou recibo de quitação deverão ser efetuados até dez dias contados a partir do término do contrato, de acordo com o art. 477, § 6º, CLT (Lei 13.467/2017); **C:** incorreta, pois, nos termos do art. 1º, parágrafo único, da Lei 12.506/2011, ao período de 30 dias de aviso prévio previsto no art. 7º XXI, da CF serão acrescidos 3 (três) dias por ano de serviço prestado na mesma empresa, até o máximo de 60 (sessenta) dias, perfazendo um total de até 90 (noventa) dias; **D:** incorreta, pois o aviso-prévio proporcional ao tempo de serviço, estabelecido pela Lei 12.506/2011, se aplica também a favor do empregador. Veja: RR-1964-73.2013.5.09.0009. HC
Gabarito "A".

(Procurador – IPSMI/SP – VUNESP – 2016) A despedida por justa causa
(A) pressupõe prática, pelo empregado, de ato faltoso grave que torna inviável a manutenção do vínculo de emprego.
(B) depende da ocorrência de punições anteriores para o mesmo ato faltoso, tais como advertências e suspensões.
(C) depende do ajuizamento de inquérito judicial para apuração de falta grave.
(D) acarreta a perda do direito aos valores do fundo de garantia do tempo de serviço depositados pelo empregador.
(E) não se aplica ao empregado que goza de estabilidade provisória no emprego.

A: opção correta, pois as hipóteses de justa causa do empregado tipificadas no art. 482 da CLT representam hipóteses de faltas consideradas graves, capazes de encerrar o pacto laboral. **B:** opção incorreta, pois não há necessidade de aplicação de outras penalidades mais leves antes de ser aplicada a justa causa. Ocorrendo uma das hipóteses previstas em lei (art. 482 CLT) o empregador poderá demitir imediatamente o empregado que cometê-la. **C:** opção incorreta, pois o inquérito judicial para apuração de falta grave (art. 853 CLT) deve ser instaurado apenas para apurar falta grave cometida por empregado que possua garantia de emprego/ estabilidade provisória, como por exemplo: o dirigente sindical. **D:** opção incorreta, pois o empregado não perderá os valores do FGTS. Esse empregado ficará impossibilitado de movimentar sua conta de FGTS. Veja art. 20 da Lei 8.036/1990 que trata das hipóteses de movimentação da conta de FGTS. **E:** opção incorreta, pois qualquer empregado que possua garantia de emprego poderá ser demitido se cometer falta grave. Veja art. 543, § 3º, CLT. HC
Gabarito "A".

(Procurador Municipal/SP – VUNESP – 2016) Assinale a alternativa correta.
(A) O aviso-prévio poderá ser trabalhado ou indenizado. O período referente ao aviso-prévio, exceto quando indenizado, integra o tempo de serviço para todos os efeitos legais.
(B) O empregado dispensado, sem justa causa, no período de 30 (trinta) dias que antecede a data de sua correção salarial, terá direito à indenização adicional equivalente a um salário mensal. O tempo do aviso-prévio, mesmo indenizado, conta-se para efeito de tal indenização adicional.
(C) A ocorrência de justa causa, salvo a de abandono de emprego, no decurso do prazo do aviso-prévio dado pelo empregador, não retira do empregado qualquer direito às verbas rescisórias de natureza indenizatória.
(D) Durante o período de aviso-prévio, o empregado que trabalhar 2 horas diárias a menos receberá o valor do salário proporcional ao tempo efetivamente trabalhado, se a rescisão tiver sido promovida pelo empregador.
(E) O pagamento das parcelas constantes do instrumento de rescisão ou recibo de quitação deverá ser efetuado até o quinto dia, contado da data da notificação da demissão, quando da ausência do aviso--prévio, indenização do mesmo ou dispensa de seu cumprimento.

A: Opção incorreta, pois ainda que indenizado, o aviso-prévio integra o tempo de serviço, art. 487, § 1º, CLT. **B:** opção correta, pois reflete o disposto no art. 9º da Lei 6.708/1979. Veja também a Súmula 314 TST. **C:** opção incorreta, pois nos termos da Súmula 73 do TST a ocorrência de justa causa, salvo a de abandono de emprego, no decurso do prazo do aviso-prévio dado pelo empregador, <u>retira</u> do empregado qualquer direito às verbas rescisórias de natureza indenizatória. **D:** opção incorreta, pois nos termos do art. 488 da CLT o pagamento do salário deverá ser integral. **E:** opção incorreta, pois nos termos do art. 477, § 6º, CLT as verbas rescisórias deverão ser pagas até o décimo dia. HC
Gabarito "B".

(Procurador do Estado – PGE/MT – FCC – 2016) O Estado de Goiás contratou a empresa Vênus Limpadora Ltda., após processo de licitação, para prestar serviços de limpeza e portaria no prédio onde funciona a Secretaria Estadual de Educação. O empregado da empresa Vênus, Netuno de Tal, que presta serviços na portaria, ingressa com ação na Justiça do Trabalho, sem se afastar do emprego, pleiteando a rescisão indireta do seu contrato de trabalho, sob fundamento de que a sua empregadora vem descumprindo obrigações contratuais, colocando no polo passivo a empresa Vênus e o Estado de Goiás, requerendo a responsabilidade solidária e, alternativamente, subsidiária deste último. Pleiteia pelo pagamento de todas as verbas rescisórias decorrentes de uma dispensa sem justa causa por iniciativa da empregadora. Considerando a legislação trabalhista vigente e a jurisprudência sumulada do Tribunal Superior do Trabalho, na hipótese de descumprimento por parte do empregador de obrigações contratuais, é correto afirmar:
(A) O pedido de rescisão indireta do contrato de trabalho só pode ser realizado após o empregado se afastar do trabalho e, neste caso, não responde de forma subsidiária o Estado de Goiás pelas verbas rescisórias eventualmente deferidas em Juízo, por ter havido regular procedimento licitatório para a contratação da empresa prestadora de serviços.
(B) É possível o pleito de rescisão indireta do contrato de trabalho nessa hipótese permanecendo o trabalhador no emprego, desde que notifique a empresa Vênus Limpadora Ltda. por escrito com antecedência mínima de trinta dias, mas a responsabilidade subsidiária do Estado de Goiás não se verifica por ter havido regular procedimento licitatório para a contratação da empresa prestadora de serviços.
(C) Não cabe pedido de rescisão indireta do contrato de trabalho quando a prestação de serviços se der em benefício de ente da Administração pública direta, pelo fato de ela possuir o dever legal de verificar o correto cumprimento por parte da empresa contratada com as obrigações contratuais relativas aos seus empregados.
(D) É faculdade do trabalhador, quando esse for o fundamento do pedido de rescisão indireta do contrato de trabalho, ingressar com a ação pertinente sem se afastar do trabalho e, nesse caso, possível a condenação de forma subsidiária do Estado de Goiás pelas verbas rescisórias eventualmente deferidas em Juízo, desde que comprovado que deixou de fiscalizar o regular cumprimento pela empresa contratada com as obrigações contratuais e legais em relação aos seus empregados.
(E) É cabível requerer rescisão indireta do contrato de trabalho com tal fundamento, ainda que o faça sem se afastar do emprego e, nessa hipótese, o Estado de Goiás deverá responder de forma solidária com a empresa prestadora de serviços se configurada a ausência de fiscalização por parte do Estado de Goiás do regular cumprimento pela empresa contratada com as obrigações contratuais e legais em relação aos seus empregados.

"D" é a opção correta, pois, nos termos do art. 483, § 3º, CLT, o empregado poderá ajuizar a ação sem se desligar do emprego. Nesse caso, nos termos da súmula 331, V, TST a Administração Pública responde subsidiariamente. HC
Gabarito "D".

(Procurador do Estado – PGE/RN – FCC – 2014) Sobre a responsabilidade dos entes integrantes da Administração pública direta, pelos direitos dos empregados da prestadora de serviços por ele contratada na qualidade de tomadores de serviço, ante o inadimplemento das obrigações trabalhistas por parte do empregador, é correto afirmar, segundo entendimento jurisprudencial cristalizado pelo Tribunal Superior do Trabalho, que é:
(A) subsidiária porque decorre do mero inadimplemento das obrigações trabalhistas assumidas pela empresa prestadora de serviços.
(B) solidária porque decorre do mero inadimplemento das obrigações trabalhistas assumidas pela empresa prestadora de serviços.
(C) solidária porque, ao contratar tomadores de serviço, a Administração pública abre mão dos privilégios que teria no exercício de seu *jus imperium*.
(D) subsidiária e, como tal, independe da conduta culposa na Administração pública no cumprimento das obrigações previstas na Lei nº 8.666/1993.
(E) subsidiária e dependente de ser evidenciada a sua conduta culposa no cumprimento das obrigações previstas na Lei nº 8.666/1993.

"E" é a opção correta. Isso porque, nos termos da súmula 331, V, TST, entende-se que os entes integrantes da Administração Pública direta e indireta respondem subsidiariamente, nas mesmas condições do item IV, caso evidenciada a sua conduta culposa no cumprimento das obrigações da Lei 8.666, de 21.06.1993, especialmente na fiscalização do cumprimento das obrigações contratuais e legais da prestadora de serviço como empregadora. A aludida responsabilidade não decorre de mero inadimplemento das obrigações trabalhistas assumidas pela empresa regularmente contratada. HC
Gabarito "E".

(Procurador do Estado/PR – 2015 – PUC-PR) O empregado poderá considerar rescindido o contrato na hipótese de:
(A) Ato de improbidade.
(B) Incontinência de conduta.
(C) Insubordinação.
(D) Perigo manifesto de mal considerável.
(E) Prática de jogos de azar.

A: opção incorreta, pois o ato de improbidade revela desonestidade, má-fé, que cause prejuízo ou até risco à integridade do patrimônio do empregador, como, por exemplo, furto ou roubo de bens da empresa. Ela não retrata uma hipótese de justa causa do empregador ou de rescisão indireta do contrato de trabalho, nos termos do art. 483 da CLT. Representa sim uma hipótese de justa causa do empregado, art. 482, *a*, da CLT. **B:**

opção incorreta, pois incontinência de conduta, comportamento desregrado ligado à vida sexual do obreiro, comportamento este que traz perturbações ao ambiente de trabalho, como, por exemplo, visitas a *sites* pornográficos na *internet*. Ela não retrata uma hipótese de justa causa do empregador ou de rescisão indireta do contrato de trabalho, nos termos do art. 483 da CLT. Representa sim uma hipótese de justa causa do empregado, art. 482, *b*, da CLT. **C:** opção incorreta, pois a insubordinação consiste no descumprimento de ordens pessoais de serviço por parte do empregado. Ela não retrata uma hipótese de justa causa do empregador ou de rescisão indireta do contrato de trabalho, nos termos do art. 483 da CLT. Representa sim uma hipótese de justa causa do empregado, art. 482, *h*, da CLT. **D:** opção correta, pois reflete o disposto no art. 483, *c*, da CLT. **E:** opção incorreta, pois *a prática constante de jogos de azar* que consiste na prática habitual de jogos, não importando se o jogo é a dinheiro ou não, não retrata uma hipótese de justa causa do empregador ou de rescisão indireta do contrato de trabalho, nos termos do art. 483 da CLT. Representa sim uma hipótese de justa causa do empregado, art. 482, *l*, da CLT.

Gabarito "D".

(Procurador Distrital – 2014 – CESPE) Julgue o seguinte item, com base na legislação e no entendimento jurisprudencial dominante do TST.

(1) Caso a Secretaria de Estado da Fazenda do DF tenha sob suas ordens, mediante contrato, empresa de prestação de serviços de vigilância armada em suas agências, para proteção de seu patrimônio, o DF poderá ser subsidiariamente responsável pelo pagamento do adicional de periculosidade aos vigilantes da empresa contratada, se ficar evidenciada a ausência de fiscalização do referido órgão no cumprimento de tal obrigação.

1: Opção correta, pois traduz o entendimento disposto na Súmula 331, item V, do TST que determina: "Os entes integrantes da Administração Pública direta e indireta respondem subsidiariamente, nas mesmas condições do item IV, caso evidenciada a sua conduta culposa no cumprimento das obrigações da Lei 8.666, de 21.06.1993, especialmente na fiscalização do cumprimento das obrigações contratuais e legais da prestadora de serviço como empregadora. A aludida responsabilidade não decorre de mero inadimplemento das obrigações trabalhistas assumidas pela empresa regularmente contratada.

Gabarito 1C

(Procurador Federal – 2013 – CESPE) Julgue o item seguinte.

(1) A não utilização injustificada pelo empregado dos equipamentos de proteção individual fornecidos pelo empregador caracteriza situação ensejadora da rescisão ou despedida indireta, que ocorre quando o empregado comete falta grave que justifica a ruptura do liame empregatício.

1: Opção incorreta, pois é um dever do empregado a utilização dos equipamentos de proteção individual, nos termos do art. 158, parágrafo único, *b*, da CLT. A inobservância poderá acarretar justa causa do empregado, com base no art. 482, *h*, da CLT por ato de indisciplina (descumprimento de regras gerais) e não rescisão indireta (justa causa do empregador – art. 483 da CLT) como induz a assertiva.

Gabarito 1E

(Procurador do Estado/AC – FMP – 2012) A responsabilidade do ente de direito público em relação às atividades terceirizadas, em sede trabalhista, se define da seguinte forma:

(A) A responsabilização do Ente de Direito Público é subsidiária, desde que reste evidenciada a sua conduta culposa no cumprimento das obrigações da Lei n. 8.666/1993, especialmente na fiscalização do cumprimento das obrigações contratuais e legais da prestadora de serviço como empregadora.

(B) Não há qualquer responsabilidade do ente de Direito Público, conforme entendimento consolidado no Supremo Tribunal Federal.

(C) A responsabilidade do Ente de Direito Público é solidária e, portanto, total, considerando que, na responsabilização do Estado, deve prevalecer a Teoria da Responsabilidade Objetiva.

(D) Não há responsabilidade do ente de Direito Público, na medida em que não houve qualquer vinculação deste com o trabalhador, devendo o empregador responder de forma exclusiva pelos créditos oriundos do contrato de trabalho.

A: opção correta, pois reflete o entendimento cristalizado na Súmula 331, item V, do TST; **B:** opção incorreta, pois embora o STF no julgamento da Ação Declaratória de Constitucionalidade 16-9/DF tenha declarado a constitucionalidade do art. 71 e § 1º da Lei 8.666/1993, reconhece que poderá haver a responsabilidade da administração pública. Assim, o TST não poderá generalizar os casos, aplicando à administração a responsabilidade subsidiária, pois como aduz o item V da Súmula 331 do TST, a responsabilidade não decorre de mero inadimplemento das obrigações trabalhistas assumidas pela empresa contratada. Deverá ficar demonstrada a sua conduta culposa no cumprimento das obrigações da Lei 8.666/1993, especialmente na fiscalização do cumprimento das obrigações contratuais e legais da prestadora de serviço como empregadora; **C:** opção incorreta, pois a responsabilidade é subsidiária, em conformidade com o item V da Súmula 331 do TST; **D:** opção incorreta, pois desde que comprovada a culpa da administração nos termos da Súmula 331, item V, do TST há responsabilidade subsidiária do ente Público.

Gabarito "A".

(Procurador do Município/Sorocaba-SP – 2012 – VUNESP) O contrato de trabalho extingue-se

(A) somente por iniciativa de qualquer uma das partes, que precisa necessariamente preavisar a outra parte com tempo proporcional ao de serviço.

(B) por iniciativa de qualquer das partes e também pelo Estado (*factum principis*), que pode impor o fechamento de alguma atividade econômica.

(C) por iniciativa do empregado, por iniciativa do empregador ou por iniciativa de ambos, como no caso de culpa recíproca.

(D) por morte do empregado ou empregador, falência da empresa, dispensa do empregado, rescisão direta ou indireta.

(E) por iniciativa do empregado e/ou do empregador, por efeito de ato de terceiro ou fato extintivo da relação de emprego.

A: opção incorreta, pois poderá haver a extinção por ato de terceiro, como ocorre no art. 486 da CLT; **B:** opção incorreta, pois poderá haver a extinção do contrato, também, por fato extintivo da relação de emprego, como é o caso da morte do empregado ou empregador; **C:** opção incorreta. Faltam hipóteses, pois a assertiva traz somente hipóteses de extinção por iniciativa das partes. Veja comentário das demais alternativas; **D:** opção incorreta. Faltam hipóteses. Veja comentários das demais alternativas; **E:** opção correta, pois por iniciativa do empregado, referindo ao pedido de demissão; iniciativa do empregador, referindo à dispensa sem justa causa; por efeito de ato de terceiro, como ocorre no *factum principis, art. 486 da CLT* ou fato extintivo da relação de emprego, como ocorre em caso de morte do empregador, art. 485 da CLT.

Gabarito "E".

(Analista – TRT/11ª – 2012 – FCC) Diariamente e durante o horário de expediente, uma empregada expõe e vende produtos de higiene e beleza para seus colegas de trabalho, sem a permissão do seu empregador. Tal situação configura motivo para rescisão contratual por justa causa?

(A) Não, porque seria apenas motivo para advertência ou suspensão do empregado.

(B) Não, porque não há previsão legal para tal situação de rescisão por justa causa.

(C) Sim, porque o fato é grave, embora não esteja previsto em lei.

(D) Sim, porque o fato está tipificado em lei como justa causa para rescisão do contrato pelo empregador.

(E) Não, porque o fato não é tão grave e poderia apenas ensejar a rescisão sem justa causa.

Art. 482, *c*, da CLT.

Gabarito "D".

9. ESTABILIDADE

(Procurador do Estado/BA – 2014 – CESPE) Em relação aos direitos dos trabalhadores, julgue o item seguinte.

(1) À empregada gestante é assegurada estabilidade desde a confirmação da gravidez até cento e vinte dias após o parto.

1: Opção incorreta, pois nos termos do art. 10, II, *b*, do ADCT é assegura a garantia de emprego à empregada gestante **desde a confirmação da gravidez até cinco meses após o parto**.

Gabarito 1E

(Procurador Federal – 2013 – CESPE) Julgue o item seguinte, relativo ao direito do trabalho.

(1) Conforme entendimento pacificado pelo TST, o servidor público celetista da administração direta, autárquica ou fundacional é beneficiário do regime de estabilidade previsto na CF aos servidores nomeados para cargo de provimento efetivo.

1: Opção correta, pois nos termos da Súmula 390, I, do TST o servidor público celetista da administração direta, autárquica ou fundacional é beneficiário da estabilidade prevista no art. 41 da CF/1988. No entanto, de acordo com o item II da citada súmula, o empregado de empresa pública ou de sociedade de economia mista, ainda que admitido mediante aprovação em concurso público, não é garantida a estabilidade prevista no art. 41 da CF/1988.

Gabarito 1C

10. FGTS

(Advogado – CEF – 2012 – CESGRANRIO) Considerando-se as hipóteses abaixo, qual delas NÃO dá ensejo à movimentação da conta vinculada do FGTS, nos termos da Lei nº 8.036/1990?

(A) Concessão de auxílio-doença pela Previdência Social.

(B) Concessão de aposentadoria pela Previdência Social.

(C) Extinção normal do contrato a termo, inclusive o dos trabalhadores temporários regidos pela Lei 6.019/1974.

(D) Quando o trabalhador tiver idade igual ou superior a setenta anos.

(E) Quando o trabalhador permanecer três anos ininterruptos, a partir de 1º de junho de 1990, fora do regime do FGTS.

A: opção correta, pois a concessão de auxílio-doença não dá ensejo à movimentação do FGTS. As hipóteses de movimentações do FGTS estão elencadas no art. 20 da Lei 8.036/1990; **B:** opção incorreta, pois nos termos do art. 20, III, da Lei 8.036/1990 a conta poderá ser movimentada; **C:** opção incorreta, pois nos termos do art. 20, IX, da Lei 8.036/1990 a conta poderá ser movimentada; **D:** opção incorreta, pois nos termos do art. 20, XV, da Lei 8.036/1990 a conta poderá ser movimentada; **E:** opção incorreta, pois nos termos do art. 20, VIII, da Lei 8.036/1990 a conta poderá ser movimentada.

Gabarito "A".

11. SEGURANÇA E MEDICINA DO TRABALHO

(Procurador Municipal – Prefeitura/BH – CESPE – 2017) A cumulação dos adicionais de insalubridade e de periculosidade:

(A) é permitida, podendo o juiz concedê-la de ofício por ser matéria de ordem pública de saúde e de segurança do trabalhador.
(B) é vedada, podendo o empregado fazer a opção pelo adicional que lhe for mais benéfico.
(C) é vedada, pois possuem a mesma hipótese de incidência, o que configura *bis in idem*.
(D) é permitida, desde que o empregado a requeira expressamente.

"B" é a opção correta. Isso porque, no julgamento do recurso E-RR-1072-72.2011.5.02.0384 o TST absolveu uma empresa de condenação ao pagamento dos adicionais de periculosidade e insalubridade cumulativamente a um empregado. No julgamento desse recurso, o entendimento majoritário foi o de que o § 2º do art. 193 da CLT veda a acumulação, ainda que os adicionais tenham fatos geradores distintos.

Gabarito "B".

(Procurador do Estado – PGE/MT – FCC – 2016) Aristóteles é empregado da empresa Alpha Combustíveis Ltda. que atua no ramo de posto de combustíveis. O referido empregado presta serviços de vigilante no posto, laborando nas dependências do estabelecimento. Realizada perícia no local de trabalho para apuração da existência de periculosidade, o médico do trabalho, designado pelo Juiz do Trabalho da causa, elabora laudo concluindo pela periculosidade no ambiente de trabalho, o qual é acolhido pelo Magistrado. Nesta hipótese,

(A) o empregado faz jus ao adicional de periculosidade, à base de 30% do valor do salário, sem acréscimos de gratificações, prêmios e participação em lucros da empresa.
(B) não é devido adicional de periculosidade uma vez que o empregado é vigilante e, nesta situação, não faz jus ao referido adicional, posto que não atua diretamente em contato com inflamáveis, única hipótese de ter direito ao propalado adicional.
(C) é devido adicional de periculosidade ao empregado e deve a empresa ser condenada ao pagamento de adicional de 30% do salário mínimo nacional vigente à época, sem os acréscimos de gratificações, prêmios e participação em lucros.
(D) é devido adicional de periculosidade ao empregado à base de 30% do valor do salário, acrescidas de gratificações, prêmios e participações em lucros.
(E) o empregado não faz jus ao adicional de periculosidade, uma vez que a perícia é nula pelo fato de ter sido realizada por médico do trabalho, quando o correto seria que a perícia fosse confiada a um engenheiro de segurança do trabalho.

"A" é a opção correta. Isso porque, nos termos da súmula 39 do TST, os empregados que operam em bomba de gasolina têm direito ao adicional de periculosidade (Lei 2.573, de 15.08.1955), que assegura ao empregado um adicional de 30% (trinta por cento) sobre o salário sem os acréscimos resultantes de gratificações, prêmios ou participações nos lucros da empresa, conforme art. 193, § 1º, CLT.

Gabarito "A".

(Procurador Federal – 2013 – CESPE) Julgue o item seguinte, relativo ao direito do trabalho.

(1) Na forma da regulamentação aprovada pelo Ministério do Trabalho e Emprego, são consideradas perigosas as atividades ou operações que, por sua natureza ou métodos de trabalho, impliquem risco acentuado em virtude de exposição permanente do trabalhador a roubos ou outras espécies de violência física nas atividades profissionais de segurança pessoal ou patrimonial.

1: Opção correta, pois reflete a disposição contida no art. 193, II, da CLT, de acordo com a redação dada pela Lei 12.740/2012.

Gabarito 1C.

(Procurador do Município/Cubatão-SP – 2012 – VUNESP) Serão consideradas atividades ou operações insalubres aquelas que, por sua natureza, condições ou métodos de trabalho, exponham os empregados a agentes nocivos à saúde, acima dos limites de tolerância fixados em razão da natureza e da intensidade do agente e do tempo de exposição aos seus efeitos. Com base nessa informação, é correto afirmar que

(A) o exercício de trabalho em condições insalubres assegura a percepção de adicional de 30% (trinta por cento) calculado sobre o salário contratual.
(B) o direito do empregado ao adicional de insalubridade ou de periculosidade cessará com a eliminação do risco à sua saúde ou por meio de acordo coletivo de trabalho.
(C) o pagamento do adicional de insalubridade pode ser reduzido até o percentual de 10% (dez por cento) por meio de convenção coletiva de trabalho.
(D) o exercício de trabalho em condições insalubres e perigosas assegura a percepção de adicional de 30% (trinta por cento) e de 40% (quarenta por cento), respectivamente.
(E) atualmente, por força de norma ministerial, a exposição do empregado à radiação ionizante enseja a percepção do adicional de periculosidade.

A: opção incorreta, pois nos termos do art. 192 da CLT o trabalho executado em condições insalubres assegura a percepção de adicional respectivamente de 40% (quarenta por cento), 20% (vinte por cento) e 10% (dez por cento) do salário mínimo, segundo se classifiquem nos graus máximo, médio e mínimo; **B:** opção incorreta, pois somente com a eliminação do risco à saúde ou integridade física do empregado é que cessará o direito ao adicional, nos termos do art. 194 da CLT; **C:** opção incorreta, pois o art. 611-B, XVIII, da CLT veda tal possibilidade; **D:** opção incorreta, pois o exercício de trabalho em condições insalubres assegura a percepção de adicional de 40% (quarenta por cento), 20% (vinte por cento) e 10% (dez por cento) do salário mínimo, segundo se classifiquem nos graus máximo, médio e mínimo, art. 192 da CLT. Já o exercício de trabalho em condições perigosas assegura a percepção de adicional de 30% sobre o salário do obreiro, sem os acréscimos legais, art. 193, § 1º, da CLT; **E:** opção correta, pois reflete o entendimento disposto na OJ 345 da SDI 1 do TST.

Gabarito "E".

(Advogado – CEF – 2012 – CESGRANRIO) Numa determinada empresa, na composição da Comissão Interna de Prevenção de Acidentes (CIPA), destacam-se:
João, presidente; Pedro, vice-presidente; Matheus, representante do empregador; André, representante dos empregados; Lucas, suplente de Matheus; e Eduardo, suplente de André. Considerando-se a composição dessa CIPA, têm garantia provisória de emprego

(A) Pedro e André
(B) Pedro, André e Eduardo
(C) Pedro, Matheus e André
(D) João, Pedro, Matheus e André
(E) João, Pedro, Matheus, André, Lucas e Eduardo

"B" é a opção correta. Isso porque nos termos do art. 10, inciso II, "a", do Ato das Disposições Constitucionais Transitórias é vedada a dispensa arbitrária ou sem justa causa do empregado eleito para cargo de direção das Comissões Internas de Prevenção de Acidentes, desde o registro da sua candidatura até um ano após o final de seu mandato. O TST por meio da Súmula 339, item I, entende que essa estabilidade é estendida ao suplente. Dispõe a Súmula: "O suplente da CIPA goza da garantia de emprego prevista no art. 10, II, "a", do ADCT a partir da promulgação da Constituição Federal de 1988.". Importante lembrar que o Presidente é designado pelos empregadores e por esse motivo não possui a garantia de emprego Já o vice-presidente é eleito pelos próprios empregados, em conformidade dom o art. 164, § 5º, da CLT.

Gabarito "B".

(Analista – TRT/6ª – 2012 – FCC) Carlus trabalha em um posto de abastecimento de combustíveis. Exerce as funções de frentista, cuja atividade principal é abastecer os veículos com combustível direto da bomba. Recebe salário base e vale refeição. Pelo exercício das suas funções, nos termos da legislação aplicável à matéria, Carlus faz jus ao pagamento do adicional de

(A) penosidade no valor correspondente a 40% sobre o salário mínimo.
(B) insalubridade no percentual de 10%, 20% ou 40% do salário mínimo.
(C) periculosidade no percentual de 30% do salário contratual.
(D) periculosidade no percentual 10%, 20% ou 40% do salário mínimo.
(E) penosidade no percentual de 30% do salário contratual.

Art. 193 da CLT.

Gabarito "C".

12. DIREITO COLETIVO DO TRABALHO

12.1. SINDICATOS

(Procurador do Estado – PGE/MT – FCC – 2016) Nos termos das normas contidas na Consolidação das Leis do Trabalho e na jurisprudência sumulada do Tribunal Superior do Trabalho sobre a Organização Sindical e as negociações coletivas de trabalho,

(A) a solidariedade de interesses econômicos dos que empreendem atividades idênticas, similares ou conexas constitui o vínculo social básico que se denomina categoria profissional diferenciada.

(B) empregado integrante de categoria profissional diferenciada não tem o direito de receber de seu empregador vantagens previstas em instrumento coletivo no qual a empresa não foi representada por órgão de classe de sua categoria.
(C) a legitimidade do sindicato para propor ação de cumprimento estende-se à observância de convenção coletiva de trabalho, mas não ao acordo coletivo de trabalho, que impõe ação reclamatória individual para efetivar o cumprimento das normas, em razão das partes que a compõem.
(D) o empregado de categoria diferenciada eleito dirigente sindical goza de estabilidade prevista na lei ainda que não exerça na empresa atividade pertinente à categoria profissional do sindicato para o qual foi eleito dirigente.
(E) as disposições de contrato individual de trabalho livremente ajustadas entre as partes podem contrariar normas de Convenção ou Acordo Coletivo de Trabalho quando mais favoráveis à manutenção do emprego e à estabilidade econômica empresarial e, nessas situações, as condições estabelecidas em Acordo prevalecerão sobre as estipuladas em Convenção.

A: incorreta, pois categoria profissional diferenciada deve ser entendida como aquela formada pelos empregados que exerçam profissões ou funções diferenciadas por força de estatuto profissional especial ou em consequência de condições de vida singulares; **B:** correta, pois, nos termos da súmula 374 do TST, o empregado integrante de categoria profissional diferenciada não tem o direito de haver de seu empregador vantagens previstas em instrumento coletivo no qual a empresa não foi representada por órgão de classe de sua categoria; **C:** incorreta, pois, nos termos da súmula 286 do TST, a legitimidade do sindicato para propor ação de cumprimento estende-se também à observância de acordo ou de convenção coletivos; **D:** incorreta, pois, nos termos da súmula 369, III, TST, o empregado de categoria diferenciada eleito dirigente sindical só goza de estabilidade se exercer na empresa atividade pertinente à categoria profissional do sindicato para o qual foi eleito dirigente; **E:** incorreta, pois, de acordo com o art. 444 da CLT, as relações contratuais de trabalho podem ser objeto de livre estipulação das partes interessadas em tudo quanto não contravenha às disposições de proteção ao trabalho, aos contratos coletivos que lhes sejam aplicáveis e às decisões das autoridades competentes. Ademais, o art. 619 determina que nenhuma disposição de contrato individual de trabalho que contrarie normas de Convenção ou Acordo Coletivo de Trabalho poderá prevalecer na sua execução, sendo considerada nula de pleno direito.
Gabarito "B".

(Procurador Distrital – 2014 – CESPE) Conforme a jurisprudência dominante do TST, a CF e a legislação pertinente, julgue o seguinte item.
(1) De acordo com a CF, a associação sindical é livre e a lei não poderá exigir autorização do Estado para a fundação de sindicato, razão por que ocorreu a ratificação da Convenção 87 da Organização Internacional do Trabalho no Brasil, que trata da liberdade sindical e proteção do direito de sindicalização.

1: Opção incorreta, pois embora a associação sindical é livre e a lei não poderá exigir autorização do Estado para a fundação de sindicato, art. 8º, I, da CF, a Convenção Internacional 87 da OIT não foi ratificada pelo Brasil por incompatibilidade com o sistema sindical brasileiro. A Convenção 87 da OIT adota o sistema da pluralidade sindical, ao passo que o sistema brasileiro adota o sistema da unicidade sindical.
Gabarito 1E

(Procurador Federal – 2013 – CESPE) Julgue o item seguinte, relativo ao direito do trabalho.
(1) Categoria profissional diferenciada é a que se forma dos empregados que exerçam profissões ou funções diferenciadas em consequência de condições de vida singulares, podendo tais categorias ser reconhecidas mediante lei ou decisão judicial.

1: Opção incorreta, pois nos termos do art. 511, § 3º, da CLT categoria profissional diferenciada é a que se forma dos empregados que exerçam profissões ou funções diferenciadas por força de estatuto profissional especial ou em consequência de condições de vida singulares. Não podem ser reconhecidas por decisão judicial, mas apenas por lei. Nesse sentido veja a OJ 36 da SDC: "empregados de empresa de processamento de dados. Reconhecimento como categoria diferenciada. Impossibilidade. É por lei e não por decisão judicial, que as categorias diferenciadas são reconhecidas como tais. De outra parte, no que tange aos profissionais da informática, o trabalho que desempenham sofre alterações, de acordo com a atividade econômica exercida pelo empregador.
Gabarito 1E

(Procurador do Estado/AC – FMP – 2012) No que se refere ao Direito Coletivo do Trabalho e aos sindicatos, é correto afirmar que:
(A) considerada a natureza jurídica do sindicato, não pode haver qualquer interferência do Estado para sua fundação, prevalecendo os princípios da liberdade sindical e da pluralidade sindical.
(B) as centrais sindicais são consideradas Entidades Sindicais de Grau Superior.
(C) os empregados públicos da Administração Direta e Indireta não podem ser sindicalizados, na medida em que não há possibilidade de estabelecimento de negociação coletiva por meio de acordos ou convenções coletivas.
(D) o dirigente sindical goza de garantia de emprego desde a inscrição de sua candidatura, exceto se esta ocorrer no período do aviso-prévio, até uma ano após o final de seu mandato.

A: opção incorreta, pois em que pese não haver qualquer interferência do Estado, pois vigora o princípio da liberdade sindical, não vigora em nosso sistema o pluralismo sindical, tendo em vista o princípio da unicidade sindical, art. 8º, II, CF; **B:** opção incorreta, pois embora reconhecidas formalmente pela Lei 11.648/2008, as centrais sindicais não integram o sistema sindical confederativo; **C:** opção incorreta, pois nos termos do art. 37, VI, da CF é garantido ao servidor público o direito à livre associação sindical; **D:** opção correta, pois reflete o entendimento disposto no art. 8º, VIII, CF, art. 543, § 3º, CLT e Súmula 369, V, do TST.
Gabarito "D".

(Advogado da União/AGU – CESPE – 2012) A respeito do direito sindical e do direito coletivo do trabalho, julgue os itens subsequentes.
(1) A participação dos sindicatos é obrigatória na negociação coletiva pertinente à obtenção de convenções coletivas de trabalho, mas facultativa quando envolve acordo coletivo de trabalho, já que, nesse caso, a repercussão é limitada à empresa contratante.
(2) O direito de greve é assegurado aos trabalhadores em geral, exceto àqueles envolvidos com atividade considerada essencial, em que o interesse da sociedade prevalece sobre o interesse dos trabalhadores, sendo a paralisação dos serviços, nesse caso, considerada sempre abusiva.
(3) A criação de entidade sindical incumbe aos integrantes da categoria profissional ou da categoria econômica, vedadas a interferência e a intervenção do Estado na organização sindical, sem prejuízo da exigência do registro perante o órgão competente e a observância à unicidade sindical na mesma base territorial, definida esta, no mínimo, pela correspondência à área de um município.

1: opção incorreta, pois a presença do sindicato é obrigatória tanto na celebração da convenção coletiva de trabalho como no acordo coletivo de trabalho, art. 611, *caput* e seu § 1º, da CLT. Veja, também, art. 8º, inciso VI, CF. **2:** opção incorreta, pois nos termos do art. 9º da CF a greve é um direito de todos os trabalhadores. Veja a Lei 7.783/1989. **3:** opção correta, pois poderá haver sindicatos profissionais (trabalhadores) e econômicos (empresas), art. 8º CF e 511 da CLT.
Gabarito 1E, 2E, 3C

12.2. CONVENÇÃO E ACORDO COLETIVO

(Procurador do Estado/SP – 2018 – VUNESP) Em relação ao Direito Coletivo do Trabalho decorrente da "reforma trabalhista", assinale a alternativa correta.
(A) É permitido estipular duração de convenção coletiva ou acordo coletivo de trabalho superior a dois anos, estando autorizada, também, a ultratividade.
(B) A convenção coletiva e o acordo coletivo de trabalho poderão dispor sobre a redução do valor dos depósitos mensais e da indenização rescisória do Fundo de Garantia do Tempo de Serviço (FGTS).
(C) O hipersuficiente (empregado portador de diploma de nível superior e que perceba salário mensal igual ou superior a duas vezes o limite máximo dos benefícios do Regime Geral de Previdência Social) poderá estipular livremente com o empregador a relação contratual. A estipulação resultante, contudo, não preponderará sobre os instrumentos coletivos.
(D) As condições estabelecidas em acordo coletivo de trabalho sempre prevalecerão sobre as estipuladas em convenção coletiva de trabalho.
(E) Constitui objeto ilícito de convenção coletiva ou de acordo coletivo de trabalho a previsão de regras a respeito do regime de sobreaviso.

A: opção incorreta, pois nos termos do art. 614, § 3º, da CLT, "não será permitido estipular duração de convenção coletiva ou acordo coletivo de trabalho superior a dois anos, sendo vedada a ultratividade". **B:** opção incorreta, pois nos termos do art. 611-B, III, da CLT é vedado. **C:** opção incorreta, pois nos termos do art. 444, parágrafo único, da CLT, a estipulação convencionada entre o empregador e o empregado hipersuficiente irá prevalecer sobre os instrumentos coletivos. **D:** opção correta, pois reflete a disposição do art. 620 da CLT. **E:** opção incorreta, pois nos termos do art. 611-A, VIII, da CLT constitui objeto lícito de acordo ou convenção coletiva.
Gabarito "D".

(Procurador Federal – 2013 – CESPE) Julgue o item seguinte, relativo ao direito do trabalho.
(1) Segundo entendimento recente do TST, os benefícios definidos em convenção coletiva de trabalho podem ser estendidos ao companheiro de empregado com o qual aquele mantenha união homoafetiva.

1: Opção correta, pois o TST entende que os princípios constitucionais da dignidade humana (art. 1º, III) da igualdade (art. 5º, -*caput*, I) impõem tratamento igualitário a todos, visando a construir uma sociedade livre, justa e solidária (art. 3º, I) e promover bem de todos com a extinção do preconceito de origem, gênero ou quaisquer outras formas de discriminação (art. 3º, IV). Veja: RO – – 20424-81.2010.5.04.0000.
Gabarito 1C

(Procurador Distrital – 2014 – CESPE) Julgue o item a seguir.

(1) A convenção coletiva de trabalho, acordo de caráter normativo reconhecido de forma expressa pela CLT, é enunciada pela CF como fonte capaz de estabelecer normas e condições de trabalho, mediante a flexibilização de direitos fundamentais dos trabalhadores, como salários e duração do trabalho.

1: Opção correta, pois prevista no art. 611 da CLT como sendo o acordo de caráter normativo, pelo qual dois ou mais Sindicatos representativos de categorias econômicas e profissionais estipulam condições de trabalho aplicáveis, no âmbito das respectivas representações, às relações individuais de trabalho. É considerada fonte formal autônoma do Direito do Trabalho utilizada para flexibilização de direitos trabalhistas, como por exemplo, a redução salarial que é possível somente por acordo ou convenção coletiva, art. 7º, VI, da CF.
Gabarito 1C

(Procurador do Município/Cubatão-SP – 2012 – VUNESP) A Convenção Coletiva de Trabalho é o acordo de caráter normativo, pelo qual dois ou mais Sindicatos representativos de categorias econômicas e profissionais estipulam condições de trabalho aplicáveis, no âmbito das respectivas representações, às relações individuais de trabalho. Considerando essa informação, é correto afirmar que os Sindicatos

(A) só poderão celebrar Convenções Coletivas de Trabalho, por deliberação de Assembleia Geral, especialmente convocada para esse fim, nos termos do Estatuto, dependendo a sua validade do comparecimento e votação, em primeira convocação, de 2/3 (dois terços) dos associados da entidade, e, em segunda, de 1/3 (um terço) deles.

(B) só poderão celebrar Convenções Coletivas de Trabalho, por deliberação de Assembleia Geral, especialmente convocada para esse fim, nos termos do Estatuto, dependendo a sua validade do comparecimento e votação, em primeira convocação, de 2/3 (dois terços) dos interessados da entidade, e, em segunda, de qualquer número.

(C) só poderão celebrar Convenções Coletivas de Trabalho, por deliberação de Assembleia Geral, dependendo a sua validade do comparecimento e votação, em primeira convocação, de pelo menos a metade dos interessados.

(D) poderão celebrar Convenções Coletivas de Trabalho por deliberação dos empregados da empresa envolvida e em reunião marcada para essa finalidade.

(E) só poderão celebrar Convenções Coletivas de Trabalho por deliberação de Assembleia Geral convocada por Portaria Ministerial.

A: opção correta, pois representa o disposto no art. 612 da CLT.
Gabarito "A".

12.3. GREVE

(Procurador do Estado/SP – 2018 – VUNESP) É correto afirmar a respeito do direito de greve:

(A) predomina, na Seção Especializada em Dissídios Coletivos – SDC, do Tribunal Superior do Trabalho, a posição de que a greve realizada por explícita motivação política (isto é, para fins de protesto) não é abusiva.

(B) a Justiça Comum é competente para processar e julgar ação possessória ajuizada em decorrência do exercício do direito de greve pelos trabalhadores da iniciativa privada.

(C) em caso de greve em atividade essencial, com possibilidade de lesão do interesse público, o Ministério Público do Trabalho poderá ajuizar dissídio coletivo, competindo à Justiça do Trabalho decidir o conflito.

(D) observadas as condições previstas na Lei n. 7.783, de 28 de junho de 1989, a participação em greve não suspende o contrato de trabalho.

(E) é compatível com a declaração de abusividade de movimento grevista o estabelecimento de vantagens ou garantias a seus participantes.

A: opção incorreta, pois o entendimento majoritário do TST considera abusivas as greves com caráter político porque o empregador, embora diretamente afetado, não tem como negociar para pacificar o conflito. Veja RO-196-78.2017.5.17.0000. **B:** opção incorreta, pois nos termos da súmula vinculante 23 do STF, a Justiça do Trabalho é competente para processar e julgar ação possessória ajuizada em decorrência do exercício do direito de greve pelos trabalhadores da iniciativa privada. **C:** opção correta, pois reflete o disposto no art. 114, § 3º, da CF. **D:** opção incorreta, pois nos termos do art. 7º da Lei 7.783/1989 há suspensão do contrato de trabalho. **E:** opção incorreta, pois nos termos da OJ 10 da SDC do TST, "é incompatível com a declaração de abusividade de movimento grevista o estabelecimento de quaisquer vantagens ou garantias a seus partícipes, que assumirão os riscos inerentes à utilização do instrumento de pressão máximo".
Gabarito "C"

(Advogado União – AGU – CESPE – 2015) Acerca de direito coletivo do trabalho e segurança no trabalho, julgue os próximos itens.

(1) De acordo com a CLT, caso seja demonstrado grave e iminente risco para o trabalhador, o auditor-fiscal do trabalho deverá interditar o estabelecimento ou embargar a obra.

(2) Conforme entendimento do TST, serão nulas, por ofensa ao direito de livre associação e sindicalização, cláusulas de convenção coletiva que estabeleçam quota de solidariedade em favor de entidade sindical a trabalhadores não sindicalizados.

1. incorreta, pois, nos termos do art. 161 da CLT, o Delegado Regional do Trabalho, à vista do laudo técnico do serviço competente que demonstre grave e iminente risco para o trabalhador, poderá interditar estabelecimento, setor de serviço, máquina ou equipamento, ou embargar obra, indicando na decisão, tomada com a brevidade que a ocorrência exigir, as providências que deverão ser adotadas para prevenção de infortúnios de trabalho; **2:** correta. "Quota de solidariedade" nada mais é que a contribuição assistencial, que, nos termos da OJ 17 da SDC do TST, estabelece que as cláusulas coletivas que estabeleçam contribuição em favor de entidade sindical, a qualquer título, obrigando trabalhadores não sindicalizados, são ofensivas ao direito de livre associação e sindicalização, constitucionalmente assegurado, e, portanto, nulas, sendo passíveis de devolução, por via própria, os respectivos valores eventualmente descontados. Veja também súmula vinculante 40 STF: "A contribuição confederativa de que trata o art. 8º, IV, da Constituição Federal, só é exigível dos filiados ao sindicato respectivo."
Gabarito "1E, 2C".

(Procurador do Estado/BA – 2014 – CESPE) Julgue o seguinte item.

(1) O exercício do direito de greve em serviços essenciais exige da entidade sindical ou dos trabalhadores, conforme o caso, a prévia comunicação da paralisação dos trabalhos ao empregador e, ainda, aos usuários dos serviços, no prazo mínimo de setenta e duas horas, sob pena de o movimento grevista ser considerado abusivo.

1: Opção correta, pois nos termos do art. 13 da Lei 7.783/1989 nas atividades essenciais o movimento grevista deve ser avisado com antecedência mínima de 72 horas.
Gabarito 1C

(Procurador Distrital – 2014 – CESPE) Julgue o item a seguir.

(1) Greve é causa de suspensão do contrato de trabalho e somente pode ser utilizada após ser frustrada a negociação ou a arbitragem direta e pacífica, sob pena de ser considerada abusiva. Ademais, a comunicação acerca de sua decisão, no caso de atividade essencial, deve ser previamente feita aos empregadores e usuários do serviço no prazo mínimo de setenta e duas horas.

1. Opção correta, pois de fato a greve é causa de suspensão do contrato de trabalho (art. 2º da Lei 7.783/1989) e pode ser utilizada após frustrada a negociação coletiva ou impossibilidade de recursos via arbitral, art. 3º da Lei 7.783/1989. Nas atividades essenciais deve ser avisada com antecedência mínima de 72 horas, art. 13 da Lei 7.783/1989.
Gabarito 1C

(Procurador do Estado/MG – FUMARC – 2012) O artigo 10 da Lei 7.783/1989, que regula o direito de greve, disciplina sobre quais serviços ou atividades são consideradas essenciais. Assinale a alternativa que NÃO se alinha aos preceitos da citada norma jurídica:

(A) Serviço funerário.
(B) Serviço de transporte de mercadorias, de transporte em geral e de transporte coletivo.
(C) Serviço de compensação bancária.
(D) Serviço de produção e distribuição de energia elétrica, gás e combustíveis.
(E) Serviço de controle de tráfego aéreo.

A: opção incorreta, pois o serviço funerário é considerado atividade essencial, nos termos do art. 10, IV, da Lei 7.783/1989; **B:** opção correta, pois o serviço não consta no rol do art. 10 da Lei 7.783/1989; **C:** opção incorreta, pois o serviço de compensação bancária é considerado atividade essencial, nos termos do art. 10, XI, da Lei 7.783/1989; **D:** opção incorreta, pois o serviço de produção e distribuição de energia elétrica, gás e combustíveis é considerado atividade essencial, nos termos do art. 10, I, da Lei 7.783/1989; **E:** opção incorreta, pois o serviço de controle de tráfego aéreo é considerado atividade essencial, nos termos do art. 10, X, da Lei 7.783/1989.
Gabarito "B".

(Procurador do Município/São José dos Campos-SP – 2012 – VUNESP) Considere as seguintes proposições.

I. A greve evoluiu de delito para direito. Corresponde a uma suspensão coletiva, temporária e pacífica, total ou parcial, da prestação pessoal de serviços a empregador, com objetivo de exercer-lhe pressão com vistas à defesa ou à conquista de interesses coletivos ou difusos.

II. A greve pode ser deflagrada por deliberação coletiva dos trabalhadores, segundo seus interesses, inclusive quanto à sua conveniência e oportunidade. Demanda apenas uma formalização de seus requisitos, como a negociação coletiva prévia, a autorização de assembleia de trabalhadores, o aviso prévio à parte adversa e o atendimento às necessidades inadiáveis da comunidade.

III. A Constituição Federal assegurou o direito de associação sindical e de greve aos servidores públicos civis. Enquanto não houver lei específica para a regulamentação desse direito, o Supremo Tribunal Federal tem entendido que as disposições da Lei n.º 7.783/1989 são aplicáveis, no que compatíveis, aos servidores públicos, considerados sempre os serviços públicos como atividades essenciais.

Está correto o que se afirma em
(A) II, apenas.
(B) I e II, apenas.
(C) I e III, apenas.
(D) II e III, apenas.
(E) I, II e III.

I: opção correta, pois reflete o disposto no art. 2º da Lei 7.783/1989, tendo como objetivo, melhores condições de trabalho para a classe; II: opção correta, pois reflete o disposto nos arts. 1º, 3º e seu parágrafo único, 4º e 11 da Lei 7.783/1989. III: opção correta, pois o STF se pronunciou decidindo que dispositivos da Lei de Greve (Lei 7.783/1989), que rege o exercício de greve dos trabalhadores da iniciativa privada, também valem para as greves do serviço público. Veja Mandados de Injunção 670 e 712 apreciados pelo Supremo Tribunal Federal.
Gabarito "E".

(Advogado – Petrobrás – 2012 – CESGRANRIO) Recentemente, os chamados movimentos paredistas voltaram a chamar atenção nos meios de comunicação nacionais.

Analise as afirmações abaixo, sobre o direito de greve.
I. Durante o período de greve, os contratos de trabalho permanecem suspensos, isto é, seus efeitos ficam paralisados.
II. A Constituição de 1988 não contemplou o direito de greve para os servidores militares, aos quais não estendeu sequer o direito de sindicalização.
III. Os servidores civis foram contemplados pela Carta de 1988 com o direito de greve e o de livre associação sindical.

Está correto o que se afirma em
(A) I, apenas.
(B) II, apenas.
(C) I e II, apenas.
(D) II e III, apenas.
(E) I, II e III.

I: opção correta, pois está em conformidade com o art. 7º da Lei 7.783/1989; II: opção correta, pois reflete o disposto no art. 142, § 3º, IV, da CF; III: opção correta, pois em conformidade com o art. 37,VI e VII, da CF. Veja Mandados de Injunção (MI 670 e 712).
Gabarito "E".

13. COMISSÃO DE CONCILIAÇÃO PRÉVIA

(Analista – TRT/6ª – 2012 – FCC) Em se tratando de Comissões de Conciliação Prévia – CCP, conforme determina a legislação trabalhista, é correto afirmar:
(A) As empresas e os sindicatos podem instituir Comissões de Conciliação Prévia, de composição paritária, com representantes dos empregados e dos empregadores, não se admitindo a sua constituição por grupo de empresas ou em caráter intersindical.
(B) Caso exista, na mesma localidade e para a mesma categoria, Comissão de empresa e Comissão sindical, o interessado deverá submeter a sua demanda perante a sindical.
(C) O mandato dos membros da CCP, titulares e suplentes, é de dois anos, permitida duas reconduções.
(D) É vedada a dispensa dos membros da CCP, titulares e suplentes, até seis meses após o final do mandato, salvo se cometerem falta grave, nos termos da lei.
(E) Aceita a conciliação, será lavrado termo assinado pelo empregado, pelo empregador ou seu preposto e pelos membros da Comissão, sendo que o termo de conciliação é título executivo extrajudicial.

A: incorreto (art. 625-A, parágrafo único, da CLT); B: incorreto (art. 625-D, § 4º, da CLT); C: incorreto (art. 625-B, III, da CLT); D: incorreto (art. 625-B, § 1º, da CLT); E: correto (art. 625-E da CLT).
Gabarito "E".

14. PRESCRIÇÃO

(Analista – TRT/6ª – 2012 – FCC) Analisando-se as normas legais relativas ao instituto da prescrição no Direito do Trabalho, é correto afirmar:
(A) Contra menores de 21 (vinte e um) anos não corre nenhum prazo de prescrição.
(B) O direito de ação quanto a créditos resultantes das relações de trabalho prescreve em três anos para contrato em vigor e encerrados.
(C) O direito de ação quanto a créditos resultantes das relações de trabalho prescreve em cinco anos após a extinção do contrato de trabalho.
(D) Não corre prazo de prescrição para as ações que tenham por objeto anotações para fins de prova junto à Previdência Social.
(E) A prescrição do direito de reclamar a concessão das férias ou o pagamento da respectiva remuneração será sempre contada da cessação do contrato de trabalho.

A: incorreto (art. 440 da CLT); B e C: incorretos (arts. 7º, XXIX, da CF e 11 da CLT); D: correto (art. 11, §1º, da CLT); E: incorreto (art. 149 da CLT da CLT).
Gabarito "D".

15. TEMAS COMBINADOS

(Procurador do Estado/SP – 2018 – VUNESP) Assinale a alternativa correta a respeito das relações de emprego mantidas pela Administração Pública.
(A) Segundo a posição consolidada no Tribunal Superior do Trabalho, cabe dissídio coletivo de natureza econômica contra pessoa jurídica de direito público que mantenha empregados.
(B) O limite constitucional remuneratório (também conhecido como teto remuneratório), previsto no inciso XI do art. 37 da Constituição da República, não se aplica às empresas públicas, às sociedades de economia mista e suas subsidiárias, independentemente de receberem ou não recursos da União, dos Estados, do Distrito Federal ou dos Municípios para pagamento de despesas de pessoal ou de custeio em geral.
(C) A declaração de nulidade de contrato de trabalho, com base no art. 37, inciso II e § 2º, da Constituição da República (indispensabilidade de prévia aprovação em concurso público para a admissão em emprego público), não prejudica os direitos à percepção dos salários referentes ao período trabalhado e aos depósitos na conta vinculada do trabalhador no Fundo de Garantia do Tempo de Serviço (FGTS).
(D) De acordo com o Supremo Tribunal Federal, compete, à Justiça do Trabalho, julgar a abusividade de greve de empregados da Administração Pública direta, autarquias e fundações públicas.
(E) É juridicamente possível a aplicação, pelo Poder Judiciário, do art. 461 da Consolidação das Leis do Trabalho para conceder equiparação salarial entre empregados públicos de autarquias.

A: opção incorreta, pois nos termos da OJ 5 da SDC do TST, "em face de pessoa jurídica de direito público que mantenha empregados, cabe dissídio coletivo exclusivamente para apreciação de cláusulas de natureza social. Inteligência da Convenção n. 151 da Organização Internacional do Trabalho, ratificada pelo Decreto Legislativo n. 206/2010. B: opção incorreta, pois nos termos do art. 37, XI, da CF, em regra, o teto remuneratório não alcança as sociedades de economia mista e as empresas públicas. Porém, nos termos do § 9º do art. 37 da CF, o teto remuneratório se aplica às empresas públicas e às sociedades de economia mista, e suas subsidiárias, que receberem recursos da União, dos Estados, do Distrito Federal ou dos Municípios para pagamento de despesas de pessoal ou de custeio em geral. C: opção correta, pois nos termos da súmula 363 do TST, "a contratação de servidor público, após a CF/1988, sem prévia aprovação em concurso público, encontra óbice no respectivo art. 37, II e § 2º, somente lhe conferindo direito ao pagamento da contraprestação pactuada, em relação ao número de horas trabalhadas, respeitado o valor da hora do salário mínimo, e dos valores referentes aos depósitos do FGTS". D: opção incorreta, pois no julgamento do RE 846854/SP com repercussão geral, o STF fixou entendimento que a justiça comum, federal ou estadual, é competente para julgar a abusividade de greve de servidores públicos celetistas da Administração pública direta, autarquias e fundações públicas. Veja informativo 871 STF. E: opção incorreta, pois nos termos da OJ 297 da SDI 1 do TST, "o art. 37, inciso XIII, da CF/1988, veda a equiparação de qualquer natureza para o efeito de remuneração do pessoal do serviço público, sendo juridicamente impossível a aplicação da norma infraconstitucional prevista no art. 461 da CLT quando se pleiteia equiparação salarial entre servidores públicos, independentemente de terem sido contratados pela CLT". HC
Gabarito "C".

(Defensor Público Federal – DPU – 2017 – CESPE) A respeito do FGTS e do direito de greve, julgue os itens seguintes.
(1) Para o TST, a greve realizada com motivação política explícita, ainda que seja de curta duração, é abusiva.
(2) O empregado com deficiência poderá movimentar sua conta vinculada ao FGTS quando, por prescrição médica, necessitar adquirir órtese ou prótese para favorecer sua acessibilidade e inclusão social.

1: opção correta, pois o TST entende que a greve política, ou seja, greve contra uma lei ou Medida provisória é considerada abusiva por não ser autorizada pela ordem jurídica do País. Veja no TST julgamento do RO 1393-27.2013.5.02.0000. 2: opção correta, pois nos termos do art. 20, XVIII, da Lei 8.036/1990 a conta vinculada do trabalhador no FGTS poderá ser movimentada quando o trabalhador com deficiência, por prescrição, necessite adquirir órtese ou prótese para promoção de acessibilidade e de inclusão social. HC
Gabarito: 1C, 2C.

(Defensor Público Federal – DPU – 2017 – CESPE) A respeito da estabilidade no trabalho e da terceirização trabalhista, julgue os itens a seguir, tendo como referência o entendimento dos tribunais superiores.
(1) A administração pública tomadora de serviços terceirizados será automaticamente responsável pelo pagamento de verbas trabalhistas

que não forem adimplidas pela empresa prestadora, em razão da culpa presumida in vigilando do órgão público: a falta de fiscalização da execução do contrato de prestação de serviços.

(2) Situação hipotética: Em acordo coletivo de trabalho, foi incluída cláusula que aumenta o prazo de estabilidade provisória das empregadas gestantes admitidas por prazo indeterminado, de cento e oitenta dias para duzentos e dez dias. Assertiva: Nessa situação, a cláusula será válida, mesmo resultando em tratamento diferenciado entre as empregadas admitidas por prazo indeterminado e as admitidas por prazo determinado.

(3) Em razão do princípio constitucional de proteção ao nascituro, assegura-se à empregada pública grávida, mesmo que ela tenha sido contratada sem prévia aprovação em concurso público, a continuidade laboral em razão da garantia de emprego à gestante.

1: opção incorreta. Nos termos da súmula 331, item V, do TST Os entes integrantes da Administração Pública direta e indireta respondem subsidiariamente, nas mesmas condições do item IV, caso evidenciada a sua conduta culposa no cumprimento das obrigações da Lei n.º 8.666, de 21.06.1993, especialmente na fiscalização do cumprimento das obrigações contratuais e legais da prestadora de serviço como empregadora. A aludida responsabilidade não decorre de mero inadimplemento das obrigações trabalhistas assumidas pela empresa regularmente contratada. 2: opção correta, pois a SDC do TST no julgamento TST-RO-422-69.2016.5.08.0000, SDC, rel. Min. Maria de Assis Calsing, 5.6.2017 entendeu que É válida cláusula de acordo coletivo de trabalho que aumenta, de 180 para 210 dias, o prazo da estabilidade provisória das empregadas gestantes admitidas por prazo indeterminado. O tratamento diferenciado em relação às empregadas contratadas por prazo determinado não ofende o princípio da isonomia, pois a natureza do vínculo de trabalho, nas duas situações, é distinta. Ademais, a norma em questão é resultado da negociação entre os atores sociais e contou com a aprovação inequívoca da categoria profissional. 3: opção incorreta, pois a contratação de empregada pública, sem submissão a concurso público, sendo nula, não tem o condão de assegurar garantia de emprego à gestante. Veja (E-ED-RR – 175700-88.2007.5.04.0751 , Redator Ministro: Aloysio Corrêa da Veiga, Data de Julgamento: 17/04/2017, Tribunal Pleno, Data de Publicação: DEJT 30/06/2017).

Gabarito: 1E, 2C, 3E

(Defensor Público Federal – DPU – 2017 – CESPE) Com referência a duração do trabalho, interrupção do contrato de trabalho, férias e insalubridade, julgue os itens que se seguem.

(1) No período em que houver paralisação do serviço por culpa da empresa, ficará configurada a interrupção dos contratos de trabalho, de modo que não terão direito a férias os empregados que, no curso do período aquisitivo, deixarem de trabalhar — com percepção do salário — por mais de trinta dias devido à referida paralisação.

(2) De acordo com a jurisprudência do TST, será possível a cumulação de adicionais de insalubridade quando o empregado estiver sujeito a mais de um agente insalubre agressivo.

(3) Conforme o entendimento do TST, estará de acordo com a lei a concessão de repouso semanal remunerado após o sétimo dia consecutivo de trabalho, desde que a empresa pague o valor correspondente a um dia de trabalho do empregado.

1: opção correta, pois nos termos do art. 133, III, da CLT Não terá direito a férias o empregado que, no curso do período aquisitivo deixar de trabalhar, com percepção do salário, por mais de 30 (trinta) dias, em virtude de paralisação parcial ou total dos serviços da empresa. 2: opção incorreta, pois nos termos do art. 193, § 2º, da CLT o empregado poderá optar pelo adicional de insalubridade que porventura lhe seja devido. Veja julgamento do recurso E-RR-1072-72.2011.5.02.0384. 3: opção incorreta, pois nos termos da OJ 410 da SDI 1 do TST viola o art. 7º, XV, da CF a concessão de repouso semanal remunerado após o sétimo dia consecutivo de trabalho, importando no seu pagamento em dobro.

Gabarito: 1C, 2E, 3E

(Defensor Público Federal – DPU – 2017 – CESPE) Julgue os itens a seguir, relativos a rescisão do contrato de trabalho e seguro-desemprego.

(1) Situação hipotética: Em determinado órgão público, constatado o aumento excessivo das despesas com pessoal, além do previsto na dotação orçamentária, anulou-se de ofício a nomeação de empregado público concursado que cumpria estágio probatório. Assertiva: Nessa situação, de acordo com o TST, a dispensa será nula, devendo-se determinar o retorno do empregado ao trabalho, uma vez que não houve o regular procedimento administrativo para assegurar o devido processo legal e a ampla defesa.

(2) Caso se identifique, em ação de fiscalização do Ministério do Trabalho, situação em que trabalhadores estejam reduzidos a condição análoga à de escravo, esses trabalhadores deverão ser resgatados e terão direito ao recebimento do seguro-desemprego.

(3) O empregado doméstico que for dispensado terá direito ao benefício do seguro-desemprego se a dispensa se der sem justa causa, mas não terá esse direito se a dispensa se der por justa causa ou por rescisão indireta.

1: opção correta. A SDI 2 do TST no julgamento TST-RO- 5904-64.2012.5.07.0000, SBDI-II, rel. Min. Douglas Alencar Rodrigues, 21.3.2017 decidiu de acordo com o entendimento consolidado pela Suprema Corte, viola o art. 5º, LV, da CF a dispensa de servidor municipal nomeado após aprovação em concurso público, ainda que em estágio probatório, com fundamento no art. 21, parágrafo único, da Lei de Responsabilidade Fiscal, quando não assegurado o contraditório e a ampla defesa em procedimento administrativo. Veja informativo 155 TST. 2: opção correta, pois nos termos do art. 2º, I, da Lei 7.998/1990 o programa seguro-desemprego tem por finalidade prover assistência financeira temporária ao trabalhador desempregado em virtude de dispensa sem justa causa, inclusive a indireta, e ao trabalhador comprovadamente resgatado de regime de trabalho forçado ou da condição análoga à de escravo. 3: opção incorreta, pois nos termos do art. 2º, I, da Lei 7.998/90 na hipótese de rescisão indireta o empregado terá o benefício do seguro-desemprego.

Gabarito: 1C, 2C, 3E

(Procurador do Município – Prefeitura Fortaleza/CE – CESPE – 2017) Em relação aos direitos constitucionais dos trabalhadores, à insalubridade, à remuneração, ao FGTS, ao aviso prévio, às férias e à jornada de trabalho, julgue os itens a seguir.

(1) Embora se trate de direito potestativo do empregado, a regra do abono de férias se aplica aos trabalhadores que gozam de férias coletivas apenas se a conversão for objeto de cláusula da convenção coletiva de trabalho.

(2) Conforme o entendimento do TST, como o empregador não está obrigado por lei a remunerar o trabalho extraordinário prestado por seus gerentes que exerçam cargos de gestão, o empregado não tem direito ao repouso semanal remunerado.

(3) Segundo o STF, o exercício do direito constitucional dos trabalhadores urbanos e rurais que trata da remuneração por serviço extraordinário com acréscimo de, no mínimo, 50% depende de regulamentação específica.

(4) De acordo com o TST, é indevido o pagamento do adicional de insalubridade caso a prova pericial evidencie ter havido neutralização do agente ruído por meio do regular fornecimento e utilização de equipamento de proteção individual.

(5) Situação hipotética: Uma estatal possui, em seu quadro de funcionários, eletricistas contratados mediante concurso público e eletricistas de empresas terceirizadas, todos trabalhando como eletricistas e prestando serviços ligados à atividade fim da estatal e em seu benefício. Entretanto, os empregados da tomadora realizam tarefas mais especializadas que os empregados da prestadora de serviço. Assertiva: Nessa situação, segundo o entendimento do TST, é devido o direito à isonomia salarial, porquanto o que se exige é a identidade de funções, e não de tarefas.

(6) Para que município obtenha concessão de empréstimos ou financiamentos junto a quaisquer entidades financeiras oficiais, é obrigatória a apresentação do Certificado de Regularidade do FGTS, fornecido pela Caixa Econômica Federal.

(7) Considera-se indenizado o aviso prévio quando o empregador desliga o empregado e efetua o pagamento da parcela relativa ao respectivo período. Pode o empregador exigir que o empregado trabalhe parte desse período de aviso prévio.

1: incorreta, pois nos termos do art. 143, § 2º, CLT tratando-se de férias coletivas, o abono pecuniário deverá ser objeto de acordo coletivo entre o empregador e o sindicato representativo da respectiva categoria profissional, independendo de requerimento individual a concessão do abono; 2: incorreta, pois embora os gerentes que exerçam cargos de gestão estejam excluídos do capítulo de duração do trabalho, nos termos do art. 62, II, CLT, possuem direito ao descanso semanal remunerado. Nos termos do art. 7º, XV, CF e art. 1º da Lei 605/1949 todo empregado tem direito ao repouso semanal remunerado de vinte e quatro horas consecutivas, preferentemente aos domingos; 3: incorreta, pois, nos termos do art. 7º, XVI, CF, trata-se de um direito assegurado a todo trabalhador, independentemente de regulamentação específica; 4: correta, pois, nos termos do art. 191, II, CLT e súmula 289 do TST, havendo a neutralização da insalubridade o adicional será indevido; 5: correta, pois, nos termos do art. 12, a, da Lei 6.019/1974, é assegurado ao trabalhador temporário remuneração equivalente à percebida pelos empregados da mesma categoria da empresa tomadora ou cliente. Veja também OJ 383 da SDI 1 TST; 6: correta, pois reflete a disposição do art. 27, b, da Lei 8036/1990; 7: incorreta, pois, embora a primeira parte da assertiva esteja correta, sempre que o empregador dispensar o empregado do cumprimento do aviso prévio, será considerado indenizado. Porém, caso o empregador exija a prestação de serviços nesse período, fala-se em aviso prévio trabalhado. Optando o empregador por dispensar o empregado do cumprimento do aviso prévio, não poderá exigir o trabalho do empregado.

Gabarito: 1E, 2E, 3E, 4C, 5C, 6C, 7E

(Advogado União – AGU – CESPE – 2015) Julgue os itens a seguir, relativos a alteração contratual, comissão de conciliação prévia, férias e aviso prévio no direito do trabalho.

(1) Caso um empregado decida converter um terço do período de férias a que tiver direito em abono pecuniário, sobre essa verba incidirão o FGTS e a contribuição previdenciária.

(2) Conforme entendimento consolidado pelo TST, o contrato de trabalho celebrado sem concurso público por empresa pública que venha a ser privatizada será considerado válido e seus efeitos, convalidados.

(3) A comissão de conciliação prévia é órgão extrajudicial cuja atribuição legal é conciliar os conflitos individuais de trabalho, não podendo ela exercer a função de órgão de assistência e homologação de rescisão de contrato de trabalho.

(4) O aviso prévio é um instituto aplicado a contratos de emprego por prazo indeterminado, não incidindo em contratos a termo, visto que, nesse tipo de pacto, as partes ajustam, desde o início, o termo final.

1: incorreta, pois o abono pecuniário não integrará a remuneração do empregado para os efeitos da legislação do trabalho, art. 144 CLT. Veja súmula 386 STJ e OJ 195 SDI 1 TST; **2:** correta, pois, nos termos da súmula 430 TST, convalidam-se os efeitos do contrato de trabalho que, considerado nulo por ausência de concurso público, quando celebrado originalmente com ente da Administração Pública Indireta, continua a existir após a sua privatização; **3:** correta, pois, nos termos do art. 625-A CLT, as CCPs – Comissões de Conciliação Prévia – têm como atribuição tentar conciliar os conflitos individuais do trabalho. A CCP não poderá exercer a função de assistência e homologação de rescisão do contrato de trabalho; **4:** incorreta, pois ao contrato com prazo determinado que contiver a cláusula assecuratória do direito recíproco de rescisão, art. 481 da CLT, aplicam-se os princípios que regem a rescisão dos contratos por prazo indeterminado. Ademais, a súmula 163 do TST ensina que cabe aviso prévio nas rescisões antecipadas dos contratos de experiência, na forma do art. 481 da CLT. **HC**
Gabarito 1E, 2C, 3C, 4E

(Advogado União – AGU – CESPE – 2015) Julgue os itens que se seguem, concernentes a duração do trabalho, remuneração, FGTS e contratos especiais de trabalho.

(1) Segundo decisão recente do STF, o prazo prescricional relativo aos valores não depositados no FGTS é quinquenal, haja vista esse fundo ser crédito de natureza trabalhista; entretanto, caso o prazo prescricional já esteja em curso, deverá ser aplicado o que ocorrer primeiro: trinta anos, contados do termo inicial, ou cinco anos, a partir do referido julgado.

(2) A aprendizagem é um contrato de trabalho especial que não gera vínculo empregatício entre as partes que o celebram, uma vez que o seu intento não é o exercício profissional em si, mas a formação educativa do menor.

(3) Embora a CF preveja a jornada de seis horas no trabalho realizado em turnos ininterruptos de revezamento, havendo permissão de trabalho de até oito horas por meio de negociação coletiva, o TST entende que os empregados abrangidos pela referida negociação não terão direito ao pagamento da sétima e da oitava hora como extras.

1: correta, pois reflete o disposto na súmula 362 do TST; **2:** incorreta. Isso porque, o aprendiz é um empregado, pois possui vínculo de emprego com a empresa contratante. No entanto, é importante ressaltar que a contratação efetivada por meio de entidades sem fins lucrativos que objetivam a assistência ao adolescente e à educação profissional não gera vínculo de emprego entre o aprendiz e a empresa tomadora dos serviços. Veja art. 431 da CLT de acordo com a redação dada pela Lei 13.420/2017; **3:** correta, pois, nos termos da súmula 423 do TST, estabelecida jornada superior a seis horas e limitada a oito horas por meio de regular negociação coletiva, os empregados submetidos a turnos ininterruptos de revezamento não têm direito ao pagamento da 7ª e 8ª horas como extras. **HC**
Gabarito 1C, 2E, 3C

(Procurador do Estado – PGE/BA – CESPE – 2014) Acerca dos direitos constitucionais dos trabalhadores, do Fundo de Garantia do Tempo de Serviço (FGTS), da prescrição e decadência e de assuntos correlatos, julgue os itens que se seguem.

(1) Pode ser exigido da mulher, para a admissão ou para a permanência no emprego, atestado ou exame de qualquer natureza para a comprovação de esterilidade ou de gravidez, dado o direito do empregador de ser informado da situação da mulher para eventual concessão de benefícios relacionados à condição de gravidez.

(2) O exercício do direito de greve em serviços essenciais exige da entidade sindical ou dos trabalhadores, conforme o caso, a prévia comunicação da paralisação dos trabalhos ao empregador e, ainda, aos usuários dos serviços, no prazo mínimo de setenta e duas horas, sob pena de o movimento grevista ser considerado abusivo.

(3) As horas extraordinárias e as horas noturnas devem ser remuneradas com adicional mínimo de 50% sobre o valor da hora normal de trabalho.

(4) O empregado afastado do emprego não tem direito às vantagens concedidas, durante a sua ausência, à categoria que integra na empresa.

1: incorreta, pois, nos termos do art. 373-A, CLT, é vedado exigir atestado ou exame de qualquer natureza, para comprovação de esterilidade ou gravidez, na admissão ou permanência no emprego; **2:** correta, pois, nos termos do art. 13 da Lei 7.783/1990, na greve, em serviços ou atividades essenciais, ficam as entidades sindicais ou os trabalhadores, conforme o caso, obrigadas a comunicar a decisão aos empregadores e aos usuários com antecedência mínima de 72 (setenta e duas) horas da paralisação; **3:** incorreta pois embora as horas extraordinárias devam ser remuneradas com adicional mínimo de 50% sobre o valor da hora normal de trabalho, conforme art. 7º, XVI, CF; as horas noturnas serão remuneradas com adicional de 20%, nos termos do art. 73 CLT; **4:** Incorreta, pois, nos termos do art. 471 da CLT, ao empregado afastado do emprego, são asseguradas, por ocasião de sua volta, todas as vantagens que, em sua ausência, tenham sido atribuídas à categoria a que pertencia na empresa. **HC**
Gabarito 1E, 2C, 3E, 4E

(Procurador do Estado – PGE/BA – CESPE – 2014) Em relação aos direitos dos trabalhadores, julgue os itens seguintes, com base no disposto na CF, na Consolidação das Leis do Trabalho (CLT) e na jurisprudência sumulada do Tribunal Superior do Trabalho (TST).

(1) O repouso semanal deve ser remunerado e concedido, preferencialmente, aos domingos.

(2) À empregada gestante é assegurada estabilidade desde a confirmação da gravidez até cento e vinte dias após o parto.

(3) O salário mínimo deve ser fixado em lei estadual, consideradas as peculiaridades locais, com vistas ao atendimento das necessidades básicas do trabalhador e de sua família com moradia, alimentação, educação, saúde, lazer, vestuário, higiene, transporte e previdência social, com reajustes semestrais que lhe preservem o poder aquisitivo, vedada a vinculação salarial para qualquer fim.

(4) O salário do trabalhador pode ser reduzido por convenção ou acordo coletivo de trabalho.

1: correta, pois reflete o disposto no art. 7º, XV, CF. Veja também Lei 605/1949; **2:** Incorreta, pois, nos termos do art. 10, II, b, ADCT, é assegurada a estabilidade da empregada gestante, desde a confirmação da gravidez até cinco meses após o parto; **3:** incorreta, pois, nos termos do art. 7º, IV, CF, o salário mínimo deve ser fixado em lei, nacionalmente unificado, capaz de atender a suas necessidades vitais básicas e às de sua família com moradia, alimentação, educação, saúde, lazer, vestuário, higiene, transporte e previdência social, com reajustes periódicos que lhe preservem o poder aquisitivo, sendo vedada sua vinculação para qualquer fim; **4:** correta, pois o art. 7º, VI, CF prevê a irredutibilidade do salário, salvo o disposto em convenção ou acordo coletivo. **HC**
Gabarito 1C, 2E, 3E, 4C

(Procurador do Estado/AM – 2016 – CESPE) No que concerne a rescisão do contrato de trabalho, indenizações e aviso prévio, julgue os itens que se seguem.

(1) O empregado tem direito a aderir a plano de demissão voluntária instituído por seu empregador no curso do seu aviso prévio.

(2) Segundo o TST, na hipótese de uma relação de emprego ter sido reconhecida apenas em juízo, não incidirá a multa pelo não pagamento das parcelas constantes do instrumento de rescisão ou recibo de quitação no prazo legal.

(3) Segundo o entendimento do TST, a ausência do pagamento das verbas rescisórias, por si só, é motivo suficiente para caracterizar a ocorrência de danos morais, mormente quando o empregador reconhecer a omissão.

1: opção correta, pois o aviso prévio, ainda que indenizado, integra o tempo de serviço do empregado, projetando o término do contrato de trabalho. Nesses termos, considerando os efeitos do aviso prévio, ainda que indenizado, de projetar o término do contrato de trabalho, uma vez implantado o PDV no período de aviso prévio do empregado, nada obsta que ele se beneficie do plano; **2:** opção incorreta, pois, nos termos da Súmula 462 do TST, o fato de a relação de emprego ter sido reconhecida apenas em juízo não tem o condão de afastar a incidência da multa prevista no art. 477, §8º, da CLT. A referida multa não será devida apenas quando, comprovadamente, o empregado der causa à mora no pagamento das verbas rescisórias; **3:** opção incorreta, pois o TST vem sustentando que o dano moral *in re ipsa* somente se revela nos casos de atrasos reiterados nos pagamentos salariais mensais, mas não no caso de atraso na quitação de verbas rescisórias. *Vide* TST Recurso de Revista 19507620105150058.
Gabarito 1C, 2E, 3E

(Defensoria Pública da União – CESPE – 2015) Quanto ao FGTS, ao seguro-desemprego e ao PIS, julgue os itens que se seguem.

(1) Segundo o STJ, o levantamento judicial do valor referente ao seguro-desemprego, que tem por finalidade prover assistência financeira ao trabalhador desempregado em virtude de dispensa sem justa causa, inclusive a indireta, e ao trabalhador resgatado de regime de trabalho forçado ou da condição análoga à de escravo, deve ser requerido à justiça do trabalho.

(2) O PIS, que financia o abono salarial correspondente ao valor equivalente a dois salários mínimos vigentes na época do pagamento, destina-se especificamente a auxiliar os trabalhadores na busca ou preservação do emprego, promovendo, para tanto, ações integradas de orientação, recolocação e qualificação profissional.

(3) A exigência, feita pelo empregador a um de seus empregados, para este prestar serviços alheios ao contrato de trabalho configura motivo que possibilita ao empregado a movimentação da respectiva conta vinculada no FGTS para saque do saldo referente ao contrato.

(4) Segundo recente entendimento do STF, o prazo prescricional para cobrança de valores não depositados no FGTS é de trinta anos,

observado o limite de dois anos após a extinção do contrato de trabalho.

1: assertiva incorreta, pois a competência para levantamento judicial de valor referente ao seguro-desemprego é da Justiça Comum. Veja conflito de competência 112346 STJ e Súmula 161 STJ. **2:** assertiva incorreta, pois nos termos do art. 9º da Lei 7.998/1990 o abono será no valor máximo de 1 (um) salário-mínimo vigente na data do respectivo pagamento. Ademais, nos termos do art. 1º da LC 7/1970 PIS é destinado a promover a integração do empregado na vida e no desenvolvimento das empresas. **3:** assertiva correta, pois configura-se hipótese de rescisão indireta do contrato, autorizando a movimentação da conta de FGTS na forma do art. 20, I, da Lei 8.036/1990. **4:** assertiva incorreta, pois o TST modificou a redação da Súmula 362 para constar que para os casos em que a ciência da lesão ocorreu a partir de 13.11.2014, é quinquenal a prescrição do direito de reclamar contra o não recolhimento de contribuição para o FGTS, observado o prazo de dois anos após o término do contrato. Já para os casos em que o prazo prescricional já estava em curso em 13.11.2014, aplica-se o prazo prescricional que se consumar primeiro: trinta anos, contados do termo inicial, ou cinco anos, a partir de 13.11.2014.

Gabarito 1E, 2E, 3C, 4E

(Procurador do Município/Cubatão-SP – 2012 – VUNESP) A fiscalização do Ministério do Trabalho e Emprego deverá observar o critério de dupla visita no seguinte caso:

(A) quando se tratar de sociedade de economia mista ou empresa pública.
(B) quando ocorrer promulgação ou expedição de novas leis, regulamentos ou instruções ministeriais.
(C) nas três primeiras inspeções dos estabelecimentos ou dos locais de trabalho, recentemente inaugurados ou empreendidos.
(D) para microempresas.
(E) para empregadores rurais.

A alternativa B está correta, pois reflete a disposição contida no art. 627, *a*, da CLT.

Gabarito "B".

(Procurador do Município/Sorocaba-SP – 2012 – VUNESP) Considere as três proposições apresentadas e assinale a alternativa correta em relação a elas.

(1) Muito embora vigore o princípio da inalterabilidade das condições do trabalho, existe o *jus variandi* do empregador, que pode ser enunciado como o direito de impor unilateralmente certas condições de trabalho ao empregado, cujo exercício não causa prejuízo direto ou indireto ao trabalhador.

(2) O contrato de trabalho admite alterações subjetivas e alterações objetivas. As alterações subjetivas ocorrem nas alterações entre os sujeitos da relação, notadamente nas hipóteses de sucessão de empresas e mudança na estrutura jurídica do empregador. As objetivas aludem às condições de trabalho e se dão pelo poder de comando patronal, nas transferências dos empregados e na suspensão do contrato de trabalho e seus efeitos, bem como quando resultam de negociação coletiva válida e expressa em acordo ou convenção coletivos de trabalho.

(3) As regras de transferência de empregados para outra localidade são protecionistas e destinam-se a evitar o ato patronal obstativo do prosseguimento da relação de emprego. O princípio geral é proibitivo, vedada a transferência para localidade diversa da de prestação de serviços.

(A) Estão corretas as proposições (1) e (2), mas incorreta a proposição (3).
(B) Estão corretas as proposições (1) e (3), mas incorreta a proposição (2).
(C) Estão corretas as proposições (2) e (3), mas incorreta a proposição (1).
(D) Estão corretas as três proposições.
(E) Está correta apenas a afirmação (2).

1: opção correta, pois o *jus variandi* do empregador consiste no direito do empregador de variar a prestação de serviços, ou seja, o poder de realizar modificações no contrato de trabalho. Esse poder encontra limite na própria lei, ou seja, poderá ser feito desde que não haja proibição legal. Veja art. 468 da CLT; **2:** opção correta, pois as mudanças subjetivas dizem respeito as alterações dos sujeitos da relação, sucessão de empregadores, arts. 10 e 448 da CLT. As modificações objetivas do contrato de trabalho referem-se às condições de trabalho. (Três situações podem provocar alteração objetiva no contrato de trabalho: o jus variandi, a transferência e a interrupção ou suspensão;) **3:** opção correta, pois está de acordo com a regra esculpida no art. 469 da CLT.

Gabarito "D".

31. DIREITO PROCESSUAL DO TRABALHO

Hermes Cramacon e Luiz Carlos Fabre

1. JUSTIÇA DO TRABALHO E MINISTÉRIO PÚBLICO DO TRABALHO

(Advogado da União/AGU – CESPE – 2012) Julgue os itens que se seguem, relativos à organização e competência da justiça do trabalho e ao processo do trabalho.

(1) Compete aos tribunais do trabalho processar e julgar os dissídios coletivos de greve, com exceção dos que envolvam servidores públicos estatutários; para processar e julgar esses dissídios, a competência será, conforme o caso, do STJ, de tribunal regional federal ou de tribunal de justiça.

(2) Compete ao TRT processar e julgar a ação rescisória de decisão proferida pelo próprio TRT, devendo-se seguir o rito procedimental previsto no processo civil, exceto quanto ao depósito prévio, que, no processo do trabalho, é de 15% sobre o valor dado à causa.

(3) As execuções fiscais decorrentes de multas aplicadas pela fiscalização do trabalho devem ser propostas pela União (fazenda nacional) perante vara do trabalho, sendo interponível contra as decisões proferidas pelo juiz do trabalho o recurso ordinário, por equiparável às apelações previstas na Lei de Execução Fiscal (Lei 6.830/1980).

(4) São órgãos da justiça do trabalho: o TST, os tribunais regionais do trabalho, os juízes do trabalho e os juizados especiais trabalhistas.

1: opção correta, pois nos termos do art. 114, II, CF e julgamento da ADI 3395-6 a competência da Justiça do Trabalho para julgar dissídios de greve está restrita aos trabalhadores celetistas. Os dissídios de greve dos servidores estatutários serão apreciados pela Justiça Comum. **2:** opção incorreta, pois no processo do trabalho, nos termos do art. 836 da CLT o depósito prévio é de 20% do valor da causa; **3:** opção incorreta, pois o recurso cabível é o agravo de petição, nos termos do art. 897, *a*, da CLT; **4:** opção incorreta, pois de acordo com o art. 111 da CF são órgãos da Justiça do Trabalho: o Tribunal Superior do Trabalho, os Tribunais Regionais do Trabalho, os Juízes do Trabalho.

Gabarito 1C, 2E, 3E, 4E

(Analista – TRT/6ª – 2012 – FCC) Quanto aos serviços auxiliares da Justiça do Trabalho, é INCORRETO afirmar:

(A) Compete à secretaria das Varas do Trabalho o recebimento, a autuação, o andamento, a guarda e a conservação dos processos e outros papéis que lhe forem encaminhados.

(B) Nas localidades em que existir mais de uma Vara do Trabalho compete ao distribuidor a distribuição, pela ordem rigorosa de entrada, e sucessivamente a cada Vara, dos feitos que, para esse fim, lhe forem apresentados pelos interessados.

(C) Compete à secretaria das Varas do Trabalho a realização das penhoras e demais diligências processuais.

(D) Na falta ou impedimento do Oficial de Justiça ou Oficial de Justiça Avaliador, o Juiz poderá atribuir a realização do ato a qualquer serventuário.

(E) No caso de avaliação, terá o Oficial de Justiça Avaliador, para cumprimento do ato, o prazo de 15 (quinze) dias.

A: correto (art. 711, *a*, da CLT); **B:** correto (arts. 713 e 714, *a*, da CLT); **C:** correto (art. 711, *h*, da CLT); **D:** correto (art. 721, § 5º, da CLT); **E:** incorreto (devendo ser assinalada), conforme preceitua o art. 721, § 3º, da CLT, c/c o art. 888 da CLT.

Gabarito "E".

2. TEORIA GERAL E PRINCÍPIOS DO PROCESSO DO TRABALHO

(Procurador do Estado – PGE/MT – FCC – 2016) No estudo da Teoria Geral do Direito Processual do Trabalho com enfoque nos princípios, fontes, hermenêutica e nos métodos de solução dos conflitos trabalhistas.

(A) a autocomposição é uma técnica de solução dos conflitos que consiste na solução direta entre os litigantes diante da imposição de interesses de um sobre o outro, sendo exemplos desta modalidade permitida pela legislação que regula a ordem trabalhista a greve, o locaute, o poder disciplinar do empregador e a autotutela sindical.

(B) por força do princípio da subsidiariedade previsto expressamente no texto consolidado, o direito processual comum será aplicado na Justiça do Trabalho exclusivamente pelo critério da omissão da lei processual trabalhista.

(C) os dissídios individuais ou coletivos submetidos à apreciação da Justiça do Trabalho serão sempre sujeitos à conciliação e, não havendo acordo, o juízo conciliatório converter-se-á, obrigatoriamente, em arbitral; sendo lícito às partes celebrar acordo que ponha termo ao processo, mesmo depois de encerrado o juízo conciliatório.

(D) os costumes, a jurisprudência, a analogia e a autonomia privada coletiva são considerados fontes materiais do direito processual do trabalho, conforme previsão expressa contida na Consolidação das Leis do Trabalho.

(E) os princípios da irrecorribilidade das decisões interlocutórias e da execução *ex officio* das sentenças se restringem aos processos que tramitam pelo rito sumaríssimo na Justiça do Trabalho.

A: incorreta. O *lockout* é proibido no Brasil, nos termos do art. 17 da Lei 7.783/1989, que dispõe que: "Fica vedada a paralisação das atividades, por iniciativa do empregador, com o objetivo de frustrar negociação ou dificultar o atendimento de reivindicações dos respectivos empregados"; **B:** incorreta, pois, nos termos do art. 769 da CLT, nos casos omissos, o direito processual comum será fonte subsidiária do direito processual do trabalho, exceto naquilo em que for incompatível com suas normas e princípios; **C:** correta, pois, nos termos do art. 764 da CLT, os dissídios individuais ou coletivos submetidos à apreciação da Justiça do Trabalho serão sempre sujeitos à conciliação. O § 2º do mesmo art. 764 da CLT estabelece que, não havendo acordo, o juízo conciliatório converter-se-á obrigatoriamente em arbitral, proferindo decisão. Por fim, o § 3º do citado dispositivo legal determina que é lícito às partes celebrar acordo que ponha termo ao processo, ainda mesmo depois de encerrado o juízo conciliatório; **D:** incorreta, pois os costumes, a jurisprudência, a analogia e a autonomia privada coletiva, são considerados fontes supletivas do Direito do Trabalho, conforme art. 8º, CLT; **E:** incorreta, pois ambos os princípios são aplicados na Justiça do Trabalho, em ambos os procedimentos. HC

Gabarito "C".

(Procurador do Estado – PGE/MT – FCC – 2016) Na reclamação trabalhista ajuizada por Diana em face da sua empregadora AMAS – Autarquia Municipal de Assistência Social do Município de Campo Grande, foram analisados dois pedidos. A sentença deferiu a pretensão de maior valor e rejeitou a de menor expressão econômica. Na presente situação, de acordo com as regras da Consolidação das Leis do Trabalho, a responsabilidade pelas custas processuais será:

(A) do réu, que deverá arcar com metade do valor, uma vez que sucumbente apenas em um dos dois pedidos, à base de 1% sobre o valor atribuído à causa.

(B) do réu, que deverá arcar com o pagamento integral à base de 2% sobre o valor da causa, sem isenção, porque tal benefício atinge apenas os órgãos da Administração direta, não abrangendo entes da Administração indireta como as Autarquias.

(C) de ambas as partes, em rateio de 50%, visto que houve sucumbência parcial, ou seja, foram formulados dois pedidos, um foi acolhido e o outro rejeitado; à base de 2% sobre o valor de cada pedido.

(D) do réu, que arcará com o pagamento integral, visto que foi vencido, ainda que em um pedido, à base de 2% sobre o valor da condenação, ficando a Autarquia Municipal, todavia, isenta na forma da lei.

(E) de cada uma das partes, na proporção exata de cada pedido, visto que houve sucumbência recíproca, à base de 1% sobre o valor de cada pedido.

"D" é a opção correta. Isso porque, nos termos do art. 789, § 1º, CLT, as custas serão pagas pelo vencido após o trânsito em julgado da decisão. No caso de recurso, serão pagas e comprovado o recolhimento dentro do prazo recursal, em conformidade com a súmula 245 do TST. Assim, ainda que a ação tenha sido julgada parcialmente procedente, as custas serão de responsabilidade da reclamada. Serão calculadas na base de 2% sobre o valor da condenação, com base no art. 789, I, CLT. Contudo, nos termos do art. 790-A, I, CLT, a Administração direta está isenta do recolhimento. HC

Gabarito "D".

---

* **Luiz Carlos Fabre** comentou as questões dos concursos de Analista e **Hermes Cramacon** comentou as questões dos concursos de Procuradorias, Advocacia Pública, Analista TRT/8ª/2016 e DPU/15.

(**Procurador do Estado – PGE/BA – CESPE – 2014**) Em relação ao direito processual do trabalho, julgue os itens a seguir.

(1) No processo trabalhista, a contradita consiste na denúncia, pela parte interessada, dos motivos que impedem ou tornam suspeito o depoimento da testemunha, e o momento processual oportuno de a parte oferecer a contradita da testemunha ocorre logo após a qualificação desta, antes de o depoente ser compromissado.

(2) Dada a celeridade, que fundamenta o procedimento sumaríssimo, a CLT não admite o deferimento e a realização de prova técnica pericial.

(3) No processo do trabalho, o reclamante que der causa a dois arquivamentos seguidos de reclamação trabalhista em face de seu não comparecimento à audiência fica definitivamente impossibilitado de exercer novamente o direito de reclamar perante a justiça do trabalho, se a nova ação envolver o mesmo reclamante, reclamado e objeto.

(4) Segundo entendimento do TST, o marco inicial da contagem do prazo prescricional para o ajuizamento de ação condenatória, quando advém a dispensa do empregado no curso de ação declaratória com a mesma causa de pedir remota, é a data da extinção do contrato de trabalho.

(5) Consoante entendimento do TST, é válido o substabelecimento de advogado investido de mandato tácito, que se configura com o comparecimento do advogado e da parte em audiência.

1: correta. A contradita deve ser arguida após a qualificação da testemunha e antes dela prestar o compromisso, sob pena de preclusão. Veja art. 457 do CPC/2015; **2:** incorreta, pois a prova técnica/pericial é admitida no procedimento sumaríssimo, nos termos do art. 852-H, § 4º, CLT; **3:** incorreta, pois, nos termos do art. 732 da CLT, o reclamante perderá o direito de propor nova reclamação pelo prazo de 6 meses. É o que se denomina "perempção provisória."; **4:** incorreta, pois, nos termos da OJ 401 SDI 1 do TST, o marco inicial da contagem do prazo prescricional para o ajuizamento de ação condenatória, quando advém a dispensa do empregado no curso de ação declaratória que possua a mesma causa de pedir remota, é o trânsito em julgado da decisão proferida na ação declaratória e não a data da extinção do contrato de trabalho; **5:** incorreta, pois, nos termos da OJ 200 da SDI 1 do TST, é inválido o substabelecimento de advogado investido de mandato tácito. Gabarito: "1C, 2E, 3E, 4E, 5E"

(**Defensoria Pública da União – CESPE – 2015**) Julgue os itens subsequentes, relativos à competência e à prescrição no processo trabalhista e aos princípios gerais que norteiam esse processo.

(1) Se um contrato de trabalho for suspenso em virtude da percepção de auxílio-doença pelo empregado, o prazo da prescrição quinquenal para a pretensão de créditos trabalhistas relativos a esse contrato ficará suspenso, continuando a fluir quando do retorno do empregado ao trabalho.

(2) A justiça do trabalho é competente para julgar as demandas instauradas entre pessoas jurídicas de direito privado integrantes da administração pública indireta e seus empregados, cuja relação é regida pela CLT, independentemente de a ação ser relativa ao período pré-contratual.

(3) Amplamente admitido no direito material do trabalho, o princípio da busca da verdade real não se aplica ao direito processual do trabalho, uma vez que a finalidade do processo é a justa e igualitária composição do litígio com mesmos direitos ao contraditório e à ampla defesa.

1: assertiva incorreta, pois nos termos da OJ 375 da SDI 1 do TST a suspensão do contrato de trabalho, em virtude da percepção do auxílio-doença ou da aposentadoria por invalidez, não impede a fluência da prescrição quinquenal, ressalvada a hipótese de absoluta impossibilidade de acesso ao Judiciário. **2:** assertiva correta, pois de acordo com o art. 114, I, CF e o julgamento da ADI 3395-6 a Justiça do Trabalho é competente para as ações ajuizadas entre pessoas jurídicas de direito privado integrantes da administração pública indireta e seus empregados, cuja relação é regida pela CLT, nos períodos pré-contratual, contratual ou pós-contratual. **3:** assertiva incorreta, pois embora o princípio da verdade real seja derivado do direito material do trabalho, onde se busca a primazia da realidade, no campo processual o princípio da verdade real vem disposto no art. 765 da CLT, que assim dispõe: "Os Juízos e Tribunais do Trabalho terão ampla liberdade na direção do processo e velarão pelo andamento rápido das causas, podendo determinar qualquer diligência necessária ao esclarecimento delas". Gabarito: "1E, 2C, 3E"

3. COMPETÊNCIA

(**Analista Judiciário – TRT/8ª – 2016 – CESPE**) Carlo, cidadão brasileiro domiciliado em Minas Gerais, veterinário e advogado, ex-empregado público de autarquia federal sediada unicamente em Brasília – DF, foi demitido sem justa causa em 27/1/2015, na capital federal, local onde os serviços foram prestados. Em 28/1/2016, Carlo propôs em juízo pedido de indenização no valor total de R$ 20.000, por entender que diversos de seus direitos trabalhistas haviam sido violados.

Nessa situação hipotética,

(A) ambas as partes estão imunes do pagamento de custas processuais.
(B) é obrigatória a adoção do rito processual sumaríssimo.
(C) a propositura da ação trabalhista foi extemporânea, em virtude do instituto da prescrição.
(D) caso não haja conciliação prévia, deve-se adotar a forma verbal para a reclamação trabalhista.
(E) o foro competente para apreciação da lide, em primeira instância, seria o Distrito Federal.

A: opção incorreta, pois a entidade autárquica está isenta do pagamento de custas, nos termos do art. 790-A, I, CLT. Já o reclamante Carlo não está isento do recolhimento de custas, se for o caso. A justiça gratuita será concedida à pessoa com insuficiência de recursos, nos termos do art. 790, §§ 3º e 4º, da CLT; **B:** opção incorreta, pois, nos termos do art. 852-A, parágrafo único, da CLT, estão excluídas do procedimento sumaríssimo as demandas em que é parte a Administração Pública direta, autárquica e fundacional; **C:** opção incorreta, pois o prazo prescricional de 2 anos disposto no art. 7º, XXIX, da CF e art. 11 da CLT foi respeitado; **D:** opção incorreta, pois a petição inicial poderá ser apresentada de forma escrita ou verbal, nos termos do art. 840 da CLT; **E:** opção correta, pois, nos termos do art. 651 da CLT, a competência para ajuizamento da reclamação trabalhista, em regra, é determinada pela localidade onde o empregado, reclamante ou reclamado prestar serviços ao empregador. Gabarito: "E".

(**Procurador do Estado/PR – 2015 – PUC-PR**) O Constituinte prevê a possibilidade de contratação de servidores por tempo determinado para atender à necessidade temporária de excepcional interesse público, observando os parâmetros da lei (art. 37, IX, CF). Em vários casos concretos, o Administrador Público Estadual tem optado em fazer essa contratação pelo regime previsto na Consolidação das Leis do Trabalho (CLT). Caso o sindicato dos servidores públicos promova uma ação judicial questionando a violação de direitos trabalhistas dos servidores temporários (regidos pela CLT), na visão do Supremo Tribunal Federal, a competência para essa ação será da:

(A) Justiça Federal.
(B) Justiça Estadual.
(C) Justiça do Trabalho.
(D) Justiça do Trabalho e da Justiça Federal, simultaneamente.
(E) Justiça Estadual e da Justiça do Trabalho, concorrentemente.

A: opção incorreta, pois a competência da Justiça Federal está disposta no art. 109 da CF. **B:** opção correta. No julgamento da ADI 3395-6 o STF entendeu que a relação de trabalho entre o Poder Público e seus servidores apresenta caráter jurídico-administrativo e, portanto, a competência para dirimir conflitos entre as duas partes é sempre da Justiça comum, e não da Justiça do Trabalho, ainda que o servidor seja contratado pelo regime da Consolidação das Leis do Trabalho. **C:** opção incorreta, pois a competência da Justiça do Trabalho está disposta no art. 114 da CF. **D:** opção incorreta nem a Justiça do Trabalho nem a Justiça Federal são competentes para processar e julgar a ação em tela. **E:** opção incorreta, pois não existe no caso competência concorrente entre a Justiça Comum Estadual e a Justiça do Trabalho. Gabarito: "B".

(**Procurador do Estado/AC – FMP – 2012**) A Emenda Constitucional 45 de 2004 ampliou a competência da Justiça do Trabalho, dando nova redação ao artigo 114 da Constituição Federal. Com isso, e também com base na CLT, pode-se afirmar que:

(A) a Justiça do Trabalho tem competência para julgar ações que envolvem as relações de emprego e também as relações de trabalho, inclusive quando este trabalho (prestação de serviço) é prestado por uma pessoa jurídica.
(B) a Justiça do Trabalho tem competência para julgar ações que envolvem acidente do trabalho, até mesmo quando se trata de ação acidentária, ou seja, para obtenção de auxílio-doença acidentário, quando este eventualmente for negado pelo INSS.
(C) a Justiça do Trabalho é competente para executar, inclusive de ofício, as contribuições sociais previstas no artigo 195, I, a, e II, da Constituição Federal, além de seus acréscimos legais, decorrentes das sentenças que proferir.
(D) a Justiça do Trabalho não tem competência para julgar ações que envolvem o trabalhador avulso.

A: opção incorreta, pois as relações de prestação de serviços são amparadas pelo Direito Civil e, portanto, não são de competência da Justiça do Trabalho. Tratando-se de relação em que o contratado é prestador de serviços ao público em geral, isto é, o tomador do serviço um número indeterminado de pessoas – mercado de consumo, tal relação não é de trabalho, mas sim relação de consumo, cuja competência é da Justiça comum; **B:** opção incorreta, pois as ações acidentárias são de competência da Justiça comum estadual, nos termos do art. 109, I, da CF; **C:** opção correta, pois reflete o disposto no art. 114, VIII, da CF, veja Súmula 454 TST; **D:** opção incorreta, pois de acordo com o inciso I do art. 114 da CF, de acordo com a redação dada pela EC 45/2004 a justiça do trabalho é competente para julgar todas as ações decorrentes da relação de trabalho. Gabarito: "C".

(Procurador do Estado/MG – FUMARC – 2012) Assinale a alternativa **INCORRETA**:

(A) Segundo entendimento do Supremo Tribunal Federal compete à Justiça do Trabalho processar e julgar as demandas que tenham por objeto dissídio envolvendo servidor público contratado, pela Administração Pública direta, por tempo determinado para atender a necessidade temporária de excepcional interesse público.
(B) Compete à Justiça do Trabalho processar e julgar as ações relativas às penalidades administrativas impostas aos empregadores pelos órgãos de fiscalização das relações de trabalho.
(C) Compete à Justiça do Trabalho processar e julgar as ações sobre representação sindical, entre sindicatos, entre sindicatos e trabalhadores, e entre sindicatos e empregadores.
(D) A Justiça do Trabalho é competente para processar e julgar ação possessória ajuizada em decorrência do exercício do direito de greve pelos trabalhadores da iniciativa privada.
(E) A Justiça do trabalho é competente para processar e julgar as ações de indenização por danos morais e patrimoniais decorrentes de acidente do trabalho propostas por empregado contra empregador, inclusive aquelas que ainda não possuíam sentença de mérito em primeiro grau quando da promulgação da Emenda Constitucional 45/2004.

A: opção incorreta, pois com o julgamento da ADI 3395-6 o STF firmou entendimento suspendendo qualquer interpretação ao art. 114 da CF/1988 que incluísse na competência da Justiça do Trabalho a apreciação de causas instauradas entre o Poder Público e seus servidores, tendo por base o vínculo de ordem estatutária ou jurídico-administrativo. A competência é, portanto, da justiça comum; **B:** opção correta, pois reflete o disposto no art. 114, VII, da CF; **C:** opção correta, pois reflete o disposto no art. 114, III, da CF; **D:** opção correta, pois reflete o disposto na Súmula Vinculante 23 do STF; **E:** opção correta, pois reflete o disposto na Súmula Vinculante 22 do STF.

Gabarito "A".

(Advogado – Petrobrás – 2012 – CESGRANRIO) Um trabalhador, residente do município X, foi admitido por um supermercado no município Y, para trabalhar como caixa, na filial localizada no município Z. Dois anos depois, foi dispensado sem justa causa, contudo, não recebeu a multa de 40% sobre os depósitos do FGTS e, por essa razão, pretende ajuizar uma Reclamação Trabalhista. Considerando que todos os municípios mencionados têm as suas respectivas Varas do Trabalho e que estão dentro da região de um mesmo TRT, a ação deverá ser ajuizada no

(A) município X, já que é o local de residência do trabalhador.
(B) município Y, pois foi o local da contratação do trabalhador.
(C) município Z, porque este foi o local onde o trabalhador prestou serviços.
(D) município Y ou Z, de acordo com o que for conveniente para o autor.
(E) TRT da região dos municípios X, Y e Z.

"C" é a alternativa correta. Isso porque nos termos do art. 651 da CLT a reclamação trabalhista deverá ser ajuizada no local da prestação de serviços.

Gabarito "C".

(Analista – TRT/6ª – 2012 – FCC) Quanto às regras aplicáveis a jurisdição e competência, é INCORRETO afirmar:

(A) Para efeito de jurisdição dos Tribunais Regionais do Trabalho, o território nacional é dividido em 24 (vinte e quatro) regiões.
(B) A Justiça do Trabalho é competente para processar e julgar as ações entre trabalhadores portuários e os operadores portuários ou o Órgão Gestor de Mão de Obra – OGMO decorrentes da relação de trabalho.
(C) Compete às Varas do Trabalho conciliar e julgar os dissídios resultantes de contratos de empreitadas em que o empreiteiro seja operário ou artífice.
(D) Compete aos Tribunais Regionais do Trabalho determinar às Varas do Trabalho a realização dos atos processuais e diligências necessárias ao julgamento dos feitos sob sua apreciação.
(E) A competência das Varas do Trabalho é determinada pela localidade da contratação do empregado, reclamante ou reclamado, independente do local da prestação dos serviços ao empregador.

A: correto (art. 674 da CLT); **B:** correto (arts. 643, § 3º e 652, a, V, da CLT); **C:** correto (art. 652, a, III, da CLT); **D:** correto (art. 680, a, da CLT); **E:** incorreto (devendo ser assinalada – art. 651 da CLT).

Gabarito "E".

(Analista – TRT/11ª – 2012 – FCC) O trabalhador firmou contrato de trabalho com a empresa no município "Alfa" para prestar serviços no município "Beta". A empresa possui sua sede e domicílio no município "Gama". Após ser dispensado o trabalhador, que reside no município "Delta", resolve ajuizar ação reclamatória trabalhista para receber seus haveres rescisórios. Neste caso, de acordo com a CLT, deverá ajuizar a reclamatória no município

(A) "Alfa" porque foi o local onde da celebração do contrato.
(B) "Delta" porque é o domicílio do trabalhador reclamante.
(C) "Gama" porque é o domicílio da empresa reclamada.
(D) "Alfa" ou "Delta" porque o trabalhador poderá optar pelo local da celebração do contrato ou pelo seu domicílio.
(E) "Beta" porque foi o local da prestação dos serviços.

Art. 651 da CLT.

Gabarito "E".

4. CUSTAS, EMOLUMENTOS E HONORÁRIOS

(Analista – TRT/6ª – 2012 – FCC) Rafus ajuizou reclamação trabalhista em face da sua empregadora a empresa Alfa & Beta Comunicações, pleiteando o pagamento de verbas rescisórias. Houve a determinação de ser emendada a petição inicial no prazo de 10 dias. Tal determinação não foi cumprida, razão pela qual ocorreu a extinção do processo sem resolução ou julgamento do mérito. Nesta situação, sobre as custas

(A) relativas ao processo de conhecimento incidirão à base de 1% e serão calculadas sobre o valor da causa.
(B) relativas ao processo de conhecimento incidirão à base de 1% observado o mínimo legal e serão calculadas sobre o valor arbitrado pelo juiz.
(C) relativas ao processo de conhecimento incidirão à base de 2% e serão calculadas sobre o valor estimado da condenação da ação.
(D) relativas ao processo de conhecimento incidirão à base de 2% observado o mínimo legal e serão calculadas sobre o valor da causa.
(E) haverá isenção do pagamento em razão da não apreciação do mérito da ação.

Art. 789, II, da CLT.

Gabarito "D".

5. NULIDADES

(Analista Judiciário – TRT/8ª – 2016 – CESPE) Acerca das nulidades e exceções aplicáveis ao processo do trabalho, assinale a opção correta.

(A) O pronunciamento da nulidade depende do consentimento da parte que lhe tiver dado causa.
(B) Pronunciada determinada nulidade, deverá ser declarada, consequentemente, a nulidade de todos os demais atos processuais.
(C) Na justiça do trabalho, admitem-se exceções apenas em matéria de defesa quanto ao mérito.
(D) O juiz da causa é obrigado a dar-se por suspeito nas situações em que o autor da ação for de sua íntima relação pessoal.
(E) A nulidade do processo judicial deve ser declarada em juízo de admissibilidade pela secretaria judicial à qual a ação trabalhista for distribuída.

A: opção incorreta, pois, nos termos do art. 795 da CLT, as nulidades não serão declaradas senão mediante provocação de quaisquer das partes, as quais deverão argui-las na primeira oportunidade em que tiverem de falar em audiência ou nos autos; **B:** opção incorreta, pois, nos termos do art. 281 do CPC/2015, anulado o ato, consideram-se de nenhum efeito todos os subsequentes que dele dependam, todavia, a nulidade de uma parte do ato não prejudicará as outras que dela sejam independentes. Nesse mesmo sentido, determina o art. 797 da CLT que o juiz ou Tribunal que pronunciar a nulidade declarará os atos a que ela se estende; **C:** opção incorreta, pois, nos termos do art. 799 da CLT, as exceções de incompetência territorial, suspeição e impedimento serão opostas com suspensão do feito; **D:** opção correta, pois reflete o disposto no art. 801, b, da CLT; **E:** opção incorreta, pois a nulidade será declarada por um juiz ou pelo Tribunal, nunca pela secretaria.

Gabarito "D".

(Analista – TRT/6ª – 2012 – FCC) Nos processos sujeitos à apreciação da Justiça do Trabalho, em relação à matéria de nulidades, é correto afirmar que:

(A) As nulidades somente serão declaradas se forem arguidas em recurso de revista ao TST.
(B) A nulidade do ato não prejudicará senão os posteriores que dele dependam ou sejam consequência.
(C) O juiz ou Tribunal que pronunciar a nulidade não precisa declarar os atos a que se estende.
(D) Ainda que seja possível repetir-se o ato, a nulidade será pronunciada.
(E) Ainda que dos atos inquinados não resulte manifesto prejuízo às partes, a nulidade deverá ser declarada de ofício pelo juiz.

A: incorreto (art. 795 e § 1º, da CLT); **B:** correto (art. 798 da CLT); **C:** incorreto (art. 797 da CLT); **D:** incorreto (art. 796, a, da CLT); **E:** incorreto (art. 794 da CLT).

Gabarito "B".

6. PROVAS

(Analista Judiciário – TRT/8ª – 2016 – CESPE) Em relação às provas no processo do trabalho e à aplicação subsidiária do Código de Processo Civil (CPC), assinale a opção correta.

(A) É admissível o testemunho de surdo-mudo por meio de intérprete nomeado pela parte interessada no depoimento, ficando as custas do intérprete a cargo da justiça do trabalho.

(B) É permitido à testemunha recusar-se a depor.
(C) No processo do trabalho, admite-se o testemunho de pessoa na condição de simples informante, o que significa que ela não precisa prestar compromisso.
(D) Não se admite como testemunha o estrangeiro que residir no país, mas não falar a língua portuguesa.
(E) No processo do trabalho, em consequência da aplicação subsidiária do CPC, a regra geral é que a parte requerida detém o ônus da prova.

A: opção incorreta, pois, nos termos do art. 819, § 1º, da CLT, o intérprete será nomeado pelo juiz. As despesas correrão por conta da parte sucumbente, salvo se beneficiária de justiça gratuita, art. 819, § 2º, da CLT; **B:** opção incorreta, pois, nos termos do art. 448 do CPC/2015, a testemunha não é obrigada a depor sobre fatos que lhe acarretem grave dano, bem como ao seu cônjuge ou companheiro e aos seus parentes consanguíneos ou afins, em linha reta ou colateral, até o terceiro grau ou a cujo respeito, por estado ou profissão, deva guardar sigilo. Veja também o art. 463 do CPC, que ensina que o depoimento prestado pela testemunha em juízo é considerado serviço público; **C:** opção correta, pois, nos termos do art. 829 da CLT, a testemunha que for parente até o terceiro grau civil, amigo íntimo ou inimigo de qualquer das partes não prestará compromisso, e seu depoimento valerá como simples informação; **D:** opção incorreta, pois, nos termos do art. 819 da CLT, o depoimento das partes e testemunhas que não souberem falar a língua nacional será feito por meio de intérprete nomeado pelo juiz; **E:** opção incorreta, pois, nos termos do art. 818, I , da CLT, o ônus da prova incumbe, ao reclamante, quanto ao fato constitutivo de seu direito. Já o inciso II determina que O ônus da prova incumbe ao reclamado, quanto à existência de fato impeditivo, modificativo ou extintivo do direito do reclamante; na mesma linha, o art. 373 do CPC/2015 ensina que o ônus da prova incumbe ao autor, quanto ao fato constitutivo de seu direito, e ao réu, quanto à existência de fato impeditivo, modificativo ou extintivo do direito do autor.
Gabarito "C".

(Procurador do Estado/BA – 2014 – CESPE) Em relação ao direito processual do trabalho, julgue o seguinte item.

(1) No processo trabalhista, a contradita consiste na denúncia, pela parte interessada, dos motivos que impedem ou tornam suspeito o depoimento da testemunha, e o momento processual oportuno de a parte oferecer a contradita da testemunha ocorre logo após a qualificação desta, antes de o depoente ser compromissado.

1. Opção correta, pois a contradita deve ser levantada após a qualificação da testemunha, podendo ser arguida até o momento imediatamente anterior ao início do depoimento. Iniciado este, estará preclusa a faculdade de contraditar a testemunha.
Gabarito 1C.

(Analista – TRT/6ª – 2012 – FCC) O número máximo de testemunhas admitido em lei para cada uma das partes nos dissídios individuais trabalhistas nos procedimentos ordinário, sumaríssimo e inquérito para apuração de falta grave, respectivamente, é de
(A) duas, três e quatro.
(B) três, duas e seis.
(C) três, três e três.
(D) cinco, três e seis.
(E) cinco, três e cinco.

Arts. 821 e 852-H, da CLT.
Gabarito "B".

(Analista – TRT/11ª – 2012 – FCC) Em relação à prova testemunhal no processo do trabalho, é correto afirmar que
(A) no caso de inquérito para apuração de falta grave, cada uma das partes não poderá indicar mais de três testemunhas.
(B) no procedimento sumaríssimo, só será deferida intimação de testemunha que, comprovadamente convidada, deixar de comparecer.
(C) a testemunha que for parente até o quarto grau civil, não prestará compromisso, e seu depoimento valerá como simples informação.
(D) a testemunha que não souber falar a língua nacional não será ouvida, devendo ser substituída por outra testemunha.
(E) a testemunha poderá sofrer desconto salarial proporcional ao tempo do seu depoimento quando for arrolada pela parte, mas não poderá sofrer qualquer desconto quando foi convocada pelo juiz.

A: incorreto (art. 821 da CLT); **B:** correto (art. 852-H, § 3º, da CLT); **C:** incorreto (art. 829 da CLT); **D:** incorreto (art. 819 da CLT); **E:** incorreto (art. 822 da CLT).
Gabarito "B".

7. PROCEDIMENTO (INCLUSIVE, ATOS PROCESSUAIS)

(Procurador do Estado – PGE/MT – FCC – 2016) Conforme normas celetistas e entendimento sumulado do Tribunal Superior do Trabalho, no Inquérito para Apuração de Falta Grave,
(A) se tiver havido prévio reconhecimento da estabilidade do empregado, o julgamento do inquérito pela Vara do Trabalho não prejudicará a execução para pagamento dos salários devidos ao empregado, até a data da instauração do referido inquérito.
(B) na fase de instrução processual, cada uma das partes poderá indicar no máximo cinco testemunhas, sendo admissível a realização de prova pericial.
(C) reconhecida a inexistência de falta grave praticada pelo empregado, fica o empregador obrigado a readmiti-lo no serviço e com pagamento dos salários em dobro a que teria direito no período da suspensão.
(D) o dirigente sindical titular somente poderá ser dispensado por falta grave mediante a apuração em inquérito judicial, o que não ocorre com o suplente.
(E) para a instauração do inquérito para apuração de falta grave contra empregado estável, o empregador apresentará reclamação por escrito à Vara do Trabalho, dentro de noventa dias, contados da data da suspensão do empregado.

"A" é a opção correta. Isso porque, nos termos do art. 855 da CLT, se tiver havido prévio reconhecimento da estabilidade do empregado, o julgamento do inquérito não prejudicará a execução para pagamento dos salários devidos ao empregado, até a data da instauração do mesmo inquérito.
Gabarito "A".

(Procurador do Estado – PGE/PA – UEPA – 2015) Quanto às normas processuais que regem os dissídios individuais submetidos à Justiça do Trabalho, é correto afirmar que:
(A) a compensação é uma forma de extinção das obrigações que só poderá ser arguida como matéria de defesa e, na Justiça do Trabalho, está restrita a dívidas de natureza trabalhista.
(B) não é admissível reconvenção em ação declaratória.
(C) os créditos trabalhistas são executados no próprio processo trabalhista e não no juízo falimentar.
(D) as prerrogativas processuais da Fazenda Pública são limitadas na Justiça do Trabalho em razão da natureza do crédito trabalhista e do princípio da celeridade, a exemplo da dispensa da expedição de precatório para pagamento dos débitos judiciais pelo Ente Público.
(E) não são devidos honorários advocatícios no processo do trabalho quando o sindicato figure como substituto processual do reclamante.

A: correta, pois, nos termos do art. 767 da CLT, a compensação só poderá ser arguida como matéria de defesa. Ademais, nos termos da súmula 18 do TST, a compensação, na Justiça do Trabalho, está restrita a dívidas de natureza trabalhista; **B:** incorreta, pois, nos termos da súmula 258 do STF, é admissível reconvenção em ação declaratória; **C:** incorreta, pois serão executadas no juízo falimentar. Veja art. 768 da CLT e art. 6º, § 2º, da Lei 11.101/2005. Veja, também, STF – RE 583.955/RJ. Repercussão geral, Relator Ministro Ricardo Lewandowski, DJE 28.8.2009; **D:** opção incorreta, pois, embora as prerrogativas processuais da Fazenda Pública na Justiça do Trabalho sejam limitadas em virtude da natureza do crédito trabalhista (alimentar) e do princípio da celeridade, nem todos os débitos da Fazenda Pública estão sujeitos à dispensa de expedição de precatório. Veja súmula 303 do TST; **E:** incorreta, pois, nos termos do art. 791-A e § 1º da CLT, de acordo com a redação dada pela Lei 13.467/2017, ao advogado, ainda que atue em causa própria, serão devidos honorários de sucumbência, fixados entre o mínimo de 5% (cinco por cento) e o máximo de 15% (quinze por cento) sobre o valor que resultar da liquidação da sentença, do proveito econômico obtido ou, não sendo possível mensurá-lo, sobre o valor atualizado da causa.
Gabarito "A".

(Procurador do Estado – PGE/RN – FCC – 2014) Em uma Reclamação Trabalhista na qual o Estado do Rio Grande do Norte fez-se representar por sua procuradora Janaína Areias, declarou o juiz de primeira instância a irregularidade dessa representação, eis que não foram carreados aos autos o ato de nomeação da procuradora, nem qualquer instrumento de mandato, embora as peças tenham sido assinadas pela procuradora com a declaração de seu cargo e indicação do seu número de inscrição na Ordem dos Advogados do Brasil.
Nessas condições, ante o entendimento sumulado pelo Tribunal Superior do Trabalho, o juiz agiu:
(A) equivocadamente, porque, em razão da fé pública, presume-se regular a representação do Estado.
(B) equivocadamente, porque embora não tenha sido juntado qualquer documento, a procuradora prestou declaração de exercício do seu cargo.
(C) acertadamente, porque a juntada do instrumento de mandato era indispensável.
(D) acertadamente, porque a comprovação do ato de nomeação era indispensável.
(E) acertadamente, porque tanto a juntada do instrumento de mandato como a comprovação do ato de nomeação eram indispensáveis.

"B" é a opção correta. Isso porque, nos termos da súmula 436 do TST, a União, Estados, Municípios e Distrito Federal, suas autarquias e fundações públicas, quando representadas em juízo, ativa e passivamente, por seus procuradores, estão dispensadas da juntada de

instrumento de mandato e de comprovação do ato de nomeação. Ademais, é essencial que o signatário ao menos declare-se exercente do cargo de procurador, não bastando a indicação do número de inscrição na Ordem dos Advogados do Brasil. HC
Gabarito "B".

(Procurador do Estado/AM – 2016 – CESPE) Julgue os seguintes itens, relativos aos procedimentos adotados em dissídios individuais da justiça do trabalho.

(1) Segundo o TST, não havendo no instrumento de mandato poderes expressos para substabelecer, serão inválidos os atos praticados pelo substabelecido.
(2) Estado da Federação pode figurar no polo passivo de demanda individual trabalhista de rito sumaríssimo; nesse caso, se for deferida prova pericial, a fazenda estadual será intimada a manifestar-se sobre o laudo no prazo dobrado de dez dias.
(3) Na instrução trabalhista, o momento da contradita ocorre logo após a testemunha firmar o compromisso de dizer a verdade sobre o que sabe e o que lhe for perguntado.
(4) Conforme entendimento do TST, caso um estado da Federação seja condenado em dissídio individual trabalhista, a decisão condenatória não estará sujeita a reexame necessário se a condenação não ultrapassar o valor correspondente a quinhentos salários mínimos.

1: opção incorreta, pois, nos termos da súmula 395, III, do TST, são válidos os atos praticados pelo substabelecido, ainda que não haja, no mandato, poderes expressos para substabelecer (art. 667 e parágrafos, do Código Civil de 2002); **2:** opção incorreta, pois, nos termos do art. 852-A, parágrafo único, da CLT, estão excluídas do procedimento sumaríssimo as demandas em que é parte a Administração Pública direta, autárquica e fundacional; **3:** opção incorreta, pois, por aplicação do art. 457 do CPC/2015, a contradita deverá ser arguida após a qualificação da testemunha e antes de prestar o compromisso, sob pena de preclusão; **4:** opção correta, pois reflete o entendimento disposto na Súmula 303, I, b, do TST.
Gabarito 1E, 2E, 3E, 4C.

(Procurador do Estado/MG – FUMARC – 2012) Assinale a alternativa **correta**:

(A) O rito sumaríssimo trabalhista é aplicável às demandas em que seja parte a Administração Pública estadual.
(B) Nos dissídios trabalhistas, o direito processual comum é aplicado como fonte subsidiária às normas jurídicas do direito processual do trabalho, sempre que houver omissão na legislação processual trabalhista.
(C) Nos dissídios individuais a reclamação trabalhista poderá ser feita pela forma verbal ou escrita. Nos dissídios coletivos do trabalho a instância será instaurada mediante representação escrita dirigida ao Presidente do Tribunal, não se admitindo a forma verbal.
(D) A jurisprudência assentada pelo Tribunal Superior do Trabalho considera cabível mandado de segurança contra ato judicial de recusa da homologação de acordo.
(E) Em ação rescisória, a decisão proferida pelo juíz de primeiro grau não está sujeita ao duplo grau de jurisdição obrigatório quando desfavorável ao ente público, ainda que a condenação ultrapasse o valor correspondente a 60 (sessenta) salários mínimos e a decisão não esteja em consonância com decisão plenária do Supremo Tribunal Federal ou com Súmula ou orientação jurisprudencial do Tribunal Superior do Trabalho.

A: opção incorreta, pois nos termos do art. 852-A, parágrafo único, da CLT "estão excluídas do procedimento sumaríssimo as demandas em que é parte a Administração Pública direta, autárquica e fundacional"; **B:** opção incorreta, pois embora quando haja omissão no texto consolidado, o direito processual comum será fonte subsidiária no processo do trabalho, desde que haja compatibilidade com as normas processuais trabalhistas, nos termos do art. 769 da CLT; **C:** opção correta, pois nos dissídios individuais a reclamação poderá ser escrita ou verbal, nos termos do art. 840 da CLT, já nos dissídios coletivos deverá ser exclusivamente escrita, nos termos do art. 856 da CLT. **D:** opção incorreta, pois a homologação de acordo é uma faculdade do Juiz, nos termos do entendimento cristalizado na Súmula 418 do TST; **E:** opção incorreta, pois nos termos da Súmula 303, item II, do TST a ação rescisória está sujeita ao duplo grau de jurisdição, exceto quando a condenação não ultrapassar o valor correspondente a 60 (sessenta) salários mínimos e quando estiver em consonância com decisão plenária do Supremo Tribunal Federal ou com Súmula ou orientação jurisprudencial do TST.
Gabarito "C".

8. EXECUÇÃO

(Procurador do Estado/SP – 2018 – VUNESP) Assinale a alternativa correta a respeito da execução perante a Justiça do Trabalho.

(A) A inscrição do nome do executado no Banco Nacional de Devedores Trabalhistas (BNDT) poderá ocorrer imediatamente após o trânsito em julgado da decisão condenatória de pagamento de quantia certa.
(B) A execução será promovida pelas partes, permitida a execução de ofício pelo juiz ou pelo Presidente do Tribunal apenas nos casos em que as partes não estiverem representadas por advogado.
(C) De acordo com a Consolidação das Leis do Trabalho, cabe recurso ordinário da decisão proferida em embargos à execução.
(D) Compete à Justiça Federal executar, de ofício, as contribuições sociais previstas na alínea "a" do inciso I e no inciso II do *caput* do art. 195 da Constituição da República, e seus acréscimos legais, relativas ao objeto da condenação constante das sentenças proferidas pela Justiça do Trabalho e dos acordos por esta homologados.
(E) O Tribunal Superior do Trabalho entende que constitui indevido fracionamento do valor da execução (art. 100, § 8º, da Constituição da República) o pagamento individualizado do crédito devido pela Fazenda Pública, no caso de ação coletiva em que sindicato atua como substituto processual na defesa de direitos individuais homogêneos dos trabalhadores substituídos.

A: opção incorreta, pois nos termos do art. 883-A da CLT somente depois de transcorrido o prazo de 45 dias a contar da citação do executado, se não houver garantia do juízo, poderá haver a inscrição do nome do executado no Banco Nacional de Devedores Trabalhistas. **B:** opção correta, pois reflete a disposição contida no art. 878 da CLT. **C:** opção incorreta, pois nos termos do art. 897, *a*, da CLT, o recurso cabível na fase de execução é o agravo de petição. **D:** opção incorreta, pois a competência é da Justiça do Trabalho, art. 114, VIII, da CF. **E:** opção incorreta, pois o TST entende que, para se determinar a execução por precatório ou requisição de pequeno valor, deve-se aferir o crédito de cada reclamante, nos casos de reclamação plúrima. E, por isso, propôs que o mesmo entendimento deveria ser aplicado para o caso de substituição processual. Veja decisão: PROCESSO TST-E-ED-ED-RR-9091200-66.1991.5.04.0016. HC
Gabarito "B".

(Procurador Municipal – Prefeitura/BH – CESPE – 2017) Assinale a opção correta, a respeito da execução trabalhista, conforme o entendimento do TST.

(A) Os erros de cálculo que existirem na sentença não poderão ser corrigidos na liquidação de sentença, já que a fase de liquidação é igual à de execução.
(B) Na execução por carta precatória, salvo se o juízo deprecante indicar o bem constrito ou se a carta já tiver sido devolvida, os embargos de terceiro serão oferecidos no juízo deprecado.
(C) Superado o prazo de cento e oitenta dias do deferimento do processamento da recuperação judicial, a continuidade das execuções individuais trabalhistas retorna automaticamente.
(D) Depósito realizado em caderneta de poupança até o limite de quarenta salários mínimos é impenhorável, mesmo que essa conta esteja sendo utilizada como conta-corrente, sem o cunho de economia futura e segurança pessoal.

A: Incorreta, pois, nos termos do art. 494, I, CPC/2015, aplicado por força do art. 769 da CLT e art. 15 do CPC/2015, erros de cálculo poderão ser corrigidos; **B:** correta, pois, nos termos da súmula 419 do TST, na execução por carta precatória, os embargos de terceiro serão oferecidos no juízo deprecado, salvo se indicado pelo juízo deprecante o bem constrito ou se já devolvida a carta (art. 676, parágrafo único, do CPC de 2015); **C:** incorreta, pois no julgamento do recurso ordinário 80169.95.2016.5.07.0000 o TST entendeu que deferido o processamento ou aprovado o plano de recuperação judicial, não cabe o prosseguimento automático das execuções individuais, mesmo após decorrido o prazo de 180 dias previsto no art. 6º, § 4º, da Lei 11.101/2005, de modo que, ao juízo trabalhista, fica vedada a alienação ou disponibilização de ativos da empresa executada; **D:** incorreta, pois se a conta poupança estiver sendo utilizada como conta-corrente, os valores nela depositados não são impenhoráveis. Veja Informativo TST Execução 22. HC
Gabarito "B".

(Procurador do Estado – PGE/MT – FCC – 2016) Em execução trabalhista foi penhorado um bem imóvel de propriedade da empresa executada Delta & Gama Produções S/A para garantia do juízo. Houve a interposição de embargos à execução, que foram rejeitados pelo Juiz da execução. Nessa situação, caberá à executada interpor:

(a) agravo de instrumento no prazo de 15 dias.
(b) recurso de revista no prazo de 8 dias.
(c) recurso ordinário no prazo de 8 dias.
(d) embargos no prazo de 15 dias.
(e) agravo de petição no prazo de 8 dias.

"E" é a opção correta. O agravo de petição está previsto no art. 897, *a*, da CLT, como sendo o recurso cabível, no prazo de 8 (oito) dias, em face das decisões do Juiz do Trabalho proferidas na fase de execução de sentença. HC
Gabarito "E".

(Procurador – IPSMI/SP – VUNESP – 2016) Tratando-se de execução em reclamações plúrimas, em face da Fazenda Pública,

(A) não é possível a dispensa de formação do precatório.
(B) para efeito de dispensa de formação do precatório e aplicação da requisição de pequeno valor (art.100, § 3º, CF) deve ser considerado o valor total da execução.
(C) para efeito de dispensa de formação do precatório e aplicação da requisição de pequeno valor (art.100, § 3º, CF) deve ser considerado o valor do crédito de cada reclamante.
(D) caberá ao magistrado decidir se expede o precatório, de acordo com sua livre convicção.
(E) caberá aos reclamantes o fornecimento das peças para formação do precatório, independentemente do valor do crédito exequendo.

"C" é a resposta correta. Isso porque a OJ 9 do Tribunal Pleno/Órgão Especial do TST entende que tratando-se de reclamações trabalhistas plúrimas, a aferição do que vem a ser obrigação de pequeno valor, para efeito de dispensa de formação de precatório e aplicação do disposto no § 3º do art. 100 da CF/88, deve ser realizada considerando-se os créditos de cada reclamante.

(Procurador do Estado – PGE/RN – FCC – 2014) Decisão proferida pela 1a Vara do Trabalho de Natal julgou e manteve subsistente a penhora de bens de pessoa jurídica sucedida pelo Estado do Rio Grande do Norte, ao considerar que o acordo realizado entre o reclamante exequente e a sucedida foi efetuado quando esta ainda se submetia ao regime de direito privado. De acordo com a orientação jurisprudencial do Tribunal Superior do Trabalho quanto ao tema, a penhora:

(A) não é válida porque, independentemente do momento de formalização do ato, a sucessão pelo Estado impõe a execução mediante precatório.
(B) não é válida porque realizada anteriormente à sucessão pelo Estado, razão pela qual a execução deve reorientar-se mediante precatório.
(C) é válida, se realizada anteriormente à sucessão pelo Estado, não podendo a execução prosseguir mediante precatório.
(D) não é válida porque a decisão que a mantém viola o artigo 100 da Constituição da República.
(E) é válida, independentemente do momento de formalização do ato, mas é necessário que o pagamento observe a ordem cronológica de apresentação do precatório.

"C" é a opção correta. Isso porque, nos termos da OJ 343 da SDI 1 do TST, é válida a penhora em bens de pessoa jurídica de direito privado, realizada anteriormente à sucessão pela União ou por Estado-membro, não podendo a execução prosseguir mediante precatório. A decisão que a mantém não viola o art. 100 da CF/1988.

(Procurador do Estado/AC – FMP – 2012) Em relação à execução em face dos Entes de Direito Público, em sede trabalhista, não tem prevalecido o seguinte entendimento:

(A) Há dispensa da expedição de precatório, na forma do art. 100, § 3º, da CF/1988, quando a execução contra a Fazenda Pública não exceder os valores definidos, provisoriamente, pela Emenda Constitucional 37/2002, como obrigações de pequeno valor, inexistindo ilegalidade, por esse prisma, na determinação de sequestro da quantia devida pelo ente público.
(B) O sequestro de verbas públicas para satisfação de precatórios trabalhistas só é admitido na hipótese de preterição do direito de precedência do credor, a ela não se equiparando as situações de não inclusão da despesa no orçamento ou de não pagamento do precatório até o final do exercício, quando incluído no orçamento.
(C) Os juros de mora em relação à Fazenda Pública devem observar os seguintes critérios: I – Nas condenações impostas à Fazenda Pública, incidem juros de mora segundo os seguintes critérios: a) 1% (um por cento) ao mês, até agosto de 2001, nos termos do § 1º do art. 39 da Lei 8.177, de 1/03/1991. b) 0,5% (meio por cento) ao mês, de setembro de 2001 a junho de 2009, conforme determina o art. 1º-F da Lei 9.494, de 10/09/1997, introduzido pela Medida Provisória 2.180-35, de 24/08/2001. II – A partir de 30 de junho de 2009, atualizam-se os débitos trabalhistas da Fazenda Pública, mediante a incidência dos índices oficiais de remuneração básica e juros aplicados à caderneta de poupança, por força do art. 5º da Lei 11.960, de 29/06/2009. III – A adequação do montante da condenação deve observar essa limitação legal, ainda que em sede de precatório.
(D) Tratando-se de reclamações trabalhistas plúrimas, a aferição do que vem a ser obrigação de pequeno valor, para efeito de dispensa de formação de precatório e aplicação do disposto no § 3º do art. 100 da CF/1988, deve ser realizada considerando-se o valor total da ação.

A: opção correta, pois reflete o entendimento consubstanciado na OJ 1 do Tribunal Pleno do TST; **B:** opção correta, pois reflete o entendimento consubstanciado na OJ 3 do Tribunal Pleno do TST. Nesse sentido, entende o STF que apenas há preterição quando a ordem de precedência não é observada – ADI 1.662/SP; **C:** opção correta, pois reflete o entendimento consubstanciado na OJ 7 do Tribunal Pleno do TST; **D:** opção incorreta, pois de acordo com a OJ 9 do Tribunal Pleno do TST deverá ser levado em consideração o valor dos créditos de cada reclamante.

(Procurador do Estado/MG – FUMARC – 2012) A execução trabalhista das sentenças judiciais condenatórias em obrigação de pagar transitadas em julgado em face da Fazenda Pública perante a Justiça do Trabalho segue a regra de seu pagamento mediante precatório. Sobre a execução trabalhista contra a Fazenda Pública mediante precatório judicial assinale a alternativa correta:

(A) A Jurisprudência assentada pelo Supremo Tribunal Federal e pelo Tribunal Superior do Trabalho indica que é judiciária a natureza jurídica dos atos praticados pelo Presidente do Tribunal do Trabalho após a requisição do pagamento do débito estatal, pois há uma continuidade dos atos de execução iniciada pelo juízo prolator da sentença exequenda.
(B) No regime especial de pagamento de precatórios instituído pelo artigo 97, do Ato das Disposições Constitucionais Transitórias, da Constituição da República de 1988, não se podendo definir a precedência cronológica entre dois precatórios, será pago primeiramente o precatório de maior valor.
(C) A preferência no pagamento dos créditos de precatório prevista no § 2º, do artigo 100, da Constituição da República de 1988 e estabelecida em favor dos credores idosos e portadores de doenças graves se aplica ao credor originário e ao credor cessionário do crédito de precatório.
(D) Segundo a jurisprudência assentada pelo Tribunal Superior do Trabalho, o pedido de revisão dos cálculos, em fase de precatório, junto à Presidência do Tribunal Regional do Trabalho, apenas poderá ser acolhido se o requerente apontar e especificar claramente quais são as incorreções existentes nos cálculos, discriminando o montante que seria correto. Da mesma forma, o defeito nos cálculos deve estar ligado à incorreção material ou à utilização de critério em descompasso com a lei ou com o título executivo judicial, não tendo sido, ainda, o critério legal aplicável ao débito objeto de debate na fase de conhecimento ou na fase de execução.
(E) É obrigatória a inclusão, no orçamento das entidades de direito público, de verba necessária ao pagamento de seus débitos, oriundos de sentenças transitadas em julgado, constantes de precatórios judiciários apresentados até 30 de junho, fazendo-se o pagamento até o final do exercício seguinte, quando terão seus valores atualizados monetariamente e acrescido de juros moratórios.

A: opção incorreta, pois a decisão é administrativa. Veja OJ 8 do Tribunal Pleno do TST; **B:** opção incorreta, pois nos termos do art. 97, § 7º, do ADCT será pago o crédito de menor valor; **C:** opção incorreta, pois nos termos do art. 100, § 13, da CF a preferência no pagamento não se aplica ao cessionário; **D:** opção correta, pois reflete o disposto na OJ 2 do Tribunal Pleno do TST; **E:** opção incorreta, pois nos termos do § 5º do art. 100 da CF os precatórios devem ser apresentados até o dia 1º de julho.

(Analista – TRT/6ª – 2012 – FCC) Em se tratando de embargos à execução e impugnação à sentença no processo do trabalho, é correto afirmar:

(A) É vedada a dilação probatória nos embargos à execução.
(B) Não é necessária a garantia do juízo ou penhora de bens para apresentação de embargos à execução.
(C) O prazo do executado para apresentar embargos à execução é de 5 (cinco) dias, cabendo igual prazo ao exequente para impugnação.
(D) A matéria da defesa dos embargos é ampla, podendo rediscutir as bases do título executivo judicial.
(E) A sentença de liquidação não poderá ser impugnada pelo executado ou exequente por meio de embargos à penhora.

A: incorreto (art. 884, § 2º, da CLT); **B:** incorreto (art. 884, *caput*, da CLT); **C:** correto (art. 884, *caput*, da CLT); **D:** incorreto (art. 884, § 1º, da CLT); **E:** incorreto (art. 884, § 3º, da CLT).

9. RECURSOS

(Procurador do Estado/SP – 2018 – VUNESP) É correto afirmar a respeito do recurso de revista:

(A) nas execuções fiscais, não cabe recurso de revista por violação a lei federal.
(B) de acordo com a jurisprudência do Tribunal Superior do Trabalho, é cabível recurso de revista de ente público que não interpôs recurso ordinário voluntário da decisão de primeira instância, independentemente do agravamento, na segunda instância, da condenação imposta.
(C) é cabível recurso de revista interposto de acórdão regional prolatado em agravo de instrumento.
(D) o juízo de admissibilidade do recurso de revista exercido pela Presidência dos Tribunais Regionais do Trabalho abrange a análise do critério da transcendência das questões nele veiculadas.
(E) a admissibilidade do recurso de revista interposto de acórdão proferido em agravo de petição, na liquidação de sentença ou em processo incidente na execução, inclusive os embargos de terceiro, depende de demonstração inequívoca de violência direta à Constituição Federal.

A: opção incorreta, pois nos termos do art. 896, § 10, da CLT admite-se a interposição de recurso. **B:** opção incorreta, pois nos termos da OJ 334 da SDI 1 do TST, é "incabível recurso de revista de ente público que não interpôs recurso ordinário voluntário da decisão de primeira instância, ressalvada a hipótese de ter sido agravada, na segunda instância, a condenação imposta". **C:** opção incorreta, pois nos termos da súmula 218 do TST, "é incabível recurso de revista interposto de acórdão regional prolatado em agravo de instrumento". **D:** opção incorreta, pois nos termos do art. 896-A, § 6º, da CLT, "o juízo de admissibilidade do recurso de revista exercido pela Presidência dos Tribunais Regionais limita-se à análise dos pressupostos intrínsecos e extrínsecos do apelo, não abrangendo o critério da transcendência das questões nele veiculadas". **E:** opção correta, pois nos termos da súmula 266 do TST, a "admissibilidade do recurso de revista interposto de acórdão proferido em agravo de petição, na liquidação de sentença ou em processo incidente na execução, inclusive os embargos de terceiro, depende de demonstração inequívoca de violência direta à Constituição Federal". HC

Gabarito "E".

(Procurador do Estado – PGE/PA – UEPA – 2015) Quanto às disposições legais acerca de recurso na Justiça do Trabalho, analise as afirmativas abaixo.

I. Não cabe mandado de segurança contra o ato judicial passível de recurso ou correição.
II. As decisões interlocutórias na Justiça do Trabalho são irrecorríveis mesmo quando terminativas do feito.
III. Salvo quando contrariarem a Constituição, não cabe recurso para o Supremo Tribunal Federal de quaisquer decisões da Justiça do Trabalho, inclusive dos presidentes dos seus Tribunais.
IV. A juntada de documentos na fase recursal só se justifica quando provado o justo impedimento para sua oportuna apresentação e se referir a fato anterior à sentença.

A alternativa que contém todas as afirmativas corretas é:
(A) II e III.
(B) I e III.
(C) II e IV.
(D) I e IV.
(E) III e IV.

I: correta, pois, nos termos da súmula 267 do STF, não cabe mandado de segurança contra ato judicial passível de recurso ou correição; **II:** incorreta, pois a decisão interlocutória terminativa de feito pode ser objeto de recurso imediato, como na hipótese trazida no art. 799, § 2º, CLT. Veja, ainda, a súmula 214 do TST; **III:** correta, pois, nos termos da súmula 505 do STF, salvo quando contrariarem a Constituição, não cabe recurso para o Supremo Tribunal Federal, de quaisquer decisões da Justiça do Trabalho, inclusive dos presidentes de seus Tribunais; **IV:** incorreta, pois, nos termos da súmula 8 do TST, a juntada de documentos na fase recursal só se justifica quando provado o justo impedimento para sua oportuna apresentação ou se referir a fato POSTERIOR à sentença. HC

Gabarito "B".

(Advogado União – AGU – CESPE – 2015) Com relação aos atos e procedimentos do processo do trabalho e a recursos trabalhistas, julgue os itens subsecutivos.

Das decisões das turmas do TST que divergirem entre si ou das decisões proferidas por seção de dissídios individuais cabem embargos de divergência no prazo de oito dias, os quais serão julgados pelo Pleno do TST.

Incorreta, pois, nos termos do art. 3º, III, b, da Lei 7.701/1988, o recurso será apreciado pela Seção de Dissídios Individuais do TST. HC

Gabarito "E".

(Advogado União – AGU – CESPE – 2015) Em audiências de reclamações trabalhistas em que a União seja parte, será obrigatório o comparecimento de preposto que tenha conhecimento do fato objeto da reclamação. Na ausência do representante judicial da União, poderá o preposto assinar e entregar a contestação.

Incorreta, pois, nos termos do art. 5º da Lei 9.028/1995, nas audiências de reclamações trabalhistas em que a União seja parte, será obrigatório o comparecimento de preposto que tenha completo conhecimento do fato objeto da reclamação, o qual, na ausência do representante judicial da União, entregará a contestação subscrita pelo mesmo. HC

Gabarito "E".

(Analista Judiciário – TRT/8ª – 2016 – CESPE) No que se refere aos recursos no processo trabalhista, aos seus respectivos prazos e ao Ministério Público do Trabalho (MPT), assinale a opção correta.

(A) O chefe do MPT deve ser nomeado pelo presidente da República entre os nomes constantes de lista tríplice encaminhada pelo Congresso Nacional.
(B) O procurador-geral do trabalho subordina-se ao chefe do MPT.
(C) Os recursos aos tribunais superiores são uniformes e devem ser interpostos no prazo de até cinco dias úteis, a contar do recebimento da intimação da parte.
(D) O agravo de instrumento, instrumento cabível para recorrer das decisões do juiz monocrático adotadas nos procedimentos de execução, deve ser interposto no prazo de até quinze dias.
(E) Em se tratando de recurso ordinário em procedimento sumaríssimo, é admissível parecer oral do representante do MPT durante a sessão de julgamento.

A: opção incorreta, pois, nos termos do art. 88 da LC 75/93, o Procurador-Geral do Trabalho será nomeado pelo Procurador-Geral da República, dentre integrantes da instituição com mais de trinta e cinco anos de idade e cinco anos na carreira, integrante de lista tríplice escolhida mediante voto plurinominal, facultativo e secreto, pelo Colégio de Procuradores para um mandato de dois anos, permitida uma recondução, observado o mesmo processo. Caso não haja número suficiente de candidatos com mais de cinco anos na carreira, poderá concorrer à lista tríplice quem contar mais de dois anos na carreira; **B:** opção incorreta, pois, nos termos do art. 87 da LC 75/93, o Procurador-Geral do Trabalho é o chefe do Ministério Público do Trabalho; **C:** opção incorreta, pois, em regra, os prazos serão de 8 dias, nos termos do art. 6º da Lei 5.584/70. São exceções à regra: embargos de declaração (5 dias), nos termos do art. 1.023 do CPC/2015; e recurso extraordinário (15 dias), nos termos do art. 1.003, § 5º, CPC/2015; **D:** opção incorreta, pois o agravo de instrumento será interposto contra as decisões que denegarem a interposição de recursos, feito no 1º juízo de admissibilidade (art. 897, b, CLT), devendo ser interposto no prazo de 8 dias; **E:** opção correta, pois, nos termos do art. 895, § 1º, III, CLT, nas ações sujeitas ao procedimento sumaríssimo, o recurso ordinário terá parecer oral do representante do Ministério Público presente à sessão de julgamento, se este entender que assim é necessário, com registro na certidão.

Gabarito "E".

(Procurador Federal – 2013 – CESPE) Em relação ao direito processual do trabalho, julgue o seguinte item.

(1) Perante o TST cabe recurso sob a forma de embargos de nulidade, por violação de lei federal ou da CF.

1. Opção incorreta, pois com a edição da Lei 11.496/2007 que modificou a redação do art. 894 da CLT deixou de existir os embargos de nulidade, por violação de lei federal ou da Constituição Federal.

Gabarito 1E.

(Procurador do Estado/AC – FMP – 2012) Quanto aos Recursos, no Processo do Trabalho, assinale a assertiva **incorreta**.

(A) O Recurso de Revista tem igual cabimento, tanto no procedimento ordinário, quanto no procedimento sumaríssimo.
(B) O Recurso Ordinário tem cabimento contra decisões definitivas ou terminativas das Varas e Juízos e também das decisões definitivas ou terminativas dos Tribunais Regionais, em processos de sua competência originária, quer em dissídios individuais ou coletivos, no prazo de oito dias.
(C) O Agravo de Instrumento, no Processo do Trabalho, também demanda preparo, em especial a realização de depósito recursal.
(D) O Agravo de Petição tem cabimento em face de decisões proferidas na execução.

A: opção incorreta, devendo ser assinalada, pois o recurso de revista é cabível no procedimento ordinário, nas hipóteses do art. 896 e alíneas da CLT, já no procedimento sumaríssimo na hipótese tratada no § 9º do art. 896 da CLT; **B:** opção correta, pois reflete o disposto nos incisos I e II do art. 895 da CLT; **C:** opção correta, pois reflete o disposto no art. 899, § 7º, da CLT; **D:** opção correta, pois reflete o disposto no art. 897, a, da CLT.

Gabarito "A".

(Analista – TRT/6ª – 2012 – FCC) Das decisões proferidas no âmbito da Justiça do Trabalho são admissíveis os seguintes recursos:

(A) apelação infringente, recurso de revista e embargos.
(B) recurso infringente extraordinário, agravo retido e recurso de revista.
(C) agravo de instrumento, embargos e recurso especial.
(D) recurso ordinário, recurso de revista e agravo de petição.
(E) agravo de petição, apelação e recurso especial.

Art. 893 da CLT.

Gabarito "D".

(Analista – TRT/11ª – 2012 – FCC) Sobre recursos no processo do trabalho, é INCORRETO afirmar que

(A) o prazo para interposição de recurso ordinário e agravo de instrumento é de oito dias.
(B) como regra, não cabe recurso ordinário de decisão interlocutória, cabendo apreciação do mérito desta decisão somente em recurso da decisão definitiva.
(C) o recurso de revista será apresentado ao presidente do tribunal recorrido e será recebido apenas no efeito devolutivo.
(D) cabe agravo de petição das decisões do juiz nas execuções, mas não cabe agravo de instrumento, em nenhuma situação, seja na fase de conhecimento ou na execução.
(E) das decisões definitivas dos tribunais regionais do trabalho, em processos de sua competência originária, cabe recurso ordinário.

A: correto (arts. 895 e 897 da CLT); **B:** correto (art. 893, § 1º, da CLT); **C:** correto (art. 896, § 1º, da CLT. A atual redação do § 1º do art. 896, dada pela Lei 13.015/2014, aduz que o recurso será interposto perante o Presidente do Tribunal Regional do Trabalho); **D:** incorreto (devendo ser assinalada – art. 897, b, da CLT); **E:** correto (art. 895, II, da CLT).

Gabarito "D".

10. QUESTÕES COMBINADAS

(Procurador do Estado/SP – 2018 – VUNESP) A respeito do pagamento de despesas processuais e de honorários, no processo judicial trabalhista, é correto afirmar:

(A) não existe previsão legal para o pagamento de honorários ao advogado que atuar em causa própria.
(B) é vedado ao juiz deferir o parcelamento de honorários periciais.
(C) a responsabilidade pelo pagamento dos honorários periciais será sempre do empregador, independentemente de sucumbência na pretensão objeto da perícia.
(D) na hipótese de procedência parcial, o juízo arbitrará honorários de sucumbência recíproca, vedada a compensação entre os honorários.
(E) o benefício da justiça gratuita não pode ser concedido de ofício pela autoridade judicial.

A: opção incorreta, pois há previsão para pagamento de honorários advocatícios no art. 791-A da CLT. **B:** opção incorreta, pois nos termos do art. 790-B, § 2º, da CLT, o juízo poderá deferir parcelamento dos honorários periciais. **C:** opção incorreta, pois nos termos do art. 790-B da CLT, a responsabilidade pelo pagamento dos honorários periciais é da parte sucumbente na pretensão objeto da perícia. **D:** opção correta, pois reflete a disposição do art. 791-A, § 3º, da CLT. **E:** opção incorreta, pois nos termos do art. 790, § 3º, da CLT é facultado aos juízes, órgãos julgadores e presidentes dos tribunais do trabalho de qualquer instância conceder, a requerimento ou de ofício, o benefício da justiça gratuita, inclusive quanto a traslados e instrumentos, àqueles que perceberem salário igual ou inferior a 40% (quarenta por cento) do limite máximo dos benefícios do Regime Geral de Previdência Social. **HC**

Gabarito: "D".

(Defensor Público Federal – DPU – 2017 – CESPE) A respeito do FGTS e do direito de greve, julgue os itens seguintes.

(1) Para o TST, a greve realizada com motivação política explícita, ainda que seja de curta duração, é abusiva.
(2) O empregado com deficiência poderá movimentar sua conta vinculada ao FGTS quando, por prescrição médica, necessitar adquirir órtese ou prótese para favorecer sua acessibilidade e inclusão social.

1: opção correta, pois o TST entende que a greve política, ou seja, greve contra uma lei ou Medida provisória é considerada abusiva por não ser autorizada pela ordem jurídica do País. Veja no TST julgamento do RO 1393-27.2013.5.02.0000. 2: opção correta, pois nos termos do art. 20, XVIII, da Lei 8.036/1990 a conta vinculada do trabalhador no FGTS poderá ser movimentada quando o trabalhador com deficiência, por prescrição, necessite adquirir órtese ou prótese para promoção de acessibilidade e de inclusão social. **HC**

Gabarito: 1C, 2C.

(Defensor Público Federal – DPU – 2017 – CESPE) Acerca da justiça gratuita, da prova pericial, do procedimento sumaríssimo e da ação civil pública na justiça do trabalho, julgue os itens seguintes.

(1) O dissídio individual cujo valor seja de até quarenta vezes o salário mínimo vigente na data do ajuizamento da reclamação será submetido ao procedimento sumaríssimo, razão por que, nele, não será possível a produção de prova técnica pericial.
(2) De acordo com o TST, em ação civil pública, é possível a exigibilidade, antes do trânsito em julgado, de multa por descumprimento de obrigação de fazer imposta em sentença proferida nos autos do processo.

1: opção incorreta, pois embora nos termos do art. 852-A da CLT os dissídios individuais cujo valor não exceda a quarenta vezes o salário mínimo vigente na data do ajuizamento da reclamação ficam submetidos ao procedimento sumaríssimo, somente quando a prova do fato o exigir, ou for legalmente imposta, será deferida prova técnica, incumbindo ao juiz, desde logo, fixar o prazo, o objeto da perícia e nomear perito, art. 852-H, § 4º, da CLT. 2: opção correta, pois o Pleno do TST em TST-E-RR-161200- 53.2004.5.03.0103, rel. Min. Delaíde Miranda Arantes, 19.4.2016 entendeu ser possível a exigibilidade da multa (astreinte) por descumprimento de obrigação de fazer imposta em sentença proferida nos autos de ação civil pública antes do trânsito em julgado, desde que depositada em juízo, com fundamento no princípio da máxima efetividade e no afastamento da aplicação do art. 12, § 2º, da Lei 7.347/85 frente ao que preceitua o art. 84 do Código de Defesa do Consumidor. Veja também PN 73 do TST. **HC**

Gabarito: 1E, 2C.

(Defensor Público Federal – DPU – 2017 – CESPE) Em relação aos recursos no processo do trabalho, à execução trabalhista e ao mandado de segurança na justiça do trabalho, julgue os itens que se seguem à luz do entendimento do TST.

(1) Na hipótese de recolhimento insuficiente do depósito recursal, somente haverá deserção do recurso se, no prazo de cinco dias da intimação, o recorrente não complementar e comprovar o pagamento.
(2) Deverá ser requerida nos próprios autos da execução trabalhista a devolução de valores levantados a maior em execução de sentença devido a equívoco nos cálculos realizados na liquidação.
(3) O agravo de petição só será recebido se o recorrente delimitar as matérias e os valores impugnados e apresentar a respectiva monta atualizada até a data de interposição do recurso.
(4) A tutela provisória concedida na sentença pode ser impugnada pela via do mandado de segurança, admitindo-se a obtenção do efeito suspensivo por requerimento do impetrante.

1: opção correta, pois nos termos da OJ 140 SDI 1 do TST em caso de recolhimento insuficiente das custas processuais ou do depósito recursal, somente haverá deserção do recurso se, concedido o prazo de 5 (cinco) dias previsto no § 2º do art. 1.007 do CPC de 2015, o recorrente não complementar e comprovar o valor devido. 2: opção incorreta, pois a SDI 1 do TST no julgamento do recurso E-ED-RR-59886-60.1993.5.05.0017, SBDI-I, rel. Min. José Roberto Freire Pimenta, 1º.6.2017 entendeu que o meio processual idôneo para pleitear a devolução de valores levantados a maior em execução de sentença, decorrentes de equívoco nos cálculos realizados em liquidação, é a ação de repetição de indébito. A pretensão de restituição de tais valores nos próprios autos da execução é inviável, pois, nessa fase, a cognição é limitada e não proporciona ao exequente medidas capazes de assegurar o direito à ampla defesa e ao contraditório. 3: opção correta, pois nos termos do art. 897, § 1º, da CLT o agravo de petição só será recebido quando o agravante delimitar, justificadamente, as matérias e os valores impugnados, permitida a execução imediata da parte remanescente até o final, nos próprios autos ou por carta de sentença. 4: opção incorreta, pois nos termos da súmula 414, I, do TST a tutela provisória concedida na sentença não comporta impugnação pela via do mandado de segurança, por ser impugnável mediante recurso ordinário. É admissível a obtenção de efeito suspensivo ao recurso ordinário mediante requerimento dirigido ao tribunal, ao relator ou ao presidente ou ao vice-presidente do tribunal recorrido, por aplicação subsidiária ao processo do trabalho do artigo 1.029, § 5º, do CPC de 2015. **HC**

Gabarito: 1C, 2E, 3C, 4E.

(Procurador do Município – Prefeitura Fortaleza/CE – CESPE – 2017) Acerca dos procedimentos nos dissídios individuais na justiça do trabalho, da reclamação, do *jus postulandi*, das partes e procuradores, julgue os itens a seguir, de acordo com o entendimento do TST.

(1) No processo do trabalho, a regra é a exigência da exibição dos estatutos da empresa em juízo como condição de validade do instrumento de mandato outorgado ao seu procurador.
(2) Não se aplica ao processo do trabalho a regra processual segundo a qual os litisconsortes que tiverem diferentes procuradores de escritórios de advocacia distintos terão prazos contados em dobro para todas as suas manifestações.
(3) Situação hipotética: Um cidadão postulou ação cautelar em causa própria em tema que envolve matéria sindical, mas não comprovou sua condição de advogado regularmente inscrito nos quadros da OAB. Assertiva: Nessa situação, aplicado o *jus postulandi*, será conhecida e processada regularmente a ação.

1: incorreta, pois a OJ 255 SDI 1 do TST entende que o art. 75, inciso VIII, do CPC de 2015 (art. 12, VI, do CPC de 1973) não determina a exibição dos estatutos da empresa em juízo como condição de validade do instrumento de mandato outorgado ao seu procurador, salvo se houver impugnação da parte contrária; 2: correta, pois nos termos da OJ 310 da SDI 1 do TST, é inaplicável ao processo do trabalho a norma contida no art. 229, "caput" e §§ 1º e 2º, do CPC de 2015 (art. 191 do CPC de 1973), em razão de incompatibilidade com a celeridade que lhe é inerente; 3: incorreta, pois, nos termos da súmula 425 do TST, o *jus postulandi* da parte não poderá ser utilizado para apresentação de medida cautelar. **HC**

Gabarito: 1E, 2C, 3E.

(Procurador do Município – Prefeitura Fortaleza/CE – CESPE – 2017) A respeito da competência, das provas e do procedimento sumaríssimo na justiça do trabalho, julgue os itens que se seguem.

(1) Quando estiver representando o município em juízo, o procurador estará dispensado da juntada de procuração e de comprovação do ato de nomeação durante todo o processamento da demanda, especialmente no caso de reclamação trabalhista de rito sumaríssimo.
(2) Em lides que possuem objetos e procuradores distintos, torna-se suspeita a testemunha que estiver litigando ou que tenha litigado contra esse mesmo empregador.

1: incorreta, pois, nos termos do art. 852-A, parágrafo único, CLT, estão excluídas do procedimento sumaríssimo as demandas em que é parte a Administração Pública direta, autárquica e fundacional; 2: incorreta, pois, nos termos da súmula 357, TST, não torna suspeita a testemunha o simples fato de estar litigando ou de ter litigado contra o mesmo empregador. **HC**

Gabarito: 1E, 2E.

(Procurador do Município – Prefeitura Fortaleza/CE – CESPE – 2017) Julgue os itens subsequentes, a respeito de recursos, execução, mandado de segurança e ação rescisória em processo do trabalho.

(1) No caso de ação coletiva em que sindicato atue como substituto processual na defesa de direitos individuais homogêneos, o entendimento do TST é de que o pagamento individualizado do crédito devido pela fazenda pública aos substituídos não afronta a proibição de fracionamento do valor da execução para fins de enquadramento em pagamentos da obrigação como requisição de pequeno valor.

(2) Segundo o TST, na hipótese de dúvida sobre o cabimento de agravo de petição, cabe mandado de segurança contra decisão que indefira a desconstituição de penhora de numerário nos autos da reclamação trabalhista.
(3) Salvo prova de miserabilidade jurídica do autor, a ação rescisória se sujeita ao depósito prévio de 20% do valor da causa. Conforme o TST, o reconhecimento da decadência no caso de ação rescisória implica a reversão ao réu do valor do depósito prévio.
(4) Segundo o TST, não é cabível a interposição de recurso de embargos contra decisão judicial monocrática.

1: correta. Isso porque a OJ 9 do Tribunal Pleno do TST entende que em se tratando de reclamações trabalhistas plúrimas, a aferição do que vem a ser obrigação de pequeno valor, para efeito de dispensa de formação de precatório e aplicação do disposto no § 3º do art. 100 da CF/88, deve ser realizada considerando-se os créditos de cada reclamante. Veja também Informativo TST Execução 28; **2:** correta. De acordo com o Informativo TST Execução 28, é cabível mandado de segurança contra decisão que indefere a desconstituição de penhora de numerário nos autos de reclamação trabalhista na hipótese de dúvida sobre o cabimento de agravo de petição. Veja decisão Processo: RO – 21245-75.2016.5.04.0000; **3:** correta, pois, nos termos do art. 836 da CLT, a ação rescisória se sujeita ao depósito prévio de 20% do valor da causa, salvo prova de miserabilidade jurídica do autor. Ademais, nos termos do art. 974, parágrafo único, CPC/2015, aplicado ao processo do trabalho por força do art. 769 da CLT e art. 15 do CPC/2015, considerando, por unanimidade, inadmissível ou improcedente o pedido, o tribunal determinará a reversão, em favor do réu, da importância do depósito. Veja também informativo 144 TST; **4:** correta, pois, nos termos da OJ 378 SDI 1 do TST, não encontra amparo no art. 894 da CLT, quer na redação anterior quer na redação posterior a Lei 11.496, de 22.06.2007, recurso de embargos interposto à decisão monocrática exarada nos moldes do art. 932 do CPC de 2015 (art. 557 do CPC de 1973) e 896, § 5º, da CLT, pois o comando legal restringe seu cabimento à pretensão de reforma de decisão colegiada proferida por Turma do Tribunal Superior do Trabalho.
Gabarito 1C, 2C, 3C, 4C

(Procurador do Estado – PGE/RS – Fundatec – 2015) No que se refere à Justiça do Trabalho, quando o Estado está presente na relação processual, certas peculiaridades são aplicáveis. Quanto a esse tema, analise as assertivas abaixo:
I. O rito sumaríssimo é aplicável a causas que envolvem pessoas jurídicas de direito público.
II. A União, os Estados, o Distrito Federal, os Municípios, suas autarquias e fundações públicas, quando representados em juízo, ativa e passivamente, por seus procuradores, estão dispensados da juntada de instrumento de mandato e de comprovação do ato de nomeação. Todavia, é essencial que o signatário ao menos se declare exercente do cargo de procurador, não bastando a indicação do número de inscrição na Ordem dos Advogados do Brasil.
III. A União, os Estados, o Distrito Federal, os Municípios e respectivas autarquias e fundações públicas federais, estaduais ou municipais que não explorem atividade econômica são isentas do pagamento de custas.
Quais estão corretas?
(A) Apenas I.
(B) Apenas III.
(C) Apenas I e II.
(D) Apenas I e III.
(E) Apenas II e III.

I: incorreta, pois, nos termos do art. 852-A, parágrafo único, CLT, estão excluídas do procedimento sumaríssimo as demandas em que é parte a Administração Pública direta, autárquica e fundacional; **II:** correta, pois reflete a disposição contida na súmula 436 do TST; **III:** correta, pois, nos termos do art. 790-A, I, CLT, a União, os Estados, o Distrito Federal, os Municípios e respectivas autarquias e fundações públicas federais, estaduais ou municipais que não explorem atividade econômica estão isentas do pagamento de custas.
Gabarito "E".

(Procurador do Estado – PGE/BA – CESPE – 2014) Acerca de recursos, execução trabalhista e dissídio coletivo, julgue os itens seguintes.
(1) Realizada a hasta pública na execução, o bem deverá ser vendido ao interessado que ofertar o maior lance, e o arrematante deverá garantir o lance com sinal correspondente a 10% do valor inicialmente orçado.
(2) A sentença normativa proferida posteriormente à sentença rescindenda é considerada documento novo para fins de rescisão de sentença de mérito transitada em julgado.
(3) Segundo entendimento consolidado do TST, recurso sem assinatura deve ser considerado inexistente. Será considerado válido o apelo se assinado, ao menos, na petição de apresentação ou nas razões recursais.
(4) É cabível recurso ordinário caso o juiz declare a incompetência absoluta em razão da matéria da justiça do trabalho e determine a remessa dos autos à justiça comum.

(5) Segundo entendimento do TST, a fazenda pública, quando condenada subsidiariamente pelas obrigações trabalhistas devidas pela empregadora principal, não se beneficia da limitação dos juros, prevista no art. 1º-F da Lei nº 9.494/1997.

1: incorreta, pois, nos termos do art. 888, § 2º, CLT, o arrematante deverá garantir o lance com o sinal correspondente a 20% (vinte por cento) do seu valor; **2:** incorreta, pois, nos termos da súmula 402, II, a, TST, não é prova nova apta a viabilizar a desconstituição de julgado a sentença normativa proferida ou transitada em julgado posteriormente à sentença rescindenda; **3:** correta, pois, nos termos da OJ 120, II, da SDI 1 do TST, é válido o recurso assinado, ao menos, na petição de apresentação ou nas razões recursais; **4:** correta, pois a decisão que declara a incompetência absoluta em razão da matéria da Justiça do Trabalho e determina a remessa dos autos à justiça comum é considerada decisão interlocutória terminativas de feito admitindo a interposição de recurso ordinário, em conformidade com o art. 799, § 2º, da CLT; **5:** correta, pois, nos termos da OJ 382 SDI 1 do TST, a Fazenda Pública, quando condenada subsidiariamente pelas obrigações trabalhistas devidas pela empregadora principal, não se beneficia da limitação dos juros, prevista no art. 1º-F da Lei 9.494, de 10.09.1997.
Gabarito 1E, 2E, 3C, 4C, 5C

(Procurador do Estado/AM – 2016 – CESPE) Acerca da jurisprudência do TST relativa a ação rescisória, mandado de segurança e competência na justiça do trabalho, julgue os itens a seguir.
(1) Procuração outorgada com poderes específicos para ajuizamento de reclamação trabalhista autoriza a propositura de mandado de segurança.
(2) As relações de trabalho decorrentes de estágio se inserem na competência da justiça do trabalho, ainda que o contratante seja ente da administração pública direta.
(3) Caso se verifique que a parte interessada não tenha juntado à petição inicial o comprovante do trânsito em julgado de decisão objeto de ação rescisória, o relator não deverá indeferir de plano essa ação, devendo abrir prazo para que se junte o referido documento, sob pena de indeferimento.

1: opção incorreta, pois, nos termos da OJ 151 da SDI 2 do TST, a procuração outorgada com poderes específicos para ajuizamento de reclamação trabalhista não autoriza a propositura de ação rescisória e mandado de segurança; **2:** opção incorreta, pois as relações de trabalho de ente da administração pública direta serão de competência da Justiça comum; vide julgamento da ADI 3395-6; **3:** opção correta, pois, nos termos da Súmula 299, II, do TST, verificando o relator que a parte interessada não juntou à inicial o documento comprobatório do trânsito em julgado da decisão objeto da ação rescisória, abrirá prazo de 15 (quinze) dias para que o faça (art. 321 do CPC de 2015), sob pena de indeferimento.
Gabarito 1E, 2E, 3C

(Analista Judiciário – TRT/8ª – 2016 – CESPE) Considerando o disposto na legislação trabalhista sobre embargos à execução, revelia e confissão, dissídios coletivos e competência do Tribunal Superior do Trabalho (TST), assinale a opção correta.
(A) O TST é competente para julgar originariamente os dissídios coletivos de categorias profissionais representadas por entidades de classe.
(B) A oposição de embargos à execução independe da garantia ou penhora de bens.
(C) No processo do trabalho, torna-se inexigível o título judicial declarado inconstitucional em decorrência de lei ou ato normativo.
(D) Nos casos em que o reclamado não comparecer à audiência, o processo deverá ficar suspenso até o reclamante demonstrar não haver concorrido para a ausência da parte requerida.
(E) Na audiência designada para a prolação de decisão, deverão comparecer as partes pessoalmente, não se admitindo outorga de poderes; no caso de revelia, poderá a parte presente requerer a nulidade do processo.

A: opção incorreta, pois a competência será do TRT para os dissídios coletivos de âmbito regional, ligados ao território sobre o qual o TRT possui jurisdição, nos termos do art. 678, I, a, da CLT e art. 6º da Lei 7.701/88. No entanto, serão de competência do TST os dissídios coletivos de âmbito suprarregional, ou seja, que abranjam mais de um Estado ou se forem de âmbito nacional, isto é, na hipótese de se tratar de uma categoria representativa de todo País; **B:** opção incorreta, pois, nos termos do art. 884 da CLT, é necessária a garantia do juízo para apresentação de embargos à execução. Não se aplica a regra disposta no art. 914 do CPC/2015; **C:** opção correta, pois reflete o disposto no art. 884, § 5º, CLT; **D:** opção incorreta, pois, nos termos do art. 844 da CLT, o não comparecimento do reclamado importa revelia, além de confissão quanto à matéria de fato; **E:** opção incorreta, pois, na audiência em prosseguimento de prolação de sentença, as partes não precisam estar presentes. Nesse sentido, veja Súmula 9, do TST.
Gabarito "C"

(Analista – TRT/11ª – 2012 – FCC) Sobre o processo judiciário do trabalho, nos termos da CLT e entendimento sumulado do TST, é INCORRETO afirmar que
(A) terminada a instrução processual, poderão as partes aduzir razões finais, em prazo não superior a vinte minutos para cada uma.

(B) o empregado poderá apresentar reclamação trabalhista pessoalmente perante a Vara do Trabalho e interpor recurso ordinário perante o Tribunal Regional do Trabalho sem a assistência de advogado.
(C) é lícito às partes celebrar acordo que ponha termo ao processo, ainda mesmo depois de encerrado o juízo conciliatório.
(D) terá preferência em todas as fases processuais o dissídio cuja decisão tiver de ser executada perante o Juízo da falência.
(E) o empregador de microempresa ou empresa de pequeno porte pode ser representado por terceiro, ainda que este não seja empregado ou faça parte do quadro societário da empresa reclamada.

A: incorreto (devendo ser assinalado – art. 850 da CLT); **B:** correto (art. 839, *a*, da CLT e Súmula 425 do TST); **C:** correto (art. 764, § 3º, da CLT); **D:** correto (art. 768 da CLT); **E:** correto (art. 843, § 3º, da CLT).

Gabarito "A".

32. DIREITO INTERNACIONAL PÚBLICO E PRIVADO

Renan Flumian

1. DIREITO INTERNACIONAL PÚBLICO

1.1. DIREITO INTERNACIONAL PÚBLICO – FONTES

(Diplomacia – 2012 – CESPE) Considerando as fontes de direito internacional público previstas no Estatuto da Corte Internacional de Justiça (CIJ) e as que se revelaram a posteriori, bem como a doutrina acerca das formas de expressão da disciplina jurídica, assinale a opção correta.

(A) De acordo com o Estatuto da Corte da Haia, a equidade constitui, apesar de seu caráter impreciso, fonte recorrente e prevista como obrigatória na resolução judicial de contenciosos internacionais.
(B) A expressão não escrita do direito das gentes conforma o costume internacional como prática reiterada e uniforme de conduta, que, incorporada com convicção jurídica, distingue-se de meros usos ou mesmo de práticas de cortesia internacional.
(C) As convenções internacionais, que podem ser registradas ou não pela escrita, são consideradas, independentemente de sua denominação, fontes por excelência, previstas originariamente no Estatuto da CIJ.
(D) Em face do caráter difuso da sociedade internacional, bem como da proliferação de tribunais internacionais, verifica-se no direito internacional crescente invocação de decisões judiciais antecedentes, arroladas como opinio juris, ainda que não previstas no Estatuto da CIJ.
(E) Ainda que não prevista em tratado ou no Estatuto da CIJ, a invocação crescente de normas imperativas confere ao jus cogens manifesta qualidade de fonte da disciplina, a par de atos de organizações internacionais, como resoluções da ONU.

A: incorreta. O artigo 38 do Estatuto da Corte Internacional de Justiça (CIJ) determina que a função da Corte é decidir as controvérsias que lhe forem submetidas com base no Direito Internacional. Ademais, indica as fontes que serão utilizadas pelos juízes na confecção de suas decisões, a saber: **a)** as convenções internacionais; **b)** o costume internacional; **c)** os princípios gerais do Direito; **d)** as decisões judiciárias e a doutrina dos juristas mais qualificados das diferentes nações. Por fim, ainda aponta a possibilidade de a Corte decidir por equidade (ex aequo et bono), desde que convenha às partes, todavia até a presente data (22 de setembro de 2012), não há registro de decisão por equidade. Logo não é uma fonte recorrente, tampouco prevista como obrigatória; **B:** correta. Para ser considerado costume internacional, é necessário que a prática seja geral e reiterada (elemento objetivo ou material), e aceita como o Direito[1] (elemento subjetivo ou psicológico). A Corte Internacional de Justiça definiu o que é o costume no conhecido julgamento do caso da Plataforma Continental do Mar do Norte, em 1969, descrevendo o conceito como "(...) a prática reiterada, acompanhada da convicção quanto a ser obrigatória essa prática, por tratar-se de norma jurídica". Trata-se do costume qualificado pela opinio juris[2]. O costume no âmbito internacional adquire grande destaque porque, diferentemente dos Estados, em que há mecanismos altamente centralizados e compulsórios de criação e de aplicação de normas, a sociedade internacional não comporta mecanismo parecido, o que a torna uma sociedade consuetudinária por excelência. Ademais, o costume[3] assume importante papel na evolução do Direito Internacional por possibilitar a produção de novas normas, tendo em vista a demora do processo de obtenção de consenso entre os Estados para a produção normativa. Tal papel é ainda mais relevante na atualidade, uma época marcada pelo constante progresso da ciência e da tecnologia, o que ocasiona mudanças rápidas e, por conseguinte, a ininterrupta necessidade de novas regras. É imperioso noticiar o atual desprestígio da teoria do objetor persistente. Essa teoria predica que um Estado pode se livrar da incidência da regra costumeira desde que tenha abertamente a contrariado desde os primórdios de sua formação. Percebe-se o caráter voluntarista de tal teoria, motivo que denuncia o seu atual demérito em função das bases sobre as quais o costume é hodiernamente formado[4]. Por fim, deve-se lembrar que o costume poderá ser extinto em função do desuso, da adoção de um novo costume ou da incompatibilidade com um novo tratado internacional. Cabe afirmar que não há hierarquia entre tratados e costumes internacionais, como fontes de Direito Internacional; assim, costumes podem revogar tratados e tratados podem revogar costumes; **C:** incorreta. Consoante o art. 2.º, ponto 1, a, da Convenção de Viena sobre Direito dos Tratados, tratado é um acordo internacional **concluído por escrito** entre Estados e regido pelo Direito Internacional, quer conste de um instrumento único, quer de dois ou mais instrumentos conexos, qualquer que seja sua denominação específica; **D:** incorreta. Reler o comentário sobre a assertiva A; **E:** incorreta. O jus cogens está tipificado no artigo 53 da Convenção de Viena sobre Direito dos Tratados: "é nulo um tratado que, no momento de sua conclusão, conflite com uma norma imperativa de Direito Internacional Geral. Para os fins da presente Convenção, uma norma imperativa de Direito Internacional Geral é uma norma aceita e reconhecida pela comunidade internacional dos Estados como um todo, como norma da qual nenhuma derrogação é permitida e que só pode ser modificada por norma ulterior de Direito Internacional Geral da mesma natureza". Por exemplo, a proibição da escravidão é uma norma imperativa de Direito Internacional, pois é considerada inderrogável por toda a comunidade internacional.

Gabarito "B".

1.2. TRATADO – TEORIA GERAL

(Advogado União – AGU – CESPE – 2015) Julgue os itens a seguir, relativos às fontes do direito internacional.

(1) Os tratados incorporados ao sistema jurídico brasileiro, dependendo da matéria a que se refiram e do rito observado no Congresso Nacional para a sua aprovação, podem ocupar três diferentes níveis hierárquicos: hierarquia equivalente à das leis ordinárias federais; hierarquia supralegal; ou hierarquia equivalente à das emendas constitucionais.
(2) Diferentemente dos tratados, os costumes internacionais reconhecidos pelo Estado brasileiro dispensam, para serem aplicados no país, qualquer mecanismo ou rito de internalização ao sistema jurídico pátrio.

1: correta. Como regra geral, o tratado internacional, depois de internalizado, é equiparado hierarquicamente à norma infraconstitucional, isto é, possui hierarquia equivalente à das leis ordinárias federais. Ao passo que os tratados de direitos humanos que forem aprovados por quórum qualificado, ou seja, em cada Casa do Congresso Nacional, em dois turnos, por três quintos dos votos dos respectivos membros, serão equivalentes às emendas constitucionais – consoante o que determina o art. 5.º, § 3º, da CF/1988. Assim, tais tratados terão hierarquia constitucional. Por fim, muito se discutiu em relação à hierarquia dos tratados de direitos humanos que foram internalizados anteriormente à edição da EC 45/2004, que criou o quórum qualificado. Mas, em 03.12.2008, o Ministro Gilmar Mendes, no RE 466.343-SP, defendeu a tese da supralegalidade de tais tratados, ou seja, sua superioridade em relação às normas infraconstitucionais e sua inferioridade em relação às normas constitucionais. O voto do Ministro Gilmar Mendes foi acompanhado pela maioria. Assim, quando o tratado de direitos humanos não passar por quórum qualificado, ele terá hierarquia supralegal; **2:** correta. Para ser considerado costume internacional, é necessário que a prática seja geral e reiterada (elemento objetivo ou material), e aceita como o Direito (elemento subjetivo ou psicológico). A Corte Internacional de Justiça definiu o que é o costume no conhecido julgamento do caso da Plataforma Continental do Mar do Norte, em 1969, descrevendo o conceito como "(...) a prática reiterada, acompanhada da convicção quanto a ser obrigatória essa prática, por tratar-se de norma jurídica". Em razão dessas características, o costume dispensa qualquer forma de reconhecimento formal para poder ser utilizado. RF

Gabarito "1C, 2C".

---

* **RF** questões comentadas por: **Renan Flumian**

1. Prática necessária, justa e correta.
2. "A opinio juris (convicção do Direito) não é apenas um acordo tácito ou abstrato de vontades (como pretendem os voluntaristas), mas sim a crença prematura dos atores da sociedade internacional (criadores daqueles "precedentes" já referidos) de que aquilo que se pratica reiteradamente se estima obrigatório pelo fato de ser justo e pertencente ao universo do Direito" (MAZZUOLI, V. O. **Curso de Direito Internacional Público**. 6ª ed. São Paulo: Editora RT, 2012. p. 124.).
3. O costume está experimentando um processo de codificação de suas regras pela adoção expressa em tratados, sendo a Convenção de Viena sobre Relações Diplomáticas um grande exemplo desse processo.
4. "(...) Como se vê, essa doutrina, de cunho voluntarista, pretende fundamentar-se no princípio de que o Direito Internacional depende essencialmente do consenso dos Estados. Atualmente, é evidente que tal doutrina – que se baseia numa ideia equivocada e já superada sobre a formação do costume – não tem mais qualquer razão de ser, uma vez que o entendimento atual é no sentido de não necessitar o costume, para a sua formação, do consentimento unânime dos Estados-membros da sociedade internacional. O que se requer – como explica Cassese – é que certo comportamento esteja difuso dentre a maioria dos sujeitos internacionais, entendendo estes últimos que tal comportamento os obriga juridicamente" (MAZZUOLI, V. O. **Curso de Direito Internacional Público**. 6ª ed. São Paulo: Editora RT, 2012. p. 130-131).

(Juiz – TRF 2ª Região – 2017) Quanto à internalização de tratados ao ordenamento nacional, assinale a opção correta:

(A) O sistema de recepção de tratados internacionais previsto na Constituição Federal não acolhe o chamado princípio do efeito direto e imediato dos tratados ou convenções internacionais sobre Direitos Humanos.
(B) A extradição solicitada por Estado estrangeiro para fins de cumprimento de pena somente poderá ser deferida depois de internalizado o tratado de extradição firmado entre o Brasil e o respectivo Estado estrangeiro.
(C) Somente após ser aprovado em duplo turno de votação, nas duas casas do Congresso Nacional, seguido de publicação de Decreto Presidencial, poderá o Tratado Internacional adquirir validade no Direito Brasileiro.
(D) Tratado internacional que verse sobre matéria que a Constituição brasileira reserva ao domínio da Lei Complementar poderá ter aplicabilidade interna, bastando que no ato de internalização seja observado o quórum de maioria absoluta previsto no artigo 69 da Constituição.
(E) Tratados que versem sobre concretização de Direitos Humanos no plano interno não podem ser objeto de denúncia pelo Estado Brasileiro, sob pena de violação ao postulado da proibição de retrocesso.

A: correta. No Brasil, o tratado só passará a ter validade interna após ter sido aprovado pelo Congresso Nacional e ratificado e promulgado pelo presidente da República; **B:** incorreta, pois o pedido e a consequente concessão da extradição podem ter por base a declaração de reciprocidade; **C:** incorreta. No Brasil é necessário um procedimento complexo para proceder à ratificação de tratados. O Congresso Nacional deve aprovar o texto do tratado, e o fará por meio de um decreto legislativo[5] promulgado pelo presidente do Senado e publicado no Diário Oficial da União. Em seguida, cabe ao presidente da República ratificar ou não – lembrando que a aprovação congressional não obriga a ulterior ratificação do tratado pelo presidente da República. Por fim, o tratado regularmente concluído depende da promulgação e da publicidade levada a efeito pelo presidente da República para integrar o Direito Nacional. No Brasil, a promulgação ocorre por meio de decreto presidencial e a publicidade perfaz-se com a publicação no Diário Oficial; **D:** incorreta, pois não existe previsão constitucional nesse sentido; **E:** essa assertiva foi apontada como incorreta pelo gabarito, porém, ela desperta calorosas discussões e está longe de comportar uma posição pacífica. Para os defensores dos direitos humanos, o princípio da proibição do retrocesso social teria, sim, como um dos efeitos inviabilizar a denúncia dos tratados internacionais de direitos humanos. É como se esse instituto de Direito Internacional não tivesse aplicação no âmbito internacional de proteção dos direitos humanos. Por outro lado, internacionalistas de linha mais tradicional e com base no princípio da soberania, defendem que, sim, é possível a denúncia de qualquer tratado, pois o estado soberano tem direito de participar ou deixar de fazer parte de um tratado internacional (com algumas exceções, como os tratados de vigência estática). Em razão do aqui exposto, advogo que essa assertiva não poderia ser considerada correta ou incorreta de forma taxativa, o que geraria a anulação da questão. RF
Gabarito "A".

(Delegado/PE – 2016 – CESPE) Com base na disciplina constitucional acerca dos tratados internacionais, da forma e do sistema de governo e das atribuições do presidente da República, assinale a opção correta.

(A) Insere-se no âmbito das competências privativas do Senado Federal resolver definitivamente sobre tratados, acordos ou atos internacionais que acarretem encargos ou compromissos gravosos ao patrimônio nacional.
(B) O sistema presidencialista de governo adotado no Brasil permite que o presidente da República, na condição de chefe de Estado, decrete o estado de defesa e o estado de sítio, independentemente de autorização do Congresso Nacional.
(C) Da forma republicana de governo adotada pela CF decorre a responsabilidade política, penal e administrativa dos governantes; os agentes públicos, incluindo-se os detentores de mandato seletivos, são igualmente responsáveis perante a lei.
(D) Na condição de chefe de governo, cabe ao presidente da República editar atos administrativos que criem e provejam órgãos públicos federais, na forma da lei.
(E) Tratados e convenções internacionais sobre direitos humanos, para que sejam equivalentes a emendas constitucionais, deverão ser aprovados em cada Casa do Congresso Nacional, por maioria absoluta de votos, em dois turnos de discussão e votação.

A: incorreta, pois trata-se de competência exclusiva do Congresso Nacional (art. 49, I, da CF); **B:** incorreta. Tanto o estado de defesa como o de sítio dependem de participação do Congresso Nacional para terem validade art. 49, IV, da CF); **C:** correta, pois trata-se de responsabilidade inata de quem cuida da coisa pública; **D:** incorreta (art. 84, VI, a, da CF); **E:** incorreta. Os tratados e convenções internacionais sobre direitos humanos que forem aprovados, em cada Casa do Congresso Nacional, em dois turnos, por três quintos dos votos dos respectivos membros, serão equivalentes às emendas constitucionais (art. 5º, § 3º, da CF).
Gabarito "C".

---

5. Lembrando que as matérias de competência exclusiva do Congresso Nacional (art. 49 da CF/1988) devem ser normatizadas via decreto legislativo.

1.2.1. EXPRESSÃO DO CONSENTIMENTO

(Magistratura do Trabalho – 2ª Região – 2014) Em relação aos tratados internacionais, observe as proposições abaixo e ao final responda a alternativa que contenha proposituras corretas:

I. É competência privativa do Presidente da República resolver definitivamente sobre tratados, acordos ou atos internacionais que acarretem compromissos gravosos ao patrimônio nacional.
II. De acordo com a Constituição Federal, a União Federal é competente para manter relações com Estados estrangeiros e participar das organizações internacionais. Todavia tem-se certo que a União é apenas uma pessoa jurídica de Direito Interno e não de Direito Internacional.
III. A competência do Congresso Nacional para analisar, votar, aprovar ou não os tratados internacionais assinados pelo Brasil limita-se a aprovação ou rejeição do texto convencional, não sendo admissível qualquer interferência no seu conteúdo.
IV. Cabe ao Supremo Tribunal Federal julgar mediante recurso extraordinário as causas decididas em única ou última instância, quando a decisão recorrida declarar a ilegalidade de tratado.
V. Os tratados de Direitos Humanos, conforme regime constitucional, podem ser materialmente constitucionais ou material e formalmente constitucionais.

Está correta a alternativa:

(A) I e II.
(B) II, III e IV.
(C) II e IV.
(D) I, IV e V.
(E) II, III e V.

I: incorreta, pois é competência exclusiva do Congresso Nacional (art. 49, I, da CF); **II:** correta (art. 21, I, da CF); **III:** correta. Essa assertiva foi apontada como correta, mas discordamos. Isso porque a reserva[6] pode aparecer tanto no momento da assinatura do tratado como no da ratificação ou da adesão, momento em que o Congresso Nacional pode fazer ressalvas sobre o texto do tratado e até mesmo desabonar as reservas feitas por ocasião da assinatura do tratado. No primeiro caso, as ressalvas serão traduzidas em reservas no momento da ratificação pelo presidente da República e, no segundo caso, o presidente da República fica impedido de confirmar as reservas previamente feitas. Pelo dito, percebe-se que o Congresso Nacional pode sim interferir no conteúdo dos tratados internacionais quando exerce sua competência constitucionalmente estabelecida; **IV:** incorreta. Essa competência do STF existe quando a decisão recorrida declarara a inconstitucionalidade de tratado (art. 102, III, b, da CF); **V:** correta. Com a edição da EC 45, os tratados de direitos humanos que forem aprovados, em cada Casa do Congresso Nacional, em dois turnos, por três quintos dos votos dos respectivos membros, serão equivalentes às emendas constitucionais[7] – conforme o que determina o art. 5º, § 3º, da CF[8-9]. Ou seja, tais tratados terão hierarquia constitucional quando aprovados por maioria qualificada no Congresso Nacional (regime especial de incorporação) e forem ratificados e posteriormente publicados pelo presidente da República. O examinador adota posição que não condiz com a atual posição do STF, mas que possui grande acolhida entre os defensores dos direitos humanos. Para o STF, se o tratado de direitos humanos for incorporado de forma normal (sem passar pelo procedimento especial há pouco explicitado) teria *status* de norma supralegal. O examinador assume a posição defendida pelo Ministro Celso de Mello (RE 466.343-SP), que advoga pelo caráter constitucional dos direitos humanos independentemente do quórum de aprovação. Ou seja, todos os tratados de direitos humanos são materialmente constitucionais, e serão material e formalmente constitucionais quando forem incorporados sob o regime especial do art. 5º, § 3º, da CF. Portanto, tal assertiva pode ser apontada como correta, mas cabe ressalvar a posição atual do STF, que foi capitaneada pelo Ministro Gilmar Mendes no RE já mencionado.
Gabarito "E".

---

6. A reserva é um condicionante do consentimento. Ou seja, é a declaração unilateral do Estado aceitando o tratado, mas sob a condição de que certas disposições não valerão para ele. A Convenção de Viena sobre Direito dos Tratados também traz um conceito de reserva no seu art. 2º, I, d.
7. Mas não possuirão *status* de norma constitucional originária. Ou seja, é obra do Poder Constituinte Derivado Reformador e não do Poder Constituinte Originário.
8. Bem fundamentada é a crítica formulada por Valerio de Oliveira Mazzuoli ao mencionado § 3º do art. 5º da CF: "também rompe a harmonia do sistema de integração dos tratados de direitos humanos no Brasil, uma vez que cria *categorias* jurídicas entre os próprios instrumentos internacionais de direitos humanos ratificados pelo governo, dando tratamento diferente para normas internacionais que têm o mesmo fundamento de validade, ou seja, hierarquizando diferentemente tratados que têm o mesmo conteúdo ético, qual seja, a proteção internacional dos direitos humanos. Assim, essa *desigualação dos desiguais* que permite o § 3º ao estabelecer ditas *categorias de tratados* é totalmente injurídica por violar o princípio (também constitucional) da *isonomia*" (op. cit., p. 29).
9. Esse § 3º é denominado de cláusula holandesa pelo Prof. Francisco Rezek.

1.2.2. TRATADOS ESPECÍFICOS

1.2.2.1. PROTOCOLO DE KYOTO

(Procurador da República – 26.º) Como parte do Protocolo de Kioto à Convenção-Quadro das Nações Unidas sobre Mudança Climática, o Brasil se compromete a:
(A) elaborar políticas e medidas de fomento à eficiência energética em todos os setores da economia nacional;
(B) implementar medidas para limitar reduzir as emissões de gases de efeito estufa não controlados pelo Protocolo de Montreal no setor de transporte;
(C) assegurar que suas emissões de gases de efeito estufa não excedam as quantidades fixadas para si, reduzindo o total de suas emissões a um nível inferior a não menos de 5% do nível de 1990 no período de compromisso compreendido entre 2008 e 2012;
(D) formular, quando aplicável e na medida do possível, programas nacionais para melhorar a qualidade dos fatores de emissão de gases de efeito estufa.

A única assertiva correta com base no Protocolo de Kyoto é a D (art. 10, *a*, do Protocolo de Kyoto).

Gabarito "D".

1.2.3. CONVENÇÃO DAS NAÇÕES UNIDAS CONTRA O CRIME ORGANIZADO TRANSNACIONAL

(Juiz – TRF 4ª Região – 2016) Dadas as assertivas abaixo, assinale a alternativa correta.
Considerando a Convenção das Nações Unidas contra o Crime Organizado Transnacional:
I. A convenção é aplicável, no Brasil, aos crimes com pena de privação de liberdade cujo máximo não seja inferior a quatro anos, mesmo que tenham sido cometidas em um só Estado, mas tenham participação de grupo criminoso organizado que pratique atividades criminosas em mais de um Estado.
II. Por força da convenção, os Estados-parte mitigam sua soberania admitindo que um dos celebrantes exerça, em território de outro Estado, jurisdição ou funções reservadas, pelo direito interno desse Estado, às suas autoridades.
III. A convenção determina que cada Estado-parte adote, em conformidade com os princípios fundamentais do seu direito interno, medidas legislativas que sejam necessárias para caracterizar como infração penal diversas condutas de lavagem do produto de crime, dentre as quais a dissimulação da verdadeira origem de bens ou direitos a eles relativos, sabendo o seu autor que ditos bens são produto de crime.
IV. Pela convenção, as autoridades competentes de um Estado-parte podem, sem pedido prévio e sem prejuízo de seu direito interno, comunicar informações relativas a questões penais a uma autoridade competente de outro Estado-parte, quando essas informações puderem ajudar a empreender investigações e processos penais.
(A) Está correta apenas a assertiva II.
(B) Está correta apenas a assertiva III.
(C) Estão corretas apenas as assertivas I e II.
(D) Estão corretas apenas as assertivas I, III e IV.
(E) Estão corretas todas as assertivas.

I: correta (arts. 2º, *b*, e 3º, ponto 2, *c*, da Convenção); II: incorreta, pois não existe previsão neste sentido na Convenção; III: correta (art. 6º, ponto 1, da Convenção); IV: correta (art. 18, ponto 4, da Convenção).

Gabarito "D".

1.3. ESTADO – SOBERANIA E TERRITÓRIO

(Juiz – TRF 3ª Região – 2016) Considerados os termos da Lei nº 8.617, de 4.1.1993, denominada a Lei do Mar, assinale a alternativa incorreta:
(A) O Brasil exerce na plataforma continental direitos de soberania para efeitos de exploração dos recursos naturais, no leito e no subsolo das áreas submarinas que se estendem além do seu mar territorial, em toda a extensão do prolongamento natural de seu território terrestre, até o bordo exterior da margem continental, ou até uma distância de 200 (duzentas) milhas marítimas das linhas de base.
(B) No mar territorial o Brasil exerce soberania e tem direito de inspeção e apresamento dos navios que trafegam nessa zona de mar por infração ao seu direito interno, especialmente às regras que proíbam o alijamento de substâncias nocivas.
(C) Na zona econômica exclusiva (ZEE) o Brasil tem o direito exclusivo de regulamentar a investigação científica marinha, a proteção e preservação do meio marítimo, bem como a construção, a operação e o uso de todos os tipos de ilhas artificiais, instalações e estruturas.
(D) Quando os navios-cassino estrangeiros navegarem pelo mar territorial brasileiro, no exercício do direito de passagem inocente, rápida e contínua, que não seja prejudicial à paz, à boa ordem ou à segurança do Brasil, não será exercida a jurisdição penal brasileira a bordo, mesmo na hipótese de ocorrência de infração criminal com consequências para o Estado brasileiro.

A: correta (arts. 11 e 12 da Lei 8.617/1993); **B:** correta (arts. 1º, 2º e 3º, § 3º, da Lei 8.617/1993); **C:** correta (art. 8º da Lei 8.617/1993); **D:** incorreta, pois será, sim, exercida a jurisdição penal brasileira no caso narrado pela assertiva, isto porque a soberania do Estado brasileiro incide sobre o seu mar territorial (art. 2º da Lei 8.617/1993).

Gabarito "D".

(Promotor de Justiça/SC – 2016 – MPE)
(1) A concessão de asilo político é um dos princípios que regem a República Federativa do Brasil nas suas relações internacionais.

1: verdade (art. 4º, X, da CF).

Gabarito 1C.

1.3.1. DOMÍNIO MARÍTIMO – CONVENÇÃO DAS NAÇÕES UNIDAS SOBRE DIREITO DO MAR

(Advogado – PETROBRÁS – 2012 – CESGRANRIO) A jurisdição brasileira sobre águas se estende às águas interiores e marítimas. Foi detectado um lançamento de óleo a mais de duzentas milhas da costa brasileira, numa área do sudeste do Brasil, onde a plataforma continental se prolonga. O Brasil tem jurisdição para impor sanções aos responsáveis por esse incidente?
(A) Não, porque o incidente ocorreu fora dos limites da Zona Econômica Exclusiva (ZEE).
(B) Não, porque o incidente ocorreu fora dos limites do mar territorial.
(C) Sim, se os responsáveis forem pessoas físicas ou jurídicas brasileiras.
(D) Sim, desde que o incidente tenha ocorrido nas águas sobrejacentes à plataforma continental.
(E) Sim, se a poluição vier a atingir a costa brasileira.

A, B, C, D e E: o domínio marítimo de um estado compreende as águas interiores, o mar territorial, a zona contígua, a zona econômica exclusiva e a plataforma continental. As águas interiores abrangem toda quantidade de água que se encontra na parte anterior da linha de base. Já o mar territorial é a parte do mar compreendida entre a linha de base e o limite de 12 milhas marítimas na direção do mar-aberto. E a zona contígua trata-se de uma segunda faixa, a qual é adjacente ao mar territorial, e, em princípio, também de 12 milhas de largura. Por sua vez, a zona econômica exclusiva é a zona situada além do mar territorial e a este adjacente – logo, se sobrepõe à zona contígua – e possui largura de duzentas milhas marítimas contadas da linha de base. Por fim, a plataforma continental é aquela parte do mar adjacente à costa, cuja profundidade normalmente atinge duzentos metros, e que, distante do litoral, cede lugar às inclinações abruptas que conduzem aos fundos marinhos. O estado costeiro tem o direito exclusivo de explorar os recursos naturais encontrados sobre a plataforma e seu subsolo (princípio da contiguidade) e qualquer dano sofrido possibilita o estado costeiro a exercer jurisdição e punir os responsáveis pelo dano.

Gabarito "D".

1.3.2. IMUNIDADES – DIPLOMÁTICA, CONSULAR, DE JURISDIÇÃO E DE EXECUÇÃO

(Procurador – PGFN – ESAF – 2015) No que tange à jurisdição internacional do Estado, assinale a opção incorreta.
(A) A jurisdição do Estado é limitada pelos princípios da territorialidade da jurisdição e da imunidade de jurisdição.
(B) O princípio da territorialidade de jurisdição constitui a regra, sendo a extraterritorialidade da jurisdição uma exceção a este princípio.
(C) O princípio da personalidade passiva, que informa competência extraterritorial, atribui ao Estado competência para regular atos praticados por seus nacionais mesmo fora de seu território.
(D) A imunidade de jurisdição representa uma exceção ao princípio de sujeição à jurisdição territorial.
(E) A renúncia à imunidade de jurisdição no tocante às ações cíveis implica renúncia tácita à imunidade quanto às medidas de execução da sentença.

Todas as assertivas estão corretas, com exceção da assertiva "E". Isso porque a renúncia à imunidade de jurisdição no tocante às ações cíveis ou administrativas não implica renúncia à imunidade quanto às medidas de execução de sentença, para a consecução das quais nova renúncia é necessária (art. 32, ponto 4, da Convenção de Viena sobre Relações Diplomáticas).

Gabarito "E".

(Juiz – TRF 4ª Região – 2016) Dadas as assertivas abaixo, assinale a alternativa correta. Considerando a Convenção de Viena sobre as Relações Diplomáticas:

I. O Estado acreditante deverá certificar-se de que a pessoa que pretende nomear como o chefe da missão perante o Estado acreditado obteve o *agrément* do referido Estado que, por sua vez, não está obrigado a dar ao Estado acreditante as razões da eventual negação do *agrément*.

II. Os locais de missões diplomáticas são invioláveis, não podendo os agentes do Estado acreditado neles ingressar sem o consentimento do chefe da missão diplomática.

III. A missão diplomática tem o poder de representar o Estado acreditante perante o Estado acreditado, derivando disso um complexo de poderes, dentre os quais a prerrogativa de fazer declarações, inclusive para fins de extradição de seus súditos.

IV. A nota diplomática, que vale pelo que nela se contém, goza da presunção *juris tantum* de autenticidade e de veracidade, consubstanciando documento formal cuja eficácia jurídica deriva das condições e peculiaridades de seu trânsito por via diplomática e que faz presumir a sinceridade da declaração encaminhada por via diplomática quanto, por exemplo, à integridade da pretensão punitiva ou executória do Estado requerente em caso de extradição.

(A) Está correta apenas a assertiva II.
(B) Está correta apenas a assertiva III.
(C) Estão corretas apenas as assertivas I e II.
(D) Estão corretas apenas as assertivas I, III e IV.
(E) Estão corretas todas as assertivas.

I: correta (art. 4º da Convenção); **II:** correta (art. 22, ponto 1, da Convenção); **III:** correta (art. 3º, *a*, da Convenção); **IV:** correta (Ext. 1171, STF, Rel. Min. Celso de Mello, Tribunal Pleno, j. 19.11.2009).
Gabarito "E".

(Procurador da República – 28º Concurso – 2015 – MPF) Assinale a alternativa correta:
(A) A proteção diplomática pode ser concedida a indivíduo polipátrida que ostenta a nacionalidade do pretenso Estado ofensor.
(B) O diplomata, de acordo com a Convenção de Viena sobre Relações Diplomáticas, pode renunciar à própria inviolabilidade, uma vez que se trata de direito personalíssimo outorgado pelo Direito Internacional.
(C) Cabe ao Estado asilante a classificação da natureza do delito ou dos motivos da perseguição para a finalidade de concessão do asilo diplomático, de acordo com a Convenção sobre Asilo Diplomático, de 1954.
(D) De acordo com a Convenção das Nações Unidas sobre Direito do Mar, o Brasil não pode exercer jurisdição penal em navio mercantil estrangeiro que realize passagem inocente pelo mar territorial, mesmo que seja para fim de repressão do tráfico ilícito de estupefacientes.

A: incorreta. A proteção diplomática é a assunção de defesa de nacional por seu Estado. Discussões surgem quando aparece a dupla nacionalidade ou a múltipla nacionalidade. Neste caso, qualquer dos Estados patriais pode proteger o indivíduo contra terceiro Estado. Contudo, o endosso não poderá tomar corpo se a reclamação for contra um dos Estados patriais; tal impossibilidade tem por fundamento o princípio da igualdade soberana dos Estados; **B:** incorreta. O Estado acreditante (o que envia o agente diplomático ou consular) pode renunciar, se entender conveniente, às imunidades de índole penal e civil de que gozam seus representantes diplomáticos e consulares (art. 32 da Convenção de Viena de 1961). Em caso algum o próprio beneficiário da imunidade pode renunciar; **C:** correta (art. 4º da Convenção); **D:** incorreta, pois o Brasil pode sim exercer sua jurisdição penal nesse caso (art. 27, ponto 1, *d*, da Convenção sobre o Direito do Mar).
Gabarito "C".

(Magistratura do Trabalho – 2ª Região – 2014) No que tange às relações diplomáticas e consulares e tendo em vista os preceitos das Convenções de Viena de 1961 (Dec. Legislativo 103/1964 e Decreto 56.453/1965) e de 1963 (Dec. Legislativo 6/1967 e Decreto 61.078/1967), observe as proposições abaixo e responda a alternativa que contenha proposituras **corretas**:

I. "Chefe de Missão diplomática" é a pessoa encarregada pelo Estado acreditado de agir nessa qualidade.

II. "Funcionário consular" é toda pessoa, inclusive o chefe de repartição consular, encarregada nesta qualidade do exercício das funções consulares.

III. O Estado acreditado deverá certificar-se de que a pessoa que pretende nomear como Chefe de Missão Diplomática perante o Estado acreditante obteve o "exequatur" do referido Estado.

IV. A repartição consular poderá cobrar no território do Estado receptor os direitos e emolumentos que as leis e os regulamentos do Estado que envia prescreverem para os atos consulares. As somas recebidas a título de direitos e emolumentos e os recibos correspondentes não estarão isentos de impostos e taxas do Estado receptor.

V. A renúncia à imunidade de jurisdição no tocante às ações civis ou administrativas não implica renúncia à imunidade quanto às medidas de execução da sentença para as quais nova renúncia é necessária.

Está correta a alternativa:
(A) I e II.
(B) III e IV.
(C) I e IV.
(D) II e V.
(E) III e V.

I: incorreta. "Chefe de Missão" é a pessoa encarregada pelo Estado acreditante de agir nessa qualidade (artigo 1º, *a*, da Convenção de Viena sobre Relações Diplomáticas); **II:** correta (art. 1º, *d*, da Convenção de Viena sobre Relações Consulares); **III:** incorreta A assertiva inverteu a ordem, pois é o Estado acreditante (o que envia o agente diplomático ou consular) que deve checar se o Estado acreditado (o que recebe o agente diplomático ou consular) concedeu o *agrément* (esse é o termo correto e não *exequatur*). É possível que o Estado acreditado não conceda o *agrément*. *Agrément* é o ato por meio do qual o Estado acreditado manifesta sua concordância com a nomeação de um agente diplomático por parte do Estado acreditante. Ademais, o Estado acreditado não precisa dar os motivos da recusa do *agrément* (art. 4º, ponto 2, da Convenção de Viena sobre Relações Diplomáticas)[10]; **IV:** incorreta, pois existe a imunidade tributária, logo tais somas estão sim isentas de impostos e taxas do Estado receptor; **V:** correta (art. 32, ponto 4, da Convenção de Viena sobre Relações Diplomáticas)
Gabarito "D".

(Advogado – CEF – 2012 – CESGRANRIO) O Brasil acaba de firmar relações diplomáticas com um país que comprou uma casa no Lago Sul, em Brasília, para servir de residência oficial para seu Embaixador. A casa estava precisando de reparos. Como as obras eram urgentes, o embaixador tomou R$ 10 mil emprestados em um Banco comercial de Brasília para fazer face às despesas iniciais da obra. O empréstimo não é pago, e o Banco pretende cobrar judicialmente a dívida. Nesse caso, o Banco

(A) não poderá executar o contrato, porque o país estrangeiro goza de imunidade de jurisdição e de execução.
(B) não poderá cobrar a dívida, por falta de competência da justiça brasileira quando o réu é pessoa jurídica de direito público externo ou seu representante oficial.
(C) poderá cobrar em juízo a dívida, porque não há imunidade de jurisdição para atos *ius gestionis*.
(D) poderá penhorar a casa, porque não há imunidade de jurisdição para atos *ius gestionis*.
(E) precisará cobrar diretamente do Embaixador, porque os bens da Embaixada são invioláveis e impenhoráveis.

A, B, C, D e E: a regra de imunidade jurisdicional do estado, enquanto pessoa jurídica de direito externo, existe há muito tempo no plano internacional e se consubstancia na não possibilidade do estado estrangeiro figurar como parte perante tribunal estrangeiro contra sua vontade (*par in parem non habet judicium*). Mais tarde, tal regra foi corroborada pelo princípio da igualdade soberana dos Estados. No entanto, essa outrora absoluta imunidade vem sendo reconfigurada. A título de exemplo, aponta-se a Convenção Europeia sobre a Imunidade dos Estados, concluída em Basileia e em vigor desde 1976, que exclui do âmbito da imunidade do estado as ações decorrentes de contratos celebrados e exequendos *in loco*. Dispositivo semelhante aparece no *State Immunity Act*, que se editou na Grã-Bretanha em 1978. Também pode-se apontar a Convenção sobre as Imunidades dos Estados e seus Bens, adotada pela ONU, que tem por linha base a exclusão do âmbito de imunidade estatal as atividades de notável caráter econômico. No Brasil, por exemplo, o STF decidiu no julgamento da ACI 9.696 em 1989 que Estado estrangeiro não tem imunidade em causa de natureza trabalhista, entendida como ato de gestão. *Ou seja, todo ato de gestão, que envolva relação civil, comercial ou trabalhista, não se encontra abrangido pela imunidade de jurisdição estatal. Assim, a imunidade recai apenas sobre os atos de império, mas poderá ser afastada mediante concordância do Estado por ela beneficiado*. Percebe-se que a imunidade jurisdicional do estado estrangeiro passou de um costume internacional absoluto à matéria a ser regulada internamente por cada estado. Como panorama geral, pode-se dizer que a imunidade jurisdicional estatal não mais incidirá nos processos provenientes de relação jurídica entre o estado estrangeiro e o meio local – mais exatamente os particulares locais (atos de gestão ou ius gestionis).
Gabarito "C".

1.3.3. COMBINADAS

(Defensoria Pública da União – CESPE – 2015) No que se refere ao direito internacional, julgue os itens seguintes.

(1) Normas *jus cogens* não podem ser revogadas por normas positivas de direito internacional.
(2) A Convenção das Nações Unidas sobre Imunidade Jurisdicional do Estado e de sua Propriedade garante a aplicação do princípio da imunidade absoluta do Estado.
(3) A Carta das Nações Unidas não se refere explicitamente à personalidade jurídica da Organização das Nações Unidas, ao passo

---
10. O mesmo ocorre com os agentes consulares (art. 12, ponto 2, da Convenção de Viena sobre Relações Consulares).

que o Protocolo de Ouro Preto prevê que o MERCOSUL tenha personalidade jurídica de direito internacional.
(4) De acordo com a jurisprudência do STF, os tratados de direitos humanos e os tratados sobre direito ambiental possuem estatura supralegal.

1: incorreta. No gabarito oficial essa assertiva consta como errada, porém, está correta e em consonância com o disposto na Convenção de Viena sobre Direito dos Tratados (artigos 53 e 64); **2:** errado. A Convenção sobre as Imunidades dos Estados e seus Bens, adotada pela ONU, tem por linha-base a exclusão do âmbito de imunidade estatal as atividades de notável caráter econômico. No Brasil, por exemplo, o STF decidiu, no julgamento da ACI 9.696 em 1989, que Estado estrangeiro não tem imunidade em causa de natureza trabalhista, entendida como ato de gestão. Ou seja, todo ato de gestão que envolva relação civil, comercial ou trabalhista não se encontra abrangido pela imunidade de jurisdição estatal[11]. Assim, a imunidade recai apenas sobre os atos de império, mas pode ser afastada mediante concordância do Estado por ela beneficiado. Em geral, pode-se dizer que a imunidade jurisdicional estatal não mais incidirá nos processos provenientes de relação jurídica entre o Estado estrangeiro e o meio local – mais exatamente os particulares locais (atos de gestão ou *ius gestionis*); **3:** certo, pois, de fato, a Carta das Nações Unidas não possui previsão expressa nesse sentido, enquanto o Protocolo de Ouro Preto sim (art. 34); **4:** errado, pois apenas os tratados de direitos humanos possuem estatura supralegal.

Gabarito: 1E, 2E, 3C, 4E

(Defensoria Pública da União – CESPE – 2015) Ainda no que concerne ao direito internacional, julgue os itens subsequentes.
(1) Segundo a Convenção de Viena sobre Direitos dos Tratados, o Estado é obrigado a abster-se de atos que frustrem o objeto e finalidade do tratado, quando houver trocado instrumentos constitutivos do tratado, sob reserva de aceitação.
(2) *Opinio juris* é um dos elementos constitutivos da norma costumeira internacional.
(3) No que concerne à aplicação da lei estrangeira no país, a Lei de Introdução às Normas do Direito Brasileiro refere-se expressamente ao princípio da ordem pública.
(4) A empresa transportadora responde, a qualquer tempo, pela saída do estrangeiro clandestino ou impedido do país.
(5) Compete ao diretor-geral da Polícia Federal determinar a instauração de inquérito para a expulsão do estrangeiro.
(6) Conforme o protocolo de Las Leñas, admite-se, no âmbito do MERCOSUL, que laudos arbitrais sejam reconhecidos na jurisdição estrangeira na língua oficial em que forem proferidos, desde que haja reciprocidade.
(7) O Código Penal brasileiro prevê a aplicação do princípio da jurisdição universal a estrangeiros, incluindo-se os casos em que haja violações de normas costumeiras de direito internacional.
(8) O Brasil denunciou a Convenção de Nova York sobre Prestação de Alimentos no Estrangeiro em novembro de 2014.

1: certo (art. 18 da Convenção de Viena sobre o Direito dos Tratados); **2:** certo. Para ser considerado costume internacional, é necessário que a prática seja geral e reiterada (elemento objetivo ou material), e aceita como o Direito[12] (elemento subjetivo ou psicológico). A Corte Internacional de Justiça definiu o que é o costume no conhecido julgamento do caso da Plataforma Continental do Mar do Norte, em 1969, descrevendo o conceito como "(...) a prática reiterada, acompanhada da convicção quanto a ser obrigatória essa prática, por tratar-se de norma jurídica". Trata-se do costume qualificado pela *opinio juris*[13]; **3:** certo (art. 17 da LINDB); **4:** certo (art. 27 da Lei 6.815/1980); **5:** errado, pois compete ao Ministro da Justiça (art. 68, parágrafo único, da Lei 6.815/1980); **6:** errado (art. 20, b, do Protocolo de Las Leñas); **7:** errado, pois o Código Penal brasileiro não faz previsão do tipo; **8:** errado, pois essa informação não procede.

Gabarito: 1C, 2C, 3C, 4C, 5E, 6E, 7E, 8E

(Magistratura do Trabalho – 2ª Região – 2014) Quanto às atividades do estrangeiro no Brasil, aponte a alternativa correta:
(A) A Constituição Federal assegura aos estrangeiros o direito pleno de propriedade, nos termos do art. 5º, "caput" e seu inciso XXII, que estabelecem a igualdade de todos perante a lei e a garantia dos direitos elencados na Constituição, dentre eles, o de propriedade.
(B) Conforme Súmula do Supremo Tribunal Federal é vedada a expulsão de estrangeiro na específica hipótese de ser ele casado com brasileira e com filho brasileiro dependente da economia paterna.
(C) O nascimento de filho brasileiro após a prática da infração penal, por estrangeiro, não constitui óbice à sua expulsão, embora possa tal expulsão não acontecer quando tal filho dele dependa economicamente e tenha convivência socioafetiva.
(D) O titular de visto diplomático oficial ou de cortesia, acreditado junto ao Governo brasileiro ou cujo prazo previsto de estada no país seja superior a 80 (oitenta) dias, deverá providenciar seu registro no Ministério das Relações Exteriores.
(E) A entrada em território nacional far-se-á somente pelos locais onde houver fiscalização dos órgãos competentes dos Ministérios da Saúde, da Justiça e do Trabalho.

A: incorreta, pois o estrangeiro não tem o direito pleno de propriedade no Brasil. Um exemplo de limitação do direito de propriedade do estrangeiro pode ser verificado no art. 3º, *caput*, da Lei 5.709/1971: "A aquisição de imóvel rural por pessoa física estrangeira não poderá exceder a 50 (cinquenta) módulos de exploração indefinida, em área contínua ou descontínua"; **B:** incorreta, pois não existe Súmula do STF nesse sentido. O que existe é uma previsão legal. O art. 75, II, da Lei 6.815/1980 dispõe que não se procederá à expulsão "quando o estrangeiro tiver: **a)** cônjuge brasileiro do qual não esteja divorciado ou separado, de fato ou de direito, e desde que o casamento tenha sido celebrado há mais de 5 (cinco) anos; ou **b)** filho brasileiro que, comprovadamente, esteja sob sua guarda e dele dependa economicamente". Tratam-se das chamadas *condições de inexpulsabilidade*. Em relação à segunda situação, deve-se asseverar que o STF possui orientação consolidada no sentido de que o nascimento de filho brasileiro após a prática da infração penal não caracteriza óbice à expulsão (vide Informativo 554 do STF[14]). Todavia, essa outrora posição consolidada parece ser flexibilizada em função do afeto enquanto valor constitucional central. Hodiernamente, especialmente pelo defendido no HC 114901/DF[15], sublinha-se o dever constitucional do Estado de proteger a unidade e de preservar a integridade das entidades familiares, além da necessidade de proteção integral e efetiva à criança e ao adolescente nascidos no Brasil. Logo, a posição apontada, outrora indiscutível, começa a ser relativizada, conforme verificado em excerto do citado *habeas corpus*: "constando dos autos que o nascimento do mencionado filho do paciente ocorreu após o fato criminoso e não havendo comprovação de que o menor dependa economicamente do pai e de que tenham eles convivência socioafetiva, a jurisprudência desta Corte, **ainda que mais flexível com o propósito de beneficiar a prole brasileira**, não ampara a pretensão de impedir a efetiva expulsão do estrangeiro, condenado por tráfico de drogas" (grifo nosso); **C:** correta (reler o comentário sobre a assertiva anterior); **D:** incorreta. O art. 32 do Estatuto do Estrangeiro assim dispõe: "O titular de visto diplomático, oficial ou de cortesia, acreditado junto ao Governo brasileiro ou cujo prazo previsto de estada no País seja superior a 90 (noventa) dias, deverá providenciar seu registro no Ministério das Relações Exteriores"; **E:** incorreta. A entrada no território nacional far-se-á somente pelos locais onde houver fiscalização dos órgãos competentes dos Ministérios da Saúde, da Justiça e da Fazenda (art. 22 do Estatuto do Estrangeiro).

Gabarito: "C"

(Advogado da União/AGU – CESPE – 2012) Em relação à condição jurídica do estrangeiro e aos direitos de nacionalidade, julgue os itens que se seguem.
(1) É privativo de brasileiro nato o cargo de governador de estado.
(2) A reciprocidade é pré-condição para que aos portugueses com residência permanente no país sejam atribuídos direitos inerentes ao brasileiro.
(3) O visto consular, concedido a autoridades consulares a serviço de Estado estrangeiro no Brasil e a seus familiares, é expressamente previsto no Estatuto do Estrangeiro.
(4) O direito brasileiro veda a deportação de estrangeiro acusado da prática de crime político.
(5) É expressamente proibida pela CF a extradição ou entrega de brasileiro nato a autoridades estrangeiras.

1: errada. O art. 12, § 3º, da CF lista os cargos que só podem ser ocupados por brasileiros natos: Presidente e Vice-Presidente da República; Presidente da Câmara dos Deputados; Presidente do Senado Federal; Ministro do Supremo Tribunal Federal; carreira diplomática; oficial das Forças Armadas; e Ministro de Estado da Defesa; **2:** certa. O § 1º do art. 12 da CF traz regra que permite conceder aos portugueses com residência permanente no Brasil, *desde que haja reciprocidade em favor de brasileiros*, os direitos e garantias fundamentais inerentes ao brasileiro naturalizado; **3:** errada, pois expressamente só está previsto o visto diplomático no Estatuto do Estrangeiro. O visto diplomático (VIDIP) será concedido a autoridades e funcionários estrangeiros e de organismos internacionais que tenham *status* diplomático e viajem ao Brasil em caráter transitório ou permanente; **4:** certa. A deportação é a saída compulsória, do território nacional, do estrangeiro que ingressou irregularmente, ou cuja presença tenha-se tornado irregular – quase sempre por expiração do prazo de permanência, ou no exercício de atividade não permitida, como, por exemplo, trabalho remunerado no caso do turista. A medida não é exatamente punitiva, nem deixa sequelas. Seu procedimento é simples. O estrangeiro é notificado para sair do Brasil, e caso não obedeça poderá ser decretada, pelo juiz federal, sua pri-

---

11. RO 00010567520145020041, TRT-2º Região, SP. Ementa: Direito Internacional do Trabalho. Consulado e Embaixada do Reino da Espanha no Brasil. Contrato de trabalho que pactua a aplicação da lei brasileira. Serviços meramente administrativos. Atos de gestão. Matéria de ordem privada. Relativização da imunidade de jurisdição. (04/09/2015).
12. Prática necessária, justa e correta.
13. "A *opinio juris* (convicção do Direito) não é apenas um acordo tácito ou abstrato de vontades (como pretendem os voluntaristas), mas sim a crença prematura dos atores da sociedade internacional (criadores daqueles 'precedentes' já referidos) de que aquilo que se pratica reiteradamente se estima obrigatório pelo fato de ser justo e pertencente ao universo do Direito" (MAZZUOLI, V. O. Curso de Direito Internacional Público. 6. ed. São Paulo: Ed. RT, 2012. p. 124.).
14. No mesmo sentido, o art. 75, § 1º, do Estatuto do Estrangeiro assim dispõe: "não constituem impedimento à expulsão a adoção ou o reconhecimento de filho brasileiro supervenientes ao fato que o motivar".
15. Informativo 690 do STF.

são com a finalidade de ulterior deportação. De suma importância sobre o instituto é a impossibilidade de proceder a deportação se isso implicar em extradição inadmitida pela lei brasileira (art. 63 do Estatuto do Estrangeiro). *Portanto, a deportação não é permitida quando relacionada à prática de crimes políticos, de imprensa, religiosos e militares*. A deportação não deve ser confundida com o impedimento à entrada de estrangeiro, que ocorre quando não forem cumpridas as exigências necessárias para o ingresso; **5:** errada, pois apenas a extradição de brasileiro nato é expressamente proibido pela CF (art. 5º, LI, determina: "nenhum brasileiro será extraditado, salvo o naturalizado, em caso de crime comum, praticado antes da naturalização, ou de comprovado envolvimento em tráfico ilícito de entorpecentes e drogas afins, na forma da lei"). A grande inovação do Estatuto de Roma foi a criação do instituto da *entrega* ou *surrender*. A entrega é a entrega de um estado para o TPI, a pedido deste, de indivíduo que deva cumprir pena por prática de algum dos crimes tipificados no artigo 5º do Estatuto de Roma. A título comparativo, a extradição é a entrega de um estado para outro estado, a pedido deste, de indivíduo que em seu território deva responder a processo penal ou cumprir pena por prática de crime de certa gravidade. A grande finalidade do instituto da *entrega* é driblar o princípio da não extradição de nacionais e, logicamente, garantir o julgamento do acusado, pois o TPI não julga indivíduos à revelia. Ou seja, criou-se tal figura para permitir que o estado entregue indivíduo que seja nacional seu ao TPI. Em outras palavras, a *entrega* nada mais é do que o cumprimento de ordem emanada do Tribunal Penal Internacional. A legitimidade de tal autoridade reside no fato do tribunal realizar os anseios de justiça de toda a comunidade internacional julgando e condenando autores de crimes tão nefastos para a humanidade. Assim, o estado, como signatário do Estatuto de Roma, deve cooperar e entregar seu nacional para ser julgado pelo TPI. A título comparativo, a *entrega* é de interesse de toda a comunidade internacional, ao passo que a extradição é de interesse do país requerente. Porquanto, o Brasil, com fundamento no artigo 5º, LI e § 4º, da CF, permite a entrega de nacional seu ao TPI, mas proíbe a extradição de nacional seu ao estado requerente.

1.4. ORGANIZAÇÕES INTERNACIONAIS – TEORIA GERAL
1.4.1. ORGANIZAÇÃO DAS NAÇÕES UNIDAS

(Advogado União – AGU – CESPE – 2015) No que se refere aos sujeitos do direito internacional e às suas imunidades, julgue os itens subsequentes.

(1) Embora não tenham o atributo de soberania, as organizações internacionais possuem imunidades de jurisdição equivalentes às dos Estados.

(2) Ainda que o objeto de ação ajuizada no Brasil contra Estado estrangeiro seja relativo a condutas caracterizadas como atos de império, o juiz da causa não pode, em observância à imunidade de jurisdição da soberania alienígena, deixar de ordenar a citação e extinguir o processo de plano, sem resolução de mérito.

(3) Todos os Estados-membros de uma organização internacional, cuja instituição dá-se sempre por meio de tratado, têm direito a voz e voto na assembleia geral da organização.

1: incorreta. As OIs também gozam de privilégios e imunidades, tal como os Estados. Todavia, enquanto os Estados (e seus agentes diplomáticos e consulares) possuem tais privilégios com fundamento no princípio da reciprocidade, as OIs e seus funcionários os têm como condição para o desempenho, com plena liberdade, das funções determinadas no seu estatuto. Geralmente, os privilégios e as imunidades são disciplinados no denominado *acordo de sede*, concluído com o Estado ou Estados-hospedeiros. Neste(s) Estado(s) funcionará a sede da OI e seus centros de atividade. Um acordo de sede conhecido foi o firmado entre os EUA e a ONU em 1947. Sobre a matéria, é importante apontar que os privilégios e as imunidades das OIs e dos seus agentes somente são válidos nos Estados-Membros. Todavia, os privilégios e as imunidades da ONU são válidas perante qualquer país, mesmo os não membros; **2:** correta. No Brasil, por exemplo, o STF decidiu, no julgamento da ACI 9.696 em 1989, que Estado estrangeiro não tem imunidade em causa de natureza trabalhista, entendida como ato de gestão. Ou seja, todo ato de gestão que envolva relação civil, comercial ou trabalhista não se encontra abrangido pela imunidade de jurisdição estatal.[16] Assim, a imunidade recai apenas sobre os atos de império, mas pode ser afastada mediante concordância do Estado por ela beneficiado. Desta forma, o juiz deve citar o Estado estrangeiro em primeiro lugar e se o direito à imunidade for exercido por esse Estado, aí sim deverá extinguir o processo. Ou seja, o gabarito consta como correta, porém, percebe-se que a assertiva não está com total precisão ao mencionar a extinção do processo de plano, isso porque, como vimos, o Estado beneficiado pode abrir mão de sua imunidade; **3:** incorreta. Como as OIs são constituídas pela vontade coletiva dos Estados ou por outras organizações internacionais, entre elas ou com Estados, pode-se afirmar que a criação das OIs **dá-se normalmente** por tratado internacional. Assim ocorreu com a dita primeira organização internacional: a Comissão Central do Reno. Esta Comissão foi instituída pela Ata Final do Congresso de Viena de 1815. Foi dito "normalmente" porque existem exemplos de criação de OI por deliberação tomada no seio de uma OI. Nesta toada, a Resolução 2029 (XX) criou o Programa das Nações Unidas para o Desenvolvimento (PNUD) e a Resolução 1995 (XIX) criou a Comissão das Nações Unidas para o Comércio e o Desenvolvimento (CNUCED).

---

16. RO 00010567520145020041, TRT-2º Região, SP. Ementa: Direito Internacional do Trabalho. Consulado e Embaixada do Reino da Espanha no Brasil. Contrato de trabalho que pactua a aplicação da lei brasileira. Serviços meramente administrativos. Atos de gestão. Matéria de ordem privada. Relativização da imunidade de jurisdição. (04/09/2015).

Percebe-se que estas duas OIs foram criadas para cumprir objetivos específicos que estão entre as finalidades das NU. Assim, pode-se vislumbrar a vontade dos Estados por trás das resoluções constitutivas dessas OIs, pois os Estados criaram a ONU e concordaram em se empenhar com a persecução dos seus objetivos. Isto é, tal criação já estaria aceita pelos Estados quando, primeiro, criaram a ONU.

(Defensoria/DF – 2013 – CESPE) Julgue o item abaixo com base no que dispõe a Carta das Nações Unidas.

(1) Os membros não permanentes do Conselho de Segurança da Organização das Nações Unidas, em número de dez, devem ser eleitos pela Assembleia Geral com base, entre outros critérios, na distribuição geográfica equitativa.

1: certo (art. 23, ponto 1, da Carta das Nações Unidas).

(Delegado/MG – 2012) A criação das Nações Unidas, com suas agências especializadas, demarca o surgimento de uma nova ordem internacional, inclusive a proteção internacional dos direitos humanos. Associe abaixo cada órgão enumerado da ONU à sua competência:

Órgão
I.   Assembleia Geral.
II. Corte Internacional de Justiça.
III. Conselho Econômico e Social.
IV. Conselho de Tutela.

Competência

(a) Fomentar o processo de descolonização e autodeterminação dos povos, a fim de que pudessem alcançar, por meio de desenvolvimento progressivo, governo próprio.

(b) Promover a cooperação em questões econômicas, sociais e culturais e fazer recomendações destinadas a promover o respeito e a observância dos direitos humanos.

(c) Discutir e fazer recomendações relativas a qualquer matéria objeto da Carta das Nações Unidas.

(d) Decidir acerca das questões contenciosas e consultivas, todavia somente nas questões em que os Estados são partes perante ela.

Marque a correta relação:

(A) I (c); II (d); III (b); IV (a).
(B) I (a); II (d); III (b); IV (c).
(C) I (c); II (d); III (a); IV (b).
(D) I (d); II (c); III (b); IV (a).

A: correta. A ONU é uma organização internacional que tem por objetivo facilitar a cooperação em matéria de Direito Internacional, segurança internacional, desenvolvimento econômico, progresso social, direitos humanos e a realização da paz mundial. Por isso, diz-se que é uma organização internacional de vocação universal. Sua lei básica é a Carta das Nações Unidas, elaborada em São Francisco, de 25 de abril a 26 de junho de 1945. A Carta tem como anexo o Estatuto da Corte Internacional de Justiça. Conforme se depreende do conceito, os propósitos da ONU são: *a)* manter a paz e a segurança internacionais; *b)* desenvolver relações amistosas entre as nações; *c)* realizar a cooperação internacional para resolver os problemas mundiais de caráter econômico, social, cultural e humanitário, promovendo o respeito aos direitos humanos e às liberdades fundamentais; e *d)* ser um centro destinado a harmonizar a ação dos povos para a consecução desses objetivos comuns. E os princípios são: *a)* a igualdade soberana de todos os seus membros; *b)* da boa-fé no cumprimento dos compromissos da Carta; *c)* da solução de controvérsias por meios pacíficos; *d)* da proibição de recorrer à ameaça ou ao emprego da força contra outros Estados; *e)* da assistência às Nações Unidas; *f)* da não intervenção em assuntos essencialmente nacionais. A ONU reúne quase a totalidade dos Estados existentes. Entre estes, existem os membros originários e os eleitos. Estes últimos são admitidos pela Assembleia Geral mediante recomendação do Conselho de Segurança. E só podem ser admitidos os Estados "amantes da paz" que aceitarem as obrigações impostas pela Carta e forem aceitos como capazes de cumprir tais obrigações. Os membros podem ser suspensos quando o Conselho de Segurança instalar uma ação preventiva ou coercitiva contra eles, como também expulsos quando violarem insistentemente os princípios da Carta. A expulsão é processada pela Assembleia Geral mediante recomendação do Conselho de Segurança.
I – c: a Assembleia Geral é composta de todos os membros da ONU, cabendo a cada Estado-membro apenas um voto. Ela reúne-se em sessões ordinárias, uma vez por ano, e em sessões extraordinárias sempre que preciso for. As decisões da Assembleia Geral são tomadas pela maioria simples dos membros presentes e votantes. Mas pode-se definir que o quórum será de dois terços quando tratar de questões consideradas importantes. Entre algumas de suas funções, podemos citar: *a)* aprovação do orçamento; *b)* eleição dos membros não permanentes do Conselho de Segurança e dos membros do Conselho Econômico e Social; *c)* nomeação do secretário-geral das Nações Unidas; e *d)* eleição, em conjunto com o Conselho de Segurança, dos juízes da Corte Internacional de Justiça;
II – d: a Corte é o principal órgão judicial da ONU, substituindo a Corte Permanente de Justiça Internacional (CPJI) de 1922, que foi a primeira Corte internacional com jurisdição universal. A Corte funciona com base em seu estatuto e pelas chamadas *Regras da Corte* – espécie de código de processo. A competência da Corte é ampla. Em relação à *ratione materiae*, a Corte pode analisar todas as questões levadas até ela, como também todos os assuntos previstos na Carta da ONU ou em tratados e convenções em vigor (artigo 36,

ponto 1, do Estatuto da CIJ). Já a competência *ratione personae* é mais limitada, pois a Corte só pode receber postulações de Estados, sejam ou não membros da ONU (artigo 34, ponto 1, do Estatuto da CIJ). O artigo 36, ponto 2, do Estatuto da CIJ assim dispõe sobre a cláusula facultativa de jurisdição obrigatória: "Os Estados-partes no presente Estatuto poderão, em qualquer momento, declarar que reconhecem como obrigatória *ipso facto* e sem acordo especial, em relação a qualquer outro Estado que aceite a mesma obrigação, a jurisdição da Corte em todas as controvérsias de ordem jurídicas que tenham por objeto: a) a interpretação de um tratado; b) qualquer questão de Direito Internacional; c) a existência de qualquer fato que, se verificado, constituiria violação de um compromisso internacional; e d) a natureza ou a extensão da reparação devida pela ruptura de um compromisso internacional". A declaração de reconhecimento da jurisdição da Corte pode ser feita pura e simplesmente ou sob condição de reciprocidade, ou ainda por prazo determinado (artigo 36, ponto 3, do Estatuto da CIJ). Lembrando que a CIJ resolve qualquer dúvida que surgir sobre sua jurisdição (artigo 36, ponto 6, do Estatuto da CIJ). Portanto, a título conclusivo, "a Corte Internacional de Justiça não tem competência automática sobre os Estados, e estes só poderão ser obrigados à submissão da Corte se: estiver previsto em tratado de submissão de um conflito à CIJ; decisão voluntária das partes envolvidas por meio de um compromisso; aceitação de jurisdição da CIJ em processo proposto por outro Estado; declaração de submissão pela cláusula facultativa de jurisdição obrigatória."17. Por fim, cabe lembrar que a cláusula facultativa de jurisdição obrigatória foi elaborada pelo diplomata brasileiro Raul Fernandes. O artigo 96 da Carta da ONU prevê uma função consultiva para a Corte. Assim, qualquer organização internacional intergovernamental – especialmente os órgãos das Nações Unidas – pode requerer parecer consultivo à Corte. Percebe-se que os Estados-membros não podem solicitar, diretamente, parecer consultivo à CIJ. Tal função permite à Corte ser um órgão produtor de doutrina internacional. As decisões da Corte com base em sua competência contenciosa possuem caráter obrigatório (artigo 59 do Estatuto da CIJ) e cada membro das Nações Unidas compromete-se a conformar-se com a decisão da Corte em qualquer caso em que for parte (artigo 94, ponto 1, da Carta da ONU). Cabe dizer que se uma das partes em determinado caso deixar de cumprir as obrigações que lhe incumbem em virtude de sentença proferida pela Corte, a outra terá direito de recorrer ao Conselho de Segurança, que poderá, se julgar necessário, fazer recomendações ou decidir sobre medidas a serem tomadas para o cumprimento da sentença (artigo 94, ponto 2, da Carta da ONU). Já os pareceres consultivos não possuem caráter vinculativo. Importante apontar, também, que a sentença da Corte é definitiva e inapelável, todavia, em caso de controvérsia quanto ao seu sentido e alcance e desde que solicitado por qualquer das partes, a Corte a interpretará (artigo 60 do Estatuto da CIJ). Por sua vez, o pedido de revisão da sentença só pode ser feito em razão de fato novo suscetível de exercer influência determinante e que, na ocasião de ser proferida a sentença, era desconhecido da Corte e também da parte que solicita a revisão, contanto que tal desconhecimento não tenha sido devido à negligência (artigo 61, ponto 1, do Estatuto da CIJ). A Corte é composta de 15 juízes eleitos de três em três anos para um período de nove anos e com a possibilidade de reeleição. Mas não é possível que seja eleito mais de um juiz da mesma nacionalidade. Em relação às qualificações necessárias para ser eleito, cabe reproduzirmos o artigo 2º do Estatuto: "a Corte será composta de um corpo de juízes independentes, eleitos sem atenção à sua nacionalidade, entre pessoas que gozem de alta consideração moral e possuam as condições exigidas em seus respectivos países para o desempenho das mais altas funções judiciárias, ou que sejam jurisconsultos de reconhecida competência em direito internacional". Por fim, o artigo 31, ponto 1, do Estatuto da CIJ dispõe que "os juízes da mesma nacionalidade de qualquer das partes conservarão o direito de funcionar numa questão julgada pela Corte" e o ponto 3 do referido artigo prossegue: "se a Corte não incluir entre os seus membros nenhum juiz de nacionalidade das partes, cada uma destas poderá proceder à escolha de um juiz". Assim, perante um caso prático, o Estado envolvido que não tenha juiz da mesma nacionalidade na Corte poderá indicar um juiz de sua nacionalidade para participar do julgamento; III – b: o Conselho Econômico e Social é composto de 54 membros das Nações Unidas, eleitos para um período de três anos; a reeleição é permitida. Por último, a deliberação toma corpo pela maioria dos membros presentes e votantes. Algumas de suas funções são: *a)* realizar estudos e apresentar relatórios sobre assuntos internacionais de caráter econômico, social, cultural, educacional etc.; *b)* confeccionar recomendações à Assembleia Geral, aos membros das Nações Unidas e às entidades especializadas interessadas; *c)* promover a cultura de respeito e implementar os direitos humanos; *d)* convocar conferências sobre os assuntos de seu interesse; IV – a: o Conselho de Tutela foi criado para controlar o exercício da tutela sobre territórios não autônomos. Esse Conselho sucedeu à Comissão de Mandatos da SDN. Após a independência de Palau (último território sob tutela), em 1º de novembro de 1994, sua atividade foi suspensa, embora continue a existir formalmente. Gabarito "A".

1.4.2. ORGANIZAÇÃO INTERNACIONAL DO TRABALHO – OIT

(Magistratura do Trabalho – 2ª Região – 2014) Em relação às normas emanadas da Organização Internacional do Trabalho, aprovadas pelo Brasil, quanto à idade mínima para o trabalho como empregado, aponte a alternativa **correta**:

(A) Poderão ser permitidos emprego e trabalho a pessoas menores de 15 (quinze) anos, em serviços leves, que não prejudiquem a sua saúde e desenvolvimento, nem prejudiquem a frequência escolar.
(B) A idade mínima não será inferior à idade de conclusão da escolaridade obrigatória ou, em qualquer hipótese, não inferior a 14 (catorze) anos.
(C) Não pode ser inferior a 16 (dezesseis) anos a idade mínima para o trabalho que possa prejudicar a saúde.
(D) Poderão ser permitidos emprego e trabalho que não prejudiquem a saúde do trabalhador com idade inferior a 12 (doze) anos de idade.
(E) Não pode ser inferior a 17 (dezessete) anos a idade mínima para o trabalho que possa prejudicar a saúde.

A Convenção 138 da OIT (Idade Mínima para Admissão em Emprego) cuida do tema. O art. 2º, ponto 3, da Convenção dispõe que a idade mínima não será inferior à idade de conclusão da escolaridade compulsória ou, em qualquer hipótese, não inferior a quinze anos. O ponto 4 do mesmo artigo faz uma ressalva no sentido de que o país-membro, cuja economia e condições do ensino não estiverem suficientemente desenvolvidas, poderá, após consulta às organizações de empregadores e de trabalhadores concernentes, se as houver, definir, inicialmente, uma idade mínima de quatorze anos. E o ponto 1 do art. 7º da Convenção permite o trabalho antes dos quinze anos sob algumas condições. Segue a redação do citado artigo: "As leis ou regulamentos nacionais poderão permitir o emprego ou trabalho a pessoas entre treze e quinze anos em serviços leves que: a) não prejudique sua saúde ou desenvolvimento; e b) não prejudique sua frequência escolar, sua participação de programas de orientação vocacional ou de treinamento aprovados pela autoridade competente ou sua capacidade de se beneficiar da instrução recebida". Por todo o dito, a única assertiva correta é a "A". Gabarito "A".

(Magistratura do Trabalho – 3ª Região – 2014) Sobre o direito internacional e comunitário, é correto afirmar:

(A) A OIT, em respeito ao art. 427 do Tratado de Versalhes, rege a normatização das relações de trabalho em todo o mundo, com objetivo de não admitir que o trabalho humano seja considerado uma simples mercadoria.
(B) As normas da OIT, realizadas em forma de convenção e recomendações, têm natureza jurídica programática, de aplicação imediata a todos os países do mundo.
(C) O Pacto Internacional sobre Direitos Econômicos, Sociais e Culturais afirma que toda pessoa tem direito de gozar de condições de trabalho justas, com remuneração que proporcione, no mínimo, a todos os trabalhadores um salário equitativo e uma remuneração igual para trabalho de igual valor, sem qualquer distinção.
(D) As recomendações e convenções da OIT são normas jurídicas internacionais com caráter vinculante e imperativo.
(E) O Pacto Internacional sobre Direitos Econômicos, Sociais e Culturais afirma que são as pessoas que possuem formação profissionalizante reconhecida pelo Estado Nação, que tem direito a um nível de vida adequado para si e sua família.

A: incorreta. A Organização Internacional do Trabalho (OIT) é uma organização internacional que tem por objetivo melhorar as condições do trabalho no mundo. A OIT foi criada em 1919, como parte do Tratado de Versalhes, que pôs fim à Primeira Guerra Mundial. Fundou-se sobre a convicção primordial de que a paz universal e permanente somente pode estar baseada na justiça social. É a única das agências do Sistema das Nações Unidas com uma estrutura tripartite, composta de representantes de governos e de organizações de empregadores e de trabalhadores. A OIT é responsável pela formulação e aplicação das normas internacionais do trabalho (convenções e recomendações). O Brasil está entre os membros fundadores da OIT e participa da Conferência Internacional do Trabalho desde sua primeira reunião. Por fim, Os objetivos e os fins da OIT estão definidos principalmente na Declaração da Filadélfia de 1944, que ampliou e aprofundou a Constituição Originária da OIT. Podemos listar alguns deles: **a)** formação profissional; **c)** proteção dos trabalhadores migrantes; **d)** combate ao desemprego; **e)** regulamentação da duração do trabalho; **f)** proteção contra acidentes de trabalho; **g)** desenvolvimento da segurança social; **B:** incorreta, pois não possui natureza jurídica programática. E isso exatamente porque tem aplicação imediata em todos os países do mundo. A assertiva conceituou erroneamente uma norma programática. Em termos gerais, as normas programáticas consubstanciam programas e diretrizes para atuação futura dos órgãos estatais; **C:** correta (art. 7º do Pacto); **D:** incorreta, pois as recomendações não possuem caráter vinculante e imperativo; **E:** incorreta, pois o Pacto defende que todas as pessoas têm direito a um nível de vida adequado para si e sua família. Gabarito "C".

1.5. SER HUMANO NACIONALIDADE

(Advogado União – AGU – CESPE – 2015) Julgue os itens seguintes, acerca da condição jurídica do estrangeiro.

(1) A progressão para o regime semiaberto é vedada ao extraditando que esteja aguardando o término do cumprimento da pena no Brasil.
(2) O titular de visto diplomático cujo prazo previsto de estada no Brasil seja superior a noventa dias deverá providenciar seu registro no Ministério das Relações Exteriores.
(3) Pessoa estrangeira casada há mais de cinco anos com diplomata do Brasil poderá ser naturalizada se contar com, no mínimo, cinco anos de residência contínua em território nacional.
(4) O Estatuto do Tribunal Penal Internacional considera o termo entrega como sinônimo de extradição quando ela se refere a diplomata, chefe de Estado, chefe de governo ou ministro das relações exteriores no exercício da função.

---

17. PORTELA, Paulo Henrique Gonçalves. **Direito Internacional Público e Privado**. 2.ed. Salvador: Juspodivm, 2010. p. 476-477.

1: incorreta. "(...) A peculiar situação dos autos evidencia a necessidade de se perquirir se a prisão preventiva para fins de extradição deve obstar o acesso do extraditando, condenado pela prática de crimes em solo brasileiro, a direitos cuja fruição não lhe seria negada acaso inexistente o processo extradicional. III – A exclusão do estrangeiro do sistema progressivo de cumprimento de pena conflita com diversos princípios constitucionais, especialmente o da prevalência dos direitos humanos (art. 4º, II) e o da isonomia (art. 5º), que veda qualquer discriminação em razão da raça, cor, credo, religião, sexo, idade, origem e nacionalidade. IV – Cabe ao Juízo da execução das penas a análise dos riscos de fuga peculiares à situação concreta, bem como a manutenção de frequentes contatos com o Ministério de Estado da Justiça acerca do momento mais adequado para que a extradição se efetive, evitando-se, assim, eventual colocação em regime aberto sem as cautelas aplicáveis à espécie, tais como, a título de exemplo, a utilização de tornozeleiras eletrônicas, instrumentos de monitoramento que têm se mostrado bastante eficazes. V – Situação concreta a evidenciar necessidade de concessão da ordem de habeas corpus de ofício para, afastando a vedação de progressão de regime, determinar ao juízo da execução da pena brasileira a verificação da presença dos requisitos do art. 112 da LEP". (Rcl 947 QO, Relator Ministro Ricardo Lewandoski, Tribunal Pleno, julgamento em 28.5.2014, DJe de 30.10.2014); **2:** correta (art. 32 do Estatuto do Estrangeiro, Lei 6.815/1980); **3:** incorreta, pois o art. 114 do Estatuto do Estrangeiro dispensa o requisito da residência, exigindo-se apenas a estada no Brasil por trinta dias, quando se tratar de cônjuge estrangeiro casado há mais de cinco anos com diplomata brasileiro em atividade; **4:** incorreta. A grande inovação do Estatuto foi a criação do instituto da entrega ou *surrender*, ou seja, a entrega de um Estado para o TPI (plano vertical), a pedido deste, de indivíduo que deva cumprir pena por prática de algum dos crimes tipificados no art. 5º do Estatuto de Roma. *A título comparativo*, a extradição é a entrega de um Estado para outro Estado (plano horizontal), a pedido deste, de indivíduo que em seu território deva responder a processo penal ou cumprir pena por prática de crime de certa gravidade. Portanto, a definição do instituto não provém do cargo exercido pela pessoa objeto do pedido, mas sim sobre a identidade do requerente. E a grande finalidade do instituto da *entrega* é driblar o princípio da não extradição de nacionais e, logicamente, garantir o julgamento do acusado, pois o TPI não julga indivíduos à revelia. Assim, criou-se tal figura para permitir que o Estado entregue indivíduo que seja nacional seu ao TPI.

Gabarito "E, 2C, 3E, 4E"

(Juiz – TRF 2ª Região – 2017) Marque a opção correta:
(A) A naturalização pode ser requerida diretamente à Justiça Federal, em procedimento de jurisdição voluntária.
(B) O processo de naturalização, em regra, se conclui com a entrega, pelo juiz federal, do certificado de naturalização ao estrangeiro.
(C) A naturalização anistia produz efeitos *ex tunc*, ocorre com o decurso do tempo, é discricionária e pode ser negada, à luz de juízo de conveniência e oportunidade, ainda que o estrangeiro preencha seus requisitos.
(D) A decisão proferida em ação de opção de nacionalidade pode redundar em reconhecimento de nacionalidade derivada ou originária.
(E) Obtida a naturalização, o naturalizado não mais a perderá ou a terá cancelada, salvo fraude ao obtê-la, ou envolvimento em crime de tráfico de entorpecentes ou drogas afins.

A: incorreta A concessão da naturalização é faculdade exclusiva do Poder Executivo e far-se-á mediante portaria do Ministro da Justiça (arts. 111 e 115 da Lei 6815/1980; **B:** correta. A naturalização só produzirá efeitos depois da entrega do certificado pelo juiz federal competente (arts. 119, "caput", e 122, ambos da Lei 6.815/1980); **C:** incorreta, pois o efeito da naturalização é *ex nunc* (pro futuro); **D:** incorreta. A ação judicial de opção de nacionalidade corre perante a Justiça Federal (art. 109, X, CF) num procedimento de jurisdição voluntária (isto é, sem, contencioso) e visa ao reconhecimento da nacionalidade originária (art. 12, I, c, da CF), mais especificamente daqueles nascidos no estrangeiro de pai brasileiro ou de mãe brasileira e que venham a residir na República Federativa do Brasil e optem, em qualquer tempo, depois de atingida a maioridade, pela nacionalidade brasileira (ver também STF, RE 418096/RS, 2ª Turma, Min. Carlos Velloso, DJ 22.04.2005); **E:** incorreta. O § 4º do art. 12 da CF traz duas situações em que o brasileiro perderá a nacionalidade. Em uma delas (inciso II), a extinção do vínculo patrial pode atingir tanto o brasileiro nato (nacionalidade originária) quanto o naturalizado (nacionalidade derivada), bastando para isso que adquira outra nacionalidade, por naturalização voluntária. Tal possibilidade admite duas exceções: uma é no caso de a lei estrangeira reconhecer a nacionalidade originária; e a outra é quando a lei estrangeira impõe a naturalização ao brasileiro residente em país estrangeiro como condição para a permanência em seu território ou para o exercício de direitos civis. Na outra situação (inciso I), apenas o brasileiro naturalizado poderá perder a nacionalidade, o que ocorrerá quando a naturalização for cancelada, por sentença judicial, pelo exercício de atividade contrária ao interesse nacional.

Gabarito "B".

(Juiz – TRF 2ª Região – 2017) Analise as assertivas abaixo e, ao final, assinale a opção correta:
I. Incorre em causa de perda de nacionalidade o brasileiro nato que, já sendo milionário e exclusivamente por ter se apaixonado pelos céus de Paris, obtém a nacionalidade francesa, por naturalização;
II. Incorre em causa de perda de nacionalidade o brasileiro que tiver reconhecida outra nacionalidade originária por Estado estrangeiro;
III. Sujeito nascido no estrangeiro, filho de mãe brasileira e de pai estrangeiro, que veio a residir no território brasileiro e aqui, após a maioridade, optou e adquiriu a nacionalidade brasileira pode,

oportunamente, candidatar-se e ser eleito Presidente da República.
(A) Todas as assertivas são corretas.
(B) Apenas a assertiva I está correta.
(C) Apenas as assertivas I e III estão corretas.
(D) Apenas as assertivas II e III estão corretas.
(E) Apenas as assertivas I e II estão corretas.

I: correta, a situação descrita nessa assertiva como de perda da nacionalidade está disposta no art. 12, § 4º, II, da CF. E tal possibilidade admite duas exceções: uma é no caso de a lei estrangeira reconhecer a nacionalidade originária; e a outra ocorre quando a lei estrangeira impõe a naturalização ao brasileiro residente em país estrangeiro como condição para a permanência em seu território ou para o exercício de direitos civis. Percebe-se que o descrito na assertiva não tem guarida nas duas exceções, portanto, geraria, de fato, a perda da nacionalidade brasileira; **II:** incorreta (reler o comentário sobre a assertiva anterior, notadamente as exceções); **III:** correta, pois trata-se de brasileiro nato (art. 12, I, c, da CF).

Gabarito "C".

(Juiz – TRF 4ª Região – 2016) Dadas as assertivas abaixo, assinale a alternativa correta.
I. A deportação, que consistirá na saída compulsória do estrangeiro do território nacional, é suportada pela União e pressupõe, em qualquer caso, a recusa do estrangeiro de deixar voluntariamente o país no prazo em que lhe foi permitida a permanência.
II. Se a autoridade de imigração constatar que a deportação não é possível, mas os requisitos da expulsão estão preenchidos, pode proceder a esta em lugar daquela.
III. Concedida a naturalização ao estrangeiro, seus filhos têm direito de permanência no Brasil, independentemente de outros requisitos, com direito, também, de optarem pela nacionalidade brasileira.
IV. A naturalização dá-se por portaria do ministro da Justiça, sendo o respectivo certificado entregue ao interessado, em solenidade própria, pelo juiz federal da cidade onde tenha domicílio, salvo inexistência de unidade da Justiça Federal.
(A) Está correta apenas a assertiva IV.
(B) Estão corretas apenas as assertivas I e II.
(C) Estão corretas apenas as assertivas III e IV.
(D) Estão corretas apenas as assertivas I, III e IV.
(E) Estão corretas todas as assertivas.

I: incorreta. A deportação é a saída compulsória, do território nacional, do estrangeiro que ingressou irregularmente ou cuja presença tenha se tornado irregular – quase sempre por expiração do prazo de permanência ou por exercício de atividade não permitida, como trabalho remunerado no caso do turista. A medida não é exatamente punitiva nem deixa sequelas. Seu procedimento é simples. O estrangeiro é notificado para sair do Brasil e, caso não obedeça, pode ser decretada, pelo juiz federal, sua prisão com a finalidade de ulterior deportação; **II:** incorreta, pois cada medida de exclusão do estrangeiro tem causas específicas e uma não deve ser substituída por outra; **III:** incorreta. A naturalização, não importa a aquisição da nacionalidade brasileira pelo cônjuge do naturalizado ou pelos seus filhos (art. 20 da Lei 818/1949); **IV:** correta. A naturalização só produzirá efeitos depois da entrega do certificado pelo juiz federal competente (arts. 119, "caput", e 122, ambos da Lei 6.815/1980).

Gabarito "A".

(Promotor de Justiça/SC – 2016 – MPE)
(1) Ao tratar da nacionalidade, dispõe o Texto Constitucional que são privativos de brasileiro nato os cargos da carreira diplomática.

1: Verdade (art. 12, § 3º, V da CF).

Gabarito 1C

(Delegado/RJ – 2013 – FUNCAB) Quanto ao direito de nacionalidade, previsto na Constituição da República, é correto afirmar:
(A) Será declarada a perda da nacionalidade do brasileiro residente em Estado estrangeiro que adquire outra nacionalidade em função de imposição de naturalização, pela norma estrangeira, como condição para permanência em seu território ou para o exercício de direitos civis.
(B) O cargo de militar das Forças Armadas é privativo de brasileiro nato.
(C) Aos portugueses com residência permanente no País, se houver reciprocidade em favor de brasileiros, serão atribuídos os direitos inerentes ao brasileiro, salvo os casos previstos na Constituição.
(D) Em respeito ao princípio da origem territorial, todos os nascidos na República Federativa do Brasil, ainda que de pais estrangeiros, mesmo que estes estejam a serviço de seu país serão considerados brasileiros natos.
(E) Os estrangeiros de qualquer nacionalidade residentes na República Federativa do Brasil há mais de 20 anos ininterruptos, desde que requeiram a nacionalidade brasileira, serão considerados brasileiros naturalizados.

A: incorreta. O § 4º do art. 12 da CF traz duas situações em que o brasileiro perderá a nacionalidade. Em uma delas (inc. II), a extinção do vínculo patrial pode atingir tanto o brasileiro nato (nacionalidade originária) quanto o naturalizado (nacionalidade derivada), bastando para isso que adquira outra nacionalidade, por naturalização voluntária. Tal possibilidade admite duas exceções: uma é no caso de a lei estrangeira reconhecer a nacionalidade originária, e a outra é quando a lei estrangeira impõe a naturalização ao brasileiro residente em país estrangeiro como condição para a permanência em seu território ou para o exercício de direitos civis; **B:** incorreta. O art. 12, § 3º, da CF lista os cargos que só podem ser ocupados por brasileiros natos: presidente e vice-presidente da República; presidente da Câmara dos Deputados; presidente do Senado Federal; ministro do Supremo Tribunal Federal; carreira diplomática; oficial das Forças Armadas; e ministro de Estado da Defesa; **C:** correta (art. 12, § 1º, da CF); **D:** incorreta. Segundo o artigo 12, I, a, da CF são brasileiros natos os nascidos em território brasileiro, embora de pais estrangeiros, desde que estes não estejam a serviço de seu país; **E:** incorreta. Serão considerados brasileiros naturalizados os estrangeiros de qualquer nacionalidade, residentes no Brasil há mais de 15 anos ininterruptos e sem condenação penal, desde que requeiram a nacionalidade brasileira (art. 12, II, b, da CF) – conhecida como naturalização extraordinária.

Gabarito "C".

1.6. RESPONSABILIDADE INTERNACIONAL

(Procurador da República – 26.º) São formas de reparação do dano como decorrência da responsabilidade internacional do Estado:
(A) a persecução penal obrigatória, a indenização e a garantia de não repetição;
(B) a cessão da violação continuada, a satisfação e a persecução penal obrigatória;
(C) a garantia de não repetição, a restituição e a persecução penal obrigatória;
(D) a restituição, a indenização e a satisfação.

O responsável pelo dano deverá efetuar uma reparação condizente com a extensão do dano sofrido pela outra personalidade jurídica internacional, trata-se da chamada *reparação integral*. O retorno ao *status quo ante* é a melhor forma de reparação, destarte, é o objetivo primordial de toda reparação. Todavia, o que se observa na comunidade internacional é a reparação por indenização. Ou seja, resolve-se a reparação com o pagamento de valores monetários. Mas, segundo a jurisprudência internacional, tal indenização deve cobrir os danos materiais (dano emergente e lucros cessantes) e os morais, quando existirem. E é importante sublinhar que a reparação integral do dano inclui a possibilidade de impor sanções penais a indivíduos (arts. 34 e 58 do Projeto de Convenção sobre Responsabilidade dos Estados, da Comissão de Direito Internacional da ONU), as quais, por sua vez, nunca poderão ser aplicadas aos Estados. Cabe atentar às outras possibilidades de reparação, como a garantia de não repetição dos atos ilícitos. Por fim, o dano essencialmente moral deverá ser reparado por meio condizente com sua natureza, como, por exemplo, o desagravo público, o pedido formal de desculpas, a punição das pessoas responsáveis.

Gabarito "D".

1.7. SISTEMA DE SOLUÇÃO DE CONTROVÉRSIAS DO MERCOSUL

(Advogado União – AGU – CESPE – 2015) Com referência aos mecanismos para a solução de controvérsias internacionais, julgue os itens que se seguem.
(1) Como é vedado o uso da força nas relações internacionais, os Estados não podem executar atos beligerantes com o aval do direito internacional, ressalvada a hipótese de legítima defesa em caso de agressão externa.
(2) Compete ao Tribunal Permanente de Revisão do MERCOSUL, instituído por meio do Protocolo de Olivos, julgar, em última instância, os recursos interpostos contra decisões de tribunais *ad hoc* prolatadas em procedimentos de arbitragem instaurados para a solução de controvérsias entre os Estados-partes do MERCOSUL relativas à interpretação, à aplicação ou ao não cumprimento das normas desse bloco econômico.

1: incorreta. Tanto a Assembleia Geral quanto o Conselho de Segurança das Nações Unidas funcionam como instâncias políticas de solução de disputas internacionais. Todavia, este meio só será utilizado diante de conflitos considerados graves, como, por exemplo, ameaça à paz. Depois que estes dois órgãos procederem à investigação da controvérsia, eles poderão emitir recomendações para os conflitantes (art. 39 da Carta das Nações Unidas). Além disso, apenas o Conselho de Segurança tem competência para agir preventiva ou corretivamente, utilizando-se até mesmo de força militar – mantida à sua disposição por membros das Nações Unidas – contra Estado ou movimento armado no interior de algum país (arts. 42 a 47 da Carta das Nações Unidas). O emprego de força militar suscita considerações a respeito da sua legitimidade,[18] entretanto, o art. 24, ponto 1, da Carta das Nações Unidas parece resolver essa questão: "A fim de assegurar uma ação pronta e eficaz por parte das Nações Unidas, os seus membros conferem ao Conselho de Segurança a principal responsabilidade na manutenção da paz e da segurança internacionais e concordam em que, no cumprimento dos deveres impostos por essa responsabilidade, o Conselho de Segurança aja em nome deles". Ou seja, todos os Estados-Membros da ONU transferiram ao Conselho de Segurança a responsabilidade no que tange à manutenção da paz e da segurança internacionais. E também as decisões de uso de força militar tomadas nos últimos anos, com grande acolhida da maioria dos Estados, parece ter tornado o uso da força militar, em casos extremos, para manutenção da paz e da segurança internacionais um costume internacional. Por fim, pode-se citar como exemplo a Resolução 1973 aprovada, em 2011, pelo Conselho de Segurança das Nações Unidas e que permitia o emprego de força militar na Líbia pela OTAN. O objetivo era impedir o massacre de civis por tropas do então ditador Muamar Kadafi e, assim, garantir a paz internacional. Existem também as *represálias*, que são um meio coercitivo de resolução de controvérsias. É um método de solução de controvérsias não amistosa que envolve a prática de ato danoso em prejuízo de um Estado, que previamente prejudicou o agora Estado violador. As medidas consideradas como represálias normalmente violam o direito internacional, todavia, não são consideradas ilícitas por serem uma reação contra o dano previamente sofrido; **2:** correta (art. 17 do Protocolo de Olivos).

(Juiz – TRF 4ª Região – 2016) Dadas as assertivas abaixo, assinale a alternativa correta. Considerando as regras jurídicas do Mercosul:
I. O Grupo Mercado Comum é órgão consultivo do Mercosul, integrado por 3 membros representantes dos Ministérios de Relações Exteriores e dos Ministérios da Defesa.
II. Para a solução de controvérsias no âmbito do Mercosul, qualquer dos Estados-parte pode recorrer ao procedimento arbitral perante o Tribunal *ad hoc* independentemente de qualquer procedimento anterior, vedada a participação de árbitros de nacionalidade dos Estados que controvertem.
III. A concessão do benefício da justiça gratuita em processo judicial em um dos países do Mercosul estende-se aos demais quando em algum deles se tiver de homologar ou executar a sentença, ou ainda se em outro dos Estados-parte do Mercosul tiver de ser cumprida medida cautelar ou obtidas provas.
IV. A autoridade jurisdicional do Estado requerido poderá recusar o cumprimento de uma carta rogatória referente a medidas cautelares quando estas forem manifestamente contrárias à sua ordem pública.
(A) Está correta apenas a assertiva III.
(B) Estão corretas apenas as assertivas I e II.
(C) Estão corretas apenas as assertivas III e IV.
(D) Estão corretas apenas as assertivas I, III e IV.
(E) Estão corretas todas as assertivas.

I: incorreta. O Grupo Mercado Comum (GMC) é o órgão executivo do Mercosul e encontra-se subordinado ao Conselho do Mercado Comum (CMC). O GMC é composto de quatro membros titulares e quatro membros suplentes por país, designados pelos respectivos governos, entre os quais devem constar representantes dos ministérios das Relações Exteriores e da Economia e dos bancos centrais; **II:** incorreta. Quando surgir alguma contenda envolvendo os países do bloco, o primeiro passo é aplicar as negociações diretas. Com o fracasso destas, passa-se ao Tribunal Arbitral *Ad Hoc* – funciona como primeira instância. Lembrando que, antes de as partes submeterem o caso ao Tribunal Arbitral *Ad Hoc*, podem escolher (ou seja, é facultativa) a etapa intermediária, que toma corpo com o envio da contenda para o Grupo Mercado Comum, que promoverá estudos sobre a disputa e formulará recomendações não cogentes. Depois, com a provocação das partes, exerce-se o duplo grau de jurisdição mediante a análise da decisão do Tribunal Arbitral *Ad Hoc* pelo Tribunal Permanente de Revisão. Entretanto, pode-se passar diretamente das negociações diretas malsucedidas para o Tribunal Permanente de Revisão. Nesse último caso, o tribunal vai julgar a demanda de forma definitiva; **III:** correta. Em 2000 foi assinado (posteriormente promulgado em 2008) o Acordo sobre o Benefício da Justiça Gratuita e a Assistência Jurídica Gratuita entre os Estados Partes do Mercosul, a República da Bolívia e a República do Chile (Decreto 6.679/2008); **IV:** correta (art. 17 do Protocolo de Medidas Cautelares – 27/94 do Conselho do Mercado Comum).

Gabarito "C".

(Advogado – CEF – 2012 – CESGRANRIO) Uma controvérsia entre Brasil e Argentina teve início por conta de restrições impostas pelo governo brasileiro à entrada de certos produtos argentinos no mercado nacional. Concluída a etapa de negociação sem que se chegasse a um acordo, o governo argentino iniciou o procedimento arbitral *ad hoc* e teve ganho de causa. Se o Brasil pretender recorrer da decisão, deverá ajuizar o recurso perante a(o)
(A) Corte Internacional de Justiça
(B) Corte Permanente de Justiça Internacional
(C) Organização Mundial do Comércio (OMC)
(D) Centro de Solução de Disputas (ICSID) do Banco Mundial
(E) Tribunal Permanente de Revisão do Mercosul (TPR)

A, B, C, D e E: o Protocolo de Olivos reorganizou o sistema de solução de controvérsias do Mercosul. Sua maior inovação foi a criação de um Tribunal Permanente de Revisão, o qual ficará encarregado de julgar, em grau de recurso, as decisões proferidas pelos tribunais arbitrais *ad hoc*. Lembrando que o recurso estará limitado a questões de direito tratadas na controvérsia e às interpretações jurídicas desenvolvidas no laudo do Tribunal Arbitral *Ad Hoc* (art. 17, ponto 2, do Protocolo de Olivos). A título de sistematização, quando surgir alguma contenda envolvendo os países do bloco, o primeiro passo é aplicar as negociações diretas. Com o fracasso dessas, passa-se ao tribunal arbitral *ad hoc* – funciona como primeira instância. Lembrando que antes das partes submeterem o caso ao tribunal arbitral *ad hoc*, podem escolher (ou seja, é facultativa) a etapa intermediária, que toma corpo com o envio

---

18. Pois o grande objetivo da ONU é a manutenção da paz e da segurança internacionais.

da contenda para o Grupo Mercado Comum, que promoverá estudos sobre a disputa e formulará recomendações não cogentes. Depois, com a provocação das partes, exerce-se o duplo grau de jurisdição mediante a análise da decisão do tribunal arbitral *ad hoc* pelo Tribunal Permanente de Revisão. Entretanto, pode-se passar diretamente das negociações diretas malsucedidas para o Tribunal Permanente de Revisão. Neste último caso, o tribunal vai julgar a demanda de forma definitiva. Assim, o procedimento compreende duas etapas: a fase diplomática e a jurisdicional. A fase diplomática poderá começar por iniciativa dos estados ou dos particulares, já a jurisdicional somente toma curso por iniciativa dos estados. O Tribunal Permanente é composto por cinco árbitros e tem sede permanente em Assunção no Paraguai. Cada estado-membro envia um titular e um suplente por um período de dois anos, renovável por no máximo dois períodos consecutivos. Já o quinto árbitro será designado por um período de três anos não renovável e será escolhido, por unanimidade ou por critério definido por unanimidade, numa lista de oito nomes. Esse árbitro tem que ter a nacionalidade de algum dos estados-membros. Diante de controvérsia entre dois estados-partes, o Tribunal funcionará com três árbitros, sendo dois destes nacionais dos estados em litígio e o terceiro, que será o presidente, designado por sorteio, organizado pelo Diretor da Secretaria Administrativa, entre os outros árbitros do tribunal. Agora quando a controvérsia envolver três ou mais estados, o Tribunal funcionará com todos os seus cinco membros. Dentre suas funções pode-se destacar: a) rever as decisões dos tribunais arbitrais *ad hoc* do Mercosul (os laudos emitidos *ex aequo et bono* não são suscetíveis de revisão); b) decidir como instância única quando as partes assim decidirem; c) pronunciar-se como instância única consultiva[19]. Por fim, Os laudos do Tribunal *Ad Hoc* ou os do Tribunal Permanente de Revisão, conforme o caso, deverão ser cumpridos no prazo que os respectivos Tribunais estabelecerem. Se não for estabelecido um prazo, os laudos deverão ser cumpridos no prazo de trinta dias seguintes à data de sua notificação. Mas se um estado-parte na controvérsia não cumprir total ou parcialmente o laudo do Tribunal Arbitral, a outra parte na controvérsia terá a faculdade, dentro do prazo de um ano, contado a partir do dia seguinte ao término do prazo de trinta dias ou de outro que o Tribunal estabelecer, de iniciar a aplicação de medidas compensatórias temporárias, tais como a suspensão de concessões ou outras obrigações equivalentes, com vistas a obter o cumprimento do laudo.

Gabarito "E".

(Advogado – PETROBRÁS – 2012 – CESGRANRIO) Empresas brasileiras firmam contratos de fornecimento de gás natural, proveniente da Bolívia. Tais contratos estabelecem um determinado valor pelo metro cúbico fornecido e os parâmetros para reajuste de preço. Em um determinado momento, as empresas brasileiras foram notificadas oficialmente de que os valores devidos pelo gás natural sofreriam uma majoração acima dos limites previstos no contrato. As empresas que não concordassem com o novo valor a pagar poderiam solucionar a disputa por arbitragem junto ao Tribunal Permanente de Revisão do Mercosul?

(A) Sim, porque o Protocolo de Olivos permite o acesso direto a particulares.
(B) Sim, se a OMC não se declarar competente para julgar a lide.
(C) Sim, mas, primeiramente, precisariam esgotar os recursos judiciais internos.
(D) Não, porque a Bolívia é Estado-associado do Mercosul.
(E) Não, porque o sistema de solução de controvérsias do Mercosul é apenas para Estados.

A, B, C, D e E: quando surgir alguma contenda envolvendo os países do Mercosul, o primeiro passo é aplicar as negociações diretas. Com o fracasso dessas, passa-se ao tribunal arbitral *ad hoc* – funciona como primeira instância. Lembrando que antes das partes submeterem o caso ao tribunal arbitral *ad hoc*, podem escolher (ou seja, é facultativa) a etapa intermediária, que toma corpo no envio da contenda para o Grupo Mercado Comum, que promoverá estudos sobre a disputa e formulará recomendações não cogentes. Depois, com a provocação das partes, exerce-se o duplo grau de jurisdição mediante a análise da decisão do tribunal arbitral *ad hoc* pelo Tribunal Permanente de Revisão. Entretanto, pode-se passar diretamente das negociações diretas malsucedidas para o Tribunal Permanente de Revisão. Neste último caso, o tribunal vai julgar a demanda de forma definitiva. *Assim, o procedimento compreende duas etapas: a fase diplomática e a jurisdicional. A fase diplomática poderá começar por iniciativa dos estados ou dos particulares, já a jurisdicional somente toma curso por iniciativa dos estados.*

Gabarito "E".

1.8. TRIBUNAL PENAL INTERNACIONAL

(Procurador da República – 28º Concurso – 2015 – MPF) Assinale a alternativa incorreta:

(A) A Convenção para a Prevenção e Repressão ao Crime de Genocídio impede a consideração do genocídio como crime político para fins de extradição.
(B) O Direito Internacional Humanitário é aplicável aos conflitos armados nos quais os povos lutam contra a dominação colonial, a ocupação estrangeira e contra os regimes racistas.
(C) Não cabe a Estado-Parte do Estatuto do Tribunal Penal Internacional (TPI) executar, de acordo com seu ordenamento interno, decisão do TPI que estabeleceu pena de perda de bens de determinado indivíduo.
(D) A interpretação do direito estrangeiro pelo juiz nacional deve ser feita tal como o fariam os juízes do Estado cujo direito seja aplicável.

A única assertiva incorreta é a "C" porque o Estado deve executar com base em seu ordenamento interno a pena imposta pelo TPI (art. 77, ponto 2, *b*, do Estatuto do TPI).

Gabarito "C".

(Procurador da República – 26.º) O ataque contra uma população civil, como elemento dos crimes contra a humanidade ou de lesa humanidade,

(A) pressupõe sempre alto grau de "maquinação" estatal ou organizacional no planejamento do ataque;
(B) pode se dar por simples ataque em massa, numa onda de violência, sem necessariamente ter conotação política;
(C) é qualquer conduta que envolva múltiplos atos criminosos definidos em dispositivo pertinente de acordo com ou em execução de uma política governamental ou organizacional contra uma população civil;
(D) deve ser sempre extenso e sistemático.

O art. 7.º do Estatuto de Roma define que o crime contra humanidade é a conduta criminosa cometida no quadro de um ataque, sistemático ou generalizado, contra qualquer população civil, desde que haja conhecimento desse ataque. O próprio art. 7.º indica os tipos de crime considerados contra a humanidade: a) homicídio; b) extermínio; c) escravidão; d) deportação ou transferência forçada de uma população; e) prisão ou outra forma de privação da liberdade física grave, em violação das normas fundamentais de direito internacional; f) tortura; g) agressão sexual, escravatura sexual, prostituição forçada, gravidez forçada, esterilização forçada ou qualquer outra forma de violência no campo sexual de gravidade comparável; h) perseguição de um grupo ou coletividade que possa ser identificado, por motivos políticos, raciais, nacionais, étnicos, culturais, religiosos ou de gênero, ou ainda em função de outros critérios universalmente reconhecidos como inaceitáveis no direito internacional, relacionados com qualquer ato referido nessas alíneas ou com qualquer crime da competência do Tribunal; i) desaparecimento forçado de pessoas; j) crime de *apartheid*; e k) outros atos desumanos de caráter semelhante, que causem intencionalmente grande sofrimento ou afetem gravemente a integridade física ou a saúde física ou mental.

Gabarito "C".

1.9. COMBINADAS E OUTROS TEMAS DE DIREITO INTERNACIONAL PÚBLICO

(Procurador – PGFN – ESAF – 2015) Sobre o Mercado Comum do Sul (MERCOSUL), assinale a opção incorreta.

(A) As decisões dos órgãos do MERCOSUL são tomadas por consenso e com a presença de todos os Estados Partes.
(B) Os órgãos com capacidade decisória na estrutura do MERCOSUL são o Conselho do Mercado Comum (CMC), o Grupo Mercado Comum (GMC) e a Comissão Social Parlamentar (CSP).
(C) As normas emanadas dos órgãos do MERCOSUL dependem de incorporação nos ordenamentos jurídicos de cada Estado Parte, de acordo com as disposições constitucionais de cada um.
(D) O Tratado de Assunção, seus protocolos e os instrumentos adicionais ou complementares são fontes jurídicas do MERCOSUL.
(E) O Conselho do Mercado Comum (CMC) manifesta-se por meio de Decisões, que são obrigatórias para os Estados Partes.

Todas as assertivas estão corretas, com exceção da assertiva "B". Os principais órgãos do Mercosul com capacidade decisória e natureza intergovernamental são: Conselho do Mercado Comum, Grupo Mercado Comum e Comissão de Comércio. Enquanto os principais de caráter consultivo são: Parlamento, Secretaria Administrativa e Foro Consultivo Econômico e Social. RF

Gabarito "B".

(Juiz – TRF 3ª Região – 2016) Sobre as assertivas que se seguem, assinale a alternativa correta:

I. A Constituição da República excepciona a regra da imunidade de extradição quando se tratar de brasileiro naturalizado, na hipótese da prática de crime comum, antes da naturalização, ou da comprovação de envolvimento em tráfico ilícito de entorpecentes e drogas afins, na forma da lei.
II. Cidadão boliviano que obtiver residência temporária de até dois anos no Brasil, nos termos do Acordo sobre Residência para Nacionais dos Estados Partes do Mercado Comum do Sul – MERCOSUL, Bolívia e Chile, promulgado pelo Decreto nº 6.975, de 7.10.2009, poderá requerer a transformação em residência permanente, ou ficará submetido à Lei nº 6.815, de 19.8.1980, o Estatuto dos Estrangeiros.
III. A ordem jurídica brasileira confere ao brasileiro nato, assim considerado pelo critério da territorialidade (*ius soli*) ou pelo critério da consanguinidade (*ius sanguinis*), imunidade absoluta em face de pedidos de extradição deduzidos por Estados estrangeiros.
IV. O Tribunal Penal Internacional poderá dirigir ao Brasil, nos termos do Estatuto de Roma, promulgado pelo Decreto nº 4.388,

---

[19]. A Emenda Regimental nº 48 do STF disciplinou o acesso dos magistrados brasileiros, e também das partes nos processos, às opiniões consultivas do Tribunal Permanente de Revisão, que funcionam como pareceres sobre casos concretos e situações específicas em causas que envolvam direito internacional do bloco.

de 25.09.2002, pedido de detenção e entrega de um brasileiro nato, instruído com os documentos comprovativos, e solicitar a cooperação na detenção e entrega da pessoa em causa.

(A) Todas as assertivas estão corretas.
(B) Todas as assertivas estão incorretas.
(C) Somente as assertivas I e IV estão incorretas.
(D) Somente a assertiva I está correta.

I: correta (art. 5º, LI, da CF); II: correta (arts. 3º, 4º, ponto 1, 5º e 6º do Acordo sobre Residência para Nacionais dos Estados Partes do Mercosul; III: correta (art. 5º, LI, da CF); IV: correta. A grande inovação do Estatuto foi a criação do instituto da entrega ou *surrender*, ou seja, a entrega de um Estado para o TPI (plano vertical), a pedido deste, de indivíduo que deva cumprir pena por prática de algum dos crimes tipificados no art. 5º do Estatuto de Roma. A título comparativo, a extradição é a entrega de um Estado para outro Estado (plano horizontal), a pedido deste, de indivíduo que em seu território deva responder a processo penal ou cumprir pena por prática de crime de certa gravidade. A grande finalidade do instituto da *entrega* é driblar o princípio da não extradição de nacionais e, logicamente, garantir o julgamento do acusado, pois o TPI não julga indivíduos à revelia. Assim, criou-se tal figura para permitir que o Estado entregue indivíduo que seja nacional seu ao TPI.
Gabarito "A".

(Procurador da República –28º Concurso – 2015 – MPF) Assinale a alternativa correta:

(A) O Comitê Internacional da Cruz Vermelha pode exercer, entre outras funções, a de auxiliar a supervisão e a execução das normas de direito internacional humanitário em conflitos armados internacionais, mas não pode ingressar no território no qual haja hostilidades sem a autorização dos Estados envolvidos.
(B) Se sobrevier uma nova norma imperativa de Direito Internacional, qualquer tratado existente que estiver em conflito com essa norma só será cumprido até o final de sua vigência, não podendo ser prorrogado ou renovado.
(C) O costume internacional e as resoluções vinculantes do Conselho de Segurança da Organização das Nações Unidas são incorporados internamente no direito brasileiro por intermédio de decreto presidencial.
(D) As obrigações *erga omnes* foram previstas expressamente no estatuto da Corte Internacional de Justiça, porém não autorizam o início de processo naquele tribunal contra determinado Estado que as tenha descumprido.

A: correta, pois traz a função da Comitê da Cruz Vermelha e acertadamente não pode ingressar no território dos Estados envolvidos sem autorização prévia. O Comitê Internacional da Cruz Vermelha pode relacionar-se diretamente com os Estados e as organizações intergovernamentais nas matérias abrangidas por seu campo específico de atuação; B: incorreta porque será imediatamente revogado; C: incorreta, pois o costume internacional não surge do procedimento burocrático de produção do direito; D: incorreta, pois não foram expressamente previstas.
Gabarito "A".

(Procurador da República –28º Concurso – 2015 – MPF) Assinale a alternativa incorreta.

(A) Os cônsules não podem ser obrigados a depor sobre fatos relacionados com o exercício de suas funções, nem a exibir correspondência e documentos oficiais que a elas se refiram.
(B) De acordo com acordo vigente celebrado pelo Brasil e a Santa Sé, o casamento celebrado em conformidade com as leis canônicas, que atender também as exigências estabelecidas pelo direito brasileiro para contrair o casamento, produz os efeitos civis, desde que registrado no registro próprio, produzindo efeitos a partir da data de sua celebração.
(C) A Convenção Internacional para a Proteção de Todas as Pessoas contra o Desaparecimento Forçado exige que os Estados-partes estabeleçam, internamente, o crime de desaparecimento forçado, tornando-o sempre imprescritível.
(D) Compete ao Plenário do Supremo Tribunal Federal decidir, administrativamente, sobre o encaminhamento de solicitação de opinião consultiva ao Tribunal Permanente de Revisão do Mercosul, mediante prévio e necessário juízo de admissibilidade do pedido e sua pertinência processual a ser relatado pelo próprio Presidente do Supremo Tribunal Federal.

A única assertiva incorreta é a "C" porque não existe previsão no sentido de torná-los sempre imprescritível (art. 4º da Convenção).
Gabarito "C".

(Procurador da República –28º Concurso – 2015 – MPF) Assinale a alternativa correta:

(A) A Convenção de Nova York sobre Prestação de Alimentos no Estrangeiro dispõe que a lei que regerá as ações de alimentos e qualquer questão conexa será a do Estado do demandado, inclusive em matéria de direito internacional privado.
(B) A Convenção da Haia sobre Acesso Internacional à Justiça prevê que os nacionais ou domiciliados em um Estado têm o direito de receber assistência jurídica em processos judiciais de natureza cível ou penal em outro Estado, na mesma condição que receberiam caso fossem nacionais ou domiciliados daquele Estado.
(C) A Convenção sobre os Aspectos Civis do Sequestro Internacional de Crianças determina que somente Autoridade Central de Estado-parte pode provocar a Autoridade Central do Estado para o qual a criança tenha sido transferida ou retirada em violação a um direito de guarda, para que se assegure o retorno da criança.
(D) O Protocolo de Cooperação e Assistência Jurisdicional em Matéria Civil, Comercial, Trabalhista e Administrativa do Mercosul exclui, expressamente, a possibilidade de sua aplicação a sentenças em matéria de reparação de danos e restituição de bens pronunciadas na esfera penal.

A: correta (art. 6º, ponto 3, da Convenção); B: incorreta, pois o correto seria caso fossem nacionais ou residentes habituais daquele Estado (art. 1º da Convenção): C: incorreta, pois qualquer pessoa, instituição ou organismo que julgue que uma criança tenha sido transferida ou retirada em violação a um direito de guarda pode comunicar o fato à Autoridade Central do Estado de residência habitual da criança ou à Autoridade Central de qualquer outro Estado Contratante, para que lhe seja prestada assistência para assegurar o retorno da criança (art. 8º da Convenção); D: incorreta, pois inclui e não exclui (art. 18 do Protocolo).
Gabarito "A".

(Procurador da República –28º Concurso – 2015 – MPF) Assinale a alternativa incorreta:

(A) O rompimento ou a ausência de relações diplomáticas ou consulares entre dois ou mais Estados não obsta a conclusão de tratados entre os referidos Estados, porém a conclusão de tal tratado, por si, não produz efeitos sobre as relações diplomáticas ou consulares.
(B) De acordo com o Tratado Americano de Soluções de Controvérsias (Pacto de Bogotá), os Estados-partes não podem acionar, de nenhum modo, a Corte Internacional de Justiça para solucionar controvérsias envolvendo a natureza ou extensão da reparação a ser feita em virtude do desrespeito a uma obrigação internacional.
(C) De acordo com a Convenção de Viena sobre Direito dos Tratados de 1969, as partes de um tratado são obrigadas a eliminar, na medida do possível, as consequências de qualquer ato praticado com base em uma disposição que esteja em conflito com uma norma imperativa de Direito Internacional geral.
(D) A Convenção sobre o Estatuto dos Apátridas permite que um Estado contratante expulse, por motivo de segurança nacional ou de ordem pública, um apátrida que se encontre regularmente em seu território.

A única assertiva incorreta é a "B" porque o Pacto de Bogotá prevê a possibilidade de acionar a Corte Internacional de Justiça (art. 5º do Pacto de Bogotá).
Gabarito "B".

(Procurador da República –28º Concurso – 2015 – MPF) Assinale a alternativa correta:

(A) Conforme a Convenção Interamericana sobre o Cumprimento de Sentenças Penais no Exterior, o Estado sentenciador conservará sua plena jurisdição para a revisão das sentenças proferidas por seus tribunais, mas cabe ao Estado receptor do indivíduo transferido a faculdade de conceder indulto, anistia ou perdão à pessoa sentenciada.
(B) O acordo de extradição do Mercosul não prevê a denegação da extradição por delitos políticos, em virtude do paradigma da confiança que deve imperar na cooperação jurídica internacional em blocos de integração econômica.
(C) De acordo com a jurisprudência atual da Corte Europeia de Direitos Humanos em matéria de extradição, não se exige que um Estado-Parte da Convenção Europeia de Direitos Humanos leve em consideração o risco de violação grave de direitos humanos do extraditando pelo Estado Requerente que não seja parte da Convenção, uma vez que os direitos protegidos na Convenção Europeia de Direitos Humanos não vinculam Estados terceiros.
(D) De acordo com o Acordo de Assistência Judiciária em Matéria Penal entre o Governo da República Federativa do Brasil e o Governo dos Estados Unidos da América, a assistência será prestada ainda que o fato sujeito a inquérito, investigação ou ação penal não seja punível na legislação de ambos os Estados.

A: incorreta. "O Estado sentenciador conservará sua plena jurisdição para a revisão das sentenças proferidas por seus tribunais. Além disso, conservará a faculdade de conceder indulto, anistia ou perdão à pessoa sentenciada. O Estado receptor, ao receber notificação de qualquer decisão a respeito, deverá adotar imediatamente as medidas pertinentes" (art. 8º da Convenção). B: incorreta (art. 5º, ponto 1, do Acordo de Extradição do Mercosul); C: incorreta, pois, muito pelo contrário, o dever de levar em consideração o risco de violação grave de direitos humanos é um imperativo (conhecida como *limitação humanística* da extradição); D: correta (art. 1º, ponto 3, do Acordo de Assistência Judiciária entre Brasil e Estados Unidos).
Gabarito "D".

(Procurador da República –28º Concurso – 2015 – MPF) Assinale a alternativa correta:

(A) O acesso a recursos genéticos existente em um determinado Estado é previsto na Convenção da Diversidade Biológica como patrimônio comum ambiental da humanidade, sujeito a fiscalização e registro na Conferência de Estados-Partes da citada Convenção.
(B) De acordo com a teoria geral da responsabilidade internacional, o Estado lesado pelo descumprimento prévio de obrigação internacional tem inteira discricionariedade para impor o conteúdo de sanções unilaterais, não devendo obediência, em nome de sua soberania, a nenhum limite ou restrição.
(C) O pedido de revisão de uma sentença da Corte Internacional de Justiça só poderá ser feito em razão do descobrimento de algum fato novo suscetível de exercer influência decisiva na decisão, a critério da Corte, desde que o pedido seja feito no prazo máximo de 15 anos a partir do descobrimento do fato novo pelo Estado requerente.
(D) De acordo com a lei brasileira sobre refúgio, os efeitos da condição de refugiado serão extensivos a todos os membros do grupo familiar que do refugiado dependerem economicamente, desde que se encontrem em território nacional.

A: incorreta, pois a autoridade para determinar o acesso a recursos energéticos pertence aos governos nacionais e está sujeita à legislação nacional (art. 15, ponto 1, da Convenção); **B:** incorreta, pois não possui total discricionariedade para impor sanções de forma unilateral; **C:** incorreta, pois o prazo correto para entrar com o pedido de revisão é de no máximo seis meses a partir do descobrimento do fato novo (art. 61 do Estatuto da Corte Internacional de Justiça); **D:** correta. Os efeitos da condição do *status* de refugiado são extensivos ao cônjuge, aos ascendentes e descendentes, assim como aos demais membros do grupo familiar que do refugiado dependerem economicamente, desde que se encontrem em território nacional.
Gabarito "D".

(Procurador da República –28º Concurso – 2015 – MPF) Assinale a alternativa correta:

(A) A jurisdição universal dos Estados não é mais aceita pelo Direito Internacional, após a criação de tribunais internacionais nas mais diversas áreas.
(B) De acordo com entendimento do Supremo Tribunal Federal, o ato de naturalização de estrangeiro como brasileiro somente pode ser anulado por via judicial, e não por ato administrativo.
(C) O auxílio direto consiste em espécie cooperacional na qual o juiz do Estado Requerido é provocado a proferir decisão sujeita somente a juízo de delibação e não a juízo de cognição plena.
(D) O reconhecimento de um novo Estado por todos os demais Estados já existentes na comunidade internacional é requisito indispensável para que o novo Estado possa exercer direitos no plano internacional.

A: incorreta, pois o tema, mesmo diante de grande polêmica, cada vez ganha mais espaço nas discussões doutrinárias; **B:** correta (RMS 27840, STF); **C:** incorreta, pois abrange o juízo de cognição plena; **D:** incorreta. Existe grande divergência doutrinária no tocante a esse tema. A parcela maior da doutrina defende que o reconhecimento de um Estado por seus pares tem natureza declaratória (é a posição adotada pelo Instituto de Direito Internacional), ao passo que a outra parcela defende que tal reconhecimento tem natureza constitutiva. O aclamado princípio da autodeterminação dos povos dá suporte à tese da natureza declaratória do reconhecimento.
Gabarito "B".

(Delegado/PE – 2016 – CESPE – Adaptada) Assinale a opção correta acerca dos direitos sociais, dos remédios ou garantias constitucionais e dos direitos de nacionalidade.

(A) Será considerado brasileiro nato o indivíduo nascido no estrangeiro, filho de pai brasileiro ou de mãe brasileira, que for registrado em repartição brasileira competente ou que venha a residir no Brasil e opte, em qualquer tempo, depois de atingida a maioridade, pela nacionalidade brasileira.
(B) A duração da jornada normal de trabalho, de, no máximo, oito horas diárias e quarenta e quatro horas semanais, não comporta exceções, no entanto a CF admite a compensação de horários mediante acordo ou convenção coletiva de trabalho.
(C) De acordo com o STF, o habeas data é ação que permite ao indivíduo o direito de obter informações relativas à sua pessoa, inseridas em repartições públicas ou privadas, podendo ser utilizado para a obtenção de acesso a autos de processos administrativos, como aqueles que tramitam no TCU.
(D) O mandado de segurança coletivo pode ser impetrado por sindicatos, entidades de classe e associações, mas não por partidos políticos, pois se destinam à defesa de interesses coletivos comuns a determinada coletividade de pessoas.

A: correta (art. 12, I, c, da CF); **B:** incorreta, pois o inciso XIV do art. 7º da CF traz uma exceção: "jornada de seis horas para o trabalho realizado em turnos ininterruptos de revezamento, salvo negociação coletiva"; **C:** incorreta. O STF tem entendimento oposto, ou seja, no sentido de que o Habeas Data (HD) não é o instrumento jurídico adequado para que se tenha acesso a autos de processos administrativos. A decisão foi tomada no julgamento de um recurso (agravo regimental) no HD 90. O habeas data foi ajuizado na Corte pela Exato Engenharia, que pretendia ter acesso aos autos de um processo em tramitação no Tribunal de Contas da União (TCU). A Ministra Ellen Gracie, relatora do caso, negou seguimento ao pedido, argumentando que o HD não é o remédio jurídico adequado para se obter esse tipo de acesso. Citando trecho do parecer da Procuradoria Geral da República, a ministra lembrou que "como forma de concretizar o direito à informação, a Constituição instrumentalizou o habeas data, a fim de assegurar o conhecimento de informações relativas à pessoa física ou jurídica, constantes de registros ou bancos de dados de entidades governamentais ou de caráter público, ou para retificá-los, quando incorretos"; **D:** incorreta, pois os partidos políticos também podem impetrar mandado de segurança coletivo (art. 5º, LXX, a, da CF).
Gabarito "A".

(Advogado da União/AGU – CESPE – 2012) No que se refere à responsabilidade internacional dos Estados e às fontes do direito internacional e sua relação com o direito interno brasileiro, julgue os itens a seguir.

(1) Na Convenção de Viena sobre Direito dos Tratados, o dispositivo que versa sobre a aplicação provisória de tratados foi objeto de reserva por parte do Estado brasileiro.
(2) Por decisão do STF, os costumes e tratados de direitos humanos adotados pelo Brasil antes da edição da Emenda Constitucional n.º 45/2004 adquiriram, no direito brasileiro, estatuto de normas supralegais.
(3) O texto final do projeto sobre responsabilidade internacional dos Estados, aprovado pela Comissão de Direito Internacional da ONU, prevê um sistema agravado de responsabilidade, por violação de normas peremptórias de direito internacional geral.
(4) De acordo com o projeto da Comissão de Direito Internacional da ONU sobre responsabilidade internacional dos Estados, as garantias de não repetição são consequências possíveis de um ilícito internacional.

1: correta. A Convenção de Viena sobre Direito dos Tratados entrou em vigor internacional em 27 de janeiro de 1980 e só foi promulgada no Brasil pelo Decreto n. 7.030 de 14 de dezembro de 2009. A ratificação não só demorou, mas veio com reserva aos arts. 25 e 66. O art. 25 cuida da aplicação provisória de um tratado e determina que, se for assim disposto ou acordado pelas partes, o tratado pode obter uma vigência provisória mesmo sem ter sido objeto de ratificação – o Brasil não aceita esta prática, já que, em regra, a ratificação dos tratados depende de um procedimento complexo, no qual o Congresso Nacional tem que aprovar o texto do tratado, e o fará por meio de um decreto legislativo promulgado pelo Presidente do Senado e publicado no Diário Oficial da União. Assim, a regra é que os tratados celebrados pelo Presidente da República sejam apreciados pelo Congresso Nacional (art. 84, VIII, da CF). Já o art. 66 discorre sobre o processo de solução judicial, de arbitragem e de conciliação e determina a competência obrigatória da Corte Internacional de Justiça quando houver conflito ou superveniência de norma imperativa de direito internacional (*jus cogens*) – este artigo não foi aceito pelo Brasil, lembrando que o país não está vinculado ao art. 36 do Estatuto da Corte Internacional de Justiça que disciplina a "cláusula facultativa de jurisdição obrigatória"; **2:** errada, pois apenas os tratados de direitos humanos adotados antes da edição da Emenda Constitucional n.º 45/2004 adquiriram *status* de normas supralegais (RE 466.343-SP STF); **3:** certa, pois os arts. 40 e 41 do Projeto sobre Responsabilidade Internacional dos Estados cuidam das violações graves de obrigações decorrentes de normas imperativas de direito internacional geral; **4:** certa, pois em consonância com a redação do art. 30 do Projeto sobre Responsabilidade Internacional dos Estados.
Gabarito 1C, 2E, 3C, 4C.

(Advogado da União/AGU – CESPE – 2012) Julgue os próximos itens, referentes a solução pacífica de controvérsias, direito internacional do mar, segurança internacional coletiva e manutenção da paz.

(1) De acordo com a Convenção das Nações Unidas sobre Direito do Mar, baixios a descoberto que se encontrem, parcialmente, a uma distância do continente que não exceda a largura do mar territorial podem ser utilizados como parâmetro para medir a largura do mar territorial.
(2) Em 2011, o órgão de solução de controvérsias da Organização Mundial do Comércio estabeleceu a ação de reenvio prejudicial, de modo que a Corte Internacional de Justiça pudesse decidir sobre a competência do órgão para julgamento de questões de direitos humanos relacionadas ao comércio internacional.
(3) O Tratado sobre a Não Proliferação de Armas Nucleares estabelece a prevalência de seus dispositivos sobre quaisquer tratados regionais, de forma a assegurar a ausência total de armas nucleares nos territórios dos Estados signatários.

1: certa, pois reproduz a redação do art. 13, ponto 1, da Convenção das Nações Unidas sobre Direito do Mar; **2:** errada, pois a informação dada na assertiva não procede; **3:** errada, pois o art. 7º do Tratado sobre a Não Proliferação de Armas Nucleares assim dispõe: "Nenhuma cláusula deste Tratado afeta o direito de qualquer grupo de Estados de concluir tratados regionais para assegurar a ausência total de armas nucleares em seus respectivos territórios".
Gabarito 1C, 2E, 3E.

(Diplomacia – 2012 – CESPE) Com relação aos direitos de nacionalidade e a suas variações, previstos na CF, assinale a opção correta.

(A) Estrangeiros são, por vezes, protegidos como os nacionais, a exemplo da vedação de extradição de estrangeiros por crime político ou de opinião.
(B) Os direitos inerentes aos brasileiros são atribuídos a todo cidadão português, ressalvada a limitação constitucional de verificação de reciprocidade.
(C) A perda da nacionalidade originária, diferentemente do que ocorre com a derivada, é medida prevista como forma extrema de cominação penal.
(D) A extradição de brasileiros portadores de nacionalidade não originária é condicionada excepcional e unicamente a comprovado envolvimento em tráfico ilícito de entorpecentes e de drogas afins.
(E) A concessão de asilo a estrangeiro é prevista como direito civil inalienável no artigo 5º da Lei Maior, que cuida de direitos e garantias fundamentais.

A: correta. A extradição não é permitida quando relacionada à prática de crimes políticos, de imprensa, religiosos e militares. A citada proibição visa tutelar tanto o nacional como o estrangeiro, pois o importante nesse caso é o tipo de crime praticado e não as condições pessoais do sujeito perpetrador. A assertiva corretamente destaca o fato de que a proteção dos estrangeiros como nacionais se dá apenas *por vezes*. Isso porque, por exemplo, o estrangeiro pode ser objeto de deportação e expulsão, ao passo que o brasileiro, nato ou naturalizado, não; **B:** incorreta, pois os direitos são atribuídos apenas aos portugueses com residência permanente no País (art. 12, § 1º, da CF); **C:** incorreta. O § 4º do artigo 12 traz duas situações em que o brasileiro perderá a nacionalidade. Em uma delas (inciso II), a extinção do vínculo patrial pode atingir tanto o brasileiro nato (nacionalidade originária) quanto o naturalizado (nacionalidade derivada), bastando para isso que adquira outra nacionalidade, por naturalização voluntária. Tal possibilidade admite duas exceções: uma é no caso de a lei estrangeira reconhecer a nacionalidade originária, e a outra é quando a lei estrangeira impõe a naturalização ao brasileiro residente em país estrangeiro como condição para a permanência em seu território ou para o exercício de direitos civis. Na outra situação (inciso I), apenas o brasileiro naturalizado poderá perder a nacionalidade, o que ocorrerá quando a naturalização for cancelada, por sentença judicial, pelo exercício de atividade contrária ao interesse nacional. Nesse último caso, só é possível readquirir a nacionalidade brasileira por meio de ação rescisória, cabível somente quando a sentença judicial já estiver transitada em julgado. Percebe-se que a perda da nacionalidade originária não é prevista como forma extrema de cominação penal; **D:** incorreta. É necessário cumprir com outras condições para tomar corpo a concessão de extradição, as quais estão insculpidas no artigo 78 da Lei nº 6.815/1980: **a)** ter sido o crime cometido no território do Estado requerente ou serem aplicáveis ao extraditando as leis penais desse Estado; e **b)** existir sentença final de privação de liberdade ou estar a prisão do extraditando autorizada por juiz, tribunal ou autoridade competente do Estado requerente, salvo em caso de urgência, quando poderá ser ordenada a prisão preventiva do extraditando (artigo 82 da Lei nº 6.815/1980); **E:** incorreta, pois a concessão de asilo político está previsto no art. 4º, X, da CF. O artigo citado cuida dos princípios que devem nortear as relações internacionais da República Federativa do Brasil.

Gabarito "A".

Exceção cultural à livre circulação de bens e serviços: o ponto de vista do Brasil no MERCOSUL

Certo grau de apreensão envolvendo a exceção cultural não deve ser negligenciado, na medida em que por trás das razões culturais podem encontrar abrigo a discriminação, o protecionismo, o nacionalismo, a xenofobia.

Sabiamente, a Corte Europeia de Justiça desenvolveu arcabouço jurisprudencial para enfrentar e impedir a proliferação de gama importante e muito variada de medidas discriminatórias, que se escondem atrás de cortina de boas intenções, mas que constituem medidas de efeito equivalente à discriminação que oficialmente se acordara eliminar. De modo semelhante, a regulamentação do GATT-OMC nos fala do conjunto de barreiras não tarifárias e de suas consequências.

As medidas não tarifárias que criam o risco de anular a colocação em prática das liberdades de circulação no seio da União Europeia, se utilizavam frequentemente de desculpas de natureza técnica, linguística, cultural, invocando padrões de qualidade, a proteção dos consumidores, entre tantos outros nomes possíveis (para não multiplicarmos os exemplos, vamos nos lembrar de Cassis de Dijon, a lei da pureza da cerveja etc.).

A preservação dos valores sempre trará riscos, na extensão das consequências e, emprestando termo do jargão médico, eventuais efeitos colaterais, que nos colocam perante o desafio de encontrar ponto de equilíbrio.

Esse antagonismo deve nos fazer ter presentes os desafios do momento atual: de um lado, riscos de homogeneização em escala mundial, ou ao menos supranacional, seguem a integração e a globalização, sobretudo econômica, mas estendem seus efeitos bem além do âmbito estritamente econômico – enquanto de outro lado, nos encontramos perante levantes nacionalistas e xenófobos às vezes assustadores e que aparentam esvaziar de todo o seu sentido a civilização para nos levar à pré-história – a violência e a lei do mais forte, sem nenhuma máscara –, o que tampouco é desejável.

Em mundo que muda em velocidade crescente parecerá dificilmente conciliável a pretensão de deter o tempo e o fluxo da produção intelectual – seja esta de boa ou má qualidade – e a livre circulação da informação.

A exceção cultural parece carregar implicitamente em si a perigosa escolha de valor, cujas bases e sustentação devem ser questionadas: em que medida, haveria valores a proteger, de quem devemos protegê-los, e como assegurar esta proteção?

Paulo B. Casella. In: **Revista de Direito da USP**, n.º 97, 2002. (com adaptações).

(Procurador da República – 26.º) A atuação do Ministério Público Federal na Rede Ibero-americana de Cooperação Jurídica:

(A) decorre de obrigações assumidas pelo Estado brasileiro por força de tratado internacional;
(B) se faz em concerto com o Ministério das Relações Exteriores, sendo o Ministério Público Federal o executor exclusivo das medidas solicitadas ao Brasil, no âmbito criminal e cível;
(C) se faz através de Órgão de monitoramento do tratado que estabeleceu a rede;
(D) decorre de cortesia internacional, porquanto não há tratado internacional que a preveja.

A única assertiva correta acerca da atuação do Ministério Público Federal na Rede Ibero-americana é a D, ou seja, trata-se de uma cortesia internacional.

Gabarito "D".

(Procurador da República – 26.º) Na compreensão contemporânea da doutrina e da jurisprudência em direito internacional, no exercício de jurisdição universal, estados podem promover a persecução penal:

(A) contra qualquer pessoa sob seu império, não protegida por imunidade reconhecida por norma internacional, quando acusada da prática de crimes graves, para os quais o direito internacional impõe a obrigação "*aut dedere, aut judicare*";
(B) contra qualquer pessoa sob seu império, independentemente de imunidade que se lhe atribua, quando se trata de crimes de *jus cogens*;
(C) contra qualquer pessoa, sob seu império ou não independentemente de imunidade que se lhe atribua, quando se trata de crimes de *jus cogens*;
(D) contra qualquer pessoa, sob seu império ou não, desde que não protegida por imunidade reconhecida por norma internacional, quando acusada da prática de crimes graves, para os quais o direito internacional impõe a obrigação "*aut dedere, aut judicare*".

A jurisdição universal possibilita que os Estados processem indivíduo acusado da prática de delitos de grande gravidade. A justificativa estaria no fato de que tais crimes atentam contra a própria existência da comunidade internacional, ou, de outra forma, colocam "em xeque" a condição humana. Com base nessa ideia, um juiz espanhol poderia processar e condenar um indivíduo chileno pela prática de condutas nefastas. O exemplo dado não é hipotético, pois, de fato, o juiz espanhol Baltasar Garzón emitiu ordem de prisão contra o General Augusto Pinochet, ditador chileno, que se encontrava em Londres. Pelo exemplo acima, pode-se apontar a assertiva D como correta. Pois se a pessoa estivesse sob o império de certa jurisdição, estaríamos diante de um caso ordinário de jurisdição e não universal. Agora a questão de que a imunidade afeta o exercício da jurisdição universal é bastante discutível, todavia, cabe destacar que é mais aceita a tese que aponta a interferência, isto é, quem possui imunidade não pode ser atingido pelo exercício da jurisdição universal.

Gabarito "A".

(Procurador do Município/São José dos Campos-SP – 2012 – VUNESP) Segundo as regras constitucionais de competência do Poder Judiciário, uma causa em que forem partes Estado estrangeiro ou organismo internacional, de um lado, e, do outro, Município, a competência para julgamento será do

(A) Supremo Tribunal Federal, originariamente.
(B) Supremo Tribunal Federal, em recurso extraordinário.
(C) Superior Tribunal de Justiça, em recurso ordinário.
(D) Superior Tribunal de Justiça, em recurso especial.
(E) Tribunal Regional Federal, em recurso ordinário.

A, **B**, **C**, **D** e **E**: a competência será do STJ via recurso ordinário (art. 105, II, *c*, da CF).

Gabarito "C".

2. DIREITO INTERNACIONAL PRIVADO[20]
2.1. REGRAS DE CONEXÃO DA LEI DE INTRODUÇÃO ÀS NORMAS DO DIREITO BRASILEIRO
2.1.1. ART. 7º DA LINDB

(Advogado União – AGU – CESPE – 2015) Com relação a reenvio, fontes do direito internacional privado e regras de conexão, julgue os itens subsecutivos.

(1) Regras de conexão são normas que indicam o direito aplicável a situações jurídicas que digam respeito a mais de um ordenamento jurídico.

(2) No que se refere ao reenvio, a teoria da subsidiariedade estabelece que o Estado, ainda que tenha direito de legislar unilateralmente sobre temas relativos a conflito de leis, deve observar outros sistemas jurídicos, a fim de evitar que obrigações contraditórias sejam atribuídas a uma mesma pessoa.

(3) Para que uma norma costumeira internacional torne-se obrigatória no âmbito do direito internacional privado, são necessários a aceitação e o reconhecimento unânimes dos Estados na formação do elemento material que componha essa norma.

1: correta. As regras de conexão do DIPr são indiretas, pois não resolvem os problemas materiais nem as questões processuais, apenas o conflito de leis no espaço. Melhor dizendo, não solucionam o caso, apenas indicam a solução, isto é, a(s) norma(s) jurídicas a ser(em) aplicada(s) para resolvê-lo. As normas diretas preveem fatos e apontam soluções (resolvem diretamente o problema); já as indiretas não preveem fatos, mas indicam a lei a ser aplicada (resolvem indiretamente o problema). Por fim, é premente observar que as regras de conexão são utilizadas nos casos que envolvem relação jurídica ou fato dotados de elemento estrangeiro, isto é, relações jurídicas que gerem efeitos em dois ou mais ordenamentos jurídicos (leia-se Estados); **2:** incorreta. O reenvio funciona como se a solução fosse enviada para o direito de certo país e o direito desse país a reenviasse (de volta ou para outro país). Em outras palavras, o reenvio é uma interpretação que despreza a norma material indicada pela regra de conexão e aplica DIPr estrangeiro para chegar a outra norma material, geralmente de índole nacional. Dentro desse quadro, ergue-se o art. 16 da LINDB e proíbe o juiz nacional de utilizar-se do reenvio. O juiz aplica o DIPr brasileiro para determinar o direito material aplicável, e, se este for estrangeiro, caberá ao magistrado aplicá-lo. Portanto, não existe aplicação da teoria da subsidiariedade mencionada na questão; **3:** incorreta. Para ser considerado costume internacional, é necessário que a prática seja geral e reiterada (elemento objetivo ou material), e aceita como o Direito (elemento subjetivo ou psicológico). A Corte Internacional de Justiça definiu o que é o costume no conhecido julgamento do caso da Plataforma Continental do Mar do Norte, em 1969, descrevendo o conceito como "(...) a prática reiterada, acompanhada da convicção quanto a ser obrigatória essa prática, por tratar-se de norma jurídica". Em razão dessas características, o costume dispensa qualquer forma de reconhecimento formal para poder ser utilizado. RF
Gabarito: "1C, 2E, 3E".

(Juiz – TRF 4ª Região – 2016) Assinale a alternativa **INCORRETA**.
Levando em conta a Lei de Introdução às normas do Direito Brasileiro (Decreto-Lei nº 4.657/1942, com a redação da Lei nº 12.376/2010):

(A) A lei do país em que nasceu a pessoa determina as regras sobre o começo e o fim da personalidade, do nome, da capacidade e dos direitos de família.
(B) Realizando-se o casamento no Brasil, será aplicada a lei brasileira quanto aos impedimentos dirimentes e às formalidades da celebração.
(C) O casamento de estrangeiros poderá celebrar-se perante autoridades diplomáticas ou consulares do país de ambos os nubentes.
(D) Tendo os nubentes domicílio diverso, regerá os casos de invalidade do matrimônio a lei do primeiro domicílio conjugal.
(E) O regime de bens, legal ou convencional, obedece à lei do país em que tiverem os nubentes domicílio, e, se este for diverso, a do primeiro domicílio conjugal.

A: incorreta, pois é a lei do domicílio da pessoa que determina as regras sobre o começo e o fim da personalidade, o nome, a capacidade e os direitos de família (art. 7º, "caput", da LINDB); **B:** correta. Trata-se da regra de conexão *locus regit actum* sobre a qualificação e a regulação das obrigações (leia-se: seus aspectos extrínsecos). Ou seja, é a lei do local em que as obrigações foram constituídas que vai regulá-las (art. 9º, "caput", da LINDB); **C:** correta (art. 7º, § 2º, da LINDB); **D:** correta (art. 7º, § 3º, da LINDB); **E:** correta (art. 7º, § 4º, da LINDB). RF
Gabarito: "A".

(Juiz – TRF 3ª Região – 2016) Assinale a alternativa incorreta:

(A) Realizando-se o casamento no exterior, pela autoridade estrangeira, será aplicada a lei do local da celebração com relação aos impedimentos dirimentes e às formalidades.
(B) O casamento de um brasileiro, domiciliado ou não no exterior, celebrado perante a autoridade consular brasileira, submete-se ao direito brasileiro, constituindo-se exceção à regra da "*lex loci celebrationis*".
(C) Somente se os nubentes forem estrangeiros poderão celebrar o casamento no Brasil perante o cônsul do país de ambos, segundo a lei do Estado da autoridade celebrante, configurando-se exceção à regra da "*lex loci celebrationis*".
(D) O casamento celebrado no exterior, observadas todas as regras do direito local estrangeiro, será sempre válido no Brasil.

A: correta. Trata-se da regra de conexão *locus regit actum* (art. 9º da LINDB) sobre a qualificação e a regulação das obrigações (leia-se: seus aspectos extrínsecos). Ou seja, é a lei do local em que as obrigações foram constituídas que vai regulá-las; **B:** correta (art. 7º, § 2º, da LINDB). Essa regra consagra indiretamente a lei da nacionalidade dos nubentes como regra de conexão. Assim, o casamento é regido, no que tange às suas formalidades, pela citada lei, mas o regime de bens continua sendo regulado pela lei do domicílio dos nubentes, consoante determina o art. 7º, "caput", da LINDB; **C:** correta. Seria como uma exceção à regra de conexão *lex loci celebrationis*, pois nubentes estrangeiros poderiam aqui se casar com base em sua lei da nacionalidade, desde que perante autoridades diplomáticas ou consulares do país de **ambos** os nubentes (art. 7º, § 2º, da LINDB); **D:** incorreta, pois o casamento realizado no exterior, o qual respeitou a lei do país de constituição do matrimônio, terá validade no Brasil desde que não ofenda a ordem pública (art. 17 da LINDB). RF
Gabarito: "D".

(Promotor de Justiça/MG – 2013) Quanto ao casamento de estrangeiros de mesma nacionalidade, domiciliados no exterior, e realizado no Brasil, analise as seguintes alternativas e assinale a assertiva INCORRETA:

(A) Será aplicada a lei material do domicílio dos nubentes quanto aos impedimentos dirimentes e às formalidades da celebração.
(B) Tendo os nubentes domicílio em diferentes países estrangeiros, regerá os casos de invalidade do matrimônio a lei material do primeiro domicílio conjugal.
(C) Poderá celebrar-se perante autoridades diplomáticas ou consulares do país de ambos os nubentes.
(D) Sendo os nubentes domiciliados no mesmo país estrangeiro, o regime de bens, legal ou convencional, obedece à lei material desse país.

A: assertiva incorreta, devendo ser assinalada. O § 1º do art. 7º da LINDB assim dispõe: "Realizando-se o casamento no Brasil, será aplicada a lei brasileira quanto aos impedimentos dirimentes e às formalidades da celebração". A regra de conexão é a *lex loci celebrationis*. Assim, o casamento é regido, no que tange às suas formalidades, pela lei do local de sua celebração (no presente caso será aplicada a legislação brasileira); **B:** assertiva correta (art. 7º, § 3º, da LINDB); **C:** assertiva correta (art. 7º, § 2º, da LINDB); **D:** assertiva correta (art. 7º, § 4º, da LINDB).
Gabarito: "A".

(Procurador da República – 26.º) As regras sobre o começo e fim da personalidade, o nome, a capacidade ou o direito de família de brasileiro que tenha outra nacionalidade originária:

(A) são determinadas pelo direito brasileiro;
(B) são determinadas pelo direito brasileiro e pelo direito do país da outra nacionalidade, cabendo ao juiz dirimir as dúvidas decorrentes sobre eventual colisão normativa;
(C) são determinadas pelo direito do país em que for domiciliado;
(D) são determinadas pelo direito do país de local de seu nascimento.

As regras de conexão do Direito Internacional Privado são indiretas, pois não resolvem os problemas materiais nem as questões processuais, apenas o conflito de leis no espaço. Melhor dizendo, não solucionam o caso, apenas indicam a solução. As normas diretas preveem fatos e apontam soluções (resolvem diretamente o problema); já as indiretas não preveem fatos, mas indicam a lei a ser aplicada (resolvem indiretamente o problema). É premente observar que as regras de conexão são utilizadas nos casos que envolvem relação jurídica ou fato dotados de elemento estrangeiro, isto é, relações jurídicas que gerem efeitos em dois ou mais ordenamentos jurídicos (leia-se Estados). Feita essa breve introdução sobre as regras de conexão, cabe reproduzir a redação do art. 7.º da LINDB: "A lei do país em que domiciliada a pessoa determina as regras sobre o começo e o fim da personalidade, o nome, a capacidade e os direitos de família". A regra de conexão antiga era a da nacionalidade. Assim, aplicava-se ao estatuto pessoal a lei da nacionalidade do interessado. Esse critério era muito criticado, pois não resolvia o problema dos apátridas e fazia com que um estrangeiro havia muito tempo residente aqui continuasse a ter seu estatuto pessoal determinado pelas leis de sua nacionalidade. O critério atual gira em torno do domicílio da pessoa, ou seja, a regra de conexão é a *lex domicilii*. Assim, a lei do domicílio da pessoa determina as regras sobre o começo e o fim da personalidade, o nome, a capacidade e os direitos de família. A configuração do domicílio só é regulada pela Convenção Interamericana sobre Domicílio das Pessoas Físicas no Direito Internacional Privado. Em que pese a Convenção não estar ratificada no Brasil, nada impede que o juiz brasileiro a utilize como uma fonte de *soft law*. O art. 2.º da Convenção dispõe que o domicílio será determinado em tais circunstâncias e ordem:

---

[20]. A matéria Direito Internacional Privado vai sofrer algumas modificações em razão do advento do Novo Código de Processo Civil e para uma maior compreensão dessas alterações e implicações indico a leitura do capítulo de Direito Internacional Privado do livro Super-Revisão Concursos Jurídicos, 4ª edição, da Editora Foco. O capítulo é de minha autoria e cuidou de oferecer uma visão geral, sistemática e didática sobre as alterações que vão ocorrer no Direito Internacional Privado em função do Novo Código de Processo Civil.

a) pelo lugar da residência habitual; b) pelo lugar do centro principal de seus negócios; c) na ausência dessas circunstâncias, considerar-se-á como domicílio o lugar da simples residência; d) em sua falta, se não houver simples residência, o lugar onde se encontrar. No art. 6.º, a Convenção determina: "quando uma pessoa tiver domicílio em dois Estados-partes, será considerada domiciliada naquele em que tiver a simples residência e, se tiver em ambos, preferir-se-á o lugar onde se encontrar".
Gabarito "C".

2.1.2. ART. 9º DA LINDB

(Advogado – CEF – 2012 – CESGRANRIO) Um contrato de financiamento, entre uma empresa brasileira e um Banco comercial holandês com filial em Londres, acaba de ser assinado pelos representantes legais das partes em Londres. Como garantia, a empresa brasileira deu em hipoteca dois imóveis situados no Brasil. O contrato nada dispõe sobre a lei aplicável ao mesmo, limitando-se a indicar Londres como foro competente para as disputas que vierem a surgir entre as partes. Segundo o disposto na legislação brasileira, a lei aplicável a esse contrato é a

(A) de Londres, em razão da cláusula de foro.
(B) de Londres, por ser o local em que o contrato foi concluído.
(C) da Holanda, por ser a sede do proponente.
(D) brasileira, porque as garantias contratuais estão no Brasil.
(E) brasileira, por ser o domicílio do devedor.

A, B, C, D e E: o art. 9º da LINDB trata da regra de conexão *locus regit actum* no que tange à qualificação e à regulação das obrigações (leia-se seus aspectos extrínsecos). Ou seja, é a lei do local em que as obrigações foram constituídas que vai regulá-las. É importante apontar que as obrigações surgem dos contratos, dos delitos e dos quase delitos (crimes praticados com culpa – negligência, imprudência e imperícia). Mas em função do comércio internacional, os contratos adquirem grande destaque nas discussões do DIPr. Portanto, a lei aplicável ao contrato é a de Londres, por ser o local onde o contrato foi concluído.
Gabarito "B".

2.1.3. ART. 10 DA LINDB

(Procurador da República – 26.º) A sucessão de bens de estrangeiro situados no Brasil:

(A) é regulada pela lei do último domicílio em benefício do cônjuge e filhos brasileiros, ou de quem os represente, sempre que não lhes seja mais favorável a lei brasileira;
(B) é regulada pela lei pessoal do *de cujus*;
(C) é regulada pela lei brasileira em benefício do cônjuge e filhos brasileiros, ou de quem os represente, sempre que não lhes seja mais favorável a lei pessoal do *de cujus*;
(D) é regulada pela lei do último domicílio em benefício do cônjuge e filhos brasileiros, ou de quem os represente, sempre que não lhes seja mais favorável a lei pessoal do *de cujus*.

O art. 10, § 1.º, da LINDB assim dispõe: "A sucessão de bens de estrangeiros, situados no País, será regulada pela lei brasileira em benefício do cônjuge ou dos filhos brasileiros, ou de quem os represente, sempre que não lhes seja mais favorável a lei pessoal do *de cujus*". Funciona como exceção benéfica, pois a regra de conexão do *caput* será afastada para aplicação da *lex fori* sobre a sucessão de bens de estrangeiros, situados no país, desde que não seja mais favorável para o cônjuge ou os filhos brasileiros a lei pessoal do *de cujus*. Tal regra é reforçada pela mesma previsão insculpida na Constituição brasileira (art. 5.º, XXXI). Ademais, é um exemplo de aplicação do princípio da pluralidade sucessória, o que destoa da concepção unitarista adotada pelo Direito Internacional Privado brasileiro, que traz como regra de conexão a lei do país de último domicílio do defunto ou do desaparecido (*lex domicilii* do defunto ou do desaparecido) no que tange à regulação da sucessão por morte ou por ausência, qualquer que sejam a natureza e a situação dos bens (adotada nos países de tradição jurídica romano-germânica). O contraponto seria a concepção pluralista da sucessão, adotada nos países de tradição jurídica *common law*. A título explicativo, a pluralidade sucessória prega que cada bem, individualmente considerado, deve ser regulado pela lei de sua localização (*lex rei sitae*).
Gabarito "C".

2.1.4. ART. 11 DA LINDB

(Procurador da República – 26.º) Governos estrangeiros bem como as organizações de qualquer natureza, que eles tenham constituído, dirijam ou hajam investido de funções públicas,

(A) podem adquirir imóveis no Brasil, desde que destinados a suas sedes diplomáticas, consulares ou funcionais, sendo que, no caso das últimas, condicionada, a aquisição, à previsão em acordo bilateral de cooperação;
(B) podem adquirir imóveis no Brasil, desde que destinados a suas sedes diplomáticas, consulares ou funcionais, sendo que, no caso das últimas, condicionada, a aquisição, à previsão em acordo de sede;
(C) não podem adquirir no Brasil bens imóveis ou suscetíveis de desapropriação, mas podem, os governos estrangeiros, adquirir a propriedade dos prédios necessários à sede dos representantes diplomáticos ou dos agentes consulares;
(D) podem adquirir imóveis no Brasil, sempre que previamente autorizados pelo Ministério das Relações Exteriores.

O art. 11, § 2.º, da LINDB assim dispõe: "Os Governos estrangeiros, bem como as organizações de qualquer natureza, que eles tenham constituído, dirijam ou hajam investido de funções públicas, não poderão adquirir no Brasil bens imóveis ou susceptíveis de desapropriação". O texto traz uma proibição no que se refere à aquisição de bens imóveis no Brasil. Segundo o § 2.º do art. 11 da LINDB, o Estado estrangeiro ou a organização internacional ficam impedidos de adquirir bens imóveis ou suscetíveis de desapropriação no território brasileiro. O impedimento estende-se ainda às entidades criadas por Estados estrangeiros. A razão de ser de tal regra é a proteção da soberania do Estado brasileiro. Todavia, o § 3.º do art. 11 assim estatui: "Os Governos estrangeiros podem adquirir a propriedade dos prédios necessários à sede dos representantes diplomáticos ou dos agentes consulares". A regra estipulada no § 2.º é excepcionada pela permissão conferida aos Estados estrangeiros de adquirir a propriedade dos prédios necessários à sede dos representantes diplomáticos ou dos agentes consulares. Essa exceção é pautada no princípio da proteção do exercício das atividades diplomáticas pelos Estados. O princípio supracitado tem acolhida no Direito Internacional Privado convencional, consoante o que se vê na Convenção de Viena sobre Relações Diplomáticas, de 1961, e na Convenção de Viena sobre Relações Consulares, de 1963.
Gabarito "C".

2.2. COOPERAÇÃO JUDICIÁRIA INTERNACIONAL – CARTAS ROGATÓRIAS

(Advogado União – AGU – CESPE – 2015) No que diz respeito à cooperação jurídica internacional e às competências da AGU nessa matéria, julgue os próximos itens.

(1) A dupla incriminação tem sido considerada requisito dispensável em certos acordos de cooperação jurídica em matéria penal celebrados pelo Brasil.
(2) A AGU é a autoridade central federal que deve dar cumprimento às obrigações impostas pela Convenção Relativa à Proteção das Crianças e à Cooperação em Matéria de Adoção Internacional.
(3) A autoridade judiciária brasileira é competente, com exclusão de qualquer outra autoridade, para conhecer de ações relativas a imóveis situados no Brasil.

1: correta, pois, de fato, em alguns acordos recentes sobre o tema foi determinada de forma expressa, a dispensa do princípio da "dupla incriminação", como é o caso do acordo firmado com a Espanha (Decreto 6.747/09); **2:** incorreta. Conforme a Convenção de Haia de 1993, relativa à Proteção das Crianças e à Cooperação em Matéria de Adoção Internacional e de acordo com o Estatuto da Criança e do Adolescente (ECA), a adoção internacional é aquela realizada por pretendente residente em país diferente daquele da criança a ser adotada. Entretanto, a Convenção, ratificada pelo país em 21 de junho de 1999, se aplica apenas às adoções realizadas entre países ratificantes. No Brasil, de acordo com o Decreto 3.174, de 16 de setembro de 1999, o processamento das adoções de crianças brasileiras residentes no Brasil, bem como a habilitação de residente no Brasil para adoção no exterior, é de responsabilidade das Autoridades Centrais dos Estados e do Distrito Federal (Comissões Estaduais Judiciárias de Adoção / Adoção Internacional). A Autoridade Central Administrativa Federal (ACAF) é órgão federal que tem como competência o credenciamento dos organismos nacionais e estrangeiros de adoção internacional, bem como o acompanhamento pós-adotivo e a cooperação jurídica com as Autoridades Centrais estrangeiras. Além disso, à ACAF compete atuar como secretaria executiva para o Conselho das Autoridades Centrais Brasileiras (fonte: www.sdh.gov.br); **3:** correta. O juiz brasileiro terá competência exclusiva para conhecer das ações relativas a imóveis situados no Brasil. Essa competência exclusiva significa que nenhuma outra jurisdição poderá conhecer de ação que envolva bem imóvel situado no Brasil. Assim, por exemplo, sentença estrangeira sobre bem imóvel situado no Brasil nunca será reconhecida no Brasil, isto é, nunca irradiará efeitos em território nacional. A regra *forum rei sitae* aparece no art. 12, § 1º, da LINDB e no art. 23, I, no NCPC. Porém, cabe destacar que no Informativo 586 do STJ foi definido que é possível a homologação de sentença penal estrangeira que determine o perdimento de imóvel situado no Brasil em razão de o bem ser produto do crime de lavagem de dinheiro.
Gabarito "1C, 2E, 3E".

(Juiz – TRF 2ª Região – 2017) Analise as assertivas e, depois, assinale a opção correta:

I. Decisão de urgência, proferida pelo juiz estrangeiro antes da sentença, poderá ser executada no Brasil por meio de carta rogatória.
II. Ainda que o litígio envolva apenas pessoas de direito privado e interesses privados, a carta rogatória deve ser cumprida por juiz federal.
III. Mesmo quando a matéria envolva tema de competência exclusiva da jurisdição nacional, é juridicamente viável a concessão de *exequatur* à carta rogatória estrangeira, que não vincula posterior homologação da sentença a ser proferida.

(A) Apenas a assertiva I é falsa.
(B) Apenas a assertiva II é falsa.
(C) Apenas a assertiva III é falsa.
(D) Todas as assertivas são falsas.
(E) Todas as assertivas estão corretas.

I: correta (art. 962, "caput" e § 1º, do NCPC); II: correta (art. 965 do NCPC); III: incorreta porque não será homologada a decisão estrangeira na hipótese de competência exclusiva da autoridade judiciária brasileira (art. 964, "caput", do NCPC) e, da mesma forma, não será concedido *exequatur* à carta rogatória estrangeira quando envolver tema de competência exclusiva da jurisdição nacional (art. 964, parágrafo único, do NCPC).
Gabarito "C".

(Juiz – TRF 2ª Região – 2017) Na hipótese de idêntica ação ser proposta no Brasil e no exterior, e inexistindo Tratado com o país estrangeiro, marque a opção correta:

(A) A litispendência internacional não pode ser conhecida de ofício e deve ser arguida. Arguida, ela impede que o juiz brasileiro dê curso à ação intentada no Brasil se a questão já tiver sido submetida a juiz estrangeiro.

(B) A litispendência internacional pode ser conhecida de ofício e impede que o juiz brasileiro dê curso à ação intentada no Brasil se a questão já está submetida a juiz estrangeiro.

(C) Em tema afeto à soberania, os Estados estrangeiros estão impedidos de conhecer demandas que versem sobre causas situadas no território de outras soberanias, sob pena de responsabilização internacional.

(D) Se uma sentença brasileira decidir determinada questão que também tenha sido decidida por sentença estrangeira, será sempre a sentença brasileira a que produzirá efeitos no Brasil.

(E) A ação intentada no estrangeiro não impede que a mesma questão seja submetida a juiz brasileiro, nem produz litispendência.

A ação proposta perante tribunal estrangeiro não induz litispendência e não obsta a que a autoridade judiciária brasileira conheça da mesma causa e das que lhe são conexas, ressalvadas as disposições em contrário de tratados internacionais e acordos bilaterais em vigor no Brasil (art. 24 do NCPC).
Gabarito "E".

(Defensor Público – DPE/RN – 2016 – CESPE) Quanto ao tratamento dispensado a crianças e adolescentes no âmbito das normas internacionais, assinale a opção correta.

(A) A Convenção sobre os Aspectos Civis do Sequestro Internacional de Crianças aplica-se à criança que tenha residência habitual em um Estado contratante até que ela complete dezoito anos de idade.

(B) Embora a Convenção dos Direitos da Criança contemple direitos relativos à proteção da saúde da criança, tais como assistência médica e cuidados sanitários, ela é silente quanto aos direitos inerentes à previdência social, que são objeto de convenção internacional específica.

(C) As normas da Convenção Relativa à Proteção das Crianças e à Cooperação em Matéria de Adoção Internacional incorporadas pelo ECA permitem a adoção de criança brasileira por estrangeiros residentes no exterior, ainda que não se tenham esgotado as possibilidades de colocação dessa criança em família substituta brasileira.

(D) Segundo o STJ, a Convenção sobre os Aspectos Civis do Sequestro Internacional de Crianças não objetiva discutir o direito de guarda de criança, mas sim as questões vinculadas à retirada ilegal de criança de seu país e(ou) a retenção indevida de criança em local que não o de sua residência habitual.

(E) Segundo as Regras de Beijing, a sanção aplicável ao jovem que cometer ato infracional deverá ser específica e única, princípio que torna inadmissível a aplicação simultânea de uma medida de liberdade assistida e uma de prestação de serviços à comunidade.

A: incorreta, pois a idade limite para aplicação é dezesseis anos (art. 4º da Convenção sobre os Aspectos Civis do Sequestro Internacional de Crianças); B: incorreta, pois esse direito está previsto (art. 26, ponto 1, da Convenção dos Direitos da Criança); C: incorreta (art. 51, § 1º, do ECA); D: correta (Informativo 559 do STJ, 2015); E: incorreta, pois é possível a aplicação de medidas simultaneamente (art. 18 das Regras de Beijing).
Gabarito "D".

(Defensor Público – DPE/ES – 2016 – FCC) A Convenção sobre os Aspectos Civis do Sequestro Internacional de Crianças trata, prioritariamente, de situações como a de

(A) reparação de danos morais e materiais a crianças e adolescentes vítimas de quadrilha especializada em tráfico internacional de pessoas.

(B) uma criança que vive no Brasil, sob guarda judicial da tia e vai visitar o pai no exterior, oportunidade em que o pai retém a criança e não permite seu retorno ao Brasil.

(C) um adolescente que viaja ao exterior, com autorização dos pais, para realizar intercâmbio educacional e decide não voltar ao país.

(D) assegurar a devolução de criança ou adolescente que foi deixado pelos pais com amigos, em país estrangeiro, sem regularização da guarda.

(E) outorga excepcional de nacionalidade ou direito de permanência a criança estrangeira que resida há mais de cinco anos em país para o qual foi levada contra sua vontade.

A citada Convenção trata especialmente de situações como a descrita na assertiva "B" (arts. 1º e 3º da Convenção sobre os Aspectos Civis do Sequestro Internacional de Crianças).
Gabarito "B".

(Analista – Judiciário –TRE/PI – 2016 – CESPE) O Brasil é signatário da Convenção Interamericana sobre Cartas Rogatórias, que foi promulgada pelo Decreto n.º 1.899, de 1996, ano em que foi promulgado, ainda, o Protocolo Adicional à Convenção Interamericana sobre cartas rogatórias, pelo Decreto n.º 2.022. No que se refere a esse assunto, assinale a opção correta.

(A) As sentenças estrangeiras somente produzem efeitos depois de homologadas pelo Supremo Tribunal Federal.

(B) Expedem-se as cartas rogatórias somente se for necessária a realização de intimações e citações compatíveis com a legislação do juízo rogado.

(C) As cartas rogatórias, provenientes de autoridades estrangeiras, para cumprimento no Brasil, seguem para o Ministério das Relações Exteriores, que as encaminha diretamente para o Superior Tribunal de Justiça, a fim de que, no uso de sua competência, o tribunal conceda o exequatur.

(D) Em se tratando de cartas rogatórias que visem à inquirição de testemunha, o juiz rogante fica impedido de prosseguir na instrução criminal até sua devolução e juntada aos autos.

(E) Para ser homologada no Brasil, a sentença estrangeira deve ter sido proferida por juiz competente, ter transitado em julgado e estar acompanhada de tradução, sendo dispensável a autenticação por cônsul brasileiro.

A: incorreta. No Brasil, a competência para homologar sentenças estrangeiras é do STJ (art. 105, I, *i*, da CF/1988); B: incorreta. O artigo 2º da Convenção assim dispõe: "Esta Convenção aplicar-se-á às cartas rogatórias expedidas em processos relativos a matéria civil ou comercial pelas autoridades judiciárias de um dos Estados Partes nesta Convenção e que tenham por objeto: *a)* a realização de atos processuais de mera tramitação, tais como notificações, citações ou emprazamentos no exterior; e *b)* o recebimento e obtenção de provas e informações no exterior, salvo reserva expressa a tal respeito"; C: correta. No Brasil, a competência para conceder *exequatur* às cartas rogatórias é do STJ. Como regra geral, o procedimento das cartas rogatórias é o seguinte: *a)* recebimento pelo presidente do STJ; *b)* após a concessão de *exequatur*, a carta rogatória é remetida para o juiz federal competente para cumpri-la; *c)* após o cumprimento, o juiz tem o prazo de dez dias para devolvê-la ao presidente do STJ, o qual a encaminhará ao Ministério da Justiça ou Ministério das Relações Exteriores, que retornará a carta rogatória ao juiz rogante. O procedimento apresentado é de jurisdição contenciosa e, assim sendo, as partes devem ter acesso às garantias do devido processo legal; D: incorreta. O pedido para a produção de prova testemunhal mediante envio de carta rogatória não impede que o processo siga normalmente seu curso. A decisão é da Terceira Turma do Superior Tribunal de Justiça (STJ) e está em consonância com a redação do art. 377 no NCPC. Portanto, fica a critério do juiz a suspensão do processo, caso considere a efetivação da carta rogatória imprescindível para o julgamento da causa ; E: incorreta. Os requisitos necessários para homologação estão disciplinados no art. 15 da LINDB, e devem ser conjugados com o art. 963 do NCPC e com o Regimento Interno do STJ.
Gabarito "C".

(Advogado da União/AGU – CESPE – 2012) Julgue os itens subsequentes, relativos a cooperação internacional, sequestro internacional de crianças e atribuições da AGU em matéria internacional.

(1) Compete ao Departamento Internacional da AGU, entre outras funções, auxiliar o consultor-geral da União no assessoramento ao AGU em processo de celebração de tratados.

(2) O Protocolo de Las Leñas sobre Cooperação e Assistência Jurisdicional em Matéria Civil, Comercial, Trabalhista e Administrativa estabelece, no que se refere ao cumprimento de cartas rogatórias, procedimento uniforme para todos os Estados-partes.

(3) De acordo com a Convenção sobre os Aspectos Civis do Sequestro Internacional de Crianças, o retorno da criança pode ser recusado pela autoridade judicial ou administrativa se a criança, tendo idade e grau de maturidade suficientes para decidir, se opuser ao retorno.

1: errada. Compete ao Departamento Internacional, em conformidade com o art. 8º do Ato Regimental nº 5/2002 (conforme redação alterada pelo Ato Regimental nº 1, de 1º de abril de 2005), *auxiliar o Procurador-Geral no assessoramento ao Advogado-Geral da União nas questões de Direito Internacional*, inclusive no processo de celebração de tratados, acordos e ajustes internacionais, bem assim na representação judicial e extrajudicial da União nas causas ou controvérsias em foro estrangeiro e em processos judiciais perante os órgãos judiciários brasileiros, decorrentes de tratados, acordos ou ajustes internacionais ou em execução dos pedidos de cooperação judiciária internacional; **2:** errada, pois o art. 12 do Protocolo de Las Leñas sobre Cooperação e Assistência Jurisdicional em Matéria Civil, Comercial, Trabalhista e Administrativa assim dispõe: "*A autoridade jurisdicional encarregada do cumprimento de uma carta rogatória aplicará sua lei interna no que se refere aos procedimentos*". Ou seja, dentro do sistema regional de cooperação judicial criado pelo Protocolo, a carta rogatória deve respeitar a lei do país em que será cumprida (*lex fori* do juiz rogado); **3:** correta, pois reflete parte do art. 13 da Convenção sobre os Aspectos Civis do Sequestro Internacional de Crianças.
Gabarito 1E, 2E, 3C.

2.3. HOMOLOGAÇÃO DE SENTENÇA E LAUDO ARBITRAL ESTRANGEIROS

(Juiz – TRF 2ª Região – 2017) Sobre sentença estrangeira, rogatória e cooperação internacional, assinale a opção correta:

(A) Por entender que o auxílio direto nem sempre é questão decorrente de Tratado ou Contrato entre a União e o Estado estrangeiro ou organismo internacional, o CPC-2015 não atribuiu competência, para cumpri-lo, à Justiça Federal.
(B) A sentença estrangeira só pode ser homologada no Brasil se a autoridade que a prolatou tiver jurisdição internacional exclusiva.
(C) A homologação de sentença estrangeira e a execução de rogatória submetem-se à compatibilidade com a ordem pública brasileira, matéria a ser apreciada pelo Juiz Federal, no chamado juízo prévio de delibação.
(D) A carta rogatória será cumprida como requerida pela via diplomática, de modo que, quando exista requerimento de que a testemunha preste juramento com a mão sobre a Bíblia, será esta a liturgia procedimental a ser observada.
(E) Na ausência de designação de outro órgão, pelo tratado ou instrumento de cooperação internacional, o Ministério da Justiça exercerá as funções de autoridade central.

A: incorreta porque a competência é da Justiça Federal (art. 34 do NCPC); **B:** incorreta. A sentença tem de ser prolatada por juiz competente segundo as regras de competência do direito processual internacional. Não cabe ao STJ perscrutar sobre qual é o juízo competente para a confecção da sentença, mas apenas verificar se a sentença poderia ter sido proferida pelo juízo da qual emanou (arts. 15, a, LINDB; 963, I, NCPC; 216-D, I, RISTJ). Percebe-se que basta ser competente e não ter competência exclusiva; **C:** incorreta, pois quem tem competência para analisar a matéria é o STJ (art. 515, VIII e IX, do NCPC); **D:** incorreta, pois a carta rogatória deve seguir o procedimento definido pela legislação pátria; **E:** correta (art. 26, § 4º, do NCPC). **Gabarito "E".**

(Juiz – TRF 3ª Região – 2016) Sobre as assertivas que se seguem, assinale a alternativa correta:

I. A sentença eclesiástica de anulação de matrimônio, confirmada pelo Supremo Tribunal da Assinatura Apostólica, no Vaticano, será submetida à homologação do Superior Tribunal de Justiça, observado o acordo firmado entre o Brasil e a Santa Sé, relativo ao Estatuto Jurídico da Igreja Católica no Brasil (Decreto 7.107/2010).
II. A Procuradoria-Geral da República tem legitimidade ativa para deduzir pedido de homologação de sentença estrangeira de alimentos, perante o Superior Tribunal de Justiça, na qualidade de Instituição Intermediária indicada nos termos da Convenção de Nova York sobre Prestação de Alimentos no Estrangeiro, promulgada pelo Decreto 56.826, de 2.9.1965, combinado com a Lei nº 5.478, de 25.7.1968.
III. As sentenças estrangeiras terão os seus efeitos reconhecidos no ordenamento jurídico brasileiro somente depois de homologadas pelo Superior Tribunal de Justiça.
IV. O Acordo de Cooperação e Assistência Jurisdicional, denominado Protocolo de Las Leñas, promulgado pelo Decreto nº 6.891, de 2.7.2009, busca facilitar o sistema de reconhecimento de sentenças estrangeiras proferidas por tribunais domésticos dos Estados do MERCOSUL, porém não modifica em nada a competência do Superior Tribunal de Justiça para homologá-las.

(A) Todas as assertivas estão corretas.
(B) Todas as assertivas estão incorretas.
(C) Somente a assertivas III está incorreta.
(D) Somente a assertiva IV está incorreta.

I: correta. Sobre o tema cabe destacar é possível a homologação pelo STJ de sentença eclesiástica de anulação de matrimônio, confirmada pelo órgão de controle superior da Santa Sé. De início, o § 1º do art. 216-A do RISTJ prevê a possibilidade de serem homologados "os provimentos não judiciais que, pela lei brasileira, tiverem natureza de sentença". Nesse contexto, as decisões eclesiásticas confirmadas pelo órgão superior de controle da Santa Sé são consideradas sentenças estrangeiras para efeitos de homologação. Isso porque o § 1º do art. 12 do Decreto federal 7.107/2010 (que homologou o acordo firmado entre o Brasil e a Santa Sé, relativo ao Estatuto Jurídico da Igreja Católica no Brasil, aprovado pelo Decreto Legislativo 698/2009) determina que a "homologação das sentenças eclesiásticas em matéria matrimonial, confirmadas pelo órgão de controle superior da Santa Sé, será efetuada nos termos da legislação brasileira sobre homologação de sentenças estrangeiras". (Informativo 574 STJ); **II:** correta. A Convenção da ONU sobre prestação de alimentos no estrangeiro foi celebrada em 20 de julho de 1956, nos Estados Unidos da América, na cidade de Nova Iorque, e por isso é também conhecida como "Convenção de Nova Iorque sobre Prestação de Alimentos no Estrangeiro (CNY)". Trata-se de um conjunto normativo que visa à solução de conflitos, agilizando e uniformizando mecanismos, que trouxe facilidades aos processos para a fixação e cobrança de alimentos, nos casos em que as partes (demandante e demandado, sujeitos da relação jurídica alimentar) residam em países diferentes. O Brasil manifestou adesão à Convenção em 31 de dezembro de 1956, que foi ratificada a partir do Decreto Legislativo nº 10 do Congresso Nacional, de 13 de novembro de 1958. As entidades que realizam a intermediação em favor das partes interessadas são conhecidas como Autoridades Centrais. São autoridades administrativas ou judiciárias indicadas pelos países signatários e designadas pelo Secretário-Geral das Nações Unidas. Recebem a denominação de Autoridade Remetente quando dão origem a um pedido de cooperação direcionado a outro país signatário e de Instituição Intermediária quando recebem um pedido de cooperação do exterior. No Brasil, a Procuradoria-Geral da República foi designada como Autoridade Central e concentra as demandas que envolvam a cooperação jurídica internacional para prestação de alimentos[21]; **III:** correta (art. 15, e, da LINDB); **IV:** correta. O Protocolo criou um procedimento mais célere e simples para que as sentenças e os laudos arbitrais prolatados em um país-membro do Mercosul irradiem seus efeitos nos outros países-membros. O procedimento regional encontra-se disciplinado nos arts. 18 a 24 do Protocolo, sendo sua grande característica o fato de as sentenças irradiarem seus efeitos nos outros Estados-membros após seguirem o procedimento adotado para o *exequatur* das cartas rogatórias (de competência do STJ). **Gabarito "A".**

(Juiz de Direito/AM – 2016 – CESPE) Sentença penal estrangeira pode ter eficácia no Brasil, possibilitando, inclusive, a reparação civil *ex delicto*. A sua eficácia depende de homologação pelo

(A) STJ, desde que haja comprovação da ocorrência do seu trânsito em julgado no país de origem.
(B) STF, independentemente da existência de tratado de extradição ou reciprocidade com o país de cuja autoridade judiciária emanou a decisão.
(C) STJ, independentemente de ter ocorrido o trânsito em julgado no país de origem.
(D) STF, desde que exista tratado de extradição ou reciprocidade com o país de cuja autoridade judiciária emanou a decisão.
(E) STF, dependendo ainda de que tenha sido imposto ao réu medida de segurança ou condenação por crime punido no Brasil com pena de reclusão.

No Brasil, a competência para homologar sentenças estrangeiras é do STJ (art. 105, I, i, da CF/1988). Portanto, as alternativas "B", "D" e "E" estão incorretas. No mais, um dos requisitos para acontecer a homologação é que tenha ocorrido o trânsito em julgado da sentença no país de origem. Assim, a assertiva correta é a "A" e deve ser assinalada. Para saber todos os requisitos, é necessário saber que o art. 15 da LINDB deve ser conjugado com o art. 963[22] do NCPC e com o Regimento Interno do STJ[23] para a precisa definição dos requisitos necessários para a realização do procedimento homologatório, além de ter de respeitar os tratados em vigor no Brasil, conforme dispõe o art. 960, § 2º, do NCPC. Por fim, a necessidade do trânsito em julgado é prevista expressamente nos arts. 15, c, LINDB e 216-D, III, RISTJ. **Gabarito "A".**

(Advogado – PETROBRÁS – 2012 – CESGRANRIO) Uma empresa brasileira acaba de ser condenada a pagar uma indenização a outra empresa brasileira, em razão de um laudo arbitral proferido no exterior. A arbitragem foi realizada segundo as regras da Câmara de Comércio Internacional (CCI), em um país signatário da Convenção de Nova York. Esse laudo arbitral

(A) dispensa homologação, porque ambas as empresas são brasileiras.
(B) dispensa homologação, porque o Brasil ratificou a Convenção de Nova York.
(C) precisa ser homologado no país-sede da arbitragem e depois pelo STJ.
(D) precisa ser homologado pelo STJ, por ser laudo arbitral estrangeiro.
(E) não precisa ser homologado, nos termos do Protocolo de Las Leñas.

A, B, C, D e E: a sentença judicial é um ato soberano, a qual é confeccionada pela autoridade judicial de um determinado estado. Por ser um ato de soberania, a sentença, como todo ato soberano, incide apenas dentro do território nacional, e, destarte, é endereçada

---

21. Fonte: http://www.mpf.mp.br/atuacao-tematica/sci/dados-da-atuacao/alimentos-internacionais-convencao-de-nova-iorque-1

22. Segue a redação do art. 963 do NCPC: "Constituem requisitos indispensáveis à homologação da decisão:

    I – ser proferida por autoridade competente;

    II – ser precedida de citação regular, ainda que verificada a revelia;

    III – ser eficaz no país em que foi proferida;

    IV – não ofender a coisa julgada brasileira;

    V – estar acompanhada de tradução oficial, salvo disposição que a dispense prevista em tratado;

    VI – não conter manifesta ofensa à ordem pública.

    Parágrafo único. Para a concessão do exequatur às cartas rogatórias, observar-se-ão os pressupostos previstos no caput deste artigo e no art. 962, § 2º."

23. A Resolução nº 9 do STJ (2004) que tratava, em caráter transitório, sobre competência acrescida ao STJ pela Emenda Constitucional nº 45/2004, foi revogada pela Emenda Regimental nº 18 (2014), que acrescentou novos dispositivos ao Regimento Interno do Superior Tribunal de Justiça (arts. 216-A a 216-N).

à população deste estado – o dito aqui pode ser aplicado integralmente à disciplina dos laudos arbitrais. Todavia, como vimos, alguns fatos ou relações jurídicas interessam a mais de um país. Assim, o juiz de um destes estados exercerá sua competência e aplicará o direito material indicado por seu Direito Internacional Privado, mas, como dito, esta decisão só valerá no território nacional do juiz prolator, apesar do interesse de outras jurisdições. É neste contexto que surge a figura da homologação de sentença estrangeira. Após a homologação pela autoridade competente, a sentença ou laudo arbitral, já apto a produzir efeitos no país prolator, passa a produzir efeitos em outra jurisdição também.[24] No Brasil, a competência para homologar sentenças ou laudos arbitrais estrangeiros era do STF, mas depois da EC n. 45 esta competência passou para o STJ (art. 105, I, i, da CF).

Gabarito "D".

2.4. CONTRATOS INTERNACIONAIS

2.4.1. *INCOTERMS*

(Advogado – Petrobrás – 2012 – CESGRANRIO) Ao pedir uma proposta para importação de Gás Liquefeito de Petróleo (GLP), o fornecedor indica o preço do produto em dólares norte-americanos, *FOB* no porto de embarque a ser indicado pela compradora. Em uma compra e venda *FOB*, segundo os *Incoterms*, o(a)

(A) frete está incluído no preço da mercadoria.
(B) frete será pago a bordo, após confirmado o embarque.
(C) preço inclui um frete exclusivo para o Brasil.
(D) preço da mercadoria não inclui o frete.
(E) cotação inclui o frete e os custos de embarque.

A, B, C, D e E: segundo o art. 2º, I, da Resolução 21/2011 da Camex, em uma compra e venda *free on board* (FOB) ou livre a bordo, o vendedor encerra suas obrigações e responsabilidades quando a mercadoria, desembaraçada para a exportação, é entregue, arrumada, a bordo do navio no porto de embarque, ambos indicados pelo comprador, na data ou dentro do período acordado. Utilizável exclusivamente no transporte aquaviário (marítimo ou hidroviário interior). Lembrando que os *incoterms* são termos internacionais de comércio, propostos pela Câmara de Comercio Internacional – CCI, com o objetivo de facilitar o comércio entre vendedores e compradores de diferentes países.

Gabarito "D".

2.5. ARBITRAGEM

(Advogado – Petrobrás – 2012 – CESGRANRIO) Empresa brasileira está negociando com uma empresa estrangeira um contrato de compra de subprodutos de petróleo. A vendedora do produto insiste em incluir uma cláusula prevendo que o contrato será regido pelas leis uruguaias.
Se o contrato vier a ser assinado no Brasil, essa cláusula seria válida?
(A) Sim, por se tratar de um contrato internacional.
(B) Sim, por ser um contrato entre empresas do Mercosul.
(C) Sim, se a solução de controvérsias for feita por arbitragem.
(D) Sim, desde que obtido o referendo do Congresso Nacional.
(E) Não, pois o contrato feito no Brasil não será internacional.

A, B, C, D e E: a arbitragem está regulada no Brasil pela Lei n. 9.307/1996. E o seu art. 2º, § 1º, permite que as partes escolham livremente as regras de direito que serão aplicadas na arbitragem, desde que não haja violação aos bons costumes e à ordem pública. Tal possibilidade de escolha da lei aplicável ao contrato não entra em confronto com o art. 9º da LINDB. Isso porque a possibilidade de escolha da lei que vai reger o contrato, uma das características marcantes da arbitragem, diz respeito àquelas matérias que podem ser objeto de arbitragem (direitos patrimoniais disponíveis). A título de elucidação cabe apontar que *arbitragem é uma forma alternativa de dirimir conflitos, mediante a qual as partes estabelecem em contrato ou simples acordo que vão utilizar o juízo arbitral para solucionar controvérsia existente ou eventual em vez de procurar o poder judiciário*. Claro está o art. 9º da LINDB e o art. 2º, § 1º, da Lei n. 9.307/1996 se aplicam a situações distintas. Na primeira, o juiz nacional terá que decidir sobre qual a lei aplicável à relação obrigacional que tem elemento estrangeiro. Ao passo que, na segunda, o árbitro ou tribunal arbitral irá dirimir os conflitos oriundos da relação obrigacional com suporte nas regras indicadas pelas partes (quando houver indicação da lei reguladora pelas partes) ou terá que decidir sobre o conflito de leis no espaço oriundo da relação jurídica obrigacional. Vale frisar que as partes podem decidir que a arbitragem terá por base não regras de direito, mas sim a equidade. Percebe-se que a convenção de arbitragem impede o conhecimento da causa pelo Judiciário,[25] constituindo o que a doutrina denominou de pressuposto processual negativo, que ocasionará a extinção do processo sem resolução do mérito[26] (art. 267, VII, do CPC – art. 485, VII, do NCPC). Portanto, a cláusula será válida se escolhida a arbitragem para dirimir eventuais conflitos.

Gabarito "C".

(Advogado – Petrobrás – 2012 – CESGRANRIO) A cláusula arbitral de um contrato de fornecimento de óleo cru estabelece que todas as controvérsias entre as partes serão resolvidas por arbitragem, segundo as regras da Câmara de Comércio Internacional (CCI). Na negociação, a fornecedora, empresa norueguesa, concordou que a sede da arbitragem fosse o Brasil, muito embora o idioma escolhido fosse o inglês. Como contrapartida, incluiu, entre as controvérsias a serem decididas por arbitragem, a determinação da responsabilidade por danos ambientais resultantes do manuseio e da descarga no terminal. Na eventualidade de um acidente ambiental, o Tribunal Arbitral a ser constituído no Brasil
(A) tem competência para determinar a responsabilidade pelo dano, pois estão presentes todos os requisitos previstos na lei brasileira.
(B) deverá proferir o laudo em português para que o mesmo seja passível de execução no Brasil.
(C) poderá decidir apenas sobre os danos materiais comprovados, por serem direitos patrimoniais.
(D) não poderá decidir a questão, porque a cláusula arbitral é nula.
(E) não poderá dispor sobre a responsabilidade ambiental das partes, por não ser matéria arbitrável.

A, B, C, D e E: uma das características marcantes da arbitragem é a possibilidade de somente cuidar de certas matérias, notadamente, os direitos patrimoniais disponíveis. Logo, o Tribunal Arbitral não poderá dispor sobre responsabilidade ambiental – direito indisponível.

Gabarito "E".

2.6. COMBINADAS E OUTROS TEMAS DE DIREITO INTERNACIONAL PRIVADO

(Juiz – TRF 2ª Região – 2017) Quanto à Convenção de Haia, de 1980, sobre Aspectos Civis do Sequestro Internacional de Crianças, leia as proposições e, ao final, assinale a opção correta:
I. Pleiteado, perante a Autoridade Central Brasileira, o retorno da criança para o lugar de sua residência habitual, a Convenção estabelece que este pedido não possa ser negado, embora a negativa, na prática, ocorra com relativa frequência;
II. Não é possível a tramitação exclusivamente administrativa do pedido de restituição, já que se trata de matéria submetida à reserva de jurisdição;
III. As crianças que tenham nacionalidade brasileira já reconhecida não poderão ser retornadas, já que, segundo entendimento dominante, tal determinação seria forma de extradição não autorizada pela Carta Constitucional.
(A) Apenas a assertiva I está correta.
(B) Apenas a assertiva II está correta.
(C) Apenas a assertiva III está correta.
(D) Apenas as assertivas II e III estão corretas.
(E) Todas as assertivas são incorretas.

I: incorreta, pois o art. 13 da Convenção estabelece que a autoridade judicial ou administrativa do Estado requerido não é obrigada a ordenar o retorno da criança se a pessoa, instituição ou organismo que se oponha a seu retorno provar: a) que a pessoa, instituição ou organismo que tinha a seu cuidado a pessoa da criança não exercia efetivamente o direito de guarda na época da transferência ou da retenção, ou que havia consentido ou concordado posteriormente com esta transferência ou retenção; ou b) que existe um risco grave de a criança, no seu retorno, ficar sujeita a perigos de ordem física ou psíquica, ou, de qualquer outro modo, ficar numa situação intolerável. A autoridade judicial ou administrativa pode também recusar-se a ordenar o retorno da criança se verificar que esta se opõe a ele e que a criança atingiu já idade e grau de maturidade tais que seja apropriado levar em consideração as suas opiniões sobre o assunto; **II:** incorreta, pois é possível a tramitação administrativa do pedido de restituição (art. 7º, *h*, da Convenção); **III:** incorreta, pois esse não é o entendimento dominante. RF

Gabarito "E".

(Juiz – TRF 4ª Região – 2016) Assinale a alternativa **INCORRETA**.
Levando em conta a Convenção sobre os Aspectos Civis do Sequestro Internacional de Crianças e Adolescentes (Haia, 25/10/1980):
(A) A autoridade judicial ou administrativa do Estado onde a criança se encontre pode não ordenar o seu retorno se for verificado que a criança se opõe a ele e que ela atingiu idade e grau de maturidade tais que seja apropriado levar em consideração as suas opiniões sobre o assunto.

---

24. Art. 483 do CPC (art. 961 do NCPC): "A sentença proferida por tribunal estrangeiro não terá eficácia no Brasil senão depois de homologada pelo *Superior Tribunal de Justiça*" (atualizada por nós). A sentença estrangeira homologada pelo STJ é título executivo judicial (art. 475-N, VI, do CPC – art. 515, VI, do NCPC).

25. Uma vez que o tribunal arbitral esteja formado, o Poder Judiciário se torna incompetente até mesmo para julgar ação em caráter cautelar. Esse foi o entendimento adotado pela 3.ª Turma do Superior Tribunal de Justiça (STJ) no julgamento do REsp 1297974.

26. Nesse caso, o juiz irá prolatar uma sentença terminativa ou meramente processual, pois não decide a lide. Por outro lado, tem-se uma sentença definitiva quando a lide é decidida no mérito (hipóteses disciplinadas no art. 269 do CPC).

(B) Nenhuma caução ou depósito, qualquer que seja a sua denominação, poderá ser imposta para garantir o pagamento de custos e despesas relativos aos processos judiciais ou administrativos previstos na Convenção.
(C) Dois ou mais Estados Contratantes, com o objetivo de reduzir as restrições a que poderia estar sujeito o retorno da criança, podem estabelecer entre si acordo para derrogar as disposições da Convenção que possam implicar tais restrições.
(D) A aplicação da Convenção cessa quando a criança atingir a idade de 18 anos.
(E) No Brasil, a Autoridade Central para os fins da Convenção é, atualmente, a Secretaria de Direitos Humanos da Presidência da República.

A: correta (art. 13 da Convenção); **B:** correta (art. 13 da Convenção); **C:** correta (art. 36 da Convenção); **D:** incorreta, pois a aplicação da Convenção cessa quando a criança atingir a idade de dezesseis anos (art. 4º da Convenção); **E:** correta. Ler mais sobre o tema no seguinte endereço eletrônico: http://www.sdh.gov.br/assuntos/adocao-e-sequestro--internacional/autoridade-central.
Gabarito "D".

(Juiz – TRF 4ª Região – 2016) Assinale a alternativa **INCORRETA**.
Levando em conta a Convenção de Nova York sobre Prestação de Alimentos no Estrangeiro (20/06/1956):
(A) O Brasil aderiu, aprovou e promulgou a Convenção de Nova York sobre a Prestação de Alimentos no Estrangeiro.
(B) Se a Parte Contratante em cujo território deve ser executada Carta Rogatória julgar que ela compromete sua soberania ou sua segurança, poderá negar a sua execução.
(C) A ação de alimentos transnacionais é da competência da Justiça Federal mesmo quando não amparada pela Convenção de Nova York.
(D) No Brasil a "Instituição Intermediária" é, hoje, a Procuradoria-Geral da República.
(E) No Brasil, a "Autoridade Central" é, hoje, a Procuradoria-Geral da República.

A: correta (Decreto 56.826/1965); **B:** correta (art. 7º, e, ponto 2, da Convenção); **C:** incorreta, pois ela será de competência da justiça federal quando amparada pela Convenção de Nova York (art. 109, III, da CF); **D e E:** corretas, pois é, de fato, a "instituição intermediária" e a "autoridade central" no Brasil hoje.
Gabarito "C".

(Procurador da República –28º Concurso – 2015 – MPF) Assinale a alternativa correta:
(A) De acordo com a Lei de Introdução às Normas do Direito Brasileiro, para qualificar os bens imóveis e regular as relações a eles concernentes, utiliza-se a lei do domicílio do proprietário.
(B) A Convenção Interamericana sobre Normas Gerais de Direito Internacional Privado prevê que as questões prévias, preliminares ou incidentes que surjam em decorrência de uma questão principal não devem necessariamente ser resolvidas de acordo com a lei que regula está última.
(C) De acordo com a Lei de Introdução às Normas do Direito Brasileiro, admite-se o reenvio até o segundo grau, salvo se o direito estrangeiro escolhido pelo reenvio for contrário a ordem pública doméstica.
(D) Conforme o Código Bustamante (Convenção de Direito Internacional Privado, 1928), a lei de regência do estatuto pessoal é a lei do domicílio da pessoa física, sem exceção.

A: incorreta, pois aplica-se a lei do local da situação dos bens (princípio da territorialidade) que está estipulado no art. 8º da LINDB (*lex rei sitae*); **B:** correta (art. 8º da Convenção); **C:** incorreta. O art. 16 da LINDB proíbe o juiz nacional de utilizar-se do reenvio (de qualquer grau); **D:** incorreta, pois o Código prevê a possibilidade de exceções (ex.: art. 27).
Gabarito "B".

(Advogado da União/AGU – CESPE – 2012) No que se refere à história dos conflitos de leis, a elementos de conexão e a reenvio, julgue os itens seguintes.
(1) O reenvio é proibido pela Lei de Introdução às Normas do Direito Brasileiro.
(2) A aquisição e a exploração comercial de navios e aeronaves regem--se pela lei do local onde tenha sido efetuado o registro dos direitos de propriedade sobre a coisa.

1: certa. O direito indicado pela regra de conexão e que incidirá no fato ou na relação jurídica com elemento estrangeiro é o direito material, tanto nacional como internacional. Todavia, juízes de alguns países aplicavam não o direito material do país estrangeiro, mas sim seu DIPr, o que possibilitava em algumas situações o reenvio, ou seja, a regra de conexão estrangeira indicava a *lex fori* como apta para resolver o caso misto. Funciona como se a solução fosse enviada para o direito de certo país e o direito deste país a reenviasse (de volta ou para outro país). Em outras palavras, o *reenvio é uma interpretação que despreza a norma material indicada pela regra de conexão e aplica DIPr estrangeiro para se chegar a outra norma material; geralmente de índole nacional*. E o reenvio pode ser de distintos graus, a saber: a) reenvio de 1º grau: refere-se a dois países, isto é, a legislação do país A remete à do país B, que reenvia para A; b) reenvio de 2º grau: refere-se a três países, situação em que a legislação de A remete à de B, que reenvia para C; c) e reenvio de 3º grau: refere-se a quatro países, situação esta similar a do reenvio de 2º grau, com a diferença de que nesta a legislação de C remete à do país D. Dentro deste quadro, ergue-se o art. 16 da Lei de Introdução às normas do Direito Brasileiro e proíbe o juiz nacional de utilizar-se do reenvio. O juiz aplica o DIPr brasileiro para determinar o direito material aplicável, e se este for estrangeiro, caberá ao magistrado aplicá-lo. Interessante é perceber que o instituto do reenvio é um desfigurador das regras de conexão, pois a estas cabem solucionar os conflitos de leis no espaço, e a partir do momento em que o DIPr brasileiro indica o DIPr estrangeiro, ele não estará cumprindo com sua função; **2:** certa. Os navios, aeronaves e embarcações são considerados bens móveis de natureza especial, pois têm por característica a intensa circulação transfronteiriça e a pouca fixação em determinado território. Assim, são regrados pela lei de matrícula ou de seu abandeiramento, ou seja, a lei do país onde forem registrados por seu proprietário os regulará no que tange à qualificação e às relações a eles concernentes. Essa regra de conexão não tem previsão na Lei de Introdução às normas do Direito Brasileiro, mas é oriunda dos arts. 274 a 284 do Código Bustamante.
Gabarito 1C, 2C.

33. DIREITOS HUMANOS

Renan Flumian

1. TEORIA GERAL E DOCUMENTOS HISTÓRICOS[1]

(Defensor Público – DPE/BA – 2016 – FCC) Com relação à origem histórica dos direitos humanos, um grande número de documentos e veículos normativos podem ser mencionados, dentre eles é correto afirmar que cada um dos documentos abaixo mencionados está relacionado com um direito humano específico, com EXCEÇÃO de:

(A) Declaração de Direitos (Bill of Rights), 1689, que previu a separação de poderes e o direito de petição.
(B) Convenção de Genebra, 1864, que teve relevante destaque no tratamento do direito humanitário.
(C) Constituição de Weimar, 1919, que trouxe a igualdade jurídica entre marido e mulher, equiparou os filhos legítimos aos ilegítimos com relação à política social do Estado.
(D) Constituição Mexicana, 1917, que expandiu o sistema de educação pública, deu base à reforma agrária e protegeu o trabalhador assalariado.
(E) Declaração de Direitos do Estado da Virgínia, 1776, que disciplinou os direitos trabalhistas e previdenciários como direitos sociais.

A única assertiva que faz uma associação errônea entre um documento histórico e um direito humano específico é a "E". A Declaração de Direitos da Virgínia de 1776 é considerada por muitos a primeira *declaração de direitos* a reconhecer a existência de direitos adstritos à condição humana, ou seja, independentemente de qualquer condição: o ser humano possui direitos inatos (apontando-os como universais). O seu artigo I assim estipula: "Que todos os homens são, por natureza, igualmente livres e independentes, e têm certos direitos inatos, dos quais, quando entram em estado de sociedade, não podem por qualquer acordo privar ou despojar seus pósteros e que são: o gozo da vida e da liberdade com os meios de adquirir e de possuir a propriedade e de buscar e obter felicidade e segurança". Ademais, ela demonstra preocupação com a estruturação de um governo democrático (*soberania popular*). No entanto, não faz nenhuma menção aos direitos econômicos e sociais – esses só aparecerão na Declaração de Direitos da Constituição francesa de 1791.
Gabarito "E".

(Delegado/BA – 2016.1 – Inaz do Pará) Segundo, *Dalmo de Abreu Dallari no seu texto PESSOA, SOCIEDADE E HUMANOS DIREITOS*, para que tenhamos uma sociedade organizada e com justiça social esta precisa que os benefícios e encargos sejam repartidos igualmente entre todos. Quando o autor refere-se a isso ele afirma que:

Disponível em: <http://www.dhnet.org.br/educar/redeedh/bib/dallari2.htm>.
Acesso em: 18 janeiro 2016

(A) todos procurem conhecer seus Direitos exigindo que sejam respeitados, bem como conhecer seus Deveres e suas responsabilidades sociais.
(B) é importante somente conhecer os nossos Direitos.
(C) na nossa sociedade só temos Deveres.
(D) conhecer os nossos Direitos e Deveres não é importante.
(E) devemos, sobretudo, assumir as nossas responsabilidades sociais.

A única alternativa que traz conteúdo que dialoga com a ideia disposta no texto em questão é a "A". Sendo que benefícios podem ser traduzidos por direitos, e encargos por deveres e responsabilidades.
Gabarito "A".

(Defensor Público/AC – 2012 – CESPE) Assinale a opção correta no que diz respeito à afirmação histórica dos direitos humanos.

(A) O expresso reconhecimento do princípio da universalidade dos direitos humanos pela Declaração de Viena de 1993 pôs termo ao debate sobre o multiculturalismo e o relativismo cultural.
(B) O Bill of Rights, de 1689, foi a primeira carta de direitos de que se tem notícia na história.
(C) A Constituição Mexicana de 1917 e a Constituição de Weimar de 1919 são marcos da afirmação dos direitos humanos de segunda geração.
(D) Após a Segunda Guerra Mundial, para que os direitos dos trabalhadores enumerados na Declaração Universal dos Direitos do Homem de 1948 fossem garantidos no plano internacional, criou-se a Organização Internacional do Trabalho.
(E) Não há referência, na Declaração de Viena de 1993, ao princípio da indivisibilidade dos direitos humanos.

A: incorreta, pois o debate sobre multiculturalismo e relativismo continua existindo; **B:** incorreta, pois a Magna Carta de 1215 é apontada como a primeira carta de direitos de que se tem notícia na história. A Magna Carta é um documento de 1215 que limitou o poder dos monarcas da Inglaterra, impedindo o exercício do poder absoluto. Ela resultou de desentendimentos entre o rei João I (conhecido como "João Sem Terra"), o papa e os barões ingleses acerca das prerrogativas do soberano. Essas discordâncias tinham raízes diversas. A contenda com os barões foi motivada pelo aumento das exações fiscais, constituídas para financiar campanhas bélicas, pois o rei João Sem Terra acabara de perder a Normandia – que era sua por herança dinástica – para o rei francês Filipe Augusto. A desavença com o papa surgiu de seu apoio às pretensões territoriais do imperador Óton IV, seu sobrinho, em prejuízo do papado. Ademais, o rei João I recusara a escolha papal de Stephen Langton como cardeal de Canterbury, o que lhe rendeu a excomunhão, operada pelo papa Inocêncio III. A Magna Carta só foi assinada pelo rei quando a revolta armada dos barões atingiu Londres, sendo sua assinatura condição para o cessar-fogo. Todavia, ela foi reafirmada solenemente (pois tinha vigência determinada de três meses) em 1216, 1217 e 1225, quando se tornou direito permanente. Como curiosidade, cabe apontar que algumas de suas disposições se encontram em vigor ainda nos dias de hoje. Sua forma foi de promessa unilateral, por parte do monarca, de conceder certos privilégios aos barões, mas é possível entendê-la como uma convenção firmada entre os barões e o rei. Além disso, segundo os termos do documento, o rei deveria renunciar a certos direitos e respeitar determinados procedimentos legais, bem como reconhecer que sua vontade estaria sujeita à lei. Considera-se a Magna Carta o primeiro capítulo de um longo processo histórico que levaria ao surgimento do constitucionalismo[2] e da democracia moderna. Em síntese, o documento é uma limitação institucional dos poderes reais; **C:** correta. A segunda geração dos direitos humanos trata dos direitos sociais, culturais e econômicos. A titularidade desses direitos é atribuída à coletividade, por isso são conhecidos como direitos coletivos. Seu fundamento é a ideia de *igualdade*. O grande motivador do aparecimento desses direitos foi o movimento antiliberal, notadamente após a Primeira Guerra Mundial. É importante apontar o papel da URSS, que defendia veementemente a perspectiva social dos direitos humanos. Essa linha foi consagrada no Pacto Internacional de Direitos Econômicos, Sociais e Culturais. Cabe destacar que tais direitos aparecerem em primeiro lugar na Constituição mexicana de 1917 e na Constituição alemã de 1919 ("Constituição de Weimar"); **D:** incorreta. A Organização Internacional do Trabalho (OIT) é uma organização internacional que tem por objetivo melhorar as condições do trabalho no mundo. Por isso, diz-se que é uma organização internacional especializada de vocação universal. A OIT foi criada em 1919, como parte do Tratado de Versalhes, que pôs fim à Primeira Guerra Mundial. Fundou-se sobre a convicção primordial de que a paz universal e permanente somente pode estar baseada na justiça social. É a única das agências do Sistema das Nações Unidas com uma estrutura tripartite, composta de representantes de governos e de organizações de empregadores e de trabalhadores. A OIT é responsável pela formulação e aplicação das normas internacionais do trabalho (convenções e recomendações). O Brasil está entre os membros fundadores da OIT e participa da Conferência Internacional do Trabalho desde sua primeira reunião. Durante seus primeiros quarenta anos de existência, a OIT consagrou a maior parte de suas energias a desenvolver normas internacionais do trabalho e a garantir sua aplicação. Entre 1919 e 1939 foram adotadas 67 convenções e 66 recomendações. A eclosão da Segunda Guerra Mundial interrompeu temporariamente esse processo. No final da guerra, nasce a Organização das Nações Unidas (ONU), com o objetivo de manter a paz através do diálogo entre as nações. A OIT, em 1946, se transforma em sua primeira agência especializada; **E:** incorreta. O princípio da complementaridade solidária dos direitos humanos de qualquer espécie dialoga com a universalidade, a interdependência e a indivisibilidade. Ele foi proclamado solenemente na 2ª Conferência Mundial de Direitos Humanos, realizada em Viena em 1993. É importante transcrever o ponto 5 da Declaração de Direitos Humanos de Viena, que sintetiza as características dos direitos humanos de modo geral: "Todos os direitos humanos são universais, indivisíveis, interdependentes e inter-relacionados. A comunidade internacional

---

* RF questões comentadas por: **Renan Flumian**

1. Indico, aos interessados em aprofundar os estudos na matéria, a leitura do capítulo Direitos Humanos constante do livro Super-Revisão para Concursos Jurídicos, 4ª edição, da Editora Foco. O capítulo é de minha autoria e cuidou de oferecer uma visão geral, sistemática e didática sobre os principais pontos da matéria Direitos Humanos.

2. O constitucionalismo pode ser conceituado como o movimento político, social e jurídico cujo objetivo é limitar o poder do Estado por meio de uma Constituição. Já o neoconstitucionalismo surge depois da Segunda Guerra Mundial e tem por objetivo principal conferir maior efetividade aos comandos constitucionais, notadamente os direitos fundamentais.

deve tratar os direitos humanos de forma global, justa e equitativa, em pé de igualdade e com a mesma ênfase. Embora particularidades nacionais e regionais devam ser levadas em consideração, assim como diversos contextos históricos, culturais e religiosos, é dever dos Estados promover e proteger todos os direitos humanos e liberdades fundamentais, sejam quais forem seus sistemas políticos, econômicos e culturais".

Gabarito "C".

(Defensor Público/ES – 2012 – CESPE) Julgue os seguintes itens, sobre a teoria geral, a afirmação histórica, os fundamentos e a universalidade dos direitos humanos.

(1) A hermenêutica diatópica constitui proposta de superação do debate sobre universalismo e relativismo cultural.
(2) A universalidade e a indivisibilidade são características próprias da concepção contemporânea dos direitos humanos.
(3) A concepção contemporânea dos direitos humanos surgiu com o termino da Primeira Grande Guerra Mundial.
(4) As três gerações de direitos humanos demonstram que visões de mundo diferentes refletem-se nas normas jurídicas voltadas a proteção da pessoa.
(5) A universalidade dos direitos humanos, necessariamente, impõe a visão de mundo ocidental plasmada na Declaração Universal de Direitos Humanos.

1: certo. Em seu artigo intitulado Para uma concepção intercultural dos direitos humanos, Boaventura de Sousa Santos tenta apontar as condições que permitem conferir aos direitos humanos tanto um escopo global como uma legitimidade local, para, assim, fundar uma política progressista de direitos humanos. Em outras palavras, busca construir uma proposta para superação do debate sobre universalismo e relativismo cultural. Importante ter em mente a profunda ligação que o autor estabelece entre ambiente cultural e conceituação dos direitos humanos. Assim, Boaventura pondera que os direitos humanos podem ser produzidos e interpretados dentro do paradigma da globalização hegemônica ou da globalização contra-hegemônica. Sem esconder sua preferência pelo último enfoque, o pensador português assim diz: "A minha tese é que, enquanto forem concebidos como direitos humanos universais em abstracto, os direitos humanos tenderão a operar como localismo globalizado e, portanto, como uma forma de globalização hegemónica. Para poderem operar como forma de cosmopolitismo insurgente, como globalização contra-hegemónica, os direitos humanos têm de ser reconceptualizados como interculturais[3]". Para entender o funcionamento da hermenêutica diatópica, a qual permitirá o diálogo intercultural, cabe ter por base o conceito de *topoi*. De forma geral, os *topoi* são os lugares comuns retóricos mais abrangentes de determinada cultura. Funcionam como premissas de argumentação, logo não podem ser discutidas, devido sua evidência. Na prática, a hermenêutica diatópica assim funcionaria: "A hermenêutica diatópica baseia-se na ideia de que os *topoi* de uma dada cultura, por mais fortes que sejam, são tão incompletos quanto a própria cultura a que pertencem. Tal incompletude não é visível a partir do interior dessa cultura, uma vez que a aspiração à totalidade induz a que se tome a parte pelo todo. O objectivo da hermenêutica diatópica não é, porém, atingir a completude – um objectivo inatingível – mas, pelo contrário, ampliar ao máximo a consciência de incompletude mútua através de um diálogo que se desenrola, por assim dizer, com um pé numa cultura e outro, noutra. Nisto reside o seu carácter dia-tópico[4]". Mediante a aplicação da hermenêutica diatópica seria possível a aproximação do *topos* dos direitos humanos da cultural ocidental com o *topos* do *dharma* da cultura hindu e com o *topos* da *umma* da cultura islâmica. E o resultado seria, nas palavras do autor, a formatação de uma concepção híbrida da dignidade humana, ou seja, uma concepção mestiça dos direitos humanos. Esse processo desaguaria numa alternativa à teoria geral de aplicação pretensamente universal, a qual não é mais que uma versão peculiar de universalismo que concebe como particularismo tudo o que não coincide com ele. Por todo o dito, percebe-se que a hermenêutica diatópica exige uma produção de conhecimento coletiva, participativa, interativa, intersubjetiva e reticular; **2:** certo. A Declaração Universal dos Direitos Humanos de 1948 universalizou a noção de direitos humanos. Muito importante foi seu papel, pois antes disso a proteção dos direitos humanos era relegada a cada Estado, que, com suporte em sua intocável soberania, tinha autonomia absoluta para determinar e executar as políticas relacionadas à proteção da dignidade da pessoa humana. Todavia, obras de horror, como o nazifascismo, demonstraram que a proteção do ser humano não pode ficar somente nas "mãos de governos". Assim, um dos grandes objetivos perseguidos com a criação da ONU foi buscar a proteção dos direitos humanos em nível universal. Grande passo foi dado nesse sentido com a promulgação da Declaração Universal dos Direitos Humanos. Assim, "o direito a ter direitos" de Hannah Arendt passaria a ter tutela internacional. Cabe enfatizar que a concepção contemporânea dos direitos humanos, por sua vez, foi inaugurada pela Declaração Universal dos Direitos Humanos de 1948 e reforçada pela Declaração de Direitos Humanos de Viena de 1993. E a indivisibilidade sustenta que todos os direitos humanos se retroalimentam e se complementam, assim, é infrutífero buscar a proteção e a promo*ção de apenas uma parcela deles;* **3:** como dito no comentário anterior, a concepção contemporânea dos direitos humanos surgiu com a Declaração Universal dos Direitos Humanos de 1948; **4:** certo. A primeira geração trata dos direitos civis (liberdades individuais) e políticos. A titularidade desses direitos é atribuída ao indivíduo, por isso são conhecidos como direitos individuais. Seu fundamento é a ideia de *liberdade*. Sobre tais direitos, é interessante a verificação de que sua defesa foi feita sobretudo pelos EUA. Estes defendiam a perspectiva liberal dos direitos humanos, consagrados no Pacto Internacional de Direitos Civis e Políticos. *Já a* segunda geração trata dos direitos sociais, culturais e econômicos. A titularidade desses direitos é atribuída à coletividade, por isso são conhecidos como direitos coletivos. Seu fundamento é a ideia de *igualdade*. O grande motivador do aparecimento desses direitos foi o movimento antiliberal, notadamente após a Primeira Guerra Mundial. É importante apontar o papel da URSS, que defendia veementemente a perspectiva social dos direitos humanos. Essa linha foi consagrada no Pacto Internacional de Direitos Econômicos, Sociais e Culturais. Cabe destacar que tais direitos aparecerem em primeiro lugar na Constituição mexicana de 1917 e na Constituição alemã de 1919 ("Constituição de Weimar"). E a terceira geração trata dos direitos à paz, ao desenvolvimento, ao meio ambiente, à propriedade do patrimônio cultural. A titularidade desses direitos é atribuída à humanidade e são classificados doutrinariamente como difusos. Seu fundamento é a ideia de *fraternidade*. Esses direitos provieram em grande medida da polaridade Norte/Sul, da qual surgiu o *princípio da autodeterminação dos povos*, fundamento do processo de descolonização e de inúmeros outros exemplos, consoante os já indicados acima, que exteriorizam a busca por uma nova ordem política e econômica mundial mais justa e solidária. Os direitos de terceira geração foram consagrados na Convenção para a Proteção do Patrimônio Mundial, Cultural e Natural, de 1972, e na Convenção sobre a Diversidade Biológica, de 1992. Cabe apontar que são classificados pelo STF como novíssimos direitos; **5:** errado. Reler o comentário sobre a assertiva 1.

Gabarito 1C, 2C, 3E, 4C, 5E.

(Procurador do Município/Cubatão-SP – 2012 – VUNESP) Leia as afirmativas a seguir.

I. O fato de que um Estado se encontra em uma situação de conflito armado, distúrbios e tensões internos ou em estado declarado de emergência, livra-o da obrigação de assegurar os direitos e liberdades fundamentais.
II. Além dos poderes de captura, de detenção e do emprego de força, os encarregados da aplicação da lei são investidos de vários outros poderes para o cumprimento eficaz de seus deveres e funções, como, por exemplo, para busca e apreensão, nos termos da lei.
III. A aplicação da lei nos Estados Democráticos implica que o poder ou a autoridade utilizados em uma determinada situação devam ter fundamento na legislação, sejam exercidos na medida estritamente necessária, proporcional à seriedade do delito e ao objetivo legítimo de aplicação da lei a ser alcançado.
IV. O fator humano na aplicação da lei se sobrepõe à necessidade de legalidade e à ausência de arbitrariedade.

São corretas somente as afirmativas
(A) I e II.
(B) I e IV.
(C) II e III.
(D) II e IV.
(E) III e IV.

I: incorreta, pois a obrigação do Estado de respeitar os direitos e liberdades fundamentais permanece mesmo em momentos atípicos, como, por exemplo, no decorrer de um estado de emergência. Sobre o tema é interessante a análise do art. 4º do Pacto Internacional de Direitos Civis e Políticos: 1. Quando situações excepcionais ameacem a existência da nação e sejam proclamadas oficialmente, os Estados partes do presente Pacto podem adotar, na estrita medida exigida pela situação, medidas que suspendam as obrigações decorrentes do presente Pacto, desde que tais medidas não sejam incompatíveis com as demais obrigações que lhes sejam impostas pelo Direito Internacional e não acarretem discriminação alguma apenas por motivo de raça, cor, sexo, língua, religião ou origem social; 2. A disposição precedente não autoriza qualquer suspensão dos artigos 6º (direito à vida), 7º (não tortura), 8º, §§1º e 2º (não escravidão e servidão), 11 (não prisão por descumprimento de obrigação contratual), 15 (anterioridade penal), 16 (reconhecimento da personalidade jurídica) e 18 (liberdade de pensamento, de consciência e de religião); 3. Os Estados Partes do presente pacto que fizerem uso do direito de suspensão devem comunicar imediatamente aos outros Estados Partes do Presente Pacto, por intermédio do Secretário-Geral das Nações Unidas, as disposições que tenham suspenso, bem como os motivos de tal suspensão. Os Estados Partes deverão fazer uma nova comunicação, igualmente por intermédio do Secretário-Geral da Organização das Nações Unidas, na data em que terminar tal suspensão. Percebe-se que a suspensão das obrigações é de difícil configuração e com muitas limitações, isto é, a maioria dos direitos fundamentais continuam sendo assegurados. A título de curiosidade, importante destacar que a Carta Africana dos Direitos Humanos e dos Povos de 1981 não prevê a cláusula geral de derrogação (comum nos tratados de direitos humanos), que permite ao estado se desobrigar dos compromissos, assumidos por meio de tratado, em tempos de "emergência"; **II:** correta, de fato, os encarregados da aplicação da lei possuem os poderes indicados; **III:** correta, pois descreve como a lei deve ser aplicada nos Estados Democráticos; **IV:** incorreta, pois o princípio da legalidade deve sempre ser respeitado (art. 9º da Convenção Americana de Direitos Humanos).

Gabarito "C".

(Procurador do Município/Cubatão-SP – 2012 – VUNESP) Assinale a alternativa correta.

(A) A internacionalização dos direitos humanos constitui um movimento extremamente recente na história, que surgiu a partir do pós-guerra, como resposta às atrocidades e aos horrores cometidos durante o nazismo.
(B) O movimento do Direito Internacional dos Direitos Humanos é baseado na concepção de que toda nação tem a obrigação de respeitar os direitos humanos de seus cidadãos, mas a comunidade internacional não tem o direito e a responsabilidade de protestar, se um Estado não cumprir suas obrigações.
(C) A Declaração Universal dos Direitos Humanos (1948) foi o docu-

3. **Revista Contexto Internacional**, vol. 23, n 1º, 2001, pág. 14.
4. **Revista Contexto Internacional**, vol. 23, n 1º, 2001, pág. 21.

mento fundante da Organização das Nações Unidas – ONU, e se constitui no primeiro instrumento normativo do Direito Internacional dos Direitos Humanos.

(D) A Carta das Nações Unidas (1945) compreende um conjunto de direitos e faculdades sem as quais o ser humano não pode desenvolver sua personalidade física, moral e intelectual. Além disso, tem caráter universal: é aplicável a todas as pessoas de todos os países, raças, religiões e sexos, seja qual for o regime político dos territórios nos quais incide.

(E) Desde os horrores da Primeira Guerra Mundial, a comunidade internacional traçou a meta de preservar as gerações vindouras do flagelo da guerra, que deveria ser alcançada por meio de um sistema de segurança coletiva, para o qual todos os Estados-membros deveriam cooperar estreitamente.

A: correta, pois o marco recente ou a concepção contemporânea dos direitos humanos foi inaugurado, sem dúvida, pela Declaração Universal dos Direitos Humanos de 1948 e reforçado pela Declaração de Direitos Humanos de Viena de 1993. Com importância neste processo pode-se também citar a Declaração de Direitos Francesa, impulsionada pela Revolução Francesa de 1789, e a Declaração de Direitos Americana, conhecida como Declaração de Direitos do Bom Povo da Virgínia, ambas do século XVIII. A ONU e a Declaração Universal dos Direitos Humanos criam um verdadeiro sistema de proteção global da dignidade humana. É importante ter em mente que este processo recente de internacionalização dos direitos humanos é fruto do Pós-Guerra e da ressaca moral da humanidade ocasionada pelo excesso de violações de direitos humanos perpetradas pelo nazifascismo. Cada estado estabelece suas próprias regras de direitos humanos ("direitos fundamentais") e executa sua própria política de proteção e efetivação dos direitos humanos. Todavia, o que se percebe é a mitigação da soberania dos estados em função da característica de universalidade dos direitos humanos. Isto é, a comunidade internacional fiscaliza e opina sobre a situação dos direitos humanos em cada país, podendo até sancionar em determinadas situações; B: incorreta (reler o comentário sobre a assertiva anterior); C: incorreta. Abalados pelas barbáries deflagradas nas duas Grandes Guerras e ensejosos de construir um mundo sob novos alicerces ideológicos, os dirigentes das nações que emergiram como potências no período Pós-Guerra, liderados por URSS e Estados Unidos, estabeleceram na Conferência de Yalta, na Ucrânia, em 1945, as bases de uma futura "paz". Para isso, definiram as áreas de influência das potências e acertaram a criação de uma organização multilateral que promovesse negociações sobre conflitos internacionais, com o objetivo de evitar guerras, construir a paz e a democracia, além de fortalecer os direitos humanos. Teve aí sua origem a Organização das Nações Unidas. *A ONU é uma organização internacional que tem por objetivo facilitar a cooperação em matéria de direito internacional, segurança internacional, desenvolvimento econômico, progresso social, direitos humanos e a realização da paz mundial. Por isso, diz-se que é uma organização internacional de vocação universal. Sua lei básica é a Carta das Nações Unidas, elaborada em São Francisco de 25 de abril a 26 de junho de 1945. Esta Carta tem como anexo o Estatuto da Corte Internacional de Justiça.* E a Declaração Universal dos Direitos Humanos também não foi o primeiro instrumento normativo de proteção internacional dos direitos humanos, pois a Declaração Americana dos Direitos e Deveres do Homem foi o primeiro acordo internacional sobre direitos humanos, antecipando a Declaração Universal dos Direitos Humanos, escrita seis meses depois; **D:** incorreta, pois a questão faz menção erroneamente a Carta das Nações Unidas. A assertiva cuida das características da Declaração Universal dos Direitos Humanos de 1948; **E:** incorreta. Com o fim da Primeira Guerra Mundial, os aliados (vencedores) se reuniram em Paris e firmaram um tratado de paz, conhecido como Tratado de Versalhes. Um dos objetivos do Tratado de Versalhes era a criação de um organismo internacional (Liga das Nações) que tivesse como missão assegurar a paz num mundo traumatizado pela guerra que se encerrara. O problema foi que o Tratado impôs a necessidade dos países do Eixo (perdedores) pagarem pesadas indenizações financeiras aos ganhadores e ainda traçou outras limitações. Esse fato causou um sentimento de forte humilhação nos países perdedores, e foi, como aponta inúmeros historiadores, o motivador psicossocial para o florescimento do nazismo na Alemanha, país que foi o grande derrotado da Primeira Guerra Mundial. A corrida armamentista que se iniciou na década de 30 e a própria Segunda Guerra Mundial demonstram o fracasso da Liga das Nações. Por todo o dito, percebe-se que o Tratado de Versalhes estabeleceu obrigações distintas aos Estados, portanto, a afirmação de que os estados deveriam cooperar estreitamente não é correta.

Gabarito "A".

2. CARACTERÍSTICAS DOS DIREITOS HUMANOS

(Defensor Público – DPE/PR – 2017 – FCC) No plano da teoria geral, certos atributos seriam inerentes aos direitos humanos. Acerca das características principais dos direitos humanos, é correto afirmar:

(A) A irrenunciabilidade dos direitos humanos deve ser harmonizada com a autonomia da vontade, donde se conclui que a pessoa civilmente capaz pode se despojar da proteção de faceta de sua dignidade, a exemplo do famoso caso francês do "arremesso de anões".

(B) Admite-se a relatividade dos direitos humanos, pois estes colidem entre si e podem sofrer restrições por ato estatal ou de seu próprio titular, a exemplo da vedação de associação para fins paramilitares previsto pelo poder constituinte originário.

(C) Tendo em vista que as normas de proteção aos direitos humanos não integram o chamado *jus cogens*, a universalidade dos direitos humanos é relativizada, prevalecendo uma forte ideia de respeito ao relativismo cultural, ainda que o Estado seja parte formal da comunidade internacional.

(D) A imprescritibilidade dos direitos humanos não alcança a pretensão à reparação econômica decorrente de sua violação. Portanto, inexiste direito à indenização por violação a direitos humanos ocorridos durante o regime militar.

(E) Em razão do caráter histórico dos direitos humanos, existe consenso doutrinário acerca de sua divisibilidade, estabelecendo-se independência entre os direitos humanos e priorização de sua exigibilidade a partir do espaço geográfico em que seu titular esteja inserido.

A: incorreta. Por serem direitos adstritos à condição humana, estes não podem ser renunciáveis, pois formam o indivíduo em sua plenitude. Assim, são indisponíveis tanto pelo Estado como pelo particular. A conclusão que fica é que os direitos humanos são imutáveis e eternos conforme pronunciou há muito tempo Thomas Hobbes em sua obra O Leviatã. E com base nessa colocação, Jean-Jacques Rousseau, em sua obra Contrato Social, defendeu que são irrenunciáveis, pois renunciá-los seria o mesmo que renunciar a própria condição humana. Para corroborar tal característica, cabe relembrar o paradigmático caso *Morsang-sur-Orge*, ocasião em que o Conselho de Estado francês, com fundamento na dimensão objetiva da dignidade humana (o respeito à dignidade humana como um dos componentes da ordem pública), manteve ato administrativo que interditou a atividade conhecida como lançamento de anão (*lancer de nain*), apesar de recurso do próprio arremessado (anão) e da casa noturna que o empregava; **B:** correta (art. 5º, XVII, da CF); **C:** incorreta, pois os direitos humanos fazem parte do *jus cogens*. Cabe destacar que a Declaração Universal dos Direitos Humanos de 1948 universalizou a noção de direitos humanos; **D:** incorreta. Os direitos humanos são atemporais, pois, como dito, são adstritos à condição humana. Assim, não são passíveis de prescrição, ou seja, não caducam com o transcorrer do tempo. Aqui incluindo a pretensão de reparação econômica decorrente de violação dos direitos humanos; **E:** incorreta. Todos os direitos humanos se retroalimentam e se complementam, assim, é infrutífero buscar a proteção e a promoção de apenas uma parcela deles. Cabe citar nesse sentido a Nota Geral 3 (natureza e alcance das obrigações das partes contratantes) dos Princípios de Limburgo relativos à aplicabilidade do Pacto Internacional dos Direitos Econômicos, Sociais e Culturais: "tendo em conta que os direitos humanos são indivisíveis e interdependentes, deveria ser canalizada a mesma atenção à aplicação, fomento e proteção dos direitos civis e políticos, como dos econômicos, sociais e culturais".

Gabarito "B".

(Promotor de Justiça – MPE/MS – FAPEC – 2015) Para alguns autores, a segunda geração ou dimensão de direitos humanos fundamentais ficou exemplificada no art. 6º da Constituição Federal de 1988 através dos direitos:

(A) Ao trabalho e a igualdade.
(B) A reunião e a segurança.
(C) A alimentação e a personalidade.
(D) A educação e ao transporte.
(E) A previdência social e a liberdade religiosa.

A segunda geração trata dos direitos sociais, culturais e econômicos (também conhecidos como direitos "vermelhos"). A titularidade desses direitos é atribuída à coletividade, por isso são conhecidos como direitos coletivos. Seu fundamento é a ideia de *igualdade*. A título comparativo e para clarificar ainda mais os direitos considerados concretamente como sociais, cabe reproduzir o artigo 6º da CF: "São direitos sociais a **educação**, a saúde, a alimentação, o trabalho, a moradia, o **transporte**, o lazer, a segurança, a previdência social, a proteção à maternidade e à infância, a assistência aos desamparados, na forma desta Constituição". RF

Gabarito "D".

(Defensor/PA – 2015 – FMP) Sobre as características dos direitos humanos, é CORRETO afirmar que:

(A) o historicismo é característica inerente aos direitos humanos, o qual determina a possibilidade de que tais direitos sejam reconhecidos e, posteriormente, suprimidos, conforme a evolução do pensamento humano.

(B) a defesa da característica da universalidade dos direitos humanos contempla a proibição de tratamento diferenciado a determinados grupos sociais ou culturais, em qualquer circunstância.

(C) a irrenunciabilidade reconhecida aos direitos humanos significa a impossibilidade de que o seu titular abra mão de direitos previstos em tratados internacionais, os quais, entretanto, podem sofrer restrições por lei ordinária, conforme o ordenamento jurídico de cada país.

(D) os direitos humanos são caracterizados pela indivisibilidade e complementariedade, de forma que compõem um único conjunto de direitos, cuja observância deve ser sistêmica e lastreada no princípio da dignidade da pessoa humana.

(E) a imprescritibilidade dos direitos humanos determina a inexistência de prazo para ajuizamento de ações em face do Estado a respeito de eventuais violações desses direitos.

A: incorreta. A amplitude de proteção conferida pelos direitos humanos é marcada por sua contínua majoração, o que os tornam direitos históricos, pois no evolver da história novos direitos são reconhecidos como direitos humanos – um processo não findo. A história dos direitos humanos é marcada pela luta por seu reconhecimento, umbilicalmente relacionada com a luta por justiça e liberdade; **B**: incorreta, pois essa característica não gera a citada consequência. A Declaração Universal dos Direitos Humanos de 1948 universalizou a noção de direitos humanos. Muito importante foi seu papel porque antes disso a proteção dos direitos humanos era relegada a cada Estado, que, com suporte em sua intocável soberania, tinha autonomia absoluta para determinar e executar as políticas relacionadas à proteção da dignidade da pessoa humana. Todavia, obras de horror, como o nazifascismo, demonstraram que a proteção do ser humano não pode ficar somente nas "mãos de governos" nacionais; **C**: incorreta. Por serem direitos adstritos à condição humana, estes não podem ser renunciáveis, pois formam o indivíduo em sua plenitude. Assim, são indisponíveis tanto pelo Estado como pelo particular. Tal característica se confirma pelo fato de os direitos humanos fazerem parte do *jus cogens*, isto é, inderrogáveis por ato volitivo. A conclusão que fica é que os direitos humanos são imutáveis e eternos conforme pronunciou há muito tempo Thomas Hobbes em sua obra O Leviatã. E com base nessa colocação, Jean-Jacques Rousseau, em sua obra Contrato Social, defendeu que são irrenunciáveis, pois renunciar eles seria o mesmo que renunciar a própria condição humana. Para corroborar tal característica, cabe relembrar o paradigmático caso *Morsang-sur-Orge*, ocasião em que o Conselho de Estado francês, com fundamento na dimensão objetiva da dignidade humana (o respeito à dignidade humana como um dos componentes da ordem pública), manteve ato administrativo que interditou a atividade conhecida como lançamento de anão (lancer de nain), apesar de recurso do próprio arremessado (anão) e da casa noturna que o empregava; **D**: correta. Todos os direitos humanos se retroalimentam e se complementam, assim, é infrutífero buscar a proteção e a promoção de apenas uma parcela deles. Veja-se o exemplo do direito à vida, núcleo dos direitos humanos. Este compreende o direito de o ser humano não ter sua vida ceifada (atuação estatal negativa), como também o direito de ter acesso aos meios necessários para conseguir sua subsistência e uma vida digna (atuação estatal positiva). Percebe-se a interação dos direitos pessoais com os direitos econômicos, sociais e culturais para garantir a substancial implementação do direito à vida. Tanto é assim que o art. 13 da Carta Democrática Interamericana, instrumento integrante do sistema interamericano (regional) de proteção dos direitos humanos, crava que "a promoção e observância dos direitos econômicos, sociais e culturais são inerentes ao desenvolvimento integral, ao crescimento econômico com equidade e à consolidação da democracia dos Estados do Hemisfério". Conforme dito acima, os direitos humanos se retroalimentam e se complementam, desta forma, cada direito depende da efetivação dos outros para ser substancialmente realizado. Ademais, o *princípio da complementaridade solidária dos direitos humanos* de qualquer espécie dialoga com as características de universalidade, de interdependência e de indivisibilidade. Ele foi proclamado solenemente na 2ª Conferência Mundial de Direitos Humanos, realizada em Viena em 1993 (ponto 5 da Declaração de Direitos Humanos de Viena); **E**: incorreta. Os direitos humanos são atemporais, pois, como dito, são adstritos à condição humana. Assim, não são passíveis de prescrição, ou seja, não caducam com o transcorrer do tempo. E isso tanto em relação às violações cometidas pelo estado como por particulares.

Gabarito "D".

3. SISTEMA GLOBAL DE PROTEÇÃO DOS DIREITOS HUMANOS

3.1. DECLARAÇÃO UNIVERSAL DOS DIREITOS HUMANOS

(Delegado – PC/BA – 2018 – VUNESP) Nos termos da Declaração Universal dos Direitos Humanos, é correto afirmar que

(A) toda pessoa tem o direito de livremente circular e escolher a sua residência no interior de um Estado.
(B) são asseguradas às presidiárias condições para que possam permanecer com seus filhos durante o período de amamentação.
(C) toda pessoa tem direito à liberdade de reunião e de associação pacíficas ou militares.
(D) é livre a manifestação do pensamento, sendo vedado o anonimato.
(E) ninguém pode ser arbitrariamente privado da sua propriedade, exceto no caso de iminente perigo público.

A: correta (art. 13, ponto 1, da DUDH); **B**: incorreta, pois não existe previsão nesse sentido; **C**: incorreta, pois o art. 2º, ponto 1, da DUDH não prevê o direito à associação militar; **D**: incorreta, pois o art. 18 não veda o anonimato; **E**: incorreta, pois o art. 17 da DUDH assim define: 1. Todo ser humano tem direito à propriedade, só ou em sociedade com outros; e 2. Ninguém será arbitrariamente privado de sua propriedade.

Gabarito "A".

(Investigador – PC/BA – 2018 – VUNESP) A respeito da Declaração Universal dos Direitos Humanos (DUDH), assinale a alternativa correta.

(A) Ninguém pode ser preso, detido ou exilado.
(B) Ninguém será condenado por ação ou omissão, ainda que, no momento da sua prática, constituísse ato delituoso frente ao direito interno e internacional.
(C) Nenhuma pessoa sujeita a perseguição tem o direito de procurar e de se beneficiar de asilo em outros países.
(D) O direito de asilo não pode ser invocado no caso de processo realmente existente por crime de direito comum ou por atividades contrárias aos fins e aos princípios das Nações Unidas.
(E) Nenhuma pessoa pode abandonar o país em que se encontra.

A: incorreta, pois a redação correta do art. 9º é a seguinte: "Ninguém será arbitrariamente preso, detido ou exilado"; **B**: incorreta, porque o ponto 2 do art. 11 estatui o seguinte: "Ninguém poderá ser culpado por qualquer ação ou omissão que, no momento, **não** constituíam delito perante o direito nacional ou internacional"; **C**: incorreta, porque o ponto 1 do art. 14 estatui o seguinte: "Todo ser humano, vítima de perseguição, tem o direito de procurar e de gozar asilo em outros países"; **D**: correta (art. 14, ponto, da Declaração Universal dos Direitos Humanos); **E**: incorreta, porque o ponto 2 do art. 13 estatui o seguinte: "Todo ser humano tem o direito de deixar qualquer país, inclusive o próprio e a esse regressar".

Gabarito "D".

(Juiz de Direito – TJM/SP – VUNESP – 2016) A Declaração Universal dos Direitos do Homem foi adotada em 10 de dezembro de 1948. A seu respeito, assinale a alternativa correta.

(A) Dada sua correlação com os direitos naturais, houve grande consenso em torno do documento que contou com a aprovação unânime dos Estados, sem reprovações ou abstenções.
(B) Estabelece três categorias de direitos: os direitos civis e políticos, os direitos econômicos, sociais e culturais e os direitos coletivos, combinando, de forma inédita, os discursos liberal, social e plural.
(C) Não tratou do direito à propriedade, tendo em vista que esse ponto poderia ser objeto de impasse com os Estados do bloco socialista.
(D) Embora sem grande repercussão, garante o direito à felicidade que, nos últimos anos, tem sido tema de grande debate nacional e internacional.
(E) Não apresenta força de lei, por não ser um tratado. Foi adotada pela Assembleia das Nações Unidas sob a forma de resolução. Contudo, como consagra valores básicos universais, reconhece-se sua força vinculante.

A: incorreta, pois a Declaração Universal dos Direitos Humanos foi aprovada pela Resolução 217 A (III) da Assembleia Geral da ONU, em 10 de dezembro de 1948, por 48 votos a zero e oito abstenções; **B**: incorreta, Em seu bojo, encontram-se direitos civis e políticos (artigos 3º a 21) e também direitos econômicos, sociais e culturais (artigos 22 a 28); **C**: incorreta (art. 17 da DUDH); **D**: incorreta, pois não existe previsão do citado direito; **E**: correta, pois muitos defendem que a Declaração seria inderrogável por fazer parte do *jus cogens*. E ainda pode-se até advogar, conforme posição defendida por René Cassin[5], que a Declaração, por ter definido o conteúdo dos direitos humanos insculpidos na Carta das Nações Unidas, tem força legal vinculante sim, visto que os Estados-membros da ONU se comprometeram a promover e proteger os direitos humanos. Por esses dois últimos sentidos, chega-se à conclusão de que a Declaração Universal dos Direitos Humanos gera obrigações aos Estados, isto é, tem força obrigatória (por ser legal ou por fazer parte do *jus cogens*). A assertiva "E" aponta que a força vinculante da DUDH provém do fato dela consagrar valores básicos universais (*jus cogens*).

Gabarito "E".

(Juiz de Direito – TJM/SP – VUNESP – 2016) Ainda sobre a Declaração Universal dos Direitos do Homem, é correto afirmar que

(A) prevê expressamente o direito à participação política, mas não o de acesso a serviços públicos.
(B) garante a todos, sem qualquer tipo de distinção, educação, direito ao trabalho e saúde pública gratuita.
(C) prevê a criação de um tribunal internacional para julgamento de violações aos direitos humanos.
(D) não estabelece nenhuma forma de governo para garantir a aplicação dos direitos humanos, pois entende que isso deve ser livremente decidido pelas nações individualmente de acordo com sua realidade.
(E) prevê o direito ao trabalho e ao repouso e lazer, inclusive a limitação razoável das horas de trabalho e as férias remuneradas periódicas.

A: incorreta, pois o direito de acesso a serviços públicos está previsto no art. 21, ponto 2, da DUDH; **B, C e D**: incorretas, pois não existem previsões do tipo no seio da DUDH; **E**: correta (arts. 23 e 24 da DUDH).

Gabarito "E".

(Juiz de Direito – TJM/SP – VUNESP – 2016) Sobre os direitos do homem, assinale a alternativa correta.

(A) Os direitos de terceira dimensão são direitos transindividuais que extrapolam os interesses do indivíduo, focados na proteção do gênero humano. Evidencia-se nesse contexto a ideia de humanismo e universalidade.
(B) Os direitos humanos de primeira dimensão buscam o respeito às liberdades individuais e têm como base histórica a Magna Carta de 1215 e o Tratado de Versalhes.
(C) A doutrina é unânime em reconhecer que a expressão direitos humanos é sinônima da expressão direitos fundamentais, inexistindo distinção entre os termos.
(D) Os direitos humanos de segunda dimensão colocam em perspectiva os direitos sociais, culturais e econômicos, bem como os direitos

---

5. O jurista francês René Samuel Cassin foi o principal autor da Declaração Universal dos Direitos Humanos.

coletivos, sendo a Constituição de Weimar a primeira carta política a reconhecê-los.

(E) Alguns doutrinadores já reconhecem a existência da quarta e quinta dimensões de direitos do homem. No primeiro caso, o foco seria o direito ao desenvolvimento e à paz. No segundo caso, os direitos estariam relacionados à engenharia genética e ao meio ambiente.

A: correta. A terceira geração trata dos direitos à paz, ao desenvolvimento, à propriedade do patrimônio cultural e depois também ganhou contorno de proteção ao meio ambiente (também conhecidos como direitos "verdes"). A titularidade desses direitos é atribuída, geralmente, à humanidade e são classificados doutrinariamente como difusos, todavia pode-se destacar a sua faceta de direito individual também, como expressamente previsto na Declaração da ONU sobre o Direito ao Desenvolvimento; B: incorreta, pois a principal base histórica dos direitos humanos de primeira dimensão é a Declaração dos Direitos do Homem e Cidadão de 1789; C: incorreta. A doutrina atual, principalmente a alemã, considera como direitos fundamentais os valores éticos sobre os quais se constrói determinado sistema jurídico nacional (leia-se direitos previstos explicitamente no ordenamento jurídico de certo país), ao passo que os direitos humanos existem mesmo sem o reconhecimento da ordem jurídica interna de um país, pois possuem vigência universal. Entretanto, na maioria das vezes, os direitos humanos, previstos em diplomas internacionais ou parte do *jus cogens*, são reconhecidos internamente pelos sistemas jurídicos nacionais (grande equivalência), situação que os torna também direitos fundamentais. Ou seja, os direitos humanos previstos na Constituição de um país são denominados direitos fundamentais; D: incorreta, pois a primeira carta política que reconheceu esses direitos foi a Constituição mexicana de 1917. À título comparativo, a Constituição de Weimar é de 1919; E: incorreta, pois o direito ao desenvolvimento e à paz estão ligados à terceira dimensão dos direitos humanos.
Gabarito "A".

(Juiz de Direito – TJM/SP – VUNESP – 2016) O Pacto Internacional dos Direitos Civis e Políticos, de 1966,

(A) garante o direito do homem e da mulher de contrair casamento e constituir família, porém, a fim de evitar confrontos de caráter cultural com alguns dos Estados-membros não tratou da dissolução dessa união.
(B) prevê que a pena de morte não deverá ser imposta sob nenhuma hipótese, salvo em situação de guerra.
(C) garante o direito de autodeterminação dos povos, exprimindo, assim, uma tomada de consciência universal sobre a urgência de se superar o colonialismo e o imperialismo.
(D) reconhece, sem restrições, o direito de reunião pacífica.
(E) já apresenta uma preocupação com os imigrantes clandestinos, estabelecendo que estes também têm o direito de circular livremente no território de um Estado.

A: incorreta, pois o art. 23 tratou da dissolução do casamento; B: incorreta. "Nos países em que a pena de morte não tenha sido abolida, esta poderá ser imposta apenas nos casos de crimes mais graves, em conformidade com legislação vigente na época em que o crime foi cometido e que não esteja em conflito com as disposições do presente Pacto, nem com a Convenção sobre a Prevenção e a Punição do Crime de Genocídio. Poder-se-á aplicar essa pena apenas em decorrência de uma sentença transitada em julgado e proferida por tribunal competente" (art. 6º, ponto 2, do Pacto); C: correta (art. 1º do Pacto); D: incorreta, pois o art. 21 do Pacto prevê restrições; E: incorreta, pois não existe previsão nesse sentido no Pacto.
Gabarito "C".

(Delegado/MS – 2017 – FAPEMS) Em 2015, as Nações Unidas concluíram a atualização das Regras Mínimas para o Tratamento de Presos, criadas em 1955. Apelidado de "Regras de Mandela", o conjunto dessa atualização traz como uma de suas principais inovações que

(A) são vedadas as penas de isolamento e de redução de alimentação, a menos que o médico tenha examinado o recluso e certificado, por escrito, que ele está apto para as suportar.
(B) é vedada a utilização de instrumentos de coerção física em mulheres que estejam em trabalho de parto, durante o parto e imediatamente após o nascimento do bebê.
(C) será sempre dada ao preventivo oportunidade para trabalhar, mas não lhe será exigido trabalhar. Se optar por trabalhar, será remunerado.
(D) nenhum recluso pode ser punido sem ter sido informado da infração de que é acusado e sem que lhe seja dada uma oportunidade adequada para apresentar a sua defesa.
(E) salvo circunstâncias especiais, os agentes que assegurem serviços que os ponham em contato direto com os reclusos não devem estar armados.

Das inovações de maior destaque que tivemos em 2015, quando a ONU concluiu a atualização das Regras Mínimas para o Tratamento de Presos, tem-se a proibição de uso de instrumentos de coerção física (ex.: uso de algemas) em mulheres que estejam em trabalho de parto, durante o parto e imediatamente após o nascimento do bebê. Ou seja, buscou garantir o tratamento digno às gestantes.
Gabarito "B".

(Delegado/MS – 2017 – FAPEMS) O Decreto n. 40, de 15 de fevereiro de 1991, promulgou a Convenção Contra a Tortura e Outros Tratamentos ou Penas Cruéis, Desumanos e Degradantes, passando a ser executada e cumprida tão inteiramente como nela se contém, conforme dispõe o artigo 1º desse decreto. Segundo essa Convenção,

(A) será excluída qualquer jurisdição criminal exercida de acordo com o direito interno.
(B) nenhum Estado-Parte procederá à expulsão, à devolução ou à extradição de uma pessoa para outro Estado quando não houver razões substanciais para crer que a mesma corre perigo de ali ser submetida à tortura.
(C) nenhum Estado-Parte procederá à expulsão, à devolução ou à extradição de uma pessoa para outro Estado quando houver razões substanciais para crer que a mesma corre perigo de ali ser submetida à tortura.
(D) cada Estado-Parte assegurará que todos os atos de tortura sejam considerados crimes segundo a sua legislação penal, o mesmo se aplicando à tentativa de tortura, não se estendendo às hipóteses de participação na tortura.
(E) a pessoa processada por crime de tortura não poderá receber tratamento justo em todas as fases do processo.

A Convenção, adotada pela ONU por meio da Resolução 39/46 da Assembleia Geral em 28.09.1984 e promulgada no Brasil em 15.02.1991 pelo Decreto 40, tem por fundamento a obrigação que incumbe os Estados – em virtude da Carta das Nações Unidas, em particular do art. 55, *c* – de promover o respeito universal e a observância dos direitos humanos e das liberdades fundamentais. E a única assertiva correta conforme essa Convenção é a C (art. 3º, ponto 1, da Convenção).
Gabarito "C".

(Defensor Público – DPE/ES – 2016 – FCC) A Declaração Universal dos Direitos Humanos de 1948

(A) não tratou do direito à instrução, como direito à educação.
(B) proibiu a pena de morte.
(C) restringiu-se aos direitos civis e políticos por se tratar de um documento inaugural.
(D) não tratou do direito ao voto, por se tratar de um direito político não reconhecido por todos os Estados signatários.
(E) consolida a ética universal e, combinando o valor da liberdade com o da igualdade, enumera tanto os direitos civis e políticos quanto os direitos econômicos sociais e culturais.

A: incorreta, pois tal direito foi previsto no artigo 26 da Declaração; B: incorreta, pois a Declaração não dispõe sobre a pena de morte; C: incorreta. Em seu bojo encontram-se direitos civis e políticos (artigos 3º a 21) e também direitos econômicos, sociais e culturais (artigos 22 a 28), o que reforça as características da indivisibilidade e interdependência dos direitos humanos; D: incorreta, pois tal direito foi previsto no artigo 21 da Declaração; E: correta (reler o comentário sobre a assertiva "C").
Gabarito "E".

(Delegado/SP – 2014 – VUNESP) Segundo o que dispõe a Declaração Universal dos Direitos Humanos da ONU, toda pessoa, vítima de perseguição, tem o direito de procurar e de gozar asilo em outros países. No entanto, esse direito não pode ser invocado, entre outros, em caso de perseguição

(A) de militante político que tenha se evadido clandestinamente de seu país de origem.
(B) de pessoa que claramente tenha se rebelado contra o regime de governo de seu país.
(C) por razões de ordem política.
(D) por motivos religiosos.
(E) legitimamente motivada por crimes de direito comum.

Conforme o disposto pela redação do artigo XIV, pontos 1 e 2, da Declaração Universal, a única assertiva correta é a "E".
Gabarito "E".

(Defensor Público/AC – 2012 – CESPE) A Declaração Universal de Direitos Humanos

(A) foi proclamada pelos revolucionários franceses do final do século XVIII e confirmada, após a Segunda Guerra Mundial, pela Assembleia Geral das Nações Unidas.
(B) foi o primeiro documento internacional a estabelecer expressamente o princípio da vedação ao retrocesso social.
(C) nada declara sobre o direito à propriedade, em razão da necessidade de acomodação das diferentes ideologias das potências vencedoras da Segunda Guerra Mundial.
(D) não faz referência à possibilidade de qualquer pessoa deixar o território de qualquer país ou nele ingressar, embora assegure expressamente a liberdade de locomoção dentro das fronteiras dos Estados.
(E) assegura a toda pessoa o direito de participar do governo de seu próprio país, diretamente ou por meio de representantes.

A: incorreta. Abalados pelas barbáries deflagradas nas duas Grandes Guerras e desejosos de construir um mundo sobre novos alicerces ideológicos, os dirigentes das nações que emergiram como potências no período pós-guerra, lideradas por URSS e EUA, estabeleceram na Conferência de Yalta, na Ucrânia, em 1945, as bases de uma futura "paz". Para isso definiram as áreas de influência das potências e acertaram a criação de uma organização multilateral que promovesse negociações sobre conflitos internacionais, com o objetivo de evitar guerras, construir a paz e a democracia, além de fortalecer os direitos humanos. Teve aí sua origem a ONU, uma organização internacional que tem por objetivo facilitar a cooperação em matéria de direito e segurança internacionais, desenvolvimento econômico, progresso social, direitos humanos e a realização da paz mundial. Por isso, diz-se que é uma organização internacional de vocação universal. Sua lei básica é a Carta das Nações Unidas, elaborada em São Francisco de 25 de abril a 26 de junho de 1945. Essa Carta tem como anexo o Estatuto da Corte Internacional de Justiça. Uma das preocupações da ONU é a proteção dos direitos humanos mediante a cooperação internacional. A Carta das Nações Unidas é o exemplo mais emblemático do processo de internacionalização dos direitos humanos ocorridos no pós-guerra. Aliás, conforme dito no capítulo introdutório, é importante lembrar que esse processo recente de internacionalização dos direitos humanos é fruto da ressaca moral da humanidade ocasionada pelo excesso de violações perpetradas pelo nazifascismo. O problema da Carta das Nações Unidas é que ela não definia o conteúdo dos direitos humanos. Assim, em 1948, foi proclamada a Declaração Universal dos Direitos Humanos com a função de resolver essa lacuna. A Declaração Universal dos Direitos Humanos foi aprovada pela Resolução 217 A (III) da Assembleia Geral da ONU, em 10 de dezembro de 1948, por 48 votos a zero e oito abstenções[6]; **B:** incorreta. Inicialmente o princípio da vedação do retrocesso social estava somente ligado aos direitos econômicos, sociais e culturais. E foi o Pacto Internacional dos Direitos Econômicos, Sociais e Culturais que determinou, pela primeira vez, uma aplicação progressiva de seus preceitos partindo de um *mínimo essencial*. Isso porque grande parte dos Estados não teria os meios materiais necessários para garantir a máxima efetivação dos direitos econômicos, sociais e culturais de suas populações. Essa progressividade na implementação dos direitos do Pacto criou, como consequência, o *princípio ou cláusula da proibição/vedação do retrocesso social ou da evolução reacionária*[7]. Isto é, os Estados somente podem avançar na implementação dos direitos do Pacto, e nunca recuar (leia-se eliminar direitos já garantidos ou diminuir a proteção conferida por eles). Num sentido amplo, essa vedação se estende aos novos tratados de direitos humanos, assim, não é possível a diminuição protetiva e a restrição para o gozo dos direitos humanos por meio da edição de um novo tratado. Fica nítido o caráter vinculativo do *princípio ou cláusula da proibição/vedação do retrocesso social ou da evolução reacionária*. Hodiernamente, pode-se defender que essa regra deve ser aplicada como garantia para a efetividade de todos os tipos de direitos humanos e não somente em relação aos direitos econômicos, sociais e culturais. Cabe aqui reproduzir o importante artigo 29 da Convenção Americana dos Direitos Humanos, que corrobora tal colocação: "Nenhuma disposição da presente Convenção pode ser interpretada no sentido de: a) permitir a qualquer dos Estados-partes, grupo ou indivíduo, suprimir o gozo e o exercício dos direitos e liberdades reconhecidos na Convenção ou limitá-los em maior medida do que a nela prevista; b) limitar o gozo e exercício de qualquer direito ou liberdade que possam ser reconhecidos em virtude de leis de qualquer dos Estados-partes ou em virtude de Convenções em que seja parte um dos referidos Estados; c) excluir outros direitos e garantias que são inerentes ao ser humano ou que decorrem da forma democrática representativa de governo; d) excluir ou limitar o efeito que possam produzir a Declaração Americana dos Direitos e Deveres do Homem e outros atos internacionais da mesma natureza". No mesmo sentido é o conhecido voto em separado do juiz Piza Escalante, no Parecer Consultivo 04/84 da Corte Interamericana de Direitos Humanos, que defende a aplicação do princípio da proibição do retrocesso também para os direitos civis e políticos; **C:** incorreta, pois o art. XVII da Declaração assim dispõe: "ponto **1:** Toda pessoa tem direito à propriedade, só ou em sociedade com outros; ponto **2:** Ninguém será arbitrariamente privado de sua propriedade"; **D:** incorreta. O art. 13, ponto 2, da Declaração assim estatui: "Toda pessoa tem o direito de deixar qualquer país, inclusive o próprio, e a este regressar": **E:** correta, pois reproduz o art. XXI, ponto 1, da Declaração Universal de Direitos Humanos.

Gabarito "E".

(Delegado/MG – 2012) A Declaração Universal dos Direitos Humanos pode ser caracterizada, primeiramente por sua amplitude, compreendendo um conjunto de direitos e faculdades, sem as quais um ser humano não pode desenvolver sua personalidade física, moral e intelectual. Em segundo lugar, pela universalidade, aplicável a todas as pessoas de todos os países, raças, religiões e sexos, seja qual for o regime político dos territórios nos quais incide. Assinale abaixo a assertiva que é **contrária** ao enunciado acima:

(A) Como uma plataforma comum de ação, a Declaração foi adotada em 10 de dezembro de 1948, pela aprovação de 48 Estados, com 8 abstenções.

(B) Objetiva delinear uma ordem pública mundial fundada no respeito à dignidade da pessoa humana, para orientar o desenvolvimento de uma raça humana superior.

(C) Introduz a indivisibilidade dos direitos humanos, ao conjugar o catálogo dos direitos civis e políticos, com o dos direitos econômicos, sociais e culturais.

(D) Teve imediatamente, após a sua adoção, grande repercussão moral ao despertar nos povos a consciência de que o conjunto da comunidade humana se interessava pelo seu destino.

A: incorreta, pois a assertiva está em conformidade com o enunciado. A Declaração Universal dos Direitos Humanos foi aprovada pela Resolução 217 A (III) da Assembleia Geral da ONU, em 10 de dezembro de 1948, por 48 votos a zero e 8 abstenções[8]. Em conjunto com os dois Pactos Internacionais – sobre Direitos Civis e Políticos e sobre Direitos Econômicos, Sociais e Culturais –, constitui a denominada Carta Internacional de Direitos Humanos ou *International Bill of Rights*. A Declaração é fruto de um consenso sobre valores de cunho universal a serem seguidos pelos Estados e do reconhecimento do indivíduo como sujeito direto do direito internacional. É importante esclarecer que a Declaração é um exemplo de soft law, *já que não supõe mecanismos constritivos para a implementação dos direitos previstos*. Em contrapartida, quando um documento legal prevê mecanismos constritivos para a implementação de seus direitos, estamos diante de um exemplo de *hard law*. Revisitando o direito a ter direitos de Hannah Arendt, segundo a Declaração, a condição de pessoa humana é requisito único e exclusivo para ser titular de direitos[9]. Com isso corrobora-se o caráter universal dos direitos humanos, isto é, todo indivíduo é cidadão do mundo e, dessa forma, detentor de direitos que salvaguardam sua dignidade[10]. Em seu bojo encontram-se direitos civis e políticos (artigos 3º a 21) e direitos econômicos, sociais e culturais (artigos 22 a 28), o que reforça as características da indivisibilidade e interdependência dos direitos humanos. É importante apontar que a Declaração Universal dos Direitos Humanos não tem força legal[11] (funcionaria como uma recomendação), mas sim material e acima de tudo inderrogável por fazer parte do jus cogens. Entretanto, pode-se até advogar que a Declaração, por ter definido o conteúdo dos direitos humanos insculpidos na Carta das Nações Unidas, tem força legal vinculante, visto que os Estados-membros da ONU se comprometeram a promover e proteger os direitos humanos; **B:** correta, pois a assertiva é totalmente contrária ao enunciado. Dispensa maiores considerações; **C:** incorreta, pois a assertiva está em conformidade com o enunciado. Reler o comentário sobre a assertiva A; **D:** incorreta, pois a assertiva está em conformidade com o enunciado e, de fato, houve a citada repercussão moral.

Gabarito "B".

(Delegado/MG – 2012) A verdadeira consolidação do Direito Internacional dos Direitos Humanos surge em meados do século XX, em decorrência da Segunda Guerra Mundial, por isso o moderno Direito Internacional dos Direitos Humanos é um fenômeno do pós-guerra. Dentre as proposições abaixo, assinale a que **não** corrobora com o enunciado acima:

(A) O desenvolvimento do Direito Internacional dos Direitos Humanos

---

6. Os países que se abstiveram foram Arábia Saudita, África do Sul, URSS, Ucrânia, Bielorrússia, Polônia, Iugoslávia e Tchecoslováquia.

7. Ou ainda a vedação da contrarrevolução social nas palavras de José Gomes Canotilho (**Direito constitucional e teoria da Constituição**. 7. ed. Coimbra: Almedina, 2003). Outro termo utilizado para conceituar tal regra é *efeito cliquet*. Lembrando que *cliquet* é uma expressão utilizada por alpinistas e significa a impossibilidade de retroceder no percurso, ou seja, o alpinista deve continuar subindo e nunca descer.

8. Os países que se abstiveram foram Arábia Saudita, África do Sul, URSS, Ucrânia, Bielorrússia, Polônia, Iugoslávia e Tchecoslováquia.

9. De maneira sintética, os direitos previstos na Declaração Universal dos Direitos Humanos são: igualdade, vida, não escravidão, não tortura, não discriminação, personalidade jurídica, não detenção/prisão/exílio arbitrário, judiciário independente e imparcial, presunção de inocência, anterioridade penal, intimidade, honra, liberdade, nacionalidade, igualdade no casamento, propriedade, liberdade de pensamento/consciência/religião, liberdade de opinião/expressão, liberdade de reunião/associação pacífica, voto, segurança social, trabalho, igualdade de remuneração, repouso/lazer, saúde/bem-estar, instrução etc.

10. "O advento do Direito Internacional dos Direitos Humanos [DIDH], em 1945, possibilitou o surgimento de uma nova forma de cidadania. Desde então, a proteção jurídica do sistema internacional ao ser humano passou a independer do seu vínculo de nacionalidade com um Estado específico, tendo como requisito único e fundamental o fato do nascimento. Essa nova cidadania pode ser definida como cidadania mundial ou cosmopolita, diferenciando-se da cidadania do Estado-Nação. A cidadania cosmopolita é um dos principais limites para a atuação do poder soberano, pois dá garantia da proteção internacional na falta da proteção do Estado Nacional. Nesse sentido, a relação da soberania com o DIDH é uma relação limitadora" (ALMEIDA, Guilherme Assis de. Mediação, proteção local dos direitos humanos e prevenção de violência. **Revista Brasileira de Segurança Pública**, ano 1, ed. 2, p. 137-138, 2007).

11. "Do ponto de vista estritamente formal, a Declaração Universal dos Direitos Humanos é, consequentemente, parte do assim denominado *soft law*, 'direito suave', nem vinculante, mas nem por isso desprezível nas relações internacionais. Sua violação, em tese, não deveria implicar a responsabilidade internacional do Estado, mas, por outro, sujeitaria o recalcitrante a sanções de ordem moral, desorganizadas. Estas têm sua autoridade na própria dimensão política da declaração, como documento acolhido pela quase unanimidade dos Estados então representados na Assembleia Geral e, depois, invocado em constituições domésticas de inúmeros países e em diversos documentos de conferências internacionais" (ARAGÃO, Eugênio José Guilherme. A Declaração Universal dos Direitos Humanos: mera declaração de propósitos ou norma vinculante de direito internacional? **Revista Eletrônica do Ministério Público Federal**, ano 1, n. 1, p. 6, 2009).

pode ser atribuído às monstruosas violações de direitos humanos da era Hitler e, após, à crença de que somente uma guerra poderia pôr fim a essas violações no âmbito internacional para garantir internamente em cada Estado nacional a dignidade da pessoa humana.
(B) A internacionalização dos direitos humanos constitui um movimento extremamente recente da história, surgido a partir do pós-guerra, como proposta às atrocidades e aos horrores cometidos durante o nazismo. Se a Segunda Guerra significou a ruptura com os direitos humanos, o pós-guerra deveria significar sua reconstrução.
(C) No momento em que os seres humanos se tornam supérfluos e descartáveis, no momento em que vigia lógica de destruição, em que cruelmente se abole o valor da pessoa humana, torna-se necessária a reconstrução dos direitos humanos como paradigma ético capaz de restaurar a lógica do razoável.
(D) A barbárie do totalitarismo significou a ruptura do paradigma dos direitos humanos, por meio da negação do valor da pessoa humana, como valor fonte do direito. Essa ruptura fez emergir a necessidade da reconstrução dos direitos humanos como referencial e paradigma ético que aproxime o direito da moral.

A: incorreta, devendo ser assinalada. Abalados pelas barbáries deflagradas nas duas Grandes Guerras e desejosos de construir um mundo sobre novos alicerces ideológicos, os dirigentes das nações que emergiram como potências no período pós-guerra, lideradas por URSS e EUA, estabeleceram na Conferência de Yalta, na Ucrânia, em 1945, as bases de uma futura "paz". Para isso definiram as áreas de influência das potências e acertaram a criação de uma organização multilateral que promovesse negociações sobre conflitos internacionais, com o objetivo de evitar guerras, construir a paz e a democracia, além de fortalecer os direitos humanos. Teve aí sua origem a ONU, uma organização internacional que tem por objetivo facilitar a cooperação em matéria de direito e segurança internacionais, desenvolvimento econômico, progresso social, direitos humanos e a realização da paz mundial. Por isso, diz-se que é uma organização internacional de vocação universal. Sua lei básica é a Carta das Nações Unidas, elaborada em São Francisco de 25 de abril a 26 de junho de 1945. Essa Carta tem como anexo o Estatuto da Corte Internacional de Justiça. Uma das preocupações da ONU é a proteção dos direitos humanos mediante a cooperação internacional. A Carta das Nações Unidas é o exemplo mais emblemático do processo de internacionalização dos direitos humanos ocorridos no pós-guerra. Aliás, é importante lembrar que esse processo recente de internacionalização dos direitos humanos é fruto da ressaca moral (que permitiu uma reflexão geral sobre os perigosos rumos tomados pelo homem) da humanidade ocasionada pelo excesso de violações perpetradas pelo nazifascismo. Cabe sublinhar que os propósitos da ONU são: *a)* manter a paz e a segurança internacionais; *b)* desenvolver relações amistosas entre as nações; *c)* realizar a cooperação internacional para resolver os problemas mundiais de caráter econômico, social, cultural e humanitário, promovendo o respeito aos direitos humanos e às liberdades fundamentais; e *d)* ser um centro destinado a harmonizar a ação dos povos para a consecução desses objetivos comuns. E os princípios são: *a)* da igualdade soberana de todos os seus membros; *b)* da boa-fé no cumprimento dos compromissos da Carta; *c)* da solução de controvérsias por meios pacíficos; *d)* da proibição de recorrer à ameaça ou ao emprego da força contra outros Estados; *e)* da assistência às Nações Unidas; *f)* da não intervenção em assuntos essencialmente nacionais. Por todo o dito, percebe-se que o direito internacional dos direitos humanos é totalmente contrário ao uso da violência, notadamente do uso de guerra para garantir a "proteção dos direitos humanos"; **B:** correta (reler o comentário sobre a assertiva anterior); **C** e **D:** corretas. "A ética dos direitos humanos decorre diretamente do princípio da dignidade da pessoa humana. A justiça não pode ser pensada isoladamente, sem o princípio da dignidade humana, assim como o poder não pode ser exercido *apesar* da dignidade humana. Em verdade, todos os demais princípios e valores que orientam a criação dos direitos nacional e internacional curvam-se ante esta identidade comum ou este *minimum* dos povos (...) Foram necessárias diversas violações, diversas experiências de indignidade, diversas práticas de exploração da condição humana para que a própria noção de dignidade surgisse um pouco mais clara aos olhos do pensamento contemporâneo (...) Enfim, em poucas palavras, parece a ideia de personalidade recuperar seu sentido pleno, preenchendo o oco das experiências céticas e materialistas do tecnologismo do século XX e invadindo as diversas linhas de pensamento ocupadas com os desvarios da história contemporânea.".[12]

Gabarito "A".

3.2. PACTOS INTERNACIONAIS – SOBRE DIREITOS CIVIS E POLÍTICOS E SOBRE DIREITOS ECONÔMICO, SOCIAIS E CULTURAIS

(Defensor Público – DPE/PR – 2017 – FCC) O Pacto Internacional dos Direitos Civis e Políticos somente considera justificável que os Estados-partes signatários restrinjam o direito de reunião pacífica caso
I. haja interesse da segurança nacional.
II. haja interesse da segurança ou ordem públicas.
III. seja necessário para proteção da saúde ou a moral públicas.
IV. haja falta de autorização da autoridade competente.
V. seja necessário para proteção dos direitos e liberdades das demais pessoas.

---
12. BITTAR, Eduardo. **Curso de ética jurídica**. São Paulo: Saraiva, 2013. p. 135-136.

Está correto o que se afirma APENAS em
(A) II, III e IV.
(B) I, II, III e V.
(C) II e V.
(D) I, II e IV.
(E) I e III.

O art. 21 do pacto assim dispõe: "O direito de reunião pacífica será reconhecido. O exercício desse direito estará sujeito apenas às restrições previstas em lei e que se façam necessárias, em uma sociedade democrática, no interesse da segurança nacional, da segurança ou da ordem pública, ou para proteger a saúde ou a moral pública ou os direitos e as liberdades das demais pessoas". Portanto, a assertiva correta é a "B".

Gabarito "B".

(Defensor Público – DPE/SC – 2017 – FCC) Os Direitos Civis e Políticos foram reconhecidos no sistema global de direitos humanos pelo Pacto Internacional pelos Direitos Civis e Políticos. O Brasil é signatário deste pacto
(A) sendo somente as comunicações interestaduais aplicadas em nosso país.
(B) que tem o direito de reunião pacífica consagrado e tornou-se um direito humano sem restrições.
(C) cujo primeiro protocolo facultativo tratou da abolição da pena de morte, protocolo este assinado pelo Estado Brasileiro, com a ressalva prevista em nosso texto constitucional.
(D) que entrou em vigor somente em 1976, após 35 ratificações.
(E) que, de maneira inovadora, já previu na sua origem o sistema de peticionamento individual ao Comitê.

A: incorreta. Conforme determina seu art. 40, os Estados que aderirem ao Pacto se comprometem a submeter *relatórios* sobre as medidas por eles adotadas para tornar efetivos os direitos reconhecidos no citado Pacto e sobre o progresso alcançado no gozo desses direitos. O Pacto apresenta também um sistema, opcional, de *comunicações interestatais* ou *actio popularis*, por meio do qual um Estado-parte pode denunciar outro que incorrer em violações dos direitos humanos. Mas, para a denúncia ter validade, os dois Estados, denunciante e denunciado, devem ter expressamente declarado a competência do Comitê de Direitos Humanos (órgão de controle) para processar tais denúncias; **B:** incorreta, pois o próprio art. 21 do Pacto faz menção à restrições: o exercício do direito de reunião pacífica estará sujeito apenas às restrições previstas em lei e que se façam necessárias, em uma sociedade democrática, no interesse da segurança nacional, da segurança ou da ordem pública, ou para proteger a saúde ou a moral pública ou os direitos e as liberdades das demais pessoas; **C:** incorreta, pois foi o segundo protocolo facultativo que tratou da pena de morte. O primeiro protocolo facultativo criou o mecanismo das petições individuais; **D:** correta. Esse tratado foi adotado em 1966 pela Resolução 2.200 A (XXI) da Assembleia Geral das Nações Unidas, mas, devido à grande resistência que sofreu, somente adquiriu as ratificações necessárias (35) para entrar em vigor internacional no ano de 1976; **E:** incorreta, pois o sistema de peticionamento individual foi acrescentado pelo primeiro protocolo facultativo ao Pacto apenas.

Gabarito "D".

(Defensor Público – DPE/ES – 2016 – FCC) O Pacto Internacional dos Direitos Econômicos, Sociais e Culturais entrou em vigor no ano de 1976 e é considerado um relevante instrumento dos direitos humanos, especialmente por
(A) que a previdência social, apesar de não prevista no pacto, está no protocolo facultativo.
(B) ser um relevante documento, mas omitiu-se quanto ao direito de greve, não tratando deste relevante direito social.
(C) ser um importante documento, mas não goza de nenhum tipo de mecanismo de monitoramento.
(D) ser reconhecido como um documento que venceu a resistência de vários Estados e mesmo a doutrina que viam os direitos sociais em sentido amplo como sendo meras recomendações ou exortações.
(E) que as medidas cautelares estão previstas no próprio texto original do pacto.

A: incorreta, pois o direito à previdência social está previsto no artigo 9º do Pacto mencionado na questão; **B:** incorreta, pois o direito à greve está previsto no artigo 8º, ponto 1, d, do Pacto mencionado na questão; **C:** incorreta. No que tange à sistemática de controle sobre a aplicação das disposições do Pacto Internacional dos Direitos Econômicos, Sociais e Culturais, foi adotado o envio de relatórios pelos Estados-partes; **D:** correta, pois, de fato, sofreu muita resistência. O grande objetivo do Pacto é expandir e tornar obrigatórios e vinculantes os direitos econômicos, sociais e culturais elencados na Declaração Universal dos Direitos Humanos; **E:** incorreta, pois as medidas cautelares foram previstas pelo Protocolo Facultativo ao Pacto Internacional dos Direitos Econômicos, Sociais e Culturais.

Gabarito "D".

(Defensor Público – DPE/BA – 2016 – FCC) Segundo o Pacto Internacional sobre os Direitos Civis e Políticos, qualquer pessoa acusada de infração penal goza de presunção de inocência até que a sua culpabilidade tenha sido legalmente estabelecida, tendo direito, pelo menos, às seguintes garantias:
I. Ser prontamente informada, numa língua que ela compreenda, de modo detalhado, acerca da natureza e dos motivos da acusação apresentada contra ela.
II. Ser julgada em no máximo um ano.

III. Fazer-se assistir de um intérprete, se não compreender ou não falar a língua utilizada no tribunal.
IV. Comunicar com um advogado da sua escolha e dispor do tempo, no mínimo dez dias, para a preparação da defesa.

É correto o que se afirma APENAS em

(A) I e II.
(B) II e III.
(C) III e IV.
(D) II e IV.
(E) I e III.

I: certo (art. 9º, ponto 2, do Pacto); II: errado, pois não existe previsão nesse sentido no Pacto; III: certo (art. 14, ponto 3, f, do Pacto); IV: errado, pois não existe previsão nesse sentido no Pacto.
Gabarito "E".

(Promotor de Justiça/PI – 2014 – CESPE) No que se refere ao sistema internacional de proteção dos direitos humanos, assinale a opção correta.

(A) O Pacto Internacional sobre Direitos Econômicos, Sociais e Culturais e o Pacto Internacional sobre Direitos Civis e Políticos, adotados pela ONU, têm natureza jurídica de tratados internacionais, assim incorporados pelo Brasil.
(B) A Corte Europeia de Direitos Humanos, que compõe o quadro institucional da União Europeia, vincula apenas os países membros desta.
(C) O Brasil reconheceu a jurisdição da Corte Interamericana de Direitos Humanos desde que ela foi instituída, tendo apoiado os processos que deram origem ao sistema interamericano de direitos humanos.
(D) A Declaração Universal dos Direitos Humanos tem estatuto de tratado internacional e marca o início da chamada fase de universalização dos direitos do homem.
(E) O Tribunal Penal Internacional, importante instrumento de afirmação internacional dos direitos humanos, foi criado na década de sessenta do século passado.

A: correta. Pois ambos são tratados e foram incorporados pelo Brasil. O Pacto Internacional dos Direitos Civis e Políticos foi adotado em 1966 pela Resolução 2.200-A (XXI) da Assembleia Geral das Nações Unidas, mas, devido à grande resistência que sofreu, somente adquiriu as ratificações necessárias para entrar em vigor internacional no ano de 1976. No Brasil, o Pacto foi promulgado pelo Decreto 592, de 06.07.1992. E o Pacto Internacional dos Direitos Econômicos, Sociais e Culturais também foi aprovado em 1966 pela Assembleia Geral das Nações Unidas, mas, devido à grande resistência que sofreu, somente adquiriu as ratificações necessárias para entrar em vigor no ano de 1976. No Brasil, o Pacto foi promulgado pelo Decreto 591, de 06.07.1992; **B:** incorreta. A Corte Europeia compõe o quadro institucional do Conselho da Europa. O Conselho da Europa é uma organização internacional que tem por objetivo garantir a defesa dos direitos humanos, o desenvolvimento democrático e a estabilidade político-social no continente e foi fundado, em 05.05.1949, pelo Tratado de Londres. Atualmente é composto por 47 Estados-membros; **C:** incorreta. O Brasil reconheceu a competência obrigatória da Corte em 08.11.2002 (Decreto 4.463). O reconhecimento foi feito por prazo indeterminado, mas abrange fatos ocorridos após 10.12.1998. Cabe lembrar que a Corte Interamericana foi instituída pela Convenção Americana, que, por sua vez, só entrou em vigor internacional em 18.06.1978 (quando atingiu as 11 ratificações necessárias); **D:** incorreta. Por mais que a natureza jurídica da Declaração Universal gere amplas disputas acadêmicas, não se pode compará-la com um tratado internacional formal, isso porque os tratados possuem requisitos para adquirirem vigência, como, por exemplo, devem passar pelo procedimento de incorporação em cada Estado-parte. O que não ocorreu com a Declaração, que foi "simplesmente" aprovada pela Resolução 217 A (III) da Assembleia Geral da ONU; **E:** incorreta. O Tribunal Penal Internacional (TPI) foi constituído na Conferência de Roma, em 17.07.1998, na qual se aprovou o Estatuto de Roma (tratado que não admite a apresentação de reservas), que só entrou em vigor internacionalmente em 01.07.2002 e passou a vigorar, para o Brasil, no dia 25.09.2002.[13]
Gabarito "A".

(Defensoria/DF – 2013 – CESPE) Com base nas disposições do Pacto Internacional de Direitos Civis e Políticos, julgue o item abaixo.

(1) Toda pessoa tem direito à liberdade de expressão, independentemente de considerações de fronteiras, verbalmente ou por escrito, em forma impressa ou artística, ou por qualquer outro meio de sua escolha, não podendo o exercício desse direito estar sujeito a qualquer tipo de restrição ou limites por parte dos Estados subscritores do pacto em apreço.

1: errado. A redação correta do artigo 19, ponto 2, do Pacto Internacional de Direitos Civis e Políticos é a seguinte: "Toda pessoa terá direito à liberdade de expressão; esse direito incluirá a liberdade de procurar, receber e difundir informações e ideias de qualquer natureza, independentemente de considerações de fronteiras, verbalmente ou por escrito, em forma impressa ou artística, ou por qualquer outro meio de sua escolha".
Gabarito 1E.

---
13. Dec. 4.388/2002.

(Defensor Público/AC – 2012 – CESPE) O Pacto Internacional sobre Direitos Civis e Políticos

(A) veda a escravidão e os trabalhos forçados ou obrigatórios, sem qualquer ressalva.
(B) estabelece a presunção de inocência, sem, contudo, referenciar o duplo grau de jurisdição.
(C) impõe a designação de defensor de ofício para assistir o acusado sempre que o interesse da justiça o exigir.
(D) permite que os Estados-membros proíbam, arbitrariamente, a entrada de qualquer pessoa, ainda que natural do país, em seu território.
(E) dispõe expressamente sobre a proibição da tortura.

O Pacto Internacional sobre Direitos Civis e Políticos foi adotado em 1966 pela Resolução 2.200 A (XXI) da Assembleia Geral das Nações Unidas, mas, devido à grande resistência que sofreu, somente adquiriu as ratificações necessárias para entrar em vigor no ano de 1976. Seu grande objetivo é expandir e tornar obrigatórios e vinculantes os direitos civis e políticos elencados na Declaração Universal dos Direitos Humanos. É um exemplo de *hard law*. No Brasil, o Pacto foi ratificado em 24 de janeiro de 1992. O Pacto Internacional dos Direitos Civis e Políticos impôs aos Estados-membros sua imediata aplicação (autoaplicabilidade), diferentemente, como veremos, do Pacto Internacional dos Direitos Econômicos, Sociais e Culturais, que determinou sua aplicação progressiva. Conforme determina seu artigo 40, os Estados que aderirem ao Pacto se comprometem a *submeter relatórios* sobre as medidas por eles adotadas para tornar efetivos os direitos reconhecidos no citado Pacto e sobre o progresso alcançado no gozo desses direitos. O Pacto apresenta também um sistema, opcional, de *comunicações interestatais* ou *actio popularis*, por meio do qual um Estado-parte pode denunciar outro que incorrer em violações dos direitos humanos. Mas, para a denúncia ter validade, os dois Estados, denunciante e denunciado, devem ter expressamente declarado a competência do Comitê de Direitos Humanos para processar tais denúncias. O Comitê de Direitos Humanos, conforme determina o artigo 28 do Pacto, é o órgão criado com o objetivo de controlar a aplicação, pelos Estados-partes, das disposições desse instrumento. Essa fiscalização é denominada controle de convencionalidade internacional[14]. Deve-se destacar que o citado controle pode ser exercido até em face das Constituições nacionais[15], podendo gerar as chamadas normas constitucionais inconvencionais[16]. Isto é, engloba todos os atos estatais, inclusive as omissões. O citado controle é assim definido por André de Carvalho Ramos: "O controle de convencionalidade *internacional* é atividade de fiscalização dos atos e condutas dos Estados em confronto com seus compromissos internacionais. Em geral, o controle de convencionalidade é atribuído a órgãos compostos por julgadores independentes, criados por tratados internacionais, o que evita que os próprios Estados sejam, ao mesmo tempo, fiscais e fiscalizados[17]". Em termos práticos, o Comitê vai analisar a conformidade dos atos estatais em relação às obrigações internacionais assumidas no momento da ratificação do Pacto Internacional dos Direitos Civis e Políticos.

A: incorreta, pois o art. 8º, ponto 3, *b*, do Pacto ressalva a proibição geral de executar trabalhos forçados ou obrigatórios. Assim, nos países em que certos crimes sejam punidos com prisão e trabalhos forçados, o cumprimento de uma pena de trabalhos forçados, imposta por um tribunal competente, será permitida; B: incorreta, pois o Pacto referencia o duplo grau de jurisdição. Segue a redação do art. 14, ponto 5, do Pacto: "Toda pessoa declarada culpada por um delito terá o direito de recorrer da sentença condenatória e da pena a uma instância, em conformidade com a lei"; C: incorreta, pois o acusado tem direito de estar presente no julgamento e de defender-se pessoalmente ou por intermédio de defensor de sua escolha; de ser informado, caso não tenha defensor, do direito que lhe assiste de tê-lo e, sempre que o interesse da justiça assim exija, de ter um defensor designado "ex officio" gratuitamente, se não tiver meios para remunerá-lo (art. 14, ponto 3, *d*, do Pacto); D: incorreta, pois o Pacto **não** permite que os Estados-membros proíbam, arbitrariamente, a entrada de qualquer pessoa, ainda que natural do país, em seu território; E: correta. Ler o art. 7º do Pacto Internacional sobre Direitos Civis e Políticos.
Gabarito "E".

---
14. "Há ainda o controle de convencionalidade nacional, que vem a ser o exame de compatibilidade do ordenamento interno às normas internacionais feito pelos Tribunais internos" (RAMOS, André de Carvalho. **Teoria geral dos direitos humanos na ordem internacional**. 2. ed. São Paulo: Saraiva, 2012. p. 250).

15. Vide o caso "A última tentação de Cristo" *versus* Chile – Corte Interamericana de Direitos Humanos.

16. "(...) também é possível admitir que existam normas constitucionais inconvencionais, por violarem direitos humanos provenientes de tratados, direitos estes que (justamente por terem *status* constitucional) também pertencem ao bloco das cláusulas pétreas. Seria o caso daquelas normas da Constituição, alocadas à margem do bloco de constitucionalidade, ou seja, que não integram o núcleo intangível constitucional, que estão a violar normas de tratados de direitos humanos (as quais, por serem normas de 'direitos humanos', já detêm primazia sobre quaisquer outras, por pertencerem ao chamado 'bloco de constitucionalidade'" (MAZZUOLI, Valerio de Oliveira. **O controle jurisdicional da convencionalidade das leis**. 2. ed. São Paulo: RT, 2011. p. 149-150).

17. RAMOS, André de Carvalho. **Teoria geral dos direitos humanos na ordem internacional**. 2. ed. São Paulo: Saraiva, 2012. p. 250

(Defensor Público/RO – 2012 – CESPE) O Pacto Internacional Sobre Direitos Civis e Políticos

(A) garante o direito de casar e fundar família, mas nada dispõe sobre o consentimento dos nubentes.
(B) garante às minorias o direito de professar e praticar sua própria religião e de usar sua própria língua, desde que o exercício desses direitos não represente sério risco de fragmentação da vida cultural do Estado-parte.
(C) prevê que nenhuma garantia nele estabelecida poderá ser suspensa pelos Estados-partes.
(D) veda qualquer forma de restrição à liberdade de expressão.
(E) admite diversas restrições ao direito de reunião.

A: incorreta. O art. 23, ponto 3, do Pacto assim dispõe: "Casamento algum será sem o consentimento livre e pleno dos futuros esposos"; **B:** incorreta, pois o Pacto não ressalva o direito das minorias de professar sua religião ou de usar sua própria língua. Segue a redação do art. 27 do Pacto: "No caso em que haja minorias étnicas, religiosas ou linguísticas, as pessoas pertencentes a essas minorias não poderão ser privadas do direito de ter, conjuntamente com outras membros de seu grupo, sua própria vida cultural, de professar e praticar sua própria religião e usar sua própria língua"; **C:** incorreta, pois o art. 4º do Pacto disciplina a suspensão das obrigações decorrentes do Pacto Internacional Sobre Direitos Civis e Políticos; **D:** incorreta. O art. 19, ponto 3, do Pacto prev6e restrições à liberdade de expressão; **E:** correta, pois em conformidade com o art. 21 do Pacto Internacional Sobre Direitos Civis e Políticos.
Gabarito "E".

(Defensor Público/SP – 2012 – FCC) Dos direitos abaixo, qual é passível de suspensão, na forma do artigo 4º do Pacto Internacional sobre Direitos Civis e Políticos?

(A) Não ser arbitrariamente privado de sua vida.
(B) Não ser submetido a tortura, nem a penas ou tratamentos cruéis, desumanos ou degradantes.
(C) Não ser obrigado a executar trabalhos forçados ou obrigatórios.
(D) Não ser preso apenas por não poder cumprir com uma obrigação contratual.
(E) Não ser obrigado a adotar uma religião ou crença que não de sua livre escolha.

Segue a redação do artigo 4º do Pacto Internacional sobre Direitos Civis e Políticos: ponto 1 – Quando situações excepcionais ameacem a existência da nação e sejam proclamadas oficialmente, os Estados-partes do presente Pacto podem adotar, na estrita medida exigida pela situação, medidas que suspendam as obrigações decorrentes do presente Pacto, desde que tais medidas não sejam incompatíveis com as demais obrigações que lhes sejam impostas pelo Direito Internacional e não acarretem discriminação alguma apenas por motivo de raça, cor, sexo, língua, religião ou origem social; ponto 2 – A disposição precedente não autoriza qualquer suspensão dos artigos 6º, 7º, 8º (§§ 1º e 2º), 11, 15, 16 e 18; ponto 3 – Os Estados-partes do presente pacto que fizerem uso do direito de suspensão devem comunicar imediatamente aos outros Estados-partes do Presente Pacto, por intermédio do Secretário-Geral das Nações Unidas, as disposições que tenham suspenso, bem como os motivos de tal suspensão. Os Estados-partes deverão fazer uma nova comunicação, igualmente por intermédio do Secretário-Geral da Organização das Nações Unidas, na data em que terminar tal suspensão".
Para bem compreender a redação do artigo 4º do Pacto, cabe descobrir quais direitos os artigos citados no ponto 2 se referem. **A:** incorreta. Art. 6º: direito à vida; **B:** incorreta. Art. 7º: ninguém poderá ser submetido a tortura, nem a penas ou tratamentos cruéis, desumanos ou degradantes; **C:** correta. Art. 8º, ponto 3, b: a proibição de executar trabalhos forçados ou obrigatórios não poderá ser interpretada no sentido de proibir, nos países em que certos crimes sejam punidos com prisão e trabalhos forçados, o cumprimento de uma penas de trabalhos forçados, imposta por um tribunal competente; **D:** incorreta. Art. 11: ninguém poderá ser preso apenas por não poder cumprir com uma obrigação contratual; **E:** incorreta. Art. 18, ponto 1: toda pessoa terá direito à liberdade de pensamento, de consciência e de religião. Esse direito implicará a liberdade de ter ou adotar uma religião ou uma crença de sua escolha e a liberdade de professar sua religião ou crença, individual ou coletivamente, tanto pública como privadamente, por meio do culto, da celebração de ritos, de práticas e do ensino.
Gabarito "C".

(Defensor Público/AC – 2012 – CESPE) O Pacto Internacional de Direitos Econômicos, Sociais e Culturais

(A) impõe a todos os Estados-partes a gratuidade da educação primária e secundária, mas não da educação universitária.
(B) reconhece implicitamente o direito à proteção contra a fome.
(C) estabelece prazo mínimo de seis meses de licença-maternidade para as mães trabalhadoras.
(D) ainda não foi ratificado pelo Brasil.
(E) contém disposições que concernem ao direito do trabalho.

O Pacto Internacional de Direitos Econômicos, Sociais e Culturais foi aprovado em 1966 pela Assembleia Geral das Nações Unidas, mas, devido à grande resistência que sofreu, somente adquiriu as ratificações necessárias para entrar em vigor no ano de 1976. Seu grande objetivo é expandir e tornar obrigatórios e vinculantes os direitos econômicos, sociais e culturais elencados na Declaração Universal dos Direitos Humanos. É um exemplo de *hard law*. O Pacto determinou uma aplicação progressiva de seus preceitos partindo de um *mínimo essencial*. Isso porque grande parte dos Estados não teria os meios materiais necessários para garantir a máxima efetivação dos direitos econômicos, sociais e culturais de suas populações. Essa progressividade na implementação dos direitos do Pacto criou, como consequência, o *princípio ou cláusula da proibição/vedação do retrocesso social ou da evolução reacionária*[18]. Isto é, os Estados somente podem avançar na implementação dos direitos do Pacto, e nunca recuar (leia-se eliminar direitos já garantidos ou diminuir a proteção conferida por eles)[19]. Num sentido amplo, essa vedação se estende aos novos tratados de direitos humanos, assim, não é possível a diminuição protetiva e a restrição para o gozo dos direitos humanos por meio da edição de um novo tratado. Fica nítido o caráter vinculativo do *princípio ou cláusula da proibição/vedação do retrocesso social ou da evolução reacionária*. No que tange à sistemática de controle sobre a aplicação das disposições do Pacto Internacional dos Direitos Econômicos, Sociais e Culturais, foi adotado apenas o envio de relatórios pelos Estados-partes. Tais relatórios devem ser enviados ao secretário-geral, que os encaminhará ao Conselho Econômico e Social. Para analisá-los e assim proceder ao controle de convencionalidade internacional, o Conselho Econômico e Social criou o Comitê sobre Direitos Econômicos, Sociais e Culturais.
A: incorreta. Segue a redação do artigo 13, ponto 2, do Pacto: "Os Estados-partes do Presente Pacto reconhecem que, com o objetivo de assegurar o pleno exercício desse direito: a) a educação primária deverá ser obrigatória e acessível gratuitamente a todos; b) a educação secundária em suas diferentes formas, inclusive a educação secundária técnica e profissional, deverá ser generalizada e tornar-se acessível a todos, por todos os meios apropriados e, principalmente, pela implementação progressiva do ensino gratuito; c) a educação de nível superior deverá igualmente tronar-se acessível a todos, com base na capacidade de cada um, por todos os meios apropriados e, principalmente, pela implementação progressiva do ensino gratuito; d) dever-se-á fomentar e intensificar, na medida do possível, a educação de base para aquelas que não receberam educação primária ou não concluíram o ciclo completo de educação primária; e) será preciso prosseguir ativamente o desenvolvimento de uma rede escolar em todos os níveis de ensino, implementar-se um sistema de bolsas estudo e melhorar continuamente as condições materiais do corpo docente"; **B:** incorreta, pois faz previsão expressa (art. 11, ponto 2, do Pacto); **C:** incorreta, pois o Pacto não estabelece um prazo mínimo. O art. 10, ponto 2, assim dispõe: "Deve-se conceder proteção às mães por um período de tempo razoável antes e depois do parto. Durante esse período, deve-se conceder às mães que trabalhem licença remunerada ou licença acompanhada de benefícios previdenciários adequados"; **D:** incorreta, pois já foi ratificado pelo Brasil. O decreto de promulgação é o 591 (6 de julho de 1992); **E:** correta. O direito do trabalho está disciplinado nos arts. 6º e 7º do Pacto.
Gabarito "E".

4. SISTEMA GLOBAL DE PROTEÇÃO ESPECÍFICA DOS DIREITOS HUMANOS

4.1. CONVENÇÃO CONTRA A TORTURA E OUTROS TRATAMENTOS OU PENAS CRUÉIS, DESUMANOS OU DEGRADANTES

(Delegado/MS – 2017 – FAPEMS) Na seara dos tratados e das convenções internacionais sobre direitos humanos incorporados pelo ordenamento jurídico brasileiro, destaca-se a Convenção Americana de Direitos Humanos. Também conhecida como Pacto de San José da Costa Rica, tal Convenção foi adotada em 22 de novembro de 1969, durante a Conferência Especializada Interamericana sobre Direitos Humanos. Sobre ela, é correto afirmar que

---

18. Ou ainda da vedação da contrarrevolução social nas palavras de José Gomes Canotilho (**Direito constitucional e teoria da Constituição**. 7. ed. Coimbra: Almedina, 2003). Outro termo utilizado para conceituar tal regra é *efeito cliquet*. Lembrando que *cliquet* é uma expressão utilizada por alpinistas e significa a impossibilidade de retroceder no percurso, ou seja, o alpinista deve continuar subindo e nunca descer.

19. Essa regra deve ser aplicada como garantia para a efetividade de todos os tipos de direitos humanos e não somente em relação aos direitos econômicos, sociais e culturais. Cabe aqui reproduzir o importante artigo 29 da Convenção Americana dos Direitos Humanos, que corrobora tal colocação: "Nenhuma disposição da presente Convenção pode ser interpretada no sentido de:

a) permitir a qualquer dos Estados-partes, grupo ou indivíduo, suprimir o gozo e o exercício dos direitos e liberdades reconhecidos na Convenção ou limitá-los em maior medida do que a nela prevista;

b) limitar o gozo e exercício de qualquer direito ou liberdade que possam ser reconhecidos em virtude de leis de qualquer dos Estados-partes ou em virtude de Convenções em que seja parte um dos referidos Estados;

c) excluir outros direitos e garantias que são inerentes ao ser humano ou que decorrem da forma democrática representativa de governo;

d) excluir ou limitar o efeito que possam produzir a Declaração Americana dos Direitos e Deveres do Homem e outros atos internacionais da mesma natureza".

No mesmo sentido é o conhecido voto em separado do juiz Piza Escalante, no Parecer Consultivo 04/84 da Corte Interamericana de Direitos Humanos, que defende a aplicação do princípio da proibição do retrocesso também para os direitos civis e políticos.

(A) em seu bojo, dentre os direitos protegidos, destaca a proteção à família, embora se omita sobre o direito da criança.
(B) no âmbito regional trata-se do documento mais importante do sistema interamericano, excluindo a subordinação ao sistema global de proteção dos direitos humanos.
(C) estabelece como competentes para conhecerem os assuntos relacionados com o cumprimento dos compromissos assumidos pelos Estados-Partes a Comissão Interamericana de Direitos Humanos e a Corte Interamericana de Direitos Humanos.
(D) embora assinada em 1969, foi ratificada pelo Brasil apenas em 1988, possivelmente em razão da resistência do regime militar em acolher os compromissos nela estipulados.
(E) reitera princípios consagrados na Carta da Organização dos Estados Americanos, na Declaração Americana dos Direitos e Deveres do Homem e no Estatuto de Roma.

A: incorreta, pois a Convenção trata dos direitos da criança no seu artigo 19; **B:** incorreta, pois não exclui a subordinação ao sistema global de proteção dos direitos humanos. Muito pelo contrário, os sistemas protetivos global, regional e nacional interagem e complementam-se para melhor proteger o indivíduo dos abusos perpetrados contra sua dignidade humana. Esse exercício foi denominado, por Erik Jaime,[20] de o *diálogo das fontes*,[21] ou seja, os diversos sistemas de proteção (fontes heterogêneas) são coordenados para garantir a maior tutela possível da dignidade da pessoa humana – dessa forma, o sistema com maiores possibilidades de garantir a proteção no caso específico será o eleito, podendo até haver uma aplicação conjunta dos sistemas, desde que apropriada. A Constituição brasileira traz previsão expressa da "cláusula de diálogo ou dialógica" no seu art. 4º, II; **C:** correta (art. 33 da Convenção); **D:** incorreta. Em 22.11.1969, na Conferência de San José da Costa Rica, foi adotada a Convenção Americana de Direitos Humanos[22] (também conhecida como Pacto de San José da Costa Rica), a qual só entrou em vigor internacional em 18.07.1978 (quando atingiu as 11 ratificações necessárias) e é o principal instrumento protetivo do sistema americano. No Brasil, a Convenção passou a ter vigência por meio do Decreto 678, de 06.11.1992; **E:** incorreta, pois o Estatuto de Roma foi adotado em 1988, ou seja, muito depois da adoção da Convenção Americana de Direitos Humanos. Gabarito "C".

(Delegado/MT – 2017 – CESPE) Considere as seguintes disposições.
I. Todo indivíduo tem direito à liberdade e à segurança pessoais.
II. As finalidades essenciais das penas privativas da liberdade incluem a compensação, a retribuição, a reforma e a readaptação social dos condenados.
III. Todas as pessoas têm o direito de associar-se livremente com fins ideológicos, religiosos, políticos, econômicos, trabalhistas, sociais, culturais e desportivos.
IV. É proibida a expulsão coletiva de estrangeiros.
Decorrem da Convenção Americana sobre Direitos Humanos (Pacto de São José e Decreto n. 678/1992) apenas as disposições contidas nos itens
(A) I e II.
(B) II e III.
(C) III e IV.
(D) I, II e IV.
(E) I, III e IV.

I: correta (art. 7º, ponto 1, da Convenção Americana); **II:** incorreta, pois segundo o art. 5º, ponto 6, da Convenção Americana, as penas privativas da liberdade devem ter por finalidade essencial a reforma e a readaptação social dos condenados. Isto é, a compensação e a retribuição não são finalidades essenciais das penas privativas de liberdade; **III:** correta (art. 16, ponto 1, da Convenção Americana); **IV:** correta (art. 22, ponto 9, da Convenção Americana). Gabarito "E".

(Promotor de Justiça – MPE/AM – FMP – 2015) Considere as seguintes assertivas em relação à proteção das pessoas com deficiência:
I. A Convenção Internacional dos Direitos das Pessoas com Deficiência é o primeiro Tratado Internacional de Direitos Humanos que foi incorporado ao ordenamento jurídico brasileiro com *status* e equiparação às normas constitucionais, nos termos do artigo 5º, § 3º, da Constituição Federal.
II. Em função da eficácia horizontal dos direitos fundamentais nas relações jurídico-privadas, não pode uma escola particular negar-se a matricular criança com deficiência sob o argumento da falta de estrutura e de pessoal qualificado.
III. A Convenção Internacional dos Direitos das Pessoas com Deficiência, segundo a jurisprudência do Supremo Tribunal Federal, tem *status* de supralegalidade.
IV. O controle jurisdicional de convencionalidade somente pode ser feito pelos Tribunais e não pelos juízes de primeiro grau.
V. A obrigação de o Poder Público promover medidas de acessibilidade em favor dos alunos com deficiência é uma norma constitucional de eficácia limitada e programática, dependendo da ampla margem de discricionariedade do gestor público.
Quais das assertivas acima estão corretas?
(A) Apenas a III e V.
(B) Apenas a III e IV.
(C) Apenas a I e IV.
(D) Apenas a I e V.
(E) Apenas a I e II.

I: correta. A Convenção e seu respectivo Protocolo Facultativo foram internalizados, no Brasil, em conformidade com o artigo 5º, § 3º, da Constituição (regime especial de incorporação), isto é, têm hierarquia constitucional tanto pelo aspecto formal quanto pelo material. Em outras palavras, possuem hierarquia de emenda constitucional; **II:** correta, pois os direitos humanos são oponíveis também entre os particulares, nas relações privadas, caracterizando a chamada eficácia horizontal dos direitos humanos (ver ADI 5357); **III:** incorreta. Reler o comentário sobre a assertiva "I"; **IV:** incorreta. Devido ao caráter subsidiário do sistema interamericano e a obrigação de esgotar os recursos efetivos do direito interno conforme o estabelecido na Convenção Americana e no Direito Internacional, fica evidente que os juízes e os tribunais ordinários sejam os primeiros a serem chamados para exercer o controle de convencionalidade (caso *Empregados Demitidos do Congresso* vs. Peru). No caso *Cabrera García e Montiel Flores* vs. *México*, a Corte ampliou o âmbito dos sujeitos responsáveis de exercer o controle de convencionalidade, pois definiu que não somente os funcionários de caráter jurisdicional como também os órgãos vinculados à Administração, em todos os níveis, devem exercê-lo; **V:** incorreta, pois se trata de norma de imediata aplicação. Gabarito "E".

(Promotor de Justiça – MPE/AM – FMP – 2015) Segundo a Convenção das Nações Unidas sobre os Direitos da Criança, é correto afirmar:
(A) Criança é a pessoa até 12 (doze) anos de idade incompletos, e adolescente aquela entre 12 (doze) completos e 18 (dezoito) anos de idade incompletos.
(B) Os Estados-Partes devem respeitar o direito da criança separada de um ou de ambos os pais de manter regularmente relações pessoais e contatos diretos com eles, salvo se tal mostrar-se contrário ao superior interesse da criança.
(C) Não há previsão de a criança e o adolescente serem ouvidos em processos judiciais, matéria regulada pelo Estatuto da Criança e do Adolescente.
(D) Os Estados-Partes reconhecem a importância da função exercida pelos órgãos de comunicação social e asseguram o acesso da criança e do adolescente à informação e aos documentos provenientes de fontes nacionais privadas, em especial aqueles que visam promover o bem-estar social e econômico.
(E) Os Estados-Partes se comprometem a apresentar ao Comitê dos Direitos da Criança, através da Secretaria Geral da ONU, relatórios sobre as medidas adotadas para dar efetividade aos direitos reconhecidos pela Convenção, sobre os progressos realizados nos dois anos subsequentes à data da sua entrada em vigor e, após a apresentação do primeiro relatório, deverão, de dez em dez anos, apresentar novos relatórios.

A: incorreta. "Para efeitos da presente Convenção considera-se como criança todo ser humano com menos de dezoito anos de idade, a não ser que, em conformidade com a lei aplicável à criança, a maioridade seja alcançada antes" (art. 1º da Convenção); **B:** correta (art. 9º, ponto 3, da Convenção); **C:** incorreta (art. 12, ponto 2, da Convenção); **D:** incorreta (art. 44 da Convenção). Gabarito "B".

(Defensor Público/TO – 2013 – CESPE) Assinale a opção correta acerca da Convenção contra a Tortura e Outros Tratamentos ou Penas Cruéis, Desumanos ou Degradantes.
(A) A referida convenção não pode funcionar como base legal para a extradição, quando permitida, de pessoa acusada de tortura.
(B) O Comitê contra a Tortura deve ser composto por pessoas de reputação ilibada indicadas pelos Estados-partes e aprovadas pelo secretário-geral da ONU.
(C) Essa convenção não estabelece garantias para o acusado da prática de tortura.
(D) O referido acordo internacional define a tortura como qualquer ato por meio do qual dores ou sofrimentos agudos, físicos ou mentais, são infligidos intencionalmente a uma pessoa a fim de castigá-la por ato que ela tenha cometido, mesmo que tais dores ou sofrimentos sejam consequência unicamente de sanções legítimas.

---

20. *Identité culturelle et integration: le droit international privé postmoderne.* Séries Recueil des Cours de l'Académie de Droit International de la Haye 251, 1995.
21. O citado diálogo também é previsto expressamente no art. 29, *b*, da Convenção Americana de Direitos Humanos.
22. É de suma importância sublinhar que a Convenção Americana de Direitos Humanos é autoaplicável. Tal definição provém do Parecer Consultivo 7/1986 da Corte Interamericana de Direitos Humanos. Assim, uma vez internalizada, estará apta a irradiar seus efeitos diretamente na ordem interna do país-parte, isto é, não necessitará de lei que regulamente sua incidência nos países que aderirem a seus mandamentos.

(E) Quando o Estado-parte reconhecer a competência do Comitê contra a Tortura para receber e processar petições individuais, devem ser sempre consideradas inadmissíveis as petições apócrifas.

A: incorreta. O art. 6º, ponto 1, da Convenção assim dispõe: "Todo Estado-parte em cujo território se encontre uma pessoa suspeita de ter cometido qualquer dos crimes mencionados no artigo 4º, se considerar, após o exame das informações de que dispõe, que as circunstâncias o justificam, procederá à detenção de tal pessoa ou tomará outras medidas legais para assegurar sua presença. A detenção e outras medidas legais serão tomadas de acordo com a lei do Estado, mas vigorarão apenas pelo tempo necessário ao início do processo penal ou de extradição". Assim, a Convenção contra a Tortura e outros Tratamentos ou Penas Cruéis, Desumanos ou Degradantes estabeleceu jurisdição compulsória e universal para julgar os acusados de tortura. A compulsoriedade determina que os Estados-partes devem punir os torturadores, independentemente do local onde o crime foi cometido e da nacionalidade do torturador. A universalidade determina que os Estados-partes processem ou extraditem o suspeito da prática de tortura, independentemente da existência de tratado prévio de extradição; **B:** incorreta, pois não é necessária a aprovação pelo secretário-geral da ONU (art. 17, ponto 1, da Convenção); **C:** incorreta, pois qualquer pessoa processada por prática de tortura receberá garantias de tratamento justo em todas as fases do processo (art. 7º, ponto 3, da Convenção); **D:** incorreta. Sobre a Convenção, cabe esclarecer, com base em seu artigo 1º, que a tortura é crime próprio, pois as dores ou os sofrimentos são infligidos por um funcionário público ou outra pessoa no exercício de funções públicas, ou por sua instigação, ou com seu consentimento ou aquiescência. É importante também notar que a definição dada pela Convenção não restringe qualquer instrumento internacional ou legislação nacional que contenham ou possam conter dispositivos de alcance mais amplo – artigo 1º, *in fine*, da Convenção. Ademais, a Convenção define o termo tortura como *qualquer ato pelo qual dores ou sofrimentos agudos, físicos ou mentais, são infligidos intencionalmente a uma pessoa a fim de obter, dela ou de terceira pessoa, informações ou confissões; de castigá-la por ato que ela ou terceira pessoa tenha cometido ou seja suspeita de ter cometido; de intimidar ou coagir essa pessoa ou outras pessoas; ou por qualquer motivo baseado em discriminação de qualquer natureza*. Pelo conceito, percebe-se que a finalidade é determinante para caracterização da tortura[23]; **E:** correta. Para monitorar o cumprimento pelos Estados-partes das obrigações constantes na Convenção e assim exercer o controle de convencionalidade internacional, foi criado o Comitê contra a Tortura, responsável por receber as petições individuais e as comunicações interestatais, os relatórios confeccionados pelos Estados-partes e as comunicações interestatais. O Estado-parte tem de declarar expressamente que aceita a competência do Comitê para receber as comunicações interestatais e as petições individuais (artigos 21, ponto I, e 22, ponto I, da Convenção), mas cabe enfatizar que sempre serão consideradas inadmissíveis as petições apócrifas (22, ponto 2, da Convenção). Ademais, o Comitê contra a Tortura poderá instaurar investigação, desde que tenha informações que levantem fortes indícios de que certo país está incorrendo em prática sistemática de tortura (artigo 20, ponto I, da Convenção).

Gabarito "E".

(Defensor Público/SP – 2012 – FCC) A respeito dos requisitos de admissibilidade para a apresentação de comunicações individuais perante o Comitê contra a Tortura das Nações Unidas, a teor do que dispõe a Convenção contra a Tortura e Outros Tratamentos ou Penas Cruéis, Desumanos ou Degradantes, considere as afirmações abaixo.

I. As comunicações individuais somente podem ser processadas caso o Estado tenha ratificado o Protocolo Facultativo à Convenção contra a Tortura e Outros Tratamentos ou Penas Cruéis, Desumanos ou Degradantes.

II. As denúncias devem ser, preferencialmente, feitas pela própria vítima ou por seu representante, admitindo-se denúncias anônimas caso haja fundada suspeita da veracidade dos fatos narrados ou necessidade de proteger a vítima de tortura.

III. A denúncia não será processada caso a mesma questão esteja sendo examinada perante outra instância internacional de investigação ou solução.

---

23. O crime de tortura está assim disciplinado pela legislação nacional (Lei nº 9.455/97):

"Art. 1º Constitui crime de tortura:

I – constranger alguém com emprego de violência ou grave ameaça, causando-lhe sofrimento físico ou mental:

a) com o fim de obter informação, declaração ou confissão da vítima ou de terceira pessoa;

b) para provocar ação ou omissão de natureza criminosa;

c) em razão de discriminação racial ou religiosa.

II – submeter alguém, sob sua guarda, poder ou autoridade, com emprego de violência ou grave ameaça, a intenso sofrimento físico ou mental, como forma de aplicar castigo pessoal ou medida de caráter preventivo.

Pena – reclusão, de dois a oito anos.

§ 1º Na mesma pena incorre quem submete pessoa presa ou sujeita a medida de segurança a sofrimento físico ou mental, por intermédio da prática de ato não previsto em lei ou não resultante de medida legal.

§ 2º Aquele que se omite em face dessas condutas, quando tinha o dever de evitá-las ou apurá-las, incorre na pena de detenção de um a quatro anos (...)".

IV. É necessário que tenham sido esgotados todos os recursos jurídicos internos disponíveis, salvo se tal medida se prolongar injustificadamente, ou quando não for provável que a aplicação de tais recursos venha a melhorar realmente a situação da vítima de tortura.

Está correto APENAS o que se afirma em

(A) I e III.
(B) II e III.
(C) III e IV.
(D) I, II e IV.
(E) I, III e IV.

I: incorreta. Para monitorar o cumprimento pelos Estados-partes das obrigações constantes na Convenção e assim exercer o controle de convencionalidade internacional, foi criado o Comitê contra a Tortura, responsável por receber as petições individuais, os relatórios confeccionados pelos Estados-partes e as comunicações interestatais (tudo definido pela própria Convenção e não pelo seu Protocolo Facultativo). O Estado-parte tem de declarar expressamente que aceita a competência do Comitê para receber as comunicações interestatais e as petições individuais (artigos 21, ponto I, e 22, ponto I, da Convenção). Ademais, o Comitê contra a Tortura poderá instaurar investigação, desde que tenha informações que levantem fortes indícios de que certo país está incorrendo em prática sistemática de tortura (artigo 20, ponto I, da Convenção); **II:** incorreta. As petições apócrifas sempre serão consideradas inadmissíveis (art. 22, ponto 2, da Convenção); **III:** correta, pois uma das condições para que uma denúncia seja analisada em foro internacional é que não exista litispendência internacional; **IV:** correta, pois se trata de outra condição para que uma denúncia seja analisada em foro internacional, ou seja, é necessário que tenham sido esgotados todos os recursos jurídicos internos disponíveis. Mas sempre com a ressalva de que a regra não será aplicada quando o indivíduo for privado de seu direito de ação pela jurisdição doméstica ou lhe forem ceifadas as garantias do devido processo legal e, ainda, se os processos internos forem excessivamente demorados.

Gabarito "C".

(Defensor Público/SP – 2012 – FCC) A respeito do Mecanismo Preventivo Nacional, estabelecido pelo Protocolo Facultativo da Convenção contra a Tortura e Outros Tratamentos ou Penas Cruéis, Desumanos ou Degradantes é correto afirmar que

(A) pode receber e processar denúncias individuais de ocorrência de tortura, para o fim de responsabilizar os respectivos violadores.
(B) é criado, em cada país, por ato do Comitê contra a Tortura das Nações Unidas.
(C) suas atividades de fiscalização devem ficar sujeitas à autorização prévia para ingressar em centros de privação de liberdade.
(D) deve contar com, ao menos, sete representantes independentes.
(E) todos os recursos necessários para seu funcionamento devem ser colocados à disposição pelo Estado-parte.

A: incorreta. O art. 19 do Protocolo Facultativo assim dispõe: "Os mecanismos preventivos nacionais deverão ser revestidos no mínimo de competências para: a) Examinar regularmente o tratamento de pessoas privadas de sua liberdade, em centro de detenção conforme a definição do Artigo 4, com vistas a fortalecer, se necessário, sua proteção contra a tortura e outros tratamentos ou penas cruéis, desumanos ou degradantes; b) Fazer recomendações às autoridades relevantes com o objetivo de melhorar o tratamento e as condições das pessoas privadas de liberdade e o de prevenir a tortura e outros tratamentos ou penas cruéis, desumanos ou degradantes, levando-se em consideração as normas relevantes das Nações Unidas; c) Submeter propostas e observações a respeito da legislação existente ou em projeto"; **B:** incorreta. É criado por ato do próprio país (art. 17 do Protocolo facultativo); **C:** incorreta. O art. 20, *c*, do Protocolo Facultativo é direto ao definir que o Mecanismo Preventivo Nacional terá acesso a todos os centros de detenção, suas instalações e equipamentos; **D:** incorreta, pois todos os representantes devem ser independentes (art. 18, ponto 1, do Protocolo Facultativo); **E:** correta, pois a assertiva está em consonância com o disposto no art. 18, ponto 3, do Protocolo Facultativo.

Gabarito "E".

4.2. CONVENÇÃO SOBRE A ELIMINAÇÃO DE TODAS AS FORMAS DE DISCRIMINAÇÃO RACIAL

(Defensor Público/SE – 2012 – CESPE) De acordo com as disposições da Convenção Internacional sobre a Eliminação de Todas as Formas de Discriminação Racial,

(A) as disposições da referida convenção não implicam em restrição alguma às disposições legais dos Estados-partes sobre nacionalidade, cidadania e naturalização.
(B) os elementos relevantes para a caracterização da discriminação racial se restringem à raça, à cor e à origem étnica.
(C) a origem nacional, por si só, não é elemento relevante para a caracterização da discriminação racial.
(D) considera-se discriminatória a medida especial que, destinada a assegurar a proteção de grupos raciais, institua qualquer espécie de segregação jurídica permanente.

(E) a restrição ou a anulação de liberdades fundamentais é irrelevante para a caracterização da discriminação racial.

A Convenção Internacional sobre a Eliminação de Todas as Formas de Discriminação Racial, adotada pela ONU por meio da Resolução 2.106 (XX) da Assembleia Geral em 21 de dezembro de 1965 e promulgada no Brasil em 8 de dezembro de 1969 pelo Decreto nº 65.810, tem por fundamento a consciência de que a discriminação entre as pessoas por motivo de raça, cor ou origem étnica é um obstáculo às relações amistosas e pacíficas entre as nações e é capaz de perturbar a paz e a segurança entre os povos e a harmonia de pessoas vivendo lado a lado, até dentro de um mesmo Estado. Os Estados-partes, atualmente 175, têm a obrigação de implementar políticas públicas que assegurem efetivamente a progressiva eliminação da discriminação racial. Percebe-se que o ideal de igualdade não vai ser atingido somente por meio de políticas repressivas que proíbam a discriminação – é necessária uma comunhão da proibição da discriminação (igualdade formal) com políticas promocionais temporárias (igualdade material). Aliás, o artigo 1º, ponto 4, da Convenção dispõe que as ações afirmativas não serão consideradas como discriminação racial. Tal dualidade de ação faz-se necessária, pois a parcela populacional vítima de discriminação racial coincide com a parcela socialmente vulnerável. Para monitorar o cumprimento pelos Estados-partes das obrigações constantes na Convenção, foi criado o Comitê sobre a Eliminação da Discriminação Racial, responsável por receber as petições individuais, os relatórios confeccionados pelos Estados-partes e as comunicações interestatais.
A: incorreta, pois o art. 1º, ponto 3, da Convenção assim dispõe: "Nada nesta Convenção poderá ser interpretado como afetando as disposições legais dos Estados-partes, relativas à nacionalidade, cidadania e naturalização, desde que tais disposições não discriminem contra qualquer nacionalidade particular"; **B:** incorreta. O art. 1º assim dispõe: "Para os fins da presente Convenção, a expressão "discriminação racial" significará toda distinção, exclusão, restrição ou preferência baseada em raça, cor, descendência ou origem nacional ou étnica que tenha por objeto ou resultado anular ou restringir o reconhecimento, gozo ou exercício em um mesmo plano (em igualdade de condição) de direitos humanos e liberdades fundamentais nos campos político, econômico, social, cultural ou em qualquer outro campo da vida pública'; **C:** incorreta. Reler o comentário sobre a assertiva anterior; **D:** correta, pois o conteúdo da assertiva está em harmonia com o art. 3º da Convenção Internacional sobre a Eliminação de Todas as Formas de Discriminação Racial; **E:** incorreta. Reler o comentário sobre a assertiva "B".

Gabarito "D".

4.3. CONVENÇÃO SOBRE OS DIREITOS DA CRIANÇA

(Defensor Público/SE – 2012 – CESPE) Considerando o que dispõe a Convenção sobre os Direitos da Criança, assinale a opção correta.

(A) A liberdade de associação não é prevista no texto do acordo em apreço.
(B) Toda criança deve ser sempre pessoalmente ouvida em processo judicial que lhe diga respeito.
(C) Considera-se criança, em regra, o ser humano com menos de dezoito anos.
(D) A toda criança é garantido o direito a um nome, embora não haja menção a registro de nascimento.
(E) A guarda compartilhada de criança filha de pais separados não encontra respaldo na referida convenção.

A Convenção sobre os Direitos da Criança, adotada pela ONU por meio da Resolução 44/25 da Assembleia Geral em 20 de novembro de 1989 e promulgada no Brasil em 21 de novembro de 1990 pelo Decreto nº 99.710, tem por fundamento a consciência de que a criança, em virtude de sua falta de maturidade física e mental, necessita de proteção e cuidados especiais, inclusive a devida proteção legal, tanto antes quanto após seu nascimento. É importante apontar que a Convenção, no artigo 1º, determina que criança é todo ser humano com menos de 18 anos de idade, a não ser que, em conformidade com a lei aplicável à criança, a maioridade seja alcançada antes. Os Estados-partes, atualmente 193 (Convenção com o maior número de Estados-partes), têm a obrigação de proteger a criança contra todas as formas de discriminação e garantir-lhe a assistência apropriada em diversas áreas. Para monitorar o cumprimento pelos Estados-partes das obrigações constantes na Convenção, foi criado o Comitê sobre os Direitos da Criança, responsável por receber os relatórios confeccionados pelos Estados-partes.
A: incorreta, pois está prevista no art. 15, ponto 1, da Convenção; **B:** incorreta, pois a redação do art. 12, ponto 2, da Convenção é a seguinte: "Com tal propósito, se proporcionará à criança, em particular, a oportunidade de ser ouvida em todo processo judicial ou administrativo que afete a mesma, quer diretamente quer por intermédio de um representante ou órgão apropriado, em conformidade com as regras processuais da legislação nacional"; **C:** correta, pois está em conformidade com o que dispõe o art. 1º da Convenção sobre os Direitos da Criança; **D:** incorreta. O art. 7º, ponto 1, da Convenção assim estatui: "A criança será registrada imediatamente após seu nascimento e terá direito, desde o momento em que nasce, a um nome, a uma nacionalidade e, na medida do possível, a conhecer seus pais e a ser cuidada por eles"; **E:** incorreta. O art. 9º, ponto 3, da Convenção assim estatui: "Os Estados-partes respeitarão o direito da criança que esteja separada de um ou de ambos os pais de manter regularmente relações pessoais e contato direto com ambos, a menos que isso seja contrário ao interesse maior da criança".

Gabarito "C".

4.3.1 DECLARAÇÃO UNIVERSAL SOBRE OS DIREITOS DA CRIANÇA

(Promotor de Justiça/PI – 2014 – CESPE) Com referência à Declaração Universal sobre os Direitos da Criança de 1959 (DUDC), assinale a opção correta.

(A) Embora incorporada ao direito brasileiro à época de sua elaboração, a DUDC foi parcialmente derrogada com o advento do ECA.
(B) Eventuais emendas à DUDC promovidas em âmbito internacional gerarão efeitos no direito interno brasileiro somente após nova apreciação do Congresso Nacional.
(C) Dada sua natureza jurídica, a DUDC não teve de ser incorporada ao ordenamento jurídico brasileiro.
(D) A DUDC foi incorporada ao ordenamento jurídico brasileiro como tratado internacional de direitos humanos, tendo sido aprovada nas duas casas do Congresso Nacional, em dois turnos, por maioria dos votos dos respectivos membros.
(E) A aplicação da DUDC, cujo caráter é de *jus cogens*, é obrigatória, independentemente de retificação pelos Estados.

Como já pontuado em questões anteriores quando comentamos sobre a natureza jurídica da Declaração Universal dos Direitos Humanos, não se pode comparar Declaração com tratado internacional formal, isso porque os tratados possuem requisitos para adquirirem vigência, como, por exemplo, devem passar pelo procedimento de incorporação em cada Estado-parte. O que não ocorreu com a Declaração Universal sobre os Direitos da Criança, que foi "simplesmente" adotada pela Assembleia Geral da ONU no dia 20.11.1959.

Gabarito "C".

4.4. CONVENÇÃO SOBRE A ELIMINAÇÃO DE TODAS AS FORMAS DE DISCRIMINAÇÃO CONTRA A MULHER

(Defensoria/DF – 2013 – CESPE) Julgue os itens seguintes, relacionados à Convenção Internacional sobre a Eliminação de todas as Formas de Discriminação contra a Mulher e a responsabilidade internacional do Estado.

(1) Os atos de órgãos do Estado contrários ao direito internacional implicam responsabilidade internacional, mesmo se forem baseados no seu direito interno.
(2) Nessa convenção, é prevista a possibilidade de adoção, pelos Estados-partes, de medidas especiais de caráter temporário destinadas a acelerar a igualdade de fato entre o homem e a mulher; tais medidas não serão consideradas discriminatórias e deverão cessar quando os objetivos de igualdade de oportunidade e tratamento houverem sido alcançados.

1: certo. O Estado que violar o direito internacional será responsabilizado internacionalmente. Deve-se apontar que a indicação do direito interno como fundamento para determinado ato (que violou o direito internacional) não valerá de nada. Sem contar que o artigo 2º da Convenção Americana sobre Direitos Humanos cuida do dever que os Estados têm de adotar disposições de direito interno: "(…) os Estados-partes comprometem-se a adotar, de acordo com as suas normas constitucionais e com as disposições desta Convenção, as medidas legislativas ou de outra natureza que forem necessárias para tornar efetivos tais direitos e liberdades". Essa regra foi prevista expressamente na Convenção Americana, mas pode ser considerada uma regra do direito internacional dos direitos humanos, que diz respeito à necessidade de tornar, de fato, efetivas as disposições previstas nas convenções internacionais que os Estados voluntariamente se comprometeram; **2:** certo. Os Estados-partes têm a obrigação de progressivamente eliminar a discriminação e promover a igualdade de gênero. Além de proibirem a discriminação, podem adotar medidas promocionais temporárias para acelerar o processo de obtenção do ideal de igualdade de gênero. E tal como dito na assertiva, tais medidas não serão consideradas discriminatórias (artigo 4º, ponto 1, da Convenção).

Gabarito 1C, 2C.

4.5. CONVENÇÃO SOBRE OS DIREITOS DAS PESSOAS COM DEFICIÊNCIA

(Defensoria/SP – 2013 – FCC) Os dois primeiros tratados sobre direitos humanos aprovados de acordo com o rito especial do artigo 5º, § 3º, da Constituição, introduzido pela Emenda Constitucional 45/2004, foram:

(A) O Protocolo Facultativo à Convenção contra a Tortura e Outros Tratamentos ou Penas Cruéis, Desumanos ou Degradantes, e a Convenção Interamericana para Prevenir, Punir e Erradicar a Violência Contra a Mulher ("Convenção de Belém do Pará").
(B) A Convenção sobre os Direitos das Pessoas com Deficiência e o Protocolo Facultativo à Convenção sobre os Direitos das Pessoas com Deficiência.
(C) O Protocolo Facultativo ao Pacto Internacional dos Direitos Econômicos, Sociais e Culturais, e o Protocolo Relativo ao Estatuto dos Refugiados.
(D) A Convenção Interamericana para Prevenir e Punir a Tortura, e o Protocolo Facultativo à Convenção Internacional para a Eliminação de Todas as Formas de Discriminação contra a Mulher.

(E) O Protocolo Facultativo ao Pacto Internacional de Direitos Civis e Políticos, e o Segundo Protocolo Facultativo ao Pacto Internacional de Direitos Civis e Políticos.

Os dois primeiros tratados que foram aprovados de acordo com o rito especial do artigo 5º, § 3º, da CF, são aqueles dispostos na assertiva "B". Isto é, têm hierarquia constitucional tanto pelo aspecto formal quanto pelo material. Em outras palavras, possuem hierarquia de emenda constitucional.
Gabarito "B".

4.6. CONVENÇÃO SOBRE A PROTEÇÃO DOS DIREITOS DE TODOS OS TRABALHADORES MIGRANTES E DOS MEMBROS DE SUAS FAMÍLIAS

(Defensor Público/RO – 2012 – CESPE) A Convenção Internacional sobre a Proteção dos Direitos de Todos os Trabalhadores Migrantes e dos Membros das suas Famílias

(A) não se aplica aos estrangeiros que se instalem, na qualidade de investidores, em um Estado-parte.
(B) não faz qualquer distinção entre os trabalhadores migrantes documentados e os não documentados.
(C) não admite restrição alguma à saída do trabalhador estrangeiro do Estado-parte para o qual migrou.
(D) dispõe que apenas as autoridades públicas do Estado-parte podem, na forma da legislação nacional, apreender e destruir documentos de identidade, inclusive passaporte, documentos de autorização de entrada, permanência, residência ou de estabelecimento no território nacional, ou, ainda, documentos relativos à autorização de trabalho, devendo, em qualquer caso, emitir recibo da apreensão ou certidão da destruição do documento.
(E) protege todos os migrantes, inclusive os estudantes estagiários, que exerçam alguma atividade remunerada sob a orientação, direção ou supervisão de outrem.

A Convenção adotada pela ONU, por meio da resolução 45/158 da Assembleia Geral, em 18 de dezembro de 1990 e não ratificada pelo Brasil, tem por fundamento a importância e a extensão do fenômeno da migração, que envolve milhares de pessoas e afeta um grande número de Estados na comunidade internacional, como também o efeito das migrações de trabalhadores nos Estados e nas populações interessadas. Tem por objetivo estabelecer normas que possam contribuir para a harmonização das condutas dos Estados mediante a aceitação de princípios fundamentais relativos ao tratamento dos trabalhadores migrantes e dos membros das suas famílias, pessoas que frequentemente se encontram em situação de vulnerabilidade. É importante apontar que a Convenção, no seu art. 2º, determina que trabalhador migrante é a pessoa que vai exercer, exerce ou exerceu uma atividade remunerada num Estado de que não é nacional. O tema, de certo modo, já tinha sido abordado no seio da Organização Internacional do Trabalho (OIT). A Convenção 97/1949 da OIT (ratificada pelo Brasil em 18 de junho de 1965) tratou de forma geral sobre os trabalhadores migrantes e a Convenção 143/1975 da OIT (não ratificada pelo Brasil) tratou das migrações em condições abusivas e da promoção da igualdade de oportunidades e de tratamento para os trabalhadores migrantes. No seio da ONU, antes dessa Convenção o tema aparecia algumas vezes em resoluções do Conselho Econômico e Social e da Assembleia Geral, como também dentro de relatórios. Mas, agora, os Estados-partes, atualmente 45, têm a obrigação de fixar parâmetros protetivos mínimos em benefício dos trabalhadores migrantes e de seus familiares. Ou seja, o Estado tem que arquitetar políticas públicas que possibilitem a efetiva proteção dos trabalhadores migrantes e de suas famílias em seu território, para, assim, garantir que esses exerçam seus direitos em igualdade de condições com os demais trabalhadores. É importante frisar o art. 82 da Convenção, porque impede a renúncia, por parte do trabalhador, dos seus direitos de trabalhador migrante e dos seus familiares. A Convenção regula também a situação específica dos trabalhadores migrantes que se encontrem em situação irregular, isto é, sem a devida documentação. Tais trabalhadores são geralmente as maiores vítimas das violações de direitos humanos. Nestes casos, o Estado-parte, além de fixar parâmetros protetivos mínimos, deverá combater (prevenir) o tráfico de trabalhadores migrantes. E para monitorar o cumprimento, pelos estados-partes, das obrigações constantes na Convenção e assim exercer o controle de convencionalidade internacional, foi criado o Comitê para a proteção dos Direitos de Todos os Trabalhadores Migrantes e dos membros das suas Famílias. Esse será responsável para receber os relatórios confeccionados pelos Estados-partes. As petições individuais e as comunicações interestatais são possíveis como mecanismos de controle e fiscalização, mediante a declaração do Estado-parte que reconhece a competência do Comitê para recebê-las.
A: correta, pois em consonância com a redação do artigo 3º, c, da Convenção; B: incorreta. A parte IV da Convenção cuida apenas dos direitos dos trabalhadores migrantes e dos membros das suas famílias que se encontrem documentados ou em situação regular. Ou seja, os trabalhadores migrantes e os membros das suas famílias que se encontram documentados ou em situação regular no Estado de emprego gozam dos direitos enunciados na parte IV da Convenção, para além dos direitos previstos na parte III; C: incorreta. O art. 8º, ponto 1, da Convenção assim dispõe: "Os trabalhadores migrantes e os membros das suas famílias podem sair livremente de qualquer Estado, incluindo o seu Estado de origem. Este direito só pode ser objeto de restrições que, sendo previstas na lei, constituam disposições necessárias para proteger a segurança nacional, a ordem pública, a saúde ou moral públicas, ou os direitos e liberdades de outrem, e se mostrem compatíveis com os outros direitos reconhecidos na presente parte da Convenção"; D: incorreta. O art. 21 da Convenção assim dispõe: "Ninguém, exceto os funcionários públicos devidamente autorizados por lei para este efeito, tem o direito de apreender, destruir ou tentar destruir documentos de identidade, documentos de autorização de entrada, permanência, residência ou de estabelecimento no território nacional, ou documentos relativos à autorização de trabalho. Se for autorizada a apreensão e perda desses documentos, será emitido um recibo pormenorizado. Em caso algum é permitido destruir o passaporte ou documento equivalente de um trabalhador migrante ou de um membro da sua família; E: incorreta, pois a Convenção não se aplica aos estudantes e estagiários (art. 3º, e, da Convenção).
Gabarito "A".

4.7. REGRAS MÍNIMAS DAS NAÇÕES UNIDAS PARA O TRATAMENTO DE PRESOS

(Delegado/SP – 2014 – VUNESP) Assinale a alternativa que está expressamente de acordo com as Regras Mínimas das Nações Unidas para o Tratamento dos Presos.

(A) Os presos doentes que necessitem de tratamento especializado deverão ter toda a assistência médica, psicológica, psiquiátrica ou odontológica adequada dentro do próprio estabelecimento prisional, que deverá adequar suas instalações para esse fim.
(B) Cada estabelecimento prisional terá uma biblioteca para o uso de todas as categorias de presos, devidamente provida com livros de recreio e de instrução, e os presos serão estimulados a utilizá-la.
(C) Serão absolutamente proibidos, como punições por faltas disciplinares, os castigos corporais, a detenção em cela escura, e todas as penas cruéis, desumanas ou degradantes, a menos que um médico possa declarar que o preso tenha condições de suportá-la.
(D) O preso que não trabalhar ao ar livre deverá ter, pelo menos, quatro horas por dia para fazer exercícios físicos apropriados ao ar livre, sem prejuízo do horário de banhos de sol.
(E) Será exigido que todos os presos mantenham-se limpos; para este fim, todos os presos deverão adquirir e trazer consigo seus próprios artigos de higiene necessários à sua saúde e limpeza.

A: incorreta. O artigo 22, ponto 2, das Regras Mínimas das Nações Unidas para o Tratamento dos Presos assim dispõe: "Os reclusos doentes que necessitem de cuidados especializados deverão ser transferidos para estabelecimentos especializados ou para hospitais civis. Caso o estabelecimento penitenciário disponha de instalações hospitalares, estas deverão ter o equipamento, o material e os produtos farmacêuticos adequados para o cuidado e tratamento médico dos reclusos doentes; o pessoal deverá ter uma formação profissional apropriada"; **B:** correta (artigo 40 das Regras Mínimas das Nações Unidas para o Tratamento dos Presos); **C:** incorreta, porque não existe a possibilidade de um médico ratificar a aplicação de tais medidas (artigo 31 das Regras Mínimas das Nações Unidas para o Tratamento dos Presos); **D:** incorreta. "Todos os reclusos que não efetuem trabalho no exterior deverão ter pelo menos uma hora diária de exercício adequado ao ar livre quando as condições climatéricas o permitam" (artigo 21, ponto 1, das Regras Mínimas das Nações Unidas para o Tratamento dos Presos); **E:** incorreta. "Deverá ser exigido a todos os reclusos que se mantenham limpos e, para este fim, ser-lhes-ão fornecidos água e os artigos de higiene necessários à saúde e limpeza" (artigo 15 das Regras Mínimas das Nações Unidas para o Tratamento dos Presos).
Gabarito "B".

4.8. PROTOCOLO CONTRA O CRIME ORGANIZADO TRANSNACIONAL RELATIVO À PREVENÇÃO, REPRESSÃO E PUNIÇÃO DO TRÁFICO DE PESSOAS, EM ESPECIAL MULHERES E CRIANÇAS

(Delegado/SP – 2014 – VUNESP) Assinale a alternativa que está de acordo com o contido no Protocolo das Nações Unidas contra o Crime Organizado Transnacional Relativo à Prevenção, Repressão e Punição do Tráfico de Pessoas, em Especial Mulheres e Crianças.

(A) As controvérsias entre dois Estados, com respeito à aplicação do Protocolo, não resolvidas por negociação, serão submetidas ao Tribunal Penal Internacional.
(B) Um dos objetivos do Protocolo é prevenir e combater o tráfico de pessoas, em especial de mulheres e crianças, fornecendo-lhes asilo político.
(C) Cada Estado assegurará que o seu sistema jurídico ofereça às vítimas de tráfico de pessoas a possibilidade de obterem indenização pelos danos sofridos.
(D) Para efeitos do Protocolo, o termo "criança" significa qualquer pessoa com idade inferior a vinte e um anos.
(E) Cada Estado terá em consideração a aplicação de medidas que permitam a recuperação física, psicológica e social das vítimas de tráfico de pessoas, incluindo, se for o caso, o fornecimento de um salário mínimo mensal de ajuda de custo.

A: incorreta, porque as controvérsias não resolvidas por negociação serão submetidas à arbitragem (artigo 15, ponto 2, do referido Protocolo); **B:** incorreta, pois não existe previsão, no Protocolo, de concessão de asilo político. Segundo o artigo 2º do Protocolo, os objetivos são: a) prevenir e combater o tráfico de pessoas, prestando uma atenção especial às mulheres e às crianças; b) Proteger e ajudar as vítimas desse tráfico, respeitando plenamente os seus direitos humanos; e c) Promover a cooperação entre os Estados-Partes de forma a atingir esses objetivos; **C**: correta. O artigo 6º, ponto 2, do referido Protocolo assim dispõe: "Cada Estado-Parte assegurará que o seu sistema jurídico ou administrativo contenha medidas que forneçam às vítimas de tráfico de pessoas, quando necessário: a) informação sobre procedimentos judiciais e administrativos aplicáveis; b) assistência para permitir que as suas opiniões e preocupações sejam apresentadas e tomadas em conta em fases adequadas do processo penal instaurado contra os autores das infrações, sem prejuízo dos direitos da defesa". A possibilidade de obter indenização pelos danos sofridos está englobada nos direitos de defesa; **D**: incorreta. O termo "criança" significa qualquer pessoa com idade inferior a dezoito anos (artigo 3º, *d*, do Protocolo; **E**: incorreta. "Cada Estado-Parte terá em consideração a aplicação de medidas que permitam a recuperação física, psicológica e social das vítimas de tráfico de pessoas, incluindo, se for caso disso, em cooperação com organizações não governamentais, outras organizações competentes e outros elementos de sociedade civil e, em especial, o fornecimento de: a) alojamento adequado; b) aconselhamento e informação, especialmente quanto aos direitos que a lei lhes reconhece, numa língua que compreendam; c) assistência médica, psicológica e material; e d) oportunidades de emprego, educação e formação (artigo 6º, ponto 3, do Protocolo.

Gabarito "C".

4.9. COMBINADAS DO SISTEMA GLOBAL DE PROTEÇÃO ESPECÍFICA DOS DIREITOS HUMANOS

(Advogado União – AGU – CESPE – 2015) Com relação ao sistema interamericano de proteção dos direitos humanos, julgue os seguintes itens.
(1) Sem prejuízo do direito de os Estados-partes da Convenção Americana sobre Direitos Humanos submeterem-se voluntariamente à Corte Interamericana de Direitos Humanos, nos termos da cláusula facultativa de jurisdição obrigatória constante do Pacto de San José da Costa Rica, o referido tribunal internacional tem a faculdade, inerente às suas atribuições, de determinar o alcance de sua própria competência — compétence de la compétence.
(2) As sentenças prolatadas pela Corte Interamericana de Direitos Humanos podem, após homologação pelo STJ, ser regularmente executadas em território brasileiro.
(3) A Comissão Interamericana de Direitos Humanos — órgão autônomo da Organização dos Estados Americanos encarregado de promover e proteger os direitos humanos no continente americano — detém, juntamente com os Estados-partes do Pacto de San José da Costa Rica, competência exclusiva para a propositura de ações perante a Corte Interamericana de Direitos Humanos.

1: correta. No seu voto concorrente na Opinião Consultiva 15/1997 da Corte Interamericana, o juiz brasileiro Antônio Augusto Cançado Trindade ponderou que um tribunal internacional não pode *ex officio* emitir uma opinião consultiva, pois isso equivaleria a transformá-lo, *ultra vires*, em um legislador internacional. Sem embargo, um tribunal como a Corte Interamericana, uma vez consultado por um Estado ou órgão internacional, assume jurisdição internacional sobre o assunto e pode e deve determinar *ex officio* se emitirá ou não a opinião consultiva solicitada, embora a solicitação tenha sido retirada. O tribunal internacional tem a *Kompetenz-Kompetenz* (*compétence de la compétence*), cujo exercício corresponde a um juízo de discricionariedade (conhecido como *judicial propriety*) inteiramente distinto da questão de competência original para emitir a opinião consultiva. Nesse sentido, na OC 15/97, a Corte manteve corretamente sua jurisdição e determinou o alcance de sua competência, apesar de o pedido ter sido retirado; da mesma forma, o caso em consideração manteve seu caráter jurídico e importância prática para todos os Estados-partes da Convenção e dos dois órgãos de supervisão da Convenção, apesar de o pedido ter sido retirado. Consequentemente, a retirada do pedido não produziu efeitos jurídicos, e a Corte, com toda propriedade e tendo por base o art. 63 de seu regulamento, entendeu que tinha a faculdade e o dever de pronunciar-se sobre a matéria submetida a seu conhecimento, no exercício da função consultiva que lhe foi atribuída pelo art. 64 da Convenção Americana. Portanto, como todo órgão com funções jurisdicionais, a Corte tem o poder inerente a suas atribuições para determinar o alcance de sua própria competência (*compétence de la compétence*). Para fazer esta determinação, a Corte deve ter em consideração que os instrumentos de reconhecimento da cláusula facultativa de jurisdição obrigatória (art. 62, ponto 1, da Convenção) pressupõem a admissão, pelos Estados que a apresentam, do direito da Corte a resolver qualquer controvérsia relativa à sua jurisdição (Caso Acevedo Buendía e Outros Vs. Peru, 2009).; **2**: incorreta. O cumprimento da sentença da Corte se dá geralmente de maneira voluntária pelos Estados. Caso isso não ocorra, por exemplo, no Brasil, o cumprimento se dará mediante execução da sentença, como título executivo judicial, perante a Justiça Federal, consoante disposto no art. 109, I, da CF. Mas deve-se saber que os Estados-partes da Convenção se comprometem a cumprir a decisão da Corte em todo caso em que forem parte (art. 68 da Convenção Americana de Direitos Humanos). E para afastar qualquer dúvida possível, cabe esclarecer que a sentença internacional, aquela prolatada por Corte Internacional (como a Corte Interamericana), não precisa de homologação para ser executada no Brasil (são autoexecutáveis). Já a sentença estrangeira, expedida por autoridade de outro país, exige homologação para poder ser executada no Brasil; **3**: Correta (art. 61, ponto 1, da Convenção Americana sobre Direitos Humanos).

Gabarito: 1C, 2E, 3C.

(Procurador da República –28º Concurso – 2015 – MPF) Assinale a alternativa correta
(A) O Pacto Internacional de Direitos Civis e Políticos não prevê, expressamente, a proibição por lei de qualquer apologia do ódio nacional, racial ou religioso que constitua incitamento à discriminação, à hostilidade ou à violência.
(B) A Convenção da ONU sobre os Direitos das Pessoas com Deficiência determina que os Estados-Partes reconheçam o direito das pessoas com deficiência à educação. Para efetivar esse direito sem discriminação e com base na igualdade de oportunidades, os Estados Partes assegurarão sistema educacional inclusivo em todos os níveis.
(C) A Convenção da ONU sobre os Direitos da Criança exige que somente maiores de 18 anos possam participar de conflitos armados e desde que obedecidas as regras do Direito Internacional Humanitário.
(D) A Convenção da ONU contra a Tortura e outros Tratamentos ou Penas Cruéis, Desumanos ou Degradantes admite que, em casos excepcionais, a prova obtida como resultado de tortura possa ser usada contra o indivíduo torturado.

A: incorreta, pois o pacto prevê sim no seu art. 20, ponto 2; **B**: correta (art. 24 da Convenção da ONU sobre os Direitos das Pessoas com Deficiência); **C**: incorreta. A previsão correta está no art. 38 da Convenção da ONU sobre os Direitos da Criança; **D**: incorreta. "Cada Estado-Parte assegurará que nenhuma declaração que se demonstre ter sido prestada como resultado de tortura possa ser invocada como prova em qualquer processo, salvo contra uma pessoa acusada de tortura como prova de que a declaração foi prestada" (art. 15 da Convenção da ONU contra a Tortura e outros Tratamentos ou Penas Cruéis, Desumanos ou Degradantes.

Gabarito "B".

(Defensor/PA – 2015 – FMP) Sobre a evolução do reconhecimento de direitos ao grupo vulnerável constituído por pessoas lésbicas, gays, bissexuais, transexuais, travestis e transgêneros (LGBT), é CORRETO afirmar que:
(A) considerando o âmbito dos sistemas global e regional de proteção aos direitos humanos de que o Brasil é parte, ainda não existe qualquer espécie de instrumento que contemple especificamente princípios sobre a aplicação da legislação internacional de direitos humanos em relação à orientação sexual e identidade de gênero.
(B) o Supremo Tribunal Federal brasileiro reconhece como válida e com os efeitos de entidade familiar a união estável entre pessoas do mesmo sexo, diante do que os cartórios do Brasil não poderão recusar a celebração de casamentos civis de casais do mesmo sexo, ou deixar de converter em casamento união estável homoafetiva.
(C) no caso Atala Riffo y ninas versus Chile, a Corte Interamericana de Direitos Humanos, declarou que, na ponderação entre direitos dos guardiões e das crianças, a orientação sexual é fator determinante para avaliação do direito à guarda, considerando que a exposição à discriminação afeta o crescimento e o desenvolvimento emocional das crianças filhas de casais homossexuais.
(D) ainda não é possível a apresentação de reclamações individuais perante o sistema de proteção aos direitos humanos da ONU sobre violações a direitos humanos desse grupo, havendo, no entanto, tratativas em andamento junto ao Comitê de Direitos Humanos, vinculado ao Pacto Internacional dos Direitos Civis e Políticos.
(E) segundo a jurisprudência dominante, o reconhecimento do princípio constitucional da igualdade impede a expedição de documentos oficiais às pessoas transexuais contemplando prenome que esteja em desacordo com seu sexo biológico.

A: incorreta. Os Princípios de Yogyakarta cuidam exatamente da aplicação da legislação internacional de direitos humanos em relação à orientação sexual e a identidade de gênero; **B**: correta. Os ministros do Supremo Tribunal Federal (STF), ao julgarem a Ação Direta de Inconstitucionalidade (ADI) 4277 e a Arguição de Descumprimento de Preceito Fundamental (ADPF) 132, reconheceram a união estável para casais do mesmo sexo. E a Resolução 175, de 14.05.2013, aprovada durante a 169ª Sessão Plenária do Conselho Nacional de Justiça (CNJ), define que os cartórios de todo o Brasil não poderão recusar a celebração de casamentos civis de casais do mesmo sexo ou deixar de converter em casamento a união estável homoafetiva. Cabe destacar que caso algum cartório não cumpra a Resolução do CNJ, o casal interessado poderá levar o caso ao conhecimento do juiz corregedor competente para que ele determine o cumprimento da medida. Além disso, poderá ser aberto processo administrativo contra a autoridade que se negar a celebrar ou converter a união estável homoafetiva em casamento; **C**: incorreta. O caso em questão trata da remoção da custódia que a senhora Karen Atala tinha de suas filhas e a transferência dos cuidados pessoais ao pai em razão da orientação sexual de Karen e pelo fato de ela ter um relacionamento com uma pessoa do mesmo sexo. Mediante a aplicação do teste de proporcionalidade, a Corte vislumbrou que a finalidade da medida (afastar as filhas do convívio da mãe) era legítima porque estava ancorada na proteção do interesse superior da criança (legítima em abstrato). Porém, a Corte apontou que não existia uma relação razoável (adequada ou proporcional) entre o fim perseguido e meio empregado para alcançá-lo (a medida não passou pela segunda etapa do teste de igualdade). A Corte assim se pronunciou: uma determinação a partir de presunções infundadas e estereotipadas sobre a capacidade e idoneidade parental de poder garantir e promover o bem-estar e desenvolvimento da criança não é adequada para

garantir o fim legítimo de proteger o interesse superior da criança[24]. Nesse caso a medida não passou pelo crivo da segunda etapa do teste de igualdade, mesmo que a Corte o tenha aplicado de forma implícita. Em outras palavras, não houve relação de proporcionalidade entre os meios empregados e o fim legítimo a ser buscado, logo, a discriminação não foi justificada; **D:** incorreta, pois a informação não procede; **E:** incorreta. A visão apresentada na assertiva está totalmente ultrapassada. Para esclarecer, entende-se como identidade de gênero a profundamente sentida experiência interna e individual do gênero de cada pessoa, que pode ou não corresponder ao sexo atribuído no nascimento, incluindo o senso pessoal do corpo (que pode envolver, por livre escolha, modificação da aparência ou função corporal por meios médicos, cirúrgicos ou outros) e outras expressões de gênero, inclusive vestimenta, modo de falar e maneirismos (Princípios de Yogyakarta). Ou seja, o princípio da igualdade não impede, mas sim garante a expedição de documentos oficiais às pessoas transexuais no caso apresentado.
Gabarito "B".

(Defensoria/SP – 2013 – FCC) A respeito dos Comitês de monitoramento, órgãos criados por tratados internacionais de direitos humanos do sistema da ONU, é correto afirmar:
(A) O Brasil ainda não reconheceu a competência do Comitê para a Eliminação de Todas as Formas de Discriminação Racial para receber e analisar denúncias de indivíduos ou grupo de indivíduos contra as violações de direitos elencados na Convenção sobre a Eliminação de Todas as Formas de Discriminação Racial, conforme previsto na Declaração Facultativa do artigo 14 da mesma Convenção.
(B) O Brasil adotou o Protocolo Facultativo à Convenção para a Eliminação de Todas as Formas de Discriminação contra a Mulher, que estabelece a competência do Subcomitê de Prevenção de Violência contra a Mulher, consistente na realização de trabalho educativo e preventivo com vários instrumentos ao seu dispor, como, por exemplo, o recebimento de denúncias sobre a matéria e a elaboração de recomendações.
(C) Os Comitês são órgãos colegiados integrados por especialistas independentes que podem, de acordo com o previsto em cada tratado, ter a competência de examinar relatórios dos Estados e da sociedade civil organizada sobre a situação dos direitos protegidos, emitir recomendações, efetuar a revisão periódica universal, analisar petições de vítimas de violações de direitos humanos contra os Estados, assim como elaborar comentários ou observações gerais acerca da interpretação dos direitos protegidos.
(D) O Brasil ratificou o Terceiro Protocolo Facultativo à Convenção sobre os Direitos da Criança, que admite a análise do Comitê sobre os Direitos da Criança de petições individuais de violações de direitos protegidos nesta Convenção contra os Estados-Partes, inclusive o próprio Brasil, restando a promulgação do Decreto Executivo para incorporação no plano doméstico.
(E) O Brasil aderiu ao Protocolo Facultativo à Convenção sobre os Direitos das Pessoas com Deficiência, que confere ao seu Comitê a autoridade de considerar inadmissível a comunicação quando os fatos que a motivaram tenham ocorrido antes da entrada em vigor do presente Protocolo para o Estado-Parte em apreço, salvo se tais fatos continuaram ocorrendo após aquela data.

A: incorreta, pois o Brasil reconheceu a competência do Comitê no dia 17.07.2002; **B:** incorreta, pois o protocolo não instituiu o tal subcomitê; **C:** incorreta. A assertiva traz algumas das competências que normalmente os comitês exercem dentro do universo criado por um tratado de direitos humanos. A importância dos tais comitês é muito grande, porque são eles que fiscalizam se os Estados-partes estão respeitando e buscando efetivar as regras previstas nas convenções. Todavia, a questão apontou que é uma competência dos comitês examinar os relatórios preparados pelos Estados e pela sociedade civil, o que é um erro, pois esse tipo de relatório é preparado apenas pelos Estados-partes. É a forma de o Estado prestar contas e assim municiar o comitê com informações sobre a efetivação dos direitos previstos nos tratados; **D:** incorreta. A Convenção sobre os Direitos das Crianças é complementada por dois Protocolos Facultativos. O primeiro cuida do envolvimento de crianças em conflitos armados, ao passo que o segundo trata da venda de crianças, prostituição infantil e pornografia infantil. O Brasil ratificou esses dois protocolos (vide Decretos 5.006 e 5.007, ambos de 2004); **E:** correta. A Convenção sobre os Direitos das Pessoas com Deficiência e seu respectivo Protocolo Facultativo foram internalizados, no Brasil, em conformidade com o artigo 5°, § 3°, da Constituição, isto é, têm hierarquia constitucional tanto pelo aspecto formal quanto pelo material. E sempre a competência do Comitê só abrange os fatos ocorridos após sua instituição, com exceção, por exemplo, dos crimes permanentes que continuam a surtir efeito no tempo.
Gabarito "E".

(Defensor Público/AM – 2013 – FCC) Segundo dispõe o artigo 4° da Lei Complementar Federal n° 80, de 12 de janeiro de 1994, é função institucional da Defensoria Pública representar aos sistemas internacionais de proteção dos direitos humanos, postulando perante seus órgãos. No caso das Nações Unidas, cada convenção sobre direitos humanos estabelece a existência de um comitê encarregado de monitorar os progressos realizados na implementação dos direitos trazidos pelo respectivo tratado e,

em alguns casos, receber e considerar comunicações apresentadas por indivíduos ou grupos de indivíduos que aleguem ser vítimas de violação dos direitos estabelecidos na Convenção, ou em nome desses indivíduos ou grupos de indivíduos. Em relação a isso, o único dos órgãos que ainda NÃO possui atribuição de conhecer tais comunicações é o
(A) Comitê para os Direitos da Criança.
(B) Comitê sobre a Eliminação da Discriminação contra a Mulher.
(C) Comitê de Direitos Humanos.
(D) Comitê contra a Tortura.
(E) Comitê para a Eliminação da Discriminação Racial.

A: correta, pois o único dos órgãos listados nas assertivas que ainda não tem competência para receber comunicações é o Comitê para os Direitos da Criança. Esse Comitê só tem responsabilidade para receber os relatórios confeccionados pelos Estados-partes da Convenção sobre os Direitos da Criança; **B:** incorreta. Para monitorar o cumprimento pelos Estados-partes das obrigações constantes na Convenção sobre a Eliminação de Todas as Formas de Discriminação contra a Mulher, foi criado o Comitê sobre a Eliminação da Discriminação contra a Mulher, responsável por receber os relatórios confeccionados pelos Estados-partes. As petições individuais e a possibilidade de realizar investigações *in loco* só foram possibilitadas, como mecanismos de controle e fiscalização (controle de convencionalidade internacional), com a adoção do Protocolo Facultativo à Convenção Internacional sobre a Eliminação de Todas as Formas de Discriminação contra a Mulher; **C:** incorreta. Conforme determina o artigo 40 do Pacto Internacional dos Direitos Civis e Políticos, os Estados que aderirem ao Pacto se comprometem a *submeter relatórios* sobre as medidas por eles adotadas para tornar efetivos os direitos reconhecidos no citado Pacto e sobre o progresso alcançado no gozo desses direitos. O Pacto apresenta também um sistema, opcional, de *comunicações interestatais* ou *actio popularis*, por meio do qual um Estado-parte pode denunciar outro que incorrer em violações dos direitos humanos. Mas, para a denúncia ter validade, os dois Estados, denunciante e denunciado, devem ter expressamente declarado aceitar a competência do Comitê de Direitos Humanos para processar tais denúncias. O Comitê de Direitos Humanos, conforme determina o artigo 28 do Pacto, é o órgão criado com o objetivo de controlar a aplicação, pelos Estados-partes, das disposições desse instrumento. Essa fiscalização é denominada controle de convencionalidade internacional; **D:** incorreta. Para monitorar o cumprimento pelos Estados-partes das obrigações constantes na Convenção contra a Tortura e outros Tratamentos ou Penas Cruéis, Desumanos ou Degradantes e assim exercer o controle de convencionalidade internacional, foi criado o Comitê contra a Tortura, responsável por receber as petições individuais, os relatórios confeccionados pelos Estados-partes e as comunicações interestatais. O Estado-parte tem de declarar expressamente que aceita a competência do Comitê para receber as comunicações interestatais e as petições individuais (artigos 21, ponto I, e 22, ponto I, da Convenção). Ademais, o Comitê contra a Tortura poderá instaurar investigação, desde que tenha informações que levantem fortes indícios de que certo país está incorrendo em prática sistemática de tortura (artigo 20, ponto I, da Convenção); **E:** incorreta. Para monitorar o cumprimento pelos Estados-partes das obrigações constantes na Convenção sobre a Eliminação de Todas as Formas de Discriminação Racial, foi criado o Comitê sobre a Eliminação da Discriminação Racial, responsável por receber as petições individuais, os relatórios confeccionados pelos Estados-partes e as comunicações interestatais.
Gabarito "A".

(Defensor Público/SP – 2012 – FCC) Dos tratados internacionais abaixo, qual o Brasil ainda NÃO ratificou?
(A) Convenção sobre a Proteção dos Direitos de todos os Trabalhadores Migrantes e de suas Famílias.
(B) Convenção sobre os Direitos da Criança.
(C) Protocolo Facultativo da Convenção contra a Tortura e Outros Tratamentos ou Penas Cruéis, Desumanos ou Degradantes.
(D) Convenção sobre a Eliminação de Todas as Formas de Discriminação contra a Mulher.
(E) Protocolo Facultativo à Convenção sobre os Direitos da Pessoa com Deficiência.

Dos tratados listados nas assertivas, o Brasil apenas não ratificou a Convenção sobre a Proteção dos Direitos de todos os Trabalhadores Migrantes e de suas Famílias.
Gabarito "A".

4.10. TRIBUNAL PENAL INTERNACIONAL

(Delegado/SP – 2014 – VUNESP) Segundo o Estatuto de Roma, a competência do Tribunal Penal Internacional restringir-se-á aos crimes mais graves, que afetam a comunidade internacional no seu conjunto.
Nos termos do referido Estatuto, portanto, o Tribunal terá competência para julgar, entre outros, os seguintes crimes:
(A) hediondos e crimes de terrorismo.
(B) de guerra e crimes de tráfico ilícito de entorpecentes e drogas afins.
(C) infanticídio e crimes contra a humanidade.
(D) de agressão e crimes contra a ordem constitucional e o Estado Democrático.
(E) genocídio e crimes de guerra

Com a criação do TPI, tem-se um tribunal permanente para julgar **indivíduos** acusados da prática de crimes de genocídio, de crimes de guerra, de crimes de agressão e de crimes contra a humanidade.
Gabarito "E".

---
24. Corte IDH. *Caso Atala Riffo vs. Chile.* Item 108 da decisão.

5. SISTEMA REGIONAL DE PROTEÇÃO DOS DIREITOS HUMANOS

5.1. SISTEMA INTERAMERICANO

(Defensor Público – DPE/PR – 2017 – FCC) Acerca do Sistema Interamericano de Direitos Humanos, é correto afirmar:

(A) É possível ao Estado-membro suspender todas as garantias previstas na Convenção Americana de Direitos Humanos em caso de guerra, perigo público ou outra emergência que ameace a independência ou segurança do Estado.
(B) São considerados trabalhos forçados os trabalhos ou serviços exigidos normalmente de pessoa reclusa em cumprimento de sentença ou resolução formal expedida pela autoridade judiciária competente, ainda que executados exclusivamente sob a vigilância e controle das autoridades públicas.
(C) Ao reconhecer o direito à vida, a Convenção Americana de Direitos Humanos não aboliu a pena de morte. Houve imposição, contudo, de algumas limitações, a exemplo da previsão de pena de morte para delitos políticos apenas quando atentarem contra a nação.
(D) Em similitude com o Sistema Global de Direitos Humanos, a Organização dos Estados Americanos prevê os direitos civis e políticos e os direitos sociais, econômicos e culturais em diplomas internacionais distintos.
(E) Verificada grave violação de direitos humanos pelo Brasil e inexistindo solução satisfatória da questão pelos poderes constituídos, o Defensor Público poderá provocar a Corte Interamericana de Direitos Humanos, que poderá declarar a responsabilidade internacional do Estado-parte e condená-lo na obrigação de pagar indenização às vítimas.

A: incorreta, pois conforme o art. 27, ponto 2, da Convenção, a possibilidade de suspensão não compreende tais direitos: art. 3º (Direito ao reconhecimento da personalidade jurídica); art. 4º (Direito à vida); art. 5º (Direito à integridade pessoal); art. 6º (Proibição da escravidão e servidão); art. 9º (Princípio da legalidade e da retroatividade); art. 12 (Liberdade de consciência e de religião); art. 17 (Proteção da família); art. 18 (Direito ao nome); art. 19 (Direitos da criança); art. 20 (Direito à nacionalidade) e art. 23 (Direitos políticos), nem das garantias indispensáveis para a proteção de tais direitos; **B:** incorreta, pois nesse caso não são considerados como trabalho forçado (art. 6º, ponto 3, *a*, da Convenção; **C:** incorreta. O art. 4º, ponto 2, da Convenção assim dispõe: "Nos países que não houverem abolido a pena de morte, esta só poderá ser imposta pelos delitos mais graves, em cumprimento de sentença final de tribunal competente e em conformidade com lei que estabeleça tal pena, promulgada antes de haver o delito sido cometido. Tampouco se estenderá sua aplicação a delitos aos quais não se aplique atualmente". E seu ponto 4 assim: "Em nenhum caso pode a pena de morte ser aplicada por delitos políticos, nem por delitos comuns conexos com delitos políticos"; **D:** correta, enquanto a Convenção Americana (Pacto de São José da Costa Rica) disciplina os direitos civis e políticos, o Protocolo de San Salvador define os econômicos, sociais e culturais; **E:** incorreta, pois a Corte Interamericana só pode ser acionada pelos Estados-partes ou pela Comissão Interamericana de Direitos Humanos (art. 61 da Convenção).
Gabarito "D".

(Juiz – TRF 2ª Região – 2017) No que diz respeito à força legal da Convenção Americana sobre Direitos Humanos, assinale a opção correta:

(A) Por consistir em Tratado de Direitos Humanos firmado antes de 1988, mas promulgado internamente pelo Brasil somente em 1992, o Tratado em questão atrai a incidência do § 2º do artigo 5º da Constituição, razão pela qual as normas protetivas nele previstas ostentam caráter supralegal.
(B) Em se tratando de Tratado de Direitos Humanos firmado após a vigência da Constituição de 1988, mas promulgado internamente pelo Brasil somente em 2007, o Tratado em questão atrai a incidência do § 3º do artigo 5º da Constituição, razão pela qual as normas protetivas nele previstas ostentam caráter constitucional.
(C) Por consistir em Tratado de Direitos Humanos firmado antes da vigência da Constituição de 1988, mas promulgado internamente pelo Brasil somente em 1992, o Tratado em questão atrai a incidência do § 3º do artigo 5º da Constituição, razão pela qual as normas protetivas nele previstas ostentam caráter supralegal.
(D) Por se tratar de Tratado de Direitos Humanos firmado após a vigência da Constituição de 1988, mas promulgado internamente pelo Brasil somente em 2007, o Tratado em questão atrai a incidência do § 2º do artigo 5º da Constituição, razão pela qual as normas protetivas nele previstas ostentam caráter constitucional.
(E) Sendo um Tratado de Direitos Humanos firmado antes da vigência da Constituição de 1988, mas promulgado internamente pelo Brasil somente em 1992, o Tratado em questão atrai a incidência do § 3º do artigo 5º da Constituição, razão pela qual as normas protetivas nele previstas ostentam caráter constitucionalizado.

As normas protetivas previstas na Convenção Americana sobre Direitos Humanos possuem caráter supralegal, pois todo tratado de direitos humanos que for internalizado sem observar o procedimento especial estabelecido no art. 5º, § 3º, da CF, tem *status* de norma supralegal (RE 466.343-SP).
Gabarito "A".

(Juiz de Direito – TJM/SP – VUNESP – 2016) A Convenção Americana de Direitos Humanos (Pacto de San Jose da Costa Rica) reproduz a maior parte das declarações de direitos constantes do Pacto Internacional de Direitos Civis e Políticos de 1966. Contudo, existem novidades importantes, entre as quais se destaca o direito

(A) à propriedade privada cujo uso e gozo podem estar subordinados ao interesse social.
(B) de toda criança adquirir uma nacionalidade.
(C) das minorias étnicas, religiosas ou linguísticas a ter sua própria vida cultural, de professar e praticar sua religião e usar sua língua.
(D) à realização de greve, de acordo com condições preestabelecidas.
(E) das mulheres à licença-maternidade.

Em comparação com o Pacto Internacional de Direitos Civis e Políticos, uma grande novidade trazida pela Convenção Americana foi a possibilidade de subordinar o direito à propriedade privada ao interesse social (art. 21, ponto 1, da Convenção Americana de Direitos Humanos).
Gabarito "A".

(Defensor Público –DPE/MT – 2016 – UFMT) Sobre a eficácia na proteção dos direitos reconhecidos na Convenção Americana de Direitos Humanos por instituições públicas no Brasil, assinale a afirmativa correta.

(A) O Brasil deve cumprir, de forma voluntária, as decisões da Corte Interamericana de Direitos Humanos.
(B) Atualmente, graves violações a direitos humanos, assim caracterizados pela Convenção, deverão ser julgadas na Justiça Federal.
(C) A federalização dos crimes graves contra direitos humanos refere-se à obrigatoriedade do Estado em criar mecanismos legais e administrativos para que tais sejam julgados pelo Superior Tribunal de Justiça.
(D) Quando houver conflito de competência quanto a direitos que possam envolver caso grave de violação a direitos humanos, caberá ao Supremo Tribunal Federal dirimi-lo.
(E) Os Estados Federados no Brasil também se obrigam às disposições da Convenção, podendo ser interpelados na Corte Interamericana de Direitos Humanos, por qualquer violação.

A: correta. O cumprimento da sentença da Corte se dá geralmente de maneira voluntária pelos Estados. Caso isso não ocorra, por exemplo, no Brasil, o cumprimento se dará mediante execução da sentença, como título executivo judicial, perante a justiça federal, consoante disposto no artigo 109, I, da CF. Mas deve-se saber que os Estados-partes da Convenção se comprometem a cumprir a decisão da Corte em todo caso em que forem parte (artigo 68 da Convenção Americana de Direitos Humanos). Estado levante óbices jurídicos para viabilizar a execução da sentença em conformidade com o processo interno vigente, estará incorrendo em violação adicional da Convenção Americana (art. 2º), por não adotar providências no sentido de adequar o seu direito interno às obrigações internacionalmente assumidas; **B, C e D:** incorretas. Nas hipóteses de grave violação de direitos humanos, o Procurador-Geral da República, com a finalidade de assegurar o cumprimento de obrigações decorrentes de tratados internacionais de direitos humanos dos quais o Brasil seja parte, poderá suscitar, perante o Superior Tribunal de Justiça, em qualquer fase do inquérito ou processo, incidente de deslocamento de competência para a Justiça Federal (art. 109, § 5º, da CF); **E:** incorreta. Sobre a responsabilização de Estado, é importante dizer que o artigo 28 da Convenção Americana de Direitos Humanos estabelece a cláusula federal ou princípio da unidade do Estado. Sempre é o governo central que responderá perante a comunidade internacional, pois é o representante do Estado como um todo, o único detentor de personalidade jurídica internacional. Tome de exemplo a Federação de Estados ou Estado Federal, que é a união permanente de dois ou mais estados, dos quais cada um conserva apenas a autonomia interna, pois a soberania externa é exercida por um órgão central, normalmente denominado *governo federal*. O Brasil é Estado Federal desde a Constituição de 1891. Cabe sublinhar que a divisão de autonomias em relação às competências internas não interfere na responsabilização internacional. Dito de outra maneira, "no plano internacional o Estado é reconhecido como um sujeito único e indivisível e o princípio da unidade do Estado estabelece que os atos ou omissões dos órgãos do Estado devem ser reconhecidos como atos ou omissões desse Estado em sua totalidade"[25].
Gabarito "A".

(Defensor Público –DPE/MT – 2016 – UFMT) Sobre jurisdição e responsabilidade internacional, no que se refere à proteção dos Direitos Humanos, assinale a afirmativa correta.

(A) Os Estados que aderiram à Convenção Americana de Direitos Humanos submetem-se a sua jurisdição, excluindo-se, assim, aquela prevista na Carta da Organização dos Estados Americanos, quando da violação de direitos humanos.
(B) Hoje, para que um Estado possa aderir à Organização dos Estados Americanos, deve ser membro da Convenção Americana de Direitos Humanos.

---
25. Convención Americana sobre Derechos Humanos – Comentario: STEINER, Christian e URIBE, Patricia (Editores). Konrad Adenauer Stiftung. Bolívia: Plural editores, 2014. P.15.

(C) A Comissão Interamericana de Direitos Humanos foi criada pela Convenção Americana de Direitos Humanos, com a função exclusiva de receber denúncias de violação a direitos humanos nos Estados-membros da Convenção.

(D) A Convenção Americana de Direitos Humanos prevê um sistema de responsabilização por violação aos direitos nela reconhecidos; os Estados que a ela aderirem, seguindo o procedimento de adoção de tratado internacional, externa e internamente, exercem jurisdição subsidiária no que se refere à proteção desses direitos.

(E) A Comissão Interamericana de Direitos Humanos exerce dupla função na proteção de direitos humanos: uma no âmbito da própria Organização dos Estados Americanos e outra dentro do sistema da Convenção Americana de Direitos Humanos.

A: incorreta. A competência contenciosa da Corte Interamericana de Direitos Humanos só será exercida em relação aos Estados-partes da Convenção que expressem e inequivocamente tenham aceitado essa competência da Corte (artigo 62 da Convenção Americana de Direitos Humanos). O Brasil reconheceu a competência obrigatória da Corte em 8 de novembro 2002 (Decreto 4.463). O reconhecimento foi feito por prazo indeterminado, mas abrange fatos ocorridos após 10 de dezembro de 1998; **B:** incorreta, pois não existe a citada obrigação; **C:** incorreta, pois possui outras funções (art. 41 da Convenção Americana de Direitos Humanos); **D:** incorreta. O sistema de responsabilização criado pela Convenção Americana de Direitos Humanos pode analisar as violações aos direitos previstos na Convenção Americana de Direitos Humanos, como também no Protocolo de San Salvador (somente em relação aos artigos 8°, ponto 1, alínea a, e 13), na Convenção Interamericana para Prevenir e Punir a Tortura (conforme o que dispõe o artigo 8°) e na Convenção Interamericana sobre o Desaparecimento Forçado de Pessoas (conforme o que dispõe o artigo 13). No tocante à Convenção Americana de Direitos Humanos, cabe apontar que a Corte tem competência para analisar não somente os direitos por ela disciplinados, mas também as normas que regulam o processo (competência ampla); **E:** correta. A Comissão representa todos os membros da Organização dos Estados Americanos (artigo 35 da Convenção Americana de Direitos Humanos e art. 1° do Estatuto da Comissão Interamericana de Direitos Humanos) ao mesmo tempo que exerce função dentro do sistema de controle criado pela Convenção Americana de Direitos Humanos. Suas atribuições em relação aos Estados membros da OEA estão disciplinadas no art. 18 do Estatuto da Comissão Interamericana de Direitos Humanos, já suas atribuições em relação aos Estados-partes da Convenção Americana estão disciplinadas no art. 19 do Estatuto da Comissão Interamericana de Direitos Humanos.

Gabarito "E".

5.1.1. CONVENÇÃO AMERICANA DE DIREITOS HUMANOS OU PACTO DE SÃO JOSÉ DA COSTA RICA

(Defensor Público –DPE/MT – 2016 – UFMT) Sobre os efeitos no Brasil das disposições da Convenção Americana de Direitos Humanos – o Pacto de São José da Costa Rica, de 1969, assinale a afirmativa correta.

(A) Os direitos essenciais do homem não derivam do fato de ser ele nacional de determinado Estado, mas sim do fato de ter como fundamento os atributos da pessoa humana, porém a jurisdição da Corte Interamericana de Direitos Humanos recai apenas sobre nacional do Estado signatário.

(B) Ao assinar a Convenção, o Brasil se comprometeu a adotar todas as medidas necessárias à aplicação de suas disposições, obtendo prerrogativa supralegal para aplicação imediata de medidas que possam ser, de acordo com o ordenamento jurídico interno prévio, de competência exclusiva dos Estados federados.

(C) A Convenção impõe que o Estado deva adotar não somente medidas legislativas, mas quaisquer outras que se mostrem necessárias e adequadas à consecução de seus objetivos, mesmo que de natureza administrativa.

(D) A Convenção representa a consolidação de um constitucionalismo regional na América, vide o número de Estados que a assinaram, somente permitindo recuo na proteção dos direitos nela dispostos na observância da Lei Maior de cada país.

(E) No que se refere à cooperação a que se obriga o Estado signatário, este deve adotar procedimentos internos de implementação do Pacto e, quando solicitado, entregar pessoas à Corte Interamericana de Direitos Humanos.

A: incorreta, pois a jurisdição da Corte Interamericana recai sobre o Estado signatário e não sobre os nacionais desse Estado; **B:** incorreta, pois não existiu essa chamada "prerrogativa supralegal"; **C:** correta (art. 2° da Convenção Americana de Direitos Humanos); **D:** incorreta, pois não é permitido diminuir a proteção dos direitos humanos estabelecido pela Convenção; **E:** incorreta. O Estado não deve entregar pessoas à Corte porque é ele mesmo que responde perante a Corte. É interessante apontar a peculiaridade dos tratados internacionais de direitos humanos, pois, diferentemente dos tradicionais, que visam compor os interesses dos Estados, aqueles buscam garantir o exercício de direitos por indivíduos.

Gabarito "C".

(Defensoria Pública da União – CESPE – 2015) Manuel, deficiente mental que não se encontrava em situação que indicasse risco de morte ao ser internado em hospital psiquiátrico privado que opera no âmbito do SUS, faleceu quatro dias após a internação. A família de Manuel, sob a alegação de que sua morte decorrera de maus tratos por ele recebidos no hospital, incluindo-se a administração forçada de medicação, e de que esses maus tratos se deveram ao fato de ele ser negro e pobre, deseja representar contra o Brasil tanto perante a justiça brasileira quanto perante órgãos internacionais de controle.

Com base no disposto na Convenção Interamericana de Direitos Humanos e na Convenção sobre os Direitos das Pessoas com Deficiência, julgue os itens subsequentes, relativos à situação hipotética acima apresentada.

(1) Nesse caso, a responsabilidade do Estado é objetiva, inclusive perante órgãos internacionais de controle, já que a internação de Manuel ocorreu no âmbito do SUS.

(2) Nessa situação, dada a condição mental do paciente, não era necessária sua autorização para a administração da medicação.

1: certo. A teoria adotada para tratar da responsabilidade civil da Administração é a do risco administrativo. Dessa forma, quando existir dano, conduta e nexo de causalidade entre ambos (conforme descrito na presente questão), e desde que não exista nenhuma das causas de exclusão da responsabilidade, o Estado deverá ser responsabilizado. E isso inclui os órgãos internacionais de controle caso a justiça brasileira não solucione efetivamente o caso e outros fatores sejam respeitados (art. 46 da Convenção Americana de Direitos Humanos); **2:** errado, pois os responsáveis legais devem autorizar a administração de medicação.

Gabarito 1C, 2E.

(Juiz de Direito/DF – 2016 – CESPE) Acerca da Convenção Americana sobre Direitos Humanos, conhecida como Pacto de São José da Costa Rica, assinale a opção correta.

(A) O preso não será constrangido a executar trabalho forçado ou obrigatório, ainda que o serviço exigido ocorra em casos de perigo ou de calamidade que ameacem a existência e o bem-estar da comunidade.

(B) Há previsão, no Pacto de São José da Costa Rica, de que nenhuma pessoa poderá ser detida ou presa por dívida de qualquer natureza.

(C) A autoridade policial está obrigada a comparecer em juízo para justificar os motivos pelos quais efetuou prisão em flagrante, para que o magistrado possa aferir a legalidade do ato constritivo.

(D) A audiência de custódia prevê que a pessoa detida seja conduzida à presença do juiz, que, na ocasião, aferirá a legalidade do ato de constrição, para o fim de mantê-lo ou não.

(E) O devedor de obrigação alimentar e o depositário infiel poderão ser presos pelas dívidas contraídas e não quitadas.

A: incorreta, pois não existe previsão nesse sentido na Convenção Americana; **B:** incorreta, pois o próprio artigo 7°, ponto 7, da Convenção traz uma ressalva: "Ninguém deve ser detido por dívidas. Este princípio não limita os mandados de autoridade judiciária competente expedidos em virtude de inadimplemento de obrigação alimentar"; **C:** incorreta, pois não existe previsão nesse sentido na Convenção Americana; **D:** correta. A audiência de custódia está prevista no art. 7°, ponto 5, da Convenção Americana de Direitos Humanos: "Toda pessoa detida ou retida deve ser conduzida, sem demora, à presença de um juiz ou outra autoridade autorizada pela lei a exercer funções judiciais e tem direito a ser julgada dentro de um prazo razoável ou a ser posta em liberdade, sem prejuízo de que prossiga o processo. Sua liberdade pode ser condicionada a garantias que assegurem o seu comparecimento em juízo". No Brasil, a audiência de custódia foi adotada pelo Tribunal de Justiça do Estado de São Paulo, que, em parceria com o CNJ e com o Ministério da Justiça, lançou o projeto Audiência de Custódia (Provimento Conjunto 3/2015). O procedimento adotado estabelece o prazo de 24 horas para os juízes ouvirem as pessoas que foram presas em flagrante (audiência de custódia). Com isso, os juízes podem avaliar se é necessário manter a pessoa presa ou se podem liberá-la mediante fiança, ou, ainda, se cabe alguma medida cautelar diversa da prisão — como, por exemplo, tornozeleiras eletrônicas — ou até mesmo colocá-la em liberdade por não existir justificativa para a sua prisão. Dessa forma, a Audiência de Custódia confere ao cidadão preso em flagrante o direito de ter seu caso reanalisado por um juiz, que verá a legalidade da sua prisão em tempo excessivamente curto e, ainda, com a garantia do contato pessoal; **E:** incorreta. O depositário infiel, diferentemente do devedor de obrigação alimentar, não poderá ser preso (vide comentário sobre a assertiva "B").

Gabarito "D".

(Delegado/SP – 2014 – VUNESP) Considerando o disposto expressamente no Pacto Internacional de San José da Costa Rica (Convenção Americana de Direitos Humanos de 1969), a respeito do direito à vida e do direito à integridade pessoal, é correto afirmar que

(A) os processados devem ficar separados dos condenados, salvo em circunstâncias excepcionais, e devem ser submetidos a tratamento adequado à sua condição de pessoas não condenadas.

(B) toda pessoa tem o direito de que se respeite sua vida, e o direito de ser protegido pela lei, em geral, desde o momento do seu nascimento.

(C) todos os países estão proibidos de adotar a pena de morte e aqueles que já a adotem devem aboli-la de imediato.
(D) é vedada pelos Estados a adoção da pena de prisão perpétua, exceto para casos de crimes hediondos.
(E) a pena de trabalhos forçados será vedada unicamente a menores de vinte e um anos e a maiores de setenta anos.

Seguem os artigos 4º e 5º da Convenção Americana:
Artigo 4º – Direito à vida
1. Toda pessoa tem o direito de que se respeite sua vida. Esse direito deve ser protegido pela lei e, em geral, desde o momento da concepção. Ninguém pode ser privado da vida arbitrariamente.
2. Nos países que não houverem abolido a pena de morte, esta só poderá ser imposta pelos delitos mais graves, em cumprimento de sentença final de tribunal competente e em conformidade com a lei que estabeleça tal pena, promulgada antes de haver o delito sido cometido. Tampouco se estenderá sua aplicação a delitos aos quais não se aplique atualmente.
3. Não se pode restabelecer a pena de morte nos Estados que a hajam abolido.
4. Em nenhum caso pode a pena de morte ser aplicada a delitos políticos, nem a delitos comuns conexos com delitos políticos.
5. Não se deve impor a pena de morte a pessoa que, no momento da perpetração do delito, for menor de dezoito anos, ou maior de setenta, nem aplicá-la a mulher em estado de gravidez.
6. Toda pessoa condenada à morte tem direito a solicitar anistia, indulto ou comutação da pena, os quais podem ser concedidos em todos os casos. Não se pode executar a pena de morte enquanto o pedido estiver pendente de decisão ante a autoridade competente.
Artigo 5º – Direito à integridade pessoal
1. Toda pessoa tem direito a que se respeite sua integridade física, psíquica e moral.
2. Ninguém deve ser submetido a torturas, nem a penas ou tratos cruéis, desumanos ou degradantes. Toda pessoa privada de liberdade deve ser tratada com o respeito devido à dignidade inerente ao ser humano.
3. A pena não pode passar da pessoa do delinquente.
4. Os processados devem ficar separados dos condenados, salvo em circunstâncias excepcionais, e devem ser submetidos a tratamento adequado à sua condição de pessoas não condenadas.
5. Os menores, quando puderem ser processados, devem ser separados dos adultos e conduzidos a tribunal especializado, com a maior rapidez possível, para seu tratamento.
6. As penas privativas de liberdade devem ter por finalidade essencial a reforma e a readaptação social dos condenados.
A: correta (artigo 5º, ponto 4, da Convenção Americana); **B:** incorreta. O direito descrito na assertiva tem início com a concepção e não o nascimento (artigo 4º, ponto 1, da Convenção Americana); **C:** incorreta. A Convenção não impõe a obrigação de abolição imediata da pena de morte aos países-partes que a adotem. Apenas estabelece condições para sua aplicação, como para os delitos mais graves (artigo 4º, pontos 2 e 3, da Convenção Americana); **D:** incorreta, pois não existe a citada vedação na Convenção; **E:** incorreta, pois não existe determinação semelhante na Convenção (artigo 6º, ponto 2, da Convenção Americana).
Gabarito "A".

(Defensoria/DF – 2013 – CESPE) Considerando o disposto na Convenção Americana sobre Direitos Humanos (Pacto de São Jose da Costa Rica), julgue os itens subsequentes.
(1) Ao aderir a referida convenção, o Brasil reconheceu o direito automático de visitas e inspeções in loco da Comissão Interamericana de Direitos Humanos, observado o prévio aviso as autoridades governamentais brasileiras.
(2) Qualquer pessoa ou grupo de pessoas, ou entidade não governamental legalmente reconhecida em um ou mais Estados-membros da OEA tem competência para ingressar com petições que contenham denúncias ou queixas de violação da Convenção sobre Direitos Humanos perante a Comissão Interamericana de Direitos Humanos.

1: errado. No Brasil, a Convenção passou a ter vigência por meio do Decreto 678 de 06.11.1992. Cabe destacar que o artigo 2º desse decreto dispõe sobre a declaração interpretativa do governo brasileiro: "O Governo do Brasil entende que os arts. 43 e 48, d, não incluem o direito automático de visitas e inspeções in loco da Comissão Interamericana de Direitos Humanos, as quais dependerão da anuência expressa do Estado". Tal declaração interpretativa funciona como uma ressalva que limita os poderes da Comissão Interamericana de Direitos Humanos; **2:** certo (artigo 44 da Convenção Americana sobre Direitos Humanos)
Gabarito 1E, 2C

(Defensor Público/RO – 2012 – CESPE) Considerando o Pacto de São José da Costa Rica, assinale a opção correta.
(A) Mesmo não tendo sido prevista no referido pacto, a proteção da integridade psíquica de toda pessoa é dever dos Estados signatários, por força de orientação da Comissão Interamericana e da Corte Interamericana.
(B) Os Estados signatários desse pacto comprometem-se a respeitar os direitos e liberdades nele reconhecidos e a garantir seu livre e pleno exercício às pessoas que estejam sujeitas à sua jurisdição.
(C) Os Estados-partes são dispensados de adotar quaisquer medidas legislativas destinadas a garantir o exercício dos direitos e liberdades previstos nesse pacto, que se torna eficaz, no Estado-parte, a partir de sua assinatura.
(D) Por não definir o significado da palavra pessoa, que é o sujeito dos direitos humanos por ele garantidos, o pacto possibilita que Estados-partes restrinjam, por meio da jurisprudência ou da legislação nacional, o significado do termo.
(E) O pacto não prevê, expressamente, o direito de toda pessoa de ter reconhecida sua personalidade jurídica, embora se infira de suas disposições o dever de os Estados-partes reconhecerem esse direito.

A: incorreta, pois o art. 5º, ponto 1, da CADH assim dispõe: "Toda pessoa tem direito a que se respeite sua integridade física, psíquica e moral"; **B:** correta, pois está em conformidade com a redação do art. 1º, ponto 1, do Pacto de São José da Costa Rica; **C:** incorreta. O art. 2º da CADH dispõe sobre o dever de adotar disposições de direito interno. Assim, os Estados-partes comprometem-se a adotar, de acordo com as suas normas constitucionais e com as disposições desta Convenção, as medidas legislativas ou de outra natureza que forem necessárias para tornar efetivos tais direitos e liberdades; **D:** incorreta, pois para efeitos da CADH, pessoa é todo ser humano (art. 1º, ponto 2); **E:** incorreta, pois o art. 3º da CADH prevê expressamente que toda pessoa tem direito ao reconhecimento de sua personalidade jurídica.
Gabarito "B".

(Defensor Público/SE – 2012 – CESPE) De acordo com o que dispõe a Convenção Americana de Direitos Humanos,
(A) o Estado-parte não tem a obrigação de analisar pedido de indulto, anistia ou comutação de pena requeridos por condenado à morte.
(B) o direito à vida deve ser protegido, como regra, desde a concepção.
(C) a pena de morte pode ser restabelecida nos Estados-parte que a tenham abolido.
(D) a pena de morte, nos Estados-partes que a adotem, pode ser aplicada a delitos políticos.
(E) a pena de morte pode ser imposta a condenados por crimes conexos a delitos políticos.

Em 22 de novembro de 1969, na Conferência de San José da Costa Rica, foi adotada a Convenção Americana de Direitos Humanos[26] (Pacto de San José da Costa Rica), a qual só entrou em vigor internacional em 18 de julho de 1978 (quando atingiu as 11 ratificações necessárias) e é o principal instrumento protetivo do sistema americano. No Brasil, a Convenção passou a ter vigência por meio do Decreto nº 678 de 6 de novembro de 1992. Cabe destacar que o artigo 2º desse decreto dispõe sobre a declaração interpretativa do governo brasileiro: "O Governo do Brasil entende que os arts. 43 e 48, d, não incluem o direito automático de visitas e inspeções in loco da Comissão Interamericana de Direitos Humanos, as quais dependerão da anuência expressa do Estado". Tal declaração interpretativa funciona como uma ressalva que limita os poderes da Comissão Interamericana de Direitos Humanos[27]. Como órgãos de fiscalização e julgamento (controle de convencionalidade internacional) do sistema americano de proteção dos direitos humanos, a Convenção instituiu a Comissão e a Corte Interamericana de Direitos Humanos, dotando-o, dessa maneira, de mecanismos constritivos de proteção dos direitos humanos (hard law). Ao mesmo tempo, os Estados-partes comprometem-se a adotar, de acordo com as suas normas constitucionais e com as disposições desta Convenção, as medidas legislativas ou de outra natureza que forem necessárias para tornar efetivos (art. 2º da CADH) os direitos e liberdades reconhecidos na Convenção Americana de Direitos Humanos. Importante sublinhar que o texto convencional está obrigado não somente o Poder Legislativo, mas também os poderes Executivo e Judiciário do Estado-partes. Na Convenção só é permitida a participação dos países-membros da OEA. Ao longo da Convenção é possível identificar inúmeros direitos civis e políticos (ditos de primeira geração), nos moldes do Pacto Internacional de Direitos Civis e Políticos. A única menção aos direitos econômicos, sociais e culturais é encontrada no artigo 26, que se limita a determinar que os Estados se engajem em progressivamente implementar tais direitos (em sua dimensão negativa e positiva), ditos de segunda geração. Tal escolha (de só regular os direitos políticos e civis) foi direcionada para obter a adesão dos EUA.
A: incorreta. O art. 4º, ponto 6, da Convenção Americana assim dispõe: "Toda pessoa condenada à morte tem direito a solicitar anistia, indulto ou comutação da pena, os quais podem ser concedidos em todos os casos. Não se pode executar a pena de morte enquanto o pedido estiver pendente de decisão ante a autoridade competente"; **B:** correta, pois a assertiva está em consonância com o art. 4º, ponto 1, da Convenção Americana; **C:** incorreta, pois Não se pode restabelecer a pena de morte nos Estados que a hajam abolido (art. 4º, ponto 3, da Convenção Americana); D e E: incorretas, pois em nenhum caso pode a pena de morte ser aplicada a delitos políticos, nem a delitos comuns conexos com delitos políticos.
Gabarito "B".

26. É de suma importância sublinhar que a Convenção Americana de Direitos Humanos é autoaplicável. Tal definição provém do Parecer Consultivo 07/86 da Corte Interamericana de Direitos Humanos. Assim, uma vez internalizada, estará apta a irradiar seus efeitos diretamente na ordem interna do país-parte, isto é, não necessitará de lei que regulamente sua incidência nos países que aderiram a seus mandamentos.

27. Todavia, deve-se apontar, como uma das consequências do princípio pro homine, que a interpretação das limitações de direitos estabelecidos nos tratados internacionais de direitos humanos deve ser restritiva – tudo para impedir ao máximo a diminuição da proteção da pessoa humana. Aliás, nesse sentido é o Parecer Consultivo 02, de 24 de setembro de 1982, da Corte Interamericana de Direitos Humanos.

(Delegado/MG – 2012) O sistema internacional de proteção dos direitos humanos pode apresentar diferentes âmbitos de aplicação, daí poder se falar de sistemas global e regional. O instrumento de maior importância no sistema interamericano é a Convenção Americana de Direitos Humanos, também denominada Pacto de San José da Costa Rica que

(A) foi assinada em San José, Costa Rica, em 1969, tendo como Estados-membros todos os países das Américas do Norte, Central e do Sul, que queiram participar.

(B) substancialmente reconhece e assegura um catálogo de direitos civis, políticos, econômicos, sociais e culturais, garantindo-lhes a plena realização.

(C) exige dos governantes dos Estados signatários estritamente obrigações de natureza negativas, como por exemplo o dever de não torturar um indivíduo.

(D) em face dos direitos constantes no texto, cada Estado-parte deve respeitar e assegurar o livre e pleno exercício desses direitos e liberdades, sem qualquer discriminação.

A: incorreta. O sistema protetivo americano foi instalado em 1948 pela Carta da Organização dos Estados Americanos, que, por sua vez, foi adotada na 9ª Conferência Internacional Americana, que se reuniu em Bogotá, na Colômbia. Na mesma Conferência, foi adotada a Declaração Americana dos Direitos e Deveres do Homem, que foi o primeiro acordo internacional sobre direitos humanos, antecipando a Declaração Universal dos Direitos Humanos, escrita seis meses depois. O sistema protetivo americano não contava com mecanismo constritivo de proteção dos direitos humanos, mas apenas com uma declaração (*soft law*) de que os Estados membros deveriam proteger os direitos humanos. Em 22 de novembro de 1969, na Conferência de San José da Costa Rica, foi adotada a Convenção Americana de Direitos Humanos[28] (Pacto de San José da Costa Rica), a qual só entrou em vigor internacional em 18 de julho de 1978 (quando atingiu as 11 ratificações necessárias) e é o principal instrumento protetivo do sistema americano. No Brasil, a Convenção passou a ter vigência por meio do Decreto. nº 678 de 6 de novembro de 1992. Cabe destacar o artigo 2º desse decreto dispõe sobre a declaração interpretativa do governo brasileiro: "O Governo do Brasil entende que os arts. 43 e 48, *d*, não incluem o direito automático de visitas e inspeções *in loco* da Comissão Interamericana de Direitos Humanos, as quais dependerão da anuência expressa do Estado". Tal declaração interpretativa funciona como uma ressalva aos poderes da Comissão Interamericana de Direitos Humanos.[29] Como órgãos de fiscalização e julgamento (controle de convencionalidade internacional) do sistema americano de proteção dos direitos humanos, a Convenção instituiu a Comissão e a Corte Interamericana de Direitos Humanos, dotando-o, dessa maneira, de mecanismos constritivos de proteção dos direitos humanos (*hard law*). *Na Convenção só é permitida a participação dos países-membros da OEA* (na época da assinatura da Convenção, Cuba estava suspensa da OEA e logicamente não pôde escolher participar); **B:** incorreta. Ao longo da Convenção é possível identificar inúmeros direitos civis e políticos (ditos de primeira geração), nos moldes do Pacto Internacional de Direitos Civis e Políticos. A única menção aos direitos econômicos, sociais e culturais é encontrada no artigo 26 do Pacto de San José, que se limita a determinar que os Estados se engajem em progressivamente implementar tais direitos (em sua dimensão negativa e positiva), ditos de segunda geração. Tal escolha (de só regular os direitos políticos e civis) foi direcionada para obter a adesão dos EUA. Essa situação modificou-se com a adoção, na Conferência Interamericana de San Salvador, em 17 de novembro de 1988, do Protocolo Adicional à Convenção, conhecido como Protocolo de San Salvador. A partir de então, tem-se uma enumeração dos direitos econômicos, sociais e culturais que os países americanos – membros da OEA – obrigaram-se a implementar progressivamente. Lembrando-se sempre da tripla obrigação dos Estados para com todos os direitos humanos: proteger, respeitar e realizar[30];

C: incorreta, pois os Estados-membros assumem obrigações de caráter positivo e negativo, sempre observando a tripla obrigação para com todos os direitos humanos: proteger (*to protect*), respeitar (*to respect*) e realizar (*to fulfill*); **D:** correta, pois reflete a redação do art. 1º, ponto 1, da Convenção Americana sobre Direitos Humanos.

Gabarito "D".

Segue, para conhecimento, a lista dos direitos humanos protegidos na Convenção Americana de Direitos Humanos:

a) direito ao reconhecimento da personalidade jurídica (art. 3º);
b) direito à vida (art. 4º). É importante apontar que a Convenção determina que, em geral, este direito deve ser protegido desde o momento da concepção;
c) direito à integridade pessoal (art. 5º). Leia-se integridade física, psíquica e moral;
d) proibição da escravidão e da servidão (art. 6º). O tráfico de escravos e o tráfico de mulheres também são proibidos em todas as suas formas;
e) direito à liberdade pessoal (artigo 7º). É no ponto 7 deste artigo que aparece o princípio da proibição da detenção por dívidas e a sua correlata exceção somente em virtude de inadimplemento de obrigação alimentar. E seu reflexo no Brasil foi, depois de muitas decisões, a Súmula Vinculante 25 do STF;
f) garantias judiciais (art. 8º). É neste artigo que aparece o princípio da celeridade dos atos processuais;
g) princípio da legalidade e da retroatividade da lei penal mais benéfica (art. 9º);
h) direito à indenização por erro judiciário (art. 10). O artigo dispõe ser necessário o trânsito em julgado da condenação;
i) proteção da honra e da dignidade (art. 11);
j) liberdade de consciência e de religião (art. 12);
k) liberdade de pensamento e de expressão (art. 13)
l) direito de retificação ou resposta (art. 14). Direito a ser utilizado quando as informações inexatas ou ofensivas forem emitidas, em seu prejuízo, por meios de difusão legalmente regulamentados e que se dirijam ao público em geral;
m) direito de reunião (art. 15). Desde que pacífica e sem armas;
n) liberdade de associação (art. 16);
o) proteção da família (art. 17);
p) direito ao nome (art. 18);
q) direitos da criança (art. 19);
r) direito à nacionalidade (art. 20). Este artigo traz a importante regra de que toda pessoa tem direito à nacionalidade do Estado em cujo território houver nascido, se não tiver direito a outra;
s) direito à propriedade privada (art. 21);
t) direito de circulação e de residência (art. 22). Tal artigo traz duas regras importantes, a primeira, constante do ponto 7 do artigo, é a de que toda pessoa tem o direito de buscar e receber asilo em território estrangeiro, em caso de perseguição por delitos políticos ou comuns conexos com delitos políticos e a segunda, constante do ponto 8 do artigo, é a de que em nenhum caso o estrangeiro pode ser expulso ou entregue a outro país, seja ou não de origem, onde seu direito à vida ou à liberdade pessoal esteja em risco de violação em virtude de sua raça, nacionalidade, religião, condição social ou de suas opiniões políticas;
u) direitos políticos (art. 23);
v) igualdade perante a lei (art. 24);
w) proteção judicial (art. 25).

---

28. É de suma importância sublinhar que a Convenção Interamericana de Direitos Humanos é autoaplicável. Tal definição provém do Parecer Consultivo 07/1986 da Corte Interamericana de Direitos Humanos. Assim, uma vez internalizada, estará apta a irradiar seus efeitos diretamente na ordem interna do país-parte, isto é, não necessitará de lei que regulamente sua incidência nos países que aderiram a seus mandamentos.

29. Todavia, deve-se apontar, como uma das consequências do princípio *pro homine*, que a interpretação das limitações de direitos estabelecidos nos tratados internacionais de direitos humanos deve ser restritiva – tudo para impedir ao máximo a diminuição da proteção da pessoa humana. Aliás, nesse sentido é o Parecer Consultivo 02, de 24 de setembro de 1982, da Corte Interamericana de Direitos Humanos.

30. Para ilustrar, segue um trecho da importante sentença da Corte Interamericana de Direitos Humanos exarada no caso Velásquez Rodríguez, ocasião em que foi explicitada a obrigação de os Estados-partes garantirem o livre e o pleno exercício dos direitos reconhecidos na Convenção Americana de Direitos Humanos: "Esta obrigação implica o dever dos Estados-partes de organizar todo o aparato governamental e, em geral, todas as estruturas por meio das quais se manifesta o exercício do poder público, de maneira que sejam capazes de assegurar juridicamente o livre e pleno exercício dos direitos humanos. Como consequência dessa obrigação, os *Estados devem prevenir, investigar e sancionar toda violação dos direitos reconhecidos pela Convenção* e procurar, ademais, o restabelecimento, se possível, do direito violado e também a reparação dos danos produzidos pela violação dos direitos humanos" (tradução minha). O caso analisado trata de um estudante universitário de Honduras – Velásquez Rodríguez – que foi detido por autoridades policiais hondurenhas, sendo, posteriormente, vítima de tortura até ser tido como desaparecido. Em sentença de 29 de julho de 1988, a Corte Interamericana de Direitos Humanos declarou, por unanimidade, que Honduras violou, em prejuízo de Velásquez Rodríguez, o direito à liberdade pessoal (artigo 7º da Convenção), o direito à integridade pessoal (artigo 5º da Convenção) e o direito à vida (artigo 4º da Convenção), todos em conexão com o artigo 1º, ponto 1, da Convenção. A Corte declarou ainda, também por unanimidade, que Honduras deveria pagar uma justa indenização compensadora para os familiares da vítima, mas não fixou os parâmetros para o pagamento, apenas ressalvou que, se a Comissão Interamericana de Direitos Humanos e Honduras não chegassem a um acordo, a Corte seria responsável por estabelecer a forma e a quantia da indenização.

5.1.2. COMISSÃO INTERAMERICANA DE DIREITOS HUMANOS

(Defensor Público – DPE/SC – 2017 – FCC) Recentemente foi admitido, perante a Comissão Interamericana de Direitos Humanos, o caso Luiza Melinho que tratou, de maneira principal, do direito

(A) ao contraditório e a ampla defesa.
(B) à integridade física e não sujeição à tortura.
(C) à realização de cirurgia de afirmação sexual.
(D) à saúde de criança autista.
(E) à moradia e ao meio ambiente saudável.

No dia 26 de março de 2009, a Comissão Interamericana de Direitos Humanos recebeu uma petição apresentada por Thiago Cremasco, que posteriormente incluiu a Justiça Global como copeticionária, contra o Brasil. A petição foi apresentada em representação de Luiza Melinho, cujos direitos humanos teriam sido supostamente violados pelo Estado em um processo relacionado com sua cirurgia de afirmação sexual. A Comissão Interamericana concluiu que a petição satisfaz os requisitos de admissibilidade enunciados nos artigos 46 e 47 da Convenção Americana e declarou admissível em relação aos artigos 5º, 8º, 11, 24, 25 e 26 da Convenção Americana em conexão com as obrigações estabelecidas nos artigos 1º, ponto 1, e 2º da mesma Convenção. Por fim, definiu pela publicação da decisão e determinou a inclusão dessa no Relatório Anual à Assembleia Geral da Organização dos Estados Americanos.

Gabarito "C".

(Defensor Público – DPE/SC – 2017 – FCC) No processo perante a Comissão Interamericana de Direitos Humanos,

(A) todas as fases serão públicas com o objetivo de constranger o Estado violador a respeitar os direitos humanos.
(B) em todo caso, é possível a edição de medidas cautelares contra o Estado violador, desde que este seja previamente ouvido.
(C) se o Estado não reconhecer a competência da Corte Interamericana será o caso de acionar, diretamente, o sistema global de proteção aos Direitos Humanos.
(D) se não houver conciliação o caso será submetido, em até 3 meses, à Corte interamericana.
(E) superada a fase de admissibilidade, terá início a fase conciliatória em que se buscará a solução amigável ao litígio, sendo um exemplo concreto o caso Emasculados do Maranhão.

A: incorreta. De posse da acusação, a Comissão assim agirá: **a)** declarada a admissibilidade, a Comissão buscará uma solução amistosa entre o indivíduo denunciante e o Estado violador; **b)** se não se chegar a uma solução, e dentro do prazo que for fixado pelo Estatuto da Comissão, esta redigirá um relatório no qual exporá os fatos e suas conclusões; **c)** o relatório será encaminhado aos Estados interessados, aos quais não será facultado publicá-lo; **d)** ao encaminhar o relatório, a Comissão pode formular as proposições e as recomendações que julgar adequadas; **e)** se, no prazo de três meses a partir da remessa aos Estados interessados do relatório da Comissão, o assunto não tiver sido solucionado ou submetido à decisão da Corte pela Comissão (chamada remessa automática) ou pelo Estado interessado, aceitando sua competência, a Comissão poderá emitir, pelo voto da maioria absoluta de seus membros, sua opinião e conclusões sobre a questão submetida à sua consideração; **f)** a Comissão fará as recomendações pertinentes e fixará um prazo dentro do qual o Estado deve tomar as medidas que lhe competir para remediar a situação examinada; **g)** transcorrido o prazo fixado, a Comissão decidirá, pelo voto da maioria absoluta de seus membros, se o Estado tomou ou não as medidas adequadas e se publica ou não seu relatório; **B:** incorreta. A Comissão, por iniciativa própria (*ex officio*) ou depois de receber uma denúncia, poderá entrar em contato com o Estado denunciado para que este adote, com urgência, medidas cautelares de natureza individual ou coletiva antes da análise do mérito da denúncia, desde que verificado risco de dano irreparável à vítima ou às vítimas. Dentro dessa ótica, poderá também solicitar que a Corte ordene que o Estado denunciado adote medidas provisórias mesmo antes da análise do mérito do caso, desde que o caráter de urgência e de gravidade as justifiquem para poder impedir a ocorrência de danos irreparáveis às pessoas; **C:** incorreta. A Comissão tem competência para enviar recomendações aos Estados-partes da Convenção Americana de Direitos Humanos ou até mesmo para os Estados-membros da OEA que não tenham ratificado a Convenção Americana, portanto a atuação da Comissão não fica impossibilitada pelo **não** reconhecimento da competência contenciosa da Corte Interamericana. E, de toda forma, o postulante pode acionar o sistema global de proteção dos direitos humanos diretamente mesmo se o Estado tenha reconhecido a competência da Corte Interamericana; **D:** incorreta. Reler o comentário sobre a assertiva "A" que apresenta as fases do processo perante a Comissão Interamericana de Direitos Humanos; **E:** correta. Reler o comentário sobre a assertiva "A" que apresenta as fases do processo perante a Comissão Interamericana de Direitos Humanos. No mais, o caso Emasculados do Maranhão é um exemplo de solução amistosa alcançada, onde ambas as partes assinaram o acordo e o Estado brasileiro reconheceu sua responsabilidade internacional com relação aos casos n. 12.426 e n. 12.427.

Gabarito "E".

(Defensor Público –DPE/MT – 2016 – UFMT) Em relação ao processo de recebimento de uma petição direcionada à Comissão Interamericana de Direitos Humanos por violação ao Pacto de São José da Costa Rica, de 1969, assinale a afirmativa correta.

(A) A Comissão não poderá declarar a inadmissibilidade da petição ou comunicação com base em informações supervenientes.
(B) A Comissão não poderá proceder a uma conciliação entre as partes conflitantes, seja pessoa ou grupo de pessoas ou Estados, antes de submeter o caso à apreciação da Corte Interamericana de Direitos Humanos.
(C) A Comissão pode receber comunicação de violação a direitos humanos no pacto referido por Estado que não tenha, no momento da ratificação da Convenção, declarado que reconhece a competência daquela, mesmo que em desfavor de outro Estado-parte em igual condição.
(D) A Comissão poderá arquivar a petição em que se alega violação de direitos humanos por um Estado, sem instauração de qualquer investigação, após o recebimento de informações deste.
(E) A Comissão não pode declarar inadmissível uma petição que seja substancialmente reprodução de outra anterior que tenha sido examinada por outro organismo internacional.

A: incorreta porque a Comissão pode declarar a inadmissibilidade com base em informações supervenientes (art. 34, *c*, do Regulamento da Comissão Interamericana de Direitos Humanos); **B:** incorreta (art. 48, ponto 1, *f*, da Convenção Americana de Direitos Humanos e art. 40 do Regulamento da Comissão Interamericana de Direitos Humanos); **C:** incorreta (art. 45 da Convenção Americana de Direitos Humanos e art. 50 do Regulamento da Comissão Interamericana de Direitos Humanos); **D:** correta (art. 48, ponto 1, *b*, da Convenção Americana de Direitos Humanos); **E:** incorreta (art. 47, d, da Convenção Americana de Direitos Humanos e art. 33, ponto 1, *b*, do Regulamento da Comissão Interamericana de Direitos Humanos).

Gabarito "D".

(Defensor Público – DPE/BA – 2016 – FCC) A Comissão Interamericana de Direitos Humanos, em 16 de março de 2016, submeteu à Corte Interamericana o caso n. 12.728 que trata do Povo Xurucu e seus membros. Nesse caso houve violação prioritária

(A) do direito à propriedade coletiva do povo indígena.
(B) do direito à integridade física do povo indígena.
(C) do direito do povo indígena contra o trabalho escravo e a servidão.
(D) da liberdade de pensamento e de expressão do povo indígena.
(E) do direito à nacionalidade do povo indígena.

A Comissão Interamericana de Direitos Humanos (CIDH) apresentou à Corte Interamericana de Direitos Humanos (Corte IDH) o caso 12.728, Povo Indígena Xucuru e seus membros, a respeito do Brasil.
O caso está relacionado com a violação do direito à propriedade coletiva do povo indígena Xucuru em consequência da demora de mais de dezesseis anos, entre 1989 e 2005, no processo administrativo de reconhecimento, titulação, demarcação e delimitação de suas terras e territórios ancestrais, também pela demora na regularização total dessas terras e territórios, de maneira que o mencionado povo indígena pudera exercer pacificamente tal direito. Além disso, o caso está relacionado com a violação dos direitos às garantias judiciais e proteção judicial, em consequência do descumprimento da garantia de prazo razoável no mencionado processo administrativo, assim como da demora em resolver ações civis iniciadas por pessoas não indígenas em relação a parte das terras e territórios ancestrais do povo indígena Xucuru.

Gabarito "A".

(Defensor Público – DPE/ES – 2016 – FCC) O sistema Regional Americano tem suas peculiaridades e, dentre elas, pode-se mencionar a existência da Comissão Interamericana de Direitos Humanos e a Corte interamericana de Direitos Humanos. A respeito destes órgãos, é correto afirmar:

(A) As medidas cautelares, adotadas pela Comissão, possuem natureza vinculante, citando-se como exemplo o caso da Usina Belo Monte.
(B) A Comissão Interamericana é composta por sete membros eleitos por quatro anos, permitida só uma reeleição.
(C) A Corte Interamericana é composta por sete membros por um mandato de quatro anos, permitida a reeleição.
(D) O indivíduo pode acessar ambos os órgãos mencionados, bastando, para tanto, preencher o requisito do prévio esgotamento das vias ordinárias.
(E) A Comissão Interamericana tem a competência de emitir opiniões consultivas vinculantes aos Estados-Membros.

A: incorreta, pois tais medidas não possuem natureza vinculante; **B:** correta. A Comissão Interamericana de Direitos Humanos é o órgão administrativo do sistema regional de proteção americano. É composta de sete membros, que devem ser pessoas de alta autoridade moral e de reconhecido saber em matéria de direitos humanos (art. 2º, ponto 1, do Estatuto da Comissão). Esses membros são eleitos, a título pessoal, pela Assembleia Geral da OEA, a partir de uma lista de candidatos propostos pelos governos dos Estados--membros, e cumprem mandato de quatro anos, com a possibilidade de uma reeleição. Vale lembrar que não pode fazer parte da Comissão mais de um nacional de um mesmo país (art. 7º do Estatuto da Comissão); **C:** incorreta. A Corte é o órgão jurisdicional do sistema regional de proteção americano. Sua composição é de sete juízes, os quais são nacionais dos países-membros da OEA e escolhidos pelos Estados-partes da Convenção. Os juízes da Corte serão eleitos por um período de seis anos e só poderão ser reeleitos uma vez (art. 54 da Convenção Americana de Direitos Humanos); **D:** incorreta, pois a Corte não pode ser acionada por indivíduo (art. 61, ponto 1, da Convenção Americana de Direitos Humanos); **E:** incorreta, pois as opiniões consultivas não são vinculantes.

Gabarito "B".

(Procurador da República –28º Concurso – 2015 – MPF) Assinale a alternativa incorreta

(A) A avaliação das petições individuais, na Comissão Interamericana de Direitos Humanos, é feita pela ordem de entrada, admitindo-se a antecipação da avaliação, entre outras hipóteses, por decisão do membro relator na Comissão.
(B) A Comissão Interamericana de Direitos Humanos pode determinar o arquivamento de petição individual nos casos onde ficar provada a inatividade processual injustificada dos peticionários.
(C) O Estado requerido pode pedir à Comissão Interamericana de Direitos Humanos a suspensão do prazo de três meses para que a Comissão encaminhe um caso individual à Corte Interamericana de Direitos Humanos.
(D) A defesa de não esgotamento dos recursos internos perante a Comissão Interamericana de Direitos Humanos pode ser reapresentada pelo Estado no momento em que o caso individual for apreciado pela Corte Interamericana de Direitos Humanos.

A: incorreta porque não existe essa possibilidade dentre as previstas no art. 29, ponto 1, do Regulamento da Comissão Interamericana de Direitos Humanos; **B:** correta (art. 42, ponto 1, *b*, do Regulamento da Comissão Interamericana de Direitos Humanos); **C:** correta (art. 46 do Regulamento da Comissão Interamericana de Direitos Humanos); **D:** correta Como a regra do esgotamento dos recursos internos não é aplicada com flexibilidade no Direito Internacional Geral, a jurisprudência das cortes internacionais de direitos humanos desenvolveu vários entendimentos que mitigam ou estabelecem pré-requisitos para a plena incidência da referida regra, como, por exemplo, fazendo recair o ônus da prova da existência de um recurso "acessível e suficiente" sobre o Estado demandado, ou estabelecendo que o Estado requerido estaria obrigado a levantar a objeção no primeiro momento em que fosse chamado perante a Comissão Interamericana, sob pena de ficar impedido de invocar o não esgotamento no julgamento perante a Corte Interamericana (estoppel). E não é o caso descrito na assertiva, pois ela diz REapresentar, ou seja, não ocorreu a preclusão dessa objeção. O princípio do estoppel é uma espécie de proibição do *venire contra factum* proprium na seara do direito internacional dos direitos humanos. Gabarito "A".

(Defensoria/SP – 2013 – FCC) Quanto ao Sistema Interamericano de Proteção dos Direitos Humanos, é correto afirmar:

(A) O Brasil aderiu à cláusula facultativa do sistema das comunicações interestatais com previsão na Convenção Americana de Direitos Humanos, reconhecendo a competência da Comissão Interamericana de Direitos Humanos para receber e examinar comunicações em que um Estado alega que outro tenha cometido violação a direito previsto na referida Convenção.
(B) A Comissão Interamericana de Direitos Humanos, no caso dos presos sem acusação e sem julgamento de Guantánamo, constatou a existência de violações a direitos humanos por parte dos Estados Unidos da América e elaborou um relatório com recomendações, mas não adotou medidas cautelares, visto que as consequências de encaminhamento à Corte Interamericana de Direitos Humanos, em caso de descumprimento dessas medidas, não poderiam ser aplicadas ao referido Estado por não reconhecer a jurisdição obrigatória da Corte.
(C) Apesar de a Comissão Interamericana de Direitos Humanos ser uma relevante instância internacional competente para examinar comunicações ou petições individuais que denunciem violações a direitos assegurados na Convenção Americana de Direitos Humanos ou nos tratados do sistema interamericano, a sua utilização ainda é incipiente na experiência da litigância internacional brasileira, sendo mais comum o acionamento dos *treaty bodies* do sistema global de proteção dos direitos humanos.
(D) A Comissão Interamericana de Direitos Humanos utiliza-se frequentemente das visitas e inspeções *in loco*, porém o Brasil, ao depositar a carta de adesão à Convenção Americana, fez uma declaração interpretativa no sentido de não reconhecer um direito automático dessas visitas e inspeções, dependendo de anuência expressa do Estado.
(E) A demanda perante a Comissão Interamericana de Direitos Humanos pode ser resolvida por meio de solução amistosa entre a vítima e o Estado infrator, como ocorreu no Caso Damião Ximenes Lopes e no Caso dos Meninos Emasculados, ambos tendo o Brasil como infrator.

A: incorreta. Infelizmente o Brasil não aderiu à cláusula facultativa do sistema das comunicações interestatais. Ou seja, o Brasil não aceitou a competência da Comissão Interamericana para receber comunicações interestatais. Os países que fizeram a declaração e assim podem apresentar comunicações interestatais no sistema interamericano são: Argentina (05.09.1984); Bolívia (27.07.1993); Chile (21.08.1990); Colômbia (21.06.1985); Costa Rica (02.07.1993); Equador (13.08.1984); Jamaica (07.08.1978); Nicarágua (06.02.2006); Peru (21.01.1981); e Uruguai (19.04.1985). Esses dados devem ser constantemente verificados **B:** incorreta, pois a Comissão adotou sim medidas cautelares nesse caso; **C:** incorreta, pois cada vez mais ações provenientes do Brasil são endereçadas ao sistema regional (interamericano) de proteção dos direitos humanos. Para se ter ideia, cabe listar os cinco casos envolvendo o Brasil que foram decididos pela Corte Interamericana de Direitos Humanos: caso Ximenes Lopes *versus* Brasil; caso Nogueira de Carvalho e outro *versus* Brasil; caso Escher e outros *versus* Brasil; caso Garibaldi *versus* Brasil; e caso Gomes Lund e outros (Guerrilha do Araguaia) *versus* Brasil; **D:** correta. No Brasil, a Convenção passou a ter vigência por meio do Decreto 678 de 06.11.1992. Cabe destacar que o artigo 2º desse decreto dispõe sobre a declaração interpretativa do governo brasileiro: "O Governo do Brasil entende que os arts. 43 e 48, d, não incluem o direito automático de visitas e inspeções *in loco* da Comissão Interamericana de Direitos Humanos, as quais dependerão da anuência expressa do Estado". Tal declaração interpretativa funciona como uma ressalva que limita os poderes da Comissão Interamericana de Direitos Humanos; **E:** incorreta. De fato, recebida a acusação, a Comissão Interamericana buscará inicialmente uma solução amistosa entre o indivíduo denunciante e o Estado violador. Todavia, o caso Damião Ximenes Lopes não foi resolvido de forma amistosa, tanto que o referido caso conta com uma decisão da Corte Interamericana. Nesse caso, a Corte decidiu, no mérito e por unanimidade, pelo reconhecimento parcial da responsabilidade internacional do Brasil. Gabarito "D".

(Defensor Público/AM – 2013 – FCC) Segundo a Convenção Americana sobre Direitos Humanos, qualquer pessoa ou grupo de pessoas, ou entidade não governamental legalmente reconhecida em um ou mais Estados membros da Organização, pode apresentar à Comissão petições que contenham denúncias ou queixas de violação desta Convenção por um Estado-Parte. Tais petições, segundo o mesmo tratado, devem obedecer a certas regras gerais de admissibilidade, dentre as quais NÃO se inclui:

(A) A interposição e esgotamento dos recursos da jurisdição interna, de acordo com os princípios de direito internacional geralmente reconhecidos.
(B) A apresentação dentro do prazo de seis meses, a partir da data em que o presumido prejudicado em seus direitos tenha sido notificado da decisão definitiva.
(C) A manifestação expressa de concordância da vítima ou vítimas da alegada violação aos direitos humanos.
(D) Que a petição contenha o nome, a nacionalidade, a profissão, o domicílio e a assinatura da pessoa ou pessoas ou do representante legal da entidade que submeter a petição.
(E) Que a matéria da petição ou comunicação que não esteja pendente de outro processo de solução internacional.

Um aspecto importante da competência da Comissão é a possibilidade de receber petições do indivíduo "lesionado", de terceiras pessoas ou de organizações não governamentais legalmente reconhecidas em um ou mais Estados-membros da OEA que representem o indivíduo lesionado[31]. Entrementes, essa competência só poderá ser exercida se o Estado violador tiver aderido à Convenção Americana de Direitos Humanos. Percebe-se que não é necessária a expressa aceitação da competência da Comissão para receber petições, bastando que o Estado tenha aderido à Convenção. Figuram aqui os mesmos requisitos de admissibilidade verificados quando da análise do procedimento de apresentação de petições individuais no sistema global de proteção. Ou seja, só são aceitas as petições ou as comunicações que comprovarem a inexistência de litispendência internacional (assertiva "E" está correta) e o esgotamento de todos os recursos internos disponíveis (a assertiva "A" está correta). Ademais, o artigo 46 da Convenção Americana de Direitos Humanos exige que a petição ou a comunicação seja apresentada dentro do prazo de seis meses, a partir da data em que o presumido prejudicado em seus direitos tenha sido notificado da decisão definitiva exarada no sistema protetivo nacional (a assertiva "B" está correta) e petição a ser interposta deve conter o nome, a nacionalidade, a profissão, o domicílio e a assinatura da pessoa ou pessoas ou do representante legal da entidade que submeter a petição (a assertiva "D" está correta). Importante destacar que não é necessária a manifestação expressa de concordância da vítima ou vítimas da alegada violação aos direitos humanos (a assertiva "C" está incorreta). Por fim, o sistema americano impõe a mesma ideia de ressalva existente no sistema global. As regras do esgotamento de todos os recursos internos disponíveis e do prazo de seis meses para a apresentação da petição ou comunicação não serão aplicadas quando o indivíduo for privado de seu direito de ação pela jurisdição doméstica, ou lhe forem ceifadas as garantias do devido processo legal, ou, ainda, se os processos internos forem excessivamente demorados. Gabarito "C".

(Defensor Público/AM – 2013 – FCC) A outorga de medida cautelar a favor dos membros das comunidades indígenas da bacia do Rio Xingu, relativa à usina hidroelétrica Belo Monte, no Estado do Pará (Brasil), foi expedida pela

(A) Corte Interamericana de Direitos Humanos e determinou a paralisação das obras da usina até que as comunidades indígenas beneficiárias tivessem acesso ao Estudo de Impacto Social e Ambiental do projeto, em um formato acessível, incluindo a tradução aos idiomas indígenas respectivos.
(B) Comissão Interamericana de Direitos Humanos e solicitou a adoção de medidas para proteger a vida, a saúde e integridade pessoal dos membros das comunidades indígenas em situação de isolamento voluntário.
(C) Corte Interamericana de Direitos Humanos e solicitou a rápida finalização dos processos de regularização das terras ancestrais

---

31. Como exemplo pode-se citar o conhecido caso Maria da Penha.

dos povos indígenas que estão pendentes, e a adoção de medidas efetivas para a proteção de mencionados territórios ancestrais.

(D) Comissão Interamericana de Direitos Humanos e referendada pela Corte Interamericana de Direitos Humanos, determinando o reassentamento das populações indígenas em área equivalente à atingida pelas obras.

(E) Comissão Interamericana de Direitos Humanos e determinou realização de processos de consulta, em cumprimento das obrigações internacionais do Brasil, com o objetivo de chegar a um acordo em relação a cada uma das comunidades indígenas afetadas pelas obras.

MC 382/10 – Comunidades Indígenas da Bacia do Rio Xingu, Pará, Brasil

Em 1º de abril de 2011, a CIDH outorgou medidas cautelares a favor dos membros das comunidades indígenas da bacia do Rio Xingu, no Pará, Brasil: Arara da Volta Grande do Xingu; Juruna de Paquiçamba; Juruna do "Kilómetro 17"; Xikrin de Trincheira Bacajá; Asurini de Koatinemo; Kararaô e Kayapó da terra indígena Kararaô; Parakanã de Apyterewa; Araweté do Igarapé Ipixuna; Arara da terra indígena Arara; Arara de Cachoeira Seca; e as comunidades indígenas em isolamento voluntário da bacia do Xingu. A solicitação de medida cautelar alega que a vida e integridade pessoal dos beneficiários estariam em risco pelo impacto da construção da usina hidroelétrica Belo Monte. A CIDH solicitou ao Governo Brasileiro que suspenda imediatamente o processo de licenciamento do projeto da UHE de Belo Monte e impeça a realização de qualquer obra material de execução até que sejam observadas as seguintes condições mínimas: (1) realizar processos de consulta, em cumprimento das obrigações internacionais do Brasil, no sentido de que a consulta seja prévia, livre, informativa, de boa-fé, culturalmente adequada, e com o objetivo de chegar a um acordo, em relação a cada uma das comunidades indígenas afetadas, beneficiárias das presentes medidas cautelares; (2) garantir, previamente a realização dos citados processos de consulta, para que a consulta seja informativa, que as comunidades indígenas beneficiárias tenham acesso a um Estudo de Impacto Social e Ambiental do projeto, em um formato acessível, incluindo a tradução aos idiomas indígenas respectivos; (3) adotar medidas para proteger a vida e a integridade pessoal dos membros dos povos indígenas em isolamento voluntário da bacia do Xingú, e para prevenir a disseminação de doenças e epidemias entre as comunidades indígenas beneficiárias das medidas cautelares como consequência da construção da hidroelétrica Belo Monte, tanto daquelas doenças derivadas do aumento populacional massivo na zona, como da exacerbação dos vetores de transmissão aquática de doenças como a malária. Em 29 de julho de 2011, durante o 142º Período de Sessões, a CIDH avaliou a MC 382/10 com base na informação enviada pelo Estado e pelos peticionários, e modificou o objeto da medida, solicitando ao Estado que: 1) Adote medidas para proteger a vida, a saúde e integridade pessoal dos membros das comunidades indígenas em situação de isolamento voluntario da bacia do Xingu, e da integridade cultural de mencionadas comunidades, que incluam ações efetivas de implementação e execução das medidas jurídico-formais já existentes, assim como o desenho e implementação de medidas especificas de mitigação dos efeitos que terá a construção da represa Belo Monte sobre o território e a vida destas comunidades em isolamento; 2) Adote medidas para proteger a saúde dos membros das comunidades indígenas da bacia do Xingu afetadas pelo projeto Belo Monte, que incluam (a) a finalização e implementação aceleradas do Programa Integrado de Saúde Indígena para a região da UHE Belo Monte, e (b) o desenho e implementação efetivos dos planos e programas especificamente requeridos pela FUNAI no Parecer Técnico 21/09, recém enunciados; e 3) Garantisse a rápida finalização dos processos de regularização das terras ancestrais dos povos indígenas na bacia do Xingu que estão pendentes, e adote medidas efetivas para a proteção de mencionados territórios ancestrais ante apropriação ilegítima e ocupação por não indígenas, e frente a exploração ou o deterioramento de seus recursos naturais. Adicionalmente, a CIDH decidiu que o debate entre as partes no que se refere a consulta previa e ao consentimento informado em relação ao projeto Belo Monte se transformou em uma discussão sobre o mérito do assunto que transcende o âmbito do procedimento de medidas cautelares[32].

Gabarito "B"

(Ministério Público/SP – 2012 – VUNESP) A Convenção Americana sobre Direitos Humanos – Pacto de São José da Costa Rica estabelece que a Comissão Interamericana de Direitos Humanos tem a função principal de promover a observância e defesa dos direitos humanos, com as seguintes funções e competências:

(A) Reprimir as graves violações praticadas contra os direitos humanos e apresentar relatório à Assembleia Geral da Organização das Nações Unidas sobre as providências tomadas.

(B) Determinar aos governos dos Estados-Membros que adotem medidas em prol dos direitos humanos e denunciar aos Tribunais Internacionais a ocorrência de crimes contra a humanidade.

(C) Receber petições de qualquer pessoa, grupo de pessoas, de entidade não governamental ou de Estado-Membro que contenham denúncias ou queixas de violação da Convenção por um Estado-Membro.

(D) Preparar estudos e relatórios sobre a situação dos direitos humanos na América e capacitar pessoas para atuar na área de defesa dos direitos humanos.

(E) Julgar os casos de violação dos direitos humanos na América e manter atualizadas as normas da Convenção Americana sobre Direitos Humanos.

A Comissão Interamericana de Direitos Humanos é o órgão administrativo do sistema regional de proteção americano. É composta de sete membros, que devem ser pessoas de alta autoridade moral e de reconhecido saber em matéria de direitos humanos. Esses membros são eleitos, a título pessoal, pela Assembleia Geral da OEA, a partir de uma lista de candidatos propostos pelos governos dos Estados-membros, e cumprem mandato de quatro anos, com a possibilidade de uma reeleição. Vale lembrar que não pode fazer parte da Comissão mais de um nacional de um mesmo país. A principal função da Comissão é promover o respeito aos direitos humanos no continente americano. Destarte, tem competência para enviar recomendações aos Estados-partes da Convenção Americana de Direitos Humanos ou até mesmo para os Estados-membros da OEA. Em sua competência inserem-se também a possibilidade de realizar estudos, solicitar informações aos Estados no que tange à implementação dos direitos humanos insculpidos na Convenção e confeccionar um relatório anual para ser submetido à Assembleia Geral da OEA. Cabe lembrar que as recomendações e os relatórios (tanto o anual e o alicerçado em alguma acusação[33]) da Comissão não têm poder vinculante, isto é, não vinculam os Estados destinatários. Um aspecto importante de sua competência é a possibilidade de receber petições do indivíduo "lesionado", de terceiras pessoas ou de organizações não governamentais legalmente reconhecidas em um ou mais Estados-membros da OEA que representem o indivíduo lesionado[34]. Entrementes, essa competência só poderá ser exercida se o Estado violador tiver aderido à Convenção Americana de Direitos Humanos. Percebe-se que não é necessária a expressa aceitação da competência da Comissão para receber petições, bastando que o Estado tenha aderido à Convenção. A Comissão também tem competência para receber comunicações interestatais. Nesse mecanismo, um Estado-parte pode denunciar o outro que incorrer em violação dos direitos humanos. Mas, para a denúncia ter validade, os dois Estados, denunciante e denunciado, devem ter expressamente declarado a competência da Comissão Interamericana de Direitos Humanos para tanto. Cabe enfatizar que os requisitos de admissibilidade de petições individuais e de comunicações interestatais são os mesmos dos observados no sistema global de proteção. Ou seja, só são aceitas as petições ou as comunicações que comprovarem a inexistência de litispendência internacional e o esgotamento de todos os recursos internos disponíveis. Ademais, o artigo 46 da Convenção Americana de Direitos Humanos exige que a petição ou a comunicação seja apresentada dentro do prazo de seis meses, a partir da data em que o presumido prejudicado em seus direitos tenha sido notificado da decisão definitiva exarada no sistema protetivo nacional.

O sistema americano impõe a mesma ideia de ressalva existente no sistema global. As regras de esgotamento de todos os recursos internos disponíveis e do prazo de seis meses para a apresentação da petição ou comunicação não serão aplicadas quando o indivíduo for privado de seu direito de ação pela jurisdição doméstica, ou lhe forem ceifadas as garantias do devido processo legal, ou, ainda, se os processos internos forem excessivamente demorados. De posse da acusação, a Comissão assim agirá: **a)** buscará uma solução amistosa entre o indivíduo denunciante e o Estado violador; **b)** se não se chegar a uma solução, e dentro do prazo que for fixado pelo Estatuto da Comissão, esta redigirá um relatório no qual exporá os fatos e suas conclusões; **c)** o relatório será encaminhado aos Estados interessados, aos quais não será facultado publicá-lo; **d)** ao encaminhar o relatório, a Comissão pode formular as proposições e as recomendações que julgar adequadas; **e)** se, no prazo de três meses a partir da remessa aos Estados interessados do relatório da Comissão, o assunto não tiver sido solucionado ou submetido à decisão da Corte pela Comissão (chamada remessa automática) ou pelo Estado interessado, aceitando sua competência, a Comissão poderá emitir, pelo voto da maioria absoluta de seus membros, sua opinião e conclusões sobre a questão submetida à sua consideração; **f)** a Comissão fará as recomendações pertinentes e fixará um prazo dentro do qual o Estado deve tomar as medidas que lhe competir para remediar a situação examinada; **g)** transcorrido o prazo fixado, a Comissão decidirá, pelo voto da maioria absoluta de seus membros, se o Estado tomou ou não as medidas adequadas e se publica ou não seu relatório. Vale frisar que o envio à Corte apenas será permitido se o Estado violador tiver aquiescido de forma expressa e inequívoca em relação à competência da Corte Interamericana de Direitos Humanos para solucionar os casos de violação dos direitos humanos insculpidos na Convenção e em outros tratados do sistema americano de proteção. Por fim, a Comissão, por iniciativa própria ou depois de receber uma denúncia, poderá entrar em contato com o Estado denunciado para que este adote, com urgência, medidas cautelares antes da análise do mérito da denúncia, desde que verificado risco de dano irreparável à vítima ou às vítimas. Dentro dessa ótica, poderá também solicitar que a Corte adote medidas provisórias mesmo antes da análise do mérito do caso, desde que o caráter de urgência e de gravidade as justifique.

A: incorreta. A Assembleia Geral da Organização das Nações Unidas faz parte do sistema global de proteção dos direitos humanos; B: incorreta. A Comissão pode apresentar certo caso de vilipêndio aos direitos humanos à Corte Interamericana de Direitos Humanos e não aos Tribunais Internacionais. Ademais, crimes contra a humanidade são de competência do Tribunal Penal Internacional. Cabe lembrar que o crime citado está disciplinado no artigo 7º do Estatuto de Roma, que assim o define: *crime contra humanidade é a conduta criminosa cometida no quadro de um ataque, sistemático ou generalizado, contra qualquer população civil, desde que haja conhecimento desse ataque.* O próprio artigo 7º indica os tipos de crime considerados contra a humanidade: **a)** homicídio; **b)** extermínio; **c)** escravidão; **d)** deportação ou transferência forçada de uma população; **e)** prisão ou outra forma de privação da liberdade física grave, em violação das normas fundamentais de direito internacional; **f)** tortura; **g)** agressão sexual, escravatura sexual, prostituição forçada, gravidez forçada, esterilização forçada ou qualquer outra forma de violência no campo sexual de gravidade comparável; **h)** perseguição de um grupo ou coletividade que possa ser identificado, por motivos políticos, raciais, nacionais, étnicos, culturais, religio-

32. Fonte (site da Comissão): http://www.cidh.oas.org/medidas/2011.port.htm.

33. A acusação é feita mediante petição individual ou comunicação interestatal.

34. Como exemplo pode-se citar o conhecido caso Maria da Penha.

sos ou de gênero, ou ainda em função de outros critérios universalmente reconhecidos como inaceitáveis no direito internacional, relacionados com qualquer ato referido nessas alíneas ou com qualquer crime da competência do Tribunal; **i)** desaparecimento forçado de pessoas; **j)** crime de *apartheid*; e **k)** outros atos desumanos de caráter semelhante, que causem intencionalmente grande sofrimento ou afetem gravemente a integridade física ou a saúde física ou mental; **C:** correta. Reler o texto inicial; **D:** incorreta. A Comissão não tem competência para capacitar pessoas para atuar na área de defesa dos direitos humanos; **E:** incorreta. Quem deve julgar os casos de violação dos direitos humanos é a Corte Interamericana de Direitos Humanos.

Gabarito "C".

(Procurador do Município/Cubatão-SP – 2012 – VUNESP) Sobre a Comissão Interamericana de Direitos Humanos, prevista no Sistema Interamericano de Direitos Humanos, é correto afirmar que

(A) a Comissão não possui a função consultiva, ou seja, de emissão de opiniões consultivas em relação à interpretação da Convenção ou de outros Tratados de Proteção aos Direitos Humanos.

(B) os membros que a compõem são eleitos pela Assembleia Geral da Organização dos Estados Americanos para um período de 2 (dois) anos, podendo ser reeleitos apenas uma vez.

(C) a Comissão tem o poder de coagir os Estados-Membros à adoção de medidas cabíveis e necessárias a sanar violações de direitos humanos que lhe foram relatadas e comprovadas.

(D) qualquer pessoa, em representação pessoal ou de terceiros, bem como as organizações não governamentais possuem legitimidade para peticionar perante a Comissão.

(E) a apresentação do caso à Comissão deve ser feita dentro de 12 (doze) meses, a partir da data em que o presumido prejudicado em seus direitos tenha sido notificado da decisão definitiva.

A: incorreta, pois a Comissão possui, sim, função consultiva; **B:** incorreta. A Comissão Interamericana de Direitos Humanos é o órgão administrativo do sistema regional de proteção americano. Sua composição é de sete membros, que deverão ser pessoas de alta autoridade moral e de reconhecido saber em matéria de direitos humanos (art. 34 da Convenção Americana de Direitos Humanos). Os membros da Comissão serão eleitos, a título pessoal, pela Assembleia Geral da Organização dos Estados Americanos, a partir de uma lista de candidatos propostos pelos governos dos estados-membros e terão mandato de quatro anos, com a possibilidade de uma reeleição. Vale lembrar que não pode fazer parte da Comissão mais de um nacional de um mesmo país (arts. 36 e 37 da referida Convenção); **C:** incorreta. A principal função da Comissão Interamericana de Direitos Humanos é promover o respeito aos direitos humanos no continente americano. Destarte, tem competência para enviar recomendações aos estados partes da Convenção Americana de Direitos Humanos, ou até mesmo para os estados-membros da OEA. Em sua competência insere-se também a possibilidade de realizar estudos, solicitar informações aos estados no que tange à implementação dos direitos humanos insculpidos na Convenção, como também confeccionar um relatório anual para ser submetido à Assembleia Geral da Organização dos Estados Americanos. Cabe lembrar que as recomendações e os relatórios (tanto o anual e o alicerçado em alguma acusação[35]) da Comissão não têm poder vinculante, isto é, não vinculam os estados destinatários; **D:** correta. Um aspecto importante da competência da Comissão Interamericana de Direitos Humanos é a possibilidade de receber petições do indivíduo "lesionado", de terceiras pessoas ou de organizações não governamentais legalmente reconhecidas em um ou mais estados-membros da OEA que representem o indivíduo lesionado[36]. Entrementes, esta competência só poderá ser exercida se o estado violador aderiu à Convenção Americana de Direitos Humanos. Percebe-se que não é necessária a expressa aceitação da competência da Comissão para receber petições, bastando que o estado tenha aderido à Convenção; **E:** incorreta. Só serão aceitas as petições ou as comunicações interestatais que comprovarem a inexistência de litispendência internacional e o esgotamento de todos os recursos internos disponíveis. Ademais, **o art. 46 da Convenção Americana de Direitos Humanos também exige que a petição ou comunicação seja apresentada dentro do prazo de seis meses, a partir da data em que o presumido prejudicado em seus direitos tenha sido notificado da decisão definitiva exarada no sistema protetivo nacional.** E o sistema americano impõe a mesma ideia de ressalva existente no sistema global de proteção dos direitos humanos. As regras de esgotamento de todos os recursos internos disponíveis e a do prazo de seis meses para a apresentação da petição ou comunicação não serão aplicadas quando o indivíduo for privado de seu direito de ação pela jurisdição doméstica, ou lhe forem ceifadas as garantias do devido processo legal ou, ainda, se os processos internos forem excessivamente demorados.

Gabarito "D".

(Defensor Público/AC – 2012 – CESPE) Com referência à Comissão Interamericana de Direitos Humanos, assinale a opção correta.

(A) Não compete a essa comissão o conhecimento de queixa ou denúncia formulada por pessoa natural, visto que apenas Estados-membros têm legitimação para agir nos termos do direito público internacional.

(B) A demora injustificada na tramitação dos recursos internos autoriza o conhecimento de denúncia mesmo sem o prévio esgotamento daqueles.

(C) A solução amistosa das queixas recebidas por essa comissão exige homologação da Corte Interamericana de Direitos Humanos.

(D) Essa comissão poderá conhecer queixa idêntica a outra pendente de julgamento, desde que a litispendência não ocorra perante a própria comissão ou a Corte Interamericana de Direitos Humanos.

(E) A essa comissão cabe, mediante prévia autorização da Corte Interamericana de Direitos Humanos, formular recomendações aos Estados-membros.

A: incorreta. Um aspecto importante da competência da Comissão é a possibilidade de receber petições do indivíduo "lesionado", de terceiras pessoas ou de organizações não governamentais legalmente reconhecidas em um ou mais Estados-membros da OEA que representem o indivíduo lesionado. Entrementes, essa competência só poderá ser exercida se o Estado violador tiver aderido à Convenção Americana de Direitos Humanos. Percebe-se que não é necessária a expressa aceitação da competência da Comissão para receber petições, bastando que o Estado tenha aderido à Convenção; **B:** correta. A Comissão tem competência para receber comunicações interestatais. E igual ao sistema global de proteção, nesse mecanismo um Estado-parte pode denunciar o outro que incorrer em violação dos direitos humanos. Mas, para a denúncia ter validade, os dois Estados, denunciante e denunciado, devem ter expressamente declarado a competência da Comissão Interamericana de Direitos Humanos para tanto. Figuram aqui os mesmos requisitos de admissibilidade exigidos no procedimento de apresentação de petições individuais e de comunicações interestatais no sistema global de proteção. Ou seja, só são aceitas as petições ou as comunicações que comprovarem a inexistência de litispendência internacional e o esgotamento de todos os recursos internos disponíveis. Ademais, o artigo 46 da Convenção Americana de Direitos Humanos exige que a petição ou a comunicação seja apresentada dentro do prazo de seis meses, a partir da data em que o presumido prejudicado em seus direitos tenha sido notificado da decisão definitiva exarada no sistema protetivo nacional. Mas o sistema americano também impõe a mesma ideia de ressalva existente no sistema global. Assim, as regras de esgotamento de todos os recursos internos disponíveis e do prazo de seis meses para a apresentação da petição ou comunicação não serão aplicadas quando o indivíduo for privado de seu direito de ação pela jurisdição doméstica, ou lhe forem ceifadas as garantias do devido processo legal, ou, ainda, se os processos internos forem excessivamente demorados; **C:** incorreta, pois não é necessária a homologação pela Corte; **D:** incorreta, pois só serão aceitas as petições em que ficarem comprovadas a inexistência de litispendência internacional. Ou seja, a submissão do caso a qualquer órgão internacional competente impede a análise do mesmo ulteriormente pela Comissão; **E:** incorreta, pois não é necessária prévia autorização da Corte para que a Comissão formule recomendações aos Estados-membros.

Gabarito "B".

(Defensor Público/PR – 2012 – FCC) Diferentemente do Direito Internacional Público clássico, os conceitos e categorias jurídicas do Direito Internacional dos Direitos Humanos formaram-se e cristalizaram-se no plano das relações intraestatais, ou seja, das relações entre os Estados e os seres humanos sob suas respectivas jurisdições. Essa especificidade conduz à necessidade de que o Direito Internacional dos Direitos Humanos tenha regras e princípios próprios de interpretação. Sobre essa temática, é INCORRETO afirmar:

(A) Em função do art. 68 da Convenção Americana de Direitos Humanos – CADH, que estabelece a exequibilidade da sentença da Corte Interamericana de Direitos Humanos no plano interno do Estado, na parte relativa a eventual indenização compensatória, caso o Estado levante óbices jurídicos para viabilizar a execução da referida sentença em conformidade com o processo interno vigente, estará incorrendo em violação adicional da CADH (art. 2º), por não adotar providências no sentido de adequar o seu direito interno às obrigações internacionalmente assumidas.

(B) Ao dispor que os Estados-Parte "comprometem-se a adotar, de acordo com as suas normas constitucionais e com as disposições desta Convenção, as medidas legislativas ou de outra natureza que forem necessárias para tornar efetivos" (art. 2º) os direitos e liberdades reconhecidos na Convenção Americana de Direitos Humanos – CADH, o texto convencional está obrigando não somente o Poder Legislativo, mas também os poderes Executivo e Judiciário do Estado-Parte.

(C) Para a Corte Interamericana, as obrigações contraídas em virtude da Convenção Americana de Direitos Humanos – CADH somente podem ser suspensas nas hipóteses de seu artigo 27, ou seja, em caso de guerra, de perigo público, ou de outra emergência que ameace a independência ou segurança do Estado-Parte, na medida e pelo tempo estritamente limitados às exigências da situação, ficando desse modo inacessíveis todas as garantias judiciais para a proteção de direitos somente nesse contexto especialíssimo.

(D) Como a regra do esgotamento dos recursos internos não é aplicada com flexibilidade no Direito Internacional Geral, a jurisprudência das cortes internacionais de direitos humanos desenvolveu vários entendimentos que mitigam ou estabelecem pré-requisitos para a plena incidência da referida regra, como, por exemplo, fazendo recair o ônus da prova da existência de um recurso "acessível e suficiente" sobre o Estado demandado, ou estabelecendo que o

---

35. A acusação será feita mediante petição individual ou comunicação interestatal.
36. Como exemplo pode-se citar o conhecido caso Maria da Penha.

Estado requerido estaria obrigado a levantar a objeção no primeiro momento em que fosse chamado perante a Comissão Interamericana, sob pena de ficar impedido de invocar o não esgotamento no julgamento perante a Corte Interamericana (*estoppel*).

(E) Havendo duas ou mais possibilidades de interpretação concomitante de dispositivos correspondentes ou equivalentes de distintos tratados de direitos humanos, aplica-se o critério da primazia da norma mais favorável às supostas vítimas, favorecendo a complementaridade dos mecanismos de proteção dos direitos humanos em níveis global e regional.

A: correta. O cumprimento da sentença da Corte ocorre geralmente de maneira voluntária pelos Estados. Caso isso não ocorra, por exemplo, no Brasil, o cumprimento se dará mediante execução da sentença, como título executivo judicial, perante a justiça federal, consoante disposto no artigo 109, I, da CF. Mas deve-se saber que os Estados-partes da Convenção se comprometem a cumprir a decisão da Corte em todo caso em que forem parte (artigo 68 da Convenção Americana de Direitos Humanos); **B:** correta, pois as três esferas de Poder assumem o compromisso; **C:** incorreta, devendo ser assinalada. A Opinião Consultiva 08/1987 foi apresentada pela Comissão Interamericana de Direitos Humanos com o objetivo de aclarar a devida interpretação dos artigos 25, ponto 1, e 7º, ponto 6, da Convenção Americana de Direitos Humanos relacionados com a última frase do artigo 27, ponto 2, da mesma Convenção. A Corte decidiu, por unanimidade, que os procedimentos jurídicos consagrados nos artigos 25, ponto 1, e 7º, ponto 6, da Convenção Americana de Direitos Humanos não podem ser suspensos conforme o disposto no artigo 27, ponto 2, da mesma Convenção, pois constituem garantias judiciais indispensáveis para proteger direitos e liberdades que tampouco podem ser suspensas, segundo preceitua o já citado artigo 27, ponto 2, da Convenção. E a Opinião Consultiva 09/1987 foi solicitada pelo governo da República Oriental do Uruguai com o objetivo de especificar o correto alcance da proibição de suspensão das garantias judiciais indispensáveis para a proteção dos direitos mencionados no artigo 27, ponto 2, da Convenção Americana de Direitos Humanos. Mais precisamente, o governo uruguaio desejava que a Corte opinasse especificamente sobre: **a)** quais eram essas garantias judiciais indispensáveis; e **b)** qual era a relação do artigo 27, ponto 2, da Convenção com os artigos 25 e 8º da mesma Convenção. A Corte decidiu, por unanimidade, que devem ser considerados garantias judiciais indispensáveis, conforme o estabelecido no artigo 27, ponto 2, da Convenção, o *habeas corpus* (artigo 7º, ponto 6), o amparo ou qualquer outro recurso efetivo perante os juízes ou tribunais competentes (artigo 25, ponto 1), destinado a garantir o respeito aos direitos e liberdades cuja suspensão não está autorizada pela Convenção Americana de Direitos Humanos. Também decidiu, por unanimidade, que devem ser considerados garantias judiciais indispensáveis que não podem ser suspensas os procedimentos judiciais inerentes à forma democrática representativa de governo (artigo 29, *c*), previstos no direito interno dos Estados-partes como idôneos para garantir a plenitude do exercício dos direitos a que se refere o artigo 27, ponto 2, da Convenção e cuja supressão ou limitação comportem a falta de defesa de tais direitos; **D:** correta, pois, de fato, a jurisprudência das cortes internacionais mitiga a regra do esgotamento dos recursos internos; **E:** correta. Em se tratando de interpretação e de aplicação das regras protetivas de direitos humanos, deve-se ter por fundamento o *princípio da primazia da norma mais favorável à vítima*, o qual determina a busca da maior efetividade possível na proteção dos direitos humanos. Portanto, de modo geral, os sistemas protetivos global, regional e nacional interagem e complementam-se para melhor proteger o indivíduo dos abusos perpetrados contra sua dignidade humana. Esse exercício foi denominado por Erik Jaime[37] o *diálogo das fontes*[38], ou seja, os diversos sistemas de proteção (fontes heterogêneas) são coordenados para garantir a maior tutela possível da dignidade da pessoa humana – dessa forma, o sistema com maiores possibilidades de garantir a proteção no caso específico será o eleito, podendo até haver uma aplicação conjunta dos sistemas, desde que apropriada. A Constituição brasileira traz previsão expressa de "cláusula de diálogo ou dialógica" no seu art. 4º, II.

Gabarito "C".

(Defensor Público/PR – 2012 – FCC) Sobre as atividades da Comissão Interamericana de Direitos Humanos, órgão integrante do Sistema Interamericano de Direitos Humanos, considere as afirmações abaixo.

I. A Comissão Interamericana exerce no Sistema um duplo papel: em um primeiro momento, exerce um juízo de admissibilidade da denúncia ou petição e faz uma avaliação própria sobre o caso, eventualmente expedindo recomendações; em um segundo momento, atua como parte perante a Corte Interamericana, pleiteando a condenação de um Estado-Parte da Convenção Americana de Direitos Humanos – CADH.

II. Além de atuar em casos individuais, a Comissão Interamericana elabora relatórios sobre países, abordando violações sistemáticas ou violações relacionadas a problemas estruturais de determinado Estado.

III. Em situações de gravidade e urgência, a Comissão Interamericana pode adotar medidas cautelares, de observância obrigatória para os Estados-Parte na CADH, para prevenir danos irreparáveis em pessoas ou objetos conexos a uma petição ou caso pendente de análise.

IV. Para que uma petição seja admitida pela Comissão Interamericana, entre outros requisitos, tem de ser apresentada dentro do prazo de seis meses da data em que a pessoa prejudicada foi notificada de uma decisão definitiva no plano interno.

V. A Comissão Interamericana examina casos e petições relacionadas com Estados membros da Organização dos Estados Americanos que não são parte na CADH, utilizando como fundamento, nessa análise, a Declaração Americana dos Direitos e Deveres do Homem.

Está correto APENAS o que se afirma em

(A) I, II, III e IV.
(B) I, II, III e V.
(C) I, II, IV e V.
(D) I, II e V.
(E) I, II e III.

I: correta. Um aspecto importante da competência da Comissão é a possibilidade de receber petições do indivíduo "lesionado", de terceiras pessoas ou de organizações não governamentais legalmente reconhecidas em um ou mais Estados-membros da OEA que representem o indivíduo lesionado. Entrementes, essa competência só poderá ser exercida se o Estado violador tiver aderido à Convenção Americana de Direitos Humanos. Percebe-se que não é necessária a expressa aceitação da competência da Comissão para receber petições, bastando que o Estado tenha aderido à Convenção. A Comissão também tem competência para receber comunicações interestatais. Nesse mecanismo um Estado-parte pode denunciar o outro que incorrer em violação dos direitos humanos. Mas, para a denúncia ter validade, os dois Estados, denunciante e denunciado, devem ter expressamente declarado a competência da Comissão Interamericana de Direitos Humanos para tanto. Figuram aqui os mesmos requisitos de admissibilidade verificados no sistema global de proteção. Ou seja, só são aceitas as petições ou as comunicações que comprovarem a inexistência de litispendência internacional e o esgotamento de todos os recursos internos disponíveis. Ademais, o artigo 46 da Convenção Americana de Direitos Humanos exige que a petição ou a comunicação seja apresentada dentro do prazo de seis meses, a partir da data em que o presumido prejudicado em seus direitos tenha sido notificado da decisão definitiva exarada no sistema protetivo nacional e a petição a ser interposta deve conter o nome, a nacionalidade, a profissão, o domicílio e a assinatura da pessoa ou pessoas ou do representante legal da entidade que submeter a petição. Importante destacar que não é necessária a manifestação expressa de concordância da vítima ou vítimas da alegada violação aos direitos humanos. O sistema americano impõe a mesma ideia de ressalva existente no sistema global. As regras de esgotamento de todos os recursos internos disponíveis e do prazo de seis meses para a apresentação da petição ou comunicação não serão aplicadas quando o indivíduo for privado de seu direito de ação pela jurisdição doméstica, ou lhe forem ceifadas as garantias do devido processo legal, ou, ainda, se os processos internos forem excessivamente demorados. De posse da acusação, a Comissão assim agirá: **a)** buscará uma solução amistosa entre o indivíduo denunciante e o Estado violador; **b)** se não se chegar a uma solução, e dentro do prazo que for fixado pelo Estatuto da Comissão, esta redigirá um relatório no qual exporá os fatos e suas conclusões; **c)** o relatório será encaminhado aos Estados interessados, aos quais não será facultado publicá-lo; **d)** ao encaminhar o relatório, a Comissão pode formular as proposições e as recomendações que julgar adequadas; **e)** se, no prazo de três meses a partir da remessa aos Estados interessados do relatório da Comissão, o assunto não tiver sido solucionado ou submetido à decisão da Corte pela Comissão (chamada remessa automática) ou pelo Estado interessado, aceitando sua competência, a Comissão poderá emitir, pelo voto da maioria absoluta de seus membros, sua opinião e conclusões sobre a questão submetida à sua consideração; **f)** a Comissão fará as recomendações pertinentes e fixará um prazo dentro do qual o Estado deve tomar as medidas que lhe competir para remediar a situação examinada; **g)** transcorrido o prazo fixado, a Comissão decidirá, pelo voto da maioria absoluta de seus membros, se o Estado tomou ou não as medidas adequadas e se publica ou não seu relatório. Vale frisar que o envio à Corte apenas será permitido se o Estado violador tiver aquiescido de forma expressa e inequívoca em relação à competência da Corte Interamericana de Direitos Humanos para solucionar os casos de violação dos direitos humanos insculpidos na Convenção e em outros tratados do sistema americano de proteção. Por fim, a Comissão, por iniciativa própria ou depois de receber uma denúncia, poderá entrar em contato com o Estado denunciado para que este adote, com urgência, medidas cautelares antes da análise do mérito da denúncia, desde que verificado risco de dano irreparável à vítima ou às vítimas. Dentro dessa ótica, poderá também solicitar que a Corte adote medidas provisórias mesmo antes da análise do mérito do caso, desde que o caráter de urgência e de gravidade as justifique; **II:** correta. A principal função da Comissão é promover o respeito aos direitos humanos no continente americano. Destarte, tem competência para enviar recomendações aos Estados-partes da Convenção Americana de Direitos Humanos ou até mesmo para os Estados-membros da OEA. Em sua competência inserem-se também a possibilidade de realizar estudos, solicitar informações aos Estados no que tange à implementação dos direitos humanos insculpidos na Convenção e confeccionar um relatório anual para ser submetido à Assembleia Geral da OEA. A parte do relatório anual, a Comissão pode confeccionar relatórios especiais ou gerais sobre a situação dos direitos humanos nos Estados membros sempre que considerar necessário (art. 59, ponto 1, *h*, do Regulamento da Comissão Interamericana de Direitos Humanos). Cabe lembrar que as recomendações e os relatórios (tanto o anual e o alicerçado em alguma acusação[39]) da Comissão não têm poder vinculante, isto é, não vinculam os Estados destinatários; **III:** incorreta. A Comissão, por iniciativa própria ou depois de receber uma denúncia, poderá entrar em

37. **Identité culturelle et integration: le droit international privé postmoderne**. Séries Recueil des Cours de l'Académie de Droit International de la Haye 251, 1995.

38. O citado diálogo também é previsto expressamente no artigo 29, *b*, da Convenção Americana de Direitos Humanos.

39. A acusação é feita mediante petição individual ou comunicação interestatal.

contato com o Estado denunciado para que este adote, com urgência, medidas cautelares antes da análise do mérito da denúncia, desde que verificado risco de dano irreparável à vítima ou às vítimas. Dentro dessa ótica, poderá também solicitar que a Corte adote medidas provisórias mesmo antes da análise do mérito do caso, desde que o caráter de urgência e de gravidade as justifique; **IV:** correta. Reler o comentário sobre a assertiva I; **V:** correta, pois, de fato, a Declaração Americana dos Direitos e Deveres do Homem será o fundamento para análise de casos de desrespeito aos direitos humanos relacionados à países que são membros da OEA, mas não ratificaram a CADH.
Gabarito "C".

(Defensor Público/SE – 2012 – CESPE) A Comissão Interamericana de Direitos Humanos

(A) não pode solicitar a Estado-parte a adoção de medidas cautelares para prevenir danos irreparáveis decorrentes de suposta violação dos direitos humanos.

(B) tem como único documento paradigmático para a proteção dos direitos humanos no continente americano o Pacto de São José da Costa Rica.

(C) tem o poder de fixar seu próprio regulamento, estabelecendo nele o procedimento a ser observado para o processamento de petições que denunciem violações aos direitos humanos resguardados pelo Pacto de São José da Costa Rica.

(D) detém competência para conhecer denúncia de violação de direitos humanos praticada por qualquer país que integre a Organização dos Estados Americanos, nos termos da Convenção Americana de Direitos Humanos.

(E) não pode aceitar nem processar petições individuais.

A: incorreta, pois é possível o pedido de adoção de medidas cautelares; **B:** incorreta, pois todos os documentos convencionais confeccionados no âmbito do sistema interamericano (tanto o geral como o específico) de proteção dos direitos humanos servirão de parâmetro para atuação da Comissão Interamericana; **C:** correta. O regulamento da Comissão disciplinou o processamento de petições (art. 23 e ss. do Regulamento da Comissão Interamericana de Direitos Humanos); **D:** incorreta. A Comissão poderá receber denúncia apenas sobre os Estados violadores que tenham aderido à Convenção Americana de Direitos Humanos. Percebe-se que não é necessária a expressa aceitação da competência da Comissão para receber petições, bastando que o Estado tenha aderido à Convenção e não à Organização dos Estados Americanos; **E:** incorreta, pois a Comissão possui competência para aceitar e processar petições individuais.
Gabarito "C".

(Defensor Público/SP – 2012 – FCC) Em relação ao caso da senhora Maria da Penha Maia Fernandes, que transcorreu perante o Sistema Interamericano de Direitos Humanos, a

(A) Corte Interamericana de Direitos Humanos, reconhecendo a tolerância do Estado brasileiro em punir o agressor, responsabilizou as autoridades públicas e fixou uma indenização em favor da vítima a ser paga pelo Brasil.

(B) Comissão Interamericana de Direitos Humanos, após constatar que a violação dos direitos humanos da vítima era de responsabilidade de seu marido, decidiu pelo arquivamento da demanda, pois o Estado brasileiro não poderia ser responsabilizado por ato de particular.

(C) Comissão Interamericana de Direitos Humanos reconheceu que o Estado brasileiro descumpriu o dever de garantir às pessoas sujeitas à sua jurisdição o exercício livre e pleno de seus direitos humanos e recomendou que o Brasil simplificasse os procedimentos judiciais penais.

(D) Corte Interamericana de Direitos Humanos, acionada pela vítima, condenou criminalmente o senhor Marco Antonio Heredia Viveiros, tendo em vista que a Justiça brasileira não julgara o caso após quinze anos de tramitação.

(E) Corte Interamericana de Direitos Humanos entendeu que a agressão sofrida pela vítima é parte de um padrão geral de negligência e falta de efetividade do Estado brasileiro para processar e condenar os agressores nos casos de violência contra a mulher, ordenando ao Brasil que multiplicasse o número de delegacias policiais especiais para a defesa dos direitos da mulher.

A história de Maria da Penha Maia Fernandez é conhecida de todos: trata-se de uma repetição de atos de violência doméstica – infelizmente uma realidade diuturna – em conjunto com a falta de uma legislação específica a dar suporte ao devido julgamento do infrator – deve-se lembrar que o infrator (na época marido) apenas foi preso 19 anos depois de ter cometido os crimes categorizados como de violência doméstica e cumpriu somente dois anos em regime fechado. Em função de tal quadro, o Centro para a Justiça e o Direito Internacional – CEJIL – formalizou, em conjunto com Maria da Penha e o Comitê Latino-Americano e do Caribe para a Defesa dos Direitos da Mulher – CLADEM, uma denúncia (petição individual) à Comissão Interamericana de Direitos Humanos contra a procrastinação em se obter uma decisão sobre o caso, tendo em vista que isso demorou 19 anos para acontecer. Os peticionários apontaram a violação dos arts. 8º (Garantias judiciais), 24 (Igualdade perante a lei) e 25 (Proteção judicial) da Convenção Americana de Direitos Humanos com relação à obrigação estabelecida no artigo 1º, ponto 1 (obrigação de respeitar os direitos), do mesmo instrumento, como também dos artigos II e XVIII da Declaração Americana dos Direitos e Deveres do Homem e dos artigos 3º, 4º, a, b, c, d, e, f, e g, 5º e 7º da Convenção Interamericana para Prevenir, Punir e Erradicar a Violência contra a Mulher (conhecida como Convenção de Belém do Pará). Com base em tal denúncia, a Comissão Interamericana de Direitos Humanos publicou o Relatório nº 54/2001, que condenou o Brasil por dilação injustificada e tramitação negligente, pois o Estado brasileiro descumpriu o dever de garantir às pessoas sujeitas à sua jurisdição o exercício livre e pleno de seus direitos humanos. Por meio desse relatório, a Comissão fez recomendações ao Brasil e uma dessas foi acatada, dando origem a produção da Lei 11.340/2006 (Lei Maria da Penha). Essa lei foi confeccionada tendo por base o art. 226, § 8º, da CF, a Convenção sobre a Eliminação de Todas as Formas de Discriminação contra a Mulher e a Convenção Interamericana para Prevenir, Punir e Erradicar a Violência contra a Mulher. Outra recomendação que merece destaque é aquela no sentido de que o Brasil simplificasse os procedimentos judiciais penais.
Gabarito "C".

5.1.3. CORTE INTERAMERICANA DE DIREITOS HUMANOS

(Defensor Público – DPE/PR – 2017 – FCC) Sobre os crimes de lesa-humanidade, o Supremo Tribunal Federal

(A) e a Corte Interamericana de Direitos Humanos os consideram imprescritíveis.

(B) nunca se manifestou sobre a matéria, enquanto a Corte Interamericana de Direitos Humanos se manifestou pela imprescritibilidade destes crimes.

(C) e a Corte Interamericana de Direitos Humanos os consideram prescritíveis.

(D) os consideram imprescritíveis, enquanto a Corte Interamericana de Direitos Humanos os consideram prescritíveis.

(E) os consideram prescritíveis, enquanto a Corte Interamericana de Direitos Humanos os consideram imprescritíveis.

A Corte Interamericana considerou que os crimes de tortura praticados durante a ditadura militar brasileira são de lesa-humanidade, e, dessa forma, são imprescritíveis (caso *Gomes Lund vs Brasil*, conhecido como Guerrilha do Araguaia). E o STF no julgamento da Extradição 1362 definiu, por maioria, que os crimes de lesa-humanidade são prescritíveis. O Min. Teoria Zavascki, no seu voto, salientou que não seria possível considerar tais crimes como imprescritíveis tendo como fundamento a Convenção da ONU sobre Imprescritibilidade dos Crimes de Guerra, pois embora ela esteja aberta à adesão desde 1968, até hoje o Brasil não a subscreveu.
Gabarito "E".

(Defensor Público – DPE/SC – 2017 – FCC) O caso Favela Nova Brasília em que o Estado Brasileiro foi julgado perante a Corte Interamericana de Direitos Humanos, trata

(A) do direito das minorias, especialmente negros e indígenas.

(B) do direito de petição e o acesso à justiça.

(C) de violações do direito à vida e à integridade física.

(D) do direito à moradia em condições precárias nas grandes cidades.

(E) da convivência entre o direito ao meio ambiente e a intervenção humana.

A assertiva correta é a "C" porque o caso Favela Nova Brasília trata de violações do direito à vida e à integridade física. A Corte IDH condenou o Estado brasileiro por não garantir a realização da justiça no caso Nova Brasília, atribuindo-lhe responsabilidade internacional. Essa é a primeira sentença em que o Brasil é condenado pela Corte Interamericana por violência policial.
Gabarito "C".

(Defensor Público – DPE/SC – 2017 – FCC) A aplicação de medidas provisórias pela Corte Interamericana de Direitos Humanos exige os seguintes requisitos:

(A) a plausibilidade do direito alegado e a indicação da Comissão Interamericana.

(B) a gravidade, a plausibilidade e o pedido da parte interessada.

(C) o perigo da demora e a fumaça do bom direito.

(D) extrema gravidade, urgência e irreparabilidade do dano.

(E) a reversibilidade da decisão tomada e a urgência.

Na posse de uma solicitação de adoção de medidas provisórias, enviada pela Comissão Interamericana[40], a Corte não deve analisar o mérito de qualquer argumento, apenas deve verificar a existência dos seguintes requisitos: extrema gravidade, urgência e necessidade de evitar danos irreparáveis às pessoas. Sobre as medidas provisórias é de suma importância destacar o seu caráter cautelar, no sentido de preservar uma situação jurídica, como também, e fundamentalmente, seu caráter tutelar, no sentido de proteger direitos humanos quando se verifica o risco de danos irreparáveis às pessoas. Portanto, o dever de adotar medidas fica configurado sempre que se reúnam os requisitos básicos de (i) extrema gravidade[41] e (ii) urgência[42], e de (iii) prevenção de danos irreparáveis às

40. Com base nos artigos 63, ponto 2, da Convenção e 27 do Regulamento da Corte.

41. Para efeitos de adoção de medidas provisórias, a Convenção requer que a gravidade se encontre em seu grau mais intenso ou elevado.

42. O caráter urgente implica que o risco ou a ameaça sejam iminentes,

pessoas[43]. Dessa maneira, as medidas provisórias se transformam em uma verdadeira garantia jurisdicional de caráter preventivo. Na Resolução sobre a medida provisória "*Complexo Penitenciário de Pedrinhas*", a Corte decidiu aclarar, em razão do caráter tutelar das medidas provisórias e de forma excepcional, sobre a possibilidade de ordenar a adoção de medidas provisórias mesmo quando não exista um contencioso, propriamente dito, instalado no sistema interamericano (leia-se a causa nem sequer chegou à Corte), desde que sejam situações que, *prima facie*, podem ocasionar uma violação grave e iminente dos direitos humanos.

Gabarito "D".

Procurador da República –28º Concurso – 2015 – MPF) Assinale a alternativa correta:

(A) No Caso Escher e Outros vs. Brasil, a Corte Interamericana de Direitos Humanos condenou o Brasil, mas não aceitou a alegação de violação à liberdade de associação.

(B) No Caso Vélez Loor vs. Panamá, a Corte Interamericana de Direitos Humanos considerou que uma política migratória que permita a detenção de migrantes irregulares em locais de detenção penal comum é aceitável, pois tal decisão está incluída na margem de apreciação nacional de cada Estado.

(C) Na Medida Provisória "Complexo Penitenciário de Pedrinhas", a Corte Interamericana de Direitos Humanos, a pedido dos familiares das vítimas, ordenou que o Brasil assegurasse o direito à vida e integridade física dos detentos do complexo.

(D) Na opinião consultiva n.5/1985, a Corte Interamericana de Direitos Humanos manifestou-se contrária à obrigatoriedade do diploma universitário e da inscrição em ordem profissional para o exercício da profissão de jornalista.

A: incorreta. Nesse caso o Brasil interpôs três exceções preliminares; a Corte descaracterizou uma e rechaçou as outras, declarando-se, assim, competente para conhecer o caso. No mérito, a Corte decidiu, por unanimidade, que o Brasil violou o direito à vida privada e o direito à honra e à reputação reconhecidos no artigo 11 em relação com o artigo 1º, ponto 1, da Convenção Americana, pela interceptação, gravação e divulgação das conversas telefônicas; o direito à liberdade de associação reconhecido no artigo 16 em relação com o artigo 1º, ponto 1, da Convenção; os direitos às garantias judiciais e à proteção judicial reconhecidos nos artigos 8º, ponto 1 e 25 em relação com o artigo 1º, ponto 1, da Convenção; e, por fim, decidiu que o Brasil não descumpriu a cláusula federal estabelecida no artigo 28 em relação com os artigos 1º, ponto 1, e 2º da Convenção; **B:** incorreta. O direito à liberdade física previsto no art. 7º da Convenção Americana sobre Direitos Humanos é direito de todas as pessoas, inclusive das crianças, dos jovens e dos **estrangeiros**. Quanto aos últimos, a Corte pontuou que o estrangeiro não é somente titular do direito à liberdade pessoal, pois encontra-se, sobretudo se é um imigrante ilegal, em uma situação de vulnerabilidade que exige proteção especial (Corte IDH. *Caso Vélez Loor vs. Panamá*. Exceções preliminares, mérito, reparações e custas. Sentença de 23 de novembro de 2010. Item 98 e seguintes da decisão); **C:** incorreta, pois o pedido foi feito pela Comissão Interamericana. A Comissão Interamericana, com supedâneo nos artigos 63, ponto 2, da Convenção e 27 do Regulamento da Corte, fez uma solicitação de adoção de medidas provisórias pela Corte, com o propósito de o Tribunal requerer ao Brasil a adoção, sem dilação, das medidas necessárias para preservar a vida e a integridade pessoal dos presos no Complexo Penitenciário de Pedrinhas (São Luís, Maranhão), assim como de qualquer pessoa que se encontre no presídio; **D:** correta. A Opinião Consultiva nº 5 foi solicitada pelo governo da Costa Rica com o objetivo de aclarar a correta interpretação dos artigos 13 e 29 da Convenção Americana de Direitos Humanos, tendo por base o licenciamento obrigatório dos jornalistas[44] e a compatibilidade da Lei nº 4.420/1969[45] (Lei Orgânica do Sindicato de Jornalistas da Costa Rica) com os artigos 13 e 29 do Pacto de San José da Costa Rica.

Gabarito "D".

(Defensor Público – DPE/ES – 2016 – FCC) O Caso Cosme Rosa Genoveva e outros, submetido à Corte Interamericana de Direitos Humanos, em resumo, trata-se de um caso em que

(A) um grupo de Afrodescendentes foram deslocados forçadamente.
(B) visa apurar a prática de trabalho escravo em fazendas no interior do Brasil.
(C) agentes da polícia supostamente praticaram a execução de vinte e seis pessoas, alguns adolescentes e foram, hipoteticamente, submetidos a práticas sexuais e tortura antes de serem executados.
(D) policiais realizaram o despejo forçado de famílias que ocupavam uma fazenda no município de Querência do Norte, no Paraná.
(E) um indivíduo faleceu após maus-tratos recebidos em uma clínica de tratamento em Sobral, no Ceará.

A Comissão Interamericana de Direitos Humanos (CIDH) apresentou à Corte Interamericana de Direitos Humanos (Corte IDH) o caso 11.566, Cosme Rosa Genoveva, Evandro de Oliveira e outros (Favela Nova Brasília), a respeito do Brasil.

---

43. Em relação ao dano irreparável, deve existir uma probabilidade razoável de que se materialize e não deve recair sobre bens ou interesses jurídicos que podem ser reparados.
44. Leia-se diploma de jornalismo.
45. Essa lei estabelece o licenciamento obrigatório de seus membros para poder exercer o jornalismo.

O caso está relacionado às execuções extrajudiciais de 26 pessoas – inclusive seis meninos/meninas – por ocasião das operações policiais a que procedeu a Polícia Civil do Rio de Janeiro, em 18 de outubro de 1994 e 8 de maio de 1995, na Favela Nova Brasília. A Comissão determinou que esses fatos ocorreram num contexto e padrão de uso excessivo da força e execuções extrajudiciais levadas a cabo pela polícia no Brasil, especialmente no Rio de Janeiro. A Comissão concluiu ainda que o contexto em que ocorreram os fatos do caso foi tolerado e, inclusive, patrocinado por instituições estatais. A Comissão também estabeleceu que esse contexto inclui a falta de mecanismos de prestação de contas e a situação de impunidade em que permanecem essas violações.

Gabarito "C".

(Defensor Público – DPE/ES – 2016 – FCC) Após os ataques do dia 11 de setembro de 2001, inúmeras medidas foram tomadas pelo Governo norte-americano no combate ao que eles mencionaram tratar-se de terrorismo. Dentre estas medidas, criou-se a prisão de Guantánamo. Em um julgado específico da Corte Interamericana de Direitos Humanos, de 07 de setembro de 2004, utilizou-se a expressão Guantanaminização que, em linhas gerais, trata-se de uma

(A) construção doutrinária que questiona a forma de tratamento dado aos adolescentes submetidos à medida de internação sem justa causa aparente.
(B) nova diretriz internacional aceita pelos organismos internacionais como uma forma de proteção da sociedade – este caso foi utilizado nos ataques ao jornal francês Charlie Hebdo.
(C) nova forma de combater a crescente onda de terror que assola os países do mundo desenvolvido, aceita, excepcionalmente, pelas cortes internacionais.
(D) forma de revisitar o processo penal e as penas, impondo violações a direitos humanos, especialmente a tortura e prisão sem justa causa, em nome da segurança e do discurso do medo.
(E) forma de revisitar os direitos humanos, tornando-se mais adaptados à realidade e flexibilizados, diretamente relacionados aos direitos sociais, econômicos e culturais.

A assertiva "D" é a correta e deve ser assinalada por retratar o significado da expressão "guantanaminização".

Gabarito "D".

(Defensor Público – DPE/BA – 2016 – FCC) No famoso caso apreciado pela Corte Interamericana de Direitos Humanos, TIBI vs. Equador, houve a violação específica do artigo 7.5 da Convenção Americana de Direitos Humanos. Por meio desta violação, o Estado foi condenado, tratando-se de violação do direito

(A) ao duplo grau de jurisdição.
(B) à liberdade de expressão.
(C) a não extradição de um nacional.
(D) de condução, sem demora, do preso à autoridade judicial competente.
(E) à assistência jurídica integral e gratuita.

O caso referido foi de violação do direito de condução, sem demora, do preso à autoridade judicial competente.

Gabarito "D".

(Defensor Público – DPE/BA – 2016 – FCC) A competência consultiva do sistema regional interamericano de proteção aos direitos humanos

(A) é uma das atuações preventivas da Comissão Interamericana e visa evitar a judicialização dos casos perante a Corte.
(B) é uma das competências da Corte Interamericana e refere-se à faculdade de qualquer membro da OEA solicitar o parecer da Corte relativamente à interpretação da Convenção ou de qualquer outro tratado relativo à proteção dos direitos humanos nos Estados Americanos.
(C) é uma consulta, e portanto o resultado de tal comportamento não vincula os estados-membros.
(D) não aprecia a compatibilidade entre as leis internas e os instrumentos internacionais mencionados na consulta, no bojo do sistema interamericano.
(E) possibilita que qualquer cidadão de um dos estados membros da OAE tenha o direito de acessar a Comissão Interamericana para que esta exerça o papel consultivo relacionado à interpretação da Convenção Americana de Direitos Humanos.

A competência consultiva da Corte Interamericana de Direitos Humanos é marcada por sua grande finalidade de uniformizar a interpretação da Convenção Americana de Direitos Humanos e dos tratados de direitos humanos confeccionados no âmbito da OEA. Dentro dessa competência, qualquer Estado-membro ou órgão da OEA pode pedir que a Corte emita parecer que indique a correta interpretação da Convenção e dos tratados concernentes à proteção dos direitos humanos nos Estados Americanos (art. 64, ponto 1, da Convenção Americana de Direitos Humanos). Ademais, a Corte pode fazer análise de compatibilidade entre a legislação doméstica de um país-membro da OEA e o sistema protetivo americano, com o intuito de harmonizá-los.

Gabarito "B".

(Defensor Público - DPE/MT - 2016 - UFMT) Sobre a Defensoria Pública na defesa dos direitos humanos, leia o texto.

[...] a Defensoria Pública, instituição essencial do sistema de Justiça pátrio, encarregada da orientação e defesa das pessoas necessitadas, deve aprimorar a sua atuação na promoção e na defesa dos direitos humanos, valendo-se inclusive, tanto interna quanto externamente, dos instrumentos e órgãos do Sistema Interamericano de Direitos Humanos.

(MAFEZZOLI, A. A atuação da Defensoria Pública na promoção e defesa dos Direitos Humanos e o Sistema Interamericano de Direitos Humanos. São Paulo: Defensoria Pública do Estado de São Paulo.)

Quanto ao exercício da atividade referida no texto e ao processo no Sistema Interamericano de Direitos Humanos previsto no Pacto de São José da Costa Rica, de 1969, assinale a afirmativa correta.

(A) A Comissão Interamericana de Direitos Humanos tem a atribuição de formular recomendações aos governos dos Estados signatários da Convenção.
(B) Qualquer pessoa, grupo de pessoas, entidade não governamental legalmente reconhecida por um Estado-membro pode apresentar queixa ou denúncia diretamente à Corte Interamericana de Direitos Humanos.
(C) O acesso à Corte Interamericana de Direitos Humanos é possível apenas após o esgotamento dos recursos judiciais internos de um Estado-membro para consecução dos dispositivos no Pacto.
(D) O autor de uma petição ao Sistema Interamericano de Direitos Humanos, na forma da Convenção, figurará em todo o procedimento, prévio e judicial, tal qual um assistente litisconsorcial.
(E) Conforme as disposições do Pacto, as recomendações em relatório preliminar e definitivo da Comissão Interamericana de Direitos Humanos em resposta à denúncia obrigam os Estados-membros.

A: correta. A principal função da Comissão é promover o respeito aos direitos humanos no continente americano, destacando-se por sua função de órgão consultivo da OEA no tema. Possui competência para enviar recomendações aos Estados-partes da Convenção Americana de Direitos Humanos ou até mesmo para os Estados-membros da OEA que não tenham ratificado a Convenção Americana; **B:** incorreta. A Corte só pode ser acionada pelos Estados-partes ou pela Comissão; o indivíduo, conforme artigo 61 da Convenção, é proibido de apresentar petição à Corte; **C:** incorreta, só são aceitas as petições ou as comunicações que comprovarem (i) a inexistência de litispendência internacional, (ii) ausência de coisa julgada internacional e (iii) o esgotamento de todos os recursos internos disponíveis. Aos três requisitos já tratados deve-se adicionar mais um, isso porque o artigo 46 da Convenção Americana de Direitos Humanos exige que (iv) a petição ou a comunicação seja apresentada dentro do prazo de seis meses, a partir da data em que o presumido prejudicado em seus direitos tenha sido notificado da decisão definitiva exarada no sistema protetivo nacional. No mais, as regras de esgotamento de todos os recursos internos disponíveis e do prazo de seis meses para a apresentação da petição ou comunicação não serão aplicadas quando o indivíduo for privado de seu direito de ação pela jurisdição doméstica, ou lhe forem ceifadas as garantias do devido processo legal, ou, ainda, se os processos internos forem excessivamente demorados; **D:** incorreta, pois não existe citada previsão; **E:** incorreta, pois não possuem caráter vinculante.

Gabarito "A".

(Defensor Público - DPE/MT - 2016 - UFMT) Em situação hipotética, o Brasil foi condenado em sentença da Corte Interamericana de Direitos Humanos, que, dentre as determinações estabelecidas, condenou-o ao pagamento de indenização à família de vítima de violação de direitos humanos em seu território. Sobre essa sentença, assinale a afirmativa correta.

(A) Essa sentença deverá ser apreciada pelo Supremo Tribunal Federal apenas para fim de aplicação da condenação ao pagamento de indenização.
(B) Da decisão não cabe apreciação pelo Supremo Tribunal Federal ou qualquer rito burocrático pelo Estado para que possa ser efetivada.
(C) A decisão da Corte deverá ser imediatamente executada no que tange às outras determinações, porém, quanto à indenização, passará pelo exame do Supremo Tribunal Federal.
(D) As determinações diversas da condenação ao pagamento de indenização devem ser apreciadas pelo Supremo Tribunal Federal para manifestação quanto à possibilidade de interposição de recurso.
(E) A decisão da Corte, em conformidade com o ordenamento jurídico pátrio e fontes de direito internacional público, é inapelável em sua totalidade.

Só a assertiva "E" está correta porque o STF não participa do processo decisório da Corte. No mais, a sentença da Corte Interamericana será sempre fundamentada, definitiva e inapelável (artigos 66 e 67 da Convenção Americana de Direitos Humanos).

Gabarito "E".

(Defensor/PA - 2015 - FMP) Sobre a jurisprudência da Corte Interamericana de Direitos Humanos no que se refere ao reconhecimento de direitos aos povos indígenas, é CORRETO afirmar que:

(A) consoante o julgamento do caso Sarayaku versus Equador, os Estados devem consultar os povos indígenas, com a finalidade de obter acordo ou consentimento, antes de tomar qualquer decisão ou praticar qualquer ato estatal sobre assuntos que influenciam ou podem influenciar a vida cultural e social desses povos, de acordo com seus valores, usos, costumes e suas formas de organização.
(B) de acordo com a sentença do caso Awas Tingni versus Nicarágua, os termos de um tratado internacional de direitos humanos que contemple direitos indígenas devem ser interpretados no mesmo sentido que lhes é atribuído pelo direito interno do país que é parte no caso, em observância ao princípio da soberania nacional.
(C) o direito à participação política dos povos indígenas contempla a possibilidade de candidatura a qualquer cargo público, desde que o indígena esteja devidamente filiado a um partido político, conforme julgamento do caso Yatama versus Nicarágua.
(D) as violações a direitos indígenas são reconhecidas pela Corte IDH considerando vítimas os indivíduos pertencentes a cada comunidade, visto não haver previsão na Convenção Americana de Direitos Humanos quanto ao reconhecimento de direitos coletivos.
(E) no julgamento do caso Awas Tingni versus Nicarágua, a Corte IDH assentou que o direito ao território indígena não encontra fundamentação na Convenção Americana de Direitos Humanos, uma vez que o seu artigo 21 desse instrumento contempla o direito à propriedade privada, sendo possível reconhecer apenas o direito ao uso especial da terra.

A: correta, pois a assertiva traz um dos pontos resolutivos da sentença da Corte Interamericana no citado caso; B: incorreta, pois a assertiva não condiz com o que foi decidido no citado caso. Ademais, o *princípio da interpretação autônoma* defende que "os conceitos e termos inseridos nos tratados de direitos humanos podem possuir sentidos próprios, distintos dos sentidos a eles atribuídos pelo direito interno, para dotar de maior efetividade os textos internacionais de direitos humanos[46]". E os juízes internos dos Estados-partes da Convenção Americana devem seguir os precedentes jurisprudenciais oriundos da Corte Interamericana no que tange à proteção dos direitos humanos. No julgamento do caso *Cabrera García e Montiel Flores vs. México*[47] a Corte reafirmou essa obrigatoriedade, ocasião que indicou algumas decisões de Cortes Supremas de países da América Latina que deliberadamente definiram a Corte Interamericana como última intérprete da Convenção Americana e a correspondente obrigação do Judiciário desses países de aplicar não somente os preceitos da Convenção, mas sobretudo a interpretação dada pela Corte à eles; **C:** incorreta. O caso *Yatama vs. Nicarágua* teve grande importância na definição dos contornos do direito ao sufrágio passivo. Segundo a Corte, o direito a ser eleito deve ser regulado por lei e garantir condições de igualdade no tocante à participação e à representação popular, e nunca permitir distinções discriminatórias. E foi esse último aspecto que permitiu a Corte apontar a violação do art. 23 da Convenção no caso apontado, isso porque a *Comunidade Yatama* foi excluída injustificadamente das eleições e tornou patente o desrespeito ao princípio da igualdade na sua forma de proibido discriminar[48]. A proibição de discriminação como consequência do princípio da igualdade faz parte do *jus cogens*, como a Corte apontou algumas vezes, notadamente depois da apresentação da Opinião Consultiva 18/03. A Corte determinou também que a exclusão injustificada da *Comunidade Yatama* das eleições feria o art. 24 da Convenção, que defende o direito de igualdade perante a lei; **D:** incorreta, pois a Corte reconhece como violação ao direito coletivo. Por exemplo, no Caso Mayagna (Sumo) Awas Tingni vs. Nicarágua, de 2001, a Corte aponta que o direito de propriedade (art. 21 da Convenção) é um direito do grupo e não de um indivíduo específico para as comunidades indígenas; **E:** incorreta. No caso Comunidade *Mayagna (Sumo) Awas Tingni vs. Nicarágua*[49], a Corte Interamericana defendeu que a relação da comunidade em questão com suas terras era espiritual. Esse reconhecimento da Corte foi proveniente de uma leitura progressista do art. 21 da Convenção (direito de propriedade). Outro caso que reforça a interdependência entre o território e a própria identidade cultural da comunidade indígena é o Kichwa de Sarayaku vs. Equador[50].

Gabarito "A".

(Defensoria/SP - 2013 - FCC) Em relação às opiniões consultivas da Corte Interamericana de Direitos Humanos, considere as seguintes afirmações:

I. Em decisão recente, o Supremo Tribunal Federal considerou inconstitucional a exigência de diploma de jornalismo para o exercício da profissão de jornalista em homenagem à liberdade de expressão e informação, seguindo-se a orientação da opinião consultiva n. 05 da Corte Interamericana de Direitos Humanos sobre a interpretação dos artigos 13 e 29 da Convenção Americana de Direitos Humanos.

II. A opinião consultiva n. 08 da Corte Interamericana de Direitos Humanos reconheceu a aplicabilidade da proibição do retrocesso

---

46. RAMOS, op. cit., p. 87.
47. Corte IDH. *Caso Cabrera García e Montiel Flores vs. México*. Exceção Preliminar, Mérito, Reparações e Custas. Sentença de 26 de novembro de 2010.
48. Caso *Yatama vs. Nicarágua*. Item 110 da decisão.
49. Mérito, reparações e custas. Sentença de 31.08.2001. Item 149 da decisão.
50. Corte IDH. *Caso Povo Indígena Kichwa de Sarayaku vs. Equador*. Mérito y reparações. Sentença de 27 de junho de 2012.

aos direitos econômicos, sociais e culturais em consulta formulada pela República da Costa Rica acerca da interpretação da cláusula do desenvolvimento progressivo prevista no artigo 26 da Convenção Americana de Direitos Humanos.

III. A opinião consultiva n. 14 da Corte Interamericana de Direitos Humanos afirma que a promulgação de uma lei em sentido material manifestamente contrária às obrigações assumidas pelo Estado ao ratificar ou aderir à Convenção Americana de Direitos Humanos constitui uma violação da presente e que, no caso de tal violação afetar direitos e liberdades de indivíduos determinados, poderá gerar a responsabilização internacional do Estado-Parte.

IV. Na opinião consultiva n. 16, a Corte Interamericana de Direitos Humanos considera violado o devido processo legal quando um Estado não notifica um preso estrangeiro de seu direito à assistência consular.

Estão corretas as afirmações:

(A) I, II, III e IV.
(B) I e IV, somente.
(C) II e III, somente.
(D) I, II e III, somente.
(E) I, III e IV, somente.

I: correta. A Opinião Consultiva 5/1985 foi solicitada pelo governo da Costa Rica com o objetivo de aclarar a correta interpretação dos artigos 13 e 29 da Convenção Americana de Direitos Humanos, tendo por base o licenciamento obrigatório dos jornalistas[51] e a compatibilidade da Lei nº 4.420/1969[52] (Lei Orgânica do Sindicato de Jornalistas da Costa Rica) com os artigos 13 e 29 do Pacto de San José da Costa Rica. A questão era saber se o licenciamento obrigatório como condição para o exercício do jornalismo estava permitido ou compreendido nas limitações à liberdade de pensamento e expressão contidas nos artigos 13 e 29 da Convenção. Ou seja, se havia compatibilidade entre as normas internas e os artigos da Convenção. Em primeiro lugar, a Corte decidiu, por unanimidade, que o licenciamento obrigatório de jornalistas, enquanto impeça o acesso de qualquer pessoa ao uso pleno dos meios de comunicação social como veículo para expressar-se ou transmitir opinião, é incompatível com o artigo 13 da Convenção Americana de Direitos Humanos. Por último, a Corte também decidiu por unanimidade que a Lei 4.420/1969, enquanto impeça certas pessoas de pertencer ao Sindicato de Jornalistas e, por consequência, o uso pleno dos meios de comunicação social como veículo para expressar-se e transmitir opinião, é incompatível com o artigo 13 da Convenção Americana de Direitos Humanos; **II: incorreta.** A Opinião Consultiva 8/1987 foi apresentada pela Comissão Interamericana de Direitos Humanos com o objetivo de aclarar a devida interpretação dos artigos 25, ponto 1, e 7º, ponto 6, da Convenção Americana de Direitos Humanos relacionados com a última frase do artigo 27, ponto 2, da mesma Convenção. A Corte decidiu, por unanimidade, que os procedimentos jurídicos consagrados nos artigos 25, ponto 1, e 7º, ponto 6, da Convenção Americana de Direitos Humanos não podem ser suspensos conforme o disposto no artigo 27, ponto 2, da mesma Convenção, pois constituem garantias judiciais indispensáveis para proteger direitos e liberdades que tampouco podem ser suspensas, segundo preceitua o já citado artigo 27, ponto 2, da Convenção; **III: correta.** A Opinião Consultiva 14/1994 foi solicitada pela Comissão Interamericana de Direitos Humanos com o objetivo de obter resposta para as seguintes indagações: **a)** quando um Estado-parte da Convenção Americana de Direitos Humanos produz uma lei que viola manifestamente as obrigações que o Estado contraiu ao ratificar a Convenção, quais seriam, nesse caso, os efeitos jurídicos dessa lei em face das obrigações internacionais do Estado?; **b)** quando um Estado-parte da Convenção Americana de Direitos Humanos produz uma lei cujo cumprimento por parte dos agentes ou funcionários desse Estado se traduz em uma violação manifesta da Convenção, quais são as obrigações e responsabilidades dos ditos agentes ou funcionários? As perguntas têm por base o disposto no artigo 4º, pontos 2 e 3, da Convenção em relação ao cotejo do artigo 235 da antiga Constituição peruana[53] e do artigo 140 da nova Constituição peruana.[54] A Corte decidiu, por unanimidade, que é competente para emitir a opinião consultiva. Também decidiu por unanimidade nos seguintes termos: **a)** a produção de uma lei manifestamente contrária às obrigações assumidas por um Estado ao ratificar ou aderir à Convenção constitui uma violação desse diploma internacional, e, caso essa violação afete direitos e liberdades protegidos de indivíduos determinados, dará azo à responsabilidade internacional de tal Estado; **b)** o cumprimento por parte de agentes ou funcionários de uma lei manifestamente violadora da Convenção dará ensejo à responsabilidade internacional desse Estado. E, no caso de o ato de cumprimento constituir por si só um crime internacional, gerará também a responsabilidade internacional dos agentes ou funcionários que executaram o ato; **IV: correta.** A Opinião Consultiva 16/1999 foi solicitada pelos Estados Unidos Mexicanos e um dos pontos da decisão da corte correspondem ao afirmado na presente assertiva. Seguem os pontos constantes da decisão da Corte: a) o artigo 36 da Convenção de Viena sobre Relações Consulares reconhece direitos individuais ao detido estrangeiro, entre eles o direito à informação sobre a assistência consular, aos quais correspondem deveres correlatos a cargo do Estado receptor; b) o artigo 36 da Convenção de Viena sobre Relações Consulares cuida da proteção dos direitos do nacional do Estado que envia e está em consonância com a ordem internacional dos direitos humanos; c) a expressão "sem dilação", constante do artigo 36, ponto 1, b, da Convenção de Viena, significa que o Estado deve cumprir com seu dever de informar o detido sobre seus direitos no momento da privação da liberdade e em todo caso antes que dê sua primeira declaração perante a autoridade; d) a observância dos direitos do indivíduo disciplinados no artigo 36 da Convenção de Viena não está subordinada à manifestação do Estado que o envia; e) os artigos 2º, 6º, 14 e 50 do Pacto Internacional de Direitos Civis e Políticos são aplicados aos Estados americanos; f) o direito individual à informação (artigo 36, ponto 1, b, da Convenção de Viena) é condição para que o direito ao devido processo legal (artigo 14 do Pacto Internacional de Direitos Civis e Políticos) adquira eficácia no caso concreto. E o direito ao devido processo legal estabelece garantias mínimas suscetíveis de expansão via outros instrumentos internacionais, como a Convenção de Viena sobre Relações Consulares, que ampliam o horizonte protetivo dos detidos.

Gabarito "E".

(Defensoria/SP – 2013 – FCC) Em relação à Corte Interamericana de Direitos Humanos e sua jurisprudência, é correto afirmar:

(A) Em caso de reiterado descumprimento das decisões da Corte Interamericana de Direitos Humanos por parte de algum Estado, a Corte submeterá à consideração da Assembleia Geral da OEA um relatório indicando os casos de descumprimento do Estado infrator, bem como recomendando a sua suspensão ou exclusão.

(B) A Corte Interamericana de Direitos Humanos admite o ingresso da figura do amicus curiae nos procedimentos consultivos e nos contenciosos em qualquer momento do processo até as alegações finais, mas não admite nos procedimentos relativos à supervisão do cumprimento de sentenças e às medidas provisórias.

(C) No caso Atala Riffo y ninãs, a Corte Interamericana de Direitos Humanos decidiu pela responsabilidade internacional do Estado violador em face do tratamento discriminatório e da interferência indevida na vida privada da vítima em razão de sua orientação sexual.

(D) O pedido de interpretação das sentenças de exceções preliminares, mérito ou reparações e custas da Corte Interamericana de Direitos Humanos poderá ser formulado apenas pela Comissão Interamericana e pelos Estados-Partes (autor ou réu), cabendo indicar com precisão as questões relativas ao sentido ou ao alcance da sentença cuja interpretação é solicitada.

(E) A Corte Interamericana não poderá tomar as medidas provisórias que considerar pertinentes em assuntos que ainda não estiverem submetidos ao seu conhecimento por meio da Comissão Interamericana ou dos Estados-Partes.

A: incorreta porque não existe citada previsão. O cumprimento da sentença da Corte se dá geralmente de maneira voluntária pelos Estados. Caso isso não ocorra, por exemplo, no Brasil, o cumprimento se dará mediante execução da sentença, como título executivo judicial, perante a justiça federal, consoante disposto no artigo 109, I, da CF. Mas deve-se saber que os Estados-partes da Convenção se comprometem a cumprir a decisão da Corte em todo caso em que forem partes (artigo 68 da Convenção Americana de Direitos Humanos). Ademais, caso o Estado levante óbices jurídicos para viabilizar a execução da sentença em conformidade com o processo interno vigente, estará incorrendo em violação adicional da CADH (art. 2º), por não adotar providências no sentido de adequar o seu direito interno às obrigações internacionalmente assumidas; **B:** incorreta. Nos casos contenciosos, um escrito em caráter de *amicus curiae* poderá ser apresentado em qualquer momento do processo, porém no mais tardar até os 15 dias posteriores à celebração da audiência pública. Nos casos em que não se realize audiência pública, deverá ser remetido dentro dos 15 dias posteriores à resolução correspondente na qual se outorga prazo para o envio de alegações finais (artigo 44, ponto 3, do Regulamento da Corte Interamericana). Ademais, nos procedimentos de supervisão de cumprimento de sentenças e de medidas provisórias, poderão apresentar-se escritos de *amicus curiae* (artigo 44, ponto 4, do Regulamento); **C:** correta. No caso Karen Atala e hijas vs. Chile, a Corte determinou que a cláusula de não discriminação do artigo 1º, ponto 1, da Convenção Americana engloba os casos de discriminação por razões de preferências sexuais, e assim o Chile foi considerado responsável pelo descrito na presente assertiva; **D:** incorreta, porque a Comissão não tem competência para fazer o pedido de interpretação descrito na assertiva, apenas os Estados-partes. Cabe lembrar que o Estado interessado deve fazer o pedido dentro de 90 dias a partir da data da *notificação* da sentença. Ainda é possível apontar que a Corte admitiu, em casos excepcionais, o recurso de revisão contra sentenças que colocam fim ao processo, com o propósito de evitar que a coisa julgada mantenha uma situação de evidente injustiça, devido ao descobrimento de um fato que se houvesse sido conhecido no momento da confecção da sentença teria o condão de alterar seu resultado, ou que demonstraria a existência de um vício substancial na sentença[55]; **E:** incorreta. A Comissão, por iniciativa própria (*ex officio*) ou depois de receber uma denúncia, poderá entrar em contato com o Estado denunciado para que este adote, com urgência, medidas cautelares de natureza individual ou coletiva antes da análise do mérito da denúncia, desde que verificado risco de dano irreparável à vítima ou às vítimas. Dentro dessa ótica, poderá também solicitar que a Corte adote medidas provisórias mesmo antes da análise do mérito do caso, desde que o caráter de urgência e de gravidade as justifique. As medidas cautelares (adotadas por Estados) e as provisórias (adotadas pela Corte) possuem o mesmo efeito prático.

Gabarito "C".

---

51. Leia-se diploma de jornalismo.
52. Essa lei estabelece o licenciamento obrigatório de seus membros para poder exercer o jornalismo.
53. "Não há pena de morte, exceto por traição à pátria em caso de guerra externa."
54. "A pena de morte somente pode ser aplicada por delito de traição à pátria em caso de guerra e por terrorismo, conforme as leis e os tratados em que o Peru é parte obrigada."
55. Caso Genie Lacayo, Solicitação de Revisão da sentença de 29 de janeiro de 1997 (Resolução de 13 de setembro de 1997, item 10).

(Defensoria/SP – 2013 – FCC) Na sentença do *Caso Mendoza y otros versus Argentina*, de 14 de maio de 2013, a Corte Interamericana de Direitos Humanos declarou a República da Argentina internacionalmente responsável, bem como obrigou a referida nação ao cumprimento das devidas reparações pelas violações dos seguintes direitos previstos na Convenção Americana de Direitos Humanos:

(A) direitos dos estrangeiros bolivianos em situação irregular, acesso à justiça, direito à dignidade e proibição da escravidão.
(B) liberdade de expressão em matéria de imprensa, rádio e televisão; direito à propriedade privada, devido processo legal e direito à proteção judicial.
(C) direitos da criança, direito à proteção judicial, direito à vida e direito à integridade pessoal contra a tortura e a pena perpétua privativa de liberdade.
(D) aplicação da lei penal em prazo razoável, devido processo legal, direito à segurança e direito à integridade pessoal da vítima e dos seus parentes.
(E) direito à nacionalidade, direitos políticos e isonomia entre os cidadãos natos e naturalizados.

Em 14 de maio de 2013, a Corte Interamericana de Direitos Humanos proferiu sentença na qual declarou à República Argentina internacionalmente responsável pelas violações de direitos humanos cometidas em razão de ter imposto penas de privação perpétua da liberdade à cinco pessoas por delitos cometidos durante sua infância. Ademais, declarou o Estado responsável internacionalmente porque os códigos processuais penais aplicados nos casos destas pessoas não permitiam uma revisão ampla de seus julgamentos por um juiz ou tribunal superior; pela falta de atenção médica adequada a uma das crianças mencionadas; por ter submetido a duas das pessoas referidas a atos de tortura sem ter investigado estes fatos adequadamente; e por não ter investigado adequadamente a morte de um deles enquanto se encontrava sob custódia estatal. Pelo dito sobre o julgamento, conforme o Relatório Anual 2013 da Corte Interamericana, pode-se apontar a assertiva "C" como correta.

Gabarito "C".

(Defensor Público/AC – 2012 – CESPE) Com relação à jurisprudência da Corte Interamericana de Direitos Humanos a respeito dos direitos e da condição jurídica das crianças (OC-17) e dos imigrantes sem documentação (OC-18), assinale a opção correta.

(A) Devido ao caráter irregular da imigração, não se pode considerar discriminatória a distinção, de acordo com a legislação nacional, entre os trabalhadores que se encontrem legalmente e ilegalmente no território do Estado-membro.
(B) O princípio da igualdade impede que os Estados-membros estabeleçam, em suas legislações internas, distinções de tratamento em razão da menoridade.
(C) Os Estados-membros devem favorecer, mas não impor, a permanência do menor em seu núcleo familiar.
(D) Por meio do dever de especial proteção aos menores, os Estados-membros são autorizados a instituir juízos de exceção destinados à resolução de casos concretos cuja gravidade tenham reconhecido.
(E) A irregularidade da condição migratória justifica tratamento diferenciado do imigrante, apenas no que concerne à matéria trabalhista, pois é reconhecida a legitimidade dos Estados-membros para regular aspectos relevantes de sua economia interna.

A: incorreta. A Opinião Consultiva 18/2003 foi solicitada pelos Estados Unidos Mexicanos com o objetivo de obter a posição da Corte sobre a privação do gozo e exercício de certos direitos laborais (aos trabalhadores imigrantes) e sua compatibilidade com a obrigação dos Estados americanos de garantir a observância dos princípios da igualdade jurídica, não discriminação e proteção igual e efetiva da lei consagrados nos instrumentos internacionais de proteção dos direitos humanos, assim como a subordinação ou condicionamento da observância das obrigações impostas pelo direito internacional dos direitos humanos, incluídas aquelas oponíveis *erga omnes*, na consecução de certos objetivos de política interna de um Estado americano. Ademais, a consulta trata do caráter que os princípios da igualdade jurídica, não discriminação e proteção igual e efetiva da lei alcançaram no contexto de desenvolvimento progressivo do direito internacional dos direitos humanos e de sua codificação. As normas cuja interpretação o México solicitou ao Tribunal foram as seguintes: os artigos 3°, ponto 1, e 17 da Carta da OEA; o artigo 2° da Declaração Americana de Direitos e Deveres do Homem; os artigos 1°, ponto 1, 2° e 24 da Convenção Americana de Direitos Humanos; os artigos 1°, 2°, ponto 1, e 7° da Declaração Universal de Direitos Humanos; e os artigos 2°, pontos 1 e 2, 5°, ponto 2, e 26 do Pacto Internacional de Direitos Civis e Políticos. A Corte decidiu, por unanimidade, que é competente para emitir a opinião consultiva. E, no mérito, decidiu da seguinte forma e também de forma unânime: **a)** os Estados têm a obrigação geral de respeitar e garantir os direitos fundamentais, devendo, assim, adotar medidas positivas e evitar tomar iniciativas que limitem ou infrinjam um direito fundamental, além de suprimir as medidas e práticas que restrinjam ou vulnerem um direito fundamental; **b)** o descumprimento pelo Estado, mediante qualquer tratamento discriminatório, da obrigação geral de respeitar e garantir os direitos humanos gera responsabilidade internacional; **c)** o princípio da igualdade e não discriminação possui um caráter fundamental para a salvaguarda dos direitos humanos tanto no direito internacional como no interno; **d)** o princípio fundamental da igualdade e não discriminação faz parte do direito internacional geral, por ser aplicável a todo Estado, independentemente de ser parte ou não de determinado tratado internacional. Na atual etapa de evolução do direito internacional, o princípio fundamental da igualdade e da não discriminação tornou-se parte do domínio do *jus cogens*; **e)** o princípio fundamental da igualdade e não discriminação, de caráter peremptório, acarreta obrigações *erga omnes* de proteção que se vinculam a todos os Estados e geram efeitos em relação a terceiros, inclusive particulares; **f)** a obrigação geral de respeitar e garantir os direitos humanos vincula os Estados, independentemente de qualquer circunstância ou consideração, inclusive o *status* migratório das pessoas; **g)** o direito ao devido processo legal deve ser reconhecido no marco das garantias mínimas que se devem garantir a todo imigrante, independentemente de seu *status* migratório. O amplo alcance da intangibilidade do devido processo legal compreende todas as matérias e todas as pessoas, sem qualquer discriminação; **h)** a qualidade migratória de uma pessoa não pode constituir uma justificação para privá-la do gozo e exercício de seus direitos humanos, entre eles os de caráter laboral. O imigrante, ao assumir uma relação de trabalho, adquire direitos, por ser trabalhador, que devem ser reconhecidos e garantidos, independentemente de sua situação regular ou irregular no país de emprego. Esses direitos são consequências da relação laboral; **i)** o Estado tem a obrigação de respeitar e garantir os direitos humanos laborais de todos os trabalhadores, independentemente de sua condição de nacional ou estrangeiro, e não pode tolerar situações de discriminação em prejuízo destes nas relações laborais que se estabeleçam entre particulares (empregador-empregado). O Estado não deve permitir que os empregadores privados violem os direitos dos trabalhadores nem que a relação contratual vulnere as normas mínimas internacionais; **j)** os trabalhadores, titulares dos direitos laborais, devem contar com todos os meios adequados para exercê-los. Os trabalhadores imigrantes ilegais possuem os mesmos direitos laborais que correspondem aos demais trabalhadores do Estado de emprego, e este último deve tomar todas as medidas necessárias para que sejam reconhecidos e garantidos na prática; **k)** os Estados não podem subordinar ou condicionar a observância do princípio da igualdade perante a lei e da não discriminação à consecução dos objetivos de suas políticas públicas, quaisquer que sejam estas, incluídas as de caráter migratório. O juiz brasileiro Antônio Augusto Cançado Trindade, o juiz mexicano Sergio García Ramírez, o juiz equatoriano Hernán Salgado Pesantes e o juiz venezuelano Alirio Abreu Burelli apresentaram votos concorrentes que acompanharam a opinião consultiva em questão. Encerramos este comentário com uma reflexão do jurista brasileiro Cançado Trindade: "Uma das contribuições significativas da presente Opinião Consultiva n. 18 sobre a *Condição Jurídica e os Direitos dos Imigrantes Ilegais* reside em sua determinação do amplo alcance do devido processo legal. Na Opinião Consultiva anterior, sobre o *Direito à Informação sobre a Assistência Consular no Marco das Garantias do Devido Processo Legal* (n. 16), a Corte Interamericana sublinhou a evolução histórica do devido processo legal no sentido de sua expansão *ratione materiae*, enquanto na presente Opinião Consultiva n. 18 se examina a dita expansão *ratione personae* e se determina que o direito ao devido processo deve ser reconhecido no marco das garantias mínimas que devem ser garantidas a todo imigrante, independentemente de seu *status* migratório. A acertada conclusão da Corte, no sentido de que o amplo alcance da intangibilidade do devido processo compreende todas as matérias e todas as pessoas sem discriminação, atende efetivamente as exigências e os imperativos do bem comum[56]"; **B:** incorreta. A Opinião Consultiva 17/2002 foi solicitada pela Comissão Interamericana de Direitos Humanos com o escopo de definir a correta interpretação dos artigos 8° e 25 da Convenção Americana de Direitos Humanos e determinar se as medidas especiais estabelecidas no artigo 19 da mesma Convenção constituem "limites ao arbítrio ou à discricionariedade dos Estados" em relação às crianças. Também se solicitou a formulação de critérios gerais válidos sobre as matérias dentro do marco da Convenção Americana. A Comissão incluiu na consulta a solicitação de que a Corte se pronunciasse especificamente sobre a compatibilidade das seguintes medidas especiais adotadas por alguns Estados com os artigos 8° e 25 da Convenção Americana: **a)** a separação dos jovens de seus pais e/ou família por se considerar, pelo arbítrio do órgão competente e sem o devido processo legal, que estes últimos não possuem condições para a educação e cuidados no geral de seus filhos; **b)** a supressão da liberdade mediante a internação de menores em estabelecimentos de guarda ou custódia, por considerá-los abandonados ou propensos a se envolver em situações de risco ou ilegalidade; **c)** a aceitação, em sede penal, de confissões de menores obtidas sem as devidas garantias; **d)** a tramitação de ações ou procedimentos administrativos que infrinjam direitos fundamentais do menor sem a garantia de defesa; **e)** a definição, em procedimentos administrativos e judiciais, de direitos e liberdades sem a garantia do direito de ser ouvido pessoalmente e a não consideração da opinião e preferências do menor nessa definição. A corte decidiu, por seis votos contra um[57], que é competente para emitir a opinião consultiva e que a solicitação da Comissão Interamericana de Direitos Humanos era admissível. Ademais, declarou que, para os efeitos dessa opinião consultiva, criança ou menor de idade é toda pessoa que não tenha completado 18 anos, salvo se tenha alcançado antes a maioridade por determinação legal. No mérito, a Corte decidiu da seguinte maneira: **a)** em conformidade com a normativa contemporânea do direito internacional dos direitos humanos, na qual se situa o artigo 19 da Convenção Americana de Direitos Humanos, as crianças são titulares de direitos, e não somente objeto de proteção; **b)** a expressão "interesse superior da criança", consagrada no artigo 3° da Convenção sobre os Direitos das Crianças, implica que o desenvolvimento da criança e o exercício pleno de seus direitos devem ser considerados critérios orientadores para a elaboração de normas e a aplicação destas em todas as facetas relativas à vida da criança; **c)** o princípio da igualdade disciplinado no artigo 24 da Convenção Americana de Direitos Humanos não impede a adoção de regras e medidas específicas em relação às crianças, as quais requerem um tratamento diferenciado em função de suas condições especiais. Esse tratamento deve ser direcionado à proteção de seus direitos e interesses; **d)** a família constitui o âmbito preferencial para o desenvolvimento da criança e o exercício de seus direitos. Por isso, o Estado deve apoiar e fortalecer a família, por meio de diversas medidas tendentes a auxiliar o cumprimento de sua função

---

56. Voto concorrente na Opinião Consultiva 18/2003, p. 147.
57. O voto divergente foi do juiz barbadense Oliver Jackman.

natural; **e)** devem ser dadas preferência e a respectiva facilitação para a permanência da criança em seu núcleo familiar, salvo se existirem razões determinantes para separá-la de sua família. A separação deverá ser excepcional e preferencialmente temporária; **f)** para o correto cuidado com as crianças, o Estado deve se valer de instituições que disponham de pessoal adequado e instalações suficientes para o desempenho de tarefas desse gênero; **g)** o respeito ao direito à vida, em relação às crianças, abarca não somente as proibições, entre elas, da privação arbitrária, estabelecidas no artigo 4º da Convenção Americana de Direitos Humanos, mas também a obrigação de adotar medidas necessárias para que a existência das crianças se desenvolva em condições dignas; **h)** a verdadeira e plena proteção das crianças significa a possibilidade de poderem desfrutar amplamente todos os seus direitos, entre eles os econômicos, sociais e culturais, previstos em diversos instrumentos internacionais. Os Estados-partes nos tratados internacionais de direitos humanos têm a obrigação de adotar medidas positivas para assegurar a proteção de todos os direitos da criança; **i)** os Estados-partes na Convenção Americana têm o dever, consoante o disposto nos artigos 17 e 19, combinado com o artigo 1º, ponto 1, da mesma Convenção, de tomar todas as medidas positivas que assegurem a proteção das crianças contra maus-tratos, seja em sua relação com as autoridades públicas, seja nas relações interindividuais ou com entes não estatais; **j)** nos procedimentos judiciais ou administrativos referentes a direitos das crianças devem ser observados os princípios e as regras do devido processo legal. Isso abarca as regras correspondentes a juiz natural – competente, independente e imparcial –, duplo grau de jurisdição, presunção de inocência, contraditório e ampla defesa, respeitando as particularidades das crianças; **k)** os menores de 18 anos que recebam a imputação de uma conduta delituosa devem se sujeitar a órgãos judiciais distintos dos correspondentes aos maiores de idade; **l)** a conduta que motive a intervenção do Estado nos casos de delitos perpetrados por menores de idade deve estar descrita na lei penal. Outros casos, como os de abandono, desamparo, risco ou enfermidade, devem ser atendidos de forma diferente, e não com os mesmos procedimentos aplicáveis aos menores que incorreram em conduta típica. Contudo, nesses casos é preciso observar, igualmente, os princípios e as normas do devido processo legal, tanto em relação aos menores como em relação às pessoas que exerçam direitos sobre eles; **m)** é possível empregar vias alternativas de solução de controvérsias que afetam as crianças, mas é preciso regular com especial cuidado a aplicação desses meios para que não alterem ou diminuam seus direitos. O juiz barbadense Oliver Jackman apresentou voto divergente, pois para ele a opinião consultiva era pura especulação acadêmica. Dessa forma, votou de forma totalmente contrária ao decidido pela Corte no exercício de sua função consultiva. Por fim, o juiz brasileiro Antônio Augusto Cançado Trindade e o juiz mexicano Sergio García Ramírez apresentaram votos concorrentes que acompanharam a opinião consultiva em questão; **C:** correta. Conforme o comentário sobre a assertiva anterior, a Corte decidiu, na OC 17, que a família constitui o âmbito preferencial para o desenvolvimento da criança e o exercício de seus direitos. Por isso, o Estado deve apoiar e fortalecer a família, por meio de diversas medidas tendentes a auxiliar o cumprimento de sua função natural e que devem ser dadas preferência e a respectiva facilitação para a permanência da criança em seu núcleo familiar, salvo se existirem razões determinantes para separá-la de sua família. A separação deverá ser excepcional e preferencialmente temporária; **D:** incorreta. Juízos de exceção são terminantemente proibidos; **E:** incorreta. Reler o comentário sobre a assertiva "A".

Gabarito "C".

(Defensor Público/AC – 2012 – CESPE) Assinale a opção correta a respeito da Corte Interamericana de Direitos Humanos.

(A) Essa corte é integrada por sete juízes eleitos, não se admitindo nela a participação de juízes.

(B) A referida corte desempenha, além da função jurisdicional, função consultiva.

(C) Das suas decisões cabe recurso à Assembleia Geral da Organização dos Estados Americanos.

(D) A jurisdição dessa corte internacional abrange todos os países do continente americano.

(E) O Brasil reconheceu a jurisdição dessa corte no mesmo ano em que ratificou a Convenção Americana de Direitos Humanos.

A: incorreta. A Corte é o órgão jurisdicional do sistema regional de proteção americano. Sua composição é de sete juízes, os quais são nacionais dos países-membros da OEA e escolhidos pelos Estados-partes da Convenção. Vale sublinhar que essa escolha é realizada a título pessoal entre juristas da mais alta autoridade moral (o que, obviamente, não exclui os juízes de carreira de dado país), de reconhecida competência em matéria de direitos humanos e que reúnam as condições requeridas para o exercício das mais elevadas funções judiciais, de acordo com a lei do Estado do qual sejam nacionais ou do Estado que os propuser como candidatos. Não deve haver dois juízes da mesma nacionalidade; **B:** correta. A Corte tem uma atuação consultiva e contenciosa. Antes de analisar tais atuações, deve-se destacar que o quórum para as deliberações da Corte é de cinco juízes (artigo 56 do Pacto de San José da Costa Rica). A competência consultiva da Corte é marcada por sua grande finalidade de uniformizar a interpretação da Convenção Americana de Direitos Humanos e dos tratados de direitos humanos confeccionados no âmbito da OEA. Dentro dessa competência, qualquer Estado-membro ou órgão[58] da OEA pode pedir que a Corte emita parecer que indique a correta interpretação da Convenção e dos tratados de direitos humanos. Os órgãos da OEA também desfrutam o direito de solicitar opiniões consultivas, mas somente em suas esferas de competência. Assim, enquanto os Estados-membros da OEA têm direito absoluto a pedir opiniões consultivas, os órgãos apenas podem fazê-lo dentro dos limites de sua competência. O direito dos órgãos de pedir opiniões consultivas está restrito a assuntos em que tenham um legítimo interesse institucional[59]. Ademais, a Corte pode fazer análise de compatibilidade entre a legislação doméstica de um país-membro da OEA e o sistema protetivo americano, com o intuito de harmonizá-los. Já a competência contenciosa só será exercida em relação aos Estados-partes da Convenção que expressem e inequivocamente tenham aceitado essa competência da Corte (artigo 62 da Convenção Americana de Direitos Humanos). A declaração de aceite da competência da Corte pode ser feita incondicionalmente ou sob condição de reciprocidade, por prazo determinado ou ainda somente para casos específicos. Em síntese, pode-se dizer que a jurisdição contenciosa da Corte está limitada em razão das partes que intervêm no procedimento (*ratione personae*), em razão da matéria objeto da controvérsia (*ratione materiae*) e em razão do tempo transcorrido desde a notificação aos Estados do relatório da Comissão (*ratione temporis*). É limitada *ratione personae* porque só os Estados-partes ou a Comissão podem acioná-la; é limitada *ratione materiae* porque apenas pode conhecer de casos que tenham por supedâneos a Convenção Americana de Direitos Humanos, o Protocolo de San Salvador (somente em relação aos artigos 8º, ponto 1, alínea *a*, e 13), a Convenção Interamericana para Prevenir e Punir a Tortura (conforme o que dispõe o artigo 8º) e a Convenção Interamericana sobre o Desaparecimento Forçado de Pessoas (conforme o que dispõe o artigo 13); e, por fim, é limitada *ratione temporis* porque o caso tem de ser tanto submetido à Corte no prazo de três meses contados da data de envio do relatório, pela Comissão, aos Estados interessados, como também as alegadas violações devem datar de momento posterior ao reconhecimento da competência contenciosa da Corte pelo Estado. No tocante à Convenção Americana de Direitos Humanos, cabe apontar que a Corte tem competência para analisar não somente os direitos por ela disciplinados, mas também as normas que regulam o processo (competência ampla). Se no exercício de sua competência contenciosa ficar comprovada a violação de direitos humanos da(s) vítima(s), a Corte determinará a adoção, pelo Estado agressor[60], de medidas que façam cessar a violação e restaurar o direito vilipendiado (*restitutio in integrum*), além de poder condenar o Estado agressor ao pagamento de indenização (tendo por base o plano material e o imaterial) à(s) vítima(s). A obrigação de reparar, que se regulamenta em todos os aspectos (alcance, natureza, modalidades e determinação dos beneficiários) pelo direito internacional, não pode ser modificada ou descumprida pelo Estado obrigado, mediante a invocação de disposições de seu direito interno. O cumprimento da sentença da Corte se dá geralmente de maneira voluntária pelos Estados. Caso isso não ocorra, por exemplo, no Brasil, o cumprimento se dará mediante execução da sentença, como título executivo judicial, perante a justiça federal, consoante disposto no artigo 109, I, da CF. Mas deve-se saber que os Estados-partes da Convenção se comprometem a cumprir a decisão da Corte em todo caso em que forem parte (artigo 68 da Convenção Americana de Direitos Humanos). Em relação à sentença da Corte Interamericana, resta ainda informar que ela será sempre fundamentada, definitiva e inapelável (artigos 66 e 67 da Convenção Americana de Direitos Humanos), todavia, em caso de divergência sobre o sentido ou alcance da sentença, a Corte interpretá-la-á, a pedido de qualquer das partes, desde que o pedido seja apresentado dentro de 90 dias a partir da data da *notificação* da sentença. Ainda é possível apontar que a Corte admitiu, em casos excepcionais, o recurso de revisão contra sentenças que colocam fim ao processo, com o propósito de evitar que a coisa julgada mantenha uma situação de evidente injustiça, devido ao descobrimento de um fato que se houvesse sido conhecido no momento da confecção da sentença teria o condão de alterar seu resultado, o que demonstraria a existência de um vício substancial na sentença[61]; **C:** incorreta. Como dito no comentário anterior, as decisões da Corte são inapeláveis (artigos 66 e 67 da Convenção Americana de Direitos Humanos): **D:** incorreta, pois como já assinalado a Corte é Corte é o órgão jurisdicional do sistema regional de proteção americano. E sua jurisdição só será exercida em relação aos Estados-partes da Convenção que expressem e inequivocamente tenham aceitado essa competência da Corte (artigo 62 da Convenção Americana de Direitos Humanos); **E:** incorreta. Em 22 de novembro de 1969, na Conferência de San José da Costa Rica, foi adotada a Convenção Americana de Direitos Humanos[62] (Pacto de San José da Costa Rica), a qual só entrou em

58. Os órgãos estão elencados no capítulo X da Carta da Organização dos Estados Americanos.

59. Conforme ponto 14 da Opinião Consultiva 02/82 da Corte Interamericana de Direitos Humanos.

60. A responsabilização de Estado, é importante dizer que o artigo 28 da Convenção Americana de Direitos Humanos estabelece a cláusula federal, que em seu ponto 2 determina: "No tocante às disposições relativas às matérias que correspondem à competência das entidades componentes da federação, o governo nacional deve tomar imediatamente as medidas pertinentes, em conformidade com sua Constituição e com suas leis, a fim de que as autoridades competentes das referidas entidades possam adotar as disposições cabíveis para o cumprimento desta Convenção". Ademais, sempre o governo central responderá perante a comunidade internacional, pois é o representante do Estado como um todo, que é o único detentor de personalidade jurídica internacional. Em outras palavras, a Federação de estados ou Estado Federal é a união permanente de dois ou mais estados, na qual cada um conserva apenas a autonomia interna, pois a soberania externa é exercida por um órgão central, normalmente denominado *governo federal*. O Brasil é Estado Federal desde a Constituição Federal de 1891. Por fim, a título conclusivo, pode-se afirmar que a divisão de autonomias em relação às competências internas não interfere na responsabilização internacional.

61. Caso Genie Lacayo, Solicitação de Revisão da sentença de 29 de janeiro de 1997 (Resolução de 13 de setembro de 1997, item 10).

62. É de suma importância sublinhar que a Convenção Americana de Direitos Humanos é autoaplicável. Tal definição provém do Parecer Consultivo 07/86 da Corte Interamericana de Direitos Humanos. Assim, uma vez internalizada, estará apta a irradiar seus efeitos diretamente na ordem interna do país-parte, isto é, não necessitará de lei que regulamente sua incidência nos países que aderiram a seus mandamentos.

vigor internacional em 18 de julho de 1978 (quando atingiu as 11 ratificações necessárias) e é o principal instrumento protetivo do sistema americano. No Brasil, a Convenção passou a ter vigência por meio do Decreto nº 678 de 6 de novembro de 1992. Cabe destacar que o artigo 2º desse decreto dispõe sobre a declaração interpretativa do governo brasileiro: "O Governo do Brasil entende que os arts. 43 e 48, d, não incluem o direito automático de visitas e inspeções in loco da Comissão Interamericana de Direitos Humanos, as quais dependerão da anuência expressa do Estado". Tal declaração interpretativa funciona como uma ressalva que limita os poderes da Comissão Interamericana de Direitos Humanos[63]. Por sua vez, o Brasil reconheceu a competência obrigatória da Corte em 8 de novembro de 2002 (Decreto nº 4.463). O reconhecimento foi feito por prazo indeterminado, mas abrange fatos ocorridos após 10 de dezembro de 1998.

Gabarito "B".

(Defensor Público/RO – 2012 – CESPE) Com base na sentença da Corte Interamericana de Direitos Humanos no caso Gomes Lund e outros, de 24 de novembro de 2010, assinale a opção correta.

(A) Segundo a sentença, as disposições da Lei de Anistia, que impedem a investigação das violações aos direitos humanos durante a Guerrilha do Araguaia, são incompatíveis com a Convenção Americana sobre Direitos Humanos, mas há compatibilidade entre o disposto na Convenção e as disposições da lei penal comum, que impedem a sanção a tais violações em razão da prescrição penal, uma vez que a prescrição constitui manifestação do direito humano à segurança jurídica, garantido pela Convenção.

(B) De acordo com a sentença, o Brasil é responsável por violação aos direitos humanos em decorrência da falta de investigação sobre os desaparecimentos forçados ainda não esclarecidos, mas não em razão da impunidade dos responsáveis por esses desaparecimentos, dada a ocorrência da prescrição punitiva nos termos da legislação nacional.

(C) A investigação dos desaparecimentos forçados ainda não esclarecidos deve ser realizada perante a justiça militar da União, nos termos da legislação nacional, já que a prática da conduta contrária às garantias da Convenção Americana sobre Direitos Humanos é imputada a integrantes das Forças Armadas.

(D) A sentença não reconheceu a competência da referida Corte para julgar a violação à Convenção Americana sobre Direitos Humanos apenas no que se refere à execução extrajudicial de pessoa cujos restos mortais foram identificados antes da data em que o Brasil reconheceu a jurisdição contenciosa da Corte.

(E) A Corte considerou que a arguição de descumprimento de preceito fundamental inclui-se entre os recursos internos que devem ser esgotados para o preenchimento da condição de admissibilidade da denúncia.

Caso Gomes Lund e outros (Guerrilha do Araguaia) versus Brasil
Nesse caso, a Corte prolatou uma sentença (de 24 de novembro de 2010) que resolve as exceções preliminares, o mérito e as reparações e custas. A Corte foi acionada pela Comissão Interamericana de Direitos Humanos, a qual havia recebido anteriormente uma petição apresentada pelo Centro pela Justiça e o Direito Internacional (Cejil) e pela *Human Rights Watch/Americas*, em nome de pessoas desaparecidas no contexto da Guerrilha do Araguaia e seus familiares. Essa demanda se refere à alegada responsabilidade do Brasil pela detenção arbitrária, tortura e desaparecimento forçado de 62 pessoas, entre membros do Partido Comunista do Brasil e camponeses da região, resultado de operações do Exército brasileiro empreendidas entre 1972 e 1975 com o objetivo de erradicar a Guerrilha do Araguaia, no contexto da ditadura militar (1964-1985). Assim, foi apresentada para que a Corte decidisse se o Brasil era responsável pela violação dos direitos estabelecidos nos artigos 3º (direito ao reconhecimento da personalidade jurídica), 4º (direito à vida), 5º (direito à integridade pessoal), 7º (direito à liberdade pessoal), 8º (garantias judiciais), 13 (liberdade de pensamento e expressão) e 25 (proteção judicial), da Convenção Americana de Direitos Humanos, em conexão com as obrigações previstas nos artigos 1º, ponto 1 (obrigação geral de respeito e garantia dos direitos humanos), e 2º (dever de adotar disposições de direito interno) da mesma Convenção. O Brasil interpôs quatro exceções preliminares; a Corte admitiu parcialmente a exceção preliminar de falta de competência temporal da Corte para examinar supostas violações ocorridas antes do reconhecimento de sua competência pelo Brasil e não aceitou as outras. Antes de comentarmos a decisão sobre o mérito, cabe apontar que o caráter contínuo ou permanente do desaparecimento forçado de pessoas foi reconhecido de maneira reiterada pelo Direito Internacional dos Direitos Humanos, no qual o ato de desaparecimento e sua execução se iniciam com a privação da liberdade da pessoa e a subsequente falta de informação sobre seu destino, e permanecem até quando não se conheça o paradeiro da pessoa desaparecida e os fatos não tenham sido esclarecidos. A Corte, portanto, é competente para analisar os alegados desaparecimentos forçados das supostas vítimas a partir do reconhecimento de sua competência contenciosa efetuado pelo Brasil; só não foi em relação à alegada execução extrajudicial da senhora Maria Lúcia Petit da Silva, cujos restos mortais foram identificados em 1996, ou seja, dois anos antes

de o Brasil reconhecer a competência contenciosa da Corte. No mérito, a Corte decidiu, por unanimidade, que as disposições da Lei de Anistia brasileira (nº 6.683/79) que impedem a investigação e sanção de graves violações de direitos humanos são incompatíveis com a Convenção Americana (controle de convencionalidade internacional), como também que o Brasil é responsável pelo desaparecimento forçado e, portanto, pela violação dos direitos ao reconhecimento da personalidade jurídica, à vida, à integridade pessoal e à liberdade pessoal em relação com o artigo 1º, ponto 1, desse instrumento. Ademais, decidiu que o Brasil descumpriu a obrigação de adequar seu direito interno à Convenção Americana de Direitos Humanos, contida em seu artigo 2º, em relação aos artigos 8º, ponto 1, 25 e 1º, ponto 1, do mesmo instrumento. E ainda declarou o Brasil responsável pela violação do direito à liberdade de pensamento e de expressão consagrado no artigo 13 da Convenção, em relação com os artigos 1º, ponto 1, 8º, ponto 1, e 25 desse instrumento. Também foi declarada a responsabilidade do Brasil pela violação do direito à integridade pessoal, consagrado no artigo 5º, ponto 1, da Convenção, em relação com o artigo 1º, ponto 1, desse mesmo instrumento, em prejuízo dos familiares. Cabe sublinhar que nessa decisão a Corte definiu que o dever de investigar e punir os responsáveis pela prática de desaparecimentos forçados possui caráter de *jus cogens*. Por fim, Roberto Caldas, juiz *ad hoc* indicado pelo Brasil, destacou, em seu voto concordante em separado, o papel da Corte no controle de convencionalidade internacional: "se aos tribunais supremos ou aos constitucionais nacionais incumbe o controle de constitucionalidade e a última palavra judicial no âmbito interno dos Estados, à Corte Interamericana de Direitos Humanos cabe o controle de convencionalidade e a última palavra quando o tema encerre debate sobre direitos humanos. É o que decorre do reconhecimento formal da competência jurisdicional da Corte por um Estado, como o fez o Brasil".

A: incorreta. Nenhuma lei ou norma de direito interno, como as disposições de anistia, as regras de prescrição e outras excludentes de responsabilidade, podem impedir que um Estado cumpra sua obrigação de respeito e promoção dos direitos humanos, especialmente quando se tratar de graves violações de direitos que constituam crimes contra a humanidade, como os de lesa-humanidade, pois são inanistiáveis e imprescritíveis; B: incorreta. Como dito no texto inicial, nessa decisão a Corte definiu que o dever de investigar e punir os responsáveis pela prática de desaparecimentos forçados possui caráter de *jus cogens*. Sobre a prescrição ler o comentário sobre a assertiva anterior; C: incorreta. É a justiça comum que possui competência para julgar os casos que envolvem os direitos humanos. Importante transcrever o § 5º do artigo 109 da CF, que foi acrescentado pela EC nº 45 de 2004. Segue a redação legal: "Nas hipóteses de grave violação de direitos humanos, o Procurador-Geral da República, com a finalidade de assegurar o cumprimento de obrigações decorrentes de tratados internacionais de direitos humanos dos quais o Brasil seja parte, poderá suscitar, perante o Superior Tribunal de Justiça, em qualquer fase do inquérito ou processo, incidente de deslocamento de competência para a Justiça Federal". É a denominada *federalização* dos crimes contra os direitos humanos, e um caso conhecido é o IDC 2-DF/STJ de relatoria da ministra Laurita Vaz, pois o caso tinha como pano de fundo a atuação de um grupo de extermínio e o incidente de deslocamento de competência foi parcialmente acolhido[64]. É importante asseverar, com base na jurisprudência do STJ, que o incidente de deslocamento só será provido se ficar comprovado que a justiça estadual constitui verdadeira barreira ao cumprimento dos compromissos internacionais de proteção dos direitos humanos assumidos pelo Brasil; D: correta. Como já exposto no texto inicial, a Corte admitiu parcialmente a exceção preliminar de falta de competência temporal da Corte para examinar supostas violações ocorridas antes do reconhecimento de sua competência pelo Brasil. Antes de comentarmos a decisão sobre o mérito, cabe apontar que o caráter contínuo ou permanente do desaparecimento forçado de pessoas foi reconhecido de maneira reiterada pelo Direito Internacional dos Direitos Humanos, no qual o ato de desaparecimento e sua execução se iniciam com a privação da liberdade da pessoa e a subsequente falta de informação sobre seu destino, e permanecem até quando não se conheça o paradeiro da pessoa desaparecida e os fatos não tenham sido esclarecidos. A Corte, portanto, é competente para analisar os alegados desaparecimentos forçados das supostas vítimas a partir do reconhecimento de sua competência contenciosa efetuado pelo Brasil; só não foi à alegada execução extrajudicial da senhora Maria Lúcia Petit da Silva, cujos restos mortais foram identificados em 1996, ou seja, dois anos antes de o Brasil reconhecer a competência contenciosa da Corte; E: incorreta, pois a assertiva não traz informação verdadeira.

Gabarito "D".

(Defensor Público/RO – 2012 – CESPE) Considerando a sentença da Corte Interamericana de Direitos Humanos no caso Escher e outros, de 6 de julho de 2009, assinale a opção correta.

(A) Nos termos de precedente da Corte, a comunicação telefônica é abrangida pela garantia de proteção à privacidade prevista na Convenção Americana sobre Direitos do Homem, ainda que esta não preveja expressamente o sigilo desse tipo de comunicação.

(B) Segundo a Corte, abstratamente considerada, a lei de interceptação das comunicações telefônicas brasileira não é compatível com as disposições da Convenção Americana sobre Direitos Humanos voltadas à proteção da privacidade.

(C) A Corte considerou, nessa sentença, que a quebra de sigilo das comunicações telefônicas de integrantes de entidades associativas, fundada em lei cuja inadequação abstrata seja constatada, não implica necessariamente a violação ao direito à livre associação garantido pela Convenção Americana sobre Direitos Humanos.

(D) A Corte decidiu que o Brasil deveria adequar sua lei de interceptação das comunicações telefônicas às disposições da Convenção Americana sobre Direitos Humanos relativas à proteção da privacidade.

---

63. Todavia, deve-se apontar, como uma das consequências do princípio *pro homine*, que a interpretação das limitações de direitos estabelecidos nos tratados internacionais de direitos humanos deve ser restritiva – tudo para impedir ao máximo a diminuição da proteção da pessoa humana. Aliás, nesse sentido é o Parecer Consultivo 02, de 24 de setembro de 1982, da Corte Interamericana de Direitos Humanos.

64. IDC 2-DF, rel. min. Laurita Vaz, julgado em 27/10/2010. **(Inform. STJ** 453)

(E) De acordo com a referida Corte, a apresentação, pelo Estado-parte, da exceção preliminar embasada no descumprimento do requisito de esgotamento dos recursos internos pode ocorrer depois da adoção do relatório de admissibilidade pela Comissão Interamericana, mas nunca depois do encaminhamento da denúncia à Corte.

Caso Escher e outros *versus* Brasil

Nesse caso, a Corte prolatou uma sentença (de 6 de julho de 2009) que resolve as exceções preliminares, o mérito e as reparações e custas. A Corte foi acionada pela Comissão Interamericana de Direitos Humanos, a qual havia recebido anteriormente uma petição apresentada pelas organizações Rede Nacional de Advogados Populares e Justiça Global em nome dos membros das organizações Cooperativa Agrícola de Conciliação Avante Ltda. (Coana) e Associação Comunitária de Trabalhadores Rurais (Adecon), em função da alegada interceptação e monitoramento ilegal de linhas telefônicas, realizada pela Polícia Militar do estado do Paraná, bem como a divulgação das conversas telefônicas, a denegação de justiça e de reparação adequada. A demanda foi apresentada para que a Corte decidisse se o Brasil era responsável pela violação dos artigos 8º, ponto 1 (garantias judiciais), 11 (proteção da honra e da dignidade), 16 (liberdade de associação) e 25 (proteção judicial) da Convenção Americana, em relação à obrigação geral de respeito e garantia dos direitos humanos e ao dever de adotar medidas de direito interno, previstos, respectivamente, nos artigos 1º, ponto 1, e 2º do referido tratado, também em consideração às diretrizes emergentes da cláusula federal contida no artigo 28 do mesmo instrumento. O Brasil interpôs três exceções preliminares; a Corte descaracterizou uma e rechaçou as outras, declarando-se, assim, competente para conhecer o caso. No mérito, a Corte decidiu, por unanimidade, que o Brasil violou o direito à vida privada e o direito à honra e à reputação reconhecidos no artigo 11 em relação com o artigo 1º, ponto 1, da Convenção Americana, pela interceptação, gravação e divulgação das conversas telefônicas; o direito à liberdade de associação reconhecido no artigo 16 em relação com o artigo 1º, ponto 1, da Convenção; os direitos às garantias judiciais e à proteção judicial reconhecidos nos artigos 8º, ponto 1, e 25 em relação com o artigo 1º, ponto 1, da Convenção; e, por fim, decidiu que o Brasil não descumpriu a cláusula federal estabelecida no artigo 28 em relação com os artigos 1º, ponto 1, e 2º da Convenção. Cabe lembrar que, depois dessa sentença, foi feito um pedido para que a Corte interpretasse o alcance de um ponto resolutivo da sentença, pois, como já dito, em caso de divergência sobre o sentido ou alcance da sentença, a Corte interpretá-la-á, a pedido de qualquer das partes, desde que este seja apresentado dentro de 90 dias a partir da data da notificação da sentença. A: correta. Reler o texto inicial; B: incorreta, pois no julgamento desse caso a Corte não fez a citada colocação; C: incorreta. Reler o texto inicial; D: incorreta. Reler o texto inicial; E: incorreta. O momento processual oportuno para apresentação de exceção preliminar embasada no descumprimento do requisito de esgotamento dos recursos internos é aquele anterior à adoção do Relatório de Admissibilidade pela Comissão Interamericana.

Gabarito "A".

(Defensor Público/SE – 2012 – CESPE) De acordo com a jurisprudência da Corte Interamericana de Direitos Humanos,

(A) a exceção de não esgotamento dos recursos internos só será tempestiva quando apresentada na etapa de admissibilidade do procedimento perante a Comissão Interamericana de Direitos Humanos.

(B) o Estado-parte não tem direito a renunciar à regra do prévio esgotamento dos recursos internos.

(C) o descumprimento de prazo estabelecido para a apresentação de argumentos pelas partes constitui exceção preliminar válida.

(D) a publicação da sentença não constitui medida de satisfação para reparar dano imaterial.

(E) não compete a essa corte conhecer de violações contínuas ou permanentes conexas a atentados contra o direito à vida ocorridos antes do reconhecimento de sua jurisdição pelo Brasil.

A: correta. O momento processual oportuno para apresentação de exceção preliminar embasada no descumprimento do requisito de esgotamento dos recursos internos é aquele anterior à adoção do Relatório de Admissibilidade pela Comissão Interamericana; **B:** incorreta, pois é possível renunciar à regra do prévio esgotamento dos recursos internos. Na decisão de 13 novembro de 1981 (caso Viviana Gallardo e outras), a Corte Interamericana, invocando precedente da Corte Europeia de Direitos Humanos (De Wilde, Ooms and Versyp Cases – "Vagrancy" Cases), apontou que segundo os princípios do Direito Internacional geralmente reconhecidos e a prática internacional, a regra que exige o prévio esgotamento dos recursos internos foi concebida no interesse do Estado, pois busca dispensa-lo de responder perante um órgão internacional por atos a ele imputado, antes de ter a oportunidade de resolve-los com seus próprios instrumentos. Essa regra é considerada como meio de defesa e como tal, renunciável, ainda que de modo tácito. Essa renúncia, uma vez anunciada, é irrevogável; **C:** incorreta. No caso Escher e Outros vs. Brasil, a Corte Interamericana asseverou que o descumprimento de prazo estabelecido para apresentação de argumentos pelas partes não constitui exceção preliminar válida. Isso porque não impugna a admissibilidade da demanda nem impede que o Tribunal conheça o caso. Em outras palavras, mesmo que o Tribunal resolvesse, hipoteticamente, aceitar o pedido do Estado, não afetaria de forma alguma a competência da Corte para conhecer o mérito da controvérsia; **D:** incorreta, pois a publicação da sentença é uma das formas de reparação do dano imaterial, pois é a materialização de um ato de justiça. Ainda mais se for considerado que as decisões de proveniência dos sistemas internacionais de proteção aparecem depois que o sistema nacional de proteção não resolveu adequadamente a situação, ou seja, a situação específica de desrespeito dos direitos humanos aconteceu há muito tempo e ainda não foi resolvida, portanto a decisão da Corte Interamericana funciona como uma reparação do dano imaterial Ainda, na Resolução da Corte Interamericana de Supervisão de Cumprimento de Sentença do caso Escher e Outros *vs.* Brasil, ficou sublinhado que a publicação da Sentença constitui, em alguns casos, uma medida de satisfação, a qual tem uma repercussão pública e uma natureza distinta das medidas de compensação, como a indenização pelos danos morais ordenada em benefício das vítimas. O conteúdo da sentença deve ter uma repercussão pública proporcional ao vilipêndio sofrido. Assim, a publicação da sentença faria parta do conceito de reparação integral; **E:** incorreta. No caso Gomes Lund e outros (Guerrilha do Araguaia) *versus* Brasil, a Corte definiu que o caráter contínuo ou permanente do desaparecimento forçado de pessoas foi reconhecido de maneira reiterada pelo Direito Internacional dos Direitos Humanos, no qual o ato de desaparecimento e sua execução se iniciam com a privação da liberdade da pessoa e a subsequente falta de informação sobre seu destino, e permanecem até quando não se conheça o paradeiro da pessoa desaparecida e os fatos não tenham sido esclarecidos. A Corte, portanto, é competente para analisar os alegados desaparecimentos forçados das supostas vítimas a partir do reconhecimento de sua competência contenciosa efetuado pelo Brasil; só não foi em relação à alegada execução extrajudicial da senhora Maria Lúcia Petit da Silva, cujos restos mortais foram identificados em 1996, ou seja, dois anos antes de o Brasil reconhecer a competência contenciosa da Corte.

Gabarito "A".

(Defensor Público/SP – 2012 – FCC) A Opinião Consultiva n. 18, de 17 de setembro de 2003, foi expedida

(A) pela Corte Interamericana de Direitos Humanos e tem por objeto determinar que os Estados membros da Organização dos Estados Americanos constituam defensorias públicas em seus ordenamentos jurídicos.

(B) pela Comissão Interamericana de Direitos Humanos e tem por conteúdo recomendar aos Estados membros da Organização dos Estados Americanos que garantam aos defensores públicos oficiais independência e autonomia funcional.

(C) pelo Comitê de Direitos Humanos das Nações Unidas para recomendar que a Organização das Nações Unidas estimule os Estados a constituírem serviços públicos de defesa legal em favor de trabalhadores migrantes.

(D) pela Comissão Interamericana de Direitos Humanos entendendo que os migrantes ilegais têm direito à prestação de um serviço público gratuito de defesa legal a seu favor, para que se façam valer seus direitos em juízo.

(E) pela Corte Interamericana de Direitos Humanos entendendo que se vulnera o direito ao devido processo legal pela negativa de prestação de um serviço público gratuito de defesa legal a favor da pessoa necessitada.

Opinião Consultiva 18/2003

Foi solicitada pelos Estados Unidos Mexicanos com o objetivo de obter a posição da Corte sobre a privação do gozo e exercício de certos direitos laborais (aos trabalhadores imigrantes) e sua compatibilidade com a obrigação dos Estados americanos de garantir a observância dos princípios da igualdade jurídica, não discriminação e proteção igual e efetiva da lei consagrados nos instrumentos internacionais de proteção dos direitos humanos, assim como a subordinação ou condicionamento da observância das obrigações impostas pelo direito internacional dos direitos humanos, incluídas aquelas oponíveis *erga omnes*, na consecução de certos objetivos de política interna de um Estado americano. Ademais, a consulta trata do caráter que os princípios da igualdade jurídica, não discriminação e proteção igual e efetiva da lei alcançaram no contexto de desenvolvimento progressivo do direito internacional dos direitos humanos e de sua codificação. As normas cuja interpretação o México solicitou ao Tribunal foram as seguintes: os artigos 3º, ponto 1, e 17 da Carta da OEA; o artigo 2º da Declaração Americana de Direitos e Deveres do Homem; os artigos 1º, ponto 1, 2º e 24 da Convenção Americana de Direitos Humanos; os artigos 1º, 2º, ponto 1, e 7º da Declaração Universal de Direitos Humanos; e os artigos 2º, pontos 1 e 2, 5º, ponto 2, e 26 do Pacto Internacional de Direitos Civis e Políticos. A Corte decidiu, por unanimidade, que é competente para emitir a opinião consultiva. E, no mérito, decidiu da seguinte forma e também de forma unânime: a) os Estados têm a obrigação geral de respeitar e garantir os direitos fundamentais, devendo, assim, adotar medidas positivas e evitar tomar iniciativas que limitem ou infrinjam um direito fundamental, além de suprimir as medidas e práticas que restrinjam ou vulnerem um direito fundamental; b) o descumprimento pelo Estado, mediante qualquer tratamento discriminatório, da obrigação geral de respeitar e garantir os direitos humanos gera responsabilidade internacional; c) o princípio da igualdade e não discriminação possui um caráter fundamental para a salvaguarda dos direitos humanos tanto no direito internacional como no interno; d) o princípio fundamental da igualdade e não discriminação faz parte do direito internacional geral, por ser aplicável a todo Estado, independentemente de ser parte ou não de determinado tratado internacional. Na atual etapa de evolução do direito internacional, o princípio fundamental da igualdade e da não discriminação tornou-se parte do domínio do *jus cogens*; e) o princípio fundamental da igualdade e não discriminação, de caráter peremptório, acarreta obrigações *erga omnes* de proteção que se vinculam a todos os Estados e geram efeitos em relação a terceiros, inclusive particulares; f) a obrigação geral de respeitar e garantir os direitos humanos vincula os Estados, independentemente de qualquer circunstância ou consideração, inclusive o *status* migratório das pessoas; g) o direito ao devido processo legal deve ser reconhecido no marco das garantias mínimas que se devem garantir a todo imigrante, independentemente de seu *status* migratório. O amplo alcance da intangibilidade do devido processo legal compreende todas as matérias e todas as pessoas, sem qualquer discriminação; h) a qualidade migratória de uma pessoa não pode constituir uma justificação para privá-la do gozo e exercício de seus direitos humanos, entre eles os de caráter laboral. O imigrante, ao assumir uma relação de trabalho, adquire direitos, por ser trabalhador, que devem ser reconhecidos e garantidos, independentemente de sua situação regular ou irregular no país de emprego. Esses direitos são consequências da relação laboral; i) o Estado tem a obrigação de respeitar e garantir os direitos humanos laborais de todos os trabalhadores, independentemente de sua condição de nacional ou estrangeiro, e não pode tolerar situações de discriminação em prejuízo destes nas relações laborais que se estabeleçam entre particulares (empregador-empregado). O Estado não deve permitir que os empregadores privados violem os direitos dos trabalhadores nem que a relação contratual vulnere as normas mínimas internacionais; j) os trabalhadores, titulares dos direitos laborais, devem contar com todos os meios adequados para exercê-los. Os trabalhadores imigrantes ilegais possuem os mesmos direitos laborais que correspondem aos demais trabalhadores do Estado de emprego, e este último deve tomar todas as medidas necessárias para que sejam reconhecidos e garantidos na prática; k) os Estados não podem subordinar ou condicionar a observância do princípio da igualdade perante a lei e da não discriminação à consecução dos objetivos de suas políticas públicas, quaisquer que sejam estas, incluídas as de caráter migratório. O juiz brasileiro Antônio Augusto Cançado Trindade, o juiz mexicano Sergio García Ramírez, o juiz equatoriano Hernán Salgado Pesantes e o juiz venezuelano Alirio Abreu Burelli apresentaram votos concorrentes que acompanharam a opinião consultiva em questão. Encerramos este comentário com uma reflexão do jurista brasileiro Cançado Trindade: "Uma das contribuições significativas da presente Opinião Consultiva n. 18 sobre a *Condição Jurídica e os Direitos dos Imigrantes Ilegais* reside em sua determinação do amplo alcance do devido processo legal. Na Opinião Consultiva anterior, sobre o *Direito à Informação sobre a Assistência Consular no Marco das Garantias do Devido Processo Legal* (n. 16), a Corte Interamericana sublinhou a evolução histórica do devido processo legal no sentido de sua expansão *ratione materiae*, enquanto na presente Opinião Consultiva n. 18 se examina a dita expansão *ratione personae* e se determina que o direito ao devido processo deve ser reconhecido no marco das garantias mínimas que devem ser garantidas a todo imigrante, independentemente de seu *status* migratório. A acertada conclusão da Corte, no sentido de que o amplo alcance da intangibilidade do devido processo compreende todas as matérias e todas as pessoas sem discriminação, atende efetivamente as exigências e os imperativos do bem comum[65]".

Gabarito "E".

(Defensor Público/SP – 2012 – FCC) Os Defensores Públicos Interamericanos

(A) atuam por designação da Corte Interamericana de Direitos Humanos para a defesa de réus hipossuficientes.

(B) atuam por designação da Corte Interamericana de Direitos Humanos para que assumam a representação legal de vítimas que não tenham designado defensor próprio.

(C) são funcionários de carreira da Organização dos Estados Americanos, designados para prestar orientação jurídica a vítimas de violação dos direitos humanos.

(D) são Defensores Públicos de países da Organização dos Estados Americanos responsáveis por formular denúncias perante o Sistema Interamericano de Direitos Humanos.

(E) são advogados dos países integrantes da Organização dos Estados Americanos, designados *ad hoc* sempre que uma parte não se fizer representar juridicamente perante a Comissão Interamericana de Direitos Humanos.

A única assertiva que traz informação correta acerca dos defensores públicos interamericanos é a "B".

Gabarito "B".

(Advogado da União/AGU – CESPE – 2012) No que concerne aos direitos humanos no âmbito do direito internacional, julgue os itens que se seguem.

(1) De acordo com a Corte Internacional de Justiça, as disposições da Declaração Universal dos Direitos Humanos, de caráter costumeiro, estabelecem obrigações *erga omnes*.

(2) Na sentença do caso Gomes Lund *versus* Brasil, a Corte Interamericana de Direitos Humanos estabeleceu que o dever de investigar e punir os responsáveis pela prática de desaparecimentos forçados possui caráter de *jus cogens*.

(3) Em casos que envolvam a prática de tortura sistemática, a Convenção Americana sobre Direitos Humanos permite o acesso direto do indivíduo à Corte Interamericana de Direitos Humanos.

1: errado, pois a Corte Internacional de Justiça não assumiu tal posição, apesar da assertiva poder ser considerada como correta, pois as disposições da DUDH que possuem caráter costumeiro irradiam obrigações *erga omnes*. Nesse sentido: "Em resumo, é possível afirmar que um núcleo de direitos da Declaração Universal dos Direitos Humanos tem fundamento vinculante no direito internacional costumeiro. Já com relação a outros, é fato, porém, que o consenso sobre sua aceitação como norma jurídica direcionada à proteção obrigatória pelos estados ainda não se acha consolidado, por mais que em foros internacionais se afirme recorrentemente o caráter universalista da declaração[66]". Importante recordar que, para ser considerado costume internacional, é necessário que a prática seja geral e reiterada (elemento objetivo ou material) e aceita como o direito[67] (elemento subjetivo ou psicológico). A Corte Internacional de Justiça definiu o que é o costume no conhecido julgamento do caso da Plataforma Continental do Mar do Norte,

65. Voto concorrente na Opinião Consultiva 18/2003, p. 147.

66. Aragão, Eugênio José Guilherme. **Revista Eletrônica do Ministério Público Federal**, ano 1, número 1, 2009, págs. 8/9.

67. Prática necessária, justa e correta.

em 1969, descrevendo o conceito como "a prática reiterada, acompanhada da convicção quanto a ser obrigatória essa prática, por tratar-se de norma jurídica". Trata-se do costume qualificado pela *opinio juris*[68]; **2:** certo. No caso Gomes Lund e outros (Guerrilha do Araguaia) *versus* Brasil, a Corte prolatou uma sentença (de 24 de novembro de 2010) que resolve as exceções preliminares, o mérito e as reparações e custas. A Corte foi acionada pela Comissão Interamericana de Direitos Humanos, a qual havia recebido anteriormente uma petição apresentada pelo Centro pela Justiça e o Direito Internacional (CEJIL) e pela *Human Rights Watch/Americas*, em nome de pessoas desaparecidas no contexto da Guerrilha do Araguaia e seus familiares. Esta demanda se refere à alegada responsabilidade do Brasil pela detenção arbitrária, tortura e desaparecimento forçado de 62 pessoas, entre membros do Partido Comunista do Brasil e camponeses da região, resultado de operações do Exército brasileiro empreendidas entre 1972 e 1975 com o objetivo de erradicar a Guerrilha do Araguaia, no contexto da ditadura militar do Brasil (1964–1985). E, assim, foi apresentada para que a Corte decidisse se o Brasil é responsável pela violação dos direitos estabelecidos nos artigos 3º (direito ao reconhecimento da personalidade jurídica), 4º (direito à vida), 5º (direito à integridade pessoal), 7º (direito à liberdade pessoal), 8º (garantias judiciais), 13 (liberdade de pensamento e expressão) e 25 (proteção judicial), da Convenção Americana sobre Direitos Humanos, em conexão com as obrigações previstas nos artigos 1º, ponto 1, (obrigação geral de respeito e garantia dos direitos humanos) e 2º (dever de adotar disposições de direito interno) da mesma Convenção. O Brasil interpôs quatro exceções preliminares e a Corte admitiu parcialmente a exceção preliminar de falta de competência temporal da Corte para examinar supostas violações ocorridas antes do reconhecimento de sua competência pelo Brasil e não aceitou as outras. Antes de comentarmos a decisão sobre o mérito, cabe apontar que o caráter contínuo ou permanente do desaparecimento forçado de pessoas foi reconhecido de maneira reiterada pelo Direito Internacional dos Direitos Humanos, no qual o ato de desaparecimento e sua execução se iniciam com a privação da liberdade da pessoa e a subsequente falta de informação sobre seu destino, e permanecem até quando não se conheça o paradeiro da pessoa desaparecida e os fatos não tenham sido esclarecidos. A Corte, portanto, é competente para analisar os alegados desaparecimentos forçados das supostas vítimas a partir do reconhecimento de sua competência contenciosa efetuado pelo Brasil, só não será em relação a alegada execução extrajudicial da senhora Maria Lúcia Petit da Silva, cujos restos mortais foram identificados em 1996, ou seja, dois anos antes de o Brasil reconhecer a competência contenciosa da Corte. No mérito, a Corte decidiu, por unanimidade, que as disposições da Lei de Anistia brasileira (Lei 6.683/1979) que impedem a investigação e sanção de graves violações de direitos humanos são incompatíveis com a Convenção Americana, como também que o Brasil é responsável pelo desaparecimento forçado e, portanto, pela violação dos direitos ao reconhecimento da personalidade jurídica, à vida, à integridade pessoal e à liberdade pessoal em relação com o artigo 1º, ponto 1, desse instrumento. Ademais, decidiu que o Brasil descumpriu a obrigação de adequar seu direito interno à Convenção Americana sobre Direitos Humanos, contida em seu artigo 2º, em relação aos artigos 8º, ponto 1, 25 e 1º, ponto 1, do mesmo instrumento. E ainda declarou o Brasil responsável pela violação do direito à liberdade de pensamento e de expressão consagrado no artigo 13 da Convenção, em relação com os artigos 1º, ponto 1, 8º, ponto 1 e 25 desse instrumento. Também foi declarada a responsabilidade do Brasil pela violação do direito à integridade pessoal, consagrado no artigo 5º, ponto 1, da Convenção, em relação com o artigo 1º, ponto 1, desse mesmo instrumento, em prejuízo dos familiares. Por fim, cabe sublinhar que nessa decisão a Corte definiu que o dever de investigar e punir os responsáveis pela prática de desaparecimentos forçados possui caráter de *jus cogens*; **3:** errado, pois o indivíduo não tem acesso direto à Corte Interamericana de Direitos Humanos (art. 61 da Convenção Interamericana de Direitos Humanos).

Gabarito 1E, 2C, 3E.

(MINISTÉRIO PÚBLICO/MT – 2012 – UFMT) Sobre o processamento do Estado no sistema interamericano de direitos humanos, é correto afirmar:

(A) Cabe à Comissão Interamericana ou ao cidadão diretamente prejudicado propor perante a Corte Interamericana denúncias ou queixas por violação de direitos humanos, devendo a condenação da Corte recair sempre sobre um Estado-parte na Convenção Americana sobre Direitos Humanos.

(B) Cabe exclusivamente ao Estado de nacionalidade da vítima propor perante a Corte Interamericana ação competente de reparação de danos sempre que a violação aos direitos humanos tenha ocorrido em território de outro Estado, desde que este último seja parte na Convenção Americana sobre Direitos Humanos e tenha aceitado a jurisdição contenciosa do tribunal.

(C) Cabe à Comissão Interamericana, e não aos particulares, propor perante a Corte Interamericana ação competente por violação de direitos humanos e sua reparação, podendo também fazê-lo outro Estado pactuante, desde que o país acusado tenha anteriormente aceito a jurisdição contenciosa do tribunal.

(D) Cabe à parte especialmente prejudicada pela violação de direitos humanos a propositura de ação competente perante a Corte Inte-

68. "A *opinio juris* (convicção do direito não é apenas um acordo tácito ou abstrato de vontades (como pretendem os voluntaristas), mas sim a crença premature dos atores da sociedade internacional (criadores daqueles "precedentes" já referidos) de que aquilo que se pratica reiteradamente se estima obrigatório pelo fato de ser justo e pertencente ao universo do Direito" (Mazzuoli, Valerio de Oliveira. **Curso de Direito Internacional Público**, pág. 124. Ed. RT, 6ª edição, 2012).

ramericana de Direitos Humanos, porém, com o acompanhamento de técnicos da Comissão Interamericana, que também ficarão responsáveis pelo encaminhamento dos demais atos processuais perante a Corte.

(E) Podem propor uma ação de reparação de danos por violação de direitos humanos perante a Corte Interamericana de Direitos Humanos a Comissão Interamericana ou um Estado-parte na Convenção Americana, podendo fazê-lo contra outro Estado-parte na Convenção ou contra um grupo de pessoas (p. ex.: um grupo de militares) que exerça atividades de comando dentro da ordem estatal.

A: incorreta. A Corte só pode ser acionada pelos Estados-partes ou pela Comissão; o indivíduo, conforme artigo 61 da Convenção, é proibido de apresentar petição à Corte. Entretanto, pessoas e ONGs podem, excepcionalmente, peticionar à Corte, nos casos em que já sejam partes, para que esta adote medidas provisórias em casos de extrema gravidade e urgência, desde que verificado risco de dano irreparável à vítima ou às vítimas, nos termos do artigo 63, ponto 2, da Convenção Americana de Direitos Humanos. Se o assunto ainda não estiver submetido ao conhecimento da Corte, a Comissão poderá solicitar que esta adote medidas provisórias mesmo antes da análise do mérito do caso, desde que o caráter de urgência e de gravidade as justifique; **B:** incorreta, pois essa competência não é exclusiva (reler comentário sobre a assertiva anterior); **C:** correta. Reler o comentário sobre a assertiva A. Ademais, a competência contenciosa só será exercida em relação aos Estados-partes da Convenção que expressem e inequivocamente tenham aceitado essa competência da Corte (artigo 62 da Convenção Americana de Direitos Humanos). A declaração de aceite da competência da Corte pode ser feita incondicionalmente ou sob condição de reciprocidade, por prazo determinado ou ainda somente para casos específicos. Em síntese, pode-se dizer que a jurisdição contenciosa da Corte está limitada em razão das partes que intervêm no procedimento (*ratione personae*), em razão da matéria objeto da controvérsia (*ratione materiae*) e em razão do tempo transcorrido desde a notificação aos Estados do relatório da Comissão (*ratione temporis*). É limitada *ratione personae* porque só os Estados-partes ou a Comissão podem acioná-la; é limitada *ratione materiae* porque apenas pode conhecer de casos que tenham por supedâneos a Convenção Americana de Direitos Humanos, o Protocolo de San Salvador (somente em relação aos artigos 8º, ponto 1, alínea *a*, e 13), a Convenção Interamericana para Prevenir e Punir a Tortura (conforme o que dispõe o artigo 8º) e a Convenção Interamericana sobre o Desaparecimento Forçado de Pessoas (conforme o que dispõe o artigo 13); e, por fim, é limitada *ratione temporis* porque o caso tem de ser tanto submetido à Corte no prazo de três meses contados da data de envio do relatório, pela Comissão, aos Estados interessados, como também as alegadas violações devem datar de momento posterior ao reconhecimento da competência contenciosa da Corte pelo Estado; **D:** incorreta (reler comentário sobre a assertiva A); **E:** incorreta, pois a ação só pode ser proposta em face de Estado e não contra grupo de pessoas.

Gabarito "C".

5.1.4. COMBINADAS DO SISTEMA INTERAMERICANO DE PROTEÇÃO DOS DIREITOS HUMANOS

(DPE/PE – 2015 – CESPE) No ano de 1993, João foi preso no Brasil durante uma manifestação popular motivada por reivindicações diversas. Na delegacia policial, sofreu maus-tratos por parte dos policiais e foi encarcerado na condição de preso provisório. Durante o período de encarceramento, ele foi torturado e submetido a abuso sexual por algumas autoridades policiais para que informasse quem eram os líderes daquele movimento, informação essa não conhecida por João. No julgamento pela participação na manifestação, o tempo de sua condenação foi inferior ao tempo que ele já havia cumprido como preso provisório. Logo após sua libertação, João aceitou convite de uma organização não governamental francesa para residir em Paris, obteve cidadania francesa e passou a visitar o Brasil eventualmente para relatar essa experiência. Em uma dessas visitas, já em 2001, ele identificou e localizou um de seus torturadores. Nesse mesmo ano, por intermédio de um conhecido, já que não tinha condições financeiras para custear os honorários de um advogado, João ingressou com pedido judicial em que requereu indenização contra a unidade federativa onde foi preso em razão dos danos decorrentes da tortura e dos maus-tratos sofridos no período de encarceramento. Esse processo ainda não foi julgado e encontra-se atualmente na primeira instância. João procura a Defensoria para passar a representá-lo.

A respeito dessa situação hipotética, julgue os itens a seguir.

(1) No processo judicial em curso, João tem direito a receber indenização pelos maus-tratos e pela tortura sofridos, caso seja possível comprová-los.

(2) Instâncias internacionais, como a Comissão Interamericana de Direitos Humanos e a Corte Interamericana de Direitos Humanos, poderão apreciar o caso de João mesmo antes do término da ação judicial em apreço, em razão da demora excessiva para a conclusão do julgamento no Brasil.

(3) É correto afirmar que já havia em 1993 um entendimento na comunidade internacional a respeito da gravidade das práticas de maus-tratos e tortura. Ainda que o crime não fosse tipificado no Brasil, havia o consenso global de que nenhum cidadão poderia ser submetido a tortura em nenhuma circunstância.

(4) É correto afirmar que a cidadania francesa de João e o fato de ele não residir mais no Brasil justificam a improcedência da ação por ele proposta.

(5) O responsável por ter prendido e torturado João deverá, pessoalmente, pagar indenização por danos morais.

(6) A DP deverá propor ação penal contra os responsáveis pela tortura de João, visto que já houve condenação do Brasil na Corte Interamericana de Direitos Humanos nesse sentido, em caso semelhante.

1: certo. A Convenção contra a Tortura e outros Tratamentos ou Penas Cruéis, Desumanos ou Degradantes, adotada pela ONU por meio da Resolução 39/46 da Assembleia Geral em 28.09.1984[69] e promulgada no Brasil em 15.02.1991 pelo Decreto 40, estatui o seguinte no seu art. 14: "1. Cada Estado-Parte assegurará, em seu sistema jurídico, à vítima de um ato de tortura, o direito à reparação e a uma indenização justa e adequada, incluídos os meios necessários para a mais completa reabilitação possível. Em caso de morte da vítima como resultado de um ato de tortura, seus dependentes terão direito à indenização; 2. O disposto no presente Artigo não afetará qualquer direito a indenização que a vítima ou outra pessoa possam ter em decorrência das leis nacionais"; **2:** certo. Só são aceitas no sistema interamericano de proteção dos direitos humanos as petições ou as comunicações que comprovarem (i) a inexistência de litispendência internacional, (ii) ausência de coisa julgada internacional e **(iii) o esgotamento de todos os recursos internos disponíveis**. Aos três requisitos deve-se adicionar mais um, isso porque o art. 46 da Convenção Americana de Direitos Humanos exige que (iv) a petição ou a comunicação seja apresentada dentro do prazo de seis meses, a partir da data em que o presumido prejudicado em seus direitos tenha sido notificado da decisão definitiva exarada no sistema protetivo nacional. Porém, as regras de esgotamento de todos os recursos internos disponíveis e do prazo de seis meses para a apresentação da petição ou da comunicação não serão aplicadas quando o indivíduo for privado de seu direito de ação pela jurisdição doméstica, ou lhe forem ceifadas as garantias do devido processo legal, ou, ainda, se os processos internos forem excessivamente demorados; **3:** certo. E para se ter uma ideia, a convenção onusiana sobre o tema data de 1984, conforme foi apresentado no comentário sobre a assertiva "1". A Lei brasileira que tipifica os crimes de tortura é a Lei 9.455/1997; **4:** errado, pois o crime ocorreu no Brasil (art. 5º do Código Penal); **5:** errado. O Estado, no caso a unidade federativa específica, será responsável pela reparação do(s) direito(s) violado(s) e pelo pagamento de uma justa e adequada indenização; **6:** errado, pois o Brasil ainda não foi condenado em caso semelhante pela Corte Interamericana.

Gabarito 1C, 2C, 3C, 4E, 5E, 6E

(Defensor/PA – 2015 – FMP) Sobre a atuação da Defensoria Pública na promoção dos direitos humanos e na defesa dos grupos vulneráveis, é CORRETO afirmar que:

(A) o regulamento da Corte Interamericana de Direitos Humanos prevê a figura do "Defensor Interamericano", escolhido por indicação da Corte entre advogados, vinculados ou não às Defensorias Públicas oficiais, que detenham notório saber jurídico, para atuar gratuitamente nos casos em que as supostas vítimas não tenham representação credenciada.

(B) de acordo com os conceitos introduzidos pelas 100 Regras de Brasília, a vulnerabilidade de um grupo social é determinada exclusivamente pela pobreza, que constitui uma causa de exclusão social, tanto no plano econômico como nos planos social e cultural, e pressupõe um sério obstáculo para o acesso à justiça.

(C) tanto o direito internacional dos direitos humanos quanto as resoluções e declarações internacionalmente aprovadas reconhecem a assistência jurídica integral e gratuita para pessoas em condição de vulnerabilidade como direito humano, devendo, como tal, ser promovido e garantido pelo Estado.

(D) embora reconhecido como direito humano, a defesa do meio ambiente não está inserida no âmbito de atuação da Defensoria Pública, por se tratar de questão afeta às atribuições do Ministério Público.

(E) as Resoluções da Assembleia Geral da OEA relativas à atuação da Defensoria Pública na defesa de pessoas em situação de vulnerabilidade recomendam aos Estados que adotem medidas para garantir que os defensores públicos oficiais sejam vinculados administrativa e funcionalmente ao Poder Executivo, como forma de consolidar a proteção aos direitos humanos como política de estado.

A: incorreta, pois o Regulamento da Corte não prevê expressamente a figura do Defensor Interamericano. O art. 37 do Regulamento da Corte diz apenas o seguinte: "Em casos de supostas vítimas sem representação legal devidamente credenciada, o Tribunal poderá designar um Defensor Interamericano de ofício que as represente durante a tramitação do caso"; **B:** incorreta. Segundo as 100 Regras de Brasília, consideram-se em condição de vulnerabilidade aquelas pessoas que, por razão da sua idade, gênero, estado físico ou mental, ou por circunstâncias sociais, econômicas, étnicas e/ou culturais, encontram especiais dificuldades em exercitar com plenitude, perante o sistema de justiça, os direitos reconhecidos pelo ordenamento jurídico; **C:** correta, como, por exemplo, as Regras de

---

69. A Convenção foi aberta para assinaturas em fevereiro de 1985 e entrou em vigor em 1987, depois de ratificada por 20 estados.

Brasília sobre Acesso à Justiça das Pessoas em Condição de Vulnerabilidade; **D:** incorreta, pois a defesa do meio ambiente faz parte do âmbito de atuação da Defensoria Pública; **E:** incorreta, pois é totalmente o contrário. Existe uma grande pressão no sentido de garantir autonomia à Defensoria Pública. Tanto é assim que com a Emenda Constitucional 80/2014, a Defensoria Pública da União passou a ter autonomia administrativa, funcional e iniciativa da proposta orçamentária, como já acontecia com as defensorias estaduais. E assim deve ser porque, conforme o art. 3º da Lei Complementar 80/1994, a autonomia busca assegurar a plena liberdade de ação do defensor perante todos os órgãos da administração pública, especialmente o Judiciário, eliminando qualquer possibilidade de hierarquia diante dos demais agentes políticos do Estado.
Gabarito "C".

(Ministério Público/SP – 2015 – MPE/SP) Com referência ao Sistema Interamericano de Direitos Humanos, levando em consideração inclusive orientações do Supremo Tribunal Federal, assinale a alternativa correta:

(A) A Corte Interamericana de Direitos Humanos é uma instituição judicial autônoma cujo objetivo é aplicar e interpretar a Convenção Americana, exercendo exclusivamente funções contenciosas.
(B) A Comissão Interamericana de Direitos Humanos tem apenas competências políticas, entre as quais se destacam a realização de visitas *in loco* e a preparação de relatórios sobre a situação dos direitos humanos nos Estados-membros.
(C) A Corte Interamericana de Direitos Humanos, no exercício de seu poder de resolução de casos contenciosos, atende petições formuladas pelos Estados-Partes, por indivíduos ou organizações.
(D) O mecanismo de supervisão de sentenças condenatórias é da competência da Comissão Interamericana de Direitos Humanos.
(E) As sentenças da Corte Interamericana de Direitos Humanos são vinculantes, definitivas e inapeláveis.

A: incorreta. A Corte é o órgão jurisdicional do sistema regional de proteção americano e no que se refere à sua competência, identifica-se uma atuação *consultiva* e *contenciosa*; **B:** incorreta. A Comissão Interamericana de Direitos Humanos é o órgão administrativo do sistema regional de proteção americano. A principal função da Comissão é promover o respeito aos direitos humanos no continente americano, destacando-se por sua função de órgão consultivo da OEA no tema. Possui competência para enviar recomendações aos Estados-partes da Convenção Americana de Direitos Humanos ou até mesmo para os Estados-membros da OEA que não tenham ratificado a Convenção Americana. Em sua competência inserem-se também a possibilidade de realizar estudos, solicitar informações aos Estados no que tange à implementação dos direitos humanos insculpidos na Convenção e confeccionar um relatório anual para ser submetido à Assembleia Geral da OEA. À parte do relatório anual, a Comissão pode confeccionar relatórios especiais ou gerais sobre a situação dos direitos humanos nos Estados-membros sempre que considerar necessário (art. 59, ponto 1, *h*, do Regulamento da Comissão Interamericana de Direitos Humanos). Cabe lembrar que as recomendações e os relatórios (tanto o anual e o alicerçado em alguma acusação) da Comissão não têm poder vinculante, isto é, não vinculam os Estados destinatários. E geralmente a Comissão, desde que configurada a responsabilidade do Estado, faz as seguintes recomendações: suspensão dos atos que causam violação dos direitos humanos; investigação e punição dos responsáveis; reparação dos danos causados; alteração do ordenamento jurídico; e adoção de outras medidas ou ações estatais. Um aspecto importante de sua competência é a possibilidade de receber petições, que contenham denúncias ou queixas de violação desta Convenção por um Estado-parte, do indivíduo "lesionado", de terceiras pessoas ou de organizações não governamentais legalmente reconhecidas em um ou mais Estados-membros da OEA que representem o indivíduo lesionado (art. 44 da Convenção Americana sobre Direitos Humanos); **C:** incorreta. A Corte só pode ser acionada pelos Estados-partes ou pela Comissão; o indivíduo, conforme art. 61 da Convenção, está proibido de apresentar petição à Corte; **D:** incorreta, pois a competência é da Corte Interamericana; **E:** correta (arts. 66 e 67 da Convenção Americana de Direitos Humanos). Todavia, em caso de divergência sobre o sentido ou alcance da sentença, a Corte interpretá-la-á, a pedido de qualquer das partes[70-71], desde que o pedido seja apresentado dentro de 90 dias a partir da data da *notificação* da sentença. O citado pedido de interpretação poderá ser formulado em relação às exceções preliminares, mérito ou reparações e custas.
Gabarito "E".

(Juiz de Direito/RJ – 2014 – VUNESP) Assinale a alternativa correta a respeito da Convenção Americana de Direitos Humanos (Pacto de São José da Costa Rica).

(A) Para a Comissão Interamericana aceitar uma petição na qual se alegue violação de um direito, é necessário que o Estado-parte se manifeste oficialmente, afirmando que não conseguiu solucionar a questão.
(B) A convenção proibiu a prisão civil por dívidas, mesmo aquelas relativas ao depositário infiel e em razão de inadimplemento de obrigação alimentar.
(C) A decisão da Corte Interamericana caracteriza-se por ser definitiva e inapelável, cabendo ao Estado-parte seu imediato cumprimento.
(D) A Convenção proibiu a pena de morte para todo e qualquer tipo de crime e determinou a sua abolição por todos os Estados-partes que a adotem.

A: incorreta, pois não existe a necessidade do Estado-parte se manifestar oficialmente. Até porque se assim fosse o sistema protetivo ficaria fragilizado, uma vez que bastaria ao Estado se manifestar em contrário e a Comissão já não poderia receber a petição e analisar o caso. Como regra geral, o postulante, por si só, deve comprovar o esgotamento de todos os recursos internos disponíveis. Ainda cabe lembrar que a regra do esgotamento não será aplicada quando o indivíduo for privado de seu direito de ação pela jurisdição doméstica, ou lhe forem ceifadas as garantias do devido processo legal, ou, ainda, se os processos internos forem excessivamente demorados. E o ônus da prova da existência de um recurso acessível e suficiente recai sobre o Estado demandado; **B:** incorreta. A Convenção proibiu a prisão por dívidas ("Ninguém deve ser detido por dívidas", artigo 7º, ponto 7, da Convenção Americana). Assim, a prisão civil por dívidas relativa ao depositário infiel está proibida. Entretanto, o inadimplemento da obrigação falimentar, segundo a Convenção, pode sim gerar a prisão civil por dívidas (artigo 7º, ponto 7, *in fine*, da Convenção Americana); **C:** correta. A sentença da Corte Interamericana será sempre fundamentada, definitiva e inapelável (artigos 66 e 67 da Convenção Americana de Direitos Humanos), todavia, em caso de divergência sobre o sentido ou alcance da sentença, a Corte interpretá-la-á, a pedido de qualquer das partes[72], desde que o pedido seja apresentado dentro de 90 dias a partir da data da *notificação* da sentença. Ainda é possível apontar que a Corte admitiu, em casos excepcionais, o recurso de revisão contra sentenças que colocam fim ao processo, com o propósito de evitar que a coisa julgada mantenha uma situação de evidente injustiça, devido ao descobrimento de um fato que se houvesse sido conhecido no momento da confecção da sentença teria o condão de alterar seu resultado, o que demonstraria a existência de um vício substancial na sentença[73]. Por fim, o cumprimento da sentença da Corte se dá geralmente de maneira voluntária pelos Estados. Caso isso não ocorra, por exemplo, no Brasil, o cumprimento se dará mediante execução da sentença, como título executivo judicial, perante a justiça federal, consoante disposto no artigo 109, I, da CF; **D:** incorreta. O que a Convenção faz é criar requisitos para aplicação da pena de morte nos países que não a hajam abolido (artigo 4º, ponto 2) e proibir o reestabelecimento da pena de morte nos países que a hajam abolido (artigo 4º, ponto 3).
Gabarito "C".

(Promotor de Justiça/ES – 2013 – VUNESP) Em relação ao Sistema Interamericano de Direitos Humanos, previsto na Convenção Americana sobre Direitos Humanos (*Pacto de San José da Costa Rica*), assinale a alternativa correta.

(A) Constitui atribuição da Comissão Interamericana de Direitos Humanos conhecer dos casos relativos à interpretação ou aplicação da Convenção Americana sobre Direitos Humanos e proferir sentença que será definitiva e inapelável.
(B) A Corte Interamericana de Direitos Humanos possui competência privativa para conhecer dos assuntos relacionados com o cumprimento dos compromissos assumidos pelos Estados-Partes na Convenção Americana sobre Direitos Humanos.
(C) A Comissão Interamericana de Direitos Humanos compor-se-á de onze membros, que deverão ser pessoas de alta autoridade moral e de reconhecido saber em matéria de direitos humanos.
(D) A Corte Interamericana de Direitos Humanos, a pedido de um Estado-membro da Organização, poderá emitir pareceres sobre a compatibilidade entre qualquer de suas leis internas e os tratados concernentes à proteção dos direitos humanos nos Estados americanos.
(E) No Estado brasileiro, compete privativamente ao Ministério Público Federal ou Estadual apresentar à Comissão petições que contenham denúncias ou queixas de violação da Convenção sobre Direitos Humanos por um Estado-Parte.

A: incorreta, pois a assertiva lista atribuições da Corte Interamericana; **B:** incorreta, pois a Comissão Interamericana também faz parte do sistema de monitoramento criado pela Convenção Interamericana; **C:** incorreta. A Comissão Interamericana de Direitos Humanos é o órgão administrativo do sistema regional de proteção americano. É composta de sete membros, que devem ser pessoas de alta autoridade moral e de reconhecido saber em matéria de direitos humanos (art. 2º, ponto 1, do Estatuto da Comissão); **D:** correta. A competência consultiva da Corte é marcada por sua grande finalidade de uniformizar a interpretação da Convenção Americana de Direitos Humanos e dos tratados de direitos humanos confeccionados no âmbito da OEA. Dentro dessa competência, qualquer Estado-membro ou órgão[74] da OEA pode pedir que a Corte emita parecer que indique a correta interpretação da Convenção e dos tratados concernentes à proteção dos direitos humanos nos Estados Americanos (art. 64, ponto 1, da Convenção Americana de Direitos Humanos). Ademais, a Corte pode fazer análise de compatibilidade entre a legislação doméstica de um país-membro da OEA e o sistema protetivo americano, com o intuito de harmonizá-los; **E:** incorreta. A Comissão pode receber petições do indivíduo "lesionado", de terceiras

---

70. A Comissão Interamericana não tem competência para fazer o citado pedido de interpretação. O esclarecimento foi feito em função de semelhante questionamento já ter aparecido em algumas provas de concursos.
71. Funciona como os embargos de declaração.
72. Funciona como os embargos de declaração.
73. Caso Genie Lacayo, Solicitação de Revisão da sentença de 29 de janeiro de 1997 (Resolução de 13 de setembro de 1997, item 10).
74. Os órgãos estão elencados no capítulo X da Carta da Organização dos Estados Americanos.

pessoas ou de organizações não governamentais legalmente reconhecidas em um ou mais Estados-membros da OEA que representem o indivíduo lesionado. Percebe-se que não existe a citada competência privativa do MP federal e estadual para tanto.

Gabarito "D".

(Defensor Público/PR – 2012 – FCC) Sobre o funcionamento do Sistema Interamericano de Direitos Humanos, é correto afirmar:

(A) A regra do esgotamento dos recursos internos pode ser afastada se os órgãos do Poder Judiciário de determinado Estado não apreciarem os recursos interpostos dentro de um prazo razoável.
(B) O Estado fica desobrigado a cumprir as obrigações assumidas na Convenção Americana de Direitos Humanos se as violações que lhe forem imputadas decorrerem de ato de responsabilidade exclusiva de uma entidade política autônoma interna.
(C) Embora a sentença da Corte Interamericana de Direitos Humanos seja definitiva e inapelável, pode ocorrer um pedido de interpretação quanto ao seu sentido ou alcance, o qual será apreciado se apresentado dentro do prazo de noventa dias da prolação da sentença.
(D) A adesão de um Estado à Convenção Americana de Direitos Humanos é suficiente para que a Comissão e a Corte Interamericanas exerçam as suas funções em relação àquele Estado.
(E) Quando a Comissão Interamericana reconhece a admissibilidade de uma petição ou comunicação e, posteriormente, chega a um relatório em que se conclui que, de fato, ocorreram violações da Convenção Americana de Direitos Humanos naquela situação trazida a análise, o órgão fica obrigado a submeter o caso à apreciação da Corte Interamericana.

A: correta. O sistema interamericano impõe a mesma ideia de ressalva existente no sistema global. As regras de esgotamento de todos os recursos internos disponíveis e do prazo de seis meses para a apresentação da petição ou comunicação não serão aplicadas quando o indivíduo for privado de seu direito de ação pela jurisdição doméstica, ou lhe forem ceifadas as garantias do devido processo legal, ou, ainda, se os processos internos forem excessivamente demorados; **B:** incorreta. O artigo 28 da Convenção Americana de Direitos Humanos estabelece a cláusula federal, que em seu ponto 2 determina: "No tocante às disposições relativas às matérias que correspondem à competência das entidades componentes da federação, o governo nacional deve tomar imediatamente as medidas pertinentes, em conformidade com sua Constituição e com suas leis, a fim de que as autoridades competentes das referidas entidades possam adotar as disposições cabíveis para o cumprimento desta Convenção". Ademais, sempre o governo central responderá perante a comunidade internacional, pois é o representante do Estado como um todo, que é o único detentor de personalidade jurídica internacional. Em outras palavras, a Federação de estados ou Estado Federal é a união permanente de dois ou mais estados, na qual cada um conserva apenas a autonomia interna, pois a soberania externa é exercida por um órgão central, normalmente denominado *governo federal*. O Brasil é Estado Federal desde a Constituição Federal de 1891. Por fim, a título conclusivo, pode-se afirmar que a divisão de autonomias em relação às competências internas não interfere na responsabilização internacional; **C:** incorreta. A sentença da Corte Interamericana será sempre fundamentada, definitiva e inapelável (artigos 66 e 67 da Convenção Americana de Direitos Humanos), todavia, em caso de divergência sobre o sentido ou alcance da sentença, a Corte interpretá-la-á, a pedido de qualquer das partes, desde que o pedido seja apresentado dentro de 90 dias a partir da data da *notificação* da sentença. Ainda é possível apontar que a Corte admitiu, em casos excepcionais, o recurso de revisão contra sentenças que colocam fim ao processo, com o propósito de evitar que a coisa julgada mantenha uma situação de evidente injustiça, devido ao descobrimento de um fato que se houvesse sido conhecido no momento da confecção da sentença teria o condão de alterar seu resultado, o que demonstraria a existência de um vício substancial na sentença[75]; **D:** incorreta, pois a competência contenciosa da Corte Interamericana só será exercida em relação aos Estados-partes da Convenção que expressem e inequivocamente tenham aceitado essa competência da Corte (artigo 62 da Convenção Americana de Direitos Humanos). Por sua vez, não é necessária a expressa aceitação da competência da Comissão para receber petições, bastando que o Estado tenha aderido à Convenção; **E:** incorreta. De posse da acusação, a Comissão assim agirá: **a)** buscará uma solução amistosa entre o indivíduo denunciante e o Estado violador; **b)** se não se chegar a uma solução, e dentro do prazo que for fixado pelo Estatuto da Comissão, esta redigirá um relatório no qual exporá os fatos e suas conclusões; **c)** o relatório será encaminhado aos Estados interessados, aos quais não será facultado publicá-lo; **d)** ao encaminhar o relatório, a Comissão pode formular as proposições e as recomendações que julgar adequadas; **e)** se, no prazo de três meses a partir da remessa aos Estados interessados do relatório da Comissão, o assunto não tiver sido solucionado ou submetido à decisão da Corte pela Comissão (chamada remessa automática) ou pelo Estado interessado, aceitando sua competência, a Comissão poderá emitir, pelo voto da maioria absoluta de seus membros, sua opinião e conclusões sobre a questão submetida à sua consideração; **f)** a Comissão fará as recomendações pertinentes e fixará um prazo dentro do qual o Estado deve tomar as medidas que lhe competir para remediar a situação examinada; **g)** transcorrido o prazo fixado, a Comissão decidirá, pelo voto da maioria absoluta de seus membros, se o Estado tomou ou não as medidas adequadas e se publica ou não seu relatório. Vale frisar que o envio à Corte apenas será permitido se o Estado violador tiver aquiescido de forma expressa e inequívoca em relação à competência da Corte Interamericana de Direitos Humanos para solucionar os casos de violação dos direitos humanos insculpidos na Convenção e em outros tratados do sistema americano de proteção.

Gabarito "A".

(Ministério Público/MT – 2012 – UFMT) Sobre o sistema interamericano de proteção dos direitos humanos, é correto afirmar:

(A) Compõe-se de quatro principais instrumentos: a Carta da Organização dos Estados Americanos (1948), a Declaração Americana dos Direitos e Deveres do Homem (1948), a Convenção Americana sobre Direitos Humanos (1969) e o Protocolo Adicional à Convenção Americana em Matéria de Direitos Econômicos, Sociais e Culturais (1988), estando este último ainda pendente de ratificação pelo Estado brasileiro.
(B) Compõe-se de quatro principais instrumentos: a Carta da Organização das Nações Unidas (1945), a Declaração Universal dos Direitos Humanos (1948), a Convenção Americana sobre Direitos Humanos (1969) e o Protocolo Adicional à Convenção Americana em Matéria de Direitos Econômicos, Sociais e Culturais (1988), estando este último ainda pendente de ratificação pelo Estado brasileiro.
(C) Compõe-se de quatro principais instrumentos: a Carta da Organização dos Estados Americanos (1948), a Declaração Universal dos Direitos Humanos (1948), a Convenção Americana sobre Direitos Humanos (1969) e o Protocolo Adicional à Convenção Americana em Matéria de Direitos Econômicos, Sociais e Culturais (1988), estando este último ainda pendente de ratificação pelo Estado brasileiro.
(D) Compõe-se de quatro principais instrumentos: a Carta da Organização dos Estados Americanos (1948), a Declaração Americana dos Direitos e Deveres do Homem (1948), a Convenção Americana sobre Direitos Humanos (1969) e o Protocolo Adicional à Convenção Americana em Matéria de Direitos Econômicos, Sociais e Culturais (1988), todos em vigor na ordem jurídica brasileira.
(E) Compõe-se de quatro principais instrumentos: a Carta da Organização dos Estados Americanos (1948), a Declaração Universal dos Direitos Humanos (1948), a Convenção Americana sobre Direitos Humanos (1969) e o Protocolo Adicional à Convenção Americana em Matéria de Direitos Econômicos, Sociais e Culturais (1988), todos em vigor na ordem jurídica brasileira.

A: incorreta. De fato, são os quatro principais instrumentos do sistema interamericano de proteção dos direitos humanos. Todavia, o Protocolo de San Salvador (o Protocolo Adicional à Convenção Americana em Matéria de Direitos Econômicos, Sociais e Culturais) já foi ratificado pelo Brasil. O Congresso Nacional aprovou o supracitado Protocolo por meio do Decreto Legislativo nº 56, de 19 de abril de 1995. Mas o Protocolo só entrou em vigor internacional em 16 de novembro de 1999, momento que também passou a viger no Brasil, pois o Governo brasileiro tinha depositado o Instrumento de Adesão do referido ato em 21 de agosto de 1996. O Decreto de promulgação é o nº 3.321/1999; **B:** incorreta, pois a Declaração Universal dos Direitos Humanos e a Carta das Nações Unidas fazem parte do sistema global de proteção dos direitos humanos e não do interamericano; **C:** incorreta, pois a Declaração Universal dos Direitos Humanos faz parte do sistema global de proteção dos direitos humanos e não do interamericano; **D:** correta. O sistema protetivo americano está principalmente alicerçado em torno da Organização dos Estados Americanos (OEA), organização internacional que tem por objetivo garantir a paz e a segurança no continente americano. Por isso, diz-se que é uma organização internacional de vocação regional, considerada organismo regional das Nações Unidas. O sistema protetivo americano foi instalado em 1948 pela Carta da Organização dos Estados Americanos, que, por sua vez, foi adotada na 9ª Conferência Internacional Americana, que se reuniu em Bogotá, na Colômbia. Na mesma Conferência, foi adotada a Declaração Americana dos Direitos e Deveres do Homem, que foi o primeiro acordo internacional sobre direitos humanos, antecipando a Declaração Universal dos Direitos Humanos, escrita seis meses depois. O sistema protetivo americano não contava com mecanismo constritivo de proteção dos direitos humanos, mas apenas com uma declaração (*soft law*) de que os Estados-membros deveriam proteger os direitos humanos. Em 22 de novembro de 1969, na Conferência de San José da Costa Rica, foi adotada a Convenção Americana de Direitos Humanos[76] (Pacto de San José da Costa Rica), a qual só entrou em vigor internacional em 18 de julho de 1978 (quando atingiu as 11 ratificações necessárias) e é o principal instrumento protetivo do sistema americano. No Brasil, a Convenção passou a ter vigência por meio do Decreto nº 678 de 6 de novembro de 1992. Cabe destacar que o artigo 2º desse decreto dispõe sobre a declaração interpretativa do governo brasileiro: "O Governo do Brasil entende que os arts. 43 e 48, *d*, não incluem o direito automático de visitas e inspeções *in loco* da Comissão Interamericana de Direitos Humanos, as quais dependerão da anuência expressa do Estado". Tal declaração interpretativa funciona como uma ressalva que limita os poderes da Comissão Interamericana de Direitos Humanos[77]. Como órgãos de fiscalização e julgamento (controle de convencionalidade internacional) do

---

75. Caso Genie Lacayo, Solicitação de Revisão da sentença de 29 de janeiro de 1997 (Resolução de 13 de setembro de 1997, item 10).

76. É de suma importância sublinhar que a Convenção Interamericana de Direitos Humanos é autoaplicável. Tal definição provém do Parecer Consultivo 07/86 da Corte Interamericana de Direitos Humanos. Assim, uma vez internalizada, estará apta a irradiar seus efeitos diretamente na ordem interna do país-parte, isto é, não necessitará de lei que regulamente sua incidência nos países que aderiram a seus mandamentos.

77. Todavia, deve-se apontar, como uma das consequências do princípio *pro homine*, que a interpretação das limitações de direitos estabelecidos nos tratados internacionais de direitos humanos deve ser restritiva – tudo para impedir ao máximo a diminuição da proteção da pessoa humana. Aliás, nesse sentido é o Parecer Consultivo 02, de 24 de setembro de 1982, da Corte Interamericana de Direitos Humanos.

sistema americano de proteção dos direitos humanos, a Convenção instituiu a Comissão e a Corte Interamericana de Direitos Humanos, dotando-o, dessa maneira, de mecanismos constritivos de proteção dos direitos humanos (*hard law*). Na Convenção só é permitida a participação dos países-membros da OEA. Ao longo da Convenção é possível identificar inúmeros direitos civis e políticos (ditos de primeira geração), nos moldes do Pacto Internacional de Direitos Civis e Políticos. A única menção aos direitos econômicos, sociais e culturais é encontrada no artigo 26, que se limita a determinar que os Estados se engajem em progressivamente implementar tais direitos (em sua dimensão negativa e positiva), ditos de segunda geração. Tal escolha (de só regular os direitos políticos e civis) foi direcionada para obter a adesão dos EUA. Essa situação modificou-se com a adoção, na Conferência Interamericana de San Salvador, em 17 de novembro de 1988, do Protocolo Adicional à Convenção, conhecido como Protocolo de San Salvador. A partir de então, tem-se uma enumeração dos direitos econômicos, sociais e culturais que os países americanos – membros da OEA – obrigaram-se a implementar progressivamente. Lembrando-se sempre da tripla obrigação dos Estados para com todos os direitos humanos: proteger, respeitar e realizar[78]; **E:** incorreta (reler o comentário sobre a assertiva C).

Gabarito "D".

5.2. SISTEMA EUROPEU

(Defensor Público/RO – 2012 – CESPE) No que se refere ao sistema europeu de direitos humanos, assinale a opção correta.

(A) O Protocolo n.º 13, de 2002, admite a pena de morte apenas em tempo de guerra.
(B) O Protocolo n.º 4, de 1963, admite a expulsão coletiva de estrangeiros, desde que observados os trâmites fixados pela legislação do Estado-parte.
(C) No Protocolo n.º 7, de 1984, prevê-se, no caso de condenação por infrações menores assim definidas nas leis do Estado-parte e no caso de condenação aplicada pela mais alta corte do Estado-parte, exceção ao direito a duplo grau de jurisdição em matéria penal.
(D) Além das manifestações dos Estados-partes, o Tribunal Europeu dos Direitos do Homem pode admitir apenas petições de organizações não governamentais e de coletividades ou grupos minoritários.
(E) A Convenção Europeia dos Direitos do Homem veda qualquer restrição, no território por ela abrangido, à atividade política dos estrangeiros.

A: incorreta. Com o Protocolo nº 13 tem-se a abolição completa da pena de morte, mesmo em situações de exceção; **B:** incorreta. Com o Protocolo nº 4 tem-se a proibição da prisão civil por dívidas, a garantia da liberdade de circulação, a proibição da expulsão de nacionais e a proibição da expulsão coletiva de estrangeiros; **C:** correta. Com o Protocolo nº 7 tem-se a adoção de garantias processuais na expulsão de estrangeiros, a garantia ao duplo grau de jurisdição em matéria criminal, o direito à indenização em caso de erro judiciário, o princípio do *non bis in idem* e o princípio da igualdade conjugal; **D:** incorreta. Com o Protocolo nº 11 dotou-se a Corte de competência para receber petições individuais. Essa possibilidade tem contribuído em muito para o evolver do sistema protetivo europeu, pois democratiza seu manejo e aumenta a capilaridade de seu monitoramento; **E:** incorreta, pois existem restrições à atividade política dos estrangeiros na Convenção Europeia dos Direitos do Homem (art. 16 da Convenção Europeia).

Gabarito "C".

5.3. SISTEMA AFRICANO

78. Para ilustrar, segue um trecho da importante sentença da Corte Interamericana de Direitos Humanos exarada no caso Velásquez Rodríguez, ocasião em que foi explicitada a obrigação de os Estados-partes garantirem o livre e o pleno exercício dos direitos reconhecidos na Convenção Americana de Direitos Humanos: "Esta obrigação implica o dever dos Estados-partes de organizar todo o aparato governamental e, em geral, todas as estruturas por meio das quais se manifesta o exercício do poder público, de maneira que sejam capazes de assegurar juridicamente o livre e pleno exercício dos direitos humanos. Como consequência dessa obrigação, os *Estados devem prevenir, investigar e sancionar toda violação dos direitos reconhecidos pela Convenção* e procurar, ademais, o restabelecimento, se possível, do direito violado e também a reparação dos danos produzidos pela violação dos direitos humanos" (tradução minha). O caso analisado trata de um estudante universitário de Honduras – Velásquez Rodríguez – que foi detido por autoridades policiais hondurenhas, sendo, posteriormente, vítima de tortura até ser tido como desaparecido. Em sentença de 29 de julho de 1988, a Corte Interamericana de Direitos Humanos declarou, por unanimidade, que Honduras violou, em prejuízo de Velásquez Rodríguez, o direito à liberdade pessoal (artigo 7º da Convenção), o direito à integridade pessoal (artigo 5º da Convenção) e o direito à vida (artigo 4º da Convenção), todos em conexão com o artigo 1º, ponto 1, da Convenção. A Corte declarou ainda, também por unanimidade, que Honduras deveria pagar uma justa indenização compensatória para os familiares da vítima, mas não fixou os parâmetros para o pagamento, apenas ressalvou que, se a Comissão Interamericana de Direitos Humanos e Honduras não chegassem a um acordo, a Corte seria responsável por estabelecer a forma e a quantia da indenização.

(Juiz de Direito/PA – 2014 – VUNESP) O sistema africano de Direitos Humanos surgiu por meio da

(A) Convenção da África do Sul (1959).
(B) Protocolo da Carta Africana – Etiópia (1949).
(C) Declaração Universal dos Direitos do Homem (1948).
(D) Carta de Banjul (1981).
(E) Carta Africana de Direitos Humanos – Carta de Moçambique (1969).

Existe um certo consenso na doutrina sobre o surgimento, de fato, do sistema africano de proteção dos direitos humanos, enquanto sistema amplo e organizado com a finalidade de tutelar os direitos humanos. E isso se deu com a adoção da Carta Africana de Direitos Humanos e dos Povos (Carta de Banjul), de 1981. Em ordem cronológica, é o terceiro sistema de proteção, aparecendo depois do global e do interamericano. Sem prejuízo de esclarecer que a Organização da Unidade Africana – OUA – já atuava no campo dos refugiados (Convenção sobre Governança dos Aspectos Específicos dos Refugiados, de 1969). "A questão dos refugiados, contudo, é específica, e não representou uma prévia do sistema. Ou seja, a adoção do tratado sobre refugiados não foi a primeira etapa de um projeto para a proteção dos direitos humanos na África, mas um caso particular, um problema que exigia solução. O papel de início do sistema regional africano pertence à Carta Africana"[79]. A OUA estava focada primordialmente no fortalecimento do processo de emancipação da África em relação aos seus colonizadores. E como bem lembra Marina Feberbaum, "...os países africanos soberanos, que, na maior parte, haviam acabado de conquistar suas soberanias, não aceitavam qualquer ideia de interferência externa, o que explica a aversão à implantação de um sistema de proteção de direitos humanos. Dito de outra maneira, a criação de mecanismos de proteção de direitos humanos, ainda que tal atividade se limitasse à função de monitoramento, seria demasiadamente invasiva aos olhos de Estados 'majoritariamente recém-independentes, que protegiam obsessivamente sua liberdade e repudiavam qualquer medida que sugerisse interferência externa nos seus assuntos internos'[80]. Portanto, percebe-se que o surgimento de um sistema organizado de proteção dos direitos humanos na África aconteceu com a adoção da supracitada Carta.

Gabarito "D".

6. SISTEMA AMERICANO DE PROTEÇÃO ESPECÍFICA DOS DIREITOS HUMANOS

(Defensor Público –DPE/BA – 2016 – FCC) A Convenção Interamericana para prevenir, punir e erradicar a violência contra a mulher fortaleceu o quadro protetivo da mulher, e, entre os quadros de violência tratados pelo documento, é correto afirmar:

(A) É considerada violência contra a mulher não somente a violência física, sexual e psicológica ocorrida no âmbito da família ou unidade doméstica ou em qualquer relação interpessoal, quer o agressor compartilhe, tenha compartilhado ou não a sua residência, incluindo-se, entre outras formas, o estupro, maus-tratos e abuso sexual.
(B) Não se inclui no conceito de violência contra a mulher, para fins da mencionada convenção, a violência perpetrada ou tolerada pelo Estado.
(C) O assédio sexual no local de trabalho, por ser figura tratada em lei específica, não se insere na violência contra a mulher para a mencionada convenção.
(D) A preocupação da convenção limita-se, apenas, ao âmbito doméstico e familiar.
(E) Em que pese o desejo internacional, os Estados signatários não se obrigaram em editar outras medidas para a combater a violência e a tomar as medidas adequadas, inclusive legislativas, para modificar ou abolir leis e regulamentos vigentes ou modificar práticas jurídicas ou consuetudinárias que respaldem a persistência e a tolerância da violência contra a mulher.

A: correta (artigos 1º e 2º, a, da Convenção); **B:** incorreta (art. 2º, c, da Convenção) **C** e **D:** incorretas (art. 2º, b, da Convenção); **E:** incorreta (art. 7º da Convenção).

Gabarito "A".

7. DIREITOS HUMANOS NO BRASIL

(Defensor Público – DPE/PR – 2017 – FCC) As relações entre o ordenamento jurídico local e o Direito Internacional são cada vez mais intensas, na medida em que existem fatos jurídicos simultaneamente regulados por ambos. Esta pluralidade de ordens jurídicas gera cooperação, mas também conflitos. Nesse contexto, é correto afirmar:

(A) A jurisprudência internacional entende que é vedado ao Estado-parte qualquer alegação de direito interno como escusa para o descumprimento de tratado internacional, ainda que se trate de norma Constitucional, sendo tal regra invocada para a solução dos conflitos apresentados.

---

79. FEFERBAUM, Marina. *Proteção Internacional dos Direitos Humanos – Análise do Sistema Africano*. São Paulo: Saraiva, 2012. p. 71.

80. FEFERBAUM, Marina. *Proteção Internacional dos Direitos Humanos – Análise do Sistema Africano*. São Paulo: Saraiva, 2012. p. 72-73.

(B) O Estatuto de Roma, por adoção implícita do princípio da primazia, dispõe que a jurisdição do Tribunal Penal Internacional prevalecerá sobre a local sempre que houver graves violações de direitos humanos, a exemplo de crimes de guerra.
(C) Segundo jurisprudência do Supremo Tribunal Federal, a prisão do depositário infiel é inconstitucional por violar a Convenção Americana de Direitos Humanos, diploma internacional que integra o Bloco de Constitucionalidade.
(D) Tendo em vista a prevalência da norma que protege a vítima de violações de direitos humanos, o Supremo Tribunal Federal possui jurisprudência no sentido de superar o direito interno frente ao direito internacional, como se observa da declaração de inconstitucionalidade da Lei de Anistia.
(E) Conforme posicionamento da Corte Interamericana de Direitos Humanos, o controle de convencionalidade de normas de direito interno de Estado-parte somente pode ser feito pelo Poder Judiciário local, não cabendo à jurisdição internacional fazê-lo.

A: correta, pois, de fato, os Estados não podem invocar seu direito interno como justificativa para descumprir as obrigações assumidas internacionalmente. Ou seja, nenhuma lei ou norma de direito interno, como as disposições de anistia, as regras de prescrição e outras excludentes de responsabilidade, podem impedir que um Estado cumpra sua obrigação internacional, especialmente quando se tratar de graves violações de direitos humanos que constituam crimes contra a humanidade, como os de lesa-humanidade, pois são inanistiáveis e imprescritíveis; **B:** incorreta. A grande característica do Tribunal é sua *complementaridade*, isto é, a jurisdição do TPI somente será exercida caso a Seção de Instrução verificar que existem provas suficientes para o acusado ser levado para julgamento e concluir que algum sistema jurídico nacional tenha sido incapaz ou não tenha demonstrado interesse em julgar o caso. Esse último requisito pode ser verificado quando ocorrer demora injustificada no procedimento, falta de independência do Poder Judiciário e até falta de capacidade para realizar a justiça penal. Em outras palavras, a jurisdição do TPI tem caráter excepcional, isto é, os Estados têm primazia para investigar os crimes previstos no Estatuto de Roma; **C:** incorreta, pois a Súmula Vinculante n. 25 do STF define que a prisão civil do depositário infiel é **ilícita** e não inconstitucional. No mais, o bloco de constitucionalidade é composto de todas as normas do ordenamento jurídico que possuam *status* constitucional. De forma geral e conforme o art. 5º, § 2º, da CF, o bloco de constitucionalidade é formado pelo texto constitucional, pelos princípios dele decorrentes e pelos tratados internacionais de direitos humanos; **D:** incorreta, pois o STF não tem jurisprudência nesse sentido e considerou válida a Lei de Anistia; **E:** incorreta, pois existe o controle de convencionalidade exercido por tribunais internos e o controle de convencionalidade internacional, que é exercido por órgãos internacionais.

Gabarito "A".

(Defensor Público – DPE/SC – 2017 – FCC) A proibição do retrocesso garante que direitos humanos conquistados não sejam reduzidos. Sobre o tema é INCORRETO afirmar:
(A) Trata-se de uma decorrência do princípio da confiança e da segurança jurídica.
(B) A vedação ao retrocesso já foi utilizada pelo Supremo Tribunal Federal em matéria previdenciária, garantindo que direitos sociais não fossem alterados.
(C) A dignidade da pessoa humana é preservada, em uma de suas vertentes, pelo entrincheiramento.
(D) A vedação do retrocesso já foi aplicado em caso de direitos políticos, proibindo-se o retorno ao voto impresso.
(E) Para doutrina majoritária, a vedação ao retrocesso é garantido como cláusula pétrea (Artigo 60, § 4º, inciso IV).

A: correta, tais princípios defendem a não alteração do quadro jurídico, e no caso específico dialoga com a especificidade dos direitos humanos para proibir o retrocesso da proteção fornecida pelos direitos humanos; **B:** incorreta, pois o STF não utilizou citado princípio em matéria previdenciária; **C:** correta. Entrincheiramento, como *efeito cliquet*, é uma das formas pelo qual a doutrina nomeia a proibição do retrocesso social. Ou ainda, proibição do regresso social ou da evolução reacionária ou ainda a vedação da contrarrevolução social nas palavras de José Gomes Canotilho; **D:** correta. Na ação direta de inconstitucionalidade (ADI 4543) proposta pela Procuradoria-Geral da República contra o artigo 5º da Lei 12.034/2009, que restabelece o sistema de voto impresso a partir das eleições de 2014, o Supremo Tribunal Federal, por unanimidade, julgou procedente a ação para declarar a inconstitucionalidade do artigo 5º da Lei 12.034/2009. O Tribunal decidiu que a versão impressa viola a garantia constitucional do segredo do voto, já que seria possível identificar o eleitor. Afirmou-se que a garantia da inviolabilidade do voto impõe a impessoalidade como forma de assegurar a liberdade de manifestação e evitar qualquer tipo de coação sobre o eleitor. Acrescentou-se que a manutenção da urna em aberto não se harmoniza com as normas constitucionais de garantia do eleitor, pois coloca em risco a segurança do sistema eleitoral, ao possibilitar fraudes. O Tribunal também fundamentou a decisão no princípio da proibição do retrocesso, o qual impede o retrocesso de direitos conquistados, como o da democracia representativa, para dar lugar a modelo superado que colocava o processo eleitoral em risco; **E:** correta, pois, de fato, a vedação do retrocesso é garantida como cláusula pétrea para a doutrina majoritária, mais especificamente pela redação do art. 60, § 4º, IV, da CF.

Gabarito "B".

(Defensoria Pública da União – CESPE – 2015) Com relação aos direitos humanos, julgue os itens que se seguem.
(1) Ainda que sua aparência seja feminina, o transexual não está amparado pela legislação de proteção às mulheres, uma vez que, na aplicação dessa legislação específica, deve-se considerar o gênero constante no registro civil do agredido.
(2) Considera-se haver ofensa ao princípio da ampla defesa no caso de o defensor dativo de acusado da prática do crime de homicídio apresentar, em defesa do acusado, argumentações genéricas, sem considerar as especificidades do crime por este cometido.
(3) Independentemente da existência de condições orçamentárias favoráveis, o Estado deve efetivar os direitos sociais, especialmente aqueles referentes a grupos mais vulneráveis, como crianças e idosos.

1: errado. Parcela da doutrina e jurisprudência pontuam que a Lei Maria da Penha deve ser aplicada também para outros gêneros que se identifiquem como sexo feminino, como é o caso dos transexuais. A interpretação é feita com base no art. 5º, parágrafo único, da Lei Maria da Penha. Além do que, o PL 8.032/2014, que está tramitando na Câmara dos Deputados, menciona expressamente as pessoas transexuais e transgêneros como objeto de proteção abarcado pela Lei Maria da Penha; **2:** certo, pois é caso de configuração de ofensa flagrante ao princípio da ampla defesa; **3:** certo, pois o Estado tem obrigação constitucional de efetivar os direitos sociais, sobretudo os dos mais vulneráveis (arts. 227 e 230 da CF).

Gabarito 1E, 2C, 3C.

7.1. CONSTITUIÇÃO CIDADÃ DE 1988

Defensor Público – DPE/SC – 2017 – FCC) A federalização dos crimes contra os direitos humanos é uma ferramenta introduzida em nossa Constituição pelo poder constituinte reformador. Sobre esta moderna ferramenta, é correto afirmar:
(A) Para que o incidente seja proposto há a necessidade de prévio esgotamento das vias ordinárias.
(B) O incidente de federalização só pode ser manuseado na fase processual, após a denúncia.
(C) O caso Manoel Mattos foi federalizado sob o fundamento de existência de grave violação a direitos humanos – é o primeiro caso do tipo no Brasil.
(D) O incidente de federalização pode ser proposto pelo interessado, pelo Procurador-Geral da República e por qualquer Procurador-Geral de Justiça.
(E) O incidente de federalização será processado perante o Supremo Tribunal Federal e terá cabimento em caso de grave violação de direitos humanos.

Nas hipóteses de grave violação de direitos humanos, o Procurador-Geral da República, com a finalidade de assegurar o cumprimento de obrigações decorrentes de tratados internacionais de direitos humanos dos quais o Brasil seja parte, poderá suscitar, perante o Superior Tribunal de Justiça, em qualquer fase do inquérito ou processo, incidente de deslocamento de competência para a Justiça Federal (§ 5º ao art. 109 da CF). A assertiva "C" é a correta porque o caso Manoel Mattos foi, de fato, o primeiro caso de federalização dos crimes contra os direitos humanos no Brasil. Lembrando que se trata do segundo pedido de deslocamento de competência apresentado pela Procuradoria-Geral da República.

Gabarito "C".

(Delegado/MS – 2017 – FAPEMS) Com a promulgação da Emenda Constitucional n. 45/2004, os tratados internacionais sobre direitos humanos são equivalentes às emendas constitucionais quando
(A) aprovados, em cada Casa do Congresso Nacional, em dois turnos, por dois terços dos votos dos respectivos membros.
(B) aprovados, em cada Casa do Congresso Nacional, em turno único, por três quintos dos votos dos respectivos membros.
(C) aprovados, na Câmara dos Deputados, em dois turnos, por dois terços dos votos dos respectivos membros.
(D) aprovados, no Senado Federal, em dois turnos, por dois terços dos votos dos respectivos membros.
(E) aprovados, em cada Casa do Congresso Nacional, em dois turnos, por três quintos dos votos dos respectivos membros.

Com a edição da EC n. 45, os tratados de direitos humanos que forem aprovados, em cada Casa do Congresso Nacional, em dois turnos, por três quintos dos votos dos respectivos membros, serão equivalentes às emendas constitucionais[81] – conforme o que determina o art. 5º, § 3º, da CF. Ou seja, tais tratados terão hierarquia constitucional quando aprovados por maioria qualificada no Congresso Nacional (regime especial de incorporação) e forem ratificados e posteriormente publicados pelo presidente da República.

Gabarito "E".

---

81. Mas não possuirão *status* de norma constitucional originária. Ou seja, é obra do Poder Constituinte Derivado Reformador e não do Poder Constituinte Originário.

(Defensor Público – DPE/BA – 2016 – FCC) Acerca do sistema constitucional de proteção dos direitos humanos e fundamentais, é correto afirmar:

(A) Nas hipóteses de grave violação de direitos humanos, o Procurador-Geral da República, com a finalidade de assegurar o cumprimento de obrigações decorrentes de tratados internacionais de direitos humanos dos quais o Brasil seja parte, poderá suscitar, perante o Superior Tribunal de Justiça, em qualquer fase do inquérito ou processo, incidente de deslocamento de competência para a Justiça Federal.

(B) De acordo com a posição firmada pelo Supremo Tribunal Federal, os tratados internacionais de direitos humanos incorporados antes da inserção do § 3º no artigo 5º da Constituição Federal, levada a efeito pela Emenda Constitucional 45/2004, possuem hierarquia constitucional, prevalecendo em face de qualquer norma infraconstitucional interna.

(C) A norma constitucional atribui legitimidade exclusiva ao Ministério Público para a propositura de ação civil pública para a proteção do patrimônio público e social, do meio ambiente e de outros interesses difusos e coletivos.

(D) Ação popular teve o seu objeto ampliado por disposição da Constituição Federal de 1988, autorizando expressamente o seu manuseio para a defesa dos direitos do consumidor.

(E) O serviço público de assistência jurídica integral e gratuita prestado pela Defensoria Pública é caracterizado pelo acesso universal, tal como o serviço público na área da saúde.

A: correta (artigo 109, § 5º, da CF); **B:** incorreta. Neste caso, os tratados terão hierarquia supralegal (tese da supralegalidade); **C:** incorreta, pois a norma atribui a propositura de ação civil pública nesses casos como função institucional e não legitimidade exclusiva (art. 129, III, da CF); **D:** incorreta. Art. 5º, LXXIII, da CF: "qualquer cidadão é parte legítima para propor ação popular que vise a anular ato lesivo ao patrimônio público ou de entidade de que o Estado participe, à moralidade administrativa, ao meio ambiente e ao patrimônio histórico e cultural, ficando o autor, salvo comprovada má-fé, isento de custas judiciais e do ônus da sucumbência"; **E:** incorreta. Art. 5º, LXXIV, da CF: "o Estado prestará assistência jurídica integral e gratuita aos que comprovarem insuficiência de recursos".
Gabarito "A".

(Defensor Público –DPE/RN – 2016 – CESPE) Acerca dos tratados internacionais de direitos humanos, do ADCT e dos direitos de nacionalidade e de cidadania, assinale a opção correta.

(A) A nacionalidade de brasileiros naturalizados perdida por sentença judicial devido ao exercício de atividade nociva ao interesse nacional pode ser readquirida mediante novo procedimento de naturalização.

(B) Os pagamentos devidos pela fazenda pública em virtude de sentença judicial far-se-ão mediante precatório, salvo quando forem pertinentes a obrigações definidas em lei como de pequeno valor. Caso não haja lei específica do ente da Federação, considerar-se-ão como de pequeno valor os débitos ou obrigações da fazenda pública estadual que tenham valor igual ou inferior a quarenta salários mínimos.

(C) O número de DPs estaduais na unidade jurisdicional deve ser proporcional ao número de processos judiciais em trâmite na comarca em questão.

(D) Segundo o STF, os tratados internacionais referentes aos direitos humanos têm status de norma constitucional, independentemente do seu eventual quorum de aprovação.

(E) Embora possa filiar-se a partido político, o militar em serviço na ativa não é elegível.

A: incorreta. Nesse caso, só é possível readquirir a nacionalidade brasileira por meio de ação rescisória, cabível somente quando a sentença judicial já estiver transitada em julgado; **B:** correta (art. 87 do ADCT); **C:** incorreta, pois não existe tal previsão legal; **D:** incorreta, porque apenas os tratados de direitos humanos que forem aprovados por quórum qualificado, ou seja, em cada Casa do Congresso Nacional, em dois turnos, por três quintos dos votos dos respectivos membros, terão *status* de norma constitucional – consoante o que determina o art. 5º, § 3º, da CF/1988; **E:** incorreta, pois "o militar, enquanto em serviço ativo, não pode estar filiado a partidos políticos" (art. 142, § 3º, V da CF).
Gabarito "B".

(Defensor Público –DPE/RN – 2016 – CESPE) No que diz respeito aos direitos sociais, à intervenção judicial na implementação de políticas públicas e ao mínimo existencial, assinale a opção correta.

(A) Ocorre o fenômeno conhecido como judicialização da política quando o Poder Judiciário, ao interpretar uma norma, amplia o seu sentido para abarcar situações aparentemente por ela não previstas.

(B) O transporte e a felicidade são direitos fundamentais sociais assegurados pelo Estado a todo cidadão brasileiro com garantia individual.

(C) Para o STF, a tese da reserva do mínimo possível é aplicável apenas se restar comprovada a real falta de recursos orçamentários pelo poder público, pois não é admissível como justificativa genérica para eventual omissão estatal na efetivação dos direitos fundamentais.

(D) Uma decisão judicial que ordenasse à administração pública a execução de obras emergenciais em um estabelecimento prisional, necessárias para a garantia da integridade física dos detentos, seria uma afronta ao princípio da separação dos poderes, segundo entendimento do STF.

(E) O direito ao mínimo existencial, no tocante aos direitos fundamentais, está vinculado às condições estritamente necessárias para a manutenção da vida dos indivíduos.

A: incorreta. A assertiva trata da "interpretação extensiva" que o juiz pode lançar mão na hora de aplicar o Direito. Só para relembrar, a interpretação extensiva é um tipo de interpretação que amplia o sentido da norma para além dos termos contidos no seu texto. A interpretação aumenta o conteúdo da norma jurídica para possibilitar a sua aplicação à situação não expressamente prevista no texto; **B:** incorreta, pois a "felicidade" não é um direito social previsto na Constituição Federal (artigo 6º); **C:** correta, pois é a posição que o STF tomou em seus julgamentos sobre o tema (vide Informativo 711/13 do STF); **D:** incorreta, pois o STF entendeu ser possível que uma decisão judicial determine a execução de obras emergenciais como as descritas na assertiva (Recurso Extraordinário (RE) 592581, com repercussão geral, interposto pelo Ministério Público do Rio Grande do Sul (MP-RS) contra acórdão do Tribunal de Justiça do RS); **E:** incorreta, pois está relacionado ao fato de que os Estados não teriam os meios materiais necessários para garantir a máxima efetivação dos direitos econômicos, sociais e culturais de suas populações.
Gabarito "C".

(Promotor de Justiça/MG – 2013) A Declaração Universal dos Direitos Humanos, em seu artigo XXV, n.º 1, diz: "Toda pessoa tem direito a um padrão de vida capaz de assegurar a si e a sua família saúde e bem-estar, inclusive alimentação, vestuário, **habitação**, cuidados médicos e os serviços sociais indispensáveis, e direito à segurança em caso de desemprego, doença, invalidez, viuvez, velhice ou outros casos de perda dos meios de subsistência fora de seu controle". Expressamente, a Constituição da República Federativa do Brasil, em seu artigo 6º, por introdução da Emenda Constitucional nº 26, prevê a **moradia** como direito social, no mesmo patamar da educação, da saúde, do trabalho, do lazer, da segurança, da previdência social, da proteção à maternidade e à infância e da assistência aos desamparados. Com base no ordenamento constitucional brasileiro, pode-se afirmar, **EXCETO**:

(A) O direito de moradia possui aplicação imediata, uma vez que é direito fundamental social, fazendo parte do mínimo existencial, e a Constituição da República não o condiciona a nenhuma regulamentação específica, motivo pelo qual não pode o Poder Público se eximir de implementar políticas públicas para o seu atendimento, em face de obrigação constitucional.

(B) A política de desenvolvimento urbano, executada pelo Poder Público municipal, tem por diretriz geral, entre outras, a garantia do direito a cidades sustentáveis, onde está inserido o direito à moradia.

(C) Cabe à União estabelecer diretrizes para o desenvolvimento urbano, inclusive a habitação, mas somente ao município compete promover programas de construção de moradias e a melhoria das condições habitacionais.

(D) Pelo ordenamento constitucional brasileiro, a propriedade é um direito fundamental, mas não possui um caráter absoluto, pois deve cumprir uma função social, que se dá, entre outras formas, pelo atendimento das exigências fundamentais de ordenamento das cidades, expressadas nos planos diretores, podendo estes estabelecerem áreas para que o Poder Público municipal, mediante lei específica, exija do proprietário do solo urbano não edificado, subutilizado ou não utilizado, que promova o seu adequado aproveitamento, sob pena, sucessivamente de parcelamento ou edificação compulsórios, imposto sobre a propriedade predial e territorial urbana progressivo no tempo e desapropriação com pagamento mediante títulos da dívida pública.

A: assertiva correta, pois, de fato, a Constituição não o condiciona a nenhuma regulamentação específica. E não é possível contrariar o direito à moradia como parte do mínimo existencial, pois uma pessoa sem moradia fica extremamente vulnerável e sua dignidade humana ameaçada. Como exercício humano, pense por 30 segundos como seria sua vida se você não tivesse sua casa para morar; **B:** assertiva correta (artigo 182, *caput*, da CF); **C:** assertiva incorreta, devendo ser assinalada, pois é competência comum da União, dos Estados, do Distrito Federal e dos Municípios promover programas de construção de moradias e a melhoria das condições habitacionais (artigo 23, IX, da CF); **D:** assertiva correta (artigo 182, §§ 2º e 4º, da CF).
Gabarito "C".

(Defensoria/DF – 2013 – CESPE) Considerando as disposições constitucionais relativas aos direitos humanos e aos tratados que versam sobre o tema, julgue os itens subsequentes.

(1) O procurador-geral da República poderá, ouvido o Conselho Nacional do Ministério Público, suscitar, perante o STF, incidente de deslocamento de competência para a justiça federal quando julgar que o processo envolve grave violação de direitos humanos e exige

o cumprimento de obrigações decorrentes de tratados internacionais de direitos humanos dos quais o Brasil seja parte.

(2) Uma das condições para que os tratados e convenções internacionais sobre direitos humanos sejam considerados equivalentes as normas constitucionais é a sua aprovação, em cada casa do Congresso Nacional, pelo mesmo processo legislativo previsto para a aprovação de proposta de emenda constitucional.

1: errado. Segue a redação do § 5º ao artigo 109 da CF: "Nas hipóteses de grave violação de direitos humanos, o Procurador-Geral da República, com a finalidade de assegurar o cumprimento de obrigações decorrentes de tratados internacionais de direitos humanos dos quais o Brasil seja parte, poderá suscitar, perante o Superior Tribunal de Justiça, em qualquer fase do inquérito ou processo, incidente de deslocamento de competência para a Justiça Federal". Trata-se da denominada *federalização* dos crimes contra os direitos humanos; **2:** certo. Com a edição da EC nº 45, os tratados de direitos humanos que forem aprovados, em cada Casa do Congresso Nacional, em dois turnos, por três quintos dos votos dos respectivos membros, serão equivalentes às emendas constitucionais – conforme o que determina o artigo 5º, § 3º, da CF. Ou seja, tais tratados terão hierarquia constitucional quando aprovados por maioria qualificada no Congresso Nacional (regime especial de incorporação) e forem ratificados e posteriormente publicados pelo presidente da República.

Gabarito 1E, 2C

(Defensor Público/AM – 2013 – FCC) Um assistido da Defensoria Pública obtém uma decisão favorável perante a Corte Interamericana de Direitos Humanos, determinando que o Estado Brasileiro o indenize pela morte de seu filho, causada por policiais em suposto caso de "*resistência seguida de morte*", que se revelou ser uma situação de execução extrajudicial. No entanto, o país se recusa a fazer o pagamento espontaneamente, sendo necessária a execução da sentença. A esse respeito, a decisão da Corte

(A) deve ser previamente homologada pelo Superior Tribunal de Justiça, na forma prevista pela Constituição Federal.

(B) pode ser executada diretamente no juízo de primeiro grau, observadas as regras de competência.

(C) não possui executoriedade direta no Brasil, em face do princípio da soberania estatal.

(D) somente pode ser executada se o Supremo Tribunal Federal tiver declarado sua validade para o direito interno.

(E) somente será exequível se houver o consentimento expresso do Poder Executivo Federal no caso concreto.

O cumprimento da sentença da Corte Interamericana se dá geralmente de maneira voluntária pelos Estados. Caso isso não ocorra, por exemplo, no Brasil, o cumprimento se dará mediante execução da sentença, como título executivo judicial, perante a justiça federal, consoante disposto no artigo 109, I, da CF. Mas deve-se saber que os Estados-partes da Convenção se comprometem a cumprir a decisão da Corte em todo caso em que forem parte (artigo 68 da Convenção Americana de Direitos Humanos).

Gabarito "B".

(Delegado/MG – 2012) A Constituição brasileira de 1988 simboliza o marco jurídico da transição democrática e da institucionalização dos direitos humanos no Brasil. O texto de 1988 empresta aos direitos e garantias ênfase extraordinária, destacando-se como documento mais avançado, abrangente e pormenorizado sobre a matéria na história do País.

Leia e analise as assertivas abaixo:

I. Ao romper com a sistemática das Constituições anteriores, a Constituição de 1988, ineditamente, consagra o primado do respeito aos direitos humanos, abrindo a ordem jurídica interna ao sistema de proteção internacional desses direitos.

II. As relevantes transformações internas, decorrentes do processo de democratização, permitiram que os direitos humanos se convertessem em tema fundamental na agenda internacional do País, a partir de então.

III. No plano das relações internacionais, tem-se de observar que não houve inovações na Constituição de 1988, pois a mesma reproduz ainda, no texto, a antiga preocupação vivida no Império com a dependência nacional e a não intervenção.

Marque a opção correta:

(A) apenas as assertivas I e III estão corretas.
(B) Somente a assertiva III está incorreta.
(C) apenas as assertivas II e III estão corretas.
(D) as assertivas I, II e III estão corretas.

I: correta. Fruto da redemocratização, a Constituição Federal de 1988 torna a dignidade da pessoa humana um dos fundamentos da República Federativa do Brasil (art. 1º, III, da CF). Outros fundamentos que reforçam o *status* dos direitos humanos no Brasil são a cidadania, os valores sociais do trabalho e o pluralismo político (respectivamente art. 1º, II, IV e V, da CF). Ponto relevante é a determinação de que as normas definidoras dos direitos e garantias fundamentais têm aplicação imediata (art. 5º, § 1º, da CF). Isto é, o juiz pode aplicar diretamente os direitos fundamentais, sem necessidade de qualquer lei que os regulamente. Tal regra tem por base o *princípio da força normativa da Constituição*, idealizado por Konrad Hesse, e "a ideia de que os direitos individuais devem ter eficácia imediata ressalta a vinculação direta dos órgãos estatais a esses direitos e o seu dever de guardar-lhes estrita observância".[82] O § 2º é enfático: "Os direitos e garantias expressos nesta Constituição não excluem outros decorrentes do regime e dos princípios por ela adotados, ou dos tratados internacionais em que a República Federativa do Brasil seja parte". *Tal estipulação possibilita a ampliação progressiva dos direitos fundamentais, pois o Brasil poderá aumentar seu catálogo de direitos à medida que internaliza tratados internacionais de direitos humanos.*[83] Assim, a comunhão dos §§ 1º e 2º permite-nos concluir que um tratado de direitos humanos internalizado pelo Brasil faz parte de seu bloco de constitucionalidade[84] e, assim, pode ser aplicado direta e imediatamente pelo juiz. Lembrando que o bloco de constitucionalidade é composto de todas as normas do ordenamento jurídico que possuem *status* constitucional[85]; **II:** correta. Um dos fatores que sacramenta a nuclearidade dos direitos humanos no Brasil é o que dispõe o art. 4º, II, da CF. Ou seja, as relações internacionais do Brasil serão regidas, entre outros, pelo *princípio da prevalência dos direitos humanos*. Outros incisos do art. 4º da CF que corroboram a dita nuclearidade dos direitos humanos são: *a)* repúdio ao terrorismo e ao racismo (inc. VIII); *b)* cooperação entre os povos para o progresso da humanidade (inc. IX); e *c)* concessão de asilo político (inc. X); **III:** incorreta, pois, segundo o art. 4º da CF, a República Federativa do Brasil rege-se, nas suas relações internacionais, pelos seguintes princípios: *I – independência nacional;* II – prevalência dos direitos humanos; III – autodeterminação dos povos; IV – não intervenção; V – igualdade entre os Estados; VI – defesa da paz; VII – solução pacífica dos conflitos; VIII – repúdio ao terrorismo e ao racismo; IX – cooperação entre os povos para o progresso da humanidade; e X – concessão de asilo político.

Gabarito "B".

(Delegado/MG – 2012) A Constituição da República de 1988 alargou significativamente o campo dos direitos e garantias fundamentais, por isso é um marco jurídico da transição ao regime democrático no Brasil. Nesse processo de transição, é acentuada, na Constituição, a preocupação em assegurar os valores da dignidade e do bem-estar da pessoa humana, como imperativo de justiça social. **Não** corrobora com o contexto acima, o seguinte entendimento ou argumento:

(A) Os objetivos fundamentais do Estado brasileiro visam à concretização da democracia econômica, social e cultural, a fim de efetivar, na prática, a dignidade da pessoa humana.

(B) Os direitos fundamentais, que têm como núcleo a dignidade da pessoa humana, são elementos básicos para a realização do princípio democrático, tendo em vista que exercem uma função democratizadora.

(C) A Constituição traz a previsão expressa do valor da dignidade da pessoa humana como imperativo da justiça social, mas que deve ceder frente à necessidade de se preservar a ordem democrática.

(D) O valor da dignidade da pessoa humana impõe-se como núcleo básico e informador do todo o ordenamento jurídico como critério e parâmetro que orienta a compreensão do sistema constitucional.

A: incorreta, pois a assertiva corrobora com o contexto exteriorizado na questão. O art. 3º da Constituição lista os objetivos fundamentais da República Federativa do Brasil: I – construir uma sociedade livre, justa e solidária; II – garantir o desenvolvimento nacional; III – erradicar a pobreza e a marginalização e reduzir as desigualdades sociais e regionais; IV – promover o bem de todos, sem preconceitos de origem, raça, sexo, cor, idade e quaisquer outras formas de discriminação; **B:** incorreta, pois a assertiva corrobora com o contexto exteriorizado na questão. Quanto mais forem implementados os direitos humanos, maior será a condição cultural de um povo (resultado da efetivação dos direitos civis, sociais e políticos), o que permitirá o exercício do princípio democrático na sua máxima potência; **C:** correta, pois a assertiva contraria o contexto exteriorizado na questão. Não existe o citado sopesamento realizado pelo legislador e tendente a beneficiar a ordem democrática em detrimento do valor da dignidade da pessoa humana, até porque a regra é que não há respeito aos direitos humanos sem democracia, mas a democracia por si só não garante o respeito à dignidade da pessoa humana. Cabe ponderar que a dignidade da pessoa humana é o fundamento nuclear da República Federativa do Brasil (art. 1º, III, da CF); **D:** incorreta, pois a assertiva corrobora com o contexto exteriorizado na questão. Reler os comentários anteriores. Ademais, é mister assevear que é regra básica da hermenêutica jurídica aquela que determina que a aplicação da lei deverá levar em conta os valores constitucionais que irradiam sobre todo o ordenamento jurídico. E os direitos humanos ocupam lugar central na Constituição Federal, destarte, toda interpretação e aplicação de alguma norma do ordenamento jurídico brasileiro devem ser balizadas pela dignidade da pessoa humana. Assim, a interpretação que violar a dignidade da pessoa humana não é válida, ou melhor, é inconstitucional.

Gabarito "C".

---

82. MENDES. *Op. cit.*, p. 671.

83. No mesmo sentido: "Trata-se de evidente cláusula de abertura do rol de direitos fundamentais, a permitir a inclusão de outros direitos e garantias àqueles já previstos na Lei Maior, desde que consoantes com os princípios constitucionais". WEIS, Carlos. **Estudo sobre a obrigatoriedade de apresentação imediata da pessoa presa ao juiz**: comparativo entre as previsões dos tratados de direitos humanos e do projeto de Código de Processo Penal. Defensoria Pública do Estado de São Paulo, 2011, p. 7.

84. O termo bloco de constitucionalidade já foi citado, pelo STF, nas ADIn 595 e 514, de relatoria do min. Celso de Mello, mas nunca foi aplicado no Brasil.

85. De forma geral e conforme o art. 5º, § 2º, da CF, o bloco de constitucionalidade é formado pelo texto constitucional, pelos princípios dele decorrentes e pelos tratados internacionais de direitos humanos.

(Delegado/MG – 2012) Os fundamentos do Estado Democrático de Direito, conforme expressos na Constituição são:

(A) Os direitos políticos: votar e ser votado.
(B) A cidadania e a dignidade da pessoa humana.
(C) Federalismo e República, como formas de organização política.
(D) Meio ambiente e cultura, como bens de uso comum do povo.

A alternativa "B" é a correta. O art. 1º da Constituição define os fundamentos da República Federativa do Brasil: I – a soberania; II – *a cidadania*; III – *a dignidade da pessoa humana*; IV – os valores sociais do trabalho e da livre iniciativa; e V – o pluralismo político.
Gabarito "B".

(MINISTÉRIO PÚBLICO/MT – 2012 – UFMT) Sobre os princípios da República Federativa do Brasil atinentes às relações internacionais, é correto afirmar:

(A) A previsão constitucional de concessão de asilo político restringe-se à ocorrência do asilo diplomático, que tem lugar quando a pessoa perseguida encontra guarida nas representações brasileiras no exterior, podendo dar-se em embaixadas ou consulados, ou, até mesmo, em unidades militares brasileiras acreditadas no país de origem.
(B) A previsão constitucional de concessão de asilo político é previsão-gênero, que alberga em seu conceito duas espécies de asilo, o diplomático e o territorial, sendo o primeiro o que se dá em embaixadas ou representações diplomáticas do Brasil no exterior, e o segundo o que ocorre com a vinda efetiva do asilado para o território nacional depois da obtenção de salvo-conduto no país de origem.
(C) A previsão constitucional de concessão de asilo político restringe-se à ocorrência do asilo territorial, cuja principal característica é tratar-se de instituição de caráter humanitário que não se sujeita à reciprocidade, podendo qualquer pessoa, de qualquer nacionalidade, sujeitar-se à sua efetiva proteção.
(D) A previsão constitucional de concessão de asilo político é expressão-gênero, que abrange o asilo diplomático e o asilo territorial, este último também conhecido por "refúgio", institutos que guardam idênticos fundamentos, características e motivações, a exemplo das perseguições por motivo de raça, nacionalidade, grupo social, religião, dentre outros.
(E) A previsão constitucional de concessão de asilo territorial tem por motivação a imputação ao sujeito de atos alheios a fatos tipificados como crimes, a exemplo de pertencer o sujeito a determinado grupo social ou cultural, ou de ter determinada religião que não aquela oficial do Estado de origem, ou até mesmo de ter manifestado uma opinião contrária à vontade do governo, o que faz com que os pedidos extradicionais perante o STF não devam ser conhecidos pelo Tribunal.

A: incorreta, pois não existe a mencionada restrição na Constituição (art. 4º, X, da CF). Logo, a previsão constitucional diz respeito tanto ao asilo diplomático como ao territorial. O asilo territorial é o acolhimento, pelo Estado, em seu território, de estrangeiro perseguido em seu país por causa de dissidência política, de delitos de opinião ou por crimes que, relacionados com a segurança do Estado, não configurem infração penal comum. O direito do Estado de conceder asilo tem fundamento em sua soberania e deve ser respeitado pelos outros Estados. Deve-se lembrar, ainda, que o Estado asilante tem o direito de negar o asilo por motivos de segurança nacional. Esse tipo de asilo é concedido pelo chefe de Estado. Por sua vez, o asilo diplomático é o acolhimento, pelo Estado, em sua representação diplomática, do estrangeiro que busca proteção. É considerado uma forma provisória do asilo territorial, todavia, não assegura automaticamente sua concessão, a qual terá de ser processada para analisar o devido preenchimento de certas condições. Essa modalidade de asilo tem grande aceitação na América Latina, sobretudo em função de seu passado de instabilidade política. Os pressupostos do asilo diplomático são, em última análise, os mesmos do asilo territorial, isto é, a natureza política dos delitos atribuídos ao perseguido e a contemporaneidade da persecução. Por fim, os locais onde esse asilo pode ocorrer são as missões diplomáticas – não as repartições consulares – e, por extensão, os imóveis residenciais cobertos pela inviolabilidade nos termos da Convenção de Viena sobre Relações Diplomáticas; e, ainda, consoante ao costume, os navios de guerra porventura acostados ao litoral; **B:** correta (reler comentário sobre a assertiva anterior); **C:** incorreta (reler comentário sobre a assertiva A); **D:** incorreta. Além da necessidade de releitura do comentário sobre a assertiva A para visualizar o erro da presente assertiva, cabe fazer considerações sobre o instituto *refúgio*, o qual é diferente do instituto *asilo*. O refúgio é o acolhimento, pelo Estado, em seu território, de indivíduo perseguido por motivos de raça, religião, nacionalidade, grupo social ou opiniões políticas. Deve-se atentar que o refúgio tem por base a situação de indivíduo que se encontre fora de seu país de nacionalidade e não possa ou não queira, por temor, regressar ou a situação de apátrida, que esteja fora do país onde teve sua última residência habitual e não possa ou não queira, por temor, regressar a tal país. Além disso, é possível considerar refugiado todo aquele que for vítima de grave e generalizada violação de direitos humanos; **E:** incorreta. Primeiramente, cabe sublinhar que a questão tem redação confusa. Mas pode-se afirmar que há uma confusão entre dois institutos, o asilo territorial e a extradição. Como vimos, o asilo é o acolhimento, pelo Estado, em seu território, de estrangeiro perseguido em seu país por causa de dissidência política, de delitos de opinião ou por crimes que, relacionados com a segurança do Estado, não configurem infração penal comum. Por sua vez, a extradição é a entrega de um Estado para outro Estado, a pedido deste, de indivíduo que em seu território deva responder a processo penal ou cumprir pena por prática de crime de certa gravidade. Os pedidos extradicionais passam por uma análise de admissibilidade do STF, assim devem ser conhecidos, mas apenas serão concedidos se cumprirem os requisitos autorizadores da dita concessão.
Gabarito "B".

(MINISTÉRIO PÚBLICO/MT – 2012 – UFMT) É possível afirmar que a Constituição Brasileira de 1988, no que tange aos princípios das relações internacionais, tem como característica:

(A) A de ser uma Constituição que até a promulgação da Emenda 45/2004 sempre fez tábula rasa do Direito Internacional Público, em especial do Direito Internacional dos Direitos Humanos, ao não prever claramente a hierarquia das normas internacionais em geral no plano do Direito brasileiro, bem assim por impedir a participação popular em matéria de política externa quando há encargos ou compromissos gravosos ao patrimônio nacional.
(B) A de ser a segunda Constituição brasileira (a primeira foi a Carta de 1967) a incluir expressamente em seu texto os objetivos da República Federativa do Brasil e os princípios pelos quais deve o Brasil reger-se nas suas relações internacionais, além de impor ao STF a competência para a decisão sobre a inconstitucionalidade de tratados.
(C) A de ser uma Constituição aberta e receptiva ao Direito Internacional Público, à medida que contém certas "cláusulas de diálogo" ou "cláusulas dialógicas" como a do art. 4, II, que permite a aplicação da norma de proteção de direitos mais benéfica ao ser humano, e a do art. 5º, § 2º, que ao não excluir do âmbito constitucional de aplicação as normas provenientes de tratados sobre direitos humanos de que o Brasil é parte.
(D) A de ser uma Constituição que mesmo depois da Emenda 45/2004 faz tábula rasa do Direito Internacional Público, eis que, embora permitindo a equivalência convencional às regras do seu próprio texto em determinados casos, fica ainda muito aquém de outros textos constitucionais latino-americanos que garantem equiparação convencional geral às normas constitucionais, como fazem as Constituições da Argentina e da Venezuela.
(E) A de ser uma Constituição aberta e receptiva ao Direito Internacional Público, à medida que desde a sua edição já contém normas sobre a inconstitucionalidade dos tratados perante o STF e sobre deslocamento de competência para a Justiça Federal nas hipóteses de grave violação de direitos humanos.

"Art. 4º A República Federativa do Brasil rege-se nas suas relações internacionais pelos seguintes princípios: I– independência nacional; II – prevalência dos direitos humanos; III – autodeterminação dos povos; IV – não intervenção; V – igualdade entre os Estados; VI – defesa da paz; VII – solução pacífica dos conflitos; VIII – repúdio ao terrorismo e ao racismo; IX – cooperação entre os povos para o progresso da humanidade; e X – concessão de asilo político".
A: incorreta, pois tal assertiva encontra-se em total desacordo com a historiografia constitucional brasileira; **B:** incorreta, pois se trata de outra assertiva contrária à historiografia constitucional brasileira; **C:** correta. Em se tratando de interpretação e de aplicação das regras protetivas de direitos humanos, deve-se ter por fundamento o *princípio da primazia da norma mais favorável à vítima*, o qual determina a busca da maior efetividade possível na proteção dos direitos humanos. Portanto, de modo geral, os sistemas protetivos global, regional e nacional interagem e complementam-se para melhor proteger o indivíduo dos abusos perpetrados contra sua dignidade humana. Esse exercício foi denominado por Erik Jaime[86] ou *diálogo das fontes*[87], ou seja, os diversos sistemas de proteção (fontes heterogêneas) são coordenados para garantir a maior tutela possível da dignidade da pessoa humana – dessa forma, o sistema com maiores possibilidades de garantir a proteção no caso específico será o eleito, podendo até haver uma aplicação conjunta dos sistemas, desde que apropriada. E como bem dito na assertiva, a Constituição brasileira traz previsão expressa de "cláusula de diálogo ou dialógica" no seu art. 4º, II. Além disso, nenhuma lei ou norma de direito interno, como as disposições de anistia, as regras de prescrição e outras excludentes de responsabilidade, podem impedir que um Estado cumpra essa obrigação, especialmente quando se tratar de graves violações de direitos humanos que constituam crimes contra a humanidade, como os de lesa-humanidade, pois são inanistiáveis e imprescritíveis. E as normas definidoras dos direitos e garantias fundamentais têm aplicação imediata (artigo 5, § 1º, da CF). Isto é, o juiz pode aplicar diretamente os direitos fundamentais, sem necessidade de qualquer lei que os regulamente. Tal regra tem por base o *princípio da força normativa da Constituição*, idealizado por Konrad Hesse, e "a ideia de que os direitos individuais devem ter eficácia imediata ressalta a vinculação direta dos órgãos estatais a esses direitos e o seu dever de guardar-lhes estrita observância[88]". O § 2º é enfático: "Os direitos e garantias expressos nesta Constituição não excluem outros

---

86. **Identité culturelle et integration: le droit international privé postmoderne**. Séries Recueil des Cours de l'Académie de Droit International de la Haye 251, 1995.

87. O citado diálogo também é previsto expressamente no artigo 29, *b*, da Convenção Americana de Direitos Humanos.

88. MENDES, Gilmar Ferreira. **Curso de Direito Constitucional**. 6. ed. São Paulo: Saraiva, 2011, p. 671.

decorrentes do regime e dos princípios por ela adotados, ou dos tratados internacionais em que a República Federativa do Brasil seja parte". Tal estipulação possibilita a ampliação progressiva dos direitos fundamentais, pois o Brasil poderá aumentar seu catálogo de direitos à medida que internaliza tratados internacionais de direitos humanos[89]. Assim, a comunhão dos §§ 1º e 2º permite-nos concluir que um tratado de direitos humanos internalizado pelo Brasil faz parte de seu bloco de constitucionalidade[90] e, assim, pode ser aplicado direta e imediatamente pelo juiz. Lembrando que o bloco de constitucionalidade é composto de todas as normas do ordenamento jurídico que possuem *status* constitucional[91]; D: incorreta, pois a Constituição brasileira, e principalmente depois da EC 45, não faz tábula rasa do Direito Internacional Público, pois, muito pelo contrário acena de maneira muito favorável para interação do direito internacional com o interno; E: incorreta, pois, por exemplo, o § 5º do artigo 109 da CF[92], que foi acrescentado pela EC nº 45 de 2004, trata da *federalização* dos crimes contra os direitos humanos, e um caso conhecido é o IDC 2-DF/STJ de relatoria da Ministra Laurita Vaz, pois o caso tinha como pano de fundo a atuação de um grupo de extermínio e o incidente de deslocamento de competência foi parcialmente acolhido[93]. É importante asseverar, com base na jurisprudência do STJ, que o incidente de deslocamento só será provido se ficar comprovado que a justiça estadual constitui verdadeira barreira ao cumprimento dos compromissos internacionais de proteção dos direitos humanos assumidos pelo Brasil.

Gabarito "C".

7.2. DIREITOS FUNDAMENTAIS – ARTIGO 5º DA CF

(Delegado/MS – 2017 – FAPEMS) Sobre a eficácia dos direitos fundamentais, analise as afirmativas a seguir.

I. A eficácia vertical dos direitos fundamentais foi desenvolvida para proteger os particulares contra o arbítrio do Estado, de modo a dedicar direitos em favor das pessoas privadas, limitando os poderes estatais.

II. A eficácia horizontal trata da aplicação dos direitos fundamentais entre os particulares, tendo na constitucionalização do direito privado a sua gênese.

III. A eficácia diagonal trata da aplicação dos direitos fundamentais entre os particulares nas hipóteses em que se configuram desigualdades fáticas.

Está correto o que se afirma em

(A) III, apenas.
(B) I e III, apenas.
(C) II e III, apenas.
(D) I e II, apenas.
(E) I, II e III.

I: correta, pois a eficácia vertical dos direitos humanos está direcionada a limitar os poderes estatais, isto é, diz respeito à direitos que são oponíveis contra o Estado; II: correta. Os direitos humanos são oponíveis também entre os particulares, nas relações privadas, caracterizando a chamada eficácia horizontal dos direitos humanos. E essa eficácia horizontal é alcunhada, no alemão, de *Drittwirkung*; III: correta, pois trata-se da incidência de direitos fundamentais em relações privadas desiguais, geralmente tomando corpo onde se tem poder econômico de um lado e vulnerabilidade de outro, de ordem jurídica ou econômica. Esse conceito foi bastante trabalhado pelo professor chileno Sérgio Gamonal e já está sendo utilizado na prática pela Justiça do Trabalho (TRT-1 - RO: 7524420125010342 RJ, Relator: Bruno Losada Albuquerque Lopes, Data de Julgamento: 09/09/2013, Sétima Turma).

Gabarito "E".

(Promotor de Justiça – MPE/AM – FMP – 2015) No que se refere à eficácia dos direitos fundamentais, considere as seguintes assertivas:

I. A saúde e a educação são políticas públicas de incumbência do gestor, não podendo o Ministério Público e o Poder Judiciário adotar medidas de controle em juízo, sob pena de ativismo judicial.

II. A judicialização da política significa o ajuizamento de demandas envolvendo direitos fundamentais relativas à omissão dos poderes públicos, em razão de fatores contingenciais, ao passo que o ativismo judicial é um ato de vontade de poder (judicial), com a adoção de argumentos de moral, de política ou de economia, com ofensa ao princípio da Separação de Poderes.

III. A justiciabilidade dos direitos sociais está adstrita ao mínimo existencial, o qual corresponde ao núcleo essencial ou "núcleo duro" dos direitos fundamentais.

IV. O mínimo existencial não se confunde com o mínimo vital ou o mínimo de subsistência, podendo ser dividido em mínimo fisiológico e mínimo sociocultural.

V. A ponderação é um princípio utilizado para a resolução de colisão de direitos fundamentais.

Quais das assertivas acima estão corretas?

(A) Apenas a II e IV.
(B) Apenas a II e III.
(C) Apenas a II e V.
(D) Apenas a I e II.
(E) Apenas a III e IV.

I: incorreta, pois o Judiciário e o MP podem sim acompanhar e controlar a aplicação de políticas públicas, notadamente as de grande importância para a sociedade como saúde e educação. O ativismo judicial surge diante de uma atuação sem suporte legal; II: correta. Pois traz corretamente as definições de "judicialização da política" e "ativismo judicial"; III: incorreta, pois diz respeito ao núcleo mais básico. O mínimo que deve ser ampliado progressivamente; IV: correta, pois deve ser garantido o mínimo de "existência", com reflexos no seu aspecto sociocultural; V: incorreta, pois a ponderação é utilizada para aplicação de princípios.

Gabarito "A".

(Promotor de Justiça/PI – 2014 – CESPE) Acerca dos direitos individuais, assinale a opção correta.

(A) A condenação, em âmbito civil, de cidadão italiano residente no Brasil por período superior a quinze anos ininterruptos impede a aquisição da nacionalidade brasileira.

(B) Constitui violação do direito à intimidade e à proibição constitucional de obtenção de provas por meio ilícito a gravação ambiental realizada por um dos interlocutores sem o conhecimento do outro, ainda que a gravação seja feita para fins de legítima defesa no caso de prática de crime.

(C) Segundo atual jurisprudência do STF, os tratados internacionais de direitos humanos possuem *status* constitucional, sendo possível, portanto, o controle judicial de constitucionalidade a partir de norma parâmetro prevista na Convenção Americana de Direitos Humanos, tratado ratificado pelo Brasil.

(D) A norma constitucional segundo a qual a prática de tortura é considerada crime inafiançável e insuscetível de graça ou anistia é de eficácia limitada, sendo necessária a atuação legislativa dos estados da Federação para que produza efeitos.

(E) Autoridade detentora de foro por prerrogativa de função estabelecido exclusivamente na constituição estadual que praticar crime doloso contra vida deverá ser julgada pelo tribunal do júri.

A: incorreta, pois apenas a condenação penal impede a aquisição da nacionalidade brasileira; B: incorreta, pois a posição do STF é sobre a legalidade da gravação ambiental como meio de prova (vide Informativo 568/2009 do STF); C: incorreta. Em 03.12.2008, o Ministro Gilmar Mendes, no RE 466.343-SP,[94] defendeu a tese da supralegalidade de tais tratados, ou seja, superior às normas infraconstitucionais e inferior às normas constitucionais. O voto do Ministro Gilmar Mendes foi acompanhado pela maioria (posição atual do STF). Portanto, todo tratado de direitos humanos que for internalizado sem observar o procedimento estabelecido no artigo 5º, § 3º, da CF, tem *status* de norma supralegal. A segunda parte da assertiva também está incorreta porque a norma parâmetro prevista na Convenção Americana dá azo ao controle de convencionalidade e não ao de constitucionalidade; D: incorreta, porque se trata de norma de eficácia plena, segundo a classificação tradicional de José Afonso da Silva. Ou seja, são de aplicação direta e imediata e independem de uma lei para regular seus efeitos; E: correta (artigo 5º, XXXVIII, *d*, da CF).

Gabarito "E".

(Delegado/SP – 2014 – VUNESP) No direito brasileiro, considerando os tratados internacionais de direitos humanos, bem como o entendimento atual do Supremo Tribunal Federal, é correto afirmar, a respeito da prisão civil, que

---

89. No mesmo sentido: "Trata-se de evidente cláusula de abertura do rol de direitos fundamentais, a permitir a inclusão de outros direitos e garantias àqueles já previstos na Lei Maior, desde que consoantes com os princípios constitucionais". WEIS, Carlos. **Estudo sobre a obrigatoriedade de apresentação imediata da pessoa presa ao juiz**: comparativo entre as previsões dos tratados de direitos humanos e do projeto de Código de Processo Penal. Defensoria Pública do Estado de São Paulo, 2011. p. 7

90. O termo bloco de constitucionalidade já foi citado, pelo STF, nas ADIns 595 e 514, de relatoria do Min. Celso de Mello, mas nunca foi aplicado no Brasil.

91. De forma geral e conforme o artigo 5º, § 2º, da CF, o bloco de constitucionalidade é formado pelo texto constitucional, pelos princípios dele decorrentes e pelos tratados internacionais de direitos humanos.

92. "Nas hipóteses de grave violação de direitos humanos, o Procurador-Geral da República, com a finalidade de assegurar o cumprimento de obrigações decorrentes de tratados internacionais de direitos humanos dos quais o Brasil seja parte, poderá suscitar, perante o Superior Tribunal de Justiça, em qualquer fase do inquérito ou processo, incidente de deslocamento de competência para a Justiça Federal".

93. IDC 2-DF, rel. Min. Laurita Vaz, julgado em 27.10.2010 (Inform. STJ 453).

94. Prisão civil. Depósito. Depositário Infiel. Alienação fiduciária. Decretação da medida coercitiva. Inadmissibilidade absoluta. Insubsistência da previsão constitucional e das normas subalternas. Interpretação do art. 5º, inc. LXVII e §§ 1º, 2º e 3º, da CF, à luz do art. 7º, § 7º, da Convenção Americana de Direitos Humanos (Pacto de San José da Costa Rica). Recurso Improvido. Julgamento conjunto do RE 349.703 e dos HC 87.585 e 92.566. É ilícita a prisão civil de depositário infiel, qualquer que seja a modalidade de depósito.

(A) são admitidas apenas duas possibilidades de prisão civil: a do depositário infiel e a do devedor de pensão alimentícia.
(B) é ilícita a prisão do depositário infiel, qualquer que seja a modalidade do depósito.
(C) foram abolidas todas e quaisquer hipóteses legais de prisão civil.
(D) é ilícita a prisão do devedor de pensão alimentícia, sendo admitida apenas a prisão do depositário infiel.
(E) se admite, atualmente, no direito pátrio, a prisão civil somente em âmbito federal, desde que haja decisão judicial transitada em julgado.

A: incorreta, porque a prisão civil do depositário infiel não é mais admitida; B: correta (Súmula Vinculante nº 25, STF); C: incorreta, pois a prisão civil do devedor de pensão alimentícia segue sendo possível; D e E: incorretas. Reler os comentários anteriores.
Gabarito "B".

(Delegado/PR – 2013 – UEL-COPS) Sobre os direitos fundamentais, assinale a alternativa correta.
(A) São brasileiros natos os nascidos no estrangeiro de pai ou de mãe brasileira, desde que sejam registrados em repartição brasileira competente ou optem, em qualquer tempo, pela nacionalidade brasileira; sendo menor, deve ser acompanhado por seu representante legal.
(B) Os denominados direitos fundamentais individuais são aqueles que reconhecem autonomia aos particulares, garantindo a iniciativa e a independência aos indivíduos diante dos demais membros da sociedade política e do próprio Estado.
(C) Ninguém será preso senão em flagrante delito ou por ordem escrita e fundamentada de autoridade judiciária competente, salvo nos casos de transgressão militar ou crime propriamente militar, definidos em lei, ou no caso de ordem escrita e fundamentada de Comissão Parlamentar de Inquérito.
(D) A nacionalidade pode ser cancelada por sentença transitada em julgado, em virtude de atividade nociva ao interesse nacional, podendo ser reestabelecida pelo juiz de direito responsável pela condenação, depois da execução da pena imposta na sentença condenatória.
(E) Todo o tratado internacional sobre os direitos humanos que for aprovado pelo Congresso Nacional será equivalente à emenda constitucional.

A: incorreta. São brasileiros natos os nascidos no estrangeiro, de pai ou mãe brasileiros, desvinculados do serviço público, desde que sejam registrados em repartição brasileira competente ou venham a residir no território nacional e optem, a qualquer tempo, depois de atingida a maioridade, pela nacionalidade brasileira (artigo 12, I, c, da CF); B: correta, pois traz definição, de grande consenso, dos direitos fundamentais individuais; C: incorreta. Ninguém será preso senão em flagrante delito ou por ordem escrita e fundamentada de autoridade judiciária competente, salvo nos casos de transgressão militar ou crime propriamente militar, definidos em lei (artigo 5º, LXI, da CF); D: incorreta. O brasileiro naturalizado poderá ter sua nacionalidade cancelada, por sentença judicial, pelo exercício de atividade contrária ao interesse nacional. Nesse caso, só é possível readquirir a nacionalidade brasileira por meio de ação rescisória, cabível somente quando a sentença judicial já estiver transitada em julgado (artigo 12, § 4º, I, da CF); E: incorreta. Com a edição da EC nº 45, os tratados de direitos humanos que forem aprovados, em cada Casa do Congresso Nacional, em dois turnos, por três quintos dos votos dos respectivos membros, serão equivalentes às emendas constitucionais⁹⁵ – conforme o que determina o artigo 5º, § 3º, da CF. Ou seja, tais tratados terão hierarquia constitucional quando aprovados por maioria qualificada no Congresso Nacional (regime especial de incorporação) e forem ratificados e posteriormente publicados pelo presidente da República.
Gabarito "B".

(Delegado/MG – 2012) Os direitos e garantias, enumerados na Constituição, não excluem outros decorrentes do regime e dos princípios por ela adotados, ou dos tratados internacionais em que a República Federativa do Brasil seja parte. Leia e analise as assertivas abaixo:
I. A Constituição atribuiu aos direitos internacionais uma natureza especial e diferenciada, qual seja, a natureza de norma constitucional.
II. Os direitos enunciados nos tratados de direitos humanos, de que o Brasil é parte, integram o elenco dos direitos constitucionalmente consagrados.
III. A interpretação sistemática do texto constitucional exige que a dignidade da pessoa seja o parâmetro orientador para a compreensão do fenômeno constitucional.

Marque a opção correta:
(A) apenas as assertivas I e II estão corretas.
(B) as assertivas I, II e III estão incorretas.
(C) as assertivas I, II e III estão corretas.
(D) apenas as assertivas II e III estão corretas.

I: incorreta. Depois de internalizado, o tratado é equiparado hierarquicamente à norma infraconstitucional. Assim, as normas infraconstitucionais preexistentes ao tratado serão derrogadas quando com ele colidirem. Em relação a quaisquer leis posteriores que venham a colidir com o tratado, o tema já foi decidido pelo STF na ADI-MC 1.480/DF, momento em que o STF exarou entendimento de que os tratados internacionais, em geral, ingressam no sistema jurídico brasileiro com força de lei ordinária federal e, portanto, podem ser revogados por lei posterior e de mesma natureza que com ele colidir, ainda que isso gere responsabilidade no plano internacional. Esse posicionamento do STF é, contudo, altamente criticável, pois a Convenção de Viena sobre Direitos dos Tratados está em vigor no Brasil, e o seu artigo 27 assim dispõe: "Uma parte não pode invocar as disposições de seu direito interno para justificar o inadimplemento de um tratado". Tal dúvida não existe em matéria tributária, já que o art. 98 do CTN adotou a prevalência do tratado sobre o direito interno, determinando que a legislação tributária posterior ao tratado lhe deve obediência. Tal previsão, apesar de antiga, está em consonância com a nova ordem jurídica nacional (modificada com a internalização da Convenção de Viena sobre Direitos dos Tratados); II: correta. Com a edição da EC nº 45, os tratados de direitos humanos que forem aprovados por quórum qualificado, ou seja, em cada Casa do Congresso Nacional, em dois turnos, por três quintos dos votos dos respectivos membros, serão equivalentes às emendas constitucionais – consoante o que determina o art. 5º, § 3º, da CF. Assim, tais tratados terão hierarquia constitucional. Muito se discutiu em relação à hierarquia dos tratados de direitos humanos que foram internalizados anteriormente à edição da EC nº 45. Mas, em 3 de dezembro de 2008, o Ministro Gilmar Mendes, no RE 466.343/SP, defendeu a tese da supralegalidade de tais tratados, ou seja, sua superioridade em relação às normas infraconstitucionais e sua inferioridade em relação às normas constitucionais. O voto do Ministro Gilmar Mendes foi acompanhado pela maioria. Todavia, tal assunto desperta calorosas discussões. Tomemos como exemplo o fato de que, no mesmo Recurso Extraordinário em que foi exarada a tese da supralegalidade, o Ministro Celso de Mello defendeu o caráter constitucional dos tratados de direitos humanos independentemente do quórum de aprovação. Apesar de a tese da supralegalidade ser um avanço na jurisprudência brasileira, deve-se apontar que uma leitura mais acurada da Constituição Federal já permitiria afirmar que os tratados de direitos humanos internalizados sem o procedimento especial teriam status constitucional – isso porque o § 2º do art. da 5º CF inclui os direitos humanos provenientes de tratados entre os seus direitos protegidos, ampliando o seu bloco de constitucionalidade. É importante lembrar que o bloco de constitucionalidade é composto por todas as normas do ordenamento jurídico que possuem status constitucional; III: correta. Fruto da redemocratização, a Constituição Federal de 1988 torna a dignidade da pessoa humana um dos fundamentos da República Federativa do Brasil (art. 1º, III, da CF). Outros fundamentos que reforçam o status dos direitos humanos no Brasil são a cidadania, os valores sociais do trabalho e o pluralismo político (respectivamente art. 1º, II, IV e V, da CF). Um dos objetivos fundamentais do Brasil, segundo a Constituição Federal, é a promoção do bem de todos, sem preconceitos de origem, raça, sexo, cor, idade e quaisquer outras formas de discriminação (art. 3º, IV). Outro objetivo que posiciona nuclearmente os direitos humanos no Brasil é o que determina a erradicação da pobreza e da marginalização e a redução das desigualdades sociais e regionais (art. 3º, III). E, ainda, o Brasil tem por objetivo a construção de uma sociedade livre, justa, solidária (art. 3º, I) e desenvolvida economicamente (art. 3º, II). O outro fator que sacramenta a nuclearidade dos direitos humanos no Brasil é o que dispõe o art. 4º, II, da CF. Ou seja, as relações internacionais do Brasil serão regidas, entre outros, pelo *princípio da prevalência dos direitos humanos*. Outros incisos do art. 4º da CF que corroboram a dita nuclearidade dos direitos humanos são: *a)* repúdio ao terrorismo e ao racismo (inc. VIII); *b)* cooperação entre os povos para o progresso da humanidade (inc. IX); e *c)* concessão de asilo político (inc. X). Ora, além de os direitos humanos fundamentarem a existência da República brasileira, são vetores para o estabelecimento da política nacional e externa. Ademais, podem-se considerar os direitos humanos até como limitadores do poder constituinte originário: "É fora de dúvida que o Poder Constituinte é um fato político, uma força material e social, que não está subordinado ao Direito positivo preexistente. Não se trata, porém, de um poder ilimitado ou incondicionado. Pelo contrário, seu exercício tem sua obra ser pautados tanto pela realidade fática como pelo Direito, âmbito no qual a dogmática pós-positivista situa os valores civilizatórios, os direitos humanos e a justiça."⁹⁶ Outro ponto de destaque é a inclusão dos direitos da pessoa humana na lista dos princípios sensíveis da Constituição (art. 34, VII, *b*, da CF), os quais autorizam, diante de suas violações, a medida extrema da intervenção.⁹⁷ Isso significa que se um Estado federado incidir em grave violação dos direitos humanos e nada fizer para mudar essa situação lamentável, a União intervirá⁹⁸ nessa unidade federada para restabelecer o respeito integral dos direitos da pessoa humana. O STF já se pronunciou sobre um pedido de intervenção federal que teve por base a grave violação dos direitos da pessoa humana (art. 34, VII, *b*, da CF). Foi a IF 114-5/MT, ocasião em que o STF sublinhou que a gravidade do fato por si só (violação dos direitos da pessoa humana) não é motivo suficiente para intervenção federal. É necessária a cabal demonstração de que o Estado não pode dar uma resposta efetiva ao fato grave ocorrido, ou seja, somente será possível a intervenção federal nesses casos se o Estado não possuir uma estrutura mínima que lhe permita responder ao fato danoso – na maioria dos casos, estrutura para movimentar

---

95. Mas não possuirão *status* de norma constitucional originária. Ou seja, é obra do Poder Constituinte Derivado Reformador e não do Poder Constituinte Originário.

96. BARROSO, Luís Roberto. **Curso de direito constitucional contemporâneo**. São Paulo: Saraiva, 2009. p. 110.

97. "A intervenção federal pelo inciso VII do artigo 34 busca resguardar a observância dos chamados princípios constitucionais sensíveis. Esses princípios visam assegurar uma unidade de princípios organizativos tidos como indispensáveis para a identidade jurídica da federação, não obstante a autonomia dos Estados-membros para se auto-organizarem" (MENDES. *Op. cit.*, p. 835).

98. O STF entende que a intervenção é medida extrema e, para ser decretada, precisa observar a proporcionalidade (IF 2.915/SP, rel. Min. Marco Aurélio).

efetivamente a persecução penal.[99] Cabe também mencionar a obrigação, preponderantemente atribuída ao Legislativo brasileiro, que o inc. XLI do art. 5º da CF criou: "a lei punirá qualquer discriminação atentatória dos direitos e liberdades fundamentais". Para corroborar a importância de tudo o que foi dito, é mister asseverar que é regra básica da hermenêutica jurídica aquela que determina que a aplicação da lei deverá levar em conta os valores constitucionais que irradiam sobre todo o ordenamento jurídico. Vimos que os direitos humanos ocupam lugar central na CF (logo, direitos fundamentais), destarte, toda interpretação e aplicação de alguma norma do ordenamento jurídico brasileiro devem ser balizadas pela dignidade da pessoa humana. Assim, a interpretação que violar a dignidade da pessoa humana não é válida, ou melhor, é inconstitucional.

Gabarito "D".

(Procurador do Estado/MG – FUMARC – 2012) Sobre Direitos e Garantias Fundamentais, analise as frases abaixo descritas e assinale a alternativa correta:

I. Os direitos fundamentais não são absolutos, mesmo porque, na prática, há colidência entre os direitos de uma e outra pessoa. Conjugar a máxima aplicabilidade de cada um e a mínima restrição é uma regra de hermenêutica jurídica essencial para o desenvolvimento de uma cultura pela dignidade da pessoa humana no Brasil;

II. Pela Reforma do Judiciário, o Brasil federalizou a competência para o julgamento de causas relativas aos Direitos Humanos, tornando a Justiça Federal a competente originária para o julgamento de lides que versam sobre o descumprimento direito fundamental oriundo de tratado internacional recepcionado pelo ordenamento jurídico brasileiro;

III. O Direito Constitucional Brasileiro resguardou uma área específica da Carta Magna para tratar dos Direitos Fundamentais, mas disseminou normas, valores e princípios em diversos pontos de nossa Constituição, revelando a verdadeira vocação da nova ordem política nacional, compromissada com a construção de uma realidade mais digna para a pessoa humana.

(A) As afirmativas I, II e III estão corretas.
(B) Apenas as afirmativas I e III estão corretas.
(C) Apenas as afirmativas I e II estão corretas.
(D) Apenas as afirmativas II e III estão corretas.
(E) As afirmativas I, II e III estão incorretas.

I: correta. A doutrina denomina colisão de direitos em sentido estrito quando o conflito é dado entre direitos fundamentais. Já a colisão de direitos em sentido amplo coloca os direitos fundamentais de um lado e do outro princípios e valores que tutelam os interesses da comunidade. A regra hermenêutica da ponderação ou sopesamento não pode levar ao esvaziamento do núcleo essencial de algum direitos fundamentais conflitantes. "Haveria, então, a necessidade de uma dupla garantia: em primeiro lugar, os direitos em jogo deveriam ser ponderados; mas o resultado dessa ponderação só pode ser aceitável se respeitar a condição de não esvaziamento do conteúdo essencial daqueles direitos[100]". Importante transcrever a lição de Gilmar Mendes: "Embora o texto constitucional brasileiro não tenha privilegiado especificamente determinado direito, na fixação das cláusulas pétreas (CF, art. 60, §4º), não há dúvida de que, também entre nós, os valores vinculados ao princípio da dignidade da pessoa humana assumem peculiar relevo (CF, art. 1º, III). Assim, devem ser levados em conta, em eventual juízo de ponderação, os valores que constituem inequívoca expressão desse princípio (*inviolabilidade de pessoa humana, respeito à integridade física e moral, inviolabilidade do direito de imagem e da intimidade*)[101]"; **II: incorreta.** O §5º do art. 109 da CF, que foi acrescentado pela EC nº 45 de 2004, assim disciplina: "Nas hipóteses de grave violação de direitos humanos, o Procurador-Geral da República, com a finalidade de assegurar o cumprimento de obrigações decorrentes de tratados internacionais de direitos humanos dos quais o Brasil seja parte, poderá suscitar, perante o Superior Tribunal de Justiça, em qualquer fase do inquérito ou processo, incidente de deslocamento de competência para a Justiça Federal". É a denominada *federalização* dos crimes contra os direitos humanos e um caso conhecido é o IDC 2-DF/STJ de relatoria da Min. Laurita Vaz, pois o caso tinha como pano de fundo a atuação de um grupo de extermínio e o incidente de deslocamento de competência foi parcialmente acolhido[102]. Importante asseverar, com base na jurisprudência do STJ, que o incidente de deslocamento só será provido se ficar comprovado que a justiça estadual constitui verdadeira barreira ao cumprimento dos compromissos internacionais de proteção dos direitos humanos assumidos pelo Brasil; **III: correta.** Fruto da redemocratização, a Constituição de 1988 torna a dignidade da pessoa humana um dos fundamentos da República Federativa do Brasil (art. 1º, III, da CF). Outros fundamentos que reforçam o *status* dos direitos humanos no Brasil são a cidadania, os valores sociais do trabalho e o pluralismo político (respectivamente art. 1º, II, IV e V, da CF). O parágrafo único do art. 1º da CF aponta que o regime de governo, no Brasil, será uma democracia, pois todo o poder emana do povo (soberania popular) e este poderá exercê-lo indiretamente por meio de seus representantes ou diretamente. Os mecanismos de democracia direta encontram-se listados no art. 14, I, II e III da CF (plebiscito, referendo e iniciativa popular). "Ademais, a Constituição de 1988 conferiu significado ímpar ao direito de acesso à justiça e criou mecanismos especiais de controle da omissão legislativa (ação direta por omissão e mandado de injunção), destinados a colmatar eventuais lacunas na realização de direitos, especialmente na formulação de políticas públicas destinadas a atender às determinações constitucionais[103]". Ainda, um dos objetivos fundamentais do Brasil, segundo a CF, é a promoção do bem de todos, sem preconceitos de origem, raça, sexo, cor, idade e quaisquer outras formas de discriminação (art. 3º, IV). Outro objetivo que posiciona nuclearmente os direitos humanos no Brasil é o que determina a erradicação da pobreza e da marginalização e a redução das desigualdades sociais e regionais (art. 3º, III). E ainda o Brasil tem por objetivo a construção de uma sociedade livre, justa, solidária (art. 3º, I) e desenvolvida economicamente (art. 3º, II). E o outro fator que sacramenta a nuclearidade dos direitos humanos no Brasil é o que dispõe o art. 4º, II, da CF. Ou seja, as relações internacionais do Brasil serão regidas, dentre outros, pelo *princípio da prevalência dos direitos humanos*. Outros incisos do art. 4º da CF que corroboram a dita nuclearidade dos direitos humanos são: a) repúdio ao terrorismo e ao racismo (inc. VIII); b) cooperação entre os povos para o progresso da humanidade (inc. IX); e c) concessão de asilo político (inc. X). Ora, além dos direitos humanos fundamentarem a existência da república brasileira, estes são também vetores para o estabelecimento da política nacional e da externa. Ademais, pode-se considerar os direitos humanos até como limitadores do poder constituinte originário: "É fora de dúvida que o poder constituinte é um fato político, uma força material e social, que não está subordinado ao Direito positivo preexistente. Não se trata, porém, de um poder ilimitado ou incondicionado. Pelo contrário, seu exercício e sua obra são pautados tanto pela realidade fática como pelo Direito, âmbito no qual a dogmática pós-positivista situa os valores civilizatórios, os direitos humanos e a justiça[104]". Outro ponto de destaque é a inclusão dos direitos da pessoa humana na lista dos princípios sensíveis da Constituição (art. 34, VII, *b*, da CF), os quais autorizam, diante de suas violações, a medida extrema da intervenção[105]. Isso significa que se um estado federado incidir em grave violação dos direitos humanos e nada fazer para mudar essa situação lamentável, a União intervirá[106] nessa unidade federada para restabelecer o respeito integral dos direitos da pessoa humana. Cabe também mencionar a obrigação, preponderantemente atribuída ao Legislativo brasileiro, que o inciso XLI do art. 5º da CF criou: "a lei punirá qualquer

---

99. Cabe aqui transcrever a ementa da IF 114-5/MT, rel. Min. Néri da Silveira: "Intervenção Federal. 2. Representação do Procurador-Geral da República pleiteando intervenção federal no Estado de Mato Grosso, para assegurar a observância dos 'direitos da pessoa humana', em face de fato criminoso praticado com extrema crueldade a indicar a inexistência de 'condição mínima', no Estado, 'para assegurar o respeito ao primordial direito da pessoa humana, que é o direito à vida'. Fato ocorrido em Matupá, localidade distante cerca de 700 km de Cuiabá. 3. Constituição, arts. 34, VII, letra 'b', e 36, III. 4. Representação que merece conhecida, por seu fundamento: alegação de inobservância pelo Estado-membro do princípio constitucional sensível previsto no art. 34, VII, alínea 'b', da Constituição de 1988, quanto aos 'direitos da pessoa humana'. Legitimidade ativa do Procurador-Geral da República (Constituição, art. 36, III). 5. Hipótese em que estão em causa 'direitos da pessoa humana', em sua compreensão mais ampla, revelando-se impotentes as autoridades policiais locais para manter a segurança de três presos que acabaram subtraídos de sua proteção, por populares revoltados pelo crime que lhes era imputado, sendo mortos com requintes de crueldade. 6. Intervenção Federal e restrição à autonomia do Estado-membro. Princípio federativo. Excepcionalidade da medida interventiva. 7. No caso concreto, o Estado de Mato Grosso, segundo as informações, está procedendo à apuração do crime. Instaurou-se, de imediato, inquérito policial, cujos autos foram encaminhados à autoridade judiciária estadual competente que os devolveu, a pedido do Delegado de Polícia, para o prosseguimento das diligências e averiguações. 8. Embora a extrema gravidade dos fatos e o repúdio que sempre merecem atos de violência e crueldade, não se trata, porém, de situação concreta que, por si só, possa configurar causa bastante a decretar-se intervenção federal no Estado, tendo em conta, também, as providências já adotadas pelas autoridades locais para a apuração do ilícito. 9. Hipótese em que não é, por igual, de determinar-se intervenha a Polícia Federal, na apuração dos fatos, em substituição à Polícia Civil de Mato Grosso. Autonomia do Estado-membro na organização dos serviços de justiça e segurança, de sua competência (Constituição, arts. 25, § 1º; 125 e 144, § 4º). 10. Representação conhecida mas julgada improcedente".

100. DA SILVA, Vírgílio Afonso. O Conteúdo Essencial dos Direitos Fundamentais e a Eficácia das Normas Constitucionais, pág. 44. **Revista de Direito do Estado** 4, 2006.

101. MENDES, Gilmar Ferreira. **Curso de Direito Constitucional**, págs. 271/272. Editora Saraiva, 6º ed., 2011

102. IDC 2-DF, Rel. Min. Laurita Vaz, julgado em 27/10/2010. **(Inform. STJ** 453)

103. MENDES, Gilmar Ferreira. **Curso de Direito Constitucional**, pág. 681. Editora Saraiva, 6º ed., 2011. Também "A Constituição de 1988 é a primeira Carta brasileira a consagrar o direito fundamental de proteção à saúde. Textos constitucionais anteriores possuíam apenas disposições esparsas sobre a questão, como a Constituição de 1824, que fazia referência à proteção de socorros públicos (art. 179, XXXI)" (MENDES, Gilmar Ferreira. **Curso de Direito Constitucional**, pág. 685. Editora Saraiva, 6º ed., 2011).

104. BARROSO, Luís Roberto. **Curso de Direito Constitucional Contemporâneo**, pág. 110. Editora Saraiva, 1º ed, 2009.

105. "A intervenção federal pelo inciso VII do art. 34 busca resguardar a observância dos chamados princípios constitucionais sensíveis. Esses princípios visam assegurar uma unidade de princípios organizativos tido como indispensável para a identidade jurídica da federação, não obstante a autonomia dos Estados-membros para se auto-organizarem" (MENDES, Gilmar Ferreira. **Curso de Direito Constitucional**, pág. 835. Editora Saraiva, 6º ed., 2011).

106. O STF entende que a intervenção é medida extrema e, para ser decretada, precisa observar a proporcionalidade (IF 2.915/SP, Rel. Min. Marco Aurélio).

discriminação atentatória dos direitos e liberdades fundamentais". Sem contar o art. 5º da CF, local onde o legislador constituinte regrou direitos civis e políticos, como também os econômicos, sociais e culturais como fundamentais. A Constituição ainda traçou certos direitos coletivos e difusos como fundamentais. Para corroborar a importância de tudo o que foi dito, é mister asseverar que é regra básica da hermenêutica jurídica aquela que determina que a aplicação da lei deverá levar em conta os valores constitucionais que irradiam sobre todo o ordenamento jurídico. Vimos que os direitos humanos ocupam lugar central na CF (logo, direitos fundamentais), destarte, toda interpretação e aplicação de alguma norma do ordenamento jurídico brasileiro deverá ser balizada pela dignidade da pessoa humana. Assim, a interpretação que violar a dignidade da pessoa humana não é válida, ou melhor, é inconstitucional.

Gabarito "B".

7.3. INCORPORAÇÃO DE TRATADOS NO DIREITO BRASILEIRO

(Defensor Público – DPE/PR – 2017 – FCC) Segundo jurisprudência do Supremo Tribunal Federal, os tratados de direitos humanos serão incorporados pela ordem jurídica brasileira a partir da

(A) ratificação e depósito do tratado pelo Presidente da República
(B) publicação de decreto legislativo, de forma conjunta, pelo Presidente da República e pelo Presidente do Congresso Nacional.
(C) promulgação, por um decreto executivo do Presidente da República.
(D) assinatura do tratado pelo Presidente da República.
(E) aprovação do Congresso Nacional, mediante decreto legislativo.

No Brasil é necessário um procedimento complexo para proceder à ratificação de tratados, incluindo os tratados de direitos humanos. O Congresso Nacional deve aprovar o texto do tratado, e o fará por meio de um decreto legislativo[107] promulgado pelo presidente do Senado e publicado no Diário Oficial da União. Em seguida, cabe ao presidente da República ratificar ou não – lembrando que a aprovação congressional não obriga a ulterior ratificação do tratado pelo presidente da República. Por fim, o tratado regularmente concluído depende da promulgação e da publicidade levada a efeito pelo presidente da República para integrar o Direito Nacional. No Brasil, a promulgação ocorre por meio de decreto presidencial e a publicidade perfaz-se com a publicação no Diário Oficial.

Gabarito "C".

(Defensor Público – DPE/PR – 2017 – FCC) De acordo com o posicionamento do Supremo Tribunal Federal sobre a hierarquia dos tratados internacionais de direitos humanos, consideram-se como tratados de hierarquia constitucional:

I. Regras Mínimas das Nações Unidas para a Administração da Justiça da Infância e Juventude – Regras de Beijing.
II. Convenção Internacional sobre os Direitos das Pessoas com Deficiência e seu respectivo Protocolo Facultativo – Convenção de Nova Iorque.
III. Convenção Americana Sobre Direitos Humanos – Pacto de San José da Costa Rica.
IV. Tratado de Marraqueche para facilitar o acesso a obras publicadas às pessoas cegas, com deficiência visual ou com outras dificuldades para aceder ao texto impresso

Está correto o que se afirma em

(A) I, II, III e IV.
(B) II e III, apenas.
(C) II e IV, apenas.
(D) I e II, apenas.
(E) III e IV, apenas.

Os tratados, dos listados nas assertivas, que possuem nível hierárquico formalmente constitucional no Brasil são: Convenção Internacional sobre os Direitos das Pessoas com Deficiência e seu respectivo Protocolo Facultativo (Convenção de Nova Iorque), bem como o Tratado de Marraqueche. Portanto, a assertiva "C" é a correta.

Gabarito "C".

(Juiz de Direito – TJM/SP – VUNESP – 2016) Assinale a alternativa correta.

(A) Os tratados de direito internacional que versem sobre direitos humanos têm incorporação automática, independentemente de ratificação.
(B) Independentemente da ocorrência de ratificação no ordenamento jurídico brasileiro, os tratados que versem sobre direitos humanos obrigam imediata e diretamente aos Estados, já o direito subjetivo para os particulares surge somente após a devida intermediação legislativa.
(C) Sendo o Brasil signatário de determinado tratado que verse sobre direitos humanos, ocorre a incorporação automática das suas regras, sendo desnecessário ato jurídico complementar para sua exigibilidade e implementação. Assim, a partir da entrada em vigor do tratado internacional, toda norma preexistente que seja com ele incompatível perde automaticamente a vigência.
(D) Após sua ratificação no ordenamento jurídico brasileiro, os tratados que versem sobre direitos humanos obrigam imediata e diretamente aos Estados, já o direito subjetivo para os particulares surge somente após a devida intermediação legislativa.
(E) Os enunciados dos tratados internacionais que versem sobre direitos humanos não são incorporados de plano pelo Direito nacional, pois dependem, necessariamente, de legislação que os implemente.

A: incorreta, pois todos os tratados devem passar pelo procedimento de incorporação para começarem a ter vigência no território nacional; **B:** incorreta (reler o comentário sobre a assertiva anterior); **C:** correta. Depois de internalizado, o tratado é equiparado hierarquicamente à lei ordinária infraconstitucional. Assim, as normas infraconstitucionais preexistentes ao tratado serão derrogadas quando com ele colidirem (critério cronológico) ou quando forem gerais e os tratados forem especiais (critério da especialidade). Percebe-se que por se tratar de normas de mesma hierarquia (o tratado e a lei interna), em caso de conflito deve-se utilizar os critérios de solução de antinomias aparentes. Por outro lado, é muito defendida a tese que confere prevalência ao tratado sobre a lei interna (especialmente com supedâneo no art. 27 da Convenção de Viena sobre Direitos dos Tratados), apesar de o tema não ser pacífico, em matéria tributária adotou-se expressamente a prevalência do tratado sobre o direito interno (art. 98 do Código Tributário Nacional – CTN), determinando que a legislação tributária posterior ao tratado lhe deve obediência; **D:** incorreta, pois não é necessário qualquer intermediação legislativa depois que o tratado é ratificado, ou seja, passa a valer para todos; **E:** incorreta, pois não é necessária a citada implementação.

Gabarito "C".

(Delegado/BA – 2016.1 – Inaz do Pará) A homofobia é caracterizada como a postura ou o sentimento de ódio injustificado, medo irracional ou aversão acentuada à homossexualidade (por extensão, aos homossexuais), desencadeando uma série de violências das mais variadas ordens: simbólica, moral, física, dentre outras. As condenações públicas, perseguições e assassinatos de homossexuais no país estão associados:

(A) a baixa representatividade política de grupos organizados que defendem os direitos de cidadania dos homossexuais.
(B) a falência da democracia no país, que torna impeditiva a divulgação de estatísticas relacionadas à violência contra homossexuais.
(C) a Constituição de 1988, que não previu a proibição de discriminação quanto à orientação sexual das pessoas.
(D) a um passado histórico marcado pela demonização do corpo e por formas recorrentes de tabus e intolerância.
(E) a não previsão na maior parte dos diplomas legais, tanto no plano internacional quanto no nacional.

A: imprecisa. Por mais que tenhamos cada vez mais políticos eleitos que abertamente defendem a bandeira de defesa dos direitos de cidadania dos homossexuais, ainda constituem uma parcela menor entre os políticos eleitos. Porém, existe um considerável grupo de políticos que se posicionam a favor dessa bandeira mesmo essa não sendo sua principal. Pelo lado sociedade civil, percebe-se uma maior influência de grupos organizados que defendem os direitos homossexuais; **B:** incorreta, pois não existe a citada proibição. O grupo gay da Bahia, por exemplo, prepara relatório sobre o tema todos os anos; **C:** incorreta (arts. 5º, I, XLI, e 7º, XXX, ambos da CF); **D:** correta, pois traz uma explicação histórica para o problema da intolerância e violência relacionados com a homofobia; **E:** incorreta. Reler o comentário sobre a assertiva "C". No mais, no plano internacional existem normas similares que exigem a implementação dos princípios da igualdade e não discriminação.

Gabarito "D".

(Delegado/BA – 2016.1 – Inaz do Pará) O Sistema Nacional de Direitos Humanos –SNDH – é implementado em todo o País levando em conta as diversidades e as estruturas constitutivas da realidade que caracterizam o Brasil. Distingue-se dos sistemas internacionais – é interno e complementar a eles – e trabalha na perspectiva unitária de proteção e procura cooperação estreita com os Sistemas Regional (OEA) e Global (ONU). Na sua dimensão constitutiva congrega instrumentos, mecanismos, órgãos e ações. Podemos definir tais instrumentos e órgãos como sendo:

I. os recursos (meios) legais, políticos, sociais, administrativos e outros que constituem bases materiais para que a atuação do SNDH gere resultados significativos na defesa dos direitos humanos.
II. os processos e os fluxos do SNDH capazes de gerar possibilidades de acesso e de resolução das políticas.
III. os espaços convergentes nos quais se desempenha papéis e funções específicas, especiais e complementares. No SNDH, é o lugar da participação dos agentes responsáveis, incluindo os encarregados da aplicação da lei.
IV. as propostas, políticas e programas operados pelos órgãos do SNDH utilizando os instrumentos e mobilizando os mecanismos.

Estão corretas, respectivamente, as alternativas:

(A) I e II
(B) II e IV
(C) I e III
(D) III e IV
(E) I e IV

---

[107] Lembrando que as matérias de competência exclusiva do Congresso Nacional (art. 49 da CF/1988) devem ser normatizadas via decreto legislativo.

Cada Estado estabelece suas próprias regras disciplinadoras dos direitos humanos ("direitos fundamentais") e executa sua própria política de proteção e efetivação dos direitos humanos – paradigma da proteção nacional dos direitos humanos. Todavia, o que se percebe cada vez mais é a mitigação da soberania dos Estados em função da característica de universalidade dos direitos humanos. Isto é, a comunidade internacional fiscaliza a situação dos direitos humanos em cada país e opina sobre o assunto, podendo até sancionar em determinadas situações – paradigma da proteção compartilhada (sistemas nacional e internacional) dos direitos humanos. O SNDH utiliza recursos legais, políticos, sociais, administrativos etc. para lograr a efetiva proteção dos direitos humanos (alternativa I), e para isso precisa de agentes responsáveis para executar tais comandos, incluindo aqui os encarregados da aplicação da lei (alternativa III). As assertivas II e IV estão incorretas por não definir corretamente instrumentos e órgãos do SNDH.

Gabarito "C".

(Promotor de Justiça/PI – 2014 – CESPE) No que concerne à relação entre os tratados internacionais de direitos humanos e o ordenamento jurídico brasileiro, assinale opção correta.

(A) Os tratados internacionais de direitos humanos seguem a forma ordinária de incorporação de atos internacionais, conforme o modelo dualista adotado pela Constituição Federal.
(B) Os tratados internacionais de direitos humanos podem ser invocados, desde que tenham sido aprovados por decreto legislativo do Senado Federal.
(C) A aplicação dos tratados internacionais de direitos humanos no plano interno inicia-se a partir do ato de assinatura do Estado brasileiro.
(D) Cabe ao Congresso Nacional ratificar os tratados internacionais de direitos humanos, que passam, com a ratificação, a ser exigíveis.
(E) Os tratados internacionais de direitos humanos possuem regime especial de incorporação, nos termos da EC 45/2004.

A: incorreta. A CF não tratou expressamente da forma de incorporação de atos internacionais. E mesmo diante da omissão constitucional, a doutrina defende que o Brasil adotou a corrente dualista, ou melhor dizendo, a corrente dualista moderada. Isso porque o tratado só passará a ter validade interna após ter sido aprovado pelo Congresso Nacional e ratificado e promulgado pelo presidente da República; **B:** incorreta. No Brasil é necessário um procedimento complexo para proceder à ratificação de tratados. O Congresso Nacional deve aprovar o texto do tratado, e o fará por meio de um decreto legislativo promulgado pelo presidente do Senado e publicado no Diário Oficial da União. Em seguida, cabe ao Presidente da República ratificar ou não – lembrando que a aprovação congressional não obriga a ulterior ratificação do tratado pelo presidente da República; **C:** incorreta. O tratado regularmente concluído depende da promulgação e da publicidade levada a efeito pelo Presidente da República para integrar o Direito Nacional. No Brasil, a promulgação ocorre por meio de decreto presidencial e a publicidade perfaz-se com a publicação no Diário Oficial; **D:** incorreta. Reler os comentários anteriores; **E:** correta. Com a edição da EC 45, os tratados de direitos humanos que forem aprovados, em cada Casa do Congresso Nacional, em dois turnos, por três quintos dos votos dos respectivos membros, serão equivalentes às emendas constitucionais[108] – conforme o que determina o artigo 5º, § 3º, da CF.[109] Ou seja, tais tratados terão hierarquia constitucional quando aprovados por maioria qualificada no Congresso Nacional (regime especial de incorporação) e forem ratificados e posteriormente publicados pelo presidente da República.

Gabarito "E".

(Defensor Público/AM – 2013 – FCC) De acordo com a jurisprudência atualmente predominante no Supremo Tribunal Federal, um tratado internacional de direitos humanos, ratificado na forma do artigo 5º, parágrafo 2º, da Constituição Federal, possui força normativa equivalente à de norma

(A) formalmente constitucional.
(B) legal ordinária.
(C) legal complementar.
(D) supralegal e infraconstitucional.
(E) regulamentar.

Depois de internalizado, o tratado é equiparado hierarquicamente à norma ordinária infraconstitucional.[110] Com a edição da EC nº 45, os tratados de direitos humanos que forem aprovados, em cada Casa do Congresso Nacional, em dois turnos, por três quintos dos votos dos respectivos membros, serão equivalentes às emendas constitucionais – conforme o que determina o artigo 5º, § 3º, da CF.[111] Ou seja, tais tratados terão hierarquia

---

108. Mas não possuirão *status* de norma constitucional originária. Ou seja, é obra do Poder Constituinte Derivado Reformador e não do Poder Constituinte Originário.
109. Esse § 3º é denominado de cláusula holandesa pelo Prof. Francisco Rezek.
110. Os tratados e as convenções de direitos humanos não poderão ter *status* de lei complementar pela simples escolha do rito adotado para sua incorporação no direito brasileiro, isso porque a Constituição explicitamente elencou quais matérias devem ser exclusivamente tratadas por via de Lei Complementar.
111. Bem fundamentada é a crítica formulada por Valerio de Oliveira Mazzuoli ao mencionado § 3º do artigo 5º da CF: "também rompe a harmonia do sistema de integração dos tratados de direitos humanos no Brasil, uma vez que cria *categorias* jurídicas entre os próprios instrumentos internacionais de direitos humanos ratificados pelo governo, dando tratamento diferente

constitucional quando aprovado por maioria qualificada no Congresso Nacional e forem ratificados e posteriormente publicados pelo presidente da República. Importante sublinhar que cabe ao Congresso Nacional decidir quando aprovará o tratado internacional de direitos humanos pelo quórum especial. Ou seja, ele não tem o dever de sempre aprovar os tratados de direitos humanos por maioria qualificada, mas tem o poder discricionário de decidir quando assim o fará. Muito se discutiu em relação à hierarquia dos tratados de direitos humanos que foram internalizados anteriormente à edição da EC nº 45. Em 3 de dezembro de 2008, o ministro Gilmar Mendes, no RE 466.343-SP, defendeu a tese da supralegalidade de tais tratados, ou seja, superior às normas infraconstitucionais e inferior às normas constitucionais. O voto do ministro Gilmar Mendes foi acompanhado pela maioria (posição atual do STF). Todavia, tal assunto desperta calorosas discussões: no mesmo recurso extraordinário em que foi exarada a tese da supralegalidade, por exemplo, o ministro Celso de Mello defendeu o caráter constitucional dos tratados de direitos humanos independentemente do quórum de aprovação. Apesar de a tese da supralegalidade ser um avanço da jurisprudência brasileira, deve-se apontar que uma leitura mais acurada da CF já permitiria apontar que os tratados de direitos humanos internalizados sem o procedimento especial teriam *status* constitucional, já que o § 2º do artigo 5º da CF inclui os direitos humanos provenientes de tratados entre seus direitos protegidos, ampliando seu bloco de constitucionalidade, o qual é composto de todas as normas do ordenamento jurídico que possuem *status* constitucional. Com o mesmo pensar preleciona Valerio de Oliveira Mazzuoli: "Da análise do § 2º do art. 5º da Carta brasileira de 1988, percebe-se que três são as vertentes, no texto constitucional brasileiro, dos direitos e garantias individuais: a) direitos e garantias *expressos* na Constituição, a exemplo dos elencados nos incisos I a LXXVIII do seu art. 5º, bem como outros fora do rol de direitos, mas dentro da Constituição, como a garantia da anterioridade tributária, prevista no art. 150, III, *b*, do Texto Magno; b) direitos e garantias *implícitos*, subtendidos nas regras de garantias, bem como os decorrentes do regime e dos princípios pela Constituição adotados, e c) direitos e garantias inscritos nos tratados internacionais em que a República Federativa do Brasil seja parte[112]". E continua o supracitado jurista: "O que se deve entender é que o *quorum* que o § 3º do art. 5º estabelece serve tão somente para atribuir eficácia *formal* a esses tratados no nosso ordenamento jurídico interno, e não para atribuir-lhes a índole e o nível *materialmente* constitucionais que eles já têm em virtude do § 2º do art. 5º da Constituição[113]".

Gabarito "D".

(Defensor Público/PR – 2012 – FCC) Considerando o texto constitucional e a jurisprudência do Supremo Tribunal Federal, sobre a incorporação de normas internacionais ao ordenamento jurídico brasileiro, considere as afirmações abaixo.

I. Para valer no plano interno, não basta que a norma internacional seja assinada pelo Presidente da República, aprovada pelo Congresso Nacional e ratificada no plano internacional, é necessário ainda que a referida norma seja publicada no Diário Oficial da União por meio de um Decreto Presidencial.
II. As normas internacionais em geral, que não versem sobre direitos humanos, são incorporadas ao direito interno com o *status* de lei ordinária.
III. As normas internacionais especiais, que não versem sobre direitos humanos, prevalecem em relação às leis internas gerais.
IV. As normas internacionais de direitos humanos são incorporadas ao direito interno com *status* superior à legislação infraconstitucional.
V. As normas internacionais de direitos humanos que, no processo de incorporação ao direito interno, são aprovadas na Câmara dos Deputados e no Senado Federal, em dois turnos, por três quintos dos votos dos respectivos membros, passam a integrar o direito interno com o *status* de norma constitucional originária.

Está correto APENAS o que se afirma em

(A) III, IV e V.
(B) I, II e III.
(C) I, III e IV.
(D) II, III, IV e V.
(E) I, II, III e IV.

I: correta. No Brasil é necessário um procedimento complexo para proceder à ratificação de tratados. O Congresso Nacional deve aprovar o texto do tratado, e o fará por meio de um decreto legislativo[114] promulgado pelo presidente do Senado e publicado no Diário Oficial da União. Em seguida, cabe ao presidente da República ratificar ou não – lembrando

---

para normas internacionais que têm o mesmo fundamento de validade, ou seja, hierarquizando diferentemente tratados que têm o mesmo conteúdo ético, qual seja, a proteção internacional dos direitos humanos. Assim, essa *desigualação dos desiguais* que permite o § 3º ao estabelecer ditas *categorias de tratados* é totalmente injurídica por violar o princípio (também constitucional) da *isonomia*" (MAZZUOLI, Valerio de Oliveira. **O controle jurisdicional da convencionalidade das leis**. 2. ed. São Paulo, p. 29).

112. MAZZUOLI, Valerio de Oliveira. **O controle jurisdicional da convencionalidade das leis**. 2. ed. São Paulo, p. 39-40.
113. MAZZUOLI, Valerio de Oliveira. **O controle jurisdicional da convencionalidade das leis**. 2. ed. São Paulo, p. 51.
114. Lembrando que as matérias de competência exclusiva do Congresso Nacional (artigo 49 da CF) devem ser normatizadas via decreto legislativo.

que a aprovação congressional não obriga a ulterior ratificação do tratado pelo presidente da República. Por fim, o tratado regularmente concluído depende da promulgação e da publicidade levada a efeito pelo presidente da República para integrar o Direito Nacional. No Brasil, a promulgação ocorre por meio de decreto presidencial e a publicidade perfaz-se com a publicação no Diário Oficial; **II:** correta. Depois de internalizado, o tratado é equiparado hierarquicamente à norma ordinária infraconstitucional. Cabe frisar que os tratados e as convenções de direitos humanos não poderão ter *status* de lei complementar pela simples escolha do rito adotado para sua incorporação no direito brasileiro, isso porque a Constituição explicitamente elencou quais matérias devem ser exclusivamente tratadas por via de Lei Complementar; **III:** correta, pois, como dito no comentário anterior, depois de internalizado o tratado é equiparado hierarquicamente à norma ordinária infraconstitucional. Assim, as normas infraconstitucionais preexistentes ao tratado serão derrogadas quando com ele colidirem (critério cronológico) ou quando forem gerais e os tratados forem especiais (critério da especialidade). Percebe-se que por se tratar de normas de mesma hierarquia (o tratado e a lei interna), em caso de conflito deve-se utilizar os critérios de solução de antinomias aparentes; **IV:** correta. Com a edição da EC nº 45, os tratados de direitos humanos que forem aprovados, em cada Casa do Congresso Nacional, em dois turnos, por três quintos dos votos dos respectivos membros, serão equivalentes às emendas constitucionais – conforme o que determina o artigo 5º, § 3º, da CF[115]. Ou seja, tais tratados terão hierarquia constitucional quando aprovados por maioria qualificada no Congresso Nacional e forem ratificados e posteriormente publicados pelo presidente da República. Importante sublinhar que cabe ao Congresso Nacional decidir quando aprovará o tratado internacional de direitos humanos pelo quórum especial. Ou seja, ele não tem o dever de sempre aprovar os tratados de direitos humanos por maioria qualificada, mas tem o poder discricionário de decidir quando assim o fará. Muito se discutiu em relação à hierarquia dos tratados de direitos humanos que foram internalizados anteriormente à edição da EC nº 45. Em 3 de dezembro de 2008, o ministro Gilmar Mendes, no RE 466.343-SP, defendeu a tese da supralegalidade de tais tratados, ou seja, superior às normas infraconstitucionais e inferior às normas constitucionais. O voto do ministro Gilmar Mendes foi acompanhado pela maioria (posição atual do STF). Portanto, todo tratado de direitos humanos que for internalizado sem observar o procedimento estabelecido no artigo 5º, § 3º, da CF, tem *status* de norma supralegal; **V:** incorreta, pois serão equivalentes às emendas constitucionais e não possuirão *status* de norma constitucional originária. Ou seja, é obra do Poder Constituinte Derivado Reformador e não do Poder Constituinte Originário.

Gabarito "E".

(Defensor Público/SE – 2012 – CESPE) Relativamente ao entendimento do STF e do STJ acerca dos direitos humanos, assinale a opção correta.

(A) Nos termos da jurisprudência do STF, os tratados internacionais sobre direitos humanos aprovados antes da reforma constitucional promovida pela Emenda Constitucional n.º 45/2004 têm força de lei ordinária e os aprovados depois da referida emenda têm força, sempre, de norma supralegal.

(B) A despeito do previsto no Pacto de São José da Costa Rica, a prisão civil do depositário infiel é admitida pelo STF, conforme Súmula n.º 619/STF, segundo a qual a prisão do depositário judicial pode ser decretada no próprio processo em que se constitui o encargo, independentemente da propositura de ação de depósito.

(C) Ao qualificar os tratados internacionais como normas supralegais, o STF admite que tais acordos estão além do direito positivo, sobrepondo-se e servindo de paradigma a todas as normas do ordenamento jurídico brasileiro.

(D) De acordo com precedentes do STF, os programas nacionais de direitos humanos, dada a sua natureza jurídica, têm a mesma força normativa dos tratados internacionais sobre direitos humanos, aprovados pelo Congresso Nacional.

(E) Conforme a jurisprudência do STJ, o Poder Judiciário, em regra, deve limitar-se à verificação da legalidade do procedimento que tenha culminado em decisão do CONARE relativa ao indeferimento de refúgio de estrangeiro.

A: incorreta. Em 3 de dezembro de 2008, o ministro Gilmar Mendes, no RE 466.343-SP, defendeu a tese da supralegalidade dos tratados de direitos humanos que foram internalizados anteriormente à edição da EC nº 45, ou seja, superior às normas infraconstitucionais e inferior às normas constitucionais. O voto do ministro Gilmar Mendes foi acompanhado pela maioria (posição atual do STF). Portanto, todo tratado de direitos humanos que for internalizado sem observar o procedimento estabelecido no artigo 5º, § 3º, da CF, tem *status* de norma supralegal; **B:** incorreta, pois a Súmula Vinculante do STF não deixa dúvidas: é ilícita a prisão civil de depositário infiel, qualquer que seja a modalidade do depósito; **C:** incorreta. Primeiro, não são todos os tratados internacionais que são considerados normas supralegais, apenas os de direitos humanos. Segundo, mesmo com essa nova qualificação, o parâmetro de validade para todo o ordenamento jurídico brasileiro continua sendo a Constituição da República; **D:** incorreta, pois a assertiva não está de acordo com os precedentes do STF; **E:** correta. O reconhecimento e a declaração da condição de refugiado no Brasil são da competência do Comitê Nacional para os Refugiados (Conare[116]). Além disso, o Conare tem competência para decidir a cessação, em primeira instância, *ex officio* ou mediante requerimento das autoridades competentes, da condição de refugiado e para determinar a perda, em primeira instância, da condição de refugiado. Em termos gerais, o procedimento para obtenção do *status* de refugiado no Brasil segue estas etapas: **a)** autorização de residência provisória: recebida a solicitação de refúgio, o Departamento de Polícia Federal emite um protocolo em favor do solicitante e de seu grupo familiar que se encontre no território nacional, autorizando a estada até a decisão final do processo (artigo 21 da Lei nº 9.474/1997); **b)** instrução e relatório: finda a instrução, a autoridade competente elabora, de imediato, relatório, que será enviado ao Secretário do Conare para inclusão na pauta da próxima reunião desse Colegiado (artigo 24 da Lei nº 9.474/1997); **c)** decisão: a decisão pelo reconhecimento da condição de refugiado é considerada ato declaratório e deve estar devidamente fundamentada (artigo 26 da Lei nº 9.474/1997); **d)** recurso: em caso de decisão negativa, esta deve ser fundamentada na notificação ao solicitante, cabendo direito de recurso ao ministro da Justiça, no prazo de 15 dias, contados do recebimento da notificação. A decisão do ministro da Justiça não é passível de recurso (artigos 29 e 31 da Lei nº 9.474/1997). Importante destacar que, consoante jurisprudência do STJ, o Poder Judiciário, em regra, deve limitar-se à verificação da legalidade do procedimento que tenha indeferido o refúgio em benefício do estrangeiro. No caso de recusa definitiva de refúgio, fica o solicitante sujeito à legislação de estrangeiros, não devendo ocorrer sua transferência para seu país de nacionalidade ou de residência habitual, enquanto permanecerem as circunstâncias que põem em risco sua vida, integridade física e liberdade, exceto se o solicitante tiver cometido crime contra a paz, crime de guerra, crime contra a humanidade, crime hediondo, participado de atos terroristas ou tráfico de drogas ou seja considerado culpado de atos contrários aos fins e princípios das Nações Unidas.

Gabarito "E".

7.4. CONTROLE DE CONVENCIONALIDADE

(Defensor Público –DPE/BA – 2016 – FCC) O controle de convencionalidade na sua vertente nacional quando comparado com a vertente internacional apresenta inúmeras diferenças, destacando-se:

(A) Na vertente internacional o parâmetro de controle é a norma internacional e pouco importa a hierarquia da lei local, podendo, inclusive, ser oriunda do poder constituinte originário.

(B) No que diz respeito ao aspecto nacional apenas o Supremo Tribunal Federal tem competência para exercê-lo e, por isso, é uma forma de se apresentar o controle concentrado de constitucionalidade.

(C) Na vertente internacional o parâmetro de controle é a norma internacional, porém, é impossível exercer tal controle no que diz respeito às normas oriundas do poder constituinte originário.

(D) Em que pese ser objeto de estudo, o controle de convencionalidade se resume à aplicação doutrinária.

(E) Para que o controle de convencionalidade seja exercido, no âmbito interno, é necessário o prévio esgotamento das vias ordinárias e a matéria precisa ser objeto de prequestionamento.

A: correta. O citado controle é assim definido por André de Carvalho Ramos: "O controle de convencionalidade *internacional* é atividade de fiscalização dos atos e condutas dos Estados em confronto com seus compromissos internacionais. Em geral, o controle de convencionalidade é atribuído a órgãos compostos por julgadores independentes, criados por tratados internacionais, o que evita que os próprios Estados sejam, ao mesmo tempo, fiscais e fiscalizados[117]". Deve-se destacar que o citado controle pode ser exercido até em face das Constituições nacionais[118], podendo gerar as chamadas normas constitucionais inconvencionais[119]. Trata-se de um controle bem amplo, englobando todos os atos estatais, inclusive as omissões; **B:** incorreta, pois o controle de convencionalidade nacional também pode ser exercido de forma difusa (por todos os juízes); **C:** incorreta (reler o comentário sobre a assertiva "A"); **D:** incorreta. Em 2006, a Corte Interamericana de

---

115. Bem fundamentada é a crítica formulada por Valerio de Oliveira Mazzuoli ao mencionado § 3º do artigo 5º da CF: "também rompe a harmonia do sistema de integração dos tratados de direitos humanos no Brasil, uma vez que cria *categorias* jurídicas entre os próprios instrumentos internacionais de direitos humanos ratificados pelo governo, dando tratamento diferente para normas internacionais que têm o mesmo fundamento de validade, ou seja, hierarquizando diferentemente tratados que têm o mesmo conteúdo ético, qual seja, a proteção internacional dos direitos humanos. Assim, essa *desigualação dos desiguais* que permite o § 3º ao estabelecer ditas *categorias de tratados* é totalmente injurídica por violar o princípio (também constitucional) da *isonomia*" (op. cit., p. 29).

116. Órgão encarregado de fazer a análise relacional entre o receio de perseguição e o dado objetivo ligado à situação sociopolítica do país de origem.

117. RAMOS, André de Carvalho. *Teoria geral dos direitos humanos na ordem internacional*. 2. ed. São Paulo: Saraiva, 2012. p. 250.

118. Vide o caso "A última tentação de Cristo" *versus* Chile – Corte Interamericana de Direitos Humanos.

119. "(...) também é possível admitir que existam normas constitucionais inconvencionais, por violarem direitos humanos provenientes de tratados, direitos estes que (justamente por terem *status* constitucional) também pertencem ao bloco das cláusulas pétreas. Seria o caso daquelas normas da Constituição, alocadas à margem do bloco de constitucionalidade, ou seja, que não integram o núcleo intangível constitucional, que estão a violar normas de tratados de direitos humanos (as quais, por serem normas de 'direitos humanos', já detêm primazia sobre quaisquer outras, por pertencerem ao chamado 'bloco de constitucionalidade" (MAZZUOLI, Valerio de Oliveira. *O controle jurisdicional da convencionalidade das leis*. 2. ed. São Paulo: Ed. RT, 2011. p. 149-150).

Direitos Humanos mencionou pela primeira vez o controle de convencionalidade no Caso *Almonacid Arellano e outros vs. Chile*. A Corte fundamenta a aplicação desse controle nos artigos 1º e 2º da Convenção Americana e nos 26 e 27 da Convenção de Viena sobre o Direito dos Tratados. Conforme a Corte já sustentou, o controle tem por base o princípio da boa-fé que opera no direito internacional; os Estados não podem invocar seu direito interno como justificativa para descumprir as obrigações assumidas internacionalmente; **E**: incorreta, pois não existe tais exigências legais no ordenamento jurídico brasileiro.

Gabarito "A".

(MINISTÉRIO PÚBLICO/MT – 2012 – UFMT) Acerca dos tratados e convenções internacionais de direitos humanos ratificados pelo Brasil e seu sistema de controle, analise as afirmativas.

I. O instrumento utilizado pelo Congresso Nacional para aprovar conjuntamente, com equivalência de emenda constitucional, os dois primeiros tratados de direitos humanos pela sistemática do art. 5º, § 3º, da Constituição, respectivamente, a Convenção sobre os Direitos das Pessoas com Deficiência e seu Protocolo Facultativo, assinados em Nova York, em 30 de março de 2007, foi um Decreto Legislativo.

II. Paralelamente ao conhecido controle de constitucionalidade, há na sistemática da Convenção Americana sobre Direitos Humanos (1969) o chamado "controle de convencionalidade", que pode ser exercido pela Corte Interamericana de Direitos Humanos, bem assim pelo Poder Judiciário interno dos Estados-partes na Convenção apenas pela via abstrata.

III. É cabível a Ação Direta de Inconstitucionalidade ou a Arguição de Descumprimento de Preceito Fundamental para atacar lei federal ou estadual que, não obstante compatível com o texto da Constituição Federal, viola disposição de tratado de direitos humanos internalizado com equivalência de emenda constitucional no Brasil.

IV. O exame de compatibilidade das leis internas com os tratados internacionais de direitos humanos em vigor no país só pode ser exercido em relação a casos concretos pelos juízes e tribunais nacionais, mesmo tendo sido o tratado internalizado pela sistemática do art. 5º, § 3º, da Constituição, eis que, como já decidiu o STF, não pode este Tribunal usurpar a competência da ADI ou da ADPF prevista pela Constituição Federal.

V. A declaração de constitucionalidade de uma norma pelo STF impede que o mesmo Tribunal, tempos depois, controle a "convencionalidade" dessa mesma norma, declarando-a inválida para reger determinada situação jurídica, uma vez que o exercício prévio do controle de constitucionalidade pelo Supremo exclui eventual exercício posterior do controle de convencionalidade.

Estão corretas as afirmativas:

(A) I, II e III, apenas.
(B) II e V, apenas.
(C) III e IV, apenas.
(D) I e III, apenas.
(E) I, IV e V, apenas.

I: correta. No Brasil é necessário um procedimento complexo para proceder à ratificação de tratados. O Congresso Nacional deve aprovar o texto do tratado, e o fará por meio de um decreto legislativo[120] promulgado pelo presidente do Senado e publicado no Diário Oficial da União. Em seguida, cabe ao presidente da República ratificar ou não – lembrando que a aprovação congressual não obriga a ulterior ratificação do tratado pelo presidente da República. Por fim, o tratado regularmente concluído depende da promulgação e da publicidade levada a efeito pelo presidente da República para integrar o Direito Nacional. No Brasil, a promulgação ocorre por meio de decreto presidencial e a publicidade perfaz-se com a publicação no Diário Oficial. Tal procedimento também foi observado na ratificação da Convenção sobre os Direitos das Pessoas com Deficiência e seu Protocolo Facultativo, que seguiu a sistemática do art. 5º, § 3º, da Constituição; **II**: incorreta. O controle de convencionalidade internacional é assim definido por André de Carvalho Ramos: "O controle de convencionalidade *internacional* é atividade de fiscalização dos atos e condutas dos Estados em confronto com seus compromissos internacionais. Em geral, o controle de convencionalidade é atribuído a órgãos compostos por julgadores independentes, criados por tratados internacionais, o que evita que os próprios Estados sejam, ao mesmo tempo, fiscais e fiscalizados[121]". Em termos práticos, a Corte Interamericana de Direitos Humanos vai analisar a conformidade dos atos estatais em relação às obrigações internacionais assumidas no momento da ratificação da Convenção Americana sobre Direitos Humanos. No Brasil, o controle jurisdicional de convencionalidade das leis ganhou enfoque específico por obra de Valerio de Oliveira Mazzuoli. O citado controle tem a função de compatibilizar a legislação interna (objeto) com os tratados internacionais de direitos humanos em vigor no Brasil (paradigma ou parâmetro)[122] – o que o difere do já mencionado controle de convencionalidade internacional, exercido pelos órgãos internacionais. Antes de analisar o citado controle, cabe mencionar que André de Carvalho Ramos considera somente o controle de convencionalidade internacional como autêntico, principalmente pelo fato da decisão nacional não ter o condão de vincular o juiz internacional (intérprete autêntico). Além dessa consideração, o citado autor deduz algumas diferenças entre os controles, dentre as quais destaco as duas seguintes: a) o controle internacional pode fiscalizar o Poder Constituinte Originário e o nacional não; b) o controle nacional fica dependente da hierarquia conferida ao tratado-parâmetro pelo próprio ordenamento jurídico. No caso brasileiro, temos três possibilidades: legal, supralegal e constitucional[123]. Para compreender a funcionalidade do controle de convencionalidade nacional, cabe entender como Mazzuoli concebe a alocação hierárquica dos tratados de direitos humanos no ordenamento pátrio após internalização. Em apertada síntese, os tratados de direitos humanos que foram incorporados pelo *procedimento simples* (artigo 5º, § 2º, da CF) terão *status* constitucional, melhor dizendo, materialmente constitucional. Por outro lado, quando o procedimento adotado para a incorporação for o *especial* (artigo 5º, § 3º, da CF), os tratados de direitos humanos serão formal e materialmente constitucionais (equivalentes às emendas constitucionais). E os outros tratados terão *status* supralegal (artigo 27 da Convenção de Viena sobre Direito dos Tratados) e servirão de paradigma para o controle de supralegalidade da legislação infraconstitucional. "Em suma, doravante só se falará em controle de constitucionalidade apenas para o estrito caso de (in)compatibilidade vertical das leis com a Constituição, e em controle de convencionalidade para os casos de (in)compatibilidade legislativa com os tratados de direitos humanos (formalmente constitucionais ou não) em vigor no país.[124]" Em outras palavras, criou-se um controle vertical material de validade[125] da legislação interna. Em termos gerais, o citado autor defende que a produção normativa interna apenas será válida quando passar por dois limites verticais materiais. O primeiro é a Constituição (controle de constitucionalidade) e os tratados de direitos humanos que possuem natureza constitucional (controle de convencionalidade); o outro são os demais tratados que possuem *status* supralegal (controle de supralegalidade). Com maiores detalhes, o controle de convencionalidade e de supralegalidade será exercido de forma difusa, isto é, por todos os juízes e tribunais no caso concreto. Nesse caso, são aplicadas todas as considerações referentes ao controle de constitucionalidade difuso. Por outro lado, só existirá controle concentrado de convencionalidade na hipótese de o paradigma de verificação ser um tratado de direitos humanos formal e materialmente constitucional (internalizado consoante o disciplinado no artigo 5º, § 3º, da CF). Portanto, "o controle de *supralegalidade* é sempre exercido pela via de exceção, ou seja, é sempre *difuso*; já o controle de *convencionalidade* poderá ser *difuso* ou *concentrado*, neste último caso quando o tratado de direitos humanos for aprovado pela sistemática do art. 5º, § 3º, da Constituição e entrar em vigor no Brasil (entenda-se, após ratificado...) com a equivalência de emenda constitucional[126]". Todas as ponderações sobre o controle de constitucionalidade concentrado são aplicadas ao controle de convencionalidade concentrado, inclusive no tocante à utilização das ações destinadas ao controle abstrato de convencionalidade – ADIn, Adecon, ADO e ADPF[127] – e os respectivos entes/pessoas detentores de competência para seu manuseio (artigo 103 da CF). A razão de ser reside no fato de a análise de compatibilidade de legislação interna (objeto) ser feita com base em tratado de direitos humanos internalizados pelo procedimento especial (paradigma ou parâmetro), que é equivalente a uma emenda constitucional (formal e materialmente constitucional). O autor também menciona a possibilidade de lançar mão do controle de convencionalidade preventivamente, tanto pelo Congresso Nacional, quando julgar inconvencional um projeto de lei (especialmente por obra da Comissão de Constituição e Justiça), como pelo presidente da República, quando vetar o projeto de lei considerado inconvencional. Para ficar claro o objeto do dito controle de convencionalidade, o autor sublinha que ele entrará em ação quando a lei interna (objeto) estiver em sintonia com a Constituição, mas em desarmonia com o tratado de direitos humanos (paradigma ou parâmetro) – tanto no controle concentrado como no difuso. Do contrário, seria feito o controle de constitucionalidade. Dito de outra forma, se o paradigma de verificação de compatibilidade for a Constituição, estará em jogo o controle de constitucionalidade (difuso ou concentrado); por sua vez, quando o paradigma for o tratado de direitos humanos, entrará em cena o controle de convencionalidade (difuso ou concentrado) – desde que previamente se tenha atestado a compatibilidade da lei com a Carta Magna. Percebe-se que o controle de convencionalidade ocasiona o fenômeno chamado doutrinariamente de ampliação de parametricidade constitucional. Por fim, "ambas essas supernormas (Constituição e tratados) é que irão se *unir* em prol da construção de um direito infraconstitucional compatível com ambas, sendo certo que a incompatibilidade desse mesmo direito infraconstitucional com apenas uma das supernormas já o invalida por completo. Com isto, possibilita-se a criação de um Estado Constitucional e Humanista de Direito em que *todo* o direito doméstico guarde total compatibilidade tanto com a Constituição quanto com

---

120. Lembrando que as matérias de competência exclusiva do Congresso Nacional (artigo 49 da CF) devem ser normatizadas via decreto legislativo.
121. RAMOS, André de Carvalho. **Teoria geral dos direitos humanos na ordem internacional**. 2. ed. São Paulo: Saraiva, 2012. p. 250
122. É o controle de convencionalidade nacional, nas palavras de André de Carvalho Ramos.
123. RAMOS, André de Carvalho. **Teoria geral dos direitos humanos na ordem internacional**. 2. ed. São Paulo: Saraiva, 2012. p. 250-251.
124. MAZZUOLI, **O controle jurisdicional da convencionalidade das leis**. p. 74.
125. "Em suma, a validade das normas jurídicas, nesse novo contorno que o constitucionalismo contemporâneo lhe traz, não é mais uma conotação meramente formal, a depender somente da regularidade do seu processo de produção (conforme defendido por Hobbes, posteriormente por Bentham e Austin, até chegar a Kelsen e Bobbio). Tornou-se ela também (como explica Ferrajoli) um fato *substancial*, dependente dos *conteúdos das decisões*, as quais serão inválidas se contrastarem com os novos princípios positivos do direito internacional" (MAZZUOLI, op. cit., p. 105-106).
126. MAZZUOLI, op. cit., p. 136.
127. Podendo se falar também do Mandado de Injunção.

os tratados internacionais de direitos humanos ratificados pelo Estado, chegando-se, assim, a uma ordem jurídica interna *perfeita*, que tem no valor dos direitos humanos sua maior racionalidade, principiologia e sentido[128]"; **III**: correta. Reler o comentário sobre a assertiva anterior; **IV**: incorreta. Reler o comentário sobre a assertiva II; **V**: incorreta, pois o exercício prévio do controle de constitucionalidade não exclui eventual exercício posterior do controle de convencionalidade, principalmente pela fato de o paradigma de análise ser diverso, sendo a Constituição o parâmetro no primeiro caso e o tratado de direitos humanos no segundo.

Gabarito "D".

7.5. LEGISLAÇÃO NACIONAL PROTETIVA
7.5.1. ESTATUTO DA IGUALDADE RACIAL

(Delegado/BA – 2016.1 – Inaz do Pará) O Estatuto da Igualdade Racial prevê que ao Estado cabe mais do que combater a discriminação: é dever do Poder Público, nas três esferas de governo, assumir um papel positivo, proativo, visando promover a igualdade. Com isto, verifica-se que a atuação meramente repressiva tem limitações. Quais são elas?

(A) O poder público assume uma postura passiva, somente entrando em campo depois que ocorre a discriminação.
(B) Atinge-se somente os efeitos (a ação discriminatória), mas não as causas – os valores, a ideologia racista, o preconceito e o estereótipo antinegro.
(C) O poder público assume uma postura ativa, pois o crime de discriminação racial é inafiançável porém é prescritível.
(D) As limitações de ação governamental meramente repressiva estão contempladas na letra A e B.
(E) As limitações de ação governamental meramente repressiva estão contempladas na letra A e C.

As assertivas "A" e "B" estão corretas pois descrevem perfeitamente as limitações das ações meramente repressivas. Portanto, a assertiva "D" deve ser assinalada. Inclusive, um dos objetivos do Sistema Nacional de Proteção da Igualdade Racial é "promover a igualdade étnica e o combate às desigualdades sociais resultantes do racismo, inclusive mediante adoção de ações afirmativas" (art. 48, I, do Estatuto da Igualdade Racial).

Gabarito "D".

(Delegado/BA – 2016.1 – Inaz do Pará) O princípio jurídico da promoção da igualdade (ação afirmativa), reafirmado pelo Estatuto da Igualdade Racial, significa que em todas as áreas de política pública o Estado deve preocupar-se em garantir que a população negra tenha as mesmas oportunidades e o mesmo tratamento. Esse princípio se traduz em:

(A) que no acesso ao trabalho, à escola, à moradia, a órgãos públicos ou privados não se admite tratamento diferente em função da cor ou raça.
(B) que ao adentrar no transporte público, prédios residenciais ou comerciais, bancos, hospitais, presídios, internet, comércio, restaurantes dentre outros não se admitem tratamento diferente em função da cor ou raça.
(C) que promover a igualdade significa que o Estado deve agir preventivamente, positivamente, adotando todas as medidas para que a igualdade jurídica se traduza em igualdade na prática; igualdade de oportunidades e de tratamento.
(D) todas as ações descritas nas afirmativas acima, traduzem o princípio da igualdade reafirmado pelo Estatuto da Igualdade Racial na prática e não apenas no papel.
(E) Nenhuma das afirmativas acima traduzem o princípio da igualdade reafirmado pelo Estatuto da Igualdade Racial.

A alternativa correta "D" porque indica que o disposto nas assertivas "A", "B" e "C" são exemplos concretos do princípio da promoção da igualdade. O art. 4º do Estatuto da Igualdade Racial mostra o leque de ações que devem ser implementadas para garantir que a população negra tenha as mesmas oportunidades e o mesmo tratamento.

Gabarito "D".

(Ministério Público/SP – 2015 – MPE/SP) No tocante ao Estatuto de Igualdade Racial, assinale a alternativa correta:

(A) Na apreciação judicial das lesões e das ameaças de lesão aos interesses da população negra decorrentes de situações de desigualdade étnica, recorrer-se-á, entre outros instrumentos, à ação civil pública, disciplinada na Lei 7.347, de 24.07.1985.
(B) Discriminação racial ou étnico-racial consubstancia-se em toda situação injustificada de diferenciação de acesso e fruição de bens, serviços e oportunidades, nas esferas pública e privada, em virtude de raça, cor, descendência ou origem nacional ou étnica.
(C) População negra é o conjunto de pessoas que se autodeclaram pretas e pardas, conforme o quesito cor ou raça usado pela Fundação Instituto Brasileiro de Geografia e Estatística (IBGE), não compreendendo a adoção de outra definição análoga.
(D) A participação da população negra, em condição de igualdade de oportunidade, na vida econômica, social, política e cultural do País será promovida exclusivamente por meio de cotas raciais.
(E) O repasse de recursos federais referentes aos programas e atividades previstos no Estatuto aos Estados, Distrito Federal e Municípios será possível somente após a criação obrigatória de conselhos de promoção de igualdade étnica pelos entes federados.

A: correta (art. 55 do Estatuto da Igualdade Racial); **B:** incorreta. A redação correta do art. 1º, parágrafo único, I, do Estatuto da Igualdade Racial é a seguinte: "discriminação racial ou étnico-racial: toda distinção, exclusão, restrição ou preferência baseada em raça, cor, descendência ou origem nacional ou étnica que tenha por objeto anular ou restringir o reconhecimento, gozo ou exercício, em igualdade de condições, de direitos humanos e liberdades fundamentais nos campos político, econômico, social, cultural ou em qualquer outro campo da vida pública ou privada"; **C:** incorreta. A redação correta do art. 1º, parágrafo único, IV, do Estatuto da Igualdade Racial é a seguinte: "população negra: o conjunto de pessoas que se autodeclaram pretas e pardas, conforme o quesito cor ou raça usado pela Fundação Instituto Brasileiro de Geografia e Estatística (IBGE), ou que adotam autodefinição análoga"; **D:** incorreta. "A participação da população negra, em condição de igualdade de oportunidade, na vida econômica, social, política e cultural do país será promovida, prioritariamente, por meio de: I – inclusão nas políticas públicas de desenvolvimento econômico e social; II – adoção de medidas, programas e políticas de ação afirmativa; III – modificação das estruturas institucionais do Estado para o adequado enfrentamento e a superação das desigualdades étnicas decorrentes do preconceito de origem étnica; IV – promoção de ajustes normativos para aperfeiçoar o combate à discriminação étnica e às desigualdades étnicas em todas as suas manifestações individuais, institucionais e estruturais; V – eliminação dos obstáculos históricos, socioculturais e institucionais que impedem a representação da diversidade étnica nas esferas pública e privada; VI – estímulo, apoio e fortalecimento de iniciativas oriundas da sociedade civil direcionadas à promoção da igualdade de oportunidades e ao combate às desigualdades étnicas, inclusive mediante a implementação de incentivos e critérios de condicionamento e prioridade no acesso aos recursos públicos; VII – implementação de programas de ação afirmativa destinados ao enfrentamento das desigualdades étnicas no tocante à educação, cultura, esporte e lazer, saúde, segurança, trabalho, moradia, meios de comunicação de massa, financiamentos públicos, acesso à terra, à Justiça, e outros"; **E:** incorreta. O parágrafo único do art. 50 do Estatuto da Igualdade Racial não torna obrigatório a criação de conselhos, apenas estatui que será dada preferência no repasse de recursos aos entes que tenham criado os tais conselhos de promoção de igualdade étnica.

Gabarito "A".

(Ministério Público/SP – 2012 – VUNESP) O Estatuto da Igualdade Racial (Lei n. 12.288/2010), destinado a garantir à população negra a efetivação da igualdade de oportunidades, a defesa dos direitos étnicos individuais, coletivos e difusos e o combate à discriminação e às demais formas de intolerância étnica, considera

(A) Desigualdade racial: toda situação justificada de diferenciação de acesso e fruição de bens, serviços e oportunidades, nas esferas pública e privada, em virtude de raça, cor, descendência ou origem nacional ou étnica.
(B) Discriminação racial ou étnico-racial: toda distinção, exclusão, restrição ou preferência baseada em raça, cor, descendência ou origem nacional ou étnica que tenha por objeto anular ou restringir o reconhecimento, gozo ou exercício, em igualdade de condições, de direitos humanos e liberdades fundamentais nos campos político, econômico, social, cultural ou em qualquer outro campo da vida pública ou privada.
(C) População negra: o conjunto de pessoas que se autodeclaram não brancas, conforme o quesito cor ou raça usado pelos órgãos oficiais de estatística.
(D) Ações afirmativas: os programas incentivados pelo Estado e pela iniciativa privada para a conscientização das desigualdades raciais e para a promoção dos direitos humanos.
(E) Desigualdade de gênero e raça: simetria existente no âmbito da sociedade que acentua a distância social entre mulheres negras e os demais segmentos sociais.

A: incorreta, pois a redação do art. 1º, parágrafo único, II, do Estatuto é a seguinte: "desigualdade racial: toda situação **injustificada** de diferenciação de acesso e fruição de bens, serviços e oportunidades, nas esferas pública e privada, em virtude de raça, cor, descendência ou origem nacional ou étnica"; **B:** correta, pois reproduz corretamente a redação do art. 1º, parágrafo único, I, do Estatuto da Igualdade Racial; **C:** incorreta, pois a redação do art. 1º, parágrafo único, IV, do Estatuto é a seguinte: "população negra: o conjunto de pessoas que se autodeclaram **pretas e pardas**, conforme o quesito cor ou raça usado pela Fundação Instituto Brasileiro de Geografia e Estatística (IBGE), ou que adotam autodefinição análoga"; **D:** incorreta, pois a redação do art. 1º, parágrafo único, VI, do Estatuto é a seguinte: "ações afirmativas: os programas e medidas especiais adotados pelo Estado e pela iniciativa privada para a **correção** das desigualdades raciais e para a **promoção da igualdade de oportunidades**"; **E:** incorreta, pois a redação do art. 1º, parágrafo único, III, do Estatuto é a seguinte: "desigualdade de gênero e raça: **assimetria** existente no âmbito da sociedade que acentua a distância social entre mulheres negras e os demais segmentos sociais".

Gabarito "B".

---
128. MAZZUOLI, *op. cit.*, p. 142.

7.5.2. SEGURIDADE SOCIAL

(Ministério Público/SP – 2012 – VUNESP) As ações e serviços públicos de saúde e os serviços privados contratados ou conveniados que integram o Sistema Único de Saúde (SUS), são desenvolvidos de acordo com as diretrizes previstas na Constituição Federal, obedecendo ainda aos seguintes princípios:

(A) Universalidade de acesso aos serviços de saúde em todos os níveis de assistência, igualdade da assistência à saúde, sem preconceitos ou privilégios de qualquer espécie e participação da comunidade.
(B) Participação da comunidade e descentralização político-administrativa, com direção única em cada esfera de governo e a execução de ações de vigilância sanitária, de vigilância epidemiológica e de saúde do trabalhador.
(C) Integralidade de assistência, entendida como conjunto articulado e contínuo das ações e serviços preventivos e curativos, individuais e coletivos, exigidos para cada caso em todos os níveis de complexidade do sistema e assistência terapêutica integral, inclusive farmacêutica.
(D) Divulgação de informações quanto ao potencial dos serviços de saúde e a sua utilização pelo usuário, universalidade de acesso aos serviços de saúde em todos os níveis de assistência e o controle e a fiscalização de serviços, produtos e substâncias de interesse para a saúde.
(E) Organização dos serviços públicos de modo a evitar duplicidade de meios para fins idênticos, integração em nível executivo das ações de saúde, meio ambiente e saneamento básico e participação na normatização, fiscalização e controle dos serviços de saúde do trabalhador nas instituições e empresas públicas e privadas.

O art. 7º da Lei nº 8.080/1990 assim dispõe: "As ações e serviços públicos de saúde e os serviços privados contratados ou conveniados que integram o Sistema Único de Saúde (SUS), são desenvolvidos de acordo com as diretrizes previstas no art. 198 da Constituição Federal, obedecendo ainda aos seguintes princípios:
I – universalidade de acesso aos serviços de saúde em todos os níveis de assistência;
II – integralidade de assistência, entendida como conjunto articulado e contínuo das ações e serviços preventivos e curativos, individuais e coletivos, exigidos para cada caso em todos os níveis de complexidade do sistema;
III – preservação da autonomia das pessoas na defesa de sua integridade física e moral;
IV – igualdade da assistência à saúde, sem preconceitos ou privilégios de qualquer espécie;
V – direito à informação, às pessoas assistidas, sobre sua saúde;
VI – divulgação de informações quanto ao potencial dos serviços de saúde e a sua utilização pelo usuário;
VII – utilização da epidemiologia para o estabelecimento de prioridades, a alocação de recursos e a orientação programática;
VIII – participação da comunidade;
IX – descentralização político-administrativa, com direção única em cada esfera de governo:
a) ênfase na descentralização dos serviços para os municípios;
b) regionalização e hierarquização da rede de serviços de saúde;
X – integração em nível executivo das ações de saúde, meio ambiente e saneamento básico;
XI – conjugação dos recursos financeiros, tecnológicos, materiais e humanos da União, dos Estados, do Distrito Federal e dos Municípios na prestação de serviços de assistência à saúde da população;
XII – capacidade de resolução dos serviços em todos os níveis de assistência; e
XIII – organização dos serviços públicos de modo a evitar duplicidade de meios para fins idênticos.
A: correta, pois reproduz corretamente os incisos I, IV e VIII do art. 7º da Lei nº 8.080/1990 acima exposto; B: incorreta. A execução de ações de vigilância sanitária, de vigilância epidemiológica e de saúde do trabalhador não são princípios que regem as ações e serviços integrantes do Sistema Único de Saúde; C: incorreta. A assistência terapêutica integral, inclusive farmacêutica, não é princípio norteador das ações e serviços integrantes do Sistema Único de Saúde; D: incorreta. O controle e a fiscalização de serviços, produtos e substâncias de interesse para a saúde, não é princípio norteador das ações e serviços integrantes do Sistema Único de Saúde; E: incorreta. A participação na normatização, fiscalização e controle dos serviços de saúde do trabalhador nas instituições e empresas públicas e privadas não é princípio que rege as ações e serviços integrantes do Sistema Único de Saúde.
Gabarito "A".

(Ministério Público/SP – 2012 – VUNESP) A assistência social, direito do cidadão e dever do Estado, é Política de Seguridade Social não contributiva, que provê os mínimos sociais, realizada através de um conjunto integrado de ações de iniciativa pública e da sociedade, para garantir o atendimento às necessidades básicas. Um dos objetivos da assistência social é a garantia de benefício mensal às pessoas que comprovem não possuir meios de prover a própria manutenção ou de tê-la provida por sua família. Em relação ao benefício de prestação continuada, é correto afirmar:

I. Destina-se à pessoa com deficiência e ao idoso com 65 (sessenta e cinco) anos ou mais.
II. Destina-se à pessoa com deficiência e ao idoso.
III. Considera-se pessoa com deficiência aquela que tem impedimentos de longo prazo de natureza física, mental, intelectual ou sensorial, os quais, em interação com diversas barreiras, podem obstruir sua participação plena e afetiva na sociedade em igualdade de condições com as demais pessoas.
IV. Considera-se incapaz de prover a manutenção da pessoa com deficiência ou idosa a família cuja renda mensal per capita seja inferior a 1/2 (meio) salário mínimo.

Está correto o que se afirma APENAS em
(A) II e III.
(B) II e IV.
(C) IV.
(D) I.
(E) I e III.

I: correta, pois o art. 20 da Lei nº 8.742/1993 assim dispõe: "O benefício de prestação continuada é a garantia de um salário mínimo mensal à pessoa com deficiência e ao idoso com 65 (sessenta e cinco) anos ou mais que comprovem não possuir meios de prover a própria manutenção nem de tê-la provida por sua família"; II: incorreta, porque o Estatuto do Idoso determina que o idoso é pessoa com 60 anos ou mais e, como vimos no comentário sobre a assertiva I, o benefício de prestação continuada é conferido a pessoa com 65 anos ou mais; III: incorreta, pois a redação correta do art. 20, § 2º, da Lei nº 8.742/1993 é a seguinte: "Para efeito de concessão deste benefício, considera-se pessoa com deficiência aquela que tem impedimentos de longo prazo de natureza física, mental, intelectual ou sensorial, os quais, em interação com diversas barreiras, podem obstruir sua participação plena e **efetiva** na sociedade em igualdade de condições com as demais pessoas; IV: incorreta, pois a redação correta do art. 20, § 3º, da Lei nº 8.742/1993 é a seguinte: "Considera-se incapaz de prover a manutenção da pessoa com deficiência ou idosa a família cuja renda mensal per capita seja inferior a **1/4 (um quarto)** do salário mínimo.
Gabarito "D".

7.5.3. CÓDIGO DE PROCESSO PENAL

(Defensor Público/SP – 2012 – FCC) No Brasil, quando ocorre uma prisão em flagrante, o artigo 306 do Código de Processo Penal determina que haja a comunicação imediata do fato a um juiz. Confrontando tal dispositivo com o que determinam as normas do Pacto Internacional sobre Direitos Civis e Políticos e da Convenção Americana sobre Direitos Humanos, há

(A) compatibilidade entre a lei e os tratados, visto que a prisão imediatamente é submetida ao crivo do judiciário, com envio do auto de prisão em flagrante em vinte e quatro horas ao juiz.
(B) incompatibilidade entre a lei e os tratados, pois, segundo estes, o preso deve ser levado à presença de um juiz de direito em vinte e quatro horas para a determinação de seus direitos e obrigações.
(C) compatibilidade entre a lei e os tratados, pois o preso fica à disposição do juiz e do membro do Ministério Público que podem requisitá-lo para ser ouvido, se necessário.
(D) incompatibilidade entre a lei e os tratados, pois, segundo estes, o preso tem direito a um Defensor Público que o acompanhe em seus depoimentos na Delegacia de Polícia.
(E) incompatibilidade entre a lei e os tratados, pois, segundo estes, o preso tem o direito de ser ouvido, sem demora, por um juiz para a determinação de seus direitos e obrigações.

A única assertiva que faz a correta ponderação acerca do confronto entre o CPP e o Pacto Internacional sobre Direitos Civis e Políticos e a Convenção Americana sobre Direitos Humanos é a "E". Isso porque os dois tratados exigem a presença do preso perante a autoridade judiciária, não sendo suficiente a mera comunicação do fato a um juiz. Essa questão foi formulada com base no artigo intitulado Estudo sobre a Obrigatoriedade de Apresentação Imediata da Pessoa Presa ao juiz: Comparativo entre as previsões dos Tratados de Direitos Humanos e do Projeto de Código de Processo Penal. O autor desse artigo é o Prof. Carlos Weiss, membro da Defensoria Pública do Estado de São Paulo. Segue o endereço eletrônico onde o artigo pode ser acessado: http://www.defensoria.sp.gov.br/dpesp/Repositorio/31/Documentos/Estudo%20sobre%20a%20obrigatoriedade%20de%20apresentação%20imediata%20do%20preso%20ao%20juiz%20(1).pdf.
Gabarito "E".

7.6. PROGRAMA NACIONAL DE DIREITOS HUMANOS

(Defensor Público – DPE/SC – 2017 – FCC) A Lei n. 12.986/2014 criou o Conselho Nacional dos Direitos Humanos – CNDH, a qual afirma que

(A) o conselho pode suspender o repasse de verbas, auxílios ou subvenções a entidades comprovadamente responsáveis por condutas ou situações contrárias aos direitos humanos.
(B) o conselho tem atribuição de realizar ou determinar diligências investigatórias, inclusive inspeções, e tomar depoimentos de autoridades e agentes federais, estaduais e municipais.
(C) o conselho não terá poder de Requisição e, sempre que necessário, solicitará a requisição ao Ministro da Justiça.

(D) o CONDEGE terá assento permanente no CNDH.
(E) as Defensorias Públicas estarão presentes através de um membro da Defensoria Pública da União.

A Lei 12.986/2014 transformou o Conselho de Defesa dos Direitos da Pessoa Humana – CDDPH – em Conselho Nacional dos Direitos Humanos. O Conselho é um órgão colegiado[129] com representantes de setores representativos ligados aos Direitos Humanos e com importância fundamental na promoção e defesa desses no País. E a única assertiva correta sobre o CDDPH é a "E", pois as Defensorias Púbicas estarão presentes no Conselho através de um membro da Defensoria Pública da União (art. 3º, I, *i*, da Lei 12.986/2014).

Gabarito "E".

(Defensor Público/RO – 2012 – CESPE) O Programa Nacional de Direitos Humanos

(A) identifica, desde a sua primeira edição, os órgãos estatais diretamente responsáveis pela realização das diretrizes ou ações nele previstas.
(B) é atualizado respeitando-se a periodicidade estabelecida na CF.
(C) não foi positivado quando de sua primeira edição, já que havia sido produzido exclusivamente por iniciativa da sociedade civil organizada.
(D) incorporou ações especificamente relacionadas à DP apenas a partir de sua segunda edição.
(E) encontra-se em sua terceira edição, que incorporou proposições oriundas da 11.ª Conferência Nacional dos Direitos Humanos e de outras tantas conferências temáticas nacionais.

A única assertiva que traz informação correta acerca do Programa Nacional de Direitos Humanos é a "E". O PNDH3 será implementado de acordo com seus seis eixos orientadores e suas respectivas diretrizes, os quais são os seguintes: a) Eixo Orientador I – Interação democrática entre Estado e sociedade civil: a.1) Diretriz 1: Interação democrática entre Estado e sociedade civil como instrumento de fortalecimento da democracia participativa; a.2) Diretriz 2: Fortalecimento dos Direitos Humanos como instrumento transversal das políticas públicas e de interação democrática; e a.3) Diretriz 3: Integração e ampliação dos sistemas de informações em Direitos Humanos e construção de mecanismos de avaliação e monitoramento de sua efetivação; b) Eixo Orientador II – Desenvolvimento e Direitos Humanos: b.1) Diretriz 4: Efetivação de modelo de desenvolvimento sustentável, com inclusão social e econômica, ambientalmente equilibrado e tecnologicamente responsável, cultural e regionalmente diverso, participativo e não discriminatório; b.2) Diretriz 5: Valorização da pessoa humana como sujeito central do processo de desenvolvimento; e b.3) Diretriz 6: Promover e proteger os direitos ambientais como Direitos Humanos, incluindo as gerações futuras como sujeitos de direitos; c) Eixo Orientador III – Universalizar direitos em um contexto de desigualdades: c.1) Diretriz 7: Garantia dos Direitos Humanos de forma universal, indivisível e interdependente, assegurando a cidadania plena; c.2) Diretriz 8: Promoção dos direitos de crianças e adolescentes para o seu desenvolvimento integral, de forma não discriminatória, assegurando seu direito de opinião e participação; c.3) Diretriz 9: Combate às desigualdades estruturais; e c.4) Diretriz 10: Garantia da igualdade na diversidade; d) Eixo Orientador IV – Segurança Pública, Acesso à Justiça e Combate à Violência: d.1) Diretriz 11: Democratização e modernização do sistema de segurança pública; d.2) Diretriz 12: Transparência e participação popular no sistema de segurança pública e justiça criminal; d.3) Diretriz 13: Prevenção da violência e da criminalidade e profissionalização da investigação de atos criminosos; d.4) Diretriz 14: Combate à violência institucional, com ênfase na erradicação da tortura e na redução da letalidade policial e carcerária; d.5) Diretriz 15: Garantia dos direitos das vítimas de crimes e de proteção das pessoas ameaçadas; d.6) Diretriz 16: Modernização da política de execução penal, priorizando a aplicação de penas e medidas alternativas à privação de liberdade e melhoria do sistema penitenciário; e d.7) Diretriz 17: Promoção de sistema de justiça mais acessível, ágil e efetivo, para o conhecimento, a garantia e a defesa de direitos; e) Eixo Orientador V – Educação e Cultura em Direitos Humanos: e.1) Diretriz 18: Efetivação das diretrizes e dos princípios da política nacional de educação em Direitos Humanos para fortalecer uma cultura de direitos; e.2) Diretriz 19: Fortalecimento dos princípios da democracia e dos Direitos Humanos nos sistemas de educação básica, nas instituições de ensino superior e nas instituições formadoras; e.3) Diretriz 20: Reconhecimento da educação não formal como espaço de defesa e promoção dos Direitos Humanos; e.4) Diretriz 21: Promoção da Educação em Direitos Humanos no serviço público; e e.5) Diretriz 22: Garantia do direito à comunicação democrática e ao acesso à informação para consolidação de uma cultura em Direitos Humanos; f) Eixo Orientador VI – Direito à Memória e à Verdade: f.1) Diretriz 23: Reconhecimento da memória e da verdade como Direito Humano da cidadania e dever do Estado; f.2) Diretriz 24: Preservação da memória histórica e construção pública da verdade; e f.3) Diretriz 25: Modernização da legislação relacionada com promoção do direito à memória e à verdade, fortalecendo a democracia. Por sua parte, cada diretriz contém objetivos estratégicos, os quais se encontram no Anexo do Decreto nº 7.037/2009. Para facilitar a implementação das diretrizes e seus respectivos objetivos estratégicos, foi criado o Comitê de Acompanhamento e Monitoramento do PNDH3. O Comitê terá as seguintes atribuições: a) promover a articulação entre os órgãos e entidades envolvidos na implementação das suas ações programáticas; b) elaborar os Planos de Ação dos Direitos Humanos; c) estabelecer indicadores para o acompanhamento, monitoramento e avaliação dos Planos de Ação dos Direitos Humanos; d) acompanhar a implementação das ações e recomendações; e e) elaborar e aprovar seu regimento interno (art. 4º do Decreto nº 7.037/2009). Cabe, por fim, dizer que o Decreto nº 7.177/2010 alterou alguns pontos do Decreto nº 7.037/2009.

Gabarito "E".

---
129. Seus integrantes estão elencados no art. 3º da Lei 12.986/2014.

34. DIREITOS HUMANOS 1245

7.7. ÓRGÃOS NACIONAIS DE PROTEÇÃO – CONSELHO NACIONAL DOS DIREITOS HUMANOS[130]

A Lei 12.986/2014 transformou o Conselho de Defesa dos Direitos da Pessoa Humana – CDDPH – em Conselho Nacional dos Direitos Humanos. O Conselho é um órgão colegiado[131] com representantes de setores representativos ligados aos Direitos Humanos e com importância fundamental na promoção e defesa desses no País.

Cabe destacar a redação do § 1º do art. 2º: "Constituem direitos humanos sob a proteção do CNDH os direitos e garantias fundamentais, individuais, coletivos ou sociais previstos na Constituição Federal ou nos tratados e atos internacionais celebrados pela República Federativa do Brasil".

O CNDH, segundo o artigo 4º, é o órgão incumbido de velar pelo efetivo respeito aos direitos humanos por parte dos poderes públicos, dos serviços de relevância pública e dos particulares, competindo-lhe:

a) promover medidas necessárias à prevenção, repressão, sanção e reparação de condutas e situações contrárias aos direitos humanos, inclusive os previstos em tratados e atos internacionais ratificados no País, e apurar as respectivas responsabilidades;
b) fiscalizar a política nacional de direitos humanos, podendo sugerir e recomendar diretrizes para a sua efetivação;
c) receber representações ou denúncias de condutas ou situações contrárias aos direitos humanos e apurar as respectivas responsabilidades;
d) expedir recomendações a entidades públicas e privadas envolvidas com a proteção dos direitos humanos, fixando prazo razoável para o seu atendimento ou para justificar a impossibilidade de fazê-lo;
e) articular-se com órgãos federais, estaduais, do Distrito Federal e municipais encarregados da proteção e defesa dos direitos humanos;
f) manter intercâmbio e cooperação com entidades públicas ou privadas, nacionais ou internacionais, com o objetivo de dar proteção aos direitos humanos e demais finalidades previstas neste artigo;
g) acompanhar o desempenho das obrigações relativas à defesa dos direitos humanos resultantes de acordos internacionais, produzindo relatórios e prestando a colaboração que for necessária ao Ministério das Relações Exteriores;
h) opinar sobre atos normativos, administrativos e legislativos de interesse da política nacional de direitos humanos e elaborar propostas legislativas e atos normativos relacionados com matéria de sua competência;
i) realizar estudos e pesquisas sobre direitos humanos e promover ações visando à divulgação da importância do respeito a esses direitos;
j) recomendar a inclusão de matéria específica de direitos humanos nos currículos escolares, especialmente nos cursos de formação das polícias e dos órgãos de defesa do Estado e das instituições democráticas;
l) dar especial atenção às áreas de maior ocorrência de violações de direitos humanos, podendo nelas promover a instalação de representações do CNDH pelo tempo que for necessário;
m) realizar procedimentos apuratórios de condutas e situações contrárias aos direitos humanos e aplicar sanções de sua competência;
n) pronunciar-se, por deliberação expressa da maioria absoluta de seus conselheiros, sobre crimes que devam ser considerados, por suas características e repercussão, como violações a direitos humanos de excepcional gravidade, para fins de acompanhamento das providências necessárias a sua apuração, processo e julgamento.

Como também poderá representar:

a) à autoridade competente para a instauração de inquérito policial ou procedimento administrativo, visando à apuração da responsabilidade por violações aos direitos humanos ou por descumprimento de sua promoção, inclusive o estabelecido no inciso XI, e aplicação das respectivas penalidades;
b) ao Ministério Público para, no exercício de suas atribuições, promover medidas relacionadas com a defesa de direitos humanos ameaçados ou violados;
c) ao Procurador-Geral da República para fins de intervenção federal, na situação prevista na alínea *b* do inciso VII do art. 34 da Constituição Federal;
d) ao Congresso Nacional, visando a tornar efetivo o exercício das competências de suas Casas e Comissões sobre matéria relativa a direitos humanos.

Por fim, O CNDH, quando verificado violações aos direitos humanos, poderá aplicar as seguintes sanções: (i) advertência; (ii) censura pública; (iii) recomendação de afastamento de cargo, função ou emprego na administração pública direta, indireta ou fundacional da União, Estados, Distrito Federal e Territórios e Municípios do responsável por conduta ou situações contrárias aos direitos humanos; e (iv) recomendação de que não sejam concedidos verbas, auxílios ou subvenções a entidades comprovadamente responsáveis por condutas ou situações contrárias aos direitos humanos (art. 6º da Lei 12.986/2014). As sanções podem ser aplicadas isoladas ou cumulativamente, como também possuem caráter autônomo, ou seja, deverão ser aplicadas independentemente de outras sanções de natureza penal, financeira, política, administrativa ou civil previstas em lei.

Com a citada mudança legal, as questões ficam prejudicadas. No entanto, decidimos compartilhar os comentários feitos com base na antiga lei (Lei 4.319/1964).

(Defensor Público/PR – 2012 – FCC) Sobre o Conselho de Defesa dos Direitos da Pessoa Humana – CDDPH e o Conselho Permanente dos Direitos Humanos do Estado do Paraná – COPEP, é correto afirmar:

(A) O CDDPH tem competência para promover inquéritos e investigações em matéria de direitos humanos, a fim de assegurar a

---
130. A Lei 12.986/2014 transformou o Conselho de Defesa dos Direitos da Pessoa Humana – CDDPH – em Conselho Nacional dos Direitos Humanos.
131. Seus integrantes estão elencados no art. 3º da Lei 12.986/2014.

observância dos direitos previstos na Declaração Americana dos Direitos e Deveres Fundamentais do Homem e na Declaração Universal dos Direitos Humanos, podendo tomar o depoimento de autoridades federais, estaduais e municipais, requisitar informações e documentos e, inclusive, intimar testemunhas de acordo com as normas do Código de Processo Penal.

(B) A atuação inicial do CDDPH foi frustrada pelo golpe militar que aconteceu no Brasil alguns dias depois da edição da lei que instituiu o mencionado Conselho, uma vez que não se assegurava no referido instrumento legislativo a participação de integrantes da sociedade civil.

(C) O COPED é órgão colegiado autônomo, não vinculado à estrutura administrativa específica do Estado do Paraná, decorrente diretamente de disposição da Constituição Estadual, estando garantida a participação de associações representativas da comunidade e de representantes do Ministério Público, da Ordem dos Advogados do Brasil e dos Poderes Estaduais Legislativo, Executivo e Judiciário.

(D) O COPED não tem competência para definir a política e formular diretrizes e programas estaduais destinados à divulgação, sistematização e desenvolvimento da proteção dos direitos humanos.

(E) No orçamento do Estado do Paraná, é incluída uma verba específica, predeterminada na Lei Estadual nº 11.070/1995, para atender às despesas de qualquer natureza do COPED, embora a função de conselheiro não seja remunerada.

A: correta. Segue para conhecimento a redação do art. 4º da Lei 4319/64: "Art. 4º Compete ao Conselho de Defesa dos Direitos da Pessoa Humana: 1º promover inquéritos, investigações e estudos acêrca da eficácia das normas asseguradoras dos direitos da pessoa humana, inscritos na Constituição Federal, na Declaração Americana dos Direitos e Deveres Fundamentais do Homem (1948) e na Declaração Universal dos Direitos Humanos (1948); 2º promover a divulgação do conteúdo e da significação de cada um dos direitos da pessoa humana mediante conferências e debates em universidades, escolas, clubes, associações de classe e sindicatos e por meio da imprensa, do rádio, da televisão, do teatro, de livros e folhetos; 3º promover nas áreas que apresentem maiores índices de violação dos direitos humanos: a) a realização de inquéritos para investigar as suas causas e sugerir medidas tendentes a assegurar a plenitude do gôzo daqueles direitos; b) campanha de esclarecimento e divulgação; 4º promover inquéritos e investigações nas áreas onde tenham ocorrido fraudes eleitorais de maiores proporções, para o fim de sugerir as medidas capazes de escoimar de vícios os pleitos futuros; 5º promover a realização de cursos diretos ou por correspondência que concorram, para o aperfeiçoamento dos serviços policiais, no que concerne ao respeito dos direitos da pessoa humana; 6º promover entendimentos com os governos dos Estados e Territórios cujas autoridades administrativas ou policiais se revelem, no todo ou em parte, incapazes de assegurar a proteção dos direitos da pessoa humana para o fim de cooperar com os mesmos na reforma dos respectivos serviços e na melhor preparação profissional e cívica dos elementos que os compõem; 7º promover entendimentos com os governos estaduais e municipais e com a direção de entidades autárquicas e de serviços autônomos, que estejam por motivos políticos, coagindo ou perseguindo seus servidores, por qualquer meio, inclusive transferências, remoções e demissões, a fim de que tais abusos de poder não se consumem ou sejam, afinal, anulados; 8º recomendar ao Govêrno Federal e aos dos Estados e Territórios a eliminação, do quadro dos seus serviços civis e militares, de todos os seus agentes que se revelem reincidentes na prática de atos violadores dos diretos da pessoa humana; 9º recomendar o aperfeiçoamento dos serviços de polícia técnica dos Estados e Territórios de modo a possibilitar a comprovação da autoria dos delitos por meio de provas indiciárias; 10. recomendar ao Govêrno Federal a prestação de ajuda financeira aos Estados que não disponham de recursos para a reorganização de seus serviços policiais, civis e militares, no que concerne à preparação profissional e cívica dos seus integrantes, tendo em vista a conciliação entre o exercício daquelas funções e o respeito aos direitos da pessoa humana; 11. (Revogado pelo Decreto nº 64.416, de 1969); 12. estudar o aperfeiçoamento da legislação administrativa, penal, civil, processual e trabalhista, de modo a permitir a eficaz repressão das violações dos direitos da pessoa humana por parte de particulares ou servidores públicos; 13. receber representações que contenham denúncias de violações dos direitos da pessoa humana, apurar sua procedência e tomar providências capazes de fazer cessar os abusos dos particulares ou das autoridades por êles responsáveis; **B:** incorreta, pois conta com a participação de integrantes da sociedade civil; **C:** incorreta, pois o COPED é um órgão colegiado integrante da estrutura organizacional básica da Secretaria de Estado da Justiça e da Cidadania – SEJU (art. 1º da Lei 11070/95 do Estado do Paraná); **D:** incorreta, pois o COPED possui a citada competência (art. 2º, I, da Lei 11070/95 do Estado do Paraná); **E:** incorreta. Embora a função de conselheiro do COPED não seja remunerada, não existe previsão legal sobre a citada verba específica na Lei 11070/95 do Estado do Paraná. Gabarito "A".

(Procurador do Município/Cubatão-SP – 2012 – VUNESP) Compete ao Conselho de Defesa dos Direitos da Pessoa Humana, instituído pela Lei Federal n.º 4.319/64,

(A) promover inquéritos, investigações e estudos acerca da eficácia das normas asseguradoras dos direitos da pessoa humana, inscritos na Constituição Federal, na Declaração Americana dos Direitos e Deveres Fundamentais do Homem (1948) e na Declaração Universal dos Direitos Humanos (1948).

(B) recomendar à União, aos Estados, aos Municípios e ao Distrito Federal, a eliminação, do quadro dos seus serviços civis e militares, de todos os seus agentes que se revelem reincidentes na prática de atos violadores dos direitos da pessoa humana.

(C) representar pela intervenção em Estados ou Municípios cujas autoridades administrativas ou policiais se revelem, no todo ou em parte, incapazes de assegurar a proteção dos direitos da pessoa humana.

(D) receber representações que contenham denúncias de violações dos direitos da pessoa humana, apurar sua procedência e determinar providências às autoridades competentes, capazes de fazer cessar os abusos, com caráter vinculante.

(E) estudar e propor ao Poder Judiciário a organização de uma divisão por órgãos regionais, para a eficiente proteção dos direitos da pessoa humana.

A: correta. O Conselho de Defesa dos Direitos Humanos – CDDPH – é um órgão colegiado, criado pela Lei nº 4.319 de 1964, com representantes de setores representativos, ligados aos direitos humanos e com importância fundamental na promoção e defesa dos direitos humanos no País. O Conselho tem por principal atribuição receber denúncias e investigar, em conjunto com as autoridades competentes locais, violações de direitos humanos de especial gravidade com abrangência nacional, como chacinas, extermínio, assassinatos de pessoas ligadas a defesa dos direitos humanos, massacres, abusos praticados por operações das polícias militares etc. Para tanto, o Conselho constitui comissões especiais de inquérito e atua por meio de resoluções. O CDDPH também promove estudos para aperfeiçoar a defesa e a promoção dos direitos humanos e presta informações a organismos internacionais de defesa dos direitos humanos. Pelo dito percebe-se que o Conselho vai se ocupar de verificar o respeito aos direitos humanos no país, portanto, todos os tratados internacionais de direitos humanos internalizados pelo Brasil (incluindo a Declaração Americana dos Direitos e Deveres do Homem e a Declaração Universal dos Direitos Humanos) e os direitos fundamentais insculpidos na Constituição Federal deverão ser implementados de forma efetiva pelas autoridades públicas, que também deverão tutelar a efetividade horizontal de tais; **B:** incorreta, pois em contraste com a redação do art. 4º, ponto 8, da Lei nº 4.319: "recomendar ao Governo Federal e aos dos Estados e Territórios a eliminação, do quadro dos seus serviços civis e militares, de todos os seus agentes que se revelem reincidentes na prática de atos violadores dos diretos da pessoa humana"; **C:** incorreta, pois o Conselho não possui a competência descrita na assertiva. Cabe lembrar que o Procurador Geral da República poderá representar ao STF em caso de grave vilipêndio aos direitos da pessoa humana, que é um dos princípios sensíveis da CF (arts. 34, VII, b, e 36, III, todos da CF). Isso significa que se um estado federado incidir em grave violação dos direitos humanos e nada fazer para mudar essa situação lamentável, a União intervirá[132] nessa unidade federada para reestabelecer o respeito integral dos direitos da pessoa humana; **D:** incorreta, pois em contraste com a redação do art. 4º, ponto 13, da Lei nº 4.319: "receber representações que contenham denúncias de violações dos direitos da pessoa humana, apurar sua procedência e tomar providências capazes de fazer cessar os abusos dos particulares ou das autoridades por eles responsáveis"; **E:** incorreta, pois o Conselho não possui a competência descrita na assertiva. Gabarito "A".

7.8. PESSOAS PORTADORAS DE TRANSTORNOS MENTAIS – MODELO ASSISTENCIAL EM SAÚDE MENTAL

(Promotor de Justiça/ES – 2013 – VUNESP) Assinale a alternativa correta no que diz respeito à proteção e aos direitos das pessoas portadoras de transtornos mentais, nos moldes da Lei 10.216/2001.

(A) A internação voluntária ou involuntária somente será autorizada por médico devidamente registrado no Conselho Regional de Medicina – CRM do Estado onde se localize o estabelecimento.

(B) A internação denominada compulsória é aquela que se dá sem o consentimento do usuário e a pedido de terceiro.

(C) A internação psiquiátrica denominada involuntária é determinada, de acordo com a legislação vigente, pelo juiz competente, que levará em conta as condições de segurança do estabelecimento, quanto à salvaguarda do paciente, dos demais internados e funcionários.

(D) O término da internação compulsória dar-se-á por solicitação escrita do familiar, ou responsável legal, ou quando estabelecido pelo especialista responsável pelo tratamento.

(E) A internação psiquiátrica voluntária deverá, no prazo de setenta e duas horas, ser comunicada ao Ministério Público Estadual pelo responsável técnico do estabelecimento no qual tenha ocorrido, devendo esse mesmo procedimento ser adotado quando da respectiva alta.

A: correta (artigo 8º da Lei 10.216/2001); **B:** incorreta. Internação compulsória é aquela determinada pela justiça (artigo 6º, III, da Lei 10.216/2001); **C:** incorreta. A internação involuntária se dá sem o consentimento do usuário e a pedido de terceiro. Já a necessidade de o juiz levar em conta as condições de segurança do estabelecimento toma corpo quando o juiz for implementar a internação compulsória e não a involuntária (artigo 9º da Lei 10.216/2001); **D:** incorreta. A assertiva diz respeito ao término da internação involuntária

---

132. O STF entende que a intervenção é medida extrema e, para ser decretada, precisa observar a proporcionalidade (IF 2.915/SP, Rel. Min. Marco Aurélio).

(artigo 8º, § 2º, da Lei 10.216/2001); **E:** incorreta. A questão diz respeito à internação psiquiátrica involuntária (artigo 8º, § 1º, da Lei 10.216/2001).

Gabarito "A".

7.9. VIOLÊNCIA DOMÉSTICA E FAMILIAR CONTRA A MULHER

(Delegado/BA – 2016.1 – Inaz do Pará) Uma das lutas mais injustas, que se têm assistido ao longo dos séculos, é a que reflete a complexa teia de preconceito e de discriminação com relação às mulheres. Desde os meados dos anos 1960, as mulheres ingressaram de modo mais destacado no mercado de trabalho. Após décadas desse fato, pode-se afirmar que:

(A) depois das cotas femininas dos partidos políticos, houve um equilíbrio de gênero na indicação de líderes, pois as mulheres passaram a candidatar-se a cargos eletivos em todo mundo.

(B) mesmo quando possuem a mesma escolaridade que os homens, recebem salários mais baixos e não chegam, na mesma proporção que eles, a postos de comando em empresas.

(C) apesar do aumento da participação feminina no mercado de trabalho, ela é o menor segmento informal, como evidencia a carência de empregadas domésticas nos grandes centros urbanos.

(D) ainda que elas tenham se tornado mais independentes, falta-lhes experiência em cargos de gestão, em função dos afazeres domésticos que predominam em seu cotidiano.

(E) depois da queda das taxas de natalidade, elas passaram a ser estimuladas a abandonar suas atividades profissionais para aumentar o crescimento populacional.

A: incorreta. As cotas referidas não foram adotadas massivamente e ainda hoje percebe-se que a participação da mulher na política é muito menor do que a do homem, mesmo em países cuja população é constituída por maioria de mulheres, como é o caso do Brasil; **B:** correta, pois retrata a realidade de inúmeras sociedades, incluindo a do Brasil; **C:** incorreta, pois não retrata corretamente a realidade; **D** e **E:** incorretas. Alternativas totalmente esdrúxulas.

Gabarito "B".

(Promotor de Justiça/ES – 2013 – VUNESP) No tocante às disposições da Lei 11.340/2006, é correto afirmar que

(A) no atendimento à mulher em situação de violência doméstica e familiar, a autoridade policial deverá, entre outras providências, garantir proteção policial, quando necessário, comunicando de imediato à Procuradoria Geral do Estado e à Defensoria.

(B) nos casos de violência doméstica e familiar contra a mulher, caberá ao Ministério Público, sem prejuízo de outras atribuições, quando necessário, cadastrar tais casos.

(C) nos casos de violência doméstica e familiar contra a mulher, o juiz poderá aplicar penas alternativas, entre elas, penas de pagamento de cesta básica ou outras de prestação pecuniária, bem como a substituição de pena pelo pagamento exclusivamente de multa.

(D) em qualquer fase do inquérito policial ou da instrução criminal, caberá a prisão preventiva do agressor, decretada pelo juiz a requerimento do Ministério Público ou mediante representação da autoridade policial, não podendo, entretanto, ser a prisão decretada de ofício.

(E) a medida protetiva de urgência, aplicada ao agressor, consistente no seu afastamento do lar, domicílio ou local de convivência com a ofendida, poderá ser decretada, independentemente da oitiva do agressor, sendo facultado à ofendida entregar a intimação ou notificação ao agressor.

A: incorreta. O artigo 11, I, da Lei 11.340/2006 dispõe que a autoridade policial deverá comunicar de imediato ao Ministério Público e ao Poder Judiciário; **B:** correta (artigo 26, III, da Lei 11.340/2006); **C:** incorreta, porque o artigo 17 da Lei 11.340/2006 veda a aplicação, nos casos de violência doméstica e familiar contra a mulher, de penas de cesta básica ou outras de prestação pecuniária; **D:** incorreta. A redação correta do artigo 20 da Lei 11.340/2006 é a seguinte: "Em qualquer fase do inquérito policial ou da instrução criminal, caberá a prisão preventiva do agressor, decretada pelo juiz, de ofício, a requerimento do Ministério Público ou mediante representação da autoridade policial"; **E:** incorreta. O final da assertiva é totalmente absurdo, pois no âmbito da violência doméstica, imagine a situação da mulher entregar para o próprio marido, que antes a agrediu, uma intimação do juiz. Portanto, não existe a citada faculdade.

Gabarito "B".

7.10. COMISSÃO NACIONAL DA VERDADE

(Defensor Público –DPE/MT – 2016 – UFMT) Sobre a Comissão Nacional da Verdade instituída pela Lei 12.528, de 18 de novembro de 2011, a fim de efetivar o direito à memória e à verdade histórica e promover a reconciliação nacional, assinale a afirmativa INCORRETA.

(A) A composição da Comissão Nacional da Verdade se deu de forma pluralista com um total de sete membros, dos quais nenhum pôde tratar-se de pessoa que estivesse no exercício de cargo em comissão ou função de confiança em qualquer esfera do poder público.

(B) A Comissão Nacional da Verdade se restringiu, quando da execução de atividades de esclarecimento de casos de violações a direitos humanos, a requisitar informações a diversos órgãos, convocar pessoas para entrevistas e promover audiências públicas com o mesmo fim; sem poder interferir em competências de outras instituições, como determinar realização de perícias, por exemplo, para coleta de informações.

(C) A Comissão Nacional da Verdade é considerada extinta atualmente, visto o término de seus trabalhos em dezembro de 2014, com o envio do respectivo Relatório ao Poder Executivo Federal.

(D) Os trabalhos da Comissão Nacional da Verdade foram realizados em cooperação àqueles realizados no âmbito de comissões da verdade nos estados, municípios, universidades, sindicatos e seccionais da Ordem dos Advogados do Brasil, sem sobrepô-los em termos de autoridade hierárquica.

(E) A lei que criou a Comissão Nacional da Verdade determina como dever a colaboração de servidores públicos e de militares com os trabalhos desenvolvidos por ela.

A: correta (art. 1º da Lei 12.528/2011); **B:** incorreta (ler os artigos 3º e 4º da Lei 12.528/2011); **C:** correta, pois isso, de fato, ocorreu (art. 2º, § 2º, da Lei 12.528/2011); **D:** correta, ler as seguintes notícias: http://www.cnv.gov.br/outros-destaques/349-cnv-afina-cooperacao-com-comissoes-estaduais-e-municipais.html e http://www.cnv.gov.br/outros-destaques/129-comissao-nacional-da-verdade-assina-dois-novos-termos-de-cooperacao-com-a-ordem-dos-advogados-do-brasil.html; **E:** correta (art. 4º, VIII, § 3º, da Lei 12.528/2011).

Gabarito "B".

7.11. COMISSÃO ESPECIAL SOBRE MORTOS E DESAPARECIDOS POLÍTICOS

(Defensor Público – DPE/MT – 2016 – UFMT) Em 1995, foi sancionada a Lei 9.140, que reconhece como mortas as pessoas desaparecidas em razão de participação ou acusação de participação em atividades políticas no período de 02 de setembro de 1961 a 15 de agosto de 1979. No que se refere aos trabalhos do poder executivo federal, de importância histórica à constituição da Comissão Nacional da Verdade, assinale a afirmativa INCORRETA.

(A) A Lei 9.140/1995 criou a Comissão Especial sobre Mortos e Desaparecidos Políticos, responsável por identificar aqueles que, em razão de participação ou acusação de participação em atividades políticas, no período referido, faleceram em dependências policiais ou assemelhadas, por causas não naturais.

(B) Ao decidir sobre os pedidos apresentados pelos familiares de Carlos Marighella e Carlos Lamarca, em 1996, a Comissão Especial sobre Mortos e Desaparecidos Políticos conferiu interpretação ampliativa ao texto legal para contemplar, para fins da responsabilidade estatal pela morte e desaparecimento, as situações de custódia estatal.

(C) Com a criação da Comissão Nacional da Verdade, a atuação da Comissão Especial sobre Mortos e Desaparecidos Políticos passou a ser subordinada aos trabalhos desenvolvidos em âmbito nacional, continuando a atuar em conjunto com os Estados federados, especialmente quanto à coleta de dados e repasse à Comissão Nacional da Verdade.

(D) Atualmente vinculada à Secretaria de Direitos Humanos da Presidência da República, a Comissão Especial sobre Mortos e Desaparecidos Políticos é composta por sete membros, escolhidos por designação presidencial.

(E) O ano de 1995 foi especial no que se refere à luta por verdade e memória no país quanto aos casos de grave violação a direitos humanos; naquele ano foi publicado o "Dossiê de Mortos e Desaparecidos Políticos a partir de 1964" como resultado dos esforços envidados por familiares a partir da edição da Lei 6.683/1979, a Lei de Anistia.

A única afirmativa incorreta sobre a Comissão Especial sobre Mortos e Desaparecidos Políticos é a "C". Isto porque A Comissão Especial de Mortos e Desaparecidos Políticos foi instituída em 1995, como uma das primeiras e principais conquistas dos familiares de mortos e desaparecidos políticos no Brasil em sua luta por medidas de justiça de transição. Criada pela Lei 9.140, de 04 de dezembro de 1995, é órgão de Estado, composta de forma pluralista e funciona junto à Secretaria de Direitos Humanos da Presidência da República. E possui propósito específico, que é proceder ao reconhecimento de pessoas mortas ou desaparecidas em razão de graves violações aos direitos humanos ocorridas após o golpe civil-militar (1964); envidar esforços para a localização dos corpos de mortos e desaparecidos políticos do período ditatorial (1964-1985); emitir parecer sobre os requerimentos relativos a indenização que venham a ser formulados por familiares dessas vítimas; e adotar outras medidas compatíveis com suas finalidades que forem necessárias para o integral cumprimento das recomendações da Comissão Nacional da

Verdade. Portanto, não existe atuação subordinada em relação à Comissão Nacional da Verdade, mas coordenada. (fonte: http://cemdp.sdh.gov.br).

Gabarito "C".

8. DIREITO DOS REFUGIADOS

(Defensor Público – DPE/SC – 2017 – FCC) Nos tratados de direitos humanos previstos na Proteção dos refugiados,

(A) o refugiado também é aquele que não quer voltar a seu país em virtude de fundado temor de perseguição.
(B) no Brasil, há restrições ao trabalho assalariado de refugiados em decorrência de reservas feitas pelo nosso país ao mencionado Estatuto.
(C) o direito de associação é restrito às entidades nacionais, sendo vedada uma associação exclusiva de refugiados.
(D) o Estatuto do Refugiado não tem normas a respeito da aquisição de propriedade imóvel.
(E) a assistência jurídica, nestes casos, depende de intervenção da embaixada do país de origem.

A única assertiva correta acerca da proteção dos refugiados é a "A". Refugiado é **(i)** o indivíduo que, perseguido devido à sua raça, religião, nacionalidade, opinião política ou por sua ligação com certo grupo social, se encontra fora de seu país de nacionalidade e não pode ou não quer, por temor, regressar ao seu país; **(ii)** ou o apátrida que, perseguido devido à sua raça, religião, nacionalidade, opinião política ou por sua ligação com certo grupo social, se encontra fora do país onde teve sua última residência habitual e não pode ou não quer, por temor, regressar a tal país. Ainda, é possível considerar refugiado **(iii)** todo aquele que é vítima de grave e generalizada violação de direitos humanos[133]. Lembrando que apátrida é a condição do indivíduo que não possui nenhuma nacionalidade.

Gabarito "A".

(Juiz – TRF 3ª Região – 2016) Dadas as assertivas abaixo, assinale a alternativa correta:

I. O pedido de refúgio poderá ser solicitado pelo estrangeiro a qualquer autoridade migratória que se encontre na fronteira, que deverá ouvir o interessado e preparar termo de declaração, além de lhe proporcionar as informações necessárias quanto aos trâmites cabíveis, suspendendo-se quaisquer procedimentos administrativo ou criminal decorrente da entrada irregular, instaurados contra o peticionário e pessoas de seu grupo familiar que o acompanhem.
II. O estrangeiro que obtiver a concessão de refúgio ou asilo torna-se imune à extradição, se o pedido desta decorrer das mesmas razões pelas quais foi concedido o refúgio ou asilo.
III. A decisão sobre a concessão de asilo ou refúgio tem caráter discricionário e compete ao Poder Executivo, pois tem reflexos no plano das relações internacionais do Estado.
IV. Poderá ser reconhecida pelo Estado brasileiro a condição de refugiado ao estrangeiro com dupla nacionalidade, síria e norte-americana, ainda que esteja sob a proteção dos Estados Unidos da América.

(A) Todas as assertivas estão corretas.
(B) A assertiva III está incorreta.
(C) As assertivas II e IV estão corretas.
(D) A assertiva IV está incorreta.

I: correta (arts. 8º e 10 da Lei 9.474/1997); **II:** correta (art. 33 da Lei 9.474/1997); **III:** correta. O reconhecimento e a declaração da condição de refugiado no Brasil são da competência do Comitê Nacional para os Refugiados (Conare). O Conare é composto de: **a)** um representante do Ministério da Justiça, que o preside; **b)** um representante do Ministério das Relações Exteriores; **c)** um representante do Ministério do Trabalho; **d)** um representante do Ministério da Saúde; **e)** um representante do Ministério da Educação e do Desporto; **f)** um representante do Departamento de Polícia Federal; e **g)** um representante de organização não governamental que se dedique a atividades de assistência e proteção de refugiados no país. Os membros do Conare são designados pelo presidente da República, mediante indicações dos órgãos e da entidade que o compõem. E a decisão sobre asilo é concedida pelo chefe de Estado. Ambas possuem caráter discricionário; **IV:** incorreta, pois se o indivíduo tem a proteção de um país desaparece a possível condição de refugiado. Além do que, é necessário provar que o indivíduo está sendo perseguido devido à sua raça, religião, nacionalidade, opinião política ou por sua ligação com certo grupo social, e se encontra fora de seu país de nacionalidade e não pode ou não quer, por temor, regressar ao seu país. No caso apresentado pela assertiva, o indivíduo teria que provar que sofre perseguição na Síria e nos Estados Unidos da América e que não poderia voltar aos seus países de nacionalidade.

Gabarito "D".

(Defensor Público – DPE/BA – 2016 – FCC) O conceito de refugiado, dentro da convenção relativa ao Estatuto dos Refugiados (1951), respeita algumas premissas e determinações, sendo correto afirmar que cessa a condição de refugiado e passa a NÃO gozar de toda a sua proteção o agente contra quem houver sérias razões para pensar que

133. Em consonância com a legislação nacional (art. 1º da Lei 9.474/1997).

(A) cometeu um crime contra a paz, um crime de guerra ou um crime contra a humanidade, no sentido dos instrumentos internacionais elaborados para prever tais crimes.
(B) não abriu mão de sua nacionalidade no país que o acolher.
(C) pleiteou, no que tange ao direito de associação, o tratamento mais favorável concedido aos nacionais de um país estrangeiro.
(D) adotou, no território do país que o acolher, religião diversa da oficial deste país.
(E) pretendeu voltar ao seu país de origem sem que haja autorização expressa da autoridade consular.

A questão é um pouco confusa porque parece mencionar a cessação da condição de refugiado, porém a alternativa apontada como correta pelo gabarito é "A", que trata de uma situação configuradora de perda da condição de refugiado (art. 39, III, do Estatuto). Leia os artigos 38 e 39 do Estatuto para conhecer todas as causas de cessação e perda da condição de refugiado.

Gabarito "A".

(Procurador do Município/Cubatão-SP – 2012 – VUNESP) O Direito Internacional dos Direitos Humanos volta-se, entre vários enfoques, à aplicação da lei de forma a serem asseguradas os direitos humanos de grupos vulneráveis, como mulheres e crianças. Nesse sentido, a pessoa que, devido a fundados temores de perseguição por motivo de raça, religião, nacionalidade, grupo social ou opinião política, encontre-se fora do país de sua nacionalidade e não possa ou não queira acolher-se à proteção desse país é identificada como pertencente ao grupo vulnerável de

(A) deslocados internos.
(B) migrantes.
(C) imigrantes.
(D) emigrantes.
(E) refugiados.

A, B, C, D e E: o Direito dos Refugiados é composto por princípios e regras, estas sendo positivadas ou costumeiras, que tem como função proteger e auxiliar o indivíduo considerado refugiado. E refugiado é o indivíduo perseguido devido a sua raça, religião, nacionalidade, opinião política ou por sua ligação com certo grupo social, que se encontre fora de seu país de nacionalidade e não possa ou não queira, por temor, regressar ao seu país, ou o que, não tendo nacionalidade e estando fora do país onde antes teve sua residência habitual, não possa ou não queira regressar a ele, em função das circunstâncias já descritas. Ainda, é possível considerar refugiado todo aquele que for vítima de grave e generalizada violação de direitos humanos. Lembrando que apátrida é a condição de indivíduo que não possui qualquer nacionalidade. Os efeitos da condição do *status* de refugiado serão extensivos ao cônjuge, aos ascendentes e descendentes, assim como aos demais membros do grupo familiar que do refugiado dependerem economicamente, desde que se encontrem em território nacional. Em 1951, foi convocada uma Conferência de Plenipotenciários das Nações Unidas para Genebra com o objetivo de redigir uma Convenção regulatória do *status* legal dos refugiados. Como resultado, a Convenção das Nações Unidas relativa ao Estatuto dos Refugiados foi adotada em 28 de julho de 1951, entrando em vigor em 22 de abril de 1954. No Brasil, foi promulgada por meio do Decreto nº 50.215, de 28 de janeiro de 1961. A Convenção deve ser aplicada sem discriminação por raça, religião, sexo e país de origem. Além disso, estabelece cláusulas consideradas essenciais às quais nenhuma reserva pode ser apresentada. Entre essas cláusulas, incluem-se a definição do termo "refugiado" e o **princípio de non-refoulement** ("não devolução"), disciplinado no art. 33 da Convenção de 1951, o qual define que nenhum país deve expulsar ou "devolver" (refouler) um refugiado, contra a vontade do mesmo, em quaisquer ocasiões, para um território onde ele ou ela sofra perseguição. Ainda, estabelece providências para a disponibilização de documentos, como os documentos de viagem específicos para refugiados na forma de um "passaporte". A definição do termo "refugiado" no art. 1º engloba um grande número de pessoas. No entanto, a Convenção só é aplicada a fatos ocorridos antes de 1º de janeiro de 1951. Com o tempo e a emergência de novas situações geradoras de conflitos e perseguições, tornou-se crescente a necessidade de providências que colocassem os novos fluxos de refugiados sob a proteção das provisões da Convenção. Assim, um Protocolo relativo ao Estatuto dos Refugiados foi preparado e submetido à Assembleia Geral das Nações Unidas em 1966. O Protocolo foi assinado pelo Presidente da Assembleia Geral e o Secretário-Geral no dia 31 de janeiro de 1967 e transmitido aos governos. Entrou em vigor internacional em 4 de outubro de 1967 e foi promulgado no Brasil em sete de agosto de 1972 pelo Decreto nº 70.946. Com a ratificação do Protocolo, os países foram levados a aplicar as provisões da Convenção de 1951 para todos os refugiados enquadrados na definição da carta, **mas sem limite de datas e de espaço geográfico**. Embora relacionado com a Convenção, o Protocolo é um instrumento independente cuja ratificação não é restrita aos Estados signatários da Convenção de 1951 (os EUA só assinaram o Protocolo de 1967). A Convenção e o Protocolo são os principais instrumentos internacionais estabelecidos para a proteção dos refugiados. Ao ratificar a Convenção e/ou o Protocolo, os Estados signatários aceitam cooperar com o Alto Comissariado das Nações Unidas para os Refugiados (ACNUR) no desenvolvimento de suas funções e, em particular, a facilitar a função específica de supervisionar a aplicação das provisões desses instrumentos. A Convenção de 1951 e o Protocolo de 1967, por fim, são os meios através dos quais é assegurado que qualquer pessoa, em caso de necessidade, possa exercer o direito de procurar e de gozar de refúgio em outro país. E lembrando que refúgio é o acolhimento, pelo estado, em seu território, de indivíduo perseguido por motivos de raça, religião, nacionalidade, grupo social ou opiniões políticas.

Gabarito "E".

9. DIREITO HUMANITÁRIO

(Procurador do Município/Cubatão-SP – 2012 – VUNESP) O Direito Internacional Humanitário

(A) prevê que os feridos e doentes devem ser recolhidos e tratados pela parte no conflito que causou tal resultado, sendo que a proteção cobre igualmente o pessoal sanitário, os estabelecimentos, os meios de transporte e o material sanitário.

(B) é um ramo do Direito Internacional Público constituído por todas as normas convencionais, ou de origem consuetudinária, especificamente destinadas a regulamentar os problemas que surgem em períodos de conflito armado.

(C) estabelece que as partes num conflito e os membros das suas forças armadas possuem um direito ilimitado na escolha dos métodos e meios de guerra, mesmo que suscetíveis de causar perdas ou sofrimentos excessivos.

(D) dispõe que os combatentes capturados e os civis que se encontrem sob a autoridade da parte adversa têm direito ao respeito da sua vida, da sua dignidade, dos seus direitos pessoais e das suas convicções, mas não têm direito a trocar notícias com as suas famílias e a receber socorros.

(E) tem como objeto a proteção do ser humano em situação de conflito armado, não possuindo qualquer disposição voltada à proteção de bens culturais, ou seja, bens móveis ou imóveis, que apresentem uma grande importância para o patrimônio cultural dos povos.

A, B, C, D e E: O Direito Humanitário é composto por princípios e regras, estas sendo positivadas ou costumeiras, que tem como função, por questões humanitárias, limitar os efeitos do conflito armado. Mais especificamente, o Direito Humanitário protege as pessoas que não participam ou não mais participam das hostilidades e restringe os meios e os métodos de guerra. Tal conceito permite-nos encará-lo como Direito Internacional dos Conflitos Armados ou Direito da Guerra. É considerado, por muitos, a primeira limitação internacional que os estados sofreram na sua soberania[134], pois, na hipótese de conflito armado, os estados teriam que respeitar certas regras que visam proteger as vítimas civis e os militares fora de combate. Assim, tem-se início o processo de internacionalização dos direitos humanos. O Direito Internacional Humanitário é principalmente fruto das quatro Convenções de Genebra de 1949 (em 1949 foram revistas as três Convenções anteriores – 1864, 1906 e 1929 – e criada uma quarta, relativa à proteção dos civis em período de Guerra) e seus Protocolos Adicionais, os quais formam o conjunto de leis para reger os conflitos armados e busca limitar seus efeitos (Direito de Genebra). A proteção recai sobre as pessoas que não participam dos conflitos (civis, profissionais de saúde e de socorro) e os que não mais participam das hostilidades (soldados feridos, doentes, náufragos e prisioneiros de guerra). As Convenções e seus Protocolos apelam para que sejam tomadas medidas para evitar ou para acabar com todas as violações. Eles contêm regras rigorosas para lidar com as chamadas "violações graves". Os responsáveis pelas violações graves devem ser julgados ou extraditados, independentemente de suas nacionalidades. A primeira Convenção de Genebra protege feridos e enfermos das forças armadas em campanha. E contém 64 artigos que protegem não só os feridos e os enfermos, mas também o pessoal médico e religioso, as unidades e os transportes médicos. A Convenção também reconhece os emblemas distintivos. A segunda Convenção de Genebra protege feridos, enfermos e náufragos das forças armadas no mar. Esta Convenção substitui a Convenção de Haia de 1907 sobre a Adaptação dos Princípios da Convenção de Genebra de 1864 a Guerras Marítimas. Segue as disposições da Primeira Convenção de Genebra em termos de estrutura e conteúdo. Contém 63 artigos que se aplicam especificamente a guerras marítimas. Por exemplo, protege os navios-hospitais. A terceira Convenção de Genebra se aplica aos prisioneiros de Guerra. Esta Convenção substitui a Convenção sobre Prisioneiros de Guerra de 1929. Contém 143 artigos, enquanto a de 1929 continha apenas 97. As categorias de pessoas com direito ao *status* de prisioneiro de guerra foram ampliadas. As condições e os locais de cativeiro também foram definidos com mais precisão, em particular com relação ao trabalho de prisioneiros de guerra, seus recursos pecuniários, o socorro que recebem e os processos judiciais contra eles. A Convenção estabelece o princípio de que os prisioneiros de guerra devem ser liberados e repatriados sem demora após o término das hostilidades ativas. A quarta Convenção de Genebra protege os civis, inclusive em territórios ocupados. As Convenções de Genebra, adotadas antes de 1949, preocupavam-se apenas com os combatentes, mas não com os civis. Os eventos da II Guerra Mundial mostraram as consequências desastrosas da ausência de uma convenção para proteger os civis em tempos de guerra. A Convenção adotada em 1949 leva em consideração as experiências da II Guerra Mundial. É composta por 159 artigos e contém uma pequena seção referente à proteção geral das populações contra certas consequências da guerra, sem tratar da conduta das operações militares, que foi examinada depois nos Protocolos Adicionais de 1977. Ademais, a quarta Convenção esclarece as obrigações da Potência Ocupante com relação à população civil e contém disposições detalhadas sobre o socorro humanitário em território ocupado. Merece destaque o art. 3º, que é comum às quatro Convenções de Genebra e marcou um avanço ao disciplinar, pela primeira vez, os conflitos armados não internacionais. Esses tipos de conflito variam muito. Eles incluem guerras civis tradicionais, conflitos armados internos que se expandem para outros estados ou conflitos internos nos quais um terceiro estado ou uma força multinacional intervém junto com o governo. O art. 3º Comum estabelece regras fundamentais que não podem ser derrogadas e funciona como uma miniconvenção dentro das Convenções, pois contém as regras essenciais das Convenções de Genebra em um formato condensado e as torna aplicáveis aos conflitos de caráter não internacional. Por fim, nas duas décadas após a adoção das Convenções de Genebra, o mundo testemunhou um aumento no número de conflitos armados não internacionais e de guerras por independência. Em resposta a isso, foram adotados em 1977 dois Protocolos Adicionais às Convenções de Genebra de 1949. Eles fortalecem a proteção das vítimas de conflitos armados internacionais (Protocolo I) e não internacionais (Protocolo II) e determinam limites aos métodos de guerra. O Protocolo II foi o primeiro tratado internacional exclusivamente dedicado às situações de conflitos armados não internacionais. Em 2007, um terceiro Protocolo Adicional foi adotado criando um emblema adicional, o Cristal Vermelho, que tem o mesmo *status* internacional dos emblemas da Cruz Vermelha e do Crescente Vermelho. A outra parte das regras do Direito Internacional Humanitário provém do Direito de Haia (Convenções de Haia de 1899 e de 1907), as quais regulam especificamente o meio e os métodos utilizados na guerra, ou, em outras palavras, a condução das hostilidades pelos beligerantes e as Regras de Nova Iorque[135], que cuidam da proteção dos direitos humanos em período de conflito armado. Pode-se apontar ainda o Tribunal Penal Internacional como um dos destaques na tutela do Direito Internacional Humanitário. Existem três princípios norteadores do Direito de Haia quais são: a) princípio da humanidade: combatentes devem usar armamento que permita o menor sofrimento possível; b) princípio da necessidade: toda ataque armado deve destinar-se à execução de um objetivo militar; e c) princípio da proporcionalidade: ataque armado não pode causar danos desproporcionais à vantagem obtida. Por fim, o objetivo do Direito Humanitário é a tutela da pessoa humana, entretanto, numa situação mais específica, qual seja, pessoa humana como vítima de conflito armado nacional ou internacional. Cabe também destacar o papel do Direito Humanitário na proteção dos bens culturais. Os bens culturais, que nada mais são que bens civis, são protegidos de uma forma geral pela tutela do Direito Humanitário quando no contexto de Guerra. Mas também possuem uma proteção específica: Convenção da Haia para a Proteção de Bens Culturais durante os Conflitos Armados de 1954. Essa Convenção tem por base o reconhecimento da herança cultural de todos os povos. Posteriormente, a tutela dos bens culturais foi complementada pelos Protocolos Adicionais às Convenções de Genebra de 1977[136] e pelo Protocolo Adicional à Convenção da Haia para a Proteção de Bens Culturais durante os Conflitos Armados de 1999. Interessante também notar que o grande motivador dessa Convenção foi a destruição de inúmeros bens culturais durante a Segunda Guerra Mundial, situação que levou a comunidade internacional a se conscientizar e prever proteção jurídica específica. De acordo com a Convenção da Haia, de 1954, cada Estado deverá agir para salvaguardar seus próprios bens culturais contra ataques armados. Isso pode ser feito, por exemplo, ao remover os bens para longe da ação militar potencial ou real e, no caso de sítios históricos, ao evitar colocar objetivos militares nas suas proximidades. As partes de um conflito armado não têm permissão para dirigir hostilidades contra os bens culturais, devendo evitar causar-lhes danos acidentais. A Convenção da Haia, contudo, reconhece as situações em que um ataque contra bens culturais pode ser lícito, especialmente se o bem tiver sido convertido em objetivo militar e um ataque seria necessário devido a uma *imperiosa necessidade militar.* As potências ocupantes deverão proteger os bens culturais sob seu controle contra roubos, pilhagem ou apropriação indevida. Se um bem cultural for removido do território ocupado para sua própria proteção, deverá ser devolvido ao final das hostilidades. E outra consequência da Segunda Guerra Mundial foi o impedimento de se utilizar da destruição dos bens culturais como uma forma de intimidar as pessoas sob ocupação ou como represália. As Partes da Convenção da Haia são responsáveis por implementar as disposições e incorporar a proteção dos bens culturais na sua legislação interna. Também devem reforçar as disposições em caso de violação das normas. No âmbito internacional, a UNESCO possui a responsabilidade particular de monitorar o respeito e de ajudar a proteger e preservar os bens culturais.

Gabarito "B"

(Defensor Público/SE – 2012 – CESPE) Com relação ao direito humanitário, assinale a opção correta.

(A) O direito humanitário, a criação da Liga das Nações e a criação da Organização Internacional do Trabalho são apontados pela doutrina como antecedentes históricos do moderno direito internacional dos direitos humanos.

(B) A afirmação histórica dos direitos humanos não representou mudança na perspectiva da doutrina clássica sobre o objeto de regulação do direito internacional, tendo as prescrições internacionais de proteção à pessoa humana sido plenamente inseridas no âmbito da normatização das relações entre Estados soberanos.

(C) O direito internacional humanitário, como conceito abrangente, abarca, ao mesmo tempo, a proteção dos direitos humanos dos refugiados e os direitos humanos em tempos de paz, não alcançando, porém, as disposições de proteção aos combatentes postos fora de combate por captura ou ferimento durante a guerra, por serem tais prescrições típicas matérias de *jus in bello*.

(D) O direito humanitário não abrange as prescrições ligadas à proteção dos civis durante a guerra.

(E) A doutrina não estabelece qualquer diferença substancial entre as

134. A Liga das Nações e a Organização Internacional do Trabalho são indicados como os outros exemplos dessa primeira limitação, oriunda da comunidade internacional, que os estados sofrerem em sua inabalável soberania.

135. Resolução 2.444 (XXIII) adotada em 1968 pela Assembleia Geral das Nações Unidas.

136. Mais especificamente o art. 53 do Protocolo I Adicional às Convenções de Genebra e o art. 16 do Protocolo II Adicional às Convenções de Genebra.

expressões direitos humanos e direito humanitário, servindo ambas à designação do mesmo conjunto de regras voltadas à proteção da pessoa humana, tanto no plano nacional quanto no internacional.

A: correta, pois, de fato, são apontados pela doutrina, de modo geral, como antecedentes históricos do moderno direito internacional dos direitos humanos; **B:** incorreta. O Direito Internacional Público sempre foi concebido como a expressão da vontade dos Estados no plano internacional. Não se tinha a ideia de uma comunidade internacional, mas somente a existência de Estados que buscavam se relacionar com os demais para satisfazer interesses próprios determinados e limitados. Foi dentro deste contexto que o princípio *pacta sunt servanda* imperou. Apesar de os Estados ainda se relacionarem consoante seus próprios interesses, hodiernamente alcançou-se consenso sobre determinados temas considerados de interesse de todos os sujeitos de Direito Internacional. Assim, a compreensão da existência de uma comunidade internacional e de interesses que advêm dela (sobretudo para sua existência, como, por exemplo, na proteção internacional do meio ambiente), e não apenas de Estados na sua individualidade, deu suporte para o aparecimento do *jus cogens*, sobretudo no considerado Direito Internacional Pós-moderno. Com base em tal mentalidade, a qualidade de sujeito de Direito Internacional foi estendida às Organizações Internacionais e ao ser humano. Portanto, é possível afirmar que a própria dinâmica da vida internacional derrubou o voluntarismo como suporte único e fundamental das relações internacionais, ou seja, o positivismo voluntarista não foi capaz de explicar o aparecimento das normas cogentes de Direito Internacional (*jus cogens*), que só pode ser explicado por razões objetivas de justiça, as quais darão, por sua vez, vazão a uma consciência jurídica universal. Nesse sentido é a colocação de Antônio Augusto Cançado Trindade: "(...) o modelo westfaliano do ordenamento internacional afigura-se esgotado e superado[137]". Mais especificamente, a Declaração Universal dos Direitos Humanos de 1948 marca o início de um movimento de reconstrução da dignidade humana, após o vilipêndio sofrido com os terrores do nazifascismo. A partir de então, a proteção do ser humano dá-se também por um sistema internacional, ao contrário do que antes ocorria – a proteção dos direitos humanos ficava a cargo somente dos diplomas nacionais. A atribuição de personalidade jurídica internacional aos seres humanos data da última metade do século XX, sendo uma evolução do processo, mencionado acima, de reconstrução da dignidade humana. Destarte, o indivíduo adquiriu capacidade processual para pleitear direitos na esfera internacional. Outro fato que contribuiu para uma maior concretização da personalidade jurídica internacional do indivíduo foi, sem dúvida, a adoção do Estatuto do Tribunal Penal Internacional (TPI) pela Conferência de Roma em 17 de julho de 1998. Tem-se a partir de então um tribunal permanente para julgar indivíduos acusados da prática de crimes de genocídio, crimes de guerra, crimes de agressão e crimes contra a humanidade. Tal fato corrobora a ideia de responsabilidade internacional do indivíduo, consoante o que se vislumbrou com os Tribunais de Nurembergue e de Tóquio[138], e depois de Ruanda e da Iugoslávia. Ora, só os sujeitos de direito internacional podem ser responsabilizados perante a comunidade internacional. Assim, sob esse prisma também se pode afirmar que o ser humano é um sujeito de direito internacional. Essa emancipação do ser humano perante a comunidade internacional é consequência da corrosão do positivismo voluntarista, o qual defendia os Estados como únicos sujeitos de direito internacional e excluía o destinatário final das normas jurídicas: a pessoa humana; **C:** incorreta. O Direito Humanitário é composto de princípios e regras – positivadas ou costumeiras – que têm como função, por questões humanitárias, limitar os efeitos do conflito armado. Mais especificamente, o Direito Humanitário protege as pessoas que não participam ou não mais participam das hostilidades e restringe os meios e os métodos de guerra. Tal conceito permite-nos encará-lo como Direito Internacional dos Conflitos Armados ou Direito da Guerra. Em outras palavras, A proteção recai sobre as pessoas que não participam dos conflitos (civis, profissionais da saúde e de socorro) e os que não mais participam das hostilidades (soldados feridos, doentes, náufragos e prisioneiros de guerra); **D:** incorreta. Reler o comentário sobre a assertiva anterior; **E:** incorreta. O objetivo do Direito Humanitário é a tutela da pessoa humana, mas numa situação específica, qual seja, quando ela é vítima de conflito armado nacional ou internacional. Portanto, nota-se que o Direito Internacional Humanitário e o Direito Internacional dos Direitos Humanos são complementares, apesar de serem dois conjuntos de leis distintas, pois ambos buscam proteger o indivíduo de ações arbitrárias e de abusos. Os direitos humanos são inerentes ao ser humano e protegem os indivíduos sempre, seja em tempos de guerra ou de paz. O Direito Internacional Humanitário se aplica apenas em situações de conflitos armados internacionais e não internacionais. Portanto, em tempos de conflitos armados, o Direito Internacional dos Direitos Humanos e o Direito Internacional Humanitário se aplicam de maneira complementar.

Gabarito "A".

---

137. Voto Concorrente na Opinião Consultiva 16/1999 da Corte Interamericana de Direitos Humanos, p. 90.

138. Tanto o Tribunal de Nurembergue como o de Tóquio foram instituídos para julgar os crimes de guerra e contra a humanidade perpetrados durante a Segunda Guerra Mundial. O Tribunal de Nurembergue tinha por missão julgar os líderes nazistas (o julgamento começou em 20 de novembro de 1945) e foi idealizado pelos Aliados (principais: EUA, URSS, Reino Unido e França) da Segunda Guerra, que escalou o Chefe da Justiça estadunidense, Robert Jackson, para ser seu coordenador. Cabe lembrar que a experiência de Nurembergue foi a primeira vez em que crimes de guerra foram julgados por um tribunal internacional. Já o Tribunal de Tóquio ou Tribunal Militar Internacional para o Extremo Oriente tinha por missão julgar os líderes do Império japonês (o julgamento começou em 3 de maio de 1946) e também foi idealizado pelos Aliados da Segunda Guerra. Uma crítica que se faz aos dois tribunais é que se trata de uma "justiça dos vencedores".

10. COMBINADAS E OUTROS TEMAS DE DIREITOS HUMANOS

(Defensor Público Federal – DPU – 2017 – CESPE) A respeito do defensor nacional de direitos humanos e do DP interamericano, julgue os itens a seguir.

(1) Nos termos da Lei Complementar n. 80/1994 e da Resolução n. 127/2016 do Conselho Superior da DPU, o defensor nacional de direitos humanos concorre com os demais DPs federais no que tange à representação de violação à Comissão Interamericana de Direitos Humanos, mas só o defensor nacional de direitos humanos pode postular perante a CIDH.

(2) Em razão do princípio da autonomia institucional da DP, a CIDH não tem ingerência na designação de DP interamericano para assistir suposta vítima, sem representação legal, em processo que tramite naquele órgão judicante.

(3) É cabível a atuação concorrente do DP interamericano nos processos em que a representação legal da vítima na CIDH estiver a cargo – mediante o devido credenciamento – do defensor nacional de direitos humanos.

1: certo (art. 7º, ponto 1, da Resolução 127/16 do Conselho Superior da DPU; **2:** errado, pois os defensores públicos interamericanos atuam por designação da Corte Interamericana; **3:** errado, pois o DP interamericano só vai ser designado quando a vítima estiver sem defensor próprio.

Gabarito: 1C, 2E, 3E

(Defensor Público – DPE/PR – 2017 – FCC) Acerca dos instrumentos nacionais e internacionais de promoção e proteção dos direitos das pessoas com deficiência, é INCORRETO afirmar:

(A) O Estatuto da Pessoa com Deficiência impõe ao Poder Público a obrigação de manter um sistema educacional inclusivo em todos os níveis e modalidades de aprendizado ao longo de toda a vida, garantindo às instituições privadas a possibilidade de reajuste das mensalidades daqueles alunos, em atenção ao princípio da função social da empresa.

(B) A Convenção Internacional sobre os Direitos das Pessoas com Deficiência instituiu o Comitê sobre os Direitos das pessoas com deficiência, adotando como instrumento de monitoramento apenas os relatórios. Após, por intermédio do protocolo facultativo, adotou-se o mecanismo de petições individuais.

(C) A Lei n. 10.216/01 foi um importante passo na luta antimanicomial, já que tende a substituir o modelo asilar por um conjunto de serviços abertos e comunitários que devem garantir à pessoa com transtorno mental o cuidado necessário para viver com segurança em liberdade, no convívio familiar e social, tanto quanto possível.

(D) O caso Ximenes Lopes foi de grande importância para o Brasil, pois fixou-se a necessidade de zelar pela investigação criminal eficaz e isenta, além de incumbir o Estado brasileiro da capacitação de profissionais que atendam pessoas com transtorno mental.

(E) A Convenção Interamericana sobre a eliminação de todas as formas de discriminação contra as pessoas com deficiência define a deficiência, compreendendo como tal toda restrição física, mental ou sensorial, permanente ou temporária, que limita o exercício de direitos; sendo inovador o conceito ao afirmar que a deficiência pode ser causada ou agravada pelo ambiente econômico e social.

Todas assertivas estão corretas com exceção da alternativa "A", que deve ser assinalada. Isso porque não existe no Estatuto previsão que confere "direito" às instituições privadas de reajustarem mensalidades de alunos que portem alguma deficiência. Muito pelo contrário, pois é dever do Estado, da família, da comunidade escolar e da sociedade assegurar educação de qualidade à pessoa com deficiência, colocando-a a salvo de toda forma de violência, negligência e discriminação (art. 27, parágrafo único, do Estatuto da Pessoa com Deficiência).

Gabarito "A".

(Juiz – TRF 2ª Região – 2017) Leia as assertivas e, ao fim, marque a opção correta:

I. Segundo a Convenção de Viena sobre o Direito dos Tratados, o Estado soberano é autorizado, ao assinar, ratificar, aceitar ou aprovar um tratado, ou a ele aderir, formular reserva, salvo nos casos em que a reserva não seja permitida pelo tratado, o tratado seja restritivo quanto às reservas que podem ser feitas ou quando a reserva manifestada seja incompatível com o objeto e a finalidade do tratado.

II. Segundo o Pacto Internacional sobre Direitos Civil e Políticos, o estrangeiro que se encontre legalmente no território brasileiro só poderá dele ser expulso em decorrência de decisão adotada em conformidade com a lei e, a menos que razões imperativas de segurança a isso se oponham, terá a possibilidade de expor as razões que militem contra a sua expulsão e de ter seu caso ree-

xaminado pelas autoridades competentes, ou por uma ou várias pessoas especialmente designadas pelas referidas autoridades, e de fazer-se representar com este objetivo.
III. A Convenção sobre os Direitos das Crianças estabelece, como critério de definição de incidência, que são consideradas como crianças todo e qualquer ser humano menor de 18 (dezoito) anos de idade, em nítido caso de presunção absoluta.

(A) Apenas a assertiva I está errada.
(B) Apenas a assertiva II está errada.
(C) Apenas a assertiva III está errada.
(D) Apenas as assertivas I e III estão erradas.
(E) Todas estão erradas.

I: correta (art. 19 da Convenção de Viena sobre Direito dos Tratados); II: correta (art. 13 do Pacto Internacional sobre Direitos Civis e Políticos); III: incorreta. "Para efeitos da presente Convenção considera-se como criança todo ser humano com menos de dezoito anos de idade, a não ser que, em conformidade com a lei aplicável à criança, a maioridade seja alcançada antes" (art. 1º da Convenção sobre Direitos das Crianças).
Gabarito "C".

(Juiz de Direito – TJM/SP – VUNESP – 2016) Em relação à Comissão e à Corte Interamericana de Direitos Humanos, é correto afirmar que

(A) apenas em 2001 o Brasil reconheceu a competência jurisdicional da Corte.
(B) apenas a Comissão e os Estados-membros podem submeter um caso à Corte Interamericana. Contudo, em situações excepcionais, o indivíduo tem legitimidade direta para submeter um caso à essa Corte.
(C) no plano contencioso, se reconhecida a efetiva ocorrência de violação a algum direito do homem, a Corte recomendará a adoção de medidas que se façam necessárias à restauração do direito violado. Contudo, essa decisão não possui força vinculante e obrigatória para os envolvidos, não podendo ser executada nos países respectivos.
(D) a Corte possui duas atribuições essenciais: uma de natureza consultiva, outra de natureza contenciosa. A primeira pode ser solicitada por qualquer membro da OEA, já quanto à segunda, a competência é limitada aos Estados-membros e à Comissão.
(E) em caso de urgência, a Comissão poderá, por iniciativa própria ou mediante solicitação da parte, implementar medidas cautelares para evitar danos irreparáveis.

A: incorreta. O Brasil reconheceu a competência obrigatória da Corte em 8 de novembro 2002 (Decreto 4.463). O reconhecimento foi feito por prazo indeterminado, mas abrange fatos ocorridos após 10 de dezembro de 1998; B: incorreta, pois o indivíduo não tem legitimidade para tanto; C: incorreta. O cumprimento da sentença da Corte se dá geralmente de maneira voluntária pelos Estados. Caso isso não ocorra, por exemplo, no Brasil, o cumprimento se dará mediante execução da sentença, como título executivo judicial, perante a justiça federal, consoante disposto no artigo 109, I, da CF. Mas deve-se saber que os Estados-partes da Convenção se comprometem a cumprir a decisão da Corte em todo caso em que forem parte (artigo 68 da Convenção Americana de Direitos Humanos); E: incorreta. A Comissão, por iniciativa própria (*ex officio*) ou depois de receber uma denúncia, poderá entrar em contato com o Estado denunciado para que este adote, com urgência, medidas cautelares de natureza individual ou coletiva antes da análise do mérito da denúncia, desde que verificado risco de dano irreparável à vítima ou às vítimas. Dentro dessa ótica, poderá também solicitar que a Corte ordene que o Estado denunciado adote medidas provisórias mesmo antes da análise do mérito do caso, desde que o caráter de urgência e de gravidade as justifiquem para poder impedir a ocorrência de danos irreparáveis às pessoas. As **medidas cautelares** (solicitadas pela Comissão e aplicadas por Estados) e as **provisórias** (ordenadas pela Corte, mediante solicitação da Comissão, e aplicadas por Estados) possuem o mesmo efeito prático.
Gabarito "D".

(Juiz de Direito – TJM/SP – VUNESP – 2016) De acordo com as Regras Mínimas das Nações Unidas para o Tratamento de Presos:

(A) é vedado o uso de correntes e ferros nos reclusos com o intuito de punir, salvo regras minuciosas sobre seu fundamento e necessidade.
(B) as celas ou locais destinados ao descanso não devem ser ocupados por mais de um recluso. Se, por razões especiais, for necessário que a administração penitenciária adote exceções a essa regra, deve-se evitar que dois reclusos sejam alojados numa mesma cela ou local.
(C) sob nenhuma condição pode haver pena de redução de alimentação.
(D) é vedada aos reclusos acesso à posse de dinheiro, permitindo-se, porém, que objetos de valor, peças de vestuário e outros objetos que lhes pertençam, desde que não ofereçam risco à integridade física dos demais prisioneiros, permaneçam com eles.
(E) em circunstâncias ordinárias, os agentes que assegurem serviços que os ponham em contato direto com os reclusos devem estar armados, desde que devidamente treinados para o uso de arma.

A: incorreta, porque correntes e ferros não devem ser utilizados sob qualquer hipótese (art. 33 das Regras Mínimas); B: correta (art. 9, ponto 1, das Regras Mínimas); C: incorreta. "As penas de isolamento e de redução de alimentação não devem nunca ser aplicadas, a menos que o médico tenha examinado o recluso e certificado, por escrito, que ele está apto para as suportar" (art. 32, ponto 1, das Regras Mínimas); D: incorreta (art. 43, ponto 1, das Regras Mínimas); E: incorreta, pois os agentes **apenas** podem estar armados em circunstâncias especiais e não ordinárias (art. 54, ponto 3, das Regras Mínimas).
Gabarito "B".

(Juiz – TRF 3ª Região – 2016) Consideradas as assertivas que se seguem, assinale a alternativa correta:

I. A Corte Interamericana de Direitos Humanos, órgão da Convenção Americana de Direitos Humanos, tem a finalidade de julgar casos de violação dos direitos humanos ocorridos em países que integram a Organização dos Estados Americanos (OEA) e reconheçam a sua competência, como o Brasil, que a reconheceu por meio do Decreto Legislativo nº 89, de 1998, do Senado Federal.
II. O instituto do deslocamento de competência para a Justiça Federal poderá ocorrer, em qualquer fase processual, com relação a inquéritos e processos em trâmite na Justiça Estadual, com a finalidade de assegurar o cumprimento de obrigações decorrentes de tratado internacional de direitos humanos do qual o Brasil seja parte, mediante requerimento do Procurador-Geral da República perante o Supremo Tribunal Federal, nas hipóteses de grave violação de direitos humanos.
III. Compete ao Superior Tribunal de Justiça julgar, em recurso especial, as causas decididas, em única ou última instância, pelos Tribunais Regionais Federais ou pelos Tribunais dos Estados, do Distrito Federal e Territórios, quando a decisão recorrida contrariar tratado ou negar-lhe vigência.
IV. O Tribunal Penal Internacional, criado pelo Estatuto de Roma de 1998 promulgado pelo Decreto nº 4.388, de 25.9.2002, tem competência para julgar crime de genocídio; crimes contra a humanidade; crimes de guerra e crime de agressão, todos imprescritíveis, em relação às violações praticadas depois da entrada em vigor do Estatuto de Roma.

(A) As assertivas I e II estão incorretas.
(B) Somente a assertiva II está incorreta.
(C) Somente a assertiva IV está incorreta.
(D) Todas as assertivas estão corretas.

I: incorreta. O Brasil reconheceu a competência obrigatória da Corte em 8 de novembro 2002 (Decreto 4.463). O reconhecimento foi feito por prazo indeterminado, mas abrange fatos ocorridos após 10 de dezembro de 1998; II: incorreta porque o pedido do Procurador-Geral da República deverá ser feito junto ao STJ e não STF como a assertiva sugere; III: correta (art. 105, III, *a*, da CF); IV: correta. O Tribunal Penal Internacional (TPI) foi constituído na Conferência de Roma, em 17 de julho de 1998, na qual se aprovou o Estatuto de Roma (tratado que não admite a apresentação de reservas), que só entrou em vigor internacionalmente em 1º de julho de 2002 e passou a vigorar, para o Brasil, no dia 25 de setembro de 2002 (Decreto 4.388/2002). Com a criação do TPI, tem-se um tribunal permanente para julgar **indivíduos** acusados da prática de crimes de genocídio, de crimes de guerra, de crimes de agressão e de crimes contra a humanidade. Cabe também destacar, consoante o que dispõe o art. 29 do Estatuto de Roma, que os crimes da competência do TPI não prescrevem.
Gabarito "A".

(Juiz de Direito – TJM/SP – VUNESP – 2016) Nos que diz respeito ao Estatuto Penal de Roma, assinale a alternativa que indica uma condição no julgamento realizado no Brasil que impediria a realização de um novo julgamento pelo Tribunal Penal Internacional pelos mesmos fatos.

(A) O julgamento realizado no Brasil foi conduzido de uma maneira que, no caso concreto, se revela incompatível com a intenção de submeter a pessoa à ação da justiça.
(B) O julgamento realizado no Brasil não foi conduzido de forma imparcial, em conformidade com as garantias de um processo equitativo reconhecidas pelo direito internacional.
(C) O julgamento realizado no Brasil teve por objetivo subtrair o acusado à sua responsabilidade criminal por crimes da competência do Tribunal.
(D) O julgamento realizado no Brasil não foi conduzido de forma independente, em conformidade com as garantias de um processo equitativo reconhecidas pelo direito internacional.
(E) O julgamento realizado no Brasil teve por conclusão sentença absolutória fundada na atipicidade da conduta.

A assertiva "E" é a única que traz uma condição que impediria a realização de um novo julgamento pelo TPI sobre os mesmos fatos.
Gabarito "E".

(Procurador da República –28º Concurso – 2015 – MPF) Assinale a alternativa correta:

(A) A Convenção Interamericana para Prevenir, Punir e Erradicar a Violência contra a Mulher permite que os Estados-partes e a Comissão Interamericana de Mulheres requeiram parecer consultivo à Corte Interamericana de Direitos Humanos sobre a interpretação da Convenção.

(B) Os defensores públicos interamericanos são escolhidos pela Comissão Interamericana de Direitos Humanos, entre os advogados habilitados da própria Comissão.
(C) A violação grave da Carta Democrática Interamericana não enseja qualquer sanção jurídica internacional ao Estado faltoso, mas permite a adoção de censura pública pela Assembleia Geral da OEA.
(D) O Protocolo Facultativo à Convenção sobre os Direitos da Criança referente à venda de crianças, à prostituição infantil e à pornografia infantil não prevê, expressamente, o dever dos Estados partes de criminalizar atos relacionados à venda de crianças, à pornografia e prostituição infantis.

A: correta (art. 11 da Convenção Interamericana para Prevenir, Punir e Erradicar a Violência contra a Mulher); **B:** incorreta, pois tais defensores são designados pela Corte Interamericana; **C:** incorreta, pois não existe a previsão de aplicação da pena de censura pública; **D:** incorreta, pois esse dever está expressamente disposto no art. 1º do Protocolo Facultativo à Convenção sobre os Direitos da Criança.
Gabarito "A".

(Procurador da República –28º Concurso – 2015 – MPF) Assinale a alternativa correta:
(A) As resoluções do Conselho de Segurança da ONU referentes à proteção de direitos humanos são sujeitas a recurso ao Conselho de Direitos Humanos e, eventualmente, podem ser questionadas perante a Corte Internacional de Justiça.
(B) O Pacto Internacional de Direitos Sociais, Econômicos e Culturais prevê que todos os povos podem dispor livremente de suas riquezas e de seus recursos naturais, sem prejuízo das obrigações decorrentes da cooperação econômica internacional, baseada no princípio do proveito mútuo, e do Direito Internacional. Em caso algum, poderá um povo ser privado de seus próprios meios de subsistência.
(C) A Declaração Universal dos Direitos Humanos é considerada um marco na proteção internacional dos direitos humanos, mas contém tão somente direitos civis e políticos, também chamados direitos de primeira geração.
(D) Os "Princípios de Paris" consistem em regras internacionais de composição e conduta autônoma que as instituições nacionais de direitos humanos dos Estados devem observar para que sejam credenciadas como organizações não governamentais perante o Alto Comissariado da ONU para os Direitos Humanos.

A: incorreta, pois não existe a citada previsão de recurso (ler artigos 23 e ss. da Carta da ONU); **B:** correta (art. 1º do Pacto); **C:** incorreta, pois em seu bojo, como comentado, encontram-se direitos civis e políticos (artigos 3º a 21) e também direitos econômicos, sociais e culturais (artigos 22 a 28), o que reforça as características da indivisibilidade e interdependência dos direitos humanos; **D:** incorreta, pois uma instituição nacional de direitos humanos tem que ser independente e não vinculada ao Estado.
Gabarito "B".

(Procurador da República –28º Concurso – 2015 – MPF) Assinale a alternativa correta:
(A) O Comitê pela eliminação de toda forma de discriminação racial pode apreciar petição de um Estado-parte em face de conduta de outro Estado-parte, não sendo necessário o esgotamento prévio dos recursos internos, devido a peculiaridades das demandas interestatais.
(B) O Conselho Nacional de Direitos Humanos brasileiro, composto por membros do Poder Público e representantes da sociedade civil, pode impor sanções de censura, advertência e ainda determinar o afastamento preventivo de cargo ou emprego público de indivíduos violadores de direitos humanos.
(C) Não é cabível a intervenção de *amicus curiae* no processamento de incidente de deslocamento de competência, pela ausência de interesses privados e pelo caráter federativo do procedimento.
(D) De acordo com a evolução organizacional do regime internacional de proteção dos direitos humanos, o sistema europeu de direitos humanos passou a prever, a partir do Protocolo n.14, a possibilidade de adesão da União Europeia como parte da Convenção Europeia de Direitos Humanos.

A: incorreta, pois a exigência do esgotamento prévio dos recursos internos está presente tanto nas comunicações interestatais como nas petições individuais; **B:** incorreta, pois o Conselho Nacional de Direitos Humanos não pode determinar o afastamento preventivo, mas apenas recomendá-lo (art. 6º, III, da Lei 12.986/2014); **C:** incorreta, pois a Min. Laurita Vaz autorizou a intervenção de *amicus curiae* no Incidente de Deslocamento de Competência nº 2 (STJ), onde aconteceu o ingresso das organizações não governamentais (ONG) Justiça Global e Dignitatis Assessoria Jurídica Popular. Trata-se de caso de caso de intervenção atípica de *amicus curiae* por não haver previsão legal expressa; **D:** correta, pois, de fato, essa possibilidade foi criada com o Protocolo nº 14.
Gabarito "D".

(Procurador da República –28º Concurso – 2015 – MPF) Assinale a alternativa incorreta:
(A) O posto de Alto Comissário das Nações Unidas para Direitos Humanos foi criado por meio da Resolução 48/141 da Assembleia Geral da ONU, de 20 de dezembro de 1993, objetivando focar os esforços e incrementar as atividades das Nações Unidas na área dos direitos humanos, com o poder de impor sanções a Estados violadores contumazes de direitos humanos.
(B) De acordo com o princípio da interpretação autônoma, os tratados de direitos humanos podem possuir sentidos próprios, distintos dos sentidos a eles atribuídos pelo direito interno, para dotar de maior efetividade as normas internacionais de direitos humanos.
(C) De acordo com o estágio atual do Direito Internacional dos Direitos Humanos, os indivíduos têm acesso a determinadas instâncias internacionais de supervisão e controle das obrigações assumidas pelos Estados, mas devem cumprir requisitos previstos para cada um desses processos internacionais de direitos humanos.
(D) Conforme o entendimento da Corte Interamericana de Direitos Humanos, o uso da Convenção n. 169 da Organização Internacional do Trabalho como auxílio de interpretação para dimensionar as obrigações de Estado perante a Convenção Americana de Direitos Humanos independe da ratificação da Convenção n. 169 pelo Estado em questão.

A: incorreta, pois o Alto Comissário das Nações Unidas não possui o poder de impor sanções a Estados violadores contumazes de direitos humanos. O Alto-Comissário tem a função primordial de promover os direitos humanos e lidar com as questões de direitos humanos da ONU, além de manter diálogo com todos os Estados-membros sobre temas relacionados aos direitos humanos. As responsabilidades do Alto-Comissário incluem: a resolução de conflitos; prevenção e alerta de abusos, assistência aos Estados em períodos de transição política; promoção de direitos substantivos aos Estados; coordenação e racionalização de programas em direitos humanos; **B:** correta, pois traz o teor correto do princípio da interpretação autônoma; **C:** correta, pois alguns requisitos devem ser respeitados para os indivíduos acessarem o sistema internacional de proteção dos direitos humanos, como, por exemplo, a exigência de esgotar os recursos internos disponíveis antes de acessar o sistema internacional; **D:** correta. A Corte e a Comissão Interamericana utilizaram a Convenção 169 da OIT como norma interpretativa, destinada a especificar as obrigações dos Estados estabelecidas por outras normas internacionais (como a Convenção Americana sobre Direitos Humanos e a Declaração Americana sobre Direitos e Deveres do Homem) quanto à sua aplicação aos povos e comunidades indígenas ou a seus membros.
Gabarito "A".

(Procurador da República –28º Concurso – 2015 – MPF) Assinale a alternativa correta:
(A) A jurisprudência da Corte Interamericana de Direitos Humanos admite, nos processos de redemocratização ocorridos na América Latina nas últimas décadas, a anistia total nos casos de graves violações de direitos humanos realizadas pelos agentes da ditadura militar, desde que tal anistia seja fruto de um acordo entre o regime militar e a oposição.
(B) O Pacto Internacional de Direitos Civis e Políticos prevê que qualquer pessoa presa ou encarcerada em virtude de infração penal deverá ser conduzida, sem demora, à presença do juiz ou de outra autoridade habilitada por lei a exercer funções judiciais e terá o direito de ser julgada em prazo razoável ou de ser posta em liberdade.
(C) A Convenção Americana de Direitos Humanos proíbe que seja imposta a pena de morte a pessoa que, no momento da perpetração do delito, for menor de vinte e um anos ou maior de setenta.
(D) O terceiro protocolo à Convenção da ONU para os Direitos das Crianças, que entrou em vigor em 2014, não prevê mecanismo de petição individual ao Comitê para os Direitos da Criança.

A: incorreta, pois no caso Gomes Lund e outros vs. Brasil, a Corte Interamericana de Direitos Humanos julgou, por unanimidade, que a Lei de Anistia brasileira era contrária à Convenção Americana de Direitos Humanos; **B:** correta (art. 9º, ponto 3, do Pacto); **C:** incorreta. A disciplina correta sobre a pena de morte está disciplina no art. 4º da Convenção Americana; **D:** incorreta, pois o mecanismo de petição individual está previsto no art. 5º do Protocolo Facultativo relativo aos Procedimentos de Comunicação.
Gabarito "B".

(Procurador da República – PGR – 2015) Assinale a alternativa incorreta:
(A) O Protocolo facultativo à Convenção da Organização das Nações Unidas sobre os direitos das pessoas com deficiência prevê que seu Comitê considerará inadmissível a comunicação de vítima sobre violação de direitos previstos na Convenção quando a comunicação for anônima ou quando a mesma matéria já tenha sido examinada pelo Comitê ou tenha sido ou estiver sendo examinada sob outro procedimento de investigação ou resolução internacional, entre outros motivos de inadmissibilidade.
(B) A Convenção Americana de Direitos Humanos dispõe que os Estados-partes comprometem-se a adotar as providências, tanto no âmbito interno, como mediante cooperação internacional, especialmente econômica e técnica, a fim de conseguir progressivamente a plena efetividade dos direitos que decorrem das normas econômicas, sociais e sobre educação, ciência e cultura.
(C) De acordo com o Protocolo de San Salvador, caso os direitos sindicais, o direito de greve e o direito a educação fundamental forem

violados por ação imputável a Estado-Parte do Protocolo, é possível a utilização do mecanismo de petições individuais à Comissão Interamericana de Direitos Humanos previsto na Convenção Americana sobre Direitos Humanos.

(D) O Comitê pela eliminação de toda forma de discriminação contra a mulher já apreciou petição individual contra o Brasil, tendo recomendado ao Estado que, além de indenizar a família da vítima, também assegure o direito das mulheres a maternidade segura e o acesso à assistência médica emergencial adequada.

A: correta (art. 2º do Protocolo Facultativo); **B:** correta (art. 26 da Convenção); **C:** incorreta, pois o "direito de greve" não está previsto como direito acionável via o mecanismo de petições individuais (art. 19, ponto 6, do Protocolo de San Salvador); **D:** correta (caso Alyne Pimentel).
Gabarito "C".

(Defensoria Pública da União – CESPE – 2015) Objetivando duplicar as estradas de acesso a determinado município, a prefeitura desse município terá de realizar a desocupação de terrenos de sua propriedade onde se encontram um grupo de quilombolas, um grupo de imigrantes estrangeiros em situação irregular no país, um grupo de ex-moradores de rua e um grupo remanescente de outra ocupação irregular recentemente desalojado com violência pelas forças de segurança pública. A respeito dessa situação hipotética, julgue os itens a seguir, considerando as normas regentes da proteção a minorias e demais grupos vulneráveis.

(1) Considerando-se que o grupo de quilombolas não tem titulação da propriedade ou reconhecimento oficial de sua cultura e de suas tradições, a ele devem ser aplicadas as mesmas medidas protetivas que aos demais grupos.
(2) Cabe à DP, entre outros órgãos, promover ações que visem garantir às populações ocupantes dos referidos terrenos, quando de sua remoção, o recebimento de aluguel social até que elas sejam definitivamente alocadas por meio de programas de moradia popular.
(3) Em relação aos imigrantes estrangeiros em situação irregular, devem ser adotadas, pela DP, medidas que garantam seu retorno imediato ao país de origem, estando a adoção de medidas protetivas afastada, dada a condição irregular desses imigrantes no Brasil.

1: errado, pois os quilombolas possuem propriedade sobre suas terras. O artigo 68 do ADCT determina o seguinte: "Aos remanescentes das comunidades dos quilombos que estejam ocupando suas terras é reconhecida a propriedade definitiva, devendo o Estado emitir-lhes os títulos respectivos"; **2:** certo, pois a Defensoria Pública é, de fato, um dos órgãos responsáveis para fazer tal pedido; **3:** errado. Muito pelo contrário, a Defensoria Pública deve prestar assistência jurídica aos estrangeiros em situação irregular. O art. 5º, LXXIV, da CF dispõe que "o Estado prestará assistência jurídica integral e gratuita aos que comprovarem insuficiência de recursos". Isto é, não fez qualquer distinção entre brasileiros e estrangeiros, logo a Defensoria deve assistir esse grupo de estrangeiros em situação irregular no país. No mais, o princípio da igualdade e da não discriminação possui um caráter fundamental para a salvaguarda dos direitos humanos tanto no direito internacional como no interno e, com base nisso, a Corte Interamericana de Direitos Humanos pontuou o seguinte na Opinião Consultiva 18/2003: "a qualidade migratória de uma pessoa não pode constituir uma justificação para privá-la do gozo e exercício de seus direitos humanos, entre eles os de caráter laboral".
Gabarito 1E, 2C, 3E

(Defensor Público –DPE/ES – 2016 – FCC) A Declaração de Estocolmo de 1972, que disciplina o ambiente humano, consagra expressamente as seguintes proposições, com EXCEÇÃO de:

(A) É preciso livrar o homem e seu meio ambiente dos efeitos das armas nucleares e de todos os demais meios de destruição em massa. Os Estados devem se esforçar para chegar logo a um acordo – nos órgãos internacionais pertinentes – sobre a eliminação e a destruição completa de tais armas.
(B) Como parte de sua contribuição ao desenvolvimento econômico e social deve-se utilizar a ciência e a tecnologia para descobrir, evitar e combater os riscos que ameaçam o meio ambiente, para solucionar os problemas ambientais e para o bem comum da humanidade.
(C) As políticas que promovem ou perpetuam o apartheid, a segregação racial, a discriminação, a opressão colonial e outras formas de opressão e de dominação estrangeira são condenadas e devem ser eliminadas.
(D) Deve-se aplicar o planejamento aos assentamentos humanos e à urbanização com vistas a evitar repercussões prejudiciais sobre o meio ambiente e a obter os máximos benefícios sociais, econômicos e ambientais para todos. A este respeito devem-se abandonar os projetos destinados à dominação colonialista e racista.
(E) Toda pessoa tem deveres para com a comunidade, em que o livre e pleno desenvolvimento de sua personalidade é possível.

A: correta (princípio 26); **B:** correta (princípio 18); **C:** correta (princípio 1); **D:** correta (princípio 15); **E:** incorreta e dever ser assinalada porque não existe previsão nesse sentido na Declaração de Estocolmo.
Gabarito "E".

(Defensor Público –DPE/BA – 2016 – FCC) João é pai solteiro e educa seus 4 filhos com todo carinho e dedicação. Um dos seus filhos, Renato, desenvolveu dependência de substância psicoativa e, em estado de desespero, procurou a Defensoria Pública na busca de uma solução adequada ao caso. Com base na resolução CONAD 01/2015, Renato

(A) não tem o direito de descontinuar o tratamento, uma vez acolhido, voluntária ou involuntariamente sob pena de violar a resolução do CONAD e o seu tratamento médico.
(B) poderá ser internado compulsoriamente pelo pai em uma unidade de acolhimento, eis que o caso é de saúde pública e familiar.
(C) poderá ser acolhido em uma entidade de acolhimento de pessoas, desde que a adesão ocorra de forma voluntária e como uma etapa transitória para a reinserção sócio-familiar e econômica do acolhido.
(D) será segregado de seus familiares por até 120 dias, assim que for acolhido na entidade correspondente.
(E) deverá se submeter ao PAS – Plano de Atendimento Singular que é de caráter facultativo e a sua elaboração contará com a participação das Defensorias Públicas.

A única alternativa correta conforme a Resolução CONAD 01/2015 é a "C" (artigos 1º e 2º da Resolução).
Gabarito "C".

(Delegado/BA – 2016.1 – Inaz do Pará) Quando uma pessoa é impedida direta ou disfarçadamente de se hospedar num hotel, de permanecer num restaurante, de frequentar um clube ou sair em determinado bloco de carnaval por causa de sua cor, está-se cometendo:

(A) Discriminação.
(B) A pessoa está sendo vítima de preconceito racial.
(C) A letra A e B estão corretas.
(D) Este é um direito dos proprietários dos estabelecimentos citados no exemplo acima.
(E) Nenhuma das alternativas acima.

As situações descritas no enunciado configuram tanto discriminação como preconceito racial. Portanto, a alternativa que deve ser assinalada é "C". Ler a Lei 7.716/1989 que disciplina os crimes resultantes de preconceito de raça e de cor, com suas posteriores alterações patrocinadas pelas leis 9.459/1997 e 12.288/2010.
Gabarito "C".

(Delegado/BA – 2016.1 – Inaz do Pará)
"Pela natureza dizer que todos nascem iguais significa que ninguém nasce valendo mais que o outro, devendo ser indiferente às características físicas ou condição social, quando se trata de acesso à oportunidade, porém a sociedade trata a pessoa humana, desde o começo de sua existência, como se fosse diferente, dando muito mais oportunidades a uns que a outros."

Disponível em: <http://www.dhnet.org.br/educar/redeedh/bib/dallari2.htm>.
Acesso em: 18 janeiro 2016

Após esta constatação, o autor do texto acima cita alguns exemplos de meios de negação da igualdade. São eles:

(A) condição socioeconômica e orientação sexual.
(B) cor e procedência nacional.
(C) gênero, nacionalidade e deficiência física.
(D) todas as assertivas acima correspondem a exemplos citados no texto de meios de negação da igualdade.
(E) nenhumas das assertivas acima correspondem a exemplos citados no texto de meios de negação da igualdade.

As alternativas "A", "B" e "C" tratam de exemplos de meios de negação de igualdade. Desta forma, a alternativa "D" deve ser assinalada.
Gabarito "D".

(DPE/PE – 2015 – CESPE) Julgue os itens subsecutivos, a respeito de aspectos gerais e históricos dos direitos humanos.

(1) As três vertentes da proteção internacional da pessoa humana, a saber, os direitos humanos, o direito humanitário e o direito dos refugiados, foram consagradas nas conferências mundiais da última década de 90. Não obstante, a implementação dessas vertentes deve atender às demandas de cada região, mesmo que não haja sistemas regionais de proteção.
(2) O principal fundamento dos direitos humanos no Brasil refere-se à dignidade da pessoa humana. Por essa razão, além de haver consenso acerca do conteúdo desse princípio, ele é válido somente para os direitos humanos consagrados explicitamente na CF.
(3) No Brasil, os entes federativos protegem automática e integralmente os chamados direitos humanos de segunda geração, ou direitos sociais, por força de consagração constitucional nesse sentido.
(4) Na luta pelos direitos humanos, há avanços e retrocessos, decorrendo disso a necessidade de o Estado e a sociedade civil se engajarem para que se realizem ações e políticas públicas que sejam efetivamente de Estado e não de governo.

1: certo. O direito humanitário tem aplicação em contexto de guerra e não está necessariamente ligado como algum sistema regional para ser aplicado. O mesmo vale para o direito dos refugiados, que deve aparecer sempre que a condição de refugiado for configurada. Os direitos humanos, o direito humanitário e o direito dos refugiados formam a tríade protetiva do ser humano; **2:** errado. Tanto não existe consenso sobre o conteúdo do princípio da dignidade humana como tampouco vale apenas para os direitos previstos explicitamente na CF. Os direitos humanos são compostos de princípios e regras – positivadas ou costumeiras – que têm como função proteger a dignidade da pessoa humana. Dignidade se traduz na situação de mínimo gozo garantido dos direitos pessoais, civis, políticos, judiciais, de subsistência, econômicos, sociais e culturais. Essa é uma proposta objetiva e sintética de definição dos direitos humanos. Tome de exemplo uma definição de caráter analítico nas palavras de Ingo Wolfgang Sarlet: "Temos por dignidade da pessoa humana a qualidade intrínseca e distintiva de cada ser humano que o faz merecedor do mesmo respeito e consideração por parte do Estado e da comunidade, implicando, neste sentido, um complexo de direitos e deveres fundamentais que assegurem a pessoa tanto contra todo e qualquer ato de cunho degradante e desumano, como venham a lhe garantir as condições existenciais mínimas para uma vida saudável, além de propiciar e promover sua participação ativa corresponsável nos destinos da própria existência e da vida em comunhão dos demais seres humanos[139]." O professor espanhol Antonio Enrique Pérez Luño, um grande estudioso do tema, depois de fazer inúmeras considerações sobre a dificuldade em se estabelecer um conceito de direitos humanos, oferece uma proposta de definição em termos explicativos: "os direitos humanos são um conjunto de faculdades e instituições que, em cada momento histórico, realizam as exigências de dignidade, de liberdade e igualdade humana, as quais devem ser positivamente reconhecidas pelos ordenamentos jurídicos em nível nacional e internacional[140]" (tradução minha) Pelo aqui brevemente visto pode-se perceber que o tema está longe de ser consenso na doutrina. O que torna importante classificar as diferentes formas de definir *direitos humanos*; **3:** errado. A discussão sobre a efetivação automática e integral ou progressiva dos direitos sociais perpassa décadas e ainda não se existe uma posição clara. Do ponto de vista interno de cada país, é fundamental avaliar como a Constituição e as leis tratam o tema e como seu judiciário interpreta e implementa tais direito. Porém, a verdade é que os países que integram tanto o sistema onusiano como o interamericano devem não só efetivar os direitos definidos nas suas convenções como seguir as orientações jurisprudenciais das cortes internacionais. Mesmo que no campo teórico seja difícil contestar o atual contexto, sabe-se que a efetivação dos direitos sociais, econômicos e culturais segue enfrentando grande resistência especialmente sob o argumento de seu elevado custo. Por exemplo, o Pacto Internacional dos Direitos Econômicos, Sociais e Culturais determinou uma aplicação progressiva de seus preceitos partindo de um *mínimo essencial*. Isso porque grande parte dos Estados não teria os meios materiais necessários para garantir a máxima efetivação dos direitos econômicos, sociais e culturais de suas populações. Cabe destacar que essa justificativa é veementemente atacada por grande parte dos estudiosos dos direitos humanos. Um exemplo dado é que o direito de voto é exercitado nas eleições, mas os custos para organizar uma eleição são altíssimos (o Brasil é um exemplo). Ora, o direito de voto é um direito político (1º geração) e mesmo assim depende de grande gasto do Estado para ser efetivado. Percebe-se que essa justificativa dada para garantir a progressividade – e não imediatidade – na implementação dos direitos econômicos, sociais e culturais pelos países não é tão convincente. Sobre o tema é de fundamental importância a leitura do ponto 9 do Comentário Geral n. 3 do Comitê dos Direitos Econômicos, Sociais e Culturais, que define que a principal obrigação de resultado refletida no art. 2º, ponto 1, é tomar medidas com vistas a alcançar progressivamente a plena realização dos direitos reconhecidos no Pacto. O termo "progressiva realização" é muitas vezes usado para descrever a intenção dessa expressão. O conceito de progressiva realização constitui um reconhecimento do fato de que a plena realização de direitos econômicos, sociais e culturais não é possível de ser alcançada num curto espaço de tempo. Nesse sentido, a obrigação difere significativamente daquela contida no art. 2º do Pacto Internacional dos Direitos Civis e Políticos que inclui uma obrigação imediata de respeitar e assegurar todos os direitos relevantes. Contudo, o fato de a realização ao longo do tempo ou, em outras palavras, progressivamente, ser prevista no Pacto, não deve ser mal interpretada como excluindo a obrigação de todo um conteúdo que lhe dê significado. De um lado, a frase demonstra a necessidade de flexibilidade, refletindo as situações concretas do mundo real e as dificuldades que envolvem para cada país, no sentido de assegurar plena realização dos direitos econômicos, sociais e culturais. Por outro lado, a expressão deve ser lida à luz do objetivo global, a verdadeira razão de ser do Pacto, que é estabelecer obrigações claras para os Estados-partes no que diz respeito à plena realização dos direitos em questão. Assim, impõe uma obrigação de agir tão rápida e efetivamente quanto possível em direção àquela meta. Além disso, qualquer medida que signifique deliberado retrocesso haveria de exigir a mais cuidadosa apreciação e necessitaria ser inteiramente justificada com referência à totalidade dos direitos previstos no Pacto e no contexto do uso integral do máximo de recursos disponíveis[141]"; **4:** certo. A assertiva está totalmente correta. Sem participação popular dificilmente a sociedade contará com avanços. E está mais que na hora da política de balcão e interesses ceder espaço para a política de compromissos com o país. Só assim, teremos mais políticas de estado e menos de governo.

Gabarito 1C, 2E, 3E, 4C

(DPE/PE – 2015 – CESPE) Com relação aos tratados internacionais de proteção aos direitos humanos, julgue os próximos itens.

(1) A Corte Interamericana de Direitos Humanos é competente para rever, em grau de recurso, julgamentos realizados em primeira instância pelo STF – em casos de foro privilegiado –, a fim de que se atenda ao princípio constitucional do duplo grau de jurisdição.

(2) A tortura é um crime que viola o direito internacional, porém, em circunstâncias excepcionais, como em casos de segurança nacional, se comprovada grave ameaça à segurança pública, pode ser exercida com limites.

1: errado. Os sistemas internacionais têm natureza *complementar* e *subsidiária*. Assim, serão apenas acionados caso o sistema jurídico nacional tenha sido incapaz ou não tenha demonstrado interesse em julgar o caso. Tanto é assim que a Corte Interamericana de Direitos Humanos tem jurisprudência no sentido de que "a regra do prévio esgotamento dos recursos internos permite ao Estado resolver o problema conforme seu direito interno antes de sofrer um processo internacional, que é perfeitamente válido na jurisdição internacional dos direitos humanos, por ser esta coadjuvante ou complementar à jurisdição interna[142]". A jurisdição internacional e a nacional são duas esferas completamente distintas, logo, não há que se falar que a Corte Interamericana pode analisar em grau de recurso certa ação interposta na jurisdição nacional; **2:** errado. Os Estados-partes da Convenção contra a Tortura e outros Tratamentos ou Penas Cruéis, Desumanos ou Degradantes têm a obrigação de proibir a tortura, esta não podendo ser praticada nem mesmo em circunstâncias excepcionais. Da mesma maneira, a Convenção Interamericana para Prevenir e Punir a Tortura estatui que os Estados-partes têm obrigação de proibir a tortura, esta não podendo ser praticada nem mesmo em circunstâncias excepcionais.

Gabarito 1E, 2E

(Ministério Público/SP – 2015 – MPE/SP) Em relação ao Sistema Único de Saúde, assinale a alternativa correta:

(A) É constituído exclusivamente pelo conjunto de ações e serviços de saúde prestados por órgãos e instituições públicas federais, estaduais e municipais, da Administração direta e indireta e das fundações mantidas pelo Poder Público.

(B) Possui três esferas de direção autônomas, cabendo-as no âmbito da União ao Ministério da Saúde, dos Estados às Secretarias de Saúde ou órgão equivalente e no dos Municípios às Secretarias de Saúde ou órgão equivalente.

(C) Tem por competência, por meio de sua direção estadual, prestar apoio técnico e financeiro aos Municípios e formar consórcios administrativos intermunicipais.

(D) Tem por competência participar na formulação e na implementação das políticas de controle das agressões ao meio ambiente, de saneamento básico e relativas às condições e aos ambientes de trabalho.

(E) Não inclui em seu campo de atuação a execução de ações de saúde do trabalhador e a proteção do meio ambiente, nele compreendido o do trabalho.

A: incorreta (art. 4º da Lei 8.080/1990); **B:** incorreta. A direção do Sistema Único de Saúde é única (art. 9º, *caput* e incisos, da Lei 8.080/1990); **C:** incorreta (art. 10 da Lei 8.080/1990); **D:** correta (art. 6º da Lei 8.080/1990); **E:** incorreta (art. 6º da Lei 8.080/1990).

Gabarito "D"

(Delegado/SP – 2014 – VUNESP) Considerando a distinção conceitual entre grupos vulneráveis e minorias, assinale a alternativa que identifica, correta e respectivamente, no Estado Brasileiro, um componente de grupo vulnerável e outro de uma minoria.

(A) População de rua e índios.
(B) Adolescentes e mulheres.
(C) Ciganos e praticantes do candomblé.
(D) Crianças e pessoas com deficiência física ou sofrimento mental.
(E) Homossexuais e idosos.

Antes de responder a questão, cabe diferenciarmos minoria e grupo vulnerável. Para conceituar minoria, usaremos uma definição bem conhecida alcunhada por Francesco Caportorti: "um grupo numericamente inferior em relação ao restante da população do Estado, sem exercer posição dominante, cuja os membros – sendo nacionais do Estado – possuem características éticas, religiosas ou linguísticas que os diferem do restante da população e apresentam um senso de solidariedade dirigido para preservar sua cultura, tradições, religião ou língua[143]". Em contrapartida, um grupo vulnerável, também composto de parcela inferior da população, é formado por pessoas em razão de um contexto fático (geralmente de caráter provisório) e não por possuírem identidade própria.

---

139. Dignidade da pessoa humana e Direitos Fundamentais. Porto Alegre: Livraria do Advogado, 2001. p. 60.

140. Derechos Humanos, Estado de Derecho y Constitución. Décima Edición. Madrid: Editorial Tecnos, 2010. p. 50.

141. 5ª Sessão, 1990.

142. Corte IDH. *Caso Velásquez Rodríguez vs. Honduras*, Mérito, sentença de 29.07.1988, ponto 61; Corte IDH. *Caso Godínez Cruz vs. Honduras*, Mérito, sentença de 20.01.1989, ponto 64; Corte IDH. *Caso Fairén Garbi y Solís Corrales vs. Honduras*, Mérito, sentença de 15.03.1989, ponto 85. Fonte da pesquisa jurisprudencial é a obra Convención Americana sobre Derechos Humanos – Comentário: STEINER, Christian e URIBE, Patricia (Editores). Konrad Adenauer Stiftung. Bolívia: Plural editores, 2014. p. 7.

143. Study on the Rights of Persons belonging to Ethnic, Religious, and Linguistic Minorities. United Nations Pubns, 1991.

A: correta, porque a população de rua é exemplo de grupo vulnerável, enquanto os índios compõem uma minoria; **B:** incorreta. Adolescentes e mulheres são exemplos de grupo vulnerável; **C:** incorreta. Ciganos e praticantes de candomblé são exemplos de minoria; **D:** incorreta, porque a assertiva traz dois exemplos de grupo vulnerável; **E:** incorreta. Idosos formam um grupo vulnerável.

Gabarito "A".

(Delegado/SP – 2014 – VUNESP) Considerando a sua evolução histórica, bem como o sistema internacional de proteção dos direitos humanos, assinale a alternativa correta.

(A) No sistema processual de proteção dos direitos humanos, as pessoas físicas são titulares de direitos perante os órgãos de supervisão internacional, mas carecem de capacidade processual nesse sistema.
(B) No campo dos direitos humanos, desde a Declaração Universal de 1948, verifica-se a coexistência de diversos instrumentos de proteção estabelecendo regras de efeitos e conteúdo essencialmente formais.
(C) A resolução de conflitos nos casos concretos de violações de direitos humanos é tema de interesse exclusivamente nacional dos Estados.
(D) Os tratados podem agir como normas de direito interno, desde que ratificados e incorporados, podendo influenciar a alteração, ou criação, de regulamentação nacional específica.
(E) A partir de 1950, depois de estabelecida uma unidade conceitual dos direitos humanos, sua proteção internacional viu-se em acentuado declínio.

A: incorreta, pois o ser humano é sujeito de direito internacional e tem sim capacidade processual no sistema internacional de proteção dos direitos humanos. Um exemplo é a possibilidade do indivíduo enviar petições para a Corte Europeia de Direitos Humanos (sistema regional de proteção dos direitos humanos); **B:** incorreta, pois o que se percebe é a coexistência de diversos instrumentos de proteção com conteúdo essencialmente material. Tanto é que o Prof. Norberto Bobbio destacou, em conhecida frase, que o "maior problema dos direitos humanos hoje não é mais o de fundamentá-los, mas sim o de protegê-los". Se o examinador usou o termos 'formais' para dizer respeito às garantias, de fato, mostra uma situação totalmente contrária àquela desenhada pelo pensador italiano; **C:** incorreta. Toda a comunidade internacional tem interesse na resolução de conflitos, isso ficou claro com a Declaração Universal dos Direitos Humanos e a posterior constituição do sistema internacional de proteção dos direitos humanos (formado pelo global e pelos regionais). Existe um certo consenso sobre a existência de direitos humanos e o sistema internacional funciona para supervisionar o respeito à tais direitos em todos os países. O indivíduo ostenta direitos pelo simples fato de ser humano, e não por ser nacional de país X ou Z; **D:** correta. Uma vez incorporados, os tratados internacionais fazer parte do ordenamento jurídico pátrio, como qualquer outra lei. De um modo geral e depois de internalizado, o tratado é equiparado hierarquicamente à norma ordinária infraconstitucional[144-145] – . Assim, as normas infraconstitucionais preexistentes ao tratado serão derrogadas quando com ele colidirem (critério cronológico) ou quando forem gerais e os tratados forem especiais (critério da especialidade). Percebe-se que por se tratar de normas de mesma hierarquia (o tratado e a lei interna), em caso de conflito deve-se utilizar os critérios de solução de antinomias aparentes. Por outro lado, é muito defendida a tese que confere prevalência ao tratado sobre a lei interna (especialmente com supedâneo no art. 27 da Convenção de Viena sobre Direitos dos Tratados), apesar de o tema não ser pacífico, em matéria tributária adotou-se expressamente a prevalência do tratado sobre o direito interno (art. 98 do Código Tributário Nacional – CTN), determinando que a legislação tributária posterior ao tratado lhe deve obediência. Por sua vez, em relação especificamente aos tratados de direitos humanos, a posição atual do STF defende que tais documentos internacionais são superiores às normas infraconstitucionais e inferiores às normas constitucionais (tese da supralegalidade). Portanto, todo tratado de direitos humanos que for internalizado sem observar o procedimento estabelecido no artigo 5º, § 3º, da CF, tem *status* de norma supralegal; **E:** incorreta. Muito difícil defender a citada unidade conceitual apontada na assertiva. E pelo contrário, a proteção internacional dos direitos humanos se intensificou e não entrou em declínio.

Gabarito "D".

(Promotor de Justiça Militar – MPU – 2013) Assinale a alternativa incorreta:

(A) Pela atual jurisprudência do Supremo Tribunal Federal, é cabível o *habeas corpus* impetrado para discutir os pressupostos de legalidade de punição disciplinar militar.
(B) É constitucional legislação estadual que crie taxa de segurança pública tendo como fato gerador a efetiva ou potencial utilização, por pessoa determinada, dos serviços ou atividades policiais militares, inclusive o policiamento preventivo, nas hipóteses de eventos privados abertos ao público, mesmo que sem participação paga.
(C) Em relação ao atual regime da declaração de inconstitucionalidade, é possível afirmar que a jurisprudência do Supremo Tribunal Federal não adotou a teoria da transcendência dos motivos determinantes, de modo que o efeito vinculante refere-se à decisão em si de inconstitucionalidade, mas não alcança a fundamentação ou razão que levou o tribunal a decidir daquela forma (*ratio decidendi*).
(D) Qualquer pessoa, grupo de pessoas ou entidade não governamental legalmente reconhecida em um ou mais Estados-membros da Organização dos Estados Americanos pode apresentar à Comissão Interamericana de Direitos Humanos petições que contenham denúncias ou queixas de violação da Convenção Americana sobre Direitos Humanos por um Estado-membro.

A: assertiva correta, pois a assertiva expressa, de fato, a atual jurisprudência do STF; **B:** assertiva incorreta, devendo ser assinalada. Segue ementa do RE 536.639/RN, STF: "**1.** Tributo. Taxa de Segurança Pública. É inconstitucional a taxa que tenha por fato gerador a prestação de serviço de segurança pública, ainda que requisitada por particular. Serviço Público indivisível e não específico. Agravo regimental improvido. Precedentes. Dado seu caráter *uti universi*, o serviço de segurança pública não é passível de ser remunerado mediante taxa, atividade que só pode ser sustentada pelos impostos. **2.** Recurso. Extraordinário. Inadmissibilidade. Jurisprudência assentada. Ausência de razões consistentes. Decisão mantida. Agravo regimental improvido. Nega-se provimento a agravo regimental tendente a impugnar, sem razões consistentes, decisão fundada em jurisprudência assente na Corte; **C:** assertiva correta. Existem duas teorias principais sobre o tema. A teoria restritiva defende que apenas o dispositivo da sentença possui efeito vinculante no caso de uma declaração de inconstitucionalidade. Já a teoria extensiva advoga que, além do dispositivo, os motivos determinantes (*ratio decidendi*) da decisão também possuem efeito vinculante no caso de uma declaração de inconstitucionalidade. O STF adotou a teoria restritiva, logo, apenas a parte dispositiva da sentença contará com efeito vinculante (conforme Rcl 11477 AgR/CE, rel. Min. Marco Aurélio, 29.05.2012 – Informativo 668, STF); **D:** assertiva correta. A Comissão pode receber petições do indivíduo "lesionado", de terceiras pessoas ou de organizações não governamentais legalmente reconhecidas em um ou mais Estados-membros da OEA que representem o indivíduo lesionado.[146] Entrementes, essa competência só poderá ser exercida se o Estado violador tiver aderido à Convenção Americana de Direitos Humanos. Percebe-se que não é necessária a expressa aceitação da competência da Comissão para receber petições, bastando que o Estado tenha aderido à Convenção.

Gabarito "B".

(Defensoria/SP – 2013 – FCC) Sobre os direitos humanos dos povos indígenas é correto afirmar:

(A) A Constituição do Estado de São Paulo prevê expressamente que a Defensoria Pública prestará assistência jurídica aos índios do Estado, suas comunidades e organizações.
(B) A Corte Interamericana de Direitos Humanos adotou as medidas provisórias no caso da construção da Usina Belo Monte no Pará, determinando a suspensão da obra para preservação dos direitos dos povos indígenas (vida, saúde e integridade pessoal e cultural) em situação de isolamento voluntário na bacia do Xingu. No entanto, após informações do governo brasileiro, a Corte modificou a sua decisão determinando que fossem tomadas medidas de preservação dos direitos dos índios sem a suspensão da obra.
(C) O Plenário do Supremo Tribunal Federal, recentemente, decidiu que existiam vícios no processo administrativo-demarcatório de área da Reserva Indígena Raposa Serra do Sol, em Roraima, a ser ocupada por grupos indígenas, uma vez que não foram observados os artigos 231 e 232 da Constituição da República, bem como a Lei 6.001/1973 e seus decretos regulamentares.
(D) A Convenção sobre os Direitos da Criança, a Convenção sobre Mudança do Clima e a Convenção da Diversidade Biológica, todas do Sistema da Organização das Nações Unidas, também são tratados internacionais de direitos humanos pertinentes a assuntos indígenas.
(E) A Declaração das Nações Unidas sobre os Direitos dos Povos Indígenas atribui aos Estados e aos órgãos das Nações Unidas, especialmente o Fórum Permanente sobre Questões Indígenas, a função de zelar pelo seu cumprimento, já que a sua violação pelos Estados pode ensejar a responsabilização internacional perante a Corte Internacional de Justiça, admitindo-se a petição individual dos índios vítimas para que figurem como partes em questões contenciosas.

A: correta (artigo 282, § 2º, da Constituição do Estado de São Paulo); **B:** incorreta. O caso usina Belo Monte foi objeto de medida cautelar exarada pela Comissão Interamericana. Trata-se da MC 382/10 – Comunidade Indígenas da Bacia do Rio Xingu, Pará, Brasil. Segue resumo da MC 382/10 apresentado pela Comissão: em 1º de abril de 2011, a CIDH outorgou medidas cautelares a favor dos membros das comunidades indígenas da bacia do Rio Xingu, no Pará, Brasil: Arara da Volta Grande do Xingu; Juruna de Paquiçamba; Juruna do "Kilômetro 17"; Xikrin de Trincheira Bacajá; Asurini de Koatinemo, Kararaô e Kayapó da terra indígena Kararaô; Parakanã de Apyterewa; Araweté do Igarapé Ipixuna; Arara da terra indígena Arara; Arara de Cachoeira Seca; e as comunidades indígenas em isolamento voluntário da bacia do Xingu. A solicitação de medida cautelar alega que a vida e integridade pessoal dos beneficiários estariam em risco pelo impacto da construção da usina hidroe-

---

144. Conforme a ADI-MC 1.480/DF.
145. Os tratados e as convenções de direitos humanos não poderão ter *status* de lei complementar pela simples escolha do rito adotado para sua incorporação no direito brasileiro, isso porque a Constituição explicitamente elencou quais matérias devem ser exclusivamente tratadas por via de Lei Complementar.
146. Como exemplo pode-se citar o conhecido caso Maria da Penha.

létrica Belo Monte. A CIDH solicitou ao Governo Brasileiro que suspenda imediatamente o processo de licenciamento do projeto da UHE de Belo Monte e impeça a realização de qualquer obra material de execução até que sejam observadas as seguintes condições mínimas: (1) realizar processos de consulta, em cumprimento das obrigações internacionais do Brasil, no sentido de que a consulta seja prévia, livre, informativa, de boa-fé, culturalmente adequada, e com o objetivo de chegar a um acordo, em relação a cada uma das comunidades indígenas afetadas, beneficiárias das presentes medidas cautelares; (2) garantir, previamente a realização dos citados processos de consulta, para que a consulta seja informativa, que as comunidades indígenas beneficiárias tenham acesso a um Estudo de Impacto Social e Ambiental do projeto, em um formato acessível, incluindo a tradução aos idiomas indígenas respectivos; (3) adotar medidas para proteger a vida e a integridade pessoal dos membros dos povos indígenas em isolamento voluntário da bacia do Xingú, e para prevenir a disseminação de doenças e epidemias entre as comunidades indígenas beneficiárias das medidas cautelares como consequência da construção da hidroelétrica Belo Monte, tanto daquelas doenças derivadas do aumento populacional massivo na zona, como da exacerbação dos vetores de transmissão aquática de doenças como a malária. Em 29 de julho de 2011, durante o 142º Período de Sessões, a CIDH avaliou a MC 382/10 com base na informação enviada pelo Estado e pelos peticionários, e modificou o objeto da medida, solicitando ao Estado que: 1) Adote medidas para proteger a vida, a saúde e integridade pessoal dos membros das comunidades indígenas em situação de isolamento voluntário da bacia do Xingu, e da integridade cultural de mencionadas comunidades, que incluam ações efetivas de implementação e execução das medidas jurídico-formais já existentes, assim como o desenho e implementação de medidas específicas de mitigação dos efeitos que terá a construção da represa Belo Monte sobre o território e a vida destas comunidades em isolamento; 2) Adote medidas para proteger a saúde dos membros das comunidades indígenas da bacia do Xingu afetadas pelo projeto Belo Monte, que incluam (a) a finalização e implementação aceleradas do Programa Integrado de Saúde Indígena para a região da UHE Belo Monte, e (b) o desenho e implementação efetivos dos planos e programas especificamente requeridos pela FUNAI no Parecer Técnico 21/09, recém enunciados; e 3) Garantisse a rápida finalização dos processos de regularização das terras ancestrais dos povos indígenas na bacia do Xingu que estão pendentes, e adote medidas efetivas para a proteção de mencionados territórios ancestrais ante apropriação ilegítima e ocupação por não indígenas, e frente a exploração ou o deterioramento de seus recursos naturais. Adicionalmente, a CIDH decidiu que o debate entre as partes no que se refere a consulta prévia e ao consentimento informado em relação ao projeto Belo Monte se transformou em uma discussão sobre o mérito do assunto que transcende o âmbito do procedimento de medidas cautelares; **C:** incorreta. O STF validou a reserva indígena da Raposa Serra do Sol; **D:** incorreta, pois nenhuma dessas convenções, pertencentes ao sistema global de proteção dos direitos humanos, tratam especificamente de assuntos indígenas; **E:** incorreta, pois não se admite petição individual.

Gabarito "A".

(Defensoria/SP – 2013 – FCC) Durante a 43ª Assembleia Geral da OEA, na sessão plenária de 05 de junho de 2013, foi aprovada por unanimidade a Resolução 2.801/2013. Trata-se do terceiro documento aprovado pela OEA referente à Defensoria Pública no âmbito do acesso à justiça. Dentre as diretrizes aprovadas no texto, qual dos itens abaixo NÃO está previsto nesta resolução?

(A) Incentivar os Estados que já dispõem da instituição da Defensoria Pública para que considerem a possibilidade de criação de um Conselho Nacional da Defensoria Pública para zelar pela autonomia funcional, financeira e administrativa, assim como fiscalizar e otimizar o acesso justiça à população carente.

(B) Incentivar novamente os Estados que ainda não disponham da instituição da Defensoria Pública para que considerem a possibilidade de criá-la em seus ordenamentos jurídicos.

(C) Afirmar a importância fundamental do serviço de assistência jurídica gratuita prestado pelos defensores públicos para a promoção e a proteção do direito ao acesso à justiça de todas as pessoas, em especial daquelas que se encontrem em situação especial de vulnerabilidade em todas as etapas do processo.

(D) Afirmar que o acesso à justiça como direito humano fundamental é, ao mesmo tempo, o meio que possibilita o restabelecimento do exercício dos direitos que tenham sido ignorados ou violados.

(E) Instar os Estados a que promovam oportunidades de cooperação internacional para o intercâmbio de experiências e boas práticas na matéria.

Para responder essa questão nada melhor e mais completo do que proceder a tradução da Resolução 2.801/2013.
AG/RES. 2801 (XLIII-O/13)
Em direção à autonomia da Defensoria Pública como garantia do acesso à justiça
(Aprovada na segunda sessão plenária, celebrada no dia 5 de junho de 2013)
A ASSSEMBLEIA GERAL,
CONSIDERANDO que a Convenção Americana sobre Direitos Humanos no seu artigo 8º estabelece com destaque as garantias judiciais; as resoluções AG/RES. 2656 (XLI-O/11) e AG/RES. 2714 (XLII-O/12); as Regras de Brasília sobre Aceso à Justiça das Pessoas em Condição de Vulnerabilidade, e o caráter universal, indivisível e interdependente dos direitos humanos;
AFIRMANDO que os Estados-Membros têm a obrigação de respeitar e de garantir o exercício dos direitos reconhecidos nos tratados internacionais de que são partes e nas suas legislações internas, eliminando os obstáculos que afetam ou limitam o acesso à Defensoria Pública, de maneira que se assegure o livre e pleno acesso à justiça;

CONSIDERANDO que o acesso à justiça, que é direito humano fundamental por si só, é também o meio que permite reestabelecer o exercício daqueles direitos que foram ignorados ou violados, e destacando que o acesso à justiça não se esgota com o ingresso das pessoas na instância judicial, mas se estende por todo o processo, que deve estar em conformidade com os princípios que sustentam o Estado de direito;
TENDO EM CONTA a importância fundamental de que o serviço de Defensoria Pública oficial goze de independência, autonomia funcional e técnica; e
DESTACANDO:
As conclusões da sessão especial sobre o intercâmbio de boas práticas e experiências sobre a Defensoria Pública celebrada na Comissão de Assuntos Jurídicos e Políticos, no dia 7 de março do ano de 2013;
O Acordo de Entendimento entre a Associação Interamericana de Defensorias Públicas (AIDEF) e a Secretaria Geral, por meio da Secretaria Executiva da Comissão Interamericana de Direitos Humanos (CIDH), com o objetivo de coordenar seus esforços para garantir e melhorar o acesso à justiça interamericana das presumidas vítimas, cujos casos se encontram na etapa de análise do mérito sob responsabilidade da CIDH; e
O exitoso trabalho que realizam os defensores públicos interamericanos na defesa dos direitos das vítimas de violações dos direitos humanos, no marco do Acordo de Entendimento assinado entre a AIDEF e a Corte Interamericana de Direitos Humanos,
RESOLVE:
1. Afirmar que o acesso à justiça, enquanto direito humano fundamental, é o meio que permite reestabelecer o exercício daqueles direitos que foram ignorados ou violados.
2. Apoiar o trabalho que estão desenvolvendo os defensores públicos oficiais dos Estados do Hemisfério, o qual constitui um aspecto essencial para o fortalecimento do acesso à justiça e da consolidação da democracia.
3. Afirmar a importância fundamental que tem o serviço de assistência gratuita prestada pelos defensores públicos oficiais para a promoção e proteção do direito de acesso à justiça de todas as pessoas, em particular daquelas que se encontram em situação especial de vulnerabilidade em todas as etapas do processo.
4. Reiterar mais uma vez aos Estados-Membros, que já possuem o serviço de assistência gratuita, a importância de adotarem ações tendentes a permitir que os defensores públicos oficiais gozem de independência, autonomia funcional, financeira e/ou orçamentária e técnica.
5. Destacar a importância da independência, autonomia funcional, financeira e/ou orçamentária da Defensoria Pública, sem prejuízo da diversidade dos sistemas jurídicos de cada país, como parte dos esforços dos Estados-Membros para garantir um serviço público eficiente, livre de ingerências e controles indevidos por parte de outros poderes do Estado que afetam sua autonomia funcional, guiada pelo interesse do defendido ou defendida.
6. Encorajar novamente os Estados, que ainda não possuem a instituição da Defensoria Pública, a considerarem a possibilidade de criá-la no marco de seus ordenamentos jurídicos.
7. Encorajar, quando necessário, os Estados-Membros a promoverem a participação dos defensores públicos no Sistema Interamericano de Direitos Humanos, isto para que o direito a defesa técnica seja exercido e garantido desde o primeiro momento do procedimento, dirigido contra uma pessoa a nível nacional, até quando ocorra a emissão da sentença pela Corte Interamericana de Direitos Humanos.
8. Encorajar os Estados a promoverem oportunidades de cooperação internacional para o intercâmbio de experiências e boas práticas na matéria.
9. Encorajar os Estados e os órgãos do sistema interamericano a promoverem a celebração de convênios para capacitação e formação de defensores públicos.
10. Solicitar ao Conselho Permanente que realize uma segunda sessão especial da Comissão de Assuntos Jurídicos e Políticos para o intercâmbio de boas práticas e experiências geradas com a implementação das resoluções AG/RES. 2656 (XLI-O/11) e AG/RES. 2714 (XLII-O/12), no primeiro trimestre do ano de 2014, com a presença dos Estados-membros e de suas respectivas instituições oficiais de assistência jurídica, dos integrantes da Associação Interamericana de Defensorias Públicas, de acadêmicos e da sociedade civil, assim como das organizações internacionais.
11. Encorajar o Departamento de Direito Internacional da Secretaria de Assuntos Jurídicos a elaborar uma compilação de boas práticas sobre o acesso à justiça e Defensoria Pública na região, seguindo o ponto resolutivo 6 da resolução AG/RES. 2656 (XLI-O/11) e o ponto resolutivo 9 da resolução AG/RES. 2714 (XLII-O/12), com as recomendações que estimem pertinentes para consolidar, paulatinamente, o sistema de Defensoria Pública autônoma e independente no continente.
12. Solicitar ao Conselho Permanente que informe a Assembleia Geral, no 44º período ordinário de sessões, sobre a implementação da presente resolução. A execução das atividades previstas nessa resolução estará sujeita à disponibilidade de recursos financeiros no orçamento da Organização e outros recursos.
Pelo teor da presente Resolução (principalmente seu ponto 4), aponta-se a assertiva "A" como incorreta, pois o descrito nessa assertiva não se encontra disposto na Resolução nº 2801/13. A assertiva "B" está correta porque reproduz o ponto 6 da Resolução. A assertiva "C" está correta porque reproduz o ponto 3 da Resolução. A assertiva "D" está correta porque reproduz o ponto 1 da Resolução. A assertiva "E" está correta porque reproduz o ponto 8 da Resolução.

Gabarito "A".

(Defensor Público/AM – 2013 – FCC) Dos tratados do sistema global de direitos humanos, ainda NÃO foi ratificado pelo Brasil

(A) a Convenção sobre os Direitos da Criança.
(B) a Convenção Internacional sobre a Proteção dos Direitos de Todos os Trabalhadores Migrantes e Membros de suas Famílias.
(C) o Pacto Internacional de Direitos Econômicos, Sociais e Culturais.
(D) a Convenção sobre a Eliminação de todas as formas de Discriminação Racial.

(E) o Pacto Internacional de Direitos Civil e Políticos.

A: incorreta. A Convenção sobre os Direitos da Criança, adotada pela ONU por meio da Resolução 44/25 da Assembleia Geral em 20 de novembro de 1989 e promulgada no Brasil em 21 de novembro de 1990 pelo Decreto nº 99.710, tem por fundamento a consciência de que a criança, em virtude de sua falta de maturidade física e mental, necessita de proteção e cuidados especiais, inclusive a devida proteção legal, tanto antes quanto após seu nascimento; **B:** correta. A Convenção sobre a Proteção dos Direitos de Todos os Trabalhadores Migrantes e Membros de suas Famílias. adotada pela ONU, por meio da resolução 45/158 da Assembleia Geral, em 18 de dezembro de 1990 e não ratificada pelo Brasil, tem por fundamento a importância e a extensão do fenômeno da migração, que envolve milhares de pessoas e afeta um grande número de Estados na comunidade internacional, como também o efeito das migrações de trabalhadores nos Estados e nas populações interessadas. Tem por objetivo estabelecer normas que possam contribuir para a harmonização das condutas dos Estados mediante a aceitação de princípios fundamentais relativos ao tratamento dos trabalhadores migrantes e dos membros das suas famílias, pessoas que frequentemente se encontram em situação de vulnerabilidade; **C:** incorreta. O Pacto Internacional de Direitos Econômicos, Sociais e Culturais foi aprovado em 1966 pela Assembleia Geral das Nações Unidas, mas, devido à grande resistência que sofreu, somente adquiriu as ratificações necessárias para entrar em vigor no ano de 1976, mas só, foi promulgado, no Brasil, pelo Decreto nº 591 de 6 de julho de 1992. Seu grande objetivo é expandir e tornar obrigatórios e vinculantes os direitos econômicos, sociais e culturais elencados na Declaração Universal dos Direitos Humanos; **D:** incorreta. A Convenção sobre a Eliminação de todas as formas de Discriminação Racial foi adotada pela ONU por meio da Resolução 2.106 (XX) da Assembleia Geral em 21 de dezembro de 1965 e promulgada no Brasil em 8 de dezembro de 1969 pelo Decreto nº 65.810, tem por fundamento a consciência de que a discriminação entre as pessoas por motivo de raça, cor ou origem étnica é um obstáculo às relações amistosas e pacíficas entre as nações e é capaz de perturbar a paz e a segurança entre os povos e a harmonia de pessoas vivendo lado a lado, até dentro de um mesmo Estado; **E:** incorreta. O Pacto Internacional de Direitos Civil e Políticos foi adotado em 1966 pela Resolução 2.200 A (XXI) da Assembleia Geral das Nações Unidas, mas, devido à grande resistência que sofreu, somente adquiriu as ratificações necessárias para entrar em vigor no ano de 1976. Seu grande objetivo é expandir e tornar obrigatórios e vinculantes os direitos civis e políticos elencados na Declaração Universal dos Direitos Humanos. No Brasil, o Pacto foi ratificado em 24 de janeiro de 1992.

Gabarito "B".

(Defensor Público/TO – 2013 – CESPE) Assinale a opção correta acerca das garantias judiciais no âmbito do direito internacional.

(A) A Convenção Americana sobre Direitos Humanos não reconhece o princípio do "ne bis in idem".
(B) A Convenção Europeia sobre Direitos Humanos e a Convenção Americana sobre Direitos Humanos preveem a assistência gratuita de um intérprete aos acusados que não compreendam o idioma utilizado pela acusação, mas o mesmo direito não é expressamente garantido na Convenção Sobre os Direitos da Criança.
(C) A Convenção Europeia sobre Direitos Humanos permite que à imprensa seja negado o acesso às sessões de julgamento nos tribunais.
(D) Embora exija que todos tenham direito a um julgamento justo, a Declaração Universal dos Direitos Humanos não reconhece o princípio da anterioridade da lei penal.
(E) A Convenção sobre a Eliminação de Todas as Formas de Discriminação contra a Mulher exige, de maneira genérica, a plena igualdade entre homens e mulheres, mas não contém cláusula específica sobre a isonomia de gênero nas instâncias judiciais.

A: incorreta. O art. 8º, ponto 4, da Convenção Americana reconhece expressamente o princípio do ne bis in idem; **B:** incorreta. O art. 40, ponto 2, VI da Convenção Sobre os Direitos da Criança prevê que a criança contará com a assistência gratuita de um intérprete caso a não compreenda ou fale o idioma utilizado; **C:** correta, pois em consonância com a redação do art. 6º, ponto 1, da Convenção Europeia; **D:** incorreta, pois o art. XI, ponto 2, da Declaração Universal reconhece o princípio da anterioridade da lei penal; **E:** incorreta, pois existe previsão que estabelece, de forma específica, a isonomia de gênero nas instâncias judiciais.

Gabarito "C".

(Defensor Público/TO – 2013 – CESPE) A respeito da proteção aos presos no âmbito do direito internacional, assinale a opção correta.

(A) A Convenção Americana sobre Direitos Humanos e a Declaração Universal dos Direitos Humanos exigem a separação entre o suspeito de praticar infração penal que aguarda julgamento e o preso condenado.
(B) A Convenção Americana sobre Direitos Humanos proíbe a pena de trabalhos forçados.
(C) A Convenção Europeia sobre Direitos Humanos e o Pacto Internacional de Direitos Civis e Políticos prescrevem que poderá ser exigida garantia de comparecimento ao juízo para a libertação de preso suspeito da prática de infração penal.
(D) A Declaração Universal dos Direitos Humanos garante expressamente aos presos o direito de participação política.
(E) A Convenção sobre os Direitos da Criança determina que, em qualquer circunstância, as crianças privadas de liberdade sejam separadas dos adultos.

A: incorreta, pois apenas a Convenção Americana sobre Direitos Humanos prevê a separação entre o suspeito de praticar infração penal que aguarda julgamento e o preso condenado (art. 5º, ponto 4); **B:** incorreta, pois o art. 6º, ponto 2, da Convenção Americana assim dispõe: "Ninguém deve ser constrangido a executar trabalho forçado ou obrigatório. Nos países em que se prescreve, para certos delitos, pena privativa de liberdade acompanhada de trabalhos forçados, esta disposição não pode ser interpretada no sentido de proibir o cumprimento da dita pena, imposta por um juiz ou tribunal competente. O trabalho forçado não deve afetar a dignidade, nem a capacidade física e intelectual do recluso"; **C:** correta, pois os dois tratados fazem a previsão constante da assertiva; **D:** incorreta, pois a Declaração Universal não garante expressamente aos presos o direito de participação política; **E:** incorreta. O art. 37, ponto 6, da Convenção assim estatui: "toda criança privada da liberdade seja tratada com a humanidade e o respeito que merece a dignidade inerente à pessoa humana, e levando-se em consideração as necessidades de uma pessoa de sua idade. Em especial, toda criança privada de sua liberdade ficará separada dos adultos, a não ser que tal fato seja considerado contrário aos melhores interesses da criança, e terá direito a manter contato com sua família por meio de correspondência ou de visitas, salvo em circunstâncias excepcionais".

Gabarito "C".

(Defensor Público/TO – 2013 – CESPE) No que concerne à garantia da liberdade de pensamento e expressão, assinale a opção correta de acordo com o direito internacional.

(A) De acordo com a Convenção Europeia sobre Direitos Humanos, o regime de autorização prévia para funcionamento de empresas noticiosas televisivas e de radiodifusão é incompatível com o direito à liberdade de expressão.
(B) A Convenção sobre o Direito das Crianças admite restrição à liberdade de expressão para a garantia do respeito à reputação dos indivíduos.
(C) A Declaração Universal dos Direitos Humanos é mais restrita quanto à definição da liberdade de opinião que as convenções americana e europeia sobre direitos humanos, visto que leva em consideração, apenas, o direito à opinião, não abordando, como fazem as referidas convenções, o direito de formar a opinião.
(D) A Convenção Americana sobre Direitos Humanos admite a censura prévia exclusivamente nos casos previstos em lei para a proteção da segurança nacional ou da ordem pública.
(E) A Convenção sobre a Eliminação de Todas as Formas de Discriminação contra a Mulher prevê expressamente o direito de a mulher ser tratada em igualdade de condições no que se refere à publicação de suas opiniões pela imprensa.

A: incorreta, pois o art. 10, ponto 1, da Convenção Europeia assim dispõe: "Este direito compreende a liberdade de opinião e a liberdade de receber ou de transmitir informações ou ideias sem que possa haver ingerência de quaisquer autoridades públicas e sem considerações de fronteiras. O presente artigo não impede que os Estados submetam as empresas de radiodifusão, de cinematografia ou de televisão a um regime de autorização prévia"; **B:** correta, pois conforme o comando do art. 13, ponto 2, a, da Convenção sobre o Direito das Crianças; **C:** incorreta, pois a redação do art. XIX da Declaração Universal é a seguinte: "Toda pessoa tem direito à liberdade de opinião e expressão; este direito inclui a liberdade de, sem interferência, ter opiniões e de procurar, receber e transmitir informações e ideias por quaisquer meios e independentemente de fronteiras"; **D:** incorreta. O art. 13 da Convenção Americana assim estatui: "ponto 1 – Toda pessoa tem o direito à liberdade de pensamento e de expressão. Esse direito inclui a liberdade de procurar, receber e difundir informações e ideias de qualquer natureza, sem considerações de fronteiras, verbalmente ou por escrito, ou em forma impressa ou artística, ou por qualquer meio de sua escolha; ponto 2 – O exercício do direito previsto no inciso precedente não pode estar sujeito a censura prévia, mas a responsabilidades ulteriores, que devem ser expressamente previstas em lei e que se façam necessárias para assegurar: a) o respeito dos direitos e da reputação das demais pessoas; b) a proteção da segurança nacional, da ordem pública, ou da saúde ou da moral públicas; **E:** incorreta, pois não existe referida previsão na Convenção sobre a Eliminação de Todas as Formas de Discriminação contra a Mulher.

Gabarito "B".

(Defensor Público/ES – 2012 – CESPE) Julgue os itens que se seguem, referentes ao direito internacional dos direitos humanos e ao sistema interamericano de direitos humanos.

(1) No exercício de sua competência consultiva, a Corte Interamericana de Direitos Humanos pode considerar qualquer tratado internacional aplicável aos Estados americanos.
(2) A Carta das Nações Unidas não integra o núcleo de direito internacional dos direitos humanos, pois apenas institui um organismo internacional.
(3) A mudança de nacionalidade é direito assegurado pela Declaração Universal de Direitos Humanos.
(4) Nos termos do Pacto Internacional de Direitos Civis e Políticos, a autodeterminação dos povos esgota-se na possibilidade de estabelecer livremente o seu estatuto político.
(5) O Pacto Internacional de Direitos Econômicos, Sociais e Culturais relaciona o direito ao trabalho ao gozo das liberdades políticas fundamentais.

(6) Nos termos da Convenção Internacional sobre a Eliminação de Todas as Formas de Discriminação Racial, a exclusão de direitos baseada unicamente na origem nacional também poderá caracterizar discriminação racial.

1: certo. A competência consultiva da Corte é marcada por sua grande finalidade de uniformizar a interpretação da Convenção Americana de Direitos Humanos e dos tratados de direitos humanos confeccionados no âmbito da OEA. Dentro dessa competência, qualquer Estado-membro ou órgão[147] da OEA pode pedir que a Corte emita parecer que indique a correta interpretação da Convenção e dos tratados concernentes à proteção dos direitos humanos nos Estados Americanos (art. 64, ponto 1, da Convenção Americana de Direitos Humanos); **2:** errado. A Carta das Nações Unidas é o exemplo mais emblemático do processo de internacionalização dos direitos humanos ocorridos no pós-guerra. Cito o ponto 3 do art. 1º da Carta: "Conseguir uma cooperação internacional para resolver os problemas internacionais de caráter econômico, social, cultural ou humanitário, e para promover e estimular o respeito aos direitos humanos e às liberdades fundamentais para todos, sem distinção de raça, sexo, língua ou religião"; **3:** certo, pois o art. XV, ponto 2, da Declaração assim determina: "Ninguém será arbitrariamente privado de sua nacionalidade, nem do direito de mudar de nacionalidade"; **4:** errado. O art. 1º do Pacto assim estatui: "ponto **1:** Todos os povos têm direito à autodeterminação. Em virtude desse direito, determinam livremente seu estatuto político e asseguram livremente seu desenvolvimento econômico, social e cultural; ponto **2:** Para a consecução de seus objetivos, todos os povos podem dispor livremente de suas riquezas e de seus recursos naturais, sem prejuízo das obrigações decorrentes da cooperação econômica internacional, baseada no princípio do proveito mútuo, e do Direito internacional. Em caso algum, poderá um povo ser privado de seus meios de subsistência; ponto **3:** Os Estados-partes do presente pacto, inclusive aqueles que tenham a responsabilidade de administrar territórios não autônomos e territórios sob tutela, deverão promover o exercício do direito à autodeterminação e respeitar esse direito, em conformidade com as disposições da Carta das nações unidas"; **5:** certo. Os direitos humanos possuem como características nucleares a indivisibilidade e a interdependência. Assim, todos os direitos humanos se retroalimentam e se complementam, assim, é infrutífero buscar a proteção e a promoção de apenas uma parcela deles. Portanto, cada direito depende dos outros para ser substancialmente realizado; **6:** certo, pois o art. 1º da Convenção assim estatui: "Para os fins da presente Convenção, a expressão "discriminação racial" significará toda distinção, exclusão, restrição ou preferência baseada em raça, cor, descendência ou origem nacional ou étnica que tenha por objeto ou resultado anular ou restringir o reconhecimento, gozo ou exercício em um mesmo plano (em igualdade de condição) de direitos humanos e liberdades fundamentais nos campos político, econômico, social, cultural ou em qualquer outro campo da vida pública".

Gabarito 1C, 2E, 3C, 4E, 5C, 6C

(Defensor Público/PR – 2012 – FCC) Na evolução histórica do que hoje é conhecido como Direito Internacional dos Direitos Humanos, alguns momentos são marcantes para o Brasil e para o mundo. Sobre esse assunto, é INCORRETO afirmar:

(A) Na Declaração e Programa de Ação de Viena, aprovada na Conferência Mundial sobre Direitos Humanos de 1993, a natureza universal dos direitos humanos foi estabelecida como inquestionável, embora tenha ficado registrado também que as especificidades nacionais e regionais e os diversos antecedentes históricos, culturais e religiosos não poderiam ser descartados.

(B) Um dos efeitos do embate ideológico do pós-Segunda Guerra no desenvolvimento do Direito Internacional dos Direitos Humanos foi a cisão dos direitos civis e políticos em relação aos direitos econômicos, sociais e culturais.

(C) O Pacto Internacional sobre Direitos Civis e Políticos, no seu art. 27, supera a cisão entre direitos civis e políticos, de um lado, e direitos econômicos, sociais e culturais, de outro, ao proteger o direito de minorias étnicas, religiosas ou linguísticas à sua própria vida cultural.

(D) Em 11/11/2002, data de publicação do decreto que incorporou ao direito interno a declaração a que se refere o art. 62 da Convenção Americana sobre Direitos Humanos, o Brasil reconheceu como obrigatória a competência da Corte Interamericana de Direitos Humanos para fatos posteriores à referida data de publicação.

(E) A Liga ou Sociedade das Nações, antecedente da Organização das Nações Unidas, contava com um incipiente sistema de proteção de minorias e refugiados liderado pelo norueguês Fridtjof Nansen (1861-1930).

A: correta. O princípio da complementaridade solidária dos direitos humanos de qualquer espécie dialoga com a universalidade, a interdependência e a indivisibilidade. Ele foi proclamado solenemente na 2ª Conferência Mundial de Direitos Humanos, realizada em Viena em 1993. É importante transcrever o ponto 5 da Declaração de Direitos Humanos de Viena, que sintetiza as características dos direitos humanos de modo geral: "Todos os direitos humanos são universais, indivisíveis, interdependentes e inter-relacionados. A comunidade internacional deve tratar os direitos humanos de forma global, justa e equitativa, em pé de igualdade e com a mesma ênfase. Embora particularidades nacionais e regionais devam ser levadas em consideração, assim como diversos contextos históricos, culturais e religiosos, é dever dos Estados promover e proteger todos os direitos humanos e liberdades fundamentais, sejam quais forem seus sistemas políticos, econômicos e culturais"; **B:** correta. Os direitos civis e políticos foram consagrados no Pacto Internacional de Direitos Civis e Políticos e os direitos sociais, culturais e econômicos foram consagrados no Pacto Internacional de Direitos Econômicos, Sociais e Culturais. Cabe enfatizar que no bojo da Declaração Universal dos Direitos Humanos encontram-se direitos civis e políticos (artigos 3º a 21) e direitos econômicos, sociais e culturais (artigos 22 a 28), o que reforça as características da indivisibilidade e interdependência dos direitos humanos; **C:** correta. O art. 27 do Pacto assim dispõe: "No caso em que haja minorias étnicas, religiosas ou linguísticas, as pessoas pertencentes a essas minorias não poderão ser privadas do direito de ter, conjuntamente com outras membros de seu grupo, sua própria vida cultural, de professar e praticar sua própria religião e usar sua própria língua"; **D:** incorreta (devendo ser assinalada). O Brasil reconheceu a competência obrigatória da Corte em 8 de novembro de 2002 (Decreto nº 4.463). O reconhecimento foi feito por prazo indeterminado, mas abrange fatos ocorridos após 10 de dezembro de 1998; **E:** correta, pois todas informações elencadas na assertiva são corretas.

Gabarito "D"

(Defensor Público/PR – 2012 – FCC) Prevalecia no Direito Internacional do século XIX um entendimento, que se estendeu por muitos anos, no sentido de que o ser humano era apenas um objeto cuja relevância jurídica estava intrinsecamente vinculada ao Estado. As instituições internacionais contemporâneas, porém, adotam cada vez mais procedimentos que reforçam a personalidade jurídica internacional do ser humano. Uma descrição correta de desenvolvimento do acesso direto dos indivíduos às instâncias internacionais de direitos humanos no Direito Internacional Público é:

(A) O debate público em torno dos relatórios submetidos pelos Estados-Parte, nos termos do art. 40 do Pacto Internacional de Direitos Civis e Políticos, proporciona certo grau de monitoramento internacional da situação de direitos humanos em vários países e, em alguns casos, já gerou mudanças em leis internas que beneficiaram diretamente os indivíduos.

(B) Por meio dos chamados Procedimentos Especiais, o Conselho de Direitos Humanos das Nações Unidas, instituído por resolução da Assembleia Geral da ONU de 2006, monitora situações específicas de vários países ou questões temáticas de direitos humanos em todo o mundo, contribuindo para a difusão cada vez maior de padrões uniformes internacionais e para a cessação do quadro de violações sistemáticas desses direitos.

(C) O Alto Comissariado das Nações Unidas para Direitos Humanos, órgão coletivo do Sistema Universal de Direitos Humanos criado pela Assembleia Geral da ONU em 1993, recebe petições individuais e pode promover ações de proteção em qualquer parte do mundo, no relacionamento com qualquer governo.

(D) Embora no Sistema Interamericano de Direitos Humanos, o indivíduo não possa acessar diretamente a Corte Interamericana, o regulamento desse tribunal admite a participação direta dos indivíduos demandantes em todas as etapas do procedimento, após a apresentação do caso pela Comissão Interamericana.

(E) Um dos maiores desafios do Sistema Interamericano de Direitos Humanos é transformar o *jus standi*, isto é, a possibilidade de comparecer autonomamente, *a posteriori*, em procedimentos do órgão judicial internacional, em *locus standi*, ou seja, direito efetivo do indivíduo de acessar, sem intermediários, a Corte Interamericana.

A: incorreta. Não é possível afirmar que existiram modificações que beneficiaram diretamente os indivíduos em função dos relatórios enviados pelos Estados. Afinal, tais relatórios funcionam como uma prestação de contas dos Estados perante os órgãos internacionais de monitoramento. No caso em específico, o órgão de monitoramento instituído pelo Pacto Internacional de Direitos Civis e Políticos é o Comitê de Direitos Humanos; **B:** incorreta. O CDH é um órgão subsidiário da Assembleia Geral e tem como principais competências: a) promover a educação e o ensino em direitos humanos; b) auxiliar os Estados na implementação das políticas de direitos humanos assumidas em decorrência das Conferências da ONU, como também sua devida fiscalização; c) submeter um relatório anual à Assembleia Geral; e d) propor recomendações acerca da promoção e proteção dos direitos humanos. Pode-se afirmar que o CDH se insere no sistema global[148] de proteção dos direitos humanos como um mecanismo não convencional, destoando dos mecanismos convencionais de proteção instituídos pelas Convenções da ONU. A fonte material do sistema não convencional são as resoluções elaboradas pelos órgãos da ONU (notadamente o Conselho de Direitos Humanos, a Assembleia Geral e o Conselho Econômico e Social). Todavia, não se pode afirmar que a atuação do CDH ocasionou diretamente o acesso direto dos indivíduos às instâncias internacionais de direitos humanos; **C:** incorreta. Alto Comissariado das Nações Unidas para Direitos Humanos não é um órgão coletivo, mas sim singular. Ademais, o Alto-Comissário tem a função primordial de promover os direitos humanos e lidar com as questões de direitos humanos do ONU, além de manter diálogo com todos os Estados membros sobre temas relacionados aos direitos humanos. As responsabilidades do Alto-Comissário incluem: a resolução de conflitos; prevenção e alerta de abusos, assistência aos Estados em períodos de transição política; promoção de direitos substantivos aos Estados; coordenação e racionalização de programas em direitos humanos. Por fim, a criação do EACDH é

---

147. Os órgãos estão elencados no capítulo X da Carta da Organização dos Estados Americanos.

148. Também denominado Sistema das Nações Unidas.

consequência das recomendações formuladas no seio da 2ª Conferência Mundial de Direitos Humanos (Conferência de Viena), pela Resolução 48/141 da Assembleia Geral da ONU, em 20 de dezembro de 1993; **D:** correta, pois a assertiva está em consonância com o disposto no art. 23, ponto 1, do Regulamento da Corte Interamericana de Direitos Humanos. Tal regramento, de fato, descreve bem o desenvolvimento do acesso direto dos indivíduos às instâncias internacionais de direitos humanos; **E:** incorreta, pois não descreve corretamente o desenvolvimento do acesso direto dos indivíduos às instâncias internacionais de direitos humanos, mas apenas faz uma previsão sobre um dos maiores desafios que deve ser encarado pelo Sistema Interamericano de Direitos Humanos.

Gabarito "D".

(Defensor Público/PR – 2012 – FCC) O Direito Internacional dos Direitos Humanos, o Direito Internacional Humanitário e o Direito Internacional dos Refugiados são constituídos, cada um deles, por distintos conjuntos normativos que, no entanto, gradualmente, evoluíram de um funcionamento compartimentalizado para uma crescente interação. Sobre o relacionamento dessas três vertentes da Proteção Internacional da Pessoa Humana é INCORRETO afirmar:

(A) De uma maneira geral, pode-se dizer que as situações específicas não protegidas pelo Direito Internacional Humanitário e pelo Direito Internacional dos Refugiados são abarcadas pelo Direito Internacional dos Direitos Humanos.

(B) A relação entre Direito Internacional dos Direitos Humanos e Direito Internacional dos Refugiados lança luz sobre a dimensão preventiva da proteção da pessoa humana no plano internacional, pois, as violações sistemáticas de direitos humanos em determinado país levam ao deslocamento de indivíduos para outras regiões, em função dos temores de perseguição por motivos de raça, religião, nacionalidade ou opinião política.

(C) A proteção de vítimas em conflitos internos e situações de emergência constitui um profícuo campo de interação entre o Direito Internacional Humanitário e o Direito Internacional dos Direitos Humanos.

(D) Pela Cláusula de Martens, instituto de Direito Internacional Humanitário, nas situações não previstas, tanto os combatentes, quanto os civis, ficam sob a proteção e a autoridade dos princípios do direito internacional, o que abre espaço para a incidência do Direito Internacional dos Direitos Humanos.

(E) O princípio do *non-refoulement*, instituto de Direito Internacional Humanitário aceito e reconhecido pela comunidade internacional como *jus cogens*, aplica-se ao Direito Internacional dos Refugiados e ao Direito Internacional dos Direitos Humanos.

A: correta. O Direito Internacional dos Refugiados, o Direito Internacional Humanitário e o Direito Internacional dos Direitos Humanos são complementares, apesar de serem conjuntos de leis distintas, pois buscam proteger o indivíduo de ações arbitrárias e de abusos. Os direitos humanos são inerentes ao ser humano e protegem os indivíduos sempre, sejam estes considerados refugiados ou não ou seja em tempos de guerra ou de paz. O Direito Internacional dos Refugiados se aplica apenas em situações que envolvem refugiados e o Direito Internacional Humanitário se aplica apenas em situações de conflitos armados internacionais e não internacionais. Portanto, o Direito Internacional dos Direitos Humanos é complementar ao Direito Internacional Humanitário e ao Direito Internacional dos Refugiados sempre que o contexto fático englobar alguma consideração sobre refugiados ou disser respeito em a algum conflito armado; **B:** correta, pois refugiado é o indivíduo que, perseguido devido à sua raça, religião, nacionalidade, opinião política ou por sua ligação com certo grupo social, se encontra fora de seu país de nacionalidade e não pode ou não quer, por temor, regressar ao seu país; ou o apátrida que, perseguido devido à sua raça, religião, nacionalidade, opinião política ou por sua ligação com certo grupo social, se encontra fora do país onde teve sua última residência habitual e não pode ou não quer, por temor, regressar a tal país. Ainda, é possível considerar refugiado todo aquele que é vítima de grave e generalizada violação de direitos humanos; **C:** correta. Reler o comentário sobre a assertiva "A"; **D:** correta. Relacionado ao Direito de Haia, cabe destacar a *cláusula Martens*, essa aparece na Convenção da Haia, de 1907, sobre os Costumes da Guerra Terrestre e faz alusão ao nome do Ministro das Relações Exteriores do Czar Alexandre, da Rússia. Sua aplicação ocorre nas situações não previstas, ou melhor, não regulamentas por qualquer tratado, e determina que tanto os combatentes, quanto os civis, ficam sob a proteção e a autoridade dos princípios do direito internacional. Assim, nunca ocorrerá uma situação de ausência de proteção dos combatentes e civis, pois quando não houver regras específicas para serem aplicadas à certos conflitos, o Direito Internacional dos Direitos Humanos será aplicado diretamente. Por fim, cabe aclarar que o Direito de Haia (Convenções de Haia de 1899 e de 1907) regula

a especificamente o meio e os métodos utilizados na guerra, ou, em outras palavras, a condução das hostilidades pelos beligerantes; **E:** incorreta, devendo ser assinalada. O princípio do *non-refoulement* é um instituto do Direito Internacional dos Refugiados. O princípio de *non-refoulement* ("não devolução"), disciplinado no artigo 33 da Convenção das Nações Unidas relativa ao Estatuto dos Refugiados de 1951, define que nenhum país deve expulsar ou "devolver" (*refouler*) um refugiado contra sua vontade, em quaisquer ocasiões, para um território onde ele sofra perseguição. Estabelece ainda providências para a disponibilização de documentos, como os documentos de viagem específicos para refugiados na forma de um "passaporte".

Gabarito "E".

(Defensor Público/RO – 2012 – CESPE) Em relação à Organização Internacional do Trabalho (OIT), assinale a opção correta.

(A) Como o trabalho constitui a única mercadoria de que dispõem os empregados para assegurar uma vida digna para si e para os seus dependentes, é dever fundamental da OIT assegurar a justa remuneração pelo trabalho.

(B) A liberdade de expressão, apesar de não constar expressamente no atual documento constitutivo da OIT, é um dos princípios fundamentais da liberdade associativa dos empregadores.

(C) Entre as obrigações da OIT inclui-se a de prestar auxílio na execução de programas destinados a proporcionar emprego integral para todos.

(D) A estrutura da OIT, do tipo bipartida, é composta da Conferência Geral, competente para aprovar ou rejeitar as convenções e recomendações propostas, e da Diretoria-Geral, incumbida da presidência e da administração dos trabalhos da organização.

(E) A Conferência Geral é integrada por delegados que representam, de forma paritária, empregados e empregadores de cada Estado-membro, sendo vedada a participação de representantes do governo na Conferência, ainda que sob a forma de indicação de candidatos.

A: incorreta. Um dos princípios fundamentais sobre os quais se funda a OIT é que o trabalho não é uma mercadoria (art. 1º, *a*, da Declaração de Filadélfia); **B:** incorreta. A liberdade de expressão é um dos princípios fundamentais sobre os quais se funda a OIT art. 1º, *b*, da Declaração de Filadélfia); **C:** correta. Segue a redação do art. 3º da Declaração de Filadélfia: "A Conferência reconhece a obrigação solene de a Organização Internacional do Trabalho secundar a execução, entre as diferentes nações do mundo, de programas próprios à realização: a) do pleno emprego e da elevação do nível de vida; b) do emprego dos trabalhadores em ocupações nas quais tenham a satisfação de aplicar toda a sua habilidade e os seus conhecimentos e de contribuir da melhor forma para o bem-estar comum; c) para atingir esse objetivo, da concretização, mediante garantias adequadas para todos os interessados, de possibilidades de formação e meios próprios para facilitar as transferências de trabalhadores, incluindo as migrações de mão de obra e de colonos; d) da possibilidade para todos de uma participação justa nos frutos do progresso em termos de salários e de ganhos, de duração do trabalho e outras condições de trabalho, e um salário mínimo vital para todos os que têm um emprego e necessitam dessa protecção; e) do reconhecimento efectivo do direito de negociação colectiva e da cooperação entre empregadores e os trabalhadores para a melhoria contínua da organização e da produção, assim como da colaboração dos trabalhadores e dos empregadores para a elaboração e aplicação da política social e económica; f) da extensão das medidas de segurança social com vista a assegurar um rendimento de base a todos os que precisem de tal protecção, assim como uma assistência médica completa; g) de uma protecção adequada da vida e da saúde dos trabalhadores em todas as ocupações; h) da protecção da infância e da maternidade; i) de um nível adequado de alimentação, de alojamento e de meios recreativos e culturais; e j) da garantia de igualdade de oportunidades no domínio educativo e profissional"; **D:** incorreta, pois a OIT é a única das agências do Sistema das Nações Unidas com uma estrutura tripartite, composta de representantes de governos e de organizações de empregadores e de trabalhadores; **E:** incorreta. A Conferência Geral do Trabalho é o órgão plenário e deliberante da OIT. Todos os estados-membros estão nela representados pelas suas delegações. As delegações são compostas de dois delegados indicados pelo governo, um delegado representante dos empregadores e outro representante dos trabalhadores. Todos os membros da delegação têm direito de voto e podem divergir. A Conferência reúne-se anualmente e tem competência ampla. Segue algumas de suas competências: **a)** adotar convenções e recomendações; **b)** controlar a aplicação pelos estados-membros das normas internacionais do trabalho constantes das convenções e recomendações; **c)** aprovar o orçamento da Organização; **d)** deliberar, por maioria de dois terços, sobre a conveniência de aceitar novos estados-membros; **e)** nomear os juízes do Tribunal Administrativo da OIT.

Gabarito "C".

34. LEGISLAÇÃO INSTITUCIONAL DO MINISTÉRIO PÚBLICO

Leni Mouzinho Soares, Marcos Destefenni, Georgia Renata Dias e Paula Tseng

(Promotor de Justiça – MPE/RS – 2017) Com relação às normas disciplinares no âmbito do Ministério Público do Rio Grande do Sul, considere as seguintes afirmações.
I. A portaria de instauração de processo administrativo disciplinar interrompe o curso da prescrição.
II. O recurso para o Órgão Especial do Colégio de Procuradores da decisão do Conselho Superior do Ministério Público que aplicou sanção disciplinar não tem efeito suspensivo.
III. Quando a infração disciplinar constituir, também, infração penal, o prazo prescricional será o mesmo da Lei Penal, contado da data do trânsito em julgado da sentença penal condenatória.
Quais estão corretas?
(A) Apenas I.
(B) Apenas II.
(C) Apenas III.
(D) Apenas I e III.
(E) I, II e III.

I: assertiva correta, conforme artigo 125, § 3º, inciso I, da Lei Estadual 6.536/1973 (Estatuto do Ministério Público do Estado do Rio Grande do Sul); **II:** assertiva incorreta, pois todos os recursos têm efeito suspensivo, de acordo com previsão constante do artigo 162 da Lei Estadual 6.536/1973; **III:** assertiva correta, conforme prevê o artigo 125, § 1º, da Lei Estadual 6.536/1973.
Gabarito "D".

(Promotor de Justiça – MPE/RS – 2017) Assinale a alternativa **INCORRETA**.
(A) A reincidência em falta anteriormente punida com censura ensejará a aplicação da pena de suspensão.
(B) A pena de multa poderá ser aplicada cumulativamente com as sanções de advertência e censura.
(C) A extinção da punibilidade, pela prescrição, da falta administrativa punida com advertência ou multa ocorre em dois anos.
(D) Em caso de reincidência em falta anteriormente punida com pena de advertência, será aplicada a pena de censura.
(E) A pena de censura será aplicada no caso de incontinência pública e escandalosa que comprometa a dignidade do Ministério Público.

A: assertiva correta, conforme prevê o artigo 118, inciso I, da Lei Estadual 6.536/1973 (Estatuto do Ministério Público do Estado do Rio Grande do Sul); **B:** assertiva correta, conforme prevê o artigo 116, § 3º, da Lei Estadual 6.536/1973; **C:** assertiva correta, conforme prevê o artigo 125, inciso I, da Lei Estadual 6.536/1973; **D:** assertiva correta, conforme prevê o artigo 117, I, da Lei Estadual 6.536/1973; **E:** assertiva incorreta, devendo ser assinalada, pois a pena de censura é aplicada em caso de descumprimento de dever legal, conforme prevê o artigo 117, inciso II, da Lei Estadual 196.536/73.
Gabarito "E".

(Promotor de Justiça – MPE/RS – 2017) Relativamente às atribuições do Conselho Superior do Ministério Público do Rio Grande do Sul, assinale a alternativa **INCORRETA**.
(A) Decidir com a presença mínima de dois terços de seus membros, sobre o vitaliciamento, propondo a exoneração quando entender que não foram preenchidos os requisitos do estágio probatório.
(B) Indicar ao Procurador-Geral de Justiça, com a presença mínima de dois terços de seus membros, a lista tríplice dos candidatos à remoção ou promoção por merecimento.
(C) Opinar sobre anteprojetos de lei de iniciativa do Ministério Público.
(D) Indicar ao Procurador-Geral da República, membro do Ministério Público para compor o Conselho Nacional de Justiça.
(E) Apreciar pedido de reversão de membro do Ministério Público.

A: assertiva correta, conforme artigo 27, inciso III, alínea "b", da Lei Estadual 7.669/1982, Lei Orgânica do Ministério Público do Estado do Rio Grande do Sul; **B:** assertiva correta, conforme artigo 27, inciso III, alínea "a", da Lei Estadual 7.669/1982; **C:** assertiva incorreta, devendo ser assinalada, pois se trata de atribuição do Colégio de Procuradores de Justiça, conforme prevê o artigo 8º, inciso XVII, da Lei Estadual 7.669/1982; **D:** assertiva correta, conforme prevê o artigo 27, inciso II, alínea "e", da Lei Estadual 7.669/1982 **E:** assertiva correta, conforme prevê o artigo 27, inciso VIII, alínea "c", da Lei Estadual 7.669/1982.
Gabarito "C".

(Promotor de Justiça – MPE/RS – 2017) Assinale com **V** (verdadeiro) ou com **F** (falso) as seguintes afirmações.
( ) As sessões do Órgão Especial do Colégio de Procuradores serão públicas, assim como públicos serão todos os julgamentos referentes aos processos administrativos disciplinares, não se admitindo a decretação de sigilo.
( ) Compete ao Colégio de Procuradores de Justiça eleger, dentre seus membros, em votação secreta, os integrantes do Órgão Especial e dar-lhes posse.
( ) Compete ao Órgão Especial do Colégio de Procuradores de Justiça elaborar anteprojetos de lei de iniciativa do Ministério Público.
( ) Compete ao Procurador-Geral de Justiça decidir sobre as sugestões encaminhadas pelo Órgão Especial do Colégio de Procuradores acerca da criação, transformação e extinção de cargos do Ministério Público e dos serviços auxiliares, modificações na Lei Orgânica e providências relacionadas ao desempenho das atividades institucionais.
A sequência correta de preenchimento dos parênteses, de cima para baixo, é
(A) V – F – V – F.
(B) F – V – F – V.
(C) F – F – V – F.
(D) F – V – F – F.
(E) V – F – V – V.

I: assertiva falsa, pois admite-se a decretação de sigilo, mediante decisão fundamentada, apenas nas hipóteses em que a preservação da intimidade não prejudique o interesse público à informação (art. 93, IX, da CF), conforme dispõe o artigo 9º, § 5º, da Lei Estadual 7.669/1982, Lei Orgânica do Ministério Público do Estado do Rio Grande do Sul; **II:** assertiva verdadeira, conforme prevê o artigo 8º, inciso VII, da Lei Estadual 7.669/1982; **III:** assertiva falsa, pois se trata de atribuição do Subprocurador-Geral de Justiça para Assuntos Administrativos, conforme prevê o artigo 17, § 2º, inciso V, da Lei Estadual 7.669/1982; **IV:** assertiva verdadeira, conforme prevê o artigo 25, inciso XLIV, da Lei Estadual 7.669/1982.
Gabarito "B".

(Promotor de Justiça/SC – 2016 – MPE)
(1) O Conselho Nacional do Ministério Público escolherá, em votação secreta, um Corregedor nacional, dentre os Membros do Ministério Público que o integram, permitida apenas uma recondução, cumprindo-lhe: a) receber reclamações e denúncias relativas aos membros do Ministério Público; b) exercer funções executivas do Conselho, de inspeção e correição parcial; c) requisitar e designar membros do Ministério Público, delegando-lhes atribuições, e requisitar servidores de órgãos do Ministério Público.

1: assertiva falsa, pois o artigo 130-A, § 3º, inciso II, da Constituição Federal, estabelece que o Corregedor Nacional poderá exercer funções executivas do Conselho, de inspeção e correição geral.
Gabarito 1F.

(Procurador de Justiça – MPE/GO – 2016) Sobre a Resolução 11/2014 do Colégio de Procuradores de Justiça, que disciplina a tramitação dos autos extrajudiciais no âmbito do Ministério Público do Estado de Goiás, assinale a alternativa incorreta:
(A) em qualquer fase do inquérito civil, do procedimento preparatório ou do procedimento administrativo, ou ainda no curso de ação civil pública, o Ministério Público poderá firmar compromisso de ajustamento de conduta com o responsável pela ameaça ou lesão aos interesses ou direitos tutelados pelo Ministério Público.
(B) o procedimento administrativo deverá ser concluído no prazo de 1 (um) ano, prorrogável pelo mesmo prazo e quantas vezes forem necessárias, por decisão fundamentada de seu presidente, à vista da imprescindibilidade da realização de outros atos, sem a necessidade de cientificação do Conselho Superior do Ministério Público.
(C) é facultativa a cientificação do Indeferimento da notícia de fato caso ela tenha sido encaminhada ao Ministério Público por órgão público em face de dever de ofício.
(D) o desarquivamento do Inquérito civil, diante do surgimento de novas provas, poderá ocorrer no prazo máximo de 6 (seis) meses após

o arquivamento. Transcorrido esse lapso, será instaurado novo procedimento, sem prejuízo das provas já colhidas.

A: assertiva incorreta, devendo ser assinalada, pois o procedimento administrativo não está previsto como hipótese para ser firmar TAC, conforme o artigo 49 da Resolução 11/2014 do Colégio de Procuradores de Justiça do Ministério Público do Estado de Goiás; **B:** assertiva correta, conforme artigo 42 da Resolução 11/2014 do CPJ-MPGO; **C:** assertiva correta, conforme prevê o artigo 45, § 2º, da Resolução 11/2014 do CPJ-MPGO; **D:** assertiva correta, conforme prevê o artigo 36 da Resolução 11/2014 do CPJ-MPGO.

Gabarito "A".

(Promotor de Justiça/GO – 2016 – MPE) Entre alternativas abaixo, aponte aquela que não contempla hipótese de inelegibilidade para o cargo de Procurador-Geral de Justiça do Estado de Goiás:

(A) Promotores de Justiça que, embora vitalícios, são substitutos.
(B) Membros do Ministério Público que se encontrem afastados do exercício das funções, pelo exercício de cargo de presidente de entidade de classe de âmbito estadual ou nacional, bem como de cargo de direção na respectiva entidade com função que exija dedicação exclusiva.
(C) Membros do Ministério Público que forem condenados por crimes dolosos ou ato de improbidade administrativa, com decisão transitada em julgado, enquanto durarem seus efeitos.
(D) Membros do Ministério Público que estejam cumprindo sanção aplicada em processo administrativo disciplinar.

A: assertiva incorreta, devendo ser assinalada, pois não consta no rol de hipóteses de inelegibilidade do artigo 7º da Lei Complementar 25/1998 (Lei Orgânica do Ministério Público do Estado de Goiás); **B:** assertiva correta, conforme prevê artigo 7º, inciso I, c/c o artigo 124, inciso I, ambos da Lei Complementar nº 25/98; **C:** assertiva correta, conforme prevê o artigo 7º, inciso II, da Lei Complementar nº 25/98; **D:** assertiva correta, conforme prevê o artigo 7º, inciso III da Lei Complementar nº 25/1998.

Gabarito "A".

(Promotor de Justiça/GO – 2016 – MPE) A respeito da legislação do Ministério Público do Estado de Goiás, assinale a alternativa correta:

(A) O Ministério Público elaborará sua proposta orçamentária dentro dos limites estabelecidos na lei de diretrizes orçamentárias, encaminhando-a, por intermédio do Procurador-Geral de Justiça, diretamente ao Governador do Estado, que a submeterá ao Poder Legislativo.
(B) Os recursos próprios, não originários do Tesouro Estadual, serão recolhidos diretamente e vinculados aos fins da instituição, podendo, em caráter excepcional, e devidamente autorizado pelo Conselho Superior do Ministério Público, ser utilizados, inclusive, para quitação de vencimentos dos membros e servidores da Instituição.
(C) As decisões do Ministério Público fundadas em sua autonomia funcional, administrativa e financeira, obedecidas as formalidades legais, têm eficácia plena e executoriedade relativa, dependente de ratificação judicial, ressalvada a competência constitucional do Poder Legislativo.
(D) A eleição para formação da lista tríplice, no Ministério Público do Estado de Goiás, será realizada na última sexta-feira útil do mês que anteceder o término do mandato e far-se-á mediante voto plurinominal e secreto de todos os integrantes em atividade na carreira, sendo permitido, como exceção, o voto postal e o voto por procuração.

A: assertiva correta, devendo ser assinalada, conforme disposto no artigo 3º da Lei Complementar 25/1998 (Lei Orgânica do Ministério Público de Goiás); **B:** assertiva incorreta, pois é vedada outra destinação dos recursos, conforme artigo 3º, § 3º, da Lei Complementar nº 25/1998 (Lei Orgânica do Ministério Público do Estado de Goiás); **C:** assertiva incorreta, conforme prevê artigo 2º, § 1º, da Lei Complementar nº 25/1998, *in verbis*: "As decisões do Ministério Público fundadas em sua autonomia funcional, administrativa e financeira, obedecidas as formalidades legais, têm eficácia plena e executoriedade imediata, ressalvada a competência constitucional dos Poderes Judiciário e Legislativo"; **D:** assertiva incorreta, conforme prevê artigo 5º, § 1º, da Lei Complementar nº 25/1998, *in verbis*: "A eleição para formação da lista tríplice será realizada no último dia útil do mês que anteceder o término do mandato e far-se-á mediante voto plurinominal e secreto de todos os integrantes em atividade na carreira.".

Gabarito "A".

(Promotor de Justiça – MPE/MS – FAPEC – 2015) Aponte a alternativa **incorreta** referente ao Inquérito Civil:

(A) O Ministério Público poderá instaurar, sob sua presidência, inquérito civil, ou requisitar, de qualquer organismo público ou particular, certidões, informações, exames ou perícias, no prazo que assinalar, o qual não poderá ser inferior a 10 (dez) dias úteis.
(B) O Ministério Público, nos autos do inquérito civil ou do procedimento preparatório, poderá expedir recomendações devidamente fundamentadas, visando à melhoria dos serviços públicos e de relevância pública, bem como aos demais interesses, direitos e bens cuja defesa lhe caiba promover, sendo possível a expedição de recomendação como medida substitutiva ao compromisso de ajustamento de conduta ou à ação civil pública.
(C) Se o órgão do Ministério, esgotadas todas as diligências, se convencer da inexistência de fundamento para a propositura da ação civil, promoverá o arquivamento dos autos do inquérito civil ou das peças de informação, fazendo-o fundamentadamente. A promoção de arquivamento será submetida a exame e deliberação do Conselho Superior do Ministério Público.
(D) O inquérito civil não é condição de procedibilidade para o ajuizamento das ações a cargo do Ministério Público, nem para a realização das demais medidas de sua atribuição própria.
(E) Em cumprimento ao princípio da publicidade das investigações, o membro do Ministério Público poderá prestar informações, inclusive aos meios de comunicação social, a respeito das providências adotadas para apuração de fatos em tese ilícitos, abstendo-se, contudo de externar ou antecipar juízos de valor a respeito de apurações ainda não concluídas.

A: assertiva correta, conforme artigo 8º, § 1º, da Lei 7.347/1985 (Lei de Ação Civil Pública); **B:** assertiva incorreta, devendo ser assinalada, pois a parte final – "sendo possível a expedição de recomendação como medida substitutiva ao compromisso de ajustamento de conduta ou à ação civil pública" – não consta na redação do artigo 15 da Resolução 23/2007 do CNMP; **C:** assertiva correta, conforme disposto no artigo 9º, § 1º, da Lei 7.347/1985; **D:** assertiva correta, conforme disposto no artigo 1º, parágrafo único, da Resolução 23/2007 do CNMP; **E:** assertiva correta, conforme disposto no artigo 8º, da Resolução 23/2007 do CNMP.

Gabarito "B".

(Promotor de Justiça – MPE/MS – FAPEC – 2015) Em relação ao compromisso de ajuste de conduta, de acordo com seu regramento legal e regulamentar para o MPMS (Resolução n. 23 do CNMP e Resolução n. 15/2007, do MPMS), assinale a alternativa **correta**:

(A) Tratando-se de direitos difusos, o acordo é de atribuição exclusiva do Ministério Público, sendo que em todas as hipóteses legais, terá eficácia de título executivo extrajudicial.
(B) As empresas públicas, tendo em sua finalidade a prestação de serviços públicos, poderão tomar dos interessados compromisso de ajustamento de conduta às exigências legais, mas tal título extrajudicial para ter validade exige a participação obrigatória do Ministério Público como fiscal da lei.
(C) O compromisso de ajustamento poderá conter, se for o caso, cláusula prevendo que o descumprimento das obrigações assumidas acarretará o ajuizamento de ação de execução para busca da tutela específica ou do resultado prático equivalente, e cláusula com cominação de sanções pecuniárias para a hipótese de inadimplemento.
(D) É vedada a inclusão de cláusula em compromisso de ajustamento tendente a afastar eventuais responsabilidades administrativa ou criminal.
(E) O Conselho Superior do Ministério Público de MS, ao analisar o termo de ajustamento de conduta, não poderá determinar que o órgão de execução promova a sua adequação visando conformá-lo às exigências previstas em lei ou na Resolução que trata a matéria no MPMS (Resolução n. 15/2007), sob pena de violar a independência funcional. Neste caso deverá o Conselho Superior do Ministério Público imediatamente designar outro membro do Ministério Público para assumir a presidência do inquérito civil e cumprir as diligências.

A: incorreta: o acordo não constitui atribuição exclusa do Ministério Público, conforme § 6º do artigo 5º da Lei 7.347/1985; **B:** ncorreta: não há previsão sobre a participação obrigatória do Ministério Público, conforme § 6, do artigo 5º da Lei 7.347/1985; **C:** incorreta: O artigo 37 da Resolução 15/2007 do Ministério Público do Estado de Mato Grosso do Sulprevê que o compromisso de ajustamento "deverá" e não "poderá" conter; **D:** correta : deve ser assinalada, conforme disposto no artigo 37, § 5º, da Resolução 15/2007 do MPMS; **E:** incorreta: o Conselho Superior do Ministério Público poderá determinar que o órgão de execução promova a sua adequação, de acordo com disposição constante do artigo 41 da Resolução 15/2007 do MPMS.

Gabarito "D".

(Promotor de Justiça – MPE/MS – FAPEC – 2015) O Conselho Nacional do Ministério Público – CNMP, conforme a Constituição Federal:

(A) compõe-se de quinze membros nomeados pelo Presidente da República, depois de aprovada a escolha pela maioria absoluta do Senado Federal, para um mandato de 2 (dois) anos, admitida uma recondução.
(B) escolherá, em votação secreta, um Corregedor Nacional, que necessariamente deverá ser Procurador da República ou Procurador de Justiça que integre o colegiado, vedando-se a recondução.
(C) pode rever, de ofício ou mediante provocação, os processos disciplinares de membros do Ministério Público da União ou dos Estados julgados há menos de 1 (um) ano.
(D) pode receber e conhecer das reclamações contra membros ou órgãos do Ministério Público, ressalvando-se seus serviços auxi-

liares, sem prejuízo da competência disciplinar e correcional da instituição.
(E) pode avocar processos disciplinares em curso, determinar a remoção, a disponibilidade, a aposentadoria com subsídios ou proventos proporcionais ao tempo de serviço, a perda do cargo, inclusive do membro do Ministério Público vitalício, e aplicar outras sanções administrativas, assegurada a ampla defesa. (LM)

A: assertiva incorreta, pois o Conselho Nacional do Ministério Público é composto de 14 membros, não 15, conforme artigo 130-A, *caput*, da CF; **B:** assertiva incorreta, pois não necessariamente deverá ser o Procurador da República ou Procurador de Justiça que integre o colegiado, conforme § 3º, do artigo 130-A da CF; **C:** assertiva correta, devendo ser assinalada, conforme inciso IV, do § 2º, do artigo 130-A da CF; **D:** assertiva incorreta, pois se inclui os serviços auxiliares, conforme inciso III, do § 2º, do artigo 130-A da CF; **E:** assertiva incorreta, pois não poderá determinar a perda do cargo de membro vitalício, o que somente poderá ocorrer por sentença judicial transitada em julgado, conforme artigo 128, § 5º, inciso I, alínea "a", da CF.

Gabarito "C".

(Promotor de Justiça – MPE/MS – FAPEC – 2015) Analise as proposições abaixo:

I. O Colégio de Procuradores de Justiça tem a função de revisar algumas decisões administrativas e disciplinares específicas, tomadas por outros órgãos da Administração Superior, inclusive oriundas do Procurador-Geral de Justiça.

II. Os Procuradores de Justiça que oficiarem em grau de recurso podem e devem avaliar o trabalho desenvolvido pelo Promotor de Justiça em primeira instância, podendo enviar relatório ao Corregedor-Geral do Ministério Público.

III. Compete ao Conselho Superior do Ministério Público indicar ao Procurador-Geral de Justiça, em lista tríplice, membros da Instituição enquanto candidatos a remoção ou promoção por merecimento.

IV. O Procurador-Geral de Justiça do Estado de Mato Grosso do Sul tem atribuição para promover o inquérito civil e a ação civil pública contra Prefeito Municipal para a defesa do patrimônio público e social, podendo delegar essa atribuição a outro membro do Ministério Público.

Assinale a alternativa correta:
(A) Todas as proposições estão corretas.
(B) Somente as proposições I e II estão corretas.
(C) Somente as proposições II, III e IV estão corretas.
(D) Somente as proposições I e IV estão corretas.
(E) Somente as proposições II e III estão corretas.

I: assertiva correta, conforme artigo 9º, incisos VIII, IX, X e XI, da Lei Complementar 72/1994 (Lei Orgânica do Ministério Público do Estado do Mato Grosso do Sul); **II:** assertiva correta, conforme artigo 20, § 2º, da Lei Complementar 72/1994; **III:** assertiva correta, conforme artigo 15, inciso V, da Lei Complementar 72/1994; **IV:** assertiva correta, conforme artigo 30, incisos X e XIII, da Lei Complementar 72/1994 (NOTA: apesar da expressão "ação civil pública", se encontrar com seus efeitos suspensos, por força de liminar concedida pelo STF, na ADI 1916/01).

Gabarito "A".

(Promotor de Justiça – MPE/AM – FMP – 2015) O Conselho Nacional do Ministério Público vêm expedindo resoluções de cunho vinculativo aos Ministérios Públicos em diferentes áreas de atuação. Considere as seguintes assertivas:

I. Essas resoluções não podem ser vinculativas, pois ferem os princípios da autonomia administrativa e funcional dos Ministérios Públicos.

II. Essas resoluções devem ser compreendidas como meras recomendações.

III. São constitucionais as resoluções expedidas pelo CNMP e devem ser atendidas plenamente.

Quais das assertivas acima estão corretas?
(A) Apenas a II.
(B) Apenas a III.
(C) Apenas a I e III.
(D) Apenas a II e III.
(E) I, II e III.

A possibilidade de expedição de resoluções pelo Conselho Nacional do Ministério Público está prevista expressamente no inciso I, do § 2º do artigo 130-A da CF, *in verbis*: "zelar pela autonomia funcional e administrativa do Ministério Público, podendo expedir atos regulamentares, no âmbito de sua competência, ou recomendar providências". Contudo, de fato, a CONAMP ajuizou ADI, registrada em número 5434, no STF para discutir a constitucionalidade da Resolução 126/2015 do CNMP, em face do princípio constitucional, dentre outros, da independência funcional. Até o momento, a liminar não foi concedida, estando em tramitação perante a Colenda Corte. Em pesquisa realizada junto ao sítio eletrônico do C. STF, verifica-se que o julgamento foi incluído na pauta da sessão a realizar-se em 26.04.2018.

Gabarito "B".

(Promotor de Justiça – MPE/AM – FMP – 2015) Quem é legitimado a propor alteração na Lei Federal 8.625/1993, que instituiu a Lei Orgânica Nacional do Ministério Público?
(A) O Procurador-Geral da República.
(B) O Conselho Nacional do Ministério Público.
(C) O Conselho Nacional dos Procuradores-Gerais de Justiça.
(D) O Presidente da República.
(E) Nenhuma alternativa está correta.

Consta do artigo 61, § 1º II, "d" da CF que "são de iniciativa privativa do Presidente da República as leis que disponham sobre organização do Ministério Público e da Defensoria Pública da União, bem como normas gerais para a organização do Ministério Público e da Defensoria Pública dos Estados, do Distrito Federal e dos Territórios. Sendo assim, a alternativa a ser assinalada é a D.

Gabarito "D".

(Promotor de Justiça – MPE/AM – FMP – 2015) De acordo com a Resolução 26/2007, do Conselho Nacional do Ministério Público, que disciplina a residência na Comarca pelos membros do Ministério Público, considere as seguintes assertivas:

I. O parecer desfavorável emitido pelo Corregedor-Geral do Ministério Público impede a autorização do Procurador-Geral de Justiça para que membro possa residir fora da Comarca, por ser medida excepcional.

II. O ato do Procurador-Geral de Justiça poderá ser mais restritivo que os termos desta resolução, criando outros requisitos nela não previstos para a autorização de residência fora da Comarca.

III. Se a Comarca fizer fronteira com outro Estado, desde que o membro cumpra os demais requisitos da resolução, poderá a autorização do Procurador-Geral de Justiça permitir a residência do membro em Comarca de outro Estado.

Quais das assertivas acima estão corretas?
(A) I, II e III.
(B) Apenas a I e III.
(C) Apenas a II e III.
(D) Apenas a II.
(E) Apenas a I.

I: incorreta: está prevista a manifestação da Corregedoria-Geral do Ministério Público, no prazo de dez dias, conforme artigo 2º, § 7º, da Resolução 26/2007 do CNMP, não havendo previsão de que essa manifestação tenha caráter vinculante; **II:** correta: artigo 8º, da Resolução 26/2007 do CNMP; **III:** incorreta: há vedação expressa para a hipótese de residência fora do Estado, conforme artigo 2º, §6º, da Resolução 26/2007 do CNMP.

Gabarito "D".

(Promotor de Justiça – MPE/AM – FMP – 2015) Considere as seguintes alternativas sobre a Lei Orgânica Nacional do Ministério Público e sua interpretação:

I. É vedado o exercício da advocacia por membro do Ministério Público, sem qualquer exceção.

II. É garantia do Promotor de Justiça nunca ser indiciado em inquérito policial, mesmo em caso de prática de crime doloso contra a vida.

III. O Procurador-Geral de Justiça pode delegar para outro membro da Instituição sua atribuição originária como órgão de execução.

Quais das assertivas acima estão corretas?
(A) Apenas a I e II.
(B) Apenas a II e III.
(C) Apenas a II.
(D) Apenas a I e III.
(E) Apenas a III.

I: incorreta: apesar da vedação constante no artigo 44, inciso II, da Lei 8.625/1993 (Lei Orgânica Nacional do Ministério Público), com respaldo no artigo 128, § 5º, inciso II, alínea "b", da CF, o artigo 1º, da Resolução 8/2006 do Conselho Nacional do Ministério Público, com respaldo no artigo 29, § 3º do ADCT, possibilita o exercício da advocacia por membros do MPU que ingressaram antes da CF/1988; **II:** correta: artigo 41, inciso II e parágrafo único, da Lei 8.625/1993 (LONMP); **III:** correta: artigo 10, inciso VIII, da Lei 8.625/1993 (LONMP).

Gabarito "B".

(Promotor de Justiça – MPE/AM – FMP – 2015) O Conselho Superior do Ministério Público é órgão de Administração e também de Execução do Ministério Público. Sobre a sua atuação, considere as seguintes assertivas:

I. É quem tem atribuição para a formação da lista tríplice para a promoção por merecimento, devendo o Procurador-Geral de Justiça acatar a sua indicação de lista.

II. É integrado apenas por Procuradores de Justiça, sendo vedada a participação de Promotores de Justiça.

III. Quanto à deliberação na análise de arquivamento de inquérito civil, pode converter o julgamento em diligências, que serão cumpridas pelo mesmo órgão de execução que promoveu o arquivamento.

IV. Pode funcionar dividido por câmaras temáticas e também com dedicação exclusiva por parte dos Conselheiros.

Quais das assertivas acima estão corretas?

(A) Apenas a I, II e III.
(B) Apenas a II e III.
(C) Apenas a I, III e IV.
(D) Apenas a I, II e IV.
(E) I, II, III e IV.

I: correta: artigo 43, inciso III, da Lei Complementar 11/1993 (Lei Orgânica do Ministério Público do Estado do Amazonas); II: assertiva correta, conforme prevê o artigo 35, da Lei Complementar 11/1993; III: assertiva incorreta, pois o Conselho Superior deve indicar outro órgão para o cumprimento das diligências, conforme artigo 43, inciso XVII, da Lei Complementar 11/1993; IV: assertiva correta, conforme prevê o artigo 118, inciso XXI, da Lei Complementar 11/1993. LM
Gabarito "D".

(Promotor de Justiça – MPE/AM – FMP – 2015) Em relação à carreira do membro do Ministério Público dos Estados, está correto afirmar que

(A) na remoção voluntária por permuta, excepcionalmente, será devida ajuda de custo, desde que haja interesse da instituição na sua realização.
(B) a reversão será deferida preferencialmente no interesse do membro inativo que se arrependeu e quer retornar à atividade.
(C) a reintegração, com o retorno do membro ao cargo, dependerá sempre de decisão judicial com trânsito em julgado.
(D) a impugnação ao vitaliciamento de membro em estágio probatório acarreta a interrupção de seu exercício funcional até o definitivo julgamento.
(E) o membro aposentado compulsoriamente tem direito à reversão em caso de alteração das regras da aposentadoria.

A: assertiva incorreta, pois neste caso, não haverá ajuda de custo, conforme previsão constante do artigo 268, *caput*, da Lei Complementar 11/1993 (Lei Orgânica do Ministério Público do Estado do Amazonas); **B:** assertiva incorreta, pois a reversão somente ocorrerá nas hipóteses previstas em lei, conforme artigo 329, *caput*, da Lei Complementar 11/1993 e artigo 67 da Lei 8.625/1993 (Lei Orgânica Nacional do Ministério Público); **C:** assertiva correta, devendo ser assinalada, conforme artigo 328, *caput*, da Lei Complementar 11/1993; **D:** assertiva incorreta, pois não acarreta a interrupção e sim a suspensão, conforme artigo 60 da Lei nº 8.625/1993 (LONMP); **E:** assertiva incorreta, pois a reversão deverá ser regida pela legislação vigente ao tempo da aposentadoria, conforme já decidido pelo C. STF: "Agravo interno em mandado de segurança. Reversão de aposentadoria compulsória de membro septuagenário do Ministério Público da União. Impossibilidade (art. 25, II, b, da Lei nº 8.112/90). Inaplicabilidade da LC nº 152/2015 (aposentadoria compulsória aos 75 anos). Tempus Regit Actum. Não ocorrência de desconstituição de ato jurídico perfeito ou de afronta ao princípio constitucional da isonomia. Artigo 100 do ADCT. Agravo interno não provido. 1. Pretensão de reversão de aposentadoria compulsória de membro septuagenário do Ministério Público da União, aposentado compulsoriamente antes do advento da LC nº 152/2015. 2. A singularidade do instituto da reversão, prevista na Seção VIII do Capítulo I do Título II da Lei nº 8.112/90, não se presta para satisfazer a pretensão de retorno à atividade de servidores já aposentados compulsoriamente. 3. A jurisprudência da Suprema Corte é sólida no sentido de que a aposentadoria é regida pela legislação vigente ao tempo em que reunidos os requisitos necessários à obtenção do benefício. Precedentes. 4. A mudança de parâmetro etário trazida pela EC nº 88/2015 não retira a condição de ato jurídico perfeito de aposentadoria compulsória, levada a efeito em momento pretérito. Precedentes. 5. Não há falar em afronta ao princípio constitucional da isonomia pelo art. 100 do ADCT (incluído pela EC nº 88/2015), visto que o Supremo Tribunal Federal já assentou que a unidade do Poder Judiciário nacional e o princípio da isonomia são compatíveis com a existência de regra de aposentadoria específica para integrantes do Supremo Tribunal Federal e dos Tribunais Superiores, cujos cargos apresentam peculiaridades para seu provimento (ADI nº 5.316/DF). 6. A inexistência de argumentação apta a infirmar o julgamento monocrático conduz à manutenção da decisão recorrida. 7. Agravo interno não provido. (MS 34407 AgR, Relator(a): Min. DIAS TOFFOLI, Segunda Turma, julgado em 01/09/2017, PROCESSO ELETRÔNICO DJe-210 DIVULG 15-09-2017 PUBLIC 18-09-2017). LM
Gabarito "C".

(Promotor de Justiça – MPE/AM – FMP – 2015) Considere as seguintes alternativas sobre a atuação do Ministério Público:

I. A designação de Promotor Eleitoral é ato privativo do Procurador-Geral de Justiça.
II. Na fiscalização de casas prisionais, os membros do Ministério Público deverão fazer visitas aos estabelecimentos penais a cada dois meses, fazendo minucioso relatório.
III. As visitas ordinárias do controle externo da atividade policial deverão ser realizadas pelos Promotores de Justiça nos meses de abril ou maio e outubro ou novembro de cada ano.
IV. O membro do Ministério Público, nos pedidos feitos nos procedimentos de investigação criminal, durante a instrução processual penal e no acompanhamento do inquérito policial, deverá requerer ao Juiz competente a inutilização da gravação que não interessar à prova.

Quais das assertivas acima estão corretas?
(A) Apenas a I, II e III.
(B) Apenas a II e III.
(C) Apenas a I, III e IV.
(D) Apenas a I, II e IV.
(E) Todas estão corretas.

I: assertiva correta, conforme previsões constantes do artigo 10, IX, "h", da LONMP e do artigo 29, inciso VIII, "h", da Lei Complementar 11/1993 (Lei Orgânica do Ministério Público do Estado do Amazonas); II: assertiva incorreta, pois as visitas devem ser mensais, conforme prevê o artigo 56, inciso V, da Lei Complementar 11/1993; III: assertiva correta, conforme prevê artigo 4º, inciso I, da Resolução 20/2007 do Conselho Nacional do Ministério Público; IV: assertiva correta, conforme prevê artigo 9º, § 1º, Resolução 36/2009 do Conselho Nacional do Ministério Público. LM
Gabarito "C".

(Ministério Público/BA – 2015 – CEFET) Analise as assertivas abaixo:

I. É garantia do membro do Ministério Público estadual a vitaliciedade no cargo após 2 (dois) anos de efetivo exercício, não contando para tanto os períodos em que estiver de férias.
II. A atividade funcional do membro do Ministério Público está sujeita a inspeção permanente, visita de inspeção, correição ordinária, correição parcial e correição extraordinária.
III. A promoção de membro do Ministério Público em estágio probatório, ainda que por merecimento, não implica seu automático vitaliciamento.
IV. A idoneidade moral no âmbito familiar é requisito da conduta do membro do Ministério Público em estágio probatório, a ser avaliado para efeitos de vitaliciamento.
V. Os membros do Órgão Especial do Colégio de procuradores de Justiça poderão impugnar a proposta de vitaliciamento de promotor de Justiça feita pelo corregedor-geral do Ministério Público.
VI. O corregedor-geral do Ministério Público poderá recorrer ao Tribunal Pleno, do Tribunal de Justiça do Estado da Bahia, de decisão favorável ao vitaliciamento de promotor de Justiça, apenas quando esta for contrária ao seu relatório.

São VERDADEIRAS apenas as assertivas:
(A) I, III e IV.
(B) II, V e VI.
(C) II, III e IV.
(D) I, V e VI.
(E) IV, V e VI.

I: correta. Conforme o disposto nos arts. 104, *caput*, e 164,, II, da LC 11/1996 – Lei Orgânica do Ministério Público do Estado da Bahia; e nos arts. 28, I e 53, II da Lei 8.625/1993; II: incorreta, a atividade funcional não está sujeita à correição parcial, de acordo com o art. 203, I a IV, da LC 11/1996 – Lei Orgânica do Ministério Público do Estado da Bahia, e nos termos dos arts. 17, I, II e 19, § 2º, todos da Lei 8.625/1993; III: correta, nos termos do art. 104, § 3º, da LC 11/1996 – Ministério Público da Bahia; e art. 38, I da Lei 8.625/1993 (Lei Orgânica do Ministério Público); IV: correta (art. 104, I, da LC 11/1996 – Ministério Público da Bahia); V: incorreta, quem impugna são os membros do Conselho Superior do Ministério Público (art. 105, § 2º, da LC 11/1996 – Ministério Público da Bahia). Sobre o vitaliciamento, ou não, de Membro do Ministério Público, a Lei 8.625/1993 estatui que: a) cabe a Corregedoria-Geral do Ministério Público propor o não vitaliciamento de Membro do Ministério Público (art. 17, III), b) compete ao Conselho Superior do Ministério Público decidir sobre o vitaliciamento, ou não, do Membro do Ministério Público (arts. 14, VII e 60, § 1º), c) é da competência do Colégio de Procuradores de Justiça julgar recursos contra a decisão de vitaliciamento do Membro do Ministério Público (art. 12, VIII, "a"); VI: incorreta, o Corregedor-Geral do Ministério Público *excepcionalmente poderá propor ao Conselho Superior do Ministério Público o não vitaliciamento* (art. 105, § 3º, da LC 11/1996 – Ministério Público da Bahia). A Lei 8.625/1993, no seu art. 17, III, prevê que a Corregedoria-Geral do Ministério Público pode propor o não vitaliciamento de Membro do Ministério Público, sem qualquer ressalva.
Gabarito "A".

(Ministério Público/BA – 2015 – CEFET) Analise as assertivas abaixo:

I. O presidente de Comissão Parlamentar de Inquérito, em funcionamento na Assembleia Legislativa da Bahia, pode solicitar a presença de representante do Ministério Público em todos os trâmites da investigação, quando poderá este pleitear medidas de caráter probatório.
II. O Conselho Superior do Ministério Público, a Corregedoria-Geral do Ministério Público e o Colégio de Procuradores de Justiça são órgãos de execução do Ministério Público.
III. Compete à equipe de atendimento multidisciplinar da Vara de Violência Doméstica e Familiar contra a Mulher fornecer subsídios por escrito apenas ao promotor de Justiça, quando lhe for solicitado.
IV. Compete ao Conselho Nacional do Ministério Público receber e conhecer de reclamação contra psicólogo, servidor do Ministério Público, em razão de infração disciplinar, independentemente de apuração interna já em andamento.
V. Dentre outras, é vedação imposta constitucionalmente ao membro do Ministério Público: o exercício da advocacia no juízo ou tribunal junto ao qual exerceu suas atribuições, antes de decorridos 3 (três) anos do afastamento do cargo por aposentadoria ou exoneração.

VI. É possível afirmar que a garantia de inamovibilidade do membro do Ministério Público é relativa, tendo em vista a possibilidade de o mesmo ser removido compulsoriamente.

São VERDADEIRAS apenas as assertivas:

(A) I, III e IV.
(B) II, V e VI.
(C) II, III e IV.
(D) I, V e VI.
(E) IV, V e VI.

I: incorreta, "por iniciativa da maioria dos membros da Comissão, poderá ser requisitada a presença de representante do Ministério Público" (art. 83, § 5º, da Constituição da Bahia); II: incorreta, a Corregedoria Geral é órgão da administração superior do Ministério Público (art. 4º, § 1º, IV, da LC 11/1996 – Ministério Público da Bahia). Nos termos da Lei 8.625/1993, o Conselho Superior do Ministério Público é órgão de administração superior do Ministério Público (art. 5º, III) e órgão de execução (art. 7º, II), a Corregedoria-Geral e o Colégio de Procuradores são órgãos de administração superior, respectivamente art. 5º IV e II); III: incorreta, compete à equipe de atendimento multidisciplinar "fornecer subsídios por escrito ao juiz, ao Ministério Público e à Defensoria Pública, mediante laudos ou verbalmente em audiência" (art. 72, § 1º, da Lei Estadual nº 10.845/2007 do Estado da Bahia e art. 30 da Lei 11.340/2006); IV: correta (art. 130-A, § 2º, III, da CF). O art. 17, V da Lei 8.625/1993 dispõe que a Corregedoria-Geral é o órgão orientador e fiscalizador das atividades funcionais e de conduta de seus membros, sendo sua atribuição a instauração de processo disciplinar, seja de ofício ou mediante provocação; V: correta (art. 128, § 6º, da CF); VI: correta, pois pode ser removido compulsoriamente por interesse público (arts. 129, § 4º, c/c 93, VIII, ambos da CF). A Lei 8.625/1993 disciplina a remoção por interesse público nos arts. 12, VIII, d e 15, VIII.

Gabarito "E".

(Ministério Público/SP – 2015 – MPE/SP) Nos termos da Lei Orgânica do Ministério Público do Estado de São Paulo, é correto afirmar que:

(A) A destituição do Procurador-Geral de Justiça dependerá da deliberação, mediante voto secreto, da maioria simples dos membros da Assembleia Legislativa, nos termos do seu Regimento Interno, assegurada ampla defesa. Aprovada a destituição, o Colégio de Procuradores de Justiça, diante da comunicação da Assembleia Legislativa, declarará vago o cargo de Procurador-Geral de Justiça e cientificará imediatamente o Conselho Superior do Ministério Público.
(B) A destituição do Procurador-Geral de Justiça dependerá da deliberação, mediante voto secreto, por dois terços dos membros da Assembleia Legislativa, nos termos do seu Regimento Interno, assegurada ampla defesa. Aprovada a destituição, o Colégio de Procuradores de Justiça, diante da comunicação da Assembleia Legislativa, declarará vago o cargo de Procurador-Geral de Justiça e cientificará imediatamente o Conselho Superior do Ministério Público.
(C) A destituição do Procurador-Geral de Justiça dependerá da deliberação, mediante voto secreto, da maioria absoluta dos membros da Assembleia Legislativa, nos termos do seu Regimento Interno, assegurada ampla defesa. Aprovada a destituição, o Colégio de Procuradores de Justiça, diante da comunicação da Assembleia Legislativa, declarará vago o cargo de Procurador-Geral de Justiça e baixará normas de regulamentação do processo eleitoral, para nova eleição, no prazo máximo de quinze dias.
(D) A destituição do Procurador-Geral de Justiça dependerá da deliberação, mediante voto secreto, da maioria absoluta dos membros da Assembleia Legislativa, nos termos do seu Regimento Interno. Aprovada a destituição, o Conselho Superior do Ministério Público, diante da comunicação da Assembleia Legislativa, declarará vago o cargo de Procurador-Geral de Justiça e cientificará imediatamente o Colégio de Procuradores de Justiça.
(E) A destituição do Procurador-Geral de Justiça dependerá da deliberação, mediante voto secreto, da maioria absoluta dos membros da Assembleia Legislativa, nos termos do seu Regimento Interno. Aprovada a destituição, o Colégio de Procuradores de Justiça, diante da comunicação da Assembleia Legislativa, declarará vago o cargo de Procurador-Geral de Justiça e cientificará imediatamente o Conselho Superior do Ministério Público.

De início, pode parecer que há divergência entre a Lei 8.625/1993 e a LC 734/1993, embora a Lei 8.625/1993, no seu art. 9º, § 2º, estabeleça que a destituição do Procurador-Geral de Justiça deve ser precedida de autorização de um terço dos membros da Assembleia Legislativa e a LC 734/1993 exija a maioria absoluta, devemos nos atentar às disposições constantes dos arts. 80 e 81 da Lei 8.625/1993, que estabelecem que se trata de norma subsidiária, devendo ser aplicada nos casos de omissão ou de falta de regulamentação pelos Ministérios Públicos dos respectivos Estados. Assim, para o estado de São Paulo, a letra "E" está correta, corresponde ao disposto nos arts. 17 e 18 da Lei Orgânica do Ministério Público do Estado de São Paulo – LC 734/1993.

Gabarito "E".

(Ministério Público/SP – 2015 – MPE/SP) Nos termos da Lei Orgânica Nacional do Ministério Público, dentre outras atribuições, compete:

I. Ao Colégio de Procuradores de Justiça propor ao Poder Legislativo a destituição do Procurador-Geral de Justiça, pelo voto da maioria absoluta de seus integrantes, em caso de abuso de poder, conduta incompatível ou grave omissão nos deveres do cargo, assegurada ampla defesa.
II. Ao Procurador-Geral de Justiça representar aos Tribunais locais por inconstitucionalidade de leis ou atos normativos estaduais ou municipais, em face da Constituição Federal.
III. Aos Procuradores de Justiça exercer as atribuições cometidas ao Procurador-Geral de Justiça junto aos Tribunais.
IV. Aos Promotores de Justiça impetrar habeas corpus e mandado de segurança e requerer correição parcial, inclusive perante os Tribunais locais competentes.
V. Ao Corregedor-Geral do Ministério Público realizar inspeções nas Procuradorias de Justiça, remetendo relatório reservado ao Colégio de Procuradores de Justiça.

Está correto apenas o contido em:

(A) I, III e V.
(B) I, III e IV.
(C) II, III e V.
(D) II, IV e V.
(E) IV e V.

I: incorreta, "(...) **pelo voto de dois terços de seus membros** e por iniciativa da maioria absoluta de seus integrantes em caso de abuso de poder, conduta incompatível ou grave omissão nos deveres do cargo, assegurada ampla defesa" (art. 12, IV, da Lei 8.625/1993). A LC 734/1993 trata da destituição do Procurador-Geral de Justiça nos arts. 13 e 15; II: incorreta, a representação é em face da Constituição Estadual (art. 29, I, da Lei 8.625/1993). Segundo a LC 734/1993, art. 116, VI, é atribuição do Procurador-Geral de Justiça: "... propor ação de inconstitucionalidade de lei ou ato normativo estadual ou municipal, contestados em face da Constituição Estadual e ação de inconstitucionalidade por omissão em face de preceito da Constituição Estadual;"; III: incorreta; compete aos Procuradores de Justiça "exercer as atribuições junto aos Tribunais, **desde que não cometidas ao Procurador-Geral de Justiça**, e inclusive por delegação deste", aos Procurador-Geral de Justiça cabe "exercer as atribuições do art. 129, II e III, da Constituição Federal, quando a autoridade reclamada for o Governador do Estado, o Presidente da Assembleia Legislativa ou os Presidentes de Tribunais, bem como quando contra estes, por ato praticado em razão de suas funções, deva ser ajuizada a competente ação", nos termos dos arts. 29, VIII e 31 da Lei 8.625/1993. Consoante a LC 734/1993 compete aos Procuradores de Justiça exercer as atribuições de Ministério Público junto aos Tribunais, inclusive a de interpor recursos aos Tribunais Superiores, desde que não privativas do Procurador-Geral de Justiça (art. 119 da LC 734/1993). IV: correta (art. 32, I, da Lei 8.625/1993 e art. 121, I, da LC 734/1993); V: correta, (art. 17, II, da Lei 8.625/1993 e art. 42, III, da LC 734/1993).

Gabarito "E".

(Ministério Público/SP – 2015 – MPE/SP) De acordo com a Lei Orgânica Nacional do Ministério Público:

I. É vedado aos membros do Ministério Público exercer qualquer outra função pública, salvo uma de Magistério, exceto quando em disponibilidade ou aposentado.
II. É vedado aos membros do Ministério Público exercer o comércio ou participar de sociedade comercial, exceto como cotista ou acionista.
III. São considerados como de efetivo exercício, para todos os efeitos legais, inclusive para vitaliciamento, os dias em que o membro do Ministério Público estiver afastado de suas funções em razão de designação do Procurador-Geral de Justiça para realização de atividade de relevância para a instituição.
IV. São deveres dos membros do Ministério Público, além de outros previstos em lei, desempenhar com zelo e presteza as suas funções e assistir aos atos judiciais, quando conveniente a sua presença, a seu prudente juízo.
V. O membro vitalício do Ministério Público somente perderá o cargo por sentença judicial transitada em julgado, proferida em ação civil própria, nos seguintes casos: a) prática de crime incompatível com o exercício do cargo, após decisão judicial transitada em julgado; b) exercício da advocacia; c) abandono do cargo por prazo superior a trinta dias corridos.

Está correto apenas o contido em:

(A) II, III e V.
(B) I e V.
(C) I, III e IV.
(D) II e V.
(E) I, III e V.

I: incorreta, pois é vedado "exercer, *ainda que em disponibilidade*, qualquer outra função pública, salvo uma de Magistério" (art. 44, IV, da Lei 8.625/1993 e art. 170, IV, da LC 734/1993); II: correta, (art. 44, III, da Lei 8.625/1993 e art. 170, III, da LC 734/1993); III: incorreta, esses dias não são considerados para fins de vitaliciamento (art. 53, VI, a, da Lei 8.625/1993. Embora a LC 764/1993, no seu art. 219, IV, a, disponha que são considerados como de efetivo exercício, para todos os efeitos legais, os dias em que o membro do Ministério Público estiver afastado de suas funções, em razão de realização de atividade de relevância para a Instituição por designação do Procurador-Geral de Justiça, a pergunta se refere ao que está previsto na Lei 8.625/1993, por isso a questão está errada; **IV**: incorreta, é dever desempenhar com zelo e presteza suas funções, mas deve assistir aos atos judiciais *quando obrigatória ou conveniente a sua presença* (art. 43, VI e V, respectivamente, da Lei 8.625/1993); **V**: correta (art. 38, § 1º, I a III, da Lei 8.625/1993 e art. 157 da LC 734/1993).

Gabarito "D".

(Promotor de Justiça/AC – 2014 – CESPE) Se um promotor de justiça do estado X instaurar inquérito civil e o arquivar, o arquivamento poderá ser revisto, com base na Lei Orgânica Nacional do Ministério Público (Lei 8.625/1993), pelo

(A) juízo da vara competente para o caso.
(B) vice-procurador-geral de justiça.
(C) Colégio de Procuradores de Justiça.
(D) Conselho Superior do Ministério Público.
(E) presidente do tribunal de justiça do referido estado.

A: incorreta, pois a revisão se dá no âmbito do próprio Ministério Público; **B**: incorreta, pois a atribuição, nos termos do art. 30 da Lei 8.625/1993, é do Conselho Superior do MP; **C**: incorreta, conforme tópico anterior; **D**: correta, pois assim estabelece o art. 30 da Lei 8.625/1993: "Cabe ao Conselho Superior do Ministério Público rever o arquivamento de inquérito civil, na forma da lei"; **E**: incorreta, conforme comentários anteriores.

Gabarito "D".

(Promotor de Justiça/AC – 2014 – CESPE) Considere que um promotor de justiça de determinado estado da Federação tenha requisitado a instauração de inquérito policial e que, no curso da investigação, o delegado constate indício de que membro do MPU tenha cometido infração penal. Nessa situação, com base na Lei Complementar 75/1993,

(A) os autos deverão ser remetidos ao procurador-geral da República para as providências pertinentes.
(B) o membro do MPU deverá ser indiciado, e o delegado continuará a investigação.
(C) o promotor de justiça deverá continuar a investigação.
(D) o procurador de justiça do estado deverá dar continuidade à investigação.
(E) o procurador regional da República deverá dar continuidade à investigação.

Quando, no curso de investigação, houver indício da prática de infração penal por membro do Ministério Público da União, a autoridade policial, civil ou militar, remeterá imediatamente os autos ao Procurador-Geral da República, que designará membro do Ministério Público para prosseguimento da apuração do fato (art. 18, parágrafo, da LC 75/1993. Sendo assim, apenas a alternativa "A" está correta.

Gabarito "A".

(Promotor de Justiça/AC – 2014 – CESPE) Com base na Lei Complementar Estadual 8/1983, um membro do MP do estado do Acre só perderá seu cargo se condenado por crime

(A) cometido com abuso de poder, à pena privativa de liberdade.
(B) contra honra, à detenção por mais de dois anos.
(C) cometido com violação do dever inerente à função, à reclusão por mais de quatro anos.
(D) contra o patrimônio, independentemente da pena prevista.
(E) contra a administração da justiça, independentemente da pena prevista.

Assim estabelece o art. 35, I, da Lei Complementar Estadual 8/1983. Aliás, estabelece o citado dispositivo legal: "Art. 35. Depois de dois anos de efetivo exercício, só perderão o cargo os membros do Ministério Público Estadual: I – se condenados à pena privativa de liberdade por crime cometido com abuso de poder ou violação do dever inerente à função pública; II – se condenado por outro crime à pena de reclusão, por mais de dois anos, ou de detenção por mais de quatro anos; e III – se proferida decisão em processo administrativo onde lhe seja assegurada ampla defesa".

Gabarito "A".

(Ministério Público/PI – 2012 – CESPE) À luz da CF, assinale a opção correta a respeito do MP.

(A) O MP é, conforme se depreende do disposto na CF, nacional e unitário, caracterizando-se, ainda, por possuir individualidade.
(B) O julgamento do Procurador-Geral de justiça do MPE, em se tratando de infrações penais comuns ou de crimes de responsabilidade, cabe ao Poder Legislativo estadual.
(C) Em sua atuação, o MP vela somente pelo interesse público secundário.
(D) O presidente da República não consta do rol de legitimados para propor ao Congresso Nacional projeto de lei que disponha sobre normas gerais de organização dos MPEs.
(E) O dispositivo constitucional que considera o MP uma instituição permanente e essencial à função jurisdicional do Estado não é considerado cláusula pétrea.

A: correta, pois o enunciado está de acordo com os arts. 127 e 128 da CF, que reconhecem a existência do Ministério Público, órgão permanente e essencial, mas também reconhecem a existência de pelo menos dois Ministérios Públicos: o da União e os dos Estados; **B**: incorreta, pois, conforme o art. 128, § 4º, da CF, os Procuradores-Gerais poderão ser destituídos por deliberação da maioria absoluta do Poder Legislativo. O julgamento do PGJ, por crime comum, é de competência do Tribunal de Justiça, conforme o art. 123, III, "c", da Constituição do Estado do Piauí; **C**: incorreta, pois o MP vela pelo interesse público primário; **D**: incorreta, pois, nos termos do art. 61, § 1º, II, "d", da CF, o poder de iniciativa é privativo do Presidente da República; **E**: incorreta, pois o caráter permanente e essencial do MP indica que se trata de cláusula pétrea.

Gabarito "A".

(Ministério Público/PI – 2012 – CESPE) No tocante aos princípios institucionais do MP, assinale a opção correta.

(A) De acordo com a doutrina dominante, com fundamento no princípio da independência funcional, não há óbice a que um membro do MP assuma posicionamento contrário ao adotado pelo seu antecessor na mesma relação processual.
(B) O caráter dos princípios institucionais do MP consagrados na CF não é normativo, em razão da sua abstração e da ausência dos pressupostos fáticos aptos a delimitar a sua aplicação.
(C) O princípio da unidade, segundo o qual o MP constitui uma instituição única, autoriza que integrantes do MP do trabalho exerçam, em situações excepcionais, atribuições inerentes aos MPEs e vice-versa.
(D) Se dois membros do MP assumirem posições divergentes em relação ao mesmo fato, o princípio da unidade cederá lugar ao princípio prevalente da independência funcional.
(E) Segundo a jurisprudência do STF, o MP que atua junto aos tribunais de contas, em razão da sua peculiar natureza jurídica, não está sujeito ao princípio da unidade.

A: correta, pois, de fato, o princípio da independência funcional garante a liberdade na formação da convicção dos membros do MP; **B**: incorreta, pois os princípios institucionais têm caráter normativo. Existem normas-regras e normas-princípios, todas dotadas de força normativa; **C**: incorreta, pois a unidade significa que "os membros do Ministério Público integram um só órgão sob a direção de um só chefe" (Hugo Nigro Mazzilli. **Regime Jurídico do Ministério Público**. 7. ed. São Paulo: Saraiva, 2013. p 132). E referido princípio não autoriza que integrantes de um MP exerçam atribuições de outro ramo do MP ou de outro MP; **D**: incorreta, pois se houver divergência entre membros do MP, originando um conflito de atribuições, caberá ao chefe da instituição dirimir o conflito, de tal forma que não se pode dizer que o princípio da unidade cede lugar ao princípio da independência. Na verdade, há uma independência do ponto de vista funcional, mas não do ponto de vista administrativo. Por isso, cabe ao chefe da instituição dizer quem tem atribuição, embora não possa determinar a forma de atuação do membro do MP; **E**: incorreta, pois o STF (ADI 789/DF) reconheceu a existência de um MP *especial*, junto ao Tribunal de Contas. Portanto, o MP junto ao Tribunal de Contas integra um só órgão *especial* e está sujeito ao princípio da unidade.

Gabarito "A".

(Ministério Público/PI – 2012 – CESPE) Assinale a opção correta a respeito das funções institucionais do MP.

(A) Quando a atuação do delegado for incompleta, o MP poderá presidir inquéritos policiais.
(B) As funções institucionais do MP podem ser exercidas por pessoas não integrantes da carreira mediante autorização expressa do respectivo Procurador-Geral.
(C) O MP é o titular da ação penal pública.
(D) Entre as funções do MP não se inclui a defesa judicial e extrajudicial dos direitos e interesses das populações indígenas, incumbência essa a cargo da AGU.
(E) É taxativo o rol das funções institucionais do MP previstas no texto constitucional.

A: incorreta, pois o MP pode realizar investigações, mas não presidir inquéritos policiais; **B**: incorreta, pois as funções institucionais do MP não podem ser exercidas por pessoas não integrantes da carreira (CF, art. 129, § 2º); **C**: correta, pois é o que estabelece o art. 129, I, da CF; **D**: incorreta, pois a assertiva afronta o disposto no art. 129, V, da CF; **E**: incorreta, pois o rol do art. 129 da CF tem caráter exemplificativo, como aponta o inciso IX do mencionado dispositivo constitucional.

Gabarito "C".

(Ministério Público/PI – 2012 – CESPE) Em relação às garantias dos membros do MP, assinale a opção correta.

(A) A garantia da inamovibilidade do membro do MP é absoluta.
(B) De acordo com a Emenda Constitucional 45/2004, é permitido que membro do MP se dedique à atividade político-partidária.
(C) Segundo a jurisprudência do STF, é constitucional lei complementar estadual que estenda o auxílio-moradia a membros aposentados do MPE.
(D) Segundo a jurisprudência do STJ, é ilegal ato do Procurador-Geral

de justiça estadual que negue a membro do MP a acumulação de férias por mais de dois períodos de trinta dias consecutivos.

(E) O membro do MP que atua perante o juízo de primeiro grau de jurisdição, seja no âmbito federal, seja no âmbito estadual, não tem legitimidade para oficiar em tribunais superiores.

A: incorreta, pois a garantia não é absoluta. A inamovibilidade é excepcionada por motivo de interesse público, mediante decisão do órgão colegiado competente do Ministério Público, pelo voto da maioria absoluta de seus membros, assegurada ampla defesa (CF, art. 128, § 5º, I, "b"); **B:** incorreta, pois a CF, no art. 128, § 5º, II, "e", proíbe o membro do MP de se dedicar à atividade político-partidária; **C:** incorreta, pois o STF decidiu pela inconstitucionalidade, conforme Informativo n. 619: "Membros inativos do Ministério Público estadual e auxílio-moradia. ADI – 3661. O Plenário, por maioria, julgou procedente pedido formulado em ação direta proposta pelo Procurador-Geral da República para declarar a inconstitucionalidade do § 3º do art. 3º da LC 24/1989, introduzido pela Lei Complementar 281/2003, ambas do Estado de Rondônia. O dispositivo adversado versa sobre a extensão de auxílio-moradia a membros inativos do Ministério Público rondoniense. Verificou-se afronta ao art. 127, § 2º, da CF. Ademais, asseverou-se que nem todos os benefícios concedidos aos servidores em atividade seriam compatíveis com a situação do aposentado, como seria o caso da gratificação paga durante o exercício em locais adversos. Na linha dessa jurisprudência, mencionou-se o Enunciado 680 da Súmula do STF ("O direito ao auxílio-alimentação não se estende aos servidores inativos"). Reputou-se que o auxílio-moradia seria devido apenas a membros do *Parquet* que exercessem suas funções em local onde não existisse residência adequada. O Min. Luiz Fux ressaltou que a LC 281/2003 valer-se-ia da Lei Complementar federal 93/1993 para estender aos inativos o auxílio-moradia nela disposto como se eles estivessem em exercício. Vencido o Min. Marco Aurélio que mantinha o preceito por entendê-lo constitucional. Precedente citado: ADI 778/DF (*DJU* de 19.12.1994). ADI 3783/RO, rel. Min. Gilmar Mendes, 17.03.2011. (ADI-3783)"; **D:** incorreta, pois o STJ considerou o ato legal, conforme noticia o Informativo 354 "A Turma negou provimento ao recurso por entender que é legal o ato da Procuradoria-Geral de Justiça estadual que considerou não ser possível a acumulação de mais de dois meses de férias e cancelou os atos que deferiam o gozo de períodos excedentes a esses e determinou a permanência dos promotores de justiça em serviço no mês de setembro de 2003. A Lei Orgânica do Ministério Público disciplina que as férias dos membros do Ministério Público sejam iguais à dos magistrados, cabendo a cada lei orgânica estadual regular a concessão. Assim o Estado-membro aprovou a LC 19/1994, que, em seu art. 168, dispõe de forma análoga ao art. 66, § 1º, da LC 35/1979 (Lei Orgânica da Magistratura Nacional). O ato da referida Procuradoria-Geral de Justiça apenas aplicou a legislação cabível e corrigiu o vício de atos anteriores que deferiam fruição de férias atingidas pela caducidade. RMS 20.361-PB, Rel. Min. Jane Silva (Desembargadora convocada do TJ-MG), julgado em 06.05.2008"; **E:** correta, pois, de fato, cada membro do MP tem suas atribuições, sendo vedada a atribuição para atuar perante os tribunais àqueles que atuam perante a primeira instância.

Gabarito "E"

(Ministério Público/PI – 2012 – CESPE) Com base nos precedentes judiciais do STF, assinale a opção correta em relação ao MP.

(A) O MPE não dispõe de legitimidade ativa *ad causam* para ajuizar, originariamente, perante o STF, reclamação destinada a fazer prevalecer a autoridade de enunciado constante de súmula vinculante cujo teor normativo tenha sido concretamente desrespeitado por ato emanado do Poder Executivo ou proferido por qualquer órgão do Poder Judiciário.

(B) Segundo a jurisprudência do STF, o MP tem legitimidade para impetrar mandado de segurança contra ato do CNMP, quando o ato impugnado desafia violação a direito subjetivo, disponível e individual de seus membros.

(C) É constitucional lei estadual que fixe prazos e determine obrigações ao MP no que se refere às conclusões das comissões parlamentares de inquérito instauradas no estado.

(D) O STF não detém competência originária para processar e julgar ação popular proposta contra ato do presidente do CNMP.

(E) O STF entende ser inconstitucional dispositivo de constituição estadual que permita a participação do MP, na condição de membro--convidado e sem direito a voto, em conselho de defesa da criança e do adolescente, órgão do Poder Executivo.

A: incorreta, pois decidiu o Pretório Excelso que "O Supremo Tribunal reconheceu a legitimidade ativa autônoma do Ministério Público estadual para ajuizar reclamação no Supremo Tribunal, sem que se exija a ratificação da inicial pelo Procurador-Geral da República. Precedente: Reclamação n. 7.358" (Rcl 7.101/SP); **B:** incorreta, pois a assertiva é contrária ao entendimento do STF: "*Agravo regimental. Mandado de segurança. Percebimento de gratificação. Ausência de legitimidade do Ministério Público do Estado do Rio Grande do Sul para atacar ato do CNMP. Defesa das suas atribuições funcionais não caracterizada. Direito individual dos membros da instituição que compõem o Órgão Especial e o Conselho Superior, cuja defesa compete exclusivamente a estes. Agravo desprovido.* I – A legitimidade do Ministério Público para interpor mandado de segurança na qualidade de órgão público despersonalizado, deve ser restrito à defesa de sua atuação funcional e de suas atribuições institucionais. Precedentes. II – No caso, trata-se de direito individual dos membros da instituição que participam de órgãos colegiados, que não pode ser defendido pelo Ministério Público, enquanto instituição. III – Agravo regimental a que se nega provimento" (MS 30.717 AgR/DF); **C:** incorreta, pois o STF entendeu inconstitucional a lei estadual, como relatou o Informativo 647: "ADI – 2622. O Plenário julgou procedente pedido formulado em ação direta, proposta pelo Procurador-Geral da República, para declarar a inconstitucionalidade dos artigos 2º, 3º e 4º da Lei 11.727/2002, do Estado do Rio Grande do Sul, que dispõe sobre a prioridade, nos procedimentos a serem adotados pelo Ministério Público, por tribunal de contas e por outros órgãos a respeito de conclusões das comissões parlamentares de inquérito instauradas naquele Estado. Reputou-se que os dispositivos impugnados, ao fixar prazos e estabelecer obrigações ao *parquet* e ao Poder Judiciário, no sentido de acelerar a tramitação dos processos que versem sobre as conclusões dessas comissões locais, teriam invadido a competência privativa da União para legislar sobre direito processual (CF, art. 22, I) do que decorreria inconstitucionalidade formal. Asseverou-se, ainda, que qualquer atuação do Ministério Público só poderia ser estabelecida por lei complementar e não por lei ordinária e, sempre, por iniciativa reservada aos respectivos Procuradores-Gerais dos Estados-membros. Por fim, aduziu-se que a norma local, ao impor deveres e sanções aos magistrados, o teria feito em desacordo com o que contido na Lei Orgânica da Magistratura Nacional – Loman e nas leis de organização judiciária, diplomas de iniciativa privativa do Poder Judiciário. ADI 3041/RS, Rel. Min. Ricardo Lewandowski, 10.11.2011. (ADI-3041) Repercussão Geral"; **D:** correta, pois assim decidiu o STF (Pet 3.674 QO/DF): "Competência originária do Supremo Tribunal para as ações contra o Conselho Nacional de Justiça e contra o Conselho Nacional do Ministério Público (CF, art. 102, I, *r*, com a redação da EC 45/2004): inteligência: não inclusão da ação popular, ainda quando nela se vise à declaração de nulidade do ato de qualquer um dos conselhos nela referidos. 1. Tratando-se de ação popular, o Supremo Tribunal Federal – com as únicas ressalvas da incidência da alínea *n* do art. 102, I, da Constituição ou de a lide substantivar conflito entre a União e Estado-membro –, jamais admitiu a própria competência originária: ao contrário, a incompetência do Tribunal para processar e julgar a ação popular tem sido invariavelmente reafirmada, ainda quando se irrogue a responsabilidade pelo ato questionado a dignitário individual – a exemplo do Presidente da República – ou a membro ou membros de órgão colegiado de qualquer dos poderes do Estado cujos atos, na esfera cível – como sucede no mandado de segurança – ou na esfera penal – como ocorre na ação penal originária ou no *habeas corpus* – estejam sujeitos diretamente à sua jurisdição. 2. Essa não é a hipótese dos integrantes do Conselho Nacional de Justiça ou do Conselho Nacional do Ministério Público: o que a Constituição, com a EC 45/2004, inseriu na competência originária do Supremo Tribunal foram as ações contra os respectivos colegiado, e não, aquelas em que se questione a responsabilidade pessoal de um ou mais dos conselheiros, como seria de dar-se na ação popular"; **E:** incorreta, pois o STF declarou constitucional referido dispositivo legal ao julgar a ADI 3.463/RJ: "*Ação direta de inconstitucionalidade. Parágrafo único do art. 51 do Ato das Disposições Constitucionais Transitórias da Constituição do Estado do Rio de Janeiro. Conselho Estadual de Defesa da Criança e do Adolescente.* 1. O rol de atribuições conferidas ao Ministério Público pelo art. 129 da Constituição Federal não constitui *numerus clausus*. O inciso IX do mesmo artigo permite ao Ministério Público "exercer outras funções que lhe forem conferidas, desde que compatíveis com sua finalidade, sendo-lhe vedada a representação judicial e a consultoria jurídica de entidades públicas". 2. O art. 51 do Ato das Disposições Transitórias da Constituição do Estado do Rio de Janeiro não confere competência ao Ministério Público fluminense, mas apenas cria o Conselho Estadual de Defesa da Criança e do Adolescente, garantindo a possibilidade de participação do Ministério Público. Possibilidade que se reputa constitucional porque, entre os direitos constitucionais sob a vigilância tutelar do Ministério Público, sobreleva a defesa da criança e do adolescente. Participação que se dá, porém, apenas na condição de membro convidado e sem direito a voto. 3. Inconstitucionalidade da expressão "Poder Judiciário", porquanto a participação de membro do Poder Judicante em Conselho administrativo tem a potencialidade de quebrantar a necessária garantia de imparcialidade do julgador. 4. Ação que se julga parcialmente procedente para: a) conferir interpretação conforme à Constituição ao parágrafo único do art. 51 do ADCT da Constituição do Estado do Rio de Janeiro a fim de assentar que a participação do Ministério Público no Conselho Estadual de Defesa da Criança e do Adolescente deve se dar na condição de membro convidado sem direito a voto; b) declarar a inconstitucionalidade da expressão 'Poder Judiciário'".

Gabarito "D"

(Ministério Público/PI – 2012 – CESPE) Em relação ao CNMP, assinale a opção correta.

(A) Segundo a jurisprudência do STF, o CNMP pode, por meio de resolução, fixar novo teto remuneratório para membros e servidores do MP, passando-o de 90,25% para 100% do subsídio dos ministros do STF.

(B) O presidente do Conselho Federal da Ordem dos Advogados do Brasil é membro, com direito a voto, do CNMP.

(C) Compete ao Senado Federal processar e julgar os membros do CNMP acusados da prática de crime de responsabilidade.

(D) Compete ao CNMP escolher em votação aberta, entre os integrantes das carreiras do MPU e dos MPEs que atuem perante o segundo grau de jurisdição, o corregedor nacional do MP.

(E) O CNMP é composto por dez membros nomeados para um mandato de quatro anos pelo presidente da República, depois de aprovada a sua escolha pela maioria absoluta do Senado Federal, sendo admitida uma recondução.

A: incorreta, pois o STF entendeu inconstitucional a resolução que fixa teto remuneratório (ADI 3.831 MC/DF): "*Ação direta de inconstitucionalidade – Resolução n. 15, de 4 de dezembro de 2006, do Conselho Nacional do Ministério Público – Afronta ao art. 37, inc.*

XI, § 12, da Constituição da República. 1. A Resolução n. 15, de 4 de dezembro de 2006, do Conselho Nacional do Ministério Público, cuida dos percentuais definidores do teto remuneratório dos membros e servidores do Ministério Público. 2. A Resolução altera outras normas de igual natureza, anteriormente vigentes, possibilitando a) ser ultrapassado o limite máximo para a remuneração dos membros e servidores públicos do Ministério Público dos Estados até agora fixado e b) estabelecer-se novo padrão remuneratório para aqueles agentes públicos. 3. Descumprimento dos termos estabelecidos no art. 37, inc. XI, da Constituição da República pelo Conselho Nacional do Ministério Público, por contrariar o limite remuneratório máximo definido constitucionalmente para os membros do Ministério Público dos Estados Federados. 4. Necessidade de saber o cidadão brasileiro a quem paga e, principalmente, quanto paga a cada qual dos agentes que compõem os quadros do Estado. 5. Possível inconstitucionalidade formal, pois a norma expedida pelo Conselho Nacional do Ministério Público cuida também da alteração de percentuais a serem aproveitados na definição dos valores remuneratórios dos membros e servidores do Ministério Público dos Estados, o que estaria a contrariar o princípio da legalidade específica para a definição dos valores a serem pagos a título de remuneração ou subsídio dos agentes públicos, previsto no art. 37, inc. X, da Constituição da República. 6. Possível não observância dos limites de competência do Conselho Nacional do Ministério Público, que atuou sob o argumento de estar cumprindo os ditames do art. 130-A, § 2º, da Constituição da República. 7. Suspensão, a partir de agora, da eficácia da Resolução n. 15, de 4 de dezembro de 2006, do Conselho Nacional do Ministério Público, mantendo-se a observância estrita do quanto disposto no art. 37, inc. XI e seu § 12, no art. 39, § 4º, e no art. 130-A, § 2º, todos da Constituição da República. 8. Medida cautelar deferida."; **B**: incorreta, pois, nos termos do art. 130-A, V, da Constituição Federal, o CNMP é integrado por dois advogados, indicados pelo Conselho Federal da Ordem dos Advogados do Brasil; **C**: correta, pois é o que estabelece o art. 52, II, da CF; **D**: incorreta, pois, de acordo com o art. 130-A, § 3º, da CF, a votação é secreta ; **E**: incorreta, pois, de acordo com o art. 130-A, caput, da CF, *o Conselho Nacional do Ministério Público compõe-se de quatorze membros nomeados pelo Presidente da República, depois de aprovada a escolha pela maioria absoluta do Senado Federal, para um mandato de dois anos, admitida uma recondução.*

Gabarito "C".

(Ministério Público/PI – 2012 – CESPE) Com base na Lei Nacional Orgânica do Ministério Público (Lei n. 8.625/1993), assinale a opção correta.

(A) A propositura de ação civil para a decretação da perda do cargo de membro do MPE/PI depende de autorização prévia do seu Conselho Superior.

(B) A Corregedoria-Geral qualifica-se como órgão de execução do MPE/PI.

(C) Na hipótese de o chefe do Poder Executivo omitir-se no exercício de seu direito de escolher o Procurador-Geral de justiça, tomará posse e entrará em exercício, perante o Colégio de Procuradores de Justiça, o membro do MP mais votado na lista tríplice.

(D) Ao Colégio de Procuradores de Justiça compete designar membros do MPE/PI para integrar organismos estatais afetos a sua área de atuação.

(E) Compete ao Procurador-Geral de justiça decidir sobre o vitaliciamento de membros do MP.

A: incorreta, pois, de acordo com o art. 38, § 2º, da LONMP, *a ação civil para a decretação da perda do cargo será proposta pelo Procurador-Geral de Justiça perante o Tribunal de Justiça local, após autorização do Colégio de Procuradores, na forma da Lei Orgânica*; **B**: incorreta, pois a Corregedoria-Geral é órgão da administração superior (LONMP, art. 5º, IV); **C**: correta, pois é o que estabelece o art. 9º, § 4º, da LONMP; **D**: incorreta, pois a mencionada atribuição é do PGJ (art. 10, IX, "c", da LONMP); **E**: incorreta, pois a competência é do CSMP (art. 15, VII, da LONMP).

Gabarito "C".

(Ministério Público/TO – 2012 – CESPE) No que se refere à abrangência do MP, às suas funções institucionais e às garantias de seus membros, assinale a opção correta com base na CF.

(A) O exercício de atividade político-partidária é permitido aos membros do MP, mas é vedado aos membros da magistratura.

(B) O MP dispõe de autonomia funcional e administrativa, podendo propor ao Poder Legislativo a criação e a extinção de seus cargos e serviços auxiliares, provendo-os por concurso público de provas ou de provas e títulos.

(C) Vitaliciedade é uma vantagem instituída pela CF em benefício dos membros do MP, admitindo-se, contudo, a sua remoção por motivo de interesse público, mediante decisão do órgão colegiado competente do próprio MP.

(D) O MP abrange exclusivamente o MPF, os MPs dos estados da Federação, o do DF e o dos territórios.

(E) Os membros do MP são inamovíveis, salvo por motivo de interesse público ou administrativo e mediante decisão, devidamente fundamentada, da maioria simples dos membros do Conselho Nacional do Ministério Público.

A: incorreta, pois a CF, no art. 128, § 5º, II, "e", proíbe o membro do MP de se dedicar à atividade político-partidária; **B**: correta, pois a Constituição Federal, ao garantir ao Ministério Público a autonomia funcional e administrativa, permite-lhe editar atos relativos ao seu quadro de pessoal. A autonomia também é garantida pelo art. 3º, VI, da LONMP; **C**:incorreta, pois a alternativa descreveu a *inamovibilidade* prevista no art. 128, § 5º, I, *b*, da CF, e não a vitaliciedade; **D**: incorreta, pois afronta a organização do MP dada pelo art. 128 da CF. Por exemplo, o MP abrange o MP da União; **E**: incorreta, pois a garantia da inamovibilidade só é excepcionada por motivo de interesse público, mediante decisão do órgão colegiado competente do Ministério Público, pelo voto da maioria absoluta de seus membros, assegurada ampla defesa (CF, art. 128, § 5º, I, "b").

Gabarito "B".

35. PRINCÍPIOS E ATRIBUIÇÕES INSTITUCIONAIS DA DEFENSORIA PÚBLICA

Renan Flumian e Rodrigo Santamaria Saber

1. FUNÇÕES E PRINCÍPIOS INSTITUCIONAIS1

(Defensoria/DF – 2013 – CESPE) Julgue os itens seguintes, relativos aos princípios institucionais e as funções da DP/DF.

(1) Por não estar explicito na CF ou na Lei Complementar 80/1994, o principio do defensor natural não é aceito pela jurisprudência dos tribunais superiores, de modo que o assistido pode escolher, entre os DPs lotados na unidade de competência de atuação de sua causa, o que atuara em sua defesa.
(2) A DP deve priorizar a solução extrajudicial de litígios, contando, para isso, com o instituto da arbitragem como técnica de composição e administração de conflito.
(3) Uma das funções do referido órgão é convocar audiências públicas para discutir assuntos como ofensa aos direitos do consumidor ou abusos sexuais sofridos, por exemplo, por vítimas de tráfico de pessoas, podendo, ainda, promover ACP e patrocinar ação penal privada a favor de vitimas desses tipos de crimes.
(4) A previsão da independência funcional do DP no desempenho de suas atribuições constitui garantia de que ele poda atuar segundo suas próprias convicções, de modo que esteja protegido de possíveis ingerências políticas ou pressão hierárquica, o que favorece uma atuação imparcial.

1: Errada. O princípio do defensor natural é regularmente aceito e previsto na LC 80/1994, em seu art. 4º-A, IV; **2:** Certa. A alternativa está de acordo com a previsão contida no art. 4º, II, da LC 80/1994; **3:** Errada. A Defensoria Pública deve convocar audiências públicas para discutir matérias relacionadas às suas funções institucionais, sendo que o assunto atinente a abusos sexuais, em sentido *lato*, não necessariamente está atrelada a uma de suas funções. **4:** Certa. A independência funcional, prevista no art. 3º da LC 80/1994, como um princípio institucional, assegura a plena liberdade de ação do defensor perante todos os órgãos da administração pública, especialmente o Judiciário, eliminando qualquer possibilidade de hierarquia diante dos demais agentes políticos do Estado.
Gabarito 1E, 2C, 3E, 4C

(Defensoria/SP – 2013 – FCC) Um Defensor Público, (1) principiando seu expediente verifica no correio eletrônico convocação para participar de reunião com a Subdefensoria Pública Geral competente, por meio de videoconferência. Em seguida, (2) passa a analisar autos judiciais que vieram em carga para ciência de decisões judiciais, refletindo sobre a utilidade de se interpor recurso em cada caso. Após o almoço, (3) dirige-se ao Fórum para realizar audiências em substituição de outro Defensor Público licenciado por saúde. O princípio institucional que, preponderantemente, incidiu sobre cada fato é, respectivamente,

(A) indivisibilidade, independência funcional, indivisibilidade.
(B) independência funcional, unidade, indivisibilidade.
(C) unidade, independência funcional, unidade.
(D) unidade, independência funcional, indivisibilidade.
(E) indivisibilidade, independência funcional, unidade.

O princípio da unidade permite aos membros da Defensoria Pública substituírem-se uns aos outros (cada um deles é parte de um todo). O princípio da independência funcional assegura a plena liberdade de ação do defensor perante todos os órgãos da administração pública, especialmente o Judiciário, eliminando qualquer possibilidade de hierarquia diante dos demais agentes políticos do Estado. Pelo princípio da indivisibilidade entende-se que a Defensoria não está sujeita a rupturas e fracionamentos, logo, uma vez deflagrada a atuação do Defensor Público, deve a assistência jurídica ser prestada até atingir o seu objetivo, mesmo nos casos de impedimento, férias, afastamento e licenças, pois, nesses casos, a lei prevê a possibilidade de substituição ou designação de outro Defensor Público.
Gabarito "D".

(Defensor Público/AM – 2013 – FCC) Dentre as atribuições funcionais expressamente previstas na Lei Complementar Estadual nº 01/90 aos Defensores Públicos do Estado do Amazonas de 1ª Instância (1ª e 2ª Entrâncias), NÃO se encontra inserida a

(A) defesa dos necessitados contra pessoas jurídicas de direito público.
(B) defesa, nos processos criminais, de réus que não tenham defensor constituído, inclusive os revéis.
(C) promoção de ação civil pública em favor de associações que incluam entre suas finalidades institucionais a proteção ao meio ambiente.
(D) prestação de assistência jurídica aos consumidores lesados.
(E) prestação de assistência jurídica aos servidores públicos, independentemente de sua condição de necessitado.

De todas as assertivas, a única que traz uma função não atribuída pela LC 01/1990 do Estado do Amazonas é a "E". O art. 25 da Lei Complementar sob análise lista as atribuições dos defensores de 1ª Instância.
Gabarito "E".

(Defensor Público/RO – 2012 – CESPE) Acerca do poder de requisição do DP e das funções institucionais da DP, assinale a opção correta.

(A) Com exceção do *habeas corpus*, do mandado de injunção, do habeas data e do mandado de segurança, qualquer outra ação em defesa das funções institucionais e prerrogativas dos órgãos de execução da DP deve ser promovida pelo órgão responsável pela representação judicial do respectivo ente federativo.
(B) Constituem crimes a recusa, o retardamento ou a omissão de dados técnicos indispensáveis à propositura de ação civil pública, quando requisitados por membro da DP para a defesa dos interesses individuais e coletivos da criança e do adolescente, do idoso, da pessoa portadora de necessidades especiais e da mulher vítima de violência doméstica e familiar.
(C) É vedado à DP executar e receber as verbas sucumbenciais decorrentes de sua atuação, salvo se devidas por qualquer ente público, caso em que devem ser destinadas a fundos geridos pela DP para aplicação, exclusiva, no aparelhamento da DPE e em programas de capacitação profissional de seus membros e servidores.
(D) O dispositivo legal que confere a qualidade de título executivo extrajudicial ao instrumento de transação referendado pelo DP não se aplica aos acordos sobre alimentos, por representar direito indisponível.
(E) São funções institucionais da DP, entre outras, o exercício da curadoria especial nos casos previstos em lei e a promoção prioritária da solução extrajudicial dos litígios, com vistas à composição entre os conflitos de interesses, por meio de mediação, conciliação, arbitragem e demais técnicas de composição e administração de conflitos.

A: incorreta. Uma das funções institucionais da defensoria é exatamente impetrar habeas corpus, mandado de injunção, habeas data e mandado de segurança ou qualquer outra ação em defesa das funções institucionais e prerrogativas de seus órgãos de execução (art. 4º, IX, da LC 80/1994); **B:** incorreta, pois não existe previsão nesse sentido se referindo à requisições da DP. Mas cabe apontar que o art. 10 da Lei 7.347/85 tipifica como crime as condutas descritas na assertiva, desde que requisitadas pelo Ministério Público. E pelo princípio da tipicidade penal, não é dado alargar por analogia a incriminação de condutas; **C:** incorreta. A redação correta do art. 4º, XXI, da LC 80/1994 é a seguinte: "executar e receber as verbas sucumbenciais decorrentes de sua atuação, inclusive quando devidas por quaisquer entes públicos, destinando-as a fundos geridos pela Defensoria Pública e destinados, exclusivamente, ao aparelhamento da Defensoria Pública e à capacitação profissional de seus membros e servidores"; **D:** incorreta, pois também é aplicável aos acordos sobre alimentos (art. 4º, § 4º, da LC 80/94); **E:** correta, pois reproduz corretamente o disposto nos incisos II e XVI do art. 4º da LC 80/1994.
Gabarito "E".

(Defensor Público/PR – 2012 – FCC) A legitimidade da Defensoria Pública para a propositura de Ação Civil Pública

(A) antecede a Lei Federal nº 11.448/07, já sendo anteriormente reconhecida na defesa dos direitos do consumidor e como decorrência da assistência jurídica integral.
(B) apenas surge com o advento da Lei Federal nº 11.448/07, não tendo sido reiterada na Lei Orgânica Nacional em vigor (Lei Complementar Federal nº 80/94).
(C) restringe-se aos direitos coletivos e individuais homogêneos de pessoas economicamente necessitadas, excluindo os de natureza difusa.
(D) é ampla e irrestrita, não estando sujeita a análise de compatibilidade com as finalidades institucionais.

---
* **Rodrigo Santamaria Saber** comentou as questões de DPE/PE – 2015 – CESPE, Defensoria/DF – 2013 – CESPE, Defensoria/SP – 2013 – FCC; **Renan Flumian** comentou as demais questões.

(E) exige prévia autorização do Defensor Público-Geral do Estado ou, tratando-se de interesse difuso, do Conselho Superior.

A única assertiva correta sobre o tema é a "A". Com base no art. 5º da Lei 7.347/1985 (LACP), a DP iniciou sua atuação na tutela coletiva, pois prestava assistência jurídica para pessoas jurídicas que não tinham condições de custear o processo (hipossuficiência econômica). O art. 92 do CDC sempre previu a possibilidade de órgãos despersonificados tutelarem interesses dos consumidores, assim a Defensoria teve um importante papel interpondo ações civis coletivas para defesa dos direitos dos consumidores. Esse quadro de atuação da DP na tutela coletiva evoluiu com a promulgação da Lei 11.448/2007, a qual alterou a LACP, que passou a contar com o inciso II no seu art. 5º. O citado inciso faz previsão expressa da legitimidade da DP para propor ACP. Por todo o dito, pode-se afirmar que a DP assume de vez a tutela coletiva de forma concorrente com os outros legitimados, o que inclui o manejo da ACP. A grande discussão hoje é definir a amplitude da legitimidade do manejo da ACP pela Defensoria (não há mais discussão sobre sua legitimidade), cujos contornos legais é dado pelo art. 4º, VII, da LC 80/1994, in verbis: "promover ação civil pública e todas as espécies de ações capazes de propiciar a adequada tutela dos direitos difusos, coletivos ou individuais homogêneos quando o resultado da demanda puder beneficiar grupo de pessoas hipossuficientes". O inciso VIII do mesmo artigo chancela essa vasta amplitude conferida à Defensoria. Ora, sempre que o resultado da demanda "puder beneficiar grupo de pessoas hipossuficientes econômicas", independentemente de tratar de direitos difusos, coletivos ou individuais homogêneos, a Defensoria terá legitimidade para manejar ACP. Por fim, cabe destacar que a DP não pressupõe sempre a hipossuficiência econômica para atuar (existem a jurídica e a organizacional).

Gabarito "A".

(Defensor Público/AC – 2012 – CESPE) De acordo com o que dispõe a Lei Complementar n.º 80/1994, é função da DP

(A) impetrar habeas corpus, mandado de injunção, habeas data e mandado de segurança ou qualquer outra ação em defesa das funções institucionais e prerrogativas de seus órgãos de execução.
(B) promover, prioritariamente, a solução judicial dos litígios, mediante todas as espécies de ações capazes de propiciar a adequada tutela dos direitos de seus assistidos.
(C) executar e receber as verbas sucumbenciais decorrentes de sua atuação, exceto as devidas pelos entes públicos, e destiná-las a fundos geridos pela instituição.
(D) promover, nos casos em que o resultado da demanda possa beneficiar grupo de pessoas hipossuficientes, ação civil pública para a tutela de direitos difusos e coletivos, mas não de direitos individuais homogêneos.
(E) acompanhar inquérito policial, inclusive com a comunicação imediata da prisão em flagrante pela autoridade policial, tendo ou não o preso constituído advogado.

A: correta, pois em consonância com o art. 4º, IX, da LC 80/1994; **B:** incorreta, pois a redação correta do art. 4º, II, da LC 80/1994 é a seguinte: "promover, prioritariamente, a solução extrajudicial dos litígios, visando à composição entre as pessoas em conflito de interesses, por meio de mediação, conciliação, arbitragem e demais técnicas de composição e administração de conflitos"; **C:** incorreta, pois a redação correta do art. 4º, XXI, da LC 80/1994 é a seguinte: "executar e receber as verbas sucumbenciais decorrentes de sua atuação, inclusive quando devidas por quaisquer entes públicos, destinando-as a fundos geridos pela Defensoria Pública e destinados, exclusivamente, ao aparelhamento da Defensoria Pública e à capacitação profissional de seus membros e servidores"; **D:** incorreta, pois a redação correta do art. 4º, VII, da LC 80/1994 é a seguinte: "promover ação civil pública e todas as espécies de ações capazes de propiciar a adequada tutela dos direitos difusos, coletivos ou individuais homogêneos quando o resultado da demanda puder beneficiar grupo de pessoas hipossuficientes"; **E:** incorreta, pois a redação correta do art. 4º, XIV, da LC 80/1994 é a seguinte: "acompanhar inquérito policial, inclusive com a comunicação imediata da prisão em flagrante pela autoridade policial, quando o preso não constituir advogado".

Gabarito "A".

(Defensor Público/SE – 2012 – CESPE) Em relação às atribuições e ao poder de requisição do DP, assinale a opção correta.

(A) A competência para requisitar força policial com o escopo de assegurar a incolumidade física dos membros da DPU ameaçados em razão do desempenho de suas atribuições institucionais é do DPG.
(B) No exercício de suas atribuições, os DPs têm o poder de requisitar de autoridade pública ou de particulares informações, esclarecimentos e documentos, no interesse do assistido, ainda que sigilosos.
(C) O poder de requisição dos membros da DPE, como prerrogativa funcional, restringe-se às autoridades da unidade federada onde eles exerçam suas funções.
(D) Entres os poderes de requisição inerentes às atribuições do DP, encontram-se expressamente as diligências para apresentação do preso, definitivo ou provisório, na sede da DP ou em outro local indicado pelo requisitante, com a finalidade de entrevista pessoal e reservada, e, igualmente, a colheita de informações acerca das condições de alojamento e da integridade física de detentos e presidiários, sob pena de serem responsabilizados, na forma da lei, o diretor da unidade penitenciária, seu preposto e agentes que impeçam, sob qualquer pretexto, o exercício dessa prerrogativa.
(E) A requisição de informações e de documentos dirigidos às autoridades públicas no interesse do assistido somente poderá ser dirigida às autoridades administrativas, vedado o exercício da prerrogativa em relação aos órgãos do Poder Judiciário e ao Poder Legislativo, por existirem ações próprias para esse fim.

A: correta, pois em consonância com o disposto no art. 8º, XIX, da LC 80/94; **B:** incorreta. A redação correta do art. 8º, XVI, da LC 80/94 é a seguinte: "requisitar de qualquer autoridade pública e de seus agentes, certidões, exames, perícias, vistorias, diligências, processos, documentos, informações, esclarecimentos e demais providências necessárias à atuação da Defensoria Pública"; **C:** incorreta, pois não existe a referida restrição; **D:** incorreta, pois não existe a previsão expressa de tais poderes; **E:** incorreta, pois a requisição vale tanto para as autoridades administrativas, como para os órgãos do Poder Judiciário e o Poder Legislativo (o que se denota da expressão "de qualquer autoridade pública e de seus agentes", do inciso XVI do art. 8º da LC 80/1994).

Gabarito "A".

(Defensor Público/SE – 2012 – CESPE) Com base nos princípios institucionais da DP e na legislação de regência, assinale a opção correta.

(A) As leis complementares que regem a DP vedam expressamente que as intimações dirigidas aos DPs ocorram em prazo inferior a quarenta e oitos horas contado do ato judicial a ser praticado.
(B) Ao DP é vedado, expressamente, nos termos da legislação complementar federal, dispensar a intimação pessoal mediante entrega dos autos com vista, por ser prerrogativa funcional do defensor, e não pessoal.
(C) As leis complementares federal e estadual que regem a DP asseguram expressamente aos membros da DP a prerrogativa do prazo em dobro em qualquer processo, juízo ou grau de jurisdição, inclusive no âmbito dos juizados especiais.
(D) Por constituir prerrogativa funcional, a concessão do prazo em dobro em qualquer processo, juízo ou grau de jurisdição, inclusive na instância administrativa, assegurada aos membros da DP, não poderá ser dispensada, em nenhuma hipótese, pelo DP.
(E) Asseguram-se ao DP o acesso, em qualquer repartição policial ou judicial, a autos de flagrante ou inquérito, a tomada de apontamentos, a coleta de informações úteis para a defesa de interesse do assistido e a prática de atos necessários à coleta de provas.

A: incorreta, pois não existe previsão nesse sentido; **B:** incorreta, pois não existe previsão nesse sentido; **C:** incorreta. Conforme jurisprudência dominante, a intimação pessoal e o prazo em dobro não vigoram nos juizados especiais, logo, a contagem será simples e a intimação também não será pessoal. A questão foi assim resolvida porque o art. 44, I, da LC 80/94 estabelece norma geral e a Lei 10.259/2001, no seu art. 9º, estabelece norma especial, portanto, a regra da especialidade prevalece, sendo corroborada pelo princípio da celeridade; **D:** incorreta. Trata-se de prerrogativa que tem a estrita função de auxiliar o defensor na realização de seu mister. Logo, quando for apropriado abrir mão dessa prerrogativa funcional, o defensor poderá dispensá-la; **E:** correta. Assertiva em conformidade com o disposto no art. 44, VIII, da LC 80/94.

Gabarito "E".

(Defensor Público/SE – 2012 – CESPE) Com base na Lei Complementar Federal n.º 80/1994, que dispõe sobre a organização da DP, assinale a opção correta.

(A) São funções institucionais da DP a promoção da defesa dos direitos fundamentais, sociais, econômicos, culturais e ambientais de todos os nacionais e estrangeiros residentes no país.
(B) É prerrogativa privativa do DPG federal representar aos sistemas internacionais de proteção dos direitos humanos e postular perante seus órgãos.
(C) É função institucional expressa da DP o exercício da defesa dos interesses individuais e coletivos da criança e do adolescente e do idoso.
(D) As funções institucionais da DP devem ser exercidas exclusivamente em face das pessoas jurídicas de direito público.
(E) É atribuição privativa do DPG federal convocar audiências públicas para a discussão de matérias relacionadas às suas funções institucionais.

A: incorreta. A redação correta do art. 4º, X, da LC 80/94 é a seguinte: "promover a mais ampla defesa dos direitos fundamentais dos necessitados, abrangendo seus direitos individuais, coletivos, sociais, econômicos, culturais e ambientais, sendo admissíveis todas as espécies de ações capazes de propiciar sua adequada e efetiva tutela"; **B:** incorreta. Representar aos sistemas internacionais de proteção dos direitos humanos e postular perante seus órgãos é uma função institucional da DP como um todo e não prerrogativa privativa do DPG (art. 4º, VI, da LC 80/94); **C:** correta. Assertiva em conformidade com a redação do 4º, XI, da LC 80/94; **D:** incorreta. As funções institucionais da DP podem ser exercidas também em face das pessoas jurídicas de direito privados e dos particulares (o que se deduz da interpretação do § 2º do art. 4º da LC 80/1994, ao prescrever que as funções institucionais da DP serão exercidas "inclusive contra as Pessoas Jurídicas de Direito Público"); **E:** incorreta. Convocar audiências públicas é uma função institucional da DP como um todo e não atribuição privativa do DPG (art. 4º, XXII, da LC 80/94).

Gabarito "C".

2. ESTRUTURA E ORGANIZAÇÃO DA DEFENSORIA PÚBLICA

(Defensor Público – DPE/PR – 2017 – FCC) De acordo com a posição constitucional da Defensoria Pública, suas limitações impostas ao poder constituinte, e sua autonomia funcional, administrativa e financeira, é correto afirmar que

(A) é permitida a edição de medida provisória que disponha sobre a organização da Defensoria Pública em matéria de urgência relativa ao preenchimento de cargo da Administração Superior.
(B) a posição constitucional das Defensorias Públicas confere-lhes caráter permanente, essencial à função jurisdicional do Estado, ao passo que impõe a submissão ao estatuto da OAB.
(C) a atuação da Defensoria Pública no âmbito municipal é cumprida com o auxílio dos escritórios modelos das faculdades de direito.
(D) a autonomia administrativa e funcional com relação à Defensoria Pública da União não é similar às Defensorias Públicas dos Estados.
(E) compete à União, aos Estados e ao Distrito Federal legislar concorrentemente sobre: assistência judiciária e Defensoria Pública.

(A) Errada. Conforme o Supremo Tribunal Federal no julgamento da ADI 5286 *"4. A lei estadual que atribui competência ao Governador de Estado de nomear ocupantes de cargos administrativos na estrutura de Defensoria Pública Estadual (Subdefensor Público-Geral, Ouvidor-Geral, Corregedor-Geral, Defensor Público-Chefe etc) viola a autonomia administrativa da Defensoria Púbica Estadual (art. 134 e parágrafos da CRFB/88), bem como as normas gerais estabelecidas pela União na Lei Complementar nº 80/1994 pelo exercício de competência legislativa concorrente (art. 24, XIII, e §§ 1º e 2º, da CRFB/88)."*
(B) Errada. A Defensoria Pública é submetida a sua Lei Orgânica Nacional (LC 80/94 atualizada pela LC 132/2009). **(C) Errada.** Em âmbito municipal a assistência jurídica integral e gratuita no Brasil é exercida pela Defensoria Estadual nas demandas da competência Estadual e pela Defensoria Pública da União nas demandas de competência Federal. **(D) Errada.** A Emenda Constitucional n. 74/2013 – de constitucionalidade reconhecida pelo Supremo Federal no julgamento da ADI 5296 – estende à Defensoria Pública da União a autonomia administrativa e funcional. **(E) Correta.** Expressa previsão do artigo 24, XIII da Constituição Federal.

Gabarito "E".

(Defensor Público – DPE/PR – 2017 – FCC) Sobre os instrumentos que possibilitam o exercício da autonomia financeira das Defensorias Públicas, é correto afirmar que

(A) até 31 de dezembro de 2023, 30% (trinta por cento) das receitas dos Estados e do Distrito Federal relativas a impostos, taxas e multas, já instituídos ou que vierem a ser criados até a referida data, seus adicionais e respectivos acréscimos legais, e outras receitas correntes, são desvinculados de órgão, fundo ou despesa; estando excepcionado dessa regra o fundo instituído pelas Defensorias Públicas.
(B) o Supremo Tribunal Federal já se manifestou inexistir qualquer inconstitucionalidade quando os entes políticos estabelecem que a Defensoria Pública é integrante ou subordinada ao Poder Executivo; razão pela qual o Diário Oficial do Executivo do Estado do Paraná inclui a Defensoria Pública do Estado dentro do capítulo pertencente às Secretarias de Estado, ao lado das Autarquias.
(C) os recursos aptos a remunerar a atividade da Defensoria Pública como instituição permanente, essencial à função jurisdicional do Estado, a qual lhe incumbe, como expressão e instrumento do regime democrático, fundamentalmente, a orientação jurídica, a promoção dos direitos humanos e a defesa, em todos os graus, judicial e extrajudicial, dos direitos individuais e coletivos, de forma integral e gratuita, aos necessitados, na forma do inciso LXXIV do art. 5o desta Constituição Federal, são exclusivamente provenientes de dotações orçamentárias próprias.
(D) os recursos do Fundo de Aparelhamento da Defensoria Pública do Estado do Paraná somente podem ser utilizados para aparelhar a Defensoria Pública do Estado do Paraná e capacitar profissionalmente os Defensores Públicos do Estado, os Servidores da Defensoria Pública do Estado do Paraná e os Defensores Populares oriundos da sociedade civil, bem como assegurar recursos para a implementação, manutenção e aperfeiçoamento das atividades desenvolvidas no âmbito da Defensoria Pública do Estado do Paraná e da Escola da Defensoria Pública do Estado.
(E) o Supremo Tribunal Federal já se manifestou acerca da inconstitucionalidade da destinação de percentual do produto da arrecadação de taxas e emolumentos provenientes do exercício da atividade notarial e de registro para os Fundos de aparelhamento da Defensoria Pública, com fundamento, dentre outros, de não inclusão da Defensoria Pública no conceito de órgão constitucional autônomo.

(A) Correta. Previsão expressa da Emenda Constitucional n. 93/2016 em o seu artigo 2º, que acresceu ao Ato das Disposições Constitucionais Transitórias o artigo 76-A; **(B) Errada.** Autonomia da Defensoria Pública prevista expressamente na Constituição Federal e reconhecida pelo STF (a exemplo da ADI 5286, ADPF 339 e ADI 5287) **(C) Errada.** Artigo 97-B, §4º da Lei Orgânica Nacional da Defensoria Pública. **(D) Errada.** O artigo 229 da Lei Orgânica do Estado do Paraná prevê que *" Sem prejuízo das dotações consignadas no orçamento, o Fundo de Aparelhamento da Defensoria Pública do Estado do Paraná tem por finalidade aparelhar a Defensoria Pública do Estado do Paraná e capacitar profissionalmente os Defensores Públicos do Estado e os Servidores da Defensoria Pública do Estado do Paraná, bem como assegurar recursos para a implementação, manutenção e aperfeiçoamento das atividades desenvolvidas no âmbito da Defensoria Pública do Estado do Paraná e da Escola da Defensoria Pública do Estado."* **(E) Errada.** A decisão, foi justamente o contrário, como se pode ver na decisão da ADI 3643.

Gabarito "A".

(Defensor Público – DPE/PR – 2017 – FCC) Constitui exercício da autonomia administrativa da Defensoria Pública

(A) a decisão acerca da abertura de concurso público, bem como do provimento de seus cargos e progressão funcional.
(B) a exigência de regular inscrição na Ordem dos Advogados do Brasil para o exercício da função de assistência jurídica integral e gratuita.
(C) a elaboração da proposta orçamentária dentro dos limites estabelecidos na lei de diretrizes orçamentárias e subordinação ao disposto no art. 99, § 2º, da CRFB.
(D) a condução de suas atividades na forma da lei, sem subordinação a quaisquer poderes estatais.
(E) o preenchimento de seus órgãos de administração superior e de atuação, definindo a respectiva contraprestação pecuniária.

(A) Correta. Previsão expressa na Lei Orgânica Nacional da Defensoria Pública em o seu Art. 97-A. de que à *"Defensoria Pública do Estado é assegurada autonomia funcional, administrativa e iniciativa para elaboração de sua proposta orçamentária, dentro dos limites estabelecidos na lei de diretrizes orçamentárias, cabendo-lhe, especialmente:" I – abrir concurso público e prover os cargos de suas Carreiras e dos serviços auxiliares;* (...) **(B) Errada.** Há previsão expressa na Lei Orgânica Nacional da Defensoria Pública de que *"§ 6º A capacidade postulatória do Defensor Público decorre exclusivamente de sua nomeação e posse no cargo público."*. Tal dispositivo, entretanto, teve sua constitucionalidade questionada pelo CFOAB. **(C) Errada.** Artigo 134 da Constituição Federal e artigo 97-B da Lei Orgânica Nacional da Defensoria Pública. **(D) Errada.** Nos termos do §5º do artigo 97-B da Lei Orgânica Estadual da Defensoria Pública *"As decisões da Defensoria Pública do Estado, fundadas em sua autonomia funcional e administrativa, obedecidas as formalidades legais, têm eficácia plena e executoriedade imediata, ressalvada a competência constitucional do Poder Judiciário e do Tribunal de Contas"* **(E) Errada.** Inexiste tal previsão expressa.

Gabarito "A".

(Defensor Público Federal – DPU – 2017 – CESPE) A respeito do tratamento constitucional conferido à DP, da organização e do funcionamento da DPU e da responsabilidade funcional de seus membros, julgue os itens a seguir.

(1) As penas de demissão e cassação da aposentadoria aos membros da DPU serão aplicadas pelo presidente da República, cabendo ao DPG a aplicação das demais penalidades funcionais.
(2) Entre os modelos de assistência jurídica dos Estados contemporâneos, o Brasil adotou, na CF, o sistema salaried staff model, o que significa que incumbe à DP a prestação de assistência jurídica integral e gratuita aos necessitados.
(3) Conforme o entendimento do STF, a autonomia funcional conferida pela CF às DPs, que lhes assegura a iniciativa de propor seu orçamento, não inclui a prévia participação desses órgãos na elaboração das respectivas leis de diretrizes orçamentárias.
(4) De acordo com o entendimento do STJ, enquanto os estados, mediante lei específica, não organizarem suas DPs para atuarem continuamente na capital federal, o acompanhamento dos processos em trâmite naquela corte será prerrogativa da DPU.

(1) Correta. Previsão expressa da Lei Orgânica Nacional da Defensoria Pública (LC 80/94 com as atualizações advindas da LC 132/2009), no seu artigo 50 ao determinar *"Art. 50. Constituem infrações disciplinares, além de outras definidas em lei complementar, a violação dos deveres funcionais e vedações contidas nesta Lei Complementar, bem como a prática de crime contra a Administração Pública ou ato de improbidade administrativa. § 1º Os membros da Defensoria Pública da União são passíveis das seguintes sanções: (...) V – cassação da aposentadoria. (...) § 6º As penas de demissão e cassação da aposentadoria serão aplicadas pelo Presidente da República e as demais pelo Defensor Publico-Geral, garantida sempre a ampla defesa, sendo obrigatório o inquérito administrativo nos casos de aplicação de remoção compulsória, suspensão, demissão e cassação da aposentadoria.";* **(2) Correta.** Conforme previsão constitucional dos artigos 5, LXXIV e 134, o Brasil optou *"(...) pela criação de organismo estatal destinado à prestação direta dos serviços jurídicos-assistenciais, com profissionais concursados, titulares de cargos públicos efetivos e remunerados de maneira fixa diretamente pelo Estado, sob regime de dedicação exclusiva (...)"*[2]. **(3) Errada.** Conforme o Supremo Tribunal Federal *"(...) . Às Defensorias Públicas Estaduais são asseguradas autonomia funcional e administrativa, bem como a prerrogativa de formulação de sua própria proposta orçamentária (art. 134, § 2º, da CRFB/88), por força da Constituição da República, após a Emenda Constitucional

---

[2] ESTEVES, Diogo. SILVA, Franklyn Roger Alves. *Princípios institucionais da Defensoria Pública*. Rio de Janeiro, 2017, 2ª edição, p. 10.

nº 45/2004. (...) 3. Consectariamente, as leis estaduais que, no exercício da competência legislativa concorrente, disponham sobre as Defensorias Públicas estaduais devem atender às disposições já constantes das definições de regras gerais fixadas pela LC nº 80/94. (...) 5. A autonomia financeira e orçamentária das Defensorias Públicas Estaduais e a expressa menção pelo art. 134, § 4º, ao art. 96, II, todos da CRFB/88, fundamentam constitucionalmente a iniciativa do Defensor-Público Geral dos Estados na proposição da lei que fixa os subsídios dos membros da carreira. (...)"³ **(4) Correta.** Conforme o Superior Tribunal de Justiça "(...) 1. O art. 22 da Lei Complementar nº 80/1994 prevê a atuação da Defensoria Pública da União perante os Tribunais Superiores, ficando preterida apenas se, mediante lei específica, os Estados organizarem suas Defensorias para atuar continuamente na Capital Federal, inclusive com sede própria. Caso contrário, o acompanhamento dos processos em trâmite nesta Corte constitui prerrogativa da Defensoria Pública da União. (...)".⁴

Gabarito: 1C, 2C, 3E, 4C

(Defensoria/DF – 2013 – CESPE) De acordo com a Lei Complementar 80/1994, julgue os itens que se seguem.

(1) O corregedor-geral da DP/DF e eleito por voto direto, plurinominal, secreto e obrigatório, e os membros do Conselho Superior da DP/DF são eleitos por todos os membros da carreira em votação direta, plurinominal, secreta e de participação não obrigatória.

(2) As funções institucionais da DP/DF são exercidas por meio dos DPs, que compõem núcleos dirigidos pelo defensor publica-chefe, designado pelo DPG entre membros estáveis da carreira, com mais de trinta e cinco anos de idade, para mandato de dois anos.

(3) Cabe ao DPG, membro nato do Conselho Superior da DP/DF, aplicar a pena de remoção compulsória aos DPs, se aprovada pelo voto de dois terços do conselho, assim como instaurar processo disciplinar contra membros e servidores da DP e proferir decisões em sindicâncias e processos administrativos disciplinares.

(4) A DP/DF a organizada da mesma forma que a DPU, ao passo que as DPs estaduais contam com organizações diversas em estado, estabelecidas em leis complementares estaduais.

1: Errada. O corregedor-geral da Defensoria Pública do Distrito Federal é indicado dentre os integrantes da classe mais elevada da carreira pelo Conselho Superior e nomeado pelo Presidente da República, para mandato de dois anos (art. 60 da LC 80/1994). Já a composição do Conselho Superior da Defensoria Pública do Distrito Federal deve incluir obrigatoriamente o Defensor Público-Geral, o Subdefensor Público-Geral e o Corregedor-Geral, como membros natos, e, em sua maioria, representantes estáveis da Carreira, 2 por categoria, eleitos pelo voto direto, plurinominal, secreto e obrigatório (não facultativo), de todos os integrantes da Carreira (art. 57 da LC 80/1994). **2:** Errada. Não há necessidade de serem estáveis, nem previsão de idade e mandato, conforme dispõe o art. 63 da LC 80/1994. **3:** Certa. Item de acordo com os incisos IX, X e XVII do art. 56 da LC 80/1994. **4:** Certa em termos. A Defensoria Pública do Distrito Federal tem sua organização feita pela LC 80/1994, assim como a Defensoria Pública da União, cabendo aos Estados elaborarem suas próprias Leis Complementares para tanto. Entretanto, a organização de cada uma delas (União e Distrito Federal) são um tanto quanto diferentes, conforme assim dispõe a própria LC 80/1994.

Gabarito 1E, 2E, 3C, 4C

(Defensoria/SP – 2013 – FCC) Em razão de graves violações de direitos humanos, Defensores Públicos iniciam medidas extrajudiciais e judiciais que geram grandes atritos com os governos em exercício. Preocupado em arrefecer os atritos, o Conselho Superior da Defensoria Pública, provocado por Conselheiro eleito, aprova tese institucional cujo enunciado restringe a atuação que desencadeou problemas de relacionamento com instâncias do governo em exercício. O ato do Conselho Superior, é

(A) legal, porque se o Conselho Superior dá a última palavra em matéria de tese institucional, não há razão para lhe negar a competência de aprová-la diretamente.

(B) ilegal, porque discussão e aprovação de tese institucional só poderia ser levada adiante a pedido do Defensor Público-Geral ou um dos demais Conselheiros natos.

(C) ilegal, porque discussão e aprovação de tese institucional depende de licença dos Núcleos da Defensoria Pública, enquanto órgãos superiores na atividade-fim.

(D) ilegal, porque aprovação de tese institucional compete aos Defensores Públicos no Encontro Anual que é organizado pela Escola da Defensoria Pública do Estado.

(E) legal, porque sendo o órgão superior mais plural compete ao Conselho Superior interferir em assuntos potencialmente danosos à política entre Instituições.

Segundo o art. 58, XV, da Lei Complementar Estadual 988/2006, cabe à Escola da Defensoria Pública do Estado de São Paulo organizar encontro anual dos Defensores Públicos para a definição de teses institucionais, competindo aos mesmos (Defensores) aprovarem as suas teses.

Gabarito "D".

(Defensoria/SP – 2013 – FCC) A respeito dos mecanismos de participação popular na Defensoria Pública paulista, considere as seguintes assertivas:

I. Nas sessões do Conselho Superior deve ser franqueada a palavra a qualquer pessoa ou membro ou servidor da Defensoria Pública, nos termos do regimento interno do Conselho, podendo o Colegiado remeter temas polêmicos para sessões reservadas para evitar tumulto nos trabalhos.

II. O Ouvidor-Geral é membro nato do Conselho Superior, sem direito a voto, e exercendo suas atribuições tem livre acesso a todos os locais e documentos necessários à verificação da reclamação.

III. São direitos das pessoas que procuram a Defensoria Pública a participação na definição das diretrizes institucionais e no acompanhamento da fiscalização das ações e projetos desenvolvidos pela Instituição, da atividade funcional e da conduta pública dos membros e servidores.

IV. A proposta orçamentária da Defensoria Pública deve observar, dentre outros aspectos, o plano anual de atuação aprovado em Encontro Anual.

Estão corretas APENAS

(A) II, III e IV.
(B) I e II.
(C) I e III.
(D) II e III.
(E) I, II e III.

I: incorreta. Somente nas sessões públicas (e não nas sessões de julgamento de processo administrativo disciplinar) é que será franqueada a palavra a qualquer pessoa ou membro ou servidor da Defensoria Pública, nos termos do regimento interno do Conselho Superior (art. 29, §§ 4º e 5º da Lei Complementar Estadual 988/2006). **II:** correta. Alternativa de acordo com os arts. 37, § 2º e 43 da Lei Complementar Estadual 988/2006. **III:** correta. Alternativa de acordo com o disposto no art. 6º, III, da Lei Complementar Estadual 988/2006. **IV:** incorreta. Compete ao Conselho Superior aprovar o plano anual de atuação, conforme o inciso XIX do art. 31 da Lei Complementar Estadual 988/2006.

Gabarito "D".

(Defensor Público/TO – 2013 – CESPE) Com base na Lei Complementar n.º 80/1994 e na Lei Complementar Estadual n.º 55/2009, assinale a opção correta.

(A) A DP da União tem por chefe o Defensor Público-Geral Federal, nomeado pelo presidente da República, entre membros estáveis da carreira maiores de trinta e cinco anos de idade, escolhidos em lista tríplice formada pelo voto direto, secreto, plurinominal e obrigatório de seus membros, após a aprovação de seu nome pela maioria absoluta dos membros do Senado Federal, para mandato de dois anos, vedada a recondução.

(B) A composição do Conselho Superior da DP da União deve incluir obrigatoriamente o Defensor Público-Geral Federal, o Subdefensor Público-Geral Federal, o Corregedor-Geral Federal e o Ouvidor-Geral Federal, como membros natos, e, em sua maioria, representantes estáveis da carreira, dois por categoria, eleitos pelo voto direto, plurinominal, obrigatório e secreto de todos integrantes da carreira.

(C) O corregedor-geral da DP da União, nomeado pelo presidente da República para mandato de dois anos, pode ser destituído, antes do término do mandato, por proposta do Defensor Público-Geral, pelo voto da maioria absoluta dos membros do Conselho Superior da DP da União.

(D) Incumbe ao Conselho Superior da DP do Estado do Tocantins autorizar os afastamentos dos DPs e dos demais servidores.

(E) Incumbe ao Defensor Público-Geral encaminhar ao chefe do Poder Executivo a lista tríplice para a escolha do Defensor Público-Geral da DP do Estado do Tocantins.

A: incorreta. A redação correta do art. 6º, caput, da LC 80/1994 é a seguinte: "A Defensoria Pública da União tem por chefe o Defensor Público-Geral Federal, nomeado pelo Presidente da República, dentre membros estáveis da Carreira e maiores de 35 (trinta e cinco) anos, escolhidos em lista tríplice formada pelo voto direto, secreto, plurinominal e obrigatório de seus membros, após a aprovação de seu nome pela maioria absoluta dos membros do Senado Federal, para mandato de 2 (dois) anos, permitida uma recondução, precedida de nova aprovação do Senado Federal"; **B:** incorreta. A redação correta do art. 9º, caput, da LC 80/1994 é a seguinte: "A composição do Conselho Superior da Defensoria Pública da União deve incluir obrigatoriamente o Defensor Público-Geral Federal, o Subdefensor Público-Geral Federal e o Corregedor-Geral Federal, como membros natos, e, em sua maioria, representantes estáveis da Carreira, 2 (dois) por categoria, eleitos pelo voto direto, plurinominal, obrigatório e secreto de todos integrantes da Carreira"; **C:** incorreta. A redação correta do art. 12, parágrafo único, da LC 80/1994 é a seguinte: "O Corregedor-geral poderá ser destituído, antes do término do mandato, por proposta do Defensor PúblicoGeral, pelo voto de dois terços

---

3   Trecho da ementa do acordão da ADI 5286 / AP – AMAPÁ, relatada pelo Ministro Luiz Fux e julgada em 18/05/2016 pelo Tribunal Pleno do STF;

4   Trecho da ementa do acordão no AgRg no RHC 33.482/PA, Rel. Ministro MARCO AURÉLIO BELLIZZE, QUINTA TURMA, julgado em 26/02/2013, DJe 04/03/2013;

dos membros do Conselho Superior, assegurada ampla defesa"; **D:** incorreta, pois é uma incumbência do Defensor Público-Geral (art. 4º, IV, da LC 55/2009 do Estado de Tocantins); **E:** correta, pois em conformidade com a redação do art. art. 4º, XIX, a, da LC 55/2009 do Estado de Tocantins.

Gabarito "E".

(Defensor Público/AM – 2013 – FCC) Ao estabelecer normas gerais sobre o Conselho Superior da Defensoria Pública Estadual, a Lei Complementar Federal nº 80/94 previu

(A) a competência do órgão para a fixação ou alteração das atribuições dos órgãos de atuação da Defensoria Pública.

(B) que a sua composição deve conter membros eleitos e natos, em proporção equivalente.

(C) a publicidade de todas as suas sessões, cuja periodicidade será disciplinada por lei estadual, com realização de ao menos uma sessão mensal.

(D) a vedação à reeleição de seus membros eleitos.

(E) a possibilidade de revisão pelo órgão do plano de atuação aprovado pelo Defensor Público-Geral.

A única assertiva correta é a "A". Isso porque está em consonância com o disposto no art. 102, § 1º, da LC 80/1994.

Gabarito "A".

(Defensor Público/AM – 2013 – FCC) Os conflitos de atribuições entre membros da Defensoria Pública do Estado do Amazonas, nos termos da Lei Complementar Estadual nº 01/90, são dirimidos

(A) pelo Conselho Superior, em única instância.

(B) pelo Defensor Público-Geral, com recurso ao Conselho Superior.

(C) pela prevalência da manifestação do membro da carreira com maior antiguidade.

(D) pelo Corregedor-Geral, com recurso ao Defensor Público-Geral.

(E) pelo Corregedor-Geral, em única instância.

O Defensor Público-Geral do Estado do Amazonas tem competência para resolver os conflitos mencionados na questão (art. 9º, VI, da LC 01/1990 do Estado do Amazonas).

Gabarito "B".

(Defensor Público/AM – 2013 – FCC) O parágrafo 5º do artigo 4º da Lei Complementar Federal nº 80/94, ao estabelecer que a assistência jurídica integral e gratuita custeada ou fornecida pelo Estado será exercida pela Defensoria Pública, reconheceu

(A) o modelo público de assistência jurídica gratuita, fundado na convivência entre defensores públicos e advogados dativos custeados pelo Estado.

(B) o modelo misto de assistência jurídica gratuita, que assegura a atuação de organizações não governamentais, mediante o repasse de recursos públicos.

(C) a prevalência do modelo judicare, fundado na advocacia voluntária ou pro bono.

(D) que o direito fundamental previsto no artigo 5º, LXXIV, da Constituição Federal deve ser instrumentalizado pela Defensoria Pública.

(E) a titularidade do direito à assistência jurídica integral e gratuita à Defensoria Pública.

A assertiva que correta e logicamente completa a questão é a "D". Pode-se falar hoje em "monopólio" da DP na prestação da assistência jurídica integral e gratuita. No julgamento da ADIN 4.270/SC, ficou definido que a DP é órgão publico de instituição vinculada, ou seja, cada estado da federação é obrigado, pela Constituição, a constituir sua respectiva DP. Importante destacar que antes do julgamento da referida ADIN pelo STF, a não organização pelas Estados da DP não era considerada inconstitucional. O Pretório Excelso entendeu que, no plano constitucional, configurou-se uma inconstitucionalidade omissiva pela inércia. Assim, o art. 14, §§ 1º e 2º, LC 80/1994 teve sua eficácia exaurida, o que não permite mais a constituição de convênio e, ao mesmo tempo, exige a instituição das defensorias, pois já não há mais razoabilidade.

Gabarito "D".

(Defensor Público/AM – 2013 – FCC) Sobre a autonomia da Defensoria Pública do Estado é correto afirmar que

(A) a Emenda Constitucional nº 45/04 conferiu à Defensoria Pública do Estado tríplice autonomia, assegurando-lhe a iniciativa de leis e de sua proposta orçamentária.

(B) a autonomia administrativa prevista no artigo 134, § 2º, da Constituição Federal assegura ao Defensor Público a possibilidade de, no desempenho de suas funções, adotar o posicionamento jurídico que entender mais adequado à defesa da pessoa necessitada.

(C) a Defensoria Pública do Estado, em razão de sua autonomia e nos termos previstos pela Lei Complementar Federal nº 80/94, pode criar cargos em suas carreiras e em seus serviços auxiliares, provendo-os por concurso público.

(D) a Lei Complementar Federal nº 80/94 assegura à Defensoria Pública do Estado, como decorrência de sua autonomia, a atribuição de elaborar suas folhas de pagamento.

(E) as decisões da Defensoria Pública do Estado, fundadas em sua autonomia funcional e administrativa, estão, nos termos da Lei Complementar Federal nº 80/94, condicionadas à decisão final do Chefe do Poder Executivo Estadual.

A: incorreta, pois a EC 45/2004 não cuidou do assunto referido na assertiva; **B:** incorreta, pois adotar o posicionamento jurídico que entender mais adequado à defesa da pessoa necessitada cuida da autonomia funcional e não da administrativa. "Na lição de Maria Helena Diniz, autonomia administrativa é a soma de poderes que dispõe a pessoa jurídica de direito público interno de Administração direta ou indireta para o exercício das atividades ou serviços públicos, assim como para gerir seus bens e recursos[5]"; **C:** incorreta, pois não é a DPE que cria os cargos, ela apenas pode abrir concurso público e prover os cargos de suas Carreiras e dos serviços auxiliares (art. 97-A, I, da LC 80/1994); **D:** correta, pois em consonância com o disposto no art. 97-A, V, da LC 80/1994; **E:** incorreta, pois a redação correta do art. 97-B, § 5º, da LC 80/1994 é a seguinte: "As decisões da Defensoria Pública do Estado, fundadas em sua autonomia funcional e administrativa, obedecidas as formalidades legais, têm eficácia plena e executoriedade imediata, ressalvada a competência constitucional do Poder Judiciário e do Tribunal de Contas".

Gabarito "D".

(Defensor Público/PR – 2012 – FCC) Quanto à organização da Defensoria Pública do Estado do Paraná, é correto afirmar que

(A) no encontro anual dos Defensores Públicos, organizado pela Escola da Defensoria, são aprovadas teses institucionais que devem ser observadas por todos os membros da carreira.

(B) é vedado ao Defensor Público-Geral do Estado delegar atribuições de sua competência privativa.

(C) compete ao Defensor Público a certificação da autenticidade de cópias e o reconhecimento de firma, à vista da apresentação dos documentos originais.

(D) os conflitos de atribuições entre seus membros são dirimidos pelo Conselho Superior, com recurso ao Defensor Público-Geral do Estado.

(E) os Núcleos Especializados da Defensoria Pública do Estado do Paraná exercem atuação estratégica nos temas que lhes são afetos e são criados por ato do Conselho Superior, após proposta do Defensor Público-Geral.

A: correta, pois em consonância com a redação do art. 45, XV, da LC 136/2011 do Estado do Paraná; **B:** incorreta, pois o art. 18, XVI, da LC 136/2011 do Estado do Paraná permite a delegação mencionada na assertiva; **C:** incorreta, pois o defensor público não tem a incumbência de reconhecer firma (art. 42, XXI, da LC 136/2011 do Estado do Paraná); **D:** incorreta, pois os conflitos citados são resolvidos pelo Defensor Público-Geral do Estado (art. 18, VIII, da LC 136/2011 do Estado do Paraná); **E:** incorreta. A redação correta do art. 37 da LC 136/2011 do Estado do Paraná é a seguinte: "Os Núcleos Especializados da Defensoria Pública do Estado do Paraná são órgãos operacionais responsáveis por uma determinada área especializada de atuação da Defensoria Pública do Estado do Paraná, de natureza permanente e serão criados por ato do Defensor Público-Geral do Estado, mediante propositura do Conselho da Defensoria Pública do Estado do Paraná".

Gabarito "A".

(Defensor Público/PR – 2012 – FCC) Dessa forma, quando pensamos no que é o Direito, o pensamos como algo separado da 'sociedade' e intimamente ligado ao Estado. Pensamos em papéis, processos, ritos, togas e burocracia, todos esses elementos traduzindo autonomia da forma jurídica em relação ao mundo social. As partes comparecem para defender seus interesses ou prestar contas pela infração à norma, e o juiz, com base nas prescrições e princípios do sistema jurídico, produz sentenças. É como se a sociedade tivesse um funcionamento autônomo, num plano paralelo e abaixo do Estado e, quando ocorresse o conflito, o Estado fosse chamado a olhar para baixo, interferir e dar a solução.

(COUTINHO, Priscila. A má-fé da Justiça. In SOUZA, Jesse. **A Ralé Brasileira:** quem é e como vive. Belo Horizonte: UFMG, 2009, p. 329-330)

A aproximação da sociedade com o sistema de justiça e a participação social, no âmbito da Defensoria Pública do Estado do Paraná, ocorrem

(A) através de seu orçamento participativo, cuja elaboração deve ser precedida de audiências públicas com a sociedade civil.

(B) por intermédio da Ouvidoria-Geral da Defensoria Pública, integrada por Ouvidor-Geral que não pode ser membro da carreira, mas que deve possuir formação jurídica.

(C) por intermédio das reclamações feitas pelos usuários do serviço à Ouvidoria-Geral, que pode arquivá-las ou encaminhá-las, se o caso, ao Defensor Público-Geral.

(D) através das eleições para formação da lista tríplice para o cargo de Ouvidor-Geral, feitas por intermédio das associações de bairro e conselhos da comunidade.

(E) por intermédio da Ouvidoria-Geral, que deve, entre outras funções, promover atividades de intercâmbio com a sociedade civil e de acompanhamento do serviço prestado.

---

5 DE LIMA, Frederico Rodrigues Viana. **Defensoria Pública**. 2ª ed. Salvador: Editora JusPodivm, 2012. p. 89.

A única assertiva em relação ao contexto da questão é a "E". Isso porque o art. 36 da LC 136/2011 do Estado do Paraná define as seguintes atribuições à Ouvidoria: "**I** – receber e encaminhar ao Defensor Público-Geral do Estado representação contra membros e servidores da Defensoria Pública do Estado do Paraná, assegurada a defesa preliminar; **II** – propor aos órgãos da administração superior da Defensoria Pública do Estado do Paraná medidas e ações que visem à consecução dos princípios institucionais e ao aperfeiçoamento dos serviços prestados; **III** – elaborar e divulgar relatório semestral de suas atividades que conterá também as medidas propostas aos órgãos competentes e a descrição dos resultados obtidos; **IV** – participar, com direito à voz, do Conselho Superior da Defensoria Pública do Estado; **V – promover atividades de intercâmbio com a sociedade civil; VI – estabelecer meios de comunicação direta entre a Defensoria Pública do Estado do Paraná e a sociedade, para receber sugestões e reclamações, adotando as providências pertinentes e informando o resultado aos interessados**; **VII** – contribuir para a disseminação das formas de participação popular no acompanhamento e na fiscalização da prestação dos serviços realizados pela Defensoria Pública do Estado do Paraná; **VIII** – manter contato permanente com os vários órgãos da Defensoria Pública do Estado do Paraná, estimulando-os a atuar em permanente sintonia com os direitos dos usuários; **IX** – coordenar a realização de pesquisas periódicas e produzir estatísticas referentes ao índice de satisfação dos usuários, divulgando os resultados.

Gabarito "E".

(Defensor Público/SE – 2012 – CESPE) Assinale a opção correta com relação às disposições constitucionais acerca da DP.

(A) A garantia da inamovibilidade e da independência funcional dos membros da DP é assegurada, de forma expressa, apenas nas constituições estaduais.
(B) À DPE é assegurada a iniciativa de sua proposta orçamentária, ainda que tal garantia não esteja expressamente prevista na constituição estadual.
(C) A CF assegura, de forma expressa, a assistência judiciária aos necessitados, em todos os graus, prestada necessariamente pela DP, instituição essencial à função jurisdicional do Estado.
(D) O benefício da assistência jurídica integral e gratuita, nos termos expressos da CF, deve ser prestado, pela DP, preferencialmente aos nacionais e desde que comprovem insuficiência de recursos.
(E) A organização da DP é definida de forma expressa na CF, competindo à União aparelhar a DPU, a DP do DF e as DPEs.

A: incorreta. O art. 134, § 1º, da CF/1988 expressamente prevê a garantia da inamovibilidade. E o art. 134, § 2º, da CF/1988 garante expressamente a autonomia funcional dos defensores; **B:** correta. Ler o art. 134, § 2º, da CF/1988; **C:** incorreta. O art. 5º, LXXIV, da CF/1988 apenas dispõe expressamente que: "O Estado prestará assistência jurídica integral e gratuita aos que comprovarem insuficiência de recursos"; **D:** incorreta. Não existe distinção entre nacionais e estrangeiros (art. 5º, LXXIV, da CF/1988); **E:** incorreta. Quanto às DP Estaduais, a Lei complementar federal apenas estabelecerá normas gerais (art. 134, § 1º, da CF/1988)".

Gabarito "B".

(Defensor Público/AC – 2012 – CESPE) Acerca do defensor público-geral do estado, do Conselho Superior e do corregedor-geral do estado, assinale a opção correta.

(A) O Conselho Superior da DP, composto por membros da carreira eleitos para mandato de dois anos, é presidido pelo defensor público-geral do estado, detentor de voto de qualidade em todas as matérias.
(B) O presidente da entidade de classe de maior representatividade dos membros da DPE tem assento e voz, bem como direito a voto nas reuniões do Conselho Superior.
(C) O corregedor-geral da DPE é indicado entre os integrantes da classe mais elevada da carreira, em lista tríplice elaborada pelo Conselho Superior, e nomeado pelo chefe do Poder Executivo para mandato de dois anos, permitida uma recondução.
(D) Antes do término de seu mandato, o corregedor-geral da DPE poderá ser destituído por proposta do chefe do Poder Executivo, aprovada pela maioria absoluta dos membros do Conselho Superior.
(E) Caso o chefe do Poder Executivo estadual não efetive a nomeação do defensor público-geral do estado nos quinze dias que se seguirem ao recebimento da lista tríplice, será investido automaticamente no cargo o DP mais votado para exercício do mandato.

A: incorreta. A redação correta do art. 9º, § 1º, da LC 80/1994 é a seguinte: "O Conselho Superior é presidido pelo Defensor PúblicoGeral, que, além do seu voto de membro, tem o de qualidade, exceto em matéria de remoção e promoção, sendo as deliberações tomadas por maioria de votos"; **B:** incorreta. A redação correta do art. 101, § 5º, da LC 80/1994 é a seguinte: "O presidente da entidade de classe de maior representatividade dos membros da Defensoria Pública do Estado terá assento e voz nas reuniões do Conselho Superior"; **C:** incorreta. A redação correta do art. 104 da LC 80/1994 é a seguinte: "A Corregedoria-Geral é exercida pelo Corregedor-Geral indicado dentre os integrantes da classe mais elevada da Carreira, em lista tríplice formada pelo Conselho Superior, e nomeado pelo Defensor Público-Geral para mandato de 2 (dois) anos, permitida 1 (uma) recondução"; **D:** incorreta. A redação correta do art. 104, § 1º, da LC 80/1994 é a seguinte: "O CorregedorGeral poderá ser destituído por proposta do Defensor PúblicoGeral, pelo voto de dois terços do Conselho Superior, antes do término do mandato"; **E:** correta, pois em conformidade com o disposto no art. 99, § 4º, da LC 80/1994.

Gabarito "E".

(Defensor Público/SP – 2012 – FCC) Considere as afirmações abaixo.

I. A Constituição de 1967, alterada pela Emenda Constitucional n 01/69, previu pela primeira vez a instalação da Defensoria Pública nos Estados da Federação.
II. A Resolução n. 2.656/11 da Organização dos Estados Americanos – OEA – afirma o acesso à justiça como direito humano fundamental autônomo, sendo o primeiro ato normativo da entidade que impulsiona o modelo de Defensoria Pública como ferramenta eficaz para a salvaguarda daquele direito.
III. De acordo com a regulamentação interna da Defensoria Pública de São Paulo, o Defensor Público poderá denegar o atendimento de usuário ao notar que ele apresenta claros sinais de transtorno mental, uma vez que lhe falta capacidade civil.
IV. O Conselho Superior da Defensoria Pública de São Paulo disciplinou que terão prioridade de atuação jurídico-processual, no âmbito da instituição, os procedimentos judiciais de competência da Justiça da Infância e Juventude e os procedimentos extrajudiciais a eles relacionados.
V. Em razão da Deliberação n. 195/2010 do Conselho Superior da Defensoria Pública de São Paulo, é assegurado às pessoas transexuais e travestis o direito à escolha do prenome que corresponda à forma pela qual se reconheça ou é identificada, nos atos e procedimentos promovidos no âmbito da instituição.

Está correto o que se afirma em
(A) I, III e IV, apenas.
(B) I, II, III e IV, apenas.
(C) III e IV, apenas.
(D) II, IV e V, apenas.
(E) I, II, III, IV e V.

I: incorreta. A instalação das DPEs foi prevista pela primeira vez na CF/1988; **II:** correta, pois, de fato, essa resolução da OEA impulsionou o modelo de Defensoria Pública como ferramenta eficaz para a salvaguarda do acesso à justiça; **III:** incorreta, pois não constitui motivo idôneo para embasar uma denegação de atendimento. Cabe esclarecer que a denegação de atendimento no âmbito da DP/SP é regulamentada pela Deliberação CSDP 89, de 08 de agosto de 2008, a qual prevê como motivos para denegação: "Artigo 1º. A denegação de atendimento pela Defensoria Pública, no que tange a interesses individuais observará o procedimento estabelecido na presente deliberação, e se dará nas seguintes hipóteses: I – não caracterização da hipossuficiência; II – manifesto descabimento da medida pretendida ou inconveniência aos interesses da parte; e III – quebra na relação de confiança. Parágrafo único. Cumpre ao Defensor Público se pautar pela concretização do direito de informação conferido a todas as pessoas que buscam o atendimento na Defensoria Pública, ainda que se trate de hipótese de denegação de atendimento"; **IV:** correta, pois, de fato, o Conselho Superior fez a citada determinação. A Deliberação 144 do CSDP, prevê o seguinte em seu art. 1.º: "Terão prioridade de atuação jurídico-processual, no âmbito da Defensoria Pública do Estado de São Paulo, os procedimentos judiciais de competência da Justiça da Infância e Juventude e extrajudiciais a eles relacionados"; **V:** correta, pois reproduziu o correto teor da Deliberação n. 195/2010 do Conselho Superior da Defensoria Pública de São Paulo.

Gabarito "D".

(Defensor Público/SP – 2012 – FCC) O Supremo Tribunal Federal, ao analisar questões que dizem respeito ao perfil constitucional da Defensoria Pública, já firmou entendimento no sentido de que

(A) se situa no âmbito da autonomia dos Estados Federados decidir pelo modelo de prestação de assistência jurídica que melhor se adapte às peculiaridades regionais, podendo optar por prestar o serviço somente por advogados dativos.
(B) é constitucional a disposição de lei estadual que equipara o Defensor Público-Geral a Secretário de Estado Membro.
(C) a Defensoria Pública da União é dotada de autonomia administrativa, funcional e iniciativa da proposta orçamentária, por arrastamento do dispositivo constitucional que conferiu as autonomias à Defensoria Pública nos Estados.
(D) a previsão de obrigatoriedade de celebração de convênio exclusivo entre a Defensoria Pública e a Ordem dos Advogados do Brasil ofende a autonomia institucional daquela.
(E) à Defensoria Pública da União cabe atuar com exclusividade nos Tribunais Superiores nos feitos iniciados pela Defensoria Pública do Estado, por interpretação analógica do dispositivo que atribuiu ao Ministério Público Federal atuar nos casos iniciados pelo Ministério Público Estadual.

De todas as assertivas, a única que traz um entendimento do STF sobre o perfil constitucional da DP é a "D". Porém, com a Emenda Constitucional n. 80 de 2014, a assertiva "C" também estaria correta, em virtude do artigo 134, § 3º, CF Segue a parte do Informativo 656 do STF trata sobre a assertiva "D".

Defensoria pública paulista e convênio obrigatório com a OAB-SP: inadmissibilidade – 1
A previsão de obrigatoriedade de celebração de convênio exclusivo e obrigatório entre a defensoria pública do Estado de São Paulo e a seccional local da Ordem dos Advogados do Brasil – OAB-SP ofende a autonomia funcional, administrativa e financeira daquela. Essa a conclusão do Plenário ao, por maioria, conhecer, em parte, de ação direta de

inconstitucionalidade como arguição de descumprimento de preceito fundamental – ADPF e julgar o pleito parcialmente procedente, a fim de declarar a ilegitimidade ou não recepção do art. 234, e seus parágrafos, da Lei Complementar paulista 988/2006, assim como assentar a constitucionalidade do art. 109 da Constituição desse mesmo ente federativo, desde que interpretado conforme a Constituição Federal, no sentido de apenas autorizar, sem obrigatoriedade nem exclusividade, a defensoria a celebrar convênio com a OAB-SP. Tratava-se, na espécie, de ação direta ajuizada pelo Procurador-Geral da República contra o art. 109 da referida Constituição estadual e o art. 234 e parágrafos da LC paulista 988/2006, que tratam da instituição de convênio entre a defensoria pública paulista e a OAB-SP, para a prestação de assistência judiciária a necessitados, a cargo da primeira. ADI 4.163/SP, rel. Min. Cezar Peluso, 29.02.2012. (ADI-4.163)

Defensoria pública paulista e convênio obrigatório com a OAB-SP: inadmissibilidade – 2
De início, rechaçou-se preliminar, suscitada pela OAB-SP e pelo Governador do Estado-membro, de inadequação dos fundamentos do pedido. Asseverou-se que o objeto da ação — saber se a previsão de autêntico "convênio compulsório" transgrediria o art. 134, § 2º, da CF/1988, que estabeleceria a autonomia funcional, administrativa e financeira das defensorias públicas estaduais – estaria claro e bem embasado, a afastar a alegada inépcia da inicial e a eventual ofensa indireta. Em passo seguinte, examinou-se a questão da admissibilidade, em sede de controle concentrado, de cognição de norma cuja pretensa afronta a texto da Constituição dar-se-ia em face de emenda constitucional ulterior. No tópico, assinalou-se que se estaria diante de confronto entre a parte final do art. 109 da Constituição estadual, datada de 1989, e o disposto no art. 134, § 2º, da CF/1988, erigido a princípio constitucional com a EC 45/2004. Consignou-se que, para situações como esta, a via adequada seria a ADPF. Assim, em nome da instrumentalidade, da economia e da celeridade processuais, além da certeza jurídica, conheceu-se da presente demanda como ADPF. Salientou-se não haver óbice para a admissão da fungibilidade entre ambas as ações e destacou-se que a ação direta atenderia aos requisitos exigidos para a propositura daquela. Vencido, na conversão, o Min. Marco Aurélio ao fundamento de sua desnecessidade, uma vez que a solução diria respeito ao condomínio que o aludido art. 109 instituiria na prestação de serviços aos necessitados, tendo em conta o que previsto inicialmente na Constituição, em sua redação primitiva. ADI 4.163/SP, rel. Min. Cezar Peluso, 29.02.2012. (ADI-4163)

Defensoria pública paulista e convênio obrigatório com a OAB-SP: inadmissibilidade – 3
Na sequência, aduziu-se que, embora se cuidasse de medida cautelar (Lei 9.868/1999, art. 10), o STF poderia julgar a causa, desde logo, em termos definitivos, porquanto o feito estaria devidamente aparelhado, haja vista que todos os intervenientes ter-se-iam manifestado exaustivamente, a exemplo da AGU e do Ministério Público. No mérito, registrou-se que a previsão constante do art. 234 da lei complementar adversada imporia, de maneira inequívoca, a obrigatoriedade de a defensoria pública firmar convênio, em termos de exclusividade, com a OAB-SP, a descaracterizar tanto o conceito dogmático de convênio, quanto a noção de autonomia funcional e administrativa. Observou-se que o art. 14, § 2º, da LC 98/1999 autorizaria esse acordo com entidade que desempenhasse as funções de defensoria, quando esta ainda não existisse na unidade da federação. Ademais, enfatizou-se que o Estado de São Paulo não poderia, sob o pálio de convênios firmados para responder a situações temporárias, furtar-se ao dever jurídico-constitucional de institucionalização plena e de respeito absoluto à autonomia da defensoria pública. Relativamente ao art. 109 da Constituição paulista, atribuiu-se-lhe interpretação conforme para afirmar que seu texto enunciaria apenas mera autorização ou possibilidade de celebração de convênios com a OAB-SP, sem cunho de necessidade, nem exclusividade, de modo a ficar garantida à defensoria pública, em consonância com sua autonomia administrativa e funcional, a livre definição dos seus eventuais critérios administrativo-funcionais de atuação. Frisou-se, por fim, que a regra primordial para a prestação de serviços jurídicos pela Administração Pública, enquanto atividade estatal permanente, seria o concurso público, a constituir situação excepcional e temporária a prestação de assistência jurídica à população carente por não defensores públicos. ADI 4.163/SP, rel. Min. Cezar Peluso, 29.02.2012. (ADI-4.163)

Defensoria pública paulista e convênio obrigatório com a OAB-SP: inadmissibilidade – 4
A Min. Rosa Weber ressaltou que os motivos para a existência da autonomia das defensorias públicas estaduais decorreria da importância do papel social por elas desempenhado, o qual só seria efetivamente cumprido quando sua atuação concreta fosse suficientemente eficaz para que fizesse parte fundamental de um objetivo maior, a saber, o da busca de uma sociedade livre, justa e solidária. Na mesma linha, entendeu que o mandamento constitucional seria mais bem desempenhado ao se permitir à defensoria escolher entre a locação material e pessoal próprios ou a realização de convênios a partir de necessidades específicas. O Min. Luiz Fux manifestou preocupação quanto ao fato de que setenta por cento do orçamento da defensoria pública de São Paulo seria gasto com o convênio. O Min. Dias Toffoli, por sua vez, acrescentou que a instituição não seria arredia ao estabelecimento de convênios e muito menos pretenderia monopólio em sua atuação. Requeria, ao revés, o legítimo exercício das competências a ela atribuídas pela Constituição. Nesse diapasão, vislumbrou a possibilidade de atuação de advocacia pro bono e de assessoria jurídica pelos municípios. A Min. Cármen Lúcia também explicitou que a solução proposta pelo relator enfatizaria a conquista da autonomia das defensorias públicas estaduais. O Min. Ricardo Lewandowski realçou que os preceitos impugnados imporiam despesa de natureza aleatória ao Estado, sob a justificativa de um conceito indeterminado de necessidade de prestação de serviço público. O Min. Ayres Britto esclareceu que a interpretação conforme significaria a viabilidade de recurso a outros organismos com capacidade postulatória, não exclusivamente à OAB, em caráter tão supletivo quanto transitório e excepcional, e sempre a critério das próprias defensorias públicas no uso de sua autonomia funcional e administrativa. O Min. Gilmar Mendes repelia, de idêntica maneira, a ideia de monopólio, entretanto, enalteceu que a defensoria pública teria papel central, como órgão de coordenação desse tipo de atividade. Vencido o Min. Marco Aurélio, que acolhia a procedência do pedido como ação direta de incons-

titucionalidade. Observava que, da mesma forma que o Estado-membro não poderia impor convênio, a defensoria não poderia despir-se da incumbência constitucional de prestar diretamente a assistência e fazê-lo mediante arregimentação de advogados. ADI 4.163/SP, rel. Min. Cezar Peluso, 29.02.2012. (ADI-4.163).

Gabarito "D".

(Defensor Público/SP – 2012 – FCC) A Lei Complementar Federal nº 132/2009
(A) regulamentou a autonomia financeira da instituição, definindo percentual de participação nas custas judiciais.
(B) instituiu, como norma geral aplicável a todas as Unidades da Federação, a nomeação do Defensor Público-Geral pelo chefe do Poder Executivo, dentre membros estáveis, escolhidos em lista tríplice formada pelo voto dos integrantes da carreira.
(C) representou avanço para a Defensoria Pública pois, pela primeira vez, editou-se diploma legal de cunho nacional organizando a Defensoria Pública da União e do Distrito Federal e dos Territórios prescrevendo normas gerais para sua organização nos Estados.
(D) significou retrocesso para a Defensoria Pública, uma vez que foi vetado o dispositivo que concedia à instituição legitimidade para propor ação civil pública.
(E) conferiu ao Defensor Público-Geral a possibilidade de enviar ao Poder Legislativo projeto de lei para criação e extinção dos cargos da instituição, bem como a fixação dos subsídios de seus membros.

De todas as assertivas, a única que cuida de uma inovação patrocinada pela LC 132/2009 é a "B" (art. 99 da LC 80/1994).

Gabarito "B".

3. GARANTIAS, PRERROGATIVAS, DEVERES, PROIBIÇÕES E IMPEDIMENTOS

(Defensor Público – DPE/SC – 2017 – FCC) A Lei Complementar Federal nº 132/2009 alterou alguns dispositivos da Lei Complementar Federal nº 80/1994. Dentre elas, identifica-se a alteração:
(A) no exercício da advocacia, quando, então, passou a ser vedado.
(B) na oitiva do membro na condição de testemunha, quando passou a se prever a prerrogativa de ajustar previamente com a autoridade competente dia, hora e local para o ato.
(C) nos pedidos de remoção por permuta, quando passou a ser exigido o respeito à antiguidade dos demais membros e a ampla divulgação de tais pedidos.
(D) na promoção dos membros da carreira, incluindo-se a possibilidade de ascensão pelo merecimento.
(E) no afastamento para estudo ou missão, quando este passou a ser autorizado pelo Defensor Público-Geral e não mais pelo Conselho Superior da instituição.

(A) Errada. A vedação ao exercício da advocacia decorre do artigo 134 da Constituição Federal. **(B) Errada.** Já existia na redação anterior da Lei Orgânica Nacional da Defensoria Pública. **(C) Correta.** A remoção por permuta, especialmente para maior transparência, teve regulamentação alterada pela LC 132/2009 que atualizou a LC 80/94. **(D) Errada.** Já estava previsto na LC 80/94. **(E) Errada.** Já estava previsto na LC 80/94.

Gabarito "C".

(Defensor Público – DPE/SC – 2017 – FCC) Deixar de patrocinar a ação quando esta for manifestamente incabível ou inconveniente aos interesses da parte sob seu patrocínio, comunicando seus fundamentos ao Defensor Público Geral, caracteriza a prerrogativa do Defensor Público de
(A) independência hierárquica.
(B) livre convencimento motivado.
(C) independência funcional.
(D) autonomia institucional.
(E) autonomia administrativa.

(A) Errada. Inexiste tal previsão. **(B) Errada.** Inexiste tal previsão. **(C) Correta.** É garantido, constitucionalmente, ao membro da Defensoria Pública, a independência funcional. **(D) Errada.** É da instituição e não, do seu membro. **(E) Errada.** É da instituição e não, do seu membro.

Gabarito "C".

(DPE/PE – 2015 – CESPE) Com base na Lei Complementar 80/1994, que organiza a DP, julgue os itens subsequentes.
(1) Uma das garantias atribuídas ao defensor público é sentar-se no mesmo plano do MP, de modo que defesa e acusação sejam simbolicamente equiparadas. Esse fato tem levado vários tribunais a adequar suas salas de audiência, a fim de que se atenda ao dispositivo da LC 80/1994.
(2) Pessoas jurídicas podem ser atendidas pela DP, portanto, de acordo com a jurisprudência, podem ser beneficiárias da justiça gratuita, porém a mera declaração acerca da insuficiência de recursos não gera presunção *juris tantum*, que tem de ser comprovada conforme matéria sumulada pelo STJ.

1: correta, conforme o art. 4º, § 7º da LC 80/1994 ("§ 7º Aos membros da Defensoria Pública é garantido sentar-se no mesmo plano do Ministério Público"). **2:** correta, conforme art. 4º, V da LC 80/1994, julgados do Superior Tribunal de Justiça e Súmula 481 do mesmo Tribunal (Súmula 481 – Faz jus ao benefício da justiça gratuita a pessoa jurídica com ou sem fins lucrativos que demonstrar sua impossibilidade de arcar com os encargos processuais).
Gabarito 1C, 2C

(Defensoria/DF – 2013 – CESPE) Com relação as garantias e prerrogativas dos DPs do DF, julgue os itens subsequentes.
(1) Se for preso em flagrante por autoridade policial, o DP terá o direito de que sua prisão seja comunicada ao DPG e a algum membro de sua família ou pessoa por ele indicada.
(2) Estando incomunicável o preso assistido pelo DP do DF, dependera de prévio agendamento o exercício da prerrogativa do DP de comunicar-se, pessoal e reservadamente, com seus assistidos.
(3) Ainda que seja prerrogativa do DP receber o mesmo tratamento reservado aos magistrados e aos demais titulares dos cargos das funções essenciais a justiça, caso os vencimentos dos membros do MP sejam reajustados, esse reajuste não será automaticamente estendido aos DPs.

1: Certa. Conforme o art. 89, II, da LC80/1994, trata-se de prerrogativa conferida ao Defensor Público. **2:** Errado. Alternativa em desacordo com a prerrogativa prevista no inciso VII do art. 89 da LC 80/1994; **3:** Certo. Esta prerrogativa está prevista no inciso XIII do art. 89 da LC 80/1994, mas a isonomia de vencimentos não encontra respaldo legal.
Gabarito 1C, 2E, 3C

(Defensoria/SP – 2013 – FCC) Na Lei Orgânica paulista da Defensoria Pública, prescreve o art. 162, VII: "São prerrogativas dos membros da Defensoria Pública do Estado, além daquelas definidas na legislação federal: (...) deixar de patrocinar ação, quando manifestamente incabível ou inconveniente aos interesses da parte sob seu patrocínio, comunicando ao Defensor Público superior imediato as razões do seu proceder, podendo este, se discordar fundamentadamente das razões apresentadas, propor a ação ou designar outro Defensor Público para que o faça".
Considere as seguintes afirmações:
I. O ato de comunicar o Defensor Público superior imediato das razões de ter deixado de patrocinar a ação, constitui dever do cargo para maior proteção ao direito de acesso à Justiça;
II. O ato de designação pode ser recusado pelo designado em razão de sua independência funcional, e assim a designação deve ser renovada até que encontre Defensor Público cujo entendimento conflua ao de quem designa.
III. Não obstante a nomenclatura legal intitular de prerrogativa ato de deixar de patrocinar ação quando manifestamente incabível, na verdade seu conteúdo jurídico é de garantia do cargo.
Está correto o que se afirma em
(A) II, apenas.
(B) I e III, apenas.
(C) I e II, apenas.
(D) II e III, apenas.
(E) I, II e III.

I: correta. Deve-se primar pelo acesso à justiça daquela pessoa que busca o serviço da Defensoria, logo, caso o Defensor aceite a defesa, o Defensor Público superior não necessita ser comunicado, mas caso ocorra o inverso sim, dando-se, assim, uma espécie de recurso ao eventual assistido; **II:** incorreta. Embora a independência funcional seja atrelada ao defensor público, que terá liberdade em sua atuação para a defesa dos necessitados, isto não quer dizer que possa desrespeitar as ordens internas da Defensoria, uma vez que dentro desta há toda uma organização, com chefia, núcleos, Corregedoria e Conselho Superior; **III:** correta, pois as garantias buscam dar a possibilidade de que o atendimento ao assistido seja o mais adequado possível. Garantias são a salvaguarda da atuação plena do Defensor Público, sem indevidas ingerências externas, ao passo que prerrogativas são instrumentos que possibilitam a defesa plena dos direitos dos necessitados.
Gabarito "B".

(Defensor Público/SE – 2012 – CESPE) No que tange às garantias e prerrogativas do DP, assinale a opção correta.
(A) É prerrogativa expressa dos membros da DPE, entre outras, ter vista pessoal, sem ressalvas, dos processos fora dos cartórios e secretarias.
(B) São prerrogativas expressas do membro da DPE, entre outras, a possibilidade de manifestar-se em autos administrativos ou judiciais por meio de cota e a de ser ouvido como testemunha, em qualquer processo ou procedimento, em dia, hora e local previamente ajustados com a autoridade competente.
(C) Os DPEs detêm a prerrogativa de comunicar-se, pessoal e reservadamente, com seus assistidos, ainda que estes estejam presos ou detidos, mesmo incomunicáveis, sendo imprescindível prévio agendamento com a autoridade administrativa responsável pela custódia.
(D) A prerrogativa dos membros da DPE de contagem em dobro de todos os prazos não se estende à instância administrativa.
(E) A garantia da independência funcional e da inamovibilidade é concedida aos membros da DPE, após três anos de efetivo exercício, mediante avaliação de desempenho perante os órgãos próprios, após relatório circunstanciado da respectiva corregedoria.

A: incorreta. A redação correta do art. 128, VII, da LC 80/1994 é a seguinte: "ter vista pessoal dos processos fora dos cartórios e secretarias, ressalvadas as vedações legais"; **B:** correta, pois em consonância com os incisos IX e XIV do art. 128 da LC 80/1994; **C:** incorreta. A redação correta do art. 128, VI, da LC 80/1994 é a seguinte: "comunicar-se, pessoal e reservadamente, com seus assistidos, ainda quando estes se acharem presos ou detidos, mesmo incomunicáveis, tendo livre ingresso em estabelecimentos policiais, prisionais e de internação coletiva, independentemente de prévio agendamento"; **D:** incorreta. A redação correta do art. 128, I, da LC 80/1994 é a seguinte: "receber, inclusive quando necessário, mediante entrega dos autos com vista, intimação pessoal em qualquer processo e grau de jurisdição ou instância administrativa, contando-se-lhes em dobro todos os prazos"; **E:** incorreta. Apenas a estabilidade é conferida após três anos de efetivo exercício (art. 41 da CF/1988). A garantia da independência funcional e da inamovibilidade é concedida desde o princípio (art. 134, § 2º, da CF/1988).
Gabarito "B".

(Defensor Público/RO – 2012 – CESPE) Conforme previsão expressa da Lei Complementar n.º 80/1994, constitui prerrogativa de membro da DPE
(A) receber intimação pessoal em qualquer processo, sempre mediante a entrega dos autos com vista.
(B) ser recolhido, após sentença condenatória transitada em julgado, à prisão especial ou à sala especial de Estado Maior.
(C) ter o mesmo tratamento reservado aos magistrados e demais titulares dos cargos das funções essenciais à justiça.
(D) ser processado e julgado, nos crimes comuns e de responsabilidade, pelo órgão judiciário de 2.º grau.
(E) ser preso somente por ordem judicial escrita ou em razão de flagrante de crime inafiançável.

A: incorreta. A redação correta do art. 44, I, da LC 80/1994 é a seguinte: "receber, inclusive quando necessário, mediante entrega dos autos com vista, intimação pessoal em qualquer processo e grau de jurisdição ou instância administrativa, contando-se-lhes em dobro todos os prazos"; **B:** incorreta. A redação correta do art. 44, III, da LC 80/1994 é a seguinte: "ser recolhido a prisão especial ou a sala especial de Estado Maior, com direito a privacidade e, após sentença condenatória transitada em julgado, ser recolhido em dependência separada, no estabelecimento em que tiver de ser cumprida a pena"; **C:** correta, pois reproduz corretamente a redação do art. 44, XIII, da LC 80/1994; **D:** incorreta, pois não existe nem sequer prerrogativa parecida; **E:** A redação correta do art. 44, II, da LC 80/1994 é a seguinte: "não ser preso, senão por ordem judicial escrita, salvo em flagrante, caso em que a autoridade fará imediata comunicação ao Defensor Público-Geral".
Gabarito "C".

(Defensor Público/PR – 2012 – FCC) A Lei Complementar Estadual n. 136/11 elenca as prerrogativas dos Defensores Públicos paranaenses, necessárias ao desempenho de suas funções institucionais. Dentre elas NÃO se inclui:
(A) examinar, em qualquer repartição pública, autos de flagrantes, inquéritos e processos, assegurada a obtenção de cópias e podendo tomar apontamentos.
(B) representar a parte, em feito administrativo ou judicial, independentemente de mandato, ressalvados os casos para os quais a lei exija poderes especiais.
(C) requisitar de qualquer autoridade pública e de seus agentes, certidões, exames, perícias, vistorias, diligências, processos, documentos, informações, esclarecimentos e demais providências necessárias ao exercício de suas atribuições.
(D) manifestar-se em autos administrativos ou judiciais por meio de cota.
(E) deixar de patrocinar ação, quando ela for manifestamente incabível ou inconveniente aos interesses da parte sob seu patrocínio, comunicando o fato ao Defensor Público-Geral apenas em caso de recurso do assistido.

De todas as assertivas, a única que não cuida de uma prerrogativa dos Defensores Públicos paranaenses é a "E". Segue a redação do art. 156 da LC 136/2011 do Estado do Paraná: "São prerrogativas dos membros da Defensoria Pública do Estado do Paraná, dentre outras previstas em lei: I – receber, inclusive quando necessário, mediante entrega dos autos com vista, intimação pessoal em qualquer processo e grau de jurisdição ou instância administrativa, contando-se em dobro todos os prazos; II – não ser preso, senão por ordem judicial escrita, salvo em flagrante, caso em que a autoridade fará imediata comunicação ao Defensor Público-Geral; III – ser recolhido à prisão especial ou à sala especial de Estado Maior, com direito a privacidade e, após sentença condenatória transitada em julgado, ser recolhido em dependência separada, no estabelecimento em que tiver de ser cumprida a pena; IV – usar vestes talares e as insígnias privativas da Defensoria Pública; V – comunicar-se, pessoal e reservadamente, com seus assistidos, ainda quando estes se acharem presos ou detidos, mesmo incomunicáveis, tendo livre ingresso em estabelecimentos policiais, prisionais e de internação coletiva, independentemente de prévio agendamento; **VI** – ter vista pessoal dos processos fora dos cartórios e secretarias, ressalvadas as vedações legais; **VII – examinar, em qualquer repartição pública, autos de flagrantes, inquéritos e processos, assegurada a obtenção de cópias e podendo tomar apontamentos**; VIII – manifestar-

-se em autos administrativos ou judiciais por meio de cota; **IX – representar a parte, em feito administrativo ou judicial, independentemente de mandato, ressalvados os casos para os quais a lei exija poderes especiais**; **X –** deixar de patrocinar ação, quando ela for manifestamente incabível ou inconveniente aos interesses da parte sob seu patrocínio, comunicando o fato ao Defensor Público-Geral, com as razões de seu proceder; **XI –** ter o mesmo tratamento reservado aos Magistrados e demais titulares dos cargos das funções essenciais à justiça; **XII –** ser ouvido como testemunha, em qualquer processo ou procedimento, em dia, hora e local previamente ajustados com a autoridade competente. **XIII – requisitar de qualquer autoridade pública e de seus agentes, certidões, exames, perícias, vistorias, diligências, processos, documentos, informações, esclarecimentos e demais providências necessárias ao exercício de suas atribuições**. **Parágrafo único** Quando, no curso de investigação policial, houver indício de prática de infração penal por membro da Defensoria Pública do Estado do Paraná, a autoridade policial, civil ou militar, comunicará imediatamente o fato ao Defensor Público-Geral do Estado, que designará membro da Defensoria Pública do Estado do Paraná para acompanhar a apuração".
Gabarito "E".

(Defensor Público/AC – 2012 – CESPE) Assinale a opção correta acerca da prerrogativa de intimação pessoal dos membros da DP.

(A) Em processo de habeas corpus, em razão de sua natureza, mesmo que haja pedido expresso de sustentação oral, não é obrigatória a intimação pessoal do DP.
(B) A contagem do prazo para a DP inicia-se apenas quando seu representante apõe o ciente nos autos, mesmo que em data diversa da de seu recebimento por servidor designado.
(C) É pacífico na jurisprudência o entendimento de que a prerrogativa da intimação pessoal do DP deve ser sempre observada, mesmo no rito dos juizados especiais criminais.
(D) Conforme entendimento do STJ, a presença do DP na audiência em que seja proferida a sentença é suficiente para caracterizar a intimação pessoal da DP, sendo, assim, desnecessária a entrega dos autos com vista.
(E) Considera-se válida a intimação da data de julgamento da apelação feita a DP diverso do que efetivamente tenha atuado no feito.

Antes de comentar as assertivas, importante reproduzir as palavras do defensor federal Frederico Rodrigues Viana de Lima: "Antes de privilégios pessoais, as prerrogativas expressam *direitos exclusivos* constituídos com a finalidade de que a função pública realizada pelos agentes possa ser cumprida da melhor maneira. Elas não existem para servir ao ocupante do cargo, mas, sim, para que ele esteja munido de um aparato ideal para desempenhar as funções que lhe foram cometidas[6]".
A: incorreta. Uma das prerrogativas dos membros da Defensoria é receber, inclusive quando necessário, mediante entrega dos autos com vista, intimação pessoal **em qualquer processo** e grau de jurisdição ou instância administrativa, contando-se-lhes em dobro todos os prazos (art. 44, I, da LC 80/1994); B: incorreta. "Para a Defensoria Pública, segue-se a mesma lógica, a intimação por remessa dos autos tem sua fluência iniciada, no processo penal e no processo civil, a partir do momento em que eles são entregues ao setor administrativo da Instituição[7]; C: incorreta, pois a prerrogativa de intimação pessoal da Defensoria Pública é incompatível com o rito dos juizados especiais, logo a contagem será simples e intimação não será pessoal. O raciocínio que sustenta a citada afirmação é no sentido de que o art. 44, I, da LC 80/94 traz uma norma geral, enquanto o art. 9º da L. 10.259 traz uma norma especial, assim a regra da especialidade prevalece, a qual é corroborada pelo princípio da celeridade. Cabe enfatizar que a criação dos juizados especiais representaram um compromisso com a prestação jurisdicional célere. Todavia, esse posicionamento, majoritário e chancelado pelo STF, não deixa de ser criticado: "A ótica da especialidade é que tem levado o STF a denegar a prerrogativa de intimação pessoal e de prazo em dobro no âmbito dos Juizados Especiais, uma vez que este subsistema prevaleceria sobre as regras instituídas pela Lei Complementar 80/94. No entanto, se encarada a questão a partir da especialidade das funções – e não das leis! –, o cenário talvez fosse um tanto distinto. Como salientou o Ministro Ilmar Galvão, no julgamento da Medida Cautelar na ADI 2.144/DF, é o tipo de função exercida que legitima um tratamento processual especial, como se dá, por exemplo, em relação aos prazos do parquet ou do defensor público. Por ser agente instrumentalizador de transformações sociais e por desempenhar funções estatais específicas, o sistema jurídico confere ao Defensor Público prerrogativas distintas das dos demais atores processuais. Tais prerrogativas devem acompanhá-los aonde houver o exercício de suas funções, pois elas não se modificam quando a Defensoria Pública atua nos Juizados Especiais. Embora o rito seja específico e especial, como assenta o STF, a atuação da Defensoria Pública não o é. Considerando principalmente a competência em razão do valor da causa, limitada a 60 (sessenta) salários-mínimos, nos Juizados Federais, e a 40 (quarenta) salários-mínimos, nos Juizados Estaduais, o público alvo da Defensoria Pública litiga, em sua grande maioria, submetido a este procedimento especial[8]"; D: incorreta. Reler o comentário sobre a assertiva A; E: correta. "Ada Pellegrini Grinover, Antonio Carlos de Araújo Cintra e Cândido Rangel Dinamarco apontam que ser una e indivisível a Instituição significa que todos os seus membros fazem parte de uma só corporação e podem ser indiferentemente substituídos um por outro em suas funções, sem que com isso haja alteração subjetiva nos processos em que oficiam (...) A intimação pessoal, portanto, deve ser entendida como dirigida à Defensoria Pública, e não a um Defensor Público em particular[9]".
Gabarito "E".

4. INFRAÇÕES DISCIPLINARES

(Defensor Público/SP – 2012 – FCC) De acordo com a Lei Complementar nº 988/06,

(A) os membros da Defensoria Pública de São Paulo são passíveis das seguintes sanções disciplinares: advertência, censura, remoção compulsória, suspensão, cassação de disponibilidade e de aposentadoria e demissão.
(B) o regime disciplinar aplicável ao Defensor Público do Estado de São Paulo é o mesmo regime aplicável ao servidor público civil do Estado.
(C) cabe ao Conselho Superior da Defensoria Pública avocar, se entender conveniente e necessário, processo administrativo disciplinar em curso.
(D) a sindicância e o processo administrativo disciplinar contra Defensor Público poderão ser instaurados por provocação de qualquer pessoa, vedadas a denúncia anônima e a que não forneça elementos indiciários de infração disciplinar.
(E) em decorrência de sua independência funcional o Defensor Público não está obrigado a prestar as informações solicitadas por órgãos da Administração Superior.

A: correta. A assertiva está em conformidade com a redação do art. 177 da LC 988/2006 do Estado de São Paulo; B: incorreta, pois o Defensor Público do Estado de São Paulo tem regime próprio; C: incorreta, pois o Conselho Superior não possui competência para tanto; D: incorreta. A instauração de processo administrativo e de sindicância é uma das atribuições do Defensor Público-Geral (art. 19, XVIII, da LC 988/2006); E: incorreta. Um dos deveres dos defensores públicos de São Paulo é prestar as informações solicitadas pelos órgãos da administração superior da Defensoria Pública do Estado (art. 164, XVII, da LC 988/2006 do Estado de São Paulo).
Gabarito "A".

5. DEFINIÇÃO DE NECESSITADO E DIREITOS DOS ASSISTIDOS

(Defensor Público/AM – 2013 – FCC) De acordo com a Lei Orgânica da Defensoria Pública do Estado do Amazonas (Lei Complementar Estadual nº 01/90), para a caracterização da condição de necessitado exige-se

(A) a declaração de isento do Imposto de Renda emitida pela Receita Federal.
(B) a comprovação em carteira de trabalho de rendimento inferior a 3 (três) salários-mínimos.
(C) apenas a afirmação pelo interessado de sua condição de juridicamente necessitado.
(D) a comprovação de ausência de bens imóveis ou de aplicações financeiras em nome do interessado.
(E) a apresentação pelo interessado de comprovante de inclusão em programa de distribuição de renda do governo federal.

A assertiva correta é a "C". Isso porque reproduz a disciplina disposta pelo art. 4º, § 2º, da LC 01/1990 do Estado do Amazonas.
Gabarito "C".

(Defensor Público/SP – 2012 – FCC) A Lei Complementar n. 988/06 estabelece o rol de direitos das pessoas que buscam atendimento na Defensoria Pública. O direito à qualidade na execução das funções exige dos membros da Defensoria Pública determinadas atividades, EXCETO

(A) o atendimento, pelo mesmo Defensor Público, de todos os processos relativos a determinada pessoa, que tramitam na mesma Comarca.
(B) a urbanidade e respeito no atendimento às pessoas que buscam assistência na Defensoria Pública.
(C) o atendimento por ordem de chegada, assegurada prioridade a pessoas idosas, grávidas, doentes e pessoas com deficiência.
(D) a igualdade de tratamento, vedado qualquer tipo de discriminação.
(E) a adoção de medidas de proteção à saúde ou segurança das pessoas que buscam atendimento na Defensoria Pública.

A: incorreta, devendo ser assinalada, pois a assertiva **não** cuida de um direito das pessoas que buscam atendimento na Defensoria Pública; B: correta, pois a assertiva cuida de um direito das pessoas que buscam atendimento na Defensoria Pública (art. 6º, § 2º, I, da LC 988/2006 do Estado de São Paulo); C: correta. Reproduz o art. 6º, § 2º, II, da LC 988/2006 do Estado de São Paulo; D: correta. Reproduz o art. 6º, § 2º, III, da LC 988/2006 do Estado de São Paulo; E: correta. Reproduz o art. 6º, § 2º, VIII, da LC 988/2006 do Estado de São Paulo.
Gabarito "A".

---

6. **Defensoria Pública**. 2ª ed. Salvador: Editora JusPodivm, 2012. p. 297.
7. DE LIMA, Frederico Rodrigues Viana. **Defensoria Pública**. 2ª ed. Salvador: Editora JusPodivm, 2012. p. 343.
8. DE LIMA, Frederico Rodrigues Viana. Defensoria Pública. 2ª ed. Salvador: Editora JusPodivm, 2012. p. 314-315.
9. Idem, ibidem, p. 317-318.

(Defensor Público/PR – 2012 – FCC) Os assistidos da Defensoria Pública do Estado do Paraná têm direito

(A) à informação precisa, tanto em relação ao funcionamento dos órgãos institucionais, quanto aos trâmites procedimentais, exceto ao recurso em caso de recusa de atuação do Defensor Público, cujo processamento é sigiloso.
(B) à qualidade e eficiência do atendimento, seja pelo Defensor Público, seja por Servidor da instituição.
(C) a participar da sessão do Conselho Superior, desde que envolva processo de seu interesse.
(D) à indicação de advogado dativo, quando interesse antagônico ou colidente ao seu já for patrocinado pela Defensoria Pública.
(E) a participar do processo de eleição do Ouvidor-Geral.

A única assertiva correta é a "B". Segue a redação do art. 5º da LC 136/2011 do Estado do Paraná: "São direitos dos assistidos da Defensoria Pública do Estado do Paraná, além daqueles previstos no artigo 37 da Constituição da República Federativa do Brasil de 1988 e demais Leis e atos normativos internos: **I** – a informação sobre: **a)** localização e horário de funcionamento dos órgãos da Defensoria Pública do Estado do Paraná; **b)** a tramitação dos processos e os procedimentos para a realização de exames, perícias e outras providências necessárias à defesa de seus interesses; **II – a qualidade e a eficiência do atendimento**, observado o disposto no artigo 37, § 3º da Constituição da República Federativa do Brasil de 1988; **III** – o direito de ter sua pretensão revista no caso de recusa de atuação pelo Defensor Público do Estado; **IV** – o patrocínio de seus direitos e interesses pelo defensor natural; **V** – a atuação de Defensores Públicos do Estado distintos, quando verificada a existência de interesses antagônicos ou colidentes entre destinatários de suas funções".

Gabarito "B".

6. JUSTIÇA GRATUITA – LEI 1.060/1950

(Defensor Público – DPE/SC – 2017 – FCC) Ao decidir, o Supremo Tribunal Federal, no julgamento da ADI no 4.163, que qualquer política pública que desvie pessoas ou verbas para outra entidade, com o mesmo objetivo de prestar assistência jurídica gratuita, em prejuízo da Defensoria, insulta a Constituição da República, reforçou o modelo

(A) público de assistência jurídica gratuita.
(B) de custos vulnerabilis.
(C) de prestação de assistência jurídica suplementar e subsidiária.
(D) da proteção à hipervulnerabilidade.
(E) misto de assistência jurídica gratuita.

(A) Correta. O modelo constitucional brasileiro, que inclusive é objeto de recomendação pela OEA – Organização dos Estados Americanos. **(B) Errada.** A atuação como *custus vulnerabilis* vem se consolidando e multiplicando-se principalmente a partir da doutrina institucional defensorial, em que se destacam os estudos de Maurílio Casas Maia. **(C) Errada.** Ao contrário, reforça o modelo de assistência jurídica integral e gratuita por instituição autônoma. **(D) Errada.** A pessoa hipervulnerável é protegida pela Defensoria, mas não há tal relação direta, mas apenas bem indireta, com a ADI 4163. **(E) Errada.** Ao contrário, é a integralidade da assistência jurídica gratuita que se fortalece. RF

Gabarito "A".

(Defensoria/DF – 2013 – CESPE) Julgue os itens seguintes, que versam sobre a concessão de assistência judiciária aos necessitados.

(1) A parte que requerer benefício da assistência judiciária poderá fazê-lo na própria petição inicial ou a qualquer momento nos autos, podendo a parte contrária, em qualquer fase da lide, pedir sua revogação, se a requerente não tiver apresentado firma reconhecida no pedido.
(2) A DP, instituição essencial a função jurisdicional do Estado, incumbem à orientação jurídica e a defesa, em todos os graus, dos necessitados, o que inclui a prestação de assistência judicial e extrajudicial a pessoa física, mas somente assistência judicial a pessoa jurídica, conforme matéria sumulada pelo STJ.

1: Errada. A parte contrária pode impugnar tal benefício em razão da hipossuficiência ou não da outra parte, mas não em virtude da falta de reconhecimento de firma do pedido (art. 4º da Lei 1.060/1950, lembrando que o referido artigo será revogado com a vigência do Novo Código de Processo Civil, relatando sobre o assunto o artigo 100 do diploma legal: "Art. 100. Deferido o pedido, a parte contrária poderá oferecer impugnação na contestação, na réplica, nas contrarrazões de recurso ou, nos casos de pedido superveniente ou formulado por terceiro, por meio de petição simples, a ser apresentada no prazo de 15 (quinze) dias, nos autos do próprio processo, sem suspensão de seu curso"). **2:** Errada. A Defensoria Pública pode atuar em prol de pessoa jurídica seja em âmbito judicial ou extrajudicial, conforme dispõe o art. 4º, V da LC 80/1994.

Gabarito 1E, 2E.

(Defensoria/SP – 2013 – FCC) Considere a hipótese de a gratuidade judiciária ter sido negada por autoridade judicial, sob o argumento de que o requerente não preenche os requisitos legais. Nesse contexto, a decisão judicial

(A) não fere a autonomia funcional da Defensoria Pública, porque a negativa judicial de gratuidade judiciária possui caráter facultativo em relação à Defensoria.
(B) fere a autonomia administrativa da Defensoria Pública, pois não compete à autoridade judicial modificar critérios de avaliação financeira da Defensoria Pública.
(C) fere a autonomia funcional da Defensoria Pública, pois não compete à autoridade judicial rever atos da Defensoria Pública no exercício da atividade-fim em matéria de assistência jurídica.
(D) fere a autonomia administrativa da Defensoria Pública, pois não compete à autoridade judicial interferir na gestão de despesas da Defensoria Pública.
(E) não fere a autonomia administrativa da Defensoria Pública, porque compete à autoridade judicial apreciar o pedido de gratuidade judiciária.

A Defensoria Pública tem autonomia para entender que determinada pessoa é hipossuficiente e de que deve ser atendida pela mesma. Entretanto, a autoridade judicial, no tocante à justiça gratuita eventualmente solicitada, pode negar a mesma, visto que a Lei 1.060/1950 atribui a ela a competência para tal medida. Sendo assim, em nada afetaria a autonomia da Defensoria Pública quando o juiz denega o pedido de justiça gratuita à parte assistida.

Gabarito "E".

(Defensor Público/SE – 2012 – CESPE) Com base na lei que disciplina a concessão de assistência judiciária aos necessitados, assinale a opção correta.

(A) Considera-se necessitado, nos termos expressos da lei em apreço, para os fins legais, todo aquele cuja situação econômica não lhe permita pagar as custas do processo, sem prejuízo do sustento próprio ou da família, bem como os que sejam isentos do pagamento de imposto de renda ou que percebam benefícios e(ou) auxílio assistencial do Estado.
(B) Os benefícios da assistência judiciária, que compreendem todos os atos do processo, até decisão final do litígio, em todas as instâncias, são individuais, concedidos em cada caso, total ou parcialmente, não se transmitindo ao cessionário de direito.
(C) Ao DP e ao advogado que postulem em juízo com base na referida lei não se exigirá instrumento de mandato, bastando que se exarem, na ata da audiência, os termos da referida outorga de poderes, ressalvados os atos destinados a receber citação inicial, confessar, reconhecer a procedência do pedido, transigir, desistir do direito sobre o qual se funda a ação ou renunciar a ele.
(D) A norma de regência dispõe expressamente que os poderes públicos federal e estadual têm o dever de prestar assistência judiciária aos necessitados, diretamente, por intermédio da DP, ou por meio de convênio desta com a Ordem dos Advogados do Brasil, independentemente da colaboração que possam receber dos municípios.
(E) A lei em questão preconiza, de forma expressa, que os benefícios previstos na norma abranjam as pessoas físicas ou jurídicas, nacionais ou estrangeiras, residentes, ou não, no país, que necessitem recorrer à justiça penal, civil, militar ou do trabalho.

Antes de passar aos comentários, devemos destacar que o examinador confundiu os institutos da justiça gratuita e da assistência jurídica. A Assistência jurídica (LC 80/1994) é um direito subjetivo à prestação de serviços jurídicos, o que envolve uma conduta positiva ou comissiva do Estado. Já a justiça gratuita (Lei 1.060/1950) é um direito subjetivo a dispensa provisória do pagamento de despesas (custas, emolumentos e honorários) processuais. Essa dispensa é revogada pelo fato de vigorar por 5 anos. Percebe-se que a justiça gratuita é um direito com carga negativa, pois depende de uma conduta negativa ou omissiva do Estado. Assim, apesar de examinador perguntar sobre a concessão de assistência judiciária, na verdade, a questão formula considerações sobre o instituto da justiça gratuita.

A: incorreta. A redação correta do art. 2º, parágrafo único, da Lei 1.060/1950 é a seguinte: "Considera-se necessitado, para os fins legais, todo aquele cuja situação econômica não lhe permita pagar as custas do processo e os honorários advogado, sem prejuízo do sustento próprio ou da família"; **B**: correta, pois reproduz corretamente as ideias expostas nos artigos 9º e 10 da 1.060/1950; **C**: incorreta. A redação correta do art. 16 da Lei 1.060/1950 é a seguinte: "Se o advogado, ao comparecer em juízo, não exibir o instrumento do mandato outorgado pelo assistido, o juiz determinará que se exarem na ata da audiência os termos da referida outorga. Parágrafo único. O instrumento de mandato não será exigido, quando a parte for representada em juízo por advogado integrante de entidade de direito público incumbido na forma da lei, de prestação de assistência judiciária gratuita, ressalvados: a) os atos previstos no art. 38 do Código de Processo Civil; b) o requerimento de abertura de inquérito por crime de ação privada, a proposição de ação penal privada ou o oferecimento de representação por crime de ação pública condicionada". E o art. 38 do CPC assim dispõe: "A procuração geral para o foro, conferida por instrumento público, ou particular assinado pela parte, habilita o advogado a praticar todos os atos do processo, salvo para receber citação inicial, confessar, reconhecer a procedência do pedido, transigir, desistir, renunciar ao direito sobre que se funda a ação, receber, dar quitação e firmar compromisso"; **D**: incorreta. A redação correta do art. 1º da Lei 1.060/1950 é a seguinte: "Os poderes públicos federal e estadual, independente da colaboração que possam receber dos municípios e da Ordem dos Advogados do Brasil – OAB, concederão assistência judiciária aos necessitados nos termos da presente Lei"; **E**: incorreta. O art. 2º, *caput*, da Lei 1.060/1950 preconiza expressamente o seguinte: "Gozarão dos benefícios desta Lei os nacionais ou estrangeiros residentes no país, que necessitarem recorrer à Justiça penal, civil, militar ou do trabalho".

Gabarito "B".

(Defensor Público/ES – 2012 – CESPE) Acerca da concessão dos benefícios da gratuidade de justiça e dos honorários de sucumbência devidos a DP, julgue os itens a seguir.

(1) Presume-se ser pobre, até que se prove o contrário, aquele que afirma não estar em condições de pagar as custas do processo e os honorários de advogado, sem prejuízo próprio ou de sua família, sob pena de pagamento de até dez salários-mínimos.

(2) A assistência judiciária compreende as isenções de despesas com peritos e com a realização do exame de código genético (DNA) requisitado pela autoridade judiciária nas ações de investigação de paternidade ou maternidade.

(3) São devidos honorários advocatícios a DPE/ES quando esta atua contra município, ainda que este se localize no respectivo ente federativo, por haver compatibilidade lógica da obrigação.

1: errado, pois a redação correta do art. 4º, § 1º, da Lei 1.060/1950 é a seguinte: "Presume-se pobre, até prova em contrário, quem afirmar essa condição nos termos desta lei, sob pena de pagamento até o décuplo das custas judiciais"; **2:** certo. A justiça gratuita (Lei 1.060/1950) é um direito subjetivo à dispensa provisória do pagamento de despesas (custas, emolumentos e honorários) processuais. Cabe ponderar que o examinador utilizou o termo assistência judiciária erroneamente, pois a assertiva cuida do benefício da justiça gratuita; **3:** certo. A Súmula 421 do STJ assim estatui: "Os honorários advocatícios não são devidos à Defensoria Pública quando ela atua contra a pessoa jurídica de direito público à qual pertença". A DPE/ES pertence ao Estado do Espírito Santo, logo, quando atuar contra município capixaba terá direito aos honorários advocatícios.
Gabarito 1E, 2C, 3C

(Defensor Público/RO – 2012 – CESPE) Assinale a opção correta com base no disposto na Lei n.º 1.060/1950.

(A) Presume-se pobre, até prova em contrário, quem afirmar essa condição nos termos da lei, devendo a impugnação do direito à assistência judiciária ser feita nos autos da ação principal, suspendendo-se o curso do processo.

(B) A parte beneficiada pela isenção do pagamento das custas judiciais e honorários de advogado fica obrigada a pagá-las, desde que comprovado, a qualquer tempo, que possa fazê-lo, sem prejuízo do sustento próprio ou da família.

(C) Fazem jus aos benefícios da referida norma os nacionais ou estrangeiros, residentes ou não no país, que necessitarem recorrer à justiça penal, civil, militar, eleitoral ou do trabalho, em todas as instâncias, ordinárias ou extraordinárias.

(D) A assistência judiciária compreende a isenção das despesas com a realização do exame de código genético (DNA) que seja requisitado pela autoridade judiciária nas ações de investigação de paternidade ou maternidade.

(E) Os depósitos previstos em lei para a interposição de recurso não estão inseridos nas isenções decorrentes da assistência judiciária, cujo pedido deverá ser julgado de plano pelo juiz, sempre de forma motivada.

A: incorreta, pois a impugnação do direito ao benefício da justiça gratuita não suspende o curso do processo e será feita em autos apartados (art. 4º, § 2º, da Lei 1.060/1950); **B:** incorreta. A redação correta do art. 12 da Lei 1.060/1950 é a seguinte: "A parte beneficiada pela isenção do pagamento das custas ficará obrigada a pagá-las, desde que possa fazê-lo, sem prejuízo do sustento próprio ou da família, se dentro de cinco anos, a contar da sentença final, o assistido não puder satisfazer tal pagamento, a obrigação ficará prescrita"; **C:** incorreta. A redação correta do art. 2º da Lei 1.060/1950 é a seguinte: "Gozarão dos benefícios desta Lei os nacionais ou estrangeiros residentes no país, que necessitarem recorrer à Justiça penal, civil, militar ou do trabalho"; **D:** correta, pois em conformidade com a redação do art. 3º, VI, da Lei 1.060/1950; **E:** incorreta, pois os depósitos referidos na assertiva estão inseridos nas isenções (art. 3º, VII, da Lei 1.060/1950).
Gabarito "D"

(Defensor Público/SE – 2012 – CESPE) Com base na lei que dispõe sobre a assistência judiciária aos necessitados, assinale a opção correta.

(A) Para a propositura de ação rescisória, a lei em questão abrange a isenção do depósito prévio.

(B) As isenções previstas na referida lei compreendem as despesas com a realização do exame de código genético (DNA), em qualquer processo e grau de jurisdição ou instância administrativa.

(C) A lei em apreço autoriza ao DP determinar isenções das despesas decorrentes da solução extrajudicial dos litígios.

(D) As indenizações devidas às testemunhas poderão ser cobradas da parte beneficiada, no prazo de cinco anos, a contar da sentença final, caso ela possa satisfazer o pagamento, sem prejuízo do sustento próprio ou da família.

(E) É vedado ao juiz revogar de ofício o benefício da assistência judiciária gratuita, que corresponde a direito patrimonial disponível sujeito à manifestação expressa da parte interessada.

Antes de passar aos comentários, devemos destacar que o examinador confundiu os institutos da justiça gratuita e da assistência jurídica. A Assistência jurídica (LC 80/1994) é um direito subjetivo à prestação de serviços jurídicos, o que envolve uma conduta positiva ou comissiva do Estado. Já a justiça gratuita (Lei 1.060/1950) é um direito subjetivo a dispensa provisória do pagamento de despesas (custas, emolumentos e honorários) processuais. Essa dispensa é provisória pelo fato de vigorar por 5 anos. Percebe-se que a justiça gratuita é um direito com carga negativa, pois depende de uma conduta negativa ou omissiva do Estado. Assim, apesar de examinador perguntar sobre a concessão de assistência judiciária, na verdade, a questão formula considerações sobre o instituto da justiça gratuita.
A: correta. A Lei que cuida da concessão do benefício da justiça gratuita (Lei 1.060/1950) dispõe que a isenção compreende os depósitos previstos em lei para interposição de recurso, ajuizamento de ação e demais atos processuais inerentes ao exercício da ampla defesa e do contraditório (art. 3º, VII); **B:** incorreta. A redação correta do art. 3º, VI, da Lei 1.060/1950 é a seguinte: "das despesas com a realização do exame de código genético – DNA que for requisitado pela autoridade judicial nas ações de investigação de paternidade ou maternidade"; **C:** incorreta, pois não existe a citada autorização; **D:** incorreta. A redação correta do art. 12 da Lei 1.060/1950 é a seguinte: "A parte beneficiada pela isenção do pagamento das custas ficará obrigada a pagá-las, desde que possa fazê-lo, sem prejuízo do sustento próprio ou da família, se dentro de cinco anos, a contar da sentença final, o assistido não puder satisfazer tal pagamento, a obrigação ficará prescrita"; **E:** incorreta, pois o juiz pode revogar de ofício o benefício da justiça gratuita (8º da Lei 1.060/1950).
Gabarito "A"

(Defensor Público/SE – 2012 – CESPE) No que diz respeito ao direito à assistência jurídica pública e às distinções entre DP e justiça gratuita, assinale a opção correta.

(A) A assistência judiciária deferida e prestada pelo DP antecede a prática de atos processuais.

(B) O deferimento da assistência jurídica contempla a isenção de despesas apenas em relação aos atos judiciais.

(C) A revogação do benefício da assistência judiciária resulta na condenação automática do assistido em custas processuais e honorários advocatícios, devendo estes ser revertidos em favor da DP.

(D) O deferimento da assistência jurídica gratuita passa por duplo juízo de admissibilidade: o administrativo, na esfera da DP, e o judicial, com a homologação do pedido pelo juiz.

(E) Admite-se que o DP continue o patrocínio da causa, mesmo quando o assistido tenha o benefício da justiça gratuita revogado por decisão judicial.

A: incorreta. A assistência judiciária está ligada à prática de atos processuais, logo não antecede, mas ganha forma na própria prática de atos processuais. A assistência jurídica (gênero) engloba: a) representação judicial ou perante juízo ou tribunal (assistência judiciária); b) prática de atos jurídicos extrajudiciais; c) consultoria jurídica: aconselhamento, informação e orientação em matéria de direito; **B:** incorreta. A assertiva cuida do benefício da justiça gratuita e não da assistência judiciária. E esse benefício é bem abrangente, logo não se restringe aos atos judiciais (ler o art. 3º da Lei 1.060/1950); **C:** incorreta. A revogação do benefício da justiça gratuita **não** implica na condenação automática do assistido; **D:** incorreta, pois não existe uma etapa administrativa de juízo de admissibilidade (art. 5º da Lei 1.060/1950); **E:** correta. O benefício da justiça gratuita e a assistência da defensoria são institutos distintos e a ausência de um no caso prático não prejudica a concessão do outro. Ademais, cabe reforçar que a Defensoria atende três classes de necessitados. A primeira é composta pelos necessitados sob o ponto de vista econômico (função típica da defensoria). Já a segunda é composta pelos necessitados sob o ponto de vista jurídico (função atípica. Ex.: réu no processo criminal que não constituiu advogado, podendo até ser economicamente capaz). Por fim, a terceira classe é composta pelos necessitados sob o ponto de vista organizacional (função atípica. Ex.: tutela coletiva).
Gabarito "E"

7. COMBINADAS E OUTROS TEMAS

(Defensor Público – DPE/SC – 2017 – FCC) Na XIV Conferência Judicial Ibero-Americana, ocorrida em 2008, foi produzido um texto que ficou conhecido como as Regras de Brasília sobre Acesso à Justiça das Pessoas em Condições de Vulnerabilidade. Para além de reflexões a respeito do efetivo acesso à justiça pela população vulnerável, o texto trouxe também recomendações aos órgãos públicos e aos operadores do sistema judicial que intervêm na produção desse acesso. Dentre as ações, medidas e direitos previstos, está:

(A) não fomentar resolução alternativa de conflito quando se tratar de pessoa vulnerável, a fim de não minimizar a proteção judicial em seu entorno.

(B) não informar a vítima sobre a soltura de réu objeto de sua denúncia, a fim de garantir a integridade física e psíquica de ambas as partes.

(C) fazer uso de intérpretes quando a pessoa estrangeira não conhece a língua oficial.

(D) diminuir a oralidade das ações judiciais, garantindo a formalidade necessária à preservação da segurança jurídica.

(E) impedir a antecipação de prova nos casos de pessoas vulneráveis, sendo esta ação ainda mais gravosa quando se trata deste público.

(A) Errada. Ao contrário, a regra 43 diz expressamente que *"Impulsionar-se-ão as formas alternativas de resolução de conflitos naqueles casos em que seja apropriado, tanto antes do início do processo como durante a tramitação do mesmo. A mediação, a conciliação,* *a arbitragem e outros meios que não impliquem a resolução do conflito por um tribunal, podem contribuir para melhorar as condições de acesso à justiça de determinados grupos de pessoas em condição de vulnerabilidade, assim como para descongestionar o funcionamento dos serviços formais de justiça."* **(B). Errada.** Ao contrário, a regra 12 prevê expressamente *"(...) Prestar-se-á uma especial atenção nos casos de violência intra familiar, assim como nos momentos em que seja colocada em liberdade a pessoa à qual se atribui a ordem do delito. (...)"* **(C) Correta.** A regra 32 prevê expressamente que *"(...) Garantir-se-á o uso de intérprete quando o estrangeiro que não conheça a língua ou línguas oficiais nem, se for o caso, a língua oficial própria da comunidade, tenha de ser interrogado ou prestar alguma declaração, ou quando fosse preciso dar-lhe a conhecer pessoalmente alguma resolução. (...)";* **(D) Errada.** Ao contrário, a regra 35 prevê *"Promover-se-á a oralidade para melhorar as condições de celebração das actuações judiciais contempladas no Capítulo III das presentes Regras, e favorecer uma maior agilidade na tramitação do processo, diminuindo os efeitos do atraso da resolução judicial sobre a situação das pessoas em condição de vulnerabilidade."* **(E) Errada.** Ao contrário, a regra 37 prevê expressamente *"a adaptação dos procedimentos para permitir a prática antecipada da prova na qual participe a pessoa em condição de vulnerabilidade, para evitar a reiteração de declarações, e inclusive a prática da prova antes do agravamento da incapacidade ou da doença. Para estes efeitos, pode ser necessária a gravação em suporte audiovisual do acto processual no qual participe a pessoa em condição de vulnerabilidade, de tal forma que possa reproduzir-se nas sucessivas instâncias judiciais."*

Gabarito "C".

(Defensor Público Federal – DPU – 2017 – CESPE) No que se refere às atribuições institucionais da DP, à assistência jurídica gratuita e à gratuidade da justiça, julgue os itens seguintes.

(1) Segundo a jurisprudência do STJ, o benefício da assistência judiciária gratuita gera efeitos ex nunc e, uma vez concedido, afasta a necessidade de renovação do pedido em cada instância.

(2) De acordo com o entendimento do STJ, apesar de ser função institucional do órgão, a função de curador especial é hipótese de atuação atípica, desvinculada da comprovação de pobreza pelo beneficiário, razão por que a DP faz jus a honorários advocatícios pelo seu exercício.

(3) De acordo com o entendimento do STF, a legitimidade da DP para atuar em ações que visem resguardar o interesse de pessoas necessitadas limita-se à tutela de direitos coletivos e individuais homogêneos.

(4) As funções institucionais da DP incluem a promoção prioritária da solução extrajudicial de conflitos por meio de mediação, conciliação e arbitragem, tendo natureza jurídica de título executivo extrajudicial o instrumento resultante da composição referendado pelo DP.

(1) Correta. *"(...) Vigora no Superior Tribunal de Justiça o entendimento de que a concessão do benefício da gratuidade de justiça opera efeitos ex nunc. (...)"*[10] **(2) Errada.** Segundo o Superior Tribunal de Justiça *"(...) 1. No exercício da função de curador especial de réu ausente, a Defensoria Pública faz jus à verba decorrente da condenação em honorários sucumbenciais caso o seu assistido sagre-se vencedor na demanda."*[11] Todavia, há também o entendimento de que *"(...) É inviável o arbitramento e adiantamento de honorários advocatícios à Defensoria Pública nas demandas em que seus representantes figurem como curadores especiais, pois se trata de atividade intrínseca às suas funções institucionais, cuja remuneração se dá mediante subsídio, em parcela única"* (AgRg no REsp 1.382.447/AL, Rel. Ministro Marco Buzzi, Quarta Turma, DJe 12/12/2014). *(...)"*[12] De qualquer forma, parece-nos que não é a necessidade ou não de comprovação da pobreza na atuação institucional como curador especial que viabiliza o pagamento de honorários. **(3) Errada.** No julgamento, por unanimidade, no STF, da ADIN 3943, em 07/05/2015, foi reconhecida a legitimidade da Defensoria Pública na *"(...) tutela de interesses transindividuais (coletivos strito sensu e difusos) e individuais homogêneos. (...)"*. **(4) Correta.** Expressa previsão da Lei Orgânica Nacional da Defensoria, em seus artigos 4, II (*"promover, prioritariamente, a solução extrajudicial dos litígios, visando à composição entre as pessoas em conflito de interesses, por meio de mediação, conciliação, arbitragem e demais técnicas de composição e administração de conflitos"*) e §4 (*"O instrumento de transação, mediação ou conciliação referendado pelo Defensor Público valerá como título executivo extrajudicial, inclusive quando celebrado com a pessoa jurídica de direito público."*)

Gabarito: 1C, 2E, 3E, 4C.

(DPE/PE – 2015 – CESPE) Julgue os itens a seguir, com base nas normas regentes da DP.

(1) A autonomia funcional e administrativa da DP dos estados é assegurada na CF, ainda que a Constituição do Estado de Pernambuco seja omissa a esse respeito.

---

10 Trecho da ementa do acordão no EDcl no AgInt no REsp 1456947/RS, Rel. Ministro SÉRGIO KUKINA, PRIMEIRA TURMA, julgado em 24/10/2017, DJe 10/11/2017;

11 Trecho da ementa do acordão no REsp 1638558/RJ, Rel. Ministro MAURO CAMPBELL MARQUES, SEGUNDA TURMA, julgado em 25/04/2017, DJe 02/05/2017;

12 Trecho constante do acordão do AgInt no REsp 1373126/AL, Rel. Ministra DIVA MALERBI (DESEMBARGADORA CONVOCADA TRF 3ª REGIÃO), SEGUNDA TURMA, julgado em 05/05/2016, DJe 16/05/2016.

(2) Caso a DP do estado de Pernambuco obtenha julgamento favorável em demanda contra o município de Recife, o valor referente à condenação em honorários advocatícios deverá ser revertido àquela instituição.

(3) Considere que a DP tenha sido chamada pelo juiz da Vara da Infância e da Juventude para atuar como curadora especial em feito no qual um menor tenha sido parte da relação processual. Nessa situação, de acordo com o entendimento do STJ, além da decisão de atuação da DP em casos como o descrito, que envolvem crianças ou adolescentes, é necessário que se vislumbre a real necessidade dessa intervenção para que ela se efetive.

(4) Conforme entendimento do STF, a vertente extrajudicial da assistência jurídica prestada pela DP envolve a orientação jurídica, contudo, não se admitem iniciativas como as de realização de mediações, conciliações e arbitragem.

1: A Constituição Estadual de Pernambuco assegura a autonomia funcional e administrativa da Defensoria Pública do Estado, conforme art. 73, § 2º ("§ 2º É assegurada à Defensoria Pública do Estado autonomia funcional e administrativa e a iniciativa de sua proposta orçamentária dentro dos limites estabelecidos na lei de diretrizes orçamentárias e subordinação ao disposto no art. 99, § 2º, da CF"). **2:** certo, uma vez sendo a Defensoria ente estadual, a mesma somente não poderá cobrar honorários contra a pessoa jurídica de direito público à qual pertença, ou seja, o Estado de Pernambuco e não o Município de Recife (Súmula 421 do STJ – Os honorários advocatícios não são devidos à Defensoria Pública quando ela atua contra a pessoa jurídica de direito público à qual pertença). **3:** correto. Recentemente (2014) a 3ª Turma do STJ entendeu que a Defensoria Pública somente poderia atuar como curadora especial na hipótese de omissão dos legitimados ordinários previstos no Estatuto da Criança e do Adolescente. **4:** errada, visto que o art. 4º, II da LC 80/1994 elenca, como função institucional da Defensoria, a de "promover, prioritariamente, a solução extrajudicial dos litígios, visando à composição entre as pessoas em conflito de interesses, por meio de mediação, conciliação, arbitragem e demais técnicas de composição e administração de conflitos".

Gabarito Anulada: 2C, 3C, 4E

(Defensoria/SP – 2013 – FCC) Considerando a Defensoria Pública na Constituição Federal, é correto afirmar:

(A) Tendo em vista que a carreira de Defensor Público deriva historicamente da advocacia privada, então o regime ético do Defensor Público é governado pelo Código de Ética dos Advogados.

(B) O Supremo Tribunal Federal firmou entendimento de que a Defensoria Pública não se subordina a órgãos do Poder Executivo, exceto quanto a políticas públicas para garantir a harmonia dos Poderes.

(C) O ordenamento jurídico vigente prevê a Defensoria Pública municipal, porque a organização político-administrativa constitucional prevê a existência de municípios enquanto entes autônomos da Federação.

(D) Em vista da autonomia administrativa é possível concluir-se pela incidência flexibilizada do princípio da legalidade no âmbito da Defensoria Pública.

(E) A possibilidade de se impetrar mandado de segurança em defesa de prerrogativas de seus órgãos de execução constitui função institucional que confirma a autonomia constitucional da Defensoria Pública.

A: incorreta, pois somente subsidiariamente deve-se aplicar o Código de Ética dos Advogados, sendo que o regime de responsabilidade é regulado pela LC 80/1994; **B:** incorreta, pois a Defensoria Pública goza de independência funcional, conforme a LC 80/1994, em seu art. 3º, que busca assegurar a plena liberdade de ação do defensor perante todos os órgãos da administração pública, especialmente o Judiciário, eliminando qualquer possibilidade de hierarquia diante dos demais agentes políticos do Estado; **C:** incorreta. Os Municípios não podem instituir Defensorias Públicas, cabendo o mesmo somente à União, Estados e Distrito Federal conforme art. 24, XIII, da CF; **D:** incorreta. A autonomia administrativa atina-se ao aspecto de liberdade de atuação desde que nos moldes da lei, logo, devendo, sempre, respeitá-la (princípio da legalidade); **E:** correta, sendo que tal possibilidade está inclusive prevista na LC 80/1994, em seu art. 4º, IX.

Gabarito "E".

(Defensoria/SP – 2013 – FCC) Considerando o ensaio de Bryant Garth e Mauro Cappelletti intitulado "Acesso à Justiça", é correto afirmar que se apresenta como um ponto de vista sustentado pela obra em questão:

(A) a maior virtude do sistema *judicare* é vencer a barreira da desinformação jurídica dos necessitados, e deve-se atribuir a juristas escandinavos o mérito de terem demonstrado empiricamente este resultado.

(B) tecendo considerações sobre limitações e riscos do enfoque de acesso à Justiça, os autores reconhecem expressamente que as reformas judiciais e processuais não são substitutos suficientes para as reformas políticas e sociais.

(C) a experiência dos Estados Unidos quanto aos denominados "escritórios de vizinhança" revelou-se superior ao sistema *judicare* quando o assunto é prestar assistência jurídica individual ao pobre.

(D) ponderam os autores que não obstante a complexidade de tantas de nossas modernas leis e a necessidade de profissionais do direito para interpretá-las, é realista a ideia de tornar os tribunais muito simples e baratos transformando a atividade preponderante do juiz num amigo conciliador das partes.

(E) a concepção da autonomia do direito processual construída por juristas alemães no século XIX revolucionou os institutos de processo civil por compatibilizá-los à tutela coletiva, todavia, até que sobreviesse o movimento mundial de acesso à Justiça não se sentiu os efeitos dessa revolução.

Das assertivas apresentadas pela presente questão, a única que corrobora as ideias defendidas no conhecido texto "Acesso à Justiça" é a "B", e, portanto, deve ser assinalada.
Gabarito "B".

(Defensor Público/TO – 2013 – CESPE) Consoante o disposto na CF e a jurisprudência do STF, assinale a opção correta.

(A) O conceito de necessitado fundamenta-se em critérios econômicos, razão por que a assistência judiciária àqueles que se enquadrem nessa classe se restringe a demandas patrimoniais.
(B) Aos DPs é assegurada estabilidade após dois anos de efetivo exercício no cargo, mediante avaliação de desempenho perante os órgãos próprios, após relatório circunstanciado das corregedorias.
(C) Às DPs estaduais e à União são asseguradas autonomia funcional e a iniciativa de sua proposta orçamentária dentro dos limites estabelecidos na lei de diretrizes orçamentárias.
(D) A DP é instituição integrante da advocacia pública e goza de privilégios e prerrogativas inerentes ao poder público.
(E) O poder constituinte derivado não dispõe do juízo de abolição da DP por emenda constitucional, por ser a DP instituição permanente essencial à função jurisdicional do Estado.

A: incorreta. Existem três classes de necessitados que a Defensoria atende. A primeira é composta pelos necessitados sob o ponto de vista econômico (função típica da defensoria). Já a segunda é composta pelos necessitados sob o ponto de vista jurídico (função atípica. Ex.: réu no processo criminal que não constitui advogado, podendo até ser economicamente capaz), Por fim, a terceira classe é composta pelos necessitados sob o ponto de vista organizacional (função atípica. Ex.: tutela coletiva); **B:** incorreta. O DP nomeado adquire estabilidade após **três** anos de efetivo exercício (art. 41, *caput*, da CF/1988); **C:** Esta alternativa era tida como incorreta, mas a partir da Emenda Constitucional n. 80 de 2014, as DPEs e a DPU possuem autonomia funcional, administrativa e a iniciativa de sua proposta orçamentária dentro dos limites estabelecidos na lei de diretrizes orçamentárias (artigo 134, § 3º da Constituição Federal); **D:** incorreta, pois a DP **não** é instituição integrante da advocacia pública. A Defensoria Pública é instituição essencial à função jurisdicional do Estado, incumbindo-lhe a orientação jurídica e a defesa, em todos os graus, dos necessitados (art. 134 da CF/1988); **E:** correta. O art. 5º, LXXIV, da CF/1988 dispõe que o Estado prestará assistência jurídica integral e gratuita aos que comprovarem insuficiência de recursos. E a maneira de prestar esse serviço público é por meio da DP (art. 134 da CF/1988). Ora, a junção desses dois artigos permite-nos dizer que a DP é uma cláusula pétrea, ou seja, não é possível sua abolição por emenda constitucional (art. 60, § 4º, IV, da CF/1988).
Gabarito "E".

(Defensor Público/TO – 2013 – CESPE) Considerando as prerrogativas, a autonomia funcional e o poder de requisição do DP, bem como as funções e os princípios institucionais da DP, assinale a opção correta.

(A) As funções institucionais da DP do Estado do Tocantins incluem a de promover, prioritariamente, a solução judicial dos litígios, no exercício da defesa dos direitos invocados pelo assistido.
(B) O Defensor Público-Geral da União pode requisitar servidores de órgãos e entidades da administração pública federal, assegurados ao requisitado todos os direitos e vantagens a que faz jus no órgão de origem, inclusive promoção.
(C) O benefício de prazo em dobro não se restringe aos DPs, abrangendo os demais membros do serviço estatal de assistência judiciária e o defensor dativo.
(D) O DP faz jus ao recebimento de honorários pelo exercício da curatela especial.
(E) Dado o princípio da unidade, os membros da DP podem ser substituídos uns pelos outros na atuação em juízo.

A: incorreta. O correto seria promover, prioritariamente, a solução **extrajudicial** dos litígios (art. 2º, II, da LC 55/2009 do Estado de Tocantins); **B:** correta, pois a assertiva está em consonância com o disposto no art. 4º da Lei 9.020/1995; **C:** incorreta. "As prerrogativas instituídas na Lei 1.060/1950 e, posteriormente, pela Lei Complementar 80/1994, somente contemplam a Defensoria Pública e o órgão estatal que desempenha o serviço de assistência judiciária (em regra, a Procuradoria do Estado) (...) Portanto, tais prerrogativas não se estendem aos advogados constituídos ou dativos, ainda que estejam a defender pessoas carentes e mesmo que lhes tenha sido deferida a gratuidade judiciária. Como vimos exaustivamente, justiça gratuita e a assistência judiciária gratuita prestada pelo Estado são institutos jurídicos distintos, de modo que não haverá sempre influência de um sobre o outro. A intimação pessoal e o prazo em dobro visam a beneficiar a função pública de prestação de assistência judiciária gratuita exercida pelo Estado (Defensoria Pública ou outro órgão estatal). O advogado, seja ele constituído ou dativo, não exerce cargo equivalente ao Defensor Público, como reclama o art. 5º, § 5º, da Lei 1.060/1950. Somente quem está ligado ao Estado é que exerce cargo equivalente[13]"; **D:** incorreta, pois não faz jus ao recebimento de honorários nesse caso. O exercício da curatela especial constitui uma das funções institucionais da DP (Art. 4º, XVI, da LC 80/1994); **E:** correta. "Ada Pellegrini Grinover, Antonio Carlos de Araújo Cintra e Cândido Rangel Dinamarco apontam que ser una e indivisível a Instituição significa que todos os seus membros fazem parte de uma só corporação e podem ser indiferentemente substituídos um por outro em suas funções, sem que com isso haja alteração subjetiva nos processos em que oficiam[14]".
Gabarito oficial "B" – Gabarito nosso "B" e "E".

(Defensor Público/AM – 2013 – FCC) Considerando a disciplina da Defensoria Pública na Constituição Federal, analise as afirmações abaixo.

I. O Defensor Público, após dois anos de efetivo exercício, torna-se estável e apenas perderá o cargo por sentença judicial transitada em julgado.
II. Lei complementar estadual pode autorizar que o Defensor Público exerça advocacia fora de suas atribuições institucionais.
III. Às Defensorias Públicas Estaduais são asseguradas autonomia funcional e administrativa e a iniciativa de sua proposta orçamentária dentro dos limites estabelecidos na lei de diretrizes orçamentárias.
IV. Lei Estadual pode determinar que a Defensoria integre determinada Secretaria de Estado, ficando o Defensor-Geral sujeito ao poder hierárquico do Secretário de Estado.

Está correto o que se afirma APENAS em

(A) I, II e III.
(B) II, III e IV.
(C) III e IV.
(D) III.
(E) II.

I: incorreta. O art. 41 da CF/1988 assim dispõe: "São estáveis após **três anos** de efetivo exercício os servidores nomeados para cargo de provimento efetivo em virtude de concurso público. § 1º O servidor público estável só perderá o cargo: a) em virtude de sentença judicial transitada em julgado; b) mediante processo administrativo em que lhe seja assegurada ampla defesa; c) mediante procedimento de avaliação periódica de desempenho, na forma de lei complementar, assegurada ampla defesa"; **II:** incorreta, pois é vedado o exercício da advocacia fora de suas atribuições institucionais (art. 134, § 1º, da CF/1988); **III:** correta, pois em conformidade com o disposto no art. 134, § 2º, da CF/1988; **IV:** incorreta, pois as DPEs possuem autonomia funcional e administrativa. "Autonomia é o poder de autogoverno, de guiar-se de acordo com a Constituição e com as leis. É a não subserviência a ninguém e a nenhum dos Poderes[15]".
Gabarito "D".

(Defensor Público/SE – 2012 – CESPE) Com relação à DP, assinale a opção correta.

(A) O DP que adquirir estabilidade não perderá o cargo ainda que por sentença transitada em julgado.
(B) Lei complementar federal organizará as DPs da União, do DF, dos estados e dos territórios e prescreverá normas gerais para a sua organização em cargos de carreira, providos, na classe inicial, mediante concurso público de provas e títulos, assegurada a seus integrantes a garantia da inamovibilidade e do exercício da advocacia fora das atribuições institucionais.
(C) Às DPEs estaduais são asseguradas autonomia funcional e administrativa e a iniciativa de sua proposta orçamentária dentro dos limites estabelecidos na lei de diretrizes orçamentárias.
(D) De acordo com as jurisprudências do STJ e do STF, apenas a DPU da União pode atuar perante os tribunais superiores.
(E) O DP nomeado para o cargo de provimento efetivo em virtude de concurso público adquire estabilidade após dois anos de efetivo exercício.

A: incorreta, pois o defensor pode perder o cargo por sentença transitado em julgado (art. 41, § 1º, I, da CF/1988); **B:** incorreta. A Lei complementar federal organizará as DPs da União, do DF e dos Territórios. Quanto aos Estados, a Lei complementar federal apenas estabelecerá normas gerais. Nesse sentido, estabelece o art. 134, § 1º, da CF/1988: "Lei complementar organizará a Defensoria Pública da União e do Distrito Federal e dos Territórios e prescreverá normas gerais para sua organização nos Estados, em cargos de carreira, providos, na classe inicial, mediante concurso público de provas e títulos, assegurada a seus integrantes a garantia da inamovibilidade e vedado o exercício da advocacia fora das atribuições institucionais"; **C:** correta, pois em consonância com a redação do art. 97-A da LC 80/1994; **D:** incorreta, pois as DPEs também podem atuar perante os tribunais superiores; **E:** incorreta. O DP nomeado adquire estabilidade após **três** anos de efetivo exercício (art. 41, *caput*, da CF/1988).
Gabarito "C".

13. DE LIMA, Frederico Rodrigues Viana. **Defensoria Pública**. 2ª ed. Salvador: Editora JusPodivm, 2012. p. 305-306.

14. Idem, ibidem,. p. 317.

15. DE LIMA, Frederico Rodrigues Viana. **Defensoria Pública**. 2ª ed. Salvador: Editora JusPodivm, 2012. p. 88.

(Defensor Público/SE – 2012 – CESPE) Com base na legislação que trata da DP, assinale a opção correta.

(A) O direito do assistido à atuação de DPs distintos, quando verificada a existência de interesses antagônicos ou conflitantes entre destinatários de suas funções, depende, nos termos expressos da legislação de regência, de decisão específica do DPG, em sede de conflito negativo de atribuições.
(B) São asseguradas ao DP, no âmbito dos juizados especiais criminais, as prerrogativas do prazo em dobro e da intimação pessoal.
(C) O direito do assistido ao defensor natural, expresso na legislação, consiste na prévia designação de defensor para cuidar dos interesses do assistido, com base em normas objetivas, sem interferências internas ou externas.
(D) Em face de circunstâncias urgentes ou em caso de coincidência de audiências ou sessão de julgamento, fica o DP autorizado a delegar o exercício das suas atribuições funcionais, ad hoc, a estagiários que atuem na DP.
(E) A intimação pessoal impõe ao Poder Judiciário a observância de mandado específico para o membro oficiante na causa, não bastando a ciência do órgão, sob pena de nulidade do ato processual.

A: incorreta, pois o direito descrito na assertiva não depende de decisão específica do DPG (art. 4º-A, V, da LC 80/1994); **B:** incorreta. Conforme jurisprudência dominante, a intimação pessoal e o prazo em dobro não vigoram nos juizados especiais, logo, a contagem será simples e a intimação também não será pessoal. A questão foi assim resolvida porque o art. 44, I, da LC 80/1994 estabelece norma geral e a Lei 10.259/2001, no seu art. 9º, estabelece norma especial, portanto, a regra da especialidade prevalece, sendo corroborada pelo princípio da celeridade; **C:** correta. O art. 4º-A, IV, da LC 80/1994 prevê expressamente o defensor natural como um dos direitos dos assistidos da Defensoria Pública; **D:** incorreta, pois não existe previsão nesse sentido; **E:** incorreta. A intimação é efetivada com a entrega dos autos do processo, mesmo tratando-se de processo virtual. O termo inicial é definido pela data de entrada dos autos no órgão da DP responsável pela distribuição. Por fim, cabe enfatizar que a intimação pessoal não se restringe aos processos judiciais, cabendo também nas instâncias administrativas.
Gabarito "C".

(Defensor Público/RO – 2012 – CESPE) Acerca do benefício da justiça gratuita e da assistência jurídica integral e gratuita, assinale a opção correta.

(A) Por expressa vedação legal, não são aptas a obter os benefícios da justiça gratuita as entidades e empresas que comercializam planos de saúde e assemelhados nem as entidades de benefício mútuo destinadas a proporcionar bens ou serviços a um círculo restrito de associados ou sócios.
(B) Para fins de obtenção de assistência jurídica integral e gratuita por parte da DP, presumem-se necessitados os integrantes de grupos sociais vulneráveis que mereçam proteção especial do Estado.
(C) Ao idoso e às crianças e adolescentes é assegurada prioridade na tramitação dos procedimentos de assistência jurídica integral e gratuita junto à Defensoria Pública da União e DPEs, inclusive em relação aos serviços de assistência judiciária.
(D) De acordo com o que dispõe expressamente a Lei Complementar n.º 80/1994, consideram-se necessitados para fins de obtenção de assistência jurídica integral e gratuita as pessoas naturais ou jurídicas que declararem não possuir condições de pagar as custas judiciais e os honorários de advogado.
(E) A pessoa jurídica à qual tenha sido deferido pelo juiz o benefício da justiça gratuita no curso da ação passará necessariamente a ser patrocinada pela DP, instituição à qual incumbe a prestação da assistência jurídica integral e gratuita fornecida pelo Estado.

A: incorreta, pois não existe a mencionada vedação legal; **B:** incorreta, pois no caso exige-se a comprovação da insuficiência econômica. Nesse sentido: "Ao contrário do que preceitua a Lei 1.060/1950, que reclama para a justiça gratuita apenas a afirmação da incapacidade econômica, a assistência jurídica integral e gratuita prevista no art. 5º, LXXIV, da Constituição, e prestada pela Defensoria Pública, por força do art. 134, pressupõe algo a mais. Não se mostra suficiente a mera afirmação ou a simples declaração de inaptidão financeira. O texto constitucional vai adiante, exigindo que se comprove a incapacidade[16]"; **C:** correta. O art. 3º, parágrafo único, I, do Estatuto do Idoso assim dispõe sobre a garantia de prioridade dos idosos: "atendimento preferencial imediato e individualizado junto aos órgãos públicos e privados prestadores de serviços à população". E o art. 4º, parágrafo único, b, do Estatuto da Criança e Adolescente assim dispõe sobre a garantia de prioridade das crianças e adolescentes: "precedência de atendimento nos serviços públicos ou de relevância pública". É o denominado, doutrinariamente, princípio da prioridade absoluta. Por fim, as gestantes e as pessoas portadoras de necessidades especiais também possuem prioridade; **D:** incorreta, pois não existe previsão expressa, na LC 80/1994, nesse sentido; **E:** incorreta. Cabe diferenciar a benesse da gratuidade de justiça da assistência jurídica prestada pela Defensoria. A assistência jurídica (LC 80/1994) é um direito subjetivo à prestação de serviços jurídicos, o que envolve uma conduta positiva ou comissiva do Estado. Já a justiça gratuita (Lei 1.060/1950) é um direito subjetivo a dispensa provisória do pagamento de despesas (custas, emolumentos e honorários) processuais. Essa dispensa é provisória pelo fato de vigorar por 5 anos. Percebe-se que a justiça gratuita é um direito com carga negativa, pois depende de uma conduta negativa ou omissiva do Estado. Para ficar ainda mais claro o aqui dito, reproduzo os dizeres do Defensor Público federal Frederico Rodrigues Viana de Lima: "A Constituição Federal de 1988 inovou consideravelmente em termos de proteção aos hipossuficientes. As alterações não se restringiram à ampliação da assistência prestada, que passou de judiciária para jurídica, impôs-se ainda que a assistência jurídica deve ocorrer em prol de quem comprove insuficiência de recursos. É o único requisito imposto para que se usufrua deste serviço público. A referência ao que dispõe o art. 4º da Lei 1.060/1950, que reclama apenas a afirmação do quadro de incapacidade, é incabível, uma vez que não se encaixa no contexto constitucional. Primeiro, porque a expressão assistência judiciária, enunciada pelo art. 4º da Lei 1.060/1950, é utilizada incorretamente. Isto porque ela exprime, a rigor, o instituto da justiça gratuita; ou seja, o legislador, ao invés de pronunciar justiça gratuita, fez equivocadamente referência ao termo assistência judiciária, resultando daí o embaralhamento destes conceitos até os dias atuais. Para a justiça gratuita (benefício processual), é bastante que a parte afirme a carência financeira; nada mais que isso. Mas para a assistência judiciária (que é o componente judicial da assistência jurídica), esta afirmação não é suficiente (...) Assim, não se admite para o acesso ao serviço público de assistência jurídica integral e gratuita a simples alegação de insuficiência econômica, despida de qualquer outra informação particular. A afirmação de carência não serve por si só de presunção absoluta e inarredável para que haja a concessão de assistência jurídica[17]".
Gabarito "C".

(Defensor Público/PR – 2012 – FCC) Quanto aos sistemas de assistência judiciária e jurídica gratuita, é correto afirmar que

(A) o sistema judicare é mais eficaz, pois permite que ao lado de servidores públicos atuem advogados em regime pro bono.
(B) o sistema público é mais vantajoso, embora não esteja aparelhado para transcender os remédios individuais.
(C) a Constituição Federal de 1988 adotou o sistema judicare, que implica no exercício da assistência jurídica por profissionais concursados, sem prejuízo da atuação de advogados pro bono.
(D) o sistema público caracteriza-se por permitir às pessoas pobres maior conscientização de seus direitos e a transcendência da esfera individual.
(E) o sistema pro bono consiste na atuação caritativa de advogados particulares e é vedado pela Constituição Federal de 1988.

Normalmente, a doutrina aponta a existência de quatro tipos de assistência judicial gratuita: *pro bono*, *judicare*, *salaried staff model* e híbrido ou misto. Passemos a análise dos quatro modelos: a) *pro bono:* envolve a prestação de assistência judiciária gratuita por advogados, sem qualquer participação do Estado. "Nesse modelo, a atividade de assistência judiciária gratuita não é considerada um *direito* do economicamente incapaz, que contam com a boa vontade dos advogados para obter a tutela judicial[18]"; b) *judicare:* "assemelha-se ao sistema *pro bono* por também ser a assistência judiciária prestada por advogado particular; diferencia-se, entretanto, por ser um direito do hipossuficiente e, ainda, pelo fato de o advogado constituído receber remuneração do Estado pelo serviço jurídico que foi realizado[19]"; c) *salaried staff model:* "é o modelo em vigor no Brasil. Consiste na remuneração de agentes públicos pelo Estado para realizarem assistência judiciária gratuita[20]". Em outras palavras, é o trabalho realizado pelos defensores públicos; d) híbrido ou misto: seria simplesmente a mistura de componentes característicos dos outros métodos.
A: incorreta, pois a assertiva descreve um modelo híbrido ou misto, pois combina os sistemas judicare e salaried staff model; **B:** incorreta, pois a DP cada vez ganha mais destaque atuando efetivamente na tutela coletiva; **C:** incorreta, pois a Constituição adotou o sistema do salaried staff model (art. 134); **D:** correta, pois fica em evidência o caráter de direito subjetivo do necessitado à prestação efetiva de um serviço público. Lembrando que uma das funções institucionais da DP é promover a difusão e a conscientização dos direitos humanos, da cidadania e do ordenamento jurídico (art. 4º, III, da LC 80/1994); **E:** incorreta, pois o sistema pro bono não é vedado pela CF/1988 e pode sempre acontecer, pois possui contornos de atividade caritativa.
Gabarito "D".

(Defensor Público/AC – 2012 – CESPE) Considerando o que dispõe a Lei Complementar n.º 80/1994 sobre os objetivos, as garantias e funções da DP e sobre a ouvidoria-geral da DP, assinale a opção correta.

(A) A ouvidoria-geral é órgão de administração superior da DPE.
(B) À ouvidoria-geral compete participar, com direito a voz, do Conselho Superior da DPE.
(C) Inclui-se entre os objetivos da DP a orientação jurídica dos necessitados, prestada em todos os graus.
(D) Aos membros da DP é garantido sentar-se no mesmo plano dos magistrados.
(E) O instrumento de transação referendado por um DP vale como título executivo judicial.

---

16. DE LIMA, Frederico Rodrigues Viana. **Defensoria Pública**. 2ª ed. Salvador: Editora JusPodivm, 2012. p. 69.
17. Idem, ibidem, p. 173.
18. DE LIMA, Frederico Rodrigues Viana. **Defensoria Pública**. 2ª ed. Salvador: Editora JusPodivm, 2012. p. 56.
19. Idem, ibidem, p. 56-57.
20. Idem, ibidem, p. 57.

A: incorreta. A ouvidoria-geral é órgão auxiliar da Defensoria Pública do Estado (art. 105-A da LC 80/1994); **B:** correta, pois em conformidade com o disposto no art. 105-C, IV, da LC 80/1994; **C:** incorreta, pois segundo o art. 3º-A da LC 80/1994, os objetivos da DP são: a) a primazia da dignidade da pessoa humana e a redução das desigualdades sociais; b) a afirmação do Estado Democrático de Direito; c) a prevalência e efetividade dos direitos humanos; d) a garantia dos princípios constitucionais da ampla defesa e do contraditório; **D:** incorreta. O que a LC 80/1994 assevera é que os defensores têm a prerrogativa de ter o mesmo tratamento reservado aos magistrados e demais titulares dos cargos das funções essenciais à justiça (art. 44, XIII); **E:** incorreta, pois vale como título executivo **extrajudicial** (art. 4º, § 4º, da LC 80/1994).

Gabarito "B".

(Defensor Público/AC – 2012 – CESPE) Assinale a opção correta com base no que dispõe a Constituição do Estado do Acre acerca da DPE/AC.

(A) A Constituição do Estado do Acre garante expressamente aos membros da DPE/AC a independência funcional no exercício de suas atribuições, a inamovibilidade e a irredutibilidade de vencimentos.
(B) A organização e as atribuições da DPE/AC devem ser estabelecidas por lei ordinária, obedecidas as normas gerais previstas na legislação federal.
(C) Compete ao Tribunal de Justiça do Estado do Acre processar e julgar, originariamente, os DPEs nos crimes comuns e de responsabilidade.
(D) O candidato ao cargo de DPE deve ser bacharel em direito, inscrito na Ordem dos Advogados do Brasil, seção Acre, e ter, pelo menos, um ano de prática forense.
(E) O defensor público-geral e o subdefensor público-geral são escolhidos entre os integrantes estáveis da carreira e nomeados pelo governador do estado.

Segue o trecho da Constituição do Estado do Acre que cuida da DPE.
Seção III
Da Defensoria Pública
Art. 126. A Defensoria Pública, instituição essencial à função jurisdicional do Estado, incumbindo-lhe a orientação jurídica e a defesa, em todos os graus de jurisdição, dos necessitados, na forma do art. 5º, inciso LXXIV, da Constituição Federal.
Art. 127. A Defensoria Pública terá sua organização e suas atribuições fixadas em lei complementar, obedecidas normas gerais previstas na legislação federal, nos termos do art. 134 e seu Parágrafo único da Constituição da República, e suas funções serão exercidas por defensores públicos, aos quais é vedado o exercício da advocacia fora das atribuições institucionais.
Art. 128. O ingresso no quadro da Defensoria Pública far-se-á na entrância inicial, mediante concurso público específico de provas e títulos, devendo o candidato ser bacharel em Direito, inscrito na Ordem dos Advogados do Brasil, Seção do Acre, observando-se nas nomeações a ordem de classificação do concurso.
Parágrafo único. Aplicam-se à carreira de defensor público os princípios dos arts. 37, XII e 39, § 1º, combinados com o art. 135 da Constituição Federal.
A: incorreta, pois não existe previsão expressa nesse sentido; **B:** incorreta. Segundo o art. 127 da Constituição do Estado do Acre, a organização e as atribuições da DPE/AC serão definidas por lei complementar; **C:** correta, pois em consonância com a redação do art. 95, I, a, da Constituição do Estado do Acre; **D:** incorreta. Reler o art. 128 da Constituição do Estado do Acre acima exposto; **E:** incorreta. A Constituição do Estado do Acre não faz previsão nesse sentido. Ademais, o subdefensor público-geral é escolhido, pelo defensor público-geral, dentre integrantes estáveis da Carreira (art. 99, § 1º, da LC 80/1994).

Gabarito "C".

(Defensor Público/AC – 2012 – CESPE) Com referência à DP e à justiça gratuita, a presunção de hipossuficiência e o patrocínio de pessoas jurídicas pela DP, assinale a opção correta.

(A) Apesar de não haver previsão legal expressa, admite-se o patrocínio de pessoa jurídica pela DP, desde que comprovada a sua hipossuficiência.
(B) Por suas características e natureza, as pessoas jurídicas sem fins lucrativos não necessitam comprovar a insuficiência econômica para gozar da benesse da gratuidade da justiça.
(C) Presume-se hipossuficiente a pessoa natural cuja renda familiar seja inferior a dois salários-mínimos vigentes.
(D) A pessoa natural ou jurídica, quando patrocinada pela DP, goza automaticamente dos benefícios da justiça gratuita.
(E) O pedido de justiça gratuita, quando formulado por ocasião da interposição de recurso especial, deve, necessariamente, ser feito em petição avulsa.

Antes de comentar as assertivas, cabe esclarecer as três classes de necessitados que a Defensoria atende. A primeira é composta pelos necessitados sob o ponto de vista econômico (função típica da defensoria). Já a segunda é composta pelos necessitados sob o ponto de vista jurídico (função atípica. Ex.: réu no processo criminal que não constitui advogado, podendo até ser economicamente capaz). Por fim, a terceira classe é composta pelos necessitados sob o ponto de vista organizacional (função atípica. Ex.: tutela coletiva). **A:** incorreta, pois não é necessário comprovar hipossuficiência. Essa possibilidade está prevista no art. 4º, V, da LC 80/1994. Apesar de a Lei não disciplinar que tipo de pessoa jurídica poderá se valer do patrocínio da Defensoria, pode-se afirmar que estarão habilitadas para receber tal patrocínio as pessoas jurídicas, com e sem fins lucrativos, em dificuldades financeiras; **B:** incorreta. Antes de comentar, cabe diferenciar a benesse da gratuidade de justiça da assistência jurídica prestada pela Defensoria. A Assistência jurídica (LC 80/1994) é um direito subjetivo à prestação de serviços jurídicos, o que envolve uma conduta positiva ou comissiva do Estado. Já a justiça gratuita (Lei 1.060/1950) é um direito subjetivo à dispensa provisória do pagamento de despesas (custas, emolumentos e honorários) processuais. Essa dispensa é provisória pelo fato de vigorar por 5 anos. Percebe-se que a justiça gratuita é um direito com carga negativa, pois depende de uma conduta negativa ou omissiva do Estado. Para ficar ainda mais claro o aqui dito, reproduzo os dizeres do Defensor Público federal Frederico Rodrigues Viana de Lima: "A Constituição Federal de 1988 inovou consideravelmente em termos de proteção aos hipossuficientes. As alterações não se restringiram à ampliação da assistência prestada, que passou de judiciária para jurídica, impôs-se ainda que a assistência jurídica deve ocorrer em prol de quem comprove insuficiência de recursos. É o único requisito imposto para que se usufrua deste serviço público. A referência ao que dispõe o art. 4º da Lei 1.060/1950, que reclama apenas a afirmação do quadro de incapacidade, é incabível, uma vez que não se encaixa no contexto constitucional. Primeiro, porque a expressão assistência judiciária, enunciada pelo art. 4º da Lei 1.060/1950, é utilizada incorretamente. Isto porque ela exprime, a rigor, o instituto da justiça gratuita; ou seja, o legislador, ao invés de pronunciar justiça gratuita, fez equivocadamente referência ao termo assistência judiciária, resultando daí o embaralhamento destes conceitos até os diais atuais. Para a justiça gratuita (benefício processual), é bastante que a parte afirme a carência financeira; nada mais que isso. Mas para a assistência judiciária (que é o componente judicial da assistência jurídica), esta afirmação não é suficiente (...) Assim, não se admite para o acesso ao serviço público de assistência jurídica integral e gratuita a simples alegação de insuficiência econômica, despida de qualquer outra informação particular. A afirmação de carência não serve por si só de presunção absoluta e inarredável para que haja a concessão de assistência jurídica21"; **C:** incorreta, pois não existe essa presunção; **D:** incorreta, pois como dito no texto inicial, existem três classes de necessitados. Portanto, o necessitado sob o ponto de vista jurídico e organizacional não necessitará, em tese, dos benefícios da justiça gratuita, pois não possui hipossuficiência financeira; **E:** correta, pois em consonância com o disposto no art. 6º da Lei 1.060/1950.

Gabarito "E".

(Defensor Público/SP – 2012 – FCC) Constituem instrumentos e mecanismos de participação popular na gestão e controle da Defensoria Pública do Estado de São Paulo, previstos na Lei Complementar nº 988/06:

(A) Conferência Estadual e Pré-Conferências Regionais; Plano Anual de Atuação, Ouvidoria-Geral; Encontro anual de Defensores Públicos; e a possibilidade de uso da palavra por qualquer pessoa nas sessões do Conselho Superior, nos termos regimentais.
(B) Conferência Estadual e Pré-Conferências Regionais; Plano Anual de Atuação; Ouvidoria-Geral; e a possibilidade de uso da palavra por qualquer pessoa nas sessões do Conselho Superior, nos termos regimentais.
(C) Conferência Estadual e Pré-Conferências Regionais; Plano Anual de Atuação; Ouvidoria-Geral; e o orçamento participativo.
(D) Conferência Estadual e Pré-Conferências Regionais; Plano Anual de Atuação; Ouvidoria-Geral; e o controle externo pela Corregedoria-Geral da Administração do Estado.
(E) Conferência Estadual e Pré-Conferências Regionais; Plano Anual de Atuação; Ouvidoria-Geral; e o Conselho Nacional de Defensores Públicos-Gerais – CONDEGE.

A única assertiva que traz a lista correta dos instrumentos e mecanismos de participação popular na gestão e controle da Defensoria Pública do Estado de São Paulo é a "B".

Gabarito "B".

(Defensor Público/SP – 2012 – FCC) Do Estatuto Constitucional da Defensoria Pública decorre que

(A) a remuneração dos Defensores Públicos do Estado é limitada pelo chamado teto constitucional, previsto no artigo 37 da Constituição Federal, não podendo exceder o subsídio mensal, em espécie, dos Ministros do Supremo Tribunal Federal.
(B) à União, aos Estados e ao Distrito Federal compete legislar concorrentemente sobre assistência jurídica e Defensoria Pública.
(C) à União compete organizar e manter a Defensoria Pública do Distrito Federal e Territórios.
(D) o Defensor Público-Geral está entre as autoridades legitimadas para propositura da ação direta de inconstitucionalidade e da ação declaratória de constitucionalidade.
(E) ao Defensor Público é assegurada a inamovibilidade, a independência funcional e a vitaliciedade.

A: incorreta. Segundo o art. 37, XI, da CF/1988, a remuneração dos Defensores Públicos do Estado não poderá exceder o subsídio dos Desembargadores do Tribunal de Justiça, limitado a noventa inteiros e vinte e cinco centésimos por cento do subsídio mensal, em espécie, dos Ministros do Supremo Tribunal Federal (a remuneração do Defensor passa por mudanças em decorrência da Emenda Constitucional n. 80 de 2014 e, por conseguinte, com o advento da nova redação do artigo 135 da Constituição Federal); **B:** correta, pois a assertiva está em consonância com o art. 24, XIII, da CF/1988; **C:** incorreta, pois somente compete à União organizar e manter a Defensoria Pública dos Territórios (Redação dada ao inciso XVII do art. 22 da CF/1988, pela Emenda Constitucional nº 69,

---

21. **Defensoria Pública**. 2ª ed. Salvador: Editora JusPodivm, 2012. p. 173.

de 2012); **D:** incorreta. O art. 103 da CF/1988 não prevê expressamente a competência do Defensor Público-Geral para propositura da ação direta de inconstitucionalidade e da ação declaratória de constitucionalidade; **E:** incorreta, pois o DF não possui a garantia de vitaliciedade (art. 134, §§ 1º e 2º, da CF/1988).

Gabarito "B".

(Defensor Público/SP – 2012 – FCC) Considere as afirmações abaixo, com base na Lei Orgânica Nacional da Defensoria Pública:

I. A composição do Conselho Superior da Defensoria Pública do Estado deve incluir, obrigatoriamente, o Defensor Público-Geral, o Subdefensor Público-Geral, o Corregedor-Geral e o Ouvidor-Geral, como membros natos, e, em sua maioria, representantes estáveis da carreira, como membros eleitos.

II. O instrumento de transação, mediação ou conciliação referendado pelo Defensor Público valerá como título executivo extrajudicial.

III. Cabe à Defensoria Pública do Estado elaborar suas folhas de pagamento e expedir os competentes demonstrativos.

IV. Constitui prerrogativa dos membros da Defensoria Pública, dentre outras, comunicar-se, pessoal e reservadamente com seus assistidos, ainda quando estes se acharem presos ou detidos, mesmo incomunicáveis.

Está correto o que se afirma em

(A) I e III, apenas.
(B) II e IV, apenas.
(C) I, III e IV, apenas.
(D) II, III e IV, apenas.
(E) I, II, III e IV.

I: correta, pois está em conformidade com o disposto no art. 9º da LC 80/1994; **II:** correta, pois está em conformidade com o disposto no art. 4º, § 4º, da LC 80/1994; **III:** correta, pois está em conformidade com o disposto no art. 97-A, IV, da LC 80/1994; **IV:** correta, pois está em conformidade com o disposto no art. 43, VII, da LC 80/1994.

Gabarito "E".

36. CRIMINOLOGIA

Vivian Calderoni

1. CONCEITO, MÉTODO, FUNÇÕES E OBJETOS DA CRIMINOLOGIA

(Delegado/MS – 2017 – FAPEMS) A atividade policial dentre suas finalidades deve prevenir e reprimir o crime. Em particular, à polícia judiciária cabe investigar, com o fim de esclarecer fatos delitivos que causaram danos a bens jurídicos relevantes tutelados pelo direito penal. A criminologia dada a sua interdisciplinaridade constitui ciência de suma importância na atividade policial por socorrer-se de outras ciências para compreender a prática delitiva, o infrator e a vítima, possuindo métodos de investigação que visam a atender sua finalidade. Diante do exposto, assinale a alternativa correta sobre a criminologia como ciência e seus métodos.

(A) Como ciência dedutiva; a criminologia se vale de métodos científicos, humanos e sociais, abstratos, próprios do Direito Penal.
(B) A criminologia, ciência lógica e normativa, busca determinar o homem delinquente utilizando para isso métodos físicos, psicológicos e sociológicos.
(C) A criminologia é baseada principalmente em métodos físicos, individuais e coletivos, advindos das demais ciências jurídico-penais, caracterizando-a como dogmática.
(D) Os métodos experimental e lógico auxiliam a investigação da criminologia, integrando várias áreas, dada sua natureza de ciência disciplinar.
(E) Os métodos biológico e sociológico são utilizados pela criminologia, que, por meio do empirismo e da experimentação, estuda a motivação criminosa do sujeito.

A: incorreta. A criminologia não é uma ciência dedutiva, e sim empírica. Esse é um dos elementos que a diferencia do direito penal, seu método. **B**: incorreta. A criminologia não é uma ciência normativa. Além disso, não busca determinar o homem delinquente, e sim, compreendê-lo. Por sua natureza interdisciplinar, utiliza-se de outras ciências para compreender seus objetos de estudo, o que pode incluir questões físicas, psicológicas e sociológicas. **C**: incorreta. A criminologia não é uma ciência dogmática, ao contrário, é empírica. Ademais, ela é autônoma ao direito. **D**: incorreta. A criminologia é uma ciência interdisciplinar, não disciplinar. **E**: correta. A criminologia utiliza elementos biológicos, sociológico e outros (caráter interdisciplinar) para a compreensão da motivação criminosa, dentre outras. Trata-se de uma ciência interdisciplinar e empírica – que se utiliza da experimentação.
Gabarito "E".

(Delegado/MS – 2017 – FAPEMS) Tendo como premissa o estudo da Teoria Criminológica da Anomia, analise o problema a seguir.

O senhor X, 55 anos, bancário desempregado, encontrou, como forma de subsistência própria e da família, trabalho na contravenção (apontador do jogo do bicho em frente à rodoviária da cidade). Por lá permaneceu vários meses, sempre assustado com a presença da polícia, mas como nunca sofreu qualquer repreensão, inclusive tendo alguns agentes como clientes dentre outras autoridades da cidade, continuou sua labuta diária. Y, delegado de polícia, recém-chegado à cidade, ao perceber a prática contravencional, a despeito da tolerância de seus colegas, prende X em flagrante. No entanto, apenas algumas horas após sua soltura, X retornou ao antigo ponto continuando a receber apostas diárias de centenas de pessoas da comunidade.
Assinale a alternativa correta correspondente a esse caso.

(A) A teoria da anomia advém do funcionalismo penal, que defende a pertinência da norma enquanto reconhecida pela sociedade como necessária para a solução dos conflitos sociais, tendo sido arbitrária a conduta do delegado.
(B) A anomia, no contexto do problema, dá-se pelo enfraquecimento da norma, que já não influencia o comportamento social de reprovação da conduta, quando a sociedade passa a aceitá-la como normal.
(C) A atitude dos demais policiais caracteriza o poder de discricionariedade legítimo do agente de segurança pública, diante da anomia social caracterizada da norma que perde vigência pela ausência de funcionalidade.
(D) A atitude do delegado expressa a representação da teoria da anomia, em que a norma não perde sua força de coerção social, pois, somente revogada por outra norma, independente do comportamento do infrator.
(E) A teoria da anomia não tem aplicação no caso em análise, pois sob o aspecto criminológico é necessário que estejam presentes no estudo do fenômeno o delinquente, a vítima e a sociedade.

A: incorreta. A teoria da anomia entende que uma conduta é criminalizada quando fere o senso coletivo da sociedade. A conduta do delegado não foi arbitrária, uma vez que estava fazendo cumprir a norma. Isso é importante para que não se entre em um estado de anomia – caos – descrito por Durkheim. **B**: correta. Para a teoria da anomia, quando não há demonstração de qual é a norma social vigente por meio da punição, no extremo, pode-se criar uma situação de anomia, em que se perdem as referências da consciência coletiva de que praticar determinada conduta não é aceito pela sociedade. **C**: incorreta. Mesmo para a teoria da anomia, até que uma norma seja derrogada, ela deve continuar a ser aplicada pelo agente de segurança pública. **D**: incorreta. A teoria da anomia entende que a norma perde seu valor social mesmo sem ter sido expressamente derrogada no ordenamento jurídico. **E**: incorreta. A criminologia tem quatro objetos de estudo (crime, criminoso, vítima e controle social), mas isso não significa que as teorias precisem se dedicar a todos eles simultaneamente.
Gabarito "B".

(Delegado/GO – 2017 – CESPE) A respeito do conceito e das funções da criminologia, assinale a opção correta.

(A) A criminologia tem como objetivo estudar os delinquentes, a fim de estabelecer os melhores passos para sua ressocialização. A política criminal, ao contrário, tem funções mais relacionadas à prevenção do crime.
(B) A finalidade da criminologia em face do direito penal é de promover a eliminação do crime.
(C) A determinação da etiologia do crime é uma das finalidades da criminologia.
(D) A criminologia é a ciência que, entre outros aspectos, estuda as causas e as concausas da criminalidade e da periculosidade preparatória da criminalidade.
(E) A criminologia é orientada pela política criminal na prevenção especial e direta dos crimes socialmente relevantes, mediante intervenção nas manifestações e nos efeitos graves desses crimes para determinados indivíduos e famílias

A: Incorreta. Um dos objetos da criminologia é o delinquente, com o objetivo de compreensão. Não necessariamente com o objetivo de buscar sua ressocialização. Tanto é verdade que algumas teorias defendem pena de morte. A Política criminal tem por objetivo prevenir a criminalidade, mas uma das formas de prevenção pode se dar pelo caminho da ressocialização. **B**: Incorreta. A criminologia tem por objetivo conhecer e compreender seus objetos de estudo – que inclui o crime. Não necessariamente o pensamento está voltado para a eliminação da criminalidade, como o caso da teoria da anomia que entende o crime como um fenômeno social natural e até mesmo positivo. **C**: Incorreta. A criminologia tem por finalidade conhecer e estudar as origens e causas do crime, porém não de determinar, o que seria impossível. **D**: Correta. A criminologia estuda, de fato, os elementos apresentados na assertiva. Ademais, a assertiva traz a expressão "entre outros aspectos", ou seja, deixa em aberto para englobar os demais objetos e visões de estudo da criminologia. **E**: Incorreta. A criminologia orienta a política criminal, e não o contrário. A política criminal é uma estratégia de ação política orientada pelo saber criminológico. A política criminal faz a ponte entre a criminologia e o direito penal, uma vez que a criminologia traz conceitos e teorias sobre o crime, o criminoso, a vítima e o controle social e, por meio da política criminal, os agentes do Estado legislam, criando o direito penal e aplicam-no. Contudo, a política criminal é mais ampla do que o direito penal.
Gabarito "D".

(Delegado/GO – 2017 – CESPE) Considerando que, para a criminologia, o delito é um grave problema social, que deve ser enfrentado por meio de medidas preventivas, assinale a opção correta acerca da prevenção do delito sob o aspecto criminológico.

(A) A transferência da administração das escolas públicas para organizações sociais sem fins lucrativos, com a finalidade de melhorar o ensino público do Estado, é uma das formas de prevenção terciária do delito.
(B) O aumento do desemprego no Brasil incrementa o risco das atividades delitivas, uma vez que o trabalho, como prevenção secundária do crime, é um elemento dissuasório, que opera no processo motivacional do infrator.

(C) A prevenção primária do delito é a menos eficaz no combate à criminalidade, uma vez que opera, etiologicamente, sobre pessoas determinadas por meio de medidas dissuasórias e a curto prazo, dispensando prestações sociais.
(D) Em caso de a Força Nacional de Segurança Pública apoiar e supervisionar as atividades policiais de investigação de determinado estado, devido ao grande número de homicídios não solucionados na capital do referido estado, essa iniciativa consistirá diretamente na prevenção terciária do delito.
(E) A prevenção terciária do crime consiste no conjunto de ações reabilitadoras e dissuasórias atuantes sobre o apenado encarcerado, na tentativa de se evitar a reincidência

A: incorreta. Atuar sob as causas dos conflitos sociais por meio de implementação de políticas públicas sociais – como o caso da educação – é parte da prevenção primária. **B:** incorreta. O aumento das taxas de emprego (redução do desemprego) está associado a políticas de prevenção primária. **C:** incorreta. A prevenção primária diz respeito a implementação de políticas públicas sociais – são ações de médio e longo prazo. **D:** incorreta. A ação da Força Nacional de Segurança como apoio a atividade policial estadual é uma ação de prevenção secundária. **E:** correta. A prevenção terciária atua com o fim de evitar a reincidência, através de políticas voltadas ao preso e ao egresso. Também é conhecida como tardia, pois ocorre depois do cometimento do delito; parcial, pois recai apenas no condenado; e insuficiente, pois não neutraliza as causas do problema criminal.
Gabarito "E".

(Delegado/GO – 2017 – CESPE) Em busca do melhor sistema de enfrentamento à criminalidade, a criminologia estuda os diversos modelos de reação ao delito. A respeito desses modelos, assinale a opção correta.
(A) De acordo com o modelo clássico de reação ao crime, os envolvidos devem resolver o conflito entre si, ainda que haja necessidade de inobservância das regras técnicas estatais de resolução da criminalidade, flexibilizando-se leis para se chegar ao consenso.
(B) Conforme o modelo ressocializador de reação ao delito, a existência de leis que recrudescem o sistema penal faz que se previna a reincidência, uma vez que o infrator racional irá sopesar o castigo com o eventual proveito obtido.
(C) Para a criminologia, as medidas despenalizadoras, com o viés reparador à vítima, condizem com o modelo integrador de reação ao delito, de modo a inserir os interessados como protagonistas na solução do conflito.
(D) A fim de facilitar o retorno do infrator à sociedade, por meio de instrumentos de reabilitação aptos a retirar o caráter aflitivo da pena, o modelo dissuasório de reação ao crime propõe uma inserção positiva do apenado no seio social.
(E) O modelo integrador de reação ao delito visa prevenir a criminalidade, conferindo especial relevância ao *ius puniendi* estatal, ao justo, rápido e necessário castigo ao criminoso, como forma de intimidação e prevenção do crime na sociedade.

A: Incorreta. O modelo clássico de reação ao crime trata da repressão ao crime por meio da aplicação da punição para os imputáveis e semi-imputáveis. **B:** Incorreta. O modelo ressocializador atua na vida do criminoso, não apenas com a aplicação da punição, mas reduzindo a reincidência, por meio da ressocialização. O modelo descrito na assertiva é o dissuasório (ou clássico). **C:** Correta. O modelo reparador busca restabelecer, na medida do possível, a situação anterior ao cometimento do crime por meio da reeducação do infrator e da assistência à vítima. Tem o objetivo de reparar o dano causado à vítima e à comunidade. Procura conciliar os interesses de todas as partes relacionadas com o problema criminal. **D:** Incorreta. O modelo dissuasório está associado ao rigor das penas e a sua efetiva aplicação. O modelo descrito na assertiva é o integrador. **E:** Incorreta. O modelo integrador tem por objetivo atuar na redução da reincidência. O modelo descrito na assertiva é o dissuasório (clássico e neoclássico).
Gabarito "C".

(Delegado/PE – 2016 – CESPE) A criminologia moderna
(A) é uma ciência normativa, essencialmente profilática, que visa oferecer estratégias para minimizar os fatores estimulantes da criminalidade e que se preocupa com a repressão social contra o delito por meio de regras coibitivas, cuja transgressão implica sanções.
(B) ocupa-se com a pesquisa científica do fenômeno criminal – suas causas, características, sua prevenção e o controle de sua incidência –, sendo uma ciência causal-explicativa do delito como fenômeno social e individual.
(C) ocupa-se, como ciência causal-explicativa-normativa, em estudar o homem delinquente em seu aspecto antropológico, estabelece comandos legais de repressão à criminalidade e despreza, na análise empírica, o meio social como fatores criminógenos.
(D) é uma ciência empírica e normativa que fundamenta a investigação de um delito, de um delinquente, de uma vítima e do controle social a partir de fatos abstratos apreendidos mediante o método indutivo de observação.
(E) possui como objeto de estudo a diversidade patológica e a disfuncionalidade do comportamento criminal do indivíduo delinquente e produz fundamentos epistemológicos e ideológicos como forma segura de definição jurídico-formal do crime e da pena.

A Criminologia é uma ciência autônoma, empírica e interdisciplinar que tem por objeto de estudo quatro elementos: crime; criminoso; vítima; e controle social. A criminologia se utiliza dos métodos empírico (examina a realidade) e indutivo (observa a realidade para dela extrair uma teoria), sendo o contato com o objeto direto e interdisciplinar. A Criminologia é importante fonte de informação para se pensar estratégias de prevenção criminal e por seu caráter científico, confere mais segurança para se pensar políticas públicas, contudo a Criminologia não é uma ciência exata e comporta subjetivismos do pesquisador que influenciam suas análises. Desse modo, não se pode falar que as produções da ciência criminologia podem dar segurança e certeza a produção normativa. Correta a alternativa "B"
A: Incorreta. A Criminologia não é uma ciência normativa que tem por objetivo a criação de leis para coibir transgressões; **C:** Incorreta. Além do fato de não ser uma ciência que tem por objetivo a criação normativa, ela se ocupa em estudar mais do que apenas o homem delinquente na perspectiva antropológica (teoria de Lombroso). Por fim, a Criminologia, ao contrário do que a assertiva afirma, considera, sim, o meio social como fato criminógeno; **D:** Incorreta. Apesar de apresentar corretamente os quatro objetos de estudo da Criminologia erra ao afirmar que a apreensão se dá por meio de fatos abstratos. Por ser uma ciência empírica, parte do concreto para a formulação de teorias abstratas; **E:** Incorreta pois, apesar da Criminologia também se debruçar sobre os aspectos patológicos e as disfuncionalidades do comportamento criminal, não produz fundamentos seguros, de nenhuma ordem, para definições normativas, jurídico-formal.
Gabarito "B".

(Delegado/PE – 2016 – CESPE) Considerando que, conforme a doutrina, a moderna sociologia criminal apresenta teorias e esquemas explicativos do crime, assinale a opção correta acerca dos modelos sociológicos explicativos do delito.
(A) Para a teoria ecológica da sociologia criminal, que considera normal o comportamento delituoso para o desenvolvimento regular da ordem social, é imprescindível e, até mesmo, positiva a existência da conduta delituosa no seio da comunidade.
(B) A teoria do conflito, sob o enfoque sociológico da Escola de Chicago, rechaça o papel das instâncias punitivas e fundamenta suas ideias em situações concretas, de fácil comprovação e verificação empírica das medidas adotadas para contenção do crime, sem que haja hostilidade e coerção no uso dos meios de controle.
(C) A teoria da integração, ao criticar a teoria consensual na solução do conflito, rotula o criminoso quando assevera que o delito é fruto do sistema capitalista e considera o fator econômico como justificativa para o ato criminoso, de modo que, para frear a criminalidade, devem-se separar as classes sociais.
(D) A Escola de Chicago, ao atentar para a mutação social das grandes cidades na análise empírica do delito, interessa-se em conhecer os mecanismos de aprendizagem e transmissão das culturas consideradas desviadas, por reconhecê-las como fatores de criminalidade.
(E) A teoria estrutural-funcionalista da sociologia criminal sustenta que o delito é produto da desorganização da cidade grande, que debilita o controle social e deteriora as relações humanas, propagando-se, consequentemente, o vício e a corrupção, que são considerados anormais e nocivos à coletividade.

A: Incorreta. A teoria ecológica, também conhecida como escola de Chicago, correlaciona, em seus estudos, a organização da cidade e do bairro com as práticas de cometimentos de delitos; **B:** Incorreta. A escola de chicago é uma das teorias do consenso e não do conflito; **C:** Incorreta. As teorias do consenso (integração) não tratam dos conceitos de rotulação criminosa e nem associam a criminalidade a fatores econômicos e ao sistema capitalista; **D:** Correta. A escola de Chicago se debruça sobre a análise das cidades e sua forma de organização e a prática de delitos; **E:** Incorreta. O expoente da teoria estrutural-funcionalista é Durkheim e a sua teoria da anomia. Para essa teoria o crime é normal e saudável para o desenvolvimento da sociedade. Só passa a ser um problema quando atinges índices muito altos que se sobrepõem as condutas não delitivas (período de anomia).
Gabarito "D".

(Delegado/PE – 2016 – CESPE) A criminologia reconhece que não basta reprimir o crime, deve-se atuar de forma imperiosa na prevenção dos fatores criminais. Considerando essa informação, assinale a opção correta acerca de prevenção de infração penal.
(A) Para a moderna criminologia, a alteração do cenário do crime não previne o delito: a falta das estruturas físicas sociais não obstaculiza a execução do plano criminal do delinquente.
(B) A prevenção terciária do crime implica na implementação efetiva de medidas que evitam o delito, com a instalação, por exemplo, de programas de policiamento ostensivo em locais de maior concentração de criminalidade.
(C) No estado democrático de direito, a prevenção secundária do delito atua diretamente na sociedade, de maneira difusa, a fim de implementar a qualidade dos direitos sociais, que são considerados pela criminologia fatores de desenvolvimento sadio da sociedade que mitiga a criminalidade.

(D) Trabalho, saúde, lazer, educação, saneamento básico e iluminação pública, quando oferecidos à sociedade de maneira satisfatória, são considerados forma de prevenção primária do delito, capaz de abrandar os fenômenos criminais.
(E) A doutrina da criminologia moderna reconhece a eficiência da prevenção primária do delito, uma vez que ela atua diretamente na pessoa do recluso, buscando evitar a reincidência penal e promover meios de ressocialização do apenado.

A: Incorreta. A alteração dos locais e estruturas físicas têm o potencial de prevenção do delito, de acordo com a prevenção primária. Um exemplo é programa de revitalização de alguma área urbana e iluminação pública; **B:** Incorreta. A alternativa descreve a prevenção secundária; **C:** Incorreta. A alternativa descreve a prevenção primária; **D:** Correta. A prevenção primária diz respeito a implementação de políticas públicas sociais. São políticas preventivas de médio e longo prazo, justamente como exemplificado na alternativa; **E:** Incorreta. A alternativa descreve a prevenção terciária.
„Gabarito "D".

(Delegado/PE – 2016 – CESPE) Os objetos de investigação da criminologia incluem o delito, o infrator, a vítima e o controle social. Acerca do delito e do delinquente, assinale a opção correta.
(A) Para a criminologia positivista, infrator é mera vítima inocente do sistema econômico; culpável é a sociedade capitalista.
(B) Para o marxismo, delinquente é o indivíduo pecador que optou pelo mal, embora pudesse escolher pela observância e pelo respeito à lei.
(C) Para os correcionalistas, criminoso é um ser inferior, incapaz de dirigir livremente os seus atos: ele necessita ser compreendido e direcionado, por meio de medidas educativas.
(D) Para a criminologia clássica, criminoso é um ser atávico, escravo de sua carga hereditária, nascido criminoso e prisioneiro de sua própria patologia.
(E) A criminologia e o direito penal utilizam os mesmos elementos para conceituar crime: ação típica, ilícita e culpável.

A: Incorreta. A criminologia positivista tem como principal expoente Cesare Lombroso. Lombroso desenvolveu a teoria de que as características biológicas são determinantes da delinquência, ou seja, para ele, é possível identificar um criminoso por seus atributos físicos; **B:** Incorreta. Para a teoria Crítica, que se baseia no marxismo, o direito penal é uma forma de manutenção da exploração de classe. A definição das condutas criminosas é resultado de disputas políticas. E o criminoso é uma construção política, e não um ente biológico ou sociológico. Ademais, não consideram a perspectiva religiosa (pecador/bom e mau) em suas análises; **D:** Incorreta. Para a Criminologia Clássica, o criminoso é um ser racional e dotado de livre-arbítrio. O crime é entendido como resultado de uma decisão livre de cada indivíduo. É uma escola que valoriza a razão e ao livre-arbítrio; **E:** Para o direito penal, o crime é uma conduta típica, antijurídica e culpável. Para a Criminologia o crime é um problema social, com incidência aflitiva, incidência massiva, persistência espaço-temporal e inequívoco consenso quanto à efetividade da intervenção penal.
„Gabarito "C".

(Delegado/BA – 2016.1 – Inaz do Pará) Assinale a alternativa correta a respeito da Criminologia.
(A) Constitui seu objeto a análise apenas do delito e do delinquente, ficando o estudo da vítima sob a alçada da psicologia social.
(B) São características fundamentais de seu método o dogmatismo e a intervencionalidade.
(C) É uma técnica de investigação policial, que faz parte das Ciências Jurídicas.
(D) São suas finalidades a explicação e a prevenção do crime bem como a intervenção na pessoa do infrator e avaliação dos diferentes modelos de resposta ao crime.
(E) É uma ciência dogmática e normativista, que se ocupa do estudo do crime e da pena oriunda do comportamento delitivo.

A: Incorreta. A vítima é sim parte do estudo da Criminologia. A Criminologia tem quatro objetos de estudo, o delito, o delinquente e a vítima são três deles; **B:** Incorreta. Características fundamentais do seu método são o empirismo e a interdisciplinaridade; **C:** Incorreta. A Criminologia é uma ciência autônoma e, portanto, não se enquadra nas ciências jurídicas. Ademais, não pode ser confundida com métodos de investigação criminal; **D:** Correta. Dentre as finalidades da Criminologia está a busca pelas explicações sobre o crime e a elaboração de possibilidades de prevenção. Como se detém sobre o estudo do infrator e do controle social, pode-se afirmar que está dentro do seu escopo temas como a intervenção na pessoa do infrator e a avaliação dos modelos de reposta ao crime; **E:** Incorreta. A Criminologia é uma ciência que não se baseia em dogmas e na construção normativa. Se ocupa, também, do estudo do crime e da pena, porém não se limita a esses temas.
„Gabarito "D".

(Delegado/BA – 2016.1 – Inaz do Pará) Franz Von Liszt (1851-1919) foi um modernizador do Direito Penal, propondo repensá-lo desde a ótica de uma política criminal que tenha na pena uma ferramenta estatal na luta contra o crime, inclusive com fundamentos científicos da criminologia e da penologia. O movimento correspondente, que teve em Von Liszt um de seus mais importantes defensores, denomina-se:

(A) Escola de Kiel.
(B) Teoria da nova defesa social.
(C) Finalismo.
(D) Programa de Marburgo.
(E) Escola Positiva.

A: Incorreta. A escola de Kiel não se relaciona com as teorias de Von Liszt, na medida em que está relacionada com o nazismo e o direito penal do autor; **B:** Incorreta. Teoria da Nova Defesa Social, bem como a Teoria da Defesa Social – que a antecedeu – atribuem dupla função à pena: prevenção geral negativa, pela prevenção ao cometimento de novos delitos, e prevenção especial positiva, através do objetivo da ressocialização; **C:** Incorreta. O finalismo é uma corrente do direito penal que considera que o dolo (finalidade) é intrínseco a ação em si, sendo um elemento que integra a tipicidade; **D:** Correta. Franz Von Liszt considerava que as penas deveriam ser adotas com a finalidade de prevenção de novos delitos e não como mero castigo ou retribuição. Deveria ser aplicada para atingir a finalidade de dissuasão, proteção da sociedade e reabilitação. Essa tríade ficou conhecida como "Programa de Marburgo"; **E:** Incorreta. Para a escola Positiva (ou Positivista) a pena teria a função de cura para os curáveis e isolamento para aqueles que não poderiam ser tratados.
„Gabarito "D".

(Delegado/BA – 2016.1 – Inaz do Pará) A avaliação do espaço urbano é especialmente importante para compreensão das ondas de distribuição geográfica e da correspondente produção de condutas desviantes. Este postulado é fundamental para compreensão da corrente de pensamento conhecida na literatura criminológica como:
(A) Teoria da anomia.
(B) Escola Chicago.
(C) Teoria da Associação Diferencial.
(D) Criminologia Crítica.
(E) *Labelling Approach*.

A: Incorreta. A teoria da Anomia tem como expoente Durkheim. Para ele, o crime é normal e inerente às sociedades. Ele só passa a ser um problema quando a prática dos delitos passa a ser prejudicial para a estrutura social, ou seja, quando os valores daquela sociedade e suas regras e condutas perdem o valor, mas ainda não se afirmou uma nova ordem com novos valores. Essa seria uma fase de anomia; **B:** Correta. Os principais autores são William Thomas, Robert Park, Ernest Burgess. O pensamento base dessa escola é de que há uma relação direta entre o espaço urbano, sua conformação e a criminalidade. Não só no que diz respeito a quantidade de crimes cometidos na cidade como um todo, como também a distribuição dos tipos de crimes por região da cidade. Por isso essa escola também é chamada de arquitetura criminal ou ecológica, por trabalhar com essa relação entre cidade e crime; **C:** Incorreta. A teoria da Associação Diferencial tem como expoente Sutherland. A principal ideia dessa teoria é a de que o crime é uma conduta aprendida, assim como qualquer outra. O aprendizado se dá pela convivência em determinados grupos; **D:** Incorreta. Os principais autores da teoria crítica são os ingleses Ian Taylor, Paul Walton e Jock Young. A teoria crítica se baseia na teoria marxista que entende que o direito penal é uma forma de manutenção da exploração de classe. Consideram que o criminoso é uma construção política, e não um ente biológico ou sociológico. Por essa razão, consideram o problema criminal como insolúvel dentro da sociedade capitalista. Eles entendem que há a universalidade do crime e, ao mesmo tempo, a seletividade da justiça. Vale dizer, percebem que todas as classes sociais praticam crimes, ou seja, que a prática de crimes é universal e não está circunscrita a classes sociais. Mas, por outro lado, a justiça é seletiva, já que a punição e toda atuação do sistema de justiça recai apenas sobre as classes mais pobres; **E:** Incorreta. Howard Becker é o principal autor dessa teoria. A teoria do *Labelling Approach* desloca o problema criminológico do plano da ação para o da reação (dos *bad actors* para os *powerful reactors*), demonstrando que a verdadeira característica comum dos delinquentes é, na realidade, a resposta dada pelas instâncias de controle. Daí decorrem as ideias centrais dessa teoria: os conceitos de etiquetamento e de estigmatização. Após ter sido capturada por uma instância de controle social formal, a pessoa passa a ser tratada por todos como criminosa.
„Gabarito "B".

(Delegado/BA – 2016.1 – Inaz do Pará) O Positivismo Criminológico, com a Scuola Positiva italiana, foi encabeçado por:
(A) Lombroso, Garofolo e Ferri.
(B) Luchini, Ferri e Del Vecchio.
(C) Dupuy, Ferri e Vidal.
(D) Lombroso, Dupuy e Garofolo.
(E) Baratta, Adolphe e Vidal.

Os três expoentes dessa escola são: Cesare Lombroso, Rafaele Garófalo e Enrico Ferri. Lombroso desenvolve a Antropologia Criminal. Sua principal obra é "O Homem Delinquente", 1876. Lombroso desenvolveu a teoria de que as características biológicas são determinantes da delinquência, ou seja, para ele, é possível identificar um criminoso por seus atributos físicos. Deste modo, a função do direito penal seria a contenção do criminoso e sua exclusão da sociedade, propondo-se a recuperação para aqueles passíveis de recuperação, os recuperáveis. Garófalo desenvolve a escola positivista psicológica. Escreveu o livro chamado "Criminologia". Para ele, os criminosos têm um déficit moral e, por isso, cometem crimes. Mas ele distinguiu esse déficit moral da patologia (das doenças). Esses déficits são mutações psíquicas transmissíveis hereditariamente. O crime está no homem e se revela como degeneração deste. Sua principal contribuição para a Criminologia reside em suas ideias sobre a punição, fins da pena, sua fundamentação, bem como as formas de prevenção e repressão da criminalidade. Defende a pena de morte, opondo-se ao ideal ressocializador; Ferri desenvolve a escola positivista sociológica. Escreveu o livro "Sociologia Criminal". Para ele, o delito resulta de diversos fatores: os biológicos e os antropológicos, que seriam as características psíquicas e orgânicas dos indivíduos; os fatores físicos como o clima, temperatura, umidade; e os fatores sociais, como densidade populacional, religião, família, educação etc. Ferri trouxe os fatores sociais à escola Positivista.

Gabarito "A".

(Defensor Público Federal – DPU – 2017 – CESPE) A respeito do conceito e dos objetos da criminologia, julgue os itens a seguir.

(1) Para a escola clássica, o modelo ideal de prevenção do delito ou do desvio é o que se preocupa com a pena e seu rigor, compreendendo-a como um mecanismo intimidatório; já para a escola neoclássica, mais eficaz que o rigor das penas é o foco no correto funcionamento do sistema legal e em como esse sistema é percebido pelo desviante ou delinquente.

(2) O desvio ou o delito, objetos da criminologia, devem ser abordados, primordialmente, como um comportamento individual do desviante ou delinquente; em segundo plano, analisam-se as influências ambientais e sociais.

1: Correta. Tanto a escola clássica quanto a neoclássica centram suas atenções no sistema jurídico como forma de prevenção do delito. Por seguirem uma matriz racional, iluminista e que entende que o crime é fruto de uma decisão individual (livre-arbítrio), entendem serem medidas eficazes de prevenção do delito aquelas que focam na pena e seu rigor (escola clássica) ou o funcionamento do sistema de aplicação de penas (neoclássica). Isso por entenderem que seriam medidas de desestímulo à prática delitiva, que decorre de decisão racional individual. Esse modelo recebe o nome de dissuatório. Para o modelo dissuasório derivado da escola clássica, busca-se a repressão ao crime por meio da aplicação da punição (apenas aos imputáveis e semi-imputáveis). Nesse modelo, a taxa de criminalidade está diretamente ligada ao *quantum* de pena estabelecido pelo legislador para aquela conduta. Já na derivação apresentada pela escola neoclássica, a dissuasão se dá não tanto pelo rigor da pena, mas, sobretudo, pela efetividade do sistema de justiça. Mais do que o *quantum* de punição, é a certeza desta que teria o efeito de prevenir o crime. **2:** Incorreta. A afirmação está incorreta, pois desde a escola positivista elementos ambientais e sociais são considerados na análise do crime (desvio ou delito)

Gabarito: 1C, 2E

(Defensor Público/PR – 2012 – FCC) São características principais da moderna Criminologia, EXCETO:

(A) Substitui o conceito "tratamento" (conotação clínica e individual) por "intervenção" (conotação dinâmica, complexa e pluridimensional).
(B) Parte da caracterização do crime como "problema" (face humana e dolorosa do delito).
(C) Amplia o âmbito tradicional da Criminologia ao adicionar o delinquente e o delito ao seu objeto de estudo.
(D) Acentua a orientação "prevencionista" do saber criminológico, diante da obsessão repressiva explícita de outros modelos convencionais.
(E) Destaca a análise e a avaliação dos modelos de reação ao delito como um dos objetos da Criminologia.

A: correta. A Criminologia tradicional estava muito vinculada à noção de tratamento, fazendo uma analogia entre a prática de crimes e doenças, considerando majoritariamente as características pessoais do delinquente. A "moderna" Criminologia rompe a correlação entre criminoso e anormalidade, enxergando o criminoso como normal e a ocorrência de crimes em uma sociedade como normal também. A Criminologia moderna dá especial atenção aos aspectos sociológicos e sociais da prática de crimes, entendendo que não há relação de causa e consequência direta entre as características pessoais do agente e o crime – o que impede a opção pelo tratamento. Ao contrário, entende que a prática de crimes é complexa e resulta de uma multiplicidade de fatores; **B:** correta, pois a moderna Criminologia caracteriza o crime como um problema social, e inclui, como um dos requisitos para considerar uma conduta como criminosa, a incidência aflitiva. Ou seja, entende que uma conduta, para ser considerada criminosa, deve produzir dor, sofrimento, aflição. Os demais requisitos são a incidência massiva, a persistência espaço temporal e a inequívoco consenso quanto à efetividade da intervenção penal; **C:** incorreta (devendo ser assinalada), pois os estudos do criminoso e do crime estão presentes dentre os objetos de estudo da Criminologia desde seu início. A Escola Clássica, de Cesare Beccaria, se dedicava ao estudo do delito e a Escola Positivista, de Cesare Lombroso, estudava o delinquente. Posteriormente, foram adicionados dentre os objetos de estudo da Criminologia a vítima e o controle social; **D:** correta, pois a Criminologia moderna tem por função compreender e explicar a realidade para poder transformá-la, visando à prevenção e ao controle da criminalidade; **E:** correta, pois os modelos de reação ao delito se inserem no objeto da Criminologia "controle social".

Gabarito "C".

2. TEORIAS DA PENA

(Defensor Público – DPE/PR – 2017 – FCC) As condições de vida no cárcere devem ser necessariamente piores do que as condições de vida dos trabalhadores livres.

O princípio correspondente à assertiva acima é

(A) profecia autorrealizável.
(B) mark system.
(C) panoptismo.
(D) cifra negra.
(E) less eligibility.

A: Incorreta. A profecia autorrealizável é um conceito chave da teoria do labelling approach. A profecia autorrealizável decorre do conceito de desviação secundária. A pessoa que foi estigmatizada como criminosa, passa a se comportar como tal e a desempenhar esse papel socialmente, ao mesmo tempo em que todos têm a expectativa de que ela voltará a delinquir. E é o que acaba por acontecer, isso porque a reação social a ela não lhe dá oportunidades e também porque ela assumiu esse papel social para si própria. **B:** incorreta. O mark system é um sistema progressivo de pena, em que pelo bom comportamento e passar de lapso temporal, o preso passa a ter acesso a benefícios que antes não poderia ter. **C:** Incorreta. O panoptismo é um modelo que entende a vigilância total como fundamental no controle do crime. É representado por modelos arquitetônicos de penitenciárias em que os guardas podem ver toda a unidade sem que sejam vistos pelos presos – isso pode se dar, no modelo tradicional do panóptico, com uma torre alta central em que de lá os guardas vigiam a todos, sem que os presos possam ver os guardas. É um modelo que rompe com o par " ver-ser visto". **D:** Incorreta. A cifra negra corresponde a diferença entre os crimes cometidos e os crimes que chegam ao conhecimento das autoridades públicas. O crime com menor taxa de cifra negra é o homicídio, e um dos maiores é o estupro. **E:** Correta. A "less eligibility" é justamente a concepção de que a vida nas penitenciárias deve ter piores condições do que as piores condições enfrentadas pela classe trabalhadora fora das prisões. Isso com objetivo de dissuadir as pessoas a quererem serem presas – e com isso reduzir a taxa da prática criminosa – e também para infligir maior sofrimento aos presos. No início, esse princípio se destinava as workhouses e as condições de trabalho, mas depois passou a ser interpretado também para privação de liberdade.

Gabarito "E".

(Defensor Público –DPE/BA – 2016 – FCC) "Ao nível teórico, a ideia de uma sanção jurídica é incompatível com a criação de um mero obstáculo mecânico ou físico, porque este não motiva o comportamento, mas apenas o impede, o que fere o conceito de pessoa (...) por isso, a mera neutralização física está fora do conceito de direito, pelo menos no nosso atual horizonte cultural. (...) A defesa social é comum a todos os discursos legitimantes, mas se expressa mais cruamente nessa perspectiva, porque tem a peculiaridade de expô-la de modo mais grosseiro, ainda que também mais coerente (...)."

(ZAFFARONI, Eugenio Raúl; BATISTA, Nilo; ALAGIA, Alejandro; SLOKAR, Alejandro. Direito Penal Brasileiro I. Rio de Janeiro: Revan, 2003)

A teoria da pena criticada na passagem acima é:

(A) retributiva.
(B) prevenção especial ressocializadora.
(C) prevenção geral intimidatória.
(D) prevenção especial negativa.
(E) agnóstica.

A: incorreta. A teoria retributiva entende que a pena tem como função principal a retribuição de um mal àquele que causou um mal à sociedade ao cometer um delito. Entende, portanto, a pena, por uma perspectiva de vingança, devolução de um mal. **B:** incorreta. A prevenção especial é aquela que entende que a pena tem a finalidade de prevenir que àquela pessoa volte a cometer um novo delito. O seu fundamento é de que a pena tem a missão de prevenir o cometimento de novos crimes. A prevenção especial ressocializadora entende que por meio da ressocialização do indivíduo ele não voltará a cometer novos crimes (prevenção da reincidência) e, desse modo, ter-se-ia alcançado o objetivo de prevenção. **C:** incorreta. A prevenção geral tem por objetivo evitar que outras pessoas cometam delitos. Essa teoria entende que o exemplo dado ao punir um indivíduo serve de intimidação para que outras pessoas não venham a cometer crimes. A pena teria, de acordo com essa teoria, uma finalidade pedagógica. **D:** Correta. O trecho está criticando a teoria da prevenção especial negativa, que entende que a função da pena é impedir que aquela pessoa volte a cometer delitos por estar impossibilitada fisicamente de fazê-lo. A punição teria a finalidade de contenção. **E:** Incorreta. A teoria agnóstica entende que a pena privativa de liberdade não atinge o objetivo declarado de ressocialização ou de prevenção do cometimento de delitos, tem apenas uma finalidade política e não é possível de ser fundamentada juridicamente. Nesse sentido, propõem uma discussão sobre outras formas de punição penal, para que esses objetivos sejam alcançados.

Gabarito "D".

3. TEORIAS CRIMINOLÓGICAS

(Defensor Público – DPE/PR – 2017 – FCC) A criminologia da reação social

(A) concentra seus estudos nos processos de criminalização.
(B) corresponde a uma teoria do consenso.
(C) explica o comportamento criminoso como fruto de um aprendizado.
(D) identificou as subculturas delinquentes.
(E) explica a existência do homem criminoso pelo atavismo.

A: Correta. A criminologia da reação social foca justamente no processo de criminalização, ou seja, no processo de reação social à prática delitiva. É também conhecida como teoria do etiquetamento ou Labelling Approach. **B:** Incorreta. A teoria da reação social é identificada como a primeira teoria do conflito, rompendo com a tradição criminológica anterior das teorias do consenso. As escolas do consenso acreditam que se as instituições e os indivíduos estiverem operando em harmonia, compartilhando as metas sociais e de acordo quanto às regras de convivência, as sociedades terão atingido seu fim. Ao contrário, as teorias do conflito entendem que a harmonia social só existe em função da imposição pela força, identificam a coerção como elemento central para garantia da coesão social. **C:** A escola que compreende o fenômeno do crime como um processo de aprendizagem é a teoria da associação diferencial. Para esta escola, o crime é um comportamento aprendido, assim como os demais. Essa teoria se dedicou a entender os crimes de colarinho branco. **D:** A teoria da subcultura delinquente é uma teoria do consenso que entende a dimensão coletiva do crime como parte de uma cultura de um grupo específico. Essa teoria se debruçou sobre o estudo da pichação, por exemplo. **E:** A teoria que entende o criminoso por suas características inatas (atávicas) é o positivismo, que tem como expoente Lombroso e a escola da antropologia criminal.

Gabarito "A".

(Defensor Público – DPE/SC – 2017 – FCC) Sobre a criminologia positivista:

(A) Ficou consagrada nos Estados Unidos com a obra Delinquent Boys, de Albert Cohen.
(B) Foi a primeira manifestação de ruptura com a criminologia do consenso do Iluminismo.
(C) A despeito da metodologia correta, os resultados de Lombroso não foram corretos.
(D) Sua recepção no Brasil teve ressonância principalmente nos estudos das tribos indígenas e suas relações criminosas.
(E) No Brasil seu desenvolvimento reforçou cientificamente o racismo.

A: incorreta. Delinquent Boys é a principal obra da teoria da subcultura delinquente. **B:** incorreta. Pelo contrário, a criminologia positivista é altamente filiada aos princípios iluministas da razão e exaltação à ciência. **C:** incorreta. A metodologia adotada por Lombroso é altamente criticada, uma vez que utiliza em sua amostra apenas pessoas que estavam presas, sem considerar que outros elementos de ordem social e política selecionaram esse perfil de indivíduo para estarem presos, ao passo que outras pessoas que igualmente cometeram crimes não estavam encarceradas. **D:** Incorreta. No Brasil o positivismo criminológico foi mais utilizado no estudo da relação crime e negros. **E:** Correta. Especialmente na obra de Nina Rodrigues.

Gabarito "E".

(Defensor Público –DPE/ES – 2016 – FCC) Na história da administração penal, várias épocas podem ser destacadas, durante as quais vigoraram sistemas de punição completamente diferentes. Indenização (penance) e fiança foram os métodos de punição preferidos na Idade Média. Eles foram sendo gradativamente substituídos por um duro sistema de punição corporal e capital que, por sua vez, abriu caminho para o aprisionamento, em torno do século XVII.

(RUSCHE, Georg; KIRCHHEIMER, Otto. Punição e estrutura social. 2.ed. Rio de Janeiro: Revan, 2004, p. 23)

De acordo com o clássico trabalho de Rusche e de Kirchheimer de 1939, é correto afirmar:

(A) A pena de prisão foi tida pelos autores como uma forma positiva de adaptação dos trabalhadores ao sistema produtivo, trazendo a ressocialização ao centro do sistema punitivo.
(B) O surgimento da prisão como forma hegemônica de punição da modernidade foi uma conquista iluminista de humanização das penas frente à barbárie da Idade Média.
(C) Os autores podem ser classificados como membros da Escola de Chicago, dominante no período de publicação da obra.
(D) As relações entre mercado de trabalho, sistema punitivo e cárcere são próprias da criminologia crítica, que surgiu na década de 1960 e foi a principal escola de oposição a Rusche e Kirchheimer.
(E) A pena de prisão é relacionada ao surgimento do capitalismo mercantil, com a consequente necessidade de disciplina da mão de obra para beneficiar interesses econômicos.

A: incorreta. Ao contrário, a obra traça uma relação entre o mercado de trabalho e o sistema punitivo, demonstrando como as punições adotadas eram formas de fortalecer o sistema produtivo. Nesse sentido, fazem uma leitura histórica das penas em que demonstram que a obrigatoriedade do trabalho dos presos nas galés, no século XVI, deveu-se à escassez de trabalhadores livres, os quais se negavam a realizar insalubre tarefa; a repressão à mendicância e vadiagem, contrárias aos valores da ascendente burguesia, determinaram o surgimento das casas de correção no fim do século XVII; o sistema de encarceramento foi impulsionado pelo Mercantilismo e pelo Iluminismo, e assim por diante. Os autores não associam a pena ao ideal ressocializar. Não é esse o cerne do trabalho. **B:** incorreta. De acordo com os autores, a adoção da pena de prisão como hegemônica não foi uma conquista iluminista e humanista, mas sim do sistema produtivo de incentivo ao incremento do capitalismo. **C:** incorreta. Os ideais expressos nessa obra podem ser enquadrados como as sementes da teoria crítica da Criminologia, que associa o sistema punitivo à luta de classes. **D:** incorreta. Rusche e Kirchheimer não sofreram oposição da escola crítica, ao contrário, a escola crítica utiliza esses autores na sua construção. **E:** correta. É exatamente essa a tese defendida pelos autores na obra. Eles correlacionam a pena de prisão com o surgimento do capitalismo e como ela foi necessária e útil para o fortalecimento deste.

Gabarito "E".

(Defensor Público –DPE/ES – 2016 – FCC) Sobre a escola positivista da criminologia, é correto afirmar:

(A) A escola positivista ainda não chega a considerar a concepção da pena como meio de defesa social, que é própria de escolas mais modernas da criminologia.
(B) Sua recepção no Brasil recebeu contornos racistas, notadamente no trabalho antropológico de Nina Rodrigues.
(C) É uma escola criminológica ultrapassada e que já influenciou a legislação penal brasileira, mas que após a Constituição Federal de 1988 não conta mais com institutos penais influenciados por esta corrente.
(D) Por ter enveredado pela sociologia criminal, Enrico Ferri não é considerado um autor da escola positivista, que possui viés médico e antropológico.
(E) O método positivista negava a importância da pesquisa empírica, que possivelmente a levaria a resultados diversos daqueles encontrados pelos seus autores.

A: Incorreta. Ao contrário, a teoria positivista entende a pena como meio de defesa social, já que, para tal teoria, existem os criminosos natos – sendo que parte deles não é recuperável de modo algum. Nesse sentido, a pena, tem sim, um caráter de defesa social. **B:** correta. A teoria lombosiana foi recepcionada com fortes características racistas no Brasil, uma vez que entende que algumas características determinam se a pessoa é ou não criminosa. A teoria lombrosiana reforça estereótipos sociais e, nessa esteira, a interpretação adotada por Nina Rodrigues compreendia que características dos negros asseguravam que seriam criminosos. **C:** incorreta. O Código Penal de 1940 foi fortemente influenciado pelos conceitos advindos da escola positivista, dando especial ênfase num traços de personalidade e periculosidade dos autores de delito. Contudo, a Constituição Federal de 1988 e o atual direito penal brasileiro são construídos com base no direito penal do fato (não do autor). Deste modo, pode-se dizer que após a promulgação da CF/1988 os ideias positivistas se afastaram do ordenamento jurídico pátrio. Contudo, para alguns autores, o art. 59 do Código Penal, ao estabelecer que a personalidade do agente é um dos elementos a serem considerados no quando da aplicação da pena, se aproxima das ideias positivistas. **D:** incorreta. Ao contrário, Enrico Ferri partia dos mesmos pressupostos dos demais autores da escola positivista. Coube a ele acrescentar a perspectiva sociológica a teoria positivista. Para ele o delito era determinado por fatores biológicos, climáticos e sociais. **E:** incorreta: Ao contrário, a teoria positivista se constituiu com base em pesquisas empíricas. A questão que se coloca sobre a teoria de Lombrose é que sua pesquisa empírica analisou um objeto que não permitia chegar a resposta que queria. A sua principal falha metodológica é de que ele estudou apenas aquelas pessoas já condenadas pelo cometimento de crimes, com o objetivo de verificar se existe um tipo criminosos. Tal escolha do universo a ser pesquisado é carregada de um viés que invalida sua teoria, pois desconsidera a seletividade do sistema de justiça, ou seja, desconsidera que o sistema de justiça seleciona a classe mais pobre para ser condenada. Essa falha metodológica grave faz com que alguns autores considerem a escola positivista como pré-científica.

Gabarito "B".

(Defensor Público/SP – FCC – 2013) "(...) *instrumento de legitimação da gestão policial e judiciária da pobreza que incomoda – a que se vê, a que causa incidentes e desordens no espaço público, alimentando, por conseguinte, uma difusa sensação de insegurança, ou simplesmente de incômodo tenaz e de inconveniência –, propagou-se através do globo a uma velocidade alucinante. E com ela a retórica militar da "guerra" ao crime e da "reconquista" do espaço público, que assimila os delinquentes (reais ou imaginários), sem-teto, mendigos e outros marginais a invasores estrangeiros – o que facilita o amálgama com a imigração, sempre rendoso eleitoralmente."* (WACQUANT, Loïc. As Prisões da Miséria.)

A escola/doutrina descrita pelo autor é:

(a) abolicionismo penal.
(b) "tolerância zero".
(c) Escola de Chicago.
(d) associação diferencial.
(e) funcionalismo penal.

A: incorreta. O abolicionismo penal é uma das vertentes da Teoria Crítica. Para os autores abolicionistas o direito penal não é compatível com a justiça social e nem com a diminuição das desigualdades. A persecução penal é seletiva e sempre será. A alteração da lei não altera os rótulos sociais e a construção estereotipada da clientela penal. Por fim, o abolicionismo entende que a pena em si mesma é ilegítima e que é arbitrário exercício do poder estatal, pretendendo, como o próprio nome diz, ver o sistema penal abolido; **B:** correta. A doutrina da "tolerância zero" tem como premissa a concepção de que a repressão a pequenas infrações previne o cometimento de crimes mais graves. Dessa forma, mesmo uma conduta desviante insignificante não pode ser tolerada, deve ser duramente reprimida pelas forças policiais e por todo aparato do sistema de justiça, ou seja, por todas as instâncias formais de controle. Aí está presente o elemento da "guerra ao crime" tratada no enunciado; a crença de que a punição aos menores delitos desencorajará também a prática de delitos mais graves. Essa doutrina tem por base as concepções da Escola de Chicago no que diz respeito à correlação entre desorganização social e criminalidade, e por isso, os "sem-teto, mendigos e outros marginais a invasores estrangeiros" são duramente reprimidos e rotulados como criminosos. A noção de "reconquista do espaço público" também está estritamente relacionada a esse elemento; **C:** incorreta. A Escola de Chicago correlaciona

a desorganização das regiões da cidade a altas taxas de criminalidade e propõe políticas públicas não penais como forma de prevenção da criminalidade, como a revitalização das áreas degradadas, bem como o resgate do senso de solidariedade, por meio de espaços de lazer, atividades culturais, esportivas etc.; **D:** incorreta. A Teoria da Associação Diferencial entende que a conduta criminosa é aprendida por meio de processos comunicativos de interação social e estuda, basicamente, o "crime do colarinho branco", o que não está presente no enunciado; **E:** incorreta. O funcionalismo penal defende a proteção por meio do direito penal dos bens jurídicos mais relevantes. Para algumas correntes, como a de Jakobs, a função da pena é justamente reestabelecer a ordem ferida pela prática do crime.
"Gabarito "B".

(Defensor Público/PR – 2012 – FCC) Com o surgimento das Teorias Sociológicas da Criminalidade (ou Teorias Macrossociológicas da Criminalidade), houve uma repartição marcante das pesquisas criminológicas em dois grupos principais. Essa divisão leva em consideração, principalmente, a forma como os sociólogos encaram a composição da sociedade: Consensual (Teorias do consenso, funcionalistas ou da integração) ou Conflitual (Teorias do conflito social). Neste contexto são consideradas Teorias Consensuais:

(A) Escola de Chicago, Teoria da Anomia e Teoria da Associação Diferencial.
(B) Teoria da Anomia, Teoria Crítica e Teoria do Etiquetamento.
(C) Teoria Crítica, Teoria da Anomia e Teoria da Subcultura Delinquente.
(D) Teoria do Etiquetamento, Teoria da Associação Diferencial e Escola de Chicago.
(E) Teoria da Subcultura Delinquente, Teoria da Rotulação e Teoria da Anomia.

As principais teorias sociológicas criminológicas do consenso são: Escola de Chicago, Teoria da Anomia, Teoria da Associação Diferencial e Teoria da Subcultura Delinquente. As principais teorias sociológicas criminológicas do conflito são: Teoria do *Labelling Approach* ou Etiquetamento ou Rotulação, e Teoria Crítica. Para as escolas do consenso, os objetivos da sociedade são atingidos quando há o funcionamento perfeito das instituições e os indivíduos compartilham das metas sociais e concordam com as regras de convívio. Sendo assim, as sociedades são compostas por elementos perenes, integrados, funcionais, estáveis, baseados no consenso entre os integrantes. Para as escolas do conflito, a harmonia social decorre da coerção das classes dominantes sob as classes dominadas, não sendo voluntária. Sendo assim, as sociedades estão sujeitas a mudanças contínuas por meio da luta de classes ou de ideologias. São escolas de cunho marxista.
"Gabarito "A".

(Defensor Público/PR – 2012 – FCC) Paulo, executivo do mercado financeiro, após um dia estressante de trabalho, foi demitido. O mundo desabara sobre sua cabeça. Pegou seu carro e o que mais queria era chegar em casa. Mas o horário era de *rush* e o trânsito estava caótico, ainda chovia. No interior de seu carro sentiu o trauma da demissão e só pensava nas dívidas que já estavam para vencer, quando fora acometido de uma sensação terrível: uma mistura de fracasso, com frustração, impotência, medo e etc. Neste instante, sem quê nem porque, apenas querendo chegar em casa, jogou seu carro para o acostamento, onde atropelou um ciclista que por ali trafegava, subiu no passeio onde atropelou um casal que ali se encontrava, andou por mais de 200 metros até bater num poste, desceu do carro meio tonto e não hesitou, agrediu um motoqueiro e subtraiu a motocicleta, evadindo-se em desabalada carreira, rumo à sua casa. Naquele dia, Paulo, um pacato cidadão, pagador de impostos, bom pai de família, representante da classe média alta daquela metrópole, transformou-se num criminoso perigoso, uma fera que ocupara as notícias dos principais telejornais.
Diante do caso narrado, identifique dentre as Teorias abaixo, a que melhor analisa (estuda/explica) o caso.

(A) Escola de Chicago.
(B) Teoria da associação diferencial.
(C) Teoria da anomia.
(D) Teoria do *labeling approach*.
(E) Teoria crítica.

A: incorreta. A Escola de Chicago traça a correlação entre a forma de organização das cidades e a criminalidade. De acordo com essa escola, as regiões da cidade mais desorganizadas têm maiores índices de criminalidade; **B:** incorreta. A Teoria da Associação Diferencial entende que o comportamento criminoso é aprendido por meio do processo comunicativo, em relações sociais, especialmente significativas. Esta teoria cunha o termo "crime do colarinho branco", aquele cometido por pessoas que gozam de *status* social e cometem crimes em seu âmbito profissional, excluindo da definição crimes cometidos na esfera privada; **C:** correta. Para Robert Merton, um dos expoentes da Teoria da Anomia, tem-se uma situação de anomia quando a sociedade acentua a importância de determinadas metas, sem oferecer à maioria das pessoas a possibilidade de atingi-las por meios legítimos. Merton cria uma tipologia de adaptação individual no contexto social, a saber, conformista, ritualista, retraído, inovador e rebelde. Paulo, descrito no enunciado, se enquadra no tipo conformista que concorda com as metas sociais estabelecidas e com os meios institucionalizados para alcançá-las. É o tipo mais comum e difundido na sociedade, é o tipo que garante a estabilidade social; **D:** incorreta. A Teoria do *Labelling Approach* tem por objeto de estudo primordial as instâncias de controle social. Trabalha com os conceitos de rotulação social e entende que a reação das instâncias de controle produz o criminoso: todos cometemos crimes, mas apenas alguns são capturados pelas malhas do sistema, e apenas estes serão os "criminosos". Essa Teoria também se preocupa em entender a seletividade do sistema de justiça. **E:** incorreta. A Teoria Crítica foca seu estudo, majoritariamente, no controle social. Para a Teoria Crítica, o direito penal é uma forma de manutenção da exploração de classe. A definição das condutas a serem tipificadas é resultado de disputas políticas em que as classes dominantes, por estarem no poder, definem as condutas que lhe interessam para serem criminalizadas. De acordo com essa Teoria, há a universalidade do crime e seletividade da justiça, ou seja, todas as classes sociais praticam crimes, mas, por outro lado, a justiça é seletiva, pois seleciona apenas as pessoas das classes mais pobres.
"Gabarito "C".

(Defensor Público/SP – FCC – 2012) Assinale a alternativa correta.

(A) A criminologia crítica defende a análise individualizada da periculosidade do agente como direito inerente ao princípio do respeito à dignidade humana.
(B) A Escola positivista pregava a análise puramente objetiva do fato, deixando em segundo plano as características pessoais de seu autor.
(C) A teoria retributiva dos fins da pena foi desenvolvida a partir dos estudos de Lombroso e Garofalo, em meados do século XVIII.
(D) A teoria do *labelling approach* dispõe-se a estudar, dentre outros aspectos do sistema punitivo, os mecanismos de reação social ao delito e a influência destes na reprodução da criminalidade.
(E) A teoria finalista da ação é fruto da concepção positivista de livre-arbítrio, que entende o homem como ser determinado pelas circunstâncias sociais.

A: incorreta. A Criminologia Crítica não trabalha com o conceito de periculosidade. O principal foco de estudo da Criminologia Crítica são as instâncias de controle social; **B:** incorreta. A Escola Positivista se dedicou ao estudo dos criminosos e não do delito; **C:** incorreta. A função da pena para Lombroso e Garófalo era essencialmente de isolamento do criminoso para que não voltasse a delinquir – função de prevenção especial negativa – e tratamento, para os casos possíveis de serem tratados. **D:** correta. O principal objeto de estudo da Teoria do *Labelling Approach* são as instâncias de controle social. De fato essa teoria se dedica ao estudo da reação social, tanto que também recebe o nome de teoria da rotulação social, etiquetamento ("labelling") ou reação social; **E:** incorreta. A Teoria Finalista da ação trata da definição de infração penal, como conduta típica, antijurídica (ou ilícita) e culpável. Porém, o dolo e a culpa passam a ser elementos do tipo, pois a Teoria Finalista entende ser essencial a compreensão da intenção do agente para a definição típica da conduta, já que, para tal Teoria, o agir humano sempre tende a uma finalidade. Esta finalidade não pode ser ignorada e deve ser um elemento ontológico considerado pelo legislador ao tipificar as condutas. O enunciado apresenta uma contradição ao afirmar que a concepção positivista de livre-arbítrio entende o homem como ser determinado pelas circunstâncias sociais. Ora, se o homem é dotado de livre-arbítrio ele não pode ser, ao mesmo tempo, determinado pelas circunstâncias sociais. Ele pode considerar as circunstâncias sociais no momento de decidir sua conduta, mas não ser determinado. Determinismo e livre-arbítrio não podem coexistir.
"Gabarito "D".

(Defensor Público/SP – FCC – 2009) A expressão "cifra negra" ou oculta, refere-se

(A) à porcentagem de crimes não solucionados ou punidos porque, num sistema seletivo, não caíram sob a égide da polícia ou da justiça ou da administração carcerária, porque nos presídios ‹não estão todos os que são›.
(B) à porcentagem de criminalização da pobreza e à globalização, pelas quais o centro exerce seu controle sobre a periferia, cominando penas e criando fatos típicos de acordo com seus interesses econômicos, determinando estigmatização das minorias.
(C) às descriminantes putativas, nos casos em que não há tipo culposo do crime cometido.
(D) ao fracasso do autor na empreitada em que a maioria têm êxito.
(E) à porcentagem de presos que não voltam da saída temporária do semiaberto.

"Cifra negra" é a diferença entre a quantidade de crimes efetivamente praticados (criminalidade real) e a quantidade de crimes que chegam ao conhecimento das autoridades estatais e são efetivamente investigados. A criminalidade revelada diz respeito aos crimes que chegam ao conhecimento das instâncias oficiais do Estado. Alguns autores utilizam o termo "cifra dourada" para se referir à quantidade de crimes praticados pela elite e não investigados.
"Gabarito "A".

4. VITIMOLOGIA

(Delegado/MS – 2017 – FAPEMS) Dentro da criminologia, tem-se a vertente da vitimologia, que estuda de forma ampla os aspectos da vítima na criminalidade, e é dividida em primária, secundária e terciária. Da análise dessa divisão, pode-se afirmar que a vitimização terciária ocorre, quando

(A) a vítima tem três ou mais antecedentes.
(B) a vítima é parente em terceiro grau do ofensor.
(C) um terceiro participa da ação criminosa.
(D) a vítima é abandonada pelo estado e estigmatizada pela sociedade.
(E) duas ou mais pessoas cometem o crime.

A: incorreta. A vitimologia não se dedica a analisar os antecedentes da vítima. **B:** incorreta. A relação de parentesco entre vítima e ofensor não é elemento para a classificação entre vitimização primária, secundária e terciária. **C:** incorreta. A vitimização terciária não se detém sobre as especificidades do delito cometido. **D:** correta. A vitimização terciária é justamente aquela decorrente da falta de amparo dos órgãos do Estado para com a vítima. **E:** incorreta. A vitimização não se debruça sobre as condições do crime.

Gabarito "D".

(Delegado/BA – 2016.1 – Inaz do Pará) O estudo da vitimologia atual, baseada numa tendência político criminal eficiente, privilegia:

(A) A assistência social ao delinquente.
(B) A assistência psicológica à vítima.
(C) Reincidência.
(D) Função retributiva da pena.
(E) Reparação dos danos e indenização dos prejuízos da vítima

A: A assistência social ao delinquente não faz parte do pensamento da vitimologia; **B:** A assistência psicológica da vítima é um dos aspectos importantes e que pode ser interpretado como parte da reparação dos danos; **C:** A reincidência é uma característica do agressor, e não diz respeito à vitimologia; **D:** A função retributiva da pena diz respeito à punição do agressor e não ao tratamento dispendido à vítima; **E:** Correta. A vitimologia dá valor à restauração da situação anterior ao cometido do crime, sendo assim, valoriza a reparação dos danos e a indenização à vítima.

Gabarito "E".

(Defensor Público/PR – 2012 – FCC) Considere os acontecimentos abaixo.

I. No dia 16 de outubro, após um dia exaustivo de trabalho, quando chegava em sua casa, às 23:00 horas, em um bairro afastado da cidade, Maria foi estuprada. Naquela mesma data, fora acionada a polícia, quando então foi lavrado boletim de ocorrência e tomadas as providências médico-legais, que constatou as lesões sofridas.
II. Após o fato, Maria passou a perceber que seus vizinhos, que já sabiam do ocorrido, a olhavam de forma sarcástica, como se ela tivesse dado causa ao fato e até tomou conhecimento de comentários maldosos, tais como: "também com as roupas que usa (...)", "também como anda, rebolando para cima e para baixo" e etc., o que a deixou profundamente magoada, humilhada e indignada.
III. Em novembro, fora à Delegacia de Polícia prestar informações, quando relatou o ocorrido, relembrando todo o drama vivido. Em dezembro fora ao fórum da Comarca, onde mais uma vez, Maria foi questionada sobre os fatos, revivendo mais uma vez o trauma do ocorrido.

Os acontecimentos I, II e III relatam, respectivamente, processos de vitimização:

(A) primária, secundária e terciária.
(B) primária, terciária e secundária.
(C) secundária, primária e terciária.
(D) terciária, primária e secundária.
(E) secundária, terciária e primária.

A vitimização primária decorre dos danos gerados pelo crime. Estes danos podem ser de ordem material, psicológica ou física. A vitimização secundária decorre da interação com as instâncias formais de controle. Essa interação com o sistema de justiça criminal causa um sofrimento adicional à vítima, que deve depor e reviver o sofrimento sentido vivido no momento do crime, ao comparecer diversas vezes perante as autoridades. A vitimização terciária decorre da falta de amparo de órgãos do Estado e da comunidade, que, ao contrário, apenas potencializam o problema.

Gabarito "B".

5. POLÍTICA CRIMINAL

(Defensor Público – DPE/PR – 2017 – FCC) A política criminal atuarial

(A) baseia-se na função de prevenção especial positiva da pena.
(B) incentiva as práticas de liberdade condicional supervisionada (*parole boards*).
(C) indica que os presos devem ser organizados de acordo com seu nível de risco.
(D) pauta-se na tentativa de compreensão das causas do crime.
(E) é contrária à inocuização dos indivíduos perigosos.

A: incorreta. Como a política criminal atuarial se baseia, entre outras coisas, em dados estatísticos, pode-se falar em prevenção geral, e não especial. Ademais, trata-se de prevenção negativa, e não positiva. **B:** incorreta. O instituto da liberdade condicional supervisionada, embora bastante presente na política criminal norte-americana, não é incentivada pela política atuarial. **C:** correta. A política criminal atuarial se baseia em uma gestão do crime fundada em dados objetivos, com base nos quais se acredita ser possível a organização da população prisional de acordo com diversos critérios. **D:** incorreta. A política criminal atuarial se volta aos resultados concretos, sem intenção de investigar causas do crime. **E:** incorreta. A política criminal atuarial, atuando por meio de cálculos matemáticos e estatísticos, pretende, entre outros pontos, justamente a inocuização de indivíduos que, de acordo com a lógica atuarial, são considerados perigosos.

Gabarito "C".

(Defensor Público –DPE/ES – 2016 – FCC) Considerando a atual conjuntura da política criminal brasileira, é correto afirmar que

(A) a eficiência do trabalho policial pode ser verificado pelo baixo índice de letalidade e o alto índice de prisões efetuadas.
(B) o processo de encarceramento em massa no Brasil alavancou-se no período de vigência da Constituição Federal de 1988, apesar desta ter como seus fundamentos a cidadania e a dignidade da pessoa humana.
(C) a construção de presídios tem sido uma política eficaz de redução do encarceramento em massa.
(D) o crescimento da população prisional é isonômico no aspecto de gênero.
(E) a proteção de direitos humanos tem sido o principal resultado da política criminal brasileira, uma vez que o aumento da população prisional demonstra que os bens jurídicos estão sendo cada vez mais protegidos por meio do direito penal.

A: incorreta. Os índices de letalidade policial são altíssimos no Brasil. De acordo com o 10º anuário de segurança pública – publicado em 2016 – foram 3.320 vítimas de intervenções policiais em 2015. Ademais, a eficiência do trabalho policial não pode ser medido considerando a taxa de prisões efetuadas, pois elas podem, inclusive, ser ilegais ou forjadas. **B:** Correta. A taxa de encarceramento no Brasil após a promulgação da Constituição Federal de 1988 é altíssima. Em 1990, o Brasil tinha 90 mil pessoas presas. Em 2014, esse número passa a ser superior a 620 mil – de acordo com os dados do Ministério da Justiça. **C:** incorreta. A construção de presídios é uma estratégia ineficaz ao combate ao encarceramento em massa. Poder-se-ia, até, discutir se seria uma forma eficiente de combate à superlotação carcerária. Mas, a opção política por construção de presídios é um elemento que demonstra, justamente, que o país pretende seguir com o processo de encarceramento em massa. **D:** incorreta. A população prisional feminina cresce de modo muito superior a masculina. Segundo dados do Ministério da Justiça, a quantidade de mulheres presas cresceu 567% entre os anos 2000 e 2014, chegando a 37.380 em 2014. Já a população de homens presos cresceu 220% no mesmo período. Em 2000, o total de mulheres presas representavam 3,2% da população prisional. Em 2014, esse número subiu para 6,4%. **E:** incorreta. A correlação entre quantidade de pessoas presas e proteção aos bens jurídicos, ou seja, redução da criminalidade, é falaciosa. O Brasil tem a 4ª maior população prisional do mundo, mas está longe de ser um dos países mais seguros. Ademais, grande parte da população prisional é composta por presos provisórios (cerca de 40% segundo o Ministério da Justiça), ou seja, parcela considerável do incremento da população carcerária não é atribuída a pessoas condenadas.

Gabarito "B".